Par Souscription.

DICTIONNAIRE PROVENÇAL-FRANÇAIS

OU DICTIONNAIRE

DE LA LANGUE D'OC,

ANCIENNE ET MODERNE,

SUIVI

D'UN VOCABULAIRE FRANÇAIS-PROVENÇAL,

Contenant :

1° Tous les mots de ses différents dialectes que l'auteur a pu connaître (plus de 90,000); leur prononciation figurée, leurs synonymes, leurs équivalents italiens, espagnols, portugais, allemands, etc., quand ils ont le même radical; leurs définitions et leurs étymologies; 2° les radicaux avec l'indication des langues qui les ont fournis et la liste des mots qu'ils ont concouru à former; 3° les prépositions et les désinences, avec l'explication du sens qu'elles ajoutent aux radicaux; 4° l'énumération des parties qui entrent dans la composition de chaque outil, instrument, meuble, machine, arme, habillement, etc.; 5° les provençalismes et gasconismes corrigés; 6° les origines des principales coutumes et institutions; 7° les dates des découvertes et des inventions les plus remarquables, avec le nom de leurs auteurs; 8° les noms provençaux, français et scientifiques des différents êtres dont se composent les trois règnes de la nature, avec l'indication des genres, des ordres et des classes auxquels ils appartiennent; précédé d'une grammaire qui contiendra un traité sur l'origine et la formation de la langue; un traité sur l'orthographe et un traité sur la prononciation, avec une notice bibliographique sur les ouvrages imprimés dans cette langue.

Par S. J. HONNORAT, docteur en médecine.

Tel est le titre de l'ouvrage que nous avons l'honneur d'annoncer aujourd'hui, après en avoir soumis le plan aux diverses académies du Midi, qui ont bien voulu l'approuver, en nous indiquant toutefois quelques modifications auxquelles nous aurons soin de nous conformer. Ce n'est pas un traité *ex-professo* sur la langue provençale; ce n'est point un simple vocabulaire; ce n'est pas une encyclopédie; ce n'est pas non plus un ouvrage fait pour les savants que nous publions, mais un livre pratique et d'une utilité journalière pour les personnes à qui la langue française n'est pas familière et qui ont cependant besoin de s'en servir; c'est enfin une espèce de *vade-mecum* qui, composé d'abord pour notre usage particulier, a paru, à ceux qui ont bien voulu en prendre connaissance pouvoir être utile à beaucoup de monde, et particulièrement à ceux qui par état, sont obligés de parler en public; aux écrivains, à MM. les notaires pour dresser des inventaires, aux agriculteurs, aux chasseurs, aux pêcheurs, aux naturalistes, aux archives des communes pour l'interprétation des anciens titres, et enfin à toutes les personnes qui veulent s'occuper de notre ancienne littérature. Avant que de faire connaître ici le jugement que les académies ont porté sur notre travail, nous donnerons quelques développements à son titre.

1° Nous avons rassemblé avec soin tous les mots des différents dialectes de la langue d'oc, provençale ou romane, qui sont parvenus à notre connaissance, soit par la lecture des ouvrages imprimés, soit par celle des manuscrits, soit enfin par l'étude de l'idiome parlé. Nous avions d'abord borné notre projet aux quatre départements de l'ancienne Provence, Basses-Alpes, Bouches-du-Rhône, Var et Vaucluse; mais l'impossibilité d'établir des limites dans les dialectes d'une langue, qui, formés des mêmes éléments, n'ont éprouvé, du Var aux Pyrénées, que de légères modifications dans les désinences, nous a déterminé à les embrasser tous. Un autre motif non moins puissant, qui nous y a engagé, est la facilité que l'étude comparée de tous les dialectes donne pour la recherche des étymologies. Il arrive souvent qu'un mot est tellement altéré dans un pays, qu'il est impossible d'en reconnaître l'origine, tandis que, mieux conservée dans un autre, elle se présente tout naturellement : *alors*, en français, n'indique que bien faiblement son radical, tandis que le provençal *alhoura*, dérivé du latin *illa hora*, le donne littéralement. On dit, dans le nord du département des Basses-Alpes, d'un homme affaibli par manque de nourriture, *qu'es necherit, que s'es laissat necherir*. D'où vient ce mot *necherir*, *necherit*? il serait difficile de le dire si l'on ne trouvait pas dans d'autres dialectes, et dans le même sens, *necalir* et *necalit*, qui laissent facilement apercevoir *nec alere*, *nec alitus*, pas ou mal nourrir, pas ou mal nourri. Les euphorbes portent, dans une grande partie de la Provence, le nom de *chouscla*. D'où vient ce mot? il serait bien difficile de le deviner, si dans quelques endroits on ne les nommait pas *lachouscla*; de *lach*, lait, parce que le suc blanc qu'elles répandent quand on les coupe, ressemble parfaitement à ce liquide, par la couleur et la consistance.

Nous avons placé à la suite des mots de texte leur prononciation figurée, pour favoriser la lecture des ouvrages écrits en cette langue, et pour prouver en même temps, que l'orthographe de plusieurs auteurs n'a pas eu d'autre but que de figurer cette même prononciation.

Les synonymes suivent, afin qu'on puisse voir d'un coup d'œil les différentes altérations qu'un mot a subies et les différents noms qu'on a donnés à un même être.

Les équivalents italiens, espagnols, portugais, catalans, etc., y figurent ensuite pour faire mieux apprécier l'analogie qui existe entre des langues qui se sont formées presque simultanément et des mêmes éléments.

Les définitions que nous avons données des mots, ont presque toujours été prises dans des ouvrages *ex-professo*, et nous nous sommes attaché à les mettre à la hauteur des connaissances actuelles.

Les étymologies qui servent de base à l'orthographe nous ont particulièrement occupé, et l'on se convaincra de l'utilité de leur étude, en voyant les résultats satisfaisants que nous en avons obtenus.

2° Les radicaux, définis séparément, donnent à notre langue une grande partie des avantages qu'on reconnaît au grec; et l'on verra qu'avec la connaissance de trois mille radicaux, de cinquante désinences et de vingt prépositions, on peut avoir l'intelligence d'une langue qui se composerait de trois millions de mots.

3° L'explication du sens que les prépositions et les désinences ajoutent aux radicaux, dispense presque toujours, d'apprendre la définition des mots composés, qui se présente tout naturellement en en faisant l'analyse. Il serait difficile, par exemple, de faire bien comprendre par une phrase, la signification du mot *coumpanagi*, tandis qu'en le décomposant, on la trouve bien établie, étant formé de *coum*, du latin *cum*, avec; de *pan*, fait de *panis*, pain, et d'*agi*, dérivé d'*ago*, faire, je fais, et qui désigne l'action, employé comme désinence; ce qui signifie littéralement employer, manger avec le pain, chose qu'on mange avec le pain, assaisonnement du pain ; *cum pane ago*.

4° L'énumération des parties qui entrent dans la composition des outils, meubles, instruments, etc., obvie au grave inconvénient que présentent tous les dictionnaires, dans lesquels on ne peut trouver que les mots qu'on sait déjà, mais qui sont impuissants pour favoriser la recherche de ceux qu'on ignore. Par la méthode fort simple que nous avons adoptée, on pourra toujours découvrir le nom français d'une chose quelconque, pourvu que l'on connaisse celle dont elle fait partie. Ainsi, il suffira de savoir qu'un *chapeau* s'appelle un chapeau, une *porte* une porte, pour avoir les noms de toutes les parties qui les composent, etc.

5° Les provençalismes et les gasconismes sont des fautes que l'on commet trop fréquemment dans le midi de la France, pour qu'on n'en trouve pas avec plaisir, les corrections dans un ouvrage qu'on est obligé de consulter pour d'autres renseignements.

6° Les origines des principales coutumes et institutions ont paru à plusieurs savants étrangères à notre Dictionnaire, dont elles détruisent l'unité, et ils désireraient les voir supprimer. Ces critiques auraient pleinement raison si cette unité était entrée pour quelque chose dans notre but; si nous avions eu la folle prétention de faire un ouvrage savant au lieu d'un traité utile; si nous avions osé écrire pour les érudits, au lieu de le faire pour le commun des hommes, pour ceux surtout qui manquent d'instruction et de livres, et qui pourront trouver dans celui-ci, une partie des connaissances les plus indispensables. Rien n'est plus propre d'ailleurs, à corriger l'aridité d'un dictionnaire, que de courtes digressions sur les origines et les institutions.

7° Les dates des découvertes et des inventions ont le même but.

8° Les noms provençaux, français et scientifiques des différents êtres de la nature sont une œuvre de première nécessité, qui avait été demandée par le ministre sous l'empire, et dont l'exécution peut avoir les résultats les plus utiles. Par cette synonymie générale, les trésors des sciences naturelles et agricoles seront ouverts à tout le monde; car il suffira de savoir le nom vulgaire, français ou latin d'un être quelconque, pour être sur la voie de son histoire entière.

L'ouvrage sera terminé, ou précédé, d'une Grammaire contenant un traité sur l'origine et la formation de la langue; un traité d'orthographe et un traité de prononciation. Nous pouvons assurer nos lecteurs, que l'histoire de l'origine et de la formation de la langue provençale, n'est pas sans intérêt, même pour l'intelligence de la langue française.

Enfin nous ne négligerons pas un travail indispensable, le Vocabulaire français-provençal, afin que notre ouvrage puisse servir aux personnes à qui notre langue, ou quelques-uns de ses dialectes, sont étrangers. Nous donnerons aussi le catalogue des livres imprimés dans ses divers idiomes, et l'indication des manuscrits les plus précieux dont nous avons eu connaissance.

Il nous siérait très-mal de parler aussi favorablement de l'ouvrage que nous annonçons, si nous n'y étions autorisé par les rapports qu'ont bien voulu en faire les diverses académies que nous avons consultées : inutilement aurions-nous consacré plus de trente années à sa composition, si leur approbation n'était venue nous encourager, l'œuvre que nous n'avions commencée que pour nous, aurait été bornée à notre usage.

N. B. Les personnes qui voudraient prendre une connaissance plus étendue du Dictionnaire provençal-français ou Dictionnaire de la langue d'Oc, (et nous les supplions instamment de le faire avant que de s'engager par une souscription), pourront se procurer, chez les principaux libraires, le mémoire qui a été communiqué aux Académies (1), intitulé : Projet d'un Dictionnaire provençal-français, etc. Elles

(1) Avant de nous déterminer à faire imprimer ce Mémoire, nous avions eu la pensée de livrer notre ouvrage au souscripteurs et de leur donner la faculté de le rendre au bout de huit jours s'il ne leur convenait pas; mais la com-

pourront même en prendre connaissance, sans frais, dans les bibliothèques publiques, où nous avons eu soin d'en faire déposer un ou plusieurs exemplaires.

Nous profiterons de la publication de ce prospectus, pour témoigner la vive reconnaissance dont nous sommes pénétrés, aux littérateurs, aux naturalistes, aux conservateurs des archives et à MM. les bibliothécaires, qui ont bien voulu nous seconder par tous les moyens qui étaient en leur pouvoir, et qui ont ainsi puissamment concouru à la confection d'un ouvrage qui eur devra son principal mérite. Nous aurons les mêmes obligations aux personnes qui, par leurs souscriptions, viendront nous aider à le publier; car si les nombreuses difficultés que présentait sa rédaction ont été vaincues plus ou moins heureusement, il reste celle des frais d'impression, qui, bien que s'offrant la dernière, n'est pas la moins difficile à résoudre, parce que sa solution ne dépend plus de nous; nous l'attendons des hommes qui conservent encore pour la langue et l'histoire de leur pays cet attachement que le temps va ruinant chaque jour, et qu'un effort généreux peut seul préserver de l'oubli.

Nous l'attendons surtout des communes où la langue d'oc est encore parlée, Monsieur le Ministre de l'Intérieur ayant bien voulu autoriser d'avance la dépense que les abonnements entraîneraient. Nous aurons l'honneur de faire observer à MM. les Maires, et à MM. les membres des conseils municipaux, que cette dépense ne pourra pas excéder 40 fr., et qu'elle portera sur deux ou trois budgets.

CONCLUSIONS DES RAPPORTS ACADÉMIQUES.

ACADÉMIE DES SCIENCES, ARTS ET BELLES-LETTRES D'AIX.

Séance du 4 mai 1841.

« Considérant en outre, l'immensité des recherches que suppose un pareil travail, l'utilité vraiment » nationale dont serait cette publication pour les départements du Midi, depuis les Alpes jusqu'aux » Pyrénées, où était parlé l'ancien provençal, autrement la langue d'Oc, langue aujourd'hui altérée » et subdivisée en plusieurs dialectes ou patois, successivement envahis et dénaturés eux-mêmes » par l'influence victorieuse de la langue française, qui tend à les anéantir;

» Considérant qu'il est essentiel d'en recueillir et d'en fixer les éléments, au moment où elle est » encore parlée par l'immense majorité de la population des provinces méridionales, afin que les » savants puissent un jour en étudier les monuments lorsqu'elle aura cessé d'être en usage; consi- » dérant enfin, indépendamment de l'intérêt littéraire et philologique qu'offrira ce Dictionnaire, com- » bien il importe de déterminer la signification d'une foule de mots que l'on trouve dans les titres, » chartes et documents anciens, et qui, par leur obscurité, donnent souvent lieu à des contestations » et à des procès;

» L'Académie témoigne sa profonde satisfaction à M. le docteur Honnorat, et émet particulière- » ment le vœu de voir déposer un jour un exemplaire de son livre dans les archives de la plupart des » communes du Midi, etc. »

ACADÉMIE ROYALE DE MARSEILLE.

Séance du 6 mai 1841.

« L'Académie de Marseille saisit avec empressement cette occasion de s'associer à cette marque » d'intérêt que d'autres Académies ont donnée à M. Honnorat, et elle est heureuse de lui témoigner

plication de comptabilité que cela aurait entraînée, et la facilité que donne notre Mémoire pour se former une idée de sa composition, nous ont détourné de ce projet, qui aurait mis notre responsabilité à l'abri de tout reproche.

» toute sa satisfaction pour un travail qui doit rendre de si grands services à la littérature et à l'his- » toire de notre idiome provençal. »

ACADÉMIE DE VAUCLUSE.

Séance du 12 mai 1841.

« L'Académie de Vaucluse est heureuse de joindre son suffrage à celui des Académies d'Aix et de » Marseille, que M. Honnorat a déjà consultées, et elle se plaît à trouver d'avance, dans le résumé » si remarquable de clarté, de science et de logique qu'elle vient d'entendre, la garantie certaine du » succès de l'ouvrage entier.

» L'Académie s'unit également au désir témoigné par l'Académie d'Aix, de voir déposer un jour un » exemplaire de ce livre dans les archives de la plupart des communes du Midi, et elle émet le » vœu que le gouvernement et les départements viennent en aide à l'impression de cet important » ouvrage. »

ACADÉMIE ROYALE DU GARD.

Séance du 15 mai 1841.

« Dans le développement de ces idées et de toutes celles que M. Honnorat a émises et discu- » tées, l'Académie a trouvé une érudition vaste et sûre, et une grande netteté d'aperçus ; aussi elle » pense unanimement que rien ne serait plus utile que le Dictionnaire de la langue d'Oc, et elle » exprime le vœu que les villes et le gouvernement concourent de tous leurs moyens à la publication » d'un tel ouvrage. »

SOCIÉTÉ DES SCIENCES, BELLES-LETTRES ET ARTS DE TOULON.

Séance du 19 juillet 1841.

« La commission propose à la société académique du Var, d'accueillir l'hommage offert par M. le » docteur Honnorat, de Digne, de lui témoigner toute sa satisfaction, de l'encourager dans son projet » de publication, et d'émettre le vœu public que son grand ouvrage soit, non-seulement appuyé par » les sociétés savantes, mais accueilli aussi par le gouvernement, qui, outre les souscriptions. etc. » moyen prompt et puissant de hâter la publication d'une œuvre de majeure importance. etc. »

ACADÉMIE ROYALE DES SCIENCES, INSCRIPTIONS ET BELLES LETTRES DE TOULOUSE.

Séance du 9 décembre 1841.

« Ces légères observations critiques ne sauraient diminuer le mérite du savant Dictionnaire dont le » projet nous est soumis. La commission est d'avis que M. Honnorat doit être encouragé dans son en- » treprise, toute nationale pour le Midi. Devant lui s'ouvre un champ immense où il reste beaucoup » à moissonner, malgré les travaux de Doujat, de Sauvages, de Raynouard et de quelques autres » philologues. Qu'il ne se rebute pas devant les difficultés nombreuses d'un ouvrage aussi considé- » rable, et qu'il se rappelle bien, que les travaux qui ont pour but de glorifier la patrie, méritent à » leurs auteurs une renommée durable et un souvenir qui ne s'éteint pas au milieu des révolutions » littéraires et des cataclysmes politiques. »

INSTITUT RELIGIEUX D'AIX.

Séance du 10 juin 1841.

« Il ne nous reste, Messieurs, qu'à résumer tout ce que nous venons de dire sur le Mémoire qui » nous a été soumis. Nous attachons la plus grande importance à la publication de cette œuvre. » M. le docteur Honnorat, en réalisant son plan, aura bien mérité, à nos yeux, de la science et de la » patrie, et il a droit aux encouragements de tous les hommes du pays à qui ces deux choses sont en- » core chères. Nous conseillons seulement à l'auteur de se défier de ses richesses, etc. »

PARIS. — IMP. DE MOQUET ET HAUQUELIN, RUE DE LA HARPE, 90.

Conditions de la Souscription.

L'ouvrage étant composé sur des feuilles volantes de différentes dimensions, il est impossible d'indiquer d'avance, le nombre de pages qu'il aura; c'est pourquoi nous en fixerons le prix à 15 centimes la feuille, format in-4°, même justification et mêmes caractères que ceux de la dernière édition du Dictionnaire de l'Académie, qui a 210 lignes par page, en trois colonnes, et de 34 à 36 lettres par ligne. L'ouvrage entier formera trois volumes, et ne pourra, dans aucun cas, dépasser la somme de 40 francs pour les souscripteurs. Le prix, pour ceux qui n'auront pas souscrit avant le commencement de l'impression, sera irrévocablement fixé à 20 centimes la feuille. MM. les libraires jouiront de la remise de 10 pour cent, et du treizième exemplaire en sus.

Pour en diminuer le coût, autant que possible, l'auteur s'oblige d'établir, dans chacun des départements suivants : *Alpes-Basses, Alpes-Hautes, Ardèche, Ariège, Aude, Aveiron, Bouches-du-Rhône, Cantal, Correze, Dordogne, Drôme, Gard, Garonne-Haute, Gers, Gironde, Hérault, Landes, Lot, Lot-et-Garonne, Lozère, Pyrénées-Basses, Pyrénées-Hautes, Pyrénées-Orientales, Tarn, Tarn-et-Garonne, Var, Vaucluse, Vienne (Haute)*, et *Paris*, un dépôt où les souscripteurs pourront faire retirer, sans frais, les exemplaires qui leur sont destinés.

Le Dictionnaire provençal-français paraîtra en trois livraisons d'un volume chacune, que l'on paiera à mesure.

Je soussigné déclare souscrire au Dictionnaire provençal français, ou Dictionnaire de la langue d'Oc ancienne et moderne, que doit publier M. HONNORAT, *aux conditions énoncées dans le présent prospectus, pour le nombre d'exemplaires indiqués ci-dessous.*

NOMS, PROFESSION ET DEMEURE.	NOMBRE D'EXEMPL.	CHEF-LIEU où l'on désire recevoir.	SIGNATURE.
DENIS JEAN-BAPTISTE, Banquier, à Marseille, rue de Rome, 5.	1	Marseille, Bouches du Rhône.	DENIS

N. B. Détachez ce feuillet, sur lequel plusieurs personnes peuvent souscrire, et affranchissez, s'il est possible.

A Monsieur

Monsieur BONNORAT, docteur en médecine.

A Digne (Basses-Alpes).

Monsieur

Département de

A

A Monsieur

DICTIONNAIRE

PROVENÇAL-FRANÇAIS,

OU

DICTIONNAIRE DE LA LANGUE D'OC.

DICTIONNAIRE
PROVENÇAL-FRANÇAIS

OU

DICTIONNAIRE
DE LA LANGUE D'OC,

ANCIENNE ET MODERNE,

SUIVI D'UN VOCABULAIRE FRANÇAIS-PROVENÇAL,

CONTENANT :

1° Tous les mots de ses différents dialectes que l'auteur a pu connaître (près de 100,000) ; leur prononciation figurée, leurs synonymes, leurs équivalents italiens, espagnols, portugais, catalans, allemands, etc., quand ils ont le même radical : leurs définitions et leurs étymologies ;
2° les radicaux avec l'indication des langues qui les ont fournis et la liste des mots qu'ils ont concouru à former ;
3° les prépositions et les désinences, avec l'explication du sens qu'elles ajoutent aux radicaux ;
4° l'énumération des parties qui entrent dans la composition de chaque outil, instrument, meuble, machine, arme, habillement, etc.
5° les provençalismes et gasconismes corrigés ;
6° les origines des principales coutumes et institutions ;
7° les dates des découvertes et des inventions les plus remarquables, avec le nom de leurs auteurs ;
8° les noms provençaux, français et scientifiques des différents êtres dont se composent les trois règnes de la nature, avec l'indication des genres, des ordres et des classes auxquels ils appartiennent ; précédé d'une grammaire qui contiendra un traité sur l'origine et la formation de la langue ; un traité sur l'orthographe et un traité sur la prononciation, avec une notice bibliographique sur les ouvrages imprimés dans cette langue ;

PAR S.-J. HONNORAT, DOCTEUR EN MÉDECINE.

TOME PREMIER.

A—D

DIGNE,

REPOS, IMPRIMEUR-LIBRAIRE-ÉDITEUR, COURS DES ARÈS, 5.

1846.

Digne, Imprimerie de REPOS.

EXPLICATIONS INDISPENSABLES

POUR L'INTELLIGENCE

DU DICTIONNAIRE.

Le volume qui contiendra la *Grammaire*, le *Traîté d'Orthographe*, celui de l'*Origine* et de la formation de la langue et le *Vocabulaire Français-Provençal*, ne pouvant paraître qu'après ceux du Dictionnaire proprement dit, nous sommes obligé de donner à nos lecteurs les explications suivantes, et pour qu'ils puissent se former, en attendant, une idée du système que nous avons adopté, nous avons l'honneur de leur adresser, avec ce premier volume, un exemplaire du mémoire que nous avons soumis au jugement des Académies du Midi.

L'orthographe adoptée dans cet ouvrage est l'orthographe étymologique, la seule raisonnable, la seule qui puisse aider le lecteur à remonter à l'origine des mots et à suivre la filiation des langues. Les raisons qui nous l'ont fait préférer seront longuement exposées dans le *Traîté* qui lui est destiné dans la *Grammaire*. Nous prions donc les lecteurs de suspendre leur jugement à cet égard, jusqu'après la publication de ce *Traité*.

Nous devons prévenir que l'orthographe des citations diffère souvent de celle que nous avons adoptée; que c'est celle des auteurs cités que nous avons cru devoir respecter afin de faire connaître leur manière d'écrire. Nous avons fait la même chose pour tout ce qui concerne le vieux langage.

Après le titre des mots, en majuscules grasses, vient entre deux parenthèses, la prononciation figurée, en français, avec l'indication de la syllabe qui porte l'accent aigu, ce qui représente assez exactement l'orthographe de ceux qui n'ont eu d'autre guide que la prononciation.

Après la prononciation figurée, suivent les synonymes en petites majuscules grasses, dites égyptiennes. Ce sont les différentes manières d'exprimer le même mot ou les diverses formes qu'il a prises selon les dialectes.

Toutes ces variétés se retrouvent ensuite dans leur ordre alphabétique avec l'indication abrégée du dialecte auquel elles appartiennent.

On trouve après, en caractères italiques, les mots équivalents des langues néolatines, quand ils ont le même radical, ce qui fait connaître l'analogie qui existe entre elles, et par le nombre des mots semblables, le plus ou moins de relations que nos pays ont eues avec les pays voisins.

Les titres des radicaux, des prépositions inséparables et des désinences, sont imprimés en majuscules italiques, pour qu'on puisse les distinguer au premier coup d'œil.

Pour parer à un défaut grave qu'on peut reprocher à la plupart des Dictionnaires, nous avons fait inscrire, en italiques, les équivalents français que le Dictionnaire de l'Académie n'a pas admis et qui l'ont cependant été par quelques lexicographes ou par quelques écrivains recommandables.

Le prix de cet ouvrage étant fixé à 15 cent. la feuille, nous laisse la faculté de le diviser en un plus grand nombre de volumes, ce qui permettra à ceux qui en feront l'acquisition, de les réunir ou bien, ce que nous recommandons très-particulièrement aux personnes qui prendraient quelque intérêt à son perfectionnement, de faire intercaller, entre chaque feuillet imprimé, un feuillet de papier blanc, pour y inscrire leurs observations et les mots de leurs pays respectifs qui auraient été omis, car malgré le soin que nous avons mis pendant près de quarante ans à les recueillir tous, la langue varie tellement, dans les diverses localités, qu'elles trouveront encore l'occasion d'en ajouter beaucoup. Elles auront d'ailleurs là un canevas tout formé où elles pourront classer des notes de toute espèce et des observations, soit sur les différentes significations des mots, soit sur leur étymologie, soit enfin sur les origines et les inventions. Nous pouvons assurer à nos lecteurs que loin d'être ingrat, ce travail est des plus attrayants et des plus instructifs. Combien de gens ont beaucoup lu et peu retenu, combien ont pris de nombreuses notes, qui faute d'être classées dans un ordre convenable, leur sont tout-à-fait inutiles, tandis que placées par ordre alphabétique elles peuvent toujours être retrouvées au besoin. Nous ajouterons à la fin de l'ouvrage un supplément dans lequel nous ferons figurer toutes les additions et corrections qu'on aura bien voulu nous indiquer.

S.-J. **HONNORAT**, Docteur en Médecine.

ABRÉVIATIONS

PRINCIPALES.

Ach.	Achard, Dictionnaire Provençal-Français.
Act.	Actif.
Adj.	Adjectif.
A et s.	Adjectif et substantif.
A et p.	Adjectif et participe.
Adject.	Adjectivement.
Adv.	Adverbe.
All.	Allemand.
Alt. ou altér.	Altération.
Anc.	Ancien.
Angl.	Anglais.
Apoc.	Apocope.
Art.	Article.
Art. indéf.	Article indéfini.
Aub.	Aubert, Dictionnaire des dialectes de Valensoles et des Mées, manuscrit.
Augm.	Augmentatif.
Augm. dépréc.	Augmentatif dépréciatif.
Avr.	Avril, Dictionnaire Provençal-Français.
Bas lim.	Bas limousin.
Basse lat.	Basse latinité.
Basse-Prov.	Basse Provence.
Basses-Alp.	Basses-Alpes.
Barc.	Barcelonnette.
Béarn.	Béarnais.
Berg.	Bergoin, poésies de.
Béron.	Béronie, Dictionnaire Bas-Limousin.
Bibl. de Carp.	Bibliothèque de Carpentras.
Cast.	Castor, interprète provençal.
Cat.	Catalan.
Celt.	Celtique.
Chang.	Changement.
Chap.	Chapitre.
Comp.	Composés.
Dépr.	Dépréciatif.
D.	Dialecte.
D. d'Apt ou Apt.	Dialecte d'Apt ou Aptésien.
D. de Barcel.	Dialecte de Barcelonnette.
D. béarn.	Dialecte béarnais.
D. de Carp.	Dialecte de Carpentras.
D. gasc. ou dg.	Dialecte gascon.
Dl.	Dialecte languedocien.
D. lim.	Dialecte limousin.
D. manosq.	Dialecte manosquin.
D. mars.	Dialecte marseillais.
D. mont.	Dialecte montagnard.
D. toul.	Dialecte toulousain.
D. vaud.	Dialecte vaudois.
Départ.	Département.
Dict. des Dates.	Dictionnaire des Dates.
Dict. des Origin.	Dictionnaire des Origines.
Dimin.	Diminutif.
Douj.	Doujat, Dictionnaire Languedocien, à la suite des œuvres de Goudelin.
Eluc. ou Eluc. de las propr.	*Elucidari de las proprietades*, langue romane.
Ency. ant.	Encyclopédie antique.
Esp.	Espagnol.
Ety.	Étymologie.
Expr. adv.	Expression adverbiale.
Expr. prov.	Expression proverbiale.
Fam.	Famille.
Fém. ou f.	Féminin.
Fig.	Figurément.
Fl. del gay sab.	*Flors del gay saber*, langue romane.
Gar.	Garidel, Histoire des plantes des environs d'Aix.
Garc.	Garcin, Dictionnaire Provençal-Français, et œuvres diverses.
Gén.	Génitif.
Gl. occit.	Glossaire occitanien.
Gram.	Grammaire.
H.-Prov.	Haute-Provence.
Hist. de la Crois. contre les Albig.	Histoire de la Croisade contre les Albigeois, poëme.

Impr.	Improprement.
Iron.	Ironiquement.
Ital.	Italien.
Jard. mus. prouv.	*Jardin deis musos prouvençalos.*
Lang.	Languedocien.
Lat.	Latin.
Lim.	Limousin.
Lin.	Linnée ou Linneus.
Litt.	Littéralement.
Loc. adv.	Locution adverbiale.
M.	Masculin.
M. d.	Même dialecte.
M. s.	Même signification.
M. ou Mén.	Ménage, Dictionnaire étymologique.
Métagr.	Métagramme.
Michel.	Michel, *La fiero de Beoucaire*, poëme.
Mod.	Moderne.
Mult.	Multiplicative.
Négat.	Négatif, ive.
N. pr.	Nom propre.
P. ou part.	Participe.
Pass.	Passif, ive.
Patr.	Patron.
Port.	Portugais.
Prép.	Préposition.
Priv.	Privatif.
Pron.	Pronom.
Pron. pers.	Pronom personnel.
Pron. indéc.	Pronom indéclinable.
Prov.	Provençal et proverbe.
R. ou Rad.	Radical.
R. 2. 3.	Radical deuxième, troisième, etc.

Rayn.	Raynouard, lexique roman, et œuvres diverses.
Riss.	Risso, Histoire naturelle des environs de Nice.
Roq.	Roquefort, Dictionnaire étymologique, et œuvres diverses.
Sauv.	Sauvages, Dictionnaire languedocien.
Sauv. add.	Sauvages, additions au même ouvrage.
S.-Rad.	Sous-radical, radical dérivé d'un autre.
Stat. B.-du-Rh.	Statistique des Bouches-du-Rhône.
Stat. de Prov.	Statuts de Provence.
S.	Substantif.
S. et adj.	Substantif et adjectif.
S. f.	Substantif féminin.
S. m.	Substantif masculin.
Subst.	Substantivement.
Suppr.	Suppression.
Sync.	Syncope.
Suppl. à Pell.	Supplément à Pellas, bibliothèque de Carpentras, manuscrit.
Term.	Terme.
Termin.	Terminaison.
Term. act.	Terminaison active.
Term. mult.	Terminaison multiplicative.
Term. pass.	Terminaison passive.
Trad.	Traduisez.
V.	Voyez.
V.	Verbe.
V. a.	Verbe actif.
V. n.	Verbe neutre.
V. r.	Verbe réciproque.
V. imp.	Verbe impersonnel.
Vl.	Vieux langage antérieur au XVIme siècle.
V. c. m.	Voyez ce mot.
V. c. R.	Voyez ce Radical.

DICTIONNAIRE

PROVENÇAL-FRANÇAIS,

OU

DICTIONNAIRE DE LA LANGUE D'OC.

A

A, **a**, s. m., première lettre de l'alphabet dans presque toutes les langues, et la première des voyelles. C'est la lettre de prédilection de la langue romane ; voyez-en la raison dans la grammaire, à l'article des lettres, ainsi que les règles de son orthographe, de sa prononciation et de ses mutations.

Éty. Notre *A*, comme celui des latins, a été pris de celui des Grecs qui l'avaient probablement emprunté du phénicien. De l'*A* majuscule, par la suppression de l'haste gauche, et la courbure de la ligne du milieu, se forma vers le sixième siècle, l'**a** minuscule.

Dans un A majuscule on nomme :
HASTES, les jambages de droite et de gauche,
LIGNE TRANSVERSALE, la ligne qui va d'une haste à l'autre;
Et dans l'a minuscule on donne le nom de :
PANSE, à la partie en forme de o qui s'unit à l'haste courbée.

A, ne prend jamais de *s* au pluriel : un **a**, deux **a**.

A, est souvent employé au commencement des mots comme augment, sans rien ajouter à leur signification, comme dans *apruna*, *agland*, *agrueta*, *agrua*, *agassa*, *acurni* ; dans d'autres circonstances il y figure comme augmentatif et donne plus de force aux mots qu'il concourt à former.

A, préposition inséparable, est privatif quand il tient lieu de l'α privatif grec, qui est regardé comme une abréviation de la préposition ἄτερ (ater), sans, excepté, à part, séparément. Il annonce en général la privation, l'absence ou la non existence de l'objet indiqué par le radical ; comme dans *abyme*, formé de *a* et de *byssos*, fond : qui n'a pas de fond ; *atheo*, de *a* et de *théos*, Dieu : qui n'a pas, qui ne reconnaît pas de Dieu ; *asyle*, de *a* et de *sylaô*, ravir : qu'on ne peut ravir, qui est en sûreté ; *atomo*, de *a* et de *temnô*, couper : qui ne peut pas être divisé ; *amouçar*, de *a* et de *muxa*, mèche : ôter la mèche, c'est-à-dire, éteindre ; *atupir*, de *a* et de *tuphô*, allumer ; éteindre ; *acorat*, de *a*, de *cor* et de *at*, privé du cœur, sans force ; *abroutit*, de *a*, de *brout* et de *it* : privé de ses bourgeons, ébourgeonné, etc. v. c. m. Ces derniers mots sont propres à notre langue et prouvent, d'une manière indubitable, l'analogie qu'elle a avec la grecque.

A, prépos. **à**, est toujours marqué de l'accent grave ; *a*, *ad*, ital., *a*, esp., port.

Éty. du lat. *ad*, *ab*, ou *a*, dans leurs diverses significations ; il marque en général la proximité ou l'action de se rapprocher. Cette préposition a une infinité de significations différentes qu'il serait trop long de rapporter : nous nous bornerons à inscrire ici celles qui s'éloignent le plus des tournures françaises, et qui pourraient donner lieu à des solécismes si l'on traduisait littéralement.

A la fin, enfin.
A la longa si veira, qui vivra verra.
A lor vida, vl. de leur vie.
Venir, *arribar à bona houra*, venir, arriver de bonne heure, et non *à bonne heure*.

A, est souvent employé au lieu de *de* ou de *en* par les Provençaux. Traduisez :
A bona houra, par : de bonne heure.
Lou fraire à madama, le frère de madame.
Home à talent, homme de talent.
Coupar à mouceous, couper en morceaux.
Caminar à peds nuds, marcher nu-pieds, ou pieds nuds ; *nu*, est invariable en français lorsqu'il précède le substantif.

Dans la langue romane, *a*, prép., est toujours suivi de *z* ou de *d*, quand le mot suivant commence par une voyelle, pour éviter les hiatus : *Per esquivar lhyat deu cascus pauzar* z o d *aprop* a *preposition*. Flors del gay sab.

A, prép. conj. vl., est quelquefois employé au lieu de *ab*, *am*, *ame*, avec ; v. c. m. *A mot granda dolor*, avec, ou en grande douleur ; *a ma via*, au lieu de : pour la vie.

A, troisième personne du verbe *aver*, avoir, au présent de l'ind. sing. : il ou elle a ; il ne porte point d'accent, ce qui le distingue de l'*à*, prépos.

Éty. du lat. *habet*, l'allemand *hat*, l'ital. *ha* et le prov. *a*. V. *Ab*, R.

A, désinence caractéristique du féminin, à très-peu d'exceptions près, et à laquelle plusieurs écrivains ont mal à propos, substitué le *o*, le *ou* ou le *e*. V. le Traité d'orthographe. Ainsi, *bon*, doit s'écrire au féminin *bona* ; *grand*, *granda* ; *caval*, *cavala* ; *cat*, *cata* ; *chin*, *china* ; *fach*, *facha* ; *agreable*, *agreabla* ; *ambitious*, *ambitiousa* ; *verminous*, *verminousa* ; *galant*, *galanta*, etc.

Cette désinence indique aussi la troisième personne du singulier de l'indicatif présent des verbes en *ar* : *ama*, *camina*, *canta*, *parla*, etc. ; ainsi que la première personne du singulier de l'impératif des mêmes verbes.

A, marqué d'un accent aigu, *á*, indique la troisième personne du singulier du futur :

amarà, *parlarà*, *finirá*, *rendrá*, etc.

A, est souvent employé seul, dans les anciens manuscrits, pour tous les noms de baptême qui commencent par cette lettre, comme : *Arnaud*, *Arnald*, *Antoni*, *Armand*, etc., etc.

AB

AB, et ses variétés, *abs*, *a*, *au*, *av*, *az*, sont autant de particules initiales ou inséparables qui, dérivées du lat. *a* ou *ab*, ajoutent aux mots qu'elles servent à former, l'idée d'éloignement, de séparation, de disjonction, d'extraction, d'écart, d'isolement.

Abus, de *ab* et de *us*, éloigné de l'usage.

Aversion, de *a* et de *version*, qui écarte du lieu, qui renvoie loin.

Avertir, de *a* et de *vertir*, de *verto*, tourner loin, faire prévoir de loin.

Avugle, aveugle, de *av* pour *ab*, et de *ugle*, pour *oculus*, œil.

Abstenir, de *abs*, loin, et de *tenir*, se tenir loin de...

Absença, de *abs*, loin, et de *ença*, ce qui est.

Ces mêmes initiatifs font quelquefois naître l'idée d'augmentation, comme dans *absourbar*, absorber, de *ab* et de *sorbere*, boire jusqu'à la fin.

AB, prép. conj. vl. AM, A. A, auprès, quoique, avec : *ab el*, avec lui ; *ab me*, avec moi ; *ab si*, avec soi. V. *Ame*. *Ab tan*, vl. Cependant.

Éty. du lat. *ab*, qu'on trouve dans certains écrits de cette langue, avec la signification de *avec*. M. Raynouard pense que ce mot est dérivé de *habere*, comme indiquant la possession et l'adhérence des objets entre eux.

ABA

ABA, vl. V. *Abbe* et *Abbat*, R.

ABAC, rad. dérivé du grec ἄβαξ, αχος (abax, abakos). Table propre à tracer des figures de géométrie ; table, panier, dessus des chapiteaux des colonnes, etc. ; d'où :

Abac, *Abac-o* ; et, selon plusieurs, *Banc* et ses dérivés. V. *Banc*.

ABAC, s. m. vl. *Abach*, anc. cat. *Abaco*, ital. *Abacus*, b. lat. Arithmétique. V. *Arithmetica*.

Éty. V. *Abaco* et *Abac*, R.

ABACHAR, dg. alt. de *abaissar* ; v. c. m. et *Bas*, R.

ABACINAR, v. a. vl. *Abbacinare*, ital. Priver en partie de la vue ; éblouir. V. *Esbleougear*.

Éty. de la basse lat. *abacinare*, m. s. ; probablement dérivé de l'anc. ital. *bacio*, lieu couvert, sombre. V. aussi *Ubac*.

ABACO, s. m. (abáque) ; *Abaco*, esp. port. ital. Abaque, couronnement du chapiteau d'une colonne sur lequel porte l'architrave et qu'on nomme aussi Tailloir.

Abaque ou table de Pythagore, est aussi le nom d'un tableau divisé en petites cases, où les nombres se trouvent multipliés les uns par les autres.

Éty. du lat. *abacus*, m. s. V. *Abac*, R. On fait venir ce mot du phénicien *abak*, poussière, parce qu'on en couvrait la table sur laquelle on voulait écrire.

Pythagore inventa cette table de multiplication, vers l'an 540 avant J.-C.

ABACTOR, s. m. vl. Dans les vieux actes ce mot est synonyme de voleur et particulièrement de voleur de bestiaux : *Abactor est fur jumentorum et pecorum*. Isid. 10. Orig.

Éty. du lat. *abactor*, voleur de bestiaux à force ouverte ; fait de *abigere*, emmener de force.

ABADA, Garc. V. *Debada*. Quoique, bien que.

ABADALHAT, ADA, adj. et p. (abadaillá, áde), d. du Var. Très-ouvert, entièrement ouvert, en parlant des portes, etc. V. *Badier* et *Bad*, R.

ABADARNAR S', v. r. (s'abadarná), d. du Var. Se crevasser, se fendre, en parlant d'un mur. V. *Bad*, R.

ABADARNAT, ADA, adj. et part. V. *Esbadarnat*. Il paraît que dans le Var ce mot signifie encore : fêlé, crevassé, d'après Garcin.

Éty. de *badar*, ouvrir. V. *Bad*, R.

ABADEIRAT, ADA, adj. et p. (abadeïrá, áde). V. *Badier*, Garc. et *Bad*, R.

ABADESSA, V. *Abbadessa*.

ABADIA, V. *Abbadia* et *Abbat*, R.

ABADIA, s. f. vl. *Abetaia*, ital. Forêt de sapins. V. *Pineda*.

Éty. du lat. *abies*, sapin.

ABADIL, adj. vl. V. *Abbatial*.

ABAIAR, v. a. vl. Désirer avec avidité. V. *Bad*, R.

ABAIAT, ADA, adj. et p. vl. Désiré, ée. V. *Bad*, R.

ABAICHAGI, s. m. (abeïchádgi), dial. de Valensole. V. *Abaissament*.

ABAICHAIRE, s. m. (abeïchâïré), m. d. Qui abaisse.

ABAICHAMENT, etc., m. d. V. *Abaissament*, etc.

ABAIR, v. a. (abaïr) ; rom. Désirer, convoiter. V. *Desirar*.

Éty. Ce mot paraît être formé de *ab* qui marque privation, et de *air* ; qui ne hait pas, qui désire. V. *Hai*, R. ; ou du lat. *avere*, *aveo*, désirer avec ardeur.

ABAIS, s. m. vl. Abaissement. V. *Abaissament* et *Bas*, R. Il ou elle abaisse.

ABAISSADA, s. f. (abeïssáde), dl. *Baxada*, esp. Inclination, action de pencher la tête ou le corps en signe de respect ou d'acquiescement : *Le prelat d'amb'un abaissada de cap, li mostrá sa pensada*. Sauv.

Éty. de *abaissar* et de *ada*. V. *Bas*, R.

ABAISSAGI, s. m. (abeissádgi) ; ABAICHAGI, dm. *Abbassagione*, ital. V. *Abaissament*.

ABAISSAMENT, s. m. (abeissaméin) ; ABEISSAMENT, ABAISSAGI, ABAISSAMEN. *Abaixamiento*, esp. *Abbassamento*, ital. *Abaixamento*, port. *Abaxament*, cat. Abaissement, action d'abaisser ou de s'abaisser, et le résultat de cette action ; humiliation, décadence.

Éty. de *a*, de *bas* et de *ment*, état d'une chose basse. V. *Bas*, R.

ABAISSAR, v. a. (abeïssá) ; ABEISSAR, BAISSAR. *Abaxar*, esp. *Abbassare*, ital. *Abaixar*, port. cat. Abaisser, mettre plus bas, faire descendre ; humilier, réprimer, ravaler. S'ABAISSAR, s'abaisser, devenir plus bas, moins élevé ; s'avilir, se dégrader.

Éty. de *a*, de *bas* et de *ar*, mettre ou se mettre plus bas.

ABAISSAT, ADA, adj. et p. (abeïssá, áde) ; ABEISSAT, ABAICHAT. *Abaxado*, esp. *Abaixado*, port. *Abbassato*, ital. Abaissé, ée, mis, placé plus bas ; humilié.

Éty. de *a* pour *ad*, de *bas* et de *at* ; placé en bas. V. *Bas*, R.

ABAISSEZA, s. f. vl. m. sign. qu'*Abaissament* ; v. c. m.

Éty. V. *Bas*, R.

ABAITAN, vl. Aussitôt.

ABAJERA, s. f. (abadgére). Nom que porte dans les Pyrénées, l'airelle rouge, *Vaccinium vitis idæa*. Lin. Petit arbuste de la fam. des éricacées, qu'on trouve dans les bois élevés.

Éty. probablement de *a*, de *baie* et de *era* ; qui produit des baies.

ABAJOUR, V. *Abatjour*.

ABAJOUS, s. m. (abadjous) ; ADAJOUS. Nom toulousain du fruit de l'airelle rouge.

ABALAN, V. *Abellan*.

ABALANDRAR, v. a. (abalandrá), dl. *Abalanzar*, esp. Balancer. Sauv.

Éty. V. *Balanç*, R.

ABALAUSIR, v. a. (abalaousír). V. *Debalausir*.

ABALIR, v. a. (abalír) ; ABARIR, ACOURIR, AVARIR, ESCOUTIR. Sauver, garantir, préserver, mettre à l'abri : *Pouedi ren abalir dins moun jardin*, je ne puis rien conserver dans mon jardin, on me vole tout. Ce verbe désigne aussi, dans quelques pays, l'action de nourrir un enfant, un animal, jusqu'à ce qu'il puisse manger seul. Élever, croître.

Éty. de *alere*, nourrir, et de *ab*, pour ; d'où *abaler*, *abalir*, *abalit*.

ABALIR, v. n. ABAHIR, AVALIR. Demeurer, rester. Perdre, égarer.

Éty. du lat. *apparere*, paraître.

ABALIR S', V. *Avarir s'*.

ABALISCA, V. *Avalisca*.

ABALIT, IDA, part. (abalí, íde) ; ESCOUTIT. Préservé, ée ; nourri, conservé.

ABALLIAR, v. a. (obollià), d. b. lim. *Aballar*, esp. Gauler, abattre. V. *Acanar*.

Éty. de *a* pour *ad*, de *bal* pour *val*, et d'*iar* ; jeter en bas. V. *Val*, R. 2.

ABALOOUDIT, alt. de *abalourdit* ; v. c. m. et *Lourd*, R.

ABALOOUSIR, dl. V. *Abalourdir* et *Lourd*, R.

ABALOURDIR, v. a. (abalourdir) ; ABASOURDIR, ESBALOURDIR, ABALOOUDIR, ABALOOUSIR, ABAROOUDIR. *Abbalordire*, ital. Abasourdir, étourdir, consterner, jeter dans l'abattement.

Éty. de *ab*, de *lourd* et de *ir* ; tomber lourd. V. *Lourd*, R.

ABALOURDIT, IDA, IA, adj. et part. (abalourdí, ide, ie) ; ABALOOUDIT, ABALAUDIT. Abasourdi, ie, étonné, consterné.

Éty. de *ab*, de *lourd* et de *it* ; devenu lourd. V. *Lourd*, R.

ABALSES, s. m. (abálsés). Un des noms languedociens du chêne au kermès. V. *Avaus*.

ABAN, vl. V. *Abans*.

ABANCAR, v. a. (obonçá), d. bas lim. Creuser des fossés dans un champ, de manière que la terre que l'on retire de l'un serve à combler l'autre.

Éty. de *a*, de *banc*, fossé, et de *ar*.

ABANCHAS, adv. vl. Avant. V. *Abans*, *Avant* et *Ant*, R.

ABANDA, adv. (abándc), dl. A part, à l'écart, loin d'ici, laissons cela : *Faissous* (façouns) *abanda*, trève de cérémonies.

Éty. *Abanda* est évidemment composé de la prép. *à*, et de *banda*, comme on dit *banda à part*. V. *Band*, R.

ABANDEIRAR, v. a. (abandeirá); PAVESAR, PAVOISAR. Pavoiser, garnir un vaisseau de pavois.

Éty. de *bandiera*, pavillon, et de *ar*, mettre les pavillons. V. *Band*, R.

ABANDEIRAT, adj. et part. (abandeirá). Pavoisé, orné de ses pavillons.

Éty. de *a* aug., de *bandiera* et de *at;* qui a mis les pavillons. V. *Band*, R.

ABANDO, expr. adv. vl. *Abando*, cat. En toute liberté, de tout son élan, à l'abandon, à l'excès, sans retenue.

Éty. de *aban* et de *do* pour *don;* abondant, généreusement.

ABANDON, s. m. vl. Penchant, volonté. V. *Abandoun*.

Éty. V. *Doun*, R.

ABANDONADAMENT, adv. vl. ABANDONADAMEN. En toute hâte, sans réserve. V. *Abandounament*.

ABANDONAR, v. a. vl. V. *Abandounar* et *Doun*, R.

ABANDOUN, s. m. (abandóun); *Abbandono*, ital. *Abandono*, esp. port. *Abandó*, cat. Abandon, état d'une personne ou d'une chose abandonnée. — Abandonnement, négligence agréable d'une personne qui n'affecte rien, soit dans sa parure, soit dans ses discours; donation forcée faite par un débiteur à ses créanciers; déréglement de mœurs.

Éty. V. *Abandounar* et *Doun*, R. : *Faire l'abandoun*, faire l'abandonnement; *à l'abandoun*, à l'abandon, expr. adv., au pillage, à la merci des passants, des animaux ou du temps.

ABANDOUNAMENT, s. m. (abandounaméin); *Abandonamiento*, esp. *Abbandonamento*, ital. *Abandono*, port. Abandonnement, délaissement entier de tous les biens d'un débiteur à ses créanciers; état de la chose abandonnée, déréglement sans fin.

Éty. de *abandounar* et de *ment*. V. *Doun*, R.

ABANDOUNAR, v. a. (abandouná); LAISSAR, RENOUNCIAR. *Abbandonare*, ital. *Abandonar*, esp. port. cat. Abandonner, quitter, délaisser, renoncer.

Éty. *Abandon*, qui s'écrivait anciennement *à bandon*, désignait un don abondant et sans restriction : *abundans donum;* pris adverbialement, on l'employait pour abondamment, sans réserve, en propriété : *abundanter;* enfin le verbe abandonner signifiait donner sans réserve, donner à foison, avec profusion, avec prodigalité : *abundanter donare;* et le participe *abandonné*, libéral, généreux, prodigue : *abundans*. Selon Pasquier, *abandonner*, serait composé de *à ban donner*, donner à ban, exposer à la discrétion du public. Mais le mot *ban* n'a jamais désigné une chose publique. Ménage le dérive de l'ital. *abbandonare*, fait de *bando*, *bandonis*, qu'on aurait dit pour *bandum*, *bandi;* Roq. Denina, t. 3. p. 1. du germ. *ab*, prép. de *haud*, main, et de *do* qui est le même mot que *thun*, signifiant *facere;* je laisse sortir de la main, je cède. V. *Doun*, R. M. Latouche le fait venir de l'hébreu *abad*, errer.

ABANDOUNAR S', v. r. *Abandonarse*, esp. port. *Abbandonarsi*, ital. S'abandonner, se livrer ou se soumettre entièrement à..... se lancer..... se prostituer..... commencer à marcher seul, en parlant des enfants.

ABANDOUNAT, ADA, adj. et p. (abandouná, áde); *Abandonado*, esp. port. *Abbandonato*, ital. Abandonné, ée, délaissé, désert.

Éty. de *abandoun* et de *at*, m. à m. ; livré à l'abandon. V. *Doun*, R.

ABANS, adv. vl. ABANCHAS, ANS, ENANS, ABAN. *Abans*, cat. Avant, auparavant, au contraire. V. *Avant*.

Éty. de la basse latin. *ab-ante*. V. le rad. *Ant*.

ABANTURA, dg. V. *Aventura*, et *Ven*, R.

ABARA, adj. (abáre), dl. et g. Angleuse (noix). V. *Estrechana*.

Éty. *abara*, pour *avara*, avare, parce qu'on ne peut qu'avec peine, extraire l'amande du zeste et de la coquille. V. *Avar*, R.

ABARAR, dl. V. *Barrar* et *Barr*, R.

ABARBADAR, v.a. (oborbodá), d. b. lim. Au propre, abecquer, donner la becquée ; fig. nourrir des personnes qui sont dans l'indigence; donner la vie, la nourriture. V. *Barb*, R.

ABARBADOUR, s. m. (abarbadoú). Lieu où l'on plante pour faire jeter des racines.

Éty. de *abarbar* et de *our*. V. *Barb*, R.

ABARBAR, v. a. (abarbá); EMBARBAR. *Abbarbicare*, ital. Mettre une plante, une branche en terre pour qu'elle prenne racine.

Éty. de *a* pour *ad*, de *barba* et de l'act. *ar*, m. à m. ; pour prendre de la barbe. V. *Barb*, R.

ABARBASSIT, adj. et p. (abarbassi), dl. Barbu, ou qui a trop laissé croître sa barbe.

Éty. de *a* augm., de *barba* et de la term. pass. *it;* qui a beaucoup de barbe. V. *Barb*, R.

ABARBOULAT, ADA, adj. et p. (abarboulá, áde) ESBARBOULAT. Fendu, ue; entr'ouvert; on le dit du brou des noix et de celui des amandes, quand il commence à s'ouvrir, à se diviser comme les barbes d'une racine.

Éty. V. *Barb*, R.

ABARCOURIT, dl. V. *Avercoulit*.

ABARE, dl. (abáré). V. *Estrechana* et *Abara*.

Éty. V. *Avar*, R.

ABAREGEADIS, s. m. (abaredjadis), dg. ABARREGEADIS. Multitude. D'Astros.

Éty. de *a* augm., de *barra* et de *egeadis;* encombrement de barres, grand nombre. V. *Barr*, R.

ABARESSIA, s. f. (abaréssie), d. toul. Avarice. V. *Avariça* et *Avar*, R.

ABARET, adj. dl. m. sign. que *Estrechan, ana*.

Éty. dim. de *abare* pour *avare*. V. *Abara* et *Avar*, R.

ABARIR. V. *Abalir*.

ABARMIR S', v. r. (s'abarmir), dl. Se préparer. Sauv. V. *Preparar se*.

Éty. Ce mot paraît dériver de la basse lat. *abarnare*, se montrer, se produire, se découvrir ; d'où le belge *baren*, qui a la m. s.

ABARMIT, adj. et p. (abarmí), dl. ou ABORMIT. Préparé. Sauv. V. *Preparat*.

Éty. V. le mot précédent.

ABARNAR, v. a. vl. Montrer publiquement, faire paraître.

Éty. de la basse latinité *abarnare*, qu'on dérive de l'all. *bar*, nu; d'où le belge *baren*, montrer, manifester, qui, avec la prép. *ab*, dont la signification est la même que la latine *ex*, et la term. act. *ar*, fait *arbarenare*. et par sync. *abarnar*. V. *Esbadarnar*.

ABAROOUDIR, V. *Abalourdir*.

ABARRE, ARRA, dl. *Nouze abarra*, noix cerneuse. V. *Estrechana*.

Éty. Alt. de *abara;* v. c. m. et *Avar*, R.

ABARREGEA, adv. (abarédge), dl. Pêle-mêle.

Éty. V. le mot suivant.

ABARREGEAR, v. a. (abaredjá), dl. Mêler, mélanger. V. *Mesclar*.

Éty. de *a*, de *barra* et de *egear*, mettre des barres, c'est-à-dire, des entraves ; mêler, brouiller. V. *Barr*, R.

ABARTASSIT, adj. et part. (abartassí), dl. Couvert de buissons : *Aubre abartassit*, arbre rabougri, ravalé.

Éty. de *a* pour *ad*, de *bartas*, buisson, et de *it*. Litt. ; devenu buisson. V. *Bart*, R.

ABARUT, V. *Barut*.

ABASANIT, IDA, IA, adj. et p. (abasaní, ide, ie); BASANAT. Languissant, pâle, décrépit, usé, demi-pourri ; en parlant d'une planche, dl.

Éty. de *a*, de *basana* et de *it;* devenu comme de la basane, d'un jaune de basane. V. *Basana*.

ABASIMAR, V. *Abymar*.

Éty. V. *Abym*, R.; ou de *a* pour *ad*, de *bas*, de *im* et de *ar;* mettre au plus bas. V. *Bas*, R. Fatiguer ; i lest aussi réciproque.

ABASINAT, V. *Abymat* et *Bas*, R.

ABASOURDIR, v. a. (abasourdír). *Sbalordire*, ital. Abasourdir, V. *Estourdir*.

Éty. de *aba*, de *sourd* et de *ir*, faire devenir sourd. V. *Sourd*, R.

ABASOURDIT, IDA, adj. et p. (abasourdí, ide); *Sbalordito*, ital. Abasourdi, ie. V. *Estourdit* et *Sourd*, R.

ABASSAC, ad. (abassác), dl. A bas, par terre. Sauv.

Éty. Comme si l'on disait : *A bas lou sac*. V. *Bas*, R.

ABASSAT, ADA, adj. et p. vl. Déchu, ue ; abaissé, ée. V. *Abaissat* et *Bas*, R.

ABASTAMEN, s. m. vl. *Bastamen*, anc. cat. *Abastamiento*, anc. esp. *Abastadamente*, esp. mod. *Abastança*, port. Suffisance, abondance.

Éty. de *a*, de *bastar* et de *men*, pour *ment*. V. *Basta*, R. adv. Suffisamment.

ABASTANÇA, adv. (abastánce). *Abastanza*, esp. *Abbastanza*, ital. Suffisamment, assez. V. *Bastança* et *Bastà*, R. *Non abastança*, vl. vaud. Impuissance.

ABASTANTAMENT, adv. d. vaud. *Abastadamente*, esp. port. Suffisamment. V. *Basta*, R.

ABASTAR, v. n. (abastá), dl. *Abastar*, cat. esp. port. *Abastare*, ital. Tourner à bien ou à mal, suffire, atteindre, pourvoir, abonder.

Éty. de *a* augm. et de *bastar*, suffire. V. *Basta*, R.

Aquellos nautos tours gravados al sisel,
Qu'ambe dos canos mai abastarion al cel.
Bergoing.

ABASTARDIR, v. r. (abastardir); EMBASTARDIR, ABOURDIR. *Abastardar*, esp. *Abbastardire*, ital. Abâtardir, faire dégénérer, corrompre, altérer le naturel.

Éty. de *a*, de *bastard* et de *ir*; rendre bâtard. V. *Bastard*, R.

ABASTARDIR S', v. r. S'EMBASTARDIR. *Bastardear*, port. S'abâtardir, dégénérer.

ABASTARDISSAMENT, s. m. (abastardissaméin); EMBASTARDISSAMENT, GASTADURA. *Abbastardimento*, ital. Abâtardissement, altération d'une chose qui déchoit de son état naturel. V. *Bastard*, R.

ABASTARDIT, IDA, adj. et p. (abastardi, ide); EMBASTARDIT. *Abastardado, ada*, esp. Abâtardi, ie, dégénéré. Litt.; devenu bâtard. V. *Bastard*, R.

ABASTAT, ADA, adj. et p. vl. *Abastado*, esp. port. Rassasié, ée; pourvu, ue; qui en a suffisamment. V. *Basta*, R.

ABAT, sous rad. composé de *bat*, *batuere*, et de *a* pour *ad*; battre jusqu'à tomber, renverser, démolir. V. *Bat*. Henri Et. le dérive de *Bassus*. V. *Bas*; et Ménage de l'ital. *abbattere*; il en est qui le font venir de *vastare*. Dérivés : *Abat-a-ment, Abat-e-ment, Abat-is, Abat-jour, Abat-re, Abat-ur, Abat-ut, uda, R-abat-re, R-abat-ut, Abat-e, R-aban-is, R-abas, R-abat, R-abata-men, Re-bat-ua, Abat-ent*, etc.

ABAT. V. *Abbat*.

ABATALHAR, et :

ABATALHAR S'. Jeter des pierres avec la fronde. V. *Batalhar* et *Batr*, R.

ABATAMENT, s. m. (abataméin); *Abbattimento*, ital. *Abatimiento*, esp. *Abatimento*, port. Abattement, affaiblissement, chute, diminution de force ou de courage, renversement.

Éty. de *abatre* et de *ment*. V. *Abat*, *R*.

ABATAMENT, s. m. vl. ABATAMEN. Déduction, rabattement.

Éty. de *a*, de *abat* et de *ment*, action de mettre plus bas, d'abattre. V. *Abat*, R.

ABATE, anc. béarn. V. *Abatre* et *Abat*, R.

ABATEMENT, s. m. vl. ABATEMEN. V. *Abatament*, chute, renversement. V. *Abat*, R.

ABATENT, s. m. (abatéin). *Abattant*, espèce de volet qu'on élève ou qu'on abat à volonté, pour donner plus ou moins de jour à une boutique. V. *Abat*, R.

ABATIS, s. m. (abatis); TOUMBADA. Abatis; ce mot désigne en général une grande quantité de débris d'une chose donnée; c'est ainsi qu'on appelle abatis d'arbres, de maisons, de bois, etc. plusieurs maisons, plusieurs arbres renversés, etc. Les bouchers désignent par ce nom le cuir, les pieds, les tripes, etc., des bêtes tuées; et les cuisiniers, les ailes, le cou, les pieds, le foie des volailles, etc.

Éty. de *abat*, rad. et de *is*. V. *Abat*, R.

ABAT-JOUR, s. m. (abadjóur); ABAJOUR. Abat-jour, espèce de fenêtre dont le plafond et l'appui sont inclinés à l'horizon, pour abattre le jour dans les lieux souterrains; mais en Provence on entend plus particulièrement par *abat-jour*, une jalousie. V. *Jalousia* et *Abat*, R.

ABATRE, v. a. (abátré); JITAR AU SOOU. *Abbattere*, ital. *Abatir*, esp. *Abater*, port. *Abatrer*, cat. Abattre, jeter bas, mettre à bas, vaincre, renverser, affaiblir, faire perdre courage : *Abatre un houstau*. V. *Encalar*. *Abatre de noses*. V. *Acanar*. Rabattre.

Éty. du lat. *batuere* et de *ad*, battre jusqu'à..., sous entendu terre, ou de l'ital. *abbattere*, m. s. V. *Abat*, R.

ABATRE S', v. r. BROUNCAR, TOUMBAR. *Abater-se*, port. S'abattre, tomber, en parlant d'un cheval. V. *Abat*, R.

ABATRE, v. n. en t. de mar. Déchoir, dériver, s'écarter, de son chemin. V. *Abat*, R.

ABATUR, s. m. (abatúr); *Abbattitore*, ital. *Abatidor*, esp. Abatteur; qui abat.

Éty. de *abat* et de *ur*.

ABATUT, UDA, adj. et p. (abatú, úde); *Abatido*, esp. port. Abattu, ue, renversé, démoli, affaibli, déprécié, en parlant de la monnaie.

Éty. de *abat* et de *ut*.

ABAU, vl. Il ou elle plaît, convient, appartient.

ABAUCAR, v. n. (abaoucá); ABOOUCAR, BAUCAR, ACALAR, ADOUCIR, AMAISAR, REMAISAR, RAMAISAR, RAMAUSAR. *Apagar*, esp. S'apaiser, se calmer, s'adoucir, en parlant du temps, du vent, etc. : *Lou vent abauca*, le vent se calme.

Éty. du grec ἀβακέω (abakeô), se taire; formé de α priv. et de βάζω (bazô), parler, ou de βάξις (baxis), rumeur.

ABAUCAT, ADA, adj. et p. (abaoucá, áde); *Apacado*, esp. Apaisé, ée, calmé, adouci : *Lou vent a abaucat*, le vent est calmé.

Éty. V. *Abaucar*.

ABAUCAT, ADA, adj. et p. Couvert de verdage, de stipe aristée. V. *Bauca*. Garc.

ABAUCHAR S', dl. V. *Abouchounar s'* et *Bouc*, R.

ABAUDIR S', v. r. (s'abaoudir); ABOOUDIR. Prendre l'essor, se produire, se lancer dans le monde.

Éty. Ce mot semble composé de *ab*, de *aut* et de *ir*; aller en haut.

ABAUSIR, v. imp. (abaousir); ABAUZIR, dl. term. de *magnanerie*. Foisonner : *Aquella fuelha abausis*, cette feuille foisonne. On dit aussi d'une étoffe de durée qu'*abausis*, qu'elle est d'un bon user.

Éty. Probabablement dérivé du lat. *adaugere, adaugeo, adauxi*, augmenter, accroître, multiplier, par le changement du *d* en *b*, et de l'*x* en *s*.

ABAUTIR, v. n. (abaoutir), dl. Pâmer, tomber en défaillance : *S'abautis d'aquit aquit*, il s'évanouit à toute heure, et non *il évanouit*. Sauv.

ABAUVAMENT, s. m. (abaouvaméin); ABAUZAMENT. Prosternement, prosternation, et non prostration, qui a une autre signification.

Éty. de *abauvar* et de *ment*. V. *Paus*, R.

ABAUVAR, v. a. (abaouvá); ABAUZAR, ABOOUVAR, ABOUCHOUNAR. Retourner un vase, un vaisseau; les poser le creux ou le goulet en bas, dl. Prosterner, assommer, accabler.

Éty. de *a*, contre, en sens contraire, et de *bauvar* pour *pauvar*, poser, poser à la renverse. V. *Paus*, R.

ABAUVAR S', v. r. S'ABAUZAR, S'ABOUCHOUNAR. Se coucher sur le ventre. V. *Abouchounar s'* et *Paus*, R.

ABAUVAT, ADA, adj. et p. (abaouvá, áde); ABAUZAT. Couché la face contre terre. V. *Abouchounat*. Accablé, excédé, dl.

Éty. de *a*, de *pauva* et de *at*; posé à contre-sens. V. *Paus*. R.

ABAUZAMENT, dl. V. *Abauvament* et *Paus*, R.

ABAUZAR, V. *Abauvar* et *Paus*, R. Prosterner, tomber sur sa face.

ABAUZOS, s. m. (abáouzos) vl. Prosternement, prosternation. V. *Paus*, R.

ABAUZOUS D', vl. V. *Abouchoun d'*, et *Paus*, R.

ABAVER, v. n. (abavé), vl. Convenir, appartenir. V. *Counvenir*, *Revenir*.

Éty. de *ab* et de *aver*. V. *Ab*, R.

ABAYA, s. f. (abéïe). V. *Abbadia* et *Abbat*, R.

ABAYSH, s. m. vl. *Abayshes*, au pl. Couvercle. V. *Bas*, R.

ABAYSSADOR, s. m. vl. ABAYSSAIRE. *Baxador*, *Abaxador*, cat. Abaisseur; qui abaisse.

Éty. de *abaissar* et de *ador*. V. *Bas*, R.

ABAYSSAIRE, vl. V. *Abayssador*.

ABAYSSAR. V. *Abaissar*.

ABB

ABBADESSA, s. f. (abadésse); ABBATESSA, ABBESSA. *Abbadessa*, ital. port. *Abadesa*, esp. *Abadessa*, cat. Abbesse, supérieure d'un monastère de filles, et par extension, la princesse de la jeunesse, la reine d'un bal, choisie par l'Abbat.

Éty. du lat. *Abbatissa*, m. s. V. *Abbat*, R.

Rodegonde, quatrième femme de Clotaire premier, qui fonda à Poitiers, vers l'an 567, le premier monastère de femmes que l'on ait vu en France, est regardée comme la première Abbesse.

ABBADIA, s. f. (abadie); ABBEYA, ABADIA. *Abadia*, esp. cat. *Abbadia*, ital. port. Abbaye, monastère d'hommes gouverné par un abbé, ou de femmes gouverné par une abbesse. — Biens et bâtiments qui en font partie.

Éty. du lat. *abbatia*, m. s.; fait du grec ἀββατεία (abbateia), maison de l'abbé. V. *Abbat*, R.

L'institution des Abbayes remonte à celle des moines, et date du premier concile œcuménique de Nicée, vers l'an 325. Celle du Mont-Cassin est regardée comme la plus ancienne; et en France, celles de Cluny, de St-Denis et de Ste-Geneviève. V. *Abbadessa*.

ABBAT, rad. dérivé du lat. *abbatis*, gén. de *abbas*; pris du syriaque *abba*, père, nom qu'on donna au chef des premiers solitaires qui se réunirent en société, pour lui faire connaître par là, toute l'étendue de ses devoirs. Dérivés : *Abbat, Abbat-ial, Abbat-essa*; et par le changement du *t* en *d*, *Abbad-essa, Abbad-ia*; par métagr. de *a* en *e* *Abbet, Abber-ot, Abb-essa, Abbet-as, Ab-bet-oun, Abbet-ot*.

ABBAT, s. m. (abá); ABAT. *Abad*, cat. esp. *Abbade*, port. *Abbate*, ital. *Abat*, anc. esp. Nom qu'on donne en Provence, au chef de la danse ou prince de la jeunesse. En vl.

chef d'une abbaye. V. *Abbet* et *Abbat*, R.

S'en vai trouba moussur l'abat,
Qu'es aquel que das mariages
De chacun levo lous peages.
Le Sage de Montpellier.

ABBAT-DE-MOULIN-D'OLI, s. m. dl. Maître valet d'un pressoir à huile.

ABBATESSA, V. *Abbadessa* et *Abbat*, R.

ABBATIAL, ALA, adj. (abaciál, ále); *Abbaziale*, ital. *Abacial*, esp. port. Abbatial, ale, appartenant à l'abbé, à l'abbesse ou à l'abbaye.

Éty. du lat. *Abbatialis*, m. s. V. *Abbat*, R.

ABBEROT, dg. Petit abbé. V. *Abbetoun* et *Abbat*, R.

ABBESSA, V. *Abbadessa* et *Abbat*, R.

ABBET, s. m. (abè); ABBE, ABBAT. *Abad*, esp. *Abbate*, ital. *Abbade*, port. Abbé, supérieur d'une abbaye d'hommes, et par extension, tout individu qui porte légalement l'habit ecclésiastique, mais plus particulièrement les clercs et les tonsurés. V. *Abbat*, R.

On croit que ce titre n'est guère plus ancien que le concile de Nicée et que les ecclésiastiques séculiers ne le prirent que sur la fin du VIIIme siècle; les simples clercs ne s'en sont décorés que longtemps après.

ABBETAS, s. m. (abetás); *Abatone*, ital. Grand, gros et vilain abbé.

Éty. de *abbet* et de *as*. V. *Abbat*, R.

ABBETOUN, s. m. (abetoún); ABBEROT, ABBETOT. Petit ou jeune abbé.

Éty. de *abbet* et du dim. *oun*. V. *Abbat*, R.

ABBLUCIO, vl. V. *Ablution*.

ABC

A-B-C, s. m. (abécé); ABECE, ABECEDARI, ABECEDERO, SANTA-CROUS, BESSAROLAS. *Abbici*, ital. *A-b-c*, port. *Abece*, esp. L'a-b-c, l'alphabet, le petit livre qui le contient, et fig. le commencement, les premiers principes d'un art, d'une science.

ABCES, s. m. (abcès); ACHAMP. *Ascesso*, ital. port. *Absceso*, esp. Abcès, amas de pus ou de matière puriforme, formé à la suite d'une inflammation. V. *Achamp*.

Éty. du lat. *abscessus*, formé de *abscedere*, s'éloigner, s'écarter, parce que la peau s'éloigne des parties auxquelles elle était contiguë auparavant.

Celse paraît être le premier auteur qui ait employé le mot *abscessus*, au lieu d'*apostema*, dont on se servait avant lui, pour désigner le même amas de matières.

ABCINDIR, vl. V. *Abscindir*.

ABCINDIT, ITA, adj. et p. vl. Coupé, ée; détaché, ée.

Éty. du lat. *ab* et de *scindit*, *scindere*, fendre, couper.

ABCISSIO, vl. V. *Abcizio*.

ABCIZIO, s. f. vl. ABCISSIO, APSISIO. Retranchement, coupure, extraction.

Éty. du lat. *abscisio* et *abscissio*, m. s. de *scindere*, fendre, couper.

ABD

ABDICAR, v. a. (abdicá); REMARCIAR. *Abdicar*, esp. port. cat. *Abdicare*, ital. Abdiquer, abandonner la puissance souveraine ou les droits de cité.

Éty. du lat. *abdicare*, formé de *ab* et de *dicare*; cesser de se dédier à une chose. V. *Dedic*, R.

ABDICATION, s. f. (abdicatie-n); ABDICATIEN. *Abdicação*, port. *Abdicacion*, esp. *Abdicazione*, ital. Abdication, acte ou action par laquelle un souverain renonce volontairement à la couronne, et un particulier à sa patrie.

Éty. du lat. *abdicationis*, génit. de *abdicatio*, m. s. V. *Dedic*, R.

Un particulier *abdique* lorsqu'il quitte volontairement sa patrie; il *émigre* lorsqu'il l'abandonne pour se soustraire à des lois tyranniques; il *déserte* lorsqu'il fuit, quand sa présence serait nécessaire pour sa défense; et il devient *ennemi*, quand il passe dans les rangs étrangers contre sa liberté. La cession que David fit de sa couronne à son fils Salomon, est une véritable abdication; les plus célèbres ensuite sont celles de Dioclétien, en 305; de Charles Quint, en 1556; de Christine de Suède, en 1654; de Napoléon, en 1814 et 1815, et de Charles X, en 1830.

ABDIT, IDA, adj. vl. Caché, ée, disparu, rentré.

Éty. du lat. *abditus*, m. s.

ABDOAS, adj. num. suj. et rég. AMDOAS, AMBEDOAS. Toutes deux. V. *Du*, R.

ABDOS, vl. V. *Ambedous* et *Du*, R.

ABDUI, adj. num. vl. AMDUI, AMBEDUI, suj. m. Tous deux. V. *Ambedous* et *Du*, R.

ABDURADOR, s. m. vl. ABDUROS. Qui ne se rebute pas; endurci à la fatigue, infatigable; fier.

Éty. du lat. *abduratus*, m. s. V. *Dur*, R.

ABDURAR, v. a. vl. *adurar*, anc. esp. *addurare*, ital. Supporter, endurer, endurcir. V. *Endurar* et *Dur*, R.

ABDURAT, adj. et p. vl. Dur, formidable; se dit tant des choses que des hommes; extrême, endurci.

Éty. de *ab*, de *dur* et de *at*; rendu très-dur, endurci. V. *Dur*, R.

ABDUROS, adj. vl. Endurant, tolérant. V. *Abdurador* et *Dur*, R.

ABE

ABÈ, interj. (abè). Oui, vraiment. V. *Haben* et *Avedre*; pour prêtre. V. *Abbet*.

ABE-PLA, part. affirm. d. bas lim. Oui, certainement.

ABEBERATYE, s. m. d. béarn. Breuvage. V. *Abeouragi* et *Bev*, R.

ABECADA, s. f. (abecáde). La becquée. V. *Becada* et *Bec*, R.

ABECAR, v. a. (abecá); ABEQUAR. *Imbeccare*, ital. Abecquer ou abéquer, nourrir un petit oiseau qui ne peut pas encore manger seul, lui donner la becquée, le nourrir à la brochette.

Éty. de *a* pour *ad*, dans, de *bec* et de *ar*; litt. mettre dans le bec. V. *Bec*, R.

ABECE, s. m. (abécé); *Abece*, esp. Alphabet, l'a-b-c; v. c. m.

ABECEDARI, s. m. (abecedári). V. *Abecedero*.

ABECEDERO, s. m. (abecedère); *Abecedario*, esp. port. *Abbecedario*, ital. Abécédaire, petit livre qui contient l'a-b-c, dans lequel on apprend à connaître les lettres et leurs combinaisons. V. *A-b-c*.

ABECH, s. m. V. *Labech*.

ABECOUI, s. m. (abecóui). Benêt, imbécile. V. *Nigaud*.

ABEGADAS, dl. V. *Avegadas* et *Vic*, R.

ABEI, vl. pour Aujourd'hui. V. *Hui*.

ABEISSAR, V. *Abaissar* et *Bas*, R.

ABEL, nom d'homme (abèl); *Abele*, ital. *Abel*, esp. cat. Abel. L'Église honore le premier des justes, le 28 déc. et Abel de Reims, le 5 août.

Éty. Abel signifie: deuil, vapeur, vanité, misérable.

ABEL, dl. V. *Apier* et *Abilh*, R.

A-BEL-ABERLUC, adv. (abèl-aberlú), d. bas lim. Agir immédiatement, se déterminer sans réflexion, d'après le premier aperçu.

ABELANA, s. f. (abeláne). Nom gascon de la noisette. V. *Avellana* et *Avellan*, R.

ABELAR, v. a. (abelà); *Abbellare*, ital. *Abillar*, cat. Embellir, parer, polir, nettoyer.

Éty. de *a* augm. de *bel*, beau, et de l'act. *ar*; rendre plus beau. V. *Bel*, R.

ABELARTABAL, V. *Artabal*.

ABELETRIR, Garc. V. *Apoultrounir* et *Belître*.

ABELHA, s. f. (abéille); ABILHA. *Abelha*, port. *Abella*, cat. esp. *Abeja*, esp. mod. *Ape*, ital. Abeille; en histoire naturelle ce mot désigne un genre d'insectes de l'ordre des hyménoptères et de la fam. des apiaires ou mellites; mais dans le langage ordinaire il n'indique que l'abeille commune ou mouche à miel, *Apis mellifica*. Lin.

Éty. du lat. *apicula*, petite abeille, dim. de *apis*. V. *Abilh*, R.

On distingue trois sortes d'individus dans l'abeille à miel: les rois, mâles ou faux bourdons, *leis reis*; ils sont plus gros et plus velus que les autres; les femelles, mères ou reines, *leis reinas*, *leis belas*; caractérisées par la grosseur de leur ventre, quand elles ont été fécondées; enfin les mulets, neutres ou abeilles ouvrières, qui ne sont que des femelles dont le sexe ne s'est pas développé; elles sont les plus nombreuses, les plus petites et chargées de tout le travail.

Les jeunes abeilles portent le nom de AVETTES; et la totalité des larves, celui de COUVAIN, *grou*. V. sur les mœurs de ces intéressants animaux, les ouvrages de Réaumur, d'Hubert, et l'art. *Abeille* du Dict. des sc. nat. Voyez aussi les art. *Brusc*, *Meou* et *Cira*, de ce Dictionnaire.

D'après Justin, ce fut Aristée, roi d'Arcadie, qui apprit aux Grecs l'art de soigner les abeilles et de les rassembler dans des ruches.

ABELHA, s. f. HERBA-DE-LA-VESPA, ABILHA, HERBA-DE-MOUSCA. *Abelha-flor*, port. Nom par lequel on désigne, dans la B. Pr. selon l'auteur de la Stat. du Dép. des B. du Rh. l'ophrys abeille, *Ophrys apifera*, Smith. plante de la fam. des orchidées, dont la fleur ressemble assez bien à une abeille. V. *Abilh*, R.

ABELHANA, s. f. (abeillàne); ABELIANA. *Abejera*, esp. Un des noms languedociens de la mélisse. V. *Melissa*.

Éty. de *abelha*, parce que les fleurs de cette plante attirent les abeilles. V. *Abilh*, R.

ABELHAR, v. a. (abeillá); ABEILLAR. Mettre des essaims dans des ruches, ou des ruches dans un rucher. Garc. V. *Abilh*, R.

ABELHASSA, s. f. (abeillàsse). Grosse abeille.

Éty. de *abelha* et de *assa*. V. *Abilh*, R.

ABELHAT, ADA, adj. et p. (abeillá, áde, ou abeïá, eïáde); t. de Valensole. Percé d'une infinité de petits trous.

Éty. de *abelha*, percé comme les gâteaux de cire des abeilles. V. *Abilh*, R.

ABELHIER, s. m. (abeillié); *Abellarium*, bass. lat. *Abellar*, esp. *Abeilar*, cat. Rucher. V. *Apier* et *Abilh*, R. C'est aussi, d'après Garcin, une espèce de raisin qui attire les abeilles.

ABELHIMENT, vl. V. *Abéliment*.

ABELHIR, vl. V. *Abelir*.

ABELHOUNA, s. f. (abeillóune); *Abelhina*, port. *Abella*, esp. Petite ou jeune abeille.

Éty. du lat. *apicula*, m. s.; ou de *abelha*, et du dim. *ouna*, V. *Abilh*, R.

ABELIER, s. m. (abelié). V. *Apier* et *Abilh*, R. *Abellero*, anc. esp.

ABELIER, s. m. BAYLÈA. Troupeau de brebis et de moutons qui vont passer l'été sur les montagnes de la Haute Provence.

Éty. de *abelier* pour *avelier*, formé de *aver* et de *ier*. V. *Ab*, R.

> I'as pus haut qu'un caulet, mendit de soun mestier ;
> Un jouine enfant devie seguir soun abelier,
> A peramoun sus la hauto mountagno. Dioul.

ABELIMEN, s. m. vl. ABELHIMEN. *Abeliment*, cat. *Abbellimento*, ital. Agrément, gracieuseté. V. *Bel*, R.

ABELIR, v. n. vl. ABELHIR. *Abelir*, cat. *Abbellare*, *Abbellire*, ital. Agréer, plaire, charmer, embellir, briller, paraître beau, gracieux; devenir beau, agréable; se rendre amoureux, s'amouracher, anc. lim.

Éty. de *a*, de *bel* et de *ir*; devenir beau, parce que ce qui est beau plaît, brille, charme. V. *Bel*, R.

ABELIT, IDA, adj. vl. Charmant, ante; beau.

Éty. de *abelir* et de *it*. V. *Bel*, R.

ABELIVOL, adj. vl. Agréable, plaisant.

Éty. V. *Abelir* et *Bel*, R.

ABELLAN, ANA, adj. (abelán, áne); ABALLAN, ALABANA, ABALAN, ABELAN, ABIELANA, ABIERANA. Épithète que l'on donne aux amandes dont l'écale est friable et qui ont le goût des noisettes; et fig. aux personnes généreuses.

Éty. du lat. *avellana*, par le changement ordinaire du *v* en *b*. V. *Avellan*, R. ou du grec ἁπαλὸς (apalos), tendre.

Aver leis mans abellanas, avoir les mains percées, ou les mains toujours prêtes à donner; et iroiq. à donner des coups. Comme les amandes à écale friable donnent facilement leur noyau, elles sont devenues un emblême de la générosité; c'est pourquoi on dit d'un avare : *Es abellan comme una noui estrechana*.

En languedocien, *Aballan* est synonyme de généreux, libéral.

ABELLIR, vl. V. *Abelir* et *Bel*, R.

ABELLIT, IDA, V. *Abelit* et *Bel*, R.

ABELLUCAR, v. a. vl. Éblouir.

Éty. de *a*, de *beluga* et de *ar*. V. *Belug*, R.

ABELUC, s. m. (abelúc), dl. Affection au travail, dextérité. Sauv. V. *Abelugat* et *Belug*, R.

ABELUGAT, ADA, adj. et p. (abelugá, áde), dl. Éveillé, dispos.

Éty. de *a* pour *ad*, comme; de *beluga*, étincelle, et de *at*; comme une étincelle, sous-entendu, vif. V. *Belug*, R.

ABENAR, v. a. vl. Bonifier, améliorer, profiter, épargner, rassasier. V. aussi le m. st.

Éty. de *a*, de *ben* et de *ar*; litt. ajouter du bien. V. *Ben*, R.

ABENAR, v. a. (abenár). User ses vêtements, dissiper son bien, consommer.

Éty. de *a* priv., de *ben*, bien, et de la term. act. *ar*; se priver de son bien. V. *Ben*, R.

ABENAT, ADA, adj. et p. (abená, áde), dl. Élimé, usé, en parlant d'un homme ruiné par le travail, les maladies ou la débauche; las, fatigué, ennuyé, rassasié. V. *Ben*, R.

ABENGA, s. f. ABHENGA, vl. Petite monnaie moindre que la maille. Roq.

ABENIT, adj. et p. (abeni): *Ben abenit*, bien conditionné. V. *Ben*, R.

ABEORAR, vl. V. *Abeourar* et *Bev*, R.

ABEOUDADA, d. béarn. V. *Aveousada* et *Vuid*, R.

ABEOURADOUR, s. m. (abeouradoú); ABEOURAIRE, ABEOURAGE. *Abbeveratojo*, ital. *Abrevadero*, esp. *Bebedouro*, port. *Abeurador*, cat. Abreuvoir, lieu, auge où l'on mène boire les bestiaux; auget d'une cage. En term. d'arch. petit auget en forme de bassin, où l'on verse du mortier pour le faire pénétrer entre les pierres.

Éty. de *abeourar* et de *our*; qui sert à abreuver. V. *Bev*, R.

On dit proverbialement de quelqu'un qui aime à boire : *Vai tout soulet à l'abeouradour*, il ne faut pas le presser pour boire.

ABEOURAGE, V. *Abeouradour* et *Abeouragi*.

ABEOURAGI, s. m. (abeourádgi); ABEOURAGE, ABEOURATYE, ABEOURE, BREVAGI, BREBAGE. *Beveraggio*, ital. *Brebage*, esp. *Beberagem*, port. Breuvage, potion médicale; on le dit plus particulièrement de celle qui est destinée à un animal. Arrosage, Avr. pour Abreuvoir, V. *Abeouradour*.

Éty. de *abeourar* et de *agi*. V. *Bev*, R.; en terme de maçon, coulis, mortier clair qu'on introduit entre les pierres de taille, au moyen d'un conduit nommé Abreuvoir.

ABEOURAIRE, s. m. (abeouraïré). V. *Abeouradour* et *Bev*, R. Celui qui arrose un jardin, Avr.; fig. conteur, celui qui en fait accroire.

ABEOURAR, v. a. (abeourá); ABEOURAR. *Abbeverare*, ital. *Abrevar*, esp. *Abeurar*, cat. Abreuver, mener à l'abreuvoir, faire boire les bestiaux; arroser, Avr. Combuger, V. *Endouar*; éteindre la chaux, V. *Trempar*.

Éty. de *a* pour *ab*, de *beoure* et de *ar*; mener boire, *ad bibere*. V. *Bev*, R.

Abeourar, se dit aussi pour faire accroire, donner un poisson d'avril : *M'abeoures pas?* ne me trompes-tu pas?

ABEOURAR S', v. r. d. bas lim. Se mouiller : *Me sei abeourat*, mes habits sont mouillés. Béron. V. *Bev*, R.

ABEOURAT, ADA, adj. et p. (abeourá, áde); *Abrevado*, esp. Abreuvé, ée; et fig. trompé, ée. V. *Bev*, R.

ABEOURE, V. *Abeouragi*.

ABEOUSAR S', dg. V. *Aveousar s'* et *Vuid*, R.

ABEPLO, d. b. lim. V. *Abe* et *Ben*.

ABEQUE, dg. Avec. V. *Ame*.

ABER, dl. et g. pour Avoir. V. *Aver* et *Ab*, R.

ABERAN, ANA, adj. (aberán, áne). Tendre, facile, Aub. V. *Abellan*.

ABERC, vl. alt. de *alberg*, *alberga*; v. c. m. et *Alberg*, R.

ABERCHAR, v. a. (abertchá), d. de Valensole. V. *Bercar* et *Esbrechar*.

ABERIT, adj. (aberi), dl. Fringant, éveillé. Douj. V. *Fringaire*; dégourdi, espiègle.

Éty. du celt. selon M. Astruc, ou plutôt altér. de *abelit*; v. c. m. et *Bel*, R.

ABERLENCA, s. f. (aberléinque), dl. Nom qu'on donne au fruit de l'amelanchier dans le Languedoc. V. *Amelancha* et *Aberlenquier*.

ABERLENQUIER, s. m. (aberleinquié). Un des noms languedociens de l'amelanchier. V. *Amelanchier*.

Éty. Ce mot n'est visiblement qu'une altération du lat. *amelanchier*.

ABERMAR, dl. V. *Mermar*.

ABERNOUN, s. f. (abernóu); OBERNOU. Nom bas limousin du terre-noix. V. *Bisoc*.

On donne aussi, par ironie, le même nom aux nodosités qui viennent aux mains des goutteux.

ABERRATION, s. f. (abérratie-n); *Aberrazione*, ital. *Aberração*, port. Aberration; changement apparent dans la position des étoiles; dispersion des rayons de lumière; erreur dans la perception de nos sens.

Éty. du français *aberration*, dérivé du latin *aberrationis*, gén. de *aberratio*, m. s. formé de *ab*, de *hors* et de *erro*; je m'écarte. V. *Err*, R.

Picard, en 1672, observa le premier l'aberration des étoiles, qu'il constata dans l'étoile polaire; Horrebow, danois, l'aperçut dans les autres, au commencement du XVIIIme siècle, et Bradlay en fit connaître la cause en 1725.

ABESCAT, s. m. dg. alt. de *Evescat*, v. c. m. et *Evesque*, R.

ABESSIT, adj. et p. (abessi), dl. Émoussé. V. *Espounchat* et *Mourrut*.

ABESTIOLAR, v. a. (abestiolá), d. bas lim. Mettre dans un domaine les bestiaux qui sont nécessaires pour son exploitation. *Chal dous milla francs per abestiolar aquel doumaine;* fournir à quelqu'un les bestiaux qui lui sont nécessaires.

Éty. de *a*, de *bestiola* et de *ar*; pourvoir de bêtes. V. *Besti*, R.

ABESTIOLAR S', v. r. m. d. Se pourvoir des animaux nécessaires à la culture de son domaine.

ABESTIOLAT, ADA, adj. et p. (abestiolá, áde), m. d. Garni, pourvu des bestiaux nécessaires. V. *Besti*, R.

ABESTIR, V. *Abetar* et *Besti*, R.

ABESTIT, V. *Abétat* et *Besti*, R.

ABESTON, s. m. vl. *Asbesto*, esp. port. ital. Asbeste, pierre composée de filets moins flexibles que ceux de l'amiante, et qui, comme celle-ci, est incombustible.

Éty. du grec ἄσϐεστος (asbestos), inextinguible ; de α privatif et de σβέννυμι (sbennumi), éteindre.

ABET, s. m. (abé); *Abet*, cat. *Abeto*, esp. *Abete*, *Abeto*, port. ital. Un des noms par lesquels on désigne le sapin dans le Lang. V. *Serenta*.

Éty. *Abet* n'est qu'une altération du lat. *abietis*, gen. de *abies*, dérivé de *abeo*, s'en aller, *ab-ire*, parce que cet arbre s'élève au-dessus des autres. M. Bondil fait observer avec raison, que cette éty. est confirmée par le nom grec de cet arbre, ἐλάτη (élaté), dont la rac. est ἐλάω (élaô), pousser en haut.

ABET, s. m. vl. ABETA. Finesse, ruse, fraude.

Éty. V. *Abetar* et *Besti*, R.

ABETA, s. f. vl. Fraude, ruse. V. *Abetar* et *Besti*, R.

ABETAIRITZ, s. f. vl. Trompeuse.

Éty. de *abeta*, fraude, et de *airitz*. V. *Abetar* et *Besti*, R.

ABETAR, v. a. vl. Tromper.

Éty. de *abeta*, fraude, et de l'act. *ar*; ou du rom. *abestir*, abrutir, duper; fait du lat. *hebetem reddere*, ou de *a*, de *besti* et de *ir;* faire devenir bête. V. *Besti*, R.

ABETAR, v. a. et n. (abetá); ABESTIR, EMBESTIAR, ABETIR. *Abbestiare*, ital. Abêtir, rendre bête, devenir bête, stupide; enjoler, vl.

Éty. de *a* pour *ad*, de *beta* et de *ar*; devenir comme les bêtes. V. *Besti*, R.

ABETAT, ADA, adj. et part. (abetá, áde); EMBESTIAT, ABESTIT, EBETAT. Hébété, devenu stupide. V. *Besti*, R.

ABETIR, V. *Abetar*.

ABETS, s. m. pl. (abés), dl. La balle des graminées. V. *Pousses*.

Éty. du rom. *abets*, m. s.

ABETZ, s. vl. Habitudes, qualités, inclinations.

Éty. Alt. du lat. *habitus*, m. s. V. *Hab*, R.

ABEURADOR, vl. V. *Abeouradour* et *Bev*, R.

ABEURAR, v. a. vl. V. *Abeourar* et *Bev*, R.

ABEURAT, vl. V. *Abeourat* et *Bev*, R.

ABEURATGE, vl. V. *Abeouragi* et *Bev*, R.

ABH

AB HOC ET AB HAC, (aboketabac); *Ab hoc et ab hac*, port. locut. adv. prise du latin, pour dire : A tort et à travers. Beaucoup de gens disent et écrivent : *Táboc et tabac*, et prouvent par là qu'ils ignorent complètement la composition de cette phrase.

ABHOMENABLE, adj. vl. Abominable. V. *Abouminable* et *Aboumin*, R.

ABHOMINATIO, s. f. vl. Abomination. V. *Aboumination*; il signifie aussi Dégoût. V. *Aboumin*, R.

ABHORTIMENT, s. m. vl. *Abortament*, cat. *Aborto*, ital. Avortement. V. *Avourtament* et *Abort*, R.

ABHORTIR, v. n. vl. *Abortire*, ital. Avorter. V. *Avourtar* et *Abort*, R.

ABHOURRAR, v. a. (abourrá); *Aborrecer*, port. esp. *Aborrire*, ital. *Aborrir*, cat. Abhorrer, détester, avoir en horreur.

Éty. du lat. *abhorrere*, m. s. V. *Hourr*, R.

ABHOURRAR, v. a. *Aborrare*, ital. V. *Aquissar*, bourrer.

Éty. de *abhorrere*, abhorrer, exciter l'aversion du chien contre quelqu'un. V. *Hourr*, R.

ABHOURRAT, ADA, adj. et part. (abhourrá, áde); *Aborrecido*, esp. port. Abhorré, ée, détesté. V. *Hourr*, R.

ABI

ABIADA, s. f. (abiáde), d. béarn. Essor.

Éty. Alt. de *aviada*, fait de *a* pour *ad*, et de *via*, chemin, voie. V. *Via*, R.

ABIADAR, dl. V. *Amiadar*. Mettre dans la bonne voie. V. *Via*, R.

ABIAR, v. a. (abiá), dg. Faire sortir : *Abiar lou bestial*, faire sortir le bétail. V. aussi *Aviar*.

Éty. de *a*, de *via* et de *ar*; mettre en chemin. V. *Via*, R. *Abieri*, *m'abieri*, je m'en allai.

ABIAR, pour Habiller. V. *Habilhar*.

ABIAT, dl. V. *Aviat* et *Via*, R.

ABICON, s. m. (abicon). Nom qu'on donne aux Mées, à une espèce de figue qu'on désignait déjà ainsi en 1400. C'est probablement la même qu'on nomme ailleurs *Abicoul;* v. c. m. et *Alb*, R.

ABICON-BLANC, s. m. Autre espèce de figue connue aux Mées; elle a la peau verte, fort mince, et elle est grosse et sucrée.

ABICON-NEGRE. C'est encore le nom d'une figue commune aux Mées, qui donne deux récoltes par an ; celles de la première sont très-grosses.

ABICOUL, s. m. (abicóu). Nom nicéen du motteux ou vitrec. V. *Cuou blanc*.

Éty. *Abi-coul* n'est évidemment qu'une altération de *albus*, *albi*, et de *cul*, cul blanc. V. *Alb*, R.

ABICOUL, et ABICOU, est aussi le nom d'une espèce de figue, qui est noire ou violette, grosse, longue, et dont le goût est douceâtre.

Éty. V. *Alb*, R.

ABIEDOR, vl. *Lou temps abiedor*, le temps à venir.

Éty. Pour *avenidor*, qui doit arriver. V. *Ven*, R.

ABIERAR S', v. r. (s'abierá), dg. S'acheminer.

Éty. de *a* pour *ad*, de *bi* pour *vi*, *via*, voie, chemin, et de *erar* pour *egear*; litter. se mettre en chemin. V. *Via*, R.

ABILE, V. *Habile*.

ABILESSA, dl. V. *Habiletat*.

ABILH, API, ABELH, AV, radical dérivé du lat. *apicula*, dim. de *apis*, abeille; fait de *apio*, *apere*, lier, attacher, parce que les abeilles s'attachent les unes aux autres avec leurs pattes.

De *apicula*, par apoc. *apicul;* par la suppression de *cu*, *apil* ou *apilh*, et par le changement du *p* en *b*, *abilh*, d'où : *Abilh-a*, etc.

De *abilh*, par le changement de l'*i* en *e*, *abelh;* d'où : *Abelh-a*, *Abelh-ier*, etc.

De *apis*, par apoc. *api* et *ap;* d'où : *Apier*, *Api-edar*.

De *ap*, par le changement du *p* en *v*, *av;* d'où : *Av-eta*.

ABILH, vl. V. *Habil*.

ABILHA, V. *Abelha*, comme plus usité, quoique plus éloigné de l'éty. *apis*. V. *Abilh*, R.

ABILHIER, s. m. (abillié); *Abejeria*, esp. Le même que *Apier;* v. c. m.

Éty. de *abilha* et de *ier*. V. *Abilh*, R.

ABILITAR, vl. V. *Habilitar*.

ABIMAR, V. *Abymar*.

ABIME, V. *Abyme*.

ABINAR, v. a. (abiná), d. bas lim. Assortir, unir par paires, par couples. V. *Appariar*, *Accoublar*.

Éty. du lat. *binare*, accoupler, et de *a*. V. *Bis*, R.

ABINAT, ADA, adj. et p. (abiná, áde), d. bas lim. Accouplé, ée. V. *Accoublat*, *Appariat* et *Bis*, R.

ABINATAR, dl. V. *Avinar* et *Vin*, R.

ABINTESTAT, locut. lat. (abintestát); *Ab-intestato*, esp. ital. *Ab-intestado*, port. Ab-intestat, sans tester.

Éty. du lat. *ab intestato*, m. s.

ABIRLE, ad. d. béarn. pour Habile ; v. c. m. et *Hab*, R.

ABIRMAR, d. bas lim. alt. de *abymar;* v. c. m. et *Abym*, R.

ABIS, s. m. vl. ABISSI. *Abis*, cat. *Abisso*, ital. Abîme, enfer. V. *Abyme*.

Éty. du lat. *abyssus*. V. *Abym*, R.

ABISAR, dl. V. *Avisar* et *Avis*, R.

ABISMAR, v. a. (abismá); *Abismar*, port. V. *Abymar* et *Abym*, R.

ABISMAT, ADA, adj. et p. (abismá, áde); *Abismado*, port. V. *Abymat* et *Abym*, R.

ABISME, s. m. (abismé); *Abisme*, cat. *Abismo*, esp. port. Abîme. V. *Abyme* et *Abym*, R.

ABISSAR, v. a. (abissá), dl. ABAISSAR. *Abisar*, cat. anc. *Abissare*, ital. Abîmer; rouer de coups; abattre, démolir, détruire. V. *Abymar*, fatiguer. Garc.

Éty. du lat. *abyssus* et de *ar*; jeter dans l'abîme. V. *Abymar* et *Abym*, R.

ABISSAT, ADA, adj. et p. (abissá, áde). Fatigué, harrassé. V. *Ableigat*, *Abymat* et *Abym*, R.

ABISSI, s. f. vl. V. *Abis* et *Abyme*.

ABIT, dl. pour Sarment. V. *Avis*.

ABIT, V. *Habit*.

ABITACLE, vl. V. *Habitacle*.

ABITADOR, s. m. vl. Habitant, V. *Habitador* et *Hab*, R.

ABITALHAR, alt. du dg. *avitualhar;* v. c. m. et *Vit*, R.

Que per abitatailha lou poble
Lou binet es lou prume moble.
D'Astros.

ABITAR, vl. V. *Habitar*.

ABITES, s. f. vl. Habit, habitude, maintien, posture, attitude, contenance. V. *Habituda* et *Hab*, R.

ABITI, vl. V. *Habiti*.

ABITUT, s. m. vl. Article, t. de gramm. V. *Article*.

ABITZ, vl. V. *Aibitz*.

ABIVERNAR, v. n. vl. Tirer de l'hiver, séparer de l'hiver.

Éty. de *ab*, indiquant séparation, et de *ivernar*; passer l'hiver. V. *Hivern*, R.

ABIVERNAR S', v. r. vl. Devenir hiver ou froid comme l'hiver. *Lo temps s'abivernа*.

Éty. de *ab* et de *ivernar*. V. *Hivern*, R.

ABJECTIO, s. f. vl. V. *Abjection.*

ABJECTION, s. f. (abdjectie-n); *Abbiezzione*, ital. *Abjecção*, port. *Abajecció*, cat. Abjection, humiliation, abaissement, rebut.

Éty. du lat. *abjectionis*, gén. de *abjectio*. V. *Ject*, R.

ABJURAMENT, s. m. vl. V. *Abjuration.*

ABJURAR, v. a. (abjurá); *Abjurar*, esp. port. *Abbjurare*, ital. *Abgiurare*, ital. anc. Abjurer, renoncer à une fausse religion ou à une mauvaise doctrine. Dans le premier sens on dit aussi en provençal: *Se counvertir, changear de ley.*

Éty. du lat. *abjurare*, m. s. V. *Jur*, R.

ABJURAT, ADA, adj. et part. (abjurá, áde); *Abjurado, da*, esp. Abjuré, ée; qui a abjuré.

Éty. du lat. *abjuratus*, m. s. V. *Jur*, R.

ABJURATION, s. f. (abdjuratie-n); ABJURATIEN. *Abbiurazione*, ital. *Abjuracion*, esp. *Abjuração*, port. Abjuration, action ou acte par lequel on renonce solennellement à une doctrine, à une religion que l'on croit mauvaise.

Éty. du lat. *abjurationis*, gén. de *abjuratio*, déniement. V. *Jur*, R.

ABL

ABLACADA, s. f. (ablacáde), dl. Le versement des blés par les pluies; l'abatis d'arbres par les vents.

Éty. de *a*, *bla*, *ada*; action de coucher le blé. V. *Blad*, R.

ABLACAR, v. n. (ablacá), dl. pour Verser les blés. V. *Boucar* et *Couchar.*

Éty. de *a*, de *bla*, blé, et de *car*, qui fait probablement partie de *coucar;* coucher les blés. V. *Blad*, R.

ABLADAR, v. a. d. béarn. Accabler; étriller, rosser. Aub. V. *Ablasigar.*

ABLADAR, v. a. (abladá); *Abbiadare*, ital. Emblaver, semer une terre en blé.

Éty. de la basse lat. *imbladare*, formé de *in*, dans, de *blad*, blé, et de la term. act. *ar;* mettre en blé. V. *Blad*, R.

ABLADAT, part. (abladá); *Biadato*, ital. Pourvu de blé; et fig. éreinté de fatigue, particulièrement en moissonnant, selon Gar.

Éty. de *blad*, blé, et de la term. pass. *at;* fatigué par le blé. V. *Blad*, R.

ABLANDAR, v. a. (ablondá), d. bas lim. Mettre le feu avec un brandon, incendier, jeter une vive lumière.

Éty. de *a* pour *ad*, de *bland* pour *brand*, et de *ar*. *V. Brand*, R.

ABLANDANT, ANTA, adj. (ablondán, ánte), d. b. lim. Tout ce que le feu fait luire: *Un ferre ablandant*, un fer rougi au feu; et fig. enflammé de colère: *Lous els ablandants;* brûlant, extrêmement chaud. V. *Brand*, R.

ABLASIGADURA, V. *Ableigadura.*

ABLASIGAR, V. *Ableigar.*

ABLASIGAT, V. *Ableigat.*

ABLASMAR, v. a. vl. *Ablasmar*, anc. cat. Blâmer. V. *Blamar* et *Blasphem*, R. pour Pâlir, V. *Ablesmar.*

ABLATAR, v. a. vl. Enlever. V. *Enlevar.*

Éty. du lat. *ablatio*, Rayn., ou de *ablatum*, sup. de *aufero*, emporter. V. *Lat*, R. 3.

ABLATAT, ADA, adj. et p. vl. *Ablato*, ital. Soustrait, enlevé, ée. V. *Enlevat* et *Lat*, R. 3.

ABLATIF, s. m. (ablatif); *Ablativo*, ital. esp. port. *Ablatiu*, cat. Ablatif, le sixième cas dans les langues où les noms se déclinent. V. la Grammaire.

Éty. du lat. *ablativus* (*casus*); formé de *ablatus*, emporté, transporté; parce que ce cas indique les causes par lesquelles on est transporté dans l'état actuel. V. *Lat*, R. 3. *Lablatius es ditz de toldre e de ostar, quar tol et osta la cauza.* Fl. del gay saber.

ABLATIO, s. f. vl. OSTAMEN. Enlèvement, abstraction, retranchement.

Éty. du lat. *ablatio*, m. sign. V. *Lat*, R. 3.

ABLATIU, s. m. vl. *Ablatiu*, cat. Ablatif; v. c. m. et *Lat*, R. 3.

ABLAZIT, dl. V. *Blesit.*

ABLE, ABLA, IBLE, IBLA, ILE, ILA, BLE, désinences qui ont pour analogues, dans la langue latine, *abilis, ibilis, bilis*, et qui paraissent toutes dérivées de *habilis*, habile, propre à... susceptible de... Les mots qui ont cette terminaison en latin, sont composés de trois parties: 1° du radical; 2° d'une terminaison spécificative, et 3° d'une terminaison déclinative. Dans *amabilis*, par exemple, *am*, est le radical, *abil*, la terminaison spécificative, et *is*, la terminaison déclinative. On peut traduire ce mot de la manière suivante: *is*, celui qui est, *abil*, habile, propre à...; *am*, être aimé. En provençal et en français on a supprimé la terminaison déclinative, et l'on n'a conservé que le radical et la terminaison spécificative, *am-able*, aimable. Une grande partie des adjectifs de cette classe sont composés, et prennent au commencement une préposition inséparable, comme *ad-mir-able, des-chiffr-able, des-favour-able, in-coum-par-able*, etc.

De *habilis, habile*, par sync. de l'*i*, *hable* et *able*, par la suppression de l'*h*, d'où: *Mange-able*, qui peut être mangé; *Coun-damn-able*, qui doit, qui mérite d'être condamné; *Miser-able*, qui doit être plaint; *Lou-able*, propre à être loué; *Est-able*, propre à rester, qui doit durer, qui est solide, etc.

De *able*, par le changement de *a* en *i*, *ible;* d'où: *Vis-ible*, susceptible d'être vu; *Pos-sible*, qui se peut; *Ris-ible*, qui fait rire; etc.

De *habilis, habile*, par la suppression de *hab, ile;* d'où: *Fac-ile*, qu'on peut faire, susceptible d'être fait; *Ut-ile*, propre à être employé; *Moub-ile*, qui peut être mu, etc.

De *able*, ou de *ible*, par la suppression de l'*a* ou de l'*i*, *ble;* d'où: *No-ble*, de *gnoo*, connaître; qui mérite d'être connu, *notabilis.*

ABLEIGAR, v. n. Se blottir, se tapir, se cacher dans un recoin. Garc.

ABLEIGAR, v. a. (ableigá); ABLASIGAR, ABLADAR, BARRASSAR, ABREIGAR. Accabler de fatigue, de lassitude; meurtrir, briser les os. Ruiner.

Éty. de *a* augm., de *blasir* et de *ar;* du celt. selon M. Astruc, ou de l'allemand *ableichen*, pâlir, mourir, décéder, expirer.

ABLEIGADURA, s. f. (ableigadúre); LAGOUSSA, ABLESIGADURA, ABREIGADURA. Courbature ou lassitude douloureuse et spontanée. Sauv.

Éty. de *ableigar* et de *ura.*

ABLEIGAT, ADA, adj. (ableigá, áde); ABLESIGAT, AYDCAT. Accablé, harassé, moulu de fatigue, de lassitude, battu, fracassé; ruiné, criblé de dettes.

ABLESMAR, v. n. vl. ABLASMAR. S'évanouir, blêmir, pâlir.

Éty. de *a*, de *blesme* et de *ar;* devenir blême. V. *Blau*, R.

ABLESTA, V. *Blesta.*

ABLET, s. m. (ablé). Able.

Éty. du lat. *albus*, blanc. V. *Sofia* et *Alb*, R.

ABLOOUDAR,

ABLOOUGEAR, et

ABLOOUVIR, d. bas lim. Éblouir. V. *Esbleougear* et *Belug*, R.

ABLOUTAR, v. a. (abloutá), dl. Joindre ensemble plusieurs sommes. Sauv. add.

Éty. de *a*, de *blout* pour *blot*, bloc, et de *ar;* mettre à un tas.

ABLUR, V. *Hablur.*

ABLUTION, s. f. (ablutie-n); *Abluzione*, ital. *Ablucion*, esp. *Ablução*, port. *Ablució*, cat. Ablution, action de laver le corps dans l'intention de le purifier.

Éty. du lat. *ablutionis*, gén. de *ablutio*, m. s.; fait de *lotio.*

Cette cérémonie antique n'eut d'abord d'autre motif que la salubrité publique; mais bientôt la purification du corps devint le symbole de celle de l'âme. Jacob, avant que d'offrir un sacrifice à Réthel, ordonne à ses serviteurs de se laver; Moïse prescrit les ablutions aux Hébreux, et J.-C. les consacre par le baptême.

ABN

ABNEGAR, v. a. (abnegá); ABNEGUAR. *Abnegar*, port. esp. *Annegare*, ital. Renoncer à ses passions, à ses plaisirs, se mépriser soi-même; faire abnégation de...

Éty. du lat. *abnegare*, m. s. *Abnegare semetipsum.* V. *Neg*, R.

ABNEGATION, s. f. (abnegatie-n); *Annegazione*, ital. *Abnegacion*, esp. *Abnegação*, port. Abnégation, renoncement à ses passions, à ses plaisirs et à toutes les choses mondaines.

Éty. du lat. *abnegationis*, gén. de *abnegatio*, m. s. V. *Neg*, R.

ABNEGUAR, v. a. vl. ABNEJAR, ABNEYAR, AMNEJAR, AMNEYAR. Nier, renoncer, délaisser, faire abnégation de...

Éty. du lat. *abnegare*, m. s. V. *Abnegar* et *Neg*, R.

ABNEI, s. m. vl. Renoncement. V. *Neg*, R. Je renonce.

ABNEJAR, vl. V. *Abneguar.*

ABNEYAR, vl. V. *Abneguar* et *Neg*, R.

ABO

ABOA, anc. béarn. V. *Avouat.*

ABOCOUNAR, d. b. lim. V. *Abouchounar*, *Abauvar* et *Bouc*, R.

ABOIS, s. m. pl. (abóis); ABOUAS, AGOUNIA, ESTRE AU NIS DE LA SERP. Abois, extrémité où le cerf est réduit quand il est sur ses fins; fig. état d'une personne qui se meurt, d'une place qui ne peut plus se défendre.

Éty. de *aboi*, cri que les chiens font entendre avant que de se jeter sur le cerf, quand il est forcé. Selon d'autres, ce mot est composé de la préposition *ad* et du verbe *bayer : Faire tous badaus*, désigne en effet, en provençal, l'action de rendre les derniers soupirs. M. Latouche le dérive de l'hébreu *aboi*, exclamation : hélas!

ABOMINAR, v. a. vl. *Abominar*, cat. esp. port. *Abbominare*, ital. Abominer, abhorrer.

Éty. du lat. *abominari*, m. s. V. *Aboumin*, R.

ABONASSAR, v. a. et n. (abounassá), d. de Valensole; ABOUNASSAR. Adoucir, rendre meilleur.

Éty. de *a*, de *bonassa* et de *ar*.

ABONASSAR S', v. r. m. d. Se radoucir.

ABONDANCIA,

ABONDANSA, et

ABONDANTIA, s. f. vl. HABUNDANCIA, AONDANSA. Abondance, profit, avantage, satisfaction. V. *Aboundança* et *Ound*, R.

ABONDAR, v. n. et a. vl. ABUNDAR, HABUNDAR, AUNDAR, AONDAR. *Abundar*, cat. esp. port. *Abbondare*, ital. Abonder, profiter, suffire ; convenir, aider. V. *Aboundar* et *Ound*, R.

ABONESIR, vl. V. *Abounir* et *Bon*, R.

ABOOUCAR, V. *Abaucar*.

ABOOUDIR, V. *Abaudir*.

ABOOUVAR, V. *Abauvar* et *Paus*, R.

ABOOUVIDOUR, d. b. lim. V. *Aboouvissent* et *Aud*, R.

ABOOUVIR, v. n. (obooúvi), d. b. lim. Foisonner. V. *Fouigeounar*; on le dit généralement de tout ce qui fait augmenter, accroître une chose, et fig. d'un homme qui veut en imposer par ostentation, qui veut se faire valoir, se faire entendre.

Éty. de *ab*, et de *oouvir*. V. *Aud*, R.

ABOOUVISSAMENT, s. m. (abouvissaméin), d. b. lim. Exagération, démonstrations extérieures, moyens employés pour faire paraître une chose plus grande qu'elle ne l'est en effet.

Éty. de *aboouvir*, dans le sens d'exagérer, et de *ment*. V. *Aud*, R.

ABOOUVISSENT, ENTA, adj. (aboouvissèin, èinte), md. ABOOUVIDOUR. Avantageux, euse, homme qui se vante, qui exagère ses moyens ou sa fortune. V. *Aud*, R.

ABORD, s. m. (abór); *Abordo*, esp. *Abbordo*, ital. *Abord*, ital. anc. Abord, approche, accès, arrivée, affluence de personnes ou de marchandises.

Éty. de *a* pour *ad*, et de *bord;* V. c. R.

ABORD, adv. FOUESSA, A RAGIS. *Abarrisco*, port. Beaucoup, en grande quantité, à foison : *N'a abord*, il y en a beaucoup. *Hoje havia peixe abarrisco*, port., *hui l'avia de pei abord*.

Éty. V. le mot ci-dessus et *Bord*, R. ; ou du lat. *abundanter*, m. s.

D'abord, de suite, incontinent, premièrement, avant tout.

ABORD, impér. du verbe *abordar*. Abord, commandement à une chaloupe ou à un vaisseau, d'approcher et de venir au vaisseau qui le lui fait.

Éty. Pour *à bord*, sous-entendu *venez*. V. *Bord*, R.

ABORDABLE, ABLA, adj. ABOURDABLE. Abordable, accostable, qu'on peut aborder facilement et sans crainte.

Éty. de *a*, de *bord* et de *able*. V. *Bord*, R.

ABORDAGE, et

ABORDAGI, s. m. (abordádgi); ABOURDAGI. *Abordage*, esp. *Abordagem*, port. *Abordo*, ital. Abordage, action d'aborder; choc de deux vaisseaux qui se heurtent par accident, ou qui s'approchent pour combattre.

Éty. de *a*, de *bord* et de *agi;* litt. venir à bord. V. *Bord*, R.

ABORDAR, v. a. (abourdá); ABOURDAR, ATTERRAR, ACCOUSTAR, RECOUNOUISSER TERRA. *Abordar*, esp. port. *Abbordare*, ital. Aborder, prendre terre, aller à l'abordage d'un bâtiment, approcher de quelqu'un pour lui parler. Arriver en abondance.

Éty. de *a* pour *ad*, de *bord* et de *ar;* litt. aller au bord. V. *Bord*, R.

ABORDAT, ADA, adj. et p. (abourdá, áde); ABOURDAT. *Abordado*, esp. port. Abordé, ée; accosté, joint. V. *Bord*, R.

ABORGEAR, v. a. (abordzá), d. bas lim. Amonceler, mettre du foin en meule. V. *Accuchar*.

ABORRIR, vl. V. *Abhourrar*. *Aborrir*, anc. esp.

ABORT, AVOURT; radical dérivé du latin *abortare*, avorter ; formé de *ab*, avant, et de *oriri*, *orior*, naître, naître avant terme.

De *abortare*, par apoc. *abort*, et par intercall. d'une *h*, *abhort* ; d'où : *Abhorti-ment*, *Abhort-ir*; par le changement du *t* en *d*, *Abourd-ar;* par la suppression du *t*, *Abour-iou*, *Abouri-ment*, *Abour-is*, *Abour-it*, et par le changement du *b* en *v*, *Avourtar*.

ABOSCASSIR S', v. r. (s'abouscassir); S'ABOURDIR, ABOUSCASSIR, dl. S'abâtardir, se rouiller. V. *Abourdir s'*, *Acampestrir s'* et *Embastardir s'*.

Éty. de *a*, de *bouscas*, pej. de *bosc*, bois, forêt, et de *ir;* devenir sauvage. V. *Bosc*, R.

ABOSCASSIT, adj. et p. (abouscassi); ABOUSCASSIT, ABOUCASSIT. Dégénéré, abâtardi. V. *Abourdit*, *Embastardit* et *Bosc*, R.

ABOSQUIR S', v. (s'abousquir). Se pourvoir de bois, se couvrir de bois.

Éty. de *a*, de *bosc* et de *ir*. V. *Bosc*, R.

ABOTONAR, v. a. vl. *Abotonar*, esp. Boutonner, V. *Boutounar* et *Boutoun*, R.

ABOUAT, V. *Gaviteou*.

ABOUAT, ADA, adj. (abouà, áde), d. bas lim. Malandreux. V. *Alouirit*.

ABOUCAMENT, s. m. (aboucaméin); ABOUCHAMENT. *Abocamiento*, esp. *Abboccamento*, ital. Abouchement, entrevue et conférence de deux ou de plusieurs personnes.

Éty. de *aboucar* et de *ment*. V. *Bouc*, R.

ABOUCAR, v. a. (aboucá); ABOUCHAR. *Abocar*, esp. *Abboccare*, ital. Aboucher, faire trouver des personnes dans un lieu, pour y conférer ensemble. En languedocien, ce mot est synonyme de *bugear*, vider, verser : *Aboucaz aquel sac dins aqueste*, videz ce sac dans celui-ci. *Aboucar de vin dins un veire*, verser du vin dans un verre. V. aussi *Abouchounar*. Verser, en parlant d'une voiture.

Éty. de *a*, avec, de *bouca*, bouche, et de l'act. *ar;* toucher avec la bouche. V. *Bouc*, R. Dans le second sens, M. Thomas fait dériver ce mot du grec βαυκάλιον (baukalion) vase, bocal.

ABOUCAR S', v. r. *Abocarse*, esp. *Abboccarsi*, ital. S'aboucher, se trouver dans un lieu pour conférer avec quelqu'un; se rencontrer, s'unir. Verser, en parlant d'une voiture. V. *Bouc*, R.

ABOUCASSIT, Avr. V. *Aboscassit*.

ABOUCAT, ADA, adj. et p. (aboucá, áde); ABOUCHAT. *Abocado*, esp. Abouché, ée, courbé, dl. V. *Bouc*, R.

ABOUCHAR, et composés. V. *Aboucar* et *Bouc*, R.

ABOUNCHOUN D', ad. (d'aboutchóun); D'ABOUCOUS, D'ABAUSOUS, D'ABAUZOUS. La face ou la bouche contre terre; ventre à terre, prosterné.

Éty. de *a*, de *boucha* et de *oun;* à bouche en bas. V. *Bouc*, R.

ABOUCHOUNAR, v. a. (aboutchouná); ABOCOUNAR, APAUTAR, EMBOUCAR. *Abocinar*, anc. esp. Tourner la face contre terre, ou la bouche, en parlant d'un vase. V. *Abauvar*.

Éty. de *abouchoun* et de *ar;* mettre la bouche contre terre. V. *Bouc*, R.

ABOUCHOUNAR S', v. r. S'ABOUCHAR, S'ABAUCHAR. *Abocinar*, esp. Tomber le visage contre terre, tomber sur le nez. V. *Bouc*, R.

ABOUCHOUNAT, ADA, adj. et p. (aboutchouná, áde); *Emborcado*, port. Tourné sur le visage, ou la bouche contre terre. V. *Bouc*, R.

ABOUCOUS D', dl. V. *Abouchoun d'* et *Bouc*, R.

ABOUDAR S', V. *Aproumettre s'*.

ABOUDRIR, v. a. (aboudrir), terme de Valensole; Ameublir la terre. Aub.

ABOUGNAR, v. a. (abougná). Entasser mettre en tas. Avril.

Éty. de *a*, de *bougna* et de *ar;* mettre en monceaux.

ABOUGNAT, ADA, adj. et p. (abougná, áde), d. du Var. Cabus. V. *Cabussat*. Être les uns sur les autres. Garc.

Éty. de *a* pour *ad*, de *bougna*, tumeur, bosse, et de *at;* devenu rond, dur, bossu.

ABOUGRIT, IDA, adj. (abougri, íde). Mélancolique, qui est de mauvaise humeur ; qui a une méchante figure. Ach.; ne confondez pas avec *Rabougrit*.

Éty. de *a*, de *bougre* et de *it*.

ABOUICHOUNIT, d. m. V. *Abouissounit*.

ABOUISSOUNIR S', v. r. (s'abouissounir); S'ABOUICHOUNIR. Se rabougrir, en parlant des arbres. V. *Agarrussir*.

Éty. de *a*, de *bouissoun* et de *ir;* devenir comme un buisson. V. *Bouis*, R.

ABOUISSOUNIT, IDA, adj. et p. (abouissouni, íde); ABOUICHOUNIT. Devenu comme un buisson, rabougri. V. *Agarrussit* et *Bouis*, R.

ABOULAR, v. a. (aboulá), dl. MESURAR, CANEGEAR. Mesurer la distance qu'il y a d'une boule au but ou cochonet.

Éty. de *a*, de *boula* et de *ar*. V. *Boul*, R.

ABOULCAR S', v. n. et r. dg. (s'aboulcá); SE COUCHAR. Verser ou se verser, en parlant du blé, lorsque par trop de vigueur, ou à la suite d'une grande pluie, les tiges se couchent sur la terre.

ABOULIR, v. a. (aboulir); *Abolire*, ital. *Abolir*, esp. port. Abolir, annuler; mettre hors d'usage; supprimer, révoquer.

Éty. du lat. *abolere*, m. sign.; formé de *ab* et de *olere*; ôter jusqu'à l'odeur. Dérivés: *Aboul-it, Aboul-ition.*

ABOULISSAMENT, Garc. *Abolimento*, port. V. *Aboulition.*

ABOULIT, IDA, (abouli, ide); *Abolido*, esp. port. Aboli, ie, révoqué, qui n'est plus en vigueur.

Éty. du lat. *abolitus*, m. s.

ABOULITION, s. f. (aboulitie-n); ABOULITIEN, ABOULISSAMENT. *Abolizione*, ital. *Abolicion*, esp. *Abolição*, port. Abolition, anéantissement, abolissement, action d'abolir, extinction.

Éty. du lat. *abolitionis*, gén. de *abolitio*; m. sign.

ABOUMIN, ABHOMEN, radical dérivé du latin *abominatio*, abomination; formé de *ab*, qui marque éloignement, et de *omen, ominis*, présage, augure; chose qu'on rejette comme étant d'un funeste présage.

De *abominatio*, par apoc. *abomin*, et par le changement de l'*o* en *ou*, *aboumin*; d'où: *Aboumінabla-ment, Aboumin-ation.* De *ab*, et de *omen, abomen*, et par l'intercall. d'une *h*, *abhomen*; d'où: *Abhomen-able, Abhomin-atio.* De *abomi*: *Abomin-ar.*

ABOUMINABLAMENT, adv. (aboumіnablaméin); *Abominablemente*, esp. *Abominevolmente*, ital. *Abominavelmente*, port. Abominablement, d'une manière horrible, affreuse.

Éty. de *abouminable* et de *ment*. V. *Aboumin*, R.

ABOUMINABLE, ABLA, adj. (abouminàblé, àble); *Abominabile*, ital. *Abominable*, esp. cat. *Abominavel*, port. Abominable, détestable, exécrable, digne d'horreur, criminel.

Éty. du lat. *abominabilis*, pris pour *abominandus*. V. *Aboumin*, R.

ABOUMINATION, s. f. (abouminatie-n); *Abominazione*, ital. *Abominacio*, esp. *Abominação*, port. *Abominació*, cat. Abomination, chose abominable, exécration.

Éty. du lat. *abominationis*, gén. de *abominatio*. V. *Aboumin*, R.

ABOUNAMENT, s. m. (abounaméin); *Abonamiento*, esp. Abonnement, convention ou marché par lequel on consent à fixer à une certaine somme, ce qu'il faudrait payer successivement, pour des droits dont le produit est casuel; marché fait d'avance avec l'entrepreneur d'une feuille périodique. V. *Chandou.*

Éty. de *abounat* et de *ment*. Ce mot paraît être dit pour *abournament*. V. *Bouin*, R.

ABOUNAR, v. a. (abouná); *Abonar*, esp. Abonner, fixer un prix certain à une chose casuelle; soumettre à un abonnement.

Éty. de *borna* ou *bouina*; v. c. m., et de *ar*; mettre des bornes. V. *Bouin*, R.

Sous-dérivés: *Abounament, Aboun-at.*

ABOUNAR S', v. r. (s'abouná). Prendre, faire un abonnement, le conserver.

ABOUNAT, ADA, adj. et p. (abouná, áde); *Abonado, ada*, esp. Abonné, ée. V. *Bouin*, R.

ABOUNDAMMENT, adv. (aboundamméin); EN ABOUNDANCI. *Abundadamente*, esp. *Abbondantemente*, ital. *Abundantemente*, port. *Abundosament*, cat. Abondamment, en abondance.

Éty. de *aboundant* et de *ment*. V. *Ound*, R.

ABOUNDANÇA, V. *Aboundanci.*

ABOUNDANÇA, s. f. (aboundance), d. bas lim. Vin dont on a augmenté la quantité en y ajoutant de l'eau: *Fa de l'aboundança*, en style de cuisinier, c'est augmenter les ragoûts avec des croûtes de pain, des pommes de terre, etc.

Éty. du lat. *abundantia*, V. *Ound*, R.

ABOUNDANCI, s. f. (aboundánci); *Abbondanza*, ital. *Abundancia*, esp. port. Abondance, grande quantité, soit au physique, soit au moral.

Éty. du lat. *abundantia*, m. sign. V. *Ound*, R.

ABOUNDANT, ANTA, adj. (aboundánt, ánte); *Abundante*, esp. port. *Abbondante*, ital. Abondant, ante, qui produit abondamment.

Éty. du lat. *abundantis*, gen. de *abundans*. V. *Ound*. R. En d. bas lim. Avantageux.

ABOUNDAR, v. n. (aboundá); REVOUDAR. *Abbondare*, ital. *Abundar*, cat. esp. port. Abonder, avoir en abondance, être en grande quantité; venir en grand nombre, en foule. Rassasier, dl.

Éty. du lat. *abundare*, formé de *ab*, de, et de *undo*, je coule; d'où *abundare*, déborder, arriver en grande abondance, couler hors. V. *Ound*, R.

ABOUNDIVOU, adj. (aboundivou), dl. Rassasiant, qui rassasie. Sauv.

Éty. de *oundar*, pris dans le sens de rassasier, et de *ivou*. V. *Ound*, R.

ABOUNDOUS, OUSA, OUA, adj. (aboundóus, óuse, óue); *Abundosa*, esp. *Abondoso*, ital. anc. le même que *Aboundant*; v. c. m. Ample, parlant d'un vêtement. Garc.

Éty. de *abound* (ab-undo), et de *ous*; de la nature de l'abondance. V. *Ound*, R.

Jou sounc autouno l'aboundouso.

D'Astros.

ABOUNIR, v. a. (abounir); ABONESIR. *Abbonire*, ital. *Abonar*, esp. Abonnir, rendre bon, rendre meilleur.

Éty. de *a* augm., de *boun* et de *ir*; devenir meilleur. V. *Bon*, R.

ABOUNIR S', v. r. *Abbonarsi*, ital. S'Abonnir, devenir meilleur. V. *Bon*, R.

ABOUNIT, IDA, adj. et p. (abouni, ide). Abonni, ie, rendu bon. V. *Bon*, R.

ABOUNT, s. m. (abóunt). On le dit pour assaisonnement, aux environs d'Annot. V. *Assabourun.*

Éty. Dit pour *Abounit*. V. *Bon*, R.

ABOUNTAR, v. a. (abountá). Assaisonner. V. *Assabourar* et *Bon*, R.

ABOURDAR, v. a. Aborder. V. *Abordar.*

ABOURDAR, dl. altér. de *Avourtar*; v. c. m.

ABOURDIMENT, s. m. (abourdiméin), dg. Corruption des mœurs. Bergeyret.

ABOURDIR, v. n. (abourdir), dl. Abâtardir, corrompre, gâter. V. *Embastardir.*

Éty. *Abourdir* est une altér. de *abortire*, ital. V. *Avourtar.*

ABOURGALIR, v. a. et n. (abourgalir), dl. Rendre, devenir libéral: *Quand un vilen s'abourgalis, oou bouta tout per escudelas.*

Éty. de *a*, de *bourg* et de *alir*; prendre les mœurs, les manières des bourgs, où l'on est plus pompeux qu'aux villages.

ABOURGALIR S', V. *Eslargar s'.*

ABOURGNAR, dl. V. *Esbourniar.*

ABOURIEOU, d. bas lim. V. *Abouriou.*

ABOURIGAT, ADA, adj. et p. (abourigá, áde). Bouton à la peau qui suppure, abcède. Garc.

ABOURIMENT, s. m. (abouriméin), dl. Abandon, destruction: *Travalhar n'es qu'abouriment de corps*, le travail n'est bon qu'à user le corps. Sauv.

Éty. V. *Abort*, R.

ABOURIOU, VA, adj. et p. (abouriou, ive), dl. ABOURIEOU. Hâtif, précoce. V. *Premeirenc.*

Éty. du lat. *abortivus*, venu, ue avant le temps. V. *Abort*, R.

ABOURIR S', v. r. (s'abourir). Dépérir, tomber en friche; mettre en désert; être dégoûté.

Éty. du lat. *aboriri*, avorter; parce que ce qui avorte, dépérit ou périt; ou du grec ἄπορος (aporos), pauvre, indigent. Mazer. V. *Abort*, R.

ABOURIT, IDA, adj. et p. (abouri, ide), dl. EN ERME, ABOURIT. Abandonné; on le dit d'un champ, d'une vigne qu'on laisse sans culture; d'une maison qui dépérit faute d'entretien ou de réparation. Sauv. Rabougri.

Éty. du lat. *abortus*, avorté. V. *Abort*, R. *Femna abourida*, dl. femme dont les charmes sont fanés.

ABOURNIT, IDA, adj. et p. (abourni, ide), d. bas lim. Moisi, ie. V. *Mousit.*

ABOURRAR, V. *Abhourrar* et *Aquissar.*

ABOUSEIRAR S', v. r. d. d'Apt. S'ébouler, s'écrouler, s'affaisser. V. *Espoutrar.*

Éty. de *a*, de *bousa* et de *eirar*; tomber, s'affaisser comme de la bouse.

ABOUSOUNAT, dl. V. *Esbousounat.*

ABOUSSAGE, s. m. (abousságe). Repas de société; goûter dans lequel chacun fournit sa portion en nature. Garc.

ABOUSSAR, v. a. (aboussár). Bosser, appliquer les bosses sur la manœuvre que l'on veut retenir, t. de mar.

Éty. de *a*, de *bossa* et de la term. act. *ar*; mettre les bosses.

ABOUTICARI, V. *Bouticari.*

ABOUTIR, v. n. (aboutir); RECOUTIR. Aboutir, toucher par un bout, tendre à une fin.

Éty. de *a*, de *bout* et de *ir*; aller au bout. V. *Bout*, R. 3.

ABOUTISSAT, ADA, adj. et p. (aboutissá, áde), dg. ?

E lous brancs touts aboutissats
Dab sa fruto touto toucanto
E dab sa houeilhade floucanto.

D'Astros.

ABOUTISSENTS, s. m. pl. (aboutissèins). Aboutissants, les tenants et aboutissants d'une affaire, d'une pièce de terre. V. *Bout*, R. 3.

ABOUVIAR, v. a. (abouviá). Dételer les bœufs. V. *Desjougner*.

Éty. de *a* pour *ad*, de *bouvi*, dérivé de *bos*, *bovis*, bœuf; et de *ar*; ôter, écarter les bœufs. V. *Bov*, R.

ABQ

ABQUE, vl. Jusqu'à ce que, mais que, dès que, vu que.

ABR

ABRA, s. f. (âbre), dl. Bord, rive: *A l'abra d'un riou*, au bord d'un ruisseau. Sauv.

Éty. de l'espagnol et du portug. *abra*, havre, rade, baie; formé du latin *ora*, bord, dans le sens de port.

ABRACAR, v. a. (abracá), d. bas lim. Braquer. V. *Bracar*.

ABRACAR, v. a. (abracá), dg. Abréger, accourcir, couper, trancher. V. *Coupar* et *Brec*, R. *Abracar lous estrous*. Hillet. couper tout net.

ABRACAT, **ADA**, adj. et p. (abracá, áde), d. lim. Accablé, ée; rompu, brisé.

Éty. V. *Brec*, R.

ABRACS, vl. Que tu suppures, Gl. occit.

ABRADER, v. a. vl. Racler, ratisser, tondre. V. *Rasclar*.

Éty. du lat. *abradere*.

ABRAGUIR, V. *Abreguir* et *Brec*, R.

ABRAGUIT, adj. et p. (abraguí), dl. Plein, rempli. Sauv; qui se répand. V. *Brec*, R. V. aussi *Abreguit*.

ABRAHAM, n. pr. (abrahám), et impr. *Abram*; *Abramo*, ital. *Abrahan*, esp. *Abrahão*, port. Abraham, nom du père d'Isaac et aïeul de Jacob.

Éty. de l'hébreu *Abram* ou *Abraham*. On assure que ce mot signifie: *Le père voyant le peuple, père de plusieurs nations*, ou *le père d'une grande nation*.

L'ère d'Abraham date de la vocation de ce patriarche, et précède l'incarnation de deux mille quinze ans. L'Église honore six saints de ce nom: les 16 mars, 15 juin, 18 août, 9 et 27 octobre.

ABRAIRE, s. m. (abráïré). Qui allume.

Éty. de *abrar* et de *aire*. V. *Bras*, R.

ABRAIZAT, **ADA**, adj. et p. vl. Éclairé, ée; brillant, illuminé. V. *Bras*, R.

ABRAMAT, **ADA**, adj. et p. (abramá, áde); ABRASAMAT, ABRAMEGEAT. *Bramoso*, ital. Avide, passionné, affamé; d'une avarice sordide; échauffé au travail, selon Diouloufet.

Éty. de l'ital. *bramare*, désirer ardemment; ou du grec ἔκβρωμα (ekbrôma); formé de βρώσκω (brôskô), manger, et de *a* augm. Le P. Pujet dérive ce mot du grec ἀμάω (amaô), amasser, et de *abrasar*, brûler du désir d'amasser.

Gros a donné l'épithète d'*abramada*, à la parque:

Que l'abramado fieleiris,
De sa tant belle destinado
Jamais pouesque acaba la fuado.

ABRANDAR, V. *Apprehandar*. Craindre quelqu'un. Garc.

ABRANDAR, dl. pour Embraser. V. *Abrar*, *Allumar* et *Brand*, R.

ABRANDIR, v. a. vl. Allumer, mettre le feu. V. *Abrar* et *Brand*, R.

ABRAR, v. a. (abrá); ATUBAR, ABRANDAR, ABRANDIR, ALLUMAR. *Abrasar*, esp. Allumer, embraser; et fig. exciter, enflammer.

Éty. du celte *bras*, braise. V. *Bras*, R. Anagramme de l'hébreu *baar*, brûler, embraser, selon M. Latouche.

ABRASAMAT, V. *Abramat*.

ABRASAR, v. a. (abrasá), de *brasar* auquel on a réuni la prépos. *a*. V. *Brasar*, Souder par le moyen du feu.

Éty. V. *Bras*, R.

ABRASAR, v. a. *Abrasar*, cat. esp. *Abràsar*, port. *Abrucciare*, ital. Allumer, être tout en feu, enflammer.

Éty. Ce mot est dit pour *embrasar*; v. c. m. et *Bras*, R. 2.

ABRASAT, **ADA**, adj. et p. (abrasá, áde). Enflammé, ée, et fig. avide.

ABRASCAGE, dl. V. *Esbrancament* et *Branc*, R.

ABRASCAMENT, s. m. (abrascaméin); ESBRANCHAMENT. Ébranchement, action d'ébrancher, effet de cette action.

Éty. de *abrascar* et de *ment*. V. *Branc*, R.

ABRASCAR, v. a. et n. (abrascá); ESBRANCHAR, ESQUINSAR. Ébrancher, dépouiller un arbre de ses branches, en les coupant ou en les rompant.

Éty. *Abrascar* est dit pour *abrancar*, formé de *a* priv., de *branca*, branche, et de l'act. *ar*; litt. ôter les branches; V. *Branc*, R. Bouche regarde ce mot comme celtique. On dit dans le sens neutre: *Meis aubres abrascoun de fruit*, mes arbres rompent de fruit.

ABRASSAC, s. m. (abrassác); ARBASSAC. AUBRASSAC. Havre-sac, sorte de sac que les soldats et les ouvriers portent sur leur dos, avec des courroies qui passent devant les bras.

Éty. Le mot français havre-sac, selon Ménage, est dérivé de l'allemand *haber*, avoine, et de *sack*, sac; mais le mot provençal *abrassac*, semble tout naturellement formé de *sac à bras*, parce que ce sont les bras qui le supportent en grande partie. V. *Bras*, R. 2.

ABRASSAR, vl. *Abrassar*, cat. *Abrazar*, esp. *Abracar*, port. *Abbracciare*, ital. Embrasser. V. *Embrassar* et *Bras*, R. 2.

ABRAVIS, s. m. (abravis). Nom qu'on donne à la clématite ou herbe aux gueux, à Cuges, selon M. le D. Reimonen.

Éty. de *abrar*, brûler, et de *vis*, sarment; parce qu'on en brûle les branches comme celles de la vigne. V. *Entrevadis* et *Bras*, Rad.

ABRAZILLAR, v. a. vl. V. *Abrasar* et *Bras*, R.

ABREGEAIRE, s. m. (abredjáïré). Abréviateur, celui qui abrége quelque chose. Garc. V. *Brev*, R.

ABREGEAMENT, s. m. (abredjaméin). V. *Abreviation*. Garc. et *Brev*, R.

ABREGEAR, v. a. (abredjá); ESCOURCHAR, ESCOURCHIR. *Abbreviare*, ital. *Abreviar*, esp. cat. port. Abréger, raccourcir, diminuer, réduire à moins d'étendue.

Éty. du lat. *abbreviare*, ou de *a* augm. de *breg*, pour *brev*, et de *ar*, rendre plus bref. V. *Brev*, R.

ABREGEAT, **ADA**, adj. et p. (abredjá, áde). *Abreviado*, *ada*, esp. port. Abrégé, ée; raccourci, rendu plus bref, plus précis, plus sommaire. V. *Brev*, R.

ABREGEAT, s. m. (abrejá). *Abreviado*, esp. Abrégé, épitomé, sommaire, précis, discours, traité réduit. V. *Brev*, R.

ABREGIR, V. *Abreguir* et *Brec*, R.

ABREGIT, V. *Abreguit* et *Brec*, R.

ABREGUIAT, V. *Abreguit* et *Brec*, R.

ABREGUIDURA, s. f. (abreguidúre); ABRAGUIDURA. Abcès, tumeur qui s'abcède; plaie qui suppure.

Éty. de *abreguir* et de *ura*, formé de l'allemand *brechen*, rompre, parce que la peau s'ouvre pour laisser sortir le pus.

ABREGUIR, v. a. et r. (abreguír); ABRAGUIR, ABREGIR. S'abcéder, venir à suppuration, en parlant des tumeurs et des plaies.

Éty. V. le mot précédent.

Le P. Pujet le fait venir de *ab* et de *rigor*, douleur.

ABREGUIT, **IDA**, adj. et p. (abreguí, íde); ABREGIT, ABRAGUIT, APOUSTEMIT, ABOURIGAT, ABREGUIAT. Abcédé, ée, rempli de pus, en suppuration.

Éty. de *abregu* et de *it*. V. *Brec*, R.

ABREIGAR, V. *Ableigar*.

ABREIGAT, V. *Ableigat*.

ABREL, s. m. (abrèl). Nom bas limousin de l'arroche. V. *Armoou*.

ABRENOUNCIAR, v. a. (abrenounçiá), d. béarn. Renier, désavouer, abjurer, renoncer.

Éty. du lat. *abrenuntiare*, renoncer. V. *Nounc*, R.

ABREOU, altér. de *abriou*; v. c. m.

ABREU, adv. vl. Dans peu.

Éty. de *a* et de *breu*. V. *Brev*, R.

ABREUGAR, et

ABREUJAR, v. a. vl. Abréger. V. *Abregear* et *Brev*, R.

ABREVIACIO, vl. V. *Abreviation* et *Brev*, R.

ABREVIADAMEN, adv. vl. *Abreviadamente*, port. En abrégé.

Éty. de *abreviada* et de *men*. V. *Brev*, R.

ABREVIAMEN, s. m. vl. *Abreviamento*, esp. *Abbreviamento*, ital. Accourcissement, abréviation.

Éty. de *a*, de *brevia* et de *ment*. V. *Brev*, R.

ABREVIAR, v. a. vl. V. *Abregear*.

ABREVIATION, s. f. (abréviatie-n); ABREGEAMENT, ABRIVACIEN, ABREVIATIEN. *Abreviacion*, esp. *Abbreviatura*, ital. anc. *Abbreviação*, port. *Abreviació*, cat. Abréviation, retranchement d'une ou de plusieurs lettres dans un mot.

Éty. du lat. *abbreviationis*, gén. de *abbreviatio*, m. s. V. *Brev*, R.

On croit que l'art d'abréger les mots en les écrivant, fut transmis par les Égyptiens aux Grecs qui le firent connaître aux Romains. Xénophon en faisait usage pour recueillir les leçons de Socrate, dans le Ve siècle avant J.-C. V. *Stenographia* et *Calligraphia*.

ABREYAR, v. a. (abreyá), d. béarn. Mettre à l'abri. V. *Abrigar* et *Abric*, R.

ABRIAGA, s. f. Nom ancien de l'ivraie. V. *Juelh*, *Ubriaga* et *Ebri*, R.

ABRIAR, vl. V. *Abricar* et *Abric*, R.

ABRIC, ADRIG, rad. dérivé du lat. *apricus;* d'où: *Apric*, par apoc., et *Abric*, par métagr.; exposé au soleil. Roquefort, dans son Glossaire de la langue romane, fait dériver les mots *abric* et *abrier*, de *arbor*, à cause de l'abri que les arbres fournissent. Mais la décomposition du mot *apricus*, qui produit directement *abric*, ne laisse aucun doute sur la véritable origine du mot *abric*. Dérivés: *Abric, Abric-ar, Abrig-ar, Abrig-at, Abrig-ous, Abri-ar, Abrey-ar, Abrit-et.* De *apricus*, par apoc. *Apric* et *Aprig-ar*, par le changement du *c* en *g; Abriv-ar*, alt.

ABRIC, s. m. (abri); CAGNARD, SOUSTA, LASSES, ABRI et ABRIT. *Abrigo*, esp. port. *Abrig*, cat. Abri, endroit où l'on se met à couvert des intempéries du climat et où l'on est hors de tout danger; lieu exposé au soleil et non aux vents du nord; fig. protection.

Éty. du lat. *apricus*, sous-entendu *locus*; exposé au soleil et à l'abri des vents. V. *Abric*, R.

A l'abric, adv. A l'abri, à couvert, en sûreté.

ABRICAR, v. a. et r. (abricá). V. *Abrigar*, plus usité.

ABRICOT, s. m. (abricó); AMBRICOT, AUBRICOT, AUBICOT. *Albercocca*, ital. *Albaricoque*, esp. *Albricoque* et *Albecoque*, port. Abricot, fruit de l'abricotier.

Éty. de l'arabe *albercoq*, selon Ménage, βερικοκκιον (bérikokkion), en grec moderne; ou selon le P. Labbe, de *apericotia*, fait de *apricari*, parce que les abricots ne viennent que dans les endroits abrités.

Les principales variétés des abricots sont: le hâtif musqué, l'abricot-pêche, l'angoumois, l'abricot de Provence, celui de Portugal, le violet, l'alberge et celui de Nancy.

ABRICOTIER, s. m. (abricoutié); ABRICOUTIER, AMBRICOUTIER, AUBRICOUTIER. *Albercocco* et *Albicocco*, ital. *Albaricoque*, esp. *Albricoqueiro*, port. Abricotier, *Prunus armeniaca*. Lin. *Armeniaca vulgaris*. Lam. arbre de la fam. des rosacées, originaire de l'Arménie, comme son nom lat. *armeniaca*, l'indique.

Éty. de *abricot*, et de la term. *ier;* arbre qui produit les abricots.

Il paraît que cet arbre n'a été connu en France qu'au XVIme siècle.

ABRIGAR, v. n. (abrigá); ABRITAR, TAPAR, ABRICAR, ABALIR, ABREYAR, APRIGAR. *Abrigar*, port. cat. esp. Abriter, mettre à l'abri, se réchauffer au soleil; fig. protéger.

Éty. du lat. *apricari*, ou de *abric* et de *ar;* mettre à l'abri. V. *Abric*, R.

ABRIGAR S', v. r. *Abrigarse*, port. S'abriter, se mettre à l'abri.

ABRIGAR, v. a. (abrigá). Émier, réduire en petits morceaux. V. *Esbrigar.*

Éty. de *a*, de *briga* et de *ar;* réduire en miettes.

ABRIGAT, ADA, adj. et p. (abrigá, áde). Rompu, brisé, fracassé. Aub. V. *Esbrigat.*

ABRIGAT, ADA, adj. et part. (abrigá, áde); ABRICAT. *Abrigado*, esp. port. Abrité, ée, mis à l'abri.

Éty. de *abric* et de *at*. V. *Abric*, R.

ABRIGOUS, OUSA, OUA, adj. (abrigóus, óuse, óue); ABRITOUS. *Aprico*, ital. *Lugar de abrigo*, esp., qui est ou qui offre un abri.

Éty. de *abric* et de *ous*. V. *Abric*, R.

ABRIL, V. *Abriou*, plus usité.

ABRILHANDA, et

ABRILHANTA, Garc. V. *Brilhanda.*

ABRIOU, s. m. (abriou); ABRIL, AVRIL, ABRIAL, ABRIOOU. *Abril*, cat. esp. port. *Aprile*, ital. *Aprill*, all. Avril, le quatrième mois de notre année.

Éty. du lat. *aprilis*, formé de *aperire*, ouvrir; parce que la terre commence à s'ouvrir à cette époque. Scaliger nie cette origine, parce que, dit-il, si *aprilis* venait de *aperio*, la pénultième en serait brève comme dans *docilis, facilis, utilis*, et préfère le dériver de *aper, apri*, sanglier.

Abriou abriva.
En abriou tout aubre a soun griou,
En abriou ti deleouges pas d'un fiou,
Abriou es de trenta,
Quand ploouria trent'un,
Faria mau en degun.
Pichota pluia d'abriou
Fa bella meissoun d'estiou, ou; *Pichota plegea d'abriou*
Fai bella segada d'estiou.
Abriou fresc, pan et vin douna,
Si mai es fresc va meissouna.
En abriou
Laissa tous valats à fiou.
Quand dins abriou ploouria
Que tout lou mounde cridaria:
Tout es negat, tout es perdut,
Encar' auria pas proun plougut.
Peissoun d'abriou. V. *Abrivar.*

Le mois d'avril était le second de l'année romaine, qui commençait en mars et qui n'avait que dix mois. Numa ajouta à cette année les deux mois de janvier et de février, et avril se trouva alors le quatrième.

ABRIR, v. a. vl. *Abrir*, port. Ouvrir. V. *Durbir.*

Éty. du lat. *aperire*, m. s. V. *Aper*, R.

ABRITAR S', V. *Abrigar s'.*

ABRITET, s. m. (abrité), dg. dim. de *abrit* ou *abric*. Petit abri. V. *Abric*, R.

ABRITOUS, V. *Abrigous.*

ABRIU, vl. V. *Abriou.*

ABRIVADA, s. f. (abriváda), dl. m. s. que *Escoussa*. V. *Briu*, R.

ABRIVAIRE, s. m. (abrivaïré). Qui donne des baies, des poissons d'avril, qui trompe. Aub.

ABRIVAMENT, s. m. vl. Impétuosité, empressement.

Éty. de *a*, de *briva* et de *ment*. V. *Briu*, R.

ABRIVAR, v. a. vl. Loger, retirer, mettre à l'abri. V. *Abric*, R. S'adonner, s'empresser. V. *Briu*, R.

ABRIVAR, v. a. (abrivár); ABEOURAR, FAIRE CREIRE. Donner un poisson d'avril, en faire accroire, attraper.

Éty. de *abriou* et de la term. act. *ar;* d'où le prov. *Abriou abriva.*

La coutume de donner des poissons d'avril, ou d'attraper, le premier jour de ce mois, est très-ancienne et assez générale. Fleury de Bellingen (Éty. des pr. fr.) prétend qu'elle tire son origine de la passion de J.-C., qui, à une époque correspondante à notre commencement d'avril, fut renvoyé d'Anne à Caïphe, de Caïphe à Pilate, de Pilate à Hérode et d'Hérode à Pilate. *Poisson* ne serait, d'après le même auteur, qu'une altération de *passion.*

ABRIVAR, v. a. vl. Presser, accélérer, hâter, entraîner, appliquer.

Éty. de *a*, de *briu*, valeur, et de *ar*, exciter; ou du celt. *briva*, chemin; mettre dans le chemin, chasser; ou de l'italien *abbrivare*, démarrer. V. *Briu*, R.

ABRIVAR S', v. r. (s'abrivá). S'empresser, s'élancer, se jeter avec impétuosité sur quelqu'un ou sur quelque chose; manger un poisson d'avril; se laisser attraper; se hâter, choir, tomber; mûrir trop promptement, avant la saison. V. *Briu*, R.

Le P. Pujet le tire de *advenire*, arriver sur quelqu'un.

ABRIVAT, ADA, adj. et p. vl. Prompt, te, hardi, audacieux. V. *Briu*, R.

ABRIVAT, ADA, adj. et p. (abrivá, áde); *Abribat*, cat. On le dit d'un vaisseau entraîné par les courants; de quelqu'un qui a pris son escousse, son essor pour mieux sauter, comme dans cet hémistiche de Gros: *Ma muso es abrivado;* hâté, empressé.

Éty. du lat. *ab* et de *ripa, riva* en prov., et de *at;* lancé loin du rivage, et par extension, du lieu où l'on est. V. *Rib* et *Briu*, R.

ABRIVATION, V. *Abreviation.*

ABRIVAU, s. m. (abriváou). Ce mot paraît signifier éperon. V. *Briu*, R.

Sus, Martin, douno my mous abrivaux de ferre
Et mays mous estivaux, et lou diantre m'afferre
Si j'amais tourny plus dins son infernau luoc.
Loys de la Bellaudière, 1595.

ABRIZAR, v. n. vl. *Abrasar*, anc. cat. Se briser, tomber en débris.

Éyt. de *a*, de *briza* et de *ar;* se mettre en miettes. V. *Brec*, R.

ABROCAR, v. a. d. béarn. Embrocher, percer. V. *Embrouchar* et *Broc*, R.

ABRONCAR, v. n. vl. Heurter, trébucher. V. *Brouncar* et *Trounc*, R.

ABROSSIR, v. a. ABRUZIR, vl. Attrister, inquiéter, absorber.

Éty. de *brus*, rom., sombre, noir. V. *Brus*, R.

ABROUAR, v. a. (abrouá), dm.: *Faire abrouar l'aver*, faire approcher les brebis du bord des champs, des clôtures où se trouvent des touffes d'herbes.

Éty. de *abrouas;* v. c. m., et de *ar;* ou de *a* pour *ad*, de *brouas* et de *ar*. V. *Brout*, R.

ABROUAS, s. m. (abrouás); ABROUAT, ABROUET, BROUAS. Touffes d'arbustes ou de plantes qui se forment le long des champs et des chemins.

Éty. du grec βρύω (bruô), bourgeonner, abonder. V. *Brous*, R.

ABROUAT, V. *Abrouas* et *Brout*, R.

ABROUAT, V. *Brouat.*

ABROUDIT, dl. Voy. *Acouquinit* et *Brut*, R. 2.

ABROUGATION, s. f. (abrougatie-n); ABOULITION, ABROUGATIEN. *Abrogazione*, ital. *Abrogacion*, esp. *Abrogação*, port. Abrogation, acte par lequel une loi, une ordonnance, une coutume est annulée.

Éty. du lat. *abrogationis*, gén. de *abro-*

gatio, même signification. Voy. *Rog*, R.

ABROUGEAR, v. a. (abroudjá); ABOULIR. *Abrogare*, ital. *Abrogar*, esp. et port. Abroger, annuler une loi, une ordonnance.

Éty. du lat. *abrogare*, fait de *ab*, contre, et de *rogare*, demander. V. *Rog*, R.

ABROUGEAT, ADA, adj. et p. (abroudjá, áde); *Abrogado*, esp. port. Abrogé, ée; annulé.

ABROUGUIR, Garc. V. *Abrouquir* et *Brout*, R.

ABROUI, d. de Valensole, Aub. V. *Bruelha*.

ABROULHAR, v. (abrouillá), dg. Tricher. V. *Trichar*.

ABROULHOUNS, s. f. pl. (abrouillóuns), d. bas lim. Brouilleries; tricheries au jeu.

Éty. V. *Broulh*, R.

ABROUQUIR, v. a. (abrouqui); AGARUSSIR, ESBROUTAR, ABROUGUIR. Brouter, manger les sommités des arbres, des plantes, les bourgeons.

Éty. de *a* priv., de *brouq* pour *brout*, et de *ir*, priver des bourgeons. V. *Brout*, R.

ABROUQUIT, IDA, adj. et part. (abrouqui, ide); AGARUSSIT, ABROUTAT. Abrouti, ie, dont les bourgeons ont été broutés par les animaux. V. *Brout*, R.

ABROUTADA, s. f. (abroutáde), t. de Valensole. L'action d'ébourgeonner la vigne; la saison où l'on ébourgeonne. Aub.

Éty. de *a* priv., de *brout*, bourgeon, et de *ada*.

ABROUTAIRE, s. m. (abroutaïré); *Abroutarela*, fem. m. d. Celui qui ébourgeonne. Aub.

ABROUTAR, m. d. Aub. V. *Esbroutar*.

ABROUTIT, IDA, adj. et p. (abrouti, ide), dl. Brouté, ée; ébourgeonné, et par suite rabougri.

Éty. de *a* priv., de *brout* et de *it*; litt. privé de ses bourgeons. M. Thomas fait dériver ce mot du grec βρώθεις (brôtheis), aor. pass. de βιϐρώσκώ (bibrôskô), paître, manger avidement.

ABROUTUN, s. m. (abroutun), t. de Valensole. Bourgeons qu'on a ôtés à la vigne. Aub.

ABRUDIR, v. a. (abrudir); EMBRUDIR, ESBRUDIR, BRUSIR. Ébruiter, rendre public ce qui ne l'était pas; divulguer.

Éty. de *a* pour *en*, de *brut*, bruit, et de *ir*; en faire du bruit. V. *Brut*, R.

ABRUDIR S', v. r. S'ébruiter, devenir public. V. *Brut*, R.

ABRUDIT, IDA, adj. et p. (abrudi, ide). Ébruité, ée, divulgué. V. *Brut*, R.

ABRUM, s. m. (abrùn). Mot qui exprime le hoquet d'une personne ivre. Ach. V. *Brut*, R.

ABRUTIR, v. a. (abrutir); *Embrutecer*, esp. port. *Abbrutare*, ital. anc. Abrutir, rendre comme une bête, étouffer la raison, en faire perdre l'usage.

Éty. de *a*, de *brut* et de *ir*; devenir brute. V. *Brut*, R. 2.

Sous-dérivés: *Abrut-it*, *Abrut-issa-ment*.

ABRUTIR S', v. r. S'abrutir, se livrer à la plus hideuse débauche. V. *Brut*, R.

ABRUTISSAMENT, s. m. (abrutissaméin); ABRUTICHAMENT. Abrutissement, état d'une personne abrutie; absence totale de raisonnement; dégradation.

Éty. de *a*, de *brut*, de *issa* et de *ment*. V. *Brut*, R. 2.

ABRUTIT, IDA, adj. et p. (abruti, ide); *Abrutado, ada*, esp. Abruti, ie; stupide. V. *Brut*, R. 2.

ABRUZIA, s. f. vl. Tristesse, accablement. V. *Brus*, R. 2. Hâte, célérité, brièveté. Gl. occit.

ABRUZIR, v. a. vl. m. s. que *Abrossir*; v. c. m. et *Brus*, R. 2.

ABS

ABS, prép. vl. Avec les.

ABSCIDIR, et

ABSCINDIR, v. a. vl. ABSCINDIR. Trancher, couper, séparer, détacher, extraire.

Éty. du lat. *abscidere* ou *abscindere*; formé de *scindere*, m. s.

ABSENÇA, s. f. (absèince); ASSENÇA. *Assenza*, ital. *Absencia*, anc. esp. cat. port. *Ausencia*, esp. mod. Absence, interruption de présence en un lieu, ou auprès de quelqu'un.

Éty. du lat. *absentia*, fait de *absens*. V. *Ser*, R. 3.

ABSENCIA, vl. V. *Absença* et *Ser*, R. 3.

ABSENS, Ancien nom de l'absinthe. V. *Encens*.

ABSENSA, s. f. vl. *Absenza*, ital. V. *Absença* et *Ser*, R. 3.

ABSENT, ENTA, adj. (absèin, èinte); *Absent*, cat. *Absente*, anc. esp. *Ausente*, esp. mod. *Absente*, port. *Assente*, ital. Absent, ente; qui est éloigné de sa demeure ordinaire, qui n'est pas présent.

Éty. du lat. *absentis*, gén. de *absens*; fait de *absum*. V. *Ser*, R. 3.

ABSENTAR S', v. r. *Assentarsi*, ital. *Ausentarse*, esp. *Absentarse*, port. cat. anc. esp. S'abstenir, quitter pour quelque temps le lieu que l'on habite ordinairement.

Éty. de *absent* et de *ar*; se rendre absent. V. *Ser*, R. 3.

ABSENTAT, ADA, adj. et p. (abseintá, áde). Absenté, ée.

ABSIN, s. m. et

ABSINTA, s. f. *Absinthio*, port. Nom qu'on donne à Montpellier, selon M. Gouan, à l'absinthe. V. *Encens*.

ABSINTI, s. m. Nom ancien de l'absinthe. V. *Encens*.

Éty. du lat. *absinthium*.

ABSOLS, vl. Il ou elle absout, troisième pers. du sing. du parfait simple de *absolvre*. V. *Solv*, R.

ABSOLUT, vl. V. *Absoulut*.

ABSOLUTAMENT, adv. vl. ABSOLUTAMEN. V. *Absoulument*. En t. de gram. il se disait d'un nom ou d'un verbe employé sans régime. Rayn.

ABSOLUTIO, vl. V. *Absoulution*.

ABSOLVEMENT, s. m. vl. ABSOLVEMEN. *Absolvimiento*, anc. esp. Absolution, quittance. V. *Solv*, R.

ABSOLVER, v. a. vl. V. *Absolvre*.

ABSOLVRE, v. a. vl. ABSOLVER, ASSOLVER. *Absolver*, anc. cat. *Absoldrer*, cat. mod. *Absolver*, esp. port. *Assolvere*, ital. Absoudre. V. *Absoudre*. Expliquer, interpréter, résoudre. Livrer, délivrer.

Éty. du lat. *absolvere*, m. s. V. *Solv*, R.

ABSORBANT, ANTA, s. et adj. (absourbán, ánte), lang. mod. *Absorbente*, port. Absorbant, ante.

Éty. du lat. *absorbentis*, gén. de *absorbens*, m. s.

ABSOUDRE, v. a. (absoudré); *Assolvere*, ital. *Absolver*, esp. port. Absoudre, décharger l'accusé du crime qu'on lui imputait, le pécheur des fautes dont il s'est accusé.

Éty. du lat. *absolvere*, formé de *ab*, de, et de *solvere*, délier. V. *Solv*, R.

ABSOULUMENT, adv. (absouluméin); ABSSOULAMENT, AUSSOULAMENT. *Assolutamente*, ital. *Absolutamente*, esp. port. *Absolutament*, cat. D'une manière absolue, entièrement, souverainement.

Éty. de *absolut* et de *ment*. V. *Solv*. R.

ABSOULUT, UDA, adj. et p. (absoulú, úde); *Assoluto*, ital. *Absoluto*, esp. port. *Absolut*, cat. Absolu, ue; indépendant, libre de tout lien; qui commande impérieusement. V. *Solv*, R.

ABSOULUTION, s. f. (absoulutie-n); ABSOLUCIEN. *Assoluzione*, ital. *Absolucion*, esp. *Absolução*, port. *Absoluciò*, cat. Absolution, jugement par lequel un accusé est déclaré innocent; action par laquelle un prêtre catholique absout un pécheur de ses fautes; sentence ecclésiastique qui relève d'une excommunication.

Éty. du lat. *absolutionis*, gén. de *absolutio*. V. *Absoudre* et *Solv*, R.

ABSOURBAR, v. a. (absourbá); *Absorbere*, ital. anc. *Absorver*, esp. *Absorber*, port. Absorber, consumer, dévorer, faire disparaître.

Éty. du lat. *absorbere*, m. s.

ABSOURBAT, ADA, adj. et p. (absourbá, áde); *Absorto*, port. *Absorvido*, esp. Absorbé, ée.

ABSOURPTION, s. f. (absourptie-n); *Absorvencia*, esp. port. *Assorbimento*, ital. Absorption, action d'absorber, propriété inhérente aux vaisseaux lymphatiques ou absorbants, de pomper les fluides qui nous environnent et ceux qui sont exhalés intérieurement, pour les porter dans le système de la circulation.

Éty. du lat. *absorptio*, formé de *absorbere*, avaler, boire, absorber.

ABSOUS, OUTA, adj. et p. (absóus, óute); *Absolto*, port. Absous, oute.

Éty. du lat. *absolutus*, m. s. V. *Solv*, R.

ABSOUT, OUTA, adj. et p. vl. ASSOUT. Absous, oute; délié, ée, selon le verbe. Absolu, terme de grammaire.

Son apelat absout, quar ne son
Tengut de regir acusatiu.

Leys d'amor.

ABSOUTA, s. f. (absóute); SOOUTA. Absoute, absolution publique et solennelle qu'on donne dans l'Église romaine, le Jeudi Saint, pour représenter l'absolution qu'un évêque donnait vers ce temps, aux pénitents, de la primitive Église.

Éty. de *absolvere*. V. *Absoudre* et *Solv*, R.

ABSTENER, vl. V. *Abstenir*.

ABSTENIR S', v. r. (s'absteni); *Astenir*...

Astenersi, ital. *Abstenerse*, port. *Abstenir*, cat. S'abstenir, s'empêcher de faire quelque chose.

Éty. du lat. *abstinere se*; fait de *abs*, hors, et de *tenere*, tenir. V. *Ten*, R.

ABSTERCIO, s. f. vl. *Abstersion*, esp. *Astersio*, ital. Abstersion, nettoiement.

Éty. du lat. *abstersio*, m. s.

ABSTERGER, v. a. vl. *Abstergir*, cat. *Absterger*, esp. port. *Astergere*, ital. Absterger, nettoyer, ôter, retirer.

Éty. du lat. *Abstergere*, m. s.

ABSTERSIU, IVA, adj. vl. *Abstersiu*, cat. *Abstersivo*, esp. port. *Astersivo*, ital. Abstersif, propre à nettoyer.

ABSTINENCI, s. f. (abstinéinci); ABSTINENÇA. *Abstinencia*, esp. port. cat. *Astinenza*, ital. Abstinence, privation volontaire de quelque chose; l'action de s'abstenir. V. *Abstenir et Ten*, R. *Abstinenci fa vioure.*

Éty. du lat. *abstinentia*.

L'abstinence de la chair des animaux a été recommandée dès la plus haute antiquité par certaines sectes. C'était un des préceptes de la vie orphique réglée par Orphée. Les Pythagoriciens s'abstenaient de tout ce qui avait vécu, et chez plusieurs de nos ordres religieux on ne mange jamais de viande.

ABSTINENCIA, vl. V. *Abstinenci*.

ABSTINENS, adj. vl. *Abstinent*, cat. *Abstinente*, esp. port. *Astinente*, ital. Abstinent, tempérant. V. *Ten*, R.

ABSTINENSA, s. f. vl. ABSTINENSSA, ABSTINENZA, ABSTINENCIA, ESTENENSA. V. *Abstinenci*.

ABSTINENT, vl. V. *Abstinens*.

ABSTINENZA, vl. V. *Abstinensa*.

ABSTRACCIO, vl. V. *Abstraction*.

ABSTRACTIO, vl. V. *Abstraction*.

ABSTRACTION, s. f. (abstractie-n); *Astrazione*, ital. *Abstraccion*, esp. *Abstracção*, port. *Abstracció*, cat. Abstraction, opération de l'esprit par laquelle on considère une qualité, une propriété comme si elle était séparée du sujet auquel elle est inhérente; l'idée abstraite elle-même.

Éty. du lat. *abstractionis*, gén. de *abstractio*; fait de *abstrahere*. V. *Tra*, R.

ABSTRACTIU, IVA, adj. vl. *Abstractivo*, esp. port. Abstractif, ive; qui sert à exprimer des idées abstraites.

ABSTRAYT, adj. vl. Abstrait, ôté, séparé. V. *Abstret*.

ABSTRENHER, v. a. vl. *Astringir*, esp. *Adstringir*, port. *Astrignere*, *Astringere*, ital. Astreindre.

Éty. du lat. *astringere*, m. s. V. *Stregn*, R.

ABSTRET, ETA, adj. et p. (abstrèt, ète), lang. mod. *Astratto*, ital. *Abstracto*, esp. port. *Abstret*, cat. Abstrait, aite; difficile à pénétrer.

Éty. du lat. *abstractus*, m. s. V. *Tra*, R.

ABSURDE, URDA, adj. (absúrde, úrde); *Assurdo*, ital. *Absurdo*, esp. port. Absurde, qui choque l'esprit, la raison, le sens commun.

Éty. du lat. *absurdus*. V. *Sourd* et *Surd*, R.

ABSURDITAT, s. f. (absurditá); *Absurdità*, ital. anc. *Assurdità*, ital. *Absurdidad*, esp. Absurdité, vice, défaut de ce qui est absurde.

Éty. du lat. *absurditatis*, gén. de *absurditas*, m. s. V. *Surd*, R.

ABT

ABTE, vl. V. *Apte*. Propre à..., du lat. *Aptus*, m. s. V. *Apt*, R.

ABTEZA, s. f. vl. Adresse, habileté. V. *Apt*, R.

ABU

ABUCAR S', v. n. et r. (s'abucá). Broncher, se renverser. V. *Trabucar* et *Trounc*.

M'abucqui oou soouprochi d'un ban
Et me maqui l'ouesse bertran.
Gros.

ABUGADAR, dl. V. *Bugadar* et *Bugad*, R.

ABUGLE, dg. V. *Avugle* et *Ocul*, R.

ABUNDAR, vl. V. *Aboundar*.

ABUNDIVOLMENT, adv. vl. Abondamment. V. *Aboundamment* et *Ound*, R.

ABUOURAR, V. *Abeourar* et *Bev*, R.

ABURAR, v. a. vl. *Aburrir*, esp. Effrayer, ahurir; fait de *huée*.

ABUS, s. m. (abús); *Abuso*, ital. esp. port. *Abus*, cat. Abus, mauvais usage qu'on fait d'une chose.

Éty. du lat. *abusus*, formé de *ab*, hors et de *uti*, user; user hors de la raison. V. *Ut*, R.

Voulher mourir de la mouer deis elus,
Menant una vida mechanto,
O chrestians es un abus.
P. Gautier.

ABUSAGUET, s. m. (abusagué), d. bas lim. Jouet d'enfant. V. *Juguet*.

ABUSAIRE, ARELA, s. (abusáïré, arèle). Abuseur, celui, celle qui abuse, qui trompe.

Éty. de *abus* et de *aire*; qui abuse. V. *Ut*, R.

ABUSAR, v. a. (abusá); TROUMPAR, TALOUNAR. *Abusare*, ital. *Abusar*, esp. port. cat. Abuser, tromper, et dans le sens neutre, user mal.; d. b. lim. Amuser. V. *Amusar*.

Éty. du lat. *abuti*, formé de *ab* et de *uti*, ou de *abus* et de *ar*. V. *Ut*, R.

ABUSAR S', v. r. SE TROUMPAR, SE TALOUNAR, S'ENGANNAR. *Abusarse*, port. S'abuser, se tromper; en d. b. lim. *Amusar s'*; v. c. m. Baguenauder, faire le musard. V. *Ut*, R.

ABUSAT, ADA, adj. et p. (abusá, áde); *Abusado, ada*, esp. Abusé, ée; trompé. V. *Ut*, R.

Éty. de *abus*. V. *Ut*, R.

ABUSIF, IVA, adj. (abusif, ive); ABUSIOU. *Abusivo*, esp. ital. port. Abusif, ive; qui est contraire à l'usage.

Éty. du lat. *abusivus*, m. s. V. *Ut*, R.

ABUSIOU, OUVA, IEVA, adj. Garc. V. *Abusif* et *Ut*, R.

ABUSIVAMENT, adv. (abusivaméin); *Abusivamente*, port. ital. esp. Abusivement, d'une manière abusive.

Éty. de *abusiva* et de *ment*. V. *Ut*, R.

ABUTAR, v. n. (abutá); *Buttare*, ital. Abuter ou quiller, jeter un palet ou une quille vers un but, pour déterminer le rang que chaque joueur doit prendre.

Éty. de *a* prép., de *but* et de la term. act. *ar*; aller ou tirer au but. V. *But*, R.

ABUYON, altér. de *abelha*; v. c. m.

ABUZATGE, s. m. anc. lim. Abus; v. c. m. et *Ut*, R.

ABUZIO, s. f. vl. *Abusió*, anc. cat. *Abusion*, esp. *Abusão*, port. *Abusione*, ital. Abus, erreur. V. *Abus*.

Éty. du lat. *abusio*, m. s.

ABYM, ABYSM, radical pris du lat. *abyssus*, et dérivé du grec ἄβυσσος (abyssos), gouffre très-profond; formé de α priv. et de βυσσὸς (byssos), fond; qui n'a pas de fond.

De *abyssus*, par apoc. *abys* ou *abis*; d'où : *Abis* et par l'intercallation d'une *m*, *Abis-m-ar*, *Abis-m-e*, etc.

De *abysm*, par la suppr. de l'*s*, *abym*; d'où : *Abym-ar*, *Abym-e*, etc. et par altér. *Abirm-ar*.

De *abyssus*, par apoc. de *us*, *abyss*, *abiss*; d'où : *Abyss-ar*, *Abyss-at*

ABYMAR, v. a. (abymá); ABISSAR, ABIRMAR, ABASIMAR, ABIMAR, ABISMAR. *Abismar*, esp. port. *Abissare*, ital. Abîmer, jeter dans un abîme; peu usité sous cette acception dans notre langue. Friper, salir, perdre, en parlant d'un habit, et non abîmer; ruiner; accabler de fatigue.

Éty. de *abyme* et de *ar*; jeter dans un abîme. V. *Abym*, R.

ABYMAR S', v. r. *Abismarse*, port. Se fatiguer, se harasser de fatigue, s'abîmer, se perdre.

ABYMAT, ADA, adj. et p. (abymá, áde); ABASIMAT, ABISSAT. *Abismado, ada*, esp. port. Fripé, ruiné, crotté, sali ou abîmé, selon le verbe; accablé, meurtri, harassé de fatigue.

Éty. de *abyme* et de *at*; plongé dans l'abîme. V. *Abym*, R. *As abymat toun habit*, tu as fripé ton habit.

ABYME, s. m. (abymé); ENGLOUTIDOUR, ENGOULIDOUR. *Abisso*, ital. *Abismo*, esp. port. *Abissus*, lat. *Abis*, anc. cat. Abîme, au positif, gouffre profond ou sans fond; au fig. l'enfer, extrême malheur, extrême misère. Chez les chandeliers, vaisseau où ils mettent le suif fondu. V. *Abym*, R.

Éty. du grec ἄβυσσος (abyssos).

ABYSSAR, vl. V. *Abissar* et *Abymar*.

ACA

AC, radical dérivé du celtique *ac*, pointe, ou du grec ἀκὴ (akê), ce qui pique, ce qui est pointu; d'où sont vènus les sous-radicaux: *Acid*, *Acr*, *Aguth*; v. c. m. et ἄκανθα (akantha), épine.

Du lat. *acus acueris*, balle du grain de blé, par apoc. *acuer*, et par le changement de *ue* en *ea*, *accar*. Du lat. *acus*, *ûs*, aiguille, par apoc. *acu*; d'où : *Acu-punctura*. De la basse lat. *aciarium*, par apoc. et changement de *a* en *e*, *acier*, et par la transposition de l'*e*, *aceir-al*, *aceir-ar*, *aceirin*, etc. Du lat. *aculus*, aigu, pointu, par apoc. *acut*, *acu*; d'où, par une légère altér. : *Acuc-ia*, *Acu-itat*.

De *acue*, par le changement du *c* en *g* et de

l'u en *a*, *agac;* d'où : *Agaç-ant*, *Agaç-ar*, *Agaç-at*, par la suppress. du *c*, *Bis-aga*.

De *acus*, par le changement de *c* en *g*, *Agus*, *Agus-im*.

De *ac*, par le changement de *a* en *o*, *oc*, d'où : *Bis-oc*.

Du lat. *acumen*, sommet, *caca-ruchou*.

Du grec ἄκανθα (akantha), épine, par apoc. *akant* ou *acant;* d'où : *Acantha*, *Acanthin;* par le changement de l'*a* en *ai*, *aicant*, par celui du *c* en *g*, *aigant*, et par l'interposition d'une *l*, *aiglant*; d'où : *Aiglant-ier*, *Aiglant-in*, *Aiglant-ina*.

AC, est souvent une préposition inséparable formée de *ad*, par attraction du *d* qui devant un *c* se change en *c*, comme dans *accablar*, fait de *ad* de *cable* et de *ar;* *acceptar*, formé de *ac* pour *ad*, de *cept*, et de *ar;* *accident*, de *ad* et de *cadere;* d'où le latin *Accidere;* *acclamation*, de *ad*, de *clamo* et de *ation;* *accolada*, de *ad*, de *collum* et de *ada;* *accumular*, de *ad*, de *cumul* et de *ar;* mettre au tas ou en tas, etc.

AC, désinence commune à un grand nombre de noms de lieu, auxquels elle ajoute l'idée de l'eau, d'un cours d'eau ou de la présence de ce liquide.

Éty. du celt. *aa*, eau, ou du lat. *aqua*, m. sign., contracté en *ac*. Cette même désinence, ajoutée à plusieurs autres mots, sert à désigner le bruit, le son, les cris de certains corps ou de certains êtres, comme : *Cl-ac*, *Clic-cl-ac*, *Mic-m-ac*, *Tic-t-ac*, *Tric-tr-ac*, *Flic-fl-ac*. V. aussi *Aque*.

AC... V. à *Acc...* les mots qui ne se trouvent pas à *Ac...*

AC, vl. Il ou elle eut, trois pers. du sing. du parf. simple de *aver*.

AC, pron. anc. béarn. Ce, cela, le. V. *At*. *Et si ac fan*, et s'ils font cela, s'ils le font. *Et si no ac sap*, et s'il ne le sait.

AÇA

AÇA, V. *Ça*, *ha ça*.

ACA

ACABADA, s. f. (acabáde); ACABAMENT. *Acabamiento*, esp. *Acabamento*, port. Achèvement, fin, exécution entière.

Éty. de *acabar* et de *ada*. V. *Cap*, R. *A l'acabada*, à mon reste; cri des revendeurs en détail, lorsqu'il leur reste peu de marchandise.

ACABADOR, s. m. vl. *Acabador*, esp. port. Consommateur. V. *Acabaire*.

ACABAIRE, ARELA, s. (acabaïré, arèle); GASPILHAIRE, ACABEIRIS. Gaspilleur, euse, dissipateur, trice; qui mange tout son bien; prodigue.

Éty. de *acabar* et de *aire;* qui achève. V. *Cap*, R.

ACABALAR, v. a. (acabalá), dl. RECABALAR. Monter une ferme, la meubler, ou la fournir de bestiaux, d'instruments d'agriculture, etc., en d. béarn. Monter, enfourcher un cheval.

Éty. de *a*, de *cabal*, cheval, et de l'act. *ar;* mettre des chevaux, et par extension, des bestiaux et des meubles. V. *Caval*, R.; ou de l'espagnol *acabalar*, compléter.

ACABALAT, ADA, adj. et p. (acabalá, áde), dl. Fourni, ie de bestiaux et d'instruments, en parlant d'une ferme; en béarn. Monté à cheval. V. *Caval*, R.

ACABAMEN, et

ACABAMENS, vl. V.

ACABAMENT, s. m. (acabaméin), DÉFINITION. *Acabament*, cat. *Acabamiento*, esp. *Acabamento*, port. Consommation, achèvement, fin, perfection.

Éty. de *acabar* et de *ment*. V. *Cap*, R.

ACABANIR S' v. r. (s'acabanir). S'incliner, se courber en forme de voûte, de cabane. V. *Cap*, R. 2.

ACABAR, v. a. (acabá); ACHABAR, ASSOUIRE, FINIR, TERMINAR, ACCABAR, CABAR. Achever, terminer, finir, perfectionner quelque chose, y mettre la dernière main; conduire à bout; dissiper tout son bien.

Éty. de *a* pour *ad*, de *cab*, fin, extrémité, et de *ar;* aller jusqu'au bout. V. *Cap*, R. *Falia plus qu'un coou per m'acabar*, encore un coup (de vin) j'étais pris. *Aquella banca-routa m'acaba*, cette faillite me ruine.

ACABAR S', v. r. et n. *Acabarse*. S'achever, se terminer; achever de se ruiner ou de ruiner sa santé.

ACABASSIT, IDA, adj. et p. (acabassi, ide); AGRAUTIT, IDA, dl. Usé, tombé par l'âge, le travail; on le dit particulièrement des femmes du bas peuple, à qui quelques années de mariage ôtent toute envie de rire, de s'ajuster et de plaire.

Éty. de *a*, comme, de *cabas;* v. c. m., et de *it;* devenu comme un cabas.

ACABAT, ADA, adj. et p. (acabá, áde); *Acabado, ada*, esp. port. Achevé, fini, terminé; on dit quelquefois abstractivement: *Es un acabat*, c'est un ruiné, un homme qui n'a plus rien.

Éty. de *a* pour *ad*, de *cab* et de *at;* litt. arrivé au bout. V. *Cap*, R.

ACABENSA, s. f. vl. Fin, achèvement. V. *Acabament*.

Éty. de *a*, de *cab* et de *ensa;* chose qui va à la fin. V. *Cap*, R.

ACABIT, s. m. (acabi). Acabit, qualité bonne ou mauvaise d'un fruit, d'un légume.

Éty. du vieux mot, *acapitum*, achat. V. *Achet*.

ACACAGNAR S', v. r. (s'acacagná); ACACAIGNAR S', dg. Pouffer de rire. V. *Escarcagnar*.

Éty. par onomatopée.

Pendent que mous drolles pihaignon
E que d'arrisse s'acacaignon.
D'Astros.

ACACHAT, ADA, adj. (acatsát), dg. *Acachado, ada*, esp. Bien arrangé, bien caché, tapi.

Éty. de *cachar*. V. *Cach*, R.

ACACIA, s. m. (acaciá); *Acacia*, esp. ital. Acacia, Acacie, *Mimosa*, genre d'arbres et d'arbrisseaux de la fam. des légumineuses, très-nombreux en espèces.

Éty. du lat. *acacia*, dérivé du grec ἀκακία (akakia); formé de ακα (aka) pour ακη (akè), pointe, épine : *A spinis quibus caudex horret*, dont le rad. est *ac*, pointe, en celtique. V. *Ac*, R.

Le faux acacia, ou robinier, quoique n'appartenant pas au même genre, est cependant l'arbre que l'on désigne le plus généralement sous le nom d'acacia, en Provence. C'est le *Robinia pseudo-acacia* de Lin.

Cet arbre fut introduit en France par Jean Robin, sous le règne de Henri IV, vers 1600, qui en avait reçu des graines de l'Amérique Septentrionale, d'où le nom de *Robinia*. On prétend que le premier plant de robinier qui parvint en Europe, fut planté à Bruxelles dans le jardin de l'Archiduc où il existe encore.

ACADEIRAR, v. a. (acadeïrá), d. m. Chasser à coups de pierres, lapider.

Éty. de *a*, avec, de *codoul* et de *eirar;* litt. chasser à coup de galets. V. *Cod*, R.

ACADEMIA, s. f. (academie); ACADEMIE. *Academia*, esp. port. *Accademia*, ital. *Akademie*, all. Académie, réunion de personnes qui s'occupent des sciences, des lettres et des arts, et par extension, lieu où l'on enseigne à monter à cheval, à tirer des armes, où l'on donne publiquement à jouer; figure entière dessinée d'après le modèle.

Éty. du lat. *academia*, dérivé du grec ἀκαδημία (akadèmia), lieu situé dans un des faubourgs d'Athènes, qu'Académus céda à Platon pour y enseigner la philosophie. Ce mot est formé d'ἀκας (hakas), loin, et de δῆμος (dêmos), peuple.

L'histoire nous apprend que vers l'an 550 avant J.-C., les Marseillais avaient établi une académie à Marseille, et que cette ville devint l'émule d'Athènes; elle nous enseigne aussi que du temps des Romains, au commencement de notre ère, l'an 11, il y avait plusieurs académies dans les Gaules : on cite celles d'Autun, de Bordeaux, de Lyon, de Tours, de Trèves, etc.; mais elles disparurent avec la domination de ces conquérants. Charlemagne, d'après les conseils d'Alcuin, en organisa une qu'il composa des plus beaux génies de la cour, et dont il était membre lui-même.

La première que nous voyons reparaître en France, est celle des jeux floraux qui, en 1323, était déjà composée de sept poëtes, ayant un établissement fixe, des exercices réguliers, un sceau commun et un lieu pour les assemblées, qu'ils tenaient de leurs devanciers.

Fl. del gay saber. préf.

Elle existait alors sous le titre de société, mais en 1694, elle fut érigée en académie.

ACADÉMIES DE LA CAPITALE. L'académie française commence à s'organiser dans la maison de Valentin de Conrart, et elle est définitivement établie en 1635, par les soins du cardinal de Richelieu.

Celle des sciences s'établit en 1666, par les soins de Colbert.

Celle de peinture et de sculpture est fondée sous Louis XIV, par arrêt du 20 janvier 1648.

Celle d'architecture, par Colbert, en 1671.

Celle de chirurgie fut créée par Louis XV, en 1731.

Celle de peinture, à Rome, fut fondée par Louis XIV, en 1666.

Celle de musique s'établit en 1669.

Du temps de Henri IV, Gui Allard de Pluvinel crée le premier en France, des académies pour apprendre à monter à cheval.

DATES DE L'ÉTABLISSEMENT DES ACADÉMIES DU MIDI.

Aix. Par lettres patentes du mois de février 1611, Louis XIII fonde dans cette ville, une académie pour les écuyers, qui ne fut définitivement organisée qu'en 1699.

Celle des sciences, arts et belles-lettres de cette ville, fut fondée en :

Celle d'Arles, en 1669, par les soins du duc de Saint-Aignan.

Celle de Béziers, en 1783.

Celle de Bordeaux, en 1713.

Celle de Lunel: en 1100... Les Juifs fondèrent une académie à Lunel, que Salomon Jarchi fit fleurir, à ce qu'on assure.

Celle de Marseille, en 1726; son académie de peinture et sculpture, en 1753.

Celle de Montauban, commence en 1730 et n'est érigée en académie de belles-lettres qu'en 1744.

Celle de Nismes, en 1682.

Celle de Toulon?

Celle de peinture et de sculpture de Toulouse, commence en 1744 ses travaux et est érigée en académie en 1750.

ACADEMICIEN, s. m. (academicién); *Academico*, esp. port. *Accademico*, ital. Académicien, membre d'une académie; on nomme académiste celui qui fait partie d'une académie d'exercices, telle que celles de la danse, de l'escrime, etc.

Éty. du lat. *academicus*, ou de *academia*, et de la term. *ciens*.

Il y a aujourd'hui, comme on l'a vu au mot *Academia*, des académies de jeu, de musique, de danse, d'escrime, etc. et par conséquent des académiciens bien différents des disciples de Platon.

ACADEMIQUE, ICA, adj. (academiqué, ique); *Academico, ica*, esp. ital. port. Académique, qui convient à l'académie.

ACAGNAR, V. *Encagnar* et *Can*, R. 2.

ACAGNAR S', v. a. S'acharner, se prendre de grippe, s'attacher cruellement l'un contre l'autre. Garc.

Éty. de *a*, comme, de *cagn*, chien, et de *ar*; litter. s'acharner comme un chien. V. *Can*, R. 2.

ACAGNARDAR S', V. *Acagnardir s'* et *Can*, R.

ACAGNARDAT, V. *Acagnardit* et *Can*, R. 2.

ACAGNARDIR, v. a. (acagnardir); acagnardar, abrigar. Abriter une plante, la mettre à l'exposition du soleil et à l'abri de la bise.

Éty. de *a* pour *ad*, de *cagnard* et de *ir*; litt. mettre à un abri. V. *Can*, R. 2.

ACAGNARDIR S', v. r. s'acagnardar, s'acanardir, s'apoultrounir, s'acanardar, s'afeneantir. S'acagnarder, s'accoquiner, vivre dans la crapule, s'accoutumer à une vie fainéante; passer son temps dans un abri (cagnard). V. *Can*, R. 2.

ACAGNARDIT, IDA, adj. et p. (acagnardi, ide); acagnardat, acoucardit, acanardit, apoultrounit, afeneantit. Acagnardé, ée, abrité, selon le verbe; devenu fainéant. V. *Can*, R. 2.

ACAIRAR, v. a. (acaïrá); acairar. dl. même sign. que *Escairegear*; v. c. m.

ACAIRAR, v. a. vl. Équarrir, ajuster. V. *Escairar*.

ACAIRAT, ADA, adj. et p. vl. Équarri, ie; ajusté, ée.

ACAISONANT, adj. vl. vaudois. Accusant. V. *Caus*, R.

ACAISSAR, v. a. vl. Embrasser, caresser.

Éty. de *a*, de *cais*, bouche, et de *ar*; toucher avec la bouche. V. *Cais*, R.

ACAIZONAR, vl. alt. de *occasionar*. V. *Ouccasiounar* et *Caus*, R.

ACAIZONAT, ADA, adj. et p. vl. V. *Ouccasiounat* et *Caus*, R.

ACAJOU, s. m. (acadjoú); *Acaiu*, ital. *Acajú*, port. Acajou, *Anacardium occidentale*, Lin. *Cassuvium pomiferum*, Lam. Arbre de la famille des térébinthacées, indigène du Brésil, de St-Domingue et de Cayenne.

Cet arbre produit le fruit connu sous le nom de noix d'acajou, qui fournit une huile caustique et très-inflammable.

La pomme d'acajou, qui n'est autre chose que le réceptacle de la noix, renferme une substance spongieuse assez agréable, dont on retire, par la fermentation, une boisson vineuse.

Éty. de *caju* ou *cazou*, qui signifie, en langue malaise : bois pour faire des meubles.

Le bois connu sous le nom d'acajou, ou d'*acajaiba*, nom brésilien de cet arbre si recherché pour les meubles, ne provient point de celui dont nous venons de parler, mais du *mahagoni* ou acajou meuble, du genre *Swietania*.

Ce n'est que depuis le commencement du dernier siècle que le bois d'acajou est connu en Europe, où l'on en doit l'introduction au frère du docteur Gibbons, capitaine de vaisseau, qui en apporta pour lui servir de lest pendant la traversée; le docteur en fit faire un bureau, qui plut tellement à la duchesse de Buckingamshire, qu'elle en voulut un, ce qui le mit en vogue.

ACALAR, v. a. (acalá), dl. Apaiser, calmer par de douces paroles. V. aussi *Mermar*, *Amaisar* et *Calar*, R.

La mayre tant mau que ben
Lous couvrissie, lous acalava.
Tandon.

Éty. du grec ἀικάλλω (aikallô), flatter; ou de ἀκαλὸς (akalos), paisible, tranquille, selon M. Thomas.

ACALAR, v. a. (acalá), dl. le même que *Esquichar*; v. c. m. *Acalar la caliada*, dl. presser le caillé avec les mains; couvrir.

Éty. V. *Calar*.

ACALAR S', v. r. dl. *Acallar*, esp. Se taire, V. *Calhar* et *Taisarse*.

Et sé ma mèra mé crida?...
S'acalará, santadiou!
Rigaud.

ACALFAR, vl. V. *Acaufar* et *Cal*, R.

ACALINAR, v. a. vl. *Acalorar*, esp. Chauffer, échauffer. V. *Escaufar* et *Cal*, R.

ACALIVAR, v. a. vl. *Acalorar*, esp. Échauffer.

Éty. du lat. *calefacere*, m. s. V. *Cal*, R.

ACALOUNAR, v. a. (acalouná); *Acalourar*, dl. le même que *Escaufar*; v. c. m. et *Cal*, R.

ACAMAIAR, v. a. (acamaïá), dl. Accoster. Sauv.

ACAMARADAR S', v. r. Se faire camarades, devenir compagnons, se lier d'une étroite amitié; il se dit en général comme un reproche.

Éty. de *a*, de *camarado* et de *ar*; se rendre camarade. V. *Cambr*, R.

ACAMAT, ADA, adj. et p. (acamá, áde), dg. Jambé, ée. *Bien acamat*, bien jambé; altér. de *encambat* ou de *Cambat*. V. *Camb*, R.

ACAMBAR, v. a. et r. (acambá). Mettre ou se mettre à califourchon sur une monture, Avr. V. *Encambar* et *Camb*, R.

ACAMINAR, v. a. (acaminá); acheminar. *Incamminare*, ital. Acheminer, mettre une affaire en train; mettre quelqu'un en état d'entreprendre quelque chose, mettre en fuite. Chasser, dl.

Éty. de *a*, de *camin* et de *ar*; litt. mettre en chemin. V. *Camin*.

ACAMINAR S', v. r. *Incamminarsi*, ital. *Encaminarse*, esp. *Encaminharse*, port. S'acheminer vers un lieu, se mettre en chemin, s'avancer, tendre à son terme. Se hâter, dl. V. *Camin*, R.

ACAMINEA, adj. et p. vl. Acheminée, V. *Acaminat* et *Camin*, R.

ACAMP, s. m. vl. Assemblée, réunion; pour abcès, V. *Achamp* et *Camp*, R.

Als vases d'Aliscamps,
Aqui se fey l'acamps.
Vie de saint Honorat.

Aux tombeaux d'Aliscamps,
Là se fit l'assemblée.

ACAMPA, s. f. (acámpe), dl. Combat à coups de pierres entre les jeunes gens. Sauv.

ACAMPADOUR, s. m. (acampadóu); acampaire, acampadou. Celui qui amasse des trésors, qui tésorise; lieu où l'on entasse.

Éty. de *acampar* et de *our*, celui qui *acampa*, qui ramasse. V. *Camp*, R.

Apres un acampadour
Ven un descampadour.
A bon acampadour
Bon escampadour, à père avare fils prodigue.

ACAMPAGE, s. m. (acampadge). On désigne par ce mot, dans le Var, selon M. Garcin, l'action de transporter une chose d'un lieu dans un autre, le charriage.

Éty. de *acampar* et de *age*. V. *Camp*, R.

ACAMPAGI, s. m. (acampádgi); acampage, amassage. Le charriage, l'action de transporter d'un lieu dans un autre, de cueillir ou de ramasser.

Éty. de *acampar* de *agi*. V. *Camp*, R.

ACAMPAGNARDIR S', v. r. (s'acampagnardir). Prendre du goût pour la campagne, surtout pour y habiter.

Éty. de *a* pour *ad*, de *campagnard* et de *ir*; devenir campagnard. V. *Camp*, R.

ACAMPAIRE, ARELA, s. (acampaïré, arèle); acampaire, acampairis. dans le dial. l. Cueilleur, euse, ramasseur, euse. Sauv. d. du Var.. celui, celle qui transporte sur la tête, sur les épaules ou à dos de mulet les marchandises, les récoltes. Garc. Économe, celui, celle qui amasse, qui entasse des richesses. V. *Acamp*. R,

Apres un acampaire ven un descampaire.

ACAMPAMENT, s. m. (acampaméin). Pléthore, amas d'humeurs.

Éty. de *acampar*, amasser, et de *ment*. V. *Camp*, R.

ACAMPAR, v. a. (acampá); SOURGIR, ACHAMPAR, AMASSAR, REJOUGNER. Amasser, entasser, cueillir, ramasser, transporter, porter une chose du champ à la maison, et par extension, charrier.

Éty. de *a*, de *camp*, champ, et de *ar*; apporter du champ, première signif. du mot. V. *Camp*, R.

Fig. *Acampar de forças*, prendre des forces.

Acampar d'appetit, gagner de l'appétit.

Acampar leis garbas, ramasser et apporter les gerbes.

Acampar de ben, amasser des richesses, les apporter de dehors chez soi.

Acampar de sens, prendre du bon sens, devenir sage.

Acampar querella, prendre querelle.

A pas acampat un soou, il n'a pas profité d'un sou.

Acampar de graissa, prendre de l'embonpoint.

On ramasse ce qui est à terre sans y tenir, et on cueille les fleurs, les fruits, les feuilles, qui tiennent à l'arbre ou à la plante.

ACAMPAR, v. a. dl. Chasser, donner la chasse, mettre en fuite; faire aller dans les champs.

Éty. de *a*, de *camp* et de *ar* pour *anar*. V. *Camp*, R.

Gran rebé acampo lou bounhur;
Pichou rebe toutjours l'atiro.
Jasm.

ACAMPAR S', v. n. S'assembler, revenir au gîte, rentrer dans la maison après avoir fait sa journée. V. *Camp*, R.

ACAMPAR, v. n. ACHAMPAR, CAMPAR. Abcéder, aboutir, en parlant d'une inflammation qui se termine par suppuration.

Moun det acampa, mon doigt aboutit, abcède ou apostume.

Éty. de *acampar*, amasser, parce que ce verbe indique le moment précis auquel le pus commence à se former, à s'amasser. V. *Camp*, R.

ACAMPASSIT, V. *Acampestrit*.

ACAMPAT, ADA, adj. et p. (acampá, áde). Amassé, ramassé, rentré, etc. selon le verbe. V. *Camp*, R.

ACAMPESTRIR S', v. r. (s'acampestrir); ARMASSIR S'. Devenir inculte. Affricher, Ency. laisser une terre s'affricher, c'est négliger de lui donner les labours convenables. Défricher, tirer de l'état de friche.

Éty. de *a*, de *camp*, de *estre* et de *ir*; devenir comme un champ. V. *Camp*, R.

ACAMPESTRIT, IDA, adj. et p. (acampestri, ide); ARMASSIT, ACAMPASSIT, ACHAMPESTRIT, ACHAMPASSIT. Devenu inculte, tombé en friche. V. *Camp*, R.

ACANADOUIRA, s. f. (acanadouira); JOZ, GIMBLE, ACHANAVOUIRA, CANADOUIRA, CHANOUIRA. Gaule, perche dont on se sert pour abattre ou gauler les noix, les olives, etc. Selon Garcin, c'est aussi le nom d'une fronde dans le Var.

Éty. de *a*, de *cana* et de *ouira*. V. *Can*, R.

ACANAGI, s. m. (acanádgi). L'action de gauler les noix. Aub.

ACANAIRE, s. m. (acanaïré); ACHANAIRE. Celui qui gaule, qui abat les noix.

Éty. de *acanar* et de *aire*; pour Frondeur, V. *Escarregeaire* et *Can*, R.

ACANAR, v. a. (acaná); ABALLIAR, ACHANAR, DECANAR, DERRAMAR, ACANISSAR. Gauler, abattre les noix, les fruits avec la gaule. Fronder, Garc.

Éty. de *a*, de *cana*, canne, gaule, et de *ar*; agir, abattre avec la gaule. V. *Can*, R.

ACANARDAR, V. *Acagnardar*.

ACANARDAT, V. *Acagnardat*.

ACANAT, ADA, adj. et p. (acaná, áde); ACHANAT. Gaulé, ée.

Éty. de *a*, avec, de *cana*, gaule, et de *at*; abattu avec la gaule. V. *Can*, R.

ACANDOU, V. *Candou*, R.

ACANDOULAR, et

ACANDOURAR, v. a. (acandourá); ACHALANDAR. Achalander, procurer des chalands; donner des pratiques.

Éty. de *acandou* et de *ar*. V. *Candou*, R.

ACANDOURAT, ADA, adj. et p. ACHALANDAT. Achalandé, ée, qui a beaucoup de vogue. V. *Candou*, R.

AÇANEM, interj. (açanéim). Allons donc, c'est assez, finissez.

ACANISSAR, V. *Acarnar* et *Aquissar*. Gauler les arbres. Garc. V. *Acanar*.

ACANTELAR, v. a. vl. Recogner, Gl. occit. V. *Cant*, R. 2. *Acans*, que tu recognes.

ACANTHA, s. f. (acánte); PATA D'OURS. *Acanto*, esp. ital. *Acanthus*, cat. *Acantho*, port. Acanthe, branc-ursine, *Acanthus mollis et spinosus*, Lin. plantes qui ont donné leur nom à la fam. des acanthacées.

Éty. du grec ἄκανθος (acanthos), arbrisseau ou herbe hérissée de piquants.

L'Acanthe molle se trouve aux environs de Draguignan, de Forcalquier et de Toulon; et l'Acanthe épineuse, au-dessus de la ville d'Hières. La première espèce, en étalant ses feuilles autour d'un panier recouvert d'une tuile, qu'on avait placé sur cette plante avant qu'elle sortît de terre, donna l'idée à Callimaque, selon Vitruve, du chapiteau des colonnes de l'ordre corinthien.

ACANTHIN, s. m. (acantín). Nom du chardon bénit, aux environs de Brignolles, selon M. Amic. V. *Cardoun beinit*.

Éty. A cause de la ressemblance qu'on a cru trouver entre ses feuilles et celles de l'acanthe. V. *Ac*, R.

ACANTOUNAR, v. a. (acantouná); RANCOUGNAR. *Accantonare*, ital. anc. *Acantonar*, esp. *Acantoar*, port. Acculer, pousser dans un coin; fig. mettre au pied du mur; cantonner, distribuer les troupes par quartiers.

Éty. de *a*, de *cantoun* et de *ar*; litt. mettre dans au coin. V. *Cant*, R. 2.

ACANTOUNAR S', v. r. SE RANCOUGNAR, SE CANTOUNAR. *Acantoarse*, port. S'acculer, se mettre dans un coin, se blottir. V. *Cant*, R. 2.

ACANTOUNAT, ADA, adj. et p. (acantouná, áde); CANTOUNAT. *Acantoado*, port. *Acantonado*, esp. Acculé, poussé dans un coin; accouvé, ée.

Éty. de *a*, de *cantoun* et de *at*; mis dans un coin. V. *Cant*, R. 2.

ACAPERAT, ADA, adj. et p. d. béarn. *Acaparrado, ada*, esp. Couvert, erte; placé sous un manteau.

Éty. de *a*, de *capa* et de *at*. V. *Cap*, R.

ACAPOUNIR S', v. r. S'acagnarder, devenir capon, mauvais sujet.

ACAPT, radical dérivé de la basse latinité *accaptare*, dont la R. est *capere*, prendre; avec la prép. *a*, prendre à...; d'où: *Acapt-a*, *Acapta-ment*, *Acapt-ar*, *Acapt-e*, *Reire-acapt-e*, *Achapt-el*, *Achetar*.

ACAPTA, s. f. vl. *Acoto*, anc. esp. *Acapte*, droit féodal exigé par le nouveau seigneur lors du changement du maître du fief; redevance, cens. V. *Acapt*, R.

ACAPTAMENT, s. m. vl. Reconnaissance de l'acapte.

Éty. V. *Acapt*, R.

ACAPTAR, v. a. (acaptá), dl. Donner à emphytéose, ou bail à longues années. Sauv. V. *Acapt*, R.

ACAPTAR, v. vl. ACATAR. *Acaptar*, anc. cat. anc. esp. *Accattare*, ital. Prendre à acapte, obtenir, acheter, prendre, solliciter, mendier, réussir.

Éty. de *a* et du lat. *capere*. V. *Cap* et *Acapt*, R.

ACAPTE, s. m. vl. Acapte. V. *Acaptat*.

Reire-acapte, s. m. vl. Arrière-acapte, droit exigé du sous-feudataire.

ACARAMENT, s. m. (acaraméin); ACARRAMENT, COUNFRONTATION. *Açareação* et *Acareamento*, port. Accarement, confrontation des témoins entre eux ou avec l'accusé.

Éty. de *acarar* et de *ment*. V. *Cara*, R.

ACARAR, v. a. (acará); ACARRAR, COUNFRONTAR. *Acarear*, port. *Acarar*, esp. Confronter des témoins; *accarer*, en terme de palais.

Éty. de *a-cara-ar*, mettre face à face. V. *Cara*, R.

Non es sujet en aquello desgracy,
D'estr' accarrat, confrontat facy a facy.
La Bellaudière.

ACARAT, adj. et p. (acará); *Acarado, ada*, esp. Confronté. V. *Cara*, R.

ACARCAVIELIT, V. *Carcavielit*, dl.

ACAREGNASSIT, IA, adj. et p. (acaregnassí, ie), t. de Valensole, Adonné à l'amour; qui a des fréquentations amoureuses. Aub.

Éty. de *a*, de *caregnar* et de *it*.

ACARIASTRE, ASTRA, adj. (acariástré, ástre); ACARIATRE. Acariâtre, bourru, fantasque, colère.

Éty. du grec α priv. et de χάρις (charis), grâce, sans grâce; ou de *a*, de *cara* et de *astre*; à mauvaise mine.

ACARIO, s. m. vl. Le verseau.

Éty. du lat. *aquarius*, m. s.

ACARNAMENT, s. m. Garc. V. *Acharnament* et *Carn*, R.

ACARNAR, v. a. (acarná); ACHARNAR, ACARNASSIR. *Accanire*, ital. *Encarnizar*, esp. *Encarniçar*, port. Exciter, animer, irriter, acharner, donner aux animaux le goût de la chair; fournir une maison de viande de boucherie.

Éty. de *a* pour *ad*, de *carn*, chair, et

de la term. act. *ar;* donner de la chair. V. *Carn*, R.

ACARNAR S', v. r. S'ACHARNAR, ACARNASSIR S', ACHARNIR S'. S'acharner, s'attacher cruellement l'un contre l'autre; s'attacher à nuire, persécuter opiniâtrément. V. *Carn*, R.

ACARNASSIR, v. a. (acarnassir), dl. ACARNACIR. Animer, exciter. V. *Carn*, R.

ACARNASSIR S', V. *Acarnar s'*.

ACARNASSIT, IDA, IA, adj. et p. (acarnassi, ide, ie); ACARNAT, ACHARNASSIT. Habitué à manger de la viande. Sauv.

Éty. de *a*, de *carnassa* et de *it*. V. *Carn*, R.

ACARNAT, ADA, adj. et p. (acarná, áde); ACHARNAT. *Acharnito*, ital. anc. *Encarniçado*, port. Acharné, ée, attaché avec fureur.

Éty. de *a*, de *carn* et de *at;* attaché à la chair. V. *Carn*, R.

ACARREIRAR, v. a. (acarreïrá). Lapider, chasser à coups de pierres. Aub.

ACASAR, ACAZAR, vl. v. a. *Accasare*, ital. Établir, marier. V. *Casar;* pourvoir, donner des terres.

Éty. de *a*, de *casa*, R. et de *ar;* litt. placer dans une maison.

ACASAR S', v. r. (s'acasá), dl. S'ACASIR. S'établir, se marier. V. *Casar s'* et *Casa*, R.

ACASAT, ADA, adj. et p. ACCASAT. *Accasato*, ital. Marié, ée; casé, ée; vassal. V. *Casa*, R. et *Acasit*.

ACASIR, dl. V. *Acasar* et *Casa*, R.

ACASIT, adj. et p. (acasi), dl. CABIT, CHABIT, ACASIT. Établi, marié. Sauv. V. *Casa*, R.

ACASSAR, v. a. (acassá), dl. Agencer, orner, calamistrer, adoniser.

Éty. M. Thomas dérive ce mot du grec ἐκάσσυσα (ékassusa), de κασσύω (kassuô), coudre, réparer, agencer; ou de κάζω (kazô), aor. ἔκασα, (ékasa), orner, ranger.

ACASSAR, v. a. (acassá), dl. Poursuivre, aller après. V. *Cassar*, *Couchar* et *Cass*, R. *Un temps acassa l'autre*, prov.

ACASSAT, ADA, adj. et p. (acassá, áde), dl. Propre, fringant, retapé, orné.

Nous dirièn s'an vis jamai
De fias pus acassadas,
Pus lestas, pus adraidas.

Rigaud.

ACASSIA, V. *Acacia*.

ACASTE, s. vl. *Acates*, esp. Agate. V. *Agata*.

Éty. du lat. *achates*.

ACATA, s. f. (acáte), dl. en terme de maçon, Pierre de couronnement, celle qui forme le cordon d'un mur de clôture ou de terrasse. Sauv.

ACATAGE, s. m. (acatádge), dl. Couverture de lit; tout ce qu'on met sur le lit pour se couvrir: *N'ai pas proun acatage*, je ne suis pas assez couvert.

ACATAR, vl. V. *Acaptar*.

ACATAR, v. a. (acatá), pour Acheter, V. *Achetar* et *Croumpar*. Couvrir, abaisser. *Acatar lou foc*, couvrir le feu. V. *Cat*, R.

ACATAR S', v. r. dg. S'AMATAR. Se blottir, se tapir, s'abaisser, s'humilier, s'accroupir comme un chat. V. *Cat*, R.

Éty. peut-être du grec κατα (kata), sur, en bas, avec l'*a* augm. et *ar*.

ACATAT, ADA, adj. et p. (acatá, áde), dl. AMATAT. Couvert: *Gna terr' acatada*, dl. la terre en est jonchée; caché, dissimulé; sournois, courbé, bas, humble.

Éty. de *a*, de *cat* et de *at*. V. *Cat*, R.

ACATOULAR, v. a. (acatoulá). Couvrir légèrement, cacher sous les pans de sa robe. Sauv.

Éty. Dim. de *acatar*. V. *Cat*, R.

ACATOURAR, v. a. (acatourá), t. de Valensole. Caresser, mignarder. Aub.

ACATSAR, v. a. (acatsá); ACAXA, dg. Ajuster, égaler, couper net, trancher, nuire, unir. V. *Rasar*.

ACATSAT, ADA, adj. et p. (acatsá, áde), dg. Ajusté, égal, bien arrangé.

ACAUFAR, v. a. vl. ACALFAR. Écraser, couvrir de pierres.

ACAUMAR, V. *Achaumar*.

ACAUMIT, IDA, adj. (acaoumi, ide), dg. Calmé, ée, apaisé, ée: *Bent acaumit*, vent apaisé.

ACAURAT, ADA, adj. et p. (acaourá, áde), dl. Celui qui a chaud pour être trop couvert, ou pour être trop pressé dans une foule.

Éty. de *a*, de *caur* pour *caut*, et de *at;* pris par la chaleur. V. *Cal*, R.

ACAUS, V. *Caus*, *Caussina* et *Cal*, R. 3.

ACAVIR, v. a. (acavir), dl. Placer, mettre en sûreté. V. *Cabir*. Sauv.

ACAZAR, vl. V. *Acasar*.

ACC

ACCABLAMENT, s. m. (accablaméin). Accablement, état de celui qui est accablé; chute subite et considérable des forces, jointe à un sentiment particulier de pesanteur générale.

Éty. de *ac*, de *cable* et de *ment*. V. *Accablar* et *Cabl*, R.

ACCABLANT, ANTA, adj. (accablán, ánte). Accablant, ante, qui accable; importun, incommode.

Éty. de *accablar* et de *ant*. V. *Cabl*, R.

ACCABLAR, v. a. (accablá); ABLASIGAR, CARGAR, ABLEIGAR. Accabler, abattre par trop de charge, ou fig. à force de coups, de maux, d'affaires ou de chagrins: *Accablar quauqu'un de marrideis resouns*, accabler quelqu'un d'injures.

Éty. de *ac* pour *ad*, de *cable* et de *ar;* succomber sous le câble. V. *Cabl*, R.

ACCABLAT, ADA, adj. et p. (acablá, áde); MATABLAT, ACABAT, ABLASIGAT. Accablé, ée, abattu, surchargé. V. *Cabl*, R.

ACCABUSTAR, v. a. vl. Jeter la tête première.

Éty. de *ac* pour *ad*, de *cab* et de *ustar*. V. *Cap*, R.

ACCALEGNIT, IDA, IA, adj. (accalegni, ide, ie), dm. Garçon ou fille qui a des intrigues amoureuses, qui fait l'amour.

Éty. de *ac* pour *ad*, de *calegnar* et de *it*. V. *Calegn*, R.

ACÇANT, Garc. V. *Accent*.

ACCAPAR, v. a. (acapá), dg. Cacher.

Estimi, jou, que de quauquo machine
M'accap lous fious scelerats.

Bergeyret.

Éty. de *a* pour *ad*, de *capa* et de *ar;* mettre sous la cappe. V. *Cap*, R. 2.

ACCAPARRAMENT, s. m. (accaparraméin). Accaparement, monopole sur les denrées.

Éty. de *accaparrar;* v. c. m., et de la term. *ment*. V. *Cap*, R. 2.

L'action d'accaparer pour faire renchérir les denrées est aussi ancienne que le commerce. L'empereur Zénon défendit l'accaparement à Rome, et François Ier voulut le prévenir, en France, par un édit.

ACCAPARRAR, v. a. (accaparrá). Accaparer, faire amas de denrées pour les vendre plus cher; couvrir: *S'accaparrar de soun mantel*, dl.

Éty. du lat. *ad-parare*, acheter beaucoup, acheter sans vendre; de *capere*, ou de *accipere*. V. *Cap*, R. 2.

ACCAPARRUR, USA, s. (accaparúr, úse); ACCAPARRAIRE, ENCAPARRUR, RABAILHAIRE. Accapareur, euse, celui ou celle qui accapare; monopoleur.

Éty. de *accaparrar* et de *ur*, *usa*. V. *Cap*, R. 2.

ACCAPTAR, vl. V. *Acaptar*.

ACCASAT, s. m. vl. Casé; vassal.

Éty. de *ac* pour *ad*, de *casa*, demeure, et de *at;* pourvu d'une demeure.

ACCASIR, v. a. (accasi), dg. Attirer, faire entrer dans ses intérêts.

Éty. de *ac* pour *ad*, de *casa* et de *ir;* faire entrer dans la maison. V. *Casa*, R.

ACCASTILHAGI, s. m. (accastillàdgi); *Acastillage*, esp. *Accastellamento*, ital. Accastillage; les tugue, dunette, gaillards d'avant et d'arrière et leurs ornements, forment l'accastillage d'un vaisseau.

Éty. de l'esp. *castillo*, dérivé du lat. *castellum*, château, V. *Castel;* de la term. *agi*, et de l'augm. *a;* litt. ce qu'on met au château, ou ce qui en fait partie: *Ad castellum ago*, V. *Castel*, R.; ou fait en forme de château.

ACCASTILHAT, ADA, adj. et part. (accastillá, áde); *Acastellado*, port. *Acastillado, ada*, esp. *Accastellato*, ital. Accastillé, ée, accompagné de ses deux châteaux, en parlant d'un vaisseau.

Éty. de *accastilh* et de la term. pass. *at*, *ada*. V. *Castel*, R.

ACCEDAR, v. n. (accédá); *Acceder*, esp. port. *Accedere*, ital. Accéder, consentir; en t. de palais, se porter sur le lieu du délit: *Faire un accedit*, accéder.

Éty. du lat. *accedere*, m. s. V. *Ced*, R.

ACCEDIT, s. m. (accèdit); ACCES, mot latin qui signifie que la justice a accédé, qu'elle s'est portée sur le lieu du délit.

Éty. du lat. *accedere*, m. s. V. *Ced*, R.

ACCELERAR, v. a. (accelerá); DESPACHAR, POUSSAR. *Accelerare*, ital. *Acelerar*, esp. *Accelerar*, port. Accélérer, ajouter à la célérité, donner une plus grande vitesse, hâter, presser.

Éty. du lat. *accelerare*, m. s. V. *Celer*, R.

ACCELERAT, ADA, adj. et part. (accelerá, áde); DESPACHAT. *Accelerado, ada*, esp. port. Accéléré, ée, à qui l'on a communiqué un plus grand mouvement. V. *Celer*, R.

ACCELERATION, s. f. (acceleratie-n); *Acceleramento*, ital. *Aceleration*, esp. *Acceleração*, port. Accélération, accroissement de vitesse, prompte expédition.

Éty. du lat. *accelerationis*, gén. de *acceleratio*. V. *Celer*, R.

Galilée trouva, dans le XVIIe siècle, les lois de l'accélération dans la chute des corps.

ACCELERATOUR, s. m. (acceleratóur); *Accelerador*, port. *Acceleratore*, ital. Accélérateur, qui accélère; on dit accélératrice, au fém.

ACCENDRE, vl. V. *Acendre*.

ACCENT, U, sous-radical dérivé du lat. *accentum*, sup. de *accino, ere*, chanter; ou selon d'autres, de *ad cano, juxta cantum*, qui approche du chant, qui indique l'intonation qu'il faut donner aux mots en les prononçant. Dérivés: *Accent, Accentu-al, Accentu-ar, Accentu-at, ada; Accentu-ation*.

ACCENT, s. m. (accéin); ACÇANT. *Acento*, esp. *Accento*, ital. port. *Accent*, cat. Accent, inflexion de la voix qui consiste à l'élever ou à l'abaisser, en prononçant certaines syllabes. On donne également le nom d'accent aux signes qui indiquent ces inflexions, qu'on figure et nomme ainsi: accent aigu ('); accent grave (`); accent circonflexe (^). Voy. pour plus de détails, la Gramm. à l'article *Accent*.

Éty. du lat. *accentus*, m. s. V. *Accent*, R.

Les accents ou esprits furent introduits, dans la langue grecque, 220 ans environ avant J.-C., par Aristophane de Bysance, grammairien d'Alexandrie, auquel l'on doit aussi la ponctuation. Vers le temps d'Auguste, on commença à en faire usage dans la langue latine; et ils furent d'un usage général au VIIe siècle; au XIe, on mettait des accents sur deux i placés à côté l'un de l'autre; mais ce ne fut qu'au XIVe, qu'on leur substitua des points. V. Ency. mod. De Vaines, Dict. diplomatique, et Boquillon, Dict. des inventions.

ACCENTUAL, adj. vl. *Accentuel, accentuable*.

Aquels motz appelam accentuals qui per mudamen de l'accen, mudo lor significat, remanens aquelas meteysshas letras. V. *Accent*, R.

ACCENTUAR, v. a. (accéintuár); ACÇANTUAR. *Acentuar*, esp. *Accentuar*, cat. port. *Accentuare*, ital. Accentuer, mettre les accents.

Éty. du lat. *accentu notare*, marquer d'un accent. V. *Accent*, R.

ACCENTUAT, ADA, adj. et part. (acceintuá, áde); *Acentuado, ada*, esp. *Accentuado*, port. Accentué, ée.

Éty. du lat. *accentu* et de la term. pass. *at*; marqué de l'accent. V. *Accent*, R.

ACCENTUATION, s. f. (accéintuatie-n); ACÇANTUATIEN. *Acentuation*, esp. *Acçantuação*, port. Accentuation, système de règles pour placer les accents; art de les placer. V. *Accent*, R.

ACCEPTABLE, ABLA, adj. (acceptáblé, áble); *Accettabile*, ital. *Aceptable*, esp. *Aceitavel*, port. Acceptable, qui peut, qui doit être accepté.

Éty. du lat. *acceptabilis*. V. *Cap*, R. 2.

ACCEPTAIRE, ARELA, s. *Aceptador*, esp. port. Celui, celle qui accepte. Aub. V. *Cap*, R. 2.

ACCEPTAMEN, s. m. vl. Acceptation. V. *Acceptatio* et *Cap*, R. 2.

ACCEPTAR, v. a. (acceptá et acctá); ACETAR. *Accettare*, ital. *Aceptar*, esp. *Acceptar*, cat. port. Accepter, recevoir, agréer ce qui nous est offert.

Éty. du lat. *acceptare*, m. s., pour *accipere*, fait de *ad*, à, vers; et de *capere*, prendre. V. *Cap*, R. 2.

ACCEPTAT, ADA, adj. et part. (acceptá, áde); *Aceptado, ada*, esp. *Accetto, Accettato*, ital. *Aceitado*, port. Accepté, ée. V. *Cap*, R. 2.

ACCEPTATION, s. f. (acceptatie-n); ACETACIEN. *Accettazione*, ital. *Aceptacion*, esp. *Aceitação*, port. Acceptation, action d'accepter, de recevoir, d'agréer.

Éty. du lat. *acceptationis*, gén. de *acceptatio*. V. *Cap*, R. 2.

ACCEPTIO, s. f. vl. *Acceptio*, cat. *Acepcion*, esp. *Accepção*, port. Acception, égard, préférence; en term. de gram., signification, sens dans lequel un mot se prend. V. *Acception*.

Éty. du lat. *acceptio*, m. s. V. *Cap*, R. 2.

ACCEPTION, s. f. (acceptie-n); ACCEPTIEN. *Aception*, esp. *Accepção*, port. Acception, signification d'un mot. V. *Cap*, R. 2.

ACCEPTOUR, s. m. (acceptóur); ACCEPTAIRE. *Aceptador*, esp. *Aceitador*, port. Accepteur, qui accepte, qui s'engage à payer une lettre de change, un mandat.

Éty. de *acceptar* et de *our*. V. *Cap*, R. 2.

ACCES, s. m. (accès); ACÈS, ECES. *Accesso*, ital. *Acceso*, esp. port. Accès, abord, entrée, facilité d'approcher quelqu'un. V. *Abord*.

Éty. du lat. *accessus*. V. *Ceder* et *Ced*, R.

ACCES, s. m. *Accesso*, *Accessione*, ital. *Accession*, esp. *Accessão*, port. Accès, redoublement de fièvre, de délire; retour périodique de certaines maladies.

Éty. du lat. *accessus*, *accessio*: *Febre d'accès*, fièvre intermittente. V. *Ced*, R.

ACCESSADOR, s. m. anc. lim. Ascensateur. V. *Cens*, R.

ACCESSAMENT, s. m. anc. lim. ACESSAMENT. Ascensement.

ACCESSAR, v. a. anc. lim. Ascenser, donner à cens. V. *Cens*, R.

ACCESSIBLE, IBLA, adj. (accessiblé, ible); *Accessibile*, ital. *Accessible*, esp. *Accessivel*, port. Accessible, qui peut être abordé, dont on peut approcher; il se dit des lieux et des personnes.

Éty. du lat. *accessibilis*, m. s. V. *Ced*, R.

Cerca Diou lorsqu'es accessible,
Invoca lou, quand si laissa touca.
Lou temps de la mouert es terrible
Per aqueou qu'es din lou peca.

Anonyme.

ACCESSIO, s. f. vl. *Accessio*, cat. *Accession*, esp. *Accessão*, port. *Accessione*, ital. Accès. V. *Acces* et *Ced*, R.

Éty. du lat. *Accessio*.

ACCESSOIRO, s. m. et f. (accessóire); ACCESSOUARO. V.

ACCESSORI, s. m. vl. *Accessori*, cat. *Accessorio*, ital. port. *Accessorio*, esp. Accessoire, ce qui suit ou accompagne le principal.

Éty. de *ac*, de *cessio* et de *ori*. V. *Ced*, R.

ACCESSORIAMEN, adv. *Accessoriamente*, esp. port. *Accessoriamente*, ital. Accessoirement, en accessoire.

Éty. de *accessoria* et de *men*; d'une manière accessoire. V. *Ced*, R.

ACCIDENT, ACCIDEN, sous-radical dérivé du lat. *accidentis*, gén. de *accidens*, dont la racine est *cado*, *cadere*. V. *Cad*. Dérivés: *Accident, Accident-al, Accidental-men, Accidentala-ment, Accider*.

ACCIDENT, s. m. (accidèin); *Accidente*, esp. port. ital. Accident, cas fortuit, malheur imprévu, infortune.

Éty. du lat. *accidentis*, de *accidere*; formé de *ad*, à, vers, auprès; et de *cadere*, tomber. V. *Cad*, R.

ACCIDENT, s. m. AUCIDENT, OUCIDENT. Apoplexie. V. *Apouplexia*.

ACCIDENTAL, ALA, adv. vl. *Accidental*, port. V. *Accidentel* et *Cad*, R.

ACCIDENTALMEN, adv. vl. *Accidentalmen*, cat. *Accidentalmente*, esp. port. ital. Accidentellement.

Éty. de *accidental* et de *men*. V. *Cad*, R.

ACCIDENTEL, ELLA, adj. (accidentèl, èle); *Accidentale*, ital. *Accidental*, esp. port. cat. Accidentel, elle, qui arrive par accident, par hazard.

Éty. du lat. *accidentalis*. V. *Cad*, R.

ACCIDENTS, s. m. pl. AUCIDENTS. Convulsions chez les enfants. V. *Gouteta* et *Cad*, R.

ACCIDER, v. n. vl. *Acaurer*, anc. cat. *Accadere*, ital. Arriver. V. *Arribar*.

Éty. du lat. *accidere*. V. *Cad*, R.

ACCIDIA, s. f. vl. *Acidia*, anc. esp. port. *Accidia*, ital. Paresse, indolence. V. *Paressa*.

Éty. de la basse latinité *accidia*, tristesse, anxiété, chagrin; et dérivé du grec ἀκηδία (akêdia), insouciance, abattement de cœur.

ACCIDIOS, adj. vl. *Acidioso*, anc. esp. *Accidioso*, ital. Paresseux, indolent. V. *Paressous*.

Éty. de *accidia* et de *os*.

ACCIO, vl. V. *Action*.

ACCLAMATION, s. f. (aclamatie-n); ACCLAMATIEN. *Acclamazione*, ital. *Aclamacion*, esp. *Acclamação*, port. Acclamation, cri par lequel un grand nombre de personnes assemblées marquent leur approbation.

Éty. du lat. *Acclamationis*, gén. de *acclamatio*; fait de *clamo* et de *ad*. V. *Clam*, R.

ACCLURE, v. a. vl. Enfermer, cacher.

Éty. de *ac* et de *clure*, ou du lat. *includere*. V. *Claus*, R.

ACCOILLIMEN, s. m. vl. V. *Aculhimen* et *Culh*, R.

ACCOLADA, s. f. (accouláde); ACOULADA, COULADA, ENCOULADA. *Accollata*, ital. anc. Accolade, une des cérémonies de la réception des anciens chevaliers; trait de plume qui joint plusieurs articles.

Éty. du lat. *ad collum*, m. s. V. *Col*, R.

Cette cérémonie, qui se pratiquait en baisant à la joue gauche celui qu'on recevait chevalier, et en lui frappant sur l'épaule un coup du plat de l'épée, tire son origine d'un ancien usage des Français, par lequel celui qui ne pouvait pas payer son créancier, lui prenait les bras et les passait autour de son cou, *comme une manière d'investiture de toute sa personne.*

ACCOLAR, v. (accoulá). V. *Encoular*.

ACCORD, s. m. (accór); ACCOUERDI. *Acuerdo*, esp. *Accordo*, ital. *Acordo*, port. *Acord*, cat. *Accord*, all. Accord, union des cœurs; accommodement, convention, concordance; union de plusieurs sons entendus simultanément.

Éty. de la basse lat. *accordamentum*. V. *Cord*, R.

De coumun accord, *de comun acuerdo*, esp., de commun accord. *Faire l'accord*, *se mettre d'accord*, faire la paix, se réconcilier.

ACCORD, ACCOUERDI, imp. du verbe *accorder*; accord, commandement à l'équipage d'un navire, pour voguer ensemble.

ACCORDABLE, ABLA, adj. (accourdáblé, áble); ACCOURDABLE. Accordable, qu'on peut accorder. Garc. V. *Cord*, R.

ACCORDAILHAS, s. f. pl. (accourdáilles); ACCOURDAILHAS. Accords, accordailles, fiançailles; conventions préliminaires d'un mariage. V. *Cord*, R.

ACCORDAIRE, s. m. (accourdaïré); ACCORDUR, ACCOURDAIRE, ACCOURDUR. Accordeur, celui qui fait profession d'accorder les instruments de musique et particulièrement les *piano* et les *orgues*. Pacificateur, médiateur, amiable compositeur.

Éty. de *accord* et de *aire*; qui met d'accord. V. *Cord*, R.

ACCORDANT, ANTA, adj. (accourdân, ánte); ACCOURDANT. *Accordante*, ital. *Acorde*, port. *Acordante*, esp. Accordant, ante, qui s'accorde bien. V. *Cord*, R.

ACCORDAR, v. a. (accourdá); ACCOURDAR, ACORDAR. *Acordar*, cat. esp. port. *Accordare*, ital. Accorder, mettre d'accord; concéder, consentir.

Éty. du lat. *ad unum cor velut adducere*; ou du celt. *accordare* et peut-être de *corda*, corde de musique. V. *Cord*, R.

ACCORDAR S', v. r. (s'accourdá); *Accordarsi*, ital. *Acordarse*, port. esp. S'accorder, être ou se mettre d'accord; avoir de la convenance ou de la ressemblance. *S'accordoun coumo lou chin et lou cat*, exp. fig. pour dire qu'on ne s'accorde pas. V. *Cord*, R.

ACCORDAT, ADA, adj. et part. (accourdá, áde); *Acordado, a*, esp. *Accordato*, ital. *Accordado*, port. Accordé, ée; uni, d'accord; fiancé, ée. V. *Cord*, R.

ACCORDOIR, s. m. (accourdoir); ACCOURDOIR. Accordoir, outil des luthiers et facteurs d'orgues, qui sert à accorder.

Éty. du fr. *accordoir*. V. *Cord*, R.

ACCORDUR, s. m. (accourdúr); ACCOURDUR. *Accordatore*, ital. V. *Cord*, R.

ACCORRE, v. a. vl. *Accorrer*, port. esp. *Accorrere*, ital. Défendre, secourir, venir en aide; courir au secours.

Éty. du lat. *correre*, courir. V. *Courr*, R.

ACCORREMENT, s. m. vl. *Acorriment*, anc. cat. *Accorrimento*, anc. esp. *Accorrimento*, ital. Secours.

Éty. de *a*, de *correr* et de *ment*, action de courir pour... V. *Courr*, R.

ACCORSAR, v. a. vl. V. *Accoursir*, *Escourchar*, et *Court*, R.

ACCORT, s. m. vl. Accord, traité. V. *Accord* et *Cord*, R.

ACCOSTAR, v. a. (accoustà); ACCOUSTAR, ABOURDAR, ABRAMBAR. *Acostar*, esp. cat. *Acostar*, port. *Accostare*, ital. Accoster, aborder quelqu'un dans le dessein de lier conversation avec lui; en t. de mar. approcher une chose d'une autre.

Éty. de *a*, de *costa* et de *ar*; s'approcher côte à côte. V. *Cost*, R.

ACCOSTAT, ADA, adj. et p. (accoustá, áde); ACCOUSTAT. *Acostado*, esp. Accosté, ée.

Éty. V. *Cost*, R.

ACCOUBLAIRE, s. m. (accoubláïré); *Accopiante* et *Accopiatore*, ital. Accoupleur, qui accouple, qui assortit.

Éty. du lat. *copulatrix*, ou de *ac* pour *ad*, de *coubl* et de *aire*. V. *Coubl*, R.

ACCOUBLAMENT, s. m. (accoublaméin); ACCOUPLAMENT. *Accopiamento*, ital. Accouplement, acte au moyen duquel deux êtres de sexe différent procèdent à la procréation de leurs semblables; assemblage par couples.

Éty. du lat. *copulatio*. V. *Coubl*, R.

ACCOUBLAR, v. a. (accoublá); APPARIAR. *Accopiare*, ital. *Copular*, port. Accoupler, joindre deux choses ensemble; apparier le mâle et la femelle.

Éty. de *a*, de *coubla*, couple, et de la term. act. *ar*; mettre par couples, ou du lat. *copulare*, m. s. V. *Coubl*, R.

ACCOUBLAR S', v. r. *Copularse*, esp. *Accopiarsi*, ital. S'accoupler, se joindre, s'unir, s'ajuster. V. *Coubl*, R.

ACCOUBLAT, ADA, adj. et p. (accoublá, áde). Accouplé, ée.

Éty. du lat. *copulatus*. V. *Coupl*, R.

ACCOUCHADA, s. f. (accoutchade); PENEIRIS, JACENT, COUCHADA, JACUDA, JOUCADA, HEDA, PANEIRIS, ACCOUCHAU, ACCOUCHAYA, PALHOUNAU. Accouchée, femme qui vient de mettre un enfant au monde. *Accouchada que vai a la messa*, relevée de couche; *Messa d'accouchada*, relevailles, ou messe de...

Éty. de *a* pour *ad*, de *coucha*, lit, et de la term. pass. *ada*; mise au lit à cause de... Les Grecs disaient dans le même sens : λέχω, δος, (léchô, oos,); accouchée, dérivé de λέχος (léchos), lit. V. *Couch*, R.

ACCOUCHALHAS, s. f. pl. (accoutcháilles); dl. Les couches d'une femme; le temps pendant lequel elle demeure au lit à cause de l'enfantement. Sauv.

Éty. de *a*, de *couchas* et de *alh*; tout ce qui est relatif à l'accouchement. V. *Couch*, R.

ACCOUCHAMENT, s. m. (accoutchaméin); ENFANTAMENT. Accouchement, enfantement, action d'accoucher; l'action d'aider une femme à accoucher.

Éty. de *accouchar* et de *ment*. V. *Couch*, R.

ACCOUCHAR, v. a. et n. (accoutchá); AJAIRE, ESCULHAR, PARIR, FANTAR, PARTOURIR, CREATURAR. Accoucher, aider une femme dans le travail de l'enfantement; et neutralement, mettre un enfant au monde. V. *Accouchar s'*.

Éty. du lat. *ad* et de *cubare*; coucher auprès. V. *Couch*, R.

ACCOUCHAR S', v. r. S'AJAIRE, SE DESBOULHAR. Accoucher, mettre un enfant au monde, est un v. n. en français; ainsi traduisez : *S'es accouchada*, par elle est accouchée, et non par *elle s'est accouchée*, qui est un provençalisme, à moins qu'on ne voulût parler d'une femme qui aurait rempli envers elle l'office d'accoucheuse. *S'es accouchada d'un enfant*, elle est accouchée d'un garçon, elle a accouché heureusement.

Éty. de *a* pour *ad*, de *coucha* et de la term. act. *ar*; se mettre dans sa couche, dans son lit. V. *Couch*, R.

ACCOUCHAS, s. f. (ocóutses), d. bas lim. Couches. V. *Couchas* et *Couch*, R.

ACCOUCHUR, s. m. (accoutchúr); **USA**, s. f. (úse); ACCOUCHAIRE. Accoucheur, accoucheuse, celui ou celle dont la profession est d'accoucher ou d'assister les femmes dans leurs accouchements. V. *Bayla* et *Sagea femna*.

Éty. du lat. *accubare*, être auprès. V. *Couch*, R.

Le soin des accouchements était uniquement confié aux femmes chez les anciens Égyptiens; mais c'étaient les hommes au contraire qui en étaient chargés chez les Grecs, où les femmes ne pouvaient exercer aucune partie de la médecine, jusqu'après le jugement que l'Aréopage rendit en faveur de l'athénienne Laodice, et par suite, en faveur de tout son sexe.

En France, les femmes ont seules pratiqué l'art des accouchements jusqu'au XVIIe siècle; le premier exemple connu où un accoucheur fut appelé, eut lieu aux premières couches de Mme de la Vallière, en 1663; craignant que son secret ne fût pas gardé par des femmes, elle fit appeler Julien Clément, chirurgien, qui devint ensuite l'accoucheur à la mode. V. Noel, Dict. des origines, au mot *Accouchement*.

ACCOUCOULAR, v. a. (acoucoulá), dl. *Accocolare*, ital. Couver des yeux, choyer, dorloter.

Éty. de *incubare*, couver. V. *Couch*, R.

ACCOUCOUNAR, v. a. (acoucouná); OCOUCOUNAR, d. bas lim. Emmitoufler, envelopper de fourrures.

Éty. de *a*, de *coucoun* et de *ar*; mettre dans le cocon, faire comme la nymphe du ver à soie.

ACCOUCOUNAR S', v. r. (s'acoucouná);

Accoccolarsi, ital. *Acucurrarse*, esp. *Acocorarse*, port. S'accroupir comme une poule qui fait l'œuf. V. *Agroumoulir s'* et *Coucoun*, R.

ACCOUCOUNAT, ADA, adj. et p. (acoucouná, áde). V. *Agroumoulit* et *Coucoun*, R.

ACCOUDAR S', v. r. (s'accoudá); **S'ACCOUDAR.** *Acodarse*, esp. *Encostarse*, port. S'accouder, s'appuyer du coude.

Éty. du lat. *accubitare se*, ou de *a*, de *coude* et de *ar*. V. *Coud*, R.

ACCOUDAT, ADA, adj. et p. (accoudá, áde); *Acodado*, *ada*, esp. Accoudé, ée, appuyé sur le coude.

Éty. de *a*, de *coude* et de *at*, mis, posé sur le coude. V. *Coud*, R.

ACCOUDITS, adj. et p. (accoudis), dl. *Peous accoudits*, cheveux gras, huileux, réunis par flottes. V. *Amechit*.

ACCOUDOIR, s. m. (acoudoir); **ACCOUDOUAR, ACCOUDOUER, COUIDIEIRA, COUYDIERA.** *Encosto*, port. Accoudoir, ce qui est fait pour s'y accouder. V. *Coud*, R.

Celui des fenêtres s'appelle aussi *Appui*, et celui d'une chaise ou d'un confessionnal, *Accotoir*.

ACCOUDOUAR, V. *Accoudoir* et *Coud*, R.

ACCOUDOURAR, v. a. (acoudourá); **ACOUCHEIRAR,** d. d'Apt. Poursuivre à coups de pierres.

Éty. de *ac* pour *ad*, de *coudou* et de *ar*.

ACCOUERDI, (accoúerdi). V. *Accord* et *Cord*, R.

ACCOUFFAT, ADA, adj. et p. **AGROUSSAT.** Accroupi, ie; couché sur ses petits, en parlant d'un oiseau.

ACCOUFIGNAR, v. a. (acoufigná); **ACOUFIGNAR,** dg. Acculer, entasser sans ordre dans un coin. V. *Accantounar*.

Éty. de *ac* pour *ad*, de *coufign* pour *coufin*, et de *ar*; mettre dans un cabas.

ACCOUFIGNAR S', v. r. **ACOUFINAR,** dl. Se blottir dans un coin. Sauv.

ACCOUIDAR, V. *Accoudar* et *Coud*, R.

ACCOULADA, V. *Accolada*.

ACCOULAR, v. a. (accoulá), dl. *Accolare*, ital. anc. Embrasser, donner l'accolade; sauter ou saisir au cou. Sauv.

Éty. de *a*, de *coul* et de *ar*; litt. pendre au cou. V. *Col*, R.

ACCOULAT, s. m. (accoulá), dl. V. *Coumpagnoun*. *Accollato*, ital. anc. Compagnon, camarade, associé à une bande d'ouvriers.

Éty. de *a-coul-at*, fixé au cou, intimement lié. V. *Col*, R.

ACCOUMENÇAMENT, Garc. V. *Coumençament*.

ACCOUMENÇAR, V. *Coumençar*.

ACCOUMENÇUR, s. m. (accoumeinçúr); **ACCOUMENÇAIRE, ACCOUMENÇUSA.** Agresseur, euse, celui qui commence, qui entame une affaire. Garc.

ACCOUMOUDABLE, ABLA, (accoumoudáblé, áble); **ACOMODABLE**; *Acomodable*, esp. *Accomodavel*, port. *Accomodabile*, ital. Accommodable, qui peut s'accommoder. Garc. V. *Coumod*, R.

ACCOUMOUDAGI, s. m. (acoumoudádgi); **ACCOUMOUDAGE, ADOUBAGE.** Accommodage, apprêt des viandes; arrangement des cheveux, d'une perruque. V. *Adoubagi*, *Racoumoudagi* et *Coumod*, R.

ACCOUMOUDAIRE, s. m. (accoumoudáïré); *Acomodador*, esp. V. *Adoubaire*, *Radoubaire* et *Coumod*, R.

ACCOUMOUDAMENT, s. m. (accoumoudaméin); *Accomodamento*, ital. port. *Acomodamiento*, esp. Accommodement, accord d'un différend, réconciliation; ajustement : *Vau mies un marrit accoumoudament qu'un bon prouces*, pr. V. *Coumod*, Rad.

Éty. de *accoumoudar* et de *ment*.

ACCOUMOUDANT, ANTA, adj. (accoumoudán, ánte). Accommodant, ante; complaisant, qui cherche à faire terminer les affaires; à contenter tout le monde, en parlant d'un marchand.

Éty. de *accoumoudar* et de *ant*. V. *Coumod*, R.

ACCOUMOUDAR, v. a. (accoumoudá); **COUMOUDAR.** *Accomodare*, ital. *Acomodar*, esp. *Accomodar*, port. Accommoder, mettre d'accord. V. pour les autres significations, *Adoubar*.

Éty. du lat. *accommodare*, m. s. V. *Coumod*, R.

Ne confondez pas Accommoder avec Raccommoder, et trad. *Accoumoudar una rauba*, par raccommoder une robe.

ACCOUMOUDAR S', v. r. *Acomodarse*, esp. *Accomodarsi*, ital. *Accommodarse*, port. S'accommoder, se conformer à... se trouver bien d'une chose, d'une personne; s'accorder après avoir été brouillés. V. *Coumod*, R.

ACCOUMOUDAT, ADA, adj. et part. (accoumoudá, áde); *Acomodado*, *da*, esp. *Accommodato*, ital. *Acommodado*, port. Accommodé, ée. V. *Adoubat* et *Coumod*, R.

ACCOUMPAGNAIRE, s. m. (accoumpagnáïré); *Acompañador*, esp. *Accompanhador*, port. *Accompagnatore*, ital. Compagnon, guide; accompagneur, musicien qui, avec son instrument, accompagne la voix de quelqu'un. V. *Pag*, R.

ACCOUMPAGNAMENT, s. m. (accoumpagnaméin); *Acompañamiento*, esp. *Accompagnamento*, ital. *Accompanhamento*, port. Accompagnement, action d'accompagner, soit en allant ensemble dans certaines cérémonies, soit en soutenant la voix d'un chanteur ou l'instrument d'un musicien, par des accords.

On nomme *Accompagnateur*, celui qui accompagne.

Éty. V. *Pag*, R.

Rameau créa les premières règles de l'accompagnement musical; on lui doit la basse fondamentale (XVIIIe siécle).

ACCOUMPAGNAR, v. a. (accoumpagná); *Acompanyar*, cat. *Accompanhar*, port. *Acompañar*, esp. *Accompagnare*, ital. Accompagner, aller de compagnie, reconduire par honneur; escorter; jouer la basse, les parties accessoires, etc.

Éty. du celt. *companies*, compagnie, selon Ach.; et mieux encore de *a* pour *ad*, de *coumpagna* et de *anar*: *Anar de coumpagna* ou *faire coumpagna*. V. *Pag*, R.

ACCOUMPAGNAR S', v. r. *Accompagnarsi*, ital. *Acompanharse*, port. Aller de compagnie; on dit en français : S'accompagner de quelqu'un, mais non *avec quelqu'un*. V. *Pag*, R.

ACCOUMPAGNAT, ADA, part. (accoumpagná, áde); *Accompañado*, *ada*, esp. *Accompanhado*, port. Accompagné, ée, selon le verbe. V. *Pag*, R.

ACCOUMPLICHEIRE, s. m. d. de Valensole. Celui qui accomplit. Aub.

ACCOUMPLIR, v. a. (acoumplí); **COUMPLIR.** *Compire*, ital. *Accompire*, ital. anc. *Cumplir*, esp. *Cumprir*, port. Accomplir, faire observer, exécuter complètement et fidèlement ce qu'on est obligé de faire, d'observer, d'exécuter; réaliser.

Éty. du lat. *ad* et de *complere*, remplir. V. *Ple*, R.

ACCOUMPLIR S', v. r. *Compirsi*, ital. S'accomplir, se réaliser. V. *Ple*, R.

ACCOUMPLISSAMENT, s. m. (acoumplissaméin); *Compimento*, ital. *Cumplimento*, esp. *Cumprimento*, port. Accomplissement, exécution complète et fidèle de ce qui est prescrit par une loi, par une règle. V. *Ple*, R.

ACCOUMPLIT, IDA, adj. et p. (acoumplí, ide); **COUMPLIT.** *Cumplido*, esp. *Compito*, ital. Accompli, ie, achevé. V. *Ple*, R.

ACCOUNOULHAR, v. a. (acóunouillá), d. b. lim. Mettre en petit tas. V. *Accuchounar*.

Éty. Alt. de *accumular*. V. *Cumul*, R.

ACCOUPLAMENT, V. *Accoublament* et *Coubl*, R.

ACCOUPLAR, V. *Accoublar* et *Coubl*, R.

ACCOUQUINAR S'. Garç. V. *Acouquinir s'*.

ACCOURCHA, s. f. (acóurtche); **ESCOURCHA, COURCHA, ACOURCHA.** *Accorciamento*, ital. Accourcissement, diminution de longueur, en parlant d'un chemin; chemin de traverse qui évite les détours, les lacets de la grande route : *Ai pres* ou *gagnat l'escourcha*, j'ai passé par l'accourci, ou l'accourcissement. V. *Accourcissament*.

Éty. de *a* pour *ad*, de *courch* pour *court*, et de l'act. *ar*; prendre le plus court. V. *Court*, R.

ACCOURCHAR, v. a. (acourtchá); *Accorciare*, ital. *Acortar*, esp. *Encurtar*, port. Accourcir, raccourcir. V. *Escourchar* et *Court*, R.

ACCOURCHAT, ADA, adj. et p. (acourchá, áda); **ESCOURCHAT.** *Acortado*, *ada*, esp. Accourci, ie. V. *Escourchat* et *Court*, R.

ACCOURCHIR, Voy. *Escourchar* et *Court*, R.

ACCOURCHOLA, s. f. (acourchóle); **ESCOURCHOLA,** dim. de *Accourcha*; v. c. m. et *Court*, R.

ACCOURCISSAMENT, s. m. (accourcisséin); *Accorciamento*, ital. *Acortamiento*, esp. *Encurtamento*, port. Accourcissement, diminution de longueur. V. *Accourcha*, *Escourcha* et *Court*, R.

ACCOURDAIRE, Voy. *Accordaire* et *Cord*, R.

ACCOURDAR, V. *Accordar* et *Cord*, R.

ACCOURSAR, v. a. (accoursá), dg. *Aco-*

sar, esp. Poursuivre, attaquer. V. *Cousse-gre* et *Courr*, R.

ACCOUSSAR, V. *Acoussar.*

ACCOUSSAT, V. *Acoussat.*

ACCOUSTAR, V. *Accostar.*

ACCOUSTAT, V. *Accostat.*

ACCOUSTUMADA, s. f. (acoustumáde). Manière d'être ordinaire, coutume : *A l'accoustumada*, expr. adv. *Acostumadamente*, port. comme à l'ordinaire, comme de coutume.

Éty. de *a*, de *cousluma* et de *ada;* fait à l'ordinaire. V. *Costum*, R.

ACCOUSTUMANÇA, s. f. (acoustumánce); *Accostumanza*, ital. *Costumo*, port. *Costumbre*, esp. Accoutumance, action qui forme à la longue, une habitude par des actes répétés; usage.

Éty. de *a-coustuma-ança*. V. *Costum*, R.

ACCOUSTUMAR, v. a. (acoustumá); *Accostumare*, ital. *Acostumbrar*, esp. *Acostumar*, port. *Acostumar*, cat. Accoutumer, faire prendre une coutume, rendre une chose familière.

Éty. de *a*, de *coustuma* et de *ar;* donner la coutume. V. *Coustuma* et *Costum*, R. *Ai accoustumat la fatiga;* trad. je suis accoutumé à la fatigue; on n'accoutume pas, on s'accoutume.

ACCOUSTUMAR S', v. r. *Acostumbrarse*, esp. *Acostumarse*, port. *Accostumarsi*, ital. S'accoutumer, s'habituer, contracter une habitude. V. *Costum*, R.

ACCOUSTUMAT, **ADA**, adj. et part. (acoustumá, áde); *Acostumbrado*, esp. *Accostumato*, ital. *Acostumado*, port. Accoutumé, ée.

Éty. de *a*, de *coustuma* et de *at;* soumis à la coutume. V. *Costum*, R.

ACCOUTAIRE, **ARELLA**, s. (acoutaïré, arèle), dl. Têtu, ue. Sauv. V. *Testard.*

Éty. de *accoutar* et de *aire;* qui enrage, qui ne veut pas marcher.

ACCOUTAR, v. a. (ocoutá), dl. m. s. que *Coutar;* v. c. m.

Éty. de l'espagnol *acotar*, fixer, planter des bornes.

ACCOUTAR, v. a. (ocoutá), d. bas lim. *Acostar*, port. *Accostare*, ital. Se mettre à côté, joindre; attraper, atteindre : *Lous accoutarez ben*, vous les atteindrez bien.

Prendre, saisir : *Accoutar peu piaous*, prendre par les cheveux.

Duper, tromper : *Fai ben lou fin, ma l'ai ben accoutat*, il fait bien le fin, mais je l'ai bien dupé.

ACCOUTAR S', v. r. m. d. Se prendre à quelque chose ou dans quelque chose : *Lou rat s'es accoutat dins lou ratier*, le rat s'est pris dans la souricière. Se tromper, s'attraper; prendre racine, en parlant des arbres et des plantes; se prendre, s'attacher : *L'euna s'accota apres lous aubres*, le lierre s'attache aux arbres.

Éty. *Acotarse*, en espagnol, signifie *se mettre en lieu de sûreté, se sauver.*

ACCOUTAT, **ADA**, adj. et p. (acoutá, áde). Appuyé, ée.

ACCOUTIT, IDA, adj. et p. (acoutí, íde), d. b. lim. Brouillé, ée, en parlant des cheveux et de la chevelure.

ACCOUTRAMENT, V. *Acoutrament.*

ACCREDITAR, v. a. (acréditá); *Accreditare*, ital. *Acreditar*, esp. port. Accréditer, procurer du crédit, mettre en crédit.

Éty. du lat. *accredere* ou de *creditum dare.* V. *Cred*, R.

ACCREDITAR S', v. r. *Acreditarse*, esp. port. *Accreditarsi*, ital. S'accréditer, se mettre en crédit. V. *Cred*, R.

ACCREDITAT, ADA, adj. et p. (acréditá, áde); *Acreditado*, esp. port. Accrédité, ée. V. *Cred*, R.

ACCREDUT, **UDA**, adj. (acredú, úde), dg. Accru, ue.

Éty. V. *Creiss*, R.

ACCREISSAMENT, s. m. *Accrescimento*, ital. *Acrecimiento*, esp. *Accrescentamento*, port. Accroissement. V. *Creissença* et *Creiss*, R.

Éty. de *creisse* et de *ment;* l'action de croître. V. *Creiss*, R.

ACCREISSAMENT, s. m. vl. ACREISSEMEN. Accroissement, augmentation. V. *Accreissament.*

ACCREISSER, v. a. vl. *Acrecer*, esp. *Acrescer*, port. *Accrescere*, ital. Accroître, augmenter.

Éty. du lat. *accrescere*, m. s. V. *Creiss*, Rad.

ACCROC, s. m. (acró); ESTRAS, FENDARASSA. Accroc, déchirure que l'on fait en s'accrochant; fig. obstacle, difficulté, retardement; on le dit aussi pour ce qui accroche. V. *Croc.*

Éty. du celt. *accrouchare*, ou de *a* pour *ad*, et de *croc;* fait au croc. V. *Croc*, R.

ACCROCHAR, v. a. (accroutchá); ACROUCHAR, PENDRE. Accrocher, attacher à un crochet; jeter des grapins d'un vaisseau à un autre, pour venir à l'abordage; fig. retarder, entraver; attraper par adresse.

Éty. de *a* pour *ad*, de *croc* et la term. act. *ar;* mettre au croc, ou prendre avec un croc. V. *Croc*, R.

ACCROCHAR S', v. r. S'AGANTAR, S'AGAFFAR. S'accrocher, se prendre, s'attacher; fig. suivre la fortune de quelqu'un. V. *Croc*, R.

ACCROUCHAT, ADA, adj. et p. (accrouchá, áde). Accroché, ée.

Éty. de *accrouch* et de la term. pass. *at, ada*. V. *Croc*, R.

ACCROPAT, ADA, adj. (ocroupá, áda), d. bas lim. Adhérent, fortement attaché; V. *Estacat.* On le dit aussi des cheveux que la sueur a collés ensemble; V. *Empegat;* de la laine, ou du crin d'un matelas qui s'est comprimé de manière à n'être plus élastique.

Éty. Ce mot ne paraît être qu'une alt. de *accrochat*. V. *Croc*, R.

ACCROUPIR S', v. r. *Accucurarse*, esp. *Accocolarsi*, ital. *Acocorarse*, port. S'accroupir. V. *Agroumoulir s'.*

Éty. de *ac* pour *ad*, de *croupa* et de *ir;* se poser, se mettre sur la croupe. V. *Croup*, R.

ACCROUPISSAMENT, s. m. (acroupissaméin). Action de devenir fainéant, de s'accroupir. V. *Croup*, R.

ACCROUPIT, IDA, adj. et p. (accroupí, íde); *Acucurrado*, esp. Accroupi, assis sur les talons; couvert, en parlant du temps, et en d. béarn.

Éty. de *a*, de *croupa* et de *it;* posé sur la croupe. V. *Croup*, R.

ACCRUPIAR S', V. *Agrupiar s'*, et *Crupi.*

ACCUCHAIRE, ARELA, s. (accutchaïré, arèle). Celui celle qui entasse. Aub.

ACCUCHAR, v. a. (aculchá); ENQUILHAR, CARACCUCHAR, ACLUCHAR, ACUCHAR, ENCLUCHAR, ENCAVALAR, ACCUCHOUNAR, ACCOUNOULHAR, ATAVELAR, EMPILAR, ABORGEAR, ENCAVALAR. Entasser, accumuler, amonceler : *Accuchar lou fen*, emmeuler le foin.

Éty. de *a* pour *ad*, de *cucha*, tas, monceau, et de la term. act. *ar;* mettre en tas. V. *Cuch*, R.

ACCUCHAT, ADA, adj. et part. (acutchá, áde); AGRUMELAT, ENGRUMELAT. V. le verbe. Entassé, accumulé, amoncelé.

Éty. de *a*, de *cucha* et de *at, ada;* mis en tas. V. *Cuch*, R.

ACCUCHOUNAR, v. a. (accutchouná), Itér. de *accuchar*. Mettre en tas, faire plusieurs petits tas.

Éty. de *ad*, de *cuchoun* et de *ar*. V. *Cuch*, R.

ACCUI, Aub. V. *Acuelh.*

ACCUMULAR, v. a. (acumulá); ACCUCHAR, ACCAMPAR. *Accumulare*, ital. *Acumular*, esp. cat. *Accumular*, port. Accumuler, mettre les unes sur les autres des choses de même nature; entasser. V. *Accuchar.*

Éty. du lat. *ad*, et de *cumulare*, ou de *accumulare*. V. *Cumul*, R.

ACCUMULAT, ADA, adj. et p. (accumulá, áde); *Acumulado*, esp. *Accumulado*, port. Accumulé, ée, entassé. V. *Accuchat.*

Éty. du lat. *cumulatus*, m. s. V. *Cumul*, R.

ACCUS, sous-rad. pris du latin *accusare*, accuser, mettre en cause; dérivé de *causa*. V. *Caus*, R.

De *accusare*, par apoc. *accus;* d'où: *Accusar, Accus-at, Accus-ation, Accus-atour, Ex-cus-atio, Ex-cus-ança, Des-en-cuz-ar, Des-encuz-at, Des-encuz-atio.*

ACCUS, s. m. (acús). Point qu'on annonce à certains jeux de cartes. Garc. V. *Caus*, R.

ACCUSABLE, **ABLA**, adj. (acusáblé, áble); *Accusavel*, port. Accusable, qui peut être accusé. Garc.

Éty. du lat. *accusabilis*, m. s. V. *Caus*, R.

ACCUSAIRE, s. f. (acusáïré); ACCURABELA, ACCUZADOR. V. *Accusatour* et *Caus*, R.

ACCUSAMENT, s. m. (acusaméin); *Accusamento*, ital. Accusation. V. *Caus*, R.

ACCUSAR, v. a. (acusá); *Accusare*, ital. *Acusar*, esp. cat. *Accusar*, port. Accuser, dénoncer quelqu'un comme coupable d'un délit; imputer quelque faute, servir de preuve ou d'indice.

Éty. du lat. *accusare*, m. sign.; formé de *causa* et de *ar;* mettre en cause.

ACCUSAR S', v. r. *Acusarse*, esp. *Accusarsi*, ital. *Accusarse*, port. S'accuser, se déclarer coupable, accuser ses péchés. V. *Caus*, R.

ACCUSAT, ADA, adj. p. et sub. (accusá, áde; *Acusado*, esp. *Accusato*, ital. *Accusado*, port. Accusé, ée, déféré en justice, dénoncé.

Éty. du lat. *accusatus*, m. s. V. *Caus*, R.

ACCUSATIF, s. m. (acusatif); *Accusativo*, ital. port. *Acusativo*, esp. Accusatif, le quatrième cas des noms qui se déclinent; c'est le cas passif qui désigne l'objet sur lequel se porte l'action dont il est parlé.

Éty. du lat. *accusativus*, qui accuse; parce qu'il révèle l'objet de l'action. V. *Caus*, R.

Lacusatius es ditz d'accusar. Fl. del gay saber.

ACCUSATIO, vl. V.

ACCUSATION, s. f. (accusatie-n); ACCUSATIEN. *Acusació*, cat. *Accusa*. *Accusazione*, ital. *Acusacion*, esp. *Accusação*, port. Accusation, action en justice par laquelle on accuse une personne; imputation, reproche.

Éty. du lat. *accusationis*, gén. de *accusatio*, m. sign. V. *Caus*, R.

ACCUSATOUR, s. m. (acusatóur); ACCUSAIRE. *Accusatore*, ital. *Acusador*, esp. cat. *Accusador*, port. Accusateur, accusatrice, celui ou celle qui accuse.

Éty. du lat. *accusator*, m. s. V. *Caus*, R.

ACCUSATIU, IVA, adj. vl. *Acusatiu*, cat. *Acusativo*, esp. *Accusativo*, port. ital. Accusatif, qui accuse.

Éty. du lat. *accusativus*, m. s. V. *Caus*, R.

ACCUZADOR, et

ACCUZAIRE, vl. V. *Accusaire*.

ACE

ACE, ACA, ASSE, ASSA, ACHA; désinence assez fréquente en roman et en français, mais beaucoup plus commune en latin, sous la forme de *ax*, *acis*.

Elle indique, dans les substantifs, ce qui s'étend d'une manière diffuse, ce qui s'entasse confusément, qui tient de la manière d'être de la chose exprimée par le radical, qui lui ressemble. V. aussi *Assa*. Ainsi : *Tr-aça*, est formé de trait et de *aça*; *Lim-aça*, de *limoun* et de *aça*; *Br-assa*, de *bras* et de *assa*; *Creb-assa*, de *crebar* et de *assa*; *Li-assa*, de *liar* et de *assa*.

Dans les adjectifs, elle marque l'excès, la tendance, l'imitation, l'inclination, l'habitude. Butet a donné aux mots qu'elle concourt à former, le nom de *adhésifs*; c'est ainsi que *Rap-ace*, est formé de *rapio* et de *ace*, qui a l'habitude de ravir, d'enlever; *Viv-ace*, de *vivere* et de *ace*, qui tient fortement à la vie, qui ne meurt pas facilement; *Ten-ace*, de *tenir*, qui tient bien; *Vor-ace*, qui a l'habitude de dévorer; *Couri-ace*, de *corium*, cuir, qui est dur comme du cuir.

ACEAR, s. m. (acéar). Nom qu'on donne au seigle à Allos. V. *Segue*.

Éty. du lat. *acus*, gén. *acueris*, balle ou paille qui enveloppe le grain de blé, parce que ces balles sont très-remarquables dans le seigle, et pointues. V. *Ac*, R.

ACEBENCHIR, v. a. et n. (acebeintchir), Rabougrir, resserrer, en parlant de l'action du froid et du vent sur les arbres et sur les fruits. Avr.

ACEBENCHIT, IDA, adj. et p. (acebeinchi, ide). Rabougri, ie, rétréci, ie; avorté. Avr.

ACEDAR, vl. V. *Assedar*.

ACEDE, s. vl. Agate. Gloss. occit.

ACEIMAR, vl. V. *Acesmar*.

ACEIMAT, vl. V. *Acesmat*.

ACEIRAL, adj. vl. ACEIRIN. *Acerino*, esp. Acéré, d'acier, fait d'acier. V. *Aceiral* et *Ac*, R.

ACEIRAR, v. a. (aceirá); ACERAR, RESSUAR. *Acciajare*, ital. *Acerar*, esp. cat. *Aceirar*, port. Acérer, garnir d'acier un outil, un instrument, pour le rendre plus pointu ou plus tranchant.

Éty. de *acier* et de *ar*; mettre de l'acier. V. *Ac*, R.

ACEIRAT, ADA, adj. et p. (aceirá, áde); ACERAT. *Acerado*, esp. *Acciajato*, ital. *Aceirado*, port. Acéré, ée, garni d'acier. V. *Ac*, R.

ACEIRIN, adj. vl. Acéré. V. *Aceirat* et *Ac*, R.

ACELLA, s. f. vl. *Ancella*, ital. Servante.

Éty. du lat. *ancilla*, m. sign.

ACENDRE, v. a. vl. *Acceder*, esp. *Accendere*, ital. *Acender*, port. Allumer, enflammer, brûler.

Éty. du lat. *accendere*, m. s.

ACENSA, s. f. ACESSAMEN, ASSENSAMENT, s. m. vl. Acensement, action de donner à cens. V. *Cens*, R.

ACENSAMENT, s. m. vl. V. *Acensa*.

ACENSAR, ACESSAR, v. a. *Acensar*, anc. esp. *Accensare*, ital. Acenser, donner à cens. V. *Cens*, R.

ACENSAT, ADA, adj. et p. *Acensuado*, esp. Acensé, ée, donné à cens. V. *Cens*, R.

ACEPHALI, s. m. pl. vl. *Acefalita*, port. Secte de clercs qui ne reconnaissaient point de chef, qui n'avaient point de tête, dans le sens figuré.

Éty. du lat. *acephalita*. V.

ACEPHALO, ACEPHALI, s. m. *Acefàlo*, cat. esp. port. ital. Acéphale; on donne ce nom aux enfants qui viennent au monde, non sans tête, ce qui est extrêmement rare; mais sans cerveau.

Éty. du grec α priv. et de κεφαλή (képhalé), tête, chef; sans tête.

ACER, vl. V. *Acier* et *Ac*, R.

ACER, adv. d. vaud. Même, aussi.

Éty. de *a* et de *certe*, V. *Cert*, R.; certes, certainement.

Ni acer canonico, ni même canonique.

ACERAR, vl. *Acerar*, esp. V. *Aceirar* et *Ac*, R.

ACERCAR, v. a. vl. *Acercarse*, port. Approcher. V. *Circ*, R.

Éty. de l'espagnol. *acercar*, m. s.

ACERMADAMENT, adv. vl. Convenablement, à propos, à point, élégamment.

Éty. de *a*, de *cermada* et de *ment*; d'une manière ornée, préparée.

ACERRAT, ADA, adj. et p. vl. Resserré, ée. V. *Serr*, R.

ACERT, s. m. vl. *Acert*, cat. *Acierto*, esp. *Accerto*, ital. Certitude, assurance.

Éty. de *a* et de *cert*. V. *Cert*, R.

ACERTAMEN, s. m. vl. *Acertamiento*, anc. esp. *Accertamento*, ital. Preuve, assurance.

Éty. de *a*, de *certa* et de *men* pour *ment*. V. *Cert*, R.

ACERTAR, v. a. vl. *Acertar*, cat. esp. port. *Accertare*, ital. Assurer, indiquer, certifier.

Éty. de *a*, de *cert* et de *ar*; rendre certain. V. *Cert*, R.

ACERTAS, adv. vl. Certes, certainement, sérieusement, même, au reste.

Éty. du lat. *certe*, ou de *a* et de *cert*. V. *Cert*, R.

ACERTIVAMEN, adv. vl. Affirmativement.

Éty. de *a*, de *cert*, de *iva* et de *men* pour *ment*; d'une manière très-assurée. V. *Cert*, R.

ACESMAR, vl. V. *Assesmar*.

ACESMAR S', v. r. vl. S'ASESMAR, ACEIMAR S'. S'apprêter, se disposer à une chose, se parer, s'équiper.

Éty. de la basse latinité *acemare*, *acosmare*, m. s. act. assaisonner.

ACESSAMENT, vl. V. *Acensament*.

ACESSAR, vl. V. *Acensar*.

ACESSAR, v. n. (acessá). Se mettre à l'abri.

ACESSARAT, adj. et p. vl. Acensé, muni, pourvu.

Éty. Alter. de *acensarat*. V. *Cens*, R.

ACEST, pron. dém. vl. Ce.

ACETAR, alt. de *acceptar*; v. c. m.

ACETJAR, vl. V. *Assetjar*, *Assiegear* et *Assetar*.

ACETOS, adj. vl. *Acetos*, cat. *Acetoso*, esp. port. ital. Acide, aigre. V. *Acide*, *Aigre* et *Acid*, R.

ACETOUAS, s. f. pl. (acétoues). Nom qu'on donne à Allos à l'oseille ronde. V. *Aigretta ronda*.

Éty. du lat. *acetum*. V. *Acet* et *Acid*, R.

ACETOZITAT, s. f. vl. *Acetositad*, esp. *Acetosità*, ital. Aigreur. V. *Aigrour* et *Acid*, R.

ACEYRAR, vl. V. *Aceirar*.

ACH

ACH, ACHA. Cette désinence, qui appartient en général à des mots simples, est une altération du latin *actus*, *acta*, qui fait *act*, par apocope, et *ach*, par une prononciation adoucie, dont on a fait, de *factus*, *fach*, de *lac*, *lactis*, *lach*; de *stupefactus*, *stupefach*, et quelquefois de *tractus*, *tract*, par apocope, et *trach*, par le même changement de *ct* en *ch*; d'où : *Dis-trach*, *Es-trach*, *Sous-trach*.

ACHA. Cette désinence n'est souvent qu'une altération de *aca* ou de *assa*, produite par différentes manières de prononcer : c'est ainsi qu'on dit *vacca* ou *vacha*; *relassar* ou *relachar*. V. les désin. *Aca* et *Assa*.

Elle sert de caractéristique à la troisième personne du singulier de l'indicatif présent de plusieurs verbes en *ar*, comme *alacha*, *amouracha*, *arracha*, *cracha*, *empacha*, *estacha*, *garacha*.

Acha, est aussi une des formes de la désinence *Ace*, v. c. m., et désigne la tendance, avec dépréciation, qu'une chose a vers une autre, ou la ressemblance; ainsi: *Brav-acha*, faux brave; *Bourr-acha*, plante couverte de mauvaise bourre; *Corn-acha*, plante dont la tige est creuse comme une corne.

ACHA, V. *Cha*.

ACHABALAR, v. a. (otsabalâ), d. b. lim. Donner à quelqu'un des bestiaux à cheptel.

Éty. de *a*, de *chabal*, cheptel, et de *ar*, ou de *cabal*, cheval. V. *Caval*, R.

ACHABAR, v. a. (otsobâ), d. b. lim. Achever. V. *Acabar* et *Cap*, R.

ACHABIR S', v. r. (s'atchabì). Se procurer, se pourvoir. *S'es achabit una femna*, il s'est procuré une femme.

Éty. V. *Cap*, R. 2.

ACHADOUR, s. m. pr. mod. Avr. V. *Chaplaire* et *Marras*.

ACHALANDAIRE, s. m. (atchalandâïré); achandouraire. Celui qui achalande, qui amène des pratiques à un marchand. Aub.

ACHALANDAR, v. a. (atchalandâ); atrincar, chalandar, acandourar, achandourar. Achalander, procurer des chalands, des pratiques.

Éty. de *a*, de *chaland* et de *ar*. V. *Cal*, R. 4.

ACHALANDAT, ADA, adj. et p. (atchalandâ, âde); atrincat, chalandat, acandourat. Achalandé, ée, qui a beaucoup de chalands. V. *Cal*, R. 4.

ACHALINAR S', (s'otsòlinâ), d. b. lim. S'attacher à quelque chose avec persévérance: *Me sei achalinat a fa lou dictiounari de moun pais;* je me suis attaché à faire le dictionnaire de mon pays.

Éty. V. *Cal*, R. 4.

ACHALINAT, ADA, adj. et p. (otsolinâ, âde), d. b. lim. Fortement attaché, très-appliqué. V. *Cal*, R. 4.

ACHAMINAMENT, V. *Acheminament*, plus usité.

ACHAMOUTIR S', v. r. (s'atchamoutir). S'affaisser par l'effet de l'âge. V. *Encalar s'*.

ACHAMP, s. m. (atchàmp), s. m. acamp, acampament. C'est le véritable terme provençal, pour désigner un abcès. V. *Abcès*.

Éty. de *acampar* ou *achampar;* réunir, abcéder. V. *Camp*, R.

ACHAMPAR, v. a. et n. (atchampâ). V. *Acampar* et *Camp*, R.

ACHAMPASSIT, V. *Acampestrit*.

ACHANAR, v. a. V. *Acanar* et *Can*, R.

ACHANAU, s. f. (atchanâou). Auge à cochons. V. *Bachas*, canal. Aub. V. *Chanal*.

ACHANAVOUIRA, s. f. d. m. V. *Acanadouira* et *Can*, R.

ACHANDOURAIRE, s. m. (atchandouraïré). Celui qui achalande. Aub. V. *Achalandaire*.

ACHANDOURAR, v. a. (atchandourâ). Achalander; s'abonner au four, au moulin, etc. pour une somme déterminée.

Éty. de *chandou* ou *chandour*, et de *ar;* litt. se mettre à *chandou*.

ACHAPADOUR, s. m. (atchapadóu); atrapatori. Piége que l'on tend, attrape, attrapoire.

Éty. de *achapar* et de *our;* pour *atrapadour*, V. *Atrapatori* et *Trap*, R.

ACHAPAIRE, ARELA s. (atchapaïré, arèle). Trompeur, euse, qui s'amuse à tromper. V. *Atrapaire* et *Trap*, R.

Éty. de *achapar* et de *aire*.

ACHAPAR, v. n. (atchapâ); achipar, acipar. Tromper, faire tomber dans le piége; agripper, saisir. V. *Atrapar* et *Trap*, R.

> La tresusour me prend, la coulica m'acipou,
> Lou trou sembla groundar dins lou founds de mei tripou.
>
> Coye.

ACHAPAR S', v. r. S'attraper, trouver chape-chute, trouver quelque chose de désagréable à la place de ce qu'on cherchait d'avantageux. V. *Trap*, R.

ACHAPATORI, s. m. (atchapatóri); *Inciampo*, ital. Attrapoire, pierre d'achoppement, occasion de chute, chose qui empêche de réussir. V. *Atrapatori*.

Éty. du grec κοπεῖν (kopéin), heurter, ou de *trapa*. V. *Atrapatori* et *Trap*, R.

ACHAPTEL, s. m. (atchaptèl), dl. achapte. Emphytéose, ou bail emphytéotique. Sauv. V. *Acapt*, R.

ACHAR, v. a. (atchâ). V. *Hachar*.

ACHARNAMENT, s. m. (atcharnaméin); acarnament. *Encarniçamento*, port. *Accanimento*, ital. Acharnement, opiniâtreté, animosité. V. *Carn*, R.

ACHARNAR, V. *Acarnar*.

ACHARNAT, V. *Acarnat*.

ACHARNIR S', v. r. (s'otsornir), d. bas lim. S'acharner. V. *Acarnar s'*.

ACHAT, V. *Achet*.

ACHATES, s. f. et m. vl. *Achates*, port. Agate. V. *Agata*.

ACHAUMAR, v. a. (atchaoumâ); acaumar. Réunir les brebis pour les faire chômer, pendant les grandes chaleurs.

Éty. V. *Chaumar* et *Chaum*, R.

ACHAURAR, dl. V. *Amagar* et *Cal*, R.

ACHEMINAMENT, s. m. (atchaminaméin); achaminament, aviament. *Encaminhamento*, port. *Incamminamento*, ital. Acheminement, ce qui est propre à faire parvenir au but qu'on se propose; disposition, préparation.

Éty. de *a*, de *chemin* et de *ment;* litt. manière de mettre dans la voie. V. *Camin*, R.

ACHEMINAR, V. *Encaminar* et *Camin*, R.

ACHE-PELADA, s. f. Nom ancien du céleri. V. *Api*.

ACHEPTER, vl. Acheter. V. *Acaptar*, acheter, et *Cap*, R. 2.

ACHEROUN, s. m. (atcheróun); *Acheronte*, ital. port. Achéron, fils du soleil et de la terre qui, selon la fable, fut changé en fleuve et précipité dans les enfers, pour avoir fourni de l'eau aux Titans, lorsqu'ils déclarèrent la guerre à Jupiter. Ses eaux devinrent bourbeuses et amères, et c'est depuis un des fleuves de l'enfer que les ombres passent sans retour.

Éty. du grec ἄχος (achos), gén. ἄχεος (achéos), douleur, et de ῥόος (rhoos), fleuve; fleuve de douleur.

ACHETA, interj. (atchète), dl. Ha! cri de douleur. Sauv.

ACHET, s. m. (atchè); crompa, achat. Achat; acquisition faite à prix d'argent; la chose achetée; l'action d'acheter.

Éty. de la basse lat. *accapitum*. V. *Achetar*, *Acceptar* et *Cap*, R. 2.

ACHETAIRE, s. m. (achetâïré); achetour. V. *Croumpaire*. Acheteur, celui qui achète.

Éty. de *achet* et de *aire*. V. *Cap*, R. 2.

L'a forsa marchands à la fiera, et gaire d'achetaires, pr.

ACHETAR, v. a. (atchetâ); croumpar, achatar. Acheter, acquérir à prix d'argent; fig. obtenir, se procurer avec peine. V. *Croumpar*.

Éty. de la basse lat. *accaptare*, comme on le trouve dans les capitulaires de Charlemagne. V. *Cap*, R. 2.

ACHI, dg. pour *Aquit;* v. c. m.

Mai l'abeni del puple es achi que s'abança.
Jasmin.

ACHINIT, dl. (atchini), le même que *Aoouquinat;* v. c. m. et *Chin*, R.

ACHIOU, dg. V. *Aquit*.

ACHIPAR, V. *Achapar*.

ACHOU! interj. (atchou), dl. Foin de moi! mot qu'on prononce pour exprimer le dépit que l'on a d'avoir manqué quelque bonne affaire.

ACHOUN, s. m. (atsóu), d. b. lim. Hachereau, dim. de *Acha*. V. *Destraloun* et *Api*, Rad.

ACHOUNCES, s. m. pl. (atchóuncés), dl. V. *Cance*.

ACHOUPIN, s. m. (otsoupi), d. b. lim. dim. de *Acha*. Achereau emmanché d'une perche. V. *Destraloun* et *Api*, R.

ACHUAUZAR, v. a. (ochuauzâ), d. lim. *Achetare*, ital. Calmer. V. *Calmar*.

Éty. du roman *achoisier*, apaiser, tranquilliser.

ACHUFLAR, v. a. vl. Railler, moquer.

Éty. de *a* et de *chuflar*, siffler. V. *Sibl*, R.

ACI

ACI, V. *Aicit*.

ACI, s. m. vl. Acide, vinaigre. V. *Acide* et *Acid*, R.

ACID, acet, sous-rad. de *ac*, pointe, qui pique; dérivé du lat. *acidus*, *idi*, acide, ou de *acetum*, vinaigre; parce que les acides piquent comme des pointes. Dérivés: *Acet-oc*, *Acetox-itat*, *Acet-ouas*, *Aci*, *Acid-e*, *Acidi-metro*, *Acidi-tat*, *Acid-ul-ar*, etc.

ACIDE, DA, adj. (acidé, ide); *Acido*, esp. ital. port. Acide. V. *Aigre*.

Éty. du lat. *acidus*, m. s. V. *Acid* et *Ac*, R.

ACIDE, s. m. *Acido*, esp. ital. Acide, corps composé, solide, liquide ou gazeux, d'une saveur aigre, caustique et piquante, rougissant les couleurs bleues végétales, se dissolvant plus ou moins dans l'eau, et formant des sels, par sa combinaison avec les alcalis et autres bases salifiables.

Ety. du lat. *acidus*, m. s. V. *Acid* et *Ac*, Rad.

NOMENCLATURE DES ACIDES.

Lorsque l'oxygène, en se combinant avec un corps simple, ne forme qu'un acide, celui-ci est désigné par le nom du corps simple, auquel on ajoute la terminaison *ique:* acide *boracique*, *malique*, etc.; si le corps simple peut, en se combinant avec diverses proportions d'oxygène, donner naissance à plusieurs acides, le moins oxygéné porte le nom du corps simple avec la terminaison *eux*, précédée du mot *hypo* (sous): acide *hypophosphoreux;* celui qui en contient une plus grande quantité, porte le même nom, mais sans la préposition *hypo: phosphoreux;* enfin le plus oxygéné porte le nom du corps simple avec la terminaison *ique: phosphorique;* le premier degré d'oxygénation, *hypophosphoreux;* second degré, *phosphoreux;* troisième degré, *phosphorique*.

Les acides formés d'hydrogène et d'une autre substance simple, sont généralement connus sous le nom de *hydracides;* chacun d'eux en particulier est désigné par le mot *hydro*, auquel on ajoute le nom de la substance simple et la terminaison *ique : acide hydro-sulphurique*, formé d'hydrogène et de soufre. Enfin, les acides composés de plus de deux éléments, et qui sont le résultat de l'action du feu sur d'autres acides, portent le nom de ces derniers, précédé du mot *pyro* (feu): *pyro-tartarique*, *malique*, etc.

Lavoisier avait établi en principe que les acides étaient tous composés d'un corps combustible ou radical, et de l'oxygène ou principe acidifiant. Bertholet annonça le premier que l'oxygène n'était pas le principe unique de l'acidité, ce que Humphry Davy a démontré en prouvant que l'acide muriatique oxygéné était un corps simple (le chlore), pouvant comme l'oxygène, former des acides en s'unissant avec des corps combustibles. Dict. de chim. t. I, p. 19.

ACIDIA, s. f. d. vaud. *Acidia*, esp. port. *Accidia*, ital. Paresse. V. *Accidia*.

ACIDIMETRO, s. m. (acidimètre). Acidimètre, instrument propre à mesurer la force ou la concentration des acides.

Ety. Mot nouveau composé du grec ἄκις (akis), acide, pointe, et de μέτρον (métron), mesure. V. *Acid*, R.

Cet instrument fut inventé en 1820, par M. Descroizilles.

ACIDITAT, s. f. (aciditá); *Acedia*, esp. *Acidezza*, ital. *Acidez*, port. Acidité. V. *Aigrour*.

Ety. du lat. *aciditas*, *atis*, m. s. V. *Acid*, Rad.

ACIDULAR, v. a. (acidulá), lang. mod. *Acidular*, port. Aciduler, rendre acide. Garc. V. *Acid*, R.

ACIER, s. m. (acié); *Acero*, esp. *Asser*, anc. cat. *Aço*, port. *Acciajo*, ital. Acier, fer qui, par sa combinaison avec le carbone, est devenu plus fusible, plus fin et susceptible d'acquérir une bien plus grande dureté par la trempe.

Il est rare de trouver le fer naturellement combiné avec le carbone, dans des proportions convenables pour faire de l'acier; ce n'est que par la fonte ou par la cémentation, qu'on parvient à l'obtenir dans cet état.

Ety. du lat. *acies*, ou du celtique *aceir*, qui signifient la même chose. V. *Ac*, R.

Quoique les anciens connussent l'art de transformer le fer en acier, on a ignoré pendant longtemps les causes de l'*aciération*, c'est-à-dire, de la conversion du fer en acier, et ce n'est qu'aux travaux de Monge, de Bertholet et de Vandermonde, qu'on en doit l'explication. Ces célèbres physiciens et chimistes ont prouvé que trois, quatre, cinq ou six centièmes de carbone, combinés au fer, le transformaient en acier.

Crouweley, au rapport du *Journal de Verdun*, mars 1728, est celui qui porta en Allemagne le secret de convertir le fer en acier. *On nomme :*

ACIER FACTICE, celui qu'on fait artificiellement.
... FONDU, celui qui est fabriqué par la fusion du fer avec le carbone.
... NATUREL, celui qu'on trouve à l'état de carbonate dans les mines.
... PAR CÉMENTATION, celui qu'on obtient en faisant chauffer du fer avec du carbonne.
... POULE, celui dont la surface offre de petites boursouflores.

Depuis l'année 1740, on fait avec l'acier fondu, des bijous qui le disputent pour l'éclat, aux pierreries et aux métaux les plus précieux.

ACIL, pron. dém. pl. vl. AICIL. Ceux-là.

ACIMAR, v. a. (acimá); ESTESTAR. *Accimar*, ital. anc. *Cimar*, esp. Écimer, couper la cime.

Ety. de *a* priv., de *cima* et de *ar;* priver de la cime. V. *Cim*, R.

ACINAS, s. f. pl. (acines); ANCENELAS, ONSONELAS, PEOULHETS, PEROULI, POUMETAS-DE-PARADIS, GRANETAS-DE-BOUISSOUN, ARCINAS, CINAS. Fruits de l'aubépine.

Ety. du lat. *acina*, pépin de fruit à grappes, ou de *acinus*, employé pour raisin, et par ext. pour baie en général.

ACINDABAN, adv. (acïndabán), dg. A l'avenir, désormais.

Ety. Altér. de *aicit en avant*, d'ici en avant.

ACINIER, s. m. (acinié); PEOULHETIER, AUBESPIC, ALBESPIN, AUBRESPIN, CINAS, AIGUAS-POUNCHAS, ESPINA-BLANCA, ROUMANIS, PERIER-DE-S.-JEAN, BOUISSOUN, CINIER, BOUISSOUN-BLANC. Aubépine, Epine blanche, Noble épine, Bois-de-maï: *Cratœgus oxyacantha*, Lin. arbrisseau de la fam. des rosacées, commun dans les haies.

Ety. de *acina* et de *ier;* qui produit les *acinas;* ou de *acinosus*, abondant en pépins.

ACIOU, adv. (acióu), dg. Ici-bas.

E quan le hil medich de Diou
Houc per tu debarat aciou.
D'Astros.

Et quand le fils même de Dieu
Fût pour toi descendu ici-bas.

ACIOUT, adj. m. (aciόu), dl. Actif, dispos, alerte. Sauv.

ACIPADA, V. *Assipadá* et *Assipar*.

ACIROLOGIA, s. f. vl. *Acirologia*, ital. port. *Acyrologia*, lat. *Acirologie*, port. Impropriété d'expression: *Vol dire aytant acirologia coma paraula mot estranhaw repugnan a lentendamen dome*, Fl. del gay sab.

Ety. du grec ἄκυρος (akuros), impropre, et de λόγος (logos), discours.

ACIROLOGIAR, v. n. vl. *Acirologier*, employer un mot impropre.

Ety. de *acirologia* et de *ar*.

ACIVADAR, v. a. (acivadá); ASSIVADAR, dl. au propre, Donner de l'avoine, et au fig. battre, rosser.

Ety. de *a* pour *ad*, de *civada* et de *ar;* aller à l'avoine, ou donner l'avoine. V. *Civad*, R.

Seguiguem ara dins lur fuita
Et la sergeant et lous souldats
Qu'aviam tant ben assivadats.
Favre, *Siege de Caderoussa*.

ACIVADAT, ADA, adj. et p. (acivadá, áde); ASSIVADAT. Battu, rossé. V. *Civad*, R.

ACL

ACLAP, s. m. vl. Bruit, éclat. V. *Clap*, Rad.

ACLAP, s. m. vl. Entassement, confusion.

ACLAPAGI, s. m. (aclapádgi). Les plantes que l'on enfouit en vert, comme engrais, qu'on *aclapa*. Avr. V. *Clap*, R.

ACLAPA-MOUARTS, Garc. V. *Enterra-morts* et *Clap*, R.

ACLAPAR, v. a. (aclapá); ROUSSEGAR, ROUZEGAR, ACCLAPAR, ENTERRAR. Couvrir, enfouir, ensevelir, enterrer.

Ety. de *a* pour *ad*, dans et de *clapa*, tas de pierres. V. *Clap*, R. Le P. Pujet le tire du grec καλύπτω (kaluptô), couvrir.

Il se dit au figuré comme au propre, selon M. Feraud: *Qu'es aquot? una testa de capelan; aclapaz m'aquot;* c'est-à-dire : n'en parlons plus. *Aclapar lou blad*, couvrir le blé qu'on a semé, *lou fens*, le fumier. *Aclapar quauquaren de peiros*, couvrir de pierres; *Aclapar lou fuec*, couvrir le feu.

ACLAPAR, v. a. vl. Amasser, entasser, accabler, succomber. V. *Clap*, R.

ACLAPASSAR, v. a. (aclapassá); ACOUMBLIR, dl. Combler de pierres. Sauv. V. *Clap*, R.

ACLARIAR, v. a. vl. *Aclarar*, esp. port. *Rischiarar*, ital. Éclairer, éclaircir. V. *Esclairar* et *Clar*, R.

ACLARIAT, part. vl. *Aclarado*, esp. port. V. *Esclairat* et *Clar*, R.

ACLATAR, v. a. (aclatá), dl. Baisser, courber, incliner. *Quand l'ausigueri renegar m'aclateri tout*, dl., lorsque je l'entendis jurer, je fus saisi d'effroi. Sauv.

ACLE, désinence prise du latin *aculum*, ou de *culus*, *cula*, *culum;* ajoutant presque toujours une idée de diminution, comme dans: *habit-acle*, de *habitaculum*, petite demeure; *pin-acle*, sommet, pointe d'un édifice, de *pinna-culum; tabern-acle*, de *tabernaculum;* petite loge; mais elle indique aussi quelquefois un objet digne d'être remarqué, considéré, admiré, comme: *espect-acle*, de *spectaculum; mir-acle*, de *miraculum*.

ACLE, vl. V. *Aclis*.

ACLENCAR, v. a. (acleincá), dl. Incliner, pencher. V. *Inclinar* et *Clin*, R.

ACLENCAR S', v. r. V. *Inclinar s'* et *Clin*, R.

ACLENCAT, ADA, adj. et p. dl. Incliné, penché. V. *Inclinat* et *Clin*, R.

ACLI, vl. V. *Aclis.*

ACLIMATAR, v. a. et **S',** v. r. (aclimatá); ACCLIMATAR. Acclimater, s'accoutumer à la température d'un climat.

ACLIMATAT, ADA, adj. et p. (aclimatá, áde). Acclimaté, ée.

ACLINAMEN, s. m. vl. Soumission.

Éty. du lat. *clinamen*. V. *Clin*, R.

ACLINAR, v. a. vl. *Acclinare*, ital. anc. Incliner, rendre hommage. V. *Inclinar* et *Inclinar s'*.

Éty. du lat. *acclinare*, ou de *a*, de *clin* et de *ar*. V. *Clin*, R.

ACLIS, adj. vl. ACLI, ACLE. *Acclino*, ital. Soumis, enclin, docile, dévoué, courbé, sujet.

Éty. du lat. *acclinis*, m. sign. V. *Clin*, R.

ACLOUTIR, V. *Encloutar* et *Clot*, R.

ACLUCAR, v. a. vl. Fermer les yeux. V. *Cluchar* et *Claus*, R.

ACLUCHAR, Avr. V. *Accuchar*.

ACLURE, vl. V. *Acclure.*

ACLUS, USA, adj. et p. vl. Enfermé. V *Enclaus* et *Claus*, R. Subjugué. Gl. occit.

ACLUSSIDA, adj. et p. f. (aclusside). Poule qui couve. Aub. V. *Clussa.*

ACLUZAR, v. a. vl. Cacher. V. *Claud*, R. *S'acluzar*, se cacher.

ACO

ACO, pr. dém. vl. *Aço*, cat. Cela, ce que. V. *Aquot.*

ACOATAR, v. n. vl. Coucher avec.

Éty. du lat. *cubitare*, iter, de *cubare*, se coucher, et de *a* pour *ad*, avec.(?)

ACOCELHAR, v. a. vl. *Aconsejar*, esp. Conseiller. V. *Counselhar* et *Conselh*, R.

ACOCELLADOR, vl. *Aconsejador*, esp. V. *Acocellaire.*

ACOCELLAIRE, ACOSSELHADOR, s. m. vl. *Aconsejador*, esp. *Aconselhador*, port. Conseiller. V. *Counselhier* et *Conselh*, R.

ACOCHAMEN, s. m. vl. Promptitude.

Éty. de *cocha*, presse. V. aussi *Coucha.*

ACODAR, vl. *Acodar*, anc. esp. V. *Accoudar.*

ACOINDANSA, s. f. vl. Accointance, accueil, société.

Éty. de *a* et de *coindansa*; v. c. m. et *Acoint*, R.

ACOINDAR, v. a. vl. *Acconciare*, ital. Accointer, fréquenter, accueillir, hanter.

Éty. de *a*, de *coind* et de *ar*. V. *Acoint*, R.

ACOINT, ACOIND, radical dérivé du latin *ad-comitare*, accompagner, tenir compagnie, suivre.

De *ad-comitare*, par contr. *acomitare*; par apoc. *acomit*, et par métathèse, *acoint*; d'où : *Acointa-ment.*

De *acoint*, par changement du *t* en *d*, *acoind*; d'où : *Acoind-ansa*, *Acoind-ar*, *Acunda-ment.*

ACOINTAMEN, s. m. vl. ACUNDAMEN. *Acconciamento*, ital. Accointement, rapport.

Éty. de *a*, de *coint* et de *amen*. Voy. *Acoint*, R.

ACOINTAR, vl. V. *Acoindar.*

ACOITAR S', v. r. (s'acoïtá), vl. Se hâter : *Acoitate ab me venir viazamen*, tâche de venir me joindre au plus tôt. Sauv.

Éty. de *a*, de *coita*, presse, et de *ar*. V. *Coit*, R.

ACOL, s. m. (acól), dl. Mur de terrasse à pierre sèche. Sauv.

Éty. de *acolar*; parce qu'il est appliqué contre la terre. V. *Col*, R.

ACOLAR, v. a. vl. *Accollare*, ital. Embrasser, accoler.

Éty. de *a*, de *col* et de *ar*; mettre au cou. V. *Col*, R.

ACOLDAR S', v. r. vl. S'accouder. V. *Acoudar s'* et *Coud*, R.

ACOLIT, alt. de *acolyto*; v. c. m.

ACOLPAR, v. a. vl. Blâmer, condamner, inculper. V. *Enculpar* et *Culp*, R.

ACOLTAR, vl. Accouder. V. *Accoudar.*

ACOLYTO, s. m. (acoulite); ACOLIT. *Acolito*, esp. ital. *Acolit*, cat. *Acolytho*, port. Acolyte, celui qui a reçu l'acolytat ou le plus haut des quatre ordres mineurs; suivant, qui sert d'aide.

Éty. du grec ἀκόλουθος (akolouthos), de ἀκολουθεῖν (akolouthéin), suivre, parce que ses fonctions consistaient autrefois à suivre les évêques pour les assister dans les cérémonies.

Orig. L'Église latine a eu des acolytes dès le IIIme siècle. Saint Cyprien et le pape Corneille en parlent dans leurs épîtres.

ACOMENSAMEN, s. m. vl. Commencement. V. *Coumençament* et *Coumenc*, R.

ACOMENSAR, v. a. vl. ACOMENZAR. Commencer. V. *Coumençar* et *Coumenc*, R.

ACOMIADAR, vl. V. *Acomjadar.*

ACOMJADAR, v. a. vl. ACOMIADAR. *Acomiadar*, anc. cat. *Acomiatare*, ital. Congédier, renvoyer; et neutr. prendre congé. V. *Congedíar* et *Comjat*, R.

ACOMJAT, ADA, adj. et p. vl. Congédié, iée. V. *Comjat*, R.

ACOMOLAR, v. a. vl. Accumuler. V. *Accumular.*

Éty. V. *Cumul*, R.

ACOMORDER, v. a. vl. ACOMORDRE. Émouvoir, agiter.

Éty. V. *Mov*, R.

ACOMORDRE, vl. V. *Acomorder* et *Mov*, R.

ACOMPANHAR, vl. V. *Accoumpagnar* et *Pag*, R.

ACOMPARACIO, s. f. vl. Acquisition, accumulation.

Éty. de *a*, de *compar* pour *compran*, et de *acio*; action d'acheter. V. *Compr*, R.

ACOMPARAR, vl. *Acomparar*, esp. anc. V. *Coumparar.*

ACOMPIDA, adj. f. vl. Liée, entrelacée, retenue.

Éty. de *a*, de *com* et de *pid* pour *ped*; pris par les pieds. V. *Ped*, R.

ACOMTAR, v. a. vl. Raconter. Voy. *Racontar.*

Éty. de *a* et de *comtar* pour *contar*. V. *Cont*, R.

ACOMUNALAR, v. n. (acomunalá), vl. *Acomunalar*, esp. Faire part, participer, communiquer.

Éty. de *a*, de *comunal* et de *ar*; rendre commun. V. *Mun*, R. 2.

ACONDORMIR, v. a. vl. Endormir. V. *Endormir* et *Dorm*, R.

ACONDORMIT, IDA, adj. et p. vl. Endormit, ie. V. *Endormit* et *Dorm*, R.

ACONIT, s. m. (acounit); *Aconito*, esp. ital. port. Aconit. V. *Thouera.*

Éty. du latin *aconitum*, dérivé du grec ἀκόνη (akonê), cos, pierre; parce que les espèces observées par les anciens croissaient dans les pierres ou sur les rochers.

Quæ quia nascuntur durâ vivacia caute,
Agrestes aconita vocant.
Ovid. 7. Metam. 418.

ou parce qu'il croissait près de la ville d'Acane, selon Théophraste, liv. 9.

ACONJAR, v. a. vl. Affectionner, accointer.

Éty. de *a*, de *conj* pour *coind*, et de *ar*. V. *Coint*, R.

ACONORTAR, v. a. vl. *Aconhortar*, anc. esp. Exhorter, encourager.

Éty. du lat. *conhortari*, m. s., et de la prép. *a*.

ACONOYSSER, v. a. vl. Reconnaître. V. *Nosc*, R.

ACONSEGRE, vl. V. *Asseguir* et *Coussegre.*

ACONSEGUIR, v. a. vl. *Aconseguir*, anc. esp. Atteindre, poursuivre, rencontrer. V. *Coussegre* et *Sequ*, R.

ACONSEGUIR, vl. V. *Asseguir.*

ACONSEGUT, UDA, dl. V. *Asseguit.*

ACONSEILLAR, v. a. vl. *Aconsejar*, esp. V. *Counselhar.*

ACONSEILLAT, ADA, adj. vl. *Aconsejado*, esp. *Aconselhado*, port. Prudent, secret, de bon conseil. V. *Council*, R.

ACONTAMEN, s. m. vl. *Accontamento*, ital. Accointance. V. *Coint*, R.

ACONTAR, v. a. vl. *Accontare*, ital. Indiquer, marquer.

Éty. de *a* et de *contar* pour *comptar*. V. *Compt*, R.; ou de l'esp. *accontar*, compter.

ACOPDAR, v. a. vl. ACOUDAR. Pencher, appuyer. V. *Coud*, R.

ACOR, V. *Accord.*

ACORA, s. f. vl. Ancre. V. *Ancra* et *Ancr*, R.

Éty. de l'ital. *ancora*.

ACORAR, v. a. vl. *Acorar*, cat. Encourager, consoler. V. *Encoragear.*

Éty. de *a*, de *cor* et de *ar*; donner du cœur. V. *Cor*, R.

AÇORAS, s. f. pl. (açóres); *Azores*, esp. Açores, îles de l'océan atlantique, entre l'Europe et l'Amérique.

Éty. de l'esp. *azor*, autour, épervier, parce que ces oiseaux y sont abondants; *azores*, lat.

Gonzalo-Vello, portugais, les découvrit en 1471, selon les uns, et en 1448, selon d'autres (en 1432, Lombard).

ACORAT, ADA, adj. et p. (acourà, àde), dl. ACOURAT. *Accorato*, ital. Sans force, sans vigueur; transi de froid. Sauv.

Éty. de *a* priv., de *cor*, cœur, et de *at*; privé de cœur. V. *Cor*, R.

Acorado, en esp. signifie Suffoqué, mort.

ACORATJAT, adj. et p. vl. Encouragé. V. *Encourageat* et *Cor*, R.

ACORBAR, vl. V. *Courbar*.

ACORCHAR, v. a. vl. *Accorciare*, ital. Accoursir. V. *Escourchar* et *Court*, R.

ACORDABLAMENT, adv. vl. ACORDADAMENT. *Acordablemente*, esp. Unanimement, de concert. V. *Cor*, R.

ACORDADAMENT, adv. vl. ACORDADAMENT, ACORDADAMENS. *Acordadament*, anc. cat. *Acordadamente*, esp. port. *Accordatamente*, ital. Unanimement, conjointement.

Éty. V. *Cord*, R.

ACORDAMENT, s. m. vl. ACORDAMEN, ACORDIER. *Acordamiento*, anc. esp. *Accordamento*, ital. Accord, traité. V. *Acordansa* et *Cord*, R.

ACORDANS, part. prés. vl. Accordants. V. *Cord*.

ACORDANSA, s. f. vl. ACORDANZA. *Acordansa*, cat. esp. *Acordança*, port. *Accordanza*, ital. Accord, harmonie, consonnance, avis commun, consentement, accommodement, traité.

Éty. de *a* pour *ad*, de *corda*, lien, et de *ansa*; chose liée. V. *Cord*, R.

ACORDAR, v. a. vl. V. *Accordar* et *Cord*, R.

ACORDATIU, IVA, adj. vl. Qui accorde, accordatif. V. *Cord*, R.

ACORDER, v. n. vl. Se soumettre. V. *Cord*, R.

ACORDER, s. m. V. *Acordier*.

ACORDI, s. m. vl. *Acordi*, anc. cat. V. *Accord* et *Cord*, R.

ACORDIER, ACORDER, s. m. vl. Accord, traité. V. *Accord*, *Acordansa* et *Cord*, R.

ACORNUDAR, v. a. vl. *Cocufier*, mettre des cornes.

Éty. de *a*, de *cornud* et de *at*; faire cornu. V. *Corn*, R.

ACORREMENT, s. m. vl. ACORS. *Acorrimiento*, anc. esp. Venue, secours. V. *Courr*, R.

ACORRER, v. n. vl. ACORRE. *Acorrer*, cat. esp. port. *Accorrere*, ital. Accourir, porter secours, secourir.

Éty. de *a* et de *corre*; courir à... ou pour. V. *Courr*, R.

ACORRUT, UDA, adj. et p. vl. Secouru, ue. V. *Courr*, R.

ACORS, vl. V. *Acorrement*.

ACORSADITZ, adj. vl. Coureur.

Éty. de *a*, de *cors* pour *correr*, et de *aditz*; propre à courir. V. *Courr*, R.

ACORSAR, v. a. vl. Accoutumer, établir. V. *Acoussar*. Chasser, poursuivre. Retrousser. Gl. occit.

Éty. de *a*, de *cors* et de *ar*; mettre au pas. V. *Courr* et *Acorchar*, R.

ACORSAT, ADA, adj. et p. Établi, ie, accoutumé. V. *Acoussat* et *Courr*, R. Léger, vite. Gl. occit.

ACORT, s. m. vl. ACORTZ. Sorte de poésie. V. *Accort* et *Cor*, R.

ACO' S., pour *aquot es*. Cela est, c'est.

ACOSDUMNANSA, s. f. vl. V. *Accoustumança* et *Costum*, R.

ACOSSEGRE, vl. V. *Asseguir* et *Coussegre*.

ACOSSEGUIR, vl. V. *Asseguir*, poursuivre.

ACOSSEGUT, UDA, adj. et p. vl. *Acosado*, esp. Atteint, attrapé, poursuivi. V. *Sequ*, R.

ACOSSEILLADAMENS, et

ACOSSEILLADAMENT, adv. vl. ACOSSELLADAMENS. Attentivement, délibérément.

Éty. de *a*, de *cosseillada* pour *conselhada*, et de *ment*. V. *Conselh*, R.

ACOSSELH, adv. (acoséil), vl. Secrètement, en silence. V. *Conselh*, R.

ACOSSELHADOR, s. m. vl. V. *Acocellaire* et *Conselh*, R.

ACOSSELHAR, ACOCELLAR, v. a. vl. Conseiller. V. *Counselhar* et *Conselh*, R.

ACOSSELHAT, ADA, adj. et p. vl. Prudent, ente, conseillé, ée. V. *Conselh*, R.

ACOSSELHAYRITZ, s. f. vl. Conseillère. V. *Conselh*, R.

ACOSSELLADAMENS, V. le mot précédent.

ACOSTAMENT, s. m. vl. *Accostamento*, ital. Accointance, approche, alliance.

Éty. de *a*, de *costa* et de *ment*; action d'accoster. V. *Cost*, R.

ACOSTAR, vl. V. *Accostar* et *Cost*, R.

ACOSTARSE, v. r. d. vaud. *Acostarse*, esp. port. *Acostar*, cat. *Accostarsi*, ital. S'approcher. V. *Cost*, R.

ACOSTUMADAMENT, adv. vl. ACOSTUMADAMEN. *Acostumadament*, anc. cat. *Acostumbradamente*, esp. *Acostumadamente*, port. *Accostumatamente*, ital. Habituellement.

Éty. de *acostumada* et de *ment*. V. *Costum*, Rad.

ACOSTUMAR, vl. V. *Accoustumar* et *Costum*, R.

ACOT, pron. dém. (acó); ACO, dg. C'est. V. aussi *Aquot*.

ACOTAR, v. a. vl. *Accodare*, ital. *Acotar*, esp. Venir, accointer.

Éty. de *a*, de *cota* pour *coda*, et de *ar*. V. *Coda*, R.

ACOT-PROUN, V. *Aquot-proun*.

ACOTRAR, vl. V. *Accoutrar*.

ACOU, dl. altér. de *acoùt*; v. c. m.

ACOUASSAR S', v. r. (acouassá), dl. Chercher à couver, le désir des poules qui témoignent leur penchant à pondre et à couver. V. aussi *Scagassar*. *S'accroupir*, s'affaisser. Garc.

Éty. de *a* et de *couassar*. V. *Couar*, R.

ACOUASSAR S', V. *Escagassar s'* et *Couar*, R.

ACOUBLAR, V. ce mot par deux *cc*, ainsi que les autres qu'on ne trouvera pas écrits par un seul.

ACOUCARAR, v. a. (acoucarà); ACOUCARIR, dl. Acoquiner. Sauv. V. *Acouquinir*.

Éty. Peut-être pour *Acouardir*; v. c. m.

ACOUCARDIT, IDA, adj. et p. (acoucardi, ide), dl. Cagnard, fainéant. V. *Acagnardit*.

ACOUCARIR, dl. V. *Acouquinir*.

ACOUCHAR et compos. V. *Accouchar*.

ACOUCHEIRAR, v. a. d. d'Apt. V. *Couchairar*.

ACOUCOULAR, v. a. (acoucoulá), dl. V. *Accoucoular*.

ACOUCOUNAR S', V. *Accoucounar s'*.

ACOUCOUNAT, V. *Accoucounat*.

ACOUDAR, V. *Accoudar*.

ACOUDAT, ADA, adj. et p. (acoudá, áde), dg. *Pan acoudat*, pain mât, pain doux de lever. V. *Glet*.

ACOUDILHAR, v. a. (acoudillà), d. béar. Poursuivre. V. *Coussegre* et *Cod*, R.

ACOUDIT, V. *Accoudir*.

ACOUFIGNAR, V. *Accoufignar*.

ACOUFINAR S', V. *Accoufignar s'*.

ACOUITAR S', v. r. (s'acouïtá), dg. lang. Se hâter, s'empresser.

Éty. de *coita*, presse, et de *ar*. V. *Coit*, R.

> Aquel que nou sab pas coussi l'argent s'amasso,
> Que porto un cor de rey dins le founds d'uno biasso;
> Talen que pot joui des effets paternels,
> S'acointo de ref a d'uzatges criminels. Hillet.

ACOULA, s. f. (acoùle); BOUTETA, ANCOULA, ENCOULA. Contre-fort, arc-boutant; v. c. m.

Éty. L'auteur de la Stat. des B. du Rh. regarde ce mot comme d'origine ligurienne; mais ne serait-il pas plutôt dérivé du grec ἀκόλουτος (akoloutos), qui suit; parce que dans un arc les pierres sont placées à la suite les unes des autres?

ACOULADA, V. *Accolada*.

ACOULATAR, dg. V. *Couletar*.

ACOULOBRIR S', v. r. (s'acouloubrir); ACOULOUBRIR. Action par laquelle les couleuvres prennent des ailes; erreur partagée par quelques personnes crédules. On dit aussi que le maïs *s'acouloubris*, quand il se charbonne.

Éty. de *a*, de *coulobra* et de *ir*; devenir couleuvre.

ACOUMBLIR, dl. V. *Aclapassar*.

ACOUMENSAIRE, s. m. (acouméinsàïré). Agresseur, celui qui commence. Aub.

ACOUMENSAR, V. *Coumençar* et *Coumenc*, R.

ACOUMOUDAMENT, V. *Accoumoudament*.

ACOUMOUDAR, V. *Accoumoudar*.

ACOUNIT, V. *Aconit* et *Thouera*.

ACOUQUINAR, V. *Acouquinir* et *Couquin*, R.

ACOUQUINAT, V. *Acouquinit* et *Couquin*, R.

ACOUQUINIR, v. a. (acouquinir); ACOQUINAR, ACCOUQUINAR, ACHINIR, AGOURRINIR, AGAURIGNARDIR, AGUSARDIR, ACOUCARAR, ACOUCARIR, ENFADESIR, APERESIR. Acoquiner, faire contracter une habitude de paresse; attirer, attacher, amuser avec excès.

Éty. de *a*, de *couquin* et de *ir*; faire devenir coquin. V. *Couquin*, R.

ACOUQUINIR S', v. r. S'ACOUQUINAR, S'APERESIR, etc. V. le mot précédent. S'acoquiner, s'adonner à de mauvaises habitudes, particulièrement à la paresse. V. *Couquin*, R.

ACOUQUINIT, IDA, adj. et p. (acouquini, ide); ACHINIT, ACOUQUINAT, AGANDOUNIT,

AGOURRINIT, AGUSARDIT, ANGOURRINIT. Acoquiné, qui est devenu paresseux, fainéant, qui ne veut plus sortir de chez lui.

Éty. de *a* augm., de *couquin* et de *it*, devenu coquin. V. *Couquin*, R.

ACOURCOUSSOUNIT, IDA, adj. et p. (acourcoussouni, ide), dl. Courbé de vieillesse. V. *Agrautounit* et *Encalat*.

ACOUROUCAR, v. n. (acouroucá), dl. Glousser. V. *Clussir*.

ACOUSSAMENT, s. m. (acoussaméin). Accroupissement, état d'une personne accroupie, action de s'accroupir. Garc. V. *Courr*, R.

ACOUSSAR, v. a. (acoussá), dl. *Acosar*, esp. port. Exciter à courir. Sauv. S'empresser de courir vers..., poursuivre.

Éty. de *a*, de *coussa* et de *ar*; litt. exciter à la course. V. *Courr*, R. M. Thomas dérive ce mot du grec, ακούω (akouô), aor. ἤκουσα (èkousa), ouïr, être appelé, par extension.

ACOUSSAR S', v. r. S'accoutumer, s'habituer à l'exercice de quelque fonction, de quelque action. V. *Courr*, R.

ACOUSSAT, ADA, adj. et p. (acoussá, áde); *Acosado*, esp. Accoutumé, exercé, habitué à faire...: *Ven tout acoussat*, il vient tout en hâte, tout pressé, en courant. V. *Courr*, R.

ACOUSSEGEAR, dl. V. *Coussegre* et *Courr*, R.

ACOUSSEGRE, v. a. (acoussègre); *Acosar*, esp. Poursuivre, atteindre. V. *Coussegre*.

Éty. de *a*, de *coussa*, course, et de *segre*, suivre; suivre à la course. V. *Courr*, R.

ACOUSTAIRAR, v. a. (acoustéirá), dl. Mettre de côté. Sauv. V. *Cost*, R.

ACOUSTEIRAR, v. a. et mieux *Acoustairar*.

ACOUSTICA, s. f. (acoustique); *Acustica*, ital. port. Acoustique, théorie des sons et de leurs propriétés.

Éty. du grec ἀκούω (akouô), j'entends.

Pythagore paraît être le plus ancien auteur qui se soit occupé de l'acoustique, dans le VIme siècle avant J.-C.

ACOUT, dl. V. *Cout*.

ACOUTAIRE, V. *Accoutaire*.

ACOUTAR, V. *Accoutar*.

ACOUTIGAR, v. a. (acoutigá), dl. *Acosar*, esp. Poursuivre. V. *Acoutir* et *Coussegre*.

Lou soufleta, y e fai coutiga,
Et fugis per qu'ell'acoutiga. Fabre.

ACOUTIR, v. a. (acoutír), dl. Amener à bien, élever avec succès les jeunes enfants, ou les jeunes animaux. V. *Abalir*.

ACOUTIR, v. a. dl. ACOUTISAR. Poursuivre quelqu'un, courir après lui. V. *Campegear* et *Coussegre*.

Éty. Ce mot viendrait-il du grec ἀκολουθέω (akolouthéô), suivre, accompagner.

ACOUTIT, IDA, adj. et p. (acouti, ide), dl. Poursuivi, ie.

ACOUTRADURA, s. f. (acoutradúre). V. *Acoutrament*.

ACOUTRAMENT, s. m. ACOUTRADURA, ENCOUTRADURA. Accoutrement, habillement, ajustement, pris dans un sens dépréciatif; de *acoutrar* et de *ment*. V. *Col*, R. 3.

ACOUTRAR, v. a. (acoutrá); ACOTRAR, ENCOUTRAR, ACOUTRIR. Accoutrer, habiller, ajuster ou parer sans goût; fig. enivrer.

Éty. de *a* pour *ad*, de *cultura*, culture, et de la term. act. *ar*, ou de l'allem. *Kuster*, qui a soin de parer l'autel. V. *Col*, R. 3.

ACOUTRAT, ADA, part. (acoutrá, áde); ACOUTRIT. Accoutré, ée. V. *Col*, R. 3.

ACOUTRIR, V. *Acoutrar*.

ACOUTRIT, IDA, V. *Acoutrat*.

ACOUTSAR, dl. V. *Coussegre*.

ACQ

ACQUERIR, v. a. (acquerír); ACQUISTAR, ACHETAR. *Acquistare*, ital. *Adquerir*, anc. esp. *Adquirir*, esp. mod. *Acquirir*, port. Acquérir, augmenter son bien, ses propriétés, son avoir, et fig. ses connaissances.

Éty. du lat. *acquirere*, m. s. V. *Quer*, R.

ACQUEROUR, s. m. (aqueróur); *Acquistatore*, ital. *Adquiridor*, esp. *Acquiridor*, port. Acquéreur, celui qui a acquis.

Éty. de *acquérir* et de *our*. V. *Quer*, R.

ACQUESIT, IDA, adj. et p. anc. lim. *Adquisito*, esp. Acquis, ise. V. *Acquist*.

ACQUEST, vl. V. *Acquit*.

ACQUIESSAMENT, s. m. lang. mod. Acquiescement. V. *Counsentament*, Garc. et *Quiet*, R.

ACQUIESSAR, v. n. (aquiessá), lang. mod. COUNSENTIR. Acquiescer, déférer, céder, se soumettre. Garc. V. *Quiet*, R.

ACQUIRIR, v. a. vl. Acquérir. Voy. *Aquerir*.

Éty. du lat. *acquirere*, m. s.

ACQUIS, s. m. (aquis); AQUIT. Acquis, esprit, connaissance acquise. Garc. V. *Quer*, Rad.

ACQUISIDO, s. m. anc. béarn. Acquéreur. V. *Acquerour* et *Quer*, R.

ACQUISITION, s. f. (aquisicie-n); *Adquisicion*, esp. *Acquisizione*, ital. *Acquisição*, port. Acquisition, action par laquelle on devient propriétaire d'une chose quelconque; la chose acquise.

Éty. du latin *acquisitionis*, gén. de *acquisitio*. V. *Quer*, R.

ACQUISIT, anc. béarn. V.

ACQUISITIU, IVA, adj. vl. Qui sert à l'acquisition, qui l'indique.

ACQUIST, TA, adj. et p. (aquist, iste); *Adquirido, da*, esp. *Acquisto*, ital. *Acquistado*, port. Acquis, ise; chose dont on a fait l'acquisition.

Éty. du lat. *acquisitus*, m. s. V. *Quer*, R. *Ben mau acquist non proufita.*

ACQUISTAR, v. a. (aquistá); *Acquistare*, ital. *Acquistar*, port. *Adquirir*, esp. Acquérir; v. c. m. pour Quêter, V. *Quistar* et *Quer*, R.

ACQUIT, s. m. vl. AQUEST. *Acquisto*, ital. Acquit, acquisition, acquêt. V. *Acquisition*.

Éty. du lat. *acquisitus*, part. de *acquirere*. V. *Quer*, R.

ACQUIT, s. m. (aquít); DESCARGA. *Quitação*, port. *Acquittanza*, ital. Acquit; on désigne ainsi tout acte par lequel on déclare avoir reçu le montant d'une obligation; au jeu de billard, premier coup pour se mettre en passe.

Éty. de *quietus*, tranquille, qui met en repos. V. *Quiet*, R.

ACQUIT A CAUTION. Acquit à caution, certificat délivré au bureau des douanes ou des impositions indirectes, pour faire passer librement des marchandises au lieu de leur destination.

ACQUITAMENT, s. m. (aquitaméin); AQUITAMENT. Acquittement, action d'acquitter. V. *Quiet*, R.

ACQUITAR, v. a. (aquitár); AQUITAR, ACQUITTAR. Acquitter, payer, rendre quitte; délivrer, en vl.

Éty. de *acquit* et de la term. act. *ar*. V. *Quiet*, R.

ACQUITAR S', v. r. S'Acquitter, se libérer, payer ce que l'on doit. V. *Quiet*, R.

ACR

ACR, AGR, AIGR, EIGR; sous-radical de *ac*; v. c. m. dérivé du lat. *acer*, *acris*, *acre*, âcre, aigre, rude, âpre, piquant, vif.

De *acris*, par apoc. *acr*, *acri*; d'où: *Acr-e*, *Acr-etat*, *Acri-mounia*.

De *acr*, par le changement du *c* en *g*, *agr*; d'où: *Agr-e*, *Agr-eta*, *Agr-or*, *Agriota*, etc.

De *agr*, par le changement de l'*a* en diphthongue *ai*, *aigr*; d'où: *Aigr-e*, *Aigr-as*, *Aigr-egear*, *En-aigr-it*; et par altér. *Aisse*.

ACRAPULIR S', v. r. (s'acrapulír), lang. mod. COUQUINEGEAR. Crapuler, être dans la crapule. Garc. V. *Crapul*, R.

ACRAPULIT, IDA, IA, adj. et part. (acrapuli, ide, ie), prov. mod. CRAPULOUSIT. Crapuleux, euse, adonné, ée à la crapule.

Éty. de *a* pour *ad*, de *crapula* et de la term. pass. *it*, *ida*. V. *Crapul*, R.

ACRASAR, V. *Encalar*.

ACRAUMIT, adj. et p. (acraoumí). Sale, dégoûtant, gluant. Sauv.

ACRE, ACRA, adj. (ácré, ácre); *Acre*, ital. esp. port. Acre, qui a au goût quelque chose de piquant qui le rend désagréable et comme brûlant; qui a de l'acrimonie.

Éty. du latin *acre*, abl. de *acer*, *acris*. V. *Acr*, R.

ACREDITAR, V. *Accreditar*.

ACREIRE, v. a. vl. *Acreer*, esp. Accroire. V. *Encreire*.

Éty. de *a* et de *creire*. V. *Cred*, R.

ACREISSAMENT, vl. ACREISSEMEN. V. *Accreissament* et *Creiss*, R.

ACREISSEDOR, s. m. vl. ACREISSADOR. Curateur, rémunérateur. V. *Creis*, R.

ACREISSEMENT, vl. V. *Acereissament*.

ACREISSER, et composés, V. *Accreisser* et *Creiss*, R.

ACRENT, s. m. vl. Confident, celui à qui on ajoute foi.

Ac en son drut son acrent.
Rom. de Ger. de Roussillon.
Il eut en son ami son confident.

Éty. de *credere*, croire, ajouter foi. Voy. *Cred*, R.

ACRETAT, s. f. (acretá); *Acrità*, ital.

Agrura, esp. port. Acreté, qualité de ce qui est âcre.

Éty. du lat. *acritudo*, m. s. V. *Acr*, R.

ACREYSEDOR, s. m. vl. *Accrescitore*, ital. Protecteur, curateur.

Éty. du lat. *accrescere* et de *edor*. Voy. *Creiss*, R.

ACRIDAR S', dg. V. *Escridar s'* et *Crid*, Rad.

ACRIMOUNIA, s. f. (acrimounie); *Acrimonia*, ital. esp. port. Acrimonie, âcreté des humeurs.

Éty. du lat *acrimonia*. V. *Acr*, R.

ACRINAU, s. m. (acrinâou); CREZINADA, CRIN, dl. Le faîte, le comble d'un édifice; la partie la plus élevée, couverte de tuiles faîtières. V. *Cresten*.

Éty. du grec ἄκρον (akron), sommet.

ACRIOUTURA, s. f. (acrioutúre), dg. Écriture. D'Astros.

Éty. Alt. de *escritura*; v. c. m. et *Escriv*, R.

ACROC et dérivés, V. *Accroc*.

ACROPIT, adj. vl. ACRUPIT. Vil, avili, lâche, poltron; accroupi.

Éty. de *a*, de *cropa* et de *it*; mis sur la croupe. V. *Croup*, R.

ACROSTICHO, s. m. (acroustitche); *Acròstico*, esp. *Acrostico*, ital. port. Acrostiche, petit poëme composé d'autant de vers qu'il y a de lettres dans le nom qu'on a pris pour sujet, et dont chacun commence par l'une de ces lettres prises de suite.

Éty. du grec ἀκρόστιχον (acrostichon), formé de ἄκρος (acros), sommet, extrémité, et de στίχος (stichos), ordre, mis par ordre, au commencement.

Les Grecs connaissaient déjà cet abus de l'esprit, de la poésie et du bon sens.

PORTRAIT DE LAURE EN ACROSTICHE.

Le ciel qui la sauva de son propre penchant,
A la beauté du corps unit celle de l'âme;
Un seul de ses regards, par un pouvoir touchant,
Rendait à la vertu le cœur de son amant.
Elle embellit l'amour en épurant sa flamme.

PORTRAIT DE PÉTRARQUE.

Par lui l'amour a vu relever ses autels,
Et son front fut couvert de lauriers éternels.
Tout lui faisait un dieu d'une simple mortelle,
Reine de tant de cœurs, mais trop maîtresse d'elle;
A la nature il semble inspirer ses transports,
Animé par l'espoir de vaincre cette belle.
Quel Orphée a jamais égalé ses accords!
Une beauté si sage, un amant si fidèle,
Eternisent Vaucluse et font chérir ses bords.

ACROUCHOUNIT, dl. V. *Amoulounat*.

ACROUSELAR, v. a. (acrouselá), dl. et g. V. *Apilar*.

ACROUSTIT, IDA, adj. et p. (acrousti, ide), dl. Encroûté; une plaie encroûtée, celle sur laquelle il s'est formé une croûte. Sauv.

Éty. de *a*, de *crousta* et de *it*; devenu croûte. V. *Crust*, R.

ACRUPIT, V. *Acropit*, vl.

ACRUSAR, v. a. (acrusá). Démolir, abattre une maison. Garc.

Éty. Altér. de *acrasar*. V. *Encalar*.

ACS

ACSETZ, vl. Vous aviez, vous eussiez: *Acses*, j'eusse.

ACSI, vl. Ainsi. V. *Aissi*.

ACT

ACT, ACTU, AUCT, AUT; sous-radical dérivé du lat. *actum*, de *agere*, *ago*, faire, agir. V. *Ag*, R.

De *actum*, par apoc. *act*; d'où: *Act-e*, *Act-if*, *Act-ion*, *Act-or*, *Actu-el*, *Actu-ela-ment*, etc.

De *act*, par le changement de l'*a* en diphthongue *au*, *auct*; d'où: *Auct-or*, *Auctor-ici*, *Auctor-os*, etc.

De *auct*, par la suppression du *c*, *aut*; d'où: *Aut-our*, *Autor-g-ar*, *Autor-ier*, etc.

ACTARI, s. m. vl. Greffier, abréviateur.

Éty. du lat. *actarius*, m. s.; formé de *acta* et de *arius*; qui fait les actes. V. *Act*, R.

ACTE, s. m. (acté), ATTE. *Acto*, esp. port. *Atto*, ital. *Acte*, cat. Acte, action, opération.

Éty. du lat. *actus*, *actum*, m. s. V. *Act*, Rad.

ACTE, s. m. Acte, écrit qui constate qu'une chose a été dite, faite ou convenue. V. *Act*, R.

On nomme *actes authentiques*, ceux faits par des autorités compétentes; et *actes privés*, ceux passés entre particuliers.

On regarde les Babyloniens comme les inventeurs des actes écrits.

L'usage de les signer n'était pas encore établi en France dans le XIIIe siècle. Le parlement de Paris, sous le règne de Henri III, en 1579, ordonna que les actes pardevant notaires seraient signés des parties. Dict. des orig.

Jusqu'à François Ier, les actes furent rédigés en latin; mais ce prince ordonna qu'ils le seraient dorénavant en français; ce qui a toujours été observé depuis 1539.

Les actes de naissance et de décès furent ordonnés par François Ier, en 1539.

ACTE, s. m. *Acto*, port. Acte, partie considérable de l'action dramatique, à la fin de laquelle tous les acteurs quittent la scène. V. *Act*, R.

On attribue aux Romains la division des pièces de théâtre en actes.

ACTES DEIS APOTROS, s. m. pl. *Actos dos Apostolos*, port. Actes des Apôtres, livre sacré du nouveau testament, contenant l'histoire de l'Église naissante pendant l'espace de 29 à 30 ans, depuis l'ascension de J.-C. jusqu'à l'année 63 de l'ère chrétienne. Saint Luc en est l'auteur.

ACTIF, IVA, adj. et part. (actif, ive); *Attivo*, ital. *Activo*, esp. port. *Actiu*, cat. Actif, ive, qui agit ou qui a la vertu d'agir; qui agit beaucoup, qui est toujours en mouvement; diligent, laborieux.

Éty. du lat. *activus*, m. s. V. *Act*, R.

ACTIF, IVA, adj. et subs. Actif, ive, en gramm. se dit des verbes, des participes, des formes actives, c'est-à-dire, qui expriment une action dont l'objet immédiat est énoncé ou sous-entendu; dans *Amar Diou*, aimer Dieu, *amar* est un verbe actif. V. *Act*, R.

ACTIF, s. m. Dans le commerce et dans les successions, on appelle *actif*, ce qui appartient, et *passif*, ce qui est dû.

ACTION, s. f. (actie-n); *Accion*, esp. *Acção*, port. *Acció*, cat. *Azione*, ital. Action, tout ce que l'on fait; lutte entre deux corps de troupes; droit qu'on exerce en justice; intérêt dans une société, dans une entreprise.

Éty. du lat. *actionis*, gén. de *actio*, m. s. V. *Act*, R.

ACTIONAR, v. a. (accioùná); ACTIOUNAR. *Actitar*, esp. Actionner, agir en justice contre..., faire valoir une action. V. *Act*, R.

ACTIONARI, s. m. (actiounári); ACTIOUNARI. *Accionista*, esp. *Azionario*, ital. *Accionario*, port. Actionnaire, qui a une ou plusieurs actions. V. *Act*, R.

ACTIONAT, ADA, adj. et part. (acciouná, ade); ACTIOUNAT. Actionné, ée, contre qui on poursuit une action. V. *Act*, R.

ACTIU, IVA, adj. vl. V. *Actif*.

ACTIU, s. m. vl. Actif, en t. de gramm. V. *Actif* et *Act*, R.

ACTIVAMENT, adv. (activaméin); ACTIVAMEN. *Activamente*, esp. *Attivamente*, ital. *Activamente*, port. Activement, avec activité; en gramm. employé à l'actif.

Éty. de *activa* et de *ment*. V. *Act*, R.

ACTIVAR, v. a. (activá); *Activar*, port. *Activer*, mettre en activité. Garc.

ACTIVITAT, s. f. (activitá); VIVACITAT. *Attività*, ital. *Actividad*, esp. *Actividade*, port. *Activitat*, cat. Activité, faculté active, vertu d'agir promptement.

Éty. du lat. *activitatis*, gén. de *activitas*, m. s. V. *Act*, R.

ACTOR, s. m. vl. AUTOR. *Actor*, esp. Demandeur en justice, celui qui actionne. Agent, auteur.

Éty. du lat. *actor*, m. s. V. *Act*, R.

ACTORIA, s. f. vl. Agence.

Éty. du lat. *actorius*, agissant. V. *Act*, R.

ACTORITAT, vl. *Actoridad*, anc. esp. Force, vertu médicinale. Gloss. occit. Voy. *Autoritat* et *Act*, R.

ACTOUR, s. m. (actour); *Actor*, esp. port. *Attore*, ital. Acteur, comédien; celui qui prend part à une action.

Éty. du lat. *actor*, m. s. V. *Act*, R.

Dans son origine, la tragédie n'était composée que de chœurs; Thespis introduisit le premier un personnage qui leur était étranger; Echyle en mit deux, et Sophocle en ajouta jusqu'à trois. Leur multiplicité est une invention moderne.

ACTOUR, s. m. d. de Carpentras, en t. de palais, Demandeur. V. *Demandour*: *Actour d'una coumunoutat*, avocat d'une communauté. Suppl. au Dict. de Pellas.

ACTRICA, s. f. (actrice); *Actriz*, esp. port. *Attrice*, ital. Actrice, comédienne, femme qui représente sur le théâtre quelque personnage dramatique.

Éty. de *actricis*, gén. de *actrix*.

ACTUAL, ALA, adj. vl. *Actual*, port. Actuel, V. *Actuel* et *Act*, R.

ACTUALITAT, s. f. vl. *Actualitat*, cat. *Actualidad*, esp. *Attualità*, ital. *Actualité*, état présent d'une chose; la chose même qui se passe sur le champ. V. *Act*, R.

ACTUALMENT, adv. dl. *Actualmente*,

esp. port. *Attualmente*, ital. Actuellement. V. *Actualament* et *Act*, R.

ACTUEL, ELA, adj. (actuèl, èlo); *Attuale*, ital. *Actual*, esp. port. cat. Actuel, elle, qui a lieu, qui a cours, qui existe dans le moment présent.

Éty. du lat. *actualis*, m. s. V. *Act*, R.

ACTUELAMENT, adv. (actuelaméin); *Attualmente*, ital. *Actualmente*, esp. port. *Actualment*, cat. Actuellement, au moment présent, au moment où l'on parle.

Éty. de *actuela* et de *ment*. V. *Act*, R.

ACU

ACUBIER, s. m. (acubié); *Escovens*, port. *Cubia*, ital. *Escobenes*, esp. Ecubier, trou par lequel le câble traverse la proue d'un vaisseau; iron. les yeux.

Éty. de *scutum*, cuir, et de la term. mult. *ier*. V. *Escut*, R.

ACUCIA, s. m. vl. Piquant, soin, diligence, de l'anc. esp. *acucia*.

Éty. dérivé du lat. *acutus*, *acucia*, m. s. V. *Ac*, R.

ACUELH, s. m. (acuéill); ACCUELH, ACULH, ACCUIL, ACCUI. *Accoglienza*, ital. *Acogimiento*, esp. *Acolhimento*, port. Accueil, réception bonne ou mauvaise qu'on fait à quelqu'un; ce mot est généralement pris en bonne part.

Éty. de *aculhir*. V. *Culh*, R.

ACUELHENÇA, s. f. d. béarn. *Accoglienza*, ital. Réception, accueil.

Éty. V. *Culh*, R.

ACUENTAR, v. a. (acuéintá). Publier, annoncer publiquement, en chaire, une fête, une cérémonie, etc.

ACUERAR, V. *Acular* et *Cul*, R.

ACUERNI, V. *Acurni*.

ACUIDAMEN, s. m. vl. *Acuitamiento*, anc. esp. Idée, pensée, réflexion.

Éty. de *a*, de *cuidar* et de *men*. V. *Cuid*, R.

ACUIRATAR, v. a. (acuiratá). Acculer, Aub.; et peut-être éculer.

ACUITAT, s. f. vl. *Acuità*, ital. Piqûre, élancement; fig. perspicacité.

Éty. du lat. *acutus* et de *at*. V. *Ac*, R.

ACULAR, v. a. (aculá); ACCANTOUNAR, ACCULAR. *Acular*, esp. Acculer, pousser dans un lieu sans issue, dans un coin d'où l'on ne peut pas se tirer.

Éty. V. le mot suivant et *Cul*, R.

ACULAR, v. a. (aculá), pr. mod. ACCULAR, ACUELAR, ACUERAR, ACULASSAR, ACURASSAR, ACOUFIGNAR, ACANTOUNAR, ENTRAVESSAR, CANTOUNAR, ASSETAR, ENGARATAR, ENGAROUNAR. Eculer, se dit des bottes et des souliers, quand le quartier de derrière s'affaisse sur la semelle.

Éty. de *a*, de *cul* et de *ar*; aller en bas. V. *Cul*, R.

ACULAR S', v. r. S'éculer. V. *Cul*, R.

ACULAT, ADA, adj. et p. (aculá, áde); ACUERAT, ACUELAT, ENTRAVESSAT, selon le verbe. Éculé, ée. V. *Cul*, R.

ACULAT, ADA, adj. et p. *Aculado*, esp. Acculé, ée, poussé dans un coin. V. *Cul*, R.

ACULH, V. *Acuelh*.

ACULHI, IA, adj. et p. vl. Rallié, ée, Accueilli. V. *Culh*, R.

ACULHIMEN, ACCOILLIMEN, s. m. vl. *Acullimen*, cat. *Acogimiento*, esp. *Accoglimento*, ital. Accueil, réception.

Éty. de *aculhir* et de *men*. V. *Culh*, R.

ACULHIR, v. a. (acuillir); ACCULHIR, ACUIR, ACCUILLIR, AGUEIAR. *Accogliere*, ital. *Acoger* et *Acullir*, esp. *Acolher*, port. Accueillir, recevoir bien ou mal quelqu'un qui vient à nous. Sans épithète, il se prend toujours en bonne part. Placer dans sa cause les raisons d'un autre, pour lui rendre service. Avr.

Éty. du lat. *adcolligere*, fait de *ad* augm. et de *colligere*, recueillir. V. *Culh*, R.

ACULHIR S', v. r. ACUIR. Se traîner avec peine, arriver avec difficulté: *Me l'y poudiou pas acculhir*, je ne pouvais pas arriver. Voy. *Culh*, R.

ACULHIR S', v. r. vl. *Acogerse*, esp. Se réunir, se rassembler pour une entreprise commune. V. *Culh*, R.

ACULHIT, IDA, adj. et p. (accuilli, ide); ACCULHIT. *Acullido*, esp. Reçu, accueilli. V. *Culh*, R.

ACUNDAMEN, s. m. vl. V. *Acointamen* et *Acoint*, R.

ACUPAGE, s. m. (acupádge), dl. Voy. *Equipagi* et *Equip*, R.

ACUPAR, v. a. (acupá), dl. Blâmer, accuser d'une faute. Sauv. V. *Accusar*.

ACUPAR, v. n. vl. Achopper, Rayn. V. *Assipar*.

ACU-PUNCTURA, s. f. (acú-punctúre). Acu-puncture, opération chirurgicale qui se pratique au moyen d'aiguilles qu'on introduit dans la chair.

Éty. du lat. *acus*, aiguille, et de *punctura*, formé de *pungo*, je pique. V. *Ac*, R.

Cette opération a pris naissance en Orient. MM. Farlandières d'abord, et Cloquet en 1825, en ont introduit l'usage parmi nous.

ACURASSAR, V. *Acular* et *Cul*, R.

ACURNENC, ENCA, adj. (acurnéin, éinque). Qui a la forme de la cornouille, en parlant de certains oliviers dont le fruit ressemble à celui-là. Avr.

ACURNI, s. m. (acúrni); CORGNA, CUERNA, CURNI, ACUERNI, CORONA. Cornouille, fruit du cornouiller mâle.

Éty. du lat. *cornus*, *corni*, on a fait *curni*, par le changement de l'*o* en *u*, et l'on a dit *la curni*, puis *l'acurni*, et enfin *acurni*.

ACURNIER, s. m. (acurnié); COURNIER, COURGNER, CUERNIER, CURNIER, CORNOULHER. *Corniolo*, ital. *Cornejo*, esp. Cornouiller mâle, Cornouiller des bois, ou Cornouiller sauvage: *Cornus mas*, Lin. arbrisseau de la fam. des caprifoliacées qu'on trouve dans les bois; ses fruits, gros comme une cerise, sont d'un beau rouge.

Éty. du lat. *cornus*, dérivé du grec κρανεία (craneia), m. s.; ou, selon Olivier, de Serres, du lat. *cornu*, corne, parce que son bois en a la dureté.

ACURS, s. m. vl. Essai, effort, entreprise: Tu essayes, tu tentes.

ACUSADOR, vl. V. *Accusatour*.

Éty. de *acusador*, esp. et port.

ACUSANT, s. m. vl. Accusateur, dénonciateur. V. *Accusatour*.

ACUSAR, V. *Accusar*.

ACUSATIF, V. *Accusatif* et *Caus*, R.

ACUSATIU, s. m. vl. V. *Accusatif*.

ACUSSAR, V. *Aquissar* et *Chin*, R.

ACUYNDAR, vl. V. *Acoindar*.

ACY

ACYROLOGIA, vl. V. *Acirologia*.

ADA

AD, A, AC, AF, AG, AL, AN, AP, AR, AS, AT variétés produites par la syncope du *d* ou par son changement en *c*, *f*, *g*, *l*, *n*, *p*, *r*, *s*, et *t*; opéré par attraction de la lettre initiale du radical.

Cette préposition exprime essentiellement le mouvement, la direction ou la tendance vers un point, et quelquefois l'augmentation et l'accumulation. C'est ainsi que *ad-verbo*, *ad-verbum*, signifie uni ou ajouté au verbe; *a-bordar*, venir au bord, arriver; *ac-cusar*, *ad-cudo*, frapper dessus, accuser; *af-fable*, de *ad* et de *fari*, à qui l'on peut parler; *ag-gregear*, de *ad* et de *grex*, troupeau, réunir au troupeau ou en troupeau; *al-lachar*, de *ad* et de *lactare*, donner du lait à...; *an-nexa*, de *ad* et de *nexus*, noué auprès; *ap-partenir*, de *ad* et de *pertinere*, appartenir, tenir à...; *ar-rougear s'*, de *ad* et de *rogare*, tirer à soi, s'arroger; *as-sistar*, de *ad* et de *sistere*, se tenir, être auprès de...; *at-tribuar*, de *ad* et de *tribuere*, attribuer, donner à..., etc.

ADA, AYA, désinence qui, dans un grand nombre de cas, sert à exprimer que la chose désignée par le radical est faite, terminée, et elle est presque toujours le féminin de *at*; v. c. m. *Journ-ada*, journée, toute l'étendue du jour; *sal-ada*, chose salée. Par analogie *ada*, se dit d'une chose remplie, comble, et même pour la quantité contenue; *culhieir-ada*, plein une cuillier; *escudel-ada*, plein une écuelle; *oul-ada*, plein une marmite; *matin-ada*, toute la durée du matin; *bastoun-ada*, coups donnés avec le bâton; *bounet-ada*, salut fait avec le bonnet; *arlequin-ada*, tour d'arlequin, fait par un arlequin.

ADAGAR, v. a. vl. ADAIGUAR. *Adaguar*, anc. esp. *Adaquare*, ital. anc. Abreuver, arroser. V. *Aiguar*.

Éty. du lat. *adaquare*, m. s. V. *Aigu*, R.

ADAGI, s. m. (adádgi); *Adagio*, ital, esp. port. Adage, maxime, sentence, proverbe.

Éty. du lat. *adagium*, m. s.

ADAGIO, adv. (adádgio); *Adagio*, ital. term. de mus. qui signifie posément, qui avertit de ralentir le mouvement; on le dit subst. de l'air même.

Éty. de l'ital. *adagio*.

ADAGOUAT, ADA, adj. et p. d. béarn. *Adaguado*, *ada*, esp. *Adaquato*, ital. Combugé, abreuvé,

E disen qu'ère plà la barrique adaguado.

Foundeville.

Éty. du lat. *adaquatus*, abreuvé, arrosé. V. *Aigu*, R.

ADAGUADOR, s. m. vl. Canal d'irrigation. V. *Beal*.

Éty. de *ad*, de *agua* et de *ir*; qui donne de l'eau. V. *Aigu*, R.

ADAIGUAR, v. a. vl. ADAIGAR. *Adaquare*, ital. *Adaguar*, esp. V. *Aiguar* et *Aigu*, R.

ADALIR S', v. r. (s'adalir), dl. S'affaiblir, se dessécher, devenir sec. Sauv.

Éty. V. le mot suivant et *Ali*, R.

ADALIT, IDA, adj. et p. (adali, ide), dl. Sec, faible, exténué.

Éty. du rom. *adalit*, m. s.; formé probablement de *ad*, employé dans le sens de *a* priv. et de *alitus*, par apoc. *alit*; mal nourri. V. *Ali*, R.

ADALT, adj. vl. V. *Adaut*, et *Aut*.

ADAM, n. pr. (adân); *Adamo*, ital. *Adão*, port. *Adan*, esp. Adam, nom du premier homme, créé 4004 ans avant la venue de J.-C. et qui vécut 930.

Éty. on n'est point d'accord sur l'étym. de ce mot; les uns le font dériver de l'*a* augmentatif, et de *dam*, *dom*, élevé, supérieur; le premier, le principal homme; d'autres, comme Josèphe, disent que *Adam* signifie rouge ou terre rouge : *Adam idem est quod ruber, quoniam è rubra terra factus est*; ce qui n'est pas encore bien prouvé, ajoute M. Nodier; mais Adam est un des premiers vocables de l'enfance et convenait fort bien au nom du premier homme.

Lou connoussi ni d'Adam ni d'Eva, je ne le connais ni d'Eve ni d'Adam; je ne le connais pas du tout; *Vielh coumo Adam*, vieux comme les rues.

Un théologien que cite Labrune, sans le nommer, dit que le nom de *Adam*, est formé des quatre initiales, A. D. A. M. des noms que portent en grec, les quatre points cardinaux, *Anatolé, Dysis, Arctos, Mesembria*; ce qui prouve que Dieu forma le premier homme d'une terre ramassée au Levant, au Couchant, au Nord et au Midi.

L'Église honore trois saints de ce nom : les 7 et 16 mai.

ADAMAR, v. r. vl. *Adamar*, anc. esp. Aimer. V. *Amar*.

Éty. de *ad* augm. et de *amar*, aimer. V. *Am*, R.

ADAMAS, s. m. vl. *Ademant*, anc. cat. *Adamante*, anc. esp. et ital. Diamant; v. c. m., *Emant* et *Aimant*.

Éty. du lat. *adamas*.

ADAMEISELIT, IDA, adj. et p. (adameïseli, ide). Qui fait ou singe le damoiseau, la demoiselle. Aub.

ADAMELON, nom d'homme, vl. Agamemnon.

ADAMOUN, adv. (adamóun); ADAUT, DAMOUN. Là-haut, ici-dessus. V. *Amoun*.

Éty. de *ad montem*. V. *Mont*, R.

ADAMPLAR, v. a. vl. Amplifier, grossir. V. *Amplificar*.

Éty. de *ad*, *ampl* et de *ar*; rendre plus ample. V. *Ampl*, R.

ADANS, adv. vl. V. *Adens* et *Dent*; R.

ADANTAR, v. a. vl. Déshonorer, couvrir de honte.

Éty. de *ad*, de *anta* et de *ar*. V. *Anct*, R.

ADANTAT, ADA, adj. et p. vl. Déshonoré, ée. V. *Auct*, R.

ADAPTAR, v. a. (adaptá); *Adattare*, ital. *Adaptar*, esp. port. Adapter, préparer, accommoder pour joindre, ajuster une chose à une autre.

Éty. du lat. *ad*, de *apt* et de *ar*, ou du lat. *adaptare*. V. *Apt*, R.

ADAPTAT, ADA, adj. et p. (adaptá, áde); *Adaptado*, esp. port. *Adattato*, ital. Adapté, ée. V. *Apt*, R.

ADAPTIR, v. a. vl. AZAPTIR. Assaillir, frapper, attaquer.

ADAPTIT, adj. et p. vl. Affronté.

ADAQUET, anc. béarn. pour *ad aquel*, à celui.

ADARA, adv. d. béarn. Maintenant. V. *Ara*.

ADARRAIRAR S', v. r. (s'adarrairá). V. *Endarreirar s'* et *Reir*, R.

Que degun donc non s'adarraire.
Michel.

ADARRE, adv. (ádarré); DEREC, ADEREC, ADARRET, ADERREN. De suite, l'un après l'autre, sans distinction et sans choix : *Culhir adarre*, cueillir, ramasser de suite sans rien laisser en arrière.

Éty. de l'esp. *arreo*, m. s., ou du lat. *ad rectum*; ou de *a-de-rren*, à rang, de suite.

De adarre, signifie en celto-breton, derechef, une seconde fois.

ADARRE, adv. ARRE, d. béarn. Maintenant.

ADASTRAR, v. a. vl. Mettre sous l'heureuse influence des astres, doter, douer.

Éty. de *ad*, de *astre* et de *ar*. V. *Astr*, R.

ADASTRES, nom d'homme. Adraste.

ADAUT, adj. vl. Adroit; haut, élevé.

Éty. de *ad* et de *aut* pour *apt*. V. *Apt*, R.

ADAUT, adv. (adáou); ADALT. Là-haut. V. *Adamoun* et *Alt*, R.

ADAUTAR, v. n. vl. Plaire beaucoup. V. *Apt*, R.

ADAUTET, adj. vl. V. *Azautet*.

ADAVAU, adv. (adaváou). Là-bas, en bas. V. *Davau*.

Éty. du lat. *ad vallem*, dans la vallée. V. *Val*, R. 2.

ADD

ADDICHATS, dg. pour Bonjour. Voy. *Adiousiaz*.

ADDITAMENT, s. m. vl. *Additamento*, port. ital. *Aditamento*, esp. Ajutage, ajutoir; addition.

Éty. du lat. *additamentum*, dérivé de *addere*, ajouter. V. *Doun*, R.

ADDITIO, s. f. vl. Addition. V. *Addition*.

ADDITION, s. f. (adilie-n); ADDITIEN. *Addició*, cat. *Addição*, port. *Addizione*, ital. *Adicion*, esp. Addition, opération qui a pour but de réunir plusieurs quantités en une seule; on le dit aussi pour augmentation, supplément.

Éty. du lat. *additionis*, gén. de *additio*, m. s. V. *Doun*, R.

Le résultat de l'addition se nomme *somme*.

ADDITIONAR, v. a. (addiciouná); ADDITIOUNAR. *Adicionar*, esp. *Addicionar*, port. Additionner, faire une addition.

Éty. de *additio* et de la term. act. *ar*.

ADDITIONAT, ADA, adj. et p. (aditiouná, áde); ADDITIOUNAT. *Adicionado*, esp. Additionné, ée; dont l'addition a été faite. V. *Doun*, R.

ADDITIONEL, ELA, adj. (aditiounèl, èle); ADDITIOUNEL. *Addizionale*, ital. *Addicional*, port. Additionnel, elle; qui est ou qui doit être ajouté. V. *Doun*, R.

ADDUCTION, s. f. anc. béarn. *Adduzione*, ital. *Adducão*, port. Conduite, l'action d'amener.

Éty. du lat. *adducere*, amener. V. *Duc*, Rad.

ADE

ADEBOU, adv. (adebóu), dl. pour *a-debon*, tout de bon, et non *du bon*.

ADEJA, adv. (adedjá), dl. Presque. Voy. *Deja*.

ADELA, (adèle) et

ADELAIDA, nom de femme (adelaïde); *Adelaida*, ital. port. *Adelayda*, cat. Adélaïde.

Éty. du lat. *Adelaidis*, gén. de *Adelais*.

L'Église honore trois saintes de ce nom : Adélaïde, reine d'Italie, le 16 décembre; Adélaïde de Bergame, le 27 juin, et Adélaïde de Vilich, le 5 février.

ADELENC, adj. vl. Illustre.

Éty. de l'angl. *adeling*, m. s.

ADELIECHAR, v. a. et r. vl. *Adelitar*, anc. cat. Délecter, se délecter; réjouir, se réjouir.

Éty. de *ade* pour *ad*, de *liech* pour *lætus* et de *ar*; faire, rendre joyeux.

ADELINA, nom de femme (adeline); *Adeline*, esp. port. cat. Adeline.

ADELIT, dl. V. *Deglesit*.

Éty. du lat. *deletus*, effacé, rasé, ruiné.

ADEMALOS, adv. (ademálès), dl. Malicieusement. Sauv. V. *Mal*, R.

ADEMPLIR, v. a. vl. ADIMPLIR, ADUMPLIR, AEMPLIR, AZEMPLIR. *Adempiere* et *Adempire*, ital. Remplir, accomplir, achever. V. *Plén*, R.

ADEMPLIT, IDA, adj. et p. vl. Rempli, ie. V. *Plen*, R.

ADEMPRAR, vl. V. *Azemprar*.

ADEMPRIU, s. m. vl. V. *Azempriu*.

ADENANT, adverbe (adenán); ADENAN, DAVIT-ADENANT, vl. *Adelante*, esp. *D'or innanzi*, ital. *Adeante*, port. Désormais, à l'avenir, en avant, par avance.

Éty. de *a* et de *denant*, ou de *ad*, de *en* et de *ant*; en avant. V. *Ant*, R.

ADENOULHADOUR, dl. Voyez *Aginoulhoir*.

ADENS, adv. vl. ADANS. Sur les dents, la face contre terre. V. *Dent*, R.

ADEPRAR, vl. V. *Azemprar*.

ADEPRAVAR, v. a. vl. Gâter, endommager, dépraver. V. *Prav*, R.

ADEPRAVAT, ADA, adj. et p. vl. Dépravé, ée; endommagé, ée, altéré.

Éty. du lat. *depravatus*, m. s. V. *Prav*, Rad.

ADEPS, s. m. vl. *Adipe*, ital. Saindoux, graisse.

Éty. du lat. *adeps*, m. s.

ADERAIRAR, vl. V. *Aderrairar*.

ADERAR, V. *Adherar* et *Adher*, R.

ADERDRE, AERDRE, v. a. vl. *Adergere*, ital. Attacher, lier. V. *Adherar*.

Éty. du lat. *adhærere*, m. s. V. *Adher*, R.

ADEREC, dl. V. *Adarre*.

ADERETAR, v. a. vl. Léguer, faire héritier. V. *Hered*, R.

ADERMAR, vl. V. *Aermar*.

ADERRAIRAR, v. n. vl. ADERAIRAR. Arriérer, rétrograder, reculer. V. *Reir*, R.

ADERREN, adv. d. d'Apt. De suite, l'un après l'autre. V. *Adarre*.

ADERS, adj. et p. vl. Attaché, dressé, monté, élevé, ée. V. *Aderdre*.

ADES, adv. (adès); TOUT-BEOU-JUST. *Adesso*, ital. *Ades*, anc. cat. *Adiesso*, anc. esp. A présent, tantôt, seulement, il n'y a qu'un instant. V. *Tantôt*, vl. à l'instant; *Adès-ara*, à présent.

Éty. de l'ital. *adesso*, formé du lat. *ad ipsum*, sous-entendu *tempus*.

Dans la langue des troubadours, cet adv. a encore la signification de sans cesse, toujours. *Ades, ades*, sans relâche, toujours; *Per ades*, quelquefois, parfois.

ADESA, dg. Déjà. V. *Deja*.

ADESAR, v. n. (adesá); ADUSAR, ADEZA et ADUZA, dl. Atteindre à une chose qui est élevée, ou hors de la portée ordinaire de la main : *Li pode pas adesar*, je ne puis pas y atteindre; adhérer, toucher, parvenir, exercer.

Éty. du lat. *adhærere*, être attaché, accroché. V. *Adher*, R.

ADESAR, v. a. (odezá), d. bas lim. Toucher avec le doigt, et par ext. frapper.

Éty. de *a*, de *des* pour *del*, et de *ar*; toucher avec le doigt. V. *Adher*, R.

ADESC, s. f. vl. AZESC. Amorce, appât. V. *Esc*, R.

ADESCAR, v. n. vl. AZESCAR. *Adescare*, ital. Amorcer, attirer. V. *Esc*, R.

ADESENAN, vl. V. *Desenan*.

ADESION, V. *Adhesion* et *Adher*, R.

ADESMAR, vl. V. *Aesmar*.

ADESSENHAR, v. a. vl. Apprendre, instruire. V. *Sign*, R.

ADESSIAS, alt. de *adiou*; v. c. m.

ADESTALBIAR, v. a. vl. Épargner. V. *Estalbiar*.

ADESTIMAR, v. a. vl. Évaluer, estimer, apprécier. V. *Estimar* et *Estim*, R.

ADETS, dg. Faites, pour *faguez*.

Ainsi despachats bous, ne m'adets pas langui.
Verdier.

ADEVERSARI, vl. V. *Adversari*.

ADH

ADHER, ADHES, sous-rad. dérivé du lat. *adhærere*, être attaché, accroché, adhérent à..., tenir à..., s'attacher à..., être voisin; formé de *ad* et de *hærere*, être attaché, joint; s'attacher, se coller, etc. dérivé à son tour du grec αἱρέω (ahireó), prendre, s'emparer, se saisir, etc. Dérivés : *Adher-ar*, *Adher-ença*, *Adher-encia*, *Adher-ir*, *Adher-ent*, *Aers*; et du supin *adhæsum* : *Adhes-ion*, par altérat. *Aerd-re*, *Aerc*, *Ader-d-re*, *Ades-ar*, *Aer-d-re*, *Aher-ir*, *Aors-er*, *Ades-ion*, *Aers*.

ADHERAR, v. n. (adherá); ADERIR. *Adherire*, ital. anc. *Adherir*, esp. port. cat. Adhérer, être attaché, tenir fortement quelque chose, consentir, et en provençal, tollérer : *L'adheroun en tout*, on lui passe tout, on l'excuse en toutes choses, dit-on d'un enfant gâté.

Éty. du lat. *adhærere*, m. sign. V. *Adher*, Rad.

ADHERENÇA, s. f. (adherèince); *Adherenza*, ital. *Adherencia*, esp. port. cat. Adhérence, union d'une chose à une autre; en médecine on ne le dit que d'une union contre nature.

Éty. du lat. *adhærentia*. V. *Adher*, R.

ADHERENCIA, vl. V. *Adherença*.

ADHERENT, ENTA, s. et adj. lang. mod. *Adherente*, esp. port. *Adherente*, ital. anc. Fortement attaché à quelque chose; partisan.

Éty. du lat. *adhærentis*, gén. de *adhærens*, m. s. V. *Adher*, R.

ADHERIR, vl. V. *Adherar*.

ADHESAR, vl. V. *Adesar*.

ADHÉSION, s. f. (adhesie-n); ADHESIEN. *Adhesion* et *Aderimento*, esp. *Adhesão*, port. Adhésion, force par laquelle deux corps mis en contact s'attachent l'un à l'autre; consentement, acceptation d'une proposition.

Éty. du lat. *adhæsionis*, gén. de *adhæsio*. V. *Adher*, R.

ADHIBIR, v. a. vl. Employer, appliquer.

Éty. du lat. *adhibere*, m. sign.

Dérivés : *Ex-hibit-ion*, *En-hibir*, *Enhibit-ion*, *Pro-hibit-ion*, *Pro-hibit-iu*.

ADHORA, vl. et

ADHORAS, V. *Aora*.

ADHURIR, v. a. vl. *Adurir*, anc. cat. esp. Brûler, corroder.

Éty. du lat. *adurere*, m. s.

ADHURIT, IDA, adj. et p. vl. Brûlé, ée, corrodé, ée.

ADI

ADI, d. b. lim. pour Adieu. V. *Adiou*. On dit *adi*, quand on tutoie, et *adissiaz*, quand on ne tutoie pas.

ADIAR, v. imp. vl. Faire jour, éclairer.

Éty. de *a*, de *di* et de *ar*; litt. aller, arriver au jour. V. *Di*, R.

ADIAT, adj. et p. vl. Éclairé, il s'est fait jour. V. *Di*, R.

ADICHAS, dg. pour Adieu.

ADICHATS, dg. et

ADICIAS, V. *Adiou*.

ADIFFAMAR, v. a. vl. Diffamer, médire, faire une mauvaise réputation. V. *Diffamar* et *Fam*, R. 2.

ADIMAN, s. m. vl. AZIMAN. V. *Adamas* et *Diamant*.

ADIMAR, vl. V. *Adysmar*.

ADIMPLIR, vl. V. *Ademplir* et *Plen*, R.

ADINS, adv. et prép. (adín); ADIN. *Addentro*, ital. *Adentro*, port. Là-dedans, dedans.

Éty. de *a* et de *dins*. V. *Inter*, R.

ADIO, part. aff. et inter. (adió), dl. Selon la manière de la prononcer; cette particule répond à : Oh oui, vraiment, sans doute, je crois que oui, ho mon Dieu oui! lorsqu'elle est interrogative elle se rend par Tout de bon?

Éty. de *adio*, litt. est à Dieu, oui, étant un abrégé de *à diou oc*, *adiouo*, *adio*. Sauv.

ADIOU, s. m. (adióu); ADIOUSSIAZ, ADISSIATZ, ADESSIAZ, ADUSSIAZ, ADICHAZ, ADICHATS, ADI, ADICIAS, ADIOUCIAS. *Adios*, esp. *Addio*, ital. *A Deos*, port. Adieu, locution elliptique pour dire : Je vous laisse avec Dieu, ou je vous recommande à Dieu; on le dit aussi pour saluer, pour bonjour.

Éty. de *à Diou siaz*, soyez avec Dieu.

Adiou vai t'en et pensa à ta derniera fin. Coye.

On rapporte que Louis XIV avait pris cette manière de s'exprimer en affection, depuis son voyage en Provence.

Dire adiou à quauqu'un; *Dizer a Deos a alguem*, port., dire adieu à quelqu'un. *Adiou una*, *adiou doues* et *adiou tres*; sont des locutions dont les huissiers se servent dans les encans, pour dire : une fois, deux fois, trois fois, c'est-à-dire, adjugé.

Cette façon de parler vient de *diou una*, *diou doues*, etc., je dis une, je dis deux, etc. à laquelle on a mal à propos ajouté la prép. *a*.

ADIOUSSIAZ, V. *Adiou*.

Éty. de *siaz*, soyez, *à-Diou*, à Dieu.

ADIRAR, v. a. vl. *Adirare*, ital. Se fâcher. V. *Azirar*.

ADIRE, s. m. d. béarn. Ennui insupportable.

ADIS, ISSA; terminaison assez commune en provençal, qui pourrait provenir du lat. *andus*; ou peut-être cette terminaison ne consiste que dans *is* joint à un participe ou à un adjectif. C'est ainsi que *pausadis* serait composé de *pausat* et de *is*; *carregeadis*, de *carregeat* et de *is*; *barradis*, de *barrat* et de *is*; *levadis*, de *levat* et de *is*; *counfessadis*, de *counfessat* et de *is*; c'est-à-dire, qui est en repos ou qui se repose; qui est voituré, porté ou susceptible de l'être; qui est fermé ou qui peut l'être; qui est levé ou levable; plié ou pliable, confessé ou en état de l'être. *Barradissa*, *Charradissa*, *Bramadissa*, etc.

ADISSIATS, dg. V. *Adiou*.

ADIU, adj. vl. Prompt, empressé, exact.

Éty. probablement de *ad* et de *ius* pour *jus*, *just*, très-exact. V. *Just*, R.

ADJ

ADJACENT, ENTA, vl. *Adjacent*, cat. *Adyacente*, esp. *Adjacente*, port. ital. Adjacent, ente, qui est situé auprès, qui est aux environs, qui touche immédiatement.

Éty. du lat. *adjacentis*, gén. de *adjacens*, ou de *ad*, de *jac* et de *ent*, chose qui gît à..., près.

ADJACENTAS, *terras*, s. f. pl. (adjacéintes); *Adjacente*, ital. port. *Adyacentes*, esp. *Terras adjacentes*, port. Adjacentes, terres adjacentes, qui sont situées auprès. V. *Terras adjacentas*.

Éty. du lat. *adjacens*, fait de *jacere* et de *ad*. V. *Jac*, R.

ADJECTIF, s. m. (adjectif); *Addiettivo*, ital. *Adjetivo*, esp. *Adjectivo*, port. Adjectif, mot qu'on ajoute à un substantif, pour exprimer sa manière d'être ou sa qualité.

Éty. du lat. *adjectivus*, m. s.; de *adjicere*. V. *Ject*, R.

En faisant précéder les adjectifs de l'article, on en fait des substantifs, comme cela a lieu dans beaucoup de langues: *Lou dous*, *l'amar*, *lou rouge*, *lou blanc*, etc.

ADJECTIO, s. f. vl. Figure de grammaire; c'est une espèce d'augment.

Adjectios es cant alcuna sillaba sajusta ab alcuna dictio, e no muda, ni merma, ni creysh lo significat daquela dictio, am laqual es ajustada; coma: Trobayre, Atrobayre; Ordenayre; Adordenayre; Ordenar; Adordenar, etc.

Fl. del gay sab. t. 2, p. 100.

ADJECTIU, vl. V. *Adjectif*.

ADJOINT, s. m. (adjóin); *Adjunto*, esp. port. *Aggiunto*, ital. *Adjunt*, cat. Adjoint, qui est associé à un autre pour l'aider dans ses fonctions.

Éty. du lat. *adjunctus*, joint à... Voy. *Jounch*, R.

ADJOINTA, s. f. (adjóinte). Adjointe. Garc.

ADJONCTION, vl. V. *Adjunctio*.

ADJOUGNER, v. a. (adjóugné), lang. mod. *Aggiugnere*, ital. *Junctar*, esp. port. Adjoindre, donner un adjoint.

Éty. du lat. *adjungere*, m. s. V. *Jounch*, Rad.

ADJUDANT, V. *Ajudant*.

ADJUDAR, vl. V. *Ajudar*.

ADJUDICATARI, s. m. (adjudicatári); *Aggiudicatario*, ital. *Adjudicatario*, port. Adjudicataire, celui ou celle à qui l'on adjuge quelque chose en vente publique ou faite sous la sanction de l'autorité.

Éty. de *ad*, de *judicat* et de *ad*; celui en faveur de qui la chose est jugée. V. *Jud*, R.

ADJUDICATION, s. f. (adjudicacie-n); ADJUDICATIEN. *Adjudicação*, port. *Adjudicacion*, esp. *Aggiudicazione*, ital. Adjudication, l'action d'adjuger une chose que l'on vend publiquement, soit judiciairement, soit par-devant un officier public.

Éty. du lat. *adjudicationis*, gén. de *adjudicatio*, m. s. V. *Jud*, R.

ADJUGEAR, v. a. (adjudjá); *Adjudicar*, esp. port. *Aggiudicare*, ital. Adjuger, délivrer à quelqu'un, déclarer qu'une chose contestée lui appartient de droit.

Éty. du lat. *adjudicare*, m. s. V. *Jud*, R.

ADJUGEAT, ADA, adj. et part. (adjudjá, áde); *Adjudicado, a*, esp. port. Adjugé, ée.

Éty. du lat. *adjudicatus*, m. s. V. *Jud*, R.

ADJUNCT, adj. anc. béarn. *Adjunto*, esp. Adjoint; v. c. m. et *Jounch*, R.

ADJUNCTIO, s. f. vl. ADJONCTION. *Aggiunzione*, ital. *Adjuncion*, esp. Adjonction, fig. de rhétorique, et terme de palais. Voy. *Jougn*, R.

Éty. du lat. *adjunctio*, m. s.

Adjunctios es cant diversas clauzas son ajustadas per un verbe. Fl. del gay sab.

ADJURAR, v. a. Garc. V. *Escounjurar* et *Jur*, R.

ADJURATION, lang. mod. Garc. *Adjuracion*, anc. esp. V. *Escounjuration* et *Jur*, Rad.

ADJUSTAT, ADA, adj. et p. anc. béarn. Augmenté, ée. V. *Just*, R.

ADJUTOR, s. m. vl. *Adjutor*, anc. esp. Aide. V. *Ajuda* et *Ajud*, R.

ADJUTORI, s. m. (adjutóri), dg. *Adjutorio*, esp. port. Aide, secours, assistance.

D'Astros.

Éty. du lat. *adjutorium*, m. sign. V. *Ajud*, R.

ADJUTORIUM, s. m. (adjutoriúm). Chose qu'on ajoute, reliquat.

Éty du lat. *adjutorium*, aide, secours. V. *Ajud*, R.

ADJUVATIU, IVA, adj. vl. *Ajutativo*, ital. *Adjuvatif*, propre à aider. V. *Ajud*, R.

ADM

ADMES, ESSA, adj. et p. (admès, èsse); REÇUT, REÇOOUPUT. *Admittido*, port. *Admitido*, esp. Admis, ise, qui a été reçu.

Éty. du lat. *admissus*. V. *Mettre*, R.

ADMETTRE, v. a. (admétré); RECEBRE. *Ammettere*, ital. *Admitir*, esp. *Admittir*, port. *Admittere*, ital. anc. *Admetrer*, cat. Admettre, recevoir, agréer une personne ou une chose, recevoir comme ayant les qualités requises.

Éty. du lat. *admittere*, fait de *mittere* et de *ad*; admettre à..., ou mettre avec, parmi. V. *Mettre*, R.

ADMETUT, UDA, V. *Admes*.

ADMILIORACIO, s. f. vl. V. *Amelhouration*.

ADMINISTRACIO, s. f. vl. AMINISTRACIO, AMINISTRACION. V. *Administration*.

ADMINISTRADOR, V. *Administratour*.

ADMINISTRADOUR, s. m. anc. béarn. *Administrador*, esp. port. V. *Administratour* et *Minist*, R.

ADMINISTRAIRE, s. m. vl. AMINISTRAIRE, AMINISTRADOR. V. *Administratour* et *Minist*, R.

ADMINISTRAR, v. a. (administrá); AMINISTRAR, AMENISTRAR. *Administrare*, ital. anc. *Amministrare*, ital. m. *Administrar*, esp. port. cat. Administrer, gouverner, régler, diriger, régir les biens de quelqu'un; administrer les sacrements; produire des témoins.

Éty. du lat. *administrare*, formé de *ad* et de *ministrare*, régir. V. *Minist*, R.

En vl. aider, secourir, fournir, servir, rendre.

ADMINISTRAT, ADA, adj. et p. (administrá, áde); *Administrado*, esp. port. Administré, ée, qui a reçu les sacrements.

Éty. du lat. *administratus*, m. s. Voy. *Minist*, R.

ADMINISTRATIF, IVA, adj. (administratif, ive); *Administrativo*, port. *Administratorio*, esp. Administratif, ive, qui appartient à l'administration publique. V. *Minist*, R.

ADMINISTRATION, s. f. (administratie-n); ADMINISTRATIEN. *Amministrazione*, ital. *Administracion*, esp. *Administração*, port. *Administració*, cat. Administration, action de donner ses soins à quelque chose, de veiller à la conservation, au maintien, à la prospérité de ce qui vous est confié.

Éty. du lat. *administrationis*, gén. de *administratio*, m. s. V. *Minist*, R.

ADMINISTRATOR, vl. V.

ADMINISTRATOUR, s. m. (administratóur); *Administratore*, ital. anc. *Amministratore*, ital. m. *Administrador*, esp. port. *Administrator*, all. Administrateur, celui qui administre; les administrateurs des hôpitaux sont plus connus en Provence, sous le nom de *rectours*.

Éty. du lat. *administrator*, m. s. Voy. *Minist*, R.

ADMIRABLA, s. f. sous-entendu *varietat*, *espeça*. Nom d'une variété du mûrier blanc, connue à Anduze, dont les feuilles sont plus grandes que celles des autres espèces; on en voit qui ont un pied de longueur sur huit ou neuf pouces de largeur; d'où le nom d'Admirable. V. *Mir*, R.

ADMIRABLAMENT, adv. (admirablaméin); *Admirablamente*, esp. *Admiravelmente*, port. *Ammirabilmente*, ital. Admirablement, d'une manière admirable.

Éty. de *admirabla* et de *ment*. V. *Mir*, R.

ADMIRABLE, ABLA, adj. (admirablé, áble); *Ammirabile*, ital. *Admirable*, esp. *Admiravel*, port. Admirable, digne d'admiration.

Éty. du lat. *admirabilis*, fait de *ad*, de *mirar* et de *abilis*; digne d'être regardé, considéré. V. *Mir*, R.

ADMIRACIO, s. f. vl. V. *Admiration* et *Mir*, R.

ADMIRACIU, dl. Goud. V. *Admiration*.

ADMIRAIRE, ARELA, s. (admiráïré, arèle). Admirateur, trice. V. *Admiratour* et *Mir*, Rad.

ADMIRAR, v. a. (admirá); *Ammirare*, ital. *Admirar*, esp. port. Admirer, éprouver de l'admiration. Considérer avec étonnement, avec surprise.

Éty. du lat. *admirari*, formé de l'augm. *ad* et de *mirare*. V. *Mir*, R.

S'admirar, s'admirer, se complaire. *Admirarse*, port.

ADMIRAT, ADA, adj. et p. (admirá, áde); *Admirado*, esp. port. V. *Mir*, R.

ADMIRATION, s. f. (admiratie-n); ADMIRATIEN, ADMIRACIU. *Ammirazione*, ital. *Admiracion*, esp. *Admiração*, port. *Admiració*, cat. Admiration, sentiment de celui qui admire; action d'admirer.

Éty. du lat. *admirationis*, gén. de *admiratio*, m. s. V. *Mir*, R.

ADMIRATOUR, ATRICA, s. (admiratóur, atrice); ADMIRAIRE. *Ammiratore*, ital. *Admirador*, esp. port. Admirateur, trice, qui admire, enthousiaste.

Éty. du lat. *admirator*, m. s. V. *Mir*, R.

ADMISSIBLE, IBLA, adj. (admissiblé, ible); *Ammissibile*, ital. *Admisible*, esp. *Admissivel*, port. Admissible, qui a les qualités requises pour être admis.

Éty. de *admis* et de *ible*; propre à être admis. V. *Mettre*, R.

ADMISSION, s. f. (admissie-n); ADMISSIEN. *Ammissione*, ital. *Admision*, esp. *Admissão*, port. *Admissione*, ital. anc. Admission, action par laquelle on admet, par laquelle on est admis.

Éty. du lat. *admissionis*, gén. de *admissio*. V. *Mettre*, R.

ADMIXTIO, s. f. vl. Mixtion, mélange.

Éty. du lat. *admixtio*, m. s. V. *Mescl*, R.

ADO

ADOB, radical pris de la langue romane, dans laquelle il a la signification d'ornement, arrangement, harnais, équipage; d'où: *Adobar*, *Adobare*, en basse latinité, comme on peut s'en convaincre par ce passage d'une charte de 1301, citée par Ducange: *Una corrigia de seta rubea adobata de argento.*

Adobare a été employé dans le sens du lat. *exornare*, orner, parer, embellir, ajuster, préparer, armer; et il est probablement dérivé de *adaptare*, adapter, ajuster.

At dubba, duban, *sax. equitem creare, vel ad honorem equitis aliquem solemniter provehere.*

Inde quod equitem creatum vestimentis et armis splendidis ornare solebant, addobare *in speciali sensu* adornare *dixerunt.* G. Hickesius, Gramm. franco-theot.

Ducange, t. I. col. 151, dit: *Verum etymon repetendum videtur ab at* dubba, *seu* dubban, *quæ islandicè, scandicè et saxonicè significant equitem percutere, id est, equitem creare, quia manu vel stricto gladio super collum aut humeros candidatus eques a principe ferebatur. Ita Hickesius linguarum septentrionalium peritissimus, adde etiam nunc gallicè dici* dauber *vel* dober, *pro percutere, ferire humeros.*

Dérivés: *Adob*, *Adob-ado*, *Adob-ador*, *Adob-a-ment*, *Adob-ar*, *Adob-as*, *Adob-ier*; [illegible] le changement de *o* en *ou*, les mêmes [illegible].

ADOB, ADOP, s. m. vl. *Adob*, cat. *Adobo*, esp. *Addobo*, ital. Arrangement, harnais, habit, équipage. V. *Adob*, R.

ADOBADO, ADA, adj. et p. vl. *Adobado*, *ada*, esp. Ajusté, paré. V. *Adoubat* et *Adob*, Rad.

ADOBADOR, s. m. vl. ADOBAIRE. *Adobador*, esp. Arbitre, entremetteur, réparateur.

Éty. de *adob* et de *ador*. V. *Adob*, R.

ADOBAIRE, vl. V. *Adobador*.

ADOBAMENT, s. m. vl. (adoubaméin); ADOBAMEN, ADOBAMENS. *Addobamento*, ital. Accommodement, satisfaction, ajustement, réparation. Ornement.

Éty. de *adobar* et de *ment*. V. *Adob*, R.

ADOBAR, v. a. vl. (adoubá); *Adobar*, cat. esp. *Addobare*, ital. Satisfaire, accorder, payer. Armer un chevalier de pied en cap. Meubler. *Adobar los afars*, accommoder les procès, les différends. Arranger, disposer, préparer. Pacifier. Orner.

Éty. de *addobare*, dit en basse-latinité pour *adaptare*. V. *Adob*, R.

ADOBAR S', v. r. vl. Se préparer, s'apprêter, s'orner. V. *Adob*, R.

ADOBAS, s. f. pl. (odóbes), d. bas lim. Les habits, les nippes d'une femme.

Éty. de *adobar*, parer, préparer. V. *Adob*, Rad.

ADOBIER, s. m. vl. Traité, arrangement. V. *Adob*, R.

ADOBRAR, v. a. vl. *Adoperare*, ital. Travailler, exercer, façonner, disposer. V. *Adob*, R.

ADOCTRINAR, v. a. vl. *Adoctrinar*, cat. esp. *Addottrinar*, ital. Endoctriner, enseigner, instruire. V. *Endoctrinar* et *Doc*, R.

ADOCTRINAT, ADA, adj. et p. vl. Endoctriné, ée. V. *Endoctrinat* et *Doc*, R.

ADOLAR, v. a. vl. *Adolecer*, esp. Affliger.

Éty. du lat. *adolere*. V. *Dol*, R.

ADOLCIR, v. n. vl. ADOSSIR, ADOLZAR, ADOUSSAR. *Addolcire*, ital. *Adoçar*, port. *Adocir*, esp. anc. Adoucir, tempérer. V. *Adoucir* et *Douç*, R.

ADOLENTAR, v. a. vl. *Adolecer*, esp. Tourmenter, affliger, inquiéter. V. *Dol*, R.

ADOLENTIR, v. a. vl. *Addolorare*, ital. Désoler, affliger. Causer de la douleur. V. *Endoulourir* et *Dol*, R.

ADOLENTIR S', v. r. vl. *Addolorarsi*, ital. Devenir douloureux, plus douloureux. V. *Dol*, R.

ADOLENTIT, IDA, adj. et p. vl. *Adolorido*, esp. *Addolorato*, ital. Endolori, ie. V. *Dol*, R.

ADOLESCENTIA, s. f. vl. JOUINESSA. *Adolescencia*, esp. *Adolescenza*, ital. mod. *Adolescentia*, ital. anc. *Adolescencia*, port. Adolescence, l'âge qui suit la puberté, jusqu'à l'âge viril, c'est-à-dire, depuis quatorze ans jusqu'à vingt-cinq.

Éty. du lat. *adolescentia*, m. s.

ADOLPHO, nom d'homme (adolphe); ADOLFO. *Adolfo*, esp. ital. *Adolpho*, port. cat. Adolphe ou Adolfe.

Éty. de l'anglo-saxon *ulph*, secours, et *ead*, heureux.

Patron, saint Adolfe, martyr en 755, dont l'Eglise honore la mémoire le 5 juin.

ADOLZAR, v. a. vl. ADOUSSAR, ADOLSAR, ADOUZAR. *Adolsar*, anc. cat. *Adulzar*, anc. esp. *Adoçar*, port. *Addolciare*, ital. Adoucir, soulager, calmer.

Éty. du lat. *edulcare*, m. s., ou de *dulcecere*. V. *Douç*, R.

ADOLZAT, ADA, adj. et p. vl. *Adulzado*, esp. *Adoçado*, port. Adouci, ie.

Éty. du lat. *dulcitum*. V. *Douç*, R.

ADOMESGAR, v. a. vl. ADOMESJAR. *Addomesticare*, ital. Apprivoiser. V. *Domin*, R.

ADOMESJAR, vl. V. *Adomesgar*.

ADOMESJAT, ADA, adj. et p. vl. Apprivoisé, ée. V. *Domin*, R.

ADOMNIU, IVA, adj. vl. Soumis, respectueux, humble. V. *Domin*, R. Supérieur, excellent, ente. Gl. occit.

ADOMPLIR, vl. V. *Adumplir*.

ADONAR, v. a. vl. *Adonar*, cat. esp. *Adonare*, ital. Confier, allier, familiariser. Adonner, vouer. V. *Doun*, R. et *Adounar s'*.

ADONC, adv. vl. ADONCA, ADONCAS, ADONCS; *Adonchs*, anc. cat. *Adunche*, anc. ital. Alors donc. V. *Donc* et *Dounc*.

Éty. du lat. *ad tunc*; d'où: *Adunc* et *Adonc*.

ADONCA, vl. V. *Adonc*. Alors, d. vaud.

ADONCAS, vl. V. *Adonc*.

ADONCS, adv. (adóncs), vl. *Adonchs*, cat. Alors. V. *Alhoura*. *A las horas*, esp.

ADONIU, IVA, adj. (adoniú, ive). Généreux, facile à donner. V. *Doun*, R.

ADONTAR, vl. V. *Aontar*.

ADONTIR, v. a. vl. *Adontare*, ital. Braver, défier, abaisser, vaincre. Attaquer, faire honte.

Éty. de *ad*, de *ont* et de *ir*; faire venir honte.

ADOP, vl. V. *Adob*.

ADOPTAR, v. a. (adoptá); ADOUPTAR. *Adoptar*, esp. port. *Adottare*, ital. Adopter, prendre légalement pour fils ou pour fille celui ou celle qui ne l'était pas naturellement; regarder comme sien; choisir de préférence.

Éty. de *adoptare* ou *obtare ad...*, choisir pour soi. V. *Opt*, R.

ADOPTAT, ADA, adj. (adouptá, áde); ADOUPTAT. *Adoptado, a*, esp. port. Adopté, ée.

Éty. du lat. *adoptatus*, m. s. V. *Opt*, R.

ADOPTIF, IVA, adj. (adouptif, ive); ADOUPTIF. *Adoptivo*, esp. port. *Adottivo*, ital. *Adoptiu*, cat. Adoptif, ve., qui est ou a été adopté.

Éty. du lat. *adoptivus*; v. c. m. et *Opt*, R.

ADOPTIO, vl. V. *Adoption* et *Opt*, R.

ADOPTION, s. f. (adouptie-n); ADOUPTION, ADOUPTIEN. *Adopcion*, esp. *Adopção*, port. *Adopció*, cat. *Adozione*, ital. Adoption. Acte solennel, revêtu du sceau de l'autorité publique, par lequel on choisit pour son enfant celui qui ne l'était pas naturellement; action d'adopter.

Éty. du lat. *adoptionis*, gén. de *adoptio*, m. s. V. *Opt*, R.

La coutume d'adopter des enfants étrangers, était déjà établie parmi les Grecs et les Romains, qui regardaient comme malheureux le sort d'un homme qui mourait sans enfants. Pausanias nous apprend qu'Athamas, roi d'Orchomène, se voyant sans postérité masculine, avait adopté ses petits neveux. Dict. des orig.

ADOPTIU, adj. vl. V. *Adoptif* et *Opt*, R.

ADOR, EDOR, IDOR; désinences communes dans la langue romane, dans laquelle elles ont tantôt une signification active, comme *amador*, qui aimera; *parador*, qui préparera; *governador*, qui gouvernera; *pagador*, qui paiera; et tantôt une signification passive, comme *amador*, digne d'être aimé; *blamador*, digne d'être blâmé; *punidor*, puni; *condempnador*, condamné, etc.; *parador*, propre à être foulé; et tantôt neutre, comme *venidor*, qui viendra, qui arrivera.

ADORABLE, ABLA, adj. (adourablé, áble); ADOURABLE. *Adorabile*, ital. *Adorable*, esp. *Adoravel*, port. Adorable, qui mérite d'être adoré, et par extension, ce que l'on aime excessivement à cause de ses bonnes qualités.

Ety. de *ador*, R. de *adorar* et de *able*; susceptible d'être adoré. V. *Or*, R.

ADORADOR, et

ADORAIRE, vl. V. *Adoratour*.

ADORAR, v. a. (adourá); ADOURAR. *Adorare*, ital. *Adorar*, esp. port. cat. Adorer, rendre à Dieu le culte qui lui est dû; poétiquement, aimer ardemment.

Éty. du lat. *adorare*, formé de *ad os*, et de *ar*; porter à la bouche: *Manum ad os admovere*. « C'est le premier signe d'adoration; on a ensuite mis la main sur le cœur, et puis on s'est prosterné; puis on s'est couché sur la terre. L'adoration a d'abord été restreinte à Dieu, aux êtres surnaturels, aux abstractions. Voilà un mot fort éloigné de son étymologie. Ce que les hommes ont le plus raffiné c'est l'abaissement. » Nodier.

Adorar signifie aussi Appliquer la bouche sur..., dans le vieux lang. V. *Or*, R.

ADORAR S', v. r. Se contempler, s'admirer: *Que fas aquit, t'adores?* que fais-tu là, tu te contemples? V. *Or*, R.

ADORAS, vl. V. *Aora*.

ADORAT, ADA, adj. et p. (adourá, áde); *Adorado*, esp. port. Adoré, chéri, aimé.

Éty. du lat. *adoratus*, ou de *adour*, R. de *adourar* et de *at*. V. *Or*, R.

ADORATION, s. f. (adouratie-n); ADOURACIEN. *Adorazione*, ital. *Adoracion*, esp. *Adoração*, port. Adoration, action par laquelle on adore; par extension, estime ou amour extrême.

Éty. du lat. *adorationis*, gén. de *adoratio*. V. *Or*, R.

ADORATOUR, s. m. (adouratóur); ADOURATOUR. *Adoratore*, ital. *Adorador*, esp. port. cat. Adorateur, trice, celui, celle qui adore; celui qui aime avec exagération.

Éty. du lat. *adorator*, ou de *ador* et de *atour*; celui qui adore. V. *Or*, R.

ADORDENADAMEN, adv. vl. V. *Adordenament* et *Ord*, R.

ADORDENADOR, vl. V. *Adordenayre*.

ADORDENAMEN, s. m. vl. AORDENAMEN, AZORDENAMEN. Ordonnance, disposition, arrangement; ordre, arrêté, décret, commandement, précepte; règle, principe. V. *Ord*, R.

ADORDENAMENT, adv. vl. ADORDENAMENS, ADORDENADAMEN, AHORDENADAMEN. Avec ordre, conséquemment, régulièrement. V. *Ord*, R.

ADORDENAR, v. a. vl. AORDENAR. Destiner, déterminer, résoudre, arranger, commander, enjoindre; conférer les ordres religieux, disposer, ordonner, régler, organiser.

Éty. du lat. *adordinare*, préparer. V. *Ord*, R.

ADORDENAT, ADA, adj. et p. vl. Titré, distingué. V. *Ord*, R.

ADORDENAYRE, s. m. vl. ADORDENADOR. Ordonnateur, administrateur. V. *Ord*, R.

ADORMIMENT, s. m. vl. *Adormecimiento*, esp. *Adormecimento*, port. Sommeil. V. *Dorm*, R.

ADORMIR, v. a. et n. vl. ADORMIR. *Adormir*, cat. anc. esp. *Addormir*, ital. *Adormecer*, port. Endormir; sommeiller. V. *Endormir* et *Dorm*, R.

ADORN, s. m. vl. *Adorno*, esp. port. Parure, ornement, ajustement.

Éty. du lat. *ornatus*, m. s. V. *Orn*, R.

ADORN, adj. vl. *Adornado*, esp. *Adorno*, ital. Orné, élégant. V. *Orn*, R.

ADORNAMEN, s. m. vl. *Adornament*, anc. cat. *Adornamiento*, anc. esp. *Adornamento*, ital. Ornement, embellissement. V. *Ornament* et *Orn*, R.

ADORNAR, v. a. vl. *Adornar*, esp. port. *Adornare*, ital. Décorer, orner. V. *Ornar*.

Éty. du lat. *ornare*. V. *Orn*, R.

ADORSA, adv. vl. *Adors*, anc. cat. En arrière, à rebours.

Éty. de *a* et de *dors*; au dos, derrière.

ADOSSAR, v. a. (adoussá); ADOUSSAR. *Adossare*, ital. Adosser, mettre le dos contre quelque chose. Garc. Appuyer.

ADOSSIR, vl. V. *Adolcir* et *Adoucir*.

ADOUB, s. m. (adóu). Lessive de tanneur.

Éty. de *adoubar*, parce qu'elle sert à préparer les peaux. V. *Adob*, R.

ADOUB, s. m. ADOUBAGE, d. bas. lim. *Aduba*, port. Assaisonnement. V. *Saboulun* et *Adob*, R.

ADOUBADOUR, s. m. (adoubadóu); ADOUBADOU, DOUBADOUR, TUADOUR, TUIADOUR, AFFACHAMENT, MATEDEI, ESCOURTEGADOUR, TUARIA. Abattoir, tuerie, établissement dans lequel se fait l'abattage de tout les bestiaux destinés à la consommation d'une grande ville.

Éty. de *adoub*, préparer, et de la term. *our*; lieu où l'on prépare. V. *Adob*, R.

ADOUBADURA, s. f. (adoubadúre); *Adobo*, esp. Réduction des membres démis ou fracturés; raccommodage d'une chose cassée, dégradée. Garc. V. *Adob*, R.

ADOUBAGE, (adoubádgé) et

ADOUBAGI, s. m. (adoubádgi); APRESTAGI, ADOUBAMENT. Apprêt, manière d'apprêter, assaisonnement, raccommodage, habillage, etc. Réduction d'un membre luxé. Castration. Garc.

Éty. de *adoubar* et de *agi*. V. *Adob*, R.

Adoubagi de bas, ravaudage; *adoubagi d'una dinda*, habillage d'un dinde; *adoubagi deis aubres*, taille des arbres; *adoubagi deis boutas*, reliage des tonneaux.

ADOUBAIRE, s. m. (adoubáïré); RISPET, ACCOUMOUDAIRE, RADOUBAIRE, POUTINGOUN, ALUGAIRE. Renoueur, habilleur; qui émonde, qui élague les arbres; on le dit aussi de celui qui bistourne, qui châtre.

Éty. de *adoub* et de *aire*; celui qui prépare, qui accommode. V. *Adob*, R.

Adoubaire de peous, mégissier; *adoubaire de sabatas*, savetier; *adoubaire de boutas*, tonnelier, relieur de tonneaux; *adoubaire de bas*, ravodeur, euse.

ADOUBAMENT, s. m. (adoubaméin). Garc. V. *Adoubage*, *Adoub*, *Racoumoudagi* et *Adoub*, R.

ADOUBAR, v. a. (adoubá); ACCOUMOUDAR, AIGAR, ALOUAR. *Adobar*, esp. cat. *Addobare*, ital. anc. *Adobar*, port. Accommoder, raccommoder, radouber, apprêter, fricasser, tanner, élaguer, émonder, châtrer, bistourner, réduire, en parlant des os déplacés; frapper impitoyablement.

Éty. du lat. *ad-operari*, travailler à..., ou du celt. *adobare*, qui signifiait Armer. V. *Adob*, R.

L'an pas mau adoubat, on l'a ajusté de toutes pièces; *adoubar de pei per lou faire couire*, habiller le poisson qu'on veut faire cuire; *adoubar un aubre deveisseou*, réclamper un arbre; *adoubar leis morts*, les ensevelir; *adoubar d'huous*, déguiser des œufs.

ADOUBAT, ADA, adj. et p. (adoubá, áde); ACCOUMOUDAT. *Adobado*, esp. Accommodé, châtré, bistourné, assaisonné, etc., selon le verbe. V. *Adob*, R.

ADOUBUN, s. m. (adoubún), dl. le même que *Assabourun*; v. c. m. *Saboulun* et *Adob*, R.

ADOUCIR, v. a. (adoucír); AMOUROUSIR, ABAUÇAR. *Addolcire*, ital. *Adolcir*, esp. *Aducir* et *Adoçar*, port. *Adolcir*, anc. cat. Adoucir, rendre doux, corriger la rudesse, les inégalités, les aspérités d'une chose; calmer.

Éty. du lat. *adulcire* pour *adulcare*. V. *Douç*, R.

ADOUCIR S', v. r. *Adoçarse*, port. S'adoucir, devenir plus doux, se calmer, être moins rigoureux, moins froid, en parlant du temps. V. *Douç*, R.

ADOUCISSAMENT, s. m. (adoucissaméin); *Adolcimento*, ital. *Adoçamento*, port. Adoucissement, action par laquelle une chose est adoucie.

Éty. de *adoucir-issa-ment*. V. *Douç*, R.

ADOUCISSENT, ENTA, adj. *Addolcitivo*, ital. *Adoçante*, port. Adoucissant, ante, genre de médicaments qui ont la propriété d'adoucir et de calmer l'irritation ou la sensibilité exaltée des organes.

Éty. V. *Adoucir* et *Douç*, R.

ADOUCIT, IDA, adj. et p. (adoucí, íde), ABAUÇAT. *Adoçado*, port. Adouci, ie, rendu plus doux, calmé. V. *Douç*, R.

ADOUL, n. pr. (adóu). Adoule, en v. fr. triste.

Éty. du lat. *dolendus*. V. *Dol*, R.

ADOULENTIT, IDA, adj. V. *Endoulourit* et *Dol*, R.

Recounegnei au liech moun corps endoulentit. Coye.

ADOULESCENÇA, V. *Adolescentia*.

ADOULOURIT, IDA, adj. et p. (adoulouri, íde); *Adolorido*, anc. esp. *Dolorido*, esp. mod. Souffrant, ante; en proie aux douleurs. Avril. V. *Dol*, R.

ADOUMENAR, v. a. (odoumená), d. bas lim. *Addomesticare*, ital. Rendre doux, tranquille, radoucir.

Éty. de *a*, de *dou* et de *menar*, V. *Douç*, R.; ou de *a* et de *dom*; rendre domestique, familier.

ADOUMENAR S', v. r. m. d. Tenir une conduite plus sage, plus régulière. V. *Dom*, Rad.

ADOUMESCHAR, v. a. (odoumestsá), d. bas lim. *Addomesticare*, ital. Apprivoiser. V. *Apprivadar*.

Éty. de *doumesche*, qualification qu'on donne aux choses qui sont les plus propres, les plus adaptées aux usages de la vie civile; de *a* et de *ar*, ou de *dom*. V. *Dom*, R.

ADOUMPLIR, v. a. (adoumplir), vl. Accomplir.

Éty. de *ad* et de *implere*. V. *Ple*, R.

ADOUNAR S', v. r. (s'adoumá); *Addonarsi*, ital. *Darse*, esp. port. S'adonner, se livrer à quelque chose avec passion, avec ardeur; s'appliquer assidûment.

Éty. de *a*, de *dounar* et de *se;* se donner à... V. *Doun*, R.

ADOUNAT, ADA, adj. et p. (adouná, áde); *Dado*, esp. *Adonato*, ital. Adonné, ée. V. *Doun*, R.

ADOUNC, adv. (adóun); DOUNC, ALABETS, ADOUNCA, ALERAS, LARAS, ALHOURA. *Adunque*, ital. Donc, alors, pour lors.

Éty. du lat. *ad tunc*.

ADOUNC, part. affir. (adóun); *Adunque*, ital. Donc, certainement.

ADOUNC, OUNCA, adj. et p. (adóunc, óunque). Affilé, ée, parlant du soc de la charrue, de manière que sa pointe ait environ trois centimètres de large, et qu'elle soit tranchante et horizontale. Dial. des environs de Riez, Basses-Alpes.

ADOUNCA, adv. Aub. V. *Adounc*.

ADOUNDAR, dg. alt. de *doundar*. V. *Doumptar*.

ADOUNIS, nom d'homme, myt. (adounis); *Adonis*, port. esp. ital. Adonis, jeune homme favori de Vénus, selon la mythologie, qui passe pour avoir été très-beau; fig. jeune homme d'une beauté rare.

Éty. du lat. *adonis*, m. s.

Dérivés : *Adounis-ar*, *Adounis-at*.

ADOUNISAR, v. a (adounisá); ALISCAR, ASSICOUNAR. Adoniser, parer avec affectation.

Éty. de *adounis* et de *ar*.

ADOUNISAR S', v. r. S'adoniser, se parer avec affectation, avec une recherche ridicule.

ADOUNISAT, ADA, adj. et p. (adounisá, áde); ASSICOUNAT, ALISCAT. Adonisé, ée, paré. V. *Aliscat*.

ADOUPTAR, et compos. V. *Adoptar*.

ADOURAR, et comp. V. *Adorar*.

ADOURENTIR, Aub. V. *Adoulentir*.

ADOURNAT, ADA, adj. (adourná, áde), dg. *Adornado*, esp. Orné, ornée. V. *Ournat*.

Éty. du lat. *adornatus*, m. sign. V. *Orn*, Rad.

ADOUS, s. m. ADOUX, DOUX, ADOUTZ, Vl. Source d'eau douce qui paraît fraîche en été et chaude en hiver, parce qu'elle est peu soumise aux influences extérieures.

Et son sang sourtio de sas benos
Coumo fai l'aygo d'un adoux.

Éty. de *dotz*, source, en roman.

ADOUSILHAR, v. n. (adousillá); ADOUZILIA, dl. Tirer du vin du fausset, tirer le fausset. V. *Man* et *Boutar man*. Sauv.

ADOUSSAR, vl. *Adoçar*, port. V. *Adolzar*, *Adoucir* et *Douç*, R.

ADOUSSAR, v. a. (adoussá); *Adossare*, ital. Adosser, mettre le dos contre quelque chose. Garc. V. *Adossar*.

ADOUSSAT, ADA, adj. et p. vl. V. *Adoucit* et *Douç*, R.

ADOUTZ, vl. V. *Adous*.

ADOUZAR, vl. V. *Adolzar*.

ADOZILHAR, v. a. vl. ADOZILLAR. Percer, doisiller.

Éty. de *dotz*, source.

ADOZILHAT, ADA, adj. et p. vl. Percé, ée, doisillé.

ADP

AD-PATRES, V. *Patres ad*.

ADQ

ADQUISIT, adj. anc. béarn. V. *Aquist*.

ADR

ADRACAR, v. a. (adracá); ENDRACAR, ISSAURAR, dl. Ressuyer, sécher à demi, sécher de nouveau : *Per labourer fau que la terre fougue adracada*, pour labourer il faut que la terre soit ressuyée. En parlant du linge, essorer, faire essorer le linge, c'est le faire sécher à demi.

ADRACAT, ADA, adj. et p. (adracá, áde). Ressuyé, ée, séché.

ADRAIAR S', v. r. (s'adraïá); AFFRISCAR S', S'ENDRAYAR, ADRAYAR. Se mettre en chemin, s'acheminer dans la route appelée *draia*.

Éty. de *draia*, de *ar* et du pron. pers. *se;* se mettre dans le chemin. V. *Drai*, R.

ADRAIAT, ADA, adj. et part. (adraïá, áde); ARDIAT, ENDRAYAT, ADRAYAT. Frayé, battu, en parlant des routes et des chemins; acheminé, qui marche dans le bon chemin; délibéré, empressé.

Éty. de *a* pour *ad*, dans, et de *draia*, chemin. V. *Drai*, R.

Nous dirien s'an vis jamai
Dé fias pus acassadas,
Pus lestas, pus adraiadas. Rigaud.

ADRECH, s. m. (adrétch); ADRES, ADRE. Le côté d'une montagne ou d'un coteau qui est exposé au midi; c'est le contraire de *l'ubac;* v. c. m. : *Es a l'adrech*, il est situé au midi ou au levant.

Éty. *Adrech* est dit pour *endrech*, l'endroit, le beau côté d'une chose; du lat. *in directum*, Mén.; ou de *dexter*, *adexter*, favorable; parce que cette position est bien plus avantageuse que l'opposée; ou bien encore parce que quand les anciens s'orientaient, ils regardaient le soleil levant, et qu'alors le midi se trouvait à leur droite, à l'*adrech*. V. *Dextr*, Rad.

ADRECH, CHA, adj. (adretch, etche); ARTERO, ENGAUDIAT, ADRET, etc. *Destro*, ital. port. *Diestro*, esp. Adroit, oite, qui a de l'adresse, de l'habileté, de l'esprit pour faire quelque chose; fin, rusé, entendu, habile.

Éty. de *dexter*, d'où l'on a fait *adexter*, habile, adroit, et ensuite *adrech*. V. *Dextr*, Rad.

ADRECHAMENT, adv. (adretchaméin); ADRETAMENT, ADRECHAMEN. *Destramente*, ital. port. *Diestramente*, esp. *Adreitament*, anc. cat. Adroitement, avec adresse, vl. Sincèrement, franchement, justement.

Éty. de *adrecha* et de *ment;* d'une manière adroite. V. *Dextr*, R.

ADRECHAS, s. m. (adrechás). Vaste étendue de mauvais terrain, exposée au midi ou au levant.

Éty. de *adrech* et du dépréc. augm. *as*.

ADRECHEZA, s. f. vl. Droiture, adresse. V. *Dextr*, R.

ADRECHOUN, s. m. (adretchóun). Petit champ, petit coteau exposé au midi ou au levant.

Éty. de *adrech* et du dim. *oun*.

ADRECHURAR, v. a. vl. ADREITURAR, ADREYTURAR. Aligner, rectifier, redresser, réparer; rendre justice, réconcilier. Voy. *Dextr*, R.

ADRECHURAT, adj. vl. Ingénieux. V. *Dextr*, R.

ADREG, vl. Juste, qui aime la droiture; gracieux. V. *Adreit* et *Dexter*, R.

ADREIG, vl. V. *Adreit*.

ADREIT, EITA, adj. vl. ADRET, ADRECH, ADREIG, ADREG. *Adreg*, anc. cat. *Adritto*, ital. Droit, adroit, juste, véritable, disposé. Voy. *Dextr*, R.

ADREIT, adv. vl. Adroitement. V. *Adrechament* et *Dextr*, R.

ADREITAMENT, vl. V. *Adrechament*.

ADREITEZA, s. f. vl. Droiture, probité. V. *Dextr*, R.

ADREITURAR, vl. V. *Adrechurar* et *Dextr*, R.

ADREITURAT, adj. et p. vl. Redressé, traité selon le droit, justifié. V. *Dextr*, R.

ADRELA, s. f. (adrèle), dl. V. *Adressa*.

ADRELA, s. f. Un des noms lang. du Narcisse des poëtes. V. *Dona*.

ADREMIRAR, v. a. vl. Regarder, contempler.

Éty. de *adre* et de *mirar*. V. *Mir*, R.

ADRESSA, s. f. (adrèsse); BIAIS, GAUBI. *Destrezza*, ital. *Destreza*, esp. port. Adresse, dextérité des mains; finesse de l'esprit, finesse, ruse.

Éty. du lat. *ad directum*, directement, par la meilleure voie. V. *Dextr*, R.

ADRESSA, s. f. *Indirizzo*, ital. *Enderezo*, esp. *Direção*, port. Adresse, indication d'une personne; suscription d'une lettre ou d'un paquet; lieu où l'on adresse; lettre de respect, d'adhésion, de demande, etc. *Adreso*, esp. *Address*, angl. V. *Dextr*, Rad.

ADRESSA, s. f. ADRELA. Dresse ou hausse, pièce de cuir que les savetiers ajoutent au talon ou à la semelle d'un soulier, pour la relever d'un côté.

Éty. de *a* et de *dressa*, *dressar*, redresser. V. *Dextr*, R.

ADRESSAR, v. a. vl. ADREYSSAR. Dresser, diriger, élever, mettre en ordre. V. le mot précédent.

ADRESSAR, v. a. (adressá); ADREISSAR, ADRISSAR. *Adrizzare*, ital. anc. *Adressar*, cat. *Endirizzare*, *Addirizzare*, ital. *Adrezar*, anc. esp. *Enderezar*, esp. m. *Endereçar*, port. Adresser, diriger vers un but, envoyer à quelqu'un.

Éty. du lat. *dirigere*, fait de *ad* et de *regere*. Pour dresser, lever, V. *Dressar* et *Dextr*, R. Parer, en vl.

ADRESSAR S', v. r. *Indirizzarsi*, ital.

S'adresser à quelqu'un, le consulter, lui adresser la parole. V. *Dextr*, R.

ADRESSAT, ADA, adj. et p. (adressá, áde). Adressé, ée. V. *Dextr*, R.

ADRET, ETA, V. *Adrech* et *Dextr*, R.

ADRETAMENT, V. *Adrechament*.

ADREYSAR, vl. V. *Adressar*.

ADREYTURAR, vl. V. *Adreiturar*.

ADRIEN, nom d'homme (adrièn); *Adriano*, ital. esp. port. *Adria*, cat. Adrien.

Éty. du lat. *Adrianus*, m. s.

Patr. saint Adrien, martyr de Nicomédie, dont on fait mémoire le 8 septembre dans l'Eglise latine, et le 28 août chez les Grecs. Il fut martyrisé en 305 ou 306.

L'Église honore treize saints de ce nom.

ADRIENNA, nom de femme, (adriène); *Adriana*, ital. esp. *Adrienna*, port. Adrienne.

ADROMIR S', dg. alt. de *endormir s'*; v. c. m. et *Dorm*, R. *Adormir*, esp. *Adormire*, ital. anc.

ADROUMIR S', v. r. (s'adroumir), dg. *Addormentarsi*, ital. S'endormir. D'Astros. V. *Endormir s'* et *Dorm*, R.

ADROUMIT, adj. et p. d. béarn. *Adormido, ida*, esp. Endormi. V. *Endurmit* et *Dorm*, R.

ADROUPIC, ICA, d. d'Apt. altér. de *hydroupique*; v. c. m.

ADROUPISIA, d. d'Apt. altér. de *hydroupisia*.

ADU

ADUBRIR, v. a. vl. Ouvrir. V. *Durbir* et *Aper*, R.

ADUCER, vl. V. *Aduire*.

ADUCH, UCHA, adj. et p. (adútch, útche); *Aducho, ucha*, esp. anc. Apporté, H. Pr.; ailleurs, Amené. V. aussi *Adret*.

Éty. du lat. *adductus*, de *ductus ad*, conduit à.... V. *Duc*, R.

ADUECH, adj. (aduétch), dl. le même que *Adret*; v. c. m.

ADUERRE, Avr. V. *Adurre*.

ADUIRE, v. a. vl. ADURE, ADUZER, ADUIR, ADUR, ADUCER. *Aducir*, anc. esp. *Adducere*, ital. Amener, apporter, conduire, écouler.

Éty. du lat. *adducere*. V. *Adurre* et *Duc*, Rad.

ADULATIO, AZULATIO, s. m. vl. V. *Adulation*.

ADULATION, s. f. (adulatie-n); *Adulació*, cat. *Adulacion*, esp. *Adulação*, port. *Adulazione*, ital. Adulation, flatterie basse.

Éty. du lat. *adulationis*, gén. de *adulatio*, m. s.; formé de *adulor*, *adulari*, flatter, qui a pour radical *ad* et *aula*, cour.

ADULTE, ULTA, adj. et s. (adúlté, últe); *Adulto*, ital. esp. port. *Adult*, cat. Adulte, qui est parvenu à l'adolescence.

Éty. du lat. *adultus*, part. de *adolescere*, croître, grandir.

ADULTER, radical dérivé du lat. *adulter*, *adultera*, adultère; formé de *ad* et de *alter*, autre; parce que l'adultère se livre à un autre. V. aussi *Alter*. Dérivés directs : *Adulter*, *Adulter-o*, *Adultera-dor*, *Adulter-ar*, *Adulter-i*, *Adulter-in*; et par le changement de *d* en *v*: *Avoutr-ar*, *Avoutr-a*, *Avoutr-e*, *Avoutr-o*, *Avoutr-airitz*, *Avoltr-e*, *Avoter-i*; par la transposition de l'*r* : *Adultr-a*, *Adultr-e*, *Avoutr-ador*.

ADULTERADOR, s. m. vl. *Adulterador*, cat. esp. *Adulteratore*, ital. Adultère, qui a commis l'adultère.

Éty. du lat. *adulterator*. V. *Adulter*, R.

ADULTERAR, AVOUTRAR, v. n. vl. *Adulterar*, cat. esp. port. *Adulterare*, ital. *Adultérer*, commettre un adultère.

Éty. du lat. *adulterare*, m. s. V. *Adulter*, Rad.

ADULTERI, vl. V. *Adultero*.

ADULTERIN, INA, adj. (adulterin, ine); *Adulterino*, ital. esp. port. Adultérin, ine, qui est né de l'adultère.

Éty. du lat. *adulterinus*. V. *Adulter*, R.

Il est aussi subst. : Les adultérins ne peuvent jamais être reconnus.

ADULTERO, s. m. (adultère); AULTERI. *Adulterio*, ital. esp. port. *Adulteri*, cat. Adultère, commerce illégitime avec une personne mariée; violation de la fidélité conjugale.

Éty. du lat. *adulterium*. V. *Adulter*, R.

De tout temps l'adultère a été puni avec une sévérité extraordinaire, et presque toujours ce crime entraînait la peine de mort. Nos lois modernes sont beaucoup plus douces.

L'adultère était puni dans le onzième siècle, d'une singulière façon, d'après les coutumes d'Alais :

« *Encaras donan qe si deguns hom qe aia moller, o fena qe aia marit, son pres en aulteri, qe ambdui (la fema an premieran) coron nus per la villa e sian ben batus. E en alren non sian condempnats.* »

ADULTO, s. m. vl. Adulte. V. *Adulte*, pupille. V. *Pupile*.

ADULTRA, s. f. vl. Adultère, qui a commis le crime d'adultère.

Éty. du lat. *adultera*, par la suppr. de l'*e*. V. *Adulter*, R.

ADULTRE, vl. V. *Adultero*.

ADUMBRAMENT, s. m. vl. *Asombramiento*, esp. *Assombramento*, port. *Adombramento*, ital. Ombre, ombrage; fig. apparence. V. *Oumbr*, R.

ADUMBRAR, v. a. et n. vl. *Adombrare*, ital. Ombrager. V. *Oumbr*, R.

ADUMPLIR, v. a. vl. ADOMPLIR. Accomplir, satisfaire. V. *Adumplir* et *Plen*, R.

ADUNACIO, s. f. vl. *Adunacion*, anc. esp. *Adunazione*, ital. Réunion, assemblage.

Éty. du lat. *adunatio*, m. s.

ADUNATIU, IVA, adj. vl. *Unitif, ive*, propre à réunir, à rassembler.

ADUR, vl. V. *Adurre*.

ADURAR, v. n. vl. *Addurare*, ital. Endurcir, obstiner, persister. V. *Dur*, R.

ADURE, vl. V. *Aduire* et *Adurre*

ADURMIR, vl. *Adurmirse*, anc. esp. *Addormire*, ital. V. *Adormir*, *Endurmir* et *Dorm*, R.

ADURRE, v. a. (adúrré), vl. ADUR, ADURE. *Aduixer*, cat. *Addurre*, ital. *Aducir*, anc. esp. Ce mot a deux significations bien distinctes, selon les pays; dans la H. Pr. il est synonyme de porter, apporter, et dans la moyenne, d'amener, conduire; dans ce dernier sens, il dérive du lat. *adducere*, amener.

Les montagnards ne peuvent s'empêcher de rire lorsqu'ils entendent dire aux Provençaux : *Adume moun chivau*, par exemple, parce que chez eux *adurre* ne signifie qu'apporter.

ADUSAR, vl. V. *Adesar*.

ADUSARI, s. m. vl. ADUSARIS. Usager.

ADUSSIAZ, adv. (adussiás), d. b. lim. V. *Adioussiaz*.

ADUSSIAZ, s. m. pl. m. d. Adieux. V. *Adiou*.

ADUST, USTA, adj. et p. vl. *Adust*, cat. *Adusto*, esp. port. ital. Aduste, brûlé, éc.

Éty. du lat. *adustus*, m. s.

ADUSTIO, s. f. vl. *Adustion*, esp. *Adustione*, ital. anc. *Adustão*, port. *Adustió*, cat. Brûlure, brûlement, adustion, ardeur.

Éty. du lat. *adustio*, m. s.

ADUSTIU, IVA, adj. vl. *Adustiu*, cat. *Adustivo*, anc. esp. ital. *Adustif, ive*, corrosif, ive; propre à brûler, à corroder.

ADUTAR, v. a. vl. Craindre, redouter.

ADUZAR, V. *Adesar*.

ADUZEMEN, s. m. vl. Conduite. V. *Duc*, Rad.

ADUZER, v. a. vl. V. *Aduire* et *Adurre*.

ADV

ADVENAMENT, vl. V. *Avenement*.

ADVENEMENT, vl. V. *Avenement*.

ADVENIMENT, s. m. vl. *Avvenimento*, ital. *Advenimiento*, esp. Avènement. Voy. *Ven*, R.

ADVENTIF, adj. m. (advéintif); AVENTIS. *Adventicio*, esp. port. *Avventizio*, ital. Adventif, ive: *Bens adventifs*, biens adventifs, biens qui arrivent à quelqu'un soit par succession collatérale, soit par la libéralité d'un étranger.

Éty. du lat. *advenire*. V. *Ven*, R.

ADVERATION, s. f. vl. *Averiguació*, cat. *Averiguacion*, esp. *Averiguação*, port. Vérification. V. *Averation* et *Ver*, R. 2.

ADVERBE, et

ADVERBI, s. m. vl. V. *Adverbo*.

ADVERBIAL, ALA, adj. (adverbiál, ále); *Avverbiale*, ital. *Adverbial*, esp. port. cat. Adverbial, ale, qui tient de l'adverbe.

Éty. du lat. *adverbialis*.

ADVERBO, s. m. (advèrbe); *Adverbio*, esp. port. *Avverbio*, ital. *Adverbi*, cat. Adverbe, partie indéclinable du discours qui indique la circonstance ou la manière.

Éty. du lat. *ad-verbium*, formé de *ad-verbum*, auprès du verbe. V. *Verb*, R.

V. la Grammaire au mot *adverbe*: *Adverbe es apellatz qar josta lo verbe deis esser pausatz*. Donat. prov.

ADVERISSION, dl. V. *Averassion*.

ADVERS, vl. V. *Adversa*.

ADVERSA, adj. (advèrse); *Avversa*, ital. *Adversa*, esp. port. cat. : *Partida adversa*, partie adverse, celle contre laquelle on plaide.

Éty. du lat. *adversa*, fait de *ad* et de *versa*; tourné contre. V. *Vert*, R.

ADVERSAL, adj. vl. Adverse, opposé, contraire. V. *Vert*, R.

ADVERSARI, ARIA, adj. vl. ADEVERSARI, AVERSARI. *Adversari*, cat. *Adversario*, esp.

port. *Avversario*, ital. Contraire, opposé.

Éty. du lat. *adversarius*, m. s. V. *Vert*, Rad.

ADVERSARI, IA, s. (adversàri, àrie); BASILIC. *Avversario*, ital. *Adversario*, esp. port. *Adversari*, cat. Adversaire, celui qui est opposé et sur lequel on veut remporter un avantage.

Éty. du lat. *adversarius*, m. s. V. *Vert*, Rad.

ADVERSITAT, s. f. (adversitá); *Avversità*, ital. *Adversidad*, esp. *Adversidade*, port. *Adversitat*, cat. Adversité, état d'infortune, de malheur qu'éprouve l'homme par un ou plusieurs accidents fâcheux; chose qui tourne contre.

Éty. de *adversitatis*, gén. de *adversitas*, ou de *adversa-res;* état de ce qui est opposé. V. *Vert*, R.

ADVERTIR, v. a. anc. béarn. *Advertir*, esp. port. Avertir; v. c. m. et *Vert*, R.

ADVIEDOUR, adj. anc. béarn. *Advenidero*, esp. anc. A venir, futur. V. *Ven*, R.

ADVOCAT, vl. V. *Avoucat*.

ADVOCATIO, vl. V. *Avocatio*.

ADVOCATION, s. f. anc. béarn. Appel. V. *Voc*, R.

ADY

ADYMPLI, adj. et p. vl. Accompli. V. *Ple*, R.

ADYSMAR, v. a. vl. ADIMAR. Apprécier, estimer, soudoyer, acheter, séduire. Voy. *Estim*, R.

ADZ

ADZAMORTAR, vl. Voy. *Amortar*.

ADZAMORTAT, vl. Amorti. V. *Mort*, Rad.

ADZAUTIMEN, vl. V. *Azautimen*.

ADZAUTIR, v. a. vl. Embellir.

Éty. de *ad*, de *zaut* pour *azaut*, agrément, et de *ir*. V. *Alt*, R.

ADZEMPRAR, vl. ADEMPRAR. V. *Azemprar*.

ADZENAN, vl. V. *Adenant*.

ADZIRAMEN, s. m. vl. V. *Airamen*.

AE

AE, adv. vl. Toujours, sans cesse.

AED

AED, s. m. vl. 1210. Age, temps, durée, vie. V. *Agi*.

AEM

AEMPLIR, vl. V. *Ademplir* et *Plen*, R.

AER

AER, s. m. (èr). Air. V. *Er*.

Éty. du lat. *air;* v. c. r.

AERAR, v. a. (aerá); *Orear*, esp. *Arejar*, port. *Auregear*, lang. *Aerare*, ital. anc. Aérer, donner entrée à l'air, mettre en bel air, chasser le mauvais air.

Éty. du lat. *aeri exponere*, ou de *aer* et de *ar;* mettre à l'air. V. *Air*, R.

AERAT, ADA, adj. et p. (aerá, áde); *Arejado*, port. *Aereo* et *Arioso*, ital. *Oreado*, esp. Aéré, ée, qui est exposé à l'air, qui est en bel air. V. *Air*, R.

AERC, vl. Il ou elle attache. V. *Adher*, Rad.

AERDRE, vl. V. *Aderdre* et *Adher*, R.

AERE, adj. vl. *Aereo*, ital. port. Aérien. V. *Aerien* et *Air*, R.

AERENC, adj. vl. *Aerien;* v. c. m.

AERIEN, IENA, adj. (aeriein, ène); *Aereo*, ital. esp. port. Aérien, ienne, qui est ou qui tient de l'air.

Éty. du lat. *aerius*. V. *Air*, R.

AERMAR, v. a. vl. ADERMAR, AZERMAR, AERMIR. Rendre désert, dévaster, ruiner, déserter, désoler. V. *Erm*, R.

AERMAT, ADA, adj. et p. vl. Dévasté, ée; désolé, ée; ruiné. V. *Erm*, R.

AERMIR, vl. V. *Aermar* et *Erm*, R.

AERO-CLAVICORDA, s. m. (aéro-clavicórde). Aéro-clavicorde, espèce de clavecin à vent, que l'air seul fait parler.

L'invention en fut faite en 1790, par MM. Schell et Tschirski. V. *Aer*, R.

AEROLITHO, s. f. (aërolithe); *Aerolithe*, port. Aérolithe, pierre tombée du ciel.

Éty. de *aer;* v. c. m., et de λίθος (lithos), pierre; pierre qui tombe de l'air. V. *Air*, R.

Il n'y a guère qu'une cinquantaine d'années qu'on croit à l'existence de ces pierres en France. M. Vauquelin donna le premier l'éveil sur ces pierres extraordinaires, dont il tomba une grande quantité à l'Aigle, en 1803.

La première dont l'histoire fasse mention, dans la chronique de Paros, remonte à l'an 1478 avant J.-C. Tite Live et Pline en parlent, et les Chinois ont depuis longtemps mis leur chute au rang des autres phénomènes physiques; ils prétendaient qu'elles étaient envoyées des planètes. La plus grosse aérolithe connue est celle qui tomba à Connecticut, dont la dimension fut jugée de 500 pieds.

AERS, vl. Il ou elle attache, troisième pers. du sing. du parf. simple.

Éty. de *aerdere* ou de *aderdre*, lier, attacher. V. *Adher*, R.

AERS, adj. vl. Lié, attaché, adhérent, érigé, dressé. V. *Adher*, R.

AES

AESCAR, v. a. vl. Alimenter. V. *Adescar* et *Esc*, R.

AESI, vl. Ainsi. V. *Asi*.

AESMANSA, s. f. (aesmánse), vl. Opinion, avis, pensée, prix, estimation, réputation: *Aesmansa de lui*, sa réputation. vl.

Éty. du lat. *estimatio*, m. s. V. *Estim*, R.

AESMAR, v. a. (aesmá); ASESMAR, ADESMAR. *Asmar*, anc. esp. Juger, estimer, comparer quelque chose, évaluer, préparer. Vieux lang. 1210: imaginer, penser, concevoir, estimer par réflexion.

Éty. du lat. *estimare*, m. s. V. *Estim*, R.

AESMAT, ADA, adj. et p. vl. Comparé, estimé, ée. V. *Estimat* et *Estim*, R.

AESME, s. m. vl. Estimation. V. *Estim*, Rad.

AEY

AEYGUA, dg. altération de *aigua*.

AFA

AF... Voy. par *Aff...* les mots qui manquent à *Af...*

AFA, dg. altér. de *affaire;* v. c. m.

AFABILITAT, vl. V. *Affabilitat*.

AFACH, ACHA, adj. et p. (afátch, átche). Habitué, ée; accoutumé, ée.

Éty. de *fach*, *a*, fait à...

AFACHADOR, s. m. vl. Affidé, courtisan. V. *Fach*, R.

AFACHAR, v. a. vl. Déguiser, farder, peindre; estropier, égorger. Gloss. occit.

Éty. de *a* priv., de *facha*, face, et de *ar;* ôter, cacher la figure. V. *Faci*, R.

AFACHAT, ADA, adj. et p. vl. *Affacciato*, ital. Déguisé, ée; fardé, ée, peint, einte; déhonté.

Éty. de *a* priv., de *facha* et de *at*.

AFACHOMEN, s. m. vl. Tuerie, échaudoir. V. *Affachament* et *Adoubadour*.

AFADIAR, V. *Fadiar*.

AFADIGAR, v. a. vl. Refuser.

Éty. du lat. *fastidium*. V. *Fadi*.

AFAENAT, vl. V. *Afazendat*.

AFAIRE, vl. V. *Affaire*.

AFAISONAT, ADA, adj. et p. vl. AFAISSONAT. Façonné, ée, formé, ée. V. *Façounat* et *Fac*, R.

AFAISSAR, vl. V. *Affessar*.

AFAISSAR, v. a. vl. EFAISSAR. Accabler, être à charge. Gl. occit. V. *Affaissar* et *Fais*, Rad.

AFAISSONAR, v. a. vl. *Affazzonare*, ital. Façonner, former, envisager, perfectionner. V. *Fac*, R.

AFAITAMENT, s. m. vl. *Affattamento*, anc. ital. Manière, façon, parure, ajustement, artifice. V. *Affaitament* et *Fac*, R.

AFAITANHAR, v. a. vl. Affecter, occuper. V. *Fac*, R.

AFAITAR, v. a. vl. AFACHAR, AFFAITAR. *Afaytar*, cat. *Afeitar*, anc. esp. *Affeitar*, port. *Affaitare*, ital. Affaiter, dresser, disposer, habituer, préparer, apprêter; orner, embellir, parer.

Éty. du lat. *affectare*. V. *Affait* et *Fac*, R.

AFAMAR, vl. Faire envie. Gl. occit. V. *Affamar*.

AFAMEGAR, vl. V. *Affamar*.

AFAMEGAT, ADA, adj. et p. vl. V. *Affamat*.

AFAN, s. m. (afán); AFFAN. *Afany*, cat. *Afan*, anc. esp. *Affano*, port. *Affanno*, ital. Ce mot qui signifie Travail, peine, chagrin, déplaisir, occupation pénible, est dérivé, selon Denina, t. 3. p. 2, de l'arabe *afan* ou *ufan*, chagrin.

« Si j'avais à indiquer l'étymologie du mot *afan* que la langue des troubadours a employé avant l'an 1000, dit M. Raynouard, je croirais pouvoir le dériver de l'arabe *ana*, *labor*, *molestia*, dont le premier *a*, fortement aspiré, a pu être reproduit par *af*. »

Ce mot sert de radical aux suivants: *Afanage*, *Afan-aire*, *Afan-a-ment*, *Afan-ant*,

Afan-ar, s'Afan-ar, Afan, Afan-ador, Afan-at, Sobr-afan, Afen-ador, Af-fair-ar.

AFAN, s. m. vl. AFANS. *Affanno*, ital. *Afan*, esp. *Affany*, cat. *Affano*, port. Peine, fatigue morale ou physique, chagrin ; hâte, empressement. Gl. occit. V. *Afan*, R.

AFANADOR, ORA, s. vl. AFFANADOR. *Afanador*, esp. V. *Afanaire* et *Afan*, R.

AFANAGE, s. m. (ofanádzé), d. b. lim. AFFANAGE. Gain, salaire ; le produit de la peine, du travail : *Vioure de sous afanages*, vivre de son travail.

Éty. de *afan* et de *age*. V. *Afan*, R.

AFANAIRE, s. m. vl. AFFANAIRE, AFANADOR, AFENADOR. Ouvrier, manœuvre, cordonnier, tanneur.

Éty. de la basse lat. *affanator*, fait de *afan* et de *ator*; celui qui travaille, qui prend de la peine, ou de *affanator*. V. *Afan*, R.

AFANAMEN, s. m. vl. Fatigue, peine, sollicitude.

Éty. de *afan* et de *men* pour *ment*.

AFANANT, ANTA, adj. (afanán, ánte); AFFANANT. Ménager, ère, pénible, laborieux.

Éty. de *afan*, travail, et *ant*. V. *Afan*, R.

AFANAR, v. a. et n. (afaná); AFFANAR. *Afanar*, anc. cat. esp. *Affanar*, port. *Affannare*, ital. Fatiguer, chagriner, prendre de la peine.

Éty. de *afan* et de l'act. *ar*. V. *Afan*, R.

AFANAR, v. a. AFFANAR, d. b. lim. Mériter, avec beaucoup de peine, par un travail pénible, le gain, le profit qu'on fait : *Afanar soun pan et aquel de sous enfants*, gagner avec peine son pain et celui de ses enfants. Voy. *Afan*, R.

AFANAT, ADA, adj. et p. (afaná, áde) ; AFFANAT, PRESSAT, AFFAIRAT, AFFAZENDAT. *Afanado*, esp. *Affanyós*, cat. Affairé, empressé, acquis à force de travail.

Éty. de *afan* et de *at*; fait au travail ou par le travail. V. *Afan*, R.

AFANAR S', v. r. AFFANAR S', AFFAIRAR S'. *Affannarsi*, ital. *Affanar*, port. Se presser au travail, travailler avec ardeur, se fatiguer en travaillant; fig. s'attacher à quelqu'un, s'en rendre amoureux. C'est dans ce sens que Gros l'a employé :

Et malhurous lou couer que devets vous s'affana.

Éty. de l'esp. *afanar*, m. s. ; act. hâter. V. *Afan*, R.

AFANGAR, v. a. vl. *Afangar*, anc. cat. *Affangare*, ital. V. *Fang* et *Enfangar*, R.

AFANGAT, ADA, adj. et p. vl. V. *Enfangat* et *Fang*, R.

AFAR, s. m. vl. AFAIRE. *Afaire*, anc. cat. *Afer*, cat. mod. *Affare*, ital. Affaire ; métairie, domaine, condition, fortune ; qualité ; copulation.

Éty. de la basse latinité *affarium* ou *affare* ; métairie.

AFARAR, v. a. vl. Donner des affaires. V. *Fac*, R.

AFARET, s. m. vl. Petite affaire. V. *Fac*, Rad.

AFARS, s. m. vl. Corps.

De cels qui mortz i foron fo lafars oblidatz:
De ceux qui y périrent le corps fut oublié.
Hist. Crois. Albig. v. 966.

AFASSAR, v. a. vl. et mieux AFAÇAR. Montrer à découvert.

Éty. de *a*, de *faça* et de *ar*; montrer en face. V. *Faci*, R.

AFASTAR, v. a. (afastá) ; AFFASTIGAR, dl. *Affastar*, port. Dégoûter, ôter l'appétit. Rassasier. V. *Desgoustar*, *Sadoular*.

Éty. du portugais *affastar*, éloigner, repousser, sous-entendu, les aliments.

AFAZENC, adj. vl. Travailleur. V. *Fac*, Rad.

AFAZENDAR, v. a. vl. *Affacendare*, ital. Occuper. V. *Fac*, Rad.

AFAZENDAT, ADA, adj. et part. vl. AFAZENDAT. *Affacendato*, ital. Occupé, affairé, ée.

AFE

AFEBLEZIR, v. a. vl. *Afeblecer*, esp. Affaiblir. V. *Flech*, R.

AFEBLIR, v. a. et n. vl. AFLEBIR. *Afeblir*, anc. cat. Faiblir, affaiblir. Courber, plier, baisser. V. *Flech*, R.

AFEBRIT, adj. vl. *Affebrato*, ital. Fiévreux. V. *Febr*, R.

AFECTIU, vl. V. *Affectiu*.

AFEGIR, v. a. vl. Ajouter. V. aussi *Affegir*.

AFELEZIT, adj. et p. vl. AFELEZITZ. Empiré, gâté (leçon douteuse), Faur. Abaissé.

AFELTRAR, v. a. vl. Équiper.

Éty. de *feutre*.

AFENADOR, vl. V. *Afanaire* et *Afan*, R.

AFENAGE, s. m. (offenádzé), d. bas lim. La quantité de foin qu'on donne à un cheval; prix de cette quantité : *Devez trenta soous d'afenage*, vous devez trente sous, pour le foin donné à votre cheval.

Éty. V. *Fen*, R.

AFENAGI, s. m. (afenádgi) ; AFFENAGI, AFENAGE. *A l'afenagi*, en pension : *Ai mes moun chivau a l'afenagi*, j'ai mis mon cheval en pension. V. *Fen*, R.

AFENAR, v. a. (afená) ; APASTURAR, AFFENAR. Donner du foin à la taxe, fournir le foin, en donner aux bestiaux.

Éty. de *a* pour *ad*, de *fen* et de la term. act. *ar*; litt. donner du foin à... V. *Fen*, R.

AFENASSAR, v. a. (afenassá) ; FENASSAR, dl. APRADIR. Semer un pré, mettre un champ en pré.

Éty. de *a* pour *ad*, de *fenas* et de *ar*; mettre en foin. V. *Fen*, R.

AFENDRE, v. a. vl. Fendre, percer. V. *Fendre*.

AFENEANTIR S', v. r. (s'afeneantir) ; AFFENEANTIR, AGOURRINAR S'. Devenir fainéant, fainéanter. V. *Fac*, R.

AFENIR, v. n. vl. Approcher de la fin. V. *Fin*, R.

AFENITAT, vl. V. *Affinitat*.

AFEOSAR, vl. V. *Affeuar*.

AFERAGEAR, v. a. (afferadjá), dl. AFFERAGEAR. Mettre un cheval au fourrage vert; mettre au vert.

Éty. Ce mot est dit pour *affourragear*. V. *Far*, R.

AFERAT, V. *Affairat* et *Fac*, R.

AFERATGE, s. m. vl. Herbage, pâturage. V. *Far*, R.

AFERIR, v. n. vl. Convenir, appartenir à quelque chose.

Éty. du lat. *afferre*, porter à...

AFERLECAT, ADA, adj. et p. (afferlecá, áde) ; AFFERLECAT, AFISTOULAT, dl. Leste, éveillé, Sauv. ; orné, paré.

AFERMAR, v. n. vl. Accorder, fiancer, promettre en mariage. V. *Firm*, R.

AFEUSATGE, s. m. vl. Inféodation. V. *Feud*, R.

AFF

AFFA, AFFAS, dl. alt. de *affar*. V. *Affaire* et *Fac*, R.

AFFABILITAT, s. f. (affabilitá) ; *Affabilità*, ital. *Afabilidad*, esp. *Affabilidade*, port. *Afabilitat*, cat. Affabilité, caractère de ceux qui reçoivent et écoutent avec bonté.

Éty. du lat. *affabilitatis*, gén. de *affabilitas*; formé de *ad*, de *fari*, parler, et de *abilitat*. V. *Fa*, R.

AFFABLAMENT, adv. (affablaméin) ; *Afablament*, esp. *Affabilmente*, ital. *Affavelmente*, port. Affablement, avec affabilité.

Éty. de *affabla* et de *ment*; d'une manière affable. V. *Fa*, R.

AFFABLE, ABLA, adj. (affáblé, áble) ; *Affabile*, ital. *Afable*, esp. *Affavel*, port. Affable, celui ou celle qui a de l'affabilité.

Éty. du lat. *affabilis*, fait de *affari* ou *fabulari*, parler ; à qui il est facile de parler. V. *Fa*, R.

AFFACHADA, s. f. (affatchàde), dl. Châtaigne rôtie, maron rôti : *Padela de las affachadas*, dl. la poêle aux châtaignes.

Éty. M. de Sauv. propose une singulière étym. de ce mot : « On pourrait, dit-il, le dériver de l'ital. *affacciato*, effronté, sans pudeur, d'autant que les châtaignes qu'on fait rôtir ou griller, *pettent dans les meilleures compagnies*. »

Ce mot est le part. de *affachar*, préparer ; *affachada*, préparée. V. *Affait*, R.

AFFACHADIS, s. m. (ofochodi), d. bas lim. Les mauvais grains. V. *Moundillas*. Les choses qu'on enlève en préparant le blé. V. *Affait*, R.

AFFACHADOR, s. m. vl. AFFACHAIRE. Apprêteur, corroyeur, tanneur. V. *Affait*, R.

AFFACHADOUR, s. m. (offostodóu), d. bas lim. Atelier où l'on foule, où l'on prépare les chapeaux. V. *Foula* et *Affait*, R.

AFFACHAIRE, s. m. vl. V. *Affachador*.

AFFACHAMEN, s. m. vl. *Afaytament*, cat. *Afeitamiento*, anc. esp. Artifice, déguisement, fard. V. *Affait*, R.

M. Raynouard le dérive de *faciès*.

AFFACHAMENT, s. m. (affatchaméin). Tuerie, abattoir, m. sign. que *Adoubadour*; v. c. m.

Éty. Ce mot est celtique, selon M. Astruc. V. *Affait*, R.

AFFADIMENT, Aub. V. *Affadissament*.

AFFADIR, v. a. (affadir). Affadir, rendre fade.

Éty. de *a* pour *ad*, de *fade* et de *ir*; faire devenir fade. V. *Fad*, R.

AFFADISSAMENT, s. m. (affadissaméin); AFFADIMENT. Affadissement, effet produit par une saveur fade. Affadissement de cœur. V. *Fad*, R.

AFFADIT, IDA, adj. et p. (affadi, ide); AFFADOULIT, ENFADIT. Affadi, ie, rendu fade. Affolé, fou, qui fait des actes de folie, en dg. V. *Fad*, R.

AFFADOULIT, IDA, adj. et p. (affadouli, ide). V. *Affadit*. Fané, passé; on le dit des étoffes. V. *Fad*, R.

AFFAIRAR S', v. r. (s'affeïrá); le même que *Affanar*; v. c. m. et *Afan*, R.

AFFAIRAT, ADA, adj. et p. (affeïrá, áde); AFFERAT, AFFANAT. *Affaccendato*, ital. Affairé, ée, qui a beaucoup d'affaires, qui en est accablé; endetté, empressé. V. *Fac*, R.

AFFAIRE, s. m. (affaïré); AFFAR, AFA, AFAN, FAZENDA; AHA. *Affare*, ital. Affaire, s. f. ce qui est le sujet d'une occupation; peine, sollicitude. Querelle, combat, différend. Ce qui est le fait d'une personne : *Aquot es soun affaire*, c'est son affaire. Marché, traité : *Faire d'affaires*, conclure un marché.

Éty. de *a* et de *faire*, à faire; chose qui est à faire. V. *Fac*, R.

Leis affaires, les affaires, les soins.

Home d'affaires, intendant, homme d'affaires.

Ai un affaire devant lou tribunau, j'ai une affaire pendante au tribunal.

Que d'escriouire au public es un terrible affaire. Gros.

Diou nous garde d'un home qu'a qu'un affaire, pr.

Leis affaires fan leis homes, pr.

Que bons affaires? quelles bonnes affaires? (sous-entendu, vous amènent ici).

Mesclaz vous de vostres affaires, mêlez-vous de vos affaires.

On dit : C'est l'affaire de huit jours, d'un mois; mais on ne peut pas dire : *Dans l'affaire d'un an*, pour : dans un an. Tr. : *Dins l'affaire d'un an gagnet cent millo francs*, par : dans l'espace d'un an, etc.

N'a un affaire, il y en a une grande quantité.

AFFAISSAR, v. a. (affeissá), vl. V. *Affessar*.

AFFAIT, AFFACH, AFFECT; radical pris du roman *afaiter*, réparer, entretenir, séparer, préparer, raccommoder; et dérivé du latin *affectare*, affecter, faire paraître un soin trop marqué; d'où l'espagnol *Afeytar*, orner, parer.

De *affectare*, par apoc. *affect*, par le changement de *e* en *ai*, et par la suppr. du *c*, *affait*, d'où: *Affait*, *Affaita-ment*, *Affaitar*, *Affach-ador*, *Affacha-men*.

De *affect*, par le changement de *e* en *a*, et de *ct* en *ch*, *affach*; d'où: *Affach-ada*, *Affacha-ment*, *Affach-ar*, *Affach-adis*, *Affach-adour*, *Affaych*, etc.

AFFAIT, s. m. (affáï), d. béarn. Parure, ornement. V. *Affait*, R.

AFFAITAMENT, s. m. vl. (afaïtamen); *Afaytament*, cat. *Afeytamiento*, esp. *Affeitamento*, port. *Affaitamento*, ital. Affaitement, l'action de s'habiller avec soin, de s'ajuster; manière. V. *Affait*, R.

AFFAITAR, v. a. vl. V. *Afaitar*.

Éty. du lat. *affectare*. V. *Affait*, R.

AFFALAR, v. a. (affalá). Affaler, peser, faire effort sur un cordage, etc. pour vaincre le frottement qui le retient et l'empêche de s'abaisser.

Éty. de la basse lat. *avallare*, formé de *a* pour *ad*, de *val* et de la term. act. *ar*, aller en bas. V. *Val*, R. 2.

AFFALAR S', v. r. S'affaler; en parlant d'un vaisseau, s'approcher trop d'une côte d'où l'on court risque ensuite de ne pouvoir se relever.

Éty. du lat. *fallere*, faillir. V. *Fals* et *Val*, R. 2.

AFFALAT, ADA, adj. et p. (affalá, áde). Affalé, ée; on le dit d'un vaisseau qui s'est laissé gagner par le vent; qui est allé dans un endroit d'où il ne peut pas sortir facilement. V. *Fals* et *Val*, R. 2.

AFFALHOUCAR, FALHOUCAR. Affaiblir, abattre. V. *Flech*, R.

AFFALHOUCAT, ADA, adj. et part. (affalioucá, áde); AFFALIOUCAT, AFALIOUCAT, FALIOUCAT, FALUCAT, AFISTOULIT, dl. Affaibli, abattu par la fatigue, par la privation de nourriture.

Éty. du celt. *falligh*, affaiblir. V. *Flech*, R.

Siou tout affalioucat, je meurs d'inanition; *affaliouqui*, j'étrangle de soif.

AFFALIT, IDA, adj. et part. (affali, ide). Terne, pâle, sombre, obscur; on le dit des lieux et des couleurs. Avril.

AFFAMAR, v. a. (affamá); AFFAMINAR. *Affamare*, ital. *Hambrear*, esp. *Affamar*, port. *Afamar*, cat. Affamer, causer la faim; ôter, retrancher les vivres.

Éty. du lat. *famescere*, ou de *a* pour *ad*; de *fam* et de *ar*; produire la faim. V. *Fam*, Rad.

AFFAMAT, ADA, adj. et p. (affamá, áde); AFFAMINAT, AFFAMIAT, ALOUBIT. *Affamato*, ital. *Hambriento*, esp. *Affamado*, port. Affamé, ée, qui est pressé par la faim: *Fame pressus*, lat. V. *Fam*, R. *Ventre affamat n'a gis d'aurelhas*, prov. *Barriga affamada não tem ouvidos*, port.

AFFAMAT, ADA, adj. et part. (affamá, áde). Éventé, gâté; on le dit du vin et des futailles que le contact de l'air a altérés. Avr.

AFFAMIAT, ADA, adj. et part. (afamiá, áde); AFAMIAT, d. béarn. Affamé. V. *Affamat* et *Fam*, R.

AFFAMINAR, v. a. (affaminá). V. *Affamar* et *Fam*.

AFFAMINAT, V. *Affamat*. Ces mots signifient plutôt réduire à la famine, qu'affamer. V. *Fam*, R.

AFFANAR, V. *Afan*, *Afanar*.

AFFANAR, v. a. (affaná); *Affaner*, Ency. poiss. Jeter de l'appât pour attirer les poissons.

AFFANGOLAT, ADA, adj. et p. (offoungolá, áde), d. bas lim.; OFFONGOLA. *Affamatico*, ital. Affamé, ée.

Éty. de *fangala*, faim canine: *a-fangalat*; pris de la faim canine. V. *Fam*, R.

AFFAR, s. m. (affár). Terme dont se servent les notaires dans les contrats de vente d'une terre, pour désigner le bien avec toutes ses appartenances.

Éty. de la basse lat. *affare*, *affarium*, qui signifiait Métairie.

AFFAR, dg. pour Affaire. V. *Affaire*.

AFFARAT, ADA, adj. et p. (affará, áde); AFFERAT, AIGLARIAT. Effaré, animé, farouche, hagard, qui a l'air étonné et le visage sombre; rouge, enflammé, en parlant des yeux, d'une plaie.

Éty. du lat. *efferare*, donner un air farouche; fait de *fera*, bête féroce, ou du grec ἀφαύω (aphauô), allumer : *A leis huelhs affarats*, il a les yeux hagards, enflammés; *Aquella plaga es affarada*, cette plaie est très-rouge, très-enflammée, irritée.

AFFARDOULIT, IDA, adj. et p. (affardouli, ide). Accablé sous le poids d'un fardeau.

Éty. V. *Farda*, *Fardeou* et *Fard*, R.

AFFAROUPAR S', v. r. (s'affaroupá). S'attrouper. Aub.

AFFASCAT, ADA, adj. et p. (affascá, áde); AFASTAT. Épais, dru, en parlant du blé et de l'avoine sur la plante; rassasié jusqu'au dégoût, dl.

Éty. Ce mot viendrait-il, au moins dans le premier sens, de l'espagnol *afascalar*, engerber, mettre en gerbes, ou faire des monceaux de gerbes. V. pour le second, *Affastar*.

AFFASCOUS, OUSA, adj. (affascous, óuse); ADOUNDIVOU. Qui rassasie, rassasiant.

Éty. de *fastidiosus*, dégoûté. V. *Affastar*, Rad.

AFFASSAR, v. n. et r. vl. Déguiser, se déguiser, se contrefaire. V. *Faç*, R.

AFFASTAR, v. a. (affastá); AFFASTIGAR, dl. *Affastar*, en port. signifie Ôter, dégoûter, ôter l'appétit, rassasier.

Éty. du lat. *fastidire*, d'où *fast*, par apoc. avec add. de *ar* et de la prép. *ad*, dont le *d* est changé par attraction en *f*; d'où: *Af-fastigat*, et par le changement de *t* en *c*, *affasc*; d'où: *Affasc-at*, *Affasc-oue*.

AFFASTIGAR, dl. V. *Affastar*.

AFFATIGAT, ADA, adj. et p. (affatigá, áde), dl. Empressé, ée; *Es affatigat coum'un paur'home que coula sa trempa*, il y va de cul et de tête, comme une corneille qui abat des noix; excédé, ou épuisé par les dépenses.

Éty. du lat. *fatigatus*, fatigué. V. *Fatig*, R.

AFFATOUA, s. f. (afátoue). Fruit du prunier sauvage ou prunier de Briançon.

On fait avec les amandes que l'on retire des noyaux de ce prunier, une huile qu'on nomme *huile de marmotte* à Briançon, où son fruit porte aussi le nom de *marmotte*.

AFFATOUNIT, IDA, adj. et p. (affatouni, ide), dl. Assoupi. V. *Affatrassit*.

AFFATOUYER, s. f. (afatouyé); *Alfatogier*, Supl. Dict. Ac. Prunier sauvage, prunier de Briançon, *Prunus brigantiaca*, Vill. arbrisseau de la fam. des rosacées, commun dans la Haute Provence.

Éty. de *affatoua* et de la term. mult. *ier*; qui produit les *affatouas*.

AFFATRASSIT, IDA, IA, adj. et p. (affatrassi, ie); AFFATOUNIT, AFFATRACIT. Languissant, mou, lâche, indolent, évanoui; avachi, usé, qui a perdu son lustre, en parlant du linge; on le dit aussi des arbres qui languissent.

AFFAYCH, s. m. (affäïch), dg. AFFAIT. Préparation. V. *Affect*, R.

Per dessus jou qu'et sounc ta bouno
Que ses affaych, ni ses aprest
Mon serbichi t' est toujour prest.
D'Astros.

AFFAZENDAT, dl. V. *Affanat*.

AFFEBLIR, v. a. (affeblir); *Afeblir*, anc. cat. Affaiblir, rendre faible, diminuer ou abattre les forces, énerver.

Éty. du lat. *flectere* ou de *ad flexibilem statum venire*. V. *Flech*, R.

AFFEBLIR S', v. r. *Afeblecerse*, esp. S'affaiblir, devenir faible; diminuer de valeur, en parlant des monnaies. V. *Flech*, R.

AFFEBLISSAMENT, s. m. (affeblissaméin); AFFEBLIMENT. Affaiblissement, diminution de force, de vigueur, de vivacité. V. *Flech*, R.

AFFEBLIT, IDA, adj. et p. (affaibli, ide). Affaibli, ie. V. *Flech*, R.

AFFECT, radical dérivé du latin *affectare*, *affecto*, *affectatum*, itér. de *afficere*, affecter, faire paraître un soin trop marqué; émouvoir, toucher, affecter.

De *affectare*, par apoc. *affect*, d'où: *Affect-ar*, *Affect-at*, *Affect-ation*; par altér. *Affetaria*, *Affet-at*.

AFFECTAR, v. a. et n. (affectá); AFFETAR. *Affettare*, ital. *Afectar*, esp. cat. *Affectar*, port. Affecter, destiner à..., rechercher avec ambition, faire avec ostentation, faire une impression fâcheuse.

Éty. du lat. *affectare*, ou de *afficere*. V. *Affect*, R.

AFFECTAR S', v. r. *Affectarse*, port. S'affecter, s'inquiéter. V. *Affect*, R.

AFFECTAT, ADA, adj. et p. (affectá, áde); *Affectado*, port. *Afectat*, cat. *Afectado, ada*, esp. Affecté, ée.

Éty. du lat. *affectatus*. V. *Affect*, R.

AFFECTATION, s. f. (affectatie-n); AFFECTATIEN, AFFETTATION. *Affettazione*, ital. *Afectacion*, esp. *Affectação*, port. Affectation, singularité étudiée dans les sentiments et les paroles.

Éty. du lat. *affectationis*, gén. de *affectatio*, m. s. V. *Affect*, R.

AFFECTIO, s. f. vl. Affection, volonté. V. *Affection*.

Éty. du lat. *affectio*, m. s. V. *Affect*, R.

AFFECTION, s. f. (affectie-n), et AFFECTIEN, AFFESSION, AFFETION, AFFETIEN, AMOUR, AMISTANÇA. *Affezione*, ital. *Afeccion*, esp. *Affeição*, port. *Affecció*, cat. Affection, manière dont l'âme est affectée; amour, bienveillance, amitié; en médecine ce mot est souvent synonyme de maladie.

Éty. du lat. *affectionis*, gén. de *affectio*. V. *Affect*, R.

Affection se dit souvent en provençal pour Ardeur, *Travailhar ame affection*, travailler avec ardeur; *Parlar ame affection*, parler avec véhémence, avec chaleur.

AFFECTIONAR, v. a. (affectiouná); AFFECTIOUNAR, AFFESSIOUNAR. *Afecionar*, esp. *Affeiçoar*, port. *Affezionare*, ital. Affectionner, avoir de l'affection pour quelque personne, pour quelque chose.

Éty. de *affection* et de *ar*. V. *Affect*, R.

AFFECTIOUNAR S', v. r. SE PIMAR, S'AFFOUSCAR, AFECIONAR S'. *Afficionarse*, esp. *Affeiçoarse*, port. *Affezionarsi*, ital. S'affectionner, s'attacher à quelqu'un ou à quelque chose. V. *Affect*, R.

AFFECTIOUNAT, ADA, adj. et p. AFFOUGAT. *Affezionato*, ital. *Afecionado, ada*, esp. *Affeiçoado*, port. Affectionné, ée. V. *Affect*, R.

AFFECTIU, IVA, adj. vl. (affectiú); *Afectivo*, esp. *Affectivo*, port. *Affettivo*, ital. Affectif, qui inspire, qui est propre à inspirer de l'affection.

Éty. du lat. *affectiosus*. V. *Affect*, R.

AFFECTUOS, adj. vl. V. *Affectuous* et *Affect*, R.

AFFECTUOSAMENS, adv. vl. Affectueusement. V. *Affectuousament* et *Affect*, R.

AFFECTUOUS, UOUSA, adj. (affectuoús, oúse); AFECTIOUNAT, AMISTOUS, AMISTADOUS. *Affettuoso*, ital. *Afectuoso*, esp. *Affectuoso*, port. *Afectuos*, cat. Affectueux, euse, plein d'affection, qui prend sa source dans l'affection.

Éty. du lat. *affectuosus*, m. s. V. *Affect*, R.

AFFECTUOUSAMENT, adv. (affectuousaméin); TENDRAMENT. *Affettuosamente*, ital. *Afectuosamente*, esp. *Affectuosamente*, port. Affectueusement, avec affection, d'une manière affectueuse.

Éty. de *affectuousa* et de *ment*. V. *Affect*, Rad.

AFFEGEOUNIR S', (s'affedjounir). Se passionner pour le jeu, dm.

Éty. de *a*, de *fegeoun* et de *ir*. V. *Feg*, R.

AFFEGIR S', v. r. (s'affedgir). Prendre la consistance du foie, en parlant du pain aplati ou mal levé.

Éty. de *a*, comme, de *fege* et de *ir*; litt. devenir comme du foie. V. *Feg*, R.

AFFEGIT, IDA, adj. et p. (affedgí, ide); AISSE, AJOUFFRIT. Aplati, non levé, en parlant du pain. V. *Feg*, R. *Pan affegit*, pain aplati.

AFFEIRAT, V. *Affairat*.

AFFENADOR, s. m. (affenadór); AFFANADOR, vl. Ouvrier qu'on loue à la journée pour le travail de la terre, dit M. Menard; mais M. Ménage fait observer avec raison, que si le mot *affanador* a signifié ouvrier, *affenador* a dû être le nom qu'on donnait anciennement à un hôtelier qui logeait les chevaux et les mulets, qui donnait du foin.

Éty. de la basse latinité *affanator*, ouvrier, manœuvre. V. *Fen*, R.

AFFENAR, V. *Afenar*.

AFFERAT, Qui a bien des affaires. Garc. V. *Affarat* et *Affairat*.

AFFERE, s. m. anc. béarn. V. *Affaire*.

AFFERMADURA, s. f. vl. Garantie, attestation. V. *Firm*, R.

AFFERMAR, v. a. vl. *Affermar*, anc. cat. *Afirmar*, esp. *Affirmar*, port. *Affirmare*, ital. Affermir, affirmer, assurer.

Éty. du lat. *affirmare*, m. s. V. *Firm*, R.

AFFERMAR, Garc. lang. mod. Voy. *Arrendar*.

AFFERMIR, V. *Raffermir* et *Firm*, R.

AFFERMIT, V. *Raffermit* et *Firm*, R.

AFFERRAR, v. a. (afferrá); *Afferrar*, port. *Afferrare*, ital. *Aferrar*, esp. Prendre, saisir avec force, cramponner, attraper avec un crochet de fer; empoigner.

Éty. de *af* pour *ad*, dans le sens de *avec*, de *ferre* et de l'act. *ar*; prendre avec le fer, avec un crochet de fer; d'où les Portugais disent *afferretoar*, piquer avec un fer aigu.

Sus Martin, douno my mous abrivaux de ferre
Et mays mous estivaux, et lou diantre m'aferre
Si jamais tourny plus dins ton infernau luoc.
La Bellaudière, 1595.

AFFESSAMENT, s. m. lang. moderne, (affessaméin); ENSACCADURA. Affaissement, abaissement par leur propre poids, des choses posées les unes sur les autres; ou état qui résulte de cet abaissement; affaissement de l'esprit, du cœur.

Éty. V. *Affessar*.

AFFESSAR, v. a. (affessá); AFFAISSAR, ESFOUGASSAR. Affaisser, faire que des choses qui sont l'une sur l'autre, s'abaissent, se foulent par leur propre poids; charger, accabler sous le poids.

Éty. de *af* pour *ad*, de *fessus*, accablé, et de *ar*; ou de *ad*, de *fais* et de *ar*.

AFFESSAR S', v. r. S'ESCAGASSAR. S'affaisser, s'abaisser par sa propre pesanteur, s'affaisser par le nombre des années. Voy. *s'Encalar*.

AFFESSAT, ADA, adj. et p. (affessá, áde); ESCAGASSAT, ESFOUGASSAT. Affaissé, ée. V. *Affessar*.

AFFESSION, V. *Affection*.

AFFETAR, Garc. V. *Affectar*.

AFFETARIA, s. f. (affetarie); AFFETATION. *Affettazione*, ital. *Affectação*, port. *Afectacion*, esp. Afféterie, soin trop marqué de plaire par de petites manières recherchées.

Éty. du lat. *affectatio*. V. *Affect*, R.

AFFETAT, ADA, adj. (affetá, áde); *Affettato*, ital. *Affectado*, port. *Afectado*, esp. Affété, ée, qui s'est habitué, dans le dessein de plaire, à de petites manières recherchées et peu naturelles.

Éty. du lat. *affectatus*. V. *Affect*, R.

AFFEUAR, v. a. vl. AFIUZAR, AFEOSAR. Inféoder, fieffer. V. *Feud*, R.

AFFEUAT, ADA, adj. et p. vl. Inféodé, fieffé. V. *Feud*, R.

AFFEUATOR, s. m. vl. *Inféodateur*, qui donne à fief. V. *Feu*, R.

AFFEVAR S', v. r. (s'offevá), d. bas. lim. Prendre un abonnement avec un meunier, un fournier, un forgeron, etc. V. *Achandoular s'*.

Éty. de la basse latinité *affevatus* pour *feudatus*, vassal; qui tient à ferme. V. *Feud*, R.

AFFEVAT, ADA, adj. et p. (offevá, áde). Chaland, ande. V. *Chaland* et *Pratica*; impatronisé. V. *Feud*, R.

AFFIALANDAT, ADA, adj. et p. (affialandá, áde). En train de filer. Sauv.

Éty. de *a*, de *fial* pour *fil*, et de *andat*, part. de *andar*, aller, être en chemin de.., filer. V. *Fil*, R.

AFFIALAR, V. *Affilar*. V. *Fil*, R.

AFFIAR, v. n. (afiá); *Affidare*, ital. Affier, en vieux français; donner ou accorder sa confiance.

Éty. du lat. *fidem dare*, compter sur quelqu'un. V. *Fid*, R.

AFFIAT, s. m. (afiát); FIAT. *Fiat; a gis d'afiat*, il n'y a point de *fiat* dans cet homme là; on ne peut pas compter sur sa parole.

Éty. du lat. *fiat*, que cela soit fait. V. *Fac* et *Fid*, R.

AFFIBL, AFFUBL, radical pris de la basse latinité *affibulare*, serrer avec une boucle, avec une agrafe; mettre un habit ou un manteau qu'on serrait avec des agrafes; et dérivé de *affibla*, boucle, agrafe; formé du latin *fibula*, qui a la même signification.

De *affibulare*, par apoc. *affibul*, et par suppr. de *u*, *affibl*; d'où: *Affibles*, *Affinf-at*, *Affinf-ourl-at*, *Affist-oul-at*, *Affistoul-ar*.

De *affibl*, par le changement de *i* en *u*, *affubl*; d'où: *Affubla-ment*, *Affubl-ar*, *Affu-bl-at*.

AFFIBLES, s. m. pl. vl. Garnitures, agrafes.

Éty. du lat. *fibula*, boucle, agrafe. Voy. *Affibl*, R.

Los affibles de son mantel.
Rom. de Flamenca.

Les garnitures de son manteau.

AFFICAL, dl. AFICAL. V. *Arrenadour* et *Fich*, R.

AFFICAR, v. a. (afficá); *Afficare*, ital. anc. Mot qui dans le Var, selon Garcin, a la même signification que ficher, enfoncer dans la terre. V. *Plantar* et *Tancar*.

Éty. du lat. *figere*, *fixum*, ficher, avec la prép. *ad*. V. *Fich*, R.

AFFICHA, s. f. (afitche). Affiche, placard pour avertir le public.

Éty. du lat. *figere ad* ou *affigere*, clouer, ficher, planter; parce qu'anciennement on exposait au public, sur des poteaux, les lois nouvelles et les réglements, afin de les faire connaître à tout le monde. V. *Fich*, R.

Orig. Dieu, dans l'Écriture, ordonne à son peuple d'écrire ses lois sur le seuil et sur les poteaux des portes: ce qui prouve que les affiches sont aussi anciennes que les lois mêmes.

Les espèces de journaux intitulés: *Affiches, annonces et avis divers*, ont été imaginés par les Allemands.

On appelle:

PANONCEAU, l'écusson d'armoiries qu'on met quelquefois sur les affiches.

AFFICHAIRE, s. m. (afitchàïré); AFFICHUR. *Affixador*, port. Afficheur, celui qui met des affiches.

Éty. de *afficha* et de la term. mult. *aire*. V. *Fich*, R.

AFFICHAR, v. a. (afitchá); *Affixar*, port. *Fixar*, esp. *Affigere*, ital. Afficher, appliquer ou placarder une affiche; faire connaître au moyen d'une affiche; fig. donner de la publicité; pour Ficher, V. *Fichar*.

Éty. de *afficha* et de la term. act. *ar*. Voy. *Afficha* et *Fich*, R.

AFFICHAR S', v. r. (s'affitchá). S'afficher, exposer ses ridicules ou ses fautes au public; faire mal parler de soi. V. *Fich*, R.

AFFICHAT, ADA, adj. (afitchá, áde); *Affixado*, port. *Fixado*, esp. Affiché, ée.

Éty. de *afficha* et de la term. pass. *ada*, ou du lat. *affixus*. V. *Fich*, R.

AFFICHUR, (afitchúr). V. *Affichaire*.

AFFICTION, s. f. vl. Affiche, apposition. V. *Fich*, R.

AFFIDAR, v. a. vl. AFIAR, AFIZAR. *Afiar*, anc. esp. *Affidare*, ital. Assurer, affirmer, garantir. Convenir, accorder. V. *Fid*, R.

AFFIDAR, v. n. (affidá), vl. Prêter serment de fidélité.

Éty. de *a* pour *ad*, de *fides* et de l'act. *ar*; donner sa foi, confier à la foi. V. *Fid*, R.

AFFIDAT, ADA, adj. p. et s. (affidá, áde); *Fidato*, ital. *Fiel*, esp. port. Affidé, confident, qui mérite la confiance; à qui l'on se fie.

Éty. du lat. *a* pour *ad*, de *fidus* et de la terminaison pass. *at*; à qui l'on s'est fié. V. *Fid*, R.

AFFIELAR, V. *Affilar*.

AFFIELAT, V. *Affilat*.

AFFIERMAR, et comp. Aub. V. *Affirmar*, etc.

AFFIEUSAMENT, s. m. vl. AFIUAMENT, AFFEUSATGE. Inféodation. V. *Feu*, R.

AFFIGIMEN, vl. V. *Afigimen*.

AFFILAR, v. a. (afilá); AFFIELAR, AFFIALAR. *Affilare*, ital. *Afilar*, esp. *Affiar*, port. Affiler, donner le fil à un instrument tranchant.

Éty. de *af* pour *ad*, de *fil* et de *ar*; donner le fil. V. *Fil*, R.

AFFILAT, ADA, adj. et p. (afilá, áde); AFFIELAT, AFIERAT. *Afilado*, esp. *Affiado*, port. Affilé, ée, qui a le fil, en parlant d'un instrument tranchant.

Nas affilat, nez aquilin.
Talha affilada, taille mince, déliée, élancée.
Lengua ben affilada, langue libre, bien pendue. V. *Fil*, Rad.

AFFILATAR, v. a. (affilatá), dl. *Affilettare*, ital. Mettre un oiseau sous le filet, déniaiser, leurrer. Sauv.

Éty. de *a* pour *ad*, sous, de *filat*, filet, et de *ar*; mettre sous ou dans le filet. V. *Fil*, Rad.

AFFILHAMENT, s. m. (affillaméin), vl. *Afillamiento*, esp. anc. Adoption, l'action d'affilier.

Éty. de *affilhar* et de *ment*. V. *Fil*, R. 2.

AFFILHAR, v. a. (affillá); *Afillar*, esp. anc. Affilier, adopter, associer.

Éty. de la basse latinité *adfiliare*, pour *in filium adoptare*, adopter pour fils. V. *Fil*, Rad. 2.

AFFILHAT, ADA, adj. et p. (affillá, áde); *Afillado*, *ada*, esp. Affilié, ée, qu'on a adopté pour fils; qu'on associe. V. *Fil*, R. 2.

AFFILHATION, s. f. (affillatie-n); AFFILIATION, AFFILHATIEN. *Afillamiento*, esp. anc. *Filiazione*, ital. Affiliation, association à une communauté.

Éty. de *affilhar* et de *tion*; action d'affilier. V. *Fil*, R. 2.

AFFILIAR, et dérivés, V. *Affilhar* et *Fil*, Rad. 2.

AFFINADOUR, s. m. (affinadoú); PIENCHI FIN. *Affinatojo*, ital. anc. Affinoir, seran au travers duquel on fait passer le chanvre et le lin pour l'affiner.

Éty. de *affinar* et de *adour*. V. *Fin*, R. 2.

AFFINAGI, s. m. (affinádgi); AFFINAGE. *Afinadura*, esp. *Affinamento*, ital. port. Affinage, l'action d'affiner le sucre, les métaux; les opérations au moyen desquelles on divise la terre après qu'elle a été labourée.

Éty. de *fin*, fin, et de la term. act. *agere*, *ago*. V. *Fin*, R.

AFFINAR, v. a. (affiná); *Afinar*, cat. esp. *Affinare*, ital. *Affinar*, port. Affiner, rendre plus fin, plus pur. Tromper avec finesse; adoucir, apaiser, devenir meilleur, vl.

V. *Affinagi* pour l'éty., et *Fin*, R. 2.

AFFINAT, ADA, adj. et p. (affiná, áde); *Afinado*, *da*, esp. *Affinado*, port. Affiné, ée, rendu plus fin. V. *Fin*, R. 2.

AFFINAT, adj. et p. vl. V. *Finit*, *Accabat* et *Fin*, R.

AFFINCAR, d. bas lim. *Afincar*, esp. V. *Affinchar*.

AFFINCHAR S', v. r. dl. (s'affintchá); AFFINCAR. *Afincar*, esp. anc. S'appliquer, tâcher de...; mettre toute son attention.

Éty. Altér. de *affichar*, planter, *fichar ad*. V. *Fich*, R.

AFFINCHAT, ADA, adj. et p. dl. AFFINCAT. *Afincado*, *ada*, esp. port. Attentif, appliqué, qui a les yeux fixés sur quelque objet de travail. Sauv.

Éty. Altér. de *affichat*, *fichat*, planté, Voy. *Fich*, R.; ou de l'espagnol *afincar*, poursuivre, vouloir avec ardeur, avec opiniâtreté.

AFFINFAT, ADA, adj. et p. (affinfá, áde), dl. le même que *Affinfourlat*; v. c. m.

Éty. Altér. de *affibulat* ou *affublat*. V. *Affibl*, R.

AFFINFOURLAT, ADA, adj. et p. (affinfourlá, áde); AFFINFAT, dl. Paré, ajusté avec affectation. Sauv.

Éty. Altér. de *affiblat* ou *affublat*. V. *Affibl*, R.

AFFINITAT, s. f. (affinitá); *Affinità*, ital. *Afinidad*, esp. *Affinidade*, port. *Afinitat*, cat. Affinité, alliance que l'on contracte, par le mariage, avec les parents de sa femme ou ceux de son mari. Liaison, convenance entre diverses choses.

Éty. du lat. *affinitatis*, gén. de *affinitas*, m. s.; formé de *ad*, auprès, et de *fines*, limite. V. *Fin*, R.

AFFINIZO, s. f. vl. Liaison, affinité, adhésion.

Éty. du lat. *affinitas*; m. s. V. *Fin*, R.

AFFINOIRA, s. f. (affinoire); AFFINOUARA. Pierre de grès fin sur laquelle les menuisiers, les tourneurs, etc. affilent leurs outils.

Éty. de *affinar* et de *oira*; qui sert à affiner. V. *Fin*, R. 2.

AFFIQUETS, s. m. pl. (affiqués); AFFUTIAUS, BELLOYOS, BELLURIAS, JOUOS, BELLURIS, BROUQUETS. *Enfeites*, port. Affiquets, parures, petits ajustements de femmes; épingles, boucles d'oreille, etc.

Éty. du lat. *affigere*, ficher, planter; parce que le nom de *affiquets* fut d'abord donné à un petit bâton creux par un bout, que les femmes *fichaient* à leur ceinture, pour soutenir les aiguilles, lorsqu'elles tricotaient. V. *Braquet* et *Fich*, R.

AFFIRMATIF, IVA, adj. (affirmatif, ive); *Affirmatiu*, cat. *Affermativo*, ital. *Afermativo*, esp. *Affirmativo*, port. Affirmatif, ive, qui soutient qu'une chose est vraie.

Éty. du lat. *affirmativus*, m. s. V. *Firm*, Rad.

AFFIRMATIO, vl. V. *Affirmation*.

AFFIRMATION, s. f. (affirmatie-n); AFFIRMATIEN. *Affermazione*, ital. *Afirmation*, esp. *Affirmação*, port. *Afirmació*, cat. Affirmation, action de celui qui affirme, l'acte par lequel on certifie qu'une chose est vraie.

Éty. du lat. *affirmationis*, gén. de *affirmatio*, m. s. V. *Firm*, R.

AFFIRMATIU, IVA, adj. vl. *Afirmatiu*, cat. V. *Affirmatif* et *Firm*, R.

AFFIRMATIVA, s. f. (affirmative); *Affirmativa*, port. *Afirmativa*, esp. *Affermativa*, ital. Affirmative, proposition, opinion par laquelle on affirme.

Éty. V. *Firm*, R.

AFFIRMATIVAMENT, adv. lang. mod. (affirmativamèin); *Affermativamente*, ital. *Afirmativamente*, esp. *Affirmativamente*, port. Affirmativement; positivement.

Éty. du lat. *affirmativè*, m. s. V. *Firm*, R.

AFFIROULAT, ADA, adj. et p. (affiroulá, áde), dl. AFISTOULAT, AFERLÉCAT, AFIZOULAT, AFIROULAT. Maigre, exténué. Eveillé. Sauv.

AFFISCAR, v. a. (affiscá), dl. AFFUSCAR, AFFOUSCAR, AFISCAR. Animer, exciter. Attirer, enjoler. Sauv.

Éty. du lat. *figere*, fixer, et de *ad*, fixer à... V. *Fich*, R.

AFFISCAR S', v. r. dl. AFFUSCAR S'. S'affectionner; s'opiniâtrer à quelque chose. S'animer, s'irriter.

Éty. de *figere ad*, se fixer, s'attacher à.... V. *Fich*, R.

AFFISCAT, ADA, adj. et p. (affiscá, áde), dl. AFFUSCAT. Animé, irrité, effronté.

Éty. V. *Fich*, R.

AFFISPAT, ADA, adj. et p. (offispá, áde), d. bas lim. Fin, rusé. V. *Fin*.

AFFISQUR, s. m. (afiscúr), dg. Provocateur, celui qui anime et enflamme, qui cherche à attirer quelqu'un dans ses filets.

Éty. du rom. *affisqueur*, m. s.

AFFISTOULAR, v. a. (affistoulá), d. bas lim. *Afitar*, esp. Parer, ajuster.

Éty. du lat. *fistula*, pipeau, sifflet; ou plutôt de *affibulare*. V. *Affibl*, R.

AFFISTOULAT, ADA, adj. et p. (affistoulá, áde), d. bas lim. Orné, paré. V. *Afferlecat* et *Affibl*, R.

AFFITAT, adj. anc. béarn. *Afeytado*, esp. Entretenu, soigné.

Et tals camils deben està affitaz et extermiatz. Fors et Cost. de Béarn.

AFFIUSAMENT, s. m. anc. béarn. FIUATE. Assurance.

Item per instrument de quitança et de questau à fiuate simple. Fors et Sost. de Béarn.

Éty. de l'esp. *afiuciar*, donner l'assurance de...; dérivé du lat. *fiduciam dare*, et de *ment*.

AFFLACAR, v. a. et n. (afflacá); AFFLAQUIR, AFFLAQUEIRIR. *Afflacar*, esp. Affaiblir, rendre mou, flasque.

Éty. de *a* augm., de *flac*, mou, et de *ar*; rendre très-flasque. V. *Flacc*, R.

AFFLACCAT, ADA, adj. et p. (afflacá, áde); AFFLAQUIT, AFFLAQUEIRIT, AFFALIOUCAT. Mou, lâche, affaibli.

Éty. de *a* augm., de *flac* et de *at*; rendu mou, flasque. V. *Flacc*, R.

AFFLAMAR, vl. V. *Aflamar*.

AFFLANCAR, v. a. (afflancá). Ficher, V. *Plantar*.

AFFLAQUEIRIR, *Afflociare*, ital. anc. V. *Aflacar* et *Flacc*, R.

AFFLAQUIR, V. *Afflacar* et *Flacc*, R.

AFFLAQUIT, V. *Afflacat* et *Flac*, R.

AFFLAT, FLAT, radical dérivé du latin *afflare*, *afflo*, *afflatum*, souffler sur, animer d'un souffle, favoriser; formé de *ad* et de *flare*.

De *afflatum*, par apoc. *afflat*; d'où: *Afflat*, *Afflat-ador*, *Afflat-ar*, *Afflat-aria*.

AFFLAT, s. m. (afflá), dl. Cavité, enfoncement sous un rocher, dans un gouffre, ou hors de l'eau. Sauv.

Éty. du lat. *afflatus*, souffle, vent favorable, abri. V. *Afflat*, R.

AFFLAT, s. m. H.-Pr. Caresses, soins: *Aquel enfant a gis d'afflat*, cet enfant n'est caressé par personne. V. *Afflatar* et *Afflat*, R.

AFFLATADOR, s. m. vl. AFFLATADOR, AFFLATAIRE. Flatteur, flagorneur. V. *Afflat*, R.

AFFLATAIRE, vl. V. *Afflatador*.

AFFLATAR, v. a. (afflatá). Approcher quelqu'un en le caressant; flatter, aduler, insinuer.

Éty. du lat. *afflare*, souffler sur, communiquer. V. *Afflat*, R.

AFFLATAR S', v. r. (s'afflatá). Caresser, s'approcher de quelqu'un pour obtenir sa bienveillance.

Éty. de *afflat* et de *ar*. V. *Afflat*, R.

M'afflatarai eme respe,
Mai que d'un coou farai lou pe. Gros.

Faire lou ped, pour *tirar lou ped*, saluer.

AFFLATARIA, s. f. vl. Flatterie, caresse. V. *Afflat*, R.

AFFLECHIR, vl. V. *Aflechir*.

AFFLICTIF, IVA, adj. (afflictif, ive); *Afflictivo*, *iva*, port. esp. *Afflittivo*, ital. Afflictif, ive, qui cause de l'affliction. Il se dit plus particulièrement du châtiment ou de la peine infligée.

Éty. du lat. *affligere*. V. *Flig*, R.

AFFLICTION, s. f. vl. AFFLICTION. Génuflexion; affliction, pénitence. V. le mot suivant, *Flig* et *Flech*, R.

AFFLICTION, s. f. (afflictie-n); AFFLICTIEN, CHAGRIN, LAGNA. *Afflizione*, ital. *Afliccion*, esp. *Afflicção*, port. *Afflicció*, cat. Affliction, chagrin habituel, évènement qui cause de l'affliction, pénitence.

Éty. du lat. *afflictionis*, gén. de *afflictio*, m. s. V. *Flig*, R.

AFFLIGEANT, ANTA, adj. (afflidján, ánte); *Afligiente*, *ta*, esp. *Affligittivo*, *Afflittivo*, ital. Affligeant, ante, qui afflige, qui cause de l'affliction. V. *Flig*, R.

AFFLIGEAR, v. a. (afflidjá); *Affliggere*, ital. *Afligir*, esp. cat. *Affligir*, port. Affliger, causer de l'affliction.

Éty. du lat. *affligere*, m. s. V. *Flig*, R.

AFFLIGEAR S', v. r. SE LAGNAR. *Afligirse*, esp. *Affligirse*, port. S'affliger, se livrer, s'abandonner à l'affliction.

AFFLIGEAT, ADA, adj. et p. (afflidjá, áde); *Afligido*, esp. *Afflitto*, ital. Affligé, ée, qui a de l'affliction.

Éty. du lat. *afflictus*, m. s. V. *Flig*, R.

AFFLIGEATION, Aub. V. *Affliction*.

AFFLOUCAR, v. n. (afflouсá). Affluer, abonder. Avr. V. *Flu*, R.

AFFLOURAR, v. a. (afflourá); AFFLOUROUNCAR. Affleurer, faire qu'une pièce de bois jointe à une autre ne la dépasse pas, ou que deux corps contigus soient réduits au même niveau; toucher, joindre de fort près.

Éty. de *a* pour *ad*, de *flour*, pris pour surface, et de *ar*. V. *Flor*, R.

AFFLOURAT, ADA, adj. et p. (afflourá, áde). Affleuré, égalisé, nivelé.

Éty. de *a* pour *ad*, de *flour* et de *ar*; mis à fleur, ou à niveau. V. *Flor*, R.

AFFLOUROUNCAR, v. n. (afflourouncá), dl. même signif. que *Afflourar*; v. c. m. et *Flor*, R. *S'afflourouncar*, s'étendre sans gêne.

AFFLOUROUNCAT, ADA, adj. et p. (afflourouncá, áde), dl. Étendu de son long, sans gêne. Sauv.

AFFLUAR, v. n. (affluá); *Affluere* et *Affluire*, ital. anc. *Affluir*, port. *Confluir*, esp. Affluer, abonder, arriver en abondance; survenir en grand nombre, se rendre dans le même canal, parlant des eaux.

Éty. du lat. *affluere*, m. s.; formé de *ad*, à, vers, et de *fluere*, couler. V. *Flu*, R.

AFFLUENÇA, s. f. (affluéince); AFFLUENÇA, TOUMEADA. *Affluenza*, ital. *Afluencia*, esp. cat. *Affluencia*, port. Affluence, concours, abondance.

Éty. du lat. *affluentia*. V. *Flu*, R.

AFFOLAR, vl. V. *Afolar*.

AFFOLLAMENT, s. m. (affollaméin), vl. AFOLAMEN. *Affollament*, anc. cat. Détriment, dommage, préjudice. Sauv.

Éty. de la basse lat. *affolare*, blesser, léser.

AFFORTIR, v. a (affourtir); AFFOURTIR. *Afortalescer*, esp. Assurer, affirmer, soutenir avec opiniâtreté.

Éty. de *a* augm., et du lat. *fortiter asserere*, ou de *af*, de *ad*, de *fort* et de *ir*; rendre plus fort, assurer mieux. V. *Fort*, R.

Mi va affourtissia, il me l'assurait avec opiniâtreté. *Afforzare*, en ital. anc. signifie renforcer, fortifier.

AFFORTIT, IDA, IA, adj. et p. (affourti, ide, ie), d. m. *Afortado*, *ada*, esp. Celui ou celle qui affirme avec entêtement, qui demande avec importunité, que les refus ne rebutent pas. V. *Fort*, R.

AFFOUAGEAMENT, s. m. (affouadjaméin). *Affouagement*, dénombrement des feux d'une paroisse, d'une commune, etc., d'après lequel on levait les impositions.

Ety. de *a*, de *foc*, de *agere* et de *ment;* litt. action d'agir sur chaque feu, de compter les feux. V. *Foc*, R.

L'affouagement, selon M. Julien, Stat. de Prov., est une cotisation certaine et uniforme des biens taillables des communautés, faite par autorité publique, pour la contribution aux charges de l'état et du pays.

Le fouage, ou cette imposition qui se levait sur chaque feu ou chef de famille, a une origine fort ancienne. Nicéphore, empereur d'Orient, qui s'empara du trône en 802, après en avoir fait descendre Irène, exigeait de ses sujets le droit de *feu : fumarium tributum*. Dict. des orig. de 1777, en 6 vol. in-12, au mot *Fouage*.

Cette manière d'imposer par feux était déjà connue dans nos pays, en 1390; l'affouage fait en 1470 subsistait encore en 1664.

AFFOUGADURA, s. f. (affougadúre); EMPRESSAMENT, AFFUSCATION, AFFOUSCATIEN. Empressement. V. *Ouffuscation*.

Éty. de *affougat* et de *ura*. V. *Foc*, R.

AFFOUGAMENT, s. m. (affougaméin). Grand empressement.

Éty. de *affougat* et de *ment;* d'une manière chaude, empressée. V. *Foc*, R.

AFFOUGAR, v. a. (affougá); AFFUGAR, AFOUGAR. *Affocare*, ital. *Affoguear*, port. Incendier, causer un incendie, embraser, mettre en feu; exciter.

Éty. de *a* pour *ad*, de *focus*, feu, et de *ar;* mettre en feu. V. *Foc*, R.

AFFOUGAR S', v. r. S'EMPRESSAR, S'AFFOUGAR. S'échauffer, s'empresser, se donner beaucoup de peine et de mouvement pour le succès d'une affaire. V. *Foc*, R.

Le P. Puget le dérive du lat. *fuga*.

AFFOUGASSAT, ADA, (affougassá, áde). Épaté, ée; on le dit de tout ce qui est aplati, écrasé comme un gâteau. Garc. V. *Foc*, R.

AFFOUGAT, ADA, adj. et p. (affougá, áde); AFFUGAT, EMPRESSAT. *Affocato*, ital. *Affogueado*, port. Fougueux, violent, impétueux, échauffé, enflammé.

Éty. de *af* pour *ad*, de *foug* pour *foc*, et de *at;* qui est dans le feu, en feu. V. *Foc*, R.

AFFOUGEAR S', v. r. (s'offoudzá), d. bas lim. Tomber en s'affaissant.

Éty. Dit pour *affoungear*, plonger au fond. V. *Found*, R.

AFFOUGEAT, ADA, adj. et p. (offoudzá, áde), d. bas lim. Trop aplati, trop bas, écrasé, ée.

Éty. Dit pour *affoungeat*. V. *Found*, R.

AFFOULAR, v. a. (offoulá), d. bas lim. Faire avorter, détruire: *Lou mauvai temps a affoulat la recolta*, le mauvais temps a détruit la récolte.

Éty. de *afolar*, vl. qui signifiait Endommager, altérer, détruire; fatiguer; d'où l'espagnol *afollar*, corrompre.

AFFOULAR S', (s'affoulá), dl. Se gâter, s'abâtardir, empirer; émousser, reboucher; faire une fausse couche, avorter; se fouler, s'endolorir une articulation. V. *Enfauchar*. se fatiguer. Aub.

Éty. de la basse lat. *affolare*, nuire, blesser; ou de l'espagnol *afollar*, corrompre.

AFFOULAT, ADA, adj. (affoulá, áde); AFFOULATRIT. Enragé. V. *Gast*. Affolé, ée, amoureux à l'excès.

Éty. de *a* pour *ad*, de *fol*, fou, et de la term. pass. *at*, *ada*, atteint de folie. V. *Fol*, Rad.

Coumo un can *affoulat* fasio que de daumagi. Dioul.

AFFOULATRIT, IDA, adj. et p. (affoulatri, ide), dl. Amouraché, ée. V. *Affoulat* et *Fol*, R.

AFFOULIT, IDA, adj. (affouli, ide); AFFOULAT, ENFADESIT. Affolé, excessivement passionné. Garc. V. *Fol*, R.

AFFOURCHAR, v. a. (affourchá); ENFOURCHAR. *Afforcare*, ital. Affourcher, mouiller une seconde ancre à l'opposé de la première.

Éty. de *a* pour *ad*, de *fourcha* et de la term. act. *ar*, parce que les deux câbles plongés dans l'eau forment une espèce de fourche dont le vaisseau serait le manche. Voy. *Fourc*, R.

AFFOURISME, V. *Aphorisme*.

AFFOURNELAR, v. n. (offournelá), d. bas lim. V. *Fournelar* et *Fourn*, R.

AFFOURRAGEAR, v. n. (affourradjá), dl. V. *Affenar*, *Affourrager* et *Affourer*, donner du fourrage aux bestiaux.

Éty. du lat. *far*, *faris;* ou de *a*, du, de *fourragi* et de *ar;* donner du fourrage. V. *Far*, R.

AFFOURTUNAT, ADA, adj. (offourtuná, áde), d. bas lim. *Afortunado*, *ada*, esp. *Affortunado*, port. En butte aux caprices du sort, bon ou mauvais: *Aquel home es affourtunat dins tout ço qu'entreprend*, cet homme est heureux dans tout ce qu'il entreprend. *Iou sei affourtunat pei malhur*, je suis destiné à être malheureux. Béron.

Éty. Dans le premier sens, de *a* pour *ad*, de *fourtuna* et de *at;* conduit à la fortune. Dans le second, de *a* priv., et de *fourtunat*, infortuné. V. *Fourt*, R.

AFFOUSCAR, V. *Affiscar*.

AFFRAIRAR, v. a. (affreirá); AFFREIRAR, AFFRIAR, AFFRAIRIR. *Afratelarse*, esp. Associer, recevoir dans une confrérie, fraterniser, sympathiser.

Éty. de *a*, de *fraire* et de *ar;* mettre au rang de frère. V. *Frat*, R.

S'affrairar, v. r. s'associer.

AFFRAIRAR S', v. r. AFFRIAR S', d. bas lim. *Afratelarse*, esp. *Affratellarsi*, ital. Se familiariser, se lier intimement, s'accointer avec quelqu'un; s'associer pour cultiver en commun des biens dont on partage les produits. V. *Frat*, R.

Es boun, per *s'affrayra* de causi ses parious. Bergeyret.

AFFRAIRAT, ADA, adj. et p. (affreirá, áde), dl. Associé. Sauv. V. *Frat*, R.

AFFRAIRIGEATIEU, s. m. (offreiridzotieu), d. bas lim. C'est le nom qu'on donne à une société formée par des cultivateurs dans le but de travailler en commun.

Éty. V. *Frat*, R.

AFFRAIRIR, Garc. V. *Affrairar* et *Frat*, R.

AFFRAIRIT, IDA, part. (afreiri, ide). On le dit de deux personnes qui vivent ensemble comme des frères, mais plus particulièrement des animaux domestiques qui ne veulent pas rester l'un sans l'autre.

Éty. de *a* pour *ad*, de *fraire*, de *it*, term. pass. et de *ir;* litt. changés, transformés en frères. V. *Frat*, R.

AFFRANCHIMENT, Aub. V. *Affranchissament*.

AFFRANCHIR, v. a. (affranchir); AFRANQUIR. *Franquear*, port. esp. *Afrancar*, anc. esp. *Affrancare*, ital. Affranchir, mettre en liberté, en parlant d'un esclave; décharger, exempter, délivrer; payer le port d'une lettre en la mettant à la poste, rendre plus souple, plus liant, en bas lim.

Éty. On a fait venir ce mot du celt. *affrancare*, du lat. *frangere*, briser, sous-entendu *vincula*, les liens; mais il est dérivé de *Franc;* v. c. r.

AFFRANCHIR S', v. r. S'affranchir, se délivrer de...

AFFRANCHISSAMENT, s. m. (affranchissaméin); AFFRANQUIMENT, AFFRANCHIMENT. *Affrancatione*, ital. anc. Affranchissement, acte par lequel on affranchit.

Éty. de *affranchir* et de la term. *ment*. V. *Franc*, R.

A Rome, l'affranchissement des esclaves commença sous le règne de Servius Tullius; en France, Louis le Gros, en 1135, et Louis VIII, en 1223, commencèrent à affranchir les serfs de l'esclavage sous lequel ils gémissaient, afin de diminuer l'autorité des seigneurs.

AFFRANCHIT, IDA, IA, adj. et part. (affranchi, ide, ie); DELIOURAT, LIBRE, FRANC, ANCA. *Afrancado*, anc. esp. *Franqueado*, port. esp. *Affrancato*, ital. Affranchi, ie, à qui l'on a donné la liberté; dont on a payé le port, parlant d'un paquet, d'une lettre.

Éty. Part. de *affranchir*. V. *Franc*, R.

AFFRANQUIMENT, s. m. vl. Affranchissement. V. *Affranchissament*.

AFFRANQUIR, v. a. vl. AFRANQUIR, AFRANQUEZIR, AFRANCAR. Affranchir, apprivoiser, adoucir.

AFFRANQUIR, v. a. (affranquir), dl. *Affranquir una bouta*, aviner un tonneau. *Bouta affranquida*, tonneau aviné. Voy. *Affranchir* et *Franc*, R.

Préparer un vase de terre neuf, en le faisant bouillir ou tremper, pour qu'il résiste au feu et perde le goût de terre qu'il avait.

AFFRANTIR S', v. r. (s'offronti), d. bas lim. Devenir plus doux, s'adoucir, se radoucir.

AFFRE, s. m. (âffré.) Chose épouvantable à voir, qui fait peur. Affre, en français, est synonyme de grande peur, frayeur extrême.

Éty. du grec φρὶξ (phrix), frémissement des eaux de la mer, frayeur, épouvante, ou de ἀφρὸς (aphros), écume; parce que c'est quand la mer est agitée qu'elle devient écumeuse et *affrousa*, épouvantable, *Que fai affre. Aquella ribiera fai affre*, cette rivière est épouvantable; on dit aussi d'un homme qui écume de rage, *fai affre.*

M. Roq prétend que affre est une onomatopée.

Borel le dérive de ἄφρον (aphron), insensé. Ce mot vient peut-être aussi de l'allemand *frais* ou *fraisch*, effroi, épouvante, frayeur, grande peur, ou de l'hébreu, *aph*, colère, courroux. Dérivé, *Affroux.*

AFFREGEOULIR S', Garç. V. *Enfregeoulir s'* et *Fred*, R.

AFFREGEOULIT, IDA, adj. V. *Enfregeoulit* et *Fred*, R.

AFFRENADIR, vl. V. *Afrenar.*

AFFRET, s. m. (affré) dl. Fret, louage d'un bâtiment. V. *Fret.*

AFFRETAMENT, s. m. (affretaméin); *Fretamento*, port. Affrètement, l'action d'affréter, de louer un navire, prix du louage.

Éty. de *a* augm., de *fret*; v. c. m., et de la term. *ment.*

AFFRETAR, v. a. (affretá); AFRETAR. *Fletar*, esp. *Fretar*, port. Affréter, prendre un vaisseau à louage, équiper.

Éty. de *a*, pour *ad*, de *fret*, et de la term. act., *ar*; prendre à fret.

AFFRETAT, ADA, adj. et part. Affrété, ée, loué, en parlant d'un vaisseau.

Éty. de *affret* et de la term. pass. *at, ada.*

AFFRETS, s. m. (affrés), dl. Le faîtage d'une maison. Sauv.

AFFRETUR, s. m. (affretú); *Fretador*, port. Affréteur, celui qui prend un bâtiment à louage, celui qui affrette.

AFFREYDAR, v. n. et r. vl. V. *Refredar.*

AFFREYDAT, ADA, adj. et p. vl. V. *Refredat.*

AFFRIANDAR, Voy. *Agroumandir*, *Friand* et *Freg*, R.

AFFRIANDISIR, v. a. (offriandizi), d. bas limous. AGROUMANDIR, AGALAVARDIR. Affriander, rendre friand. V. *Agroumandir.*

Éty. de *a*, de *friandisa* et de *ir;* porter aux friandises. V. *Freg*, R.

AFFRIANDISIT, IDA, adj. et part. (affriandisi, ide), m. d. AGALAVARDIT, AGROUMANDIT. Affriandé, devenu friand. Voy. *Agroumandit* et *Freg*, R.

AFFRIC, ICA, adj. (affri, ique); AFFATIGAT. Affriandé, avide, ardent, empressé, acharné, âpre à la curée, attiré par quelque chose d'agréable.

Éty. du rom. *africh*, acharné, obstiné.

AFFRISCAR, dl. V. *Adraiar s'.*

AFFRONT, (affrón); AFFROUENT, AFFROUNT, ESCORNA. *Affronto*, ital. *Afrenta*, esp. *Affronta*, port. Affront, injure, outrage, soit de paroles, soit de fait; déshonneur, honte.

Éty. de l'ital. *affronto*. V. *Front*, R.

AFFRONTAR, v. a. (affrountá); AFFROUNTAR, AFRONTAR, *Afrontar*, cat. esp. *Affrontar*, port. *Affrontare*, ital. Affronter, attaquer de front; faire un affront à quelqu'un; en d. bas lim. tromper, attraper; vl. aboutir, tenir à, confiner.

Éty. de *af* pour *ad*, de *front* et de *ar;* agir front à front, résister en face. V. *Front*, R.

AFFRONTAR S', v. r. vl. Se mesurer, lutter contre quelqu'un. V. *Affrontar* et *Front*, R.

AFFRONTARIA, s. f. (affrountarie); AFFROUNTARIA. Effronterie, impudence hardie, qui ne s'étonne de rien.

Éty. de *affrontar* et de *aria*; action de celui qui affronte. V. *Front*, R.

AFFRONTAT, ADA, s. et adj. (affrountá, áde); AFFROUNTAT, EFFROUNTAT. *Affrontato*, ital. *Affrontado*, port. Effronté, ée, impudent, hardi, qui marche le front levé et d'un air insolent; en d. bas lim. surpris, ise, étonné comme quelqu'un qui se voit joué.

Éty. de la basse lat. *frontosus*, m. s., ou de *af* pour *ad*, de *front* et de *at*, *ada*; fait avec front, avec audace; affronté, en français, signifie placé en regard. V. *Front*, R.

AFFRONTUR, s. m. AFFRONTUR. *Affrontatore*, ital. *Affrontador*, port. Affronteur, affronteuse, trompeur, hypocrite.

Éty. de *a*, de *front* et de *ur*; celui qui affronte; ou du grec ἀφρόντιςος (aphrontistos), qui n'a d'égard pour personne. V. *Front*, R.

AFFROUENT, V. *Affront* et *Front*, R.

AFFROUN, s. m. d. béarn. V. *Affront.*

AFFROUS, OUSA, adj. (affróus, óuse); DESCARAT. Affreux, euse, qui cause de l'effroi, qu'on ne peut voir sans frémir.

Éty. de *affre* et de *ous*, ou du grec ἄφρωνος (aphrônos), ou ἄφρων (aphrôn), fou, troublé; dérivé de φρὴν (phrên), esprit, et de *a* priv. V. *Affre.*

AFFROUSAMENT, adv. (affrousaméin). Affreusement, d'une manière affreuse. V. *Affre.*

AFFUBLAMENT, s. m. (affublaméin). Affublement, habillement considéré comme extraordinaire, peu convenable ou sans goût.

Éty. de *affublar* et de *ment*. V. *Affibl*, R.

AFFUBLAR, v. a (affublá). Affubler, mettre à quelqu'un un habillement extraordinaire ou ridicule: le couvrir plus que de coutume.

Éty. de la basse lat. *affibulare*, fait de *fibula*, agrafe. V. *Affibl*, R.

AFFUBLAR S', v. r. S'affubler, se couvrir d'une manière extraordinaire. V. *Affibl*, R.

AFFUBLAT, ADA, adj. et p. (affublá, áde). Affublé, ée; prévenu pour quelqu'un. V. *Affibl*, R.

AFFUDAR, Garc. V. *Esqueiregear.*

AFFUGAR S', v. r. (s'affugá). S'échauffer au travail. V. *Affougar s'.*

Éty. du lat. *ad*, de *fuec*, et de la term. *ar;* se mettre dans le feu ou en feu. V. *Foc*, R.

On le dit aussi de la braise qui paraissait s'éteindre et qui se rallume.

AFFUGAR, et

AFFUGAT, Voy. *Affougar*, *Affougat.*

AFFUMAT, ADA, adj. et p. (afumá, áde), dg. *Afumado, ada*, esp. *Affumato*, ital. *Affumado*, port. Enfumé. V. *Estubassat* et *Fum*, R.

AFFUMELIR S', v. r. (s'affumelir). *Afeminarse*, esp. Devenir efféminé, se passionner pour les femmes. Garc. V. *Femn*, Rad.

AFFUN, s. m. (affún). Sorte de cordon pour fixer des paniers, des sacs, etc. sur le bât. Garc.

Éty. du lat. *funis*, corde.

AFFURAR, v. a. (affurá). AFFOUGAR, AFFUGAR. *Affuriare*, ital. anc. Animer, exciter, emporter, rendre furieux.

Éty. de *a*, de *furens* et de la term. act. *ar;* porter à la fureur. V. *Fur*, R.

AFFURAT, ADA, adj. et part. (affurá, áde); AFFOUSCAT. Animé, excité. V. *Affurar* et *Fur*, R.

Seis bords soun ravageats per l'affurat guerrier. Gros.

AFFUSCAR, V. *Affiscar.*

AFFUSCAT, V. *Affiscat* et *Ouffuscat.*

AFFUSCATION, s. f. (affuscatie-n); AFFUSCATIEN. Offuscation, trouble, application démesurée, empressement. Avril.

AFFUST, s. m. (affút); AFFUT. *Afuste*, esp. *Affusto*, ital. Affût, machine de bois ou de métal servant à supporter ou à transporter une pièce d'artillerie. Il y en a de roulants et de fixes.

Éty. de *af* pour *ad*, et de *fusta*, bois, fait de bois. V. *Fust*, R.

Dans un affût on appelle :

ARMONS, les deux pièces qui soutiennent le timon.
ATTELOIRE, la cheville où s'attachent les traits.
AVANT-TRAIN, les deux roues de devant et le timon.
BOITE, l'embouchure du bout de l'essieu.
CHEVET, le coussinet ou billot qui se place entre l'affût et le ventre du mortier.
CROCHET DE RETRAITE, les crochets placés à l'affût.
ENTRETOISES, les pièces transversales qui unissent les flasques; on les distingue en *entretoise de volée*, *de touche*, de *mire* et de *lunette.*
FLASQUES, les deux longues pièces qui portent d'un côté sur l'axe de l'essieu et de l'autre à terre, jointes par les entretoises.
HEURTEQUIN, la ferrure placée contre l'épaulement des essieux.
PALONNIERS, pièces auxquelles les traits des chevaux sont attachés.
SEMELLE DE L'AFFUT, la pièce de bois sur laquelle pose la culasse du canon.
TIMON, V. *Timoun.*
VOLÉE, la pièce de bois de traverse attachée au timon, à laquelle on attèle les chevaux du second rang.

AFFUSTAGI, s. m. (affustádgi), AFFUSTAGE. Affûtage, l'ensemble des outils nécessaires à un menuisier.

Éty. de *a*, de *fusta*, bois, et de *agi;* ce qui sert au bois. V. *Fust*, R.

AFFUSTAR, v. a. (affustá); AFFUSTAR. *Affustare*, ital. anc. Affûter un canon, le pointer, le mettre en mire.

Éty. de *affust* et de *ar*. V. *Fust*, R.

AFFUSTAR, v. a (offustá), d. bas lim. Affûter, aiguiser les outils.

Éty. de *a*, de *fusta* et de *ar;* rendre propre à couper le bois. V. *Fust*, R.

AFFUSTAR S', v. s. (s'affustá); vl. S'ajuster, ajuster ses paroles; faire belle parade.

Éty. de *a*, de *fust* et de *ar*, arranger, polir comme un fût. V. *Fust*, R.

AFFUSTAR S', v. r. dl. Viser, mirer, regarder au but; se préparer. Sauv. Voy. *Fust*, R.

AFFUSTAT, ADA, adj. et p. (affustá, áde); AFFUTAT. Affûté, ée: *Oubrier affutat*, ouvrier menuisier qui a tous ses outils. V. *Fust*, R.

AFFUT, pour affût, terme de chasse V. *Espera* et *Fust*, R.

Ėty. de *fust*, bois où l'on se cache pour attendre le gibier. V. *Fust*, R.

AFFUT et

AFFUTAR, V. *Affust*, *Affustar* et *Fust*, R.

AFFUTIAUS, V. *Affiquets* et *Fust*, R.

AFI

AFIAMEN, s. m. vl. AFIZAMEN. Foi, parole, promesse, assurance. V. *Fid*, R.

AFIANSAR, v. vl. *Afiansar*, cat. *Afianzar*, esp. *Affiançar*, port. *Affier*, prêter foi, jurer obéissance. V. *Fid*, R.

AFIAR, v. a. vl. *Afiar*, esp. Assurer, garantir. V. *Affidar* et *Fid*, R.

AFIAT, ADA, adj. et p. vl. Accordé, ée. V. *Fid*, R.

AFIBLALH, s. m. vl. Agrafe.

Ėty. du lat. *fibula*, m. s.

AFIC, s. m. vl. AFIX. *Afic*, anc. cat. *Afinco*, anc. esp. Attachement, effort, obstination, impulsion, application; promesse, engagement, assurance, confiance, étude, attention, dessin. V. *Fich*, R.

AFICAR, v. a. vl. AFIQUAR. *Aficar*, anc. cat. *Afijar* et *Afincar*, anc. esp. *Afficar*, port. *Afficcare*, ital. Appuyer, fixer, attacher.

Ėty. du lat. *figere*. V. *Fich*, R.

AFICAR, v. a. vl. Affirmer. V. *Fich*, R.

AFICHAR, vl. V. *Affichar*.

AFIDAR, v. n. vl. Prêter serment de fidélité. V. *Affidar* et *Fid*, R.

AFIERT, vl. Il convient, il importe.

AFIGIMEN, s. m. vl. Adjonction, action de placer des affiches. V. *Fich*, R.

AFIGIR, v. a. vl. *Afijir*, anc. esp. *Affiggere*, ital. Adjoindre, attacher, afficher.

Ėty. du lat. *affigere*, m. s. V. *Fich*, R.

AFILAR, v. a. (afilà); AFFILAR, AFIELAR, AFIERAR, DOUNAR LOU FIOU. *Afilar*, cat. esp. *Affiar*, port. *Affilare*, ital. Affiler, aiguiser, donner le fil à un instrument tranchant. V. *Fil*, R.

AFILAR, vl. V. *Affilar*.

AFILAT, vl. V. *Afilat*.

AFILAT, vl. A la file, fin, rusé. V. *Fil*, Rad.

AFILATAR, v. a. vl. EMBOURGINAR. Prendre au filet; déniaiser. V. *Fil*, R.

AFILHAMEN, s. m. vl. *Afillament*, anc. cat. *Afillamento*, anc. esp. Affiliation, adoption. V. *Fil*, R. 2.

AFILHAR, v. a. vl. *Afillar*, cat. *Afillar*, anc. esp. Affilier, adopter: *Afilhar un filh*, adopter un enfant. V. *Affilhar* et *Fil*, R. 2.

AFILHOLAMEN, s. m. vl. *Affilleulement*, affiliation par le baptême. V. *Fil*, R. 2.

AFILIAR, v. a. (afiliá). Affilier, aggréger à un corps, à une société, et réciproquement s'affilier, s'impatroniser. Garc. V. *Fil*, R. 2. et *Afilhar*.

AFILIATION, s. f. (afiliatie-n); AFFILIATIEN. *Filiazione*, ital. Affiliation, acte par lequel on affilie. Garc. V. *Fil*, R. 2.

AFIN, conj. (afin); FIN. *Afin*, esp. *Affine*, ital. *Afim*, port. Afin, conjonction qui marque qu'une chose est faite en vue d'une autre considérée comme la fin, le but où tend la première.

Ėty. du lat. *finis* ou *ad finem*. V. *Fin*, R. *Afin-que*, *Affinche*, ital. Afin que.

AFINADOR, s. m. vl. AFINAIRE. *Afinador*, cat. esp. *Affinador*, port. *Affinatore*, ital. Affineur de l'or et de l'argent. V. *Fin*, Rad.

AFINAGI, V. *Affinagi*.

AFINAIRE, vl. V. *Afinador*.

AFINAMEN, s. m. vl. *Afinamiento*, esp. Terme, fin. V. *Fin*, R.

AFINAR, v. a. et n. vl. *Afinar*, cat. esp. *Affinare*, ital. Tirer vers la fin, terminer, achever. V. *Fin*, R.

AFINAR, v. a. vl. Épurer, raffiner, ennoblir. V. *Affinar* et *Fin*, R. 2.

AFINAR S', v. a. vl. Conclure, en finir avec quelqu'un, faire la paix avec lui.

Ėty. de *a*, de *fin* et de *ar*; aller, arriver à la fin. V. *Fin*, R.

AFINAT, V. *Affinat*.

AFIQUAR, vl. V. *Aficar*.

AFIS, vl. Il ou elle défie.

AFISCAR, v. a. vl. Attirer, animer, échauffer, exciter.

Ėty. Altér. de *afuscat* ou *oufuscat*.

AFISCAT, adj. et p. vl. Acharné, passionné.

AFISOULAT, vl. V. *Affiroulat*.

AFITAMENT, adv. vl. Fixement. V. *Fich*, R.

AFITES, s. m. vl. *Afites es peyra blanca que ha alguna lutz si movent cum estela*; Afites est une pierre blanche qui scintille comme une étoile. V. Raynouard, Dict.

AFIUAMENT, s. m. vl. V. *Affieusament*.

AFIUZAR, vl. V. *Affeuar*.

AFIX, vl. *Affix*, cat. Attachement, V. *Afic* et *Fich*, R.

AFIZAMEN, s. m. vl. *Afiansament*, anc. cat. Affection, attachement. V. *Fich*, R.

AFIZAR, vl. V. *Affidar*.

AFL

AFLAC, adv. (afiác), dl. A foison, en abondance.

AFLAGELY, adj. d. vaud. Affligé, atteint par un fléau. V. *Flagel*, R.

AFLAMAR, v. a. vl. AFFLAMAR. *Aflamar*, anc. cat. anc. esp. *Affiammare*, ital. V. *Enflammar* et *Flamm*, R.

AFLAMAT, ADA, adj. et p. vl. Voy. *Enflammat* et *Flamm*, R.

AFLATADOR, vl. V. *Afflatador*.

AFLATAR, vl. V. *Afflatar*.

AFLEBEIAR, v. a. et n. vl. Faiblir, affaiblir. V. *Afeblir* et *Flech*, R.

AFLEBIR, vl. V. *Afeblir* et *Flech*, R.

AFLECHIR, v. a. vl. Affliger, mortifier. V. *Affligear*.

Ėty. du lat. *afflictio*, et de *ir*. V. *Flig*, R.

AFLEGEZIR, v. n. vl. Fléchir, plier. V. *Flech*, R.

AFLIBLAR, v. a. vl. Affubler, parer. V. *Affublar*.

AFLICHIZIR, v. a. vl. *Aflaquir*, cat. Affaiblir. V. *Afeblir* et *Flech*, R.

AFLICTIO, s. f. vl. V. *Affliction*.

AFLOURAR, v. n. (afflourà); DESFLOURAR, EFLOURAR, ESFLOURAR, AFLOUROUNCAR, AFFLOURIR. *Desflorar*, esp. port. *Disfiorare*, ital. Défleurir, en parlant des arbres qui perdent leurs fleurs par intempérie; couler, quand il s'agit des fleurs qui, n'étant pas fécondées, ne donnent point de fruit.

Ėty. de *a* priv., de *flour* et de *ar*. Voy. *Flor*, R.

AFLOURAT, ADA, adj. et p. (afloura, áde); DESFLOURAT, DESFLOURIT. Défleuri, ie; coulé, ée.

Ėty. de *a* priv., de *flour* et de *at*; Voy. *Flor*, R.

AFLUENCIA, s. f. vl. V. *Affluença*.

AFO

AFOGADOR, s. m. anc. lim. AFOIADOR. Incendiaire, qui met le feu. V. *Foc*, R.

AFOGAR, v. a. vl. AFUGAR, AFOGUAR. *Affoguear*, port. *Affocare*, ital. Allumer, embraser; mettre le feu, incendier. V. *Foc*, R.

AFOGAR, v. a. vl. *Afogar*, cat. anc. esp. *Affogar*, port. Suffoquer, étouffer. V. *Foc*, Rad.

AFOGUAR, vl. Allumer. V. *Afogar*.

AFOLAMEN, s. m. V. *Affollamen*.

AFOLAR, v. a. vl. AFOLHAR. *Afollar*, anc. esp. Endommager, altérer, détériorer. V. *Affoular*, avorter, estropier. Dérivés: *Afola-ment*, *Afol-at*, *Afol-ar*, *Afol-iar*.

AFOLAT, ADA, adj. et p. vl. Endommagé, altéré, détérioré.

AFOLCAR, v. a. vl. AFOLQUAR. Appuyer, secourir, seconder.

Ėty. du lat. *fulcire*, appuyer. V. *Fourc*, R. Diriger, guider, réunir. Rayn.
Attrouper, recommander. Gl. occit.

AFOLEZIR, v. n. vl. Devenir fou, affoler. V. *Afolir* et *Fol*, R.

AFOLHAR, vl. V. *Afolar*.

AFOLIAR, v. a. vl. AFOLLIAR, AFOLHAR. Blesser, maltraiter, endommager, estropier.

Ėty. de *afolar*; v. c. m.

AFOLIR, v. a. et n. vl. AFOLEZIR. Affoler, rendre fou; devenir fou. V. *Fol*, R.

AFOLIT, IDA, adj. et p. vl. Affolé, ée. V. *Fol*, R.

AFOLQUAR, vl. V. *Afolcar*.

AFONDIR, v. a. vl. *Afondar*, esp. Enfoncer, couler à fond. V. *Found*, R.

AFONSAR, v. a. vl. AFONZAR. *Afonsar*, cat. *Afondar*, anc. esp. *Affundar*, port. *Affondare*, ital. Enfoncer, couler à fond. V. *Found*, R.

AFONSAT, ADA, adj. et p. AFONZAT. *Afondado*, anc. esp. Enfoncé, ée, coulé à fond. V. *Found*, R.

AFONZAR, vl. V. *Afonsar*.

AFORAR, v. a. vl. *Aforar*, cat. esp. Estimer, apprécier, évaluer, juger, taxer.

Ėty. de *forum*, justice.

AFORAT, ADA, adj. et p. vl. Taxé, ée; estimé, apprécié.

AFORCENAR, v. a. et n. vl. Rendre, devenir forcené.

Ėty. de *a*, de *fora*, de *cen*, pour *sens* et de *ar*; litt. mettre hors du sens, c'est-à-dire, du bon sens. V. *Sent*, R.

AFORCENAT, ADA, adj. vl. Forcené, ée.

AFORESTAR, v. n. vl. Avoir, exercer le droit de *forestage*; faire paître en forêt.

Éty. de *a*, de *forest* et de *ar*.

AFORMAR, v. a. vl. Arranger, mettre en ordre; redresser, ajuster.

Éty. de *a*, de *forma* et de *ar*. V. *Form*, R.

AFORRAR, v. a. vl. *Aforrar*, esp. Doubler une étoffe, fourrer, épargner.

AFORTAR, v. a. vl. *Afortalescer*, esp. *Afforzare*, ital. Fortifier. V. *Fort*, R.

AFORTAT, ADA, adj. et p. vl. *Afortalado*, esp. Fortifié, ée. V. *Fort*, R.

AFORTIDAMENT, adv. vl. AFORTIDAMENS. Courageusement, fièrement, vigoureusement. V. *Fort*, R.

AFORTIMENT, s. m. vl. AFORTIMEN. Assurance, bravoure, force, effort, courage, puissance, solidité, encouragement, domination. V. *Fort*, R.

AFORTIMENT, adv. vl. *Afforza*, ital. Forcément, par force. V. *Fort*, R.

AFORTIR, v. a. vl. *Afortalescer*, esp. Fortifier, affermir, encourager, renforcer, insister, résister, soutenir. V. *Fort*, R.

AFORTIT, IDA, adj. et p. vl. AFORTITZ. *Afortalado*. esp. Affermi, renforcé, brave, vaillant, ferme, intrépide.

Éty. de *a*, de *fort* et de *it*; rendu plus fort. V. *Fort*, R.

AFOUC, s. m. (afouc), et impr. AHOUC, d. béarn. Convoi funèbre.

AFOUGASSAT, V. *Esfougassat* et *Foc*, Rad.

AFOULADURA, s. f. (afouladúre), d. d'Apt. Foulure. V. *Entorsa*.

AFOUNIT, IDA, adj. (afouni, ide); ABOUNIT, d. béarn. Recoquillé, rapetissé, enfoncé.

Éty. de *a*, de *foun* et de *it*; mis au fond, enfoncé. V. *Found*, R.

AFOURTUNAR, v. a. (afourtuná), dl. *Afortunar*, esp. *Diou m'afortune*, Dieu veuille répandre sur moi ses grâces, ses bénédictions, me donne une bonne réussite, une heureuse rencontre. Sauv.

Éty. de *a*, de *fourtuna* et de *ar*; donner la fortune. V. *Fourt*, R.

AFOZENC, s. m. vl. Ouvrier qui travaille la terre, fossoyeur. V. *Foss*, R.

AFR

AFRADASSO, nom d'homme (afrádasse). Afrodisse ou Aphrodisse.

Éty. de saint Aphrodisse, premier évêque de Beziers, au IIIme siècle, à ce que l'on croit; sa fête se célèbre le 22 mars.

AFRAGNER, v. a. vl. AFRANHER, AFRAIGNER. Briser, adoucir, calmer, fléchir, soumettre, assujettir. *Afragner s'*, s'égosiller. *Afranh*, il ou elle adoucit, calme, fléchit.

Éty. du lat. *Frangere*, s. m. V. *Frag*, R.

AFRAI, s. m. vl. Débris, rupture. V. *Frag*, R.

AFRAIRAR, vl. V. *Affrairar*.

AFRAIS, vl. Il ou elle humilia.

AFRANCAR, v. a. vl. *Afrancar*, anc. cat. et anc. esp. *Affrancare*, ital. Affranchir, adoucir, amolir, rendre bon. V. *Afranquir* et *Franc*, R.

AFRANHER, vl. V. *Afragner*.

AFRANQUEZIR, vl. V. *Affranquir*.

AFRANQUIR, vl. V. *Affranchir*.

AFREGEOULIT, Voy. *Enfregoulit*.

AFREMOUNIR S', vl. (s'afremounir). Prendre un air de femme, affecter du bon sens, en parlant d'une jeune fille. Aub.

Éty. de *a*, de *fremouna*, petite femme et de *ir*; devenir.

AFRENADIR, v. a. vl. *Affrenare*, ital. Brider, mettre le frein.

AFRENADIT, adj. et p. vl. Soumis, habitué au frein.

Éty. de *a*, de *frenum* et de *it*; soumis au frein.

AFRENAR, v. a. vl. AFRENADIR. *Affrenare*, ital. Brider, mettre un frein; dompter, enfréner.

Éty. du lat. *frenare*, m. s. V. *Fren*, R.

AFREOLAR, vl. V. *Afrevolar*.

AFREOLIR, V. *Afrevolir*, vl.

AFREOLLAR, vl. V. *Afrevolar*.

AFRESCADET, ETA, adj. (afrescadé, éte), dl. Réjoui, ie, empressé, ée.

Ounté anas tant afrèscadéta
Ma poulida doumaïseléta?
Rigaud.

AFRESCAR S', v. r. dl.?

Risiei tout soul et m'afrescavé
A prendré lou roussignolet.
Aug. Rigaud.

AFRÈTAR, v. a. vl. Équiper. V. *Affretar*.

AFREULIMENT, s. m. vl. Affaiblissement.

Éty. de *frivolus*, faible. V. *Flech*, R.

AFREULIR, vl. V. *Afrevolir*.

AFREVOLAR, v. a. vl. AFREOLLAR. V. *Afrevolir*.

AFREVOLAT, ADA, adj. et p. vl. V. *Afrevolit*.

AFREVOLHIR, vl. V. *Afrevolir*.

AFREVOLIR, v. a. vl. AFREVOLZIR, AFREVOLAR, AFREOLAR, ENFREVOLIR, ESFREVOLZIR. *Affrouxar*, port. *Afreulir*, anc. cat. Affaiblir. V. *Flech*, R.

AFREVOLIT, IDA, adj. et p. vl. AFREVOLAT, AFREVOULIT, AFRENOLIT. *Affrouxado*, port. Affaibli, ie. V. *Flech*, R.

AFREVOLZIR, V. *Afrevolir*.

AFRIC, ICA, adj. (afric, ique); AFRICH, ICHA. Affriandé, qui vient la bouche enfarinée, qui croit ne trouver aucune résistance à ses désirs. vl. Acharné, obstiné, ardent; butté, ée. Gl. occ. V. *Afriandisit*.

Éty. de *apricus*, ardent. V. *Africa*.

AFRICA, s. f. (afrique); AFRIQUA. *Africa*, port. esp. *Affrica*, ital. Afrique, partie du monde, formant une grande péninsule qui ne tient que par l'isthme de Suez, à l'ancien continent.

Éty. du lat. *Africa*, formé de *apricus, a, um*, exposé à l'ardeur du soleil; ou du grec α priv. et de φρίκη (phrikê), froid. Roquefort le dérive de l'arabe *aphrah*, séparer.

Notre commerce avec l'Afrique n'a commencé que vers le milieu du XIVme siècle.

AFRICAN, ANA, adj. AFRIQUEN. *Africano*, port. esp. *Affricano*, ital. Africain, aine, qui est d'Afrique.

Éty. du lat. *Africanus*, m. s.

AFRICH, adj. vl. V. *Afric*.

AFRIOUNAR, Aub. V. *Esfriounar*.

AFRIT, adj. vl. Chaud d'amour.

Éty. du lat. *apricus*, exposé au soleil, chaud. V. *Africa*.

AFRONTAR, vl. V. *Affrontar*.

AFRONTARIÁ, s. f. (afrountarie). Effronterie. Aub.

AFRONTAZO, s. f. vl. *Afrontacion*, esp. Confrontation, confin, limite. V. *Front*, R.

AFRONTIER, adj. vl. *Afrontador*, anc. esp. Affronteur, insolent; gracieux. V. *Front* et *Affrontur*.

AFRUCHAR, v. n. vl. Fructifier, profiter. V. *Fruch*, R.

AFU

AFUBLALH, s. m. vl. *Affibbiaghio*, ital. Collier, fermoir, broche.

Éty. du lat. *fibula*, V. *fibl*. R.

AFUGIR, v. a. vl. *Afufar*, esp. V. *Fugir* et *Fug*, R.

AFUMAR, v. a. vl. ENFUMAR. *Afumar*, esp. *Affumar*, port. *Affumare*, ital. Enfumer, noircir. V. *Fum*, R.

AFURBIR, v. a. (afurbi), v. a. AHURBIR, d. béarn. Harceler.

AG

AG, AGI, ACT, AGIT; radical pris du lat. *ago, agere, actum*, conduire, guider, mener, pousser, faire, agir, et dérivé du grec ἄγω, d'où les mots latins *agitare*, agiter; *redigere*, réduire, ramener, et *redactus* p. *exigere*, fait de *ex* et de *agere* pousser dehors, exiger des contributions.

De *ago*, par apoc. *Ag*, d'où: *Ag-ir, Ag-ent; Outr-age-ar, Outr-ag-i*, etc.

De *agitare*, par apoc. *agit*, d'où: *Agit-ar, Agit-ation*, etc.

De *exigere*, par apoc. *exig*, d'où: *Exige-ar, Exige-ant*, etc.

De *redigere*, par apoc. *redig*, d'où: *Redige-ar*, et de *redactus*, par apoc. *redact*, d'où: *Redact-our, Redact-ion*, etc.

AG, vl. Il ou elle eut, de *aguer, aver*, avoir.

AG, s. m. Atteinte?

Temi que tal ag
Lo mortal cop me tragua.
Flors del gay saber.

Je crains qu'une telle atteinte
Ne me porte le coup mortel.

AGA

AGA, s. m. (agá); *Agà*, ital. *Aga*, port. Aga, chez les turcs, commandant, gardien.

Éty. de *aga*, qui signifie commandant, et dans l'origine aîné, et comme les aînés avaient l'empire sur les autres frères, ce mot a fini par être donné à ceux qui commandent.

AGAÇA, V. *Agassa*.

AGAÇANT, ANTA, adj. (agaçan, ante). Agaçant, ante, qui agace, qui excite.

Éty. V. *Agaçar* et *Ac*, R.

AGAÇAR, v. a. (agaçá), pr. mod. AGASSAR. *Agacciare*, ital. anc. *Agazzare*, ital. m. Pour agacer les dents. V. *Lenteriga*. Exciter à badiner ou à quereller, provoquer par de petites attaques.

Éty. du grec ἀκάζειν (akazein) piquer, irriter. V. *Ac*, R.

AGACAT, ADA, adj. et p. (agaçá, áde). Agacé, ée, irrité, excité, provoqué. V. *Ac*, R.

AGACH, radical dérivé du grec ἤγασα (êgasa), et poét. ἄγασα (agasa), aor. de ἀγάζω (agazô), qui a la même signification que ἀγάω (agaô), admirer, regarder avec surprise; être frappé d'étonnement. V. aussi *Gait*.

De *agasa*, par suppr. de *a*, *agas* et par le changement de *s* en *ch*, *Agach*, d'où: *Agach-ar*, *Agach-aire*, *Agach-at*, *Agach-oun*, etc.

De *agas*, par le doublement de *s agass*, d'où: *Agass-a*, *Agass-at*, *Agass-oun*, etc.

AGACH, s. m. vl. AGAG, AGUAG, AGUAIT, AGAE, AGAZE, AGAH. *Aguayt*, cat. *Aguato*, ital. Guet, piége, embûche, embuscade. V. *Gait* et *Agach*, R.

AGACHA, Garc. V. *Agachoun* et *Gait*, Rad

AGACHAIRE, ARELA, s. m. (agachâïré, arèle), d. vaud. Badaud, aude, qui s'arrête à tout pas pour badauder. Garc.

Éty. de *agachar* et de *aire*. V. *Agach*, R.

AGACHAR, v. a. et n. (agatchá). Regarder avec attention, considérer, admirer, badauder.

Éty. V. *Agach*, R.

AGACHAT, ADA, adj. et p. (ogotsá, áde), d. bas lim. Considéré, ée, respecté. V. *Agach*, R.

AGACHON, vl. V. *Agachouns*.

AGACHONAR, v. a. vl. Poser des témoins de borne, pourvoir de témoins. V. *Agach*, R.

AGACHONAT, ADA, adj. et p. vl. Pourvu de témoins de bornes. V. *Agach*, R.

AGACHONS, vl. V. *Agachouns*.

AGACHORA, s. f. Garc. V. *Agachoun*.

AGACHOUN, s. m. (agatchóun); AGACHA, AGACHORA. Poste à chasser, cabane faite avec de la ramée, d'où le chasseur épie le gibier; lieu élevé d'où l'on peut voir de loin. Voy. *Agach*, R. Jeune baliveau.

AGACHOUNS, s. m. pl. (agatchóuns); CUIDOUNS, GACHOUNS, FIBOLAS. Témoins de bornes, pierre ou brique brisée en deux ou plusieurs parties qu'on enterre autour d'une borne, pour attester, par leur rapprochement, que cette borne n'a pas été déplacée.

Éty. de *agachar*, regarder. V. *Agach*, R.

Agachons son appellats agachons, car agachon et regardon ho regardar devon tot drech sus las partidas de las possessions. Trad. du traité de l'arpentage.

AGACIN, s. m. (agassín); AGASSIN, AGACIS. Cor, excroissance dure et douloureuse qui vient aux pieds; fig. et iron. bosse. *A un agacin sur l'esquina*, il est bossu.

Éty. du rom. *agacin*, m. s. M. Thomas, le fait venir du grec ἀκανθίζω (akanthizô), être épineux, piquant, ou du celt. *gas*, mal et *cin*, piquant; selon Achard.

AGACIN, s. m. Se dit, dans la Basse-Provence, de l'œil de la vigne, à peine visible, qui se trouve entre le sarment et le cep.

AGACIS, dl. V. *Agacin*, cor.

AGADA, s. f. V. *Piquota*. vl. Innondation. V. *Aigu*, R.

AGADES, s. m. vl. Pays, habitant d'Agde. V. *Aguades*.

AGAFFADA, s. f. (ogofáde), d. bas. lim. Morsure. V. *Gaff*, R.

AGAFFAR, v. a. (agaffá), dl. *Aggraffare*, ital. Prendre de bond, prendre de volée, recevoir dans son chapeau ou dans sa main ce qu'on jette; happer, mordre, en parlant des chiens. Ce barbet happe bien ce qu'on lui jette. Sauv. V. aussi *Agantar*. Défigurer, dévisager.

Éty. de *a*, de *gaffa* et de *ar*, prendre avec la *gaffe*, v. c. m. et *Gaff*, R.

AGAFFAR S', v. r. dl. S'accrocher, se prendre à quelque chose. V. *Gaff*, R.

AGAG, s. m. vl. AGAUZ, pl. Piége, embûche. V. *Agach* et *Gait*, R.

AGAGNAU, s. m. (agagnáou), sorte de mante qui semble séparée, cassée, rompue par le milieu. Dioul. V. *Pregadiou*.

Éty. du grec ἄγανος (aganos). Cassé, rompu, de ἄγω (agô), briser.

AGAH, vl. V. *Agach*.

AGAIRAR, dl. V. *Esqueiregear*.

AGAIT, s. m. (agait), vl. Embûches, aguet, embuscade, péril, malheur.

Éty. de *Agait*, rom. m. s. V. *Gait*, R.

AGAITADOR, s. m. vl. Espion. Voy. *Gait*, R.

AGAITAR, v. a. vl. AGACHAR. *Agaitar*, cat. *Aguatare*, ital. *Aguaitar*, esp. Guetter, regarder, observer, considérer attentivement; tendre des piéges, examiner avec soin pour surprendre. V. *Gueitar*.

Éty. du lat. *acuere*, rendre subtil, pénétrant, ou de la basse lat. *aguitare*, m. s. V. *Gait*, R.

AGALA, s. f. (agále), d. d'Apt; alter. de *Gala*. Excroissance du chêne, v. c. m.

AGALANCIER, V. *Agourencier*.

AGALANIER, s. m. (agalanié). Non qu'on donne à Nismes au rosier églantier. V. *Rousier jaune fer* et *Agourencier*.

AGALAVARDIR, v. a. (agalavardir), dl. Affriander, rendre goulu.

Éty. de *a*, de *galavard* et de *ir*, devenir ou faire devenir goulu. Voy. *Galavard* et *Goul*, R.

AGALAVARDIT, IDA, IA, adj. et p. (agalavardi, ide), dl. Goulu, afriandé. Voy. *Goul*, R.

AGALHAR, v. a. (agaillá), dl. AGAILLAR, AGAISSAR. Orner, embellir.

Éty. du grec ἀγάλλω (agallô), m. s. Thomas.

AGALOUPAR, V. *Agouloupar*.

AGALOUS, dl. V. *Verbouissel*.

Éty. du celt. *Aga*, bois. La racine de cet arbuste est ligneuse.

AGALOUSSES, s. m. pl. (agalóussés). ALGALOUSSES, AGAUSSES, AIGALOUSSES. Noms languedociens de l'ononix ou arrête-bœuf épineux: *Ononis spinosa*, Lin. et de l'*Ononis natrix*. Lin. Plantes ligneuses de la fam. des légumineuses.

Selon M. Gouan, le Grand-Houx porte le même nom aux environs de Montpellier. V. *Agarrus*.

Éty. M. Astruc croit que ce mot est d'origine arabe, ou qu'il vient par corrup. du lat. *aculeata*, *aculeosa*, mais il vient plutôt de *aga*, bois, en celtique.

AGAMOUTIR S', v. r. (s'agamoutir); AGAMOOUTIR S', AGRAMOUTIR S'. S'empaqueter, se tenir au lit dans une posture resserrée, se blottir.

AGAMOUTIT, IDA; adj. et p. (agamouti, ide); AGAMOOUTIT. Le même que *Amoulounat* et *Agroumoulit*, v. c. m.

AGANCHAR, v. a. (agantchá), dl. Recevoir, gagner. Sauv. V. *Gant*, R.

AGANDA, s. f. vl. Prise, saisie. Voy. *Agantar* et *Gant*, R.

AGANDOUNIT, dl. V. *Acouquinit*.

AGANIT, adj. d. béarn. Avide, affamé, exténué. V. *Anourrit*.

Éty. On le fait venir du samscrit *aghan*, exténué.

AGANOS, adj. vl. *Aguanoso*, esp. Hydropique. V. *Hydroupique*.

Éty. de *agua*, eau et de *nos*, *nous*, nature; qui est plein d'eau, ou changé en eau. Voy. *Aigu*, R.

AGANSAR, v. a. (agansá), dl. Pincer, prendre adroitement, en esp. *Alcançar*. Attraper. Sauv. V. *Gant*, R.

AGANTAIRE, s. m. (agantairé). Voleur. Aub.

AGANTAR, v. a. (agantá); HAPAR, AGRIPPAR, ARRAPAR, EMPOUGNAR, ACHIPPAR, CHOUPLAR. *Aguantare*, ital. Prendre, saisir fortement avec la main, agripper; atteindre.

Éty. de *a*, avec, de *gant* ou *gantelet*, et de l'act. *ar;* saisir avec le gantelet. Voy. *Gant*, R., ou de ἁρπάζω (barpazô), *rapio*.

Le P. Puget dérive ce mot du grec ἄγειν (agéin), mener, conduire:

Tres fes voulIou sasir soun oumbra fugitiva;
Mai tres fes abusat, dins moun transport ardent,
Cresiou de la tenir quand n'*agantavi* ren. Coye.

AGANTAR S', v. r. En venir aux mains, se prendre, se traîner avec les mains. Voy. *Gant*, R.

AGANTAT, ADA, adj. et p. (agantá, áda). Saisi, pris. V. *Gant*, R.

AGAPIT, IDA, IA, adj. et p. (agapi, ide, ie). Collé, ée; poissée, en parlant de la laine huilée depuis longtemps.

Éty. de *a* et de *gapit*, v. c. m.; qui a séjourné. V. *Gap*, R.

AGAR, v. a. (ogá), d. bas lim. Mettre l'eau dans les prés, arroser. V. *Aiguar*. Rouir le chanvre, le lin. V. *Naigear* et *Aigu*, R.

AGARA, excl. (ogáre), d. bas lim. Garc. V. *Gara* et *Gar*, R.

AGARANÇA, s. f. (agaránce). Nom que la garance porte à Nismes. V. *Rubi* et *Garança*.

AGARANCIER, Garc. V. *Agourencier*.

AGARAR, v. a. (agárá), dl. Voir, regarder, observer, rechercher; ce verbe n'est employé qu'à la seconde et à la troisième personne de l'imp. *agara*, vois; *agaraz*, voyez; *agara que*, prends garde que: *Agara lou*, terme de mépris, voyez le beau merle. Voy. *Gara* et *Gar*, R.

AGARDA, s. f. vl. AUGARDA, ENGARDA. Hauteur, monticule, colline; lieu d'où l'on garde, regarde.

Éty. de *gardar*. V. *Gar*, R.

AGARDAR, v. a. vl. *Aguardar*, cat. port. *Aguardare*, ital. Garder, conserver; contempler, protéger, regarder. V. *Gar*, R.

AGARENCIER, s. m. V. *Agourencier*.

AGARIC, s. m. (agaric); *Agaricum*, lat. *Agarico*, esp. ital. port. *Garicum*, arabe. Agaric de mélèze, Agaric des boutiques ou purgatif : *Boletus laricis*, Lin. plante de la famille des champignons qu'on trouve le plus communément sur les mélèzes.

Éty. du grec ἀγαρικὸν (agarikon), de *Agria*, Agria, pays de la Sarmatie où ce champignon était très-commun.

Les anciens employaient beaucoup sa substance comme purgative et comme émétique; mais les accidents auxquels elle donnait lieu et la découverte de moyens plus sûrs et plus doux, en ont fait abandonner l'usage sous ce rapport.

La propriété qu'a l'agaric d'arrêter les hémorrhagies, fut découverte, par un paysan et communiquée, vers la fin du XVIIIe siècle, au chirurgien Brossard qui en fit son profit. V. *Amadou*.

AGARISSONAR, v. a. vl. Mener en goujat.

Éty. de *gart*, garçon, goujat, alt. de *agarçonar*. V. *Garc*, R.

AGARISSONAT, ADA, adj. et p. vl. Mené, traité comme un goujat. V. *Garc*, R.

AGARRAS. Avr. V. *Avaus*.

AGARREGEAR S', v. r. (s'agarredjá). S'agacer, se faire une petite guerre.

AGARRIR, v. a. (agarrir); AGARIR. *Agarrar*, esp. port. Harceler, attaquer, contraindre, inquiéter; saisir, se rendre maître, selon Garcin.

Éty. du grec ἀγγαρεύω (aggareuô), forcer, violenter, ou de *a-guerra-ir*; aller à la guerre, attaquer.

AGARRUS, s. m. (agárrus); GARRUS, GARRUS DE LA SANTA BAUMA, AGRAFEL, AGREMOURIER, AGROMOURIER, GREU, AGREVOU, GRAFEL, GREFUELHA, GRIFFOU, FOUITA-PASTRE, GREOU, AGREMO, GREOUBAGUIER, GRIEOU, VISC, MACHIER, CHABRAFUELH. *Agrifolio*, ital. Houx commun, Grand-Houx: *Ilex aquifolium*, Lin. arbrisseau de la famille des Frangulacées, assez commun dans les bois de la Basse-Provence.

Éty. du lat. *acaros* et *agrifolium*, qui désignent le même arbrisseau, nommé ἀγρία (agria), en grec; dérivé de ἄγριος (agrios), sauvage, farouche, à cause de ses épines longues et fortes. V. *Agr*, R.

Son fruit porte en français, le nom de cenelles; sa seconde écorce, pourrie et réduite en pâte, produit la glu. V. *Visc*. Son bois très-blanc, est employé par les ébénistes, pour faire des placages, des damiers, etc.

AGARRUS, s. m. est aussi le nom qu'on donne, dans les environs d'Aix, de Valensole, etc., au chêne kermès. V. *Avaus*.

AGARRUSSIR S', v. r. (s'agarrussir). S'abâtardir, en parlant des arbres, se rabougrir.

Éty. de *agarrus* et de *ir*; devenir comme l'*agarrus*; v. c. m., *Agr* et *Agarr*, R.

AGARRUSSIT, IDA, adj. et p. (agarrussí, íde). Abâtardi, rabougri.

Éty. Devenu comme l'*agarrus*. V. *Agr*, R.

AGARSONAT, adj. et p. vl. Traité comme un valet. V. *Garc*, R.

AGAS, s. m. (agás); AJAS, AGAST, AGEAS, RABLE, VIOULOUNIER, ARABRET, ARADRE, ARJULABRE, AUZEROL, AUSEROL. *Agas*, Ac. suppl. Noms qu'on donne, dans les différentes contrées du midi, à l'érable champêtre. : *Acer campestre*, Lin. et à l'érable de Montpellier, *Acer monspessulanum*, *Lin.* arbres de la fam. des érables, qu'on trouve communément sur les coteaux et dans les haies.

Le premier diffère du second, en ce que ses feuilles sont découpées en cinq lobes, tandis qu'elles ne le sont qu'en trois dans celui de Montpellier.

Éty. Ce mot est d'origine ligurienne, selon l'auteur de la Stat. des Bouch.-du-Rhône.

La sève laiteuse de l'érable commun contient un sel de chaux qui a été nommé Acérate par Scherer, qui l'a décrit. Ce suc fournit aussi un acide particulier qu'on nomme *Acérique*.

En 1810, le prince d'Auesperg établit une manufacture pour extraire du sucre de l'érable.

AGASSA, s. f. (agásse); AGEASSA, AJASSA, AYSSA, AYGASSA, JASSA, MARGOT, BLANCA, *Agaez*, bas bret. *Gazza*, ital. mod. *Ajazza*, ital. anc. Pie, agasse, jaquette et margot, *Corvus pica*, Lin. oiseau de l'ordre des Passereaux et de la fam. des Plénirostres ou Pléréoramphes, très-commun dans nos climats, d'où il n'émigre pas.

Éty. du grec ἀγάω (agaô), regarder avec admiration; faisant allusion, au regard attentif avec lequel la pie fixe les objets. Voy. *Agach*, R.

Ses petits se nomment piats V. *Agassoun*.

La pie jacasse et son chant porte le nom de caquet.

AGASSA-FERA, s. f. V. *Darnagas*.

AGASSA-DE-MAR, (agásse de mar). Nom arlésien et lang. de l'Huitrier, *Hæmatopus ostralegus*, Lin. oiseau de l'ordre des Échassiers et de la fam. des Pressirostres ou Ramphostènes (à bec étroit).

AGASSA-TAMBOURLA, s. f. Piegrièche. V. *Darnagas*. Avril.

AGASSADA, s. f. (agassáde), dg. *Trésaille*, traverse qu'on met aux ridelles des charrettes, au-dessus des limons de traverse, pour empêcher leur écartement.

AGASSAR, V. *Agaçar*.

AGASSAT, s. m. (agassá), dl. Piat, ou petit de la pie. V. *Agassoun* et *Agach*, R.

Ou bada de regret coumo un paure agassat,
Qu'en s'en boulan de poou la maire a delaissat. Hillet.

AGASSAT, ADA, adj. et p. (agassá, áde). Agacé, ée, excité, ée. V. *Ag*, R.

AGASSIN, V. *Agacin*.

AGASSIS, s. m. (ogassi), d. bas lim. Averse. V. *Labasses*, *Raissa* et *Aigu*, R.

AGASSOUN, s. m. (agassóun); AYASSOUN, AGEASSOUN, AGASSAT, dim. de *Agassa*. Piat, le petit de la pie. V. *Agach*, R.

AGASSOUN, s. m. dl. Une *guiole*; marque qu'une toupie a faite sur une autre en la frappant. Sauv. V. *Agach*, R.

AGAST, V. *Agas*.

AGATA, s. f. (agáte); *Agata*, esp. *Agata* et *Agaten*, en celte. *Agat*, angl. *Achat*, all. Agathe ou agate, variété du silex qui se distingue par la finesse de sa pâte et la vivacité de ses couleurs; elle fait partie des pierres qu'on nomme précieuses.

Éty. de *Achates*, fleuve de Sicile, nommé aujourd'hui *Drillo*, sur les bords duquel on dit avoir trouvé les premières.

Selon M. Nodier, Examen des Dict., etc., le mot agate serait dérivé du grec ἀχάτης (achatès), tiré de ἄκανθος (akanthos), un arbre ou une fleur épineuse, parce que la plupart des agates paraissent contenir des plantes de cette espèce.

AGATHA, nom de femme (agathe); AGATA, GATA. *Agata*, ital. esp. cat. *Agatha*, port. Agathe.

Éty. du lat. *Agatha*, m. s.

Patr., sainte Agathe, vierge et martyre, dont on célèbre la fête le 5 février, jour qu'on croit être celui de sa mort, arrivée l'an 251.

L'Église honore trois saintes de ce nom.

AGATHES, s. f. vl. V. *Agata*.

AGATHOUN, nom de femme; AGATOUNA, dim. de *Agatha*; v. c. m.

AGATIR, v. a. (agatir), dl. Attirer, amadouer; allécher, amorcer.

AGATIS, s. m. (agatis), dl. Dégât, dommage causé dans un champ par le bétail. Sauv.

Éty. Dit pour *agastis*, qui a la même signification, en roman; dérivé du lat. *vastatio*, *vastare*. V. *Vast*, R.

AGATOCLO, nom d'homme. Agathocle.

AGAU, s. m. (agáou), vl. AGUAL. Canal, conduite d'eau.

Éty. du lat. *aqualis* ou *aquarium*. Voy. *Aigu*, R.

AGAUCHAR, v. r. (agaoutchá). Se réjouir.

Noun t'agauches de moun doou
Que quand lou miou sera vielh,
Lou tiou sera tout nouu, pr.

Éty. de *a*, de *gauch* pour *gau*, joie, et de *ar*. V. *Gal*, R.

AGAUCHAT, ADA, adj. et p. (agaoutchá, áde). Réjoui, content. V. *Gal*, R.

Rendries moun couor tout agauchat,
Si me dounaves una empencho.
Brueys.

AGAUDA, s. f. vl. Aiguière, jatte.

AGAURIGNADIR, v. a. (agaourignadir); AGOOURIGNADIR. Acoquiner. V. *Acouquinir*.

Éty. de *a* pour *ad*, de *gaurignada* pour *carougnada*, et de *ir*, devenir rosse. Voy. *Carogn*, R.

AGAUSSES, dl. V. *Avaux* et *Agalousses*.

AGAUTAR, v. a. (agaoutá), dl. Coucher en jouc. V. *Engautar* et *Gaut*, R.

AGAVOUN, s. m. (agavóun); TANCA-BIOU, AVAGOUN, AGOUN, DENTIS, LENTE, ESTANCA-BIOU. Bugrane, Arrête-bœuf des champs, *Ononis arvensis*, Lin., plante de la famille des Légumineuses, commune dans les champs incultes.

Éty. du celte *aga*, bois, à cause que sa racine est ligneuse; ou, selon L. P. Pujet, de ἄγαω (agaô), regarder, et de *voun*, altér. de *bouum*, bœuf; qui arrête les bœufs.

Sa racine est comptée parmi les cinq racines apéritives.

A Nismes on donne le même nom à l'ononis visqueuse, *Ononis viscosa*, Lin. qu'on trouve dans les lieux arides.

AGAZALH, de *agazalhar?*

AGAZE, vl. m. s. que *Agach*, v. c. m.

AGE.

AGE, V. *Agi*.

AGE. Désinence qui a les mêmes significations que *Agi*, v. c. m.

AGEA, d. d'Apt. V. *Ajoua*.

AGEANÇAMENT, s. m. (adjançamèin); ENJANÇAMENT. *Acconciamento*, ital. Agencement, manière d'arranger, de mettre en ordre.

Éty. de *ageançar* et de *ment*. V. *Gen*, R.

AGEANÇAR, v. a. (adjançá); ENJANÇAR, AJUSTAR, ASSIOUNAR, ADENGAR, AJANÇAR. *Acconciare*, ital. *Agenciar*, port. Agencer, arranger, disposer, joindre, ajuster plusieurs choses, ou les parties d'une même chose.

Éty. de *a*, de *genç* et de *ar*; manière d'orner, de parer. V. *Gen*, R.

AGEANÇAT, ADA, adj. et p. (adjançá, áde). Agencé, ée. V. *Gen*, R.

AGEASSA, s. f. (adjásse). Nom qu'on donne aux environs de Digne, à la pie. Voy. *Agassa* et *Agach*, R.

AGEASSAR. V. *Ajassar* et *Jac*, R.

AGEASSOUN, V. *Agassoun* et *Agach*, R.

AGEAT, ADA, adj. (adjá, áde). Agé, ée, qui est avancé en âge, très-âgé.

Éty. de *agi* et de la term. pass. *actus*, ou du lat. *agiatio*, majorité, formé de *ævitas*, selon Roch.

AGEBIT, V. *Agibit*.

AGEL, v. lang. Vaudois. Alt. de *Angel*. Ange. V. *Angi*.

AGELOSIR, v. n. vl. ENGELOZIR. *Enjalouser*, devenir jaloux. V. *Jal*, R.

AGELOSIT, IDA, adj. et p. vl. *Enjalousé*, *ée*, devenu jaloux. V. *Jal*, R.

AGENÇA, s. f. (adgéince). *Agenzia*, ital. *Agencia*, esp. port. Agence, emploi d'agent.

Éty. de *agere*, *agens*. V. *Ag*, R.

AGENÇAMENT, s. m. (adgeinçament), lang. mod. V. *Ageançament*.

AGENÇAR, v. a. (adgeinçá), lang. mod. V. *Ageançar*.

AGENES, nom de lieu. Agénois contrée.

AGENGIR S', V. S'AGROUMOULIR.

Éty. de *agener*, *agchir*, gêner, se gêner. V. *Gena*, R.

AGENGIT. V. *Agroumoulit* et *Gena*, R.

AGENOLHAR, vl. V. *Aginoulhar* et *Ginoulh*, R.

AGENOULHAR, Garç. V. *Aginoulhar* et *Ginoulh*, R.

AGENOULHOIR, Garç. V. *Aginoulhoir* et *Ginoulh*, R.

AGENSA, vl. Plait, convient : *Na Johana d'Est agensa a tos los pros*, dame Jeanne d'Est plaît à tous les preux.

AGENSAMEN, s. m. vl. AGENSAMENT. Agencement, arrangement, accommodement. V. *Ageançament* et *Gen*, R.

AGENSAR, v. n. vl. *Agenzar*, cat. *Agenzare*, anc. ital. Plaire, embellir, convenir. V. *Gen*, R.

AGENT, s. m. (adgéin); *Agente*, esp. ital. port. *Agent*, all. Agent, celui qui fait les affaires d'un autre.

Éty. du lat. *agentis*, gen. de *agens*, part. de *Agere*, agir. V. *Ag*, R.

Agents de change ou *de banque*, entremeteurs, entre les négociants et les banquiers. Ils furent créés par Charles IX au mois de juin 1572.

Agent généraux du clergé; ils furent établis d'une manière fixe, en 1595.

AGERBASSIT, dl. V. *Agermit*.

AGERBIT, IDA, adj. et p. (adgerbi, ide). Foulé aux pieds, en parlant du gazon. V. *Trepiat*, pour gazonné, Garç. V. *Agermit*.

AGERMIR S', v. r. (s'adgermir). Devenir herbeux, se gazonner, se couvrir de gazon.

Éty. de *a*, en, de *germ*, gazon et de *ir*, devenir gazon. V. *Germ*, R.

AGERMIT, IDA, adj. et p. (adgermi, ide); AGERBASSIT, AMOUTIT, AGERBIT. Gazonné, ée, qui est couvert d'herbe, de gazon, au point de couvrir la terre.

Éty. de *a*, de *germe* et de *it*. V. *Germ*, R.

AGES, vl. Qu'il ou qu'elle eusse, que vous eussiez, qu'il ou qu'elle eût.

AGESSEM, vl. Que nous eussions.

AGEST, vl. *Tu agest*, tu eus.

AGGRAVANT, ANTA, adj. (aggravân, ânte); *Agravante*, esp. *Aggravante*, ital. port. Aggravant, ante, qui aggrave.

Éty. du lat. *aggravantis*, gén. de *aggravans*, m. s. V. *Grav*, R.

AGGRAVAR, v. a. (aggravá); *Aggravare*, ital. *Agravar*, esp. *Aggravar*, port. Aggraver, rendre plus grief ou plus grave; couvrir de sable. V. *Engravar*.

Éty. du lat. *aggravare*, formé de *ad* augm. et de *gravare* charger. V. *Grav*, R.

AGGRAVAR S', v. r. *Agravarse*, esp. *Aggravarsi*, ital. *Aggravarse*, port. S'aggraver, devenir plus grief. V. *Grav*, R.

AGGRAVAT, ADA, adj. et p. (agravá, áde); *Agravado*, esp. *Aggravado*, port. Aggravé, ée, devenu plus grief. V. *Grav*, R.

AGI

AGI, AGE; désinence d'un grand nombre de mots, qui n'eut souvent d'autre but, selon Denina, que de donner un peu plus de corps aux mots des syllabes qu'on prenait du latin, et dont on était obligé de supprimer la dernière comme désinence; *visus*, *usus*, seraient devenus *vis*, *us*, qui auraient d'ailleurs été confondus avec beaucoup d'autres mots; en y ajoutant *agi* ou *age*, on en fit *visagi*, *usagi* ou *visage*, etc.

M. Denina, t. 2, p. 83, croit que cette terminaison vient du latin *aticum*, qu'on observe dans *sylvaticum*, *viaticum*, et que ce sont les provençaux qui ont premièrement tourné *aticum*, en *agi*, *age*.

Il paraît cependant certain, que dans un grand nombre de cas, cette terminaison est prise du verbe latin *agere*, *ago*, dont elle ajoute le sens au mot qu'elle concourt à former. Dans *coumpanage*, on distingue parfaitement *cum pane age*; dans *verbiagi*, *verbi* et *agi*; dans *parlagi*, *parl* et *agi*; dans *coragi*, *cor* et *agi*, je donne du cœur.

Butet à donné le nom de *opératifs* aux mots que cette désinence concourt à former, parce qu'elle sert à exprimer l'activité de la chose désignée par la racine, ce qui est produit par cette chose, qui y tient ou en dépend; l'action, le travail : *alli-agi*, ce qui est allié *Badin-agi* l'action de badiner, etc.

La désinence latine *ago*, (que nous rendons par *age*, *agi*), comme l'a fait observer M. Théis, fréquente en botanique, exprime la ressemblance avec la chose désignée par le nom qui la précède, comme l'*oïdès*, des grecs. C'est ainsi que *fabago*, *liliago*, *erucago*, indiquent que la plante qui porte ce nom ressemble à la fève, *faba*, au lis, *lilium*, à la roquette, *eruca*; et *bourragi*, bourrache, à la bourre, parce que cette plante est couverte d'un duvet qui y ressemble.

AGI, s. m. (àdgi); AGE, ATTE, EAGI, BAGI. Age, la durée naturelle de chaque chose.

Éty. du lat. *ævum*, m. s. par le changement de *v* en *g*.

L'âge de l'homme a été divisé en quatre périodes :

1° L'*enfance*, qui s'étend depuis la naissance jusqu'à la puberté.

2° La *jeunesse* ou *adolescence*, qui commence avec la puberté et dure jusques vers la vingt-cinquième année.

3° L'*âge adulte*, qui de la vingt-sixième année se prolonge jusqu'à ce que les forces commencent à décroître, au physique comme au moral, ce qui arrive ordinairement vers la soixantième.

4° La vieillesse, qui se compose du reste de la vie, dont le dernier terme naturel est la *décrépitude*.

Le concile de trente a arrêté que le sous-diaconat ne serait conféré qu'à 22 ans, le diaconat, à 23 et la prêtrise à 25. Le même concile défend de faire profession religieuse avant l'âge de 16 ans accomplis, sous peine de nullité.

Es d'agi, tr. il est vieux, il est d'un âge avancé, et non, il est dans l'âge; on dit dans le même sens, *es d'un bel agi*.

AGI, s. m. GRUMA, GRUN, GRUT, AIGE, GRAN. Grain de raisin.

Éty. du grec ῥαγὸς (ragos) en supprimant le, ρ, ou de ῥάγιον (rhagion) petit grain de raisin.

AGI, s. m. (àdgi); CAMBET. Partie de la charrue.

AGIBASSIR, v. a. (adgibassir). Bossuer, parlant d'un mur ou d'une cloison. Garc.

Éty. de *a* pour *ad*, de *gibassa*; grosse bosse, et de *ir*; devenir bossu. V. *Gib*, R.

AGIBASSIT, IDA, adj. et p. (adgibassi, ide). Bossu, ue, inégal, bossué.

AGIBIN, s. m. (adgibìn). Nom qu'on donne à Digne, aux prunes qui ont séché en partie sur l'arbre.

Éty. V. *Agibit*.

AGIBIS, adj. m. pl. (adgibis). Épithète que l'on donne aux raisins qui ont séché sur la plante. V. *Jubicat* et *Agibit*.

AGIBIT, IDA, adj. et p. (adgibi, ide); AGIBI, AUJUBIT, AGIBIS, AGEBIT, ENGEBIT. Fruit séché sur l'arbre, très-mur.; on le dit particulièrement d'une espèce de raisin à gros grains, blancs et mielleux, qu'on fait ordinairement sécher.

Éty. de l'arabe *zibid* ou *algibiz*, secs, raisins mielleux ; ou du persan *augiubin*, miel ; dérivés: *Agib-in*, *Agib-it*.

AGILAMENT, adv. (adgilaméin) ; LESTAMENT. *Agilmente*, ital. esp. port. Agilement. V. *Lestament*.

Éty. de *agila* et de *ment*, litt. d'une manière agile.

AGILE, ILA, adj. (adgilé, ilê) ; LEST, DESGAGEAT. *Agile*, ital. *Agil*, esp. et port. Agile. V. *Lest*.

Éty. du lat. *agilis*, m. s.

Lou camin raboutous devenguet plus facile,
Iou meme en caminant mi sentiou plus agilo. Coye.

AGILESSA, s. f. (adgilésse), dg. Voy. *Agilitat*.

AGILITAT, s. f. (adgilitá) ; AGILESSA. *Agilità*, ital. *Agilidad*, esp. *Agilidade*, port. *Agilitat*, cat. Agilité, facilité à se mouvoir.

Éty. du lat. *agilitatis*, gén. de *agilitas*.

AGINOLHAMEN, s. m. vl. *Agenollament*, anc. cat *Agginocchiamento*, ital. Génuflexion. V. *Ginoulh*, R.

AGINOLLAR, vl. V. *Aginoulhar*.

AGINOULHAR, v. a. (adginouillá), dl. *Agenollar*, cat. et anc. esp. *Agginocchiare*, ital. *Aginoulhar un gavel*, couder ou coucher un sarment. Sauv. Faire mettre à genoux.

Éty. de *a*, de *ginoulh* et de *ar*, litt. mettre à genoux. V. *Ginoulh*, R.

AGINOULHAR S', v. r. et n. AJOULIHAR S', S'AJUNILHAR. *Inginocchiarsi*, ital. *Ajoelharse*, port. *Agenollarse*, esp. S'agenouiller, se mettre à genoux. V. *Ginoulh*, R.

AGINOULHAT, ADA, adj. et p. (adginouillà, áde) ; AJUNILHAT. *Ajoelhado*, port. Agenouillé, ée, qui est à genoux.

Éty. de *a*, de *genoulh* et de *at*; mis à genoux. V. *Ginoulh*, R.

AGINOULHOIR, s. m. (adginouillóir) ; ADENOULHADOUR, AGINOULHAIRE, AJOULINOIR, pr. mod. ADENOULIADOUR et impr. AJUNILHOIR. *Inginocchiatoio*, ital. Agenouilloir, prie-dieu, la chose sur laquelle on s'agenouille et qui est faite à dessein ou pour cet usage.

Éty. de *a*, de *ginoulh* et de *oir*; qui sert aux genoux. V. *Ginoulh*, R.

AGIOUTAGI, s. m. (adgioutádgi) ; AGIO, AGIOUTAGE. *Aggiotaggio*, ital. Agiotage, l'action d'agioter, il ne se dit guère que d'un commerce illicite et usuraire, en matière de banque.

Éty. de l'ital. *agio*, mot inventé pour indiquer ce que l'argent de banque vaut en sus de l'argent courant, et de la term. *agi*, je commerce sur l'*agio*, qui vient de *aggiungere*, ajouter, joindre ; dérivé du lat. *jungere*, m. s.

AGIOUTAR, v. n. (adgioutá) ; Agioter, faire l'agiot, Garc.

AGIOUTUR, s. m. (adgioutúr) ; AGIOUTOUR. Agioteur, celui qui fait l'agiotage ; ce terme est toujours pris en mauvaise part.

Éty. de *agio*. V. le mot précédent, et de la term. *tour*, celui qui fait, qui s'occupe de l'*agio*.

On croit que ce mot fut employé pour la première fois du temps du système de Law.

AGIR, v. n. (adgir) ; *agire*, ital. Agir, produire un action ; se mouvoir.

Éty. du lat. *agere*, m. sign. V. *Ag*, R.

On dit, il agit mal avec moi, c'est mal agir, et non, *il en agit mal avec moi*; ni, *c'est mal en agir*; quoiqu'on dise très-bien, il en a mal usé avec moi, il en a bien usé, etc. Sauv.

AGIR S', v. imp. S'AGIS, S'AGISSE. Il s'agit, *s'agisse de tala causa*, il s'agit de telle chose ; on ne peut pas retrancher *il* et dire : l'affaire dont s'agit, il faut, l'affaire dont il s'agit. V. *Ag*, R.

Ce verbe ne prend que *être* pour auxiliaire et jamais avoir, tr. *Si avia s'agit*, par s'il s'était agi.

AGIS, s. m. pl. (ágis). Bergeyret emploie ce mot dans le sens d'actions.

Éty. du lat. *agere*, agir. V. *Ag*, R.

AGISSENT, ENTA, adj. (adgissèin, èinte). Agissant, ante, qui agit habituellement, qui se donne beaucoup de mouvement. V. *Ag*, R.

AGITACIO, vl. V. *Agitation* et *Ag*, R.

AGITAR, v. a. (adgitá) ; *Agitare*, ital. *Agitar*, esp. port. Agiter, mouvoir en différents sens et continuellement ; méditer, discuter.

Éty. du lat. *agitare*, m. sign. fréquentatif de *agere*. V. *Ag*, R.

AGITAR S', v. r. *Agitarsi*, ital. *Agitarse*, port. esp. S'agiter, se remuer, se donner beaucoup de mouvement ; se voiler, se déjeter selon M. Garc. V. *Jitar* et *Ag*, R. et impropr. pour *Gitar se*.

AGITAT, ADA, adj. (adgitá, áde) ; *Agitato*, ital. *Agitado*, esp. port. Agité, ée. V. *Ag*, R.

AGITATION, s. f. (adgitatie-n) ; AGITATIEN. *Agitazione*, ital. *Agitacion*, esp. *Agitação*, port. *Agitació*, cat. Agitation, mouvement fréquent et répété sans interruption ; mouvement continuel d'un corps en différents sens ; trouble, inquiétude, impatience.

Éty. du lat. *agitationis*, gén. de *agitatio*. V. *Ag*, R.

AGITATIU, adj. vl. *Agitatif*, qui agite. V. *Ag*, R.

AGITATOUR, s. m. (adgitatóur), lang. mod. Agitateur, celui qui excite du trouble, de l'agitation. Garc. V. *Ag*, R.

AGL

AGLADIR, v. n. dl. V. *Escleinir*.

AGLAE, Nom de femme, Aglaé.

Éty. du grec ἀγλαΐα (aglaïa). Grâce, beauté.

AGLAGER, *Aglayarse*, esp. Épouvanter: *De miseri l'aglage*. Reymonenq.

AGLAN, s. m. (aglán) ; AGLAND. *Ghianda*, ital. *Agla*, cat. *Lande*, port. Gland, fruit du chêne.

Éty. du lat. *glandis*, gén. de *glans*, m. s.

La petite coupe dans laquelle le gland est fixé, s'appelle cupule, bassinet ou calyce ; *coufeou*, et l'enveloppe écailleuse de l'amande, la *gruelha*, avellanède. *Tous aglands*, la glandée ; *Auriou vougut estre un agland et qu'un porc m'aguesse mangeat*, j'aurais voulu être cent pieds par-dessous terre.

AGLANAGI, s. m. (aglanádgi) ; AGLANAGE, GLANDAGE, AGLANDAGE. Glandée, récolte du gland, saison de cette récolte, action de la faire ; panage, droit de mettre des porcs dans une forêt pour les y nourrir de gland.

Éty. de *agland*, v. c. m. et de *agi*, sous-entendu *recolta*, je fais la récolte du gland. V. *Glan*, R.

AGLANAR, v. a. (aglaná) ; ENGLANDAR. *Ghiandare*, ital. anc. Donner, distribuer du gland aux pourceaux.

Éty. de *agland*, v. c. m. et de la term. act. *ar*; donner du gland. V. *Glan*, R.

AGLAND DE MAR. Gland de mer, balane, genre de mollusques de l'ordre des Brachiopodes, dont on connaît un assez grand nombre d'espèces, parmi lesquelles on distingue le balane tulipe, *Lepas tintinnabulum*, Lin. qui s'attache aux vaisseaux. Sa coquille est à six valves, presque tétragone, rose et tachetée de blanc.

Éty. Cette coquille ressemble un peu à un gland, d'où son nom.

AGLANIER, s. m. (aglanié) ; *Glander*, cat. *Glandifero*, esp. *Glandifera*, port. *Ghiandifero*, ital. Chêne qui porte du gland, ou qui est destiné à en porter, et que pour cette raison on n'ébranche pas, par opposition à *ramier*; v. c. m., *Roure* et *Glan*, R.

Éty. du lat. *glandifer*, m. s. ou de *Aglan* et de *ier*.

AGLANTINA, s. f. (aglantine) ; nom qu'on donne, à Avignon, à l'ancholie. V. *Galantina*, qui est le même mot dont on a transposé le *g*.

AGLATIR S', (s'aglatir) ; S'abaisser, s'incliner, Sauv.

Éty. *Aglá*, en arabe, désigne un bâton, ou une espèce de sceptre d'un chef militaire : *s'aglatir* signifierait se courber devant l'*agla*.

AGLAZIADOR, s. m. (aglaziadór), vl. Voleur d'esclaves. Sauv.

AGLEIA, s. f. (aglèye) ; AGLEYA. Ce mot a été formé, comme beaucoup d'autres, par la réunion de l'*a* qui fait partie de l'article, au nom, ce qui est difficile à distinguer dans la prononciation ; *Eriam dins la gleia*, qu'on prononce comme s'il y avait : *Eriam dins l'agleia*, nous étions dans l'église. Voy. *Gleia*.

AGLIAN, s. m. (oglián). Nom limousin du gland. V. *Agland*.

AGLOUTOUNIR, v. a. (agloutounir) ; Rendre glouton, gourmand.

Éty. de *a*, de *gloutoun* et de *ir*; devenir glouton. V. *Glout*, R.

AGLOUTOUNIR S', v. r. S'adonner à la gourmandise. V. *Agroumandir s'* et *Glout*, Rad.

AGN

AGNA, *ANHA*, désinence qui a pour analogue, dans la langue latine, *Ancus*, *a*, *um*; elle marque relation, rapport, et prend quelquefois la place de *alha*, et désigne alors l'ensemble, la généralité, la quantité, comme *Pelagna*, les pelures en général ; *Pistagne*, tout ce que l'on presse, *Pista*, à la fois; *Liagna*, tout ce qui est lié ensemble.

AGNAN, nom d'homme. Agnan ou Aignan.

AGNEL, radical dérivé du lat. *Agnellus*, dim. de *agnus*, agneau, et pris probablement du grec ἀμνὸς (amnos), m. s., ou plutôt de ἁγνὸς (hagnos), pur, chaste, innocent.

De *agnellus*, par apoc. *agnel*; d'où: *Agnel, Agnel-ar, Agnel-et.*

De *agnel*, par le changement de *a* en *ai*, *aignel; Aignel-a, Aigneou, Aignet.*

Par le changement de *gn* en *nh* : *Anhel, Anh-i.*

Par le changement de *gn* en *ni* : *Ani-el, Aniel-a, anil-ar, Anil-ou, Ani-isses.*

AGNEL, s. m. (agnèl); AGNEOU, AIGNEOU, AGNIEOU. *Agnello*, ital. *Agnel*, anc. cat. *Anho*, port. Agneau, nom qu'on donne au petit de la brebis depuis sa naissance jusqu'à l'âge d'un an, époque à laquelle il prend celui d'antenois. V. *Anouge.*

Éty. du lat. *agnellus*, dim. de *agnus*. V. *Agnel*, R.

Les agneaux qui ne naissent qu'en avril ou en mai portent le nom de tardons ou tardillons. V. *Tardoun.*

Voyez, pour les soins à donner aux agneaux, l'art. *Agneau* du Dict. des Sciences naturelles.

On donne le nom de *parement* à l'épiploon des agneaux.

Agneou de camp, syn. de *anouge*, v. c. m.

Agneou pascaou, agneau pascal.

Aver l'agneou mort au ventre, être indolent, sans vigueur.

D'au diable ven l'agneou, au diable tourna la peou, le bien mal acquis ne prospère jamais.

Dous coumo un agneou, doux comme un agneau.

Aquot es la cansoun de l'agnel, c'est la chanson du *riochet.*

AGNEL, s. m. vl. Agnel, espèce de monnaie d'or qui a eu cours en France sous plusieurs rois, et dont le type ordinaire était un agneau pascal : d'où le nom de *agnel*. Voy. *Agnel*, R. Elle valait 22 sous provençaux.

AGNELA, s. f. (agnèle). Nom qu'on donne, aux environs de Toulouse, à l'*Agrostemma githago*. V. *Niela.*

AGNELAGI, s. m. (agnelági). Action de mettre bas parlant de la brebis. V. *Agnel*, R.

AGNELAR, v. n. (agnelá); ANILAR, ANEIAR. *Agnelare*, ital. anc. Agneler, mettre bas, en parlant des brebis.

Éty. de *agnel* et de *ar*; faire un agneau. V. *Agnel*, R.

AGNELAS, s. m. (agnelás). Gros agneau, et fig. gros et bon garçon : *Es un agnelas*, c'est un bon diable.

Éty. de *agnel*, et de la term. augm. *as*. V. *Agnel*, R.

AGNELET, s. m. (agnelé); *Agnelletto*, ital. anc. Très-petit agneau, agnelet.

Éty. de *agnel* et du dim. *et*. V. *Agnel*, R.

AGNELIER, s. m. (agnelié). Celui qui garde les agneaux. Aub.

Éty. de *agnel* et de *ier*.

AGNELINS, s. m. pl. (agnelíns); *Añinos*, esp. *Agnelins*, peaux d'agneaux garnies de leur laine. La laine séparée de la peau, porte le nom d'*agneline*, en français.

Éty. du lat. *agninæ pelles*. V. *Agnel*, R.

AGNELOUN, s. m. (agneloún); ANILOU, AGNEROUN. Dim. de *agnel*, petit agneau, agnelet, agneau chéri. V. *Agnel*, R.

AGNELUN, s. m. (agnelún), d. m. Les agneaux en général.

Éty. de *agnel* et de *un*. V. *Agnel*, R.

AGNEOU, d. prov. mod. V. *Agnel*, R.

AGNEROUN, s. m. d. béarn. V. *Agneloun*, m. s.

AGNEROUN, s. m. (agneroú); AGNEROU. Nom qu'on donne, aux environs de Montpellier, au fruit du prunelier ou prunelle. V. *Agrena.*

AGNES, V. *Agnus.*

AGNES, nom de femme (agnès). Voy. *Agnus*. Agnès se dit aussi d'une jeune fille très-innocente.

Éty. du grec ἁγνὴς (hagnês), agnès; formé de ἁγνὸς (hagnos), chaste.

AGNIELA, s. f. (agnièle). Un des noms languedociens de la nielle des blés. V. *Niela.*

AGNIEOU, s. m. *Agniello*, anc. ital. V. *Agnel.*

AGNIL, dg. Alt. de *agnel*, v. c. m.

AGNIN, s. m. (agnín); ANIN, ANISSES, ANIS, ANHI. *Agnellina*, ital. Agneline, laine des agneaux.

Éty. du lat. *agnina lana*, de *agninus*, d'agneau. V. *Agnel*, R.

AGNIR, v. n. vl. Altér. de *hennir.*

AGNOCA, s. f. (agnóque); IGNOC. Contusion, bosse au front. V. *Baioca.*

Éty. *Agno*, en ital. désigne une humeur qui vient dans l'aîne.

> *Diou vous mande fouessa baiocca,*
> *Que jamai n'aguez ges d'agnoca.*
> Gros.

AGNOCH, dl. V. *Anuech*, R.

AGNOM, s. m. vl. Nom d'aventure, nom de guerre, sobriquet.

Éty. du lat. *agnomen*, m. s. V. *Nom*, R.

AGNOMINATIO, s. f. vl. *Annominacio*, cat. *Agnominacion*, esp. *Agnomination*, figure de mots.

Éty. du lat. *agnominatio*, m. s. V. *Nom*, Rad.

AGNUECH, V. *Anuech.*

AGNUS, s. f. (ágnus). Agnès, nom de femme.

Éty. du grec ἁγνὴς (hagnès), de ἁγνὸς (hagnos), chaste.

La fête de sainte Agnès, vierge et martyre, du commencement du IVe siècle, se célèbre le 21 janvier.

AGNUS-CASTUS, s. m. (agnús-cástus); *Agno casto*, esp. ital. port. Nom lat. de l'arbre au poivre, conservé en provençal et en français. V. *Pébrier.*

Éty. du lat. *agnus castus*, m. s.

AGNUS-DEI, s. m. (agnus-dèi); *Agnus-dei*, esp. port. *Agnus-dei*, ital. Agnus, cire empreinte de la figure d'un agneau portant l'étendart de la croix, que le pape bénit solennellement le dimanche *in albis*, après sa consécration, et ensuite de sept en sept ans. Cette cérémonie a remplacé l'usage dans lequel on était anciennement, de distribuer au peuple le reste du cierge pascal, que chacun allait brûler ensuite dans sa maison ou dans ses champs. Bergier.

Éty. *Agnus Dei*, agneau de Dieu.

AGO

AGOLAN, vl. V. *Aglan.*

AGOLAR, v. n. vl. Tomber sur le nez; manger goulûment.

Éty. de *a*, de *gola* et de *ar*. V. *Goul*, R.

AGOLONAR, v. a. vl. Aiguillonner; feindre, simuler. V. *Agu*, R.

AGONI, Aub. V. *Agounia.*

AGONIR, V. *Agounir.*

AGOOUREGNARDIR S', v. r. Garc. V. *Agourrinir.*

AGOOUSSES, dl. V. *Avaux.*

AGOSSAN, anc. béarn. Eussent, de *aver*. Avoir.

AGOST, s. m. AOST, vl. *Agost*, cat. *Agosto*, esp. port. ital. Août. V. *Aoust.*

Éty. du lat. *Augustus.*

AGOT, nom d'homme, vl. Agout.

AGOTAR, vl. V. *Agoutar.*

AGOUBILHA, s. f. (agoubílle). C'est un diminutif de *pacoutilha*; v. c. m.

AGOULENCIA, et

AGOULENCIER, V. *Agourença* et *Agourencier.*

AGOULOUPAR, v. a. (agouloupá); AJOUPAR, ENROUAR, REVOULOUMAR, AGALOUPAR, ENROUAR. *Agoluppare*, ital. m. *Ageluppare*, ital. anc. *Arroupar*, port. envelopper, couvrir, cacher sous un manteau.

Éty. de *Golo* couverture, selon, Ach. *golôn* en rom. désigne une espèce d'habit de guerre.

> Es nud coumo quand es nat,
> Per contra soun esprit est tout agouloupat.
> Gros, portrait de l'amour.

AGOULOUPAR S', v. r. *Arrouparse*, port. S'envelopper dans son manteau, dans ses couvertures.

AGOULOUPAT, **ADA**, adj. et part. (agouloupá, áde); *Arroupado*, port. Enveloppé, ée, caché dans son manteau, dans ses couvertures.

> *Leis De essas eme leis Dious*
> *Partoun agouloupats de nious.*
> Germain *Bourrida dei Dious*,

et fig. dissimulé, déguisé.

> *Per contro soun esprit es ben agouloupa.*
> Gros.

AGOUMOUTIR S', v. r. (s'agoumoutir). Se tapir, s'accroupir, se cacher dans un coin. V. *S'agroumoulir.*

AGOUN, V. *Agavoun.*

AGOUN, adv. (agóun), dg. où, d'*agoun*, d'où. V. *d'ounte.*

AGOUNIA, s. f. (agounie); AGOUNIE, AGONI, LANGONI. *Agonia*, lat. esp. ital. port. Agonie, lutte d'un mourant contre la mort, dernier instant de la vie.

Éty. du grec ἀγών (agôn) combat; dernier combat de la nature contre la mort. *Estre à l'agounia*, agoniser.

AGOUNIR, v. a. (agounir); AGONIR. d.

bas lim. *Agoniar*, port. Honnir, accabler de sottises, inquiéter.

Éty. Ce mot est une alt. de *honnir*.

AGOUNISANT, **ANTA**, adj. (agounizàn, ànte); *Agonisante*, esp. *Agonizzante*, ital. *Agonizante*, port. Agonisant, ante, qui est à l'agonie.

Éty. V. *Agounia*.

Ce mot est aussi substantif, et il désigne alors le prêtre qui est chargé de prier pour les agonisants.

AGOUNISAR, v. n. (agounisá); *Agonizzare*, ital. *Agonizar*, port. esp. Agoniser, être à l'agonie.

Éty. de *agounisant* et de *ar*. V. *Agounia*.

AGOUNISAR, v. a. *Agoniar*; port. *Agonir*, *Agounisar de soutisas*, dire des sottises à quelqu'un, lui chanter pouilles.

Éty. du portugais, *Agoniar*, chagriner, inquiéter quelqu'un.

AGOUNIT, **IDA**, adj. (ogouni, ide), d. bas lim. *Agonista*, esp. Qui est à l'agonie, agonisant. V. *Nequelit* et *Agounia*, pour l'éty.

AGOURAIRE, s. m. (agouràire), dl. Trompeur, fourbe, Sauv.

Éty. de *agourar* et de *aire*, qui trompe; ou de l'espagnol *Agorero*, augure. V. *Augur*, R.

AGOURAR, v. a. (agourá), dl. et bas lim. Tromper. V. *Gourar* et *Atrapar*.

Éty. de l'espagnol, *Agorar*, augurer, prédire. V. *Augur*, R. ou du port. *gourar*. m. s.

AGOURENÇA, s. f. (gourèince), et

AGOURENCI, s. f. (agourèinci); GRATA-QUIOUL, QUINARODON, TAPA-CUOU, AGUILEN, AGOULENCIA, TAPA-QUIOU, AGUFA. Grate-cul, fruit des différents rosiers.

Éty. du lat. *ad-gulam ensis*, *a-goura ensi*, épée pour la bouche, parce que ces fruits sont souvent garnis de poils roides et que leurs graines piquent toujours la bouche quand on en mange.

On fait avec ces fruits un peu torréfiés et privés de leurs graines, une farine astringeante qui n'est point désagréable au goût, dont on compose même des gâteaux assez bons à manger.

AGOURENCI-DE-POUERC, s. f. Nom qu'on donne dans la montagne, au fruit ou grate-cul du rosier à feuilles de pimprenelle, *Rosa pimpinellifolia*, Lin. et au sous arbrisseau qui les porte.

Éty. On les nomme grate-cul de cochon, parce qu'il n'y a que ces animaux qui les mangent.

AGOURENCIER, s. m. (agoureincié); AGARANCIER, AGARENCIER, AGALANCIER, AGUILANCIER, AGOULENCIER, GALANCIER, AGUILENGLANTINA, AGUFIER, GARABIER. Nom commun à presque tous les rosiers sauvages, mais plus particulièrement affecté au rosier-de-chien, *Rosa canina*, Lin. arbrisseau de la fam. des Rosacées; commun dans les haies.

Éty. de *agourenci*, v. c. m. et de la term. *ier*, qui produit les *agourencis*.

M. Nodier, dit que le savant Périon, fait venir le mot *églantier*, qu'on prononçait de son temps *aglantier* ou *agantier*, du grec ἄκανθος (akanthos), un arbre ou une fleur épineuse.

AGOURMANDIR, v. a. (agourmandir); ENGOURMANDIR, AGROUMANDIR, AFRIANDAR, AFFRIANDISIR, AGLOUTOUNIR. Affriander, apâter, affrioler.

Éty. de *a*, de *groumand*, et de *ir*; faire devenir gourmand. V. *Gourmand*, R. et *Affriandisir*.

M. Garcin dit que *agourmandir* est *plus d'usage*, que affriander; tant pis pour ceux qui préfèrent un barbarisme à un mot français, car *agourmandir* ne l'est pas.

AGOURMANDIR S', v. r. V. *S'agloutounir* et *Gourmand*, R.

AGOURMANDIT, **IDA**, **IA**, adj. et p. (agourmandi ie); AGROURMANDIT, ENGOURMANDIT; devenu gourmand.

AGOURRINAR, d. bas lim. m. sign. V. *Agourrinir* et *Gourrin*, R.

AGOURRINIR, v. a. (agourrinir), dl. AGOURINAR, AGOOUREGNARDIR, AGOURINIR, AGOUEIGNADIR. Acoquiner. V. *Acouquinir*. Fréquenter les femmes de mauvaise vie.

Éty. de *a*, de *gourrin* et de *ir*; devenir *gourrin*, v. c. m. et *Gourrin*, R.

AGOURRINIR S', v. r. S'AGOURRINAR. S'acagnarder, contracter des habitudes de paresse. V. *Gourrin*, R.

AGOURRINIT, dl. (agourrini). Le même que *acouquinit*. v. c. m. et *Gourrin*, R.

AGOURRUDAR S', v. r. (s'agourrudá), dl. S'amonceler, s'accroupir. V. *Agroumoulir s'*.

AGOURRUDAT, adj. et p. (agourrudá), dl. Blotti, tapi en un coin. V. *Agroumoulit*.

AGOUSTENC, dl. *Agostino*, ital. V. *Avoustenc*.

AGOUSTIN, Nom d'homme. V. *Augustin*.

AGOUT, s. m. (agóut); AGOUTTADA, ESGOUT, *Faire un agout*, détourner l'eau d'une rivière pour en prendre le poisson. V. *Agoutar*, pour l'éty. et *Gout*, R.

AGOUTA, s. f. (agóute). Écope de bâteau, pour en vider l'eau. V. *Gout*, R. et *Sassa*.

AGOUTADA, s. f. (agoutáde) V. *Agout*.

AGOUTAR, v. a. (agoutá) TARIR, ESGOUTAR, ATERIR, *Agotar*, cat. esp. port. *Aggottare*, ital. Egoutter, épuiser, tarir, mettre à sec.

Éty. du lat. *ad guttam*, jusqu'à la dernière goutte. V. *Gout*, R.

Toujour prendre sensa boutar,
Es lou vray mouyen d'agoutar.
J. de Cab.

AGOUTAT, **ADA**, adj. et p. (agoutá, áde); TARIT, ATARIT; *Agotado*, esp. port. Tari, ie. V. *Esgoutat* et *Gout*, R.

AGR

AGR, AGARR, radic. dérivé du grec ἄγριος (agrios). Agreste, rustique, sauvage, farouche, barbare, inhumain.

De *agrios* par apoc. *agr*, d'où: *Agr-evou*, *Agr-eouges*, *Agr-una*, etc.

De *agr*, par l'interposition d'un *a*, entre le *g* et le *r*, *agar* ou *agarr*, d'où: *Agarr-us*, *Agarr-ussir*.

De *Agr*, par la suppression de *a*, *gr*, d'où: *Gr-iffou*, *Gr-affet*, etc.

Ogre pourrait bien avoir la même origine.

AGR 2, radical dérivé du latin, *Agri*, gen. de *Ager*. Champ, fonds de terre, terre labourable; pris du grec ἀγρός (agros), m. s. V. aussi *Agr*, *Agarr*. Dérivés: *Agr-est*, *Agr-eira*, *Agri-cultura*, *Agri-cultour*, *Agri-ola*; *Agri-colo*.

AGRA, adj. fem. vl. Aigre. V. *Aigre*; j'aurais, il ou elle aurait.

AGRACHAR, d. d'Apt, V. *Garachar*.

AGRACHIR, v. a. (agratchir). Défoncer la terre. Aub.

Éty de *a*, de *grach* pour *garach*, et de *ir*, convertir en guéret.

AGRADABLAMENT, adv. vl. V. *Agréablement*.

AGRADABLE, **ABLA**, adj. et part. (agradáblé, áble); *Aggradevole*, ital. *Agradable*, cat. esp. *Agradavel*, port. Agréable, qui plaît, qui agrée; reconnaissant, vl.

Éty. de *Agradar* et de *able*, susceptible d'agréer. V. *Grat*, R.

AGRADABLETAT, s. f. vl. *Agrade*, esp. Convenance, agrément. V. *Grat*, R.

AGRADAMENT, s. m. d. béarn. *Agradamiento*, esp. *Agradimento*, ital. anc. Agrément. V. *Agrament*.

AGRADAN, vl. V. *Agreable*.

AGRADANSA, s. f. vl. AGRADANÇA, AGRADATGE. *Aggradimento*, ital. *Agradansa*, anc. cat. Agrément, plaisance; gré, plaisir, volonté, reconnaissance: *Lou prendriaz d'agradança*, d. bas lim., vous le prendriez parce qu'il vous plairait.

Éty. de *agradar* et de *anse*; chose qui plaît. V. *Grat*, R.

AGRADAR, v. n. (agradá); *Agradare*, ital. *Agradar*, cat. esp. port. Agréer, plaire, consentir, avoir pour agréable, approuver.

Éty. de la basse latinité *agratare*, m. s. dérivé de *gratus*. V. *Grat*, R.

Lou femelan, quand quauquaren l'agrada,
Sabèz que va fau faire en despiech que n'aguez.
Gros.

AGRADAT, **ADA**, adj. et p. (agradá, áde); *Agradado*, esp. port. Agréé, qui a plu, qui a été reçu agréablement. V. *Grat*, R.

AGRADATGE, s. m. vl. *Agradatge*, anc. cat. Charme, agrément, plaisance, satisfaction, allégresse. V. *Grat*, R.

AGRADELA, s. f. (agradèle). Nom lang. de l'épine vinette. V. *Agrivoutat*.

C'est aussi, dans le même pays, le nom de l'oseille, V. *Oouselha*.

Éty. C'est une altération de *aigradela*, aigrelette. V. *Acr*, R.

AGRADIER, s. m. vl. Complaisant, plaisant. V. *Grat*, R.

AGRADIES, s. m. pl. (agradiés). Corvées qui consistaient en des journées de travail qu'un vassal faisait pour son seigneur.
Sauv.

Éty. Ce mot vient-il de *à grat* et de *dies*, jour ou journée fournie volontairement, ou de *ager*, *agris* et de *dies*, journée des champs ou de travail champêtre ? V. *Grat*, R.

AGRADIL, adj. vl. AGRADIU. Agréable, convenable, gracieux, reconnaissant. Voy. *Grat*, R.

AGRADIU, **IVA**, adj. vl. Gracieux,

charmant, aimable, agréable. V. *Grat* et *Agradil.*

Donzela cridiva
Non es fort agradiva.
Amanieu des Escas.

AGRADIVOLEZA, s. f. d. vaud. *Agradecimiento*, esp. Reconnaissance. V. *Grat*, R.

AGRADOSAMENT, adv. vl. Gracieusement. V. *Grat*, R.

AGRAFA, s. f. (agrâfe); *Graffio*, ital. Agrafe, petit crochet qui passe dans une porte. V. *Crouchet.*

Éty. du grec ἄγρα (agra), prise, et de ἁφή (aphé), enlacement, ou de l'all. *krapf*, m. s.

AGRAFAR, V. *Crouchetar.*

Éty. du grec ἄγρα (agra), prise.

AGRAFEL, s. m. (ogrofél); AGRAFFEL. *Agrifoglio*, ital. Un des noms qu'on donne dans le bas lim. au grand-houx. V. *Agarrus* et *Agr.*, R.

Éty. Ce mot est une altération du latin *agriphyllum*, dérivé du grec ἀγρία (agria), un des noms du houx; formé de ἄγριος (agrios), sauvage, rude, et de φύλλον (phullon), feuille.

AGRAIA, et

AGRAIOUN, dl. V. *Agralha, Agralhoun* et *Gralha.*

AGRAIROUS, s. m. pl. (agraïróus), dl. Cerceaux d'un tonneau de six sétiers. Sauv.

Éty. du grec ἄγρα (agra) prise, parce que les cerceaux serrent les douves.

AGRALHA, s. f. (agráille); AGRAIA, AGRAYA. Nom qu'on donne dans le Gard au freux ou frayonne, V. *Gralha*, 2.

Éty. Le mot *agralha* est une corruption, ou plutôt une réunion de l'*a* de l'article, au mot; au lieu de *la gralha*, on a dit l'*agralha*. La preuve de cette *liaison dangereuse*, se trouve dans le mot *Gralhard* qu'on donne dans le même pays à la corneille noire; comme ce mot est masculin, on dit *lou gralhard*, et *gralhard* sans l'article, quoiqu'il ait la même origine que *Gralha.*

AGRALHA-BEC-ROUGE, s. f. agráille bèc-róudgé). Nom qu'on donne dans le Gard, au crave ou coracias. V. *Gralha-à-peds-et-bec-rouges.*

AGRALHOUN, s. m. (agraillóun); CHAYA. Nom que porte dans le dép. du Gard, le choucas ou choucas noir, *Corvus monedula*, Lin. oiseau de l'ordre des Passereaux et de la fam. des Plénirostres (à bec plein).

AGRAM, s. m. (agrán). Nom du chien dent, dans les environs de Toulouse. V. *Grame* et *Gram*, R.

AGRAMADIR, v. a. vl. Agréer. V. *Grat*, Rad.

AGRAMENT, s. m. (agraméin); *Agrado*, port. *Agradimento*, ital. *Agrado* et *Agradamiento*, esp. Agrément, qualité par laquelle une chose est agréable; plaisir que l'on goûte dans quelque occupation. V. *Grat*, R. Consentement, approbation.

AGRAMENT, AIGRAMENT, adv. vl. *Agrament*, cat. *Agriamente*, esp. *Agramente*, port. ital. Aigrement, d'une manière aigre.

Éty. de *agra* et de *ment.* V. *Acr*, R.

AGRAMOUTIR S', Avr. V. *Agamoutir s'* et *Agroumoulir s'.*

AGRANAGE, s. m. (agranádgé); AGRANAGI. Action de jeter du grain pour attirer les oiseaux.

Éty. de *a*, de *gran* et de *age.* V. *Gran*, Rad.

AGRANAR, v. a. (agraná). Donner du grain à la volaille, et neutr. Se procurer du grain ou de la graine pour semer. Garc. V. *Gran*, R.

AGRANAS, s. m. (agranás); AIGUA-FOUNCHA, AIGUA-ESPOUNCHA, ARNAVEOU, BOUISSOUN BLANC RABOUBDIN, CATTIER, PETTA-FOUIRIER. Argousier, Saule épineux: *Hippophae rhamnoides*, Lin. Arbrisseau de la fam. des Eleagnées, très-commun dans les graviers de la H.-Pr.

Éty. de *granas*, graines, à graines; à cause de la grande quantité de baies qu'il porte, ou du grec ἄγριος (agrios). Sauvage, farouche, à cause de ses longues épines. V. *Gran* et *Agr*, R.

Ses petites feuilles étroites et ses baies jaunes empêchent qu'on ne le confonde avec d'autres arbrisseaux qui portent aussi le nom de *Arnaveou*, v. c. m.

Cet arbrisseau est précieux pour faire des haies, et pour s'opposer aux irruptions des rivières.

Ses baies n'ont aucune mauvaise qualité. Les lapons, au rapport de Linnée, en font un rob qui leur sert d'assaisonnement pour le poisson et pour la viande. Selon M. Negrel, on donnerait le même nom dans la B.-Pr. au prunelier. V. *Agrenier.*

AGRANAS, s. m. Est aussi le nom qu'on donne à Grasse, Selon M. Aubin, au genêt épineux. V. *Argielas*, et aux environs de Manosque au prunelier, selon M. Avril. V. *Agrenier* et *Agr*, R.

AGRANDIR, v. a. (agrandir); REGRANDIR. *Aggrandire*, ital. *Engrandecer*, port. *Agrandar*, esp. Agrandir, rendre plus grand donner une plus grande étendue à une chose.

Éty. de *a*, augm. de *grand* et de *ir*; faire devenir plus grand. V. *Grand*, R.

AGRANDIR S', v. r. SE REGRANDIR. S'agrandir, étendre les bornes de ses états, de ses domaines. V. *Grand*, R.

AGRANDISSAMENT, s. m. (agrandissaméin): REGRANDISSAMENT, REGRANDIMENT. *Aggrandimento*, ital. *Engrandecimiento*, esp. *Engrandecimento*, port. Agrandissement, accroissement, augmentation, action d'agrandir. V. *Grand*, R.

AGRANDIT, **IDA**, adj. et p. (agrandi, ide); REGRANDIT. *Agrandado, ada*, esp. *Engrandecido*, port. Agrandi, ie. V. *Grand*, R.

AGRAPIR, Garc. V. *Agamoutir.*

AGRAS, s. m. (agrás), dl. EYGRAS. *Agraz*, esp. Raisin aigre, verjus. V. *Aigras.*

Éty. de l'esp. *agras*, m. s. V. *Acr*, R.

AGRASSOL, s. m. (agrassól; AGREILHOU, dl. Groseille. V. *Agrouvela.*

AGRASSOLIER, s. m. (agrassoulié); AGRASSOULIER. Nom du groseiller aux environs de Toulouse. V. *Acr.*

AGRAT, s. m. vl. *Agrado*, cat. esp. port. Gré, consentement; compliment, agrément. V. *Grat*, R.

AGRAT, s. m. dl. et vl. *Aquot es a moun agrat*, cela me plaît. *Aver en agrat*, chérir, aimer.

Éty. On a, dans cet exemple, comme dans beaucoup d'autres, réuni l'*a* au mot *grat*, qui est le véritable. V. *Grat*, R.

AGRATA, s. f. (agráte). Un des noms lang. de la corneille, alt. de *gralha*. v. c. m.

AGRATOUNIT, V. *Agratounit*, alt. de *aratounit*, V. *Rat*, R. 2.

AGRAULA, s. f. (agráoule). Un des noms lang. de la corneille. V. *Gralha.*

AGRAUMILHAR S', dl. V. *Agroumoulir s'.*

AGRAUTOUNIT, IDA, adj. et p. (agraoutouni, ide); REGOURTILHAT, dl. Recroquevillé, ratatiné. V. *Recouquilhat*; accroupi. Voy. *Agroumoulit* et *Rat*, R. 2.

AGRAVAR, v. a. (agravá); *Agravar*, cat. esp. *Aggravar*, port. *Aggravare*, ital. Aggraver, rendre plus grave; il est aussi réciproque, *s'agravar.*

Éty. du lat. *aggravare*, m. s. V. *Grav*, R.

AGRAVAT, **ADA**, adj. et p. (agravá, áde); *Agravado*, esp. *Aggravado*, port. Aggravé, ée.

Éty. du lat. *gravatus*, m. s. V. *Grav*, R.

AGRAYA, dl. alt. de *Agralha*, v. c. m. et *Gralha.*

AGRAYOUN, s. m. dl. V. *Agralhoun.*

AGRE, s. m. vl. Essor, vol, élan.

Éty. *agrare*, en bass. lat. signifie aller, marcher, se promener; formé du lat. *peragrare*, voyager.

AGRE, **GRA**, adj. vl. *Agre*, cat. anc. esp. *Agrio*, esp. mod. *Agro*, port. ital. Aigre, âpre, rude, violent. V. aussi *Aigre.*

Éty. du lat. *acris*, gén. ou *acre*, abl. V. *Acr*, R.

AGREABLAMENT, adv. (agreablaméin); *Agradablemente*, esp. *Agradavelmente*, port. *Gradevolmente*, ital. Agréablement, d'une manière agréable.

Éty. de *agreabla* et de *ment.* V. *Grat*, R.

AGREABLE, **ABLA**, adj. (agreáblé, áble); AGRADABLE. *Agradable*, esp. *Agradavel*, port. *Gradevole*, ital. Agréable, qui excite dans l'âme des mouvements doux et modérés de plaisir, de volupté, de contentement, de satisfaction. V. *Grat* et *Able*, désin.

AGREAGE, s. m. (agreádgé); *Agréage*, nom qui remplace, à Bordeaux, ce qu'on nomme courtage ailleurs.

AGREAR, v. a. (agreá). Agréer et gréer, munir, fournir un vaisseau de tous ses agrès, poulies, vergues, voiles, etc.

Éty. de *agres*, v. c. m. et de la term. act. *ar.*

Agrear, pour trouver agréable. V. *Agradar* et *Grat*, R.

AGREAR, v. a. (agreá); *Agradire*, ital. *Agradar*, esp. port. Agréer, accueillir, trouver bon.

Éty. du lat. *gratum habere.* V. *Grat*, R.

AGREAT, **ADA**, adj. et p. (agreá, áde); *Agradado, ada*, esp. Agréé. V. *Grat*, R.

AGRECEI, s m. vl.

Ajustatz.
Lui buire et un pauc d'agrecei.
Pradas.

AGREGACIO, s. f. vl. AGREGACIO. Voy. *Agregation.*

AGREGATION, s. f. (agregatie-n); AGREGATIEN. *Aggregazione*, ital. *Agregacion*, esp. *Aggregação*, port. *Agregació*, cat. Agrégation, association, admission dans un corps, dans une compagnie; amas, réunion.

Éty. du lat. *aggregationis*, gén. de *aggregatio*, m. s. V. *Greg*, R.

AGREGATIU, IVA, adj. vl. *Agregativo*, anc. esp. *Agrégatif, ive*, qui a la faculté de réunir, de rassembler. V. *Greg*, R.

AGREGEAR, v. n. dl. Sentir l'aigre. V. *Aigregear*; pour agréger, V. le mot suivant et *Greg*, R.

AGREGEAR, v. a, (agredjá); AGGREGEAR. *Agregar*, esp, cat. *Aggregare*; ital. *Aggregar*, port. Agréger, associer quelqu'un à un corps, à une compagnie, pour le faire jouir des mêmes honneurs, des mêmes prérogatives que ceux qui en sont; en vl. assembler, réunir, amasser.

Éty. du lat. *Aggregare*, m. s. formé de *ad*, auprès, en, de *grex*, troupeau, et de l'act. *ar*; réunir en troupeau. V. *Greg*, R.

AGREGEAT, ADA, adj. et p. (agredjá, áde); AGGREAT. *Aggregato*, ital. *Agregado*, esp. *Aggregado*, port. Agrégé, ée.

Éty. du lat. *Aggregatus*, m. s. V. *Greg*, Rad.

AGREGUACIO, vl. V. *Agregation.*

AGREGUAR, vl. V. *Agregear.*

AGREI, s. m. vl. AGREY. Accueil, agrément; pacte, accord, convention. Gl. occit.

AGREIANSA, s. f. (agreiánse), vl. Aigreur; irritation. Sauv. V. *Air*, R.

AGREIAR, v. a. vl. AGREYAR. Agréer, honorer. V. *Grat*, R.

AGREIRA, s. f. vl. *Champart*, terrage, agrier.

Éty. du lat. *Agri*, gén. de *ager*, champ. V. *Agr*, R.

AGREJAR, vl. V. *Agreiar.*

AGREMO, s. m. Un des noms du grand-houx, selon M. Garcin. V. *Agarrus.*

AGREMOURIER, s. m. (agremourié). Nom qu'on donne à Grasse, selon M. Aubin, au grand-houx. V. *Agarrus.*

AGRENA, s. f. (agréne); AGRUNA, AGRUNELA, PRUNEL, PRUNA-D'AUCELOUN, ARAGNOUN, AGNEROUN. Prunelle, fruit du prunelier, ou prunier épineux. V. *Agrenier.*

Éty. du celt. *aigr*, aigre, ou du grec ἄγριος (agrios), sauvage, champêtre. Voy, *Agr*, R.

AGRENAS, s. m. (agrenás), dl. Prunelier. V. *Agrenier* et *Agr*, R.

AGRENIER, s. m. (agrenié); AGRUNIER, AGRUNELIER, AGRENAS, AGRANAS, BOUISSOUN, BOUISSOUN-NEGRE. Prunelier, prunier-épineux, épine noire, *Prunus spinosa*, Lin. arbrisseau de la fam. des Rosacées, commun dans les haies.

Éty. de *agrena* et de *ier*. V. *Agr*, R.

AGRENIER, v. a. vl. Irriter et n. se refrogner. V. *Agr*, R.

AGREOU et **AGROUGES**, pl. s. m. (agréou, agréoudgés); *Agravio*, esp. *Aggravo*; port. *Aggravio*, ital. Grief, sujet de plaintes, chagrins.

Éty. du celt. *griechia*, m. s. ou du grec ἄγριος (agrios), rustique, sauvage, farouche. V. *Agr*, R. ou de *gravis*, lourd, pesant, qui charge, qui incrimine. V. *Grav*, R.

AGREOUGEAT, ADA, adj. et p. (agreoudjá, áde); *Agreujat*, cat. *Agraviado*, *ada*, esp. Piqué, irrité, qui a sujet de se plaindre.

Éty. de *agreouge*, et de *at*. V. *Agr*, R. ou du lat. *aggravatus*. V. *Grav*, R.

AGREPESIT, IDA, adj. et p. (agrepesi, ide); dl. Engourdi. Sauv.

Éty. du grec ἄγρα (agra), prise, pris.

AGRES, s. m. pl. (agrès); APPARELHS. *Arredi*, ital. Agrés et apparaux, tout ce qui compose l'équipage d'un navire.

Éty. de l'ital. *arredi*, équipage, ameublement, selon Ménage. M. Roquefort fait venir ce mot du lat. *gratia*, ce qui rend le navire au gré de l'équipage. V. *Grat*, R.

AGRESSAR, v. a (agressá). Attaquer le premier, être l'agresseur. V. *Grad*, R.

AGRESSION, s. f. (agressie-n); AGRESSIEN, lang. mod. *Agresion*, esp. *Agressão*, port. *Agressione*, ital. Agression, action de celui qui attaque le premier. Garc.

Éty. du lat. *agressionis*, gén. de *agressio*, m. s. V. *Grad*, R.

AGRESSOUR, s. m. (agressóur); *Aggressore*, ital. *Agresor*, esp. *Aggressor*, port. Agresseur, celui qui attaque le premier.

Éty. du lat. *aggressor*, formé de *aggredior*, j'attaque; lequel est composé de *ad*, à, vers, et de *gradio*, je marche. V. *Grad*, R.

AGREST, ESTA, adj. vl. *Agrest*, cat. *Agreste*, esp. port. ital. Agreste, sauvage.

Éty. du lat. *agrestis*. V. *Agr*. R.

AGRETA, s. f. (agréte), dl. altér. de *Aigreta*, un des noms de l'oseille ronde. V. *Acetouas*, *Aigreta-rouenda* et *Acr*, R.

AGRETA, s. f. (agréte). Le même que *Aigreta*, v. c. m. *Guirau* et *Acr*, R.

AGRETA SAUVAGI, s. f. Nom languedocien de la petite oseille, *Rumex acetosella*, Lin. Plante de la famille des Polygonées qu'on trouve dans les terrains sablonneux, sur le bord des chemins, presque partout.

Éty. Le nom de *agreta* lui vient de la saveur aigre de ses feuilles.

AGREU, s. m. (agréou). Nom qu'on donne, aux environs de Toulouse, au grand-houx. V. *Agarrus* et *Agr*, R.

AGREUGAT, ADA, adj. et p. vl. Accablé, ée, vexé, affligé, molesté. V. *Agreougeat* et *Grav*, R.

AGREUGER, v. n. (agreudgé), vl. Etre à charge, Sauv.

Éty. du lat. *Aggravare*. V. *Grav*, R.

AGREUJAR, v. a. vl. Grever, être à charge, supporter avec peine. V. *Grav*, R.

AGREVATIU, IVA, adj. vl. AGREVIATIU. *Aggravatif, ive*, Aggravant, grevant, ante, qui agrave, qui charge.

Éty. V. *Gravis*, *grav* et *agr*, R.

AGREVIAMEN, s. m. vl. *Agravament*, cat. *Agraviamiento*, esp. *aggravamento*, ital. Aggravation, dommage. V. *Grav*, R.

AGREVIAR, v. n. (agreviá), vl. Supporter avec patience. Du lat. *Aggravare*. V. *Grav*, R.

AGREVIATIU, IVA, *Aggravatif, ive*. Qui est propre à aggraver, aggravant. V. *Grav*, R.

AGREVOU, nom d'homme (agrèvou). Agrève.

Éty. de saint Agrève, *Agripinus*, lat. évêque du Puy, dont l'Église célèbre la fête, le 1er février.

AGREVOU, (agrèvou), dl. V. *Prebouisset* et *Agarr*, R.

AGREVOUS, dl. V. *Agarrus* et *Agarr*, R.

AGREY, vl. V. *Agrei.*

AGREYAR, vl. V. *Agreiar.*

AGRIA, s. f. (agrie), d. d'Apt. Altér. de *grua*; v. c. m.

AGRIALAU, s. m. (agrialáou). Nom de l'olivier sauvage dans quelques contrées du Languedoc.

Éty. du grec ἀγριελαία (agriélaia), m. s.; formé de ἀγρία ἐλαία (agria élaia), olivier sauvage. V. *Agr*, R.

AGRICOL, nom d'homme; AGRICOOU. Agricol ou Agricole.

Patron, saint Agricole; l'Église honore cinq saints de ce nom : les 26 février, 2 septemb., 4 et 27 nov., 3 et 16 déc.

AGRICOLO, OLA, adj. (agricóle), lang. mod. *Agricola*, port. Agricole, qui concerne l'agriculture. Garc. V. *Agr*, R. 2.

AGRICULTOUR, s. m. (agricultóur); *Agricoltore*, ital. *Agricultor*, esp. port. Agriculteur, celui qui professe l'art de l'agriculture.

Éty. du lat. *agricultor*, fait de *ager*, *agri* et de *cultor*, qui cultive les champs. V. *Agr*, Rad. 2.

AGRICULTURA, s. f. (agricultúre); *Agricoltura*, ital. *Agricultura* esp. port. cat. Agriculture, l'art de cultiver la terre.

Éty. du lat. *agri-cultura*, culture des champs. V. *Agr*, R. 2.

Bien que l'agriculture ou la culture plus ou moins perfectionnée de la terre, soit aussi ancienne que la société; que cela soit clairement démontré par plusieurs passages de l'Écriture, et notamment par celui-ci : *Fuit autem Abel pastor ovium et Cain agricola*, Gen. Cap. IV, ỳ. 2, et par cet autre où Dieu dit à Adam : *In sudore vultus tui visceris pane*, Gen. Cap. II, ỳ. 19. Cependant, comme cet art fut toujours le premier des arts utiles, chaque peuple, chaque nation a voulu faire bonneur de son invention à ses dieux ou à ses rois. C'est pourquoi les Egyptiens l'ont attribué à Isis et à Osiris 2900 ans avant J.-C.; les Grecs à Cérès, reine de Sicile, et à Triptolème 1430 ans avant J.-C.; les Italiens à Saturne et à Janus, leur roi; les Argiens et les Arcadiens à Arcas, fils de Jupiter 1760 ans avant J.-C.; les peuples de l'Espagne, à Habis; les Péruviens à Manco-Capac; les

Chinois à Yao 2280 ans avant J.-C., ou à Fo-hi, leur premier roi 2914 ans avant J.-C.

L'agriculture faisait autrefois les délices des hommes les plus célèbres et des empereurs même, d'après ce passage de Pline : *Imperatorum olim manibus colebantur agri*, Lib. 28, ch. 3.

L'ouvrage le plus ancien sur l'agriculture, qui nous soit parvenu, est un poëme d'Hésiode, intitulé : *Les Travaux et les jours*; 944 ans avant notre ère.

Turbilly a été, en France, le fondateur de la première société d'agriculture.

AGRIEVIAR, vl. Voy. *Agreviar* et *Agravar*.

AGRIFFAR, v. a. (agriffà) ; *Griffer*, prendre avec les griffes ; donner des coups de griffes. V. *Esgraffignar*.

Éty. de la basse lat. *agrifare*, m. s. Voy. *Griff*, R.

AGRIFFION, s. m. (agriffie-n). Voy. *Agruffion*.

Éty. V. *Agr*, R.

AGRIFIN, s. m. (agrifin). Aigrefin, scroc.

Éty. Le Duchat, dit que ce mot est une corruption de *aiglefin*, monnaie impériale d'or très-pur, qui portait l'empreinte d'un aigle ; puis on donna le nom de *aigrefin*, à une monnaie d'or de bas aloi, ou usée, ou altérée. Roqu.

Ce mot pourrait aussi avoir pour radical, ἄγρα (agra), prise. V. *Aigl*.

AGRIMEN, s. m. Nom ancien de l'aigremoine. V. *Sourbeireta* et *Agrimoina*.

Éty. du lat. *agrimonia*, m. s.

AGRIMENA, s. f. (agrimèna). Nom qu'on donne à Nismes à l'aigremoine. V. *Sourbeireta* et *Agrimoina*.

Éty. Ce mot est une alt. du lat. *Agrimonia*.

AGRIMOINA, AGRIMONI. s. f. (agrimóine) ; AGRIMENA, AGRIMOUANA, GRIMOINA. *Agrimonia*, esp. ital. port. *Agrimone*, all. Aigremoine. V. *Sourbeireta*.

Éty. du lat. *agrimonia*, qui suivant Dalechamp et Linneus, vient par corruption de *argemone*, nom que les grecs donnaient à une espèce de pavot, qui passait pour guérir la taie de l'œil, appelée en grec *argema*, dérivé de ἀργὸς (argos), blanc, parce que la taie est une tache blanche ; et qu'on attribuait la même propriété à l'aigremoine.

AGRIMONIAL, adj. vl. Acre.

Éty. du lat. *acrimonia*. V. *Acr*, R.

AGRIMOULHIER, s. m. (agrimouillié). Nom lang. du groseillier à maquereau. V. *Grouselhier blanc*.

Éty. du goût aigre de ses fruits. V. *Acr*, *agr*, R. alt. de *agrouvelier*.

AGRIOLA, s. f. (agriòle). Nom qu'on donne à Montpellier, suivant Magnol, à la centaurée du solstice. V. *Auricella*. On donne le même nom à Nismes à la centaurée chausse-trape ou chardon étoile. V. *Caucatrapa*.

Éty. du lat. *ager*, *agri*, champ, et de *ola*. V. *Agr*, R. 2.

AGRIOLA-MASCLAU, s. f. Nom que porte à Montpellier, selon Magnol, la chausse-trape. V *Caucatrapa*.

AGRIOTA, *Agriotta*, ital. V. *Agrueta*.

AGRIPAR, v. a. (agripá) ; ARRAPAR, ACHIPAR, AGANTAR, GRIPAR. Agripper, prendre avidement, subtilement, en cachette, attraper avec la grippe.

Éty. de *a*, de *gripa* et de *ar*. V. *Griff*, R.

AGRIPAT, ADA, adj. et p. (agripá, áde). Agrippé, ée. V. *Griff*, R.

AGRIPPA, s. m. LOU LIBRE D'. Le livre d'Agrippa, dit M. Poumarède, est fameux parmi le peuple du midi, qui le croit propre à faire paraître le diable.

Éty. Cornelius Agrippa, est comme Albert le Grand, et autres, un philosophe du moyen âge, qui a écrit sur la magie et la démonologie.

AGRIVOUTAT, s. m. (agrivoutá) ; AGRADELA, VINETA, VINETIER, AIGRET. Fruit et arbrisseau ; épine vinette, *Berberis vulgaris*. Lin. de la fam. des Berberidées, commun dans les haies de la Prov. sept. V. Gar. *Berberis*, p. 58.

Éty. du celt. *aigr*, aigre ; ou du grec ἄγριος (agrios), sauvage, fareuche. V. *Agr*, R. et du lat. *uva*, *agri-uva*, raisin des champs.

Les fruits de cet arbrisseau sont très-acides et peuvent être utilement employés pour préparer des boissons rafraîchissantes : on en fait une gelée semblable à celle des *groseilles*.

AGRIVOUTIER, s. m. (agrivoutié). Nom de l'épine vinette qui n'est relatif qu'à l'arbrisseau. V. *Agrivoutat*.

AGROMOURIER, s. m. (agromourié). Un des noms du grand-houx, selon M. Garcin. V. *Agarrus*.

AGRON, vl. Ils ou elles eurent.

AGRONAT, s. m. Nom ancien du cormoran et du héron.

AGRONOMO, s. m. (agronóme), lang. mod. *Agronomo*, port. Agronome, celui qui est versé dans la théorie de l'agriculture.

Éty. du grec ἀγρὸς (agros), champ, et de νέμω (némô), je cultive.

AGROPIR S', v. r. vl. *Aggroparsi*, ital. S'accroupir. V. *Croup*, R.

AGROPUMOUTIR, Garc. Voy. *Agamoutir*.

AGROR, s. f. vl. *Agror*, esp. Aigreur. V. *Aigrour*.

AGROUAGNA, s. f. (agrouágne). Voy. *Couagna*.

AGROUAR, v. a. (agrouá). Couver. V. *Couar* ; engendrer. V. *Coungrear* et *Cre*, R.

AGROUAR S', v. r. S'accroupir, se mettre à croupetons sur ses talons. Voy. *Agroumoulir s'*.

Éty. du lat. *Curvare*, courber ; ou de *clunibus accubare*.

AGROUAT, ADA, adj. et p. (agrouá, áde). Accroupi, ie. V. aussi *Agroumoulit*.

Éty. du lat. *accurvatus*.

AGROUCHAR, v. r. Avr. V. *Agroumoulir s'*.

AGROUGNAR S', (s'agrougná). Garc. m. s. que *Agroumoulir s'*. v. c. m.

AGROUEGNAR S', V. *Agroumoulir s'* et *Agrouar s'*.

AGROUELA, dl. V. *Gralha*.

AGROUFION, Garc. V. *Agruffion*.

AGROUFIOUNIER, Garc. V. *Agruffiounier*.

AGROUMANDIR, V. *Agourmandir*.

AGROUMILHAT, V. *Agroumoulit*.

AGROUMOULDIT, adj. et p. (agroumouldi), dl. Engourdi. Sauv.

AGROUMOULIAR, v. n. et **S'**, v. r. (s'agroumouliá). On le dit des personnes que le froid force à se blottir. V. *Agroumoulir s'* et *Croup*, R.

AGROUMOULIR S', v. r. (s'agroumoulir) ; S'AGRAMOUTIR, S'AGOUMOUTIR, S'AGRAUMILHAR, S'AMOUCHOUNAR, SE REVOULOUNAR, S'AGROUAR, S'AGOURRUDAR, S'AGROUNCHAR, S'AGROUPIR, S'ACCROUPIR, S'ACCOUCOUNAR, S'AGROUNCHAR, S'AGENGIR, S'AJUCHAR, S'AMARROUNÇAR, S'AGROUVAR, S'ESCAGASSAR, S'ESFOUGALHAR, S'AGROUCHAR, S'AGROPUMOUTIR. Se blottir, s'accroupir, se tapir dans un coin, se resserrer comme pour rentrer en soi-même, se mettre en un peleton pour se garantir du froid.

Éty. de *a*, de *grou*, pour *croupa*, de *moul*, *mouloun*, et de *ir*, se ramasser sur la croupe, sur le derrière ; ou de *grum*, grumeau.

AGROUMOULIT, IDA, adj. et p. (agroumouli, ide) ; AFREGEOULIT, AGRAMAULIT, AGRAMILHAT, ESCAGASSAT, AGRAUTOUNIT, AGRATOUNIT, AGOURRUDAT, AGROUPAT, AGRUPIT, AGROUAT, AGROUNCHAT, AJUCHAT, AGROUVASSAT, AMOUCHOUNAT, ABLAUTIT, ENGRAUMOULIT, ACOUCOUNAT, AGENGIT, ENFREGEOULIT, ENFREGOUI, ESFOUGALHAT, AGROUTOUNIT. Blotti, ie, accroupi, tapi, accouvé. V. *Croup*, R.

AGROUNCHAR S', v. r. (s'agrountchá). Se tapir, se cacher. V. *Agroumoulir s'*.

AGROUPAR S', v. r. (s'agroupá). S'envelopper dans son manteau, dans ses habits.

AGROUPAT, ADA, adj. et p. (agroupá, áde). Enveloppé, ée. V. *Agouloupat*.

AGROUPIR S', v. r. (s'agroupir) ; *Accurarse*, esp. *Accoccolarsi*, ital. S'accroupir, s'asseoir sur ses talons. V. *Croup*, R. et *Agroumoulir s'*.

AGROUPIT, IDA, adj. et part. (agroupi, ide) ; AGRUPIT, AGRUPESIT. Accroupi, ie. V. *Agroumoulit*.

AGROUSELA, s. f. (agrousèle), d. de Barcel. Groseille et groseillier. V. *Grousela*, *grouselier*.

AGROUSSAT, ADA, V. *Accouffat*.

AGROUTIER, V. *Agrutier*.

AGROUTOUNIR S', v. r. (s'agroutounir). Se cacher dans une grotte, sous un rocher, dans un lieu obscur. Garc. V. *Crot*, Rad.

AGROUTOUNIT, IDA, adj. et p. (groutouni, ide) ; AGRATOUNIT. Caché dans une grotte, sous un rocher ; ratatiné.

Éty. de *a*, de *groutoum* et de *it*. V. *Crot*, R.

AGROUVAR, dl. V. *Agrouar*.

AGROUVASSAT, ADA, adj. et p. Suppl. au Dict. de Pellas. V. *Agroumoulit*.

AGROUVELA, V. *Grouselha*.

AGROUVELIER, V. *Grouselhier*.

AGRUA, V. *Grua*.

AGRUETA, s. f. (agruèta) ; AGRIOTTA, GUINDOULA, GUINDOUL, CERITERA. Griotte en général, mais dans la H.-Prov., ce nom est commun à toutes les cérises. V. *Cerisa*.

Éty. du grec ἄγριος (agrios). Sauvage, champêtre, parce qu'on donne plus particulièrement le nom de *agruetas* aux cerises aigres ou sauvages. V. *Agr*, R.

AGRUFFION, s. m. (agruffie-n); AGRUFFIENS, AGROUFIEN, AGRIFFION, AGREFFIEN, GREFION, DURAU, PÉTARÉOU, AGRUFFION SAUVAGI. Mérise, cerise du mérisier. *Cerasus avium*. Lois. arbre de la fam. des Rosacées, qui a donné plusieurs variétés, dont la principale est : l'*Agruffion durau*, Bigarreau, ou cerise du bigarreautier. V. Garid. *Cerasus major, fructu magno*, p. 95.

Éty. du grec ἄγριος (agrios), sauvage. V. *Agr*, R.

AGRUFFION D'ESPAGNA. Guigne, cerise à chair plus molle que le bigarreau. Avr.

AGRUFFIOUNIER, s. m. (agruffiounié); AGROUFIOUNIER, AGRIFIOUNIER. Bigarreautier.

AGRUM, s. f. vl. *Agrume*, ital. *Agrura*, port. Chose aigre, âpre, acerbe. V. *Acr*, R.

AGRUMEL, s. m. (agrumèl). Nom qu'on donne à Montpellier, d'après Magnol, à une espèce de raisin blanc.

AGRUMEL NEGRE, s. m. Nom qu'on donne dans le même pays, d'après le même auteur, à un raisin noir.

AGRUMELAR, v. a. (agrumelà). dl. *Agrumelare*, ital. Pelotonner, mettre en peloton. V. *Escautounar* et *Grumel*. Sauv.

Éty. de *a* pour *ad*, en, de *Grumel* et de *ar*; litt. réduire en peloton. V. *Grum*, R.

AGRUMELAR S', v. r. dl. Se réduire en un peloton; s'accroupir. V. *Grum*, R.

AGRUMELAT, ADA, adj. et p. (agrumelà, àde), dg. *Aggrumato*, ital. Amoncelé, ée. V. *Accuchat*. et *Grum*, R.

AGRUMES, s. m. pl. Nom générique des orangers, citronniers, poncires, etc. à Nice, selon M. Fodéré. V. *Agr*, R.

AGRUNA, et

AGRUNELA, dl. V. *Agrena*.

AGRUNELIER, dl. V. *Agrenier*.

AGRUNIER, s. m. Nom ancien du prunelier. V. *Agrenier*.

AGRUPESIR, et

AGRUPIAR S', v. r. (s'agrupia); ACCROUPIAR S', ENCREPIAR S', ENGREPIAR S'. Au positif, se mettre à la mangeoire, et fig., se mettre à table.

Éty. de *a*, de *grupi* et de *ar*, se mettre à la crèche, à la mangeoire.

AGRUPIT, IDA, adj. et p. (agrupi, ide). Accroupi, ie. Sauv. V. *Agroupit*, R.

AGRUTAR, v. a. (agrutà), dl. Ravir, ôter.

Éty. du rom. *agruter*, m. s.

AGRUTIER, s. m. (agrutié), ou

AGRUTIERA, s. f. (agrutière); GUINDOULIER, CERIGIER, CERISIER. Griottier, noms qu'on donne assez indistinctement à toutes les espèces de cerisiers qui produisent des fruits bons à manger, mais plus particulièrement au griottier : *Cerasus caproniana*, Déc. arbre de la fam. des Rosacées. V. *Cerisier*, R.

Éty. du grec ἀγριότης (agriotès), rusticité, rudesse, à cause de l'acidité de son fruit. V. *Agr*, R.

AGU

AGU, AGUT, AGUD, AGUS, AGULH, AGUI. Sous-radicaux de *ac*, pointe, dérivés du lat. *acus*, aiguille, *acutus* pointu et de *aculeus*, aiguillon. V. *Ac*, R.

De *acus*, par apoc. *acu*, d'où : *acu-itat*.

De *acus*, par le changement du *c* en *g*, *agus*, d'où : *Agus, Agus-ar, Agus-im, Agusaire*, etc.

De *agus*, par la suppression de *s*, *agu*, d'où : *Agu-ad-ouira, Agu-ar*.

De *acutus*, par apoc. *acut*, et par le changement du *c* en *g*, *agut*, d'où : *Agut-et, Agutuda*.

De *agut*, par le changement de *t* en *d*, *agud*, d'où : *Agud-essa, Aguda-ment, Besagud-a*, etc.

De *acus*, par le changement de *c* en *g*, *agus*, d'où : *Agus, Agus-ar, Agus-et*, etc.

De *aculeus*, par apoc. *acul*, par le changement du *c* en *g*, *agul* et en mouillant *l* *agulh*, d'où : *Agulh-a, Agulh-ada, Agulhoun, Agulhoun-ar*, etc.

De *agulh*, par le changement de *lh* en *li*, *aguli*, d'où : *Aguli-oun, Aguli-a*.

De *agulh*, par le changement de *a* en *e*, les anciens mots *egulh-a*, etc.

AGUADA, s. f. vl. Alluvion.

Éty. de *aqua* et de *ada*, fait par l'eau. V. *Aigu*, R.

Si creis alcuna causa per aguada a mon camp d'un camp meu vezin... aco creis a mon camp per aguada que lo fluvis tol del camp de mon vezin et ajusta al meu camp.

Trad. du Code de Justinien, fol. 75.

AGUADES, s. et adj. (agouadés); AGADES. Habitant d'Agde. V. *Aigu*, R.

AGUAG, vl. V. *Agach*.

AGUAHOS, V. *Agach*.

AGUAIT, vl. V. *Agach*.

AGUAL, s. m. vl. Rigole, canal, conduit, aqueduc. V. *Aigu*, R.

AGUAR, v. a. (aguá). Redresser, refaire la pointe d'un outil, d'une pioche, etc. Voy. *Apounchar*.

Éty. du lat. *acuere*, rendre pointu, formé de *agu*, pour *acut* et de *ar*; rendre aigu. V. *Agu*, R.

AGUAR S', v. r. vl. Se disposer, s'exciter, se préparer.

Éty. du lat. *acuere*, exciter, animer. Voy. *Agu*, R.

AGUARAR, vl. V. *Agarar*.

AGUARDAR, v. a. vl. *Aguardar*, esp. port. Attendre, espérer, donner du temps.

AGUDA, s. f. (agúde); IMPETRATION. Obtention, action d'obtenir, chose obtenue.

Éty. de *aguer*, avoir. V. *Hab*, R.

AGUDAMENT, adv. vl. *Agudament*, cat. *Agudamente*, esp. port. *Acutamente*, ital. *Aiguement*, finement.

Éty. de *aguda*, pour *acuta* et de *ment*. V. *Agu*, R.

AGUDAR, vl. V. *Ajudar*.

AGUDET, adj. vl. *Agutello*, ital. Finement aigu, pointu.

Éty. dim. de *agut*. V. *Agu*, R.

AGUDEZA, s. f. vl. *Agudesa*, cat. *Agudeza*, esp. port. *Acutezza*, ital. Aiguisement, finesse, pénétration.

Éty. de *agud* et de *eza*; chose aiguë. V. *Agu*, R.

AGUEIRADA, s. f. (agueiráde), dl. AGUEIRADA, ACAMPA. Combat à la fronde ou à coups de pierres. Sauv.

Éty. de *agueirar* et de *ada*, action de *agueirar*. V. *Queir*, R.

AGUEIRAR, Garc. V. *Acullhir*.

AGUEIRAR, v. a. (agueirá), dl. AGHEIRAR. Exciter, pousser par des invectives.

Éty. du grec ἤγειρα (êgueira), aor. de ἐγείρω (éguéirô), m. s. Pour combat à coups de pierres. V. *Esqueiregear*

AGUEIRAT, ADA, adj. et p. (agueirá, àde), dl. Eveillé, ée, alerte.

Éty. V. le mot précédent.

AGUENAUDAS, s. f. pl. (oguenáoudes). Nom qu'on donnait à Tulle, aux femmes de Laguène qui venaient vendre du pain.

AGUER, v. aux. qui se conjuge avec *aver*, dont il fait partie.

Éty. de *aigan*. Les Goths, dit M. Raynouard, avaient deux manières d'exprimer *avoir*, c'étaient les verbes *haban* et *aigan*. V. *Hab*, R.

Aguem, nous eûmes, vl. *Agues*, qu'il ou qu'elle eût, eusse. *Agui*, j'eus.

AGUER, adj. vl. Agard.

AGUERIR, v. a. vl. Guérir, sauver. V. *Gar*, R. 2.

AGUERRIR, v. a. (aguerrir); *Agguerrire*, ital. *Aguerrir*, port. Aguerrir, accoutumer à la guerre, aux fatigues, aux dangers.

Éty. de *a*, de *guerra* et de *ir*. V. *Guerr*, R.

AGUERRIR S', v. r. S'aguerrir, s'accoutumer à la guerre, aux fatigues; prendre de la hardiesse. V. *Guerr*, R.

AGUERRIT, IDA, adj. et p. (aguerri, ide); *Aguerrido, ida*, esp. Aguerri, ie. V. *Guerr*, R.

AGUETS, s. m. pl. (aguèts); *Agguato*, ital. Aguets, être aux aguets, écouter, épier; *Essere in agguato*, ital.

Éty. de *a* et de *guet*. V. *Gueit*, R.

AGUFA, s. f. (agúfe). Un des noms du gratecul. Avril. V. *Agourenci*.

AGUFIER, Garc. V. *Agourencier*.

AGUI, s. m. (aguì). Crampe qui attaque les doigts, le poignet ou le bras; on donne dans le Bas-Limousin, le nom de *goutta-crampa*, à la crampe qui affecte les extrémités, inférieures.

AGUIA, et Comp. V. *Agulha*, etc.

AGUIAL, s. m. (aguiál). V. *Aguielas*.

AGUIAR, v. a. (aguiá). Conduire, mener, guider : *Diou t'aguie*, Que Dieu t'amène ou te conduise.

Éty. de l'Espagn. *guiar*, guider. Voy. *Guid*, R.

AGUIELAS, s. m. (aguielás); AGUIAL, AGUIOL, dl. Le vent du nord-est, ou l'aquilon, qui vient à Alais du côté des Alpes piémontaises. Sauv.

Éty. du lat. *aquilo*, m. s. ou du grec αἰγυιαλὸς (aiguialos), rivage; bord de la mer; vent de terre. Thomas.

AGUIER, V. *Aiguier*.

AGUIET, s. m. (aguié). Cartahu, manœuvre que l'on passe dans une poulie au haut d'un mât, pour hisser quelque chose.

Éty. de *aguiar*, conduire, mener, guider. V. *Guid*, R.

AGUIETA, V. *Agulheta*.

AGUIETAS, V. *Agulhetas*.

AGUILANCIER, s. m. vl. Nom ancien de l'églantier. V. *Agourencier*.

AGUILEN, s. m. vl. Eglantier, et fruit de l'églantier. V. *Agourencier* et *Agourenci*.

AGUILLA, vl. V. *Agulha*.

AGUILLAS, s. m. vl. Sorte de ver qui s'introduit sous la peau des oiseaux et les tourmente comme s'ils étaient piqués par des aiguilles.

AGUILO, vl. V. *Aquilo*.

AGUINCHAR S', v. r. (s'aguïntchá), dl. Se lancer réciproquement des pierres. V. *Esqueiregear s'* : *Aguinchar ame de messeioun*, tirer contre quelqu'un des noyaux de cerises.

Éty. de *a* et de *guinchar*, regarder, ajuster.

AGUIOL, V. *Aguielas*.

AGUIR, v. a. (aguir), dl. Haïr.

AGUISAR, v. a. vl. *Aguisar*, esp. *Aguisare*, ital. Affaiter, arranger, disposer.

Éty. de *guisa*, de *a* et de *ar*. Voy. aussi *Agusar*.

AGUISCOSIA, s. f. (aguiscosia), vl. Artifice, adresse.

AGULACIO, s. f. vl. *Egualacion*, esp. *Egualaçāo*, port. *Agguagliazione*, ital. Égalisation. V. *Equ*, R. 2.

AGULAR, v. a. vl. *Agguagliare*, ital. Égaliser. V. *Equ*, R. 2.

AGULAT, ADA, adj. et p. vl. Égalisé, ée. V. *Equ*, R.

AGULENCIER, s. m. vl. Arbousier. Gl. occit.

AGULEONEJAR, v. a. vl. Hérisser. Voy. *Agu*, R.

AGULHA, s. f. (agúille); AGUILHA, AGULLIA, EGULHA, AGÚYA. *Aguja*, esp. *Agulha*, port. *Agulla*, cat. *Aguglia*, ital. Aiguille, petit instrument d'acier, pointu par un bout et percé à l'autre d'une ouverture longitudinale, servant à coudre.

Éty. du lat. *acus* ou du celt. *acubia*. Voy. *Agu*, R.

Dans une aiguille on nomme :

CORPS, la partie cylindrique qui s'étend de la pointe jusqu'à l'œil.
CUL ou TÊTE, le gros bout dans lequel l'œil est percé.
OEIL ou CHAS, l'ouverture qui reçoit le fil.
POINTE, l'extrémité opposée au cul.
RAILURE, RAINURE ou CAMELLE, la partie évidée qui est au-dessous de l'œil.

Les fabricants et les marchands d'aiguilles se nomment aiguilliers.

Trabalhar à l'agulha, *Trabalhar à agulha*, port. travailler à l'aiguille, broder.

Passar de fiou à l'agulha, *enfilar una agulha*, *Enfiar huma agulha*, port. enfiler une aiguille.

Les Orientaux attribuent l'invention de l'aiguille et de la couture à Enoch ou Edris, qui vivait vers l'an 3400 avant J.-C. On croit que les premières aiguilles fabriquées en Europe, le furent en Angleterre vers l'an 1545, par un indien qui mourut sans faire connaître son secret, retrouvé en 1560 par Cristophe Grœning.

« Quand on considère, dit l'auteur de l'article Aiguille du Dict. Technologique, la simplicité d'une aiguille, sa petitesse, son prix modique, on serait naturellement porté à croire que ce petit instrument n'exige ni un long travail ni une main-d'œuvre compliquée. Cependant lorsqu'on apprend que chaque aiguille, quelle que soit sa dimension, passe entre les mains de 120 ouvriers, au moins, avant d'être entièrement terminée, on ne peut se défendre d'un mouvement d'admiration et de surprise. »

AGULHA, s. f., est aussi par analogie, le nom que l'on donne à une infinité de choses qui se terminent en pointe aiguë : *Agulha de bouyer*. V. *Agulhada*. *Agulha d'un cluchier*, flèche d'un clocher. *Agulha de charpanta*, poinçon. *Agulha de rocca*, pic, rocher terminé en pointe aiguë.

AGULHA-DE-BAS, s. f. Aiguille de bas, aiguille à tricoter, et broches lorsqu'elles sont d'un gros volume.

AGULHA-DE-CADRAN, Style, aiguille d'un cadran solaire, dont l'ombre indique les heures.

AGULHA EMANTADA, s. f. *Aguja de marear*, esp. *Agulha de marear*, port. Aiguille aimantée ou aiguille de boussole, lame d'acier longue, mince, pointue des deux bouts, aimantée d'un côté, et munie d'une chappe dans le milieu où vient aboutir le pivot sur lequel elle tourne. Des deux extrémités de cette aiguille l'une se nomme pointe Nord c'est l'aimantée, et l'autre pointe Sud.

On lit dans la vie de Brunetto Latini, un passage qui prouve que l'aiguille aimantée, comme moyen de direction était en usage en 1260, c'est-à-dire, quarante ans avant l'époque fixée communément pour l'invention de la boussole. Dic. des Dates.

AGULHA-DE-FILET, *ou per faire la filocha*. Aiguille à filet, instrument propre à porter le fil dont on fait les mailles de la filoche. Dans cette aiguille on nomme : *Coche*, l'échancrure qui est à l'extrémité opposée à la pointe; *Tête*, celle qui se termine en pointe; *Tenon* ou *Languette*, la pointe qu'on voit au milieu de la tête, au tour de laquelle on arrête le fil.

AGULHA DE RELOGI, S. f. AGULHA DE MOUESTRA. *Agulha de relogio*, port. Aiguille de cadran.

AGULHA-DE-TRET, Aiguille propre à coudre les voiles.

AGULHA, s. f. Longue tige de fer acérée, dont les mineurs se servent pour percer les pierres et faire des mines. V. *Agu*, R.

AGULHA, plante. V. *Agulhas*.

AGULHA, s. f. AGUYA, BECASSINA-DE-MAR. *Aguja*, esp. Aiguille de mer ou Orphie : *Esox belone*, Lin. poisson de l'ordre des Holobranches et de la fam. des Siagonotes, dont la chair est peu estimée, et qui parvient au poids de deux kilogrammes.

Éty. A cause de la forme de sa tête qui se termine en pointe comme une aiguille. Voy. *Agu*, R.

A Marseille, selon M. Roux, on donne le même nom à l'*Osmerus fasciatus*. V. *Lambert*, 2.

A Nismes, selon l'auteur de sa Statistique, on donne aussi ce nom au cheval marin trompette, et au cheval marin aiguille. V. *Cavau* et *Cavau marin*.

AGULHA-DEIS-OLIVIERS, Argot des oliviers. Garc.

AGULHADA, s. f. (aguilláde); AGULIADA, AGULHATA, EGULHADA, COURDURADA. *Agugliata*, ital. anc. *Agulhada*, esp. port. Aiguillée, la quantité de fil que l'on met à l'aiguille, pour coudre. V. *Courdurada*.

Éty. de *Agulha* et de *ada*. V. *Agu*, R.

AGULHADA, s. f. AGULIADA, AGULHAU, AGULHAXA, GULIADA, TOUCADOUR, AGUIADA. *Aguijada*, esp. *Aguilhada*, port. Aiguillade, long bâton armé d'une pointe ou aiguillon par le bout et d'une palette de fer ou curoir, à l'autre extrémité. V. *Aussi* et *Barbouissac*, servant à piquer les bœufs et à débarrasser le soc de la charrue de la terre qui s'y attache.

Éty. de *agulha* et de *ada*, armé d'une aiguille. V. *Agu*, R. M. Mazer. le fait venir du grec ἄγειν (agéin), conduire, diriger.

AGULHARIA, s. f. (aguillarie); *Aguillerie*, Sauv. Fabrique d'aiguilles, rue des marchands d'aiguilles.

Éty. de *agulha* et de *aria*, lieu où l'on fait ou bien, où l'on trouve les aiguilles. V. *Agu*, Rad.

AGULHAS, s. f. pl. (agúilles); SOUVENT-DOUS, JAUVER et JAUBERT-DOUS. Peigne de Vénus, Aiguille de berger, Cerfeuil peigné; *Scandix pecten*. Lin. Plante de la fam. des Ombellifères, commune dans les champs cultivés.

Éty. A cause de la ressemblance qu'ont ses fruits avec une aiguille. V. *Agu*, R.

AGULHAS, s. f. pl. Est aussi un nom commun à toutes les sortes de Géraniums du genre *Erodium*, dont les fruits sont allongés en forme d'aiguilles. V. *Aguilhetas* et *Agu*, Rad.

AGULHASSA, s. f. (aguillásse). Grosse ou laide aiguille.

Éty. de *agulha* et de *assa*, augm.

AGULHAT, s. m. (aguillá); AGUIAT, CAT-DE-MAR. *agugeo*, ital. anc. L'aiguillat, chien de mer, *Squalus acanthias*. Lin. *Spinax acanthias*, Cuv. Poisson de l'ordre des Trématonés et de la fam. des Plagiostomes (à bouche transversale).

Éty. Le mot *aguilhat*, hérissé d'aiguilles, de pointes, ne paraît être autre chose que la traduction de ακανθιας (acanthias), nom que les anciens donnaient à ce poisson, à cause des épines qu'il a sur son dos. V. *Agu*, R. Il est assez commun, mais sa chair est peu délicate. Sa peau est employée par les tourneurs aux mêmes usages que celle du requin.

AGULHAU, dm. V. *Agulhada*.

AGULHETA, s. f. AGUIETA. *Agujeta*, esp. *Agulheta*, port. Aiguillette, cordon que l'élite de la cavalerie et de la gendarmerie françaises porte sur l'épaule comme ornement. V. *Agu*, Rad.

Cette aiguillette est d'origine espagnole. « Le duc d'Albe pour se venger de l'abandon » d'un corps considérable de Belges, ordonna » que les délits qui se commettraient fussent » punis de la corde, sans distinction de rang. » Ces braves firent dire au duc que, pour

» faciliter l'exécution de cette mesure, ils » porteraient sur le cou une corde et un clou.» Cette troupe s'étant distinguée, la corde et le clou devinrent des marques d'honneur et furent transformés en aiguillettes Lamésangère. Dict. des prov.

Ferre de l'agulheta, ferret.

AGULHETA, s. f. Est aussi le nom qu'on donne à Nismes, au peigne de Vénus. V. *Agulhas*.

AGULHETA, s. f. AIGUILLETA. *Agulleta*, cat. *Agujeta*, esp. *Agulheta*, port. Petite aiguille, dégorgeoir pour nettoyer la lumière d'une arme à feu.

Éty. de *agulha*, et du dim. *eta*.

AGULHETA, s. f. (aguilléte); *Ajujeta*, esp. *Agulheta*, port. Aiguillette, cordon ferré par les deux bouts qui servait à fixer les habillements avant l'invention des boutons, d'où les expressions *nouer* et *dénouer l'aiguillette*.

Éty. de *agulha* et du dim. *eta*. V. *Agu*, R.

On nomme *ferret*, le petit fer qui termine le cordon; *Cordon*, l'attache proprement dite. *Houppe*, le bout de fil d'argent, d'or, ou de ruban éfilé qui déborde le ferret; *Aiguillitiers*. Les fabricants d'aiguillette.

Nousar ou *nouar l'agulheta*. Nouer l'aiguillette, maléfice que l'on supposait empêcher la consommation du mariage.

Dans le XVIme siècle on fermait la braguette avec une aiguillette, d'où cette expression a pris naissance.

L'aiguillette était encore une touffe de Rubans, que les filles de joie étaient obligées de porter sur l'épaule gauche dans le XIVme siècle.

AGULHETAS, s. f. pl. (aguillétes); AGULHAS. Nom qu'on donne à presque toutes les espèces de Géraniums qui ont les graines allongées comme une aiguille, formant le genre *Erodium*, Wild. plantes de la fam. des Géraniées, et plus particulièrement au Géranium oiguë. *Geranium cicutarium*. Lin.

Éty. *Aguilhetas*, dim. *d'aguilha*, petites aiguilles. V. *Agu*, R.

AGULHIER, s. m. (aguillié); AGULLIER. *Agucchiaro*, ital. anc. *Aguller*, cat. *Agoujero*, esp. *Agulheiro*, port. Fabricant, marchand d'aiguilles.

Éty. de *Agulha* et de *ier*, V. *Agu*, R.

AGULHIER, s. m. (aguillié); *Ajujero*, esp. *Agoraio*, ital. *Agulheiro*, port. *Aiguiller*; Étui à aiguilles; pelote sur laquelle on pique les aiguilles. V. *Esplingourier*.

Éty. de *agulha* et de *ier*. V. *Agu*, R.

AGULHIERA, s. f. (aguilliére), dl. Rigole pour l'écoulement des eaux.

Éty. de *agoua*, formé du lat. *aqua*. Sauv. V. *Aigu*, R.

AGULHO, s. m. vl. Aiguillon. Voy. *Agulhoun* et *Agu*, R.

AGULHOS, OSA, adj. vl. pointu, ue.

Éty. de *Agulha* et de *os*, pointu comme une aiguille. V. *Agu*, R.

AGULHOUN, s. m. (aguillóun); AGUILHOUN, AGUYOUN, FISSOUN, POUGNOUN, FOURCHOUN. *Aguyon*, esp. *aguglione*, ital. *Aguilhão*, port. *Agullo*, cat. Aiguillon, dard, pointe et fig., tout ce qui excite; espiègle, taquin.

Éty. du lat. *aculeus*, m. s. V. *Agu*, R.

Aguilhoum per pougner leis buous. Voy. *Agulhada*.

Agulhoun deis insectas; aiguillon, dard pointu situé à l'extrémité de l'abdomen de plusieurs insectes de l'ordre des Hyménoptères. On ne les observe que dans les femelles, ou dans les neutres qui sont des femelles, dont le sexe ne s'est pas développé.

AGULHOUN, s. m. (aguillóun), LISET, AGUGLIOUN, à Nice, NADINEL, dl. OURGUEHH. Nom qu'on donne à Nice, selon M. Risso :

1° A l'orvet fragile, *Auguis fragilis*, Lin. reptile de l'ordre des Ophidiens et de la fam. des Homodermes (à peau partout semblable). Cette espèce fort innocente se casse comme si elle était de verre, et les morceaux remuent pendant des heures entières.

2° A l'orvet cendré, *Auguis cinereus*, Risso, du même genre que le précédent. Il est d'un beau cendré sur le dos avec une ligne verdâtre au milieu.

3° A l'orvet bicolore, *Auguis bicolor*, Risso, dont le corps est mince et déprimé.

Éty. Parce que ces animaux sont longs et minces, ce qui les a fait comparer à une aiguille.

AGULHOUN, s. m. La plupart des Géraniums de la division des *Erodium*, portent ce nom en provençal. V. *Agulhas*. On le donne aussi au peigne-de-Vénus. Voy. le même mot.

AGULHOUN DE PRAT, s. m. Nom nicéen du sept chalcide, *Seps chalcida*, Risso, espèce de lézard.

AGULHOUNA, s. f. (agulloúna), *Agulhina*, port. Petite aiguille.

Éty. du lat. *acicula*, m. s., ou de *agulha* et du dim. *ouna*.

AGULHOUNAR, v. a. (aguillouná); AGUILLOUNAR, AGULHOUNIAR, BROUCHOUNAR, PRESSAR, ENGAGEAR, EXCITAR, POUSSAR. *Aguiyonear*, *Aguiyar*, esp. *Aguilhoar*, port. Aiguillonner, inciter, presser, piquer les bœufs avec l'aiguillon, et fig. exciter, provoquer.

Éty. du lat. *acuere*, m. s. V. *Agu*, R.

AGULHOUNAT, ADA, adj. et p. (aguillouná, áde); *Aguilhoado*, port. *Aguijoneado*, esp. Aiguillonné, piqué, excité, provoqué.

AGULHOUNIAIRE, s. m. (aguillouniáire); *Aguilhoador*, port. *Aguijoneador*, esp. Instigateur, celui qui incite, qui provoque. V. *Agu*, R.

AGULIO et **AGUUON**, s. m. vl. Aiguillon. V. *Agulhoun* et *Agu*, R.

AGULIONAMEN, s. m. vl. *Aguijamento*, anc. esp. *Aguilhoamento*, port. Aiguillonement, action d'aiguillonner. V. *Agu*, R.

AGULLIA, AGULHA, s. f. vl. Aiguille, maladie des oiseaux. V. *Agulha* et *Agu*, R.

AGULLIER, vl. V. *Agulhier*, et *Agu*, R.

AGUR, s. m. vl. *Agur*, anc. cat. Augure. V. *Auguro*.

Éty. du lat. *augur*.

AGURADOR, s. m. vl. Augure, devin. V. *Augurador*.

AGURAMEN et

AGURAMENT, s. m. vl. *Augurament*, anc. cat. Augure, divination.

Éty. du lat. *augurium*, m. s.

AGURAR, vl. V. *Augurar*.

AGUS, s. m. (agús). Nom qu'on donne aux environs de Digne, aux clous de poids. V. *Traficha*.

Éty. du lat. *acus* ou *acutus*, pointu, ou de l'ital. anc. *aguto*, clou. V. *Agu*, R.

AGUS, USA, adj. (agús, úse), dl. Pointu, ue.

Éty. du lat. *acutus*, V. *Agu*, R.

AGUSADOUIRA, s. f. (agusadóuire), dl. *Aguzadera*, esp. Pierre à aiguiser.

Éty. de *agusar* et de *ouira*. V. *Agu*, R.

AGUSAIRE, s. m. (agusaïré), dl. *Aguzzatore*. Le même que *Amoulaire*; v. c. m.

Éty. de *agus*, pointu, tranchant, et de *aire*; celui qui rend aigu ou tranchant. Voy. *Agu*, R.

AGUSAR, v. a. (agusá), dl. *Aguzar*, anc. cat. esp. *Agucar*, port. *Aguzzare*, ital. Le même que *Amoular*, v. c. m.

Éty. de *agus*, pointu, tranchant, et de *ar*. V. *Agu*, R.

AGUSARDIR S', v. r. (agusardir). Devenir gueux, mener une vie de fainéant; s'avilir. V. *S'acouquinir*.

Éty. de *a*, comme, de *gusard*, vaurien, et de *ir*; devenir semblable aux vauriens. V. *Gus*, R.

AGUSARDIT, IDA, adj. et p. (agusardi, ide). Avili. V. *Acouquinit* et *Gus*, R.

AGUSET, s. m. (agusé), dl. Gagne petit, remouleur ambulant. V. *Amoulaïre* et *Agn*, R.

AGUSIM, s. m. vl. Pointe, aiguille, faîte, sommet; fig. subtilité. V. *Agu*, R.

AGUSIT, IDA, adj. et p. (agusí, ide). Appauvri, ie; devenu pauvre comme un gueux. Avr. V. *Gus*, R.

AGUT, UDA, adj. et p. (agú, úde); *Agut*, cat. Eu, eue. V. *Hab*, R.

AGUT, UDA, adj. vl. *Agud*, cat. *Agudo*, esp. port. *Acuto*, ital. Aigu, pointu, piquant.

Éty. du lat. *acutus*, m. s. V. *Agu*, R.

Les Troubadours ont employé ce mot substantivement: *En greu et en agut*, en grave et en aigu.

AGUZAMENT, s. m. vl. *Aguzamiento*, esp. *Aguzzamente*, ital. Aiguisement, perspicacité.

Éty. de *aguzar* et de *ment*. V. *Agu*, R.

AGUZAR, vl. V. *Agusar*.

AGUZIM, vl. V. *Agusim*.

AH

AH, *Ha*, ital. port. esp. Ha! interj. qui sert à marquer la joie, la douleur, l'admiration, l'amour, etc.

Éty. Par onomatopée, ou du lat. *ah*.

AHA

AHA, s. m. d. béarn. Affaire. V. *Afaire*.

AHAMIAT, ADA, d. béarn. V. *Affaimat*.

AHE

AHELEQUAT, ADA, adj. et p. d. béarn. Dissipé, ée.

AHERAT, d. béarn. V. *Affairat* et *Fac.*

AHERIR, vl. V. *Adherir.*

AHI

AHI! interj. de surprise ou de douleur. HAIA, AI. *Ahi*, ital. *Ay*, esp. Ahi.

AHIA, int. de douleur. V. *Ahi.*

AHIA, s. f. vl. Aide, secours. V. *Ajud*, Rad.

AHIR, vl. V. *Air.*

AHIRANÇA, s. f. vl. Haine. V. *Ir*, R.

AHIRAR, SE, v. r. vl. *Ahirar*, cat. Se chagriner, se fâcher. V. *Ir*, R.

AHO

AHORDENAMEN, adv. vl. V. *Adordenament* et *Ord*, R.

AHOUALH, s. m. AHOUAIL, d. béarn. Vol, attroupement, *Coum bet ahouail dé parpailloüs.*

AHOUC, s. m. (ahóuc), d. béarn. Convoi funèbre, enterrement, obsèques.

AHOUEGAR, v. a. d. béarn. Brûler, enflammer. V. *Brular* et *Foc*, R.

AHOUNIT, IDA, adj. et p. (ahount, ide), d. béarn. Recoquillé, rapetissé, enfoncé.

AHOURA, adv. (ahoure; *Agora*, port. *Ahora*, esp. A présent, maintenant. V. *Ara.*

AHOUREST, dg. Pour forêt. V. *Fourest* et *For*, R.

De la mas escuro ahourest. D'Astros.

AHU

AHUMPLIR, v. a. vl. Accomplir, exécuter. V. *Plen*, R.

AHURA, adv. V. *Ara* et *Hour*, R.

AHURAR, v. a. et n. vl. AURAR, AORAR. Rendre heureux, devenir heureux. V. *Hour*, Rad.

AHURBIR, v. a. (ahurbir), d. béarn. Harceler, tourmenter.

AI

AI, 1. Désinence caractéristique de la première personne du singulier du futur, *amar-ai, finir-ai, recebr-ai, rendr-ai*, etc. elle s'unit toujours à l'infinitif. Dans le dialecte montagnard, on dit *Amari, finiri*, etc. dans le même sens.

AI, s. m. (áï); ASE, BOURRISCOU, ANE, AY. *Ase*, cat. *Asno*, esp. port. *Asino*, ital. Ane : *Equus asinus*, Lin. mammifère de la fam. des Solipèdes dont la femelle porte le nom d'ânesse. V. *Sauma*, et le petit celui d'ânon V. *Ainoun.*

Éty. du lat. *asinus*. Le mot *ase* se rapproche plus de cette étymologie et semblerait devoir être préféré à celui de *ai*, qui n'est qu'une altération opérée de cette manière : de *asinus*, on a fait *asin, ain*, et *ai*; mais on se convaincra du contraire si l'on fait attention que le premier est seul dans la langue, tandis que le second a tous ses composés. V. *Ainoun, Ainas, Ainier*, etc.

Employé fig. le mot *ai*, signifie sot, imbécille, butor; *Ai cabanier*, ignorant: *Ai rastegue*, âne décharné, maigre; *Ase dè capitou*, l'âne du chapitre.

Mountar sur l'ai, courre l'âne, espèce de mascarade, ou de cérémonie infamante qui consiste à monter une personne sur un âne, la figure tournée vers la croupe et tenant la queue dans la main au lieu des rennes. On inflige cette espèce de punition à un homme qui s'est laissé battre par sa femme. Cet usage était très-en vogue du temps de Rabelais

Proverbes sur l'âne.

As coumo l'ase de capitou fuges quand veses venir lou bast.

Fai coumo l'ase doou moounier, s'arresta à touteis lois portas.

L'ase doou coumun es toujours lou pu mau bastat.

A vilen carbounada d'ase.

L'a fouesse ases à la fiera que se ressembloun; il y a plus d'un âne à la foire qui s'appelle Martin.

A l'ai desgaletat grupi ben plena.

Aquel ai es ben malaut a dessus un bel emplastre; c'est-à-dire, qu'il porte un homme inutile.

Es coumo un ai dins un canier; il est à bouche que veux-tu.

Faire lou repas de l'ai; manger sans boire, faire le repas de la brebis.

AI, s. m. (aï), d. bas lim. Crampe. Voy. *Crampa.*

AI, s. m. (aï), d. bas lim. Essieu. Voy. *Essiou*. Baudet, chevalet de scieur de long.

En terme de serrurier, chenet bas, sans branche devant. Avr.

AI, (áï). Première personne de l'ind. prés. du verbe *haver*, j'ai.

AI! AY, HAI, HAY. Interj. qui marque la surprise et la douleur. *Ahi, Ahime*, ital. *Ay*, cat. *Ai*, port. Aie, ah, ahi.

Éty. du grec αἴ (ai), m. sign. *Ai dè meis dents*, ha! les dents! *Ai mi fasez mau*, aie, vous me faites mal.

AIA

AIA, s. f. Garc. Corde pour attacher la charge sur le bât. V. *Ajouas* et *Ajud*, R, vl. que j'aie, qu'il ou qu'elle ait.

AIADA, dl. V. *Aigras* et *Alholi.*

AIB

AIB, AIP, s. m. vl. AIBS. Qualités, mœurs, avantages, habitudes.

AIBER, V. *Aibres.*

AIBIT, adj. et p. vl. AIBITZ. Parfait, accompli; ayant des habitudes caractéristiques; doué de certaines qualités. *De sen aibitz*, doué de sens.

AIBRES, s. m. (aïbrés), vl. Arbres. Voy. *Aubre.*

AIC

AIC, vl. J'eus. V. *Aver.*

AIÇA, adv. (aicá). V. *Aiçai.*

AI-CABANIER, s. m. (áï-cabanié). Stupide, sot, bête.

AIÇAI, adv. (eiçáï); EIÇA, ÇAI, AISSAI, EISSATA. De ça, vers ce côté-ci, de ce côté-ci.

AIÇALIN, adv. (eiçalín), dl. Ici dedans.

AIÇAMOUN, adv. (eiçamóun). Çà-haut, là-haut, de ce côté-ci.

Éty. de *aiça* et de *moun* pour *mont.*

AIÇAVAL, adv. (eiçavál); AIÇAVAU, EIÇABAL, EISSAVAU. Çà-bas.

AICEL, pron. dém. AISEL, AISELH, CEL, CELH, SEL, SELH, SELL, AICELH, AIÇELA. Celui-ci, celui-là. V. *Aquel*, ce, cette.

AICELA, pron. dém. fém. s. vl. AICELHA, AISELA, AISELHA, AISSELA, AISSELHA. Celle, celle-là, cette. V. *Aquela.*

AICELH, vl. V. *Aicel.*

AICELLA, pr. dém. vl. AICELHA. Cette, celle : *La femna aicela samaritana*; (femina illa samaritana).

AICELS, pr. dém. pl. m. vl. iceux, ceux: *Aicels los quals aimi*, ceux que j'aime.

AICEST, ESTA, pr. dém. vl. Celui-ci, celle-ci : *Daicesta*, de cette.

AICESTA, pr. dém. vl. Cette.

AICHA, V. *Aissa.*

AICHAU, dm. V. *Aissada.*

AICHEL, pr. dém. vl. Ce, cet.

AICHI, adv. vl. et dm. Ici.

AICHO, vl. V. *Aiçot.*

AICI, adv. de lieu, vl. AYCI, AISSI, AYSSI, *Assi*, cat. *Ahi*, esp. Ici, là : *D'aici en ant*, de ce pas-ci.

Éty. du grec ἄγχι (agchi), auprès, proche de... Thomas.

AICIL, pron. dém. pl. suj. AICILL, AICILH, AISIL, AISILH. Ces, ceux, ceux-là.

AICIST, pron. dém. f. s. vl. dit pour *aicista*. Cette, celle-ci.

AICIT, adv. (aicí); EICIT, ACI, EISSI, AICITO, AICI, AQUIT, EICITO. Ici, dans cet endroit : *Aquel home aici*, tr. cet homme-ci et non *cet homme ici.*

D'aicit en lai, dorénavant; *Vesi aquot d'aicit en fora*, je vois cela d'ici.

AIÇOT, pr. démonstratif (eiçó); EISSO, AISSO, EIÇOT, EISSOT. Ceci : *Que sera tout aiçot?* qu'arrivera-t-il? *Ai poour qu'aiçot anara mau*, je crains que ceci ne tourne mal.

AICZO, vl. V. *Aissot* et *Aiçot.*

AID

AIDA-DE-CAMP, s. m. (ède-de-cám); AJUDA, EDA. *Ayudante-de-campo*, esp. *Ajutante-di-campo*, ital. Aide-de-camp, officier attaché à un général pour transmettre ses ordres au camp, à l'armée. V. *Adjud*, R.

AIDA-MAJOR, s. m. *Ayudante mayor*, esp. *Ajutante maggiore*, ital. Aide-major. V. *Adjud*, R.

AIDANÇA, s. f. (eidánce). Assistance, secours, protection, aumône. V. *Adjud*, R.

AIDAR, vl. *Aidar*, cat. Aider. V. *Ajudar* et *Adjud*, R.

Aid'em, d. béarn., aide-moi.

AIDAS, s. f. anc. lim. Employé dans le sens d'ordonnance : *Que han poder de far aidas, establissemens*, qu'ils ont le pouvoir de faire des ordonnances et des règlements.

AIDO, s. m. (áïde). Aide. Garc. V. *Ajuda* et *Ajud*, R.

AIE

AIEIRA, dl. alt. de *aiguiera*; v. c. m.

AIELAR et comp. V. *Alielar.*

AIG

AIGA, et dérivés. V. *Aigua*.

AIGAL, adj. d. vaud. Égal. V. *Egau* et *Equ*, R. 2.

AIGALEGE, dl. V. *Egoutal* et *aigu*, R.

AIGE, s. m. (aïdgé). Grain de raisin. V. *Agi*.

AIGES, s. m. pl. (aïdgés); AIRES, AIRADECH, BRIMBELAS. Nom par lequel on désigne, dans la Haute-Provence, les *maurettes*, fruits de l'airelle ou myrtille, *Vaccinium myrtillus*, Lin. petit arbuste de la fam. des Bruyères ou Éricacées, commun dans les bois élevés au-dessus de deux mille mètres.

Éty. du grec ἄιγος (aigos) gén. de ἄιξ (aix) chèvre; plante de chèvre, parce que cet animal la broute volontiers; ou peut être de *agi*, grain de raisin, v. c. m.

Plusieurs traducteurs de Virgile, ont cru qu'il avait voulu parler de cette plante, dans le vers suivant des églogues :

Alba ligustra cadunt, vaccinia nigra leguntur.

Le blanc troësne tombe, on cueille le myrtille.

Le Myrtille ne croit point aux environs de Mantoue, et Virgile n'a pas mis le nom d'une plante étrangère dans la bouche de ses bergers; d'ailleurs M. Duchesne, soutient avec raison, que c'est d'une Jacinthe à petite fleur, dont il est question dans ce vers, cette plante portant aussi le nom de *vaccinium, vaccinia*.

Les fruits du vacier ne sont pas désagréables au goût; les habitants des montagnes les mangent, et les coqs de bruyère en font leur nourriture favorite. Leur suc mêlé avec de la chaux vive, du vert de gris et du sel ammoniac forme le bleu connu sous le nom de *lakmus*.

AIGINA, V. *Aisina* et *Ais*, R.

AIGL, AQUIL. Radical dérivé du lat. *aquila*, aigle, oiseau, formé de *acutus*, pointu, à cause de la forme de son bec; ou du grec ἀετός (aétos), qui désigne le même oiseau.

De *aquila*, par apoc. *aquil*, d'où: *Aquilin*, *Aquil-o;* par la suppression de *u*, *aqil* et par le changement du *q* en *g* et la transposition de *i*, *aigl*, d'où: *Aigl-a*, *Aigl-as*.

AIGLA, s. f. (aïgle); EGLA. *Aquila*, ital. *Aguila*, esp. *Aguia*, port. *Aigla*, anc. cat. Aigle, nom d'un genre d'oiseaux de l'ordre des Rapaces et de la fam. des Plumicolles (à cou recouvert de plumes) dont on connait plusieurs espèces.

Éty. du lat. *aquila*, m. s. V. *Aigl*, R.

Aigle est masculin en français lorsqu'on parle de l'oiseau, comme animal vivant, et fém. quand on le considère comme emblême des légions romaines; l'aigle impériale.

AIGLA, s. f. Par le nom de *aigla* sans épithète, on désigne dans le Gard:

Le petit aigle ou aigle criard. V. *Aigloun*.

Et l'aigle botté ou faucon pata, *booted falcon*, Lath. *falco pennatus*, Lin.

AIGLA-COUMUNA, s. f. *Vooutour*, dans le Gard. Aigle brun ou aigle commun; *Falco fulvus*, Lin. *Aquila fusca*. Dict. sc. nat. C'est l'espèce la plus commune dans nos montagnes.

Cet aigle glapit comme un petit chien.

AIGLA ROUYALA, Aigle royal, Roi des oiseaux, Aigle doré, Briss. *Falco chrysaëtos*, Lin. *Aquila chrysaëtos*, Dict. sc. nat. Ses ailes étendues ont près de trois mètres d'envergure, et le poids de tout son corps s'élève de 15 à 18 livres; sa couleur dominante est le brun fauve.

« C'est oiseau, par la hardiesse de son » regard, par la fierté de son maintien, par » la force de ses membres et par l'élévation de » son vol, parut tellement redoutable aux » anciens poëtes, qu'ils le consacrèrent à » Jupiter, et déposèrent la foudre entre ses » griffes. On l'appela l'oiseau céleste, et les » augures le considérèrent comme le messa- » ger des dieux. Il fut pris par les Perses et » les Romains pour leur enseigne de guerre. » Des potentats plus modernes l'ont placé » dans leurs armoiries et il est devenu l'em- » blême du génie. Dict. sc. nat. »

AIGLA BARBUA, Nom qu'on donne dans les Bouch.-du-Rh. Selon l'auteur de la Stat. de ce dép. à l'aigle orfraie. V. *Aigla-de-mar*.

AIGLA-BLANCA, s. f. (aïgle blanque). Nom nicéen du Jean-le-blanc, *Falco-gallicus*, Gm. *Aquila brachydactylus*. Risso, oiseau de l'ordre des Rapaces et de la fam. des Plumicolles, qui habite toute l'année les montagnes de la B.-Provence.

AIGLA-BOSCATIERA, s. f. *Aigla-bouscatiera*, *Gat-pesquier*. Nom nicéen, du balbuzard, *Falco haliætos*, Lin. *Pandion haliætus*, Riss. oiseau de la même famille que les précédents, qui habite presque toute l'année dans nos bois.

AIGLA-HARPIA, s. f, (aïgle-harpie); PELACAN. Nom nicéen du griffon barbu, *Falco barbatus*. Gm. 252. *Gypaetus barbatus*, Risso, oiseau de l'ordre des Rapaces et de la fam. des Plumicolles (à cou recouvert) de passage accidentel.

AIGLA-DE-MAR, s. f. (aïgle-dé-mar). Aigle de mer, Aigle orfraie ou ossifrague; Grand Aigle de mer. *Falco ossifragus*. Lin, *Aquila ossifraga*, Briss.

Cet aigle est un peu plus grand que l'aigle commun, et sa couleur est variée de brun, de noir et de blanc: il habite aux environs de la mer et se nourrit de poisson.

AIGLA-MARINA, s. f. Nom qu'on donne dans le Gard au grand Pygargue, *Falco albicilla*, Lin.

Cette espèce est de la grosseur d'un dindon, elle a la cire du bec et les pieds jaunes, la queue blanche, et les ongles noirs.

AIGLANTIER, syn. de *Agourencier*, v. c. m.

Éty. V. *Ac*, R.

AIGLANTIN, INA, adj. vl. Buissonnier, de buisson.

Éty. V. *Ac*, R.

AIGLARI, s. m. (eiglári); EIGLARI, ESGLARI. Malheur, infortune, épouvante.

Éty. V. le mot suivant.

Gaire noun van dins un houstau,
Siegue sargeant, siegue noutari,
Siegue megi per un malaut,
Que noun li pouerten quauqu'aiglari. pr.

AIGLARIAT, ADA, adj. et p. (eiglariá, áde); EIGLARIAT, ESGLARIAT. Effaré, fou, égaré, éploré. Selon M. Garcin.

Éty. Le P. Pujet fait venir ce mot de *aigla* et de *ira*. *cridarcoumo un aiglariat*, crier comme un aigle. V. *Aigl*, R.

AIGLARIR, v. n. (eïglarír)?

Quand trona en mars,
Aiglaris de toutas parts. Prov.

AIGLAS, s. m. (eiglás). Un gros aigle.

Éty. de *aigla* et de *as;* augm. V. *Aigl*, R.

AIGLENTI, et

AIGLENTIN, INA, adj. vl. AIGLONES. *Aquilino*, ital. port. *Aguileño*, esp. D'aigle, qui appartient à l'aigle.

Éty. du lat. *aquilinus*, s. m. V. *Aigl*, R.

AIGLENTIRA, s. f. vl. Buisson, églantier.

Éty. V. *Ac*, R.

AIGLO, Nom d'homme, vl. Eglon, roi de Moab.

AIGLONES, EZA, adj. vl. AIGLONEZ. *Aquilino*, ital. Aquilain, d'aigle, d'aiglon. V. *Aigl*, R. et *Aiglentiu*.

AIGLOS, s. m. vl. Aiglon. V. *Aigloun* et *Aigl*, R.

AIGLOS, s. m. vl. Aiglon, héron. Voy. *Aigloun* et *Aiglos*.

AIGLOUN, s. m. (eigloún), dim. de *aigla*, jeune ou petit aigle, aiglon, *Aquilino*, ital. *Aguilucho*, esp. C'est aussi le nom que l'on donne à Nice, selon M. Risso, au petit aigle ou aigle criard, *Falco nævius*. Lin. *Aquila nævia*. Risso, oiseau de la famille des Aigles, sédentaire dans nos pays; on lui donne le nom de *aigla* dans le Gard. V. *Aigl*, R.

AIGLOUN, s. m. Nom qu'on donne dans le Gard à l'autour commun. V. *Autour* et *Aigl*, R.

AIGNELA, s. f. (aïgnèle), d. lim. *Agno*, ital. anc. Agneau femelle. V. *Agnel*, R.

AIGNEOU, s. m. (aïgnéou), d. lim. Agneau. V. *Agneou* et *Agnel*, R.

AIGNET, alt. g. de *Agnel*, v. c. R.

AIGNOCA, s. f. (agnóque). Meurtrissure, contusion; échymose, quand la tumeur devient livide par l'épanchement du sang. V. *Bajoca*.

AIGOLA, s. f. (aigóle). Lavage, longue sauce. V. *Lagas* et *Aigu*, R.

AIGOS, OSA, adj. vl. *Aquoso*, esp. port. ital. Aquatique, aqueux, marécageux. V. *Aiguassous* et *Aigu*, R.

AIGOURLEGEAR, v. m. (aigourledjà); AIGOURLEJAR, dg. Bruiner, donner de l'eau.

Éty. C'est un itér. de *aiguar*. V. *Aigu*, R.

AIGOUS, OUSA, adj. (eigóus, óuse). V. *Aquous; Aguoso*, esp.

AIGRAMENT, adv. vl. V. *Agrament* et *Acr*, R.

AIGRAS, s. m. (aïgrás); AIADA, AGRAS. *Agraz*, esp. *Agraço*, port. *Agresto*, ital. *Agras*, cat. Verjus, le jus des raisins verts.

Éty. de *Aigre*, et de la term. dépr. *as*. V. *Acr*, R.

On donne le même nom, en Languedoc, à une aillade, ou coulis fait avec de l'ail, du persil et du sel, pilés et détrempés avec de l'eau chaude. Sauv.

AIGRASSADA, s. f. (eigrassáde), EIGRASSADA. *Agrazon*, esp. On donne ce nom aux raisins qui ne sont pas encore mûrs, au verjus.

Éty. de *aigras* et de *ada*, très-aigre.

AIGRASSIERA, s. f. (eigrassiére). Cep qui ne produit que du verjus.

Éty. de *aigras* et de *iera*. V. *Acr*, R.

AIGRASSOUS, OUSA ou **OUA**, adj. (eigrassóus, óuse, óue). Verjuté, ée, qui a l'acide du verjus.

Éty. de *Aigras* et de *ous*, de la nature de l'*aigras*, du verjus. V. *Acr*, R.

AIGRE, s. m. (aïgré); *Agrio*, esp. *Agro*, ital. port. *Agre*, cat. Aigre, ce qui a de l'aigreur, l'*aigre*.

Éty. du lat. *acer*, *acris*, aigre, acide. V. *Acr*, R.

AIGRE, s. m. Levier de bois, ou barre dont le gros bout est taillé en pied de biche; on donne le même nom à l'orgueil ou coin qui sert de point d'appui à la pince du levier lorsqu'on fait une pesée. V. *Acr*.

Faire aigre, faire une pesée avec un levier; lorsqu'à cause de sa longueur, on est obligé d'abaisser le levier avec des cordes, on dit faire un abatage.

AIGRE, AIGRA, adj. (aïgré, aïgre); AGRE. *Agro*, ital. port. *Agrio*, esp. Aigre, acide, piquant au goût; fig. piquant, choquant, fâcheux, mordant.

Éty. V. *Aigre* et *Acr*, R.

AIGREGEAR, v. n. (eigredjá); AGREGEAR, EIGREGEAR. Aigrir, sentir l'aigre, donner des rapports aigres.

Éty. de *aigre* et de *egear*, faire ou rendre aigre. V. *Acr*, R.

AIGREGEAR, v. a. ou FAIRE AIGRE, EIGREGEAR. Ragréer, faire effort avec un levier pour remuer ou ébranler une grosse pierre, une poutre, ou tout autre corps qui oppose une grande résistance; fig. se remuer avec peine. V. *Acr*, R.

AIGRELET, ETA, adj. (eigrelé, éte); AGRINEOU, ESPOUNCH, *Agretto*, ital. *Agrete* et *Agrillo*, esp. Aigrelet, ette, un peu aigre, qui a un filet d'aigreur.

Éty. de *aigre*, et du dim. *et*. V. *Acr*, R.

AIGRET, s. m. (eigrét). Nom qu'on donne à Barcelonnette, aux fruits de l'épine vinette. V. *Agrivoulat* et *Acr*, R.

AIGRETA, s. f. (eigréte); BITOR-BLANC, GUIRAU. Nom nicéen de l'aigrette, *Ardea gazzetta*, Lin. oiseau de l'ordre des Echassiers et de la fam. des Cultrirostres ou Ramphocopes (à bec coupant); c'est aussi le nom du Bihoreau. V. *Moa*, *Moa*.

Le nom d'aigrette lui a été donné à cause des longues plumes que cet oiseau porte sur sa tête.

AIGRETA, s. f. (eigréte); AUSEILHA, AGRETTA, AGRADELLA, EIGRETA. Oseille, surette, vinette: *Rumex acetosa*, Lin. plante de la fam. des Polygonées qu'on trouve dans les prés montagneux et dans les bois, et qu'on cultive dans les jardins pour l'usage de la cuisine; on donne le même nom à Nismes, à l'oseille ronde. V. *Aigretta rouenda*.

Éty. *Aigreta*, dim. de *aigra*, aigrelet. V. *Acr*, R.

AIGRETA FERA, nom qu'on donne à Valensolles à l'oseille ronde. Voy. *Aigreta rouenda*.

AIGRETA ROUENDA, ACETOUAS, AIGRETA FERA, AGRETA. Oseille ronde, petite oseille: *Rumex scutatus*, Lin. plante du même genre que la précédente, qu'on trouve sur les vieux murs et dans les lieux pierreux de la H.-P. principalement.

AIGRETA-SAUVAGEA, s. f. (eigréte sauvádge). Nom qu'on donne à Nismes à la petite oseille: *Rumex acetosella*, Lin. plante du même genre que les précédentes, qu'on trouve dans les champs. V. *Acr*, R.

AIGRINEOU, adj. (eigrinèou), V. AIGRELET, *Agretto*, ital. Aigrelet, un peu aigre.

Éty. dim. de *Aigre*. V. *Acr*, R.

AIGRIR, v. a. (eïgrir); ENAIGRIR. *Enacetire*, ital. mod. *Agriar*, esp. *Agrire*, ital. anc. Aigrir, rendre aigre; fig. aigrir, irriter, mettre en colère.

Éty. de *aigre* et de *ir*; devenir, ou faire devenir aigre. V. *Acr*, R.

AIGRIR S', v. r. *Agriar se*, esp. S'aigrir, devenir aigre, perdre son goût naturel et passer à l'aigre, en parlant du vin; fig. s'irriter. V. *Acr*, R.

AIGRIT, IDA, IA, adj. et p. (eïgri, ide, ie); ENAIGRIT. *Agriado*, *da*, esp. Aigri, ie; au fig. comme au positif. V. *Acr*, R.

AIGROS, s. m. AIGLOS, AGROS, *Aigron*, cat. esp. *Aghirone*, ital. Nom ancien du héron. V. *Heroun*.

AIGROUR, s. m. (eigróur); AIGRUGI, ACIDITAT. *Agrura*, esp. port. *Agrezza*, ital. *Agrume*, ital. anc. Aigreur, qualité de ce qui est aigre, et fig. haine, aversion, déplaisir.

Éty. de *Aigre*, v. c. m. et *Acr*, R.

AIGROURS, s. m. pl. (eigróurs); AIGRUGI. *Agrura*, esp. port. Fer chaud, aigreurs, rapports acides qui remontent de l'estomac dans la bouche.

Éty. de *Aigre*, v. c. m. et *Acr*, R.

AIGRUGI, V. *Aigrour*.

AIGU, AYGU, AIG, AQU, AGU, AG, EIGU, radical dérivé du latin *aqua*, Eau, qui vient peut-être de l'hébreu *Agam*, m. s.

De *aqua*, par apoc. *aqu*, d'où: *Aqu-ari*, *Aqu-e*, *Aqu-ous*, *Aqu-e-duc*, etc.

De *aqu*, par le changement d'*a* en *ai*, et du *q* en *g*, *aigu*, d'où: *Aigu-a*, *Aigu-ada*, *Aigu-ar*, *Aigu-assa*, *Aigu-eta*, *En-aigu-at*, *Entr-aigu-as*, *Ad-aigu-ar*.

De *Aigu*, par la suppr. de l'*u*, *aig*, d'où: *Aig-a*, *Aig-al*, *Aig-ardent*, etc.

De *aqu*, par le changement du *q* en *g*, *agu*, d'où: *Agu-ada*, *Agu-al*, etc.

De *agu*, par la suppr. de *u*, *Ag*, d'où: *Ag-auda*, *Ag-ada*, *Ag-ar*, *Ag-anos*, *Ad-ag-ar*, etc.

De *aigu*, par le changement de l'*a* en *ei*, *eigu*, d'où: *Eigu-agna*, *Eigu-ar*, *Eigu-iera*, etc.

De *aigu*, par le changement de l'*i* en *y*, *Aygu*, d'où: *Aggu-a*, *Aggu-assa*, *Aggu-os*, etc.

J'ai conservé l'*u* dans ce radical, après le *g* et le *q*, à cause de l'étymologie, et parce que l'ital. l'esp. le port. et le catalan, en ont agi de même.

AIGUA, s. f. (aïgue); AIGA. *Aqua*, ital. *Agua*, esp. port. *Aigua*, cat. Eau, liquide insipide, et incolore quand il est par petites masses, qui est susceptible de passer à l'état de glace ou de vapeur, selon qu'on le prive ou qu'on y ajoute du calorique. Quand l'eau est parfaitement pure et à 17 degrés 5, du thermomètre centigrade, elle est prise pour l'unité ou le terme de comparaison de la pesanteur spécifique des corps.

AIGUA, s'entend aussi pour rivière, fleuve, pluie, humeur liquide, sueur, urine, larmes.

Éty. du lat. *agua*, m. s. V. *Aigu*, R.

Dounar l'aigue à un enfant, ondoyer un enfant, et non *donner l'eau*.

Pescar en aigua troubla, *pescar en agua turbia*, esp., agir sans connaissance de cause, pêcher en eau trouble, profiter du désordre.

Nadar entre doues aiguas, *Nadar entre dos aguas*, esp. nager entre deux eaux, ne se prononcer ni pour ni contre.

Pourtar d'aigua à la mar, faire une chose superflue. Porter de l'eau à la mer ou à la rivière.

Faire d'aigua clara, faire de l'eau claire, échouer dans une entreprise.

Fau jamai dire d'aquesta aigua noun beourai, il ne faut jurer de rien, ni dire fontaine je ne boirai pas de ton eau.

Vau pas l'aigua que beou, il ne vaut pas l'eau qu'il boit, ou il ne vaut pas le pain qu'il mange.

ESCAMPAR D'AIGUA, verser de l'eau, uriner.

Menar l'aigua à soun moulin, *elevar agua à su molino*, esp. faire venir l'eau à son moulin, ne travailler que pour soi, ne penser qu'à soi.

FAIRE D'AIGUA. *Far aqua*, ital. Faire aigade, t. de mar. ou faire de l'eau, prendre de l'eau, en pourvoir le bâtiment; faire eau, se dit d'un vaisseau où l'eau pénètre, par quelque voie.

L'eau n'est point un corps simple, un élément, comme on l'a cru pendant longtemps. Macquer et d'autres chimistes l'avaient pressenti, mais il était réservé à Cavendish d'en fournir la preuve, et c'est ce qu'il fit de 1775 à 1781. En 1785, le célèbre Lavoisier confirma et étendit le résultat de cette importante découverte. Il en résulte, comme fait constaté aujourd'hui, que l'eau est composée de 88,9 d'oxigène et de 11,1 d'hydrogène en poids, ou de deux volumes de gaz hydrogène et d'un volume de gaz oxygène, ce qui lui a fait donner le nom de protoxide d'hydrogène.

En 1600, Hauxbée prouva que l'eau se dilatait soixante-trois fois plus que la poudre à canon, et en 1703, Niewentyt, hollandais, annonça qu'un pouce d'eau produit 13,365 pouces de vapeur. C'est sur cette propriété de l'eau, qu'est basé tout le système des machines à vapeur.

LIGNA D'AIGUA, ligne d'eau, term. de fontainier, est l'ouverture d'un tuyau qui est la 144me partie d'un autre tuyau d'un pouce de diamètre. La ligne d'eau donne six pintes et un quart par heure, six litres.

POUCE D'AIGUA, pouce d'eau, ouverture d'un tuyau qui a un pouce de diamètre, il donne, sans qu'elle soit forcée, 15 litres d'eau par minute.

AIGUA AVERS, V. AIGUAS PENDENTAS. *Aguas-vertientes*, esp. *Agoas vertentes*, port.

AIGUA-BEINESIDA, V. *Aigua-beincta*.

AIGUA-BEINETA, s. f. AIGUA-BEINESIDA,

AIGUA-SIGNADA. *Agua bendita*, esp. *Agua santa*, ital. *Agua benta*, port. Eau bénite.

L'usage de l'eau bénite est très-ancien dans l'Eglise; elle fut introduite dans les cérémonies du christianisme par le pape Saint Alexandre, de l'an 109 à 119.

L'aspersion qu'on en fait sur le peuple fut instituée par Léon II.

AIGUA-BOULIDA, s. f. AIGUA-BOLIA, AIGUA-SAU, AIGUA-BOUIDA. Potage à l'ail et à l'huile, ou seulement à l'eau, à l'huile et au sel.

AIGUA CELESTA, s. f. Eau céleste; eau colorée en bleu par l'ammoniure de peroxide de cuivre; ou bien par un sel cuivreux, dissous dans l'ammoniaque.

Éty. L'épithète de céleste lui a été donnée à cause de sa couleur, qui ressemble à celle du ciel.

AIGUA-COURRENT, s. m. *Agua-corrente*, port. *Acqua corrente*, ital. anc. Eau courante, eau de rivière ou de ruisseau.

AIGUADA, s. f. (eigáde); EIGADA. *Aguada*, esp. port. *Acquata*, ital. Aiguade, lieu où les navires peuvent trouver de l'eau douce, provision de cette eau; *Faire aiguada*, faire de l'eau.

Éty. de *aigua*, eau, et de la term. pass. *ada*. V. *Aigu*, R.

AIGUADA, Pour piquette. V. *Piqueta*.

AIGUA D'ADOUS, s. f. *Agua dolce*, port. V. *Adous*.

AIGUA-DEIS-CARMES. Eau de mélisse composée, ou alcoolat de mélisse composé, des modernes.

Éty. des Carmes qui la préparaient avec une perfection que d'autres n'ont pas su atteindre.

AIGA-DE-MARLUCA, s. f. Trempis de morue, eau dans laquelle on a fait dessaler ce poisson.

AIGUA-DE-NEOU, s. f. *Agua-nieve*, esp. *Agoa de neve*, port. Eau de neige, eau qui provient de la fonte des neiges.

Éty. du lat. *aqua nivalis*, m. s.

AIGUA-DE-PLUIA, *Agua lluvia o llovedita*, esp. *Acqua-piovana*, ital. anc. *Agua de chuva*, port. Eau de pluie.

Éty. du lat. *aqua pluvia*, m. s.

AIGUA-DE-SARDAS, s. f. (aïgue dé sárdes), dl. De la saumure de sardines.

AIGUADIERA, s. f. (eigadiére); AIERA, AIGUARDIERA, AIGUASSIERA, EIGADIERA. *Acquereccia*, ital. *Agua-manil*, esp. Aiguière, vase à mettre de l'eau.

Éty. de *aigua* et de la term. mult. *iera*. V. *Aigu*, R.

AIGUADIERA, s. f. (aïgadiére), dg. Canal de conduite, rigole qui amène de l'eau depuis la prise, jusqu'au pré.

AIGUADINA, dl. V. *Raissa* et *Aigu*, R.

AIGUA DOUÇA, s. f. (Aïgue dóuce); *Agua doce*, port. Eau douce, eau de source, par opposition à eau de puits, de rivière, ou salée.

Éty. du lat. *aqua dulcis*.

AIGUA-DOOU-MAINAGI. Lavure de la vaisselle.

AIGUA-FERRADA, s. f. *Agua de herreros*, esp. Eau ferrée; eau dans laquelle on a plongé, à plusieurs reprises, un fer rougi à blanc.

AIGUA-FORT, s. f. *Agua-fuerte*, esp. *Acqua-forte*, ital. Eau forte. On donne ce nom à l'acide nitrique, et particulièrement quand il est étendu d'eau, ou acide nitrique du commerce.

Éty. L'épithète de *fort*, lui a été donnée à cause de sa force dissolvante.

La découverte de ses propriétés date de 960; elle est due à Glaber, savant arabe; Raimond Lulle les fit connaître en France en 1225.

AIGUAGE, s. m. (eigádgé). On donne ce nom à Nismes, à des rosées qui commencent au mois d'avril et reparaissent toutes les fois que les vents soufflent des différents points de l'horizon, du côté du Sud, entre l'E. et l'O.

Éty. V. *Aiguagi* et *Aigu*, R.

AIGUAGI, s. m. (eigádgi); ARROUSAGI. Arrosement des prés; la rosée du matin. V. *Aiguagnada*.

Éty de la basse lat. *aquagium*, ou de *aigua* et de *agi*. V. *Aigu*, R.

AIGUAGNA, s. f. (eigágne); EIGAGNA, ROS, ROUAL, ROUSADA. Rosée, eau qu'on remarque le soir et surtout le matin, ramassée en gouttelettes, sur les feuilles des plantes, etc.

Éty. de *aigua* et de *gna*, qui peut venir de *gnuech*, nuit, eau de nuit. V. *Aigu*, R.

M. du Fai avait annoncé le premier, que la rosée s'élevait de la terre et ne tombait point du ciel, ni de l'air. On a été dans cette opinion jusqu'à ce que M. Wells est venu démontrer que les gouttelettes de la rosée se ramassaient sur les feuilles des plantes parce que leur température était plus froide pendant la nuit, que celle de l'air, et que l'eau se condensait à leur surface, comme elle se condense sur les carreaux des vitres lorsque l'extérieur est plus froid que l'intérieur.

AIGUAGNADA, s. f. (eigagnáde); AIGUAGNAU, AIGUAGNIERA, AIGUAGNAL, AIGUAGE, BLESINADA, EIGAGNADA, EIGAGNAU. Rosée du matin, serein de la nuit.

Éty. de *aiguagna* et de *ada*, rosée tombée; selon M. de Sauv. *aiguagnau*, signifie eau nocturne, ou de la nuit. V. *Aigu*, R.

Aigagnau de mai
Fai tout beou ou tout lài. prov.

AIGUAGNAL, V. *Aiguagnada*.

AIGUAGNAS, s. m. (eigagnás), augm. de *aiguagna*, grosse rosée. Garc. V. *Aigu*, R.

AIGUAGNAU, V. *Aiguagnada*.

AIGUAGNEGEAR, v. n. (aiguagnedjá); AIGUANEGEAR, AIGUANIAR, AIGOURLEGEAR, DEGANEGEAR, LAGAGNEGEAR, BLESINAR. Bruiner, on le dit d'une petite pluie semblable à de la rosée.

Éty. de *aiguagna* et de *egear*, faire, tomber de la rosée. V. *Aigu*, R.

AIGUAGNIERA, V. *Aiguagnada*.

AIGUAGNOLA, s. f. (eiguagnóle); AIGUAGNOLA, AIGUAGNORA, EIGAGNOLA, CARGA-FELHA. Bruine, petite pluie.

Éty. de *aiguagna* et du dim. *ola*. V. *Aigu*, Rad.

AIGUAGNORA, s. f. V. *Aiguagnola*.

AIGUAGNOUS, OUSA, adj. (eigagnóus, óuse); EIGAGNOUS, ENAIGAT, AIGUASSOUS, ENAIGUAT, AIGALOUS. *Aguanoso*, esp. Humide, aqueux, marécageux, couvert de rosée.

Éty. de *aiguagna* et de *ous*, litt. qui est de la nature de la rosée. V. *Aigu*, R.

AIGUAIRE, dim. V. *Asaiguadouira* et *Aigu*, R.

AIGUAL, s. m. vl. *Acquaio*, ital. Évier; marécage; abreuvoir, réservoir d'eau.

Éty. du lat. *Aquarium*. V. *Aigu*, R.

AIGUALADA, s. f. (eigaláde), dl. Les eaux de l'amnios, eaux qui environnent le fêtus dans le sein de sa mère. Voy. aussi *Aiguas*.

Éty. de *aigual*, grande quantité d'eau, et de *ada*. V. *Aigu*, R.

C'est aussi le nom qui désigne un lieu où les eaux sont très-abondantes, du lat. *aqua lata*.

AIGUALIER, nom propre, (eigalié), dl. *Aguadeiro*, port. Fontainier, porteur d'eau, inspecteur des aqueducs.

Éty. du lat. *aquarius*, qui concerne les eaux, ou de *aigual* et de *ier*. V. *Aigu*, R.

AIGUALOSSI, s. m. (eigalóssi); *Aguacero*, esp. *Acquazzone*, ital. Une lavasse, une forte ondée. V. *Raissa* et *Aigu*, R.

AIGUALOUS, le même que *Aigagnous*; v. c. m. et *Aigu*, R.

AIGUA-MARINA, s. f. *Acqua di mare*, ital. *Agua de mar*, port. Aigue-marine, pierre précieuse.

Éty. du lat. *aqua-marina*, couleur de l'eau de la mer.

AIGUA-MOLA ou **MOUELA**, *Agua muerta*, esp. Eau fade, eau stagnante, l'opposé d'eau vive.

Éty. de *aigua mola*, eau molle.

AIGUA-MORTA, s. f. AIGUA-MOUERTA, AIGUA-QUETA. *Agua-muerto*, esp. *Acqua-morta*, ital. *Agua morta*, port. Eau morte, eau stagnante, eau croupie, eau qui ne court pas; fig. chatte mitte, hypocrite, personne taciturne.

AIGUA-NAFA, s. f. AIGUA-NAFRA, AIGUA-DE-FLOURS-D'ARANGI. *Aqua nafa*, esp. *Agua nanfa*, ital. Eau de fleurs d'orange, et mieux de fleurs d'oranger, ou eau de nafe.

AIGUA-NAFRA, alt. de *aigua nafa*; v. c. m.

AIGUA-NEOU, s. f. *Agua de neve*, port. *Agua nieve*, esp. Eau neige, pluie qui tombe mêlée avec de la neige.

Éty. du lat. *aqua nivalis*, m. s.

AIGUANIAR, sync. de *Aiguagnegear*; v. c. m. et *Aigu*, R.

AIGUA-PANADA, s. f. (aïgue panáde); *Agua de pan*, esp. Eau panée, eau dans laquelle on a fait bouillir un morceau de pain.

AIGUA-PER-LEIS-HUELHLS, Eau pour les yeux. Collyre.

AIGUA-POUNCHA, s. f. (aïgue-póuntche). Nom qu'on donne dans le Var, au saule épineux. V. *Agranas*, et au neprun. Voy. *Aigue-spouncha*.

Éty. A cause de l'aigreur de ses baies, *aigua-pouncha* signifie eau aigre.

AIGUA-QUETA, s. f. *Acqua cheta*, ital.

Eau morte. V. *Aigua-morta*, fig. chattemitte.

Gardaz vous déis aiguas quetas. Ce qui revient au proverbe italien;

Io mi guardo da due cose, l'una dà segnati da Dio, l'altra dalle acque chete.

AIGUAR, v. a. (eigá); ADAIGUAR, AGAR, AZAYGAR, EIGAR. *Acquare*, ital. *Agoar*, port. Arroser, mouiller, baigner.

Éty. du lat. *adaquare* et *aquari*, ou de *aigua* et de *ar;* donner de l'eau. V. *Aigu*, R.

AIGUAR, v. a. AZIGAR. Arranger, radouber. V. *Asengar* et *Adoubar*.

Éty. peut-être du lat. *adaquare*, égaler, rendre pareil; ou de *aiguar*, arroser, parce que l'arrosage arrange la terre, la prépare à recevoir les semences, etc.

AIGUARDENT, s. f. (aïgardèin); AIGARDENT, EIGARDENT. *Agua ardiente*, esp. *Acqua ardente*, ital. anc. *Agua ardente*, port. Eau-de-vie, liqueur spiritueuse plus ou moins incolore, d'une saveur et d'une odeur piquantes, provenant de la distillation du vin et de quelques-autres liqueurs fermentées.

Éty. du lat. *aqua-ardens*, eau ardente. V. *Aigu*, R.

Selon la liqueur dont on la retire, l'eau-de-vie, ou acool faible, prend des noms différents; c'est ainsi qu'on appelle:

Eau-de-vie, celle du vin.

Rum ou *taffia*, celle du jus fermenté de la canne à sucre.

Wiski, gin, eau-de-vie de graine, celle des liqueurs de graines.

Kirschenwaser, celle de la cerise noire ou merise.

Rack, celle du riz.

Eau-de-vie de fécule, celle de la fécule de pommes de terre.

C'est aux Arabes qu'on doit l'invention de l'eau-de-vie ainsi que de l'esprit de vin, vers l'an 824.

AIGUARDENTIER, s. m. (aïgardéintié), dl. *Aguardentero*, esp. Distillateur d'eau-de-vie, brandevinier ou marchand d'eau-de-vie.

Éty. de *aiguardent*, et de *ier;* litt. ouvrier en eau-de-vie. V. *Aigu*, R.

AIGUARDIERA, s. f. (aïguardiére). Aiguière, gargoulette, pot-à-l'eau, espèce de bouteille. Garc. V. *Aigu*, R.

AIGUA REGALA, s. f. *Agua Regale*, esp. *Acqua Regia*, ital. Eau Régale, c'est l'acide nitro-muriatique, ou hydrochlorique liquide, qui jouit de la propriété de dissoudre l'or, que les anciens regardaient comme le roi des métaux, d'où l'épithète de régale.

AIGUARIER, s. m. (eigarié); EIGARIER. Gardien des eaux d'arrosage. Garc.

Éty. de *aiguar* et de *ier;* litt. ouvrier d'arrosage. V. *Aigu*, R.

AIGUAROLA, s. f. (aïguaréle), dg. *Acquarella*, ital. Petite pluie, petite eau, peu d'eau, rosée. V. *Aiguagnora* et *Aigu*, R.

AIGUA-ROSA, s. f. (aïgue-róse); *Aguaros*, cat. *Agua-rosada*, esp. port. *Acqua-rosa*, ital. Eau rose.

Éty. du lat. *aqua rosacea*, m. s.

AIGUA ROUTA, V. *Aigua tebia*.

AIGUAS *de l'enfant*. Les eaux de l'amnios. V. *Aigu* et *Aigualada*.

Faire leis aiguas, rendre les eaux.

A fach leis aiguas, les eaux ont percé, term. d'accoucheur, et non *elle a fait les eaux*.

Ces eaux contiennent un acide particulier nommé *Amniotique*, qui a été découvert dans l'amnios de la vache, par MM. Vauquelin et Buniva.

AIGUA-SALADA, AIGUA SARADA, SAÑAU, SALAYA. *Acqua salsa*, ital. *Agua salata*, esp. *Agua salgada*, port. Eau salée, ou saumâtre, celle qui tient du sel en dissolution en quantité notable.

AIGUA-SAU, s. f. Saumure; potage au sel. V. *Aigua-boulida*.

Taou cres faire émé esprit un goustous bouillabaisso
Que vous serve uno aiguo-saou.
Bellot.

AIGUA-SAUMASTRA, s. f. Eau saumâtre, qui a un goût de mer.

AIGUA-SEGNADA, s. f. V. *Aigua-Beineta*.

AIGUA-SEGNADIER, dl. Le même que *Beinechier*, v. c. m.

AIGUAS-MINERALAS, s. f. pl. (aïgues-minérales); AIGUAS-CAUDAS, BANS. *Aque minerali*, ital. *Aguas minerales*, esp. Eaux minérales, eaux qui tiennent en dissolution une assez grande quantité de matières, médicamenteuses ou non, pour être sapides, et pour avoir sur le corps humain une action marquée.

Éty. du lat. *aquæ minerales*, m. s.

L'art de fabriquer les eaux minérales factices, est dû à Venel, médecin de Montpellier, qui en fit la découverte en 1775.

En 1777, Duchanoy réduit en système l'art de les fabriquer.

Que si l'ayguo tros de bantayro
En quauques locs medicinau,
Te pot gouari de quauque mau,
Coum'a Baigneros, é Ancausso,
Non s'ane pas banta, la fausso,
Qu'aquó sia de sa bertut,
Aquo's un feyt prou coumbatut,
Qu'aquo's la bertut qu'ero amasso
Peous mineraus oun ero passo.
D'Astros.

AIGUAS-PENDENTAS, s. f. pl. (aïgues-peindèintes); AIGUA-AVERS. *Aguas* ou *Agoas vertentes*, port. Eau versant, pente qui est cause que les eaux tombent plutôt d'un côté que d'un autre.

AIGUASSA, s. f. (eigásse); *Aguacha*, esp. *Acquaccia*, ital. Mauvaise eau, eau bourbeuse, trouble ou corrompue.

Éty. de *aigua* et de la term. péjor, *assa*. V. *Aigu*, R.

AIGUASSEGEAR, v. n. (eigassedjá), dl. GOUFFOULHAR. Tremper; travailler dans l'eau, barboter.

Éty. de *aiguassa* et de *egear;* litt. travailler dans l'eau trouble. V. *Aigu*, R.

AIGUASSER, ERA, adj. (aïguassér, éra), dg. Aquatique. V. *Aiguassous* et *Aigu*, R.

AIGUASSIERA, s. f. Le même que *Aiguiera;* v. c. m. et *Aigu*, R.

AIGUASSOUS, OUSA, OUA, adj. (aïgassóus, óuse, óue); EIGASSOUS, AIGUASSER, AQUOUS. *Aguanoso*, esp. *Acquoso* et *Acquidoso*, ital. *Aquoso*, port. Aquatique, marécageux, humide, qui n'a que le goût de l'eau. V. aussi *Aigagnous*. *Grota aigassoua*, grote humide.

Éty. de *aigassa*, mauvaise eau, et de *ous*, ou du lat. *aquosus*. V. *Aigu*, R.

AIGUAT, s. m. (eigá); AIGAT, AIGUADINA, AYGAT. Débordement de rivière, et fig. débordement de mœurs. V. *Aigu*, R.

Un aigat de passins s'emporto l'innoucenço
Pel mounde escampillat rodo la coubezenço.
De sorto que l'aigaat qu'estoufec lours capricis,
Se troubec à nega mens d'homes que de bicis.
Hillet.

AIGUA-TEBIA, s. f. (aïgue tèbie); TEBI, TOUSCA, ROUTA. *Agua tepida*, port. Eau tiède.

AIGUA-TECA ou **TECOU**, s. f. (aïgue-tèque ou tècou). Eau dormante.

AIGUATOUR, s. m. (aigátour), dl. L'ouvrier d'un pressoir à huile, chargé de fournir l'eau de la chaudière.

Éty. de *aigua* et de *atour;* l'ouvrier de l'eau. V. *Aigu*, R.

AIGUA-TOUSCA, V. *Aigua tebia*.

AIGUA-TROUBLA, s. f. (aïgue tróuble); AIGUA-TREBOUA ou TREBA. Eau trouble.

AIGUA-VIVA, *Agua viva*, esp. port. *Acqua-viva*, ital. Eau vive, eau de source.

Éty. du lat. *aqua viva*, m. s.

AIGUERA, s. f. (aïguère); *Ayguera* et *Aguera*, esp. Rigole, conduit pour l'eau. V. *Aigu*, R.

Loù poul canto de fret, et l'hiber en coulèro
Gelo dins soun cami la gouto de l'ayguero.
Jasmin.

AIGUESPOUNCHA, s. f. NEGREPUT, AIGUA ESPOUNCHA. Nom qu'on donne, dans la Provence Méridionale, au nerprun purgatif, bourguépine ou noir prun: *Rhamnus catharticus*, Lin. arbrisseau de la fam. des Frangulacées, qu'on trouve dans les bois et le long des haies, et dont toutes les parties sont purgatives, principalement les baies.

Éty. *Aigua-espouncha*, signifie eau aigrie. Avec le suc épaissi des baies de nerprun et un peu d'alun, on prépare la couleur verte, connue sous le nom de vert de vessie.

On donne aussi le nom de *aigua-espouncha* à l'argousier. V. *Agranas*.

AIGUETA, s. f. On désigne par ce nom, à Barcelonnette, le bouillon ou l'eau dans laquelle on a fait cuire les macarrons et les lazagnes.

AIGUETA, s. f. (eiguéte); EIGUETA. Eau claire et limpide. Ce mot ne s'emploi que dans le style badin ou poétique.

Éty. de *aigua* et du dim. *eta*. V. *Aigu*, R.

Moudesto nimpho, toun air doux,
Ta claro *aigueto*, toun oumbragi,
Animoun mei bousquets, mei jardins et mei flous.
Gros.

AIGUIER, s. m. (eiguié); EIGUIER, DASSIERA, DILIEIRA, EGUIEYRA, AIGUIERA, AGUIER, AIERA, ESPASSIER-DE-COUSINA. *Acquajo*, ital. Evier, lavoir, conduit par où les eaux du lavoir s'écoulent; conduit qui reçoit les eaux pluviales.

Éty. de *aigua* et de *ier;* lieu destiné à l'eau. V. *Aigu*, R.

AIGUIERA, s. f. (eiguiére), dg. EGUIEIRA,

AIGUIERA, AYERA. *Ayguera*, cat. Le ruisseau d'une rue; aiguière. V. *Beou*, *Beal* et *Aigu*, R.

AIGUILENT, s. m. vl. Eglantier. Voy. *Agourencier* et *Ac*, R.

AIGUILLETA, vl. Petite aiguille. Voy. *Agulheta* et *Agu*, R.

AIGUOLA, s. f. (eigólè); AIGUORA. *Acquerello*, ital. Soupe liquide et très-maigre; vin bien trempé; petite pluie. Garc.

Éty. de *aigua* et du dim. *ola*. V. *Aigu*, R.

AIGUOOU, s. m. (aïgóou). Nom par lequel on désigne, à Barcelonnette, la quantité d'eau que l'on prend à la fois dans un canal d'arrosage. V. *Aigu*, R.

AIL

AILA, adv. Le même que *Ailai*, v. c. m.

AILAI, adv. (eilaï); AILA, AYLAI, ALAI, ALA, EILA, EILLA, AILATZ. *Ayli*, anc. cat. *Alli*, cat. mod. *Alla* et *Alli*, esp. De l'autre côté, de là; *Laissem aquot ailai*, brisons-là dessus; laissons cela. *D'ailai*, de l'autre côté.

Éty. du lat. *illàc*, m. sign, ou de *illa ibi*.

AILAMOUN, adv. (eilamóun); AILAMONT, EILAMOUN. Là-haut, au-dessus, amont.

Éty. de *aila*, du côté, et de *moun* pour *mont*, montagne; du côté d'en haut. V. *Mont*, R.

AILAS, interj. AYLAS, HELAS, HAILASSA, HAILAS, HAYLAS, HALAS. *Ahi-lasso*, ital. Hélas.

Éty. de *ai* et de *las*, fatigué, accablé.

AILASSA, interj. V. *Hailassa*.

AILAVAL, (eilavál) et

AILAVAU, adv. (eilaváou); EILAVAL, EILAVAU, AILAVAL. Là-bas, aval. V. *Val*, R. 2.

Éty. de *aila*, du côté de, et de *aval*, en bas.

AILHET, et dérivés. V. *Alhet*.

AILIN, V. *Alin*.

AILL, vl. V. *Alhet*.

AILLUCAR, vl. *Alucar*.

AIM

AIMABLE, ABLA, adj. (eimáblé, áble); AMABLE. *Amabile*, ital. *Amable*, esp. cat. *Amavel*, port. Aimable, qui a les qualités nécessaires pour plaire, pour se faire aimer.

Éty. du lat. *amabilis*, ou de *am-abil-is*; propre à être aimé. V. *Am*, R.

AIMANSA, s. f. vl. V. *Amansa* et *Am*, Rad.

AIMANT, V. *Amant*.

AIMAR, V. *Amar*.

AIME, s. m. vl. V. *Azyme*.

AIMEGRAT, adv. (aïmégrá), dl. alt. de *eme grat*, de bon gré, volontairement. Voy. *Grat*, R.

AIMES, s. m. (aïmés); AIME, vl. Azime, azimes. *Era lo dia dels aimes*, (erant dies azimorum), Sauv. V. *Azyme*.

AIN

AIN, s. m. (èin); *Ain*, esp. Ain, nom d'un département qui a la ville de Bourg pour chef-lieu.

Éty. d'une rivière de ce nom qui le traverse.

AINANAR, V. *Enanar*.

AINAT, ADA, s. (einá, áde); EINE, MAGI. Aîné, ée, le premier né des enfants, et par extention, personne plus âgée qu'une autre.

Éty. du lat. *antè natus*, né avant. V. *Nat*, Rad.

Drech de Ainat ou *de Ainessa*, qui dérive du français, aînesse ou primogéniture; droits et avantages qu'ont les aînés sur les autres enfants.

En vigueur chez les Hébreux, ce droit était inconnu des Romains. C'est dit Montesquieu, un esprit de vanité qui a établi chez les Européens l'injuste droit d'aînesse que les nobles introduisirent en France pour perpétuer le lustre de leurs familles; il paraît que c'est Hugues le Grand qui le mit en vigueur en 954.

Ce droit fut aboli le 15 mars 1790, par l'Assemblée Nationale.

AINE, s. m. vl. Vaisseau, meuble, vase, ustensile. C'est une altér. de *aise*, v. c. m.

AINEOU, s. m. (einèou); EINEOU, CABEDE, CABOS, CABOTA, CHABAUT, CABOULHAT, BAVAIRE, ARESTOUN, TESTA-D'ASE. Chabot, Meunier, *Cottus gobio*, Lin. petit poisson de l'ordre des Holobranches et de la fam. des Céphalotes (à grosse tête), qu'on trouve dans presque toutes les rivières de la B.-Pr. Sa chair est est assez délicate.

Éty. *aineou*, dim. de *ai*, petit âne, à cause de sa grosse tête. V. *Ai* et *As*, R.

AINESSA, s. f. (ainésse). Aînesse, priorité de naissance entre des enfants. *Drech d'ainessa*, droit d'aînesse. V. *Ainat* et *Nat*, Rad.

AINET, s. m. (aïné); *Asinello*, ital. dim. de *ai*, petit âne, ânon. V. *Ainoun* et *As*, R.

AINIER, s. m. (aïnié); AZENIER, ASINIER, AYNIER, ASOUIER, EINIER. *Asinaio*, ital. *Asneiro*, port. *Asnero*, esp. Anier, celui qui conduit des ânes. V. *As*, R.

AINOUN, s. m. (einóun); EINOUN, AYNOUN, ASOUN, POOUTRE, POULIN, SAUMOUN, SAUMIN, SAUMIRAT, AINET, AYNET, ASENET, BOURRICOUN. *Asinello*, ital. *Asnillo*, esp. Anon, le poulin de l'ânesse.

Éty. de *ain* et du dim. *oun*. V. *As*, R.

AINZ, vl. V. *Ans*.

AIO

AIOLI, d. mars. V. *Alholi*.

AIOLS, s. m. pl. vl. Aïeux. V. *Aiul*.

AIOUNCHAR, alt. de *aluenchar*, v. c. m.

AIP

AIP, s. m. vl. V. *Aib*.

AIPS, s. m. pl. vl. Qualités naturelles, habitudes, penchants. V. *Aibs*.

De bos aips garnitz.

De bonnes qualités pourvu.

Hist. crois. alb. v. 8799.

AIR

AIR, Par métagr. de *e* en *i*, et

AIRE, Air, rad. dérivé du lat. *aer, aeris*; ou du grec ἀήρ (aêr), air, fluide qui environne la terre, manière.

Dérivés: *Aer*, *Aer-o-litho*, *Aer-ar*, *Aeri-en*, etc. *Air*, *Air-e*, *Des-air*, *En-aira-ment*, *En-air-ar*, etc.

AIR, IER, radical dérivé du latin *area*, aire à battre le blé, formé de *areo*, être sec, desséché, aride, surface plane.

De *area*, par apoc. *ar*, et par le changement de *a* en *ai*, *air*, d'où: *Air-a*, *Air-al*, *Air-eta*, *Air-ier*, *Air-ola*, *Air-oou*, et par le changement de *a* en *e*: *Eiri-al*, *Eir-ier*, *Eir-oou*, *Eir-ouer*, etc.

AIR, s. m. vl. Colère, haine. V. *Azir* et *Ir*, R. 2.

AIR, v. a. vl. HAIR. Refuser dédaigneusement, haïr. V. *Ir*, R.

AIR, Pour haïr, v. c. m. et *Hai*, R.

AIR, v. a. vl. Attrister, inquiéter, donner du chagrin. V. *Hai*, R.

AIR, Pour air, fluide. V. *Er*; pour air, physionomie. V. *Aire* et *Aer*, R.

Per tal air, vl. d'un air si menaçant.

AIRA, s. f. (aïre); IERA. *Aja*, ital. *Area*, *Era*, esp. *Eira*, port. Aire, place où l'on bat les gerbes et où l'on foule la paille.

C'est aussi le nom de l'enclume des faucheurs.

Éty. du lat. *area*, surface plane. V. *Air*, R.

AIRABLE, ABLA, adj. vl. AZIRABLE. Exécrable. V. *Ir*, R. 2.

AIRADECH, s. m. (aïradétch). Un des noms lang. de l'airelle. V. *Aiges*.

AIRADOR, adj. vl. Mauvais, colère. V. *Ir*, R. 2.

AIRAL, s. m. (aïrál), dl. *Aja*, ital. Maison, logement, biens, possessions; Le carreau, le pavé, une aire. V *Iera*, une place, Sauv. Basse-cour, masure, hangar, vl.

Éty. du lat. *area*. V. *Air*, R. *Airale* et *airalus*, ont signifié dans la basse latinité, place vide, masure. Ducange.

AIRAMEN, vl. V. *Airament*.

AIRAMENT, s. m. vl. ADZIRAMEN, AZIRAMEN, AIRAMEN. *Airamiento*, anc. esp. *Adiramento*, ital. Colère, haine, calomnie, injure, emportement. V. *Ir*, R. 2. Encre. Voy. *Atrament*.

AIRAR, v. a. vl. AHIRAR, AZIRAR. *Airar*, esp. *Adirare*, ital. Irriter, fâcher, haïr. Voy. *Ir*, R.

AIRAT, ADA, adj. et p. vl. AZIRAT. *Airado*, esp. Animé, ée, irrité, ée; haï, saisi de douleur. V. *Ir*, R. 2.

AIRE, AIRA, ARI, désinence qui, ajoutée à un verbe sert à composer des mots désignant celui qui fait souvent l'action marquée par ce verbe, qui excelle dans cet exercice, qui s'y fait remarquer. Cette terminaison pourrait bien venir du lat. *aro*, je travaille, j'exerce. *Crid-aire*, de *cridar*, qui crie souvent, qui a l'habitude de crier. *Mange-aire*, qui mange beaucoup. *Parl-aire*, qui parle plus que les autres. *Camin-aire*, qui est bon marcheur. *Cant-aire*, qui chante bien ou souvent. *Plour-aire*, qui pleure souvent. *Pouaire*, qui sert à puiser, *pouar*.

Lous mestiers en aire
Noun valoun gaire. prov.

AIRE, vl. pour Aise. V. *Aise*.

AIRE, s. m. vl. *Aria*, ital. Air, le fluide qui compose l'atmosphère. V. *Er* et *Aer*, R.

Ab l'alen tir vas me l'aire
Qu'ieu sen venir de Proensa. P. Vidal.

Avec la respiration je tire vers moi

L'air que je sens venir de Provence.
Rayn.

AIRE, s. m. (aïré); AIR, ER, CARA. *Ayre*, esp. *Aria*, port. *Aria*, ital. Air, physionomie, ressemblance, manière de parler ou d'agir, port, maintien; demeure, pays, famille, vl.

Éty. V. *Aer*, R.

Dounar d'aire en quauqu'un, tr. avoir de l'air, et non *donner de l'air*. *Dounar un air, a-n-un plat*, en manger une grande portion. *Aver bon aire en ço que l'on fai, tener buen ayre*, esp. mettre de la grâce à ce que l'on fait.

En parlant des personnes, on dit en français: Avoir l'air *bon, bonne;* mais en parlant des choses on doit dire avoir l'air d'être bon, ainsi traduisez: *Aquel home a l'air bon*, par, cet homme a l'air bon, et *Aquela vianda a l'air bona*, par, cette viande a l'air d'être bonne. *De l'air que parla*, tr. à l'air dont il parle, et non *de l'air qu'il parle*. *De l'air qu'oou disia*, à l'air dont il le disait. *De bon aire*, vl. de bonne qualité.

AIRES, s. m. pl. (aïrés). Un des noms du myrtille. V. *Aiges*.

AIRETA, s. f. (eiréte); IERETTA. *Aietta*, ital. Petite aire, petite plate forme; palier ou repos d'un escalier (et non pailler, comme le dit M. de Sauvages). Enclume de faucheur pour rabattre *(encapar)*, la faux.

Éty. de *aira* et du dim. *eta*. V. *Air*, R.

AIRIER, s. m. (eirié); EIRIER, MOUNDAIRE. Le chef ou le maître d'une aire à fouler la paille; celui qui en dirige les opérations. Sauv.

Éty. de *aira* et de *ier*, ouvrier de l'aire. V. *Air*, R.

AIRO, vl. Ils ou elles eurent.

AIROLA, s. f. (eiróle) dl. Petite aire. V. *Aireta*.

Éty. de *aira* et du dim. *olà*, ou du lat. *areola*. V. *Air*, R.

AIROOU, s. m. (eiróou); EIROOU, EIROUER, PLANTADA, HIROOU, IROOU, CHAUCHAIRA, CAUCAGNA, CAUCADA, CHAUCHIÈRA. *Aiata*, Airée, la quantité de gerbes qu'on foule à la fois sur l'aire; la quantité de paille qui en résulte; jonchée de différentes choses répandues à terre ou dont la terre est jonchée.

Éty. de *aira* et de *oou*. V. *Air*, R. ou du grec de αἱρέω (haireô), se séparer, parce que l'on sépare la paille du grain.

AIROS, adj. vl. *Airoso*, esp. *Adiroso*, ital. Fâché, colère, susceptible. V. *Ir*, R. blamable, répréhensible.

AIROSAMENT, adv. (eirosaméin). vl. AIROSAMEN. Promptement, en diligence.

Éty. du roman *airozamen*, m. s.

AIRT, s. m. dg. berg. alt. de *air*. V. *Er*.

AIS.

AIS, AYS, AIZ. Radical dérivé du grec ἄισιος (aisios), heureux, favorable; formé de αἶσα (aisa), convenance, bienséance.

De *aisios*, par apoc. *ais*, d'où: *Ais-at*, *Ais-es*, *Ais-ina*, *Aisin-ar*, *Mal-aise*, *Ben-aise*, etc.

De *ais*, par le changement de *i* en *y*, à peu près les mêmes mots.

De *ais*, par le changement de *s* en *z*, *aiz* ou *ayz*, d'où: *Mal-aize*, *Mes-ayze*, *Ayz-e*, etc.

AIS, adj. vl. Aise, joyeux.

Éty. de *ais*, v. c. m. et *Ais*, R.

AIS, s. m. vl. Aise, agrément, V. *Ais*, R.

AIS, s. m. vl. Aide, auxiliaire. V. *Ajuda*.

AIS, s. m. vl. *Asco*, cat. esp. port. Tristesse, dégoût, répugnance.

Éty. Formé par onomatopée.

Dérivés: *Aiss-u*, *Ais-et-ouis*, *Aiss-os*.

AIS, s. m. (aïs), dl. V. *Essiou*.

Ais-de-moulin, dg. essieu ou gros fer de moulin.

Éty. du grec ἄξων (axôn), axe.

AIS et **OUIS**, (aïs et ouis). Expressions figurées qui désignent les plaintes, les souffrances et les chagrins de quelqu'un.

AIS, art. pl. pour *as*, *à lous*, *à las*. Aux.

AISADAMENT, adv. (eïsadaméin). Facilement. V. *Aisament*.

Éty. de *aisada* et de *ment*. V. *Ais*, R.

AISAMENT, adv. (aïsaméin); AISADAMENT, AYSIDOMEN. Aisément, facilement, avec aisance.

Éty. de *aisat* et de *ment*, d'une manière aisée. V. *Ais*, R.

AISANÇA, s. f. (aïsánce); *Agevolezza*, ital. Aisance, facilité qu'on a dans l'exécution des choses que l'on fait; état de bien être.

Éty. de *aisat* et de *ança*. v. c. m. et *Ais*, R.

Aquot nous douna forsa aisançàs dins l'houstau, cela nous donne beaucoup de commodités et non d'*aisances*, qui n'est pas français dans ce sens.

AISAR, v. a. vl. *agiare*, ital. Donner de l'aiso, mettre à l'aise. V. *Aisir*.

Éty. de *ais*, R. et de l'act. *ar*.

AISAT, ADA, adj. et p. (eïsá, áde); EISAT. *Agevole*, ital. Aisé, ée, facile à faire; aisé, qui vit dans l'aisance; douillet, délicat, qui aime ses aises, qui se dorlote: *Aquot es un aisat*, dl. c'est un père douillet.

Éty. de *ais*, R. et de *at*, ou du grec ἄισιος (aisios), heureux.

AISE, s. m. (aïsé); AIS, AIRE. *Agio*, ital. Aise, contentement, commodité, satisfaction, sentiment de joie, et par ext. tonneau, futaille. V. *Aisina*.

Éty. de *ais*, R.

AISE, adj. Aise, content, commode, qui n'a rien qui le gêne. V. *Ais*, R.

AISE A L, adv. *A bel agio*, ital. A l'aise, aisément, commodément, sans peine. V. *Ais*, R.

AISE D', adv. *Adagio*, ital. Doucement, avec précaution, sans se presser, d'une manière lente. V. *Ais*, R.

Anar d'aise, aller lentement, marcher avec précaution.

Anaz d'aise de lou roumpre, prenez garde à le casser, et non *allez doucement de le casser*, qui est un provençalisme.

AISEL, pr. dém. vl. AISELH, AISSES, AISSELH. Celui, celui-là. V. *Aicel* et *Aquel*.

AISELA, vl. V. *Aicela*.

AISELH, vl. V. *Aicel*.

AISELHA, vl. V. *Aicela*.

AISES, s. m. pl. (aïsés); commodités de la vie: *Aquel houstau a força aises;* cette maison offre bien des commodités, beaucoup de petites pièces à mettre différentes choses. V. aussi *Aise*, tonneau, futaille.

Ce mot signifie aussi repos, tranquillité: *Prendre sois aises*, avoir, prendre ses aises, travailler mollement ou garder un parfait repos. C'est *il dolce far niente*, des Italiens.

Éty. V. *Ais*, R.

AISEST, vl. V. *Aicest*.

AISEX, vl. Ceux, plur. de *aqist*, celui.

AISI, vl. V. *Ansin*.

AISIDA, s. f. vl. Jouissance, agrément.

Éty de *ais*, R. et de *ida*.

AISIL, pr. dém. pl. Sujet, vl. V. *Aicil*.

AISILH, vl. V. *Aicil*.

AISIMENT, s. m. (aïsiméin); AISIMEN; dl. Commodité, arrangement.

Éty. de *Aisi* et de *ment*, V. *Ais*, R.

Pei fourmarés coumo d'encoulos,
Per faire nostres aisimens.
Michel, fiera de Beaucaire.

AISINA, s. f. (eisine); EISINA, EIGINA, ENGINA, AYGINA, AIGINA, EISINA, USINA. Futaille, vases en général, mais plus particulièrement ceux destinés à contenir des liquides, et en usage dans la cuisine; ustensile de capacité.

Éty. de *aises* et *ina*, chose qui sert aux commodités, aux besoins, sous entendu, du ménage. V. *Ais*, R.

Marrida aisina, fig. mauvais garnement, mauvais sujet.

Prestar soun aisina, en parlant des femmes, se prostituer.

AISINAR, v. a. (eïsinár), d. de Barcel. Préparer les usines. V. *Ais*, R.

AISINAR S', v. r. dl. Ajuster, s'ajuster, s'arranger. V. *enginar s'* et *ais*, R.

Queria aisinar (quærebat oportunitatem). V. *Ais*, R.

AISINAR S', v. r. d. bas. lim. V. *S'aisir* et *Ais*, R.

AISIR, v. a. (eisir); EISIR, d. b. lim. AISAR. *Agiare*. Procurer de l'aisance, aider; *Iau estavo d'un leidaou, d'uno pesso de boï, moun visi m'en a eisi.* Béron. c. à d. *Iou mançavi d'un louis d'or, d'una peça de bosc, moun vesin m'en a aisat*, je manquais d'un louis, d'une pièce de bois, mon voisin m'en a pourvu, me l'a prêté.

Éty. de *ais*, R. et de *ir*.

AISIR S', v. r. (s'aïsir); AIZIR, dl. S'arranger commodément, se mettre à l'aise: *Se fau saupre aisir*, il faut savoir se retourner, se placer commodément. Sauv. V. *Ais*, R.

AISIT, IDA, adj. et p. (aïsí, ide), dl. EISIT. Commode, bien à la main: *Aquel poustadetes aisit*, cette soupente est fort commode. *Aquela piola es aisida*, cette cognée est bien à la main. Sauv.

Éty. *Aisit*, est une altér. de *aisat*. Voy. *Ais*, R.

AISIT, vl. pour *Aisi-te*, Ici-te.

AISNA, s. f. (èsne), *Aisna* ou *Axona*, esp. Aisne, département de l', dont le chef-lieu est Laon.

Éty. d'une rivière du même nom.

AISO, vl. V. *Aisso.*

AISOLA, s. f. vl. *Aissette.* V. *Aissola* et *Aiss*, R.

AISOM, vl. pour *Aiso me*, Ceci me.

AISS, radical dérivé du lat. *ascia*, *æ*, hache, aissette, ou du grec ἀξίνη (axinè), hache.

Quelques auteurs font venir ce mot du goth *akhen*, qui a la même signification.

Le P. Thomassin le tire de l'hébreu *hastad*, hache.

Du lat. *ascia*, par apoc. *asci*, par le changement de *c* en *s* et transposition de *i* *aiss*; d'où : *Aiss-ola*, *Aiss-a*, *Aiss-ada*, *Aissad-eta*, *Aissad-oun*, *Aissadoun-et*.

AISSA, s. f. (aïsse); APIA, AICHO, AYSSA. *Axa*, cat. *Hacha*, esp. *Ascia*, ital. Hache; erminette, hache recourbée de charpentier.

Éty. du lat. *ascia*. V. *Aiss*, R.

Mestra d'aissa, charpentier.

AISSA, s. f. AICHA. Plainte, gémissement, douleurs de l'enfantement; dégoût, inquiétude.

Éty. du grec ἄχος (achos), douleur.

En vl. tristesse.

AISSADA, s. f. (eissáde); BUQUIA, BUQUIAU, EISSADA, AICHAU. *Axada* et *Azada*, esp. *Axada*, cat. *Enxada*, port. Houe pointue, marre.

La marre, dit Sauv., est un outil de labour, de même forme que la maigle de Bourgogne, ou la chèvre de Lorraine : c'est une plaque de fer triangulaire qui fait avec son manche un angle d'environ 45 degrés. L'instrument d'agriculture décrit par Sauvages, est le véritable *magau* des Provençaux; v. c. m.

Dans la Haute-Provence, le nom de *Aissada* et de *aichau*, n'est donné qu'à une sorte de pelle qui, au lieu d'être dirigée dans le sens du manche, fait avec celui-ci un angle d'environ 45 degrés.

Cet instrument est trop faible pour fouir la terre; on ne l'emploie que pour l'enlever lorsque déjà elle a été remuée; c'est une véritable pelle, autrement emmanchée que les pelles ordinaires.

Éty. de *aissa* et de *ada*. V. *Aiss*, R.

AISSADA-JARDINIERA, s. f. (eissáde djardinière); TRENQUETA. Houe, instrument formant un carré long, dont la lame un peu courbe, fait un angle de 45 degrés avec son manche. Il est au louchet ce que *l'aissada* est à la pelle.

AISSADETA, s. f. (eissadéte); SAUCLETA, OOUFET, SARCEL, ESTREFOOU, AISSADOUN, AISSADOUNET, AISSOUNET, AISSADEL. *Azadilla*, esp. Houette, serfouette, petit outil de jardinier servant à serfouetter ou béquiller la terre. V. *Entrefouire.*

Éty. de *aissada* et du dim. *eta*. Voy. *Aiss*, R.

On distingue les serfouettes en SERFOUETTES à lame en losange, bêcheron, sarcloir ou sarclette; à fourche ou fourchette; à lame triangulaire, parisienne; à deux dents, et suivant la forme de leur lame.

AISSADOUN, s. m. (eissadóun); *Axado*, cat. *Azadoncillo*, esp. Le même que *aissadeta*; v. c. m. et *Aiss*, R.

AISSADOUNET, s. m. (eissadouné); m. s. que *Aissadeta*; v. c. m. et *Ais*, R.

AISSAGAR, v. a (eissagá); EISSAGAR, DEBARDAR, GASSOULHAR, EICHAGAR. Essanger, laver du linge sale avant que de le mettre dans le cuvier pour le lessiver : *Aissagar la bugada*, essanger la lessive; fig. battre, rosser, comme le linge qu'on essange.

Éty. *Agar*, est dit pour *aguar*, mettre à l'eau, et *eis* pour dans.

AISSAGAT, ADA, adj. et p. (eissagá, áde). Essangé, ée. V. *Aissagar.*

AISSAI, V. *Aiçai.*

AISSALIN, V. *Aiçalin.*

AISSA-MEZEUS, vl. D'autant-mieux.

AISSAMOUN, V. *Aiçamoun.*

AISSANGA, s. f. (eissángue); AISSAUGA. *Aissangue*, Ency. Poiss. Espèce de filet traînant, semblable à une saine, mais ayant une poche au milieu.

AISSANGLA, s. f. (eissángle). Écharde. V. *Arescla.*

AISSAR, dl. V. *Essar.*

AISSAUGA, s. f. (eissaóugue). V. *Aissanga.*

AISSAVAL, V. *Aiçaval.*

AISSAY, s. f. d. de Barcel. V. *Aissado.*

AISSE, s. f. vl. Haine. V. *Hai*, R.

AISSE, AISSA, adj. (aïssé, aïsse). Aigre par une trop grande quantité de levain, en parlant du pain : *De pan aisse*, pain mal levé, massif, mal cuit, grossier.

Éty. du latin *acidus*, V. *Acr* et *Aigr*, R.

AISSEGEAR, v. n. (aïssedjá); EISSEGEAR. Se plaindre, gémir, dire *Ai*, *Ai* ! et proprement geindre, lorsqu'on se plaint sans sujet, comme font les enfants gâtés.

Éty. de *Ai*, cri plaintif dans presque toutes les langues, et de *agere.*

AISSEL, ELA, pr. dém. vl. Celui, celle. V. *Aicel.*

AISSELA, s. f. (Eissèle); AISSELLA, EICELA, EISSELLA, EICHELA. *Axella*, cat. *Ascella*, ital. *Achsel*, all. Aisselle, cavité qui est au-dessous de la jonction des bras avec l'épaule.

Éty. du lat. *axilla*, m. s.; *Acella*, en b. lat.

AISSELA, pron. dém. vl. V. *Aicela.*

AISSELANCAR, v. a. (eisselancá); EISSALANCAR. Ereinter, rompre les hanches. Voy. *Derenar.*

Éty. de *aissela*, de *anca* et de *ar.*

AISSELH, et

AISSELHA, pr. dém. vl. V. *Aicela.*

AISSELHER, s. m. (aisseillé), dg. *Aisselières*, les deux fonds d'un tonneau.

AISSES, s. m. pl. (aïssés), vl.; AISES, AIZES. Haines.

AISSETA, s. f. (eisséte); AICHETTA, CAPAISSOL, EICETA, EISSETA, AISSOLA, EISSOLA. *Assiccella*, ital. Aissette ou aisseau, instrument de tonnelier et de sabotier, dont le manche, d'environ six pouces de long, porte un fer, qui a d'un côté un large tranchant recourbé, et de l'autre une panne, un marteau, et quelquefois une douille simple.

Éty. de *aissa* et du dim. *eta*, petite hache; ou du grec ἀξινάριον (axinarion), m. s. dim. d'ἀξίνη (axiné), hache. V. *Aiss*, R.

AISSI, adv. vl. AICI. *Asi*, esp. *Assim*, port. Ainsi, de même, cependant, pourtant, alors. V. *Ansin.*

Éty. du lat. *sic*, avec la prép. *a.*

D'aissi endreg, du reste; adverbe de lieu, ici. V. *Aicit.*

AISSIEL, s. m. (aïssiel), dg. Essieu. V. *Essiou.*

AISSIS, adj. vl. Enrichi, qui a ses aises. V. *Ais*, R.

AISSO, pr. dém. vl. Ce, ceci, afin. Voy. *Aiçot.*

Aisso mezeus, d'autant mieux.

AISSO, pron. rel. m. neutre. AYSSO, AISO, AYSO, AICHO, AIZO, AICZO. *Aço*, anc. cat. Ce, ceci.

AISSOLA, s. f. (eissóle), d. bas lim. EISSOLA, AISOLA. *Assiccela*, ital. Erminette. Voy. *Aisseta* et *Ais*, R.

AISSOLAR, v. a. (eïssolá); EISSOLAR, d. bas lim. Doler, dégrossir à la doloire le merrain et les douves des futailles; passer une poutre à l'erminette.

Éty. de *aissola*, erminette, doloire, et de l'act. *ar*. V. *Aiss*, R.

AISSOS, adj. vl. Dégoûté, inquiet, soucieux, gémissant.

AISSOUN, s. m. (eissóun, eichóun); EISSOUN, EICHOUN, PIC, PICHIERA, PICHA, GRALHA, MARRA-ESTRECHA. Pic pour piocher la terre, instrument composé d'un fer dans lequel on distingue le *corps*, la *pointe* et la *douille*, et ensuite d'un *manche*. V. *Ais*, R.

AISSOUNET, V. *Aissadeta* et *Ais*, R.

AISSOURDAR, v. a. (eissourdà); EISSOURDIR, ENSOURDIR. *Assordare*, ital. *ensordecer*, esp. port. Assourdir, affaiblir le sens de l'ouïe; troubler l'audition par un trop grand bruit.

Éty. de *ais*, de *sourd* et de *ar*; V. *Surd*, R.

AISSOURDAT, ADA, adj. et p. (eissourdá, áde); EISSOURDAT, EICHOURDAT, ENSOURDIT. Assourdi, ie. V. *Surd*, R.

AISSUCH, UCHA, adj. et p. (eissútch, útche); EISSUCH. Sec, sèche. V. *Secc*, R.

A ped aissuch noun si prend langoustas. pr.

Apres long aissuch long bagnat. pr.

AITA, pour *Aitat*, s. m. d. vaud. Age. V. *Agi.*

AITA, s. f. vl. *Aita*, ital. Aide. V. *Ajud*, R.

AITAL, adv. et conj. (aïtál), dl. EITAL. Ainsi, de cette façon : *Iou aital*, vl. moi un tel; *Recebre aital*, subir la peine du talion.

Éty. du lat. *talis* et de *al*. V. *Tal*, R.

Aital parlo Didon. Bergoing.

AITAL, adj. vl. AITALH, AITAU. *Aytal*, anc. cat. *Atal*, anc. esp. Tel, pareil, semblable.

Éty. du lat. *talis*, m. s.

AITALH, vl. Tel. V. *Aital* et *Tal*, R.

AITAMBEN, conj. (eitambèin); EITAMBEN. Aussi bien, à cause de cela. *Aquot es beou aitamben costo fouesso*, cela est beau, aussi coute-t-il fort cher. V. *Tamben.*

AITAMPAUC, part. nég. (eitampáou); AITAPAU, ATAPAU. V. *Tampauc.*

AITAN, V.

AITANT, ANTA, adj. vl. ATTANT, AITAN, AYTAN. *Aytant*, anc. cat. Tant, si nombreux, si grand, autant. *Aitant tost*, vl. aussitôt.

AITANTOST, adv. vl. Aussitôt. V. *Aitant.*

AITAPAU, alt. dl. d'*Aitampauc* V. *Tampauc.*

AITAU, vl. V. *Aital.*

AITOR, vl. *Aitorio*, ital. anc. alt. du lat. *Adjutor*, aide. V. *Adjud*, R.

AITRE, vl. alter. de *Altre.* V. *Autre.*

AIU

AIUL, ULA, s. (aïúl, úle); SENI GRAND. *Avô*, port. *Avolo*, ital. *Abuelo*, esp. Aïeul, eule; grand-père, grand-mère.

Éty. du lat. *Avus*, m. s.

AIUSTAMENT, s. m. (aïustaméin), vl. *Ajuntamento*, port. Assemblée. V. *Adjud*, R.

AIUSTAT, ADA, adj. et p. (aïustà, àde), vl. *Ajuntado*, port. Assemblé. V. *Adjud*, R.

AIUTO, s. m. vl. vaudois. *Aiuto*, ital. Aide. V. *Adjud*, R.

AIX

AIXI, conj. anc. béarn. Ainsi.

AIZ

AIZ, s. m. vl. AYSHA. *Exe*, esp. *Eixo*, port. *Asse*, ital. Essieu. V. *Essiou.*

AIZADAMENT, adv. vl. Facilement. V. *Aisadament* et *Ais*, R.

AIZAR, vl. V. *Ajudar.*

AIZE, s. m. vl. AIZE. *Aise*, anc. cat. *Agio*, ital. Demeure, séjour; aise, plaisir. V. *Aise.*

Éty. de *Ais*, R.

AIZEMENT, s. m. anc. béarn. Agrément.

Éty. de *Ais*, R.

AIZES, s. m. pl. vl. Êtres. V. *Aises* et *Ais*, R.

AIZI, s. m. vl. Demeure, maison, asile.

Éty. de *Ais*, v. c. R. *De bel aizi*, de bonne composition.

AIZIDAMENT, V.

AIZIMEN, s. m. AIZADAMEN. vl. Aise, facilité; grâce, faveur.

Éty. de *Ais*, R. et de *men*, pour *ment.*

AIZINA, EN. expr. adv. vl. A portée. V. *Ais*, R. V. aussi *Aisina;* aisance, facilité, commodité; moyen, occasion favorable.

AIZINA, Ustensile. V. *Aisina.*

AIZINAR, v. a. vl. AYZINAR. Arranger, préparer; avancer, améliorer, rendre plus facile. V. *Ais*, R.

AIZINAR S', v. s. vl. Prendre ses mesures, s'apprêter, se disposer, se camper, s'établir. V. *Ais*, R.

AIZINAT, ADA, adj. et p. vl. AISINAT. Préparé, arrangé.

Éty. V. *Ais*, R.

AIZINER, adj. vl. Temps propre, favorable. V. *Ais*, R.

AIZIR, v. a. vl. AIZIVAR. Accueillir, asseoir, loger, accommoder; arranger, obtenir, accorder, permettre, faciliter, mettre à l'aise.

Éty. de *aiz* et de *ir*. V. *Ais*, R. *S'aizir*, s'arranger.

AIZIT, IDA, adj. et p. AIZIA. vl. Accommodé, ée; accueilli; agréable, paisible, tranquille; habile, propice, convenable, favorable. V. *Ais*, R.

AIZIU, IVA, adj. vl. Accommodant, facile. V. *Aizit.*

Éty. de *ais*, *aiz*, et de *iu*. V. *Ais*, R.

AIZIVAR, v. a. vl. Accueillir, accommoder. V. *Aizir.*

Éty. de *aiziva* et de *ar*, rendre commode. V. *Ais*, R.

AIZO, vl. *Ceci*, *cela*. V. *Aiçot.*

AIZOS, s. m. vl. Lieu commode. V. *Ais*, Rad.

AJA

AJACADA, adj. et p. (adjacàde), d. du V. Accouchée. V. *Jac*, R.

AJACAR, v. n. (adjacá), d. du Var. Accoucher.

Éty. V. *Jac*, R.

AJACENCIA, s. f. vl. AJHACENCIA. *Adjacencia*, contiguïté, environs, alentours.

Éty. du lat. *Adjacentia*. V. *Jac*, R.

AJACILLAR, v. a. vl. Coucher, renverser, tenir à terre. V. *Jac*, R.

AJAGUT, UDA, adj. et p. (odzogú, úde), d. bas lim. Alité, ée, qui est obligé de rester au lit pour cause de maladie. V. *Ajassat* et *Jac*, R. *S'es ajaguda*, elle est accouchée.

AJAIRE S', v. r. (s'adjàïré), dl. Accoucher. V. *Accouchar* et *Jac*, R.

Éty. de *à* et de *jaire*, dérivé de *jacere*, être couché.

AJANÇAR, V. *Ageançar.*

AJANES, EZA, s. et adj. vl. Agénois.

AJAPROUN, expr. adv. (adjaproún). Locution dont les gens de la montagne se servent pour dire : il y a quelque temps. Garc.

Éty. ce mot est composé de *a*, *jà*, pour *déja*, et de *proun*, il y a déjà assez longtemps.

AJARD, (adjàr). *Faire ajard*, expr. adv. Se prévaloir, tirer avantage; de sa force, de son talent, de ses richesses, de son crédit; abuser de l'ascendant qu'on a sur quelqu'un. Avril.

AJAS, V. *Agas.*

AJASSA, s. f. (adjàsse), dm. Un des noms de la pie. V. *Agassa.*

Éty. de l'ital. anc. *Ajazza*, m. s.

AJASSAR, v. a. (adjassá). Enfermer dans le bercail nommé *jas;* mettre de la litière sous les bestiaux, et par extension placer, asseoir.

Éty. de *a*, dans, de *jas*, bercail, et de l'act. *ar;* litt. mettre dans le bercail. V. *Jac*, R.

AJASSAR S', v. r. Se coucher dans le bercail, et par extension, se coucher, s'étendre sur la terre, se mettre dans le gîte, en parlant des lièvres; en. d. bas lim. s'agiter pour se mieux placer, s'affaisser. V. *Jac*, R.

AJASSAT, ADA, adj. et p. (adjassá, àde); JASSAT, YASUT. Couché dans le *jas*, dans le gîte, sur la litière; accablé de fatigue.

Éty. de *a*, de *jas* et de *at;* qui est dans ou sur le *jas;* v. c. m. et *Jas*, R. *Blad agassat*, blé versé.

AJAVELAR, dl. Mettre le blé en javelles. V. *Enjavelar.*

AJAYRE, et

AJAZER, v. a. et n. vl. *Ajaurar*, cat. Accoucher. V. *Jac*, R.

AJH

AJHACENCIA, vl. V. *Ajacencia.*

AJI

AJIPOULAR, S', v. r. (s'adgipoulá), dl. Se mettre un habit sur le corps. Sauv.

Éty. de *a*, de *jipa* et de *ar;* litt. Mettre une jupe, un habit à ou sur.

AJO

AJOGLARIR, v. n. et a. vl. Faire le jongleur, rendre jongleur. V. *Joc*, R.

AJOINER, V. *Ajougner.*

AJORNAMENT, vl. V. *Ajournament* et *Di*, R.

AJORNAR, v. n. vl. *Ajornar*, anc. cat. Faire jour, commencer le jour, d'où est venu le jour; pour : fixer le jour, V. *Ajournar;* luire, briller, éclairer; *Ans l'ajornar*, avant le jour.

Éty. de la prép. *a*, de *jorn*, jour, et de *ar*. faire. V. *Di*, R.

Duesc'al jorn que ajorna.
Arnaud Daniel.

Jusqu'au jour qui éclaire.

AJORNAT, vl. V. *Ajournat.*

AJOST, s. m. vl. AJOSTAMEN, AJUSTAMENT. *Ajust*, cat. *Ajuste*, esp. port. Ramas, réunion, assemblée. V. *Just*, R.

AJOSTAR, v. a. vl. AJUSTAR. Assembler, amasser; ajouter, joindre. V. *Amassar*, *ajustar* et *Just*, R.

AJOSTATZ, adj. et p. vl. Réunis. V. *Ajustat* et *Just*, R.

AJOUAMENT, s. m. (odzouoméin), d. bas lim. Chevêtre, pièce de bois qui soutient les solives coupées à l'endroit de la cheminée pour donner passage au tuyau. V. *Jounch*, Rad.

AJOUAS, s. f. pl. (adjóues), dm. ALAS, MOUNTANTS, AGEOUAS, CARGADOUIRAS, ANCASTIERAS, BEGNOUNS, AGEAS, FAISSETS. Cordes qui servent à fixer la charge au bât; il y en a quatre, deux à chaque courbet.

Éty. du grec ἄγω (agô), porter, régir, conduire. V. *Ag*, R.; ou du portugais *Ajoujar* lier, joindre ensemble.

AJOUATAR, dl. V. *Jougner.*

AJOUC, s. m. (adjóuc).

AJOUCADOUIRA, s. f. (adjoucadóuïre) et

AJOUCADOUR, s. m. (adjoucadóu); JOUC, JOUCADOUR, JOSQUIOU, AJOUQUIER, JOUQUIAL, JOUQUIER, JOUQUIDOUR, AJUCADOUR, AJOUCAIRE, AJOUQUIER, AJOUCADOUIRA. Juchoir d'un poulaillier, lieu où les poules *juchent;* perchoir d'une cage, petit bâton sur lequel les oiseaux se perchent.

Éty. de *a*, de *jouc* pour *jac*, dérivé du lat. *Jacere*, et de *Adour;* litt. qui sert à se coucher. V. *Jac*, R. *Toumbar de l'ajoucadour*, pr. tomber des nues.

AJOUCAIRE, s. m. dm. V. *Ajoucadour* et *Jac*, R.

AJOUCAR S', v. r. (s'adjoucá); S'ENJOUCAR, SE PINCAR, AJUCAR S'. Jucher, v. n. et se jucher, v. r. se mettre sur une perche, sur une branche pour dormir, en parlant des oiseaux; se percher, se loger bien haut.

Éty. de *ajouc* et de *ar*; se mettre sur le juchoir.

Le mot *ajoucar s'*. a en languedocien, d'autres acceptions: il signifie, selon M. de Sauvages, se raser, en parlant des perdrix. quand elles aperçoivent l'oiseau de proie; s'accroupir, s'assoupir, s'endormir à demi.

AJOUCAT, ADA, adj. et p. (adjoucá, áde); ENJOUCHAT. Juché, perché. V. *Jac*, R.

AJOUGNER, v. a. (adjóugné); ABASTAR, ATENGER, AJOINER, AQUINCHAR, AJOUIGNER, AGANTAR, ATRAPAR, COUSSEGRE. *Aggiugnere*, ital. anc. Atteindre, joindre quelqu'un qui marchait devant, attraper.

Éty. du lat. *adjungere*, unir, lier, attacher. V. *Jounch*, R.

A de pichounos manetos
Qu'ajougnoun de luenc et mai proun,
Car seis coous passoun l'acheroun
Et van jusquos au rei deis ribas infernalos.
Gros. portrait de l'amour.

AJOULINAR S', Avril. V. *Aginoulhar* et *Ginoulh*, R.

AJOULINOIR, Avr. V. *Aginoulhoir.*

AJOUNC, s. m. (adjóunc). Nom qu'on donne aux environs d'Allos, à l'astragale épineux, *Astragalus aristatus*, l'Héritier; *Astragalus tragacantha*, Lin. plante de la fam. des Légumineuses, commune sur tous les coteaux de la H.-Pr..

Dans les environs de Montpellier, on donne le même nom à l'*Ulex Europæus*, V. *Toujaga.*

AJOUNCH, OUNCHA, adj. et p. (adjóuntch, óuntche). Atteint, einte, part. de *ajougner.*

Éty. du lat. *junctus* et de *a*. V. *Jounch*, R.

AJOUQUIER, Avr. V. *Ajoucadour.*

AJOURNAMENT, s. m. (adjournaméin); *Aggiornamento*, ital. anc. Ajournement, assignation à comparaître à certain jour fixé; renvoi de la discussion d'une affaire, d'une question.

Éty. de *a*, de *journ* et de *ment*. V. *Di*, R.

AJOURNAR, v. a. (adjourná); *Aggiornare*, ital. *Ajornar*, anc. cat. Ajourner, assigner quelqu'un en justice à certain jour; renvoyer une délibération à un autre jour.

Éty. de *a*, de *journ* et de *ar*; mettre à jour, sous-entendu fixe. V. *Di*, R.

AJOURNAT, ADA, adj. et p. (adjourná, áde). Ajourné, ée. V. *Di*, R.

AJU

AJUA, adj. vl. Aidé. V. *Ajuda* et *Adjud*, Rad.

AJUAIRE, Aub. V. *Ajudaire.*

AJUAR, dm. V. *Ajudar.*

AJUCADOUR, V. *Ajoucadour* et *Jac*, Rad.

AJUCAR, v. a. (odzucá), d. bas lim. Embarrasser, engouer. V. *Engavaissar*, pour jucher. V. *Ajoucar* et *Jac*, R.

AJUCHAR S', v. r. (s'adjutchá), dm. Se tapir, se mettre sur ses talons. V. *Jac*, R.

AJUD, ADJUD, ADJUT, sous-radical dérivé du latin *adjutare*, se joindre à quelqu'un pour l'aider, le secourir; formé de *ad* et de *juvare*, *juvo*, *jutum*, aider, secourir.

De *adjutare*, par apoc. *adjut*, d'où: *Adjutor*, *Adjutor-i*, *Adjutori-um*, *Co-adjut-or.*

De *Adjut*, par la suppr. de *d*: *ajut*, d'où: *Ajut*, *Ajut-ar*, etc.

De *Ajut*, par le changement de *t* en *d*, *ajud*, d'où: *Ajud-a*, *Ajud-ar*, *Ajud-ant*, *Des-ajud-ar.*

De *ajut*, par la suppr. de **u**, *ajt* et *ait*, d'où: *Ait-or*, *Ait-a*, etc.

De *Ait*, par le changement de *t* en *d*, *aid*, d'où: *Aid-a*, *Aid-ança*, *Aid-ar*, etc.

De *aid*, par la suppr. de *i* et le changement de *a* en *e*, *ed*, d'où: *Ed-a*, *Ed-os*, etc.

AJUDA, s. f. (adjúde); AJUT, AIDA, EDO. *Ajuto*, ital. *Ayuda*, esp. *Ajuda*, port. cat. Aide, assistance, secours; celui qui aide; sorte d'impôt.

Éty. du lat. *adjutorium*, m. s. V. *Ajud*, R.

Bon drech a besoun d'ajuda, et
Bon drech a pas besoun d'ajuda; pr.

Ajuda, *ajuda*, à l'aide, au secours.

C'est aussi le cri que font les manouvriers et les marins pour agir ensemble.

AJUDABLE, adj. vl. Secourable. Voy. *Ajud*, R.

AJUDADOR, s. m. vl. AJUDAYRE. *Ajudador*, cat. port. *Ayudador*, esp. *Aiutatore*, ital. Aide, auxiliaire. V. *Ajudaire* et *Ajud*, R.

AJUDAIRE, s. m. (adjudaïré); AJUAIRE. *Ajudador*, esp. port. *Aiutorio*, ital. anc. Aide, celui qui prête secours; paysan qui travaille à la journée, selon Garc.

Éty. de *ajud* et de *aire*. V. *Ajud*, R.

AJUDAIRITZ, s. f. vl. AJUDARITZ. *Ajudadora*, port. *Aiutatrice*, ital. *Ayudadora*, esp. Assistance secourable, protectrice.

Éty. du lat. *adjutrix*, m. s. V. *Ajud*, R.

AJUDAMENT, s. m. vl. AJUDAMEN. *Ayudamiento*, anc. esp. *Aiutamento*, ital. Aide, assistance.

Éty. du lat. *adjuvamentum*. V. *Ajud*, R.

AJUDANSA, s. f. vl. Aide, secours. V. *Ajud*, R.

AJUDANT, s. f. (adjudân); *Ayudante*, esp. *Aiutante*, ital. *Ajudante*, port. Adjudant, officier qui en aide un autre. V. *Ajud*, Rad.

AJUDAR, v. a. (adjudá); AJUAR, AYUDAR, EIDAR. *Ajutare*, ital. *Ayudar*, esp. *Ajudar*, port. Aider, donner plus ou moins de secours; aller à la journée pour aider quelqu'un.

Éty. du lat. *adjutare* ou *adjuvare*, m. s. V. *Ajud*, R.

AJUDAR S', v. r. *Ayudarse*, esp. *Aiutarsi*, ital. *Ajudarse*, port. S'aider, se seconder; *Me siou ajudat a faire aquot*, trad. j'ai aidé à faire cela, et non, *je me suis aidé*. V. *Ajud*; R. *S'ajudar l'un ame l'autre*; *ajutarsi l'un l'altro*, ital. s'entr'aider.

AJUDARITZ, vl. V. *Ajudairitz.*

AJUDAT, ADA, adj. et p. (adjudá, áde); *Ayudado*, *ada*, esp. *Ajudado*, port. Aidé, aidée. V. *Ajud*, R. du lat. *adjutus*, m. s.

AJUDAYRE, vl. V. *Ajudaire.*

AJUDHA, vl. V. *Ajuda* et *Ajud*, R.

AJUEDA, V. *Ajuda* et *Ajud*, R.

AJUFFRIT, IDA, adj. et p. (adjuffri, ide), m. s. que *Affegit*, v. c. m.

AJUGASSIT, IDA, IA, adj. et p. (adjugassi, ide); AFFEJOUNIT, AJUGUIT. Passionné pour le jeu, qui joue continuellement; folâtre, folichon. Avr.

Éty. de *a*, de *jug* pour *jog* et de *it*, adonné au jeu. V. *Joc*, R.

AJUGUIT, IDA, adj. d. apt. V. *Ajugassit.*

AJULINAR S', dm. V. *Aginoulhar.*

AJUNILHAR, V. *Aginoulhar.*

AJUNILHAT, V. *Aginoulhat.*

AJUNILHOIR, V. *Aginoulhoir* et *Jinoulh*, R.

AJURATION, Aub. V. *Adjuration.*

AJUST, s. m. (adjús); APPOUNALHA, AJUS, AJUSTAGI. *Aiutorio*, ital. anc. *Ajustajem*, port. *Adjuncion*, esp. Allonge, ce qui sert à allonger; ajoutage, en t. de fondeur, chose ajoutée à une autre. Aboutissant en term. de couturier, morceau d'étoffe ajouté. Ajoutoir, tuyau qu'on ajoute à un autre. Ajustement, parure, ce qu'on met pour ornement. En dl. Troupe, attroupement de personnes, assemblage de poissons qui fraient.

Éty. du lat. *adjunctus*, formé de *ad* et de *jungere*, joindre, unir. V. *Just*, R.

AJUST, s. m. vl. *Ayunto*, esp. Réunion, rassemblement; cour plénière; addition. V. *Just*, R. et *Ajost.*

AJUSTADAMENS, adv. vl. *Ajustadament*, cat. *Ajustadamente*, esp. *Aggiustatamente*, ital. Conjointement.

AJUSTADOR, vl. V. *Ajustaire.*

AJUSTADOUR, s. m. (adjustadóur). Confluent, jonction d'un ruisseau où d'une rivière à une autre. Garc. V. *Just*, R.

AJUSTAGI, Aub. V. *Ajust* et *Just*, R.

AJUSTAIRE, s. m. vl. AJUSTADOR. *Aggiustatore*, ital. Qui rapproche; arbitre, conciliateur. V. *Just*, R.

AJUSTAMEN et

AJUSTAMENT, s. m. vl. *Ajustament*, cat. *Ajustamiento*, esp. *Ajustamento*, port. *Aggiustamento*, ital. Ajustement, union, rapprochement, assemblage, compagnie, copulation, accouplement, alliance. Voy. *Just*, R.

AJUSTAMENT, s. m. vl. AJUSTAMEN. Addition, chose ajoutée. V. *Just*, R.

AJUSTAMENT, s. m. (adjustaméin); *Ajustament*, cat. *Ajustamiento*, esp. *Ajustamento*, port. *Aggiustamento*, ital. Ajustement; parure; action par laquelle on ajuste quelque chose; réunion, en vl. V. *Just*, R.

AJUSTANSA, s. f. vl. Compagnie, rapprochement, rapport, relation. V. *Just*, R.

AJUSTAR, v. a. (adjustá); APPOUNDRE, ENJAMBRIAR, ENJOUMBRIAR. *Ajustar*, esp. port. cat. *Aggiustare*, ital. *Adjustare*, ital. anc. Ajouter, joindre, augmenter, grossir, mettre quelque chose de plus; viser pour atteindre un but en tirant; traire le lait, en b. lim. V. *Mouser.*

Éty. de *ajust* et de *ar*; faire un ajust. V. *Just*, R.

Ajustar leis lettras, eppeler.
Ajustar leis instruments, accorder.
Ajustar de bas, remonter des bas.
Ajustar una rauba, allonger une robe.

L'y ajustas, en parlant à quelqu'un qui raconte, tr. vous brodez, vous exagérez.

Ajustar un mariagi, raccorder un mariage.

AJUSTAR S', v. r. s'ENGEANÇAR. *Ajustarse*, esp. port. *Aggiustarsi*, ital. S'ajuster, se parer, s'orner. V. *Just*, R.

AJUSTAS, s. f. pl. (adjústes). Nom que les mineurs de houille donnent, dans le département des B.-du-R., aux failles ou interruptions perpendiculaires des couches.

AJUSTAT, ADA, adj. et part. (adjustá, áde); *Ajustado, ada*, esp. port. Ajusté, ée, paré, orné.

Éty. de *ajust* et de la term. pass. *at, ada*. V. *Just*, R.

AJUSTAT, ADA, adj. et p. vl. AJOSTAT. *Ajustado*, port. esp. Réuni, assemblé, ée. V. *Just*, R.

AJUSTEA, s. f. vl. Réunion, multitude. V. *Just*, R.

AJUSTIER, s. m. (adjustié); AJUSTOUN. Pièce ajoutée pour en allonger une autre. *Ajout* à coulisse qu'on met à une table pour la rendre plus grande; Garcin. *Ajout*, n'est pas français, il fallait allonge ou ajoutage.

Éty. de *ajust* et de *ier* qui s'ajoute, Voy. *Just*, R.

AJUSTORI, Aub. et

AJUSTORIUM, s. m. (adjustorión); AJUSTORUM, AJUSTORI, dim. latinisé de *Ajust*, petit ajoutage, petite addition. V. *Just*, R.

AJUSTOUN, s. m. (adjustóun); Petit ajoutage.

Éty. Dim. de *ajust*. V. *just*, R.

AJUT, s. m. (adjú), dl. Aide. V. *Ajuda* et *Adjud*, R.

AJUTAR, vl. V. *Ajudar* et *Adjud*, R.

AJUTORI, s. m. vl. ADJUTORI. *Aiutorio*, ital. Aide, secours, auxiliaire, coopérateur, addition.

Éty. du lat. *adjutorium*, m. s. V. *Ajud*, R.

AKALES, *siou à*, (akalès), expr. adv. Je n'en puis plus: *Es akales*, il est au bout, il ne peut plus tenir. Il ne faut pas séparer le mot et dire *à kales*.

Éty. du grec αγκαλαὶ (agkalai), les bras; sous entendu φέρειν (phérèin), porter; ne pouvoir plus marcher, ou de Calais, ville située à l'extrémité de la France: *Siou à Calais*, je suis au bout.

AKHI, adv. dg. Là. V. *Aquit*.

AL

AL, radical dérivé du celtique, langue dans laquelle ce mot signifie haut, élevé, et ce qui sert à s'élever, aile; ou du lat. *ala*, fait de *axila*, selon Cicéron et C. Scaliger, dont la racine est *ago*, parce que c'est avec les ailes que les oiseaux agissent, c'est-à-dire, qu'ils se meuvent.

De *ala*, par apoc. *al*, d'où: *Ala, Al-ada, Al-at, Des-alat, Al-at-egear, Al-eta, Ala-pens, Eiss-al-at-ar, Es-al-ar, Al-ut*, etc.

De *al*, par le changement de *l* en *r*, *ar*, d'où: *Ar-a*, et presque tous les mots en *al*.

AL ou *EL*, cet article de la langue arabe, est resté préfixe d'un grand nombre de noms. *Alambic*, de *ambix*, arabe et de *al*. *Almanac*, de *manac*, mois, et de *al*; *Alcantara*, le pont; *Alcazar*, le palais; *Alkali*, de *kali* et de *al*; *Alcoran*, de *coran* et de *al*; *Alarma*, de *al* et de *arma*; *Alcado*, de *kada*, gouverneur et de *al*, le; *Alchimia*; de *chimia* et de *al*, élevée; *Alguazil*, de *guazil*, ministre et de *al*; *Alkermes*, de *kermes* et de *al*, etc., etc.

La langue romane, et peut être même la celtique, en mettant cet article après, au lieu de le mettre avant, paraissent avoir composé un grand nombre de mots très-expressifs; *Capit-al* ou *capit-al-is*, *is al capit*, qui est à la tête; *Cap-el*, *Anim-al*; à la tête, à l'âme, etc.

AL 2, *ALH*, *ALI*, radical dérivé du lat. *alius, a, ud*, d'où: *Alienus*, qui est à autrui.

De *alius*, par apoc. *al*, *ali*, d'où: *Al, Alh-ondres, Alh-ors, Alh-urs, Ali-bi, Alh-or, Alibi-fourans*, etc.

De *alienus*, par apoc. *alien*, d'où: *Alien-ansa, Alien-ar, Alien-at, Alien-atio, Alien-ation*.

AL, *ALA*, AU. Désinence qui sert à la formation d'un grand nombre de mots et indique un rapport, une corrélation générale avec la chose exprimée par la racine, ce qui la concerne, et qui a pour analogue, dans la langue latine, *alis*, *ale*, qui est composée de deux terminaisons, l'une spécificative et l'autre déclinative; de sorte que les mots où elle entre sont comme ceux qui prennent *abilis*, composés de trois parties, d'un radical et de deux terminaisons, dont la dernière, la déclinative, disparaît dans notre langue. Cet *is* que nous supprimons, paraît avoir été employé anciennement pour *est*, *esse*, être, dont il ajoute la signification. *Al* a été un ancien article que l'on n'a conservé dans le latin, que comme particule inséparable; mais retenant néammoins son véritable sens, *a*, *au*, pour *le* ou *la*. C'est ainsi que *capit-al-is* en latin signifie, *is*, est, *al*, à la, ou pour la, et *capit*, radical de *capitis*, tête, qui tient ou appartient à la tête; en provençal cet *is*, est sous-entendu et *capit-al* à la même signification. Cet article ainsi placé à la fin du radical, se retrouve au commencement dans plusieurs mots qui nous viennent de l'arabe. V. *Al* et *El*, R.

Cette terminaison se transforme souvent en *au*, par le changement de *l* en *u*, et souvent aussi en *el*.

Anim-al, de *anima*, qui a une âme ou qui est animé; *Cardin-al*, de *cardo*, *cardinis*, qui ti nt au gond, au principal; *Ceremoni-al*, qui a rapport aux cérémonies; *Counfes-sioun-al*, qui a rapport ou qui sert à la confession; *Journ-al*, qui se rapporte au jour, feuille du jour; *Loc-al*, au lieu; *Maestr-al*, *mistr-al*, le maître, le plus fort des vents; *Amic-al*, à l'ami, en ami; *Besti-al*, à la bête; *Dot-al*, qui tient à la dot; *Front-al*, qu'on met au front; *Natioun-al*, à la nation; *Radic-al*, qui tient à la racine ou qui en sert.

Al, pourrait bien n'être qu'une désinence de convention prise du latin *alis*, comme nous l'avons dit, et dont on trouve l'analogue dans le grec σιγαλὸς, silencieux; ἀπατηλὸς, trompeur; νηφάλιος, sombre, vigilant.

AL, adj. indéter. vl. *Al*, port. anc. esp. Autre, *al re*, autre chose; pour *haut*. V. *Alt*.

Éty. du lat. *alius*. V. *Al*. *Que d'als non a cura*, qui n'a souci d'autres choses.

AL, s. m. dg. Ail. V. *Alhet* et *Alh*, R.

AL, s. m. dl. *Aiçot es aicit l'al*, C'est ici le nœud de l'affaire, le *tu autem*, comme on dit trivialement.

AL, *Al*, ital. esp. cat. port. Ancien article au datif, formé par contraction de *a el*. C'est aussi une particule, et elle est alors formée par contraction aussi de *a lou*, *a lo*, *al mens*, au moins.

De *al*, par le changement de *l* en *u*, *au*, et *aus*, au plur. qui se syncope en *as*.

ALA

ALA, s. f. (ále); ARA. *Ala*, cat. esp. ital. port. Aile, mot qui n'a d'abord été employé que pour désigner certaines parties des animaux qui leur servent à voler, mais qu'on a ensuite appliqué à des choses si différentes qu'il est impossible de les comprendre dans la même définition.

Éty. du lat. *ala*. V. *Al*, R.

Ala d'un poulet, *d'un pigeoun*, etc. Aile d'un poulet, d'un pigeon, se dit aussi de cette partie, charnue des oiseaux qui s'étend du haut de la poitrine jusques sous les cuisses. *Ala d'un couvert*, séveronde ou subronde. *Ala d'una chaminéia*, rabat d'une cheminée. *Alas d'un capeou*, bords d'un chapeau. *Alas de nose*, le zest d'une noix. *Alas d'una roda de moulin*, alluchons, quand ces parties sont plates, aubes, quand elles ont la forme d'une cuiller.

Dounar d'alas, expr. prov. *dar alas*, esp. donner des ailes, enhardir. *Battre que d'una ala*, ne battre plus que d'une aile, être sur sa fin. *Rougnar leis alas*, rogner les ailes, ôter les moyens de nuire, de voler.

Les ailes tiennent lieu de bras aux oiseaux et leurs os portent les mêmes noms que cette partie du corps humain. V. *Bras*, et pour le nom des plumes qui les recouvrent, *Pluma*.

Ala d'una armada, *Ala*, port. aile d'une armée.

ALA, Halle. V. *Hala*.

ALA, adv. V. *Ailai*, v. c. m.

ALABABALA, espèce d'adverbe (alabalá). Sans réflexion, inconsidérément.

Éty. de l'arabe *ala*, sur, de *bab*, porte, et de *alla*, Dieu, à la porte de Dieu. Les Arabes se servent de cette phrase pour congédier les pauvres. P. Pujet.

ALABARDA, s. f. (alabárde); *Alabarda*, ital. cat. esp. port. Hallebarde. V. *Hallebarda*.

ALABARDIER, s. m. (alabardié); *Alabardiere*, ital. *Alabardero*, esp. *Alabardeiro*, port. Hallebardier. V. *Hallebardier*.

ALABARDIR S', v. r. (s'alabardir), dl. Se réjouir, prendre ses ébats; se hasarder, s'aventurer, risquer. Sauv.

Éty. de l'espagnol *alabarse*, se réjouir.

ALABASTRO ou **ALBATRO**, s. m. (alabástre ou albátre); *Alabastro*, esp. port. ital. *Alabastrites*, lat. *Alabastre*, cat. *Alabaster*, all. Albâtre, pierre que le fer peut rayer, formée par des dépôts successifs, le plus souvent blanchâtre.

Éty. du grec ἀλάβαστρον (alabastron), formé de l'a privatif et de λαμβάνω (lambanô), je prends, insaisissable, parce que les vases qu'on en faisait étant très polis et sans anses ne pouvaient être saisis qu'avec peine.

On donne ce nom à deux sortes de pierres de nature tout-à-fait différente, quoique d'un aspect assez semblable: l'une est l'albâtre gypseux, chaux sulfatée compacte, ou *alabatriste*, et l'autre l'albâtre calcaire, chaux carbonatée compacte, qu'on nomme aussi quelquefois marbre onychite ou onyx. Cette dernière se dissout dans l'acide nitrique, ce qui la fait facilement distinguer de l'autre.

On trouve de l'alabatriste à saint Geniez de Dromont-B.-Alp., et dans plusieurs carrières de gypse.

ALABATET, s. m. (alabaté), dg. Espèce d'oiseau. D'Astros.

ALABAUSTRE, s. m. vl. Albâtre. Voy. *Alabastro.*

ALABER, s. m. vl. ALABERS. Roue de moulin, ou l'arbre de cette roue.

Éty. de l'espagnol *alabe*, aube d'une roue de moulin, c'est une alt. de *albre*, arbre. V. *Arbr*, R.

ALABETS, adv. dl. et g. (alabés). Alors. V. *Alhoura.*

Tout Agen alabets pren part à la maylado.
Jasmin.

ALABRAT, dl. V. *Alabre.*

ALABRE, **ABRA**, adj. (alábré, ábre); ALABRAT. Goulu, glouton, qui mange avec excès.

Éty. du grec λάβρος (labros), vorace, par l'addit. de *a*, augm.

Certen reynard alabre autant fin que marrit,
Era l'espravant deis meinagis,
Lou Bouonaparte deis villagis. Dioul.

ALABRE, adv. (alábré), d. bas. lim. Terme de jeu de *la gagna*, quand on a poussé *la gagna*, dans le trou qu'on appelle Église, on crie *alăbre*, pour prévenir que chacun doit changer de position.

ALABRENA, s. f. (alabréne); ARABRENA, LABRENA, SALAMANDRA, TALABRENA, BLANDA. Salamandre commune, *Salamandra vulgaris*, Dict. sc. nat. *Lacerta salamandra*, Lin. reptile de l'ordre des Batraciens et de la fam. des Urodèles (à queue remarquable), qu'on trouve dans les lieux humides et bas, dans les grottes.

Éty?

Au moyen d'une liqueur laiteuse qui suinte à travers les tubercules dont son corps est garni, la salamandre peut, pendant quelques instants, résister à l'action dévorante du feu, ce qui la fait regarder comme incombustible.

On a également attribué à cet animal innocent, des vertus mortifères, et bien des gens croient encore que son regard peut donner la mort à celui qui en est aperçu avant de l'avoir vu lui-même.

ALABROUN, Garc. V. *Cabrian.*

ALACAR, v. a. (alacá); Arroser, mouiller, tremper, humecter. Sauv.

Éty. de *a*, de *lac* et de *ar*; réduire en lac, inonder. V. *Lac*, R. 2.

ALACHA, s. f. (alátcha); *Alacha*, esp. Un des noms de l'alose. V. *Alausa.*

Éty. du lat. *alecula*.

ALACHAR, v. a. (alatchá); ALLACHAR; ALESSAR. *Allattare*, ital. *Alletar*, anc. cat. *Lactar*, port. Allaiter, faire téter, nourrir de son lait, et subst. *cregne l'alachar*, l'allaitement la fatigue.

Éty. du lat. *lactare*. V. *Lach*, R.

ALACHAT, **ADA**, s. m. (alatchá, áde). Aub. V. *Lachau*, petit lait naturel. Ce mot est formé par la réunion de *a* prép. ou art. de *Lach* et de *at*.

ALACHOUN, s. m. (olotsóu), d. bas. lim. Layette, coffret, petit coffre placé dans un plus grand. V. *Caissoun.*

ALADA, s. f. (aláde), dl. Air de feu: *Prenez encara una alada*, chauffez-vous encore un moment.

Éty. de *ala* ou *ara*; un des noms du genêt, et de *ada*, feu fait avec une branche de genêt. V. *Al*, R.

M. Thomas fait dériver ce mot du grec ἀλέα (aléa), chaleur.

ALADER, s. m. (aladèr). Nom avignonnais des filaria à larges feuilles et moyen. V. *Daradel.*

Éty. Alt. de *Alaternus*, son nom latin.

ALA-DE-RASIN, dl. V. *Sounglet* et *Rapuga.*

ALADER MASCLE, s. m. Nom lang. du filaria à feuilles étroites. V. *Oulivastre.*

ALADONC, adv. vl. Alors.

ALAFANT, alt. de *Elefant*; v. c. m.

ALAGAN, s. m. *Alagamento*, port. ital. Inondation, naufrage.

Avem agut un alagan é dous coumbats
Que soun pas esta de paillo. Bonneville.

ALAGEA, s. f. (aládge). Nom langued. des fougères. V. *Feouve* et *Fougiera.*

ALAGEAS, s. m. (aladjás), dl. Champ couvert de fougères.

Éty. de *alagea*, fougère, et de *as*, augm.

ALAGUIAR, v. a. (alaguiá); ALAIAR, dl. Lasser, ennuyer, déplaire par trop d'importunité. Sauv.

Éty. de *a*, de *lagui*, chagrin, et de *ar*; donner de l'ennui.

ALAGUIAT, **ADA**, adj. et p. (alaguiá, áde); ATTATRASSIT, dl. Harrassé, abattu de lassitude. Sauv.

ALAI, adv. Le même que *Ailai*; v. c. m.

ALAIA. Le même que *Alata*; v. c. m.

ALAIAT, adj. (oloïá). Affaibli, en parlant de l'estomac qui ne peut plus faire ses fonctions; et par ext. harrassé de fatigue: *N'en pode plus, sei alaïat*, je n'en puis plus, je suis excédé de fatigue; d. bas lim.

ALAICHAR, v. a. vl. ALACHAR. Attirer, allécher. V. aussi *Alachar* et *Lach*, R.

ALAINAR, v. a. vl. Indiquer, héler.

Éty. M. Rayn. fait venir ce mot de *anelar* ou de *alenar*, respirer, soupirer; *ai* est employé pour *e*. V. *Halen*, R.

ALAIRAR, v. n. (aleïrá), dm. On le dit de la charge d'une bête de somme, quand elle incline plus d'un côté que de l'autre.

ALALONGA, s. f. (ále-lóngue); COUA D'HIROUNDA, COUETA-DE-CHIROUNDA, QUODE OU COUA-GIROUNDA, CANARD-COUA-LONGA, COUA-LOUNGA. Nom arlésien du canard pilet: *Anas acuta*, Lin. oiseau de l'ordre des Palmipèdes, et de la fam. des Serrirostres ou Prionoramphes (à bec en scie), qu'on rencontre sur nos côtes, lors de son passage.

Éty. de *ala longa*, aile longue. V. *Al*, R.

ALA-LONGA, s. f. (ále-lóngue); THOUN-BLANC; CAN. *Alalunga*, nom que les habitants de Sardaigne donnent au thon blanc: *Scomber alalunga*, Lin. *Orcynus alalunga*, Dict. des sc. nat. poisson de l'ordre des Holobranches, et de la fam. des Atractosomes (à corps en fuseau), qu'on trouve dans la Méditerranée, où il acquiert le poids de 12 à 15 livres, et dont la chair est moins bonne que celle du thon.

Éty. de *ala lunga*, aile longue, nom que ce poisson porte en Sardaigne, à cause de la longueur de ses nageoires thoraciques. Voy. *Al*, R.

ALAMAN, **ANDA**, s. m. vl. Allemand, ande.

ALAMANDINA, s. f. vl. Almandine.

ALAMAR, dg. alt. de *Alumar*; v. c. m.

ALAMAT, **ADA**, adj. et p. (alamá, áde), dg. V. *Alumat*.

ALAMBIC, s. m. (alambíc); ESTILHADOUR. *Alambique*, esp. *Lambico*, ital. *Lambique*, port. Alambic, vase à distiller.

Éty. de l'arabe *al*, élevé, et du grec ἄμβιξ (ambix), vase.

Cet instrument nous est venu des Arabes.

Dans un alambic on nomme:

BEC, le canal par où le liquide coule.
CHAPITEAU ou CHAPE, le couvercle.
CUCURBITE ou CHAUDIÈRE, le vase inférieur.
RÉFRIGÉRANT ou RAFRAICHISSEUR, le sceau que l'on soude autour du chapiteau, et dans lequel on met de l'eau froide.

Geber, Gerbert ou Giaber, médecin chimiste, inventa cet instrument, selon la croyance commune, vers l'an 960, et Cellier de Blumenthal le perfectionna en le rendant continuel, au point de distiller, en 24 heures, 30,000 pintes de liquide.

ALAMBICAR, v. a. (alambicá); ALAMBRICAR. *Alambicar*, esp. port. *Lambicare*, ital. Alambiquer, chercher des subtilités, embrouiller.

Éty. de *alambic* et de *ar*, passer par l'alambic, parce que l'alambic mêle et confond toutes les choses qu'on y distille pour en séparer l'esprit.

ALAMBICAR SE, v. r. *Alambicarse*, port. S'alambiquer l'esprit, s'embrouiller, se fatiguer par des choses abstraites.

ALAMBICAT, **ADA**, adj. et p. (alambicá, áde); *Alambicado*, esp. port. Alambiqué, ée; au posit. distillé à l'alambic; au fig. trop subtil, trop raffiné.

Éty. de *alambic* et de *at*.

ALAMBRICAR, d. bas lim. (olombricá); alt. de *Alambicar*; v. c. m.

ALAMELLA, s. f. vl. Lame, épée, alumelle.

Éty. du lat. *lamella*, dim. de *lamina*, lame.

ALAMOUN, s. m. (alamóun); ARAMOUN, SOUCHAU. Le cep de la charrue, la partie sur laquelle s'appuye le soc. V. *Souchau.*

ALAN, s. m. vl. Alain, dogue; oiseau de proie.

ALANCEJAR, v. a. vl. *Alancear*, port. esp. Percer à coups de lance.

Éty. de *a*, de *lanc*, et de *ejar*. V. *Lanc*, R.

ALANDAIRE, V. *Alant*, R.

ALANDAR, v. n. (alandá); ALANDRAR. dl. Cajoler pour tromper, manquer de parole. V. *Alantar*.

Éty. de *alant* et de *ar*. V. *Alant*, R.

ALANDAR, v. a. dl. Ouvrir tout à fait une porte, une fenêtre, ouvrir les deux battants, étaler une marchandise, lâcher le troupeau. *Alandar lou fioc*, faire brûler le feu.

Éty du celt. selon M. Astruc. V. *Alant*, R.

ALANDAR S', v. r. dl. S'élargir; sortir du bercail, en parlant du troupeau. V. *Alant*, R. S'ouvrir entièrement, en parlant d'une porte.

Chacun rodo par cy, par là,
Suivant lous affaires qu'el a,
Commo las cabros quan s'alandon,
Commo lous moutons quan debandon.
Michel.

ALANDAT, ADA, adj. et p. (alandá, áde), dl. Etendu, ue de son long; ouvert. V. *Alant*, Rad.

ALANGAR, V. *Harangar*.

ALANGOURIT, IDA, adj. et p. (alangouri, ide); ALANGUIT, LANGOUROUS. Langoureux, euse, triste, abattu, affaibli par une maladie; languissant, transi d'amour.

Éty. du lat. *Languere*, m. sign. ou de *a* dans, de *Langour* et de *it;* tombé dans la langueur. V. *Lang*, R.

ALANGUIT, dl. V. *Alangourit* et *Lang*, Rad.

ALANGUR, USA, adj. (alangúr, úse). Raisonneur, grand parleur. V. *Lengur*.

Éty. de *alangua* et de *eur;* faiseur de harangues.

ALANS, nom pr. vl. Alard.

ALANSO, nom de lieu, vl. Alançon.

ALANT, ANTA, s. (alán, ánte); ALANDAIRE, HALANT, ALAN, ALANTUR. Hableur, bavard, charlatan; goulu, glouton, goinfre; en d. bas lim. flatteur, affronteur.

Éty. ce mot est d'origine ligurienne, selon l'auteur de la St. des B.-du-Rh; de *Alam*, nom d'homme hébraïque, selon le P. Thomassin.

Ne serait-il pas plutôt dérivé de *Alan*, *Allant*, ou *Allan*, *Alano*, en esp. espèce de chien bon pour la chasse, dogue ou mâtin, d'où *Aland-ar*, *Aland-aire*, *Alant-ar?*

ALANTAR, v. n. (alantá); ALANDAR. Habler, tromper, charlataner, emboiser.

Éty de *Alant*, hableur, fripon et de *ar;* litt. faire le hableur, le charlatan. V. *Alant*, Rad.

ALANTARIA, s. f. (alantarie). Hablerie, charlatanerie.

ALANTIR, v. n. (alantír), dl. DESPACHAR, ANANTIR. Avancer un ouvrage. *Avem alantit forsa camin;* nous avons fait bien du chemin. *Alantis-te*, dépêche-toi. Sauv. V. *Anantir*.

Éty. de *al*, de *anté* et de *ir;* aller à ou en avant. V. *Ant*, R.

ALANTUR, s. m. Avr. V. *Alant*.

ALAPAS, Nom lang. n. de la bardane. V. *Lampourdier* et *Lapas;* et du bouillon-blanc. V. *Boulhoun blanc*.

ALAPÈDA, s. f. Nom languedocien de l'asphodèle rameux. V. *Pourracoa* et *Arapeda*.

ALAPENS, adj. vl. *Alabax*, cat. *Alicaido*, esp. A ailes pendantes.

Éty. de *ala* et de *pens*, pendant, qui pend. V. *Al*, R.

ALAPENS, s. m. (alapèin), dl. ALAPEN. Un appentis: bâtiment bas et petit, appuyé contre un plus haut et dont la couverture n'a qu'une pente ou un égout. Sauv. V. *Al*, R. Demi comble.

ALAPHAN, Garc. V. *Elephant*.

ALARA, adv. (aláre), dl. alt. de *Alora*. V. *Alhoura*. *O b'alara*, pour *ho ben alhoura*, ha! c'est alors! V. *Hour*, Rad.

ALARASSAT, adj. et p. (alarassá), dl. Couché sur la terre, étendu de son long. Sauv.

Éty. alt. de *alassat*, tombé de lassitude.

ALARAUS, s. m. vl. Peuple mahométan qui crie *Alla*.

ALARD, s. m. (alár), dg. Aile de cheminée.

ALARGA, (alargá) adj. vl. vaudois. Égaré.

Éty. de *large* au large, écarté du bon chemin. V. *Larg*, R.

ALARGAMENT, s. m. vl. *Alargamento*, port. *Alargamiento*, esp. *Allargamente*, ital. Relâchement, élargissement, agrandissement, augmentation; délai, retard. V. *Larg*, R.

ALARGANT, ANTA, adj. (alargán, ánte); LARGANT, LARGIER. Généreux, qui donne largement.

Éty. de *a*, augm. de *Larg*, R. et de *Ant*.

Que la naturo es alarganto!
Tout ce que faï vaï toujour ben.
Aubanel.

ALARGAR, v. a. et n. (alargá); ALARGEAR, LARGEAR, ALARGUAR. *Alargar*, port. esp. *Allargar*, cat. *Allagare*, ital. Entr'ouvrir, écarter; alarguer, prendre, gagner le large; faire sortir le troupeau du bercail; s'écarter d'un écueil où l'on craint de toucher, en parlant des vaisseaux. vl. Livrer, abandonner, lancer, délivrer.

Éty. de *a* pour *ad*, de *Larg*, R. et d'*ar;* Aller au large, ou de l'esp. *Alargar*, étendre allonger, céder.

ALARGAR, SE, v. r. ALARGEAR; S'ESLARGEAR, S'ESTENDRE. *Alargarse*, esp. port. S'étendre, agrandir ses possessions. V. *Eslargar s'* et *Larg*, R.

ALARGAT, ADA, adj. et p. (alargá, áde); ALARGUAT. V. *Alargado, ada*, esp. port. Eloigné, ée, tiré au large. V, *Larg*, R.

ALARGEA, s. f. (alardze); LARGEA. d. bas lim. Échellette et ridelle, espèce de ratelier dont on garnit une charrette pour qu'elle contienne plus d'objets.

Éty. de *Alargar*, élargir. V. *Larg*, R.

ALARGEAR, V. *Alargar* et *Larg*, R.

ALARGIR, V. *Eslargir* et *Larg*, R.

ALARGUAR, vl. V. *Alargar*.

ALARI, Nom d'homme, (alári); EILARI, ILARI, ARARI, HILERO. Hilaire.

Éty. probablement de saint Hilaire, évêque de Poitiers, dont l'Église célèbre la fête le 13 janvier, elle honore d'ailleurs 13 autres saints de ce nom.

ALARMA, s. f. (alárme); GERDA, ORDA, ALLARMA. *Allarme*, ital. mod. *Alarma*, esp. port. *Alarma*, ital. anc. Alarme, cri ou signal pour courir aux armes, tocsin; son des cloches qui annonce un incendie; émotion causée par l'approche d'un grand danger; frayeur subite.

Éty. de l'ital. *allarme*, formé de *all'arme*, aux armes V. *Arm*, R.

Sounar l'alarma, sonner le tocsin, sonner l'alarme.

ALARMAR, v. a. (alarmá); ESPLAVENTAR, ESPOUVANTAR, ESFRAYAR, ALARMAR. *Allarmare*, ital. *Alarmar*, esp. Alarmer, donner l'alarme, causer de l'épouvante.

Éty. de l'ital. *allarmare*, ou de *allarma* et de *ar*, aller aux armes. V. *Arm*, R.

ALARMAR S', v. r. S'alarmer, s'épouvanter, prendre l'alarme, V. *Arm*, R.

ALARMAT, ADA, adj. et p. (alarmá, áde); ALLARMAT. *Alarmado, ada*, esp. Alarmé, ée, épouvanté. V. *Arm*, R.

ALARMISTO, s. m. (alarmiste); ALLARMISTA. *Alarmista*, port. Alarmiste, celui, celle qui se plaît à répandre des bruits alarmants.

Éty. de *alarma* et de *ista*, v. c. m.

ALARS, s. m. vl. Enjambée, bond.

Éty. de la basse latinité *Alare*, agiter l'air avec les ailes, voler. V. *Al*, R.

ALAS, excl. V. *Halas*.

ALAS, nom propre, vl. Alard.

ALAS-DEIS-PEISSOUNS, s. f. pl. Nageoires, parties des poissons formées de plusieurs rayons mobiles, joints les uns aux autres par des membranes, servant à nager.

Éty. V. *Ala* et *Al*, R.

On nomme nageoires :

PECTORALES, celles qui, placées sur les parties latérales de la poitrine, tiennent lieu de bras.

VENTRALES ou CATOPES, celles qui répondent aux membres abdominaux. Elles sont placées sous la gorge dans les poissons, *jugulaires*, au-dessous des pectorales dans les *thoraciques* et sous l'abdomen dans les *abdominaux*.

DORSALES, celles qui sont placées sur le dos.

CAUDALE, celle qui forme ou qui termine la queue.

ANALE, celle qui est près de l'anus.

ALASAN, V. *Alezan*.

ALASCHAMEN, s. m. vl. Relâchement; rémission. V. *Lach*, R. 2.

ALASCHAR, v. a. vl. Relâcher, amollir. V. *Lach*, R. 2.

ALASSA, alt. de *Halassa*, v. c. m.

ALASSANT, ANTA, adj. (alassán, ánte). Fatiguant, ante. Aub.

ALASSAR, V. *Lassar*, *Relassar* et *Las*, Rad.

ALASSINAR, v. a. (alassiná). Harasser de fatigue. Aub.

ALASSINAR S', v. r. Se harasser. Aub.

ALAT, ADA, adj. et p. (alá, áde); *Alat*, cat. *Alado*, esp. port. *Alato*, ital. Ailé, ée, qui a des ailes.

Éty. du lat. *alatus*, ou de *ala* et de *at* pourvu d'ailes. V. *Al*, R.

ALATA, s. f. (aláte); ALAIA, vl. Chemin des rondes d'une place de guerre.

Éty. de la bass. lat. *alatoria*, allée, galerie, promenade à couvert. V. *Lat*, R. 4.

ALATAR, v. a. (alatá), dl. m. s. que

Largar, v. c. m. *La vena s'es alatada*, la veine s'est rouverte.

Éty. de l'esp. *deslatar*. V. *Lat*, R. 2.

ALATEGEAR, v. n. (alatedjà), dl. m. s. que *Voulastregear*, v. c. m.

Éty. de *ala* et de *egear*, battre de l'aile. Le *t*, est euphonique. V. *Al*, R.

ALATOS, adv. de lieu (alàtos). De là, par delà, term. du Fugeret, B.-Alp.

ALATRAR S', v. r. (s'alatrá), dl. m. s. que *Esfarnourar*, v. c. m.

Éty. de *ala*, aile, de *atra*, noire ou salie, et de *ar*, salir, noircir les ailes. V. *Al*, R.

ALAUDETA, ALAUZETA, s. f. vl. Un des anciens noms de l'alouette. V. *Alauza* et *Calandra*.

ALAUGEAR, V. *Alleougear* et *Lev*, R.

ALAUGERIT, dg. V. *Alleougeat* et *Lev*, R.

ALAUSA, s. f. (alàouse); COLAT, COULAT, ALAUZA, COLAC, ALACHA, LACCA, LACCIA. *Alose*, all. Alose : *Clupea alosa*, Lin. poisson de l'ordre des Holobranches et de la fam. des Gymnopomes (à opercule nue), qu'on trouve dans la Méditerranée, et dont la chair est très-estimée.

Éty. du lat. *alosa*, ou *alausa*, qu'on dit être un mot gaulois.

Selon le P. Puget, du lat. *alere*, nourrir.

ALAUVETA, s. f. (alaouvéte). L'un des noms lang. de l'alouette. V. *Calandra*.

ALAUZA, s. f. *Alauda* et *Alondra*, esp. *Allodola*, ital. Nom ancien de l'alouette, V. *Calandra*.

Éty. Le lat. *alauda* a été pris du gaulois *alauza*.

ALAUZAR, v. a. vl. Louer, vanter.

Éty. du lat. *Allaudare*, m. s. V. *Laus*, R.

ALAUZETA, vl. Alouette. V. *Alauza*.

ALAVAHZ, s. m. vl. Tourniole, espèce de panari qui se manifeste à la racine de l'ongle; envies.

ALAVEZ, adv. vl. Alors, parfois.

Éty. Ce mot est composé de *a*, *la*, et de *vez* pour *fes*, fois.

ALAYRE, dg. V. *Araire*.

ALAYTAR, v. a. vl. *Allaiter*. V. *Alachar* et *Lach*, R.

ALAYTAT, **ADA**, adj. et p. vl. Allaité, ée. V. *Lach*, R.

ALAZAN, s. m. (alazán); *Alezan*, esp. *Alazão*, port. Alezan ou Alzan, couleur du poil de certains chevaux; bai tirant sur le roux, ce mot est aussi adjectif.

Éty. de l'espagnol *alazan*, m. s. qui l'a tiré de l'arabe *alhhassan*, cheval courageux et de bonne race.

ALB

ALB, AUB, ALP, ABI, radical pris du lat. *albus*, *a*, *um*, blanc, et dérivé du celt. *alb*, m. s., d'où le grec ἀλφὸς (alphos), blanc, taches blanches.

De *albus*, par apoc. *alb*; d'où : *Alb-a*, *Alb-an*, *Az-alb-ar*, *Alb-ar-an*, *Alb-espin*, *Alb-or*, *De-alb-ar*, etc.

De *alb*, par le changement de *l* en *u*, *aub*; d'où: *Aub-a*, *Aub-era*, *Aub-eca*, *Aub-espin*, *Aub-iar*, *Aub-ugea*, *Aub-in*, *Auban-el*, etc.

De *albus*, gén. *albi*, par suppr. de *l*, *abi*; d'où : *Abi-coul*.

ALBA, s. f. vl. et dg. Nom d'une espèce particulière de saule, du *Salix alba*, Lin. V. *Sause*.

Éty. du lat. *alba*, *arbor*. V. *Alb*, R.

ALBA, s. f. vl. Aubade, chant d'amour dans lequel les troubadours exprimaient en général, le bonheur qu'ils avaient goûté pendant une nuit propice, et leurs regrets causés par le lever de l'aube matinale. Rayn. V. *Alb*, R.

ALBA, s. f. vl. *Alba*, cat. esp. ital. *Alva*, port. Aube du jour, aubade. V. *Auba*.

Éty. du lat. *alba*. V. *Alb*, R.

ALBA, s. f. vl. *Albada*, cat. esp. Aubade, pour aube, vêtement. V. *Aubada*, *Auba* et *Alb*, R.

ALBADA, s. f. (albáde), dg. *Albada*, esp. aragon. Aubade. V. *Aubada*.

ALBAGNA, nom de lieu, vl. Aubagne, ville de Provence, du département des Bouches-du-Rhône.

ALBAIR, s. m. vl. Haubert.

ALBAN, s. m. vl. *Aubrier*, aigle blanc.

Éty. de *alba*. V. *Alb*, R.

M. Faurier pense que c'est le vautour qu'on a désigné par ce nom.

ALBAN, nom d'homme, ALBIN. *Albano*, esp. ital. *Albino*, port. *Albin*, cat. Alban.

Patron, Saint Alban. L'Eglise honore deux saints de ce nom, les 21 et 1er décembre.

ALBAN, adj. vl. *Albo*, esp. *Alvo*, port. *Albo*, ital. Blanc.

Éty. du lat. *albus*. V. *Alb*, R.

ALBANA, nom de lieu, vl. *Alba-longa*, port. Albe la Longue ou Albe-Longue, ville ancienne d'Italie.

Éty. du lat. *Alba-longa*, m. s.

ALBANEL, s. m. *Albanella*, ital. Nom ancien du haubereau ou hobereau. V. *Hoberot* et *Alb*, R.

ALBAR, s. m. Aubier: c'est aussi le nom ancien de l'aubour. V. *Aubour* et *Alb*, R. Gl. occit.

ALBARA, s. f. vl. altér. de *Albaran*; v. c. m. et *Alb*, R.

ALBARAN, s. m. vl. *Albara*, cat. *Albaran*; esp. *Alvara*, port. Quittance, acquit, promesse, obligation.

Éty. de *albus*, *alba*, papier blanc sur lequel on a écrit. C'est ainsi qu'on dit encore montrer ses papiers, pour dire exhiber ses passeports, etc. V. *Alb*, R., ou de l'arabe *albaran*, m. s.

ALBAREDA, s. f. vl. *Albarède*, lieu planté de peupliers blancs. V. *Aubiera*.

Éty. du lat. *alba*. V. *Alb*, R.

ALBARESTA, vl. Arbalète. V. *Arbalesta* et *Aubaresta*.

ALBARIC, nom d'homme, vl. ALBRIC, ALBERIC. Auberi, Aubri et Albéric.

L'Eglise honore ce saint le 26 janvier.

ALBASES, dl. V. *Avaux*.

ALBATRA, V. *Alabastra*.

ALBAYRAR, v. n. (albaïrá), dg. Commencer à gonfler, à mûrir, en parlant du raisin.

Éty. de *alb-et-ayrar*; devenir blanc. V. *Alb*.

Coumbien de cots, del paysan que cascabo
Ey peluccat lou razin qu'albayrabo. Jasmin.

ALBAYRAT, adj. m. (albaïrá), dg. On le dit du raisin qui commence à gonfler.

Éty. V. *Alb*, R.

ALBAYSIA, s. f. vl. Temps clair, beau temps.

Éty. V. *Alb*, R.

ALBEGES, V. *Albiges*.

ALBERG, ALBERC et AUBERG, par le changement de *l* en *u*, radical d'un assez grand nombre de mots qui désignent tous demeure, maison, logement, action de loger, ou fonction de celui qui loge.

Éty. L'ancienne langue allemande a dit *heri-berg*, pour *armée*, *camp*, *montagne*; dans la basse latinité, *heribergus* a signifié *logement de l'armée*, *logement public*, et enfin le sens en a été restreint à *simple logement*.

Schilter, Gloss. Teuton., donne divers exemples de *heriberga*, employé par la langue francisque dans l'acception de *tabernaculum*, demeure, Rayn.

D'où : *Alberc*, *Alberg*, *Alberg-a*, *Alberg-ar*, *Des-alberg-ar*, *Alberj-ar*, *Alberg-aria*, etc.; et par le changement de *l* en *u*, *Auberg-ea*, *Auberg-isto*.

ALBERC et

ALBERG, s. m. (albèrg), vl. *Alberg*, cat. *Albergue*, esp. port. *Albergo*, ital. Logement, demeure, maison; droit de gîte : *Aparalha a mi l'alberc (parate mihi hospitium)*.

Éty. V. *Alberg*, R.

ALBERGA, s. f. vl. *Alberja*, château, forteresse, barraque, tente.

Éty. V. *Auberg* et *Alberg*, R.

ALBERGA, s. f. Drech d'. Droit d'albergue. On en distinguait de deux sortes, autrefois, en Provence : l'une appelée *focagium*, était un droit royal que les comtes de Provence levaient sur les communautés par feu et par famille, avant l'établissement des impositions par affouagement; l'autre consistait dans une redevance seigneuriale que les comtes du même pays percevaient dans les communautés où ils envoyaient leurs officiers pour rendre la justice. A ce droit, succédèrent les émoluments attachés aux officiers de judicature ou de magistrature. Corriolis, t. I, p. 146.

Éty. de la basse lat. *alberga*, *abergarium*, demeure, auberge, logement, qu'on fait venir aussi du lat. *habitare*, parce que l'albergue ne consistait d'abord qu'en un droit de logement que le vassal devait à son seigneur. V. *Alberg*, R.

ALBERGADA, s. f. vl. ALBERC, ALBER; *Albergue*, *Héberge*, l'action d'héberger, de prendre son logement, son quartier. Voy. *Alberg*, R.

ALBERGADA, s f. vl. AUBERGADA. *Albergada*, anc. esp. Campement, gîte, droit d'être logé.

Éty. de *alberg*, R. et de *ada*.

ALBERGADOR, s. m. vl. V. *Albergaire* et *Alberg*, R.

ALBERGAIRE, ALBERGADOR, *Alberga-*

dor, anc. cat. anc. esp. anc. port. *Albergatore*, ital. Hôte, logeur. V. *Aubergisto.*

Éty. de *alberg*, R. et de *aire*, celui qui héberge, qui loge; résident. Gl. occ.

ALBERGAMENT, s. m. vl. *Albergamento*, anc. port. ital. Demeure, logement.

Éty. de *alberg*, R. et de *men* pour *ment.*

ALBERGAR, v. n. vl. ALBERJAR, ALBERGUAR. *Albergar*, cat. esp. port. *Albergare*, ital. Héberger, loger, demeurer. V. *Lougear* et *Demourar.*

Éty. de *alberg*, R. et de *ar*, fournir le logement.

ALBERGARIA, s. f. vl. *Albergaria*, anc. cat. anc. esp. port. *Albergueria*, esp. mod. *Albergheria*, ital. Demeure; campement; droit de gîte.

Éty. de *alberg*, R. et de *aria*, tout ce qui sert de demeure, de gîte.

ALBERGARIC, s. m. vl. *Albergaria*, port. Auberge. V. *Aubergea* et *Alberg*, R.

ALBERGAT, ADA, adj. et p. vl. *Albergado*, ital. Logé, hébergé, et non *Aubergé*. V. *Alberg*, R. et *At.*

ALBERGATGE, s. m. vl. ALBERGUATGE. Logement, droit de gîte; quartier, demeure. V. *Alberg*, R.

ALBERGAZO, s. f. vl. Gîte. V. *Alberg*, Rad.

ALBERGOT, s. m. vl. Haubergeon, petit haubert.

Éty. Dim. de *Ausberc.*

ALBERGUAR, vl. V. *Albergar.*

ALBERGUARIA, vl. V. *Albergaria.*

ALBERGUATGE, vl. V. *Albergatge.*

ALBERGUE, s. m. vl. *Albergue*. esp. Droit de gîte. V. *Alberg*, R.

ALBERGUIER, s. m. vl. *Alberguer*, cat. *Alberguero*, esp. Logeur, aubergiste. V. *Aubergisto.*

Éty. de *albergu* et de *ier*. V. *Alberg*, R.

ALBERIC, nom d'homme. Alberic. V. *Albaric.*

ALBERJA, vl. V. *Alberga.*

ALBERJAR, vl. V. *Albergar* et *Alberg*, Rad.

ALBERJATGE, vl. V. *Albergatge.*

ALBERJAZO, s. f. vl. *Albergazione*, ital. Gîte, logement. V. *Alberg*, R.

ALBERT, nom d'homme (albèr); AUBERT, ARBERT. *Alberto*, ital. Albert.

Patr. Albert-le-Grand, dit le bienheureux, dominicain, mort le 15 novembre 1282, ou de Saint Albert, évêque de Liége, puis cardinal, martyrisé à Reims, le 23 novembre 1192.

Éty. Formé par contraction de l'all. *adel* et de *bert*, illustre par sa noblesse.

ALBESPI, vl. V. *Albespin* et *Alb*, R.

ALBESPIN, s. m. Nom ancien de l'aubépine. V. *Acinier.*

Éty. du lat. *alba spina*, épine blanche. V. *Alb*, R.

ALBESPIN, adj. vl. de l'aubépine.

ALBESTON. s. m. (albestón). Alun de plume, selon Pelas. V. *Alun* et *Alb*, R.

ALBETA, s. f. vl. Petite aube. V. *Aubeta* et *Alb*, R.

ALBEZA, s. f. vl. Blancheur, *Albour*. V. *Alb*, R.

ALBEZET, vl. V. *Albiges.*

ALBIFICAR, v. a. vl. Blanchir, rendre blanc.

Éty. de *albi*, gén. de *albus*, et de *ficar*, faire ou rendre blanc. V. *Alb*, R.

ALBIGES, s. m. (albidgés); ALBIGEOIS, ALBEGES, ALBEJES, ALBEZET. *Albigese*, ital. *Albigense*, esp. *Albicences*, port. Albigeois, secte d'hérétiques, ainsi nommés, parce que Olivier, un des disciples de Pierre de Valdo, chef des Vaudois, répandit, le premier, leurs erreurs dans la ville d'Albi.

Éty. du lat. *Albigensis*, m. s. d'Albi.

ALBIN, nom d'homme. Albin, V. *Alban.*

ALBION, (NOUVELLA). *Nova-Albion*, port. Albion, nouvelle contrée de l'Amérique Septentrionale.

Éty. de *Albion*, ancien nom de l'Angleterre, lequel vient de *albus*, blanc, à cause des rochers blancs qui s'y trouvent. V. *Alb*, R.

La Nouvelle Albion fut découverte en 1578 par François Drake, navigateur anglais.

ALBIR, s. m. vl. ALBIRI, ARBIR, ALBIRE. *Arbir*, anc. cat. Pensée, avis, opinion, prudence, goût, chagrin, choix, volonté, règle, intention, modèle.

Éty. du lat. *arbitrium*, Rayn. V. *Arbitr*, Rad.

Metge querrai al mieu albir, est traduit par M. Raynouard, médecin, je chercherai au mien chagrin.

FRANC-ALBIRI, s. m. vl. Libre arbitre. Voy. *Arbitre libre*, je crois, j'estime, je pense, je m'imagine.

ALBIR S', v. r. vl. Se réfugier.

ALBIRADA, s. f. vl. Visée, jugement de l'archer. V. *Arbitr*, R.

ALBIRADOR, s. m. vl. Qui croit, juge, pense, etc.; pointeur, qui vise. V. *Arbitr*, R.

ALBIRAR, v. vl. ARBIRAR. *Albirar*, anc. cat. Imaginer, considérer, juger; viser, ajuster, penser.

Éty. du lat. *arbitrium*, Rayn. V. *Arbitr*, Rad.

ALBIRAR, v. a. vl. ARBIRAR. Croire, juger, penser, estimer.

Éty. du lat. *arbitrari*. V. *Arbitr*, R.

ALBIRAR S', v. r. vl. Croire, s'imaginer, penser. V. *Arbitr*, R.

ALBIRE, s. m. vl. Avis, jugement, décision: *Per l'albire*, au sentiment, au jugement, au dire de... V. *Albir.*

Éty. du lat. *arbitrium*. V. *Arbitr*, R.

ALBIRI, vl. V. *Albir* et *Arbitr*, R.

ALBIS, nom de lieu, vl. Albi.

ALBOR, s. f. vl. *Albor*, cat. esp. *Alvorada*, port. *Albore*, ital. Aube. V. *Alba* et *Auba*. Blancheur; *albeur*, aube du jour.

Éty. du lat. *albor*, blancheur. V. *Alb*, R.

ALBOR, s. f. vl. *Albore*, anc. esp. Arbre, se prend quelquefois pour forêt. V. *Arbr*, R.

ALBORN, s. m. vl. L'un des noms anciens de l'aubour. V. *Aubour.*

Éty. du lat. *alburnum*. V. *Alb*, R.

Ivoire, Gl. occit.

ALBORS, s. m. vl. Arbre. V. *Arbr*, R.

ALBOUM, s. m. (albóun), vl. Le corps d'une lettre, ou plutôt un blanc-seing: *Abum signatum*. V. *Alb*, R.

ALBRAT, ADA, adj. et p. vl. Cabré, dressé, droit comme un arbre. V. *Arbr*, R.

ALBRE, s. m. vl. V. *Arbre*, *Aubre* et *Arbr*, R. Mât de navire. V. *Mat.*

ALBRE-SEC, s. m. vl. Arbre-sec, pays de l'Afrique. V. *Arbr*, R.

ALBRIS, s. f. vl. Estimation. V. *Arbitr*, Rad.

ALBUGE, s. f. vl. *Albugine*, ital. *Albugo*, port. Taie blanche dans l'œil.

Éty. du lat. *albugo*, m. s. V. *Alb*, R.

ALBUGINE, INEA, adj. vl. *Albugineo*, esp. Blanc, blanchâtre. V. *Alb*, R.

ALBUGINENC, ENCA, adj. vl, *Albugineo, ea*; esp. port. Blanc, blanchâtre, qui ressemble au blanc d'œuf.

Éty. du lat. *albineus*. V. *Alb*, R.

ALBUM, s. m. vl. *Albanio*, ital. Blanc, le blanc de l'œuf. V. *Blanc.*

Éty. du lat. *album*. V. *Alb*, R.

ALBUM, s. m. (albún), dg. Aubier. Voy. *Aubecha* et *Alb*, R.

ALBUSSO, nom propre. Aubusson.

ALC

ALCADO, s. m. (alcáde); *Alcade*, cat. *Alcaide*, port. *Alcado*, ital. *Alcalde*, esp. Alcade, nom qu'on donne en Espagne, à certains juges ou magistrats, dont l'attribut distinctif est une longue baguette blanche.

Éty. Ce mot est emprunté de l'arabe.

ALCAFIT, vl. Alcade. V. *Alcado.*

ALCALI, s. m. (alcali); *Alkali*, cat. port. *Alcali*, esp. ital. Alcali, nom consacré d'abord au produit qu'on obtenait par l'incinération de la plante nommée Kali, et appliqué ensuite à toutes les substances analogues, c'est-à-dire, à toutes celles qui ont une saveur caustique et urineuse, qui s'unissent aux acides en les neutralisant, qui sont solubles dans l'eau, et qui changent en vert les couleurs bleues végétales.

Éty. V. *Kali*, dérivé de l'arabe *Kali*, mot qui désigne la plante de la soude, avec l'art. *al.*

ALCALI-METRO, s. m. (alkalimètre); *Alcalimètre*, instrument destiné à déterminer la quantité d'alcali contenue dans un corps quelconque.

Éty. de *alcali*, et du grec μέτρον (mètron), mesure.

M. Fouque a inventé cet instrument en 1807.

Ce nom fut d'abord donné à un instrument inventé par M. Descroizilles, pour le même usage. Le Dr Ure, anglais, présenta en 1816, un mode plus simple de vérification.

ALCALI-VOULATIL, s. m. Ammoniaque, alcali volatil, alcali volatil fluor; à l'état liquide il est incolore, d'une odeur extrêmement forte et pénétrante, ayant d'ailleurs les autres propriétés des alcalis. V. *Alcali.*

Outre l'usage journalier qu'on en fait en médecine, l'ammoniaque rend aux arts de nombreux services: il sert à foncer les couleurs, à dissoudre le carmin, à nettoyer des objets métalliques noircis par le soufre, etc., etc.

ALCANIS, nom d'homme, vl. Ascagne.

ALCANS, et

ALCANTS, vl. V. *Alquant.*

ALCAOT, vl. V. *Alcavot.*

ALCARAZAS, s. m. (alcarázas); **ALCARRAZA.** *Alcarraza*, esp. Alcarazas ou alcarraza, vase de terre très-poreux, destiné à faire rafraîchir l'eau.

Éty. de l'espagnol *alcarraza*, dérivé de l'arabe.

Les Égyptiens emploient ces vases depuis un temps immémorial et les Espagnols depuis l'invasion des Arabes.

M. Fourmy est le premier en France, qui dans ces derniers temps, se soit occupé de la fabrication des alcarazas, sous le nom de *hydrocérames.*

ALCASSI, s. vl. Couette ou coussin, taie d'oreiller.

ALCAUOTZ, s. m. vl. V. *Alcavot.*

ALCAUT, s. m. vl. Hoqueton, casaque.

ALCAVIS, s. m. Peuple mahométan.

ALCAVOT, s. m. vl. **ALCAOT, ALCOAT, ACAUOTZ.** *Alcahuete*, *Alcahueton*, esp. Maquereau, débauché, libertin.

ALCHIMIA, s. f. (alchimie); **ALKIMIA, ARQUEMINA, ARQUEMI.** *Alchimia* et *Alquimia*, esp. port. *Alchimia*, ital. *Alchymie*, all. Alchimie; prétendue science qui avait pour but la découverte de la pierre philosophale, ou la transmutation des métaux en or, et le remède universel qui devait faire jouir les hommes de l'immortalité.

Éty. de l'art. arabe *al*, élevé, et du grec κυμια (kumia), chimie sublime, chimie par excellence.

Ces rêveries ne furent inventées, selon Mongez, Ency. Ant. qu'au IIIme ou IVme siècle. Le premier auteur connu, qui ait parlé de la transmutation des métaux en or, est Zozime, de Panopolis en Egypte, qui vivait dans le IIIme ou dans le Vme siècle (410), et le premier qui ait laissé quelque trace relative à la recherche du remède universel est Geber, auteur arabe qui existait dans le VIIme ou IXme siècle.

M. Bailly a donné de l'alchimie la plaisante définition qui suit:

Alchymia est casta meretrix;
Omnes invitat, neminem admittit;
Est ars sine arte, cujus principium
Est scire, medium mentiri, finis mendicare.

ALCHIMISTO, s. m. (altchimiste); *Alquimista*, esp. *Alchimista*, port. Alchimiste, celui qui s'occupe et fait profession de l'alchimie.

L'alchimiste le plus célèbre, Paracelse, qui se vantait non seulement de faire de l'or, mais encore de pouvoir prolonger la vie de l'homme pendant plusieurs siècles, mourut pauvre à l'âge de 47 ans, en 1541.

Les anciens s'occupaient déjà d'alchimie, puisqu'en 296, de. J.-C. Dioclétien fut obligé de rendre une ordonnance contre les alchimistes.

ALCION, Oiseau. V. *Alcyon.*

ALCLAS DEL CEL, s. m. vl. Arc-en-ciel.

ALCOOL, s. m. (alcoól); *Alcohol*, port. esp. Alcool. V. *Esprit-de-vin.*

Éty. de l'arabe *alcool*, dérivé de *Kol*, diminuer, subtiliser.

ALCOOLIMETRO, s. m. (alcoolimètre); *Alcoolimètre*, instrument propre à déterminer le degré constant des eaux-de-vie et des esprits, à toutes les températures.

Éty. d'alcool, et du grec μέτρον (métron), mesure.

M. Garros, de Paris, a inventé cet instrument en 1811.

ALCOOMETRO, s. m. (alcoomètre); *Alcoomètre*, instrument au moyen duquel on peut déterminer avec précision, la quantité d'esprit que contient un liquide.

Éty. La même que celle du mot précédent. C'est à M. Fournier, qu'on doit cet instrument; il a été inventé en 1811.

ALCORAN, s. m. (alcorán); *Alcoran*, esp. *Alcorano*, ital. *Alcorão*, port. Alcoran et mieux Coran, livre de la loi de Mahomet.

Éty. de l'art. arab. *al*, et de *coran*, qui signifie lecture; la lecture par excellence, comme nous disons l'écriture, pour désigner notre loi sacrée, ou Bible, qui signifie livre.

Le Coran est attribué à Mahomet, aidé de Batiras, hérétique jacobite. Les Musulmans croient que ce livre a été révélé, verset par verset, à leur prophète, par le ministère de l'Ange Gabriel, qui les lui donnait écrits sur un parchemin fait avec la peau du mouton qu'Abraham immola à la place de son fils Isaac.

Il y a sept éditions de l'alcoran qui ne varient ni par le nombre de lettres ni par celui des mots: Les Mahométans y comptent 323,015 lettres et 77,639 mots.

ALCOTO, s. m. vl. **ALCOTOS.** Cotte-de-mailles, pourpoint piqué, *auquetton*, partie du vêtement qui recouvre le cotte-de-mailles; camisolle.

ALCOVA, s. f. (alcóve); *Alcova* et *Alcoba*, esp. *Alcova*, ital. anc. port. Alcove, enfoncement pratiqué dans une chambre pour recevoir un lit.

Éty. *Alkoba* ou *el-kauf*, cabinet où l'on dort, tente, en arabe, d'où l'espagnol *alcoba* et *alcova.*

ALCU, vl. V. *Alcun.*

ALCUBA, s. f. vl. Sorte de tente. Voy. *Alcova.*

ALCUN, UNA, adj. vl. *Algun*, cat. esp. *Algum*, port. *Alcuno*, ital. Aucun, une, un, une, quelque; l'un, l'autre.

Éty. du lat. *aliquem.*

ALCUS, vl. V. *Alcun.*

ALCYON, s. m. (alcioún); *Alcion*, esp. *Alcyon*, port. *Alcione*, ital. Alcyon, un des noms du martin pêcheur. V. *Bluret.*

Éty. du grec ἀλκυὼν (alkyôn), m. s.

ALD

ALDRES, vl. Autre chose; *Altera res.* V. *Alter*, R.

ALE

ALE, **ALEN**, R. V. *Halen.*

ALE, s. m. d. bas lim. (*alé*). V. *Halen.*

ALEA, V. *Alleia*, *Alea*, ital. anc.

ALEBAR, v. a. (alebá), dl. Controuver, inventer une fausseté pour nuire. Sauv.

ALEBRAND, s. m. (alebrán); **AUBRAN, ALABRAN.** Alebran ou albran, nom qu'on donne aux jeunes canards sauvages.

Éty. Ce mot viendrait-il de l'allem. *halb*, demi et de *ant*, canard?

Cassar eis alebrands, *Albrener.*

ALECTO, s. f. (alectó); **ALECTOUN.** *Alecto*, ital. anc. port. Alecton, la première des furies infernales, fille de l'Achéron et de la Nuit, celle qui ne laisse aucun repos, qui tourmente sans relâche.

Éty. du lat. *alecto*, m. s. et dérivé du grec ἄλεκτοσ (alectos), formé de ἀ priv. et de λήγω (légô), cesser, qui ne cesse point, sous-entendu, de tourmenter.

ALECTORI, s. m. vl. *Alectoria*, esp. port. *Alettoria*, ital. *Alectorienne*, pierre précieuse transparente, qui s'engendrait, selon la croyance commune, dans le gésier des coqs.

Éty. du lat. *alectoria*, m. s. dérivé du grec ἀλέκτωρ (alektôr), coq.

ALEDA, s. f. (aléde). Un des noms lang. du narcisse des poëtes. V. *Dona.*

ALEDRA, s. f. (alédre). Nom langued. de la canne ou femelle du canard. V. *Cana.*

ALEDRA, s. f. Un des noms langued. du narcisse des poëtes. V. *Dona.*

ALEFANT, V. *Elephant.*

ALEG, vl. Il ou elle allège, soulage.

ALEGANT, ANTE, s. (alegán, ánte). Arrogant, plaisant avec insolence, fanfaron.

Éty. du grec ἀλαζὼν (alazôn), qui se vante, fanfaron. P. Pujet.

ALEGANTEGEAR et

ALEGANTIAR, v. n. (alagantiá). Faire le fanfaron, l'arrogant.

Éty. de *alegant* et de *iar.*

ALEGANTISA, s. f. (alegantise); **ALEGANSA.** Arrogance, hauteur, fierté, Avr.

Éty. de l'espagnol *aleganza*, allégation.

ALEGIRAR, v. n. (alegirá), vl. Tressaillir de joie. Sauv.

Éty. du lat. *alacer*, *alacris*; dit pour *alegrar*, v. c. m. et *alegr*, R.

ALEGORAR, v. a. vl. Egayer, réjouir; avoir du loisir, être de loisir. V. *Alegr*, R.

ALEGORAT, ADA, adj. et p. vl. Réjoui, ouie. V. *Alegr*, R.

ALEGORIA, vl. V. *Allegoria.*

ALEGR, Radical dérivé du latin *alacer*, *alacris*, alègre, agile, dispos, prompt, actif; dérivé, selon le P. Puget, du grec ἄδακρυσ, (adakrus), qui ne pleure pas.

De *alacris*, gén. de *alacer*, par apoc. *alacr*, et par changement de *a* en *e*, et de *c* en *g*, *alegr*, d'où: *Alegr-e*, *Alegra-ment*, *Alegrar*, *Alagr-essa*, *Alegr-or.*

ALEGRAMEN, s. m. vl. *Alegramiento*, esp. anc. Allégresse, joie, contentement. V. *Alegr*, R.

ALEGRAMEN, adv. vl. V. *Alegrament*

ALEGRAMENT, adv. (alègraméin); ALLEGRAMENT, ALEGRAMEN. *Alegremente*, esp. port. *Allegramente*, ital. *Alegrament*, cat. Allégrement, avec gaieté, joyeusement. V. *Alegr*, R.

ALEGRANSA, s. f. vl. *Alegransa*, anc. cat. *Allegranza*, ital. Allégresse, joie. V. *Alegressa* et *Alegr*, R.

ALEGRAR, v. a. vl. *Alegrar*, cat. esp. port. *Allegrare*, ital. Rendre joyeux, content, égayer, amuser, divertir. V. *Alegr*, R.

ALEGRAR S', v. r. vl. *Alegrarse*, esp. port. *Allegrarsi*, ital. Se réjouir, être gai.

Éty. de *alegre* et de *ar*. V. *Alegr*, R.

ALEGRATGE, s. m. vl. *Alegrão* port. *Alegria*, esp. *Alegratge*, anc. cat. *Allegraggio*, ital. Allégresse. V. *Allegressa*, gaîeté, réjouissance.

Éty. du lat. *alacritas*, m. s. ou de *alegr*, R. et de *atge*, ce qui rend allègre.

ALEGRE, EGRA, adj. (alègré, ègre); ALLEGRE. *Allegro*, ital. *Alegre*, esp. port. Allègre, dispos, agile, vif, gai, enjoué.

Éty. du lat. *alacer*, m. sign. V. *Alegr*, Rad.

ALEGRER, s. m. vl. Allégresse. V. *Alegria* et *Alegr*, R.

ALEGRESSA, s. f. (alegrésse); ALLEGRESSA. *Allegrezza*, ital. *Alegria*, port. *Alegreza* et *Alegria*, esp. Allégresse, joie qui éclate au dehors; il se dit particulièrement d'une joie publique.

Éty du lat. *alacritas*. V. *Alegr*, R.

Leis sept alegressas. Les sept allégresses: prières à la Sainte Vierge relativement aux sept différents sujets de joie qu'elle a eus durant sa vie, qui sont: 1° *L'Annonciation*; 2° *La Visitation*; 3° *La Naissance de J.-C.* 4° *La Présentation de Jésus*; 5° *Le Recouvrement de Jésus*; 6° *L'Assomption* et 7° *son Couronnement*.

ALEGRETAT, s. f. vl. ALEGRANSA. *Alacrità*, ital. Allégresse. V. *Alegressa*.

Éty. du lat. *alacritatis*, gén. de *alacritas*. V. *Alegr*, R.

ALEGREZA, vl. V. *Alegressa*.

ALEGREZIR, v. a. vl. Réjouir, égayer. V. *Alegr*, R.

ALEGREZIT, IDA, adj. et p. vl. Réjoui, ouïe. V. *Alegr*, R.

ALEGRIA, s. f. vl. ALEGRETAT, ALEGRATGE, ALEGRIER, ALEGRER, ALEGROR. *Alegria*, esp. port. Allégresse. V. *Alegr*, R.

ALEGRIER, s. m. vl. Allégresse. V. *Alegria*, *Alegressa* et *Alegr*, R.

ALEGROR, s. f. vl. Allégresse. V. *Alegria*, *Alegressa* et *Alegr*, R.

ALEIRANS, adj. vl. Alezan.

ALEIRAR, v. n. (aleïrá). Incliner d'un côté du bât, en parlant de la charge d'une bête de somme.

ALEIRAR S', v. r. S'étendre par côté. Garc.

ALEITOS, adj. vl. ALEYTOS. Misérable, coupable, disgracié; hors de faveur, et comme hors de la loi commune.

Éty. du grec ἀλείτης (aleités), misérable, pécheur, criminel.

ALEMAGNA, s. f. (alemágne); *Alemania*, esp. *Alemanha*, port. *Allemagna*, ital. Allemagne, grande contrée d'Europe qui fait partie de la Germanie, située entre le Rhin, le Danube et le Mein.

Éty. du lat. *Alemannia*, m. s. V. *Allemand*.

ALEMAND, ANDA, adj. (alemán, ánde); *Allemano*, ital. *Alemão*, port. *Aleman*, esp. Allemand, ande, qui est d'Allemagne.

Éty. du lat. *Alemanicus*, m. s. formé, selon le P. Pujet, de *al*, tout, et de *man*, homme, tout homme, c'est-à-dire, fort, vigoureux.

Querela d'Alemand, querelle d'Allemand, querelle injuste ou faite sur un mince sujet, faisant allusion aux Allemands qui étaient autrefois toujours prêts à entrer en France.

ALEMAND, s. m. L'allemand, la langue allemande.

ALEMANDA, s. f. (allemánde); *Alemana*, esp. Allemande, pièce de musique et danse prise des Allemands.

ALEMPIAR, v. a. (aléimpiá), dg. *Alimpiar*, *Limpiar*, esp. Nettoyer, embellir.

Aquo t'alempio e te charmo,
Aquo te lequo touto l'armo. D'Astros.

ALEN, V. *Halen* et *Hal*, R.

ALEN, adv. Là-bas. V. *Alin*.

ALENA, V. *Halena* et *Hal*, R.

ALENADA, V. *Halenada* et *Hal*, R.

ALENADOUR, V. *Halenadour* et *Hal*, R.

ALENADOUR, dl. m. s. que *Espira*, v. c. m.

ALENAMEN, s. m. vl. Respiration. Voy. *Halen*.

ALENAMENT, s. m. vl. *Alenamento*, ital. Souffle, respiration.

Éty. de *halena* et de *ment*. V. *Hal*, R.

ALENAR, *Alentar*, esp. V. *Halenar*.

ALENEGAR, v. n. vl. ESLENEGAR. *Alenagar*, anc. cat. Perdre haleine, s'épuiser. V. *Beshalenar* et *Halen*, R.

ALENGRIS, s. m. vl. Renard.

ALENGUAR, v. a. (aléingá); ALENGAR. Faire le bec à quelqu'un, lui suggérer ce qu'il doit dire. Sauv. Babiller, Aub.

Éty. de *a*, de *lengua* et de *ar*; mener la langue. V. *Lengu*, R.

ALENGUAT, ADA, adj. et p. (aleingá, áde). Babillard, langue affilée, personne qui s'exprime avec facilité. V. *Lengu*, R.

ALENGUR, s. m. (aleingúr). Babillard. Aub.

ALENTAR, v. a. vl. ALENTIR. *Allentare*, ital. Ralentir, différer, relâcher, retarder. V. *Lent*, R.

ALENTIR, V. *Alentar* et *Lent*, R.

ALENTOUR, adv. (aleintóur); *All'intorno*, ital. *Al rededor*, esp. Alentour, aux environs.

Éty. de *al*, de *en* et de *tour*. V. *Torn*, R.

ALENTOURS, s. m. pl. (aleintóurs). Alentours, lieux circonvoisins, personnes dont on est habituellement entouré.

ALEOU, Garc. V. *Leou* et *Lev*, R.

ALEOUGE, V. *Alleouge*.

ALEOUGEAR et

ALEOUGIR, V. *Alleougear*.

ALEOUPA, adj. et s. (aleóupe), d. de Barcel. Farceur, moqueur, mauvais plaisant.

ALEP, s. m. anc. béarn. Impotent, infirme.

Alep es dit membre podat, et no es podat si s'en pot servir déu mestier d'ont es.

Fors et cost. de Bearn.

ALEPH, s. m. Aleph, première lettre de l'alphabet hébreu. A.

ALERAS, dl. V. *Alhoura*.

ALERAT, ADA, adj. et p. (alerá, áde). Élevé, ée; posé sur une éminence. Avr.

Éty. Ce mot paraît être une altération de *Aerat*, v. c. m.

ALEROUN, s. m. Aileron. V. *Aleta*.

ALERTA, adj. des deux genr. (alèrte); *Alerto*, esp. *Alerto*, port. Alerte, vigilant, dégourdi, qui se tient sur ses gardes.

Éty. *Estar en alerta*, esp. *Estar à alerta*, port. *Stare all'erta*, ital. signifient être dans un lieu élevé d'où l'on peut observer ce qui se passe alentour. Du lat. *erecta*, sous-entendu *via*.

ALERTA, s. f. *Alerta*, esp. port. *All'erta*, ital. Alerte, émotion vive, occasionnée par un événement imprévu; on le dit souvent pour *alarma*, v. c. m.; trouble qui force à se tenir sur ses gardes.

ALESCAR. V. *Aliscar*.

ALESERAR, v. n. (aleserá), vl. Être de loisir.

Éty. de *a*, de *leser*, loisir, et de *ar*, ou de *otium*, repos, loisir.

ALESERAT, ADA, adj. et p. (aleserá, áde), vl. Oisif, de loisir, qui n'a rien à faire.

ALESNA, s. f. (alésne); ARESNA, ALENA, LESNA, LEZENA. *Alesna*, esp. *Alena*, cat. *Lesina*, ital. Alène, poinçon droit ou courbé, muni d'un manche, destiné à percer, et particulièrement le cuir.

Éty. Bochart dérive ce mot de l'arabe *alsenna*, fait de *sanna* rendre pointu: Ménage le fait venir du lat. *aculeus*, aiguillon.

ALESNA, s. f. ALENA, BEC DE LESENA, BEC RECOURBAT. Noms que porte dans le département des Bouches-du-Rhône, l'avocette ou avocette d'Europe. *Avocetta Europœa*. Dict. des sc. nat. *Recurvirostra avocetta*, Lin. oiseau de l'ordre des Echassiers et de la fam. des Ténuirostres ou Rampholites (à bec grêle), qui habite la B.-Prov.

Éty. Ainsi nommé de la ressemblance qu'à son bec avec une alène.

ALESSI, nom d'homme, (alèssi); ARESSI, ALISSIS. Alexis.

Patr. Saint Alexis, mort dans les premières années du Vme siècle. On honore sa mémoire à Rome où il mourut; le 17 juillet.

ALEST, nom de lieu, vl. *Aleth*, port. Alais.

Éty. du lat. *Alecta*, m. s.

ALESTIR, v. a. (alestir); ADOUBAR, LESTIR. Apprêter, préparer, disposer, mettre en état. *Alestir lou dinar*, préparer le dîner. *Alestissez-vous*; préparez-vous, tenez-vous prêt.

Éty. de *a*, de *lest* et de *ir*; litt. tenir prêt; disposé à. V. *Lest*, R. ou de l'ancien ital. *Alestire*, lester un vaisseau.

ALESTIR S', v. r. Se préparer, se disposer à... V. *Lest*, R.

ALESTIT, IDA, adj. et part. (alesti, ide). Préparé, ée, prêt. V. *Lest*, R.

ALETA, s. f. (aléte); ALEROUN. *Aletta*, ital. *Aleta*, esp. Aileron d'oiseau; nageoire de poisson. V. *Aletas*.

Éty. de *ala* et de *eta*, dim. petite aile. V. *Al*, R.

Faire l'*aleta*, battre de l'aile, se dit des coqs qui tournent autour d'une poule, en secouant une aile traînante; fig. coqueter, caresser, mignarder; on le dit aussi des oiseaux qui paraissent suspendus en l'air. V. *Tâmisar*.

ALETA, s. f. (aléte). *Ailette*, petite pièce de cuir que les cordonniers mettent dans les souliers.

Éty. Dim. de *ala*, petite aile. V. *Al*, R.

ALETAS, s. f. pl. (alètes); *Aletas*, esp. Les nageoires des poissons, les petites ailes qui leur servent à nager. V. *Al*, R.

ALETAS, s. f. pl. d. de Barcel. Les branches de l'épinglier. V. *Encrena* et *Al*, R.

ALEU, V. *Franc-Alleu*.

ALEUGANSA, s. f. vl. Légèreté. V. *Lev*, Rad.

ALEUGAR, et

ALEUJAR, vl. V. *Alleougear*.

ALEUJAT, vl. soulagé. V. *Allcougeat*.

ALEVA, s. f. (alève). Courbet de bât. V. *Arçoun*.

Éty. de *levar*, relever, hausser. V. *Lev*, R.

ALEVAR, v. a. vl. Controuver.

ALEVAR, v. n. (àlevá), dl. V. *Relevar* et *Lev*, R. *Lou temps s'aleva*, le temps se hausse.

ALEVIAMENT, s. m. vl. *Alleujament*, *Alleugerament*, cat. *Aligeramiento*, esp. *Alleviamento* et *Alleggiamento*, ital. Allégement, soulagement.

Éty. du lat. *alleviamentum*, m. s. V. *Lev*, Rad.

ALEVIAR, vl. V. *Alleviar* et *Alleougear*.

ALEVIN, s. m. (alevin); ALUIN. Alevin, menu poisson qu'on jette dans un étang pour le repeupler. V. *Ravan*.

Éty. du grec ἁλιεὺς (halieus), pêcheur, dérivé de ἅλς (hals), mer, qui a rapport à la pêche.

Dérivés : *Alévinagi* et *Alevinar*.

ALEVINAGI, s. m. (alevinádgi). Alevinage, le même qu'alevin; l'action d'aleviner.

Éty. de *alevin*, v. c. m. et de la term. *agi*.

ALEVINAR, v. a. (alevinà). Aleviner, jeter de l'alevin dans un étang pour le repeupler.

Éty. de *alevin*, v. c. m. et de la term. act. *ar*.

ALEVO ou **ELVO,** (alève ou èlve); s. m. vl. Noms donnés au pin cembro par les gaulois, suivant Belon, arbr. conifères. p. 20. V. *Pin à Pignouns*.

ALEXANDRIN, adj. (alexandrin); *Alexandrina*, esp. port. *Alessandrino*, ital. Alexandrin, vers français de douze syllabes, divisé en deux hémistiches par une suspension qu'on nomme Césure.

Éty. Lambert-le-Court et Alexandre de Paris s'associèrent, dans le XIIme siècle, pour traduire l'histoire d'Alexandre, dans laquelle ils n'employèrent que des vers de douze syllabes, d'où le nom de vers alexandrins; soit à cause du héros, soit en mémoire de l'un des poëtes. Noël. Dict. des orig.

ALEXANDRINA, Nom de femme. (alessandrine); *Alexandra*, port. Alexandrine.

Éty. de *alexandrinus* qui vient d'Alexandre.

ALEY, vl. A l'égal de. V. *Leg*, R. 3.

ALEYA, s. f. (alèye). Allée. V. *Allea* et *An*, R. 2.

ALEYADA, s. f. (aléyáde), dg. Souffle. V. *Halenada*.

Zéphir que dab sas aleyados
De las flourctos handouéjados....

Car dibersos bertus soun dados
A lours dibersos aleydados.

D'Astros.

ALEYALAR, v. a. vl. Légitimer, rendre légal, préconiser, justifier. V. *Leg*, R. 3.

ALEYS, anc. d. lim. Eloy. Nom d'homme.

ALEZAN, ANA, adj. (alezán, áne); ALASAN. *Alazan*, esp. *Alazão*, port. Alezan, ane, se dit du poil des chevaux qui tire sur le roux. Subst. un *alezan*, un cheval de couleur alezan.

ALEZERAR S', v. r. vl. ALHEZERAR. Charmer ses loisirs, se distraire, employer les heures de son loisir; passer, perdre son temps. V. *Leser*, R.

ALEZEZAT, ADA, adj. et p. vl. De loisir, oisif. V. *Lezer*, R.

ALF

ALFABET, V. *Alphabet*.

ALFERAN, s. m. vl. *Auferant*, cheval entier, cheval de bataille.

Éty. de *feran*, couleur du poil du cheval, pris pour le cheval même, suivant les uns, et de *waranio*, cheval entier, cheval de guerre, selon d'autres. Raynouard, cite à l'appui de cette dernière étymologie, le passage suivant du Capitulaire *villis*, de Charlemagne, cap. 13, dans lequel il ordonne: *ut equos amissarios, id est waraniones, bene provideant....*

ALFRED, nom d'homme, *Alfredo*, esp. port. Alfred.

Patr. Saint Alfred, dont l'Église honore la mémoire le 28 octobre.

ALG

ALGA, *Alga*, port. V. *Auga*.

ALGALOUSSES, dl. V. *Agalousses*.

ALGARAB, nom de lieu, vl. ALGARBI. Algarve, province de Portugal.

ALGARADA, s. f. (algaráde); GARA-GARA. *Algarada*, esp. et arab. Algarade, insulte brusque et bruyante; autrefois ce mot signifiait course brusque et imprévue sur l'ennemi. C'est dans ce sens que l'emploient encore les arabes sur les côtes de la Méditerranée.

Faire una algarada, faire une algarade, insulter quelqu'un d'une manière bruyante et inattendue.

Éty. de l'arabe *algarada*, m. s. formé de *algara*, parti de cavalerie qui court et dévaste le pays ennemi.

ALGEBRA, s. f. (aldgèbre); *Algebra*, esp. ital. port. et lat. Algèbre, calcul des grandeurs représentées par des signes (les lettres de l'alphabet), qui n'en déterminent ni l'espèce ni le nombre; fig. chose difficile à concevoir.

Éty. de l'arabe *algiabarat*, selon Mén. ou de *al-gebr*, réduction des fractions en nombres entiers, d'où *algebra*.

C'est à Diophante qu'on doit les premiers germes de cette science; on les trouve dans son livre intitulé *Questions arithmétiques*, publié pour la première fois, par Xylander, en 1575. Lucas de Burgo, cordelier, est le premier en Europe, qui ait écrit sur l'algèbre, en 1494. L'introduction des lettres de l'alphabet, comme signes représentatifs, est due à Viéte, mathématicien français.

Pour abréger les mots, ajouter, soustraire, multiplier, diviser, etc., les mathématiciens ont inventé les signes suivants:

+ Signifie, plus, ou addition, et l'on dit: $5 + 5 + 10 + 4$, font 24.

— Signifie moins ou soustraction; $6 - 3$, reste trois.

× Sign. multiplication, 10×10 font 100.

: Sign. à diviser, ainsi $12 : 4$, signifie 12 divisé par 4.

= Sign. égalité. $32 - 4 = 2 \times 14$, c'est-à-dire, 32 moins 4, égalent 2 multiplié par 14, qui font également 28.

√ Racine.

Chronologie :

De J.-C. 380, Diophante enseigne aux peuples occidentaux l'algèbre qu'il avait apprise dans l'Orient, chez les Arabes.

800 Mohammed-Ben-Musa, arabe, compose un traité d'algèbre dans lequel il donne la solution des problèmes du second degré, qu'on n'avait point encore résolus.

1494 Première connaissance de l'algèbre en Europe.

1607 Invention de la manière d'appliquer l'algèbre aux hautes sciences, par Harriot, anglais.

1637. Descartes applique l'Algèbre à la Géométrie; la géométrie et l'algèbre à la physique, à la mécanique, et ces trois sciences à l'Astronomie.

1689 Halley perfectionne l'algèbre.

Après ceux-là, Newton, Keppler, Leibnitz, Bernouilli, Taylor, Euler, Lagrange, etc., ont encore reculé de beaucoup, les bornes de cette science.

ALGEBRISTO, s. m. (aldgebriste); *Algebrista*, ital. esp. port. Algébriste, celui qui sait l'algèbre.

Éty. du lat. *algebra peritus*. V. *Algebra*.

ALGER, (algèr); ARGER. *Algeri*, ital. *Argel*, esp. *Alger*, port. Alger, ville et régence. Cette ville fut conquise à la France sous le règne de Charles X, par l'armée de M. de Bourmon, le 5 juillet 1830.

Éty. du lat. *Algeria*.

ALGERIEN, ENA, adj. et s. (aldgerien, ène); *Algeriano*, port. *Algerino*, ital. Algérien, ienne, qui est d'Alger et fig. arabe, avide.

Éty. de *alger* et de *ien*.

ALGORISME, s. m. vl. *Alguarismo*, anc. esp. *Algoritmo*, esp. mod. *Algorithmo*, port.

Algorismo, ital. *Algorithme*, art du calcul. V. *Arithmetica*.

ALGOS, s. et adj. vl. Coquin, malotru, cruel.

Éty. du portugais *algoz*, bourreau, cruel, inhumain.

ALGU, UNA, vl. *Alguno, una*, esp. *Alguem*, port. V. *Algun* et *Quauqu'un*.

ALGUAZIL, s. m. (algouazil); *Alguacil*, esp. Alguazil, mot qui a passé de l'arabe à l'espagnol, et qui se dit par plaisanterie ou par dénigrement, en français, des gens qui sont chargés de faire des arrestations.

ALGUN, vl. V. *Alcun*.

ALH

ALH, Radical pris du latin *allium*, ail, qu'on dérive du celtique *all*, chaud, âcre, brûlant; ou du grec ἄγλιτες (aglités), tête ou gousse d'ail. *Alh, Alh-ada, Alh-astre, Alhastroun, Alh-et, Alhet-ada, Alh-oli, Alh-assa, Al, Aiol-i.*

ALH, (aill), s. m. Nom ancien de l'ail. V. *Alhet* et *Alh*, R.

ALH, s. m. vl. Allié.

Éty. de *ligarse*. V. *Lig*, R.

ALHA, *alh*, (àille, àill).

Désinence collective qui donne aux mots auxquels elle est unie l'idée de généralité, de collection, d'ensemble, de pluralité. Elle paraît dérivée de *all*, qui dans les langues germaniques signifie tout, l'univers, le tout ensemble; d'où *all*, adj. en anglais, tout, toute; *all-men*, tous les hommes, *all-saints*, la Toussaint, etc. D'où probablement encore en latin, un grand nombre de nominatifs neutres pluriels, comme *animalia*, *mineralia*, *vegetabilia;* c'est-à-dire, tous les animaux, tous les minéraux, tous les végétaux. C'est ainsi que se sont formés dans notre langue: *antiqu-alha*, tout ce qui est antique; *belitr-alha*, les bélitres en général; *can-alha*, tous les chiens, et fig. toute la gueusaille; *ferr-alha*, tout le mauvais fer; *fut-alha*, tout ce qui est fait de *fut*, c'est-à-dire, de bois, et cylindrique; *gran-alha*, tout le grain ou ce qui est en grain; *gus-alha*, tous les gueux; *mandialha*, les mandiants en général; *marm-alha*, tous les marmots; *mange-alha*, tout ce qu'on mange; *mars-alha*, tout ce qu'on sème en mars; *hortoul-alha*, toutes les herbes des jardins; *pierr-alha*, toutes les pierres; *poul-alha*, les poules en général; *rim-alha*, les mauvaises rimes; *trip-alha*, tous les boyaux d'un animal; *voul-alha*, tout ce qui vole, etc., etc. Cette désinence emporte souvent avec elle un sens dépréciatif, comme dans *ferralha*, *rimalha*.

ALHE, exp. adv. (àillé), d. de Carpentras. *A boutat tout lou quartier ed Alha;* il a mis tout le quartier en rumeur, en allarme.

ALHADA, s. f. (ailláde); *Alhada*, port. *Ajada*, esp. V. *Alhetada* et *Alholi*.

Éty. du lat. *alliatum*.

ALHASSA, s. f. (aillásse). Nom qu'on donne, aux environs de Toulouse à l'ail des vignes. V. *Pouerre-fer* et *Alh*, R.

ALHASTRE, s. m. (aillástré); CEBOULBOUN. On donne ce nom dans la H.-Pr. à toutes les espèces d'aulx sauvages. V. *Alhet fer*, et même au *Hyacinthus comosus*, Lin. V. *Barrelets*.

Éty. de *alhet*, et de la term. dépréciat. *astre*, mauvais ail ou ail sauvage. V. *Alh*, R.

ALHASTROUN, s. m. (aillastroun). Nom qu'on donne à Vallensoles, au *Hyacinthus botryoides*. V. *Barrelets*.

Éty. dim. de *alhastre*. V. *Alh*, R.

ALHET, s. m. (aillé); ALH, AILL, AIET, AL. *Aglio*, ital. *Ajo*, esp. *Alho*, port. *All*, cat. Ail, plur. aulx. En botanique ce nom désigne un genre de plantes très-nombreux en espèces, appartenant à la famille des Liliacées; mais dans le langage ordinaire, il n'indique que l'ail commun, *Allium sativum*, Lin. cultivé partout, et qu'on croit originaire du Levant.

Éty. du lat. *allium*, dérivé du celt. *all*, chaud, âcre, brûlant. V. *Alh*, R.

Testa d'ailhel, bulbe d'ail; *Vena d'aillet*, gousse d'ail. *Rest d'alhets*, glane d'ail.

Lou mourtier sente toujours l'alhet;
La caque sent toujours le hareng.

Alhet fer, ail sauvage, est un nom commun aux *Allium carinatum, roseum, triquetrum, nigrum*, etc. V. *Ailhastre*.

L'ail contient de l'hydrogène sulfuré ou du soufre extrêmement divisé, ce qui est cause de la fétidité qu'il donne aux vents et aux excréments de ceux qui en ont mangé.

On nomme *Soboles* ou *Rocamboles*, les bulbes qui viennent sur les tiges; *Caïeux* les divisions de l'ognon, et *Spathe*, la gaîne membraneuse qui embrasse les fleurs avant leur épanouissement.

ALHETADA, s. f. (ailletáde); ALHADA, ALIADA. *Allada*, anc. cat. *Alioli*, cat. mod. *Agliata*, ital. *Ajada*, esp. *Alhada*, port. Aillade ou sauce à l'ail.

Éty. de *alhet* et de *ada*, litt. fait à l'ail. V. *Alh*, R.

Et coumo avien ausi parlar de limassado
N'en pourtcroun un sac per faire l'alhetado.
Germ. Bourr. deis Dious.

ALHETAS, s. m. (ailletás); *Ajazo*, esp. Gros ail. V. *Alh*, R.

ALHETAT, ADA, adj. et p. (ailletá, áde); AIETAT. Frotté, ou assaisonné avec de l'ail.

ALHETIAR, v. n. (ailletiá); AIETIAR. Manger de l'ail. Aub.

ALHETOUN, s. m. (ailletóun); AIETOUN. *Ajillo*, esp. *Aglietto*, ital. anc. Petit ail, plant d'aux.

Éty. de *alhet* et du dim. *oun*.

ALHEYTAR, v. a. anc. béar. ALHEYTA.

La deffendent en batalha, alheytará las armas et la forma de combate.

Fors et cost. de Bearn. Rubr. de Batalha, art. 1.

ALHEZERAR, vl. V. *Alezerar*.

ALHIANSA, vl. V. *Aliansa*.

ALHOLI, s. m. (aillóli); AIADA, AIHOLI, AILHOLI, AIOLI. *Ajolio*, esp. Aillade, ail et huille, pommade à l'ail, beurre des Provençaux, que l'on fait en triturant dans un mortier de l'ail avec de l'huile.

Éty. de *alhet* et de *oli*. V. *Alh*, R. ou du lat. *alliatum*.

ALHONDRES, adv. vl. *Altronde*, ital. Ailleurs. V. *Alhurs*.

Éty. du lat. *aliunde*. V. *Al*, R. 2.

ALHOR, vl. Autre chose. V. *Al*, 2.

ALHORS, adv. vl. Ailleurs. V. *Alhurs*.

Éty. du lat. *alia-hora* ou de *al* et de *hora*. V. *Al*, R. 2.

ALHOURA, adv. (álhóure); LEYDOUN, ADOUNC, LABETS, LARAS, ALARA, ALERAS, ALLOURA. *Allora*, ital. mod. *All'hora*, ital. anc. Alors, en ce temps là, dans cette circonstance.

Éty. du lat. *ad illam horam*, à cette heure. V. *Hour*, R. 2.

ALHUCAR, vl. V. *Alucar*.

ALHUMNAR, vl. V. *Alumenar* et *Luc*, Rad.

ALHURS, adv. (aillúrs); ALHORS, AILHORS, vl. Ailleurs, en un autre lieu, d'un autre côté.

Éty. du lat. *aliorsum*, m. sign. V. *Al*, R. 2.

De *Alhurs*, d'un autre lieu, d'un autre côté.

ALI

ALI. AL, radical dérivé du latin *alere*, *alo*, *alitum* ou *altum*, nourrir, élever, faire croître: d'où: *Alimentum*, aliment; *Almus*, qui nourrit.

De *alitum*, par apoc. *alit* et *ali*, *al*; d'où: *Ad-al-ir*, *Ad-al-it*.

De *alimentum*, par apoc. *aliment*; d'où: *Aliment*, *Sant-aliment*, *Aliment-ar*, *Aliment-ari*, *Aliment-at*.

De *al*, par le changement de *a* en *e*, *el*; d'où: *Nequ-el-it*, *Nech-el-it*, etc.

ALIAMAR, v. a. vl. Enlacer, lier, enchaîner.

Éty. de *a*, de *liam* et de *ar*, attacher avec un lien. V. *Lig*, R.

ALIAMENT, s. m. vl. Lien, alliance, union, V. *Aliança* et *Lig*, R.

ALIANSA, vl. ALHIANSA. V. *Aliansa* et *Lig*, R.

ALIAR, ALHIAR, vl. V. *Alliar* et *Lig*, R.

ALIAS, nom d'homme, vl. Elie. V. *Elia*.

ALIBI, s. m. (alibi); *Alibi*, ital. Alibi, mot latin qui s'emploie en style de procédure, pour signifier l'absence de l'accusé par rapport au lieu où on l'accuse d'avoir commis le crime ou le délit.

Éty. du lat. *alibi*, adv. ailleurs, autrepart. V. *Al*, R. 2.

ALIBI-FORANS, s. m. p. (alibi-fourens); ALIBI-FOURANS. Alibi-forains, mauvaise excuse, mauvais prétexte, vaines allégations: *Cerca toujours d'alibifourans*, il cherche toujours des excuses.

Éty. de *alibi* et de *forans*.

ALIBOR, s. m. (alibór). Nom que porte, aux environs de Toulouse, l'hellébore fétide. V. *Pissa-chans*.

Éty. Altér. de *helleborus*.

ALIBOUFIER, s. m. (aliboufié); ALIBOUTIER, ALIGOUFIER, ALIBOUFIET, ARIBOUFIER, Aliboufier, Storax, *Styrax officinalis*, Lin. arbre de la famille des Ebénacées, qu'on trouve dans le bois de la Sainte-Baume, à la chartreuse de Montrieux et à la Camargue. V. Gar. *Styrax officinale*, p. 450.

Éty.

Il découle de cet arbre, dans les pays chauds, un suc balsamique, connu sous le nom de Storax, que l'on conserve ordinairement dans des roseaux, *Calamus;* d'où l'épithète de calamite qu'on lui donne.

ALIBOUFIET, s. m (aliboufié). Nom languedocien du Storax. V. *Aliboufier.*

ALIBOUROUN, s. m. (alibouróun); LIMBOROU. Aliboron, ignorant, ignorant qui fait le connaisseur, le capable.

Éty. On le disait anciennement d'un homme subtil pour trouver des *alibi*, c'est-à-dire, des lieux éloignés de celui où on le croyait. Nos anciens poëtes ayant donné ce nom à l'âne, sa signification est changée. V. *Al*, R. 2.

ALIBRE, s. m. (alibré), dl. Aube d'une roue de moulin. V. *Culiera* et *Auba.*

Obs. Les aubes diffèrent des alluchons, en ce que ces derniers sont plats, tandis que les autres ont à peu près la forme d'une cuiller.

Éty. *Alibrum*, en basse lat. désigne un dévidoir, n'aurait-on pas donné ce nom à une partie d'un rouet parce qu'elle tourne de la même manière?

ALICHAR. V. *Aliechar.*

ALICORNA, V. *Licorna* et *Alicorniö*, port.

ALICOT, s. m. dg. V. *Aliquid.*

ALIDADA, s. f. (alidáde); *Alidada*, esp. ital. *Alidade*, port. Alidade, règle mobile qui, tournant sur le centre d'un instrument astronomique ou géométrique, peut en parcourir tout le limbe pour montrer les degrés qui marquent les angles avec lesquels on détermine les distances, les hauteurs, etc.

Éty. de l'arabe *al-hada*, règle.

Dérivés: *Ali-elagi*, *Ali-el-aire*, *Ali-el-ar.*

ALIECHAR, v. a. (alietchá) ALICHAR, ALITAR, ALIEYTAR. Aliter, réduire à garder le lit; verser, en parlant de la pluie qui couche les blés.

Éty. de *a*, de *liech*, lit, et de *ar*, litt. mettre au lit. V. *Lich*, R.

ALIECHAR S', v. r. S'aliter, se mettre au lit pour cause de maladie; se verser en parlant des blés. V. *Lich*, R.

ALIECHAT, **ADA**, adj. (alietchá, ade). Alité, ée; versé, en parlant du blé couché par la pluie.

Éty. de *a*, de *liech* et de *at*, mis au lit. V. *Lich*, R.

ALIELAGI, s. m. (alieládgi); ALIELAGI, ALIOURAGI, AIELAGE. Etalonnage ou étalonnement, l'action d'ajuster, d'échantillonner une balance.

Éty. de *alielar* et de *agi*. V. *Alidada*, R.

ALIELAIRE, s. m. (alieláïré); ALIOURAIRE, AIELAIRE. Etalonneur, officier commis pour étalonner les poids et les mesures.

Éty. *alielar* et de *aire*. V. *Alidada*, R.

ALIELAR, v. a. (alielá); ALIOULAR, ALIOURAR, AIELAR, AJUSTAR, ESCANDALHAR, LIELAR. Etalonner, échantillonner, conférer un poids, une mesure avec sa matrice originale.

Éty. de l'arabe *alhada*, règle, et de l'act. *ar;* passer la règle. V. *Alidada*, R.

Le P. Pujet dérive ce mot de *alliar*, allier, parce que, dit-il, pour rendre une balance juste, on l'allie, la compare à une autre.

ALIELAS, vl. alt. de *Argielas*, v. c. m.

ALIENABLE, **ABLA**, adj. (alienáblé, áble); *Alienavel*, port. *Alienabile*, ital. *Enagenable*, esp. Aliénable, qui peut être aliéné. V. *Al*, R. 2.

ALIENANSA, s. f. vl. Aliénation, v. c. m. et *Al*, R.

ALIENAR, v. a. (alienà); *Alienare*, ital. *Alienar*, esp. port. cat. Aliéner, se dépouiller de la propriété d'un effet, pour la transférer à un autre.

Éty. du lat. *alienare*, m. s. V. *Al*, R.

ALIENAR S', v. r. *Alienarsi*, ital. S'aliéner.

ALIENAT, **ADA**, adj. et p. (aliená, áde); *Enagenado*, *ada*, esp. *Alienado*, port. *Alienato*, ital. Aliéné, ée, vendu.

Éty. du lat. *alienatus*. V. *Al*, R. 2.

ALIENATIO, s. f. vl. Aliénation. Voy. *Aliénation*, aliénation mentale.

Éty. du lat. *alienatio*. V. *Al*, R. 2.

ALIENATION, s. f. (alienatie-n); ALIENATIEN. *Alienazione*, ital. *Alienacion*, esp. *Alienação*, port. *Alienacio*, cat. Aliénation, tout acte par lequel on aliène une propriété.

Éty. de *alienar* et de *tion*, ou du lat. *alienationis*, gén. de *alienatio*. V. *Al*, R. 2.

ALIENTAR, v. a. (alieintá), vl. Éloigner, écarter.

Éty. Pour *Aluenchar*, v. c. m. et *Long*, R.

ALIER, s. m. (alié), lang. mod. *Alier*, esp. Allier, départem. de France, dont Moulins est le chef-lieu.

Éty. du nom d'une rivière qui le traverse.

ALIET, s. m. vl. *Alieto*, ital. *Aliet*, faucon pêcheur.

ALIEURAT, **ADA**, adj. et p. vl. Délivré, ée. V. *Liber*, R.

ALIEYTAR S', v. r. dg. V. *Aliechar.*

ALIFRAR, v. a. (alifrá), dl. Allécher, attirer.

Éty. du grec ἀλείφω (alciphô), exhorter, encourager. Thomas.

ALIGA, s. f. (aligue), dl. ALIGEA. Fruit de l'alisier, alise.

Éty. du roman *alie*, *alies*, m. s.

ALIGNAMENT, s. m. (alignaméin); *Alinhamento*, port. *Alinamiento*, anc. esp. Alignement, action d'aligner, commandement qui ordonne de s'aligner.

Éty. de *alignar* et de *ment*, V. *Lin*, R.

ALIGNAR, v. a. (aligná); *Alinyar*, cat. *Aliñar*, esp. *Alinhar*, port. *Allineare*, ital. Aligner, ranger, ou dresser sur une même ligne; ajuster; polir; rendre régulier.

Éty. de *a* pour *ad*, de *ligna* et de *ar*; mettre à la ligne. V. *Lin*, R.

ALIGNAR S', v. r. *Alinhar se*, port. S'aligner, se mettre sur le même rang, en ligne droite. V. *Lin*, R.

ALIGNAT, **ADA**, adj. et p. (aligná, áde); *Alinhado*, port. Aligné, ée, rangé sur la même ligne.

Éty. de *a*, de *ligna* et de *at;* mis à la même ligne. V. *Lin*, R.

ALIGNOLA, s. f. (alignóle). *Alignolle*, filet en simple nappe, qu'on emploie à Fréjus, et à Saint-Tropez, pour prendre de très-petits poissons; il est ordinairement de 20 brasses de long sur trois de large.

Éty. de *alignar*, parce qu'on le tend en ligne droite. V. *Lin*, R.

ALIGOUFIER, V. *Aliboufier.*

ALIGOUSSA, s. f. (aligóusse); LIGOUSSA. Sabre, épée, en style badin.

ALIGUIER, V. *Ariguier.*

ALIMENT, s. m. (aliméin); ARIMENT. *Alimento*, ital. esp. port. *Aliment*, cat. Aliment, ce qui nourrit le corps de l'animal et entretient la vie; tout ce qui sert à entretenir ou à augmenter une chose.

Éty. du lat. *alimentum*, fait de *alere*, nourrir. V. *Ali*, R.

ALIMENTAR, v. a. (alimeintá). *Arimentar*, *Alimentare*, ital. *Alimentar*, esp. port. Alimenter, fournir des aliments, nourrir.

Éty. de *aliment* et de *ar*. V. *Ali*, R.

ALIMENTARI, **ARIA**, adj. (alimentári, árie); *Alimentario*, ital. Alimentaire, qui est propre à servir d'aliments.

Éty. du lat. *alimentarius*, m. s. V. *Ali*, R.

ALIMENTAT, **ADA**, adj. et p. (alimeintá, áde); *Alimentado*, esp. port. *Alimentato*. ital. Alimenté, ée, pourvu d'aliments. Voy. *Ali*, R.

ALIMENTS, s. m. pl. vl. Éléments.

ALIMOINA, altér. de *Anemouna*, v. c. m.

ALIN, adv. (alìn); ALLIN, LAIN, ALEN, LEN, AILAVAU, AILABAS. *Ali*, port. Là, dedans, là-dedans, en indiquant le lieu; là-bas.

ALINGEAR, v. a. (olindzá), d. bas lim. *Alinger*, donner du linge à quelqu'un.

Éty. de *a*, de *linge* et de *ar;* pourvoir de linge. V. *Lin*, R.

ALINGEAT, **ADA**, adj. et p. (olindzà, áde); *Alingé*, *ée*, bien pourvu de linge. V. *Lin*, R.

ALINHAR, v. a. vl. *Aliñar*, esp. Ajuster, parer, adoniser.

ALINHAR, vl. V. *Alignar* et *Lin*, R.

ALIOUGEAR, Avr. V. *Alleougear.*

ALIOURAMENT, s. m. (aliouraméin). Allivrement, détermination, fixation du poids cadastral. V. *Liour*, R.

ALIOURAR, v. a. vl. (aliourá); ALIOULAR. Peser à une balance; Allivrer, désigner le poids cadastral d'un bien fonds. V. *Liour*, R.

Avant le nouveau cadastre, l'allivrement était la base du revenu net (d'un bien fonds), qui déterminait la fixation de l'impôt foncier. La livre cadastrale était de quarante-huit onces ou quatre quarts de douze onces chaque. Chaque once cadastrale était fixée trois francs de revenu net. Ainsi une terre aujourd'hui évaluée 64 fr. 50 c. de revenu net, aurait été allivrée un quart neuf onces et demi, sur l'ancien cadastre, que l'on écrivait ainsi: 1 ft 9 onces 1/2. Avril.

ALIOURAR, V. *Alielar.*

ALIQUID, s. m. dg. (alicuíd); ALICOT. On donne ce nom à un abattis composé des ailerons, des pattes, de la tête et du cou des volailles, cuites à l'étouffée.

Éty. du lat. *aliquid*, quelque chose.

ALIQUOT, **OTA**, adj. vl. *Aliquota*, esp. Aliquote: *Partida aliquota apelam tota* *partida que es mêital del nombre o'lters o'l quart o'l quint.* Elucid.-de-las propr.

Éty. du lat. *aliquot.*

ALIQUOTA, adj. f. (alicóte); *Aliquota*, port. ital. esp. Aliquote, nombre qui est compris plusieurs fois dans un autre: 2 est aliquote de 8.

Éty. du lat. *aliquota.*

ALIROU, s. m (alirou). Nom qu'on donne, aux environs de Toulouse, au fruit de l'azerolier.

ALIS, adj. vl. Azyme.

ALIS, Flour d'. V. *Flour d'Alis.*

ALISA, s. f. (alise); ALIGA, ALIZA. *Aliso*, ital. anc. Alise, fruit de l'alisier. V. *Alisier.*

ALISAGI, s. m. (alisádgi), dl. ALISAGE. Enduit, et non induit. Sauv.

Éty. de *a* augm., de *lis* et de *agi*; action de rendre plus lisse, plus poli; la chose qui produit cet effet. V. *Lis*, R.

ALISAIRA, s. f. (alisaïre), dl. m. s. que *Estirusa*, v. c. m.

Éty. de *alisar* et de *aira*; qui polit, qui repasse. V. *Lis*, R.

ALISAIRE, s. m. (alisaïre), dl. Flatteur, cajoleur, embaucheur. Sauv.

Éty. Expr. fig. V. *Alisaira* et *Lis*, R.

ALISAR, v. a. (alisá), dl. ALIZAR. *Alisar*, esp. Polir, lisser. V. *Poulir*, *Lisar*, *Blanchir*; fig. cajoler, flagorner, applanir le poil, les plumes d'un animal.

Éty. de *a* augm., de *lis* et de *ar*; rendre plus poli. V. *Lis*, R. ou du lat. *Lævigare*, ou selon M. Thomas, du grec ἤλισα (êlisa), d'ἀλίζω (alizô), rassembler, unir.

On polit le marbre, on lisse le papier, on brunit l'or.

Alisar de posses, dl. blanchir des ais.
Alisar lou linge, repasser le linge.
Alisar una paret, enduire un mur.

ALISCAMPS, s. m. (aliscàms); *Campos eliseos*, esp. port. *Campi elisei*, ital. Terme par lequel on désigne, à Arles, les Champs-Élisées. Dans le vl. Elisée, cimetière.

Éty. du lat. *Elysii campi.*

ALISCAR, v. a. (aliscá); ARISCAR, ALESCAR, ARQUETAR, ATIFFAR. *Alimpar*, port. Nettoyer, adoniser, rendre propre, ajuster, agencer. Il est aussi réciproque.

Éty. du grec λημνισκος (lêmniskos), ruban, bandelette de couleur, et de *ar*; mettre des rubans, ou de ἀρέσκω (areskô), plaire ou chercher à plaire.

ALISCAR, v. a. et r. Élever, s'élever, se placer sur une éminence pour être vu. Avr.

ALISCAT, ADA, adj. (aliscá, áde); ARISCAT, LIÇAT, LICHAT, LISCAT. *Alimpado*, port. Paré, orné; agencé, nettoyé, pincé, affecté.

Éty. du lat. *lemniscatus*, orné de rubans. V. *Aliscar.*

ALISIER, s. m. (alisié); ARIGIER, AREIER, TUISSIER, ARIGUIER, ARIER, ALIGUIER, BELISCOUQUIER, ALIZIER, ALIAYER. *Aliso*, ital. anc. Alisier, Allier, Droulier; Alisier blanc, Alouche de Bourgogne: *Cratægus aria*, Lin. arbre de la fam. des Rosacées, commun dans les bois. Son fruit porte, en français, le nom d'alise.

Éty. du lat. *alisaria*, et *aria*, Roqu. *Aria* paraît être un nom de lieu: quantité de régions portaient autrefois le nom de *Aria*, Ptolomée, Theis.

On donne le même nom à l'alisier antidyssentérique: *Cratægus torminalis*, Lin. arbre du même genre, commun dans la Basse-Provence.

ALISOUN, nom de femme, (alisóun), dim. de *Alix*, v. c. m.

ALISQUAMS, vl. V. *Aliscamps.*

ALISSANDRE, nom d'homme, ARICHANDRE, LISSANDRE, ALISSANDRO. *Alexandre*, port. *Alessandro*, ital. *Alexandro*, cat. *Alejandro*, esp. Alexandre.

Éty. du lat. *Alexander* ou du grec ἀλέξανδρος (alexandros), homme de cœur; dérivé de ἀλέξω (alexô), écarter, chasser, et de ἀνδρὸς (andros), d'homme; chasseur d'hommes, conquérant.

L'Église honore la mémoire de quatre saints de ce nom: les 11 août, 6 avril, 18 mars et 15 janvier.

ALISSANDRINA, nom de femme, vl. Alexandrine. V. *Alexandrina.*

ALITRAT, ADA, adj. (alitrá, áde), d. béarn. Vif, ive, éveillé. V. *Viou.*

ALIX, nom de femme, (alis); ALISOUN, dim. Alix.

Patr. Sainte Alix, dont l'Église honore la mémoire le 29 juin.

ALIXANDRE, nom pr. vl. Alexandre. V. *Alissandre.*

ALIYER, dg. V. *Alisier.*

ALK

ALKALIMETRO, V. *Alcalimetro.*

ALKIMIA, s. f. vl. Alchimie. V. *Alchimia.*

ALL

ALL, V. *Alh.*

ALLAPIDAR, v. a. vl. *Allapidare*, ital. Lapider. V. *Lapidar* et *Lapid*, R.

ALLARMA, et composés, V. *Alarma.*

ALLAUGEIRIR. V. *Aleougear.*

ALLEA, s. f (alée). V. *Alleia* et *An*, R.

ALLEBOLUS, s. m. vl. *Allebolus*, figure de mots, sentence étrange.

Éty. Ce mot est probablement dérivé du grec ἀλλόκοτος (allokotos), monstrueux, extraordinaire.

Es allebolus estranha sentensa, so es improprietatz de sentensa; allebolus se deshen de doas dictios grecas, la una es alleos, que vol dire estranh, e lautre es bole que vol dire sententia. Fl. del gay saber.

ALLEGAR, v. a. (allegá); ALLEGUAR. *Allegare*, ital. *Allegar*, port. *Allegar*, esp. cat. Alléguer, citer une autorité, un passage un fait, etc. mettre en avant, avancer.

Éty. du lat. *Allegare*. m. s. V. *Leg*, R.

ALLEGATION, s. f. (allegatie-n). *Allegazione*, ital. *Alegacion*, esp. *Allegação*, port. Allégation, citation d'une autorité, d'un passage, d'un fait; proposition qu'on met en avant.

Éty. du lat. *Allegationis*, gén. de *Allegatio*, m. s. V. *Leg*, R.

ALLEGORIA, s. f. (allegourie); ALLEGOURIA. *Allegoria*, lat. ital. esp. port. cat. Allégorie, figure par laquelle on dit une chose pour en faire entendre une autre. *Allegoria es una figura per laqual hom ditz una cauza et autra n'enten.* Fl. del gay saber.

Éty. du grec ἀλληγορία (allêgoria), formé de ἄλλος (allos), autre, et de ἀγορὰ (agora), discours, harangue.

ALLEGORIALMEN, adv. vl. *Allegoricamente*, port. Allégoriquement.

ALLEGORIQUE, ICA, adj. (allegourïqué, ïque); ALLEGOURIQUE. *Allegorico*, ital. esp. port. Allégorique, qui tient de l'allégorie.

ALLEGOURAT, ADA, adj. et p. (allegourá, áde). Eveillé, ée; suppl. au Dict. de Pellas.

Éty. V. *Allegr*, R.

ALLEGRARSI, v. r. (allegrársi), vl. Se réjouir. V. *Alegrarse.*

Éty. de l'ital. *Allegrarsi.* V. *Alegr*, R.

ALLEGRESSA, s. f. vl. V. *Alegressa* et *Alegr*, R.

ALLEGRIA, s. f. d. béarn. *Alegria*, esp. Allégresse. V. *Alegressa.*

Éty. de l'esp. *Alegria.* V. *Alegr*, R.

ALLEGRIT, adj. et part. (allégri). *Pays allegrit* ou *alegre*, lieu qu'on croit être fréquenté par les sorciers, selon M. Garc. inéd.

Éty. de *alegressa*, lieu où l'on se réjouit. V. *Alegr*, R.

ALLEGUAR, vl. V. *Allegar.*

ALLEIA, s. f. (aléie); ALEYA, ALLEA, LEYA. *Allée*, all. *Alea*, ital. anc. port. Allée, chemin bordé d'arbres ou de verdure, propre à la promenade.

Éty. du français, *aller.* V. *An*, R.

On nomme: *Allée simple*, celle qui n'a qu'une rangée d'arbres de chaque côté; *Allée double*, celle qui en a deux; *Maîtresse allée*, l'allée du milieu quand il y en a de latérales; *Contre-allées*, les allées latérales; *Allée verte*, celle qui est gazonnée; *Allée blanche*, *sablée* ou *ratissée*, celle que l'on tient nettoyée et sans herbe; *Allée couverte*, celle dont la partie supérieure forme le berceau; *Allée découverte*, celle à ciel ouvert; *Sous-allée*, celle qui est au fond ou au bord d'un boulingrin.

Selon leur direction on distingue encore les allées, en *Allée de niveau*, *en pente*, *parallèle*, *retournée*, *d'équerre*, *tournante* ou *circulaire*, *diagonale*, en *zig-zag*, etc.

ALLELUIA, s. m. (alelúïá); ALLELUYA. *Alleluja*, ital. *Aleluia*, cat. *Alleluia*, port. *Aleluya*, esp. Alleluia ou Alleluiah, expression de joie que l'on chante ou que l'on récite dans l'église, à la fin de certaines parties de l'office divin.

Éty. du lat. *Alleluia*, dérivé de l'hébreu *hallelu*, louez, et de *ja*, qui est une abréviation du nom de Dieu *Jéhova*. Ils signifient ensemble: *Laudate dominum*, louez le Seigneur.

C'est Saint Jérome qui a introduit ce mot, ou ces mots, dans le service de l'Eglise.

ALLELUIA, s. m. PAN-DE-COUCOU, CROUSADELA. *Alleluia*, ital. *Aleluia*, esp. Alleluia.

Pain de coucou; Surelle; *Oxalis acetosella*, Lin. petite plante de la fam. des Géraniées qui croît dans les bois humides et montueux.

Éty. ainsi nommée parce qu'elle fleurit au temps de Pâques, lorsqu'on commence à chanter *alleluia*.

ALLELUIASSES, s. m. pl. (alleluiàssés), dl. Embarras de paroles, et proprement, embages; longueurs, délais: *Cercar d'alleluiasses*; barguigner, lanterner, chercher, comme on dit, midi à quatorze heures.

Éty. La longueur du chant de certains *alleluia*, sur la même note, a bien pu être l'origine du péjoratif *alleluiasses*, composé de *alleluia* et de *asses*. Sauv.

ALLEMAGNA, V. *Alemagna*.

ALLEMAND, V. *Alemand*.

ALLEOTHETA, s. f. vl. *Aleotète*, antistichon, figure de mots qui consiste à changer une lettre en une autre. V. *Rayn*.

Éty. du grec ἀλλοιόθετος (alloiothetos), transposé.

ALLEOUGE, s. m. (aleóudgé); LEOUGE. Allège, petit bâtiment à fond plat, dans lequel on transporte des marchandises pour en soulager ou alléger d'autres.

Éty. L'auteur de la St. des B.-du-Rh. pense que ce mot est d'origine ligurienne, mais il est bien plus naturel d'en chercher l'éty. dans le lat. *alleviare*, rendre plus léger, d'où notre verbe *alleougear*, v. c. m. et *Lev*, R.

ALLEOUGEAR, v. a. (aleóudjá); ALLEOUGIR, ALLAUGEAR, ALLAUGEIRIR, ALIOUGEAR, ESLEOUGIR, DÈILIOUGAR, DELIOUGEAR. *Alleggiare*, ital. *Aligerar*, esp. *Alijar* et *Aligeirar*, port. *Allejar* et *Alleugerar*, cat. Alléger, décharger d'une partie du fardeau, soulager.

Éty. du lat. *alleviare*, formé de *levis*, léger, et de l'act. *ar*; ce qui, avec le *a* augm. signifie rendre plus léger. V. *Lev*, R.

ALLEOUGEAR S', v. r. S'ALLEOUGERIR, SE DELEOUGEAR. *Aligeirar-se*, port. Se dégarnir, se dévêtir, se vêtir plus légèrement, et non *s'alléger*. V. *Lev*, R.

ALLEOUGEAT, ADA, adj. et p. ALLEOUGIT, ALAUGERIT. *Aliviado* et *Aligerado*, esp. *Aligeirado*, port. Allégé, legèrement vêtu. V. *Lev*, R.

ALLEOUGIR, V. *Alleougear*.

ALLEOUGIT, V. *Alleougeat* et *Lev*, R.

ALLERI, V. *Arleri*.

ALLETA, V. *Aleta*.

ALLEUJAR, vl. V. *Alleougear* et *Lev*, Rad.

ALLEVACIO, s. f. vl. ALLEVIACIO. *Alleviagione* et *Alleviazione*, ital. Allégement, soulagement.

Éty. du lat. *Allevatio*. V. *Lev*, R.

ALLEVAR, v. a. vl. ALEVAR. *Allevare*, ital. *Aleviar*, esp. anc. Réparer, soulager, rendre léger, relever, élever, percevoir, protéger; supposer, faire l'éducation.

Éty. du lat. *Alleviare*, rendre plus léger. V. *Lev*, R.

ALLEVAT, ADA, adj. et p. vl. *Aleviado*, esp. anc. Supposé ée, élevé, soulevé. V. *Lev*, Rad.

ALLEVIACIO, vl. V. *Allevacio* et *Lev*, Rad.

ALLEVIAR, v. a. vl. ALEVIAR, ALEUJAR, ALLEUJAR. V. *Alleougear* et *Lev*, R.

ALLEVIAT, ADA, adj. et p. vl. facilité, ée.

Éty. de *al*, pour *ad*, de *levis* et de *at*, rendu léger, facile; ou du lat. *Allevatus*, m. s. V. *Lev*, R.

ALLEVIATIU, IVA, adj. vl. *Allévatif*, propre à alléger, à soulager. V. *Lev*, R.

ALLIAGI, s. m. (alliàdgi); ALLIAGE. *Aleacion*, esp. *Lega*, ital. *Liga*, port. Alliage, composé résultant de la combinaison réciproque de deux ou de plusieurs métaux; fig. combinaison quelconque.

Éty. de *al* pour *ad*, de *li*, pour *liar*, lier, et de *agi*, action de lier ensemble, d'unir. V. *Lig*, R.

Quand c'est avec le mercure qu'un métal est combiné, le mélange porte le nom d'Amalgame.

Deux parties de plomb et une d'étain composent l'alliage qui sert à souder le plomb et l'étain.

Onze parties d'étain et cent de cuivre forment le bronze des canons et des statues.

L'étain allié au fer, donne le fer blanc.

Quatre parties de plomb et une d'antimoine, mêlées d'un peu de cuivre, composent la matière des caractères d'imprimerie.

Huit parties de bismuth, cinq de plomb, et trois d'étain, forment l'alliage de Darcet qui est fusible à l'eau bouillante.

ALLIANÇA, s. f. (alliànce), *Alianza*, esp. *Aliança*, port. *Aliansa*, cat. *Alleanza*, ital. *Allianz*, all. Alliance, union entre deux familles par un mariage: on le dit aussi de l'union de plusieurs puissances.

Éty. du lat. *Alligatio*, liaison, jonction. V. *Lig*, R.

ALLIAR, v. a. (aliá); ALIAR. *Aliar*, cat. esp. *Alliar*, port. *Allegare*, ital. Allier, combiner les métaux; joindre par le mariage, unir par un traité.

Éty. du lat. *Alligare*, m. s. dit pour *ad ligare*, lier, attacher, unir à... V. *Lig*, R.

ALLIAR S', v. r. *Aliarse*. esp. port. S'allier, se combiner; s'unir par le mariage. V. *Lig*, R.

ALLIAT, ADA, adj. et part. (alliá, áde); *Alliado*, port. *Allegato*, ital. *Aliado, a*, esp. Allié, ée, parent.

Éty. du lat. *Alligatus*. V. *Lig*, R.

ALLIEURAR, vl. V. *Alliourar*.

ALLINAMEN, vl. V. *Alignament* et *Lin*, Rad.

ALLIOURAR, v. a. (aliourá), vl. *Allieurar*. Imposer, mettre au rang des contribuables.

Éty. de *Al*, pour *ad*, de *lioura*, pour *livra* et de *ar*; litt. mettre à la livre, imposer.

ALLIOURAT, ADA, adj. et p. (alliourá, áde). Imposé, ée.

ALLISIO, vl. V. *Allizio*.

ALLISQUAR, et

ALLISQUAT, V. *Aliscar* et *Aliscat*.

ALLIURAR, vl. V. *Allivrar*.

ALLIVRAR, v. a. vl. ALLIURAR. Délivrer, débarrasser.

Éty. de *a*, priv. et de *livrar*, faire le contraire de livrer. V. *Liber*, R.

ALLIZIO, s. f. vl. ALLISIO. Froissement.

Éty. du lat. *Allisio*, m. sign.

ALLOBROGO, s. m. (allobrógue); *Allobroge*, port. Allobroge, nom d'un peuple ancien de la Gaule, qui habitait entre le Rhône et l'Isère; fig. homme grossier et rustre.

Éty. de la basse latinité *broga*, champ, et de *allo*, le même que *aliud*; qui est venu d'ailleurs, d'une autre terre.

ALLOC, adv. vl. ALOOC, ALUEC, ALLUC. Là, aussitôt, incontinent, sur le champ; par fois, à propos.

Éty. de *al*, et de *loc*, au lieu, sous entendu, même. V. *Loc*, R.

ALLODI, s. m. vl. V. *Aloc* et *Franc-alleu*.

ALLOGA, adj. et p. vl. Logé. V. *Loc*, R.

ALLONGANSA, s. f. vl. V. *Alongament* et *Long*, R.

ALLONTZ, adv. vl. ALONS. Ailleurs.

Éty. du lat. *aliundè*, m. s. V. *Al*, R.

ALLOPICIA, vl. V. *Alopecia*.

ALLOR, adv. vl. Ailleurs. V. *Al*, R.

ALLOUCHAR, V. *Alouchar*.

ALLUC, vl. V. *Alloc*.

ALLUMAR, et composés. V. *Alumar*.

ALLUMINOS, vl. V. *Aluminous*.

ALLUQUAR, V. *Alucar*.

ALLUQUAT, V. *Alucat*.

ALLURA, s. f. (alúre); *Andatura*, ital. *Andadura*, esp. port. Allure; démarche en général; conduite, manière de faire, tournure bonne ou mauvaise. En parlant du cheval, marches qui lui sont particulières, telles que le pas, l'entre-pas, le trot, l'amble, le galop, le traquenard et le train rompu.

On nomme: *Allure froide*, celle du cheval qui relève très-peu les jambes de devant; *Allure réglée*, celle de celui qui va toujours également vite.

Éty. du français *aller*, allure, manière d'aller. V. *An*, R.

Ai vist à soun allura que valia ren.

ALLURAT, ADA, adj. et p. (alurá, áde), dl. Eventé; qui a des grâces, un air aisé. Sauv. *Testa allurada*, tête à l'évent.

Éty. de *allura*, et de *at*, qui a de l'allure, une démarche élégante. V. *An*, R.

ALLUSION, s. f. (allusie-n); ALLUSIEN. *Allusão*, port. *Alusion*, esp. *Allusione*, ital. Allusion, figure de rhétorique qui fait sentir les rapports qu'ont entre elles les personnes ou les choses.

Éty. du lat. *allusio*, de *alludere*, se jouer.

ALLUT, vl. A bout, à fin.

ALLUVIO, s. f. vl. V. *Alluvion*.

ALLUVION, s. f. (aluvie-n); ALLUVIEN. *Aluvion*, esp. *Alluvião*, port. *Alluvione*, ital. Alluvion, accroissement de terrain qui se fait le long des rivages de la mer ou des grandes rivières, par le dépôt des terres que l'eau entraîne.

Éty. du lat. *alluere*, baigner, arroser; d'où *alluvionis*, gén. de *alluvio* débordement.

ALM

ALM, ALMA, adj. vl. *Almo*, esp. ital. Nourricier, ère.

Éty. du lat. *almus*, qui nourrit. V. *Ali*, R.

ALMA, s. f. vl. *Alma*, esp. port. ital. Ame. V. *Ama* et *Anim*, R.

ALMAI, adv. de quant. (almáï), dl. Plus. V. *Aumai*.

ALMALTRAMENT, s. m. d. vaud. Enseignement.

Éty. Alt. de *almaestrament*. V. *Mag*, R.

ALMANACAIRE, s. f. (almanacaïré); ALMANAQUIAIRE. *Almanaquero*, esp. Celui qui fait ou vend des almanachs, qui s'occupe à des choses illusoires. Garc.

ALMANACH, s. m. (almanác); ARMANAC, ARMAGNAC. *Almanacco*, ital. *Almanaquo*, esp. *Almanach*, port. *Allmanach*, all. Almanach, table qui fait connaître le nombre et l'ordre des mois, des jours et des fêtes de l'année; les phases de la lune, les éclipses, etc., etc.; fig. et iron. celui qui s'occupe d'astrologie; bableur qui fait des contes en l'air.

Éty. On fait dériver ce mot de l'art. arabe *al*, le, et de *manach*, compte, compter.

Scaliger le fait venir du même article *al*, et du grec μάνακος (manakos), le cours des mois.

Verstegan dit que nos ancêtres traçaient le cours des lunes, pour toute l'année, sur un morceau de bois, ou bâton carré, qu'ils appelaient *al-monaght*, par contraction de *almoon-held*, qui signifie en vieux saxon, *contenant toutes les lunes*.

On attribue généralement aux Égyptiens l'origine des almanachs; le plus ancien connu, est celui que Darius imagina au moment où il allait marcher contre les Scythes.

Les almanachs ne sont connus en France que depuis le XVe siècle: un moine de Bretagne, nommé Guinklam, dressa le premier, qui parut en 1470, Dict. des dates. D'autres attribuent cette première publication à Martin Ilkus, polonais.

L'almanach royal, qui parut pour la première fois en 1679, et qui donne, outre les détails dont nous avons parlé, la composition de toutes les administrations, la population de tous les départements, etc. est un des plus anciens et le plus instructif.

ALMANACHARIA, s. f. (almanacarie); ALMANAQUARIA. Sciences et occupations ridicules; projets chimériques. Garc.

ALMANSOR, s. m. vl. ALMASSOR. Chef, prince arabe.

ALMASSOR, s. m. vl. *Almansor*, chef de sarrasins.

ALMATIST, s. m. vl. ALMASTIC. Améthyste. V. *Amethysta*.

Almatist, peira mout dura, d'ebrietat assegura, Brev. d'amor.

ALMATRAC, s. m. vl. Matelas. Voy. *Matalas*.

Éty. de la basse lat. *almatracium*, m. s. que Ducange croit être composé de l'art. arabe *al*, et de *matta*, natte, ou du portug. *almadraque*, matelas de paille, paillasse.

ALMENS, adv. vl. V. *Aumens*.

ALMENSAS, adv. dl. Le même que *Aumens*, v. c. m.

ALMIRANT, s. m. vl. ALMIRAN. *Almirante*, esp. port. Émir, titre par lequel les troubadours désignent les rois arabes d'Espagne.

Éty. de l'arabe.

ALMIRAT, s. m. vl. ALMIRATZ. Émir, chef musulman. V. *Emir*.

ALMOINA, vl. (almoïne). V. *Aumouina*.

ALMONARIA, s. f. vl. Soin de distribuer des aumônes, aumônerie. V. *Oumoun*, R.

ALMONIER, vl. V. *Almornier*.

ALMORAVIS, s. m. vl. Peuple mahométan.

Éty. de l'espagnol *Almoravides*, nom des Maures venus en Espagne sous Alphonse VI, roi de Castille.

ALMORNA, vl. V. *Aumouina*, *Almornes*, pl. V. *Oumoun*, R.

ALMORNAR, v. a. vl. *Almosnar*, anc. esp. *Esmolar*, port. *Limosinare*, ital. Aumôner, faire l'aumône. V. *Oumoun*, R.

ALMORNIER, s. m. vl. ALMOYNIER, ALMONIER. *Almoyner*, cat. *Almosnero*, anc. esp. *Esmolero*, port. Qui demande, qui fait l'aumône, aumônier, celui qui est chargé de distribuer les aumônes. V. *Oumounier* et *Oumoun*, R.

ALMOSNA, s. f. *Almoyna*, cat. *Almosna*, anc. esp. *Esmola*, port. Aumône; compassion, pitié. V. *Oumoun*, R. du lat. *eleemosyna*.

ALMOSNERA, s. f. vl. Aumônière, bourse, tronc des pauvres. V. *Oumoun*, R.

ALMOYNIER, vl. V. *Almornier*.

ALMUCELLA, vl. V. *Almussella*.

ALMUSSA, s. f. vl. Aumusse, robe, capote. V. *Aumussa*.

ALMUSSELLA, ALMUCELLA, s. f. vl. Dim. de *almussa*, petite aumusse.

ALN

ALNA, s. f. vl. *Alna*, anc. esp. Aune, mesure. V. *Auna*.

ALO

ALO, s. m. vl. Domaines, métairies, fief, alleu: *En aissels locs ero li alo del princeps de la ilha. (In locis illis erant prœdia principis insulæ).* Sauv.

ALOA, s. f. Nom ancien de l'*Aloës*, v. c. m.

ALOAR, v. a. (alouá); ALOUAR, ALLOUAR. *Allocare*, ital. Radouber. V. *Adoubar*.

Éty. de *a* pour *ad*, de *lo* pour *loc*, et de *ar*; remettre en son lieu, dans son premier état, rétablir.

ALOAR S', v. r. Se coucher, se placer commodément, s'arranger, et fig. s'enivrer.

ALOC, s. m. vl. ALLOC, ALLODI. *Alou*, cat. *Alodio*, esp. *Allodio*, ital. Alleu. V. *Franc alleu*.

Éty. de *leud*, celtique, qui signifie vassal, et de *a* priv.

ALOEN, s. m. Nom ancien de l'*Aloes*, v. c. m.

ALOES, s. m. (aloué); RIALGA, ALOA, ALOEN, ALOUES, ALOUA. *Aloe*, esp. port. *Aloè*, ital. Aloès pitte; Agavé d'Amérique: *Agave americana*, Lin. plante de la famille des Liliacées, Déc. des Ananas, Juss. originaire des pays chauds d'Amérique ou de l'Inde, et apportée en Europe en 1561. Elle s'est multipliée et naturalisée sur nos côtes, depuis les Martigues, Marseille, Toulon, Antibes, Cagnes, jusqu'à Nice. On la trouve même à La Rochette près d'Annot, B.-Alp.

Les filets ligneux contenus dans les feuilles de cette plante, donnent en Amérique, une filasse comparable à celle du chanvre.

Éty. de *aloe*, mot grec d'origine orientale, qu'on croit dérivé de ἁλς ἁλὸς (hals, halos), sel, à cause de son goût âcre, ou de l'arabe *alluve* (âllòeh). Théis.

ALOES, s. m. ALOUES, ALOUA. *Aloe*, esp. port. ital. V. le mot précédent.

Aloès est aussi, et plus particulièrement, le nom d'une substance extraco-résineuse, que l'on retire de plusieurs espèces du genre *Aloe* de Lin. et principalement de l'*Aloe perfoliata*, *vulgaris* et *spicata*; plantes de la fam. des Asphodèles de Jussieu; originaire d'Afrique et spécialement du Cap de Bonne-Espérance.

On distingue trois variétés de cette substance:

1° L'ALOÈS SOCOTRIN ou Sucotrin, ainsi nommé de l'île de Socotora, où on le préparait autrefois.

2° L'ALOÈS HÉPATIQUE, qui tire son nom de sa couleur rouge brunâtre, qu'on a comparée à celle du foie, *hepar*.

3° L'ALOÈS CABALIN, qui est le moins pur, employé seulement dans la médecine vétérinaire, pour les chevaux, d'où l'épithète cabalin.

ALOFI, V. *Lofi*.

ALOGA, m. sign. que *Auluec*, v. c. m.

ALOGAR, v. a. vl. *Allocar*, anc. cat. Loger, placer, établir.

Éty. du lat. *Locare*, m. s. V. *Loc*, R.

ALOGAR, v. a. vl. *Alogar*, anc. esp. *Allogare*, ital. Louer, prendre à gages, allouer, assigner.

ALOGAT, ADA, adj. et p. vl. Placé, ée, logé, établi, assigné.

Éty. de *a*, et du lat. *locatus*, m. s. V. *Loc*, Rad.

ALOGNAR, v. a. vl. *Alongar*, anc. esp. Éloigner, écarter, différer, prolonger, retarder. V. *Long*, R.

ALOI, s. m. (aloï et aloi). Aloi, titre de l'or et de l'argent. V. *Argent* et *Mouneda*; fig. bonne ou mauvaise qualité d'une chose.

Éty. du lat. *adligare* ou *alligare*, lier, unir, parce que le bon aloi consiste dans l'union légale des métaux constituants.

De *a* et de *loi*, *ad legem*, selon la loi. V. *Leg*, R. 3.

ALOI, nom d'homme (aloï); ALOY, AROY, AROI. Eloi.

Patr. Saint Eloi, *Santus Eligius*, dont l'Eglise célèbre la fête le 1er décembre. Saint Eloi est regardé comme le protecteur des bestiaux.

Bel ay que vas en roumavagi
Ti recoumandi à sant Aloy,
Afin que de retour de viagi
Noun vengues ni borni ni goy.

ALOIGNANSA, vl. V. *Aloungament* et *Long*, R.

ALOIGNAR, v. a. vl. Éloigner. V. *Esluegnar* et *Long*, R.

ALOIRAR, v. a. vl. ALOYRAR. *Aloyrar*, anc. cat. Leurrer, allécher, attirer.

Éty. de *loire*, rom. leurre.

ALOIRAT, ADA, adj. et p. Leurré, ée, alléché, attiré.

ALONDRE, adv. vl. Ailleurs. V. *Alhondres.*

ALONG, s. m. (alóng) ; ALONGEA, LOUNGIEIRA, LOUNDIEIRA, AJUST. Rallonge et allonge, toute pièce rapportée à une autre pour l'allonger. V. *Long*, R.

ALONGAMENT, s. m. vl. ALONGAMEN, ALONGUIER, ALONGUI, ALONHAMENT, ALLONGANSA. *Alongamiento*, anc. esp. *Alongamento*, port. *Allungamento*, ital. Eloignement, allongement; délai, prolongation, retard.

Éty. de *a*, de *longa* et de *ment*, chose qu'on a allongée. V. *Long*, R.

ALONGAMENT, s. m. (aloungaméin); ALOUNGAGE, ALOUNGAMENT. *Allungamento*, ital. *Alongamento*, port. Allongement, action de rendre plus long; retard, lenteur.

Éty. de *alonga* et de *ment*. V. *Long*, R.

ALONGAR, v. a. (aloungá); ALOUNGEAR, ALOUNGAR, ALONGUAR, ALONJAR. *Allungare*, ital. *Alongar*, port. esp. cat. Allonger, rendre plus long par l'addition d'une rallonge, faire durer davantage; prolonger, retarder, différer.

Éty. du lat. *elongare*, ou de *a*, augm. de *long* et de l'act. *ar*, rendre plus long. Voy. *Long*, R.

Alongar l'oula, lou toupin; tr. remplir le pot, ajouter de l'eau, et non allonger; *alongar un coou*, lancer un coup; on dit cependant allonger un coup d'épée.

Jupiter au pauvre Jazoun,
Alonguet un cop de tounerra
Perce qu'era anat à la terra
Ounte semenava cercs.
Favre, odyssée.

Aloungar, se dit, dans le sens neutre, pour allonger, prendre un chemin plus long.

ALONGAR S', *Alongar-se*, port. esp. *Allongarsi*, ital. S'allonger, s'étendre, devenir plus long. V. *Long*, R.

ALONGAT, ADA, adj. et p. (aloungá, áde); *Alongado*, esp. port. Allongé, ée.

Éty. de *along* et de *at*, fait, devenu long. V. *Long*, R.

ALONGS, s. m. pl. (alóngs); ALONGUIS, TIRLANCES, DELAIS, MUSA. *Alonganza*, esp. Retards, délais, lenteurs affectées, allongement, chemin de l'école, chemin plus long.

Éty. de *a*, augm. et de *long*, rendre long. V. *Long*, R.

Aquot me fai un alongui, cela me renvoie bien loin; *Cercar d'alonguis*, chercher un allongement.

ALONGUAR, vl. V. *Alongar.*

ALONGUI, vl. V. *Alongament* et *Long*, R.

ALONGUIER, vl. Voy. *Alongament* et *Long*, Rad.

ALONGUIS, V. *Alongs* et *Long*, R.

ALONHAMENT, vl. V. *Alongament.*

ALONJAR, vl. V. *Alongar.*

ALONS, adv. vl. V. *Allontz.*

ALOOUBETA, s. f. (olooubéte); *Aloeta*, anc. esp. Nom bas limousin de la mauviette.

Éty. alt. de *alauveta*, v. c. m.

ALOOUGEAR, V. *Alleougear* et *Leu*, R.

ALOPECIA, s. f. vl. ALLOPECIA, ALLOPICIA. *Alopecia*, cat. *Alopecia*, esp. *Alopesia*, port. *Alopicia*, ital. Alopécie, pelade, maladie qui fait tomber le poil et les cheveux.

Éty. du grec ἀλώπηξ (alôpêx), renard, parce qu'on croyait que cet animal était particulièrement sujet à cette maladie.

ALOT, s. m. (alót), d. béarn. Espèce de thon.

ALOT, vl. Il ou elle alla.

ALOUAR S', *Aloar.*

ALOUBIT, IA, adj. et part. (aloubi, bie); ALOUVIT, AFFAMAT, REMOULUT, ARREMOULIT, ALOUBATIT. Affamé, insatiable, avide. *Aloubi, ie.*

Éty. de *loup* et de *it*, affamé comme un loup; ou du bas breton *aloubir*, empiéter, usurper. V. *Loup*, R.

ALOUCHAIRE, s. m. (aloutchaïré). Lutteur, celui qui lutte. Aub. V. *Louchaire.*

Éty. du lat. *Luctator*, m. s.

ALOUCHAR, v. a. (aloutchá); LOUCHAR, ALLOUCHAR. Terrasser en luttant.

Éty. de *a*, de *loucha*, lutte, et de *ar*. V. *Luch*, R.

Pierre es galhard mai Toni l'aloucha. Pr.

ALOUCHAT, ADA, adj. et p. (aloutchá, áde). Terrassé, ée, vaincu. V. *Luch*, R.

ALOUES. V. *Aloes.*

ALOUETA, s. f. (alouéte); ALOUVETA. *Allodola*, ital. *Alondra* et *Alauda*, esp. *Aloeta*, ital. anc. Alouette. V. *Calandra.*

Éty. de *alauda*, mot gaulois que César avait donné à une légion qui portait sur les casques des cimiers qui ressemblaient à la touffe de plumes qu'une espèce de ce genre a sur la tête.

ALOUGAR, v. a. (alougá), d. bas. lim. Avertir le fournier qu'on veut cuire, afin qu'il assigne à la fournée, le rang et la place.

Éty. du lat. *locare*. V. *Loc*, R.

ALOUGAR S', v. r. Prendre son rang au four.

ALOUIRIT, IDA, adj. (olouiri, ide); ABOUAT, d. bas lim. Malandreux, bois qui a des malandres, qui est gâté, pourri ou vermoulu.

ALOUNGAR, et comp. V. *Alongar.*

ALOUNGEA, d. bas. lim. V. *Alongea.*

ALOUNGEAR, v. a. dm. *Alongiare*, ital. anc. V. *Alongar.*

ALOUNSAR, v. a. (alounsá); ALUDAR, dl. Etriller quelqu'un. Voy. *Estrilhar* et *Rossar.*

ALOUPAR, V. *Agouloupar.*

ALOUPIR, v. a. (oloupi), d. bas lim. S'emporter brusquement contre quelqu'un, lui dire des paroles dures, le poursuivre en l'outrageant.

Éty. de *a*, de *loup* et de *ir*, se jeter dessus comme un loup. V. *Loup*, R.

ALOURA, adv. (alóure). V. *Alhoura.*

ALOUVETA, s. f. (alouvéte). Nom qu'on donne, à Avignon, à l'alouette des champs. V. *Calandra.*

ALOUVIT, V. *Aloubit.*

ALOUYEOU, s. m. (alouyèou); NOUSEL. Aloyau, pièce de bœuf coupée le long du dos.

Éty. incertaine.

ALOY. V. *Aloi.*

ALOYRAR, vl. v. *Aloirar.*

ALP.

ALP, celtique, lieu élevé, montagne, a produit : Alpes et ses dérivés, *Alpin*, *Alpicola*, *Alpestre*, etc.

ALPAS, s. f. pl. (álpes); ALPS. *Alpes*, esp. port. *Alpi*, ital. *Alpen*, all. Alpes, hautes montagnes qui séparent la France de l'Italie.

Éty. du lat. *alpes*, fait du grec ἄλπις (alpis), m. s. ou du celt. *al*, haut, et de *pen*, *pas*, rocher, montagne; ou de *albæ*, blanches, selon d'autres, parce qu'elles sont couvertes de neige une grande partie de l'année.

Les Troubadours ont souvent employé le mot *alps*, dans le sens de rocher élevé, Rayn.

ALPAS-BASSAS, s. f. pl. (alpes-basses). Alpes-Basses, ou Basses-Alpes, nom d'un département dont le chef-lieu est Digne.

Éty. de la chaîne de montagnes, connue sous le nom de Alpes, et par opposition à hautes. V. le mot suivant.

ALPAS-HAUTAS, (álpas-háoutes). Alpes-Hautes, ou Hautes-Alpes; un des départements de la France dont le chef-lieu est Gap.

Éty. de la chaîne des Alpes qui le traverse.

ALPHA, s. m. (alphá); ALFA, *Alpha*, port. *Alfa*, ital. Alpha, nom de la première lettre de l'alphabet grec A, α : *Alpha et omega*, α et ω, commencement et fin.

ALPHABET, s. m. (alfabè); FABETA, FABETUS, A. B. C, EIMATINA. *Alfabeto*, esp. ital. *Alfabet*, cat. *Alphabet*, all. *Alphabeto*, port. Alphabet, suite de toutes les lettres d'une langue; petit livret qui les contient et qui sert à montrer à lire aux enfants; premiers principes d'une science.

Éty. du grec ἄλφα (alpha) et βῆτα (bèta), A, B.

Les Assyriens et les Egyptiens sont généralement regardés comme les inventeurs de l'alphabet ou des lettres séparées en voyelles et en consonnes; et Cadmus comme l'ayant le premier introduit en Europe.

ALPHABETIQUE, ICA, adj. (alfabétique, ique); *Alfabetico*, esp. ital. *Alphabetico*, port. Alphabétique, qui est selon l'ordre de l'alphabet.

ALPHONSIN, s. m. (alphounsin). Alphonsin ou alfonsin, instrument de chirurgie propre à retirer les balles qui sont restées dans le corps; tire balle.

Éty. de Alphonse Ferrier, médecin de Naples, qui fit connaître cet instrument en 1552.

ALPHONSO, nom d'homme (alfónse); ARPHONSOU. Alphonse.

Patr. Saint-Alphonse, évêque de Tolède, en 658; mort l'an 667, le 28 octobre, jour où l'Église célèbre sa fête.

Éty. Nom espagnol d'origine vandale, de *alph*, secours, et de *ous*, notre.

ALPIN, INA, adj. (alpìn, ine); *Alpino, ina*, esp. ital. Alpin, ine, qui appartient aux Alpes, qui y croît, qui y habite.

Éty. du lat. *Alpinus*. V. *Alpas*.

ALPS, vl. Alpes. V. *Alpas*.

ALQ

ALQUANT, p. r. vl. *alquanti*, ital. Quelques-uns, certains : *In alquant*, à l'égard,

Éty. du lat. *aliquanti*, quant à.

ALQUANTET, adv. vl. Un peu, tant soit peu.

ALQUANTS, adj. (alquouànts); ALCANTS. vl. Aucuns, quelques-uns, certains : *Alquants dels fariseus*; quelques pharisiens. Sauv.

ALQUE, adj. vl. pron. ind. *Algun*, cat. esp. *Algum*, port. *Alcuno*, ital. Quelque. V. *Quauqu'un*.

Éty. du lat. *aliquem*.

ALQUES, s. indét. vl. Quelque chose, un peu, quelque peu.

Éty. du lat. *Aliquantum*.

ALQUES, adv. vl. Quelquefois, parfois, aucunement.

Éty. Vraissemblablement du lat. *aliquoties* ou de *aliquantùm*.

ALQUIFOUX, s. m. (alquifóus); ARQUIFOUX. Alquifoux, Galène, plomb sulfuré ou sulfure de plomb à grandes facettes.

ALQUIMIA, s. f. vl. *Alquimia*, esp. port. Bronze, laiton.

Aqui non manquo pas varage,
Car ly a de tout per lou mainage,
De Couire, de latoun, d'estan,
D'alquimia, de ferre blan.
Michel, fiera de Beouc.

ALQUITRAN, s. m. vl. *Alquitra*, anc. cat. *Alquitran*, esp. *Alcatrão*, port. *Alquitrana*, ital. anc. Goudron. V. *Quitran*.

Éty. de l'arabe *al-quitran*, m. sign.

Foc alquitran, vl. Espèce de feu grégeois dont on faisait usage à la guerre, surtout dans les siéges.

ALQUS, pron. vl. Quelques, quelque.

ALR

ALRES, adv. vl. Autrement, d'une autre façon.

Éty. du lat. *altera-re* ou de *aliter*. Voy. *Alter*, R.

ALS

ALS, pr. dém. dl. Ceux ; autre chose.

ALS, art. m. pl. au datif. *All*, cat. *Als paires*, aux pères.

Éty. Il est formé par contraction, de *a-los*, et par sync. de *o*; d'où les modernes on fait par suppression de *l*, *as*.

ALSADA, s. f. vl. Hauteur. V. *Alt*, R.

ALSAR, v. a. vl. *Alçar*, port. Hausser. V. *Aussar* et *Alt*, R.

ALSENA, dl. V. *Lesena*.

ALSOR, comp. de *Alt*, vl. Plus haut, plus élevé, V. *Alt*, R.

ALT

ALT, AUT, ALS, AUS, AUSS, AUZ. Radical pris du latin *altus*, haut, élevé ; il marque élévation, domination, puissance.

De *altus*, par apoc. *alt*, d'où : *Alt*, *Alt-eza*, *Alt-o*, *Alt-isme*, etc.

De *alt*, par le changement de *l* en *u*, *aut*, d'où : *Aut*, *Aut-ar*, *Aut-bois*, *Aut-our*, *Autier*, *Az-aut*, *Az-aut-ar*, etc.

De *Altus*, par la suppression de *tu*, *als*, d'où : *Als-ar*, *Iss-als-ar*, *Als-or*, *Als-ada*, etc.

De *als*, par le redoublement de *s*, *alss*, et le changement de *l* en *u*, *auss*, d'où : *Auss-a*, *Auss-ar*, *Auss-ar*, *Auss-iera*, *En-auss-ar*, etc.

De *aus*, par le changement de *s* en *z*, *auz*; d'où : *Auz-ar*, *Auz-or*, *Auz-at*, etc.

De *aus*, précédé du signe de l'aspiration *h*, *haus*, et les mêmes mots que dessus ; ce qui paraîtrait justifier la présence de cette lettre, c'est que dans certains dialectes on a employé devant *aut*, une *n*, et l'on a dit *naut*, *naut-eza*, *naut-our*, etc., il est possible que les latins n'articulassent les mots qui commençaient par *alt*, qu'avec aspiration, et que pour imiter cette prononciation on ait employé tantôt *h* et tantôt *n*.

ALT, ALTA, et composés. V. *Aut*, *auta*.

ALTA, V. *Halta*.

ALTAMEN, adv. et

ALTAMENT, vl. V. *Autament*.

ALTAR, vl. V. *Autar*.

ALTA-TESTA, s. f. vl. Le crâne.

Éty. Le haut de la tête.

ALTEA, V. *Althea*.

ALTER, Radical pris du latin *alter*, *a*, *um*, autre, et dérivé du grec ἀλλοτεῤῥος (alloterrhos), éol. pour ἀλλότριος (allotrios), d'autrui, étranger ; d'où : *Altercari*, disputer ; *Alternus*, alterne, qui se fait, qui agit tour à tour ; *Alteratio*, altération.

De *alteratio*, par apoc. *alter* ; d'où : *Alterar*, *Des-alterar*, *Alter-at*, *Des-alterat*, *Alteration*, etc.

De *alter*, par la suppression de *e*, *altr* ; d'où : *Altr-e*, *Altre-si*, *Altre-tal*, *Altr-ui*, *Altr-es*.

De *altercari*, par apoc. *alterc* ; d'où : *Alterc-ar*, *Alterc-ation*, *Alterc-atio*.

De *alternus*, par apoc. *altern* ; d'où : *Altern-ar*, *Altern-ativa*, *Alternativa-ment*.

De *alter*, par suppression de *l* et transposition de *r*, *astre* ; d'où : *Atre-i*, *Atre-isi*, *Atre-ssi*, *Atre-s-tau*.

De *altr*, par le changement de *l* en *u*, *autr* ; d'où : *Autr-e*, *Autra-ment*, *Autr-ier*, *Autr-ui*, etc.

De *autr*, par la suppression de *r*, *aut* ; d'où : *Aut*, *Aut-e*.

De *autr*, par la suppression de *t*, *aur* ; d'où : *Aur-e*, *D-aure*, *Ald-res*. V. aussi *Al*, Rad.

ALTERABLE, ABLA, adj. (alteráblé, áble); *Alterable*, esp. *Alterabile*, ital. Altérable, qui peut-être altéré.

Éty. de *alterar* et de *able*, susceptible d'être altéré. V. *Alter*, R.

ALTERACIO, vl. V. *Alteration*.

ALTERANT, ANTA, adj. (alterán, ánte); Altérant, qui altère, qui cause de la soif.

Éty. de *alterar*. V. *Alter*, R.

ALTERAR, v. a. (alterá); CASTAR. *Alterare*, ital. *Alterar*, esp. port. cat. Altérer, troubler, changer ; causer de la soif, altérer.

Éty. du lat. *adulterare*, formé de *alter* et de *ar*. V. *Alter*, R.

ALTERAR S', v. *Alterarsi*, ital. *Alterarse*, esp. port. S'altérer, se gâter, se corrompre. V. *Alter*, R.

ALTERAT, ADA, adj. et p. (alterá, áde); *Alterado, ada*, esp. port. Altéré, ée, gâté, changé.

Éty. de *alter*, R. et de *at*, pr. mod. qui a une grande soif.

ALTERATION, s. f. (alteratie-n); ALTERATIEN. *Alteraciò*, cat. *Alterazione*, ital. *Alteracio*, esp. *Alteração*, port. Altération, changement de bien en mal ; émotion d'esprit.

Éty. du lat. *alterationis*, gén. de *alteratio*. V. *Alter*, R.

ALTERATIU, TIVA, adj. vl. *Alterativo*, anc. esp. ital. Qui altère, altérant.

Éty. de *alter*, R. et de *ativ*. V. *Alter*, R.

ALTERCAR, v. n. vl. *Altercar*, cat. esp. port. *Altercare*, ital. Disputer.

Éty. du lat. *altercari*, parler alternativement, disputer. V. *Alter*, R.

ALTERCATIO, s. f. vl. V. *Altercation*.

ALTERCATION, s. f. (altercatie-n); *Altercazione*, ital. *Altercacion*, esp. *Altercação*, port. *Altercaciò*, cat. Altercation, débat, dispute.

Éty. du lat. *altercatio*, *ionis*, m. sign. V. *Alter*, R.

ALTERNAR, v. a. et n. (alterná); *Alternare*, ital. *Alternar*, esp., port. Alterner, faire alternativement avec un autre ; placer, mettre l'un après l'autre.

Éty. du lat. *alternare*, m. sign. V. *Alter*, Rad.

ALTERNATIVA, s. f. (alternative); *Alternativa*, esp. ital. port. Alternative, option entre deux propositions, entre deux choses. V. *Alter*, R.

ALTERNATIVAMENT, adv. (alternativaméin); *Alternativamente*, ital. port. esp. Alternativement, tour à tour, l'un après l'autre.

Éty. du lat. *alternatim*, ou de *alternativa* et de *ment*, d'une manière alternative. Voy. *Alter*, R.

ALTESSA, s. f. (altèsse); *Alteza*, esp. port. *Altezza*, ital. *Altesa*, cat. Titre d'honneur qu'on donne à différents princes, et particulièrement à ceux de la maison de France, Altesse, Hautesse.

Éty. de l'ital. *alteza*, dérivé de *alto*, haut, élevé. V. *Alt*, R.

Sous la première et la seconde race de nos rois, les évêques portaient ce titre, et dans le XIIIme, XIVme et XVme siècle il était commun à tous les rois ; mais à dater de François Ier ils l'ont quitté pour prendre celui de Majesté, réservé jusqu'alors aux empereurs.

Le duc d'Orléans prit le titre d'Altesse royale, en 1631, afin de se distinguer des autres princes de France; le prince de Condé a été le premier à prendre celui d'Altesse sérénissime.

ALTEZA, s. f. vl. Hautesse, hauteur. V. *Autour*, *Altessa* et *Alt*, R.

ALTHEA, s. m. (althéa); ALTEA, MAUGA, MAUGA-BLANCA, ALTHIA, GUIMAUVA, MAUVA BLANCA, BOUEN VISCLET. *Altea*, ital. esp. Althea ou Guimauve : *Althœa officinalis*, Lin. plante de la famille des Malvacées que l'on cultive dans la plupart des jardins, à cause des vertus émollientes et adoucissantes de ses fleurs et de ses racines.

Éty. du grec ἀλθαία (althaia), mauve, dérivé de ἄλθω (althô), je guéris, je soulage.

En préparant les tiges de la guimauve, comme celles du chanvre, on peut, selon Cavanilles, en extraire une bonne filasse.

Dans les environs de Toulouse, on donne le même nom à *l'Hibiscus syriacus*.

ALTHEA-FER, s. m. Nom de la guimauve velue, *Althea hirsuta*, Lin. dans le département des B.-du-Rh. selon M. Negrel.

Éty. L'épithète de *fer*, sauvage, lui a été donnée parce qu'il croît naturellement dans les champs et qu'on ne le cultive pas.

ALTISME, s. m. vl. Le Très-Haut, le suprême degré, le bien suprême. V. *Alt*, R. adj. superl. le plus haut.

ALTIU, IVA, adj. vl. *Altiu*, cat. *Altivo*, esp. port. Hautain, élevé, fier, ère. Voy. *Autourous*.

Éty. de *alt*, R. et de *iu*.

ALTIVEZ, s. m. vl. *Altivez*, esp. port. Arrogance, insolence, orgueil. V. *Alt*, R.

ALTO, s. m. (alto); QUINTA. *Alto*, port. ital. Alto ou Quinte, instrument semblable au violon, mais un peu plus gros et monté une quinte en dessous. V. *Alt*, R.

ALTRE, TRA, adj. ou pron. indéf. vl. AUTRE. *Altre*, cat. *Outro*, port. *Altro*, ital. anc. esp. *Otro*, esp. mod. Autre. V. *Autre*.

Éty. du lat. *alter*, m. sign. v. c. R.

NOS ALTRES, *Nos altres*, cat. *Nos otros*, esp. *Nos outros*, port. *Noi altri*, ital. Nous autres. V. *Nous autres* et *Nautres*.

ALTRESI, vl. V. *Altressi*.

ALTRESSI, ATRESSI, ATREISI. adv. vl. *Altresi*, anc. cat. *Otresi*, esp. *Outrossi*, port. *Altresi*, ital. De même, pareillement.

Éty. de *altre* et de *si*, ou du lat. *alter* et de *sic*, autre même, *alterum sic*. V. *Alter*, R.

ALTRETAL, ATRETAL. adj. vl. *Altretal*. cat. *Otrotal*, esp. *Altrettale*, ital. *Outrotal*, port. Le même, tel, pareil, égal, semblable.

Éty. de *altre*, R. et de *tal*, autre tel, c'est-à-dire, pareil.

ALTRETANT, vl. V. *Altrestan*.

ALTREZI, V. *Alter*, R.

ALTRUI, AUTRUI. adj. vl. *Altruy*, cat. *Outrem*, port. *Altrui*, ital. D'un autre, qui est d'autrui. V. *Autrui* et *Alter*, R.

ALTURA, s. f. vl. *Altura*, port. esp. Elévation, hauteur. V. *Autour*, *Autura* et *Alt*, Rad.

ALU

ALUC, s. m. vl. Lumière, jour, éclat. V. *Luc*, R. Il ou elle allume.

ALUCAIRE, s. m. (alucaïré); BADAIRE. Bayeur, musard, qui s'arrête partout pour regarder. Avr. V. *Luc*, R.

ALUCAR, v. a. (alucá); ALLUQUAR. Regarder attentivement, observer, épier, surveiller, envisager, fixer; bayer, appeler quelqu'un de fort loin.

Éty. de *a* augm. et du grec λεύσσω (leussô), voir, regarder, avec l'act. *ar*. V. *Luc*, R.

Alucamiben, *siou iou*, regardez-moi bien, c'est moi.

ALUCAR, v. a. vl. ALHUCAR, AILLUCAR, ALUCHAR. Allumer le feu, le faire brûler, l'attiser. V. *Abrar* et *Alumar*.

Éty. Selon M. Thomas, du grec λελύχνευκα (leluchneuka), parf. de λυχνεύω (lukneuô), éclairer avec la lampe; formé de λύχνος (luchnos), lampe, flambeau, ou du lat. *lux*, *lucis*, feu, flamme; de *a* et de *ar*; faire flamber.

> Vous que d'un soul regart fasex grouda leis mires,
> Qu'alucax tant de fox e lanssax tant d'esclaires.
>
> Bergoing.

ALUCAT, ADA, adj. et p. (alucá, áde). Regardé, fixé attentivement; allumé en parlant du feu.

ALUCHAR, v. a. vl. (alutchá), d. lim. Cosser. V. *Bussar* et *Alucar*.

Éty. du lat. *lucta*, lutte. V. *Luch*, R.

ALUD, interj. (olú), d. bas lim. ALU. interj. que les enfants prononcent pour dire qu'ils ne sont plus soumis aux règles du jeu. On dit ailleurs : *N'en siou plus*, *jugui plus*.

Éty. de *a* priv. et de *ludus*, jeu.

ALUDA, s. f. (alúde); *Aluda*, cat. *Alluda*, ital. Alude, basane colorée dont on se sert particulièrement pour couvrir les livres.

Éty. du lat. *aluta*, peau teinte, dit pour *aluminata*, alunée, parce qu'on passe les peaux à l'alun avant de les teindre. Voy. *Alun*, R.

ALUDAR, v. a. (aludá), dl. ROSSAR. Battre, rosser quelqu'un. V. *Estrilhar*.

Éty. de *aluda*, alude, et de *ar*; battre comme une peau. V. *Alun*, R.

ALUDAR S', v. r. dl. SE GOULUDAR. S'étendre de son long, se rouler par terre : *Lou porc s'aluda dins la fanga*, le pourceau se vautre dans la boue. V. *Ventourar* et *Vioutar*.

Éty. de *a*, du lat. *lutum*, boue, et de l'act. *ar*; rouler dans la boue, se couvrir de boue.

ALUEC, vl. V. *Alloc*.

ALUENCHAR, v. a. (aluenchá); ALLUNCHAR, ALONCHAR, ESLUEGNAR. *Allontanare*, ital. *Alejar* et *Aluengnar*, esp. *Alienar*, port. Eloigner, écarter une personne, une chose d'un lieu.

Éty. de *a* pour *ad*, de *luench* et de *ar*; litt. mettre loin. V. *Long*, R.

> *Ello alluncho un couer dau vici,*
> *Et de soun camin impur,*
> *Li fa aima de la justici*
> *Lou drayoou drech et segur.*
>
> Gros, sur la sagesse.

ALUENCHAR S', v. r. S'éloigner, s'écarter d'un lieu, d'une personne. V. *Long*, R.

ALUGAIRE, s. m. (alugaïré). Renoueur, ravodeur de bas, etc. V. *Adoubaire*.

Éty. de *alugar* et de *aire*. *Que aluga*, qui remet en son lieu. V. *Loc*, R.

ALUGAR, v. a. (alugá). Accommoder, racommoder, agencer, ajuster, préparer, apprêter. V. *Adoubar*.

Éty. de *a*, de *lug* pour *luec*, lieu, et de l'act. *ar*; mettre en son lieu, replacer, rétablir. V. *Loc*, R.

ALUGNAR, Aub. V. *Esluegnar*.

ALUGORAR, v. a. vl. *Alumbrar*, esp. Illuminer, mettre en splendeur, rendre brillant, brillanter.

Éty. du lat. *aluminare*. V. *Luc*, R.

ALUGORAT, ADA, adj. et p. vl. *Alumbrado*, esp. Brillanté, ée, remis en éclat, illustré. V. *Luc*, R.

ALUIN, V. *Alevin*.

ALUINAR, Garc. V. *Alevinar*.

ALUM, s. m. vl. Alun. V. *Alun*.

ALUMADA, s. f. (alumáde), dg. *Pinsonnée*, chasse de nuit et au flambeau, qu'on fait aux petits oiseaux, aux pinçons.

ALUMAIRE, s. m. (alumaïre); ALUMAIRE, ALLUMARD. *Allumeur*, éclaireur, celui qui est chargé d'allumer les bougies, les cierges, les quinquets, etc. Avr. V. *Luc*, R.

ALUMAR, v. a. (alumá); ALLUMAR, ABRAR, ABRANDAR, ALAMAR, EMBRANDAR. *Allumare*, ital. *Alumar*, cat. *Alumbrar*, esp. *Allumiar*, port. Allumer, mettre le feu à quelque chose de combustible; fig. exciter, enflammer, embraser.

Éty. de *ad*, à, de *lum* pour *lumen*, lumière, et de l'act. *ar*, mettre à la lumière ou enflammer.

Alumar lou lume, *allumiar*, port. Allumer la lampe, la chandelle, etc. et non la lumière. V. *Lume* et *Luc*, R.

Alumar, en d. bas lim., signifie aussi éclairer : *Laissaz vous alumar*, attendez qu'on vous éclaire; *Alumar à quauqu'un*, tirer un coup de fusil, un coup de pistolet à quelqu'un.

ALUMAR, v. n. Être tout en feu, être trop salé, trop épicé, en parlant des aliments : *Aquella sauça alluma*, cette sauce brûle.

ALUMAR S', v. r. S'allumer, prendre feu. V. *Luc*, R.

ALUMARD, s. m. (alumár); ALLUMARD. Selon M. Garcin, homme qui ne peut se contenir, auquel on ne peut faire entendre raison.

Éty. de *ad*, de *lum*, lumière ou feu, et de *ard*; qui est disposé à prendre feu. V. *Luc*, R.

ALUMAT, ADA, adj. et p. (alumá, áde); ALLUMAT, ALAMAT, ABRAT, EMBRANDAT. *Allumiado*, port. Allumé, ée, enflammé, ée; fig. emporté, avide. Garc.

Éty. de *ad*, de *lume* et de *at*, lumière produite, parce que tous les corps enflammés en fournissent. V. *Luc*, R.

ALUMENAMEN, s. m. vl. ALUMNAMEN. *Alumbramiento*, esp. *Alumeamento*, port. Illumination, éclairage. V. *Luc*, R.

ALUMENAR, v. a. vl. ALUMNAR, ALHUMNAR. *Alumar*; anc. cat. *Alumbrar*, esp. *Alumear*, port. *Alluminare*, ital. Allumer, enflammer, éclairer; donner, rendre la vue, la clarté.

Éty. de *a* pour *ad*, de *lumen* et de *ar*; litt. rendre à la lumière. V. *Luc*, R.

ALUMENAR, v. a. vl. ENALUMENAR. *Alum-*

brar, esp. *Alumare*, ital. anc. Aluner. Voy. *Alunar*.

Éty. de *alumen* et de *ar*. V. *Alun*, R.

ALUMENATGE, s. m. vl. Éclat, lumière, éclairage. V. *Luc*, R.

ALUMETA, s. f. (alumète); **ALLUMETA**. Allumette. V. *Brouqueta*.

Éty. de *alumar*, allumer. V. *Luc*, R.

On nomme *Alumëttier*, le fabricant et le marchand d'allumettes, et *Allumière*, la boîte qui les renferme.

ALUMINAR, Aub. V. *Illuminar*.

ALUMINOS, OSA, adj. vl. **ALLUMINOS, OZA, ALLUMINOS**. *Aluminoso*, esp. port. *Alluminoso*, ital. Alumineux, euse, qui contient de l'alun ou qui en est imprégné.

Éty. du lat. *aluminosus*, de *alumin*, apoc. de *aluminis* et de *osus*. V. *Alun*, R.

ALUMNAMEN, s. m. vl. V. *Alumenamen*, et *Luc*, R.

ALUMNAR, v. a. vl. *Alumear*, port. Allumer, éclairer, illuminer. V. *Alumar* et *Luc*, R. *Alumenar*, pour aluner.

ALUMNAT, ADA, adj. et p. vl. *Alumeado*, port. Allumé, ée, éclairé. V. *Alumat* et *Luc*, R.

ALUMNER, vl. alt. de *Alumar*, v. c. m. et *Luc*, R.

ALUN, **ALUM**, radical pris du lat. *alumen*, *aluminis*, alun, qu'on fait dériver du grec ἅλς (hals), sel, et peut-être du lat. *lumen*, lumière, clarté, éclat, à cause de la vivacité que l'alun donne aux couleurs.

De *alumen*, par apoc. *alum*, ou par suppr. de *me*, *alun*; d'où : *Alun*, *Alun-agi*, *Alun-ar*, *alun-at*, *En-alumen-ar*, *En-alumen-at*.

De *aluminis*, gén. de *alumen*, par apoc. *alumin*; d'où : *Alumin-ar*, *Alumin-os*, *Alumin-atgi*.

De *alun*, par le changement de *l* en *r*, *arun*, d'où les mêmes mots que par *alun*.

De *alun*, par la suppr. de *n* : *Al-uda*, *Alu-d-ar*.

ALUN, **ARUN**, s. m. (alüm, arüm); *Alumbre*, esp. mod. *Alum*, cat. *Allume*, ital. *Alun*, all.. *Alun*, esp. anc. Alun, alumine sulfatée des minéralogistes, et sulfate acide d'alumine et de potasse des chimistes.

Éty. du lat. *alumen*, m. s. V. *Alun*, R.

L'alun est employé en médecine comme astringent, dans la teinture pour fixer les couleurs et dans quelques blanchiments ; il sert à purifier le suif, à la préparation des cuirs, à la conservation des matières animales, etc.

On distingue dans l'alun les variétés suivantes, connues sous les noms de :

ALUN DE FABRICA ; Alun de fabrique, celui que l'on compose directement en unissant l'alumine et la potasse avec l'acide sulfurique

ALUN DE GLAÇA, Alun de glace, celui qui se trouve en beaux cristaux transparents.

ALUN DE PLUMA, ALBESTON. *Alume di piuma*, ital Alun de plume, celui qu'on ramasse sur les rochers, dans l'intérieur des cavernes où il est fixé sous la forme d'une poussière blanchâtre, imitant souvent les barbes d'une plume ; d'où le nom qu'il porte.

ALUN DE ROCA, *Alume di rocca*, ital. Alun de roche est, selon les uns, celui qu'on trouve en masses considérables, imitant une roche, mais selon Bergmann, ce nom lui a été donné de la petite ville de Roche en Syrie, où les premières fabriques de ce sel furent, selon lui, établies.

ALUN DE ROUMA, Alun de Rome, à cause de la localité.

ALUN NATIF, Alun natif, celui qu'on trouve tout formé dans la terre.

ALUNAGI, s. m. (alunádgi); *Allumina-tura*, ital. Alunage, action d'aluner, de plonger une étoffe teinte dans l'alun, pour en fixer la couleur.

Éty. de *alun*, de *agi*, dit pour *aluminagi*. V. *Alum*, R.

ALUNAR, v. a. (aluná); *Alumbrar*, esp. *Alluminare*, ital. Aluner, tremper dans une dissolution d'alun.

Éty. Syncop. de *aluminar*, formé de *alumin* et de *ar*. V. *Alun*, R.

ALUNAT, ADA, adj. et p. (aluná, áde); *Alumbrado*, *ada*, esp. Aluné, ée, qui a été trempé dans une dissolution d'alun.

Éty. Dit pour *aluminat*. V. *Alun*, R.

ALUNAT, ADA, adj. et p. (aluná, áde). Fait, coupé, semé de la bonne lune : *Ben ou mau alunat*, bien ou mal constitué.

Éty. de *a*, de *luna* et de *at*; fait de la bonne lune.

ALUNATIT, IA, adj. Aub. V. *Lunatique*.

ALUNCHAR, V. *Aluenchar*.

ALUNHA, s. f. vl. Un des anciens noms de l'Auvergne.

ALUNHAR, v. a. vl. Éloigner, être contrarié ; chasser. V. *Esluagnar* et *Long*, R.

ALUOC, vl. V. *Alloc*.

ALUPADIS, adj. (alupadis). Regard avide, s. V. *Loup*, R.

ALUPAR, v. a. (alupá), dl. Regarder fixément, avec des yeux de concupiscence, manger des yeux. Sauv.

Éty. de *a*, comme, de *lup*, loup, et de *ar*; regarder comme un loup, c'est-à-dire, avec son avidité. V. *Loup*, R.

ALUSTRE-BALUSTRE, (alustré-balústré). Expr. adv. qui sert à désigner un hurluburlu, un fanfaron. V. *Turluburlu*.

ALUT, UDA, adj. et p. vl. Plein d'ailes, qui a de grandes ailes. V. *Al*, R.

ALV

ALVERNE, vl. V. *Alvernha*.

ALVERNHA, nom de lieu; **ALVERNE**. *Alvernia*, port. ital. Auvergne, ancienne province de France.

Éty. du lat. *Alvernia*, m. s.

ALVERNHAT, s. m. vl. Auvergnat.

ALZ

ALZAR, v. a. vl. **AUZAR**. *Alçar*, cat. *Alzar*, esp. Lever, élever, dresser. V. *Aussar*.

ALZIBIL, s. m. Nom qu'on donne, à Montpellier, à un raisin blanc que l'on fait sécher. V. *Augebit*.

ALZONA, s. f. vl. *Las peyras d'Alzona*. Les troubadours ont souvent fait allusion à ces rochers, qui se trouvent effectivement dans un lieu nommé Alsonne. V. Rayn. Pierre de touche, Gl. occ.

ALZOR, s. f. vl. Haut rang, hauteur. V. *Alt*, R.

AM

AM, radical qui, après *ba*, *pa*, *ma*, est un des premiers sons articulés qui sortent de la bouche des enfants, et qui, par la même raison, a dû appartenir aux langues primitives; aussi exprime-t-il, après *papa*, *mama*, *pan*, les affections les plus chères à l'homme : l'amour, l'action d'aimer ou l'effet de cette action, dans toutes les langues néolatines.

De *am*, les latins ont fait *amor*, *amare*, *amicus* ; amour, aimer, ami.

De *amor*, sont dérivés : *Amor*, *Amour*, *Amo-ros*, *Amour-achar*, *En-amor-ar*, *Amour-eta*, etc, etc.

De *amare*, sont venus : *Amar*, *Am-able*, *Am-ador*, *Am-atour*, *Des-amar*, *Entr-amar*, etc.

De *Amicus*, ont été formés : *Amic*, *Amic-ala-ment*, etc.

Et par le changement de *c* en *g* ; *Amiga*, *Amigu-et*, *Amig-age*, etc.

De *amicus*, par la suppr. de *u*, *amics*, et par le changement de *cs* en *st*, *amist*, d'où : *Amist-ous*, *Amist-at*, *Amist-ança*, etc.

De *Amist*, par la suppr. de *s*, *amit*, d'où : *Amit-ié*, *Amit*, *Amit-ous*, etc.

AM, et par corruption **EM**. Désinence caractéristique de la première personne du pluriel de l'indicatif présent des verbes en *ar*, *Amam*, *Pagam*, *Anam*, *Escoutam*, etc. Dérivés du lat. *Amus*, par apoc.

AM et **AMB**, prép. qui a la même signification qu'avec. V. *Ame*.

On emploie généralement *am*, devant les mots qui commencent par une consonne, et *amb*, devant ceux qui commencent par une voyelle : il ou elle aime, vl.

AMA

AMA, s. f. vl. Aïeule, Grand-mère.

AMA, s. f. vl. *am*, *ham* ; cat. *amo*, ital. hameçon. V. *Mousclau*.

Éty. du lat. *hamus*, d'où *hamo*, prendre avec l'hameçon.

Pour hameau. V. *Hameou*.

AMA, s. f. (âme) ; **ARMA, ANMA, ANIMA**. *Alma*, ital. *Alma*, esp. port. *Arma*, anc. cat. Ame, être immatériel et immortel, qui est uni au corps de l'homme pendant la vie ; ce qui anime ; cœur, conscience.

Éty. du lat. *anima*, V. le Rad. *anim* : *Rendre l'ama*, mourir, expirer, rendre l'âme.

AMABILITAT, s. f. (amabilitá) ; *Amabilità*, ital. *Amabilidad*, esp. *Amabilidade*, port. Amabilité, douceur de caractère, aménité qui fait que l'on plaît, que l'on est agréable.

Éty. du lat. *amabilitatis*, gén. de *amabilitas*. V. *Am*, R.

AMABLA, nom de femme, *Amabla*, cat. Amable.

Patr. Sainte Amable. L'Église honore deux saintes de ce nom, les 11 juin, 20 juill., 19 oct. et 1er nov.

AMABLE, ABLA, adj. vl. *Amable*, esp. V. *Aimable*, plus usité. V. *Am*, R.

AMACH, s. m. (amatch), dl. V. *Tirassa*, traineau.

AMACHOTIT, IDA, IA, adj. et part. (amatchouti, ide, ie); **AMACHOUTIT**. Sournois, sombre, immobile.

Éty. de *a* pour *ad*, de *machota*, et de *it*, *ida*, transformé en chouette, parce que cet oiseau est silencieux pendant le jour. V. *Machot*, R.

AMADAMENT, adv. vl. D'une manière aimante, avec amour.

Éty. de *amada* et de *ment*. V. *Am*, R.

AMADIS, s. m. (amadis). Amadis, bouts de manches qui se boutonnent sur le poignet.

Éty. de l'opéra d'Amadis où les principaux acteurs avaient des manches de cette forme. (17me siècle.)

AMADOR, s. m. vl. AMAIRE. *Amador*, cat. esp. port. *Amator*, ital. *Amadore*, ital. anc. Amant, amoureux, ami.

Éty. du lat. *amator*, ou de *am*, et de *ador*, celui qui aime. V. *Am*, R.

Amador de la frairia, fraternitatis amator, qui a une amitié de frère.

AMADOU, s. f. (amadóu); ESCA, AMADOUR. Amadou, s. m. mèche d'agaric préparée pour prendre feu au moyen d'une étincelle.

Éty. D'après Gibelin, de la prép. *à*, de *man*, main, et de l'adj. *doux*, doux à la main; ou mieux du latin *amator*, amoureux, qui est amoureux du feu, qui le prend facilement.

C'est avec le bolet amadouvier, V. *Esca*, qu'on prépare l'amadou, qui sert, non seulement à se procurer facilement du feu, mais qu'on emploie encore très-avantageusement en chirurgie pour arrêter les hémorragies. C'est en 1750, que M. Brossard, chirurgien de la Châtre en Berry, découvrit et annonça cette propriété de l'amadou.

AMADOUAIRE, s. m. (amadouaïre); *Amadoueur*, fabricant d'amadou; flatteur qui calme, qui humanise. Garc.

AMADOUAR, v. a. (amadouá); AMIADAR, AMILHAR, MISTOUNAR, COUMMENAR, AMIEDAR, ATETOULAR, FLATTAR, REQUESTAR, ABIADAR. Amadouer, flatter, caresser pour attirer à soi; adoucir, appaiser.

Éty. de *amadou*, et de *ar*, être ou rendre souple, doux comme l'amadou; ou peut-être de *matou*, d'où *amatouar*, caresser comme le chat, faire patte de velours; ou de *amasius*, amoureux, selon le P. Pujet.

AMADOUAT, ADA, adj. et p. (amadouá, áde). Amadoué, ée; adouci.

AMADOUR, V. *Amador*.

AMADRYADAS, s. f. pl. (amadryádes); *Amadriadi*, ital. *Amadriades*, esp. Hamadryades, divinités des bois qui naissaient et mouraient avec les arbres où elles étaient enfermées.

Éty. du grec ἀμαδρυάδες (amadryades), formé de ἅμα (ama), ensemble, et de δρῦς (drys), chêne. V. *Dry*, R.

AMADURAR, dl. *Amadurecer*, port. Mot auquel on a ajouté l'*a* prép. V. *Madurar*, R.

AMAESTRAR, v. a. vl. *Amaestrar*, esp. cat. anc. *Ammaestrare*, ital. Dresser, instruire, préparer. V. *Amajestrar* et *Mag*, Rad.

AMAG, radical dérivé du roman *amagar*, cacher, couvrir, envelopper; mot que M. Astruc regarde comme celtique, et que d'autres font venir du lat. *amandare*, reléguer, éloigner, exiler, ce qui a peu de rapport avec le vrai sens de *amagar*, qui se prend toujours en bonne part, et a quelque analogie avec *caressar*. Ce mot vient plutôt du grec ἀμάω (amaô), amasser, ou de l'hébreu *aggar*, rassembler, entasser, selon le P. Puget.

De *amagar*, par apoc. *amag*, d'où: *Amagar*, *Amag-at*, *Amag-ada*, *Amag-aire*, etc.

AMAGADAMEN, adv. vl. *Amagadament*, cat. Secrètement.

Éty. de *amagada* et de *men* pour *ment*, d'une manière cachée. V. *Amag*, R.

AMAGADOUR, s. m. (amagadóu), dl. Trou, cachette; couverture, lieu où l'on s'abrite.

Éty. de *amagar* et de *dour*; qui sert à *amagar*. V. *Amag*, R.

AMAGAIRE, ARELA, s. (amagáïre; arèle). Celui, celle qui entasse, qui cache son argent. Garc. *Amasseur* n'est pas français. V. *Amag*, R.

AMAGAIRE, s. m. (amagáïré). Nom du butor aux environs de Berre. V. *Brutier*.

Éty. Ainsi nommé, dit M. Porte; parce qu'il se tient blotti, *amagat*.

AMAGAMENT, s. m. vl. *Amagament*, anc. cat. Action de cacher. V. *Amag*, R.

AMAGAR, v. a. (amagá); ACHAURAR. *Amagar*, cat. Cacher avec soin, couvrir, réchauffer, entasser, couvrir le feu avec de la cendre.

Et que la tristo neyt...
Del gran calel del cel amagabo la meco.
Goudelin.

AMAGAR S', v. r. Se blottir, se tapir, se mettre à l'abri, s'envelopper de couvertures; se raser, en terme de chasse. Voy. *Amag*, R.

AMAGASINAR, V. *Emmagasinar*.

AMAGAT, ADA, adj. et p. (amagá, áde); *Amagat*, cat. Caché, tapi, abrité, mis en sûreté.

Éty. du lat. *amandatus*, relégué. *A l'amagat*, en cachette. V. *Amag*, R.

AMAGATAILH, s. m. vl. AMAGATAL. *Amagatall*, cat. Cachette. V. *Amag*, R.

AMAGATAT, s. m. (amagatá), dg. Cachette?

Aurian descouverto la piesso,
L'amagatat *de lous de la Gresso.*
L. E. trad. de l'Énéide.

AMAGIA, s. f. (amadgíe); AMAGIE. Sortilége, opération de magie, amulette. Avril. V. *Mag*, R. 2.

AMAGOUN, s. m. (amagóun). Un des noms de l'alouette lulu. V. *Bedouvida*.

Éty. Probablement parce qu'elle se tapit, *s'amaga*. V. *Amag*, R.

AMAGREZIR, v. n. vl. EMAGREZIR. *Amagrir*, cat. *Amagrecer*, esp. *Emmagrecer*, port. Amaigrir, maigrir. V. *Maigrir*, *Emmaigrir* et *Maigr*, R.

AMAGUAR, vl. V. *Amagar*.

AMAI, adv. et conj. (amáï); AMAY. Aussi, avec, il a plusieurs autres significations; *Amai mai*, bien plus, même d'avantage; *Amai que*, pourvu que; *Amai fouguesses pas vengut*, quoique tu ne fusses pas venu, ou quand même tu ne serais pas venu; *Amai el*, et lui aussi; *Amai fasem*, ainsi faisons nous; *Amai la cassibralha et la cassibralha amai*, peste de la canaille avec, dl. *Amai*, *iou*, moi aussi.

Éty. du grec ἅμα (hama), ensemble Voy. *Mag*, R.

AMAIESTRAMEN, vl. Voy. *Amajestramen*.

AMAIET, s. m. (amaié). Un des noms languedociens de l'amandier. V. *Amendier*.

AMAIGRIR, V. *Emmaigrir*.

AMAIGRISSAMENT, s. m. (ameigrissaméin). Amaigrissement. V. *Maigrugi*.

AMAILLOTAR, v. a. vl. Voy. *Emmalhoutar*.

AMAINAR, v. a. (amaïná), d. béarn. *Amainar*, port. Orienter, mettre en assiette, se diriger; baisser les voiles.

Éty. Dans sa première signification, ce mot est probablement formé de *amain* pour *amant*, aimant, et de *ar*, *s'aimanter*, se diriger selon l'aiguille aimantée.

AMAINAR S', v. r. m. d. S'orienter.

AMAIRASSIT, V. *Amairit*.

AMAIRE, s. m. vl. m. sign. que *Amador*, v. c. m. *Amant Ami* et *Am*, R.

AMAIRIT, IDA, IA, adj. et part. (ameirassi et ameiri, íde, ie); AMAIRASSIT, AMEIRASSIT. Enfant gâté, qui ne veut rester qu'avec sa mère, vl. amoureux.

Éty. de *a* pour *ad*, de *maire* et de *it*, *ida*, *ad-matrem ire*, aller à sa mère. V. *Mater*, Rad.

AMAIRITZ, s. f. vl. Amante, amoureuse, maîtresse.

Éty. du lat. *amatrix*, m. s. V. *Am*, R.

AMAISAR, v. a. (amaïzá); AMAUSAR, RAMAUSAR, AMAYZAR. Apaiser, calmer.

Éty. ?

L'aura s'es amaisada, le vent est calmé; *Amaisar un enfant*, faire taire, apaiser ou calmer un enfant; *Amaisar la fam*, calmer la faim.

AMAITINAR, alter. de *amatinar*, v. c. m.

AMAJESTRAMEN, s. m. vl. AMAIESTRAMEN. *Amaestrament*, anc. cat. *Amaestramiento*, esp. *Ammaestramento*, ital. Enseignement, leçon, éducation. V. *Mag*, R.

AMAJESTRAR, v. a. vl. AMAYESTRAR, AMAESTRAR. *Amaestrar*, anc. cat. esp. *Ammaestrare*, ital. Disposer, dresser, élaborer, préparer.

Éty. de *a*, de *majestr*, et de *ar*. V. *Mag*, Rad.

AMAJESTRAT, ADA, adj. et p. vl. Dressé, ée, préparé. V. *Mag*, R.

AMALAGURA, s. f. (amalagúre). Froissure, impression qui reste à la partie froissée.

Éty. de l'esp. *amalar*, gâter, détériorer. V. *Mal*, R.

AMALAR, v. a. vl. *Amalar*, esp. Gâter, irriter. V. *Mal*, R.

AMALAT, ADA, adj. et p. (amalá, áde), dl. MALAT, AMALIT. Malin, irrité, furieux. Sauv.

Éty. de *a*, de *mal* et de *at*, devenu mauvais, méchant. V. *Mal*, R.

Sul flot amalit, Jasmin, sur le flot irrité.

AMALAUTIT, IDA, adj. et part. (amalaouti, íde); AMARAUTIT. Qui est bien malade, qui tend à sa fin, abymé. Garc.

Éty. de *a* pour *ad*, de *malaut*, et de la term. pass. *it*, devenu malade. V. *Mal*, R.

AMALGAMA, s. m. (amalgáme); *Amalgama*, esp. ital. *Amalgamo*, port. Amalgame, au positif, combinaison des métaux avec le mercure, et par extension mélange de différentes choses.

Éty. du grec ἅμα (ama), ensemble, et de γαμεῖν (gaméin), marier.

AMALGAMAR, v. a. (amalgamá); *Amalgamare*, ital. *Amalgamar*, esp. port. Amalgamer, unir un métal avec le mercure, et dans le langage vulgaire, unir des choses différentes.

L'action d'amalgamer porte le nom d'*amalgamation*. On a cru trouver dans Pline la première idée de cette opération, mais le procédé aujourd'hui en usage, a été inventé au Méxique, d'après M. de Humboldt, par un mineur de Pacucha, nommé Bartholomé de Médina.

AMALGAMAT, ADA, part. (amalgamá, áde); *Amalgamado, ada*, esp. Amalgamé, ée.

AMALIR, v. n. (amalí), dg. Disparaître. V. *Abalir* et *Avarir*.

Tout s'amalis dins un clin d'el.
Jasmin.

AMALISSAR, V. *Esmalissar* et *Mal*, R.

AMALISSIADA, s. f. (amalissiáde). Petit vent frais et bruineux qui ne dure que quelques instants. Garc. V. *Mal*, R.

AMALISSIAR, v. a. (amalissiá). Exciter, inspirer de la malice aux gens et aux bêtes. V. *Mal*, R. n. *S'amalissiar*, en parlant du temps, devenir venteux et brumeux. Garc.

AMALIT, IDA, adj. et p. (amali, íde), dg. COUDAT. Disparu. V. *Abalit*; courroucé. V. *Amalat*.

AMALRIC, nom d'homme, vl. On traduit ce nom par Amauri, qui n'existe pas dans le martyrologe, pas plus que *Amalric*.

AMALUC, s. m. (amalúc); AMARUC, AMALUC. Pour hanche, V. *Maluc*. C'est aussi le nom d'une maladie du cheval produite par un grand effort. Cheval débanché, cheval épointé.

Éty. de *a* priv. et de *maluc*, qu'on a privé de la hanche, sous entendu de l'usage, débanché.

Amaluc, est selon M. Astruc, dit M. de Sauvages, un mot arabe qui signifie le croupion, ou l'os sacrum.

AMALUGAR, v. a. (amalugá); Démantibuler, froisser, briser, déhancher.

Éty. de *a* priv. de *maluc*, hanche, et de la term. act. *ar*, priver de l'usage de la hanche.

AMALUGAT, ADA, adj. et part. (amalugá, áde). Brisé, moulu, déhanché. V. *Desmalugat*.

Éty. de *a*, priv. de *maluc*, et de la term. pass. *at, ada*, qui est privé du *maluc*, et non du grec *amalos*, faible, comme le dit M. Dioulouset.

AMAN, Gérond, en aimant.

AMANADAR, dl. V. *Amanar*.

AMANAR, v. a. (amaná) et AMANADAR, dl. *Amanar*, esp. *Amanare*, ital. anc. Ramener, rassembler, amonceler, mettre en tas, en peloton; serrer, empoigner, cueillir à pleines mains; fig. morigéner, mettre à la raison.

Éty. de *a*, avec, de *man*, main, et de l'act. *ar*; prendre avec la main, mettre à portée de la main, *ad manum parare*. V. *Man*, R.

AMANAT, ADA, adj. et p. (amaná, áde), dl. *Amanado, ada*, esp. Rassemblé, amoncelé; habitué, exercé; *Li soui pas amanada*, je n'y suis pas exercée; *L'y siou pas fach, acoussat*, en prov. *Sies ben amanat*, tu es bien pressé; qui sied bien à la main. V. *Man*, Rad.

Maï d'un cop ès préférada (la viouleta)
A la flou pus amanada
Qu'en espandiguen soun sé,
Sembla diré prénés-mé. Rigaud.

AMANAT, ADA, adj. et p. (amaná, áde), dg. *Amanado*, esp. Emmanché, ée. V. *Emmanchat*.

Éty. de *a*, de *man* et de *at*, mis, rendu propre à la main. V. *Man*, R.

AMANAVIR, v. n. vl. Être prompt. Voy. *Amanoir* et *Man*, R. 2.

AMANAVIT, IDA, adj. et p. vl. Empressé, ée. V. *Man*, R. 2.

AMAND, nom d'homme, Amand.

Patr. Saint Amand. L'Église honore 10 saints de ce nom; les 6 fév., 6 avr., 18 juin, 26 oct., 13, 14 et 18 nov.

AMANDOLA, AMELLA, AMENTA. s. f. *Amandola*, ital. anc. Noms anciens de l'amande. V. *Amenda* et *Amend*, R.

AMANDUI, adj. vl. Tous les deux.

Éty. de l'ital. *ambedui*, m. sign.

AMANEL, s. m. (amanèl), dl. Un paquet; *Amanel de fardetas*, un paquet de menu linge; *Amanel de claus*, un trousseau de clefs; on dit aussi *amanel* pour désigner une petite quantité de grains, de pois, de fèves, etc., qu'on porte au fond d'un sac; *Quant del' amanel?* combien du fond du sac?

Éty. de *a*, a, de *man*, main, et de l'art. *el*, à la main, c'est-à-dire, ce qui est assez léger pour être porté avec la main. V. *Man*, R.

AMANELAR, v. a. (amanelá), dl. *Amanare*, ital. anc. Empaqueter, mettre en petits paquets.

Éty. de *amanel* et de *ar*, faire des petits paquets. V. *Man*, R.

AMANES, (amanés). Expression adverbiale qui signifie sous la main, à portée de la main.

Éty. du lat. *ad manum*, ou de *a*, a, de *man*, main, et de *es*, *es à man* ou *à man es*. Voy. *Man*, R.

AMANOIR, v. n. vl. AMANAVIR. *Amanir*, cat. Etre prompt, s'empresser.

Éty. de *manes*, promptement, v. c. m. et *Man*, R. 2.

AMANOIR, v. a. vl. *Amanojar*, esp. Préparer, disposer, apprêter. V. *Man*, R.

AMANOIT, OITA, adj. vl. AMANOIZ. Leste, agile, alerte. empressé; à la main, sous la main. V. *Man*, R.

AMANSA, AIMANSA. s. f. vl. Amour, attachement, affection.

Éty. de *am* et de *ansa*. V. *Am*, R.

AMANT, ANTA, s. (amán, ánte); *Amante*, ital. esp. port. V. *Calignaire* et *Calignairis*.

Éty. du lat. *amans, amantis*. V. *Am*, R.

AMANT, s. m. (amán); EMANT, KIMANT. *Iman*, esp. port. Aimant, morceau de mine de fer qui jouit de la propriété d'attirer le fer non aimanté, et de celle de lui communiquer la même vertu.

Éty. du grec ἀδάμας (adámas), diamant, indomptable, qui fait au gén. ἀδαμαντος (adamantos), parce qu'on a comparé la dureté de l'aimant à celle du diamant.

L'aimant fut découvert selon les uns à Magnésie, ville de l'Asie-Mineure, située sur le Mont Sypile, et suivant d'autres par un berger nommé Magnès (l'an 60), d'où le nom de Magnétisme qu'on a donné à ses propriétés attractives.

La vertu qu'a l'aimant d'attirer le fer, est la seule que les anciens aient connue et dont Thalès a parlé le premier; mais celle bien plus précieuse d'indiquer le Nord, n'a été bien appréciée que dans le XIIme siècle. V. *Boussola*.

En 1226, les matelots français tirent parti de l'aimant.

En 1250, Roger Bacon découvre la direction de l'aimant vers le Nord.

En 1532, Sébastien Schott découvre la déclinaison de l'aimant, sous différents méridiens.

En 1642, Gassendi trouve que la déclinaison de l'aimant varie.

En 1772, Knight, anglais, invente la manière de faire des aimants artificiels, sans aimant.

Amant artificiel, aimant artificiel, lames d'acier auxquelles on a communiqué par le frottement, les propriétés magnétiques.

On en doit la découverte à Savery et à l'anglais Knight, dans le XVIIme siècle.

AMANTAR, v. a. (amantá); *Amantar*, esp. Couvrir d'un manteau, d'une couverture.

Éty. de *a*, de *mant* et de *ar*. V. *Mant*, R.

AMANTAR S', v. r. Se couvrir d'un manteau. V. *Emmantelar s'* et *Mant*, R.

AMANTENIR, v. a. vl. Maintenir, soutenir. V. *Mantenir*.

AMANTOULAR S', v. r. (s'amantoulá), dl. *Amantare*, ital. anc. V. *Emmantelar s'* et *Mantelæ*, R.

AMANZA, s. f. vl. Amour. *Am*, R.

AMAR, Radical pris du lat. *amarus*, et dérivé du syriaque *mar*, selon quelques auteurs, qui a comme *amarus*, la signification de *amer*, de désagréable au goût et fig. de pénible pour l'esprit. de dur à supporter, etc.

De *amarus*, par apoc. *amar*; d'où: *Amar*, *Amar-a-ment*, *Amar-egear*, *Amar-el*, *Amar-essa*, *Amar-oun*, *Amar-s-ir*.

AMAR, v. a. (amá); AIMAR, EIMAR. *Amare*, ital. *Amar*, esp. port. cat. Aimer, avoir de l'affection, de l'amour, prendre plaisir... il se dit des personnes et des choses.

Éty. du lat. *amare*, m. s. V. *Am*, R. *Amar mieus*, aimer mieux.

AMAR S', v. r. *Amarsi*, ital. *Amarse*, port. S'aimer, avoir de l'affection l'un pour l'autre, s'aimer soi-même. V. *Am*, R.

AMAR, s. m. (amá). Nom qu'on donne à Valensolles à la germandrée à cause de son amertume. V. *Calamendrier* et *Amar*, R.

AMAR, ARA, adj. (amá, áre); AMARG. *Amargo*, esp. port. *Amarg*. cat. *Amaro*, ra, ital. Amertume au physique comme au moral.

Éty. du lat *amarus*, ou du syriaque *mar*. V. *Amar*, R.

Ce qu'es amar à la boucca es dous au couer.
Qu a avalat amar poou pas escupir dous. pr.

AMARAMENT, adv. (amaraméin); AMARAMEN. *Amargament*, cat. *Amargamento*, esp. port. *Amaramento*, ital. Amèrement, avec amertume, on ne s'en sert qu'au figuré.

Éty. de *amara* et de *ment*, lat. *amarè*, m. s. V. *Amar*, R.

AMARAN, s. m. (amaràn). Amandier ameran, amandier qui porte des amandes amères. V. *Amar*, R.

AMARANTA, adj. des deux genr. Amarante, qui est d'un rouge pourpre, velouté comme la plante qui porte ce nom.

AMARANTE, s. f. (amarânte); *Amaranto*, esp. ital. *Amarant*, all. *Amarante*, port. Amarante, Amarante à fleurs en queue, *Amaranthus caudatus*, Lin. plante de la fam. des Amarantacées, que l'on cultive dans les jardins comme fleur d'ornement; on la croit originaire de l'Amérique Méridionale.

Éty. du grec α privatif, et de μαραίνω (marainô), flétrir, qui ne se flétrit pas.

Cette plante est remarquable par ses longues grappes de fleurs d'un rouge de sang, ce qui lui a aussi fait donner les noms de *Coua de reinard* et de *Passa velours*, v. c. m.

AMARAR, v. a. (amarà); AVARAR, RISCAR. Risquer, hazarder, lâcher.

Éty. du lat. *ad mare*, à la mer, exposer aux dangers de la mer, d'où le portugais *Amararse*, se lancer dans la haute mer, et l'espagnol *enmararse*, m. s. V. *Mar*, R.

Amarar una sardina per aver un thoun, prov. risquer, aventurer une sardine pour avoir un thon. En dg. inonder, faire une mer.

AMARAT, **ADA**, adj. et p. (amarà, àde). Risqué, ée, hazardé; tout couvert, en dg. V. *Mar*, R.

Éty. du portugais *amarado*, ammené en haute mer, pris, fig. sous le rapport du danger.

AMARAUTIT, V. *Amalautit*.

AMARCIR, vl. V. *Amarsir*.

AMAREGEAR, v. n. (amaredjà); AMARIAR, AMARGAR, AMAREJAR. *Amareggiare*, ital. *Amarejar*, anc. cat. *Amargar*, esp. *Amargurar*, port. Avoir de l'amertume, être amer, au positif comme au figuré.

Éty. pris du latin *amaricare*, causer de l'amertume, et probablement dérivé de l'hébreu *marar*, être amer.

Qu plaidegea,
Malautegea,
Et tout ce que mangea amaregea. pr.

Semblo qu'en cantan
Lou fel des pessomens n'amarejo *pas tan.*
Jasmin.

AMAREGEAT, **ADA**, adj. et p. (amaredjà, àdc), d. de Carpentras. *Estre amaregeat contra quauqu'un*; être irrité, avoir de la haine contre quelqu'un.

AMAREJAR, vl. Voy. *Amaregear* et *Amar*, R.

AMAREL, s. m. (amarèl); CIERERAS. Bois de Sainte-Lucie, *Prunus mahaleb*, Lin. *Cerasus mahaleb*, *Mill.* arbrisseau de la fam. des Rosacées, commun dans les bois taillis et dans les haies.

Éty. Ainsi nommé à cause de l'amertume de son écorce. V. *Amar*, R.

AMARELLA, s. f. (amarèle). V. *Amarun*. C'est aussi le nom du fruit de l'*amarel* ou prunier de Sainte-Lucie. V. *Amar*, R.

AMARESSA, s. f. (amarèsse); *Amargura*, esp. port. *Amarguesa*, cat. *Amarezza*, ital. Amertume. V. *Amarour*.

La douçour doou plesir se changea en *amaressa*.

Éty. de l'ital. *amarezza*, m. s. V. *Amar*, Rad.

AMARESSA, s. f. vl. Amante. V. *Am*, Rad.

AMAREZA, s. f. vl. V. *Ameressa*, *Amarsour* et *Amar*, R.

AMARGANT, adj. m. (amargàn), dl. Qui tire sur l'amer.

Éty. de l'esp. *amargo*, m. s. V. *Amar*, R.

AMARGAR, v. n. (amargà), vl. *Amargar*, cat. esp. port. Le même que *Amaregear*, v. c. m. et *Amar*, R.

AMARGOR, s. m. vl. AMAROR. *Amargor*, esp. port. *Amarore*, ital. Amertume. Voy. *Amarsour* et *Amar*, R.

AMARGOS, adj. vl. AMAROS. *Amargosir*, esp. port. Amer, cruel.

AMARGOSAMENT, adv. vl. *Armargosamente*, port. Amèrement. V. *Amar*, R.

AMARGUIR, v. a. (amarguir), d. de Barcel. Tuer les vaches, pour en manger la viande.

AMARIAR, V. *Amaregear*.

AMARIBOT, adj. vl. Amer, aigre, bâtard. *Motz amaribotz*, mots amers.

Éty. de *amar*, R. v. c. m.

AMARIDAR, v. a. vl. Marier. Voy. *Maridar*.

AMARIGEA, s. f. (amaridje). Nom qu'on donne, dans le Limousin, à un vent qui souffle du Sud-Ouest, du côté de l'Océan.

Éty. de *a*, de *mar* et de *igea*, qui vient de la mer. V. *Mar*, R.

AMARIGNER, V. *Amarinier*.

AMARILLIS, nom de femme, (amarillis); *Amarillis*, port. Amarillis.

Éty. du lat. *amarillis*, m. s.

AMARIN, radical dérivé du latin *Amerina*, *salix*; Saule propre à faire des liens; de *amerinus*, *a*, *um*, qui est de Amérie, *Amerinum*, ville d'Italie, où il paraît que l'osier est abondant.

Ce nom pourrait venir aussi de *amarus*, amer, l'écorce de l'osier l'étant beaucoup; ce qui semble le confirmer c'est que le nom de *amarina*, désigne en basse latinité et en italien, un cerisier sauvage, à cerises aigres, acerbes ou amères.

De *amerinus*, par apoc. *amerin*, et par le changement de *e* en *a*, *amarin*; d'où: *Amarin-a*, *Amarin-ier*, *Amarin-as*, *Amarin-ous*.

De *amarin*, par le changement de *a* en *au*, *aumarin*; d'où: *Aumarin-ier*.

AMARINA, s. f. (amarine); AUMARINA, GAULA, GIMBLE, VINS, BEDIS, BIMET, BRINCA, GIMBLAS, VARCHAN, OOUMARINA. *Amarina*, ital. anc. Scion, brin d'osier long et flexible; l'osier même.

Éty. du lat. *amerina*. V. *Amarin*, R.

AMARINA, s. f. vl. *Amarino*, ital. anc. Nom du cerisier sauvage.

Éty. de la basse latinité, *amarina*, qui désigne le même arbrisseau; formé de *amarellus*, ou de *amarinus*, dim. inusité de *amarus*.

AMARINAR, v. a. (amarinar); *Marinare*, ital. Amariner, mettre des matelots dans un vaisseau que l'on a pris, à la place de ceux qui y étaient. Amariner signifie encore en français, s'habituer à la mer, et en provençal, attraper, tromper, amadouer.

Éty. de *marina*, de la term. act. *ar* et de la prép. *a* pour *ad*. V. *Mar*, R.

AMARINAR S', v. r. Se hazarder, se tromper, donner dans un piége; s'assouplir, être souple.

Éty. de *a*, de *marin* et de *ar*; tomber dans la mer. V. *Mar*, R.

AMARINAS, s. m. (amarinàs); BEDIS, BEDISSAS, GAULAS, GIMBLES, GAT-SAUZE. Noms qu'on donne, en Languedoc, au Saule marceau, *Salix capræa*, Lin. arbrisseau de la fam. des Amentacées, qu'on trouve dans presque tous les pays.

Éty. de *amarina*, v. c. m. et de l'augm. *as*. V. *Amarin*, R.

AMARINAT, **ADA**, adj. et p. (amarinà, àde). Amariné, ée, pourvu de matelots du parti vainqueur. V. *Mar*, R.

AMARINIER, s. m. (amarinié); OOUMARINIER, AMARIGNER, AUMARINIER. Osier, Garc. V. *Vese*, *Aumarinier* et *Amarin*, R.

AMARINOUS, adj. m. (amarinòus), dl. Flexible, pliant comme un scion d'osier.

Éty. de *amarina* et de *ous*, de la nature des *amarinas*. V. *Amarin*, R.

AMARMAR', V. *Mermar*.

AMAROR, s. f. vl. *Amargor*, esp. Amertume. V. *Amarsour* et *Amar*, R.

AMAROS, adj. vl. AMARGOS. *Amargoso*, esp. Amer, triste.

Éty. de *amar*, et de *os*; de nature amère. V. *Amar*, R.

AMAROUN, s. m. (amaròun). Macaron, espèce de pâtisserie qui a un goût d'amertume.

Éty. de *amar* et de *oun*, dim. V. *Amar*, Rad.

AMAROUN, plante. V. *Amarun*.

AMAROUN, s. m. Nom qu'on donne à Nice, à l'anchois amer, *Encrasicolus amara*, Risso, poisson de l'ordre des Holobranches et de la fam. des Gymnopomes (à operculenue). Lorsque ce poisson a acquis quelques centimètres de longueur, on le nomme *trinchoun*. C'est une espèce d'anchoie remarquable par une bande argentée qu'il a de chaque côté du ventre. V. *Amar*, R.

AMAROUN, s. m. (omoróu). On donne ce nom, dans le Bas-Lim, d'après M. Béronie, à la camomille, plante qui croît, dit-il, dans les blés; ainsi nommée à cause de son amertume. V. *Amar*, Rad.

C'est probablement de l'*Anthemis arvensis*, que M. Bér. veut parler, car la camomille romaine ne croît pas spontanément en Limousin. V. *Margaridier*.

AMAROUN, dl. V. *Amarun frisat*. D'après la dernière édition du Dict. de M. de Sauvages, ce nom désigne aussi l'*ibéride amère*, *Iberis amara*, Lin. plante de la fam. des Crucifères Siliculeuses, qu'on trouve dans les champs. V. *Amar*, R.

AMAROUR, V. *Amarsour* plus usité, et *Amar*, R.

AMARRA, s. f. (amárre). *Amarra*, esp. port. Amarre, tout cordage propre à amarrer les bâtiments, on les distingue en *amarres de retenue, amarres de travers*, etc.

Éty. du bas bret. *amarr*, lien, lier.

Dérivés: *Amarr-agi, Amarr-ar, Amarr-at, Des-marr-ar, Des-marr-agi*.

AMARRAGI, s. m. (amarrádgi). *Amarradero*, esp. *Amarração*, port. Amarrage, encrage, action d'amarrer, de joindre une chose avec une autre à l'aide d'un cordage que l'on nomme amarre.

Éty. de *amarra*, v. c. m. et de la term. *agi*, mettre l'amarre.

AMARRAR, v. a. (amarrá). *Amarrar*, esp. port. Amarrer, attacher avec une amarre par extens. lier fortement.

Éty. du bas bret. *amarr*, lier.

AMARRAT, ADA, adj. et part. (amarrá, áde). *Amarrado, da*, esp. port. Amarré, ée, attaché avec une amarre.

AMARRAT, ADA, adj. et p. (omorrá, áde), d. bas lim. Mat, en parlant du pain, celui qui n'est pas levé, qui n'est pas œillé. V. *Glet*. Plombée en parlant de la terre.

AMARROUCAR S', v. r. (s'amarroucá). S'accroupir. V. *Agroumoulir*.

AMARSIR, v. n. (amarzir); AMARZIR. *Amarire*, ital. *Amargar*, esp. port. Rendre amer, rude; causer de l'amertume.

Éty. de *amar*, R. et de *ir*, faire devenir amer, le *s* est euphonique.

AMARSIT, IDA, adj. et part. (amarsí, íde); *Amargada*, esp. port. Rendue amère, en parlant d'une terre qu'on a trop longtemps foulée. Garc. Flétri, Aub.

Éty. de *amar*, R. et de *it*, rendu amer.

AMARSOUR, s. f. (amarzóur); AMAROUR, AMARTUMA, AMARUN, AMERTUMA, AMARESSA, AMAROR, AMARZOUR. *Amargor*, cat. esp. port. *Amarore*, ital. Amertume, qualité de ce qui a une saveur amère; fig. inquiétude, peine.

Éty du lat. *amaror*, ou de *amar* et de *our*, le *s* est euphonique. V. *Amar*, R,

AMARTAT, s. f. vl. Amertume. V. *Amarsour*.

AMARTUMA, V. *Amarsour*.

AMARUC, V. *Amaluc*.

AMARUN, s. f. vl. Amertume. V. *Amarsour*.

AMARUN, s. m. (amarúm); COOURI, PED-D'AUZEL, HERBA-RUCA, CAURILHA, AMAROUN, AMARELLA. Noms qu'on donne à l'ornithope queue de scorpion: *Ornithopus scorpioïdes*, Lin. plante de la fam. des Légumineuses, commune dans les champs cultivés.

Éty. du lat. *amaror*, parce que les graines de cette plante donnent de l'amertume au pain. V. *Amar*, R.

On donne aussi le même nom, dans plusieurs endroits, à la plante suivante:

AMARUN FRISAT, s. m. ou simplement AMARUN. Gesse sans feuilles: *Lathyrus aphaca*, Lin. plante de la même fam. que la précédente, qui croît dans les mêmes lieux, et qu'on distingue facilement de la première qui a les feuilles ternées et la gousse mince, allongée comme les doigts du pied des oiseaux, d'où son nom latin *Ornithopus*, pied d'oiseau; tandis que celle-ci n'a point de feuilles, mais seulement des stipules qui en tiennent lieu, et une gousse large et aplatie.

AMARUVIER, s. m. (amaruvié); AMARUYER. Cerisier sauvage, nom qu'on donne, dans la Haute-Provence, au mérizier à grappes, putiet ou faux bois de Sainte-Lucie: *Prunus padus*, Lin. *Cerasus padus*, Déc. arbrisseau de la fam. des Rosacées, commun dans les environs de Seyne, B.-Alp.

Éty. du lat. *amaror*, à cause de l'amertume de ses fruits et de son écorce; ou de *amar*, amer, de *uva*, raisin, et de *ier*. Voy. *Amar*, R.

Son bois est recherché par les tourneurs et par les charrons, pour en faire des chevilles.

AMARVIDAMENT, adv. (amarvidaméin), dl. Diligemment.

Éty. de *amarvida* et de *ment*.

AMARVIR, v. a. vl. Apprêter, fournir; saisir, prendre, tendre, mettre aux mains d'un autre; donner sur le champ.

Éty. de *marvier*, alerte, prompt.

AMARVIT, IDA, adj. (amarví, íde), dl. vl. AMARVITZ. Diligent, dégourdi, éveillé, apprêté, fourni, livré. Rayn. *L'esperit es amarvits*, l'esprit est prompt, *spiritus promptus est*.

AMARZIR, v. a. et n. (amarzir). Mater, faner, flétrir, sécher. Avr. V. aussi *Amarsir*.

AMAS, Avr. V. *Hermas*.

AMAS, s. m. (amás); CUCHOUN, MOULOUN, *Ammasso*, ital. Amas, assemblage de plusieurs choses réunies, accumulées comme en une seule masse, tas, collection.

Éty. de *a* et de *massa*, en masse. Voy. *Mass*, R.

Vieux lang. Il ou elle amasse.

AMASERAR, v. a. (amaserá), dl. Durcir, condenser. V. *Maselar*.

Éty. de l'esp. *amasar*, pétrir.

AMASSA, adv. (amásse). Le même que *Ensems*, v. c. m.

Éty. de *a* et de *massa*, en masse. Voy. *Mass*, R.

Amasso *anaben dus mulets*. Bergeyret.
Ensemble allaient deux mulets.

AMASSADIS, s. m. (amassadis), dg. Amas, réunion. V. *Mass*, R.

Iou'n sieou un beray paradis
De tous plases l'amassadis. D'Astros.

AMASSADOR, vl. *Amassador*, esp. *Ammassatore*, ital. V. *Amassaire*.

AMASSADOUR, m. s. que *Amassaire*, v. c. m. et *Mass*, R.

AMASSAGE, dl. V. *Acampage*, *Amassan*, *Amassadour* et *Mass*, R.

AMASSAGNA, s. f. (amasságne). Violent coup sur la tête.

Éty. de *amassar* et de *agna*, chose capable d'assommer. V. *Amassar* et *Mass*, R.

AMASSAIRE, AIRA, EIRIS, s. m. (amaissaïre); AMASSADOUR, AMASSAN. *Ammassatore*, ital. *Amasador*, esp. Celui qui amasse des biens; on le dit aussi de ceux qui cueillent les feuilles de mûrier, le gland, les châtaignes; *cueilleur, euse*.

Éty. de *amassar* et de la term. *aire*, qui va en amassant, qui fait sa profession d'amasser. V. *Mass*, R.

AMASSAMENT, s. m. vl. AMASSAMEN. *Amassament*, anc. cat. *Amasamiento*, esp. *Ammassamento*, ital. Amas, collection. V. *Mass*, R.

AMASSAN, d. bas lim. m. s. que *Amassaire*, v. c. m. et *Mass*, R.

AMASSAR, v. a. (amassá); RAMASSAR, ACAMPAR, REJOUGNER, ACCUCHAR. *Amassar*, cat. *Amasar*, esp. *Ammassare*, ital. mod. *Amassare*, ital. anc. Amasser, faire un amas, mettre ensemble; réunir beaucoup de monde: *Amassar las castagnas*, ramasser les châtaignes. En bas lim. on dit quelquefois *amassar*, pour serrer, renfermer, et dans le sens neutre, apostumer. V. *Accampar*.

Éty. de *amas* et de *ar*, faire un amas, ou du grec ἅμα (ama), ensemble, ou de ἀμάω (amaô), moissonner, accumuler, amasser.

AMASSAR, v. a. *Ammazzare*, ital. Assommer, tuer, asséner. V. *Ensucar*.

Éty. de *a*, de *massa* et de *ar*; frapper avec une massue. V. *Mass*, R.

AMASSAR S', v. r. (s'amassá); *Ammassare*, ital. S'amasser, s'accumuler, s'assembler. V. *Mass*, R.

AMASSAT, ADA, adj. et part. *Ammassato*, ital. Amassé, ée, entassé.

Éty. de *amas* et de la term. pass. *at, ada*. V. *Mass*, R.

AMASSATS, adj. et p. pl. m. (amassás), vl. Assemblés. V. *Mass*, R.

AMASSIT, IDA, adj. et p. (amassí, íde). Affaissé, ée.

Éty. En portugais, *amassado*, signifie pétri, réduit en pâte.

AMAT, ADA, adj. et p. (amá, áde); *Amato*, ital. *Amado*, esp. port. Aimé, ée, chéri.

Éty. du lat. *amatus*, m. s. V. *Am*, R.

AMATAR, v. a. (amatá); *Matar*, esp. *Ammazzare*, ital. Mater, humilier, abattre, assassiner; couvrir le feu. V. *Matar*.

Éty. du lat. *mactare*, immoler, et de *a* augment.

Et récipr. se blottir, se tapir. Avr.

AMATAT, ADA, adj. et p. (amatá, áde); *Amatado* et *Matado*, esp. Maté, ée, étonné, abattu, accablé.

AMATIGAR, v. a. (amatigá), dg. Apaiser. V. *Calmar*.

Éty. Dim. de *Amatar*, v. c. m.

Mayado de manto vo flou
Per amatiga *la calou*. D'Astros.

AMATINAR S', v. r. (s'amatiná); dl. S'AMATINAR. Se lever matin.

Éty. de *a* augm., de *matin* et de *ar*; *manicare*, lat. V. *Matin*, R., ou de l'ancien ital. *amatinare*, se faire matin, commencer à être matin.

AMATIT, vl. V. *Amethysta.*

AMATIT, IDA, adj. et p. (amati, ide); OLET, AMARRAT, ACOUDIT. Mat, gras cuit, en parlant du pain qui n'est pas bien levé, qui ressemble à de la cire, qui n'a point d'yeux.

Éty. En vieux français, *amatir* signifiait rendre lourd, épais, probablement dérivé de l'espagnol *amasioo*, pâte, qui est dense comme de la pâte.

AMATIU, IVA, adj. vl. *Amativo*, ital. Aimant, capable d'aimer. V. *Am*, R.

AMATOUR, OUA, s. m. (amatóur, óue); *Amatore*, ital. *Amador*, esp. port. Amateur, celui qui, par une inclination ou un goût particulier, cultive un art ou une science, sans en faire une objet de spéculation.

Éty. du lat. *amator*, m. s. V. *Am*, R.

AMAUSAR, dl. Le même que *Amaisar.* v. c. m.

AMAUSSA, s. f. (amáousse), dl. et de Barcel. *Fresa*, v. c. m.

AMAYESTRAR, vl. V. *Amajestrar.*

AMAYZAR, dg. Jasm. V. *Amaisar.*

AMAZOUNAS, s. f. (amazóunes); AMAZONAS. *Amassonas*, cat. *Amazonas*, esp. port. *Amazzone*, ital. *Amazones*, all. Amazones, femmes guerrières qui habitaient l'Asie-Mineure, et qui ne souffraient aucun homme dans leurs états, gouvernés par une reine.

Éty. du lat. *Amazones*, dérivé de *a* priv. grec, et de μάζος (mazos), mammelle, parce qu'on leur coupait ou brûlait, dit-on, les mammelles pour qu'elles ne leur empêchassent point de tirer de l'arc.

On donne aujourd'hui le nom d'amazone à une sorte d'habillement qu'on croit avoir été celui de ces héroïnes.

Amazounas, fluve deis, fleuve des Amazones.

Il fut découvert en 1638 par les Portugais.

AMB

AMB, AMBI, radical dérivé du latin *ambo*, *ambi*, deux ensemble, d'un et d'autre côté, tout au tour, qui environne. V. aussi *Amphi.*

De *ambo*, par apoc. *amb*, d'où: *Amb-a*, *Amb-e*, *Ambe-dous*, *Ambi-dextre*, *Ambition*, *Am-putar.*

AMB, vl. V. *Am* et *Ame.*

AMBA, s. f. (ámbe); *Ambo*, port. Ambe, s. m., combinaison de deux numéros pris ensemble à la loterie, et sortis ensemble de la roue de fortune; on le dit aussi au loto, de deux numéros placés sur la même ligne horizontale. V. *Amb*, R.

Ai una amba, tr. j'ai un ambe. Ce mot étant masculin en français.

AMBACIATOR, s. m. et

AMBAICHADOR, vl. V. *Ambassadour* et *Ambassad*, R.

AMBAICHARIA, s. f. EMBATSSARIA, vl. Ambassade. V. *Embassada* et *Ambassad*, R.

AMBAISSAT, s. m. vl. Ambassade. V. *Ambassada.*

AMBAISSAT, EMBAISSAT, s. m. vl. Message, ambassade. V. *Ambassada* et *Ambassad*, R.

AMBANS, s. m. vl. AVAN. Terme de fortification souvent employé, mais dont la signification précise est encore indéterminée; désignerait-il des espèces de tours, ou des bastions en saillie sur la ligne générale des murs, pour défendre les abords de ceux-ci. Faurier.

Éty. du celt. *ambiens.* V. *Amb*, R.

AMBARC, s. m. vl. AMBAGES. anc. esp. Empêchement. V. *Embargo.*

Éty. du lat. *ambages*, m. s.

AMBASSAD, AMBASS, EMBASSAD, radical pris de l'italien *Ambasciatore*, ou de la basse latinité *Ambasciator*, Ambassadeur, envoyé d'une puissance à une autre: qu'on dérive de l'allemand *Ambacht*, ou *Ambachten*, magistrat, ministre, et que Saumaise tire du lat. *Ambactus*, valet de louage pour aller et venir; ou peut-être de *Ambacti*, pages qui marchent à côté du prince.

De *ambasciatore*, par apoc. *ambasciat*: *Ambaciat-or*, *Ambaich-aria*, *Ambaissat*, *Ambayssat*, par la suppr. de *i*, *ambascat*, et par le changement de *c* en *s*, et de *t* en *d*, *ambassad*, d'où : *Am-bass-at*, *Ambassad-a*, *Ambassad-or*, *Ambassad-our*, *Ambassad-r-iça*, *Ambayss-ada.*

De *Ambassad*, par le changement du premier *a* en *e*, *embassad*, d'où les mêmes mots.

AMBASSADA, s. f. (embassáde); EMBASSADA, *Embaxada*, esp. cat. *Ambasciata*, ital. *Ambaixada*, port. Ambassade, emploi, fonction d'un homme envoyé par un prince, ou par un état souverain, à un autre prince ou à un autre état, avec caractère de représentation; *fam.* certains messages entre particuliers.

Éty. de la bass. lat. *ambascia.* V. *Ambassad*, R.

L'usage des ambassades est aussi ancien que les sociétés civiles, dit l'auteur de l'art. Ambassade du Dict. polit. mais elles étaient momentanées, et les embassadeurs revenaient auprès de ceux qui les avaient envoyés, aussitôt que leur mission était remplie.

L'époque des ambassadeurs à demeure ne remonte guère au-delà du XVIme siècle. Raymond de Beccaria, baron de Pavie, etc., fut un des premiers ministres qui résidèrent dans les cours étrangères. Il fut envoyé en Espagne en 1565.

AMBASSADOR, vl. V. *Ambassadour.*

AMBASSADOUR, s. m. (embassadóur); EMBASSADOUR, EMBAISSADOUR, AMBASSADOR. *Embaxador*, cat. esp. *Embaixador*, port. *Ambasciadore*, ital. Ambassadeur, celui qui est envoyé en ambassade par un prince ou par un état souverain, à un autre prince ou à un autre état, avec le caractère de représentant. fig. Personne qu'on envoie en message.

Éty. On fait venir ce mot du celtique *ambaczador*, formé de *an*, vers, et de *bas*, seigneur; ou de la basse lat. *Ambasciator*, dérivé de *ambasciare*, solliciter. V. *Ambassad*, R.

César, *de Bello gallico*, lib. 6, rapporte que chaque Gaulois distingué par sa naissance et par sa fortune, avait *circum se ambactes*, *clientes*, etc.

Le mot *ambascia* se trouve dans la loi salique et dans celle des Bourguignons.

Les ambassadeurs ont toujours été regardés comme inviolables. David fit la guerre aux Ammonites pour venger l'injure faite à ses ambassadeurs; Alexandre fit passer au fil de l'épée les habitants de Tyr, pour avoir insulté les siens, etc.

AMBASSADRICA, s. f. (embassadrice); EMBASSADRIÇA. *Embasciatrice*, ital. *Embaxadora*, esp. *Embaixadora*, port. Ambassadrice, la femme d'un ambassadeur. V. *Ambassad*, R.

AMBAYSSADA, s. f. vl. Ambassade. V. *Ambassada* et *Ambassad*, R.

AMBAYSSADOR, vl. V. *Ambassador.*

AMBE, prép. conjonct. (ámbé); EMBE. Avec. V. *Ame.*

Éty. du lat. *ambo*, l'un et l'autre, tous les deux. V. *Amb*, R.

Ambaquot, avec cela.

Ambe iou, avec moi.

Ambaquel, avec, ou à celui-là.

AMBECIOS, vl. V. *Ambitious.*

AMBEDOAS, vl. V. *Abdos* et *Ambedous.*

AMBEDOS, vl. AMBIDOI, AMBEDUI. V. *Ambedous.*

AMBEDOUS, DOUAS, adj. (ambédóus, óues); AMDOS, AMBOS, AMBAS, AMDOI, AMDUI. *Ambedui*, ital. *Ambos*, *as*, esp. port. *Amdos*, *Amduy*, *Abdos*, *abduy*, anc. cat. Tous les deux, l'un et l'autre.

Éty. du lat *ambe* et *duo.* V. *Amb*, R.

Les grecs disaient ἅμα δύο ναῦς (hama duo naus), comme on dirait en Languedoc *Amdoas las naus.* Maz.

AMBEDUI, adj. num. vl. V. *Abdui*, *Ambedous* et *du*, R.

AMBERGAR, v. a. vl. Empêcher. V. *Empachar.*

AMBERGEA, s. f. Garc. Sorte de pêche. V. *Aubergea.*

AMBERGIER, s. m. Albergier. Garc.

AMBIDEXTRE, adj. (ambidèxtré); *Ambidextro*, ital. *Ambidextro*, esp. port. *Ambidestro*, cat. Ambidextre, qui se sert également des deux mains.

Éty. du lat. *ambidexter*, fait de *ambo*, *ambi*, et de *dexter*, droit, adroit des deux mains. V. *Amb*, R.

AMBIDOY, vl. Tous les deux. V. *Ambedous* et *Amb*, R.

AMBIGUITAT, s. f. (ambiguitá); *Ambiguità*, ital. *Ambiguidad*, esp. *Ambiguidade*, port. *Ambiguitat*, cat. Ambiguité, sens général susceptible de diverses interprétations.

Éty. du lat. *ambiguitatis*, gén. de *Ambiguitas.* V. *Amb*, R.

AMBIGUT, s. m. (ambigù); EMBIGUT. *Ambigu*, esp. port. Ambigu, sorte de repas où l'on sert en même temps les viandes et les fruits; fig. mélange de choses opposées.

Éty. du lat. *ambo*, tous les deux, de tous côtés. V. *Amb*, R.

AMBIGUT, UDA, UA, adj. (ambigú, úde, úe); *Ambiguo*, ital. esp. port. Ambigu, ue, qui présente à l'esprit deux sens différents.

Éty. du lat. *ambiguus*, formé de *ambo* et

de *agere*, agir de deux manières. V. *Amb*, R.

AMBITIO, s. f. vl. Ambition, v. c. m.

Éty. du lat. *ambitio*. V. *Amb*, R.

AMBITION, s. f. (ambitie-n); AMBITIÈN. *Ambitiò*, cat. *Ambição*, port. *Ambicion*, esp. *Ambitione*, ital. anc. Ambition, désir immodéré de richesses, de puissance ou de gloire.

Éty. du lat. *ambitio*, formé de *ambio*, *ambire*, aller alentour, s'étendre aux environs

AMBITIOS, adj. vl. V. *Ambitious* et *Amb*, R.

AMBITIOUNAR, v. a. (ambitiounár); *Ambicionar*, esp. port. *Ambire*, ital. Ambitionner, rechercher avec ambition.

Éty. de *Ambitio* et de la term. act. *ar*. V. *Amb*, R.

AMBITIOUS, OUSA, adj. (ambiciόus, όuse); *Ambicioso*, esp. port. *Ambicios*, cat. *Ambitioso*, ital. anc. Ambitieux, qui a de l'ambition.

Éty. du lat. *ambitiosus* et *Amb*, R.

AMBL, *AMBUL*, radical dérivé du lat. *Ambulatio*, *Ambulare*, promenade, action de se promener, marcher, aller, voyager, dont se sont formés: *Ambl-a*, *Ambl-ada*, *Amblador*, *Ambl-ar*, *Ambl-ur*, *Ambul-anca*, *Ambul-ant*, *Per-ambul-ar*, etc.

AMBLA, s. f. (amble); TRACANET, AMBRE. *Ambio*, ital. mod. *Ambiatura*, ital. anc. Amble s. m. allure du cheval qui est entre le pas et le trot, ou plutôt entre le trot et le galop.

Éty. du lat. *ambulare*, se promener. V. *Ambl*, R. *Anar à l'ambla*, tr. aller l'amble; *aller à l'amble*. Amble est masculin en français.

AMBLADA, V. *Emblada*.

AMBLADOR, adj. vl. *Ambleur*. V. *Amblur*.

AMBLADURA, s. f. vl. *Ambladura*, anc. esp. *Ambiadura*; ital. Amble. V. *Ambla*.

AMBLADURETA, s. f. vl. Petit amble.

Éty. dim. de *ambladura*.

AMBLAIRE, V. *Amblur*.

AMBLANZA, s. f. vl. Amble. V. *Amblà*.

AMBLAR, v. n. (amblà); *Amblar*, anc. cat. anc. esp. *Ambiare*, ital. Ambler, aller l'amble, et non *à l'amble*.

Éty. du lat. *ambulare*, ou plutôt de *ambla* et de *ar*. V. *Ambl*, R.

AMBLAR, vl. Voler, enlever. V. *Emblar*.

AMBLUR, USA, adj. (amblùr, ùse); AMBLAIRE, AMBLADOR. *Amblador*, anc. cat. anc. esp. *Ambleur* et *Amblant*, qui va l'amble. V. *Ambl*, R. On emploie aussi ce mot dans le sens de hâbleur, menteur, et il vient alors de *amblar* qui signifiait autrefois, tromper, voler, dérober.

AMBONILH, s. m. vl. Nombril. V. *Embourigou*.

AMBOS, vl. *Ambos*, esp. port. Les deux, tous les deux. V. *Amdos* et *Amb*. R. du lat. *Ambo*.

Éty. de l'esp. *ambos*. m. s.

AMBOTRAÇA, s. m. (ambotráce); *Ambotrace*, instrument au moyen duquel on peut tirer une copie des écrits au moment même qu'on les trace.

Éty. Mot nouveau formé du lat. *ambo*, des deux côtés, et de *traça*, troisième personne de l'ind. prés. du verbe *traçar*, tracer, tracer des deux côtés, ou en tracer deux à la fois. V. *Amb*, R.

Cet instrument est dû à M. de la Chabaussière (1813).

AMBOUCHOIR, s. m. (amboutchóir), AMBOUCHOUAR. s. m. *Ambouchoir*, forme de bois que l'on met dans les bottes pour les empêcher de s'avachir. V. *Bouc*, R.

AMBOURIGOU, V. *Embourigou*.

AMBOUTISSOIR, s. m. (amboutissóir); *Amboutissoir* et *emboutissoir*, outil d'orfèvre, de cloutier et d'éperonnier qui sert à amboutir, c'est-à-dire, à rendre une pièce de métal convexe d'un côté et concave de l'autre.

AMBRA, s. f. (ámbre); *Ambra*, basse lat. *Ambar*, esp. port. *Ambra*, ital. all. *Ambre*, cat. Ambre, s. m., on en distingue de deux sortes, le gris et le jaune.

Éty. de l'arab. *anbar*, nom du cétacé qui le produit.

L'ambre gris est une substance huileuse, concrète, odorante, de la consistance de la cire; d'une couleur grise, marquée de taches jaunes ou noires, qu'on trouve flottante sur les eaux, aux environs de Sumatra, de Madagascar, du Brésil, sur les côtes d'Afrique, etc.

Après avoir longtemps discuté sur la nature de cette substance, le docteur Swediaur a démontré qu'elle n'est autre chose que l'excrément d'une espèce de cachalot. *Physeter macrocephalus*, Lin. Mammifère nectopode de la fam. des Cétacés.

L'ambre jaune, *Ambre*, nommé aussi karabé ou succin, est transparent et susceptible de recevoir un beau poli, ce qui a donné lieu au dicton pr. *Fin coumo l'ambra*.

MM. Bucholz et Rose ont trouvé dans l'ambre gris une substance particulière qu'ils ont nommée *ambréine*.

AMBRA, s. f. MANOLI. Grosse bouteille de verre où l'on met du vin, du vinaigre avec des plantes aromatiques.

Éty. de la basse lat. *ambra*, sorte de vaisseau à mettre du vin. C'est une altération de *amphora*.

AMBRE, dl. V. *Ambla*.

AMBRE, s. m. vl. *Ambre*, cat. port. Ambre jaune. V. *Ambra*.

AMBREC, adj. d. béarn. Fâcheux. *Hat ambrec*, sort fâcheux, ce mot viendrait-il du celto-breton *Ambren*, délire, transport?

AMBRETA, s. f. (ambréte); MACOUSSEOU, AMBRETTA. *Ambarina*, esp. Ambrette, graine musquée, Bamia, noms des semences de la ketmie musquée ou odorante; *Hibiscus abelmoschus*, Lin. plante de la fam. des Malvacées, qui croît dans les Indes, l'Egypte et l'Arabie.

Éty. *ambreta*, dim. de *ambra*, à cause de son odeur.

AMBRETA, s. f. AMBRETTA. *Ambretta*, ital. Barbeau jaune, Ambrette, fleur du grand seigneur, *Centaurium suaveolens*, *Dict. sc. nat.* *Centaurea Suaveolens*, *Willd.* *Centaurea amberboi*, *Lam.* *Centaurea moschata*, *var. B. Lin.* plante de la fam. des Cynarocéphales, originaire du Levant, et cultivée maintenant dans la plupart des jardins.

Éty. ainsi nommée à cause de son odeur.

AMBRETA-FERA, s. f. (ambréte fère). Jacée, plante, Avril.

AMBRICOT et **AMBRICOUTIER**, V. *Abricot* et *abricoutier*.

AMBRIEI, dl. V. *Ambrosi*.

AMBROCAR, v. a. vl. Mettre en broc.

Éty. de *am*, dans, de *broc* et de *ar*.

AMBROISA, (ambróise), et

AMBROISIA, s. f. (ambroisie); AMBROUSIER. *Ambrosia*, ital. esp. *Ambroasia*, port. Ambrosie, nom d'un genre de plantes de la fam. des Corymbifères de Jussieu, et des Ambrosiacées d'Henri de Cassini, dont on connait cinq espèces, originaires d'Amérique, du Levant et d'Italie.

Éty. du lat. *Ambrosia*, m. s. et dérivé du grec ἀμβροσία (ambrosia), formé de *a* privatif, et de βροτὸς (brotos), mortel, parce que l'ambroisie rendait immortels ceux qui en mangeaient.

AMBROISO, nom d'homme. V. *Ambrosi*.

AMBROSI, nom d'homme; AMBROISO, AMBRIEI, AMBROUASO. *Ambrosio* et *Ambrogio*, ital. Ambroise.

Éty. de *ambrosius*.

Patron, Saint Ambroise, évêque de Cahors, dont on célèbre la fête le 16 octobre.

Dans le Var, selon M. Garcin, on donne ce nom à un homme qui s'accomode de tout.

AMBROUA, s. f. (ámbroue), nom que portent les framboises à Allos et aux environs. V. *Framboisa*.

Éty. probablement de *ambrosia*, ambrosie, à cause de la bonne odeur que ces fruits répandent.

AMBROUSIER, s. m. (ambrousié). Ambroisie. Garc. V. *Ambroisa*.

AMBS, BAS, AMS, adj. vl. *Ambos*, esp. port. *Ambo*, *Ambe*, ital. L'un et l'autre, les deux.

AMBULACIO, s. f. vl. Marche.

Éty. du lat. *ambulatio*, m. sign. V. *Ambl*, Rad.

AMBULANÇA, s. f. (ambulánce); *Ambulança*, port. Ambulance, l'ensemble du personnel et du matériel d'un hôpital militaire, disposé de façon à pouvoir suivre l'armée.

Éty. du lat. *ambulare*, voyager. V. *Ambl*, Rad.

Les premières ambulances en France, furent établies sous le règne de Louis XIII.

AMBULANT, ANTA, adj. (ambulán, ánte); *Ambulante*, ital. esp. port. Ambulant, ante, qui change souvent de poste.

Éty. du lat. *ambulans*, *antis*, de *ambulare*, se promener, voyager. V. *Ambl*, R.

AMBULATIU, IVA, adj. vl. *Ambulativo*, esp. *Ambulatif*, faisant marcher.

Éty. de *ambulat*, rad. de *ambulatio* et de *ar*. V. *Ambl*, R.

AMD

AMDA, et

AMDAN, s. f. vl. *Ameda*, ital. lombard. Tante.

Éty. du lat. *amita*, par la suppression de *i*, et le changement de *t* en *d*.

AMDOAS, vl. V. *Abdoas.*

AMDOI, vl. et

AMDOS, V. *Ambedous.*

AMDUI, adj. num. vl. AMDUY. Tous deux. V. *Abdui* et *Ambedous.*

AME

AME, prép. conj. (âme); EME, AMBE, EMBE, ENDÉ, EM, EN, AB, AM, DAMBE, DAN, DAP. Avec, ensemble, conjointement, par.

Éty. du grec ἅμα (hama), ensemble, ou de l'hébreu *am*, m. s. V. *Amb*, R.

Comptar ame leis dets, compter par ses doigts ou sur ses doigts. *Anaz laurar ame aqueou marrit temps?* tr. vous allez labourer par ce mauvais temps, et non *avec.....*

Ount anaz ame aqueou temps? tr. où allez-vous par ce temps-là.

AMECHITS, adj. m. pl. (ametchis), dl. ACCOUDITS. Epithète qu'on donne aux cheveux plats, en toupets séparés, et de plus, gras ou huileux.

Éty. de *a*, de *mecha* et de *its*; litt. réduits en mèches.

Sous peousses toutes amechis
An de pezouls jusqu'à la simo.
Michel.

AMEDEO, nom d'homme, (Amédée); MEDEO. *Amedeo*, ital. esp. *Amadeu*, cat. port. Amédée.

Patr. Amédée le bienheureux, dont on célèbre la fête le 30 mars.

Éty. de *Amedeus*, formé de *Amans Deum*, ou plutôt de *amatus Deo*.

AMEIGRIR, Garc. Voy. *Amaigrir* et *Maigrir.*

AMEILHURAMENT, s. m. vl. Voy. *Amelhouratien.*

AMEINAR, v. a. (ameinà); ADIENAR, MEINAR. *Amaynar*, esp. *Ammainare*, ital. *Amainar*, port. Amener, en terme de marine, abaisser les voiles : quand un bâtiment amène son pavillon, c'est signe qu'il se rend à l'ennemi ; mettre bas.

Éty. de *a* pour *ad*, et de *menar*, v. c. m. et *Men*, R.

AMEINAT, ADA, adj. et part. (ameinà, àde); AMEINAT. *Ameynado*, *ada*, port. Amené, ée; abaissé, rendu.

Éty. de *amen* et de la term. pass. *at*, *ada*. V. *Men*, R.

AMEIR, V. *Madur.*

AMEIRAR, V. *Madurar.*

AMEIRAR, v. n. (ameirà); *Abuter*, c'est au jeu de quilles, indiquer le lieu d'où l'on doit tirer la boule.

Éty. probablement du grec ἀμείβω (améibô), changer, remplacer, ou de μείρω (méirô), partager, obtenir par le sort.

AMEIRASSIT et

AMEIRIT, V. *Amairit.*

AMELA, d. arl. V. *Amenda.*

AMELAN, dl. V. *Amelanchier*, dont il n'est qu'une altération.

AMELANA, dl. V. *Avellana.*

AMELANCHAS, s. f. pl. (amelànches); ABERLENCAS, AMEARANCHAS. *Amelanches*, fruit de l'amelanchier; il n'est ni désagréable, ni mal sain.

AMELANCHIER, s. m. (amelantchié); AMERANCHIER, MELANCHIER, AVELANCHIER, AMELAN, ABERLENQUIER, PERETA-DE-SANT-JEAN, AVARANCHIER, AMEARANCHIER. Amelanchier : *Cratægus amelanchier*, Lin. arbrisseau de la fam. des Rosacées, commun sur les coteaux de la Haute-Provence.

Éty. du lat. *Amelanchier*, formé du grec μηλέα (mêlea), pommier, et ἄγχειν (agchéin), étrangler, pomme qui serre la gorge.

AMELE, s. f. (amélé). Un des noms des amandes, selon Garc. : *Amela enchadenta*, pistache; *Amela passa-gauda*, amande folle, qui n'est ni amère, ni douce. V. *Amend*, R. et *Amenda.*

AMELHA, nom de femme, vl. Amélie. V. *Amelia.*

AMELHOURAR, v. a. (amelhourà); AMELIOURAR. *Migliorare*, ital. *Mejorar*, esp. *Melhorar*, port. Améliorer, rendre meilleur.

Éty. de *a*, de *mellour* et de *ar*; rendre meilleur. V. *Milh*, R.

AMELHOURAT, ADA, (ameillourà, àde); AMELIOURAT. *Mejorado*, esp. *Meilhorado*, port. Amélioré, ée. V. *Milh*, R.

AMELHOURATION, s. f. (ameilhouratie-n); AMELIOURACIOUN, AMELIOURATIEN. *Miglioramento*, ital. *Mejoramiento*, esp. *Melhoramento*, port. Amélioration, progrès vers le bien, meilleur état, ce qu'on fait dans une terre ou dans une maison pour en augmenter le revenu. V. *Milh*, R.

AMELIA, nom de femme, (Amélie); MELIA. *Amelia*, esp. port. cat. Amélie.

Patr. Ce nom n'existe pas dans le martyrologe; c'est probablement le même que Emilie dont on célèbre la fête le 2 juin.

AMELIAR S', v. r. (s'amelià). Se blottir, se cacher dans un coin. Garc.

AMELIER, V. *Amendier* et *Amend*, R.

AMELIR S', v. r. (s'amélir). Se détériorer, en parlant du blé dont le grain est presque vide. Garc.

AMELIS, s. m. (amelis). Inanition, faiblesse. Aub.

AMELL, s. m. Un des anciens noms de l'amandier. V. *Amendier.*

AMELLA, s. f. (amèle); AMENLA. Un des noms languedociens des amandes. V. *Amenda. Amella sucrada*, amandes lissées; *Amella-cacha-dent*, ou *abalena*, amande à écale tendre, ou de dame. V. *Abalana.*

AMELLA, s. f. (amelle), sous-entendu *varietat*. Amande, nom d'une variété du mûrier blanc, connue à Anduze, dont la feuille est plus épaisse que celle des autres variétés de cette espèce, et qui ne produit presque pas de mûres. V. *Amend*, R.

AMELLAU, s. m. Espèce d'olivier, et

AMELLAUS, adj. f. pl. (amellàous), dl. *Oulivas amellaus*, olives à confire; elles sont grosses comme des amandes. Sauv.

Éty. de *amella*, amande, et de l'art. *aus*, qui ressemblent aux amandes. V. *Amend*, R.

AMELLE, Nom agenois de l'amendier. V. *Amendier.*

AMELLIER, s. m. (amellié). Nom languedocien de l'amandier commun. Voy. *Amendier.*

Éty. de *amella* et de *ier*, v. c. m. et *Amend*, R.

AMELON, s. m. (amelóun), dl. Amande dépouillée de son écale et un peu torréfiée. V. *Amend*, R.

Per debita touto l'annado
Perrousino per de flambeoux,
D'amelons *per de bisqueteoux.*
Michel, fiera de beauc.

AMELOUN, s. m. (amelóun). Un des noms de la *Sylvia rufa*, Lath. V. *Laurela.*

AMEN, s. m. (amèin); *Amen*, lat. *Amen*, esp. ital. port. Amen, mot hébreu, usité dans l'Eglise à la fin de toutes les prières solennelles, dont il est la conclusion. *Dire amen*, consentir.

Éty. Ce mot signifie en hébreu *fiat*, c'est-à-dire, *ainsi soit*, *ainsi-soit-il.*

Quelques auteurs prétendent que le mot *amen* est composé des lettres initiales de ces mots, *adonaï melech neeman*, *dominus rex fidelis*; ils disent pour renforcer cette opinion, que les rabins ne se servent, pour exprimer les mêmes mots, que des trois lettres initiales *a. m. n.* qui par l'interposition de la voyelle *e*, font bien *amen.*

AMEN, mieux AMENT. *Tenir d'ament*, être aux aguets. V. *Damen.*

AMENAMENT, s. m. vl. Maison de louage, logement.

Éty. V. *Men*, R.

AMENANSAS, s. f. pl. (amenànces), dl. Fêtes de nôces, cérémonies; *Be fas pla d'amenansas*, dl. tu fais bien des façons. Sauv.

Éty. Ce mot serait-il dérivé du lat. *amœnitas?*

AMENAR, v. a. (amenà); *Menare*, ital. mod. *Amenar*, anc. cat. *Amenare*, anc. ital. Pour mener, conduire, amener. V. *Menar*, *Adurre*, *Ameinar* et *Men*, R.

Non nos amenar *en tentation*, d. vaud.

AMENASSA, s. f. vl. *Amenassa*, cat. *Amenaza*, esp. *Amenaça*, port. Menace. V. *Menaça.*

AMENASSAR, v. a. *Amenassar*, cat. *Amenazar*, esp. *Amenaçar*, port. Menacer. V. *Menaçar.*

AMENASSAT, ADA, adj. et p. vl. *Amenazado*, port. Ménacé, ée. V. *Man*, R.

AMENAT, ADA, vl. V. *Ameinat* et *Men*, Rad.

AMENCIA, s. f. vl. *Amencia*, anc. esp. *Amenza*, ital. Folie, égarement, extravagance, manie, démence.

Éty. du lat. *amentia*, m. s. ou de *a* priv. de *menci* pour *mentis*, et de *a*; privation de l'esprit, du bon sens. V. *Ment*, R.

AMEND, radical pris du latin *amygdala*, amande, amandier, et dérivé du grec ἀμύγδαλον (amygdalon), qui a la m. s. formé, selon Vossius, de ἀμυχή (amuchê), strie, gersure, à cause de celles dont est sillonné son noyau, ou du celt. *amendas.*

De *amygdala*, par apoc. *amygd*, par le changement de *y* en *e*, et add. de *n*, *amengd* et par la suppr. du *g*, *amend*; d'où : *Amend-a*, *Amend-ier*, *Amend-oun.*

De *amydala*, *amygdal*, *amendal*, *amenl*; d'où : *Amenl-at*, *Amenl-oua*, *Amenl-a*, et par la suppression de *n*, *amel*; d'où : *Amel-a*, *Amèl-ier*, etc.

AMENDA, pour Amende, peine pécunière. V. *Esmenda*.

AMENDA, s. f. (améinde); AMELA, MELHA, AMELE, AMELHA. *Almendra*, esp. *Ametlla*, cat. *Amendoa*, port. *Amendola*, ital. Amande, fruit de l'amandier.

Éty. du lat. *amygdala* ou *amygdalum*, amande. V. *Amend*, R.

Les enfants de Jacob portèrent à Joseph, leur frère inconnu, des amandes en présent. Gén. c. 43 ℣. 11. ce qui prouve que ce fruit est connu depuis la plus haute antiquité.

On connaît aujourd'hui, et l'on cultive plusieurs variétés de l'amandier, dont les fruits portent les noms suivants:

AMENDA-ABELANA, Amande à écale friable. V. *A-pistacha*.

AMENDA-AMARA, Amande amère.

AMENDA-CACHA-DENT, s. f. d. apt. AMELA CACHA DENT. Amande sultane. V. *Amenda-fina* et *Amenda-pistacha*.

AMENDA-COUTELOUNA, Amande ronde, charnue, à écale dure.

AMENDA-DOUÇA, Amande douce.

AMENDA-DURA, Amande commune à écale dure.

AMENDA-FINA, s. f. AMENDA SULTANA, TENDRA ou CACHA-DENT. Amande tendre, sultane.

AMENDA-GROSSA, Grosse amande.

AMENDA-HOUNOURABLA, s. f. (amándehounouráble); AMANDA HOUNOURABLA. *Amenda publica*, esp. Amende honorable, peine infamante qui était ordonnée par la justice, et qui consistait à reconnaître publiquement son crime, et à en demander pardon.

AMENDA-MIEJA, Amande moyenne.

AMENDA-MIEJA-PISTACHA, MIEJA-ABARANA. Amande mi-fine.

AMENDA-PESSEGAUDA, s. f. d. apt. Amande folle.

AMENDA-PICHOTA-PISTACHA, Amande pistache, petite.

AMENDA-PISTACHA, s. f. PISTACHA, ABELANA ou ABERANA. Amande pistache ou à la reine, amande fine, amande des dames, amande princesse.

AMENDAR, v. a. (ameindá); *Amendare*, ital. anc. Condamner à l'amende, amender, rendre meilleur.

Éty. de *amenda* et de *ar*.

AMENDA-REDOUNA, s. f. Amande ronde.

AMENDAS-SUCRADAS, s. f. pl. (ameïndes sucrádes); Amandes lissées, dragées faites avec des amandes couvertes de sucre, et non *amandes sucrées*. V. *Amend*, R.

AMENDICS, vl. Tu appauvris, abaisses, déprimes.

AMENDIEIRETA, s. f. (ameindieiréte). Pépinière d'amandiers. Aub.

AMENDIER, s. m. (ameindié); AMEYER, AMELIER, AMELLIER, AMELLE, AMAIET, EMMELHER. *Mandorlo*, ital. mod. *Amandolo*, ital. anc. *Almendro*, esp. *Amendoeira*, port. *Ameller*, cat. *Mandel*, all. *Almond*, Angl. Amandier, amandier commun, *Amygdalus communis*, Lin. arbre de la fam. des Rosacées, cultivé dans la partie méridionale de la France.

Éty. du lat. *amygdalus*, m. s. ou de *amenda* et de *ier*; arbre qui porte les amandes. V. *Amend*, R.

Cet arbre est naturalisé dans nos climats depuis un temps immémorial; on le croit originaire d'Asie, ou de la Mauritanie.

Les épithètes de *abelan*, de *couteloun*, de *amaran*, etc., sont données à ceux qui portent les amandes ainsi nommées. V. *Amenda* et Garid. au mot *Amygdalus*, p. 29.

AMENDOULA, s. f. (ameindóulé), nom nicéen de la Mendole. V. *Moundola*.

Éty. altér. de *mendola*, v. c. m.

AMENDOUN, s. f. (ameindóun); AMENLOUN. Amande qu'on mange verte, c'est aussi l'amande d'un grand nombre de fruits à noyau, dépouillée de son écale.

Éty. de *amendoun*, dim. de *amenda*, petite ou jeune amande. V. *Amend*, R.

AMENDOURIER, s. m. (ameindourié), nom qu'on donne à Cuges, selon le Dr Reimonen, au guy de chêne, parce qu'il croît abondamment sur l'amandier. V. *Visc* et *Amend*, Rad.

Éty. de *amend*, et de la term. *ier*, qui se trouve, qui abonde sur l'amandier.

AMENDRIR, v. a. (ameindrir); AMENUDAR, DEMANIR, AMINSAR. *Minorare*, ital. *Minorar*, esp. port. Amoindrir, diminuer, rendre moindre, amincir; amenuiser, en parlant du bois; amender, quand il est question du prix.

Éty. de la basse lat. *minorare*, ou de *a* pour *ad*, de *minus*, moindre, et de la term. *ir*, devenir. V. *Min*, R.

AMENDRIR S', v. r. et n. Amoindrir, devenir moindre, diminuer. V. *Min*, R.

AMENDRISSAMENT, s. m. (ameindrissaméin); AMENDRICHAMENT. Amoindrissement.

AMENDRIT, IDA, IA, adj. et p. (ameíndri, ide, ie); *Minorado*, port. Amoindri, ie; aminci. V. *Min*, R.

AMENISTRAR, altér. de *Administrar*, v. c. m.

AMENITAT, s. f. (amenitá); AGRAMENT. *Amenità*, ital. *Amenidad*, esp. *Amenidade*, port. *Amenitat*, cat. Aménité, qualité d'une chose qui vous attache par ses agréments.

Éty. du lat. *amœnitatis*, gén. de *amœnitas*.

AMENLAT, s. m. (ameinlá), dl. Rocher ou pierre d'amella, (espèce d'amygdaloïde), sorte de marbre du genre des brèches, formé de plusieurs cailloux, qui imitent grossièrement des amandes. Sauv.

Éty. de *amenla*, un des noms lang. des amandes, et de *at*; litt. formé ou composé d'amandes. V. *Amend*, R.

AMENLOUN, dl. V. *Amendoun*.

AMENRADAMEN, adv. vl. Petitement.

Éty. de *a*, de *menre*, de *ada* et de *men*, fait d'une petite manière, agir petitement. V. *Min*, R.

AMENTA, s. f. Un des noms anciens de l'amande. V. *Amenda*.

AMENTAVER, v. a. et n. vl. *Amentare*, ital. Rappeler, mentionner, se souvenir.

Éty. de *a*, de *ment* et de *aver*, avoir dans l'esprit, dans la mémoire. V. *Ment*, R.

AMENUDAR, v. a. (amenudá); AMENUZAR, AMENUZIR. *Amminutare*, ital. *Amenudear*, esp. anc. Amoindrir, réduire. V. *Amendrir* et *Apprimar*.

Éty. de *a* augm., de *menud* et de *ar*, rendre ou faire plus menu. V. *Min*, R.

AMENUZAR, et

AMENUZIR, v. a. vl. Amincir, amenuiser. V. *Amenudar*.

AMERBIT, adj. m. (amerbi), dl. Éveillé, gai, alerte. Sauv.

AMERGIT, IDA, adj. et p. d. d'Apt. Mûri, ie. V. *Madurat*.

AMERICA, s. f. (amérique); AMERIQUA. *America*, esp. port. ital. Amérique ou Nouveau-Monde; vaste continent situé à l'Ouest de l'Europe et de l'Afrique, que Cristophe Colomb, génois, découvrit le 12 octobre 1492.

Éty. du lat. *America*, d'Améric Vespuce, habile cosmographe, qui publia la relation d'un voyage qu'il avait fait à ce nouveau monde, en 1499; après Christophe Colomb, par conséquent; jusqu'en 1507, ce pays fut appelé Indes-Occidentales, et ce ne fut qu'à cette époque qu'on lui donna le nom d'Amérique.

AMERICAN, ANA, (americán, áne); AMERIQUEN, ENO. *Americano*, port. esp. ital. Américain, aine, qui est d'Amérique.

Éty. du lat. *Americanus*, m. s.

AMERICA-SEPTENTRIOUNALA. Amérique-Septentrionale; elle fut découverte, en 1499, par Cabot, vénitien.

AMERITAR, V. *Meritar*.

AMERMAMENT, s. m. (amermaméin), vl. Diminution de prix; amoindrissement. V. *Min*, R.

AMERMANSA, s. f. vl. Diminution, dépérissement.

Éty. de *a*, de *merm* et de *ansa*. Voy. *Min*, R.

AMERMAR, v. n. (amermá), m. s. que *Mermar*, v. c. m. Affaiblir, diminuer, amoindrir; amender, en parlant du prix des denrées.

Éty. du roman *Amermer*, dérivé du lat. *minorare*, rendre plus petit, pour *minuere*; ou de l'hébreu *mahat*, décroître, selon le P. Thomassin. V. *Min*, R.

AMERMAR L', s. m. vl. Sobriété, modestie. Sauv. V *Min*, R.

AMERMAT, ADA, adj. et p. vl. Diminué, ée, baissé de prix. V. *Min*, R.

AMESCLADAMEN, adv. vl. AMESCLADAMENS. D'une manière mêlée.

Éty. de *a*, de *mesclada* et de *men*. Voy. *Mescl*, R.

AMESCORAT, ADA, adj. et p. vl. Favorisé, ée, bien traité.

AMESURADAMEN, adv. vl. AMEZURADAMEN. Sagement, sobrement, avec mesure. V. *Mesur*, R.

AMESURAMEN, adv. vl. AMESURADAMENT, AMEZURADAMEN. *Amesuradament*, anc. cat. *Ammisuratamente*, ital. Raisonnablement, avec mesure, convenablement, modérément. V. *Mesur*, R.

AMESURAR, v. a. et n. vl. AMEZURAR. *Amesurar*, anc. esp. *Ammisurare*, ital. Mesurer, régler, comparer, modérer, être sobre, être prudent. V. *Mesur*, R.

AMETHYSTA, s. f. (amethyste); AMATIST. *Amatista*, cat. *Ametisto*, anc. esp. *Amatista*, esp. mod. *Amethysto*, port. *Ametisto*, *ista*, ital. Améthyste, pierre précieuse de couleur violette. C'est le quartz améthyste des minéralogistes.

Éty. du lat. *amethystus*, dérivé du grec ἀμέθυστος (améthustos), formé de *a* priv. et de μεθύω (méthuô), je suis ivre, dérivé de μέθυ (methu), vin, parce qu'on croyait autrefois, que cette pierre portée au doigt, garantissait de l'ivresse.

AMETNIAR, v. a. vl. Diminuer. Voy. *Amenudar*.

AMETOUA, s. f. (ametóue). Nom qu'on donne, à Meyronnes B.-Alp., à l'herbe aux chats. V. *Herba deis cats*.

AMETTRE, v. a. vl. Mettre, placer. V. *Admettre* et *Mettre*, R.

AMEUS, vl. pour *am e us*. Aime et vous.

AMEY, dg. Et encore. V. *Amai*.

AMEYER, s. m. altér. du dial. lang. de *Amendier*, v. c. m.

AMEZURADAMEN et

AMEZURAMEN, s. m. vl. AMEZURANSA. Bonté, douceur, modération. V. *Mesur*, R. Adv. raisonnablement.

AMEZURANSA, s. f. (amezurânce), vl. Estimation faite par justice; modestie, sagesse, sobriété.

Éty. de *a*, de *mesura* et de *ansa*, chose faite avec mesure. *V. Mesur*, R.

AMEZURAR, vl. V. *Amesurar*.

AMEZURAT, **ADA**, adj. et p. vl. AMEZURAT. *Amesurado*, esp. anc. Prudent, ente; réglé, ée; sobre, tempérant. V. *Mesur*, R.

AMF

AMFOS, nom propre, vl. Alphonse. V. *Alphonso*.

AMI

AMI, J'aime; pour ami. V. *Amic*.

AMIA, s. f. vl. Amie. V. *Amiga*.

AMIABLAMENT, adv. (amiablaméin); *Amigablemente*, esp. *Amichevolmente*, ital. *Amigavolmente*, port. Amiablement, d'une manière amiable.

Éty. de *amiable* et de *ment*. V. *Am*, R.

AMIABLE, **ABLA**, adj. (amiable, âble); *Amichevole*, ital. *Amigavel*, port. Amiable, doux, gracieux : *A l'amiable*, à l'amiable, par la voie de la douceur, sans procès. Voy. *Am*, R.

AMIADAR, v. a. (amiadà); ABIADAR, dl. Caresser, flatter, amadouer, pateliner quelqu'un. Sauv. V. *Amadouar*.

Éty. probablement de *ami* et de *adar*, traiter en ami. V. *Am*, R.

AMIALAR, v. a. (omialá), d. bas lim. Caresser, amadouer, emmieler; on le dit aussi pour tromper, lorsque pour y parvenir on emploie des paroles douces et des caresses.

Éty. de *a*, de *mial* et de *ar*, donner du miel, traiter avec douceur. V. *Mel*, R. 2.

AMIANTA, s. f. (amiánte); *Amianto*, ital. port. *Amianta*, esp. *Amiantus*, lat. Amiante, s. m., espèce de pierre filandreuse composée de silice, de magnésie, d'alumine et de chaux, dont on trouve une carrière à l'extrémité orientale de l'Ile du Levant, une des Iles d'Hyères.

Éty. du grec ἀμίαντος (amiantos), formé de *a* priv. et de μιαίνω (miainô), gâter, perdre; inaltérable, parce que le feu ne le consume point, propriété que l'on a mise à profit pour en faire des mèches perpétuelles.

Amiante, féminin en provençal, est masculin en français.

AMIC, **IGA**, s. (ami, ie); AMI. *Amico*, ital. *Amigo*, *Amich* et *Amig*, cat. Ami, ie, celui ou celle avec qui on est lié d'amitié; amant, ante.

Éty. du lat. *amicus*, par la suppression de la désinence *us*. V. *Am*, R.

Siam amis ame un tau, tr. nous sommes liés d'amitié avec un tel, ou nous sommes amis, mais non, *Nous sommes amis avec un tel*. Voltaire a fait cette faute quand il a dit : Claveret, avec qui il était ami. On est ami de quelqu'un, mais non avec quelqu'un.

Amic jusqu'à la boursa.

Leis bons comptes fan leis bons amics.

Leis amics si counouissoun dins lou besoun.

Qu es amic de cadun v'es de degun.

Lou milhour amic es un escut dins sa pocha.

Bon amic es aqueou que jamai nous oublida.

Verays amix es aquel que ama en adversitat, aissi co en prosperitat. vl.

No laissar ton ancian amic, car lo Noels no lo semblara pas. Trad. de Bede. vl.

AMIC, **IGA**, adj. (ami, igue). Ami, ie, propice, favorable. V. *Am*, R.

AMICABLE, **ABLA**, adj. vl. AMIGABLE. *Amigable*, esp. cat. *Amichevole*, ital. *Amigavel*, port. Amiable, capable d'attachement.

Éty. du lat. *amicabilis*, d'ami. V. *Am*, R.

AMICAL, **ALA**, adj. (amicál, âle); AMICAU. *Amichevole*, ital. *Amigable*, esp. *Amigavel*, port. Amical, ale, qui est dicté, inspiré par amitié.

Éty. du lat. *amicabilis*. V. *Am*, R.

AMICALAMENT, adv. (amicaleméin); *Amichevolmente*, ital. *Amigablemente*, esp. *Amigavelmente*, port. Amicalement, avec amitié.

Éty. de *amicala* et de *ment*, d'une manière amicale. V. *Am*, R.

AMICAU, V. *Amical*.

AMICT, s. m. (amit); *Ammito*, ital. *Amito*, esp. *Amicto*, port. Amict, linge qui couvre les épaules du prêtre célébrant.

Éty. du lat. *amictus*, m. sign., dérivé du lat. *amicire*, envelopper, revêtir, formé de *am* et de *ico*.

L'amict est regardé comme le symbole de la retenue que les prêtres doivent avoir dans leurs paroles et dans leurs yeux. Il fut introduit, au VIIIme siècle, pour couvrir le cou, que les ecclésiastiques et les laïcs portaient nu jusqu'alors.

Le prêtre le place d'abord sur sa tête, pour rappeler l'ancien usage où l'on était de le mettre sur cette partie, comme un casque pendant qu'on s'habillait, c'est pourquoi en le mettant le prêtre dit encore : *Mettez, Seigneur, le casque de salut à ma tête.*

AMICTANÇA, s. f. AMICTANCE, anc. lim. *Amiganza*, anc. esp. Amitié. V. *Amistança*.

AMIDOUN, s. m. (amidóun); EMPES. *Amydon*, anc. esp. *Almidon*, esp. m. *Amido*, ital. port. *Amylum*, lat. Amidon, substance farineuse, blanche, insipide, inodore et d'un aspect cristallin, qu'on obtient par une longue macération des graines céréales et particulièrement du froment.

Éty. du grec ἄμυλος (amylos), formé de *a* privat. et de μύλος (mylós) ou μύλη (mylê), meule, parce que cette farine se fait sans meule.

Pline en attribue l'invention aux habitants de l'Ile Chio.

En 1716, Vaudreuil trouva le moyen d'extraire de l'amidon de plusieurs racines, et surtout de celle de l'arum ou pied de veau : et en 1789, M. Ghise, en prépara avec la fécule de la pomme de terre.

L'empesage du linge par l'amidon, ne fut connu et employé en Angleterre, qu'en 1593.

L'amidon contient une substance particulière, signalée d'abord par M. de Saussure; elle est connue sous le nom d'amidine.

AMIDOUNIER, s. m. (amidounié); *Amidajo*, ital. *Almidonero*, esp. *Amidoeiro*, port. Amidonnier, ouvrier qui fait l'amidon.

Éty. de *amidoun* et de la term. *ier*.

AMIG, s. m. vl. V. *Amic*.

AMIGA, s. f. (amigue); AMIA. *Amiga*, esp. cat. port. *Amica*, ital. Amie, fém. de *amic*.

AMIGABLAMENT, adv. vl. V. *Amicalament*.

AMIGABLE, vl. V. *Amicable*.

AMIGALHAR, v. a. d. béarn. Caresser, traiter en ami. V. *Am*, R. et *Amigar*.

AMIGALMENT, adv. vl. AMIGALMENS, AMIGABLAMENTZ, esp. V. *Amicalament*.

AMIGAR, v. a. et n. (amigà), dl. AMIGALINAR. *Amigar*, esp. *Amimar*, port. Amadouer; lier, unir d'amitié.

Éty. de *amig* et de *ar*. V. *Ami*, R.

AMIGAT, **ADA**, adj. et p. (amigà, áde), dl. *Amigado*, *ada*, esp. Qui a des amis, des liaisons, bien pourvu d'amis. V. *Ami*, R.

AMIGNARDIR S', v. r. (s'amignardir). S'habituer à faire des mignardises. Gare.

AMIGRAR, Aub. V. *Emigrar*.

AMIGUAJE, s. m. vl. Attachement, affection. V. *Am*, R.

AMIGUET, **ETA**, s. (amigué), dl. *Amichetto*, ital. anc. *Amiguet*, cat. *Amiguinho*, port. *Amiguillo*, esp. Terme d'amitié, mon petit ami, ma petite amie. Il est employé quelquefois ironiquement, et il signifie alors ami froid ou inconstant.

Éty. de *amigu*, et du dim. *et*. V. *Am*, R.

AMIGUOT, s. m. vl. Petit ami. V. *Amiguet* et *Am*, R.

AMILHAR, v. a. (amillá), d. béarn. Voy. *Amadouar*, *Amialar* et *Mel*, R. 2.

AMILHORAR, vl. pour *A mi lhorar*, *faze amillorar*, me fait pleurer.

AMILHORAR, v. a. et n. vl. Améliorer, corriger. *Amelhourar* et *Milh*, R.

AMILORAR, v. a. et n. vl. Améliorer, se prévaloir, faire le fier, s'avantager. Voy. *Milh*, R.

AMINÇAR, v. a. (aminçá). Amincir. Aub. il est aussi réciproque, *s'aminçar*. V. *Min*, Rad.

AMINÇAR, V. *Amincir*.

AMINCIR, v. a. (amincir); AMINÇAR, ATEOUNAR, AMEMDRIR, APPRIMAR, TEOUNESIR, ATEOUNESIR. Amincir, rendre plus mince.

Éty. de *a*, augm. de *mince* et de *ar*. Voy. *Min*, R.

AMINISTRACIO, s. f. vl. altér. de *administration*, v. c. m.

AMINISTRADOR, et

AMINISTRAIRE, s. f. vl. V. *Administratour*.

AMINISTRAIRIZ, s. f. vl. Exécutrice, entremetteuse. V. *Minist*, R.

AMINISTRAR, altér. de *administrar*.

AMIOTAR, v. n. (amiotá), vl. Témoigner de l'amitié. V. *Am*, R.

AMIQABLE, vl. V. *Amicable*.

AMIRAIRE, s. m. (amiraïré). Pointeur, qui mire juste. Aub.

AMIRAL, s. m. (amirál); AMIRALH, AMIRAU. *Almirante*, esp. port. *Ammiraglio*, ital. *Admiral*, all. Amiral, chef des armées navales, vaisseau que monte le chef d'une flotte.

Éty. de l'arabe *amir*, seigneur, gouverneur, chef, et du grec ἅλιος (alios), de la mer.

Les Sarrasins donnèrent les premiers ce titre aux chefs de leurs flottes. Cette dignité ne fut connue en France qu'en 1270, époque à laquelle on la donna à Florent de Varennes, par commission ; après lui, Enguerrand devint amiral de la flotte du roi Philippe-le-Hardi, l'an 1285.

AMIRALH, s. m. vl. V. *Amiran*.

AMIRAL, VICE, Celui qui commande après l'amiral.

Ce titre fut créé en 1669, par un édit de Louis XIV.

AMIRAN, s. m. vl. AMIRAR, AMIRAT, AMIRALH. Emir, titre de dignité que les Mahométants donnent à ceux qui sont de la race de Mahomet; Amiral.

AMIRAR, v. a. (amirá); AJUSTAR, ABCHAR, POINTAR. *Mirare*, ital. *Mirar*, esp. port. Mirer, ajuster avec une arme à feu, avant de tirer.

Éty. de *a*, de *mira*, v. c. m. et de *ar*. V. *Mir*, R.

AMIRAR, pour Admirer. V. *Admirar* et *Mir*, R.

AMIRAR, s. m. vl. Émir. V. *Amiran*.

AMIRAT, vl. V. *Amiran*.

AMIRATION, s. f. AMIRATIEN, Aub. V. *Admiration*.

AMIRAUTAT, s. f. (amiraoutá); *Ammiragliato*, ital. *Almirantia*, esp. *Almeirontado*, port. Amirauté, c'était autrefois une juridiction particulière qui connaissait des contestations en matière de marine, et dont l'amiral était le chef, d'où son nom.

L'amirauté fut érigée en office par Charles V. Amaury, vicomte de Narbonne, en exerça le premier les fonctions sous cette forme.

AMISTADOUS, OUSA, OUA, adj. V. *Amistous*.

AMISTAIRE, dl. V. *Amistous*.

AMISTAL, dl. V. *Amistansa*.

AMISTANSA, s. f. (amistánce); AMISTAT, AMISTOULENÇA, AMISTENÇA, AMITAT, AMITIÈ. *Amistanza*, anc. esp. *Amistança*, anc. port. *Amistanza*, ital. Amitié, affection amicale, attachement.

Éty. de *amist*, pour *amic*, et de *ansa*. V. *Am*, R.

AMISTAT, s. f. vl. AMISTATZ. *Amistat*, cat. *Amistad*, esp. *Amizade*, port. *Amistà*, ital. Amitié. V. *Amitiè*, *Amistansa* et *Am*, R.

Certa amistatz non es esclausa per nulla forsa. Trad. de Bede. vl.

Amitié sûre n'est exclue par nulle force.

AMISTENÇA. V. *Amistansa*.

AMISTOUCHIN, INA, adj. (amistoutchin, ine). Garc. dim. de *amistous*, qui a de l'amitié. V. *Am*, R.

AMISTOULENÇA, dl. V. *Amistansa*.

AMISTOULOUS, dl. V. *Amistous*.

AMISTOUN, OUNA, adj. (omistóun, óune), d. bas lim. Doux, apprivoisé; *Aquel aucel es tant amistoun*, cet oiseau est si bien apprivoisé. V. *Amistous* et *Am*, R.

AMISTOUNAR, v. a. (omistouná), d. bas lim. *Amansar*, port. *Amistare*, ital. anc. Apprivoiser. V. *Apprivadar*; pour caresser. V. *Caressar* et *Am*, R.

AMISTOUS, adj. (amistóus); AMISTAIRES, MISTOUS, AMISTADOUS, AMISTOULOUS. *Amistoso*, esp. Ami, caressant, qui témoigne de l'affabilité.

Éty. de *ami*, et de la term. *ous*, v. c. m. et *Am*, R.

On dit de quelqu'un qui n'est pas doué de cette aimable qualité,

Es amistadous coumo una roumi.

AMISTOUSA, s. f. dg. AMISTOUZA. Amante.

AMISTOUSAR, v. a. (amistousá), dg. AMISTOUZAR. Adoucir en caressant. V. *Am*, R. S'attendrir. Jasm.

AMISTOUSET, ETA, s. m. (amistouzé), dim. de *amistous*, v. c. m. Petit ami. V. *Am*, Rad.

AMIT, Jasmin l'emploie pour *amic*, v. c. m.

AMITAT, s. f. (amitá), d. lim. Amitié. V. *Amistansa*.

AMITIE, s. f. (amitiè); *Amicizia*, ital. *Amistad*, esp. *Amizade*, port. Amitié, tendre attachement. V. *Amistansa*.

Éty. du lat. *amicitia*. V. *Am*, R.

Amitie, de grand, escalier de veire. Pr.

AMITIES, s. f. pl. (amitiès). Caresses, paroles obligeantes, marques d'affection. V. *Am*, R.

AMITOUS, d. lim. V. *Amistous*.

AMIYVIR, v. n. vl. Expression dont M. Faurier, ne connaît, dit-il, qu'un exemple, et qui signifie traiter en ami. V. *Am*, R.

AMIYVIT, adj. et p. vl. AMYIVIT. Récompensé en ami. V. *Am*, R.

AMM

AMMOUNIAC, V. *Sal-ammouniac* et *Gouma ammouniac*.

AM-MO-VOL, Signe de l'optatif, dans l'ancien langage, qu'on employait pour Plût à Dieu.

AMN

AMNA, vl. V. *Ama*.

AMNEI, vl. Il ou elle abjure, renie, renonce.

AMNEIAR, AMNEJAR et

AMNEYAR, vl. V. *Abnegar*.

AMNISTIA, s. f. (amnistie); *Amnistia*, esp. ital. port. *Amnestia*, lat. Amnistie, pardon que le souverain accorde aux déserteurs, aux révoltés et aux traîtres.

Éty. du grec ἀμνηστία (amnêstia), oubli, de *a* priv. et de μνᾶσθαι (mnasthai), se souvenir.

C'est le titre que les Grecs donnèrent à l'acte qui défendait de poursuivre aucun citoyen pour sa conduite politique, après l'expulsion des trente tyrans, par Trasybule.

AMNISTIAR, v. a. (amnistiá). Amnistier, accorder une amnistie.

AMNISTIAT, ADA, adj. et p. (amnistiá, áde); *Amnistiado*, port. Amnistié, ée, compris dans l'amnistie.

AMO

AMOILLERAR, v. n. et a. vl. *Amoillerar*, anc. cat. *Ammogliare*, ital. Marier, se marier, prendre femme, unir à une femme par le mariage.

Éty. de *a*, de *moiller* et de *ar*; s'allier à une femme. V. *Maridar*.

AMOLA, s. f. vl. Ampoule, fiole. Voy. *Mol*, R.

AMOLAR, v. a. vl. Amasser, entasser, amonceler. V. *Accuchar*, *Amoulounar* et *Mol*, R. Pour aiguiser, V. *Amoular*.

AMOLEGAR, v. a. vl. AMOLLEGUAR. *Amollescer*, esp. *Ammolare*, ital. Amollir, Ameublir. V. *Mol*, R. 3.

AMOLEGAT, ADA, adj. et p. vl. Amolli, ie; ameubli. V. *Mol*, R. 3.

AMOLETA, s. f. vl. Petite ampoule, dim. de *Amola*, v. c. m.

AMOLLEGUAR, vl. V. *Amolegar*.

AMOLLEZIR, v. a. vl. AMOLEZIR. *Mollescer*, esp. *Amollecer*, port. *Amollir*, cat. Amollir. V. *Remoulir* et *Mol*, R. 3.

AMOLLEZIT, IDA, adj. et p. vl. AMOLEZIT. *Amollecido*, port. Amolli, ie. Voy. *Mol*, R. 3.

AMOLOGAT, vl. V. *Homologat*.

AMOLOGUAR, vl. *Homologuar*.

AMON, vl. V. *Amont*.

AMONEDAR, v. a. vl. Monnayer, fabriquer, frapper monnaie.

AMONEST, s. m. vl. *Amonestamento*, esp. Avis, instigation, encouragement, exhortation. V. *Mon*, R.

AMONESTABLE, ABLA, adj. vl. Prévenant, persuasif. V. *Mon*, R.

AMONESTAMENT, s. m. (amonestaméin), vl. AMONESTAMEN, AMONESTANSA. *Amonestamento*, esp. *Admoestação*, port. Exhortation, invitation, encouragement, instance, admonition, suggestion. V. *Mon*, R.

AMONESTANZA, s. f. vieux lang. vaud. AMONESTANCZA. Réprimande, avertissement. V. *Mon*, R.

AMONESTAR, v. a. (amounestá), vl. *Amonestar*, cat. esp. *Admoestar*, port. *Ammonire*, ital. Admonéter, réprimander, exhorter, conseiller, avertir, recommander, animer, encourager.

Éty. du lat. *admonere*, m. s. V. *Men*, R.

AMONESTASSIO, s. f. vl. AMONESTAMEN. *Amonestacio*, cat. *Amonestacion*, esp. *Admoestação*, port. Admonition, avis, instigation. V. *Mon*, R.

AMONESTAT, ADA, adj. et part. vl. *Amonestado*, esp. Averti, ie. V. *Mon*, R.

AMONGAR, v. a. et n. vl. Faire moine, faire entrer au couvent.

Éty. de *a*, de *mong* et de *ar*. V. *Mono*, R.

AMONGAT, ADA, adj. et p. vl. Fait moine; faite, devenue moinesse. V. *Mono*, R.

AMONICIO, vl. Voy. *Amonission* et *Mon*, R.

AMONISION, s. f. vl. AMONICIO. *Ammonizione*, ital. *Amonestacion*, esp. *Admoestação*, port. Admonition, avertissement.

Éty. du lat. *admonitio*, m. s. V. *Mon*, R.

AMONT, adv. (amóun); AMOUN, ADAMOUN, DAMOUN. *Amont*, anc. cat. Là-haut, en-haut, au-dessus de soi. Cet adverbe s'emploie presque toujours d'une manière démonstrative.

Éty. du lat. *ad montem*; on a conservé ce mot en français dans *amont*, le côté d'où descend une rivière. V. *Mont*, R.

AMOUN-D'AUT. Là-haut.

AMONTAR, v. a. (amountá), dg. Voy. *Apilar*.

AMONTELHAIRE, s. m. (amounteillaïre); AMONTELAIRE. *Amontoador*, port. Accapareur, celui qui entasse. Aub. Voy. *Mont*, R.

AMONTELHAR, v. a. (amounteillá); AMOULOUNAR, ACCUCHAR, AMOUTELAR. *Ammucchiare*, ital. *Amontonar*, esp. *Amontoar*, port. Amonceler, mettre plusieurs choses dans un monceau.

Éty. de *a*, de *montelh* et de *ar*; mettre en monceau. V. *Mont*, R.

AMONTELHAR S', v. r. Se courber par l'effet de l'âge, se ratatiner dans un lit, s'y mettre en un peloton. V. *Mont*, R.

AMONTELHAT, ADA, adj. et part. (amounteillá, áde); *Amontonado, ada*, esp. *Amontoado*, port. Amoncelé, courbé, ratatiné. V. *Mont*, R.

AMONTIR, v. a. vl. Préparer.

AMOOURALHAR, V. *Emmourralhar*.

AMOR, s. m. (amór), vl. *Amor*, esp. *Amour*, attachement. V. *Amour*. *Per amor de*, à cause, au nom de... à votre considération; *Per amor d'aiçot*, c'est pour cela; *Per amor que*, d'autant que, à cause que. Sauv. Arrangement, accommodement; *Per amor*, à l'amiable; *Per amor quar*, afin que. V. *Am*, R.

AMOR, s. m. vl. La gaie science des troubadours. V. *Am*, R.

AMORAR, v. n. vl. Rendre amoureux. V. *Am*, R.

AMORAVIT, IDA, adj. vl. Devenu more, noir. V. *Mourou*.

AMOREIAR, v. n. vl. m. sign. que *Amorar*, v. c. m. *Amorejar*, anc. cat. V. *Am*, R.

AMOROS, OSA, adj. vl. *Amoroso*, esp. port. Amoureux, euse. V. *Amourous*. Bon, doux, honnête, amical, complaisant. Voy. *Am*, R.

AMOROSAMENT, adv. vl. *Amorosamente*, esp. Amoureusement. V. *Amourousament*. Avec soin: *Pregava lui amorosament*, il priait instamment; *Demandats amorosamen de l'enfant*, disait Hérode, (*interrogate diligenter de puero*). Sauv. V. *Am*, R. Exactement, instamment.

AMOROSET, ETA, adj. vl. *Amorosetto*, ital. dm. de *Amoros*, Amoureux, qui concerne l'amour. V. *Am*, R.

AMOROSETO, ETA, adj. vl. *Amorosetto*, ital. Un peu amoureux, euse, term. de caresse. V. *Am*, R.

AMORSA, s. f. (amórce). Amorce pour prendre les poissons, V. *Esca*; d'une arme à feu. V. *Morsa* et *Mord*, R.

AMORSAMENT, s. m. vl. Extinction. V. *Muc*, R.

AMORSAR, v. a. vl. Amortir, assoupir, calmer.

Éty. de *a*, de *mors* et de *ar*, mettre à mort. V. *Mort*, R.

AMORSAR, v. a. vl. *Amortar*, anc. cat. anc. esp. *Amortigar*, esp. mod. Etouffer, éteindre. V. *Amoussar*.

AMORSAR, v. a. (amorsá); AMOURÇAR. Amorcer, mettre une amorce. V. *Morsar*. Attirer par un appât, par des flatteries. Voy. *Mord*, R. Effacer, éteindre, vl.

AMORSAT, ADA, adj. et p. Amorcé. V. *Morsat* et *Mord*, R.

AMORSOIR, s. m. (amoursóir); AMOURCOIR, AMOUSSOIR, TENDILHIERA. Amorçoir, petite tarière dont divers ouvriers se servent pour commencer des trous, qu'ils achèvent ensuite avec d'autres outils.

Éty. de *a*, de *mors* et de *oir*, qui sert à mordre. V. *Mord*, R.

AMORTADOR, s. m. vl. AMORTAIRE. Destructeur.

Éty. de *a*, de *mort* et de *ador*, celui qui met à mort. V. *Mort*.

AMORTAIRE, vl. V. *Amortador*.

AMORTAR, v. a. vl. AMORTIR, ADZAMORTAR, AMORTEZIR. *Amortar*, anc. cat. anc. esp. *Ammortare*, ital. Amortir, éteindre.

Éty. de *a* pour *ad*, de *mort* et de *ar*, donner la mort, tuer; d'où les Provençaux modernes ont pris leur mot *tuar*, pour éteindre. Voy. *Mort*, R.

AMORTAT, ADA, adj. et p. vl. *Amortado*, esp. Eteint, einte: *Caucina amortada*, chaux éteinte. V. *Mort*, R.

AMORTESIMEN, s. m. vl. V. *Amortissament*.

AMORTEZIR, vl. *Amortecer*, anc. esp. port. V. *Amortar*.

AMORTIR, v. a. (amourtir); AMOURTIR. *Ammortire*, ital. *Amortiguar* et *Amortar*, esp. *Amortecer*, port. *Amortir*, anc. cat. Amortir, rendre plus faible, moins ardent, moins violent; en matière de rentes, éteindre.

Éty. de *a*, de *mort* et de *ir*, rendre comme mort. V. *Mort*, R.

Amortir una bocha, poquer une boule, la faire tenir au lieu où elle tombe ou à peu près.

AMORTISSAMENT, s m. (amourtissaméin); *Amortização*, port. *Amortecimiento*, esp. Amortissement, action d'amortir. V. *Mort*, R.

AMORTIT, IDA, adj. et p. (amourti, ide); *Amortadado, ada*, esp. *Amortecido*, port. Amorti, ie; *poquée*, en parlant d'une boule. V. *Mort*, R.

AMORTIT, IDA, adj. et p. (amourti, ide); *Amortido*, anc. esp. *Amortizado, ada*, port. Amorti, ie, éteint. V. *Mort*, R.

AMORZAMEN, s. m. vl. *Attisement*, action d'attiser. V. *Mord*, R.

AMORZAR, vl. V. *Amorsar*.

AMOSIR, v. a. vl. Ternir, obscurcir, éteindre. V. *Muc*, R.

AMOSIT, adj. et p. vl. Éteint. V. *Amoussat* et *Muc*, R.

AMOSNA, d. vaud. V. *Oumouina*.

AMOSTRAMENT, s. m. d. vaud. *Amostramiento*, esp. Endoctrinement, action de montrer. V. *Monstr*, R.

AMOSTRAR, v. a. vl. *Amostrar*, cat. port. *Montrer*, enseigner, apprendre. Voy. *Monstr*, R.

AMOUÇAIRE, s. m. (amouçáïre); AMOURSAIRE, AMOUSSEIRE. Celui qui éteint, qui est chargé d'éteindre les chandelles, les lampes, etc. V. *Muc*, R.

AMOUÇAR, v. a. (amouçá); ENMOURSIR, ATUPIR, TUAR, AMOURCIR, AMOUSSAR, DANTOUSSAR, AMOUSSIR. *Amorsare*, ital. Eteindre le feu, la lampe, la chandelle, et non *tuer*, comme le disent souvent les Provençaux; éteindre une passion, une querelle; abolir, affaiblir.

Éty. de *a* priv., de μύξα (muxa), mèche, et de la term. act. *ar*; litt. ôter la mèche, ce qui est allumé. V. *Muc*, R.

AMOUÇAR S', v. r. S'éteindre, cesser de brûler. V. *Muc*, R.

AMOUÇAT, ADA, part. (amouçá, áde); ENMOURSIT, ATUPIT, TUAT. Eteint, éteinte.

Éty. de *a* priv., de *mouc*, mèche, et de la term. pass. *at*; privé de la mèche.

AMOUCHOUNAR, v. a. dl. (amoutchouná); ACROUCHOUNIR, RAFIR, CHIFFOUNAR, ENTOURCHOUNAR, AMOUDAR. Bouchonner, friper, froisser, mettre du papier, du linge en bouchon.

Éty. de *a*, en, de *mouchoun*, bouchon, peloton, et de l'act. *ar*; mettre en bouchon ou en peloton.

AMOUCHOUNAR S', v. r. dl. S'ACOUDAR. Se blottir dans un coin, se mettre en peloton. V. *Ajuchar* et *Acoucounar*.

AMOUCHOUNAT, ADA, adj. et part. (amoutchouná, áde); dl. ACROUCHOUNIT, RAFIT. Chiffonné, bouchonné. V. *Amoulounat* et *Chiffounat*.

Éty. de *a*, en, de *mouchoun*, peloton, bouchon, et de *at*; mis en peloton.

AMOUÇOIR, s. m. (amouçóir); ENMOURSOIR. Eteignoir, cône creux en forme de capuchon, qui sert à éteindre les chandelles, les bougies, etc.

Éty. de *a* priv., de *mouc*, mèche, et de *oir*; qui sert à éteindre la mèche. V. *Muc*, R.

AMOUÇOIR, pour *Amorçoir*. V. *Amourçoir* et *Mord*, R.

AMOUDAR, v. a. (omoudá), d. bas lim.

Bouchonner, chiffonner le linge: *Entourchounar* et *Amouchounar;* en dl. accompagner les bestiaux.

Éty. Dans ce dernier sens, ce mot vient du grec ἀμορδεύω (amorbeuö), suivre, accompagner.

AMOUDAR S', v. r. (s'amoudá), dl. Se mettre en train, en disposition de faire quelque chose. V. *Mooure se.*

AMOUDAR S', v. r. (s'omoudá), d. bas lim. Se mettre en peloton, se pelotonner.

AMOUDERAR, V. *Mouderar* et *Mod,* R.

AMOUDOULAR, V. *Amoudoulounar.*

AMOUDOULOUN, adv. (omoudouloú), d. bas lim. En grouppe, en troupe. Voy. *Mouloun.*

AMOUDOULOUNAR, v. a. (omoudoulouná), d. bas lim. AMOUDOULAR. Mettre en tas, mettre en monceau. V. *Amoulounar* et *S'amoulounar.*

AMOUERNA, V. *Oumouina.*

AMOULAIRE, s. m. (amoulaïré); AMOURAIRE, AMOURET, AMOULET, AGUSET, GAGNA-PETIT, CHEROMOULAT. *Amolador,* esp. port. *Esmolador,* cat. Emouleur, remouleur, gagne-petit, celui dont le métier est d'émoudre ou d'aiguiser les couteaux, les ciseaux, les rasoirs, etc.

Éty. de *amoul* et de *aire;* qui aiguise. V. *Mol,* R.

Jugar à l'amoulaire, jouer à la charrue. Pelas.

Fig. Hableur, charlatan, menteur avéré. Gros.

AMOULAR, v. a. (amoulá); AGUSAR, AZUGAR, CHARAMOULAR, AMOURAR. *Amolar,* esp. port. Aiguiser, émoudre, rendre tranchant ou pointu sur la meule.

Éty. de *a,* de *mola,* meule, et de l'act. *ar;* passer sur la meule. V. *Mol,* R.

Amoular seis dents, se préparer à bien manger; *Amoular seis harpas,* aiguiser ses griffes.

AMOULAT, ADA, adj. et p. (amoulà, àde); AMOURAT. *Amolado, ada,* port. Aiguisé, ée, émoulu. V. *Mol,* R.

AMOULET, V. *Amoulaire.*

AMOULETTA, V. *Mouleta.*

AMOULIMENT, s. m. (amouliméin)?

Surpasson lous amoulimens
De touts lous autes elomens.
Peu tracas, ou per la debito
Lous amoulimens de la bito. D'Astros.

AMOULLAR, v. n. (omoullá); d. bas lim. S'accumuler, stagner dans une partie; on le dit particulièrement du sang et du lait.

Éty. de *a,* de *moulla* pour *mola,* et de *ar.* V. *Mol,* R. 2.

AMOULOUNAGI, s. m. (amoulounadgi), dl. AMOULOUNAGE. Le fanage d'un pré. Sauv.

Éty. de *a,* de *mouloun* et de *agi;* mettre en monceau. V. *Mol,* R. 2.

AMOULOUNAIRE, s. f. (amoulounaïré), dl. *Amoulounaire de prad,* un faneur, une faneuse.

Éty. de *a,* de *mouloun* et de *aire;* qui met en monceaux, qui amoncelle. V. *Mol,* R. 2.

AMOULOUNAR, v. a. (amoulouná); EMMOULOUNAR, AMOUROUNAR, EMMOUROUNAR, MOUROUNAR, REVOULOUMAR, AMOUNTELHAR, AMOUNTAIRAR, ENRESSAR, ACCUCHAR. *Amontonar,* esp. *Amontoar,* port. *Ammontare,* ital. *Ameulonner,* amonceler, entasser, tasser du blé, entoiser du bois qu'on doit vendre à la toise, *enveliter* du foin; chiffonner, froisser des étoffes.

Éty. de *a* pour *ad,* de *mouloun* et de *ar;* mettre en tas. V. *Mol,* R.

AMOULOUNAR S', v. r. S'AMOUNTELHAR, S'ACCUCHAR. S'ammonceler; s'affaisser, se rabougrir, en parlant de la taille: *S'amoulounar dins lou liech,* se mettre en peloton dans le lit; *S'amoulounar coumo un cabudeou,* se mettre en peloton. V. *Mol,* R. 2.

AMOULOUNAT, ADA, adj. et part. (amoulouná, àde); ACROUCHOUNIT, ACCUCHAT, AMOUNTELHAT. Amoncelé, ée, entassé, ée. voy. le verbe; courbé, ratatiné de vieillesse. V. *Mol,* R. 2.

AMOULOUSIR, v. a. (amoùrousir), dl. EMMOUROUSIT. Assouplir une étoffe. V. *Imourousir* et *Mol,* R. 3.

AMOUN, alt. de *Amont,* v. c. m.

AMOUNEDAT, ADA, adj. et p. (àmounedá, àda); FOUNÇAT, MOUNEDAT. *Amonedado, ada,* esp. Pécunieux, riche en espèces.

Éty. de *a* augm., de *mouneda,* monnaie, argent, et de *at;* litt. pourvu de beaucoup d'argent. V. *Mouned,* R.

AMOUR, s. m. et f. (amóur); *Amore,* ital. *Amor,* esp. port. cat. Amour, attachement à ce qui est ou à ce qui paraît aimable; l'objet même de l'affection; divinité fabuleuse ou Cupidon; passion naturelle d'un sexe pour l'autre.

Éty. du lat. *amor,* m. s. V. *Am,* R.

Amour de gendre, souleou d'hiver.
Amour de nouera, amour de gendre,
Es una bugada sensa cendre.
Amour et rasca regarda pasounte s'estaca.
Qu si marida per amour,
A bouena nuech et marrit jour.
Qu d'amour se prend d'enrabi se quitta.
Amour es un catiou coursari
Que si juga deis couers
Coumo lou cat doou garri.

AMOURA, s. f. (amóure); *Amora,* port. *Mora,* ital. esp. cat. Mûre, fruit du mûrier.

Éty. du lat. *morum,* m. s. V. *Amourier* et *Maur,* R.

AMOURACHAR S', v. r. (s'amouratchá); AMOURISÇAR S', S'AMOURRACHAR. *Enamoricarse,* esp. *Amoracciarsi,* ital. anc. S'amouracher, s'engager en de folles amours.

Éty. de *Amour* et de *achar,* pour *assar.* V. *Am,* R.

AMOURACHAT, ADA, adj. et part. (amouratchá, àde); *Enamoricado,* esp. Amouraché, ée, pris d'une folle passion. V. *Am,* R.

AMOURA-DE-BARTAS, s. f. AMOURA-DE-ROUMIAS, AMOURA-DE-TIRASSA, *Amora,* port. *Muron,* mûre de buisson, mûre sauvage, meuron, mûre de Renard; fruit de la ronce. V. *Roumi.*

Dò corgnas, et dous grands platas
Ben plens d'amouras de bartas.
Favre. Siege de Cad.

AMOURA-DE-DAMA, s. f. dl. et

AMOURA-DE-MALAUT, s. f. AMOURA-DE-DAMA, AMOURA-D'ESPAGNA. On nomme ainsi, dans quelques pays, le fruit du mûrier noir, quand il est bon à manger.

AMOURA-DE-RASTOUL ou de RESTOUBLE. Nom qu'on donne en Languedoc à la mûre des chaumes, qui est le fruit du *Rubus cæsius,* Lin. V. *Petavin.* Cette mûre se distingue facilement des autres en ce qu'elle est recouverte d'une fleur ou poussière blanche semblable à celle qu'on observe sur les prunes perdigones.

AMOURA-DE-ROUMIAS. V. *Amoura-de-bartas.*

AMOURA-D'ESPAGNA, V. *Amoura-de-malaut.*

AMOURA-DE-TIRASSA, Avr. Voy. *Amoura de Bartas.*

AMOURAGE, s. m. (amourádgé); *Amoladura,* port. Aiguisement, action d'aiguiser. Garc. V. *Mol,* R.

AMOURAIRE, V. *Amoulaire.*

AMOURAR. V. *Amoular.*

AMOURÇAR. V. *Amorçar* et *Mord,* R.

AMOURELETA, s. f. (amourelète). Nom lang. de la morelle. V. *Mourela,* dont *Amoureleta,* n'est qu'un dim. précédé de *a* augment. V. *Maur,* R.

AMOURENT, pour EN MOURENT. Voy. *Mourent.*

AMOURENT. V. *Mourent* et *Enmourent.*

AMOURER, s. m. (amouré); AMOURÈ. Nom du mûrier à Agen. V. *Amourier* et *Maur,* R.

AMOURET, s. m. (amourèt). V. *Amoulaire* et *Amoulet.*

AMOURETA, s. f. (amouréta). Un des noms de l'amourette ou gramen tremblant. V. *Pan de passeroun* et *Am,* R.

AMOURETA, s. f. Nom qu'on donne dans le département des B.-du-Rh. au réséda, selon M. Negrel. V. *Reseda* et *Am,* R.

AMOURETA FERA, dans le même département, selon le même auteur, on désigne par ce nom, le réséda sauvage, *Reseda phyteuma.* Lin. plante de la famille des Capparidées, commune dans les champs.

AMOURETAS, s. f. pl. (amourétes). Amourettes, attachement faible et passager. V. *Am,* R.

AMOURIER, s. m. (àmourié); AMOURÈ, AMOUYÈ. *Morera,* cat. *Amoreira,* port. *Morera, Morat,* esp. *Moro,* ital. Mûrier, nom d'un genre d'arbres de la fam. des Urticées, dont on connaît deux espèces en Provence et plusieurs variétés.

Éty. du lat. *morus,* avec l'augment. *a;* formé du grec μορία (moria), nom sous lequel les anciens ont désigné le mûrier, mot qui est probablement dérivé du celt. *mor,* noir. V. *Maur,* R.

AMOURIER BLANC, Mûrier blanc, *Morus albæ,* Lin. il est originaire de la Chine où l'on emploie ses feuilles de temps immémorial, pour la nourriture des vers à soie. Ce ne fut cependant que sous le règne de Justinien, vers le milieu du VIme siècle, qu'il fut introduit à Constantinople. Deux moines l'apportèrent des Indes avec des œufs de vers à soie. Delà il s'introduisit dans la Grèce, et sous Roger, roi de Sicile, on le transporta dans son royaume et dans l'Italie; mais il ne fut cultivé en France que sous Charles VII, vers le milieu du XVme siècle, et selon d'autres sous Charles VIII, en 1494.

Olivier de Serres rapporte que le premier mûrier qui fut introduit en Provence, fut planté à Allan, près de Montélimart, où M. Faujas Saint-Fond, l'a encore vu en 1802.

Henri IV contribua puissamment à sa propagation en faisant établir des pépinières de cet arbre.

Son introduction en grand dans le Languedoc est attribuée au jardinier Traucat, François, de Nismes, dont les pépinières avaient fourni, de 1564 à 1606, plus de quatre millions de pieds, selon les auteurs de la Topographie de Nismes.

AMOURIER DE BARTAS, s. m. (amourié dé bartás); nom qu'on donne à Nismes à la ronce arbrisseau. V. *Roumi.*

AMOURIER DE MARAUT, nom qu'on donne à Cuges, selon M. le docteur Reimonen, au mûrier noir. V. *Amourier.*

AMOURIER-DE-PRESENT; AMOUYE DE PRÉSENT, nom qu'on donne à Avignon, au mûrier noir. V. *Amourier negre.*

AMOURIER D'ESPAGNA, nom qu'on donne à Nismes au mûrier noir. V. *Amourier negre.*

AMOURIER-NAIN, s. m. (amourié nin). Mûrier multicaule, *Morus multicaulis*, Perrotet, arbre qui a été apporté des Iles Philippines en 1819, par M. Perrotet, botaniste voyageur.

AMOURIER-NEGRE, AMOURIER DE MARAUT, AMOURIER D'ESPAGNA, AMOURIER DE PRESENT. Mûrier noir, *Morus nigra*, Lin. On le croit originaire de la Perse, mais l'époque de son introduction, dans nos pays, n'est pas connue; on sait seulement qu'elle est bien antérieure à celle du mûrier blanc.

Les feuilles de cette espèce ne sont pas aussi bonnes que celles du blanc, pour la nourriture des vers à soie; elles ne peuvent les suppléer que momentanément; ses fruits ne sont ni désagréables ni mal sains, et ils servent d'aliment à plusieurs animaux, particulièrement aux poules et aux cochons.

AMOURIER RABALAIRE, s. m. (mûrier trainant). Variété de mûrier blanc, ainsi nommée à Anduze, d'après M. Régis; ses mûres sont bleuâtres et il porte peu de feuilles.

AMOURIER ROSA, s. m. Nom qu'on donne à Anduze, d'après M. Régis, Dict. sc. nat. à une variété du mûrier blanc, dont les fruits sont rougeâtres, et qui a les mêmes qualités que celle nommée *Couloumbasseta.*

AMOURIER ROUGE, mûrier rouge, variété originaire de l'Amérique Septentrionale.

AMOURIER SAUVAGI, Ronce. Avr. V. *Roumi.*

AMOURINAR, v. a. (amourinà). Abattre, démolir. Aub.

AMOURINAR S', v. r. S'écrouler, s'ébouler. Aub.

AMOURISCAR S', v. r. (s'omouriscá), d. bas lim. Contracter une passion légère pour une personne ou une chose, s'amouracher. V. *Amourachar s'* et *Am*, R.

AMOUROUNAR. V. *Amoulounar.*

AMOUROUN-FRISAT, s. m. Plante. Garc.

AMOUROUS, OUSA, adj. et s. (amourous, óuse); ENAMOURAT. *Amoroso*, ital, esp. port. *Amoros*, cat. Amoureux, euse, qui aime d'amour; dans le Languedoc, selon M. de Sauvages, on le dit aussi pour *imourous*, mollet, souple, mœlleux au toucher, doux, flexible, maniable.

Ety. de *amour* et de *ous*, qui est de la nature de l'amour, qui aime. V. *Am*, R.

Amourous coumo un agrunas, dl. amoureux commme un chardon.

AMOUROUSAMENT, adv. (amourousaméin); *Amorosamente*, ital, esp. port. *Amorosament*, cat. Amoureusement, avec amour. V. *Am*, R.

AMOUROUSAT, ADA, adj. et p. (amourousá, áde), dg. Amoureux, euse, épris, qui s'est rendu amoureux. V. *Amourous* et *At.*

AMOUROUSIA, s. f. d. béarn. Amourette, d'amour.

Éty. de *amourous* et de *ia*. V. *Am*, R.

AMOUROUSIR, v. a. (amourousir). Adoucir. V. *Adoucir.*

Éty. de *amourous* et de *ir*. V. *Am*, R.

AMOURRADURA, s. f. (amourradúre). L'action de provigner, provignement. Voy. *Cabussar.*

Éty. de *amourrar* et de *ura*. V. *Mourr*, R. ou de l'espagnol *Amorrar*, baisser, incliner la tête.

AMOURRALHAR, d. apt. V. *Emmourralhar.*

AMOURRAR, v. a. (amourrá). Provigner. V. *Cabussar* et *Mourr*, R.

Faire donner du nez par terre. V. le mot suivant; incliner un vase, le mettre la bouche en bas.

AMOURRAR S', v. r. (s'amourrá); *Amorrar*, esp. Donner du nez contre terre, tomber sur le visage ou le visage contre terre; se heurter en se rencontrant inopinément avec quelqu'un, tête-à-tête; boire en plongeant les lèvres dans l'eau, sans se servir de gobelet; buffeter, percer une futaille pour boire de la liqueur qu'elle contient.

Éty. de *a*, avec, de *mourre*, museau, bouche, et de *ar*, boire avec la bouche, sans intermédiaire. V. *Mourr*, R.

S'amourrar au flascou, boire au flacon, à la bouteille, et fig. se laisser attraper.

AMOURRAT, ADA, adj. et p. (amourrá, áde), dg. *Amorrado, ada*, esp. Abattu, atterré, incliné la bouche contre terre. Voy. *Mourr*, R.

AMOURRAYAR, Avr. V. *Emmourralhar.*

AMOURSAIRE, s. m. (amoursáïré). Celui qui éteint les chandelles. V. *Amouçaire* et *Muc*, R.

AMOURSIR, V. *Amouçar.*

AMOURSOIR, s. m. (amoursóir), d. du Var. Etégnoir. V. *Amouçoir.*

AMOURTEIRAR, v. a. (amourteirá). Garnir de mortier, fixer avec du mortier.

Éty. de *a*, de *mourtier* et de *ar*.

AMOURTIR, v. a. (amourtir). Voy. *Amortir.*

AMOUSSAR, V. *Amouçar.*

AMOUSSAT, V. *Amouçat.*

AMOUSSEIRE, s. m. Garc. V. *Amouçaire.*

AMOUSSIR, Garc. V. *Amouçar.*

AMOUSSOIR, V. *Amorçoir* et *Amouçoir.*

AMOUSSUDIT, adj. et p. (amoussudi). Qui joue le Monsieur. Aub.

AMOUSTELIR S', v. r. (s'amoustelir). Maigrir, devenir mince comme une belette.

AMOUSTELIT, IDA, adj. et p. (amousteli, ide), dl. Maigre, décharné, fluet de visage, grumelé. V. *Mistoulin.*

Éty. de *a*, de *moustela* et de *it*, semblable à la belette, litt. converti, changé en belette.

AMOUTASSIR S', v. r. (s'amoutassir). Se grumeler, se mettre en mottes. Garc. V. *Mout*, R.

AMOUTIT, IDA, adj. et p. (amouti, ide), dl. Gazonné. V. *Agermit* et *Mout*, R.

Éty. de *a*, de *mouta* et de *it*, devenu motte.

AMOUVIBILITAT, s. f. (amouvibilitá). Amovibilité, qualité de ce qui est amovible. V. *Mouv*, R.

AMOUVIBLE, IBLA, adj. (amouviblé, ible); *Amovibile*, ital. *Amovible*, esp. *Amovivel*, port. Amovible, qui peut être ôté d'un poste, qui peut être destitué.

Éty. du lat. *amovibilis*, *revocabilis*, m. sign. V. *Mouv*, R.

AMOUYÉ, alt. de *amourier*, v. c. m. et *Maur*, R.

AMOVER, v. a. vl. AMOVRE. *Amover*, esp. Mettre en mouvement, faire mouvoir, diriger, conduire. V. *Mouv*, R.

AMOVRE, V. *Amover.*

AMOZONES, vl. V. *Amazounas.*

AMP

AMPAIRE, vl. V. *Amparaire.*

AMPAN, s. m. (ampán); PANTA, MANDUBERTA. *Ampan*, mesure de la main élargie, du bout du pouce à celui du petit doigt.

AMPANOUM, V. *Empanoun.*

AMPARADOR, s. m. vl. AMPARAIRE. *Amparador*, esp. Défenseur; qui blâme ou reproche, envahisseur; frondeur.

Éty. de *amparar* pour *emparar*, et de *ador*, celui qui s'empare, celui qui défend. V. *Par*, R. 3.

AMPARAIRE, s. m. vl. AMPAIRE, *Amparador*, esp. Protecteur, défenseur. V. *Par*, R. 3.

AMPARAMEN, s. m. vl. *Amparamiento*, anc. esp. *Amparo*, port. *Amparament*, anc. cat. Empêchement, défense, prohibition. V. *Empachament.*

Éty. de *amparar*, défendre, et de *men* pour *ment*. V. *Par*, R. 3.

AMPARANZA, s. f. vl. *Amparanza*, esp. anc. cat. Défense, rempart, sauvegarde, protection. V. *Par*, R. 3.

AMPARAR, v. a. vl. *Amparar*, cat. port. esp. Protéger, défendre, prohiber. Voy. *Parar* et *Par*, R. 3.

AMPARAR, v. a. et n. V. *Amparar*,

anc. cat. *Imparare*, ital. Étudier, apprendre. V. *Apprendre* et *Par*, R. 3.

AMPERI, V. *Emperi*.

AMPEROUR, V. *Emperour*.

AMPHI, préposition prise du grec ἀμφὶ (amphi), qui signifie de part et d'autre, des deux côtés, autour. Voyez aussi *Amb*.

Amphibio, de *amphi* et de *bios*, vie, deux vies, qui peut vivre dans et hors de l'eau.

Amphi-bologia, de *amphi*, de *ballô*, jeter, et de λόγος (logos), expression prise en deux sens opposés.

Amphi-gouri, de *amphi* et de *guros*, cercle, discours dont les paroles tournent autour sans rien expliquer clairement.

Amphi-théâtre, autour du théâtre.

AMPHIBIO, s. et adj. (amphibie); *Anfibio*, ital. esp. *Amphibium*, lat. *Amphibio*, port. Amphibie; ce mot désigne les animaux qui vivent, ou peuvent vivre, dans l'eau et sur la terre, comme les grenouilles, par exemple.

Éty. du grec ἀμφὶ (amphi), des deux côtés, doublement, et de βίος (bios), vie, qui a une double vie.

AMPHIBOLIA, s. f. vl. Voy. *Amphibologia*.

AMPHIBOLOGIA, s. f. (amphiboudgie); *Amphibologia*, lat. *Anfibologia*, esp. ital. *Amphibologia*, cat. *Amphibologia*, port. Amphibologie, discours ou parole à double sens.

Éty. du grec ἀμφίβολος (amphibolos), ambigu, dérivé de ἀμφὶ (amphi), des deux côtés, de βάλλω (ballô), jeter, et de λόγος (logos), discours.

AMPHIBOLOGIQUE, ICA, adj. (amphibouloudgiqué, ique); *Amfibologico*, ital. esp. *Amphibologico*, port. Amphibologique, ambigu, obscur, à double sens.

AMPHIGOURI, s. m. (amphigouri). Amphigouri, discours dont les mots sans suite, n'offrent aucun sens déterminé.

Éty. du grec ἀμφὶ (amphi), autour, et de γουρὸς (gouros), cercle, parce que les mots semblent tourner autour des pensées, sans les énoncer clairement.

AMPHITHEATRE, s. m. (amphitheâtré); *Anfiteatro*, ital. esp. *Amphitheatro*, port. Amphithéâtre; chez les Romains, c'était un grand édifice de forme ronde ou ovale, destiné aux combats des gladiateurs et à ceux des bêtes sauvages; parmi nous, c'est un lieu élevé, vis-à-vis du théâtre, d'où les spectateurs voient commodément le spectacle; salle garnie de gradins où l'on professe les diverses branches de l'art de guérir.

Éty. du lat. *amphitheatrum*, dérivé du grec ἀμφὶ (amphi), autour, et de θέατρον (théatron), théâtre, pris de θεάομαι (théaomai), voir, considérer.

On attribue généralement l'origine des amphithéâtres aux Etrusques. Les Romains construisirent les leurs d'après les modèles fournis par ce peuple superstitieux, et les Grecs n'en élevèrent qu'après avoir été vaincus par les Romains. On les faisait d'abord en bois pour les transporter à volonté. Auguste fut le premier qui en fit construire un en pierre, qu'il plaça dans le Champ-de-Mars, l'an 725 de la fondation de Rome.

AMPIN, V. *Grapin*.

AMPIRE, s. m. (ampiré). V. *Empire*.

Diu meis sounge esfrayans ai vist leis soumbres bords ;
Ai penetrat lou founs de *l'ampire* deis mors. Coye.

AMPL, radical dérivé du lat. *amplus*, ample, grand, spacieux, large, étendu; formé de *am* et de *plus*, selon Sipontin.

De *amplus*, par apoc. *ampl*; d'où: *Ampl-e*, *Ampla-ment*, *Ampli-fiar*, *Ampli-fic-ation*, *Ampl-our*, *Ad-ampl-ar*, *Iss-ampl-ar*, etc.

AMPLAMENT, adv. (amplaméin); *Ampiamente*, ital. *Ampliamente*, esp. *Amplemente*, port. *Amplament*, cat. Amplement, d'une manière ample.

Éty. de *ampla* et de *ment*. V. *Ampl*, R.

AMPLANAIRE, s. m. (omplanaïré); AMPLANNER. Nom qu'on donne, dans le Bas-Limousin, au grimpereau. Voy. *Escalaperoun*.

Éty. de *amplanar*, grimper.

AMPLANAR, v. n. (omplaná), d. bas lim. Grimper. V. *Escalar* et *Grimpar*.

AMPLAR, v. a. vl. *Ampleare*, ital. anc. *Ampliar*, esp. port. Augmenter, rendre plus ample, remplir.

Éty. de *ampl* et de *ar*; ou du lat. *ampliare*, m. s. V. *Ampl*, R.

AMPLESSA, s. f. vl. AMPLESA, *Ampleza*, anc. cat. *Ampiezza*, ital. Ampleur. V. *Amplour* et *Ampl*, R.

AMPLEZA, vl. V. *Amplessa*.

AMPLIAR, v. a. vl. *Ampliar*, cat. esp. port. *Ampliare*, ital. *Amplier*, amplifier, augmenter. V. *Amplificar*.

Éty. de *ampl* et de *iar*. V. *Ampl*, R.

AMPLICATIU, IVA, adj. vl. *Ampliativo*, esp. Ampliatif, ive.

Éty. de *ampliat* et de *iu*. V. *Ampl*, R.

AMPLIFIAR, (amplifiá) et

AMPLIFICAR, v. a. (amplificá); *Amplificare*, ital. *Amplificar*, esp. port. Amplifier, étendre, augmenter par le discours; présenter les choses avec des additions qui ne leur appartiennent pas directement, qui les dénaturent.

Éty. du lat. *amplificare*, fait de *ampl*, et de *ficare*, pour *facere*, faire ample, ou de *amplius facere*. V. *Ampl*, R.

AMPLIFICATION, s. f. (amplificatie-n); AMPLIFICATIEN. *Amplificazione*, ital. *Amplificacion*, esp. *Amplificação*, port. Amplification, discours par lequel on étend le sujet que l'on traite.

Éty. du lat. *amplificationis*, gén. de *amplificatio*, m. sign. V. *Ampl*, R.

AMPLITUT, s. f. vl. *Amplitut*, cat. anc. *Amplitud*, esp. port. *Amplitudine*, ital. Ampleur. V. *Amplour*.

AMPLOUETA, s. f. (amplouéte). Nom nicéen des enchois qui ont acquis la moitié de leur croissance.

Éty. dim. de *amplova*, v. c. m.

AMPLOUR, s. f. (amplóur); *Amplidão*, port. *Ampiezza*, ital. *Amplitud*, esp. Ampleur, étendue d'une chose ample. Garc. V. *Ampl*, Rad.

AMPLOVA, s. f. (amplóve). Nom nicéen de l'anchois. V. *Enchoya*.

AMPLOVIN, s. m. (amplovïn). Nom nicéen de l'enchois lorsqu'il vient de naître.

Éty. dim. de *Amplova*, v. c. m.

AMPOLA, s. f. Ampoule. V. *Ampoulla*.

AMPOLETA, s. f. vl. petite fiole. Voy. *Ampoulletta*.

AMPOULL, AMPOL, radical dérivé du lat. *ampulla*, fiole, ampoule, dont la racine est probablement *amplus*, parce que le ventre des bouteilles qui portent le nom de *ampoula* est proportionnellement beaucoup plus grand que celui des bouteilles ordinaires. Dérivés: *Ampol-a*, *Ampol-eta*, *Ampoull-au*, *Ampoull-a*, *Ampoull-eta*, *Ampulh-os*, *Ampoull-ar*.

AMPOULLA, s. f. (ampóule); AMPÓOLA, EMPOULA, BOUTOLA, BOUCHA, BOUCHOLA, FALOLLA. *Ampolla*, esp. ital. cat. port. Ampoule, petite tumeur ou vésicule remplie d'eau, qu'on observe plus particulièrement aux pieds et aux mains, à la suite d'une pression trop forte, exercée par un corps dur.

Éty. du lat. *ampulla*, bouteille à cou long et étroit. V. *Ampoull*, R.

On nomme :

VESSIE, celle que produit un vésicatoire.
CLOCHE, celle qui résulte du frottement ou de la brûlure.
PUSTULE, celle qui est remplie de pus.

AMPOULLA, s. f. Ampoule, fiole; *La Santa Ampoulla*, la Sainte Ampoule, petite bouteille que l'on conservait dans l'Eglise de Saint-Remi, à Reims, qu'on a cru avoir été apportée du ciel, pleine de baume, pour le baptême de Clovis, et dont on s'est servi depuis pour le sacre des rois.

AMPOULLAR, v. n. (ampoulá); EMPOULAR, AFOULAR. *Ampollarse*, esp. S'élever en ampoule, former des cloches : on le dit des ampoules qui se forment aux pieds et aux mains. V. *Ampoull*, R.

AMPOULLAU, s. m. (ampouláou). Nom d'une espèce d'olivier, connu à Montpellier.

Éty. probablement ainsi nommé à cause de la forme de son fruit; du lat. *Ampullaceus*. V. *Ampoull*, R.

AMPOULLETA, s. f. (ampouléte); *Ampolleta*, esp. *Ampolheta*, port. *Ampolleta*, ital. Ampoulette, horloge à sable. V. *Sablier*. Petite fiole.

Éty. du lat. *ampulla*, et du dim. *etta*. V. *Ampoull*, R.

AMPOULLETA, s. f. Nom languedocien de la mâche dentée : *Valerianella dentata*, Dec. plante de la famille des Valérianées qui croît dans les moissons.

AMPULHOS, OSA, adj. vl. AMPULHOZ *Ampolloso*, ital. *Ampollado*, esp. *Empollado*, port. Ampoulé, boursouflé.

Éty. du lat. *ampulla*, ampoule, et de *os*, de la nature des ampoules, ou du lat. *ampullaceus*. V. *Ampoull*, R.

AMPUTAR, v. a. (amputá); *Amputar*, esp. port. *Amputare*, ital. Amputer, faire une amputation.

Éty. du lat *amputare*, formé de *am* pour *amb*, autour, et de *putare*, couper. V. *Amb*, Rad.

AMPUTATION, s. f. (amputatie-n); *Amputazione*, ital. *Amputação*, port. Amputation, opération chirurgicale par laquelle on enlève, avec un instrument tranchant, une partie quelconque du corps; mais particulièrement un membre ou une portion de membre.

Éty. du lat. *amputationis*, gén. de *amputatio*, fait de *amputare*, couper retrancher.

AMS

AMS, s. m. pl. vl. Hameçons; les deux que tu aimes.

AMT

AMTA, s. f. vl. Honte, affront. V. *Ancta*.

AMTANT, adv. vl. La dessus, alors, à ces conditions.

AMU

AMUBLAMENT, s. m. (amublaméin). Ameublement, assortiment des meubles nécessaires pour garnir une chambre ou un appartement quelconque.

Éty. de *muble*, meuble. V. *Mouv*. R.

AMUBLAR, v. a. (amublà). Garc. Voy. *Mublar*.

AMUDIR, v. a. (amudir). Faire taire, rendre muet. Aub. V. *Mut*, R.

AMUDIT, IDA, IA, adj. et p. (amudi, ide, ie). Rendu muet, sombre, sournois.

Éty. de *a*, de *mud* pour *mut*, et de *it*, rendu muet. V. *Mut*, R. 2.

AMUELAR, v. a. (amuelá), d. de Barcel. Mettre les gerbes en gerbier.

Éty. de *a* pour *ad*, de *muel*, et de *ar*. V. *Mol*, R. 2.

AMUIRAR, V. *Ameirar*.

AMULAR, v. a. vl. Mouiller, arroser.

AMULETA, s. f. (amuléte); *Amuleto*, esp. ital. port. Amulette, figure, substance quelconque, caractère, auxquels certaines personnes attribuent des vertus surnaturelles, capables de guérir les maladies, de les prévenir, et de détourner toute espèce de calamité.

Éty. du lat. *amuletum*, m. s. dit pour *amoletum*, de *amoliri*, écarter, dont le rad. est *molior*.

L'usage d'en porter, fort antérieur au christianisme, a été formellement condamné par le Concile de Laodicée, comme une superstition blâmable.

AMURA, s. f. (amúre). V. *Amuras*.

AMURAR, v. a. (amurá); *Amurar*, esp. port. Amurer, haler sur les amures, pour amener le point de la voile aux porte-lofs.

Éty. Roquefort, fait dériver ce mot de *murus*, muraille; de *a*, augm. et de la term. act. *ar*, rendre la voile forte comme un mur en la tendant. V. *Mur*, R.

AMURAS, s. f. pl. (amúres); *Amuras*, esp. port. Amures, cordages qui étant frappés sur les points des différentes voiles, servent à les tendre et à les fixer du côté du vent.

Éty. V. le mot précédent et *Mur*, R.

On donne aussi le même nom aux trous pratiqués en différents endroits du platbord d'un vaisseau pour y arrêter les cordes du même nom.

AMURCA, s. f. vl. *Amurca*, cat. anc. esp. ital. Marc d'huile.

Éty. du lat. *amurca*, m. s.

AMUSAIRE, ARELA, s. et adj. (amusaïré, arèle). Amuseur, celui ou celle qui amuse, divertissant, plaisant; on donne aussi le nom de *amusaire* à un sifflet de chasseur dont le son amuse le gibier.

Éty. de *amusar*, et de *aire*, qui amuse. V. *Mus*, R. 2.

AMUSAMENT, s. m. (amusaméin); PASSA-TEMPS. Amusement, ce qui amuse, ce qui sert à dissiper l'ennui, à faire passer le temps agréablement.

Éty. de *amusar*, et de *ment*. V. *Mus*, R. 2.

AMUSANT, ANTA, adj. (amusán, ánte). Amusant, ante, qui amuse. V. *Mus*, R.

AMUSAR, v. a. (amusá); *Divertir*, *Amusar*, ital. anc. Amuser, occuper d'une manière agréable.

Éty. de *a*, de *musa*, et de *ar*, ou de l'all. *musen*, être oisif. V. *Mus*, R.

AMUSAR S', v. r. S'amuser, passer le temps à des choses futiles, mais agréables. V. *Mus*, R. 2.

AMUSETA, s. f. (amusète). Amusette, petite chose qui sert ou peut servir de léger amusement. V. *Mus*, R. 2.

AMUSOIRA, s. f. (amusóire); AMUSOUARA. Ce qui amuse, ce qui distrait. Garc. V. *Mus*, Rad.

AMUTAR, v. a. (amutá). Ameuter. Garc. et s'ameuter.

AMY

AMYGDALAS, s. m. pl. (amygdáles); GALHAS DOOU COL, FIROOUS. *Amygdalas*, port. *Amigdale*, ital. Amygdales, glandes, ou amas de follicules muqueux situés de chaque côté de l'isthme du gosier, entre les piliers du voile du palais.

Éty. du grec ἀμυγδαλῆ (amygdalê), amande, parce que ces glandes en ont la forme.

AN

AN, ANN, ANNU, radical dérivé du latin *Annus*, cercle, année, parce que dans un an la terre décrit un grand cercle autour du soleil.

De *annus*, par apoc. *ann*; d'où: *Ann-ada*, *Ann-ad-ier*, *Ann-at*, *Ann-alas*, etc.

De *annus*, par suppr. de *s* seulement, *annu*; d'où: *Annu-al*, *Annu-el*, *Annu-elament*, *Annu-ari*, etc.

De *annu*, par une nouvelle apocope, *an*; d'où: *An*, *An-ouge*, *Ant-an*, *Og-an*, etc.

De *anni*, gén. de *annus*, est venu: *Anni-versari*.

AN, 2. ANA, ANAR, AND, radical du verbe *anar*, aller, probablement pris du grec ἄω (aô), aller, auquel on a joint la terminaison favorite de la langue romane, *ar*, en remplaçant ω par une *n* à cause de l'euphonie. Les Espagnols et les Portugais en ont fait *andar*, les Italiens *andare*, et les Latins *ambulare*.

De *anar*, se sont formés: *Anar*, *Desanar*, *En-anar*, *Tres-anar*, etc.

De *anar*, par apoc. *an*, *ana*; d'où: *An-ada*, *An-aire*, *Ana-men*, *Vi-an-ant*, *Mal-an-ansa*, *Des-an-at*, etc.

De la forme italienne *andare*, *and*; par apoc. d'où: *And-an*, *And-ar*, *Sobr-and-ar*, *And-alh*, etc.

Du lat. *ambulare* par apoc. *ambul*, et par sync. de *imbu*, *al*, ou *all*; d'où: *All-ura*, *All-ea*, *Allur-at*, *Pre-al-able*, etc.

AN, ANA, EN, IEN, IN, INA, désinence prise du lat. *nus*, *na*, *num*, *anus inus*, *ina*, qui marquent une idée de naissance, de rapport, d'habitation ou d'origine, parce que ces terminaisons latines ne sont autre chose que la forme adjective de la racine du verbe *nasci* naître. *Roum-an*, de *Romanus*, Romain, qui est de Rome; *Veter-an*, de *veteranus*, fait de *vetus veteris*, qui est de la classe des vieux; *Gallic-an*, de *Gallicanus*, de *Gallicus*, qui est de France; *Chresti-an*, de *christianus*, enfant ou disciple du Christ; *Citad-in*, de *citadinus*, né dans la ville ou qui habite la ville; *Mar-in*, de *marinus*, de mer.

M. Bondil, Introduction à la langue latine, pense: que la terminaison *anus* est grecque, et il en donne pour preuve πιθανὸς (pithanos), persuasif; de πείθω (peithô); σκορπιανὸς (skorpianos), né sous le scorpion, de Σκορπίος (skorpios), et que celle en *inus*, *ina*, pourrait bien l'être aussi, car dans cette langue ινος (inos), marque convenance, ἀνθρωπινος (anthrôpinos), qui convient à l'homme; ἀληθινος (alêthinos), qui a de la convenance avec la vérité; de même que celle en *inus*, puisqu'on trouve dans cette langue ποθεινός (potheinos), désirable, désiré, de πόθος φωτεινός (phôteinos), lumineux, de φῶς (phôs), φωτός (phôtos).

AN, EN, 2. Désinence de la troisième personne, au pluriel, du futur des verbes; *amar-an*, *finir-an*, *recebr-an*, *rendr-an*, etc. V. aussi *an*, *ana*. On dit *amar-en*, *finir-en*, dans le dm.

AN, vl. Espèce d'article ou particule qui a la même signification que *en* et *na*, v. c. m.

Son apeladas aytals habitutz honorablas quar daquelas uza hom motas vetz per dar alcuna honor a persona. Fl. del gay saber.

AN, vl. *Qu'ieu an*, que j'aille, *qu'el an*, qu'il aille, *s'en an*, s'en aille, de *anar*. V. *An*, R. 2. *An*, pour à en.

AN, dg. Bergeyret, l'emploie pour *avem*, nous avons.

AN, Licence poétique qu'on rencontre souvent dans Bergoing et autres écrivains anciens au lieu de *ame*, avec, *an el*, pour avec lui, *an de*; pour afin de, *an d'aquot*, pour cela; *an*, *and*, d. bas lim. *And un sol las cereigeas*, à un sou les cerises.

AN, s. m. (an); *Ano*, esp. *Anno*, ital. port. *An*, anc. cat. An, année, durée de la révolution de la terre autour du soleil, qui est de 12 mois, ou de 365 jours, 5 heures, 48 minutes, 48 secondes; c'est ce qu'on appelle année astronomique; l'année civile est de 365 jours et de quatre en quatre ans de 366.

Éty. du lat. *annus*. V. *An*, R.

Es apelat an, quar an vol dire circuit et el es un encuit. Elc. de las propr.

Il est difficile et peut être impossible de

déterminer la période à laquelle les premiers peuples donnaient le nom d'année, ou pour parler plus exactement, quelle était leur manière de diviser le temps. Tout paraît prouver qu'il y a eu des années lunaires; les révolutions de la lune étant les plus frappantes et les plus faciles à observer, il était naturel qu'on les prit pour terme de division: les saisons revenant à des époques fixes, ont dû servir également à subdiviser le temps, mais il fallait des observations plus savantes pour établir ces divisions sur la marche du soleil, et c'est ce que firent les Egyptiens, selon Hérodote. Ce sont eux qui fixèrent l'année à 360 jours, partagés en 12 mois.

Mercure Trismégiste ajouta cinq jours à l'année Egyptienne et la fit de 365, et comme il restait encore six heures chaque année, César intercalla un jour de quatre en quatre ans, et cet année eut alors 366 jours, c'est celle qu'on appela bissextile; mais pour que ce dernier calcul pût être juste, il faudrait que l'année fut réellement de 365 jours et six heures, tandis qu'elle n'est que de 365 jours, 5 heures, 48 minutes, 48 secondes: ces 12 m. 12 secondes, sont cause que l'année grégorienne diffère de l'année julienne, en ce qu'au lieu que la dernière année de chaque siècle soit toujours bissextile, il ne doit y avoir que celle du quatrième.

Le commencement de l'année à singulièrement varié chez les différents peuples et même en France. Sous les rois de la première race elle commençait le jour de la revue des troupes, qui avait lieu le premier mars; sous ceux de la seconde, le jour de Noël, usage qu'on a longtemps suivi en Provence: *Incipit secundum usum nostrum a nativitate Domini, et in eundem diem desinit* (annus). Masse, St. de Prov. et sous ceux de la troisième, le jour de Pâques, ou le samidi saint, après vêpres.

On la fit commencer aussi, quelquefois, à la fête de l'Annonciation, la même que celle de l'Incarnation, qu'on célèbre le 25 mars. De là la différence que l'on trouve dans les vieux actes, dont les uns portent: *Anno ab incarnatione domini*, et les autres: *Anno à nativitate*, ce qui donna souvent lieu à des méprises, jusqu'à ce que Charles IX, par une ordonnance de 1564, eût fixé irrévocablement le commencement de l'année au premier janvier.

An bestiau, On donne ce nom à la première année du mariage.

An, bon, On croit que l'usage de souhaiter la bonne année nous vient des Romains, qui se rendaient des visites et se faisaient réciproquement des présents à cette époque, qu'on appellait *strenæ*. V. *Estrenas*, et offraient aux dieux des vœux pour la conservation de leur santé. Pline dit, livre 28, chap. 5: *Primum anni incipientis diem lætis præcationibus invicem faustum ominantur.*

L'an de delai, expr. adv. il y a deux ans. *Hier faguet un an*, il y eut hier un an.

Année climatérique, On nomme ainsi chaque septième année de la vie humaine, et plus particulièrement la 63me qui est la grande climatérique.

Mais laissa qu'ona fes se fougoun maridadas
Souven n'esperoun pas la fin de *l'an bestiau*
Per plourar soun sadoul au found de soun houstau.
Truchet, *la Pastressa et leis Escaufestres.*

Année lunaire, Elle se compose de 12 mois lunaires, c'est-à-dire, de 354 jours. V. *Epacta.*

Année républicaine, Elle fut établie par un décret de la convention nationale du 5 octobre 1793; elle était composée de 12 mois de trente jours chacun, et de cinq jours complémentaires portés à six, les années bissextiles. Elle commençait à l'équinoxe d'automne, dans la nuit du 21 au 22 septembre.

ANA

ANA, préposition dérivée du grec ἀνὰ (ana), qui ajoute au mot principal l'idée d'écart, de renversement, de réitération, d'analyse. Il répond souvent à l'itératif *re*; *Ana-baptista*, ana-baptiste, qui baptise une seconde fois, ou qui retarde le baptême jusqu'à l'âge de raison; *Anachoreta*, de *ana*, en arrière, à l'écart, et de *chôréô*, je vais; *Anachronisme*, de *ana*, et de *chronos*, temps, qui s'écarte de la véritable époque; *Anatoumia*, anatomie, de *ana*, dans, parmi, et de *temno*, je coupe; *Analougia*, analogie, de *ana* et de *logos*, raison proportion, écart du système général, avec conformité à une serie.

ANA, s. m. (anà). Ana, receuil de pensées, de bons mots ou de discours familiers, d'un homme célèbre.

Éty. *ana*, est une désinence latine que l'on ajoute au nom de l'auteur.

Les premiers *Ana* ont paru vers 1666 et 1669; ce sont les *Scaligerana primà* et *secunda*, *Perroniana* et *Thuana*.

ANA, s. f. (àne). Porte presse, sorte de coffre sur lequel est appuyée la petite presse qui sert au relieur pour rogner le papier.

ANABATISTAS, s. m. pl. (anabatistes); *Anabaptistas*, esp. port. *Anabattisti*, ital. Anabaptistes, religionnaires qui parurent à l'époque où Luther prêcha la réforme et dont le dogme principal était la *rebaptisation.*

Éty. du grec ἀνὰ (ana) derechef, une seconde fois, et de βάπτω (baptô), plonger dans l'eau, c'est-à-dire, baptiser, baptiser de nouveau.

C'est en 1521, que Thomas Muntzer, et Nicolas Stork, prétendirent trouver dans l'Evangile, que l'instruction devait précéder le baptême, et qu'il fallait par conséquent rebaptiser tous les adultes.

ANACHORETA, s. m. (anacourète); *Anacoreta*, esp. ital. cat. *Anachoreta*, port. Anachorète, moine qui vit seul dans un désert.

Éty. du grec ἀναχωρέω (anachôréô), je me retire, dérivé de ἀνὰ (ana), en arrière, et de χωρέω (chôréô), je vais.

Saint Paul de Thèbes, en Égypte, est regardé comme le premier anachorète du christianisme, il se retira dans le désert de la Thébaide, l'an 250.

ANACHORITA, s. m. vl. *Anacorita*, anc. esp. V. *Anachoreta.*

ANACHRONISME, s. m. (anachrounismé); *Anachronismus*, lat. *Anacronismo*, ital. esp. *Anachronismo*, port. Anachronisme, erreur contre la chronologie, consistant, par exemple, à faire vivre quelqu'un dans un temps où il n'existait pas encore.

Éty. du grec ἀνὰ (ana), au-dessus, en arrière, et de χρόνος (chronos), temps, avancement de temps ou de date, l'erreur contraire s'appelle parachronisme.

ANACOURIMENT, s. m. (anacouriméin). Inanition. Aub.

Éty. V. *Anacourir.*

ANACOURIR, v. n. (anacourir). Amaigrir. Aub.

Éty. de *an*, prép. de *a* priv., de *cour* pour *cor*, et de *ir*; litt. priver du cœur, de la force, affaiblir.

ANACOURIT, IDA, IA, adj. et part. (anacouri, ide, ie). Défait, maigre. Aub.

ANADA, s. f. (anáde), vl. *Anada*, cat. *Andada*, anc. port. *Andata*, ital. Allée, voyage, départ.

Éty. de *anar* et de *ada*. V. *An*, R. 2.

ANADA, s. f. (anáde), dl. ALLURA. *Andadura*, esp. port. *Andatura*, ital. Marche, allure, allée, dans le sens d'allées et venues.

Éty. de *anar* et de *ada*, marche faite. Voy. *An*, R. 2.

ANADE, s. m. vl. ANADA. *Anade*, esp. *Anada*, anc. ital. Canard.

Éty. du lat. *anate*, alt. de *anas*, *a-nando*. V. *Nad*, R.

ANADILLA, s. f. vl. Fourniture, anille.

Éty. de la basse lat. *anaticula*, employé dans le même sens, dans le formulaire de Marculfe. V. Rayn.

ANADIPLOZIS, s. f. vl. ANADYPLOSIS. *Anadiplosi*, ital. Répétition, redoublement.

Éty. du lat. *anadiplosis*, m. s. dérivé du grec ἀναδιπλόω (anadiploô), redoubler.

Anadyplozis es can le versetz seguens, comensa per aquela meteissha dictio quel versetz precedens fenish. Fl. del gay sab.

ANADOR, vl. V. *Anaire.*

ANAFIL, s. m. vl. *Anafil*, port. Clairon, cornet, trompette. Gl. occit. Trompette des Maures.

ANAGRAMMA, s. f. (anagramé); *Anagramma*, lat. ital. port. *Anagrama*, esp. Anagramme, transposition de lettres qui, dans un mot ou une phrase, fait trouver un autre mot ou une autre phrase.

Exemples:

Roma, *amor*; Minos, *Simon*; Hipocrate, *pot-à-chier*; Logica, *caligo*; Versailles, *ville seras*; Frère Jacques Clément (l'assassin de Henri III), *c'est l'enfer qui m'a créé*; Vigneron, *ivrogne*; Amar, *rama*; Cep, *pec* Amor, *roma*; Lum, *mul*; Loc, *col*; Ira, *ari*; Lop, *pol*; Nap, *pan*; Ram, *mar*; Ros, *sor*; Nom, *mon*; Cava, *vaca*; Braca, *cabra*.

Éty. du grec ἀνὰ (ana), en arrière, et de γράμμα (gramma), lettre; litt. lettre transposée ou prise au rebours.

Lycophron, qui vivait 280 ans avant J.-C., est regardé comme l'inventeur de l'anagramme, et Daurat, poëte français du temps de Charles IX, comme celui qui l'a introduite dans notre langue; cependant, avant lui, Rabelais en avait déjà donné des exemples.

L'anagramme mathématique fut inventée par l'abbé Catelan, en 1680.

ANAIRE, s. m. vl. ANADOR. Marcheur. V. *Caminaire.*

ANAIRE, s. m. vl. *Anador*, anc. cat. *Andador*, port. *Andatore*, ital. *Andador*, esp. Marcheur, voyageur. V. *Caminaire.*

Éty. de *an*, rad. de *anar* et de *aire*. Voy. *An*, R. 2.

ANAIS, nom de femme, (anaïs), Anaïs.

Patr. Ce nom n'existe pas dans le martyrologe. V. *Anna.*

ANAL, adj. vl. *Anal*, anc. esp. Annuel, de chaque année. V. *Annuel* et *An*, R.

ANALOGIA, s. f. (analodgie); ANALOGIA. *Analogia*, ital. esp. port. Analogie, convenance ou rapport entre deux objets.

Éty. du lat. *analogia*, m. s. dérivé du grec ἀναλογία (analogia), rapport, proportion, raison; formé de ἀνά (ana), qui indique le rapport, et de λόγος (logos), raison.

ANALOGIQUE, ICA, adj. (analoudgiqué, ique); *Analogico*, ital. esp. port. Analogique, qui a de l'analogie.

Éty. du lat. *analogicus*, m. s. V. *Analogia.*

ANALOGUE, OGA, adj. ANALOGO. *Analogo*, ital. esp. port. Analogue, qui a de l'analogie avec une autre chose.

Éty. du lat. *analogus*, m. s. V. *Analogia.*

ANALYSA, s. f. (analise); *Analisi*, ital. *Analise*, port. *Analisis*, esp. Analyse, résolution d'un tout en ses parties; opération chimique qui consiste à décomposer les corps pour en reconnaître les principes constituants.

Éty. du lat. *analysis*, m. s. dérivé du grec ἀνάλυσις (analusis), dissolution; formé de ἀνά (ana), et de λύω (luô), dissoudre.

ANALYSAR, v. a. (analysá); *Analysar*, port. *Analizzare*, ital. Analyser, faire une analyse.

Éty. de *analysa*, et de *ar*; *analysim facere*, lat.

ANAMENT, s. m. vl. ANOMEN. *Anament*, anc. cat. *Andamiento*, anc. esp. *Andamento*, ital. *Andadura*, port. Marche, allure. Voy. *Anada.*

Éty. de *an*, rad. de *anar*, et de *men* pour *ment*, manière. V. *An*, R. 2.

ANAN, s. m. vl. *Andante*, esp. port. ital. Allant, voyageur. V. *An*, R. 2.

ANANAS, s. m. (ananás); *Ananas*, esp. ital. port. Ananas, nom d'un genre de plantes, et particulièrement de leur fruit, de la famille des Bromelloïdes, dont on connaît sept à huit espèces bien distinctes, et un grand nombre de variétés, toutes originaires des régions équatoriales de l'Amérique-Méridionale. L'espèce la plus commune est l'ananas blanc: *Bromelia ananas*, Lin.

La touffe de feuilles qui termine le fruit porte le nom de *Chevelure.*

Éty. de *aïñ-anas*, nom de cette plante dans la Guiane. Ces mots signifient *œil humain*; les boutons de la surface de la pomme de l'ananas, ressemblent en effet un peu à cet organe.

Don Gonzale Hermandez de Oviedo, gouverneur de Saint-Domingue, fit connaître cet excellent fruit aux botanistes d'Europe, en 1535.

Lecourt, agriculteur zélé de Leyde, en Hollande, cultiva le premier des ananas en Europe, au commencement du XVIIIme siècle; il les avait tirés des Antilles. Ce ne fut qu'en 1729, qu'on s'occupa sérieusement de leur culture à Versailles, où l'on en vit parvenir un à sa parfaite maturité, en 1734.

ANANQUIT, IDA, adj. et part. Faible, débile. V. *Anourrit* et *Necalit.*

Éty. du grec ἀναλκίν (analkin), faiblesse. Voy. aussi *Necalit.*

Ananquit, quasi mouert dins lou found d'un valloun.
Dioub.

ANANS, adv. (anáns), vl. Avant, auparavant. V. *D'avant* et *Ant*, R.

ANANT, adv. prép. conj., vl. ENANS, ENAN. *Enans*, *enantz*, anc. cat. *Enante*, *Enantes*, anc. esp. *Innante*, *Innanzi*, ital. En avant, devant, par avance; de devant; mais, au contraire.

Éty. de *en* et de *ant*, voy. ce rad.

ANANTIR, v. n. (anantir), dl. ALANTIR. Avancer besogne. V. *Alantir.*

Éty. de *an*, en, de *ante*, avant, et de *ir*; aller en avant. V. *Ant*, R.

Alimenter, donner du pain; élever, nourrir, prendre soin. Avr.

Souven foou que bestiré
Per ananti *sei enfan.* (lou paisan).
Discour sur lou paysan.

Grandir, croître.

ANANTIT, IDA, adj. et p. (ananti, ide), d. d'Apt. Elevé, ée; grandi, ie.

ANANTS, s. m. pl. (anáns).

Leis anants et leis venents, les allants et les venants.

ANAP, s. m. vl. HANAP. Coupe, gobelet, vase à boire.

Éty. de la basse lat. *hanapus*, ou du bas bret. *hanaf*, m. s.

Borel le dérive de l'all. *hennopf*, écuelle à oreilles; et Barbazan du lat. *ana*, portion, portion mesurée.

ANAPHORA, s. f. vl. *Anaphora*, lat. *Anafora*, esp. ital. Anaphore, figure de rhétorique, qui consiste à répéter le même mot au commencement de plusieurs phrases ou de divers membres d'une période.

Éty. du grec ἀναφέρω (anaphérô), rapporter, reproduire; formé de ἀνά (ana), de rechef, et de φέρω (phérô), je porte.

Anaphora es can mant verset o motas clauzas comenso per una meteysha dictio. Fl. del gay sab.

ANAR, v. n. (aná); VADER. *Andare*, ital. *Andar*, esp. port. *Anar*, cat. *Annare*, napol.

Le verbe *anar* se conjugue avec *vader*, inusité à l'infinitif. Ils fournissent l'un et l'autre plusieurs personnes à presque tous les temps: *anar* en fournit cependant un plus grand nombre; *vau*, *vas*, *vai*, appartiennent à *vader*; et *anam*, *anaz*, à *anar*.

Il en est de même dans le français, qui se sert encore d'un autre verbe, comme les Latins, les Italiens et les Espagnols, je veux parler du verbe *ire*, *ir*, qu'on retrouve dans j'*irai*, tu *iras*, etc.

Ce verbe ou ces verbes, signifient aller, se transporter d'un lieu dans un autre; s'avancer; s'étendre au loin; s'adresser à... conduire; il se dit du mouvement des machines: *vai ben*, *vai mau*, de la bonne ou mauvaise santé, de l'état des affaires, etc.

Anar à... et *anar en...* ont une signification différente: la première façon de parler restreint le voyage au lieu désigné; l'autre n'indique que la contrée, la région, la province, la partie du monde; c'est ainsi qu'on dit:

Anar en America, *en Africa*, *en Prouvença*, *en Lenguadoc*, etc., aller en Amérique, en Afrique, en Provence, en Languedoc, etc.; on dit aussi: *anar en Arle*, *en Avignoun*, ce qui semblerait aller contre la règle, mais il faut faire attention que, dans ce cas, Arles et Avignon sont pris pour des contrées et non pour des villes. Tel berger dit: *vau en Arle*, qui revient de son voyage sans être entré dans la ville, etc. Cependant on dit en français: aller à Arles et à Avignon, et non *en Arles* ni *en Avignon.*

Anar à Marselha, *à Touloun*, *A-s-Aix*, etc., indique qu'on va dans Marseille, dans Toulon, dans Aix, etc.

Anar en quauqu'endrech, aller quelque part, et non *à quelque endroit.*

L'y anam anar, Tr. Nous y allons à l'instant, tout-à-l'heure, et non, *nous y allons aller.*

Anar ne doit pas être traduit par aller, dans le sens de contenir.

Aquot poou pas anar dins aqueou sac, Tr. cela ne peut pas entrer ou être contenu dans ce sac.

Aquot l'y poou pas anar, cela ne peut pas y entrer, etc.

Anar-en-demens, dépérir.

Anar de reviroun, aller en retournant la tête en arrière.

Anar d'aise, aller doucement, sans bruit.

Anar goï, boiter.

Anar de pressa, *Andar de priesa*, esp. aller vite, être pressé; on dit dans le même sens: *anar de coucha*, être pressé par le travail.

Vai coumo sa testa, il fait tout sans attention.

Aquot va senso dire, cela va sans dire, tout naturellement.

Anar au rescontre, aller à la rencontre.

Anar à tout vent, aller à tout vent; aller sans savoir où.

Es anat à Paris, Tr. il est allé à Paris, quand la personne dont on parle y est encore; et *es estat à Paris*, il a été à Paris, quand elle en est revenue.

Siou anat à vostre houstau aquestou matin, Tr. j'ai été, et non je suis allé chez vous, et encore moins je suis été.

Éty. du grec ἄω (aô), aller. V. *An*, R. 2.

ANAR, Dans l'ancien comme dans le nouveau langage, remplit les fonctions d'auxiliaire: 1° lorsqu'il précède un autre verbe au gérondif: *La vau blamant*, je la vais blâmant; *Van disent*, ils vont disant; *Van fasent*, ils vont faisant; 2° ou lorsqu'il se joint au présent de l'infinitif du verbe qu'il régit: *Vai li dire*; *Vai li transmettre*, *Vai li respondre.*

Li vai de, v. imp. (li vaï dé), il y va de.... *Li vai de la vida*, il y va de la vie.

N'en vai, v. imp. (n'éin vaï), il en va de... *N'en vai d'aquot coumo de l'aure*, il en va de cette affaire-là comme de l'autre.

Coumo n'en vai? où en sont les choses, qu'elle tournure prend cette affaire?

ANAR, s. m. V. *Lou pis anar*, Le pis-aller, le plus grand mal, ou le moindre avantage qui puisse revenir d'une chose: l'action d'aller.

ANAR-AU-PU-PRES, t. de mar. Aller au plus près du vent, cingler à six quarts de vent du rumb d'où il vient.

ANARCHIA, s. f. (anartchie); *Anarchia*, ital. port. *Anarquia*, esp. Anarchie, état sans chef et sans gouvernement; désordre, confusion chez un peuple.

Éty. du grec ἀναρχία (anarchia), de *a* priv. et de ἀρχή (archê), gouvernement c'est-à-dire, défaut de gouvernement, ou de chef dans une nation.

ANARCHIQUE, **ICA**, adj. (anarchique, ique); *Anarchico*, ital. port. *Anarquico*, esp. Anarchique, qui tient de l'anarchie.

Éty. du lat. *Anarchicus*, m. s.

ANARCHISTO, adj. (anartchiste). Anarchiste, partisan de l'anarchie.

Éty. de *anarchia* et de *ista*, v. c. m.

ANAR L', s. m. L'action d'aller, le voyage: *L'anar et lou venir; Lou vai et lou ven.*

ANAR S'EN, v. r. *Andarsene*, ital. *Irse*, esp. port. S'en aller, quitter un lieu; partir, surtout si c'est pour retourner chez soi; il signifie souvent aller tout simplement: *M'en vau à la campagna*, je vais ou je m'en vais à la campagne; *Se soun enanats*, Tr. ils s'en sont allés, et non, *ils se sont allés*, ni *ils se sont en allés*; *Laissaz lou enanar*, Tr. laissez-le s'en aller, et non, *laissez-le en aller*; *S'en anar d'una carta*, s'en aller d'une carte, la jouer.

Tout soun ben s'es ananat en peluegnas de porres. Pr.

Aquel enfant coumença à s'enanar, cet enfant commence à marcher seul; *S'envai soulet*, il va seul.

Servez-vous de *aller* et non de *s'en aller*, devant un infinitif.

ANASSAMEN, s. m. vl. Avancement, prééminence.

Éty. de *anar*. V. *An*, R. 2. Altér. de *anansament*.

ANAST, s. m. (anàst). C'est le nom qu'on donne à Saint-Paul, arrondissement de Barcelonnette, au *sep* de la charrue. V. *Souchau*.

ANASTASIA, nom de femme (anastasie); ESTASIA. *Anastagia*, ital. *Anastasia*, esp. port. cat. Anastasie.

Patr. Sainte Anastasie. l'Église honore quatre saintes de ce nom. Les 15 avril, 10 mars, 28 octobre et 25 décembre.

ANASTASO, nom d'homme, *Anastagio*, ital. *Anastasio*, esp. port. *Anastasi*, cat. Anastase.

Patr. Saint Anastase. L'Église honore 26 saints de ce nom.

ANASTROPHE, s. f. vl. *Anastrophe*, port. *Anastrophe*, lat. esp. Anastrophe, renversement de la construction naturelle ou ordinaire: *Mecum*, *vobiscum*, en lat. sont des anastrophes, parce que la construction directe serait *cum-me*, *cum-vobis*.

Éty. du grec ἀναστροφή (anastrophê): formé ἀνά (ana), dans, parmi, et de στρέφω (stréphô), je tourne.

Se fay Anastrophe can las dictios no son pauzadas segon lor natural orde.
Fl. del gay sab.

ANAT, **ADA**, adj. et p. vl. Allé, allée, fait, faite.

Éty. de *anar*. V. *An*. R. 2.

Abans que sia nueyts,
Yeu hauray anadas X legas.
Leys d'amor.

Avant qu'il soit nuit j'aurai allé dix lieues,
Rayn.

ANAT, **ADA**, adj. et p. (aná, áde); *Andado*, esp. *Andato*, ital. *Anat*, cat. Allé, ée.

ANATHEMA, s. m. (anathème); *Anathema*, port. *Anatema*, ital. esp. Anathème, excommunication avec exécrations et malédictions, ou retranchement perpétuel de la communion; celui qui est excommunié.

Éty. du lat. *anathema*, dérivé du grec ἀνάθεμα (anathéma), exécrable, dévoué aux furies de l'enfer, dérivé du verbe ἀνατίθημι (anatithêmi), vouer, dont la racine est τίθημι (tithêmi), je place.

ANATHEMATISAR, v. a. (anathématisá); *Anatematizzare*, ital. *Anathematisar*, port. *anatematizar*, esp. *anatematisar*, cat. Anathématiser, frapper d'anathème, excommunier; maudire.

Éty. du lat. *anathematis*, gen. de *anathema* et de *ar*.

ANATHEMATISAT, **ADA**, adj. et p. (anathématisá, áde); *Anatematizado*, *ada*, esp. *Anathematizado*, port. Anathématisé, ée, qui a été frappé d'anathème.

ANATHEMATIZAR, vl. V. *Anathematisar*.

ANATHOMIA, vl. V. *Anatoumia*.

ANATOLO, nom d'homme. Anatole.

Patr. Saint Anatole. L'Eglise honore trois saints de ce nom, les 3 fév., 3 juill. et 20 nov.

ANATOMIA, s. f. (anatoumie); ANATOUMIA, ANATOUMIE. *Anatomia*, lat. esp. port. ital. cat. Anatomie, science qui a pour objet la connaissance de la structure, de la situation et des rapports des parties dont se composent les êtres organisés, et particulièrement le corps humain.

Éty. du grec, ἀνατέμνω (anatemnô; découper.

Dans l'anatomie on nomme:

OSTÉOLOGIE, la partie qui traite des os.
MYOLOGIE, celle qui s'occupe des muscles.
ANGÉIOLOGIE, celle qui a pour objet les vaisseaux.
NÉVROLOGIE, celle dans laquelle on décrit les nerfs.
SPLANCHNOLOGIE, celle qui fait connaître les organes.
ADÉNOLOGIE, celle qui concerne les glandes.

Considérée sous ses rapports, l'anatomie se nomme:

HUMAINE, quand elle traite de l'homme.
VÉTÉRINAIRE, quand elle traite des animaux domestiques.
COMPARÉE, lorsqu'elle compare l'organisation des différents êtres entre eux.
GÉNÉRALE, lorsqu'elle s'occupe des tissus analogues.
DESCRIPTIVE, lorsqu'elle a pour but principal de faire connaître la structure et la situation des parties.
PHYSIOLOGIQUE, celle qui compare la structure avec les fonctions.
PATHOLOGIQUE, celle qui a pour objet de reconnaître les lésions que les maladies font éprouver aux différentes parties du corps.
PITTORESQUE, celle qui est relative à la peinture.

Le respect religieux que les anciens avaient pour les cadavres de leurs semblables, fut cause qu'ils ne purent pas se livrer à l'étude de l'anatomie humaine. Hippocrate, Galien et même Aristote ne paraissaient avoir disséqué que des animaux. Ce ne fut que sous le règne des premiers Ptolémées, que dans Alexandrie, Hérophile, Erasistrate et Eudème, furent autorisés à ouvrir des cadavres humains; et ce n'a été ensuite qu'en 1315, que Mondini de Luzzi, professeur de Bologne, en disséqua publiquement.

ANATOMIQUE, **ICA**, adj. (anatoumique, ique) ANATOMIQUE. *Anatomico*, ital. esp. port. Anatomique, qui appartient à l'anatomie.

Éty. du lat. *anatomicus*.

ANATOMISAR, v. a. (anatoumisá); ANATOUMISAR, NOTOMIZZARE, ital. *Anotomizar*, esp. port. Anotomiser, faire l'anatomie, disséquer un corps.

ANATOMISTO, s. m. (anatoumiste); ANATOUMISTO. *Notomista*, ital. *Anatomista*, esp. port. Anatomiste, qui est versé dans l'anatomie qui s'en occupe beaucoup.

Éty. du lat. *anatomicus* ou de *anatoumia* et de *isto*.

Goetoro Giulio Zumbo, de Syracuse, apporta à l'académie des sciences, en 1701, une tête disséquée. Il est regardé comme l'inventeur de ce genre d'anatomie.

ANAU, s. m. (anàou) MASTRA, NAU, Echaudoir, espèce de huche où l'on échaude les cochons, pour leur enlever le poil, les soies.
Avr.

ANAUSSAR, Avr. V. *Enaussar*.

ANAUTA, s. f. (anàoule); *Galbule*, noix ou cône, fruit du cyprès. Avril.

ANAUTAR, dg. V. *Aussar* et *Aut*, R.

ANB

ANBLAN, p. pr. vl. Allant l'amble. V *Ambla*.

ANBROCAR, v. a. vl. V. *Ambrocar*.

ANC

ANC, ONC, rad. dérivé du lat. *unquam*, *Anc*, *onc*, sont dits pour *unq*, oncques, jamais. Dérivés: *Anc*, *Anc-se*, *Onc-as*, *N-oca*, *N-onca*, *N-oqua*.

ANC, 2. ANCH, ANQU, rad. pris de la basse latinité *anca*, *ancha*, *ancus*, la hanche, ou partie latérale du bassin; probablement pris du grec ἄγκος (agkos), fond, vallon, Wacher le tire de l'ancien all. *ancke*; il vient peut être de l'espagnol *ancho*, *ancha*, large.

De *anca*, par apoc. *anc*; d'où: *Anc-a*, *Anc-ada*, *Anc-au*.

De *anca*, par le changement de c en ch, *anch*; d'où: *Anch-a*, *Anch-etas*, *Des-anch-ar*, *Des-anch-at*, *Es-anch-at*, *E-sanch-ar*, *Anqu-eta*, *Anqui-au*, *Ei-r-anch-at*.

ANC, pr. dém. vl. Ce, cet. *Ancui*, aujourd'hui, de *anc*, ce, et de *ui*, jour.

Éty. du lat. *hanc*.

ANC, d. vaud. Aussi, *ancilli*, eux aussi.

ANC, adv. vl. *Anc*, anc. cat. Onc, oncques, jamais.

Éty. du lat. *unquam*.

Anc mai no fo vist aital hom, on ne vit jamais un tel homme.

Anc, signifie jamais pour les temps passés, et *ja*, pour les temps futurs, du moins le plus souvent. Rayn. *Anc mai*, jamais; *Ancse*, toujours; *Anc sempre*, presque toujours.

ANÇA, ANÇA, ANSA, ENSA, désinences dérivées du lat. *antia*, *entia*, qui les a formées des adjectifs et des substantifs en *ans*, *ens*.

Ces désinences unies à un adjectif, convertissent en substantif la qualité indiquée par cet adjectif, et y ajoutent l'idée d'une qualité ou manière d'être habituelle. *Abound-ança*, de *aboundant*; *Ignor-enca*, de *ignorent*, la qualité de l'ignorent; *Prud-ença*, la qualité de celui qui est prudent; *Insoul-ença*, la qualité de l'insolent; *Nonchal-ança*, qualité du nonchalant; *Mal-est-ansa*, état de mal être; *Sembl-ansa*, qui ressemble.

ANCA, s. f. (ánque); ANCAS, ANCHA. *Anca*, cat. esp. port. ital. Hanche, la partie latérale du bassin, située au haut de la cuisse; elle est formée par les os des îles; croupe du cheval, gigot, jambon.

Éty. de la basse lat. *anca*. Voy. *Anc*, Rad. 2.

ANCA, V. *Ancha* et *Anoada*.

ANCADA, s. f. (ancáde); ANCAU, ANQUIAU, ANCA, ASPADA. Une claque, coup de plat de la main sur le derrière. Sauv.

Éty. de *anca*, la hanche, la croupe, et de *ada*, sur la hanche. V. *Anc*, R. 2.

ANCAP, s. m. vl. Profit, réussite.

Éty. de *an* et du rad. *cap*, v. c. m.

ANCAU, dl. V. *Ancada*.

ANCEIS, adv. vl. Avant, auparavant, au contraire, plutôt.

Éty. V. *Ant*, R. *Ante ipsum*, et comme conjonct. au contraire.

ANCELLA, vl. V. *Ancilla*.

ANCESSOR, s. m. vl. *Antecessor*, cat. port. *Antecesor*, esp. *Antecessore*, ital. Ancêtre, prédécesseur, conseiller, assesseur, devancier.

Éty. de *an* pour *ant*, et de *cessor*. V. *Ant*, Rad.

ANCETROS, s. m. pl. (ancètres); DEVANCIERS, ANCIENS. Ancêtres, personnes dont on descend en droite ligne, le père et la mère non compris. V. *Encians*, *Devanciers* et *Ancessor*.

Éty. du lat. *antecessores*. V. *Ant*, R.

ANCHA, s. f. (ántche). Partie du corps humain. V. *Anca*.

ANCHA, s. f. ENCHE, ENCHE. Anche, languette ou petit tuyau que l'on adapte aux instruments à vent pour les faire raisonner en soufflant.

Éty. du grec ἄγχος (agchos, qu'on prononce anchos), strangulation, formé de ἄγχω (agchô), serrer, étrangler, qui est le principal office de l'anche.

C'est aussi le nom de la partie du flanc d'un vaisseau, depuis le grand cabestan jusqu'à l'arcasse. Garc.

ANCHA, s. m. pour Anche d'un moulin. V. *Farneiroou*.

Éty. du grec ἄγκος (agkos), vallon. Voy. *Anc*, R. 2.

ANCHETAS, s. f. pl. (antchétes). Le derrière d'un agneau ou d'un chevreau.

Éty. *anchetas*, est dit pour *anquetas*, petites hanches. V. *Anc*, R. 2.

ANCHOUA, Garc. V. *Anchoya*.

ANCHOVA, *Anchova*, esp. V. *Anchoya*.

ANCHOYA, s. f. (énchóïe); ANCHOUA, AMPLOVA. *Anchova* et *Anchoa*, esp. *Anchova*, port. *Encìova*, ital. *Anchovy*, angl. Anchois; *Clupea encrasicholus*, Lin. poisson de l'ordre des Holobranches et de la fam. des Gymnopomes (à opercule nue), commun dans la Méditerranée. Observez que anchois est masculin en français.

Éty. du celt. *anchova*, ou du grec ἐγκραυλις (enkraulis), qui désignait le même poisson.

L'anchois diffère de la sardine en ce qu'il a la mâchoire supérieure plus avancée que l'inférieure, et que son corps n'est pas recouvert d'écailles.

Le monastère de Lerins obtint en 1298, de Charles II, comte de Provence, un privilége relativement à la pêche des anchois. V. Archives de la corporation des pêcheurs de Marseille, citée par Noël, Histoire des Pêches.

Esquichar l'enchoya, se dit fig. pour faire maigre chère; *Pressats coumo d'anchoyas*, tr. pressés comme des harangs; *A lous huelhs bourdats d'anchoyas*, il a les yeux bordés d'écarlate.

ANCHOYA, s. f. est le nom qu'on donne encore, selon M. Garcin, aux sillons que les coups de fouets ou de gaules, tracent sur la peau.

ANCIA, s. f. (ancie), dl. *Ancia*, port *Ansia*, ital. Souci, inquiétude. Sauv. Voy. *Ancian*.

ANCIAN, s. m. *Anziano*, ital. *Anciano*, esp. *Ancião*, port. *Anziano*, ital. Ancien, personnage ou auteur de l'antiquité. V. *Ant*, Rad.

ANCIAN, IANA, adj. (ancièn, ène); ENCIEN, ENCIAN. *Anziano*, ital. mod. *Anciano*, esp. *Ancião*, port. *Ancià*, cat. *Ancianno*, ital. anc. Ancien, enne, qui existe depuis longtemps, on le dit par opposition à moderne.

Éty. du lat. *antiquus*, ou de la prép. *ante*, avant. V. *Ant*, R.

ANCIANAMENS, adv. vl. V. *Ancianament*.

ANCIANAMENT, adv. (ancienaméin); ANCIENAMENT. *Anticamente*, ital. *Ancianamente*, esp. *Antigamente*, port. Anciennement autrefois, jadis.

Éty. de *anciana* et de *ment*. V. *Ant*, R.

ANCIANETAT, s. f. (ancienetá); ANCIENETAT. *Anzianità*, ital. *Ancianidad*, esp. *Ancianidade*, port. *Ancianitat*, cat. Ancienneté, antiquité.

Éty. de *ancian* et de *etat*, qualité de ce qui est ancien. V. *Ant*, R.

ANCIANOR, adj. comp. vl. Plus ancien.

ANCIANS, s. m. pl. (anciáns); ENCIENS, ENCIANS. *Ançiãos*, port. Les anciens, ceux qui ont vécu plusieurs siècles avant nous; les Grecs et les Romains. Dans le langage du peuple, ce mot est synonyme d'aïeux, de devanciers. V. *Ant*, R.

ANCILLA, s. f. vl. ANCELLA. *Ancella*, ital. Servante, esclave.

Éty. du lat. *ancilla*, m. s. Ancus, roi de Rome, fit un grand nombre de prisonnières, qui, réduites à l'esclavage, prirent de lui leur nom.

ANCISA, s. f. (ancise). Ancien rocher coupé à pic.

Éty. du lat. *incisus*, coupé.

ANCISSO, vl. En comparaison de cela.

ANCLOT, s. m. Gl. occit.

ANCLUSA, s. f. vl. Enclume. V. *Enclumi*.

ANCNATION, s. f. vl. *Agnaciò*, cat. *Agnacion*, esp. *Agnação*, port. *Agnazione*, ital. Agnation, qualité des agnats, des membres d'une même famille.

Éty. du lat. *agnationis*.

ANCORA, adv. vl. *Ancora*, esp. ital. Encore. V. *Encara*. s. f. Ancre. V. *Ancra*.

ANCOT, prép. (ancó). Chez. V. *Aquot*.

Éty. On fait dériver ce mot du celt. *an-com*, dans la maison.

ANCOUES, s. m. (ancóues); ANCOUAS, ENCOUES, GARNAS. Poire d'angoisse; poires tapées, au propre, poires sèches, et pris adverb. rien, peu de chose, mal de gorge, angine.

Éty. du lat. *incoctus*, cru, selon M. Dioul. V. *Couire*, R.

Un autre fin-oubrier, que vau pas un ancoues.
Dioul.

ANCOUESSES, s. m. pl. (ancouèssés), Douleurs, chagrins. V. *Angoiss*.

ANCOULA, s. f. (ancóule); PEDANCRA, ACOULA, BATETA, ENCOULA. Contrefort, mur servant d'appui à un autre qui est chargé d'une voûte; arc-boutant, quand il est en arc, ou de *am*, *circum*, autour et de *coula*, collé, collé autour, adapté, selon le P. Pujet.

Éty du celt. *anc*, courbure, ou de la basse latinité *ancola*, dit pour *anchora*, ancre, parce que les contreforts font l'office des ancres, c'est-à-dire, qu'ils tiennent. V. *Ancr*, R.

ANCOUNA, s. f. (ancóune); *Ancone*, ital. anc. Coin, cachette, lieu étroit et retiré.

Éty. du lat. *anconis*, gén. de *ancon*, coude, encoignure, dérivé du grec ἄγκων (agkôn), coude.

ANCOURETA, s. f. (ancouréte); ANCOURETTA. *Anclote*, esp. Affourche ou ancre d'affourche, troisième ancre d'un vaisseau, destinée à le mettre à l'affourche.

Éty. du lat. *anchora*, ancre, et de la term. dim. *eta*, petite ancre. V. *Ancr*, R.

ANCR, rad. pris du latin *anchora*, ancre de navire, et dérivé du grec ἄγκυρα (agkura), qu'on prononce ankura. m. s.

De *anchora*, par apoc. et supr. de *h*, *ancr*; d'où: *Ancr-a*, *Ancr-agi*, *Ancr-ar*, *Ancr-at*, *Des-ancrar*, *Des-ancrat*, *Ancour-eta*, *Ancor-a*, *Ancoul-a*, *Encr-agi*.

ANCRA, s. f. (áncre); *Ancora*, esp. ital. port. cat. Ancre, pièce de fer qu'on jette au fond de l'eau pour arrêter les navires.

Ély. du lat. *anchora*, m. s. V. *Ancr*, R.

Dans une ancre on nomme:

COLLET, la partie où s'assemblent les deux bras et la verge.
VERGE ou TIGE, La partie qui s'étend en ligne droite d'une extrémité à l'autre.
ORGANEAU, le gros anneau qui la termine, auquel on amarre le cable.
BRAS, les deux pièces courbes soudées à l'extrémité opposée de la verge, destinées à mordre dans la terre.
OREILLES, les parties saillantes des pattes.
PATTES, Les morceaux de fer, qui sous forme de patte terminent les bras.
BÉE, l'extrémité pointue des pattes.
AISSELLES, les angles rentrants formés par la rencontre de la verge et des bras.
ENCOLURE, l'endroit où les bras sont réunis à la verge.
JAS ou CEP, les deux pièces de bois jointes ensemble qui embrassent le quarré de la verge de l'ancre.
ORIN ou ORAIN, Corde qui tient de l'ancre à la bouée.
BOUÉE, liége qu'on emploie pour faire flotter l'orin.

Relativement à leur grosseur et à leur usage, on distingue plusieurs sortes d'ancres et on nomme:

ANCRE DE MISÉRICORDE ou ANCRE DE CALÉ, la plus grosse de toutes.
GROSSE ANCRE ou MAITRESSE ANCRE, l'une des deux ancres des bords.
ANCRE DE VEILLE, celle qu'on mouille quand le vaisseau chasse.
ANCRES D'EFFOURCHE, les petites. V. *Ancoureta.*
ANCRE BOUEUSE, la plus petite.
ANCRE ÉPATÉE, celle qui a perdu l'une des pattes.
ANCRE BORGNE, ancre qui n'a qu'une patte.

L'usage de l'ancre date de la plus haute antiquité; elle fût inventée par les Tirrhéniens, selon Pline, et par Midas fils de Cordius, suivant Pausanias; on assure que les premières étaient en pierre.

ANCRA, s. f. (áncre) ou *Clau*. Ancre, nom que par allusion à l'ancre d'un vaisseau, on donne à une barre de fer en forme de S, T, Y, ou en ligne droite, qui passée dans l'œil d'un tirant, retient l'écartement de la poussée des voûtes ou des murs d'un bâtiment. V. *Ancr*, Rad.

ANCRA, s. f. (áncre); TENTA, TINTA. *Inchiostro*, ital. *Ink*; angl. Encre, encre à écrire, liqueur noire essentiellement composée de sulfate de fer, de noix de galle, de gomme et d'eau.

Éty. du lat. *incaustrum*, selon Mén. d'où les ital. ont fait *inchiostro*, et nous *ancra*.

ANCRA DE LA CHINA, s. f. Encre de la Chine, encre solide qu'on apporte de la Chine et qu'on préfère pour le dessin, à cause qu'elle sèche très-promptement; on croit qu'elle est préparée avec la liqueur noire de la sèche, évaporée, avec de la gomme ou une autre matière collante; elle fut inventée 201 avant J.-C.

ANCRA D'IMPRIMARIA, s. f. Encre d'imprimerie, celle dont se servent les imprimeurs. Elle est en général, composée d'un vernis fait avec de l'huile et du noir de fumée. On en attribue l'invention à Laurent Coster, natif d'Harlem.

ANCRAGI, s. m. (eincrádgi); ENCRAGI, ANCRAGE, MOULHAGI. *Ancoraggio*, ital. *Anclage*, esp. *Ancoragem*, port. Ancrage, lieu propre à jeter l'ancre.

Éty. de *ancra* et de *agi*. V. *Ancr*, R.

ANCRAR, v. a. (ancrá); *Ancorar*, esp. port. *Ancorare*, ital. Ancrer, jeter l'ancre, mouiller dans un port, fig. s'affermir dans une place, dans l'amitié de quelqu'un; il est alors récipr. Garc.

Éty. du lat. *anchoram jacere*. V. *Ancr*, R.

ANCRAR, v. n. Prendre de l'encre, mettre de l'encre à la plume.

ANCRAR, S', v. r. S'établir solidement.

ANCRIER, s. m. (ancrié). Encrier, vase où l'on met l'encre. V. *Escritori*. Tablette sur laquelle les imprimeurs étendent l'encre.

ANCS, adv. vl. Jadis, toujours, jamais.

Éty. V. *Anc*, R.

ANCTA, s. f. vl. Honte, injure, affront.

ANCTATAT, ADA, adj. et p. vl. Déshonoré, couvert de honte.

ANCTOS, adj. vl. V. *Antos*.

ANCUEI, et

ANCUI, Aujourd'hui, bientôt, tout à l'heure. V. *Encrei*.

AND

AND, ANDA, END, ENDA, désinences prises du latin *andus*, *endus*, qui ajoutent aux mots qu'elles servent à composer, une idée de *passivité* obligée pour le temps futur; qui doit être, digne d'être.

Presque tous les verbes latins forment un adjectif en *andus* ou en *endus*, selon qu'ils sont ou ne sont pas en *are*. On est presque toujours obligé, pour les traduire, de recourir à une périphrase. Lemare.

Ordin-and, qui se présente pour être ordonné, qui doit être ordonné.

Multiplic-ando, de *multiplicandum* qui doit être multiplié.

Offranda, de *offerendum*, qui doit être offert.

Lege-anda, qui doit être lu.

Præb-anda, qui doit être fourni, de *præbeo*.

Divid-anda, qui doit être divisé.

Rever-end, qui doit être révéré.

Anda, caractérise la troisième personne du singulier de l'ind. prés. des verbes en *andar*, *coumanda*, *achalanda*.

ANDA, s. f. (ánde); d. bas lim. Tante. V. *Tânta*, grand-mère, en d. lim.

Éty. du rom. *ante*, tante, dérivé du lat. *antiqua*, ancienne. V. *Ant*, R.

ANDALHAU, s. f. (andailláou); term. du Fugeret. Le même que *Andan*. v. c. m. V. *An*, R. 2.

ANDALOSIT, s. et adj. vl. V. *Andalous*.

ANDALOUS, OUSA, adj. et s. (andalóus, óuse). *Andaluzzo*, ital. Andalous, d'Andalousie.

ANDAN, s. m. (andán), ENDAN, ANDANA, ANDALHAU, ANDANOUN, ANDAIADOU, CAMBADA, VALHADA, REND, RENG, Andain, espace qu'un faucheur fauche à la fois : le tas de foin qu'il ramasse avec la faux.

Éty. de *andamen* ou *andena*, espace parcouru, formé de *andare*, aller. V. *An*, R. 2, ou de l'espagnol *Andana*, rangée.

ANDANA, s. f. (andáne); *Andana*, esp. Suite, rangée de plusieurs choses sur une même ligne; pour andain. V. *Andan*, et *An*, R. 2.

ANDER, s. m. (ondér), d. b. lim. Trepied. V. *Trespeds*. On donne aussi ce nom aux efflorescences qui viennent à la figure. V. *Berbis*.

Éty. du bas breton *lander*, d'où la basse latinité *andena*, *anderia*, chenet, landier.

ANDER, s. m. Nom bas limousin du nombril de Vénus, plante. V. *Escudet*.

ANDES, s. m. pl. (andés). Sortes de manivelles en fer pour tordre les grosses cordes. Garc. V. aussi *Endes*.

ANDI, s. m. (ándi). dm. *Donna te d'andi*, mets toi à ton aise. V. *Ante*.

ANDILHOUS, s. f. pl. (andillous), d. lim. Ongles, griffes des animaux. V. *Harpis*.

ANDISAC, s. m. dg. Bêche. V. *Lichet*.

ANDIVA, Garc. V. *Endiva*.

ANDORTA, s. f. (Andorte). Branche de vigne chargée de ses feuilles et de ses fruits.

ANDOT, dl. V. *Cargueta*.

ANDOULHA, s. f. (andouille); ANDUECHA, ENDUEIL, ENDUECHA, ENDIUEL, ENDOULHA, MISSOUN, ANDULHETA, ANDOUYETA. Andouille, hachis de viandes et particulièrement de boyaux de porc salé et épicé dont on fait une espèce de saucisse.

Éty. du celt. *andouillen*, m. s. ou du lat. *edulium*, chose bonne à manger; ou encore, de *indusia*, chemise, qui est enfermé dans une enveloppe.

ANDOULHETA, s. f. (andouilléte). ANDOUYETE. V. *Andouilha*.

ANDOUNILHAS, s. f. pl. (andonilles), dl. Sonnettes. Sauv.

ANDOURETA, V. *Dindouleta*.

ANDRA, désinence qui marque que la chose désignée a de la ressemblance avec celle qu'exprime le radical, ou qu'il en forme le fondement : c'est ainsi que *Fil-andra* désigne une chose longue et mince comme du fil; *Pelh-andra*, qui ressemble à de la peau; *Cori andra*, de χορις (koris), punaise, parce que les graines de cette plante, avant leur maturité, ont une odeur qui ressemble à celle de cet insecte; *Mal-andra*, indisposition qui sans être une maladie grave, en a la ressemblance.

ANDRE, nom d'homme (andrè); ANDRIOU, dont les dim. sont ANDRELOUN, ANDRELET. *Andreas*, all. André.

Éty. du lat. *Andreas*, dérivé du grec Ἀνδρεῖος (andreios), courageux.

Patr. Saint André, apôtre, dont l'Église honore la mémoire, le 30 novembre.

ANDRELET, nom d'homme, dim. de *Andre*, v. c. m.

ANDRELOUN, nom d'homme, dim. de *Andre*. v. c. m.

ANDREU, nom pr. anc. béarn. André. V. *Andre*.

ANDRIAN, ANA, adj. (andrián, áne). Niais, aise. Aub.

ANDRILHIEIRA, s. f. (ondrilhièire), d. bas lim. Chambrière, ustensile de cuisine. V. *Chambriera*.

Éty. du roman *androm*, salle de compagnie au rez-de-chaussée, galerie, lieu d'assemblée pour les hommes; d'où par apoc. *andr*, et de *ilhiera*, domestique de la salle. V. *Androuna*.

ANDRIOU, s. m. (andriòu). André, nom d'homme. V. *Andre.*

A Sant Andriou,
Sou dis lou fret, aicit soui iou.
De Saint-André vient-il le jour,
Le froid te dit : me voilà de retour.
Prov. cévennois.

ANDRIOURETA, s. f. (andriourète) ; *Andorina*, esp. *Andorinha*, port. Nom des hirondelles, dans la Haute-Provence. Voy. *Dindoouleta.*

ANDRIU, et

ANDRIVET, nom d'homme, vl. André et petit André. V. *Andre* et *Andreloun.*

ANDRONA, s. f. vl. Petite ruelle, cul-de-sac. V. *Androuna.*

ANDRONEL, nom d'homme, vl. Andronic. Patr. Saint Andronic.

ANDROUN, s. m. (andróun), dl. ENDROUNA, CLAUSOGA, FOURANA, COUMOUDITATS, COUMUN, PRIVAT, et

ANDROUNA, s. f. (andróune) ; *Androna*, cat. *Androna*, ital. Petite ruelle, entre deux maisons, où tombe l'égoût des toits ; le tour de l'échelle, en terme de coutume ; latrines, lieu d'aisance. V. *Privat* ; endroit propre à se cacher ; cul-de-sac.

Éty. D'après le père Mérindol, du grec ἀνδρῶν (andrôn), petite salle réservée aux hommes, lieu écarté ; ou de l'ital. *androne*, *andarone*, allée, antichambre, formé de *andare*, lieu où l'on va, où l'on passe, ou peut-être encore du grec ἀνδρόβασμος (androbasmos), chemin où un homme seul peut passer, sentier ; ou selon M. Thomas, de ἄντρων (antrôn), antre, conduit.

Le mot *androna* se trouve souvent dans les écrits de notre ancien langage et dans ceux de la basse latinité.

Dans le sens de latrines, ce mot est aujourd'hui commun à celles des femmes et à celles des hommes ; il a subi le même sort, dans les temps d'ignorance, que *maridar*, qui ne s'appliqua d'abord qu'à une femme qui prenait un mari, et qui n'aurait jamais dû être employé autrement ; mais ceux qui n'y virent qu'un synonyme d'épouser, le dirent aussi d'un homme qui prend une femme, ce qu'on désignait, dans la langue romane, par *molherar* ; ne trouvant, dans ces deux mots, qu'un même sens, on n'en a conservé qu'un, *maridar*, comme on n'a conservé que *androuna*, qui ne désignait que le lieu des hommes.

ANDRYU, dl. vl. André, nom d'homme.

ANDUECHE, dl. V. *Andoulha.*

ANDUEOU, nom d'homme (anduèou) ; ANDUOU. Andéol.

Éty. du lat. *Andeolus*, de Saint Andéol, sous-diacre, martyrisé en Vivarais, en 208. L'Eglise en fait mémoire le 1er mai.

ANDUSAC, dg. Bêche, et

ANDUSAT, dl. V. *Lichet.*

Éty. de Anduse, ville du Languedoc.

ANE

ANE, s. m. (ané). Nom lim. de l'âne. V. *Ai.*

N'io ré dé pûs insupourtablé
Qu'un âne que vau fas l'aïmable.
Foucaud.

Éty. du lat. *asinus*, *asin*, *an*, *ane*.

ANEANTIR, v. a. (aneantir) ; *Annientare*, ital. *Aniquilar*, esp. port. Anéantir, faire rentrer dans le néant ; détruire entièrement.

Éty. de *a*, de *neant*, et de *ir* ; aller au néant.

ANEANTIR S', v. r. *Aniquilarse*, esp. port. *Annientarsi*, ital. S'anéantir, se détruire ; reconnaître son néant.

Éty. de *a*, de *neant* et de *ir* ; se réduire au néant.

ANEANTISSAMENT, s. m. (aneantissaméin) ; *Annientamento*, ital. *Aniquilamiento*, esp. *Aniquilação*, port. Anéantissement, réduction au néant, destruction totale.

Éty. de *a*, de *neant*, de *issa* et de *ment* ; être réduit au néant. V. *Neant.*

ANEANTIT, IDA, IA, adj. et p. (anéanti, ide, ie) ; *Aniquilado*, *ada*, esp. port. Anéanti, ie, détruit entièrement.

Éty. de *a*, de *neant* et de *it* ; mis au néant.

ANECALIT, IDA, adj. et p. (anecali, ide), d. d'Apt. V. *Necalit.*

ANECDOTA, s. f. (anecdóte) ; *Anedoto*, ital. *Anecdota*, esp. port. Anecdote, fait secret, particularité curieuse, propre à éclaircir certains événements dans l'histoire.

Éty. du lat. *anecdotum*, dérivé du grec α priv. et de ἔκδοτος (ekdotos), livré, mis au jour, dérivé de ἐκ (ek), dehors, et de δίδωμι (didômi), donner ; c'est-à-dire, chose qui n'a pas paru, qui n'a pas encore été publiée.

Les anecdotes de Procope sont les seules qui nous restent de l'antiquité.

ANECH, dl. V. *Anuech.*

ANECOURIMENT, s. m. (anecouriméin). V. *Necaliment.*

ANECOURIR. V. *Necalir.*

ANECOURIR, v. n. (anecourir). Anéantir, être exténué de faim, de froid, de maigreur ; manquer de cœur. V. *Necalir.*

Éty. de *ane* priv., de *cour.*, cœur, et de *ir* ; devenir sans cœur, être privé du cœur, de la force. V. *Cor*, R.

ANECOURIT, IDA, adj. et p. (anecouri, ide). Anéanti, exténué, maigre, qui tombe d'inanition. V. *Necalit* et *Cor*, R.

ANEDA, s. f. (anéde), dl. ANETA. *Anade*, esp. *Anedra*, ital. anc. La cane, femelle du canard. V. *Cana.*

Éty. de la basse lat. *aneta*, m. s. formé de *anatis*, gén. de *anas*, canard, cane. Voy. *Nad*, R.

ANEDA, s. f. Un des noms languedociens du narcisse des poëtes. V. *Dona.*,

Éty. M. de Belleval, dans son Nomenclateur Botanique languedocien, fait observer que les noms de *aneda*, *aledra* et *aleda*, par lesquels on désigne le narcisse des poëtes, lui sont communs avec la femelle du canard, soit, dit-il, parce qu'il y a une variété de cet oiseau blanche comme les pétales du narcisse, soit parce que la plante, comme l'oiseau, ne vivent que dans des lieux marécageux.

ANEDIER, s. m. vl. A canard. V. *Canardier.*

Éty. du lat. *anatorius* ou de *anet* et de *ier*. V. *Nad*, R.

ANEDOCTA, alt. de *Anectota*, v. c. m.

ANEDUEL, s. m. vl. Serpent.

ANEGAR, v. a. d. béarn. *Anegar*, esp. port. *Annegare*, ital. Noyer. V. *Negar.*

Éty. de l'espagnol *anegar*, m. s. Voy. *Nec*, R.

ANEGAT, adj. et part. d. béarn. *Anegado*, *ada*, esp. port. Noyé. V. *Negat* et *Nec*, R.

ANEI, vl. J'allai.

ANEIA, s. f. anc. béarn. V. *Annada.*

ANEIAR, d. d'Apt. V. *Agnelar.*

ANEL, radical dérivé du lat. *anellus*, petit anneau, dim. de *annulus*, anneau, cercle.

De *anellus*, par apoc. *anel* ; d'où : *Anel*, *Anel-et*, *Anel-ier*, *Anel-a*, *Anel-ar*, *Anel-oun*, *Aneou*, et par alt. *Anha*, *Ane-us.*

De *annulus*, par apoc. *annul*, *anul* ; d'où : *Anul-ar*, *Anul-os.*

ANEL, s. m. (anèl) ; ANELA, ANEOU. *Anello*, ital. *Anillo*, esp. *Anel*, port. cat. Anneau, en général cercle fait d'une matière dure, servant à attacher quelque chose, bague, etc. ; cachet, vl. Chaînon d'une chaîne.

Éty. du lat. *anellus*, dim. de *annulus*. V. *Anel*, R.

ANELA, s. f. (anèle). Anneau, on donne plus particulièrement ce nom aux anneaux des rideaux ; on dit aussi en languced. *Anelo de peous*, pour boucle de cheveux ; anneau fixé à un mur pour y attacher les chevaux.

Éty. de *anel* et de la term. fém. *la*. Voy. *Anel*, R.

ANELAR, v. n. vl. *Anelar*, port. *Anelare*, ital. Soupirer, respirer. V. *Halenar* et *Soupirar.*

ANELAR, v. a. (anelá) ; *Innanellare*, ital. *Anelar*, port. Anneler, boucler les cheveux, les friser en anneaux.

Éty. de *anel* et de *ar*. V. *Anel*, R.

ANELAT, ADA, adj. et p. (anelá, áde) ; *Anelado*, port. Bouclé, ée, en boucle, en anneau. Aub.

ANELEI, s. f. vl. ANELEE. Injustice, iniquité ; *Per anelei*, injustement.

Éty. de *ane*, comme négatif, et de *lei*, loi, justice. V. *Leg*, R. 3.

ANELET, s. m. vl. *Anillete*, esp. *Anelinho*, port. Petit anneau. V. *Anellet* et *Anel*, Rad.

ANELET, (anelé) ; *Anellet*, cat. *Anillete* et *Anillejo*, esp. *Anelinho*, port. *Anelletto*, ital. V. *Anelloun*, pl. usité.

ANELIER, s. m. vl. *Anelliero*, ital. Fabricant d'anneaux, bijoutier.

Éty. du lat. *annularius*, ou de *anel* et de *ier*. V. *Anel*, R.

ANELOUN, s. m. (anelóun) ; ANELET. *Anelinho*, port. *Anellino*, ital. Annelet, petit anneau.

Éty. du lat. *annulus*, ou de *ane* ; et du dim. *et*. V. *Anel*, R. en dl. ce mot signifie aussi œillet :

La pastouro Lisis mayti pren sa perneto.
E le long del courset cordo les anelets.
Goudelin.

ANEM, (anèm); ANEN. Allons, première personne du plur. de l'imp. du verbe *anar;* on l'emploie souvent comme interj. *Anem taisaz vous,* allons taisez-vous. V. *An,* R. 2. *Anem, cho-mot,* d. béarn. allons taisez-vous.

ANEMOMETRO, s. m. (anèmomètre); *Anemometro,* ital. *Anemómetro,* esp. port. Anémomètre, instrument propre à mesurer la force des vents.

Éty. du grec ἄνεμος (anémos), vent, et de μέτρον (métron), mesure.

Le célèbre Huet, évêque d'Avranches, inventa le premier anémomètre que l'on connaisse, et M. Régnier en 1797 en fit une autre d'une précision extraordinaire. M. Desquimarc en a donné un plus perfectionné encore.

ANEMOUNA, s. f. (anemóune); ALIMOINA. *Sakaik anheamen,* arab. *Anemone,* esp. ital. all. port. Anémone, ce mot désigne en botanique, un genre de plantes de la fam. des Renonculacées; mais dans le langage ordinaire il n'indique que les espèces cultivées comme fleurs d'ornement, et particulièrement l'anémone des fleuristes, *Anemone coronaria,* Lin. dont on a obtenu, par la culture, un nombre infini de variétés.

Éty. du grec ἀνεμώνη (anémonè), formé de ἄνεμος (anémos), nom d'un vent, qui la fait éclore, ou plutôt de l'arabe, *anehamen,* qui désigne la même plante, d'où le latin *anemone,* et le français anémone.

Cette plante, qui fait actuellement l'ornement de nos parterres, est originaire de l'Orient; ses racines portent le nom de *pattes* ou de *griffes;* les feuilles celui de *pampre,* et les pétales celui de *manteau.*

Quoique le plus grand nombre d'anémones connues soient indigènes en France, en Grèce ou en Turquie, on assure que les premières que l'on cultiva nous furent apportées des Indes par M. Bachelier, en 1660, qui n'en voulut céder à personne, mais dont un conseiller lui vola des graines au moyen de sa robe traînante. Ency. méth.

ANEMOUNA SAUVAGEA, s. f. ANEMOUNA SALBATGEA. Est le nom qu'on donne en général, à toutes les espèces qui ne sont pas cultivées, et particulièrement à l'anémone sauvage, *Anemone sylvestris,* Lin. plante du même genre que la précédente.

ANEOU, s. m. (ancou). Anneau. V. *Anel,* Rad.

Aneou, bague, anneau, alliance; *Aneou que ten lou battant d'una campana,* belière; *Aneou de la manivèle d'un timoun,* gousset; *Aneou d'una cadena,* chaînon; *Aneou per enlassar leis claus,* clavier; *Aneou d'una sarralha à bossa et deis farrouls;* vertevelles; *Aneou d'una entrava de chivau,* entravon.

ANEQUELIT, V. *Necalit* et *Ali,* R.

ANESCA, s. f. (anésque), d. béarn. ANESQUE. Brebis.

ANESE, s. m. vl. *Añejo,* esp. Le temps passé, adj. âgé, suranné. V. *An,* R.

ANESQUETA, s. f. d. béarn. dim. de *anesca,* petite brebis.

ANET, s. m. vl. *Anet,* anc. cat. Canard, v. c. m.

Éty. du lat. *anatis,* gén. de *anas,* m. sign. V. *Nad,* R. Qu'il ou qu'elle allât.

ANET, adv. (oné), d. bas lim. Aujourd'hui, ce soir. V. *Hui* et *Encui.*

Éty. du lat. *ad-noctem,* jusqu'à la nuit. V. *Nuech,* R.

Anet per nous, demo per vaûtreix.
Foucaud.

ANET, s. m. vl. pour *aneth,* v. c. m. dérivé *anet-in.*

ANETA, nom de femme, (anète); dim. de *Anna,* v. c. m.

ANETH, s. m. (anét); ESCARLATA, ANET. *Aneto,* ital. *Anet,* cat. *Eneldo,* esp. Aneth, Aneth odorant; *Anethum graveolens,* Lin. plante de la fam. des Ombellifères, originaire d'Espagne et d'Italie, qu'on cultive dans les jardins.

Éty. du lat. *anethum,* fait du grec αἴθω (aithô), je brûle, cette plante est très-échauffante. Théis.

ANETIN, adj. vl. *Anetino,* ital. D'aneth; *Oli aneti,* huile d'aneth.

ANEUS, s. m. Anneau, bague. V. *Aneou* et *Anel,* R.

ANEVACHIR S', v. r. (s'anevatchir), dm. Se mettre à la neige, parlant du temps, du ciel. V. *Nev,* R.

ANEVACHIT, et

ANEVASSIT, part. (anevatchi et anevassi); NEVACHIOUS. *Temps anevassit,* temps à la neige.

Éty. de *a* pour *ad;* de *nev,* neige, et de *assit,* qui tend à la neige. V. *Nev,* R.

ANEVRYSME, s. m. (anevrismé); *Aneurisma,* ital. port. esp. Anévrysme, maladie des artères ou du cœur, qui consiste dans la dilation de quelqu'une de leurs parties, ce qui constitue l'anévrysme vrai, ou dans la rupture de quelques unes de leurs tuniques, toujours avec dilatation, ce qui donne lieu à l'anévrysme faux.

Éty. du lat. *anevrysma,* formé du grec ἀνευρύνω (aneurunô), dilater excessivement.

ANEY, dg. (anèi). Aujourd'hui, ce soir. V. *Anuech* et *Nuech,* R.

ANEYT, s. f. (anèi), dg. Employé dans le sens d'aujourd'hui par Bergeyret, dans le vers suivant. V. *Nuech,* R.

E lou proufit d'ahiert per aneyt ne gardan.

Et le profit d'hier pour aujourd'hui nous ne gardons.

ANF

ANFER, dl. V. *Infer.*

ANFIN, alt. de *Enfin,* v. c. m.

ANFLAR, v. a. (anflà), dl. Souffleter, donner des soufflets à quelqu'un.

Éty. Ce mot serait-il une altération de l'allemand *anfallen,* choquer, insulter?

ANFOS, nom d'homme, vl. Alphonse. V. *Alphonso.*

ANFOUNSOU, s. m. (anfounsóu) nom nicéen du mérou. V. *Merou.*

ANFRE, prép. (ánfré), vl. DEFRA. Dans. *Anfre cinq jorns,* dans cinq jours.

Éty. Alt. de infra, lat. sous.

ANG

ANGANDIR, v. n. (angandir), dl. Atteindre, arriver, joindre. V. *Gandir.*

Un ase viel, malaute et de prou paura mina,
Que s'escrancava chout lou pes,
Countava pas *d'angandir* soun estable.
Tandon de Montpellier.

ANGARDA, s. f. vl. ENGARDA. Hauteur, monticule. V. *Agarda,* avant-garde.

ANGARDA, s. f. vl. V. *Avant-garda.*

Éty. de *ante* et de *Garda,* v. c. m.

ANGASTIERAS, s. f. (angastiéres), dl. Le même que *Cargadouiras* et *Ajouas,* v. c. m.

Estevos, araires, sivieros,
Coularivos et angastieros. Michel.

ANGAU, nom de lieu, vl. ANJAU. L'Anjou, ancienne province de France.

ANGE, s. m. (ándgé), ANJON, ANGI, ANGEL. *Angelo,* ital. esp. *Engel,* all. *Anjo,* port. Ange, créature spirituelle d'un ordre supérieur à l'humanité.

Éty. du lat. *angelus,* m. s. V. *Angel,* R.

Ange gardien, ange gardien; selon Brigène, chaque chrétien reçoit, à l'instant du baptême, un ange que Dieu lui envoie pour le conduire au bien, d'où le nom d'ange gardien.

Ange bouffareou, ange à figure bouffie. On dit fig. d'une personne douce, qu'*es un ange.*

Rire ame leis anges, rire seul, d'une manière niaise ou sans sujet.

ANGE, s. m. ou *Angi,* nom d'homme. Ange: *Jean ange,* Jean Ange.

ANGE, s. m. Ange, nom qu'on donne, dans l'artillerie, à un boulet fendu en deux dont les morceaux sont attachés ensemble par une chaîne ou par une barre de fer.

ANGE, s. m. (ándgé). Nom nicéen du poisson ange. V. *Pei-Angi* et *Angel,* R.

ANGEIX, s. m. pl. (angéis), d. lim. Anges. V. *Angi* et *Angel,* R.

ANGEL, ANGE, ANGI, rad. pris du latin *angelus,* par la suppression de la désinence, et dérivé du grec ἄγγελος (aggelos), messager, envoyé; formé de ἀγγέλλω (aggellô), j'annonce une nouvelle.

Dérivés: *Ange, Angel, Angel-ical, Arcangi, Arc-angil, Arch-angel, Angel-ica, Angel-ot, Angel-us, Ev-angel-i, Angel-et, Arch-angel,* etc.

ANGEL, s. m. vl. ANGIL. *Angel,* cat. esp. *Anjo,* port. *Angelo,* ital. Ange. V. *Ange,* plus usité.

Éty. V. *Angel,* rad.; fig. vl. envoyé.

ANGEL, s. m. vl. Angelot, monnaie sur laquelle était empreint un ange. V. *Angelot* et *Angel,* R.

ANGEL, s. m. Nom que le ganga porte dans quelques localités des environs de Montpellier.

ANGELA, nom de femme, (andgèle); *Angela,* ital. Angèle.

Patr. Sainte Angèle. l'Église honore deux saintes de ce nom, les 4 janvier et 16 juillet.

Éty. Fémin. de *Angelo.* V. *Angel,* R.

ANGELET, s. m. (andgélé), dg. *Angioletto*, ital. *Angelito*, esp. Petit ange. Voy. *Angeoun* et *Angel*, R.

ANGELICA, s. f. (andgelique); *Angelica*, esp. ital. port. Angélique, nom qu'on donne à plusieurs plantes de la fam. des Ombellifères, mais particulièrement aux suivantes :

Angelica, ou *Angelica ourdinari*, Angélique, Angélique des jardins : *Angelica*, *Archangelica*, Lin. plante qu'on trouve dans les bois de la Haute-Provence, où on la confond souvent avec l'*Imperatoria nodiflora*, Lam. qui y est beaucoup plus commune.

Éty. du lat. *angelicus*, *ca*, qui tient de l'ange, à cause des grandes vertus qu'on lui attribue. V. *Angel*, R.

Les nombreuses propriétés qu'on a cru reconnaître dans cette espèce, lui ont fait donner l'épithète d'archangélique.

ANGELICA, nom de femme, Angélique. Ce nom ne figure pas dans le martyrologe. V. *Angela*.

ANGELICA-FERA, et

ANGELICA-SALBATJA, s. f. dl. Angélique sauvage. V. *Cournacha*.

ANGELICAL, adj. *Angelical*, cat. esp. port. *Angelico*, ital. Angélique, qui appartient ou qui est propre à l'ange.

Éty. du lat. *Angelicus*. V. *Angel*, R.

ANGELIQUE, **ICA**, adj. (andgeliqué, ique); *Angelico*, esp. port. ital. Angélique, qui tient de l'ange.

Éty. du lat. *angelicus*, m. s.

ANGELLA, s. f. anc. béarn. nom de l'anguille.

Éty. alt. du lat. *Anguilla*, m. s.

ANGELOT, s. m. (andgeló); *Angelote*, esp. Angelot, ancienne petite monnaie, qui était déjà en usage en France, vers l'an 1240, portant l'image de Saint Michel; on en voyait du temps de Louis XI. Il y en avait d'autres avec la figure d'un ange qui portait les écus de France et d'Angleterre, et qu'on croit avoir été frappées sous le règne de Henri VI, roi d'Angleterre, lorsque ce prince était maître de Paris. Ces derniers angelots ne valaient que 15 sous.

Éty. de l'ange dont cette monnaie portait l'empreinte. V. *Angel*, R.

ANGELUS, s. m. (andgelús); AVE-MARIA. Angelus, prière que les catholiques font en l'honneur de la Sainte Vierge, le matin, à midi et le soir; le mot *angelus*, sert aussi à désigner le point du jour et la nuit tombante.

Éty. du lat. *angelus*, premier mot de cette prière. V. *Angel*, R.

L'angelus fut institué par le pape Jean IV, vers l'an 639, mais l'usage de l'annoncer par le son d'une cloche, ne fut établi que par le pape Calixte III, vers l'an 1456, à l'occasion des craintes que les armées des Turcs inspiraient à toute la chrétienté; en France cette pratique ne fut suivie qu'au premier mai 1472, d'après une ordonnance de Louis XI.

ANGEOULET, s. m. (andjoulé), dg. *Angeluccio*, ital. Petit ange. V. *Angeoun* et *Angel*, R.

ANGEOUN, s. m. (andjóun); ANGEOULET, ANGELET. *Angiolò*, ital. dim. de *angi*, petit ange, on le dit souvent des petits enfants. V. *Angel*, R.

ANGERA, vl. Encore. V. *Encara*.

ANGEVI, s. m. vl. *Angevin*, monnaie de Angers, ou des comtes d'Anjou.

Éty. du lat. *andegavensis*, d'Angers.

ANGEVIN, **INA**, s. (andgevin, ine); *Angevino*, port. Angevin, ine, qui est de l'Anjou.

Éty. du lat. *andegavus*, m. s.

ANGEVINA, s. f. (andgevine), vl. Angevine, monnaie d'Angers, dont Saint Louis permit le cours en 1265.

ANGI, V. *Pei-angi*.

ANGI, nom d'homme, (ándgi); ANGE. Ange. Patr. saint Ange, l'Église honore cinq saints de ce nom.

ANGIEUS, nom de lieu, vl. *Angers*, port. Angers, ville de France, capitale de l'ancienne province d'Anjou.

Éty. du lat. *andegavum*, m. s.

ANGIL, s. m. vl. ANGILH. Ange. Voy. *Ange*.

ANGINA, s. f. (andgine); *Angina*, esp. ital. port. Angine. V. *Esquinancia* et *Mau-de-gousier*.

Éty. du lat. *angere*, dérivé du grec ἄγχειν (agchéin), serrer, suffoquer.

ANGIVA, s. f. vl. *Encia*, esp. Gencive, V. *Gengiva*.

ANGL, radical. V. *Angul*.

ANGLADA, s. f. vl. Un coin, un angle, d'où le nom propre l'Anglade. Sauv.

Éty. de *angl*; et de *ada*.

ANGLAR, s. m. vl. Pierre, rocher, éboulement; adj. angulaire.

Éty. du lat. *angularis*, pierre angulaire. V. *Angl*, R.

ANGLE, s. m. (ánglé); *Angolo*, ital. *Angulo*, esp. port. *Angle*, anc. cat. Angle, ouverture de deux lignes qui se rencontrent; coin, recoin.

Éty. du lat. *angulus*, m. s. V. *Angl*, R.

On nomme :

ANGLE RECTILIGNE, celui qui est formé par des lignes droites

CURVILIGNE, celui qui résulte de deux lignes courbes.

MIXTILIGNE, celui qui est composé d'une ligne courbe et d'une ligne droite.

DROIT, celui qui a 90 degrés.

AIGU, celui qui en a moins.

OBTUS, celui qui en a plus.

DE RÉFLEXION, celui que forme la direction d'un corps qui rebondit.

DE REFRACTION, celui que fait un rayon de la lumière en changeant de milieu.

SOMMET, le point où les lignes se touchent.

COTÉS, les faces.

ANGLES, **ESA**, s. (anglés, ése); *Englisch*, all. *Ingles*, *esa*, esp. *Inglez*, *eza*, port. Anglais, aise, qui est d'Angleterre.

Éty. du lat. *anglus*, m. s. V. *Angl*, R.

On donne ce nom en langued. selon M. de Sauv. à un créancier fâcheux, importun.

ANGLETERRA, s. f. (anglatèrre); *Inglaterra*, esp. port. *Inghilterra*, ital. Angleterre ou Grande-Bretagne, connue par les anciens sous le nom d'Albion, à cause de la blancheur des falaises de ses côtes méridionales; royaume de l'Europe situé au nord de la France, dont il n'est séparé que par la Manche.

Éty. du lat *anglia*, m. s. fait de *angle terra*, angle de terre. V. *Angl*, R.

Angleterra nouvella, Nouvelle-Angleterre, province de l'Amérique Septentrionale, près du Canada, que Jean Varazani, florentin, découvrit, et dont il prit possession pour François Ier, en 1524 : ce ne fut qu'en 1721, que cette contrée fut appelée Nouvelle-Angleterre.

ANGOISS, ENGOIS, ANGUS, ENGOICH, rad. pris de l'ital. *angoscia*, douleur amère, chagrin cuisant, grande affliction d'esprit; fait du lat. *angustia*, détresse, angoisse, état pénible, serrement de cœur; de *ango*, serrer, inquiéter, serrer le cœur.

De *angoscia*, par apoc. et transp. de *i*, *angois*; d'où : *Angoiss-a*, *Angouiss-a*, *Angouiss-ar*, *Angoiss-os*, *Angoyss-os*; par le changement de *a* en *e*, *engoiss*; d'où : *Engoiss-ar*, *Engoiss-os*, *Engouich-ar*, *Engustia*.

De *angoscia*, par apoc. et changement de *sc* en *ch*, et transposition de *i*, *engoich*; d'où : *Engoich-ar*, *Engoich-os*, *Engoichosa-mens*, *Engouich-as*.

ANGOISSA, s. f. (angouïsse); ANGOUISSA, ANGOUICHA. *Angoscia*, ital. *Angustia*, esp. port. *Angoissa*, anc. cat. Angoisse, douleur qui serre le cœur; état de peine, de douleur présente, de détresse, d'anxiété.

Éty. du lat. *angustus*, *angusti*. V. *Angois*, Rad.

ANGOISSAR, v. a. *Engoissar* et *Angoissar*, anc. cat. *Angustiar*, esp. port. *Angosciar*, ital. Procurer de l'angoisse, affliger, tourmenter.

Éty. de *engoissa* et de *ar*. V. *Angois*, R.

ANGOISSOS, adj. vl. ENGOISSOS, ANGUOYSSOS. *Angoisos*, anc. cat. *Angustioso*, anc. esp. *Angoscioso*, ital. *Angoisseux*, pénible, fâcheux, souffrant, pauvre.

Éty. de *engoissa* et de *os*. V. *Angois*, R.

ANGONAR, ENGONAR, s. m. vl. *Angonal*, cat. *Ingle*, esp. *Anguinaja*, ital. Aine. V. *Lengue*.

Éty. alt. du lat. *inguen*, m. sign.

ANGORA, (angorá), nom d'une partie de l'Asie Mineure que l'on confond souvent avec Angola, royaume d'Afrique dans le Congo, en disant lapins et chèvres de *Angola*, au lieu de *Angora*.

ANGOUISSA, V. *Angoissa*.

AMGOUNALHA, s. f. (angounáille); ANGOUNAYA, ANTIEONI. Vieillerie, carde, meuble, outil, etc., vieux et détraqué. Avril.

ANGOUSTIN, alt. de *Augustin*. v. c. m.

ANGROLA, s. f. (angróle), dl. Nom qu'on donne aux environs de Montpellier, au lézard agile. V. *Lagramusa*.

Coumo d'angrolas fugissou.
Rigaud.

ANGUET, s. m. (onguét), d. b. lim. L'aine. V. *Lengue*.

Éty. du lat. *inguen*, m. s.

ANGUI, *Angues*, *Angue*. Souvent me-

ployé dans les dg. et *l*, pour *vagui*, *vagues*, *vague*, que j'aille, que tu ailles, qu'il aille.

ANGUIELA. V. *Anguilha*.

ANGUIELADA, s. f. (anguieláde); d. de Carpentras. Bourrade, rossée: *Te balharai una anguielada*; je te donnerai une rossée.

ANGUIELOUN, s. m. (anguielóun); RESPILHOUN, ANGUILOUN, ANGUIEROUN. Petit vent froid qui souffle du nord.

Éty. dim. de *aquilo*, aquilon, dérivé de *aquila*, aigle, à cause de son impétuosité, que l'on a comparée au vol de cet oiseau.

ANGUIERA. V. *Anguila*.

ANGUILA, s. f. vl. Anguille. V. *Anguilha*.

ANGUILANCIER, s. m. vl. Églantier. V. *Agourencier*.

ANGUILHA, s. f. (anguille); ANGELLA, ANGUILA, ANGUIERA, ENGUIALA, ANGUIELA. *Anguilla*, ital. *Anguila*, cat. esp. *Enguia*, port. Anguille ou Murène anguille, *Murœna anguilla*, Lin. poisson de l'ordre des Holobranches et de la fam. des Pantoptères (toutes nageoires), qui habite non seulement la mer, mais encore les lacs, les mares, les fossés, les rivières et les ruisseaux. J'en ai pris d'excellentes dans les eaux minérales de Gréoux, où elles supportent très-bien une châleur de 28 degrés.

Éty. du lat. *anguilla*, dérivé du grec ἄγχελυς (agchelus), m. s. ou de *anguis*, serpent.

La chair de l'anguille est de difficile digestion, ce qui a donné lieu au précepte suivant, tiré de l'école de Salerne;

Anguillæ nimis obsunt si comeduntur
Ni tu sepœ bibas, et rebibendo bibas.
Qu prend l'anguilha per la coua,
Et la frema per la paraula, poou dire que ten ren.
Qu troou serra l'anguilha, l'anguilha l'escapa.

C'est aussi le nom qu'on donne à Nice, selon M. Risso:

A l'anguille à museau aigu, *Anguilla acutirostris*. Risso.

Et à l'anguille à rostre moyen, *Anguilla mediorostris*. Risso.

ANGUILHA DE BOUISSOUN, s. f. Anguille de haie, nom qu'on donne en style badin, à plusieurs espèces de couleuvres et particulièrement à la couleuvre à collier, *Coluber natrix*, Lin. reptiles de l'ordre des Ophidiens et de la fam. des Hétérodermes (à peau dissemblable).

ANGUILOUN, Garc. V. *Anguieloun*.

ANGUINA, s. f. alt. de *Anguilla*, dans le d. de Grasse.

ANGUL, ANGLE, radical dérivé du latin *angulus*, angle, coin.

De *angulus*, par apoc. *angul*; d'où: *Angul-ar*, *Angul-os*, *Tri-angul-ar*, *Tri-angul-ari*.

Et par suppression de *u*, *angl*, d'où: *Angl-e*, *Angl-ada*, *Angl-ar*, *Angl-es*, *Angle-terra*.

ANGULAR, adj. (angulà); ANGLAR, vl. *Angolare*, ital. *Angular*, esp. port. cat. Angulaire, qui a un ou plusieurs angles.

Éty. du lat. *angularis*. V. *Angl*, R.

ANGULARI. V. *Angular*.

ANGULOS, **OZA**, adj. vl. ANGULOZ; *Anguloso*, esp. port. *Angoloso*, ital. Anguleux, euse, dont la surface a plusieurs angles. V. *Angl*, R.

ANGULOZITAT, s. f. vl. *Angulosité*. Etat de ce qui est en angles. Rayn. V. *Angl*, R.

ANGUOYSSAR, vl. V. *Angoissar*.

ANGUOYSSOS, adj. vl. Angoisseux. V. *Angois*, R.

ANGUSTIA, s. f. vl. ENGUEYSSHA. *Angustia*, cat. esp. port. ital. Angoisse. V. *Angoüissa*.

Éty. du lat. *angustia*, m. s. V. *Angois*, R.

ANH

ANHA, s. f. vl. *Nina*, cat. *Nina*, esp. *Anha duelh*. Prunelle de l'œil. V. *Petita*.

Éty. du rom. *aniax*, anneau, parce que la prunelle est ronde. V. *Anel*, R.

ANHAUTAR, v. a. (anhaoutá), dl. *Hausser*.

Éty. de *an*, de *haut*, et de *ar*, mettre en haut, R.

ANHEL, vl. V. *Agnel*, R.

ANHI, s. m. anc. béarn. Agneline. V. *Agnin* et *Agnel*, R.

ANHINA, s. f. vl. Peau d'agneau. V. *Agnel*, R.

ANI

ANIAU, nom de lieu, vl. Aniane; Saint-Chignan.

ANICET, nom d'homme, NICET. Anicet. Patr. Saint Anicet. L'Eglise honore deux saints de ce nom, les 17 avril et 12 août.

ANICOURIMENT, s. f. (anicourimėin). Inanition. V. *Anecouriment* et *Cor*, R.

ANICOURIT, IDA, adj. et p. (anicouri, ide). V. *Anecourit* et *Cor*, R.

ANICROCHA, s. f. (anicrótche); NICROCHA. Anicroche, difficulté, obstacle qui accroche une affaire.

Éty. *Hanicroche*, en vieux langage, désignait une arme en forme de croc.

ANIEL, (oniel), d. bas lim. V. *Agnel*.

ANIELA, s. f. (onièle), d. bas lim. Agneau femelle. V. *Agnel*, R. et *Aignela*.

ANIELA, V. *Niela*.

ANIENTAR, v. a. vl. *Anientare*, ital. Anéantir. V. *Aneantir*.

Éty. du lat. *nihil*, rien, réduire à rien.

ANIENTAT, **ADA**, adj. et p. vl. Anéanti, anéantie.

ANIER, s. m. (anié); *Anier*; dans le réglement de police, pour le terroir d'Aix, de 1574, art. 10. Ce mot est employé dans la signification de balayeur de rue.

ANILAR, (onilá), d. bas lim. V. *Agnelar*.

ANILHA, s. f. (anille); NADILHA, ANADILLA. Anille, plaque de fer en carré long, dont les deux bouts sont à queue d'aronde, percée d'un trou dans le milieu, qu'on nomme *œil*, qui reçoit l'extrémité supérieure de l'axe vertical d'un moulin; l'anille porte la meule courante.

ANILOU, dl. V. *Agneloun*.

ANIM, AM, ANM, ARM, radicaux pris directement ou par altération du lat. *anima*, âme, vie, ce qui anime le corps; dérivé à son tour du grec ἄνεμος (anémos), souffle, vent.

De *anima*, par apoc. *anim*; d'où: *Anim-al*, *Anim-al-as*, *Anim-ar*, *Anim-at*, *R-anim-ar*, *Anim-os-itat*, *Anim-ant*, *Magn-anim-itat*, *Pusill-anim-itat*, *Alm-a*.

De *anima*, par suppr. de *i*, *anma*, et par celle de *n*, *ama*, par le changement de *n* en *r*, *arm*; d'où: *Arm-a*, *Arm-ela*, *Arm-ier*.

ANIMAL, s. m. (animál); *Animale*, ital. *Animal*, esp. port. Animal. V. *Animau*, plus usité.

ANIMALAS, s. m. (animalás); ANIMARAS. *Animalazo*, esp. *Animalaccio*, ital. Gros animal, grosse bête.

Éty. de *animal* et de *as*. V. *Anim*, R.

ANIMALOT, s. m. (animaló), dg. *Animalejo*, esp. port. *Animaletto*, ital. anc. Petit animal.

Éty. de *animal* et du dim. *ot*. V. *Anim*, R.

ANIMANT, s. m. vl. Animal. Voy. *Animau*.

ANIMAR, v. a. (animá); *Animare*, ital. *Animar*, esp. port. cat. Animer, donner le principe de la vie; exciter, encourager, irriter. V. *Affiscar* et *Affouscar*.

Éty. du lat. *animare*, fait de *anima* et de *ar*. V. *Anim*, R.

ANIMAR S', v. r. *Animarsi*, ital. *Animarse*, esp. port. S'animer, prendre de l'éclat, de la vivacité; s'irriter, s'échauffer. Voy. *Anim*, R.

ANIMAT, **ADA**, adj. et p. (animá, áde); AFFURAT. *Animado*, esp. port. *Animato*, ital. Animé, ée, excité, irrité. Voy. *Anim*, R.

ANIMATION, s. f. (animatie-n); ANIMATIEN. V. *Affouscation* et *Ouffuscation*.

Éty. V. *Anim*, R.

ANIMAU, s. m. (animáou); *Animal*, cat. esp. port. *Animale*, ital. Animal, être organisé et sensible, dont le principal caractère est d'avoir une cavité intérieure dans laquelle il introduit les substances dont il peut se nourrir, tandis que les végétaux puisent directement dans la terre, dans l'eau ou sur d'autres végétaux, les sucs qui doivent concourir à leur accroissement.

Éty. du lat. *animal*, formé de *anima*, souffle, vie. V. *Anim*, R.

D'après la classification de M. Duméril, adoptée dans cet ouvrage, les animaux sont distribués dans les neuf classes suivantes:

1. LES MAMMIFÈRES, vertébrés, à mammelles, à sang rouge et chaud.
2. LES OISEAUX, vertébrés, ovipares, à poumons et à sang chaud, à corps couvert de plumes et à pattes de devant changées en ailes.
3. LES REPTILES, vertébrés, à poumons, à sang froid, sans poils, ni plumes, ni mammelles; exempl. les serpents, les grenouilles, etc.
4. LES POISSONS, vertébrés, à branchies, et à sang froid, sans poumons, poils, plumes, ni mammelles.
5. LES MOLLUSQUES, mous, sans vertèbres ni membres articulés, munis de vaisseaux, d'organes pulmonaires et de nerfs simples, non noueux, excepté tous les coquillages.
6. LES CRUSTACÉS, sans vertèbres, munis de vaisseaux et d'organes respiratoires, sous forme de lames ou de branchies; pattes le plus souvent au nombre de dix; exempl. les écrevisses.
7. LES INSECTES, sans vertèbres, sans branchies, sans organes circulatoires, à corps articulé, muni de membres articulés.
8. LES VERS, sans vertèbrés, munis de vaisseaux, de nerfs, et privés de membres articulés.
9. LES ZOOPHYTES, ou animaux-plantes, sans vertèbres, sans nerfs, sans vaisseaux, sans membres articulés.

ANIMAU, ALA, adj. (animáou, ále). Animal, ale, qui appartient à la vie sensitive, aux animaux; fig. grossier, brutal.

ANIMOS, OZA, adj. vl. ANIMOZ. *Animos*, cat. *Animoso*, esp. port. ital. Courageux, euse.

Éty. du lat. *animosus*, formé de *anima* et de *osus*. V. *Anim*, R.

SOBRE ANIMOS, adj. vl. Très-audacieux, très-courageux.

ANIMOSITAT, s. f. (animousitá); RANCUNA, ODI, ANIMOUSITAT. *Animosità*, ital. *Animosidad*, esp. *Animosidade*, port. *Animositat*, cat. Animosité, haine et désir de nuire.

Éty. du lat. *animositatis*, gén. de *animositas*, m. s. V. *Anim*, R.

ANIMOUSITAT, V. *Animositat*.

ANIMOZITAT, vl. V. *Animositat*.

ANIN, V. *Agnin*.

ANINA, s. f. vl. ANHINA. Peau d'âne préparée.

Éty. du lat. *asinina*, m. s. V. *As*, R.

ANIOU, La Bellaudière emploie ce mot pour *aneri*, j'allai, du verbe *anar*.

ANIOURIR S', v. r. (s'aniourir). Se couvrir de nuages. V. *Esnivourar s'*.

ANIRE, dg. employé par Bergeyret, pour *anaria*, il irait.

ANIS, s. m. (anis); *Anis*, esp. cat. *Aniso* et *Anice*, ital. *Anisum*, lat. *Anise*, angl. *Aneisum*, arab. *Anisz*, all. Anis; on donne plus particulièrement ce nom aux semences qu'à la plante entière, qui est la Boucage anis: *Pimpinella anisum*, Lin. de la fam. des *Ombellifères*, indigène en Égypte et en Syrie.

Éty. du grec ἄνισον (anison), formé de *a* priv. et de ἴσος (isos), égal, à cause de l'inégalité de ses feuilles, les supérieures ne ressemblant point aux inférieures.

Ces semences entrent dans la composition de plusieurs liqueurs et de plusieurs pâtisseries.

Anis sucrat, anis sucré ou anis dragée.
Touerca à l'anis, gâteau à l'anis.

ANIS, pour laine des agneaux. V. *Agnin*.

ANISADA, s. f. Garc. V. *Aniseta*.

ANISAR, v. a. (anisá). Aniser, mettre de l'anis dans quelque pâte, dans quelque liqueur.

Éty. de *anis* et de l'act. *ar*.

ANISAR S', v. r. dl. Se nicher, faire son nid. V. *Nichar*.

ANISAT, ADA, adj. et p. (anisá, áde). Anisé, ée : *Aiguardent anisada*, eau-de-vie anisée.

ANISETA, s. f. (aniséte); NISADA, ANISADA. *Anisetto*, ital. De l'eau d'anis, de l'eau-de-vie d'anis.

Éty. de *anis* et du dim. *eta*, petit anis, c'est-à-dire, qui sent un peu l'anis.

ANIS-PUDENT, s. m. Nom gascon de la coriandre. V. *Coriandra*.

Éty. Les graines de cette plante sentent la punaise, avant leur maturité; d'où l'épithète *pudent*.

ANISSAR S', v. r. (s'anissár); S'ESNISSAR. Se hérisser, en parlant des chiens; et fig. se mettre en colère, s'animer.

Éty. du grec ἀνυψόω (anupsoô), élever, d'où dérive également *Issar*, v. c. m. et *Iss*, R.

ANISSAT, ADA, adj. et part. ESNISSAT. Hérissé, animé, en colère, Ébouriffé.

Éty. de *an*, de *issa*; et de *at*; poussé en... sous-entendu *haut*. V. *Iss*, R.

ANISSES, s. m. pl. (anissés), dl. La laine des agneaux. V. *Agnin* et *Agnel*, R.

O tal, tendré onilou, sons té plogné souffrissés
Per nous lo dé copels qué coupon tous *anisses*. Peyrot.

ANITOR, s. m. Nom lang. du nasitord. V. *Nastoun*.

ANIVERSARI, vl. V. *Anniversari*.

ANJ

ANJAU, nom de lieu, vl. Anjou.

ANJOU, dg. Altér. de *Anjoun*, v. c. m.

ANJOUVIN, V. *Linota* et *Tarin*, R.

ANK

ANKYLOSA, s. f. (ankylóse); *Anchilosi*, ital. *Ankilose*, port. Ankylose, maladie des articulations qui consiste dans un gonflement plus ou moins considérable des os qui les forment, et dans une perte plus ou moins complète de leurs mouvements.

Éty. du lat. *ankylosis*, formé du grec ἀγκύλος (amkylôs), courbé, nom que les Grecs donnaient à la variété de cette lésion, dans laquelle le membre reste fléchi.

On nomme ankylose *complète* ou *vraie*, celle dans laquelle le mouvement est complètement perdu, et *fausse*, celle où il en existe encore.

ANM

ANMA, s. f. vl. Ame. V. *Ama*.

Éty. du lat. *anima*.

ANN

ANA, nom de femme; (âna); ANA, ANNOU, NOUNETA, ANAIS. *Anna*, ital. *Ana*, esp. Anne, dont les diminutifs sont *naneta*, *nanoun*.

Patr. Sainte Anne, mère de la Sainte Vierge, dont l'Eglise célèbre la fête le 28 juillet, le 26 étant occupé par une autre fête.

ANNADA, s. f. (annáde); *Anno*, ital. *Año*, esp. *Anno*, port. Année, temps que le soleil met à parcourir les signes du zodiaque. V. *An*, R.

Et que vouestra pousterita
S'allongue d'annada en annada,
Coumo lou grame à l'esfroundada.
Gros.

C'est-à-dire, comme le chiendent dans une terre effondrée.

Una annada portant l'autra, compensation faite des bonnes et des mauvaises années, terme moyen.

Annada de fen, *Annada de ren*. Prov. b. lim. Année de foin année de rien, parce que la température qui convient à cette récolte nuit aux autres.

ANNADIER, adj. (annadié), dl. Ce mot, comme le fait observer M. de Sauvages, ne répond pas au mot annuel, mais plutôt à capricieux. *L'olivier es annadier*, l'olivier ne produit pas tous les ans, comme on dit d'un homme d'humeur inégale, *esjournalier*.

Éty. de *annada*, et de *ier*, qui est sujet aux années, à leur influence. V. *An*, R.

ANNAL, adj. vl. V. *Annuel*, et *An*, R.

Éty. du lat. *annalis*.

ANNALAS, s. f. pl. (annáles); *Anales*, esp. *Annali*, ital. *Annaes*, port. Annales, histoire qui rapporte les faits année par année.

Éty. du lat. *annales*, m. s. V. *An*, R.

Les plus anciennes que l'on connaisse sont celles de la Chine, de Semacouang, qu'on fait remonter à l'an 4331 avant J.-C.

ANNALMENS, adv. V. *annuelament* et *An*, R.

ANNAN, s. m. vl. Cadran solaire, *Solarium*.

ANNAR, vl. V. *Anar*.

ANNAT, ADA, adj. vl. ANNATZ. *Annoso*, esp. Agé, vieux, aîné.

Éty. de *ann*, et de *at*, qui a beaucoup d'années. V. *An*, R. ou du lat. *ante-natus*, ou *annosus*.

ANNATA, s. f. (annáte); *Annata*, esp. ital. port. Annate, revenu d'un bénéfice pendant une année, que la cour de Rome retenait. Ce droit a été supprimé par les lois du 11 août et 21 septembre 1789.

Éty. du lat. *annus* ou de *annalia*, sacrifices annuels. V. *An*, R.

On attribue l'origine de cet impôt à Jean XXII, qui en 1319, se réserva les fruits de la 1re année des bénéfices qui viendraient à vaquer, durant les trois années suivantes. D'autres en fixent l'époque au pontificat de Boniface IX, en 1398.

ANNETOUN, nom de femme, dg. ANNETOU. V. *Naneta*.

ANNEXA, s. f. (annèxe); *Annesso*, ital. *Anexo* esp. *Annexa*, port. Annexe, accessoire, dépendance ou appartenance d'un héritage ou d'un bénéfice; église qui relève d'une cure; village qui relève d'une succursale.

Éty. du lat. *annexum*, fait de *annectere*, dérivé de *nectere*, nouer, entrelacer.

ANNEXE, adj. vl. *Annexo*, cat. *Anexo*, esp. *Annexo* et *Annesso*, ital. Annexé, attaché.

Éty. du lat. *annexus*.

ANNEXIO, s. f. vl. *Anexion*. Connexion, onction.

Éty. du lat. *annexio*, m. s.

ANNEYA, anc. béarn. V. *Annada*.

ANNIBAL, nom d'homme (Annibal); *Annibale*, ital. *Anibal*, esp. *Annibal*, cat. Annibal.

Patr. Saint Annibal, honoré comme martyr.

Éty. du phénicien, *hhanna*, grâce, et de *baal*, seigneur, maître.

ANNIEI, vl. Il ou elle devient ancienne, passe.

ANNIVERSARI, s. m. (anniversári); *Aniversari*, cat. *Anniversario*, port. ital. *Aniversario*, esp. Anniversaire, service annuel pour un mort, qu'on fait le jour de son décès.

Éty. du lat. *annus*, année, et de *verto*, d'où *anniversarium*, je retourne, je reviens tous les ans. V. *An*, R.

La plus grande partie de nos fêtes sont des anniversaires qui se rattachent au jour de l'année auquel fut accompli le mystère qu'elles célèbrent.

Les anniversaires fondés par le pape Anaclet et Felix I, pour célébrer la mémoire des Martyrs, sont l'origine des prières qui se disent toutes les années, au même jour, pour le repos de l'âme des fidèles.

ANNIVERSARI, adj. Anniversaire, qui se fait chaque année. V. *An*, R.

ANNONCIAR, vl. V. *Annunciar* et *Nounc*, R.

ANNOTATION, s. f. (annoutatie-n); *Anotacion*, esp. *Annotação*, port. *Annotazione*, ital. Annotation, désignation. V. *Not*, R.

ANNOUBLIR, V. *Ennoublir*.

ANNOUBLISSAMENT. V. *Ennoublissament*.

ANNOUBLIT, V. *Ennoublit*.

ANNOUS, s. m. vl. Nouvelle année, de *an*, *nous* pour *nov*; Circoncision. Gl. occit.

Éty. de *an* et de *nous*, nouveau. V. *An*, R.

ANNUAL, adj. vl. *Anual*, esp. *Annual*, port. V. *Annuel* et *An*, R.

ANNUALMENT, adv. vl. *Anualmente*, esp. *Annualmente*, port. V. *Annuelament* et *An*, R.

ANNUARI, s. m. (annuári), lang. mod. *Annuario*, port. Annuaire, sorte d'ouvrage que l'on publie chaque année, et qui contient le résumé des évènements de l'année précédente, ou des renseignements sur l'industrie et la statistique, le résultat des observations astronomiques ou météorologiques, etc. V. *An*.

ANNUEL, UELA, adj. (annuèl, uèle); ANNUAL. *Annuale*, ital. *Anual*, esp. *Annual*, cat. port. Annuel, qui dure un an.

Éty. du lat. *annuarius*, m. s. V. *An*, R.

ANNUELAMENT, adv. (annuelaméin); *Annualmente*, ital. port. *Annualment*, cat. *Anualmente*, esp. Annuellement, chaque année.

Éty. de *annuela* et de *ment*. V. *An*, R.

ANNUITAT, s. f. (annuitá). Annuité, sorte d'emprunt par lequel le débiteur s'engage, pendant un nombre d'années déterminé, à faire un paiement qui comprend les intérêts de la somme prêtée, et une portion du capital. V. *An*, R.

ANNULAR, v. a. (annulá); ENNULAR. *Annullare*, ital. *Anular*, esp. *Annullar*, port. *Anullar*, cat. Annuler, rendre nul, de nulle valeur.

Éty. de *an*, de *nul* et de *ar*, rendre nul, V. *Nul*, R.

ANNULAT, ADA, adj. et p. (annulá, áde); ENNULAT. *Anulado, ada*, esp. Annulé, ée. V. *Nul*, R.

ANNULATION, s. f. (annulatie-n); ANNULATIEN. *Anulacion*, esp. *Annullação*, port. *Annulation*, ital. Annulation, action d'annuler le résultat de cette action. V. *Nul*, R.

ANNULLAR, vl. ANULLAR, ANULHAR. Annuler. V. *Ennular*.

ANNUNCIAR, v. a. vl. ANUNCIAR, ANNONCIAR. V. *Anounçar*.

ANNUNCIATIO, s. f. vl. ANUNCIACION. V. *Anonciation*.

ANO

ANOAL, s. m. vl. Anniversaire, annuel. V. *Anniversari*.

ANOBLEZIR, v. a. vl. *Annoblir*, anc. cat. *Annobilire*, ital. Anoblir. V. *Ennoblir*.

ANOBLEZIT, IDA, adj. et p. vl. ANOBLEZIT. Anobli, ie. V. *Nobl*, R.

ANOILLA, nom de lieu, vl. Château en Catalogne.

ANOIRIR, v. a. vl. Nourrir, v. c. m.

ANOIT, adv. vl. aujourd'hui, ce soir. V. *Nuech*, R.

ANOITAR, v. n. vl. Se faire nuit. Voy. *Avesprar* et *Nuech*, R.

ANOLS, vl. *Anon los*, aillent les.

ANONA, s. f. vl. Blé. V. *Anouna*, argent, intérêt, denrée.

ANONYME, adj. (anounimé); ANOUNIMO. *Anonymo*, port. *Anonimo*. ital. esp. Anonyme, qui est sans nom ou dont le nom n'est pas connu. On donne cette épithète à tous les ouvrages qui paraissent sans nom d'auteur, ou dont les auteurs sont inconnus.

Éty. du lat. *anonymus*, dérivé du grec α priv. et de ὄνομα (onoma), ou en éolien ὄνυμα (onuma), nom, sans nom. V. *Nom*, R.

On appelle *pseudonymes* les ouvrages qui paraissent sous un nom supposé.

Les conciles de Latran et de Trente, ordonnèrent aux auteurs de mettre leurs noms au commencement de leurs ouvrages, et condamnèrent par conséquent les anonymes.

ANORMAL, vl. *Anomalo*, cat. esp. port. ital. Anomal, irrégulier, qui s'écarte de la règle.

Éty. du lat. *anomalus*, m. sign. dérivé du grec ἀνώμαλος (anômalos), irrégulier, formé de α priv. et de ὁμαλὸς (omalos), égal, semblable.

ANOTHOMIA, vl. et

ANOTOMIA, V. *Anatoumia*.

ANOUDIN, INA, adj. (anoudin, ine); *Anodino*, ital. esp. port. Anodin, remède qui calme et appaise les douleurs.

Éty. du lat. *anodinus*, m. sign. fait du grec α, priv. et de ὀδύνη (odunê), douleur, qui ôte la douleur.

ANOUGE, s. m. (anoudgé); BASSIOU, BOURRIC, BEDIGAS, VASSIOU. *Antenois*, nom que portent les agneaux depuis qu'ils sont sevrés, jusqu'à l'âge de douze mois, époque après laquelle ils s'appellent *nouveous*.

Éty. du lat. *antenatus*, ou du grec ἐνάενος (énaénos), qui a un an, ou de *annuus agnus*. V. *An*, R.

On dit fig. d'une personne bornée que *es un anouge*. *Añojo*, en esp. désigne un veau d'un an, *vitulus anniculus*.

ANOUGEAS, s. m. (anoudjás), augm. de *anouge*, gros *antenois*, et fig. gros imbécile. V. *An*, R.

ANOUGEOUN, s. m. (anoudjóun), dim. de *anouge*, petit ou jeune *antenois*. V. *An*, Rad.

ANOUGEUN, s. m. (anoudjún), dm. Les *antenois*, en général.

Éty. de *anouge* et de *un*. V. *An*, R.

ANOUIAS, s. f. (anoüiás). Terre inculte. Aul.

Éty. de *anoui* et du déprec. *as*.

ANOUICH, OUICHA, adj. et p. (anouïch, ouïche). Exténué, maigre. V. *Anouit*. Aub.

ANOUIT, IDA, adj. et p. (anouï, ide); ANOUI, ANOUICH. Retrait, mal nourri, maigre, en parlant des grains et particulièrement du blé. *Blad anoui*, blé retrait, inculte. Aub. V. *Anourrit* et *Nourri*, R.

Éty. de *nourrir*, et de *a*, priv. ou peut-être du grec ἀνυέιν (anuéin), sécher, détruire, consumer.

ANOUNA, s. f. (anoúne); ANNOUNA, NOUNA. *Anona*, esp. *Annona*, ital. Dans la Haute-Provence on donne ce nom au seigle, et dans la Basse au froment. V. *Segue* et *Froument*.

Éty. du lat. *annona*, provision ou récolte de l'année. V. *An*, R.

ANOUNA-DE-SANT-PAUL, s. f. Seigle de Saint-Paul, variété de seigle que l'on cultive dans la vallée de Barcelonnette, qui n'a presque pas de barbe et qui mûrit beaucoup plus tôt que le seigle ordinaire. Le pain qu'il fournit est d'une qualité supérieure à celle de ce dernier.

Éty. L'épithète de Saint-Paul, lui a été donnée parce que c'est dans ce village qu'il est cultivé en grand.

ANOUNA, *prima*. On désigne ainsi, dans les environs de Sisteron, Le froment pur, *prima*, est ici employé, pour première, comme si l'on disait première qualité de froment.

ANOUNAT, adj. m. et p. (anouná), dl. Mûr, au point de maturité.

Éty. de *anouna* et de *at*, fait. V. *An*, R.

ANOUNÇA, s. f. (anóunce); ANNOUNÇA. *Annunziamento*, ital. *Anuncia*, esp. *Annuncio*, port. Annonce, avis par lequel on annonce quelque chose au public; publication de mariage.

Éty. du lat. *nuntiatio*, et de *a*. V. *Nounç*, Rad.

ANOUNÇAR, v. a. (anouncá); ANNOUNÇAR. *Annunziare*, ital. *Anunciar*, esp. *Annunciar*, port. Annoncer, faire savoir, publier, prédire, être le signe d'une chose.

Éty. du lat. *nuntiare* ou *annuntiare*. V. *Nounç*, R.

ANOUNÇAR S', v. r. S'ENOUNÇAR. S'annoncer, se faire connaître d'une manière particulière; s'énoncer, faire connaître sa pensée et non *s'annoncer*, comme disent souvent les provençaux.

ANOUNÇAT, ADA, adj. et p. (anouncá, áde); *Anunciado*, esp. *Annunciado*, port. Annoncé, ée.

ANOUNCIADA, s. f. (anounciáde). Annonciade, nom de plusieurs ordres religieux ou militaires, institués avec rapport à l'annonciation. V. *Ordres*.

Éty. du lat. *annunciatio*, annonciation. V. *Nounç*, R.

ANOUNCIATION, s. f. (anounciatie-n); NOSTRA-DAMA DE MARS, ANNOUNCIATIEN. *Annun-*

ziazione, ital. *Anunciacion*, esp. *Annunciação*, port. *Anunciacio*, cat. Annonciation, message de l'Ange Gabriel à la Sainte Vierge, pour lui annoncer le mystère de l'incarnation ; jour où l'Eglise romaine célèbre ce mystère, le 25 mars.

Éty. du lat. *annunciationis*, gén. de *annuntiatio*, m. s. V. *Nounç*, R.

On célébrait déjà cette fête dans l'Église grecque, l'an 407.

ANOUNCIERS, s. m. pl. (anounciés), dl. Bans de mariage ou annonces. V. *Cridas*.

Éty. de *anounças*, et de *iers*, parce qu'on annonce plusieurs fois. V. *Nounç*, R.

ANOUNIERA, s. f. (anouniére). On appelle ainsi, à Marseille, un magasin de blé.

Éty. de *anouna*, blé, et de *iere*. V. *An*, R.

ANOUNYME, V. *Anonyme*.

ANOURRIT, IDA, adj. (anourrí íde); MENDRE, LANGUIT, ANOUI, ANOUIT, AGANIT, ANANQUIT. Blé échaudé, retrait, maigre, blé qui s'est desséché sur la plante, qui n'est pas bien nourri, blé versé ; terre non encore prête à être ensemencée, selon M. Garc. chétif, mourant d'inanition.

Éty. de *a* priv. et de *nourrit*, qui n'est pas nourri. V. *Nourri*.

ANOUS, s. m. (anóus). Terre en friche. Aub.

ANP

ANPARAR, EMPARAR, v. a. vl. *Amparar*, anc. cat. Saisir, prendre. V. *Emparar s'*.

ANPLESSA, s. f. vl. Ampleur, amplitude. V. *Ampl*, R.

ANQ

ANQUA, vl. V. *Anca*.

ANQUERA, ANQUERAS, vl. V. *Encara*.

ANQUETA, s. f. (anquéte), dl. *Anar d'anqueta*, être déhanché. Sauv.

Éty. de *anca*, hanche, et de *eta*. V. *Anc*, Rad.

Estar de anqueta, en esp. signifie, être mal assis, n'être assis que sur une fesse.

ANQUIAU, dl. V. *Ancada*, R.

ANR

ANRI, V. *Henri*.

ANS

ANS, adv. (áns); ENT, AINZ, vl. *Ans*, cat. *Antes*, esp. port. *Anzi*, ital. Au contraire, mais bien plutôt, *Ains*, en vieux français ; avant, auparavant.

Éty. alt. du lat. *ante*. V. *ant*, R.

Ans que, avant que, plutôt que.

ANSA, désinence. V. *Ança*.

ANSA-A-PANIER, s. f. (ánse-à-panié) et impr. LANÇA-PANIER, Anse-à-panier, courbure d'une voûte surbaissée dont la hauteur est moindre que son demi-diamètre horizontal ; elle forme la moitié d'une élipse.

Éty. A cause de la ressemblance qu'a cette courbe avec l'anse d'un panier.

ANSALADA, s. f. (ansaláde), dg. Salade d'herbes. V. *Salada*.

Éty. de l'ital. *insalata*. V. *Sal*, R.

ANSALO, nom d'homme, vl. Absalon.

Patr. Saint Absalon, que l'Eglise honore le 2 mars.

ANSCALDESE, s. m. vl. Le présent. Gl. occit.

ANSELME, nom d'homme, (ansèlmé) ; *Anselmo*, ital. esp. port. *Anselm*, cat. Anselme.

Patr. Saint Anselme. L'Église honore 6 saints de ce nom, les 3 et 18 mars, 21 et 24 avril.

ANSENELAS, s. f. pl. (ansenèles), dl. Baies de l'aubépine. Sauv. V. *Acinas*.

ANSESSI, vl. V. *Assassin*.

ANSIN, adv. (ansìn) : ENSIN, ENSINTA, AISI, ASSI, ATAL, ATAO, COUMO-AQUOT, ANTAU, ENTAU, EITAL, ANSINTO. *Ansi*, anc. esp. *Asi*, esp. mod. *Assim*, port. Ainsi, de même, de cette manière, comme cela, de cette façon.

Éty. du lat. *sic*.

Per ansin, partant, par conséquent.

Es vostre paire, ansin *li devez lou respect*, c'est votre père, vous lui devez le respect.

Ansin-siegue, ainsi-soit-il.

Cresi que sies un pauc ansin, je crois que tu rêves.

ANSOUBLA. V. *Ensoubla*.

ANSPESSADO, s. m. (anspessáde) ; ANPESSADE, ANSPESSADE, LANCEPESSADE. *Peçada*, port. Soldat d'infanterie qui aidait le caporal et qui en faisait les fonctions en cas d'absence.

Éty. de l'ital. *lancia spezzata*, lance brisée. V. *Pec*, R.

ANT

ANT, ANTI, ANS, ANC, ANZ, AN, AVANT, AVANC, AVANS, DAVAN, DAVANT, ENANS, ABANS, ENANT, ABANC, radical pris du latin *ante*, *antea*, avant, devant, auparavant.

De *ante*, par apoc. *ant*, d'où : *Ant*, *Av-ant*, *Av-ant-agi*, *Av-ant-ar*, *D'av-ant-au*, *Av-ant-bec*, etc., etc.

De *ante*, par le changement de *e* en *i*, *anti* ; d'où : *Anti*, *Ant-ique*, *Anti-cip-ar*, *Anti-data*, *Antidat-ar*, etc.

De *ant*, par le changement de *t* en *s*, *ans* ; d'où : *En-ans*, *En-ans-ar*, *Ab-ans*, *Des-en-ansar*, *Des-en-ans*, etc.

Le *t* de *ant*, peut se changer aussi en *c*, *ch*, *z* ; d'où : *Anc-eis*, *Anç-essor*, *Anc-ian*, *Av-anc*, *Av-anç-a*, *Av-anç-ament*, etc. *Ab-anch-as*, *Av-anz-ar*, *Sobr-av-anz-ar*.

De *ant*, par la suppr. de *t*, *an* ; d'où : *Dez-en-an*, *D'-av-an*, *Av-an*, etc.

De la prép. *ab*, par le changement de *b* en *v*, *av*, qui, uni à *ant* ou *anc*, forme, *Av-ant*, *Av-ant-agi*, *Av-anç-ar*, *Av-ança-ment*, etc.

ANT, ANTA, ENT, désinence prise du lat. *antis*, gén. de *ant*, qui se transforme en *int*, *enta*, quand elle fait partie d'un participe présent ou d'un adjectif qui en dérive, et dont le verbe n'a pas son infinitif en *ar* ; elles indiquent l'une et l'autre une action qui se fait actuellement et dont la nature est désignée par le radical auquel la désinence est jointe, ou seulement la propriété de pouvoir produire cet effet, *Multipli-ant*, qui fait actuellement l'action de multiplier.

Lig-ent, qui lit en ce moment.
Escriv-ent, qui écrit.
Absorbant, qui absorbe, qui peut absorber.
Abond-ant, qui abonde.
Gagn-ant, qui gagne.
Found-ent, qui fond.

Elle caractérise également les gérondifs.

Ces participes et ces adjectifs sont souvent pris substantivement, et alors ils ne désignent plus ni activité ni temps présent, mais seulement la manière d'être de la chose exprimée par le radical.

Lev-ant, Orient, le côté d'où se lève le soleil.
Couch-ant, le côté où il se couche.
Pres-ent, de *præ-sum*, je suis devant.
Abs-ent, de *ab-sum*, je suis loin.
Gal-ant, galant.

ANT, ANS, ANZ, adv. et pr. vl. *Ante*, cat. *Antes*, esp. port. *Anzi*, ital. *Ant*, anc. esp. Avant, auparavant.

M. Raynouard observe que ces mots, *ant*, *ans*, *anz*, et leurs dérivés, furent employés comme adverbes, prépositions et conjonctions.

Éty. V. *Ant*. R.

Ils ou elles ont.

ANTA, ENTA, désinence, qui dans les noms de nombre signifie dix. Elle est dérivée du lat. *inta*, ou *inti*, *aginta*, qui ont la même signification, ainsi :

Vingt, *Viginti*, est dit pour *Biginti*, deux fois dix.
Trenta, *Triginta*, pour trois fois dix.
Quaranta, *cinquanta*, etc., pour quatre fois, cinq fois dix.

ANTA, ANTA, AINTA, ONTA. s. f. vl. Honte, déshonneur, outrage, injure, affront ; parties honteuses du corps.

Éty. Probablement de l'all. *hon* ou *hohn*, *contumelia*, lat. dont le français a fait honnir. Denina ; d'où le roman *anta*, outrage, injure, affront.

Dérivés : *Ad-ant-ar*, *Ad-ant-at*, *Ad-ont-ar*, *Ant-ar*, *Anct-os*, *Aont-ar*, *Aont-ir*, *Aont-os*, *En-ant-ar*, *Ont-a*, *Ant-a*, etc.

ANTA, s. f. (ánte) ; GARLANDA DE POUS, dl. La margelle d'un puits ; on le dit aussi d'un garde-fou, d'un parapet de pont ou de quai.

ANTA, s. f. Pièce de bois attachée avec des liens de fer, aux ailes d'un moulin à vent.

ANTAGONISTO, s. m. (antagouniste) ; ANTAGOUNISTA. *Antagonista*, esp. ital. port. Antagoniste, celui qui est opposé à un autre, qui est son adversaire. Il n'a point de féminin.

Éty. du lat. *antagonista*, dérivé du grec ἀντι (anti), contre, et de ἀγωνιζειν, (agonizéin), agir, lutter, faire effort.

ANTAN, adv. (antán) ; HANTAN. *Antany*, cat. *Antano*, esp. Autrefois, jadis, anciennement, l'an dernier.

Éty. du lat. *ante-annum*, avant l'année,

ou les années qui viennent de s'écouler, ou de *ante annus actus*. V. *An*, R.

V'en souvenez plus de mauchuan,
Qu'antan à Santo Margarido,
Fasio lipar quauquo bourrido? Gros.
D'avant antan, il y a deux ans.

ANTAPOCA, s. f. vl. Contre lettre.

Éty. de *anti* et de *apoca*, v. c. m.

ANTAR, v. a. vl. Diffamer, insulter, déshonorer, couvrir de honte.

ANTAR, v. a (antá), vl. Insulter.

Éty. de *anta* et de *ar*. V. *Anta*, R.

ANTARCTIQUE, adj. (antartiqué); **ANTARTIC**. *Antarcticus*, lat. *Antartico*, ital. *Antarctico*, esp. port. *Antartic*, cat. Antarctique, méridional, qui est opposé au pôle arctique ou septentrional.

Éty. du grec ἀντι (anti), opposé, et de ἄρκτος (arktos), ourse, opposé à l'ourse, qui est une constellation voisine du pôle arctique.

ANTARTIC, adj. vl. V. *Antarctique*.

ANTAT, ADA, adj. et p. vl. Déshonoré, couvert de honte. V. le mot suivant. V. *Anta*, R.

ANTATAT, adj. vl. Déshonoré, couvert de honte. V. *Anta*, R.

ANTAU, (antáou), dl. V. *Ansin*.

ANTAVAN, vl. Ils ou elles faisaient honte, insultaient.

ANTE, **ANTI**. particule initiative dérivée du lat. *ante*, avant; elle ajoute aux mots qu'elle sert à former, une idée de primauté et d'antériorité. Elle se confond quelquefois avec *anti*, comme dans *antechrist* et *antidata*, mais l'initiatif grec *anti*, porte avec lui l'idée de contre, tandis que le latin *ante*, ne signifie que devant, antérieur. V. *Ant*.

Antidata, antidate, de *anti* pour *ante*, avant, et de *data*, avant la vraie date.

Antecedent, antécédent, de *ante* et de *cedo*, je vais, je vais devant.

ANTE, s. m. (anté); **ANDI, ESPAI, LARGE**. Place, marge, étendue assez grande pour se mouvoir librement.

ANTECEDENT, ENTA, adj. (antecedéin, èinte); **ANTECEDANT**. *Antecedente*, ital. esp. port. *Antecedent*, cat. Antécédent, ente, qui est auparavant, qui précède en temps.

Éty. du lat. *antecedentis*, gén. de *antecedens*, qui va devant, qui a précédé. Voy. *Ced*, R.

ANTECESSOURS, s. m. pl. anc béarn. *Antecesor*, esp. *Antecessori*, ital. *Antecessores*, port. Prédécesseurs, les Anciens.

Éty. du lat. *antecedens*, m. s. V. *Ced*, R.

ANTECHRIST, s. m. (antecrist); **ANTECRIST**. *Antechristo*, esp. *Anticristo*, ital. *Antichristo*, port. Antechrist, tyran qui doit paraître vers la fin du monde, pour y faire triompher le sacrilége et l'apostasie.

Éty. du lat. *antichristus*, formé du grec ἀντι (anti), contre, et de χριστός (christos), Christ, opposé au Christ.

La connaissance de l'Antechrist nous a été révélée par les apôtres.

On dit fig. d'une personne ou d'un animal domestique bien méchant: *Es un antechrist*.

ANTECRIST, vl. V. *Antechrist*.

ANTENA, s. f. (antène); **ENTENA**. *Antena*, esp. cat. port. *Antenna*, ital. Antenne, vergue. V. *Verga* et *Vela*.

Éty. du lat. *antenna*, le même; de *ante*, parce qu'elle se place devant le mât, ou parce que les antennes servent à faire aller le vaisseau en avant.

Le nom d'antenne est plus particulièrement donné aux vergues des galères, chebecs et autres bâtiments latins dont la voiture est triangulaire. V. *Ant*, R.

ANTENAS, s. f. pl. (antènes). Ailes d'un moulin à vent. V. *Ant*, R.

ANTENNA, s. f. Antenne. V. *Antena*.

Éty. du lat. *antenna*, voile de navire. V. *Vela*.

ANTERIOUR, RIOURA, adj. (anteriòur, rióure); *Anteriore*, ital. *Anterior*, esp. port. Antérieur, eure, qui est avant, qui précède: *Qu'es d'avant*.

Éty. du lat. *anterior*, fait de *ire*, *ante*; aller avant. V. *Ant*, R.

ANTERIOURAMENT, adv. (anteriouraméin); *Anteriormente*, ital. esp. port. Antérieurement, précédemment.

Éty. de *anterioura* et de *ment*. V. *Ant*, R.

ANTH, radical dérivé du grec ἄνθος (anthos), fleur.

De *anthos*, par apoc. *anth*; d'où: *Des-anth-or-ar*, *Des-entourar*.

ANTHARTIC, vl. V. *Antartic*.

ANTHIFRAZIS, s. f. vl. *Antifrasis*, esp. Antiphrase. V. *Antiphrasa*.

ANTHIMETABOLA, s. f. vl. Voy. *Antimetabola*.

ANTHIPOFORA, s. f. vl. *Antipophora*, lat. Anthipophore.

Éty. du grec ἀντυποφορα (antupophora), subjection.

Anthipofora es cant hom respon à la questio o a la demanda qu'om poyria far.

L'antiphore est quand on répond à la question ou à la demande qu'on pourrait faire.

ANTHISMOS, s. m. vl. Persiflage; comme l'observe M. Raynouard, ce mot, qui devrait s'écrire en grec ἀνθισμος (anthismos), ne se trouve point dans les anciens rétheurs. Sa racine est ἄνθος (anthos), fleur.

Es anthismos mal dig o vilania dicha ad autre cubertamen, am belas e cortezas paraulas. Fl. del gay sab.

ANTHITETA, vl. V. *Antithesa*.

ANTHITETON, vl. V. *Antitheton*.

ANTHITEZIR, v. a. vl. Substituer une lettre à une autre, dans un mot.

ANTHITEZIS, s. f. vl. **ANTHITEZI**. Fig. de grammaire qui consiste dans la substitution d'une lettre ou d'une syllabe à un autre, dans le même mot; comme quand on dit *anta*, pour *onta*; *arna*, pour *arda*; *det*, pour *dit*; *tener*, pour *tenir*, etc.

Anthitezis es mudamens e permutatios de letra o de sillaba en meteysh loc. Fl. del gai sab.

ANTHITEZIS, s. f. vl. *Antitesis*, esp. Antithèse. V. *Antithesa*.

ANTHITEZIT, adj. et p. vl. Substitué.

ANTHITHOZIS, s. f. vl. *Antithosis*.

Antithozis es cant hom pauza un cas per autre.

ANTHONOMAZIA, s. f. vl. V. *Antonomasia*.

ANTHONY, nom propre, anc. béarn. Antoine. V. *Antoni*.

ANTHOUROUN, nom d'homme, (anthouróun), dl. *La fin das Anthourouns*; fin tragique.

Éty. Les Anthourons étaient des meurtriers qu'on fit périr dans les supplices, à Montpellier. Sauv.

ANTI, du grec ἀντι (anti), préposition qui marque opposition, contrariété, alternative, permutation; dans les noms de lieu: vis-à-vis, en face; dans les remèdes: contre, propre à guérir; dans les doctrines: opposé à...

Antiena, antienne, de *anti* et de *phônê*, voix, *antiphona*, lat. parce que anciennement, elles étaient chantées par deux chœurs qui se répondaient alternativement.

Antipodas, antipodes, de *anti*, à l'opposé, et de *pous*, pied.

Antithesa, antithèse, de *anti* et de *tithemi*, placer, placer à l'opposé ou en opposition.

Antidota, antidote, de *anti* et de *didômi*, donner, donner contre le poison.

ANTIAA, adj. anc. béarn. Ancien.

ANTIBOURENC, s. et adj. (antibouréin); **GUEISSERIN**. Le *Tibouren*, espèce de raisin.

Éty. de Antibes.

ANTIC, adj. vl. V. *Antique*.

Als dias antics, anciennement, autrefois.

ANTICAR, v. a. vl. Authentiquer. Voy. *Authenticar*.

ANTICARI, V. *Antiquari*.

ANTICHAMBRA, s. f. (antichámbre); *Anticamera*, ital. *Anticamera*, esp. mod. et port. *Anticamara*, anc. esp. Antichambre, pièce d'un appartement qui précède toutes les autres.

Éty. du grec ἀντι (anti), opposé à... et de *chambra*. V. *Cambr*, R.

ANTICIPACIO, vl. V. *Anticipation*.

ANTICIPAR, v. a. (anticipá); *Anticipare*, ital. *Anticipar*, esp. port. cat. Anticiper, faire quelque chose avant le temps; prévenir, devancer.

Éty. du lat. *anticipare*, fait de *capere*, *ante*. V. *Cap*, R. 2.

ANTICIPAT, ADA, adj. et p. (anticipá, áde); *Anticipado*, *ada*, esp. port. *Anticipato*, ital. Anticipé, ée.

Éty. du lat. *anticipatus*. V. *Cap*, R. 2.

ANTICIPATION, s. f. (anticipatie-n); *Anticipazione*, ital. *Anticipacion*, esp. *Anticipação*, port. *Anticipació*, cat. Anticipation, action par laquelle on fait, on prend, on présente quelque chose avant le temps.

Éty. du lat. *anticipationis*, gén. de *anticipatio*. V. *Cap*, R. 2.

ANTIDATA, s. f. (antidáte); *Antidata*, ital. *Antedata*, esp. port. Antidate, date d'une lettre, d'un titre, d'un acte, etc., indiquant que ces choses ont été faites un certain jour, quoiqu'elles ne l'aient été que postérieurement.

Éty. du lat. *Antedata*, v. c. m.

ANTIDATAR, v. a. (antidatá); *Antida-*

tare, ital. *Antedatar*, esp. port. Antidater, donner une date plus ancienne, une date antérieure.

Éty. de *anti*, et de *Datar*, v. c. m.

ANTIDOTARI, s. m. vl. *Antidorio*, esp. port. ital. Antidotaire, dispensaire.

Éty. de *antidoto* et de *ari*; qui contient les antidotes, les remèdes: *Codex*. V. *Doun*, R.

ANTIDOTO, s. m. (antidóte); *Antidoto*, esp. et ital. Antidote, substance à laquelle on suppose la propriété de vaincre et de prévenir les effets du poison.

Mais cet heureux phénix est encore à trouver.

Éty. du lat. *antidotus*, *antidotum*, formé du grec ἀντὶ (anti), contre, et de δίδωμι (didômi), donner. V. *Doun*, R.

ANTIENA, s. f. (antiène); *Antifona*, ital. esp. port. Antienne, verset qui s'annonce avant le chant du psaume, et qu'on chante ensuite tout entier.

Orig. Saint Ignace, disciple des apôtres, a été, selon Socrate, l'auteur de cette manière de chanter parmi les Grecs, que Saint Ambroise a introduite chez les Latins.

Éty. du lat. *antiphona*, m. s. dérivé du grec ἀντιφωνέω (antiphônéô), répondre de l'autre côté; formé de ἀντὶ (anti), qui marque opposition, et de φωνὴ (phônê), voix, parce que dans l'origine, les antiennes étaient chantées par deux chœurs qui se répondaient alternativement. V. *Phon*, R.

ANTIER, IERA, adj. d. lim. alt. de *Entier*, v. c. m.

ANTIFENA, vl. V. *Antifona*.

ANTIFLA, (antiflé); ANTIFA. Mot consacré à cette phrase: *Battre l'antifla*, battre la campagne, courir les champs.

ANTIFONA, ANTIFENA, vl. *Antifona*, cat. esp. port. ital. *Antiphona*, lat. Antienne, sorte de poésie.

On le disait, en basse lat., d'un chant ecclésiastique, quand deux chœurs chantaient alternativement les versets d'un psaume ou d'une hymne. V. *Phon*, R. et *Antiena*.

ANTIFONARI, vl. V. *Antiphonari* et *Phon*, R.

ANTIFONI, Avril. V. *Angounalha*.

ANTIG, vl. Antique, v. c. m. et *Ant*, R.

ANTIGAGE, s. m. vl. ANTIGATGE. *Antigualla*, esp. Ancienneté, antiquité.

Éty. de *antig* pour *antiqu*, et de *age*, ce qui est ancien. V. *Ant*, R.

ANTILHAS, s. f. pl. (antilles); *Antillas*, esp. *Antilhas*, port. *Antile*, ital. Antilles, Iles de l'Amérique-Septentrionale, qui forment un arc entre l'Amérique-Méridionale et l'Ile de Porto-Ricco. Il y en a huit principales, dont Saint-Domingue, Cuba, la Jamaïque et Porto-Ricco, sont les plus considérables.

Christophe Colomb, les découvrit en 1492.

Éty. du lat. *Antillæ*, m. s.

ANTIMETABOLA, s. f. vl. *Antimetabole*, lat. *Antimétabole*, fig. de rhétoriq. par laquelle on répète les mêmes mots, dans un autre sens.

Éty. du grec ἀντιμεταβολὴ (antimétabolê), formé de ἀντὶ (anti), et de μεταβάλλω (métaballô), changer.

ANTIMOINO, s. m. (antimóine); ANTIMOINE. *Antimonio*, esp. ital. port. Antimoine, métal cassant, d'un blanc d'argent, tirant sur le bleuâtre, à cassure lamelleuse, dont la pesanteur spécifique est à celle de l'eau comme 670 sont à 100.

Éty. Le besoin de trouver des étymologies a fait raconter que Basile Valentin, célèbre alchimiste, qu'on ne connaît que par les écrits qui portent ce nom, et qui sont de la fin du XVme ou du commencement du XVIme siècle, travaillant sur l'antimoine, nommé alors *stibium*, avait jeté hors de son laboratoire, des résidus qui en contenaient; que des cochons l'ayant avalé, ils éprouvèrent de fortes évacuations, et qu'ils engraissèrent après d'une manière extraordinaire; que voulant profiter de cette découverte pour redonner de l'embompoint aux religieux de son monastère, (car on dit qu'il était bénédictin à Erfurt, quoique, selon Boerhaave, il n'y eut point de monastère de ce nom dans cette ville), il leur en administra une dose trop forte, qui en fit périr un grand nombre; d'où le nom de *antimoine*, contre les moines, qu'on donna ensuite à ce métal.

La véritable origine de ce mot est grecque, de ἀντι (anti), contre, opposé à...., et de μόνος (monos), seul, parce qu'on ne le trouve jamais seul dans la nature, mais presque toujours allié à d'autres métaux.

Basile Valentin, ou celui qui écrivait sous ce nom, découvrit les vertus purgatives et émétiques de l'antimoine, dans le XVIme siècle; Paracelse reproduisit, quelque temps après, le même remède, mais sa mauvaise administration ayant produit des accidents, la Faculté de médecine en condamna l'usage, et le Parlement, par arrêt de 1566, fit défense de s'en servir. Ce ne fut ensuite que vers 1650, qu'il fut remis en usage. C'est ce métal qui forme la base de l'émétique.

ANTIOCX, nom d'homme, vl. Antiochus, ou Antioque.

Patr. Saint Antioque; l'Église honore cinq saints de ce nom: les 21 mai, 15 juillet et 15 octobre.

ANTIOS, adj. vl. ANTIU. Antique; honteux, injurieux, hautain. V. *Ant*, R.

ANTIPAPA, s. m. (antipápe); *Antipapa*, cat. esp. port. ital. Antipape, celui qui se porte pour pape, sans être canoniquement et légitimement élu.

Éty. du grec ἀντὶ (anti), opposé à, et de *papa*.

On en compte 28 depuis le IIIme siècle, dans l'histoire écclesiastique; Novatien, prêtre romain, fut le premier.

ANTIPATHIA, s. f. (antipathie); *Antipathia*, lat. *Antipatia*, ital. esp. port. Antipathie, aversion, répugnance naturelle et non raisonnée qu'on a pour quelqu'un ou pour quelque chose: il se dit des personnes et des animaux.

Éty. du grec ἀντὶ (anti), contre, opposé à, et de πάθος (pathos), passion.

L'horreur que les personnes ou les animaux atteints de la rage ont pour l'eau, est une anthipathie des plus extraordinaires que l'on connaisse.

Plutarque dit que l'éléphant entre en fureur quand il entend crier un cochon de lait; chacun sait qu'on excite les bœufs en leur présantant un drapeau rouge, etc.

ANTIPHONARI, s. m. (antiphounári); *Antiphonarium*, lat. *Antifonari*, cat. *Antifonario*, esp. port. ital. Antiphonaire, livre d'église, contenant les antiennes notées.

Éty. du grec, ἀντὶ (anti), qui marque alternative, de φωνὴ (phônê), voix, et de *ari*. V. *Antiena* et *Phon*, R.

ANTIPHRASA, s. f. (antiphráse); *Antiphrasis*, lat. *Antifrasi*, ital. *Antifrasis*, esp. port. cat. Antiphrase, figure par laquelle on emploie un mot, ou une façon de parler, dans un sens contraire à celui qui lui est naturel; contre-vérité, ironie.

Éty. du grec ἀντὶ (anti), contre, et de φράσις (phrasis), locution, façon de parler.

ANTIPODAS, s. f. pl. (antipódes); *Antipodes*, lat. *Antipodas*, esp. port. cat. *Antipodi*, ital. Antipodes, lieu de la terre diamétralement opposé à celui où l'on se trouve.

Éty. du grec ἀντὶ (anti), à l'opposé, et de ποῦς, ποδὸς (pous-podos), pied, à l'opposé de nos pieds. V. *Ped*, R.

Les antipodes ont les jours et les nuits de même longueur, et les mêmes saisons; mais dans des temps différents et alternativement.

Platon a donné le premier le nom d'antipodes, aux pays opposés à ceux que l'on habite, selon Diogène de Laërce.

536 ans av. J. C. Pythagore démontre la rotondité de la terre et l'existance des antipodes.

ANTIPODES, vl. V. *Antipodas*.

ANTIQUAIRE, s. m. (anticáiré); ANTICAIRE. Aub. V. *Antiquari*.

ANTIQUALHAS, (antiquáilles); RAVAN, ANTIQUAIA. *Anticaglia*, ital. *Antigualla*, esp. port. Antiquailles, choses antiques et de peu de valeur.

Éty. de *antique* et de *alha*, tout ce qui est antique. V. *Ant*, R.

ANTIQUAMENT, adv. *Antiguament*, cat. *Antiguamente*, esp. *Antigamente*, port. *Anticamente*, ital. *Antiquement*, à l'antique.

Éty. de *antiqua* et de *ment*. V. *Ant*, R.

ANTIQUAR, v. n. vl. *Antiguar*, esp. *Antiquar*, port. *Anticare*, ital. Devenir ancien, antique.

Éty. de *antiqu* et de *ar*, faire antique. V. *Ant*, R.

ANTIQUARI, s. m. (anticári); *Antiquario*, esp. ital. port. Antiquaire, savant dans la connaissance des monuments antiques.

Éty. du lat. *antiquarius*, m. s. V. *Ant*, R.

ANTIQUATIU, IVA, adj. vl. faisant vieillir.

Éty. de *antiqu* et de *atiu*. V. *Ant*, R.

ANTIQUE, QUA, adj. (antiqué, que); ANTIC. *Antiguo*, esp. *Antico*, ital. *Antig*, cat. *Antigo*, port. Antique, qui est très-ancien, qui n'est plus de mode.

Éty. du lat. *antiquus*. V. *Ant*, Rad.

ANTIQUE, s. m. Antique, monuments qui nous restent de l'antiquité.

Poudar a l'antiqua, agir à l'antique, comme dans le bon vieux temps. V. *Ant*, R.

ANTIQUITAT, s. f. (antiquitá); *Antichità*, ital. *Antiguedad*, esp. *Antiguidade*, port. *Antiguitat*, cat. Antiquité, grande ancienneté, ce qui a précédé les temps modernes.

Éty. du lat. *antiquitatis*, gén. de *antiquitas*, m. s. V. *Ant*, R.

ANTIQUITATS, s. f. pl. (antiquitás). Antiquités, les choses anciennes et leur histoire. V. *Ant*, R.

ANTISPASMODIQUE, CA, adv. (antispasmoudiqué); ANTISPASMOUDIQUE. *Antispasmodicus*, lat. *Antispasmodico*, ital. port. Antispasmodique, remède qui jouit de la faculté de calmer les spasmes.

Éty. du grec ἀντὶ (anti), contre, et de σπασμὸς (spasmos), spasme, convulsion.

ANTISTROPHA, s. f. (antistróphe); *Antistrofe*, esp. ital. *Antistrophe*, port. Antistrophe; c'était chez les grecs, la stance que le chœur chantait, dans les pièces dramatiques, en tournant sur le théâtre de gauche à droite, par opposition à la stance précédente, nommée *strophe*, qu'il chantait de droite à gauche.

Éty. du grec ἀντὶ (anti), qui marque alternative, et de στροφὴ (strophé), conversion, retour, de στρέφω (stréphô), tourner.

ANTITHESA, s. f. (antithèse); *Antithesis*, lat. *Antitesi*, ital. *Antitesis*, esp. *Antithese*, port. Antithèse, figure de langage, qui consiste dans une opposition de pensées ou d'expressions.

Éty. du grec ἀντὶ (anti), contre, et de τίθημι (tithêmi), placer, d'où l'on a fait ἀντιτίθημι (antitithêmi), opposer.

ANTITHETON, s. f. ANTHITETON, vl. *Antiteto*, esp. Antithèse, opposition.

Éty. du grec ἀντίθετον (antithèton).

Anthiteton, pauza Yzidoris, et es anthiteton cant hom pauza diversas cauzas contrarias per ostar, vencer, abaysshar o confondre la una per la diversita o per contrarietat de l'autra. Fl. del gay saber.

ANTITOZIS, s. f. vl. V. *Antitheza*.

ANTIU, IVA, adj. vl. Honteux, euse. V. *Antios* et *Anta*, R.

ANTOINETA, nom de femme, (antoinète); TOUNETA, ANTOUNETA, TOINETE. *Antonietta*, ital. *Antoneta*, esp. *Antonieta*. port. Antoinette.

Éty. de Antoine, v. c. m.

ANTOINO, V. *Antoni*.

ANTONI, nom d'homme, (antóni); ANTOINO, TONI, TOUNIN. *Antonio*, ital. esp. port. *Antoni*, cat. Antoine.

Éty. du lat. *Antonius*, l'Église honore la mémoire de trois saints de ce nom: les 17 janv. 28 mars et 28 déc.

ANTONIN, nom d'homme, (antounïn); ANTOUNIN, TOUNIN. *Antonino*, ital. esp. port. cat. Antonin.

Éty. du lat. *Antoninus*.

Patr. Saint Antonin, l'Église honore 14 saints de ce nom: les 10 mai et 8 sept. etc.

ANTONOMASIA et **ANTHONOMAZIA**, vl. *Antonomasia*, lat. cat. esp. port. ital. Antonomasie, figure de rhétorique, qui consiste dans l'emploi d'un nom commun ou appellatif, pour un nom propre, ou d'un nom propre, pour un nom commun.

Éty. du grec ἀντὶ (anti), au lieu de, et de ὄνομα (onoma), nom.

Anthonomazia es una figura laqual se fay, cant hom par excellensa pauza en loc de nom propri alcu nom ques comus a motz ses expressar lo propri nom. Fl. del gay sab.

ANTORCA, V. *Torcha*.

ANTOS, OSA, adj. vl. ANCTOS. *Ontos*, ital. Honteux, euse. V. *Hountous* et *Anta*, Rad.

ANTOUNIN, nom d'homme, (antounin). V. *Antoni*.

ANTRAC, s. m. vl. *Antraz*, port. *Antrace*, ital. Anthrax, charbon, espèce de tumeur, et ensuite ulcère gangréneux qui cause une douleur brûlante, d'où lui vient son nom. V. *Marrit-gran*.

Éty. du lat. *anthrax* et dérivé du grec ἄνθραξ (anthrax), charbon. V. *Carboun*.

ANTRACHA, adj. f. vl. Entière.

ANTRARMAS, s. f. pl. vl. Entrailles.

Éty. altér. de *entragnas*.

ANTRE, s. m. vl. *Antro*, esp. ital. port. Antre, caverne, grotte naturelle.

Éty. du lat. *antrum*; *Antre vol dire escur*. Eluc.

ANTRENANT, ENTRENAN. adv. En avant, au paravant, jadis, pendant ce temps, cependant.

Éty. de *antre*, *entre* et *enant*. V. *Ant*, R.

ANTRESCA, s. f. vl. Composition.

ANTREVALS, s. f. pl. vl. Intervalles.

Éty. du lat. *inter-valles*.

ANTROPOSPATOS, s. m. vl. *Antropospate*, *anthropopathie*, figure qui consiste à attribuer à Dieu quelque propriété de l'homme.

Éty. du grec ἄνθρωπος (anthrôpos), homme, et de πάθος (pathos), passion, affection.

Atropospatos es cant alquna proprietatz dome hom aplica et atribuish a Dieu, o pel contrari. Fl. del gay sab.

ANU

ANUCHIR, v. imp. vl. Anuiter. V. *Anuechar 's* et *Nuech*, R.

ANUECH, adv. (anuétch); ANECH, ANEU, AGNUECH, AGNOCH, ANEIT. *Anoche*, esp. Cette nuit, cette nuit ci; la nuit dernière; ce soir.

Éty. de *a* et de *nuech*, litt. à la nuit. *anuit* et *ennuit*, en vieux français. V. *Nuech*, R.

ANUECHAR S', v. r. (s'anuetchá); ANUCHAR S', S'AGNUECHAR. *Anochecer*, esp. *Anoitecer*, port. *Annottare*, ital. S'anuiter, se mettre à la nuit, s'exposer à être surpris la nuit en chemin.

Éty. de *a*, de *nuech* et de *ar*; litt. se mettre à la nuit. V. *Nuech*, R.

ANUEIG, s. m. vl. ANUECH. Ennui; cette nuit. V. *Nuit* et *Nuech*, R.

ANUGEI, dg. Bergeyret. V. *Ennui*.

ANULAR, adj. vl. *Anular*, esp. port. *Anulare*, ital. Annulaire.

Éty. du lat. *annularis*. V. *Anel*, R. V. aussi *Annular*.

ANULATIO, vl. V. *Annulation*.

ANULHAR, v. a. vl. ANUAILAR. Négliger, rendre paresseux, relâcher, attiédir, amolir.

Éty. de *nualhos*, rom. paresseux.

ANULHAR, vl. V. *Annular* et *Nul*, R. En anneaux, *annueux*, composé d'anneaux.

Éty. de *anel*, et de *os*. V. *Anel*, R.

ANULLAR, vl. V. *Annular* et *Nul*, R.

ANULLATIO, s. f. vl. V. *Annulation*.

ANULOS, OZA, adj. vl. ANULOZ. *Anuloso*, esp. En anneaux, *annuleux*. V. *Anel*, R.

ANUNCIACIO, vl. V. *Anonciation*.

ANUNCIAMEN, s. m. vl. *Anunciament*, cat. *Anunciamiento*, anc. esp. *Annunziamento*, ital. Annonciation. V. *Anounciation*.

ANUNCIAR, vl. V. *Annunciar*.

ANV

ANVAN, s. m. vl. Auvent, galerie. V. *Ambans*.

ANVELIAMEN, vl. V. *Avilissament*.

ANX

ANXIA, s. f. (ánxie), dg. *Ansia*, esp. ital. port. Danger, peine.

Éty. du lat. *anxietas*, souci, peine d'esprit, état pénible.

ANXIETAT, s. f. *Ansia*, cat. esp. *Ansietà*, ital. *Anxiedade*, port. Anxiété, travail, peine et embarras d'esprit.

Éty. du lat. *axietatis* gén. de *anxietas*. m. s.

ANY

ANYOU, s. m. d. béarn. Ange. V. *Angi*.

ANZ

ANZ, vl. V. *Ant*.

AOL

AOL, adj. vl. Mauvais, méchant, altér. de *avol*.

AOLHA, s. f. anc. béarn. Brebis. Voy. *Aoulha*.

Éty. du lat. *ovilis*, de brebis.

AOM

AOMBRAR, V. *Azombrar* et *Oumbr*, R.

AON

AON, s. m. vl. Aide, secours, assistance; il ou elle abonde, aide, secourt. V. *Ound*, R.

AONDANSA, s. f. (aondánse), vl. Suffisance, capacité: *La nostra aondansa venc de Deu*, c'est Dieu qui nous rend capables, Sauv. abondance, secours, multitude.

Éty. du lat. *abundantia*, abondance, surcroit, excès. V. *Ound*, R.

AONDANT, adj. (aondán), vl. Suffisant, capable. V. *Ound*, R.

AONDAR, v. a. et n. vl. Fournir, abonder, seconder, aider, être utile, déborder regorger.

Éty. du lat. *abundare*. V. *Ound*, R.

AONDOS, OSA, adj. vl. Abondant, ante. V. *Ound*, R.

AONDOZAMEN, vl. V. *Aboundamment.*

AONIR, vl. V. *Honnir.*

AONTAR, ADONTAR, v. a. vl. *Aontar*, anc. cat. *Aontare*, anc. ital. Avilir, couvrir de honte, outrager.

Éty. de *anta*, ou de *onta*, et de *ar*. Voy. *Anta*, R.

AONTIR, v. a. vl. Déshonorer. V. *Anta*, Rad.

AONTOS, adj. vl. Honteux. V. *Hountous* et *Anta*, R.

AONTOS, adj. (aontós), vl. Ennemi outrageux; *Contumeliosus.*

AOR

AOR, vl. J'adore.

AORA, adv. vl. AORAS, ADHORAS, ADORAS, AR, ARA, ARAS. *Agora*, esp. port. *Aora*, ital. *Ara*, cat. Actuellement, présentement, maintenant, tantôt, à présent.

Éty. du lat. *hâc-horâ.*

AORAR, v. a. vl. Adorer. V. *Adourar*, *Ahurar* et *Our*, R.

AORDENAMENT, V. *Adordenament* et *Ord*, R.

AORDENAR, vl. V. *Adordenar.*

AORDINATIO, s. f. vl. Réglement, disposition. V. *Ord*, R.

AORFENAR, v. a. vl. Rendre orphelin. V. *Orfenar.*

AORFENAT, ADA, adj. et p. vl. Rendu orphelin. V. *Orfenat.*

AORLHAC, nom de lieu, vl. Aurillac, ville d'Auvergne.

AORRIR, vl. V. *Abhourrar* et *Hourr*, Rad.

AORSAT, ADA, adj. et p. Ardent, méchant, furieux.

Éty. de *ursus*, ours, d'où le roman *aorsé.*

AORSER, v. a. vl. Attacher, unir, adhérer.

AORTA, s. f. (aórte); *Aorta*, esp. ital. port. Aorte, grande artère qui sort du ventricule gauche du cœur, et qui porte le sang artériel dans toutes les parties du corps, par le moyen de ses subdivisions.

Éty. du lat. *aorta*, dérivé du grec ἀορτὴ (aortê), vaisseau, le vaisseau par excellence. V. *Aver*, *Orgue*, *Bibla*, etc.

AOS

AOST, s. m. vl. Août. V. *Aoust.*

AOU

AOU, L'*u* se prononçant *ou* après l'*a*, il faut chercher par *au* tous les mots qu'on a mal à propos écrits par *aou.*

AOU, d. bas lim. pour *Or*, v. c. m.

AOUÉ, v. auxil. (aoué), dg. Avoir, d'Astros. V. *Aver.*

AOUEI, dl. pour aujourd'hui. V. *Hui.*

AOULHA, s. f. d. béarn. AOLHA. Brebis. V. *Feda.*

Éty. du lat. *ovicula*, dim. de *ovis*, brebis.

AOURA, alt. de *a houra*. V. *Ara*, maintenant. et *Hour*, R.

AOURUELA, dl. V. *Auricela.*

AOUSSA, Employé par d'Astros, pour *aguessa*, il eût.

AOUST, s. m. (oust); AVOUST, OUST, OST, AOUS. *Agosto*, ital. esp. port. Août, qu'on prononce oût, huitième mois de l'année actuelle.

Éty. de *augustus*, Auguste.

Ce mois appelé *sextilis*, parce qu'il était le sixième dans le calendrier de Romulus, prit la dénomination de *augustus*, sous le XIme consulat d'Auguste. L'an 730 de Rome, d'après l'édit suivant publié par le Sénat.

« Parce que dans le mois *sextilis*, César » Auguste a commencé son premier consulat, » a eu trois fois les honneurs du triomphe, a » vu marcher sous ses auspices les légions du » Janicule, a réduit l'Egypte sous l'obéis- » sance du peuple romain, et terminé la guer- » re civile: il plaît et il plaira au Sénat que ce » mois, le plus heureux pour l'Empire, soit » désormais appelé *Auguste*. Noël. Dict. des » Origines. »

Romulus avait fait ce mois de 30 jours, Numa de 29 et enfin César de 31.

Se plou en aous
Tout oli ou tout mous. Prov.

AOUSTAR, v. n. (aoustá), dl. Faire le labour d'août.

Éty. de *aoust* et de l'act. *ar.*

AOUSTENC, ENCA, adj. (aoustéinc, éinque); OUSTENC. *Agostizo*, esp. *Agostino*, ital. Qui appartient, qui mûrit dans le mois d'août.

Éty. de *aoust* et de *enc*, litt. habitant du mois d'août.

AOUSTIES, nom d'homme, (aoustiés), dl. Athanase.

Éty. de Saint-Athanase, évêque d'Alexandrie, mort le 18 janvier 373, dont l'Eglise célèbre la fête le même jour.

AOUZEL, dg. V. *Aucel.*

AP

AP, vl. employé pour *ab*, avec. V. *Ame.*

APA

APACHOUNAR, v. a. (apatchouná), dl. Patrouiller, manier quelque chose malproprement; la déranger en la maniant.

Éty.

APACHOUNAT, ADA, adj. et p. (apatchouná, áde), dl. Sale, mal propre, chiffonné.

APACTAR, v. n. vl. Traiter, convenir, pactiser. V. *Pach*, R.

APAGABLE, ABLA, adj. (apagáblé, áble); *Apacible*, *ibla*, esp. Paisible, doux, affable.

Éty. du lat. *pacalis*, de paix, formé de *pacare*, pacifier. V. *Paci*, R.

APAGANSA, s. f. vl. *Appagamento*, ital. Contentement, satisfaction.

APAGAR, v. a. vl. APAIAR, APAGUAR, APAZIAR. *Apagar*, cat. esp. port. *Apagare*, ital. Calmer, appaiser, satisfaire, pacifier, payer, accorder, contenter, éteindre. — v. r. Se complaire, s'affectionner, s'attacher, s'appuyer.

Éty. du lat. *pax*, *pacis*, dérivé de l'ancien verbe *pacere* ou *pagere*, le même que *pangere*, au supin *pactum*. Roquef. V. *Paci*, R.

APAGUAR, et

APAIAR, vl. V. *Apagar.*

APAIRIAR, vl. V. *Apariar.*

APAISANIR S', v. r. (s'apeïsanir); APEYSANIR S'. Prendre les mœurs et les usages des gens de la campagne, des paysans.

Éty. de *a*, de *paisan* et de *ir*; litt. devenir paysan. V. *Pag*, R. 2.

APAISANIT, IDA, IA, adj. et part. (apeïsani, ie, ide); APEYSINABIT. Devenu grossier comme un paysan. V. *Pag*, R. 2.

APAISAR, v. a. (apéisá); APEISAR, ADOUCIR, ASSOULAR, APASIMAR, ABAUCAR, APAJAR, APLACAR. *Apaciguar*, esp. *Aplacar*, port. *Placare*, ital. Apaiser, ramener la paix ou à la paix; adoucir.

Éty. de *a*, de *pais* pour *pacis*, paix, et de *ar*; *ad pacem adducere*. V. *Paci*, R.

APAISAR S', v. r. S'apaiser, se calmer.

APAISAT, ADA, adj. et p. (apeisá, áde); *Apaciguado*, *ada*, esp. Apaisé, ée. du lat. *pacatus*. V. *Paci*, R.

APAISSER, v. a. et n. vl. Repaître, nourrir, rassasier. V. *Past*, R.

APALHAGE, s. m. (apailládgé); APAILLAGE, APAIAGE. Action de mettre de la litière ou de la jonchée. Garc. V. *Palh*, R.

APALHAR, v. a. (apaillá); APAIAR, APAILLAR, APAILLAR. Jeter de la paille sous les animaux pour faire leur litière, faire une jonchée.

Éty. de *a* pour *ad*, de *palha* et de *ar*; jeter beaucoup de paille à... V. *Palh*, R.

APALHASSAT, ADA, adj. et p. (apaillassá, áde), dl. Courbé ou étendu sur un lit.

Éty. de *a*, sur, de *palhassa* et de *at*, mis, étendu sur la paillasse. V. *Palh*, R.

APALHAT, ADA, adj. et p. (apaillá, áde). Dont la litière est faite. V. *Palh*, R.

APALHOUN, s. m. (apaillóu), dg. APALHOU. Espèce de filtre fait avec une poignée de paille ou de brindilles, qu'on met en dedans de la cuve, devant le trou de la canelle, pour arrêter les pepins et les pellicules que le vin pourrait entraîner en sortant.

APALHUN, s. m. (apaillún); APAILLUN. Paille ou feuillages qu'on jette sous les bestiaux pour faire leur litière.

Éty. de *a* augm., de *pailha* et de *un*; tout ce qui sert de paille pour la litière. Voy. *Palh*, R.

APANAGI, s. m. (apanádji); APANAGE. *Appannaggio*, ital. *Apanagio*, port. Apanage, ce qu'un prince donne à ses puînés pour partage.

Éty. de la basse lat. *apanagium*, formé de *panis*, pain. V. *Pan*, R.

Apanage se dit aussi, par extension, pour tout ce qui fournit des moyens d'existence.

Les rois des deux premières races partageaient leur royaume à leurs enfants, et les apanages étaient inconnus; mais ceux de la troisième commencèrent à nommer des héritiers, et à laisser aux autres des moyens d'existence qu'on nomma *apanages.*

APANAMENT, s. m. vl. APANAMEN. Nourriture; commerce, société, fréquentation, art, portion.

APANAR, v. a. (apaná). Fournir du pain; nourrir, entretenir.

Éty. de *a*, de *pan* et de *ar;* donner du pain ; ou de la basse lat. *apanare*, Voy. *Pan*, R.

Apanar una filla, dl. doter une fille, lui donner du pain.

APANAT, ADA, adj. et p. (apanà, àde). Pourvu de pain. Aub.

APANOUCHIR, v. a. (apanoutchir) ; *Apañuscar*, esp. Chiffonner en maniant.

Éty. de *a*, de *panoucha* et de *ir*. Voy. *Pan*, R. 2.

APANOUCHIT, IDA, adj. et p. (apanoutchi, ide) ; *Apañuscado, ada*, esp. Chiffonné, ée. V. *Pan*, R. 2.

APANOULH, s. m. (apanóuill); APANOUIL. Talle, fane du blé. Garc.

APANOULHAR, Garc. V. *Gaissar*.

APANOUN, s. m. (apanóun) ; APAROUN. Jeune pousse de la vigne. Garc.

APANTAR, v. a (apoontá), d. b. lim. Faire tomber quelqu'un sur ses mains. V. *Abouchounar*.

Éty. de *a*, de *pauta*, main, et de *ar*, V. *Pat*, R.

APAPAISSOUNAR, V. *Aribar*, arriver à son pays. V. *Pag*, R.

APAPAISSOUNAR, dl. V. *Abecar*.

APAPUSTA, s. f. vl. Pain, gâteau.

APARA, impér. du verbe *aparar*, et exclam. (apàre). Défendez; cri d'avertissement pour dire prenez garde à la chose qu'on désigne, et qui est en danger d'être dévorée ou volée. V. *Par*, R. 3.

APARA, dl. Le même que *Passerart*, v. c. m.

APARAMOUN, et

APARAILAMOUN, adv. (aparamóun et apareilamóun). V. *Aperamoun* et *Mont*, R.

APARAR, v. a. (aparà) ; APPARAR. *Aparar*, port. Défendre, prendre la défense de quelqu'un.

Éty. du lat. *apparare*, préparer, armer pour la défense. V. *Par*, R. 3.

Apara d'enluc, il en prend où il en trouve, il ne respecte rien.

Apara-lou, dit-on en lang. pour faire honte, fi! le vilain.

APARAR, v. a. APPARAR. *Aparar*, esp. port. Tendre la main, le coin de son manteau, son tablier, etc., pour recevoir quelque chose qu'on nous jette.

Aparar de coous, recevoir des coups. V. *Par*, R. 3.

APARAR S', v. r. Se défendre, se garantir : *S'aparar coumo cateves*, dl. se défendre à bec et à griffes ; *S'aparar dau fret*, se garantir du froid. V. *Par*, R. 3.

APARAT, s. m. V. *Apparat*.

APARAT, s. m. (aparà). Un des noms languedociens du moineau. V. *Passerart*.

APARAT, ADA, adj. et p. (aparà, àde). Défendu, ue. V. *Par*, R. 3.

APARCELAMENT, s. m. anc. béarn. Division, partage. V. *Part*, R.

Item per charta de aparcelament de pay, ó de may, filh, ó filha, dus soós morl-ás, Fors et cost. de Bearn.

APAREGUT, UDA, adj. et p. vl. Apparu, ue. V. *Pareiss*, R.

APAREILAMOUN, adv. (apareilamóun) ; APEREILAMOUN. De par là-haut.

APAREILLAR, vl. V. *Apparelhar*.

APAREISSOUN. V. *Garda*, *Pareissoun* et *Pal*, R.

APAREISSOUNAR, v. a. (apareissouná); EMPAREISSOUNAR, GARDOUNAR, APAREICHOUNAR, PAISSELAR Echalasser la vigne ; ramer les haricots, les pois, etc. Terme de Fayance. Gar. V. *Gardounar*, *Palissounar* et *Pal*, R.

APARELH. vl. et composés. V. *Apparelh*, etc.

APARELLAMEN, vl. V. *Apparelhament*.

APARELHAR, vl. V. *Apparelhar*.

APARENSA. V. *Aparensa*, cat. *Apparença* et *Pareiss*, R.

APARER, v. a. vl. APPARER. *Aparer*, anc. cat. *Apparere*, ital. Connaître, faire connaître, comparaître, découvrir, paraître, apparaître, se montrer.

Éty. du lat. *apparere*, m. s. V. *Pareiss*.

APAREYLAR, vl. V. *Apparelhar*.

APAREYSSER, vl. V. *Appareysser* et *Pareiss*, R.

APARIAR et composés. V. *Appariar*.

APARIAT. V. *Apparelhat*.

APARICIO, s. f. vl. V. *Apparition*, R.

APARIEIRAR, d. b. lim. V. *Appariar* et *Apparieirar*.

APARILHAR, d. b. lim. (opoɾillá). V. *Apparelhar*.

APARISSANT, ANTE, adj. vl. Présent, ente, qui apparaît. V. *Pareiss*, R.

APARLIEYRA, s. f. vl. Bavarde, parleuse.

Éty. de *a*, de *parl*, et *ieyra*. V. *Parl*, R.

APARON. V. *Apanoun*.

APAROUNAR, v. a. (aparouná). Ménager le cep ou sujet de la vigne, en la taillant. Aub.

APARRA (apárre), s. f. et

APARRAT, s. m. (aparrá). Noms qu'on donne au moineau en Gascogne. V. *Passerart*.

APARSONAR, v. a. vl. partager, doter. V. *Part*, R.

APARTAMENT. V. *Appartament*.

APARTAR, v. a. (apartá) ; *Apartar*, esp. port. *Apartare*, ital. anc. Écarter, mettre à part, séparer, désunir.

Éty. du grec ἀπαρτάω, (apartaô), séparer, diviser, ou de *a*, de *part* et de *ar*, litt. mettre à part.

APARTENENÇAS, s. f. pl. (apartenéinces) ; *Pertinencias*, esp. *Pertenças*, port. *Appartenenze*, ital. Appartenances, choses qui appartiennent à une autre, qui en font partie, qui l'ornent ou l'accompagnent.

Éty. de *apartenir*, v. c. m. et de *enças*, V. *Ten*, R.

APARTENIR, v. n. (apartenir) ; *Apartoucar*, *Appartenere*, ital. *Pertenecer*, esp. *Pertencer*, port. Appartenir, tenir, être attaché à une personne ou à une chose par un lien de dépendance ou de propriété.

Éty. du lat. *pertinere*, m. s. V. *Ten*, R.

APARTENENSA, vl. V. *Apartenenças*.

APARTIR, v. a. vl. *Apartar*, cat, esp. port. Séparer. V. *Part*, R.

APARTURIR, v. n. d. vaud. Enfanter, produire.

Éty. du lat. *parturire*. m. s.

APARVENT, adj. vl. Apparent, visible ; *Fazer aparvent*, faire voir, faire connaître.

Éty. du lat. *apparere*, se montrer. V. *Pareiss*, R.

APAS D', adv. vl. Tout doucement, sans bruit.

Éty. de *à-pas*, au pas, non à la course. V. *Pass*, R.

APASIAR, vl. V. *Apagar*.

APASIMAR, v. a. (apasimá), dg. *Apazimar*. Appaiser, adoucir, calmer, tempérer. V. *Apaisar* et *Assoular*.

Éty. de *a* pour *ad*, de *pas*, paix, et de *imar*, aller, tendre vers la paix. V. *Paci*, R.

Gentis pastourelets que dejouts les oumbrettas
Sentets apasimar le càlimas del jour.
Goudouli.

APASIMAT, ADA, adj. et p. (apasimà, àde), dg. *Apazimat*. Appaisé, calmé, ralenti. V. *Paci*, R.

APASTENCAR, v. a. vl. APASTENGAR, APACENTAR, esp. port. Nourrir, donner la pâture, faire paître, V. *Past*, R.

APASTENGAR, v. a. (apasteingá), dg. Faire paître. V. *Apastencar* et *Past*, R.

Au bord arrisent de l'Arrats.
Mas aoueillos apastengaoui. D'Astros.

APASTORGAR, v. a. et n. vl. Faire paître, faire pâturer, paître. V. *Past*, R.

APASTURAR, v. a. (apasturá), dg. APASTURAR. *Apasturar*, anc. esp. cat. *Affourager*, donner à manger, nourrir, faire paître, fournir de la pâture aux animaux.

Éty. de *a*, de *pastura* et de *ar*, litt. donner de la pâture. V. *Past*, R.

Maire tendro o tont soin de so prougeniluro,
Qué per l'opostura négligo so posturo.
Peyrot.

APASTURAT, ADA, adj. et p. dg. Nourri, ie. V. *Past*, R.

APASTURGAR, dl. V. *Pasturgar* et *Part*, R.

APATISCAR, v. a. vl. Gorger, repaître, nourrir abondamment. Empâter. V. *Past*, R.

APATRASSAR S', v. r. (s'apatrassá), dl. Se camper, se flanquer, s'étendre tout de son long. Sauv.

Éty. de *patrata*, formé par onomatopée, de *a* et de *ar*.

APATRASSAT, ADA, adj. et p. (apatrassá, àde), dl. Flanqué, campé, étendu de son long. V. *Patratra*.

APAUBRIR, v. a. vl. Appauvrir, ruiner. V. *Apaurir* et *Paur*, R.

APAURIR, v. a. (apaourir) ; APPAURIR, APOOURIR, EMPAURIR. *Impoverire*, ital. *Empobrecer*, esp. port. Appauvrir, rendre pauvre ; rendre moins fertile ; rendre une langue moins expressive.

Éty. de *a* pour *ad*, de *paure*, pauvre, et de *ir*, aller à ou vers la pauvreté, ou du lat. *aporiare* ou *pauperare; pauperem facere*, m. s. V. *Paur*, R.

Rendre peureux. V. *Espaurir.*

APAURIR S', v. r. S'appauvrir, devenir pauvre.

APAURIT, IDA, IA, adj. et p. (apaouri, ide, ie); EMPAURIT. *Empobrecido*, esp. port. Appauvri, ie; épuisé, en parlant du corps.

Éty du lat. *pauperatus*. V. *Paur*, R.

APAUSAR, v. a. (apaousá), dl. APAUZAR. *Aposar*, anc. cat. Consentir, convenir, accorder.

Éty.

Qu de res noun se mescla, de tout a pausa; rien ne trouble la paix de celui qui ne se mêle de rien; *Qu res noun dis de tout a pausa*, dl. le même que le provençal, *Qu dis ren counsente*, qui ne dit rien consent à tout.

APAUSAR ou *Apauzar*, vl. Distribuer, appliquer, imputer, exposer, du lat. *Aponere*.

APAUTAR S', v. r. m. d. Tomber la face contre terre sur ses mains, V. *Abouchounar s'*. V. *Pat*, R.

APAUTAS, ou de *Apautas*, d. b. lim. A quatre pattes; *De quatre peds*.

APAUZAR, v. a. vl. Distribuer, ajouter. V. aussi *Apausar*.

APAYAR, d. lim. V. *Apaisar*, apaiser. V. *Paci*, R.

APAYAR, vl. V. *Apagar*.

APAZIAR, vl. V. APAGAR.

APAZIGAR, v. a. vl. Pacifier, accommoder. V. *Paci*, R.

APAZIMAR. V. *Apasimar*.

APC

APCHA, s. f. Hache. V. *Hapia* et *Aisso*.

APE

APEBAR, dl. V. *Apesar*.

APECAR S', v. r. (s'opecá), d. bas lim. Avoir de la peine, du travail à faire quelque chose; *M'apeque a marchar*, je marche avec peine; *S'apecar à jungir lous dous bouts*, il aura de la peine à joindre les deux bouts.

APECHOUNAR, dl. V. *Pastistegear*.

APEDAGNAR, v. a. (apedagná), d. des environs de Toulouse. Elever du bas en haut.

Éty. du grec πεδαίρω (pedairô), élever de terre à une grande hauteur, formé de πέδον (pédon), terre, et de αἴρω (airô), lever, élever.

APEDREGAR, v. imp. vl. *Apedrear*, esp. Grêler.

Éty. *apedrejar*, en port. signifie, lapider, accabler de coups de pierres. V. *Petr*, R.

APEGAR S', v. r. vl. *Apegarse*, esp. port. V. *Empegar s'* et *Peg*, R.

APEI, dl. V. *Piei*.

APEISANIR S', V. *Apaisinir*.

APEISAR, V. *Apaisar*.

APEISAT, V. *Apaisat*.

APEISSOUNAR, v. a. (apeissouná); APEICHOUNAR. V. *Empeissounar*.

APEITAR, v. a. vl. Désirer, souhaiter, attendre. V. *Pet*, R. 2.

APEJURAR, v. n. vl. Empirer, devenir pire. V. *Pej*, R.

APEL, et composés. V. *Appel*.

APELADOR, adj. vl. Qu'on doit appeler. V. *Appell*, R.

APELAR, vl. V. *Appelar*.

APELENTIR S', v. r. (s'apeleintir), d. bas lim. Se gazonner, se couvrir de gazon. V. *Agermir s'*.

Éty. de *a*, de *pelen*, gazon, et de *ir*.

APELETS, adv. (apelés), vl. Ouvertement, publiquement.

Éty. Ce mot ne paraît être qu'une alt. du latin, *apertè*, m. s.

APELH, s. m. vl. V. *Appel*.

APELHAR, vl. V. *Appelar*.

APELLADOR, s. m. vl. APELLAIRE. *Apellador*, cat. Appelant, celui qui appelle d'un jugement.

APELLAIRE, vl. V. *Apellador*.

APELLAMENT, s. m. vl. Vocation. V. *Appell*, R.

APELLAR, vl. V. *Appellar*.

APELLATION, vl. V. *Appellation*.

APELLATIU, adj. vl. *Appellatiu*, cat. *Apelativo*, esp. *Appellativo*, port. ital. Appellatif, nom appellatif, qui convient à plusieurs.

Éty. du lat. *appellativus*, m. s.

APELOT, vl. Il ou elle appela, nomma, ou appelait, nommait.

APEN, vl. Il ou elle appartient, dépend, est soumis, tient, est attaché.

APENA, adv. (apéne); *Apenas*, esp. A peine. V. *Pen*, R.

APENAR S', dl. V. *Penar se*.

APENDAR, s. m. vl. Apprentis; hangar, grenier. V. *Pend*, R.

APENDARIA, s. f. vl. Dépendance. V. *Pend*, R.

APENDRE, vl. pour apprendre. Voy. *Apenre* et *Prendr*, R.

APENDRE, v. n. vl. APENRE. Appartenir, être soumis; obéir, se rapporter à.... Attacher, apprendre. V. *Pend*, R.

APENDRIS, dl. V. *Apprendis* et *Prendr*, Rad.

APENEMENT, s. m. vl. Affliction. V. *Pen*, R.

APENRE, v. a. (apéinré), vl. Apprendre. V. *Apprendre*.

APENRE, v. n. vl. APENDRE. Dépendre de, être annexé à, faire partie de, appartenir; *Apent*, il appartient. V. *Apendre*.

APENSACIA, s. f. vl. Ferme, métairie.

Éty. *appensa*, *appendaria*, maison rustique, appentis.

APENSADAMENT, adv. vl. Avec réflexion. V. *Pes*, R.

APENSAMENTIT, IDA, IA, IVA, adj. Avr. V. *Pensatiou* et *Pes*, R.

APENSAR, v. a. vl. Examiner, penser, rêver, songer, réfléchir. V. *Pes*, R.

APENSAR, v. n. vl. APESSAR. *Appensare*. ital. Penser, imaginer, rêver, préoccuper. V. *Pes*, R.

APENSAT, ADA, adj. vl. APENSOS. Pensif, ive, préoccupé. V. *Pensatiou* et *Pend*, R.

APENSATIF, IVA, Avr. V. *Pensatiou*.

APENSATIT, d. du Var. V. *Pensatiou*.

APENTHEZIR, v. a. vl. Soumettre à l'*épenthèse*, *épenthéser*.

Éty. de *apenthez* et de *ir*.

APENTHEZIS, s. f. vl. Épenthèse, addition d'une lettre ou d'une syllabe au milieu d'un mot.

Éty. du grec ἐπένθεσις (epenthésis), fait de ἐπι (épi), et de ἔνθεσις (enthesis), l'action de mettre dans.

APEOU, dl. Sans fond. V. *Apes* et *Appeou*.

APEOUAR, dl. V. *Apesar*.

APEOUN, s. m. (apée-n); FOUNDAMENTS. Fondement d'un mur, fossé qui doit recevoir les premières pierres sur lesquelles on fonde une muraille.

Curar lous apeouns, creuser les fondements; *Donnar l'apeoun*, donner la faculté de creuser les fondements d'un mur de soutenement, sur la limite même, qui sépare deux propriétés.

Éty. du grec ποῦς (poûs), pied, ou du celt. *pen*, qui signifie rocher. V. *Ped*, R.

APEOUNAR, v. a. (apeounár). Fonder, poser les fondements d'un mur.

Éty. de *apeoun*, et de la term. act. *ar*. V. *Ped*, R.

APEOUNAR S', v. r. S'efforcer, travailler de toutes ses forces; employer tous ses moyens. V. *Ped*, R.

APEOUTAR, V. *Apesar*.

APER, ABR, OBR, UBR. Radical dérivé du latin *aperire*, ouvrir, se faire jour, élargir, rendre accessible: entamer, fendre, trouer; d'où: *Aperitio*, ouverture, trou, et *Apertus*, ouvert.

De *apertus*, par apoc. *apert*; d'où: *Malapert*, *Apert*, *Apert-a-ment*, etc.

De *aperire*, par apoc. *aper*; d'où: *Apercio*, *Aper-itif*, etc.

De *aper*, par le changt. de *p* en *b*, et suppr. de *e abr*; d'où: *Abr-ir*, *Abr-iou*, etc.

De *abr*, par le changt. de *a* en *o*, *obr*; d'où: *Obr-ir*, *Obr-i-ment*, etc.

De *obr*, par le changt. de *o* en *u*, *ubr*; d'où: *Ubr-ir*, *Ubr-i-ment*, *Ad-ubr-ir*, etc.

De *ubr*, par la transposition de *r*, *urb*; d'où: *D-urb-ir*, *D-urb-it*.

De *urb*, par une autre transposition de *r*, *rub*; d'où: *D-rub-ir*, *D-rub-ert*.

De *apert*, *opert*, par le changt de *o* en *u*, *upert*, et par celui de *p* en *b*, *ubert*; d'où: *Ubert*, *Uberta-ment*, *Ubert-ura*.

De *ubert*, par l'addition d'une *h*, *hubert*; d'où: *Hubert*, *Hubr-ir*, etc.

APERA, Avr. V. *Pera*.

APERABAS, V. *Aperavau*.

APERAILA, adv. (apereilà); APERAILAI. En delà, de l'autre côté.

Éty. de *a*, de *per*, et de *ailà*.

APERALIN, adv. (aperalìn), d. d'Arl. Par là bas, en bas.

APERAMOUNDAU, Par là haut.

APERAMOUNT, adv. (aperamóun); APARAMOUNT. Là haut, par là haut.

Éty. de *a*, *per*, *amount*, de par là haut. V. *Mont*, R.

APERAQUIT, adv. (aperaquí). Tout doucement, là-là, tout près, sans préciser l'endroit, par là.

Éty. de *a*, *per*, *aquit*, de par là.

APERAR, alt. du dg. de *Appelar*, v. c. m.

APERAVAU, adv. (aperavàou); APEREILAVAU, APERABAS. Par là bas, en bas.

Éty. de *a*, *per*, *avau*. V. *Val*, R. 2.

APERAT, ADA, adj. et p. anc. béarn. Appelé, ée. V. *Appelat*.

APERAVAU, adv. (aperaváu). Par là bas, sans préciser le lieu.

APERCEBEMEN, s. m. vl. *Apercebiment*, cat. *Apercibimiento*, esp. *Apercibimento*, port. Discernement, intelligence.

Éty. de *apercebre*, et de *ment*. V. *Cap*, Rad. 2.

APERCEBRE, v. a. (apercébré); VEIRE, APERCEVRE. *Apercebrer*, cat. *Apercebir*, esp. *Perceber*, port. Apercevoir, voir d'une manière imparfaite; commencer de voir; remarquer, distinguer.

Éty. du lat. *percipere*, et de *ad*. V. *Cap*, Rad. 2.

Avertir, donner avis.

APERCEPRE, vl. V. *Apercebre*.

APERÇUT, UDA, adj. et p. (aperçu, ùde); *Apercibido, ida*, esp. *Apercebut*, cat. Aperçu ue. V. *Vist*, et *Cap*, R. 2.

APERCEUBUDAMEN, adv. vl. Avec intelligence, avec discernement, sur des gardes.

Éty. de *aperceubuda*, pour *aperçuda*, et de *men*, pour *ment*. V. *Cap*, R. 2.

APERCEUBUT, UDA, adj. vl. *Apercebut*, cat. *Apercebido*, esp. Apperçu, ue; avisé, prudent, sur ses gardes, prêt à agir. V. *Cap*, R. 2. et *Aperçat*.

APERCIO, s. f. vl. *Aperção*, port. *Aperzione*, ital. *Apercion*, esp. Trou, ouverture.

Éty. du lat. *arpertio*, m. sign. V. *Aper*, Rad.

APERCUBRE, alt. de *Apercebre*, v. c. m. et *Cap*, R. 2.

APERESIR S', v. r. (s'aperesir); APEREVOUIRE, ACAGNARDAR S'. S'acoquiner, s'acagnarder, devenir mou, lâche, paresseux.

Éty. de *a*, de *peresa*, paresse, et de *ir*; devenir paresseux. V. *Pigr*, R.

APERESIT, IDA, adj. et p. (aperesi, ide); APEREVOUI, ACOUQUINAT, AGOURRINAT. Acoquiné, acagnardé, mou, lâche; paresseux au travail.

Éty. de *a*, de *peresa* et de *it*; devenu paresseux. V. *Pigr*, R.

APEREVOUI, dm. V. *Aperesit* et *Pigr*, Rad.

APEREVOUIRE, dm. V. *Aperesir* et *Pigr*, R.

APERIT, adj. et p. vl. Couvert, commencé. V. *Aper*, R.

APERITIF, VA, adj. et s. (aperitif, iva); *Aperitiu*, cat. *Aperetivo*, esp. port. ital. Apéritif, ive, remède auquel on attribuait la propriété d'atténuer, de diviser les humeurs et de les rendre par là plus susceptibles d'être évacuées; fondant, diurétique.

Éty. du lat. *aperitivus*, *aperiens*, de *aperire*, ouvrir. V. *Aper*, R.

APERITIU, IVA, adj. vl. *Aperitiu*, cat. V. *Aperitif* et *Aper*, R.

APERMUT, adj. et part. vl. Opprimé, affligé.

APEROUQUIAR, v. a. (aperouquiá), dl. Achalander. Sauv.

APERT, adj. vl. APERTZ. *Obert*, cat. *Abierto*, esp. *Aberto*, port. *Aperto*, ital. Ouvert, évident, développé; expert, habile, prévoyant.

Éty. du lat. *apertus*, m. s. V. *Aper*, R.

En appert, tout haut, ouvertement.

APERTAMENT, adv. bas lim. vl. APERTEMENT, APERTAMEN, APERTAMENS. *Abertament*, cat. *Abiertamente*, esp. *Abertamente*, port. *Apertamente*, ital. Clairement, évidemment, ouvertement, publiquement, avec confiance, aussitôt, sur le champ.

Iou zou veze arpertament, d. bas lim. je le vois clairement.

Éty. du lat. *aperte*, et de *ment*. V. *Aper*, Rad.

APERTAR, v. n. (apertá), vl. *Apertar*, port. Toucher, concerner, appartenir: *No aperte a lui*, il ne se met point en peine.

Éty. du lat. *pertinere*, m. s. V. *Ten*, R.

APERTE, vl. pour *Aparten*. Il ou elle touche, concerne, appartient.

APERTEGAR, v. a. vl. Mettre à profit. Sauv. V. *Ten*, R.

APERTEINC, vl. V. *Apertenemen*.

APERTEMENT, adv. vl. V. *Apertament* et *Aper*, R.

APERTENEMEN, s. m. vl. APERTEINÇ. Appartenance, possession.

APERTENEMENT, adj. vl. APERTENEMEN. Appartenance. V. *Ten*, R.

APERTENER, v. n. vl. V. *Appartenir*.

APERTIU, IVA, adj. vl. *Apertivo*, ital. Aperitif.

Éty. du lat. *apertivus*. V. *Aper*, R.

APES, s. m. et adj. (apès), dl. APEOU. Terme de nageur, sans fond, dont on ne peut toucher le fond.

Éty. de *a* priv. et de *pus*, pied sans pied. sans appui ou sans fond. V. *Ped*, R.

APESAR, v. n. (apesá); APEBAR, APEOUTAR, APEOUAR, PRENDRE PED, APEZAR. En terme de nageur, prendre pied, ou toucher le fond: *Pode pas apesar*, je perds pied, le fond me manque; y a-t-il pied, peut-on aller au fond?

Éty. de *a* priv., de *pes*, pied, et de l'act. *ar*; ne pouvoir prendre pied. V. *Ped*, R.

APESAR, v. a. (apezá); CALMAR, ADOUCIR. Apaiser, calmer, pacifier. V. *Paci*, R.

APESSADAMEN, adv. vl. APESSADAMENS. *Apensadament*, anc. cat. *Appensatamente*, ital. Avec réflexion, avec intention. Voy. *Pes*, R.

APESSAR, V. *Apensar* et *Pes*, R.

APETIMENT, vl. m. s. que *Appetit*, v. c. m. et *Pet*, R. 2.

APETISIR, v. a. (apetisir), d. bas. lim. APETIZIR, APETISSAR. Apetisser, rendre plus petit, plus court, diminuer.

Éty. de *a*, augm., de *petit* et de *ir*; devenir plus petit. V. *Petit*, R.

APETISIR S', v. r. m. d. Devenir petit; on le dit particulièrement des vieillards dont la taille diminue par l'affaissement ou la courbure de la colonne vertébrale. V. *Apichounir s'* et *Petit*, R.

APETISSAR, v. a. anc. lim. Rapetisser. V. *Apetisir* et *Petit*, R.

APETISSAT, ADA, adj. et p. anc. lim. Rendu plus petit, diminué. V. *Petit*, R.

APETIT, vl. V. *Appetit*.

APETOUI, (apetóuï), et

APETOUNIT, adj. (apetouni), dl. On le dit du pain bien ou mal apprêté: *Pan mau apetoui* ou *aisset*.

Éty. Si ce mot est dérivé, comme il le paraît, de *appétit*, il faudrait l'écrire par deux *pp*. V. *Pet*, R.

APEU, s. m. (apèu), dg. Pied-fond, se dit de la profondeur de l'eau d'une rivière: *Noun y a pas apeu*, on ne peut prendre pied.

Éty. de *a* priv. et de *peu*, pour *ped*, pied, où le pied ne peut pas atteindre. V. *Ped*, R.

APEUS, vl. sans fond.

APEVOUN, s. m. (apevóun). Tronc d'un arbre, Avril. alt. de *Peroun*, v. c. m.

APEY, adv. et pr. (apéï), dg. On trouve souvent ce mot dans Jasmin, au lieu de *Apres*, v. c. m.

APEYREGAR, v. a. vl. APEYREGUAR. Lapider. V. *Petr*, R.

APEYREGUAR, vl. V. *Apeyrégar*.

APH

APHANEIDOSCOPO, s. m. (aphaneidoscópe). Aphanéidoscope, mot nouveau, créé pour désigner un instrument d'optique qui a la propriété de soumettre les corps opaques aux effets de la lumière.

Éty. du grec ἀφανής (aphanès), obscur, et de σκοπέω (skopeô), regarder, considérer.

M. Chevalier a inventé cet instrument en 1820.

APHERESA, s. f. (apherèse); AUFERESIS, vl. *Aferesis*, esp. *Aferesi*, ital. *Apherese*, port. Aphérèse, fig. de grammaire par laquelle on retranche une syllabe ou une lettre au commencement d'un mot.

Auferesis es ostamento removement de letra o de sillaba del comensamen de dictio.

Fl. del gay sab.

Éty. du lat. *aphæresis*, m. s. dérivé du grec ἀφαίρεσις (aphairésis), retranchement formé de ἀφαιρέω (aphairéô), ôter, retrancher; dérivé de ἀπὸ (apo), et de αἱρέω (airéô), je prends.

APHERESIR, v. a. vl. AUFERESIR. Modifier par aphérèse.

Éty. de *apheresa* et de *ir*.

APHO, APHIA, désinence dérivée du grec γράφω (graphô), j'écris, je décris. *Geo-grapho*, de *gé*, terre, et de *graphô*, je décris; d'où: *Geo-graphia*, description de la terre; *Biblio-grapho*, de *biblon*, livre, qui décrit les livres; *Olo-grapho*, de *olos*, tout, écrit tout entier de la main du testateur; *Auto-grapho*, de *autos*, soi même, qui est écrit par l'auteur même; *Ortho-grapha*, de *orthos*, droit, en règle, et d'écrit.

APHORISME, s. m. (aphourismé); APHOURISME. *Aphorismus*, cat. *Aforismo*, ital. esp. *Aphorismo*, port. esp. Aphorisme, proposition qui renferme en peu de mots une maxime générale.

Éty. du grec ἀφορισμὸς (aphorismos); distinction, séparation, définition, qui vient de ἀφορίζω (aphorizô), séparer, définir, c'est-à-dire, sentence choisie qui définit nettement toutes les propriétés d'une chose.

APHTAS, s. f. pl. (àphtes); *Aphtas*, port. Aphtes, s. m. pl. petits ulcères blancs et superficiels qui se manifestent dans la bouche. V. *Cran*.

Éty. du lat. *aphtæ*, m. s. dérivé du grec ἄφθαι (aphtai), qui peut venir de ἅπτω (haptô), j'enflamme, parce que ces ulcères causent une chaleur brûlante.

API

API, ACH. V. *Hapi*, radical dérivé du latin *acies*, tranchant.

De *acies*, par apoc. et par le changement de *ci* en *ch*, *ach*; d'où: *Ach-oun*, *Ach-ar*, *Ach-ou-pin*, *Api-oun* et *Api-a*.

API, s. m. (àpi); CELERI. *Apio*, esp. *Apit*, cat. *Aipo*, port. *Appio*, ital. mod. *Apio* ital. anc. Céléri: *Apium graveolens*, Lin. Var. *dulce*, Mill. plante de la fam. des Ombellifères, qui n'est qu'une variété, produite par la culture, du persil odorant.

Éty. du lat. *apium*, dérivé de *apis*, parce que cette plante est agréable aux abeilles, selon les uns, ou du celt. *apon*, eau, parce qu'elle croît dans les lieux humides, selon d'autres; selon Bullet, p. exemple.

API, pour Hâche. V. *Hapi*.

API, A LA BONA, expr. adv. A la franquette, franchement, ingénuement. Avr.

API-BASTARD, s. m. Nom avignonnais de l'ache de montagne ou angélique livêche; *Ligusticum levisticum*, Lin. *Angelica levisticum*, All. Déc. plante de la fam. des Ombellifères qui croît dans les prairies des montagnes.

API-BOUSCAS, s. m. Nom langued. de l'ache sauvage. V. *Api fer*.

Éty. de *àpi-bouscàs*, hache des bois, ou sauvage.

API-FER, s. m. (àpi-fèr); API, API-BOUSCAS, API-SAUVAGE. Ache, persil odorant: *Apium graveolens*, Lin. espèce sauvage dont la culture a tiré le céléri ordinaire, et le céléri rave ou grand céléri.

API-FOL, s. m. (àpi-fol); Nom qu'on donne dans le département du Tarn et départements voisins, à l'Ammi.

API-SAUVAGE, s. m. (àpi saouvàdgé). Nom qu'on donne à Nismes au persil odorant. V. *Api-fer*.

APIA, V. *Hapia*.

APIANT, p. pr. vl. Approchant.

APIAR, s. m. vl. Rucher. V. *Apier*.

APIAR, v. a. Approcher.

APICHOUNIR S', v. r. (s'apitchounir), dg. APETISIR S', APETIZIR S'. Se faire petit, se rapetisser.

Éty. de *a*, de *pichoun* et de *ir*. V. *Petit*, Rad.

Per mai se mettre à pourtado
Semblo que s'apichounis. Jasmin.

APIEDAR, v. a. (opiedá), d. bas lim. *Apiadar*, esp. anc. *Apiedar*, port. Passer légèrement la main sur quelque chose; ne toucher, ne travailler que la superficie; caresser. V. *Amadouar*.

Éty. du roman *apie*, douceur, formé de *apis*, abeille. V. *Abi*, R. ou de l'espagnol *apiadar*, traiter avec pitié.

APIELAGI, s. m. (apieládgi), dl, APIELAGE, APPUIAGI. Etai, appui, droit d'appui, et non de *appuyage*, qui est un barbarisme.

Éty. de *apielar* et de *agi*. V. *Pil*, R.

APIELAR, v. a. (apielá); APOUNTELAR, POUNCHEIRAR, APIALAR, APIARAR, APILOUTAR, APPUYAR, APPUIAR. *Appoggiare*, ital. *Apoyar*, esp. port. Etayer, appuyer, soutenir au moyen d'un appui.

Éty. de *a*, de *piela*, et de l'act. *ar*, soutenir avec un pilier V. *Pil*, R.

Apiela te sus la carn qu'as mangeat, dl. cherche d'autres accoudoirs, ne t'appuie pas sur moi.

APIELAR S', v. r. *Apoyarse*, esp. port. S'appuyer. V. *Appuyar s'* et *Pil*, R.

APIELAT, ADA, adj. et p. V. *Appuiat* et *Pil*, R.

APIELOUNAR, v. a. (apielouná); APIALOUNAR. V. aussi *Apielar*. Etançonner, étrésillonner; les étais sont posés debout ou un peu inclinés, et les étrésillons horizontalement, comme on le pratique dans les fondations. Sauv.

Éty. de *a*, de *pieloun* et de *ar*, mettre des étançons. V. *Pil*, R.

APIER, s. m. (apié); ABILHIER, ABELIER, ABEL, BOURNIOU, BOURGNOU, ABELHIER, CLAPIER. *Abejero*, esp. *Apiario*, ital. Rucher, Sauv. lieu où sont placées les ruches à miel. La collection des ruches mêmes.

Éty. du lat. *apiarium*, m. s. formé de *apis*, abeille, et de *ier*. V. *Abi*, R.

Dans le vieux langage, le mot *apier*, est souvent pris pour ruche.

APIERAR, dm. V. *Apielar* et *Pil*, R.

APIERAT, dm. V. *Apielat* et *Pil*, R.

APIERATION, s. f. (apieratie-n), dl. PLEVESIN, PLURESIN. Point, douleur au côté, pleurodynie, maladie différente de la pleurésie en ce qu'elle a son siége plutôt dans les muscles intercostaux que dans la plèvre ou dans le poumon.

Éty. de *apierar*, appuyer, et de la term. *ation*, qui semble fixé au côté. V. *Pil*, R.

APIETA, V. *Hapieta* et *Destraloun*.

APIGEOUNAR, v. a. (apidjouná). Peupler un colombier de pigeons. Aub.

APIGNELATS, ADAS, adj. pl. (apignelás, ádes), dl. APIGNOUNAT. *Apiñados, adas*, esp. Serrés les uns près des autres comme les écailles d'une pomme de pin.

Éty. de *a*, comme, de *pigna* et de *ats*. fait, placé comme une pomme de pin, ou de l'esp. *apiñar*, serrer, presser plusieurs choses les unes contre les autres, comme les écailles d'une pomme de pin.

APIGNOUNAT, ADA, adj. (apignouná, áde). Aub. *Apignelat*.

APIL, s. m. vl. Appui, soutien. V. *Pil*, Rad.

APILAR, v. a. (apilá); AMONTAR, ACROUSELAR. Entasser les gerbes par dix, et par ext. entasser les gerbes.

Éty. de *a*, de *pila* et de *ar*, mettre en pile.

APILAR, v. a. vl. *Apilar*, cat. esp. *Appigliare*, ital. Empiler, appuyer, joindre, adresser, élever, soutenir, reconforter, s'amasser, prendre, s'enraciner. V. *Empilar* et *Pil*, R. 2.

APILAR, v. a. vl. piler, briser, assommer. V. *Pilar* et *Pil*, R.

APILAR, s. m. vl. Pilier.

APILAT, ADA, adj. et p. vl. Appuyé, ée. V. *Apielat* et *Pil*, R.

APILHAR S', v. r. vl. Se prendre, s'attacher à... V. *Pilh*, R.

APIMPAR, v. a. vl. APIPAR. Pomponner, fêter.

Éty. de *pimpa*, pipeau.

APIOSTRA, s. f. Nom que les anciens donnaient à une plante qui ressemblait au céléri et à laquelle on attribuait la propriété de tuer les hommes.

Herba dita apiostra semblant api, que auci home rizen, qui tue homme riant. Voy. Rayn.

Éty. de *api*, et de *ostra* pour *atra*, mauvaise.

APIOUN, V. *Destraroun* et *Api*, R.

APIPAIRE, s. m. (apipaïré), dl. Voy. *Pipaire*.

APIPAR, vl. V. *Apimpar*.

APITARAR S', v. r. (s'apitará), dl. Se gorger de viandes, s'empiffrer. Sauv.

APITRASSAR, v. a. (apitrassá), dl. Accommoder. Sauv.

APL

APLA, V. *Aplat*.

APLAMPOUGNAR, v. a. (aplampougná), dl. Empoigner.

Éty. de *a* augm. de *plan-poun* et de *ar*, à pleine main. V. *Pugn*, R.

APLANAGE, s. m. (aplanádgé); *Aplanamiento*, esp. *Spianamento*, ital. *Aplainamento*, port. Aplanissement, l'action d'aplanir. V. *Plan*, R.

APLANAIRE, s. m. (aplanaïré), d. apt. Herse. V. *Herpi*.

APLANAR, v. a. (aplaná); APLANIR, ENCLOUTAR. *Appianare*, ital. *Aplanar*, cat. esp. *Aplainar*, port. Aplanir, polir, rendre uni ce qui était inégal ou raboteux, mettre de niveau; fig. rendre plus aisé; manger tout son bien; caresser de la main, cajoler, flatter.

Éty. du lat. *explànare* ou *plànare*, m. sign. formé de *planus*, uni. V. *Plan*, R.

APLANAR, v. a. En terme de chaudronnier, de ferblantier, planer; en t. de tonnelier, idoler, passer les douves sur la colombe pour les unir.

APLANAT, ADA, adj. et p. (aplaná, àde); APLANIT, ENCLOUTAT. *Aplanado, ada*, esp. *Aplainado, ada*, port. Aplani, ie, uni, rendu égal, mis de niveau. En Languedoc ce mot signifie aussi arrivé. V. *Plan*, R. *Estre aplanat*, être arrivé.

APLANHAR, vl. V. *Aplanar*.

APLANIR, V. *Aplanar* et *Plan*, R.

APLANIT, V. *Aplanat* et *Plan*, R.

APLANTAR, v. a. Arrêter. V. *Plantar* et *Plant*, R.

APLAT, adv. (aplà), dl. et b. lim. APLA, PLA. Sans façon, oui, oui certes.

Éty. du grec ἁπλῶς (aplós), entièrement, simplement. Thom.

APLATADAMENS, adv. vl. En cachette, secrètement.

APLATAR, v. a. vl. APPLATAR. *Appiatare*, ital. Aplatir, coucher, cacher. Voy. *Plat*, R.

APLATAT, ADA, adj. et p. vl. Caché, ée; mis *à plat*. V. *Plat*, R.

APLATIR, v. a. (aplatir); *Aplantar*, esp. *Aplanar*, port. Aplatir, rendre plat, unir, lisser.

Éty. de *a*, de *plat* et de *ir*, faire devenir plat. V. *Plat*, R.

APLATIR S', v. r. S'aplatir, devenir plat. V. *Plat*, R.

APLATISSAMENT, s. m. (aplatissamèin); *Aplanamiento*, esp. *Aplainamento*, port. Aplatissement, l'action d'aplatir ou le résultat de cette action. V. *Plat*, R.

APLATIT, IDA, IA, adj. et p. (aplati, ide, ie); *Aplastado, ada*, esp. Aplati, ie. V. *Plat*, R.

APLAUTIR S', dl. V. *Agroumoulir s'* et *Plat*, R.

APLECHAR, v. a. d. bas lim. (opletchà); OPLECHAR, dl. Ajuster, former, amenuiser. Sauv.

Éty. de *Apleg*, plane, instrument de menuisier.

Jean margo l'oïssodou, Peyré opplechio l'ouràire. Peyrot.

APLEG, APLEIT, ESPLET, ESPLEC, s. m. vl. Plane, instrument, outil. V. *Plana*, *Apleg*, et *Plega*.

Dérivés : *Apleg-aire*, *Aplech-ar*, *Aplei-t*, *Es-plet*, *Es-plec*.

APLEGAIRE, s. m. (aplegaïré), dl. Ouvrier qui fait les outils de labour, valet qui les rajuste ou les racommode. Sauv.

Éty. de *apleg* et de *aire*.

APLEGIT, dl. V. *Pluvious*.

APLEISSAR, v. a. (opleissà), d. bas. lim. APLAISSAR. Renverser de son long: *Aplèissar quauqu'un*, c'est faire tomber quelqu'un de manière qu'il frappe à terre de tout son long.

Éty. de *a*, de *plat* et de *eissar*, mettre à plat. V. *Plat*, R.

APLEIT, vl. V. *Apleg*.

APLEY, s. m. (apléï), d. lim. Soc de la charrue. V. *Relha*, Jouc. V. *Jouc*.

Éty. du roman *aplait* ou *aplect*, harnais, jouc, formé du latin *applicitum*, attaché, joint.

APLICADOR, ORA, adj. anc. béarn. Applicable. V. *Plec*, R.

APLICAR, v. a. vl. V. *Applicar*, *Aplicar*, esp. Appliquer, attacher, toucher, aborder, arriver. V. *Plec*, R.

APLICATIU, IVA, adj. vl. Applicatif, propre à appliquer. V. *Plec*, R.

APLIEU, s. f. vl. Foule, troupe, affluence, multitude.

APLOUMB, s. m. (ablóum); *Appiombo*, ital. *Aplomo*, esp. *Aprumo*, port. Aplomb, direction verticale opposée à l'horizontale.

Éty. de *a* et de *ploumb*, selon la direction du plomb. *D'aploumb*, d'aplomb. Voy. *Ploumb*, R.

APLOUMBAR, v. a. (aploumbà), dl. *Aplomar*, esp. Enfoncer, assommer, comme avec une massue de plomb. V. *Ploumb*, R.

APLOUMBAR S', v. r. (s'aploumbà), dg. *Aplomarse*, esp. S'enfoncer, s'écrouler. V. *S'enfounçar* et *Ploumb*, R.

APLOUMBAT, ADA, adj. et p. (aploumbà, àde), m. d. *Aplomado, ada*, esp. Enfoncé, ée. V. *Enfounçat* et *Ploumb*, R.

APLUGIR S', v. r. (s'apludgir). Devenir pluvieux, se disposer à pleuvoir, en parlant du temps. Garc. V. *Plui*, R.

APLUGIT, part. (apludgi), d. du Var. APLUIT. Pluvieux, disposé à la pluie: *Lou temps es aplugit*, le temps est à la pluie. V. *Pluvious*.

Éty. de *a* pour *ad*, de *pluia* et de *it*. litt. qui tend à la pluie. V. *Plui*, R.

APLUIT, Aub. V. *Aplugit*.

APO

APO, préposition, prise du grec ἀπὼ (apò); elle marque séparation, éloignement, et répond au latin *ab*, auquel elle paraît avoir donné naissance: *Apocalypsa*, apocalypse, de *apo*, et de *kaluptô*, voiler, couvrir, éloigner le sens; *Apologa*, apologue, de *apo* et de *legô*, parler; discours, discours tiré de loin; *Apogeo*, apogée, de *apo* et de *gaia*, terre, éloigné de la terre; *Apotro*, apôtre, de *apo* et de *stellô*, j'envoie de loin.

APO, vl. Il ou elle apporte, attache, appartient.

APOBLAMENT, s. m. vl. Colonisation, établissement. V. *Popul*, R.

APOBOLAR, v. a. vl. Peupler, coloniser, établir, fonder. V. *Popul*, R. et *Puplar*.

APOCA, s. f. vl. *Apoca*, cat. esp. ital. Quittance, décharge. V. *Quittança*.

Éty. du lat. *Apocha*, et non *apoca*, comme l'écrit M. Rayn. quittance, reçu, dérivé du grec ἀπέχω (apéchô), recevoir. Dérivés: *Ant-Apoca*, *Ap-podissa*.

APOCALIPSI, s. f. vl. V. *Apocalypsa*.

APOCALIS, d. v. alt. de *Apocalipsa*, v. c. m.

APOCALYPSA, s. f. (apoucalipse); APOUCALYPSA, APOCALIPSI. *Apocàlipsis*, cat. esp. *Apocalypse*, port. *Apocalisse*, ital. Apocalypse, nom du dernier livre du Nouveau Testament.

Éty. du latin *apocalypsis*, dérivé du grec ἀποκαλυψις (apokalupsis), qui vient de ἀποκλύπτω (apokaluptô), découvrir, révéler, formé de ἀπὸ (apo), et de καλὺπτω (kaluptô), voiler, couvrir.

Ce livre, qui contient les révélations faites à Saint Jean l'Evangéliste, dans l'Isle de Pathmos où l'empereur Domitien l'avait exilé, n'a pas toujours été reconnu par l'Eglise pour canonique, mais depuis le IVme siècle il est cité comme tel par tout les Pères.

APOCOPA, s. f. vl. (apocópe); *Apocope*, lat. cat. ital. esp. mod. *Apocopa*, anc. esp. Apocope, figure de grammaire par laquelle on retranche une lettre ou une syllabe à la fin d'un mot. La plupart des mots provençaux sont formés du latin par apocope: *pan*, de *panis*, *vin*, de *vinum*, *carn*, de *carnis*, etc.

Éty du grec ἀποκόπτω (apokoptô), couper, retrancher, séparer; formé de ἀπὸ (apo), et de κόπτω (koptô), je coupe. Dérivés: *Apocopa-men*, *Apocop-ar*, *Apocop-at*.

APOCOPAMENT, s. m. vl. APOCOPAMEN. Apocope, retranchement, action d'apocoper. V. *Apocopa*.

APOCOPAR, v. a. vl. *Apocopar*, esp. *Apocopare*, ital. *Apocoper*, abréger.

Éty. de *apocopa* et de *ar*.

APOCOPAT, ADA, adj. et p. vl. *Apocopado, ada*, esp. *Apocopé, ée*, privé de la dernière syllabe ou de la dernière lettre, abrégé.

Éty. de *apocopa* et de *at*.

APOCRIFA, vl. V. *Apocrypho*.

APOCRIPHA, adj. vl. V.

APOCRYPHO, PHA, adj. (apocryphe); *Apocrifo*, cat. esp. ital. *Apocrypho*, port. Apocryphe, qui n'est pas authentique, on le dit des livres et des écrits dont l'autorité est suspecte ou douteuse.

Éty du lat. *Apocryphus*, dérivé du grec ἀποκρυφος (apokruphos), secret, caché, inconnu; formé de ἀπὸ (apo), et de κρύπτω (kruptô), je cache.

APODERADAMEN, adv. vl. APODERAMENT. *Apoderadamente*, esp. Puissamment. V. *Pouss*, R. En maître; vigoureusement, impétueusement.

APODERAMEN, s. m. vl. *Apoderamiento*, esp. Autorité, puissance, pouvoir. V. *Pouss*, R.

APODERAR, v. n. vl. APODERIR. *Apoderar-se*, port. cat. esp. Surpasser, s'emparer, se rendre maître, dompter, vaincre, forcer, subjuguer, fortifier.

Éty. de l'espagnol, *apoderar*, donner pouvoir. V. *Pouss*, R.

APODERIR, vl. V. *Apoderar*.

APODISSA. V. *Appodissa*.

APOESTAT, s. m. vl. APPOSESTAT. Potentat, souverain, dominateur. V. *Pouss*, R.

APOGRAPHO, s. m. (apographe). Apographe, instrument destiné à copier les dessins; la copie qui en résulte.

Éty. du grec ἀπογράφω (apographô), copier, transcrire, dérivé de ἀπο (apo), de, après, et de γράφω (graphô), écrire.

M. Smith, écossais, a fait connaître cet instrument, en 1821.

APOIGNAR, v. a. vl. APONHER. Attaquer, combattre, s'efforcer, se hâter, s'empresser. V. *Pugn*, R.

APOINTAR, vl. V. *Apontar*.

APOLOINI, nom d'homme, vl. Apollonius.

Patron. L'Eglise honore ce Saint le 19 mars.

APOLONI, V. *Poulonia*.

APONDRE, vl. V. *Aponher*.

APONDRE, v. a. vl. APONRE, APONHER, APONGER. *Aponer*, anc. esp. *Aporre*, ital. Aborder, joindre, unir, atteindre, parvenir, redoubler d'efforts, apposer. V. *Pos*, R.

APONGER,

APONHER, et

APONRE, vl. V. *Apondre* et *Pos*, R.

APONTAMEN, s. m. vl. *Apontament*, cat. *Apuntamiento*, esp. *Apontamento*, port. *Appuntamento*, ital. Pour appointements. V.

Apouintaments. Traité, accord, arrangement, accommodement. V. *Pounct*, R.

APONTAR, v. a. vl. APOINTAR. *Apuntar*, cat. esp. *Apontar*, port. *Appuntare*, ital. Pour, rendre pointu. V. *Apounchar*. Convenir, régler; appuyer. V. *Pounct*, R.

APONTAT, ADA, adj. et p. vl. APOINTAT. *Apuntado*, esp. Convenu, ue, réglé. V. aussi *Apounchat* et *Pounct*, R.

APOOURIR. V. *Apaurir*.

APOPLECTIQUE, ICA, adj. (apouplectiqué, ique); *Apoplettico*, ital. *Apoplético*, esp. port. Apoplectique, qui a rapport à l'apoplexie.

Éty. du lat. *apoplecticus*.

APOPLEXIA, s. f. (apouplexie); APOUPLEXIA, COOU-DE-SANG, ACCIDENT. *Apoplessia*, ital. *Apoplegia*, esp. *Apoplexia*, port. Apoplexie, maladie caractérisée par la privation plus ou moins complète du sentiment et du mouvement.

Éty. du lat. *apoplexia*, dérivé du grec ἀποπληξία (apoplêxia), formé de ἀπό (apo), et de πλήσσω (plêssô), frapper, abattre.

APOQUIR, v. a. vl. *Apoquecer*, anc. esp. *Apocar*, esp. mod. Apetisser, diminuer. V. *Pauc*, R.

APORTAR, v. a. vl. (apourtá); *Aportar*, cat. anc. esp. *Apportare*, ital. Apporter; amener; conduire, guider. V. *Adurre* et *Port*, R.

APORTAT, ADA, adj. et p. vl. (aportá, ade). Apporté, ée. V. *Port*, R.

APOSITIO, vl. V. *Appositio*.

APOST, A, adj. et p. vl. Rejoint, ointe; atteint, ointe. V. *Pos*, R.

APOSTAR, v. a. vl. *Apostar*, esp. port. Gager, parier. V. *Pos*, R.

Éty. du lat. *spondere*.

APOSTASIA, s. f. (apoustasie); APOUSTASIA. *Apostasia*, lat. esp. ital. port. Apostasie, désertion de sa religion.

Éty. du lat. *apostasia*, dérivé du grec ἀπὸ (apo), loin, et de ἵσταμαι (istamai), se tenir ferme, ou de ἀφίστημι (aphistêmi), s'éloigner.

APOSTASIAR, v. n. (apoustasiá); *Apostatar*, cat. esp. port. *Apostatare*, ital. Apostasier, quitter sa religion, *negar sa fe: negar la fe christiana*, esp.

Éty. de *apoustasia* et de la termin. act. *ar*, ou du lat. *apostare*.

APOSTAT, s. m. (apoustá); *Apostata*, lat. esp. ital. cat. Apostat, qui a renoncé à sa religion. V. *Renegat* et *Apostasia*, pour l'éty.

APOSTATA, adj. vl. *Apostata*, cat. esp. port. ital. Apostat, rénégat. V. *Apostat*.

Éty. du lat. *apostata*.

APOSTATAR, v. n. vl. *Apostatar*, esp. port. Apostasier. V. *Apostasiar*.

Éty. du lat. *apostatare*.

APOSTEMA, s. m. vl. POSTEMA. *Apostema*, ital. port. esp. *Aposterma*, anc. cat. Apostème, abcès. V. *Poustema*.

Éty. du lat. *apostema*, m. s. dérivé du grec ἀπόστημα (apostêma), qui vient de ἀφίσταμαι (aphistamai), s'éloigner, se départir d'un lieu pour se fixer dans un autre, parce que l'on a cru que l'humeur qui se trouve dans un abcès venait d'ailleurs.

Dérivés: *Apostema-cio*, *Apostem-at*, *Apostem-os*, *Poustema*, *Apostem-it*, *Asapostem-ir s'*.

APOSTEMACIO, s. f. vl. *Apostemacion*, anc. esp. *Apostemação*, anc. port. *Apostemazione*, ital. Etat d'Apostème, *apostematión*.

Éty. de *apostema* et de *acio*.

APOSTEMAT, ADA, adj. vl. *Apostemado*, *ada*, esp. port. Apostumé, ée. V. *Apostemit*.

APOSTEMIR, S', v. r. APOUSTEMIR S', POUSTEMIR, APOUSTUMIR S', POUSTEMEGEAR, POUSTUMEGEAR, APOUSTIMIR, ABREGUIR, ABRAGUIR, BRAGUEGEAR, EMPOUSTEMIR. *Impostemire*, ital. *Apostemar*, esp. port. Apostumer, v. n. se former en apostème, venir à suppuration, s'abcéder.

Éty. de *a* pour *ad*, de *postema* et de *ir*, venir en apostème.

APOSTEMIT, IDA, adj. et p. (apoustemì, ide); EMPOUSTEMIT, APOUSTUMIT. *Apostemado*, esp. port. *Apostemato*, ital. Abcédé, converti en pus.

Éty. de *a* pour *ad*, de *postema* et de *ar*, litt. réduire en pus.

APOSTEMOS, OSA, adj. vl. APOSTEMOZ, *Apostemoso*, esp. ital. Qui annonce l'apostème.

APOSTIT, adj. et p. vl. APOSTITZ. *Apostizo*, anc. esp. Postiche, faux, intrus, usurpateur; imposé de force, illégitime, renégat. V. *Apostasiar*. Apostat.

APOSTIZA, s. f. vl. Apposition, rapprochement.

APOSTOL, APOTR, radical pris du latin *Apostolus*, apôtre, et dérivé du grec ἀπόστολος (apostolos), envoyé, messager, ambassadeur, formé de ἀποστέλλω (apostellô), envoyer.

De *apostolus*, par apoc. *apostol*; d'où: *Apostol*, *Apostol-a*, *Apostol-at*, *Apostolique*, *Apostol-i*, *Apostol-ic-al*, etc.

APOSTOL, APOSTOLI, s. m. vl. *Apostol*, cat. esp. *Apostolo*, ital. port. Apôtre. V. *Apotro*, et par ext. pape, évêque, le chef de l'Eglise.

Éty. du lat. *apostolus*. V. *Apostol*, R.

APOSTOLA, s. f. vl. *Apostola*, port. Messagère, femme apostolique.

Éty. de *apostol*, et de *a* fém. V. *Apostol*. Rad.

APOSTOLAT, s. m. (apoustoulà); APOUSTOULAT. *Apostolado*, esp. port. *Apostolato*, ital. *Apostolat*, cat. Apostolat, ministère d'apôtre.

Éty. du lat. *apostolatus*, m. s. V. *Apostol*, Rad.

APOSTOLI, s. m. vl. Le pape, l'apôtre de Rome, évêque. V. *Apostol*, R.

APOSTOLIAT, s. m. vl. *Apostolado*, esp. Apostolat; papauté, V. *Apostolat* et *Apostol*, R.

APOSTOLICAL, adj. vl. *Apostolical*, anc. cat. anc. esp. *Apostolicale*, ital. Apostolique. V. *Apostolique* et *Apostol*, R.

APOSTOLIQUE, CA, adj. (apoustouliqué, ique); APOUSTOULIQUE. *Apostolico*, esp. ital. Apostolique, qui vient des apôtres ou du pape.

Éty. du lat. *apostolicus*, m. s. V. *Apostol*, R.

Ce titre qu'on donna d'abord à tous les évêques, se trouve employé pour la première fois en 514, dans une lettre de Clovis aux prélats du concile d'Orléans, selon le P. Sirmond.

APOSTROPHA, s. f. (apoustròphe); *Apostrofo*, ital, esp. cat. *Apostrophe*, port. Apostrophe, petite note en forme de virgule (') qu'on emploie pour faire connaître qu'on a retranché une voyelle,

Éty. V. le mot suivant parce que la voyelle supprimée est comme détournée.

APOSTROPHA, s. f. (apoustróphe); *Apostrophe*, lat. *Apostrofe*, cat. ital. esp. *Apostropho*, port. Apostrophe; fig. de Rhétorique, par laquelle on détourne son discours de l'auditoire, pour l'adresser à quelqu'un ou à quelque chose; qualification qui tient de la réprimande ou de la censure.

Éty. du grec ἀποστροφή (apostrophê), détour, éloignement du sujet que l'on traite.

APOSTROPHAR, v. a. (apoustrouphá); APOUSTROUPHAR. *Apostrophar*, port. Apostropher, détourner son discours, pour adresser la parole à quelqu'un ou à quelque chose.

Éty. de *apostropha* et de *ar*.

APOSTROPHE, s. f. vl.

Fayse aquesta figura cant hom vira la tersa persona en segonda, so es cant hom parla primieramen en tersa persona e pueys en segonda, coma hom fay en las letras.

Fl. del gay saber.

APOSTUMIR. V. *Apoustemir*.

APOSTURA, s. f. vl. Adjonction, application, apposition. V. *Pos*, R.

APOSTURAR, v. a. vl. Adjoindre, réunir. V. *Pos*, R.

APOT, vl. Il ou elle dispose, troisième pers. du sing. du parf. simple de *apoure*.

APOTECARI, vl. V. *Bouticari*.

APOTHEOSA, s. f. (apotéòse); *Apoteosi*, ital. *Apoteosis*, esp. *Apotheosis*, port. Apothéose, cérémonie religieuse par laquelle les anciens mettaient les grands hommes au rang des dieux; fig. honneurs excessifs rendus à un homme.

Éty. du lat. *Apotheosis*, formé du grec ἄπο (apo), loin et de θεός (théos); Dieu, translation parmi les dieux. V. *Theo*, R.

La première apothéose connue est celle de Osiris, et le premier qui reçut cet honneur à Rome, après sa mort, fut Romulus.

APOTRO, s. m. (apôtre); *Apostol*, esp. *Apostolo*, ital. port. Apôtre, les disciples auxquels J.-C. donna particulièrement la mission d'aller prêcher son évangile par toute la terre, doivent seuls porter ce nom. Ils étaient au nombre de douze: *Simon Bayone* ou *Pierre*, *André*, *Jacques*, *Jean*, *Philippe*, *Barthélemy*, *Mathieu*, *Thomas*, *Jacques* fils d'Alphée, *Jude*, *Simon* et *Judas Iscariote*.

Éty. du lat. *Apostolus*, m. V. *Apostol*, R.

BON APOTRO, pris iron. à la même signification que hypocrite, tartufe.

APOUDERAR, v. a. (apouderà), dl. *Apoderarse*, port. esp. Terrasser un adversaire à la lutte ; surmonter à force de bras. V. *Despouderar*.

Éty. de *a* priv., de *pouder*, pouvoir, force, et de l'act. *ar*, ôter ou vaincre la puissance, la force, se rendre maître. V. *Pouss*, Rad.

APOUDERAT, **ADA**, adj. et p. (apouderà, àde); vl. Riche en biens fonds.

Éty. de *a*, en, de *pouder*, *puissance*, et du passif *at*, qui a de la puissance, de la richesse. V. *Pouss*, R.

APOUES. V. *Poues*.

APOUGNAR, v. n. (apougná); APOUNHA, vl. Tarder : *La causa que avia tant apougnat*, la raison pourquoi il avait tant tardé.

APOUINT, s. m. (appoïn); APPOUINT. *Appunto*, ital. Appoint, complément d'une somme en une autre monnaie.

Éty. de *ap* pour *ad*, et de *pouint*, mis au point, au complet. V. *Pounct*, R.

APOUINTAIRE. V. *Apouintur*.

APOUINTAMENT, s. m. (apouintaméin); *Apuntament*, cat. *Apuntamiento*, esp. *Apontamento*, port. *Appuntamento*, ital. Appointement, réglement en justice sur une affaire pour parvenir à la juger par rapport. V. *Pounct*, R.

APOUINTAMENTS, s. m. pl. (apointaméin); GAGIS, SALARI. Appointements, salaire annuel attaché à une place, à un emploi. V. *Pounct*, R.

APOUINTAR, v. a. (apouintá); POINTAR, POUNTAR. *Appuntare*, ital. *Apuntar*, esp. *Apontar*, port. Pour pointer, ajuster vers un but. V. *Amirar*.

Éty de *a* pour *ad*, vers : de *pouint*, point, et de l'act. *ar*, diriger vers un point, sous entendu, donné. V. *Pounct*, R.

Apouintar una bocha, pointer une boule, jouer une boule pour la faire rapprocher du but autant que possible.

APOUINTAR, v. a. Appointer, terme de palais, régler par un appointement en justice. V. *Pounct*, R.

APOUINTAT, **ADA**, adj. et p. (apouintá, àde). Réglé par un appointement. V. *Pounct*, R.

APOUINTAT, s. m. Appointé, soldat qui a plus de paye que le simple soldat. V. *Pounct*, R.

APOUINTUR, s. m. (apointúr); APOINTAIRE, POINTUR, POINTAIRE, POUNTOU. En terme de jeu de boules, celui qui fait rouler sa boule dans l'intention d'approcher le cochonet, par opposition à *tirur* ou *tiraire*, qui la lance. V. *Pounct*, R.

APOULAR, d. bas lim. V. *Empoular*.

APOULIR, dg. alt. de *Poulir*, v. c. m. et *Poul*, R.

> *Soun tres causos, l'ancienetat,*
> *E la richesso é la beoutat,*
> *Que la creaturo apoulichoun.* D'Astros.

APOULLOUN, nom propre, (apoullóun); *Apolo*, esp. *Apollo*, ital. port. Apollon, dieu du Parnasse, qui présidait aux beaux arts.

Éty. du lat. *Apollonis*, gén. de *Appollo*.

APOULONI, nom de femme, Avril. V. *Pouloni*.

APOULOUGIA, s. f. (apouloudgie) ; *Apologia*, lat. ital. esp. port. Apologie, discours ou écrit pour la défense ou l'éloge de quelqu'un.

Éty. du lat. *apologia*, dérivé du grec ἀπολογία (apologia), fait de ἀπό (apo), et de λόγος (logos), discours. V. *Log*, R.

APOULOUGISTA, s. m. (apouloudgiste); *Apologista*, esp. ital. port. Apologiste, celui qui fait ou qui a fait l'apologie de quelqu'un, de quelque chose.

Éty. de *apoulogia* et de *ista*. V. *Log*, R.

APOULTROUNIR, v. n. (apoultrounir); ABELÉTRIR, APOULTROUNIR, APOURTROUNIR. *Apoltronarse*, esp. *Apoltronner*, devenir poltron, perdre le courage.

Éty. de *a*, de *poultroun* et de *ir*. Voy. *Poultroun*, R.

APOULTROUNIT, **IDA**, adj. et part. (apoultrouni, ide); APOURTROUNIT. *Apoltronado*, *ada*, esp. Apoltronni, devenu lâche, poltron, paresseux. V. *Poultroun*, R.

APOUNCHAIRE, s. m. (apountchaïre); *Apuntador*, esp. Celui qui fait la pointe aux outils.

Éty. de *apounchar* et de *aire*, ou de *a* pour *ad*, de *pouncha* et de *aire*; litt. celui qui travaille à la pointe. V. *Pounct*, R.

APOUNCHAIRAR, V. *Apouncheirar*.

APOUNCHAR, v. a. (apountchá); APOUNTISIR, APOUNTAR, APOUNCHUGAR, APPOUNCHAR. *Apuntar*, esp. cat. *Apontar*, port. *Appuntare*, ital. Rendre pointu, aiguiser à la pointe, et non *appointer*.

Éty. de *a* pour *ad*, de *pouncha* et de *ar* ; litt. agir à la pointe. V. *Pounct*, R.

Tout ce que dis n'apoucharia pas un fus, tout ce qu'il dit n'aboutit à rien.

APOUNCHAR S', v. r. Devenir pointu, se terminer en pointe. V. *Pounct*, R.

APOUNCHAT, **ADA**, adj. et p. (apountchá, àde); *Apuntado*, esp. *Apontado*, port. Rendu pointu ; appointi, Ency. Arts et mét.

Éty. de *a*, de *pouncha* et de *at* ; ou du grec ἄποξυς (apoxus), aiguisé en pointe. Voy. *Pounct*, R.

APOUNCHEIRAR, v. a. (apountcheïrá); APOUNCHAIRAR, APPOUNCHEIRAR. *Apuntalar*, esp. Etançonner, appuyer avec un *pounchier*. V. *Apountelar s'* et *Pounct*, R.

APOUNDRE, v. a. (apóundré), vl. Voy. *Appoundre* et *Pous*, R.

APOUNETIER, s. m. (apounetié). Nom qu'on donne, à Meyronnes, près de Larche, Basses-Alpes, à l'*Uva-ursi*, v. c. m.

Éty. *Apounetier* est une altération de *apoumetier*, formé de *a*, de *poumeta* et de *ier* ; qui porte de petites pommes.

APOUNTAMENT, s. m. (apountaméin), vl. Accord, accommodement, convention.

Éty. de la basse lat. *appunctamentum*, m. s.

APOUNTAR, dl. V. *Apounchar*.

APOUNTAR, v. n. vl. (apountá). Traiter, convenir, capituler.

Éty. de la basse lat. *appunctare*, m. s.

APOUNTAT, **ADA**, adj. et p. (apountá, àde), vl. Arrêté, convenu : *Fouc dit e apountat*, il fut dit et convenu.

APOUNTELAR, v. a. (apountelá); APOUNTELHAR, APOUNCHEIRAR, APOUNTILHAR, POUNSILHAR, APIELAR, PIGEAR. *Apuntalar*, esp. Appuyer, accoter, arcbouter, accorer, en terme de marine ; soutenir au moyen d'un appui.

Éty. de *a* augm., de *pountel*, étençon, arc-boutant, et de la term. act. *ar* ; ou du grec ἀποστηρίζω (apostérizô), soutenir par le moyen d'un appui.

APOUNTELAR S', v. r. S'APOUNTILHAR, SE COUTAR. S'accoter, s'appuyer, faire effort avec les mains, avec les pieds ou avec les épaules.

APOUNTELAT, **ADA**, adj. et p. (apountelá, àde, appountelat, àde); APPOUNTILHAT. *Apuntalado*, esp. Accoté, appuyé, accoré.

APOUNTILHAR, V. *Apountelar*.

APOUNTISIR, v. a. (opountizí), d. bas lim. Rendre pointu. Le mot *appointir*, dont se sert M. Béronie, n'est pas français. Voy. *Apounchar* et *Pounct*, R.

APOUPLEXIA, V. *Apoplexia*.

APOUPOUNIR, v. a. (apoupounir), dl. Choyer un enfant.

Éty. de *poupoun*, enfant chéri, de *a* et de *ir* ; faire devenir *poupoun*.

APOURTAR, V. *Pourtar*, *Adurre* et *Rapourtar*.

APOURTROUNIR, V. *Apoultrounir*.

APOURTROUNIT, V. *Apoultrounit*.

APOUSSAU, adj. dl. (apoussáou). Brebis qui est près d'agneler, et dont le pis est bien gonflé.

Éty. de *a*, de *poussa* et de *au*, qui a fait le pis, c'est-à-dire, qui a le pis gonflé. Voy. *Pouss*, R. 2.

On dit que *la feda Fai poussa*, quand le pis commence à se gonfler, et qu'elle est *apoussada*, quand il l'est tout à fait.

APOUSTAR S', v. r. (s'apoustá). Commencer à pondre, en parlant des poules.

Éty. du lat. *ponere ova*, *posita-ova*. Voy. *Pous*, R.

APOUSTASIA, V. *Apostasia* et *Apostasiar*.

APOUSTEMIR, V. *Apostemir*.

APOUSTILHA, s. f. (apoustille); POUSTILHA. *Postilla*, ital. *Apostilla*, esp. port. Apostille, note ou addition faite à la marge d'un livre, ou au bas d'une lettre, d'un écrit, etc.

Éty. du lat. *ad posita*, V. *Pous*, R.

APOUSTILHAR, v. a. (apoustillá); *Postillare*, ital. *Apostillar*, esp. port. Mettre des apostilles. V. *Pous*, R.

APOUSTILHAT, **ADA**, adj. et part. (apoustillá, àde); *Apostillado*, *ada*, esp. *Apostilhado*, port. Apostillé, ée. Voy. *Pous*, R.

APOUSTIMIR, d. bas lim. V. *Apostemir*.

APOUSTOULAT, V. *Apostolat*.

APOUSTOULIQUE, V. *Apostolique*.

APOUSTUMIR, V. *Apostemir*.

APOUTHICAYRE, dl. V. *Bouticari*.

APOUTICARI, V. *Bouticari*.

APOZEMO, s. m. (apouzème); APOUZEMO,

Aposema, ital. *Apozema*, port. Apozème, médicament liquide composé, dont la base est une décoction ou une infusion aqueuse, d'une ou de plusieurs substances végétales, à laquelle on ajoute divers autres médicaments.

Éty. du lat. *apozema*, m. s. dérivé du grec ἀπόζεμα (apozéma), formé de ἀποζέω (apozéô), bouillir.

APOZIOPAZIS, s. f. vl. *Apoziopezis*, lat. Réticence, fig. de rhétorique.

Apoziopazis es cant hom comensa alcunas parolas e per sobrefluitat de gaug o d'ira... hom s'en layssa. Fl. del gay sab.

La *réticence* est quand on commence aucunes paroles, et par superfluité de joie ou de tristesse... on s'en désiste. Rayn.

Éty. du grec ἀποσιώπησις (aposiôpesis), l'action de rester court.

APOZISMA, s. m. vl. Apozème. Voy. *Apozemo*.

APP

APPAGADOR, s. m. d. vaud. Celui qui acquitte, qui paye pour un autre. V. *Pay*, R.

APPALLIR, v. n. (apalir), dl. *Impallidire*, ital. Pâlir, rendre ou devenir pâle.

Éty. du lat. *pallescere*, ou de *a*, augm. de *palle* et de *ir*, devenir pâle. V. *Pal*, R. 2.

APPARAMMENT, adv. (aparamméin); *Aparentemente*, esp. port. *Apparentemente*, ital. Apparemment, selon les apparences. V. *Pareiss*, R.

APPARAT, s. m. (apará); APARAT, POUMPA. *Aparato*, cat. esp. *Apparato*, port. ital. Apparat, éclat ou pompe qui accompagne certains discours, certaines actions, ouvrage préparatoire, vl.

Éty. du lat. *apparatus*, m. s. V. *Par*, R. 3.

APPARCELAR, v. a. vl. APPERCELAR. Morceler, diviser, partager, doter. V. *Part*, Rad.

APPARCELAT, ADA, adj. et p. vl. Partagé, ée divisé, morcelé.

APPARELH, s. m. (apparèill); *Aparejo*, esp. *Aparell*, cat. anc. *Apparelho*, port. *Apparecchio*, ital. Appareil, aprêt, préparatif, attirail, pompe; en chirurgie, assemblage de pièces disposées pour une opération quelconque.

Éty. du lat. *apparatus*, formé de *apparare*, ou de *parare*, préparer, appareiller. V. *Par*, R. 3.

APPARELHADOR, s. m. vl. APARELHADOR. *Aparejador*, esp. *Apparelhador*, port. Préparateur.

Éty. du lat. *apparator*, m. s. V. *Par*, R. 3.

APPARELHAMENT, s. m. vl. APARELHAMEN, APARELLAMEN. *Aparejamiento*, esp. *Apparecchiamento*, ital. Appareil, apprêt, ajustement. V. *Par*, R.

APPARELHAR, v. a. (appareillá); APARELHAR, APARILHAR, APARELLAR, APAREILLAR, APAREYLAR, APPARELLAR, APPAREILHAR. *Aparellar*, cat. *Aparejar*, esp. *Apparelhar*, port. *Apparecchiare*, ital. Appareiller, joindre ensemble deux choses qui peuvent former une paire.

En vl. apprêter, préparer, arranger, disposer, combiner, faire des préparatifs pour... Comparer, neutr. en t. de mar. mettre à la voile, appareiller; s'apparier, s'accointer. V. *Par*, R.

APPARELHAT, ADA, adj. et p. (aparelhá, áde); APPARIAT, ABINAT. *Aparcado*, esp. *Apparelhado*, port. Apparié, ée, accouplé, et dans l'ancien langage, prêt, préparé, apprêté.

Éty. de *ap* pour *ad*, de *parelh* et de *at*, rendre pareilh.

APPARELHS, s. m. pl. t. de mar. m. s. qu'apparaux et agrès. V. *Agres* et *Par*, R. 3.

APPARENÇA, s. f. (aparéince); *Apparenza*, ital. *Apariencia* esp. mod. *Apparencia*, port. *Aparencia*, anc. esp. *Apariencia*, cat. Apparence, ce qui paraît extérieurement d'une chose et frappe la vue; probabilité, vraissemblance.

Éty. du lat. *apparentia*, m. s. V. *Pereiss*, Rad.

APPARENCIA, vl. V. *Apparença*.

APPARENT, ENTA, adj. (apparéin, éinte); *Aparente*, esp. *Apparente*, port. ital. Apparent, ente, ce qui frappe la vue.

Éty. du lat. *apparere*. V, *Pareiss*, R

APPARENTAR S', v. r. (s'appareintá); EMPARENTAR. *Imparentarsi*, ital. *Emparentarse*, esp. *Apparentarse*, port. S'apparenter et apparenter, former par le moyen du mariage des liens d'affinité avec une famille.

Éty. de *ap* pour *ad*, *parentis*, gén. de *parens* et de *ar*, se faire des parents. Voy. *Parent*, R.

APPARENTAT, ADA, adj. et p. (appareintá, áde); EMPARENTAT. *Aparentado*, esp. port. Apparenté, ée, allié. V. *Parent*, R.

APPARER, v. n. vl. V. *Appareysser*.

APPAREYLLAR, vl. V. *Apparelhar*.

APPAREYLLAT, adj. et p. vl. *Aparejado*, esp. *Apparelhado*, port. Approprié.

Éty. du lat. *Apparatus*, m. s. V. *Par*, R. 3.

APPAREYSSER, v. n. vl. APAREYSSER, APPARER. *Aparescer*, cat. *Aparecer*, esp. *Apparecer*, port. Apparaître, paraître, se montrer.

Éty. du lat. *apparere*, m. s. V. *Pareiss*, Rad.

APPARIAIRE, s. m. (apariáiré); *Aparejador*, esp. *Apparelhador*, port. Appareilleur, ouvrier qui trace la coupe des pierres; celui qui donne l'aprêt aux chapeaux, aux bonnets, etc.

Éty. de *appariar*, ajuster, coordonner, et de *aire*, celui qui appareille. V. *Par*, R.

APPARIAR, v. a. (appariá); APARIAR, APARIEIRAR, APAREAR, ABINAR. *Apariar*, cat. *Aparear*, esp. *Appajare*, ital. *Apparelhar*, port. Apparier, mettre ensemble deux choses qui sont pareilles; accoupler, unir, lier, accointer; rendre égal, unir, ajuster.

Éty. du lat. *par*, *paris*, pareil, semblable, de *ap* pour *ad*, et de *ar*, rendre égal, mettre de niveau. V. *Par*, R.

Appariar las lettras, assembler les lettres quand on commence à lire; *Appariar de gants*, appareiller des gants; *Appariar una estoffa*, assortir une étoffe; *Appariar dous homes*, comparer deux hommes.

APPARIAR S', v. r. *Aparearse*, esp. S'apparier, s'assortir, s'accoupler, se réunir par paires. V. *Apparelhar*. Se comparer, se mesurer. V. *Par*, R.

APPARIAT, ADA, adj. et p. (appariá, áde). V. *Apparelhat*.

APPARICIO, s. f. vl. APARICIO, APARISSIO. Apparition. V. *Apparition* et *Pareiss*, R.

APPARIEIRAR, v. a. (oporieirá), d. bas lim. Réunir deux choses semblables, V. *Appariar*; on emploie aussi ce mot dans le sens de comparer: *Apparieirar Virgilo amb Homero*, comparer Virgile à Homère. Voy. *Par*, R.

APPARISSIO, vl. V. *Apparition*.

APPARITION, s. f. (aparitie-n); APPARITIEN. *Apparizione*, ital. *Aparicion*, esp. *Apparição*, port. Apparition, et non *apparution*, présence sensible et subite d'un objet invisible par lui-même, mais rendu visible sous une forme étrangère à sa nature; chose qui apparaît pour la paremière fois ou qui ne paraît que rarement.

Éty. du lat. *apparitionis*, gén. de *apparitio*. V. *Pareiss*, R.

APPAROUN, s. m. (áparóun). Tronçon de la vigne d'où sortent les nouveaux jets.

Éty. V. *Paraiss*, R.

APPARRAT, s. m. (apparrá); APPARRA. Nom languedocien du moineau. V. *Passerart*.

APPARTAMENT, s. m. (appartaméin); *Appartamento*, ital. *Apartamiento*, esp. Appartement, en français, logement composé de plusieurs pièces, mais en provençal ce mot n'indique qu'une chambre et ordinairement celle à coucher.

Éty. de l'esp. *apartar*, séparer, ou du lat. *partimentum*, fait de *partiri*, diviser. Voy. *Part*, R.

APPARTENENÇA, s. f (appartenéince). V. *Apartenenças*.

APPARTENIR, v. n. (apartenir); *Pertencer*, port. *Appartenere*, ital. *Pertenecer*, esp. Appartenir, être de droit à quelqu'un. V. *Ten*, R.

APPARUN, s. m. (aparún); APARUN. Nom par lequel on désigne, dans les environs de Riez, Basses-Alpes; un bien fonds, une plage étroite, arrosable, située sur le bord d'un torrent ou d'une petite rivière.

APPAS, s. m. pl. (apás), lang. mod. Appas, charmes, attraits d'une femme, fig. attraits de la gloire, du pouvoir. V. *Past*, R. Ce qui attire.

APPASTURAR, v. a. (oposturá). Voy. *Apasturar*.

APPEL, sub. m. (appèl); *Appello*, ital. *Apelacion*, esp. *Appellação*, port. *Apell*, cat. Appel, recours exercé devant une juridiction supérieure pour obtenir l'infirmation ou la réformation d'un jugement rendu en premier ressort. V. *Appell*, R.

APPEL, Appellation à haute voix, de ceux qui doivent se trouver dans une assemblée.

APPEL, Appel, signal donné par le tambour ou la trompette.

APPEL, ou manières différentes d'appeler les animaux. V. *Appell*, R. On dit:

Mina-mina, pour le chat; *Minet-minet*, *Minoun-minoun*, pour les petits chats; *Broua-broua; Tic-tie-tie; Cocha-cocha*, pour le cochon; *Te-tè-te*, pour le chien; *Poula-poula-poula; Cota-cota; Cotouna-cotouna*, pour les poules; *Pipi-pipi; Piou-piou*, pour les poussins; *Beri-beri; Berou-berou*, pour les brebis.

APPEL, APELL, rad. pris du latin *appellare*, appeler, dérivé de *pellere*, *pello*, mouvoir, pousser, chasser, frapper, qui signifiait aussi parler dans l'origine, agiter l'air par la parole; il peut aussi venir du grec ἀπελλαὶ (apellai), temples, d'où ἀπελλάζω (appellazô), tenir assemblée, haranguer, convoquer.

De *appellare*, par apoc. *appell*; d'où: *Appel*, *Appel-ar*, *R-appelar*, *Appel-atiu*, *Inter-pelar*, *Appel-ant*, etc. Par le changement de *l* en *ou*, *Appeou*.

De *Appel*, par le changement de *l* en *r*, *Apper-ar*, et par l'interposition d'une *m*, *ampel*; d'où: *R-ampel-aire*, *R-ampel-ar*, *R-ampel-ous*, *R-ampeou*, *Rapel-aire*.

APPELAIRE, s. m. (apelàiré); APELLAIRE, APPELLAIRE. *Apellador*, esp. Demandeur, celui qui en appelle un autre en justice, qu'on nomme le défendeur.

Éty. de *appelar* et *aire*, litt. qui appelle. V. *Appel*, R.

APPELANT, s. m. vl. *Apelante*, esp. *Appellante*, port. Accusateur. V. *Appel*, R.

APPELANT, ANTA, adj. (apelàn, ànte); APPELLANT. *Apelante*, esp. *Appellante*, port. Appelant, ante, qui appelle d'un jugement. Garc. V. *Appel*, R.

Éty. du lat. *appellator*, m. s.

APPELAR, v. a. (apelà); APELLAR. *Appellare*, ital. *Appellidar*, port. esp. Appeler, nommer, dire le nom de .... V. *Noumar*, *Cridar*, *Sounar* et *Appel*, R. En d. bas lim. conduire les bœufs: *appelar véichamon*, appeler vers le haut; *Soun mauvat sort l'appella*, son malheur le conduit.

APPELAR, v. a. et n. *Apelar*, esp. *Appellar*, port. *Apellar*, cat. *Appellare*, ital. Appeler, citer, mander, venir, se pourvoir en révision d'une affaire, dénoncer, accuser.

Éty. du lat. *appellare*, m. s. V. *Appel*, R.

APPELAR S', v. r. S'appeler, porter un tel nom. On demande plutôt en prov.: *Coumo li disoun?* que *coumo s'appela? Aquot s'appela parlar*, voila parler, cela; ou c'est parler comme il faut. *Aquot s'appela un home*, voilà un homme, ou c'est un homme que M. tel. V. *Appel*, R.

APPELAT, ADA, adj. et p. (apelà, àde); *Appellidado*, port. Appelé, ée; nommé, ée. V. *Appel*, R.

APPELET, s. m. (apélé). V. *Bauffa* et *Palanga*.

APPELHAT, ADA, adj. et p. vl. Voy. *Appellat*.

APPELLAT, ADA, s. et adj. vl. Accusé, ée: celui qui est appelé en justice. V. *Appel*, R.

APPELLATION, s. f. (appelatie-n); APPELLATIEN. *Apellacio*, cat. *Apelacion*, esp. *Appellação*, port. *Appellazione*, ital. Appellation, appel d'un jugement.

Éty. du lat. *appellationis*, gén. de *appellatio*, m. s. V. *Appel*, R.

APPELLATIU, IVA, adj. vl. *Apellatiù*, cat. *Apelativo*, esp. *Appellativo*, port. ital. Appellatif, nom qui convient à toute une espèce.

Éty. du lat. *appellativus*. V. *Appel*, R.

APPELLATORI, adj. vl. Appellatoire, qui concerne l'appel.

Éty. de *appel* et de *atori*. V. *Appel*, R.

APPEOU, s. m. (apèou); APPEL, RAMPEOU, CHILET. Appeau, sifflet composé d'une hanche et d'une boîte, servant à imiter le chant de différents oiseaux.

On le dit également de l'appeau, appelant ou chanterelle, qui est un oiseau de l'espèce de ceux que l'on veut prendre, qu'on place dans une cage, et qui, par son chant, attire ses semblables dans le piége.

Appeou se dit aussi en langued. pour appel en justice. V. *Appel*.

Éty. V. *Appel*, R.

APPERAR, v. a. anc. béarn. Appeler. V. *Appelar* et *Appel*, R.

APPERCELAR, vl. V. *Apparcelar*.

APPESANTIR, v. a. (apesantir); GRAVIAR. *Apesgar*, esp. Appesantir, rendre plus pesant, affaisser.

Éty. de *ap* pour *ab*, de *pesant* et de *ir*; faire, devenir plus pesant. V. *Pend*, R.

APPESANTIR S', v. r. *Apesgarse*, esp. S'appesantir, devenir plus pesant; insister beaucoup sur un sujet. V. *Pend*, R.

APPESANTIT, IDA, IA, adj. et part. (apesanti, ie); *Apesgado*, *ada*, esp. Apesanti, ie. V. *Pend*, R.

APPETAR, v. a. vl. *Apetir*, cat. *Apetecer*, esp. port. *Appetere*, ital. Appéter, convoiter, désirer, ambitionner.

Éty. du lat. *appetere*, m. s. V. *Pet*, R. 2.

APPETIMENT, vl. V. *Appetit* et *Pet*, Rad. 2.

APPETISAR, v. a. (apetisà); *Apetitar*, port. Donner de l'appétit. V. *Pet*, R. 2.

APPETISSENT, ENTA, adj. (apetisséin, éinte); GOUSTOUS. *Appetitoso*, ital. port. *Apetitoso*, esp. Appétissant, ante, qui excite, qui réveille l'appétit.

Éty. V. *Pet*, R. 2.

APPETIT, s. m. (apéti); APETIT, TALENT. *Appetito*, ital. *Apetito*, esp. *Appetite*, port. *Appetit*, allem. *Apetit*, cat. Appétit, désir et besoin de manger.

Éty. du lat. *appetitus*, m. s. V. *Pet*, R. 2.

L'appetit ven en mangeant, l'appétit vient en mangeant; c'est la réponse que fit Amyot, au roi Henri III, et selon d'autres, à Charles IX, qui lui témoignait de la surprise de ce qu'ayant paru borner son ambition à un petit bénéfice, il demandait l'évêché d'Auxerre.

A bon appetit noun fau sauça, ou *A bon appetit noun fau moustarda*; *Lou milhour aliment es l'appetit*. pr.

En vieux lang., envie, désir.

La perte de l'appétit s'appelle *anorexie*, en médecine; son augmentation extraordinaire *boulimie*; sa diminution *dysorexie*, et sa dépravation *malacie*.

APPETITIU, IVA, adj. vl. *Apetitiu*, cat. *Apetitivo*, esp. *Appetitivo*, ital. Appétitif, qui produit l'appétit, le désir. V. *Pet*, R. 2.

APPLANAR. V. *Aplanar*.

APPLANIR. V. *Aplanar*.

APPLATAR, vl. V. *Aplatar*.

APPLAUDIR, v. a. (applaoudir); APPLOUDIR. *Applaudire*, ital. *Aplaudir*, esp. *Applaudir*, port. Applaudir, témoigner son plaisir, sa joie, son admiration, en battant des mains.

Éty. de *applaudere*, dérivé de *plaudere*, dont le radical est *Plau*, onomatopée ou son imitatif de celui que produisent les deux mains courbées en voûte, lorsqu'elles frappent l'une contre l'autre.

APPLAUDISSAMENT, s. m. (applaoudissaméin); APPLOOUDISSAMENT. *Applauso*, ital. port. *Aplauso*, esp. Applaudissement, battement de main, approbation, action d'applaudir.

Éty. du lat. *applausus*.

APPLAUDIT, IDA, part. (applaoudi, ide); *Aplaudido*, esp. Applaudi, ie.

Éty. du lat. *applausus*.

APPLICABLE, ABLA, adj. (applicáblé, áble); *Applicabile*, ital. *Aplicable*, esp. *Applicavel*, port. Applicable, qui doit ou peut être appliqué.

Éty. de *ap* pour *ad*, de *plic* et de *able*, propre à être appliqué. V. *Plec*, R.

APPLICADOO, adj. anc. béarn. *Applicable*, v. c. m. et *Plec*, R.

APPLICADOUR, adj. anc. lim. Applicable. V. *Plec*, R.

APPLICANT, ANDA, s. (oplicán, ánde), d. bas lim. On donne ce nom aux personnes ennuyeuses dont on ne peut se débarrasser; importun, ennuyeux, fâcheux.

Éty. de *applicar*, appliquer, parce que ces personnes semblent appliquées, collées dans le lieu où elles se trouvent. V. *Plec*, R.

APPLICAR, v. a. (aplicá); APPLIQUAR. *Applicare*, ital. *Aplicar*, esp. *Applicar*, port. Appliquer, mettre une chose sur une autre, en sorte qu'elle y reste attachée; approcher fortement une chose d'une autre, pour y faire une empreinte; faire usage d'un précepte, d'une sentence, d'un science; destiner, affecter.

Éty. du lat. *applicare*, m. s. V. *Plec*, R.

APPLICAR S', v. r. *Applicarsi*, ital. *Aplicarse*, esp. *Applicarse*, port. S'appliquer, mettre toute son attention, s'attribuer. V. *Plec*, R.

APPLICAT, ADA, adj. et p. (aplicá, áde); *Aplicado*, esp. *Applicado*, port. Appliqué, appliquée.

Éty. du lat. *applicatus*, V. *Plec*, R.

APPLICATION, s. f. (aplicatie-n); APPLICATIEN. *Applicazione*, ital. *Aplicacion*, esp. *Applicação*, port. *Aplicació*, cat. Application, action d'appliquer.

Éty. du lat. *applicationis*, gén. de *applicatio*, m. s. V. *Plec*, R.

APPLICATIU, IVA, adj. vl. Propre à appliquer, applicable. V. *Plec*, R.

APPODISSA, s. f. (appodisse), vl. *Apoca*, esp. Quittance, promesse par écrit.

Considerant que tals mercenaris si pagan menudieramentet sensa nenguna appodissa, ni presentia de testimonis ni aultras cautelas. St. pr.

Appodissa *se fa sensa argent per lous comissaris que exigisson las talhas. Ibid.*

Éty. de *Apoca*, v. c. m.

APPOINT et comp. V. *Apoint.*

APPONCHAMENT, s. m. vl. Traité, négociation.

Éty. de la basse lat. *appunctuamentum*, m. s.

APPOSESTAT, vl. V. *Apoestat.*

APPOSICIO, et

APPOSITIO, s. f. vl. APPOZICIO, APOSITIO. *Aposició*, cat. *Aposicion*, esp. *Apposição*, port. *Appositione*, ital. Apposition, adjonction; figure de grammaire.

Éty. du lat. *appositio*. V. *Pos*, R.

Appozitios es ajustamens de dos noms sustantius ses tot meia en ayssi quel mens comus determina lo mays comu.

Appositios es cant una prepositios es adordenada per servir a son cas coma: yeu vau a mayzo; yeu venc de la plassa; yeu passi per la cariera; yeu soy contra te. Fl. del gay sab.

APPOUGNAR, v. a. (opougná), d. bas lim. Garder, avoir la garde de quelque chose. V. *Gardar* et *Pugn*, R.

Apougnaz bien, espèce de salut, gardez-vous de mal.

Éty. de *ap*, par alt. de *ad*, de *pougn*, poignet, main, et de l'act. *ar*, avoir, tenir sous la main.

Apougnar, signifie encore tarder.

Se noo fille un cop, a fa las amouretas,
Vaudria mai *appougnar* un plan prad de beletas.

APPOUIRAR S', v. r. (s'appouirá); APOUIRAR S', ESCAPOUISSAR S', ESPANGOUINAR S'. Se cramponner pour faire un effort, s'appliquer avec acharnement à quelque chose, employer toutes ses forces.

Éty. du grec ἀποπειρα (apopeira), effort par la suppression du dernier *p*.

APPOUNDALLA, s. f. (apoundáille), d. bas lim. Ajoutage, ce qu'on ajoute à une chose pour l'allonger. V. *Ajust* et *Pous*, R.

APPOUNDRE, v. a. (apóundré), d. bas lim. Joindre une chose à une autre pour la rendre plus grande. V. *Ajustar* et *Pous*, R.

APPRADIR, v. a. (appradir); APRADIR, APREIR. Mettre en pré. V. *Prad*, R.

APPRADIT, **IDA**, p. (appradi, ie). Mis en pré, converti en pré.

APPRECIAR, v. a. (aprecià); ESTIMAR, APPREHAR. *Apprezzare*, ital. *Apreciar*, esp. *Appreciar*, port. Apprécier, juger du prix courant des choses dans le commerce de la vente et de l'achat.

Éty. de *a*, du lat. *pretium*, *preci*, et de *ar*, mettre le prix. V. *Prec*, R. 2.

APPRECIAT, ADA, adj. et p. (apprecià, áde); ESTIMAT. *Apreciado*, esp. *Appreciado*, port. Apprécié, iée. V. *Prec*, R. 2.

APPRECIATION, s. f. (apreciacie-n); ESTIMATION. *Aprecio*, esp. *Appreciação*, port. *Apprezzamento*, ital. Appréciation, estimation du prix.

Éty. de *appreciar* et de *tion*, action d'apprécier. V. *Prec*, R. 2.

APPREFOUNDIR, alt. de *Approufoudir*, v. c. m. et *Found*, R.

APPREHANDAR, v. a. (aprehandá); *Aprehender*, esp. *Apprendere*, ital. *Apprehender*, port. Appréhender, craindre, redouter, avoir peur de.... en t. de prat., prendre, saisir.

Éty. du lat. *prehendere*, prendre, saisir, ou de *apprehendere*. V. *Prendr*, R.

APPREHENDER, vl. V. *Apprehandar* et *Prendr*, R.

APPREHENDUT, UDA, adj. et part. anc. béarn. *Aprehendido*, *ida*, esp. *Apprehendido*, port. Appréhendé, ée, Pris, ise. V. *Prendr*, R.

APPREISSAR, V. *Apreissar.*

APPRENDIS, ISSA, s. (aprendis, isse); APPRENTIS, APPENDRIS. *Aprendiz*, esp. port. *Imparante*, ital. Apprenti, ie, celui ou celle qui apprend un métier sous un maître qu'il sert pendant un temps déterminé.

Éty. de *apprendre*, apprendre. V. *Prendr*, Rad.

Fau estre aprendis avant que mestre. pr.

APPRENDISSAGE, s. m. (apreindissádgi); APPRENTISSAGI, APRENDISSATYE. *Aprendizage*, esp. *Aprendizado*, port. Apprentissage, l'état d'un apprenti; le temps qu'il met chez un maître, pour apprendre son art.

Éty. de *apprendis* et de la term. *agi*, formée de *ago*, j'agis, V. *Prendr*, R.

APPRENDRE, v. a. (appréindré); APENRE, ESTUDIAR, APPRENER, APRENE, EMPRENDRE. *Apprendere*, ital. *Aprender*, esp, *Aprehender*, et *Apendrer*, cat. *Apprender*, port. Apprendre, acquérir quelque connaissance qu'on n'avait pas; contracter l'habitude de faire quelque chose selon certaines règles, imprimer, graver dans sa mémoire, être averti, prévenu, enseigner; instruire, indiquer. V. *Ensegnar*, *Instruire.*

Éty du lat. *prehendere* et de *a*. V. *Prendr*, R.

APPRENDRE S', v. r. Dans le sens actif, s'instruire soi-même: *S'oou est apres*, il s'est formé lui-même, il l'a appris seul, sans maître, et dans le sens passif, *Aquot s'apprend pas sensa peine*, cela ne s'apprend pas sans peine. V. *Prendr*, R.

APPRENDRE S', Employé comme impersonnel, signifie être la cause de... le principe: *Aquot s'apprend à vous*, Tr. vous en êtes la cause: *S'apprend pas a iou*, je n'en suis pas la cause. V. *Prendr*, R.

APPRENSION, s. f. (appreinsie-n); APPREHANSION, CRENTA, PAOUR, APPRENSIEU. *Apprensione*, ital. *Aprehencion*, esp. *Apprehensão*, port. Apprehension, inquiétude qui naît de l'incertitude de l'avenir, étonnement mêlé de crainte.

Éty. du lat. *apprehensionis*, gén. de *apprehensio*, l'action de saisir ou d'être saisi. V. *Prendr*; R.

APPRENTIT, s. m. vl. *Aprendiz*, esp. port. Apprenti. V. *Apprendis*. et *Prendr*, Rad.

APPRES, ESSA, adj. et p. (apprés, ésse); *Aprendido*, port. esp. *Apresso*, ital. anc. Appris, ise; *Mau appres*, mal appris, insolent. V. *Prendr*, R.

APPREST, s. m. (après); ADOUBAGI. *Appresto*, ital. *Apresto*, esp. port. Apprêt, préparatif, il ne se dit guères en ce sens qu'au pluriel, manière d'apprêter, préparation en général.

Éty. de l'ital. *appresto*, m. s. V. *Prest*, R.

APPRESTAGI, s. m. (aprestádgi); APPREST, APPRESTAGE. *Apprestamento*, ital. *Apresto*, esp. port. Apprêt, préparation, assaisonnement.

Éty. de *apprestar* et de *agi*, manière d'apprêter. V. *Prest*, R. *Apprestagi das cuers*, Corroi.

APPRESTAR, v. a. (aprestá); APPARELHAR, GARNIR, ADOUBAR, ALESTIR. *Apprestare*, ital, *Aprestar*, esp. port. Apprêter, préparer, disposer, donner l'apprêt convenable aux étoffes, assaisonner les aliments.

Éty. de l'ital. *apprestare* ou de *apprest*, et de l'act. *ar*, donner l'apprêt. V. *Prest*, R.

APPRESTAR S', v. r. (s'aprestá); *Apestar-se*, port. S'apprêter, se préparer, se disposer à. V. *Prest*, R.

APPRESTAT, ADA, adj. et p. (aprestá, áde); *Aprestado*, esp. port. Apprêté, préparé, disposé. V. *Prest*, R.

APPRIMAR, v. a. (aprimá); AMENUDAR, AMENCIR, APRIMAR, MENUISAR. Rendre mince, amenuiser, émincer.

Éty. de *a* pour *ad*, de *prim*, mince, et de *ar*, faire plus mince, ou réduire à un état plus mince. V. *Prim*, R. 2.

APPRIMAT, ADA, adj. et p. (aprimá, áde); AMENUDAT, AMENCIT. Amenuisé, ée, amenci. V. *Prim*, R. 2.

APPRIVADAIRE, s. m. (apprivadáïré); *Apprivoiseur*, celui qui apprivoise. Garc. V. *Priv*, R.

APPRIVADAMENT, s. m. (aprivadaméin); *Apprivoisement*, action d'apprivoiser.

Éty. de *apprivadar* et de *ment*. V. *Priv*. Rad.

APPRIVADAR, v. a. (aprivadá); APRIVOISAR. *Apprivare*, ital. anc. Apprivoiser, rendre doux et moins farouche. Habituer un animal sauvage à la domesticité; fig. rendre une personne plus traitable.

Éty. de *a*, pour *ad*, de *prival*, dérivé du lat. *privatus*, privé, et de l'act. *ar*; amener à l'état privé, *ad privatum adducere*. V. *Priv*, R.

APPRIVADAR S', v. r. S'apprivoiser, se rendre moins sauvage, devenir plus familier. V. *Priv*, R.

APPRIVADAT, ADA, adj. et p. (aprivadá, áde); APRIOUSAT. Apprivoisé, habitué à l'état de domesticité.

Éty. de *a* pour *ad*; de *privat*, et du passif *at*, réduit à l'état privé. V. *Priv*, R.

Il y a cette différence, entre privé et apprivoisé, que l'animal privé l'est naturellement, comme le chien le cheval, tandis que l'apprivoisé ne l'est que par l'art.

APPROBAIRE, s. m. (aproubáïre). V. *Approbatour* et *Prob*, R.

APPROBAR, v. a. (approubá); APPROUVAR; *Approvare*, ital. *Aprobar*, esp. cat. *Approvar*, port. Approuver, juger utile, juste, convenable, conforme aux règles; donner son consentement en approuvant.

Éty. du lat. *approbare*, m. sign. V. *Prob*, Rad.

APPROBAT, ADA, adj. et p. (approubá, áde); APPROUVAT. *Aprobado*, esp. *Approvado*, port. Approuvé, ée.

Éty. du lat. *approbatus*, V. *Prob*, R.

APPROBATION, s. f. (approubatie-n); APPROUBATIEN. *Approvazione*, ital. *Aprobacion*, esp. *Approvação*, port. Approbation, action d'approuver, de consentir.

Éty. du lat. *approbationis*, gén. de *approbatio*, m. sign. V. *Prob*, R.

APPROBATOUR, s. m. (approubatoúr); APPROUBAIRE, APPROUVAIRE. *Approvatore*, ital. *Approbador*, esp. *Approvador*, port. Approbateur, celui qui approuve ouvertement une chose.

Éty. du lat. *approbator*. V. *Prob*, R.

APPROCHA, V. *Approchi*.

APPROCHABLE, ABLA, adj. (approutcháblé, áble); APPROUCHABLE. Abordable, accessible. Garc. V. *Proch*, R.

APPROCHANT, ANTA, adj. (approutchân, ánte); APPROUCHANT. Approchant, ante, qui approche de la ressemblance d'une chose, qui en est peu différent.

Éty. de *approch*, rad. de *approchar*, et de *ant*. V. *Proch*, R.

APPROCHAR, v. a. (approutcha); APPROUCHAR, APROOUMAR, APROUNCHAR. *Approssimare*, ital. mod. *Approcciare*, ital. anc. Approcher, mettre auprès, approcher quelqu'un, l'aborder familièrement.

Éty. de *ap*, pour *ad*, de *prochi* et de *ar*; aller proche. V. *Proch*, R.

APPROCHAR, v. n. Approcher, aller, avancer vers quelqu'un, vers quelque lieu; avoir du rapport.

Éty. du lat. *appropinquare*, m. sign. V. *Proch*, R.

APPROCHAR, S', v. r. APROOUMAR, S'AFFLATAR, S'ARRAMBAR. S'approcher de quelqu'un ou de quelque chose. V. *Proch*.

APPROCHAT, ADA, adj. et p. (approutchá, áde). Approché, ée. V. *Proch*, R.

APPROCHI, s. m. (apprôtchi); APPROCHA, APPROCHE, *Aproches*, esp. *Apraxes*, port. *Approccio*, ital. Approche, mouvement par lequel on approche d'une personne ou d'un lieu; choses qui approchent ou qui sont sur le point d'être présentes.

Éty. de *ap*, pour *ad*, et de *prochi*, ou du lat. *appropinquatio*. V. *Proch*, R.

APPROCHIS, s. m. pl. (apprótchis); *Aproches*, esp. *Approcci*, ital. Approches, travaux de guerre que l'on fait pour approcher d'une place; proximité. V. *Proch*, R.

APPROFITAR, vl. V. *Aprofechar*, et *Proufitar*.

APPROPIAR, vl. V. *Apropiar*.

APPROUCHAR, et comp. V. *Approchar*.

APPROUFOUNDIR, v. a. (approufoundir); APPREFOUNDIR. *Affondare*, ital. *profundar*, esp. port. Approfondir, donner plus de profondeur à une excavation, et fig. examiner, étudier à fond; pénétrer les rapports les plus cachés.

Éty. de *a*, de *proufound* et de *ir*; aller au fond. V. *Found*, R.

APPROUFOUNDIT, IDA, IA, adj. et p. (approufoundi, ide, ie); *Profundado, ada*, esp. Approfondi, ie. V. *Found*, R.

APPROUPRIAR, v. a. (approupria); *Appropriar*, port. Approprier, rendre propre à... proportionner. V. *Aliscar*, *Netegear* et *Propr*, R.

APPROUPRIAR S', v. r. *Appropriarsi*, ital. *Apropiarse*, esp. *Appropriarse*, port. S'approprier, s'attribuer sans formalités légales la propriété d'une chose.

Éty. du lat. *appropriare*, ou de *proprium sibi reddere*. V. *Propr*, R.

APPROUPRIAT, ADA, adj. et p. (approupriá, áde); *Apropiad*, esp. *Appropriado*, port. Approprié, ée. V. *Propr*, R.

APPROUVAR, *Approvar*, port. V. *Approubar*.

APPROUVAT, *Approvado*, port. V. *Approubat*.

APPROUVESIR, v. a. et *s'approuvesir*, APROUVESIR, d. apt. Approvisionner, s'approvisionner.

APPROUVISIOUNAMENT, s. m. (approuvisiounaméin); *Provimento*, port. *Provista*, ital. Approvisionnement, fourniture en réserve des choses nécessaires à une ville, à une armée, etc. V. *Vis*, R.

APPROUVISIOUNAR, v. a. (approuvisiouná); *Prover*, port. *Provvedere*, ital. Approvisionner; faire un approvisionnement et r. s'approvisionner. V. *Vis*, R.

APPROUVISIOUNAT, ADA, adj. et p. (approuvisiouná, áde). Approvisionné, ée, qui a les provisions nécessaires.

APPROUXIMATIF, IVA, adj. (approuximatif, ive), lang. mod. APPROUXIMATIU. Approximatif, ive. Garc. V. *Proch*, R.

APPROUXIMATION, s. f. (approuximatie-n), lang. mod. APPROUXIMATION. *Aproximacion*, esp. *Approssimazione*, ital. *Approximação*, port. Approximation, Garc.

Éty. du lat. *appropinquatio*, m. s. V. *Proch*, R.

APPROUXIMATIVAMENT, adv. (approuximativaméin), lang. mod. *Approximativamente*, port. Approximativement. Garc. V. *Proch*, R.

APPUI, s. m. (apúï); *Appoggio*, ital. *Apoyo*, esp. *Apoio*, port. Appui, chose sur quoi l'on s'appuye, chose qui appuie, fig. protection, protecteur, soutien. V. *Ajuda*, *proutection*.

Éty. V. *Appuiar* et *Ped*, R.

APPUIAGI, s. m. (appuiádgi). V. *Apelagi*.

APPUIA-MAN, s. m. (appúïe-mân). Appui-main, petite baguette dont se servent les peintres pour soutenir leur main dans le travail.

APPUIAR, v. a. (appuïá); APPUYAR. V. *Apielar*, fig. Protéger, aider, favoriser.

Éty. de la bass. lat. *appodiare*, fait de *podium*, saillie, et de *ad*, *adpodium*, d'où: *adpodiare*, *appodiare*, *appodiar*, *appuiar*. V. *Ped*, R.

APPUIAR S', v. r. S'APIELAR, S'APOUNTELAR. *Apoyarse*, esp. *Apoiar-se*, port. S'appuyer, se soutenir sur quelque chose, s'y reposer, fig. faire fond sur quelque chose. V. *Ped*, R.

APPUIAT, ADA, adj. et p. (apuiá, áde); APIELAT, APIALAT, APIERAT. *Apoyado, ada*, esp. *Apoiado*, port. Appuyé, ée. Étayé, protégé, soutenu. V. *Ped*, R.

APPUYGAR, dg. V. *Appuyar*.

APR

APRADIALAR, v. n. (oprodiolá), d. bas lim. Joindre au timon d'une charrette trop chargée; une pièce de bois qu'on nomme *Pradial*, v. c. m.

APRADIR, v. a. (apradir); APPRAIR, AFFENAR, AFFENASSAR, APREIR. Mettre en pré une terre qui portait auparavant du blé ou autre chose.

Éty. de *a* pour *ad*, de *prad* et de *ir*; litt. changer en pré. V. *Prad*, R.

APRADIT, adj. et p. (apradi). Mis en pré. V *Prad*, R.

APRECIAR, vl. V. *Appreciar*.

APREFOUNDAR, Aub. V. *Approufoundir*.

APREGADOR, s. m. vl. Suppliant, soupirant. V. *Prec*, R.

APREGAR, v. a. vl. APRETAR. Prier, supplier.

APREHENDRE, vl. V. *Apprehandar* et *Prendr*, R.

APREHENSIU, IVA, adj. vl. *Aprehensiu*, cat. *Aprehensivo*, esp. *Apprehensivo*, port. Perceptif, ive, propre à percevoir. V. *Prendr*, R.

APREIR, V. *Apradir* et *Prad*, R.

APREISONAR, v. a. vl. APRESONAR. *Aprisionar*, esp. Emprisonner, tenir prisonnier. V. *Emprisounar* et *Prendr*, R.

APREISONAT, ADA, adj. et p. vl. Pris, ise; emprisonné, ée. V. *Prendr*, R.

APREISSADAMEN, adv. vl. APREISADAMEN. A toute hâte; fortement. V. *Press*, R.

APREISSAMEN, s. m. vl. Urgence, ardeur, véhémence.

APREISSANSA, s. f. (apreissánce), vl. Véhémence, ardeur, nécessité pressante: *La mia apreissansa de cada dia*, la foule d'affaires qui m'assiégent chaque jour. V. *Pres*, R.

APREISSANT, adj. (apreissán), vl. *Besonha apreissant*. Pressant besoin. Voy. *Press*, R.

APREISSAR, v. a. (apreissá), vl. APPREISSAR. *Apressar*, port. Presser vivement, insister, hâter, persévérer, tourmenter. Voy. *Press*, R.

APRELHAR, v. a. (apreillá), d. béarn. Apprêter. V. *Apprestar* et *Prest*, R.

APREMEGUT, UDA, adj. et p. vl. Éloigné, ée, dissipé.

APREMENT, s. m. (apreméin), vl. APREMEN. Tribulation. V. *Press*, R.

APREMER, v. a. vl. Presser, froisser, opprimer, abaisser, humilier; réprimer, arrêter, retenir. V. *Press*, R.

APREMS, EMSA, adj. vl. Froissé, ée, opprimé, ée, surpris, prévenu. V. *Press*, R.

APREN, adj. (apréin), d. d'Apt : *China, feda apren*, chienne, brebis pleine Voy. *Plena*.

Éty. Alt. du lat. *prægnans*, m. s.

APRENDENT, s. m. vl. *Aprendiente*, esp. Novice. V. *Prendr*, R.

APRENDISSADGE, s. m. anc. béarn. *Aprendizage*, esp. Voy. *Apprentissagi* et *Prendr*, R.

APRENDISSAGE, s. m. vl. APRENDIZAGE. Apprentissage. V. *Apprendissage* et *Prendr*, Rad.

APRENDISSATYE, s. m. d. béarn. V. *Aprentissagi*, m. s.

APRENDRE, vl. V. *Apprendre*.

APRENER, v. a. (aprené), dl. Reprendre. On le dit des greffes qui commencent à pousser, et des plantes qui, étant transplantées, poussent de nouvelles racines. Ce pommier a bien repris. Sauv. V. *Prendr*, Rad.

APRENER, pour apprendre. V. *Apprendre* et *Prendr*, R.

APRENSIEU, d. bas lim. V. *Apprension* et *Prendr*, R.

APREP, alt. g. de *Apres*, v. c. m. *Petit aprep*, peu après.

APRES, adv. ou pr. (après) ; APRET, APREP, *Appresso*, ital. *Apres*, esp. Après, ensuite, contre. V. *Aupres*.

Éty. du lat. *pressum*, dit pour *proxime*.

Li siou apres, je suis après le faire.

M'a courrut apres, Tr. il a couru après moi, et non *il m'a couru après*.

M'es toujours apres, Tr. il m'est toujours après.

Jitar lou manche apres la destrau, jeter le manche après la cognée.

Apres la mort lou medecin.

Apres la pansa ven la dansa.

Apres la pluegea ven lou beou temps.

Apres tres jours l'on s'ennuegea,

De fremas, d'hostes et de pluegea.

Apres la festa lou fol resta.

APRES, vl. Il ou elle apprit.

APRES-MIEJOUR, s. m. (après miedjóu) ; Après-midi, s. f. de midi jusqu'au soir.

APRES-DEMAN, adv. de temps. (après demán) ; PASSAT-DEMAN. *Posdomani*, ital. *Despues de mañana*, esp. *Despois de a manha*, port. Après-demain, le second jour après celui où l'on est.

APRES-DINAR, adv. de temps et s. m. (après-diná). Après-dinée, s. f. l'espace de temps qu'il y a entre le diner et le soir.

APRESONAR, vl. V. *Apreisonar* et *Prendr*, R.

APRESONAT, ADA, adj. et p. vl. Emprisonné, ée. V. *Emprisounat* et *Prendr*, Rad.

APRES-SOUPAR, s. m. (après-soupá). Après soupée, s. f. le temps qui est entre le souper et le coucher ; après souper, signifie après le souper.

APREST, et dérivés. V. *Apprest*.

APRESTAR, vl. *Aprestar*, esp. V. *Apprestar*.

APRET, dg. alt. de *Apres*, v. c. m.

APRETAR, v. a. vl. *Apretar*, esp. Serrer. V. *Press*, R.

APREYAR. vl. V. *Apregar*, *Pregar* et *Prec*, R.

APRIANDAR, d. apt. V. *Apprehandar*.

APRIC, s. m. (apric) d. béarn. Couvert. V. *Cubert*.

Éty. du lat. *apricus*. V. *Abric*, R.

APRIGAR, v. a. (aprigá), d. béarn. Couvrir. V. *Curbir* et *Abrigar*.

Éty. du lat. *apricari*, se chauffer au soleil. V. *Abric*, R.

APRIGOUNDIR, v. a. (aprigoundir), dl. Creuser. Sauv.

Éty. de *prigoun* et de *ir*.

APRIL, s. m. anc. béarn. *Aprile*, ital. *Abril*, esp. Avril. V. *Abriou*.

Éty. du lat. *Aprilis*, m. s.

APRIMAIRAMEN, s. m. vl. Primauté, droit de primogéniture. V. *Prim*, R.

APRIMAIRAR S' v. r. vl. APRIMAITAR. S'approcher, s'avancer, se mettre en avant, au premier rang ; venir de bonne heure. V. *Prim*, R.

APRIMAIRAT, ADA, adj. et p. vl. APRIMATZ. Avancé, ée. V. *Prim*, R.

APRIMAITAR. Voy. *Aprimairar* et *Prim*, R.

APRIMAR, v. a. vl. *Aprimar*, cat. Amincir, affaiblir, rendre exigu. V. *Apprimar* ; faire une pointe, pénétrer ; rafiner, subtiliser. V. *Prim*, R. 2.

APRIMAT, ADA, adj. et p. vl. APRIMATZ. Rafiné, fin, instruit, spirituel, d'un esprit aigu. V. *Prim*, R. 2.

APRIONDAR, v. a. vl. Approfondir, enfoncer, enraciner, creuser. V. *Found*, R.

APRIOUASAT, ADA, adj. dg. apprivoisé, ée. V. *Apprivadat* et *Priv*. R.

APRIVADANSA, s. f. vl. Familiarité, privauté.

APRIVADAR, vl. V. *Apprivadar*.

APRIVADAT, ADA, adj. et p. vl. V. *Apprivadat*.

APROAR, v. et s. vl. Approuver, approbation. V. *Prob*, R. et *Approvar*.

APROB, vl. Auprès, en comparaison, après. V. *Aprop*.

Éty. du lat. *Propè*. V. *Proch*, R.

APROBAR, vl. V. *Approbar*.

APROBATIU, IVA, adj. vl. *Aprobativo*, esp. *Approvativo*, port, ital. Approbatif, ive, qui contient ou qui marque approbation. V. *Prob*, R.

APROBDAR, vl. V. *Approchar*.

APROBENCAMENT, s. m. vl. *Appropinquamento*, ital. Rapprochement. Voy. *Proch*, R.

APROBENCAR, v. a. vl. APROBENQUAR. Approcher. V. *Apropinquar* et *Approchar*.

Éty. du lat. *appropinquare*, m. s. Voy. *Proch*, R.

APROBENCAT, ADA, vl. V. *Apropinquat*.

APROBIAR, v. n. vl. Approcher. Voy. *Approchar* et *Proch*, R.

APROCEZIR, v. n. vl. Procéder. Voy. *Procedar*.

APROCHAR, vl. V. *Apropchar* et *Approchar*.

APROCHE, vl. V. *Approchi*.

APROFECHABLE, adj. vl. *Aprovechable*, esp. Profitable, utile. V. *Proufitable* et *Profit*, R.

APROFECHAR, vl. V. *Proufitar*.

APROFICHABLAMEN, adv. *Aprovechadamente*, esp. Profitablement. V. *Profit*, Rad.

APROFICHABLETAT, s. f. vl. Amélioration, perfectibilité. V. *Profit*, R.

APROFIECHAR, et

APROFITAR, vl. Profiter. V. *Profitar*.

APROHAR, vl. V. *Aprobar* et *Prob*, R.

APROOUMAR, v. a. et n. (oproumá,) d. bas. lim. Approcher. V. *Approchar*.

Éty. du lat. *aproximare*.

APROOUMAR S', v. r. md. S'approcher. V. *Approchar s'*.

APROP, prép. vl. APROB. *Apres*, cat. Près, après, depuis, auprès, proche: *Aprop si*, chez soi. V. *Proch*, R.

En aprob, ensuite, après ; *en aprob*, cat.

APROPCHADOR, s. m. vl. APROPCHAIRE. *Approcheur*, en parlant d'un guerrier qui marche hardiment à l'ennemi. V. *Proch*, R.

APROPCHAIRE, vl. V. *Apropchador*.

APROPCHAR, vl. V. *Approchar*.

APROPIAMENT, s. m. vl. APROPRIAMEN. Approche, venue, accès. V. *Proch*, R.

APROPIAR, vl. V. *Approchar*.

APROPINQUACIO, s. f. vl. *Apropincuacion*, esp. *Appropinquagione*, ital. Proximité, voisinage.

Éty. du lat. *appropinquatio*, m. s. Voy. *Proch*, R.

APROPINQUAR, v. a. vl. APROBENCAR, APROBENQUAR. *Apropincar*, anc. cat. *Apropincuar*, esp. *Appropinquare*, ital. Approcher. V. *Approchar*.

Éty. du lat. *appropinquare*, m. s. Voy. *Proch*, R.

APROPINQUAT, ADA, adj. et p. APROBENCAT. Approché, ée. V. *Approchat*.

APROPJAR, vl. V. *Approchar*.

APROPRIADAMENS, adv. vl. *Apropiadamente*, ital. *Appropriadamente*, port. Convenablement. V. *Propr*, R.

APROPRIAMEN, s. m. vl. *Apropiamiento*, anc. esp. Propriété. V. *Propr*, R.

APROPRIAR, v. a. vl. Approcher. V. *Approuchar*.

Éty. du lat. *appropinquare*, m. s.

APROPRIAR S', v. r. vl. S'approcher. V. *Proch*, R.

APROPRIAR, v. a. vl. APPROPRIAR, ALISCAR. *Apropiar*, cat. esp. *Appropriar*, port. *Appropriare*, ital. Approprier, attribuer, rendre propre, en parlant d'un nom.

Éty. du lat. *appropriare*, m. s. V. *Propr*, Rad.

APROPRIATIO, s. f. vl. *Apropiació*, cat. *Apropiacion*, esp. *Appropriação*, port. *Appropriazione*, ital. Appropriation, ressemblance, similitude.

Éty. du lat. *appropriatio*, m. s. Voy. *Propr*, R.

APROSMAR, v. a. vl. APRUSMAR. *Aprossimare*, ital. Approcher. V. *Approchar*.

Éty. du lat. *Approximare*, m. s. V. *Proch*, Rad.

S'aprosmar, s'approcher.

APROSMAT, ADA, adj. et p. vl. Voy. *Approchat.*

APROUMETTRE, v. a. (aproumétré); *Aprometer*, esp. *T'aproumetti que me va pagaras*, je t'assure, ou je te réponds que tu me la payeras, et non *je te promets que*, etc. *Vous approumetti que noun*, je vous assure que non.

Éty. de *proumettre*, v. c. m. et de l'art. *à*, *proumettre à*, du lat. *promittere*, promettre, et de *a*. V. *Mettre*, R.

APROUMETTRE S', v. r. S'ABOUDAR, dl. Se vouer: *Me siou aproumes*, etc. je me suis voué à N. D. ou j'ai promis par un vœu de... V. *Mettre*, R.

APROUNCHAR, d. apt. altér. de *Approchar*, v. c. m.

APROUSCAR S', v. r. dg. V. *Approchar s'*.

Qual hommé prou hardit gauzara se resoudré
A s'aprousca d'un Dious, armat de son tounoudre.

H. Daubasse.

APROUTICAYRE, dl. alt. de *abouticacari*, v. c. m.

APRUIMAR, vl. V. *Approchar.*

APRUNA, s. f. (aprúne). V. *Pruna.*

APRUNIERA, s. f. V. *Pruniera.*

APRUSMAR, vl. V. *Aprosmar* et *Approchar.*

APS

APSISIO, vl. V. *Abcizio.*

APT

APT, rad. dérivé du lat. *aptus*, apte, convenable, approprié, commode, avantageux, acile, dont la racine est *apo*, *ere*, lié, attaché.

De *apt*, sont venus directement: *Aptament*, *Apt-ar*, *Apt-e*, *Apt-eza*, *Apti-tuda*, et par l'addition de la prép. *ad*: *Ad-apt-ar*, *Ad-apt-at*; par le changement de *p* en *u*, *Ad-aut*; avec la prép. *mal*, se sont formés, *Mal-apte*, *Mal-apt-ia*, *Mal-aut*, *Mal-autous*, *Mal-aut-egear*, etc.

De *aptitudo*, *attitud-a*, par le changement du *t* en *d*: *Malaud*, *Malaud-eiar*, *Malaud-ia*, *Malaud-aria*, *Mal-aus.*

APTAMENT, adv. vl. *Aptament*, cat. *Aptamente*, esp. port. *Attamente*, ital. Habilement, convenablement.

Éty. de *apta* et de *ment*. V. *Apt*, R.

APTAR, v. a. vl. *Attare*, ital. anc. Accomoder, adapter, apprêter.

Éty. du lat. *aptare*, ou de *apt* et de *ar*. V. *Apt*, R.

APTE, adj. vl. *Apte*, cat. *Apto*, esp. port. *Atto*, ital. Apte, convenable, propre à quelque chose.

Éty. du lat. *aptus*. V. *Apt*, R.

APTEZA, s. f. vl. *Apteza*, anc. esp. *Attezza*, ital. *Aptidão*, port. Aptitude, habileté.

Éty. de *apt* et de *eza*. V. *Apt*, R.

APTIFICAR, v. a. vl. Accommoder, disposer.

Éty. de *apti* et de *ficar*. V. *Apt*, R.

APTITUDA, s. f. (aptitúde); *Attitudine*, ital. *Aptitud*, esp. *Aptidão*, port. Aptitude, disposition naturelle pour réussir en quelque chose. V. *Vertut*, *Gaubi* et *Dispousition.*

Éty. du lat. *aptitudo*, m. s. V. *Apt*, R.

APU

APUGNAR, v. n. vl. Tarder.

APUNCTAMENT, s. m. anc. béarn. Appointement. V. *Pounct*, R.

APUNIS, s. m. vl. Poison.

APUNTAMEN, s. m. vl. Accord, traité, capitulation, accommodement.

APUNTAR, vl. V. *Apontar.*

APURAR, v. a. (apurá); *Apurar*, port. esp. Apurer, s'assurer, par un examen définitif, que toutes les parties d'un compte rendu sont en règle, qu'il n'y a plus d'articles en souffrance, et que le comptable doit être déclaré quitte.

Éty. de *a*, de *pur* et de *ar*, rendre *pur*. V. *Pur*, R.

APURAT, ADA, adj. et p. (apurá, áde); *Apurado*, esp. port. Apuré, ée.

Éty. de *a*, de *pur* et de *at*, rendu pur. V. *Pur*, R.

AQI

AQIST, pr. rel. vl. Ce.

AQU

AQUARI, s. m. vl. *Aquari*, cat. *Aquario*, esp. port. *Acquario*, ital. Verseau, l'un des signes du zodiaque, celui qui répond au mois de janvier.

Éty. du lat. *aquarius*, m. s. V. *Aigu*, R.

AQUASIT, IDA, adj. et p. (acasí, íde), dg. Acquis.

AQUATIC, vl. V. *Aquatique* et *Aigu*, R.

AQUATIQUE, ICA, adj. (aquatiqué, ique); *Aquatico*, ital. port. *Aquatil*, esp. *Aquatic*, cat. Aquatique, qui croit ou qui se nourrit dans l'eau. V. *Aiguassous.*

Éty. du lat. *aquaticus*. V. *Aigu*, R.

AQUE, AÇA, IAQUE, IACA, AC, désinences qui ont leurs analogues dans le latin *acus*, *aceus*, *icus*, et qui paraissent venir de *acus*, pointe; elles ajoutent aux mots qu'elles concourent à former, une idée d'introduction, d'incorporation, de relation et de rapport avec l'objet désigné par le radical. *Demoun-iaque*, qui siége, qui s'incorpore avec le démon: *Zodiaque*, zodiaque, de *zôdion*, petit animal, qui s'incorpore avec les douze petits animaux; *Ther-iaca*, de *thêros*, bête farouche, remède qui s'incorpore avec les bêtes; *Card-iaque*, qui s'unit au cœur, qui en fait partie; *Eleg-iaque*, qui tient à l'élégie ou de l'élégie; *Hypochondr-iaque*, cette désinence se contracte en *ac*, dans les suivants; *Cougn-ac.*

AQUE, AQUEA, adj. vl. *Aqueo*, cat. esp. port. *Acqueo*, ital. Aqueux.

Éty. du lat. *aquosus*. V. *Aigu*, R.

AQUEDUC, s. m. (aquedúc); *Acquidotto*, ital. mod. *Aqueducto*, esp. port. *Acquedotto*, ital. anc. Aqueduc, ce mot n'est conservé dans notre langue, que pour désigner les aqueducs des anciens, ceux des modernes portent les noms de *counduits*, *valats.*

Ety. du lat. *aquæductus*, formé de *aqua*, eau, et de *ducere*, conduire. V. *Aigu*, R.

AQUEI, pron. dém. (oquéi), d. bas lim. C'est; *Aquei*, *aquot*, c'est celà; *Aquei d'ati que chal partir*, c'est de là qu'il faut partir.

AQUEL, ELLA, pron. dém. (aquél, éle); AQUELOUS, AQUELLAS, AQUELEIS, QUES, au plur., AQUELLI, QUEL, AQUEOU. *Colui*, *Questo* et *Quello*, ital. *Aqueste*, *Aquello*, esp. *Aquel*, port. *Aquell* et *Aquella*, cat. Ce, celles, celui-là, celle-là; ceux-ci, ceux-là; cil, en vieux-français.

Éty.

On se sert du pron. *aquel*, devant les noms qui commencent par une voyelle; *Aquel esprit*, *aquel home*, et de *aqueou*, devant ceux qui commencent par une consonne: *Aqueou cavau*, *es pas aquel que deouria estre*, Tr. il n'est pas tel qu'il devrait être.

AQUELA, AQUELLA, AQUELHA, pron. dém. f. sing. vl. *Aquella*, cat. esp. port. *Quella*, ital. Cette, celle, celle-là.

AQUELH, vl. V. *Aquel.*

AQUELHA, et

AQUELLA, vl. V. *Aquela.*

AQUELLI, alt. de *Aqueleis*. V. *Aquel.*

AQUEOU, pron. dém. (aquéou), dont on se sert devant les mots qui commencent par une consonne. V. *Aquel.*

AQUEPREIRE, s. m. vl. Archiprêtre, altér. de *archipreira.*

AQUERA, pr. anc. béarn. Celle. Voy. *Aquella.*

AQUEROUR, V. *Acquerour.*

AQUEST, ESTA, pr. dém. (aqués, éste); AQUESTOU, ESTOU, AQUESTOUS, AQUESTAS, au pl. et AQUESTEIS, AQUESTI, pour les deux genres. *Questo*, ital. *Aqueste*, esp. *Este*, port. Celui-ci, celle-ci, ceux-ci: *Aquesta s'era pas estada*, en voici bien d'une autre; voici du nouveau; *D'aquestes ans*, dl. il y a quelques années.

AQUEST, vl. V. *Acquit* et *Aquist.*

AQUESTAR, v. a. d. vaud. *Aquestar*, esp. Acquérir, conquérir.

Éty. de *acquisitare*, inus. pour *aquirere*, m. sign.

AQUESTI, alt. de *aquesteis*. V. *Aquest.*

AQUESTOU, pron. dém. m. (aquéstou) et par sync. *estou*. V. *Aquest.*

AQUET, dg. Bergeyret, pour *aquel*, v. c. m.

AQUEZAR, v. n. vl. Reposer, se tenir coi.

Éty. de *quetz*, coi, tranquille, de *a* et de *ar.*

AQUI, vl. adv. de lieu. V. *Aquit.*

Per aqui, par ici, *por aqui*, port. *Aqui meteys*, là même; *D'aqui endreg*, ensuite, puis, après, successivement.

AQUICIAR, v. a. vl. AQUISTIAR; Acquitter, affranchir. V. *Quiet*, R.

AQUIL, pr. dém. f. sing. et pl. vl. AQUILH. Cette, celle, celle-là.

AQUILA, vl. V. *Aigla.*

AQUILH, vl. plur. de *Aquel*, ceux.

AQUILIN, INA, adj. vl. *Aguileño*, esp. *Aquilino*, port. ital. anc. esp. Aquilin, d'aigle.

Éty. du lat. *aquilinus*. V. *Aigl*, R.

AQUILLI, pr. dém. pl. suj. d. vaud. AQUILL. Ceux. V. *Aquelous*, *Aqueleis*, ceux-là.

AQUILO, s. m. vl. AQUILO, ANGURALOUN, AGUILAS. *Aquilon*, esp. *Aquilaô*, port. *Aquilone*, ital. Aquilon, le vent du Nord ou du Septentrion.

Éty. du lat. *aquilo*, dérivé de *aquila*, rapide comme l'aigle. V. *Aigl*, R.

AQUILONAR, adj. vl. *Aquilonar*, cat. esp. port. *Aquilonare*, ital. D'Aquilon, du Nord.

Éty. du lat. *aquilonaris*, m. s. V. *Aigl*, R.

AQUIPAGI et

AQUIPAR. V. *Equipagi* et *Equipar*, comme plus conformes à l'étymologie. et *Equip*, R.

AQUIRAR, dl. V. *Esqueiregear*.

AQUISIR, v. a. (oquisi), d. bas lim. Acquérir. V. *Acquerir*.

AQUISITIEN. V. *Acquisition*.

AQUISITIU, adj. vl. *Acquisitif*, qui sert à l'acquisition, qui indique l'acquisition. V. *Quer*, R.

AQUISSAR, v. a. (aquissá); ABHOUHRAR, ABOUHRAR, ACARNAR, ASSUTAR, ACARISSAR, CISSAR, ACOSSAR, AUSSAR. Haler un chien, le baudir, l'exciter à mordre ou à se battre, par ces mots, *cus-cus* ou *quis-quis*, prononcés rapidement.

Éty. du celto-breton, *atizar*, exciter, ou du grec Κυσι θοῦξι (kusi thouxi), que Euripide a employé dans le même sens, selon M. Dioul. ou plus probablement de ἀκονάω (akonaô), inciter, ou de αἰκίζω (aikizo), pousser.

AQUIST, pr. dém. m. pl. vl. AQUEST, AQUISTE, AQUISTI. *Aquests*, cat. *Aquestos*, esp. Ces, ceux-ci; il est aussi substantif : *Aquest que i son*, ceux qui y sont. V. pareillement *Acquist*.

AQUISTA, AQUISTAT, adj. et p. d. vaud. *Aquistado*, *ada*, esp. Acquis, ise. V. *Acquist* et *Quer*, R.

AQUISTAMENT, s. m. d. vaud. Acquisition, v. c. m. et *Quer*, R.

AQUISTAR, v. a. vl. AQUISTIAR. *Aquistar*, anc. esp. Acquitter, affranchir, acquérir. V. *Quer*, R.

AQUISTE, vl. V. *Aquist*.

AQUISTI, vl. V. *Aquist*.

AQUISTIAR, vl. V. *Aquistar* et *Acquitar*.

AQUIT, adv. V. *Aquito*.

AQUITAMEN, vl. V. *Acquitament*.

AQUITANIA, s. f. (aquitanie); *Aquitania*, port. esp. Aquitanie, une des trois parties de l'ancienne Gaule, située entre l'Océan, la Loire et les Pyrénées.

Éty. du lat. *aquitania*, de *aqua*. Voy. *Aigu*, R.

Es aquitanio noumentado
Per l'ayguo qu'à grand quantitat
Dious è naturo y an boutat.
D'Astros.

AQUITAR, V. *Acquittar*.

AQUITO, adv. de lieu (aquite); AQUIT, AFI, ACHI, ACHIOU. *Aquí*, esp. port. *Ahi*, port. *Aqui*, cat. *Qui*, ital. Là, dans cet endroit; près du lieu où l'on est : *D'acquit-aquit*, d'un moment à l'autre, à tout bout de champ.

Éty. du grec ἄγχι (agchi), près, auprès, à côté de.

D'aquit-aquit s'en souven plus, il l'oublie d'un moment à l'autre.

D'aquit entr'aquit. dl. à tout bout de champ.

AQUIU, adv. d. béarn. Là. V. *Aquit*.

AQUO, vl. V. *Aco* et *Aquot*.

AQUOS, contr. de *Aquos-es*, cela est.

AQUOSITAT, s. f. vl. *Aquosità*, ital. *Aqüosidad*, esp. *Aquosidade*, port. Humeur acqueuse, *Aquosité*.

Éty. de *aquos* et de *itat*. V. *Aigu*, R.

AQUOSSEGUIR, vl. V. *Asseguir*.

AQUOT, pr. dém. (aquó); AQUOTA, AQUOT D'AQUIT, ACOT. Cela, cette chose là.

Aquot, cela, et non *ça*, qui est un pronom démonstratif: *Aquot va ben*, cela va bien, et non *ça va bien*; *Qu'es aquot*, qu'est cela, qu'est-ce que c'est; *Aquot es aquot*, c'est cela; *Aquot es pas aquot*, ou *Aquo's p'aquot*, ce n'est pas cela; *As vist aquot*, as tu vu cela? *As d'aquot deis enfants*, tu tiens des enfants, tu fais comme eux. *Am'aquot*, espèce de conjonction souvent employée dans le récit et mal à propos traduite par, *avec cela* en français, c'est par *et*, qu'elle doit être rendue; *Am'aquot adiou*, Trad. et que tout, ou que cela soit fini, et non *avec cela dieu*.

AQUOT, pour chez. V. *Aquot*.

AQUOT, prép. CO, DECO, ACOT, ACO, ENCOT, ANCOT, AUDÈ, AQUOT, VERS, CHEZ. Chez : *Vau aquot de moun fraire*, je vais chez mon frère.

AQUOTA, pr. dém. (aquóte). Cela. V. *Aquot*.

AQUOT-QUOT, interj. (acó-co), dl. Ah, peste! ce n'est pas peu de chose: *Aquot-quot sou courage*, dl. voilà du courage, c'est ce qu'on appelle du courage. Sauv.

AQUOUS, **OUSA**, adj. (aquóus, óuse); AIGOUS, AIGAGNOUS, AIGUASSOUS. *Acquoso*, ital. *Aquosa*, esp. *Aqueo*, port. Aqueux, marécageux. V. *Aiguassous*.

Éty. du lat. *Aquosus*, formé de *aqua*, et de *osus*, qui est de la nature de l'eau ou abondant en eau. V. *Aigu*, R.

AR

AR, ARI, rad. dérivé du lat. *areo*, *arere*, être sec, desséché; d'où: *Arena*, sable aride, arène.

Dérivés : *Are-facio*, *Ar*, *Ari-de*, *Ariditat*, *Ar-re*, *Arid-ela*; et par l'add. d'un *t*. *Tar-ir*, *In-tar-iss-able*, *Ar-esta*, et sous dérivés, parce que les barbes des épis, sont sèches ou bientôt desséchées. Bond. *Arestiera*, *Arest-oun*, *Tar-ir*, *Es-tarir*, *Estar-it*, *Harid-ella*.

De *arena*, par apoc. *aren*; d'où : *Aren-a*, *Aren-ier*, *Aren-alh*.

AR, 2. rad. pris du lat. *aratrum*, et dérivé du grec ἄροτρον (arotron), charrue, formé de ἀρόω (aroô), labourer. Dont on croit trouver le primitif dans *ar*, qui signifie terre en celtique, *hharash*, en hébreu. De *aratrum*, par apoc. *ar*, d'où: *Ar-aire*, *Ar-ar*, *Ar-ada*, *Ar-anes*.

AR, EAR, IAR, EGEAR, E. désinences actives communes à un grand nombre de mots dont elles font des verbes actifs, emportant d'une manière plus ou moins précise, l'idée de faire, et paraissant dériver du lat. *agere*, agir, faire, etc., dans ces nombreuses significations. Dérivé à son tour du grec ἄγω (agô), m. s.

Censur-ar, de *Censuram-agere*, faire la censure, censurer. *Precipit-ar*, *Præcipitem-agere*, précipiter. *Exilar*, *in exilium agere*, envoyer en exil, exiler; *Escum-ar*, de *espumas-agere*, écumer, jeter de l'écume; *Fuelhar*, de *folia-agere*, faire, pousser des feuilles, feuiller; *Fest-ar*, *diem festum agere*, fêter; *Cumpan-egear*, de *cum-panc-agere*, ménager avec le pain; *Camin-ar*, *faire camin*, cheminer.

Pline le jeune disait, en parlant d'*Arria*: *Amissoque filio matrem adhuc agere*, ayant perdu son fils elle agissait encore comme mère. Liv. 3. ép. 16.

AR, adv. vl. Tantôt, maintenant. V. *Ara* et *Hour*, R.

AR, s. m. d. de Carpentras. V. *Hala*.

Éty. c'est probablement une altér. de *arc*, voûte.

ARA

ARA, s. f. (áre), lang. mod. Are, s. m. nom de la mesure de superficie dans le système des nouvelles mesures.

Éty. Ce nom paraît dérivé du grec ἀρόω (aroô), je laboure, et pris du celtique *ar*, terre.

Cette mesure contient cent mètres carrés et répond aux trois centièmes de l'arpant, environ 26 toises carrées.

ARA, adv. (áre); MANTENENT, OUIRA, ADARA, AHOURA, HURA, AHURA, ARAS, EIRA. *Ahora* et *Agora*, esp. *Ora*, ital. *Ara*, cat. A présent, à l'heure même, maintenant, en ce moment.

Éty. du lat. *ad-horam*, ou de *hac hora*: d'où : *Ahoura* et *Ara*. V. *Hour*, R.

Tout ara, tout à l'heure, dans un moment.

Ha per ara! ah pour le coup.

Venion un ara et l'autre piei, ils arrivaient les uns après les autres ou à de longs intervalles.

D'ara ni d'ara, de long-temps, *d'acin*, *d'aban*, dorénavant.

ARA, adv. vl. (áre); ORA, AORA, ORAS, AR, ERA, ERAS, ER. V. le mot précédent.

ARA, s. f. vl. *Ara*, cat. esp. port. ital. Autel. V. *Autar*.

Éty. du lat. *ara*, m. s.

Ara vol dire autar. Eluc.

Il ou elle laboure.

ARA, s. f. pour aile. V. *Ala*.

ARA, s. f. Nom qu'on donne au genêt. V. *Ginesta*, mais plus particulièrement à une branche de cet arbuste qu'on met au feu. V. *Al*, R.

ARABANA, s. f. et adj. (arabáne). Nom par lequel on désigne l'amande pistache, aux environs de Brignolles, selon M. Amic.

Éty. alt. de *abelana*, v. c. m.

ARABAR, vl. v. *Arrapar*.

ARABAR, vl. V. *Derrabar.*

ARABE, s. m. *Arabigo*, esp. *Arabe*, port. *Arabo*, ital. L'arabe, ou langue Arabe.

C'est un dialecte de l'hébreu, dont le P. Ange, de Saint-Joseph, exalte beaucoup la richesse et l'abondance. Il assure qu'il y a dans cette langue plus de mille mots qui signifient une *épée*, cinq cents qui signifient un *lion*, deux cents pour dire un serpent et huit pour le *miel.*

ARABE, **ABA**, s. et adj. (arâbé, âbe); *Arabio*, esp. port. *Arabico*, ital. *Arabi*, cat. Arabe, qui est d'arabie; dur, avare; langue arabe; chiffre arabe.

Éty. du lat. *arabs*, formé du grec ἄραψ (araps), le même.

Les chiffres arabes, ainsi nommés, parce que les Arabes en sont les inventeurs, nous furent transmis par les Sarrasins qui les tenaient d'eux. Planude qui vivait sur la fin du 13me siècle, passe pour le premier chrétien qui en ait fait usage.

Au mois de juillet, 1807, il fut établi à Marseille une chaire de langue arabe.

ARABESCAS, s. f. pl. (arabésques); Arabesques, ornements d'architecture ou de peinture qui consistent en rinceaux et en feuillages faits de caprice.

Éty. des Arabes qui les ont inventés pour tenir lieu de figures d'hommes et d'animaux que la loi de Mahomet leur défend de représenter.

ARABI, adj vl. V. *Arabe.*

ARABIA, s. f. (arabie); *Arabia*, ital. port. esp. Arabie, contrée d'Asie.

Éty. pris du lat. Arabia, m. s. et dérivé de l'arabe: *Jesirat al Arab*, la péninsule des Arabes; qui doit son nom à *Araba* petit territoire de la province de Tehama, auquel Yarab, fils de Kathan, père des anciens Arabes, avait donné son nom; ou selon d'autres, de l'hébreu *Arab*, fait de *Ereb*, Occident.

ARABICAT, Garc. V. *Agibit.*

ARABIQUE, **ICA**, adj. (arabiqué, ique); *Arabico*, port. esp. ital. Arabique, qui est d'Arabie.

Éty. du lat. *arabicus*, m. s.

ARABIT, adj. vl. ARABITZ, ARABI. *Arabigo*, esp. Arabe; cheval arabe, cheval en général. V. *Arabe.*

ARABIT, s. m. (arabi). Nom qu'on donne à Arles, à une espèce de cousin.

Coumo dins la camargou en ten caniculari,
Su lou vespre vesen su tout aoutré bestiari,
Leis mouscou, leis mouissal emé leis arabis,
Quand lou tem es oôu dous et que tout es abri.
Coye.

ARABOOUT, s. m. (araboou); dl. *Arabotante*, port. Voûte, grotte, arc-boutant. V. *Arc-boutant.*

ARABRE, s. m. (arabré). Nom qu'on donne à l'Erable dans la Haute-Provence. V. *Agas.*

Arabre, *Arabret.*

Laissa mourir sa maire de fret.

ARABRE, **ABRA**, adj. Avr. altér. de *Arabe*, v. c. m.

ARABRENA, V. *Alabrena.*

ARACAR, v. a. (aracá); dl. Transvaser le vin.

Éty. de *a* priv., de *raça*, mar de la vendange, et de *ar*, litt. oter le mar, tirer le vin au clair.

ARADA, s. f. (arâde), dl. LABOUR. *Aradura*, port. Labour à la charrue, labourage: *Mette tous bious à l'arada*, va atteler les bœufs.

Éty. de *arar*, labourer, et de *ada*, chose labourée ou qu'on laboure. V. *Ar*, R.

Bestias de arada, vl. bêtes de labour.

ARADA, s. f. dl. *Arada*, esp. Se dit encore d'une terre labourée. Voy. *Jouncha* et *Ar*, R. 2.

Éty. du lat. *arata*, labourée.

ARADRE, vl. *Aradro*, esp. V. *Araire.*

ARAFAM, s. m. (arafân); ARAFAN. Glouton, qui mange avec excès et avec avidité. Avril. V. *Fam*, R.

ARAGAN, s. m. d. d'Apt, alt. de *Ouragan*, v. c. m.

ARAGANT, **ANTA**, adj. (aragân, ânte). Avare, qui veut tout s'approprier, Garc. V. *Rog*, R.

Pour arrogant, V. *Arrougant.*

Pour tempête, V. *Ouragant.*

ARAGE, expr. adv. vl. ARATGE. A l'aventure, à l'abandon, en déroute: *Anar aratge*, errer.

Éty. Alt. de *a ragis.*

ARAGEA, s. f. (arâdje). Un des noms languedociens de la folle avoine. V. *Civada couguoula.*

ARAGN, ARANH, radical pris du lat. *aranea*, araignée, et dérivé du grec ἀράχνη (arachnê), m. s. ou selon M. Nodier, de ἀρὰ (ara), perte, dommage, action de nuire, et de νέω (néô), filer, parce que la toile qu'elle fait lui sert à prendre des insectes.

De *aranea*, par apoc. *aran*; d'où: *Aran-e*, *Aran-ea* et *Arung-ia*, par l'add. d'un *g.*

De *aran*, par le changement de *n* en *gn*, *aragn*; d'où: *Aragn-a*, *Aragn-ada*, *Aragnan*, *Aragn-ola*, *Aragn-oou*, *Aragn-ous.*

De *aragn*, par la suppr. de *a*, *raign* ou *ranh*; d'où: *Ran-tela*, *Ranh*, *Ran-ha*, etc.; par le changement de *a* en *i*, *iragn-ada*, *iragn-as*: *Des-iragn-adour*, *Iragn-a*, *Est-arign-ar*, *Est-ariragn-a*, *Estiragn-ar*, etc.

ARAGNA, s. f. (arágne); IRAGNA, RAIGNA, TARDAGNA, TARARAGNA, TERIRAGNA, TARARAIGNA, ARAGNADA, IRAGNADA, IRANIADA, LAGNA. *Aragna*, ital. *Arany*, cat. *Araña*, esp. *Aranha*, port. Araignée, nom d'un genre d'insectes de l'ordre des Aptères (sans ailes), et de la fam. des Aranéides ou Acères (sans antennes), dont on connaît un très-grand nombre d'espèces.

Éty. du lat. *aranea.* V. *Aragn*, R.

Les araignées ne sont point, comme on se l'imagine, un poison pour l'homme: l'astronome Lalande suçait volontiers la liqueur contenue dans leur abdomen, sans qu'il en eût jamais éprouvé le moindre accident, et les singes en sont très-friands. Il n'en est pas de même de la morsure de quelques espèces: leur venin, introduit dans le sang, peut donner lieu à une douleur plus ou moins vive, mais jamais dangereuse dans nos climats. V. *Tarantula.*

Les pores par lesquels les araignées font sortir la liqueur soyeuse dont elles composent leur toile, portent le nom de *filières*: on en compte plusieurs à chacun des quatre mamelons qu'on observe à l'extrémité de leur abdomen, de sorte que chacun de leur fils est composé d'autant de branches qu'il y a de pores, quoique ces fils soient encore d'une ténuité extraordinaire. V. *Teranina* et *Aragn*, Rad.

ARAGNA, s. f. BRANDA-L'ALA. Gobe-mouche, araigne ou araignée: *Muscicapa grisola*, Lin. oiseau de l'ordre des Passereaux et de la fam. des Crénirostres (à bec crénelé).

Éty. Le nom d'aragna a été donné à cet oiseau, tant parce qu'il mange beaucoup d'araignées, que parce qu'il fait entrer leurs toiles dans la construction de son nid. Voy. *Aran*, R.

ARAGNA, s. f. ARANGIA, VIVA, ARAGNA-DE-MAR. *Araño*, esp. *Pesce ragna*, ital. *Aranha*, port. La Vive ou Dragon de mer: *Trachinus draco*, Lin. poisson de l'ordre des Holobranches et de la fam. des Jugulaires ou Auchénoptères (à nageoires au cou), dont la longueur est de deux décimètres et demi, mais dont le poids ne dépasse jamais une livre.

Éty. Ce poisson a été appelé araignée, ainsi que le suivant, parce qu'on a cru trouver quelque analogie entre le danger qui résultait de leurs piqûres, et celle de l'araignée insecte. Ces dangers sont exagérés dans l'un comme dans l'autre animal.

La chair de ce poisson est blanche, ferme, feuilletée, sèche, d'une saveur excellente et de facile digestion.

On donne aussi le nom de *aragna*, à Nice, selon M. Risso, au trachine araignée: *Trachinus lineatus*, Bloch. poisson du même genre que le précédent, qu'il surpasse beaucoup en grosseur.

ARAGNA, s. f. Nom qu'on donne, dans le département des Bouches-du-Rhône, selon M. Negrel, à l'ophrys araignée: *Ophrys arachnites*, Lin. plante de la fam. des Orchidées, qu'on trouve dans les prés et dans les bois ombragés.

Éty. Sa fleur épanouie ressemble au corps d'une araignée, d'où le nom qu'elle porte.

ARAGNA, s. f. *Aragna*, ital. *Aranhol*, port. Araigne ou araignée, filet délié, teint en brun, dont on se sert pour prendre plusieurs sortes d'oiseaux, et particulièrement les merles; on lui donne aussi le nom de *Thesa*, v. c. m.

Éty. De sa ressemblance avec une toile d'araignée.

ARAGNA, s. f. Ce mot est synonyme de *cledat*, en Languedoc, parce que les treillis en fil de fer, imitent, en quelque sorte, la toile des araignées. V. *Cledat.*

ARAGNA-CAMBARUDA, s. f. (arágne-cambarúde); GROUMANDA. Nom qu'on donne, dans la Basse-Provence, aux araignées faucheurs: *Phalangium*, Lin. genre d'insectes de la fam. des Aranéides et de l'ordre des Aptères, qui ressemblent beaucoup aux araignées ordinaires, mais dont les jambes sont extrêmement longues, d'où l'épithète de *cambarudas.*

C'est improprement que le dictionnaire de l'Académie, et tous ceux qui l'ont copié, appellent ces insectes *faucheux*. Cette dénomination leur ayant été donnée à cause de la ressemblance qu'on a cru trouver entre leur manière de marcher et celle des personnes qui fauchent; c'est *faucheur* et non *faucheux*, qu'il faut les nommer.

Ces araignées ne filent pas, et elles habitent ordinairement sous l'écorce des arbres.

ARAGNADA, s. f. (aragnáde). Nom qu'on donne à l'araignée, à Avignon, V. *Aragna* et *Aran*, R.

Et à la toile d'araignée, ailleurs, Voy. *Taranina*.

ARAGNA-DE-MAR, s. f. Ce nom est commun à plusieurs espèces de crustacées de l'ordre des Homobranches et de la subdivision des Brachyures, qui forment les genres *Stenorynchus* et *Inachus*, Latr.

Éty. On les nomme *aragna*, à cause de leurs longues jambes.

ARAGNA-DE-MAR, pour Vive ou Dragon de mer. V. *Aragna*.

ARAGNAN, s. m. Espèce de raisin blanc, à grains oblongs et mous. V. *Rasin* et *Aran*, R.

ARAGNOLA, s. f. (aragnóle), dim. de *aragna*, Aranéole; la jeune vive. V. *Aragna*, poiss. et *Aran*, R.

ARAGNOOU, s. m. (aragnóou), ARAGNAU. Filet, Voy. *Arret*. Toile d'araignée, Voy. *Taranina*.

Éty. du grec ἀράχνιον (arachnion), toile d'araignée, ou de ἀραιός (araios), rare, poreux, filet à larges mailles. V. *Aran*, R.

ARAGNOOU, s. m. Variété de raisin qu'on nomme aussi *aragnan*. V. *Rasin* et *Aran*, R.

ARAGNON, et,

ARAGNOOUS, s. m. pl. (aragnóous); *Arañuelo*, esp. Les deux petits filets qui sont aux extrémités d'une allée appelée *Thesa*, v. c. m. et *Aran*, R.

ARAGNOUN, s. m. (aragnóun et aragnou), dl. Une prunelle ou petite prune, Sauv. la prunelle ou fruit du prunelier. V. *Agrena*.

ARAGNOUS, OUA, adj. (aragnóus, óue); alt. de hargneux. Qui est de mauvaise humeur, inquiet.

ARAGOUN, nom de lieu (aragoún); *Aragão*, port. Aragon, royaume d'Espagne.

Éty. du lat. *aragonia*, m. s.

ARAGOUNES, ESA, adj. et s. (aragounés, ése); *Aragonez, eza*, port. Aragonais, aise, qui est d'Aragon.

Éty. du lat. *Aragonius*, m. s.

ARAI, s. m. (araï), dg. V. *Araire*.

AR'AICI, expr. adv. vl. A ce point, jusque-là.

ARAIGAR, v. a. vl. ARAIZAR, ARAISIGNAR. *Arraygar*, anc. cat. *Arraigar*, esp. *Arreigar*, port. Arracher, déraciner. V. *Derrabar* et *Radi*, R.

ARAIGAT, ADA, adj. et p. vl. Arraché, ée, déraciné, ée. V. *Radi*, R.

ARAILAR, v. a. vl. Régler, établir.

ARAIRE, s. m. (araïré); ARAY, ALAYRE. *Aradro* et *Arado*, esp. port. *Aratro* et *Aratolo*, ital. *Arar*, celt. bret. *Aradre*, anc. cat. *Araire*, c'est la plus simple comme la plus ancienne des charrues, elle n'a ni avant-train ni coutre.

Éty. du lat *aratrum*, m. s. V. *Ar*, R. 2.

L'araire est essentiellement composé :

DU SEP. V. *Souchau*, *Dentau* ou *Chaussada*, *Soucha* et *Aramoun*.
DU SOC. V. *Relha*.
DU MANCHE et MANCHERON. V. *Esteba*, *Manipou* et *Maneta de l'Esteba*.
DES OREILLES ou VERSOIRS. V. *Aurelhas* et *Escampadonira*.
DE L'AGE. V. *Cambeta* et *Cambet*. Il n'est pas distinct la plus part du temps de la flèche.
DE LA FLÈCHE ou TIMON. V. *Pertia* et *Bassegou*.
DU TIRANT. V. *Tendilha*.
DE LA LUNETTE, pièce de fer plate ayant ordinairement la forme d'une *s*, qu'on placé sur l'âge et que le tirant traverse, elle est retenue par une clavette.
DU COIN, qui fixe le *soc*, le *sep* et l'*âge*. V. *Tescou*, *Tascoun* et *Cougnet*.

On appelle :

ENTRURE, l'ouverture ou angle que fait le soc avec le timon.

On ajoute souvent à cette charrue simple :

LE COUTRE. V. *Coutre* ou *Beferri*.

Dans la charrue proprement dite, ou charrue à avant-train, on distingue deux parties principales, L'AVANT-TRAIN et de L'ARRIÈRE-TRAIN, composé à peu-près comme dans la charrue ordinaire ou araire.

L'avant train est formé :

DE DEUX ROUES unies par un ESSIEU.
DU PATRON, pièce de bois qui recouvre l'essieu d'une roue à l'autre.
DU TÉTARD, espèce de timon qui part du patron, auquel sont attachés les animaux de trait.
DE L'EPARS, traverse de bois qui passe dans l'extrémité antérieure du tétard et porte les PALONNIERS sur lesquels tirent les chevaux, *reinard* et *fourca*.
DU FORCEAU, pièce de bois qui part du patron, comme le tétard, et qui unit l'avant-train à l'arrière-train.
DU COLLET, anneau qui embrasse le forceau et la flèche qu'il attache ensemble.
DE LA SELLETTE, espèce de coussin de bois qui pose sur le patron, sur les bouts du tetard et du forceau, partant du bout de la flèche.

Il serait trop long et presque impossible de décrire toutes les parties qui composent les différentes charrues qu'on a inventées et qu'on invente tous les jours.

Les anciens ont fait honneur de l'invention de la charrue, à Osiris, à Bacchus, à Triptolème, à Buzigés, à Cérés, à Minerve, à Prométhée, etc., etc., d'où l'on peut conclure que son véritable inventeur est inconnu.

La charrue décrite par Hésiode ressemble à notre araire, il paraît seulement qu'elle était toute en bois.

ARAIRE MEIGIER, s. m. On donne ce nom, à Thorame, à la charrue à laquelle deux propriétaires ont fourni chacun un bœuf, un mulet ou un cheval, et dont ils se servent en commun.

Éty. *Meiger*, de moitié.

Araire meigier *la coua li pela*. Prov.

ARAIZAR, vl. V. *Araignar*.

ARAM, s. m. (arán); ARAN, RAM, ARAMBRE. *Aram*, cat. anc. esp. *Alambre*, esp. mod. *Rame*, ital. *Arame*, port. Airain, métal dur, cassant et sonore, résultant d'un alliage d'environ 80 parties de cuivre jaune, de douze parties d'étain et d'un peu d'antimoine.

Éty. du lat. *æramen*, le même.

En Provence, on donne plus particulièrement le nom de *aran* au cuivre rouge, *peirou*.

Casseirola d'aram, *fiou d'aram*.

Faire d'aram, mettre de la partialité.

Les armes et les instruments des anciens étaient presque tous en airain. Tubalcaïn, 3100 ans avant J.-C. enseigna l'art de le travailler. *Aran*, selon Pellas, a été employé dans le sens de treillis. V. *Cledat* et *Aragna*.

ARAMBAGE, Garc. V. *Arrambagi*.

ARAMBAR, Garc. V. *Arrambar*.

ARA-MEME, adv. (áre-mémé); ARAMETIS, ARAMETEN, ADES ARA. Tout-à-l'heure, dans l'instant, à l'heure même.

ARA-METIS, adv. (áre-métis); Le même que *ara même*.

Éty. du lat. *hora-metipsa*.

ARAMIA, adj. vl. V. *Arramir*. *Cort aramia*, concile, assemblée convoquée.

Si que lavesque d'Osma ne tenc cort aramia.

ARAMIR, v. a. vl. *Arramir*.

ARAMIT, IDA, adj. et p. vl. V. *Arramit*.

ARAMOUN, s. m. (aramóun); ARMOUN. Armon, pièces de bois un peu courbes qui prennent d'un côté sur l'essieu de devant d'un carrosse et qui aboutissent de l'autre au timon; elles servent à soutenir la cheville sur laquelle le timon est mobile.

Éty. du lat. *armus*.

ARAMOUN, D'ARAIRE. V. *Alamoun* et *Souchau*.

ARAN, V. *Aram*.

ARAN, vl. pour *ara en*, maintenant nous en.

ARAN *fiou d'*, s. m. *Hilo de harambre*, esp. Fil de fer dont on fait les treillis.

Éty. de *aranea*, araignée, à cause qu'on en fait des treillis semblables à ceux de cet animal.

ARANCADOR, s. m. vl. Arracheur. V. *Radi*, R.

ARANCAR, v. a. vl. V. *Arrancar*.

ARANCAT, ADA, adj. et p. ARANCA, d. vaud. Arraché, ée. V. *Derrabat* et *Radi*, R.

ARANCAT, ADA, adj. et p. (arancá, áde). Qui a l'air maladif. Garc.

ARANCURA, s. f. vl. Affliction, peine.

Éty. de *a*, et du lat. *rancor*, rancune.

ARANDA, adv. vl. Près, soudain.

ARANDAR, v. a. vl. Ajuster, disposer, préparer, arranger, border.

Éty. de *randar*, vl. arranger.

ARANE, NEA, adj. vl. D'araignée; *Tela dita aranea*. V. *Taranina*.

Éty. du lat. *aranœus*. V. *Aran*, R.

ARANES, s. m. vl. Labourage, laboureur. V. *Ar*, R. 2.

ARANGE, V. *Arangi*.

ARANGEADA, s. f. (arandjáde); AURANGEADA, OURANGEADA. Orangeade, eau sucrée qu'on a acidulée avec le jus de l'orange. V. *Aur*, R.

ARANGEARIA, s. f. (arandjarie); AURANGEARIA, OURANGEARIA. *Orangerie*, all. Orangerie, lieu planté d'orangers, serre où on les enferme pendant l'hiver. V. *Aur*, R.

ARANGEAT, s. m. (arandjá); *Naranjada*, esp. Orangeat, sorte de confiture à l'orange, ou écorce d'orange confite. V. *Aur*, Rad.

ARANGELIER, V. *Arangier* et *Aur*, R.

ARANGI, s. m. (arándgi); AURANGI, IRANGE, OURANGI, ARANGE. *Arancio*, ital. *Naranja*, esp. *Orange*, all. *Laranja*, port. Orange, fruit de l'oranger.

Éty. du lat. *aurantium*, m. s. V. *Aur*, R.

Arangi dous, orange douce; *Arangi coumun*, orange commune; *Arangi bigarrat*, bigarrade, orange aigre et amère à écorce tuberculeuse.

Observez que quoique masculin en provençal, orange est féminin en français.

ARANGIA, s. f. (arándgie). L'un des noms de la vive. V. *Aragna* et *Aran*, R.

ARANGIER, s. m. (arandgié); AURANGIER, OURANGIER, IRANGIER, ÓOURANGIER, ARANGELIER. *Arancio* et *Melarancio*, ital. *Naranjo*, esp. *Laranjeira*, port. Oranger, oranger à fruit doux, oranger commun: *Citrus aurantium*, Lin. arbre de la fam. des Hespéridées, originaire des Indes, qu'on cultive à Grasse, à Hières, et dans quelques autres lieux de la Provence, avec plusieurs de ses variétés. M. Risso en a décrit 137 dans son histoire naturelle de Nice.

Éty. du lat. *aurantium*, m. s. V. *Aur*, R.

En 1547, les orangers furent apportés de la Chine en Portugal, d'où ils se sont ensuite répandus dans toute l'Europe méridionale.

On assure qu'on voit encore à Lisbonne, dans le jardin du comte de Saint-Laurent, le premier oranger qui parut en Europe. Mais son introduction date de plus loin, puisque Valbonnais parle d'un arbre de cette espèce, en 1333, dont la culture fut plus soignée, lorsque Henri-IV eut fait bâtir une orangerie aux Tuileries.

On voit encore à Versailles, l'oranger nommé le *Grand-Bourbon*, qui fut saisi avec les meubles du conétable de Bourbon, en 1523, et on estimait alors qu'il devait avoir 70 ans. Il a un mètre et demi de circonférence.

ARANGIER-BIGARRAT, s. m. Bigarradier.

ARANGIER-SAUVAGI, s. m. Oranger sauvage; il provient de graine, il est épineux et ne produit de bon fruit qu'après avoir été greffé.

ARANGUI, s. m. (arángui), Espèce de serpent. Orvet. Garc.

ARANH, vl. Araignée. V. *Aragna*.

ARANHA, s.f. vl. ARANH, ERANHA. *Aranha*, port. Araignée. V. *Aragna*: *Obra d'aranha*, vl. œuvre d'araignée, c'est-à-dire, fragile; toile d'araignée.

ARANIADA, d. de Carpentras. V. *Aragna*.

ARAP, s. m. et

ARAPADA, s. f. vl. Déchirure, égratignure. V. *Rap*, 2.

ARAPAR, V. *Arrapar*.

ARAPEDA, s. f. (arapéde): ARAPA, ALAPEDA, ARRAPEDA. Nom commun à toutes les espèces du genre Patelle, ou Lepas, *Patella*, Lin. mollusques de l'ordre des Gastéropodes, dont la chair sert d'aliment, quoiqu'elle ne soit pas très-délicate.

Éty. du grec λέπας, ἄδος (lepas, ados), qui désigne ce mollusque, ou de *arrapar*, s'attacher, se cramponner; ce qui a fait dire d'un intrigant: *S'arrapa coumo una arapeda*. V. *Rap*, R.

ARAPEDA, s. f. PARPAILHOUN. Douve des bergers, Fasciole hépatique: *Fasciola hepatica*, Bosc. zoophyte de la fam. des Intestinaux ou Helminthes, qu'on trouve dans le foie et particulièrement dans les canneaux biliaires des brebis et des moutons qui ont séjourné pendant long-temps dans des lieux humides, et qui sont atteints de la pourriture. V. *Gamadura*.

Éty. De la ressemblance qu'on a cru trouver entre cet animal et le précédent, privé de sa coquille.

ARAPHANT, s. m. (araphán). Goulu, avide, ambitieux. Aub.

Éty. Ce mot est une altération de *elephant*, ou plutôt de *bramafan*, v. c. m.

ARAPI, adj. vl. Enragé.

Éty. de *a* et de *rapi*, pour *rabi*, de *rabies*, rage.

ARAR, v. a. vl. *Arar*, anc. cat. esp. port. *Arare*, ital. Labourer. V. *Laurar*.

Éty. du lat. *arare*. V. *Ar*, R. 2.

ARARI, nom d'homme, (arári). Hilaire, dans le département du Var. Garc. V. *Hilero*.

ARARI, alt. de *Alari*, v. c. m.

ARARIGA, s. f. vl. Charrue. Voy. *Ar*, Rad. 2.

ARAS, vl. pour *Ara as*, maintenant tu as.

ARAS, adv. vl. V. *Ar*.

Aras sia so que, quoiqu'il en soit.

ARASAMENT, V. *Arrasament*.

ARASAR, V. *Arrasar*.

ARASIGNAR, vl. V. *Araigar*.

ARASONAR, v. a. vl. Demander, questionner. V. *Rason*, R.

ARASSA, imp. du verbe *arassar* (arásse ou arrasse). Faites place, écartez-vous. Voy. *Ressa*.

Quant eis escrichs que mi prounaz,
Preferaz leis, es juste, et fez li faire arrassa.
Gros.

ARASSAR, v. n. (arassá). Faire faire place, écarter la foule. V. *Faire ressa*.

Éty. de *arassa* et de la term. act. *ar*.

ARASSAR, pour *Harasser*. V. *Harassar*.

ARASSAR, v. a. vl. Raser, combler.

Éty. Alt. de *arrasar*. V. *Ras*, R.

ARASTA, s. f. (aráste). Grappe de raisin desséchée sur la plante et dégarnie de ses grains. Garc.

ARATA L', s. f. (l'aráte). Douleur, battement, palpitation que l'on ressent dans la poitrine ou dans les hypochondres, après un exercice violent, et qu'on a mal à propos attribué au gonflement de la rate, d'où l'altération de ce mot, qu'on a écrit *la rata*.

Éty. du grec ἄραδος (arados), battement du cœur après un violent exercice. Thomas.

ARATGE, s. m. vl. Voyage, chemin, course: *Mulet d'aratge*, mulet de voyage.

ARATIAR, V. *Haratiar*.

ARATOUNIT, IDA, adj. et p. (aratouni, ide); ARRATOUNIT. Ratatiné, ée, rabougri.

Éty. de *a*, de *ratouna* et de *it*; devenu comme un petit rat. V. *Rat*, R. 2.

ARAUBA, vl. V. *Rauba*, Robe, tunique, vêtement.

ARAULIT, IDA, adj. et part. (araouli, ide), dl. Engourdi, faible, sans vigueur, fluet, malingre, transi de froid. V. *Afalioucat* et *Enregoui*.

Éty. du roman, *araulit*, m. s.

ARAUT, s. m. vl. *Arauto*, port. Hérault.

ARAVIOS, OSA, adj. vl. Enragé, ée. V. *Rabi*, R.

ARAY, s. m. (araï), dg. Charrue. Voy. *Araire*.

Pour soc de charrue. V. *Relha*.

ARAYRE, vl. V. *Araire*.

ARB

ARBADA, d. d'Apt. Tourte aux herbes. V. *Herbada*.

ARBAESTABA, vl. V. *Arbalestada* et *Bal*, R.

ARBAJAR, v. (arbadjá), dg.

Arbajon la mage arrajado. D'Astros.

ARBALESTA, s. f. vl. Arbalète. V. *Aubaresta*, et pour le rad. *Bal*.

ARBALESTADA, s. f. vl. ARBAESTADA. Portée de l'arbalète; jet d'arbalète.

Éty. de *arbalesta* et de *ada*. V. *Bal*, R.

ARBALESTRIER, s. m. (arbalestrié). Nom qu'on donne aux environs d'Avignon, au martinet noir. V. *Martinet* et *Balest*, R.

Éty. de *aubaresta*, arbalète, parce que lorsque cet oiseau a les ailes étendues, il a quelque ressemblance avec l'arme appelée arbalète.

ARBARESTA, s. f. (arbaréste). V. *Aubaresta* et *Bal*, R.

ARBASIAS, s. f. pl. (arbasies). Idées extraordinaires et puériles qui n'ont aucun fondement.

A que d'arbasias en testa.

ARBASSAC, V. *Abrassac*.

ARBE, dg. Arbre. V. *Aubre*.

ARBELET, s. m. (arbelé), dg. Petit arbre. V. *Aubrilhoun*.

ARBERGADOR, V. *Albergaire*.

ARBETTA, alt. de *herbeta*. V. *Blea* et *Bleda*.

ARBEYAT, ADA, adj. et p. d. béarn. Écarté, ée; égaré, ée.

ARBILHA, V. *Herbilha*.

ARBIR, vl. V. *Albir*.

ARBIRAR, vl. m. sign. que *Albirar*, v. c. m.

ARBITR, rad. dérivé du lat. *arbitrium*, arbitrage, sentence, jugement, décision, puissance, pouvoir, volonté.

Dérivés directs: *Arbitr-agi*, *Arbitr-ar*, *Arbitr-ari*, *Arbitr-aria-ment*, *Arbitr-e*, etc.

Par la suppression du *t*: *Arbir*, *Arbir-ar*,

Par le changement de *r* en *l*, et la suppression du *t*: *Albir*, *Albir-ar*, *Albir-i*, *Albir-ada*, *Albir-e*, *Albir-ador*, *Albris*.

Aubitr-age, *Aubitr-ar*, *Aubitr-e*.

ARBITRACIO, s. f. vl. *Arbitració*, anc. cat. *Arbitracion*, anc. esp. *Arbitramento*, port. Arbitrage, V. *Arbitragi*, jugement.

Éty. de *arbitr* et de *acio*. V. *Arbitr*, R.

ARBITRADOR, s. m. vl. ARBITRAIRE. *Arbitrador*, esp. port. *Arbitratore*, ital. *Arbitrateur*. *Arbitres arbitradors*, arbitres arbitrateurs, ou amiables compositeurs.

Éty. de *arbitr* et de *ador*. V. *Arbitr*, R.

ARBITRADOR, ORA, adj. anc. béarn. Arbitraire, arbitral. V. *Arbitr*, R.

ARBITRAGI, s. m. (arbitrádgi); ARBI-

TRAGE. *Arbitraggio*, ital. *Arbitrament*, cat. *Arbitrio* et *Arbitramento*, esp. port. Arbitrage, jugement par arbitres; juridiction que la volonté des parties ou la loi donne à de simples particuliers, pour décider une contestation.

Éty. du lat. *arbitrium*, ou de *arbitralis judicatio*. V. *Arbitr*, R.

On nomme *Arbitre*, la personne chargée de juger; *Compromis*, l'acte qui donne le pouvoir à l'arbitre, et *Sentence arbitrale*, la décision portée.

ARBITRAIRE, vl. V. *Arbitrador*.

ARBITRAMEN, s. f. vl. *Arbitrament*, cat. *Arbitramento*, esp. port. Arbitrage. V *Arbitragi* et *Arbitr*, R.

ARBITRAR, v. a. (arbitrá); *Arbitrar*, cat. esp. port. *Arbitrare*, ital. Arbitrer, estimer, régler, juger en qualité d'arbitre. *Arbitrar* se dit aussi dans un sens n. pour s'en remettre à la décision des arbitres.

Éty. de *arbitr* et de *ar*, v. c. m. ou de *arbitrium agere*. V. *Arbitre*, R.

ARBITRARAMENT, vl. V. *Arbitrariament*.

ARBITRARI, IA, adj. (arbitrári, ie); *Arbitrario*, esp. port. ital. *Arbitrari*, cat. Arbitraire, qui dépend de la volonté du libre arbitre d'un individu. Arbitral, vl.

Éty. du lat. *arbitrarius*, m. s. Voy. *Arbitr*, R.

ARBITRARI, s. m. *Arbitrario*, esp. Arbitraire, pouvoir qui n'a d'autres limites que la volonté de celui qui l'usurpe.

Éty. du lat. *arbitrarius*. V. *Arbitr*, *R.*

ARBITRARIAMENT, adv. (arbitriaméin); ARBITRARAMENT. *Arbitrariament*, cat. *Arbitrariamente*, esp. port. ital. Arbitrairement, d'une façon despotique, arbitraire.

Éty. de *arbitraria* et de *ment*, d'une manière arbitraire. V. *Arbitr*, R.

ARBITRAT, ADA, adj. et p. (arbitrá, áde); *Arbitrado*, esp. port. Arbitré, ée, réglé, terminé par un arbitrage.

Éty. du lat. *arbitratus*, m. s. V. *Arbitr*, Rad.

ARBITRATIO, vl. V. *Arbitracio*.

ARBITRE, *franc* ou *libre*, *Arbitrio*, esp. ital. port. Libre, ou franc arbitre, faculté par laquelle l'âme se détermine à une chose plutôt qu'à une autre; puissance que la volonté a de choisir.

Éty. du lat. *arbitrium*. V. *Arbitr*, R.

ARBITRE, s. m. (arbitré); *Arbitre*, cat. *Arbitro*, esp. port. ital. Arbitre, celui qui est choisi par une ou plusieurs personnes, pour terminer un différent; maître absolu.

Éty. du lat. *arbitrium*, m. s. V. *Arbitr*, Rad.

ARBITRE, s. m. vl. *Arbitri*, cat. *Arbitrio*, esp. port. ital. Avis, opinion. V. *Arbitr*, R.

ARBITRE-SOBRA, s. m. vl. Sur arbitre, tiers arbitre.

ARBOOUT, s. m. (arbóou); dl. ARABOOUT. *Arabotante*, port. Voûte, grotte. V. *Crota*, et *Vouta*.

Éty. de *ar* pour *arc*, et de *boout* pour *voout*, *vouta*. V. *Volu* et *Arc*, R.

ARBOR, s. m. vl. *Arbor*, anc. esp. Arbre, bosquet, tonnelle, berceau. V. *Arbr*, Rad.

ARBOREL, et

ARBORELH, s. m. vl. *Alberelo*, *Alberetto*, ital. *Arbolitto*, esp. Arbrisseau, bocage. V. *Arbrisseou*.

Éty. de *arbor*, et du dim. *elh*. V. *Arbr*, Rad.

ARBOURAR, v. a. (arbourá); AUBOURAR, HISSAR, LEVAR. *Arbolar*, esp. *Inalberare*, ital. mod. *Arvorar*, port. *Alberare*, ital. anc. Arborer, planter quelque chose haut et droit, à la manière des arbres, mettre un pavillon au haut d'un mât, et par extension arborer un drapeau, une cocarde.

Éty. de *arbor*, arbre, et de la term. act. *ar*. V. *Arbr*, R.

ARBOURAT, ADA, adj. et p. (arbourá, áde); *Arvorado*, port. *Arbolado*, esp. Arboré, planté, élevé, droit comme un arbre.

Éty. de *arbour*, pour *arbor*, et de *at*, levé, dressé comme un arbre. V. *Arbr*, R.

ARBOURIAIRE, Garc. V *Arbourier* et *Herb*, R.

ARBOURIAR, v. a. et n. (arbouriá). Marauder, courir la campagne pour voler des fruits. Garc. V. *Herb*, R.

ARBOURIER, s. m. (arbourié); ARBOURIAIRE. Maraudeur, voleur de fruits. Garc. V. *Herb*, R.

ARBOURILHA, Garc. V. *Herbourilha*.

ARBOURISAR. V. *Herbourisar*.

ARBOURISTO. V. *Herbouristo*.

ARBOUS, radical pris du latin *arbutus*, arbouse, arbousier, et dérivé du celtique *ar*, rude, âpre, et de *boise*, buisson, à cause de l'âpreté de son fruit.

De *arbutus*, par sync. de *tu*, *arbus*, et par le changement de *u* en *ou*, *arbous*; d'où: *Arbous*, *Arbouss-a*, *Arbouss-et*, *Arbouss-ier*.

ARBOUS, s. m. (arbous). Nom langued. de l'arbousier. V. *Darboussier*.

Éty. du lat. *arbutus*, m. s.

ARBOUSSA, s. f. (arbóusse). Nom langued. de l'arbouse, fruit de l'arbousier. V. *Darboussa*, pl. usité.

ARBOUSSET, et

ARBOUSSIER, s. m. (arboussié), dl. Lieu planté d'arbousiers.

Éty. de *arboussa* et de *ier*.

ARBOUTAT, ADA, adj. et p. (arboutá, áde), dl. Vouté. V. *Croutat* et *Voutat*.

Éty. de *ar* et de *boutat* pour *voutat*, vouté. V. *Voulu* et *Arc*, R.

ARBR, ARBOR, ARBOUR, AUBR. Radical dérivé du lat. *arboris*, gén. de *arbor*, arbre, et formé selon Priscien, de *robur*, *roboris*, force; de *arvum*, champ, suivant Isidore, et du grec ἄιρω (airô), élever, et de βόσις (bosis), nourriture, nourriture élevée, par opposition à celle que fournissent les plantes qui sont basses; les anciens se servaient de *arbos*, pour *arbor*, et de *robus*, pour *robur*, selon Vossius; ou plutôt du celt. *ar*, et de *bos*, arbre; d'où: *Arbos* et *Arbor*.

De *arboris*, par apoc. *arbor*, ou *arbour*, par le changement de *o* en *ou*; d'où: *Arborelh*, *Arbour-ar*, *Arbour-at*, *En-arbor-ar*.

De *arbor*, par la suppr. de *o*, *arbr;* d'où: *Arbr-ar*, *Arbr-e*, *Arbr-ichoun*, *Arbr-ier*.

De *arbr*, par le changement de *r* en *l*, *albr;* d'où: *As-albr-ar*, *Av-albrar*.

De *arbr*, par la suppr. de *r* finale, *arb;* d'où: *Arb-e*, *Arb-el-et*, *Arb-usto*, *Arb-or*.

De *arbr*, par le changement de la première *r* en *l*, et celle-ci en *u*, *aubr;* d'où: *Aubr-e*, et composés: *Aubr-ada*, *Aubr-espin*, *Aubr-egear*, *Aubr-et*, *Aubri-a*, *Aubr-ilhoun*, *Aubr-as*, *En-aubr-ar*, *Aubr-ar*, *Albr-at*, *Albr-e*.

ARBRAR, v. n. (arbrá), vl. s'élever, ou monter sur un arbre.

Éty. de *arbre*, et de *ar*. V. *Arbr*, R,

ARBRE, ALBRE, AYBRE. s. m. vl. Arbre. V. *Aubre*, plus usité dans la langue moderne.

Éty. du lat. *arboris*, gén. de *arbor*, par la suppression de *o* et de la désinence, et l'addition d'un *e* final euphonique. V. *Arbr*, Rad.

ARBRE-SEC, vl. V. *Albre-sec*.

ARBRICHOUN, s. m. d. béarn. *Arbolecillo*, esp. Arbrisseau. V. *Aubrilhoun*.

ARBRIER, s. m. vl. *Arbrier*, fust de l'arc, manche de l'arbalète.

Éty. de *arbr* et de *ier*. V. *Arbr*, R.

ARBRISSEOU, s. m. (arbrisseóu); AUBRET, AUBROUN. *Arboscello*, ital. *Arbolito* et *Arborcillo*, esp. Arbrisseau, petit arbre qui n'a pas de tronc principal et élevé comme les arbres ordinaires.

Éty. du lat. *arbuscula*, ou de *arboris*, et du dim. *eou*. V. *Arbr*, R.

ARBUDEL, s. m. (arbudèl), dl. Une boudinière, espèce d'entonnoir à faire du boudin ou de la saucisse.

Éty. de *budel*, boudin. V. *Bud*, R.

ARBUSTE, (arbústé), et

ARBUSTO, s. m. (arbúste); ARBUSTE. *Arbusto*, esp. port. ital. Arbuste, sous-arbrisseau.

Éty. du lat. *arbuscula*, petit arbre. V. *Arbr*, R.

Les arbustes diffèrent essentiellement des arbres et des arbrisseaux, d'abord par leur taille beaucoup plus petite, mais surtout parce qu'ils ne produisent pas, en automne, dans l'aisselle des feuilles, des bourgeons qui doivent se développer au printemps.

ARBUTANT, Avr. altér. de *arc-boutant*. v. c. m.

ARC

ARC, ARCU, ARQU, ARCH, rad. dérivé du latin *arcus*, arc, arcade, arche, voûte, courbure, dont le primitif est *arceo*, *arcere*, chasser, repousser. De *arcus*, par apoc. *arc*; d'où: *Arc*, *Arc-adura*, *Arc-boutant*, *Arc-a*, *Arc-ada*, *Arc-eou*, *Arch-a*, *Arch-ar*, *Arç-oun*, *Archer-ot*, *Arch-oun*, *Arc-ou-cel*, *Arçoun-ar*, *En-arc-ar*, etc.

De *arc*, par le changement du *c* en *g:* *Argoul-et*, *Arg-eira*, *Arguill-a*.

De *arc*, par le changement du *c* en *qu*, *arqu*; d'où: *Larquier*, *Arqu-ier*, *Arque-*

busa, *Arquebus-ier*, *Arqu-et*, *En-arqu-ilhar*, *En-arqu-ilhat.*

De *exercere*, par apoc. *exerc*; d'où : *Exerç-ar*, *Exerç-at*, *Exerc-ici*, *Exerc-itat.*

ARC, s. m. (ar ou arc); *Arco*, esp. port. ital. *Arch*, catal. Arc, en mathématiques, c'est une portion quelconque d'une ligne courbe. V. *Arc*, R.

ARC, s. m. ou *Arcada*; *Arch*. cat. *Arco*, esp. port. ital. Arc, en architecture, est une construction dont la partie inférieure présente une courbure ou voûte.

Éty. du lat. *arcus*, m. s. V. *Arc*, R.

On nomme :

ARC-PLEIN-CINTRE, celui qui est formé par un demi-cercle.

ARC-SURHAUSSÉ, celui dont la hauteur verticale est plus grande que le demi-diamètre.

ARC-SURBAISSÉ, celui dont la même hauteur est moindre que le demi-diamètre.

ARC-BIAIS, celui dont les pieds droits ne sont pas d'équerre sur leur plan.

ARC-BUTANT ou BOUTANT. V. ci-après, *Arc-boutant.*

ARC-EN-DÉCHARGE, celui qui est destiné à soulager la partie inférieure d'une construction, en reportant sur les pieds droits la charge de la partie supérieure.

ARC-DOUBLEAU, un bandeau en saillie sur les pieds d'une voûte, aux naissances de laquelle il est reçu sur des pilastres ou contre-forts.

ARC-RAMPANT, celui dont les naissances sont d'inégale hauteur.

ARC-RENVERSÉ, celui qu'on emploie dans les fondations d'un édifice, pour contrebuter des points d'appui isolés et reporter leur effort sur une plus grande superficie de terrain.

Dans un arc on nomme :

COUSSINETS OU SOMMIERS, la première pierre de chaque côté de l'arc.

VOUSSOIRS, les pierres taillées en forme de pyramide qui sont posées au dessus du sommier. On donne le nom de voussoirs à crossettes, à ceux qui ont une partie saillante qui porte sur le voussoir voisin.

CONTRE-CLEF, le voussoir qui est posé immédiatement à côte de la clef.

CLEF, *Clau*, le dernier voussoir, celui qui est placé au haut de l'arc.

ARC, s. m. *Arc*, cat. *Arco*, esp., ital. port. Arc, bois courbé en demi cercle, servant à tendre une corde au moyen de laquelle on lance des flèches.

Éty. du lat. *arcus*, m. s. V. *Arc*, R.

L'invention de l'arc doit être rapportée aux temps les plus voisins d'Adam, et suivant toutes les apparences, à Caïn lui-même.
Dict. des Orig.

On trouve, sous le règne de Charlemagne, en 800, un capitulaire rendu par ce prince, qui ordonnait aux soldats d'avoir un arc avec deux cordes et deux flèches.

Louis **XI**, en 1481, cassa les francs-archers, et ne laissa subsister que les archers bourgeois, adoptant pour ses troupes les armes des Suisses, la hallebarde, la pique, et la longue épée.

La fête de l'Arc ou du Perroquet, fut instituée à Montpellier par les rois d'Aragon.

ARC, s. m. vl. Arc, voûte, caveau. V. *Arc*, R.

ARCA, s. f. (àrque) dl. *Arca*, esp. port. Pour coffre. V. *Archa* et *Arc*, R.

ARCA, s. f. dl. Tour, forteresse.

Éty. du lat. *arcis*, gén. de *arx*, m. sign.

ARCA, interj. d. b. lim. alt. de *Haça ! ça.*

ARCA-BALESTA, s. f. (òrco-beloste), d. b. lim. Nom qu'on donnait anciennement aux Arcs, servant à tirer des flèches. V. *Arc*, R.

ARCADA, s. f. (arcàde); *Arco*, ital. *Arcade*, port. esp. Arcade, voûte courbée en arc, dont les extrémités sont supportées par des piliers qu'on nomme pieds-droits ou jambages, ou bien par des colonnes.

Éty. de *arc*, et de la term. pass. *ada*, arc fait. V. *Arc*, R.

On nomme :

ARCADE EN PLEIN CEINTRE, celle qui est formée en demi-cercle parfait.

ARCADE SURBAISSÉE, A ANSE DE PANIER ou EN DEMI-ÉLLIPSE, celle qui est plus applatie. V. *Vouta.*

ARCADA, Terme de nageur. V. *Brassada.*

ARCADURA, s. f. vl. *Arcadura*, port. Courbure. V. *Arc*, R.

ARCAI, nom d'homme (arcàï), dl. Archer ou acheul.

Éty. du lat. *arcarius*. m. s. dérivé du grec ἀρχαῖος (archàios), ancien.

Patr. Saint Archeul, que l'Eglise honore le 1er mai.

ARCAMINA, s. f. (arcamine), dg. *Arcano*, esp. Arcane, préparation de mercure.

Éty. du lat. *arcanum*, m. s.

E d'argent biou, é d'arcamina,
D'Astros.

ARCANA, s. f. (arcane). Arcane ou arcanée, espèce de craie rouge dont les charpentiers se servent pour tracer des lignes.

ARCANA, s. f. vl. obscurité, nuit sombre, mystère.

Éty. du lat. *arcanum*, mystère, secret.

ARCANCIEL, s. m. (arcanciél); ARC-EN-CIEL, POUANT-DE-SERA, POENT-DE-SANT-BERNARD, ARCOULA, ARQUET, *Arcobaleno*, ital. *Arco-celeste*, esp. Arc-en-ciel, météore lumineux qui apparaît dans les cieux sous forme d'arc coloré en rouge, orange, jaune, vert, bleu, indigo et violet; lorsque l'observateur, ayant le dos tourné au soleil, regarde en face un nuage qui se résout en pluie.

Ce phénomène est produit par la réfraction de la lumière dans les molécules d'eau qui forment le nuage, lequel fait alors l'office d'un prisme.

Éty. de arc-en-ciel, *arcus-in-cœlis*. V. *Arc*, R.

Senèque explique aux romains le phénomène de l'arc-en-ciel, l'an 50 de notre ère, en 1590, Antonio de Dominis explique les réfractions de la lumière qui produisent l'arc-en-ciel.

ARCANÇOUN, s. m. (arcançoun); *Arcançon*, brai sec; c'est la résine friable et roussâtre du suc résineux du pin, après qu'on l'a privée par la distillation, de son huile essentielle.

ARCANETA, s. f. (arcanéte). Un des noms de la sarcelle. V. *Sarcela* et *Caneta.*

ARCANGI, et

ARCANGIL, vl. V. *Archangi.*

ARCAR, v. a. (arcá). Voûter, Aub. V. *Arc*, R.

ARCARS, s. m. (arcárs), vl. Trésorier.

Ety. du lat. *arcarius*, celui qui garde la caisse, caissier. V. *Arc*, R.

ARCAS, s. m. (arcàs), vl. Arc-en-ciel. V. *Arcanciel.*

Éty. *arcas* est l'augm. de *arc*, comme *arquet*, en est le dim. V. *Arc*, R.

ARCAST, s. m. d. béarn. Reproche.

ARCAT, s. m. vl. Commandement.

Éty. du grec ἀρχή (arché). V. *Arch*, R.

ARCAT, **ADA**, adj. et p. d. béarn. *Arcuado*, *ada*, esp. *Arcado*, port. Arqué, ée; courbé, ée.

Éty. du lat. *arcuatus*, m. s. V. *Arc*, R.

ARCBALESTRIER, vl. V. *Aubarestier*, Arbalétrier.

ARCBALESTRIER, s. m. vl. Arbalestrier. V. *Aubarestrier.*

Éty. de *arc*, de *balesta* et de *ier*. V. *Bal*, R.

ARC-BOUTANT, s. m. *Arbotante*, esp. *Botarco*, cat. *Arcobotante*, port. Arc-boutant, arc ordinairement construit à l'extérieur des édifices, servant à contre-buter les constructions.

Éty. du lat. *arcus-pultans*, c'est-à-dire, *pulsans*, qui pousse, selon Mén. V. *Arc*, R.

ARC-BOUTANT, s. m. En terme de marine, petit mât de 8 à 10 mètres de longueur, armé par le bout d'un fer à trois pointes, servant à repousser un vaisseau qui viendrait à l'abordage et à tenir les écoutes de bonnettes en étui.

ARC-BOUTANT, s. m. ESPENCHA, ARBUTAN. Pied de biche, barre de fer que l'on met derrière une porte pour la tenir fermée. On lui donne plus particulièrement le nom de *espencha*, quand elle est en bois.

ARCBOUTAT, **ADA**, adj. et p. (arboutá, áde); ARBOUTAT. Voûte, soutenue par un arc-boutant. V. *Arc*, R.

ARC-D'AUBARESTA, s. f. Arrière-voussure, petite voûte que l'on fait dans l'épaisseur d'un mur, derrière l'ouverture de la baie d'une porte ou d'une fenêtre.

Éty. V. *Arc*, R.

ARC-DE-TRIOUMPHE, s. m. Arc de triomphe, monument historique consacré à la mémoire d'un vainqueur, ou élevé à l'occasion d'un évènement mémorable. Les romains en sont les inventeurs.

Éty. du lat. *arcus triumphalis*. V. *Arc*, R.

ARCELAR, pour tourmenter, V. *Harcelar* et *Arc*, R.

ARCELAR, v. a. vl. Plier, courber en arc.

Éty. de *arcel* et de *ar*, plier en arceau. V. *Arc*, R.

ARCELI, s. m. (arcèle), dl. à Avignon, coquillage marin, bivalve, bon à manger, qui est du genre des cames.

Éty. Ce mot paraît venir de *arcella*, petit coffre, Sauv. V. *Arc*, R.

A Nismes, c'est à la Venus écrite, *Venus litterata*, Lin. qu'on donne ce nom, et dans les environs de Montpellier aux *Venus decussata et Virginea*. V. *Clauvissa.*

ARC-EN-CIEL, s. m. V. *Arcanciel.*

ARCENIC, vl. V. *Arsenic.*

ARCEOU, s. m. (arceou). Arceau, petit arc.

Éty, *arceou* est dit pour *arcel*, formé de

arc, et de *el*, dim. V. *Arc*, R. et *Vouta*, pour les détails.

ARCH, ARCHI, ARCHE, Mot emprunté du grec ἀρχή (archè), principe, primauté, commandement, puissance; qui communique à ceux auxquels il est joint comme préposition, ou comme désinence, une idée de supériorité, de puissance, de commandement et de primauté. *Arch-evesque*, *Archi-duc*, *Archi-preire*, *Archi-tecto*, *Mon-arca*, *Patri-arche*; il remplit quelquefois l'office de superlatif, comme dans *Archi-fol*, *Archi-fripoun*.

ARCHA, s. f. (ártche); ARCA. *Arco*, ital. esp. port. Voûte qui porte sur les piles ou sur les culées d'un pont de pierre. V. *Pont*.

Éty. du lat. *arcus* ou du celt. *arch*. V. *Arc*, R.

ARCHA, s. f. Digue formée par une cage de gros arbres remplie de pierres, en usage dans la H.-P. V. *Arc*, R.

ARCHA, s. f. ARCA. *Arca*, esp. port. ital. anc. cat. Coffre grand et spacieux, ayant ordinairement la forme d'une armoire, et servant, dans la H.-P. à renfermer les grains.

Éty. Pris du lat. *arca*, grosse caisse, et probablement dérivé de l'hébreu *Argan*, coffre. V. *Arc*, R.

ARCHA, s. f. ou *Archa de Nouve*, Arche de Noé, *Arca Noé*, Lin. Nom qu'on donne particulièrement à la coquille de ce mollusque, qui appartient à la fam. des Acéphales, à cause de la ressemblance qu'on a cru lui trouver avec un vaisseau. V. *Arc*, R.

ARCHA DE NOUVE, s. f. (artche de Nouvè); *Arca de Noe*, esp. Arche de Noé, grand vaisseau que Noé fit construire par l'ordre de Dieu, pour garantir du déluge, la race de l'homme et celle de tous les animaux.

Cette arche à la construction de laquelle Noé avait travaillé pendant cent ans, selon Saint Augustin, avait suivant Moïse, 300 coudées de longueur, 50 de largeur et 30 de hauteur, sept paires d'animaux purs et une des animaux impurs vinrent s'y renfermer par un instinct que leur inspira Dieu lui-même.

ARCHADURA, s. f. vl. Coffre. V. *Arc*, R.

ARCHANGEL, s. m. vl. V. *Archangi* et *Angel*, R.

ARCHANGI, s. m. (arcándgi); ARCANGI. *Archangelus*, lat. *Archangelo*, ital. *Arcangel*, esp. cat. *Archanjo*, port. Archange, ange du second ordre de la hiérarchie céleste.

Éty. du grec ἀρχάγγελος (archaggelos); de ἀρχή (arché), primauté, puissance, et de ἄγγελος (aggelos); ange; ange d'un ordre supérieur. V. *Angel*, R.

ARCHAR, v. n. (ortsá), d. b. lim. Ajuster, porter son coup justement là où l'on vent donner. Réussir dans le choix qu'on a fait. V. *Amirar*.

Éty. de *arc* et de *ar*, ajuster ou tirer avec l'arc. V. *Arc*, R.

ARCHAT, s. m. (ortsá), m. d. Ecrille, clôture de clayonnage qui se pratique à la décharge d'un étang, pour empêcher le poisson d'en sortir. V. *Arc*, R.

ARCHAT, vl. V. *Arcat*.

ARCHAT, s. m. m. d. Atre de cheminée.

ARCHEIROT, V. *Archerot*.

ARCHEMISA, s. f. (artchemise). Nom qu'on donne à Valensolles; à l'armoise. V. *Artemisa* dont *Archemisa*, n'est qu'une altération.

ARCHEROT, s. m. (artcheró); ARCHEIROT. Petit archer, souvent employé par les poëtes pour désigner l'Amour ou Cupidon.

Éty. dim. de *archier*. V. *Arc*, R.

ARCHET, s. m. (artchèt); ARQUET. *Arco*, esp. port. *Archetto*, ital. Archet, petite machine qui sert à faire raisonner plusieurs instruments à corde du genre des violons.

Éty. du lat. *arcus*, arc, à cause de sa forme. V. *Arc*, R.

Dans un archet on nomme :

BAGUETTE, la tringle de bois un peu courbée qui porte les crins.
HAUSSE, la partie inférieure de la baguette, sur laquelle porte le crin.
BEC, la partie supérieure.
TIGE ou FUT, le corps de la baguette.
VIS, la vis qui sert à tendre le crin.
CRIN, le faisseau de crin de cheval qui tient du bec à la hausse.

Il paraît que l'archet a été connu des anciens sous le nom de *plectrum crinitum*.

ARCHET, s. m. ARQUET. Archet, instrument pour faire tourner un foret. En terme de tourneur, c'est une perche attachée au-dessus du tour, et dont la corde fait tourner l'ouvrage, au moyen du mouvement qu'on lui imprime avec le pied. V. *Arc*, R.

ARCHET, ARQUET, est encore une espèce de piége qu'on fait avec deux branches dont une percée et flexible, reçoit un fil double pour prendre les petits oiseaux; on s'en sert beaucoup à Cujes. V. *Arc*, R.

ARCHET, ARQUET, en terme de moissonneur, désigne l'archet ou l'étui de la faucille. V. *Arc*, R.

ARCHEVESCAT, s. m. (artchevescá); *Arcivescovato*, ital. *Arzobispado*, esp. *Arcebispado*, port. *Arquebisbat*, cat. Archevêché, diocèse d'un archevêque, palais archiépiscopal; revenus de l'archevêché.

Éty. du lat. *archiepiscopatus*. V. *Archevesque*.

En 1789, on comptait dans l'Église catholique, 103 archevêchés, dont 19 en France.

ARCHEVESQUE, s. m. (artchévésqué); *Arcivescovo*, ital. *Arzobispo*, esp. *Arcebispo*, port. Archevêque, prélat métropolitain qui a des évêques pour suffragants.

Éty. du lat. *archiepiscopus*, formé du grec ἀρχή (archê), primauté, commandement; et de ἐπίσκοπος (épiscopos), surveillant.

Saint Athanase passe pour s'être servi le premier du nom d'archevêque, pour désigner l'évêque d'Alexandrie, vers le milieu du IVme siècle; ce titre ne devint cependant familier en France, que vers le IXme.

Les archevêques se distinguent des évêques par le *pallium*, longue bande de laine blanche, parsemée de croix rouges.

ARCHIBANC, s. m. (artchibán), dl. Banc à dossier, banc d'honneur, chez les bons paysans des Cévennes, qu'ils placent au coin de leurs immenses cheminées; c'est le siége des chefs de la maison et des étrangers de distinction.

Éty. de *Archi*, v. c. m. et de *banc*, banc principal. V. *Banc*, R.

ARCHICAN, s. m. (artchicán). Nom qu'on donne aux boyaux du mouton et du bœuf, particulièrement à la panse. Les habitants de Forcalquier, Basses-Alpes, nomment ceux de Manne: *Mangea archicans*.

Éty. de *archi* et de *can*, chien?

ARCHICHANCELIER, s. m. (artchitchancelié). Archichancelier, grand-chancelier, l'un des grands dignitaires, sous l'Empire français; grand officier de la couronne.

Éty. du grec ἀρχή (archê), primauté, puissance, et de *Chancelier*, v. c. m.

Cet office fut établi sous les deux premières races de nos rois. Celui qui en était pourvu présidait les autres chanceliers ou secrétaires de la cour.

Dans le VIIIme siècle, ce titre succéda à celui de Référendaire, et fut considéré dans le IXme, comme pronotaire ou grand notaire.

ARCHIDIACRE, s. m. (artchidiacré), *Arcidiacono*, ital. *Arcediano*, esp. *Arcediago*, port. *Ardiaca*, cat. Archidiacre, prêtre qui a une sorte de juridiction sur une partie d'un diocèse. Ce nom ne désignait autrefois que le chef des diacres.

Éty. du lat. *archidiaconus*, dérivé du grec ἀρχη (archê), primauté, et de διάκονος (diakonos), diacre, ministre.

Ce titre paraît très-ancien; Saint Augustin le fait remonter à Saint Etienne.

ARCHIDIAQUE, s. m. vl. ARQUIDIAQUE, ARDIAQUE. V. *Archidiacre*.

ARCHIDUC, s. m. (artchidúc); *Archiduque*, esp. port. Archiduc, titre affecté aux princes de la maison d'Autriche, par l'empereur Frédéric III, en 1453.

Éty. du lat. *archidux*, formé du grec ἀρχή (archê), primauté, et du lat. *dux*.

Le premier qui, peu satisfait de la qualité de duc, crut devoir en augmenter le lustre par ce nouveau titre, fut Bruno, archevêque de Cologne, qui, l'an 959, s'en décora. Dict. des Orig.

ARCHIDUCHÉ, s. m. (archidutchè); *Archiducado*, esp. port. *Arciducato*, ital. Archiduché, seigneurie d'Autriche.

Éty. de *archi* et de *duche*. Voy. *Arch* et *Duc*, R.

ARCHIDUCHESSA, s. f. (artchidutchésse); *Archiduquesa*, esp. *Archiduqueza*, port. *Arciduquessa*, ital. Archiduchesse, femme d'un archiduc, ou princesse revêtue elle-même de cette dignité.

Éty. du lat. *archiducissa*, m. s.

ARCHIEPISCOUPAU, adj. (arquiepiscoupáou); *Arcivescovile*, ital. *Arzobispal*, esp. *Archiepiscopal*, port. Archiépiscopal, prononcez *arkiepiscopal*, appartenant à l'archevêché.

Éty. du lat. *archiepiscopalis*, m. s.

ARCHIER, s. m. (artchié); ARQUIER. *Archero*, esp. *Arquer*, cat. *Archeiro*, port. *Arciere*, ital. Archer, on donnait anciennement ce nom aux soldats qui étaient armés d'arcs et de flèches, et depuis, on l'a appliqué aux cavaliers de la maréchaussée; fig. homme dur, impitoyable.

Éty. de la basse lat. *arcuarius* et *archerius*. V. *Arc* pour l'origine et *Arc*, R.

Le nom d'archer fut anciennement un titre honorable qu'on ne donnait guères qu'à des gentilshommes, et qu'ont porté depuis les gardes du corps, même sous le règne de Louis XIV. Sauv.

ARCHIERA, Avr. V. *Arquiera*.

ARCHIFLAMINA, s. m. vl. Archiflamina.

ARCHIFOUS, dl. alt. de *Alquifoux*, v. c. m.

ARCHIFS, s. m. pl. (artchifs), vl. Pour archives. V. *Archivas*.

ARCHIMBELA, s. f. (artchimbèle), dl. Le poids du Roi. Sauv.

ARCHIPEIRE, s. m. vl. V. *Archiprelre*.

ARCHIPEL, s. m. (artchipèl); *Arcipelago*, ital. *Archipielago*, esp. *Archipelago*, port. Archipel, et anciennement Archipelage, partie de la Méditerranée comprise entre la Turquie d'Asie à l'Est, la Turquie d'Europe à l'Ouest, et l'Ile de Candie au Sud. Sa longueur du Nord au Sud, est de 150 lieues, et sa largeur de l'Est à l'Ouest, de 100.

Éty. du lat. *archipelagus*, formé du grec ἀρχὴ et de πέλαγος (archê pélagos).

On donne aussi le nom d'archipel à la réunion de plusieurs îles. Ce mot dérive alors du grec ἀρχὴ, commandement, et de πέλαγος mer, qui commande à la mer ou qui la domine.

ARCHIPOT, s. m. (artchipó); ARCHIPOUA, ESTOUFADA. Etuvée ou viande hachée et cuite dans un pot: *Mettre en archipot*, réduire en chair à pâté, écraser.

Éty. de *archi*, pour *achis*, et de *pot*.

ARCHIPOUA, s. m. (artchipóue). Voy. *Archipot*.

ARCHIPOUMPA, s. f. (artchipóumpe). Archipompe, retranchement carré, fait avec des planches au fond de cale d'un vaisseau, pour la conservation des pompes.

Éty. Corruption de *arche des pompes*. V. *Poump*, R.

ARCHIPREIRE, s. m. (artchipréïré); ARCHIPRETRO, ARCHIPRETRE, ARCHIPREYRE. *Arciprete*, ital. *Arcipreste*, esp. port. Archiprêtre, titre qui donne aux curés de certaines églises la prééminence sur les autres.

Éty. du lat. *archipræsbiter*, m. s. dérivé du grec ἀρχὴ (archê), primauté, et de πρεσβύτερος (presbytéros), plus âgé, parce que dans la primitive église, on ne donnait ce titre qu'au plus ancien ou au chef des prêtres.

On trouve déjà ce titre mentionné dans les ouvrages de Saint Grégoire de Tours, et de Saint Grégoire le Grand.

ARCHIPRETRE, Voy. *Archipreire* et *Pretr*, R.

ARCHIPRESTRE, vl. V. *Archipreire*.

ARCHITECTO, s. m. (artchitècte); *Architetto*, ital. *Arquitecto*, esp. *Architecta*, port. Architecte, celui qui exerce l'art de l'architecture.

Éty. du lat. *architectus*, m. s. dérivé du grec ἀρχιτέκτων (architectôn), formé de ἀρχὴ (archê), commander et de τέκτων (tectôn), ou de τείχω (teichô), fabriquer.

Le premier architecte qui ait laissé un traité complet de son art, est Vitrûve.

ARCHITECTURA, s. f. (artchitectûre); *Architettura*, ital. *Arquitectura*, esp. *Architectura*, port. Architecture, l'art de bâtir suivant des règles et des proportions déterminées par le caractère et la destination des édifices.

Éty. du lat. *architectura*, m. s. Voy. *Architecto*.

Aussi ancienne que le monde, l'architecture, comme la médecine et l'agriculture, n'a pu se perfectionner que peu à peu, soit par l'effort du génie des hommes qui s'en occupaient, soit par les leçons du hazard et la contemplation de la nature. L'historien Josephe dit que Caïn, fils d'Adam, fonda plusieurs villes 3600 ans avant J.-C. Les Chinois et les Chaldéens en élevèrent ensuite, mais jusques au temps des Grecs, l'architecture n'eut d'autre but que l'utilité et la solidité. Ceux-ci, heureusement organisés, ajoutèrent la régularité, l'élégance des formes et cet ensemble admirable qui charme les yeux.

Des cinq ordres que nous connaissons aujourd'hui, les Grecs n'avaient que le Dorique, inventé 1000 ans avant J.-C., par Dorus, petit-fils de Deucalion, selon Vitruve, ou dans la Doride, suivant Goguet; l'Ionique, créé par Ion, neveu de Dorus, ou dans l'Ionie, et le Corinthien, postérieur aux deux autres, inventé par l'athénien Callimaque, 522 ans avant J.-C. L'idée du chapiteau lui fût suggérée par la vue d'un tombeau sur lequel on avait posé un panier recouvert d'une tuile, et autour duquel s'étaient élevées des feuilles d'acanthe. V. *Acanta*. Les Romains ajoutèrent à ces trois ordres le Toscan, qu'ils connaissaient depuis un temps immémorial, et ils inventèrent le Composite, qui est un mélange de l'Ionique et du Corinthien, 60 ans avant J.-C. V. *Coulouna*.

On connaît deux espèces d'architecture dite gothique: l'une massive, lourde et grossière, fut introduite en Europe par les Goths qui l'apportèrent du Nord au Vme siècle; l'autre délicate, mais chargée d'ornements inutiles, vient des Sarrasins, et fut en vogue dans les XIIIme et XVIme siècles.

ARCHITIPO, s. m. vl. ARCHITIPE. *Archetypum*, lat. *Arquetipo*, esp. *Archetypo*, port. *Archetipo*, ital. Archetype, original, modèle sur lequel on fait un ouvrage.

Éty. du grec ἀρχὴ (archê), principe, et de τύπος (tupos), modèle exemplaire; le modèle primordial.

ARCHITRAVA, s. f. (artchitrave); *Architrave*, ital. *Arquitrabe*, esp. *Architrave*, port. Architrave, la partie de l'entablement qui représente une poutre, et qui porte immédiatement sur le chapiteau des colonnes au-dessous de la frise.

Éty. du grec ἀρχὴ (archê), principe, et du lat. *trabs*, une poutre; la principale poutre. V. *Trab*.

ARCHITRICLIN, s. m. vl. *Architriclinus*, lat. *Architriclino*, ital. port. Architriclin, celui qui était chargé de l'ordonnance du festin.

Éty. du grec ἀρχιτρίκλινος (architriklines), dérivé de ἀρχὴ (archê), commandement, et de τρίκλινον (triklinon), salle à manger où il y avait trois lits autour de la table, selon l'usage des anciens, de τρεις (treis), trois, et de κλίνη (klinê), lit.

ARCHIVAIRE, vl. pour Archiviste. V. *Archivisto*.

ARCHIVAS, s. f. pl. (artchives); *Archivi*, ital. *Archivo*, esp. port. Archives, titres publics ou particuliers; lieu où ils sont conservés.

Éty. du lat. *archivum*, m. s. dérivé du grec ἀρχεῖον (archeiôn), trésor des archives.

L'établissement d'un lieu destiné à la conservation des titres, et par conséquent des archives, remonte à la plus haute antiquité, puisque les juifs déposaient déjà dans l'Arche Sainte les lois civiles et les pactes des citoyens.

ARCHIVERO, Garc. V.

ARCHIVESCAT, vl. V. *Archevescat*.

ARCHIVISTO, s. m. (artchiviste); *Archivari*, *Archivero*, esp. *Archivista*, ital. port. Archiviste, garde des archives.

Éty. du grec ἀρχειῶται (archeiôtai), gardien des archives; ou du lat. *archivo præpositus*.

ARCHOU, s. m. (ortsoú), d. b. lim. Petit coffre, coffret où l'on met les choses précieuses.

Éty. dim. de *archa* et *arc*, R.

ARCIATAL, s. vl. Parole magique, talisman.

ARCIBAT, adj. vl. Artificieux, rusé, malin.

ARCIELOUS, s. m. (arcielóus); CAMPAROL, MOUSSAR, NISSOULOUS. *Arceli*, ital. Noms languedociens par lesquels on désigne, selon M. de Sauvages, le potiron, le seps, sorte de gros champignon, bon à manger, très-spongieux, qui est de la division des fistuleux.

Éty. de l'italien *araceli*, qui désigne les mêmes champignons.

ARCIMIZA, vl. *Artemisa*.

ARCINAS, alter. de *acinas*, v. c. m.

ARCIO, s. f. vl. Chaleur, ardeur, brûlure.

Éty. de *arc*, pour *ars*, et de *io*; de *arsus*, brûlé.

ARCIS, adj. vl. Qui a le mal des ardents.

ARCISOUS, s. m. pl. (arcisóus), dl. Le même que *Frion*, v. c. m.

Éty. Ce mot paraît être une altération de *artifex*, ouvrier, *artisan*.

ARCIUT, et

ARCIEVESCAL, adj. vl. Archiépiscopal.

Éty. du lat. *archiepiscopalis*.

ARCIVESCAT, vl. V. *Archevescat*.

ARCIVESQUE, s. m. anc. béarn. Voy. *Archevesque*.

ARCONEL, s. m. (arconél), d. bas. lim. Arc formé avec une gaule, dont on rapproche les deux bouts avec une cordelette, auquel on met un appât pour prendre des oiseaux, espèce de piége.

Éty. dim. de *arc*. V. *Arc*, R.

ARCOUCEL, dl. V. *Touras* et *Arc*, R.

ARCOULA, dl. V. *Arc-en-ciel* et *Arc*, R.

ARCOULAN, s. m. (arcoulán), dg. L'arc-en-ciel. V. *Arc-en-ciel* et *Arc*, R.

Le Poëte D'Astros faisant parler l'air, a dit :

Touts lous aoantatges j'oous cedi
Qu'à bon dret sur ets jou poussedi,
(sur les autres éléments)
Encountinent qu'ets m'auran heyt
Bese caucoum de ta perfeyt
Que moun arc, qu'aquet arc ses cordo,
Arros de la misericordo,
Que Dious aus omes proumetouc,
Quan aquet bel arc et tenouc :
Cap d'obro de sa man genéquo,
Arc ses bronc, ses plec, é ses pequo,
Arc de naturo l'ournoment,
Arc deous sabens la mereoïeillo,
Mes que tout so que peou Ceou brillo,
Arc l'assegurat prounoustic,
Deou paysant lou mes roustic,
Car l'arcoulan de la maytiado
Tiro lou boué de la taurado.

ARÇOUN, s. m. Arçon, espèce de grand archet, muni d'une corde, dont les chapeliers se servent pour battre ou *arçonner* la laine ; il ressemble à un archet de violon.

Éty. du lat. *arcus*, arc. V. *Arc*, R.

Dans cet arçon on nomme :

BEC-DE-CORBIN, la plaque recourbée sur laquelle porte la corde.

CHANTERELLE, le morceau de bois qui éloigne le cuiret du panneau et fait rendre à la corde un son proportionné à sa tension.

COCHE, ou *bobine*, le morçeau de bois avec lequel on imprime les vibrations à la corde.

CORDE, la corde à boyau, qu'on agite avec la coche.

CUIRET, la lanière de peau, qui garnit le sommet du panneau.

GAROTS, ou *taraux*, petits leviers qui servent à bander les tirants.

PANNEAU, la plaque du talon, percée à jour dans le milieu.

PERCHE, la tige de l'outil.

POIGNÉE, la courroie de cuir ou de toile, qui sert à entourer le dessus de la main gauche de l'arconneur.

TIRANTS, les cordes qui servent à bander le cuiret.

ARÇOUN, s. m. (arçóun); ARSOUN. *Arzon*, esp. *Arso*, cat. *Arção*, port. *Arcione*, ital. Arçon, espèce de bâti en bois qui forme comme la charpente d'une selle ; il est composé de trois parties : de l'arçon de devant, de l'arçon de derrière et des bandes.

Éty. du lat. *arcus*, et du dim. *oun*. petit arc. V. *Arc*, R.

Dans l'arçon de devant on distingue :

LE POMMEAU, *poumeou* ou *pooumoun*, la partie élevée en forme de poignée au-dessus du garrot.

LE GARROT, id. l'arcade qui est au-dessus du garrot du cheval.

LES MAMMELLES, *las mamellas*, l'endroit où aboutit le garrot. On donne aussi ce nom à un bourrelet qu'on fixe au bas des bandes.

LES POINTES, *las pounchas*, les deux bouts de l'arçon.

LES BANDES EN FER, *las bendas*, les lames de fer qui renforcent les arçons intérieurement.

LES PORTE-ÉTRIERS, *lous porta estriouns*, les anneaux ou les tringles de fer, fixées d'un côté à l'arçon de devant, et de l'autre à la bande, où l'on suspend les étrivières.

LES CONTRE-SANGLOTS, *lous contra sanglouns*, les bouts de courroies fixés à l'arçon et à la bande pour serrer la sangle.

LES LIÉGES ou BATTES, *las liegeas*, les parties latérales du pommeau lorsqu'elles sont relevées. On les faisait autrefois en liége, d'où le nom de liéges que ces parties portent.

Dans l'arçon de derrière on distingue particulièrement :

LE TROUSSEQUIN, *lou trusquin*, ou pièce de bois cintrée qui s'élève sur le derrière de la selle.

LA CHAPPE DE LA CROUPIÈRE, *la chappa de laroupiera*, l'anneau où l'on passe la courroie de la croupière.

LES BANDES, *las bandas*, ou les deux traverses qui vont de l'arçon de devant à l'arçon de derrière.

ARÇOUN, est aussi le nom qu'on donne aux courbets des bâts. V. *Bast*.

ARÇOUNAR, v. a. (arçouná); *Arquear*, esp. Arçonner, battre la laine avec l'arçon.

Éty. de *arçoun* et de la term. act. *ar*. V. *Arc*, R.

ARCOUNCEL, s. m. (arcouncèl), dl. V. *Touras* et *Arc*, R.

ARCOUNUR, s. m. (arçounúr); *Arqueador*, esp. Arçonneur, ouvrier qui bat la laine avec l'arçon. V. *Arc*, R.

ARCOVA, V. *Alcova*.

ARC-S.-MARTI, s. m. *Arc-de-sant-Marti*, cat. *Arco-de-san-Martin*, esp. Arc-en-ciel. V. *Arcanciel* et *Arc*, R.

ARCT, *ART*, rad. dérivé du latin *arcticus*, qui l'a pris du grec ἄρκτος (arktos), ourse, parce que la constellation de l'ourse est voisine du pôle.

Dérivés : *Arctiqu-e*, *Arct-uri*, *Antarctiqu-e*, *Art-ic*, *Ant-arctic*, *Art-urus*.

ARCTIC, ICA, adj. (artiqué, ique); *Artico*, ital. *Arctico*, esp. port. *Arctic*, cat. Arctique, nom donné au pôle septentrional, parce que la dernière étoile située dans la queue de la petite ourse en est très-voisine.

Éty. du latin *arcticus*, dérivé du grec ἄρκτος (arktos), ourse. V. *Arct*.

ARCTURI, s. m. vl. *Arcture*, esp. port. *Arturo*, ital. Arcturus, nom d'une étoile fixe, de première grandeur, située dans la constellation du bouvier à la queue de la grande ourse.

Éty. du lat. *arcturus*, m. sign. dérivé de *arct*, v. c. m. et de οὐρά (oura), queue.

ARCUAL, adj. vl. *Arcual*, anc. esp. Arqué, en arc.

Éty. du lat. *arcu*, pour *arcus*, et de *al*, V. *Arc*, R.

ARCUAT, ADA, adj. vl. *Arqueado, ada*, esp. Arqué, ée; courbé en arc.

Éty. du lat. *arcuatus*. V. *Arc*, R.

ARCULE, s. (arculé), d. apt. Insolent, ente; fanfaron.

ARC-VOLTUT, et

ARC-VOUT, s. m. vl. Arcade, voûte, caveau. V. *Arc*.

ARD

ARD, *ars*, rad. pris du lat. *ardere*, *ardeo*, *arsum*, brûler, être brûlé, enflammé, en feu; formé de *arere*, être sec; d'où : *Ardens*, *Ardent*, *Ardor*, *Ardour*, et dérivé peut-être de l'hébreu *arar*, brûler.

De *ardere*, par apoc. *ard*; d'où : *Ard-en*, *Ard-re*, *Ard-er*, *Ard-ena*, *Ard-ent*, *Ardamment*, *Art*, etc.

De *ardentis*, gén. de *ardens*, par apoc : *Ard-ent*, *Ardem-ment*.

De *ardor*: *Ardor*, *Ardour*.

De *arsum*, et par apoc *ars*; d'où : *Ars*, *Arsa*, *Ars-ura*, *Arsic-oun*, *Ars-idour*, etc.

De *arere*, par apoc. *ar*; d'où : *Ar-ir*, *Artage*, *Art-ant*.

ARD 2, rad. dérivé du lat. *arduus*, *a*, *um*; escarpé, rude, ardu, épineux, dont le prim. paraît être le celtique *ard*, pointe, d'où le grec ἄρδις (ardis), pointe d'une flèche; et peut-être *cardo*, pivot, pointe sur laquelle tourne une porte, d'où peuvent dériver : *Ardilhoum*, *D-ard*, *D-ard-alhoun*, *C-ard-oun*, et sous dérivés. V. *Card*, *Ard-it* et *Ard-alho*.

Cette désinence jointe à *villa* et à *castel*, leur communique son acception particulière, haut élevé, escarpé de difficile accès ; ainsi *Villard*, désigne un village élevé ; *Castelard*, un château situé sur une hauteur, dans un lieu escarpé ; ne confondez pas avec *ars*, car *Villars*, indique un lieu qui a été brûlé.

ARD, désinence qui se construit souvent avec les noms individuels, et qui paraît, dit Butet, avoir désigné primitivement quelque exercice, fonction ou métier quelconque, et pourrait par là remonter à la source de la racine *ar*, d'où *ar-are*, *ars*, *artis*; elle indique l'habitude de l'action, et l'exercice même de l'action déterminée par le radical, prise toujours en mauvaise part ; Elle pourrait venir aussi de *arduus*, haut, élevé, escarpé, rude, difficile, pénible ; ainsi : *Babilhard*, *Gul-ard*, *Bralh-ard*, indiqueraient un babil, une gueule, une braillerie, pénible, incommode ; mais les mots en *ard*, cessent d'être pris en mauvaise part, lorsque au lieu de former des adjectifs ils constituent des substantifs ; comme : *Vielh-ard*, *Plac-ard*, *Bilh-ard*, *Branc-ard*; la terminaison *ard* indique alors ce qui sert à former, à défendre, à garnir, ou qui a la qualité ou le vice exprimé par le radical.

ARDA, s. f. (arde), dl. Colère, cri de colère et de menace.

Éty. *Ardil*, signifie valeur en espagnol.

ARDA, s. f. vl. Hardes, équipage, train, suite. V. *Hardas*, V. aussi *Arna*. Qu'il ou qu'elle allume.

ARDADA, s. f. (ardáde) ; ARDAU. Une volée, une bande d'oiseaux, et par extension une multitude.

Éty.

Luench de presoun a d'amis un'ardada,
Cascun ly fa la grando bounetado,
Tant que lou iouoc de fourtuno ly dys.
La Bellaudière, 1595.

ARDAISA, s. f. (ordàïzé), d. bas. lim. Ardoise. V. *Ardoisa*.

ARDAISAIRE, s. m. (ordeizàïré), et impr. ORDEIZAIRE. Ouvrier qui fait des toits en ardoise.

Éty. de *ardaisa* et de *aire*.

ARDAISAR, v. n. (ordeïzá), et impr. ARDEIZAR, d. bas lim. Couvrir une maison en ardoise.

ARDAISAT, ADA, adj. et p. (ardeïsá, áde) et impr. ORDEIZA, d. bas lim. Couvert en ardoise.

Éty. de *ardaisa* et de *at*, fait en ardoise.

ARDALHO, et

ARDALHON, vl. V. *Ardalhoun*.

ARDALHOUN, V. *Dardilhoun* et *Ard*, Rad. 2.

ARDALON, vl. V. *Ardalhon*.

ARDAMMENT, adv. (ardamméin). V. *Ardemment* et *Ard*, R.

ARDAS, V. *Hardas*.

ARDAU, V. *Ardada*.

ARDECHA, s. f. (ardètche); *Ardesca*, esp. Ardèche (département de l'), dont le chef-lieu est Privas.

Éty. du nom d'une rivière qui y prend sa source, *Arduesca*, lat.

ARDEISAIRE, V. *Ardaisaire*.

ARDEISAR, V. *Ardaisar*.

ARDELA, s. f. (ardèle). Un des noms lang. du narcisse des poëtes. V. *Dona*.

ARDELECIA, s. f. (ardelécie), dl. Fougue, ardeur, empressement.

Éty. du lat. *ardelio*, intrigant, ou de *ardere*, brûler, être embrasé. V. *Ard*, R.

ARDELOUS, **OUSA**, adj. (ardelóus, óuse), dl. Ardent, bouillant.

Éty. du lat. *ardere*, brûler et de *ous*, qui est de nature brûlante. V. *Ard*, R.

ARDEMEN, s. m. vl. et

ARDEMENT, s. m. (ardeméin), vl. Un incendie. V. *Ard*, R.

ARDEMMENT, adv. (ardemméin); ARDAMMENT. *Ardentemente*, ital. port. *Ardientemente*, esp. Ardemment, avec ardeur.

Éty. du lat. *ardenter*, ou de *ardent* et de *ment*, d'une manière ardente. V. *Ard*, R.

ARDEN, adj. vl. V. *Ardent*. Malade du feu de Saint Antoine. V. *Ard*, R.

ARDENA, s. f. d. apt. V. *Dardena*.

ARDENA, s. f. (ardéne). Ce nom est commun à quelques plantes qui font le désespoir des agriculteurs en desséchant et brûlant, pour ainsi dire, toutes celles qui les entourent, d'où le nom de *ardena*, dérivé du lat. *ardere*, brûler. V. *Ard*, R.

On nomme ainsi l'Euphraise jaune, aux environs du Mont-Ventoux, selon M. Requien. V. *Pinaut*.

La Crête de coq dans la Basse-Pr. Voy. *Tartarieia*.

La Pédiculaire des marais: *Pedicularis palustris*, Lin. plante de la fam. des Rhinanthacées.

ARDENAS, s. f. pl. (ardênes); *Ardenas*, esp. Ardennes (département des...), dont le chef-lieu est Mézières.

Éty. Il doit son nom à celui d'une grande forêt qui s'y trouve. *Arduena sylva*, lat.

ARDENMENT, vl. V. *Ardemment*.

ARDENT, ENTA, adj. (ardèin, èinte); ABRAT, ENFLAMMAT. *Ardento*, ital. port. *Ardiente*, esp. Ardent, ardente; enflammé, vif, passionné, prompt.

Éty. du lat. *ardentis*, gén. de *ardens*. V. *Ard*, R.

ARDENTMENT, vl. V. *Ardemment*.

ARDER, v. a. d. béarn. *Arder*, esp. port. *Ardere*, ital. Brûler. V. *Brûlar* et *Ardre*.

Éty. du lat. *ardere*, m. s. V. *Ard*, R.

ARDEROUS, OUSA, adj. (arderóus, óuse), dg. Fougueux, violent.

Éty. de *arder* et de *ous*. V. *Ard*, R.

Dau tems que parlo ataos, arribo les soufflados
D'un bent talomens *arderous*. Bergeyret,

ARDESOUN, s. f. (ordezóu), d. bas. lim. V. *Cremour* et *Ard*, R.

ARDIAQUE, vl. V. *Archidiaque* et *Archidiacre*.

ARDIDA, s. f. (ardide), dl. Pièce de deux liards. V. *Dardena*, *Ardit* et *Hard*, R.

ARDIDAMEN, adv. vl. *Ardidament*, anc. cat. *Ardidamente*, ital. anc. esp. Hardiment. V. *Hardiment*, résolument, promptement et *Hard*, R.

ARDIDEZA, s. f. vl. *Ardideza*, esp. *Ardidesa*, anc. cat. *Arditezza*, ital. Hardiesse. V. *Hardiessa* et *Hard*, R.

ARDILHOUN, Voy. *Dardilhoun* et *Ard*, R. 2.

ARDIMEN, s. m. vl. *Ardiment*, cat. anc. *Ardimento*, ital. *Ardimiento*, anc. esp. *Ardimento*, port. Hardiesse, courage, audace, témérité. V. *Hard*, R.

ARDIOL, dl. V. *Ourjoulet*, alt. de *Ordiol*.

ARDION, vl. V. *Ardilhoun*, *Dardilhoun* et *Ard*, R. 2.

ARDIR, v. a. vl. Enhardir. V. *Enhardir* et *Hard*, R.

ARDIT, s. m. (ardi), dl. *Ardit*, catal. *Ardite*, esp. Petite monnaie de cuivre qui valait trois deniers ou un liard.

Éty. de la basse latinité *ardicus*, ainsi nommée, selon les uns, de Philippe III, surnommé le Hardi, qui le premier en fit frapper; et selon d'autres, de Richard Ier, roi d'Angleterre, qui portait le même surnom. Le mot *liard*, composé de *li ardit*, l'a remplacé chez nous. M. Roquefort, Glossaire de la langue rom., n'admet point cette étymologie donnée par Ducange, Ménage, etc. il fait observer que dans la basse latinité on distinguait deux espèces de monnaies: l'*argentum album*, et l'*argentum arsum*, argent noir ou brûlé, monnaie de cuivre, d'où l'on a dit: *li-ars*, *li-ards*; de *arsum*, part. de *ardere*, brûler. V. *Hard*, R. et *Ars*, selon l'étym. qu'on adopte.

E si d'auan lè iour tu nont'en vas d'ausido,
Yeu non donario pas dous ardix *de ta vido.*
Bergoing.

ARDIT, IDA, adj. *Ardid*, esp. Voy. *Hardit*.

ARDIT, s. m. vl. *Arditz*, hardiesse, courage. La première attaque, le premier moment d'une bataille; dessein, entreprise; dards, flèches. V. *Hardiessa* et *Hard*, R.

ARDIT, s. m. (ardi). Les maçons donnent ce nom, à Digne, à la partie convexe d'une pièce de bois qui est courbe.

Éty. probablement du lat. *arduitas*, éminence; d'où: *Arduit*, *Ardit*. V. *Ard*, R. 2.

ARDITEYAR, v. n. d. béarn. Liarder. V. *Hard*, R.

ARDOISA, s. f. (ardouáse); ARDAISA, TIEOULA, LOZA, ARDOUASA. *Ardosia*, port. Ardoise, schiste feuilleté grisâtre, facile à partager en lames minces et répandant une odeur argileuse lorsqu'on l'humecte avec l'haleine. Elle sert à revêtir les toits.

Éty. du latin *ardosia*, formé de *artesius*, Artois, selon Leduchat, ou de *Ardes*, *Ardesia*, pays d'Irlande, d'où les premieres ardoises furent tirées, selon Verg.

On nomme :

ECAILLE, une ardoise étroite et arrondie, par le bout visible, servant à la couverture des dômes.

GIRONNÉE, celle qui est plus étroite par un bout que par l'autre.

PUREAU, la partie visible d'une ardoise en place.

SAUTON, une ardoise qu'on est obligé de réduire sur sa largeur pour completter un rang ou pureau.

COFFINE, une ardoise naturellement convexe.

CALLOTS, les masses de pierre qu'on tire brutes des ardoisières.

CHEF, le côté de l'ardoisière où l'on établit les machines pour vider les eaux.

CHAT, ardoise dure et fragile dont on ne peut faire aucun usage.

DÉMÉE, ardoise de onze pouces sur dix.

TORREIN, amas de matières étrangères qui traverse un bloc d'ardoise.

ÉCAILLON, premier ouvrier d'une ardoisière.

ÉGOUT, ardoises qui débordent d'un toit.

GROS-NOIR, espèce d'ardoise très-noire.

LONGUESSE, partie d'une carrière qu'un ouvrier travaille.

LUCET, côte mobile du bassicot.

BASSICOT ou HAQUAT, espèce de cage faite en charpente, dont on se sert pour enlever les blocs d'ardoise des carrières.

MARQUERIE, veine de matières étrangères, inclinée au Nord, que l'on rencontre quelquefois dans le banc d'une ardoisière.

NAYE ou LAYE, veine verticale de matières étrangères dans un banc d'ardoise.

PLANCHE, bloc d'ardoise avant qu'il soit fendu.

POIL-GROS-NOIR, celle dont la qualité approche du *poil-roux*.

POIL-PETIT-NOIR, d'un bleu foncé noirâtre de la meilleure qualité.

POIL-ROUX, de couleur roussâtre, et de qualité médiocre.

POIL-TACHÉ, celle qui est défigurée par des taches.

REBATTRET, outil de fer dont l'ardoisier se sert pour façonner l'ardoise.

TÊTE, la partie où l'on fait un trou, pour la fixer.

TILLETE, ardoise qui sert d'échantillon.

On donne le nom d'*Ardoisière* à la carrière d'où l'on tire l'ardoise, et celui d'*Ardoisier*, à l'ouvrier qui s'en occupe.

ARDOR, s. f. vl. ARDURA. *Ardor*, esp. port. Ardeur, brûlure, flamme. V. *Ardour*.

Éty. du lat. *ardor*, m. s. V. *Ard*, R.

ARDOR, s. f. vl. Inimitié, discorde.

ARDOUN, OUNA, adj. (ardóun, óune), dg. Rond, ronde. V. *Redoun* et *Rot*, R.

La machina ardouna, d'Astros; le monde.

ARDOUR, s. f. (ardóur); *Ardore*, ital. *Ardor*, esp. port. cat. Ardeur, chaleur véhémente; la chaleur, la vivacité avec laquelle on se porte à quelque chose.

Éty. du lat. *ardor*, m. sign. V. *Ard*, R.

ARDOUS, OUSA, adj. (ardóus, óuse). Rude, escarpé.

ARDRE, v. a. et n. vl. ARDER. *Ardrer*, anc. cat. *Arder*, esp. port. *Ardere*, ital. Brûler, enflammer, jeter au feu.

Éty. du lat. *ardere*, par syncope. Voy. *Ard*, R.

ARDURA, s. f. ARSURA, vl. Brûlure, incendie. V. *Arsura* et *Ardor*.

Éty. de *ard*. rad. et de *ura*. V. *Ard*, R.

ARE

ARE, pour aprésent. V. *Ara*.

ARE, pour bélier. V. *Aret*.

AREAMEN, s. m. vl. *Arreament*, anc. cat. *Arreamiento*, anc. esp. Parure, arrangement, équipage, train, bagage.

Éty. V. *Arrear*, gouverner, soigner.

AREBRE, EBRA, adj. (arèbré, èbre), d. m. Dur, âpre, vif, en parlant du temps.

Éty. probablement de l'all. *herbe*, âpre, rude.

ARECAR, v. a. vl. Apporter, procurer, fournir.

AREDAR, v. a. vl. Roidir, empeser.

AREDIR, v. a. (aredir); vl. Rendre, remettre.

Éty. du lat. *reddere*, m. s.

AREDONDIR, v. a. vl. *Arrodonir*, cat. Arrondir. V. *Arrondir*.

AREFACCIO, s. f. vl. *Arefaccion*, *Arefaction*, exsication, dessiccation, terme de pharmacie.

Éty. du lat. *arefacere*, m. s. V. *Ar*, R.

AREFIEU, vl. V. *Arrenfieu* et *Feud*, R.

AREFIUATER, s. m. vl. Arrière feudataire. V. *Feud*, R.

AREGACHAR, v. a. (aregatchá); dl. Regarder fixément devant soi.

Éty. de *a*, de *re*, pour *rectò*, directement, et de *gachar*, litt. regarder directement.

AREGAR, v. a. vl. ARIGAR. Arroser. V. *Ros*, R.

AREGARDAR, dl. V. *Regardar* et *Gar*, Rad.

AREGEA, s. f. (arédge), dl. ARENGA. Rente de blé qu'on retire d'un laboureur, pour l'usage d'une ou de plusieurs bêtes de labour. Sauv. V. *Capitau*.

Éty. de la basse lat. *areger*, s'arranger, s'accommoder, arrangement, accord, dérivé de la basse lat. *radiare*, mettre en ligne.

AREGNAR, v. a. vl. ARRESNAR, ARESNAR, ARREGNAR. Retenir, attacher par la bride, tenir les rênes. V. *Arrenar*.

AREGUT, adj. et p. vl. Ce mot, qui figure dans le vers suivant, n'a pas été traduit mais paraphrasé par M. Faurier.

Bel fraire so ditz en Gui be sia aregutz.
Beau-frère, ce dit *don Guy*, puissiez vous dire vrai, ou soyez bien auguré.

Hist. crois. Alb. Vers 4529.

AREIAR, v. a. vl. Arranger.

AREIER, s. m. (areié). Nom qu'on donne dans la Haute-Provence, à l'alisier. V. *Alisier*.

Éty. du lat. *aria*, il paraît que *Aria* était un nom de lieu que portaient plusieurs régions, d'après Ptolomée.

AREIRE, adv. vl. AREYRE, AREIRES. V. *Arreire*.

AREIS, adj vl. qui est en érection.

Éty. du lat. *erectus*, droit, dressé. V. *Reg*, Rad.

ARELA. Cette désinence est le féminin de *aire*, et de *eire*, et indique aussi celui, celle qui fait l'action désignée par le rad. ou le lieu où elle se fait.

Bram-arela, qui a coutume de crier; *Chaum-arele*, lieu où les brebis chôment; *Passar-ela*, qui sert à passer; *Plour-arela*, qui pleure souvent, etc. V. *Aire* et *Usa*.

ARELANGUIT, IDA, adj. (arelanguide), dl. Harassé. V. *Lang*, R.

ARELAS, s. f. p. (arèles); ARELLAS. Echauboulure ou éruption de boutons, qui vient à la peau. Avril.

AREMANER, v. n. vl. AREMANDRE. Demeurer, rester: *Aremandrant tot nu*, ils resteront tous nuds, dépouillés.

Éty. du lat. *manere*, demeurer et de *a-re*.

AREMENAR, v. a. vl. Ecouter attentivement, retenir. V. *Mem* R. et *Arremenar*.

AREMOULIT, V. *Remoulit*. V. *Mol*, R. 3.

AREN, v. *Halen* et *Hareng*.

ARENA, s. f. (aréne); *Arena*, ital. cat. esp. *Area*, port. et esp. Arène, menu sable qui couvre les bords de la mer et des rivières; pierre, gravelle.

Éty. du lat. *arena*, dérivé de *areo*, être desséché, aride. V. *Ar*, R.

ARENA, s. f. Soufle. V. *Halen*.

ARENA, pour alène. V. *Alesna*.

ARENA, s. f. *Arena*, esp. ital. port. Arène, partie de l'amphithéâtre où combattaient les gladiateurs et les bêtes féroces, chez les grecs et les romains.

Éty. du lat. *arena*, sable, parce que ce lieu en était couvert, soit pour y marcher plus facilement, soit pour absorber le sang des combattants. V. *Ar*, R.

ARENADOUR. V. *Arrenadour*.

ARENALH, s. m. vl. *Arenal*, esp. Bord, grève, rivage.

Éty. de *arena* et de *alh*. V. *Ar*, R.

ARENAR, v. a. (orená), d. bas lim. fouler, rompre les reins. V. *Derrenar*.

Éty. de *a*, priv. de *ren* et de *ar*, priver des reins, en les rompant, etc. V. *Ren*, R.

ARENAR, pour respirer. V. *Halenar*.

ARENAS, s. f. (arénes). Arènes, anciens amphithéâtres romains dont on voit encore des restes à Nismes, de celui fondé par Adrien, l'an 120; à Arles, etc. V. *Arena*.

ARENAT, ADA, adj. et p. (orená, áde), m. d. Ereinté, ée. V. *Derrenat* et *Ren*, R.

ARENC, vl. V. *Arrenc*.

ARENC, poisson. V. *Hareng*; en vl. rien.

ARENC, s. m. (aréin). On donne ce nom dans les B.-du-Rhône, aux abymes qu'on trouve dans certaines montagnes, à Sainte-Victoire et ailleurs. V. *Avenc*.

ARENCADA, *Arencada*, anc. esp. V. *Harencada*.

Leis musos m'an rendu plus sec qu'uno arencado.
Bellot.

ARENCADAT, ADA, adj. et p. (areincadá, áde), dl. *Arencadado*, *ada*, esp. Séché comme les harengs. Sauv. V. *Harenc*, R.

ARENCAR, v. n. (areincá), dl. Se raccourcir, se ramasser comme les vers de terre. Sauv. comme un hareng desséché.

Éty. de l'esp. *arencar*, saler comme les harangs.

ARENCAR, v. a. (areincá), d. bas. lim. *Arrancar*, port. Est dit pour arracher, dans quelques endroits. V. *Derrabar*.

Éty. du port. *arrancar*, arracher.

ARENDADOR, vl. et

ARENDAIRE, vl. V. *Arrendador*.

ARENDOLA, s. f. vl. Hirondelle.

ARENDOULA, s. f. (areindóule). Nom nicéen, de l'Exocet volant; *Exocœtus volitans*. Lacep. *Exocœtus evolans*, Lin. poisson de l'ordre des Holobranches et de la fam. des Lépidopomes (à opercules écailleuses), dont la longueur atteint trois ou quatre décimètres.

Éty. *Arendoula*, nom des hirondelles à Nice. On leur a comparé ce poisson à cause de la faculté qu'il a de se soutenir en l'air pendant quelque temps.

ARENDOULA, s. f. Nom nicéen de l'hirondelle de cheminée. V. *Dindoouleta de chamineya*.

ARENDOULA-DE-ROCCA, s. f. RATÉI-ROOU, DINDOOULETA DE ROCCA. Nom nicéen de l'hirondelle de rocher, *Hirundo rupestris*, Lin. Oiseau de l'ordre des Passereaux et de la fam. des Plénirostres ou Omaloramphes, que l'on voit pendant toute l'année sur les rochers de Nice.

ARENDRE, vl. V. *Rendre*.

ARENER, vl. V. *Arenier*.

ARENETA, s. f. vl. dim. de *Arena*, petit sable.

ARENGA, dl. V. *Aregea* et *Harenga*.

ARENGAR, v. a. vl. ARRENGAR, ARENJAR, V. pour arranger, mettre en ordre, *Arrangear*, et pour haranguer, *Harangar*.

ARENGAR S', v. r. vl. *Arranchar*, port. Se mettre de file, se ranger, prendre son rang. V. *Rang*, R.

ARENGEAR, v. a. (oreindzá), d. bas. lim. pour arranger. V. *Arrangear* et *Rang*, Rad.

ARENGUA, vl. *Arenga*, esp. port. V. *Harenga*.

ARENGUAR, vl. *Arengar*, esp. port. V. *Harengar*.

ARENIER, s. m. vl. ARENIERS, ARENER. *Arenal* et *Arenisco*, esp. Terrain sablonneux, rivage, grève, sable, gravier, grave.

Éty. de *arena*, sable, et de *ier*. V. *Ar*, R. Manège, Gl. occit.

ARENIERA, s. f. (arenière); Sablonnière, lieu où l'on prend du sable. Aub.

ARENJAR, vl. V. *Arrangear*.

ARENOS, vl. et

ARENOUS, OUSA, adj. (arenóus, óuse); SABLOUS. Sablonneux, euse. Aub.

Éty. du lat. *arenosus*, m. s. V. *Ar*, R.

AREOMETRITYPO, s. m. (areometritipe). Aréométritipe, instrument destiné à donner à tous les degrés du pèse liqueur, un rapport constant avec la pesanteur spécifique.

Éty. du grec ἀραιος (araios), rare, subtil, léger; de μέτρον (métron), mesure, et de τύπος (typos), type, étalon pour mesurer la légèreté des liquides.

AREOMETRO, s. m. (areomètre); PESA-LICOUR. *Areometro*, esp. ital. Aréomètre ou pèse liqueur, instrument propre à déterminer le degré de densité des liqueurs.

Éty. du grec ἀραιος (araios), rare, léger, et de μέτρον (mètron), mesure, mesure de la légèreté d'une liqueur.

Le célèbre Homberg, inventa vers la fin du XVIIme siècle, un aréomètre qu'on a peu à peu perfectionné. On assure que Hypatie, fille de l'astronome Théon, avait fait un instrument semblable en 398.

AREOUPAGI, s. m. (areoupádgi); *Areopago*, ital. esp. port. Aréopage, nom d'un tribunal d'Athènes, célèbre par sa réputation de sagesse; fig. assemblée délibérante d'une grande probité.

Éty. du lat. *areopagus*, m. s., dérivé du grec ἄρης (arès), génit. ἄρεως (areôs), mars, et de πάγος (pagos), colline, parce que ce tribunal tenait ses séances dans un lieu appelé *Colline-de-Mars*.

Goguet, qui se fonde sur les marbres d'Arondel, attribue l'établissement de ce tribunal à Cécrops, 940 ans avant Solon, 1552 ans avant J.-C.

On lit en effet sur un de ces marbres: *Depuis que Mars et Neptune ont plaidé au sujet de la mort d'Hallirrothius, fils de Neptune*, que Mars avait tué, *et ce fut de son nom grec* Arius, *que le conseil de l'Aréopage fut ainsi appelé.*

AREPTAR, v. a. (areptá), vl. Faire des reproches (increpare), blâmer.

ARES, d. du Var. V. *Arescla*.

ARESAMEN, s. m. vl. Équipement, ordonnance, disposition, symétrie. V. *Rang*, Rad.

ARESAR, v. a. vl. AREZAR. *Arresar*, anc. cat. Moquer, ridiculiser; munir, pourvoir, équiper, panser, ajuster, harnacher, arranger, ordonner, accuser, préparer, redresser. Glo. occit.

ARESAT, **ADA**, AREZAT, vl. Moqué, ridiculisé, ée, préparé, ordonné, ée.

ARESC, s. m. (arés), dl. Appât, tel que l'achée qu'emploient les pêcheurs pour amorcer le poisson, la pâtée qu'on donne aux oiseaux. Sauv.

Éty. formé du lat. *esca*, aliment, proie, appât. V. *Esc*, R.

ARESCAR, v. a. (arescá), dl. Abécher ou donner la becquée, amorcer le poisson.

Éty. de *ar* pour *ad*, de *esca* et de l'act. *ar*. V. *Esc*, R.

ARESCAT, **ADA**, adj. vl. Éveillé, hardi.

ARESCLA, s. f. (arésclе); ESCROUNCEOU, ESCOUNCEOU, ARES, ESCROUNCEL, ESCOUNCEL, BIGOUNCEOU, ENCRUNCEOU, ARESCLE. Archet de berceau, cerceau que l'on place au-dessus de la tête des enfants, dans le berceau, pour que les couvertures ne leur touchent pas la figure.

Éty. M. Astruc, place ce mot parmi les celtiques, mais il paraît venir de l'arabe *arisch*, berceau.

ARESCLA, s. f. (arésclе); BEC, TANC, AISSANCLA, ESPLENTA. Echarde, petit éclat de bois qui est entré dans la chair.

Éty. de *arescle*, cercle mince, éclisse, éclat de bois, en roman.

ARESCLE, s. m. (arésclé), dl. ARISCLE. Bois de fente pour les minots, les boisseaux, les cerceaux des cribles, des sas, des roues des tours à filer la laine et le coton, des caisses de tambour, etc. Pour archet de berceau. V. *Arescla*.

ARESCLE DE MOULIN, s. m. Les archures d'un moulin à farine; elles sont recouvertes par les couverseaux et forment ensemble le tambour.

ARESNA, V. *Alesna*.

ARESNAR, vl. V. *Aregnar*.

ARESOUNAMENT, Aub. et comp. V. *Resounament*.

AREST, s. m. (arést). Rets, filet à prendre des oiseaux ou du poisson. Avr. Voy. *Arret*.

ARESTA, s. f. (aréste); BARBA. *Arista*, ital. esp. *Aresta*, port. anc. esp. Prolongement de la balle des graminées, qu'on nomme aussi barbe; la crête d'un toit; l'angle saillant d'une pierre, d'une pièce de bois équarrie, vl. fig. moisson, saison.

Éty. du lat. *arista*, dérivé du grec ἄρις (aris), lime, rape, à cause des aspérités dont les arêtes sont hérissées; M. Bondil dérive le mot *arista*, de *areo*, être sec. V. *Ar*, R.

Dérivé *Arestiera*.

En vl. épi de blé.

ARESTA, s. f. (aréste); ESPINA. *Aresta*, anc. esp. Arête, os long et pointu qui tient lieu de côtes dans les poissons; pointe, en vl.

Éty. V. le mot précédent.

ARESTADA, s. f. vl. ARESTAZO. Halte, pose, repos, arrêt.

ARESTAMENT, V. *Arrestament*.

ARESTANCAR, v. a. vl. ARESTANQUAR. Arrêter.

ARESTANCAT, **ADA**, adj. et p. vl. Arrêté, ée.

ARESTAR, V. *Arrestar*.

ARESTAURAR, v. a. vl. Sauver, ressusciter, restaurer. V. *Restaurar*.

ARESTAZO, vl. V. *Arestada*.

ARESTIER, s. m. (arestié), dg. Arêtier, pièce de bois qui dans un toit, part de l'extrémité du faîte et va en descendant reposer sur l'angle du bâtiment, divisant les eaux à droite et à gauche dans les toitures à deux égoûts. V. *Calaman*.

Éty. de *aresta* et de *ier*.

ARESTIERA, s. f. (arestiére), dm. Maladie ou ulcères qui surviennent à l'intérieur des joues et sur les gencives des brebis qui mangent des épis secs; ils sont provoqués par la présence d'un amas d'arêtes qui s'implantent dans la chair.

Éty. de *aresta* et de *iera*, amas d'arêtes. V. *Ar*, R.

ARESTOL, s. m. vl. Hampe, manche, fût de lance, poignée de la lance.

Éty. du rom.

ARESTOUN, s. m. (arestóu), dl. Le même que *Ayneou*, v. c. m.

Éty. de *aresta*, arête, parce que sa chair en est toute parsemée. V. *Ar*, R.

ARET, s. m. (aré); BERRI, MARMOUTOUN, MAREL, MARROU. *Ariete*, ital. esp. cat. Belier, le mâle de la brebis; *Ovis aries*, Lin. mammifère de la fam. des Ruminants ou Bisulques; fig. homme ardent.

Éty. du lat. *arietis*, gén. de *aries*, ou du grec ἄρς (ars), gén. ἀρὸς (aros), agneau, le père des agneaux.

ARET, Filet. V. *Arret*.

ARETENSIO, s. f. vl. ARETENCIO. Retenue, retention. V. *Retention*.

ARETIAR, v. n. (aretiá); *Alentar*, esp. Halcter, respirer: *Pouedi plus aretiar*, je n'en puis plus, je ne puis plus respirer, etc. V. *Halen*, R.

ARETIER, s. m. d. vaud. Héritier. V. *Heiritier*.

ARETIF, alt. de *Retif*, v. c. m.

ARETRAIRE, v. a. vl. ARETRAÝRE. Retenir, contenir, raconter, retracer.

AREYRAGE, vl. Voy. *Arreyrage* et *Arreiragis*.

AREYRE, vl. alt. de *Arreire*, v. c. m.

AREZAR, v. a. vl. Blâmer.

ARF

ARFAR, v. a. (arfá), vl. Prendre, saisir, enlever de force.

ARG

ARGA, s. f. *Argano*, ital. Argue, machine à l'usage des tireurs d'or.

Éty. du grec ἔργον (ergon), ouvrage, travail.

Passar à l'arga, *arguer*.

On prétend que cette machine est originaire de la Grèce. vl. Qu'il ou qu'elle brûle.

ARGA, Terminaison commune à plusieurs noms de lieux. V. *Argue*.

ARGAGNA, s. f. (argágne); ARGAIGNA. Vieux fers, chose qui est hors de service. V *Ferralha*.

Éty. du grec ἔργον (ergon), ouvrage, pris en mauvaise part, ou peut-être de l'hébreu *argan*, coffre, armoire.

ARGALOU, s. m. (argalóu). Nom langued. du lyciet. V. *Arnaveou blanc*.

Éty. du grec ἀργαλέος (argaléos), fâcheux, difficile à supporter, cet arbrisseau est épineux.

ARGAMASSA, s. f. vl. *Argamassa*, cat. *Argamasa*, esp. *Argamaça*, port. Ciment, mortier, muraille, masure.

ARGANEOU, s. m. (arganéou); CIGALA, OURGANEOU. *Arganeo*, esp. *Arganeo*, port. Arganeau ou organeau, gros anneau de fer ou de fonte, qui sert à amarrer les vaisseaux aux quais des ports; c'est aussi la boucle de l'ancre dans laquelle on passe le cable.

Éty. de *arga*, v. c. m.

ARGAUT, s. m. (argáou), dl. ARGAU. Sarrau. V. *Bloda*. Jaquette, espèce de robe que portent les enfants avant de mettre la culotte.

Éty. Ce mot est celtique, selon M. Astruc. En vl. suaire.

ARGEALAS, V. *Argielas*.

ARGEIRA, s. f. vl. Lucarne, meurtrière par où les archers tiraient.

Éty. altér. de *archiera*.

ARGEIRAS, V. *Argielas*.

ARGEIROLA, s. f. (ardgeiróle). Voy. *Arzeirola*.

ARGEIROLIER, V. *Arzeirolier*.

ARGEIROUS, d. du Var. V. *Argilous*.

ARGELAS, s. m. (ardgelás). Pour genêt épineux. V. *Argielas*.

ARGELAS, s. m. dl. Terrein argileux dans lequel le genêt épineux croît en abondance.

Éty. de *argela* pour *argila*, et de l'augm. dépr. *as*. V. *Argil*, R.

ARGEMOUNA, s. f. (ardgemoúne); *Argemone*, esp. ital. Argemone: *Papaver argemone*, Lin. plante de la fam. des Papavéracées qu'on trouve dans les champs avec le coquelicot, auquel il ressemble beaucoup, mais dont il se distingue cependant facilement par sa capsule hérissée.

Éty. du lat. *argemone*, qui désigne la même plante.

ARGEN, vl. V. *Argent*.

ARGENSA, nom de lieu, canton du Bas-Languedoc.

ARGENSAU, d. du Var. V. *Argilous*.

ARGENSAU, s. m. (ardgeinsáou). Légère terre d'alluvion. Garc.

ARGENT, rad. pris du lat. *argentum*, et dérivé du grec ἄργυρος (arguros), formé de ἀργὸς (argos), blanc.

De *argentum*, par apoc. *argent*; d'où: *Argent, Argent-ar, Argent-aria, Argent-iera, Argent-ivou, Argent-ier, Des-argent-ar*, etc., etc.

ARGENT, s. m. (ardgèm); *Argent*, anc. cat. esp. *Argento*, ital. port. Argent, métal d'un blanc luisant, poli, ductile et malléable, dont la pesanteur spécifique est à celle de l'eau distillée, comme 104,743; sont à 10,000. C'est après l'or, le métal le plus précieux.

Éty. du lat. *argentum*. V. *Argent*, R.

Les Grecs attribuaient la découverte de ce métal à Erictonius, fils de Vulcain.

ARGENT, s. m. Argent, monnaie en général. V. *Mouneda*.

Argent blanc, monnaie d'argent; *Argent mouert*, argent mort, celui qui ne produit rien: *Pagar argent comptant*, payer en espèces sonnantes; *Aver l'argent mignoun*, avoir de l'argent à son plaisir, en abondance; *Prendre per argent comptant*, croire, prendre pour comptant; *Anar bon juec bon argent*, agir loyalement, franchement, sans ménagement; *Semenar soun argent*, disperser son argent de manière à ne pouvoir plus le réunir.

Cette façon de parler est due à l'anecdote suivante: dans un tournois qui eut lieu à Beaucaire en 1174, c'était à qui se surpasserait en profusions: Bertrand Raibaux, ayant ordonné qu'on labourât, avec douze paires de bœufs, le champ du tournois, y fit semer trente mille pièces de monnaie. V. Lamesangère, Dict. des Prov.

En France, l'argent monnaie contient neuf parties d'argent et une de cuivre, c'est le tos légal.

ARGENTAR, v. a. (ardgeintá); *Argentar*, anc. cat. esp. port. *Inargentare*, ital. Argenter, appliquer des feuilles d'argent sur des ouvrages de métal, de bois, de cuir, etc., de manière qu'ils paraissent être faits d'argent.

Éty. du lat. *inargentare*, m. s. V. *Argent*, Rad.

ARGENTARI, ARIA, adj. vl. *Argentero*, esp. D'argentier, d'orfèvre.

Éty. de *argent* et de *ari*. V. *Argent*, R.

ARGENTARIA, s. f. (ardgeintarie); *Argenteria*, ital. Argenterie, vaisselle et autres meubles ou ustensiles d'argent. Dans les Églises on donne le même nom aux croix, bénitiers, chandeliers et vases d'argent.

Éty. de *argent* et de *ariá*, tout ce qui est d'argent. V. *Argent*, R.

ARGENTARIA, s. f. vl. Orfèvrerie, état d'argentier. V. *Argent*, R.

ARGENTAT, ADA, adj. et p. (ardgeintá, áde); *Argentado*, esp. port. *Argentato*, ital. Argenté, ée, couvert de feuilles d'argent, qui a quelque chose de la couleur de l'argent.

Éty. du lat *argentatus*. V. *Argent*, R.

ARGENT-D'OOURAT, s. m. Argent doré. V. *Vermelh*.

ARGENTE, ENTEA, adj. vl. *Argenteo*, port. ital. Argenté, ée. V. *Argentat*.

Éty. du lat. *argenteus*. V. *Argent*, R.

ARGENTEYRA, s. f. vl. *Argentiera* et *Argent*, R.

ARGENT-FIN, s. m. Argent fin, argent de coupelle, celui qu'on a purifié, qui ne contient point d'alliage.

ARGENT-FULMINANT, s. m. Argent fulminant ou oxyde d'argent ammoniacal, qui a la propriété de détonner fortement par la pression ou par un choc quelconque.

On en doit la découverte à M. Berthollet.

ARGENTIEIRA, s. f. vl. Mine d'argent, Argentière, ville. V. *Argent*, R.

ATGENTIER, s. m. (ardgeintié); *Argenter*, cat. *Argentero*, anc. esp. *Argentajo*, ital. Orfèvre. V. *Orfevro*.

Éty. du lat. *argentarius*. V. *Argent*, R.

Comme on travaillait beaucoup plus d'argent que d'or, anciennement, le mot *argentier* dût prévaloir sur celui d'orfèvre, qu'on a préféré depuis, comme plus flatteur.

ARGENTIERA, s. f. (ardgeintiér); ARGENTEYRA. *Argentiera*, ital. *Argentifodina*, esp. En vieux langage mine d'argent, ce n'est plus aujourd'hui qu'un nom de lieu.

Éty. de *argent* et de *iera*, où il y a de l'argent. V. *Argent*, R.

ARGENTIN, INA, adj. (ardgeintïn, ine); *Argentino*, ital. port. Argentin, ine, qui a la couleur ou le son de l'argent.

Éty. du lat. *argenteus*. V. *Argent*, R.

ARGENTIN, s. m. (ardgeintin). Nom nicéen du lépidope Govanien; *Lepidopus Govanianus*, Lacep. poisson de l'ordre des Holobranches et de la fam. des Pétalosomes (à corps en forme de lame), qui atteint quatre décimètres de longeur, mais dont la chair est molle et peu agréable.

Éty. A cause d'une espèce de poussière d'argent dont il est parsemé. V. *Argent*, R.

On donne aussi le même nom, dans le même pays:

1° Au lopbote de Lacépède; *Lophotus Lacepede*, Giorn. Risso.

2° Au gymnètre à long-rayon; *Gymnetrus longiradiatus*, Risso. poissons de la même fam. que les précédents.

3° Au vogmare d'Aristote; *Bogmarus Aristotelis*. Risso.

4° Et à l'argentine sphyrène. V. *Pei d'argent*.

ARGENTINA, s. f. (ardgeintine). Tirelire. V. *Cacha-malha*.

Éty. de *argent* et de *ina*. V. *Argent*, R.

ARGENTIN-DENTAT, s. m. (ardgeintïn-deintá). Nom nicéen du lépidope Péron; *Lepidopus Peronii*, Risso, poisson de l'ordre des Holobranches et de la fam. des Pétalosomes (à corps en forme de lame), dont la chair est ferme et délicate.

Éty. de *argentin*, de sa couleur, et de *dental*, denté, à cause de deux grosses dents dont sa mâchoire inférieure est armée. Voy. *Argent*, R.

ARGENTIN-GROS, s. m. PEI-BLANC. Nom nicéen du gymnètre Lacépède; *Gymnetrus Cepedianus*, Risso. poisson de l'ordre des Holobranches et de la fam. des Pétalosomes (à corps en lame), qui atteint jusqu'au poids de cinq kilogrammes.

ARGENTIOUS, OUSA, adj. V. *Argentous*.

ARGENTIVOU, V. *Argentous*.

ARGENTOUS, OUSA, adj. (ardgeintóus, óuse); ARGENTIVOU, CREAT, ARGENTIOUS. Argenteux, euse, pécunieux, qui a beaucoup d'argent, qui produit de l'argent.

Éty. du lat. *argentosus*, m. s. ou de *argent* et de *ous*. V. *Argent*, R.

ARGENTURA, s. f. (ardgeintúre). Argenture, argent fort mince, appliqué sur la superficie de quelque ouvrage pour l'argenter. V. *Argent*, R.

ARGENT-VIOU, s. m. *Argent-viou*, cat. *Argent-vivo*, anc. esp. *Argento-vivo*, ital. Vif-argent, ou argent-vif. V. *Mercuro*.

Éty. Ainsi nommé à cause de sa mobilité, une goutte de vif-argent posée sur une table remue continuellement, par la moindre agitation. Cette propriété est devenue en quelque sorte, l'emblème des personnes vives et très-remuantes.

ARGENT-VIU, s. m. vl. V. *Argent-viou*.

ARGERIEN, V. *Algerien*.

ARGEROULIER, s. m. (ardgeroulié); CERISOULIER. Azérolier. V. *Nespoulier*.

ARGIANT, vl. alt. de *Argent*, R. v. c. m.

ARGIEIROUS, OUA, altér. de *argilous*, v. c. m.

ARGIELA, s. f. (ardgiéle). V. *Argilla*.

ARGIELAS, s. m. TOUJADA, AJOUNC. Nom qu'on donne dans la Prov. Méri. à l'Ajonc d'Europe: *Ulex provincialis*, Lois. arbrisseau de la fam. des Légumineuses qui croît sur les coteaux arides.

ARGIELAS, s. m. (ardgielàs); ARGELAS, ARGIERAS, ARGEIRAS, ALIELAS, ARJALAS, AGRANAS, BRUSCA, DASEM, DASENA, GINESTA-PUNCHUDA. Genêt épineux, *Spartium scorpius*, Lin. *Genista scorpius*, Déc. arbuste de la fam. des Légumineuses, commun dans la Basse-Provence. V. Gar. au mot *Genista*, p. 204.

Éty. M. Astruc croit que ce mot est d'origine arabe; mais M. Mazer, le fait venir, avec bien de la vraissemblance, du grec ἀργαλέος (argaléos), fâcheux, difficile à supporter, et le P. Pujet, de *argila*, parce qu'il croît dans les terrains argileux, ou de *argutus*, à cause de ses longues épines.

ARGIELOUS, V. *Argilous*.

ARGIERA, V. *Argila*.

ARGIL, rad. pris du lat. *argilla*, et tiré du grec ἄργιλος (argilos), ou ἄργυλλος (argillos), argile, formé de ἀργός (argos), blanc, parce que dans son état de pureté l'argile est blanche.

De *argilla*, par apoc. *argil*; d'où: *Argil-a, Argil-iera, Argil-ous*, et par altération, *Argiel-a, Argier-a, Argel-as, Arg-ens-au*.

ARGILA, s. f. (ardgile); ARGIERA, ARZIEBA, TERRA-GRASSA, ARGIELA. *Argilla*, lat. ital.

port. *Arcilla* et *Argilla*, esp. port. *Argila*, cat. Argile, mélange naturel de différentes terres, dans des proportions si variables, qu'il est impossible de lui assigner un caractère constant. Cependant, on peut dire que l'alumine et la silice en forment la base.

On connaît un très-grand nombre de variétés d'argile, qui n'ont de commun entre elles, que la propriété de se dissoudre dans l'eau et de durcir par la dessiccation et surtout par l'action du feu.

Voyez un traité très-étendu sur cette matière, au mot argile du Dict. des Scienc. Nat.

Éty. du lat. *argilla*. V. *Argil*, R.

C'est avec des argiles de différentes espèces, qu'on fait toutes les sortes de poteries, briques et porcelaines.

ARGILIERA, s. f. (ardgiliére), ARGILIERA, AGELIERA, ARGELIEIRA. Une glaisière d'où l'on tire l'argile.

Éty. de *argila* et de *iera*. V. *Argil*, R.

ARGILLOS, OZA, adj. vl. ARGILLOZ. V. *Argilous*.

ARGILOUS, OUSA, adj. (ardgilóus, óuse); ARGILOUS, ARGIEIROUS, ARGEIROUS, ARGIÉLOUS, ARGENSAU, ARZIEROUS. *Argillosus*, lat. *Argilloso*, ital. port. *Arcilloso*, esp. *Argilos*, cat. Argileux, euse, qui tient de l'argile.

Éty. du lat. *argilosus*, m. s. ou de *argila* et de *ous*, v. c. m. et *Argil*, R.

ARGNA, s. f. (árgne). Nom qu'on donne au martin pêcheur, à Avignon. V. *Arnier* et *Bluret*.

Éty. *Argna*, est une altér. de *arna*. Voy. *Arnier* et *Arn*, R.

ARGNAT, adj. et p. d. apt. V. *Arnat*.

ARGNE, s. m. (árgné), alt. de *arnier*. Un des noms du martin pêcheur, dans le dép. de Vaucluse, selon M. d'Anselme. V. *Bluret* et *Arn*, R.

ARGNIER, alt. de *Arnier*, v. c. m. et *Arn*, R.

ARGNOUS, OUSA, adj. Hargneux. V. *Carpinous*.

ARGOEYTAR, v. a. ARGOEYTA, anc. béarn. Railler, se moquer, convaincre, accuser.

Éty. du lat. *arguere*, montrer, accuser.

Qui argoeyta autrui per lô mal far.

Fors. et cost. de Béarn.

ARGOT, s. m. (argó); *Gerigonza*, esp. *Esgalho*, port. Argot, jargon de convention dont se servent les gueux et les filoux; extrémité d'une branche morte, chicot.

Éty. Furetière fait venir ce mot du grec ἀργός (argos), fainéant, langage des fainéants: Le Duchat de Ragot, fameux bélitre, qui vivait à la fin du règne de Louis XII. M. Clavier, du lat. *ergo*, fréquemment employé dans l'argumentation; et Eloi Johanneau, de *argutus*, rusé, subtil.

ARGOT, V. *Ergot*.

ARGOTAT, ADA, adj. (argoutá, áde); ARGOUTAT. Fin, rusé, qui ne se laisse pas duper.

Éty. de *argot* et de *at*, fait à l'argot, qui connaît l'argot.

ARGOUAGNA, s. f. (argouágne). Terme du Fugeret. V. *Couada*.

Éty. de *ar*, pour *al*, art. et de *gouagna* pour *couagna*. V. *Couar*, R.

ARGOULET, s. m. (argoulé), dl. Un arquebusier à cheval, et par ironie, homme de petite et de basse mine. V. *Gringalet*.

Éty. de *arculus*, dim. de *arcus* et de *et*, parce que les arquebusiers étaient originairement armés avec des arcs et des flèches. V. *Arc*, R.

ARGOULETS, s. m. pl. (argoulés). On désigne en quelques lieux par ce mot, ce que dans d'autres on distingue par celui de *marmalha*, *marmousets*, v. c. m.; les petits enfants pris collectivement.

Éty. du grec ἀργός (argos), blanc, innocent (comme les enfants), ou de *argoulet*, par ironie, petits arquebusiers.

ARGOUSIN, s. m. (argousín); ARDOUSIN. *Arguzzino*, ital. Argousin, bas officier des galères qui veille sur les forçats.

Éty. mot corrompu de *alguazil*, qui est formé de l'art. *al*, le, et de *guazil*, huissier, archer, en Arabe. Il pourrait venir aussi du lat. *arguere*, reprendre, corriger; ou du grec ἐργαστήριον (ergastèrion), prison.

ARGOUTAT, ADA, adj. (argoutá, áde), dg. V. *Argotat*.

ARGU, rad. pris du lat. *arguere*, *arguo*, *argutum*, montrer, faire voir, démontrer, reprendre, blâmer, reprocher, accuser, et dérivé du grec ἀργὸς (argos), clair.

De *arguere*, par apoc. *argu*; d'où: *Argu-ir*, *Argu-ment*, *Argument-ar*, *Re-d-arguir-e*, *Argument-ation*.

ARGUC, s. m. vl. Pieux. V. *Piquet*.

ARGUE, ARGA, ARGUES, ERGA. Désinence des noms de lieux qu'on croit venir du lat. *ager*, champ, domaine; d'où les noms: *Jenerargue*, *Junii-ager*, champ ou maison des champs de Junius; *Flaugergue*, *Flavii-ager*, champ ou maison de Flavius; *Mairargues*, *Marii-ager*, champ de Marius; *Ruerga*, de *roure* et *erga*, champ des chênes, etc.

ARGUE, V. *Argui*.

ARGUI, s. m. (árgui); ARGUE. *Argue*, esp. Cabestan. V. *Cabestan*.

Éty. du grec ἐργασία (ergasia), travail, exercice, fatigue; selon l'auteur de la Stat. des B.-du-Rhôn. fait de ἔργον (ergon), ouvrage.

ARGUILLA, s. f. vl. Cabinet, petite armoire, cassette.

Éty. du lat. *arcula* et *arc*, R.

ARGUIR, v. a. vl. *Arguir*, catal. esp. port. *Arguire*, ital. Arguer, prouver, blâmer, reprocher.

Éty. du lat. *arguere*. V. *Argu*, R.

ARGUIMELA, s. f. vl. *Arguma*, esp. Tilleul. *Sapchas arpar*, *e ben temprar*, L'arguimela *per esclarzir*.

Calonso, Gl. occit.

ARGULH, s. m. vl. *Argullo*, anc. esp. Orgueil. V. *Ourguelh*.

ARGUMENT, s. m. (arguméin); ARGUMEN. *Argomento*, ital. *Argumento*, esp. port. *Argument*, cat. Argument, raisonnement par lequel on tire une conséquence d'une ou de deux propositions; indice, conjecture, preuve.

Éty. du lat. *argumentum*, fait de *arguere*, montrer, faire voir. V. *Argu*, R.

ARGUMENTAR, v. n. (argumeintá); *Argomentare*, ital. *Argumentar*, esp. port. Argumenter, faire un ou plusieurs arguments; prouver par arguments.

Éty. du lat. *argumentare*, formé de *arguere*, montrer, prouver. V. *Argu*, R.

On ne dit pas argumenter quelqu'un, ni quelque proposition, c'est-à-dire, que ce verbe n'est pas actif, mais neutre, et l'on doit par conséquent dire: argumenter contre quelqu'un, contre quelque proposition.

ARGUMENTATION, s. f. (argumentatie-n); ARGUMENTATIEN. *Argumentacion*, esp. *Argumentação*, port. Argumentation, manière de faire des arguments. Garc.

Éty. du lat. *argumentationis*, gen. de *argumentatio*, m. s. V. *Argu*, R.

ARGUMEOU, ELA, adj. (argumèou, èle), d. béarn. Aigre-doux, patelin, terme injurieux. V. *Maneou* et *Mel*, R. 2.

Éty. de *argu* pour *aigre*, et de *meou*.

ARGUR, s. f. vl. Ardeur, vitesse, impétuosité.

ARGURIADOR, s. m. vl. Augure. V. *Augurador*.

Éty. de *argur*, alt. de *augur*, augure, et de *ador*, celui qui exerce la profession d'augure.

ARGUS, s. m. (argùs); *Argo*, ital. *Argos*, esp. Argus, homme qui selon la fable, avait des yeux partout le corps et veillait jour et nuit; fig. surveillant sévère, espion domestique.

Éty. du lat. *argus*, m. s.

ARI

ARI, désinence, dont les analogues latins sont *arius*, *aris*, et qui jointe à un substantif, indique ou désigne celui qui s'occupe, qui fait son état de la chose nommée par le rad.: ou le livre, le lieu, la chose qui le renferme; le rapport, le contact habituel, la possession, l'occupation.

Abeced-ari, livre qui explique l'*a*, *b*, *c*. *Annu-ari*, livre qui contient les jours de l'année; *Antiphon-ari*, livre des antiennes; *Antiquari*, celui qui s'occupe des antiquités; *Apouthicari*, qui remplit les fonctions d'apothicaire; *Dictioun-ari*, livre des dictions, des mots; *Dignit-ari*, qui est revêtu d'une dignité; *Milit-ari*, de *miles*, *militis* soldat, qui fait le métier de soldat; *Founctioun-ari*, qui remplit des fonctions. V. *Aria*.

ARI, AR, particule prépositive inséparable, qui augmente la signification du mot auquel elle est jointe. Elle est dérivée du grec ἄρι (ari), qui a la même propriété; d'où: *Ari-dela*, très-illustre, par dérision; *Ar-leinpar*, glisser beaucoup; *Ar-leri*, très-niais; *Aromato*, sentir très-bon, qui sent très-bon.

AR, comme augmentatif, ou comme une espèce d'article ou de préposition, se joint à beaucoup de mots de l'anc. béarn. : *Arrebe-quet*, *Ar-rebirar*, *Ar-rebiscoular*, *Ar-reboultar*, *Ar-recaptat*, *Ar-recebre*, *Ar-rehar*, etc.

ARI, V. *Arri*.

ARIÁ, (arie), ou IA, désinence de la troisième personne, du singulier du conditionnel présent, des verbes; *Am-aria*, *Carg-aria*, *Vol-aria*, *Salud-aria*, *Ligeria*, *Finiria*, *Rendria*, *Prendria*, etc. Il ou elle aimerait, chargerait, volerait, saluerait, lirait, finirait, rendrait, prendrait, etc.

ARIA, désinence qui concourt à former un grand nombre de mots et qui a pour analogues en latin, *aris*, *arius*, *aria*, *arium*. Butet a nommé les mots dont elle fait partie *occupatifs*, parce qu'ils désignent en général le lieu où l'on remplit telle ou telle fonction; les noms de ceux qui s'en occupent se terminent souvent en *ari* ou *aire*. v. c. m.

Aria, désigne des choses faites, travaillées; *Argent-aria*, la réunion des ustensiles d'argent; *Artilh-aria*, les grosses armes à feu; *Boues-aria*, les ouvrages en bois; *Coutel-aria*, l'art de faire les couteaux, commerce qui en résulte; La réunion de ceux qui s'occupent ensemble du même objet; *Enfant-aria*, infanterie, les fantassins en général; *Gendarm-aria*, gendarmerie, les gendarmes, pris collectivement. V. *Ari*.

ARIALAR, v. a. (arialà); dl. Nettoyer un canal pour faciliter le cours de l'eau. Sauv.

Éty. du grec ἄρδω (ardô), arroser ou de ἀρδεία (ardeia), arrosement.

ARIAT, s. m. (arió); dl. Ane, baudet. Sauv.

Éty. du celt. *ari*, âne.

ARIBADA, s. f. (aribàde), dl. Repas, ration qu'on donne aux animaux, et particulièrement aux vers à soie. *Dounar una aribada*, jeter la feuille d'un repas, jeter une ration. Sauv.

ARIBAIRE, s. m. (aribàïre); dl. Celui qui sert les repas. Sauv.

ARIBAMEN, s. m. vl. *Arribament*, anc. cat. *Arrivamento*, ital. Arrivage, abordage, rivage. V. *Rib*, R.

ARIBAR, v. a. (aribá), dl. APAPAISSOUNAR. Donner à manger aux animaux; jeter aux vers à soie la ration ou le repas de feuille; appâter un enfant, un vieillard. V. *Paisser*.

ARIBAR, vl. Pour arriver. V. *Arribar*.

ARIBAR, V. *Arribar*.

ARIBOUFIER, V. *Aliboufier*.

ARICHANDRE, dm. V. *Alissandre*.

ARIDE, **IDA**, adj. (aride, ide); *Arido*, ital. esp. port. cat. Aride, sec, dépourvu de toute humidité, fig. sujet qui prête peu, esprit qui ne produit rien.

Éty. du lat. *aridus*, m. s. V. *Ar*, R.

ARIDELA, s. f. (aridèle); HARIDELLA. Haridelle, mauvais cheval, mauvaise monture.

Éty. probablement du grec ἀρίδηλος (aridêlos), très-illustre, très-brillant, par antiphrase, ou parce qu'il faut toujours crier *arri*, aux mauvais chevaux, Selon M. Béronie, ou plutôt de *aridus*, sec. V. *Ar*, R.

ARIDITAT, s. f. vl. *Ariditat*, anc. cat. *Aridità*, ital. *Aridez*, esp. port. cat. *Aridezza*, ital. Aridité, sécheresse, au propre comme au figuré.

Éty. du lat. *ariditatis*, gén. de *ariditas*. V. *Ar*, R.

ARIEGE, s. m. (arièdgé). Un des noms languedociens de la salsepareille d'Europe. V. *Grame-gros*.

Éty. Ce mot vient probablement du grec ἄρις (aris), lime, rape, cette plante étant toute hérissée de pointes.

ARIER, dm. V. *Alisier*.

ARIES, vl. V. *Aret*.

ARIETA, s. f. (ariète); *Arietta*, ital. *Arieta*, esp. cat. *Aria*, port. Ariette, air léger, d'un seul caractère.

Éty. dim. de *air*.

ARIETH, ARET, ARIES, s. m. vl. *Aries*, port. esp. Bélier; bélier, signe du zodiaque. V. *Aret*.

ARIGA, s. f. (arigue), dl. Fruit de l'alisier; Alise. V. *Alisier*.

ARIGAS, s. m. (arigás). Bourbe, bourbier, terme des environs d'Annot. V. Fangas.

ARIGIER, s. m. d. apt. V. *Alisier*.

ARIGOT, s. m. (arigó). Chalumeau, sorte de fifre. V. *Larigot*.

ARIGOU, s. m. (arigou), dl. V. *Falabreguier*.

ARIGUIER, s. m. (ariguié). V. *Alisier*.

ARIMAN, s. m. vl. aimant. V. *Emant*.

ARIMATICIEN, alt. de *Arithmeticien*, v. c. m.

ARIPAR, v. n. vl. Aborder, venir au rivage.

Éty. de *a* pour *ad*, de *ripa*, rivage, et de *ar*. V. *Rib*, R.

ARIPIN, s. m. vl. Arpent. V. *Arpant*.

ARI

ARIQUETA, s. f. (ariquéte), dg.

Ses mi lecha na d'ariqueto,
Ni més la mendre querigueto. D'Astros.

ARIR, v. a. d. béarn. Brûler.

Éty. du lat. *arere*, être brûlé, desséché. V, *Ard* et *Ardre*.

ARIS, s. m. (aris). Nom nicéen du hérisson. V. *Erissoun*.

ARISCAR, dl. V. *Aliscar*.

ARISCAT, dl. V. *Aliscat*.

ARISCLE, dl. Voy. *Escrounceou* et *Arescla*.

ARISMETIC, **ICA**, adj. vl. *Arismetic*, cat. *Arismetico*, esp. *Arithmetico*, port. *Aritmetico*, ital. Arithmétique, qui concerne la science des nombres.

Éty. du lat. *arithmeticus*, m. s.

ARISMETICA, s. f. vl. *Arismetica*, esp. cat. V. *Arithmetica*.

ARISTARCO, s. m. (aristàrque); *Aristarco*, esp. port. ital. cat. Aristarque, critique éclairé et sévère.

Éty. de Aristarque, grammairien célèbre, de Samothrace, qui vivait 159 ans avant J.-C., et qui a fait une critique solide et sensée de tous les poëtes de l'antiquité, sans en excepter Homère.

ARISTOCRATIA, s. f. (aristoucracie); *Aristocrazia*, ital. *Aristocracia*, esp. port. Aristocratie, gouvernement où le pouvoir souverain est possédé et exercé par un certain nombre de personnes considérables.

Pendant la révolution, on a donné ce nom à la caste des ci-devant nobles.

Éty. du lat. *aristocratia*, et dérivé du grec ἀριστοκρατία (aristokratia); formé de ἄριστος (aristos), très-bon, et de κράτος (kratos), force, puissance; gouvernement des meilleurs.

ARISTOCRATIQUE, **ICA**, adj. (aristoucratiqué, que); *Aristocratico*, ital. esp. port. *Aristocratic*, cat. Aristocratique, qui appartient à l'aristocratie.

Éty. du lat. *aristocraticus*, m. s. V. le mot précédent.

ARISTOCRATO, s. m. (aristoucràte); ISTOCRATO. *Aristocrata*, cat. ital. esp. Aristocrate.

Éty. du lat. *aristocraticus*, m. s.

Depuis la révolution française, ce mot a désigné les partisans de l'ancien régime, par opposition à républicain.

ARISTOLOCHA, s. f. (aristolótche); ARISTOLOGIA. *Aristologia*, cat. *Aristoloquia*, esp. cat. *Aristolochia*, port. ital. lat. Aristoloche, genre de plantes de la fam. du même nom, dont on connaît plusieurs espèces en Provence. Voy. *Fouterla*, *Gouderla* et *Sarrasina*.

Éty. du grec ἀριστολοχία fait de ἄριστος (aristos), très-bon, et de λοχεία (lochéia), les couches, parce qu'on croyait que ces plantes étaient propres à faire couler les lochies.

ARISTOLOGIA, s. f. *Aristologia*, cat ital. Nom ancien de l'aristoloche. Voy. *Aristolocha*.

ARISTOTIL, nom d'homme, vl. Aristote.

ARITHMETICA, s. f. (arithmetique); CHIFFRA. *Aritmetica*, esp. ital. *Arismetica* et *Arithmetica*, port. *Aritmetica*, cat. Arithmétique, la science des nombres, l'art de calculer.

Éty. du lat. *arithmetica*, formé du grec ἀριθμὸς (arithmos), nombre.

Cette science a pris naissance chez les Égyptiens et chez les Phéniciens. Goguet, Orig. des lois, tom. 2, pag. 44; et particulièrement chez les Sidoniens, vers l'année 1850 avant J.-C.

En 1602 de notre ère, l'arithmétique décimale fut inventée à Bruges.

ARITHMETICIEN, s. m. (arithmeticien); ARIMATICIEN. *Aritmetico*, ital. esp. *Arithmetico*, port. Arithméticien, instruit ou habile en arithmétique.

Éty. de *arithmetica*, et de la term. *ien* ou *cien*; dérivé de *sciens*, qui sait l'arithmétique.

ARIVAR, vl. V. *Arribar*.

ARJ

ARJALAS, s. m. (ardjalás). Un des noms du genêt épineux. V. *Argielas*.

ARJAU, Garc. V. *Ourgeoulet*.

ARJOOU, s. m. V. *Ourgeoulet*.

ARJULABRE, s. m. (ardjulabre). Un des noms de l'érable, aux environs de Carpentras. Suppl. au Dict. de Pellas. V. *Agas*.

ARLABECA, s. f. v. Complainte, chant lugubre.

Éty. probablement de l'ancien port. *arrabeca*, *rabeca*, d'où *rebec*, violon.

ARLAND, s. m. (arlán), dg. J. **ARLAN**. Embarras : *Faire d'arlands*, faire de l'embarras, et non *ses embarras*.

ARLAND, espèce d'interj. (arlán), dl. **ARLAM**. Cri des soldats pour s'exciter au pillage, d'où l'on a formé *arlandier*, pillard. Sauv.

Éty. Ce mot serait-il formé de *ar*, rad., de *ardere*, brûler, et de l'anglais *land*, terre, brûler, saccager.

ARLANDIER, s. m. (arlandié), dl. Pillard, voleur.

Éty. de *arland* et de *ier*; ou du roman *arlan*, pillage.

ARLATENC, ENCA, adj. (arlatéin, éinque); **ARLETENC, ARLENC**. Arlésien, ienne, qui est d'Arles, ou qui l'habite depuis longtemps.

Éty. du lat. *Arelatensis*, ou de *Arelatis*, gén. de *Arelas*, Arles, et de *enc*, v. c. m. habitant d'Arles.

ARLAU, s. m. (orláou), d. bas lim. *Elcau*, l'endroit par lequel s'écoule le trop plein d'un étang. Béron.

ARLEBATRIER, s. m. (arlebatrié). Martinet noir. Garc. V. *Martinet*.

Éty. Altér. de *Arbalestrier*, v. c. m.

ARLEMPADA, s. f. (orléimpáde), d. bas lim. Glissade, l'action de glisser involontairement. V. *Esquilhada*.

ARLEMPAR, v. n. (orleimpá), d. bas lim. Glisser. V. *Esquilhar*.

Éty. de *ar* augm. et de *lempar*. V. *Lampar*.

ARLENC, V. *Arlatenc*.

ARLEQUIN, s. m. (arlequín); *Arlecchino*, ital. *Arlequin*, esp. *Arlequim*, port. *Arlequi*, cat. Arlequin, bateleur, farceur, personnage de la comédie italienne que nous avons introduit sur nos théâtres.

Éty. On assure que, sous le règne de Henri III, il vint à Paris une troupe de comédiens italiens, parmi lesquels il y avait un jeune homme, fort dispos, qui hantait la maison de M. de Harlay de Chanvalon, d'où il fut appelé par ses compagnons *Harlequino*. Denina, tom. 3, pag. 5, le fait venir de l'all. *karl*, garçon, dont on a fait *harl* et le dim. *harlken*.

ARLEQUINA, s. f. (arlequíne). Arlequine, danse propre au personnage d'arlequin. Garc.

ARLEQUINADA, s. f. (arlequináde). Arlequinade, bouffonnerie d'arlequin, soit dans le jeu, soit dans les paroles.

Éty. de *arlequin* et de *ada*, fait, dit par *arlequin*.

ARLERI, s. m. (arlèri); **ALLERI, FOULIGAUD**. Extravagant, fanfaron, original, homme ennuyeux et importun; du fretin, du rebut, chose vile : *Voli gis d'aquesteis arleris*, je ne veux point de ces guenilles. On le dit aussi pour attirail en languedoc. : *Aquit l'a fors'arleris*, il y a bien de l'attirail.

Éty. de *ar* augm., et de *leri*, nigaud.

ARLETENC, V. *Arlatenc*.

ARLOT, s. m. vl. *Arlotz*, anc. cat. *Arlotto*, ital. Ribaud, goujat, gueux, voleur, fripon.

Éty. du roman *Arlot*, nom des bandits ou mendiants organisés en bandes, qui suivaient les expéditions de guerre; enquête des occasions de pillerie.

ARLOT, s. m. (orlót), d. bas lim. Petite grappe de raisin. V. *Rapuga*.

Éty. *Arlot*, en rom. signifie fripon, voleur; *arlot*, grappe de raisin, pourrait en dériver, chose qu'on vole.

ARLOTAR, v. a. (orloutá), d. bas lim. Grapiller. V. *Rapugar*.

Éty. de *arlot*, voleur, et de *ar*.

ARLOTES, s. m. vl. *Arlote*, sorte de poésie.

ARLUCIADA, s. f. (orluciáde), d. bas. lim. Eclair, alt. de *Eslious*, v. c. m.

ARLUCIAR, v. n. (orluciá), d. bas. lim. Eclairer, alt. de *Eslioussiar*, v. c. m. ou de *ar*, augm. et de *lucis*, gén. de *lux*, lumière, jeter beaucoup de lumière.

ARM.

ARM, rad. dérivé du lat. *arma*, armes, et tout ce qui y est relatif, dérivé de *armus*, épaule, qui couvrait les épaules, ou qu'on portait suspendues aux épaules.

De *arma*, par apoc. *arm*; d'où : *Arm-a*, *Arm-ada*, *Arm-ad-ura*, *Arm-a-ment*, *Arm-ar*. *Arm-ari*, *Arm-ura*, *Arm-ur-ier*, *Des-arm-ar*, *Armis-tica*, *All-arma*, *All-arm-ar*, *All-arm-at*, etc., etc.

ARMA, s. f. (arme); *Arma*, ital. esp. port. cat. Arme, tout ce qui sert à armer, soit pour l'attaque, soit pour la défense, ce qui fait naturellement diviser les armes en offensives et en défensives.

Éty. du lat. *arma*, m. sign. V. *Arm*, R.

« Sont comprises dans le mot *armes*,
« d'après le code pénal, art. 101, toutes
« machines, tous instruments ou ustensiles
« tranchants, piquants ou contondants.

Prendre leis armas, prendre les armes, s'armer. *Pendrer las armas*, cat.

Rendre leis armas, rendre les armes, s'avouer vaincu. *Rendir las armas*, cat.

Quoique les armes, considérées selon la définition commune, soient aussi anciennes que le monde, on en regarde cependant les Égyptiens comme les inventeurs, et l'on croit que les Phœniciens en enseignèrent l'usage aux Grecs. Les Chinois font honneur de cette invention à *Fau-hi*, le premier de leurs rois qui régnait 2914 ans avant J.-C.

Tout porte à croire que les premières armes furent en bois ou en pierre; la découverte du cuivre, qui précéda de beaucoup celle du fer, et que les anciens savaient durcir, leur fournit ensuite le moyen d'en faire de plus cruelles.

Quoique la poudre n'ait été inventée chez nous, que vers l'an 1350, et que la première fonderie de canons ne remonte guères avant l'année 1358, il paraît que les anciens avaient connu les armes à feu. On cite une défense que Menou, législateur indien, qui vivait plusieurs siècles avant J.-C., faisait de porter des armes à feu en public. Philostrate, écrivain du IIIme siècle, rapporte que les Brachmanes et les sages de l'inde combattaient de loin avec les éclairs et la foudre.

Une ordonnance de François Ier, de l'année 1515, défend d'employer l'*arquebuse* et l'*escopette*, dans ses forêts.

ARMAS-BLANCAS, *Armas blancas*, esp. cat. les sabres, épées, bayonnettes.

ARMA, s. f. (arme); **ALINA**, ital. esp. port. On le disait anciennement, et on le dit encore dans beaucoups de pays, pour *ama*, v. c. m. et *Anim*, R.

Ausa pas dire que l'arma siegue siouna, il n'ose pas souffler.

Auriaz-ti l'arma tant negra? Seriez-vous capable d'une telle noirceur, de cette atrocité?

Festa d'armas, dl. le jour des morts.

ARMADA, s. f. (armáde); *Armada*, cat. esp. *Armata*, ital. *Armée*, all. Armée, nombre plus ou moins considérable de troupes, assemblées en un corps, sous la conduite d'un général.

Éty. de *arma* et de *ada*. V. *Arm*, R.

On distingue les armées en *armées de terre* et en *armées navales*, et l'on appelle *armée d'observation* celle qui en protège une autre.

Dans une armée on nomme:

ORDRE DE BATAILLE, l'arrangement qu'on donne aux bataillons et aux escadrons, pour livrer bataille.

LIGNE, les colonnes, suivant leur position, relativement à l'ennemi, forment la première, la deuxième et la troisième ligne, etc.

CENTRE, le milieu d'une armée en bataille.

AILES ou FLANCS, les côtés du centre.

TETE, le devant, la partie qui fait face.

QUEUE, le derrière.

ARMADOUIRA, s. f. (armadóuïre); *Armadura*, cat. esp. ital. Rame, branche destinée à soutenir les plantes faibles. V. *Garda* et *Arm*, R.

ARMADURA, s. f. vl. *Armadura*, esp. cat. ital. port. Armure. V. *Armura* et *Arm*, Rad.

Éty. du lat. *armatura*, m. s.

La plus fort'armadura que lo diavol
Aya, son las fennas. d. vaud.
Del Bal.

ARMAGNAC, alt. de *Almanac*, v. c. m.

ARMAIA, nom de lieu, vl. Arménie.

ARMAILHADA, s. f. V. *Aumailhada*.

ARMA-LASSA, s. f. (árme-lásse), dl. *Vai à l'arma-lassa*, on le dit d'une personne qui va à pas lents, qui semble avoir de la peine à mettre un pied devant l'autre, comme si elle sortait d'une longue maladie. Sauv.

Éty. *Arma-lassa*, âme fatiguée. V. *Anim*, Rad.

ARMALHURA, s. f. (armaillúre); **ARMAIRA**. Tuteur, échalas pour soutenir des plantes grimpantes. Aub.

ARMALHURAR, v. a. (armaillurá); **ARMAIURAR**. Echalasser. Aub.

ARMAMENT, s. m. (armaméin); *Armamento*, ital. esp. port. *Armament*, cat. Armement, préparatifs militaires qui annoncent des projets de guerre : *Armament d'un veisseou*, armement ou équipement d'un vaisseau.

Éty. du lat. *armamenta*, m. s. V. *Arm*, R.

ARMAND, nom d'homme (armán). Armand.

Patr. Saint-Armand, que l'Église honore le 27 octobre.

ARMANAC, pour almanak. V. *Almanac*, pour fainéant. V. *Songea-festas*.

ARMANHAGUES, s. et adj. vl. d'Armagnac, l'Armagnac.

ARMAR, v. a. (armá); *Armar*, esp. cat. port. *Armare*, ital. Armer, donner des armes; et en terme de marine, mettre un bâtiment, une division, une escadre en état de prendre la mer; entourer un jeune plant de buissons.

Éty. du lat. *armare*, m. s. V. *Arm*, R.

ARMAR, v. a. t. d'agricult., ramer des pois, des haricots, etc. Avr.

ARMAR S', v. r. *Armarsi*, ital. *Armarse*, port. esp. S'armer, prendre les armes, s'en munir.

Éty. du lat. *se armare*. V. *Arm*, R.

ARMARI, s. m. (armári); ERMARI, EIMARI, ARMAZI, ARREMARI. *Armario*, ital. port. esp. *Armari*, cat. Armoire, s. f. meuble de bois (ordinairement), propre à serrer diverses choses; buffet où l'on enferme les restes de la table, le pain, etc.

Éty. du lat. *armarium*, formé de *arma*, parce que sa première destination a été de renfermer les armes. V. *Arm*, R.

En vl. ce mot était synonyme de arsenal.

Une armoire se compose:

D'une ou de deux portes;
De plusieurs tablettes, *estagieras*;
De plusieurs tiroirs, *tiraires*;
Et pour le reste. V. *Coumoda* et *Placard*.

ARMARIAS, s. f. pl. (armaries), ARMOIRIAS, ARMAS. *Armas*, esp. cat. port. *Arme*; ital. Armoiries ou Armes, signes héraldiques peints ou figurés sur l'écu ou sur la cotte d'armes; marques extérieures de noblesse, de dignité.

Éty. du lat. *armatura*. V. *Arm*, R. parce que ces signes ne furent d'abord empreints que sur les cottes d'armes ou sur les boucliers.

« Les armoiries ont été instituées sous Henri Ier dit l'Oiseleur, l'an 954 (il y a ici une grossière erreur, Henri Ier n'a régné qu'à dater de 1031, jusqu'en 1061), à Gœttingue, Hanovre, et introduites en France par Geoffroi de Preuille, vers 1036. Les armoiries sont antérieures aux croisades et datent de l'origine des Tournois. » D. des Dates.

Les armoiries, celles qui étaient héréditaires, comme marques distinctives des familles, ne datent que du commencement du XIme siècle.

Louis VII, dit le Jeune, qui régna de 1137 à 1188, est regardé comme le premier des rois de France qui ait eu un sceau aux fleurs de lys.

Les premières monnaies de Frances où les armoiries aient paru, furent les deniers d'or de Philippe le Valois; en 1336, on leur donna le nom d'écu, parce qu'elles portaient l'empreinte de l'écu des armoiries du roi

Les villes, les provinces, les états, n'ont eu des armoiries que vers le Xme siècle. D. des Dates.

Leur usage était tombé en France depuis la révolution de 89, mais une ordonnance du 26 septembre 1814, les a remises en vigueur; elle porte que les villes et les communes reprendront leurs anciennes armoiries et qu'elles en appliqueront le sceau aux actes de leur administration.

Les anciens plaçaient aussi des figures sur leurs drapeaux et sur leurs boucliers, mais elles n'étaient alors que des emblêmes ou des hiéroglyphes de fantaisie, et non héréditaires comme elles le sont aujourd'hui.

Les Athéniens avaient une chouette pour simbole.

Les Thraces, une mort.
Les Celtes, une épée.
Les Romains, un aigle.
Les Carthaginois, une tête de cheval.
Les premiers Français, un lion.
Les Goths, une ourse, etc.

Aujourd'hui les armoiries distinctives des puissances de l'Europe sont:

ALLEMAGNE, une aigle à deux têtes.
FRANCE, trois fleurs de lys, un aigle sous Bonaparte, un coq sous Philippe.
ESPAGNE, deux châteaux et deux lions écartelés.
PORTUGAL, cinq écussons chargés de pesans.
ANGLETERRE, trois léopards.
PRUSSE, un aigle couronné.
RUSSIE, un cavalier armé tenant la lance en arrêt et un dragon sous ses pieds.
SUÈDE, trois couronnes.
DANEMARCK, trois lions.
POLOGNE, un aigle blanc, ayant les ailes ouvertes.
LE PAPE, deux clefs couronnées d'une tiare.
LE GRAND TURC, un croissant.

ARMARIOUN, s. m. (armarióun). Petite armoire.

Éty. de *armari*, et du dim. *oun*.

ARMAS, s. f. pl. vl. *Armas*, port. Armoiries. V. *Armarias* et *Arm*, R.

ARMAS, s. m. (armás). V. *Hermas*, *Garriga*, *Campas* et *Erm*, R.

ARMASSIR S', v. r. (s'armassir); dl. Devenir inculte, parlant d'un champ. V. *Acampestrir s'*.

Éty. de *armas* et de *ir*. V. *Erm*, R.

ARMASSIT, IDA, adj. et p. (armassí ide), dl. V. *Acampestrit* et *Erm*, R.

ARMAT, ADA, adj. et p. (armá áde); *Armato*, ital. *Armado*, esp. port. *Armad*, cat. Armé, ée, pourvu d'armes.

Éty. du lat. *armatus*, m. s. V. *Arm*, R.

ARMATOUR, s. m. (armatóur); *Armatore*, ital. *Armador*, esp. port. cat. Armateur, celui qui arme ou équipe à ses frais des bâtiments pour la course ou pour le commerce.

Éty. du lat. *armator*, m. s. ou de *armat*, et de la term. *our*, celui qui a armé. V. *Arm*, Rad.

ARMAU, dl. V. *Armoou*.

ARMAUDAT, ADA, adj. et p. vl. Plombé, ée.

ARMAUT, s. m. vl. Ce mot paraît employé dans le sens de plomb, dans *las flors del gay saber*.

ARMAZI, s. m. (armázi). V. *Armari*.

ARMELLA, s. f. (armèle); FRAMELA, SILLON. *Armella*, esp. Protubérance qui se forme sur un peloton, sur une bobine, quand on dévide long-temps sur le même endroit, ou quand on laisse long-temps le fil sur le même cran de l'épinglier.

Éty. du lat. *armilla*, bague, anneau, bracelet, d'où l'espagnol et le catalan *armella*, anneau.

ARMENI, adj. et p. (armeni); *Armeniano*, esp. *Armenio*, port. *Armenio*, ital. *Armeni*, cat. Arménien, qui est d'Arménie, contrée de l'Asie.

Éty. du lat. *armenius*, m. s.

ARMENTRASTA, V. *Mentastra*.

ARMENTELA, s. f. (armeintéle); PIMPINELLA, PIMPANELLA, ARMETELA, FRAISSINETA, HARMENTELA. *Pimpinella*, port. ital. *Pimpinela*, esp. Pimprenelle commune, petite pimprenelle: *Poterium sanguisorba*, Lin. plante de la fam. des Rosacées, commune dans les prairies et dans les champs. V. Garid. *Pimpinella*, p. 360.

Éty. probablement du lat. *armentalis*, qui concerne, qui est relatif aux gros troupeaux, parce que les gros bestiaux en sont friands.

ARMENTIA, (armeintie); d. des environs de Riez, (B.-Alpes). V. *Armentela*.

ARMER, vl. *Armer*, cat. V. *Armier*.

ARMETA, s. f. (arméte); ARMETTA. C'est un diminutif de *arma*, ou de *ama*, pauvre petite âme, âme du purgatoire, âme qui est dans la peine. V. *Anim*, R.

Leis armetas, les revenants, les âmes du purgatoire qu'on suppose revenir pour demander des prières.

ARMETA, s. f. Petit papillon de nuit, Aub. Teigne.

ARMETELA, dl. V. *Armentela*.

ARMIER, s. m. vl. ARMER. Lieu de repos des âmes; ratelier; armurier.

Éty. de *armer* et de *ier*. V. *Anim*, R.

ARMILLA, s. m. vl. *Armilla*, anc. cat. anc. esp. ital. Bracelet, anneau, cercle.

Éty. du lat. *armilla*, m. sign. fait de *armus*, articulation, jointure.

ARMINA, *Armino*, esp. *Arminho*, port. *Arminyo*, cat. V. *Ermina*.

ARMINETA, s. f. (arminéte). Herminette, outil de charpentier, courbé, tranchant, et muni d'un manche de bois, dont on se sert pour tailler et planer les parties courbes d'un limon d'escalier et autres pièces.

Éty. Bochart dérive ce mot de l'arabe *Alermin*, qui se trouve dans le nomenclateur coptique entre les instruments de menuisier.

ARMIRALH, s. m. (armiráilh); ARMIRAI. Tout ce qui offre un grand volume. Aub.

ARMIROUAR, v. n. d. bearn. Tournoyer.

ARMISTICA, s. f. (armitice); *Armistizio*, ital. *Armisticio*, esp. port. *Armistici*, cat. Armistice, trève fort courte ou suspension d'armes pour un petit espace de temps.

Éty. du lat. *arma*, et de *sisto*, arrêter. *Armisticium*. V. *Arm*, R.

ARMITAGI, V. *Ermitagi* et *Erm*, R.

ARMITAN, V. *Ermito* et *Erm*, R.

ARMITO, V. *Ermito* et *Erm*, R.

ARMOISA, s. f. (armóise); V. *Artemisa*.

ARMOL, dl. V. *Armoou*.

ARMONIA, s. f. vl. *Armonia*, esp. V. *Harmonia*.

ARMONIAC, adj. vl. *Armoniac*, cat. V. *Sal-armoniac*.

ARMONIC, ICA, adj. vl. V. *Harmonique*.

ARMOOU, s. m. (armóou); ARMOL, ARMOUES, ARREL, BLED, OURMEOU, ARMOUS. *Armoles*, esp. port. *Armolla*, ital. *Armoll*, cat. Arroche, Bonne-Dame, Belle-Dame : *Atriplex hortensis*, Lin. plante de la famille des Arroches, originaire d'Asie et cultivée dans nos jardins où elle se propage d'elle-même.

Éty. de *ar* augm. et de *mol* mou. On mange cette plante en guise d'épinards ou mêlée avec l'oseille pour en adoucir l'acidité.

Armoou-fer, s. m. nom qu'on donne à Valensolles, aux *Chenopodium vulvaria*, V. *Pombroya*, et aux *murale* et *viride*, Lin. plantes de la même famille que la précédente.

ARMOUN, s. m. (armóun). On donne ce nom à Brignolles, dans le Var, d'après M. Amic, à l'Anserine, et selon M. Garcin à l'Anserine verte.

Il paraît que c'est du *Chenopodium viride*, Lin. ou du *Chenopodium leiospermum*, Déc, plante de la fam. des Chénopodées, qu'ils entendent parler.

ARMOUN, V. *Aramoun*.

ARMOUNIA, *Armonia*, esp. V. *Harmounia*.

ARMOUNICA, V. *Harmounica*.

ARMOUNIOUS, *Armonioso*, esp. Voy. *Harmounious*.

ARMOUS, Avr. V. *Armoou*.

ARMS, s. m. pl. vl. Armes. V. *Arma*.

ARMURA, s. f. (armúre); ARMADURA. *Armadura*, cat. port. esp. ital. Armure, armes défensives dont on couvrait autrefois le corps, la tête et les membres des guerriers.

Éty. du *lat. armatura*, m. s. V. *Arm*, R.

Les seigneurs de certains fiefs, sous la seconde race, et tous les chevaliers, sous la troisième, portaient un plastron de fer, sur ce plastron, le gobisson; sur le gobisson, le haubert, et sur le haubert, la cotte d'armes. Sainte-Foix, Essais sur Paris.

Ce ne fut qu'au commencement du XIme siècle, qu'on prit l'habitude en France, de porter une armure complète de fer, qui couvrait entièrement le corps.

Dans une armure complète, on nommait :

HEAULME, l'espèce de casque qui garantissait le visage et le chignon du cou.
VISIÈRE, la partie de l'heaulme qu'on pouvait relever pour prendre l'air.
ARMET, casque léger qui remplaçait l'heaulme dans les troupes légères.
PLASTRON, plaque qui couvrait la poitrine.
GOBISSON ou GAMBESON, pourpoint de taffetas rembourré de laine et piqué.
HAUBERT ou JAQUE DE MAILLES, tunique faite de petits anneaux de fer.
CHAUSSES, continuation du haubert qui couvrait la jambe.
CUIRASSE, plaque de métal ou de cuir qui couvrait la cuisse.
BRASSARDS, plaques mobiles qui couvraient les bras.
GANTELETS, gants de fer ou de cuir
COTTE-D'ARMES, espèce de subreveste du drap le plus fin où l'on plaçait les armories.

ARMURIER, s. m. (armurié); *Armer*, cat. *Armero*, esp. *Armeiro*, port. *Armajuolo*, ital. Armurier, qui fait des armes.

Éty. de *arma* et de la term. multipl. *ier*. V. *Arm*, R.

ARN.

ARN, radical pris du roman *arna*, *argna*, teigne, que M. Roquefort fait dériver du latin *araneus*, et Astruc et Sauvages du celtique.

De *arna*, par apoc. *arn*; d'où : *Arn-a*, *Arn-at*, *Arn-ada*, *Arnad-ura*, *Arn-ar*, *Arn-ier*, *Arn-os*.

De *argna*, par apoc. *argn*; d'où : *Argn-a*, *Argn-ier*, *Argn-e*.

ARNA, s. f. (árne); ARDA, ARTA, CAMA. BARNA. *Arna*, cat. Teigne, genre d'insectes formant aujourd'hui une petite division de l'ordre des Lépidoptères, et de la fam. des Séticornes ou Chétocères (à antennes en forme de soie), dont on connaît un grand nombre d'espèces; plusieurs causent de grands ravages dans les greniers, dans les ruches, aux étoffes de laine, aux plumes, aux poils, aux crins et aux collections d'histoire naturelle.

La teigne pelletière, *Tinea pellionella*, Lin. attaque les pelleteries et les plumes.

La teigne tapissière, *Tinea tapizella*, se creuse des galeries dans l'épaisseur des étoffes de laine.

La teigne des grains et du blé, *Tinea granella*, Lin. dévaste les greniers.

Ce sont toujours les larves de ces insectes qui causent le dommage. L'insecte parfait n'en peut faire aucun, si ce n'est de reproduire son espèce.

Coous d'arnas, piqûres de teigne, et fig. infirmités de la vieillesse.

Éty. Ce mot est celtique, selon MM. de Sauvages et Astruc. V. *Arn*, R.

ARNA, s. f. Ce mot pris au figuré, désigne un parasite, une personne importune qui, sous prétexte de parenté ou autre, s'impatronise dans une maison; un avare, un petit-maître.

ARNA-DEIS-RUSCAS, DEIS-BRUCS, OU DEIS-ABELHAS. Nom qu'on donne aux larves de deux espèces de teignes, à la *Galeria cereana*, et à la *Galeria tribunella*, qui vivent dans les ruches au dépends de la cire et des abeilles.

ARNADURA, s. f. (arnadúre). Mangeure des vers ou des teignes.

Éty. de *arnat* et de *ura*. V. *Arn*, R.

ARNAL, s. m. (arnál). Nom qu'on donne au Bon-Henri, à l'Esperou, selon M. Amoureux. V. *Sangari*.

ARNAR, v. a. (arná). Piquer, ronger, en parlant des teignes.

Éty. de *arna*, et de l'act. *ar*, v. c. m. et *Arn*, R.

ARNAR S', v. r. *Arnarse*, cat. Se vermouler, se ronger ou se laisser ronger par les teignes, tomber en poussière de vétusté. V. *Arn*, R.

ARNASSAR, v. a. vl. ARNESAR. Équiper. V. *Arnescar*.

ARNAT, **ADA**, adj. et p. (arná, áde); DARNAT, ARGNAT. *Arnad*, cat. Piqué par les teignes; vermoulu, artisonné, en parlant du bois qui a été rongé par les vers.

Éty. de *arna* et de la term. pass. *at*, *ada*. V. *Arn*, R.

ARNAUD, nom, (arnáou); ARNELET, ARNAUDOUN. Arnaud.

Patr. Saint Arnaud ou Arnald, dont l'Église honore la mémoire le 9 octobre.

ARNAVÉOU, s. m. (arnavéou); ARNIVES, ARNAVES. Trois arbrisseaux différents portent ce nom en Provence.

1° L'Argousier; il se distingue des autres par ses petites baies jaunes et par ses feuilles extrêmement étroites. V. *Agranas*.

2° Le Paliure, BEC-DE-FAUCOUN, CAPELET : *Paliurus aculeatus*, Lam. *Rhamnus paliurus*, Lin. arbrisseau de la fam. des Frangulacées, commun depuis Digne, jusqu'à la mer. Ses fruits sont secs, larges, arrondis et membraneux.

3° Le Lyciet d'Europe.

Éty. V. *Arnaves* et *Arnaveou-blanc*.

ARNAVEOU-BLANC, s. m. ARNAVEOU, ARGALOU, ARNIVES. On désigne par ce nom, à Valensole, le Lyciet d'Europe, *Lycium Europæum*. Lin. arbisseau de la fam. des Solanées, qu'on reconnaît aisément à ses rameaux flexibles, à ses baies rougeâtres ou jaunâtres et à ses feuilles oblongues. Il est commun dans les haies de la Prov. mérid.

ARNAVES, s. m. (arnavés). Nom du paliure dans le Languedoc. V. *Arnaveou*.

Éty. M. Astruc, range ce mot parmi ceux qui sont dérivés de l'Arabe.

ARNEGAR, d. béarn. V. *Renegar*.

ARNEI, vl. V. *Arnesc*.

ARNELET, nom. pr. (arnelé), dim. de *Arnaud*, v. c. m.

ARNES, s. m. vl. *Arnes*, esp. *Arnez*, port. Harnois. V. *Arnesc*, bagages, meubles.

ARNESAR, v. a. vl. V. *Arnassar* et *Arnescar*.

ARNESC, s. m. (arnés); ARNES. *Arnes*, esp. cat. *Arnez*, port. *Arnese*, ital. Harnois, qu'on prononce *Arnè*, tout ce qu'il faut pour harnacher un cheval; tout l'équipage de cuir d'un carrosse, d'une charrette, etc. Armure complète d'un homme; tous les outils ou instruments nécessaires pour exécuter quelque chose; les vêtements, la parure.

Éty. de l'ital. *arnese*, ou de l'all. *harnisch* ou *Arnisch*, qui ont la m. sign. Ce mot pourrait aussi venir du grec ἀρνακὶς (arnakis,) fourrure de peau d'agneau, formé de ἀρνὸς (arnos), gen. de ἄρς (ars), agneau.

Le harnois d'une charrette et d'une grande partie des voitures se compose :

D'UN COLLIER. V. *oulas*.
D'UNE SELLETTE. V. *Bastet*.
D'UNE SOUS-VENTRIERE. V. *Bastet*.
D'UNE DOSSIERE. V. *Bastet*.
DE L'AVALOIRE, pièce formée de plusieur courroies, qui occupe la croupe du limonier et tient au limon par deux chaines de fer.
DE LA CROUPIÈRE, fixée de chaque côté à l'avaloire. V. *Croupiera*.
DU BATCUL, longue courroie, fixée par ses deux bouts à la sellette, et qui embrasse l'avaloire.
DES MANCELLES, chaines de fer ou courroies qui tiennent les attelles aux limons.
Il faut ajouter a ces harnois les ornements qui sont les grandes et petites bossettes, les aigrettes et les franges
POITRAIL, forte bande de cuir qui passe devant le poitrail de l'animal et porte les traits. V. *Poitralh*.
COUSSINET, espèce de coussin qu'on place vers le garrot du cheval, d'où partent les barres de poitrail, les bras de bricolle et la croupière, et qui porte les anneaux dans lesquels passent les rennes.
CHAINETTE, forte lanière de cuir, composée de plusieurs doubles cousus ensemble, qui du bout du timon se réunit au reculement, la chainette est double et les deux doubles sont réunis par un anneau appelé le *bouton*.
RECULEMENT. V. *Reculament*. Bande de cuir en plusieurs doubles qui passe sur le poitrail, au milieu duquel il reçoit la chainette du timon, puis de chaque côté dans les fourreaux, et va se boucler au grand anneau de l'avaloire.
TRAITS. V. *Trets*.
TROUSSE, chainette, lanière ou courroie destinée à tenir relevée la chainette, quand on dételle, elle est attachée au coin du coussinet dans le bras de bricole. V. *Poumarede*, T. 1. p. 207.

ARNESCAMENT, s. m. (arnescaméin). Harnachement, action d'harnacher. Garc.

ARNESCAR, v. a. (arnescá); HARNESCAR. Harnacher, mettre le harnois à un cheval; fig. orner, parer, équiper.

Éty. de *arnesc* et de la t. act. *ar*, mettre le harnois.

ARNESCAT, ADA, adj. et part. (arnescá, áde); Harnaché, ée, orné, paré.

Éty. de *arnesc* et de *at*, *ada*, pourvu du harnois.

ARNESI, s. m. vl. Harnois, arme. Voy. *Arnesc*.

Éty. de l'ital. *arnesi*. m. s.

ARNESTI, nom d'homme. V. *Ernest*.

ARNESSES, dl. V. *Ernesses*.

ARNICA, V. *Estourniga*.

Éty. du lat. *arnica*, alt. de *ptarnica*, du grec πταιρω (ptairô), j'éternue. V. *Estourniga*.

ARNIER, s. m. (arnié); ARGNE. Nom qu'on donne au martin-pêcheur dans la Basse-Provence, à cause de la propriété qu'on attribue à sa peau desséchée, de préserver les draps de la teigne. *Arnas*, V. *Bluret*.

Éty. de *arna* et de *ier*. V. *Arn*, R.

ARNIVES, dl. V. *Arnaveou blanc*.

ARNIVES-NEGRE, V. *Arnaveou*.

ARNIVOUS, OUSA, adj. (arnivóus, óuse). Alerte, dispos, porté de bonne volonté, bien portant. Aub.

ARNOGLOSSA, s. f. *Arnoglossa*, ital. *Arnoglosa*, port. Nom ancien du plantin.

Éty. du lat. *arnaglossa*, dérivé du grec ἄρς (ars), gén. ἀρνὸς (arnos), agneau, et de γλῶσσα (glôssa), langue.

ARNOS, OSA, adj. vl. Teigneux, rongé par les teignes. V. *Arn*, R.

ARO

AROBAS, expr. adv. (aróbes), dl. Le dictionnaire de Sauvages, d'où nous tirons ce mot, ne lui donne pas d'autre signification que, reste à savoir.

AROFA, s. f. (aròfe), dl. La balle de l'avoine. V. *Pousses*. Sauv.

AROI, V. *Aloi*.

AROMANSAR, v. a. vl. Traduire en roman. V. *Romansar* et *Rom*, R.

AROMAT, rad. pris du lat. *aromatis*, gén. de *aroma*, aromate, parfum, épiceries, et dérivé du grec ἄρωμα, τὸς (arôma, tos), m. s. formé de ἄρι (ari), fort, très, et de ὄζω (ozô), sentir bon.

De *aromatis*, gén. de *aroma*, par apoc. *aromat*; d'où : *Aromat-ic*, *Aromatic-itat*, *Aromatis-ar*, *Aromatis-at*.

AROMATIC, ICA, adj. vl. V. *Aromatique* et *Aromat*, R.

AROMATICITAT, s. f. vl. *Aromaticidad*, esp. *Aromaticità*, ital. Arôme, le principe odorant des fleurs, et en général des substances végétales qui ont une odeur agréable. V. *Aromat*, R.

AROMATIQUE, ICA, adj. (aroumatiqué, ique); AROUMATIQUE. *Aromatico*, ital. esp. port. *Aromatic*, cat. Qui est de la nature, ou qui a l'odeur des aromates.

Éty. du lat. *aromaticus*, m. s.

AROMATIZAR, v. a (aroumatisá); *Aromatizzare*, ital. *Aromatizar*, esp. cat. port. Aromatiser, mêler des aromates avec quelque chose.

Éty. du lat. *aromatis*, gén. de *aroma* et de la term. act. *ar*, mettre des aromates, ou de *aromatizare*. V. *Aromat*, R.

AROMATIZAT, ADA, adj. (aroumatisá, áde); *Aromatizado, ada*, esp. port. Aromatisé, ée.

Éty. de *aromatis* et de *at*. V. *Aromat*, R.

AROMATO, s. m. (aromáte); *Aromato*, ital. *Aroma*, esp. port. cat. Aromate, drogue odoriférante, parfum.

Éty. du grec ἀρωματὸς (aromatos), gén. de ἄρωμα (arôma), parfum.

Dérivés: Aromat*ique*, Aromat*isar*, Aromat*isat*.

ARONDA, s. f. vl. Hirondelle, roseau, flèche.

ARONDAR, v. a. vl. Embrasser, environner. V. *Rot*, R.

ARONDETA, s. f. vl. *Arondeta*, cat. *Hirondelette*, petite hirondelle.

AROSAR, vl. V. *Arrousar*.

AROSSAR, v. a. vl. Rosser, battre. Voy. *Rossar*.

AROSSAT, ADA, adj. et p. vl. Rossé, ée, battu, ue.

AROTAR, v. a. et n. vl. Se mettre en route, partir, faire partir.

Éty. de *a* pour *ad*, de *rota*, route, et de *ar*, litt. mettre en route.

AROTAT, ADA, adj. et p. vl. ARÓTEA. Mis en route, parti, ie.

AROTEA, vl. V. *Arotada*.

AROUCHAR, v. a. (aroutsá), d. bas lim. AROCHAR. Lapider, jeter des pierres à quelqu'un.

Éty. de *a*, de *rocha*, roche, pierre, et de *ar*, ou de l'ital. *arrochiare*, m. s. V. *Roc*, R.

AROUMERA, s. f. d. béarn. Détour.

AROUMATO, et comp. V. *Aromato*, etc.

AROUPAR, Aub. Envelopper. V. *Agouloupar*.

AROUQUIR S', v. r. (s'arrouquir), dl. Se pétrifier, se grumeler, devenir dur comme la pierre. V. *Petrifiar*.

Éty. de *a* pour *ad*, comme de *rouq* pour *rocca*, et de *ir*, devenir comme une roche. V. *Roc*, R.

AROUQUIT, IDA, adj. et p. (arouqui, ide). Pétrifié, durci comme de la pierre. V. *Petrifiat*.

Éty. de *a*, de *rouq* et de *it*, changé en roche. V. *Roc*, R.

AROUNZE, s. m. (arôunzé). Nom qu'on donne à Nismes, à la ronce bleuâtre, et à la ronce des rochers; *Rubus saxatilis*, Lin. arbustes de la fam. des Rosacées. V. *Petavin*.

Éty. du lat. *ranca*, instrument crochu, propre à sarcler.

ARP

ARPA, s. f. vl. Herse. V. *Herpi*.

ARPA, s. f. vl. *Arpa*, cat. esp. port. Griffe. V. *Harpa*.

ARPA, s. f. vl. *Arpa*, esp. Harpe instrument. V. *Harpa*.

ARPADA, V. *Harpada*.

ARPAGOUN, V. *Harpagoun*

ARPALHAN, V. *Harpalhan*.

ARPANT, s. m. (arpán); ARPENT, ARIPIN. Arpent, mesure d'arpenteur; étendue de terrain qui variait selon les localités, mais qui était formée en général de cent perches carrées. La perche des environs de Paris valoit 18 pieds.

Éty. du lat. *arvi pendium*, mesure des champs dont le rad. est *ar*, terre qui sert à mesurer les terres, ou du celt. *aripen*.

L'arpent d'Alais a 9 pans de longueur sur 9 pans de large et vaut 49 mètres, 875 millemètres carrés.

A Saint-Christol et dans quelques autres communes voisines, l'arpent n'a que 8 pans et ne vaut que 39,407^{m} carrés.

ARPANTAGI, s. m. (arpantádgi); ARPANTAGE. Arpentage, l'art de mesurer la superficie des terres.

Éty. de *arpant* et de *agere*, *ago*, Séphas, 2000 ans avant J.-C. enseigne l'arpentage.

Dans l'arpentage on nomme:

CULTELLATION, La métode par laquelle on réduit un plan incliné en un plan horizontal.

ARPANTAIRE, s. m. (arpantáïré). V. *Arpantur*.

ARPANTAR, v. a. (arpantá); DESTRAR, DEXTRAR. Arpenter, mesurer les terres; faire de longs pas, marcher vite et à grands pas.

Éty. de *arpant* et de la term. act. *ar*.

ARPANTEGEAIRE, V. *Arpantur*.

ARPANTEGEAR, V. *Arpantar* et *Harpategear*.

ARPANTUR, s. m. (arpantúr); ARPANTAIRE, ARPANTEGEAIRE, DEXTRAIRE. Arpenteur, qui arpente les terres, et fig. qui fait de longs pas. On donne le nom de cerquemaneur au maître juré arpenteur qu'on appelle pour planter des bornes d'héritage ou pour les rasseoir.

ARPAR, v. a. vl. *Arpar*, cat. esp. port. Happer, saisir. V. *Harpar* et *Harp*, R. Jouer de la harpe; égratigner. V. *Gratignar*.

ARPAT, ADA, adj. et p. vl. Accroché, ée, cramponné. V. *Harp*, R.

ARPATEGEAR, et comp. V. *Harpategear*, etc.

ARPATEYADA, s. f. d. béarn. V. *Harpategear* et *Harp*, R.

ARPEGEAR. V. *Harpegear*.

ARPEN, vl. V. *Aripin*.

ARPIAN, etc. V. *Harpian*.

ARPIC, V. *Ganchou*.

ARPHONSOU, V. *Alphonso*.

ARPIAL, s. m. (arpiál), d. bas lim. Ongle de quelques animaux, tels que les bœufs, les cochons, etc., griffe de quelques autres. V. *Oungloun*, *Harpion* et *Harp*, R.

ARPIAN, V. *Harpian* et *Harp*, R.

ARPION, V. *Harpion*.

ARPIE, s. m. (arpié); *Arpão*, port. *Arpia*, cat. Harpon, Garc. V. *Ganchou* et *Harp*, R.

ARPIENAR, v. a. (orpienà), d. bas lim. Dérober subtilement.

Éty. V. *Harp*, R.

ARPIOU, s. m. (arpiòu), pour *ergot*, *serres*, dg. alt. de *Harpiou*, v. c. m. et *Harp*, Rad.

ARPIOUN, V. *Harpioun*.

ARPIS, s. m. vl. Aspic, Harpie.

ARPOUN, V. *Harpoun*.

ARPOUNA, s. f. (arpóune). Agarie, espèce de champignon en forme de houpe, qui est bon à manger. Garc.

ARQ

ARQUA, s. f. vl. Coffre. V. *Archa* et *Arc*, R.

ARQUARS, s. m. vl. **ARCARS**. Trésorier.

Éty. du lat. *arcarius*, m. s. V. *Arc*, R.

ARQUEBISBE, s. m. vl. *Arquebisbe*, cat. *Arzobispo*, esp. *Arcebispo*, port. Archevêque. V. *Archevesque*.

ARQUEBUSA, s. f. (arquebùse); *Arcabuz*, esp. port. *Archibuso*, ital. Arquebuse, ancienne arme à feu, à laquelle on communiquait le feu au moyen d'une mèche.

Éty. du celt. *arquebusen*, Ach. ou de l'ital. *arco*, arc, de *buco*, percé, arc percé. V. *Arc*, R.

C'est là plus ancienne arme à feu connue: elle parut pour la première fois au commencement du XVIme siècle, au siège d'Arras.

ARQUEBUSIER, s. m. (arquebusié); *Archibusiere*, ital. *Arcabucero*, esp. *Arcabuzeiro*, port. Arquebusier, ouvrier qui fabrique les petites armes à feu, telles que les fusils, les pistolets, etc.

Éyt. de *arquebusa*, et de la term. mult. *ier*. V. *Arc*, R.

Ce n'a été qu'après l'invention de la poudre, dans le quatorzième siècle, que cet art a pris naissance.

ARQUEDIAGUENAT, s. m. vl. *Ardiaconat*, cat. *Arcedianato*, esp. *Arcediagado*, port. *Arcidiaconato*, ital. Archidiaconat.

Éty. du lat. *archidiaconatus*, m. s.

ARQUEIA, s. f. vl. *Arcata*, ital. Jet, portée d'un arc. *Archée*.

Éty. de *arqu*, et de *eia*. V. *Arc*, R.

ARQUEIRA, s. f. vl. Meurtrière, lucarne, embrasure. V. *Arc*, R.

ARQUEMI, V. *Alchimia*.

ARQUEMI, s. m V. *Artemisa*.

ARQUEMINA, s. f. (arquemine), dl. Le même que *Alchimia*, v. c. m.

ARQUEMISA, Aub. V. *Artemisa*.

ARQUET, *Arquello*, esp. V. *Archet* et *Arc*, R.

Éty. du lat. *arculus*, m. s.

ARQUET, dl. V. *Arcanciel*.

ARQUETAR, v. a. (arquetá), dl. Parer, ajuster. V. *Aliscar* et *Atiffar*.

ARQUIBISBE, s. m. vl. Archevêque.

ARQUIDIAGUES, s. m. vl. *Archidiacre*, v. c. m.

ARQUIDIAQUE, vl. V. *Archidiaque* et *Archidiacre*.

ARQUIER, s. m. vl. *Arquer*, cat. Archer. V. *Archier* et *Arc*, R.

ARQUIERA, s. f. vl. Embrasure par où on lançait les flèches. V. *Arc*, R.

ARQUIERA, s. f. (arquiére); **ARCHIERA**. dl. Une barbacane ou chante pleure, espèce d'égoût qu'on pratique dans les murs de terrasse, pour l'écoulement des eaux. Sauv.

On donne le même nom, dans le même pays, au soupirail d'un suoir à châtaignes par où s'échappe la fumée; lucarne longue et étroite qui donne du jour dans l'intérieur d'une maison, d'une écurie.

Éty. de *arquier*, archer, et *arquieres*, meurtrières, d'où les archers tiraient; nom qu'on a ensuite transporté aux ouvertures longues et étroites qui leur ressemblaient. V. *Arc*, R.

ARQUIPREIRE, vl. V. *Archipreire* et *Pretr*, R.

ARR

ARRA, rad. pris du latin *arrha*, *arrhabo*, argent qu'on donne pour l'assurance d'un marché et qu'on fait dériver du grec ἀῤῥαβὼν (arrhabôn), m. s. formé de l'hébreu *arab*, promettre, donner des assurances, qui vient peut être de l'arabe *araba*, nouer, affermir, serrer. Roq.

Dérivés : *En-cap-arra-ment*, *En-cap-arr-ar*, *En-cap-arr-ur*.

ARRABAL, s. m. vl. *Arrabal*, esp. *Arrabalde*, port. Faubourg d'une ville.

ARRABAR, vl. V. *Arrapar*.

ARRABAR, vl. V. *Derrabar*.

Éty. de *a*, priv. de *raba* et de *ar*, enlever, la rave, la racine. V. *Rab*, R.

ARRABAT, ADA, adj. et p. (arrabá, áde), dg. Rassasié. V. *Sadoul*.

ARRABI, Espèce d'ad. dg. V. *Rabi-à*.

ARRABISSA, s. f. (arrabisse), dg. Rave. V. *Raba* et *Rab*, R.

ARRACAR, v. a. (arracá), dl. *Arracar lou vin*, transvaser le vin.

Éty. de *a*, priv. de *raca*, mar, et de l'act. *ar*, ôter le mar du vin ou le tirer au clair.

ARRACHA, s. f. (arátche), ou **ARRACHA-COULHOULA**. Nom toulousain de l'avoine folle. V. *Civada-Couguoula*.

ARRADIT, s. f. d. béarn. Racine.

Éty. du lat. *radix*, m. s. V. *Radic*, R.

ARRAI, s. m. d. béarn. Rayon. V. *Rayoun* et *Radi*, R.

Arrai de meou, rayon de miel; *Arrais deu sou*, rayons du soleil.

ARRAJAR S', v. r. (s'arradjá), dl. *S'arrajar au sourel*, ou *au souleou*, se chauffer au soleil, *se soulelhar*.

Éty. de *a*, de *raya*, rayon, et de lact. *ar*, litt. s'exposer aux rayons, sous entendu du soleil. V. *Radi*, R.

ARRAM, s. m. anc. béarn. Rameau. V. *Arrama* et *Ram*, R.

ARRAMA, s. f. anc. béarn. **ARRAM**, **ARRAME**. Rameau, ramée.

Éty. de *ar* et de *ram*, R. v. c. m.

Et per cascune arrame entre au nombre de cinq, un soó morlaá. Fors et cost. de Béarn.

ARRAMAT, s. m. anc. béarn. *Et far pexe en* l'arramat, et faire paître dans. Ibid. V. *Ram*, R.

ARRAMBAGI, s. m. (arrambádgi); **ARRAMBAGE**. *Arrembaggio*, ital. Arambage, abordage d'un bâtiment ennemi.

Éty. de *aramb* et de la term. *agi*.

ARRAMBAR, v. a. (arrambá); **ARAMBAR**. *Arrembare*, esp. Aramber, ou arramber, accrocher un vaisseau pour venir à l'abordage, fig. prendre, attaquer.

Éty. de l'esp. *arambar*, rouiller, fig. s'attacher comme de la rouille. Le P. Pujet.

ARRAMBAR S', v. r. (s'arrambá), dl. **ARAMBAR**. S'accoster, s'approcher de quelqu'un, s'accrocher, aborder, venir à bord d'un vaisseau, venir à l'abordage.

ARRAMBLAR S', v. r. V. *Ramblar*, *se*.

ARRAMIR, v. n. vl. **ARAMIR**. *Arremir*, anc. cat. Engager sa foi, sa parole avec serment, assigner, défier, assurer, faire preuve de courage.

Éty. de la bass. lat. *arramire*, m. s. qu'on fait dériver de *affirmare*.

ARRAMIT, adj. et p. vl. Défié, indiqué, éc.

ARRANCAGE, Garc. V. *Arroncament* et *Radi*, R.

ARRANCAIRE, s. m. (arrancáïré). Arracheur, celui qui arrache. Garc. V. *Radi*, R.

ARRANCAMENT, s. m. (arrancaméin); **ARRANCAGE**. *Arranca*, esp. *Arrancamento*, port. *Arrancament*, cat. Arrachement, action d'arracher. Garc. V. *Radi*, R.

ARRANCAR, v. a. (arrancá); **ARANCAR**. *Arrancar*, esp. port. cat. Arracher, derraciner ; *S'arrancar la barba*, s'arracher la barbe.

Éty. pris de l'esp. *arrancar*, et dérivé du lat. *eradicare*, m. s. V. *Radi*, R. ou de *a*, priv. de *ranc* et de *ar*, ôter de son rang, de place.

ARRANCAR, v. n. dl. Se sauver, s'enfuir. V. *Bilhardar*.

ARRANDAR, V. *Randar*.

ARRANGEAMENT, s. m. (arrandjaméin); **ARRENGEAMENT**. *Arranjamento*, port. Arrangement, ordre dans lequel on place les choses les unes à l'égard des autres, état des choses qui sont arrangées, ordre qu'on établit, ordre que l'on met dans sa dépense; conciliation.

Éty. de *arrangeat* et de ment, manière dont une chose est arrangée. V. *Rang*, R.

ARRANGEAR, v. a. (arrandjá); **RANGEAR**, **AJUSTAR**, **ADOUBAR**, **ARRENGEAR** et **ARRANCHAR**. *Arranjar*, port. *Arengar*, anc. cat. Arranger, mettre en ordre des choses les unes à l'égard des autres ; arranger ses affaires les mettre en ordre; agencer, racommoder, préparer.

Éty. de *a*, de *rang* et de *car*, mettre en rang, ou dans le rang qui convient. V. *Rang*. Rad.

ARRANGEAR S', v. r. *Arranchar-se*, port. S'arranger, se mettre à son aise, mettre en ordre ce qui vous appartient, prendre des arrangements; s'habiller convenablement. V. *Rang*, R.

ARRANGEAT, **ADA**, adj. et. p. (arrand.

já, áde); *Arranchado*, port. Arrangé, éc. V. *Rang*, R.

ARRANYOUS, adj. d. béarn. Enragé. V. *Enrageal* et *Rabi*, R.

ARRAP, s. m. vl. Déchirure, égratignure. V. *Rap*, R.

ARRAPA-ARRAPA, s. m. d. apt. Colin maillard.

ARRAPADOUIRA, s. f. (arrapadouïre); ARRAPAMENT. Rampe, et tout ce qui sert à se tenir par la main. Garc. V. *Rap*, R.

ARRAPA-FERRE, s. m. (arrápe-férre); MANADA, ARRAPA-FERRI. Manique. V. *Manada* et *Rap*, R.

ARRAPAIRE, ARELA, s. (arrapáïré, arèle). Voleur, euse, qui grapille partout. Avr. V. *Rap*, R.

ARRAPAMAN, s. m. (arràpe-man); GATAROT, RAJOUN, REGISTEL, REBOULA, RAPEGUE, RAPARELA, SAUNA-LENGUA, GRAPOUNS, GREPOUNS, HERBA-DE-REBOULA. Grateron, ou gaillet grateron; *Galium aparine*, Lin. plante de la fam. des Rubiacées, commune dans les champs cultivés.

Éty. Ses graines garnies de petits crochets s'attachent aux mains, d'où le nom de *arrapaman*, qui saisit la main. V. *Rap*, R.

ARRAPAMAN, s. m. Est aussi le nom qu'on donne à Valensoles, à la garance sauvage. V. *Arraparella* et *Rap*, R.

ARRAPAMAN, s. m. Manique. V. *Manada* et *Arrapa-ferre*.

ARRAPANT, ANTA, adj. (arrapán, ánte). Voleur, qui prend; *Que arrapa*. V. *Rap*, R.

Un compagnon qu'es arrapan,
S'apresta per uno galero. Brueys.

ARRAPA-PEOU, s. m. (arrápa-péou). Nom qu'on donne aux têtes de la bardane. V. *Lampourda* et *Rap*, R.

Éty. Ainsi nommées parce que les crochets dont ces fruits sont armés s'attachent aux cheveux.

ARRAPAR, v. a. (arrapá); AGANTAR, SAFIR, ATTRAPAR, EMPOUGNAR. *Aggrappare*, ital. anc. *Arrapar*, cat. anc. esp. *Arrapare*, ital. mod. Prendre, saisir avec la main, accrocher, extorquer, donner la main, *trouber*. Avr. V. *Atrapar*.

Éty. du lat. *arripere*, ravir, ou du basque *arrapé*, qui signifie rapine, et de l'act. *ar*. V. *Rap*, R. ou du grec ἁρπάζω (arpazô); *Arrapa-arrapa*, enlever, prendre; *Arrapar un enfant*, donner la main à un enfant.

ARRAPAR, v. n. Prendre racine, reprendre; *Auquel aubre a ben arrapat*, cet arbre a bien repris, en langued. on dit *arrapar* pour prendre, cailler, prendre feu, s'enflammer. V. *Rap*, R.

ARRAPAR S', v. r. *Aggrapparsi*, ital. anc. Prendre racine, en parlant des plantes, commencer à faire ses affaires, quand il est question d'un ouvrier, d'un marchand; se prendre, s'attacher à quelque chose; se battre, en venir aux mains, se coller. V. *Rap*, R.

ARRAPARELA, s. f. (arraparèle); ARRAPA-MAN, REGISTEL, RAPARELLA, RASTELET. Nom qu'on donne à Allemagne, près de Riez, à la garance voyageuse. *Rubia peregrina*, Lin. plante de la fam. des Rubiacées qu'on trouve dans les bois de la B.-Prov.

Éty. de *arrapar*, prendre, accrocher, à cause des aspérités crochues qui garnissent ses feuilles et ses tiges. V. *Rap*, R.

ARRAPAT, ADA, adj. et p. (arrapá, áde); *Arrapad*, cat. pris, attaché. V. *Rap*, R.

ARRAPIOUNAR S', v. r. (s'arrapiouná); ARPIOUNAR SE, fréquentatif de *s'arrapar*, se prendre partout.

ARRAR, V. *Arrhar*.

ARRARIR, v. a. (arrarir). Émonder, éclaircir, couper les branches inutiles d'un arbre; diminuer le nombre, rendre rare.

Éty. de *a*, pour *ad*, de *rare*, et de *ir*, devenir rare. V. *Rar*, R.

ARRAS, et dérivés. V. *Arrhas*.

ARRAS, ASA, adj. et p. (arrás, áse). Ras, plein jusqu'au niveau des bords. V. *Ras*, R.

ARRASAMENT, s. m. (arrasaméin); ARASAMENT. Arasement, c'est la surface supérieure d'un cours d'assises, de pierres ou de moellons, ou même d'un ouvrage de menuiserie, mis de niveau dans la longueur.

Éty. de *arrasar* et de *ment*. V. *Ras*, R.

ARRASAR, v. a. (arrasá); *Arrasar*, esp. port. *Arrassar*, cat. Araser, mettre un assise d'un mur au même niveau; combler, remplir, ensevelir un corps mort dans un linceul. dl.

Éty. de *a* pour *ad*, de *rasus*, lat. et de la term. *ar*, rendre ras, mettre au même niveau. V. *Ras*, R.

ARRASAR S', v. r. (s'arrasá). Se blottir, parlant du gibier que l'on poursuit, Garc. Se mettre ras de terre. V. *Ras*, R.

ARRASIN, s. m. dg. Raisin, D'Astros. V. *Rasin*.

ARRASON, s. f. vl. ARRAZO. Raison, motif, cause, tenson, dialogue. V. *Rason*, R.

ARRASSA, (arásse); RASSA, ARRESSA. Mot qui n'est usité que dans cette phrase, *Faire arrassa*, faire faire place, faire reculer, éloigner.

Éty. du grec ἀράσσειν (arassein), heurter, repousser.

ARRASSAR, V. *Harrassar*.

ARRAT, dg. Rat D'Astros. V. *Rata* et *Rat*, R. 2.

ARRAT, adj. vl. *Arranchado*, port. Arrangé, bien ordonné, interg. cri de guerre, vive le roi.

Éty. M. Rayn, fait observer qu'en catalan *arrax* désignait le commandant d'un navire more, et que dans l'anc. esp. *arras*, signifiat, capitaine des gens de guerre, parmi les Mores, et enfin qu'en arabe, *ras*, signifie tête, et *rays*, chef.

ARRATA, s. f. d. béarn. Rat, souris. V. *Rata* et *Rat*, R. 2.

ARRATALHA, s. f. d. béarn. L'engeance des rats, les rats pris collectivement. V. *Ratun*.

Éty. de *arrat*, et de *alha*. V. *Rat*, R. 2.

ARRATIT, IDA, adj. et p. (arrati, ide). Rétif, ive, têtu, ue, Aub.

ARRATOUN, s. m. d. béarn. Petit rat. V. *Ratoun* et *Rat*, R. 2.

ARRATOUNIT, V. *Aratounit*.

ARRAUBAR, v. a. vl. Piller, voler. V. *Raubar*.

ARRAUBERIA, s. f. vl. ARRAUBEYRIA. Volerie.

ARRAUBEYRIA, vl. V. *Arrauberia*.

ARRAUE, adj. d. béarn. Rauque. V. *Rauch* et *Rauc*, R.

ARRAUJA, s. f. (arráoudje), dg. alt. de *rauja*, rage. V. *Ragea* et *Rabi*, R.

Quauque esperit plen de manio,
D'araujo, ou de malencounio.
D'Astros.

ARRAULIT, IDA, adj. et p. (arraouli, ide), dg. *Arraulid*, cat. Engourdi par le froid. V. *Enregoui*, faible, sans vigueur; fluet, malingre. V. *Mistoulin*.

ARRAZO, vl. V. *Arrason*.

ARRAZONAR, v. a. vl. *Arrahonar*, anc. cat. *Arrazoar*, port. Interpeller, requérir. V. *Rason*, R.

ARRE, dg. (arré), pour rien. V. *Ren* et *Re*, R.

ARRE, adj. vl. Sec, desséché, brûlé.

Éty. du latin *arere*, être sec. Lucrèce à dit: *facit are*, pour rendre sec. V. *Ar*, R.

ARRE, dg. V. *Arrier*, dg. rien. V. *Ren*.

ARREAFIUAMENT, s. m. vl. Arrière, inféodation. V. *Feud*, R.

ARREAFIUAR, v. a. vl. Donner à arrière fief. V. *Teud*.

ARREAGI, s. m. (arreádgi). Train, ménage, soins relatifs aux bestiaux.

Éty. V. *Arrear*.

ARREAIRE, s. m. (arreaïré). Celui qui prend soin des bestiaux lorsqu'on les nourrit à la crèche.

ARREAMENT, s. m. vl. *Arreament*, cat. Meuble, ornement, ajustement.

ARREAR, v. n. (arréa). Gouverner, soigner les bestiaux.

Éty. de l'esp. *harrear*, conduire des bêtes de somme, dérivé du lat. *agere*, *ducere*, *arrear*, en portugais, signifie caparaçonner, orner un cheval.

ARREBEQUET, s. m. (arrebequé), dg. Instrument de musique dont D'Astros fait mention, mauvais violon.

Éty. de *rebequet*, v. c. m. avec l'augm. *ar*.

ARREBIRAR S', v. a. et r. d. béarn. Se retourner. V. *Revirar* et *Vir*, R.

ARREBISCOULAR, dg. V. *Reviscoular* et *Vit*, R.

ARREBOULTAR S', v. r. (s'arreboultar, dg. Se révolter. D'Astros. V. *Revoultar se* et *Voulu*, R.

ARREBOUYAR, v. a. d. béarn. Remuer de nouveau. V. *Boul*, R.

ARREBREC, s. m. d. béarn. Avorton.

ARREC, s. m. (arréc). Petit vallon, large ravin.

Éty. M. Du Mège fait venir ce mot du grec ῥηχὸς (Rhêchos), retranchement, fossé.

ARRECAPTAT, ADA, adj. et p. (arrecaptá, áde), dg. *Arrecadado*, port. Reçu, ramassé. D'Astros. V. *Reçauput*, *Reçut* et *Cap*, R. 2.

ARRECEBRE, v. a. vl. Recevoir. V. *Recebre* et *Cap*, R. 2.

ARRECHAMENT, s. m. vl. Erection. V. *Reg*, R.

ARRECHAU, (hieu d'), s. m. d. béarn. Fil d'archal.

Éty. de *ar* et de *richau*.

ARRECOUMANDAR, v. a. d. béarn. V. *Recoumandar*, m. s.

ARRECOUMANDAR S', v. r. d. béarn. Se recommander. V. *Recoumandar se*.

ARRECREYAR, dg. alt. de *Recrear*, v. c. m.

ARREDIT, IDA, adj. et p. (arredi, ide), d. béarn. Refroidi, ie. V. *Rede* et *Rig*, R.

ARRE-FILH, s. m. et impr. *Arre-hill*, d. béarn. Petit-fils. V. *Pichot enfant* ou *Enfant pichot*.

ARREGA, s. f. vl. Raie, sillon. V. *Rega*.

ARREGALH, s. m. (arregaïl), dg. *Arregail*, vigne ou champ planté en vigne.

Éty. du roman *regale*, domaine.

Cultibaben nos champs, nos prats, nos arregails.
Nous cultivions nos champs, nos prés nos vignes.
Bergeyret.

ARREGARDAR, d. apt. V. *Regardar*.

ARREGAUSIR, SE, v. r. dg. Se réjouir, D'Astros. V. *Rejouir-se* et *Jou*, R.

ARREGAUTAR, v. n. (arregaoutá), dg. Avoir en abondance. V. *Refoufar*, vomir. V. *Rejitar*.

Éty. de *ar*, aug. de *re*, itér. et de *gauta*, joue, bouche, et de *ar*, rejeter. V. *Gaut*, Rad.

Aqueste de blat Arreganta.
Més que n'a pas gouto de bin. D'Astros.

ARREGNAR, v. n. vl. Serrer les rangs.

Éty. Pour *arrangear*. V. *Rang*, R.

Pour retenir les rênes, V. *Aregnar* et *Arrenar*.

ARREGUENGUE, dg. *Se care l'arreguengue youer.* D'Astros.

ARREGUIGNAR, v. a. (arreguigná), d. béarn. Regarder du coin de l'œil. V. *Guinchar*.

ARREHAR S', v. r. d. béarn. Se refaire, se rétablir, se remettre d'une maladie.

Éty. de *ar* augm. de *re*, iter. et de *har*, pour *far*, se bien refaire. V. *Fac*, R.

ARREI, s. m. d. béarn. Rien. V. *Ren*.

ARREICH, s. m. dm. (arrëich); ARREIS. *Arrel*, cat. Racine. V. *Racina*.

ARREI-FOUERT, s. m. (arrëi-fóuer). Un des noms du raifort. V. *Raifort*.

ARREIRA, adv. (arrëire). Bientôt, tout à l'heure. Garc. V. *Hour*, R.

ARREIRAGES, V. *Arreiragis*.

ARREIRAGIS, s. m. pl. (arreirádgis); ENDARREIRAGIS, ARREIRAGES. *Arrestrato*, ital. *Atrasados*, esp. Arrérages, paiement d'une rente ou redevance annuelle pour raison desquelles le débiteur est en retard.

Éty. du lat. *ad*, *retro*; ou de *arreire* et de *agi*, qui est resté en arrière. V. *Reir*, R.

ARREIRAR, v. a. et r. (arreïrá); ARREIRAR, ENDARREIRAR, ARRIERAR. Être en arrière de ses travaux, retarder, faire plus tard. V. *Reir*, R. Il est aussi réciproque, rester en arrière, *S'arreirar*.

ARREIRAT, ADA, adj. et p. (arreirá, áde); ARRIERAT, ARREIROUGE. Arriéré, ée, qui n'est pas payé à l'échéance, qui n'est pas au courant de son travail.

Éty. de *arreire* et de *at*, qui est arriéré. V. *Reir*, R.

ARREIRE, int. adv. (arrèiré); ENREIRE, ENRE, ARRIER. *Arrera*, cat. *Indietro*, ital. Arrière, loin d'ici, en arrière, reculez; de rechef, encore, autrefois. Voy. *Reire* et *Reir*, R. *Arreire temps*, vl. ci devant; *Arreire strai*, recule, se retire.

ARREIRE-SESOUN, V. *Reire-sesoun*.

ARREIRET, adv. (arréïré); ARREIRE, dg. Derechef, encore, après. V. *Reir*, R.

ARREIROUGE, OUGEA, adj. (arreiroúdgé); DARRAI, ARRIEIRENC, ARREIRAT. Tardif, ive, qui vient dans l'arrière saison, qui est tardif à payer. V. *Reir*, R. et *Darreirenc*.

ARRELANQUIT, d. apt. V. *Relenquit*.

ARREMARI, s. m. d. béarn. V. *Armari* et *Arm*, R.

ARREMAT, adj. et p. d. béarn. *Arremá*, cat. Éloigné, à l'écart, mis ou laissé loin derrière. Voy. *Reir*, R.

AREMBAR, v. a. vl. Racheter. Voy. *Em*, R.

ARREMENAR, v. a. vl. ARMENAR. Diriger, conduire, retenir, ne pas oublier, arrêter.

Éty. de *menar* et de *arre*, en arrière. V. *Men*, R.

ARREMENAT, ADA, adj. et p. ARMENAT. Arrêté, ée. V. *Men*, R.

ARREMOULIT, dl. V. *Remoulut*.

ARREMOSAR S', v. r. (s'arremouzá) dg. ARREMOSAR S', ARREMOUSAR. Se pelotonner dans le repos, se courber par l'effet de l'âge.

Oun bint degrès de fret me fan arremouza.

Éty. de *arre*, arrière.

ARREMOZAR S', V. *Arremosar s'*.

ARREN, adv. dg. Rien. Voy. *Ren* et *Re*, R.

Lou ben ses plasé n'es arren. D'Astros.

ARRENADOUR, s. m. (arrenadóu); AFICAL, FUVELA, ARENADOUR, RENADOUR, ENRENOIRE. *Arenoir*, espèce de bouton attaché au haut et au devant d'un bât de mulet, où l'on accroche les rênes du bridon, ou la longe du licou.

Éty. de *arrenar* de *our*, qui sert à tenir les rênes.

ARRENAR, v. a. (arrenà). Fixer les rênes au bât ou à la selle, de manière que le cheval ne puisse pas baisser la tête jusqu'à terre.

Éty. de *a*, de *rena* et de *ar*, fixer les rênes à ...

Arrenar, pour *éreinter*, V. *Desrenar*.

ARRENAT, ADA, adj. et p. (arrená, áde). Dont on a fixé les rênes au bât ou à la selle; fig. redressé, rengorgé, éreinté.

Éty. de *a*, de *rena* et de *at*, litt. dont on a fixé les rênes.

ARRENAOUIR, v. a. (arrenaoúi), dg. Renouveller. V. *Renouvellar* et *Nov*, R.

Quan et boulouc coumo joué dit,
Arrenaouï l'ome maudit,
E purga la terro de bici. D'Astros.

ARRENC, s. m. vl. ARENC. Rang, ordre ligne, arrangement, adj. arrangé, ée. V. *Rang*, R.

ARRENDA, s. f. vl. Rente, redevance. V. *Renta*.

ARRENDADOR, s. m. vl. ARENDADOR. *Arrendador*, cat. esp. port. *Arrendatore*, ital. Fermier, amodiateur.

ARRENDAMEN, vl. V. et

ARRENDAR, *Arrendar*, esp. port. V. *Arrentar*.

ARRENDRE, v. a. vl. Rendre, faire devenir, V. *Rendre*.

ARRENGAR, vl. et

ARRENGEAR, Avr. V. *Arrangear*.

ARRENGUEIRAR, v. a. (arreingueïrá). Aligner, mettre en rang, en ligne. Avr. V. *Rang*, R.

ARRENHAR, vl. V. *Aregnar*.

ARRENHAT, ADA, adj. et p. vl. Attaché par la bride. V. *Arrenat*.

ARRENOUM, s. m. (arrenóun), dl. Surnom, sobriquet. V. *Soubriquet*.

Caut et sec lou qu'es Est de nom,
E souledre de l'arrenoum. D'Astros.

Éty. de *arre*, rière, et de *noum*, arrière-nom. V. *Nom*, R.

ARRENSO, adj. vl. En arrière, par derrière, à reculons. V. *Reire*, *en* et *Reir*, R.

ARRENTAMENT, s. m. (arreintaméin); ARRENDAMENT. *Arrendamento*, port. *Arrendamiento*, esp. *Arrendament*, cat. Bail à loyer, bail à ferme, location. Arrentement ne se dit en français, que d'un bail à rente, V. *Renta*.

ARRENTAR, v. a. (arrentá); ARRENDAR. *Arrendar*, esp. port. cat. Prendre et bailler à ferme, prendre et donner à loyer.

Éty. du lat. *reddere*. On afferme un domaine, une terre, un jardin, et on loue une maison, une voiture, etc. *Arrentar l'herba deis prats*, vendre la jouissance et dépouille des prés.

Arrenter, signifie en français, donner à rente, ou aliéner moyennant un pris convenu.

ARRENTAT, ADA, adj. et. p. (arreintá, áde); *Arrendado, ada*, esp. port. *Arrendad*, cat. Affermé, ée.

ARREPAIGRAN, s. m. anc. béarn. Rière grand-père.

Éty. de *arre*, rière, de *pai*, père, et de *gran*, grand. V. *Reir*, R.

ARRE-PAPOUN, s. m. (arré-papóun) d. béarn. Bisayeul.

Éty. de *arre*, *rière*, et de *papoun*, augm. de *papa*, rière-grand-père. V. *Reir*, R.

ARREPASTAR, v. n.

ARRESPASTAR, SE, v. r. (arrepastá), d. béarn. Repaître se repaître. V. *Tempir se* et *Part*, R.

ARREPENTIT, IDA, adj. et p. dg. *Arrepentido, ida*, esp. port. *Arrepentid*, cat. V.. *Repentit, ida*.

ARREPRESENTAR, dg. Représenter, D'Astros. V. *Representar* et *Ser*, R. 3.

ARREPROUE, s. m. (arreproué), dg. Proverbe.

Car l'arreprouë lous enseigne
Que qui nou panara l'estiou
Nou beyra la caro de Diou. D'Astros.

ARREQUINCAT, **ADA**, adj. (arrequïncá, áde), d. béarn. Redressé, ée, qui se rengorge. V. *Requinquilhat.*

ARRERFIEU, s. m. vl. ARRIEFEUS. Arrière-fief. V. *Feud*, R.

ARRESCAR, v. (arrescá), dg. ?

Mentre que lou beyro ero arresquo.
D'Astros.

ARRESIN, s. m. d. béarn. Raisin. V. *Rasin.*

ARRESOUNAMENT, s. m. (arresounaméin). Garc. V. *Resounament* et *Rason*, R.

ARRESOUNAR, Garc. *Arrezoar*, port. V. *Resounar* et *Rason*, R.

ARRESSAR, v. a. vl. Dresser, bander. V. *Reg*, R.

ARRESSOUSCITAR, dg. ressusciter, d'Astros. V. *Ressuscitar.*

ARREST, Radical dérivé du grec ἀρεστόν (areston), arrêt, ordonnance, décret, formé de ἀρέσκω (areskô), concilier, plaire, d'où l'ancienne formule ; *car tel est notre bon plaisir*, qui se trouve au bas des édits des rois de France, et qui veut dire: *ce qui a été arrêté par nous*, et non *ce qui nous plaît.* V. aussi. *Rest*, R.

De *areston*, par apoc. et doublemant de *r*, *arrest;* d'où: *Arrest, Arresta-ment, Arrest-at, Arrest-ation.*

ARREST, s. m. (arrést); RES. *Arresto*, ital. esp. *Arrest*, cat. *Aresto*, port. Arrêt, jugement souverain et sans appel ; fig. jugement, décision, saisie ; action du chien qui arrête le gibier, etc.

Éty. du grec ἀρεστὸν (areston), arrêt, ordonnance. V. *Arrest.* R.

Arrest de cebas, d'*ailhet*, glane d'oignons, d'aux. V. *Rest.*

Autrefois on ne donnait le nom d'arrêt qu'aux jugements rendus dans les affaires d'audience, et ils s'expédiaient en latin. Ce n'est que depuis 1509 qu'ils sont rédigés en français, d'après une ordonnance de François Ier.

ARRESTA-ARRESTA, (arrèste-arrèste), impér. du verbe *arrestar*, arrête, arrête. V. *Rest*, R.

ARRESTADA, s. f. (arrestáde), d. bas lim. Action de s'arrêter, temps pendant lequel on s'arrête: *Laissaz me anar, n'ai pas d'arrestáda*, laissez-moi partir je ne puis m'arrêter.

Éty. de *arrest* et de *ada*. V. *Rest*, R.

ARRESTAMENT, s. m. (arrestaméin); *Arresto* et *Arrestamento*, ital. Arrêt, saisie, soit d'une personne, soit des biens ; défense à un débiteur de payer une somme que son créancier doit à un autre.

Éty. de *arrestar* et de *ment*, action d'arrêter. V. *Rest* et *Arrest*, R.

Arrestament de compte. V. *Arrestat.*

ARRESTANCAR, d. apt. V. *Estancar.*

ARRESTAR, v. a. (arrestá); *Arrestare*, ital. *Arrestar*, esp. cat. port. Arrêter, retenir, empêcher d'aller ou de dire ; faire cesser, réprimer, attacher, déterminer, régler, saisir par autorité de justice ; engager pour servir: *Ai arrestat un varlet*, j'ai arrêté ou retenu un domestique ; régler, déterminer, en parlant des chiens, s'arrêter à l'approche du gibier.

Éty. du lat. *restare*, s'arrêter. V. *Rest*, Rad.

Arrestar lou jour, fixer le jour.

Arrestar lou sang, étancher le sang.

Arrestar una bocha, caller une boule.

ARRESTAR S', v. r. S'arrêter, demeurer, cesser de marcher, d'agir ou de parler ; se fixer dans un lieu, se déterminer. V. *Rest*, R.

ARRESTAT, **ADA**, adj. et p. (arrestá, áde) ; *Arrestad*, cat. *Arrestado*, esp. Arrêté, ée, fixé en parlant des choses ; conclu, quand il s'agit d'un marché ; posé, sage, réservé, lorsqu'il est question des personnes.

Éty. de *arrest*, et de *at*, qui a un lien, de la retenue, quelque chose qui le fixe. V. *Arrest*, R.

Un jouine home ben arrestat; Tr. Un jeune homme sage, réservé, vertueux.

Aqueou chin arresta ben; ce chien arrête ferme.

ARRESTAT, s. m. (arrestá) ; DÉLIBERATION. *Arresto*, ital. Arrêté, délibération prise, résultat des délibérations, décision d'une autorité administrative, arrêté de compte. V. *Arrest*, R.

ARRESTATION, s. f. vl. (arrestatie-n) ; *Arrestazione*, ital. *Arrestacion*, esp. Arrestation, action d'arrêter quelqu'un, de l'empêcher de continuer sa route ; l'action de se saisir d'une personne et de l'emprisonner, en exécution d'un ordre supérieur, d'un jugement ; saisie. V. *Rest* et *Arrest*, R.

ARRESTAURAR, d. langued. altér. de *Restaurar*, v. c. m.

ARRESTAZON, s. f. vl. Pause, alte.

Éty. de *arrest*, et de *azon*, action de s'arrêter. V. *Rest*, R.

ARRESTER, s. m. d. béarn. ARRESTE. Filet. V. *Arret* et *Rest*, R.

ARRET, s. m. (arré) ; TREMAILH, MAILHADA, ARAGNOOU, TREMAILHADA, ENTREMAILHADA, ARRESTER, TIS, TISSE-D'ENTREMALHADA, AREST. Tramail et trémail, filet composé de trois nappes, dont deux extérieures d'un fil fort, à grandes mailles correspondantes, appelées, *hameaux* ou *aumées*, et d'une troisième qui flotte entre les deux autres, d'un fil tenu, à petites mailles, qu'on appelle *nappe*, *toile* ou *flue*. Le haut de ce filet est garni d'anneaux dans lesquels on passe une perche pour le traîner.

Éty. *arret*, de *arrestar*, parce qu'il arrête tout ce qui passe. V. *Rest*, R.

ARRETENER, v. a. vl. Retenir, garder dans la mémoire. V. *Retenir.*

ARRETREYTE, s. f. (arretréïte), dg. Retraite, D'Astros. V. *Retreta.*

ARREY, s. m. vl. *Arreus*, cat. *Arreos*, esp. Train, équipage de guerre.

Éty. de la basse latinité, *arraiamentum*, *arramentum*, que l'on dit venir de *arrigare*. Roq. ou plutôt, de *retro*, arrière, parce que les équipages suivent, viennent derrière. V. *Reir*, R.

ARREYA, s. f. (arrèye), d. béarn. L'épine du dos, l'échine. V. *Esquina.*

ARREYRAGE, s. m. vl. ARREYRAGE. V. *Arreiragis.*

ARREZAR, v. a. vl. Orner, garnir, mettre en état de service.

ARRHAS, s. f. pl. (árrhes) ; ARRAS, CAPARRAS. *Arre*, ital. *Arras*, esp. port. Arrhes, argent qu'on donne pour assurance de l'exécution d'un marché.

Éty. du grec ἀῤῥαβὼν (arrhabôn), qui vient de l'hébreu, *arab*, écrit avec un *ain*, promettre, donner des assurances.

Dounar d'arrhes ; arrher. V. *arrhar.*

En sourtent doou néant ho deplourable sort,
L'home fach per mourir, prend *d'arrhas* de la mort.
Coye.

ARRHAR, v. a. (arrhá) ; ARRAR, ENCAPARRAR, ARRESTAR, DOUNAR D'ARRHAS. Arrher, s'assurer d'une chose en donnant des arrhes.

Éty. de *arrhas* et de *ar*.

ARRHAT, **ADA**, adj. et p. (arrhá, áde) ; *Arrato*, ital. anc. Arrhé, ée.

ARRI, s. m. (árri). Écart: *A fach un gros arri*, il a fait un gros écart, il a commis une grand erreur ; *Faire arri*, signifie aussi ramer en sens contraire pour aborder, ce mot dériverait alors de *arreire*, arrière.

ARRI, *Arri*, cat. ital. *Arre*, esp. port. Sorte d'impératif, qui comme *i*, signifie marche, allons, vas ; *Arri moun ai*, marche donc ; *Arri que te couchi*, vas que je te pousse.

Éty. ce mot paraît dériver du grec ἄῤῥυ (arry), mot dont les chasseurs faisaient usage pour exciter leurs chiens, et les rameurs pour s'animer au travail, selon Hesychius.

Marchetti prétend que *arri*, vient de l'hérétique Arius, que les Provençaux ont tourné en dérision, parce qu'il avait voulu introduire ses principes à Marseille.

Il paraît plus naturel de faire dériver ce mot de l'Espagnol *harre*, qui est employé dans le même sens que notre *arri; harre*, est un mot arabe d'origine, il signifie proprement marche, avance ; les Anglais disent dans le même sens *to harri* ; *ari*, en celt. désigne un âne.

Per las interjectios excita hom
Soen las bestias, coma arri !
Leys d'amor.

Le père Thomassin le fait venir de l'hébreu *arah*, *ire*, *iter agere*, aller, faire route.

ARRIBADA, s. f. (arribáde) ; VENGUDA. *Arrivo*, ital. *Arribada*, esp. port. cat. Arrivée, la venue de quelqu'un ou de quelque chose en un lieu, en terme de marine, arrivage, abord des vaisseaux dans un port.

Éty. de *ar* pour *ad*, de *riba*, rivage, bord, et de la term. pass. *ada*, qui est venu au bord. V. *Rib*, R.

ARRIBAGI, s. m. (arribádgi) ; ARRIBAGE. *Arribage*, esp. *Arribação*, port. Arrivage, abord des vaisseaux dans un port, des marchandises par les bateaux. Garc. V. *Rib*, R.

ARRIBALH, s. m. vl. ARRIBALL. Arrivage, abordage, cale, quai où les bateaux abordent, arrivent. V. *Rib*, R.

ARRIBAMEN, s. m. vl. *Arribament*, anc. cat. *Arrivamento*, ital. Arrivage, abordage, rivage. V. *Rib*, R.

ARRIBAR, v. a. (arribá), dm. et bas

lim. S'emploie quelquefois dans le sens de *Estremar*, de *Rebarir*, v. c. m.

Chaque enfant a soin de sa mayre,
L'ariba, et l'embouca, pecayre. Tandon.

ARRIBAR, v. n. (arribá); ARRIVAR. *Arribare*, ital. anc. *Arribar*, esp. port. *Arrivare*, ital. mod. *Arribar*, cat. Arriver, aborder, parvenir dans un lieu où l'on voulait aller, survenir, avoir lieu; et à l'impersonnel: *Sit'arriba de mentir*, s'il t'arrive de mentir; mettre à terre.

Éty. du lat. *ar* pour *ad*, vers, de *riba* pour *ripa*, et de l'act. *ar*, aller au rivage; *Ad ripam appellere*. V. *Rib*, *R*.

Fai que d'arribar, il vient d'arriver, il arrive à peine, et non, *il ne fait que d'arriver.*

ARRIBAR L', s. m. Le même que *Arribada*, v. c. m.

Et si ton arribar *nou y aguesse mes fin,*
Cresy certanament, que foussy vengut lebre.
Loys de la Bellaudière, 1595.

ARRIBAT, ADA, adj. et p. (arribá, áde); *Arribado*, esp. port. *Arribad*. cat. Arrivé, ée, parvenu à sa destination. V. *Rib*, R.

ARRIBEIRA, et

ARRIBERA, s. f. d. béarn. Rivière. V. *Ribiera* et *Riv*, R.

ARRIBET, s. m. d. béarn. Petit ruisseau, dim. de *arriou*. V. *Riv*, R.

ARRIDE, v. n. d. béarn. Rire. V. *Rir*, Rad.

ARRIDENTOU, adj. d. béarn. Riant. V. *Rient*, *Risent* et *Rir*, R.

ARRIEGE, s. m. (arrièdgé); *Ariega*, esp. Ariège (département de l'), dont le chef-lieu est Foix.

Éty. d'une rivière des Pyrénées, nommée *Arriega*, en latin.

ARRIEIRAR, V. *Arreirar.*

ARRIEIRENC, V. *Arreirouge.*

ARRIER, adv. (arrié); *Arriedro*, esp. Arrière, en arrière. V. *Arreire.*

ARRIERAT, Garc. V. *Arreirat.*

ARRIES, adv. (arrié); *Arre*, *Arriedro*, esp. En arrière, retournez en arrière.

Éty. de *a* et de *reire*, formé du lat. *retrò*, m. s. V. *Reir*, R.

ARRIFORT, d. de Carpentras, et

ARRIFOUERT, d. apt. V. *Raifort.*

ARRIGOULAR, v. a. (arigoulá), dl. RIGOULAR. Gorger, souler, ennuyer, déplaire, incommoder. V. *Sadoular.*

Éty. de *ari* ou *arri*, en avant, ou augm. de *goula*, bouche, et de l'act. *ar*, à bouche que veux tu. V. *Goul*, R.

ARRIGOULAR S', v. r. dl. Se régaler, se rassasier, se gorger. V. *Goul*, R.

ARRIMAGI, s. m. (arrimádgi); ARRIMAGE. *Araumage*, esp. *Arrumação*, port. Arrimage, l'arrangement de la cargaison d'un vaisseau, l'action de l'arrimer.

Éty. V. *Arrimar*, et la term. *agi.*

ARRIMAR, v. a. (arimá); *Estivar*, *Arrumar*, esp. port. Arrimer, arranger, disposer la cargaison d'un navire.

Éty. de *a* privat. et du lat. *rima*, fente, crevasse, ne laisser pas de fente, de place vide, ou de *rimari*, chercher avec soin, scruter.

ARRIMUR, s. m. (arrimúr); *Rimur*, *Arrumador*, port. Arrimeur ou arrumeur, officier établi dans les ports pour surveiller l'arrangement des cargaisons.

Éty. V. *Arrimar*, et la term. *ur*, ou de *rimator*, qui scrute, qui cherche avec soin.

ARRIOU, s. m. (arriou), dg. Ruisseau. D'Astros. V. *Riou* et *Riv*, R.

ARRIOUANA, s. f. (arrioùane), dg. Groseilles. V. *Roulanas.*

Buonoplateyo d'arriouanos. D'Astros.

ARRIRE, dg. V. *Rire.*

Tout arrits, *tout nada de gay.* D'Astros.

Éty. du lat. *arridere*, m. s. V. *Rir*, R.

ARRIRE S', v. r. m. d. Se rire, se moquer. V. *Rir*, R.

ARRISC, s. m. (arrisc); *Arrisc*, cat. *Riesgo*, esp. Risque, danger.

A l'arrisc, au risque.

ARRISCAR, v. n. (arriscá); *Arriscar*, esp. port. cat. *Arriscare*, ital. pour risquer. V. *Riscar* et *Risc*, R.

ARRISE, s. m. (arrisé), anc. dg. ARRISSE. Ris, rire, v. c. m.

Éty. du lat. *arridere*. V. *Rir*, R.

ARRISELAT, ADA, adj. (arriselá, áde), dg. Riant, ante. V. *Risent* et *Rir*, R.

Per lou tengue la facio fresquo,
Arriselado, *biauo é gayresquo.* D'Astros.

ARRISENT, ENTA, adj. (arriséin, éinte) dg. V. *Risent* et *Rir*, R.

ARRISSE, (arrissé), dg. V. *Rire* et *Rir*, R.

Pendent que mous drolles pihaignon,
E que d'arrissa s'ancacaigno. D'Astros.

ARRITA, Gl. occit. *Arrite*, désignait une petite monnaie en usage dans le comté de Bigorre.

ARRIVELAMENT, adv. d. vaud. Dubitativement, d'une manière douteuse.

ARRODA, s. f. d. béarn. Roue. V. *Roda* et *Rot*, R.

ARROGAMMENT, adv. (arrougamméin); ARROUGAMMENT. *Arrogantemento*, ital. esp. port. *Arrogantment*, cat. Arrogamment, avec arrogance.

Éty. du lat. *arroganter*, ou de *arroganta* et de *ment*, et par sync. *arrogamment.* V. *Rog*, R.

ARROGAN, vl. V. *Arrogant.*

ARROGANÇA, s. f. ARROUGANDISA, IMPERTINENCI. *Arroganza*, ital. *Arrogancia*, esp. port. cat. Arrogance, morgue jointe à des manières hautaines et impérieuses ou à des prétentions hardies.

Éty. du lat. *arrogantia*, m s. V. *Rog*, R.

M'a respondut am'una arrogance!
Il m'a répondu si arrogamment.

ARROGANT, ANTA, adj. (arrougán, ánte); ABOGANT, ARROUGANT. *Arrogante*, ital. esp. port. *Arrogant*, cat. Arrogant, ante, qui a de la morgue avec des manières hautaines et impérieuses.

Éty. du lat. *arrogantis*, gén. de *arrogans*. V. *Rog*, R.

ARROMANER, v. n. vl. Rester, demeurer.

Éty. de *ar* pour *ad*, de *ro* pour *re*, et de *maner*. V. *Mas*, R.

ARRONFLANT, ANTA, adj. (arronflán, ánte), dg. alt. de *Rounflant*, v. c. m. et *Rounfl*, R.

ARROSADOUR, s. m. (arrousadoú), dg. ARROUSADOUR. Arrosoir. V. *Arrousoir.*

ARROSAGI, s. m. (arrousádgi); ARROUSAGE, ASAIGUAGE, ARROUSAGI. *Egamiento*, esp., *Irrigazione*, ital. Arrosage et arrosement, l'action d'arroser.

Éty. du lat. *irrigatio*. V. *Ros*, R.

ARROSAIRE, ARELA, s. ARROUSAIRE. Celui, celle qui arrose, qui est chargé d'arroser. Aub.

ARROSAMENT, s. m. (arrousaméin); ARROSAMENT, s. m. Arrosement, action d'arroser les plantes. Garc.

ARROSAR, v. a. (arrousár); AIGUAR, ASAIGNAR, AZAGAR, BAGNAR, AZAGUAR, ARROUSAR. *Irrigare*, ital. *Regar*, esp. Arroser, humecter en répendant de l'eau.

Éty. du lat. *irrigare* ou *adrorare*, dérivé du grec ῥαίνω (rhainô), le même, ou de *a*, de *rosada* et de *ar*, répandre la rosée. V. *Ros*, Rad.

Asaiguar las bourtoulaiguas, dl. pleurer.
Asaiguar soun vin, dl. tremper le vin.
Asaiguar à regas, dl. arroser par irrigation ou par immersion.

ARROSAR S', v. r. (s'arrouzár); ARROUSAR S'. S'humecter au moyen de l'eau, et ironiquement, se mouiller à la pluie, essuyer une averse. V. *Ros*, R.

ARROSAT, ADA, adj. et p. (arrousá, áde); AIGUAT, ARROUSAT. *Regado*, port. Arrosé, ée.

Éty. du lat. *irrigatus*, m. s. V. *Ros*, R.

ARROSOIR, s. m. (arrousóir), lang. mod. ARROUSOUAR, ARROUSOIR. *Regadera*, esp. Arrosoir, vase propre à arroser les plantes.

Éty. de *arrousar* et de *oir*, qui sert à arroser. V. *Ros*, R.

Dans un arrosoir on nomme:

CORPS ou VASE, la partie qui contient l'eau.
FOND, la partie inférieure.
GUEULE ou OUVERTURE, la grande ouverture supérieure.
ANSE ou POIGNÉE, la partie que la main saisit, il y en a souvent deux, une latérale et une supérieure
CONDUIT, le tuyau par où l'eau s'écoule, dont la partie supérieure porte le nom de *gouleau*.
POMME ou CRIBLE, la pomme évasée et percée de petits trous, qu'on ajoute au goulot.
POIGNÉE SUPÉRIEURE, l'anse horisontale
ROULEAU, le cylindre qui fixe le tuyau au corps de l'arrosoir.

ARROUFFAYRE, s. m. (arrouffáiré), dg. Souffleur.

Éty. *Rouffayre* est une alt. de *rounflaire*, avec l'augm. *ar*. V. *Rounfl*, R.

Suber tout d'aquet Arrouffayre.
D'aquet gran galouflat de l'ayré.
D'Astros.

ARROUGANÇA, et

ARROUGANDISA, Garc. V. *Arrogança.*

ARROUGANT. V. *Arrogant.*

ARROUGANTISA. Aub. V. *Arrogança.*

ARROUGEAR S', v. r. (s'arroudjá). *Arrogarsi*, ital. *Arrogarse*, esp. port. S'arroger, requérir avec hauteur, s'attribuer quelque chose mal à propos et avec insolence.

Éty. du lat. *sibi arrogare*; ou de *rogare ad se*. V. *Rog*, R.

ARROUIGNOUS, OUSA, adj. (arrouignóus, óuse), dg. Sale, mal propre.

Éty. de *ar*, augm. de *rouignous*, pour *rougnous*. V. *Rougn*, R.

E quon sires?
Arrouignous *coum te blanquires*.
D'Astros.

ARROUINAR, v. a. En terme de maçon, aplanir, niveler, rendre un plancher uni pour le carreler ensuite. Avr. V. *Rouin*, R.

ARROUINAR, v. a. (arrouiná), *Arruinar*, esp. port. cat. Ruiner, causer la ruine, la perte des biens de quelqu'un.

Éty. de *ar* pour *ad*, de *rouina* et de *ar*, conduire à la ruine. V. *Rouin*, R.

ARROUINAR S', v. r. *Arruinar se*, port. Se ruiner, perdre ses biens, ruinir sa santé. V. *Rouin*, R.

ARROUINAT, ADA, adj. et p. (arrouiná, áde); *Arruinado*, esp. port. *Arruinad*, cat. Ruiné, ée. V. *Rouin*, R.

ARROUIT, adj (arroui), dl. Maigre, exténué.

ARROULH, d. de Toul. V. *Barroulh*, bâton plat.

ARROULHA, s. f. ARROUILLE. d. béarn. *Arroyo*, *Arroyuelo*, esp. *Arroio*, port. Ruisseau.

Éty. du lat. *rivulus*, m. s.

Sedude siou bord d'ibe arrouille.
Assise sur le bord d'un ruisseau.
Trad. des Fabl. de la Font.
De toute bande les graouilles
Le beden passa, tantecan
De sauta cabbat les arrouilles. ibid.

ARROUMERAR, v. a. d. béarn. Disposer en rond, réunir des objets épars.

ARROUMIC, s. f. (arroumic), nom gasc. de la fourmi. V. *Fourmiga* et *Fourmig*, R.

ARROUMICADA, s. f. (arroumicáde), d. béarn. Fourmillière. V. *Fourmiguiera* et *Fourmig*, R.

ARROUMIT, s. m. (arroumi), nom béarn. de la fourmi. V. *Fourmiga* et *Fourmig*, R.

ARROUN, adv. (arróun), d. béarn. Derechef. V. *Mai*.

ARROUNÇAR, v. a. (arrounçá), d. béarn. Lancer. V. *Lançar* et *Traire*.

ARROUND, A D', adv. (à d'arróund), d. béarn. L'un après l'autre, sans choix. Voy. *d'Arré à*, ou de *Ar*, pour *Ad*, et de *Round*, à la ronde. V. *Rot*, R.

ARROUNDIR, v. a. (arroundir), ARRONDIR. *Ritondare*, ital. *Redondear*, esp. port. Arrondir, rendre rond; et fig. étendre son héritage, joindre à son domaine ce qui peut y convenir.

Éty. du lat. *rotondare*, ou de *a*, de *round* et de *ir*, faire devenir rond. V. *Rot*, R.

ARROUNDIR S', v. r. S'arrondir, devenir rond, ajouter à une terre pour la convenance. V. *Rot*, R.

ARROUNDISSAMENT, s. m. (arroundissaméin), *Tondamento*, ital. *Redondeamiento*, esp. *Redondeamento*, port. Arrondissement, l'action d'arrondir ou le résultat de cette action; division territoriale d'un département, soumis à l'administration d'un sous-préfet. Au commencement de 1837, il y avait en France 364 arrondissements.

Éty. du lat. *rotundatio* et de *a*. V. *Rot*, R.

ARROUNDIT, IDA, adj. et p. (arroundi, ide); *Redondeado*, port. Arrondi, ie.

Éty du lat. *rotundatus*, m. s. V. *Rot*, R.

ARROUPIMENT, s. m. (arroupiméin). Nonchalance, insouciance. Aub.

ARROUPIR S', v. r. (s'arroupir). Devenir pesant, insouciant. Aub.

ARROUPIT, IDA, adj. et p. (arroupi, ide). Rabougri Aub.

ARROUQUET, s. m. (arrouqué), dg. espèce d'Oiseau.

*Digam l'*arrouquet, *la paloumo,*
E la tourtero, e la couloumo.
D'Astros.

ARROUS, s. f. d. béarn. La rosée.

Éty. du lat. *ros, oris*, m. s., et de *ar*, prép. V. *Ros*, R.

ARROUS, OUSSA, adj. dg. Rous, ousse, D'Astros. *Arruivascado*, port. alt. de *Rous*, v. c. m. et *Rous*, R.

ARROUSAR, et composés. V. *Arrosar*.

ARROUSECQ, s. m d. béarn. Filet pour prendre du poisson.

ARROUSSEGAR, v. a. d. béarn. *Arrossegar*, cat. Traîner lourdement. V. *Tirassar*.

Éty. de *ar* pour *ad*, de *rouss* pour *rossa*, et de *egar* pour *egear*, traîner comme une rosse.

ARROUSSIGNOOU, alt. du dg. de *Roussignol*, v. c. m.

ARROUSSIGNOULET, s. m. dg. alt. de *Roussignolet*, v. c. m.

ARROUSSY, s. m. anc. béarn. Roussin, âne. V. *Rous*, R.

ARRUCAR S', v. r. (s'arrucá), dl. *Arrocharse*, port. S'appuyer, s'adosser contre quelque chose pour dormir, pour reposer, pour rêver; se ranger, se coller contre un mur pour laisser passer une voiture; s'attacher, se prendre à quelque chose; se rétrécir, s'entasser en soi-même, s'amonceler, plier les épaules de crainte, de frayeur. V. *Amouchounar*, *Appuyar*, *Arrangear*; s'accroupir de froid, en dg.

ARRUCAT, ADA, adj. et p. (arrucá, áde), dl. Appuyé, soutenu, affermi, selon le verbe.

ARRUMAT, ADA, adj. et p. (arrumá, áde), dl. à demi-brûlé.

ARRUSAT, ADA, adj. d. apt. Voy. *Rusat*.

ARS

ARS, désinence dérivée par apoc. du lat. *arsus, a, um*, brûlé, ée, elle indique que le lieu qu'elle concourt à désigner a été dans un temps la proie des flammes; on sait que lors de l'invasion des barbares, et pendant les guerres de religion, un grand nombre de villes, villages et hameaux, furent livrés aux flammes, et que pour perpétuer le souvenir de ces calamités, on leur donna, en les reconstruisant, le nom de *Villa-arsa*, et par contraction *Villars*.

Ne confondez point cette terminaison, ni avec *ard*, ni avec *art*.

ARS, vl. Il ou elle brûla, troisième pers. du sing. du parfait simple, de *ardre*, brûler. V. *Ard*, R.

ARS, s. f. vl. pour forteresse. V. *Arx*.

ARS, ARSA, adj. et p. Brûlé, ée.

Éty. du lat. *arsum*. V. *Ard*, R.

ARS, s. m. pl. (árs). Membres et veines d'un cheval, saigner un cheval aux quatre ars.

Éty. Contr. du lat. *artus*.

ARSAR, v. a. vl. Brûler, enflammer, *ardre*, en vieux français. V. *Ardre* et *Brular*.

Éty. du lat. *arsum*, sup. de *ardere* et de *ar*, V. *Ard*, R.

Arsera, vl. Je brûlerais, il ou elle brûlerait.

ARSAT, ADA, adj. et p. (arsá, áde), vl. Brûlé, ée, enflammé.

Éty. du lat. *arsus, arsa*, m. s. V. *Ard*, R.

ARSEMISA, vl. V. *Artemisa*.

ARSENAL, s. m. (arsenál); ARSENAU. *Arsenale*, ital. *Arsenal*, esp. port. Arsenal, vaste magasin et fabrique d'instruments de guerre, dépôt de fournitures navales et des équipages de mer, *parc*, à Marseille.

Éty. du lat. *arcis*, gén. de *arx* et de *navalis*, citadelle de mer, ou de l'arabe *ar-senaah*, atelier, magasin.

ARSENAU, V. *Arsenal*.

ARSENIC, s. m. (arsenic); *Arsenico*, esp. port. ital. *Arsenicum*, lat. *arsenic*, cat. Arsenic, métal cassant, acidifiable, d'une couleur noire, brillante quand il est pur, mais il est peu connu dans cet état.

Le nom d'arsenic, dans le langage vulgaire, est plus particulièrement appliqué à son oxide blanc ou acide arsenieux.

Éty. du grec ἀρσενικὸν (arsénikon), formé de ἄρσην (arsén), mâle ou homme, et de νικάω (nikaô), vaincre, tuer.

Les accidents journaliers et les malheurs auxquels donne lieu cette terrible substance, devraient la faire entièrement proscrire du commerce.

Es un arsenic, dit-on figurément d'une personne très-méchante.

L'Arsenic métal n'a été bien connu qu'en 1733, et c'est à Brandt, qu'on doit cette découverte.

ARSENISA, s. f. (arsenize). Nom lang. de l'armoise. V. *Artemisa*.

Éty. alt. de *artemisia*.

ARSER, adv. vl. *Iersera*, ital. Hier soir, hier au soir.

Éty. du lat. *Heri sero*.

ARSEVESQUE, vl. V. *Archevesque*.

ARSI, s. m. (ársi), dl. Soif, altération.

Éty. de *arsus*, brûlé, enflammé, expr. fig. V. *Ard*, R.

ARSICOUN, s. m. (arsicóun). Petite fourmi dont la piqûre est violente, Garc. brûlante. V. *Ard*, R.

ARSIDOUR, s. m. (arsidóu); ARSIDOU. Ecurie où l'étalon fait sa monte, Garc. où il s'échauffe, se met en feu. V. *Ard*, R.

ARSIER, Garc. altér. de *Acier*, v. c. m.

ARSINET, s. m. (arsiné). Crochet pour soutenir le fêle, terme de verrier. Garc.

Éty. V. *Ard*, R.

ARSIPERO, V. *Eresipela.*

ARSO, *Arso*, cat. V.

ARSON, s. m. vl. *Arsão*, port. Voy. *Arçoun.*

ARSSEVESQUE, vl. V. *Archevesque.*

ARSUM, s. m. vl. Ardeur, chaleur, brûlure.

Éty. de *ars* et de *um*. V. *Ard*, R.

ARSURA, ARDURA, s. f. vl. *Arsura*, anc. cat. ital. Brûlure, incendie.

Éty. de *ar* et de *ura*, chose brûlée. Voy. *Ard*, R.

ART

ART, ARTI, ARTIS. rad. pris du latin *artis*, gén. de *ars*, art, profession, métier, emploi, et dérivé du grec ἀρέτή (arétê), vertu, force, perfection, ou de ἄρω (arô), adapter, ajuster, accommoder.

De *artis*: *Artis-an*, *Artisan-ot*, *Artis-ia*.

De *artis*, par la suppression de *s*, *arti*; d'où: *Arti-fex*, *Arti-fici*, *Artifici-el*, *Artifici-er*, *Artifici-ous*, *Artificiosa-ment*, etc.

De *artis*, par apoc. *art*; d'où: *Art*, *Artisto*, *Artisto-ment*, *Art-ilh-aria*, *Art-ilh-ur*, *Art-os*.

ART, ARDA. V. *Ard*. désin. qui, ajoutée à un nom de lieu, compose un autre nom qui indique l'habitant de ce lieu, ainsi: *Mountagnart*, *Alloussart*, *Seynart*, *Savouyart*, *Campagnart*, etc. désignent celui qui habite la montagne, Allos, Seyne, la Savoye, la campagne, etc.

Prise dans ce sens, cette terminaison pourrait venir du grec ἀρτάω (artaô), dépendre de; ou du latin *altus*, nourri, par le changement ordinaire de *l* en *r*, et la suppression de la désinence, ainsi: *Mountagnart*, *Savouyart*, signifieraient littéralement, qui dépend ou qui se nourrit dans la montagne, dans la Savoye, etc.

Ajoutée à d'autres noms, cette désinence leur donne la signification d'esprit, manière d'être, d'habitude, d'usage, et paraît être dérivée de l'allemand *art*, nature, inclination, tempérament, complexion, pente naturelle, humeur, naturel, esprit, entendement, génie, caractère, etc.; ainsi, *billard*, *bavard*, *brancard*, *cuissard*, *cornart*, *gulart*, *mouchart*, *nasilhart*, *pilhart*, etc., etc. composés de *Bilha-art*, *Bava-art*, *Branca-art*, *Cuissa-art*, *Corna-art*, *Gula* pour *Goula-art*, *Moucha-art*, *Nas-art*, *Pilha-art*, etc., signifieront qui est propre à la bille, sous-entendu jeu; qui a l'habitude de baver, parce que un grand parleur laisse souvent échapper de la salive, qui est sujet aux cornes; qui se fait remarquer par la gueule; qui a la parole, le génie nasillard; qui pille, qui a l'habitude de piller; qui fait comme les mouches, qui va furetant partout, etc. V. tous les mots en *Art*.

ART, vl. Il ou elle brûle. de *ardre*, brûler. V. *Ard*, R.

Éty. du lat. *ardet*.

ART, s. m. (ár); *Arte*, esp. port. ital. *Art*, cat. Art, méthode, adresse, industrie, fig. ce qui est opposé à nature, ouvrage de l'art, ouvrage de la nature.

Éty. du lat. *ars*, *artis*. V. *Art*, R.

ARTS, s. m. pl. (árs). Arts. On les distingue en arts libéraux ou beaux arts, et en arts et métiers ou arts mécaniques. Voy. *Art*, R.

Xénophon, dans son livre sur l'Économie, distingue déjà parfaitement ces deux espèces d'arts.

En 1015 avant J.-C., le temple de Jérusalem, construit sous le règne de Salomon, offre des chefs-d'œuvre de sculpture, d'architecture, d'orfévrerie et de fonte, qui attestent les progrès des arts à cette époque, en Égypte et en Phénicie.

En 622 de J.-C. Mahomet décerne la peine de mort contre celui qui s'appliquera aux arts libéraux.

En 1550, Médicis, à Florence; Léon X, à Rome et François I, en France, redonnent la vie aux beaux arts.

ARTA, s. f. (árte). Teigne, artison. V. *Arna.*

Éty. Le P. Labbe, dérive ce mot du latin *tinea.*

ARTABAL, expr. adv. (artobál), d. bas. lim. *A bel artabal*, au hazart, à l'aventure.

ARTABAN, s. m. (artabán). On dit d'un homme fier et présomptueux, qu'il est fier comme Artaban, faisant probablement allusion à Artaban, quatrième roi des Parthes, et à son orgueil, lorsqu'il eut vaincu les Romains, victoire après laquelle il prit le double diadème et le titre de Grand Roi.

ARTAGE, s. m. vl. Brûlement. Voy. *Ard*, R.

ARTANT, adj. vl. Hardi, ardent. Voy. *Ard*, R.

ARTANTIC, adj. vl. Antarctique.

ARTEILLET, s. m. vl. Petit orteil, ergot.

Éty. de *artelh* et du dim. *et*. V. *Articul*, R.

ARTEL, s. m. vl. Doigt du pied ou de la main. V. *Arteou*, *Artical*, R.

Es dita ciragra, quan es els artels de las mas. Eluc. de las propr.

ARTEL, s. m. dg. V. *Artelh.*

ARTELH, s. m. (artéill); ARTEL. *Artelho*, port. V. *Arteou*, comme plus usité, quoique plus éloigné de l'étymologie. V. *Articul*, R.

ARTELHADA, s. f. (arteilláde), dl. PEIRADA, ARTELHAU. Heurt, coup, blessure aux doigts des pieds.

Éty. de *artelh* et de *ada*. V. *Articul*, R.

ARTELHAR S', v. r. (s'arteillá), dl. Se heurter les doigts du pied contre quelque chose, se les blesser par quelque choc.

Éty. de *artelh* et de *ar*. V. *Articul*, R.

ARTELL, vl. V. *Artelh.*

ARTEMEZIA, s. f. ARTEMISA, ARCIMIZA. vl. Noms anciens de l'artémise. V. *Artemisa.*

ARTEMISA, s. f. (artemise); ARQUEMISA, ARSEMISA, ARCIMIZA, ARTEMISIA, ARCHEMISA, ARTEMEZIA, ARQUEMI, ARMOISA, SINTA-DE-SANT-JEAN. *Artemisia*, ital. *Artemisa*, esp. port. *Artemissia*, cat. Armoise, herbe de St.-Jean, *Artemisia vulgaris*, Lin. plante de la fam. des Corymbifères, qui croît abondamment dans les lieux incultes de la H.-Prov., etc.

Éty. du latin *artemisia*, dérivé du grec ἀρτεμισία (artemisia), nom que les Grecs donnaient à la Diane des Latins: elle était la patrone des vierges, et l'on appliqua son nom, par allusion, à une plante dont on fait usage pour provoquer l'erruption des règles chez les jeunes filles. Théis.

ARTEMISIA, vl. V. *Artemisa.*

ARTENALH, s. m. vl. Citadelle, fort.

Éty. de *Arx*, v. c. m.

ARTEOU, s. m. (artéou); ARTEL, ARTELH. *Artelho*, port. *Artell*, anc. cat. *Artiglio*, ital. anc. Orteil, doigt du pied.

Éty. du latin *articulus*, dim. de *artus*, petit membre. V. *Articul*, R.

Il n'y a que le gros et le petit orteil qui se distinguent par des noms particuliers. V. *Det.*

ARTERA, s. f. (artère); *Arteria*, cat. esp. port. ital. Artère, vaisseau destiné à servir de conduit au sang que le cœur envoie dans toutes les parties du corps, d'où il est ramené par les veines.

Éty. du lat. *arteria*, dérivé du grec ἀρτηρία (artêria), formé de ἀήρ (aêr), air, et de τηρεῖν (têréin), conserver, parce que les anciens et Hippocrate même, croyaient que ces vaisseaux ne contenaient que de l'air.

ARTERIA, s. f. vl. V. *Artera.*

ARTERIEL, **ELA**, adj. (artериèl, èle); *Arterial*, esp. port. *Arteriale*, ital. Artériel, elle, qui appartient aux artères.

Éty. du lat. *arterialis*, m. s. V. *Artera.*

ARTERIOS, **OSA**, adj. vl. *Arterioso*, esp. port. ital. Qui a des artères ou qui tient de la nature des artères.

Éty. de *arteria* et de *os*.

ARTERO, **ERA**, adj. (artère); ARTEROU, dl. Adroit à quelque chose, ou qui tire droit. V. *Adrech.*

Éty. de l'esp. *artero*, m. s.

ARTES, nom de lieu, vl. L'Artois, ancienne province de France.

ARTETIC, s. m. et adj. vl. *Artetich*, cat. *Artetico*, esp. port. ital. Goutteux, arthritique, qui concerne la goutte.

Éty. du lat. *Arthriticus*, m. s. dérivé du grec ἀρθρίτις (arthritis), maladie des jointures. V. *Articul*, R.

ARTETICA, s. f. vl. *Artetica*, cat. port. esp. ital. Goutte aux mains ou chiragre. V. *Articul*, R.

Éty. du lat. *arthritis*, m. s.

ARTEXOS, vl. V. *Arrazos.*

ARTHIC, vl. V. *Artic.*

ARTIAMENT, s. m. vl. Art, adresse. V. *Art*, R.

ARTIBAT, vl. V. *Arribat.*

ARTIC, **ICA**, ad. vl. V. *Arctique.*

ARTICHALIER, s. m. (artitchalié). Plant d'artichaux. Garc. V. *Artichau.*

ARTICHAU, s. m. CACHOFFA, ESCARCHOFA, CACHOFLE, CARCHOCLE, CARCHOFLE, ARQUICHAU. Artichaux, est aussi le nom de la fleur de l'artichaux quand elle n'est pas encore épanouie, et dont on mange le réceptacle et la base des écailles; iron. et par corrupt. entrechal: *Artichau doou premier greou*, artichaut de la première pousse.

Dans un artichaut on nomme :

CUL, le receptacle, la partie succulente.

ARTICHAU, s. m. (artitcháou); CACHOUTLIER, CARCHOUFLIER, ARTICHAUD, ARTICHAUT. *Articciocco*, ital. *Artis chocke*, all. *Artichoque*, angl. Artichaut : *Cynara scolimus*, Lin. plante de la fam. des Cynarocéphales, indigène de l'Andalousie et de la Provence méridionale, cultivée partout à cause de l'aliment que fournit son réceptacle, et les écailles de son calice; on en connaît cinq variétés principales.

Éty. du celtique *artichauden*, formé de *art*, pointe, et de *chaulæ*, chou, chou épineux. D'autres font venir ce mot de l'arabe *kharchiof*, artichaut, et le P. Pujet du grec ἄρτιώς (artôs), parfait, et de κόκκαλος (kokkalos), pomme de pin. Le Duchat le dérive du latin *radix calda*, d'où l'on aurait fait *Radicaldus*, *Articaldus*, *Artical* et *Artichau*; mais qu'a à voir la racine dans cette affaire.

Filhola d'artichau, œilleton ou fille d'artichaut; *Plantar de filholas*, œilletonner.

Rares du temps de Pline, les artichauts n'avaient plus été cultivés, car Hermolao Barbaro, raconte qu'en 1473, ils parurent une nouveauté à Vénise.

Vers 1466, ils furent portés de Naples à Florence, d'où, selon Ruel, ils passèrent en France au commencement du XVIme siècle.

On nomme :

TALON, l'endroit d'où sortent les feuilles de l'œilleton que l'on détache d'un pied d'artichaut.
ARTICHAUTIÈRE, le terrain ou le champ où l'on cultive des artichauts, et le lieu où on les serré quand on les a tirés de la terre. C'est encore le nom de l'ustensile dans lequel on les fait cuire ordinairement.
PIED D'ARTICHAUT, la plante entière.
POMME, la fleur non épanouie.
CUL, le réceptacle qu'on mange.
FOIN, les poils qui sont au centre.

ARTICHAU D'ASE, s. m. Nom qu'on donne à Nismes, au chardon crépu : *Carduus crispus*, Lin. plante de la fam. des Composées Cynarocéphales qu'on trouve dans les champs cultivés et le long des chemins.

ARTICHAU-DÉ-MURALHA, s. m. d. apt. V. *Joubarba*.

ARTICHAU-FER, s. m. Nom qu'on donne aux environs de Valensole et de Moustiers à la grande joubarbe. V. *Joubarba*.

ARTICHAU-MOURRE-DE-GAT, Artichaut violet, camus.

ARTICHAU-MOURRE-DE-GAT-BLANC, L'artichaut blanc, camus.

ARTICLE, s. m. (article); *Articolo*, ital. *Articulo*, esp. port. *Article*, cat. Article, partie d'un écrit, d'un contrat, d'un compte de dépense ou de recette; condition d'un traité. Une des sept parties de l'oraison.

Éty. du lat. *articulus*, m. s. V. *Articul*, Rad.

Leis articles d'un presfach, le devis.

ARTICUL, rad. pris du latin *articulus*, petit membre, jointure, dim. de *artus*, membre, jointure, dérivés l'un et l'autre du grec ἄρθρον (arthron), articulation, jointure; article, gram. ; d'où: *Artriticus*, goutteux.

De *articulus*, par apoc. *articul*; d'où: *Articul-ar*, *Articul-at*, *Articul-ation*, *Des-articul-ar*, *Des-articul-at*.

De *articul*, par la suppr. de *u*, *articl*; d'où: *Articl-e*.

De *articl*, par la suppr. de *c*, *artil*, et par le changement de *i* en *e*, *artel*, *artelh*; d'où: *Artel*, *Artelh*, *Artelh-ada*, *Artelh-ar*, *Arteill-etz*.

De *artel*, par le changement de *l* en *ou*: *Arteou*.

De *arthriticus*, par apoc. *arthritic*, et par la suppr. de *hr* et changement de *i* en *e*: *Artetic*, *Artetic-a*, *Artigle*.

ARTICULAR, adj. vl. *Articular*, cat. esp. Qui concerne les articles.

Éty. du lat. *articularius*, m. s.

ARTICULAR, v. a. (articulá); *Articolare*, ital. *Articular*, esp. port. cat. Articuler, prononcer nettement et distinctement, marquer les syllabes en les liant ensemble; joindre par articulation.

Éty. du lat. *articulare*, ou de *Articul*, R. et de *ar*.

ARTICULAT, **ADA**, adj. et p. (articulá, áde); *Articulado*, esp. port. *Articolato*, ital. *Articulad*, cat. Articulé, ée.

Éty. du lat. *articulatus*, m. s. V. *Articul*, Rad.

ARTICULATION, s. f. (articulatie-n); ARTICULATIEN. *Articolazione*, ital. *Articulacion*, esp. *Articulaçāo*, port. *Articulació*, cat. Articulation. V. *Jointura*.

Éty. du lat. *articulationis*, gén. de *articulatio*. V. *Articul*, R.

On distingue les articulations en :

IMMOBILES ou SYNARTHROSES.
SEMI MOBILES ou AMPHIARTROSES.
MOBILES ou DIARTHROSES.
La maladie qui prive une articulation mobile de son mouvement s'appelle ANKYLOSE.

On donne le nom de :

TOPHUS, aux concrétions de nature terreuse qui se forment dans ou autour des articulations.

ARTIFEX, et

ARTIFEYS, s. m. [illegible]*rtifice*, cat. esp. port. *Artefice*, ital. Ou[illegible] artiste.

Éty. du lat. *artifex* V. *Art*, R.

ARTIFICI, s. m. (artifici); *Artifici*, cat. *Artifizio*, ital. *Artificio*, esp. port. Artifice, art caché, recherché, tout ce qui sert à déguiser quelque défaut, à diminuer ou à vaincre quelque difficulté, l'art qu'on emploie pour en imposer aux yeux, ruse, déguisement, fraude.

Éty. du lat. *artificium*, fait de *artis*, gén. de *ars* et de *ficare*, fait par art. V. *Art*, R.

ARTIFICI, (*fuec d'*). V. *Fuec d'artifici*.

ARTIFICIAL, adj. vl. *Artificial*, esp. port. Artificiel. V. *Artificiel* et *Art*, R.

ARTIFICIALMENT, adv. vl. *Artificialmente*, esp. port. Artificiellement. V. *Artificielament* et *Art*, R.

ARTIFICIEL, **ELA**, adj. (artificièl, èle); ARTIFICIAL. *Artificial*, cat. esp. port. *Artifiziale*, ital. Artificiel, elle, qui est fait par art. il est opposé à naturel.

Éty. du lat. *artificialis*, ou de *arti*, de *fici* et de *alis*. V. *Art*, R.

ARTIFICIELAMENT, adv. (artificielaméin); ARTIFICIALMENT. *Artificialment*, esp port. ital. Artificiellement, avec art.

Éty. de *artificiela* et de *ment*. V. *Art*, R.

ARTIFICIER, s. m. (artificié). Artificier, celui qui fait des feux d'artifice. V. *Art*, R. vl. Artiste, artisan.

ARTIFICIOS, vl. V. *Artificious*.

ARTIFICIOUS, **OUSA**, adj. (artificióus, óuse); *Artificioso*, esp. port. ital. *Artificiós*, cat. Artificieux, euse, rusé, plein d'artifice.

Éty. du lat. *artificiosus*, m. s. V. *Art*, R.

ARTIFIER, s. m. vl. *Artifice*, port. Maître dans l'art.

Éty. de *artifex*, et de *ier*. V. *Art*, R.

ARTIFIZIOSAMENT, adv. vl. *Artificiosamente*, esp. port. ital. *Artificiosament*, cat. Adroitement.

Éty. de *artifiziosa*, et de *ment*. V. *Art*, R.

ARTIGLE, s. m. anc. béarn. *Artigo*, port. Article, v. c. m. et *Articul*, R.

Éty. du portugais *artigo*, m. s.

ARTIGUA, s. f. vl. *Artiga*, cat. *Artigo*, esp. Tertre, monticule, terre défrichée.

Éty. de la basse lat. *artiga*, que Ducange dérive du saxon *artigan*, monter, s'élever.

ARTILHA, s. f. vl. Fortification, retranchement, partie d'un château.

Éty. de *arx*, v. c. m. ou de *artis*, gén. de *ars*. V. *Art*, R.

ARTILHARIA, s. f. (artillarie); *Artilleria*, esp. cat. *Artilheria*, port. *Artiglieria*, ital. *Artillerie*, all. Artillerie, comme matériel, c'est le gros équipage de guerre, et comme science l'art du tir des armes à feu et le corps des officiers qui sont attachés au génie militaire.

Éty. Selon Cl. Fauchet: « Tous les instru» ments de ject s'appelaient autrefois *engins* » et *artillerie* parce qu'il fallait avoir de l'art » pour faire et composer ces ouvrages subtils » dont est demeuré le nom de *artiller* (artil» leur), aux faiseurs d'arcs, flèches, etc. et de » *artillerie*, à tout instrument qui frappe de » loin, mais aujourd'hui seulement à ceux » qui sont aidez de la poudre à canon: V. Cl.»

La décomposition de ce mot, d'après la méthode que nous avons adoptée, justifie pleinement cette étymologie, car il est formé de *ars*, *artis*, et de la term. *aria*, qui indique la généralité, comme si l'on disait les arts réunis, tout l'effort de l'art. M. Rayn. fait venir ce mot de *Arx*, v. c. m. et *Art*, Rad.

M. De La Porte, cité par Noël, rapporte à l'an 1434 l'invention de l'artillerie qu'il attribue à un moine allemand, alchimiste, nommé Bertholde Schwarts: d'autres soutiennent qu'elle est due à Constantin Anchtzen, de Fribourg, en 1330, à peu près dans le temps de la découverte de la poudre à canon; quelques auteurs prétendent que les Vénitiens en firent usage en 1366, à l'attaque de Claudia-Fossa, où les Allemands leur portèrent des balles, du plomb et de petites pièces de canon; et que les Anglais s'en servirent à la bataille de Creci, en 1346, où six pièces de canon qu'ils avaient, inspirèrent une telle terreur qu'ils déterminèrent la victoire en leur faveur. V. *Canoun*, *Fusiou*, *Pistoulet*, etc.

Une école d'artillerie et du génie a été établie à Metz, le 3 octobre 1802.

ARTILHERIA. V. *Artilharia.*

ARTILHOUN, s. m. (artillóun). d. du Var. Coin de bois qui fixe le manche du coutre dans l'âge de la charrue, nommée *Selouira.*

ARTILHUR, s. m. (artilhúr); *Artigliere*, ital. *Artillero*, esp. *Artilheiro*, port. *Artillèr*, cat. Artilleur, qui sert dans l'artillerie.

Éty. du vieux français *artiller*, ou de *art*, *artis*, et de la term. *ur*, qui exerce l'art. V. *Art*, R.

ARTIMA, s. f. (artime). Le dernier point que l'on fait à certains jeux de cartes: *Faire l'artima*, avoir le hoquet de la mort. Garc.

Éty. corrupt. de *ultima*, *ultimo*, lat. le dernier, tendre à sa fin.

ARTIMOUN, s. m. (artimóun); MAT-DE-FOGA, MAT-DE-L'ARRIER, MAJANA. *Artimon*, esp. *Artimone*, ital. Artimon, le mât d'un vaisseau qui est le plus près de la poupe.

Éty. du lat. *artemon*, m. s. fait de *timoun*, gouvernail, parce que ce mât en est le plus rapproché, ou du grec ἀρτεμων (artemôn), grande voile, formé de αρτάω (artaô), pendre, suspendre.

ARTISAN, ANA, s. m. (artizán, ane); MESTEIRAU, MENESTEIRAU, MENESTRAL. *Artigiano*, ital. *Artesano*, esp. *Artifice*, port. *Artisan*, anc. cat. Artisan, ane, ouvrier dans un art mécanique; on nomme chambrelan en français, celui qui travaille en chambre.

Éty. du lat. *artis*, gén. de *ars*, et de *an*. V. *Art*, R.

Artisana, se dit en provençal, mais *artisane* n'est pas français.

ARTISANARIA, s. f. (artisanarie). Les artisans en général. Aub.

ARTISANOT, OTA, s. (artisanó, óte), dim. d'artisan, petit artisan, artisan pauvre, petit ou mauvais ouvrier, freluquet. V. *Art*, R.

ARTISIA, s. f. vl. Exercice d'un art ou d'un métier, industrie.

Éty. du lat. *artis* et de *ia*. V. *Art*, R.

ARTISOUN, s. m. pl. V. *Frion* et *Arta*, pour l'étymologie.

ARTISTAMENT, adv. (artistaméin); *Artificiosamente*, esp. port. *Artificialmente*, ital. *Artistament*, cat. Artistement, avec art. V. *Art*, R.

ARTISTO, s. m. (artiste); *Artista*, esp. ital. port. cat. Artiste, celui qui professe un art libéral ou un art mécanique, tenant immédiatement aux sciences et aux arts libéraux. Il est l'intermédiaire entre le savant et l'artisan; un architecte est un artiste, et un maçon un artisan.

Éty. du lat. *artifex*, m. s. V. *Art*, R.

ARTONA, nom de lieu, vl. Artona, en Espagne.

ARTOS, adj. vl. ARTOUS, ARTOX. Rusé, fin, tentateur.

Éty. du lat. *artifex*, m. s. V. *Art*, R.

ARTOUN, s. m. (artóun). Pain, encore usité en ce sens dans quelques pays.

Éty. du grec ἄρτος (artos), m. s. dont on croit trouver la racine dans *ar*, qui signifie terre, en celtique, parce que le pain en provient.

Quoique ce mot, comme une foule d'autres, soit une de ces précieuses ruines qui servent à nous rappeler l'influence que la langue grecque a exercée sur la nôtre, il n'a pas trouvé une place fort honorable dans le dictionnaire de M. Avril, qui le définit ainsi:

Artoun, s. m. Terme pris de l'Argot de nos montagnards, pain, principe, aliment de l'homme.

ARTURUS, s. m. vl. *Arcturo*, esp. port. *Arturo*, ital. Arcture, arcturus, nom d'une étoile fixe de première grandeur, située dans la constellation du bouvier, à la queue de la grande ourse.

Éty. du lat. *acturus*, m. s. dérivé du grec ἄρκτος (arktos), ourse, et de οὐρὰ (oura), queue.

ARTUS, s. m. Artus, nom du roi auquel les romans de chevalerie attribuent l'institution de la table ronde. V. *Raynouard.*

ARU

ARUA, s. f. vl. *Aruga*, cat. Chenille, insecte.

Éty. du lat. *eruca*, m. s.

ARUDAR, v. a. (arudá), d. du Var. Mettre de l'appât à la marchette d'une répuce. Garc.

Éty. de *Aruda* et de *ar*, v. c. m. Blouser, gagner, rosser, vaincre quelqu'un.

Ce mot, qui signifie Cosser à Barcelonnette, V. *Bussar*, *Durdar*, et qui vient probablement de *Turtar*, peut donner la raison de la signification, Rosser.

ARUDAS, s. f. pl. (arúdes). Nom qu'on donne dans les B.-du-Rhône et dans le Var, aux fourmis ailées, c'est-à-dire, aux mâles et aux femelles. V. *Fourmiga*. On s'en sert d'appât pour prendre les rouges gorges au piége.

Éty. *Aruda* est dit pour *aluda*, formé de *ala* et de *uda*, [illegible]ue d'ailes V. *Al*, R.

ARUNAN, [illegible] (arunán), dg. L'autre année, V. *An*, et *Autr'an.*

Éty. Altér. du latin *alter annus*; ou de *ara un an*, il y a maintenant une année.

ARUNGLETA, s. f. (arunglète), dg. Oiseau, hirondelle.

Las arungletos ni lous guits
De que sion touts doumestics.
D'Astros.

ARUSAR S', v. r. (s'arusá), dl. Être fâché. Sauv.

ARUSCLE, Avr. V. *Arescla.*

ARUSPICI, s. m. (aruspici); *Aruspice*, esp. port. ital. Aruspice, augure, ministre de la religion chez les anciens Romains, dont la fonction consistait à chercher des présages dans les mouvements de la victime avant le sacrifice, et dans l'inspection de ses entrailles après qu'elle avait été immolée.

Éty. du lat. *aruspex*, *aruspicis*, m. s.

ARUSPICIA, s. f. vl. *Aruspicina*, esp. port. *Aruspicio*, ital. Art des aruspices, qui consistait à chercher des présages dans les mouvements de la victime avant le sacrifice, et dans l'inspection de ses entrailles après qu'elle avait été immolée.

Éty. du lat. *aruspicina*, formé de *aruspicis*, gén. de *aruspes*, dérivé de *inspicio*, j'examine.

ARV

ARVE, dl. V. *Auve.*

ARVINA, s. f. vl. Graisse, lard.

Éty. du lat. *arvina*, m. s.

ARVOL, vl. V. *Arc-vout.*

ARX

ARX, s. f. vl. ARS. Forteresse, fort, citadelle.

Éty. du lat. *arx*, m. s. dérivé du grec ἄκρα (akra), sommité.

ARY

ARYEN, d. béarn. pour *Argent*, v. c. m.

ARZ

ARZEIROLA, s. f. (arzeiróle); ARZEROLA, ARGEIROLA, AZEROLA, CERISOLA, POUMETA, POUMETA-DE-DOUS-CLOSSES. *Lazzeruola*, ital. *Acerola*, esp. *Azerola*, port. *Aiserola*, cat. Azerole, fruit de l'azerolier.

Éty. de l'arabe *azzarur*, formé de *al-zarrour*, sorte de pomme sauvage, l'azerole a en effet la forme d'une petite pomme.

ARZEIROLIER, s. m. (arzeiroulié); ARZEIROULIER, AZEROULIER, ARGEIROULIER, ARGEROULIER, CERISOULIER. *Lazzeruolo*, ital. *Acerolo*, esp. *Azeroleiro*, port. *Atserolèr*, cat. Azerolier: *Cratægus azarolus*, Lin. arbrisseau de la famille des Rosacées, qui ressemble beaucoup à l'aubépine; cultivé à cause du goût agréable de ses fruits.

Éty. de *arzeirola*, et de la term. mult. *ier*, qui produit les azeroles.

ARZIERAS, s. m. (arzierás). gros banc d'argile, Aub. V. *Argilos.*

ARZO, s. m. vl. Archet. V. *Archet.*

ARZOL; V. *Ourgeoulet.*

ARZUL, s. m. Orvet, petit serpent. Aub.

AS

AS, AI, AIN, radical dérivé du latin *asinus*, *asini*, âne, et fig. butor, stupide: *asen*, en bas breton.

De *asinus*, par apoc. *asin*, *asi*, *as*, *asin-ier*; d'où: par le changement de *i* en *e*, *Asen*, *Ase*, *Az-e*, *As-e*, *Asen-ier*, *Asn-e*, *As-oun*, *Azin-ier*, *Azen-ier*, *Azen-in*.

De *asin*, par suppr. de *s*, *ain*; d'où: *Ain-ier*, *Anin-a*, *Ayn-ier*, *Ayn-cou*, *Ayn-et*, *Ayn-un*.

AS, ES, désinence de la seconde personne du singulier du futur, qu'on transforme en *es* dans le dial. montagnard, et qui s'unit à l'infinitif, comme *ai*; *amar-as*, *finir-as*, *recebr-as*, *rendr-as*; c'est comme si l'on disait: *as d'amar*, *de finir*, *de recebre*, *de rendre*.

AS, s. m. *As*, esp. cat. *Asso*, ital. *Az*, port *Ass*, all. As, Carte ou face de dé marquée d'un seul point; un, en vl.

Éty. du lat. *assus*, seul, formé du grec ἄις (ais), pris pour l'unité.

AS, art. pl. au datif. Aux, c'est une contraction de *als*, ou de *alos*, *à-las*, qui se rencontre rarement chez les troubadours, surtout dans les bons manuscrits, suivant l'observ. de M. Raynouard. La langue moderne l'emploie souvent dans le dialecte montagnard.

AS, m. *ASSA*, f. AÇA. *Accio*, *Accia*, ital. désinence qui ajoute une idée de grosseur et de dépréciation aux noms auxquels elle est unie; c'est un augmentatif péjoratif ou dépréciatif.

Home, *homenas*, homme gros et mal fait, au physique et au moral: *Femna*, *femn-assa*; *Filha*, *filha-ssa*; *Caval*, *caval-as*; *Capel*, *capel-as*, *Capellaccio*, ital. *Sot*, *sot-as*, *sot-assa*; *Popul*, *popul-assa*; *Villa*, *vill-assa*; *Cauv-assa*; *Gros-sas*.

Elle n'est cependant qu'augmentative dans certains cas, comme dans *bon*, *bon-as*, *bon-assa*, *coute-las*.

AS, n'exprime quelquefois qu'un amas confus, un assemblage grossier, comme dans *Am-as*, *Cag-as*, *Mourr-as*, *Galima-i-as*, *Embarr-as*.

ASA

ASA, **SO**, **SU**. V. à *Assa*, *sso*, *ssu*, les mots qui manquent à *Asa*, *aso*, *asu*.

ASABENTAR, v. a. *Assabensar*, anc. cat. Faire savoir, instruire, informer. V. *Ensabentar* et *Sab*, R.

ASABENTAT, adj. et p. vl. Appris. V. *Ensabentat* et *Sab*, R.

ASABORAR, v. a. et n. vl. *Asaborar*, anc. esp. *Assaborar*, anc. cat. Savourer, faire plaisir. V. *Sap*, R.

ASACIAMENT, s. m. vl. *Assaciament*, anc. cat. Rassasiement, réplétion.

ASADOLAR, vl. V. *Assadoular*.

ASAFREDIR, v. a. vl. Refroidir, tempérer. V. *Fred*, R.

ASAGAR, dg. m. sign. que *Arrousar*.

Éty. de *agar*, pour *aiguar*. V. *Aigu*, R.

ASAI, adv. vl. Beaucoup.

Éty. Altér. du lat. *satis*. m. s. V. *Sat*, R.

ASAIAR, vl. V. *Assaiar*.

ASAIGAR, v. a. vl. Abreuver, humecter. V. *Aigu*, R.

ASAIGUADOUIRA, s. f. dl. (asaigadouïre), AIGUAIRE. Pelle à arroser, pelle creuse, munie d'un long manche, au moyen de laquelle on répand l'eau d'une cuvette de jardin, sur les plantes d'alentour. On donne aussi le même nom aux arrosoirs. V. *Arrousoir*.

Éty. de *asaiguar*, arroser, et de *ouira*, qui sert à arroser. V. *Aigu*, R.

ASAIGUAGE, s. m. (asaïgadgé), dl. V. *Arrousagi* et *Aigu*, R.

ASAIGUAR, dl. V. *Arousar* et *Aigu*, R.

ASALBRAR S', v. r. (s'asalbrá), dl. Se prendre à un arbre.

Éty. de *as*, pour *ad*, de *albre*, pour *arbre*, et de l'act, *ar*. V. *Arbr*, R.

ASALIADOR. vl. V. *Assaliador*.

ASALIR, vl. V. *Assalhir*.

ASALTADOR, s. m. vl. ASALLAIRE. *Asaltador*, esp. *Assaltador*, cat. port. *Assalitore*, ital. Assaillant, envahisseur. V. *Assaliador*.

Éty. de *asalt* et de *ador*, celui qui assaillit V. *Salh*, R.

ASALTAIRE, vl. V. *Asaltador*.

ASALVAR, v. a. vl. Sauver. V. *Sauvar*.

ASANIT, **IDA**, adj. (asani, ide); AZANIT. Billebaré, bariolé, ée. : *Habit asanit*, habit bille barré.

Éty. *azani*, signifie arlequin, en ital.

ASARS, s. m. vl. Hasard, danger, évènement.

ASAU, s. m. (asáou); ORTO. dl. Avorton.

ASAUT, adj. (asáou), vl. Beau, propre, capable.

ASAUT, s. m. vl. V. *Assaut*.

ASAUTAR, v. a. vl. V. *Assautar* et *Salh*, Rad.

ASAZADO, adj. vl. Il paraît signifier riche, florissant, abondant en productions.

Éty. du rom. *asaser*, rassasier, donner en abondance, assez. V. *Sat*, R.

ASAZAR, v. a. vl. Rassasier, donner assez. V. *Sat*, R.

ASAZAT, **ADA**, adj. et p. vl. Fertile, opulent, comblé. V. *Sat*, R.

ASAZIAR, v. a. vl. ASSAZAR, ASSASAR. *Assaciar*, cat. *Assaziare*, anc. ital. *Saciar*, esp. Rassasier, remplir, combler.

ASAZONAR, vl. V. *Assazonar*.

ASB

ASBESTA, s. f. (asbèste); *Asbesto*, ital. esp. port. *Asbest*, cat. Asbeste, pierre composée de filets moins flexibles que ceux de l'amiante, mais qui y ressemble d'ailleurs.

ASC

ASCANTIR, v. a. (ascantir), dg. Éteindre.

Éty. du rom. *escantir*, éteindre.

Dab lou bin la frebe bourich,
Au loc que l'ayguo l'ascantich.
D'Astros.

ASCEND, rad. dérivé du lat. *ascendere*, monter, escalader, formé de *ad cando*. Dérivés directs: *Ascend-ent*, *Ascend-re*.

De *ascensus*, action de monter, sont venus: *Ascens-io*, *Ascens-iou*, avec les prép. priv. *de*, *des*, *deis*, *dis*: *Deis-send-re*, *Deis-ses*, *De-scend-e-ment*, *De-scen-sio*, *Des-senh*, *Dey-send-e-ment*, *Dis-send-re*, *Dis-send-ut*, *Dis-ses*; avec la prep. *trans*: *Trans-scend-ent*, avec *con*: *Con-dey-send-re*.

ASCENDENT, s. m. (ascendèin); *Ascendente*, ital. port. *Ascendiente*, esp. *Ascendent*, cat. Ascendant, autorité que l'on a sur la volonté d'une personne.

Éty. du lat. *ascendere* et *ascend*, R.

ASCENDENT, **ENTA**, adj. (asceindèin, èinte), *Ascendent*, cat. *Ascendiente*, esp. *Ascendente*, port. ital. Ascendant, ante, qui va en montant, on le dit plus particulièrement des personnes dont on descend. Ligne ascendante.

Éty. de *ascendentis*, gén. de *ascendens*, qui monte, ou de *ascendentes*, ascendants, ancêtres. V. *Ascend*, R.

ASCENDRE, v. n. vl. *Ascender*, esp. *Ascendere*, ital. Monter.

Éty. du lat. *ascendere*, m. s. V. *Ascend*, Rad.

ASCENS, s. m. vl. Absinthe. V. *Encens*.

ASCENSIO, s. f. vl. V. *Ascension* et *Ascend*, R.

ASCENSION, s. f. (ascensie-n); ASCENSIEN. *Ascensione*, ital. *Ascension*, esp. *Ascensão*, port. *Ascensió*, cat. Ascension, l'élévation miraculeuse de J.-C. montant au ciel en corps et en âme.

Éty. du lat. *ascensió*, de *ascendere*, Monter. V. *Ascend*, R.

ASCENTIO, vl. V. *Ascension*.

ASCIENÇAT, **ADA**, adj. et p. (asciençá, áde), *Ascensiat*, dl. Savant, ou qui fait l'entendu, industrieux, adroit.

Éty. de *a*, de *scientia* et de *at*, versé dans la science. V. *Sci*, R.

ASCLA, s. f. (ascle); ASCLE. *Lasca*, port. *Ascla*, cat. Buche, gros morceau de bois destiné à être mis au feu. V. *Estela*. C'est dans ce sens qu'on dit proverbialement:

*Ame de gros bosc se fai d'*asclas.

Ascla, pour fente. V. *Escla*.

Rire coumo una ascla, rire à gorge déployée. V. *Escl*, R.

Éty. Ce mot est celtique, d'après MM. de Sauvages et Astruc.

ASCLAIRE, s. m. (asclaïré), dl. Fendeur de bois. V. *Espessaire*, *Chapaire* et *Escl*, Rad.

ASCLAR, v. a. (asclá), *Asclar*, cat. *Asciare*, ital. Fendre, mettre en éclats; pour fêler. V. *Esclar*.

Éty. de *ascla* et de *ar*. V. *Escl*, R.

ASCLAT, **ADA**, adj. et p. (asclá, áda). *Asclad*, cat. Fendu, fêlé. V. *Esclat* et *Escl*, R. Fou, écervelé, qui a le timbre fêlé. On emploie quelquefois ce mot substantivement et il signifie alors, une tête fêlée un fou: *Es un asclat*.

Lous amourous soun tous asclats. *Pr.*
Cadun naisse la testa asclada.
Siam tous fouels naturelament. Brueys.

ASCLAT, s. m. vl. Débris, éclat, morceau. V. *Escl*, R.

ASCLE, s. m. d. béarn. ?

Que les daba per dejuna
Chis ascles *de lin à hila.*
Fables de la Fontaine.

ASCLEIAR, vl. V. *Asclar*.

ASCLEN, s. m. vl. *Asclà*, cat. Éclat. V. *Ascla*, felure, *Escla* et *Escl*, R.

ASCÓNA, s. f. vl. Pique, épieu, hallebarde, sponton.

ASCONS, **ONSA**, adj. vl. Caché, ée.

Éty. du lat. *absconditus*.

ASCRITOURIA, s. f. (ascritóurie), dg. Écriture sainte. V. *Escritura*.

Diou creet lou ceou, è la terro,
*Dit l'*ascritourio *ses nat fard.* D'Astros.

ASCUDELA, dg. Pour écuelle. V. *Escudela* et *Escud*, R.

ASE

ASE, s. m. (àsé); *Asino*, ital. *Asno*, esp. port. *Ase*, cat. *Esel*, all. Ane. V. *Ai* et *As*, Rad.

L'ase te quilhe, expr. prov. peste de toi; *L'ase me quilhe*, foin de moi.

Ai pati, ai souffert cent fes plus que moun ase,
Mai tamben l'ase me quilhe
Se sur la terrà veni mai.
Dioul.
Épitaphe de Biscambille.

T'aime, t'en vas, aquot me facha,
Mais l'ase quilhe *quau t'empacha.*
Favr. Odissée.

Éty. du lat. *asinus*, et probablement dérivé de l'hébreu *ozen*, oreille.

Mourria puleou l'ase d'un paure home, il mourrait plutôt un bon chien de berger.

Mechant coumo un ase negre, méchant comme un âne rouge.

L'ase passe lou desdich, sot qui se dédira.

ASE, dl. pour têtard. V. *Culheireta*.

ASE, s. m. Nom que les bergers d'Arles, donnent à une crémaillère en forme de potence, dont ils se servent dans leurs cabanes, parce qu'elle fait la fonction d'âne, en portant la chaudière. V. *As*, R.

ASE, DE POUMA, DE PERA. s. m. d. bas. lim. Trognon, le milieu, le cœur d'une pomme, d'une poire, quand on a ôté ce qui était bon à manger.

ASE, s. m. dl. V. *Aineou*. On donne aussi ce nom à un gros boyau farci. Sauv.

ASEC S', vl. Il ou elle s'assit.

ASEDAR, vl. V. *Assedar*.

ASEDAR, vl. et

ASEGAR, vl. V. *Assiegear* et *Sed*, R.

ASEGRE, v. a. vl. ASEGUIR. Suivre, atteindre, obtenir. V. *Sequ*, R.

ASEGUIR, v. a. vl. V. *Assegre*. *Asegon*, ils ou elles suivent.

ASEGURAMENT, vl. Voy. *Assegurament*.

ASEGURIER, vl. V. *Assegurier* et *Asseuraire*.

ASEIGNORAR, v. a. vl. Dominer, maîtriser. V. *Segn*, R.

ASEMBLAR, vl. et

ASEMLAR, vl. V. *Assemblar*.

ASSEMPRAR, v. a. (asseimprá), dl. Solliciter, exciter. Sauv.

ASEMPRE, s. m. (aseìmpré), dl. Une assemblée. Sauv.

ASENA, s. f. (asène), dl. Anesse. Voy. *Sauma* et *As*, R.

ASENADA, s. f. (asenáde), dl. *Asenada*, cat. V. *Bouriscada* et *Rastelada*.

Éty. de *ase* et de *ada*, action d'âne. V. *As*, R.

ASENAR, vl. V. *Assenar*.

ASENET, s. m. (asené), vl. *Asininho*, port. *Asenet*, cat. dim. de *ase*, petit âne. V. *Ainoun* et *As*, R.

ASENGAR, V. *Azengar*.

ASENHAR, v. a. et n. vl. Faire signe. désigner. V. *Sign*, R.

ASENHORAR, vl. V. *Assenhorar*.

ASENIER, s. m. (asenié); AZENIER, ASINIER. *Asneiro*, port. V. *Ainier* et *As*, R.

Uno s'en pensa l'ase et l'autra l'àsinier. Pr.

ASENTAR, v. a. vl. *Asentar*, esp. *Assentar*, cat. Asseoir, établir. V. *Sed*, R.

ASENTIMENT, vl. V. *Assentiment*.

ASERAR, v. n. vl. Faire tard, être tard.

ASERENAR, v. n. vl. *Aserenar*, anc. esp. *Asserenar*, cat. port. *Asserenare*, ital. Rasseréner, devenir serein. V. *Seren*, R. et *Serenar*.

ASERGA, vl. Qu'il ou qu'elle s'asseye. Soit convenable.

ASERMAMENT, s. m. vl. Arrangement, apprêt, ornement, parure.

Éty. de *a*, augm. de *sermar*, disposer, et de *ment*,

ASERMAR, v. a. vl. Apprêter. Rendre désert. V. *Erm*, R.

ASERTAR, vl. V. *Acertar*.

ASERTUC, adj. et p. vl. Assuré. V. *Asseurat* et *Cert*, R.

ASES, vl. Assis. V. *Assetat* et *Sed*, R.

ASESCARA, s. f. vl. Détresse, misère.

Éty. de *escars*. avare,

ASESIR, S', v. r. vl. S'établir. V. *Sed*, Rad.

ASESMAR, v. a. vl. Apprêter, assaisonner, v. r. se préparer.

Éty. de l'esp. *azemar*, orner, préparer, arranger.

ASESMAT, ADA, adj. et p. vl. Dispos, préparé.

ASESSAR, v. a. vl. Approcher, avancer, transporter.

Éty. du lat. *cessio*, transport.

ASETAR, vl. V. *Assetar*.

ASETGAR, vl. et

ASETIAR, vl. V. *Assiegear*.

ASETIAT, ADA, adj. V. *Assetiat*.

ASETJAR, vl. V. *Assiegear*.

ASETJAR S' v. r. vl. S'asseoir. V. *Assetar s'*.

ASEU, adj. et p. vl. V. *Assis* et *Sed*, R.

ASEZER, v. a. vl. Mettre à l'aise, placer, asseoir. V. *Sed*, R.

ASEZIR, v. a. et n. vl. Asseoir et s'asseoir. V. *Assetar* et *Sed*, R. Loger, poster, établir, Gl. Occit.

ASI

ASI, AISI, ASSI, adv. vl. *Asi*, esp. Ainsi. V. *Ansin*.

Éty. de *si*, avec la prép. *a*.

ASIA, adj. fem. vl. Assise, placée. Voy. *Sed*, R.

ASIA, s f. (asie); *Asia*, ital, esp. port. Asie, l'une des cinq parties du monde, et la plus grande des trois qui formaient l'ancien continent.

Éty. du lat. *Asia*, m. s,

ASIATIQUE, ICA, adj. et s. (asiatiqué, ique); *Asiatico*, ital. esp. port. Asiatique, qui est de l'Asie ou qui lui appartient.

Éty. du lat, *asiaticus*, m. s.

ASIDUALMENS, vl. V. *Assiduosament*.

ASIETGAMENT, vl. V. *Assetjamen*.

ASIGNADAMENS, vl. V. *Assignadamen*.

ASIGNAR, vl. V. *Assignar*.

ASIL, vl. Il ou elle donne asile, protège, couvre.

ASILE, V. *Asyle*.

ASIMENTAR, vl. V. *Cimentar*.

ASIMILATIU, IVA, adj. vl. *Asimilativo*, esp. *Assimilatif*, de comparaison. V. *Simil*, R.

ASINA, s. f. vl. *Asina*, ital. *Asna*, esp. port. Anesse. V. *Sauma* et *As*, R.

ASINAR, vl. *Asinar*, anc. esp. Assigner. V. *Assignar*.

ASINIER, s. m. (asinié). Anier. Voy. *Ainier*.

Éty. du lat. *asinarius*, m. s. V. *As*, R.

ASIZ, IZA, adj. vl. Situé, assis, posé, assiégé. V. *Sed*, R.

ASIZA, s. f. vl. Assise, assiette, état, situation, assise d'une cour. V. *Assisa* et *Assisas*.

ASIZAR, v. a. vl. Assiéger. V. *Assiegear* et *Sed*, R.

ASM

ASMA, V. *Asthma*.

Éty. de *asma*, esp. port. ital. cat.

ASMATIC, V. *Asthmatique*.

ASMENA, s. f. vl. Récompense, libéralité. V. *Oumoun*.

ASN

ASNE, v. d. lim. Pour aille: *Que degun ne asne*, que personne n'aille.

ASNE, s. m. vl. *Asno*, esp. port. Ane. V. *Ai* et *As*, R.

ASO

ASOAZAR, v. a. vl. ASUAUZAR. Adoucir, soulager.

ASOLAR, v. a. vl. *Asolar*, esp. *Assolar*, cat. Raser, désoler, détruire. V. *Sol*, R. 2.

ASOLODAMENT, adv. vl. Isolément. V. *Sol*.

ASOLVER, v. a. vl. *Asolver*, anc. esp. Absoudre, v. c. m.

Éty. du lat. *absolvere*, m. s. V. *Solv*, R.

ASOLVAMENT, s. m. vl. d. vaud. Absolution, v. c. m. et *Solv*, R.

ASOMAR, v. a. et n. vl. *Asomar*, esp. *Assomar*, cat. Paraître, résumer, achever, être à la fin, au sommet. V. *Som*, R.

ASONAR, v. a. vl. *Assonar*, anc. cat. *Assonnare*, ital. Endormir, appeler. V. *Som* et *Son*, R. v. n. dormir, reposer.

ASORDEIAR, v. a. vl. Avilir, souiller, dégrader, déprécier.

ASORDEIR, v. n. vl. Empirer.

Éty. du lat. *sordidare*, salir.

ASOT, adj. et p. vl. d. vaudois. Absous. V. *Absous* et *Solv*, R.

ASOTILAR, v. a. vl. ASOTILHAR. *Asotilizar*, anc. esp. *Assotillar*, anc. cat. Subtiliser, Alambiquer. V. *Subtil*, R.

ASOU, s. m. d. béarn. et langued. *Asnillo*, esp. Anon. V. *Asoun*, *Ainoun* et *As*, R.

ASOUADA, s. f. d. béarn. Action de monter et de promener quelqu'un sur un âne: *Mountar sur l'ai.*

Éty. de *asou* et de *ada*. V. *As*, R.

La yonnesse apprenen que s'ey lechat trucar,
En tsû hâ détiré l'asonade,
Qu'an heyt bienne û saümet, punch l'an acabalat
Dessus, coumeu mounard, dab la care birade
Deû coustat de la couda, et que l'an passoyat,
Lou cap coueyffat d'üe colhe esquissade,
Et dab la filouse sû coustat. Poés. béarn.

ASOUER, s. m. (asoué), d. béarn. *Asnero*, esp. Anier. V. *Ainier* et *As*, R.

ASOUN, s. m. (asóun); ASOU. *Asnillo*, esp. dim. de *ase*, petit âne. V. *As*, R.

ASOUT, ATA, adj. vl. Absous, oute. V. *Solv*.

ASOUT, s. vl. Permission.

ASP

ASPA, s. f. (áspe), d. b. lim. Penture. V. *Paramela*.

Éty. Probablement de l'espagnol, du cat. ou du port. *aspa*, croix de Saint André, sautoir, parce que les pentures en ont souvent la forme.

ASPADA, s. f. dl. V. *Ancada*.

ASPE, alt. de *Aspect*.

ASPECT, s. m. (aspect); *Aspetto*, ital. *Aspecto*, esp. port. *Aspècte*, cat. Aspect, vue d'un objet. V. *Vista*.

Éty. du lat. *aspectus*, fait de *aspicere*. V. *Espect*, R.

ASPER, ASPR, rad. dérivé du lat. *asper*, *aspera*, âpre, rude, raboteux; fig. dur, intraitable, inabordable, grossier; d'où: *Asper*, par apocope et *aspr*, par syncope de *e*, ou du celt. *sper*, épine.

Dérivés: *Asper-itat*, *Aspra-mens*, *Aspr-e*, *Aspr-etat*, *Aspr-our*, *Ex-asper-atiu*, *Asper-gea*, *Esper-oun*, etc.

De *aspr*, par le changement de *a* en *i*: *ispre*; d'où: *Ispre*, *Ispr-ous*.

ASPERAR, v. a. (asperá) Aigrir, agiter. Aub.

Éty. Altér. de *exasperar*.

ASPERATIU, IVA, adj. vl. Qui rend âpre. V. *Asper*, R.

Éty. de *asper*, de *at* et de *iu*, qui est rendu âpre, ou de la nature de l'âpreté.

ASPERGEA, s. f. (aspèrdge); ESPARGOU, ESPERGEA. *Asparago*, ital. *Esparago*, esp. *Esparreguéra*, la plante; *Esparreg*, le turion, cat. *Espargo*, port. *Spargen*, all. Asperge: *Asparagus officinalis*, Lin. plante de la fam. des Asparagées, cultivée partout, à cause de ses *turions* ou jeunes pousses qui fournissent un aliment agréable et sain. On en connaît sept ou huit espèces.

Éty. du lat. *asparagus*, dérivé du grec, ἀσπάραγος (asparagos), fait de *a* priv. et de σπέρμα (sperma), semence, parce que, selon Athénée, les plus belles asperges ne sont pas celles qui viennent de graine.

Lémery, dans son Dictionnaire des drogues, ne va pas chercher si loin l'étymologie de ce mot, qu'il trouve dans le latin *ab aspergendo*, parce qu'on se sert de ses feuilles pour asperger.

M. Théis le fait venir de σπαράσσω (sparassô), je déchire, qui a pour racine *sper*, épine; la plupart des espèces de ce genre, sont épineuses. *Patta d'aspergea*, griffe d'asperge.

L'espèce de moule dans lequel on mesure les bottes d'asperges s'appelle *botteloir*.

On croit généralement que l'asperge est originaire d'Asie et qu'elle ne fut introduite en Angleterre qu'en 1608.

MM. Vauquelin et Robiquet ont découvert une substance particulière dans cette plante, qu'ils ont nommée *Asparagine*.

ASPERGEA-FERA, s. f. Nom qu'on donne dans le département des B.-du-Rh., selon M. Négrel, à l'Orobanche vulgaire: *Orobanche vulgaris*, Lin. plante de la fam. des Rhinanthacées, qu'on trouve dans les bruyères.

Éty. Quoique cette plante n'ait aucun rapport de famille avec l'asperge, on lui a donné ce nom parce qu'en sortant de la terre, elle y ressemble un peu.

ASPERGEAR, v. a. (asperdjá); *Aspergere*, ital. *Aspergir*, port. *Asperjar*, anc. esp. Asperger, épandre une liqueur par petites gouttes et particulièrement l'eau bénite.

Éty. du lat. *aspergere*, m. sign. fait de *spargere*, répandre, semer, dérivé du grec σπείρω (speirô), semer.

ASPERGEA-SAUVAGEA, s. f. CORRUDA, ROUME-COUNIL, ROUMANIOU-COUNIOU, ROUMANIL-COUNIL, ROUMIOUVA, RAMA-COUNIOU, ROUMIOU, PED-DÉ-ROUMI, PEI-DE-ROUMI. Asperge sauvage, Asperge à feuilles aiguës: *Asparagus acutifolius*, Lin. plante du même genre que l'asperge ordinaire, qu'on trouve dans les lieux arides de la B.-Pr. à Forcalquier, Aix, Toulon, etc. V. Garidel au mot *Asparagus*, p. 45.

ASPERGEAT, ADA, adj. et p. (asperdjá, áde); *Aspergido*, port. Aspergé, ée, qui a reçu une aspersion.

Éty. du lat. *aspersus*, m. s.

ASPERGES, s. m. (aspergès); ASPERSION. *Asperges*, esp. port. ital. cat. Mot latin conservé en provençal, pour désigner une aspersion en général, mais plus particulièrement celle de l'eau bénite. On le dit aussi pour goupillon. V. *Goupilhoun*.

ASPERGIERA, s. f. (asperdgiére); ESPARGOUYERA. *Aspergerie*, lieu, champ planté d'asperges.

Éty. de *aspergea* et de *iera*.

ASPERGIR, vl. V. *Aspergear*.

ASPERITAT, s. f. vl. ASPREDAT, ASPRETAT. *Asperitat*, anc. cat. *Asperidad*, anc. esp. *Asprità*, ital. *Aspereza*, port. Aspérité, âpreté, rudesse, austérité.

Éty. du lat. *asperitatis*, gén. de *asperitas*. V. *Asper*, R.

ASPERSIO, s. f. vl. V. *Aspersion*.

ASPERSION, s. f. (aspersie-n); ASPERSIEN, ASPERGES. *Aspersione*, ital. *Aspersion*, esp. *Aspersão*, port. *Aspersió*, cat. Aspersion, l'action de jeter de l'eau avec l'aspersoir. La cérémonie même.

Éty. du lat. *aspersionis*, gén. de *aspersio*, m. sign. V. *Aspergear*.

ASPERSOIR, s. m. (aspersoir); ASPERSOUAR. *Aspersorio*, ital. esp. port. V. *Goupilhoun*.

ASPERSON, d. de Carpentras. V. *Goupilhoun*.

ASPETRO, alt. de *Espectre*, v. c. m. et *Espect*, R.

ASPHALT, s. m. vl. *Asfalto*, ital. *Asphalto*, esp. port. *Asfalt*, cat. Asphalte, espèce de bitume solide, compacte, noir et luisant, que l'on trouve à la surface de quelques lacs, particulièrement sur la Mer Morte ou Lac asphalite, dans l'ancienne Judée.

Éty. du lat. *asphaltium*, dérivé du grec ἄσφαλτος (asphaltos), bitume, de ἀσφαλίζω (asphalizô), je fortifie, fait de *a* priv. et de σφάλλω (sphallô), je renverse, parce qu'on en fait un mastic qui lie fortement les pierres ensemble.

ASPHODELA, s. f. (asfodèle); *Asfodillo*, ital. *Asphodelo*, port. Asphodèle: *Asphodelus*, Lin. genre de plantes de la fam. des Liliacées, cultivées comme fleurs d'ornement. Sceptre, à cause de la ressemblance qu'a sa tige garnie de fleurs avec un sceptre. V. *Pourraca* et *Pourracha*.

Éty. de *a* priv. et de σφαλλω, je supplante, Lin. c'est-à-dire, fleur qu'on ne peut pas remplacer, qui n'a pas de pareille.

ASPHYXIA, s. f. (asphixie); *Asphyxia*, lat. port. Asphyxie, mort apparente causée par la privation d'un air vital.

Éty. du grec ἀσφυξία (asphyxia), dérivé de *a* privatif et de σφύξις (sphuxis), pouls, formé de σφύζω (sphuzô), je bat.

L'asphyxie peut avoir lieu par la compression de la poitrine ou de l'abdomen, par une plaie au diaphragme, par la section de la moëlle épinière, par la foudre; par le froid; par débilité générale, par la trop grande raréfaction de l'air, par suffocation; par submersion; par strangulation et par l'inspiration d'un gaz délétère.

ASPIC, s. m. (aspi); ASPIS. *Aspit*, cat. *Aspid*, esp. port. *Aspide*, ital. Aspic, espèce de serpent connu dès la plus haute antiquité par ses qualités malfaisantes, et redouté, surtout depuis qu'il eut donné la mort à la célèbre Cléopâtre. On croit que cette espèce, commune en Arabie, est le *Coluber haje*, que M. de Lacépède a décrite sous le nom de Vipère d'Egypte.

Éty. du lat. *aspis*, formé du grec ἀσπίς (aspis), m. s.

A Nice, selon M. Risso, on nomme *Aspich*, la couleuvre aspic, ou échidne aspic: *Coluber aspis*, Gme. 1093: *Echidna aspis*, Risso, reptile vénimeux de l'ordre des Ophidiens, et de la fam. des Hétérodermes, (à peau différente), qu'on trouve sur les montagnes arides.

ASPIC, s. m. Espèce de lavande. Voy. *Espic*.

ASPIRACIO, vl. V. *Aspiration*.

ASPIRAMEN, s. m. vl. *Aspiração*, port. Soupir, souci; inspiration. V. *Spir*, R.

ASPIRANT, s. m. (aspirán); *Aspirante*, ital. esp. port. Aspirant, celui qui aspire à entrer dans un corps, qui sollicite quelque emploi.

Éty. de *aspirar*, et de *ant*. V. *Spir*, R.

ASPIRAR, v. a. (aspirá); *Aspirare*, ital. *Aspirar*, esp. port. Aspirer, faire sentir l'aspiration en prononçant une lettre; attirer l'air dans les poumons. Voy. *Respirar*.

Éty. du lat. *aspirare*, formé de *ad* et de *spirare*, respirer pour, aspirer à.... Voy. *Spir*, R.

ASPIRAR, v. n. *Aspirare*, ital. *Aspirar*, esp. port. cat. Aspirer, prétendre à un emploi, à un honneur.

Éty. V. le mot précédent et *Spir*, R.

ASPIRAR, v. n. vl. *Aspirar*, cat. esp. port. *Aspirare*, ital. Souffler, soupirer; animer. V. *Spir*, R.

ASPIRAT, ADA, adj. et p. (aspirá, áde); *Aspirato*, ital. *Aspirado*, esp. port. *Aspirad*, cat. Aspiré, ée; qu'on prononce avec aspiration; animé, en vieux langage.

Éty. V. *Spir*, R.

ASPIRATIO, s. f. vl. *Aspiració*, cat. *Aspiracion*, esp. *Aspiração*, port. *Aspirazione*, ital. Aspiration, action d'aspirer l'air; inspiration; term. de gr. aspiration. V. *Aspiration*.

Éty. du lat. *Aspiratio*. V. *Spir*, R.

ASPIRATION, s. f. (aspiratie-n); ASPIRATIEN. *Aspirazione*, ital. *Aspiracion*, esp. *Aspiração*, port. *Aspiració*, cat. Aspiration, manière de prononcer en aspirant, comme quand on dit en français *des héros* au lieu *dè séros*.

Éty. du lat. *aspirationis*, gén. de *aspiratio*, m. s. V. *Spir*, R.

ASPIS, s. m. vl. V. *Aspic*.

ASPLANDIR, dg. alt. de *Esplandir*, v. c. m.

ASPRAMENS, vl. V. *Asprament*.

ASPRAMENT, adv. (aspraméin); *Aspramente*, ital. *Asprement*, cat. *Asperamente*, esp. port. Aprement, durement.

Éty. de *aspre* et de *ment*, V. *Asper*, Rad.

ASPRE, s. m. vl. Lieu scabreux, hallier.

Éty. du lat. *asperum*. V. *Asper*, R.

ASPRE, PRA, adj. (áspré, ápre); ASPROUS, RUDE, VISPRE, ISPRE, BRUGE, GROUSSIER. *Aspro*, ital. *Aspero*, esp. port. *Aspre*, cat. Apre, désagréable au goût par sa rudesse, rude au toucher, fig. grossier dans ses manières.

Éty. du lat. *asper*, m. sign. V. *Asper*, R.

ASPREDAD, s. f. vl. *Aspredal*, anc. cat. V. *Asperitat* et *Asper*, R.

ASPREDURA, s. f. vl. Rudesse, aspérité. V. *Asper*, R.

ASPREMENT, adv. vl. Aprement. Voy. *Asprament* et *Asper*, R.

ASPRETAT, s. f. vl. *Aspretat*, anc. cat. V. *Asperitat* et *Asper*, R.

APREZA, s. f. vl. *Aspresa*, cat. *Asprezza*, ital. *Aspereza*, esp. port. Apreté, rudesse, austérité.

Éty. de *asper* et de *eza* ou du lat. *Asperitas*, m. s.

ASPRIEU, adj. vl. Rude, grossier.

Éty. du lat. *asper*. V. *Asper*, R.

ASPROUR, s. f. (aspróur); *Asprezza*, ital. *Aspereza*, esp. port. Apreté, qualité de ce qui est âpre.

Éty. du lat. *asperitas* ou de *asper*, R. et de *our*, qui est âpre.

ASQ

ASQUE, ASCA, ESQÜE, ESC, désinence que Butet a nommée *exagérative*, parce que sa construction la plus ordinaire, dit-il, comprend l'idée d'exagération. Cette désinence n'a d'analogue que celle du latin en *icus*: *Barbaresc*, *Barbaricus*; *Arabesc*, *Arabicus*.

Ainsi les mots: *Gigant-esque*, *Pedant-esque*, *Roman-esque*, *Bourr-asca*, *Fant-asque*, etc. désignent une chose qui tient du géant, du pédant, du roman, de la tempête, de la fantaisie, etc. à un haut degré, d'une manière très-remarquable.

ASS

ASSA, interj. (ásse). Oh ça, ah ça, interjection qui marque l'étonnement, ho ça que me dites vous, et quelquefois la menace: *Assa li vau*, si j'y vais! elle marque aussi transition: *Assa parlem d'aure*, allons parlons d'autre chose. V. *Ça*.

ASSABER, v. vl. *Assapere*, ital. Assavoir, de *a* et de *saber*. V. *Sab*, R.

ASSABEZ, s. m. pl. (assabès), dial. arl. ASSACHERS. Les faire part des naissances et des mariages.

Éty. de *a* et de *saber*, à savoir. V. *Sab*, R.

La reda et la coumaire
S'en van, coumo sabez,
Roudar de chaque caire
Per faire d'assabez. Truchet.

ASSABORAMEN, s. m. vl. *Assaporimento*, ital. *Saboreamiento*, esp. Saveur, l'action de savourer.

ASSABORAR, vl. *Assaborar*, cat. Délecter, savourer, goûter. V. *Assabourar*.

ASSABOUCAR, v. a. d. béarn. V. *Assoubacar*, m. s.

ASSABOULUN, V. *Assabourun*.

ASSABOURAIRE, s. m. (assabouráïré); ASSABOULAIRE, SABOURUN, SABOULAIRE, SABOURAIRE, SABOURAL, SABOURIAL. Savouret, gros os de trumeau de bœuf, ou os d'un jambon salé, qu'on met au pot pour rehausser le goût du potage; on peut se servir plusieurs fois du même et le prêter à un autre, d'où le dicton: *Si prestoun l'assabouraire*.

Éty. de *a* aug. ou pour *ad*, de *sabour* et de *aire*, pour donner de la saveur. V. *Sap*, R.

ASSABOURAR, v. a. (assabourá); ASSABOULAR, SABOULAR, SABOURAR, ABOUNTAR. *Assaborar*, cat. *Asaborar*, esp. *Assaborear*, port. *Assaporare*, ital. Assaisonner, mettre les assaisonnements nécessaires à la soupe, à un ragoût, etc.

Éty. de *a* pour *ad*, de *sabour* et de *ar*, litt. donner de la saveur à... V. *Sap*, R.

ASSABOURAT, ADA, adj. et p. (assabourá, áde); ASSABOULAT, SABOULAT. *Saboreado*, esp. Assaisonné, ée, qui a reçu l'assaisonnement nécessaire.

Éty. du lat. *saporatus*, ou de *a* pour *ad*, de *sabour* et de *at*, litt. saveur donnée à... ou qui a reçu la saveur. V. *Sap*, R.

ASSABOURUN, s. m. (assabourún); ASSABOULUN, SABOULUN, ADOUBUN, ABOUNT, ADOUB. Assaisonnement, ce que l'on met pour donner de la saveur, du goût, à la soupe ou à un ragoût, etc.

Éty. de *a*, de *sabour* et de *un*, v. c. m. et *Sap*, R.

ASSACH, s. m. vl. ASSAG. Essai, épreuve. V. *Assai*. Il ou elle essaye, tente.

ASSACHAMENT, dl. V. *Adoubadour*.

ASSACHERS, s. m. pl. (assatchés); ASSACHETS. Annonce, avis: *Faire leis assachers*, faire savoir, publier, faire les annonces. Avr. V. *Assacher*.

Éty. de *a* et de *sacher*, savoir.

ASSADOULADA, s. f. (assadouláde), d. bas lim. *Assadollament*, anc. cat. Repas où l'on a mangé et bu jusqu'à satiété. V. *Sat*, R. et *Ventrada*.

ASSADOULAGNA, s. f. (assadoulágne). Garc. V. *Ventrada* et *Sat*, R.

ASSADOULAR, v. a. (assadoulá); SAULAR, ASSOUDELAR. *Satollare*, ital. *Saciar*, esp. port. *Assadollar*, anc. cat. Rassasier, assouvir la fin, soûler un animal, fig. contenter les désirs.

Éty. du lat. *saturare*, ou de *sadoul*, de *a* et de l'act. *ar*. V. *Sat*, R.

ASSADOULAR S', v. r. Se rassasier, se satisfaire pleinement V. *Sat*, R.

ASSADOULAT, ADA, adj. et p. (assadoulá, áde); SAULAT, ASSOUDELAT. *Assadollad*, cat. Rassasié. V. *Sadoul* et *Sat*, R.

ASSADOURAR, alt. du dg. de *Assadoular*, v. c. m. et *Sat*, R.

ASSA-FŒTIDA, s. m. (assa-fetidá); *Asafétida*, esp. *Assafedida*, port. *Assa-fetida*, ital. cat. Nom latin conservé en provençal et en français, pour désigner une gomme résine roussâtre, âcre, amère et d'une odeur d'ail insupportable.

Éty. du nom de la plante dont on la retire. Cette gomme est extraite en Perse, de la racine de la *Ferula assa fœtida*, Lin. plante de la fam. des Ombellifères.

Les Européens donnent à cette substance le nom de *Stercus diaboli*, à cause de sa mauvaise odeur, et les Asiatiques l'appellent au contraire, le *manger des dieux*.

ASSAG, vl. *Assag*, cat. V. *Assach* et *Assai*.

ASSAGEAIRE, s. m. (assadjáïré); ASSAIAIRE, ASSEYAIRE, ASSAJAIRE, ASSAYUR. *Ensaidor*, port. *Ensajador*, cat. Essayeur, celui qui essaye, qui fait une épreuve; employé de la monnaie chargé de vérifier le titre de l'argent.

Éty. de *assagear* et de *aire*, celui qui essaye. V. *Assai*.

ASSAGEAR, v. a. (assadjá); ENSAGEAR, ASSAIAR, ESSAIAR, ESSAYAR, ASSAGIAR. *Assaggiare*, ital. *Ensayar* et *Asayar*, esp. *Ensaiar*, port. *Ensajar* et *Assajar*, cat. Essayer, tenter, éprouver, faire l'essai d'une chose.

Éty. de *assai* et de *egear*, faire un essai.

ASSAGEAR S', v. r. *Ensayarse*, esp. *Ensajarse*, cat. S'essayer, tenter de faire une chose, s'éprouver.

ASSAGEAT, ADA, adj. et p. (assadjá,

àde); ASSAIAT, ESSAIAT. *Ensaido*, port. Essayé, ée, éprouvé, tenté.

Éty. de *assai* et de *egeat*, litt. essai fait.

ASSAGET, s. m. vl. Petit essai. V. *Assai.*

ASSAGIAR, vl. V. *Assagear.*

ASSAI, adv. vl. Beaucoup. V. *Sat*, R.

ASSAI, s. m. (assàï); *Assaggio* et *Saggio*, ital. *Ensayo*, esp. *Ensaio*, port. *Ensaig* et *Assaig*, cat. Essai, action par laquelle on essaye, preuve qu'on fait de quelque chose, tentative; premières productions d'esprit sur une matière, etc.

Éty. de l'ital. *assaggio*, le même, ou de la bass. lat. *assagium*.

L'art d'essayer le titre des métaux, dit Boquillon, Dict. des Orig. paraît dû à Agricola qui, du moins, l'a le premier réduit en principes. L'essai à la coupelle fut inventé vers l'an 1300, sous Philippe-le-Bel. Ce ne fut qu'en 1518, sous François Ier, qu'on essaya l'or par voie de départ et de dissolution.

ASSAIAR, *Asayar*, esp. V. *Assagear.*

ASSAIGNOURIT, V. *Assegnorit.*

ASSAILLIR, v. a. vl. ASSAILLIR, ASALIR, ASSAUTAR. V. *Assalhir.*

ASSAJADOR, vl. et

ASSAJAIRE, vl. V. *Assageaire.*

ASSAJAR, vl. *Assajar*, cat. Essayer, tenter, exercer.

ASSALEGEAR, v. a. (assaledjá); SALEGEAR, ASSARIAR, ASSALIAR. Donner le sel au bétail, et fig. rouer de coups: *L'an ben assalegeat.*

Éty. de *a* augm. de *sal*, sel, et de *egear*, donner le sel, mener au sel. V. *Sal*, R.

ASSALH, vl. V. *Assaut.*

ASSALHENT, et

ASSALHIDO, s. m. anc. béarn. Assaillant. V. *Assaliador* et *Salh*, R.

ASSALHIR, v. a. (assaillir); ENCOURIR. *Assalire*, ital. *Asalir* et *Asaltar*, esp. *Assaltar*, port. cat. *Assailler*, anc. cat. Assaillir, attaquer vivement. V. *Attacar.*

Éty. du lat. *ad*, *salire*. V. *Salh*, R.

ASSALIADOR, s. m. vl. ASALIADOR, ASALTADOR. *Assaltador*, cat. port. *Asaltador*, esp. *Assalitore*, ital. *Assailleur*, assaillant, celui qui attaque, agresseur; au propre celui qui monte à l'assaut. Envahisseur, entrepreneur. V. *Salh*, R.

ASSALIAR, v. a. (ossoliá), d bas. lim. Rassasier, donner assez d'aliment pour satisfaire. V. *Assalegear* et *Sal*, R.

ASSALT, vl. *Assalt*, cat. V. *Assaut.*

ASSAMENT, s. m. vl. *Asamiento* et *Asacion*, esp. *Assazione*, ital. Rôtissure.

Éty. de *assar* et de *ment*.

ASSANA, s. f. vl. Chiffon, charpie dont on panse les plaies pour les guérir. V. *San*, R.

ASSANAR, v. a. (assanà); CICATRISAR. Cicatriser, guérir une plaie. V. *Cicatrisar* et *Assanir.*

Éty. de *a*, de *san* et de l'act. *ar*, littér. rendre sain. V. *San*, R.

ASSANAT, ADA, adj. et p. (assaná, àde). Cicatrisé: *Plaga assanada*, plaie cicatrisée.

Éty. de *a*, de *san* et de *at*, rendu ou devenu sain. V. *San*, R.

ASSANIR, v. a. (assanir); ASSANAR. Assainir, rendre sain. V. *San*, R.

ASSAR, v. a. vl. *Assar*, port. *Asar*, esp. Rôtir. V. *Roustir.*

Éty. du lat. *assare*, m. s.

ASSARIADA, s. f. (assariàde) V. *Assariagi*. Volée de coups.

ASSARIAGI, s. m. (assariàdgi); ASSARIAGE. Action de donner du sel au menu bétail. Garc. V. *Sal*, R.

ASSARIAIRE, s. m. (assariaïré), H.-Pr. ASSARIES. Lieu ou vase dans lequel on donne le sel aux bestiaux.

Éty. de *a*, de *sar* pour *sal*, sel, et de *iaire*, qui sert à donner le sel, ou au sel. V. *Sal*, R.

ASSARIAR. V. *Assalegear* et *Sal*, R.

ASSARIAT, ADA, adj. et p. (assariá, àde). A qui on a donné du sel, et fig. que l'on a cruellement battu. V. *Sal*, R.

ASSARIES, Aub. V. *Assariaire.*

ASSARMAR, v. a. (assarmá). Faire sécher au feu. Aub.

ASSARMAR S', v. r. Se sécher au feu. Aub.

ASSAS. V. *Assaz.*

ASSASAR, vl. V. *Asaziar.*

ASSASSI. V. *Assassin.*

ASSASSIN, s. m. (assassìn); *Asasino*, esp. *Assasino*, ital. *Assessi* et *Assessino*, cat. *Assassino*, port. Assassin, celui qui tue par trahison, qui assassine.

Éty. du Vieux de la Montagne, dont les sujets nommés Assassins ou Assissins (haschichin), allaient sur son ordre, tuer ceux qu'il leur désignait, selon les uns; de *arsacides*, anciens tyrans, suivant Borel, et de *asasa*, tendre des embûches, en arabe, d'où: *Heissessin* et *Assassin*, selon d'autres; il en est qui le font venir du Saxon *sahs*, glaive.

On emploie souvent et improprement, le mot assassin pour assassinat, comme lorsqu'on dit: *A coumes un assassin*, il a commis un *assassin*, pour, il a commis un assassinat. Assassin est celui qui assassine et assassinat l'action d'assassiner.

ASSASSINAR, v. a. (assassiná); *Assassinare*, ital. *Asesinar*, esp. *Assassinar*, port. *Assessinar*, cat. Assassiner, tuer un homme, de dessein prémédité et par trahison; fig. importuner, ennuyer.

Éty. de *assassin* et de *ar*, faire l'assassin.

ASSASSINAT, ADA, adj. et p. (assassiná, àde); *Assassinado*, port. *Asesinado*, esp. *Assessinad*, cat. Assassiné, ée.

ASSASSINAT, s. m. *Assassinio*, ital. *Asesinato*, esp. *Assassinato* et *Assassinio*, port. *Assessinat*, cat. Assassinat, attentat prémédité sur la vie d'un homme.

« Tout meurtre commis avec préméditation ou de guet-apens est qualifié assassinat. » Code pénal, art. 296.

ASSASSINUR, s. m. (assassinúr); *Assassinador*, port. Assassin, il se dit particulièrement des mauvais médecins ou de ceux qui se font surpayer, Garc. V. *Assassin.*

ASSATAR, v. a. (assatà), dl. SATAR. Affaisser, battre, fouler. V. *Assetar*: *Assatar la porta*, pousser la porte sans acheverde la fermer; *Assatar la bugada*. V. *Assetar*; *Assatar un cop*, assener un coup; *Assatar un soufflet*, appliquer un soufflet.

ASSATJAR, vl. *Assayar*, cat. V. *Essaiar.*

ASSATURA, s. f. vl. *Assadura*, port. Rôtissure.

Éty. du lat. *assatura*, rôti.

ASSATZ, adv. vl. *Assats*, anc. cat. *Asaz*, anc. esp. *Assaz*, port. *Assai*, ital. Assez, fort, beaucoup, très-bien, considérablement. V. *Sat*, R.

Éty. de *a*, et de *satis*. V. *Assar.*

ASSAUDI, s. m. (assàoudi), d. b. lim. Sortie, querelle que l'on fait à quelqu'un.

ASSAUPRE, V. *Saupre*, *Sacher* et *Sab*, Rad.

ASSAUT, s. m. (assàou); *Assalto*, ital. port. *Asalto*, esp. *Assalt*, cat. Assaut, attaque d'un camp, d'une place forte, d'un poste, dans le dessein de l'emporter et d'en devenir le maître, en term. d'escrime, combat avec des fleurets.

Éty. de la basse lat. *Assaltus*, m. s. V. *Salh*, R.

ASSAUTAR, v. a. vl. ASAUTAR. *Assaltar*, cat. port. *Asaltar*, esp. *Assaltare*, ital. Assaillir, attaquer, donner l'assaut, provoquer. V. *Salh*, R. et *Assalhir.*

ASSAUTAT, ADA, adj. et p. vl. *Asaltado*, *ada*, esp. *Assaltad*, cat. Assiégé, ée; attaqué, assailli. V. *Salh*, R.

ASSAUVAGIR, v. a. (assaouvadgir). Rendre sauvage, farouche: *De battre las bestias aquot fai que las assauvagir*, on rend les animaux farouches en les battant. Voy. *Sauvag*, R.

ASSAUVAGIR S', v. r. dl. (s'assaouvadgir). Prendre un air, une humeur sauvage, contracter des manières dures et agrestes.

Éty. de *a*, de *sauvagi* et de *ir*, litt. devenir sauvage. V. *Sauvag*, R.

ASSAUVAGIT, IDA, adj. et p. (assaouvadgi, ide). Devenu farouche, sauvage. V. *Sauvag*, R.

ASSAYAIRE, s. m. (assaiaïré). Essayeur. Aub.

ASSAZ, adv. (assás); ASSAS, ASSEZ, PROUN. ASSATZ *Assai*, ital. *Assaz*, port. *Assats*, cat. *Asas*, anc. esp. Assez, autant qu'il faut, en aussi grande quantité qu'on le désire; il sert souvent à affaiblir la signification des mots auxquels on le joint: *Assas bon*, assez bon. V. *Assatz.*

Éty. du lat. *a* et de *satis*, *sats*, avec addition de la prépos. *a*. V. *Sat*, R.

ASSAZAR, vl. V. *Asaziar.*

ASSAZONAR, v. n. vl. ASAZONAR. Mûrir à propos, venir à temps.

Éty. de *sazon*, saison, et de *ar*.

ASSAZONAR, v. a. vl. ASAZONAR. *Sazonar*, esp. *Asasonar*, port. Assaisonner, adoucir, engraisser. V. *Assaisounar* et *Sesoun*. R.

ASSAZONAT, ADA, adj. et p. vl. Mûr, ûre. V. *Sesoun*, R.

ASSE, s. m. (assé), syn. de *Pegin*, v. c. m.

Un rei avia souvent l'asse ou ben lou pegin. Dioul.

ASSEAMÈNS, s. m. pl. vl. Aises, commodités. V. *Aise*.

ASSEBENCHIT, V. *Acebenchit*.

ASSÈC, espèce d'adv. (assé), dl. *En miech assec*, au milieu de l'ouvrage. *S'assec* vl. il s'ensuit. Il ou elle s'assit.

Éty. de *Asseire*, v. c. m.

ASSEDAR, v. a. (assedá), d. bas. lim. Altérer, causer de la soif. V. *Alterar*, avoir soif.

Éty. de *a*, augm. de *set*, soif, et de *ar*, augmenter la soif.

ASSEDAR, v. n. vl. ASEDAR, ACEDAR. *Assetare*, ital. Avoir soif, être altéré.

ASSEDAT, ADA, adj. et p. (assedá, áde); *Assettato*, ital. *Assedegat*, cat. Altéré, ée.

Éty. de *a*, augm. de *sed* pour *set*, soif, et de *at*.

*Ny de la set dé Tantal l'*assedat.
Loys de la Bellaudière.

ASSEGE, s. m. vl. Siége.

Éty. du lat. *obsidio*, m. s. V. *Sed*, R.

ASSEGIR, v. a. vl. Attaquer par des propos piquants, Gl. Occit. V. *Sed*, R.

ASSEGIS, (assèdgis); d. m. *Siam assegis* ou *à segis*, expression qui signifie que la neige a recouvert entièrement la terre, en automne, et qu'on ne peut plus faire paître les bestiaux.

Éty. ce mot dériverait-il de l'ital. *assediati*, assiégés, où de *a* priv. et de *seges, segetis*, toute sorte de blés sur pied, terre labourable; litt. sans moissons, sans terre découverte.

ASSEGNORIR, v. a. vl. *Aseñorear*, esp. Maîtriser, se rendre maître.

Éty. de *a*, de *segnor* et de *ir*, devenir seigneur ou maître. V. *Segn*, R.

ASSEGNORIT, IDA, adj. (assegnouri, ide), et *assignourit*, vl. Rendu ou devenu maître. V. *Segn*, R.

ASSEGRE, vl. V. *Asseguir*.

ASSEGUIR, v. a. vl. ACOUSEGUIR, AQUOSSEGUIR, ASSEGRE, ASEGRE, ACOSSEGUIR, ACOSSEGRE, ACOUSEGRE. *Asequir*, anc. cat. *Asseguire*, ital. Poursuivre, suivre, attraper, atteindre. V. *Segre* et *Coussegre*.

Éty. du lat. *assequi*, m. s.

ASSEGUIT, IDA, adj. et p. vl. Suivi, ie, poursuivi, attrapé, ée.

ASSEGURAGE, s. m. (asseguráydgé), dial. arl. V. *Assurança*, *Asseguranca* et *Segur*, R.

ASSEGURAIRE, Garc. *Assegurador*. V. *Assuraire* et *Segur*, R.

ASSEGURAIRE, s. m. (asseguráiré); SEGURAIRE. *Assicuratore*, ital. *Asegurador*, esp. *Assegurador*, port. cat. Assureur, celui qui donne les arrhes et qui assure un marché; celui qui pour une somme convenue assure un vaisseau.

Éty. de *a*, de *segur* et de *aire*, litt. Qui assure ou rend sûr. V. *Segur*, R.

ASSEGURAMENT, s. m. vl. ASEGURAMEN, ASSEGURAMEN, ASEGURAMENT. *Asegura-miento*, esp. *Asseguramient*, cat. *Assicuramento*, ital. Assurance, sûreté, confiance. V. *Segur*, R.

ASSEGURANÇA, s. f. (asseguránce); ASSEGURAGE, ASSURANCA. *Assicuranza*, ital. *Aseguranza*, esp. *Seguranza*, port. *Asseguransa*, cat. Assurance, nantissement, sûreté; fermeté, hardiesse.

Éty. de *a*, de *segur* et de *ança*. V. *Segur*, Rad.

ASSEGURAR, v. a. (assegurá); ASSIGURAR, ASSURAR. *Assicurare*, ital. *Asegurar*, esp. *Assegurar*, port. cat. Arrher, arrêter, assurer, garantir, rendre ferme, encourager, rendre témoignage de... rassurer, affermir.

Éty. de *a*, de *segur* et de *ar*, litt. Rendre sûr. V. *Segur*, R.

ASSEGURAR S', v. r. *Assegurar-se*, port. cat. S'assurer, se rendre sûr d'une chose ou d'une personne; revenir de sa frayeur. V. *Segur*, R.

ASSEGURAT, ADA, adj. et p. (assegurá, áde); ASSURAT. *Asegurada, ada*, esp. port. *Assegurad*, cat. Assuré, ée, rendu sûr, hardi, intrépide.

Éty. de *a*, de *segur* et de *at*, rendu sûr. V. *Segur*, R.

ASSEGURATIU, IVA, adj. vl. *Assécuratif*, propre à rassurer.

ASSEGURIER, vl. ASEGURIER. Assureur. V. *Assuraire*.

ASSEGUT, UDA, adj. et p. vl. Assis, ise. *Assegud*, cat. V. *Assetat* et *Sed*, R.

ASSEGUTAR, dl. V. *Esqueiregear*, poursuivre. V. *Segu*, R.

ASSEIRE S', v. r. (s'assèire), vl. *Asentarse*, esp. *Sentarse*, port. *Sedersi*, ital. Se mettre sur sont séant, s'asseoir: *E visc Peire assec se*, et *viso Petro resedit*. Sauv. V. *Sed*, Rad.

ASSELHS, pron. dém. vl Ceux-là.

ASSEM, adv. vl. Ensemble. V. *Simil*, R.

ASSEMAL, s. m. (assemál), dg. Tinette.

ASSEMANEN, s. m. vl. Préparatif. V. *Simil*, R.

ASSEMAR, v. a. (assemá), dl. Assaisonner une viande, ou tout autre aliment. Arranger, préparer.

Éty. du rom. *Assemer*, orner, parer, préparer.

ASSEMBELHAR, v. n. vl. Goûter, combattre.

Éty. de *as*, de *sembel*, combat, et de l'act. *ar*.

ASSEMBLADA, s. f. (asseimblàde); *Assemblea*, port. *Assembiata*, anc. ital. *Assamblea*, cat. Assemblée, réunion d'un nombre assez considérable de personnes en un lieu, et pour le même dessein.

Éty. du lat *ad* et de *simul*. V. *Simil*, R.

ASSEMBLADA LEGISLATIVA. Assemblée législative, elle succéda à l'assemblée constituante, et s'installa à Paris, le 1er octobre 1791.

ASSEMBLADA CONSTITUANTA, s. f. Assemblée constituante, nom qu'on donna à l'assemblée nationale, à dater du 27 juin 1789, après qu'elle se fut imposée le travail d'une nouvelle constitution.

ASSEMBLADA NATIOUNALA, s. f. *Asamblea nacional*, esp. Assemblée nationale, on a donné ce nom à la réunion du tiers état et des communes qui se constituèrent en assemblée, à Versailles, le 17 juin 1789, connue ensuite sous le nom de constituante.

ASSEMBLADAMEN, vl. V. *Essembladamens*.

ASSEMBLAGE, s. m. (assembládzé), d. bas lim. La réunion des biens qui se forme par le mariage de deux propriétaires. V. *Simil*, R.

ASSEMBLAGI, s. m. (assembládgi); ASSEMBLAGE. *Ensemblage*, esp. *Samblagem*, port. Assemblage, réunion de plusieurs pièces de menuiserie ou de marquetterie; réunion: *Assemblagi de parents*, réunion de parents. V. *Simil*, R.

Ces assemblages se font à *mortaise*, en *enfourchement*, à *onglet*, à *bois de fil*, à *fausse-coupe*, à *demis-bois*, à *clef*, à *rainure* et *languette*, à *feuillure*, à *patte* et *queue-d'aronde*, à *queues-perdues*, à *trait-de-Jupiter*, en *flute* ou *sifflet*.

ASSEMBLANSA, s. f. vl. Réunion, assemblée. V. *Simil*, R.

ASSEMBLAR, v. a. (asseimblá); *Asemblar*, anc. esp. *Assemblare*, ital. Assembler, mettre ensemble, joindre, unir ensemble; convoquer, rapprocher, réunir.

Éty. de *ad*, de *simul* et de l'act. *ar*, litt. mettre ensemble. V. *Simil*, R. ou de *Assimilare*.

ASSEMBLAR, v. a. (asseimblá), vl. *Assemblar*, cat. *Asemejar*, esp. Comparer: *A qu assemblarei? cui assimilabo?* à qui comparerai-je. V. *Simil*, R.

ASSEMBLAR S', v. r. S'assembler, se trouver, se réunir ensemble. V. *Simil*, R.

ASSEMBLAT, ADA, adj. vl. Ressemblant, ante. V. *Simil*, R.

ASSEMBLATIU, IVA, adj. vl. Comparatif, copulatif, ive. V. *Simil*, R.

ASSEMLAR, vl. V. *Assemblar*.

ASSENAR, v. a. (assená); ASENAR. Rendre plus sensé. V. *Sent*, R. en vl. Assigner.

ASSENAT, ADA, adj. et part. (assená, áde); SENUT, ASSENTAT, SENSAT. *Assenat*, anc. cat. *Assennato*, ital. *Asesado*, esp. Sensé, sage, posé, judicieux, raisonnable.

Éty. de *a* augm. de *sens* et de *at*, qui a du sens. V. *Sent*, R.

ASSENCIAT, adj. vl. Sensé, savant. V. *Sent*, R.

ASSENDEN, vl. V. *Ascendent*.

ASSENHAL, s. m. vl. Bannière, étendard, enseigne, drapeau. V. *Sign*, R.

ASSENHORAR, v. a. ASENHORAR. Dominer, maîtriser, entourer de respect, d'obéissance, de soumission.

ASSENSA, s. f. vl. Acensement.

ASSENSAMENT, vl. V. *Acensament*.

ASSENTAMENT, s. m. (asseintaméin), vl. *Asenso*, esp. port. *Assentament*, cat. Consentement. V. *Sent*, R.

ASSENTAT, ADA, adj. et p. (asseintá, áde), dl. *Assentado*, port. *Asentado*, esp. *Assentad*, cat. Sensé. V. *Assenat* et *Sent*, Rad.

ASSENTIMENT, s. m. (asseintiméin); *Assenso*, port. *Asenso*, esp. *Assentiment*, anc. cat. *Assentimento*, ital. Assentiment, consentement.

Éty. du lat. *assentire* et de *ment*, être du même esprit, du même sentiment. V. *Sent*, R.

ASSENTIT, IDA, adj. et p. (asseinti,

ide); CHAPAT. Fêlé, en parlant d'un pot, gâté quand il s'agit des enfants qui se font obéir en tout.

Éty. du lat. *assentire*, consentir, obéir; *assentit*, obéi, dans le sens figuré. V. *Sent*, Rad.

ASSER, s. m. anc. béarn. *Assèr*, cat. Acier, v. c. m. et *Ac*, R.

ASSERA, pour *à sera*, sous-entendu *hier*, dl. Hier au soir, et non hier soir. Voy. *Sera* et *Ser*, R. 2.

ASSERIR, v. a. vl. *Asserir*, anc. cat. *Asserire*, ital. Prétendre, assurer.

Éty. du lat. *asserere*, ou de *as*, de *ser* pour *cert*, et de *ir*, avancer comme certain. V. *Ser*, R.

Il ou elle assure. *Asserit*.

ASSERMAR, v. a. vl. ASERMAR, ACESMAR. Préparer, apprêter, disposer, orner.

ASSERMAR, v. a. (assermá), d. apt. Altérer, causer la soif. V. *Alterar*.

ASSERMAT, ADA, adj. et p. vl. Préparé, ée, empressé, ée.

ASSERMENTAR, v. a. (assermeintá). Assermenter, assujétir, obliger sous la foi du serment. Garc. V. *Serment*.

ASSERTAR, v. a. (osserta), d. bas lim. *Acertar*, cat. esp. Réussir en hasardant quelque chose; *Ai assertat un fort numero*, j'ai tiré un numéro élevé.

ASSERTION, s. f. vl. *Asserzione*, ital. *Asercion*, esp. *Asserção*, port. *Asserció*, cat. Assertion, affirmation, proposition qu'on avance et qu'on soutient comme vrai.

Éty. du lat. *assertionis*, gén. de *assertio*, formé de *as*, de *cert* et de *ion*, action d'assurer. V. *Ser*, R.

ASSERVIR, v. a. (asservir); ASSUJETIR, SOUMETTRE. Asservir, mettre dans un état de servitude, réduire à une extrême dépendance.

Éty. de *a*, de *servum* et de *ir*, faire devenir esclave. V. *Serv*, R. 2.

ASSERVIT, IDA, IA, adj. et p. (asservi, ide, ie). Asservi, ie, mis en servitude. V. *Serv*, R. 2.

ASSESIT, adj. et p. m. (assesi), dl. Rassis, du pain rassis; on le dit par opposition à pain frais ou récemment cuit. V. *Sed*, R.

ASSESMAT, adj. et p. vl. Apprêté.

Éty. de la bass. lat. *accmare*, orner, parer.

ASSESOUNAMENT, s. m. (assesounaméin). Assaisonnement, aprêt, ce qui sert à accommoder quelque viande, fig. ce qui relève une chose et la rend plus agréable.

Éty. de *assesounar* et de la term. *ment*. V. *Sesoun*, R.

Selon Eusèbe et Polydore Vergile, les Phéniciens Misor et Selech furent les premiers qui firent usage du sel, qui est le principal assaisonnement de tous les aliments.

ASSESOUNAR, v. a. (assesouná); *Sazonar*, esp. port. Assaisonner, accommoder avec des choses qui piquent et flattent le goût, et fig. orner les choses d'une manière agréable.

Éty. de *a*, de *sesoun* et de la term. act. *ar*, litt. agir dans la saison, faire à propos, conduire à perfection. V. *Sesoun*, R.

ASSESOUNAT, ADA, adj. et part. (assesouná, áde); *Sazonado, ada*, esp. Assaisonné, ée, qui a été préparé avec des assaisonnements. V. *Sesoun*, R.

ASSESSOR, vl. V. *Assessour*.

ASSESSOUR, s. m. (assessóur); *Assessore*, ital. *Asesor*, esp. *Assessor*, port. cat. Assesseur, officier qui est adjoint à un juge principal, pour juger conjointement avec lui.

Éty. du lat. *assessor*, m. s. V. *Sed*, R.

ASSEST, s. m. vl. Air, mine.

ASSESTAR et ASETAR, vl. V. *Assetar*.

ASSESTAT, ADA, adj. et p. vl. *Asentado*, esp. *Assestado*, port. Assis, ise, oisif, tranquille. V. *Sed*, R.

ASSETADOUR, s. m. (assetadóu), m. s. que *Bugada*, v. c. m. et *Sed*, R.

Ce mot désigne particulièrement le trépied sur lequel on place le cuvier pour faire la lessive.

ASSETAR, v. a. (assetá); ASSATAR, ASSITAR, SATAR, CHEYTAR, ASSETRE. *Assentar*, esp. *Assedere*, cat. *Assedere*, ital. *Assentar*, port. Asseoir, mettre sur un siége, poser sur une base solide, en vl. assiéger.

Éty. du lat. *sedere* ou *assidere*. V. *Sed*, Rad.

Assetar la bugada, encuver le linge de la lessive, entasser la lessive: *Assetar las sabatas*. V. *Acular*.

ASSETAR S', v. r. ASSISITAR S', SE SEYRE, SE SIEIRE, SE SETRE. *Sentarse*, esp. *Sedersi*, ital. *Asseissar-se*, port. S'asseoir, se mettre dans un siége, s'établir d'une manière solide, en parlant d'un mur, d'une voûte, prendre son faix.

L'usage veut qu'on conjugue le verbe asseoir de la manière suivante: Je m'assieds; je m'asseyais, je m'assis, je m'assierai, je m'assierais ou je m'asseyerais, assieds toi, que je m'asseye, que je m'assisse, s'assayant, et non pas je m'assoie, je m'assoirai, etc.

Remettez vous, remettez-vous, pour asseyez vous, n'est pas français; on se remet d'une frayeur, d'une fatigue, d'une maladie, etc.

ASSETAT, ADA, adj et p. (assetá, áde); ASSIETAT, SIECH, CHEYTAT, SETUT, SEDUT, ASSETUT. *Asentado*, esp. *Assentado*, port. Assis, ise. V. *Sed*, R.

Encuvé, en parlant du linge.

ASSETI. V. *Seti*.

ASSETIADA, s. f. anc. béarn. Assise de court. V. *Sed*, R.

ASSETIAMEN, s. m. vl. *Assetiament*, cat. Place, position. V. *Assetjamen*.

ASSETIAR, v. a. vl. ASETIAR. *Asseliar*, cat. Asseoir, placer, assiéger. V. *Set*, R. V. aussi *Asseljar* et *Assiegear*.

ASSETIAT, ADA, adj. et p. vl. ASETIAT. Assis, ise. V. *Assetat*, assiégé, ée. V. *Assiegeat* et *Sed*, R.

ASSETJAMEN, s. m. vl. ASSIETGAMENT, ASIETGAMENT. *Assetiamen* et *Assitiament*, anc. cat. *Assediamento*, ital. *Assetiament*, cat. Assise, place, siége, action d'investir et d'attaquer une place de guerre. V. *Sed*, R.

ASSETJAR, v. a. vl. ASETJAR, ASETGAR, ACETJAR, ASSETIAR, ASSITIAR, ASETIAR. *Asseljar*, cat. Asseoir, placer. V. *Assetar*, assiéger. V. *Assiegear*.

ASSETOUN D', adv. (d'assetóun); D'ASSETOUS. D'assis, l'opposé de debout: *Caminar d'assetoun*, se traîner sur son derrière: *Era d'assetoun sus soun liech*, il était au lit sur son séant.

Éty. *Assetoun* est un dim. de *Assetat*, v. c. m. et *Sed*, R.

ASSETRE, dg. Jasm. V. *Assetar*.

ASSETUT, UDA, adj. et p. (assetú, úde), dg. V. *Assetat*.

ASSEYNAR, v. a. (asseyná). *Assinier*, v. c. m. qui désignait l'action de mettre des signes sur les vêtemens des filles publiques pour les faire connaître, usage autrefois reçu en Provence. V. *Sign*, R.

ASSEZ, m. V. *Assaz*.

ASSEZER, v. a. et n. vl. ASSIRE, ASSIR. *Assiure*, anc. cat. *Assedère*, ital. Asseoir, siéger, être assis; placer, assiéger. V. *Sed*, R.

ASSI, adv. (assi); *Asi*, esp. *Assim*, port. Ainsi. V. *Ansin*.

ASSI, vl. pour *à si*. A lui, à elle; à soi; ici.

ASSIC, vl. Il ou elle mit, plaça, assit.

ASSIDUITAT, s. f. (assiduitá); *Assiduità*, ital. *Asiduidad*, esp. anc. *Assiduidade*, port. *Assiduitat*, cat. Assiduité, persévérance, application continuelle à l'égard d'une chose.

Éty. du lat. *assiduitatis*, gén. de *assiduitas*, m. s. V. *Sed*, R.

ASSIDUOS, UOSA, adj. vl. *Asiduo*, esp. port. Assidu, attentif. V. *Assidut*.

Éty. du lat. *assiduus*, m. s. V. *Sed*, R.

ASSIDUOSAMENT, adv. vl. ASIDUALMENS. *Assiduamente*, ital. port. *Asiduamente*, esp. *Assiduitament*, cat. Assidûment, continuellement.

Éty. de *assiduosa* et de *ment*. V. *Sed*, R.

ASSIDUT, UA, adj. et part. (assidú, úe); ASSIDU. *Assiduo*, ital. port. *Asiduo*, esp. *Assiduit*, cat. Assidu, ue, exact, empressé auprès de quelqu'un, qui s'applique constamment et sans interruption, au travail, à l'étude, etc.

Éty. du lat. *assiduus*, formé de *ad* et de *sedere*, être assis, qui s'attache. V. *Sed*, R.

ASSIE, s. vl. Age, vie.

ASSIEGE, s. f. (ossiedzé). Nom bas lim. de la scrophulaire aquatique. V. *Herba-doousiegi* et *Sed*, R.

C'est aussi le nom d'un petit poisson de rivière, que M. Béronie soupçonne être le *Gardon*, le *Friton* ou la *Vandoise*.

ASSIEGEANT, ANTA, adj. (assiedján, ánte); ASSIEGEAIRE. *Assediatore*, ital. *Sitiador*, port. esp. Assiégeant, ante, qui assiége. V. *Sed*, R.

ASSIEGEAR, v. a. (assiedjá); *Assediare*, ital. *Assediar*, port. *Assetjar*, cat. *Asediar*, esp. Assiéger, faire le siége d'une place; environner, importuner.

Éty. du lat. *obsidere*, ou de *a*, de *siegi* et de *ar*; mettre le siége à... V. *Sed*, R.

ASSIEGEAT, ADA, adj. et part. (assiedjá, áde); *Asediado, ada*, esp. *Assediado*, port. *Assediato*, ital. *Assitiad*, cat. Assiégé, ée. V. *Sed*, R.

ASSIEIRAR, v. a. (ossieïrá), d. bas lim.

Affermir, rendre ferme et solide ce qui était mou ; asseoir solidement. V. *Sed*, R.

ASSIEIRAR S', v. r. m. d. S'asseoir solidement dans un siége, dans une place. V. *Assetar s'* et *Sed*, R.

ASSIEIRAT, ADA, adj. et p. (ossieïrá, áde), m. d. Affermi, ie, en parlant d'un champ, de la terre, d'un bâtiment dont les murs se sont assis; rassis, mûr, en parlant de l'esprit, du sens; acéré, quand il s'agit d'un outil auquel on a ajouté de l'acier. Voy. *Aceirat* et *Sed*, R.

ASSIER, vl. alt. de *Acier*, v. c. m.

ASSIETA, s. f. (assiète); *Asiento*, esp. *Assento*, port. Assiette, manière d'être, situation, position. V. *Sed*, R.

ASSIETA, s. f. SIETA. Assiette, vaisselle plate sur laquelle on met ce que l'on mange à table.

Éty. du lat. *assisia*, de *à sedendo*, parce que les asssiettes marquent les places où l'on doit s'asseoir. V. *Sed*, R.

Dans une assiette on nomme :

ARÊTE, l'extrémité, du côté du fond.
BORD, le bord extérieur.
FOND, le milieu, la partie qui est en-bas.

ASSIETADA, s. f. (assietáde); SIETADA. Assiettée, plein une assiette, et non *une pleine assiette*, qui est un gasconisme. Voy. *Sed*, R.

ASSIETADET (assietadé). V. *Assietat*.

ASSIETAR S', dl. V. *Assetar s'* et *Sed*, R.

ASSIETAT, ADA, adj. et p. (assietá, áde), dg. Assis, ise. V. *Assetat* et *Sed*, R. De *assietous*, d'assis.

ASSIETGAMENT, s. m. vl. Siége, siége d'une place. V. *Sed*, R. et *Assetjamen*.

ASSIGE, s. m. (assidgé), ou *Azir*, dl. Haine, animosité, aigreur. Sauv.

ASSIGNADAMEN, adv. vl. ASIGNADAMENS. *Assegnatamente*, ital. Ponctuellement, exactement. V. *Sign*, R.

ASSIGNAMENT, s. m. vl. *Assignamento*, ital. Assignation, indication. V. *Assignation* et *Sign*, R.

ASSIGNAR, v. a. (assigná); ASSINAR. *Assegnare*, ital. *Asignar*, esp. *Assignar*, cat. port. Assigner, appeler quelqu'un en justice, par le moyen d'une assignation; attribuer, désigner, indiquer, exposer, déterminer.

Éty. du lat. *assignare*, m. s. V. *Sign*, R.

ASSIGNAT, ADA, adj. et part. (assigná, áde); *Assignado, ada*, port. *Asignado*, esp. *Assegnato*, ital. *Assignad*, cat. Assigné, ée, attribué, indiqué, sommé de comparaître.

Éty. du lat. *assignatus*, m. s. V. *Sign*, R.

ASSIGNATION, s. f. (assignatie-n); ASSIGNATIEN. *Assegnazione*, ital. *Asignacion*, esp. *Assignação*, port. *Assignació*, cat. Assignation, ajournement, acte par lequel on cite ou on appelle en justice son adversaire.

Éty. du lat. *assignationis*, gén. de *assignatio*, m. s. V. *Sign*, R.

L'origine de cette première pièce d'un procès est de la plus haute antiquité.

ASSIGNATS, s. m. pl. (assignás); *Assegnati*, ital. *Assignações de renda*, port. *Asignados*, esp. Assignats, billets d'état ou papier monnaie, portant hypothèque, créés en France, par une loi de l'Assemblée Nationale, du 19 avril 1790. Au 19 février 1796, époque de leur chute, la somme des assignats émise depuis leur création, s'élevait, selon Ramel, ministre des finances, à 43 milliards, 578 millions de francs.

Vers l'an 1131, le gouvernement chinois, dans un besoin de l'Etat, inventa des billets pour payer les frais d'une armée, et à la fin, ces billets trop multipliés, ayant été présentés à la caisse publique pour être acquittés, furent réduits au tiers de leur valeur.

ASSIGURAR, d. bas lim. V. *Assegurar*.

ASSIMBELAR, v. n. (assimbelá), vl. En faire accroire, feindre, supposer.

Éty. du lat. *simulare*, Sauv. V. *Simil*, R.

ASSIMERLAT, ADA, adj. et part. (assimerlá, áde), dl. PLAT-QUILHAT. Perché, juché. V. *Quilhat* et *Ajoucat*.

Éty. de *a* pour *ad* et de *cima*, sommet, placé au sommet. V. *Cim*, R.

ASSIMILACIO, vl. V. *Assimilation*.

ASSIMILAR, v. a. (assimilá); *Assimilare*, ital. *Asimilar*, esp. *Assemelhar*, port. *Assemblar*, cat. Assimiler, rendre semblable, présenter comme semblable ; on dit aussi *s'assimilar*, s'assimiler, pour se comparer.

Éty. du lat. *assimilare*, m. s. V. *Simil*, R.

ASSIMILAT, ADA, adj. et p. (assimilá, áde); *Asimilado*, esp. *Assemelhado*, port. Assimilé, ée.

Éty. du lat. *assimilatus*. V. *Simil*, R.

ASSIMILATION, s. f. (assimilatie-en); *Assimilazione*, ital. *Asimilacion*, esp. *Assemelhação*, port. Assimilation, action d'assimiler, la fonction par laquelle un corps vivant s'empare de certaines matières pour les transformer en sa propre substance.

Éty. du lat. *Assimilationis*, gén. de *assimilatio*. V. *Simil*, R.

ASSIMILATIU, IVA, adj. vl. *Asimilativo*, esp. *Assimilatif, ive*, de comparaison. V. *Simil*, R.

ASSINNAR, v. a. (ossinná), d. bas lim. V. *Assignar*.

ASSINSAR, v. a. (assinsá). Exciter, ameuter les chiens. Aub. V. *Aquissar*.

ASSIOU, V. *Essiou*.

ASSIOUNADURA, s. f. (assiounadúre). Arrangement fait avec propreté, ajustement, parure.

ASSIOUNAR, v. a. (assiouná) ; ATIOUNAR. Arranger, parer, agencer, embellir.

ASSIOUNAR S', v. r. S'arranger, se parer: *Frema assiounada, houstau assiounat*, femme bien agencée, maison tenue proprement.

ASSIOUNAT, ADA, adj. et p. (assiouná, áde). Paré, ée, élégamment vêtu, bien arrangé, propre. V. *Courous*.

ASSIP, s. m. (acip), dm. m. s. que *Assipada*, v. c. m.

ASSIPADA, s. f. (assipáde) ; ASSIP, SUPADA, BROUCHADA, SUPELADA, ASSIPADOUIRA, ACIPADA. Heurt, choc, coup que l'on se donne en heurtant quelque chose; prise, capture.

Éty. du celt. *assoupa*, Achard, ou du lat. *accipere*, recevoir.

As pas paur ame teis gambados
De douna quauqueis assipados? Gros.

ASSIPADOUIRA, Garc. V. *Assipada*.

ASSIPADOUR, s. m. (assipadóur). Celui qui est sujet à broncher en marchant. Garc.

ASSIPAR, v. a. (assipá) ; ASSUPAR. Chopper; heurter; trouver, rencontrer.

Éty. de *assip* et de *ar*.

ASSIPAR S', v. r. S'ASSUPAR, SUPAR, S'EMOURCHAR, S'ENTRAPAR. Se heurter, broncher, se donner un coup en marchant, se rencontrer tête à tête, chopper.

ASSIR, v. a. vl. ASSEZER. Placer, accommoder, favoriser, v. r. s'assoir, se loger. V. *Assetar*.

ASSIR, *si faire*, v. r. (se faïré assir); SE FAIRE SEGRE. On le dit des chèvres qui sont en rut.

Éty. de l'esp. *asir*, prendre, enraciner, ou de *séguir*, suivre.

La cabra se fai assir, la chèvre est en rut.

ASSIR S', v. r. vl. s'asseoir. V. *Assetar s'*, et *Sed*, R.

ASSIRE, v. a. vl. Asseoir, placer, poser, assiéger. V. *Assetar*.

ASSIS, ISA, adj. et p. vl. Assiégé, ée. V. *Sed*, R.

ASSISA, s. f. (assise); *Asiento*, esp. Assise, rang de pierres de même hauteur; couche.

Éty. du lat. *assisa* et *Sed*, R.

ASSISAS, s. f. pl. (assises), *cour d'*. Cours d'assises, tribunaux composés de juges et de jurés, présidés par un membre de la cour royale du ressort, qui dans la nouvelle organisation de l'ordre judiciaire en France, ont remplacé les cours criminelles, et qui ne s'assemblent qu'une fois par trimestre, dans chaque département, à moins d'un besoin pressant.

Ces cours ont été instituées par le code d'instruction criminelle de 1808, mais elles ne sont entrées en exercice qu'en 1811.

Éty. du lat. *assisa* ou *assisia*, assises, de *assideo*, s'assoir auprès.

Dans l'ancienne jurisprudence on donnait le nom d'assises aux séances que des juges supérieurs tenaient dans les siéges des inférieurs.

Fig. tenir les assises quelque part, c'est s'y faire écouter, s'y faire applaudir.

Les assemblées que tenaient en janvier, avril, juillet et octobre, les *missi dominici*, de Charlemagne, avaient beaucoup d'analogie avec nos assises, et peuvent bien en avoir donné l'idée.

ASSISTAIRE, s. m. (assistaïré); *Assistente*, port. Personne charitable qui donne assistance. Garc.

Éty. du lat. *assistens*. V. *Sist*, R.

ASSISTAMENT, s. m. (assistaméin). V. *Assistança* et *Sist*, R.

ASSISTANÇA, s. f. (assistánce); *Assistenza*, ital. *Asistencia*, esp. *Assistencia*, port. *Assistencia*, cat. Assistance, présence d'un officier de justice à quelque opération, ou ce qu'il faut lui payer pour cette présence; aide, secours. V. *Sist*, R.

ASSISTANT, ANTA, adj. (assistán, ánte); *Asistente*, esp. *Assistente*, ital. port. *Assistènt*, cat. Assistant, ante, qui assiste, qui est présent à quelque opération, et subst. l'assistant. V. *Sist*, R.

ASSISTAR, v. a. et n. (assistá); *Assistere*, ital. *Asistir*, esp. cat. *Assistir*, port. Assister, être présent à quelque chose; aider, secourir.

Éty. du lat. *assistere*, m. s. V. *Sist*, R. Fait de *ad sistere*.

ASSISTAT, ADA, adj. et p. (assistá, áde); *Asistido*, esp. *Assistido*, port. *Assistid*, cat. Assisté, ée. V. *Sist*, R.

ASSISTIR, vl. *Asistir*, esp. *Assistir*, cat. V. *Assistar* et *Sist*, R.

ASSITAR, v. a. et n. (ossitá), d. bas. lim. Asseoir. V. *Assetar* et *Sed*, R.

ASSITAR S', v. r. m. d. V. *S'assetar* et *Sed*, R.

ASSITIAR, vl. *Assitiar*, cat. Voy. *Assiegear*.

ASSITIAR, v. a. (ossitiá), d. bas lim. Encuver le linge. V. *Assetar* et *Sed*, R.

ASSIVADAR, V. *Acivadar*.

ASSO, pr. dém. vl. *Assó* et *Axó*, cat. Ceci, et son: *Assoque*, pour que, afin que.

ASSOCIAR, v. a. (assouciá); ASSOUCIAR. *Associare*, ital. *Osociar*, esp. *Associar*, port. cat. Associer, prendre pour collègue, recevoir dans une société de commerce ou d intérêt.

Éty. du lat. *associare*, formé de *ad* et de *sociare*, joindre, unir. V. *Soc*, R.

ASSOCIAR S', v. r. ASSOUCIAR S'. *Associarsi*, ital. *Associarse*, port. cat. *Asociarse*, esp. S'associer, faire une association, entrer en société d'intérêt avec quelqu'un. Voy. *Soc*, R.

ASSOCIAT, s. m. (assouciá); PARSONIER. ASSOUCIAT. *Associato*, ital. *Associado*, port. *Asociado*, esp. *Associad*, cat. Associé, celui ou celle qui est en société avec...

Éty. du lat. *ad socius* ou de *a*, de *soci*, compagnon, et de *at*, devenu compagnon. V. *Soc*, R.

ASSOCIATION, s. f. (assouciatie-n); ASSOUCIATION. *Assoziazione*, ital. *Asociation*, esp. *Associação*, port. *Associació*, cat. Association, union de plusieurs intéressés. V. *Soc*, R.

ASSOLAMENT, s. m. (assoulaméin); ASSOULAMENT, lang. mod. Assolement, action ou manière d'assoler. V. *Sol*, R. 2.

ASSOLAR, v. a. vl. Unir, aplanir, lier, consolider.

Éty. de *a*, de *sol* et de *ar*, litt. mettre à niveau du sol.

ASSOLAR, v. a. (assoulá); ASSOULAR, lang. mod. Assoler, diviser les terres labourables en différentes soles pour les ensemencer ou les laisser reposer tour à tour. V. *Sol*, Rad.

ASSOLASSAR, v. a. vl. ASSOLAZAR. *Asolazar*, anc. esp. Amuser, réjouir, égayer, divertir, récréer, consoler, soulager. Voy. *Soul*, R. 2.

ASSOLASSAT, ADA, adj. et p. vl. Égayé, ée, etc., selon le verbe.

ASSOLASSIUS, adj. vl. Plaisant, agréable, réjouissant. V. *Soul*, R. 2.

ASSOLEI, s. m. (assoléi). Nom limousin du saule. V. *Saure*.

Éty. de *as* prép. ou article et de *solei* pour *salei*, de *salia*.

ASSOLELHAR, v. imp. vl. d. lim. *Assoleyar*, cat. en parlant du soleil, éclairer, paraître, briller. V. *Soulelhar*, exposer au soleil.

ASSOLVEMENT, s. m. d. vaud. Absolution. V. *Solv*, R.

ASSOLVER, vl. V. *Absolvre*.

ASSOMAR, v. a. vl. ASOMAR. *Assomar*, anc. cat. port. *Asomar*, anc esp. *Assomare*, anc. ital. Exposer, résumer, dominer.

ASSOMAT, ADA, adj. et p. vl. Exposé, ée, résumé, etc.

ASSOMPTIO, s. f. vl. ASSUMPTIÓ. Voy. *Assoumption*.

ASSONAR, v. a. vl. ASONAR. *Assonar*, cat. *Asonar*, esp. *Assonare*, ital. Rendre assonant, mettre en harmonie, appeler.

Éty. de *a*, de *son* et de *ar*, tirer des sons, mettre au son. V. *Son*, R.

ASSORGAT, ADA, adj. et p. (assorgá, áde), dl. Altéré. Sauv.

ASSORIZANAR, v. n. vl. Empirer, se détériorer: *Assorizana*, il ou elle se perd, se gâte, empire, se corrompt.

ASSOT, OTA, adj. et p. d. vaud. Absous, oute. V. *Absous* et *Solv*, R.

ASSOTILAR, vl. V. *Assubtilar*.

ASSOTYLLAR, vl. *Assotillar*, anc. cat. V. *Assubtilar*.

ASSOU, s. m. (assou), dl. Une auge à cochons. Sauv.

ASSOUBACAR, v. a. d. béarn. ASSABOUCAR. *Asubiar*, esp. Abriter, placer en sûreté, mettre à l'abri de toute atteinte.

ASSOUBLIDAR, dl. Oublier. V. *Oublidar* et *Oublid*, R.

ASSOUCIAR et composés. V. *Associar*.

ASSOUDAR, v. a. vl. *Assoldar*, cat. Soudoyer, stipendier. V. *Solid*, R.

ASSOUDELAR, v. a. (assoudelá). Le même que *Assadoular*, v. c. m. V. *Sat*, R.

ASSOUDELAT, ADA, adj. et part. (assoudelá, áde). V. *Assadoulat* et *Sat*, R.

Leis Diousassoudelats dels plesirs de la vido.
Germain.

ASSOUI, adj. et p. (assouí). Achevé, fini, terminé, particulièrement en parlant des aliments. V. *Acabat*.

Éty. du lat. *adsopire*, apaiser un désir ardent, ou de *assouvi*. V. *Assouvir*.

ASSOUIDA, V. *Souida*.

ASSOUIDAR, v. a. (assouidá). Terminer un travail, une entreprise. Garc.

ASSOUIRE, v. a. (assouïré). Achever, peu usité. V. *Acabar*, *Finir*; de *adsopire*, *assouvir*.

ASSOULAIRAR, v. a. (assouláïrá), vl. *Assoalhar*, port. Plancheier, faire un plancher.

Éty. de *a*, de *soul* et de *airar*, mettre un sol. V. *Sol*, R. 2.

ASSOULAR, v. a. (assoulá); ASSOURAR, CALMAR, APPAISAR, ADOUCIR. *Assolar*, cat. *Asolar*, esp. Au propre, jeter par terre, et au figuré, apaiser, calmer, tranquiliser.

Éty. du lat. *solatium*; ou de *a*, de *soul* pour *sol* et de *ar*, mettre sur ou rester sur le sol, immobile. V. *Sol*, R. 2.

Selon le P. Pujet, de *silere* setaire.

ASSOULAR S', v. r. S'ASSOURAR. *Asolarse*, esp. S'appaiser, se calmer, cesser de pleurer, en parlant des enfants; faire silence. V. *Sol*, R. 2.

ASSOULAT, ADA, adj. et p. (assoulá, áde). Calmé, appaisé. V. *Sol*, R. 2.

ASSOULELHAR, dl. *Asolear* et *Asolejar*, esp. *Assoalhar*, port. *Assoleyar*, cat. *Soleggiare*, ital. Mettre, exposer au soleil. V. *Soulelhar*.

ASSOULUCIEN, V. *Absolution*.

ASSOULUMENT, V. *Absoulument*.

ASSOULUT, V. *Absoulut*.

ASSOUMAR, v. a. (assoumá); ENSUCAR. Assommer, tuer ou terrasser en donnant un grand coup sur la tête, fig. abbattre, accabler, importuner.

Éty. de *a*, de *summun*, le sommet, et de *ar*, frapper au sommet.

ASSOUMAT, ADA, adj. et p. (assoumá, áde); ENSUCAT. Assommé, ée.

ASSOUMPTION, s. f. (assoumptie-n); *Asuncion*, esp. *Assunzione*, ital. *Assumpção*, port. *Assumpcio*, cat. Assomption, enlèvement de la Sainte Vierge au ciel, tableau qui le représente, fête que l'Eglise célèbre le 16 août, sous la dénomination de Notre Dame d'août, en mémoire de la mort, de la résurrection et de l'entrée triomphante de la Sainte Vierge dans le ciel.

Éty. du lat. *assumptionis*, gén. de *assumptio*, dérivé de *assumere*, prendre pour soi, et de la term. *ion*, action de prendre pour soi, parce que Dieu appellant la Sainte Vierge au ciel, la prit en quelque sorte pour lui.

Cette fête est devenue célèbre en France depuis le vœu de Louis XIII, fait en 1638, le 10 février, pour mettre sa personne et son royaume sous la protection de la Sainte Vierge. La même déclaration fut confirmée par une autre de Louis XIV, de 1650, et par une troisième de Louis XV, de 1738, à l'occasion de l'année centenaire de l'établissement de cette fête.

Le chapitre de Notre-Dame de Paris faisait ce jour là, une procession solennelle à laquelle assistaient les princes et princesses de la famille royale.

ASSOUNTOUS, adj. (assountoús); *Pan assountous*, pain bis brun. Avr.

Ety. Ce mot est un exemple du degré d'altération où peuvent être portés les mots que l'on ne conserve que par la tradition des oreilles, car il est dit pour: *Ame soun tout*, *pan ame soun tout*, c'est-à-dire, dont on n'a enlevé que le plus gros son.

ASSOUPIMENT, V. *Assoupissament* et *Soup*, R.

ASSOUPIR, v. a. (assoupir); *Assopire*, ital. anc. Assoupir, disposer au sommeil, fig. suspendre, calmer pour un temps.

Éty. du lat. *soporare* ou *sopire*, formé de *sopor*, sommeil, et de la term. act. *ir*. V. *Soup*, Rad.

ASSOUPIR S', v. r. S'assoupir, s'endormir d'un sommeil peu profond. V. *Soup*, Rad.

ASSOUPISSAMENT, s. m. (assoupissaméin); ASSOUPIMENT. *Assopimento*, anc. ital. Assoupissement, état voisin du sommeil, et fig. nonchalance extrême.

Ély. du lat. *sopor*, sommeil, et de la term. *ment*, manière d'être, espèce de sommeil. V. *Soup*, R.

Le premier degré de l'assoupissement, en médecine, est la *somnolence*.

Le second se nomme *cataphora*.

Le troisième *carus* ou *coma*.

Et le dernier, *léthargie*.

ASSOUPIT, IDA, adj. et part. (assoupi, ide). Assoupi, ie, légèrement endormi, calmé pour un temps.

Ély. du lat. *sopitus*. V. *Soup*, R.

ASSOUPLIR, v. a. (assouplir). Assouplir, rendre souple, au positif comme au fig,

Ély. de *a*, de *souple* et de *ir*, devenir souple. V. *Plec*, R.

ASSOURAR, v. a. (assourá), d. mars. et m. Presser, enfoncer, fouler quelque chose, fixer. V. *Assolar*. Dans le dl. ce mot signifie aussi enivrer. Sauv.

Assouero ben la tanquo et manegeo la clau,
D'Astros.

ASSOURAT, ADA, adj. et p. (assourá, áde). *Dourmir assourat*, dormir tranquillement. V. *Assoulat*.

ASSOURDAR, v. a. (assourdá); *Assordare*, ital. *Asordar*, esp. Assourdir. V. *Ensourdar* et *Surd*, R.

ASSOURTIMENT, s. m. (assourtiméin); ENSOURTIMENT. *Assortimento*, ital. *Surtimiento*, esp. *Sortimento*, port. *Assortiment*, cat. Assortiment, convenance, assemblage complet des choses qui se conviennent et qui ont des rapports étroits entre elles.

Ély. de *assourtir* et de *ment*. V. *Sort*, R.

ASSOURTIR, v. a. (assourtir); ENSOURTIR. *Assortire*, ital. *Surtir*, esp. *Sortir*, port. *Assortir*, cat. Assortir, joindre des choses ou des personnes qui se conviennent; fournir une boutique de toutes les marchandises propres au commerce qu'on y fait. En terme de chapelier, c'est mettre la coiffe à un chapeau.

Ély. de *a*, de *sorta*, espèce, et de *ir*, réunir toutes les sortes. V. *Sort*, R.

ASSOURTIR, v. n. Assortir, convenir à... : *Aquella coulour assourtisse l'autra*.

En dl. aller au devant ou à la rencontre de quelqu'un. V. *Sor*, R.

ASSOURTISSENT, ENTA, adj. (assourtissèin, èinte). Assortissant, ante, qui assortit, qui convient à... V. *Sort*, R.

ASSOURTIT, IDA, adj. et p. (assourti, ide); ENSOURTIT. *Assortid*, cat. *Surtido*, esp. Assorti, ie, approprié, muni des choses qui assortissent. V. *Sort*, R.

ASSOUSTA, s. f. (assóuste). Abri où l'on est à couvert de la pluie. V. *Sousta*; carte qui en seconde une autre. Garc. V. *Soust*, R.

ASSOUSTAR, v. a. (assoustá); SE SOUSTAR, ASSUTAR, ACUTAR. Mettre à l'abri, à couvert, protéger.

Ély. de *a*, de *sousta* et de la term. act. *ar*. *Mettre à la sousta*. V. *Sousta*, R.

ASSOUSTAR S', v. r. Se mettre à l'abri. V. *Soust*, R.

ASSOUSTAT, ADA, adj. et part. (assoustá, áde); ASSUSTAT. Abrité, ée.

Ély. de *assousta* et de *at, ada*, mis à l'abri. V. *Soust*, R.

ASSOUT, vl. V. *Absout*.

ASSUAUJAR, v. a. vl. V. *Assuauzar*.

ASSUAUZAR, v. a. vl. ASSUAVAR, ASSUAVIAR, ASSUAUJAR. *Asuavar*, anc. cat. Adoucir, apaiser, calmer.

Ély. de *as* pour *ad*, de *suaus* et de *ar*, littér. rendre doux. V. *Suav*, R.

ASSUAVAMEN, s. m. vl. Calme. Voy. *Suav*, R.

ASSUAVAR, v. a. vl. et

ASSUAVIAR, vl. V. *Assuauzar*.

ASSUBTILAR, v. a. vl. ASUBTILAR, ASUTILAR, ASSOTILAR, ASSOTTILLAR, ASOTILAR. *Assottillar*, anc. cat. *Asutilar*, anc. esp. *Assottigliare*, ital. Amincir, subtiliser.

Ély. de *as* pour *ad*, de *subtil* et de *ar*, litt. rendre subtil.

ASSUCAR, dl. V. *Ensucar*.

ASSUJETIR, v. a. (assudjetir); SOUMETTRE. *Soggettare*, ital. *Sujetar*, esp. *Sujeitar*, port. Assujettir, soumettre, ranger sous sa domination, fixer une chose pour qu'elle soit stable, dompter ses passions.

Ély. du lat. *subjicere*, mettre dessous, soumettre, ou de *a*, de *sujet* et de *ir*, faire devenir sujet. V. *Ject*, R.

ASSUJETIR S', v. r. Se soumettre au pouvoir d'un autre, prendre des habitudes qui deviennent des besoins, etc. V. *Ject*, R.

ASSUJETISSAMENT, s. m. (assudjetissaméin); SUJETION. *Sujecion*, esp. *Sujeição*, port. *Soggezione*, ital. Assujettissement, sujétion, soumission, contrainte, gêne extrême. V. *Sujetion* et *Ject*, R.

ASSUJETISSENT, ENTA, adj. (assudjetissèin, èinte). Assujettissèint, èinte, qui rend extrêmement sujet, qui gêne beaucoup.

Ély. de *assujetir* et de *ent*, qui assujetit. V. *Ject*, R.

ASSUJETIT, IDA, adj. et p. (assudjetí, ide); *Sujetadado*, esp. *Sujeitado*, port. Assujetti, ie, forcé à faire ou à supporter quelque chose.

Ély. de *a*, de *sujet* et de *it*, devenu sujet. V. *Ject*, R.

ASSUMAGE, s. m. (assumádgé). Assaisonnement, action d'assaisonner. Garc.

ASSUMAR, v. a. (assumá). Assaisonner la salade, cuite ou crue. Garc.

Ély. C'est une altér. de *Assesounar*, v. c. m. En vl. prendre, conclure, du lat. *assumere*.

ASSUMPTIO, vl. V. *Assoumption*.

ASSUPAR, dl. V. *Assipar*.

ASSUPELLAR, v. a. vl. Assouplir, fléchir. V. *Plec*, R.

ASSUR, nom de lieu. vl. Château en Syrie.

ASSURAIRE, s. m. (assuraïré); ASSEGURAIRE, ASSURUR. *Asegurador*, esp. port. *Assicuratore*, ital. *Asseguradór*, cat. Assureur, celui qui assure. V. *Segur*, R.

ASSURAMENT, adv. (assuraméin); *Seguramente*, port. esp. *Sicuramente*, ital. *Segurament*, cat. Assurément, certainement, sûrement. Voy. *Segur*, R.

ASSURANÇA, (assurança); ASSEGURANÇA, ASSURENÇA. *Assicuranza*, ital. *Aseguranza*, esp. *Asseguransa*, cat. Assurance, nantissement, sûreté, fig. fermeté, hardiesse. V. *Segur*, R.

ASSURANÇA, s. f. ASSURANCE. Nom qu'on donne aujourd'hui à des associations formées pour mettre les hommes à l'abri de certaines chances qui menacent leurs intérêts; on donne le même nom au contract qui assure les conditions. On nomme *assureur*, celui qui se charge des risques, et *assuré*, celui qui paye pour se faire assurer.

Les juifs furent les inventeurs des assurances, lorsqu'ils furent chassés de France en 1182; ils s'en servirent pour faire transporter leurs effets. V. *Segur*, R.

ASSURAR, V. *Assegurar* et *Segur*, R.

ASSURAT, ADA, V. *Assegurat* et *Segur*, Rad.

Puisque la mouert es assurada
Et que degun noun sau qu'houra vendrà,
Tenguem nouestr'ama preparada
Per lou temps ounte arribarà. Anon.

ASSURDE, et composés. V. *Absurde*.

ASSUTAR, suppl. au dict. de Pellas, et

ASSUTAT, id. V. *Assoustar, at*, et *Curbir*.

ASSUTAR, dl. V. *Aquissar*.

ASSUVAMENT, s. m. vl. Calme, repos, douceur.

Ély. de *suavitas*, et de *ment*. V. *Suav*, R.

AST

AST, rad. Dérivé du lat. *hasta*, lance, pique, hallebarde, javelot, qui paraît venir de *Asto*, être à côté, ou du celt. *Asta*, hallebarde; ou encore de l'allemand *ast* branche. Dérivés: *Ast, Ast-a, Ast-ada, Ast-ar, En-l-ast-ar, Ast-ejat, Ast-enc, Ast-ier*.

AST, s. m. (ást), dg. *Ast*. cat. Broche. V. *Aste* et *Ast*, R, *Menar l'ast*, tourner la broche.

AST, s. m. vl. *Asta*, esp. Pique, hampe.

Ély. du lat. *hasta* et *ast*, R.

ASTA. Rocher, en basque, *Asturies*.

ASTA, s. f. vl. *Asta*, cat. esp. ital. *Aste*, port. Pique, javelot, lance.

Ély. du lat. *hasta*. V. *ast*, R. *D'una asta de fraiche*.

ASTAD, s. f. (astá), vl. V. *Estada*.

ASTADA, s. f. (astáde), vl. Longueur d'une lance, brochée. V. *Astelada* et *Ast*, R.

ASTAR, v. a. (astá), dl. V. *Enastar* et *Ast*, R.

ASTARLOG, altér. de *Astrologo*, v. c. m.

ASTE, une des désinences que Butet a nommées *fixatives*, et qui indique l'occupation.

ASTE, s. m. (ásté); BROCHA, AST, FUU, ASTI. *Asador*, esp. *Ast*, cat. Broche, tige de fer longue et pointue, munie à l'une de ses extrémités d'une manivelle ou rouet, à laquelle on passe les viandes pour les faire rôtir.

Ély. du celt. *asta*, ou du lat. *hasta*, hallebarde, lance, pique. M. Rayn. fait dériver ce mot de *astatus* lat. formé de *assare*, rôtir. V. *Ast*, R.

On nomme :

BROCHE COUDÉE, la broche coudée qu'on fait tourner avec la main.

GRANDE BROCHE, celle dont le gros bout est pourvu d'un cylindre de bois dans lequel sont creusées plusieurs *gorges* circulaires qu'on appelle *poulies*, qui reçoivent la chaîne qui transmet le mouvement.

COUCHER LA BROCHE, la mettre en position devant le feu.

ASTELADA, s. f. (asteláde); **ASTADA**, **ASTIADA**. Brochée, la quantité de viande qu'on embroche à la fois.

Éty. de *aste* et de *ada*, *l* est euphonique, *astada* est plus direct. V. *Ast*, R.

ASTEIAR, v. a. vl. Tendre, vibrer.

Éty. de *asta* et de *eiar*, agiter la lance, s'en servir.

ASTEJAT, ADA, adj. et p. vl. Pointu, ue, en pointe comme une broche. V. *Ast*, R.

Éty. du lat. *hastula*, dim. de *hasta*. V. *Ast*, R.

ASTELIER, s. m. vl. *Astillero*, esp. Amas de lances.

Éty. de *asta*, *astel* et de *ier*. V. *Astier* et *Ast*, R.

ASTELIER, s. m. (astelié). Pour chenet. V. *Astier* et *Ast*, R.

ASTELLA, s. f. vl. Éclat de bois, bûche; dard, copeau.

ASTELLAR, v. a. vl. *Astellar*, cat. *Astillar*, esp. Briser, casser en morceaux.

Éty. de *astela*, tronçon, et de *ar*, mettre en morceaux.

ASTENC, adj. vl. De lance. V. *Ast*, R.

ASTENIR. V. *Abstenir* et *Ten*, R.

ASTERISCO, s. m. (asterisque); *Asteriscus*, lat. *Asterisco*, ital. esp. et port. Astérisque, petite marque en forme d'étoile (*), qu'on met dans les livres, pour indiquer un renvoi.

Éty. du grec ἀστήρ (astêr), étoile, d'où le lat. *asteriscus*. V. *Astr*, R.

ASTERLOGO, alt. de *Altrologo*, v. c. m. et *Astr*, R.

ASTET, s. m. (asté); **ASTOUN**. *Astet*, cat. *Asadorcillo*, esp. Hatelette, brochette, ou petite broche ordinairement de bois, pour préparer certains mets en petits morceaux; petite broche.

Éty. de *aste* et du dim. *et*. V. *Ast*, R.

ASTEZA, s. f. vl. Petite pique, tronçon de lance.

Éty. de *asta*, et du dim. *eza*. V. *Ast*, R.

ASTHMA, s. m. (ásthme); **ASTHME**, **SUBRALEN**, **SUBRALE**, **COURT-HALEN**, **POUSSIOU DE FOULMOUN**, **COURTA-HALENA**, **ASMA**. *Asma*, cat. esp. ital. *Asthma*, port. Asthme et courte-haleine, maladie caractérisée par la difficulté et la fréquence de la respiration, sans fièvre.

Éty. du lat *asthma*, m. s. dérivé du grec ἄσθμα (asthma), courte-halène.

ASTHMATIC, ICA, s. (asmatic, ique), **ASTHMATIQUE**, **POUSSIF**, **COURT-D'ALENO**. *Asmatico*, esp. port ital. *Asmatic*, cat. Asthmatique, celui ou celle qui est atteint de l'asthme.

Éty. du grec ἀσθματικὸς (asthmaticos), d'où le latin *asthmaticus*, m. s.

ASTI, d. de Carpentras, V. *Aste*.

ASTIADA, m. d. V. *Astelada*.

ASTIC, s. m. (astic). Astic, os de la jambe d'un cheval, d'un mulet, ou morceau de bois dont les cordonniers se servent pour lisser les semelles des souliers.

Éty. ?

ASTICOT, s. m. (asticó), dl. Une rapière, ou épée rouillée, qui ne peut servir qu'à asticoter, contrarier.

Éty. de *astic*. v. le m. précéd.

ASTIER, s. m. vl. Râtelier, pour les lances. V. *Art*, R.

ASTIER, s. m. (astié); **ASTIERA**, **ASTELIER**, **ESTIERA**. Hâtier, contre-hâtier, grand landier, chênet à crans sur lequel on peut mettre plusieurs broches.

Éty de *aste* et de *ier*, qui sert à la broche. V. *Ast*, R.

Ce mot signifiait anciennement *rôtisseur* ou chef de *rôtisserie*.

ASTIERA, s. f. (astiére). Le même que *astier*, v. c. m. et *Ast*, R.

ASTINENCI, V. *Abstinenci*.

ASTENIR, V. *Abstenir*.

ASTIU, IVA, adj. vl. prompt, vite.

Éty. de l'all. *hastic*, m. sign. ou du lat. *activè*. V. *Act*, R.

ASTIVAMEN, adv. vl. Hâtivement.

Éty. de *astiva* et de *men*, pour *ment*. V. *Act*, R.

ASTOR, s. m. vl. Autour, oiseau. Voy. *Autour*.

ASTOUN. V. *Astet*, m. s.

ASTOUR, dl. V. *Autour*.

ASTR, **ASTRO**, radical pris du latin *astrum* et dérivé du grec ἄστρον (astron), astre, fait de ἀστὴρ (astêr) étoile.

Outre l'acception ordinaire d'astre, ce radical a encore celle d'étoile, bonheur, destin favorable.

Dérivés directs : *Astr-ar*, *Astr-e*, *Astro-laba*, *Astro-loc*, *Astro-logia*, *Astro-logo*, *Astro-nome*, *Astro-nomia*, *Astr-uc*, *Mal-astruc*.

Avec addition de la prép. *ad* : *Ad-astr-ar*,

Par l'alt. de *as* en *aus* : *Austro-nomieiaire*, *Austro-nomia*, *Austro-nom-ian*.

Avec la prép. adv. *ben* : *Ben-astr-e*, *Benastr-uc*.

Avec la prép. *des*, privative : *Des-astrat*, *Des-astr-uc*, *Des-astr-ada*, *Des-astre*, *Des-astrous*.

Avec la prép. *en*: *En-astr-ar*, *En-astr-at*.

Par l'alt. de *as* en *es* : *Estar-lot*, *Esterlogo*, *Estro-nom-ian*, *Estronom-egear*, etc.

Avec le prép. *mal* : *Mal-astr-e*, *Mal-astr-uc*, *Mal-astr-uga-men*, etc.

De *aster* : *Aster-isco*, *Aster-logo*, *Astraiat*, *Astr-at*.

Des-estruc, *Estar-lot*, *Estar-logo*.

ASTRAGALA, s. f. (astragále); **ESTRAGALE**. *Astragalo*, esp. port. ital. Astragale, petite moulure ronde, en forme de talon, qui environne le chapiteau ou la base d'une colonne. C'est aussi l'un des os du pied.

Éty. du grec ἀστράγαλος (astragalos), le petit os du talon.

ASTRAIAT, ADA, adj. vl. Heureux, euse.

ASTRAIRE, v. a. vl. Distraire. V. *Distraire* et *Tra*, R.

ASTRALABI, s. m. vl. *Astrolabi*, cat. V. *Astrolaba* et *Astr*, R.

ASTRAR, v. n. vl. Influencer par les astres, mettre sous l'influence d'un astre, d'une étoile. V. *Astr*, R.

ASTRAT, ADA, adj. vl. Destiné, ée, prédestiné, influencé par les astres. Voy. *Astr*, R.

ASTRE, **ASTRA**, désinence prise du latin *aster*, *astrum*; elle indique une qualité en moins, quelque chose de gros, de mauvais, de laid, de sale, de bâtard; Butet l'a appellée avec raison *dégradative*; c'est ainsi que *blanch-astre*, *blu-astre*, *jaun-astre*, *oliv-astre*, *rouge-astre*, etc., désignent quelque chose de défectueux, de sale dans la couleur blanche, bleue, jaune, olive et rouge qu'on rend en français par les mots blanchâtre, bleuâtre, jaunâtre, olivâtre, rougeâtre, et que *mair-astra*, *pair-astre*, signifient fausse ou mauvaise mère, faux ou mauvais père.

On peut faire dériver cette désinence du grec, *a* privatif, et de χάρις (charis), grâce, privé de grâces ou plutôt du lat. *atrum*, fâcheux, désagréable, mauvais.

ASTRE, s. m. (ástré); *Astro*, ital. esp. port. *Astrum*, lat. *Astre*, cat. Astre, corps lumineux fixe, ou ayant un mouvement régulier, qu'on voit au ciel; dans le langage poétique, le soleil est appellé l'astre du jour et la lune l'astre de la nuit; fig. beauté éclatante; destin, bonheur, destinée.

Éty. du grec ἄστρον, (astron), dérivé de ἀστὴρ (astêr), étoile. V. *Astr*, R.

On nomme :

HALO, la couronne lumineuse que l'on voit quelquefois autour des astres.

Lou diable vire l'astre, dl. peste de; cette espèce d'imprécation, qui répond au latin, *Deus omnem avertat*, est une suite de l'opinion où étaient nos pères sur l'influence des astres. Sauv.

Per cop d'astre, dl. par hasard.

ASTRECH, vl. V. *Estrech*, du lat. *Astrictus*.

ASTRIER, s. m. (astrié), dl. Une gaufre, pâtisserie cuite entre deux fers chauds, Sauv. ou à l'âtre de la cheminée.

Éty. de la basse latinité, *astrum*, *astrium*, qui a été dit pour âtre, foyer, et de *ier*, chose produite par le foyer, c'est-à-dire, cuite.

ASTRINGENT, ENTA, adj. *Astringente*, esp. ital. *Adstringente*, port. *Astringènt*, cat. Astringent, ente, substance ou remède qui jouit de la propriété de resserrer les tissus, de produire une astriction.

Éty. du latin *astringentis*, gén. de *astringens*, formé de *astringere*, resserrer.

ASTRION, s. m. vl. *Astrion*, pierre au centre de laquelle luit une petite étoile : *Astrion es peyra.... Al centre de laqual lutz una estela*. Eluc. V. *Rayn*.

Éty. du lat. *astrion*.

ASTROLABA, s. f. (astrolábe); **ASTROLABI**, s. m. *Astrolabium*, lat. *Astrolabio*, esp. port. ital. *Astrolabi*, cat. Astrolabe, instrument astronomique qui servait autrefois, pour mesurer la hauteur des astres au-dessus de l'horizon.

Éty. du grec ἄστρον (astron), astre, et de λαμβάνω (lambanô), prendre. V. *Astr*, R.

Deux médecins nommés Rotheric et Joseph, apprirent les premiers aux marins à se servir de l'astrolabe.

En 1173, Athelard, moine anglais, fit un traité sur cet instrument.

ASTROLOC, alt. de *Astrologo*, v. c. m. et *Astr*, R.

ASTROLOGIA, s. f. (astrouloudgie); ASTROULOUGIA. *Astrologia*, lat. ital. esp. port. cat. Astrologie, art prétendu de connaître l'avenir par l'inspection des astres; employé quelquefois pour astronomie.

Éty. V. *Astrologo* et *Astr*, R.

L'invention de l'astrologie est attribuée par les uns à Achinus, fils du soleil, et par les autres à Abraham ou à Cham.

En 2264, avant J.-C., les Assyriens se livrèrent à cette rêverie.

En 1996, les Zabiens de l'Arabie font de cette science un système philosophique.

En 1880, toujours avant J.-C. Témis, fille d'Uranus, s'applique à l'astrologie et devient, selon la croyance commune, très-habile dans l'art de prédire l'avenir.

ASTROLOGIAN, vl. V. *Astronomo*, *Astrologo* et *Astr*, R.

ASTROLOGO, s. m. (astrologue); ASTERLOGO, ASTROLOC, ESTARLOT, ESTARLOO. *Astrologo*, esp. port. ital. *Astróleg*, cat. Astrologue, celui qui fait profession d'astrologie, fig. charlatan, faux bel esprit.

Éty. du lat. *astrologus*, ou de *Astro* et de *Logo*, v. c. m. et *Astr*, R.

Dans l'origine on donnait le nom d'astrologue à tous ceux qui s'occupaient de l'étude des astres, mais comme le charlatanisme s'introduisit dans cette science, sous le nom d'astrologie judiciaire, on nomma astronomes les vrais savants, et on laissa pour les autres la qualification d'astrologue.

ASTROLOMIA, vl. *Astrolomia*, cat. V. *Astronomia* et *Astr*, R.

ASTROMETRO, s. m. (astromètro). V. *Heliomètro* et *Astr*, R.

ASTRONOME, s. m. (astrounômé); *Astronomus*, lat. *Astronomo*, esp. cat. port. ital. *Astronome*, celui qui s'occupe de l'astronomie et qui en connait les lois.

Éty. du grec ἄστρον (astron), astre, et de νόμος (nomos) loi. V. *Astr*, R.

ASTRONOMIA, s. f. (astrounoumie); ASTROUNOUMIA. *Astronomia*, lat. esp. cat. port. ital. Astronomie, science des astres et de leurs mouvements.

Éty. V. *Astronome* et *Astr*, R.

L'origine de l'astronomie se perd pour ainsi dire, dans la nuit des temps, et le petit nombre de monuments qui nous restent attestent qu'elle est de la plus haute antiquité. Les Chinois la cultivaient déjà plus de deux mille ans avant notre ère; mais c'est aux Babyloniens qu'on fait honneur de son invention : Ils commencèrent, dit-on, leurs observations sur la tour de Babel, 2252 ans avant J.-C. Belus établit, 1800 ans après, un collége d'astronomes dans cette même tour. Les Chaldéins cultivèrent aussi l'astronomie avec un grand succès. Les Grecs en attribuent l'invention à Atlas, qu'ils représentent portant le ciel sur son dos. Les Chinois font mention d'une éclipse de soleil qui eut lieu 2115 ans avant J.-C. Parmi les modernes, ceux qui ont fait faire les plus grands progrès à cette science sont : Copernic, Keppler, Galilée, Gassendi, Huyghens, Tychobrane, Neuton, Herschell, Laplace, etc.

ASTRONOMIAN, s. m. vl. Astronome. V. *Astr*, R.

ASTRONOMIQUE, adj. (astrounoumique); *Astronomicus*, lat. *Astronomique*, esp. *Astronomico*, ital. port. *Astronómic*, cat. Astronomique, qui a rapport à l'astronomie.

Éty. V. *Astronome*.

ASTRUC, s. m. (astrùc), vl. Équipage de labour, ménage de campagne. V. *Cabau*.

Éty. du rom. *astru*, m. s.

ASTRUC, dl. pour félicitation, compliment. V. *Estruc*.

Éty. de *astruc*, v. c. m. et *Astr*, R.

ASTRUC, adj. vl. ASTRUI. *Astruch*, anc. cat. *Astroso*, anc. esp. anc. port. Heureux, bien influencé par les astres; ayant un astre, une étoile bonne ou mauvaise.

Éty. du lat. *astrosus*. V. *Astr*, R.

ASTRUGUEZA, s. f. vl. Bonheur, hasard.

Éty. de *astruc* et de *eza*. V. *Astr*, R.

ASTRUI, vl. V. *Astruc*.

ASTUCIA, s. f. vl. ASTUÇA. *Astucia*, cat. esp. port. *Astuzia*, ital. Astuce, finesse, ruse qui a pour objet le mal, qui nuit ou tend à nuire.

Éty. du lat. *astutia*, m. s.

ASTUCIOUS, OUSA, adj. (astuciòus, òuse); *Astucioso*, anc. esp. port. *Astucios* et *Astut*, cat. Astucieux, euse, qui a de l'astuce.

ASU

ASUAR, v. a. vl. Adoucir. V. *Suav*, R.

ASUAVIAR, *Asuavar*, cat. et

ASUAUZAR, vl. V. *Asouzar*.

ASUPTILIAR, v. vl. ASUPTILAR. *Asuptiliar*, cat. Affiner, subtiliser. V. *Subtil*, R. et *Assubtilar*.

ASUTILAR, vl. V. *Assubtilar*.

ASY

ASYLE, s. m. (asylé): ASILE. *Asylo*, esp. port. *Asilo*, ital. cat. Asyle, anciennement lieu établi pour servir de refuge aux débiteurs et aux criminels qui s'y retiraient, et par extension, refuge, hospitalité, lieu où tout est en sûreté.

Éty. du lat. *asylum*, dérivé du grec ἄσυλον (asylon), lieu de sûreté, formé de *a* priv. et de συλάω (sylaô), ravir, enlever.

Le premier asyle fut établi à Athènes et les descendants d'Hercule s'y retirèrent pour se garantir de la fureur de leurs ennemis. Les Hébreux avaient six villes de refuge et les Chrétiens de la primitive Eglise, presque tous leurs temples, prérogative que leur avaient accordée les empereurs Honorius et Théodose.

Ce droit d'asyle donna lieu au plus grands désordres dans les XIIIme, XIVme et XVme siècle, à cause de la facilité que les Eglises, les monastères, même les maisons des évêques donnaient aux criminels pour se soustraire à la justice. Charlemagne avait commencé de porter atteinte à ce droit, en défendant de porter à manger aux réfugiés, Louis XII, l'abolit entièrement.

AT

AT, ATA, ADA. Désinence passive, ainsi nommée, parce qu'elle modifie la manière d'être des substantifs auxquels elle s'unit, en indiquant qu'ils ont déjà subi l'action du verbe actif, et particulièrement d'un verbe en *ar*, et dont elle forme par conséquent, des participes passés et des adjectifs.

Ce terminatif paraît être pris du latin, *atus*, *ata*, *atum*, et venir de *actus*, *acta*, *actum*, fait, faite, par syncope.

Past-at, pâte faite, pétri; *Ennui-at*, pris par l'ennui; *Gangren-at*, atteint de la gangrène; *Form-at*, qui a reçu une forme; *Leg-at*, lié; *Candid-at*, candidat, de *candidus*, mis en blanc; *Avouc-at*, de *advoco*, et de *at*, appelé pour; *Daur-at*, doré, où l'on a mis de l'or; *Caval-c-ada*, course faite avec des chevaux.

AT, pr. d. béarn. Le *B'at pagueras*, Tu le payeras.

Car si lou marit at sabé,
Ne m'at perdounere yamé.
Car si le mari le savait
Il ne me le pardonnerait jamais.
Poés. Béarn.

AT, s. m. vl. Besoin, profit, avantage, nécessité.

Éty. *at*, *az*, dans l'ancien teutonique a signifié *aliment*, *nourriture*, Wachter.

ATA

ATA, esclam. (àte); ATO. He bien! dame! certainement, évidemment; elle marque quelquefois la surprise et le mécontentement.

ATABE, dg. (atabé), pour *autant ben*, ainsi, aussi bien, aussi.

ATABOR, s. m. vl. V. *Tambour*.

Éty. de la basse lat. *atambor*, m. s. d'où le portugais *Atambor*.

ATACA, s. f. vl. Tache. V. *Tach*, R. 2.

ATACAR, vl. V. *Atachar*.

ATACHA, s. f. vl. *Ataco*, cat. *Attacco*, ital. Attaque. V. *Attaca* et *Tact*, R.

ATACHAR, v. n. vl. *Atacar*, cat. *Attaccare*, ital. Tâcher, s'efforcer. V. *Tachar* et *Tact*, R.

ATAHI, vl. Il ou elle vexe, querelle, chagrine.

ATAHINAR, v. n. vl. ATAINAR, ATAGNAR. Différer, retarder, tarder.

Éty. de *a* et de *tahinar*, v. c. m.

ATAHINAT, ADA, adj. et p. vl. Différé, ée, retardé, tardé.

ATAHUT, s m. (atahút); dl. ATAUT, TAUT, ATAHUC. *Ataud* et *Ataut*, esp. *Ataude*, port. Une bière, une représentation: forme de cercueil sur lequel on étend, pendant un service, un drap mortuaire.

Éty. de l'arabe, *tabout*, *atabout*, *atabut*.

Doulou que me gardo de vieure,
Et que fai que dins l'atahut,
M'en vau sans espoir de salut.
Le Sage.

ATAIET, s. m. (ataïé), dl. Fosse, tranchée pour planter un arbre ou un cep de vigne.

ATAIGNER, V. *Atanher.*

ATAINA, s. f. vl. Langueur, mal, maladie, dispute, querelle, vexation.

ATAINAR, v. a. et n. vl. Enquiéter, fatiguer, langoir. V. *Atahinar.*

ATAINAT, ADA, adj. et p. vl. Retardé, ée. V. *Atahinat.*

ATAINHER, v. n. (atagné), vl. ATAIN-GNER. Appartenir à quelqu'un, tenir à... V. *Ten*, R. et *Atanher.*

Éty. du lat. *attinere*, d'où l'espagnol *atañer*, concerner, appartenir. V. *Ten*, R. Vl. V. *Atanher.*

ATAIS, vl. Il ou elle convint, appartint.

ATAL, adv. (atál), dl. ATALOS, ATAO, ATAU. Tel, ainsi. V. *Ansin*, *Tau* et *Tal*, R. *Aquot es atal*, cela est ainsi; *Atal sia*, ainsi soit-il.

ATALAGE, s. m. d. apt. V. *Atelagi.*

ATALENTAMENT, s. m. vl. Désir, envie. V. *Talent.*

ATALENTAR, v. a. et n. vl. ATALANTAR. *Atalentar*, anc. cat. *Atalantar*, esp. *Attalentare*, ital. Faire envie, inspirer des désirs, être agréable, convenir; plaire, charmer, animer.

Éty. de *a*, de *talent*, et de *ar*, faire venir l'envie.

ATAMAR, v. a. vl. Empêcher.

ATAMBEN. V. *Tamben.*

ATAN, adv. vl. Ensuite, après cela.

ATANCAR. V. *Tancar.*

ATANHER, v. n. vl. ATENHER, ATAIN-GNER. *Attenere*, ital. *Atañer*, anc. esp. *Atanyer*, anc. cat. Appartenir, regarder, convenir, concerner.

Éty. du lat. *attinere*. V. *Ten*, R.

ATAO, dg. Ainsi. V. *Atal*, *Ansin* et *Tal*, R.

ATAPAR, V. *Tapar* et *Tap*, R.

ATAPAT, ADA, adj. et p. (atapá, áde), dl. Caché, dissimulé, sournois. V. *Acatat*, *Cachat* et *Tap*, R.

ATAPAUC, alt. de *Autampau*. V. *Tampau* et *Pauc*, R.

ATAPIR, v. a. vl. Cacher, dissimuler. V. *Tap*, R.

ATAPLAT, adv. (ataplá), dl. Aussi bien, Sauv.

ATAQUOT, excl. (atacó), ha! pour le coup! je n'en ferai rien.

ATAQUOT, Phrase elliptique dans laquelle on sous entend, *es clar*, *segur*, *verai*.

ATA-R-OC, Hé bien oui, non certes.

ATARIT, dl. V. *Tarit* et *Agoutat.*

ATARTAN, adv. V. *Autartan.*

ATARTANT, adv. (atartán). Une fois autant. V. *Autartant.*

ATASSAR, v. a. (atassá). Presser, entasser. Aub.

Éty. de *a*, de *tass* et de *ar*; mettre en tas.

ATASSAT, ADA, adj. (atassá, áde), qui marche d'un pas solide et sans trop se presser. Garc. V. *Tass*, R.

ATATIER, V. *Attatier.*

ATAU, *Atal*, *eital*, ainsi. V. *Ansin* et *Tal*, R. *Atau bestit*, d. béarn. ainsi vêtu.

ATAUC, vl. V. *Atahuc.*

ATAULAR, v. a. et r. (otooulá), d. bas lim. *Attabler*, V. *Entaular* et *Tabl*, R.

ATAULAR S', V. *Entaular s'* et *Tabl*, Rad.

ATAUT. V. *Athaut.*

ATAVELAT, ADA, adj. et p. (atavelá, áde). Empilé, entassé. V. *Entavelat* et *Accuchat.*

Éty. de *a*, de *tavel* et de *at;* mis en pile.

ATAVELAR, v. a. (atavelá); EMPILAR, ACCUCHAR. Empiler du bois, des planches, les mettre en pile. V. *Entavelar* et *Accuchar.*

Éty. de *a*, de *tavel*, tas, pile, et de *ar*, mettre en pile.

ATAYNA, s. f. vl. Retard, délai, attente.

ATAYNAR, vl. V. *Atahinar.*

ATE

ATEBESIR, dl. V. *Estebiar.*

ATEF, s. m. (atèf), en vl. Greffe d'un arbre. *Bosc d'atef*, bois privé, qu'on a planté, l'opposé de bois qui croît spontanément. V. *Atefiar.*

ATEFIAR, v. a. (atefiá); ENTRAIRE, ESLEVAR, NOURRIR. Elever, nourrir des bestiaux.

Éty. de *atef*, greffe, pris fig. pour naissance; nourrir dès la naissance. Du celt. *attaffeiar*, planter.

ATEFIAR, S', Faire sa première éducation, passer son enfance.

ATEFIAT, ADA, adj. et p. (atefiá, áde). ENTRACH, ENTRAT. élevé, formé.

ATEI, s. m. (atéi). Bière, cercueil, terme des environs d'Annot. V. *Bierra* et *Atahut.*

ATEIGNER, ATENHER. v. a. vl. *Atenyer*, cat. *Atener*, esp. Atteindre. V. *Ajougner.*

Éty. du lat. *attingere*, m. s. V. *Tac*, R.

ATEL, radical dérivé de la basse latinité *attillamentum*, agrès, équipage, harnais, attelage; formé, selon M. Roquefort de *telum*, train, timon, d'où: *Protelum*, avant-train.

De *telum*, par apoc. et add. d'un *a* prép. *atel*, d'où: *Atel-ad-ouira*, *Atel-agi*, *Atel-ar*, *Des-atelar*, *Atel-at*, *Des-atelat*, *Atel-ier*, *Des-atalar.*

ATELADOUIRA, s. f. (ateladóuire); CAVILHA. Atteloire, cheville ronde qu'on met dans le timon des charrettes, des charrues, etc.

Éty. de *atelat* et de *ouira*. V. *Atel*, R.

ATELAGI, s. m. (ateládgi); ATELAGE, ATALAGE. Attelage, le nombre d'animaux de trait qui tirent une voiture. V. *Atel*, R.

ATELAR, v. a. (atelá); ATALAR. Atteler, attacher des bêtes de trait à une voiture.

Éty. de *atela*, et de la term. act. *ar*. V. *Atel*, R.

On croit que l'art d'atteler des chevaux ne fut introduit dans la Grèce que vers le temps de Bellérophon, 13 ou 14 cents ans avant J.-C. selon le Père Petau; on en fait honneur à Erichton ou Erechtée roi d'Athènes.

Les anciens attelaient par le cou, même les bœufs; aucun monument ne les montre attelés par les cornes, et c'est encore de cette manière qu'on les attelle dans la Haute-Provence. V. *Ancy. Ant.*

ATELAR S', v. r. Employer toutes ses forces, faire tout son possible. V. *Atel*, R.

ATELAT, ADA, part. (atelá, áda). Atelé, ée. V. *Atel*, R.

ATELIER, s. m. (atélié); OBRADOUR. *Taller*, esp. Atelier, lieu où plusieurs artistes ou ouvriers des grandes manufactures, travaillent sous un maître.

Éty. de *Atelar*, v. c. m. Ce mot vient de ce qu'on avait donné le nom d'*atelier* aux basses-cours des grandes fermes et des métairies, parce qu'on y atelait les chevaux et les bœufs. Les charrons, bourreliers, etc. logaient dans ces basses-cours, d'où le nom d'*atelier* s'est étendu depuis aux autres lieux où plusieurs ouvriers travaillent ensemble, Roquef.

L'atelier diffère de l'*ouvroir*, en ce que celui-ci paraît restreint aux manufactures d'étoffes; de la *boutique*, qui est le lieu exposé sur la rue où un ouvrier travaille pour son compte ou celui de son maître.

ATELIERS, s. m. pl. (ateliés). Aions, endroit où les chandeliers pendent les chandelles.

ATEMPOURAR, v. a. (ateimpourá). ATEMPOURIR. Tempérer, suppl. au dict. de Pellas.

ATEMPOURIR, d. de Carpentras. V. *Atempourar.*

ATEMPRADAMEN, adv. vl. ATEMPRADAMEN. *Atemperadament*, cat. *Temperadament*, esp. Modérément. V. *Temp*, R.

ATEMPRAMEN, vl. V. *Atempre.*

ATEMPRAMEN, s. m. vl. ATREMPAMEN. *Attemperamento*, ital. Proportion, tempérament, modification. V. *Temp*, R.

ATEMPRANSA, s. f. vl. ATREMPANSA. *Atemplanza*, anc. esp. Modération, sagesse, sobriété. V. *Temp*, R. et *Atempre.*

ATEMPRAR, v. a. vl. ATREMPAR. *Atemplar*, anc. esp. *Atemperar*, cat. esp. *Attemperare*, ital. Mettre en état de service, animer, exciter, retremper, tempérer, modérer, régler, mesurer, accorder, arranger, disposer, modifier, adoucir, calmer.

Éty. du lat. *temperare* V. *Temp*, R.

ATEMPRAT, ADA, adj. et p. vl. Garni, ie. V. *Temp*, R.

ATEMPRE, s. m. vl. ATREMPE, ATEMPRANSA, ATREMPANSA, ATEMPRAMEN, ATREMPAMEN. *Attemperamento*, ital. Proportion, tempérament, modification, complexion, qualité, tempérance.

Éty. V. *Temp*, R.

ATEN, s. m. vl. *Atend*, anc. cat. Attente. V. *Tend*, R.

ATENDA, s. f. vl. ATEN, ATENTA. Attente, espoir; que je tende.

ATENDAR, v. n. vl. *Atendar*, cat. esp. *Attendare*, ital. Camper, dresser des tentes.

Éty. de *a*, de *tenda* et de *ar*, litt. mettre, lever des tentes à... V. *Tend*, R.

ATENDAT, ADA, adj. et p. vl. *Atendat*, cat. Campé, ée, sous des tentes.

ATENDEMEN, s. m. vl. ATENDAMEN, ATTENDUDA. *Atendement*, anc. cat. *Atendimiento*, anc. esp. *Attendimento*, ital. Attente, espoir. V. *Tend*, R.

ATENDENSA, s. f. vl. *Atendencia*, cat. Attente, délai, intention, affection, disposition. V. *Tend*, R.

ATENDENT, part. prés. vl. Attendant, qui attend. V. *Tend*, R.

ATENDEZO, s. f. vl. Attente, espérance. V. *Tend*, R.

ATENDRE, v. a. vl. *Atendrer*, cat. *Atender*, esp. *Attendere*, ital. Espérer. Voy. *Attendre*. Tenir, accomplir, soutenir, exécuter, remplir; réputer, estimer, faire attention, durer, se prolonger, s'appliquer, être attentif, porter ses soins; *s'atendre*, se fier, se confier.

Éty. du lat. *attendere*.

ATENDRE, Pour attendre. V. *Attendre*.

ATENDREZIR, vl. et

ATENDRIR, vl. V. *Attendrir*.

ATENDUDA, s. f. vl. ATENGUDA. Attente. V. *Tend*, R. et *Atendemen*.

Li atendudu dels dreituriers es alegressa, e l'esperansa dels felos perira.

ATENDUDAMENT, adv. vl. Attentivement. V. *Tend*, R.

ATENER, vl. V. *Attenir*.

ATENGER, dg. pour atteindre. Voy. *Ajougner*.

ATENGUDA, s. f. vl. V. *Atenduda*.

ATENGUT, adv. (ateingú), dg. Continuellement, sans cesse. V. *Ten*, R.

Atengut *la glorio t'appelo*,
Atengut *lou chagrin m'atten*. Jasmin.

ATENGUT, UDA, adj. et p. vl. Tenu, ue.

ATENHER, v. a. anc. béarn. *Atener*, esp. Atteindre.

Éty. du lat. *attingere*, m. s.

ATENJAS, *es d'*. (és d'atéindges) et mieux ATENGEAS, dg. exp. prov. *És d'atengeas*, il est à portée.

ATENREZIR, v. a. vl. Attendrir, fondre, dissoudre. V. *Tendr*, R.

ATENSAR, v. a. vl. Tendre, bander. V. *Tend*, R.

ATENSAT, ADA, adj. et p vl. Tendu, ue, bandé, ée.

ATENTA, vl. V. *Atenda*.

ATENUACIO, s. f. vl. *Atenuacion*, esp. *Attenuação*, port. *Attenuazione*, ital. Atténuation, affaiblissement, retrécissement, diminution.

Éty. du lat. *attenuatio*, m. s.

ATENUAR, v. a. vl. *Atenuar*, esp. *Attenuar*, port. *Attenuare*, ital. Attenuer, diminuer, amoindrir.

Éty. du lat. *attenuare*, m. s.

ATENUATIU, IVA, adj. vl. *Attenuatif, ive*, propre à atténuer, atténuant.

ATEOUNAR, d. bas lim. V. *Ateounesir* et *Amincir*.

Éty. du lat. *attenuare*, m. s.

ATEOUNESIR, v. a. (ateounesir), d. bas lim. TEOUNESIR, ATEOUNAR. Rendre mince. V. *Amincir*.

Éty. de *teoune*, mince, et de *ir*, devenir.

Lou caremo vous ateounesiz, le carême vous maigrit.

ATEOURE, s. m. (otéouré), d. bas. lim. Amas confus de choses différentes.

ATERIR, v. a. (aterir); ATARIR, dl. Tarir, mettre à sec. V. *Tarir* et *Agoutar*.

Éty. Selon M. de Sauv. ce mot serait formé de *a*, de *terra* et de *ir*, et signifierait, aller jusqu'à terre puiser de l'eau, jusqu'à ce que la terre paraisse.

ATERMENADOR, s. m. vl. *Atermenadór*, anc. cat. Délimitateur, borneur.

ATERMENAIRE, vl. V. *Atermenador*.

ATERMENAR, v. a. (otermenâ), d. bas lim. *Atermenar*, anc. cat. Appaiser, calmer: *Aquel remedi m'a atermenat ma coulica*, ce remède a calmé ma colique.

Éty. de *a* et de *termenar*, terminer. Voy. *Term*, R.

En vl. terminer, donner ou prendre des termes, borner, délimiter.

ATERMENATION, s. f. vl. Abornement, délimitation.

ATERMINAMEN, s. m. vl. Borne, limite.

ATERRAGI, s. m. (aterrádgi). Voy. *Arterragi*.

ATERRAMENT, s. m. (aterraméin). Achèvement.

ATERRAR, v. a. (aterrá); ATARRAR. *Aterrar*, cat. esp. *Atterrar*, port. *Atterrare*, ital. Atterrer, anéantir, renverser consterner.

ATERRIR, v. a. vl. Consumer, réduire en terre. V. *Terr*, R.

ATERRISSAMENT, s. m. (aterrissaméin); ATERRICHAMENT. Attérissement, dépôt des eaux.

ATERRIT, IDA, adj. et p. vl. Hâve, pâle, plombé, ée, infirme, cassé, ée, courbé, ée, consumé, ée, réduit en terre. V. *Terr*, R.

ATERSI, vl. Aussi.

ATERTAL, ALA, adj. vl. Pareil, eille, semblable, le même.

ATERTANT, adv. vl. ATERTAT, ATERTAN. Aussi bien, tout autant, aussi, également. V. *Autartant*.

Éty. de *ater* pour *alter*, et de *tantum*, un autre, tant, autant.

ATERTAT, adv. vl. V. *Atertant*.

ATES, adj. vl. *Ates*, cat. *Atendido*, esp. *Atento*, ital. Attendu. V. *Tend*, R.

Qui est de la ville d'Apt, aptésien.

ATESSADA, s. f. (atessáde), dl. Voy. *Tetada*.

ATESSAMENT, s. m. (atessaméin), dl. L'ALLACHAR. Allaitement, l'action d'allaiter. Sauv.

ATESSAR, v. a. (atessá). V. *Allachar*.

ATESSARAT, ADA, adj. et p. vl. Tissu, ue, arrangé, mesuré, muni, ie, pourvu.

ATESSERAR, v. a. vl. Tisser, enlacer, mêler. V. *Teisser*.

ATESURAR, v. a. (atesurá), d. apt. *Atesurar lou coou*, mesurer son coup.

ATETOUNIT, IDA, adj. et p. (atetouni, ide), dl. Pendu ou collé à la mamelle, fort enclin à têter, qui tête souvent.

Éty. de *a*, de *tetoun* et de *it*. V. *Tet*, R. ou de l'esp. *atetar*, allaiter.

ATG

ATGE, dg. Age. V. *Agi*.

ATH

ATHAUT, s. m. (atáou) et ATAUT, dl. Un géant. Sauv.

Éty. alt. de *tant haut*. V. *Alt*, R.

ATHEISME, s. m. (athéismé); *Ateismo*, ital. esp. *Atheismo*, port. *Ateisme*, cat. Athéisme, impiété qui consiste à ne point reconnaître de Dieu.

Éty. du lat. *atheismus*, m. s. V. le mot suivant.

Cet affreux système est fort ancien, et il est douloureux de dire qu'il fut adopté par Protagoras, Démocrite et Leucippe.

ATHEO, s. m. (athée); *Ateo*, esp. ital. cat. *Atheo*, port. Athée, celui qui ne reconnait point de Dieu.

Éty. du lat. *atheus*, dérivé du grec, α privatif et de θεὸς (théos), Dieu, qui n'a point de Dieu.

ATHLETO, s. m. (athlète); *Atleta*, ital. cat. esp. *Athleta*, port. Athlète, celui qui chez les anciens, combattait dans les jeux solennels, fig. homme fort et robuste.

Éty. du lat. *athleta*, dérivé du grec ἀθλητὴς (athlêtês), formé de ἄεθλος ou ἆθλος (aethlos ou athlos), combat.

L'institution des athlètes, avait pris naissance, selon Galien, un peu avant le siècle de Platon.

ATI

ATI, adv. de lieu, (óti), d. bas lim. Là. V. *Aquit*.

ATIAR, *Atiar*, cat. sync. de *Atisar*, v. c. m.

ATIC, V. *Etique*.

ATIERA, expr. adv. vl. Pour *à tiera*, en ordre, dans son rang. V. *Tiera*.

ATIEYRAR, v. n. vl. Contenir s'arranger.

ATIFAR, v. a. (atifâ); ATIRALHAR, *Atilar*, port. Attifer, parer, ajuster, parer avec recherche et affectation.

Éty. de *aptus* et de *facere*, selon Ménage; ou du grec στέφειν (stéphein), orner, selon Lancelot; ou de τύφος (tuphos), soin des'attifer, de se parer.

ATIFAR S', v. r. S'attifer, se parer avec affectation.

ATIFAT, ADA, adj. et p. (atifâ, áde); *Atilado*, port. Attifé, ée, ajusté, paré avec soin.

ATIFETS, s. m. pl. (atifès). Attifets, affiquets, ajustements de femme.

ATIGA, s. f. (atigue), dg. Alise, fruit de l'alisier.

ATILH, s. m. (atill); BATIFUEC, FOUILHERA, ESQUERA. Briquet, pièce d'acier qui produit des étincelles par son choc contre une pierre siliceuse.

Éty. de la basse latinité *attillicum*, outil, ou du lat. *titio*, tisou, qui sert à attiser le feu; ou de l'esp. *atiza*, attiser.

ATILHAR, v. a. vl. ATILLAR. *Atilar*, port. Arranger, disposer. V. *Atiralhar*.

Éty. de *a*, de *til*, agrément, et de *ar*.

ATILHAT, ADA, adj. et p. vl. Disposé, ée, arrangé, ajusté.

ATILLAMEN, s. m. vl. Agrément, politesse, disposition, manière.

Éty. de *a*, de *til*, *tillo* et de *ment*.

ATILLAR, vl. V. *Atilhar*.

ATINTAR, v. a. (otintá), d. bas lim. Courber un vase pour faire écouler le liquide qu'il contient.

ATINTOULAR, v. a. (atïntoulá); ATTINTOULAR. *Atintoular un enfant*, cajoler un enfant. Supp. au Dict. de Pellas.

ATION, TION, ION, désinences d'un grand nombre de mots qui indiquent l'action de faire la chose annoncée par le radical, ou qu'elle a été déjà faite; elles ont pour analogues en latin, *atio*, *onis*, *tio*, *io*, dérivées probablement de *actio* ou du génitif *actionis*, action. Elles composent des substantifs abstraits: *Révolution*, bouleversement; *Abdic-ation*, action d'abdiquer; *Accus-ation*, action d'accuser ou acte qui accuse; *Assign-ation*, action d'assigner ou acte qui assigne, etc.

ATIOUNAR et composés. V. *Assiounar*.

ATIRALHAR, v. a. (atiraillà), dg. ATOLHAR. Attifer, parer. V. *Atifar*.

Jou la pintri, jou la mirgailhi,
Jou l'atifi, jou l'atirailhi. D'Astros.

Éty. du lat. *attrahere*, attirer à soi. V. *Tra*, R.

ATIRAR, v. a. vl. *Atilar*, port. Atourner, orner, parer pour attirer. V. *Attirar*.

ATISAR, v. a. (atisá); ATIAR, ATIZAR, ATUAR. *Attizzare*, ital. *Atizar*, esp. *Atiçar*, port. *Atiar*, cat. Attiser, battre le briquet pour se procurer du feu, rapprocher les tisons pour les faire mieux brûler.

Éty. du lat. *ad*, de *titio*, tison, et de l'act. *ar*, exciter les tisons; ou du grec ἀτύζειν (atyzéin) irriter; d'où le celt. breton *atuza*, exciter; *Atiar* ou *atisar de fuech*, battre le briquet, allumer le feu: *Atiar lous tions*, *Atiar los tions*, cat. attiser les tisons.

ATISAT, adj. et p. (atisá) et ATIAT. *Atizado, ada*, esp. *Atiçado*, port. *Atiad*, cat. Attisé, ée, allumé.

ATISSAR, v. a. et n. (atissá); ASSOTAR. dl. Se prendre de grippe contre quelqu'un, ou prendre en grippe, inquiéter.

Éty. V. *Atisar*, ou du grec ἀτύζω (atyzô). Aor. ἤτυξα (ètuxa), troubler, effrayer. Thomas.

ATISSAR, Le même que *Aquissar*, v. c. m.

ATITOULAR, dl. (atitoulá); ATITORIAR. Amadouer. V. *Amadouar*.

Éty. de *titoun*, enfant, et de *ar*, cajoler comme un enfant.

ATITOURIAR, v. a. V. *Atitoular*.

ATIUN, s. m. (atiún); ATIUM. Matières combustibles telles que le papier, la paille, la bruyère, le genêt, etc. que l'on met au feu pour faire allumer les bûches. Garc.

Éty. de *atisar*, v. c. m. et de *un*, qui sert à attiser.

ATIZAR, v. a. vl. ATUSAR, ATUZAR. Exciter, encourager, attiser V. *Atisar*.

Éty. V. *Atisar*.

ATL

ATLAS, s. m. *Atlas*. esp. port. cat. *Atlante*, ital. Atlas, recueil de cartes géographiques.

Éty. d'Atlas, roi de Mauritanie, qui fut l'un des premiers à s'occuper de la géographie, ce qui le fit représenter portant le ciel sur ses épaules; son nom vient de la particule augmentative α et de ταλάω (talaô) ou τλάω (tlaô), je soutiens.

Blaeuw, géographe hollandais, a publié le premier un recueil de cartes sous le nom d'Atlas, en 1663.

ATM

ATMOSPHERO, s. m. (atmousphère); *Atmosphœra*, lat. *Atmosfera*, ital. esp. *Athmosphera*, port. *Atmósfera*, cat. Atmosphère, masse d'air qui environne le globe terrestre jusqu'à une hauteur considérable, et dans laquelle se forment les météores.

Éty. du grec ἀτμὸς (atmos), vapeur, et de σφαῖρα (sphaira), sphère, vapeur de la sphère.

ATMOSPHERIQUE, ICA, adj. (atmospheriqué, ique); *Atmosférico*, esp. *Atmosferico*, ital. *Atmosféric*, cat. *Atmospherico*, port. Atmosphérique, qui appartient, qui a rapport à l'atmosphère.

Éty. du lat. *atmosphœricus*, m. s. Voy. *Atmosphero*.

ATO

ATO, exclam. V. *Ata*.

ATO, vl. Acte: *Vous mandarai un bon ato*, je vous enverrai une assignation en bonne forme. Sauv.

ATOCAR, v. a. vl. Toucher, manier.

Éty. de *a* et de *tocar*, toucher à...

ATOCAT, ADA, adj. et p. vl. Touché, ée.

ATOME, s. m. (atómé); *Atomus*, lat. *Otomo*, ital. esp. port. cat. Atome, corpuscule réputé indivisible, à cause de sa petitesse.

Éty. du grec ἄτομος (atomos), indivisible, dérivé de α priv. et de τέμνω (témnô), couper.

ATOMI, s. m. vl. Atome, v. c. m.

ATORNAR, v. n. vl. Revenir, retourner. V. *Entournar*.

ATORNAT, ADA, adj. et p. vl. Revenu, ue, retourné, ée.

ATOU, conj. (atóu); TAMBEN, PEREOU, ITOU. Aussi, de même, *iou atou*, moi aussi.

Éty du grec αὐτοῦ (autou), semblablement, d'où l'allemand *auch*, aussi, de même.

Et lou pichot pauc-à-pauc rassurat,
De sa menotto atou *lou chinas flattegeavo.*
Dioul.

ATOUMIA, s. f. (atoumie). Avr. altér. de *anatoumia*, qu'on dit pour squelette.

ATOUNIA, s. f. (atounie); *Atonia*, esp. port. ital. Atonie, état de faiblesse et de débilité qui se manifeste plus particulièrement dans le système musculaire de la vie organique.

Éty. du lat. *atonia*, formé du grec α, privatif et de τονος (tonos), ton, force.

ATOURAR, v. a. (atourá), dl. Combler de terre, ranger quelqu'un à son devoir. Sauv.

ATOURNAR S', v. r. (s'atourná), dl. Se revancher: *M'es vengut capignar et me siou atournat*, il est venu m'attaquer, je me suis revanché. V. *Revengear* et *Torn*, R.

ATOURS, s. m. pl. (atóurs); *Adornos* et *Atavios*, port. esp. *Atavius*, cat. Atours, parures des femmes. V. *Belurias*.

Éty. du rom. *adorn*, dérivé du lat. *adornare*, orner; d'où: *Atornare* et *Ator*, *Atours*.

ATOUS, s. m. (atóus); ATOUT, TRIOUMFLE. A-tout, au jeu de cartes, couleur de la retourne ou celle dans laquelle on joue, triomphe: *Battre atous*, faire atout; on dit en français à-tout, et non *atous*.

Éty. de *a* et de *tous* pour *tout*, ou *touts*, qui prend, qui gagne tout. V. *Tot*, R.

ATOUS, s. m. (atóus). Toux. V. *Tous*.

ATOUSSOUN, s. m. (atoussóun), dim. de *atous*, petit a-tout ou a-tout de basses cartes. V. *Tot*, R.

ATR

ATR, alt. de *Atras*. V. *Detras*.

ATRABILA, s. f. *Atrabilis*, esp. cat. *Atrabile*, port. ital. Atrabile; on désignait anciennement par ce nom, une humeur épaisse et noire, qu'on faisait dépendre d'une partie limoneuse du sang ou de la bile.

Éty. du lat. *atra bilis*, bile noire.

ATRAÇAR, v. a. (otracá), d. bas lim. Faire la trace dans la neige, y frayer le chemin: *Lous chamins soun bien atraçats*, les chemins sont bien tracés.

Éty. de *a*, de *traça* et de *ar*.

ATRACCIO, s. f. vl. ATRACTIO. Attraction. V. *Attraction* et *Extraction*.

ATRACHA, s. f. vl. *Traitrise*, trahison. V. *Trad*, R. Attraction, entraînement. Voy. *Tra*, R.

ATRACTIO, vl. V. *Attraction*.

ATRACTIU, IVA, adj. vl. *Atractiu*, cat. Attractif, ive.

ATRAG, s. m. vl. *Attratto*, ital. Attraction.

Éty. du lat. *attractus*.

ATRAIRE, v. a. vl. ATRAYRE. *Atrairer* et *Atraurer*, cat. *Atraer*, esp. *Atrahir*, port. *Attrarre*, ital. Attirer, entraîner; avancer, approcher.

Éty. du lat. *attrahere*, m. s.

ATRAIRE, v. n. (atràïré), dl. *Atraer*, esp. Montrer de l'empressement pour se défaire d'une marchandise.

Éty. du lat. *attrahere*, attirer, engager quelqu'un à quelque chose. V. *Tra*, R.

ATRAMENT, s. m. vl. ATREMANS, ATRAMENZ, ATREMEN. Encre.

Éty. du lat. *atramentum*, m. s.

ATRAPA, s. f. (atrápe). Attrape. Voy. *Atrapatori*.

Éty. de *ad*, par sync. *a*, et de *trapa*, trape, piége. V. *Trap*, R.

ATRAPAIRE, s. m. (atrapàïré); AGOUNAIRE, ACHAPAIRE. Trompeur: *Atrapaire de filhas*, inconstant, infidèle.

Éty. de *atrapa* et de la term. *ire*, qui a l'habitude de tromper. V. *Trap*, R.

ATRAPA-MINOUN, s. m. Un patelin.

ATRAPAR, v. a. (atrapá); GOURAR, AGOURAR, ACHAPAR. *Atrapar*, cat. *Attrappare*, ital. *Atrampar* et *Atrapar*, esp. *Atracar*, port. Attraper, prendre à une attrape, à un piége, et par extension, tromper, prendre, gagner, atteindre en courant; saisir la ressemblance, etc.

Éty. de *atrapa* et de la term. act. *ar*, comme si l'on disait : *Ad trapam captare*, en supposant que *trapa* fut latin. V. *Trap*, Rad.

ATRAPAR S', v. r. Se méprendre, se tromper, prendre une chose pour une autre. V. *Trap*, R.

ATRAPAT, ADA, adj. et part. (atrapá-àde); *Atrapado*, esp. *Atrapad*, cat. Attrapé, ée, trompé, pris, gagné.

Éty. de *atrapa*, et de la term. pass. *at*, *ata*. V. *Trap*, R.

ATRAPATORI, s. m. (atrapatóri); ACHAPATORI, ACHAPADOUR, ATRAPA. Au propre, attrapoire, piége pour prendre les animaux, et au fig. tromperie, fausse apparence. V. *Achapatori*.

Éty. de *atrapat* et de *ori*, qui sert à attraper. V. *Trap*. R.

ATRAPATOUN, s. m. (atrapatóun). Attrape, corde destinée à maintenir un objet mobile sur un vaisseau, et le vaisseau même lorsqu'on l'abat en carène.

Éty. dim. de *atrapar*. V. *Trap*, R.

ATRAPOUN, s. m. (atrapóun). Attrapette, petite tromperie, petite malice.

Éty. de *atrapa* et du dim. *oun*. V. *Trap*, Rad.

ATRAS, adv. (atrás); *Atras*, cat. esp. port. En arrière, derrière : *Tiraz vous atras*, retirez-vous, passez derrière.

Éty. de *a* et de *trans*. V. *Trans*, R.

Vl. arrière, à la renverse : *Sa atras*, jadis, autrefois.

ATRASACH, vl. V. *Atrasag*.

ATRASAG, adv. vl. ATRASATZ, ATRASAITZ. Certainement, de suite, immédiatement, incessamment, promptement, bientôt, peut-être : *Per atrasag*, en passant, à travers.

ATRASAITZ, adv. vl. et

ATRASATZ, adv. vl. V. *Atrasag*.

ATRASSAR, v. a. (atrassá), d. toul. Amasser petit-à-petit.

Éty. M. Du Mège fait dériver ce mot du grec δράσσω (drassô), prendre, saisir.

ATRASSIT, IDA, adj. et p. vl. Accablé, ée, stupéfait.

ATRAVARIR S', v. r. (s'atravarír); S'ESTRAVARIR, ENTRE-DOURMIR, ATTRAVARIR, PENECAR, S'ESPERDRE. S'assoupir, s'endormir légèrement, sommeiller.

Éty. de *a*, de *tra* pour *trans*, au-delà, et de *avarir*, disparaître. V. *Trans*, R.

ATRAVERSAR, v. a. vl. *Atravessar*, cat. port. *Attravesar*, esp. *Attraversare*, ital. Traverser, balancer, secouer. V. *Vert*, R.

ATRAYRE, vl. V. *Atraire*.

ATRAZAI, adv. vl. A l'avenir, désormais.

Éty. de *atras*, au-delà, plus loin, et de *ai*. V. *Trans*, R.

ATRECI, conj. vl. Aussi. V. *Atressi*.

ATREISI, vl. V. *Atressi*.

ATREMANS, vl. Encre. V. *Atrament* et *Ancra*.

ATREMANT, vl. V. *Atrament*.

ATREMENT, s. m. vl. Encre. V. *Atrament*.

ATREMPADAMEN, vl. V. *Atempradamen*.

ATREMPAMEN, vl. V. *Atempramen*.

ATREMPANSA, vl. V. *Atempransa*.

ATREMPAR, vl. V. *Atemprar*.

ATREMPAT, ADA, adj. et p. vl. Modéré, sobre, tempérant. V. *Temp*, R.

ATREMPE, vl. V. *Atempre*.

ATRESANAR, v. a. (atresaná), dl. Ajuster, agencer, assortir.

Éty. de *a*, de *tres*, indiquant le superlatif, et de *anar*, aller. V. *An*, R. 2.

ATRESSI, adv. (atrèssi), vl. *Atressi*, cat. De même, pareillement, ainsi. Voy. *Altressi*.

ATRESTAN, adv. vl. ATRETAN. *Altretant*, cat. *Otrotanto*, esp. *Outrotanto*, port. *Altrettanto*, ital. Autant, de même, ainsi, tout autant.

Éty. V. *Autertant* et *Alter*, R.

ATRETAL, adj. vl. V. *Altretal*.

ATRETANT, adv. vl. ATRETAN. Autant, tout autant, aussi. V. *Autant*.

ATRIAR, v. a. vl. Choisir. V. *Triar* et *Tra*, R.

ATRIBUIR, vl. V. *Attribuar*.

ATRIBUTIO, vl. V. *Attribution*.

ATRICAR, v. a. (atricá), dl. Émotter la terre d'un jardin, la rendre meuble.

Éty. du lat. *tero*, *tritus*, briser, broyer, piler.

ATRIGAR. v. (atrigá) dg.

De te benja que nous atriga.
Jasmin.

ATRINCAR, v. a. (otrincá), d. bas lim. ATTRINQUAR. Achalander. V. *Achalandar* et *Entrincar*.

Éty. de *a* pour *ad*, de *trinc*, et de *ar*, mettre en train.

ATRINCAR S', v. r. d. de Carpentras. Se préparer, se mettre en besogne.

ATRINCAT, ADA, adj. et p. (otrincá, àde), m. d. Achalandé. V. *Achalandat*.

ATRIPASSAR, v. a. (otripassa), d. bas lim. Arranger quelque chose sans ordre, comme paraissent l'être les boyaux dans le corps, au premier aspect.

Éty. de *a*, de *tripas* et de *ar*. V. *Trip*, R.

ATRISSA, adj. vl. vaudois. ATRISA. *Atrissad*; cat. Broyé, foulé. V. *Trissat*, du lat. *tritus*.

ATRISSIO, s. f. vl. Pression, compression, trituration, broiement. V. *Attrition*.

ATRIT, ITA, adj. vl. *Atrit*, cat. *Attrito*, ital. Pressé, comprimé, trituré, broyé; qui a de l'attrition.

ATRIUSAMEN, vl. V. *Atrusamen* et *Triss*, R.

ATRIUSSAR, v. a. vl. ATRUSAR. Briser, broyer, écraser; gâter, corrompre, fouler aux pieds. V. *Triss*, R.

ATRIVADOUR, s. m. (atrivadóu), d. bas lim. Endroit où l'on place un appât pour attirer les oiseaux et les autres animaux; lieu attrayant.

Éty. du lat. *Attrahere*, V. *Tra*, R.

ATRIVAR, v. a. (otrivá), d. bas lim. Attirer, Attraire, faire venir par le moyen de quelque chose qui plaît; appâter.

Éty. du lat. *Attrahere*. V. *Tra*, R.

ATROBADOR, s. m. vl. ATROBAIRE. Inventeur, créateur.

ATROBAIRE, vl. V. *Atrobador*.

ATROBAMENT, s. m. vl. Invention, tradition, découverte, V. *Trob*, R.

ATROBAR, v. a. vl. TROBAR. *Atrobar*, anc. cat. Trouver, rencontrer; observer, reconnaître, inventer, controuver; joindre, se réunir à.

ATROBAT, ADA, adj. et p. vl. trouvé, ée, rencontré, etc. selon le verbe.

ATROCE, OÇA, adj. (atrócé, óce); *Atroce*, ital. *Atroz*, esp. port. *Atros*, cat. Atroce, énorme, excessif, en parlant des crimes, des injures, des supplices, etc.; cruel, inhumain, violant.

Éty. du lat. *atrox*, m. sign. dérivé du grec α priv. et de τρώγω (trôgô), manger, qui n'est pas bon à être mangé, cru.

ATROCITAT, s. f. (atroucitá); ATROUCITAT. *Atrocità*, ital. *Atrocidad*, esp. *Atrocidade*, port. *Atrocitat*, cat. Atrocité, énormité d'un crime, d'une injure, d'un supplice; cruauté.

Éty. du lat. *atrocitas*, *atis*, m. s.

ATROPELAR, vl. V. *Attroupelar*.

ATROSSAMENT, s. m. vl. (atroussaméin); AURESSAMENT, ATROSSAMEN, ATRUSAMEN. Mort, ruine, destruction, désolation.

ATROSSAR, v. a. vl. Charger, emballer.

Éty. de *a*, de *trossa*, trousse, et de *ar*, mettre en trousses, en ballots; *otrossar*, en catalan, signifie lever, trousser sa robe.

ATROUBAR. V. *Troubar* et *Trob*, R.

ATROUPELAR. V. *Attroupelar*.

ATRUANDAR, et

ATRUANDISIR, v. a. (otruondá, otruondisir); d. bas lim. Allécher, affriander, rendre paresseux, fainéant, lâche; accoquiner, tromper; *s'atruandir*, devenir paresseux.

Éty. de *a*, de *truand*, paresseux et de *ir* ou *isir*.

ATRUISAMENT, s. m. vl. Broiement, destruction.

ATRUISAR. V. *Atruissar*.

ATRUISSAR, v. a. vl. ATRUISAR. *Atrissar*, anc. cat. *Attritare*, ital. Broyer, écraser, brouiller, opprimer.

ATRUISSAT, ADA, adj. et p. vl. Broyé, ée, écrasé, brouillé, opprimé.

ATRUSAMEN. V. *Atrossamen*.

ATRUSSAR, v. a. (atrussá), vl. Écraser. V. *Triss*, R.

ATRUYAR S' v. r. (s'atruiá) S'ATRULHAR, d. du Var. Se gorger d'eau. Garc. suppl.

ATT

ATTACA, s. f. (atáque); *Attacco*, ital. *Ataco*, cat. *Ataque*, port. esp. Attaque, choc, commencement de combat, assaut. V. *Tact*, R.

Attaca d'apouplexia. Voy. *Apouplexia*.
Attaca de gouta, etc. V. *Gouta*.

ATTACAGNAS, s. f. pl. (atacágne)

Époque des batteries à coups de pierres. Garc. V. *Enqueiradas*.

Éty. de *attacar* et de *agna*. V. *Tact*, R.

ATTACAIRE, s. m. (attacaïré); *Atacador*, esp. Agresseur, celui qui attaque. Garc. V. *Tact*, R.

ATTACAR, v. a. (atacá); ASSALHIR. *Attaccare*, ital. *Atacar*, esp. port. cat. Attaquer, commencer une attaque.

Éty. de *attaca* et de *ar*. V. *Tact*, R.

ATTACAR S', v. r. S'attaquer, se prendre à quelqu'un, à quelque chose, se déclarer contre. V. *Tact*, R.

ATTACAT, ADA, adj. et p. (attacá, áde); *Atacado, ada*, esp. port. *Atacad*, cat. Attaqué, ée. V. *Tact*, R.

ATTAGOUS, s. m. (attagóus). Nom que les bergers donnent à Arles, aux divisions qu'ils font de leurs brebis en hiver, et particulièrement à un petit troupeau de brebis qui ont agnelé depuis peu.

ATTARRAR, Avr. V. *Atterrar*.

ATTASSAT, ADA, adj. (atassá, áde), d. du Var. Sournois, oise, taciturne, dont on doit se méfier. Garc. Suppl.

ATTATIER, s. m. (attatié); TATIER, VALINIER, CALIVIER, ATALIER, TASSIGNIER, ESTIRAVIELHA. Viorne, viorne mancienne : *Bardeau, bourdaine blanche*, *Viburnum lantana*, Lin. arbrisseau de la fam. des Caprifoliacées, commun dans toute la Haute-Provence. V. Gar, *Viburnum*, p. 486.

Éty. de *attat* et de la term. mult. *ier*. V. *Tet*, R.

La racine de la viorne contient un suc visqueux propre à faire de la glu.

ATTATS, s. m. pl. (attáts); ATTATINAS, TATINAS, VALINAS. Fruits de l'attatier.

Éty. *Attats*, *attatinas*, est probablement dit pour *a tetinas*, le fruit ressemblant un peu à un petit mamelon. V. *Tet*, R.

Ces fruits bien mûrs ne sont point désagréables au goût ni nuisibles à la santé; on en fait de l'encre en Suisse.

ATTE, V. *Acte*.

ATTELAR, V. *Atelar*.

ATTELIER, V. *Atelier*.

ATTENDRE, v. a. (attèindré); ESPERAR. *Atendrer*, cat. *Atender*, esp. *Attender*, port. *Attendere*, ital. Attendre, espérer.

Éty. du lat. *attendere*. V. *Tend*, R.

ATTENDRE S', v. r. (s'attèindré), dl. *Atender*, esp. *Attender*, port. Être attentif à l'ouvrage, s'y appliquer sans se détourner, sans perdre de temps; travailler de suite et sans relâche.

Éty. du lat. *attendere*, fait de *ad*, vers, et de *tendere*, tendre, tendre vers le même but. V. *Tend*, R.

ATTENDRE S', v. r. dl. S'ATTENIR. Croire, se fier, se rapporter: *Vous attendez à el?* Vous vous fiez à lui? Vous croyez ce qu'il vous dit? V. *Esperar s'*, et *Tend*, R.

ATTENDRIR, v. a. (attendrir); *Intenerire*, ital. *Enternir*, cat. *Enternecer*, esp. port. Attendrir, rendre tendre, plus tendre, moins dur, fig. disposer l'âme à la pitié, à la tendresse, à la commisération.

Éty. de *a* pour *ad*, de *tendre* et de *ir*, rendre ou faire devenir tendre. V. *Tendr*, R.

ATTENDRIR S', v. r. *Enternecerse*, esp. S'attendrir, devenir plus tendre, et fig. plus sensible. V. *Tendr*, R.

ATTENDRISSAMENT, s. m. (atteindrissamèin); *Enternecimiento*, esp. *Enterniment*, cat. *Enternecimento*, port. Attendrissement, état de l'âme émue de tendresse, de pitié, de compassion. V. *Tendr*, R.

ATTENDRISSENT, ENTA, adj. (atteindrissèin, èinte). Attendrissant, ante, qui attendrit, qui conduit à l'attendrissement, qui inspire la tendresse. V. *Tendr*, R.

ATTENDRIT, IDA, IA, adj. et p. (atteindri, ide, ie,); *Enternecido, ida*, esp. port. Attendri, ie. V. *Tendr*, R.

ATTENENT, ENTA, adj. (atenèin, èinte). Attenant, ante, contigu, tout proche...

Éty. de *ad* et de *tenent*, tenant à. V. *Ten*, Rad.

ATTENIR S', v. r. (s'atenir); *Atenirse*, cat. *Atenerse*, esp. *Attenersi*, ital. Croire facilement une chose, y ajouter foi, s'en tenir à un précepte, à une recette. V. *Attendre s'*.

Éty. de *a* et de *tenir*. V. *Ten*, R.

ATTENIR, v. a. vl. ATENER. Tenir, observer, accomplir. V. *Ten*, R.

ATTENTA, s. f. (attèinte), dl. But ou fin, qu'on se propose. Sauv. V. *Tend*, R.

ATTENTAR, v. n. (atteintá); *Atentar*, esp. cat. *Attentar*, port. *Attentare*, ital. Attenter, former une entreprise contre les lois.

Éty. du lat. *attentare*, formé de *tentare* et de *ad*. V. *Ten*, R.

ATTENTAT, s. m. (ateintá); *Attentato*, ital. *Atentado*, esp. *Attentado*, port. *Atentat*, cat. Attentat, crime, délit grave.

ATTENTIF, IVA, adj. (ateintif, ive); *Attento*, ital. port. *Atento*, esp. *Atent*, cat. Attentif, ive, qui a de l'attention, de l'application.

Éty. du lat. *attentus*, m. s.

ATTENTION, s. f. (atteintie-n); ATENTIEN. *Attenzione*, ital. *Atencion*, esp. *Attenção*, port. *Atenció*, cat. Attention, acte de l'entendement humain, par le moyen duquel on tient longtemps son esprit fixé sur le même objet; égard, soin.

Éty. du lat. *attentionis*, gén. de *attentio*, m. s. de *attendere*, formé de *ad* et de *tendere*, tendre vers. V. *Tend*, R.

ATTENTIVAMENT, adv. (ateintivamèin); *Attentamente*, ital. port. *Atentamente*, esp. *Atentament*, cat. Attentivement, avec attention.

Éty. de *attentiva* et de *ment*. V. *Tend*, R.

ATTENUANT, ANTA, adj. (aténuán, ánte); *Attenuante*, ital. port. *Atenuante*, esp. Atténuant, qui atténue.

Éty. du lat. *attenuantis*, gén. de *attenuans*, m. sign.

ATTENUAR, v. a. aténuá); ATENUAR. *Attenuare*, ital. *Atenuar*, esp. *Attenuar*, port. Atténuer, affaiblir, diminuer les forces, rendre moins grave.

Éty. du lat. *Attenuare*, m. s.

ATTENUAT, ADA, adj. et p. (aténuá, áde); *Attenuato*, ital. *Atenuado*, esp. *Attenuado*, port. Atténué, uée.

Éty. du lat. *attenuatus*, m. s.

ATTENUATION, s. f. (atenuatie-n); *Attenuazione*, ital. *Atenuacion*, esp. *Attenuação*, port. Atténuation, affaiblissement, diminution de forces.

Éty. du lat. *attenuationis*, gén. de *attenuatio*, m. s.

ATTERRAGI, s. m. (atterrádgi); ATERRAGI, ATERRAGE. Atterage, l'endroit où un vaisseau vient reconnaître la terre après une longue traversée; l'action et le moment de reconnaître la terre, lieu où il peut prendre terre.

Éty. de *a* pour *ad*, de *terra* et de *agi*, litt. aller à terre. V. *Terr*, R.

ATTERRAR, v. n. (atterrá); *Aterrarse*, esp. *Atterrare*, ital. Atterrir, prendre terre. V. *Abordar*, et *Terr*, R.

ATTERRAR, v. a. *Atterrare*, ital. *Aterrar*, esp. cat. *Atterrar*, port. Atterrer, abattre, consterner, renverser par terre; accabler, affliger excessivement.

Éty. de *at* pour *ad*, de *terra* et de *ar*, jeter par terre. V. *Terr*, R.

ATTERRAT, ADA, adj. et p. (aterrá, áde); *Atterrito*, ital. *Aterrado*, esp. *Atterrado*, port. *Aterrad*, cat. Atterré, ée, abattu, consterné, épouvanté.

Éty. V. *Terr*, R.

ATTERRISSAMENT, s. m. (atterrissaméin). Atterrissement, sable et limon que la mer et les rivières transportent d'un lieu à un autre, qui leur font changer de lit et de rivage, et forment en quelque sorte une nouvelle terre. V. *Terr*, R.

ATTESTAR, v. a. (attestá); *Attestare*, ital. *Atestar*, esp. *Attestar*, port. Attester, assurer, certifier, soit de vive voix, soit par écrit.

Éty. du lat. *attestari*, dérivé de *testis*, témoin. V. *Test*, R. 2.

ATTESTATION, s. f. (attestatie-n); ATTESTATIEN. *Attestazione*, ital. *Atestacion*, esp. *Atestação*, port. *Atestació*, cat. Attestation, témoignage que l'on donne à quelqu'un, certificat.

Éty. de *attestar* et de *tion*, action d'attester, ou du lat. *atestationis*, gén. de *attestatio*, m. s. V. *Test*, R. 2.

ATTESTAT, ADA, adj. et p. (atestá, áde); *Attestato*, ital. *Atestado*, esp. *Attestado*, port. Attesté, ée, assuré, certifié.

Éty. de *at*, de *test* et de *at*, assuré par témoins ou par témoignage. V. *Test*, R. 2.

ATTICA, s. f. (attique); *Attica*, ital. *Atico*, esp. *Atic*, cat. Attique, s. m. petit étage au-dessus des autres, qui a ses ornements particuliers, et qu'on prétend avoir été inventé par les Athéniens, d'où son nom.

ATTIEDIR, v. a. (attiedir), lang. mod. Attiédir, rendre tiède; diminuer le zèle. Garc. V. *Teb*, R.

ATTIEDISSAMENT, s. m. (attiedissaméin), lang. m. Attiédissement, diminution de zèle, de ferveur. Garc. V. *Teb*, R.

ATTIRALH, s. m. (attiralh); *Attiraglio*, ital. Attirail, collection complète de tout ce qui est nécessaire pour faire une chose, bagage.

Éty. de *at*, pour *ad*, de *tir*, pour *tirar* et de *alh*. Tout ce qu'on tire, qu'on traîne avec soi. V. *Tra*, R.

ATTIRANT, ANTA, adj. (attirán, ánte); Attirant, ante, qui attire. V. *Tra*, R.

ATTIRAR, v. a. (attirá); *Attirare*, ital. *Atraer*, esp. *Attrahir*, port. *Atraurer*, cat. Attirer, tirer à soi; engager, inviter.

Éty. du lat. *attrahere*, m. s. V. *Tra*, R.

ATTIRAR S', v. r. *Atraerse*, esp. *Attirarsi*, ital. *Attrahirse*, port. S'attirer l'estime, la haine. V. *Tra*, R.

ATTIRAT, ADA, adj. et p. (attirá, áde); *Attratto*, ital. *Atraido, ida*, esp. *Attrahido*, port. Attiré, ée; engagé. V. *Tra*, R.

ATTITRAT, ADA, adj. et p. (attitrá, áde); Attitré, ée, il se dit particulièrement d'un marchand chez qui l'on se sert ordinairement. V. *Titul*, R.

ATTITUDA, s. f. (attitude); *Attitudine*, ital, *Actitud*, esp. Attitude. V. *Poustura*.

Éty. du lat. *aptitudo*, aptitude et attitude. V. *Apt*, R.

ATTOUCCAMENT, s. m. (attoucaméin); *Toccamento*, ital. *Tocamiento*, esp. *Tocamento*, port. *Tocament*, cat. Attouchement, action de toucher.

Éty. de *a* augm. de *touccar*, et de *ment*, manière ou action de toucher. V. *Tact*, R.

ATTRACTIF, IVA, adj. (atractif, ive); *Attrattivo*, ital. *Atractivo*, esp. *Attractivo*, port. *Atractiu, iva*, cat. Attractif, ive, qui a la propriété d'attirer.

Éty. V. *Tra*, R.

ATTRACTION, s. m. (atractien); *Atraccion*, esp. *Attrazione*, ital. *Attracçaõ*, port. *Atracció*, cat. Attraction; action d'attirer; puissance par laquelle les corps ou leurs parties sont portés, ou tendent à se porter, les uns vers les autres, en raison directe de leur masse et inverse du carré de leur distance.

Éty. du lat. *attractionis*, gén. de *atractio*, m. s. formé de *attrahere*, attirer. V. *Tra*, R.

Elle fut soupçonnée par Anaxagore, Démocrite, Epicure et Plutarque; reconnue par Bacon, en 1280, par Copernic, Tychobrahé et Képler, vers 1600. Enfin Newton parut et l'attraction ainsi que ses lois furent démontrées (1687).

Nature and nature s laws lay hid in night;
God said; let newton be, and all was light.

ATTRAIRE, v. a. (atraïré), vl. *Attrarre*, ital. *Atraer*, esp. *Attrahir*, port, *Atrairer*, cat. Attirer. V. *Attirar*.

Éty. du lat. *attrahere*, attirer, tirer à soi. V. *Tra*, R.

ATTRAPA. V. *Atrapatori* et *Trap*, R.

ATTRAVAYIT, Reymonenq. V. *Atravalhit*.

ATTRET, s. m. (atrè); *Atractivo*, esp. *Attractivo*, port. Attrait, pouvoir que les objets exercent sur nos sens, sur notre cœur, sur notre volonté, en nous attirant à eux; penchant, inclination.

Éty. du celt. *adred*, ou du lat. *Attrahere*. V. *Tra*, Rad.

ATTRIBUAR, v. a. (attribuá); *Attribuire*, ital. *Atribuir*, esp. cat. *Attribuir*, port. Attribuer, attacher, rapporter à... imputer, accorder.

Éty. du lat. *attribuere*, formé de *ad*, à, et de *tribuere*, donner, accorder. V. *Tribu*, R.

ATTRIBUAR S', v. r. *Attribuirsi*, ital port. *Atribuirse*, esp. s'attribuer, prendre pour soi, s'approprier. V. *Tribu*, R.

ATTRIBUAT, ADA, adj. et p. (attribuá, áde); *Atribuido, da*, esp. *Attribuido*, port. *Atribuid*, cat. Attribué, ée. V. *Tribu*, Rad.

ATTRIBUIR, vl. V. *Attribuar*.

ATTRIBUT, s. m. (attribú); *Attributo*, ital. port. *Atributo*, esp. *Atribut*, cat. Attribut, propriété qui convient à quelque chose, perfection que l'on connaît en Dieu; ce qui s'affirme ou se nie d'un sujet.

Éty. du lat. *attributum*, fait de *attribuere*, attribuer. V. *Tribu*, R.

ATTRIBUTION, s. f. (attributie-n); *Attribuimento*, ital. *Atribucion*, esp. *Attribuição*, port. *Atribució*, cat. attribution, pouvoir, concession.

Éty. du lat. *attributionis*, gén. de *atributio*, m. s. V. *Tribu*, R.

ATTRISTAR, v. a. (attristá); *Attristare*, ital. *Entristecer*, esp. port. *Entristir*, cat. Attrister, rendre triste.

Éty. de *ad*, de *triste* et de *ar*, litt. porter à la tristesse. V. *Trist*, R.

ATTRISTAR S', v. r. *Attristarsi*, ital. *Entristirse*, cat. *Entristecerse*, esp. S'attrister, s'inquiéter. V. *Si lagnar* et *Trist*, R.

ATTRISTAT, ADA, adj. et p. (attristá, áde); *Entristecido*, port. Attristé, ée.

ATTRITION, s. f. (attritie-n); *Attrizione*, ital. *Atricion*, esp. *Attrição*, port. *Atrició*, cat. Attrition, douleur d'avoir offensé Dieu, causée par la crainte du châtiment.

Éty. du lat. *attritionis*, gén. de *attritio*, m. s. V. *Triss*, R.

ATTROUPADISSA, Garc. V. *Attroupament*. V. *Turb*, R.

ATTROUPAMENT, s. m. (attroupaméin); ATTROUPADISSA. Attroupement, rassemblement tumultueux de gens, fait dans un mauvais dessein. V. *Turb*, R.

ATTROUPAR, v. a. (attroupá); *Atropar*, esp. Attrouper, rassembler plusieurs personnes dans le dessein d'exécuter quelque complot, ou d'exciter une sédition.

Éty. de *a*, de *troupa* et de *ar*, réunir en troupe. V. *Turb*, R.

ATTROUPAR S', v. r. S'attrouper, se réunir en troupe.

ATTROUPAT, ADA, adj. et p. (attroupá, áde); *Atropado, ada*, esp. Attroupé, ée, rassemblé. V. *Turb*, R.

ATTROUPELAR S', v. r. (s'attroupelá); *Atropellarse*, cat. esp. port. S'attrouper. V. *Attroupar s'*, dont il est un itér. V. *Turb*, R.

ATTRUYAR S', v. r. (s'attruyá); Se gorger d'eau. Garc.

ATU

ATUA. V. *Thea*.

ATUAR. V. *Atisar*.

ATUBAL, s. m. (atubál), dl. Allumettes ou menu bois, copeaux, broutilles, de la bourrée, l'âme d'un fagot et tout ce qui est propre à prendre feu dans le moment, et qui peut aider à allumer le gros bois. Voy. *Broundilhas*.

Éty. de *a*, de *tub* pour *tubas*, pris pour feu, et de *al*, qui sert au feu, ou pour allumer le feu. V. *Tub*, R.

ATUBAR, v. a. (atubá), dl. Allumer le feu, une chandelle, etc. V. *Allumar*, *Abrar* et *Tub*, R.

ATUBAT, ADA, adj. et p. (atubá, áde). Éteint, einte. V. *Atupit* et *Tub*, R.

Y a tan de luns atubas!
De que vese! de qu'aousisse.
Aubanel.

ATUCAR, v. a. (atucá), dg. Meurtrir, briser de coups. V. *Ensucar* et *Atupar*.

ATUCAT, ADA, adj. et p. (atucá, áde), m. d. Meurtri de coups, assommé, harassé. V. *Ensucat* et *Ablasigat*.

ATUDAR, v. a. (atudá), dl. Eteindre. V. *Atupir*.

Anan per tout d'aigo rouda.
Per aquel sant fioc atuda.
L. E. Trad. de l'Eneid.

ATUFEGAR, v. a. (atufegá), dl. AROUSTAR, ASENGAR. Ajuster, façonner: un champ bien façonné produit d'avantage.

ATUPAR, v. a. (atupá), dl. ATUCAR. Assommer, battre avec excès. V. *Rossar*, *Esquinar*.

Éty. de *a*, prép. et du grec τυπέω (tupéô), frapper.

ATUPIR, v. a. (atupir); ATUDAR, TUAR, DESTUDAR, TUDAR, AMOUSSAR, ESTEIGNER, TUPIR, DESTEGNER. Eteindre, au figuré comme au positif; réduire au silence, et dans le style fam. mettre à *quia*. Sauv. étourdir, interdire. Avr.

Éty. probablement du grec, α, priv. et de τύφω (tuphô), allumer, enflammer.

ATUPIR S', v. r. S'éteindre.

ATUPISSAMENT, s. m. (atupissamein); calme, cessation de trouble. Garc. V. *Atupir*.

ATUPIT, IDA, adj. et p. (atupi, ide); ATUBAT. Eteint, einte; stupéfait, interdit. Avril. V. *Atupir*.

ATUR, s. m. vl. Application, soin, attachement; tentative, effort, attention.

ATURAR, v. a. (oturá), d. bas lim. et vl. *Aturar*, cat. esp. port. Appuyer une chose contre une autre; fixer, appliquer, arrêter; contraindre, forcer, supporter.

Éty. de *atur*, application, et de *ar*.

ATURAT, ADA, adj. et p. vl. *Aturado*, port. esp. *Aturad*, cat. Assuré, ée; ferme, intrépide, à l'abri, en sûreté; contrit, mortifié.

Éty. de l'esp. *aturar*, supporter, endurer.

ATURGAR, v. n. (aturgá), dl. Jouter sur l'eau.

Éty. de *a* et de *turgar*, altér. de *Targar*. v. c. m.

ATURS, s. m. pl. vl. V. *Atours*.

ATUSAR, v. a. vl. Assommer. V. *Ensucar*.

Éty. de l'espagnol *atusar*, couper, faire les cheveux, par ironie; pour attiser. Voy. *Atisar*.

ATUVAR, v. a. (atuvá), d. arl. V. *Alumar* et *Abrar*.

ATUVELIR, v. n. et r. (atuvelir). Se couvrir de tuf, s'incruster d'une matière calcaire, devenir comme du tuf.

Éty. de *a* pour *ad*, en, de *tuve*, tuf, et de *ir*, se convertir en tuf.

ATUZAR, v. a. vl. Attiser, V. *Atisar*. V. *Tisoun*, R. Eteindre, faire pâlir. Voy. *Tuar*.

ATY

ATYE, s. m. d. béarn. V. *Agi*.

ATYRAR, vl. V. *Atirar*.

AU

AU, AUD, AUT, OT et OCHOU. Désinence prise ou imitée du latin *aldus*, dans la plupart de ses constructions. Elle exprime une qualité croissante ou tendant à augmenter. *Finot*, *fin-ochou*, un peu fin, qui fait le fin; *Lebr-au*, jeune lièvre, levreau; *Perdig-au*, perdreau; *Bad-au*, badaud; *Nigaud*, nigaud; *Salig-ot*, saligaud.

AU (áou), particule formée par contraction de la préposition *a* et de l'article *lou*, *à lou*, dont on a fait ensuite *al* et enfin *au*, par le changement ordinaire de *l* final en *u ou*. Elle marque le datif au masculin singulier et fait *à lous* au pluriel, et *as*, pour les deux genres.

Cette particule s'emploie aussi pour *dans*: *cis estre au liech*; pour *avec*, *touccar au det*; pour *je iou au cresi*, je le crois.

Au, *as*, *eis*, est souvent mal à propos traduit par *aux*, *au*, en français: *Faire une partida eis bochas*, *au billard*, Tr. Faire une partie de boules, de billard.

AU, dg. pour *autres*, *nous-au*, pour *nous autses* ou *n'autres*.

AU, Toison. V. *Aus*.

AU, dl. employé quelquefois pour ils ont.

AU, exclamation; OOU. Holà, hé; *Au! l'home; au! Piarre, au Jean*, hé! l'homme; holà! Pierre; holà hé! Jean, etc.

Éty. du grec ἀοῶ (aoô), servant à appeler; ou c'est plutôt l'impératif de *auzir*, *au*, écoute, entends.

AU, pour août. V. *Aoust*.

AU, vl. Il ou elle entend: *Qui l'au parlar*, qui l'entend parler; de *auzir* entendre; il est employé quelquefois pour *auz*, j'entends.

AU, prép. vl. quelquefois employée pour avec: *Au plor et au gemament*, avec pleurs et avec gémissements.

Éty. du lat. *ab*, par le changement du *b* en *u*. *Agues paz au li fraire*. Nobla leyzon. Aye paix avec les frères.

AU, d. lim. Foucaud emploie cet art. pour *el*, *eou*, le, lui: *Au court*, *au vai*, *àu vèt*. c. à d. *eou courre*, *eou vai*, *eou ven*, il court, il va, il vient.

Ço qu'Adam coumensec, sous enfans aù acabon Goudelin.

AU, Peyrot, d. du Rouergue, emploie souvent *au* pour *an*, ils ont.

AU, prép. d. béarn. à.

AU, est souvent employé pour la conjonct. *ou*, par Foucaud: *Mor au viü*, mort ou vif.

AUA

AUAJOUS, dl. V. *Abajous*.

AUB

AUBA, s. f. (áoube); ALBADA, CARABRUN. *Alba*, cat. ital. esp. *Alva*, port. Aube, le point du jour, le moment qui précède l'aurore.

Éty. du lat. *albus*, *alba*, blanc, et *auba*, par le changement de *l* en *u*, dérivé de l'ébreu *alben*, blanc. V. *Alb*, R.

L'auba de Sant Miqueou, l'aube du jour de Saint Michel, sur laquelle le peuple fait beaucoup de remarques: *d'une auba à l'autra*, toute la journée, de l'aube du matin à l'aube du soir, ou au crépuscule.

Dérivés: *Auba*, *Aubi-ar*, *Aub-enca*, *Aubera*, et les noms propres ou de lieu: *Peirauba*, *Auba-tera*, *Aub-enas*, *Aub-an*, *Aub-esoun*. V. *Alb*, R.

AUBA, s. f. *Alba*, cat. L'un des noms du peuplier blanc. V. *Aubera*, et du tremble. V. *Aubria* et *Alb*, R.

AUBA, s. f. *Alba*, cat. esp. *Alva*, port. Aube, grande robe blanche que le prêtre met sur la soutane. V. *Alb*, R.

Par sa blancheur l'aube est l'emblême de la pureté et de la candeur dont les prêtres doivent être revêtus.

AUBA, s. f. COLIERA, ALIBRE. Aube d'une roue de moulin; les aubes sont en forme de cuiller, tandis que les alluchons sont plats de chaque côté. V. *Alb*, R.

AUBA, s. f. Nom bordelais du saule blanc. V. *Sauze*.

AUBA, s. f. (áoube); *Auba*, esp. Aube (départ. de l'), dont le chef-lieu est Troyes.

Éty. d'une rivière de la Champagne, nommée en latin *Albula*, Aube.

AUBADA, s. f. (aoubáde); OOUBADA. *Albada*, esp. *Aubada* et *Albada*, cat. Aubade, concert d'instruments qu'on donne à l'aube du jour, à la porte, ou sous les fenêtres d'une personne qu'on veut honorer; par antiphrase, insulte, vacarme.

Éty. de *auba*, aube, et de *ada*, fait, donné à l'aube, au point du jour. V. *Alb*, R.

AUBA-DE-MAR, dl. alt. de *auga*, v. c. m.

AUBALAGE, s. m. (aoubaládge), dl. Moulinage des fils de soie destinés à la confection des bas.

AUBALAR, v. a. (aoubalá), dl. Passer par l'ovale, sorte de moulinage et d'apprêt qu'on donne à la soie destinée à la fabrication des bas au métier.

AUBALESTRIER, alt. de *Aubarestrier*, v. c. m.

AUBAN, **ANA**, nom d'homme et de femme (aoubán, áne). Auban et Aubin.

Patron, Saint Aubin (albinus), évêque d'Angers, mort en 549, le 1er mars, jour où l'église honore sa mémoire.

AUBANEL, nom propre (aoubanèl) Aubanel.

Éty. dim. de *Auban*, v. c. m.

AUBA-VIS, s. f. (áoube-vis) et

AUBA-VIT, s. f. (áoube vit). Noms qu'on donne dans différents endroits, à la clématite ou herbe aux gueux. V. *Entrevadis*.

Éty. du lat. *alba vitis*, vigne blanche, à cause de la blancheur des panaches que forment les aigrettes de ses graines. V. *Alb*, R.

AUBANS, V. *Haubans*.

AUBARD, s. m. (ooubá). Nom bas limousin d'une espèce de saule, Béron. V. *Sauze*.

Éty. de *albus*, à cause de la blancheur de ses feuilles. V. *Alb*, R.

AUBARDA, s. f. (aoubárde), dl. et bas lim. Espèce de selle rase ou de bât sans courbets. V. *Barda*.

Éty. de l'esp. *albarda*, m. s.

AUBARESTA, s. f. La crête d'un toit, l'albaletrier, ou pièce de charpente qui soutient ou forme la crête de la toiture. Voy. *Balen*, R.

AUBARESTA, s. f. Est encore le nom qu'on donne au *badinant* ou cheval qu'on attelle au devant de deux autres qui sont au timon. V. *Balest*, R.

AUBARESTA, s. f. (aubaréste); ARBALESTA, ALBARESTA, BALESTA, OOUBARESTA. *Balestra*, ital. *Ballesta*, esp. *Besta*, por. Arbalète, arc d'acier monté sur un fût, qu'on tend au moyen d'une corde, servant à lancer des espèces de flèches qu'on nommait, *matras*.

Éty. de la bas. lat. *arbalista*, formé de *arcu-balista*. V. *Balest*, R.

On attribue l'invention de cette arme aux Phéniciens; on commença à en faire usage dans les armées françaises, vers l'an 1200, et à la bataille de Bouvines, en 1214.

Cette arme fut apportée d'Asie par la première croisade, il en est déjà parlé dans la vie de Louis-le-Gros, au commencement du XIIme siècle.

AUBARESTA, s. f. OOUBARESTA, TAUPIÈRE, ESPAR-ENCHA. Piége pour prendre les taupes; c'est aussi le nom d'un piége dans lequel les oiseaux se prennent par les pieds.

Éty. Parce que le ressort dont la taupière est munie, ressemble un peu à l'arc d'une arbalète. V. *Balest*, R.

AUBARESTIER, s. m. (aouberestié); ARCBALESTRIER, BALESTER, BALESTIER. Arbalétrier, pièce d'un comble placée obliquement, qui porte d'un côté sur l'entrait et de l'autre dans le poinçon.

Éty. de *aubaresta*, v. c. m. et de la term. *ier*. V. *Balest*, R.

AUBARESTIER, s. m. (aoubarestié); AUBALESTRIER. *Balestrajo*, ital. *Ballestero*, esp. *Besteiro*, port. *Ballestèr*, cat. Arbalétrier, homme de guerre qui tirait de l'arbalète et qu'on nommait aussi archer.

Éty. de *aubaresta*, et de la term. mult. *ier*.

On donne ironiquement le nom d'albalétrier, à un homme sans adresse, sans grâce et tout décontenancé, faisant allusion au mépris dans lequel étaient tombés les anciens albalétriers. V. *Matras* et *Balest*, R.

AUBARESTIER, s. m. Un des noms du grand-martinet. V. *Arbalestrier*, *Martinet* et *Balest*, R.

AUBARESTIERA, s. f. (aoubarestiére); BALESTRIERA. Meurtrière, ouverture d'un rempart par où on lançait les arbalètes, et d'où l'on tire maintenant des coups de fusil sur l'ennemi.

AUBECA, s. f. V. *Aubecha* et *Alb*, R.

AUBECHA, s. f. (aoubétche); AUBENCA, AUBECA, AUBUN, OOUBUN. *Alburno*, ital. *Albenc*, cat. *Albura*, esp. Aubier, couche ligneuse extérieure et ordinairement plus blanche, qui se trouve entre le cœur de l'arbre et le liber ou écorce intérieure.

Éty. du lat. *alburnum*, m. s. V. *Alb*, R.

Chaque année le liber fournit une ou plusieurs couches à l'aubier et celui-ci au cœur du bois.

AUBEDIR, v. n. d. béarn. Obéir. Voy. *Oubeir* et *Oub*, R.

AUBEGEAIRE, s. m. (aoubedjäïré); OOUBEJAIRE. Pêcheur de polypes. Garc.

AUBEGEAR, v. n. (aoubedjá); OOUBEJAR. Faire la pêche des polypes: Jeter de l'huile sur l'eau. Garc.

AUBELHA, s. f. d. béarn. Court intervalle de beau temps.

Éty. dim. de *auba*, petite aube. V. *Alb*, Rad.

AUBEN, V. *Ben*.

AUBENA, s. f. (aoubéne); OOUBENA. *Albinaggio*, ital. Aubaine, droit de succession aux biens d'un étranger non naturalisé; avantage inespéré.

Éty. d'aubin, nom qu'on donne à un étranger non naturalisé, dans le pays qu'il habite; ce mot est formé de *albanus*, qualification sous laquelle on désignait les écossais ou les hibernois, qui s'établissaient souvent dans des pays étrangers.

M. de Laurière prétend que le droit d'aubaine ne remonte qu'à la troisième race de nos rois, tandis que d'autres soutiennent qu'il est aussi ancien que la loi salique.

AUBENC, adj. (aoubéin), dl. AUBEN, BOUBEN. *Ferre aubenc*, fer rougi au blanc, ou jusqu'à l'incandescence.

Éty. de *albus*, blanc. V. *Alb*, R.

AUBENCA, V. *Aubecha* et *Alb*, R.

AUBENCHA, s. f. (aoubéintche); OOUBENCHA. Fatigue, sollicitude, peine, souci. Avril.

AUBERA, s. f. (aoubère); AUBA, AUBRA, PIBOUBA, *Alba-blanc*, cat. Peuplier blanc, ypreau: *Populus alba*, Lin. arbre de la fam. des Amentacées, commun dans la Haute-Provence. V. Gar. *Populus alba*, p. 375.

Éty. du lat. *alba*, blanc, *auba* et *aubera*, à cause de la blancheur de la page inférieure de ses feuilles. V. *Alb*, R.

Le bois de ce peuplier est blanc et prend un beau poli; les ébénistes l'emploient souvent, et les marchandes de modes depuis plusieurs années, en font faire différents tissus après l'avoir réduit en copeaux très-minces.

AUBERC, s. m. vl. Haubert, cotte de mailles qui couvrait la poitrine jusqu'au défaut des côtes, et descendait jusqu'aux genoux. Les nobles et les chevaliers avaient seuls le droit de la porter, elle se mettait sur le gambeson.

Éty. de la basse latinité *halsberga*, *haubergellum*. Fauchet pense que ce mot vient de *albus*; d'où: *Aubert*, comme on a fait aubier, aube, parce que les mailles de l'acier polies étaient blanches; suivant d'autres, de *haut ber*, ou haut baron, *altus vir*.

AUBERG, rad. V. *Alberg*.

AUBERGADA, s. f. anc. béarn. V. *Albergada* et *Alberg*, R.

AUBERGEA, s. f. (aoubèrdge); ALBERGARIC. *Albergue*, esp. port. *Alberg*, cat *Albergo*, ital. Auberge, lieu où l'on donne à manger et où on loge pour de l'argent.

Éty. de l'ital. *albergare*, loger, formé de l'allemand *herberg* ou du gothique *herberghe*, m. s. ou de la basse lat. *alberga*, *albergium*, logement. V. *Alberg*, R.

On dit que les Crétois ont été les premiers à fonder des hospices et des auberges; Hérodote, attribue cette invention aux Lydiens, sans en fixer l'époque.

AUBERGEA, s. f. (aoubèrdge); AMBERGEA, AOUBERGEA, ALBERGEA. *Alberge*, ital. anc. cat. Pavie, alberge, espèce de pêche dont la chair adhère fortement au noyau. V. *Pessegue*.

Éty. de l'art. arabe *al*, le, et de *beg*, fruit, selon Saumaise, et non du lat. *albus*, comme le prétend Ménage, Roquef.

Comme ce fruit fut apporté en Espagne de la Perse, les espagnols y joignirent l'art. arabe *al*, et firent d'abord *alpersa*, puis *alverchio*; d'où notre mot *aubergea*.

AUBERGIER, s. m. (aouberdgié); *Albergèr*, cat. *Alberchigo*, esp. Albergier, espèce de pêcher qui porte les alberges.

Éty. de *aubergea*, et de la term. *ier*.

AUBERGINA, s. f. (aouberdgine); *Albérginia*, cat. V. *Maringeana* et *Aubergea*, fruit.

AUBERGINA-SAUVAGEA, s. f. *Tirapeousses*. Nom que porte à Montpellier, la lampourde à gros fruit: *Xanthium macrocarpon*. V. *Gadoy*.

AUBERGINA-BLANCA, s. f. (aouberdgine blanque). Nom qu'on donne aux environs de Toulouse, au *Solanum ovigerum*, plante de la fam. des Solanées, dont le fruit ressemble à un œuf de poule.

AUBERGISTO, s. f. (aouberdgiste); *Alberguero*, esp. *Alberguèr*, cat. Aubergiste, celui qui tient auberge. V. *Hoste*.

Éty. de *aubergea* et de *ista*. V. *Alberg*, R.

AUBERGO, s. m. vl. Haubergeon, petit haubert.

AUBEROUN, s. m. (aouberóun). Auberon, petit morceau de fer rivé au moraillon, qui entre dans une serrure, et au travers duquel passe le pène pour la fermer.

AUBEROUN, s. m. AUBEROU. Nom du houblon à Montpellier, et dans les environs de Toulouse, selon Magnol. V. *Houbloun*.

AUBEROUNIERA, s. f. (aouberouniéra); OOUBEROUNIERA. Auberonnière, moraillon sur lequel sont rivés un ou plusieurs auberons.

Éty. de *auberoun* et de *iera*.

AUBERT, V. *Albert*.

AUBESOUN, s. m. (aoubesóun). Nom qu'on donne en Languedoc, à un caillou arrondi, blanc, formé de quartz opaque, qu'entraînent les rivières qui viennent des Cevennes.

Éty. de *albus*, et du dim. *oun*. V. *Alb*, R.

AUBESPIC, s. m. (aoubespic). Un des noms lang. de l'aubépine. V. *Acinier*.

Éty. alt. de *Aubespin*, v. c. m. et *Alb*, R.

AUBESPIN, s. m. (aoubespìn). Un des noms de l'aubépine. V. *Acinier*.

Éty. du lat. *alba-spina*, épine blanche. V. *Alb*, R.

AUBETA, s. f. (aoubéte); ALBETA, PREMIERA AUBA. La petite aube du jour, les premiers rayons de l'aurore.

Éty. de *auba*, aube, et du dim. *eta*. Voy. *Alb*, R.

AUBEYAR, v. n. d. béarn. Chanter des aubades.

Éty. de *auba* et de *eyar* pour *egear*, donner des aubades. V. *Alb*, R.

AUBIAR, v. n. (aoubiá), d. m. *Alborear*, esp. *Albegiera*, ital. anc. Commencer à faire jour, le moment ou l'aube se montre: *Coumensa à aubiar*, il commence à faire jour.

Éty. de *auba* et de *ar*, ou de *albi*, gén. de *albus* et de *ar*, faire blanc. V. *Alb*, R.

AUBICA, adj. et s. (aoubique), dl. Voy. *Figa grossa aulica*.

AUBICOUN, s. m. (aoubicóun). Nom qu'on donne à Castellanne, aux prunes flétries sur l'arbre par excès de maturité.

Éty. du lat. *albicans*, blanchâtre; parce qu'en se desséchant, ces prunes prennent cette teinte. V. *Alb*, R.

AUBIEIRA, dl. V. *Aubiera*.

AUBIER, s. m. (aoubié); espèce de raisin. V. *Rasin*.

Éty. du lat. *albus*, blanc, et de la term. *ier*. V. *Alb*, R.

AUBIERA, s. f. (aoubiére), dl AUBIEIRA, ALBAREDA, LOUBIERA. Lieu planté de peupliers blancs.

Éty. de *auba*, peuplier blanc, et de *iera*. V. *Alb*, R.

AUBIERA, s. f. dl. AUBIEIRA. Gelée blanche. V. *Breina*.

Éty. de *auba*, aube, et de *iera*, qui abonde à l'aube, parce que c'est à cette époque du jour que tombe la bruine. V. *Alb*, R.

AUBIERAT, **ADA**, adj. et p. (aoubierá, áde), dl. Couvert de rosée blanche. V. *Breinat*. V. *Alb*, R.

AUBIERI, s. m. (aoubiéri); OOUBIERI. Vigueur, force, dextérité; capacité d'agir. *Prendre aubieri*, prendre courage. Garc. V. *Voya*.

AUBIN, nom d'homme, (aoubïn). Aubin. Patron, Saint Aubin, dont l'église honore la mémoire le 1er mars.

AUBIN, s. m. (aoubïn), dl. m. s. que *Maringeana*, v. c. m.

AUBITRAGE, s. m. (ooubitradze) d. bas lim. Arbitrage. V. *Arbitragi* et *Arbitr*, R. On donne plus particulièrement ce nom aux décisions inconsidérées des personnes qu'on ne consulte pas.

AUBITRAR, v. n. (ooubitrá), d. bas lim. Donner son avis indiscrètement à des personnes qui ne le demandent pas : *Que nous venez aubitrar?* Pourquoi venez vous mettre le nez là où l'on ne vous demande pas? V. *Arbitr*, R.

AUBITRE, s. m. (oouhitré), d. bas lim. pour arbitre. V. *Arbitre*. On donne aussi ce nom, aux personnes qui tant bien que mal veulent juger de tout. V. *Arbitr*, R.

AUBLADA. V. *Blada*.

AUBLIDAR. *V. Oublidar*.

AUBLIGEAR. V. *Oubligear*.

AUBOI, s. m. (aouboï); AUTBOIS, GRALHET AUBOY. *Oboè*, ital, mod. *Obues*, esp. *Boè*, port. Hautbois, instrument à vent et à hanche, dont le ton est fort clair.

On distingue particulièrement dans le hautbois :

LE BEC, ou partie qui porte la hanche.
LA HANCHE. V. *Hancha*.
LES NOIX, ou parties qui réunissent les différentes pièces de l'instrument.
LA CUIVRETTE, V *Hanche*.
LE PAVILLON, l'évasement du bas de l'instrument.
LA LANGUETTE, ou petite pièce de métal qu'on hausse ou baisse pour boucher un trou.

AUBOULAR, v. a. (aouboulá), dl. Remuer, soulever, changer de place. Sauv.

AUBOUR, s. m. (aoubóur); BOUX, ALBOUR, ALBORN. *Alborno*, esp. Aulbour, en vieux français; on comprend sous cette dénomination, deux grands arbrisseaux qu'on a long-temps pris pour la même espèce.

Le premier est le cytise aubour, faux ébenier ou cytise à grappes : *Cytisus Laburnum*. Lin. arbrisseau de la fam. des Légumineuses, commun dans presque toutes les forêts de la H.-Pr.

Le second est le cytise des Alpes : *Cytisus Alpinus*. Wild. arbre du même genre que le précédent, dont il diffère essentiellement par sa taille plus grande et par ses feuilles qui sont glabres en dessous comme en dessus, et parce que ses fruits sont glabres et garnis d'un rebord sur le dos.

Éty. du lat. *laburnum*, dit pour *alburnum*, aubier, bois blanc.

AUBOY, s. m. (aouboï), dl. Haut-bois. V. *Auboi*. V. *Alt*, R.

AUBRA, s f. (àoubre). Un des noms du peuplier blanc, selon Garcin. V. *Aubera* et *Alb*, R.

En vl. qu'il ou qu'elle ouvre.

AUBRADA, s. f. (aoubráde); OOUBRADA. La charge ou le produit d'un arbre, en fruit ou en feuille.

Éty. de *aubre* et de *ada*. V. *Arbr*, R.

Bona aubrada, arbre bien garni de feuilles ou bien chargé de fruits.

AUBRADOUR, V. *Obradour*.

AUBRAN. V. *Obran*.

AUBRAN. Canard. V. *Alebran*.

AUBRAR S', v. r. (s'aoubrá). Se mettre, se percher sur un arbre. Garc. V. *Arbr*, Rad.

AUBRAS, s. m. (aoubrás); *Alberonaccio*, ital. *Arbolazo*, esp. *Arbras*, cat. Gros arbre.

Éty. de *aubre* et de *as*, aug. V. *Arbr*, R.

AUBRASSAC, s. m. (aoubrassác), d. bord. Havre-sac.

AUBRE, s. m. (àoubré); ARBE. *Albero*, ital. *Arbol*, esp. *Arvore*, port. *Arbre*, cat. Arbre, plante ligneuse et vivace dont la tige épaisse et nue à la base, s'élève à une hauteur remarquable.

Éty. du lat. *arbore*, abl. de *arbor*, m s. ou du celt. *ar*, article, et de *bos*, arbre. Voy. *Arbr*, R.

On distingue dans un arbre la racine, le pied, le pivot, le tronc, les branches, les rameaux, les feuilles, les fleurs et les fruits. V. *Racina*, *Peroun*, *Branca*, *Fuelha*, *Flour* et *Fruit*.

Relativement à leur taille et à leur forme, on nomme : arbres,

DE HAUTE FUTAIE, ceux de grande taille qui abandonnés à eux-mêmes, composent les forêts.
EN PLEIN VENT, les arbres fruitiers qu'on laisse croître librement, et prendre tout le développement dont ils sont susceptibles.
NAINS, les arbres fruitiers dont on rabaisse le tronc par la taille, à deux ou trois pieds.
DE DEMI-TIGE, ceux dont la tige ou tronc a de trois à quatre ou cinq pieds. On les nomme aussi *à demi-vent*.
DE TIGE, ceux dont la tige est élevée et bien distincte.
EN BOULE, ceux qui sont taillés en rond
EN ÉVENTAIL, ceux qu'on étale sur un espalier en forme d'éventail.
FOURCHÉS, ceux dont la tige se divise en deux ou trois branches principales.
OUVERTS, ceux qui dans un espalier ont leurs branches déversées et écartées.
EN QUENOUILLE, les arbres nains auxquels on donne par la taille, la forme d'un cône
EPAULÉS, ceux qui par accident ont été réduits à un seul côté.
EN CONTRE-ESPALIER, ceux qui sont opposés à l'espalier.
EN ESPALIER, Ceux qui sont taillés en éventail devant un mur ou une palissade.
EN ÉTAT, ceux qui sont encore debout.

Relativement à leur nature :

SAUVAGES, ceux qui croissent sans culture.
CULTIVÉS, ceux qui ne végètent que par les soins de l'homme.
FRANCS, ceux qui produisent du fruit doux sans avoir été greffés.
SUR FRANC, ceux greffés sur d'autres de même nature venus de pepins ou de boutures.
SUR COIGNASSIER, ceux qui ont été greffés sur le coignassier.
SAUVAGEONS, ceux qui sont venus de pepins, sans avoir été semés.
GREFFÉS, ceux qui ont subi l'opération de la greffe
VERTS, ceux qui conservent leurs feuilles pendant toute l'année.
ABROUTIS, ceux dont les bourgeons ont été mangés.
ARSINS, ceux qui ont été endommagés par le feu.

Relativement à la manière dont ils sont plantés ou disposés :

CHARMÉS, ceux qui menassent de périr.
EN QUINCONCE, ceux qui sont plantés de cette manière.
D'ENTRÉE, ceux qui ont des branches vertes et des branches sèches, qui sont entre le vert et le sec.
RABOUGRIS, ceux qui sont mal faits, petits, en buisson.
RÉCÉPÉS, ceux qui ont été coupés par le pied
ECUISSER, diminuer un arbre par le bas, pour l'abattre.
SUR LE RETOUR, celui qui est trop vieux.

En parlant des opérations qu'on pratique sur les arbres, on dit :

COURONNER, couper les branches à la même hauteur, de manière que le sommet présente une surface plate.
DÉCHARGER, ôter les branches inutiles et les fruits surabondants.
DÉCHARNER, les mutiler en les taillant trop court.
DÉCHAUSSER, ôter du pied la terre qui ne doit pas y être.
ÉBRANCHER, ôter les branches.
DÉGARNIR, et
DÉMONTER, retrancher les branches inutiles.
DÉPOUILLER, ôter les feuilles ou les fruits.
DELOUPILLONNER, retrancher les branches de faux bois.
EBARBER, retrancher les menues branches.
EBOTTER, abattre les branches et ne laisser que les grosses coupées près du tronc.
ECORCER, enlever l'écorce.
ECUISSER, diminuer un arbre par le bas pour l'abattre.
EFEUILLER, ôter les feuilles inutiles, à la maturité des fruits.
EGAYER, palisser les arbres à leur avantage.
EHOUPER, couper la houpe ou la cime.
ELAGUER, les éclaircir en leur ôtant les branches qui font confusion.
EMONDER, les nettoyer et les débarrasser de leur bois mort ou inutile.
ETÊTER, enlever la tête ou cime
ETRIPER, ôter les branches de distance en distance pour les rajeunir.
ETRONÇONNER, ne laisser que le tronc.
EVASER, tailler en forme de vase.
EVIDER, en diminuer le trop grand nombre de branches.
FATIGUER, leur laisser trop de charge relativement à leur force, ou les tourmenter par un trop grand nombre de tailles.
LEVER, les enlever d'un endroit pour les transporter dans un autre.
RABAISSER, faire descendre les branches par le moyen de la taille ou autrement.
RABATTRE, tailler les arbres qui se dégarnissent du bas.
RAJEUNIR, couper les vieilles branches.
RAVALER, les rendre plus bas par la taille.
REBOTER, couper au-dessus de la greffe les arbres de rebut.
RÉCÉPER, couper entièrement la tête.

On dit qu'un arbre :

S'ÉCHAPE, quand il ne produit que du bois ou des branches stériles.
S'EMPORTE, quand il ne pousse que du haut.

On appelle :

ARGOT, l'extrémité d'une branche taillée, ou ce qui en reste.

On nomme :

CULASSE, le bas du tronc d'où partent les racines.
BOURRELET, les excroissances qui se forment aux plaies.
BOUTURES, les rejetons.
BOURGEON, la pousse de l'année, provenant d'un œil ou d'un bouton
FAUX BOURGEON, les pousses qui au lieu de sortir d'un œil ou d'un bouton, sortent de l'écorce. V. *Boutoun* et *Branca*.
AUBRE ENCOUMBRILHAT, arbre encroué.
FORCINE, renflement de l'angle formé par la réunion d'une grosse branche avec le tronc.
MIROIR, place entaillée sur le tronc d'un arbre et marquée avec le marteau.
NOEUD. V. *Signoune*
SURGEON, jeune branche qui sort du bas du tronc.
TALLE, branche qui pousse du pied de l'arbre et qui a des racines.

Ducllc-Richardeau, de Langres, a prouvé, en 1808, que la coupe du bois entre deux terres, est favorable à la végétation.

AUBRE, s. m. Arbre, pièce de bois posée horizontalement ou verticalement, sur laquelle tourne toute une machine, et d'où dépend son principal mouvement. V. *Arbr*. Rad.

AUBRE, pour mât. V. *Mat* et *Arbr*, R.

AUBRE-DE-CAROSSA, s. m. Quenouille de Carrosse. V. *Timoun*.

AUBRE-DE-LA-CROUS, L'arbre de la croix. V. *Crous*.

AUBRE-DE-GABI s. m. (àoubré-dé gàbi). Hunier d'un vaisseau. V. *Gabi* : *Aubre de gabi doou grand mat*, Le grand hunier : *Aubre de Gabi doou trinquet*, le petit hunier.

AUBRE-DE-LAS-CACARAULAS, s. m. Nom qu'on donne à Montpellier au févier-à-trois-épines : *Gledistsia Triacanthos*, arbre de la famille des Légumineuses, originaire de l'Amérique septentrionale.

Éty. Ainsi nommé en Languedoc parce qu'on se sert de ses épines pour retirer de leurs coquilles (cagaraulas), la chair des escargots cuits.

AUBRE-DE-MOULIN-D'OLI, s. m. (àoubré-de-moulin-d'óli). Le mouton d'un pressoir à huile, énorme pièce de charpente, espèce de levier qu'on abaisse sur la pile des cabas qui contiennent la pâte d'olive.

AUBRE DE PEBRE, Nom qu'on donne à Nismes, à une espèce d'orobranche, et à Montpellier, selon M. Gouan, à l'*Agnus castus*. V. *Pebrier*.

AUBRE-DE-VIDA, s. m. L'AUBRE DE LA SCIENÇA. L'arbre de vie et l'arbre de la science du bien et du mal, désignent deux arbres, d'après l'écriture, qui étaient plantés au milieu du Paradis terrestre.

AUBRE-DRECH, s. m. (àoubré-drétch); CANDELETA, CHANDIALETA, ARBRE-DRECH, POUERRI-DRECH. L'arbre fourchu ou cul par dessus tête, espèce d'exercice qui consiste à se tenir sur la tête, ayant les pieds en l'air comme un arbre droit, dont les jambes représentent les branches, d'où son nom. *Faire l'aubre drech*, faire l'arbre fourchu: *Li faria faire l'aubre drech*, il lui ferait faire l'impossible, il le ferait mettre en quatre, il a beaucoup d'ascendant sur lui.

AUBRE-FRUCHIER, s. m. *Arbre fruitèr*, cat. *Arbol frutal*, esp. *Albero fruttifero*, ital. *Arvore frutifera*, port. Arbre fruitier, celui qui porte du fruit bon à manger et que l'on cultive.

AUBRE-GENEALOUGIQUE, *Arbor genealogico*, esp. *Arbre genealogic*, cat. *Albero genealogico*, ital. Arbre généalogique, figure tracée en forme d'arbre, d'où l'on voit sortir comme d'un tronc, diverses branches de consanguinité, de parenté.

AUBRE JASSENT DE POUS-A-RANCA, s. m. (àoubré jassèin dé pousarànque). L'arbre horizontal d'un puits à roue.

AUBRE TOUERT s. m. (àoubre touèrt). Brueys donne ce nom à la vigne, dans ces vers.

Lous estudians, leis gens de guerro,
Tous an hounorat l'aubre-touert.

AUBREGEAR, v. n. (aoubredjá), dl. Grimper lestement d'une branche de mûrier à l'autre, pour en cueillir les feuilles les plus écartées.

Éty. de *aubre* et de *egear*. V. *Arbr*, R.

Sau ben aubregear, il est habile à cueillir sans rien laisser.

AUBRESSAC, dl. Voy. *Abrassac* et *Carnier*.

AUBRESPIN, s. m. (aoubrespín). Un des noms de l'aubépine. V. *Acinier*.

Éty. de *aubre*, arbre, et de *spina*, épine, arbre épineux, ou par corrupt. de *auba-spin*, *alba-spina*, épine blanche. V. *Arbr*, R.

AUBRET, s. m. (aoubré). AUBROUN. *Arbolico*, esp. *Arbret*, cat. Petit arbre, arbrisseau.

Éty. de *aubre*, et du dim. *et*. V. *Arbr*, R.

AUBRET, s. m. RAPPEL. Arbrot, petit arbre garni de gluaux. V. *Cimeou* et *Arbr*, Rad.

Anar à l'aubret, aller à la pipée.

AUBRIA, s. f. (àoubrie); TREMOUL. *Albero*, ital. Peuplier tremble, ou simplement tremble: *Populus tremula*, Lin. arbre de la fam. des Amentacées, commun dans la Haute-Provence, dont le bois est peu estimé.

Éty. du lat. *arboris*, gén. de *arbor*, par apoc. changement de *r* en *u*, et suppr. de *o*, *aubri*.

AUBRICOT, dg. V. *Abricot*.

AUBRICOUTIER, s. m. (aoubricoutié). Nom qu'on donne à Nismes à l'abricotier. V. *Abricotier*.

AUBRILHA, s. f. (aoubrille); OOUBRILHA, OOUBRIA. Les arbustes et les arbres en général.

Éty. de *aubre* et de *ilha*.

AUBRILHOUN, s. m. (aoubrillòun); AUBROUN, ARBELET, ARBRICHOUN. *Arboscello*, ital. *Arbolillo*, esp. *Arvorezinha*, port. *Arbret*, cat. Arbuste, arbrisseau, très-petit arbre.

Éty. de *aubre* et de *ilhoun*. V. *Arbr*, R.

AUBRIR, vl. Ouvrir. V. *Durbir*.

AUBRISTA, s. f. (aoubriste), d. béarn. Gratification pour bonne nouvelle. Voy. *Estrena*.

AUBUGEA, s. f. (aoubúdje). Nom que porte à Digne, la clématite. V. *Entrevadis*.

Éty. du lat. *albula*, tirant sur le blanc. V. *Alb*, R.

AUBUN, s. m. (ooubún), d. bas lim. Aubier, la partie tendre du bois. V. *Aubecha* et *Alb*, R.

AUBUSA, s. f. (aoubúse); *Obuz*, port. *Obus*, cat. esp. *Obizzo*, ital. Obus, s. m. petite bombe qu'on lance avec l'obusier.

Éty. M. Roquefort, fait dériver ce mot de *obtundere*, émousser, pris de *tundere*, couper, retrancher. V. le mot suivant.

AUBUSIER, s. m. (aoubusié); *Obizzo*, ital. Obusier, espèce de mortier monté sur un affût à roues, qui se tire horizontalement. V. *Obus*.

Éty. Les Hollandais qui en sont les inventeurs, lui ont donné le nom de *Haubitz*.

AUC

AUC, AUQU, rad. dérivé du celtique *auca*, d'où *auca*, en basse latinité, Oie. M. Thomas, fait venir ce mot du grec χηνὸς (chênos), Oie, en ajoutant un *a*. De *auca*, par apoc. *auc*; d'où: *Auc-at*, *Auc-oun*, *Auc-o*.

De *auc*, par le changement du *c* en *ch*: *Auch-a*.

De *auc*, par le changement de *c* en *qu*: *Auqu-etoun*, *Auqu-iera*.

AUC, s. m. vl. et dl. Nom du jars ou Oie mâle. V. *Auc*, R. J'entends, en vl.

AUCA, s. f. (àouque); AUCHA, AOUQUO. *Oca*, ital. esp. *Auca*, anc. cat. Oie, Oie ordinaire: *Anas anser*, Lin. var. *domesticus*. oiseau de l'ordre des Palmipèdes et de la fam. des Serrirostres ou Prionoramphes, (à bec en scie) qu'on a réduit à l'état de domesticité.

Éty. On croit que ce mot est celtique.

Les petits de l'Oie portent le nom d'OISONS, le mâle celui de JARS, et le cri de l'un et de l'autre VOCIFÉRATION; l'Oie d'ailleurs crie, cacarde et siffle. La peau garnie de plumes qui pend entre ses jambes est appelée PANOUILLE.

La chair de ces oiseaux n'est pas aussi délicate que celle du dindon, mais leur duvet (*bourra fòla*) est d'un produit considérable, ainsi que leurs plumes dont on se sert pour écrire.

Les Oies étaient vénérées par les Romains, depuis que par leurs cris elles avaient sauvé le capitole, en prevenant l'invasion des Gaulois.

Comme nos gourmands modernes, ces maîtres du monde estimaient leur foie gorgé de graisse, qu'Apios, au rapport de Pline, avait trouvé le moyen de faire grossir, en nourrissant ces oiseaux avec des figues et de l'eau miellée.

AUCA, s. f. AOUQUO. Est aussi le nom qu'on donne dans le Gard:

1° A l'Oie hyperborée: *Anas hyperborea*. Gm.

2° A l'Oie rieuse ou à front blanc: *Anas albifrons*. Lin.

3° Et au Cravant. V. *Brenacha*.

AUCA-FERA, s. f. (àouque fère); AUCA-SAUVAGEA. L'Oie sauvage: *Anas anser*, Lin. qui vit par troupes dans les parties boréales, de l'Europe, de l'Amérique et de l'Asie. V. *Auca*.

AUCA-DE-MAR, s. f. Nom nicéen du Goéland à manteau noir: *Larus marinus*, Lin. oiseau de l'ordre des Palmipèdes et de la fam. des Longipennes (à longues ailes). Voy. *Gabian*, 4.

AUCA-SAUVAGEA, s. f. (àouque saouvàdge); AUQUETA. Nom qu'on donne, dans le Gard, à l'Oie sauvage ou cendrée. V. *Auca fera*, et à l'Oie des moissons: *Anas segetum*. Gm.

AUCANELAS, s. f. pl. (aoucanèles). Nom qu'on donne en Gascogne, aux baies de l'aubépine. V. *Acinas*.

AUCAR, vl. alt. de *Aussar*, v. c. m.

AUCASION, alt. de *Oucasion*, v. c. m.

AUCAT, s. m. (aoucá), m. s. que *Ancoun*, v. c. m.

AUCCIR, v. a. vl. occire, tuer.

Éty. du lat. *Occidere*.

AUCCIS, ISA, adj. et p. vl. Occis, ise, tué.

Éty. du lat. *occisum*, m. s.

AUCEL, AUGUR. Radical dérivé de la basse latinité, *aucellus*, dit pour *avicellus*, dim. de *avis*, oiseau; formé de *a* priv. et de *via*, chemin, route, parce que les oiseaux n'en ont point de déterminé en volant, d'où: *Avia*, lieu où il n'y a pas de chemin tracé; *Auspicium*, Auspice, présage, prédiction.

De *aucellus*, par apoc. *aucel* d'où: *Aucel*, *Aucel-as*, *Aucel-et*, *Aucel-oun*, *Aucel-iera*, etc.

De *aucel*, par le changement du *c* en *s* ou en *z*, *auzel*, d'où: *Auzel*, *Auzel-et*, *Auzel-o*, *Auzel-oun*, *Auzeloun-aire*, *Ausell-a*, et de *l* en *r*: *Auzer-alha*, *Auser-alha*, *Auser-ot*; *Aus-tarda*.

De *Auzel*, par le changement de *e* en *i*, *auzilh*, d'où: *Auzilh-oun*, *Auzil*, *Auj-am*.

AUCEL, s. m. (aoucèl); AUCEOU, OOUceou, auzeou, auzel, audet, aussou. *Ucello*, ital. *Ausel*, anc. cat. *Ave*, esp. port. Oiseau, animal vertébré et ovipare, à poumons et sang chaud, à corps couvert de plumes et à pattes de devant transformées en ailes.

Ety. V. *Aucel*, R.

Voyez pour le détail des parties les planches.

Proverbes :

A cade auceou soun nis es beou.

D' d'aucels, de chins, d'armas et d'amours, per un plesir mila doulours.

Vau mai estre auceou de camp, qu'auceou de gabi; E meglio esser uccello di campagna che di gabbia, ital. *Més val sér au ell de bosc que de gabia*, cat.

L'auceou de sant Luc, nom qu'on donne par ironie au bœuf.

AUCEL de passage, *Aucell de passa*, cat. *Ave de paso*, esp. *Uccello di passo*, ital. Oiseau de passage, oiseau qui ne demeure pas dans le pays, qui ne fait qu'y passer.

On appelle :

OISEAU DRU, celui qui est prêt à sortir du nid.
OISEAU BRANCHIER, celui qui vient d'en sortir.
ORNITHOLOGIE, la science qui traite de la connaissance des oiseaux.
ORNITHOLOGISTE, celui qui s'en occupe.
OISELLERIE, le commerce des oiseaux.
OISELEUR. V. *Aucelaire*.

AUCELAIRE, s. m. (aoucelaïré); aucelounaire, aucellayre, auzelounaire, pipeaire. *Auselaire*, anc. cat. *Uccellatore*, ital. Oiseleur, celui qui fait métier de prendre des oiseaux avec des filets ou autrement. V. *Pipeiaire*.

Ety. de *aucel* et de *aire*. V. *Aucel*, R.

AUCELAR S', v. r. (s'aoucelá); s'esfoulissar, dl. et s'esrissar. Se hérisser, au propre comme au figuré, hausser le ton, monter sur ses grands chevaux ; s'emporter. Sauv.

Ety. de *aucel* et de *ar*, faire comme les oiseaux quand ils hérissent leurs plumes. V. *Aucel*, R.

AUCELAS, s. m. (aoucelás); *Uccellaccio*, ital. *Aucellas*, cat. Gros et vilain oiseau; c'est une espèce de nom générique sous lequel on comprend tous les grands oiseaux qui ont quelque chose de désagréable ou dans leurs formes ou dans leurs habitudes.

Ety. de *aucel* et de *as*, augm. dépréc.

AUCELET, s. m. (aoucelé) ; *Uccelletto*, ital. *Avecilla*, esp. *Aucellet*, cat. Petit oiseau. V. *Auceloun*.

Ety. du lat. *avicula*, m. s. ou de *aucel*, et du dim. *et*.

AUCELIERA, s. f. (aoucelière); ooucelieira, voulieira. *Uccelliera*, ital. Volière, cage, lieu où l'on élève des oiseaux. A Berre on donne le même nom à un filet dont on se sert pour prendre les foulques et les canards.

Ety. de *aucel* et de *iera*, demeure des oiseaux, ou du lat. *Aviarium*. V. *Aucel*, R.

AUCELLAYRE, s. m. vl. V. *Aucelaire* et *Aucel*, R.

AUCELOUN, s. m. (aoucelóun) ; aucelet, auserot, auzeret, *Avesinha*, port. *Uccellino*, ital. Petit oiseau.

Ety. de *aucel* et du dim. *oun*, ou du lat. *Aucella*. V. *Aucel*, R.

AUCEOU. V. *Aucel*.

AUCEOU-VOLA. V. *Pigeoun-vola*.

AUCHA, s. f. (áousse), d. lim. Oie. V. *Auca* et *Auc*, R.

Chacun fazé soun meytiez
L'auchas siran bien gordadas.
Foucaud.

AUCHAR, v. a. (ooutsá), d. bas lim. Faire tourner dans la poêle, dans la casserole : *Auchar una mouleta*, tourner une omelette.

AUCHAS, s. f. pl. (áoutches); oouchas. Nom de lieu, qu'on donne à des terres un peu inclinées et plates.

Ety. Ce mot viendrait-il du grec ἄγκος (agkos), vallon, fond, ou de l'esp. *anca*, croupe, ou de *ancho*, *ancha*, large ?

AUCID, IDA, adj. et p. (aouci, ide), dg. alt. *occis*, v. c. m. et *Cid*, R.

Y aquero mort ta benesido
Qu'à la medichó mort aucido.
D'Astros.

AUCIDENT, s. m. V. *Accident*.

AUCIOS, OSA, adj. d. vaud. Oiseux, euse.

Ety. du lat. *otiosus*, m. s.

AUCIPRES. V. *Cypres*.

AUCIR, v. a. vl. aucire, aoucir, ooucir ausir, aussir, aucyr. *Aucir*, anc. cat. *Occisar*, port. *Uccidere*, ital. Occire, tuer, immoler : *Auci*, il ou elle tue ; *aucion*, ils tueut.

Ety. du lat. *occidere*, m. s. V. *Cid*, R.

L'Evangelis ditz..........
Que qui auci murir deu eyssamens.
Bonifacc de Castellanne.

L'Évangile dit.........
Que qui occit doit mourir pareillement.

AUCIRE, vl. V. *Aucir* et *Ced*, R.

AUCISEDOR, s. m. vl. aoucizedor, ooucisedor. *Uccisore*, ital. Licteur ; bourreau ; meurtrier ; occiseur.

Ety. du lat. *occisor*, m. s. V. *Cid*, R.

AUCMENTACIO, s. f. vl. V. *Augmentation* et *Augment*, R.

AUCMENTATIU, IVA, adj. vl. *Aumentatiu*, cat. *Aumentativo*, esp. *Augmentativo*, port. *Aumentativo*, ital. Augmentatif, qui sert à augmenter le sens des mots, particule de même nature. V. *Augment*, R.

AUCO, s. m. vl. pour *Aucot*, Oison. V. *Aucoun* et *Auc*, R.

AUCOUN, s. m. (áoucoun) ; *Ansarino*, esp. Oison, le petit de l'oie. V. *Auquetoun*.

Ety. de *auca* et du dim. *oun*. V. *Auc*, R. ou du lat. *anserculus*, m. s.

AUCTA, s. f. (áoucte), vl. auta. Dommage; ce mot est probablement une altér. de *ancta*, injure, affront.

AUCTOMNAL, ALA, adj. d. vaud. *Autumnal*, esp. *Automnal*, ital. *Outonal*, port. Automnal, ale, d'automne,

Ety. du lat. *autumnalis*, m. s.

AUCTOR, s. m. actor, vl. V. *Actor*. Pour auteur, écrivain. V. *Autour*.

AUCTOR, s. m. vl. auctorici. Témoin, garant, curateur : *Az auctor*, comme garant. *Traire az auctor*, citer pour garant, comme témoin.

AUCTORICI, s. m. vl. V. *Auctor*.

AUCTORIER, adj. vl. consentant, participant.

AUCTORISAR, vl. V. *Autourisar*.

AUCTOROS, (autorós), adj. vl. Assuré, puissant; oppresseur.

Ety. de *auctor*, maître, en bass. lat. et de *os*.

AUCTORITAT, vl. V. *Autoritat*.

AUCUBA, s. f. (aoucúbe), dg. Espèce d'oiseau.

Lou tourt sabourous, è la trido,
L'aucubo *gangner' é la trido.*
D'Astros.

AUCUNS, pr. aoucus, aulcus. vl. *Lous aucuns*; certains, quelques uns.

AUCURRA, nom de lieu, vl. alcurra. Auxerre.

AUCYPRES V. *Cypres*.

AUCYR, vl. V. *Aucir*.

AUD

AUD, audi, aus, ausi, aug, auz, auv, auvi, oouv, ouid, rad. pris du latin *audire*, *audio*, *auditum*, entendre, écouter, ouir, et dérivé du grec αὐδὴ (audè), voix, M. Raynouard dérive *audire*, de *auricula*, et M. Bondil fait venir *auricula*, de *audire*, *exaudire*.

De *audire*, par apoc. *aud*, *audi*; d'où : *Aud-ir*, *Audi-ença*, *Aud-ivi*, etc.

De *auditum*, par apoc. *audit*; d'où : *Audit-our*, *Audit-ion*, *Audit-ori*, etc.

De *audire*, *audis*, par suppr. de *di*, *aus*, *auz*, *auc*; d'où : *Aus-ida*, *Aus-idour*, *Entre-aus-ir*, *Aus-ir*, *Auzi-men*, *Auz-ir*, *Auz-ir-itz*, etc. *Ex-auç-ar*, *Ex-auc-ir*, etc.

De *aud*, par le changement de *d* en *v*, *auv*; d'où : *Auv-ia*, *Auv-ir*, *Auv-idour*, etc.

De *auv*, par le changement de *au* en *oou*, *oouv*; d'où : *Oouvir*, *Oouvidor*, etc., etc., et par alt. *ouido*.

Dans quelques dialectes on change le *s* de *aus* en *g*; d'où : *Aug* et *Aug-ir*, *Augi-ida*, etc.

AUD, 2, aus, rad. dérivé du lat. *audere*, *audeo*, *ausum*, oser, avoir la hardiesse, prendre la liberté ; d'où : *Audacia*, audace.

De *Audere*, par apoc. *aud*; d'où : *Aud-ei*, *Aud-enza*.

De *audacia*, par apoc. *audac*; d'où : *Audaç-a*, *Audaci-ous*, *Audacious-a*, *Audaciousa-ment*.

De *ausum*, par apoc. *aus*; d'où : *Aus-ar*, *Aus-at*, et *Auge-ar*, par le changement de *s* en *g*: *Auz-abla-ment*, *Auz-art*, *Mal-auzat*, *Auz-ard-ia*.

AUD, vl. J'écoute.

AUDA, adj. et p. (aúde). Eue.

AUDAÇA, s. f. (aoudáce); audança. *Audacia*, ital. esp. port. cat. Audace, hardiesse excessive, insolence.

Ety. du lat. *audacia*, m. s. fait de *audere*, oser. V. *Aud*, R. 2.

AUDAÇA, s. f. dl. Audace, ganse attachée à une agraffe, dont on se sert pour empêcher que le bord du chapeau ne baisse.

AUDACIA, vl. V. *Audaça*.

AUDACIOUS, OUSA, adj. (aoudaciòus, óuse); AUSAT. *Audace*, ital. *Audaz*, esp. port. *Audacios*, anc. cat. Audacieux, euse, qui a de l'audace.

Éty. de *audaci* et de *ous*. V. *Aud*, R. 2.

AUDACIOUSAMENT, s. m. (aoudaciousaméin); *Audacemente*, ital. *Osadamente*, esp. *Audazmente*, port. *Audaciosament*, cat. Audacieusement, avec audace.

Éty. de *audaciousa* et de *ment*, d'une manière audacieuse. V. *Aud*, R. 2.

AUDANÇA, d. apt, altér. de *Audaça*, v. c. m.

AUDE, prép. (áoudé), d. béarn. Chez. V. *Aquot*.

AUDEI, s. f. vl. Hardiesse, audace.

Éty. J'ouis, j'entendis. V. *Aud*, R. 2.

AUDENSA, s. f. vl. AUDENÇA. Ouïe. V. *Ausensa* et *Aud*, R.

AUDET, s. m. dg. Oiseau. V. *Auceou*.

AUDIENÇA, s. f. (aoudièince); *Audienza*, ital *Audiença*, port. *Audiencia*, cat. esp. Audience, attention que l'on donne à celui qui parle; assistance des juges au tribunal à l'effet d'ouïr les parties, le lieu même où s'assemblent les juges.

Éty. du lat. *audientia*, fait de *audire*. V. *Aud*, R.

AUDIENCIA, s. f. vl. V. *Audiença*. Ouïe, action d'écouter; séance des magistrats. V. *Aud*, R.

AUDIENZA, s. f. vl. V. *Audiença* et *Aud*, Rad.

AUDIR, v. n. (aoudir), d. béarn. Entendre, écouter. V. *Escoutar* et *Ausir*.

Éty. du lat. *audire*, m. s. V. *Aud*, R.

AUDITION, s. f. (aouditie-n); AUDITIEN. *Audició*, cat. anc. Audition, action d'entendre, principalement les témoins. V. *Aud*, R.

AUDITIU, IVA, adj. vl. Auditif, qui fait ouïr.

Éty. de *audi* et de *tiu*. V. *Aud*, R.

AUDITOR, s. m. vl. AUZIDOR. Qui écoute, auditeur. V. *Auditour*; pourouïe. V. *Ausida*.

Éty. de *aud* et de *itor*. V. *Aud*, R.

AUDITORI, s. m. (aouditòri); AUDITOUARO, AUDITOIRO. *Auditorio*, ital, esp. port. *Auditori*, cat. Auditoire, le lieu où l'on plaide dans les justices subalternes; assemblée de tous ceux qui écoutent une personne qui parle en public.

Éty. du lat. *auditorium*, m. s. V. *Aud*, R.

AUDITOUR, s. m. (aouditóur); *Auditore*, ital. *Auditor*, esp. cat. *Ouvidor*, port. Auditeur, en général celui qui écoute, et particulièrement celui qui est présent à une harangue, à un sermon ou à tout autre discours prononcé en public.

Éty. du lat. *auditor*. V. *Aud*, R.

AUDITOUR DEIS COMPTES, Auditeur des comptes, officier de la chambre des comptes qui était chargé de la vérification des comptes.

AUDITOR DE ROTA, *Auditor de rota*, esp. cat. *Uditore di rota*, ital. Auditeur de rote, un des douze prélats du tribunal de Rome, appelé *Rota*, qui juge en appel des causes ecclésiastiques.

AUDIVI, s. m. (aoudivi), d. bas lim. Autorité, puissance.

Éty. de *Aud*, R.

AUDOULIER, nom propre (d'aoudoulié).

AUDOULIÈRA, s. f. (aoudouliére), dl. Seau de puits ou de cuisine. Sauv.

AUDOUROUS, SA, adj. dg. AUDOUS, est une alt. d'*oudous*, *oudourous*, odorant. V. *Oudourant* et *Odor*, R.

Iou sounc autouno l'aboundouso ,
La mes richo, la mes audouso
De toutos las sasous... D'Astros.

AUDOUS, adj. (aoudóus), dl. Le même que *Oudourant*, v. c. m. et *Odor*, R.

AUE

AUELHA, s. f. (aouèille) et AOUELIA. dl. *Oveja*, esp. *Ovelha*, port. *Ovella*, cat. Ouaille ou brebis. On voit l'affinité de *abelier* ou *abelhier*, avec *auelhier*, et celle de *auelha* avec ouaille ou ovaille, en vieux français, et le lat. *ovis*. Sauv.

Éty. du lat. *ovicula*, dim. de *ovis*, brebis.

AUELHIER, s. m. (aouillié), dl. Berger.

Éty. de *auelha*, brebis, et de *ier*; ou du lat. *ovilio*, berger.

AUF

AUFEGUE, s. m. (aoufégué). V. *Auffegue*.

AUFEREZIR, v. a. vl. *Aphéreser*. V. *Apheresir*.

AUFEREZIS, s. f. vl. *Aféresis*, esp. *Aferesi*, ital. V. *Apheresa*.

AUFF, rad. dérivé de *auffa*, mot ligurien, d'après l'auteur de la Statistique du département des B.-du-Rhône, qui signifie sparte. Le P. Pujet fait venir ce mot de *afer*, *afra*, *afrum*, d'Afrique, parce qu'on en apporte beaucoup de ce pays.

De *auffa*, *auffa*, et par apoc. *auff*; d'où: *Auff-eta*, *Auff-egar*, *Auff-ier*.

AUFFA, s. f. (áouffe); AUFA, EOUFA, JOUNQUINA. Sparte, stipe tenace: *Stipa tenacissima*, Lin. plante de la fam. des Graminées qui croît sur les collines et dans les lieux arides en Espagne, en Grèce et dans le nord de l'Afrique.

Éty. Le mot *auffa*, est ligurien d'après l'auteur de la Stat. des B.-du-Rhône. Voy. *Auff*, R.

On nomme SPARTERIE, la manufacture de sparte et les ouvrages qu'on en fait.

Les feuilles de cette plante précieuse, convenablement adoucies par le rouissage, sont employées dans une foule d'usages: on en fait des cordes qui résistent bien plus longtemps que celles du chanvre, à l'humidité; on en compose des nattes, des cabas, des paniers de toute espèce, et les gens de la campagne en Espagne, s'en construisent des chaussures qui sont d'une assez longue durée, et très-commodes dans les lieux secs et chauds.

Faire d'auffa, exp. fig. porter le balai, rester sans rien faire.

Auffa dura, sparte en rame.

AUFFEGAR, v. a. et n. vl. AOUFEGAR, Etouffer.

Éty. Ce mot paraît être une altér. de *Estouffegar*, *estouffar*, v. c. m. ou de *auffa* et *egar*, étrangler avec une corde de sparte, de *Auffa*.

AUFFEGUE, s. m. (aouffégué); AUFEGUE. Nom qu'on donne, aux environs d'Aix, à une variété de froment rouge. V. *Blad*, Gar. premier *Triticum* de la pag. 473.

AUFFETA, s. f. (aoufféte); AUFA, AUFETA. Femme ou fille qui fait des cordes de sparte.

Éty. de *auffa*. V. *Auff*, R.

AUFFIADA, s. f. (aouffiàde), d. bas. lim. Lampée, grand verre de vin ou de liqueur, qu'on avale en une seule fois. V. *Lampada*.

AUFFIER, s. m. (aoufié); AUFIER, NATTIER, SPARTIER, SPARTAIRE. Ouvrier qui fait les ouvrages de sparte, marchand qui les vend, qui tient la sparterie.

Éty. de *auffa* et de *ier*, qui travaille ou qui fait le commerce du sparte. V. *Auff*, R.

AUFICI, dg. V. *Ouflci*.

AUFRES, s. m. vl. OFRA. *Orofres*, anc. esp. Orfroi, frange d'or, drap d'or.

Éty. Les Phrygiens ayant, selon la croyance commune, inventé la broderie d'or, on nomma les franges et draps d'or, en basse latinité, *aurifrigia*, *aurifrigium* et *auriphrygium*, pour rappeler les inventeurs de ces ornements d'*aurum phrygium*.

AUG

AUG, nom de lieu, vl. Auch. j'entends; *Auges*, qu'il ou qu'elle écoutât, entendit.

AUGA, s. f. (áougue); MOUSSA-DE-MAR, AUGOU, ALGA, AUBA-DE-MAR, BAUGA. *Alga*, ital. esp. port. cat. Algue marine, foin marin. Sous cette dénomination on comprend les feuilles de trois plantes différentes : de la Zostère marine : *Zostera marina*, Lin. de la Zostère de la méditerranée, *Zostera mediterranea*, Déc. plantes de la fam. des Aroïdes qu'on trouve sur toutes nos côtes: et à celles de la Caulinie de l'océan, *Caulinia oceanica*, Déc. de la fam. des Joncées. V. Gar. *Alga angustifolia vitriolarum*, pag. 15.

Éty. du lat. *alga*, formé de *alligare*, lier, attacher, de *ad* et de *ligare*, parce qu'elle s'attache aux pieds de ceux qui marchent dans la mer, V. *Lig*, R.

M. Maxime Delestrade a présenté du papier fabriqué avec de l'algue marine, à la société de Statistique du département des Bou.-du-Rh., en 1832, dont la pâte était très-blanche.

On en fait maintenant des matelats et des coussins.

AUGAN, adv. (aougán), dl. AUAN, OUAN, UJAN. Cette année ci.

Éty. *Unganno*, en patois florentin, a la même signification, Sauv. ou de *hunc* et de *an*. V. *An*, R.

AUGANASSA, s. f. (aouganásse), dl. Du temps du roi Guillemot; du temps que la reine Berthe filait ; c'est-à-dire, dans un temps fort reculé.

Éty. du florentin, *unganaccio*, qui est un augm. dépr. de *augan*. V. *Au*, R.

AUGEAR, v. n. (aoudjà); AUSAR, AUJAR, OOUGEAR. *Osare*, ital. *Osar*, esp. *Ousar*, port. Oser, entreprendre hardiment, avoir la hardiesse, la témérité de.....

Éty. du lat. *audere*, m. s. V. *Aud*, R. 2.

AUGEBIN, et

AUGEBIT, s. m. et adj. (aougebí), dl. PICARDANT. ALZIBIL. Gros raisin blanc, doux et mielleux, dont on fait en Provence, le raisin sec, Sauv. V. aussi *Agibis*.

AUGEL, s. m. vl. V. *Aucel*.

AUGEMI, s. m. (aoudgèmi). Nom qu'on donnait à Marseille, à une sorte de toile de coton blanc. *Ajamits*.

AUGER, v. a. vl. Augmenter, accroître.

Éty. du lat. *augere*, m. s. V. *Augment*, R.

AUGIAS, nom d'homme, Elzéar. Voy. *Auzias*.

AUGIDA, dg. alt. de *Ausida*, v. c. m. et *Aud*, R.

AUGIER (lo danes), nom d'homme, vl. Oger le Danois, paladin.

AUGILL, s. m. vl. Mépris, abjection.

AUGIR, dg. alt. de *Ausir*, v. c. m. et *Aud*, R.

AUGMENT, rad. dérivé du lat. *augmentum*, augment, augmentation, dont le radical est *augere*, *augeo*, accroître, agrandir, augmenter, d'où par apoc. *Auger*, *Augment*, *Augment-ar*, *Augment-at*, *Augment-ation*, *Augment-atiu*.

De *Augment*, par le changement du *g* en *c*, *aucment*, d'où : *Aucment-acio*, *Aucment-aciu*.

AUGMENT, s. m. (aougmèin); AUMENT, CREIS. *Aumento*, ital. esp. *Augmento*, port. *Aument*, cat. L'augmentation dans le nombre des bestiaux; accroissement de fortune; *Augment de dot*; gain de survie.

Éty. du lat. *augmentum*, m. s. V. *Augment*, R.

AUGMENTAR, v. a. (aougmeintá); AUMENTAR. *Aumentare*, ital. *Aumentar*, esp. cat. *Augmentar*, port. Augmenter, accroître, agrandir, v. n. croître en qualité ou en quantité.

Éty. du lat. *augmentare*, m. s. V. *Augment*, R.

Lou blad, l'oli a augmentat, dites le prix du blé, de l'huile a augmenté, et non l'huile ou le blé a augmenté, qui est un provençalisme.

AUGMENTAR S', v. r. *Aumentarsi*, ital. *Aumentarse*, esp. cat. *Augmentar-se*, port. S'augmenter, s'accroître.

AUGMENTAT, **ADA**, adj. et p. (aougmeintá, áde); *Aumentad*, cat. *Aumentado*, esp. *Augmentado*, port. Augmenté, ée.

Éty. de *aumgent* et de *at*. V. *Augment*, R.

AUGMENTATION, s. f. (aougmeintatie-n); AUMENTATIEN. *Aumentazione*, ital. *Aumentacion*, esp. *Augmentação*, port. *Augmentació*, cat. Augmentation, changement par lequel une chose devient plus lumineuse, plus considérable qu'elle n'était auparavant.

Éty. du lat. *augmentum*, m. s. V. *Augment*, R.

AUGMENTATIU, **IVA**, adj. vl. *Aumentatiu*, cat. *Aumentativo*, esp. ital. *Augmentativo*, port. Augmentatif, ive, qui a la propriété d'augmenter la signification des mots.

Éty. de *augment*, R. et de *atiu*, *iva*.

AUGOL, s. vl. *Auge*, esp. Élévation, grande fortune.

AUGOU, dl. V. *Auga*.

AUGUES, s. m. anc. béarn. ? *Cargue d'augues*, *chalers communs*, *melins et bruner*. Fors et Cost. de Béarn.

AUGUN, **UNA**, adj. (aougün, üne), dl. V. *Quauqu'un* et *Un*, R.

AUGUNAMENT, adv. anc. béarn. Aucunement. V. *Un*, R.

AUGUR, sous radical pris du latin *augurium*, augure, présage tiré du vol ou du chant des oiseaux, formé de *au*, pour *avis*, oiseau, et de *garrire*, gazouiller.

De *augurium*, par apoc. *augur*, d'où : *Augur*, *Augur-ador*, *Augur-ar*, *In-augurar*, *In-augur-ation*, *Augur-i*, *Augur-o*, *Agur-ador*, *Agour-aire*, *Agour-ar*, *Aür*.

AUGUR, s. m. vl. *Augurio*, port. Augure, pronostic. V. *Auguro* et *Augur*, R.

AUGURADOR, ARGURIADOR, s. m. vl. *Augurador*, cat. *Auguratore*, ital. *Augur* et *Agoureiro*, port. Augure, devin. V. *Auguro* et *Augur*, R.

AUGURAIRE, vl. V. *Augurador*.

AUGURAMENT, s. m. vl. *Augurament*, anc. cat. *Auguracion*, esp. *Augurazione*, ital. Augure, divination. V. *Auguro* et *Augur*, R.

AUGURAR, v. a. et n. (aougurá); *Augurar*, esp. port. cat. *Augurare*, ital. Augurer, tirer une conjecture, un augure, un présage.

Éty. de *auguro* et de la term. *act*, *ar*, ou du lat. *augarare*. V. *Augur*, R.

AUGURAT, part. (aougurá); *Augurado*, port. Auguré, ée, deviné, pronostiqué. V. *Augur*, R.

AUGURI, AUGUR, AGUR. s. m. vl. Augure. V. *Auguro* et *Aucel*, R.

AUGURO, s. m. (aougúre); AUGURE, AUGUR. *Augurio*, ital. esp. port *Auguri*, cat. Augure, présage que les Romains tiraient du chant des oiseaux, et par extension, tout ce qui semble présager, indiquer quelque chose, conjecture, pronostic.

Éty. du latin *augur* ou *augurium*, m. s. formé par contraction de *avium garritus*, gazouillement des oiseaux, parce que les augures en consultaient le chant. V. *Aucel*, R.

AUGURO, s. m. *Auguro* ou *Augure*, ital. *Augure*, esp. *Augur*, port. Augure, celui qui faisait profession de tirer des augures.

Les Romains avaient emprunté l'usage des augures des Toscans qui en attribuaient l'invention à Tagès.

AUGUST, s. m. vl. V. *Auguste*.

AUGUSTE, **TA**, adj. (aougúsle, te); *Augusto*, ital. esp. port. *August*, cat. Auguste, grand, respectable, vénérable.

Éty. du lat. *augustus*, m. s.

AUGUSTE, s. m. AUGUST. *August*, cat. *Augusto*, esp. port ital. Auguste, titre que portèrent les Empereurs romains depuis Octave, qui en fut honoré le premier. Nos rois s'en sont décorés à l'exemple des anciens : Childebert, Clotaire et Clovis l'avaient déjà pris ou accepté.

AUGUSTIN, nom d'homme (aougustin); AUGUSTIN, AUGUSTO, AUGOUSTIN. *Agostino*, ital. *Agustino*, esp. Augustin.

Éty. du lat. *Augustinus*, fait de *Augustus*.

Patr. Saint Augustin, docteur de l'Eglise, né le 13 novembre 354, évêque d'Hippone; mort le 28 août, 430, jour où l'Eglise célèbre sa fête.

AUGUSTIN, s. m. *Agustino*, esp. Augustin, religieux qui suit la règle de Saint Augustin.

Cet ordre commença vers l'an 388, après que Saint Augustin eut reçu le baptême, et qu'il se fut retiré en Afrique avec quelques moines qui n'étaient d'abord que des ermites, mais que le pape Alexandre IV rassembla en, 1256. On distingue les Augustins en grands Augustins et en petits Augustins ou réformés.

AUGUSTIN SAINT, Saint-Augustin, caractère d'imprimerie qui tire son nom d'un ouvrage de Saint Augustin, la Cité de Dieu, que les premiers imprimeurs composèrent avec ce caractère. La Caille, histoire de l'imprimerie.

AUGUSTO, nom d'homme (augúste); OGUSTO. *Augusto*, ital. esp. port. *August*, all. cat. Auguste.

Éty. du lat. *augustus*, m. s.

Patr. Saint Auguste, l'Eglise honore deux Saints et une Sainte de ce nom, les 27 mars, 7 mai, et premier septembre.

AUI

AUIATS, vl. Oyez, écoutez. V. *Aud*, R.

AUJ

AUJAMOU, s. m. dg. Volaille, oiseau.

L'Aujamou *que per l'ayre boulo*
Nou demando ni hoüec ni oulo.
L'Aujamou *que la primo couo*,
Que l'estiou nouyriche capouo;
Que l'autouno bout à l'engreuh
Es tout au moun per moun repeych.
D'Astros.

AUJEAN, s. m. (aoudján), dl. Une volaille; une volée ou bande d'oiseaux, et non un vol. Sauv.

Éty. du rom. *aujam*, volaille, gibier; de *avis*, oiseau. V. *Aucel*, R.

AUJOL, s. m. (aoudjól), dl. *Avolo*, ital. *Abuelo*, esp. *Avò*, port. Ayeul, grand-père; vieillard, antique, ancien. *Las faissous aujols*, les mœurs antiques. Sauv.

Éty. du lat. *avus*, *aujol temps*, dg. l'ancien temps.

AUJOLET, s. m. (aoudjoulé), dl. Un bon vieux petit homme.

Éty. de *aujol*, et du dim. *et*.

AUJOLET, ETA, adj. (aoudjoulé, éte), dg. Un peu ancien, un peu vieux.

Éty. Dim. de *aujol*, ancien.

AUJOLETA, s. f. (aoudjouléte), dg. Petite vieille, bonne vieille.

Éty. de *aujol*, et du dim. *eta*, ou du lat. *avia*, et du dim. *eta*.

AUJOURDEI, et

AUJOURD'HUI, V. *Enchui* et *Di*, R.

AUJUBIT, dl. V. *Agibit*.

AUL

AUL, **AULA**, adj. vl. Mauvais, aise, rusé, méchant. V. *Avol*.

AULAIGNA, s. f. vl. V. *Avelana* et *Avelan*, R.

AULAMA, V. *Ourama*.

AULAN, s. f. (aoulán). Nom béarn. de la noisette. V. *Avelana* et *Avelan*, R.

AULANA, s. f. (aouláne). Noisette, alt. de *Avelana*, v. c. m. et *Avelan*, R.

AULANEY, s. m. d. de Bordeaux, alt. de *Aulanier*, v. c. m.

AULANIER, s. m. (aoulanié). Un des noms du noisetier. V. *Avelanier* et *Avelan*, Rad.

AULARI, nom de femme. V. *Eulalia*.

AULET, adj. (aoulé), dl. Méchant, mauvais, fin, rusé : *Terra d'aulet*, juron qui répond à sarpedienne. Sauv.

Éty. dim. du rom. *aul*, méchant, fin, rusé.

AULEZA, s. f. vl. Malice.

AULHER, s. m. d. béarn. AUILLÉ. Berger. V. *Pastre* et *Bergier*.

Éty. du lat. *ovilio*, m. s.

AULHETA, s. f. m. d. Petite brebis. V. *Feouna* et *Fedeta*.

Éty. de *aulha* et de *eta*.

AULHMENT, adv. vl. Vilement.

AULHOU, adv. d. béarn. AILLOU. Ailleurs.

Éty. du lat. *aliorsum*, m. s.

AULIVA et composés. V. *Oliva*, etc.

AULIVASTRE, V. *Olivastre* et *Ol*, R.

AULIVETA, s. f. Espèce de raisin. V. *Rasin* et *Ol*, R.

AULOT, dg. Au lieu. V. *Luec-au*, *au luec*.

AULOU, s. f. d. béarn. Odeur. Voy. *Oudour*.

AULSIAS, nom d'homme, vl. V. *Auzias*.

AULTERI, vl. V. *Adultero*.

AULUEC de, prép. (ooulué) ; A LOGA. *In logo*, ital. *En lugar*, esp. *Em lugar*, port. Au lieu de : *Auluec d'estudiar juga*, il joue au lieu d'étudier.

Éty. de *au* et de *luec*, à la place de. Voy. *Loc*, R.

AUM

AUMAGI, s. m. alt. de *Houmagi*, v. c. m.

AUMAI, adv. de quant. (aoumaï) ; ALMAI, DOOU-MAI. Plus, au plus : *Au mai parla, au mens l'escouti*, plus il parle moins je l'écoute : *Es una houra tout au mai*, il est une heure tout au plus : *Au mai li direz au mens fará*, plus vous lui direz moins il fera.

Éty. de *al*, *au* et de *mai*, plus. C'est le *quo-magis*, des latins.

AUMALHA, s. f. (aoumáille), d. du Rouergue. Bêtes aumailles, bêtes à cornes, bœufs, vaches, chèvres ; animaux de basse-cour.

Éty. de *manualia pecora* : *Seu animalia mansueta*, selon Ducange.

Oquo lo floto, oquo fo qué trobaillo
Sus dés sutjets dé pauro aumaillo.
Peyrot.

AUMALHADA, s. f. (aoumaillàde) ; ARMALHEDA. *Aumaillade*, espèce de filet en tramail qui sert à prendre des sèches, des barbues, etc.

Éty. de *au*, de *malha* et de *ada*, composé de mailles.

AUMARINA et composés. V. *Amarina*, etc.

AUMARINIER, s. m. (aoumarinié). V. *Amarinier* et *Amarin*, R.

AUMATITZ, vl. Améthyste.

AUMEDA, s. f. (aoumède), dl. Voy. *Ourmeda*.

AUMELA, s. f. (aoumèle) ; TROUCHADA, dl. V. *Meleta*.

AUMENAGE, s. m. (aoumenádgé). V. *Homenage*.

AUMENAS, V. *Homenas*.

AUMENENC, V. *Homenenc*.

AUMENS, adv. (aouméins) ; AUMIN, ALMENS, ALMENSAS. *Almenos*, esp. *Almeno*, ital. *Aomenos*, port. Au moins, du moins, surtout : *Si n'es pas richa au mens es brava*, si elle n'est pas riche, du moins elle est sage.

Éty. de *au* et de *mens*. V. *Min*, R.

AUMENT et composés. *Aumento*, esp. V. *Augment*, etc.

AUMERAS, V. *Ourmeras*.

AUMIN, (aoumin), adv. d. lim. Au moins. V. *Aumens*; *d'Aumin*. Voy. *d'Aumens* et *Min*, R.

AUMOUERNA, Garc. V. *Oumouina*.

AUMOUINA et comp. V. *Oumouina* et *Oumoun*, R.

AUMOURNIER, Garc. V. *Oumounier*.

AUMPLIMENT, s. m. AUMPLIMENS, AUMPLIMEN. *Adempimento*, ital. Complément, accomplissement, terme. V. *Ple*, R.

AUMPLIR, v. a. vl. Remplir, accomplir. V. *Ple*, R.

AUMUSSA, s. f. (aoumússe) ; ALMUSSA. *Almussa*, cat. *Mursa*, port. *Mozzetta*, ital. Aumusse, fourrure que les chanoines portent sur le bras.

Éty. du lat. *almutium*, m. s.

Du temps de Charlemagne on commença à fourrer les chaperons en hermine, et dans le siècle suivant on en fit de peaux, et on les nomma *aumusses*. Ces chaperons tenaient alors lieu de chapeau, mais ce n'est que depuis l'an 1243, que l'usage s'en est introduit dans l'Église.

AUN

AUN, AUNT. vl. Ils ou elles ont.

AUNA, s. f. (áoune) ; ALNA. *Auna*, ital. mod. *Alna*, esp. cat. ital. anc. *Ana*, port. Aune, mesure de longueur dont on se servait en France avant l'établissement des nouveaux poids et mesures, elle avait trois pieds huit pouces, sept pouces environ de plus que le mètre.

Éty. du lat. *ulna*, l'étendue des bras, dérivé du grec ὠλένη (ôlénê), bras ; d'où : *Aun-agi*, *Aun-ar*.

AUNAGI, s. m. (aounádgi) ; AUNAGE. Aunage, mesurage à l'aune.

Éty. de *auna* et de *agi*.

AUNAR, v. a. (aouná) ; *Aunejar*, cat. *Anear*, esp. Auner, mesurer à l'aune.

Éty. de *auna* et de *ar*.

AUNAR, v. a. vl. *Aunar*, anc. cat. esp. mod. *Adunar*, anc. esp. *Adunare* et *Aunare*, ital. Assembler, rassembler.

Éty. du lat. *adunare*, m. s. par la suppr. du *d*.

AUNDAR, vl. V. *Abondar*.

AUNDOS, vl. V. *Habundos*.

AUNE, s. m. (áoune), d. apt. Aulne. V. *Verna*.

AUNEI, s. m. vl. Aunaie, lieu planté d'aunes.

Éty. du lat. *alnetum*.

AUNEZA, s. f. vl. Réunion, assemblage. V. *Un*, R.

AUNIDAMEN, adv. vl. AUNIDAMENS. Honteusement.

Éty. de *aunida* et de *men* pour *ment*. V. *Hon*, R.

AUNIMEN, s. m. vl. AUNIMENS. Honte, ignominie, outrage, opprobre. V. *Hon*, R.

AUNIR, v. a. vl. AONIR. Déshonorer, mépriser, avilir. V. *Honnir* et *Hou*, R.

AUNIT, IDA, adj. et p. AUNI. Honni, ie. V. *Hon*, R.

AUNOU, Gond; pour *Hounour*, v. c. m.

AUNOUR, dg. pour *Hounour*, v. c. m.

*Lou cami de l'*aounou *conduis à l'indigenço.*
Jasmin.

AUNTA, s. f. vl. Honte, affront, outrage, injure. V. *Anto*.

AUO

AUONDAR, vl. V. *Aondar*.

AUOSTENC, adj. vl. D'automne, automnal, du mois d'août.

AUOUEI, dg. pour aujourd'hui. V. *Hui*.

AUP

AUPARAVANT, adv. (aouparaván) Auparavant, premièrement, avant une chose, il marque priorité de temps. V. *Ant*, R.

AUPEIGNAT, ADA, adj. (aoupeigná, áde), d. lim. Opiniâtre. V. *Oupiniastre*.

AUPERAVANT, anc. béarn. V. *Auparavant*.

AUPETAS, s. f. pl. (aoupétes), dl. Ruades de cheval.

Éty. de *aut peds*, les pieds hauts ou en l'air, d'après M. de Sauvages. V. *Ped*, R.

AUPIATO. V. *Opiat*.

AUPIGNASTRETAT, Voy. *Oupiniastretat*.

AUPILAR, V. *Oupilar*.

AUPINION, V. *Oupinion*.

AUPINIASTRE, alt. de *Oupiniastre*. v. c. m.

AUPRES, adv. et p. (aouprès); *Presso*, ital. *Ao-pe*, port. Auprès, proche, en comparaison.

Éty. du lat. *propè*, m. s

AUQ

AUQUE, dl. espèce d'interj. formée de *au* et de *que*, elle répond au donc interrogatif français: *Siaz auque tant couchat?* Êtes vous donc si pressé? Sauv.

AUQUELI, nom d'homme. (aouquèli). Eucher.

AUQUES, adv. vl. Quelque peu.

AUQUESIOUN, s. f. dg. Occasion D'Astros. V. *Oucasion*.

AUQUETA, s. f. (aouquéte); AUCOUN. *Ocarella*, ital. Petite oie, oison; cane, la femelle du canard.

Éty. de *auca*, v. c. m. et de la term. dim. *eta*.

C'est aussi un des noms de l'oie sauvage. V. *Auca-sauvagea*.

AUQUETA, s. f. dl. Terme de dénigrement; petite femme: *Faire las auquetas*, jouer au loup.

AUQUETOUN, s. m. (aouquetóun); AUCOUN, AUQUETA. Oison, le petit de l'oie; On donne aussi ce nom aux jeunes canards.

Éty. de *auqueta*, petite oie, et de la term. dim. *oun*. V. *Auc*, R.

AUQUETOUN, s. m. On donne aussi ce nom à une petite casaque d'enfant.

Éty. du bas breton, *actewm*, vêtement militaire, et selon Bayf, du grec ἐχιτών, ou selon Perionus de ὀχιτον (hochiton), habit de paysan.

AUQUIER, IERA, s. (aouquié, iére); AUQUIEIR. Celui, celle qui garde les oies, les oisons; on le dit aussi de la demeure ordinaire des oies.

Éty. de *auca*, oie, et de *iera*.

AUR

AUR, AURI, OR, rad. derivé du lat. *aurum*, *auri*, or, qui a été vraissemblablement pris du grec αὐρὰ (aura), éclat, une des qualités les plus apparentes de l'or.

De *aurum*, par apoc. *aur*, d'où: *Aur*, *Aur-ada*, *Aur-angi*, *Aur-adura*, *Aur-eola*, *Auri-flor*, *Auri-cella*, *Auri-flamma*, *Auri-ol*, *Auri-pel*, *Auri-piment*, *Aur-ora*, *Aur-uou*.

Par l'add. du *d* prépositif: *D-aur-ador*, *D-aur-aire*, *D-aur-ar*.

Par l'add. de *en*, prép: *En-aur-ar*.

Par l'add. de *sobre*, sur, et de *d*, prép: *Sobre-d-aur-ar*, *Sobre-d-aur-at*.

Par l'add. de *thes*, *thez*, ou *tez*, prép: *Tez-aur-a-men*, *Tez-auri-eyra*, *Thes-aur*, *Thez-aur-aria*, *Thes-aur-ier*, *Thes-aure*.

Par le changement de *aur*, en *or*, que l'on trouve déjà dans quelques auteurs latins, avec les additions mentionnées ci-devant: *Or*, *Or-fevro*, *Or-fra*, *Or-fres*, etc., etc. *Tres-or*, *Tresor-aria*, *Tresor-ier*, *Tresor-ar*.

par le cangement de *aur* en *ir* et *ar*, *In-argè*, *Ir-angea*, *Irange-ada*, *Irang-ier*, *Ar-angi*, *Ar-ange*, *Arange-ada*, *Arang-eria*, *Arange-at*, *Arangel-ier*, *Arang-ier*.

AUR, 2. AURA, rad. pris du lat. dont la rac. est *aer*, *aera*, *aura*, air, et dérivé du grec αὔρα (aura), vent doux, zéphir; d'où: *Aur-a*, *Aura-gan*, *Aur-agi*, *Aur-an*, *Aur-ania*, *Aur-ar*, *Aur-age-ous*, *Aur-ivel*, *Aur-oun*, *Aur-ous*, etc., etc.

Par l'add. de *eis*, prép. ou *yss*: *Eiss-aur-ar*, *Eiss-aur-ir*, *Ess-aur-ciar*, *Yss-aur-ar*. *Eiss-aur-at*.

Par l'add. de *mal*: *Mal-aur-atge*.

Par l'add. de la prép. *en*: *En-aur-ar*, *En-aur-el-at*, *En-aur-at*, etc. *Essi-aure*, *Essiaurar*, *Houb-our-ar*.

AUR, s. m. (àour, óour, ór); *Aur*, anc. cat. *Auro* et *Oro*, ital. *Oro*, esp. *Ouro*, port. Or, le plus précieux des métaux. V. *Or*, plus usité dans le langage moderne.

Éty. V. *Aur*, R.

AUR, s. m. vl. (aür). Augure, auspice, V. *Auguro* et *Aucel*, R.

AURA, s. f. (aóure); *Aura*, esp. port. ital. cat. Souffle, vent, en général, fig. arrogance.

Éty. du lat. *aura*, m. s. V. *Aur*, R. 2.

Quand l'aura bouffa, fau ventar.
Qu noun venta quand fai d'aura
Quand voudria ventar se pausa.
Prov.

AURA, adv. (aüre), d. lim. souvent employé pour *ara*, maintenant, c'est une alt. de *ahoura*. V. *Hour*, R.

AURA, adj. et p. vl. Honoré, pour *hounourat*. *Aüra*, vl. il ou elle augure.

AURA-BRUNA, s. f. Vent roux; vent chaud, vent d'Est. Avr.

AURA-CAUDA, s. f. d. mont. Vent chaud, vent du Sud, qui en hiver et au printemps fait fondre la neige: *Aura-cauda a la coua blanca*, le vent chaud à la queue blanche. Ce proverbe se réalise presque toujours dans les lieux élevés, pendant les saisons désignées; parce que le mistral, qui fait cesser la pluie amenée par le vent d'Est ou de Sud-Est, étant extrêmement froid, donne presque toujours lieu à un jet de neige.

AURA-DRECHA, s. f. La Bise, le vent du Nord, le mistral.

Éty. Il souffle presque verticalement, d'où son nom, et le proverbe:

A aura drecha *gis d'abric*,
Coumo à paure home gis d'amic...

AURA-FOLA, s. f. (àoure fóle), dl. VENTADA. Coup de vent impétueux. Sauv. V. *Aur*, R. 2.

AURA-ROUSSA, s. f. (àoure-róusse). Le vent d'Est. Il est chaud et très-nuisible aux vers à soie. Sauv. V. *Aur*, R. 2.

AURACION, s. f. d. vaud. Oraison. V. *Ouresoun*.

AURADA, s. f. (aourâde); *Orata*, ital. *Aourada*, à Malthe; *Orada*, à Alger, *Orada*, cat. La dorade ou daurade, *Sparus auratus*, Lin. poisson de l'ordre des Holobranches et de la fam. des Léiopomes (à opercule lisse).

Éty. du lat. *aurata*, d'orée, à cause de son éclat. V. *Aur*, R.

On lui donne le nom de *Daurada* en Languedoc, quand elle a un pied de long, de *Soubre d'aurada*, quand elle est d'une grandeur extraordinaire: de *Sauquesme*, quand elle n'a que six pouces, et de *Mejana*, quand elle en a neuf.

Ne la confondez pas avec la *Daurada*, qui est le *Coryphæna hippurus*. Lin. V. *Daurada*.

AURADAMENT, adv. vl. Follement. V. *Aur*, R. 2.

AURADURA, s. f. vl. Dorure, orgueil, vanité. V. *Aur* et *Aur*, R. 2.

AURAGAN, s. m. (aouragán); BOURRASCA, OOURRAGAN, OURAGAN, GALERNA. *Oragana*, ital. *Huracan*, esp. Ouragan, tempête violente accompagnée de tourbillons; vent impétueux.

Éty. de *aura*, vent. Selon Le Duchat ce mot viendrait de l'américain *úracan*, qui designe à Saint-Domingue, les quatre vents réunis; l'étymologie de Ménage qui le fait venir de *hora*, heure, une heure de pluie, est inadmissible, puisqu'il peut y avoir ouragan sans chûte d'eau. V. *Aur*, R. 2.

AURAGE, V. *Auragi*.

AURAGEOUS, OUSA, adj. (aouradjóus, óuse); OOURAGEOUS, OURAGEOUS. Orageux, euse, qui amène l'orage, sujet aux orages; exposé aux troubles, aux révolutions, etc.

Ety. de *auragi*, et de la term. *ous*, de la nature des orages. V. *Aur*, R. 2.

AURAGI, s. m. (aourádgi); OOURAGI, OURAGI, AURAGE, OOURAGE, AURATGE, GRAN, CHAVANA, BOURRASCA, BOURRASSADA, TEMPESTA, PERICLADA. *Orage*, esp. Orage, pluie forte et subite, accompagnée de vent, de grêle ou de tonnerres; tempête, malheur qui menace.

Éty. V. *Auragan* et *Aur*, R. 2.

AURALHAS, s. f. pl. (aouráilles); OOURALHAS. Les restes d'un repas,

Éty. de *aure* et de *alhas*, tous les restes.

AURAMA, s. f. (aourâme); OOURAMA, OURAMA, AURAME. Faucille dont la lame n'a point de côte, comme dans celle qu'on nomme *Vouram*, v. c. m.

Éty. du grec ἅμα (ama), ensemble, qui rassemble, ou de ἄμη (amè), faux, faucille, dérivé de ἀμάω (amaô), moissonner.

AURAN, ANA, adj. vl. évaporé, léger, quinteux, capricieux.

Éty. de *aur*, et de *an*, qui fait comme le vent. V. *Aur*, R. 2.

Ils ou elles auront.

AURANATGE, s. m. vl. Extravagance. V. *Aurania* et *Aur*, R. 2.

AURANGI, V. *Arangi.*

AURANGIER, V. *Arangier* et *Aur*, R.

AURANIA, s. f. vl. AURANIA. Extravagance, légèreté, folie, impertinence.

Éty. de *aur*, et de *ania*, de la nature du vent. V. *Aur*, R. 2.

AURAR, v. n. (aourá); AUREGEAR. Voler, prendre l'essor, action des oiseaux qui volent. Garc.

Éty. de *aura*, vent, essor, et de la term. act. *ar*, litt. prendre le vent, prendre l'essor. V. *Enaurar* et *Aur*, R. 2.

AURAR S', v. r. S'AUREGEAR. *Orearse*, esp. *Orejarse*, cat. Prendre l'air, se refroidir, devenir froid. V. *Aur*, R. 2.

AURAR, vl. V. *Ahurar.*

AURAR, v. a. d. vaud. *Orar*, cat. esp. *Orare*, ital. Prier, honorer.

Éty. du lat. *orare*, prier. V. *Our*, R.

Aürar, Augurer. V. *Augurar.*

AURAT, s. m. vl. Vent, tempête, orage. V. *Auragi.*

Éty. de *aur* et de *at*. V. *Aur*, R. 2.

AURAT, ADA, adj. vl. *Orat*, cat. *Orate*, esp. port. Évaporé, léger, fou, étourdi, éventé.

Éty. de *aur* et de *at*, fait comme le vent. V. *Aur*, R. 2.

AURATGE, s. m. vl. Orage. V. *Aur*, Rad. 2.

AURATGE, s. m. vl. V. *Auragi*, vent, zéphir, air. V. *Aur*, R. 2.

AURATORI, Garc. V. *Ouratori.*

AURAVELLA, s. f. (aouravèle). Nom par lequel on désigne à Barcelonnette, le cassenoix. V. *Avelanier* et *Avelan*, R.

Éty. de *aura*, apocope de *aurana*, dit pour *aulana*, noisette, et de *avela*, dérivé du lat. *avellere*, arracher, enlever, parce que cet oiseau mange les noisettes.

AURE, adv. de q. (àouré); AUBRE. *Altro*, ital. *Alre*, cat. *Otra cosa*, esp. Autre chose.

Éty. du lat. *altera re.*

Ren aure, rien, pas autre chose: *Quauque ren aure*, quelqu'autre chose: *Parlem d'aure*, parlons d'autre chose, changeons de conversation: *L'a ben aure*, il y a bien autre chose: *Ai ben aure à faire*, j'ai bien autre chose à faire: *Ountes l'aure?* où est le reste, le restant?

AURE, s. m. (àouré). Le poëte Jasmin, ne voulant reproduire dans son orthographe, que la prononciation locale, a écrit *aure* pour *aubre*, arbre, parce qu'à agen on ne fait sentir que très-légèrement le *b* de ce mot. V. *Aubre.*

AURE, AURA, adj. vl. *Aureo*, cat. esp. port. ital. Qui est d'or, ou de couleur d'or, doré, ée.

Éty. du lat. *aureus*, m. s. V. *Aur*, R.

AUREGEAR, v. a. (aouredjá), dl. Battre, maltraiter: *Se le lai passe, l'auregearai coumo cal*, si je vais l'à, je t'étrillerai de la bonne façon. Sauv. Aërer, donner de l'air.

Éty. Il paraît que *auregear*, est dit ici pour *aurelhar*, de *aurelha* et de *ar*, donner sur les oreilles.

AUREGEAR S', v. r. dl. V. *Aurar s'.*

AUREGLIASSA, s. f. (aoureillásse); AURELHASSA. Nom qu'on donne à Nice, selon M. Risso:

1° A l'oreillar, Buff. *Vespertilio auritus*, Lin. *Plecotus auritus*, Risso. Mammifère onguiculé de la fam. des Cheiroptères (mains en forme d'ailes), remarquable par ses oreilles presque aussi longues que son corps:

2° A l'oreillar barbastelle: *Vespertilio*, *barbastellus*, Schreb. *Plecotus. barb.* Risso.

Éty. de *aureglia* et de *assa*. V. *Aurelh*, Rad.

AUREI, s. m. vl. Souffle, air, oraga, vent, temps.

Éty. de *aur*, R. 2, et de *ei*.

AURELH, AURILH, rad. dérivé du latin. *auricula*, dim. de *auris*, oreille, fait de *audire*, *audio*, entendre. Dérivés: *Aurelh-a*, *Aurelh-ar*, *Aurelh-art*, *Aurelh-eta*, *Des-aurelh-ar*, etc., par l'add. de *is* ou *yss* employé pour *ex*, *Yss-aurelh-iar*, *Eiss-aurelh-ar*, *Eiss-au-relh-at.*

De *eiss* changé en *ch*, *Ch-aurelh-ar*, *Ch-aurilh-ar.*

AURELHA, s. f. (oouréille); OURELHA, OOURILHA, OOUREILHA. *Orecchia*, ital. *Oreja*, esp. *Orelha*, port. *Aurella*, cat. Oreille, organe de l'ouïe.

Éty. du lat. *auricula*. V. *Aurelh*, R.

L'oreille se compose de trois parties: 1° de l'*oreille externe*, 2° de l'*oreille moyenne* et 3° de l'*oreille interne*, les deux dernières ne peuvent être aperçues que par l'anatomiste.

Dans l'oreille externe on nomme :

PAVILLON, la partie extérieure et mobile qui porte plus particulièrement le nom d'oreille, et dans laquelle on distingue:

L'HÉLIX, éminence demi-circulaire, saillante, qui commence au centre de la conque et se termine à la partie supérieure du lobule

LA RAINURE DE L'HÉLIX, sillon qui suit le bord interne de l'hélix.

L'ANTHÉLIX, éminence bifurquée supérieurement, qui est séparée de l'hélix par la rainure.

LA FOSSE NAVICULAIRE, enfoncement superficiel qui sépare les deux racines de l'anthélix.

LE TRAGUS, petite éminence triangulaire, située à la partie moyenne et antérieure de l'oreille.

L'ANTI-TRAGUS, autre éminence, située vis-à-vis du tragus au-dessus du lobe, extérieurement.

CONQUE, l'ouverture extérieure du conduit auditif, le trou de l'oreille.

LOBULE, l'éminence molle et arrondie qui termine l'oreille inférieurement.

Chin, chivau qu'a qu'una aurelha, chien, cheval monaut.

Se faire tirar l'aureilha, se faire tirer l'oreille, s'exécuter difficilement, être lent à payer.

Cette façon de parler vient de ce que chez les Romains, l'huissier saisissait par l'oreille le débiteur récalcitrant et le conduisait en prison.

Pengear l'aurelha ou *aver l'aurelha bassa*, avoir l'oreille basse, être inquiet, abattu.

Leis aureilhas me sibloun ou *me cornoun*, les oreilles me tintent. Les Grecs et les Romains avaient sur le tintement d'oreilles le même préjugé qu'on a aujourd'hui, c'est-à-dire, qu'ils croyaient qu'on parlait de la personne qui éprouvait ce bruit. V. *Siblar.*

AURELHA DE L'ARAIRE, s. f. ESCAMPADOUIRA, ESPANDIDOUIRA, AURELHIERA. Versoir, oreille, pièce de bois ou de métal, qu'on adopte au cep de la charrue pour renverser la terre.

AURELHA-D'AI, s. f. (aouréille d'aï); AURELHA D'ASE. A cause de la ressemblance qu'on a cru trouver entre leurs feuilles et l'oreille d'un âne, on a donnè ce nom aux plantes suivantes.

Dans les B.-du-Rhône, au pied de veau ou arum. V. *Fugueiroun.*

A Valensoles, à la centaurée noire. Voy. *Macca-muou.*

Aux environs de Manosque, à la centaurée scabieuse. V. *Marsourau.*

A Digne, au liondent d'automne. Voy. *Fuelharacca.*

En Languedoc, à la grande consoude. V. *Herba-deis-sumis.*

AURELHA-DE-LEBRE, s. f. Nom qu'on donne en lang. au *Statice limonium*. Voy. *Saladella.*

AURELHA DE SANT PIERRE, s. f. (aouréille de sant piérré). Oreille de mer ou ormier, haliotide ormier, *Haliotis tuberculata*, Lin. Mollusque gastéropode, de la fam. des Dermobranches, ou des Adelobranches, car M. Duméril l'a placé dans l'une et dans l'autre; Remarquable par sa coquille qui ressemble à une oreille, d'où son nom.

AURELHA-D'HOME, s. f. Un des noms du cabaret. V. *Cabaret.*

AURELHADA, s. f. d. béarn. OOURELHADA. *Oreillée??* coup sur les oreilles, action de tirer les oreilles.

Éty. de *aurelha* et de *ada*. V. *Aurelh*, R.

AURELHAR, v. n. (aoureillá). Prêter l'oreille, écouter avec attention.

Éty. de *aurelha* et de *ar*, agir de l'oreille. V. *Aurelh*, R.

AURELHART, adj. et s. (aoureillár; AURELHUT, OOUREILLUT. Qui a de longues oreilles, basses et pendantes.

Éty. de *aurelha* et de *art*. V. *Aurelh*, R.

AURELHAU, s. f. (aoureillàou), dl. Une oreille de porc.

Éty. de *aurelha*, oreille. V. *Aurelh*, R.

AURELHAU, s. f. dl. Coup sur l'oreille, l'action de la tirer: *Li bailet una aurelhau*, il lui tira rudement les oreilles. Sauv. Voy. *Aurelh*, R.

AURELHETA, s. f. (aouréiléte); OOURELHETA. *Aurelleta*. cat. *Orejeta*, esp. *Orecchino*, ital. dim. de *aureilha*, petite oreille. V. *Aurelh*, R.

Éty. du lat. *auricilla*, m. s.

AURELHETA, s. f. OOURELHETA. Nom qu'on donne à Cuges, à un champignon bon à manger, selon M. le Dr Reimonenq: nous ignorons à quelle espèce botanique il appartient; V. *Aurelh*, R. Aux environs de Toulouse, c'est à la tremelle aureille, *Tremella auricula*, qu'on donne ce nom.

AURELHETAS, s. f. (aouréilhétes): GLAUBANEL? Nom qu'on donne aux environs d'Aix, à la renoncule ficaire, éclairette, petite chélidoine ou petite éclaire: *Ranunculus ficaria*, Lin. *Ficaria ranunculoïdes*, Roth.

plante de la fam. des Renonculacées, commune dans les prairies un peu humides. V. Gar. *Ranunculus vernus rotundifolius major*, p. 394.

Éty. de la ressemblance qu'ont ses feuilles avec une petite oreille.

AURELHETAS, s. f. pl. Est aussi le nom qu'on donne au Vernet, près de Seyne, au plantain moyen, *Plantago media*, Lin. plante de la fam. des Plantaginées, à cause de la ressemblance qu'ont ses feuilles avec les oreilles de quelques animaux. V. *Aurelh*, R.

AURELHETAS, s. f. pl. AOURELIETOS, GAUFRE, BEIGNET. Est encore le nom qu'on donne à des baignets ou gaufres, faits avec de la fleur de farine. On en verse la pâte liquide en petits tas, dans de l'huile bouillante.

Éty. Ainsi nommées à cause de leur forme, qui approche de celle de l'oreille. Voy. *Aurelh*, R.

AURELHETAS, s. f. pl. dl. Le même que *Bouina*, v. c. m.

AURELHIER, s. m. vl. Oreiller. Voy. *Couissin*.

Éty. de *aurelha* et de *ier*. V. *Aurelh*, R.

AURELHIERA, s. f. (aoureilliére). Un des noms lang. du perce-oreille. V. *Caurau-relha* et *Aurelh*, R.

AURELHIERAS, s. f. pl. (aoureilliéres); OOURETERAS. Les oreilles de la charrue. Voy. *Aurelhas de l'araire*.

AURELHOS, s. m. vl. adj. Attentif, orillard. V. *Aurelh*, R.

AURELHUT, adj. (aoureillú). V. *Aurelhart* et *Aurelh*, R.

AURELLIA, d. vaud. V. *Aurelha*.

AURENGA, nom de lieu, vl. AURENCA. Orange, aujourd'hui, ville du département de Vaucluse.

AUREOLA, s. f. (aoureóle); *Aureola*, ital. esp. port. cat. Auréole, cercle de lumière que les peintres placent autour de la tête des saints.

Éty. du lat. *aureola*, m. s. formé de *aureolus*, de couleur d'or. V. *Aur*, R.

AURERAS, s. f. pl. (aouréres). Les pêcheurs nomment ainsi les mailles de l'*aissauga*, qui ont deux pouces et demi d'ouverture.

AURESAT, ADA, adj. et p. (aouresá, ade). Sali, breneux. V. *Hoourriat* et *Hourr*, Rad.

AURETILHA, s. f. (aouretille). Toutes sortes de petits oiseaux. Garc.

Éty. Altér. de *auzetilha*.

AUREVELHIER, s. m. vl. AUREVILLIER. *Ourives*, port. Orfèvre. V. *Orfevro*.

Éty. du lat. *aurarius*, *aurifex*, m. s. V. *Aur*, R.

AUREZA, s. f. vl. Folie, légèreté.

Éty. de *aura* et de *eza*. V. *Aur*, R. 2.

AURFRES, s. m. vl. AURFRE. Orfroi.

Éty. de la basse lat. *aurifrigia*, frange d'or. V. *Aur*, R.

AURIA, s. f. vl. Légèreté, rapidité, fougue, race.

Éty. de *aur* et de *ia*, comme le vent. V. *Aur*, R. 2.

Caval de bon auria, cheval de bonne race.

Il ou elle aurait, j'aurais.

AURIA, adj. vl. D'or: *Valauria*, vallée d'or, où l'on trouve des paillettes d'or ou ressemblant à l'or, comme le mica jaune.

Éty. du lat. *aureus*. V. *Aur*, R.

AURIA FLOR, s. f. vl. Fleur d'or, oriflamme. V. *Auriflor* et *Auriflamme*.

Éty. V. *Aur*, R.

AURIAS, nom d'homme. V. *Auzias*.

AURIBAN, s. m. vl. Oriflamme, drapeau; arrière-ban.

Éty. de *aur* et de *ban*, bannière d'or. V. *Aur*, R.

AURIBELI, s. m. (aouribèli), dl. Alerte. V. *Aur*, R. 2.

AURICALC, s. m. vl. *Auricalco*, esp. *Oricalco*, ital. Laiton. V. *Loutoun*.

Éty. du lat. *aurichalcum*. V. *Aur*, R.

AURICELA, s. f. (aouricèle); AURUELLA, AURIOLA, AURUOURA, MASCLOUS, OOURIELLA, MAUSCLAU, AOURUELLA, AURIVOUELA. Noms qu'on donne à la Centaurée du solstice, *Centaurea solstitialis*, Lin. *Calcitrapa solstitialis*, Lam. plante de la fam. des Composées Cynarocéphales, commune dans les lieux secs de la Provence méridionale.

Éty. du lat. *aurum*, or, à cause de la couleur jaune de sa fleur. V. *Aur*, R.

AURICOT, s. m. (aouricó); alt. g. de *Abricot*. v. c. m.

La peragollo et lou ber Auricot.
Jasmin.

AURICULAR, adj. vl. *Auricular*, cat. esp. port. *Auriculare*, ital. Auriculaire, qui a rapport, qui appartient à l'oreille.

Éty. du lat. *auricularis*, m. s. V. *Aurelh*, R.

AURIEN, s. m. vl. Orient, v. c. m. Nous aurions.

AURIENC, ENCA, adj. vl. D'or.

AURIERA, s. f. vl. SOLCA. Lisière, le bord d'un drap. V. *Ouralhas* et *Or*, R.

AURIERA, s. f. (oouriére); SOLCA, OOURIERA, OULIERA. Espace labourable qui se trouve entre deux rangs de vigne, *Orière* en vieux français.

Éty. du lat. *aratrum*, charrue, et de la term. *iera*, v. c. m. comme si l'on disait *aratriera* ou *arariera*, et par euphonie *auriera*, lieu propre à être labouré.

Auriera, lisière, bord d'un drap. V. *Lisiere*; dans le dial. de Barcel. bord d'un champ V. *Chansia* et *Or*, R.

AURIFLAMMA, s. f. (oouriflàme); ORIFLAMA, AURIFLOUR. *Auriflamma*, port. *Orifiamma*, ital. *Auriflamba*, anciennement. Oriflamme, ancienne bannière des Français, qui était de couleur rouge avec des broderies en or, ou sans broderies.

Éty. du lat. *auriflamma*, formé de *aurum*, or, et de *flamma*, flamme. V. *Aur*, R.

Dans son origine l'oriflamme n'était qu'une bannière que les religieux de Saint-Denis portaient à leurs processions, et dans les guerres particulières qu'ils avaient à soutenir contre ceux qui voulaient usurper les biens de leur église. Les comtes du Vexin qu'ils avaient choisis pour leurs protecteurs, vidames, ou selon la manière de parler de ce temps, leurs avoués, allaient la prendre sur l'autel des Saints Martyrs, lorsqu'ils partaient pour quelque expédition militaire, et la rapportaient en grande pompe, lorsque la campagne était finie.

Louis-le-Gros, est le premier de nos rois qui l'ait été prendre en cérémonie sur l'aute. de Saint-Denis. Dict. des Orig. de 1777 in 8°

AURIFLAN, s. f. vl. Oriflamme. Voy. *Auriflamma* et *Aur*, R.

AURIFLAN, s. m. (aouriflàn), dl. Voy. *Bouffets* et *Soufflets*.

Éty. de *aura*, souffle, vent, et du lat. *flare*, souffler, ou du grec φλᾶν (phlan) m. sign. V. *Aur*, R. 2.

AURIFLOR, s. f. vl. Oriflamme. Voy. *Auriflamma*.

Éty. de *aur* et de *flor*, fleur d'or V. *Aur*, R.

AURIGNOL, s. m. (aourignól). Nom du rossignol à Agen. V. *Roussignoou*.

AURIL, s. m. vl. Oreille. V. *Aurelha* et *Aurelh*, R.

AURILHA. Oreille. V. *Aurelha*, plus usité et *Aurelh*, R.

AURIMAN, s. m. vl. Aimant.

AURIN, s. m. (aourïn). Nom nicéen du Notoptère fontanes, *Notopterus fontanesii*, Riss. poisson de l'ordre des Holobranches et de la fam. des Péroptères, (privés de quelques nageoires), dont la longueur atteint cinq à six pouces.

Éty. de la couleur d'or dont ce poisson brille. V. *Aur*, R.

AURIN 2, s. m. (aourïn). Nom nicéen de l'Ophidie fierasfer, *Ophidium fierasfer*, Risso. V. *Fielatfe* et *Aur*, R.

AURIN, INA. adj. vl. *Aurino*, ital. Qui est d'or, doré.

Éty. de *aur* et de *in*. V. *Aur*, R.

AURIOL, OLA, adj. vl. Couleur d'or, jaune.

Éty. de *Aur*, Rad. v. c. m.

AURIOL, s. m. *Oriol*, cat. esp. pour loriot, oiseau. V. *Auruou*.

Éty. de *aur* et de *iol*, de couleur d'or, jaune. V. *Aur*, R.

AURIOLA, s. f. Un des noms anciens du loriot. V. *Auruou* et *Aur*, R.

AURIOLA, s. f. (aouriόle); AGRIOLA, AURUELLA, MASCLOUS. Noms languedociens du chardon étoilé, selon M. de Sauvages, qui dit qu'on nomme cette plante *Auriola* à cause de ses fleurs jaunes. Les fleurs du chardon étoilé sont blanches ou purpurines et jamais jaunes. C'est à la centaurée du solstice que ce nom appartient. V. *Auricela*, et pour le chardon étoilé, *Caucatrapa* et *Aur*, R.

AURION, s. m. vl. *Orion*, cat. esp. *Orione*, ital. Orion, constellation. V. *Orion*.

Éty. du lat. *Orion*, m. s. Autour, oiseau de proie.

AURIORA, V. *Auriola*.

AURIOU, s. m. Nom nicéen du maquereau. V. *Auruou* et *Aur*, R.

AURIOU, s. m. (àouriou), dl. pour oriot. V. *Ouruou.*

Éty. de *auriol*, couleur d'or ou jaune. V. *Aur*, R.

AURIOU, IBA, adj. (aouriou, ibe), dl. AURIO, Farouche, hagard, ombrageux. Sauv. V. *Aur*, R. 2.

AURIPEL, s. m. (aouripèl); AURIPEOU, OURIPEOU, OOURIPEOU. *Oripell*, anc. cat. *Oropel*, esp. *Ouropel*, port. *Orpello*, ital. Oripeau, lame de cuivre mince et brillante que l'on vernit pour lui conserver son éclat; chose qui n'a que de l'apparence.

Éty. de l'ital. *orpello*, m. s. formé de *oro*, or, et de *pelle*, peau, peau d'or, superficie d'or: *Acad. della crusca*. V. *Aur*, R.

AURIPELA, dl. V. *Erysipela.*

AURIPELAT, ADA, adj. et p. (aouripelá); *Orpellato*, ital. Chamarré d'or et d'argent, habit couvert de dorure, d'auripeau.

Éty. de *auripel* et de *at*, couvert d'oripeau. V. *Aur*, R.

AURIPEOU, prov. mod. V. *Auripel.*

AURIPIGMENT, s. m. vl. AURIPIMENT. Orpiment. V. *Orpiment*, plus usité dans la langue moderne.

Éty. du lat. *auripigmentum*, m. s. Voy. *Aur*, R.

AURIPIMENT, s. m. vl. V. *Auripigment*, *Orpiment* et *Aur*, R.

AURISTRE, s. m. (aouristré), dl. Ouragan, bourrasque. V. *Bourrasca.*

Éty. de *aura*, vent. V. *Aur*, R. 2.

AURIU, IVA, adj. vl. Fougueux, euse, évaporé, léger. V. *Aurivela.*

Éty. de *aur* et de *iu*, de la nature du vent. V. *Aur*, R. 2.

AURIVA, s. f. vl. Folie, extravagance.

AURIVEL, ELA, adj. d. m. (oourivèl, èle); ENAURELAT. Folâtre, dissipé, ée, on ne le dit guères qu'au féminin. V. *Fouligaud.*

Éty. de *aura*, vent, et de *ivel*. V. *Aur*, Rad. 2.

Qui a le nez au vent.

AURIVELAIRE, s. m. (aourivelàïré). Batteur d'or. Garc. V. *Aur*, R.

AURORA, s. f. (aouròre); *Aurora*, esp. cat. port. ital. Aurore, lumière qui paraît au ciel avant que le soleil éclaire l'hémisphère, et l'orsqu'il est arrivé à 18 degrés au-dessous de l'horizon; fig. chose belle qui en annonce une plus belle encore. Poétiquement, Orient.

Éty. du lat. *Aurora*, formé par contraction de *aurea hora*, heure dorée. V. *Aur*, R.

Aurora boreala, *Aurora-boreal*, esp. aurore boréale, phénomène lumineux qui paraît dans le ciel du côté du Nord ou de la partie boréale du ciel, d'où son nom.

M. Mairan a donné le premier l'explication de cet étonnant météore en 1754. En 1769 on a découvert que l'électricité y jouait un grand rôle.

En 1715, parut la première aurore boréale dont on ait fait mention.

En 1726, apparition d'une aurore de cette nature, qui dura depuis 7 heures du soir, jusqu'à une heure après minuit, on pouvait lire en France, les plus petits caractères.

AUROUN, s. m. (aouróun); OOUROUN. Vol d'un oiseau d'un lieu à un autre, sans s'arrêter, essor qu'il prend pour voler.

Éty. du lat. *aura*, vent. V. *Aur*, R. 2.

AUROUÑGLETA, s. f. Nom béarnais des hirondelles. V. *Hiroundela.*

AUROUS, OUSA ou **OUA**, adj. (aourós, óuse ou óue); OOUROUS, fig. Vain, fat, vaniteux; venteux, euse, qui est exposé aux vents.

Éty. du rad. *aur*, vent, et de la term. *ous*, qui est de la nature du vent, exposé au vent. V. *Aur*, R. 2.

AURPEL, s. m. vl. Oripeau. V. *Auripeou* et *Aur*, R.

AURPIGMENT, et

AURPIMENT, s. m. vl. Orpiment: *Arsenic es auripiment, talment dit quar a color d'aur*. V. *Aur*, R. et *Ourpiment.*

AURRE, V. *Aure.*

AURRIAR S', v. r. (s'aourriá). V. *Hoourriar s'.*

AURRIAS, nom d'homme. (aourriás); Elzéard. V. *Auzias.*

AURRIAT, ADA, adj. (aourriá, áde). V. *Hoourriat.*

AURSEZIT, IDA, adj. vl. Abruti, ie.

AURUELA, s. f. (aouruèle). V. *Auricella.*

AURUFLAM, s. m. (aouruflán). Nom qu'on donne, dans quelques contrées de la Gascogne, à la renoncule rampante, *Ranunculus repens*, Lin. plante de la fam. des Renonculacées.

AURUGA, s. f. vl. Jaunisse.

Éty. du lat. *aurigo*, m. s. V. *Aur*, R.

AURUGA, s. f. vl. Renoncule rampante? V. *Auruflan.*

Lo grasant non pot sufrir la odor de l'auruga cant floris, le crapaud ne peut souffrir l'odeur de la renoncule quand elle fleurit.

AURUOU, s. m. (oourúo); OOURÚOU, LOURIOU, AURIOOU et BEL-AUCEOU, FIGA-LAURIOUN, AURIOL. *Oriolo*, ital. *Oriol*, cat. esp. Loriot, Loriot d'Europe, *Oriolus galbula*, Lin. oiseau de l'ordre des Passereaux et de la fam. des Conirostres ou Conoramphes, qui arrive dans nos contrées vers le milieu du printemps, et qui les quitte à la fin d'août pou retourner en Afrique.

Éty. du lat. *oriolus*, de *aurum*, *or*, à cause de sa belle couleur jaune.

Faire l'auruou, faire le bouffon, le niais, le fin, dissimuler.

AURUOU, s. m. (aourúou); OOURUOU, OURUOU, AURIOU, OOURUOU BLANC, SUVEREOU, VEIRAT, AURIOL, GRIOU. Le maquereau: *Scomber scomber*, Lin. poisson de l'ordre des Holobranches et de la fam. des Atractosomes (à corps en fuseau), commun dans la méditerranée où il aquiert la taille de 45 à 80 décim.

Éty. Des lignes de couleur d'or, dont il est marqué, ou de ses yeux d'orés. V. *Aur*, R.

Les màquereaux abondants dans nos mers le sont bien autrement au sein de l'Océan polaire, leur vraie patrie, car ils s'y trouvent comme entassés.

La chair de ce poisson a un goût excellent, mais comme elle est très-grasse elle se digère mal, ce qui est cause qu'elle ne convient point aux estomacs délicats.

AUS

AUS, s. m. (aóus); AOU, AUSSE, pl. AUSSES, TOUERCA-DE-LANA. Toison, la laine qu'on a tondue sur un mouton ou sur une brebis et qui se tient ensemble.

Éty. du grec ἄυξη (auxê), germination, pousse, formé de αὔξω (auxô), croître, ou de ὄϊς (oïs), brebis, d'où : οἰείη (oieiê), peau de brebis, ou plutôt de Κῶας (Kôas), toison, ou encore de ἄωτον (aôton), laine.

Tondaille en français, désigne toute la laine qu'on a tondue dans la même saison, chez le même propriétaire.

AUS, vl. Entends; j'ose; hausse, élève. adv. Maintenant, aussitôt.

AUS, dl. pour *autres*, *nous aus*, pour *nous autres*, nous autres.

AUS, vl. pour *Als*, autre chose.

AUS, vl. pour *a us*, vous a.

AUSAR, vl. V. *Alsar.*

AUSAR, v. n. (aousá); AUGEAR, AUVAR, GAUZAR. *Ausare* et *Osare*, ital. *Osar*, esp. *Ousar*, port. Oser, avoir l'audace, s'enhardir.

Éty. du lat. *audere*, ou de *ausus*, projet hardi, entreprise, et de *ar*. V. *Aud*, R. 2.

AUSAT, ADA, adj. et s. (aousá, áde); AUSART, AUGEAT. *Ousado*, port. *Osado*, esp. Osé, ée, hardi, audacieux. V. *Aud*, R. 2.

AUSAT, s. m. vl. Hardiesse.

Éty. du lat. *ausum*, projet hardi. Voy. *Aud*, R. 2.

AUSBERC, s. m. vl. *Usbergo*, ital. Haubert, cotte de mailles; cuirasse.

Éty. *halsberga* vel *halsperga*, vox est saxonica; proprieque signat *Thoracem ferreum*, sive armaturam colli et pectoris, ab *hals* collum et *bergen*, tegere, protegere, munire. Vossius. V. Raynouard.

Dérivés: *Alberg-et*, *Ausberg-ot*, *Ausbert.*

AUSBERGOT, s. m. vl. ALBERGOT. Haubergeon, petit haubert. V. *Alberget* et *Ausberc.*

AUSBERT, s. m. (aousbèr), vl. Cuirasse. V. *Ausberc.*

AUSCIR, v. a. (aouscir), d. béarn. Tuer. V. *Tuar.*

Éty. du lat. *occidere*, m. s. V. *Cid*, R.

AUSELLA, s. f. vl. Caille femelle.

Éty. de *ausel*, ou *aucel*, oiseau, et du fem. *a*. V. *Aucel*, R.

AUSENSA, s. f. vl. AUDENZA. Audition, l'action d'entendre.

Éty. de *aus* rad. et de *ensa*. V. *Aud*, R.

AUSERAL, s. m. (aouserál). Nom des érables en dg. V. *Agas*, *Plai.*

AUSERALHA, s. f. d. béarn. AUSERAILLE. Les oiseaux en général; la volaille. V. *Foulatilha.*

Éty. de *auser* pour *aucel*, et de *alha*. V. *Aucel*, R.

AUSEROT, s. m. d. béarn. Petit oiseau; alouette. V. *Auceloun*, *Calandra* et *Aucel*, Rad.

AUSIDA, s. f. (oouside); **AUGIDA, AUVIDA, AUVIA.** *Udito*, ital. *Oido*, esp. *Ouvido*, port. Ouïe, l'un des cinq sens, celui par lequel on perçoit les sons; la faculté d'ouïr.

Éty. du lat. *auditus*, m. s. V. *Aud*, R. ou du grec οὗς (ous), αὖσ (aus), oreille: *Li a levat l'ausida*, il l'a rendu sourd, il l'a étourdi.

Partir d'ausida, dl. partir de la main, être prompt, s'emporter facilement.

Et si d'auan le iour tu non t'en vas d'ausido,
Yeu non donario pas dous ardix de ta vida.
Bergoing.

AUSIDER, v. a. d. béarn. Tuer, alt. de *oucire*. V. *Cid*, R.

AUSIDOUR, s. m. (aousidóu). Employé ironiquement pour oreille, par Fabre, dans les vers suivants:

Mai la fam de sous auditours
Avia tapat lous ausidours.

Éty. de *ausir* et de *our*, qui entend. Voy. *Aud*, R.

AUSIMEN, s. m. vl. Hardiesse. adv. Egalement, de même.

AUSINA, s. f. (aousine), dl. **EOUSINA.** Gland du chêne vert.

Éty. alt. de *avausina*, formé de *avaus*, chêne vert.

Car d'ausina, chair ferme et de la meilleure qualité, telle qu'est celle des pourceaux qu'on a nourris de cette espèce de gland.

AUSINA, s. f. dl. Se dit aussi pour bois de chêne vert: *Tourol d'ausina*, rondin ou buche de chêne vert.

AUSIPELA, dl. V. *Erysipela*.

AUSIR, v. a. (aouzir); **AUVIR, ENTENDRE, ENAUSIR, OOUSIR, OOUGIR, AOUZIR, AUGIR.** *Udire*, ital. *Oir*, esp. *Ouvir*, port. *Auzir*. anc. cat. Ouïr, entendre, percevoir les sons, écouter.

Éty. du lat. *audire*, m. s. V. *Aud*, R.

Auses-ti? entends-tu?

Aquella campana s'ause de luenc, on entend cette cloche de loin, et non *elle s'entend de loin*.

Aquot fai bon ausir dire. c'est bon à savoir, j'en suis fort aise.

Se faire ausir, se faire entendre, faire beaucoup de bruit, se vanter; déclarer sa grossesse devant le juge.

Diou vous ause, Dieu vous entende; j'en accepte l'augure.

N'ausi pas d'aquela aurelha, cela n'entre pas dans mes projets, je n'y consens pas.

AUSIR, vl. Occire. V. *Aucir*.

AUSIR DIRE, s. m. **AUVIR-DIRE.** *Ausirdire va pertout. Ausir dire miegea messongea. Per ausir-dire. Reire ausir*, vl. entendre de nouveau.

AUSOR, adj. comp. vl. Plus haut, plus élevé.

Éty. Comparatif de *aut*. V. *Alt*, R.

AUSSA, s. f. (haóusse); **HAUSSA, DRESSA, ADRESSA.** Hausse; on donne ce nom à tout ce qui sert à hausser, mais plus particulièrement à un morceau de cuir que les cordonniers ajoutent pour relever un côté d'une semelle ou d'un talon, et aux petits morceaux de papier que les imprimeurs placent sous le timpan pour renforcer les parties qui ne portent pas assez; augmentation dans le cours du change des monnaies et dans le cours de la banque. V. *Alt*, R.

AUSSÀ, imper. **AUTA.** Hisse, élève.

AUSSA-COUA, s. f. (aousse cóue), d. apt. Hochequeue.

AUSSAR, v. a. et n. (haoussá); **ALSAR, ISSAR, LEVAR, HAUSSAR, ANAUTAR, ANHAUTAR.** *Alzare*, ital. *Alzar*, esp. port. *Alsar*, cat. Hausser, rendre plus haut, relever; augmenter de prix, devenir plus cher.

Éty. de *haussa* et de *ar*. V. *Alt*, R.

AUSSAR S', v. r. **HAUSSAR S'.** Se relever, se placer plus haut. V. *Alt*, R.

AUSSAT, ADA, adj. et p. (haoussá, áde); **HAUSSAT.** *Alzado*, esp. Haussé, ée, relevé. V. *Alt*, R.

AUSSE-MENUT, dl. V. *Encens-pichot*.

AUSSEL, et composés. V. *Aucel*.

AUSSEN, dl. alt. de *Encens*, v. c. m.

AUSSENC, dl. Absinthe. V. *Encens*.

AUSSEOU. V. *Auceou*.

AUSSET, s. m. (aoussé); **HAUSSET, TROUSSIS, BASTA.** Troussis, plis qu'on fait à une robe, à un rideau, etc., afin de pouvoir l'allonger au besoin, ou pour le racourcir.

Éty. de *haussa*, hausse, et du dim. *et*. V. *Alt*, R.

Faire un hausset, remplier une robe, y faire un troussis.

AUSSETAS, s. f. pl. (aoussétes); **HAUSSETAS.** *Housset*, *houssete*, sorte de serrure encloisonnée, que l'on emploie pour les coffres.

AUSSI, vl. Il ou elle occit, tua.

AUSSI, adv. (aoussi); Aussi, pareillement, de même. V. *Atou*.

AUSSIC, s. m. (aoussic), dg. **BARBOUISSAC.** Curoir de l'aiguillade du laboureur. Voy. *Bourboussada*.

AUSSIERA, s. f. (aoussière); **HOOUSSIERA, HAUSSIERA.** Haussière ou aussière, gros cordage qui sert à touer un vaisseau ou à le remorquer, il sert aussi aux chaloupes et aux bâtiments qui veulent venir à bord d'un autre.

AUSSIERA, s. f. (aoussière). *Aussière*, bordure à grosses mailles qu'on ajoute à un filet délié pour lui donner de la force et le relever.

Éty. de *aussa*, hausse, et de la term. *iera*, qui sert à hausser. V. *Alt*, R.

AUSSIN, V. *Oussin*.

AUSSIR, vl. Occire. V. *Aucir*.

AUSSOR, comp. de *aut*, plus haut. vl. V. *Alt*, R.

AUSSORRE, nom de lieu, vl. **AUSSURRA.** Auxerre.

AUSSOULAMENT, Garc. V. *Absoulument*.

AUSSURRA, nom de lieu, vl. Voy. *Aussorre*.

AUSTAR, v. a. vl. Hausser. V. *Alt*, R.

AUSTARDA, s. f. vl. V. *Outarda*, plus usité.

Éty. du lat. *avis-tarda*. V. *Aucel*, R.

AUSTERAMENT, adv. (aousteraméin); *Austeramente*, ital. esp. port. Austèrement, sévèrement.

Éty. de *austera* et de *ment*, d'une manière austère.

AUSTERE, ERA, adj. (oustèré, oustère); **OUSTERE.** *Austero*, ital. esp. port. *Austèr*, cat. Austère, en parlant des choses, rigoureux, qui mortifie les sens et l'esprit, et en parlant des personnes, rude, sévère, grave, sérieux.

Éty. du lat. *austerus*, dérivé du grec αὐστηρὸς (austèros), m. s.

AUSTERITAT, s. f. (ousterità); **OUSTERITAT.** *Austerità*, ital. *Austeridad*, esp. *Austeridade*, port. *Austeritat*, cat. Austérité, mortification des sens et de l'esprit; sévérité.

Éty. du lat. *austeritatis*, gén. de *austeritas*. V. *Austere*.

AUSTIÈS, nom d'homme, vl. Athanase.

AUSTOO, s. m. anc. béarn. Autour.

AUSTOR, s. m. vl. **AURION.** *Austor*, anc. cat. Autour, épervier. Voy. *Autour* et *Esprevier*.

Éty. du lat. *austerius*. Rayn.

AUSTORC, s. m. vl. Accord, octroi, permission.

AUSTORET, s. m. vl. Petit autour.

Éty. de *austor*, et du dim. *et*.

AUSTORGUAR, vl. V. *Autorgar*.

AUSTORGUI, vl. J'octroie.

AUSTRAL, adj. vl. *Austral*, cat. esp. port. *Australe*, ital. Austral, du midi.

Éty. du lat. *australis*.

AUSTRE, s. m. vl. Sud, midi.

AUSTRI, s. m. vl. *Austro*, esp. port. ital. Auster, vent du midi.

Éty. du lat. *auster*, m. s.

AUSTRONOMEIADOR, vl. V. *Astronomo*.

AUSTRONOMEIAIRE, s. m. vl. *Astronomero*, anc. esp. V. *Astronomo*, *Astrologo* et *Astr*, R.

AUSTRONOMIA, vl. V. *Astronomia* et *Astr*, R.

AUSTRONOMIAN, vl. V. *Astronomo*, *Astrologo* et *Astr*, R.

AUT

AUT, pr. d. béarn. Autre: *Lous auts*, les autres. V. *Autre* et *Altr*, R.

AUT, vl. Eu.

AUT, AUTA, adj. (aou, áoute); **HAUT, ALT, NAUT.** *Alto*, ital. esp. port. *Alt* et *Aut*, cat. Haut, haute, qui est élevé, c'est l'opposé de bas; en parlant des tons, il est l'opposé de grave; fig. insolent, arrogant, audacieux, fier, orgueilleux.

Éty. du lat. *altus*, m. s. V. *Alt*, R.

Aut en coulour, alto di colore, ital. foncé en couleur, très-coloré.

AUT, s. m. *Alto*, ital. esp. port. Haut, la partie la plus haute d'une chose, le sommet. V. *Alt*, R. *Toumbar de soun aut*, tomber de de son haut, de toute sa hauteur, être extrémement supris: *Lou pus aut*, le comble de la maison.

AUT, adv. *Alto*, ital. esp. port. Haut, hautement: *En aut*, en haut. V. *Alt*, R.

AUT, *AUTA*, rad. V. *Alt*.

AUTA, alt. gasc. de *Autant*, v. c. m. et *Tant*, R.

AUTA, vl. alt. de *Autan*, v. c. m. vent du midi.

AUTA-AUTA, interj. (áoute-áoute), dl. HAUTA-HAUTA. Ça ça, alerte alerte, de bout de bout, qu'on se dépêche; expressions dont on se sert pour exciter au travail et pour réveiller les paresseux. V. *Alt*, R.

AUTAMENT, adv. vl. ALTAMEN. *Altament*, cat. *Altamente*, esp. port. ital. Hautement, en lieu haut.

Éty. de *auta*, et de *ment*, d'une manière élevée. V. *Alt*, R.

AUTAN, ANA, adj. vl. Élevé, ée. V. *Alt*, Rad.

AUTAN, s. m. vl. VENT-MARIN, AUTA. *Austro*, esp. port. ital. Autant, vend du midi ou du S. E.

Éty. du lat. *altanus*, vent de mer, *ab alto*. Les partisans du sanscrit, comme langue mère, font dériver ce mot de *ava-tara*, vent du midi.

AUTANBEN, adv. (aoutanben). Aussi bien. V. *Tamben*. V. *Tant*, R.

AUTANT, adv. (aoután); OUTANT, EITA, EITANT. *Tanto*, port. *Altretanto* et *Tanto*, ital. *Autant*, esp. Autant, adverbe qui marque égalité: *Autant d'aigua que de vin*, autant d'eau que de vin.

Éty. du lat. *aliud tantum*. Mén. V. *Tant*, Rad.

Autant que, conj. *Tanto quanto*, ital. esp. *Tanto como*, port. Autant que, selon que; du lat. *Tantùm quantùm*.

AUTANT-MAI D', Loc. adv. EITANT-MAI. *Tanto più che*, ital. *Tanto mas que*, esp. *Tanto mais que*, port. D'autant plus.

Éty. du lat. *eò magis quod*. V. *Tant*, R.

AUTANT-MENS D'. Loc. adv. EITANT-MENS. *Tanto meno*, ital. *Tanto menos*, esp port. D'autant moins. V. *Tant*, R.

AUTAR, v. a. vl. Élever, user, se servir. V. *Alt*, R.

AUTAR, s. m. (aoutá); OOUTAR. *Altar*, cat. esp. port. all. *Altare*, ital. Autel, table destinée aux sacrifices et particulièrement à la célébration de la messe.

Éty. du lat. *altar, altare*, dérivé de *altus*, élevé, ou de *alta ara*, élévation sur laquelle on faisait brûler les victimes. V. *Alt*, R.

Lou grand autar, le maître autel.

Qu serve l'autar deou vioure de l'autar. Prov.

On donne aux autels la forme d'un tombeau, pour rappeler que dans les premiers siècles de l'Église on célébrait les saints mystères aux tombeaux des martyrs, et celle d'une table parce que J.-C. était à table quand il institua l'Eucharistie.

Le premier autel dont l'histoire fasse mention, est celui que Noé construisit pour offrir un holocauste au Seigneur.

Les autels furent d'abord de terre ou de gazon; on les fit ensuite de bois, et depuis le concile tenu à Paris en 509, on les fit en pierre, et Saint Sylvestre, est le premier qui en construisit un en maçonnerie, et qui l'oignit du Saint Chrême. On les a faits de pierre pour rappeller que J.-C. est appelé dans l'écriture la pierre augulaire.

La pierre sacrée, servant d'autel portatif, n'a été en usage que dans le VIIme siècle, selon Bède.

Dans un autel on distingue:

LE RÉTABLE, V. *Retable*.
LE TABERNACLE, V. *Tabernacle*.
LA PIERRE SACRÉE, V. *Peira sacrada*.
LA TABLE, *Taula*, sur laquelle est placée la pierre sacrée et qu'on recouvre de trois nappes.
LES NAPPES, V. *Nappa*.
LES CREDENCES, *Credençar*, ce sont les tablettes sur lesquelles on pose les burettes.
LE TOMBEAU, *Toumbeou*, le carré de l'autel représentant un tombeau, recouvert par la table.
LE PAREMENT, *Parament*, l'étoffe ornée dont on couvre le devant de l'autel.
LE MARCHE-PIED, V. *Marcha-ped*.
LE BALDAQUIN, V. *Baldaquin*.
LE DAIS, V. *Des*.

AUTARDA, s. f. (aoutárde). Nom nicéen de l'outarde. V. *Outarda* et *Estarda*.

Éty. du lat. *avis tarda*, oiseau lent. Voy. *Aucel*, R.

AUTARDA-PICOUNA, s. f. (aoutárde picoúne). Nom nicéen de l'outarde canepetière. V. *Canapetiera*.

AUTARTANT, adv. (aoutartán); ATARTANT, AITARTANT, ATERTANT. *Altrettanto*, ital. *Altretant*, cat. *Otrotanto*, esp. *Outrotanto*, port. Tout autant, encore autant, ou une fois autant.

Éty. On a mal à propos fait dériver cet adverbe de *tantumdem*, il est composé de *autar*, alt. de *alter*, et de *tantum* un autre tant, une égale quantité.

AUTA'SPERT, adv. (aouta spèr), d. béarn. Aussitôt.

Éty. de *auta*, assi, si, et de *experrectus*, lat. éveillé.

AUTAU, nom d'homme. V. *Autoou*.

AUTBOIS, s. m. (aoubói); V. Auboi.

AUT-DE-LA-NUECH, s. m. Au milieu de la nuit. V. *Alt*, R.

AUT-DOOU-JOUR, s. m. Vers midi, au cœur du jour, le temps pendant lequel le soleil est dans sa plus grande élévation au-dessus de l'horizon. V. *Alt*, R.

AUTE, dg. alt. de *Autre*, v. c. m. et *Alter*, R.

AUTENTIC, vl. V. *Authentic*.

AUTENTICAR, *Autenticar*, esp. cat. V. *Authenticar* et *Auto*, R.

AUTEROUS, Voy. *Auturous* et *Alt*, Rad.

AUTET, adv. vl. Hautement. V. *Alt*, R.

AUTET, ETA, adj. vl. dim. de *aut*, un peu haut.

AUTEZA, s. f. vl. Hauteur. V. *Autour* et *Alt*, R.

AUTFORT, nom de lieu, vl. Hautefort.

AUTHENTIC, vl. V. *Authentique* et *Auto*, R.

AUTHENTICAR, v. a. (aoutheinticá) AUTENTICAR. *Autenticar*, cat. esp. *Authenticar*, port. *Autenticare*, ital. Authentiquer, rendre authentique, revêtir de toutes les formes qui rendent authentique.

Éty. de *authentique*, et de *ar*. V. *Auto*, Rad.

AUTHENTICAT, ADA, adj. et p. (aouteinticá, áde); *Authenticado*, port. *Autenticado*, esp. *Autenticad*, cat. Authentiqué, ée, rendu authentique.

AUTHENTIQUE, ICA, adj. (aoutheintiqué, ique); AUTHENTIC. *Authenticus*, lat. *Autentico*, ital. esp. *Autentic*, cat. *Authentico*, port. Authentique, qui est revêtu d'une autorité suffisante, qui mérite qu'on y ajoute foi.

Éty. du grec αὐθεντικός (authentikos), qui vient d'αὐθέντης (authentês), maître de soi-même, puissant. V. *Auto*, R.

Rendre authentique, authentiquer.

AUTHORISAR, vl. V. *Autourisar* et *Autour*, R.

AUTHORITATIVAMENT, adv. d. vaud. *Autorisadamènt*, cat. *Autoritativamente*, esp. *Autorevolmente*, ital. *Authorizadamente*, port. Avec autorité. V. *Auctor*, Rad.

AUTIG, adj. vl. AUTIU. Hautain, fier, altier. V. *Alt*, R.

AUTIN, s. m. (aoutín); OOUTIN, FILAGNA, BANCS. Treille élevée en forme de berceau.

Éty. de *aut*. V. *Alt*, R.

AUTINADA, s. f. (aoutinàde); OOUTINADA. Tonnelle, berceau formé par une treille. V. *Alt*, R.

AUTISME, s. m. vl. AUZISME. *Altisme* et *Altissim*, cat. *Altissimo*, ital. *Altisimo*, esp. Le très-haut: *Fil de l'autisme*, *filius altissimi*, fils du très-haut.

Éty. alt. du lat. *altissimus*. V. *Alt*, R.

AUT-MAL, s. m. (áou-mál), dl. Voy. *Mau-caduc*.

AUTO, AUTHENTIC, rad. init. dérivé du grec αὐτὸς (autos), soi-même, qui agit de soi-même, d'où αὐθεντικὸς (authentikos).

De *autos*, par apoc. *auto*, d'où: *Autocratia*, *Auto-crato*, *Auto-grapho*, *Automato*.

De *authentikos*, par apoc. et changement du *k* en *c*, *authentic*, d'où: *Authentic*, *Authentic-ar*, *Authenti-que*, *Autentic-ar*.

AUTOBRE, V. *Octobre*.

AUTOCRATIA, s. f. (aoutocratie); *Autocratia*, lat. *Autocrazia*, ital. *Autocracia*, port. esp. Autocratie, gouvernement absolu d'un despote.

Éty. du grec αὐτὸς (autos), soi-même et de κράτος (kratos), force, puissance, de soi-même. V. *Auto*, R.

AUTOCRATO, s. m. (autocráte). Autocrate, souverain absolu.

Éty. V. le mot précédent et *Auto*, R.

AUTO-DA-FE, s. m. (oto-da-fé); *Auto-de-fe*, esp. cat. *Auto-da-fè*, ital. port. Auto-da-fé, acte judiciaire de l'inquisition ou le jugement qu'elle porte pour condamner ceux qui méritent d'être punis; exécution solennelle d'un jugement rendu par l'inquisition.

Éty. de l'esp. *auto-de-fe*, acte de foi;

parce que les crimes dont ce tribunal s'occupe, sont tous relatifs à la loi. V. *Inquisition*. Formé de *auto*, décret, sentence, et *de fe*, de foi.

AUTOGRAPHO, s. m. (aoutougráphe); *Autographus*, lat. *Autografo*, ital. esp. cat. *Autographo*, port. Autographe, instrument basé sur le principe du pantographe qui permet de prendre à la fois jusqu'à trois copies du même écrit.

Éty. du grec αὐτὸς (autos), soi-même, et de γράφω (graphô), j'écris, instrument qui écrit seul. V. *Auto*, R.

M. Brunel a inventé cet instrument en 1799.

Autographo, est aussi adj. et il désigne alors un ouvrage écrit de la main même de l'auteur.

AUTOM, AUTOMPNE. vl. Automne. Voy. *Autouna* et *Autoun*, R.

AUTOMATO, s. m. (aoutoumáte); OUTOUMATO. *Automatum*, lat. *Automato*. ital. esp. port. Automate, machine qui a en soi le principe de son mouvement; fig. homme stupide, sans intelligence.

Éty. du grec αὐτόματος (automatos), spontané, qui agit de soi-même, dérivé de αὐτὸς (autos), soi-même, et de μάω (maô), désirer, vouloir. V. *Auto*, R.

Les automates qui ont les formes humaines s'appelent *androïdes*.

Archytas de Tarente fit, vers l'an 408, avant J.-C. un pigeon qui volait assez longtemps et qui s'abattait ensuite sans effort. Albert le Grand, dominicain et évêque de Ratisbonne, fit une tête d'airain qui prononçait des sons articulés; M. de Kempelen, conseiller de l'empereur d'Autriche, fit voir à Paris, en 1783, un joueur d'échecs qui faisait des choses extraordinaires et qui surpassaient le flûteur, le tambourin et le canard de Vaucanson.

En 1738, Vaucanson fait connaître son flûteur automate.

En 1741, son joueur de tambourin qui exécute une vaingtaine d'airs, menuets et contre-danses; son canard qui boit, mange et digère.

En 1788, l'Abbé Mical, forme deux têtes d'airain colossales, qui prononcent distinctement des phrases entières, il les brise, sur le refus que la cour de France fait de les acheter.

AUTOMNAL, AUPTUMNAL. adj. vl. *Autumnal*, cat. esp. port. *Autunnale*, ital. Automnal, d'automne.

Éty. du lat. *autumnalis*, m. s. V. *Autoun*, Rad.

AUTOMPNE, vl. V. *Autouna* et *Autoun*, Rad.

AUTOOU, nom d'homme, (aoutóou), dl. AUTAU. Augustal.

Éty. de *Augustalis*.

Patr. Saint Augustal, mort à Arles, vers 460, le 7 septembre, où il était venu pour les affaires de son Église, après la tenue du premier concile d'Orange.

AUTOR, rad. altér. de *Auctor*, v. c. m.

AUTOR, AUTOUR, AUTORG, AUTREI, AUCTOR, rad. dérivé du lat. *auctor* ou *autor*, *oris*, premier moteur, première cause, inventeur; d'où: *Auctoritas*, *italis*, autorité, assurance, puissance, force, crédit. Dérivés: *Autor-ier*, *Autor-osa-men*.

De *autor*, par add. de *c* ou de *g*, euphonique, sont dérivés: *Autor*, *Autore*, *Autorgament*, *Autorg-ar*, *Autorg-ier*, *Des-autorg-ar*.

De *autor*, par la métagr. de *o* en *ou*: *Autour*, *Autour-is-ar*, *Autour-is-at*, *Autour-is-ation*, *Autour-itat*.

Par altération ou sync. de *o*: *Autr-egear*, *Autr-ei*, *Autr-eia-ment*, *Autr-ei-ansa*, *Autr-ei-ar*, *Autr-ey-ar*, etc. *Des-autr-ei-ar*, *Authoris-ar*, *Authoritat-iva-ment*, *Octr-oi*, *Outr-uar*, *Outr-ier*.

AUTOR, s. m. vl. Témoin. V. *Autor*, R.

AUTORC, s. m. vl. *Otorgo*, anc. esp. *Outorgo*, port. Permission, autorisation.

Éty. V. *Autor*, R.

AUTORGADOR, s. m. vl. *Otorgador*, cat. esp. Qui permet.

AUTORGAMENT, s. m. vl. *Otorgament*, cat. *Otorgamiento*, esp. *Outorgamento*, port. Consentement, permission.

Éty. de *autorga* et de *ment*. V. *Autor*, R.

AUTORGAR, v. a. vl. AUTREGEAR. *Otorgar*, cat. esp. *Outorgar*, port. Autoriser, octroyer, accorder. V. *Autourisar*, livrer, mettre en possession.

Éty. de *autorg* et de *ar*. V. *Autor*, R.

AUTORGIER, s. m. vl. Permission.

Éty. de *autorg* et de *ier*. V. *Autor*, R.

AUTORIER, s. m. vl. Agent, ayant cause. V. *Autor*, R.

AUTORITAT, vl. V. *Actoritat* et *Autouritat*.

AUTOROS, vl. V. *Auctoros*.

AUTOROSAMEN, adv. vl. *Autoritativamente*, esp. Avec confiance, avec autorité.

Éty. de *autorosa* et de *ment*. V. *Autor*, R.

AUTOUN, AUTOM, rad. dérivé du lat. *autumnus* ou *auctumnus*, automne, formé de *auctare*, *aucto*, dont la racine est *augeo*, *auctum*, parce que c'est la saison qui apporte l'abondance, qui accroît les richesses, dans laquelle on recueille les fruits de la terre; d'où: *Autumn*, par apoc. *autun*, par sync. de *m*, *autun*, par métagr. de *u* en *ou*. Dérivés: *Autoun*, *Autoun-a*, *Autoun-ada*, *Autoun-ar*.

Par métagr. de *u* en *o*: *Automn-al*, *Autompn-e*, *Automs*.

AUTOUN, s. m. **AUTOUNA**, s. f. (aoutóun, óune); OUTOUN. *Autunno*, ital. *Otono*, esp. *Outono*, port. *Autumno*, anc. cat. Automne, la troisième saison de l'année, qui commence à l'équinoxe qui termine l'été et finit au solstice qui précède l'hiver.

Éty. du lat. *autumnus*. V. *Autoun*, R.

Automne est masculin et féminin en français, le dernier semble pourtant prévaloir. L'Abbé de Lille a dit:

. . . . mais c'est la pâle automne,
D'une main languissante effeuillant sa couronne.

AUTOUN, s. m. (aoutoún); OUTOUN. Avorton, fruit avorté, mal conformé, qui étant venu trop tard, n'a pu prendre son accroissement naturel. Avril.

AUTOUN, s. m. (aoutoún); OOUTOUN, REGITEOU. On désigne par ce nom, en Languedoc, le regain, V. *Revioure*, ainsi que la seconde pousse de la feuille du mûrier; ailleurs c'est un rejeton, un avorton, qui ne vient, ne pousse qu'en automne. V. *Autoun*, Rad.

AUTOUNA, s. f. (aoutóune). V. *Autoun*, Rad.

AUTOUNADA, s. f. (aoutounáde). Toute l'automne, comme on dit l'*annada* pour l'année.

Éty. de *autoun* et de *ada*, litt. automne faite ou accomplie. V. *Autoun*, R.

On donne aussi, dans quelques pays, le nom de *autounada* à des fruits d'automne, qui n'ont pas mûri sur l'arbre.

AUTOUNAR, v. n. (aoutouná); OOUTOUNAR. Passer l'automne, mûrir en automne, profiter de l'automne; se bien disposer en automne, en parlant des terres. V. *Autoun*, Rad.

AUTOUR, s. f. (aoutóur); HAUTOUR, NAUTOUR. *Altor*, *Altura*, esp. port. cat. *Altezza*, ital. Hauteur, la distance qu'il y a du haut en bas d'un corps quelconque, élévation, fig. orgueil, fierté.

Éty. de *aut* et de *our*, ce qui est haut. V. *Alt*, R.

Prendre autour, en ter. de mar. prendre hauteur, mesurer la hauteur du soleil au-dessus de l'horizon.

AUTOUR, s. m. (aoutóur); *Autore*, ital. *Autor*, esp. cat. *Author*, port. Auteur, celui, celle, qui est la première cause de quelque chose, inventeur; celui qui compose un livre, fondateur.

Éty. du lat. *auctor*, fait de *aucto*, fréquentatif de *augeo*, j'augmente, j'accrois, j'agrandis. V. *Autor*, R.

On nomme:

AUTEURS PROFANES, ceux qui ont écrit sur des sujets étrangers à la théologie.
AUTEURS SACRÉS, ceux qui se sont occupés de l'histoire sainte.
AUTEURS ANONYMES, ceux qui n'ont pas mis leurs noms à leurs ouvrages.

AUTOUR, prép. d'*Intorno à*, ital. Autour, à l'entour, environ, à peu près: *Tout autour*, tout autour, çà et là. V. *Torn*, R.

AUTOUR, s. m. ASTOUR, HALI, AIGLOUN, TARTARASSA, AUSTOR. *Austor*, anc. cat. *Astore* et *Asturo*, ital. *Azor*, esp. *Açor*, port. *Astour*, dl. Autour, autour commun: *Falco palumbarius*, Lin. oiseau de l'ordre des Rapaces et de la fam. des Plumicolles ou Cruphodères (à cou recouvert), qui ne quitte pas nos climats, même en hiver, où il se nourrit d'oiseaux et de petits quadrupèdes.

L'autour commun est susceptible d'être élevé pour la chasse, dont l'art constituait autrefois l'Autourserie.

Les autoursiers donnent le nom *d'autour niais* à celui qu'ils prennent encore dans le nid: *d'Autour branchier*, à celui qui commence à voler: *d'Autour passager*, à celui qu'on prend au passage et *d'Autour fourcheret*, à celui de moyenne taille ou demi-autour.

Éty. du lat. *austerius*, Rayn. ou de la basse latinité *astur*, *astureus*, dérivés, de *asterias*, qui se trouve dans Pline.

AUTOURISAR, v. a. (aoutourisá); *Autorizzare*, ital. *Autorizar*, esp. *Autorisar*, cat. *Authorizar*, port. Autoriser, donner autorité, pouvoir de faire, appuyer de son crédit, approuver.

Éty. du lat. *auctoritatem dare*. V. *Autor*, Rad.

AUTOURISAT, ADA, p. (aoutourisà, àde); *Autorizado, ada*, esp. *Authorizado*, port. *Autorisad*, cat. Autorisé, ée. V. *Autor*, Rad.

AUTOURISATION, s. f. (aoutourisatie-n); AUTOURISATIEN. *Autorizzazione*, ital. *Autorizacion*, esp. *Authorização*, port. *Autorisació*, cat. Autorisation, action d'autoriser.

Éty. de *autourisar* et de *tion*. V. *Autor*, R.

AUTOURITAT, s. f. (aoutourità); ACTORITAT, AUCTORITAT. *Autorità*, cat. *Autoridad*, esp. *Authoridade*, port. *Autorità*, ital. Autorité, puissance légitime, crédit, considération.

Éty. du lat. *auctoritatis*, gén. de *autoritas*. V. *Autor*, R.

AUTRADAMENT, adv. (aoutradaméin); altér. de *Autrament*, v. c. m. et *Alter*, R.

AUTRAL, ALA, adj. vl. D'autrui. Voy. *Alter*, R.

AUTRAMENT, adv. (aoutraméin); *Altramente*, ital. *Autramente*, esp. *Otramente*, port. *Altrement*, cat. Autrement, d'une autre manière, sans cela, sinon.

Éty. du latin. *aliter*, ou de *autra* et de *ment*, d'une autre façon. V. *Alter*, R.

AUTRAN, exp. adv. vl. L'autre année,

Éty. de *autre* et de *an*. V. *Alter*, R.

AUTRASFES, adv. (aoutresfés); AUTAN, AUTREFES. *Altrevolte*, ital. *Outro-tempo*, port. *Atro tiempo*, esp. Autrefois, anciennement, au temps passé.

Éty. de *autra* et de *Fes*, v. c. m. et *Alter*, Rad.

Una autrafes, *Una altra volta*, ital. *Otra vez*, esp. *Outra vez*, port. Une autrefois, pas cette fois-ci, une autre.

AUTRATGE, s. m. vl. V. *Outragi*.

AUTRE, AUTRA, pron. (àoutré-àoutre); AUTE, AUTRES, AUTRAS, AUTREIS, pour les deux genres, au pl. *Altro*, ital. *Otro*, esp. *Outro*, port. *Altro*, cat. Autre, pronom qui marque distinction et différence. Voy. *Altre*.

Éty. du lat. *alter*. V. *Alter*, R.

Nous autres et par syncope *nautres*, *Nos otros*, esp. *Nos-altres*, cat. *Nos outros*, port. *Noi altri*, ital. Nous autres, et *Vous autres*, *Vautres*, *Vos otros*, esp. *Vos altres*, cat. Vous autres, font commettre bien des fautes en français.

Venez chez nous autres ou *chez nautres*, Trad. Venez chez nous et non *chez nous autres*: *Anarem chez vautres*, Trad. nous irons chez vous, et non *chez vous autres*.

On dit cependant vous autres philosophes vous savez tout excepté l'art de nous rendre heureux.

AUTREGEAR, vl. V. *Autorgar*.

AUTREI, vl. Il ou elle donne, permet, accorde, consent, consentement. V. *Autor*, R.

AUTREI, s. m. vl. Permission, concession, octroi.

Éty. du lat. *autoritas*. V. *Autor*, R.

Autrei, rom. comme sous dérivé a produit: *Autrei-a-ment*, *Autrei-ansa*, *Autrei-ar*, *Autrei-aso*, *Des-Autrei-ar*.

AUTREIAMENT, s. m. vl. AUTREIAMEN. *Autorgamiento*, esp. Concession, permission.

Éty. de *autreia* et de *ment*. V. *Autor*, R.

AUTREIANSA, s. f. vl. AUTREJAMEN, AUTREIASO. Concession, permission.

Éty. de *autrei* et de *ansa*. V. *Autor*, R.

AUTREIAR, v. a. vl. AUTREJAR. *Autreiar*, anc. cat. *Otorgar*, esp. *Outorgar*, port. Octroyer, accorder, donner, permettre; promettre, assurer, souffrir.

Éty. de *autrei* et de *ar*, donner la permission. V. *Autor*, R.

AUTREIASO, s. f. vl. Octroi, concession.

Éty. de *autrei* et de *aso*. V. *Autor*, R.

AUTREJAMEN, s. m. vl. permission, concession. V. *Autor*, R.

AUTREJAR, vl. V. *Autreiar* et *Autor*, Rad.

AUTREJAT, ADA, adj. et p. vl. Approuvé, ée, autorisé, octroyé.

Éty. de *auctoritas* et de *ejat*. V. *Autor*, R.

AUTRESEING, s. m. vl. Bannière.

AUTRETAN, adv. vl. *Altretant*, cat. Egalement, le même, tout autant. V. *Alter*, Rad.

AUTRI, pr. per. vl. Les autres. V. *Alter*, Rad.

AUTRIA, s. f. vl. Octroie. V. *Autor*, R.

AUTREY, vl. V. *Autrei*.

AUTREYAR, v. a. vl. Octroyer, accorder. V. *Autor*, R.

AUTREYAT, ADA, adj. et p. anc. béarn. AUTREIAT. *Otorgado*, esp. Octroyé, ée. V. *Autor*, R.

AUTR'IER, vl. L'autre jour, avant-hier, V. *Alt*, et *Hier*, R.

AUTRICHA, nom de royaume, s. f. (aoutritche); *Austria*, ital. esp. port. Autriche, grand pays d'Allemagne.

Éty. du lat. *austria*, m. s. de *oosterik*, terre orientale.

AUTRICHIEN, ENA, s. et adj. (aoutritchien, ène); *Austriaco*, ital. esp. Autrichien, ienne, qui est d'Autriche.

Éty. du lat. *Austriacus*, m. s.

AUTRIUS, vl. D'autrui. V. *Alter*, R.

AUTRU, vl. V. *Autrui*.

AUTRUCHA, s. f. (autrútche); DESTRUSSI. *Estars*, anc. cat. *Abestruz*, port. *Struzzo*, ital. mod. *Strutza*, ital. anc. *Struss*, all. *Avestruz*, esp. port. Autruche, oiseau de l'ordre des Gallinacés et de la fam. des Brévipennes ou Brachyptères (à ailes courtes).

Éty. du lat. *struthio* m. s. ou du grec στρούθιος (strouthios); chameau, oiseau.

L'autruche est le plus gros de tous les oiseaux connus, elle pèse jusqu'à quatre-vingts livres et atteint sept pieds de hauteur, elle est originaire de l'Afrique et de la partie la plus chaude de l'Asie.

Les plumes de la queue et celles des ailes servent à faire les panaches ondoyants dont se parent les femmes et quelquefois les guerriers.

AUTRUI, s. m. (aoutrúi); *Altrui*, ital. *Otro*, esp. *Outro*, port. *Altruy*, anc. cat. Autrui, les autres personnes.

Éty. du lat. *alterius*, gén. de *Alter*, R. v. c. m.

Ben d'autrui noun proudui. Prov.

AUTS, s. m. vl. Sorte d'outil; adj. Hauts. Il ou elle écoute.

AUTUMPNAL, vl. V. *Automnal*.

AUTURA, s. f. (haoutúre); ALTURA. *Altura*, esp. cat. port. ital. Les lieux élevés en général: *La recolta es bona dins la plana et marrida dins l'autura*. C'est l'opposé de *la baissa*.

Éty. du lat. *altus*. V. *Alt*, R.

AUTURIER, s. m. (haauturié). Hauturier, pilote qui sait observer la hauteur des astres.

Éty. de *hautura* et de *ier*. V. *Alt*, R.

AUTUROUS, OUSA, OUA, adj. (haouturoùs, oùse, oùe); *Altiu*, cat. *Altivo*, esp. port. Orgueilleux, euse, hautain, qui veut faire croire qu'il est au-dessus des autres.

Éty. de *hautura* et de *ous*, qui a de la hauteur. V. *Alt*, R.

AUTVILAR, nom de lieu, vl. Auvillars.

AUV.

AUVA, s. f. (óouve), d. bas lim. (óoùve). Nom bas limousin de l'axonge ou graisse de porc fondue. V. *Graissa-blanca*.

AUVA, s. f. (óouve), d. bas lim. Légères étincelles produites par des parcelles d'herbage ou de paille brûlées; la cendre des fourneaux qu'on fait dans les bois de bruyère.

AUVALI, V. *Auvalia*.

AUVALIA, s. f. (aouválie); AUVARIA, AUVALI. Malheur, accident, dommage: *Carn d'auvalia*, viande d'un animal mort par accident.

On lit dans l'art. 74, du privilége donné par le roi René, le 15 avril 1477, à la ville d'Aix. « Et s'il leur avient aucune *chair d'au-* « *valli*, seront tenus le reveler aux regardeurs. »

AUVAN, s. m. vl. Ventaille. Gl. Occit.

AUVAR, v. a. (oouvá), d. bas lim. Répandre sur un défrichement la cendre des fourneaux.

AUVARIA, d. m. V. *Auvalia*.

AUVE, s. m. (aouve); ARVE, dl. Ile formée par alluvion, qu'on nomme Javeau, en terme d'eaux et forêt.

Éty. du rom. *auve*, eau, de *aqua*. Voy. *Aigu*.

AUVELHA, s. f. (aouvéille), d. lim. Brebis. V. *Feda*.

Éty. du lat. *ovicula*, dim. de *ovis*, brebis.

AUVENT, part. pr. vl. Entendant : *Auvant la gent*, aux oreilles, en présence de tous.

AUVERGNA, s. f. Nom de province (aouvèrgne) ; **AUVERNI**. *Alvergna*, ital. *Auvernia*, esp. *Alvernia*, port. Auvergne, ancienne province de France.

Éty. du lat. *alvernia*, m. s.

AUVERGNADA, s. f. (aouvergnáde), d. lim. Bourrée d'Auvergne, espèce de danse.

AUVERGNAS, s. m. (aouvergnás) ; *Auvergnat*, habitant de l'Auvergne, qui est de l'Auvergne.

AUVIA et

AUVIDA. V. *Ausida* et *Aud*, R.

AUVIDOR, s. m. vl. L'ouïe ; écoutant, auditeur. V. *Aud*, R.

AUVIDOUR, adj. (oouvidóur), d. bas lim. Chose raisonnable à proposer, homme sensé dans ce qu'il propose : *Aquot es auvidour*, cela est digne d'attention. Voy. *Aud*, R.

AUVIMENT, s. m. vl. vaudois. Ouïe. V. *Auvida* et *Aud*, R.

AUVION, s. m. vl. L'étoile polaire. Gl. Occit.

AUVIR, V. *Ausir*.

AUX

AUXILIARI, IARIA, adj. (aoussiliári, iárie) ; *Ausiliario*, ital. *Auxiliar*, esp. port. Auxiliaire, qui vient à l'appui.

Éty. du lat. *auxiliaris*, m. s.

AUY

AUYAMI, s. m. (aouïámi), d. béarn. Ce mot indique la nourriture en général, et un être destructeur.

*A la barbe de tan d'*auyami,
Loup n'es heit pour mouri de hami
Fab. de Lafont.

AUYOL, OLA, adj. (aouïol, óle), dial. béarn. Sot, ote, simple d'esprit.

AUZ

AUZABLAMENT, adv. vl. *Ousadamente*, port. Hardiment.

Éty. de *aus*, de *abla* et de *ment*, d'une manière audacieuse. V. *Aud*, R. 2.

AUZAR, dl. V. *Hussard*.

AUZAR, v. a. vl. User, exercer, habituer.

AUZAR, vl. V. *Alzar* et *Alt*, R. V. aussi *Ausar*.

AUZARDARIA, s. f. anc. lim. Témérité, audace. V. *Aud*, R. 2.

AUZART, ARDA, adj. vl. Hardi, ie, audacieux.

Éty. de *aus* et de *art*. V. *Aud*, R. 2.

AUZAT, ADA, adj. vl. Haussé, déployé, élevé, distingué, noble. V. *Alt*, R.

AUZAT, adj. et p. vl. Exercé, éprouvé, accoutumé.

AUZAUNIR, v. a. vl. Honnir, outrager. V. *Honnir* et *Hon*, R.

AUZEL, s. m. vl. Oiseau. V. *Auceou* et *Aucel*, R.

AUZELAIRE, s. m. vl. Oiseleur. Voy. *Aucel*, R.

AUZELAR, v. n. vl. *Auselar*, anc. cat. *Uccellare*, ital. Oiseler, chasser aux oiseaux, fauconner.

Éty. de *auzel* et de *ar*. V. *Aucel*, R.

AUZELET, s. m. (aouzelé) ; *Aucellet*, cat. *Augelletto*, ital. *Oiselet*, oisillon, petit oiseau. V. *Auceloun*. Fig. damoiseau, freluquet.

Éty. de *auzel*, et du dim. *et*. V. *Aucel*, R.

AUZELH, vl. Oiseau. V. *Aucel*, R.

AUZELHA, s. f. (aousèille). Nom limousin de l'hirondelle. V. *Hiroundela* et *Aucel*, Rad.

AUZELLADOR, s. m. vl. *Aucelador*, cat. V. *Aucelaire* et *Aucel*, R.

AUZELLO, vl. Oiseillon. V. *Auceloun* et *Aucel*, R.

AUZELO, s. m. vl. **AUZELLO**. Oisillon. V. *Auceloun* et *Aucel*, R.

AUZELOUN, s. m. (aoucelóun). V. *Auceloun* et *Aucel*, R.

AUZELOUNAIRE, s. m. V. *Aucelaire* et *Aucel*, R.

AUZEOU, s. m. (aouzèou), d. lim. Voy. *Auceou* et *Aucel*, R.

AUZERALHA, s. f. (aouzéraille), dg. Les oiseaux en général. V. *Auseralha* et *Aucel*, R.

*E dab soun tartailh d'*auzerailho.
D'Astros.

AUZERET, s. m. (aouzéré), dg. alt. de *Aucelet*, *Auceloun* et *Aucel*, R.

AUZEROL, s. m. (aouzerol). Nom que porte, aux environs de Toulouse, l'érable champêtre. V. *Agas*.

AUZIAS, nom d'homme (aouzias) ; **AUGIAS**, **AUTIAS**, **AURRIAS**. Elzéar.

Éty. du lat. *Elzearius*, m. s.

Patr. Saint Elzéar, dont l'église honore la mémoire les 18 juin et 27 sept.

AUZIBLE, IBLA, adj. vl. qui peut être ouï.

Éty. de *auzi* et *ible*. V. *Aud*, R.

AUZIDA, s. f. vl. *Oida*, anc. esp. *Udita*, ital. Renommée, réputation.

Éty. du rad. *auz* et de *ida*. V. *Aud*, R.

AUZIDOR, s. m. vl. Salle d'audience.

AUZIL, vl. pl. Oiseaux. V. *Aucel*, R.

AUZILHOUN, vl. V. *Auceloun*.

AUZIMEN, s. m. vl. *Oimiento*, esp. *Udimento*, ital. Ouie. V. *Ausida* et *Aud*, R.

AUZIR, v. a. vl. V. *Ausir* et *Aud*, R.

AUZIRITZ, s. f. vl. *Uditrice*, ital. Auditrice, celle qui écoute, audience. V. *Aud*, Rad.

AUZISME, vl. V. *Autisme*.

AUZISME, adj sup. vl. Très-haut. Voy. *Alt*, R.

AUZIU, IVA, adj. vl. **AUZIUS**. Insensé, ée ; éperdu. V. *Auriu*.

AUZOR, s. m. vl. Honneur : *A auzor de Diou*, à l'honneur de Dieu. C'est aussi un comparatif de *aut*, plus haut. V. *Alt*, R. adv. plus haut.

AUZULADOR, s. m. vl. *Adulador*, cat. esp. port. *Adulatore*, ital. Adulateur, flatteur, louangeur.

Éty. du lat. *adulator*, m. s.

AUZULAN, vl. V. *Auceloun*.

AVA

AVA, désinence de la troisième personne du singulier de l'imparfait, des verbes en *ar*, *Am-ava*, *Cant-ava*, *Parl-ava*, *Mange-ava*, etc., il ou elle aimait, chantait, parlait, mangeait.

AVACH, s. vl. Eau, gouache.

AVACHIR S', v. r. (s'avatchir). S'avachir, devenir lâche, mou ; se ramolir.

Éty. de *vacca*, de *a* et de *ir*, devenir vache. V. *Vacc*, R.

AVACHIT, IDA, IA, adj. et p. (avatchí, ide, ie). Avachi, ie, mou, lent, paresseux. V. *Vacc*, R.

Pan avachit. V. *Pan affegit*.

Avacado, ada, se dit en espagnol d'un cheval ou d'une mule qui a le ventre et l'encolure d'une vache.

AVAGON, alt. de *Agavoun*, v. c. m.

AVAIROS, adj. vl. Avare, sordide.

Éty. du lat. *avarus*. V. *Avar*, R.

AVAISSA, V. *Raissa*.

AVAL, adv. (avál) ; **AVAU**. *Avall*, cat. En bas, en descendant la rivière, et par extention en bas, vers le lieu le plus bas.

Éty. du lat. *ad vallem*. V. *Val*, R. 2.

AVALAIRE, ALUSA, s. (avalaïré, alúse). Avaleur, euse, celui, celle qui avale, gros mangeur, gourmand. V. *Avalur*.

Éty. de *avalar* et de *aire*. V. *Val*, R. 2.

AVALANCADA, s. f. (avalancáde). Terrain, fumier affaissé après la pluie. Garc. V. *Val*, R. 2.

AVALANCAR S', v. r. (s'avalançá) ; **S'ESVALANCHAR**, **S'ESBOULAR**, **S'AVALANCHAR**. S'affaisser, s'ébouler, s'écrouler, s'affaiblir.

Éty. de *aval*, en bas, et de *anca*. V. *Val*, R. 2, ou de l'espagnol *abalanzar*, pousser, mouvoir.

AVALANCAT, ADA, adj. et p. (avalancá, áde), d. du Var. Affaibli, ie, par le mal ou par les remèdes. Garc. V. *Val*, R. 2.

AVALANCHA, s. f. (avalántche) ; **COULANCHA**, **LAVANCHA**. *Valanga*, ital. Avalanche ou avalange, éboulement de neige qui a lieu avec rapidité et fracas ; on le dit aussi pour éboulis. V. *Vedeou*. Avr.

Éty. de *aval*, en bas, et de *anche*. V. *Val*, Rad. 2.

AVALANCHIER, s. m. Avril. (avalantchié), altér. de *Amelanchier*, v. c. m.

AVALAR, v. a. (avalá); ENDAVALAR, ENGOULAR, EMPASSAR, ROIRE, ENVALAR. *Avallare*, ital. anc. Avaler, faire passer de la bouche dans l'estomac,

Éty. de *advallare*, formé de *ad*, *vallis*, et de *ar*, aller dans la vallée, c'est-à-dire, en bas, descendre. V. *Val*, R. 2.

Avalaria un buou amé seis banas, il avalerait la mer et les poissons: *Avalar sensa mastegar*, gober.

En vl. descendre, baisser, abaisser, couler.

AVALAR, v. a. en terme de mar. Lancer un vaisseau, le mettre à flot. V. *Val*, R. 2.

AVALAR, v. Souffrir ou endurer des mortifications: *N'ai avalat de bellas*, j'en ai supporté de rudes. V. *Val*, R.

AVALAR S', v. r. (s'ovolá), d. bas lim. Contracter une hernie en faisant un effort: *Laissez pas tant cridar aquel enfant lou farez avalar*, ne laissez pas tant crier cet enfant, vous lui ferez gagner une hernie. V. *Val*, R.

AVALAT, ADA, adj. et p. (avalá, áde). Avalé, ée, affamé. V. *Val*, R. 2.

AVALBRAR, v. n. vl. Grandir tout d'un coup; monter, grimper sur un arbre.

Éty. du lat. *arbor* et de *ar*. V. *Arbr*, R.

AVALIR, v. n. AVALIR S'. S'évanouir, disparaître.

L'hiver escala la mountagna
S'avalis, faï plaça au printemps.

Éty. de *a*, de *val* et de *ir*, s'en aller en bas, disparaître.

AVALIR, v. a. (avalir). Envahir, usurper, se rendre maître.

AVALISCA ou **ABALISCA**, imper. ou interj. (avalisque, abalisque); BALISCA. Cette interjection marque l'impatience, l'horreur, la terreur, qui selon le ton et les circonstances peut se traduire par: Fi! au diable! oh fi donc! etc., si vous êtes de l'autre, dit Panurge, *Avalisca satanas*, c'est le *Dii te perdant*, des latins, le *Maladetto*, des italiens. Sauv.

AVALL, vl. V. *Aval*.

AVALOIR, s. m. (avalóir); AVALOIRO, GRAND GOUSIER, AVALOUARA. Avaloire, grand gosier, grand mangeur, homme vorace.

Éty. de *avalar* et de *oir*. V. *Val*, R. 2.

AVALOIR, s. m. AVALOUAR. Avaloire ou choc, outil de chapelier servant à *avaler* ou faire descendre la ficelle du haut en bas de la forme du chapeau.

Éty. de *aval*, en bas. V. *Val*, R. 2.

AVALOIRA, s. f. (avalóire); AVALOUARA, ABALOUÉRA. Avaloire, partie du harnais qui passe sur la croupe du cheval pour soutenir le bat-cul. V. *Suffra*. V. *Val*, R. 2.

AVALOT, s. m. vl. Abaissement, renversement, culbute.

AVALUR, s. m. (avalúr); AVALAIRE. Avaleur, celui qui avale; glouton, gourmand, goulu. Garc. V. *Val*, R. 2.

AVAM ou *AVIAM*, désinence de la première personne du pluriel de l'imparfait, dans les verbes en *ar*: *Am-avam* ou *Amaviam*; *Camin-avam* ou *Camin-aviam*, *Pass-avam*, *Mont-avam*, etc. Nous aimions, marchions, passions, montions.

AVAN, s. m. vl. Retranchement.

Éty. de *avant*, parce que les retranchements se placent devant. V. *Ant*, R. V. aussi *Avant*.

AVANAU, s. m. (avanáou). V. *Retenau*. Garc.

Éty. de *avan*, rom. Osier, et en général les plantes qui croissent au bord des eaux, qui les retiennent.

AVANÇA, s. f. (avánçe); *Avanza*, ital. *Avançamento*, port. Avance, ce qui déborde, ce qui dépasse; espace de chemin que l'on a devant quelqu'un, prendre l'avance, aller en avant; chose faite ou préparée avant de la mettre en œuvre; argent fourni avant que d'être mis en possession de la chose achetée; reste, surplus, en vl.

Éty. de *av* pour *ad*, et de *Ant*, R.

D'avança, adv. d'avance.

Aver d'avanças, avoir des avances, c'est-à-dire, de l'argent devant soi. V. *Ant*, R.

AVANÇADA, s. f. (avançáde). Avancée, ouvrage avancé, qui est en avant des autres et les couvre, terme de fortification, Garc. V. *Ant*, R.

AVANÇAMENT, s. m. (avançaméin); *Avanzamento*, ital. *Avansament*, cat. *Avançamento*, port. Avancement, action d'avancer vers un but; fig. progrès en bien.

Éty. de *avança* et de *ment*. V. *Ant*, R.

AVANÇAR, v. a. (avançá); *Avanzare*, ital. *Avanzar*, esp. *Avansar*, cat. *Avançar*, port. Avancer, pousser, porter en avant; prévenir le temps de..... faire aller plus vite, faire du progrès dans.... mettre une proposition en avant, procurer l'avancement de quelqu'un.

Éty. du lat. *ab*, de, par, de *antè*, avant, et de *ar*; d'où: *Abantiare* et *Avançar*, aller en avant. V. *Ant*, R.

AVANÇAR, v. n. *Avanzare*, ital. Avancer, aller en avant; aller trop vite, sortir de l'alignement, faire du progrès. V. *Ant*, R.

AVANÇAR S', v. r. *Avancar-se*, port. S'avancer, aller en avant, se pousser dans le monde, dire plus qu'on ne peut prouver, approcher du terme, prendre les devants. V. *Ant*, R.

AVANÇAS, s. f. pl. (avánces). Avances, premiers pas, premières démarches: *Faire leis avanças*, faire les premières propositions.

AVANÇAT, ADA, adj. et p. (avançá, áde); *Avanzado*, esp. *Avançado*, port. Avancé, ée, qui approche de son terme; qui a fait beaucoup de progrès; qui fait saillie, qui est au-devant des autres. V. *Ant*, R.

AVANCIOUS, OUSA, OUVA, adject. (avanciòus, òuse, òuve), d. du Var. Qui se fait facilement, qui permet d'avancer en besogne: en parlant d'un chemin, facile à parcourir.

Éty. de *avancar* et de *ous*. V. *Ant*, R.

AVANCUR, V. *Avant-cur* et *Ant*, R.

AVANDICH, ICHA, adj. et p. vl. *Avandicho*, esp. anc. Avant dit, susdit, ite. Voy. *Ant*, R.

AVANEL, adj. (avanèl), dl. Éveillé, coquet. Sauv.

AVANGARDA, vl. V. *Avanguarda*, esp. V. *Avant-garda* et *Ant*, R.

AVANGELI, vl. vaudois. V. *Evangilo*.

AVANIA, s. f. (avanie); AVANIE. *Avania*, ital. port. Avanie, traitement humiliant qui expose au mépris et à la moquerie du public; vexation que les Turcs font éprouver aux chrétiens pour leur extorquer de l'argent; fig. insulte, outrage.

Éty. du grec barbare αϐχνία (abania), calomnie; ou de l'hébreu *aven*, iniquité.

AVANIMENT, s. m. (avaniméin); MAU-DE-COR, ESTAVANIMENT. *Svenimento*, ital. *Esvaecimento*, port. Evanouissement, syncope, perte de connaissance, avec cessation du sentiment et du mouvement, qui dure peu.

Éty. du lat. *evanescere*, ou de *avanir* et de *ment*.

AVANIR, v. n. (avanir); AVANDSIR, S'ESVANOUIR. *Svanire*, ital. *Desvanecerse*, esp. *Esvaecerse*, port. S'évanouir, tomber en faiblesse, en syncope.

Éty. du lat. *evanescere*, m. s.

AVANIT, IDA, IA, adj. et p. (avaní, ide, ie); *Esvaecido*, port. Évanoui, ie.

AVANQUIR S', v. r. (s'avanquir). Se hasarder.

M. Truchet a dit, dans sa comédie intitulée: *La Pastressa ou leis Escaufestres.*

Pourrie-t-y s'hazarda, quand lou temps es ansin,
De vouguer *s'avanquir*, per se mettre en camin.

AVANS, (avans); DE BEL AVANS., d. m. Il n'est que trop vrai, adv. vl. en haut. V. *Avant*.

AVANSA, vl. V. *Avança*.

AVANSAMENT, vl. V. *Avançament*.

AVANSAR, vl. V. *Avançar*.

AVANT, prépos. qui marque priorité (aván); DAVANT, AINANT, ENANS, EINANT, ENDAVANT, ENANS, ANS, DENANT, ENANT. *Avanti*, ital. *Antes*, esp. port. *Avant*, cat. Avant, c'est souvent une préposition inséparable qui entre dans la composition de plusieurs mots: *Avant-jour*, avant le jour: *Avant-velha*, etc.

Éty. du lat. *ab antè*, m. s. V. *Ant*, R.

AVANT, adv. *Avanti*, ital. *Avant*, cat. *Avante*, esp. anc. port. *Adelante*, esp. mod. *Adiante*, port. Avant: *Ben avant*, bien avant: *Anar de l'avant*, aller en avant, passer outre; *Estre ben avant*, être d'un haut parage. Avril.

Éty. du lat. *ab-antè*. V. *Ant*.

AVANT, s. m. *L'avant d'un vaisseou*, l'avant d'un vaisseau, la proue. V. *Ant*, R.

AVANTADOR, s. m. vl. Ceux qui vont à la découverte?

Lo coms Simos se leva grand mati à l'albor
Ab sa bela companha e li avantador.

Hist. Crois. Alb. V. 7736-37.

AVANTAGEAR, v. a. (avantadjá); *Avantaggiare*, ital. *Aventajar*, esp. *Avantajar*, port. *Avantalјar*, cat. Avantager, donner des avantages à quelqu'un par dessus les autres.

Éty. de *avantagi* et de *ar*, donner avantage. V. *Ant*, R.

AVANTAGEAR S', v. r. dl. *Avantajar-*

se, port. Prendre de l'avantage, pour monter par exemple à cheval, en s'élevant sur un banc, une pierre, etc. V. *Ant*, R.

AVANTAGEAT, ADA, adj. et p. (avantadjá, áde); *Aventajado*, esp. *Avantatjad*, cat. *Avantajado*, port. *Avvantaggiato*, ital. Avantagé, ée. V. *Ant*, R.

AVANTAGEOUS, OUSA, adj. (avantadjóus); *Avantadjos*, cat. *Avantajoso*, port. *Avantaggioso*, ital. anc. *Ventajoso*, esp. Avantageux, euse, qui présente des avantages, qui en procure ou qui est susceptible d'en procurer.

Éty. de *avantagi* et de *ous*. V. *Ant*, R.

AVANTAGEOUSAMENT, adv. (avantadjousamein); *Vantaggiosamente*, ital. *Avantajosamente*, port. *Aventajadamente*, esp. *Avantatjadament*, cat. Avantageusement, d'une manière qui donne de l'avantage.

Éty. de *avantageousa* et de *ment*. V. *Ant*, Rad.

AVANTAGI, s. m. (avantádgi); AVANTAGE. *Avantaggio*, ital. anc. *Aventajo*, esp. anc. *Vantaja*, esp. mod. *Avantagem*, port. *Avantatje*, cat. Avantage, ce qui est utile, profitable, favorable à quelqu'un; supériorité; avantage, en term. de marine. V. *Poulena*.

Éty. de *av*, pour *ad*, *ant*, et de *agi*, qui va devant, qui a le devant. V. *Ant*, R.

AVANTAGI D', adv. D'AVANTAGE. *Davantaggio* ou *da vantaggio*, ital. D'avantage, de plus. V. *Ant*, R.

AVANTAL, s. m. vl. *Avantal*, terme de fauconnerie, nuque, chignon, tablier. V. *Ant*, R.

AVANTAR, v. a. vl. Avancer, avantager, éloigner, échapper; pour vanter. V. *Vantar*. Avril.

Éty. de *av* pour *ad*, de *ant* et de *ar*, aller en avant. V. *Ant*, R.

AVANTAR S', v. r. vl. Se porter en avant, s'avancer, s'éloigner, réussir. V. *Ant*, Rad.

AVANT-BEC, s. m. (avan-bè). Avant-bec, on donne ce nom aux deux éperons de la pile d'un pont; on appelle: *Avant-bec-d'amont* celui qui est opposé au fil de l'eau, et *Avant-bec-d'aval*, celui qui est au-dessous. V. *Ant*, R.

AVANT-BRAS, s. m. (aván-brás); *Antebrazo*, esp. *Antebraço*, port. Avant-bras, partie du bras qui s'étend depuis le coude, jusqu'au poignet.

L'avant-bras est composé de deux os, le radius qui est situé du côté externe, et le cubitus du côté interne, et ensuite de vingt muscules presque tous destinés au mouvement de la main ou des doigts. V. *Ant*, R.

AVANT CLAS, s. m. vl. Avant glas.

AVANT-CŒUR, s. m. (avan-cœur), pr. mod. *Avant-cur* et *Ante coração*, por. Avant-cœur, tumeur, qui approche de la nature du charbon, et qui survient à la partie antérieure du poitrail du cheval.

Éty. de *avant-cœur*, nom du creux du poitrail. V. *Ant*, R.

AVANT-CORPS, s. m. (avancór). Avant-corps, corps de maçonnerie qui est en saillie sur la face d'un bâtiment, et généralement tout ce qui excède le nu de l'architecture de quelque ouvrage que ce soit. V. *Ant*, R.

AVANT-COUR, s. f. (avancóur); *Anticorte*, ital. Avant-cour, espèce de cour par laquelle on passe pour entrer dans les autres cours d'un grand bâtiment. V. *Ant*, R.

AVANT-COURUR, s. m. (avan-courúr); *Anticorriere*, ital. Avant-coureur, celui qui court devant quelqu'un pour l'annoncer; tout ce qui précède et annonce une chose, un événement qui doit bientôt arriver. V. *Ant*, Rad.

AVANT-DARNIER, IERA, adj. (avandarnié, iére). Avant-dernier, ière, penultième, qui précède le dernier. V. *Ant*, R.

AVANT-FINIT, adj. vl. Déterminé, prédit. V. *Ant*, et *Fin*.

AVANT-GARDA, s. f. (avangárde); *Avanguardia*, ital. *Avanguarda*, esp. cat. *Vanguarda*, port. *Avant-guarda*, cat. Avant-garde, première ligne ou première division d'une armée. V. *Ant*, R.

AVANT-GOUST, s. m. (avangóus); *Ante-gosto*, port. Avant-goût, essai qu'on fait de quelque chose, pour en prendre une idée. V. *Ant* et *Goust*, R.

AVANT-HIER, adv. (avantié); DAVANT-HIER. *Anteayer*, esp. *Avant-ieri*, ital. Avant-hier, le jour qui a précédé hier. V. *Ant*, R.

AVANTHIERASSA, adv. (avantierásse); DAVANTIEIRASSA. Naguère, il y a peu de jours.

Éty. de *avant-hier* et de *assa*, augm. avant, avant-hier. V. *Ant*, R.

AVANT-HOURA, adv. (avánt'óure); DAVANT-HOURA, DANCH-OURA. Prématurément, avant le temps prescrit ou ordinaire: *Me fara mourir avant houra*, il hâtera ma mort, il abrégera mes jours. V. *Ant* et *Hour*, R.

AVANTIR, v. a. et n. vl. Avancer, pousser en avant, prévenir.

Éty. de *avant* et de *ir*, aller en avant. V. *Ant*, R.

AVANTOUS, s. m. pl. (avántous). Glandes qui surviennent au cou, ou plutôt glandes engorgées du cou. V. *Ant*, R.

AVANT-PED, s. m. (avanpé); *Avampies*, esp. Avant-pied, le métatarse ou la seconde partie du pied. V. *Ant*, R. portion du soulier ou de la botte qui couvre cette partie.

AVANT-PREPAUS, s. m. (avanprepáou). Avant-propos, préface, discours qui se met devant, au-devant de quelque ouvrage pour faire connaître ce qu'il contient, et le dessein de l'auteur. V. *Ant*, R.

AVANTSCIENCIA, s. f. vl. Prescience. V. *Presciencia*.

AVANT-TRIN, s. m. (avantrìn); ABANTRIN. *Avantren*, esp. Avant-train, la partie antérieure d'un carrosse, d'un affût. V. *Ant*, Rad.

AVANTURAR, v. a. (avanturá). V. *Aventurar*.

AVANTURAR S', v. r. V. *Avanturar* et *Ven*, R.

AVANTURAT, ADA, adj. et p. (avanturá, áde). V. *Aventurat* et *Ven*, R.

AVANTURIER, IERA, s. (avanturié, iére). V. *Aventurier*.

AVANTURIER, IERA, adj. V. *Aventurier*.

AVANTURIOUS, OUSA, adj. Garc. V. *Aventurous*.

AVANTUROUS, OUSA, OUA, adj. V. *Aventurous*.

AVANT-VELHA, s. f. (avanvèille); *Antivispera*, esp. *Antivigilia*, ital. *Antevespora*, port. Avant-veille, surveille, le jour qui précède immédiatement la veille. V. *Ant*, R.

AVANUSIR S', v. r. (s'avonusi), d. bas lim. Tomber en défaillance, s'évanouir. V. *Avanir s'*. On le dit aussi des choses qui disparaissent sans laisser de trace.

AVANZAR, v. a. et n. vl. Avancer, excéder, surpasser. V. *Avançar* et *Ant*, R.

Éty. de l'esp. *avanzar*, m. s.

AVAR, sous rad. dérivé du latin *avarus*, avare, sordide, chiche: dérivé à son tour de *avere* désirer ardamment, trop avide. Dérivés: *Avar*, *Avar-as*, *Avar-e*, *Avaregear*, *Avar-ia*, *Avar-ici*, *Avar-ici-ous*, etc. avec addition de *sobre*: *Sobr-avar*.

De *avar*, par le changement du *v* en *b*: *Abar-a*, *Abar-e*, *Abar-et*, *Abarr-e*, *Abaressia*.

AVAR, adj. vl. *Avar*, cat. Avare. Voy. *Avare*; dur, cruel, mauvais. V. *Avar*, R.

AVARANCHIER, Avr. altération de *Amelanchier*, v. c. m.

AVARAR, v. n. et a. (avará). Débuter, hasarder, commencer: *Avara lou moulin*, donne l'eau au moulin V. *Avastar s'*.

Éty. *Avarar*, en catalan, signifie lancer un bâtiment à l'eau.

AVARAS, ASSA, s. (avarás, ásse); augm. dépr. de *avare*, gros et sordide avare. V. *Avar*, R.

AVARE, RA, adj. et sub. (aváré, re); RABINA-SARDA, PRENSA-BROCAS, PRIMOUTIER; RAPATELA, FOUGN-SARRAT, CHICHOUN. *Avaro*, *ra*, esp. ital. cat. port. Avare, passionné pour les richesses, qui se prive du nécessaire pour économiser.

Éty. du lat. *avarus*, formé de *avidus æris*, avide d'argent. V. *Avar*, R. ou de *avaurus*, de *av* qui signifie désir immodéré, d'où *avere*, et de *aurum*.

AVAREGEAR, v. n. (avaredjá); vaciller, chanceler.

Éty. du lat. *variare* V. *Vari*, R. Faire l'avare. V. *Avar*, R.

AVARER, v. n. (avarér); *S'en poou pas avarer*, il ne peut pas s'en défendre, s'en garantir, s'en rendre maître. Garc.

Éty. C'est une altér. de *à-valer*. V. *Val*, Rad.

AVARET, v. r. du Var, qui est une altération de *avarer* ou de *avarir*: *S'en poou pas avaret*, il ne peut pas s'en défendre, s'en garantir. Garc.Suppl.

AVARETAT, s. f. vl. Avarice. V. *Avariça* et *Avar*, R.

AVAREZA, s. f. vl. *Avareza*, anc. cat. port. *Avarezza*, ital. Avarice. V. *Avariça* et *Avar*, R.

AVARG, ARGA, adv. vl. Avare. Voy. *Avare* et *Avar*, R.

AVARIA, s. f. (avarie); AVARIE. *Avaria*,

ital. port. *Averia*, esp. cat. Avarie, dommage arrivé à un vaisseau ou à sa cargaison.

Éty. du celt. *avari*, ou du grec βάρις (baris), vaisseau, et de *a*.

AVARIA, s. f. vl. Avarice, V. *Avariça* et *Avar*, R.

AVARIAR, v. a. (avarià); *Avariar*, port. Causer de l'avarie.

Éty. de *avaria*, et de *ar*. V. *Avaria*.

AVARIAR S', v. r. *Avariar-se*, port. *Averiarse*, esp. cat. *s'avarier*, se détériorer, avoir de l'avarie.

AVARIAT, ADA, adj. et p. (avarià, àde); *Avariato*, ital. *Averiado*, esp. *Avariado*, port. *Averiad*, cat. Avarié, ée, gâté dans le vaisseau pendant le trajet.

AVARIÇA ou **AVARICI**, s. f. (avarici, ou avarice); *Avaricia*, esp. cat. *Avareza*, port. *Avarizia*, ital. Avarice, attachement excessif aux richesses.

Éty. du lat. *avaritia*. V. *Avar*, R.

Tibère fit quitter le laticlave à un sénateur pour le punir de son avarice.

AVARICIA, s. f. vl. Avarice. V. *Avariça* et *Avar*, R.

AVARICIOUS, OUSA, adj. (avariciòus, òuse); *Avaricioso, osa*, esp. *Avarento*, port. *Avaricios*, cat. Avaricieux, euse, qui craint la dépense, qui donne mal ou de mauvaise grâce.

Éty. de *avarici* et de *ous*, V. *Avar*, R.

AVARIR, v. n. (avari). Avorter, mettre bas avant le terme naturel, en parlant des animaux; on le dit aussi des fruits qui ne parviennent pas à leur parfaite maturité. Avril.

AVARIR S', v. r. (s'avarir); **S'ABALIR**, **S'ENVALIR**, **AVALIR**, **COBVOLIR**, *Esvairse*, port. Se perdre, se dissiper, disparaître à la manière des esprits et des songes : *Tout s'avaris entre seis mans*, tout ce qu'il tient fond entre ses mains. V. *Abalir*.

Éty. de *avalir*, formé de *aval*, en bas, et de la term. *ir*, litt. aller en bas, s'écouler comme un ruisseau, comme une ondée. V. *Val*, R. 2.

AVARIT, IDA, part. (avali, ide). dissipé, ée, égaré, etc.

Éty. de *aval*, en bas, et de *it, ida*, qui est allé en bas, qui s'est écoulé, qui a disparu. V. *Val*, R. 2.

AVARNOUGE, Cochon de l'année. Aub. altér. de *Uvernouge*, v. c. m.

AVAROS, s. m. vl. Avare. V. *Avare* et *Avar*, R.

AVAROUN, OUNA, s. (avaròun, òune); dim. de *avare*, petit avare, avare minutieux. V. *Avar*, R.

AVAROUN. V. *Varoun*.

AVAROUPAR, Aub. Envelopper. Voy. *Agouloupar* et *Envelopar*.

AVARRA, adj. f. vl. Dure, cruelle, barbare. V. *Avar*, R.

AVAS, conj. vl. En comparaison de, autant que.

AVASTAR S', v. r. (s'avastàr); **AVABAR S'**. S'avanturer, faire une offre trop avantageuse, se hasarder.

Éty. de *a*, de *vaste* et de *ar*, se perdre dans l'espace. V. *Vast*, R.

AVAU, adv. (avàou). Le bas, en bas. V. *Adavau*.

Éty. de *a* et de *vau, val*, vallée. Voy. *Val*, R. 2.

AVAUS, s. m. (avàous); pl. *Avausses*. **ABALSES**, **ALBASES**, **AGOOUSSES**, **AYOOUSSES**, **AGARRAS**, **GARRUS**, **GRAUBIA**, **GARRIGA**, **RÉGANEOU**, **BAGAGNEOU**. Chêne au kermès, *Quercus coccifera*, Lin. arbrisseau de la fam. des Amentacées, commun dans la Provence méridionale.

Éty. *Avaux*, en roman, signifie parmi, C'est sur cet arbrisseau que se nourrit et qu'on ramasse le kermès. V. *Granela*; du celt. *Aulx*, chêne ou roure.

AVAYS, s. m. vl. **AVAYSSA**. *Avaisse*, sorte d'arbuste sauvage. Rayn. *Una pruna d'avays*. Il paraît que ce mot désignait le prunelier. V. *Agrenier*.

Éty. de *vayssa*, vigne sauvage.

AVAYSSA. vl. V. *Avays*.

AVAZ ou *AVIAZ*, anciennement **AVIATS** ou **AVIATZ**. Désinence de la seconde personne du pluriel de l'imparfait, des verbes en *ar* : *Am-avaz* ou *Aviaz*; *Cant-avaz* ou *Aviaz*; *An-avaz* ou *Aviaz*; etc. Vous aimiez, chantiez, alliez.

AVE

AVEDRE, (avédré), espèce d'augmentatif du verbe *aver*, avoir. V. *Ab*, R.

Ye jita un os que lous brouiet;
Car, per l'avedre, aqueles guses,
Qu'eron bons frayres, bons amis,
Se bateron coumo de chis.

Tandon.

AVEDRE, V. *Averar*.

AVEGADAS, adv. (avegàdes); **ADEGADAS**, **DAVEGADAS**. *Avegadas* et *A vegadas*, cat. Quelquefois, de temps à autre.

Éty. de *vegada* fois, formé de *fes* et de *a*. V. *Vic*, R.

De *avegadas*, par fois.

AVEJAIRE, expr. adv. Suppl. au dict. de Pellas. (aveiàiré). *Mes avejaire*, il me semble. *Faire avejaire*, faire semblant : *Dire soun avejaire*, dire librement son sentiment. V. *Avis*.

AVEIRAR, vl. Avérer. V. *Averar*.

AVEIRAR S', v. r. vl. S'avérer. V. *Ver*, Rad. 2.

AVEIRE, v. n. (avèiré). Michel, poëte de Montpellier, emploie ce mot au lieu de *aver*, avoir, v. c. m. et *Hab*, R.

Mont'à cheval tout espeinat,
Sans aveir'un cont'arrestat.

V. aussi *Averar*.

AVEIRIT, IA, adj. et p. (avèiri, ie). Luisant comme le verre.

AVEISSAR, v. a. vl. Tuer, égorger; châtrer, mutiler.

AVELAGNER, s. m. (abelagné), dg. V. *Avelanier*.

AVELAN, **ABELAN**, **AVELLAN**, radical dérivé du latin *avellana*, aveline, noisette, et formé de *avella* ou *abella*, *Avellano*, aujourd'hui, ville du royaume de Naples, renommée encore pour la bonne qualité de ses noisettes.

De *avellana*, par apoc. *avelan*, d'où : *Avelan-a*, *Avelan-ier*, *Avelanier-a*, *Avilan-a*, etc.

De *avelan*, par la suppr. de *el*, et changement de *v* en *u*, *aulan*, d'où : *Aulan-a*, *Aulan-ier*, *Aulaign-a*, *Aulan*, *Aur-avel-a*.

De *abela* ou de *avelan*, par le changement du *v* en *b*, *abelan*, d'où : *Abelan-a*, *Abelan*.

AVELANA, s. f (avelàne); **OOULANA**, **AMELANA**, **ABELANA**, **AVELLANA**, **AULANA**, **AULAGNA**. *Avellana*, cat. esp. ital. *Avelã*, port. Aveline, noisette, fruit du noisetier.

Éty. du lat. *avellana*, m. s. V. *Avelan*, Rad.

AVELANCHIER, s. m. (avelantchié), dl. aptésien. V. *Amelanchier*.

AVELANETA, s. f. vl. *Avellanica*, esp. *Avellaneta*, cat. Petite aveline.

Éty. de *avelana*, et du dim *eta*. V. *Avelan*, R.

AVELANIER, s. m. (avelanié); **AVELANIER**, **ABELANIER**, **ABÉLAGNER**, **AULAN**, **AULANIER**, **OOULANIER**, **AULANEY**. *Avellano*, ital. esp. *Aveleira*, port. *Avellaner*, cat. Avelinier, noisetier, coudrier : *Corylus avellana*, Lin. arbrisseau ou arbre de la fam. des Amentacées, commun dans les forêts de la H.-P. et cultivé partout. V. Gar. *Corylus*, p. 130.

Éty. de *avelana* et de *ier*. V. *Avelan*, R.

On appelle :

COUDRAIE, un lieu planté de coudriers, où ils abondent.

AVELANIER, s. m. (avelanié); **AURAVELLA**, **CACHAMELA**. Nom nicéen du casse noix : *Corvus caryocaractes*, Lin. oiseau de l'ordre des Passereaux et de la fam. des Plenirostres (à bec plain), sédentaire, dans nos Hautes-Alpes.

Éty. de *avelana*, noisette, et de *ier*, qui mange les noisettes. V. *Avelan*, R.

AVELANIERA, s. f. (avelaniére), dl. *Avellanada*, esp. anc. *Aveleiral*, port. *Avellanar*, esp. mod. cat. Une coudraie, ou *Noiseraie*, lieu couvert ou planté de coudriers.

Éty. de *avelana* et de *iera*, qui abonde en noisetiers. V. *Avelan*, R.

AVELATIER, s. m. (avelatié); **SAUGRAS**, **COUROUBIER-BASTARD**, **GUIGNER**. Nom qu'on donne dans le Languedoc, à l'arbre de Judas ou de Judée, ou Gainier : *Cercis siliquastrum*, Lin. arbre de la fam. des Légumineuses, naturalisé depuis plusieurs années dans le département des Bouches-du-Rhône.

Éty.

AVELLAT, ADA, adj. et p. vl. Issu, procréé, descendu.

AVELS, vl. Pour *Aven a los*, il leur arrive.

AVE-MARIA, s. m. (avé-marià); *Ave-Maria*, esp. port. cat. *Avemaria*, ital. Ave-Maria, mots latins que l'on emploie pour désigner la salutation évangélique ; prière qui est composée des paroles que l'ange Gabriel adressa à la Sainte Vierge, lorsqu'il vint lui annoncer le mystère de l'Incarnation, de celles de Sainte Elisabeth lorsqu'elle reçut la visite de la Vierge, et enfin de celles de l'Eglise pour implorer son intercession. On désigne aussi par ces mots l'*angelus*, les grains du chapelet, la pause que le prédicateur fait pour implorer le secours de la Sainte Vierge, un court espace de temps, tel qu'il le faudrait pour réciter cette prière. *En un ave maria*, id. cat. dans un moment.

Éty. *Ave-Maria*, salut Marie, sont les premiers mots de cette prière.

La coutume de dire l'*Ave-Maria*, après l'exorde du sermon, remonte au XIIIe siècle. Albert de Padoue, célèbre prédicateur, est le premier qui l'ait mis en usage. Dict. des Orig.

AVEMARIA, (religieuses de l'). Religieuses de l'*avemaria*, de l'ordre de Sainte Claire; elles furent établies en France, l'an 1484.

Le nom qu'elles portent leur vient de leur salut qui est *Ave-Maria*.

AVEN, vl. Ayant, il advient, il arrive, il convient.

AVENA, s. f. vl. *Avena*, esp. *Avéa*, port. *Vena*, ital. Avoine. V. *Civada*.

Éty. du lat. *avena*, m. s. dérivé de *avere*, parce que plusieurs animaux en sont fort avides.

Dérivés : *Avena*, *Aven-at*.

Car qui vol cuillir avena,
Primieiramen la semena.
P. Cardinal.

AVENA, s. f. (avéne). Nom qu'on donne aux Mées à la folle avoine. V. *Civada fera*.

Éty. du lat. *avena*, ou sous dérivé du celt. *aten*, fait de *etan*, manger, dont les Anglais ont fait *to eat*, manger, et *oat*, avoine.

AVENA, s. f. Dans le Var, selon M. Garcin, on désigne par ce nom l'aulne. V. *Verna*.

Éty. *Avena*, n'est qu'une altération de *averna*, qui est aussi un nom de l'aulne.

AVENADOR, OIRA, et

AVENADOUR, adj. vl. Avenir, futur, ure. V. *Ven*, R. *Officiers presents et avenadours*. St. Pr. V. aussi *Avenidour*.

AVENAMENT, s. m. (avenaméin); *Avvenimento*, ital. *advenimento*, esp. Avénement, il ne se dit guère que de l'élévation à une dignité suprême.

Éty. de *adventus*, m. s. V. *Ven*, R.

AVENAR, v. a. et n. (avená). En terme de nourrice, faire venir le lait au sein en le tirant; épuiser, saigner la veine. Avr. En parlant des fontaines, des sources, les alimenter; *Avenar*, en esp. signifie donner un écoulement à des eaux stagnantes.

Éty. de *a*, de *vena* et de *ar*, remplir la veine.

AVENAT, s. m. (avená); AVENA, GRUNS. Gruau d'avoine ou avoine mondée.

Éty. de *avena*, avoine, et de *at*, fait d'avoine ou avec l'avoine.

AVENAT, ADA, adj. et p. (avená, áde). On le dit des sources et des puits qui sont entretenus ou augmentés par les pluies ou par des eaux souterraines.

Éty. de *a*, de *vena*, veine, et de *at*, qui a la veine, ou en bas bret. d'*awen*, rivière.

Dans le dl. on dit encore *avenat*, pour épuisé, usé par les débauches ou ruiné par les maladies.

AVENC, s. m. (avéin); ABENC, OBENC, BABENC, AVEN. Abyme, trou dans la terre où vont se perdre les eaux. Dans les environs d'Annot, ce mot désigne encore une cascade. V. *Pissaroueta*.

Dans le dl. ce mot désigne aussi un évent ou petite ouverture d'un réservoir d'eau souterraine d'où il découle une source d'eau abondante mais passagère. On nomme en français eaux folles, ces sortes de sources.

Éty. du bas breton *awen*, rivière.

V. Il arriva, vl.

AVENDANSA, s. f. vl. Moyen, pouvoir, facilité V. *Ven*, R.

AVENEDIS, s. m. vl. AVENEDITZ. *Avenedizo*, esp. *Aveneditz*, cat. Etranger.

Éty. du lat. *advena*, m. s. V. *Ven*, R.

AVENEMENT, s. m. vl. AVENIMEN, ADVENEMENT, ADVENIMENT. *Adveniment*, cat. *Advenimiento*, anc. esp. *Avvenimento*, ital. Avénement, arrivée, venue. V. *Avenament* et *Evenament*.

AVENENÇA, s. f. (avenence); AVENENCI. Affabilité, courtoisie. Avr. V. *Ven*, R.

AVENENSA, s. f. vl. *Avenencia*, esp. Accort, convention, pacte, convenance, consentement.

AVENENT, ENTA, adj. (avenéin, éinte); *Avvenente*, ital. Avenant, ante, affable, qui a bon air, bonne grâce; en parlant d'un outil, commode, qui est bien en main.

Éty. du lat. *advenientis*, gén. de *adveniens*. V. *Ven*, R.

AVENENT A L', adv. A l'avenant, de la même manière, proportionnellement : *Tout d'un avenent*, tout de suite, tout d'une pièce.

AVENER, v. n. vl. Arriver. V. *Arribar*. V. *Ven*, R.

AVENGEAR, v. a. (aveindjà). Protéger, défendre quelqu'un dans le danger. Gar. V. *Vengear* et *Veng*, R.

AVENGUDA, s. f. (aveingúde); *Avenida*, esp. port. Avenue, grande allée, ordinairement bordée d'arbres, qui conduit à une maison de plaisance; chemin par lequel on arrive, l'action d'arriver.

Éty. du lat. *advenire*, arriver. V. *Ven*, R.

AVENGUT, UDA, adj. et p. (aveingú, úde); ESPUISAT, AGOUTAT. Epuisé, ée, sec, en parlant des sources : *Tenir avengut*, consumer à mesure; vl. entendu.

Éty. de *a* priv. et de *vengut*, qui ne vient plus. V. *Ven*, R.

Dans le dl. ce mot signifie grandi, bien venu ou venu à bien : *Aquel enfant es ben avengut*, cet enfant a pris une belle croissance.

Éty. de *a* augm. et de *vengut* bien venu. V. *Ven*, R.

AVENGUT, UDA, s. (oveingú, úde), d. bas lim. On nomme ainsi un homme ou une femme qui ne sont pas propriétaires et qui n'ont pour fortune qu'une somme mobilière qu'ils ont apportée dans une maison : élevé, ée. qui peut se passer de sa mère. Garc. V. *Ven*, R.

AVENGUT, UDA, adj. et p. vl. Arrivé, ée. V. *Ven*, R.

AVENGUT, UDA, adj. et p. (aveingú, úde), d. apt. grand et fort, pour son âge.

AVENHAT, adj. vl. nécessaire, convenable.

Avenhat mes de murir
E per re noy puesc fugir.
Fl del. gai Sab.

Il m'est nécessaire de mourir, c'est-à-dire, il faut que je meure, et par rien je ne puis y échapper

AVENIDOR, adj. vl. *Avenider*, anc. cat. *Avenidero*, esp. Avenir, futur, devant venir, V. *Ven*, R. et *Esdevenidor*.

AVENIDOUR, s. m. (avenidóu): AVE-NADOUR. Visite à laquelle on ne s'attendait pas. Aub.

AVENIMENT, s. m. (aveniméin), d. bas lim. L'action de sonner la cloche huit jours avant la célébration d'une fête, pour l'annoncer au peuple. V. *Ven*, R. vl. Voy. *Avenement*.

AVENIR, s. m. (avenir); *Avvenire*, ital. *Tiempo venidero*, esp. *Tempo vinduro*, port. *Avenir*, anc. cat. Avenir, le temps futur.

Éty. du lat. *advenire*, à venir. V. *Ven*, R. *A l'avenir*, adv. à l'avenir, dorénavant.

AVENIR, v. n. *Avvenire*, ital. *Avenir*, cat. esp. Avenir, arriver par accident : *Li podi pas avenir*, je ne puis y suffire, ou en venir à bout. V. *Ven*, R. En vl. parvenir; accorder, accommoder.

Éty. du lat. *evenire* et *advenire*.

AVENIR S', v. r. *Avenirse*, cat. *Avvenirsi*, ital. sympathiser, se convenir, être bien ensemble, cadrer. V. *Ven*, R.

AVENIS, s. m. pl. (avènis). Des visites, des personnes qui arrivent pour loger, ou pour demeurer pendant quelque temps avec nous. V. *Ven*, R.

AVENRE, v. a. et n. vl. Aveindre, atteindre; plaire, réussir.

AVENS, et

AVENT ou **AVENTS**, s. m. (avèin ou avèins); *Avvento*, ital. *adviento*, esp. *advento*, port. *Advent*, cat. Avent, les quatre semaines qui précèdent la fête de Noël; temps consacré par l'Église pour se préparer à célébrer dignement la naissance de J.-C.

Éty. du lat. *adventus*, arrivée, parce que ce temps précède l'arrivée du Sauveur. Voy. *Ven*, R.

Du temps de Charlemagne, l'Avent n'était que de quarante jours, pendant lesquels on jeûnait. Ce jeûne commençait à la fête de Saint Martin, d'où le nom de Carême de Saint Martin qu'on a donné à l'Avent.

L'Eglisa s'occupant de Jesus-Christ qu'attende,
Dins lou tems de l'*avent* defende
Ei Christian de si marida.
Gautier.

AVENTA, vl. Il ou elle vaut, profite.

AVENTADOR, s. m. et adj. vl. AVANTADOR, *Avenidero*, anc. esp. Avant coureur, qui doit venir, futur.

Éty. du lat. *venturus*.

AVENTIS, V. *Adventif* et *Ven*, R.

AVENTURA, s. f. vl. Aventure, Voy. le mot suivant; hasard, sort, occasion; espoir, espérance.

AVENTURA, s. f. (avantûre); ABANTURA, AVANTURA, VENTURA. Qu'on écrit ordinairement, *avantura*, contrairement à l'étymologie, *Aventura*, esp. cat. port. *Avventura*, ital. Aventure, accident, événement inopiné; en terme de chevalerie, entreprise hasardeuse.

Éty. de l'ital. *avventura*, formé du lat. *advenire*, arriver. V. *Ven*, R.

A l'aventure, adv. à l'aventure, par hasard.

Dire la bona aventura, dire la bonne aventure.

Per aventure, vl. peut-être, de peur que.

AVENTURAMENT, s. m. vl. Aventure et *Ven*, R.

AVENTURAR, v. a. (avanturá); AVANTURAR. *Aventurar*, esp. cat. port. *Avventurare*, ital. Aventurer, hasarder, mettre en danger, exposer au péril, et au réciproque s'aventurer.

Éty. de *aventura* et de la term. act. *ar*. V. *Ven*, R.

AVENTURAT, ADA, adj. et part. (aventurá, áde); *Aventurado*, *ida*, esp. port. *Aventurad*, cat. Aventuré, ée, hasardé, mis au hasard.

Éty. de *aventura* et de la term. pass. *at*, *ada*. V. *Ven*, R.

Vl. heureux.

AVENTURIER, s. m. (avanturié); *Aventurero*, esp. *Aventurer*, cat. *Aventureiro*, port. *Avventuriere*, ital. Aventurier, homme sans fortune et qui vit d'intrigue.

Éty. de aventurier, nom d'une milice indisciplinée, levée sous Louis XI, qui commit tant d'excès que Henri II, se vit obligé de la supprimer en 1558. V. *Ven*, R.

AVENTURIER, IERA, adj. (aventurié, iére); AVANTURIER. Spontané, ée, qui croît dans les champs sans y avoir été semé, ni planté. Avr.

AVENTURINA, s. f. (avanturine); *Venturina*, esp. *Avventurina*, ital. Aventurine, verre ou émail mêlé avec de la limaille de cuivre qui y éclate comme de petits grains d'or.

Éty. Parce que ce fut par *aventure* qu'un ouvrier, laissant tomber de la limaille de cuivre sur du verre fondu, s'apperçut de l'effet que ce mélange produisait. V. *Ven*, R.

AVENTUROS, adj. vl. *Aventuros*, cat. Aventureux, qui cherche avidement les occasions d'acquérir de la gloire, du pouvoir; heureux. V. *Ven*, R.

AVENTUROUS, OUSA, OUA, adj. (aventurós, óuse, óue); AVANTUROUS. *Avventuroso*, ital. *Aventureiro*, port. *Aventuros*, cat. Avantureux, euse, hasardeux. V. *Aventuros* et *Ven*, R.

AVEOUSAR S', v. r. (s'aveousá); ABEOUSAR S'. *Enviuvarse*, port. Devenir veuf: *Diou m'en aveouse*, Dieu me délivre d'un tel ou Dieu m'en délivre.

Éty. de *a*, de *veous*, veuf, et de l'act. *ar*, rendre veuf. V. *Vuid*, R.

AVEOUSAT, ADA, adj. et p. (aveousá, áde); ABEOUSAT, ADA. Devenu veuf, qui a perdu son mari ou sa femme. V. *Vuid*, R.

AVER, s. f. (avér); AVE. Les brebis et les moutons pris collectivement, l'espèce en général: *Un rai d'aver*, un troupeau de brebis: *Gardar l'aver*, garder les moutons, le troupeau.

Éty. de *aver*, avoir, par antonomase ou par préférence; l'avoir par excellence, la véritable propriété, parce que les peuples nomades n'en avaient pas d'autre, ainsi que nos premiers pères. C'est ainsi qu'on a dit bible, de βίβλος (biblos), livre, le livre unique, le livre par excellance; orgue, de ὄργανον (organon), l'instrument, et qu'on ne désignait souvent Rome que par la ville: Aorte, qui signifie vaisseau, pour désigner la grosse artère qui sort du ventricule gauche du cœur. V. *Hab*, R.

Aver, dans nos Stat. de Prov. est pris pour troupeau en général, *et avers grosses et menuts*.

AVER, s. m. vl. DENADA. *Haber*, cat. *Aver*, esp. *Haver*, port. *Avere*, ital. Avoir, argent, richesse, biens, fortune; toute sorte de propriété. V. *Hab*, R.

AVER, v. a. et auxil. (avér); AOUÉ, ABER, AGUER. *Avere*, ital. *Haber*, esp. *Aver*, anc. cat. port. *Haben*, all. Avoir, posséder, ressembler.

Éty. du lat. *habere*. V. *Hab*, R.

Ce verbe reçoit plusieurs temps du verbe inusité *Aguer*, *Iou agueri*, *Tu agueres*, *Eou aguet*, *Agueriam*, *Agueriaz*, *Agueroun*, etc.

Avem counvengut, Tr. nous sommes convenus, et non *nous avons convenu*.

Ai agut demourat à Paris, Tr. j'ai demeuré autrefois à Paris, et non *j'ai eu demeuré*.

A agut raubat, Tr. il lui est arrivé de voler, et non *il a eu volé*.

A coumo soun paire, pour dire qu'il lui ressemble par ses manières ou par ses goûts, Tr. il ressemble à son père, et non *il a comme son père*.

Aquot avia de passar, Tr. cela devait passer ainsi, et non *avait de passer*.

Il signifie aussi atteindre: *L'ai pas pouscut aver en courrent*; *Vai! t'aurai*, vas, je t'attendrai: *Aver drech*, avoir raison: *Aver lou fiche*, être de mauvaise humeur: *Aver lou fiou*, être dégourdi, rusé: *Aver la petouache*, avoir peur: *Aver lou garri*, bouder: *Aver de questions*, *de resouns*, se quereller, se prendre de bec: *Aver grand gaud de...* s'estimer heureux: *Aver sentida*, pressentir.

AVERAGI, s. m. (averádgi); AVEIRAGI, AVERAGO. Les brebis en général, et le droit de pâture en certains lieux.

Éty. de *aver* et de *agi*. V. *Hab*, R.

AVERAR, v. a. (averá); AVEIRE, AVER, AVEDRE. Aveindre, tirer une chose hors du lieu où on l'avait serrée.

Éty. du lat. *advenire*, arriver à. V. *Ven*, Rad.

AVERAR, v. a. dl. Avérer, en terme de cadastre, régler la quote-part qu'un fonds doit supporter de taille ou de subside, répartir. V. *Ver*, R. 2.

AVERAR, v. a. (averá); *Avverare*, ital. *Averar* et *Averiguar*, esp. port. cat. Avérer, vérifier, prouver qu'une chose est vraie.

Éty. de *a*, de *verai*, vraie, et de l'act. *ar*, rendre vraie. V. *Ver*, R. 2, déclarer, véridique.

AVERAT, ADA, adj. et p. (averá, áde); *Averiguado*, port. *Averado*, esp. Avéré, ée. V. *Ver*, R. 2.

AVERATION, s. f. (averatie-n; AVERASSIOUN, ADVERASSIOUN, ADVERISSION. En terme de cadastre, reconnaissance, aveu ou dénombrement des biens fonds avec leur étendue, leurs confins et leur estimation.

Éty. de *averar* et de *tion*, action de vérifier, de reconnaître. V. *Ver*, R. 2.

AVERCOULIT, IDA, adj. et p. (avercouli, ide); ABARCOUBIT, BARCOUBIT. Transi de froid. Sauv.

AVERGOIGNAR, vl. V. *Avergonhar*.

AVERGONHAR, v. a. vl. AVERGOIGNAR. *Avergoñar*, anc. esp. *Vergogner*, humilier, faire honte.

Éty. de *a*, de *vergonha* et de *ar*.

AVERGONHAT, ADA, adj. et. p. vl. Humilié, ée.

AVERIS, s. m. (averis); AVERILHA, AVERILH, AVIT, COURDOUN OUMBILICAL, VEDILHA, VEHILHA, COULADOUR, PISSOT. *Vid*, esp. Cordon ombilical, espèce d'attache, composée de deux artères et d'une veine, qui s'étend depuis le nombril de l'enfant jusqu'au placenta de la mère.

Éty. probablement du lat. *viere*, *vieo*, lier, plier.

Liar l'averis, lier le cordon ombilical.

Ce cordon sert d'intermédiaire entre la mère et l'enfant, celui-ci reçoit le sang du placenta par le moyen de la veine ombilicale, et il renvoie par les deux artères celui qui n'a pu servir à sa nutrition.

Averis est aussi le nom qu'on donne quelquefois au nombril. V. *Embourigou*.

AVERMAR, v. n. vl. Avoir des vers, en engendrer. V. *Vern*, R.

AVERNA, s. f. (avèrne); *Averno*, ital. esp. port. Averne, marais et lac de Campanie, près de Bayes, consacrés à Pluton, d'où il sortait des exhalaisons si infectes qu'on croyait y voir l'entrée des enfers.

Éty. du lat. *avernus*, m. s. formé de *a* priv. et de *ornis*, oiseau, parce que les oiseaux qui volaient sur ce lieu tombaient morts, selon la croyance antique.

AVERNA, s. f. Un des noms de l'*aune*. V. *Verna*.

AVERS, adv. vl. De travers.

AVERSA, s. f. (avèrse). Pluie soudaine. V. *Raissa*.

Éty. du franç. *averse* ou de *a* et de *versar*, comme si l'on versait.

AVERSANA, s. f. vl. *Versane*, sorte de mesure. V. *Versana*.

AVERSARI, vl. V. *Adversari.*

AVERSEDAT, s. f. vl. Adversité. Voy. *Vert*, R.

AVERSER, vl. V. *Aversier* et *Vert*, R.

AVERSIER, s. m. vl. AVERSER. Ennemi, adversaire, fig. le diable. V. *Vert*, R. et adj. criminel, diabolique, répréhensible.

AVERSION, s. f. (aversie-n); AVERSIEN. *Aversion*, esp. *Aversione*, ital. *Averção*, port. *Aversió*, cat. Aversion, éloignement de... haine, antipathie.

Ety. du lat. *aversio*, formé de *avertere*, tourner d'un autre côté, détourner. V. *Vert*, Rad.

AVERSITAT, vl. V. *Adversitat.*

AVERTIMENT, vl. Advertance, attention. V. *Avertissament.*

AVERTIR, v. a. (avertir); AVISAR, *Avvertire* et *Avvisare*, ital. *Advertir* et *Avisar*, esp. port. cat. Avertir, donner avis.... informer de.... instruire.

Éty. du lat. *advertere*, formé de *ad*, vers, et de *vertere*, tourner l'attention vers.... V. *Vert*, R.

Avertir l'aigua, dl. terme de nageur, Essayer l'eau, la tâter du pied ou de la main, s'assurer s'y elle est assez tempérée pour s'y plonger.

En vl. tourner, détourner.

AVERTIS, s. m. (avertis). Celui qui est prévenu de ce qui doit lui arriver. Garc. V. *Vert*, R. et *Avertit.*

AVERTISSAMENT, s. m. (avertissaméin); AVIS, AVERTIMENT. *Avvertimento*, ital. *Advertimiento*, esp. *Advertimento*, port. Avertissement, avis dont l'objet est de réveiller l'attention.

Éty. du lat. *advertere animum*. V. *Vert*, Rad.

AVERTIT, IDA, IA, adj. et p. (averti, ide, ie); *Avvertito*, ital. *Advertido*, esp. port. *Advertid*, cat. Averti, ie, informé. V. *Vert*, R.

On le dit aussi d'un enfant qui est déjà un peu plus formé que ne semblerait le comporter son âge. Garc.

AVERTUDAR, v. a. vl. Evertuer, exciter. V. *Esvertuar.*

AVES (avés). Désinence de la seconde personne du singulier de l'imparfait, des verbes en *ar*. *An-aves*, *Am-aves*, *Cant-aves*, *Camin-aves*, etc. Tu allais, aimais, chantais, marchais.

AVES, s. f. (avés). C'est ainsi que M. Diouloufet traduit le mot brebis, en provençal pour le faire dériver du lat. *ovis*, mais mal à propos. La preuve qu'il faut écrire *aver*, c'est que de ce mot on a formé *avcrage*. V. *Aver.*

AVES, s. m. (avés), dl. pour *enves*. *Avesso*, port. V. *Ubac* et *Vert*, R.

AVESCAL, V. *Evescal.*

AVESCAT, s. m. anc. béarn. Evêché. V. *Evescat.*

AVESINAR, v. a. (avesiná); *Avecinar*, esp. *Avizinhar*, port. *Avicinare*, ital. Avoisiner, être proche, voisin de..... Il ne se dit que de la proximité d'un lieu.

Éty. de *a*, de *vesin* et de *ar*. V. *Vic*, R. 2.

AVESINAT, ADA, adj. et p. (avesiná, áde); ENVESINAT. *Avecinado*, esp. *Avisinhado*, port. Envoisiné, *avoisiné*, qui a des voisins, bien ou mal avoisiné. V. *Vic*, R. 2.

AVESPRAR, v. n. vl. ANVITAR, AVISPRIR. Se faire nuit : *L'avesprar*, l'action de se faire tard. V. *Vespr*, R.

AVESPRATGE, s. m. vl. Soirée, approche de la nuit. V. *Vespr*, R.

AVESPRE, s. m. vl. Soir. V. *Vespre.*

AVESPRIR, v. n. vl. V. *Avesprar.*

AVESQUAL, adj. vl. Episcopal, qui tient à l'évêché : *Rendas avesquals*, revenus épiscopaux.

AVESQUE, corrup. de *Evesque*, v. c. m.

AVESSA, s. f. vl. Ravine, torrent.

Éty. V. *Abissi* et *Abyme.*

AVESVAR, vl. V. *Aveousar.*

AVETA, s. f. (avéte). Avette, jeune abeille.

Éty. *Aveta* est dit pour *apeta*, de *apis*, abeille. V. *Abi*, R.

AVEUVAR, v. n. vl. AVESVAR. Devenir veuf ou veuve. V. *Aveousar.*

AVEUVAT, ADA, adj. et p. Devenu veuf ou veuve. fig. Dépeuplé, privé.

AVEUZAR, v. n. vl. V. *Aveousar.*

AVEUZIR, vl. V. *Avilir.*

AVEYRON, s. m. (aveyróun). *Aveyron*, esp. Aveyron, département de l', dont le chef-lieu est Rhodez.

Éty. d'une rivière du Rouergue qui lui a donné son nom.

AVEZAR, v. a. (ovezá), d. bas lim. et lim. *Avezar*, esp. anc. *Avvezzare*, ital. *Avesar*, cat. Faire prendre une habitude, une coutume ; accoutumer. V. *Accoustumar.*

Éty. de l'espagnol *avezir*, ou de *vices*, fois.

> *Is m'avezeren à l'eytacho.* Foucaud.
> Ils m'habituèrent à l'attache.

AVEZAR S', v. r. m. d. s'habituer, contracter l'habitude de quelque chose, *se faire à.*

AVEZAT, ADA, adj. et p. (ovezá, áde), m. d. Accoutumé, habitué. V. *Accoustumat*, et *Habituat.*

Éty. de l'ital. *avvezzato*, m. s.

AVEZET, vl. Il ou elle accoutuma.

AVI

AVI, AVOU, AVO, AVE, désinence de la première personne du singulier, de l'imparfait, des verbes en *ar* : qu'on change, dans quelques dialectes, en *ou*, *a* ou *e* : *Am-avi*, *cant-avi*, *Parl-avi*, ou *Am-avou*, *Cant-avou*, *Parl-avou*; *Am-ave*, *Cant-ave*, *Parl-ave*, etc., j'aimais, chantais, parlais.

AVI, AVIOL. s. m. vl. *Avi*, cat. *Abuelo*, esp. *Avô*, port. *Avo* et *Avolo*, ital. Aïeul, grand-père.

Éty. du lat. *avi*, gén. de *avus*, m. s.

AVIA, s. f. vl. *Avia*. cat. *Abuela*, esp. *Avó*, port. *Avola*, ital. Aïeule, grand-mère.

Éty. du lat. *avia*, m. s.

J'avais, il ou elle avait, vl.

AVIAMENT, s. m. (aviaméin) ; *Avviamento*, ital. *Aviamento*, esp. port. *Aviament*, cat. Acheminement, moyen pour arriver à... action de se mettre en chemin, de s'acheminer.

Éty. de *a*, de *via*, chemin, et de *ment*, action, manière de se mettre en chemin. V. *Via*, R.

AVIAR, v. a. (aviá); ABIAR. *Avviare*, ital. *Aviar*, esp. cat. port. Acheminer, mettre en chemin, fournir les moyens de parvenir, de faire son chemin, de se pousser dans le monde ; disposer, préparer.

Éty. de *a*, de *via* et de *ar*, mettre en chemin. V. *Via*, R.

AVIAR S' v. r. *Aviar-se*, port. *Aviarse*, esp. S'acheminer, se mettre en route, fig. faire ses affaires. V. *Via*, R.

AVIAT, ADA, adj. et p. (aviá, áde) ; ABIAT, ADRAIAT. *Avviato*, ital. *Aviado*, esp. port. *Aviad*, cat. Acheminé, ée, qui est sur la route de la fortune.

Éty. de *a*, de *via* et de *at*, mis sur la route. V. *Via*, R.

AVIDAMENT, adv. (avidaméin) ; *Avidamente*, ital. esp. port. *Avidament*, cat. Avidement, avec avidité.

Éty. de *avida* et de *ment*, d'une manière avide.

AVIDAR, v. a. anc. lim. Raviver, exciter. V. *Avivar.*

Éty. de *a* pour *ad*, de *vida* et de *ar*. V. *Vit*, R.

AVIDE, IDA, adj. (avidé, ide) ; ABRAMAT, ABRASAMAT. *Avido*, ital. esp. port. cat. Avide, qui désire avec ardeur des choses dont il ne saurait se rassasier, qui désire acquérir de grandes richesses.

Éty. du lat. *avidus*, m. s. de *aveo*, désirer avec ardeur.

AVIDITAT, s. m. (aviditá) ; *Avidità*, ital. *Aviditat*, cat. Avidité, désir immodéré et insassiable.

Éty. du lat. *aviditatis*, gén. de *aviditas.*

AVIECH, V. *Ajaproun*. Garc.

AVIGORAR, v. a. et n. vl. *Avigorar*, esp. Fortifier, animer, renforcer, donner ou prendre de la vigueur. V. *Vig*, R.

AVIL, vl. Il ou elle baisse.

AVILAMENT, s. m. vl. ANVELIAMEN. V. *Avilissament.*

AVILANA, vl. V. *Avelana.*

AVILANIR, v. a. vl. AVILIZIR. *Aviltar*, port. *Avilanir*, cat. Avilir, outrager, décourager, humilier, ravaler. V. *Vil*, R.

AVILANIT, IDA, adj. et p. vl. *Avilanit*, cat. *Avillanado*, esp. Avili, ie. V. *Avilit.*

AVILAR, v. a. vl. V. *Avilir.*

AVILAT, ADA, adj. et p. vl. V. *Avilit.*

AVILIR, v. a. (avilir) ; *Avilir*, anc. cat. *Avvilire*, ital. *Avilar*, esp. cat. et *Envilecer*, esp. port. *Aviltar*, port. Avilir, jeter dans une abjection honteuse, rendre méprisable, couvrir d'opprobre, d'infamie.

Éty. du lat. *vilem reddere*, ou de *a*, de *vil* et de *ir*, rendre vil. V. *Vil*, R. 2.

AVILIR S', v. r. *Envilecerse*, esp. *Aviltar-se*, port. S'avilir, se rendre vil, méprisable.

AVILISSAMENT, s. m. (avilissaméin); *Avvilimento*, ital. *Envilecimiento*, esp. *Aviltação*, port. *Avilimènt*, cat. Avilissement, l'état d'une personne ou d'une chose avilie.

Éty. V. *Vil*, R. 2.

AVILISSENT, ENTA, adj. (avilissèin, èinte). Avilissant, ante, qui avilit. V. *Vil*, Rad. 2.

AVILIT, IDA, IA, adj. et p. (avili, ide, ie); *Envilecido*, esp. *Aviltado*, port. Avili, ie. V. *Vil*, R. 2.

AVILIZIR, vl. *Avilizir*, cat. V. *Avilanir* et *Vil*, R. 2.

AVILSIR, vl. V. *Avilir*.

AVINAR, v. a. (aviná); ENVINAR, ABINATAR, AVINATAR, EMBINAR, ENVINASSAR, AVINACHAR, ENVINACHAR, ENVINAR, AFFRANQUIR. *Envinar*, esp. *Avvinare*, ital. *Avinhar*, port. Aviner, imbiber de vin, mettre du vin pour la première fois dans un tonneau, un baril, une calebaste, etc.

Éty. de *a* pour *ad*, de *vin* et de la term. act. *ar*, mettre du vin à... V. *Vin*, R.

Es un ouire avinat, dit-on d'un ivrogne.

AVINAT, ADA, adj. et part. (aviná, ade); ENVINAT, ENVINASSAT. *Avvinazzato*, ital. *Envinado*, esp. *Avinhado*, port. Aviné, ée, imbibé de vin.

Éty. de *a* pour *ad*, de *vin* et de la term. pass. *at*, *ada*, litt. fait au vin. V. *Vin*, R.

AVINATAR, dl. et

AVINAZAR, vl. V. *Avinar* et *Vin*, R.

AVINENSA, s. f. vl. AVINENTEZA. *Avinensa*, anc. cat. *Avenencia*, esp. *Avvenenza*, ital. Bon air, bonne grâce, convenance. V. *Ven*, R.

AVINENT, ENTA, adv. vl AVINEN, AVINENS. *Avinent*, cat. *Aveniente*, esp. *Avvenente*, ital. Avenant, ante, plaisant, gracieux. V. *Avenent* et *Ven*, R.

AVINENTMEN, adv. vl. *Avinentment*, anc. cat. *Avvenentemente*, ital. Convenablement, agréablement V. *Ven*, R.

AVIOL, s. m. vl. *Aieul*. V. *Avi*. adj. Aisé, joyeux.

AVIRAGE, s. f. (ovirádzé). Nom bas limousin de l'ivraie. V. *Juelh*.

AVIRON, vl. Environ, choses semblables.

Éty. du lat. *in gyrum*, autour V. *Vir*, R.

AVIRONAR, vl. *Avironar*, cat. Environner. V. *Envirounar*.

AVIS, radical dérivé de la basse latinité *avisare*, donner avis, avertir, prévenir, et pris du lat. *visum*, supin, de *videre*, voir, par addition de l'*a* initial. V. *Veir*, R.

De *avisare*, par apoc. *avis*, d'où: *Avis*, *D'-avis*, et par le changement du *v* en *b*, *Abis-ar*.

AVIS, espèce d'interj. ou d'imp. pour dire: prenez garde, faites attention. Voy. *Avist*.

AVIS, (avis), pour vis. V. *Vis*.

AVIS, s. m. pl. (ávis), vl. Aïeux.

AVIS, pour sarment ou bourgeon de vigne dépouillé de ses feuilles. V. *Vist* et *Vin*, Rad.

Es pu prin et pu sec que l'avis *deis gaveous*.
Bellot.

AVIS, s. m. (avis); *Avviso*, ital. *Aviso*, esp. port. *Avis*, cat. Avis, opinion, sentiment, conseil, avertissement.

Éty. de l'ital. *avviso*, formé de la basse lat. *advisare*, dérivé de *visus*, part. de *videre*, voir. V. *Veir*, R.

M'es d'avis ou *m'es avis*, il me semble, il me paraît, et non il *m'est avis*: *Sembl'avis que*, dl. ne dirait-on pas que? *Diriaz avis*... dl. on dirait que. V. *Avejaire*.

AVISAMENT, s. m. (avisaméin); AVISAMEN, AVIZAMENT. *Avisamiento*, esp. *Avvisamento*, ital. Prudence, prévoyance, intelligence, conseil, perspicacité, circonspection, précaution.

Éty. de *avisar* et de *ment*. V. *Veir*, R.

Aquel enfant a d'avisament que noun sai. Cet enfant a une intelligence extraordinaire.

AVISAR, v. a. (avisá); AVIZAR, ABISAR. *Avisar* et *Avistar*, esp. *Avvisare*, ital. *Avisar*, cat. port. Aviser, donner avis; délibérer, consulter, regarder, ajuster, viser.

Éty. de *avis* et de *ar*, donner avis, ou du lat. *ad visere*, ou de l'all. *ad weissen*, ou *wissen*, savoir, sous-entendu, faire. V. *Veir*, Rad.

AVISAR, v. n. Aviser, faire attention ou réflexion à... prendre garde, penser, imaginer. V. *Veir*, R.

AVISAR S', v. r. *Avisarse*, esp. S'aviser, s'apercevoir, se mettre une chose dans l'esprit, tenter de faire. V. *Veir*, R.

M'en siou avisat, je m'en suis aperçu; *S'avisar de quauqu'un*, apercevoir quelqu'un, et non *s'aviser de... Me siou pas avisat si l'y era*, je n'ai pas fait attention s'il y était, je n'y ai pas pris garde: *Si t'avises de parlar*, si tu as la hardiesse de parler.

AVISAT, ADA, adj. et p. (avisá, áde); *Avveduto*, ital. *Avisado*, esp. port. *Avisad*, cat. Avisé, ée, prudent, éveillé, circonspect, averti. V. *Veir*, R.

AVISION, s. f. vl. V. *Vision*.

AVISO, s. m. (avisó); *Aviso*, esp. port. Aviso, petit bâtiment de guerre, d'une marche supérieure, qu'on emploie à porter des avis, des ordres ou des dépêches qu'il importe de faire parvenir avec célérité. V. *Veir*, R.

Éty. de l'espagnol *aviso*, *o nave de aviso*, vaisseau d'avis qui porte aux Indes ou en rapporte les dépêches de la cour, mot formé de *aviso*. Avis.

AVIST, espèce d'adv. (avis); AVIS. Ce mot est conservé dans cette phrase: *Anar avist*, ou *anar d'avist*, prendre garde, agir avec précaution, avec circonspection.

Éty. de *a* et de *vist*, vu, agir avec connaissance de cause. V. *Veir*, R.

Adj. vl. Vissé.

AVIT, s. m. (avi); AVITS, AVIS, VIS, SARMENT. Sarment de vigne.

Éty. du lat. *a* et de *vitis*, vigne, *a vite*, de le vigne.

Culhir lous avits, *sarmenter*, ramasser les sarments.

AVIT, V. *Averis* et *Embourigou*.

Éty. de *a* et de *vit*, du lat. *vietus*, pliant, mou; formé de *viere*, *vieo*, *vietum*, courber, plier, lier.

AVITALHAR, V. *Avitualhar* et *Viu*, R.

AVITAR, v. n. (avitá). Prendre racine, Terme des environs d'Annot.

Éty. de *avit*, sarment, et de *ar*, prendre racine comme un sarment, ou de *a*, de *vita*, vie, et de *ar*, prendre vie.

AVITIN, adj. anc. béarn. On qualifiait ainsi les biens possédés depuis longtemps par la même famille.

Éty. du lat. *apitus*, qui vient des aïeux.

Dret de tornaria per primessa ha loc en bees avitins. Fors et cost. de béarn. Rubr. de contracte et Tornius.

AVITUALHAR, v. a. (avituaillá); ABITALHAR, AVITALHAR. *Vettovagliare*, ital. *Avituallar*, esp. cat. Avitailler, mettre des vivres dans une place, dans une ville qui court risque d'être assiégée.

Éty. de *a*, de *vitualha* et de *ar*. V. *Viu*, R.

AVIVAR, v. a. (avivá); *Avvivare*, ital. *Avivar*, esp. port. cat Aviver, donner du lustre aux métaux, du brillant aux couleurs, de l'éclat aux choses ternes; évertuer, animer, vivifier: *Temps avivat*, temps tourné au vif.

Éty. de *a*, de *vivus*, vif, et de *ar*, rendre plus vif. V. *Viu*, R.

En vl. Enflammer, allumer.

AVIVAS, s. f. pl. (avives); *Avivas*, esp. V. *Vivas* et *Viu*, R.

Éty. d'*Aqua viva*, parce qu'on a cru que les eaux vives donnaient lieu à cette maladie.

AVIVAT, ADA, adj. et p. (avivá, áde); *Avivado*, esp. port. *Avivad*, cat. Avivé, ée, poli, animé, éveillé, sémillant: *Temps avivat*, temps au vif, temps un peu froid.

AVIVOIR, s. m. (avivoir). Avivoir, instrument de cuivre, fait en forme de lame de couteau, dont les doreurs se servent pour étendre l'or amalgamé, pour l'aviver. V. *Viu*, R.

AVIZADAMEN, adv. vl. *Avisidamente*, esp. port. *Avvisatamente*, ital. Directement, en face.

AVIZAMEN, vl. V. *Avisament*.

AVIZAR, vl. V. *Avisar*.

AVO

AVOAR, vl. V. *Avouar*.

AVOAT, ADA, vl. V. *Avouat*, *ada*.

AVOATIO, s. f. vl. Aveu, reconnaissance. V. *Voc*, R.

AVOCADEL, s. m. vl. dim. de *avocat*, petit avocat.

AVOCAR, v. a. vl. *Avocar*, cat. esp. port. *Avvocare*, ital. Évoquer, appeler.

Éty. du lat. *avocare*, m. s. V. *Voc*, R.

AVOCAR, v. n. et r. vl. Se prosterner.

Éty. altér. de *Invocar*, v. c. m. et *Voc*, R.

AVOCAT, s. m. vl. ADVOCAT. Avoué, protecteur, défenseur, en parlant d'une Église, d'un monastère.

AVOCAT, **ADA**, vl. V. *Avoucat*, *ala*.

AVOCATIO, s. f. vl. AVVOCATIO. *Advocació* et *Avocació*, cat. *Avvocazione*, ital. *Abogacio*, esp. Avocasserie, profession d'avocat.

Éty. du lat. *advocatio*, m. s.

AVOGAR, v. a. (avougá); AVOUGAR. Achalander, procurer des chalands. Avr.

AVOGAT, ADA, adj. et p. (avougá, áde); AVOUGAT. Achalandé, ée. Avr.

AVOGOLAR, v. a. vl. Aveugler. Voy. *Avuglar* et *Ocul*, R.

AVOGOUS, s. m. (avógous), d. m. Maladie des yeux, qui rend momentanément les chèvres aveugles.

Éty. Ce mot est probablement formé de *a*, priv. et de *vogous* pour *veou*, de veire, c'est-à-dire, je ne vois pas, ou par altér. de *avugle*. V. *Veir*, R.

AVOIS, s. m. (avóis). Voix, suffrage.

AVOL, rad. pris du roman *avol*, vil, lâche, honteux, mauvais, inconsidéré, et probablement dérivé du grec ἀβουλής (aboulès), inconsidéré, irréfléchi, pauvre, ou de ἄβολα (abola), mauvais coup de dez.

De *aboulés* ou de *abola*, par apoc. *abol*, et par le changement du *b* en *v*, *avol*, d'où: *Avol*, *Avol-essa*, *Avol-ezza*, *Avoou*.

AVOL, adj. des deux genr. vl. Insipide, mauvais, vil, lâche, honteux, euse, bas. V. *Avol*, R.

AVOL, AUL, adj. vl. *Avol*, anc. cat. Lâche, méchant, mauvais, vil.

AVOLESSA, s. f. vl. Tort, dommage. V. *Avol*, R.

AVOLEZA, et

AVOLEZZA, s. f. vl. *Avoleza*, esp. anc. Lâcheté, méchanceté.

Éty. de *avol* et de *ezza*. V. *Avol*, R.

AVOLMEN, adv. vl. Méchamment.

Éty. de *avol* et de *men*.

AVOLTRE, s. et adj. vl. Bâtard.

Éty. de la bass. lat. *avulterio*, de *adulterium*, adultère, ou enfant né d'un adultère. V. *Adulter*, R.

AVONCLE, s. m. vl. *Avoncle*, anc. cat. Oncle. V. *Ouncle*.

Éty. du lat. *avunculus*, m. s.

AVONDAR, v. n. vl. Suffire: *Avonda*, c'est assez.

Éty. du lat. *abundare*. V. *Ound*, R.

AVONDESSA, s. f. vl. AVONDEZA. Multitude, grande quantité, beaucoup.

Éty. Altér. de *abondansa*, *abundantia*, lat. V. *Ound*, R.

AVONDOS, vl. V. *Habundoz*.

AVOOU ou **AVOU**, adj. (avóou, avóu), dl. Méchant, malin. Sauv. V. *Avol*, R.

AVOOUSSES, dl. V. *Avaus*.

AVOQUAR, v. a. vl. Plaider, faire l'avocat. V. *Voc*, R.

AVORI, vl. V. *Evori*.

AVORRIR, v. a. vl. *Avorrir*, cat. Abhorrer. V. *Abhourrar*.

AVOTERI, s. m. vl. vaudois, Adultère. V. *Adultera* et *Adulter*, R.

AVOUAR, v. a. (avouá). Avouer, confesser et reconnaître qu'une chose est; en demeurer d'accord, en faire l'aveu.

Éty. de *avu* et de la term. act. *ar*. V. *Voc*, Rad.

AVOUAT, ADA, part. (avouá, áde). Avoué, avouée. V. *Voc*, R.

AVOUAT, s. m. (avouá). Avoué, c'est le nouveau nom qu'on a donné aux officiers ministériels qui ont remplacé les procureurs.

Éty. Qui a été avoué par la partie, reconnu pour son homme d'affaires. V. *Voc*, R.

L'office et le titre d'avoué ont été établis par une loi du 27 ventôse, an 8 de la république.

AVOUCASSAR, v. n. (avoucassá); AVOUCADIAR, AVOUCASSEGEAR. *Avvocare*, ital, *Abogar*, esp. *Advogar*, port. Avocasser, faire l'avocat; exercer cette profession d'une manière peu honorable, en faire un vil métier. V. *Voc*, R.

AVOUCAT, s. m. (avoucá); *Abogado*, cat. *Advocat*, all. *Avocado*, port. esp. *Avvocato*, ital. Avocat, celui qui ayant obtenu le grade de licencié dans une université, défend les causes des accusés, verbalement ou par écrit; on le dit ironiq. d'un homme qui veut faire l'érudit.

Éty. du lat. *advocatus*; dans les premiers temps, chaque partie était obligée de plaider sa cause, mais on ne tarda pas d'instituer des défenseurs pour les absents, qu'on nomma avocats, de *advocati*, appelés pour. Voy. *Voc*, R.

Il serait à désirer que l'ordonnance qui parut en 1274, sous Philippe le Hardi, fut encore en vigueur. Elle portait en substance, que les avocats jureront sur les Saints Evangiles, sous peine d'interdiction; 1° qu'ils ne soutiendront que des causes justes; qu'ils les défendront avec autant de zèle que de fidélité, qu'ils les abandonneront dès qu'ils verront qu'elles sont fondées sur la pure chicane et la méchanceté; 2° que leurs honoraires seront proportionnés à leur mérite et à la difficulté du procès, sans néanmoins pouvoir excéder la somme de 30 liv.; 3° qu'ils engageront leur foi de ne recevoir d'autre salaire directement, ni indirectement; 4° que s'ils violent leurs promesses, ils seront notés de parjure et d'infamie, exclus de leurs fonctions et punis par les juges, suivant la qualité du méfait; 5° que tous les ans ils renouvelleront ce serment et que cette ordonnance sera publiée aux assises, trois fois l'année. Dict. des Orig.

Il y eut des avocats en France dès les premiers temps de la monarchie; ils suivaient le parlement dans les villes où il tenait ses séances.

Depuis le VIe siècle jusqu'au XIIe, les fonctions d'avocat furent presque uniquement exercées par les clercs et les moines; mais en 1131, le Concile de Reims leur défendit de se livrer à cet état, et depuis cette époque ils y ont toujours été étrangers.

Calphurnie fut cause qu'on interdit le barreau aux femmes, parce qu'ayant plaidé une cause qu'elle perdit, elle en fut si irritée contre les juges, qu'elle se découvrit impudemment le derrière et le leur montra par mépris. On ordonna sur le champ que jamais femme ne serait plus admise à plaider. Furetière.

Bouen avoucat, marrit vesin. Prov.

La Bellaudière a fait le portrait suivant des avocats de son temps :

Y a d'au plazer, de veyre taux bartollôs,
Davant minos, inventar de babollos,
L'un per lou grip et l'autre per lou group;
Dirias qu'alin (d'aubec) si voulon batre,
Puis, au sortir, à taullo van combatre:
Jamais un loup non manja un autre loup.

AVOUCATA, s. f. (avoucáte); *Advogada*, port. *Abogada*, esp. Avocate? La femme d'un avocat; celle qui prend la défense de quelqu'un.

AVOUGAR, v. a. (avougá); dial. apt. Achalander. V. *Achalandar* et *Voga*.

AVOUGAT, ADA, adj. et p. (avougá, áde), dial. apt. Achalandé, ée.

AVOUN ou AVON, AVAN, vl. désinence de la troisième personne du pluriel de l'imparfait des verbes en *ar* : *Am-avoun, Parlavoun, An-avoun*: etc. ils ou elles aimaient, parlaient, allaient.

AVOURTAMENT, s. m. (avourtaméin); FAUSSA-COUCHA. *Aborto*, port. ital. esp. *Abortamènt*, cat. *Abortamiento* esp. Avortement, accouchement avant terme : projet évanoui. Garc.

Éty. du lat. *abortus*, m. s. et de *ment*.

AVOURTAR, v. n. (avourtá); ABOURDAR, PRENDRE MAU, SE-BLESSAR, ESPOUTRAR, en parlant des juments. *Abortar*, esp. port. cat. *Abortire*, ital. Avorter, accoucher avant terme; on le dit particulièrement des accouchements prématurés, provoqués par un accident ou par un crime.

Éty. du lat. *abortare*, m. s. formé de *aboriri*, qui est composé de *ab*, qui marque privation, et de *orior*, naître, paraître au jour, c'est-à-dire, naître avant terme.

AVOURTOUN, s. m. (avourtoún); *Aborton*, esp. *Aborto*, ital. port. Avorton, enfant ou animal né avant terme, et par extension homme, arbre, plante beaucoup plus petit que dans l'état naturel.

Éty. du lat. *abortivus partus, vel fetus*.

AVOUS, s. m. (avóu), d. bas lim. Volume qu'a ou que paraît avoir une chose. V. *Paruta*.

AVOUST, pour août, *Aoust*.

AVOUSTENC, ENCA, adj. (avoustéin, éinque); AGOUSTENC, dl. *Agostenc*, cat. *Agostizo*, esp. Agneau du mois d'août : *Aubres avoustencs*, arbres qui ne fleurissent qu'au mois d'août, et en parlant des fruits, aoûté, ée, qui mûrit en août.

Éty. de *avoust* et de *enc*, litt. habitant d'août.

AVOUSTENC, adj. vl. M. de Sauvages traduit ce mot par *autumnalis*, d'automne, mais il signifie littéralement d'*août*. V. *Aoustenc*.

AVOUT, s. m. Garc. V. *Aoust*.

AVOUTRA, s. f. vl. *Adultera*, cat. Adultère. V. *Avoutre*.

AVOUTRADOR, s. et adj. vl. Adultère. V. *Adulter*, R.

AVOUTRAIRITS, adj. vl. AVOUDRAIRITS, AVOUTEIRIT. Adultère : *Génération avoutrairit*, race adultère. V. *Adulter*, R.

AVOUTRAR, v. n. vl. AVOLTAR. *Adulterar*, cat. esp. *Adulterare*, ital. Commettre un adultère.

Éty. Altér. du lat. *adulterare*, m. s. Voy. *Adulter*, R.

AVOUTRE, OUTRA, s. vl. *Adulter*; anc. cat. *Adultero*, esp. port. ital. Adultère; fils adultérin, qui est né d'adultère. bâtard.

Éty. Alt. de *adulter*, m. s. V. *Adulter*, R.

AVOUTRO, vl. V. *Avoutre*.

AVR

AVRIL, V. *Abriou*.

AVRILLOS, adj. vl. D'avril, printanier. V. *Aper*, R.

AVU

AVU, s. m. (avú). Aveu, action par laquelle on convient ou l'on déclare avoir dit ou fait quelque chose. V. *Voc*, R.

AVUGLAMENT, s. m. (avuglaméin). Aveuglement, au positif, privation de la vue, fig. aberration de la raison, de l'esprit ou du jugement, dans la manière de considérer les choses.

Éty. de *avugla* et de *ment*. V. *Ocul*, R.

AVUGLAMENT, adv. (avuglaméin). Aveuglément, sans examen, sans réflexion. V. *Ocul*, R.

AVUGLAR, v. a. (avuglá). Aveugler, rendre aveugle, au positif comme au figuré, éblouir, empêcher momentanément de voir.

Éty. de *avugle* et de *ar*, rendre aveugle. V. *Ocul*, R.

AVUGLAR S', v. r. S'aveugler, ne pas user de ses lumières. V. *Ocul*, R.

AVUGLAT, ADA, adj. et p. (avuglá, áde). Aveuglé, ée, privé de la vue physique ou intellectuelle.

Éty. de *avugle* et de *at*, fait, rendu aveugle. V. *Ocul*, R.

AVUGLE, GLA, s. (avúglé, úgle); BORNI, ABEGLE. Aveugle, qui est privé de l'usage de la vue, fig. qui ne considère rien.

Éty. de la basse lat. *aboculus*, formé de *ab*, dehors, et de *oculus*, œil, ce qui équivaut à *sine oculis*, sans yeux, comme on dit *amens* pour *sine mente*, sans raison. Voy. *Ocul*, R.

En 1791, le 21 juillet, on créa en France, un institut d'aveugles-travailleurs.

AXE

AXE, s. m. (áxé); *Axi*, lat. *Asse*, ital. *Exe*, esp. *Eixo*, port. Axe, essieu, pivot qui passe par le centre d'un corps.

Éty. du grec ἄξων (axôn), m. s.

AXI

AXIOME, s. m. (axiómé); *Axioma*, lat. *Assioma*, ital. *Axioma*, esp. port. cat. Axiome, décision, proposition ou maxime si claire par elle même, qu'elle n'a pas besoin d'être démontrée pour être reçue.

Éty. du grec ἀξίωμα (axioma), dignité, autorité.

AY

AY, interj. de douleur. *Ay*, port. esp. cat. V. *Ai*.

AY, pour âne. V. *Ai*.

AYA

AYA, *Estre en aya*, exp. prov. (áïe), dl. AYOU.

Per l'avé chascun'era en ayou.
Hyac. Morel.

AYA, s. f. (áye), d. du Var. Corde propre à fixer la charge d'une bête de somme. V. *Tourteliera* et *Ajoua*.

AYAGE, s. m. vl. Arrosage. V. *Aigagi* et *Aigu*, R.

AYB

AYBIT, vl. V. *Aibit*.

AYBRE, vl. V. *Aubre* et *Arbr*, R.

AYC

AYCEL, vl. Icelui, celui. V. *Aquel*.

AYCELA, vl. V. *Aicela*.

AYCHERA, s. f. dg. Aisselle?

Bestit de telo fort leugéro :
Deygaouërat denquio l'aychéro.
D'Astros.

AYCI, vl. V. *Aicit*.

AYCZO, vl. Ceci. V. *Aiçot*.

AYD

AYDA, s. f. vl. AIDA, AYDE. Aide, sorte d'impôt. V. *Ajud*, R.

AYDAR, dg. V. *Ajudar*.

AYDE, vl. V. *Aido* et *Edo*.

AYE

AYER, dl. *Ayer*, esp. V. *Hier*

AYERA, s. f. (aïére), dl. Ruisseau de rue. V. *Aiguiera*, *Vallat* et *Aigu*, R.

Sauta lè pabat sec per marcha dins l'ayera.
Hillet.

AYERGAR S', v. r. d. béarn. S'arranger.

A-Y-ET, Souvent employé par le poëte D'Astros, pour y a-t-il?

A-y-et au moun hill tantingrat...
Y a-t-il au monde un fils si ingrat...

AYET, pour ail. V. *Alhet*.

AYEUL, s. m. Aïeul. V. *Sini-grand*.

AYG

AYGA, V. *Aigua*.

AYGADIERA, V. *Aiguadiera*.

AYGAGNA, V. *Aiguagna*.

AYGAR, V. *Aiguar*.

AYGAROS, s. f. vl. Eau rose. V. *Aiguarosa*.

AYGASSA, s. f. (aïgásse), dg. Pie. Voy. *Agassa*

L'aygasso gouardiant de l'arriou.
D'Astros.

La pie regardant en arrière.

AYGASSA, Mauvaise eau. V. *Aiguassa*.

AYGOS, OZA, adj. vl. Aqueux, euse. V. *Aigu*, R.

AYGUADA, s. f. vl. *Ayguada*, anc. cat. Inondation. V. *Aigu*, R.

AYGUETA, etc. V. *Aigueta* et *Aigu*, R.

AYGUIER, V. *Aiguier*.

AYGUIEYRA, s. f. anc. lim. Égoût, conduit des eaux de pluie. V. *Aigu*, R.

AYL

AYLAI, adv. vl. Par là, de l'autre côté, V. *Ailai*.

Éty. du lat. *illa ibi*.

AYLAS, vl. V. *Ailas*.

AYLH, vl. V. *Alh*.

AYM

AYM, et

AYMA, adj. vl. Semblable, comme : *En ayma*, ainsi que.

Éty. du rom. *ayme*, taux, à vue d'œil. V. *Eime*.

AYMADER, ERA, s. d. béarn. AYMADIS, ISSA. Qui peut ou qui doit être aimé ou aimée. V. *Am*, R.

AYMADOR, vl. *Amant*, v. c. m. Voy. *Am*, R.

AYMADOUR, OURA, s. d. béarn. Aimant, qui aime.

Éty. du lat *amator*, m. s. V. *Am*, R.

AYMAN, s. m. vl. Aimant. V. *Emant*.

AYMAR, v. a. vl. YMAR. Estimer, juger, apprécier. V. *Estimar* et *Estim*, R.

AYMAT, ADA, adj. et p. vl. Adjugé, ée, apprécié, jugé. V. *Estim*, R.

AYME, adj. vl. Azyme. V. *Azyme*.

AYMOLAR, d. vaud. V. *Amoular*. V. *Mol*, R.

AYN

AYNADET, s. m. (aïnadé), dg. dim. de *Ainat*, v. c. m. l'aîné, le petit aîné. V. *Nat*, R.

AYNEOU, Poisson. V. *Aineou*; pour agneau, d. de Marseille. V. *Agneou*.

AYNET, V. *Ainet*.

AYNIER, V. *Ainier*.

AYNOUN, V. *Ainoun*.

AYO

AYOUTAT, adj. et p. d. béarn. Ajouté. V. *Ajustat*.

AYP

AYP, s. m. vl. Qualité : *Bos ayps*, bonnes qualités.

AYR

AYRAL, vl. V. *Airal.*

AYRE, vl. V. *Aire.*

AYREIAR, v. a. vl. *Ayreiar*, cat. *Arear*, esp. *Areiar*, port. Aérer, donner de l'air. V. *Aer*, R.

AYROULET, s. m. d. béarn. dim. de *ayre*, petit air de chanson, air agréable. V. *Aer*, R.

AYRUGAS, s. f. (ayrúgues). Moutarde blanche?

AYS

AYS, anc. lim. Mais.

AYS, s. m. vl. Aise. V. *Aise.*

AYSAM, vl. Essaim. Voy. *Eissame* et *Exam*, R.

AYSAMENAR, vl. V. *Eissamenar.*

AYSAT, V. *Aisat.*

AYSCHI, adv. vl. Ainsi, comme.

AYSE, s. m. vl. Tonneaux, vaisseaux propres à contenir le vin, l'huile et autres liquides. V. *Aisina*. V. *Ais*, R.

AYSHA, s. f. vl. Axe, essieu. V. *Essiou* et *Axe.*

AYSHA, s. f. vl. Souci, chagrin.

AYSIDOMEN, adv. (aïsidoméin), dg. Aisément. V. *Aisament* et *Ais*, R.

AYSO, vl. V. *Aisso.*

AYSSA, s. f. vl. Hache, cognée. Voy. *Aissa*, *Hapia* et *Aiss*, R.

AYSSADA, V. *Aissada* et *Aiss*, R.

AYSSADON, s. m. vl. V. *Aissadoun* et *Aiss*, R.

AYSSAR, v. a. vl. Hacher, diminuer.

Éty. de *ayssa* et de *ar*. V. *Aiss*, R.

AYSSET, dl. V. *Aissetta* et *Aiss*, R.

Lous menusiers armats d'ayssets
De manayras et de ressets,
Mai sans courage s'avanceroun.

Favre, Siége de Cad.

AYSSHA, vl. V. *Aysha.*

AYSSI, vl. V. *Aissi* et *Aici.*

AYSSO, vl. V. *Aisso.*

AYSSOLA, s. f. vl. Petit hache, hachette, herminette. V. *Aisseta* et *Aiss*, R.

AYT

AYTAL, vl. *Aytal*, cat. Tel, telle. V. *Tal*, Rad.

AYTANT, vl. *Aytant*, cat. V. *Autant*, *Tant*, et *Aitant.*

AYTA-PAUC, exp. adv. vl. Non plus. V. *Aitanpauc.*

AYTRE, vl. *Aytre tant et plus*, autant et plus. V. *Altre.*

AYU

AYUDA, V. *Ajuda.*

Éty. de l'esp. *ayuda*, m. s. V. *Adjud*, R.

AYUDAR, d. béarn. V. *Ajudar*. Voy. *Ajud*, R.

Éty. de l'esp. *ayudar*, m. s.

AYZ

AYZEIAN, part. prés. vl. En errant, en prenant ses aises. V. *Ais*, R.

AYZEIAR, v. n. vl. Vaguer, errer.

Éty. de *ayze* et de *eiar*, prendre ses aises. V. *Ais*, R.

AYZER, s. m. vl. Aise. V. *Aise* et *Ais*. Rad.

AYZIDA, vl. V. *Aisida.*

AYZINAR, vl. V. *Aizinar.*

AYZINAT, **ADA**, adj. et p. vl. Disposé, ée, préparé, ée. V. *Ais*, R.

AZ

AZ, anciennement ATS, ATZ, désinence de la seconde personne du pluriel de l'indicatif présent, des verbes en *ar* : *Am-az*, *Parl-az*, *Cant-az*, *Ani-az*, *jug-az*, etc., et de la seconde personne du pluriel de l'impératif, qui est la même.

AZ, prép. vl. A, devant les mots qui commencent par une voyelle, le z est euphonique.

AZA

AZA, adv. vl. Là.

AZAGUAR, v. a. vl. AZAGAR. Arroser. V. *Aiguar*, *Arrousar* et *Aigu*, R.

AZAIGAR, v. a. vl. Arroser. V. *Arrousar*, *Aiguar* et *Aigu*, R.

AZAIGAT, **ADA**, vl. AZAYGAT. Arrosé, ée. V. *Arrousat*, *Aiguat* et *Aigu*, R.

AZALBAR, v. a. vl. Blanchir, éclaircir, vérifier. V. *Alb*, R.

AZALBAT, **ADA**, adj. et p. vl. Blanchi, ie, éclairci. V. *Alb*, R.

AZAM, nom d'homme, vl. Adam.

AZANIT, V. *Asanit.*

AZAPTAR, v. a. vl. Adapter.

AZAPTIR, v. a. vl. Frapper.

AZAR, vl. V. *Azard.*

AZARD, s. m. (hazá), HAZARD, ASARD. *Azzardo*, ital. *Azar*, esp. cat. port. Hasard, combinaison de circonstances, indépendantes de nous, que nous ne pouvons ni empêcher, ni prévoir, et dont nous ignorons la cause; péril, risque; être chimérique auquel on attribue les effets dont nous ne connaissons pas les causes: *D'azard*, de rencontre: *Per azard*, par hasard.

Éty. On n'est point d'accord sur l'étymologie de ce mot; on en a donné beaucoup ce qui est une preuve de l'incertitude dans laquelle on est à cet égard. Les deux plus vraissemblables que nous ayons rencontrées sont celles données par Denina, T. 3. p. 42, qui fait venir ce mot du grec barbare ἄζαρον et ἄζαρι, qui signifie la même chose que hasard, et celle de M. Raynouard prise de *as*, qui dans la langue suevo gothique, signifie Dieu, dont le pluriel est *asar*, les dieux ou le destin, ce qui revient à l'idée de plusieurs étymologistes qui le dérivent de *as*, le plus petit point des *dez*, qu'on risque d'amener quand on joue, d'où : *Hazarder*, risquer d'amener le *as*. Mary-Lafon, le tire du gothique *azar*, hasard.

AZARDAR, v. a. (hazardá); ARRISCAR, AVENTURAR, HAZARDAR. *Azzardare*, ital. Hasarder, exposer au hasard.

Éty. de *hazard* et de *ar*, mettre au hasard.

AZARDAR S', v. r. Se hasarder, se mettre en péril.

AZARDAT, **ADA**, adj. et p. (hazardá, áde); HAZARDAT. Hasardé, ée.

AZARDOUS, **OUSA**, adj. (hazardous, óuse); HAZARDOUS. *Azzardoso*, ital. Hasardeux, euse, hardi, qui s'expose, périlleux, incertain, en parlant des choses.

Éty. de *hazard* et de *ous*, qui est de la nature du hasard.

AZARDUR, **USA**, s. (hazardúr, úse); HAZARDAIRE, HAZARDUR. Imprudent, téméraire, qui se hasarde beaucoup. Garc.

AZAUNIR, v. a. vl. Honnir, outrager.

AZAURA, s. f. vl. Tartane, barque sarrasine, chaloupe.

AZAURO, s. m. vl. Barque, chaloupe, esquif.

AZAUT, adj. vl. Haut, grand, élevé, hardi; gracieux, agréable, beau, propre, doux, gentil, joli.

Éty. de *az* pour *a* priv. et de *aut*, dans le sens de fier, insolent, désagréable. V. *Alt*, Rad.

Per azaut, subitement.

AZAUT, s. m. vl. Agrément, plaisir, grâce, goût, affection.

Ce mot sert de radical aux suivants : *Azaut*, *Azaut-ar*, *Azaut-at*, *Azaut-el*, *Azaut-eza*, *Azaut-ia*, *Azaut-i-mens.*

Par l'add. des prép. *ad*, *des*, *mal*: *Ad-autel*, *Ad-zaut-i-ment*, *Ad-zaut-ir*, *Des-azautar*, *Mal-azaut.*

AZAUTAR, v. n. vl. Plaire, charmer, convenir, importer, se soucier, vouloir bien, aimer mieux, préférer.

Éty. de *azaut* et de *ar.*

AZAUTAR, v. n. vl. S'*azautar*, se prévaloir. V. *Alt*, R.

AZAUTAT, part. vl. Charmé. V. *Alt*, R.

AZAUTET, adj. vl. ADAUTET. Gentillet, gracieuset.

Éty. de *azaut*, et du dim. *et*. V. *Azaut* et *Alt*, R.

Il ou elle plut, charma.

AZAUTEZA, s. f. vl. AZAUTIA. Politesse, chose qui plaît, gracieuseté, bijou.

Éty. de *azaut* et de *eza*. V. *Alt*, R.

AZAUTIA, s. f. vl. V. *Azauteza.*

AZAUTIMEN, s. m. vl. ADZAUTIMEN. Agrément, plaisir, politesse, convenance.

Éty. de *azaut* et de *ment*. V. *Alt*, R.

AZAYGAR, dg. V. *Aiguar*, arroser et *Aigu*, R.

AZE

AZE, s. m. vl. AZES. Ane. V. *Ai* et *As*, R.

AZEMAR, nom d'homme, vl. Adhémar.

AZEMAR, v. n. vl. Imaginer. V. *Aesmar*.

AZEMPLIR, v. a. vl. Accomplir, satisfaire, achever. V. *Ademplir* et *Plen*, R.

Ėty. du lat. *adimplire.*

AZEMPRADOR, vl. V. *Azempraire.*

AZEMPRAIRE, s. m. vl. AZEMPRADOR. Solliciteur.

AZEMPRAR, v. a. (azeimprá), dg. ADEMPRAR. Semondre, convier, requérir, convoquer, solliciter, presser.

Éty. de *semper.*

AZEMPRE, s. m. (azèimpré), dg. Convoi, assemblée, réquisition, convocation.

AZEMPRE, adv. vl. En tout temps, constamment.

AZEMPRIU, s. m. vl. ADEMPRIU. Usage, droits, priviléges.

Les droits désignés par ce nom, existaient à la fois en faveur d'un seigneur à l'égard des habitants d'un lieu, et en faveur des habitants envers un seigneur. Rayn. V. Cæsar Nostradamus. Hist. Prov. p. 398.

Éty. de la bass. lat. *adempriun* et *azempium*, m. s.

AZENA, s. f. (azène), d. bas lim. Marc du raisin. V. *Racca.*

Éty. du lat. *acinum*, pepin de raisin.

AZENA, s. f. vl. Anesse, du lat. *asina.*

AZENADA, V. *Rastegagna.*

AZENAN, adv. vl. Désormais.

AZENGAR, v. a. (azeingá); ASENGAR, AZEGA, AZIGAR, AZMAR, ARRETAR, dl. Voy. *Aigar* et *Adoubar*. Ajuster, agencer, raccommoder, apprêter.

Éty. du grec ζεύγνυμι (zeugnumi), parf. ἔζευχα (ezeucha), joindre, unir. Thomas.

D'autres per azengua *lous liés*,
Cerquon per aveire de paillo.
Michel. Emb. de la fiera.

AZENGAR S', v. r. dl. S'ajuster, s'agencer, s'apprêter.

AZENI, adj. vl. D'âne. V. *Azenin.*

AZENIER, V. *Asenier*, *Ainier* et *As*, R.

AZENIN, INA, adj. vl. AZININ, AZENI. *Asnino*, esp. *Asinino*, port. ital. Qui est de l'âne.

Éty. du lat. *asininus*. V. *As*, R.

AZERMAR, v. a. vl. Exiler, désoler, rendre désert. V. *Aermar.*

AZEROLA, V. *Arzeirola.*

AZEROLIER, V. *Arzeirolier.*

AZERS, s. m. vl. Élévation, puissance.

Éty. de *erdre*, dérivé du lat. *erigere*, élever.

AZESC, vl. Amorce. V. *Adesc.*

AZESCAR, vl V. *Adescar.*

AZESMAR, v. a. vl. Compter. V. *Eesmar* et *Estim*, R.

AZI

AZIGAR, v. a. (azigá), d. de Carpentras, Accommoder. Voy. *Aiguar*, *Adoubar* et *Azengar.*

AZIM, vl. V. *Azima.*

AZIMA, adj. vl. Azyme. V. *Azyme.*

AZIMAN, s. m. vl. AYMAN, ARIMAN. *Iman*, cat. esp. port. Aimant. V. *Emant* et *Diamant.*

AZIMAT, ADA, adj. et p. (azimá, áde), dl. Dégoûté, éc. Sauv.

AZINA, s. f. vl. Etres. V. *Estres.*

Éty. de *ais*, R.

AZINAMEN, s. m. vl. Préparation, disposition.

Éty. de *Aizina*, facilité, et de *men*. Voy. *Ais*, R.

AZINAT, adj. et p. vl. A l'aise. V. *Ais*, Rad.

AZINI, vl. V. *Azenin.*

AZININ, INA, adj. vl. V. *Azenin.*

AZIR, ADIR, rad. dérivé probablement du latin *ira*, colère, emportement, dépit.

Dérivés : *Adir-ar*, *Azir-ada*, *Azir-ar*, *Azir-e*, *Azir*, *Azir-os*, etc.

AZIR L', s. m. vl. AZIRE. Haine, violence, impétuosité. v. n. haïr : *Se azir*, se fâcher.

Éty. du lat. *ira*, colère. V. *Ir*, R. 2.

AZIR, v. n. vl. Asseoir. V. *Assetar.*

Ab sous angels azire, Riccas novas.

AZIRABLE, adj. vl. ADIRABLES. Haissable. V. *Ir*, R. 2.

AZIRADA, s. f. vl. Impétuosité, élan.

Éty. de *azir* et de *ada* V. *Ir*, R. 2.

AZIRAMEN, s. m. vl. Haine, courroux. V. *Airamen* et *Ir*, R. 2.

AZIRAR, v. a. vl. ADIRAR. Haïr, irriter, courroucer, fâcher.

Éty. de *azir* et de *ar*. V. *Ir*, R. 2.

AZIRAT, ADA, adj. et p. vl. Haï, ïe, V. *Ir*, R. 2.

AZIRE, s. m. vl. Haine. V. *Azir* et *Ir*, Rad. 2.

AZIROS, adj. vl. Colère, irrité, emporté, haineux.

Éty. de *azir* et de *os*. V. *Ir*, R. 2.

AZISMAMEN, s. m. vl. ISMAMEN. Estimation, appréciation, évaluation. V. *Estim*, R.

AZIVA, adj. f. vl. Aisée, facile.

AZO

AZOMBRAL, s. m. vl. Ombrage, lieu à l'abri du soleil. V. *Oumbr*, R.

AZOMBRAR, v. n. vl. AOMBRAR. *Aombrar*, anc. cat. *Asombrar*, esp. *Assombrar*, port. *Adombrare*, ital. Ombrager, être ombreux, se tenir à l'ombre, goûter le frais à l'ombre.

Éty. du lat. *adumbrare* m. s. ou de *az*, pour *ad*, de *ombra* et de *ar*, mettre à l'ombre. V. *Oumbr*, R.

AZOME, s. m. vl. *Azome* : *Bagas de cabra que hom dis azome*, Pradas; crotins de chèvre qu'on appelle *azome*. Ray.

AZON, vl. Il ou elle abonde.

AZONDAR, v. a. et n. vl. Abonder; verser, répandre. V. *Ound*, R.

AZONGLAR S', v. r. vl. S'accrocher, se cramponner. V. *Oungl*, R.

AZORAR, v. a. vl. AZORIR, prier, adorer; orner; aimer avec passion.

Éty. Alt. de *adorare* et *adornare*. Voy *Our*, R.

AZORAS, adv. vl. A présent, parfois.

AZORAT, ADA, adj. vl. Adoré, ée. V. *Our*, R.

AZORDENAMEN, vl. V. *Adordenamen.*

AZORDENAR, v. a. vl. ou ADORDENAR. Disposer, arranger. V. *Ord*, R.

AZORDENAT, ADA, adj. et p. vl. Réglé, ée, régulier, ière, sacré, qui est dans les ordres sacrés.

AZOTO, s. m. (azóte). Azote, substance indécomposée ou élémentaire qui forme à l'état gazeux, les quatre cinquièmes de l'athmosphère, 79/100, et qui entre dans la composition de quelques végétaux et de tous les animaux. Il n'est propre ni à l'entretien de la vie, ni à celui de la combustion.

Éty. du grec, α privatif, et de ζωὴ (zôê), vie, qui vient de ζώω (zôô), vivre, qui prive de la vie, parce qu'étant seul il n'est pas propre à l'entretenir.

Lavoizier découvrit ce gaz vers 1775.

AZOUMBRAR S', v. r. vl. Se mettre à l'ombre. V. *Oumbr*, R.

AZOURAR, v. n. (azourá), dl. Aller à l'offrande. Sauv.

Éty. Alt. de *adourar*. V. *Our*, R.

AZU

AZUGAR, alt. de *Aguzar*. V. *Amoular.*

AZUILHAR, v. a. (azuillá), dg. Huiler. V. *Uliar* et *Ol*, R.

AZULATIO, vl. V. *Adulatio.*

AZULIAR, dl. V. *Uliar*, huiler ; abreuver. Sauv. V. *Ol*, R.

AZULTERI, vl. V. *Adultero.*

AZUMPLIR, vl. Accomplir. V. *Acumplir* et *Plen*, R.

AZUN, adv. vl. Donc, alors.

AZUR, s. m. (azur); *Azzurro*, ital. *Azul*, esp. port. cat. Azur, couleur d'un bleu céleste ; le minéral qui la fournit.

Éty. de l'arabe *lazurd* ou *lâzoner*, qui désigne le *lapis lazuli*, ou du celt. *asur.*

AZURAR, v. a. (azurá); *Azular*, port. Azurer, mettre une couleur d'azur sur quelque chose.

Éty de *azur* et de *ar.*

AZURAT, ADA, adj et p. (azurá, áde), AZURIN. *Azzurriccio*, ital. *Azulada*, esp. port. Azuré, ée

AZURENC, ENCA, adv. vl. Azuré, d'azur. V. *Azurin.*

AZURIN, INA, adj. (azurin, ine). Qui est de couleur d'azur.

AZUST, USTA, adj. vl. Aduste, brûlé, ée.

AZY

AZYME, s. m. (azymé); *Azymo*, esp. *Azimo*, port. *Azzimo*, ital. Azyme, sans levain, se dit du pain que les juifs mangeaient à leur pâque. On nomme *Azymite*, celui qui se sert du pain Azyme.

Éty. du grec α privat. et de ζύμη (zumê), levain.

La Lettre A contient 9,980 Mots ou Articles.

B

B, Seconde lettre de l'alphabet, et la première des consonnes.

Cette lettre est labiale, aussi la rencontre-t-on dans la plupart des mots de l'enfance.

Le B ayant toujours été la seconde lettre des anciens alphabets valut 2, dans l'arithmétique numérale. V. l'art. B de l'orthographe et de la prononciation.

Estre marcat au b, être marqué au *b*, c'est être bigle, borgne, bossu, bancal ou boiteux.

Begou, borni, boussut, bouitous,
Quatre B que soun fachous. Prov.

B, Souvent employé dans l'Hist. Crois. Alb. pour Bernard.

Il faut chercher par V, les mots qu'on ne trouvera pas par B, à cause de la tendance qu'ont quelques dialectes, à employer ces deux lettres l'une pour l'autre.

BA

BA, s. m. (bá). Terme enfantin pour dire un baiser: *Fai-me un ba*, fais moi un baiser.

Éty. Contraction de l'ital. *bacio*, ou plutôt imitation du son que fait l'application d'un baiser. V. *Bais*, R.

BA, excl. V. *Bah*.

BA, Espèce d'art. que les Languedociens emploient au lieu de *Va*, v. c. m. *Ba farai*, au lieu de *Va farai*, je le ferai.

BA, Souvent employé dans le dg. pour vas, *vai*.

Oun las besets toutos en reng
L'vo que ba, l'auto que beng.
D'Astros, parlant des fourmis.

BAB

BAB, BAMB, BAV, rad. dérivé du celtique *bab*, enfant. Il paraît que par analogie on le disait souvent pour petit; d'où: *Bab-a, Bab-arach-oun, Bab-au, Bab-ilh, Bab-ilha, Bab--ilh-ar, Bab-ola*, etc., etc.

De *bab*, par l'add. d'une *m*, *bamb*; d'où: *Bamb-in*.

De *bab*, par le changement du *b* en *v*, *bav*; d'où: *Bav-a, Bav-aire, Bav-ar, Bav-ard*. Les Portugais et les Espagnols disent encore *baba*, pour salive.

BABA, (babá). Son inarticulé qui exprime le cri ou le langage d'un enfant au berceau.

Éty. du grec βαβα (baba), m. s. V. *Bab*, Rad.

Soulier. Avril. V. *Babot*.

BABAI, (babaï). Ha! ah! interjection d'admiration.

Éty. du grec βαβαὶ (babai), m. s.

BABALA, pr. (babalá); *A la babala*, *A la babalá*, esp. cat. Expression arabe conservée à Marseille pour dire à la garde de Dieu, sans soin, sans attention, dont la véritable orthographe est *ala-bab-allah*.

BABAN, s. m. (babán). C'est, selon, M. Raymond, le nom vulgaire d'un insecte qui attaque les rameaux de l'olivier.

BABARACHOUN, s. m. (babaratchóun); BABAROUCHOUN. Petit enfant, babouin, terme de Bohémien.

Éty. du celt. *bab*, enfant. V. *Bab*, R.

BABARASTAR, v. n. (babarastà), dl. Tomber avec fracas.

Éty. Probablement dérivé du grec βαβάζω (babazô), faire entendre des sons inarticulés, pousser des vagissements.

BABARAUDA, s. f. (babaráoude), dl. Un domino. V. *Domino*.

C'est aussi une espèce d'habit de deuil dont se couvre le plus près parent du défunt, ou celui qui le représente, à Montpellier dans les pompes funèbres.

BABARDOISA, dg. alt. de *Bavaroisa*, v. c. m.

BABAREL, dl. V. *Bavarela*, Bavette et *Bab*, R.

BABARICOT, V. *Balicot*.

BABARILHA, s. f. (babarille), dl. V. *Bava* et *Bab*, R.

BABARILHAR, v. n. (babarillá), dl. V. *Bavar* et *Bab*, R.

BABAROT, V. *Babarotoun*.

BABAROTA, s. f. (babaróte); BABAROT. Nom qu'on donne aux Mées, au charançon vert de la vigne. V. *Vignogou*; aux cloportes en Languedoc, et à la blatte des cuisines, aux environs de Manosque. Avril. V. *Fourneiroou* et *Bambarota*, pour l'éty.

BABAROTOUN, BABAROUTOUN. V. *Courcoussoun*.

Éty. de *bab*, enfant, et de *outoun*, dim. petit être. V. *Bab*, R. dim. de *Babarot*, v. c. m.

BABAROUCHOUN, s. m. (babaroutchóun). Babouin, nom que les bohémiennes donnent aux petits enfants. Garc.

BABAROUTOUN, V. *Babarotoun*.

BABASSAN, s. m. (babassán). Mot arabe qui désigne un bonnet ouvert, comme ceux que portent les Grecs.

BABAU, s. m. (babáou); *Babão*, port. *Il baa*, ital. *Babau*, Dict. de Trévoux, mot inventé pour exprimer la peur que l'on fait à un enfant en lui apparaissant subitement, fantôme. V. *Barban*.

Éty. Ce mot serait-il dérivé du grec βαβαὶ (babai), cri d'admiration et de surprise?

Un gros baban, un homme à grand pouvoir, à grande fortune. Garc.

BABAU, adj. vl. *Babau*, cat. Sot, niais, nigaud. V. *Niais*.

Éty. du lat. *babulus*, m. s. probablement dérivé de *bab*, enfant. V. *Bab*, R.

BABAU-LUSENT, V. *Luseta*.

BABEL, *tourre de*, s. f. (tourré-dé-Babèl); TOURRE-DE-BABILOUNA. *Torre-di-Babele*, ital. *Torre-de-Babel*, port. Tour de Babel, fameuse tour que les enfants de Noël entreprirent d'élever dans la plaine de Sennaar, 150 ans après le déluge, comme un signe de ralliement, selon les uns, et dans la prétention de monter au ciel selon d'autres. Elle était bâtie en briques cimentées avec du bitume.

Dieu, pour punir leur témérité, confondit leur language et l'ouvrage fut abandonné.

C'est par allusion à cet évènement que l'on dit familièrement, en parlant d'une assemblée où il y a une grande confusion, *Es la tour de Babel*.

Éty. de l'hébreu *babel*, confusion.

BABELONIA, vl. Babylone. V. *Babylouna*.

BABELOUN, dim. de *Babeou*. V. *Elisabeth*.

BABEOU, nom de femme (babèou); altér. de *Elisabeth*, v. c. m.

BABET, *Barbaretta*, ital. V. *Elisabeth*.

BABETA, s. f. (babète), d. mars. POTET. Petit baiser.

Éty. de *ba*, *bab*, baiser, et du dim. *eta*. V. *Bais*, R.

Vaou de galapachoun li prendre uno babetto.
Bellot.

BABI, nom d'homme. V. *Babilas*.

BABI, s. m. (bábi). Terme de mépris, petit enfant; babouin, ouine; crapoussin. V. aussi *Bambochou*, niais, badaud, dadais. Avril.

Éty. de *babi*, crapaud, ou de *ba*, premier mot que prononcent les enfants; *babas*, en arabe, signifie enfant, et *Babia* est la déesse des enfants en Syrie.

BABI, s. m. (bábi). Nom commun à toutes les espèces de crapauds qu'on trouve dans nos pays. A Nice, selon M. Risso, on donne particulièrement ce nom:

1° Au crapaud variable, *Buffo variabilis*.
2° Au crapaud cendré, *Buffo cinereus*.
3° Au crapaud de Roësel, *Buffo Roeselii*. Latr. et
4° Au crapaud ferrugineux, *Buffo ferruginosus*. Risso. Reptiles batraciens, de la fam. des Anoures (privés de queue).

Te crebi coumo un babi, je t'écrase comme un crapaud.

Dans le département des Bouches-du-Rhône, le mot *babi* paraît désigner un hibou; il serait dérivé, dans ce cas, du lat. *bubo*, hibou.

BABI-GROS, s. m. (gros-bábi). Nom

nicéen du crapaud tuberculeux, *Buffo tuberculosus*, Risso. du même genre que les précédents.

BABIERA, dl. V. *Bavarela* et *Bab*, R.

BABIGNAS, s. f. pl. V. *Babina*.

BABIGNOUN, s. m. (babignóun), d. lim. Menton. V. *Mentoun*.

Éty. dim. de *Babina*, v. c. m.

BABILAS, nom d'homme (babilás); BABILAR, BABI, BOUSIERI. Babilas, évêque d'Antioche, martyrisé en 251; l'Eglise l'honore le 24 janvier.

BABILH, s. m. (babill); BABILHA, BARBALH, CHARRA, CAQUET, BEC, BABIA, CHAITA, BABOUI, BARGEAL, BAGOUL, CHARRADISSA, *Bachilleria*, esp. Babil, abondance de paroles dites à quelqu'un pour le seul plaisir de parler.

Éty. de l'hébreu, *babel*, confusion, ou de *ba ba*, *ba bi*, premiers mots souvent répétés par les enfants, selon Denina, d'où le grec βάβα (baba), cri d'un enfant au berceau. V. *Bab*, R.

BABILHA, s. f. (babille), V. *Babilh* et *Bab*, R.

BABILHAIRE, s. m. (babillâïré). Voy. *Babillard* et *Bab*, R.

BABILHAR, v. n. (babillá); BARBALHAR, BABIAR, BAYAR, CAQUETAR, DEGULAR, CHARRAR, CHICAR. *Bachillerear*, esp. Babiller, parler beaucoup et inutilement, pour le seul plaisir de parler.

Éty. de *babilh* et de *ar*, ou du grec βαβάζειν (babazèin), balbutier. V. *Bab*, R.

BABILHARD, ARDA, s. et adj. (babillár, árde); BABILHAIRE, BABIAIRE, BARBALHAIRE, BATAREOU, BARGEACAS, TABASTEL, FELHA-LENGUA, CHARRAIRE, LENGUT, LENGAT, ALENGAT, LINGAU. *Bachiller*, esp. *Berlinghiere*, ital. Babillard, arde, qui aime à caqueter, à parler beaucoup.

Éty. de *babilha* et de *ard*.

BABILHARDAGI, s. m. (babilhardádgi); BABIARDAGI. Bavardage. V. *Bavardagi*.

BABINA, s. f. (babíne); BABIGNA. *Barbozza*, ital. Babine ou babines, en parlant des lèvres de certains animaux, tels que les vaches, les chèvres, les brebis, les singes: on dit les barbes en parlant d'un chat; fig. et iron. lèvres, grosses lèvres: *S'en poou licar leis babinas*, il peut s'en torcher les babines.

Éty. du lat. *labina*, dim. de *labia*, lèvres, selon Ménage.

BABIOLA, s. f. (babióle); plus fréquemment employé au pluriel BABIOLAS, BABOLAS, BABOIAS, BAGATELAS. *Babbole*, ital. Babioles, choses de peu de conséquence et de peu de valeur; riens, amusements d'enfant.

Éty. de la basse lat. *barubella*, jouet d'enfant, ou de *babi*, enfant, selon Denina. Voy. *Bab*, R.

BABIS, s. m. (babis). Nom gascon de l'onoporde. Voy. *Gaffa-l'ase*.

BABOCHA, s. f. (babótche); BABOCHOU, s. m. Masque, faux visage, selon Garcin. *Faire babocha* ou *babochou*, ne montrer qu'une partie de la tête et la retirer ensuite. V. *Faire coucu*.

Éty.

BABOCHOU, Avril. V. *Baboou*.

BABOI, s. m. (babói). Nom qu'on donne au taupe-grillon, dans le département des B.-du-Rh. V. *Courtilhiera*.

BABOIAS. V. *Babiola* et *Bab*, R.

BABOLA, s. f. (babóle). V. *Babiola* et *Bab*, R.

Y a d'au plazer, de veyre taux bartollos
Davant minos inventar de babollas.
V. *Avoucat*.

BABOLAS, s. f. pl. (bobóles), dl. Voy. *Moulelas*.

BABOOU, *faire*, (faïré babóou); BABOCHOU. Epier, jeter un regard furtif pour voir ce qui se passe, sans être aperçu. Avril. C'est aussi un syn. de *Barban*, v. c. m.

BABORD, s. m. (babór); *Basso-bordo*, ital. *Bombordo*, port. *Babor*, esp. *Babòr*, cat. Babord ou basbord, côté gauche du vaisseau, en regardant vers l'avant.

Éty. de *bas*, moins noble, et de *bord*, parce que ce côté est moins honoré que celui de tribord, qui est à droite.

Babord lou quart, babord le quart, commandement par lequel on ordonne à ceux qui couchent à gauche, de se lever pour faire le quart.

BABOT, s. m (babó). Terme enfantin pour désigner un soulier.

Éty. C'est une altération de *sabot*. Voy. aussi *Baboucha*.

BABOT, s. m. (babó); BABOTA. La fève ou chrysalide du ver à soie, d'où sort ensuite l'insecte parfait: *A un babot dins lou cap*, il a un grain de folie. Pour Elisabeth. V. *Babeou*.

Éty. probablement de *bab*, petit enfant, et de *ot*, dim.

BABOTA, dl. V. *Barban*.

BABOUATA, s. f. (babouáte). Punaise d'eau, Castor. V. *Courdounier*.

BABOUCHA, s. f. (babóutche); BABOCHOU. *Baboca*, ital. Babouche, sorte de pantoufle en usage parmi les Orientaux.

Éty. du persan *papous*, m. s. ou de la basse grécité παπουτζι (papoutzi), soulier.

BABOUES, s. f. (baboué). Souci, peine, chagrin.

Éty. du celt. *bab*, grand, et de *boës*, peine, selon Ach.

BABOUET, s. f. (baboué). Nom qu'on donne, dans le département des Bouc.-du-Rhôn., selon l'auteur de sa Statistique, à la Sphérome de Hooker, *Sphæroma Hookeri*, Leach. et à la Sphérome dentée en scie, *Sphæroma serrata*, Dict. Sc. Nat. *Sphæroma cinerea*, lat. Crustacés de la fam. des Hétérobranches, qu'on trouve dans la Méditerranée.

BABOUET, s. m. Sorte de puceron qui ronge les légumes.

Éty. de *bab*, enfant, petit. V. *Bab*, R.

BABOUI, Garc. V. *Babilh*.

BABOUIN, s. m. (babouïn). Petit enfant. V. *Babi*.

Éty. du grec βάβιον (babion), enfant.

BABOUINAR, Garc. V. *Embabouinar*.

BABOUINUR, s. m. Hableur. Garc. V. *Embabouinur*.

BABOURNAS, s. m. dl. V. *Bournal*.

BABOYA, s. f. (babóye), dl. Sornettes, bourdes pour amuser les enfants V. *Baliverna* et *Bab*, R.

BABTISMAL, adj. vl. V. *Baptismal*.

BABUIRAS, s. m. (babuiras). Brouillard qui couvre la campagne. Garc.

BABYLOUNA, s. f. (babylóune); *Babylonia*, port. *Babilonia*, ital. esp. cat. Babylone, capitale ancienne de la Chaldée, dont il ne reste que quelques ruines. *Es una babylouna*, c'est un grand désordre.

Éty. du lat. *babylon*, et dérivé du grec βαβυλών (babulôn), m. s. formé de l'hébreu, *babel*.

BAC

BAC, BACC, BACH, rad. pris du bas breton *bag* ou *bak*, bateau, barque, canot, *Bach*, en en all. signifie rivière, ruisseau, et dans la basse latinité *bacca*, *baccha*, *bacchia*, *baccharium*, *voces*, dit Ducange, *Unius ejusdemque originis et notionis quæ vas vel urceum significant*, c'est aussi: *Navis species*, *vas aquarium*, *vas vinarium*. Ce radical pourrait venir encore du grec βάκη (bakê) pont, parce que les bateaux sont des espèces de ponts mouvants.

De *bak*, par le changement de *k* en *c*, sont dérivés: *Bac*, *Bach-as*, *Bac-in*, *Bacin-ar*, *Bacin-et*, etc.

De *bag*: *Bag-ot*, *Bagot-oun*.

BAC, s. m. (bác); BATEOU. Bac, espèce de grand bateau plat qui sert à passer les carrosses, les charrettes, les passagers, etc., d'un bord d'une rivière à l'autre, soutenu par une corde transversale.

Éty. du celt. breton *bac* ou *bak*, m. s. ou du grec βάκη (bakê), pont. V. *Bac*, R.

On appelle:

PASSEUR, celui qui passe les voyageurs dans son bateau.
TABLIER, les deux parties mouvantes que l'on baisse pour faciliter l'entrée et la sortie du bac.
TOURELLE, la pièce de bois ronde sur laquelle glisse la corde du bac.
CABLE, *cable*, la corde tendue d'un bord à l'autre de la rivière.
ARBRE, *aubre*, V. *Tourelle*

V. pour le reste au mot *Batel*.

BAC, s. m. d. bas lim. Auge. V. *Bachas* et *Gavia*.

Éty. V. *Bac*, R.

BACA, s. f. anc. béarn. Vache. V. *Vacca* et *Vaco*, R.

BACA, s. f. vl. Baie. V. *Bacca*.

BACALAR, s. m. vl. BACHALLIER. Bachelier. V. *Bachelier*.

BACALHAU, s. m. (bacailláou); BACAYAU. *Baccalà*, ital. *Bacalhao*, port. *Bacallao*, esp. *Bacallà*, cat. *Bacaliau*, nom qu'on donne à la morue sèche.

Éty. de *Bacalaos*, nom d'un endroit de Terre-Neuve, où l'on pêche la morue; ce mot signifie, *morue blanche*.

BACANAL, V. *Bacchanala*. V. *Bac*, R.

BACARIOU, s. m. (bacariou)?

S'envouela couma de pousses
Fan davan un bacariou. Rigaud.

BACARRA, s.m. (bacarrá); **BACARA**. Jeune forcé : *Faire bacarra*, jeuner forcément, n'avoir rien à manger.

Éty. On fait dériver ce mot du celt. *bac*, défaut, et de *arraia*, aliments.

BACCA, s. f. vl. **BACA, BAGA**. *Baca*, anc. esp. *Baya*, esp. mod. *Baga*, port. *Bacca*, ital. Baie, fruit mou ou charnu qui renferme des pepins ou de petits noyaux ; graine en général.

Éty. du lat *bacca*, m. s.

BACCALAUREAT, s. m. (bacalaureá); *Baccelleria*, ital. *Bachillerato*, esp. *Bacharelado*, port. *Batailleral*, cat. Baccalauréat, premier degré que l'on prend dans une faculté pour parvenir au doctorat.

Éty. du lat. *baccalaureatus*.

BACCH, **BACH**, rad. dérivé du lat. *Bacchus*, Bacchus, Dieu du vin et de l'ivresse. Dérivé: *Bacch-anala, Bacch-anau, Bacch-us, Bach-ela, Bach-ique, Bacch-anta, Bach-eta*.

BACCHANALA, s. f. (baccanále) ; **BACA-RARRA, BACCHANAU, BACANAL**. *Bacchanal*, port. *Baccano*, ital. *Bacanale*, esp. *Bacanal*, cat. Bacchanal, grand bruit, grand tapage, débauche bruyante.

Éty. du lat. *bacchanalia*, bacchanales, fêtes religieuses en l'honneur de Bacchus, qui se célébraient particulièrement à Rome, avec une licence et une dissolution effrénées. Voy. *Bacch*, R.

BACCHANAU, V. *Bacchanala*.

BACCHANTA, s. f. (bacánte) ; **BACCANTA**. *Bacchante*, port. *Baccante*, ital. *Bachante*, esp. Bacchante, prêtresse de Bacchus qui célébrait la fête des bacchanales.

Éty. du lat. *bacchantis*, gén. de *bacchans*, m. s. formé de *Bacchus*. V. *Bacch*.

BACCHUS, s. m. (Bacús) ; *Bacco*, ital. *Baco*, esp. *Bachus*, cat. *Baccho*, por, Bacchus, Dieu du vin et de l'ivresse, fils de Jupiter et de Semelé.

Éty. du lat. *Bacchus*, m. s.

BACEGOU, s. m. (bacègou), dl. Voy. *Pertia*.

Éty. du lat. *baculus*, bâton.

BACEL, s. m. (bacèl), dl. **BASSEOU, BATADOUIRA, BATEDOUR, BATTAREL, MASSA, BACEOU, DEMOBIAIRE**. Battoir, palette de bois dont les lavandières battent le linge en le lavant ; fig. soufflet.

Éty. du lat. *bacellus* ou *bacillus*, dim. de *baculus*, bâton pour frapper. V. *Bacul*, R.

Ti cali un baceou, je te donne un soufflet : *Fichar un baceou*, le même. Dérivés : *Bacelar, Baceou, Bac-egou*,.

BACEL, s. m. (bossèl), d. bas lim. **BASSEL**. Seuil et linteau d'une porte. On donne aussi ce nom à l'accoudoir d'une fenêtre.

Éty. de *bacelar*, frapper, parce que c'est la pièce que l'on heurte le plus souvent, en entrant ou en sortant. V. *Bacel*.

BACELA, s. f. vl. **BACHELA, BAICELA**. Une jeune fille, toute fille qui n'a point d'état.

Éty. V. *Bachelard*.

BACELA. dl. V. *Balutcou*.

BACELA, s. f. dl. Mesure de grains. Sauv. Add

Éty. de l'ital. anc. *bacela*, mesure pour l'huile. V. *Bac*, R.

BACELAGE, s. m. vl. Les soins tendres et empressés d'un homme auprès d'une femme, à laquelle il fait sa cour ; jeune homme.

Éty. Ce mot ne parait être qu'une alt. de *vasselage*, mais il faudrait écrire alors *basselage*.

BACELAR, v. a. (bacelá) ; **TABASAR, BARCELAR, BARSELAR**. Au propre battre le linge avec le battoir, *bacel*; au figuré, battre, frapper à coups redoublés ; tourmenter.

Éty. de *bacel* et de *ar*, dérivés du lat. *baculus*, frapper avec le battoir.

Bacelar un travalh, d. apt. bâcler, expédier promptement.

Mai ara que poou pas sourtír,
Que sas doulours se renouveloun,
Toutes lous diables lou baceloun. Favre.

BACELATGE, s. m. vl. **BACELAGE**. État de fille ou de garçon.

BACELETA, s. f. (baceléte). Un des noms de la lavandière. V. *Bouyoureta* et *Vacherouna*.

Éty. de *Bacel*, R. et de *eta*, dim. petit battoir, à cause de la forme et du mouvement de sa queue. V. *Bacul*, R.

BACEOU, V. *Bacel* et *Bacul*, R.

BACH, s. m. d. béarn. pour bas, chaussure. V. *Bas*.

BACHA, s. m. (batchá) ; *Bacha*, port. *Bassà* et *Bagià*, ital. Bacha, titre d'honneur que l'on donne en Turquie, à toutes les personnes un peu considérables à la cour.

Éty. du turc *bash*, tête, chef.

BACHA, s. f. (bâtse), d. bas lim. Grande caisse carrée, remplie de terre, où l'on plante des arbrisseaux qu'on est obligé de rentrer en hiver, et où l'on fait des semis. V. *Caissa*.

Éty. V. *Bac* et *Bach*, R.

BACHA, s. f. (batche) ; **BACHAS, TAUTAS**. Marre, gachis, flaque, margouillis, trou d'eau sale ; auge de pressoir. Gar.

Éty. de l'all. *bach*, ruisseau, rivière.

BACHACOUN, s. m. (batchacóun). Goujat, valet de joueurs de mail et de paume. Bouffon.

Éty. Le P. Pujet, fait dériver ce mot de *bocha*, boule, le valet des boules.

BACHALLIER, s. m. vl. V. *Bachelier*.

BACHAR, v. a. (batchá). Mettre la bache, couvrir la charge d'une voiture avec de la paille, et de la grosse toile ou cuir nommé *bache*.

BACHAR, dg. Baisser, alt. de *Baissar*, v. c. m. *Bachar lou cat*, Jasm. Baisser la tête.

BACHARINA, s. m. (batcharine). Nom lang. du troglodyte. V. *Petoua*.

Éty. Parce que cet oiseau suit les vaches.

BACHAS, s. m. (batchás) ; **GRAZAL, GRAZAU, BAC, GAVIA, NAU, NAUC, MINGEADOUIRA, PORCATIERA**. Auge où l'on donne à manger aux animaux, et particulièrement aux cochons. On donne le même nom à une marée, gachis ou flaque, et à tous les lieux bas et remplis d'ordures ; à une maie ou auge de pressoir ; aux enfers d'un moulin à huile ; au bassin d'une fontaine, etc.

Éty. de *bac*, baquet, et de l'augm. *as*. V. *Bac*, R.

BACHAS DE DESTRECH, s. m. La maie ou mer d'un pressoir de vendange, espèce de grande auge carrée, sur laquelle on empile le marc du raisin.

BACHASSADA, s. f. (batchassáde). Plein une auge : *Bachassada deis porcs*, buvée.

Éty. de *bachas* et de *ada*. V. *Bac*, R.

BACHASSOUN, s. m. (batchassoún) ; **GRAZALET, NAUQUET**. Baquet, dim. de *bachas*, petite auge. V. *Bac*, R. C'est aussi une caisse de bois qui donne de l'eau aux papeteries et qu'on nomme *bachasson*.

BACHEIROUN, alt. de *vacheiroun*. V. *Braveirier*.

BACHEL, s. m. (batchèl), dg. V. *Batel*, et *Bateou*.

BACHELA, s. f. dg. Jeune fille, servante? V. *Bachelard*.

BACHELARD, nom propre, *Bachelard*; ce nom désigne un jeune homme, un adolescent, et par dérision un grand imbécile toujours en frais de sentiment auprès des femmes ; grand niais, éfeminé.

Éty. En roman walon, ce mot signifie jeune amoureux, jeune homme, d'où *bacela* et *bachela*, jeune fille. V. *Bachelier*, ou du grec βαχῆλος (bakêlos), m. s.

BACHELET, s. m. dim. de *bachel*, petit bateau. V. *Batelet*.

S'elança, per malhur al bachele trabuco.
Jasm.

BACHELIER, s. m. (batchelié) ; *Baccelliere*, ital. *Bachiller*, esp. *Bacharel*, port. *Batxeller*, anc. cat. Bachelier, celui qui est promu au baccalauréat dans quelque faculté.

Éty. du lat. *bacca-lauri*, baies de laurier, parce qu'on couronnait jadis les récipiendaires d'un brin de laurier portant des baies, pour indiquer que si celui qu'on en décorait, n'avait produit jusqu'à présent, que des fleurs, il allait maintenant donner des fruits.

BACHERA, s. f. anc. béarn. Vaisselle, futaille. V. *Vaissela*.

Éty. du basque *bachera*, m. s. V. *Bac*, R. ou du grec βῖκος (bikos), vase, urne, petit tonneau.

Qui vend pipa de vin, si la bachera no es en presentia deu crompadó, deu está de tenguda de cent hocytanta lotz.

Fors et Cost. de Bearn.
Rubr. de pees et mesuras, art. 6.

BACHEREY, s. m. dg. ?

Qu'abeby bien sarat aou found de la tirette
D'aou petit *Bacherey* qu'hey croumpat à Janette.
Verdier.

BACHET, s. m. dg. Petit bateau. Voy. *Batelet*.

Éty. Dim. de *Bac*, R.

BACHETA, s. f. (batchéte). Nom qu'on donne au troglodyte aux environs de Montpellier. alt. de *Vacheta*. V. *Petoua*.

BACHETA, s. f. (batchéte). Débauche de table, bruit qu'on fait en mangeant : *Faire bacheta*, rester long-temps à table : *Es bacheta*, expr. prov. dm. cela est aisé, facile, commode.

Éty. Ce mot s'est probablement formé par syncope de *bachiqueta*, inusité, dim. de *bachique*. V. *Bacch*, R.

BACHI, alt. g. de *Vaquit*, v. c. m. *N'en bachi*, en voilà.

BACHIQUE, **ICA**, adj. (batchiqué, ique); *Bacchico*, *ital.* port. *Bachico*, esp. Bachique, qui appartient, qui a rapport à Bacchus ou à la table.

Éty. du lat. *bacchicus*, m. s. V. *Bacch*, R.

BACHIQUELA, s. f. (batchiquèle). Poltron, lâche; bagatelle; sorte de beignet, brimborion, fanfreluche.

Éty. du lat. *baciballum*, bagatelle.

BACHIQUELIAR, v. n. (batchiqueliá). Chuchotter, parler bas et à l'oreille. Avril.

BACHOCCA, s. f. (batchóque); SIGNOUNC, SEGNOUNC, BACHOQUA. Loupe du bois, excroissance, nœud qui vient sur le tronc des arbres; tumeur qui se forme sur le corps à la suite d'une contusion. V. *Baiocca*.

Éty. Le P. Pujet dérive ce mot de l'hébreu, *basaq*, enflure, tumeur.

BACHOT, **OTA**, adj. et p. (batchó, óte), d. apt. Indisposé, inquiet.

BACHOUN, s. m. (botsóu), d. bas lim. Baquet, cuvier à bords peu élevés. Voy. *Cournudoun*. Caquète où les poissonnières tiennent des carpes; tine ou tinette. Voy. *Selha*.

Éty. de *bach*, et du dim. *oun*, petit bac. V. *Bac*, R.

BACHUCAR, dl. V. *Boucar*, *se*.

BACI, **BACIS**, vl. V. *Bacin*.

BACI, dg. pour *voici*. V. *Veicit*.

BACILLO, s. m. (bacile); FENOUIL-DE-MAR, SAUSSAIROUR. Fenouil marin, *Crithmum maritimum*, Lin. plante de la fam. des Ombellifères, qu'on trouve près de la mer. V. Gar. au mot *Crithmum*, p. 134.

Éty. probablement du lat. *baculum*, bâton, parce que les tiges dures de cette plante pourraient servir au même usage. V. *Bacul*, Rad.

BACIN, s. m. (bassin); BASSIN. *Baci*, cat. *Bacin*, esp. *Bacio*, port. *Bacino*, ital. Bassin, sorte de grand plat; grande pièce d'eau, port de mer; étendue de terre entourée de montagnes; la partie d'une balance où l'on met les choses qu'on veut peser; etc., etc.; pot de chambre, vase de nuit.

Éty. Selon Mén. du lat. barbare *bacinus*, formé de l'all. *back*, ou de l'ancien gaulois *bachinou*, qui avait la même signification, suivant Caseneuve, d'où *bachin* et *bacin*; bassin est un dim. de *bach*, qui signifie lac. Denina. V. *Bac*, R.

Bassin de barbier, plat à barbe.

Net coumo un bassin de barbier, net comme une perle.

Dans un bassin ou grande pièce d'eau on appelle :

AIRE, le massif qui en forme le fond.

VANNE, la porte mobile, qu'on élève ou qu'on baisse, pour faire vider ou remplir le bassin.

DEUVE, le mur avec corroie de glaise derrière.

BACINA, s. f. (bassine); BASSINA, BANSINA. *Bacina*, esp. *Bacia*, port. *Bacino-grande*, ital. *Baci*, anc. cat. *Bacina*, cat. mod. Bassine, espèce de chaudière large, circulaire, moins profonde qu'un chaudron, et munie ordinairement de deux anses sur les côtés.

Éty. fém. de *Bacin*, v. c. m. et *Bac*, R.

Bacina, est aussi le nom que l'on donne dans les environs de Grasse, selon M. Garcin, à une tonne de moulin à huile. Voy. *Tineou*.

Dans le Languedoc *bacina* signifie la même chose que *cassa* ou *Casseltà*, v. c. m.

BACINADA, s. f. (bassinade), dl. BASSINADA. Une cuillerée, Sauv.

Éty. de *bacina* et de *ada*. V. *Bac*, R.

BACINAR, v. a. (bassiná); BASSINAR, SOUFIGEAR. *Bacinar*, esp. Bassiner un lit, fomenter une plaie.

Éty. de *bacin* et de *ar*. V. *Bac*, R.

BACINAT, **ADE**, adj. et p. (bassiná, áde); BASSINAT. Bassiné, ée, fomenté, ée.

Éty. de *bacin*, et de *at*. V. *Bac*, R.

BACINET, s. m. vl. *Bacinet*, cat. *Bacinejo*, esp. *Bacinete*, port. *Bacinetto*, ital. *Bacinet*, ancienne armure de tête. V. *Bac*, Rad.

BACINET, s. m. (bassiné); BASSINET. Bassinet, pièce creuse ajoutée à la platine d'une arme à feu, où l'on met l'amorce.

Éty. de *bacin* et du dim. *et*, petit bassin. V. *Bac*, R.

En terme d'orfèvre, petit bassin qui surmonte la branche d'un chandelier.

Bassinet d'una gouerga, creux d'une goutière.

BACINETS, s. m. pl. (bassinés); BASSINETS. Bassinets, nom qu'on donnait à d'anciens soldats qui portaient un chapeau de fer, en forme de bassine, d'où leur nom. V. *Bac*, R.

BACINIER, s. m. (bassinié), dl. BASSINIER. Quêteur. Sauv.

Éty. de *bacin* et de *ier*, qui porte le bassin. Voy. *Bac*, R.

BACIOU, dg. Voici, voilà. V. *Vequit*.

BACLAR, v. a. (baclá). Bacler, fermer une porte, une fenêtre, avec une barre, un bâton; *Baculum*, et fig. terminer promptement, définitivement une affaire, un ouvrage.

Éty. du lat. *baculare*, par apocop. et sync. de *u*. V. *Bacul*, R.

BACLAT, **ADA**, adj. et p. (baclá, áde). baclé, ée, fermé avec une barre : terminé, ée, arrêté, conclu.

Éty. du lat. *baculum*, bâton, et de *at*, fermé avec un bâton. V. *Bacul*, R.

BACO, et

BACON, vl. V. *Bacoun*.

BACONAR, vl. V. *Bacounar*.

BACOUN, s. m. BACON; *Bacó*, cat. *Bacoro*, port. Porc salé; le lard entier d'un porc salé; un porc engraissé. fig. et iron. personne extrêmement grasse.

Éty. du celt. *bacon*, m. s. d'où l'anglais *bacon* et la basse latinité *baco*, *bacco*. Ménage fait venir ce mot du grec σύϐακος (subakos, gén. de σύϐαξ (subax), qui mène une vie de cochon, dont le radical est σῦς (sus), cochon : de *subakos*, par aphérèse, *bakos*, d'où : *Bacon*, *Bacoun*.

Aquot vai coumo rampau à bacoun.

Cela vient comme mars en carême : littér. cela va comme le laurier au lard.

Dérivés : *Bacoun-ar*, *Bacoun-at*, *Bac-ut*, *Em-bacon-at*.

BACOUN, s. m. (bacóun); BACOU, BOUSSICLAU. *Calebasse*, nom qu'on donne aux prunes qui se bossèlent et se dessèchent sur l'arbre, par suite d'une maladie qu'on croit produite par la piqure d'un insecte.

Éty. de la basse latinité *bacca*, petit vase, petite outre, parce que les prunes ainsi desséchées, ressemblent à une petite bourse, ce qui les a fait nommer aussi *boussiclau*, v. c. m. et du dim. *oun*. V. *Bac*, R.

BACOUN DE VIN, Sac à vin, on le dit d'un ivrogne.

BACOUNAR, v. a. (bacouná). Saler du lard de cochon.

Éty. de *bacoun* et de *ar*. *Faire de bacoun*, d. apt. tuer, égorger, parce qu'avant de saler il faut tuer.

BACOUNAT, p. et adv. (bacouná). Salé, en parlant du lard.

BACQUA, anc. béarn. V. *Vacca*.

BACUL, BACL, BACEL, BECIL, radical pris du latin *baculum*, bâton, dont Vossius et M. Bondil, donnent la véritable étymologie, après que le premier en a rapporté une fort plaisante en ces termes : *Baculum putatur Bacchus invenisse, quo vino gravati hoc se sustentarent : et hinc nominis quoque caussam arcessunt*, mais ajoute-t-il, *Melius Javianus Pontanus*, *f.* CXXXIII, édit. *Ald. ob affinitatem literæ b et v consoni; baculum censet prius fuisse viaculum, ut ita dictum sit, quod infirmiores, eo in viá innitantur, seque sustentent; proque hac sententia est, quod, ut mox dicam, imbecillem dicimus pro infirmo.*

M. Bondil ajoute : *baculum*, de *bare*, *bo*, inusité, aller : *bas*, tu vas, *bat*, il va; dérivé du grec ϐάω (baô), aller. V. *Vader*.

De *baculum*, par apoc. *bacul*; d'où : *Bacul-ar*, et par la supp. de *u*, *bacl*, d'où : *Bacl-ar*.

De *bacul*, par le changement de *u* en *i*, *bacil*, d'où : *Bacil-a*

De *bacil*, par le changement de *a* en *e*, *becil*, d'où : *Im-becil-e*, *Im-becil-ital*, etc.

De *bacil*, par le changement de *i* en *e*, *bacel*, d'où : *Bacel*, *Bacel-ar*, *Baceou*.

BACULAR, s. m. (baculá). Huissier à verge ou appariteur.

Éty. du lat. *baculum*, bâton. V. *Bacul*, Rad.

BACUT, adj. vl. Charnu, gras.

Éty. de *bacoun*, v. c. m.

BAD

BAD, BADALH. Ces deux radicaux qui ont la même origine, viennent évidamment du roman *badar* et *badalhar*, ouvrir la bouche outre mesure; regarder la bouche béante, ouvrir en général; mais d'où sont tirés *badar* et *badalhar?* Est-ce du bas breton *badalein*, qu'on prononce *badaillein*, et qui a la même signification? Est-ce de l'exclamation que l'on fait en ouvrant la bouche, lorsqu'on voit quelque chose qui ne plait pas, comme le pense M. de la Monnaie? ou de *baye*, qui selon Barbazan, désigne l'ouverture, le vide d'une porte, dérivé de *vacuitas*, parce que, ajoute-t-il, bâiller, n'est autre chose qu'ouvrir la bouche? Enfin, ce mot est il ligurien comme l'a avancé l'auteur de la Stat. du département des Bouches-du-Rhône? On le fait venir aussi de *balare* bêler, cri du mouton et de la brebis; ou de l'all. *badeen*, attendre, parce que celui qui attend, s'ennuie et bâille.
Dérivés: de *bad*, *bada*, ou plutôt du latin *patare*, être ouvert. *Bad-a*, *Bada-bec*, *Bada-man*, *Bada*, *Bad-ada*, *Bada-hec*, *Bad-aire*, *arela*; *Bad-al*, *Badal-uc*, *Badaluga*, *Bad-ar*, *Badar-el*, *Badar-eou*, *Badar-n-ar*, *Badarn-at*, *Badarn-e*, *Bad-alge*, *Bad-au*, *Badau-r-el*, *Badaurel-ar*, *Bad-efa*, *Bad-eiar*.

De *badalh*: *Bad-alh*, *Bad-alh-aire*, *Badalh-a-ment*, *Badalh-ar*, *Badalh-ol*, *Badalhol-ar*, *Badalh-oun*, *Badalh-un*, *Bad-erla*.

De *badar*: *Badar*, *Badar-eou*, *Badar-n*, *Es-badarn-ar*, etc.

De *badar*, par apoc. *bad*; d'où: *Bad-ada*, *Bad-au*, *Bad-ier*, *Bad-oc*, *Bad-oca*, *Bad-iu*, *Bad-iol*, *Bad-iou*, *Bad-ia*, *Bad-orca*, *Bad-uc-ar*, *Bad-uel*.

De *badalhar*, par apoc. *badalh*; d'où: *Badalh*, *Badalh-ar*, *Badalha-ment*, *Badalh-oun*, etc.

BADA, *duché de*, (báde); *Bade*, esp. *Bada*, port. lat. Bade, grand duché de, autrefois Margraviat, état d'Allemagne, qui s'étend le long du Rhin à l'Est de la France.

Éty. de l'all. *bad*, bain, à cause des bains chauds qui existent dans son territoire.

BADA, s. f. vl. *Bada*, cat. *Guette*, sentinelle, guet, vedette. *De badas en bada*, en vain, inutilement.

Éty de *badar*, regarder. V. *Bad*, R.

BADA, (báde); DE BADE, espèce d'exclam. ou d'adv. *En bade* et *De bades*, anc. cat. Encore, malgré, sur le champ. Sauv.

Éty. de l'arab. *de balde*, gratuitement, gratis.

BADA-BEC, s. m. (báde-bè), dl. Un baillon, m. s. que *badau*, en d. bas lim. V. *Badalhoun* et *Bad*, R.

BADADA, s. f. (badáde); BADADOU, ESCRIDASSADA. Le même que *Badau*, v. c. m.

Éty. de *badar*, ouvrir la bouche, et de *ada*. V. *Bad*.

D'abord qu'agueriaz fa la darniera badadou
N'en partiguerоun doux per garda la nisadoù,
L'aoutro fuguet sola justament voste corps;
De la meme façoun que n'en saloun lei porcs.
L'ombre de l'Abbé de Nant.

BADADIN, s. m. (badadïn). Noyaux des fruits. Garc.

BADAFA, s. f. (badáfe). Bruyère, rameaux de bruyère et autres, sur lesquels ont fait monter les vers à soie.

Éty. *Badace*, en roman désigne l'herbe aux puces, qui est comprise dans la signification générale de bruyère.

BADAFA, s. f. Un des noms languedociens de la lavande. V. *Lavanda*.

BADAFFIER, Suppl. Dict. Pellas. V. *Badassiera*.

BADAFRA, s. f. (badáfre). Nom avignonnais du ciste cotonneux. V. *Massuga*.

BADAGE, s. m. vl. BATATGE.

BADAHEC, s. m. vl. V. *Badalhoun* et *Bad*, R.

BADAILL, vl. V. *Badalh*.

BADAILLAR, vl. V. *Badalhar*.

BADAIRE, ARELA, adj. et s. (badaïré, èle); BADAREOU, BADALHAIRE, BADARUC. *Badador*, cat. Bayeur, euse, bâilleur, celui qui bâille, qui est sujet à bâiller, nigaud, imbécille, musard.

Éty. de *badar* et de *aire*, qui bâille, ou du celto breton, *bader* et *badouer*, m. s. V. *Bad*, Rad.

BADAIRES, s. m. pl. (badaïrés). Nom Gascon du mufflier. V. *Gula-de-loup*.

Éty. V. *Badar*.

BADAL, ou

BADALH, s. m. (badál ou badáill), dl. *Badall*, cat. V. *Badau* et *Bad*, R. vl. il ou elle bâille.

BADALHAIRE, s. m. (badaillaïré). V. *Badaire* et *Bad*, R.

BADALHAMENT, s. m. (badaillaméin); BADAIAMENT. *Sbadigliamento*, ital. V. *Badalhar*, *lou*, et *Bad*, R.

BADALHAR, v. n. (badaillá); BADAIAR. *Badallar*, cat. *Badagliare*, ital. Bâiller, respirer en ouvrant considérablement la bouche, et involontairement, fig. rendre le dernier soupir; s'entr'ouvrir.

Éty. du bas breton *badalein*, bâiller, ou de *badalh* et de *ar*. V. *Bad*, R.

BADALHAR, LOU, s m. BADALHUN, BADALHAMENT, BADALHOL. *Sbadigliamento*, ital. Bâillement, action de bâiller.

Lou badalhar *noun pоou mentir*,
Voou mangear ou durmir,
Ou ben l'amour servir. Prov.

Lo badall no pod mentir,
Vol menjar ó vol dormir,
O dolenteria mantenir. cat.

BADALHOL, s. m. (bodolliól), d. bas lim. Bâillement, action de bâiller. V. *Badalhar lou*, et *Bad*, R. Bâillon qu'on met dans la bouche. V. *Badalhoun*. Ce mot désigne encore un étançon ou étrésillon.

BADALHOLAR, vl. interj. de *Badalhar*, v. c. m.

BADALHOUN, s. m. (badaillóun); BADABEC, BADAILHOUN, BADAYOUN. Bâillon, ce qu'on met dans la bouche de quelqu'un pour l'empêcher de parler ou de crier, ou dans la gueule d'un animal pour l'empêcher de mordre ou de manger.

Éty. de *Badalhar*, v. c. m. et *Bad*, R.

BADALHOUN, s. m. Pincette destinée à remuer les grosses bûches du feu.

Éty. de *badalhar*, qui bâille, qui s'ouvre beaucoup.

BADALHOUN, s. m. Un petit bâillement, un bâillement étouffé.

Éty. de *badalh* et de *oun*. V. *Bad*, R.

BADALHOUNAR, v. a. (badaillouná). Bâillonner, mettre un bâillon. Garc.

Éty. de *Badalhoun* et de *ar*. V. *Bad*, R.

BADALHUN, s. m. (badaillún); BADAYUN, BADALHAR, LOU. Bâillement, l'action de bâiller. V. *Bad*, R.

BADALUC, adj. vl. *Badaluceatore*, ital. *Badador*, cat. Musard, niais. V. *Badaruc*.

Éty. de *Bad*, R. et de *aluc*.

BADALUGA, s. f. (badalúgue), dl. FASQUIER. La chasse ou la pêche aux flambeaux, appelée dans quelques endroits fuée. Sauv.

Éty. *Que badaluga*, qui éblouit. V. *Esbarlugar*.

BADA-MAN, s. m. (báde mán), dl. Un empan, l'étendue de la main ouverte. V. *Pan* et *Bad*, R.

BADANNA, s. f. vl. béarn. *Badana*, cat. esp. Basane. V. *Basana*.

BADANT, ANTA, adj. (badán, ánte), d. apt. Ouvert, erte. V. *Bad*, R.

BADAR, v. n. (badá); DUGAR, ACACHAR, BADUCAR. *Badar*, cat. *Badare*, ital. Badauder, niaiser, regarder en ouvrant la bouche; languir; huer, vl. n'être pas bien fermé, être entr'ouvert; se crevasser, béer.

Éty. de la basse lat. ou de l'ital. *badare*, regarder. L'auteur de la St. des B.-du-Rh. dit que ce mot est ligurien. V. *Bad*, R.

BADAR, v. n. BECAR. *Badar*, cat. Bâiller, ouvrir la bouche pour recevoir les aliments, bayer: *Leis pichôts auceous badoun*, les jeunes oiseaux bâillent; Bayer, être ravi d'admiration; vomir, en d. bas lim. *Pas badar*, ne dire mot: *Badar-la-figa*, d. apt. bayer aux corneilles.

Éty. V. *Bad*, R.

BADAREL, s. m. vl. Badauderie, badaudage.

Éty. de *badar* et de *el*. V. *Bad*, R.

BADAREOU, V. *Badaire* et *Bad*, R.

BADARNAR, V. *Esbadarnar* et *Bad*, R.

BADARNAT, V. *Esbadarnat* et *Bad*, Rad.

BADARUC, s. et adj. (badarúc), dl. *Badaglio*, ital. Niais, imbécille. V. *Badaire* et *Bad*, R.

BADASSA, s. f. (badásse); GRANA-DE-ÇALHA, HERBA-DE-CALHA, GRANA-DE-NIERA. Nom commun au plantain pucier, ou herbe aux puces, *Plantago psyllium*, Lin. au plantain des sables, *Plantago arenaria*, Waldst. et au plantain des chiens, *Plantago cynops*, Lin. plantes de la fam. des Plantaginées qu'on trouve dans les lieux arides. V. Gar. *Psyllium*, p. 381.

Éty. du roman *badace*, m. s.

Dans l'arrondissement de Forcalquier et

en Languedoc, on donne encore le nom de *badassa*, à la lavande et au thym. V. *Faligoula* et *Frigoul*.

BADASSAS, Suppl. Dict. Pellas. V.

BADASSIERA, s. f. (badassiére); BADASSAS, BADAFIER. Lieu couvert de *badassa*, et par extention, broussaille, bruyère.

Éty. de *badassa*, et de la term. multip. *iera*.

BADATGE, s. m. vl. VATATGE. Folle attente, retard, délai.

Éty. de *bād* et de *atge*, action de bâiller, de musarder; *badise* en roman, que M. Roqu. fait dériver de *vagus* ou de *vacuitas*. Voy. *Bad*, R.

BADAU, s. m. (badâou); BADAL, BADALH, BADALIOL, BADADA, BADAOU, BADAI, BADAILLAR LOU. *Badall*, cat. *Sbadiglio*, ital. Bâillement, l'action de bâiller. *Faire lous badaus*, rendre les derniers soupirs, agoniser. V. *Bad*, R. *Badau*, se dit aussi pour bâillon, selon M. Aub.

BADAU, s. m. vl. Niaiserie, bêtise, ridicule.

Éty. de *bad* et de *àu*, *bade*, *badise*, en roman. V. *Bad*, R.

BADAUD, **AUDA**, s. et adj. (badâou, âoude); BADAU, BADABEC, BADEFA, BADAUREL, BADARUC, BADERLA, BADIOL, GALA-LUNA, GALAMARLUS, TATINAS, AGACHAIRE, TABAU. *Balordo*, ital. Badaud, e, niais qui s'amuse à tout, musard, qui admire tout. V. *Niais*.

Éty. de l'ital. *badare* ou de la bass. lat. *badaldus*, qui a la bouche ouverte, d'où le port. *bocc'aberta*. V. *Bad*, R.

Chacun sait que les gens qui ne s'étudient point à composer leur maintien, tiennent la bouche ouverte, *badoun*, quand ils écoutent attentivement, et cela pour mieux entendre; l'oreille ayant deux conduits, l'un qui s'ouvre à l'extérieur et l'autre dans l'intérieur de la bouche, connu sous le nom de trompe d'Eustache; il est évident que l'organe de l'ouïe est plus sensiblement affecté quand l'air agité lui parvient par les deux voies en même temps, que lorsqu'il ne pénètre que par une. *Faire lou badau*, badauder.

BADAUL, vl. BADIU-IVA, V. *Badaud*.

BADAUREL, **ELA**, s. (badourèl-èle), d. bas. lim. Bayeur, euse; calin, dadais, niais. V. *Badaud* et *Niais*.

Éty. de *Badar*, v. c. m. et *Bad*, R.

BADAURELAR, v. n. (bodoourelà), d. bas lim. Badauder, s'amuser à tout, niaiser.

Éty. de *Badaurel* et de *ar*, faire le niais. V. *Bad*, R.

BADAYUC, s. m. (badayûc). Nom qu'on donne à La Motte-du-Caire, à un conduit en bois, d'où l'on fait jaillir l'eau d'une source. V. *Badeic*, R.

Éty. de *Bad*, R. et *ayuc*.

BADEC, s. m. vl. Désir.

BADEFA, s. f. (bodèfe), d. b. lim. m. s. que *Badaud*, v. c. m. et *Bad*, R.

BADEFO, s. m. d. V. *Badaud* et *Badaurel*.

BADEIA, adj. f. vl. Béante.

Éty. de *Bad*, R. v. c. m.

BADEIAR, v. n. vl. *Badeyar*, anc. cat. Niaiser. V. *Badar* et *Bad*, R.

BADEIC, s. m. (badèic), d. de Barc. BADAYUC. Tuyau de bois perpendiculaire, terminé par une espèce de bouche d'où coule l'eau d'une fontaine; rustique.

Éty. de *badar*. V. *Bad*, R.

BADEJAR, vl. V. *Badar*.

BADER, v. n. d. béarn. Devenir.

BADERLA, dl. V. *Badau* et *Bad*, R.

BADESSA, *Badessa*, ital. V. *Abadessa*.

BADET, s. m. vl. et nom pr. Sentinelle qu'on plaçait au haut d'une tour, ou d'un clocher, dans des temps de trouble, pour découvrir l'ennemi de loin et pour sonner le tocsin. Sauv.

Éty. de *badar*, regarder. V. *Bad*, R.

BADIANA, s. f. (badiane). Badiane ou anis étoilé. Ce sont les noms qu'on donne dans le commerce, aux graines du Badian de la Chine, *Illicium anisatum*, Lin. arbrisseau de la fam. des Magnoliers de Jussieu, qui croît à la Chine. Son fruit qui est une capsule disposée en étoile, répand une odeur de fenouil très-suave.

BADIER, **IERA**, adj. (badié, iére); BADIOU, EMPEINCH, ABADALHAT, ESBALANÇAT, ABADARNAT, ABADEIRAT. Béant, ante; entrebaillé, ée, porte ou fenêtre qui n'est pas complètement fermée. *Tout badier*, *touta badiera*, entièrement ouvert, erte.

Éty. de *Bad*, R. ouvrir, et de *Iera*, v. c. m.

BADIL, s. vl. BADILS. Guérite.

BADIN, radical dérivé du grec παιδνὸς (paidnos), d'enfant, et formé de παίζω (paizô), jouer comme les enfants, plaisanter, badiner, dont le radical est παῖς (pais), enfant.

De *paidnos*, par apoc. et chang. de *p* en *d*, *baidn*, et par transposition du *d*, *badin*, d'où: *Badin*, *Badin-a*, *Badin-ada*, *Badin-agi*, *Badin-aire*, *Badin-ar*.

BADIN, **INA**, adj. et s. (badin, ine); BADINAIRE, FOULIGAUT, FADEGEAIRE. Badin, ine, qui aime à jouer, qui cherche à rire en jouant comme un enfant.

Éty. V. *Badin*, R.

BADINA, s. f. (badine). Badine, baguette mince et légère qu'on porte à la main en guise de canne.

Éty. de *badinar*, badiner, parce que cette espèce de canne ne peut servir à autre chose. V. *Badin*, R.

BADINA, s. f. dl. Une *branlante*, terme de jouailler; ornement en pierreries que les femmes portent au cou. Sauv.

BADINADA, s. f. (badinade). V. *Badinagi*.

Din lou coumençamen aco semblo pa ren,
Se tratavo de badinado. Aubanel.

Éty. de *badin*, et de *ada*. V. *Badin*, R.

BADINAGI, s. m. (badinàdgi); BADINADA, BADINAGE. Badinage, chose faite, dite ou écrite d'une manière gaie ou badine.

Éty. de *badin* et de *agi*. V. *Badin*, R.

BADINAIRE, **ARELA**, adj. et s. (badinairé, arèle; TROUFAREOU. Badin, bouffon, facétieux, qui plaisante toujours.

Éty. de *badin* et de *aire*. V. *Badin*, R.

BADINAR, v. n. (badinà); RALHAR, FADEGEAR. Badiner, faire l'enjoué, le badin, le plaisant; folâtrer, plaisanter, railler.

Éty. de *badin* et de *ar*, faire le badin. V. *Badin*, R.

BADINARIAS, s. f. pl. (badinaries). Plaisanteries, badinage.

BADINOUN, s. m. (badinóu), dg. Baquet qu'on place sous la cuve de la vendange pour recevoir le vin.

BADIOL, dl. V. *Badau* et *Bad*, R.

BADIOU. V. *Badier* et *Bad*, R.

BADIU, **IVA**, adj. vl. Sot, niais, badaud. V. *Badaud*.

Éty. de *bad* et de *iu*, de nature à bailler. V. *Bad*, R.

BADOC, adj. vl. *Badoc*, anc. cat. Niais, sot, benêt. V. *Niais* et *Bad*, R.

BADOC, s. m. v. f. Fou, pièce du jeu des échecs.

Éty. de *Bad*, R. et de *oc*.

BADOC, s. m. (badóc). Moissonneur, celui qui coupe le blé. Garc.

BADOCA, adj. f. dg. *Ayguo badoquo*, D'Astros, eau tiède.

BADOCA, s. f. (badóque). Arc en bois, ayant une rainure sur le dos, dans laquelle les moissonneurs placent le tranchant de leur faucille.

Éty. de *bad*, ouvert, et de *oca*; ou de *badoc*, moissonneur. V. *Bad*, R.

BADOCA, Monnaie. V. *Baiocca*. Gousse verte des légumes. Garc. V. *Dossa*.

BADODIS, s. m. (bododis), d. bas. lim. vomissement, ce qui est vomi. V. *Racalhas* et *Racadura*.

BADOILL, s. m. vl. Lenteur, paresse, négligence.

Éty. de *badar*. V. *Bad*, R.

BADOL, s. m. vl. Banderolle, bannière.

BADORCA, s. f. (badórque), dl. Cabanne, taudis; grotte, tanière. V. *Baita*.

Éty. de *bad*, ouvert, et *orca*. V. *Bad*, R. ou du grec βάθος (bathos), profondeur, abîme, lieu retiré, l'endroit le plus caché d'une maison.

BADOUA, s. f. (badóue); BADOVA. Nom qu'on donne à Nice, selon M. Risso, à la Blennie cornue, *Blennius cornutus*, Lin. et à la Blennie pholis, *Blennius pholis*, Lin. poissons de l'ordre des Holobranches et de la fam. des Jugulaires ou Euchénoptères, (à nageoires au cou).

BADOUN, BADOU, d. béarn. Ils ou elles vont. *Van*.

BADOUN, partic. d. béarn. Or donc.

BADRAT, s. m. (badrá), d. bas lim. Personne toujours sale, toujours crottée.

BADUCAR, v. n. (baducà). Badauder, niaiser. V. *Badar*. Croquer le marmot, dl. V. *Bad*, R.

BADUELH, adj. vl. BADUEL. Niais indécis, hésitant, bégayant. Voy. *Bad*, R. et *Badaud*.

BADUT, UDA, adj. et p. d. béarn. Né, née. V. *Nat* et *Nascut*.

BAE

BAET, s. m. vl. Embarras, incertitude.

Éty. de *ba* pour *bad*, et de *et*.

Altresi m'a amors, en tal bact mes.
Gloss. Occ.

BAEY, dg. Verdier, pour *vai*, vas.

BAF

BAF, exclamation d'indignation, vl. V. *Buf*.

BAFFA, s. f. vl. BAFA. *Befa*, cat. esp. *Beffa*, ital. Bourde, moquerie, tromperie.

Éty. pris figurément du roman *baffe*, fagot.

BAFFOUAR, v. a. (bafoua); BAFOUAR. *Beffare*, ital. Baffouer, traiter avec injure et mépris, se moquer de quelqu'un d'une manière outrageante.

Éty. de l'ital. *beffare*, m. s. ou de *baffa* et de *ar*. V. *Ouf*, R.

BAFFOUAT, ADA, adj. et p. (baffouá, áde); *Beffato*, ital. Baffoué, ée, plaisanté avec mépris, injurié.

Éty. V. *Ouf*, R.

BAFFUMARIA, vl. V. *Bafomairia*.

BAFOMAIRIA, s. f. vl. BAFFUMARIA. Mosquée, temple de Mahomet, pays de Mahométans.

Éty. de *Bafomet* et de *aria*.

BAFOMET, s. m. vl. alt. de *Mahomet*, nom pr.

BAFRA, V. *Brafa*.

BAFRAIRE, V. *Brafaire*.

BAFRAR, V. *Brafar*.

BAG

BAG, rad. dérivé de l'anglo-saxon *bage*, qui signifie sac, selon Denina; suivant Caseneuve, de *bagues*, qui désignait anciennement non seulement les bagues et autres bijoux, *voire même les marchandises et les équipages*; d'où l'expression *bagues sauves*. Ducange le fait venir de la basse lat. *baga*, un coffre. Le P. Jacob, dans ses notes sur Ménage, le dérive de l'all. *pack*, fais, paquet. Dérivés: *Bagu-a*, *Bag-a*, *Bag-age*, *Bagagi*, *Bag-atge*, *Des-bagage-ar*, *Des-babagage-at*.

BAG, adj. vl. Bai.

BAG, dg. FA, VA, OOU. Le.

Amourous bag *sentes tu prou.*
D'Astros.

Amoureux tu le sens assez.

Bag *sab l'ayre*, bag *sab la terra.*

L'air le sait, la terre le sait. V. *Va*.

BAGA, s. f. (bágue); *Baga*, cat. Bague, anneau d'or ou d'argent, ordinairement orné de quelque pierre précieuse, que l'on porte aux doigts.

Éty. du lat. *bacca*, anneau de chaîne, ou perle ronde, parce qu'on en mettait autrefois une au lieu de pierre.

On nomme:

CHATON, la partie de la bague où se trouve enchassé le diamant.

ANNEAU, le cercle qui fait le tour du doigt.

BAGUE-EN-ROSE, celle qui porte un gros brillant entouré d'autres plus petits.

On donne le nom de:

JONC, à une bague dont le cercle est égal partout, que le mari met au doigt de son épouse, lors de la cérémonie du mariage.

ROULEAUX, les espèces de consoles en or ou en argent, qu'on met dans le corps des bagues, près de la tête.

L'usage des bagues ou anneaux remonte à la plus haute antiquité: Pharaon confiant à Joseph une autorité sans bornes, lui donna l'anneau qu'il portait. Dans ces temps reculés au lieu de pierres précieuses, les anneaux portaient souvent un cachet, et cet usage a duré très-longtemps.

Les Romains, jusqu'à Marius, n'ont porté que des bagues de fer.

BAGA-DE-MARIAGI, Anneau nuptial, anneau que l'époux donne à son épouse, lors du mariage.

Cette coutume remonte jusqu'aux hébreux: elle était en usage chez les Grecs et les Romains, et c'est de ces peuples que les chrétiens l'ont imitée.

BAGA DEIS EVESQUES, Anneau pastoral, c'est celui que portent les évêques, depuis le cinquième siècle; il est le signe du mariage spirituel de l'évêque avec son Église.

BAGA, s. f. t. de mar. Bague, petite corde cousue en rond, autour d'une pie ou d'un œillet de voile, pour le fortifier.

Éty. A cause de sa forme ronde.

BAGA, s. f. (bágue). Le jeu de l'échelle. Avril. V. *Capela*.

BAGA, s. f. vl. Crotin de chèvre; grain, miette. V. aussi *Baca*.

Bagas de cabra que hom dis azome.
Deudes de Pradas. Ray.

Éty. du lat. *bacca*, perle, boule, balle, par le changement du *c* en *g*.

BAGA, s. f. vl. Le même que *Bagagi*, v. c. m.

BAGADA, (bagáde) et

BAGADELA, s. f. (bagadèle), dl. Nœud coulant. Sauv.

Éty. du lat. *bacca*, anneau de chaîne.

BAGAGE, s. m. m. sign. que *Bagagi*, v. c. m. pour amas confus. V. *Fardage*; pour canaille, populace. V. *Canalha*.

BAGAGI, s. m. (bagádgi); BAGAGE, BAGA, BAGUES, FARDAGE. *Bagatge*, cat. *Bagaje*, esp. *Bagagem*, port. *Bagaglio*, ital. mod. *Bagaggio*, ital. anc. Bagage, hardes, meubles, équipages.

Éty. V. *Bag*, R.

Plegar bagagi, s'en aller.

BAGANARRA, Garc. V. *Bagarra*.

BAGANAUDA, s. f. (baganáoude). Baguenaude, tromperie, conte en l'air.

Éty. de l'hébreu *bagad*, tromper; *baghenoda*, en celt. Au propre, c'est le fruit du *baguednaudier*, dont les gousses gonflées ne contiennent presque que du vent.

BAGANAUDA, s. f. Baguenaude, fruit ou gousse du baguenaudier. V. *Baganaudier*.

BAGANAUDAR, v. n. (baganaoudá). Baguenauder, s'amuser à des niaiseries comme les enfants, à faire éclater des gousses de baguenaudier, d'où le verbe *baganaudar*, formé de *baganauda*, et de la term. act. *ar*, ou du celt. d'armorique, *baghenodad*, qui signifie niaiser.

BAGANAUDIER, s. m. (baganaoudiê). Baguenaudier, faux séné: *Colutea arborescens*, Lin. arbrisseau de la fam. des Légumineuses, qu'on trouve dans les bois et dans les haies à Digne, Castellanne, Barcelonnette, Aix, etc. V. Gar. *Colutea vesicaria*, p. 123.

Ses feuilles sont un bon aliment pour les moutons, et ses fleurs assez agréables pour servir d'ornement dans les bosquets et dans les parterres.

On le croit originaire du Levant.

BAGANS, s. m. pl. (bagáns), dl. Pâtres ou paysans qui gardent le bétail dans les Landes, suivis d'une charrette, sur laquelle ils portent ce qui leur est nécessaire pour vivre. C'est une espèce de vie nomade.

Éty. *Bagans* est dit ici pour *vagans*, errant, Vossius le dérive de *bagaudæ*, bagaudes, paysans qui ravagèrent la France, vers l'an 290 de notre être.

BAGAR, v. n. d. béarn. Avoir le temps de faire quelque chose: *B'ous bagaba de s'y gaha!* bien leur valait.

Éty. Altér. de *vacar*, vaquer.

BAGAR, v. a. (bagá). Baguer, faire tenir les plis d'un habit, d'une robe, en les cousant à grands points.

Éty. du lat. *bacca*, anneau d'une chaîne, *bagar*, signifie littéralement, lier avec des anneaux.

BAGAR, s. m. et nom pr. vl. Nom d'anciens soldats gaulois. Sauv.

BAGARRA, s. f. (bagárre); BAGANARRA. *Algazarra* et *Barulho*, port. Bagarre, querelle tumultueuse et bruyante.

Éty. du celt. *bag*, troupe, multitude. Roquefort, met ce mot au nombre des onomatopées.

BAGAS, s. f. pl. vl. Bagues, joyaux.

BAGAS, s. m. vl. Garçon, masc. de *bagassa*. adj. insipide.

BAGAS-DE-L'ESTRAI, s. f. pl. (bágues dé l'estrái); PICHOUNAS-COSSAS. *Andaillots*, anneaux qui servent à amarrer les voiles qu'on met dans le beau temps sur le grand étai.

Éty. du lat. *bacca*, anneau de chaîne.

BAGASS, rad. dérivé selon les uns de l'arabe *bagasa*, ou du celt. *bagach*, canaille, et selon d'autres du vieux mot roman *bagua*, qui signifiait prostituée, pris du lat. *vaga*, qui court çà et là, vagabonde, d'où l'on aurait fait *bagassa*, qui en serait un augmentatif dépréciatif; pris dans cette acception, le mot *bagassa*, se trouve déjà dans des titres du XIIme siècle. Dérivés: *Bagass-a*, *Bagassier*, *Em-bagass-ar*, *Em-bagass-at*.

BAGASSA, s. f. (bagásse); BAGUASSA. *Bagasa*, esp. *Bagassa*, cat. *Bagascia*, ital. Bagasse, femme de mauvaise vie, catin.

Éty. V. *Bagass*, R.

BAGASSA, s. f. Bagasse, canne à sucre qui a passé sous le moulin.

BAGASSA, s. f. On le dit aussi d'un luron, d'un bon grivois, d'un homme qui sait se tirer d'embarras; c'est encore une interjection, qu'on peut rendre par peste! certes!

BAGASSAR, v. n. (bagassá); *Bagassejar*, cat. Mener une vie débauchée. Garc.

Éty. de *bagassa* et de *ar*, hanter les *bagassas*.

BAGASSAT, adj. vl. BAGASSATZ. Qui fréquente les *bagassas*. V. *Bagassier*.

BAGASSIER, adj. vl. BAGASSAT. *Bagasser*, cat. Libertin, débauché.

Éty. de *bagassa* et de *ier*, qui fréquente les *bagassas*. V. *Bagass*, R.

BAGASSULA, s. f. vl. BAGASULA, dim. de *Bagassa*, v. c. m.

BAGAT, ADA, adj. et p. (bagá, áde). Bagué, ée.

BAGATELA, s. f. (bagatèle); BABIOLA, BAUBILICA, BAGATELLA. *Bagatella*, ital. cat. port. *Bagatela*, esp. Bagatelle, chose peu utile et d'un usage passager, chose frivole.

Éty. de *baga* et du dim. *ela*.

Bagatela, parlar de la bagatela, se dit souvent pour parler des choses galantes et peu honnêtes.

BAGATGE, s. m. vl. V. *Bagagi*.

BAGATONI, s. m. (bagatóni), t. de Marseille. Vieux quartier, endroit délabré, mal propre, habité par des pauvres. Avril.

BAGATYE, adj. d. béarn. Vagabond, homme sans aveu, aventurier, sans souci; sous le ton de la plaisanterie il se prend en bonne part.

Éty. de *vagus*.

Tau qu'es cret un gran persounatye,
Qui n'et, tout au me, qu'un bagatye.
Tel qui se croit un grand personnage,
Qui n'est, tout au plus, qu'un pleutre.
Poës. Béarn.

BAGEAN, ANA, adj. V. *Baiana*.

BAGEANA, s. f. V. *Baiana*.

BAGEAT, s. m. (badjá); BAJAT. Fiente des brebis attachée à la laine.

Éty. Ce mot est *turc*. Ach.

BAGN, BAN, BANH, rad. dérivé du latin *balneum balineum*, bain, lieu où l'on se baigne; pris du grec βαλανεῖον (balanéion), m. s. dont la racine est βάλανος (balanos), gland: *Causa nominis est*, dit Vossius, d'après Suidas: *Quod veteres, qui βαλανηφάγοι* (balanèphagoi): *erant, putamina glandium soleant succendere*, parce que les anciens qui mangeaient du gland, avaient coutume d'en brûler les calyces ou cupules (pour chauffer l'eau des bains).

De *balneum*, par apoc. *baln*, et par la suppr. de *l*, *ban* ou *bagn*; d'où: *Ban*, *Banhar*, *Bagn-ar*, *Bagn-un*, *Bagn-o*, etc., etc.

Noms de lieu: *Bagnuras*, *Bagnères*, *Bagnoou*, *Bagnols*.

De *Bagn*, par le changement de *a* en *e*, *begn*; d'où: *Begn-oire*.

BAGNADA, s. f. (bagnáde). Tout ce qu'on mouille pour laver en une fois. Garc.

Éty. de *Bagn*, R. et de *ada*, ce qui est mouillé.

BAGNADOUR, dl. V. *Nadadour* et *Bagn*, R.

BAGNADURA, s. f. (bagnadúre); BAGNAIRA, BAGNAGE, BAGNEIRA, BAGNUIRA. *Bagnatura*, ital. Mouillure, action de mouiller, de se mouiller; état de ce qui est mouillé.

Éty. de *bagnat* et de *ura*. V. *Bagn*, R.

BAGNAGE, s. m. Garc. V. *Bagnadura*.

BAGNAIRA, s. f. (bagnèire). V. *Bagnadura* et *Bagn*, R.

BAGNAR, v. a. (bagná); TREMPAR, CHOUPAR. *Bagnare*, ital. *Bañar*, esp. *Banhar*, port. *Banyar*, anc. cat. *Baden*, all. Mouiller, tremper dans un liquide, répandre de l'eau sur quelque chose; fig. délecter.

Éty. de la basse lat. *balneare*, mettre dans le bain, ou de *bagn*, bain, et de *ar*. V. *Bagn*, R.

Bagnar bugada, essanger le linge qu'on doit lessiver. V. *Aissagar*.

BAGNAR, v. a. En terme de chandelier, plinger, donner la première trempe à la mèche, lorsqu'on fait la chandelle; tremper une mèche de coton dans l'huile avant que de l'allumer.

BAGNAR SE, v. r. *Bagnarsi*, ital. *Bañarse*, esp. *Banharse*, port. Se mouiller: *Quand vegueri quelou bast se bagnava*, dl. quand je m'aperçus qu'il y avait du danger, de l'abus.

On se baigne volontairement ou pour prendre un bain, et on se mouille par accident; le premier à rapport au corps et le second aux habillements.

En vl. se complaire, se délecter.

BAGNAT, ADA, adj. et p. (bagná, áde); *Bagnato*, ital. *Bañado*, esp. *Banhado*, port. *Banyad*, cat. Mouillé, ée.

Éty. de *bagn*, bain, et de *at*, mis dans le bain. V. *Bagn*, R.

Bagnat coumo un rat, mouillé comme un canard. *Resouna coumo un tambour bagnat*, il raisonne comme un coffre.

BAGNEIRA, s. f. (bagnèire); BAGNADURA. V. *Bagn*, R.

BAGNET, dl. V. *Bannau* et *Banier*.

BAGNIER, V. *Banier*.

BAGNIER, Variété d'olivier. V. *Ouliva*.

BAGNIOUX, s. m. pl. (bagnióus), dl. Bains d'eaux chaudes ou thermales. V. *Bans*.

Éty. de *bagn* pour *ban*, et de *ous*, d'où dérive *Bagnols*. V. *Bagn*, R.

BAGNO, s. m. (bágne); *Baño*, esp. *Bagno*, ital. Bagne, lieu où l'on renferme les forçats après le travail.

Éty. de *bagno*, nom donné autrefois par les italiens, à la grande prison des esclaves de Constantinople, où il y avait des bains, d'où le mot *bagno*. V. *Bagn*, R.

BAGNOIR, s. m. (bagnóir); BAGNOUAR. *Bagno*, ital. Baignoir, endroit d'une rivière propre à se baigner; piscine, lieu public où l'on va prendre des bains.

Éty. de *bagn*, bain, et de *oir*, ou de *bagnar*, mouiller. V. *Bagn*, R.

BAGNOIR, s. m. BAGNOUAR. pour bagnolet. V. *Bagnoulet*, R.

BAGNOIRA, s. f. (bagnóire); BAGNOUARA. *Bagno*, ital. *Baño*, esp. *Banho*, port. Baignoire, cuve de cuivre étamé, de fer blanc, de zinc, de marbre ou de bois, servant à prendre des bains.

Éty. de *bagn*, bain, et de *oira*. V. *Bagn*, Rad.

BAGNOULET, s. m. BAGNOIR. Mouilloir, baignoire, petit vase dans lequel les fileuses tiennent de l'eau pour se mouiller les doigts. V. *Bagn*, R.

BAGNOULET, s. m. (bagnoulé); PERRA. Bavolet, bagnolet et bagnolette, coiffure de femme ou d'enfant qui descend sur le dos.

Éty. On le fait dériver de *bas* et de *voulet*, voile.

BAGNOULIAR SE, et

BAGNOURLIAR SE, v. r. (bagnourliá). Recevoir l'humidité de la rosée.

Éty. *Bagnourliar* est un dim. de *bagnar*. V. *Bagn*, R.

BAGNUIRA, s. f. (bagnüire). Rosée. Aub. V. *Bagn*, R.

BAGNUN, s. m. (bagnün); *Bagna*, piém. Sauce liquide, huile qui sert à préparer, à assaisonner divers aliments; c'est aussi l'action de se mouiller.

Éty. de *bagn* et de *un*, chose qui baigne, qui humecte. V. *bagn*, R.

BAGNUR, USA, s. (begnúr, úse); BEGNUR. *Banyèr*, cat. *Bañero*, esp. *Bagnajuolo*, ital. Baigneur, euse, celui, celle qui tient des bains publics.

Éty. du lat. *balneator*, m. s. ou de *bagn*; bain, et de *ur*.

BAGORDAR, vl. Jouter, courir la bague. V. *Beordar*.

BAGOT, s. m. (bagó); FLASCA. Petite outre, outre faite avec la peau d'un chevreau.

Éty. du lat. *bacca*, *bacharium*, qui s'est dit quelquefois pour *vas vinarium*; de *bacca*, par apoc. *bac*, par le changement de *c* en *g*, *bag*, et du dim. *ot*.

BAGOTOUN, s. m. (bagoutóun), et imp. *bagoutoun*, diminutif de bagot. V. *Bac*, R.

BAGOTS, s. m. pl. (bagós). Faisceaux de paille et d'épis, formés des débris de la moisson, qu'on a ramassés avec le rateau. Avril.

BAGOU, Avril, et

BAGOUL, s. m. (bagóul); *Bagol*, anc. cat. Babil, impuissance de se taire. Garc.

BAGOUN, s. m. (bagóun). Un des noms de la dentelaire. V. *Herba deis rascas*.

BAGOUTOUN, V *Bagotoun*.

BAGUA, s. f. vl. V. *Bagagi*.

BAGUASSA, s. f. vl. V. *Bagassa*.

BAGUENAU, adj. m. d. béarn. Vaurien: *En baguenau*, adv. en vain.

Éty. V. *Baganauda*.

BAGUENAU, EN, expr. prov. En vain.

BAGUEREDA, s. f. (baguerède). On donne ce nom à un taillis à cerceaux, quand il est composé de jeunes plants de laurier.

Éty. de *baguier* et de *eda*, fait avec du laurier.

BAGUES, s. m. vl. Le même que *Bagagi*, v. c. m.

BAGUET, ETA, adj. (bagué, éte). Sot, otte, idiot. Castor.

BAGUETA, s. f. (baguéte); *Baqueta*, esp. cat. *Bacchetta*, ital. *Vareta*, port. Baguette, bâton long, délié et flexible.

Éty. de la basse latinité *baculeta*, dim. de *baculus*, bâton, petit bâton. V. *Bacul*, R.

Bagueta de devinaire, *bagueta adevinadera*, esp. baguette divine ou divinatoire, petite branche de coudrier, au moyen de laquelle on prétend découvrir les mines et les sources d'eau cachées sous terre.

La divination par le moyen de la baguette, connue sous le nom de *rabdomancie*, était déjà en vogue chez les Hébreux, les Perses, les Scythes et les Tartares.

Baguéta, en terme de maçon, baguette, petite moulure ronde.

Baguetas de tambour. V. *Massetas*.

BAGUETA, s. f. Petite bague.

Éty. dim. de *baga*.

BAGUÉTA, s. f. (baguéte), dg. Baguette, espèce de jeu d'exercice.

BAGUETAR, v. n. (baguetá). Morcotter, coucher des branches en terre pour leur faire prendre racine.

BAGUIER, s. m. (baguié); ECRIN. Baguier, écrin à mettre des bagues.

Éty. de *baga* et de *ier*, qui contient les bagues. V. *Baga*.

BAGUIER, s. m. Un des noms du laurier, qu'on applique plus particulièrement aux individus femelles qui portent des baies.

Éty. du lat. *bacca*; Pline regardant l'individu qui porte des baies, comme une espèce particulière, le nomme *baccalia*, d'où notre *baguier*.

BAH

BAH, excl. BA, interjection qui marque l'étonnement, le mépris et le doute, et surtout le dédain.

BAHUT, s. m. (bahú); *Baul*, esp. *Baule*, ital. *Bahul*, port. Bahut, coffre à couvercle voûté, et ordinairement recouvert avec du cuir.

Éty. de l'all. *behuten*, garder, coffre propre à garder les hardes, ou du lat. *bajulare*, porter.

Buffet, dg.

Qu'aura dins un bahut la biando deraubado.
Bergeyret.

BAHUTIER, s. m. (bahutié); MALTER. *Bahuleiro*, port. Bahutier, artisan qui fait des coffres et des malles.

Éty. de *bahut* et de *ier*.

BAI

BAI, adj. vl. BAY, AIA, BAIS. *Bayo*, esp. port. *Baio*, ital. Bai, qui est d'un rouge brun; on ne le dit guère qu'en parlant de la couleur des chevaux; blond. Dérivé: *Baiart*.

Éty. du lat. *badius*, m. s. d'où, *baius*, ba...

...aiser, il ou elle baise.

...AI, dl. pour *vai*, vas.

...AIA, s. f. (baïe); BAYA. *Baia*, ital. *Bay*, esp. *Bahia*, port. Baie, bourde, moquerie, mensonge, baliverne, sornette: *Dounar una baia*, se jouer de quelqu'un, lui donner une baie ou une bourde.

Éty. de l'ital. *baia*, m. s.

Ce mot viendrait-il du grec βαιὸς (baios), petit, modique, peu; ou de l'hébreu *beheh* ou *bohou*, le rien, le vide, la vanité.

BAIA, s. f. *Baia*, ital. *Bahia*, cat. port. *Bay*, angl. *Baya*, esp. Baie, petite rade, petit golfe, c'est un enfoncement de la mer dans les terres beaucoup plus large dans l'intérieur qu'à l'entrée.

Éty. de l'esp. *bahia*, m. s. pris du latin. *baia*.

BAIA, s. f. BAYA. Baille, sorte de baquet ou moitié de tonneau, servant à contenir de l'eau dans les vaisseaux. On distingue les bailles, en bailles à sonde et à feu ou de combat.

BAIA, s. f. vl. BUDIA. *Bujose*, ital. Chaîne, menottes, fers, ceps, entraves.

Éty. du lat. *baca*, anneau de chaîne.

BAIAN, ANA, adj. vl. Trompeur, menteur, fou, insensé, tiède, demi-cuit. Aub.

Éty. de *baias* et de *an*, qui donne des baies.

BAIANA, s. f. (baïane). V. *Bajana*.

BAIAR, V. *Bailar* et *Baisar*.

BAIARD, V. *Civiera* et *Bayard*.

BAIART, s. m. vl. Cheval bai.

Éty. de *bai* et de *art*.

BAICELA, vl. V. *Bacela*.

BAICELAIRE, s. m. (baicelaïré); BARCELAIRE, BARSELAIRE. Qui frappe, qui a l'habitude de battre; vent impétueux, le mistral. Garc.

BAICHA, s. f. d.lim. V. *Bresca*.

BAICHAMENT, s. m. vl. Humiliation.

Éty. de *baichar* pour *baissar*. V. *Bas*, Rad.

BAIETA, V. *Bayeta*.

BAIGEA-MA-MIA, s. m. (baïdge-mamie). Nom qu'on donne à Digne au *Fustet*, v. c. m. et *Bais*, R.

BAIGEAR, V. *Baisar* et *Bais*, R.

BAIGEASSIAR, v. a. POUTOUNEDJAR, dépréciatif de baisotter, baiser souvent. Voy. *Baisoutiar*.

BAGEOUTIAR, V. *Baigeassiar*.

BAIGRA, s. f. vl. Couchette. V. *Beira*.

BAIL, BAYL, rad. dérivé du lat. *balivus*, bailli, fait de *bajulus*, porteur, parce que le bailli était chargé en partie, du poids du gouvernement; ou de *baculum*, bâton, comme emblême du pouvoir.

De *balivus*, par apoc. *bali*, et par la transposition de *i*, *bail*; d'où: *Bail-a*, *Bail-e*, *Bail-ea*, *Bail-et*, *Bailh-age*, *Bail-ia*, *Bail-on*, *Bail-ouna*, etc.

BAIL 2, BALH, rad. de *bailar*, donner, dérivé du grec βάλλειν (ballein), lancer, envoyer, parce que celui qui donne ou qui cède, envoie en quelque façon la chose donnée; il pourrait être pris aussi du latin *balio*, *ionis*, paume de la main, parce que c'est ordinairement sur cette partie qu'on pause les objets que l'on donne.

De *ballein*, par apoc. *bal*, et par changement de *a* en *ai*, *bail*; d'où: *Bail*, *Bail-age*, *Bail-aire*, *Bail-ar*, *Bail-at*, *Re-bailar*, *Bail-e*.

De *bail*, par le changement de *il* en *lh*, *Balh-ansu*, *Balh-ar*.

BAIL, s. m. (báil); BALH, ARRENTAMENT. Bail, convention par laquelle on donne, pendant un temps déterminé, la jouissance d'une chose, mobilière ou immobilière, moyennant un prix payable tous les ans, ou à des époques plus ou moins rapprochées.

On nomme :

BAIL A LOYER, celui qui est relatif à une maison.
BAIL A FERME, celui qui concerne une propriété rurale.

Éty. de la basse lat. *ballium*, formé de *baillar*, donner, céder. V. *Bail*, R. 2.

Chez les Romains, les plus longs baux étaient de cinq années.

BAIL, pour danse. V. *Bal*.

BAILA, pour baie. V. *Baia*.

BAILA, s. f. *Balia*, ital. Ce mot est synonyme de nourrice dans le Comta-Venaissin.

Éty. du lat. *bajulare*, porter.

BAILA, s. f. (baïle); BAYLLA, SAGEA TREMA. *Balia*, ital. Accoucheuse, sage femme, matronne, celle qui fait profession d'accoucher les femmes.

Éty. du celt. *baun*, accoucher, selon Ach.

La première accoucheuse dont l'histoire fasse mention, est celle qui assista au second accouchement de Rachel, femme de Jacob. Gén. cap. 35, ỳ. 17.

On lit dans le réglement sur la police de la ville d'Aix, de 1569, art. 52:

D'avantage, qu'aucune *baile* ou sage femme, ne pourra faire l'état, qu'elle n'aye pris serment en tel cas requis, à peine de privation de leur état et du fouet, art. 52.

BAILAGE, s. m. (baïládgé); BEILAGE. Jeune nourrisson confié à une nourrice, selon Garc.

Éty. probablement de *bailar*, donner. V. *Bail*, R. 2. ou de *bujulare*, porter.

BAILAIRE, s. m. (beïlaïré) et impr. *Beilaire*. Celui qui donne, homme généreux, libéral, dans le vieux sens; un bailleur de fonds. Garc.

Éty de *bailar*, donner, et de *aire*. Voy. *Bail*, R. 2.

BAILAR, v. a. (beilá); BALHAR, BEILAR. Donner: *Bailar de coous*, donner des coups. On se sert de *dounar* quand le verbe donner emporte l'idée de don, d'abandon, de présent; c'est ainsi que le proverbe dit: *Sant dounar es mort*, et jamais *sant bailar;* ce dernier mot à plus d'analogie avec prêter ou donner pour un temps plus ou moins long. En terme de pratique, on dit encore en français, bailler, et en style badin: *Vous me la baillez belle*.

Éty. V. *Bail*, R. 2.

BAILAR, v. a. vl. Louer, donner à loyer. V. *Arrendar* et *Bail*, R. 2.

BAILAR, v. n. vl. *Bailar*, port. Danser. V. *Ballar*.

BAILAT, ADA, adj. et p. (beilá, áde) et *Balhat*. Donné, ée.

Éty. de *Bail*, R. 2, et de *at*.

BAILE, s. m. (bâïlé); BAILON, BAILIDOI, BAILIEUS. *Baile*, anc. cat. *Bayle*, esp. *Bailio*, port. *Bailo*, ital. Bailli, ancien juge de village, ou lieutenant de juge, qui rendait la justice dans un certain district appelé *bailliage*; gouverneur, intendant.

Éty. du lat. *balivus*. V. *Bail*, R.

Les Baillis royaux, furent institués en 1190, par une ordonnance de Philippe-Auguste.

Les Baillifs seigneuriaux, datent de la fin de la seconde race de nos rois.

BAILE, s. m. C'est parmi les bergers, le chef d'une *coumpagna*, d'une compagnie; ils nomment: *Souta baile*, le sous-chef, celui qui dirige en second ou en absence du chef.

Éty. V. *Bail*, R.

BAILE, s. m. (bàilé), dl. PAIRE, BAMMONET. Maître valet, journalier qui conduit l'ouvrage, qui loue les ouvriers et qui est à leur tête.

Éty. *Aqueou que baila*, sous entendu *le travail*. V. *Bail*, R. 2.

Baile de la renda, maître valet qui fait la levée des fruits, d'un bénéfice.

BAILE, s. m. dl. Le coq du village, celui des paysans d'un lieu, qui a le plus d'autorité. Sauv.

Éty. V. *Bail*, R.

BAILE, s. m. vl. Agent chargé autrefois de percevoir les droits d'un seigneur, ou d'administrer les domaines des grands vassaux. Il y a eu des temps où ils administraient même la justice, d'où les noms français de bailli et de baillage. Sauv.

Éty. du lat. *bajulus*. V. *Bail*, R.

BAILEA, s. f. (béilée); BELIA. Troupeau de brebis et de moutons, confié à la conduite d'un maître berger, nommé *Baile*, v. c. m.

Éty. Comme de bailli, on a fait bailliage, qui est l'étendue de sa juridiction, de *baile*, on a fait *bailea*, qui est aussi, par analogie, l'étendue de la sienne. V. *Bail*, R.

BAILEN, V. *Ballen*.

BAILET, s. m. vl. BAILE, VAILET. Valet; ce nom aujourd'hui synonyme de serviteur ou domestique, fut autrefois un titre honorable, dérivé de vasselet ou fils de grand vassal.

Éty. Alt. de *vasselet* ou de *Varlet*, v. c. m.

BAILETA, s. f. (baïléte). Petite nourrice.

Éty. dim. de *baila*. V. *Nourriça*.

BAILEYAR, v. a. vl. Gouverner.

Éty. de *baile* et de *eyar*. V. *Bail*, R.

BAILHAGE, s. m. (bailládge); *Bailiado*, port. *Baliaggio*, ital. *Baylia*, esp. Bailliage, tribunal ancien, qui était présidé par un bailli.

Éty. de *baile* et de *agi*. V. *Bail*, R.

BAILIA, s. f. vl. *Baillia*, cat. *Baylia*, esp. Garde, tutelle, puissance, gouvernement, administration, bailliage, autorité.

Éty. de *baile* et de *ia*. V. *Bail*, R.

Aver en sa bailia, avoir en son pouvoir.

BAILIATGE, s. m. vl. *Bailiage*, esp. Bailliage, gouvernement du bailli, circonscription administrative.

Éty. de *baile* et de *atge*. V. *Bail*, R.

BAILIDOR, vl. Bailli. V. *Baile* et *Bail*, Rad.

BAILIEU, s. m. vl. Gouverneur, bailli.

Éty. V. *Bail*, R.

BAILIR, v. a. vl. Gouverner, diriger, posséder. *Mal bailir*, mal gouverner.

Éty. de *baile* et de *ir*. V. *Bail*, R.

BAILIT, adj. vl. Traité, ée, gouverné. V. *Bail*. R.

BAILLAR, vl. V. *Bailar*.

BAILLARC, s. m. dg. *Bailliarga* et *Bailliargia*, basse lat. Espèce de blé.

Baillarc, *orch couadrat é primauc*,
E jou speouto tabenc un pauc.
D'Astros.

BAILLATGE, vl. V. *Bailiatge*.

BAILLE, vl. V. *Baile*.

BAILLESSA, s. f. vl. Gouvernante, intendante.

Éty. de *baile* et de *essa*. V. *Bail*, R.

BAILLIMENT, s. m. vl. Gouvernement.

Éty. de *baile* et de *ment*. V. *Bail*, R.

BAILLIR, v. a. vl. *Baillir*, anc. cat. Gouverner, traiter.

Éty. de *baile* et de *ir*. V. *Bail*, R.

BAILLON, vl. Bailli. V. *Baile* et *Bail*, Rad.

BAILO, vl. V. *Baile*.

BAILON, vl. BAILO. Bailli. V. *Baile* et *Bail*, R.

BAILOUNA, s. f. (baïlóune); BAYLOUNA. Synonyme d'abbesse, de supérieure.

Éty. de *bailia*, puissance. V. *Bail*, R.

BAIME, Avril. V. *Baume*.

BAIN, s. m. vl. V. *Ban*.

BAIOCCA, s. f. (baïóque); BAJOCCA, SIBOURLET. *Bajocco*, ital. *Baioco*, port. *Bayoco*, esp. *Bajoc*, cat. Baioque, monnaie de cuivre qui a cours à Rome et dans l'état ecclésiastique; elle vaut, argent de France, un sou trois deniers.

Éty. de l'ital. *bajocco*, nom de cette monnaie, dérivé probablement du grec βαῖος (baios), petit, modique, peu considérable. *Boiocca*, en provençal est souvent employée pour *Dardena*, v. c. m. Gros a dit:

Diou vous mande fouesso baioccos.

BAIOCCA, s. f. BACHOCA, BADOCA, AIGNOCA, AGNOCA, ENGOFI, BOFFA, MOUGNA, MAJOFA, BORGNA, BOUGNA. Bigne, bosse ou tumeur qui s'élève sur le front à la suite d'une contusion.

Éty. Parce que cette tumeur est ordinairement du diamètre de la monnaie qui porte le même nom.

BAIOCCADA, s. m. (baïoucáde), dl. Sottise, niaiserie.

Éty. de *baiocca* et de *ada*, sottise faite.

BAIOCCOU, s. f. (baiócou), dl. Niais, sot.

BAIOUNETA, V. *Bayouneta*.

BAIRAM, s. m. (baïrán). Bairam, Beiram, nom des deux fêtes que les Musulmans célèbrent, d'après l'Alcoran.

Éty. du turc *Beiram*, jour saint, jour de fête.

BAIRAR, v. n. vl. BARAR. Marcher à l'ennemi, l'attaquer.

BAIROULAR, dl. V. *Veirar*.

BAIS, BAYS, BAYZ, BAIG, rad. pris du lat. *basium*, baiser, qu'on dit venir du celtique *bay*, bouche.

De *basium*, par apoc. *basi*, et par la transposition de *i*, *bais*; d'où: *Bais*, *Bais-ar*, *Bais-aire*, *Bais-adura*, etc.

De *bais*, par le changement de *i* en *y*, les mêmes mots.

De *bais*, par la suppr. de *s*, *bai* ou *baj*; d'où: *Baj-ar*, *Baj-ar-eou*, etc.

De *baj*, par le changement du *j* en *g*, *baig* ou *baige*; d'où: *Baige-ar*, *Baige-assiar*, etc.

De *bais*, par le changement de *ais* en *es*, *bes*; d'où: *Bes-ar*, *Bes-ada*, *Bes-ament*, etc., et par le changement de *s* en *z*, les mêmes mots.

BAIS, s. m. vl. Baiser. V. *Baisar* et *Bais*, R.

Il ou elle baise, abaisse.

BAISADA, s. f. vl. V. *Baisar* et *Bais*, Rad.

BAISADOUS, expr. prov. (baïsadóu), dl. *B'en pla baysadour*, nous pouvons bien nous baiser, il y a longtemps que nous ne nous sommes vus. Douj. V. *Bais*, R.

BAISADURA, s. f. (baisadúre); BAIGEIRA, EMBOUCHEIRA, EMBOUCHAT. Baisure, l'espèce de cicatrice qui reste à un pain, dans l'endroit où il en touchait un autre au four.

Éty. de *Baisar*, v. c. m. et *Bais*, R.

BAISAIRE, ARELLA, (baisairé); BAIGEAIRE, BAJAREOU, BAISAREOU, BAISUR, BEISUR. *Besador*, esp. *Beyador*, port. *Baciatore* et *Baciatrice*, ital. Baiseur, euse, celui, celle, qui se plaît à donner des baisers.

Éty. de *bais* et de *aire*, ou du lat. *basiator*. V. *Bais*, R.

BAISAMENT, s. m. BAIZAMENT, BAYSAMENT, vl. *Besament*, anc. cat. *Baciamento*, ital. Baiser, baisement, action de baiser. V. *Baisar*.

Éty. de *baisar* et de *ment*. V. *Bais*, R.

BAISAR, v. a. (beïsá); BAIGEAR, BEIGEAR, BAYAR, BICAR, BAJAR, BAIAR, BEISAR. *Besar*, esp. cat. *Baciare*, ital. *Beyar*, port. Baiser, donner par l'attouchement des lèvres une marque d'affection ou de civilité, embrasser.

Éty. du lat. *basiare*, ou du celt. *bay*, bouche, et de *ar*. V. *Bais*, R.

Chez les anciens, le baiser était une espèce de salut, et en même temps une marque d'affection, comme il est encore chez nous. Comme chez nous aussi cette manifestation n'était pas toujours sincère, et le baiser de l'apôtre parjure, appelé depuis baiser de Judas, se répétait souvent.

L'usage de s'embrasser à l'Église quand le prêtre avait prononcé pendant la messe, ces paroles: *Que la paix du Seigneur soit avec vous*, avait été institué par le pape Léon I.

Celle de baiser les pieds fut introduit en Occident par Dioclétien, qui exigea le premier, cette marque de respect. Les papes Adrien I et Léon III, exigèrent aussi cet honneur.

Baisar patin, baiser le babouin, trouver la porte fermée, n'être pas reçu.

BAISAR, s. m. (béisá); BAISAT, BICOU, BAIS. *Bacio*, ital. *Bes*, cat. mod. *Beso*, esp. *Beyo*, port. *Baisar*, cat. anc. Baiser, action de celui qui baise.

Éty. du lat. *basium*. V. *Bais*, R.

Baisar de Judas, baiser de Judas, baiser de traître.

BAISAR, SE, v. r. Se baiser, se toucher, s'embrasser.

BAISAREOU, ELLA, adj. (beisarèou, èle); BAIGEAREOU, BAIAREOU, BAJAREOU. *Besador*, esp. *Baciatore*, ital. *Beyocador*, port. Baiseur, euse, qui se plaît à baiser.

Éty. du lat. *basiator*, V. *Bais*, R.

BAISAT, ADA, adj. et p. (baïsá, áde); *Bayado*, port. Baisé, ée. V. *Bais*, R.

BAISAT, s. m. V. *Baisar*.

BAISETA, s. f. (baïséte); BAIGETA, BABETA, BAIETA, BEISETA. Petit baiser, baiser enfantin.

Éty. de *bais*, baiser, et du dim. *eta*. V. *Bais*, R.

BAISOUNIAR, V. *Baisoutiar*.

BAISOUTIAR, v. a. (beisoutiá); BICOUNEGEAR, BAIGEASSIAR, BAIGEOUTIAR, BAISOUNIAR, POTIQUEYAR, *Baciucchiare*, ital. *Beiocar*, port. verbe fréquentatif de *baisar*, baisotter, donner fréquemment de petits baisers.

Éty. de *bais*, baiser, de *out* pour *ot* dim. et de *iar*, iter. V. *Bais*, R.

BAISSA, s. f. vl. BEISSA. Foulon. Voy. *Paraire*.

Éty. de la basse lat. *baissator*.

BAISSA, s. f. vl. BAJASSA. Servante, femme de chambre.

Éty. du rom. *baiasse* ou *bajasse*, m. s.

BAISSA, s. f. (baïsse); BAICHA. *Bassa*, ital. Bas fond, lieu bas, situé dans la plaine, la Basse-Provence par opposition à la Haute.

Éty. V. *Bas*, R. ou du grec βῆσσαι (bêssai), vallée.

> Et per anar vezer d'Arles mous bons amis,
> La baissa you prendrey dedins uno barqueta.
> Labellaudière.

BAISSA, s. f. DESTARRA. *Baxa*, esp. cat. *Baixo*, port. Baisse, diminution du prix des marchandises, rabais.

Éty. de *baissar*, baisser. V. *Bas*, R.

BAISSAIRE, s. m. (baissaïré). Aplaigneur ou aplaneur, ouvrier qui tire le poil des étoffes de laine, au sortir du métier; celui qui met les draps à la presse; tondeur en vl.

BAISSA-LUVERNA, s. f. (baïsse-luvèrne). Nom qu'on donne à Grasse, selon M. Garc. au lampyre d'Italie. V. *Luzerna*.

BAISSAR, v. a. (baïssá); BEISSAR. *Bassare*, ital. *Baxar*, esp. cat. *Baixar*, port. Abaisser, baisser, mettre plus bas; abattre.

Éty. de *baissa*, lieu bas, et de l'act. *ar*. V. *Bas*, R.

BAISSAR, v. a. vl. Tondre les draps, abattre, dégrader.

BAISSAR, v. n. et *Baichar*; *Baxar*, esp. port. *Abbassarsi*, ital. Baisser, diminuer de hauteur: *La ribiera baissa*, la rivière baisse, amender, en parlant des prix.

BAISSAR, SI, v. r. *Abbassarsi*, ital. *Baixarse*, port. Se baisser, se courber.

BAISSAS, s. f. pl. (baïsses), dl. Les branches basses: *Acampar de las baissas*, ceuillir des branches basses. Sauv. V. *Bas*, R.

BAISSAT, ADA, adj. et p. (beissá, áde); *Baxado*, esp. *Abbassato*, ital. Abaissé, baissé, amendé: *Lou blad a baissat*, le blé est amandé, il a baissé de prix.

BAISSEL, dl. alt. de *vaissel*. V. *Vaisseou*.

BAISSEZA, s. f. vl. V. *Bassessa* et *Bas*, R.

BAISSIERA, s. f. (beissiére); BEISSIERA, FOUNDRALHAS, FOUNSALHAS, ESGOURRILHAS, CUOUDOOU TOUNEOU. Baissière, liqueur un peu trouble qui couvre la lie du vin, du cidre, de la bierre, etc.

Éty. de *baissa*, fond, et de *iera*, ce qui est au fond. V. *Bas*, R.

BAISSURA, s. f. vl. *Baxura*, anc. cat. Abaissement, courbure, inclinaison, penchant.

Éty. de *bais* pour *bas*, et de *ura*, chose basse. V. *Bas*, R.

BAISTAIS, s. m. vl. Bouffon, bateleur; portefaix, crocheteur, de *bajulus*.

BAITA, s. f. (baïte), dl. BADORCA, RAMADA. Une feuillée, une hute, une barraque, petite loge construite de torchis, dans une vigne, et couverte de paille, de branches, etc.

Éty. Dérivé probablement de l'hébreu *baith*, maison, logement.

BAIVER, s. m. vl. BAIVIER. Bavarois.

BAIZAMENT, s. m. vl. V. *Baisament*.

BAIZAR, vl. V. *Baisar*.

BAJ

BAJAINA, s. f. (badjaïne); BAJANA. Nom qu'on donne à Grasse, selon M. Aubin, aux hélix. V. *Escargot*.

BAJANA, s. f. (badjáne ou baïáne); BAIANA, BAGEANA. *Baiana*, ital. Espèce de *saugrenée*, salade, faite avec des légumes cuits, mais entiers: *Bajana de fayos*, *de lentilhas*, saugrenée de haricots, de lentilles, etc.

Éty. Ce mot est d'origine ligurienne, selon l'auteur de la Stat. des B.-du-Rh. *Bajana*, signifie gousse, en italien, ce qui fait présumer que notre *bajana* en est tiré; il signifierait alors légumes en gousse ou en cosse, sous entendu salade.

BAJANA, *Castagnou*, s. f. dl. La *bajane* ou la châtaigne bajane, châtaigne blanche ou dépouillée de sa coque et de sa pellicule, après qu'elle a été séchée à la fumée et à la chaleur d'un suoir à châtaignes.

Éty. du lat. *baianus* ou *bajanus*, qui est de Bayes, ville du royaume de Naples, où M. de Sauvage suppose qu'on aurait commencé à apprêter les châtaignes de cette manière, d'où la dénommation de *Castaneæ bajanæ*, châtaignes de Bayes, et absolument *bajanæ*, bajanes. C'est ainsi, dit-il, qu'on a surnommé un célèbre cardinal *Cajetan*, du nom de Gaiète, sa patrie.

BAJANADA, s. f. (badjanáde), dl. BAIANADA. Bouillon de *bajanes*. Dans la H.-Pr. on donne le même nom à la quantité de haricots ou de lentilles, qu'on a fait cuire en bajanes, c'est-à-dire, pas entièrement, pour être mangés en saugrenée.

Éty. de *bajana* et de *ada*.

BAJANAR, v. n. (bodzoná), d. bas lim. Tremper, en parlant des légumes qu'on laisse quelque temps dans l'eau pour les faire ramollir. V. *Bougnar*.

BAJANAT, s. m. (badjaná); COUSINAT. Du *bajana*, potage aux châtaignes bajanes, mets très-commun dans les Cevennes et d'une grande ressource pour le paysan à qui cette nourriture tient souvent lieu de toute autre. Sauv.

Éty. de *bajana* et de *at*, fait avec des bajanes.

BAJANAT, ADA, adj. et p. (bodzoná, áde). Basané. V. *Basanat*.

BAJANAT, ADA, adj. et p. (badjaná, áde), d. m. On le dit des haricots et des lentilles qui ne sont pas tout à fait cuits et qu'on mange en saugrenée; fig. personne basanée, maigre et défaite.

BAJANET, ETA, s. (badjané, éte); BAJANOT. *Baggiano*, ital. Petit, simple, niais, bas dans ses actions; par antiphrase, sorcier, magicien.

BAJANIA, s. f. vl. Niaiserie, simplicité.

BAJANOT, Avril. V. *Bajanet*.

BAJAR, V. *Baisar* et *Bais*, R.

BAJAR, s. m. (badjá). Caisse pour transporter les matières qui servent aux verreries. Garc.

Éty. du lat. *bajulare*, transporter.

BAJAREOU, ELLA, V. *Baisaire* et *Bais*, R.

A lou mourre bajareou.

BAJAT, V. *Bageat*.

BAJAULA, s. f. (badjáoule). Cassade. V. *Cassada*.

BAJETA, s. f. (badjéte). Petit baiser, terme enfantin. Garc. V. *Baiseta* et *Bais*, R.

BAJHULA, s. f. vl. BAILIA, BAJHULIA. Gouvernement, administration, autorité.

Éty. de la basse lat. *bajula*, m. s. V. *Bail*, Rad.

BAJULIA, s. f. (badjulie). Bailliage, juridiction. V. *Bajhula*.

BAL

BAL, BALL, BAR, rad. dérivé du grec βάλλειν (balléin), fut. βαλῶ (balô), jeter, lancer, attaquer, frapper en jettant, blesser, atteindre, βαλλίζειν (ballizéin), danser, en trépignant, et les sous-radicaux *ballare*, bas. lat. danser: *Balista* ou *Balistra*, arbalète, *Palco*, *Palconis*, balcon.

De *ballein*, par apoc. *bal* ou *ball*; d'où: *Bal*, *Bal-et*, *Bal-in*, *Bal-an*, *Bal-ar*, *Bal-ota*, *Bal-a*, *Em-bal-ar*, *Bal-oun*, *Des-bal-ar*, etc., et les mêmes mots par deux *ll*.

De *balista*, par apoc. *balest*; d'où: *Ba-lest-a*, *Balest-ier*, *Ar-balest-a*, etc.

De *balistra*, par apoc. et changement de *i* en *e*, *balestr*; d'où: *Balestr-a*, *Arc-balestr-ier*, *Balestr-ada*, etc.

De *balest*, par le changement de *l* en *r*, *barest*; d'où: *Au-barest-a*, *Ar-barest-a*, *Au-barest-ier*, etc.

BAL... Cherchez en *Ball*, les mots que vous ne trouverez pas en *Bal*.

BAL, s. m. (bal); *Ballo*, ital. *Bayle*, esp. *Baile*, port. *Ball*, cat. all. Bal, assemblée considérable de personnes réunies pour se divertir, et particulièrement pour danser ou voir danser; sorte de poësie en vl.

Éty. du grec βαλλίζω (ballizô), danser, fait de βάλλω (ballô), lancer, sous entendu les pieds. V. *Balar* et *Bal*, R.

Lo bal es la procession del diavol, d. vaud.

BALA, s. f. (bále); BALLA. *Palla*, ital. *Bala*, esp. port. cat. Balle, on donne généralement ce nom à tout corps sphérique, destiné à être lancé.

Éty. du grec βάλλειν (ballein), lancer, ou de πάλλα (palla), paume à jouer, qui en dérive. V. *Bal*, R.

Bala, pour jouer à la paume. V. *Pauma*.

Bala d'escamoutur, escamotte.

Enfants de la bala, enfants de la balle, enfants d'un maître de jeu de paume, et par ext. enfants de maître.

BALA, s. f. Balle, petite boule ordinairement de plomb, que l'on met dans les armes à feu.

On nomme :

BALLES RAMÉES, deux balles attachées ensemble par un fil de fer.

BALLE DE CALIBRE, celle qui est de même grosseur que le calibre du fusil.

BALLE DE MUNITION, une balle du calibre des fusils de munition.

BIDON, balle allongée qui porte plus loin et plus juste que la balle ronde.

BALA, d'*imprimaria*, *Bala de la imprenta*, esp. Balles d'imprimerie, morceaux de bois creusés en forme d'entonnoir, munis d'un manche, et dont le creux rempli de bourre est recouvert d'une peau fine, servant à mettre l'encre sur les formes; on leur a substitué maintenant des rouleaux.

On nomme les balles :

TEIGNEUSES, lorsque les cuirs neufs refusent l'encre.

BALA, s. f. BALLA. *Balla*, ital. *Bala*, esp. port. cat. Balle, gros ballot de marchandises, enveloppé dans de la toile, et serré avec des cordes; demi charge d'un mulet, celle que l'on met d'un côté du bât.

Les *Oreilles* que l'on laisse à chaque coin des balles portent le nom de *poignées*. *Faire sa bala*, faire ses affaires, trouver son profit, *Aquot faria ben ma bala*, cela ferait bien mon affaire.

Pusque Prouvença fa sa balo,
Li la fau anar counguerir,
Quan li daurian touteis perir.
J. de Cabanes.

Portar la bala, faire le mercier, aller vendre dans les campagnes en portant ses marchandises sur son dos.

Éty. de l'all. *ballend*. V. le mot précédent.

BALA, adv. dg. Voilà. V. *Vaquit* et *Velà*.

BALABOUDRAS, d. bas lim. Voy. *Pescha-gaulias*.

BALACH, s. m. vl. BALAYS. *Balay*, anc. cat. *Balax*, esp. port. Rubis balais, nom qu'on donne plus particulièrement au rubis spinelle et au rubis oriental, pierres précieuses qui se font distinguer par leur belle couleur rouge pourpre.

Éty. de *Balascia*, pays situé entre Pégu et le Bengale, d'où les premiers ont été apportés.

BALACH, s. m. (balátch). Balai. Voy. *Escouba*.

Éty. On a donné plusieurs étymologies de ce mot. Caseneuve dit : Encore qu'un balai serve à balayer, c'est-à-dire, à nettoyer toutes sortes d'ordures, il est pourtant ainsi appelé, parce qu'il sert à nettoyer la *balle*, à la séparer du grain. Il s'appuye pour fonder son opinion, de ce qu'en Languedoc on appelle un balai *engraniera*, et qu'on dit *engranar* pour balayer.

Celle avancée par Guyet, est trop ridicule pour être répétée; mais celle rapportée par le Duchat d'après Frisch, nous paraît la vraie; il la tire de l'all. *welle*, fagot, faisceau de menu bois.

De *welle*, par le changement du *w* en *b*, *belle*, *balai*, aussi balay en vieux langage signifie aussi verge, *balach*.

Ducange rapporte le passage suivant d'un écrit de 1252:

Ferens in manu virgam, quam vulgariter baleys appellamus, a singulis fratribus disciplinas nuda carne, suscepit, en faisant observer que *hic pro virgeo flagello sumi videtur*, ce qui confirme pleinement l'étymologie prise de l'allemand.

Il peut venir aussi de *balan*, genet, en bas breton, parce qu'on en fait des balais.

BALACHAR, dl. *Cara balachada*, beau teint. V. *Escoubar*.

Éty. de *balach*, balai, et de *ar*. V. *Balach*.

BALACHOU, s. m. (balátchou); BALEÇHOU, dl. Petit balais, c'est aussi un nom propre, celui entre autres d'un fameux graveur, né à Arles en 1765.

Éty. de *balach*, balai, et du dim. *ou* pour *oun*.

BALACHUN, s. m. (balatsun), dg. V. *Escoubaliers*.

BALADA, s. f. (balláde); BALLADA. *Ballada*, cat. *Balada*, anc. esp. *Ballata*, ital. *Balhata*, port. Ballade, pièce de vers distribuée ordinairement en trois couplets, tous les trois de même mesure, et sur les mêmes rimes masculines et féminines, assujettie à un refrain qui sert de dernier vers à chaque couplet, et terminée par un envoi ou adresse, qui doit aussi finir par un refrain.

Éty. de *ball* et de *ada*. V. *Bal*, R.

BALADA, s. f. (balàde), d. lim. BALLADA. Fête patronale. V. *Roumavagi*.

Éty. de *bal* et de *ada*, parce qu'on danse ordinairement pendant cette fête. V. *Bal*, R.

BALADETA, s. f. vl. BALLADETA. *Ballatetta*, ital. Petite ballade.

Éty. de *balada* et de *eta*. V. *Bal*, R.

BALADIN, INA, s. (baladïn); BALAREOU, BALLADIN. *Ballerino*, ital. Baladin, ine, danseur, farceur, bouffon qui, en dansant, en parlant, en agissant, fait des postures de bas comique.

Éty. V. *Bal*, R.

BALADOR, s. m. d. vaud. BALLADOR. *Ballador*, cat. *Bailador*, esp. *Ballatore*, ital. Danseur. V. *Dansaire*.

Éty. de *bal* et de *ador*. V. *Bal*, R.

BALADOUN, et

BALADOUR, s. m. (baladoún et baladoúr); BALLADOUR. Nom qu'on donne aux chambres dont les bourdigues sont composées, que l'on distingue en grand et en petit *baladour*.

Éty. *Baladour* signifie littéralement, qui danse, ou lieu où l'on danse. V. *Bal*, R.

BALAIRE, s. m. (baláïré); BALLAIRE. Danseur. V. *Dansaire*.

BALAFI, adv. (balafi), dl. A foison. Sauv.

BALAFINCAGE, s. m. (bolofincádze), d. bas lim. BOLOFINCADZE. Gaspillage, action de gaspiller.

BALAFINCAIRE, AIRA, s. (bolofincáïré, áïre), d. bas lim. BOLOFINCAIRE. Gaspilleur, euse. V. *Degalhier*.

BALAFINCAR, v. a. (bolofincá), d. bas lim. BOLOFINCA. Gaspiller, dissiper son bien en dépenses folles; friper, gâter ses habillements.

Éty. de *balafi*, foison, abondance.

BALAFRA, s. f. (baláfre); BALEFRA, NAFRA, BARAFRA. *Barleffo*, ital. anc. Balafre, blessure longue, faite au visage par une arme tranchante, cicatrice qui en résulte; accroc fait à un habit.

Éty. du lat. *bis-labrum*, deux lèvres ou lèvre fendue en deux, ou de *mala-fracta*, selon d'autres.

BALAFRAR, v. a. (balafrá); NAFFRAR, BALEFRAR. Balafrer, blesser en faisant une Balafre.

Éty. de *balafra* et de *ar*.

BALAFRAT, ADA, adj. et p. (balafrá, áde); BALEFRAT, NAFFRAT. Balafré, ée.

BALAI, vl. Verges. V. *Balay*.

BALAIAR, v. a. et n. vl. Balancer, s'agiter, frapper, mouvoir ça et là.

BALAIRE, USA, s. m. (baláïré, use); *Balaire*, cat. *Bailarin*, esp. *Ballerino*, ital. Danseur.

Éty. de *bal* et de *aire*.

BALAJAR, dl. V. *Escoubar* et *Balach*.

BALAJUN, s. m. (baladjün), dl. Bruit, brouhaha, bruit sourd, d'applaudissement ou d'improbation. Sauv.

BALAN, BARANS, dg. pour élan. V. *Van* et *Balans*.

BALAN, s. m. (bolán), d. bas lim. Levier. V. *Aigre*, *Barra* et *Pauferre*. On le dit aussi d'un marteau qui plus lourd qu'un autre, donne un coup plus fort. Ce marteau à plus de coup que l'autre; Ency. espace libre qu'il faut laisser à une machine pour qu'elle joue. V. *Juec*, chasse.

Éty. de *Balanç*, R.

BALAN, pour branle, volée. V. *Balans*.

BALANÇ, BARANC, sous-radical dérivé du

lat. *bilancis*, gén. de *bilanx*, balance; formé de *bi* pour *bis*, deux, et de *lanx*, *lancis*, assiette, bassin, plat.

De *bilancis*, par apoc. et changement de *i* en *a*, *balanc*; d'où: *Balan*, *Balans*, *Balanç-a*, *Balanç-ar*, *Balanç-at*, *Balança-ment*, *Balanç-ier*, *Balanç-etas*, *Balanç-in-as*, etc.

De *balanç*, par le changement du *c* en *d*: *Baland-rar*, *A-baland-rar*, *Balandr-ar*.

De *balanc*, par suppr. du *c*, et changement de *a* en *i*: *Bilan*.

BALANÇA, s. f. (balânce); ESCANDAU, BALANSA, BARANÇA. *Bilancia*, ital. mod. *Balancia*, ital. anc. *Balansa*, cat. *Balanza*, esp. *Balança*, port. Balance, instrument servant à peser, dont la forme varie beaucoup, mais qu'on peut cependant réduire à trois espèces principales, appelées, en provençal, *Balança*, *Escandau* ou *Romana* v. c. m. Le nom de *balança* est plus généralement appliqué à la balance à deux bassins. C'est aussi un des signes du zodiaque.

Éty. du lat. *bilancis*, gén. de *bilanx*, balance; formé de *bis*, deux, et de *lanx*, bassin, à deux bassins. V. *Balanc*, R.

Dans la balance commune ou à double bassin, qu'on appelle aussi trébuchet *et* balanceta, *quand elle est petite, on nomme:*

AIGUILLE et LANGUETTE, le petit style qui tient au fléau et se meut dans la chasse, servant à indiquer l'équilibre.
BASSINS, PLATS ou PLATEAUX, *bassins*; les plats dans lesquels on met les objets qu'on veut peser.
BROCHE, V. *Couteau*.
CHAPPE ou CHASSE, *chapa*; la partie en forme de porte, au milieu de laquelle se meut l'aiguille et qui supporte la balance.
CHAINES ou CORDONS, *chainas*; les attaches qui suspendent les bassins au triangle.
COUTEAU ou BROCHE, *couteou*; l'espèce de goupille qui traverse le fléau et sur laquelle la chasse tourne.
ESSE, *essa*; le crochet en forme de *S* placé aux extrémités du fléau, portant le touret qui soutient le triangle.
FLÉAU, *fleou*; le levier aux bras du quel sont suspendus les bassins; il est composé de l'*anse* ou *axe*, qui en est la partie moyenne sur laquelle il tourne; des *bras* ou parties latérales, et de l'aiguille. V. *Aiguille*.
JOUC ou JOUG, le sommet de la balance.
SOMMIER, *lou soumier*; le corps du fléau
SUSPENSOIR, *lou croc*; le crochet ou anneau auquel une balance est suspendue.
PIED ou POTENCE, *lou ped*; la tige de métal qui tient la balance suspendue. On l'appelle encore PORTE-BALANCE.
TOURET, *lou touret*; clou tournant qui suspend le triangle au fléau.
TRIANGLE, *lou triangle*; espèce de triangle suspendu par le milieu à l'extrémité du fléau, et dont chaque branche soutient une des chaines qui supportent les bassins.
TRAIT ou TOMBÉE, *lou trait*, *la toumbada*; le poids qu'il faut ajouter pour faire pencher un bassin.

L'invention des balances remonte à la plus haute antiquité. Abraham fit peser devant tout le peuple, les 400 sicles d'or qu'il donna en paiement du champ où Sara fut enterrée. On voit des représentations de la balance romaine, sur les plus anciens monuments, et on l'a retrouvée en nature, dans les ruines d'Herculanum, ainsi que celle à deux bassins.

Dans la romaine ou peson, on nomme:

FLÉAU, VERGE ou BRANCHE, *la vergea*; la tige carrée sur laquelle sont marquées par *coches* ou *crans*, *oscas*, les diverses divisions du poids. La verge a deux divisions; d'un côté est le fort, *lou gros pes*, et de l'autre le faible, *lou pichot pes*.
GARDE, V. Chasse de la balance.
PESON, BOULON, POIRE, *lou boulhoun*, le contre-poids muni d'un anneau ou crochet coulant qui embrasse le fléau.
BROCHE ou COUTEAU, comme pour la balance à deux bassins, seulement dans celle-ci, la verge en porte trois, un pour la chasse forte, un pour la chasse faible et un pour le crochet.
CROCHET, *lou crouchet*, la partie crochue qui tient à la chasse par un touret, servant à suspendre les objets qu'on veut peser.
BASSIN, *lou bassin*, comme à la balance ordinaire, il est unique dans celle-ci.

La balance que l'on connaît plus particulièrement sous le nom de *pes*, est une romaine dans laquelle le bassin est remplacé par un crochet. Les autres parties sont les mêmes.

BALANÇA, s. f. Balance, en term. de comptabilité, état final d'un livre de compte, qui égalise les recettes et les dépenses.

Éty. de *balance*, parce que cet instrument sert à connaître les différences et à établir l'égalité.

BALANÇADOUR, s. m. (balançadóu); BINDOUSSA, BASCULA. Balançoire, brandilloire et escarpolette, machines propres à se balancer. La balançoire ou brandilloire, est une planche posée par le milieu sur un corps solide, aux extrémités de laquelle on s'assied pour se balancer, ou une corde attachée par les deux bouts à deux arbres, servant au même usage: l'escarpolette est un siége suspendu par des cordes, sur lequel on est poussé et repoussé en l'air.

Éty. V. *Balançar*, et la term. *our*.

Cet exercice remonte à la plus haute antiquité.

BALANÇAMENT, s. m. (balançaméin). V. *Balans* et *Balanç*, R.

BALANÇAR, v. a. (balançá); BALANTAR, BINDOUSSAR, ABALANDRAR, BALOUNTAR, BARANCAR. *Balanceyar*, anc. cat. *Balanzar*, esp. *Balançar*, port. *Bilanciare*, ital. Balancer, tenir en équilibre; faire aller sur une brandilloire; égaler, peser, examiner les raisons pour et contre.

Éty. de *balança*, et de la term. act. *ar*, peser comme avec une balance, ou aller haut et bas comme cet instrument. V. *Balanç*, R.

BALANÇAR, v. n. *Balancejar*, cat. *Balancear*, esp. Balancer, être en suspens, irrésolu, incertain sur ce qu'on doit faire.

BALANÇAR SE, v. r. *Balandrar se* et *Balansar se*, port. Se balancer, se pencher tantôt d'un côté et tantôt d'un autre, aller haut et bas sur une planche ou balançoire.

BALANÇAT, ADA, adj. et part. (balançá, áde); *Balançado* et *Balançeado*, port. Balancé, ée, pesé, examiné, selon le verbe.

Éty. de *balança*, et de la term. pass. *at*, *ada*.

BALANCE, s. m. (balancè); *Balancè*, port. Balancé, pas de danse où le corps se balance d'un pied sur l'autre en temps égaux.

Éty. du français. V. *Balanç*, R.

BALANCETAS, s. f. pl. (balancétes). Petite balance, balance destinée à peser des choses d'un petit volume et en général précieuses.

Éty. de *balança* et du dim. *eta*.

BALANCIER, s. m. (balancié); *Bilanciere*, ital. *Balanceiro*, port. *Balanci*, cat. *Balancin*, esp. Balancier, pièce dont le balancement règle le mouvement d'une montre, d'une pendule; long bâton dont se servent les danseurs de corde pour se tenir en équilibre, etc.

Éty. de *balança*, et de la term. multip. *ier*, qui multiplie les mouvements de balancement. V. *Balanç*, R.

BALANCIER, s. m. *Bilanciaio*, ital. *Balancero*, esp. Balancier, artisan qui fait ou vend des balances.

Éty. de *balança* et de *ier*. V. *Balanç*, R.

BALANCIER, s. m. *Balancin*, esp. *Balancier*, port. *Bilanciere*, ital. Balancier, tige de fer, terminée de chaque côté par une boule de plomb, servant à battre la monnaie.

Éty. de *balançar*. V. *Balanç*, R.

On est redevable du balancier, à Nicolas Briot, qui l'inventa sous Louis XIII, et que le Chancelier Séguier fit adopter en 1645.

Le balancier hydraulique a été inventé par M. Dartignes, en 1817.

BALANCINAS, s. f. pl. (balancines); *Balancines*, esp. *Balancinas*, port. Balancines, cordes qui par un bout sont frappées à la tête du mât, et passent sur une poulie au bout de la vergue qu'elles servent à balancer et à tenir en équilibre.

La balancine d'une chaloupe est la corde qui soutient le gui.

Éty. de *Balançar*, v. c. m. V. *Balanç*, R.

BALANDINA, s. f. (balandine); BALLANDINA. Un des noms de la grande ciguë. V. *Cigua*.

Éty. de *balar*, danser, parce que l'usage intérieur et immodéré de cette plante, donne lieu à des mouvements convulsifs qui ressemblent à des pas de danse. V. *Bal*, R.

BALANDRA, s. f. (balàndre). Balandre, sorte de vaisseau à fond plat, en usage dans le Nord.

Éty. du holl. *bylander*, m. s.

BALANDRAN, s. m. dl. Le plateau d'une grande romaine ou balance pour peser des objets d'un grand volume. Sauv.

Éty. Ce mot paraît être un augmentatif de *balança*. V. *Balanç*, R.

BALANDRAN, s. m. dl. Bascule d'un puits de campagne.

Éty. V. *Balanç*, R.

BALANDRAN, s. m. (balandrán); BALANDRAS. *Palandrano*, ital. *Balandran*, esp. *Balandrão*, port. *Balandram*, cat. Balandran ou balandras, manteau de campagne, sorte de casaque d'étoffe grossière, pour se garantir de la pluie; vieux meuble qui embarrasse. Avril.

Éty. On fait dériver ce mot du celt. *bal*, enveloppe, et de *anidro*, au tour, *balandrana*, en basse latinité; mais c'est plutôt un augmentatif de *palla*, robe, ou de *pallium*, manteau de cérémonie des évêques, dont les Italiens ont fait *palandrano*.

BALANDRAR SE, v. r. (balandrár sé), dl. Se balancer. V. *Balançar* et *Balanç*, R.

BALANDRAS, dg. V. *Balandran*, m. s.

BALANS, s. m. (balán); BALAN, BARANS, BANDOUL. *Balans*, cat. *Balance*, esp. Branle, volée, mouvement d'une cloche. *Sounar à balans*, sonner à volée. *Lou balans deis campanas*, le branle des cloches. *Tres cops* *à balans*, trois volées. *Boutar à balans*, donner le branle à une cloche: *Boutar au grand balans*, sonner à toute volée. En term. de marine, balant, mouvement d'un cordage qui n'est point amarré.

Éty. V. *Balanç*, R.

En vl. extrémité, perplexité.

BALANS, s. m. Se dit aussi du balancement du corps quand on marche, de sa tournure bonne ou mauvaise; il se dit encore pour branle, dans ce sens: les futailles vides et entassées sur une charette, ont un grand branle, *Fan un grand balans*. V. *Embalun*.

BALANS, s. m. vl. *Balans*, cat. Perplexité, incertitude, inquiétude. V. *Balanç*, R.

BALANSA, s. f. vl. Balance. V. *Balança*. Balancier. V. *Balancier*. Fig. agitation, doute, perplexité, incertitude, danger, crise.

Éty. V. *Balanç*, R.

BALANSADA, adj. et p. vl. Pesée, mesurée.

BALANSAR, vl. Agiter, peser, mesurer. V. *Balançar*, R.

BALANTAR, Garc. alt. de *Balansar*, v. c. m.

BALANZAR, vl. V. *Balançar*.

BALAR, v. a. vl. BAILAR, BALLAR. *Ballar*, cat. *Bailar*, port. esp. *Ballare*, ital. Danser. V. *Dansar*; élancer.

Éty. de la basse lat. *ballare*. V. *Bal*, R.

BALAREOU. V. *Balladin*, *Dansaire* et *Bal*, R.

BALARESC, s. m. vl. BALARESC. Ballade. V. *Ballada* et *Bal*, R.

BALARESC, adj. vl. A danser, de danse, qui tient à la danse, au bal.

BALARINA-GRISA, s. f. (balarine-grise). Nom nicéen de la hochequeue grise. V. *Guigna coua*.

Éty. de *balarina*, danseuse, parce que cet oiseau va toujours en sautillant. V. *Bal*, R.

BALASIEGNAT, s. m. (balasiegnà), dl. Intriguant, qui se mêle de tout, fait l'empressé, le bon valet; c'est le *ardelio* des Latins, Sauv. on le dit aussi d'un homme borné, de peu d'esprit.

BALASSA, (bolàsse) et

BALASSIERA, (bolassiére), d. bas lim. BOLASSA. *Balasse*, couette de lit, faite avec de la balle d'avoine, enveloppée dans une toile.

Éty. de *bala*, enveloppe du grain de l'avoine, et de l'augm. *assa*.

BALASSOUN, s. m. (bolossóun), d. bas lim. dim. de *balassa*, petit coussin rempli de balle d'avoine.

BALAT, alt. lang. de *Valat*, v. c. m.

BALAT, s. f. (bolà); BOLA, d. bas. lim. Balai. V. *Escouba*.

Éty. du bas breton *balan*, genêt, dont on fait ordinairement les balais. V. *Balach*.

BALAUS, s. m. (baláou), d. apt. Fagot. V. *Fais*.

BALAUSSIER, s. m. (balaussié). Fagoteur, qui fait des fagots. Suppl. au Dict. de Pellas.

BALAUSTA, s. f. (baláouste); BALAUSTRA, BALAUSTIA. *Balaustia*, esp. *Balaustra*, ital. Balauste, fruit du grenadier sauvage. Voy. *Miougrana*, et *Paparry*.

Éty. du lat. *balaustium*, dérivé du grec βαλαύστιον (balaustion), fleurs de grenadier sauvage.

BALAUSTIA, vl. V. *Balausta*.

BALAUSTIER, s. m. (balaóustié); PAPARRY. Nom qu'on donne, aux environs d'Aix, au grenadier à fleurs doubles ou balaustier: *Balaustia hispanica*. J. Boin. V. Gar. p. 384. V. aussi *Miougranier*, dans ce Dict.

Ces fleurs portent le nom de balaustes dans les pharmacies.

Éty. du lat. *balaustium*, nom sous lequel les anciens employaient sa fleur pour teindre en pourpre. V. *Balausta*.

Le fameux Gobelin s'en servait à Paris, sous François Ier, pour faire l'écarlate, et M. Desfontaines a vu de très-belle encre rouge, faite par la macération de cette fleur dans l'eau, en ajoutant un peu d'alun à la teinture.

BALAUSTRA, vl. V. *Balausta*.

BALAVARD, d. de Carpentras. Voy. *Baluard*,

BALAY, s. m. vl. BALAI. Verge, balai; balle, espèce de capsule qui enveloppe le grain des céréales.

Éty. V. *Balat* et *Balach*.

BALAYAR, v. a. vl. Fouetter avec des verges. V. *Balach*.

BALAYS, vl. V. *Balach*.

BALB, adj. vl. BALBT, BALBS. *Balbo*, port. ital. *Balbucient*, cat. *Balbuciente*, esp. Bègue.

Éty. du lat. *balbus*, m. s. V. *Balbut*, R.

BALBINA, nom de femme, (balbine); BARBINA. Balbine,

Patr. Sainte Balbine, que l'Église honore le 31 mars.

BALBT, vl. V. *Balb*.

BALBUCIENT, adj. vl. *Balbucient*, cat. *Balbuciente*, esp. port. *Balbettante*, ital. Balbutiant, qui balbutie.

Éty. du lat. *balbutientis*, gén. de *balbutiens*. V. *Balbut*, R.

BALBUT, BALBUTI, rad. dérivé du latin *balbutire*, bégayer, balbutier; formé de *balbus*, bègue.

De *balbutire*, par apoc. *balbut*, *balbuti*; d'où: *Balbuti-ar*, *Balbuti-aire*, et par le changement du *t* en *c*: *Balbuci-ent*.

De *balbut*, par la suppression de *u*: *Balbt*.

BALBUTIAIRE, s. m. (balbutiaïré); BREDOULHAIRE, BRIGADEOU. Qui balbutie. V. *Balbucient* et *Balbut*, R.

BALBUTIAR, v. n. (balbussiá); BARBOUTIAR, BARBUSSIAR, BREDOULHAR, BRIGADELIAR. *Balbutiar*, port. *Balbuzzare*, ital. Balbutier, prononcer imparfaitement en hésitant et en articulant avec peine; parler confusément.

Éty. du latin *balbutire*, fait de *balbus*, bègue, ou du celto-bret. *balbouzar*, même signification. V. *Balbut*, R.

BALBUTIAR, LOU, s. m. Balbutiement, l'action de balbutier.

BALC, adj. vl. Humide.

BALCON, vl. V. *Balçoun*.

BALCOUN, s. m. (balcóun); BARCOUN, FOUNTIN, BESCAUME, BALCON, PLANCHOUN. *Balcone*, ital. *Balcon*, esp. *Balcó*, cat. *Balcão*, port. Balcon, saillie pratiquée devant une porte ou devant une fenêtre, portée par des colonnes ou par des consoles.

Éty. de l'ital. *balcone*, formé probablement du grec βάλλειν (balleïn), jeter en avant, ou du lat. *palconis*, gén. de *palco*. V. *Bal*, Rad.

Denina, t. 3, p. 10, donne de ce mot, une étymologie plus vraisemblable, en le faisant venir par synecdoque de l'allemand *balken*, poutre, parce qu'on fit d'abord, et que l'on fait encore dans beaucoup d'endroits, les balcons avec des poutres; ou de l'angl. *walk*, promenoir.

BALDAQUIN, s. m. (baldaquïn), pour dais. V. *Pali*.

BALDAQUIN, s. m. *Baldacchino*, ital. *Baldaqui*, esp. *Baldachin*, all. Baldaquin, ouvrage de sculpture ou d'architecture, fait en forme de dais, et qui sert de couronnement à un trône, à un autel; espèce de ciel de lit de forme demi-circulaire.

Éty. de l'ital. *baldacchino*, m. s. fait de *baldacco*, en ancien français *Baudac*, qui signifie Bagdad, ville où l'on fabriquait des draps de diverses couleurs, appelés selon Ménage, *Babylonica*. Duc. Roq.

BALEARAS, ILAS, (Baleáres, îles); *Baleari*, ital. *Baleares*, esp. port. Baléares, îles de la Méditerranée plus connues aujourd'hui sous les noms de Majorque, Minorque, et *Ivica*.

Éty. du lat. *baleares*, m. s. formé du grec βάλλω (ballô), lancer, lancer avec la fronde, à cause de l'habileté de leurs habitants à se servir de cette arme. V. *Bal*, R.

BALECHOU, V. *Balachou*.

BALEN, s. m. (baléin); BALET, EMBANC, ENVAN. Auvent, petit toit de planches en saillie au-dessus de la porte d'une boutique, pour mettre les montres à l'abri de la pluie, et pour écarter une trop grande clarté.

Éty. du grec βάλλειν (balléin), lancer ou jeter en avant. V. *Bal*, R.

BALENA, s. f. (baléne); *Balena*, cat. ital. *Ballena*, esp. *Balea*, port. Baleine, genre de Mammifères de la famille des Cétacés, qui comprend plusieurs espèces. La baleine franche, *Balæna mysticetus*, Lin. est celle qu'on désigne par le mot *Balena* seul. C'est le plus gros de tous les animaux connus; on en a vu de 120 pieds de long, peser jusqu'à 3,000 quintaux.

Éty. du celt. *balun*, ou du lat. *balæna*, m. s. dérivé du grec βάλλω (ballô), darder, parce qu'elle lance fort loin l'eau qui entre dans ses évents, selon quelques-uns; mais il vient évidemment de φάλαινα (phalaina), qui désigne le même animal, d'où le latin *balæna*, l'*æ* remplaçant le *ai* grec, et le *b* étant de même organe que le *ph*.

Les huit espèces de baleines que l'on connaît, habitent toutes les mers du nord. Leur lard fournit l'huile de baleine, leurs fanons la substance cornée et élastique connue sous le nom de baleine; leurs intestins desséchés tiennent lieu de vitres dans le Groënland ; les tendons de leurs muscles servent de cordes et de ficelles, et les mâchoires des grandes espèces sont employées dans les constructions au lieu de poutres.

Oppien, qui écrivait sous les empereurs Sévère et Caracalla, parle de la pêche de la baleine dans ses poëmes. On la prenait alors avec l'hameçon.

En 875, on la harponnait déjà comme aujourd'hui, et l'on en voyait souvent sur nos côtes.

On croit généralement que les Biscayens du Cap-Breton, près de Bayonne, sont les premiers qui aient entrepris en Europe, la pêche de la baleine; et que François Supite ou Supine apprit à en retirer l'huile.

BALENA, s. f. *Ballena*, esp. Baleine, substance cornée et élastique, provenant des fanons ou barbes qui sont attachés à la mâchoire supérieure des baleines.

BALENAT, s. m. vl. *Balenato*, esp. *Baletto*, port. *Balenetto*, ital. Baleineau, V. *Balenoun.*

Éty. de *balena* et de *at*, employé comme diminutif. V. *Bal*, R.

BALENIER, s. m. (balenié); Baleinier, sorte de navire que l'on emploie pour la pêche de la baleine.

Éty. de *baleno* et de *ier*, V. *Bal*, R.

BALENOUN, s. m. (balenóun); BALENAT. *Baleato*, port. *Ballenato*, esp. diminutif de *balena*, Baleineau ou Baleinon, le petit de la baleine; petite baleine.

Éty. de *balena* et de *oun*. V. *Bal*, R.

BALENT, ENTA, d. béarn. V. *Valent.*

BALEST, rad. V. *Bal.*

BALESTA, s. f. vl. Grande manne, V. *Banasta.*

BALESTA, s. f. vl. *Balestra*, ital. *Balesta*, esp. cat. *Balista*, port. Arbalète. V. *Aubaresta* et *Arc.*

Éty. du lat. *balista*, V. *Bal.*

BALESTADA, s. f. vl. V. *Balestrada* et *Bal*, R.

BALESTER, vl. V. *Aubarestier* et *Bal*, Rad.

BALESTIER, s. m. vl. *Ballester*, cat. *Ballestero*, esp. *Balistario*, port. *Balestrajo*, ital. Arbalétrier. V. *Aubarestier.*

Éty. de *balesta* et de *ier*. V. *Bal*, R.

BALESTRADA, BALESTADA, s. f. vl. *Ballestada*, cat. *Balestrata*, ital. Portée d'arbalète. V. *Arbalestada.*

Éty. de *balestra* et de *ada*. V. *Bal*, R.

BALESTRIER, s. m. vl. V. *Aubarestier.*

BALESTRIER, s. m. (balestrié); Nom qu'on donne, aux environs de Montpellier, au *Cypselus murarius*, Temn. oiseau de l'ordre des Passereaux, et de la fam. des Planirostres, ou Omaloramphes, (à bec plat)

BALESTRIER-GRAND, s. m. Nom qu'on donne dans les mêmes contrées au *Cypselus Alpinus*, Temn.

BALET, s. m. (balé); BALLET. *Baile*, port. Ballet, danse figurée représentant un sujet.

Éty. Diminutif de *bal*. v. c. m. et *Bal*, R.

Les Égyptiens représentaient déjà des ballets dans leurs hiéroglyphes : les Grecs en introduisaient dans leurs tragédies, et depuis lors ils ont été en usage chez tous les peuples.

BALET, s. m. dg. Hangar. V. *Remisa* et *Sousta.*

BALET, s. m. (balét); BOLET, d. bas lim. Jubé, tribune élevée dans une église entre la nef et le chœur. V. *Tribuna*; balustrade. V. *Balustrada.*

Éty. V. *Bal.*

BALET, dl. pour auvent. V. *Balen.*

BALEYA, anc. d. béarn. V. *Balena.*

BALHA, s. f. (bâille); BAYA. Baille, moitié de tonneau en forme de baquet, dont on se sert sur les vaisseaux pour mettre la boisson que l'on distribue chaque jour à l'équipage et pour tremper les écouvillons, etc.

Éty. de *baille*. V. *Bad*, R. parce que la bouche en est toujours ouverte.

BALHANSA, s. f. vl. Don, action de livrer, concession.

Éty. de *balhar* ou *bailar*, et de *ansa*. V. *Bail*, R. 2.

BALHAR, V. *Bailar* et *Bail*, R. 2.

BALHARD, s. m. (baillá); dg. Un des noms de la paumelle, espèce d'orge à épi plat. V. *Paumoula.*

BALHI-BALHA, espèce d'adv. (bailli-baillá). Bredi-breda, à la hâte, flux de paroles. Garc. V. *Bradin-Bradan.*

BALI, s. m. (báli). Fleur de la giroflée, du maronnier et du châtaignier. Garc.

BALICOT, s. m. (balicó); BARICOT, BASILIC, BABARICOT, BASALIC, FAZEGA, BELARICOT. Basilic, genre de plantes de la fam. des Labiées, dont on cultive deux espèces à cause de l'odeur suave qu'elles répandent. Elles sont originaires de l'Inde.

Éty. du lat. *basilicum*, d'où *balicum*, *balicot.*

Lou grand balicot, fazega, basaric; basilic romain, basilic à larges feuilles, *Ocymum basilicum*, Lin. il est originaire de l'Inde.

Lou pichot balicot, petit basilic, *Ocymum minimum*. Lin.

BALICOT-FER, s. m. BARICOT-FER, CABREIRETA, PED-DE-POULA, ENGRAISSA-MOUTOUN, CABRIDOULA, LIMADCADA. Trèfle puant, *Psoralea bituminosa*, Lin. plante de la fam. des Légumineuses qu'on trouve dans les lieux secs de la Moyenne et de la Basse-Provence.

BALICOT-FER, BARICOT-FER, est aussi le nom qu'on donne à la mercuriale, aux environs de Moustiers et ailleurs. V. *Mercuriau.*

BALIGOULA, Avril. V. *Bouligoula.*

BALIN, s. m. (bolïn), d. bas lim. BOLIN. *Balin*, grand drap qui reçoit le grain dans sa chûte, quand on le vanne ou qu'on le crible.

Éty. du bas-breton, *ballin* ou *pallin*, couverture de lit, couverture en général, grand drap sur lequel on crible le grain.

BALIN-BALAN, espèce d'adv. BARIN-BARAN, BADARIN-BADARAN, DAULIN-DAULAN. *Anar balin-balan*, Marcher les bras ballants, aller à l'aventure à droite et à gauche, sans suivre de route certaine.

Éty. du grec βάλλω (ballô), lancer d'un côté et d'autre, sans suite. V. *Bal*, R.

BALIN-BALET, Avril. V. *Balin-Balia.*

BALIN-BALIA, expr. adv. (bolïn-boliá); BLISCA-BLASCA, BALISCA-BALIASCA, BALIN-BALET. Brusquement, inconsidérément ; à boule vue; sans ordre, confusément, à la bille-baude.

BALIN-BALIAU, s. f. (bolïn-baliáou); d. bas lim. BOLIN-BOLIAU. Femme négligée dans son maintien, mal habillée, fagotée.

BALINGEA, s. f. (bolindze), d. bas lim. Couche, linge dans lequel on enveloppe un enfant au maillot. V. *Pedas.*

Éty. du bas breton *ballin*, couverture.

BALISCA, (bolisque), d. bas lim. Voy. *Avalisca.*

BALISTO, s. m. (baliste), dl. Fermier ou locataire judiciaire d'un bien séquestré.

Éty. de *baliste*, roman, qui signifie fermier d'un passage.

BALIVEOU, s. m. (balivèou); BARIVEOU, BALIBEOU. Baliveau, jeune arbre réservé lors de la coupe d'un taillis, pour le laisser croître, comme les arbres de haute futaie ; on le dit plus particulièrement du chêne.

Éty. du lat. *bacillus*, petit bâton, selon les uns, et du celt. *bal*, arbre, et de *lizen*, laissé, arbre qu'on laisse, selon d'autres.

BALIVERNA, s. f. (balivèrne) ; SOURNETA, CHOOUCHOLA, BABOYA. Baliverne, discours frivole, sans utilité. *Countar de balivernas*, baliverner, s'occuper de balivernes.

Éty. Ménage fait venir ce mot de *bajulus*, porte-faix, parce qu'on dit parler comme un porte-faix, pour dire parler mal.

BALLA, et dérivés. V. *Bala...*

BALLE, s. m. vl. Train, embarras.

BALLEN, s. m. (balléin); BAILLEN, dl. Le même que *Pedas*, v. c. m.

Éty. du bas breton *ballin*, couverture.

BALLOAR, s. m. vl. Boulevard, le terre-plein d'un rempart, tout le terrain d'un bastion ou d'une courtine. V. *Boulevart* et *Bulouard.*

BALM et BAUM, par la métagr. de *l* en *u*; radical dérivé du celtique *balma*, antre, qui a conservé la même signification dans la basse latinité : *Caverna in rupe excisa*, grotte, caverne. Dérivés: *Balm-a*, *Balm-eta*, *Baum-a*, *Baum-eta*, *Sus-baum-at*, *Sus-baum-ar*, *Em-baum-ar s'*, *Su-baum-ar*, *Sus-baumat*, etc.

BALMA, s. f. vl. V. *Bauma* et *Balm*, R. On le dit aussi d'un reservoir d'eau.

BALME, s. m. vl. V. *Baume* et *Baum*, Rad.

BALMEN, adv. vl. Hardiment, joyeusement.

BALMETA, s. f. vl. Petite grotte.

Éty. de *balma*, et du dim. *eta*. V. *Balm*, Rad.

BALNEACIO, s. f. vl. *Balnéation*, action de se baigner.

Éty. de *balne* et de *acio*. V. *Bagn*, R.

BALOIR, V. *Baluard*.

BALOOUVISOUN, s. f. (boloouvisóu), d. bas lim. *Balordimento*, ital. Étourdissement, vertige, tournoiement de tête. Voy. *Lourdugi*.

Éty. de *balourd*. V. *Lourd*, R.

BALOT, s. m. (baló); *Balla*, ital. *Baleta*, esp. *Balote*, port. *Baló*, cat. Ballot, petite balle de marchandises.

Éty. de *bala*, et du dim. *ot*. V. *Bal*, R.

Un balot de cebas, une balle d'ognons, c'est-à-dire, douze tresses ou glanes.

BALOTA, s. f. (balóte); PILULA. *Ballotta*, ital. Pilule, médicament réduit en forme de petites boulettes; ballote, petite balle dont on se sert pour donner son suffrage.

Éty. de *bala*, et du dim. *ola*. V. *Bal*.

BALOTAGE, Garç. V. *Balotagi*.

BALOTAGI, s. m. (baloutátgi); BALOUTAGE, BALOTAMENT. *Ballottazione*, ital. Ballotage, action de balloter.

Éty. de *balota* et de *agi*. V. *Bal*, R.

BALOTAMENT, s. m. (balotaméin), m. s. que *Balotagi*, v. c. m.

BALOTAR, v. a. (baloutá); BALOUTAR. *Ballotare*, ital. *Balotar*, esp. Ballotter, donner son suffrage par la voie du scrutin; s'amuser de quelqu'un en se le renvoyant mutuellement.

Éty. de *balota*, et de *ar*. V. *Bal*, R.

BALOTAR, v. n. Pelotter, jouer à la paume sans frais, s'exercer avant que de commencer la partie.

Éty. de *balota* et de *ar*.

BALOTAT, ADA, (baloutá, áde); BALOUTAT. Balloté, ée.

Éty. de *balota* et de *at*. V. *Bal*, R.

BALOTIN, s. m. (baloutïn). Petit ballot. Garcin.

BALOU, dg. V. *Falour*.

BALOUARA, Garc. Voy. *Baluard* et *Chamberra*.

BALOUARD, s. m. (balouá); *Baluardo*, ital. *Baluart*, cat. *Baluarte*, esp. port. *Bulwark*, angl. Boulevard, fortification; fossé de place forte; voirie.

Éty. de l'all. *bolwerck*, ouvrage de poutres. V. *Boulevart*.

BALOUARD, Espèce de guêtre. Voy. *Baluard*.

BALOUIRA, s. f. (balouïre). V. *Baluard*.

BALOUN, s. m. (balóun); *Ballone*, ital. *Balão*, port. Ballon, aérostat, grand globe fait avec du papier ou avec un tissu fin, ordinairement du tafetas gommé, qu'on remplit avec un gaz plus léger que l'air, ou avec de l'air raréfié par la chaleur, ce qui le rend susceptible de pouvoir s'élever dans l'atmosphère.

Éty. de *bala*, balle, boule, et de l'augm. *oun*, grande boule. V. *Bal*, R.

Un ballon se compose essentiellement:

DE L'ENVELOPPE, taffetas ou papi r.

DU FILET, ou réseau de cordes qui entoure l'enveloppe.

DE LA GONDOLE ou NACELLE, espèce de barque dans laquelle se place l'aéronaute.

La première idée des aérostats paraît due au Jésuite italien Lanatezzi, qui publia, en 1670, la description d'une barque volante. En 1755, un français, nommé Gallien, conçut l'idée d'une ville flottante, au moyen d'un air plus léger que l'atmosphère, mais ce moyen lui manquait. Enfin, les frères Montgolfier d'Annonay, inventèrent les ballons par dilatation de l'air, et en firent publiquement l'expérience à Paris, au Champ-de-Mars, le 25 août 1783; ils ne soulevèrent que des animaux.

Pilatre de Rozier et le marquis d'Arlandes, s'élevèrent les premiers dans les airs, à La Muette, près de Paris, le 21 octobre 1783, au moyen d'un aérostat, dont le diamètre était de 46 pieds. Ils montèrent à 500 toises et descendirent dans la plaine de Mont-Rouge.

Charles, reconnaissant que le gaz inflammable (gaz hydrogène), est beaucoup plus léger que l'air atmosphérique, en remplit un ballon, et avec Robert, ils s'élevèrent au milieu du jardin des Tuileries à Paris, avec un aérostat de 40 pieds de diamètre, jusqu'à 3,400 mètres.

Le 6 fructidor 1804, MM. Biot et Gay-Lussac firent une ascension, et le 29 du même mois, Gay-Lussac seul, parvint à 7,016 mètres au-dessus du niveau de la mer.

Mais celui qui est arrivé à la plus grande hauteur, est Roberson, qui, dans son cinquante-neuvième voyage aérien, qu'il fit le 18 juillet 1805 à Hambourg, parvint à 3,670 toises.

Il est bon de prévenir les personnes qui voudraient adopter ce mode de transport, que le 15 juin 1785, les malheureux Pilatre de Rozier et Romain son compagnon, ayant voulu combiner les deux procédés de la dilatation de l'air et du gaz hydrogène, en furent les victimes; ils voulaient passer de France en Angleterre, mais le feu prit à leur voiture et ils se fracassèrent en tombant: que le 6 juillet 1819, madame Blanchard, s'étant élevée avec un ballon chargé d'artifices, qui s'enflamma à une grande hauteur, tomba sur un toit de Paris, et mourut brisée, à sa soixante-septième ascension.

BALOUN, s. m. (balóun); *Balon*, esp. Ballon, grosse balle de cuir ou vessie remplie de vent dont on se sert pour jouer.

Éty. Augm. de *palla*, lat. d'où *bala*, dérivé du grec, βαλλω (ballô), je lance.

BALOUN, s. m. Ballon est le nom que les chimistes donnent à une espèce de cornue de forme ronde, d'où le nom qu'elle porte.

BALOUNIER, s. m. (balounié), dl. *Sac balounier*, sac à farine. Sauv.

BALOUNTAR, Garc. V. *Balançar*.

BALOURD, OURDA, s. (balóur, óurde); LOURDAUD, FALOURD. *Balordo*, ital. *Bilordo*, esp. Balourd, ourde, grossier, stupide.

Éty. de l'ital. *balordo*. V. *Lourd*, R.

A la balourda, avec balourdise.

BALOURDAS, **ASSA**, s. (balourdás, ásse); FALOURDAS, augm. de *balourd*, gros lourdaud. V. *Lourd*, R.

BALOURDISA, s. f. (balourdíse); BALOURDARIA, FOULASTRADA, DASSARIA. *Balordaggine*, ital. Balourdise, ce qui constitue le caractère d'un balourd; chose préjudiciable, dite ou faite imprudemment, sans réflexion.

Éty. de *balourd* et de *isa*. V. *Lourd*, R.

BALSAMINA, s. f. (balzamine); BARZAMINA. *Balsamina*, esp. ital. cat. *Balsaminho*, port. *Balsamine*, all. Balsamine, *Impatiens balsamina*, Lin. plante rapportée à la fam. des Géraniées, originaire de l'Inde, que l'on cultive partout comme fleur d'ornement.

Éty. du lat. *balsamina*, formé de *balsamum*, baume, parce qu'on la faisait entrer dans la composition d'un baume particulier. Voy. *Baum*, R.

Cette plante est par la variété et la vivacité de ses couleurs, un des plus beaux ornements des jardins, en automne.

BALSAMIQUE, **CA**, adj. (balzamiqué, ique); BALSAMISCH. *Balsamico*, *ca*, ital. esp. port. *Balsamic*, cat. Balsamique, qui tient de la nature du baume.

Éty. du lat. *balsamicus*, m. s. V. *Baum*, Rad.

BALSAMO, s. m. d. vaud. Baume. V. *Baume* et *Baum*, R.

BALTEMO, s. m. vl. Baudrier. Voy. *Baudrier*.

Éty. du lat. *balteum*, m. s. ou du celt. *balt*, ceinture.

BALTHAZAR, V. *Bauthezar*, plus usité.

BALTICA, (baltique); *Baltico*, ital. esp. port. adj. que l'on emploie souvent substentivement en disant *la Baltica*, pour la Mer Baltique.

Éty. du lat. *Balticus* ou *Balticum Mare*, ou du celt. *bell*, *balt*, ceinture, amas d'eau.

BALTZ, s. m. pl. vl. Danses.

BALUARD, s. m. (baluá); BABUARD, BALAVARD, BALOUARD, BALOUIRA, BALVIRA, CHAMBERRA, GAIBAUDA, GANAVEOU, GARIPOU, BALOIR, BALOUARA, CAUSSIER, GARRAMACHA, GAMACHA. Baloire, talonnière, espèce de gamache ou de guêtre de drap ou de peau en forme de bas sans semelle, qui ressemble à une guêtre et qui recouvre l'ouverture du soulier.

On donne les mêmes noms à un morceau de feutre, dont les ouvriers qui bêchent la terre, enveloppent le coude-pied, pour empêcher que la terre n'entre dans le soulier.

Éty. L'auteur de la Stat. des B.-du-Rh. dit que le mot *balouira*, est d'origine ligurienne. M. Champollion prétend que *belluar* vient du celtique.

Baluardo, en italien, désigne un boulevard, et par conséquent, ce qui couvre, protège, défend, etc. Ceci donné, ce nous semble, la véritable étymologie du mot *baluard*, qui est un véritable boulevard pour la jambe et le pied.

BALUC, **UCA**, adj. vl. *Balosco*, ital. Stupide, malade. Dérivé: *Esbal-aux-ir*.

BALUN, s. m. (balún). Danse. Garc.

BALUSTRADA, s. f. (balustráde); *Balustrada*, cat. *Balaustrada*, esp. port. *Balaustrata*, ital. Balustrade, continuité d'une ou plusieurs travées de balustres de marbre, de pierre, de fer ou de bois.

Éty. de *balustre*, et de la term. *ada*.

La balustrade est composée d'un *socle* et d'une *tablette*, entre lesquels sont placés perpendiculairement des balustres.

On appelle:

CHARDONS, les crochets et pointes contournées qui sont au haut des balustrades.

BALUSTRE, s. m. (balustré); *Balaustre*, esp. port. *Balaustro*, ital. *Balustre*, cat. Balustre, petite colonne ou pilastre orné de moulures, rond ou quarré, dont on remplit le dessous d'une tablette d'appui, en le posant sur un socle; la réunion des balustres ou la balustrade même.

Éty. du lat. *balaustrum*, formé du grec βαλαύστιον (balaustion), fleur de grenadier, à cause de la ressemblance que les balustres ont avec cette fleur.

Chaque balustre se compose de quatre parties qu'on nomme, en allant de bas en haut:

PIÉDOUCHE, qui en est la base.
POIRE ou PAUSE, la partie plus ou moins renflée.
COL, l'endroit qui est le plus mince.
CHAPITEAU, la partie supérieure.

Le balustre est fixé sur un socle par en bas, et à la tablette par en haut.

BALUSTRE, s. m. Les orfèvres donnent le nom de balustre à la tige d'un chandelier, dont chaque extrémité se termine par un nœud.

Balustre d'una cadiera de palha, chevillon.

BALUSTRI, s. m. (balústri). Un des noms du martinet noir, dans le Gard. Voy. *Martinet*.

Éty. Ce mot est une altération de *Aubarestier*, arbaletrier, v. c. m.

BALUSTRIER, s. m. (balustrié). Nom qu'on donne à Nismes, au martinet noir. V. *Martinet*.

Éty. Altér. de *aubarestier*.

BALUTAR, v. a. (balutà); BARUTAR, BARUTELAR. *Buratare*, ital. Bluter, passer la farine par le bluteau, afin d'en séparer le son.

Éty. du lat. *blutare*, ancien verbe barbare qui signifie vider, parce qu'en secouant le blutoir, il se vide insensiblement, Gat. ou de l'all. *blossen*, priver, priver du son, ou plutôt du lat. *volutare*, faire tourner. V. *Voulu*, R.

BALUTAT, ADA, adj. et part. (balutá, áde); BARUTAT. Bluté, ée, passé par le blutoir.

Éty. de *Balut*, R. de *baluteou* et de *at*. V. *Voulu*, R.

BALUTEOU, s. m. (balutèou); BARUTEOU, BLUTEOU, BARUTEL, BACELA, TAMISAIRE, MOULO. *Barutelz*, cat. *Buratello*, ital. Blutoir et bluteau, instrument pour passer la farine et la séparer du son. C'est un long cylindre fait de plusieurs cerceaux, entourés d'étamine de soie, de laine, etc., il est divisé en trois ou quatre compartiments.

Éty. du lat. *volutare*, tourner, d'où l'inusité *volutorium*, *blutorium*, *bluteou*. Voy. *Balutar* et *Voulu*, R. ou de la basse lat. *buttellus*, qu'on fait venir de l'all. *beutel*, d'où le suisse *butel*, qui a la même signification.

Dans un blutoir, on nomme:

CAISSE, V. *Caissa*.
ARBRE TOURNANT, l'essieu sur lequel il tourne.
AUGET, *lou tiroir*.
BAGUETTE, *bagueta*, servant à ouvrir et à fermer un fonds mobile.
BATONS, les tringles qui soutiennent l'étamine.
FUSEAUX, les traverses qui tiennent d'un côté à l'arbre et soutiennent de l'autre les baguettes.
CERCLES, les cercles qui passent sur les bâtons, et soutiennent l'étamine.
MANIVELLE, *la manivela*.
TRÉMIE, *entremuja*, l'espèce d'entonnoir où l'on verse la farine.
CLAQUET, *batarel*, espèce de roue dentée qui agite la trémie et fait tomber la farine.
CASE, la caisse placée sous le blutoir.
BLUTERIE, est le lieu où les boulangers blutent la farine.
ÉTAMINE, c'est le tamis proprement dit, dont le tissu est ordinairement très-serré au commencement, serré ou milieu et lâche à l'extrémité.

BALZIERA, s. f. (balziére), dl. Tas de javelles. Sauv.

BAM

BAMBAIAN, ANA, s. m. (bambaián, áne). Babillard, arde, Aub. hableur, enjoleur.

Éty. Ce mot ne viendrait-il pas du grec βαμβαίνω (bambainô), balbutier, bégayer?

BAMBAINAS, s. f. pl. (bambáines). Nom collectif qui comprend les chardons, buissons et bruyères, qui croissent dans un champ inculte et négligé. Avril.

BAMBAROTA, s. f. TAVAN, HANETOUN, BAMBAROTTA. Noms qu'on donne aux hannetons, *melolontha*; genre d'insectes de l'ordre des Coléoptères et de la fam. des Lamellicornes; mais qu'on applique plus spécialement au hanneton commun ou vulgaire: *Melolontha vulgaris*, fab. et *albida*, Déj. insectes très-communs dans nos pays, où ils ne sont que trop connus par les dégâts qu'ils y causent.

Éty. de l'esp. *bambarotero*, crieur, piailleur, qui fait du bruit. Le nom de *stridulus scarabæus* qu'on lui a donné en latin, justifie cette étymologie.

On dit en terme d'agric. *hannetonner*, pour ramasser, faire tomber, détruire les hannetons.

Les larves de cette espèce portent les noms de *vers blancs* ou de *mans*; elles vivent pendant trois ou quatre ans dans cet état, se nourrissant des racines des plantes fraîches qu'elles dévorent.

Bambaro, en italien, signifie esprit follet, et *bamberotolo*, petit enfant; insecte dont les petits enfants s'amusent.

BAMBEINA, s. f. (bambèïnc). Étoffe composée de laine et de chanvre ou de lin, Aub.

BAMBIN, s. m. (bambïn); *Bambino*, ital. port. Bambin, petit enfant.

Éty. du grec βαμβαίνω (bambainô), bégayer; ou du celt. *bab*, petit enfant. V. *Bab*, Rad.

BAMBOCHA, s. f. (bambótche); *Bamboche*, esp. Ce mot n'est guère employé que dans cette phrase: *Faire bambocha*, faire bamboche, fam. se divertir d'une manière bruyante et peu honnête.

Éty. de *bamboche*, terme de peinture qui désigne un tableau représentant des banquets, des fêtes, des repas, etc. Ce sobriquet fut d'abord donné à un peintre hollandais nommé Pierre de Laer, fort contrefait et qui excellait à peindre des figures grotesques. Du physique, cette expression a été transportée au moral.

BAMBOCHAR, v. n. (bamboutchá). Faire ses bamboches.

Éty. de *bambocha* et de la term. act. *ar*.

BAMBOCHOU, s. m. (bambótchou); BABI. *Bamboccio*, ital. Bamboche, homme de petite taille, grande marionette, figure de tapisserie, petit enfant.

Éty. V. *Bambocha*, ou du celt. *bab*, petit enfant.

BAMBOCHUR, s. m. (bamboutchúr). Bambocheur, homme livré à la débauche et aux amusements bruyants.

Éty. de *Bambocha*. v. c. m.

BAMBORA, s. f. (bombóre), d. bas lim. Serpent, instrument de musique. V. *Serpent*. Personne stupide. V. *Bestias*.

BAMBORLAS, s. f. pl. (bambórles), dl. Filament, fétus, brins de quoi que ce soit, qui pendent à la barbe, ou ailleurs. Douj. V. *Feoupas*.

BAMBOSSA, s. f. (bambósse), dg. Galoche. V. *Galocha*. On donne le même nom aux bottes de neige ou de terre qui s'attachent aux souliers. V. *Soccas*.

BAMBOU, s. m. (bambóu); *Bambú*, cat. *Bambú*, esp. Bambou, nom qu'on donne à des cannes flexibles qui ont des nœuds très-rapprochés, provenant des jeunes tiges des bambous, arbres de la fam. des Graminées qui croissent dans les lieux sabloneux des deux Indes.

Le bambou proprement dit est l'*Arundo bambos*, de Lin.

Éty. de l'indien *bambou* ou *mambou*, m. s.

BAMBUALHAS, s. f. pl. (bambuàilles), dl. Des effilures. V. *Bielhas* et *Feoupas*.

BAN

BAN, BANA, radical probablement dérivé du celte, car on ne trouve son analogue dans aucune des autres langues, qui nous sont connues. Il désigne les cornes des animaux, au propre, et les choses cornues, au figuré. Dérivés: *Ban-a*, *Ban-arut*, *Ban-assa*, *Ban-egear*, *Ban-ilhoun*, *E-ban-ar*, *Des-ban-ar*.

BAN, 2. BANN, BAND, radical pris du lat. *bannum*, bannissement, exil; ban, proclamation, cri public; ou de l'all. *bann*, m. s.

De *bannum*, par apoc. *ban* et *bann*; d'où: *Ban*, *Ban-aire*, *Ban-ier*, *Bann-al*, *Bannal-itat*, *Bann-ier*, etc., et par l'addition d'un *d*, *band*; d'où: *Band-ir*, *Bandi-ment*, *Band-il*, etc.

BAN, s. m. vl. Corne, bois de cerf; ramure.

Éty. V. *Bana* et *Ban*, R.

BAN, s. m. *Bando*, ital. esp. Ban, exil, bannissement.

Éty. de l'anc. all. *bann*, qui signifiait publication et exil. Roq. V. *Ban*, R. 2.

La coutume de mettre au ban de l'empire, c'est-à-dire, d'exiler un prince et le déclarer déchu de ses dignités, commença vers l'an 1030, à l'occasion d'Ernest, duc de Souabe, qui avait armé contre l'Empereur Conrard II.

BAN, s. m. (bán); *Baño*, esp. *Bagno*, ital. *Banho*, port. *Bany*, cat. *Bad*, all. Bain, immersion plus ou moins prolongée du corps, ou d'un corps, dans un liquide quelconque. Le liquide dans lequel on se mouille; le lieu, l'établissement où l'on peut prendre des bains; l'action de prendre le bain; fig. purification, délices, en vl.

Éty. du lat. *balneum*, m. s, V. *Bagn*, R.

BAN DE MANS, maniluve.
BAN DE PEDS, pédiluve.

En chimie, on donne le nom de *ban* à un liquide, ou à un milieu quelconque, dans lequel on fait chauffer un vase, etc.

C'est ainsi qu'on dit;

BAN DE CENDRES, bain de cendre.
BAN DE FUMIER, bain de fumier.
BAN DE SABLA, bain de sable.

Selon que la chose est placée dans l'un ou l'autre de ces milieux.

Les Orientaux construisirent les premiers des édifices à l'usage des bains. Les Grecs en connaissaient déjà l'usage du temps d'Homère; mais les Romains n'eurent des bains publics que du temps de Pompée. Agrippa fonda 70 établissements de ce genre, et on en compta depuis jusqu'à 800. L'introduction de l'usage des chemises, en rendant les bains moins indispensables à la conservation de la santé, en a peut-être trop restreint l'usage.

Mélampe, qui vivait 1380 ans avant J.-C. est peut-être le premier médecin qui ait ordonné le bain comme médicament, c'est du moins le premier exemple de son emploi comme tel, que l'histoire ait conservé. Il lui servit, avec l'ellébore, à guérir les filles de Prœtus, qui étaient devenues folles. Portal, hist. de l'Anat. t. 1. p. 4.

BAN-MARIA, s. m. *Baño-maria*, esp. *Balneo-maria*, port. *Bagno-maria*, ital. Bain-marie, vase plein d'eau chaude dans lequel on fait chauffer ou tient chaud, quelque chose.

Éty. Ce mot est une corruption du latin *balneum-maris*, bain de mer. V. *Bagn*, R.

On attribue l'invention de ce bain à un arabe ou maure d'Espagne nommé Gebert ou Giaber, en 960.

BAN, s. m. CRIDAS. *Bando*, esp. port. ital. *Ban*, cat. Ban, proclamation solennelle de quelque chose que ce soit.

Bans de mariagi, annonce publique d'un futur mariage. V. *Cridas*.

Ban de vendange, publication de la permission accordée par l'autorité, de commencer la vendange.

Ban et arrière ban, mandement public adressé par un souverain à ses vassaux, qui leur ordonne de se trouver en armes au rendez-vous, pour servir dans l'armée.

Dans nos anciens statuts, ce mot *bannum* signifie tantôt, prohibition faite par la loi municipale, et tantôt la peine imposée à ceux qui y contreviennent. De là venait le nom de *banniers* qu'on donnait à ceux qui étaient commis à la garde des terres.

Éty. de l'all. *bann*, publication, ou de la basse lat. *bannum*, m. s. V. *Ban*, R. 2.

L'usage des bans de mariage est fort ancien; le Concile général de Latran, sous Innocent III, ordonna que la publication des bans se ferait dans toute l'Église.

BAN, s. m. Ce mot est pris pour amende et dommage, dans les anciens réglements de Provence.

Il est enjoint aux banniers de dénoncer les *bans* et tables, art. 78 du régl. sur la police de la ville d'Aix, de 1569.

BAN. V. *Van*.

BAN, vl. Pour corne, V. *Bana*.

BANA, s. f. (báne); CORNA. *Banya*, cat. Corne, partie dure qui sort de la tête de certains animaux.

Éty. Ce mot paraît être d'origine celtique. V. *Ban*, R.

Bana de cerf, bois de cerf.

Banas deis insectos, antennes.

Anar de bana, d. bas lim. se dit de deux personnes qui ont la même humeur, les mêmes inclinations. *Faire leis banas*, faire ou montrer les cornes; c'est présenter à quelqu'un les deux premiers doigts ouverts et élargis en forme de cornes, pour lui faire affront.

Proverbes;

A marit jalous, bana au front.

Leis banas an coumo leis dents, quand venoun fan mau, quand creisson fan ben.

Dérivés: *Ban-ard, Bana-rud, Ban-eta.*

BANACHA, s. f. (banátche). Ce mot est une altération du français panage, *panagium*, en basse latinité, cens ou rente qu'on payait au seigneur d'un domaine, pour le droit de faire paître les cochons sous les chênes de la forêt.

Éty. de *pan*, pain, le gland étant regardé comme le pain des pourceaux. V *Pan*, R.

BANAIRE, s. m. vl. *Banderado*, cat. *Banderaio*, ital. Banneret, qui porte la bannière. V. *Bannareou*.

Éty. de *ban* et de *aire*. V. *Band*, R.

BANAL, ALA, adj. (banál, ále); BANAREOU, AGNÉT. Four, moulin banal, etc., à l'usage duquel un seigneur avait droit d'assujettir ses vassaux: *Segnour banareou*, seigneur banneret, celui qui avait le droit de porter bannière.

Éty. V. *Ban*, R. 2.

BANALITAT, s. f. (banalitá); BANALITAT. Banalité, droit qu'avait le seigneur du fief d'assujettir ses vassaux à l'usage de son moulin, de son four, etc.

Éty. de *banal* et de *itat*. V. *Ban*, R. 2.

Les premiers auteurs qui ont parlé de la banalité ne remontent pas au-delà du Xme siècle.

BANANA, s. f. (banáne). Banane, fruit du bananier.

Éty. Ce nom est celui qu'on lui donne en Guinée.

BANANIER, s. m. (bananié). Bananier, nom d'un genre de plantes exotiques de la famille des Musacées, extrêmement précieuses par les ressources qu'elles offrent aux habitants des pays chauds de l'Asie, de l'Afrique et de l'Amérique. Leurs feuilles atteignent jusqu'à trois mètres de long, sur un demi mètre de large, et la plante se termine par une espèce d'épi qu'on nomme *régime* qui se compose quelquefois d'une centaine de fruits gros comme des concombres, qu'on appelle *bananes*. Ce fruit sert de nourriture à une grande partie des indiens et des nègres. Celui du bananier des Sages est le plus délicat; leurs feuilles servent de couverture aux maisons, de nappes et de serviettes. La substance intérieure des tiges sert aussi d'aliment particulièrement aux bestiaux.

On connaît plus de trente variétés de bananiers que Linnée a réduites à deux:

Le bananier de paradis ou figuier d'Adam, ainsi nommé parce qu'on a cru que c'était avec une de ses feuilles qu'Adam s'était couvert après sa désobéissance; est le *Musa paradisiaca*.

L'autre est le bananier des Sages, *Musa sapientum*, la bacove ou figue banane.

BANAR, v. n. (baná), dl. Pousser des cornes: *Aquel agnel a banat*, les cornes sont venues ou ont poussé à cet agneau.

Éty. de *bana*, corne, et de l'act. *ar*. V. *Ban*, R.

BANARD, adj. (banár). V. *Banarut* et *Cornart*.

BANARD, s. m. Nom qu'on donne en Languedoc, au lucane cerf-volant. V. *Cerf-volant*, et au rhinocéros.

Éty. A cause de ses longues mandibules qui ressemblent à des cornes. V. *Ban*, R.

BANARD, s. m. (baná). V. *Mangea-peras* et *Ban*, R.

BANARUT, UDA, adj. (banarú, úde); BANARD, BANUT. *Banyud*, cat. Cornu, ue, qui a des cornes; iron. cornard, cocu.

Éty. de *bana*, *banar* et de *ut*, pourvu de cornes. V. *Ban*, R.

Saboly a dit: *Lou traite banarut*, pour le démon.

BANARUT, s. m. COURDOUNIER, ESCOURPION, MANGEA-PERAS. Est le nom qu'on donne dans plusieurs endroits aux capricornes, et particulièrement aux *Cerambix heros*, *velutinus*, *miles*, faisant partie du genre *Hamaticherus*; et au *Cerambix moschatus*, insectes de l'ordre des Coléoptères et de la fam. des Xylophages. V. aussi *Escourpion*.

Éty. A cause de leurs longues cornes. V. *Ban*, R.

BANARUT, s. m. Est encore le nom qu'on donne à Arles à l'*Helix-aspersa*, à cause de ses cornes. V. *Judiouva* et *Ban*, Rad.

BANASSA, s. f. (banásse), augm. de *Bana*, grosse ou laide corne.

Éty. de *bana* et de *assa*. V. *Ban*, R.

BANAST, rad. pris du gaulois *benna*, voiture, ou de l'all. *benne*, tombereau; d'où le lat. *benna*, charrette entourée de claies, sorte de corbeille, ou de *banasta*, celt.

De *benna*, par apoc. *ben*, et par le changement de *e* en *a*, *ban*, et de *ast*, *banast*; d'où: *Banast-a*, *Banast-oun*, *Em-banast-ar*, *Des-banast-ar*, *Des-embanastar*.

BANASTA, s. f. (banàste); BANASTRA, DES, BONDA, TARAIROOU, BENASTO. *Banasta*, esp. cat. Banne et manne, grande corbeille d'osier, de forme ronde ou carrée et grossièrement construite.

Éty. du gaulois *benna*, m. s. V. *Begn*, Rad.

Banasta per lou fumier, panier à fumier: *Banasta doou pei*, manne à marée: *Banasta per tenir de poulets*, mue: *Banasta per lei digas*, gabion: *Banasta deis manins*, banse.

BANASTAR, V. *Embanastar*.

BANASTEL, s. m. vl. Panier. V. *Banastoun*.

Éty. de *banasta* et du dimin. *el*. V. *Begn*, Rad.

BANASTIER, V. *Banastounier*.

BANASTON, s. m. vl. Corbeille, panier. V. *Banastoun*.

BANASTOUN, s. m. (banastóun); BANASTOUN, DESCHOUN, BANASTEL. Banneton, mannequin ou petite manne, espèce de corbeille sans anses, ordinairement très-évasée à son ouverture.

Ety. de *banasta* et du dim. *oun*, V. *Begn*, Rad.

BANASTOUNAYA, s. f. (banastounáïe), d. de Barc. Plein une manne, ce qu'une grande corbeille peut contenir.

Éty. de *banastoun* et de *aye*. V. *Begn*, R.

BANASTOUNIER, s. m. (banastounié); BANASTIER, BANESTIER, GOURBINIER. *Banastero*, esp. Vannier, ouvrier qui fait des mannes, des paniers, des corbeilles, etc.

Éty. de *banastoun* et de *ier*. V. *Begn*, R.

BANASTRA, alt. lang. de *Banasta*, v. c. m. et *Begn*, R.

BANAYRE, s. m. (banaïre), dl. Contre-pointeur, tapissier. Douj.

Éty. Ce mot est dit pour *panayre*, par le chang. du *p* en *b*. V. *Pan*, R. 2.

BANC, radical dérivé de l'all. *bank* ou *banc*, banc, siége long et étroit, sur lequel peuvent se placer plusieurs personnes. Vossius le dérive de *abacus*, par aphérèse de *a* et addition de *n*, et il assure que les auteurs de la dernière latinité ont dit: *In abaco sedere*, pour *in banco sedere*; Caseneuve et Aldrete, p. 363, le font venir de l'arabe *banco*, m. s. (qui n'est pas arabe). Dérivés; *Banc*, *Banc-a*, *Banca-routa*, *Banca-rout-ier*, *Banc-al*, *Banc-au*, *Banqu-et*, *Banquet-a*, *Banquier*, *Des-banc-ar*, etc., etc.

BANC, s. m. (ban ou banc): *Banco*, esp. ital. port. *Banc*, cat. Banc, long siége sur lequel plusieurs personnes peuvent s'asseoir. En vl. table à manger.

Éty. du lat. *bancus* ou de l'all. *bank*, m. s. V. *Banc*, R.

Banc d'un bouchier, étal, au plur. étaux. *Banc de menuisier*, établi: *Bancs de liech*, tréteaux; *Banc dei marguilhiers*, l'œuvre; *Banc de chaloupa*, toste: *Banc per soustenir quauqueren*, tréteau. *Vielh coumo un banc*, Tr. vieux comme les rues.

BANC, s. m. Est aussi le nom que l'on donne au *pallier* d'un moulin, ou grosse pièce de bois qui supporte l'arbre.

BANC-DE-MENUISIER, s. m. V. *Banc-fustier*.

BANC-FUSTIER, BANC DE MENUISIER. *Banc-de-fuster*, cat. Établi de menuisier, forte table sur laquelle les menuisiers rabotent les planches et font une grande partie de leur travail.

Il est composé de la *table*, à côté de laquelle est fixé le *ratelier*, où sont rangés les outils. Cette table est percée de différents *trous* ronds pour le valet, et d'un carré pour le *tasseau* ou boîte à crochet, gros morceau de bois dans lequel est fixé le *crochet*. Du côté opposé au ratelier est le *talon*, la *presse*, ou le *pied-de-piche*.

L'établi est soutenu par les *pieds* qui sont maintenus par des *traverses*, un ou plusieurs *tiroirs* sont ordinairement joints à l'établi; ainsi que les chevilles qu'on place dans les pieds pour soutenir l'ouvrage à faire; on les remplace souvent par un *valet de pied*.

La *presse*, est ordinairement composée du *mors*, de la *vis*, d'un *trou taraudé*, et d'une *tringle* qui passe dans la tête de la vis pour la faire tourner.

BANCA, s. f. vl. *Banca*, cat. port. esp. ital. Siége, banquette, trône.

Éty. de *banc* et de *a*. V. *Banc*, R.

BANCA, s. f. (bánque); *Banca*, ital. cat. esp. port. Banque, comptoir, trafic d'argent, lieu où il s'exerce; fonds d'argent que celui qui tient le jeu a devant lui.

Éty. Les Romains appellaient *tabularii*, leurs banquiers, parce qu'ils étalaient leur argent sur des tables, et comme les nôtres travaillèrent d'abord sur des *bancs*, on leur donna le nom de banquiers, et à leur profession celui de *banca*, banque. V. *Banquier* et *Banc*, R.

La banque royale de Paris, fut établie au mois de décembre 1718, sous Louis XV.

En 1407, la banque de Saint-Georges, s'établit à Gènes: elle fut le modèle de toutes les banques publiques qui se sont formées depuis.

En 1803, le 14 avril, organisation de la banque de France.

BANCA-ROUTA, s. f. (bánque-róute); FALHITA. *Bancarrota*, cat. esp. *Bancarotta*, ital. Banqueroute, faillite, insolvabilité feinte ou réelle d'un négociant. V. *Quinquinelà*.

Éty. de *bancarotta* ou *banco-rotto*, banc rompu ou déroute de la banque, parce qu'en Italie ceux qui commerçaient sur l'argent, avaient un banc dans un lieu public, qu'ils rompaient quand ils ne pouvaient plus faire face à leurs affaires.

BANCA-ROUTIER, IERA, s. m. (bánque-routié, ière). Banqueroutier, ière, celui ou celle, qui a fait banqueroute. *Quinquinelaire*.

Éty. de *Bancarouta*, v. c. m. et de la term. *ier*, qui indique celui qui fait la chose. Voy. *Banc*, R.

BANCA, s. f. dg. Banc de lavandière. V. *Lavavouira*.

BANCAIROUN, s. m. (bancaïróu), dg. V. *Banquet*, petit banc.

BANCAL, ALA, adj. (bancàl, àle); *Bancalo*, port. Bancroche, bancal, ale, qui a les jambes tortues, comme celles d'un banc, qui se dirigent en dehors.

Éty. de *banc* et de *al*. V. *Banc*, R.

BANCAL, s. m. (bancál), dl. Plate-bande de jardin. Sauv. V. *Bancau* et *Banquet*.

Éty. de l'esp. *bancal*, morceau de terre unie qui se trouve dans les montagnes, quoique escarpées, où l'on peut faire du jardinage.

BANCAL, s. m. vl. *Bancal*, cat. esp. port. Banc, siége.

Éty. de *banc* et de *al*. V. *Banc*, R. et *Banquet*.

BANCAU, s. m. (bancáou); BANQUET, BANCOUN. *Banca*, esp. Banc de pierre placé dans la rue, à côté des grandes portes d'entrée; petit banc.

Éty. de *banc*, de *al* et de *au*, par le changement de *l* en *u*. V. *Banc*, R.

BANCAU, s. m. BANQUAU. Couverture du pain qu'on porte au four. Suppl. au Dict. de Pellas.

BANCHA, s. f. (bántse), d. bas lim. Petit banc sur lequel les blanchisseuses battent et savonnent le linge. V. *Lavavouira* et *Banc*, R.

BANCHEZA, s. f. vl. Blancheur. Voy. *Blanchour* et *Blanc*, R.

BANCHOUN, s. m. (bontsóu), d. bas. lim. *Bancelle*, petit banc. V. *Banquet*, selle, petit siége de bois, et *Sella*, sellette, caisse de décroteur, etc.

Éty. Dim. de *banc*. V. *Banc*, R.

BANCILHOUN, s. m. (bancillóun); BANCILLIOUN, BANÇOUN. Petit banc. C'est aussi un nom propre, Bancillon.

Éty. de *Banc*, v. c. m. et du dim. *ilhoun*. V. *Banc*, R.

BANCOUN, s. m. (bancóun), dim. de banc. V. *Bancilhoun*.

BANCS, s. m. pl. (báncs). Nom qu'on donne aux rangées de souches, aux environs d'Hières. V. *Autin*.

BAND, BAN, BANN, de l'all. *band*, drapeau, bannière; bande, qui a signifié par extension, troupe ou gens qui marchent sous la même bannière, et ensuite tout ce qui va ensemble, réuni. *Bandum*, dont le rad. est *ban*, vient, selon Barbazan, du lat. *pangere*, lier, joindre, unir par un traité, par apoc. de *gere*, et métagr. de *p* en *b*. Dérivés: *Band-a*, *Band-ada*, *Band-alau*, *Band-iera*, *Band-inella*, *Band-oulet*, *Band-oul-iera*.

BANDA, s. f. (bánde); BANDALAU, ESCARRADA, MOULOUN. *Banda*, esp. ital. cat. port. Bande, troupe, compagnie, multitude.

Éty. du celt. *banda*, *band*, en teuton, ou du lat. *bandum*, drapeau. V. *Band*, R.

Anar en banda, aller par bandes, par un traité.

BANDA, *Banda*, cat. esp. Bord, côté, lisière: *Mettre un veisseou à la banda*, mettre un vaisseau à la bande, le placer de côté pour le radouber: *Mettre à la banda*, mettre à la bande, passer tous les poids d'un côté du vaisseau. *De banda en banda*, de part en part. *De touta banda*, d. béarn. de tous côtés. *Per aquesta banda*, par cet endroit-ci.

BANDA, s. f. vl. Corne. V. *Bana*; Caresse, V. *Caressa*.

BANDADA, s. f. (bandáde); BANDA. *Bandada*, esp. Troupe, foule, multitude, bande de gens.

Éty. de *banda* et de *ada*, bande formée, V. *Band*, R.

BANDALAU, ADA, s. (bandaláou, áde), d. de Thorame. Troupe nombreuse, multitude, grande bande de personnes réunies. V. *Banda*.

Éty. de *banda*. V. *Band*, R.

BANDA-ME-L'AST, expr. prov. dl. Pour se moquer d'un fanfaron, comme si l'on disait, bande moi la broche. Douj.

Éty. V: *Bend*, R.

BANDAT, ADA, adj. et part. anc. béarn. Bandé, ée; *Balesta bandada*. V. *Bend*, R.

BANDEIAR, v. n. vl. BANEYAR, BANDEJAR. *Bandear*, esp. Flotter, s'agiter; s'amuser, se récréer. Act. faire voltiger, agiter.

Éty. de *band* et de *eiar*. V. *Band*, R.

BANDEIROUN, s. m. (bandeïróun); *Banderuola*, ital. *Bandèreta*, cat. *Bandeirola*, port. dim. de *bandiera*, petite bannière, petit drapeau, banderolle. V. *Band*, R.

BANDEJAR, vl. V. *Bandeiar*.

BANDEJAR, v. a. (bandexà), dg. Combuger un tonneau, laver une barique, agiter l'eau qu'on y a mise. V. *Embugar* et *Bandeiar*, agiter en vl.

BANDELA, et

BANDELLA, s. f. (bandèle), dl. V. *Dourgueta*.

BANDELOUN, dl. Petite cruche de terre. V. *Dourgueta*.

Éty. du celt. *benna*, espèce de vase. Voy. *Ban*, R.

BANDIEIRAS, s. f. pl. (bondièïres), d. bas lim. Lambeaux: *Boutar en bandieiras*, mettre en lambeaux.

Éty. de *bandiera*, drapeau, bande. Voy. *Band*, R.

BANDIER, s. m. BANNIER. *Banderer*, anc. cat. *Banditore*, ital. Sergent, bannier, messager.

Éty. de *band* et de *ier*. V. *Band*, R.

BANDIERA, s. f. (bandière); BANDIEYRA, BANIEIRA. *Bandeira*, port. *Bandiera*, ital. *Bandera*, esp. cat. Bannière, enseigne, étendard; on le dit en provençal, plus particulièrement de la bannière des processions.

Éty. de l'ital. *bandiera*, formé de la basse lat. *bandum*, *banderia*, drapeau. V. *Band*, Rad.

Virar bandiera, changer d'opinion.

Le ceinturon qui sert à supporter le manche de la bannière, porte le nom de *brayer*.

L'usage de porter des bannières aux processions remonte à l'année 1414, au concile de Constance, époque à laquelle on porta l'image de saint Roch, sur une bannière.

BANDIERA EN, adv. d. lim. Au néant.

Quéü toupi dé terr-én bandiéro
O no moralo bien sanchiero.

Foucaud.

BANDIERA, s. f. est synonyme de *loungeira* ou *Enseigna*, v. c. m. V. *Band*, R.

BANDIERA, s. f. En terme de marine désigne le pavillon d'une nation. V. *Band*, Rad.

BANDIERA-DE-SANT-JEAN, s. f. Banderolle de papier que l'on vendait en Provence, le jour de la fête de saint Jean. V. *Band*, R.

BANDIEYRA, s. f. (bandièire), dl. V. *Bandiera* et *Band*, R.

Se passa pas tout lou jour aou joc ou à la bandieyra.

BANDIMEN, s. m. vl. BANDIMENT. *Bandejament*, cat. Ban, ordonnance, bannissement. V. *Ban*, R. 2.

BANDINA, s. f. (bandine). Nom languedocien de la bistorte. V. *Bistorta*.

BANDINELLA, s. f. (bandinèle). Toilette, toile dont les marchands enveloppent leurs draps pour les garantir de la poussière; espèce d'enseigne.

Éty. de *bandiera* et du dim. *inella*. V. *Band*, R.

Virar bandinella, perdre la tête, l'esprit, la raison. Garc.

BANDIR, v. a. (bandir); FORA-BANDIR. *Bandire* et *Sbandire*, ital. *Banir*, port. *Bandir*, esp. port. *Bandejar*, cat. Bannir, exiler, chasser de quelque ville; élargir, donner la liberté, en parlant d'un animal; proscrire; proclamer, déployer, vl.

Éty. de *ban* et de *ir*, ou du lat. *bannire*, m. s. V. *Ban*, R. 2.

Faire sarra la boucharié
Et bandi la carnassarié.

Proucès de Carmentran.

BANDISOS. V. *Bandissos*.

BANDISSAMENT, s. m. (bandissamèin); BANDISSIMENT, BANIMENT. Bannissement, exil, ban, condamnation à être banni par autorité de justice.

Éty. de *ban* et de *issament*. V. *Ban*, R. 2.

BANDISSOS, s. f. vl. BANDISOS. Apprêt, étalage de mets; offres, propositions.

BANDIT, IDA, adj. et p. (bandi, ide); BANNIT, IDA. *Bandito*, ital. *Bandido*, port. Banni, ie, chassé de son pays par autorité de justice.

En vl. déployé.

Éty. de *bandir* et de *it*, *ida*. V. *Ban*, R. 2.

BANDIT, s. m. *Bandito*, ital. *Bandido*, esp. port. *Bandit*, all. Bandit, vagabond, homme sans aveu.

Éty. de l'ital. *bandito*, banni ou proscrit par un édit appelé *bando*, V. *Ban*, R. 2.

Sembla un bandit, il a la figure d'un bandit.

BANDO, et

BANDON, s. m. vl. BANDO. *Bandol*, cat. *Bando*, esp. ital. Permission, congé, ordonnance, édit. V. *Ban*, R. 2.

BANDOOU, s. m. (bandoóu). Espèce de branle qu'on exécute en dansant la mauresque. Garc.

BANDOULET, s. m. (bandoulé), dim. de *bendeou*. V. *Bendoulet* et *Bend*, R.

BANDOULIER, s. m. (bandoulié); *Bandolèr*, cat. *Bandolero*, esp. Bandoulier, brigand qui vole *par bandes* dans les montagnes; fripon, gueux, mauvais garnement écervelé, étourdi. Garc.

Éty. de *bandoul* pour *banda*, et de *ier*, qui fait partie d'une bande. V. *Band*, R.

BANDOULIER, s. m. Garde de ville, espèce de militaire attaché au service de l'autorité civile, ou de la police d'une ville.

Éty. Parce que ces gardes portaient leur sabre suspendu à un large baudrier, appelé *bandoulière*, Avril.

BANDOULIERA, s. f. (bandoulière); BANDOURIERA, BAUDRIER. *Bandolera*, esp. *Bandoliera*, ital. *Bandoleira*, port. *Bandelier*, all. *Bandolèra*, cat. Baudrier, bande de cuir ou d'étoffe qui sert à porter l'épée et le sabre; on nomme bandoulière celle qui supporte le mousqueton.

Éty. du celt. *bandolier* ou de *bandoul*, *banda* et de *iera*. V. *Band*, R.

En bandouliera, en sautoir.

BANDOULS, s. m. (bándouls), dl. *A bandouls*, exp. prov. *Sounar à bandouls*, sonner à branle, à toute volée. V. *Balans à*.

BANEGEAR, v. n. (banedjà). Ce mot, composé de *bana*, corne, et de la termi. act. *egear*, signifie proprement donner de la corne, montrer les cornes, mais on l'emploie le plus souvent au figuré, pour dire se montrer, paraître, parlant des agneaux, dont les cornes commencent à sortir.

Éty. V. *Ban*, R.

BANEIAMENT, s. m. vl. Saisie, mise au ban.

Éty. de *ban*, de *eia* et de *ment*. V. *Ban*, Rad. 2.

BANEIRA, s. f. vl. V. *Bandiera* et *Band*, R.

BANEIRAR, v. n. vl. Voltiger.

BANELLA, s. f. (banèle); GAFETTA. Nom languedocien de la grande mouette blanche. V. *Gabian*.

Éty. *Banella*, est dit pour *vanella*, fem. de *Vaneou*, v. c. m. par le changement, du *v* en *b*. *La banella la toucat*, il a eu une atteinte de paresse.

BANELLA, s. f. dg. Ruelle de lit. Voy. *Ruela*.

BANEOU, s. m. (banèou), d. arl. Lange d'enfant. V. *Pedas*.

Éty. du lat. *pannulus* dim. de *pannus*, drapeau, lange, *pannul*, *pannel*, *banel*, *paneou* et *baneou*. V. *Pan*, R. 2.

BANESTIER, V. *Banastounier* et *Ban*, Rad. 3.

BANESTOUN, V. *Banastoun*.

BANET, ETA, adj. (bané, ète). Nigaud, aude; niais, aise. Aub. *Fayoou banet*, imbécille.

BANETA, s. f. (banéte); *Banyeta*, cat. diminutif de *Bana*, petite corne. V. *Banilhoun* et *Ban*, R.

BANETAS, s. f. pl. (banétes); MOUNGETAS, FAYOOUS BANET, FAYOOUS-VERTS. Gousses des haricots verts en général, qu'on nomme en français haricot en cosse ou en gousse.

Éty. Dim. de *baneta*, petite corne, parce

que les gousses de plusieurs espèces, et particulièrement des haricots noirs, en ont la forme. V. *Ban*, R.

BANETADA, s. f. (banetáde). Plein une marmite de haricots verts; ce que l'on en met cuire à la fois.

Éty. de *baneta* et de la term. pass. *ada*. V. *Ban*, R.

BANETA-NEGRA, s. f. (banéte négre); FAYOOU-BANET, FAYOOU-NEGRE, MOUNGETAS, FAVIOOU-QUIOU-NEGRE. Gousse du haricot noir. V. *Fayoou-negre*.

A Arles, on donne le même nom au haricot de la Chine. V. *Favioou quiou-negre*.

BANETAS, s. f. (banétes). Un des noms du chèvrefeuille. V. *Maire-Siouva*. Avril.

Éty. Parce que ses fleurs non épanouies ressemblent à de petites cornes.

BANETOUN, s. m. (banetóun). Un des noms par lesquels on désigne, à Avignon, le Dolichos de la Chine. V. *Favioou-quiouï-negre*.

Éty. de *banetoun*, petite corne, à cause de la forme alongée et crochue de ses gousses. V. *Ban*, R.

BANETS, s. m. pl. (banés). Nom qu'on donne à une variété de haricots dont les gousses ont la forme d'une petite corne. V. *Banetas* et *Ban*, R.

BANEYAR, vl. V. *Bandeiar*.

BANEYRA, vl. V. *Bandiera*.

BANGEAR, dg. Venger. V. *Vengear*.

BANH, s. m. vl. Bain. V. *Ban* et *Ban*, Rad.

BANHAR, vl. V. *Bagnar* et *Ban*, R.

BANHIART, s. m. vl. Garde forestier; salaire.

BANIEIRA, s. f. BANIEYRA, m. s. que *Bandiera*, v. c. m.

BANIER, s. m. (banié); BAGNIER, BAGNET, MESSIER, GARDA-VIGNA, VIGNAU, CAMPIER. Messier, homme gagé pour garder les fruits de la terre, pendant le temps de la moisson, et particulièrement de la vendange.

Éty. de la basse lat. *bannerius*, m. s. ou de *ban* et de *ier*, garde du ban, ou de la défense. V. *Ban*, R. 2.

BANIERA, vl. V. *Bandiera*.

BANILHOUN, s. m. (banillóun); BANIOUN, BANETA. dim. de *bana*, petite corne. V. aussi *Baneta*. Chicot d'une branche coupée; cornichon, portion de l'os du crâne qui remplit le creux des cornes des bœufs, des chèvres, etc.

Éty. Dim. de *bana*, petite corne.

BANIMENT, s. m. (banimein), pour bannissement. V. *Bandissament* et *Ban*, Rad. 2.

BANIMENT, s. m. dl. Saisie d'une somme entre les mains d'un fermier, d'un locataire, etc.

BANLEVA, s. f. (bonlève), d. bas lim. *Bonleva*, bascule: *Fa à la banleva*, jouer à la bascule. V. *Charrountar sc*.

Éty. de *ban* pour *banc*, et de *leva*, banc ou planche qui s'élève, se hausse et se baisse. V. *Banc*, R.

Banlevas, bêtises, niaiseries.

BANLEVAR, v. n. (bonlevà), d. bas lim. *Bonleva*, faire la bascule. V. *Coua leva;* faire soulever, *Soulevar* et *Banc*, R.

BANLUEC, s. m. (banlué). Banlieu, étendue de pays autour d'une ville et qui en dépend. V. *Terradour*.

BANNA, vl. V. *Bana*, corne.

BANNAL, V. *Banal*.

BANNAREOU, adj. (banarèou). Banneret: *Seignour bannareou*, seigneur banneret, celui qui avait droit de lever bannière. V. *Ban*, R. 2.

BANNIER, vl. V. *Bandier*.

BANNIERA, V. *Bandiera*.

BANNIR, v. a. prov. mod. *Banir*, port. Bannir. V. *Bandir* et *Ban*, R. 2.

BANNIT, adj. et p. prov. mod. *Banido*, port. V. *Bandit* et *Ban*, R. 2.

BANOIAR, vl. V. *Bandeiar*.

BANOMENT, dl. alt. de *Vanament*, v. c. m.

BANQUET, s. m. (banqué); BANCHOUN, BANCAIROUN, CAVALET, MARLET. *Panchetta*, ital. *Banquinho*, port. *Banket*, all. *Banquet*, cat. *Banquillo*, esp. Petit banc; tréteau, pièce de bois longue et étroite, ordinairement supportée par quatre pieds; banc de pierre.

Éty. de *banc* et de *et* dim.

BANQUET, s. m. *Banchetto*, ital. *Banquet*, cat. *Banquete*, esp. port. Banquet, festin, grand repas.

Éty. de *banquet*, dim. de *banc*, soit parce que lorsque nos pères donnaient un festin les convives n'étaient assis que sur des tréteaux, *banquets*, soit aussi parce que les tables n'avaient pas d'autres soutiens; on dit encore aujourd'hui le banc des ministres. V. *Banc*, R.

BANQUET, s. m. BANCAL, LESA, VASEOU. Plate-bande de jardin.

Éty. de *banc*, à cause de sa forme longue et étroite, et de sa position un peu élevée. V. *Banc*, R.

BANQUETA, s. f. (banquéte); PLANQUETA, CALFAPED, *Banqueta*, cat. esp. *Banchetta*, ital. Chaufferette, boîte de fer garnie de bois où l'on met de la braise pour tenir les pieds chauds. Il signifie aussi escabelle et petit banc.

Éty. Dim. de *banc*. V. *Banc*, R.

Banquette, dans le sens de chaufferette, n'est pas français, quoique fréquemment employé comme tel.

Les ouvriers qui font les chaufferettes portent le nom de layettiers.

BANQUETAR, v. n. (banquetár); *Banchettare*, ital. *Banquetear*, port. esp. *Banquetejear*, cat. Banqueter, faire bonne chère, demeurer longtemps à table.

Éty. de *banquet* et de la term. act. *ar*. V. *Banc*, R.

BANQUIER, s. m. (banquié); *Banchiere*, ital. *Banquer*, cat. *Banqueiro*, port. *Banquero*, esp. Banquier, celui qui fait le commerce de l'argent, et au jeu des cartes celui qui taille ou joue contre tous les autres.

Éty. de *banca* et de la term. *ier*, celui qui tient la banque. V. *Banc*, R.

On fait remonter l'origine des banquiers à celle des lettres de change. V. *Lettrà de changi*.

BANQUIER, s m. dl. Un baigneur ou maître de bains d'une source d'eau thermale. Sauv.

Éty. Ce mot est une altér. de *bagnier*. V. *Bagn*, R.

BANREJAR, vl. V. *Barrejar*.

BANS, s. m. vl. Est pris tantôt pour bain, au nominatif, tantôt pour bannière, et pour Cabaret.

BANS, s. m. pl. *Bagni*, ital. *Banhos*, port. *Baños*, esp. Bains, ce mot, au pluriel, désigne plus particulièrement les bains des eaux thermales, ou minérales, ainsi que les établissements dans lesquels on en fait usage. Les maisons où sont établis les bains publics de propreté, portent aussi ce nom.

Comme les bains minéraux ne sont ordinairement conseillés que lorsque les traitements ordinaires ont été infructueux, on a dit proverbialement:

> Bans *ordouna lou medecin*,
> *Quand es au bout de soun latin.*

BANSINA, Suppl. Dict. Pellas. V. *Bassina*.

BANTADOUR, s. m. dial. béarn. Flatteur, flagorneur, qui vante. V. *Vantaire* et *Van*, R.

BANTAIROL, s. m. (bantaïrol), dg. altér. de *Vantairol*.

BANTAL, dl. V. *Faudau*.

Éty. C'est une altér. de *devantal*, par la supp. de *de*, et le changement du *v* en *b*.

BANTALOFO, s. m. (bantalófe), dl. dit pour *Vantalofo*, vantard, bavard, hâbleur. V. *Van*, R.

BANTARIOL, adj. (bantariól), dg. Qui se vante, avantageux, vantard. V. *Vantaire* et *Van*, R.

BANTAT, s. m. (bantá), dl. pour *Vantat*, vanterie, avantage: *Podi fa aquel bantat*, je puis dire cela sans vanité, je puis me vanter de cela. V. *Van*, R.

> *Quing aut èloment dab bertat*
> *Hara jamés aquet* bantat?
>
> D'Astros.

BANTEGEAR, v. n. (bontedzá), d. bas. lim. Être suspens, hésiter, balancer; user de remise; faire des démarches pour la réussite d'une affaire; Naqueter, attendre servilement à la porte de quelqu'un.

BANUT, UDA, adj. (banú, úda), dl. Le même que *Banarut*, v. c. m. et *Ban*, R.

BANUT, s. m. (bonú). Nom qu'on donne dans le Bas-Limousin, aux charançons. Voy. *Cadela* et *Courcoussoun*.

Éty. de *bana*, corne, et de *ut*, remarquable par ses cornes, ses antennes. V. *Ban*, R.

BAO

BAORDIR, vl. V. *Bordir*.

BAP

BAPT, et par l'attraction du *p* en *t*, **batt**, **bat**, radical dérivé du latin *baptismus*, baptême, et pris du grec βαπτίζω (baptizô), laver, baptiser, dont la racine est βάπτω (baptô), plonger dans l'eau, laver, parce qu'autrefois on baptisait par immersion.

De *baptismus*, par apoc. *bapt*, d'où : *Bapt-emo*, *Bapt-ism-al*, *Bapt-ist-eri*, *Bapt-isto*, *Bapt-ege-alhas*, *Bapt-egear*, *De-baptegear*, *Bapt-ejar*, *Bath-egar*, *Bapt-ege-alhas*, *Bapt-egear*, *Des-baptege-ar*.

De *bapt*, par la suppr. du *p*, les mêmes mots : *Batemo*, *Bategear*, etc. *Bat-isme*, *Re-bateiar*.

BAPTEGAR, vl. V. *Baptegear*.

BAPTEGEALHAS, s. f. pl. (batedjáilles); **batialhas**. Convoi de baptême, repas ou festin qu'on donne à l'occasion du baptême d'un enfant.

Éty. de *bategear* et de *alhas*, tout ce qu'on fait en baptisant. V. *Bapt*, R.

BAPTEGEAR, v. a. (batedjá); **crestianar**, **batejar**. *Battegiare*, ital. anc. *Battezzare*, ital. mod. *Bautizar*, esp. *Baptizar*, port. *Batejar*, cat. Baptiser, donner, conférer le baptême; donner un sobriquet à quelqu'un; bénir une cloche et lui donner un nom; mettre de l'eau dans le vin; faire la cérémonie du baptême sous la ligne, à ceux qui la passent pour la première fois. V. *Baptemo*. D'après le Suppl. au Dict. de Pellas, c'est aussi mettre le prix à une chose qui doit être vendue à l'encan.

Éty. du lat. *baptisare*, formé du grec βαπτειν (baptéin), plonger dans l'eau. Voy. *Bapt*, R.

BAPTEGEAR, LOU, s. m. **bategear**. L'action de baptiser.

Lou bategear *fach, manca pas coumpaires.*
Prov.

Un baptegear, un convoi de baptême.

BAPTEGEAT, ADA, adj. et p. (batedjá, áde); **bategeat**, **batiat**, **ada**. *Baptizado* et *Bautizado*, esp. *Baptizado*, port. *Battezzato*, ital. Baptisé, ée, qui a reçu le baptême; vin dans lequel on a mis de l'eau.

Éty. de *bapt*, R. et de *Egeat*.

BAPTEMO, s. m. (batême); **bateme**, *Bautismo*, esp. *Baptisme*, cat. *Battesimo*, ital. *Baptismo*, port. Baptême, sacrement qui efface le péché originel et rend chrétien; c'est le premier des sacrements.

Éty. du lat. *baptismus*. V. *Bapt*, R.

J.-C. institua lui-même le baptême des chrétiens, lorsqu'il dit à ses apôtres : *Allez, enseignez les nations et baptisez-les au nom du Père, du Fils et du Saint-Esprit.*

Avant la venue de J.-C. le baptême était déjà en usage, mais on ne lui attribuait pas les mêmes effets.

Cérémonies du baptême :

« On arrête l'enfant qui doit être baptisé « à la porte de l'église, pour montrer qu'il « n'est pas digne d'y entrer, étant souillé « par le péché originel; le prêtre fait sur sa « personne plusieurs signes de croix, pour « faire voir que c'est à J.-C. et à sa croix « que le baptême doit toute sa force; on « l'exorcise pour chasser l'esprit malin; on « lui met du sel dans la bouche, parce qu'il « est le symbole de la sagesse; le prêtre lui « souffle dessus pour chasser le démon par « la vertu du Saint-Esprit, qui est appelé le « souffle de vie; il lui met de la salive dans « les narines et dans les oreilles, imitant en « cela J.-C. qui guérit de cette manière, un « sourd-muet; il fait entrer le catéchumène « dans l'église, en récitant le symbole, « pour montrer que ce n'est que par cette « profession de foi qu'on peut y être admis; « il lui fait une onction sur la poitrine et sur « les épaules, pour montrer que la grâce « fortifie le chrétien; il lui verse ensuite de « l'eau sur la tête, en forme de croix, à « trois reprises différentes, en prononçant « les paroles je te baptise, etc. Il lui fait « ensuite une onction sur la tête avec le « Saint-Chrême, pour indiquer que ce sacrement le rend prêtre et roi, et il lui met un « linge blanc sur le corps pour l'avertir qu'il « faut conserver jusqu'à la mort l'innocence « baptismale.

Davan la bountat suprémo
L'enfant que näisse es tacat,
Mai l'aiguo dau sant battémo
Lou nettejo de pecat.
Aquelo aiguo nous animo
L'amo, lou couer et l'esprit,
Et sa vertut nous imprimo
Lou pourtret de Jesus-Christ.
David.

Faire un baptemo, Tr. Tenir un enfant sur les fonts baptismaux, faire baptiser un enfant, et non *faire un baptême*.

Il y a trois manières de baptiser: par immersion, par aspersion et par infusion.

Par immersion, lorsqu'on plonge dans l'eau la personne qu'on baptise, c'était l'ancien usage de l'Eglise, qui subsiste encore dans l'Orient; par aspersion, lorsqu'on asperge seulement avec de l'eau la personne; par infusion, lorsqu'on verse l'eau sur quelque partie du corps. C'est la manière dont on baptise aujourd'hui généralement dans l'Eglise catholique.

BAPTEMO, s. m. Baptême, les marins donnent ce nom à une cérémonie burlesque qui consiste à plonger dans la mer, ceux qui pour la première fois passent sous la ligne équinoxiale, ou à les arroser avec une grande quantité d'eau.

En lavant ainsi ceux qui passent la ligne et pénètrent dans un nouveau monde, les marins ont voulu singer le baptême qu'on administre aux nouveaux nés.

Cette singulière pratique n'étant pas exempte de danger, a été proscrite par un arrêt du 8 janvier 1784, rendu par le conseil général du Cap.

BAPTESTILI, s. m. vl. **baptistili**. Baptistère, baptême.

BAPTISMAL, adj. vl. V. *Baptismau* et *Bapt*, R.

BAPTISMAU, ALA, adj. (batismáou, ále); **batismau**. *Battesimale*, ital. *Bautismal*, esp. *Baptismal*, port. cat. Baptismal, ale, qui appartient au baptême : *Leis fonts baptismaus*, les fonts baptismaux. V. *Fonts santeis*.

Éty. de *baptemo* et de *au*. V. *Bapt*, R.

BAPTISME, s. m. vl. V. *Baptemo*.

BAPTISTERI, s. m. (patistèri); **batisteri**. *Bautisterio*, esp. *Baptisterio*, port. *Battistero*, ital. *Baptisteri*, cat. Baptistère, petite église près des cathédrales, ou chapelle dans laquelle on administre le baptême.

Éty. du lat. *baptisterium*, m. s. V. *Bapt*, Rad.

BAPTISTERI, adj. (batistèri). Extrait baptistère, extrait de l'acte qui constate le jour de la naissance.

Ce mot est souvent employé substantivement en provençal : *Lou baptisteri*, *d'après soun baptisteri*. V. *Bapt*, R.

BAPTISTILI, s. m. vl. V. *Batisteri*.

BAPTISTIN, nom d'homme (batistìn); **batistin**. Baptistin. V. *Baptisto*.

BAPTISTINA, nom de femme (batistine); **batistina**. Baptistine. V. *Baptisto*.

BAPTISTO, nom d'homme (batiste); **battisto**, dont les alt., les dim. et les augm. sont, **tisto**, **tite**, **tito**, **titoun**, **baptistoun**, **tistoun**, **titas**, **tistas**, *Batist*, all. *Battista*, ital. *Bautista*, esp. *Baptista*, cat. port. Baptiste, nom inséparable de Jean, dont il n'est qu'un adj. signifiant qui baptise ou qui a baptisé, parce que Saint Jean baptisa J.-C. V. *Bapt*, R.

Patron Saint Jean-Baptiste, décapité par les ordres d'Hérode-Antipas, dans la 32e année de son âge.

L'Église célèbre la mémoire de l'annonce de sa conception, le 24 septembre, sa sanctification dans le sein d'Elisabeth et sa nativité, le 24 juin, et sa décollation, le 29 août.

BAQ

BAQUA, **baque**, d. béarn. Vache. Voy. *Vacca*.

BAQUER, s. m. vl. béarn. Vacher. Voy. *Braveirier*.

BAQUET, s. m. (baqué), prov. mod. Baquet. V. *Bachassoun*.

BAQUET, s. m. (baqué), dg. **panier de pigeounier**. V. *Gourbiet*.

BAR

BAR... On trouvera en *Bal*, les mots qui manquent en *Bar*.

BAR, **baroun**, **baron**, **var**, **ber**, **bary**, sous-radical pris du latin *vir*, homme, homme fait, dérivé de *vis*, force, puissance, parce que l'homme est plus fort que la femme, d'où l'Allemand *bar*, *ber*, *war*; le franc. *bar*, *baron*, qui ont la même signification.

De *vir*, par le changement de *i* en *e*, on a fait *ver*, puis *ber*, par celui du *v* en *b*, et enfin *bar*, par le changement de *e* en *a*; d'où : *Bar*, et par l'addition de *on*, *baron*, d'où : *Baron*, *Baron-essa*, *Baron-ia*, et les mêmes mots en *oun*.

De *baron*, par la suppression de *o*, *barn*,

d'où : *Barn-agi*, *Barn-at*, *Barn-ia*, *Barn-il*, etc.

De *barn*, par le changement du *b* en *v*, la substitution d'une *l* à la place de *n*, *varl*, d'où : *Varl-et*, *Varlet-oun*, *Varlet-alha*, etc.

BAR, Pays, contrée, en sanscrit, *Malabar* de *Maley*, montagne et *bar*, pays.

BAR, s. m. vl. BARO, BER, BEIR, BAROS, BARON. *Baro*, cat. esp. *Barão*, port. *Barone*, ital. L'homme, le mari, le bar ou baron; homme courageux.

Éty. V. *Bar*, R.

Les phrases suivantes prouvent incontestablement que le mot *baro*, a été pris pour mari.

Lo bar no es creat per la femna
Mas la femna per lo baro.
No est creatus vir propter mulierem,
sed mulier propter virum.
Las femnas sio sotsmessas à los baros *en aisso, co al senhor.*

Que les femmes soient soumises à leurs maris comme au seigneur.

Bar, dans la langue des troubadours est ordinairement sujet, et *baro*, *baron*, régime.

BAR, s. m. (bai), dl. LAUVA, LAUSA, BARD. Une dalle, pierre plate, large et ordinairement carrée : *Bar de Mus*, dalle du village de Mus.

BAR, s. m. BART, dl. V. *Bard*.

BAR, s. m. d. bas lim. Bauge, torchis. V. *Tapi* et *Bard*, R. 2.

BAR, dg. V. *Limoun de voitura*.

BAR, s. m. vl. Rempart. V. *Barri*.

Éty. du celt. *bar*, barre, barrière.

BARA, s. f. anc. lim. Fraude. V. *Barat*.

Éty. du catalan, *bar*, traître, perfide.

BARABANS, vl. *Barrabas*, nom d'homme.

BARACA, V. *Barraca*.

BARACAU, s. m. (baracáou); CREBA-CABALS, dl. Voirie, lieu où l'on porte les bêtes mortes et les vidanges d'une ville. Voy. *Prat-Batalhier*.

BARADAT, adj. et p. anc. béarn. Clos, enclos?

Degun no deu far castet barrat ó baradat, *part lo volé deu senhor major.*
Fors et Cost. de Béarn.

BARAFRA, V. *Balafra*.

BARAGN, radical qu'on a fait dériver du celt. *bar*, barre, barrière; du ligurien, Diouloufet; de l'espagnol *Breña*, hallier, buisson, Astruc; mais qui vient bien évidemment du latin *vara*, barre, pièce de bois mise en travers, par le changement ordinaire du *v* en *b*. Dérivés : *Baragn-a*, *Baragnada*, *Baragn-ar*, *De-baragnar*, *Em-baragn-ar*, etc.

BARAGNA, s. f. (barágne); BARAGNADA, BARRADURA, CLAUSURA, CLAUVURA, CEBISSA, BANDA, BARTISSADA, SEBICHA, CEBILHA, BROUA, BROUVA. *Barana*, cat. *Baranda*, esp. Haie, échalier, clôture d'un champ, d'un jardin, faite avec des barres, des planches ou des buissons verts ou secs; figur. embarras, cohue. Les chaufourniers donnent le nom de *baragna* aux branches qu'ils amoncèlent autour du four, pour qu'il ne se refroidisse pas trop : *Baragna de bouissouns ou de brancas*, échalier.

Éty. V. *Baragn*, R.

BARAGNADA, V. *Baragna* et *Baragn*, R.

BARAGNAR, v. a. (baragná); CLAUSURAR, CLAUVURAR. Clore, faire des haies avec des buissons.

Éty. de *baragna* et de *ar*. V. *Baragn*, R.

BARAGNOUN, s. m. (baragnóun), dl. Petite haie, brise-vent des jardiniers.

Éty. de *baragna*, haie, et du dim. *oun*. V. *Baragn*, R.

BARAGNUECH, dl. (baragnué). Corrup. de *Bona nuech*, bonne nuit.

BARAGOGNA, s. f. (baragógne), dl. La bête noire, le moine bourru. V. *Barban*.

BARAGOUIN, s. m. (baragoüin); BARRAGOUIN, MARRAGOUIN, BISCOBORA. *Algaravia*, port. *Gerigonza*, esp. Baragouin, langage imparfait, corrompu et inintelligible; mélange de divers idiomes.

Éty. du bas breton, *bara*, pain, et de *guin*, vin; pain et vin, confusion que font ceux qui ne connaissent pas bien la langue, d'autres le dérivent du latin *barbaricus*, barbare.

BARAGOUINAR, v. n. (barragouiná); *Algaroviar*, port. Baragouiner, parler mal une langue.

Éty. de *baragouin* et de l'act. *ar*. Voy. *Barbar*, R.

BARAI, s. m. (baraï). Blé bas qu'on balaie du tas, Garc. restes et débris des gerbes qui sont restés dans les champs. V. *Raspai*. Avril.

BARAILL, vl. V. *Baralh*.

BARAIRE, dl. V. *Debanaire*.

BARAIRE, s. m. Nom de l'hellébore vert, aux environs de Toulouse. V. *Marsioure*.

BARAL, s. m. dl. vl. BARALH. Dispute, trouble, bruit, confusion. V. *Varalh* et *Baralha*, R.

Cadaroussa es mai qu'estounada
Que la mettez touta en baral. Favre.

BARAL, V. *Barrau*.

BARALH, BARREI, BAREGA, rad. dérivé du roman, langue dans laquelle il signifie trouble, dispute, bruit, querelle, dévastation, pillage. Dérivés : *Baralh*, *Baralh-a*, *Baralh-ar*, *Guaralh-a*, *Es-baralh-a*, *Barrei*, *Barrei-a-ment*, *Barrei-ar*.

De *baralh*, par le changement de *a* en *e*, *barelh*; d'où : *Barelh-a*.

De *baralh*, par le changement de *lh* en *ge*, *barage*; d'où : *Barege-a*, *Barege-adis*, *Barege-ar*.

De *bareg*, par le changement du *g* en *j*, et de celui-ci en *i*, *barei*; d'où : *Barei-ar*.

BARALH, vl. V. *Baral*.

BARALHA, s. f. vl. *Baralla*, cat. *Baralha*, port. *Buraja*, ital. Trouble, dispute, bruit.

Éty. du gaulois *baral*, m. s. V. *Baralh*, Rad.

BARALHA, s. f. (baráille), dl. *Barandilla*, esp. cat. Palissade de la nature de celle de l'art. *baralhar*. V. *Var*, R.

BARALHADOR, s. m. vl. *Baralhador*, port. *Barajador*, esp. Brouillon, querelleur, tapageur. V. *Baralh*, R.

BARALHAIRE, s m. (baralhaïré); BARAIAIRE. Balayeur. Aub. V. *Escoubaire*.

BARALHAR, v. a. vl. *Barallar*, cat. *Baralhar*, port. *Barajar*, esp. Contester, disputer, attaquer, mettre des entraves; mêler, broyer, piler. Gloss. Occit.

Éty. de *baralh* et de *ar*. V. *Baralh*, R.

BARALHAR, v. a. (baraillá), dl. BARAIAR. Entourer ou clore d'une palissade de bûches refendues ou de barres de quatre à cinq pieds de long et serrées entr'elles, Sauv. balayer, Aub. balancer à, d. apt.

Éty. C'est une alt. de *Baragnar*, v. c. m. et *Var*, R.

BARALHIER, s. m. (baraillié). Boisselier. V. *Broquier* et *Var*, R.

BARALHUN, s. m. (barailliún); BARAIUN. Balayures. Aub. V. *Escoubalhun*.

BARAN, s. m. vl. Tromperie, supercherie.

Éty. de *bar*. V. *Barat*, R.

BARANDA, s. f. vl. *Barana*, cat. *Baranda*, esp. Barricade, bastion. V. *Baragn*, R. Balustrade.

BARANDRANA, s. (barandráne); *Balandran*, esp. *Balandrão*, port. *Palandrano*, ital. Manteau de berger, Garc. balandran ou balandras, large manteau dont on se servait autrefois. V. *Balandran*.

Éty. de la basse lat. *balandrana*, m. s. ou du lat. *pallium*, d'où l'ital. *palandrano*, formé de *palla*, robe.

BARANS, et composés. V. *Balans*.

BARAT, rad. dérivé du celtique, selon Astruc, ou de la basse latinité *baratum*, ou du bas breton *barad*, signifiant, fraude, tromperie, supercherie, ribauderie.

De *baratum*, par apoc. *barat*; d'où : *Barat*, *Barat-a*, *Barat-ar*, *Barat-aria*, *Desbarat*, *Des-barat-ar*, etc., etc.

BARAT, s. m. (barát); BARATEL, BARATA. *Barato*, esp. port. *Barat*, anc. cat. *Baratto*, ital. Fraude, dol, tromperie; échange que l'on fait d'une chose avec un autre.

Éty. de la basse lat. *baratum*. V. *Barat*, Rad.

BARAT, s. m. BROC. Nom qu'on donne à Barcelonnette à une bête vieille, qui est hors de service.

Éty. de *barat*, tromperie, parce qu'on trompe celui à qui on la vend. V. *Barat*, R.

BARATA, s. f. (baráte); *Barata*, cat. esp. ital. Tromperie, fraude, marché, chose qui n'a de bon que l'apparence; en parlant d'une femme, bavarde, brouillonne.

Éty. de *baratar*, tromper. V. *Barat*, R.

BARATADOR, et

BARATAIRE, s. m. vl. BARATAYRE. *Baratador*, cat. esp. *Barattatore*, ital. *Barateiro*, port. Trompeur, fripon, ribaud, brocanteur.

Éty. de *barat* et de *aire*, ou du lat. *veterator*, vieux routier, filou. V. *Barat*, R.

Toun eternau salut
Contro satan toun baratayre. D'Astros.

BARATAIRITZ, s. f. vl Coquine, friponne, ribaude.

Éty. de *barat* et de *airitz*, ou du lat. *veteratrix*, vieille coquine. V. *Barat*, R.

BARATAR, v. a. (baratá); BARATEGEAR. *Baratar*, esp. cat. *Barattare*, ital. *Baratear*, port. Trafiquer, négocier, changer, troquer; fig. tromper, frauder, friponner, gagner; troquer une bête vieille, dans le d. de Barc.

Éty. de l'esp. *baratar*, m. s. V. *Barat*, R.

Baratter en français, signifie agiter la crême dans la baratte pour faire le beurre.

BARATARIA, s. f. (baratarie); BARAT. *Barateria*, esp. cat. *Baratteria*, ital. *Barratry*, angl. *Barataria*, basse lat. Baratterie, en terme de marine, infidélité d'un capitaine-marchand, soit dans ses comptes, soit dans la qualité des marchandises, et par extension, tromperie, fraude, échange frauduleux; intérêt, vl.

Éty. de l'ital. *barattare*, changer, fait de l'all. *barren*, colporter. V. *Barat*, R.

BARATAT, ADA, adj. et p. (baratá, áde); *Barateado*, port. *Baratad*, cat. Changé, troqué, trompé.

Éty. de *barat* et de *at*, échange fait. Voy. *Barat*, R.

BARATEGEAR, V. *Baratar* et *Barat*, Rad.

BARATET, s. m. (baraté), dl. Tricherie, supercherie.

Éty. de *barat*, tromperie, et du dim. *et*, petite fraude, petite tromperie. V. *Barat*, R.

BARATIAR, v. n. (baratiá), d. m. Bavarder, caqueter.

Éty. de *barata*, bavarde, et de *iar* pour *egear*, faire la bavarde, faire comme ceux qui veulent tromper, qui parlent beaucoup. V. *Barat*, R.

BARATIER, s. m. DEBARATIER. *Barater*, anc. cat. *Baratero*, anc. esp. *Barateiro*, port. *Barattiero*, ital. Fripon, dévergondé, usurier.

Éty. de *barat* et de *ier*. V. *Barat*, R.

BARATOR, V. *Baratador*.

BARATRO, s. m. vl. *Baratro*, esp. ital. *Barathro*, port. *Barathre*, enfer, abîme, gouffre, fosse.

Éty. du lat. *barathrum*. V. *Belitr*, R.

BARATA, s. f. (baràte); *Barata*, port. V. *Buriera*.

Éty. de l'esp. *baratar*, brouiller, ou du grec βάραθρον (barathron), gouffre.

BARAU, V. *Barrau*.

BARAX, s. m. (baràx), dg. Guéret. V. *Garach*.

BARB, rad. pris du lat. *barba*, barbe, sur l'origine duquel les étymologistes sont peu d'accord, le faisant venir, les uns de *bar* synon. de *vir*, homme, les autres de *barbare*, parce que ce peuple la portait très-longue; enfin d'autres du grec βάρος (baros), qui, au figuré, signifie gravité, dignité.

De *barba*, par apoc, *barb*; d'où: *Barb-a*, et composés comme: *Barba-bouc*, *Barba-jovis*, etc. *Em-barb-ar*, *Re-barb-eou*, *Barb-an*, *Barb-egear*, *Barb-in*, *Barb-oulh-ar*, *Barboulh-ada*, *Barb-ier*, etc., et les noms propres, *Barbier*, *Barbarin*, *Barbaroux*, *Barberi*, *Barberini*.

BARBA, s. f. (bárbe); *Barba*, ital. esp. port. cat. Barbe, poil des joues et du menton.

Éty. du lat. *barba*, m. s. V. *Barb*, R.

Faire la barbe, raser, fig. manger tout en l'absence de quelqu'un qui se fait attendre; souffler une place. *Dire à la barba*, dire en face. *Homo de barba*, *hombre de barba*, esp. homme rassis, homme sensé. *Barba prima*, jeune homme qui n'a pas d'expérience: *Barba es ornament de la cara d'homa*. Eluc. de Las. Pr.

Les premiers hommes regardant la barbe comme une prérogative attachée à leur sexe, l'ont tous portée longue, Bacchus, Hercule, Ulisse, Diomède, Priam, sont toujours représentés par les poëtes, comme en étant amplement fournis.

Dans le siècle d'Alexandre, les Grecs se firent raser et leurs successeurs reprirent l'usage de la porter longue. Scipion l'africain, Junior, fut le premier romain qui introduisit l'usage de se faire raser chaque jour. Adrien reprit la barbe et avec lui les Grecs et les Romains.

Les Goths et les Francs, ne portaient que la moustache. Les premiers rois de France avaient les cheveux longs et la barbe courte, depuis Clovis, qui accepta le titre de patrice romain, jusqu'au XIIme siècle, les barbes se rétablirent. Saint-Louis et Louis-le-Jeune, la quittèrent, et on la vit renaître sous François premier. Henri IV, Louis XIII et même le président Molé, mort en 1656, portèrent de fort longues barbes; on la porta encore en toupet sous la minorité de Louis XIV. On s'en tint ensuite à la moustache et les barbes disparurent enfin tout-à-fait, vers l'an 1680.

Les innombrables et singulières variations que la taille de la barbe a subies ne sauraient être retracées ici, ceux qui voudront les connaître trouveront à se satisfaire dans les divers Dict. des Origines.

On lit au verset 27 du 19me chap. du Lévitique ces paroles: Vous ne couperez point vos cheveux en rond et vous ne raserez point la barbe.

BARBA, s. f. Nom qu'on donne à Valensolles, à plusieurs espèces de *hydnum*, plantes de la famille des Champignons, dont les ramifications ont l'apparence d'une barbe bien fournie. V. *Barb*, R.

BARBA, s. f. BRUNETA. A Aix et aux environs, on nomme ainsi une espèce de champignon qu'on doit rapporter au genre clavaire et même à la clavaire coralloïde, qui porte aussi le nom de barbe de bouc, gantelines, menottes, cheveline, *cresta*, et qu'on nomme ailleurs *tripeta*, tripettes, etc. *Clavaria coralloïdes*, Lin. plante de la fam. des Champignons. V. Gar. *Agaricus esculentus*, p. 10. V. *Barb*, R.

On la nomme ailleurs: *Gallinora*, *becuda*.

BARBA, s. m. d. vaud. Barbe, ou pasteur vaudois du 12me siècle.

BARBA, nom de femme; *Barbara*, ital. port. esp. *Barba*, cat. Barbe.

Patr. sainte Barbe, vierge et martyre de Nicomédie, dans le 3me ou 4me siècle; honorée le 4 et le 16 décembre.

BARBA, s. f. Barbe, les arêtes qui sortent de l'épi des céréales; les filets qui sont rangés de chaque côté du tuyau d'une plume; les filamens des racines.

Éty. de *barba*, barbe. V. *Barb*, R.

BARBA, s. f. Sautelle, sarment de vigne qu'on met en terre pour qu'il prenne racine. V. *Malhoou*.

BARBA, s. f. ou *Barba de chivau*. Barbe, la partie extérieure de la bouche du cheval, sur laquelle la gourmette porte. C'est aussi une excroissance qui vient sous la langue du même animal.

BARBA-DE-CAPOUCHIN, s. f. (bárbe-decapoutchìn); Barbe de capucin, nom qu'on donne à la chicorée sauvage qu'on a fait végéter dans une cave, ou tout autre lieu obscur.

BARBA-DEIS-COUIFFAS, s. f. (bàrbe déi còuïffes). Barbes des coiffes, bandes de toile ou de dentelle qui pendent aux côtés des coiffes.

BARBA-DE-REINARD, s. f. Barberenard, astragale de Marseille, *Astragalus Massiliensis*, Lam. sous arbrisseau de la fam. des Légumineuses, commun le long de la mer, à Marseille et ailleurs.

Éty. de *barba*, à cause des piquants dont cette plante est hérissée. V. *Barb*, R.

Ce n'est point de cette plante, comme plusieurs auteurs l'ont avancé, que découle la gomme adragant. V. *Gouma adragant*.

BARBABOOU, alt. de *Barbabouc*, v. c m.

BARBA-BOUC, s. m. (barbe-bóu); BARBA-BOOU, BOUCHIN-BARBA, BOUCHIGAS, BOCHIS, CUGUREOU, SARCIFI, CUCUREOU, COUXIMBARDA, BOUCHIERABA. *Barba-di-becco*, ital. *Barba bouch*, piém. *Barba-de-cabron*, esp. *Bockbart*, all. *Barba-de-cabra*, cat. Barbe-bouc, salsifis des prés, *Tragopogon pratense*, Lin. plante de la fam. des Composées chicoracées, qui croît dans les prairies et dont on mange les jeunes pousses.

Éty. du lat. *barbula-hirci*, qui n'est d'ailleurs que la traduction du grec *tragopogon*. V. *Barb*, R.

La scorzonère laciniée porte le même nom à Valensoles. V. *Galinetas*.

BARBACAN, s. m. (barbacán). Nom d'une ancienne monnaie de Provence, 24 tournois d'argent et un florin d'or, valaient 69 sous barbacans.

BARBACANA, s. f. vl BOUCHE. *Barbacana*, esp. cat. *Barbacane*, ital. port. Fortin en forme de tambour, ou retranchement circulaire pour défendre une porte de ville ou de place forte; barbacane, fente pratiquée dans un mur de fortification pour tirer sur les ennemis; créneau, embrasure.

Éty. de l'esp. *barbacana*, m. s.

BARBACANA, s. f. Corbeau, pierre en saillie qui soutient une poutre.

BARBACHONA, s. f. Nom toulousain des jeunes cailles. V. *Calhateou*.

BARBACHOOU, s. m. (barbatchóou). Nom de l'hirondelle des maisons. Voy. *Cuou-blanc*, 2.

BARBADA, s. f. (borbáde), d. bas lim. BORBADO. Sarment de vigne avec sa racine; becquée. V. *Becada*.

Éty. de *barba* et de *ada*, avec la barbe. V. *Barb*, R.

BARBA-DIOU, s. f. (bárbe-díou), dl. Prière superstitieuse dont le sens est impertinent et impie. Elle est citée dans l'examen de conscience du P. Amila. Sauv. V. *Barb*, R.

BARBAIOL, vl. alt. de *barbajoou*. V. *Joubarba* et *Barb*, R.

BARBAIRIA, s. f. vl. V. *Barbaria*.

BARBAJA, Nom lang. ancien, du hibou. V. *Dugou*.

BARBAJAN, s. m. (barbadján); *Barbagiani*, ital. Nom nicéen du grand-duc. Voy. *Dugo-gros* et *Barb*, R.

BARBAJOL, vl. V. *Joubarba*.

BARBAJOOU, s. m. dl. altér. de *barbajovis*. V. *Joubarba* et *Barb*, R.

BARBAJOOU, s. m. (barbadjóou). Est encore le nom que l'on donne au martinet à ventre blanc. V. *Barbeirou pies blanc*.

BARBA-JOVIS, s. m. Nom lat. de la joubarbe, conservé dans plusieurs pays. V. *Joubarba* et *Barb*, R.

BARBABUTA, s. f. (barbabúte). Nom qu'on donne aux Mées à la clématite. Voy. *Entrevadis*.

Éty. de *barbabuta*, barbue, à cause des poils nombreux qui garnissent les graines de cette plante. V. *Barb*, R.

BARBAIHOL, s. m. vl. Joubarbe.

Éty. Alt. de *Barbajovis*, v. c. m. et *Barb*, Rad.

BARBALH, s. m. (barbál), dl. Pour babil. V. *Babilh* et *Bab*, R.

BARBALHAIRE, s. m. (barbailláïré), et *Barbalhier*. V. *Babilhard* et *Bab*, R.

BARBALHAR, v. n. (barbaillá), dl. parler à tout propos. V. *Babilhar* et *Bab*, R.

BARBALHIER, s. m. dl. V. *Babilhard* et *Barb*, R.

BARBAN, s. m. (barbán), BARBUS, BARBAU, BABAU, BOBAU, BABOOU, BABOTA, BARAGOGNA, PAPARRAUGNA, PAPOOUR, PAPAROUGNA, POPOOU, FANTASTI, FARAMAUCA, FARAMIA, GRAFAGNAUDA, GRIPET, DRAC, CHIN-CAMBAU, MARMAN, BOUMECA. Mots par lesquels on a coutume de désigner un être imaginaire dont on fait peur aux petits enfants, et qu'on nomme en français ogre, moine bourru, bête-noire, le roi Hugon, la male-bête, etc.

Gara lou barban, veicit lou barban, gare l'ogre, voici le loup garou.

Éty. du celt. *barban*, épouvantail; du bas breton *barbau*, qu'on fait venir du lat. *vagare*, *vagari*, errer çà et là, ou de *barba*, *barbut*, couvert de barbe, de poil. V. *Barb*, R.

BARBAN, s. m. Est aussi le nom que les mères et les nourrices donnent aux poux, en parlant aux petits enfants.

Éty. de *barba*, parce que ces insectes paraissent barbus, V. *Barb*, R.

BARBANA, s. f. (barbáne). Galbanum (plante). Garc.

BARBANCHUAN, s. m. (barbantchuán). Nom qu'on donne à Cuges, selon M. le docteur Reimonen, à une sauterelle qui a un long dard à l'anus.

Il paraît que c'est la sauterelle verte, *Locusta viridissima*, Deligny; ou la sauterelle rouge verrue, *Locusta verrucivora*, id. insectes de l'ordre des Orthoptères et de la fam. des Grylliformes.

BARBANSULA, s. f. (barbansule), d. de Barc. Une faute, une erreur.

BARBANTA, s. f. (barbánte). Nom qu'on donne à Larche, près de Barcelonnette, à l'anémone des Alpes. V. *Barbua*.

Éty. Altération de *barbuta*, barbue.

BARBANTANA, s. f. (barbantáne). Un des noms de la verveine, selon Achard. V. *Vervena*.

BARBAR, rad. dérivé du latin *barbarus*, étranger, grossier, cruel, barbare; tiré du grec βάρβαρος (barbaros), étranger, relativement aux Grecs et aux Romains. Ces peuples appellaient barbares tous ceux qui ne parlaient pas leur langue; d'où: *Barbaricus*, *um*. Derivés: *Barbara-ment*, *Barbar-e*, *Barbar-esc*, *Barbar-ia*, *Barbar-isme*, *Barb-ou*.

De *barbaricum*, par la suppression du *b* et de *ri*, *Baracum*, et par le changement du *c* en *g*, *Baragum*, et de *u* en *oui*, *Baragouin*, *Baragouin-ar*.

BARBARA, s. m. (barbará). Sorte de huée qu'on fait aux enfants pour leur faire vergogne. Garc.

BARBARAMENT, adv. (barbaraméin); *Barbaramente*, ital. port. esp. *Barbarament*, cat. Barbarement, d'une manière barbare, cruelle; et par altération, verbalement.

Éty. de *barbare* et de *ment*. V. *Barbar*, Rad.

BARBARE, ARA, adj. (barbáré, áre); *Barbaro*, esp. ital. port. cat. *Barbar*, all. Barbare, cruel, inhumain; sauvage, qui n'a ni lois, ni politesse; qui est de Barbarie.

Éty. du lat. *barbarus*, dérivé du grec βάρβαρος (barbaros), étranger, relativement aux Grecs et aux Romains. V. *Barbar*, R.

BARBARESC, ESCA, adj. (barbarés, ésque); *Barbaresco*, ital. esp. *Barberisco*, port. *Berbèrisc*, cat. Barbaresque, qui habite la Barbarie, contrée d'Afrique du côté de la Méditerranée.

Éty. du lat. *barbaricus*. V. *Barbar*, R.

BARBARI, s. m. vl. Barbillé, barbarin, sorte de monnaie.

C'était une monnaie frappée par les vicomtes de Limoges.

Éty. d'une effigie à barbe, *Lemovicensis barbatæ monetæ*, qu'elle portait. Rayn. V. *Barb*, R.

BARBARI, adj. vl. *Barbaric*, anc. cat. Étranger, barbare, barbaresque.

Éty. du lat. *barbarus*. V. *Barbare* et *Barbar*, R.

BARBARIA, s. f. vl. BARBAIRIA. *Barberia*, cat. esp. *Barbearia*, port. *Barbaria*, ital. Barberie, boutique, métier de barbier ou de chirurgien barbier.

Éty. de *barba* et de *aria*, tout ce qui est relatif à la barbe. V. *Barb*, R.

BARBARIA, s. f. *Barbaria*, ital. *Barbaridad*, esp. *Barbaridade* et *Barbaria*, port. cat. Barbarie, cruauté, inhumanité. V. *Barbar*, R.

BARBARIA, s. f. Le chevelu des racines. Aub.

BARBARIA, (barbarie); *Barbaria*, ital. esp. port. Barbarie, grande contrée d'Afrique, enfermée entre l'Océan Atlantique, la mer Méditerranée, l'Égypte, la Nigritie et la Guinée.

Éty. du lat. *barbaria*, m. s. dérivé du grec βάρβαρος (barbaros), étranger, tout pays étranger à l'Italie et à la Grèce. V. *Barbar*, Rad.

BARBARIC, adj. vl. *Barbaric*, anc. cat. *Barbarico*, esp. port. ital. Barbare, étranger. V *Barbare* et *Barbar*, R.

BARBARIN, adj. vl. De barbarie.

Éty. V. *Barbare* et *Barbar*, R.

BARBARISME, s. m. (barbarismé); *Barbarismus*, lat. *Barbarismo*, ital. esp. port. *Barbarisme*, cat. Barbarisme, faute de diction, qui consiste à se servir d'un mot inusité, à lui donner un sens qui n'est pas le sien, ou à employer une locution étrangère à une langue.

Éty. du grec βάρβαρος (barbaros), étranger, qui parle mal, et de *Isme*, v. c. m.

Les Grecs et les Romains, appelaient barbares, tous ceux qui ne parlaient pas comme eux, et barbarisme tout mot étranger à leur langue. V. *Barbar*, R.

Barbarismes *vol dire aylant coma estranha parladura en respieg d'una dictio*.

Fl. del Gay Saber.

BARBAROA, s. f. vl. BARBAROHA. Hibou. V. *Dugou*; butor. V. *Butor*.

BARBAROUS, s. et adj. (barbaróus); GREC, GRES. Nom d'une espèce de raisin rougeâtre, marbré de blanc, qu'on nomme *Raisin grec*, *barbaresque* ou *maroquin rouge*. V. *Barb*, R.

BARBAROUSSA, s. f. (bárbe-róusse). Un des noms languedociens du rouge-gorge. V. *Rigau*.

Éty. de *barba* et de *roussa*. V. *Barb*, R.

BARBARUSTA, s. f. (barbarúste), dl. BARBASTA. Le même que *Breina*, v. c. m.

Éty. de *barba usta*, barbe brûlée, parce que le froid produit un effet à peu près semblable à celui du feu, sur les plantes. Voy. *Barb*, R.

BARBASAN, s. m. (barbazán). Un des noms de l'hirondelle de rivage. V. *Ribairoou*.

BARBASSA, s. f. (barbásse); *Barbaccia*, ital. *Barbaça*, port. *Barbaza*, esp. *Barbassa*, cat. Grosse ou vilaine barbe.

Éty. de *barba* et de l'augm. dépr. *assa*. V. *Barb*, R.

BARBASTA, s. f. (barbáste), dl. Pour gelée blanche. V. *Breina*. *A fach de barbasta*, il est tombé de la gelée blanche.

Éty. A cause que la gelée blanche forme sur les plantes comme une espèce de barbe, Sauv. *barbasta*, serait dit alors pour *barbassa*. V. *Barbarasta* et *Barb*, R.

BARBASTAR, v. n. (barbastá), dl. Pour

faire ou tomber de la gelée blanche. Voy. *Breinar.*

Ély. de *barbasta* et de *ar*. V. *Bar*, R.

BARBAT, adj. m. (barbá); *Barbado*, port. *Un home barbat*, un homme de bon sens, un homme âgé et qui a un bon jugement.

Éty. de *barba* et de *at*. V. *Barb*, R.

BARBAT, ADA, adj. et p. (barbá, áde); BARBUT, ABARBASSIT. *Barbat*, cat. *Barbado*, esp. port. *Barbato*, ital. Barbu, ue; embarbelé. V. *Barbut.*

Éty. du lat. *barbatus*, ou de *barba* et de *at*, V. *Barb*, R.

BARBATA, s. f. (barbáte). Bavarde, babillarde, causeuse, tripoteuse.

BARBATAIRE, s. m. (barbatáïré), dl. Grand parleur, diseur de riens. Sauv.

BARBATAR, v. n. (barbatá), dl. Voy. *Barbotar.*

BARBATAR, v. n. dl. Parler au hasard et sans jugement, faire un bruit en parlant, semblable à celui du canard qui barbote. V. *Barbotar.*

BARBATAR, dl. V. *Gargoutar.*

BARBAU, V. *Barban.*

BARBAU, s. m. d. béarn. Escarbot, insecte.

Ety. Parce que ses pattes et son corcelet sont garnis de poils qui ressemblent à de la barbe. V. *Barb*, R.

BARBAU, s. m. (barbáou); BARBAN. En langage enfantin, pou.

Éty. Parce qu'il paraît velu, barbu. V. *Barb*, R.

BARBAZAN, s. m. (barbazán). Un des noms de l'hirondelle de rivage. V. *Ribairoou.*

BARBAZOLET, s. m. (barbazolé). Nom par lequel on désigne, dans le Gard, l'hirondelle de rivage. V. *Ribairoou.*

BARBAZOOU, s. m. (barbazóou), et *Barbazol*. Nom qu'on donne, dans le Gard, à l'hirondelle de fenêtre. V. *Cuou-blanc.*

BARBAZOOU GRIS, s. m. Nom qu'on donne, dans le Gard, à l'hirondelle de rocher, *Hirundo rupestris*, Lin. V. *Arundela de rocca.*

BARBEE, s. m. anc. béarn. *Barbier*, v. c. m. et *Barb*, R.

BARBEGEAR, v. a. (barbedjá); BARBIAR, BARBIFIAR. *Barbear*, port. Raser, faire la barbe: fig. *L'avem barbegeat*, nous avons eu de son poil, nous lui avons gagné son argent. V. *Rasar*; pour dépêcher, V. *Despachar.*

Éty. de *barba* et de *egear*, faire. V. *Barb*, Rad.

BARBEGEAR SI, v. r. Se raser, se faire la barbe.

BARBEGEAT, adj. et p. m. (barbedjá, áde); BARBIFIAT. Rasé, à qui on a fait, ou qui s'est fait la barbe.

Éty. de *barba* et de *at*, barbe faite. V. *Barb*, R.

BARBEIROOU, s. m. (barbeiróou). Petit mauvais barbier, garçon perruquier; terme de mépris.

Éty. de *barbeir*, pour *barbier*, et du dim. *oou*. V. *Barb*, R.

BARBEIROOU, s. m. BARBEIROUN. Nom qu'on donne dans plusieurs contrées de la B.-Pr. au martinet noir. V. *Martinel*, et à l'hirondelle de cheminée. V. *Dindoouleta de chamineia.*

BARBEIROOU-PIES-BLANC, s. m. BARBAJOOU, HIROUNDELA DE MAR. Nom nicéen du grand martinet à ventre blanc. Buff. *Hirundo melba*. Lin. *Apus melba*. Riss. Oiseau de l'ordre des Passereaux et de la fam. des Planirostres, (à bec plat).

BARBEN, s. m. (barbén). d. apt. Sabine, V. *Chaine.*

BARBENA, s. f. (barbéne), d. apt. Altér. de *Varvena*, v. c. m.

BARBEOU, s. m. (barbèou); DURGAN, BARBUT. *Barbo*, esp. port. ital. *Barbell*, angl. *Barbio*, ital. anc. *Barb*, cat. Barbeau, barbeau commun, *Cyprinus barbus*, Lin. poisson de l'ordre des Holobranches et de la fam. des Gymnopomes (à opercules nues), qu'on nomme aussi, *Barbut* et *Durgan.*

Éty. du celt. *barbo* ou du lat *barbus*, à cause des appendices qu'il a à côté de la mâchoire, que l'on a comparés à de la barbe. V. *Barb*, R.

Ce poisson vit dans les rivières de la partie méridionale de la Provence où il parvient à une grosseur remarquable; sa chair n'est pas des plus fines.

BARBESIN, V. *Barbin* et *Barb*, R.

BARBET, s. m. (barbé); CHIN-CANARD. *Barbone*, ital. Barbet, espèce de chien. V. *Chin.*

Éty. Parce qu'il a beaucoup de poils autour de la gueule. V. *Barb*, R.

On donne aussi le nom de *Barbet*, *Barbets*, à des espèces de guérillas piémontais.

BARBET, s. m. MALHOOU-BARBAT. Marcotte, plant de vigne enraciné ou pourvu de racines. Aub.

BARBETA, s. f. (barbéte); *Barbetta*, ital. *Barbila* et *Barbilla*, esp. *Barbeta*, cat. *Barbinha*, port. *Barbula*, lat. Petite ou jeune barbe.

Éty. de *barba* et du dim. *eta*. V. *Barb*, Rad.

Faire la barbeta, soutenir par le menton un apprenti nageur, pour le tenir sur l'eau.

Au menar de la barbeta, expr. prov. à l'air, au mouvement des lèvres.

BARBETA, s. f. En terme de marine, bosse, corde qui sert à traîner des objets qu'on ne veut point embarquer; amarre de chaloupe.

BARBETA, s. f. Sorte de guimpe qui prend sous le menton, et qui représente en quelque sorte la barbe, d'où le nom de *barbeta* petite barbe. V. *Barb*, R.

BARBIAR, Aub. V. *Barbifiar* et *Barb*, R. vl. s. m. Barbier.

BARBIER, s. m. (barbié); *Barbero*, esp. *Barber*, cat. *Barbeiro*, port. *Barbier*, all. *Barbiere*, ital. Barbier, qui fait la barbe, qui rase; on le dit aussi des mauvais chirurgiens, parce qu'avant la révolution ils rasaient, comme les perruquiers ou barbiers proprement dits.

Éty. de *barba*, et de la term. *ier*, ou du lat. *barbista*. V. *Barb*, R.

La profession de barbier est très-ancienne, elle fut introduite à Rome l'an 454 de sa fondation. Ticinus Mena, selon Varron, y amena les premiers barbiers de Cicile.

Julien, à son avènement au trône de Constantinople, trouva parmi les officiers de la maison, mille cuisiniers et mille barbiers.

Proverbes:

Vielh mege, jouine barbier et riche bouticari.

Barbier pietadous, fai la plaga vermenousa,

Dans ces proverbes le mot barbier signifie chirurgien.

FROTTOIR, linge dont les barbiers se servent pour essuyer les rasoirs.

BARBIER D'AOURIOU, s. m. (barbié d'aouríou). Le barbier d'Auriol. Ce mot est passé en proverbe pour désigner un imbécile, une dupe.

Éty. Parce qu'on assure qu'il y avait à Auriol, un barbier qui, non seulement rasait gratuitement ceux qui s'adressaient à lui, mais qui leur faisait encore boire l'eau-de-vie.

BARBIERA, s. f. (barbiére). Nom d'une variété de châtaigne. V. *Castagna* et *Barb*, Rad.

BARBIERA, s. f. vl. *Barbèra*, cat. *Barbera*, esp. *Barbiera*, ital. *Barbière*, femme qui rasait. V. *Barb*, R.

BARBIFIAR, v. a. BARBIAR, FAIRE LA BARBA, BARBEGEAR. Barbifier, raser, faire la barbe. V. *Barbegear.*

Éty. de *barba* et de *fiar*, pour *ficare*, faire. V. *Barb*, R.

BARBIFIAR SE, v. r. (barbifiá sé); *Barbearse*, port. Se barbifier, se faire la barbe. V. *Rasar se.*

Éty. de *barba*, et de *fiar* pour *ficare*, faire. V. *Barb*, R.

BARBILHOUNS, s. m. pl. (barbillóuns); BARBIOUNS. Envies, fragments de peau qui se détachent de la base des ongles. V. *Porres.* Le chevelu, les filaments des racines.

BARBIN, s. m. (barbìn); BARBESIN, BARBESIN, LINGASTA DEIS MOUTOUNS, COURCOUSSON, PAT. Hyppobosque du mouton, *Hyppobosca ovina*, Lin. Fab. insecte de l'ordre des Diptères et de la fam. des Haustelles ou Sclérostomes (à bouche dure), qui vit sur le mouton et la brebis.

Éty. de *barba*, parce qu'il paraît velu, barbu. V, *Barb*, R.

Quoique cet insecte n'ait point d'ailes il n'en appartient pas moins à un genre ailé. On observe ici le même phénomène que dans la punaise de lit, qui est également privée des mêmes organes, quoique toutes les autres espèces en soient pourvues. Il semble que la nature leur ait refusé ces parties, non seulement parce qu'elles leur étaient inutiles, mais parce qu'elles auraient pu leur nuire en leur servant à s'écarter du lieu où ils trouvent une nourriture aisée.

BARBOCHO, s. m. (barbótche). Barbichon, petit chien barbet, un chien métis, demi barbet.

Éty. dim. de *barbet*. V. *Barb*, R.

BARBOLA, s. f. (barbóle), dl. Le même que *Galhettas*, v. c. m.

Éty. de *barba* et de *ola*, dim. V. *Barb*, R.

BARBOT, s. m. vl. Lyre, luth, harpe.

Éty. du lat. *barbiton*, m. s.

BARBOT, s. m. (barbó). Barbote, poisson de rivière. Garc. Si c'est du barbeau que M. Garcin entend parler, V. *Barbeou*. Si c'est de la lote, V. *Lota* et *Barb*, R.

BARBOTA, s. f. (barbóte). Un des noms par lesquels on désigne le cloporte, en Languedoc. V. *Pourquet-de-crota*.

BARBOTAR, v. n. (barboutá); BARBOUTAR, GAFOULHAR, BARBATAR. Barboter, fouiller avec le bec dans la bourbe comme les canards, et par extension marcher, patrouiller dans la boue. V. *Gafoulhar*.

Éty. Onomatopée du bruit que font les cannes dans l'eau ou dans la boue.

Leis vermes li barbotoun, les vers y grouillent.

BARBOTAR, v. n. dl. Bouillir à gros bouillons. V. *Gargotar*.

BARBOU, adj. et sub. (bárbou). Barbe, espèce de cheval. V. *Cavau*.

BARBOUISSAC, s. m. dg. V. *Aussic*.

BARBOUL, s. m. (borbóul), d. bas lim. Criblures. V. *Moundilhas*.

Éty. de *barba*, parce que dans les criblures se trouvent ordinairement les barbes ou arêtes des épis. V. *Barb*, R.

BARBOULAT, s. m. (barboulá), dl. Marcotte; sarment barbelé.

Éty. de *barba* et de *oulat*, pourvu de barbe. V. *Barb*, R.

BARBOULHADA, s. f. (barbouilláde); BOURBOULHADA, BROULHADA. Fricassée, macédoine, barbouillage, mélange de plusieurs choses qui n'ont aucun rapport de conformité; ce mot désigne aussi une macédoine de fèves; *Favas à la barboulhada*, un ragoût dans lequel entrent plusieurs espèces de légumes ou de viandes; œufs brouillés, etc.

Éty. de *barboulhar*. V. *Barb*, R.

BARBOULHAGI, s. m. (barbouilládgi); BARBOUIAGI, BARBOULHAGE. Barbouillage, mauvais discours, mauvaise diction, mauvaise peinture, griffonnage.

Éty. de *barboulhar*, et de *agi*. V. *Barb*, Rad.

BARBOULHAIRE, ARELA, s. (barbouilláïré, arèle); BARBOULHUR, MANGEA-FAVAS. Bredouilleur, euse, verbiageur. V. *Barboulhur*.

BARBOULHAR, v. a. (barbouillá); BARBOUTIAR, BARBOUIAR, PINTURAR. *Barbullar*, esp. mod. *Barbugliare*, ital. *Barburlar*, esp. anc. Barbouiller, peindre grossièrement; salir, gâter: parler ou écrire d'une manière inintelligible, bredouiller, ou prononcer mal les mots: au propre, souiller la barbe avec de l'huile, *Barba ouliar*; d'où l'éty. de ce mot, qu'on a fait dériver aussi du grec βόρβορος (borboros), boue, terre pétrie. V. *Barb*, R.

BARBOULHUR, s. m. (barbouillúr); BARBOUIEN, BARBOULHAIRE. *Borrador*, port. Barbouilleur, mauvais peintre, mauvais écrivain.

Éty. de *barboulhar* et de *ur*, celui qui barbouille. V. *Barb*, R.

BARBOUN, s. m. (barbóun); *Barbone*, ital. *Barbudo*, port. Barbon, vieillard, en terme de mépris.

Éty. de *barbone*, à longue barbe. V. *Barb*, Rad.

BARBOUNTINA, s. f. Un des noms du *Semen-contra*, v. c. m.

BARBOUTA, s. f. (barboúte). Nom par lequel on désigne le houblon à Seyne. V. *Houbloun*.

BARBOUTAR, V. *Barbotar*, pour bouillir, V. *Boulhir* et *Gargotar*, barbotter.

BARBOUTIAIRE, s. m. (barboutiáïré). Celui qui balbutie. Garc.

BARBOUTIAR, v. n. *Barbotejar*, cat. *Barbotar*, esp. *Borbottare*, ital. V. *Balbutiar*.

BARBOUTINA, s. f. V. *Semen-contra*.

BARBOUTINAMENT, s. m. (barboutinamèin), dl. Bredouillement.

BARBOUTINAR,
BARBOUTINEGEAR, et
BARBOUTIR, dl. V. *Marmouiar*.

Éty. Tous ces mots viennent de *balbutire*, balbutier, ou par onomatopée.

BARBUA, s. f. (barbúe); ESPECIS, PEBRETA. Barbue, barbeau, barbe-de-capucin, cheveux-de-Vénus, toute épice, nielle barbiche, *Nigella damascena*, Lin. plante de la fam. des Renonculacées qui croît naturellement dans les champs de la Pr. Méridionale, et que l'on cultive dans les jardins comme fleur d'ornement.

Éty. des nombreuses barbes qui garnissent ses capsules. V. *Barb*, R.

BARBUA *ou barbusa*, est aussi le nom qu'on donne à Valensole, à la nielle des champs, *Nigella arvensis*, Lin. plante du même genre que la précédente, commune dans les champs de la B.-Pr.

BARBUA, s. f. BARBOUTA. Est encore le nom par lequel on désigne dans les environs de Seyne, l'anémone des Alpes, *Anemone Alpina*, Lin. plante de la fam. des Renonculacées, quand elle est en fruit, parce qu'alors ses capsules sont garnies d'une si grande quantité d'arêtes molles, qu'elle paraît barbue. On la nomme au contraire, *Booumiana* quand elle est en fleur. v. c. m.

Cette plante est commune dans toutes les prairies élevées de la Haute-Provence.

BARBUA, s. f. (barbúe). Nom nicéen du moineau de mer, *Pleuronectes passer*, Lin. *Platessa passer*. Dict. Sc. Nat., poisson de l'ordre des Holobranches et de la fam. des Hétérosomes (à corps dissemblable), qui ne dépasse jamais le poids de deux kilogrammes.

Éty. Le nom de barbue lui a probablement été donné à cause des aspérités qui hérissent la ligne latérale à son origine. V. *Barb*, R.

BARBUDA, s. f. vl. Larve, fantôme, loup-garou; sorte de casque; on l'a dit aussi pour museau: *Cata morruda*, chatte lippue.

BARBUDA, s. f. (barbúde). Masque, faux visage. Garc.

Éty. V. *Barb*, R. et *Uda*.

BARBUS, V. *Barban* et *Barb*, R.

BARBUSSIAR, altér. de *Balbutiar*, v. c. m.

BARBUSTEL, adj. m. vl. Imberbe, blanc-bec; barbon. Gloss. Occit.

Éty. de *barba*, et de *ustulalata*, barbe brulée, c'est-à-dire, sans barbe. V. *Barb*, Rad.

BARBUT, UDA, adj. (barbú, ude), BARBAT. *Barbuto*, ital. *Barbudo*, esp. port. *Barbut*, cat. Barbu, ue, qui a de la barbe, qui a beaucoup de barbe.

Éty. du lat. *barbatus*, m. s. ou de *barba* et de *ut*. V. *Barb*, R.

BARBUT, s. m. Un des noms du barbeau. V. *Barbeou* et *Barb*, R.

BARC, BARQU, radical pris du latin *barca*, barque, et dérivé du celtique *barca*, m. s. *bark*, en bas breton, βάρκα (barka), en grec moderne, ou du teuton *barca*, écorce : on sait, dit Denina, que les écorces des grands arbres ont été employées à la construction des premières barques. V. *Bac*, R.

De *barca*, par apoc. *barc*, d'où : *Barc-a*, *Barc-ada*, *Barc-assa*, *Des-barc-ar*, *Des-embarcar*, *Em-barc-ar*, etc.

De *barqu* : *Barqu-egeaire*, *Barqu-egear*, *Barqu-eirola*, *Barqu-eiroou*, *Barqu-et*, *Barquet-a*, *Barqu-ier*, etc.

BARCA, s. f. (barque); *Barca*, ital. cat. esp. port. *Barke*, all. Barque, nom commun à plusieurs petits bâtiments propres à naviguer, soit sur les rivières, soit sur la mer le long de la côte. Ils n'ont qu'un seul mât garni d'une seule voile, et le plus souvent ils n'en ont pas.

Éty. du lat. *barca*, m. s. V. *Barc*, R.

V. pour les détails *Bateou* et *Vaissеou*.

Tout porte à croire que les premiers navigateurs allèrent sur des radeaux, qu'on garnit ensuite de claies d'osier; telles étaient les barques d'Ulysse, telles étaient encore celles de la Grande-Bretagne du temps de Jules César. On fit ensuite des pyrogues ou arbres creux, et des bateaux proprement dits avec du bois, du cuir, de la terre cuite et aujourd'hui même avec du fer.

Barca-drecha, commandement par lequel on ordonne à l'équipage de se placer de manière à maintenir l'équilibre dans la chaloupe.

BARCADA, s. f. (barcáde); *Barcada*, esp. port. cat. *Barcata*, ital. Batelée et barquée, plein un bateau ou une barque, ce qu'ils peuvent contenir d'hommes ou d'effets.

Éty. de *barca* et de la term. pass. *ada*, barque faite, barque pleine. V. *Barc*, R.

BARCAGI, s. m. (barcádgi). Droit de passage sur un bac.

BARCARES, s. m. (barcarés), dl. Les barques, la réunion des barques qu'on voit à la foire de Beaucaire.

Éty. de *barca* et de *res*. V. *Barc*, R.

Se chagrinoun, se desesperoun,
Courrissoun per lou barquarés.
Michel.

BARCASSA, s. f. (barcásse); *Barcaccia*,

ital. *Barcaza*, esp. *Barcassa*, cat. Grande et vilaine barque.

Éty. de *barca* et de *assa*. V. *Barc*, R.

BARCHA, s. f. vl. Barge, chaloupe; haie, buisson.

BARCHAR, dl. V. *Bargear*.

BARCOT, Avr. V. *Barquet* et *Barqueta*.

BARD, radical dérivé de l'italien *barda: Armadura di cuio cotto*, dit l'Académie *della Crusca*, *o di ferro*, *con laqual s'armava la groppa*, *il collo*, *e'l petto dei cavalli*, *che percio si dicean bardati*; barde, armure de cuir bouilli ou de fer avec laquelle on armait la croupe, le cou et le poitrail des chevaux, qui pour cette raison s'appelaient bardés; ou de l'arabe *bardâ* ou *albardâ*, bât, selle; toute chose cambrée; couverture en général.

De *barda*, par apoc. *bard*; d'où: *Bard*, *Bard-a*, *Bard-ana*, *Bard-ar*, *Em-bardar*, *Des-bardar*, *Bard-el*, *Bardel-eta*, *Bard-ella*, etc.

BARD, 2. **BAR**, **BART**, **BORD**, **BROUD**, radical dérivé du roman *bar*, *bart*, fange, limon, vase. M. Astruc, regarde ce mot comme celtique; d'où l'esp. *barro*, m. s. pris probablement du grec βόρβορος (borboros), bourbe, boue; d'où *borb* et *bor*, par apoc.

De *bar*: *Bar*, *Bar-lac*, *Barlac-at*.

De *bard*: *Bard*, *Bard-iss-ar*, *De-bard-ar*, *Bart*.

De *bard*, par le changement de *a* en *o*, *bord*, d'où: *Bord-a*, *Bord-alha*, *Bord-ous*.

De-*bord*, par le changement de *o* en *ou*, et la transp. de *r*, *broud*; d'où: *Broud-a*, *Broud-ous*.

BARD, s. m. (bá). Dalle, pavé, pierre taillée carrément, qui sert à paver. V. *Bar*. et *Bard*, R. dans le sens de couverture.

BARD, s. m. dl. **BAR**, *Barro*, cat. Boue, limon, bauge qu'on emploie au lieu de mortier dans les lieux où la chaux est rare. Sauv.

Éty. du celt. selon M. Astruc. V. *Bard*, Rad. 2.

BARDA, s. f. (bárde); **BARDELA**, *Albarda*, esp. port. cat. *Barda*, ital. esp. *Bâtine*, espèce de bât à courbets éloignés, dont la bourre ou la paille est recouverte d'une toile, et forme, comme dans les selles, deux panneaux ou lobes. V. *Bast* et *Bastiera*.

Éty. de *barda*, ancienne armure qui couvrait le poitrail et la croupe du cheval, ou de l'arabe *berda'ah* ou *bardâ*, selle d'âne. V. *Bard*, R.

BARDACCA, s. f. (bardáque); **BARDAQUA**, **BOURRACHA**. *Bardaque*, vase de terre très-poreuse, dont on se sert dans le Levant pour faire rafraîchir l'eau.

Éty. de *bard*, pierre, et de *aqua*, eau, pierre à eau.

BARDACHO, s. m. (bardátche); *Bardassa*, ital. *Bardage*, esp. *Bardax*, cat. *Bardache*.

BARDAGI, s. m. (bardádgi). Action de couvrir, de paver avec des dalles. Aub.

BARDANA, s. f. (bardáne); *Bardana*, port. cat. ital. V. *Lampourdier*.

Éty. de l'ital. *barda*, couverture de cheval, à cause de la largeur de ses feuilles; d'où l'angl. *burdock*, dérivé de *burden*, charge de cheval. Théis. V. *Bard*, R.

BARDAQUA, V. *Bardacca*.

BARDAR, v. a. (bardá). Carreler, paver, couvrir avec des *bards* ou dalles.

Éty. de *bard* et de l'act. *ar*. V. *Bard*, R.

Bardar un pigeoun, barder un pigeon, le couvrir de bandes de lard, qu'on nomme *bardes*.

BARDAR, v. a. *Bardar*, ital. Mettre la bâtine ou *barda*. V. *Embardar* et *Bard*, R.

BARDAR, v. a. dl. **BARDASSAR**, **BARDASSELAR**. Plaquer ou jeter contre.

Éty. de *bard*, pavé, et de *ar*, jeter sur le pavé. V. *Bard*, R.

BARDASSAR, dl. V. *Bardar*.

BARDASSELAR, d. m. V. *Bardar* et *Bard*, R.

BARDAT, s. m. (bardá). La grille d'un balcon, le garde-fou d'un pont, parapet; dalle.

Éty. de l'esp. *barda*, haie qui forme un enclos, et de *at*, haie faite.

BARDAT, **ADA**, adj. et part. (bardá, áde). Bardé, ée, pavé, ée.

Éty. de *bard*, pavé, et de *at*, fait avec des bards. V. *Bard*, R.

BARDECA, s. f. (bardèque). Ustensile en fer blanc pour recevoir l'huile qu'on quête aux moulins à huile. Garc.

BARDEL, s. m. vl. *Barde*, espèce de bât. V. *Barda* et *Bard*, R.

BARDELETA, s. f. (bardeléte); **BARDETA**. Espèce de corset pour les enfants, qu'on a comparé à une petite barde.

Éty. V. *Bard*, R.

BARDELLA, s. f. (bardèle); **OOUBARDA**, **BASTINA**. *Bardella*, ital. *Batine*, espèce de selle sans arçons, ou à un seul arçon en devant, recouvert par une peau, servant de selle.

Éty. de *barda* et du dim. *ella*. V. *Bard*, Rad.

BARDELLA, s. f. Bras du banc sur lequel les verriers travaillent le verre. Garc.

BARDET, s. m. (bardé). Nom qu'on donne, dans les Bouches-du-Rhône, selon l'auteur de la Statistique de ce département, à la petite aigrette ou héron garzette, *Ardea garzetta*, Gm. oiseau de l'ordre des Échassiers et de la fam. des Cultrirostres ou Ramphocopes (à bec tranchant), qui habite l'Asie et l'Afrique, et ne se montre dans nos pays qu'en passant. V. *Aigreta*.

Éty. de *bardet*, dim. de *barda*, petit bât, à cause des plumes relevées que cet oiseau porte au haut du dos. V. *Bard*, R.

BARDET, s. m. Est aussi le nom qu'on donne dans le même pays, selon le même auteur, au Castagneux. V. *Castagnous*.

BARDETA, V. *Bardeleta*.

BARDIS, s. m. (bardis). Bardis, espèce de bâtardeau qu'on fait sur le haut bord d'un vaisseau, pour empêcher que l'eau n'entre quand on l'abat en carène.

Éty. V. *Bard*, R.

BARDISSAR, v. a. (bardissá), dl. **BARDAR**, **CALFATAR**. Enduire de boue, espalmer, calfeutrer les fentes, les joints des ruches à miel, avec de la terre glaise ou de la bouse de vache.

Éty. de *bard*, *bardis*, boue, et de *ar*. V. *Bard*, R. 2.

BARDISSAR SE, v. r. dl. Se jeter dans un bourbier, s'embourber.

BARDO, s. m. (bárde); **BARDOU**. Barde, chantre ou poëte des anciens Gaulois, dont la profession était d'écrire en vers, les actions immortelles des héros, et de les chanter au son d'un instrument appelé rotte, qui ressemblait assez à la lyre. Il était aussi ministre de sa religion.

Éty. César dit que les bardes furent ainsi nommés de *Bardus*, un des anciens rois gaulois, qui institua une académie de poëtes, de musiciens et de rhéteurs; ou du celt. *bardd*, formé de *baren*, chanter, βαρδοι (bardoi); en grec.

Les Bardes se sont perpétués jusqu'au règne d'Edouard Ier, qui fit massacrer tout ce qui en restait.

BARDOC, s. m. (bardó), dl. Le bondon d'un tonneau.

BARDORLHA, s. f. (bordóille), d. bas lim. Touffe de fil ou de cheveux embrouillés. V. *Embulh*.

BARDOT, s. m. (bardó); **DOUSIT**. *Equus innus*, lat. Bardeau ou bardot, petit mulet provenant du cheval et de l'ânesse, ou de l'âne et d'une petite jument.

Éty. du celt. *bard*, fort: ou du lat. *burdo* ou *bardus*, lent, stupide, ou du grec βαρδον, que saint Chrysostôme a employé dans le sens de bardot. On donne aussi le nom de *bardot* à la personne sur laquelle les autres déchargent leur tâche ou leur écot.

BARDOT, s. m. d. bas lim. (bordó). Tampon. V. *Tap*.

BARDOU. V. *Bardo*.

BARDOUCHOUN, s. m. (bardóutchóun). Petit bardot, jeune ou petit mulet.

Éty. de *bardoul* pour *bardol*, et du dim. *oun*.

BARDOULHA, s. f. (bardóuille), dl. **BARDOUIA**. Trouble, division, dissension. V. *Bredoulha*, bredouille au jeu de tric-trac, et adj. bavard.

BARDOULIN-DE-FOUNT, s. m. (bardoulin-dé-fóun). Nom nicéen de la liche long museau, *Scymnus rostratus*, Risso. Poisson de l'ordre des Trématopnés, et de la famille des Plagiostômes (à bouche transversale).

BAREC, **ECCA**, s. et adj. (barèc, èque). Butor, niais, interdit, hébété, étourdi.

Éty. Probablement du lat. *bardus*; stupide, lourd, hébété, pris du grec βραδὺς (bradus), lent; vl. ce qu'on ôte aisément.

BAREGEA A, adv. (á barédge). dl. Pêle-mêle.

Éty. de *baralh*, trouble, confusion. V. *Baralh*, R.

BAREGEADIS, s. m. (baredjadis), dl. Mélange.

Éty. V. *Baralh*, R.

BAREGEAR, v. a. (baredjá). Mêler, mélanger; joindre avec; se conduire, gouverner. Sauv.

Éty. V. *Baralh*, R.

BAREI, vl. V. *Barrei*.

BARÉIAR, v. a. vl. *Barrejar*, cat. *Barajar*, anc. esp. Confondre, troubler; attaquer, détruire.

Éty. de *baralh*, *barei* et de *ar*. V. *Baralh*, Rad.

BAREIRA, s. f. vl. V. *Barriera*.

BARELHA, s. f. (boréille), d. lim. Chicane, dispute.

Éty. V. *Baralh*, R.

BARENC, s. m. (baréin), dl. Abyme. Sauv. V. *Avenc*.

BARES, nom pr. (barés), en vieux français. Bigarré, bariolé de différentes couleurs. Barés était l'ancien nom des Carmes dont la robe était ainsi bariolée, lorsque saint Louis les amena de la Terre-Sainte en France. Sauv.

Éty. du lat. *variegatus*. V. *Vari*, R.

BAREY, *Bareyt*, s. m. (bareï), dg. Guéret. V. *Garach*.

Beses un samouat que berdejo,
Beses un bareyt *que negrejo.* D'Astros.

BARG, BARJ, rad. dérivé du celt. *bajoll*; d'où *bajole*, roman, bajoue d'un animal, les joues détachées de la mâchoire; babines, et fig. babil, caquet, superfluité de paroles; ou du grec βάζω (bazô), parler, dire.

De *bajoll*, par apoc. et add. d'une *r*, *barj* ou *barg*; d'où : *Barg-ar*, *Barge-a*, *Barge-aire*, *Barge-ac*, *Bargeac-as*, *Barge-as*, etc.

De *barjol*, par apoc. *barj*; d'où : *Barj-a*, *Barj-aire*, *Barj-ar*.

BARGADOUIRA, dl. V. *Bregoun*.

BARGAINGNA, s. f. vl. V. *Barganha* et *Bargu*, R.

BARGAIRE, s. m. (bargáïré). Un chanvrier, un broyeur; un babillard. Sauv.

Éty. Alt. de *Bregeaire*, v. c. m. et *Brec*, Rad.

BARGALET, s. m. (bargalè), dg. *Bavard*, v. c. m. et *Barg*, R.

BARGALH, vl. V. *Barganha*.

BARGAMOTA, V. *Bergamota*.

BARGANH, s. m. vl. V. *Barganha* et *Bargu*, R.

BARGANHA, s. f. vl. BARGAIGNA, BARGAINHA, BARGALH. *Bargagno*, ital. Commerce, barguignage, marché, maquignonnage; niaiserie, sottise; traité, convention.

Éty. de *bargagno*, ital. V. *Bargu*, R.

BARGANHAR, v. a. et n. vl. *Bargagnare*, ital. Barguigner, tâtonner, marchander, traiter.

Éty. de *barganha* et de *ar*, ou de l'ital. *bargagnare*, traiter d'affaires. V. *Bargu*, R.

BARGANILHAS, s. f. pl. (barganilles), dl. Étoupes grossières. V. *Estoupa* et *Cochis*.

Éty. de *bargar*, maquer, et de *ilhas*, ce qui provient de cette opération. V *Brec*, R.

BARGAR, v. a. (bargá), dg. Broyer, maquer le chanvre. V. *Bregounar* et *Brec*, R.; pour babiller. V. *Bargear* et *Barg*, R.

BARGAS, s. f. pl. dl. V. *Bregoun* et *Brec*, R.

BARGASOUNS, s. f. pl. (bargasóuns), dl. La saison où l'on broie le chanvre. Sauv.

Éty. Dit pour *bregesouns*. V. *Brec*, R.

BARGATIER, s. m. (bargatié), dl. V. *Mangea-favas*.

BARGEA, s. f. d. bas lim. Pile ou meule de foin. V. *Cucha*.

BARGEA, s. f. (bárdge); BARJA. *Ciarla*; ital. *Bachilleria*, esp. Babil, caquet, superfluité de paroles; fig. bouche; babines, en parlant du cheval; faux rapport.

Éty. du celt. *bajoll*, m. s. ou du grec βαύζω (bauzô), bredouiller. V. *Barg*, R.

Bargeas d'un bregeaire, couteaux du brisoir. *Na que bargea*, il n'a que du babil.

BARGEAC, **ACCA**, adj. (bardjác, áque). V. *Bargeaire* et *Barg*, R.

BARGEACAS, **ASSA**, adj. (bardjácas, ásse). Gros parleur.

Éty. de *bargeac* et de l'augm. *as*, *assa*. V. *Barg*, R.

BARGEADIS, d. bas lim. V. *Bargeun* et *Brec*, R.

BARGEAIRE, **ARELA**, s. (bardjáïré, èle); BARJAIRE, CHARRAIRE, BABILHARD. Babillard, arde, parleur, euse, qui ennuie par son caquet. V. *Bregeaire*.

Éty. de *bargea*, babil, et de *aire*. Voy. *Barg*, R.

BARGEAL, s. m. (bordzál), d. bas lim. Babil, flux de paroles. V. *Babilh* et *Barg*, Rad.

BARGEALADA, V. *Bargeirada*.

BARGEAR, v. n. (bardjá); BARJAR, BARGAR, BARCHAR. Jaser, caqueter, babiller; pour maquer. V. *Bregear* et *Barg*, R.

BARGEAS, s. f. pl. (bárdges). En terme de mépris, les lèvres. V. *Bargea* et *Barg*, R.; pour broie. V. *Bregoun*.

BARGEAU, dl. V. *Charraire* et *Barg*, Rad.

BARGEIRADA, s. f. (bardgieráde) BARJALADA, BARGIELADA, BARGELADA, BARGEALADA, TRANSALHAS, MENDITS, FERRAGE, FERRAGEAU, BARJELADA. Dragée, trémois ou menus grains qu'on sème en mars. V. *Marsenc* et *Bajerlade*.

Bisaille, mélange de paumelle ou escourgeon, avec de la vesce, par égales portions, Sauv. mélange d'avoine et de vesces que l'on fait manger en vert aux bestiaux; plantes destinées à être coupées en vert.

Éty. de *bargier* et de *ada*, fait pour les Bergers. V. *Berg*, R.

Le P. Pujet fait venir ce mot du lat. *farrago*, toutes sortes de grains.

BARGEIRETA, s. f. V. *Pastoureleta* et *Berg*, R.

BARGEIRETA, s. f. (bardgéiréte), dim. de *Bargiera*, petite ou jeune bergère. V. *Berg*, R.

BARGEIRETA, s. f. GALAPASTRE, ENGANAPASTRE, BATICOUA, PERUCA-JAUNA, SIBLAIRE, GUIGNA-COUA. Nom commun à plusieurs espèces de bergeronnettes, mais qu'on donne plus particulièrement, dans le département des B.-du-Rh. selon l'auteur de sa Stat. à la bergeronnette du printemps, *Motacilla flava*. Lin. oiseau de l'ordre des Passereaux et de la fam. des Subulirostres ou Raphiorampbes (à bec en alène), qu'on distingue en ce qu'il a la poitrine et le ventre jaunes, et les deux plumes latérales de la queue mi-parties de blanc; on la nomme *Siblaire* dans le Gard et *Gisclet* à Avignon.

Éty. Parce qu'elle suit les troupeaux comme une bergère. V. *Berg*, R. V. pour les autres espèces au mot *Pastoureleta*.

BARGEIRISA, dl. V. *Bregearis* et *Brec*, Rad.

BARGEIROUNETA, V. *Bargeireta* et *Berg*, R.

BARGELADA, s. f. (bardgeláde). Voy. *Bargeirada*.

BARGETOUN, dl. V. *Bargilhas* et *Brec*, R.

BARGEUN, s. m. (bardzún); BARGEADIS, d. bas lim. Chenevotte, alt. de *bregeun*. V. *Chandilhouns* et *Brec*, R.

BARGEUN, s. m. BARJUN. *Babil*. Aub.

BARGIER, V. *Bergier*.

BARGIERA, s. f. (bardgiére); BARJEIRA. Bergère. V. *Bergiera*.

Éty. de la basse lat. *berbicaria*, m. s. V. *Berg*, R.

BARGIERAS, s. f. pl. Les bergères, ancienne danse provençale, dans laquelle, les danseurs en corps de chemise, ayant un petit jupon blanc, dansent en faisant tourner des fuseaux, tandis que les bergères filent en cadence.

Éty. de *bargiera*. V. *Berg*, R.

BARGIGNAR, d. lim. V. *Barguignar* et *Bargu*, R.

BARGILHAS, s. f. pl. (bardgilles); BARGUN, BARGETOUN, ESTÉLIOUNS. Mots languedociens qui désignent la chenevotte. V. *Candilhouns*.

Éty. de *bargear*, briser, maquer, et de *ilhas*. V. *Brec*, R.

Le résultat du broiement du chanvre.

Fioc de Bargilhas, feu de paille.

BARGOUN, V. *Bregoun*.

BARGOUNEGEAR, v. n. (bargounedjá). Jargonner, parler imparfaitement, commencer à parler, quand il s'agit des enfants. Garc.

BARGU, BARG, radical pris de la basse latinité, *barguinare*, marchander, négocier, disputer sur le prix, et dérivé du bas breton *bargain*, m. s. d'où l'anglais *to bargain*, marchander, et l'ital. *bargagnare*, traiter d'affaires, barguigner.

De *barguinare*, par apoc. *Barguin*, et par changement de *n* en *gn*, *barguign*; d'où : *Barguign-agi*, *Barguign-aire*, *Barguign-ar*.

De *barguign*, par le changement de *ui* en *ai*, *bargaign*; d'où : *Bargaign-a*.

De *bargaign*, par le changement de *ign*

en *nh*, *barganh*; d'où : *Barganh-a*, *Barganh-ar*, *Barganh*.

De *barguign*, par la suppres. de *u* : *Barguign-ar*.

BARGUIGNAGI, s. m. (barguignàdgi); GARGUILH, BARGUIGNAGE. Barguignage, embarras vrai ou feint que l'on manifeste pour se déterminer à une chose, pour prendre un parti.

Éty. de *barguignar* et de *agi*. V. *Bargu*, Rad.

BARGUIGNAIRE, s. (barguignaïré). Barguigneur, euse, celui, celle qui barguigne.

Éty. V. *Bargu*, R.

BARGUIGNAR, v. n. (barguigná); *Bargagnare*, ital. Barguigner, marquer de l'embarras, faire des difficultés pour prendre un parti, pour se déterminer sur quelque chose.

Éty. de la basse lat. *barguinare*, m. sign. V. *Bargu*, R.

BARGUN, s. m. (bargún), dl. V. *Bargilhas*, *Candilhouns* et *Brec*, R.

BARI, s. m. (bàri), d. bas lim. Quartier d'une ville, composé d'un nombre plus ou moins considérable de maisons; on le dit aussi pour rue. V. *Quartier*. vl. V. *Barri*.

BARIA, s. f. (barie). Nom avignonnais du maïs. V. *Blad de turquia*.

Éty. *Baria*, ne paraît être qu'une altération de *Barbaria*.

BARICOT, s. m. V. *Balicot*.

BARIELA. V. *Buriera*.

BARIEYRA, vl. V. *Barriera*.

BARIGOULA, s. f. (barigóule). On donne ce nom, à Barcelonnette, et contre le sens étymologique. V. *Bouligoula*, aux champignons qui ne sont pas bons à manger Voy. *Charavela* et *Bol*, R.

BARIGOULIERA, s. f. (barigouliére), altér. de *Bouligouliera*. *Champignonnière*, Cast. couche de fumier et de terre où l'on fait croître des champignons.

BARILHA, s. f. (barille). *Barille*, *Salsola sativa*, Lin. plante de la fam. des Chénopodées, dont la cendre fournit la meilleure soude d'Alicante.

Éty. de l'esp. *barilla*, nom qui désigne particulièrement cette plante.

Elle est cultivée en grand aux environs de Valence et d'Alicante en Espagne. La soude qu'elle fournit est plus fine que la soude proprement dite. V. *Souda*.

BARIOTA, s. f. (brouète); CHARROUSSET, BROUETTA, BROUETA, CARROLA, CARRIOLA, CAROLA, CARRIOOU, REDOLETA, BARJOLA, CARRIOL. *Brueta*, esp. Brouette, espèce de petit tombereau qui n'a qu'une roue et deux bras, et qu'un homme pousse devant lui.

Éty. M. Gallet fait dériver ce mot de *boue*, parce que dit-il, ces petites charrettes étaient destinées, dans le principe, à enlever les boues. De *Bar*, *Boue*, v. c. m. ou du latin *bis rota* parce qu'elles avaient deux roues dans l'origine.

Il ne paraît pas que les brouettes aient été connues des anciens. Quelques modernes en attribuent l'invention au célèbre géomètre Pascal.

On nomme :

BROUETTEUR, celui qui traîne des hommes dans une brouette.

BROUETTIER, celui qui transporte des terres, etc. dans une brouette.

BROUETTER, transporter dans une brouette.

On appelle :

LIMONS, les deux bras dans toute leur longueur.

BRAS, la partie des limons qu'on tient dans les mains.

PIEDS, les montants qui la soutiennent; ils sont assemblés par une traverse.

ENTRETOISES, les traverses qui assemblent les limons.

CAISSE, la caisse.

ROUE. V. *Roda*.

BARIOU, V. *Barriou*.

BARIOULAT, V. *Barrioulat*.

BARISEL, ELA, adj. (barisèl, èle). Imbécile, niais. V. *Nigaud* et *Niais*.

BARITEL, s. m. vl. Claquet de moulin. V. *Batarel*.

BARIUM, s. m. (barión). *Barium*, métal de la Baryte; il est combustible; existant dans la nature à l'état d'oxide; très-brillant quand il est pur, et aussi ductile que l'argent.

Ce métal fut indiqué par Davy, en 1807.

BARJA, V. *Bargea* et *Barg*, R. vl. Barque. V. *Barca*.

BARJAIRE, V. *Bargeaire* et *Barg*, R.

BARJAR, V. *Bargear* et *Barg*, R.

BARJEIRA, vl. lim. V. *Bargiera*,

BARJELADA, V. *Bargeirada* et *Berg*, Rad.

BARJOLA, s. f. (barjóle); Garc. Brouette. V. *Bariola*.

BARJOULAR, v. a. (bardjoulá). On le dit dans la Basse-Provence, pour porter un enfant dans ses bras, l'y bercer, le caresser, le promener.

Éty. du lat. *bajulare*, porter.

BARJOULEIRIS, s. f. (bardjouleiris); BARJOULIARELA. Bonne d'enfant, fille qui prend soin des petits enfants.

BARJOURIAIRE, s. m. (bardjouriaïré). Celui qui fait amuser un enfant, qui le garde, qui le soigne. Aub.

Éty. de *bajulare*, transporter.

BARJOURIAR, v. a (bardjouriá) Soigner, conduire, amuser de petits enfants.

Éty. V. le mot précédent.

BARLAC, s. m. (barlác), dl. Un gâchis formé par de l'eau répandue. Sauv.

Éty. de *bar*, boue, et de *lac*, lac de boue. V. *Bard*, R. 2.

BARLACAT, ADA, adj. et p. (barlacá, ade), dl. Mouillé, trempé, percé jusqu'aux os par la pluie. Sauv.

Éty. de *barlac* et de *at*, transformé en un lac de boue. V. *Bard*, R. 2.

BARLAMBASTIT, s. m. (barlambasti), dl. Le jeu de la mouche. Douj.

BARLAN, s. m. (barlán); BARLAND, BERLAN, Brelan, jeu de hasard dans lequel chaque joueur ne prend que trois cartes; on le nomme aujourd'hui bouillotte; lieu où l'on joue ce jeu.

Éty. de la basse latinité *berlenghum*, sorte de jeu à trois dés, et jeu des osselets; nom donné au brelan, parce qu'il se joue avec trois cartes.

AVOIR BRELAN, c'est avoir trois cartes semblables, trois rois, trois dames, etc.

BRELAN CARRÉ, c'est lorsque la retourne est une carte semblable à celle dont le brelan est composé.

VADE, est la somme dont un joueur ouvre le jeu.

BARLANDIAR, v. a. (barlandiá). Brelander, hanter les brelans; jouer habituellement aux jeux de hasard.

Éty. de *barland* et de *iar*, il signifie aussi, barguigner, ne se résoudre que difficilement.

BARLANDIER, s. m. (barlandié). Brelandier, joueur de profession, ou qui donne à jouer le breland.

BARLANDIER, IEIRA, s. (borlondié, ièïre), d. bas lim. Entremetteur, euse; celui, celle, qui s'entremet pour faire conclure une affaire; courtier. V. *Courtier* et *Poutingoun*.

BARLANTIN, s. m. Espèce de raisin. V. *Rasin*.

BARLET, s. m. (borlé), d. bas lim. m. sign. que *Barricot*, v. c. m.

Éty. Alt. de *Barrelet*.

BARLIC et **BARLOC**, (barlic et barlóc). De côté et d'autre; *ab hoc et ab hac*.

Éty. C'est probablement une altér. de *par lic* et *par loc*.

BARLINGA-BARLANGA, s. f. (barlíngue, barlángue), dl. C'est la sonnerie des mulets et autres bêtes de voiture. Douj.

BARLINGAU, s. m. (barlingáou). Osselet à quatre faces, servant à jouer. Voy. *Berlingau*.

BARLINGOT, s. m. Sucre fondu et parfumé, que l'on vend par petites tablettes. Garc.

BARLLON, vl. alt. de *barillon*. Voy. *Barrilhet*.

BARLOCA, s. f. (borlòque), d. bas lim. M. Béronie croit que c'est le *biribi*, jeu de hasard qui se joue avec des boules, dans lesquelles sont des numéros correspondants à ceux d'un tableau. Ce mot a aussi la signification de *Badaud*, v. c. m.

BARLOCCA, s. f. (barlóque): BRELOCCA. Breloque, bijou de peu de valeur. *Batre la barlocca*, battre la breloque ou la berloque; dans l'armée, c'est battre la caisse pour avertir de se rendre à la distribution du pain, de la viande; fig. ne savoir ce que l'on dit, battre la campagne.

Éty. de la basse latinité *bulluga*, nom d'une petite pomme sauvage: *Hinc*, dit Ducange, *forte vox apud vulgum* breloque, *quasi buluque*, *pro re minutiori*; bulluque en vieux français, désignait en effet, une chose de peu de valeur.

BARLUGA, s. f. (barlúgue); BARLURA, BERLUA, BOBORAUNA, BRELIAUDA, BARLUA, FARFANTELA, FARPANTELA, AVOGOUS, BIMBARGLA?

Barlume, ital. Berlue, éblouissement passager: fig. *Aver la barluga*, avoir la berlue, mal juger des choses, ne pas y voir.

Éty. de l'ital. *vario-lume*; *bar*, est dit pour *var*, et *luga*, *lugar* pour lumière. V. *Lugar*.

La définition que donne de cette affection passagère M. Gattel, est curieuse:

Berlue, éclairs brillants qui paraissent devant les yeux, et naissent *des vapeurs qui s'élèvent des parties basses ou du pétillement d'un sang échauffé!*

BARLURA, V. *Barluga*.

BARLUTAR, v. a. (barlutá), dg. Mêler, en parlant des cartes.

Éty. altér. de *vertere*.

BARLUTAT, ADA, adj. et p. (barlutá, áde), dg. Mêlé, ée.

Et las cartas taléon birídas, rebicádes,
Soun mezos à pilots et très cots *burlutados*.

Jasm. Maltra.

BARNABEOU, nom d'homme, (barnabèou); BARNABET. *Barnaba*, ital. *Barnabe*, esp. cat. Barnabé.

Éty. du lat. *barnabas*, dérivé du chaldéen *bar*, fils, et de *nabi*, prophète.

Patr. saint Barnabé, apôtre des gentils, dont l'Église célèbre la fête le 11 juin.

BARNABITO, s. m. (barnabite); *Barnabita*, port. cat. esp. ital. Barnabite, religieux de la congrégation des clercs réguliers de la congrégation de Saint Paul.

Éty. du lat. *barnabita*, de l'Église de saint Barnabé à Milan, où leur ordre fut d'abord établi.

Barthélemy Ferrari et Jacques Morigia, gentils hommes milanais, en jettèrent les fondements en 1533, sous le nom de clercs réguliers de Saint Paul. Henri IV, le reçut en France en 1608.

BARNAD, s. m. vl. Gens, troupe, compagnie. V. *Barnat* et *Bar*, R.

BARNAGE, s. m. vl. BARNATGE. *Barnaggio* et *Baronaggio*, ital. Baronnage, noblesse; exploit d'armes, valeur.

Éty. de *barn* pour *baron*, et de *age*, faire le baron ou comme le baron, *baronage*. V. *Bar*, R.

BARNAGI, s. m. (barnádgi); BARNAGE, BARNATGE, TARRABASTADA, BERNAGE. Confusion, trouble, désordre; grande quantité; fouillis, embarras, multitude.

Éty. du gaulois *barnage*, bagage, qui désignait le train d'un grand seigneur, formé de *baronagium*. V. *Bar*, R.

Faire barnage, dl. causer du désordre.

BARNAJOS, adj. vl. BARNATJOS. Brave, valeureux, noble.

Éty. de *barnatge* et de *os*. V. *Bar*, R.

BARNARD, V. *Bernard*.

BARNARD L'ARMITA. V. *Bernard l'ermita*.

BARNARDIN, V. *Bernardin*.

BARNARDINAS, V. *Bernardinas*.

BARNAT, s. m. vl. BARNAD, BARNATZ, BARNATGE. *Barnatz*, anc. cat. Noblesse, baronnage; concours, émulation de galanterie; race, famille.

Éty. de *bar*, baron, et de *at*, *n*, est euphonique, ou bien elle fait partie de *baron*. V. *Bar*, R.

BARNATGE, vl. V. *Barnat*, *Barnagi* et *Bar*, R.

BARNATJOS, OZA, adj. vl. V. *Barnajos*.

BARNAUT, s. m. vl. Famille noble.

BARNET, s. m. vl. Vasselage.

Éty. Dim. de *barnage*. V. *Bar*, R.

BARNIA, s. f. vl. Syncope de *Barounia*, v. c. m. V. *Bar*, R.

BARNIGAU, s. m. (barnigáou); JAIX, GRIAL, BROUQUET. Sebille, espèce de baquet dont se servent les vendangeurs pour remplir les barils de transport.

BARNIL, adj. vl. BARONIL. Noble, distingué, brave, vaillant.

Éty. de *barn*, pour *baron* et de *il*. Voy. *Bar*, R.

BARNIS, VARNIS, VERNIS, radical pris de la basse latinité *vernix*, vernis; que Saumaise dérivé de βερνικὴ (bernikê), syncope de βερονικη (beronikê) qui, chez les Grecs barbares signifie *ambre jaune*, à cause de sa ressemblance avec la résine du genévrier dont on fait du vernis, et qui porte le même nom.

De *vernix*, par le changement de *x* en *s* ou *ss*; *Vernis*, *En-verniss-ar*, *Verniss-ar*.

De *vernis*, par le changement du *v* en *b*, et de *e* en *a*: *Barnis*, *Barniss-agi*, *Barniss-ar*, *Em-barnissar*, *Des-barnissar*, *Barniss-ota*, etc.

BARNIS, s. m. (barnis); VARNIS, VERNIS. *Barnitz*, esp. *Barnis*, cat. *Verniz*, port. *Vernice*, ital. Vernis, matière liquide et brillante dont on enduit la surface des corps pour les préserver de l'humidité et leur donner un lustre agréable; enduit vitrifiable sur les terres cuites: fig. lustre, éclat, ce qui ajoute au mérite réel; notion légère.

Éty. de la basse lat. *vernix*, m. s. Voy. *Barn*, Rad.

Vernir, enduire de vernis.

Vernisser, vernir de la poterie.

Vernisseur, qui fait, qui emploie le vernis.

Vernix, la sandaraque.

Vernissier, arbre de la Chine qui fournit du vernis.

Les Chinois connaissent de temps immémorial l'usage d'un vernis, qui leur est fourni par un arbre où il se trouve tout préparé. Ce n'a guère été que dans le XVIIme siècle qu'on a commencé à en fabriquer en Europe. Le père Jamart, ermite, est le premier qui en ait trouvé la composition. Tous ceux que l'art compose ont pour base une résine dissoute dans un liquide ordinairement spiritueux.

BARNISSAGI, s. m. (barnissádgi); VARNISSAGI. *Barnizadura*, esp. *Envernizadura*, port. *Invernicatura*, ital. Vernissure, application du vernis.

Éty. de *barnis* et de *agi*, mettre le vernis. V. *Barnis*, R.

BARNISSAR, v. a. (barnissá); *Barnizar*, esp. *Envernizar*, port. *Embarnissar*, cat. *Vernicare*, ital. Vernir, enduire de vernis, vernisser, vernir de la poterie.

Éty. de *barnis* et de *ar*, mettre le vernis. V. *Barnissar*, R.

BARNISSAR, V. *Varnissar* et *Embarnissar*.

BARNISSAT, ADA, adj. et p. (barnissá, áde); VERNISSA. Verni, ie, et vernissé quand il s'agit de la poterie.

Éty. de *barnis* et de *at*. V. *Barnis*, R.

BARNISSENCA, s. f. et adj. (barnisséinque); BERNISSENCA. Nom d'une espèce de figue tardive.

Éty. de *barnis* et de *enca*, qui semble vernissée. V. *Barnis*, R.

BARNISSOIR, Garç. V. *Brunissoir*.

BARNISSOTA, s. et adj. (barnissóte). V. *Figa barnissota*. V. *Barnis*, R. et *Bourgeassota*.

BARO, vl. V. *Bar* et *Baroun*.

BAROMETRO, s. m. (baromètre); BAROUMETRO. *Barometro*, esp. port. ital. *Barómetro*, cat. *Barometrum*, lat. Baromètre, instrument de physique qui sert à mesurer les variations dans la pesanteur de l'air.

Éty. du grec βάρος (baros), poids, et de μέτρον (mètron), mesure.

On en doit l'invention à Toricelli, élève de Galilée, qui le fit connaître le premier en 1643.

La hauteur du mercure dans le tube du baromètre, est relative à la pesanteur de l'air; aussi baisse-t-il constamment à mesure qu'on s'élève, ce qui a donné l'idée de mesurer la hauteur des lieux par le moyen de cet instrument.

Le baromètre indique encore, d'une manière assez précise, les variations du temps; quand le mercure baisse, il annonce en général la pluie ou le vent, et le beau temps quand il monte.

Dans un baromètre on nomme:

TUBE, le cylindre creux, de verre, qui contient le mercure.

CUVETTE, le petit bassin où est plongée l'extrémité inférieure du tube, ou le renflement de ce tube qui en tient lieu.

PLANCHETTE, la planche sur laquelle le tube est fixé.

ECHELLE ou GRADUATION, la division en pouces ou en millimètres, qu'on y observe.

PARTITION, la division en 7 parties, entre la plus grande élévation et le plus grand abaissement du mercure.

NIVEAU, la ligne horizontale du mercure dans la cuvette; parallèle à la base de l'échelle.

Le baromètre à cadran fut inventé par l'Anglois Hooke, dans le 17me siècle.

BARON, s. m. d. vaud. Homme, mari. V. *Bav* et *Bar*, R.

BARONEJAR, v. n. vl. Se montrer baron, se vanter de l'être.

BARONESSA, s. f. vl. V. *Barouna* et *Bar*, R.

BARONIA, s. f. vl. V. *Barounia*; pour noblesse, V. *Noblessa* et *Bar*, R.

BARONIL, vl. V. *Barnil.*

BARONILMENT, adv. vl. Courageusement.

BAROO, s. m. anc. béarn. Baron. Voy. *Baroun* et *Bar*, R.

BAROUL, s. m. Verrou. V. *Barroulh.*

L'abé Mas de rima n'es pas jamay sadoul,
S'en vay, tout en rampan coum'una cogaraula,
Aou temple d'Apoulloun per aussa la cadaula,
Mais la porta, per el, es fermada aou *baroul.*

Anonyme.

BAROUN, s. m. (baróun); *Baron*, esp. all. *Baro*, cat. *Barone*, ital. *Barão*, port. Baron, titre de noblesse qui est au-dessous de celui de comte.

Éty. du grec βάρος (baros), autorité; ou du lat. *baronis*, gén. de *baro*, qui signifie vaillant, dans la basse lat. ou de *vir*, *war*, homme distingué. V. *Bar*, R.

En italien le mot *barone* signifie tantôt noble, vaillant, puissant, et tantôt brigand, voleur, vaurien. C'est le cas de dire que les extrêmes se touchent.

Lors de son premier emploi, ce mot signifiait *homme vil*, ensuite homme en général, et il n'est devenu titre d'honneur que vers l'année 567.

BAROUNA, s. f. (baróune); BARONESSA. *Baronissa*, lat. *Baronessa*, ital. *Barona*, cat. *Baronesa*, esp. *Baroneza*, port. Baronne, femme de baron ou qui possède une baronie.

Éty. V. *Baroun* et *Bar*, R.

BAROUNAGE, s. m. (barounádgé); BAROUNAJHE, anc. orth. La noblesse d'une province; état, qualité de baron.

Éty. de *baroun* et de *age*. V. *Bar*, R.

BAROUNEGEAR SE, v. r. (barounedjá). Se panader, se carrer, marcher avec ostentation. V. *Pavanar se*; se donner les airs de grand seigneur.

Éty. de *baroun* et de *egear*, faire le baron. V. *Bar*, R.

BAROUNIA, s. f. (barounie); *Baronia*, lat. ital. esp. port. *Barónia*, cat. Baronnie, terre et seigneurie de Baron.

Éty. V. *Baroun* et de *ia*. V. *Bar*, R.

BARQUADA, V. *Barcada.*

BARQUEGEAIRE, s. m. (barquedjairé). Batelier.

Éty. de *barca* et de *egeaire*, celui qui conduit la barque. V. *Barc*, R.

BARQUEGEAR, v. n. (barquedjá); *Barquear*, esp. *Barquejar*, port. cat. Sauter d'un bateau à l'autre, Ach., Nager entre deux eaux, Pellas; changer de parti selon les circonstances; naviguer sur des bateaux.

Éty. de *barca* et de la term. *egear*; agir, aller d'un bateau à l'autre. V. *Barc*, R.

BARQUEIROLA, s. f. (barqueiróle). Barquerolle, petite barque. V. *Barqueta.*

Éty. Dim. de *barca*. V. *Barc*, R.

BARQUEIROOU, s. m. (barqueiróou). Batelier qui conduit une barquerolle. Voy. *Barquier* et *Barc*, R.

BARQUET, s. m. (barqué); BARCOT. *Barchetto*, ital. *Barquillo*, esp. Batelet ou bachot de passeur de rivière, de pêcheur, etc.

Éty. de *barca* et du dim. *et*. V. *Barc*, R.

BARQUETA, s. f. (barquéte); *Barchetta*, ital. *Barqueta*, port cat. esp. Barquerolle, petite barque.

Éty. de *barca* et de la term. dim. *eta*; petite barque. V. *Barc*, R.

Barqueta, est aussi le nom d'une espèce de biscuit ou de pâtisserie, nommé barquette: *Faire barqueta*, nager le ventre en haut.

BARQUI, s. m. vl. V. *Barquiou* et *Barc*, Rad.

BARQUIER, s. m. (barquié); *Barchiere*, ital. *Barquer*, cat. *Barquero*, esp. *Barcarius*, bass. lat. *Barqueiro*, port. Batelier; qui conduit un bateau, une barque; qui fait passer le bac d'une rivière.

Éty. de *barca* et de la term. mult. *ier*, qui travaille aux bateaux. V. *Barc*, R.

BARQUIN, s. m. dg. *Barquelius* et *Barquile*, bass. lat. Auge, bassin. V. *Barquiou* et *Barc*, R.

Ni hour, ni barquin, ni cruset.

D'Astros.

BARQUIN, s. m. d. béarn. Gros soufflet à l'usage des forges.

BARQUINET, s. m. vl. Petit réservoir.

Éty. de *barquiou* et de *n-et*. V. *Barc*, R.

BARQUIOU, s. m. (barquiou). Reservoir, bassin d'eau, vivier; fosse de savonnerie.

Éty. de *barca*. V. *Barc*, R.

BARR, VAR, rad. pris du celto-breton, *barren*, barre, perche, gros bâton; ou du lat. *vara*, pièce de bois transversale; traverse, et fig. empêchement, difficulté, embarras.

De *barren*, par apoc. *barr*; d'où: *Barr-a*, *Barr-ar*, *Barr-iera*, *Em-barr-ar*, *Barr-oulh*, *Barr-oun*, *Em-barr-as*, *Em-barr-ass-ar*, *Des-barrass-ar*, *Barr-egear*, *Barr-ic-ada*, etc., etc.

BARRA, s. f. (bárre); *Barra*, ital. esp. cat. port. Barre, pièce de bois ou de fer longue et peu épaisse; perche, late.

Éty. du lat. *vara*. V. *Barr*, R.

Barra de carreta, enrayure.

Barra per levar un pès, levier.

Barra d'un galinier, juchoir.

Barra dèis bouffets d'una forgea, branloire des soufflets.

Barra de rocca, banc de rocher.

Barra d'escritura, trait, tiret, ligne, barre.

Barra entalhada per portar de pouaires sus lou muscle, palanche.

Barra de nougat, tablette.

Barra, en terme de palais, a deux significations; ce mot indique le lieu où se tiennent les avocats, les avoués, les témoins et toutes les personnes appelées à paraître devant les tribunaux; et ensuite, *la barre de la cour*, séparation pratiquée dans l'enceinte d'une salle d'audience où se placent les personnes qui n'étant point membres de l'assemblée, viennent rendre compte de leur conduite, présenter une pétition, etc.

Cette enceinte était autrefois séparée, à Paris, par une grosse barre de fer, d'où les expressions *être mandé*, *traduit*, *entendu à la barre.*

Barra, barre en terme de musique, indique ces traits tirés perpendiculairement sur les lignes de portée, pour marquer les mesures. Elles ne sont en usage que depuis environ 150 ans.

BARRA, s. f. vl. Barre; délai; barrière, barricade, retranchement. V. *Barra* et *Barr*, Rad. Mâchoire. Gloss. Occit.

BARRA, Signifie aussi verrou. V. *Barroulh* et *Barr*, R.

BARRA, s. f. Barrage, espèce d'impôt ou de droit établi pour la réfection des ponts ou passages. Suppl. au Dict. de Pellas.

BARRABAS, nom pr. (barrabás). Nom du voleur qui fut préféré à J.-C. *Es couneissut coumo Barrabas à la passion*, il est connu de tout le monde.

BARRACA, s. f. (barráque); *Baracca*, ital. *Barake*, all. *Barracca*, cat. esp. Baraque, hutte de soldat; petit logement, petite boutique, échoppe, maison en mauvais état.

Éty. de l'esp. *barraca*, cahute que font les pêcheurs sur le bord de la mer; fait de *barra*, qui est dérivé du gaulois *barr*, où ce mot désigne non seulement une barre, mais encore tout ce qui sert à renfermer. V. *Barr*, R.

En d. bas lim. ce mot signifie aussi une tente. V. *Tenda.*

BARRACAN, s. m. (barracán); BOURRACAN, BOUGRAN, TRELHIS, BOURACAN. *Barragam*, cat. *Baracane*, ital. *Barragan*, esp. Baracan et Bouracan, étoffe de laine rasée, dont la chaîne est filée plus gros et plus torse que la trame. Il est fabriqué à pas simple ou à pas de toile.

A coumo lou barracan, escupe l'aigua, dit-on iron. en parlant d'un ivrogne.

Dans l'origine cette étoffe était faite avec du poil de chèvre.

Éty. de *baracacæ*, qui chez Hesichius signifiait peau de chèvre, ou de *barach*, en syriaque, qui désigne un bouc.

BARRACANAT, ADA, adj. et part. (barracaná, áde); BRACANAT, TESSENAT, TANAT, BARRIOULAT, MARCALHAT. Bariolé, moucheté ou diversifié de couleurs dures et tranchantes; on dit en français: des haricots, des habits bariolés, un serpent tavelé, une peau de léopard mouchetée.

Éty. de *barra*, barre, et de *canat*, traversé par des barres. V. *Barr*, R.

BARRACAR SE, v. r. (sé barracá). Se baraquer, faire des baraques, des huttes pour s'y enfermer.

Éty. de *barraca* et de *ar.*

BARRADA, s. f. (barráde). Coups de barre; volée de coups de bâton.

Éty. de *barra* et de *ada*. V. *Barr*, R.

BARRADA, s. f. *Faire la barrada*. Prohibition d'exporter les blés d'un pays; embargo, défense de sortir d'un port.

Éty de *barra*, dans le sens d'empêchement. V. *Barr*, R.

BARRADA, s. f. Serre, action d'exprimer les fruits pour en faire sortir le jus: *Oli* *de la premiera barrada* ou *quichada*, huile de la première serre.

Éty. V. *Barra*, parce que c'est ordinairement avec une barre qu'on serre le pressoir. V. *Barr*, R.

BARRADIS, ISSA, adj. (barradis, isse), dl. Qu'on peut fermer, fermant, ante: *Panier barradis*, panier à couvercle: *Coutel barradis*, couteau fermant ou pliant, l'opposé de couteau à gaine.

Éty. de *Barrar* et de *adis*. V. *Barr*, R.

BARRADISSA, s. f. (barradisse), dl. L'action souvent répétée d'ouvrir et de fermer une porte: *Aquella barradissa finirà pas?* finira-t-on d'ouvrir et de fermer cette porte?

Éty. de *barrar* et de *issa*. V. *Barr*, R.

BARRADISSA, s. f. (barradisse), dg. Barrière. V. *Barriera*.

BARRADURA, s. f. (barradure), dl. *Bouchelure*, tout ce qui sert à fermer un pré, une terre labourable, etc., pour en défendre l'entrée aux bestiaux; fermeture en général; odeur qui s'exhale des choses qui ont été longtemps enfermées, remugle. V. *Estuch*.

Éty. de *barrar* et de *ura*. V. *Barr*, R.

BARRAGI, s. m. (barrádgi); BARRAGE. Barrage, jetée en maçonnerie au travers d'une rivière, pour en faire exhausser et refluer l'eau; barrière pour empêcher la circulation.

BARRAGOUIN, V. *Baragouin*.

BARRAL, BARRIL, Radical sur l'origine duquel les étymologistes ne sont pas d'accord, mais que nous tirerons de la basse latinité *barrale*, *barile*, *barillus*, ou de *barridus*, qui se trouve avec la signification de tonne ou de vase propre à contenir, dans l'art. 68, du capitulaire de Charlemagne, de *villis*; il peut venir aussi de l'esp. *barral*, grande bouteille; du lat. *varus*, courbé, ou du celt. *barr*, qui signifie non seulement barre, mais tout ce qui sert à enfermer, à contenir; d'où: *Barrar*, *Em-barrar*. V. *Barr*, R. d'où encore *barrica*, employé dans le sens de barrique par Vitruve.

De *barrale*, par apoc. *barral*; d'où: *Barral*, *Barral-et*, *Barral-ets*, *Barric-a*, *Barric-ada*, *Barricad-ar*, *Barrich-eou*, *Barric-ot*, *Barricout-ier*.

De *barral*, par le changement de *a* en *e*, *barrel*; d'où: *Barrel-iar*, *Barrel-iaire*, *Barrel-ier*, *Barrel-ets*.

De *barral*, par le changement de *l* en *u*: *Barrau*.

De *barrel*, par le changement de *e* en *ei*, et de *l* en *r*, *barreir*; d'où: *Barreir-oun*.

De *barrel*, par le changement de *e* en *i*, *barril*; d'où: *Barrial*, *Barriel-a*, *Barril*, *Barrilh-at*, *Barrilh-et*.

BARRAL, s. m. (barrál); *Barral*, cat. V. *Barrau*, comme plus usité. V. *Barral*, Rad.

BARRAL, s. m. Mesure de capacité pour les vins, en usage dans le département de la Drôme, qui vaut à peu près 35 litres. Cette mesure était déjà connue en 1309, sous le nom de *barrale*. V. *Barral*, R.

BARRALET, s. m. (barralé); BARRELET, dim. de *barrau*, petite baril ou barillet. V. *Barral*, R.

BARRALET, s. m. (barralé), dl. Capron, fraise sauvage, moins délicate que la fraise ordinaire. Sauv.

BARRALETS, s. m. pl. BARRELETS. *Muscari*, genre de plantes de la fam. des Asphodélées, voisines des Hyacinthes, qui croissent dans les champs, et dont on distingue deux espèces principales.

Éty. de *barralet*, petit baril ou barillet, à cause de la forme des fruits. V. *Barral*, R.

BARRALETS GROS, s. m. pl. (gros barralés); CEBOULHADA, SAVALHADA, COUCUS, COUGUIOU, POURRIOL, PENITENT-BLUR. Muscari à toupet, vacier ou hyacinthe à toupet, *Muscari comosum*, Mill. *Hyacinthus comosus*, Lin. plante de la fam. des Asphodélées.

La plante que l'on cultive dans les jardins sous le nom de jacinthe, de sienne, et de lilas de terre, est regardée comme une variété de cette espèce.

BARRALETS-PICHOTS. Muscari botrioïde, *Muscari botryoides*, Mill. *Hyacinthus botryoides*, Lin. et muscari à grappe, ou ail de chien, *Muscari racemosum*. Mill.

BARRALH, s. m. anc. béarn. Barricade, haie, palissade.

Qui pana pau de palenc deù barralh de la villa, sia ficat o desficat. Fors et Cost. de Béarn.

BARRALHA, s. f. (barráille), dl. Fermeture, haie, clôture. V. *Clausura*.

Éty. de *barra* et de *alha*, tout ce qui sert à fermer, à *barrar*, V. *Barr*, R.

BARRALHAR, v. a. (barraillá). Clore, environner d'une haie. V. *Clausurar* et *Barr*, R.

BARRALIAIRE, s. m. (barraliaïré); BARRAIAIRE, BRINDAIRE. Portefaix, homme de peine qui transporte le vin dans les barils. Avril.

BARRALIAR, v. n. (barraliá); BARRAIAR. Transporter le vin dans l'espèce de baril qu'on appelle *barral* ou *barrau*. Avril.

BARRAMENT-D'ESTOUMAC, s. m. (barraméin d'estoumá), dl. Crève cœur, saisissement, serrement de cœur. Sauv. Voy. *Creba-couer*.

Éty. de *barrar* et de *ment*. V. *Barr*, R.

BARRANCA, s. f. (barránque). On le dit d'une personne qui ne marche qu'avec peine: *Vielha barranca*, vieille déhanchée, ennuyeuse, ou dégoûtante.

Éty. V. *Barr*, R.

Barranc, en catalan, signifie obstacle, difficulté, lieu cavé par les eaux.

BARRANCOUN, s. m. (barrancóu), dg. Barreau d'une chaise, d'une échelle. Voy. *Barroun* et *Barr*, R.

BARRAQUETA, s. f. (barraquéte); *Barraqueta*, cat. *Barraquilla*, esp. *Barraccuzza*, ital. Petite baraque, petite chaumière.

Éty. de *barraca* et de *eta*.

BARRAR, v. a. (barrá); TANCAR, BACLAR, SERRAR, FERMAR, ABARRAR. *Barrear*, esp. port. *Barrare*, ital. *Barrar*, cat. Barrer, bacler une porte, la fermer avec une barre, et par extension, fermer de quelque manière que ce soit, et un objet quelconque. *Barrar lous huelhs*, fermer les yeux: *Barrar lou jour*, boucher ou intercepter le jour: *Aquot m'a barrat l'estoumac*, cela m'a serré le cœur. Barrioler, rayer, vl.

Éty. de *barra* et de l'act. *ar*, mettre la barre; parce que avant l'invention des serrures et des verrous en fer, on n'avait pas d'autre manière de fermer les portes et les fenêtres que d'y placer une barre derrière. Ce mot doit être des plus anciens de la langue. On disait *tancar*, lorsqu'on mettait la barre en forme d'arc-boutant. V. *Tancar*.

Cette manière de fermer les portes est encore en usage dans la montagne, pour la plupart des granges et des écuries qui communiquent avec l'intérieur de la maison. Voy. *Barr*, R.

On dit ensuite *serrar*, quand on eut des cordes, *Ferroulhar*, quand on eut inventé les verrous, et enfin *clavar*, quand on a eu des clefs: *Se barrar defora*, *se barrar dedins*, Tr. s'enfermer, fermer la porte sur soi, se mettre à la porte; à la rue, etc. et non *se fermer dehors*, *dedans*.

BARRAR *un escrich*, Barrer, biffer ou raturer un écrit.

Éty. de *barra* et de *ar*, faire des barres. V. *Barr*, R.

BARRAS, s. f. pl. ou *Barris*, s. m. pl. (bárres ou bárris). Qu'on nomme aussi CARRIERA VEIRIERA. Barres, espèce de course dans de certaines limites.

Éty. de *barra* dans le sens de limite. Voy. *Barr*, R.

Jugar à barras ou *à barris*, jouer aux barres et non *à barres*.

Dounar barras, donner barres, au propre, c'est inviter son adversaire à courir dessus en s'approchant de son poste, et au fig. c'est donner de l'avantage, autoriser, donner carte blanche.

Le jeu des barres doit son origine à celui des barres olympiques, dans lequel les plus habiles coureurs étaient victorieux et gagnaient la partie.

BARRAS, s. f. pl. (bárres). Barres, nom de l'espace vide qui se trouve dans la mâchoire inférieure du cheval, entre les dents canines et les molaires, dans lequel le mors de la bride appuie.

BARRAS, s. m. (barrás). Nom qu'on donne dans la Basse-Prov. au *Galipot*, v. c. m. *Barras*, ou suc résineux qui se fige le long des entailles faites au pin.

BARRAS, s. m. vl. Barre, bûche, perche.

Éty. de *barra* et de l'aug. *as*. V. *Barr*, Rad.

BARRAT, AYA, adj. et p. (barrá, aïe), d. de Barcel. Bouché, borné, qui a peu d'intelligence, qui ne peut pas comprendre les choses même les plus simples.

Éty. de *barra* et de *at*, où l'on a mis la barre, c'est-à-dire, ce qu'on a fermé, bouché. V. *Barr*, R.

BARRAT, ADA, adj. et p. (barrá, áde);

Barreado, esp. *Barrad*, cat. Barré, ée, fermé, ée.

Éty. de *barra* et de *at*, fermé avec la barre. V. *Barr*, R.

BARRAT, ATA, adj. et p. vl. Bariolé, ée.

Portavan capas barratas de brun et de blanc.

Petit Talamus.

Portaient capes bariolées de brun et de blanc.

Éty. de *barra* et de *at*, où l'on a mis des barres. V. *Barr*, R.

BARRATA, s. f. (barràte). Attrape, on le dit des personnes et des choses qui trompent par leur belle apparence. Avril.

BARRATA, pour Barate. V. *Barata*.

BARRATIN, alt. de *Barretin*, v. c. m. et *Barret*, R.

BARRAU, s. m. (barráou); BARRAL, BARRALET, BARILE. *Barril*, esp. port. *Barile*, ital. Baril et barillet, petit tonneau de transport, muni d'un goulean, dans lequel les journaliers et les bergers en voyage, transportent le vin qui leur est nécessaire.

Éty. de l'esp. *barral*, grosse bouteille de verre. V. *Barral*, R.

Li parlaz de bouta vous responde barrau. Il tourne la truie au foin.

BARRAU, s. m. dl. Un *barrau*, Sauv. *Un barrau de vin*, mesure qui contient à Alais, 27 pintes; où il égale un solide de trois pieds cubes et un tiers; huit de ces *barraus* font à peu près le muid de Paris. En mesures nouvelles, le baral d'Alais vaut 51 lit. 42.

A Marseille le *barrau* de vin porte aussi le nom de *milharolà*, et vaut la moitié de la charge. V. *Barral*, R.

Le barral d'huile de Provence, contient de 24 à 36 kilogrammes. Avril.

BARRAU-LONG, dl. V. *Bouterla*.

BARRAVOUIRA, s. f. (barravòuira). BARROUIRA, TANCA. Barre de porte, arc-boutant qui sert à la fermer.

Éty. de *barrau* pour *barrad*, et de *ouira*. V. *Barr*, R.

BARREAR, v. a. (barreá), dg. Verser, renverser.

Éty. du grec βαρέω (baréô), *gravo*, *onero*; charger.

BARRECADA, d. arl. V. *Barricada*.

BARREGEA A, exp. adv. (à barrédge), dl. Ensemble, pêle-mêle, parmi.

Éty. de *barra*, dans le sens d'embarras. V. *Barr*, R. et de *Egea*.

BARREGEADIS, s. m. (barredjadis), dl. Mêlange. V. *Mescla*, *Melangi* et *Barr*, Rad.

BARREGEAR, v. a. (barredjá), dl. Mêler, mélanger. V. *Mesclar* et *Barr*, R.

BARREGEAR, v. a. (barredjà). Remuer avec violence quelque chose; battre; agiter rudement les cloches, les portes, les fenêtres, comme avec une barre.

Éty. de *barra* et de *egear*, agir avec la barre. V. *Barr*, R.

BARREGEAT, ADA, adj. et p. (barradjá, ade). Remué avec violence, battu, mêlé, selon le verbe.

Éty. de *barra* et de *egeat*. V. *Barr*, R.

BARREI, s. m. vl. *Barreig*, anc. cat. Querelle, tumulte; dévastation, ruine, destruction.

Éty. de *baralh*, trouble. V. *Baralh*, R.

BARREIAMENT, s. m. vl. BARREIAMENS. Enlèvement, pillage, attaque, assaut, dévastation, destruction.

Éty. de *Baralh*, v. c. m. et *Baralh*, R.

BARREIAR, vl. V. *Bareiar*.

BARREIAT, ADA, adj. et p. vl. Attaqué, pris d'assaut.

Éty. V. *Baralh*, R.

BARREIRA, s. f. vl. Retranchement. V. *Barriera*.

BARREIROUN, s. m. (barreiróun). Baquet d'un moulin à huile. Garc.

Éty. de *barriou* et du dim. *oun*. V. *Barral*, Rad.

BARREJA, v. a. anc. béarn. V. *Barregear*.

BARREJAIRE, s. m. (barredjáire). Celui qui charrie. Aub.

Éty. Altér. de *bajulare*.

BARREJAR, v. a. (barredjá). Charrier, porter. Aub. V. *Barregear*.

Éty. du lat. *bajulare*, porter.

BARREJEAR, v. a. vl. Détruire, saccager.

BARREL, s. m. (borrèl), d. bas lim. Barreau, barre de bois ou de fer carrée, employée dans un bâtiment, dans un grillage, etc. V. *Barroun*, et pour barreau, lieu ou se placent les avocats. V. *Barreou* et *Barr*, R.

BARRELEJAR, v. a. et n. (barreledjá). Porter ça et là; se transporter d'un lieu dans un autre.

Éty. Itér. de *bajulare*.

BARRELETS, s. m. pl. V. *Barralets* et *Barral*, R.

BARRELIAIRE, s. m. (barreliáire); BARELHAIRE. Celui qui charrie dans des barils. Garc.

Éty. de *barelh* et de *aire*. V. *Barral*, R.

BARRELIAR, v. a. (barreliá); BARELHAIRE. Charrier dans des barils. Garc.

Éty. de *barrel* pour *barriou*, et de *iar*. V. *Barral*, R.

BARRELIER, s. m. (barrelié); BARRELHIER, BARRILHAT. Ouvrier qui fait des barils, Garc.

Éty. de *barrel* et de *ier*. V. *Tounelier*; et *Barral*, R.

BARREOU, s. m. (barrèou); *Barra*, esp. port. Barreau, petite barre.

Éty. de *barra* et du dim. *el*, changé en *eou*. V. *Barr*, R.

BARREOU, s. m. (barrèou); BARRA. En terme d'imprim. barreau, barre de fer courbée et emmanchée de bois, qui sert à mettre en mouvement la vis de la presse.

Éty. V. *Barr*, R.

BARREOU, s. m. Barreau, lieu où se mettent les avocats pour plaider; le corps même des avocats; leur profession.

Éty. V. *Barr*, R.

BARRET, BARRAT, BERR, radical pris de la basse latinité *barretum*, espèce de chapeau, ou de *birretum*, barrette, petit bonnet rouge des cardinaux, formé de *birrus*, *birrum*, ancien mot latin qui désignait une espèce de bonnet, et probablement dérivé du grec βύῤῥος (burrhos), qui est le même que πύῤῥος (purrhos), rougeâtre.

De *barretum*, par apoc. *barret*; d'où: *Barr-eta*, *Barret-ier*, *Barret-in*.

De *barret*, par le changement de *e* en *a*, *barrat*; d'où: *Barrat-in*, *Dei-barretin-ar*.

De *barr*, par le changement de *a* en *e*, *berr*; d'où: *Berr-a*, *Berr-et*, *Berret-a*, *Em-barretin-ar*, *Birr-et*.

BARRETA, s. f. BERRETA. *Barret*, cat. *Barrete*, port. *Barretta*, ital. *Birreta*, cat. esp. Barrette, bonnet rouge des cardinaux; chaperon, et par extension, bonnet.

Éty. de la basse lat. *barretum*, m. s. V. *Barret*, R.

BARRETA, s. f. BERRETA, BARRATIN, BARRETIN. *Barret*, all. *Barrete*, port. Bonnet d'enfant, béguin.

Éty. de *barreta*, petite barre, parce que cette sorte de coiffure était ordinairement barrée de passements; ou du lat. *biretum* et *birretus* ou *birretà*, dim. de *birrus*, nom d'une espèce de chapeau en usage chez les anciens. V. *Barret*, R.

BARRETA, s. f. (barréte); *Barreta*, esp. cat. Barreau, petite barre; dossier ou traverse du derrière d'une chaise ordinaire.

Éty. dim. de *barra*. V. *Barr*, R.

BARRETA, s. f. Nom que les mineurs de houille donnent, dans le département des Bouches-du-Rhône, selon l'auteur de sa Stat. au calcaire houiller tabulaire.

BARRETA, s. f. On nomme ainsi, selon M. Garc. dans le département du Var, le capiton, ou la soie grossière qui enveloppe immédiatement le cocon. V. *Estoupa de la seda*.

Éty. de *barreta*, petit bonnet, à cause de la ressemblance qu'on a probablement cru trouver entre un cocon et un béguin. Voy. *Barret*, R.

BARRETADA, s. f. (barretade); *Barretada*, port. cat. Bonnetade, révérence, salut fait avec le bonnet ou la barrette.

Éty. de *barreta* et de *ada*. V. *Barret*, R.

BARRETAS, s. f. pl. (barrétes). Rais d'une roue: *Barretas deis ridellas*, roulons ou bâtons des ridelles des charrettes. V. *Barr*, R.

BARRETIER, s. m. vl. *Barreter*, cat. *Barreitero*, port. *Barretajo*, ital. Bonnetier. V. *Bounetier*.

Éty. de *barreta* et de *ier*. V. *Barret*, R.

BARRETIN, s. m. (barretin), dim. de *bearra* ou *berra*, bonnet que l'on met aux jeunes enfants; béguin.

Éty. V. *Barreta* et *Barret*, R.

BARREY, vl. V. *Barrei*.

BARREYAR, v. a. (barreyá), d. béarn. *Barreyar*, cat. Répandre ça et là, disperser.

Éty. de *barra*, dans le sens d'embarras. V. *Barr*, R.

BARRI, s. m. (bárri); RAMPART. *Barri*, cat. *Barrio*, esp. Muraille, rempart, fortification; fig. gros nuage qui paraît sur l'horizon.

Éty. du grec βᾶρις (baris), m. s. On a fait dériver ce mot de la basse lat. *barum* ou *barium*, parce que dans l'origine on n'employait que des barres pour remparts, *vara* en latin. V. *Barr*, R.

A barri bas escala noun fau. Prov.

Amphion qui régnait à Thèbes, vers l'an 1390 avant J.-C. fut dit-on, le premier qui imagina d'environner sa capitale de murailles flanquées de tours. Goguet, Orig. des lois, t. 4. p. 302.

BARRI, s. m. vl. *Barri*, cat. Ce mot est pris, dans les anciens actes du Limousin, pour faubourg : *Vicis seu barriis*. Voy. *Bourgada*

BARRIA, vl. V. *Barrian*.

BARRIADA,

Si parles plus tant à Barriadas.

Brueys.

Éty. probablement du catalan *barreja*, amas confus de choses diverses, mélange.

BARRIAIRE, s. m. (barriaïré). Porteur. Aub.

Éty. de *barriar*, porter, et de *Aire*, v. c. m.

BARRIAL, s. m., d. bas lim. et vl. Baril, petit baril. V. *Barricot* et *Barral*, Rad.

BARRIAN, s. m. vl. BARRIA. Habitant du faubourg, bourgeois.

Éty. de *barri*, faubourg, et de *an*. Voy. *Barr*, R.

BARRIAR, v. a. (*barrià*). Porter, charrier. Aub.

Éty. Altér. de *bajulare*.

BARRICA, s. f. (barrique); BARRIELA. *Barrica*, esp. port. *Barile*, ital. Barrique, gros baril, grand tonneau.

Éty. du grec βαρὺς (barus), pesant, selon les uns, ou de *barica*, employé dans la même signification par Vitruve. V. *Barral*, Rad.

Ce mot désigne aussi un baril : *Barrica d'anchoyas*, caque.

BARRICADA, s. f. (barricáde); *Barricada*, esp. *Barricata*, ital. Barricade, au propre, retranchement fait avec des barriques, et par extension, digue que l'on oppose aux rivières.

Éty. de *barrica* et de *ada*, fait avec des barriques, ou plutôt avec des barres. Voy. *Barr* et *Barral*, R.

BARRICADAR, v. a. (barricadá); BARRICAR. *Barricare*, ital. *Barrear*, esp. Barricader, faire une barricade ; fermer, barrer, bacler une porte avec une barre.

Éty. de *barricada* et de *ar*. V. *Barral* et *Barr*, R.

BARRICADAR SE, v. r. Se barricader, s'enfermer pour ne voir personne.

BARRICADAT, ADA, adj. et p. (barricadá, áde). Barricadé, ée.

Éty. de *barricada* et de *at*. V. *Barral* et *Barr*, R.

BARRICAIRE, s. m. (barricaïre), dg. Tonnelier. V. *Tounelier*.

Éty. de *barrica* et de *aire*.

BARRICHEOU, s. m. (barritchéou). Sorte de baril ; on donne ce nom à Marseille, aux barils de goudron que l'on brûle la veille des fêtes, devant les portes des maisons.

Éty. du celt. *barutellus*, formé de *barrod*, Ach. ou plutôt de *barridus*. V. *Barral*, R.

BARRICOT, s. m. (borricó); BARLET, BARRALET, BARRILHET. *Barial*; d. bas lim. Petit baril, barillet.

Éty. Dim. de *barrica*. V. *Barral*, R.

Fa dus barricots, jouer aux *barriquauts*, c'est-à-dire à pet-en-gueule. V. *Pet-en-goula*.

BARRICOUTIER, s. m. (barricoutié), d. bas lim. Tonnelier. V. *Tounelier* et *Barral*, R.

BARRIEIRAIRE, s. m. (barrieiraïré). Tonnelier ; commis aux barrières. Aub.

Éty. de *barriou*, dans le premier sens, et de *barriera*, dans le second, avec la désinence *aire*.

BARRIELA, s. f. (barriéle), dl. BARRIERA. Pour barrique. V. *Barrica* et *Barral*, R. Pour baratte. V. *Buriera*.

M. Avril dit que c'est une espèce de cornue ou benne cerclée à bandes en bois, servant à transporter du vin ou de l'eau à dos de mulet.

BARRIEN, V. *Barrion*.

BARRIER, s. m. (barrié); VELIER, dl. Bascule de puits de campagne, qui est un levier de la première espèce. Sauv.

Éty. de *barra* et de *ier*. V. *Barr*, R.

BARRIERA, s. f. (barriére); *Barrera*, esp. cat. *Barreira*, port. *Barriera*, ital. Barrière, tout ce qui sert de borne et empêche de passer, fig. empêchement, obstacle; retranchement, fortification.

Éty. de *barra*, barre, et de la termin. mult. *iera*; parce que les barrières se faisaient avec des barres placées tout autour de l'enceinte qu'on voulait fermer. V. *Barr*, Rad.

BARRIERA, s. f. Petite barrique. Aub. V. *Barrica* et *Barriela*.

BARRIL, s. m. (barriou); BARRILH, BARRIOU, BARRAU. *Barile*, ital. *Barril*, esp. port. cat. Baril, petit tonneau, son contenu.

Éty. du lat. *varus*, courbé, ou du celt. *barr*, qui signifie non seulement barre, mais tout ce qui sert à renfermer quelque chose, d'où la basse lat. *barillus*, baril. V. *Barral*, R.

Barriou pichot, barillet.

Barriou d'anchoyas, baril d'anchois.

Un barriou d'oli, plein un baril d'huile.

Barriou, exp. d'adv. à Marseille.

T'esperaves en aquot, barriou; Tu t'attendais à cela, crac, ou te voilà déchu de ton espérance.

BARRILHA, s. f. (barrilhe); *Barrilha*, port. esp. *Barella*, cat. Cendre de soude. V. *Souda*.

BARRILHAT, V. *Barrelier*, *Tonnelier* et *Barral*, R.

BARRILHET, s. m. (barrillé); BARRILHOUN. *Barrihete*, port. *Bariglietto* et *Barilétto*, ital. *Barrilet*, cat. *Barrilejo*, esp. Barillet, petit baril.

Éty. de *barrilh* et de *et* dim. V. *Barral*, Rad.

BARRILHET, s. m. (barrillé). Nom qu'on donne dans le département des B.-du-Rh. selon M. Negrel, à la luserne arrondie, *Medicago tornata*, Lin. plante de la fam. des Légumineuses qu'on trouve dans les champs.

Éty. *barrilhet*, petit baril, parce que ses fruits en ont la forme. V. *Barral*, R.

BARRIOU, V. *Barril*.

BARRIOULAGI, s. m. (barriouládge); BARRIOULAGE, BIGARRADURA. Bariolage, assemblage bizarre de couleurs. Garc. Voy. *Barr*, R.

BARRIOULAR, v. a. (barrioulá); BIGARRAR. Barioler, peindre, rayer de diverses couleurs. V. *Barr*, R.

BARRIOULURA, s. f. (barrioulúre). Bariolage, mouchéture. Garc. V. *Barr*, R.

BARRIOUN, s. m. (barrie-n); BARRIEN, BERRI, BARRION. Trousse, grosse botte de foin, enveloppée dans un réseau de corde, maintenu de chaque côté par deux bâtons, qu'on nomme en français *barillon*, sans que ce mot soit adopté par les lexicographes. Le réseau ou tramail porte le même nom.

Éty. du grec βαρύλλιον (baryllion), petit poids, dérivé de βάρος (baros), poids, charge.

BARRIQUA, vl. V. *Barrica*.

BARRIS A, V. *Barras à*.

BARROC, OCCA, adj. (barróc, óque). Baroque, irrégulier, bizarre.

Éty. de l'esp. *barruco*, perle irrégulière ; formé, selon Covarruvias, de *verruca*, verrue ; parce que les perles baroques ressemblent à des verrues.

BARROUADA, s. f. (barrouáde). Grande quantité, multitude, grand nombre. Garc.

BARROUIRA, s. f. d. de Barc. Voy. *Barravouira* et *Barr*, R.

BARROUIRE, s. m. (barrouïré). Gros bâton ; bras d'une chaise. Aub. V. *Barr*, R.

BARROULAIRE, s. m. (barroulaïré); BARRULAIRE, BARROULEGEAIRE, BARROULIAIRE, BARRULIAIRE. Rodeur, vagabond ; qui va et vient sans dessein ; qui vend et achète pour le plaisir de le faire; voyageur de profession, juif errant.

Éty. de *barroular* et de *aire*. V. *Rout*, R.

BARROULAR, v. n. (barroulá); BARROULIAR, BARRULIAR, BARRULAR, BARRAULIAR, BAROULEGEAR. Voyager souvent, courir sans sujet ; vendre ou acheter sans besoin.

Éty. de *bar*, employé comme augm. au lieu de *per*, et de *roular*. V. *Rot*, R.

BARROULEGEAIRE, Aub. V. *Barroulaire.*

BARROULEGEAR, Aub. V. *Barroular.*

BARROULH, s. m. (barróuil); FARROULH, FOURROULH, BEROUL, FERROULH, BARRA, FARROUI, VEROUL, BAROULH, VAROUEI, PASTEOU. Verrou et verrouil, pièce de fer au milieu de laquelle tient un bouton ou une queue, et qui va et vient entre deux crampons en forme d'anneaux, qu'on nomme *vertevelles*, servant à fermer les portes, les fenêtres, etc.

Éty. *Barroulh*, selon M. de Sauv. est un dim. de *barra*, parce que dit-il, les verrous n'étaient dans l'origine qu'un bout de bâton ou petite barre. V. *Barr*, R.

Gros barroulh, gros nigaud, gros butord.

On appelle :

QUEUE, la portion fixée vers le centre qui sert de poignée pour faire agir le verrou,

VERROUILLÈRE, la gache du verrou.

PAILLET, la petite pièce de métal qu'on place entre la platine et le verrou pour lui servir de ressort.

VERTEVELLES, les anneaux dans lesquels le verrou glisse.

BARROULHA, s. f. (barróuille); BARROUYA. Fanfaron, folâtre, éventé. V. *Barroulhar* et *Rot*, R.

Barullo, en espagnol et en catalan, signifie désordre, trouble, confusion.

BARROULHAIRE, s. m. (barrouilláïré). Vagabond, rodeur, éventé. V. *Rot*, R.

BARROULHAR, v. n. Folâtrer, jouer : *Faire la barroulha.* V. *Barroulha.*

Éty. de *bar*, au lieu de *per*, et de *roulhar*, pour *roul.* V. *Rot*, R.

BARROULHAR, v. a. (barrouillá); FOURROULHAR, FERROULHAR, FARROULHAR, VEROULJAR. Verrouiller, fermer au verrou.

Éty. de *barroulh* et de *ar* V. *Barr*, R.

BARROULIAR, V. *Barroular.*

BARROUN, s. m. (barróun); BARROU, BARRANCOUN, BARREL. *Barro*, cat. *Barrote*, esp. Bâton de chaise, traverse qui soutient les tables des vers à soie. On le dit, en général, d'une petite barre ronde comme un bâton, servant à différents usages.

Éty. de *barra* et du dim. *oun.* V. *Barr*, R.

BARROUN, s. m. (barróu), d. bas lim. BORROU. Rondin, morceau de bois cylindrique propre à brûler; gros bâton, gourdin. V. *Barr*, R.

BARROUNAR, v. a. (barrouná). Bâtonner, donner des coups de bâton. V. *Bastounar.*

Éty. de *barroun*, pour bâton, et de l'act. *ar*, V. *Barr*, R.

BARROUNTAR, v. a. (barrountá); BINDOUSSAR. Brandiller, balancer.

Éty. de *barra* ou *barroun*, parce que c'est ordinairement sur une barre qu'on balance, ou se balance. V. *Barr*, R.

BARRUA, d. m. V. *Berruga.*

BARRUCHEOU, s. f. (barrutchéou), dim. de *Barriou*, v. c. m. *Barrau* et *Barral*, R.

BARRUFAUT, s. m. vl. *Regratier.*

BARRUGA, V. *Berruga.*

BARRUGEOUS, OUSA, adj. (barrudjóus, óuse). Couvert de verrues. Aub.

BARRULAIRE, Voy. *Barroulaire* et *Rot*, R.

BARRULAR, V. *Barroular* : *Barrular l'escalier*, dl. Rouler la montée ou l'escalier. V. *Rot*, R.

BARSALO, s. vl. Barcelonnais, qui est de Barcelonne.

BARSALONA, nom de lieu, anc. béarn. Barcelonne.

BARSAMINA, alt. de *Balsamina*, v. c. m.

BARSELAR, V. *Bacelar.*

BART, s. m. vl. BARD, BARTZ. Tache, marque; limon, argile: civière. V. *Bard.*

Éty. de *bard*, boue, fange, choses qui font des taches. V. *Bard*, R. 2.

BARTA, s. f. vl. Hallier, broussailles, bocage.

Éty. V. *Bartas* et *Bartaz*, R.

BARTABELA, dl. Voy. *Cadaula* et *Nilha.*

Éty. Alt. de *Bartavela*, v. c. m.

BARTABELLAR, dl. V. *Cadaular.*

Éty. Alt. de *Bartaveliar*, v. c. m.

BARTALAI, s. m. (bartalaï); BARTARAI. Nom commun à tous les chardons de haute taille.

Éty. Probablement de *bartas*, buisson, dont le rad. est *bart*, de *al*, art. et de *ai*; buisson à l'âne, *bart-à-l'ai.* V. *Bartas*, R.

BARTAROT, s. m. (bartaró). Mariage. troc, Castor.

BARTAS, BART, BAT, radical dérivé de la basse latinité *barta*, qu'on trouve déjà dans des chartes de 1238, employé dans le sens d'hallier, de buisson épais, de touffe de ronces et de broussailles, d'où *bartas* à l'accus. ou du grec βάτος (batos), buisson, par l'addition d'une *r.*

De *barta* : *Barta*, *Bart-à-l'ai*, *Bart-issada.*

De *bartas*, accus. de *barta* : *Bartas*, *Bartass-ada*, *Bartass-egear*, *Bartass-ier*, *Bartass-oun*, *A-bart-ass-il*, *Embartass-ar*, *Bart-a.*

Nom propre *Dubartas.*

BARTAS, s. m. d. d'Arles. Essui, séchoir, V. *Estendeire.* Avril.

BARTAS, s. m. (bartás). Buisson, hallier, touffe de ronces et d'épines. On dit fig. d'un homme qui se trouve souvent mêlé dans de mauvaises affaires : *Es toujour per lous bartasses.*

Éty. de la basse lat. *bartas*, accus. de *barta*; m. s. V. *Bartas*, R.

BARTASSADA, s. f. (bartassáde), dl. Grande touffe de buissons.

Éty. de *Bartas*, R. et de *ada*, fait de buissons.

BARTASSEGEAR, v. n. (bartassedjá), dl. Guêter ou chercher le lièvre; agiter, fouiller les buissons.

Éty. de *bartas* et de *egear*, agiter les buissons. V. *Bartas*, R.

BARTASSIER, s. m. (bartassié), dl. Serpe propre à tailler les buissons. V. *Poudard.*

Éty. de *bartas* et de *ier.* V. *Bartas*, R.

BARTASSOUN, s. m. (bartassóun). Petit hallier, petit buisson.

Éty. de *bartas* et du dim. *oun.* Voy. *Bartas*, R.

BARTAVEL, s. m. vl. Loquet, charnière.

BARTAVELA, s. f. (bartavèle); BARTAVELLA. V. *Perdrix bartavela.*

BARTAVELAS, s. f. pl. (bartavèles); BEGNAS, CARGASTIÈRAS, GARGASTIERAS. Instrument en forme de cadre, un peu plus long que large, ayant au milieu un cylindre tournant, sur lequel on roule les cordes comme sur un cabestan, qu'on attache sur le bât, et au moyen duquel une personne seule peut charger une bête, en faisant monter les deux côtés de la charge à la fois.

BARTAVEOU, ELA, s. et adj. (bartavèou, èle). Etourdi, ie. Castor.

BARTAVEOU, DE MOULIN. Suppl. au Dict. de Pellas. V. *Batareou.*

BARTHELEMI, V. *Barthoumiou*, plus usité.

BARTHOULIAIRE, s. m. (barthouliaïre), d. m. Brocanteur.

BARTHOULIAR, v. n. (barthouliá), d. m. Brocanter.

BARTHOUMIOU, nom d'homme, (Barthoumiou); MEMIOU, BARTOUMIOU, BOURTHOUMIOU, BARTHELÉMI. *Bartel*, all. *Bartolommeo*, ital. *Bartolome*, esp, *Barthomeu*, cat. Barthélemi.

Patr. Saint Barthélemy, *Bartholomeus*, apôtre, dont on célèbre la fête le 24 août.

Éty. du lat. *Bartholomeus*, dérivé de l'hébreu *bar*, et de *Tholmaï*, fils de Tholmaï.

BARTISSADA, dl. V. *Baragna.*

Éty. de *bartas*, buisson, de *is* et de *ada*, litt. qui est fait avec des buissons. V. *Bartas*, Rad.

BARTOLIAIRE, s. m. (bartouliáïré); BARTOULIAIRE. Brocanteur, qui fait des échanges. Garc.

BARTOLIAR, v. a. (bartouliá); BARTOULIAR. Brocanter, vendre en échange. Garc.

BARTOLO, s. m. (bartóle); BARTORO. Garc. V. *Basar.*

BARTORA, *Croumpar à...* expr. prov. BARTOLA. Acheter en bloc. V. *Bloc* et *Basard.*

BARTOUNEGEAR. V. *Bretounegear.*

BARTRAND, V. *Bertrand.*

BARTUEL, s. m. (bartuèl), dg. Verveux, filet en forme de cloche, muni d'un goulet. V. *Mancha.*

BARUSCLAR, v. a. (barusclá). Hâler par le soleil, brûler par le froid. Garc.

BARUT, nom de lieu, (barút); ABARUT. Ce mot n'est employé que dans cette locution proverbiale : *Mandar à barut*, envoyer paître, renvoyer bien loin, donner au diable.

Éty. C'est probablement de *Baruth*, ancienne ville de Turquie dans la Syrie, sur le bord de la mer, qu'on entend parler dans cette phrase.

BARUTA, dl. V. *Barutéliera.*

BARUTAR, V. *Balutar.*

BARUTEL, s. m. (barutèl), dl. Pour claquet de moulin, V. *Batareou;* pour bluteau, V. *Baluteou, Barutelz*, anc. cat. V. *Voulu*, R.

BARUTELADOR, vl. V. *Barutelaire* et *Voulu*, R.

BARUTELAIRE, s. m. (barutelaïré), dl. BARUTELADOR. Un bluteur de farine; un braillard.

Éty. de *barutel* et de *aire*. V. *Voulu*.

BARUTELAR, v. n. (barutelà). Brailler, parler très-haut et mal. Sauv. V. *Voulu*, R.

BARUTELAR, v. a. vl. *Barutelar*, anc. cat. Bluter.

Éty. de *barutel* et de *ar*. V. *Voulu*, R.

BARUTELAT, ADA, adj. et p. vl. Bluté, ée.

BARUTELIERA, s. f. (barutelière), dl. BARUTA. Une *Blutoire*. Sauv. Grand coffre, qui renferme le bluteau.

Éty. de *barutel* et de *iera*, qui sert au bluteau. V. *Voulu*, R.

BAS

BAS, BASS, BAIS, BAISS, radical pris de la basse lat. *bassus*, bas, qui a peu de hauteur; profond; vil, abject, rampant. Ménage le fait venir du grec βάσις (basis), le bas, l'appui, le fondement de quelque chose; ou de βάσσων (bassôn), comparatif de βαθύς (bathus), profond.

De *bassus*, par apoc. *bas*, *bass;* d'où: *Bas*, *Bas-a*, *Bass-a*, *Sou-bassa-ment*, *Bass-oun*, *Bass-ier*, *De-bass-iaire*, etc.

De *bas*, par la transformation de *a* en diphthongue *ai*: *bais*, *baiss*; d'où: *Baiss-a*, *Baiss-ar*, *A-baiss-ar*, *Em-baiss-a*, *Rabaiss-ar*, etc. *Ra-bais*, *A-bas-im-ar*, etc.

De *bais*, par le changement de *ss*, en *ch*, *baich;* d'où: *Baich-ar*, *A-baich-ar*, etc.

BAS, s. m. (bâs); DEBAS, CHAUSSA, TRABUS, BACH. Bas, vêtement qui couvre le pied et la jambe.

Éty. Winckelmann dit que les nations barbares portaient des bas continus à la culotte, mais qu'on les sépara ensuite, ce qui fit nommer les uns bas de chausses et les autres haut de chausses. Le mot de chausses ayant été supprimé, le nom de bas est resté seul, pour désigner ce vêtement. V. *Bas*, R.

Dans un bas on nomme:

COTE, *la costa*, une suite de mailles renversées.
COIN, *lou cougnet*, une espèce de pyramide d'un tissu différent, qui monte sur les chevilles.
TALON, *lou taloun*, la partie qui couvre cette partie du pied
PIED, *lou ped*, *la soureta*, celle qui, du talon, s'étend jusqu'aux orteils.
JAMBE, *la camba*, la partie qui s'étend jusqu'au pied.
SEMELLE, la partie qui enveloppe la pointe et le dessous du pied.

Il ne paraît pas que les anciens aient connu l'usage des bas; leur vêtement de jambe faisait partie de la culotte. On les fit d'abord d'étoffe, et ce n'est que sous François Ier, qu'on commença à les tricoter. Henri II fut le premier en France, qui porta des bas de soie tricotés, en 1559; d'autres disent François Ier, en 1520; et la reine Elisabeth en fit usage la première en Angleterre, en 1561.

Mestier à bas, le métier à bas est une machine trop compliquée pour être décrite ici. L'opinion commune est qu'il fut inventé par un Français, qui ne pouvant pas obtenir le privilége qu'il demandait, alla en Angleterre où il fut bien accueilli et récompensé. Un autre Français, Jean Hindrel, revenu dans sa patrie, en 1656, en fit construire, de mémoire et sans dessein, un qui a servi de modèle à tous les autres.

La première manufacture de bas au métier qui s'établit en France, fut celle du château de Madrid, au bois de Boulogne, en 1656, 1659, par Jean Hindret.

Les Anglais ont inventé le métier de bas à côtes, que M. Sarrazin imita à Paris, vers l'an 1767.

On nomme:

AFFIQUET, le petit bâton creux dans lequel on appuie les aiguilles en tricottant.
GARNITURE, la doublure qu'on met au talon.
RAVODEUSE, l'ouvrière qui raccommode les bas.
CHAUSSETIER, l'ouvrier qui fait ou le marchand qui vend des bas. V. *Debassiaire*.

BAS, ASSA, adj. (bas, asse); *Basso*, ital. *Baxo*, esp. *Baixo*, port. *Bas*, anc. cat. Bas, asse, qui a peu de hauteur, profond; vil, abject, rampant.

Éty. de la basse lat. *bassus*. V. *Bas*, R.

A bas, à bas, par terre, détruit.

BAS, s. m. *Baixo*, port. *Lou bas*, le bas, la partie inférieure: *Un debas*, un rez-de-chaussée.

BAS A, adv. *Abasso*, ital. *Abaxo*, esp. *Abaixo*, port. A bas, doucement: *Mettre pavihoun bas*, mettre pavillon bas; fig. céder à quelqu'un; *De vin au bas*, de la baissière, du vin au bas. V. *Bas*, R.

BAS EN, adv. ENJOS, ENJOUTS, ENJU. En bas, par opposition à en haut.

BAS, vl. V. *Bast*.

BASA, s. f. (bâse); *Base*, ital. port. *Basa*, esp. cat. Base, partie d'une chose qui lui sert de soutien et de fondement.

Éty. du grec βάσις (basis), m. s. d'où le lat. *basis*. V. *Bas*, R.

BASACLE, s. m. (bosâclé), d. bas lim. BAZACLE. *Que s'en ane ei* ou *el basacle*, qu'il s'en aille au basacle, c'est-à-dire, qu'il aille se promener.

Éty. *Basacle* est un moulin fort renommé à Toulouse.

Alezan del basacle, dl. un âne de moulin.
Ventres pus gros que de bazacles. Fabre.

BASALESC, vl. V. *Basilic*.

BASALIC, V. *Balicot* et *Basilic*.

BASALTO, s. m. (basâlte); *Basalto*, esp. cat. *Basaltes*, port. *Bassalte*, ital. Basalte, espèce de pierre ou de marbre que l'on crut pendant longtemps, être un produit volcanique.

Éty. du lat. *basaltes*, m. s. de l'éthiopien *basal*, qui veut dire fer, parce que cette pierre en a la couleur.

BASANA, s. f. (basâne); *Badana*, esp. port. cat. Basane, peau de mouton ou de brebis tannée.

On donne le nom d'alude, à la basane colorée dont on couvre les livres.

Éty. de *battânah*, en arabe.

BASANAR, v. n. (basanà). Acheter tout une partie, en bloc, sans peser ni mesurer. Garc. V. *Basard*.

BASANAT, ADA, adj. et p. (basanâ, âde); ABASANIT. Basané, ée, noirâtre, hâlé, qui a la couleur de la basane.

BASANT, s. m. (basân). Balancement, le mouvement qui fait balancer. Aub.

BASANTAMENT, s. m. (basantaméin). Mouvement, balancement. V. *Balans*.

BASANTAR, v. a. (basantà); BAZANTAR. Ébranler, secouer. V. *Masantar*.

BASAR, v. a. (basà). Baser, appuyer comme sur une base, il est aussi réciproque, *se basar*.

Éty. de *basa* et de *ar*. V. *Bas*, R.

BASARD, adv. (basâ); BARTORA, BARTOLA, BASANAR. *Croumpar à basar*, acheter en bloc, faire marché du tout. Garc. V. *Bloc*.

BASARIC, s. m. Nom lang. du grand basilic. V. *Balicot*.

BASARUETA, s. f. (basaruéte). Femme tracassière, brouillonne. Avril.

BAS-BORD, V. *Babord* et *Bas*, R.

BAS-BORD, s. m. (bâbór). Terme de mar. bas-bord, c'est le titre qui sert à distinguer la classe des bâtiments de guerre qui n'ont qu'une seule batterie, par opposition à ceux de haut-bord, qui en ont plusieurs. V. *Bas*, Rad.

BASCA, s. f. (bâsque). Basque, les pans d'un habit. Aub. V. *Basta*.

BASCA, s. f. vl. Dispute, querelle, train, tapage: *Mettre en basca*, mettre en discussion.

BASCHERA, s. f. (bastchère), d. béarn. Vaisselle. V. *Vaissella*.

BASCLE, s. m. vl. Basque; basacle, moulin de Toulouse.

BASCLOS, s. m. vl. Vaurien, souteneur, chenapan, routier, espèce de soldat.

BASCO, s. m. (bâsque); BASCHO. *Biscainho*, port. Basque, nom de nation, qui est né dans le département des Hautes-Pyrénées ou en Biscaye.

Éty. de *vasco*, *vascones*, par le changement du *v* en *b*: *Pas de basco*, pas de basque: *Tambour de basco*, tambour de basque.

BASCONNA, vl. Gascogne.

Éty. du lat. *vasconia*, m. s. par le changement du *v* en *b*.

BASCULA, s. f. (bascúle); BASSACULA. Bascule, espèce de levier soutenu par le milieu; contrepoids servant à baisser et à lever un pont levis; jeu d'enfant. V. *Bindoussa* et *Balançadour*.

Éty. de *bassus-culeus*. V. *Bas*, R.

BASCUNC DE, expr. adv. vl. De guingois, de travers.

BASEGE, s. m. vl. Corde.

BASESTRIOU, s. m. Chaussette. Suppl. au Dict. de Pellas.

BAS-FOUNDS, s. m. (bâs-fóuns); BAISSA. *Basso-fondo*, ital. *Baixos-de-mar*, port. Bas-fond, terrain bas et enfoncé; endroit de la mer où il y a peu d'eau, où la sonde rencontre promptement le fond.

Éty. de *bas* et de *founds*. V. *Bas*, R.

BASI, IA, adj. (basi, ie). Exténué: *Basi de fam*, mort de faim.

Éty. M. Champollion classe ce mot parmi ceux qu'il regarde comme d'origine celtique.

BASIA, s. f. (básie). Aub. V. *Babil.*

BASIAIRE, s. m. (basiaïré). Aub. Voy. *Babilhard.*

BASIAR, v. n. Aub. V. *Babilhar.*

BASILESC, vl. V. *Basilic.*

BASILI, nom d'homme, d. apt. V. *Basilo.*

BASILIC, s. m. (basilic); *Basilico*, esp. cat. port. ital. *Basilisc*, anc. cat. Basilic, serpent fabuleux qui pouvait donner la mort par un seul de ses regards, s'il voyait l'homme avant que l'homme l'eut vu. On a cru, et bien des gens croient encore, qu'il provient des œufs d'un vieux coq. Benjamin, enfant gâté, Garc. ce qui nous paraît un contre sens.

Éty. du lat. *basilicus*, dérivé du grec βασιλικὸς (basilikos), royal.

BASILIC, Plante. V. *Balicot.*

BASILIC, ou ONGUENT BASILIC. V. *Basilicon.*

BASILICA, s. f. (basilique); *Basilica*, esp. ital. cat. port. Basilique, autrefois maison royale, aujourd'hui église remarquable par sa grandeur, église principale.

Éty. du lat. *basilica*, formé du grec βασιλικὸς (basilikos), royal.

L'Église de Saint-Pierre à Rome, est la basilique la plus fameuse qui nous reste.

BASILICA, s. f. vl. BAZILICA. Gentiane, plante. V. *Gensana.*

Éty. du grec *basilikos*, royal, à cause des grandes propriétés qu'on lui attribuait.

BASILICON, s. m. BASILIC, BASARIC, ONGUENT BASILIC. *Basilicon*, cat. esp. *Basilico*, ital. Basilicon ou onguent basilicon.

Éty. du lat. *basilicum*, dérivé du grec βασιλικὸς (basilikos), royal, ainsi nommé à cause des grandes propriétés qu'on lui attribuait.

BASILISC, vl. V. *Basilic.*

BASILO, nom d'homme, (basile); BASILI. *Basilius*, all. *Basilio*, ital. esp. *Basili*, cat. Basile.

Patr. saint Basile-le-Grand, Évêque de Césarée: dont l'Église de Paris honore la mémoire le 31 mars, et les Grecs le 1er et le 30 janvier.

Éty. Ce mot est dérivé du grec βασιλεὺς (basileus), roi.

BASIN, s. m. (basin). Basin, étoffe de fil de coton, semblable à de la futaine, mais plus fine.

Éty. de l'ital. *bambagine*, de coton, formé de *bambace*, coton, dont on a fait par aphérèse *bagine* et *basin*.

La fabrication de ce tissu fut introduite à Lyon, en 1580, par des Milanais ou des Piémontais qui en étaient les inventeurs.

BASINET, vl. V. *Bacinet.*

BASIR, v. n. (basir), d. m. Il n'est guère usité que dans cette expression : *Me fas basir*, tu me fais pitié : *Me fas basir de rire*, tu me fais crever de rire.

Éty. de l'ital. anc. *basire*, être près de mourir, mourir; ou du celt. selon M. Champollion.

BASIT, **SIA**, adj. et p. (basi, ie), d. m. Maigre, défait, n'en pouvant plus.

Éty. V. *Basir.*

BASME, vl. V. *Baume.*

BASOCHA, s. f. (bazótche); BESOCHA. Basoche, juridiction que tenaient les clercs des procureurs du parlement de Paris.

Éty. de *basilica*, d'après Ménage, parce que l'on rendait la justice dans le palais du roi, (basileus); Boiste le fait venir à tort, selon M. de Roquefort, de βάζω (bazô), je goguenarde; selon Gébelin, ce mot serait composé de *bas*, petit, et de *oche*, *oque*, oie, la petite oie, pour dire la petite cour, par opposition à la haute cour du parlement, dont les clercs relevaient. Roq.

Cette juridiction fut établie en 1303, sous Philippe-le-Bel.

BASOUAR, v. a. (basouá). Frapper rudement, rosser. Aub. V. *Rossar.*

BAS-RELIEF, s. m. (bas-relief); *Basso-relievo*, ital. *Baixo-relevo*, port. *Baxo-relieve*, esp. Bas-relief, figure modelée ou sculptée sur un fond dont elle est plus ou moins détachée.

Éty. de *bas*, parce que ces sortes de figures se trouvent ordinairement à la partie inférieure des édifices, et de *relief*, parce qu'elles sont représentés en bosse. V. *Bas*, R.

Phidias en fut l'inventeur, selon Pline, et Polyclète les perfectionna.

BASSA, s. f. (bàsse); *Baixo*, port. *Bass*, all. *Basso*, ital. *Baxo*, esp. Basse, espèce de gros violon qui vibre une octave plus bas.

Éty. Du son obscur qu'elle fait entendre. V. *Bas*, R.

V. Violon pour les détails. Elle en diffère seulement en ce que sa quatrième corde donne *ut* au lieu de *sol*, la troisième *sol* au lieu de *re*, la seconde *re* au lieu de *la*, et la première *la* au lieu de *mi*.

On donne aussi le nom de basse au musicien qui chante la partie la plus basse en musique.

Bassa countinua, la basse continue qui dure pendant toute la pièce, fut mise en usage, pour la première fois, vers l'an 1600, par un italien nommé *Lodovico Viadana*. Dumont, maître de musique de la chapelle du roi, en introduisit l'usage en France, vers le milieu du VIIme siècle.

Bassa guerriera, basse guerrière, instrument du genre de la clarinette, inventé par M. Dumas, de Paris, en 1811.

Bassa-orgue, basse-orgue, instrument de musique inventé en 1812, par M. Sautermeister, de Lyon.

BASSA-COUR, s. f. (bàsse-cour); PEYRIER, PEYRAT, ESCOUR. *Bassa-corte*, ital. Cour et basse-cour; la première est un espace clos et à découvert, situé ordinairement à l'entrée de la maison; la seconde fait partie d'une maison de campagne ou de la ville, mais elle est destinée aux bestiaux et sert d'entrepôt.

Éty. de *bassa cour*, cour basse. V. *Bas*, R.

BASSA-MAN, s. f. Basse condition, bas étage : *Gens de bassa-man*, gens de bas étage.

Éty. V. *Bas*, R.

BASSA-TALHA, s. f. (bàsse-taille); Basse-taille, en terme de mus. partie basse qui se chante ou qui se joue sur un instrument; personne qui chante cette partie.

Éty. V. *Bas*, R.

BASSAC, s. m. (bassá); BISSAC. *Sac*, v. c. m. Au Fugeret, à Annot et aux environs, on donne aussi ce nom à l'étoupe la plus grossière, parce qu'on l'emploie pour faire des sacs. V. *Cochis.*

Boutar à bassac, dl. mettre à bas, mettre en désordre ou sens dessus dessous.

Éty. de *sac* et de *bas*, renverser les sacs.

BASSACADA, s. f. (bossocáde), d. bas lim. Secousse. V. *Brandada.*

Éty. de *bassac* et de *ada*. V. *Sac*, R.

BASSACAIRE, **AIRA**, s. (bossocaïre, aïre), d. bas lim. V. *Batalhaire.*

Éty. de *bassacar*, secouer comme dans un *bassac*. V. *Sac*, R.

BASSACAMENT, s. m. (bossocoméin), d. bas lim. Bavardage. V. *Bavardagi.*

Éty. de *bassaca* et de *ment*, ressasser. V. *Sac*, R.

BASSACCA, s. f. (bassàque); BASSACHA, BASSAQUA, MARFEGA. Garde-paillé, grand sac que l'on remplit de paille ou de feuille, et qu'on place sous le matelas; ainsi rempli, il porte plus particulièrement le nom de paillasse. V. *Palhassa.*

Fig. Bouc émissaire, souffre douleurs.

Éty. Achard dit que ce mot est d'origine celtique. V. *Sac*, R.

BASSACCAR, v. n. (bassacá), dl. Cahoter, secouer, ballotter. Sauv.

On dit les cabots et le cahotage d'une voiture et non le *cahotement.*

Éty. de *bassac* et de *ar*, secouer comme dans un sac. V. *Sac*, R. et *Ensaccar.*

BASSACHA, V. *Bassacca* et *Sac*, R.

BASSACHAS, s. m. (bassatchàs); CREBAS, MATRAS. Coup, secousse qu'on éprouve dans une chute. Chassan.

BASSACHASSA, s. f. (bassatchàsse), augm. de *bassacha*, gros sac, gros garde-paille. V. *Sac*, R.

BASSACHETA, Aub. V. *Bassacoun.*

BASSACHOUN, et

BASSACOUN, s. m. (bassatchóun et bassacóun); BASSAQUETA. dim. de *bassacha* et de *bassacca*, petit sac, petite paillasse. V. *Sac*, R.

BASSAMEN, vl. V.

BASSAMENT, adv. (bassaméin); *Bassamente*, ital. *Bassament*, cat. *Baixamente*, port. Bassement, en bas; en secret, à voix basse.

Éty. de *bassa* et de *ment*, d'une manière basse. V. *Bas*, R.

BASSAQUETA, s. f. (bassaquéte), dim. de *bassacca*. V. *Bassacoun* et *Sac*, R. iron. petit-homme.

BASSAQUETA, s. f. (bassaquéte). Sachet, petit sac; poche que les revendeuses suspendent au-devant de leur ceinture; sac dont on se sert pour cueillir les feuilles de mûrier; petite paillasse. Garc. V. *Sac*, R.

BASSAQUIER, s. m. et adj. (bassaquié); SAQUIER. Olivier qui produit un sac d'olives. Garc. V. *Sac*, R.

BASSAS-FOSSAS, s. f. pl. (bâsses-fós-ses). Basses-fosses; on donne ce nom aux cachots les plus profonds des prisons.

BASSEGOU DE POUSARACCA, dl. Le brancard d'un puits à roue; longue barre ou levier auquel on attèle un cheval pour tourner la roue. Sauv.

BASSEGUE, s. m. (basségué); ENSOUCAMENT. Le mouton d'une cloche, espèce de contre-poids fixé aux anses d'une cloche, pour en faciliter la mise en branle; c'est aussi une espèce de sangle. V. *Peitrau*.

Éty. de *Bas*, R.

BASSEL, et composés. V. *Bacel*.

BASSESSA, s. f. (bassésse); *Bassezza*, ital. *Baxeza*, esp. *Baixeza*, port. *Baxesa*, cat. Bassesse, action basse et indigne d'un homme d'honneur.

Éty. de *Bas*, R. et de *essa*.

BASSET, s. m. (bassé); *Baixote*, port. *Bassotto*, ital. Basset, espèce de chien. V. *Chin;* iron. petit homme. V. *Rabasset*.

Éty. Dim. de *bas* et de *et*. V. *Bas*, R.

BASSET, ETA, adj. vl. *Baxete*, esp. *Basset*, abaissé, un peu bas.

Éty. de *bas* et du dim. *et*. V. *Bas*, R.

BASSETAMENT, adv. vl. Tout bas, à voix basse.

Éty. de *basseta* et de *ment*, d'une manière basse. V. *Bas*, R.

BASSIAIRE, V. *Debassiaire* et *Bas*, R.

BASSIBIA, s. f. (bassibie), dl. Brebis qui n'a pas encore porté. Sauv.

Éty. Probablement du roman *bassier*, mineur, pupille, petit. V. *Bas*, R.

BASSIBIER, s. m. (bassibié), dl. Le berger en second d'un troupeau de brebis.

Dans les grandes fermes du Languedoc on nomme:

MAJOURAU, le berger en chef, l'inspecteur.
BASSIBIER, le second.
COUASSIER, le troisième, ou berger des agneaux.
CABRIER, le chevrier.
GOUJARS, les aides des bergers.

Éty. de *bassier*, petit, en roman. Sauv. V. *Vassiou*.

BASSIEIRA, s. f. (bossièïre), d. bas lim. Évier. V. *Aiguier*.

BASSIN, et composés, V. *Bacin*.

BASSIOU, dl. V. *Vassiou* et *Bedigas*.

BASSIOU, s. m. vl. dg. *Antenois*. Voy. *Anouge*.

BASSOUN, s. m. dim. de *bas*, petit bas, bas d'enfant.

Éty. de *bas* et du dim. *oun*. V. *Bas*, R.

BASSOUN, s. m. (bassóun); *Baxou*, esp. *Baxão*, port. *Bassone*, ital. *Baxó*, cat. Basson, instrument de musique, à vent et à anche, qui joue la basse du haut-bois.

Éty. Augm. de *bassa*, ou de *bas*, et de *soun*. V. *Bas*, R.

Dans un basson on nomme:

CUL, l'extrémité inférieure ou seconde partie.
PETITE PIÈCE, celle qui porte le bocal.
BONNET, la partie supérieure.
BOCAL ou EMBOUCHURE, la pièce recourbée qui porte l'anche.
ANCHE, la languette.
CUIVRETTE, la petite anche de cuivre.
PAVILLON, la partie inférieure, évasée en antonnoir.

BAST, radical dérivé du celt. ou de la basse latinité *bastum*, espèce de selle à courbets pour les bêtes de somme; pris du grec βαστὸς (bastos), bâton avec lequel on porte des fardeaux, formé de βαστάζειν (bastazein), porter une charge.

De *bastum*, par apoc. *bast*; d'où: *Bast*, *Bast-a*, *Bast-ar*, *Bast-et*, *Bast-ier*, *Bast-iera*, *Des-bast-ar*, *Em-bast-ar*, *Tre-bast-ar*, etc.

BAST 2, BASTI, radical dérivé du latin *bastire*, bâtir, fonder, établir, construire des *bastidas*; mot qu'on fait dériver de *baston*, parce que dans l'origine on ne construisait qu'avec des perches, de longs bâtons. *Bastida* et *bastilha*, désignent, dans nos anciens écrivains de la basse latinité, une tour de bois, ce qui semble affirmer cette dernière étymologie.

De *bastire*, par apoc. *bast*; d'où: *Bast-ia*, *Bast-ida*, *Bastid-an*, *Bastid-assa*, *Bastid-oun*, *Bastidoun-a*, *Bast-ilha*, *Basti-ment*, *Basti-on*, *Bast-issa*, *Des-bast-ir*, *Re-bast-ir*, etc., etc.

BAST, s. m. (bast); BAT. *Basto*, ital. esp. port. *Bast*, cat. Bât, espèce de selle très-forte, à courbets nuds et rapprochés, garnie de bourre en dessous; servant au transport. V. *Barda*.

Éty. du celt. *bastum*, m. s. V. *Bast*, R.

Un bât est composé:

D'UN BATI ou *selle*, qui est formé par les deux courbets et les *aubas levas*, ou planches fixées à l'intérieur des courbets.
DE DEUX COURBETS, V. *Arçouns*:
DE LA FORME, *forma*, ou paille dont on garnit l'intérieur du bâti.
DU REBATTAGE, *rebattagi*, ou la bourre dont on remplit la forme, et dans laquelle le dos du mulet creuse sa place.
DE DEUX CROCHETS. V. *Ficalhs*.
D'UN ARENOIR. V. *Arrenadour*.
D'UN BATCUL, V. *Fauquiera*.
D'UNE SANGLE. V. *Cengla*.

Pourtar lou bast, payer l'acquit pour les autres; avoir tout le souci.

A bast van, à vide, sans charge.

Entre-bast, v. c. m.

Qu deou pourtar lou bast naisse ame leis cenglas. Prov.

Bast, vl. il ou elle bâtit.

BAST, dl. V. *Couissins*.

BASTA, BAST, radical dérivé de l'italien *basta*, il suffit; formé d'un ancien verbe *bastare*, suffire, qu'on fait venir du lat. *bene stare*.

De *basta*: *Bast-a*, *Bast-ansa*, *Bast-ar*, *A-basta-men*, *A-bast-ança*, etc.

BASTA, s. f. (báste); BASCA, COURCHA, DRESSIERA, TASSETA, TROUSSIS, PANEL, RECOURSOUN. *Basta*, esp. ital. cat. Troussis d'une robe, les basques d'un habit; bâti, couture à longs points.

Éty. Selon Huet, de *Basca*, parce que les premiers pourpoints à basque nous seraient venus de la Biscaye.

BASTA, adv. (baste); ASSAZ, PROUN. *Basta*, ital. Assez, il suffit; plût à Dieu, j'en serais bien aise.

Éty. de l'ital. *bastare*, suffire. V. *Basta*. *Basta que*, pourvu que.

BASTA, s. f. (báste), d. bas lim. Tombereau, espèce de charrette sur laquelle on transporte les denrées.

Éty. du lat. *bastaga*, *bastagia*, voiture pour le transport des vivres; dérivé du grec, βαστάζω (bastazô), porter. V. *Bast*, R.

BASTA, s. f. (báste), d. bas lim. Benne. V. *Cournuda*.

La *Basta* de Tulles contient quarante-huit pintes de Paris.

Basta barrada, banneau ou banne fermée.

Éty. de la basse latinité *basta*, m. s. qui n'est probablement qu'une syncope de *banasta*

BASTADA, s. f. (bastáde). *Una bastada*, Garc. un fardeau, une charge, absolument ce qu'on peut charger sur un bât.

Éty. de *bast* et de *ada*. V. *Bast*, R.

BASTANSA, A, expr. prov. (âbastánce); ABASTANÇA. *Bastança*, port. Suffisamment, assez.

Éty. de *Basta*, R. et de *ansa*.

BASTAR, v. n. vl. *Bastar*, cat. esp. port. *Bastare*, ital. suffire, pourvoir, être suffisant.

Éty. de *basta* et de *ar*. V. *Basta*, R.

Pour bâter, Voy. *Embastar*.

BASTARD, radical dérivé de la basse latinité *bastardus*, auquel les uns donnent pour racines, *bas* et *tard*, germer, pousser, sortir, qui ne vient pas d'une souche, d'une lignée profonde, etc. Les autres, avec plus de vraisemblance, et de ce nombre est *Denina*, de l'all. *baos*, mauvais, et de *art*, manière, nature, espèce; de mauvaise nature, de mauvaise extraction; ou enfin du grec βασσάρα (bassara), femme prostituée, provenant d'une prostituée. Le mot *bastard* est aussi allemand.

De *bastardus*, par apoc. *bastard*; d'où: *Bastard*, *Bastard-alha*, *Bastard-oun*, *A-bastard-ir*, *Em-bastard-ir*, *Em-bastard-issa-ment*, etc.

BASTARD, ARDA, adj. et s. (bastár, árde); MAU-VENGUT, TROUBET, CAMPIS. *Bastard*, all. cat. *Bastardo*, ital. esp. port. Bâtard, arde, qui est né hors de légitime mariage. On dit aujourd'hui enfant naturel, quand on ne veut pas y ajouter une idée de mépris; on le dit souvent d'une plante ou d'un animal qui a dégénéré de son espèce, ou dans le sens de sauvage, par opposition à cultivé; homme de peu.

Éty. de la basse latinité *bastardum*, m. s. V. *Bastard*, R.

BASTARD, s. m. en t. de mar. Bâtard de racage, corde qui sert à tenir un assemblage de bigots et de raques dont l'ensemble porte le nom de racage. t. de mar.

BASTARDALHA, s. f. (bastardáille). Tous les bâtards d'une famille, tous les enfants naturels d'un père ou d'une mère; les bâtards en général.

Éty. de *bastard* et de *alha*. V. *Bastard*, Rad.

BASTARDEOU, s. m. (bastardèou). Bâtardeau, digue faite avec un double rang de pieux, joints par des planches, et dont l'intervalle est rempli de terre.

Éty. de *bast*, pour *bastoun*, de *ard*, pointu, et de *eou*, parce qu'on fait ces sortes de digues avec des pieux ou gros bâtons pointus. V. *Baston*, R.

BASTARDIERA, s. f. (bastardière). Pépinière de sauvageons.

Éty. de *bastard*, dans le sens de sauvage, et de *iere*. V. *Bastard*, R.

BASTARDISA, s. f. (bastardise); *Bastardigia*, ital. *Bastardia*, esp. port. Bâtardise, état de celui qui est bâtard. V. *Bastard*, R.

BASTARDOS, s. m. vl. Petit bâtard. V. *Bastardoun* et *Bastard*, R.

BASTARDOUN, s. m. (bastardóun); *Bastardello*, ital. Petit bâtard.

Éty. de *bastard* et du dim. *oun*. V. *Bastard*, R.

BASTARESSA, adj. (bostarésse), d. bas lim. EMBALADOUIRA. *Agulha bartaressa*, grosse aiguille de cinq à six pouces de long, ronde du côté de l'œil et triangulaire du côté de la pointe; aiguille à emballer. Voy. *Carrelet*.

Éty. de *bast*, parce que les bâtiers s'en servent. V. *Bast*, R.

BASTART, vl. V. *Bastard*.

BASTAS, s. f. pl. (bástes). V. *Basta*.

BASTAT, ADA, adj. vl. V. *Embastat*.

BASTAU, s. m. (bastáou). Nom du charançon iris, *Curculio iris*, Fab. qui nuit aux châtaigniers.

BASTAYS, s. m. vl. *Bastay*, anc. cat. *Bastage*, esp. *Bastagio*, ital. Crocheteur, porte-faix.

Éty. du grec βάσταξ (bastax), porte-faix, fait de βαστάζειν (bastazéin), porter une charge. V. *Bast*, R.

BASTEDOUR, s. m. (bostedóu), d. bas lim. BOTEDOU. Menue corde à trois fils; merlin. V. *Chassa*.

Éty. de *batre*, parce qu'on en garnit l'extrémité des fouets. V. *Batr*, R.

BASTEGEAR, v. n. (bastedjá); BASTEJAR, *Basteggiare*, ital. Porter le bât, transporter sur le bât; en parlant d'un bât bien assis on dit: *Bastegea ben*, fig. avoir toute la peine.

Éty. de *bast* et *egear*. V. *Bast*, R.

BASTESA, s. f. vl. Tourteau.

BASTET, s. m. (basté), dim. de *bast*, petit bât. C'est aussi le nom de la *sellette* du limon, dont l'usage est de soutenir, sur le dos du cheval, les limons d'une charrette ou autre voiture. V. *Bast*, R.

Il est composé de :

DEUX COURBETS ET DE DEUX LOBES, rembourrés convenablement. V. *Bast*.

DE LA SOUS VENTRIÈRE, ou courroie qui passe sous le ventre du cheval.

DE LA DOSSIÈRE, ou grande lanière de cuir qui passe sur la sellette, pour soutenir les limons. V. *Arnese*.

BASTIA, s. f. (bastie). Le même que *Bastida*, par syncope ou suppression d'une lettre. V. *Bastida* et *Bast*, R. 2.

BASTIAN, nom d'homme (bastián); SEBASTIAN, BASTIEN. *Bastian*, all. Sébastien.

Éty. de saint Sébastien, qui reçut la palme du martyre le 20 janvier 304, et dont on fait la fête le même jour.

BASTIANET, et

BASTIANOUN, (bastiané et bastianóun), sont des diminutifs du même nom, qu'on donne d'abord aux enfants, et que les hommes conservent souvent.

BASTICHEIRE. Aub. V. *Bastisseire*.

BASTIDA, s. f. (bastide); BASTIA, MEITADARIA. *Bastita*, ital. anc. Maison de campagne, le bien ou la terre qui en dépend; fortification, bastille, vl.

Éty. *Bastida* est le participe fém. de *bastit*, bâti, dit par opposition aux propriétés rurales qui n'ont point de bâtiment. V. *Bast*, Rad. 2.

M. de Sauvages fait observer qu'au XIIIme siècle, on appelait *bastida*, en Languedoc, les villes nouvellement bâties, et que c'est ainsi qu'on disait, *La bastida de Villa Franca* (en Rouergue), etc., bastide signifiait *nouvelament bastida*.

BASTIDAN, ANA, s. (bastidán, áne). Campagnard, arde; habitant d'une maison de campagne.

Éty. de *bastida* et de *an*. V. *Bast*, R. 2.

BASTIDAS, s. m. (bastidás) et

BASTIDASSA, s. f. (bastidásse). Maison de campagne tombée en ruines; masure; ou dont les terres très-vastes sont peu productives.

Éty. de *bastida* et de l'augm. dépréc. *as*, *assa*. V. *Bast*, R. 2.

BASTIDOR, s. m. vl. bâtisseur, maçon. V. *Bastisseire*.

Éty. de *bastir* et de *dor*. V. *Bast*, R. 2.

BASTIDOUN, s. m. (bastidóun) et

BASTIDOUNA, s. f. (bastidóune). Petite maison de campagne, espèce de cabane.

Éty. de *bastida*, et du dim. *oun*, *ouna*. V. *Bast*, R. 2.

BASTIER, s. m. (bastié), BOURRELIER. *Bastero*, esp. *Bastèr*, cat. *Bastière*, ital. bâtier, bourrelier, ouvrier qui fait et vend tout l'équipage des mulets, comme bâts et autres gros harnais.

Éty. de *bast* et de la term. mult. *ier*, qui fait des bâts. V. *Bast*, R.

Le mot français *bâtier* a une signification plus étendue qu'en provençal, puisqu'il comprend aussi l'ouvrier qui fait les brides et tous les ornements des mulets, qui rentrent, en provençal, dans le domaine du *Bridier*, v. c. m.

BASTIERA, s. f. (bastiére). Espèce de bardelle ou de bât sans courbets, très-allongée, avec un seul arçon en devant, où deux personnes peuvent se placer à cheval.

Éty. de *bast* et de *iera*. V. *Bast*, R.

BASTILHA, s. f. (bastille); *Bastilla*, port. Bastille, château fort où l'on enfermait les prisonniers d'état à Paris.

Éty. de *Bast*, R. 2, et de *Ilha*, v. c. m.

BASTIMENT, s. m. VAISSEOU. *Bastimento*, ital. esp. *Bastiment*, cat. Bâtiment, nom général de tous les moyens imaginés par les différentes nations, pour naviguer sur mer. V. *Vaisseou*.

Éty. de *bastir* et de *ment*, chose construite. V. *Bast*, R. 2.

Relativement à leur destination, on peut diviser les bâtiments en trois classes : en bâtiments de *guerre*, de *commerce* et de *transport*.

Selon la manière dont ils sont mis en mouvement, on les distingue : en *bâtiments* à *rames*, à *voiles* et à *vapeur*. Ceux à voiles sont encore divisés à *un*, à *deux* et à *trois mâts*.

Relativement à leur grandeur et à leurs usages, on les divise en : *vaisseaux de ligne*, *frégates*, *corvettes*, *flûtes*, *gabarres*, etc.

Les vaisseaux de guerre sont classés suivant le nombre de leurs canons ou de leurs ponts, et les vaisseaux de commerce par le nombre de tonneaux qu'ils sont capables de porter.

Eu égard aux relations qui existent entre les puissances, on les nomme : *ennemis*, *amis*, *étrangers*, *neutres*.

BASTIMENT, s. m. (bastiméin); *Bastiment*, anc. cat. *Bastimento*, anc. esp. Bâtiment, édifice, chose bâtie, en général, mais d'un grand volume.

Éty. de *basti* et de *ment*. V. *Bast*, R. 2.

BASTINA, s. f. (bostine), d. bas lim. Bardelle. V. *Bardella*.

Éty. de *bast* et de *ina*, dim. V. *Bast*, R.

BASTINGA, s. f. (bastíngue). Bastingue, bande d'étoffe ou de toile matelassée, que l'on tend autour du plat-bord des vaisseaux de guerre, afin de cacher à l'ennemi ce qui se passe sur le pont pendant le combat, et de se mettre à l'abri des balles de fusil.

Éty. Qui sert à bâtir. V. *Bast*, R. 2.

BASTINGAGI, s. m. (bastingádgi). Bastingage, abri contre le feu de l'ennemi, au moyen des bastingues. C'est une espèce de parapet qu'on élève autour du vaisseau. Voy. *Bast*, R. 2.

BASTINGAR SE, v. r. (bastingá sé). Se bastinguer, tendre des bastingues ou s'y mettre à l'abri.

Éty. V. *Bast*, R. 2.

BASTINGAT, ADA, adj. et p. (bastingá, adej). Bastingué, ée.

Éty. V. *Bast*, R. 2.

BASTIO, s. m. vl. V. *Bastion* et *Bast*, Rad. 2.

BASTION, s. m. (bastioun); BASTIOUN. *Bastion*, esp. *Bastão*, port. *Bastione*, ital. Bastion, ouvrage de fortification à deux flancs, et à faces en saillie hors du corps de la place.

Éty. Augm. de *bastia*, bâtisse, construction. V. *Bast*, R. 2.

On attribue l'invention des bastions à Zisca, le Bohémien, ou à Achmet Pacha, qui fortisa d'une manière particulière la ville d'Otrante, après l'avoir prise, en 1480; mais leur usage n'est devenu fréquent que du temps de François Ier.

Dans un bastion on distingue particulièment: la *gorge* ou *entrée*, les *flancs*, les *embrasures*, les *épaules*, les *faces*, les *angles*, et les *courtines*.

BASTIR, v. a. (bastir); *Bastir*, anc. cat. anc. esp. *Bastire*, anc. ital. Bâtir, construire en maçonnerie; créer, établir; lancer avec violence.

Éty. de la basse lat. *bastire*. V. *Bast*, R. 2.

Bastir un veisseou, construire un vaisseau.

Bastir una gacha, una patta, sceller une gache, une patte.

Qu bastis s'empauris, qui bâtit s'appauvrit.

Qu m'a bastit un couquin coumo aquot; Tr. qui m'a adressé un coquin de cette espèce? et non qui m'a bâti, etc.

BASTIR, v. a. et n. vl. Faire, construire; s'effectuer, avoir lieu. V. *Bast*, R. 2.

Bastir agag, dresser une embuscade.

La donc pogratz veser tant bel chaple bastir.
Là donc vous auriez pu voir tant beau carnage s'effectuer.
Hist. Crois. Alb. V. 5178.

BASTISON, s. f. vl. BASTISO. Bâtisse, bâtiment.

BASTISSA, s. f. (bastisse). Bâtisse, construction en maçonnerie, état ou entreprise d'un bâtiment, quant à la maçonnerie; bâtiment quand la chose est faite.

Éty. V. *Bast*, R. 2.

Les Égyptiens faisaient honneur de l'art de tailler les pierres et de bâtir, à Thosortus, successeur de Ménès. Ils attribuaient même à Vénéphès, dont le règne remonte à une très-haute antiquité, la construction d'une pyramide. Noël, Dict. Orig.

Bastissa facha ame de terre, bousillage.

Bastissa facha ame de terra et de paille, torchis.

Bastissa groussiera, hourdage.

BASTISSEIRE, s. m. (bastisséire); BASTICHEIRE. Bâtisseur, qui aime à faire bâtir, qui en a la passion.

Éty. de *bastissa* et de *eire*. V. *Bast*, R. 2.

BASTIT, IDA, adj. et p. (basti, ide); *Bastid*, cat. Bâti, ie.

Éty. V. *Bast*, R. 2.

BASTIT, s. m. vl. Édifice, chose bâtie, V. *Bast*, R. 2.

BASTIZO, s. f. vl. Bâtiment, maison. V. *Bastida* et *Bast*, R. 2.

BASTO, s. m. vl. g. altér. de *baston*, vers.

Bordos en autra maniera apellatz........ *bastos, o bastonetz*. Fl. del Gay Saber.

BASTON, et par le changement de *o* en *ou*: BASTOUN, radical dérivé du lat. *bastonus*, bâton, pris du grec βαστὸς (bastos), bâton, à porter des fardeaux, ou de βάω (baô), aller, marcher, parce que le bâton sert à cet usage.

De *bastonus*, par apoc. *baston*; d'où: *Baston*, *Baston-ada*, *Baston-et*, *Bastoun*, *Bastoun-ada*, *Bastoun-as*, *Bastoun-et*, *Bastoun-ier*, etc.

BASTON, s. m. vl. BASTO. Bâton, lance, plusieurs sortes d'armes; couplet, stance. V. *Bastoun*, plus usité.

Éty. V. *Baston*, R.

BASTONADA, s. f. vl. V. *Bastounada* et *Baston*, R.

BASTONAL, adj. vl. de stance.

BASTONET, s. m. vl. V. *Bastounet* et *Baston*, R.

BASTONET, s. m. vl. g. Petit vers, vers. V. *Basto*.

BASTORA, s. f. (bostóre). d. bas lim. Gros bâton. V. *Bastounas* et *Baston*, R.

BASTOUN, s. m. (bastóun); *Baculum*, lat. *Basto*, cat. *Baston*, esp. *Bastão*, port. *Bastone*, ital. Bâton, long morceau de bois que l'on porte à la main pour se soutenir, pour servir à conduire des animaux, etc.

Éty. de la basse lat. *bastonus*. Voy. *Baston*, Rad.

Bastoun per batre un buou, batte à bœuf.

Bastoun de gabi, perchoir.

Bastoun de galinier, juchoir.

On nomme l'espèce de bâton que l'on voit représenté dans la main: des rois, *sceptre*; des évêques, *crosse*; de Bacchus, *thyrse*; de Neptune, *trident*; d'Hercule, *massue*; de Mercure, *caducée*.

Bastoun d'ounguent, magdaleon.

Bastoun de viellessa, bâton de vieillesse se dit fig. de celui qui sert d'appui, de soutien à une vieille personne.

A bastoun roumput, faire une chose à bâton rompu, la faire à différentes reprises, dans des moments de loisir.

Tour doou bastoun, le tour du bâton, profits casuels et illicites d'un emploi.

Éty. de *bas-toun*, ton bas, parce que ces profits ne s'avouent pas hautement, ou qu'on ne les promet qu'à voix basse.

Bastoun plantat, gardar à, faire paître son troupeau dans le bien d'un autre, à dessein prémédité.

Le bâton a été anciennement un attribut de dignité et de commandement; mais il a perdu cette dignité dans les siècles de barbarie, pendant lesquels les gentilshommes se battaient entre eux, à cheval et avec leurs armes, tandis que les vilains se battaient à pied et avec le bâton. De là est venu que le bâton a été regardé comme un instrument d'outrage, parce qu'un homme qui en avait été battu, avait été traité comme un vilain.

BASTOUN-RIMAT, s. m. d. de Barcelon. Entremetteur de mariages. V. *Poutingoun*.

BASTOUNADA, s. f. (bastounáde); CALOUSSADA. *Bastonata*, ital. *Bastonada*, esp. cat. Bastonnade, coups de bâton.

Éty. de *bastoun* et de *ada*, fait, donné avec le bâton. V. *Baston*, R.

La bastonnade était la punition des esclaves, et des soldats paresseux, chez les Romains, mais ce châtiment n'était point déshonorant, selon l'observation de Pline. V. *Chelaga*.

BASTOUNAR, v. a. (bastouná); BASTOUNEDJA, BARROUNAR, CALOUSSAR, BASTOUNEGEAR. *Bastonare*, ital. *Bastonejar*, cat. Bâtonner, donner des coups de bâton, rosser.

Éty. de *bastoun* et de *ar*, V. *Baston*, R.

BASTOUNAS, s. m. (bastounás); BASTORA. Gros bâton.

Éty. de *bastoun* et de l'augm. *as*. V. *Baston*, Rad.

BASTOUNAT, ADA, adj. et p. (bastouná, áde). Bâtonné, ée, battu avec le bâton.

Éty. de *bastoun* et de *at*; frappé du bâton. V. *Baston*, R.

BASTOUNEGEAR, Avr. V. *Bastounar*.

BASTOUNET, s. m. (bastouné); *Bastoncillo*, esp. *Bastonet*, cat. *Bastoncello* et *Bastonello*, ital. Petit bâton, bâtonnet.

Éty. de *bastoun* et du dim. *et*. Voy. *Baston*, Rad.

BASTOUNIER, s. m. BASTOUNISTO. Porteur ou joueur de bâton. Aub.

BASTOUNIER, s. m. (bastounié); *Bastoniere*, ital. Bâtonnier, celui qui a en dépôt pour un temps, le bâton d'une confrérie, et qui a droit de le porter aux processions. Avocat choisi par son ordre pour en être le chef pendant un certain temps.

On donne encore le nom de *bastounier* à la quantité de fromage que le bayle donne à chaque berger, vers la fin de l'été: c'est le droit du bâton.

Éty. de *bastoun* et de la term. *ier*, celui qui porte le bâton, comme *poumier* arbre qui porte les pommes, etc. V. *Baston*, R.

On croit que le nom de bâtonnier a été donné au chef des avocats parce que anciennement, il portait, aux cérémonies de la Sainte Chapelle, le bâton de la confrérie de Saint Nicolas, dont il était le chef.

Dict. des Orig. 1777.

BASTOUNISTA, Garc. V. *Bastounier*.

BASTRENGO, s. m. (bastréingue); BASTRENGLA, BASTRINCA. Bastringue, bal déshonnête, lieu de débauche.

BASTUDA ou BATTUDA, s. f. (bastúde ou battúde). Bastude, espèce de filet dont on se sert pour pêcher dans les étangs salés.

Éty. de *batre*, parce que l'on s'en sert pour faire des battues. V. *Batr*, R.

BAS-VENTRE, s. m. (bas-véintre); *Ventre*, port. *Basso-ventre*, ital. Bas-ventre.

Éty. de *bas* et de *ventre*. V. *Bas*, R.

BAT

BAT, adv. (bàt), dl. *Dubert de bat en bat*, ou *dubert de bat-en-goula*, tout battant ouvert, ou entièrement, et des deux battants. Sauv.

Bat-baten, en toute hâte.

BAT, adj. dg. Pour *Bat*, v. c. m.

BAT, s. m. d. bas lim. Pour bât. V. *Bast*, Rad.

BAT, interj. d. bas lim. Tarare, zeste, bah!

BATA, s. f. (báte). Sabot ou corne du pied des bêtes de somme; la corne du pied des bœufs, des brebis, des chèvres et des pourceaux.

Éty. de *batre*, parce que c'est avec cette partie que les animaux battent le sol, ou du grec βατέω (batéô), aller, pour πατέω (pateô), fouler.

Virar batas, dl. trépasser; en Provence, on dit dans le même sens: *Virar lous quatre ferres en haut.*

BATA, s. f. Pour batte-à-beurre. Voy. *Batouiroun* et *Batr*, R.

BATA, s. f. Les selliers donnent ce nom à la partie antérieure de la selle d'un cheval, qui est de liége, ordinairement.

BATACA, s. f. (batâque). Un des noms qu'on donne, en Languedoc, à la bergeronnette jaune. V. *Pastoureleta*.

Éty. de *bat*, battre, parce qu'elle à l'air de frapper continuellement avec sa queue. V. *Batr*, R.

BATACLAN, V. *Pataclan*.

BATACOD, s. f. (bataco). Nom des bergeronnettes, aux environs de Montpellier.

BATADIS, adj. (batadis). Très-fréquenté, où l'on passe souvent, passant, Aub. subst. battement. V. *Batament*.

BATADOUR, s. m. (batadoù); MASSA. Batte, maillet à long manche qui sert à pulvériser le plâtre; en terme de paveur, hie ou demoiselle; en terme de tapissier, de bâtier, etc., assemblage de cordes pour battre la bourre; ficelle pour faire claquer le fouet. Garc.

Éty. de *batre* et de *adour*, qui sert à battre. V. *Batr*, R.

BATAILLA, vl. V. *Batalha*.

BATAL, dl. V. *Batau* et *Batr*, R.

BATALH, s. m. vl. Battant. V. *Batau*. Cliquet de moulin. V. *Batareou* et *Batr*, R. Créneau d'un mur.

BATALHA, s. f. (bataillé); BATAIA, COUMBAT. *Battaglia*, ital. *Batalla*, esp. cat. *Batalha*, port. Bataille, action générale entre deux armées ennemies; batterie, querelle de gens qui se battent; bataillon, corps d'armée, vl.

Éty. du celt. *batalla*, ou du lat. *batuere*, battre, *batalia*, en basse lat. V. *Batr*, R.

BATALHA, s. f. Jeu de cartes d'enfant qu'on nomme aussi *demura* et *hespitau*. V. *Batr*, R.

BATALHADA, s. f. (bataillàde), d. béarn. Bruit répété.

Éty. de *batal* et de *ada*. V. *Batr*, R.

Batallada, en catalan, et *badajada*, en espagnol, signifient coups de cloche.

BATALHADOR, vl. *Batallador*, cat. esp. V. *Batalhier* et *Batr*, R.

BATALHAIRE, s. m. (bataillàïré), dl. et bas lim. Bavard, babillard; querelleur, qui cherche noise, trompette, qui dit tout ce qu'il sait; dont la langue va comme un cliquet de moulin, batalh. V. *Batr*, R.

BATALHAIRITZ, s. f. vl. *Batallera*, anc. cat. *Battagliera*, ital. Combattante.

Éty. de *batalha* et de *airitz*. V. *Batr*, R.

BATALHAR, v. n. (bataillà); BATAYAR, ABATALHAR. *Batallar*, esp. cat. *Batalhar*, port. *Battagliare*, ital. Batailler, contester, disputer, en venir aux mains; fronder, jeter, lancer des pierres avec la fronde; bavarder, brailler, parler beaucoup pour ne rien dire, d. bas lim.

Éty. de *batalha* et de *ar*, livrer bataille. V. *Batr*, R.

BATALHAR SE, v. r. S'ABATALHAR. Se battre avec la fronde.

BATALHAT, ADA, adj. et p. vl. *Batahade*, port. Fortifié, ée, combattu, ue, crénelé.

De bels murs batalhatz.
Giraud de Barneil.
De beaux murs fortifiés. V. *Batr*, R.

BATALHER, vl. V. *Batalhier*. *Mur batalher*, rempart, mur principal.

BATALHIER, s. m. vl. BATALHADOR. BATALHER. *Bataller*, anc. cat. *Batallador*, esp. *Batalhador*, port. *Battagliatore*, ital. Champion, disputeur, adversaire.

Éty. de *batalha* et de *ier*. V. *Batr*, R.

BATALHIER, adj. m. *Battagliere*, ital. Qui sert aux batailles, et par extension aux marchés: *Prad-batalhier*, v. c. m. En vl. murs des villes de guerre, qui servaient à la défense. V. *Batr*, R.

BATALHOUN, s. m. (bataillòun); *Batallon*, esp. *Batalhão*, port. *Battaglione*, ital. *Batalló*, cat. Bataillon, corps d'infanterie d'environ huit cents hommes, dont le chef porte le nom de chef de bataillon; il se sousdivise en compagnies.

Éty. Dim. de *batailha*, pris pour armée qui se bat. V. *Batr*, R.

Faire lou batailhoun, faire la petite guerre, se battre à coups de pierres.

BATALHOUS, OUSA, adj. (bataillóus, óuse). Querelleur, euse; qui aime à se battre. Aub.

Éty. de *batalha* et de *Ous*, v. c. m.

BATALHUR, Garc. V. *Batalhaire*.

BATAMENT, s. m. (bataméin); *Battimento*, ital. *Batimiento*, esp. *Batimento*, port. *Batiment*, cat. Battement de mains, battement de cœur. V. *Palpitation* et *Batr*, R.

En vl. coup, action de frapper.

BATANAIRE, s. m. vl. *Batan* et *Batanero*, esp. Foulon. Voy. *Paraire* et *Paradour*.

Éty. *Batatorium*, en basse lat. V. *Batr*, Rad.

BATANT, s. m. (batàn); BATENT. *Battente*, ital. *Batiente*, esp. *Batente*, port. Battant, la partie d'un métier de tisserand qui sert à battre ou à serrer la trame; maillet de moulin à foulon; claquet ou cliquet d'un moulin à farine. V. *Batareou*. Feuillure, partie d'une porte. V. *Porta*.

Éty. de *bate* et de *ant*, qui bat. V. *Batr*, R.

BATAQUIOULA, s. f. (bataquióule); BOUNBO-QUIOUL, dl. DOUNAR DOOU CUOU A LA LAUVA. Selle où casse-cu: *Dounar la bataquioula* ou *doou cuou à la lauva*, donner la selle, ce qui se pratique en faisant donner du derrière à quelqu'un, sur une sellette ou sur une pierre: *S'es dounatunabona bataquioula*, il s'est donné un terrible casse-cu.

Éty. de *bata* pour *batre*, et de *quioula*, fém. de *quioul*, cu. V. *Batr*, R.

BATAREL, s. m. vl. Fanfare, son de la trompette.

BATAREL, Pour claquet. V. *Batareou*.

BATARELIAR, v. n. (batarelià). Bavarder, parler continuellement comme un claquet de moulin.

Éty. de *batarel* et de *iar*.

BATAREOU, s. m. (batarèou); BATAREL, BARUTEL, TARAVEL, BACELO, BATANT, TRAQUET, CLIQUET, BARTAVEOU. Traquet ou claquet d'un moulin, pièce de bois qui, mue par la meule, fait tomber le grain de l'auget, et marque par le bruit qu'il fait le mouvement de celle-ci

Éty. du lat. *blatero*, grand parleur, parleur continuel; parce que le claquet ne discontinue pas de claqueter. V. *Batr*, R.

BATAREOU, ELA, s. et adj. (batarèou, èle); BARUTEL. *Badajo*, esp. Babillard, grand parleur. V. *Babilhard*.

Éty. du lat. *blatero*, m. s. V. *Batr*, R. ou de l'hébreu *bata*, parler beaucoup.

BATARIA, s. f. (batarie); *Batteria*, ital. *Bateria*, esp. cat. *Bataria*, port. *Batterie*, all. Batterie, plusieurs pièces d'artillerie disposées pour tirer contre l'ennemi; lieu couvert d'un parapet où ces pièces sont posées.

Éty. de *batre* et de *aria*, ce qui sert à battre. V. *Batr*, R.

On appelle:

JOUES, les deux côtés de l'épaulement des embrasures.

BATARIA, s. f. BATESTA. *Bataria*, port. *Batteria*, ital. *Bateria*, cat. Batterie, querelle de gens qui se battent, rixe. V. *Batr*, Rad.

BATARIA DE COUSINA, s. f. (batarie-dé-cousine). Batterie de cuisine, l'ensemble des ustensiles qui peuvent servir dans une cuisine. V. *Batr*, R.

BATARIA DE FUSIOU, s. f. FUELHA. Batterie du fusil et d'arme à feu en général, la partie de la platine qui recouvre le bassinet et contre laquelle la pierre frappe pour produire les étincelles qui doivent mettre le feu à l'amorce.

Éty. de *batre*, parce que la pierre y bat. V. *Batr*, R.

BATAU, s. m. (bataòu); BATAL, MATAU, MATAI, MATABLE, MATAIL, PICOUN, TABASTEL. *Badajo*, esp. *Bataglio*, ital. *Badalo*, port. *Batall*, cat. Battant de cloche, de sonnette ou de sonnaille; morceau de fer suspendu au milieu de ces instruments, pour les faire tinter ou sonner.

Éty. de la basse lat. *batallium*, ou du bas breton *bataïlh*, qui ont la même signification; dérivés l'un et l'autre de *batre*. Voy. *Batr*, R.

BATAYLLIER, vl. V. *Batalhier*.

BATBATENT, adv. ou expr. adv. vl. Piquant, éperonnant fort, en hâte.

Éty. Ce mot est formé de *batent-batent*, battant-battant. V. *Batr*, R.

BATEDIS, s. m. (batedis), dl. Un panaris. V. *Panaris*.

Éty. de *batre*, battre, et de *dis*, d'où *bate-*

dis, parce qu'on sent de grands battements ou élancements dans les doigts atteints d'un panaris. V. *Batr*, R.

BATEDOR, s. m. vl. *Batedor*, cat. Battoir, fléau. V. *Bateyre* et *Batr*, R.

BATEDOR, s. m. BATEYRE. *Batedor*, anc. cat. *Batidor*, esp. *Batedor*, port. *Battitore*, ital. Batteur, celui qui bat le blé; battoir.

Éty. de *Bat*, R. de *batre* et de *edor*, celui qui bat. V. *Batr*, R.

BATEDOUR, s. m. (batedoú), dl. Voy. *Baul* et *Massa-de-Bugadiera*.

Éty. de *bate* et de *our*, qui sert à battre. V. *Batr*, R.

BATEET, vl. Baptisé. V. *Baptegeat* et *Bapt*, R.

BATEGAR. v. n. (bategá), dl. Trembler, frissonner, palpiter. Sauv.

Éty. de *batre*. V. *Batr*, R.

BATEGAR, vl. Pour baptiser. V. *Baptegear*.

BATEGEALHAS, V. *Baptegealhas* et *Bapt*, R.

BATEGEAR et comp. V. *Baptegear* et *Bapt*, R.

BATEIAT, vl. V. *Baptegeat* et *Bapt*, R.

BATEIRE, s. m. (batèïré), dl. Batteur de laine. Sauv. Celui qui frappe. Aub.

Éty. de *batre* et de *eire*. V. *Batr*, R.

BATEIROUN, s. m. (bateiróun). Voy. *Batouiroun* et *Batr*, R.

BATEJAMEN, s. m. vl. *Battezzamento*, ital. Baptême. V. *Baptegear lou* et *Bapt*, Rad.

BATEJAR, vl. V. *Baptegear* et *Bapt*, Rad.

BATEL, radical pris de la basse latinité, *batellus*, diminutif de *batus*, bateau; qu'on dérive, les uns du celtique *batella*, m. s. les autres du saxon *bat*, qui désigne encore la même chose, et quelques-uns du grec Κιϐωτὸς (kibôtos), arche, coffre, par la suppression de la syllabe *ki*.

De *batellus*, par apoc. *batel*; d'où: *Batel*, *Batel-ada*, *Batel-et*, *Batel-ier*.

De *batel*, par le changement de *l* en *ou*: *Bateou*.

BATEL, BATELH, s m. vl. *Batell*, anc. cat. *Batel*, esp. *Bote*, port. *Batello* et *Battello*, ital. Bateau. V. *Bateou*, plus usité.

Éty. de la basse lat. *batellus*, m. s. Voy. *Batel*.

BATELADA, s. f. (batelàde); *Batelada*, port. *Battellata*, ital. Batelée, navée, la charge d'un bateau; fig. grande quantité de choses transportées à la fois.

Éty. de *batel* et de *ada*. V. *Batel*, R.

BATELADA, s. f. TARRANGOULADA, TARRABASTADA. Une grande quantité, comme si l'on disait la charge d'un bateau. V. *Batel*, R.

BATELAR, v. a. (batelá). Conduire un bateau. Garc.

BATELET, s. f. (batelé); BARQUET, GARRABOT, *Barquito*, esp. *Batelinho*, port. *Battelletto*, ital. Batelet, petit bateau.

Éty. de *batel* et de la term. dim. *et*. Voy. *Batel*, R.

BATELH, vl. V. *Batel*.

BATELIER, s. m. (batelié); BATELIERA, s. f. GABRABOTAIRE, BARQUEGEAIRE. *Bateleiro*, port. *Batelliere*, ital. anc. Batelier, qui conduit un bateau.

Éty. de *batel* et de la term. mult. *ier*, ouvrier de bateau. V. *Batel*, R.

BATEMEN et

BATEMENT, s. m. vl. BATEMENS. Battement, coup, frappement, châtiment, punition. Voy. *Batament* et *Batr*, R.

BATEMO et composés. V. *Baptemo*.

BAT-EN-GOULA, dl. V. *Bat*.

BATENT, p. prés. vl. Courant. *Bat-batent*, à toute bride. V. *Batant*.

BATEOU, s. m. (batèou); BATEL, BACHEL, GABADAT, GABARROT. *Batello*, ital. *Batel*, esp. port. *Batell* et *Bateu*, anc. cat. Bateau, petit vaisseau qui va à rames, et qui est particulièrement destiné à naviguer sur les rivières et dans les ports.

Éty, de la basse lat. *batellus*, m. s. Voy. *Batel*, R.

Dans un bateau on nomme:

BANC, *lou banc*, le siége où se placent les rameurs.

BANNE, *la tenda*, la tente dont on le couvre, pour se mettre à l'abri de la pluie et du soleil; *banner*, c'est mettre la tente.

BITTE, BITTON, la pièce ronde de bois, servant à fermer le devant du bateau.

CABLE, *lou cable*, la corde avec laquelle on tire les bateaux sur les rivières.

CINCENELÉE. V. *Cable*.

CLANS, LES, les pièces latérales de bois, assemblées dans les liures qui font partie du fond.

CROUCHAUT, la pièce de bois qui sert à former la rondeur et la diminution du dedans du bateau.

ECOPE, la pèle de bois à rebord, dont on se sert pour vider l'eau.

ENSOUAILLE, la petite corde qui retient le bout de la crosse du gouvernail d'un bateau foncet.

EPAURE, la solive transversale qui sert à faire la levée d'un bateau foncet.

GAVEL, l'espèce de latte qu'on emploie pour retenir la mousse ou l'étoupe dont on garnit les joints.

HERSILIÈRES, les pièces de bois courbes qu'on met au bout des plats-bords, sur l'avant et sur l'arrière du bateau pour le fermer.

LEVÉE, la planche qui est sur le devant du bateau.

LIERNES, les planches qui sont entaillées dans les clans et dans les bras des rables.

LIURES. V. *Rables*.

LOQUETTE, la corde que l'on ajoute au câble pour le tirage des bateaux.

NAGE, l'espace où sont placées les rames.

NEZ, la partie du bateau qui finit en pointe, où est la levée qui sert de siége au batelier qui rame.

QUILLE, *la quilha*, la pièce de bois qui règne tout le long du bateau, dans le fond.

RABLES ou LIURES, les pièces rangées comme des solives qui traversent le fond, et sous lesquelles on attache les semelles, les planches et les bordagès; elles sont coudées et remontent un peu sur les côtés.

REBORD ou RUBORD, le premier rang de bordage qui se joint à la semelle.

SANGLONS, les pièces de bois ou fausses côtes, que l'on met aux bateaux pour les fortifier.

SEMELLES, les planches du fond.

SOUS-BARQUE, la partie d'un bateau foncet, formée d'un rang de planches posé sur le troisième bord, depuis le chef jusqu'à la quille.

TOURET, la cheville qui est sur la nage d'un bachot, où l'on met l'anneau de l'aviron, lorsqu'on nage.

TRAVURE, l'espace construit près de la quille d'un bateau foncet, sous le bitton, où les compagnons de rivière font leur ménage.

VERVELLE, les espèces de gonds qui, dans un bateau foncet, servent à soutenir le gouvernail.

GOUVERNAIL, *la barra*.

BATEOU PER PASSAR L'AIGUA, Bac.

BATEOU A CANA, bateau à canne, ce bateau qu'on peut enfermer dans un tube de trois pieds et demi de long, sur deux pouces et demi de diamètre, a été inventé en 1818, par M. Le Maistre.

BATEOU DE SECOURS, bateau de secours, il est destiné à sauver les naufragés; il est insubmersible et de l'invention de l'anglais *Great-Head*, 1803.

BATEOU INSUBMERSIBLE, bateau insubmersible, il est fait avec de la toile imperméable et fut inventé par M. Desquinemare, en 1810. M. Rouan en a imaginé un autre en 1810.

BATEOU PLOUNGEUR, bateau plongeur; la première tentative que l'on ait faite pour voyager sous l'eau eut lieu à Bordeaux, en 1777; elle était dirigée par le nommé Dionis. Plus tard l'américain Fulton, construisit un bateau sous-marin qui réussit parfaitement. Enfin, en 1809, M. Castera de La Rochelle, inventa le bateau plongeur dont le but est de faciliter les recherches au fond de la mers.

BATEOU PORTA, bateau porte, inventé par un suédois pour servir de porte au bassin de Carlscrone, et imité ensuite par M. Groignard, à Toulon.

BATEOU-A-VAPOUR, bateau à vapeur, bateau ou vaisseau que la vapeur de l'eau fait mouvoir.

L'invention de cet admirable procédé a été revendiquée, non seulement par plusieurs individus, mais même par plusieurs nations.

Les Américains du Nord l'attribuent à Fulton; les Anglais, à Jonathan Hull et à Patrick Meller, plus anciens que Fulton; mais il faut distinguer dans cette découverte deux époques, celle de l'emploi de la vapeur comme force motrice, et celle de son application à la navigation. On ne peut point révoquer en doute que le Marquis de Worcester, dans ses centuries d'inventions, qu'il publia en 1663, n'ait connu la force de la vapeur de l'eau; que Papin en 1668, ne s'en soit occupé avec succès; mais, il résulte des recherches qu'on vient de faire en Espagne, que le 7 juin 1543, le capitaine de mer Blasco de Garay, fit l'essai d'un bâtiment mu par la vapeur, dans le port de Barcelone. Plusieurs autres après lui en ont fait de semblables. Cependant, celui qui le premier a construit, dans ces temps modernes, un véritable bateau à vapeur est Perrier, qui en fit l'essai le 8 août 1781, à Chaillot. La même année, M. de Jouffroy, établit réellement sur la Saône un grand bateau de cette espèce, de 46 mètres de long, sur 4 ou 5 de large.

Le premier bateau à vapeur construit par Fulton, fut lancé à New-York, le 30 octobre 1807.

BATEOU, s. m. Bateau se dit aussi de plusieurs autres choses qui ont plus ou moins d'analogie avec un bateau à naviguer.

Bateou de carrossa, est la caisse proprement dite du carrosse.

Bateou, couquilha, on donne ce nom aux différentes patelles. V. *Arapeda*.

Bateou de loch, bateau de loch, morceau de bois lesté de plomb auquel on attache la ligne du *Loch*. v. c. m.

BATESTA, s. f. (bateste), dl. *Batesta*, ital. Rixe, batterie où il y a des coups donnés. V. *Bataria*.

Éty. de *batre*. V. *Batr*, R.

BATESTAU, s. m. vl. BATISTAU. Dispute, querelle, batterie. V. *Batr*, R.

BATEUR, V. *Batur* et *Batr*, R.

BATEYAR, vl. V. *Baptegear*.

BATEYRE, BATEDOR, s. m. vl. Batteur; celui qui bat le blé. V. *Batedor* et *Batr*, R.

BATEZO, vl. V. *Batezos*.

BATEZOS, s. f. vl. BATEZO. Châtiment, correction, coup, punition.

Éty. de *batr*. V. *Batr*, R.

BATHEALAS, s. f. pl. anc. lim. Cérémonies du baptême. V. *Batialhas*.

BATHEGAR, et

BATHEYAR, vl. V. *Baptegear*.

BATHZ, adj. vl. Roussâtre, tirant sur le roux.

BATIALHAS, V. *Baptegealhas*.

BATIAR, *Batiar*, cat. V. *Baptegear*.

BATICOR, s. m. vl. *Baticor*, anc. esp. *Batticuore*, ital. Battement de cœur, émotion. V. *Batr* et *Cor*, R.

BATIFUEC, s. m. (batifuéc); *Battifuoco*, ital. Briquet. V. *Briquet* et *Batr*, R.

BATIGE, s. m. vl. Battement, agitation, palpitation.

Éty. de *batre*. V. *Batr*, R.

BATILDA, nom de femme, (batilde). Bathilde.

Patr. sainte Batilde, martyrisée à Rome vers l'an 309; on en fait mémoire le 12 juin.

BATIOU, Le même que *Bat*, v. c. m.

BATISME, *Batisme*, cat. alt. de *Baptemo*, v. c. m. et *Bapt*, R.

Tres goutelos d'ayguo au batisme,
Te tiron d'eou houns de l'abisme.
D'Astros.

BATISTA, s. f. (batiste); *Batista*, ital. esp. cat. Batiste, toile de lin ou de chanvre dont le fil est très-fin et le tissu très-serré.

Éty. du nom de l'inventeur.

BATISTA, Nom d'homme. V. *Baptisto*.

BATISTAU, V. *Batestau*.

BATISTERI, etc. V. *Baptisteri*.

BATISTERI, s. m. vl. Baptême.

BATISTIN, V. *Baptistin*.

BATISTO, V. *Baptisto*.

BATLE, s. m. vl. Bailli. V. *Baile*.

BATOIR, s. m. (batóir), prov. mod. BATOUAR. Timbale, espèce de raquette couverte de peau de chaque côté, servant à jouer au volant ou à la balle. Garc.

Éty. de *batre* et de *oir*, qui sert à battre. V. *Batr*, R.

BATOIR, s. m. BATOUAR. Ailerons de certaines roues mues par l'eau; battoir. Garc.

BATOUIRA, s. f. (batóuire): BERLO, ENGRAISSA SAUMA. Laser de France, *Laserpitium gallicum*, Lin. plante de la fam. des Ombellifères, commune sur les coteaux secs.

Éty. De la ressemblance qu'a sa fleur munie de son pédoncule, avec la batte ou piston de la barate, qu'on nomme *Batouiroun*, v. c. m.

A Larche, Basses-Alpes et en Piémont, on donne par la même raison, le même nom à la livêche férule, *Ligusticum ferulaceum*, All. plante de la même fam. que la précédente, qu'on trouve dans les prairies élevées de nos montagnes alpines.

BATOUIROUN, s. m. (batouiróun); BATA, BATEIROUN, BATADOUR. Batte-à-beurre ou bat-beurre; bâton muni d'une planchette de la largeur de la baratte, qui sert à battre la crême pour faire le beurre, et qu'on appelle aussi *ménole* et *ribot*.

Éty. Dim. de *batant* ou de *batareou*. Voy. *Batr*, R.

A Barcelonnette on donne le même nom à un morceau de bois dont on se sert pour battre et délayer la farine dans la marmite.

BATOUL, s. et adj. (batóul), dl. BORLHE. Borgne. V. *Borni*.

Uelh batoul, œil poché: *Ioou batoul*, œuf gâté. Sauv.

Éty. de *bat*, battre, poché, et de *oul* pour *uelh*, œil. V. *Batr*, R.

BATR, BAT, BATALH, rad. pris du lat. *batuere*, battre, frapper, combattre.

De *batuere*, par apoc. et suppr. de *ue*, *batr*; d'où: *Batr-e*, *Re-batr-e*, *A-batr-e*, *De-batr-e*, *Coum-batr-e*, etc., par suppr. de *r*, *bat*; d'où: *Bat-uda*, *Bat-a*, *Bata-r-el*, *Bat-ent*, *Coum-bat*, etc.

De *batalh*: *Batalh-a*, *Batalh-ier*, *Batalh-oun*, *Batalh-ar*, etc.

BATRE, v. a. (bâtré); BATTRE. *Bàtrer*, cat. *Battere*, ital. *Batir*, esp. *Bater*, port. Battre, donner des coups dans le dessein de faire mal; défaire des troupes ennemies assemblées en corps; diriger le feu de l'artillerie contre une place; frapper fortement, vaincre dans la dispute, battre la caisse; affliger, tourmenter; vl.

Éty. du lat. *batuere*, m. s. V. *Batr*, R.

Batre d'uous, battre ou brouiller des œufs: *Batre la semela*, s'en aller, fuir: *Batre la campagna*, battre la campagne, chercher de faux fuyants: *Batre leis cartas*, battre ou mêler les cartes: *Batre deis mans*, applaudir, frapper des mains: *Batre mouneda*, gagner beaucoup, être fort riche: *Batre las aurelhas*, ennuyer: *Batre l'aigua*, perdre son temps: *Batre lou pavé*, n'avoir rien à faire, courir les rues, battre le pavé: *Bate plus vena*, Avril. il ne palpite plus, il est mort: *Batre la barloca*. V. *Barloca*.

BATRE SE, v. r. *Baterse*, port. *Battersi*, ital. Se battre, être en action pour l'attaque et pour la défense.

Se batre à coous de peiras. V. *Esqueiregear*.

BATRE, s. m. (bâtré), dl. Étalage: *Faire un grand batre*, faire un grand étalage. Celte bourgeoise porte un aussi grand état qu'une femme de qualité; *Fai un tant bel batre*. Sauv.

BATSACADA, s. f. (batsacáde), dg. Secousse. V. *Butada*.

BATSACAR, v. a. (batsacá), dg. Secouer. V. *Ensaccar*.

BATSARRA, s. f. (batsárre), d. béarn. Tintamarre.

Éty. de *bat*, battre. V. *Batr*, R.

BATSELLA, s. f. vl. Bagatelle. V. *Bagatela*.

BATSEN, s. m. (batséin), dg. Tocsin. V. *Tocco-sin*.

Éty. de *bat*, battre, sonner, et de *sen*. V. *Batr*, R.

Souneroun bé bat-sen dan la grosso campano. Jasmin.

BATTA, s. f. vl. BATA. Buisson.

Éty. du grec βάτος (batos), buisson. V. *Bartas*, R.

BATTOLOGIA, s. f. (battoulougie); *Batologia*, port. Répétition inutile d'une même chose.

Éty. Probablement de βάττος (battos), nom d'un certain roi des Cyrénéens, qui était bègue, et de λόγος (logos), discours, parce que les bègues répètent plusieurs fois les mêmes syllabes.

BATTRE, V. *Batre*.

BATU, UA, adj. et p. vl. Battu, ue. V. *Batut* et *Batr*, R.

BATUDA, s. f. Le travail que les ouvriers font, ordinairement pour leur compte, pendant chaque repos de la journée. Aub. Ailleurs, séance de travail.

BATUDA, s. f. (batúde); *Batida*, port. esp. Battue, en terme de chasse, action d'une troupe de gens qui battent les bois, les taillis, etc., pour en faire sortir les bêtes fauves; on le dit aussi en terme de pêche.

Éty. de *batre* et de *uda*, chose battue, ou de la basse latinité *batuda*, m. s. V. *Batr*, R.

BATUDA, s. f. *Faire la batuda*, faire la battue, fouetter avec un balai les cocons dans la bassine pleine d'eau chaude; la quantité de cocons que l'on remue à la fois. V. *Batr*, Rad.

BATUDA, s. f. *Battée*, quantité de feuilles de papier ou de laine, que les papetiers, les relieurs, les cardeurs et les matelassiers battent à la fois. V. *Batr*, R.

BATUM, s. m. (batúm). Ciment fait avec de la brique pilée. V. *Ciment*. Mastic, enduit, vl.

Éty. de *betum* ou *bitume*, parce qu'on en faisait entrer dans cette sorte de ciment.

BATUMAR, v. a. (batumá); PRETUMAR. *Abetunar*, esp. *Abitumare*, ital. Enduire, cimenter.

Éty. de *batum* et de *ar*.

BATUMAS, s. m. (batumás). Brouillard. Garc. V. *Nebla*.

BATUR D'ESTRADA, s. m. (batúr, d'estráde); GARAPANTIN. *Batidor de estrada*, cat. Batteur de pavé, fainéant qui passe les journées entières à se promener dans les rues.

BATUR D'OR, *Battitore*, ital. Batteur d'or. V. *Batr*, R.

BATUS, s. m. pl. (batus). On donne ce nom aux pénitents à Avignon, parce que la flagellation était anciennement en usage chez eux.

Éty. de *batut*, battu. V. *Batr*, R.

BATUT, s. m. BATUM, GRU. *Battuto*, ital. Corroi de mortier; plancher d'un appartement fait avec une couche de mortier battu, d'où le nom qu'il porte. V. *Batr*, R.

En vl. chemin battu, sentier.

BATUT, UDA, adj. et p. (batú, úde);

Battuto, ital. *Batido*, esp. port. *Batud*, cat. Battu, ue, qui a reçu des coups ; fréquenté, en parlant d'un chemin. V. *Batr*, R.

BAU

BAU, s. m. (bâou) ; BAUS, PRECIPICI. Colline, monticule, falaise, précipice formé par des rochers escarpés : *S'es jitat d'un baus*, il s'est précipité.

Éty. Ce mot signifie terre nue, comme le sont les rochers, en hébreu ; caverne, en allemand. Il est d'origine ligurienne, selon l'auteur de la Statistique des Bouches-du-Rhône, et signifie la même chose qu'escarpement. V. *Baus*.

BAU, s. et adj. dl. Niais, imbécile. Voy. *Niais*.

Éty. du lat. *balbus*, bègue.

BAU, s. m. BAUD. *Bau*, cat. *Baglio*, ital. En t. de mar. Bau, solive qui traverse les vaisseaux, affermit les bordages et soutient les tillacs. Les baux sont aux vaisseaux ce que les poutres sont aux autres édifices.

Éty. du lat. *validus*, par apoc. *valid*, par sync. de *i*, *vald*, par métagr. de *l* en *u*, *vaud*, et par métagr. du *v* en *b*, *baud*. V. *Val*, R.

Mestre bau, maître bau ; le bau du milieu du vaisseau, qui en parcourt la plus grande largeur dans œuvre.

BAU, s. m. BOOU. Bonne pêche ; fig. capture, butin.

Éty. du celt. *bawd*, m. s. ou du lat. *validus*, *valida*. V. le mot précédent et *Val*, R.

Ho! leis beous baus que si farà, la bonne pêche que nous ferons, qu'on fera.

Tirar lou bau, tirer le bau, lever le filet qu'on traîne.

Mettre soun bau en terra ; aquot es au propre, sourtir de l'aigua lou filet que countent lou pei que se l'y es pres, et au figurat, aquot es s'enrichir. Tandon.

BAU, Peyrot, qui a écrit en dialecte du Rouergue, se sert de ce mot au lieu de *van*, ils ou elles vont ; comme il emploie *au* pour *an*, ils ou elles ont.

En vl. il ou elle appartient.

BAU, s. f. (bâou), d. bas lim. File, tas. V. *Cucha* et *Cuchoun*.

BAU, s. m. Terrasse. Castor.

BAU, s. m. d. bas lim. Virole. V. *Virola*.

BAU-AUGEA. V. *Bauch*.

BAU-BAU, s. m. (bâou-bâou). Onomatopée, ou imitation du cri ou de l'aboiement du chien.

BAUBELADA, s. f. d. lim. En foule. Voy. *Val*, R.

BAUBELLA, s. f. vl. Joyau, babiole. V. *Val*, R.

BAUBILICA, s. f. (booubilique), d. bas lim. Babiole, chose de peu d'importance. V. *Bagatela* et *Babiola*.

BAUC, dg. Employé pour *vaou*, je vais.

BAUC, s. m. vl. *Baul*, cat. esp. port. *Baule*, ital. Coffre, bahut, alt. de *Bahut*, v. c. m.

BAUCA, s. f. (bâouque) ; BAUCHA. Ce nom est commun à plusieurs plantes qui n'ont entre elles aucun rapport, car on le donne :

1° Dans la montagne, à l'avoine toujours verte, *Avena sempervirens*, Vill. plante de la fam. des Graminées, qui croît sur les rochers.

2° A la calamagrostide argentée, *Calamagrostis argentea*, Déc. de la même fam. que la précédente, et qui croît aussi sur les rochers.

3° Aux environs de Marseille, au froment gazonnant, *Triticum cæspitosum*, Déc. toujours de la même fam. qui croît dans la région des oliviers.

On donne le même nom à presque toutes les graminées qui croissent sur les rochers, ce qui a fait penser que le mot *bauca* était pris de *baus*, rocher, précipice.

Mais on le donne aussi à Montpellier, à la zostère marine, et c'est alors une altération de *Auga*, v. c. m. et dans plusieurs autres lieux, à la plupart des plantes aquatiques, telles que les joncs, scirpes, carex, etc.

BAUCA A PLUMET, PLUMET, LANCETA. Nom que porte, dans le département des Bouches-du-Rhône, le gramen ailé : *Stipa pennata*, Lin. plante de la fam. des Graminées.

BAUCADA, s. f. (baoucáde), dl. BAUQUADA. Jonchée de fleurs que l'on fait dans les rues ou devant une porte.

Éty. de *bauca* et de *ada*, composé de verdure.

> Que se, quand sérai mort, per cop d'hazard un jour,
> Lou destin vous menavo emb'aqueste sejour ;
> Creso que de pietat, dedins lou cor touquado,
> Sus ma toumbo, de flous, farinz uno *bauquado*.
>
> Le Sage.

BAUCANT, s. m. et nom propre, vl. BAUSAN. Cheval de petite taille. Sauv.

Éty. du roman *bauçant*, m. s.

BAUCAR, V. *Abaucar*.

BAUCH, **AUCHA**, adj. et s. (bâou, bâoutche) ; BAU, BAUJA au fém. BAUCI. Niais, sot, imbécile, nigaud.

Éty. du celt. *bauch*, farce, ou du lat. *balbus*, qui bégaye.

> *Vous prenez per* bau
> *Lou vesin Pascau.* Fabre.

> *Un home, una testa* baoucha,
> *Tout de bon se planissie*
> *De ce qu'embé sa man gaucha.*
> *Fasia pas ce que vouié.*
> Tandon, dialecte de Montpellier.

BAUCHINARD, **ARDA**, adj. (bâouchinár, árde), dl. Folâtre. Sauv.

Éty. de *Bauch*, niais, v. c. m.

BAUCI, **CIA**, s. (bâouci, ie), d. bas lim. Imbécile, niais. V. *Niais* et *Bauch*.

BAUCUT, s. m. vl. BAUDUCX, BAUTUIX. Dispute, chicane.

BAUD, BAUS, BAUZ, BALS, BAUT, radical pris de la langue romane *baudour*, ou de *bautz*, qui signifient joie, joyeux, fier, hardi ; dérivé du lat. *gaudere*. V. *Jou*, R.

Jornandès, dans son histoire des Goths, dit que *baltha* signifie dans leur langue, *audax* ; et on lit dans les *Annales du Hainaut*, par Jacques de Guise, tom. IV, p. 376, qu'après la prise de Nervie, César offrit des sacrifices aux Dieux dans un lieu : « *Unde usque in hodiernum diem, locus ille ab eventu rei, lingua romana* baudour, *id est gaudium Deorum, ab incolis nuncupatur.* Rayn.

De *baudour*, par apoc. *baud* ; d'où : *Baud*, *Baud-eza*, *Es-baud-ir*, *Em-baud-it* ; et par le changement du *d* en *t*, *Baut*, etc.

BAUD, **AUDA**, adj. vl. BAUDS, BAUTZ. *Bald*, anc. cat. *Baldo*, ital. Joyeux, animé, hardi. V. *Baudos*.

En bauda, expr. adv. en vain

Éty. V. *Baud*, R.

BAUDA, s. f. (bâoude). *Cablière*, pierre que l'on met à une nasse pour la fixer au fond de l'eau. Avril.

BAUDADA, s. f. (baoudáde), d. lim. Flamme claire et de peu de durée. Voy. *Patora*.

BAUDADOR, s. et adj. vl. Trompeur.

BAUDAMENT, adv. (baoudaméin), d. bas lim. Joyeusement, gaillardement.

Éty. de *baud*, joie, et de *ment*. V. *Baud*, Rad.

BAUDAN, s. m. et nom pr. vl. Boyau, tripe.

De ce mot se sont formés en français : *baudruche*, *baudroyeur*. Sauv.

Éty. du celt. selon M. Astruc.

BAUDANA, s. f. (baoudáne), dl. *Tripaille*, V. Grosse toupie qu'on fait tourner avec un fouet.

> Que manjo de mistras raromen soun sadoul.
> Qualque cop de *baudano* et souben de pa soul.
>
> Hillet.

BAUDANAIRE, **AIRA**, s. (baoudanáïré, áïre), dl. Tripier, tripière. V. *Tripier*.

Éty. de *baudan*, boyau, et de *ier*.

BAUDANAS, s. f. pl. (baoudánes), dl. BAUDANA. Tripailles, tripes de bœuf. Sauv.

Éty. du celt. *baud*, mouton, et de *ana*, aliment.

BAUDEOU, s. m. (baoudéou). Corde de spart. Avril.

BAUDES, **EZA**, s. vl. Vaudois, oise, qui est du pays de Vaud. V. *Vaudes*.

Éty. du lat. *valdensis*, m. s.

BAUDEZA, s. f. vl. BAUDESA. *Baldeza*, ital. Hardiesse, confiance, valeur.

Éty. de *baud* et de *eza*, chose hardie. V. *Baud*, R.

BAUDOCS, vl. V. *Badoc*.

BAUDOMENT, adv. vl. Joyeusement.

Éty. de *baud* et de *ment*, d'une manière joyeuse. V. *Baud*, R.

BAUDOR, s. f. vl. BAUZOR, BAUDOUR. Joie, allégresse, réjouissance, assurance, vivacité, hardiesse. V. *Baud*, R.

BAUDOS, adj. vl. BAUD, BAUDS, BAUTZ. Joyeux, réjoui, hardi, animé.

Éty. de *baud*. V. *Bautz* et *Baud*, R.

BAUDOUR, vl. V. *Baudor*.

BAUDRADA, s. f. (baoudráde), dl. Balourdise, bêtise. Sauv. add.

BAUDRAGA, s. f. et

BAUDRAN, s. m. vl. *Baudran*, Désordre, tumulte.

Éty. du rom. *baudran*, m. s.

BAUDRAT, s. m. vl. Baudrier, ceinturon. V. *Baudrier*.

BAUDRE, (bâoudré) ; *à baudre*, adv. A foison, abondamment : *à beis baudres*. V. *Booudre*.

BAUDRIER, s. m. (baoudrié) ; BOUDRIER,

BANDOULIERA. *Boldrie*, port. *Budriere*, ital. Baudrier, bande de cuir qui, passant sur l'épaule droite, va se joindre sur la hanche gauche pour porter l'épée ou le sabre.

Éty. de la bass. lat. *baldringum*, employé par corruption pour *balteum*, baudrier, en latin.

Dans un baudrier on appelle :

CHAPE, le morceau de cuir qui tient les boucles de devant et celles du remontant.
PENDANT, la partie qui pend au bas du baudrier au travers de laquelle on passe l'épée.
PORTANT, la partie qui prend depuis la fin d'un des côtés de la bande, jusqu'au pendant, et qui sert à allonger ou à raccourcir le baudrier.
REMONTANT, l'extrémité de la bande qui est fendue en deux, et qui tombe sur le pendant.

BAUDRIT, adj. m. (baoudri). Foulé, écrasé. Sauv.

BAUDROI. V. *Baudruelh.*

BAUDRORA, s. f. (baoudróre). Nom qu'on donne à Cuges, selon M. le docteur Reimonen, à la plus grosse espèce de sauterelle qu'on y voit.

C'est probablement le Criquet émigrant, *Acridium migratorium*, Ol. insecte de l'ordre des Orthoptères et de la fam. des Grylliformes, qui a six cent. de longueur. C'est cette espèce qui désole souvent la Tartarie.

BAUDROUN, s. m. (baoudróun); BOOUDROUN, TRAUC-DE-PIGEOUNIER. Boulin, trou où l'on met le bout des pièces de bois qui soutiennent les échaffauds. Trou du colombier où les pigeons font leur nid.

Éty. du grec βώλινος (bôlinos), construit avec des briques.

BAUDRUELH, s. m. (baoudrueill); BAUDROI, GALAUGA, BAUDROYA. Diable de mer, Grenouille de mer, Baudroie ou Baudroie pêcheresse. *Lophius piscatorius*, Lin. *Batrachus piscatorius.* Poisson de l'ordre et de la fam. des Chismopnés (respirant par une fente), dont la chair est blanche, mucilagineuse et d'un goût fade.

Éty ?

BAUDUC, BAUTUC, s. m. vl. Dispute, confusion, mélange.

BAUDUFA, V. *Boudufa.*

BAUFERA, dl. V. *Vaufera.*

BAUFFA, s. f. (bâouffe). V. *Palangra.*

BAUFIGA, V. *Boufiga.*

BAUGEA, s. f. (bâoudge); BAUJA. Terme badin pour désigner une poche remplie et gonflée comme une besace.

Éty. de l'all. *bogen*, arc, portion du cercle, ou de *bauschen*, s'enfler, ou de *bulga*, qui désignait un sac de cuir en gaulois.

BAUGEAR, v. n. (baoudjá); BAUJAR. Se gonfler, s'élever, se tenir en l'air. On le dit particulièrement d'une poche tellement remplie qu'elle semble enflée.

Éty. de *baugea* et de la term. *ar*.

Em'un carnier que *baugea* arriba e me soun chin.
Dioul.

BAUGEAR, v. n. (baoudjá). S'élever, se tenir en l'air, se gonfler; on le dit des poches qui, trop remplies, font une saillie remarquable. Bouger, remuer, s'agiter. souffler à la forge. Garc.

BAUGEARD, ARDA, s. et adj. (boudzár, árde), d. bas lim. Qui a le menton et les lèvres sales; sale museau.

Éty. du vieux mot gaulois *bauge*, lieu fangeux ou terre grasse mêlée de paille.

BAUGEARIA, s. f. (baoudjarie); BAUGÈZA, BAUJUN, BAUGIERA, BAUGIERADA, BAUGIEYRA. Niaiserie, fadaise, vanité, vent.

Éty. de *bau*, niais, et de *egearia*, action de niais.

Laissem lous fat en leur fadeza,
Laissem lous baux en leur baugezo.
Michel.

BAUGEAS, s. f. pl. (bâoudges); BOUGEAS, SOUFFLET DE FORGEA, BAUJOUS. Soufflet de forgeron, soufflet de grande dimension et à deux vents.

On nomme :

TÉTARD, la pièce de bois cubique qui retient et consolide la fresté, et au travers de laquelle le vent passe.
BUSE, V. *Tuyère.*
TUYÈRE, V. *Tuyeou de soufflet.*
FLASQUES, les deux parties mobiles et celle du milieu qui est immobile.
BRANLOIRE ou LEVIER qu'on fait mouvoir avec une chaine, pour faire hausser et baisser les flasques.
AME, la soupape de cuir placée à l'intérieur des trous du soufflet, qui permet à l'air d'entrer et l'empêche de sortir par la même voie.
QUARTIER, la peau qui ferme le soufflet.

BAUGEOULAR, v. a. (baoudjoulá), dl. Bouchonner un enfant, le cajoler, le porter, le mener.

Éty. du lat. *bajulare*, porter un fardeau.

BAUGESA, dl. et

BAUGIEYRA, V. *Baugearia.*

BAUJAR, V. *Baugear.*

BAUJAS, V. *Baugeas.*

BAULAR, v. a. Suppl. au Dict. de Pellas. *Baular lou linge*, battre le linge.

Éty. Je suis porté à croire que le mot *baular* a été créé par une erreur de copiste, et qu'il faut lire *Bacelar*, v. c. m.

BAUM, BALM, radical pris du latin *balsamum* et dérivé du grec βαλσαμον (balsamon), baume.

De *balsamun*, par apoc. *balsam*; d'où: *Balsam-ine*, *Balsam-ique.*

De *balsam*, par la suppression de la syllabe *sa*, *balm*; d'où : *Balm-e.*

De *balm*, par le changement de *l* en *u*, *baum*; d'où : *Baum-e*, *Em-baum-ar*, *Em-baum-at*, *Em-bauma-ment*, *Em-basm-ar*, etc.

BAUMA, s. f. (bâoume); BALMA. *Balma* et *Bauma*, cat. Grotte formée par le surplomb d'un rocher; antre, caverne : *La Santa Bauma*, antre qui a servi de tombeau à Sainte-Magdeleine.

Éty. de la basse latinité *balma*. V. *Balm*, Rad.

Faire bauma, surplomber.

BAUMAR, v. a. (baoumá); BOOUMAR. Creuser. Aub.

BAUMASSIER, s. m. (baoumassié); dl. Habitant des antres, des cavernes.

Éty. de *bauma* et de *ier*, le *ss*, sont euphoniques. V. *Balm*, R.

BAUMAT, ADAT, adj. (baumá, áde), dl. BAUMELUT. Creux, caverneux. V. *Susbaumat* et *Balm*, R.

BAUME, s. m. (bâoumé); BAIME. *Balsamo*, esp. port. ital. *Balsam*, cat. Baume, substance huileuse, plus ou moins épaisse et remarquable par son odeur aromatique.

Éty. du lat. *balsamum*, dérivé du grec βάλσαμον (balsamon), m. s. V. *Baum*, R.

Baume. Se dit aussi, figurément, d'un confortatif, d'un restaurant, ou pour exagérer la bonté d'un vin, d'une liqueur : *Agueou vin es un baume.* Le peuple donne également ce nom à tous les onguents.

BAUME, s. m. HERBA-DE-NOSTRA-DAMA. Tanaisie, *Tanacetum balsamita*, Lin. plante de la fam. des Composées Corymbifères.

Éty. à cause de son odeur. V. *Baum*, R.

BAUME, s. m. Est aussi le nom qu'on donne dans plusieurs pays, aux menthes, à cause de leur odeur aromatique; mais plus particulièrement à la menthe verte et gentille. V. *Menta* et *Baum*, R.

BAUME-DE-COPAHU, s. m. Baume de Copahu ou baume du Brésil, résine liquide qui coule naturellement, ou par incision, du copaïer, arbre de la fam. des Légumineuses, qui croît au Brésil et aux Antilles. C'est le *Copaifera officinalis* de Linnée.

BAUME-DE-FOUNS, s. m. Nom toulousain de la menthe aquatique, *Mentha aquatica*, Lin. plante de la fam. des Labiées.

BAUME DE SOUFRE, s. m. Baume de soufre; c'est le nom qu'on donne à une dissolution de soufre, dans une huile volatile, au moyen de la chaleur.

BAUME-DE-TOLU, s. m. Baume de Tolu, ou baume sec, qu'on vend dans le commerce dans des vases de terre cuite appelés *Potiches.* Il provient d'un arbre de l'Amérique Méridionale, connu sous le nom de tolu ou toluifère, *Toluifera balsamum*, Lin. arbre de la fam. des Thérébinthacées que l'on cultive en grand à Tolu.

BAUME-DOOU-COUMANDOUR, s. m. Baume du Commandeur; on donne ce nom à une teinture ou alcoolat, très-coloré et chargé de principes, tenant en dissolution du benjoin, du storax, du baume du Pérou, etc. On emploie ce baume à l'extérieur comme vulnéraire.

BAUME DOOU PEROU, s. m. Baume du Pérou, cette substance balsamique se trouve dans le commerce sous trois états différents, portant les noms de *Baume du Pérou brun* ou *roux*; *Baume du Pérou blanc*, qui est liquide et presque transparent; et de *Baume du Perou noir.* Ce baume provient, selon Linnée fils, du *Myroxylum Peruiferum*, grand arbre de la fam. des Légumineuses, qui croît au Pérou et au Brésil.

Éty. du lat. *balsamum peruvianum.*

BAUMELUT, adj. et p. (bâoumelú). V. *Susbaoumat* et *Baum*, R.

BAUMETA, s. f. (booumete); BOOUMETA. Petite grotte, petite caverne, dim. de *Bauma*, v. c. m. et *Balm*, R.

BAUMIAN, V. *Booumian.*

BAUMIAR, Garc. V. *Booumiar.*

BAUQUIERA, s. f. (baouquiére). Terrain inculte qui ne produit que du verdage. Garc.

Éty. de *bauca* et de *iera.*

BAURI, s. m. (bâouri), dl. Précipice, fondrière, ravin profond et escarpé, creusé par des ravines, ou formé naturellement entre deux collines; abîme. Sauv. V. *Baus.*

BAURICHA, s. f. (baouritche), dl. Le même que *Boudifla*, v. c. m. et *Boufiga*.

BAURIENALHA, s. f. d. béarn. Race de vauriens, tous les vauriens pris collectivement.

Éty. de *baurien* pour *vaurien*, et de *alha*.

BAURT, s. m. vl. Joute, tournois.

BAUS, BALS, rad. pris de l'ital. *balzo*, *balza*, précipice, probablement dérivé du grec βάλλω (ballô), jeter, lancer.

De *balzo*, par apoc. *balz*, et par le changement de *l* en *u* et de *z* en *s*, *baus*; d'où: *Baus*, *De-baus*, *Debauss-ar*, *Debauss-at*, *Embals-ar*.

BAUS, s. m. (bâous); DEBAUS, PRECIPICI. *Balza*, ital. *Bals*, cat. Précipice, rocher escarpé. V. *Baus*, R.

Baus talhat, *Écore*, côte escarpée.

BAUS, adj. vl. Fou, vain, sot.

BAUSA, V. *Bausan*.

BAUSAN, s. m. vl. *Bauçant*, sorte de cheval; étendard des templiers.

BAUSCLA, s. f. (bâouscle). Ancien nom marseillais. V. *Bavarela*.

BAUSIOS, adj. vl. BAUZIOS. Trompeur, faux.

Éty. de *bauzia* et de *ios*. V. *Bauz*, R.

BAUSSAN, s. m. vl. Trompeur. Voy. *Bauzaire* et *Bauz*, R.

BAUSSAR, dl. V. *Bossar*.

BAUT, adj. vl. BAUTZ, BAUS. Hardi, fier, orgueilleux, empressé, vain; gaillard, joyeux.

Éty. de *baltha*, épithète donnée par les Goths à Alaric, à cause de sa courageuse audace, d'où l'ital. *baldo* et *baldansa*. V. *Baud*, Rad.

BAUTAR, v. a. (baoutá). Tirer les filets de la mer. *Faire lou bau*. Garc.

Éty. de *bau* ou *baut*, et de *ar*.

BAUTHEZAR, nom d'homme, (baouthezà); BOUTESAR, BAOUTEZAR, BALTHAZAR. *Baltassare*, ital. *Baltasar*, esp. *Balthasar*, port. Balthazar. Ce nom ne figure pas dans le martyrologe.

Éty. Alt. de *balthazar*.

BAUTUC, s. m. vl. Dispute, confusion, mélange. V. *Bauduc*.

BAUTUGAR, v. a. vl. *Bazucar*, esp. Troubler, profaner, infecter, souiller, gâter.

BAUTUGAT, **ADA**, adj. et p. vl. Profané, ée, troublé.

BAUZ, BAUS, rad. dérivé de la basse lat. *bauzia*, *bausia*, *baucia*, *baudia*; Dol, tromperie, fraude, fausseté.

De *bauzia* par apoc. *bauz*; d'où: *Bauz-a*, *Bauz-ador*, *Bauz-aire*, *Bauz-ar*, *Bauz-ia*.

BAUZA, vl. V. *Bauzia*.

BAUZADOR; vl. V. *Bauzaire* et *Bauz*, Rad.

BAUZAIRE, BAUZADOR. s. m. vl. *Bausador*, anc. cat. *Bauzador*, anc. esp. *Embaucador*, esp. mod. Trompeur, traître, fraudeur.

Éty. de *bauzar* et de *aire*, celui qui trompe. V. *Bauz*, R.

BAUZAR, v. a. vl. BAUZIAR. *Embaucar*, cat. esp. Frauder, tromper, trahir.

Éty. V. *Bauz*, R.

BAUZELI, nom d'homme, (bâouzeli). Baudile, Baudèle et Bauzeli.

Éty. de saint Baudile, martyr de Nismes, au IIIme ou IVme siècle; on en fait mémoire le 20 mai.

BAUZETA, s. f. vl. dim. de *Bauzia*, v. c. m. et *Bauz*, R.

BAUZIA, s. f. vl. BAUZA, BAUZION. *Bausia*, anc. cat. Tromperie, fausseté, trahison, perfidie, fraude, mensonge.

Éty. de *bauzar*, tromper, et de *ia*. Voy. *Bauz*, R. ou de l'italien *bugia*, mensonge.

BAUZIAR, vl. V. *Bauzar*.

BAUZION, s. f. vl. Fraude, tromperie. V. *Bauzia*.

BAUZIOL, adj. vl. Traître, pernicieux, insidieux, perfide. Sauv. V. *Bauz*, R.

BAUZIOS, vl. V. *Bausios*.

BAUZIOZAMENT, adv. vl. Frauduleusement, astucieusement.

Éty. de *bauzioza* et de *ment*. V. *Bauz*, R.

BAUZOR, s. f. BAUDOR. vl. *Baldore*, ital. Joie, allégresse, réjouissance.

Éty. de *bauz* et de *or*. V. *Baud*, R.

BAUZOS, adj. vl. Trompeur.

BAV

BAVA, s. f. (báve); *Bava*, ital. *Baba*, esp. port. cat. *Babarilha*, lang. Bave, salive qui découle de la bouche; écume que jettent certains animaux; liqueur visqueuse que répandent les limaçons, etc.

Éty. de l'ital. *bava*, dérivé probablement, selon Mén. du lat. inusité *babus*, enfant, parce que les enfants bavent beaucoup. Voy. *Bab*, R.

Tendre coumo de bava, dl. tendre comme rosée: *Lous nougaliouns soun encara que de bava*, les cerneaux ne sont encore que de la morve.

BAVA-DE-BUOUS, s. f. A Arles ce mot est synonyme de freluche, selon Pellas.

BAVA-DEIS-MAGNANS, BAVADURA. Bave de vers à soie, nom qu'on donne à la bourre qui enveloppe le cocon. *Araignée*, *Bourrelle*, *Fleur*.

BAVACHAIRE, **ARELA**, s. (bavatchaïré, arèle); BAVACHOOU. Baveux, euse. Garc. V. Bavaire.

BAVACHIAR, v. n. (bavatchiá). Baver. Garc. V. *Bavassiar*.

BAVACHOOU, Garc. V. *Bavaire*.

BAVADA, s. f. (baváde); ANFLET. dl. Un soufflet, coup sur la joue. V. *Soufflet* et *Bab*, Rad.

BAVADURA, s. f. (bavadúre). Nom qu'on donne à la bourre qui enveloppe le cocon. Suppl. Dict. Pellas. V. *Bava deis magnans*.

BAVAIRE, s. m. (bavaïré); BAVOUS. Baveux, euse, qui bave, on le dit aussi d'un bavard.

Éty. de *bavar* et de la term. *aire*, qui va toujours bavant. V. *Bab*, R.

BAVAIRE, s. m. On nomme ainsi le chabot, dans quelques pays, à cause de l'humeur gluante qui lubrifie la surface de son corps. V. *Aineou* et *Bab*, R.

BAVAN, adv. *à bavan*. *Anar à bavan*, aller à vide, sans charge. Pellas.

Éty. *bavan*, est une altér. de *bast van*, bât vide.

BAVAR, v. n. (bavá); *Bavar* et *Far bava*, ital. *Babear*, esp. *Babar*, port. cat. *Babarilhar*, dl. Baver, jeter de la bave, exhaler des choses gluantes. Filer, ne pas couler droit, en parlant des choses liquides.

Éty. de *bava* et de *ar*, V. *Bab*, R.

Bavar lou rouget, avoir la bouche ensanglantée: *Te farai bavar lou rouget*, je te casserai la gueule.

BAVARD, **ARDA**, adj. et s. (bavá, árde); BARJAC, BABILHARD, CHARRAIRE, BARGALET, LAVASSIER. Bavard, arde, qui parle sans discrétion et sans mesure.

Éty. du grec βάβαξ (babax), son inarticulé, vagissement, selon les uns; ou de *ba*, *bab*, son souvent répété par les enfants, selon Denina. V. *Bab*, R. et *Ard*.

BAVARDAGI, s. m. (bavardádgi); BASSACAMENT, BABILHARDAGI. Bavardage, action de bavarder; choses de peu d'importance, dites ou écrites longuement; choses fausses racontées ou données pour vraies.

Éty. de *bavard* et de *agi*. V. *Bab*, R.

BAVARDAR, V. *Bavardegear* et *Bab*, Rad.

BAVARDARIA, s. f. (bavardarie); BAVARDISA. Bavarderie, défaut du bavard; bavardise, propos de celui qui bavarde.

Éty. de *bavard* et de *aria*, tout ce qui tient au bavard. V. *Bab*, R.

BAVARDEGEAR, v. n. (bavardedjá); BAVARDIAR, BAVARDAR. Bavarder, parler continuellement de choses vaines et frivoles; parler indiscrètement.

Éty. de *bavard* et de *egear*, litt. faire le bavard. V. *Bab*, R.

BAVARDIAR, V. *Bavardegear*.

BAVARDISA, V. *Bavardaria*.

BAVAREL, dl. V. *Bavarela* et *Bab*, Rad.

BAVAREL, **ELA**, adj. (bavarèl, èle). V. *Bavaire* et *Bab*, R.

BAVARELA, s. f. (bavarèle); BAVAREL, BAVAREOU, BABAREL, BAVETA, BABIERA. *Babador*, esp. *Babadoura*, port. *Bavaglino*, ital. *Babadéro*, cat. Bavette, linge qu'on met devant la poitrine des enfants pour recevoir la bave qui découle de leur bouche.

Éty. de *Bava*, bave, v. c. m.

Bavarela; Pièce ajoutée au haut d'un tablier pour recouvrir la poitrine, qu'on nomme aussi *baveta*. V. *Bab*, R.

BAVARELA, s. f. Gattorugine ou Blennie gattorugine, *Blennius gattorugine*, Lin. poisson de l'ordre des Holobranches et de la fam. des Jugulaires ou Auchenoptères (à nageoires au cou), qu'on nomme *bavecca*, à Nice.

Selon l'observation de M. Roux, la plupart des blennies portent le nom de *Bavarela*. à Marseille. V. *Bab*, R.

Éty. Le nom de *bavarela* a été donné à ce poisson, et à ceux du même genre, parce que leurs écailles sont toujours recouvertes d'une espèce de bave, que désigne aussi le mot grec *blenna*. V. *Bab*, R.

BAVAREOU, s. m. Aub. V. *Bavareou*.

BAVARI, s. et adj. m. vl. Bavarois, de Bavière.

BAVAROISA, s. f. (bavaróise). Bavaroise; infusion de thé, adoucie avec du sirop de capillaire, dans laquelle on met quelquefois du lait.

Éty. La bavaroise, dit le Grand d'Aussi, ne remonte qu'aux premières années du XVIIIme siècle, et elle est due aux Princes de Bavière lorsqu'ils vinrent en France. Pendant le séjour que leurs Altesses firent dans la capitale, elles allaient souvent prendre du thé chez le sieur Procope; mais elles avaient demandé qu'on le leur servît dans des caraffes de cristal, et au lieu de sucre, elles y faisaient mettre du sirop de capillaire. La boisson nouvelle fut appelée bavaroise, du nom des princes.

BAVAROTA, s. f. (bavaróte). Nom qu'on donne à Nismes à la larve de la coccinelle, à 7 points noirs.

Éty. Parce que cette larve est toujours recouverte de bave. V. *Bab*, R.

BAVASSA, s. f. (bavàsse); *Babassa*, cat. *Babaza*, esp. Bave ou écume épaisse de certains animaux et de certaines plantes.

Éty. de *bava* et de *assa*.

BAVASSIAR, v. n. (bavassià); BAVACHIAR. Empreindre de bave, on le dit des enfants qui mouillent avec leur salive, ceux qui les embrassent.

BAVASTEL, s. m. vl. Marionnette, mannequin; singe, guenon.

BAVEC, adj. vl. BAVET. Bavard, caqueteur, babillard, et subst. babillage, caquetage, bavardage; épilepsie.

Éty. de *bavardar*. V. *Bab*, R.

Bavec roman, peson, romaine.

BAVECCA, s. f. (bavèque). Nom qu'on donne à Nice, selon M. Risso, à plusieurs espèces de blennies, qu'on nommé en général *Moustelas* en Provence, poisson de l'ordre des Holobranches et de la fam. des Jugulaires (à nageoires au cou).

Éty. de *bava*, *bavarela*, à cause de l'humeur glaireuse et gluante qui lubrifie leur corps. V. *Bab*, R.

Les espèces désignées par M. Risso, sous le nom de *bavecca* sont:

1° Le Blennie lièvre. V. *Lebre de mar.*
2° Le Blennie tentaculé. V. *Bouscla.*
3° Le Blennie gattorugine. V. *Bavarela.*
4° Le Blennie corne de cerf: *Blennius cornu-cervi*. Risso.
5° Le Blennie phole. V. *Badoua.*
6° Le Blennie brea, *Blennius Brea*. Risso.
7° Le Blennie étoilé, *Blennius stellatus*. Risso.
8° Le Blennie graphique, *Blennius graphicus*. id.
9° Le Blennie coquillade, *Blennius galerita*.
10° Le Blennie paon, *Blennius pavo*. Riss.
11° Le Blennie tête rouge, *Blennius erytrocephalus*. Risso.

On donne aussi le même nom, selon le même auteur: au salarias du Var, *Salarias varus*, Risso, au cline argenté, *Clinus argentatus*: Risso. au cline testudinaire, *Clinus testudinarius*; Risso. au cline verdâtre, *Clinus virescens*; Risso. au cline Audifrédi, *Clinus Audifredi*, id. poissons de la même fam. que les précédents.

BAVECCA-D'ARGA, s. f. (bavèque-d'argue). Nom nicéen du Blennie triptéronote, *Blennius tripteronotus*, Risso, poisson de l'ordre des Holobranches et de la fam. des Jugulaires ou Auchenoptères (à nageoires au cou), long seulement de huit centimètres.

Dans son Hist. Nat. M. Risso, donne le même nom au Triptérygion à bec, *Tripterygion nasus*, qui est probablement la même espèce sous un autre dénomination.

BAVET, *musar en*, expr. prov. vl. Perdre son temps. V. *Bavec.*

BAVETA, s. f. V. *Bavarela* et *Bab*, R.

BAVIER, s. m. vl. Bavarois.

BAVOUA, s. f. (bavóue). Nom nicéen du blennie ponctué. *Blennius punctulatus*, Riss. poisson de l'ordre des Holobranches et de la fam. des Jugulaires (à nageoires au cou).

Éty. de *bava*. V. *Bab*, R.

BAVOUS, OUSA, adj. (bavóus, óuse); LIMACHOUS, LIMAUCHOUS, BAVOUX. *Bavoso*, ital. *Baboso*, esp. port. *Babós*, cat. Baveux, euse, qui est couvert de bave, enfant baveux. V. *Bavaire*.

Meleta bavousa, omelette baveuse.

Éty. de *bava* et de *ous*. V. *Bab*, R.

BAVURA, s. f. (bavúre). Bavure, ébarbure, bavochure, traces que laissent les joints des pièces d'un moule.

BAY

BAY, dg. vl. Vas. V. *Vai* et *Bai*.

BAYA, V. *Baia* et *Balha*.

BAYAR, alt. de *Baisar*, v. c. m.

BAYARD, s. m. (bayàr); BAYAR. *Bayart*, cat. Bar ou bard, civière dont les maçons se servent pour porter les grosses pierres. Voy. *Civieras*.

BAYAREOU, Garc. V. *Baisareou*.

BAYETA, s. f. (bayéte); *Bayeta*, cat. esp. *Bajetta*, ital. *Bayette*, espèce de flanelle grossière, tirée à poil d'un côté. Ach Petit baiser. Garc. V. *Babeta*.

BAYLA, vl. V. *Baylla*.

BAYLAR, vl. V. *Bailar*.

BAYLEA, s. m. (beilée). La quantité de moutons qu'un *baile* conduit. V. *Abelier*.

Éty. de *baile* et de *a*. V. *Bail*, R.

BAYLET, s. m. anc. béarn. Huissier.

Item per charta de aprendissadge de baylet en officy. Fors et Cost. de Béarn.

BAYLEY, anc. lim. V. *Baile*.

BAYLIA, s. f. vl. Bailliage. V. *Bail*, R. et *Bailia*.

BAYLIADGE, s. m. vl. Bailliage. Voy. *Bail*, R.

BAYLLA, s. f. vl. g. BAILIVA, BAYLIA. *Baila*, ital. Gouvernante, maîtresse, nourrice.

BAYLLA, vl. Gouvernante, nourrice. V. *Baila*.

BAYLOUNA, vl. BAILOUNA Supérieure d'une maison de femmes prostituées. V. *Balouna* et *Bail*, R.

BAYNAR, d. de Mars. *Baynar*, anc. cat. alt. de *Bagnar*, v. c. m.

BAYOCA, Avril. V. *Boiocco*.

BAYOFI, s. m. (baïófi). Stupide, idiot. Avril.

BAYOUNETA, s. f. (bayounéte); *Bayoneta*, cat. *Bayóneta*, port. esp. *Baionetta*, ital. Baïonnette, espèce de poignard qui s'adapte obliquement au bout du fusil.

Éty. de Bayonne où cette arme fut inventée.

> Cette arme, que jadis, pour dépeupler la terre,
> Dans Bayonne inventa le démon de la guerre,
> Rassemble, en même temps, digne fruit de l'enfer,
> Ce qu'ont de plus terrible et la flamme et le fer.
>
> Volt. Henr.

Les troupes françaises n'ont commencé à en faire usage, au bout du fusil, qu'en 1671. Dans le commencement, on la plaçait dans le canon même, ce qui empêchait de tirer.

Dans une baïonnette, on nomme:

DOUILLE, la partie qui embrasse le canon.
LAME, le poignard.
BAGUE, l'anneau qui la fixe autour du canon.

BAYRAR, Mûrir, de *bayra*, maturité.

> *Las cerijos à miey bayra,*
> *Las poumetos à miey flayra.*
>
> D'Astros.

BAYROULAR, v. n. (baïroulà), dl. Varier, commencer de mûrir, en parlant des fruits.

Éty. Alt. de *variar*. V. *Vari*, R.

BAYROULAT, ADA, adj. et part. (baïroulà, àde), dl. A demi-mûr.

Éty. Alt. de *variat*. V. *Vari*, R.

BAYSADOR, vl. V. *Baisaire*.

BAYSAIRE, s. m. vl. V. *Baisaire*.

BAYSAR et comp. V. *Baisar*.

BAYSSHAMEN, s. m. vl. *Bassamento*, ital. Abaissement. V. *Abaissament* et *Bai*, R.

BAYZAN, vl. en embrassant. De *Baisar*, v. c. m.

BAZ

BAZA, vl. V. *Basa*.

BAZAC, adv. (bazá); BAZAT. Rien, néant: *Boutar à bazac*, détruire de fond en comble; mettre en désordre, en confusion.

BAZAC, s. m. BAZAT. Bazac, sorte de toile de coton très-fine, qui vient de Syrie; coton très-fin qu'on tire de Jérusalem.

BAZADES, s. m. vl. De *Bazas*.

BAZANET, s. m. (badjagné); BAZAGNET, LOUBET. Nom qu'on donne, à Antibes et à Grasse, à l'*Helix algira*. V. *Escargot*.

Éty. M. Duval, qui nous a donné ce nom, le fait dériver du grec βάζω (bazó), parler avec bruit, parce que lorsque cet hélix veut rentrer dans sa coquille, toujours trop petite pour le renfermer complètement, il fait un bruit particulier, et comme Antibes a été une colonie grecque, il n'est pas étonnant qu'un nom tiré du grec ait été donné à ce colimaçon; il pourrait venir aussi de sa couleur basanée. *Basanet*, de *Basana*.

BAZANTAR, V. *Basantar*.

BAZAR, s. m. (bazá). Bazar, mot turc, qui signifie halle ou marché public, achat ou échange de marchandises en totalité.

L'y ai fach un bazar, je lui ai tout vendu; le mobilier d'une maison, T. de Marseille, selon M. Garcin; lieu où l'on enferme les esclaves en Orient.

BAZARUETA, s. f. (bazaruète). Terme de mépris qu'on applique aux femmes qui veulent se mêler de tout, et aux bavardes.

BAZAT, s. m. Garc. V. *Coutoun.*

BAZELHA, nom de femme, vl. Baudile. Patr. probablement Saint Baudille dont l'Église honore la mémoire le 20 mai.

BAZILICA, vl. V. *Basilica.*

BAZILISC, vl. V. *Basilic.*

BAZOCHA, V. *Basocha.*

BAZOFI, IA, s. et adj. (bazófi, ie), Stupide, sot, imbécile. V. *Nigaud* et *Niais.*

BDE

BDELLI, s. m. vl. *Bdellio*, port. ital. Bdellium, gomme résine qu'on apporte du Levant et des Indes Orientales, produite par un arbre qu'on suppose être une espèce de Balsamier, *Amyris.*

Bdelli *es aybre mot negre, sa goma val en medecina.*

Éty. du grec βδέλλιον (bdellion), formé de βδέλλα (bdella), nom de l'arbre qui porte cette résine.

BDELOMETRO, s. m. (bdelomètre). Bdélomètre ou sangsue artificielle, instrument propre à remplacer les sangsues.

Éty. du grec βδέλλω (bdellô), tèter, sucer, et de μέτρον (métron), mesure de ce qui a été sucé, sous-entendu sang.

Le Docteur Sarlandière inventa cet instrument en 1819.

BE

BE, BE, BÉL, radical onomatopée, imitant le bêlement ou cri naturel de la brebis, *bé, bé*; d'où le grec βῆ (be), m. s. et le lat. *balare*, fait de βληχήν (bêlên), brebis, faire comme la brebis.

Per so de be ditz hom belar. Leys d'amor.

Dérivés: *Be, Bear-ar, Bear-aire, Bel-ar.*

De *bel*, par le changement de *e* en *ia, bial*; d'où: *Bial-ar, Biala-ment.*

BE, s. m. (bé); *Be*, cat. esp. *Bi*, ital. Be, nom de la seconde lettre de l'alphabet.

BE, vl. *Be*, cat. all. de *Ben*, bien, v. c. m. de bon. V. *Bon. Be ou contra*, Avril. V. *Bech ou contra.*

BE, s. m. Nom bas lim. du bouleau blanc. V. *Bes*, dont *be* n'est qu'une altération.

BE; **BE**, s. m. (bê, bê); *Be*, esp. cat. ital port. Mots employés comme onomatopée du bêlement des brebis.

Éty. du grec βῆ (bê), m. sign. V. *Be*, R.

Vox earum non me sed hee sonare videtur.
Varro, II, de Re rustica, cap. 1.

BEA

BE-A-BA, s. m. (bé á bá): LA SANTA-CROUX. *Beaba*, cat. L'Abécé, la croix de par Dieu, l'alphabet où l'on enseigne à connaître les lettres, à les épeler, à les assembler et à lire.

BE T'AUGI, phr. adv. dl. Je t'entends bien, c'est-à-dire, ma foi oui, vraiment oui.

Éty. C'est une alt. de *ben t'ausi.*

BEAL, BEAR. radical pris, du roman, *beal*, fossé, creux, et probablement dérivé du latin *vehere*, transporter, par le changement du *v* en *b*; ou de la basse latinité *biezium, becium*, canal, conduit pour l'eau, dérivé du lat. *via aquarum*. V. aussi *Via*, R.

De *bear*, par le changement de *r* en *l*: *Bear, Bear-au, Bear-iera, Bear-oun.*

De *beal*, par la suppr. de *a*, *bel*; d'où: *Bel-iera, Bel-ieira.*

BEAL, s. m. (beál); BEAU, BEOU, BEAR, BIAL, BESAL, BESAU, AIGUIERA, BIAU. Canal d'arrosage; conduit ouvert des eaux d'une ville, canal ou rigole; biez, conduit qui mène l'eau à un moulin.

Éty. du celt. *beal*, canal, ou de la basse lat. *bedale*, m. s. dérivé du lat. *via-aquæ*, ou du grec βιη (bié), m. s.

Béal, est un barbarisme en français.

BEALAGI, s. m. (bealádgi); BEALAGE. Éclusée; l'eau que contient une écluse, la quantité d'eau qui passe à la fois, dans un biez, le biez. Garc.

BEALIERA, s. f. (bealiére). V. *Beliera.* *Bée*, trou par où passe l'eau qui fournit à un biez. Garc.

BEALOUN, s. m. (bealóun); BEAROUN. Petit canal, petit conduit.

Éty. de *beal*, et de *oun.*

BEAR, s. m. (beá). V. *Beal* et *Beal*, R.

BEAR, LOU, s. m. BIALAMENT. Le bêlement de certains animaux; l'action de bêler. V. *Be*, R.

BEARAIRE, RARELLA, adj. (bearaïré, arèle). Brailleur, euse. V. *Cridaire.*

Éty. de *bear* et de *aire*. V. *Be*, R.

BEARAR, d. m. *Berrar*, port. V. *Belar* et *Be*, R.

BEARAU, s. f. (bearáou), d. m. La quantité d'eau qui passe à la fois dans un canal d'arrosage, quand il est à peu près plein; quantité de terrain arrosable qui se trouve entre deux canaux.

Éty. de *bear* et de *au*. V. *Beal*, R.

BEARIARA, s. f. (beariére); BERIERA, BELIERA, BIAU. Canal qui conduit les eaux à un moulin. V. *Beliera* et *Beal.*

BEARN, s. m. (beá); *Bearne*, port. esp. *Bearn*, ital. Béarn, nom d'une ancienne province de France, bornée au N. par la Chalosse, le Tursan, et le B. Armagnac; au S. par les Pyrénées; à l'E. par le Comté de Bigorre, à l'O. par le pays de Soule et la Basse-Navarre; ce pays fait partie aujourd'hui du département des Basses-Pyrénées. Pau en était la capitale.

Éty. du lat. *bearnia*, m. s.

BEAROUN, s. m. (bearóun). Dim. de *bear*, petit canal, petit conduit. V. *Beal*, Rad.

BEARRA, d. m. V. *Berra.*

BEARRI, s. m. (beárri). Filet de cordes pour transporter le fourrage. Aub. V. *Barrion.*

BEAS, s. f. pl. (bées), dg. Les veines.

Et eschauluro tout lou cos,
La car, las beos é lous os. D'Astros.

BEASSA, V. *Biassa* et *Sac*, R.

BEASSIER, s. m. (beassié). Besacier. V. *Besacier* et *Sac*, R.

BEASSOUN, s. f. (beassóun). Poche d'une besace. Aub.

BEAT, radical dérivé du lat. *beatus*, heureux; formé de *beo, beare*, rendre heureux, fig. bien heureux, saint; d'où: *Beatificare*, béatifier; *Beatitudo*, béatitude.

De *beatus*, par apoc. *beat*; d'où: *Beat, Beat-a, Beat-ilhas, Beat-oun*, etc.

De *beatificare*, par apoc. *beatific*; d'où: *Beatific-ation.*

De *beatific*, par la suppr. du *c*: *Beatifi-ar, Beatifi-at*, etc.

De *beatitudo*, par apoc. *beatitud*; d'où: *Beatitud-a.*

BEAT, ATA, adj. et s. (beá, áte); *Beato*, esp. port. ital. cat. mod. *Beat*, cat. anc. Béat, bienheureux, saint personnage; béat en français, se prend souvent en mauvaise part, pour faux dévot.

Éty de *beatus*, heureux. V. *Beat*, R.

Beatus est, quem fortuna donis suis beavit.
Vossius.

Beat qu'u ten, durbec qu'u espera;
Heureux qui tient, sot qui attend.

Encara beat ou *beati*, fort heureux encore.

BEATA, s. f. (beáte); *Beata*, cat. esp. ital. Béate, femme pieuse qui s'occupe à des œuvres de piété.

BEATIFIAR, v. a. (beatifiá); *Beatificare*, ital. *Beatificar*, esp. port. Béatifier, mettre au nombre des bienheureux.

Éty. du lat. *beatificare*, fait de *beatum facere*. V. *Beat*, R.

BEATIFIAT, ADA, adj. et p. (beatifiá, áde); *Beatificado*, esp. port. *Beatificato*, ital. Béatifié, ée.

Éty. de *beati* et de *fiat*, fait, rendu heureux. V. *Beat*, R.

BEATIFICATION, s. f. (beatificatie-n); *Beatificacion*, esp. *Beatificação*, port. *Beatificatione*, ital. anc. *Beatificiò*, cat. Béatification, acte par lequel le pape permet aux fidèles, de rendre un culte particulier à un sujet proposé pour être canonisé. Dans ce cas le pape agit comme souverain, tandis qu'il prononce comme juge dans la canonisation.

Éty. du lat. *beatificationis*, gén. de *beatificatio*, action de rendre béat, saint. V. *Beat*, R.

BEATILHAS, s. f. pl. (béatilles); BETILHAS. Béatilles, tout les petits morceaux de viandes ou de choses délicates qu'on met dans les pâtés, dans les tourtes; comme les crêtes, les foies, les petits oiseaux, etc.

Éty. de *beat*, heureux, qui rend heureux, et de *ilhas*, tout. V. *Beat*, R.

BEATILHAS, s. f. pl. Béatilles, se dit encore de tous les petits ouvrages que font les religieuses, comme pelottes, agnus dei, etc.

Éty. de *beat*, heureux, ouvrage des bienheureuses. V. *Beat*, R.

BEATITUDA, s. f. (beatitúde); *Beatitudine*, ital. *Beatitud*, esp. *Beatitut*, cat. Béatitude, état dans lequel l'âme est parfaitement heureuse, à cause de son union avec Dieu.

Éty. du lat. *beatitudo*, m. sign. V. *Beat*, Rad.

BEATOUN, s. m. (beatóun). Terme doucereux qui est un dim. de *beat*. V. *Beat*, R.

BEATRIS, nom de femme (beatris). V. *Beatrix.*

BEATRIX, nom de femme, (beatrix); **BEATRIS.** *Beatrice*, ital. *Beatrix*, esp. Béatrix.

Patr. sainte Béatrix, martyrisée en 303, avec sainte Sévère et plusieurs autres. L'Église en fait mémoire le 29 janvier.

BEAU, V. *Beal.*

BEAUMENT, adv. vl. vaudois. Bellement.

Éty. alt. de *beoument*. V. *Bel*, R.

BEB

BEBA, s. f. (bèbe); **TROUGNA, MINA, POT, BOBAS.** Lippe, grosse lèvre, fig. la moue: *Faire la beba*, faire la moue, faire la grimace en pleurant.

Éty. de *bab*, d'où *babouin*, singe.

BEBA, s. f. dl. Ver à soie. V. *Magnan.*

BEBE, Garc. petit mal. V. *Bobo.*

BEBÈI, s. m. dl.

L'autre din soun *bebei* y alargou soun piveou.

BEBEIRE, dl. V. *Beveire* et *Bev*, R.

BEBER, anc. béarn. Boire. V. *Beoure* et *Bev*, R.

BEBI, dg. Je bois, pour *bevi*, du verbe *beoure.*

BEBI, IA, s. (bèbi, ie), d. bas lim. Nigaud. V. *Niais.*

BEBUT, dg. bu. V. *Begut.*

BEC

BEC, **BEQU**, radical dérivé du celtique *becq*, ou du celto-breton *bek* ou *beg*; *bec* en flamand, *becken*, en all. Bec, partie cornée qui tient lieu de bouche aux oiseaux; et par extension, pointe en forme de bec; fig. parole, babil. Dérivés: *Bec*, *Bec-figa*, *Bec-ar*, *Becar-ut*, *Bec-assa*, *Becass-ino*, etc.

De *bec*, par le changement de *c* en *ch*, *bech*; d'où: *Bech-ada*, *Bech-at*, *Bech-ar*, etc.

De *bec*, par le changement de *c* en *qu*, *bequ*; d'où: *De-bequ-ignar*, *Bequ-et*, *Bequet-ar*, etc.

De *bec*, par l'addition d'une *n*, *benc*; d'où: *Benc*, *Benc-ada.*

BEC, s. m. (bè); **BEQUE.** *Becco*, ital. *Bico*, port. *Bec*, cat. *Pico*, esp. Bec, partie cornée qui tient lieu de bouche aux oiseaux. fig. Bouche, langue, babil.

Éty. V. *Bec*, R.

Le bec est composé de deux *mandibules*, une supérieure et l'autre inférieure: la première est percée de deux trous qui sont les narines. La membrane colorée qui en recouvre quelquefois la base se nomme *cire.*

BEC, fig. Caquet: *N'a que bec*, il n'a que du babil: *Coou de bec*, trait satirique: *Tenir lou bec d'in l'aigua*, payer par de belles paroles, faire attendre.

BEC ou **BENC**, s. m. Fourchon d'une fourchette, dent d'un peigne.

BEC D'AUCA, La semelle, en terme de boucher. V. *Mola.*

BEC D'ANA, V. *Bedana.*

BEC-DE-COURBIN, s. m. Bec-de-corbin, sorte de crochet.

BEC-JAUNE, s. m. Béjaune, novice, sans expérience; au propre, oiseau niais et sot.

BEC DE PAN, tête de pain.

BEC vl. Il ou elle but, de *boure*, boire: *El en bec*, il en but.

BEC-DE-CISEOUS, s. m. (bec-de-cisèou). Nom qu'on donne dans le Gard au Bec-croisé. V. *Pessa-pigna* et *Bec*, R.

BEC-CROUSAT, s. m. Bec-croisé. Voy. *Pessa-pigna* et *Bec*, R.

BEC-DE-FAUCOUN, s. m. (bec de faoucoun). Nom qu'on donne à Nismes, au paliure. V. *Arnaveou* et *Bec*, R.

BEC-FIGA, s. m. (bec-figue); **BECAFIGA, BECAFIC, BECFIC.** *Beca-fico*, ital. *Becafigo*, esp. *Papa-figo*, port. Becfigue, *Motacilla ficedula*, Lin. oiseau de l'ordre des Passereaux et de la fam. des Subulirostres ou Raphioramphes (bec fin ou bec en alène), dont la chair est très estimée.

Ce nom est commun à plusieurs espèces de fauvettes, à des farlouses et à des pipits, tous oiseaux qui s'engraissent en mangeant des figues, d'où le nom de *Bec-figa*, ou mieux *Beca-figa*, qui becquète les figues. M. Roux assure que le gobe mouche noir, *Muscicapa atricapilla*, Viellot, porte aussi ce nom, qui est d'ailleurs celui de tous les bec-fins, en automne, quand ils sont gras.

Gras couma un bec-figa, gras comme un becfigue.

BEC-DE-GRUA, s. m. **ROUBERTA.** Bec-de-grue ou Herbe à Robert, *Geranium Robertianum*, Lin. plante de la fam. des Géraniées, commune sur les vieux murs et dans les lieux ombragés.

Éty. La longueur de ses graines l'a fait comparer au bec d'une grue, d'où le nom que cette plante porte. V. *Bec*, R.

BEC-DE-LEBRE, s. m. **BOUCCA-FENDUDA, POTA-DE-LEBRE.** Bec-de-lièvre, nom qu'on donne à la difformité de naissance, qui résulte de la division de l'une des deux lèvres, ordinairement de la supérieure.

Éty. La lèvre fendue ressemble un peu à celle d'un lièvre, d'où le nom de bec-de-lièvre. V. *Bec*, R.

BEC-DE-LESENA, s. f. Un des noms de l'Avocette. V. *Alesna.*

Éty. de *lesena*, alène, à cause de la forme de son bec. V. *Bec*, R.

BEC-DE-PASSEROUN, s. m. **SENE-BASTARD, SOUCHIERS, SENE-PROUVENÇAU.** Globulaire turbilh, *Globularia alypum*, Lin. arbuste de la fam. des Globulaires, commun sur les côteaux de la Pr. Mér. à Mont-Redon, à Toulon, à Mirabeau, etc.

Éty. Le nom de bec d'oiseau lui a été donné à cause de la ressemblance qu'on a cru trouver entre ses feuilles et le bec d'un oiseau. V. *Bec*, R.

Les feuilles de cette plante jouissent d'une vertu purgative presque égale à celle du séné. V. Gar.

BEC-RECOURBAT, s. m. Nom nicéen de l'avocette. V. *Alesna* et *Bec*, R.

Éty. A cause de la forme de son bec.

BECA, s. f. vl. Croc, crampon. Crottin. V. *Peta.*

Éty. de *bec*, par analogie. V. *Bec*, R.

BECA, impér. du verbe *becar*, pris dans le sens de regarder, attendre; c'est une espèce de nom qu'on donne aux enfants pour leur adresser la parole, ce qui peut se rendre par mon fils, mon enfant, holà! regarde, écoute. V. *Bec*, R.

BECADA, s. f. (becàde); **BECHAU, BARBADA, ABECADA.** *Beccata*, ital. Becquée, la quantité de nourriture qu'un oiseau porte avec son bec, à ses petits. fig. Bouchée. sarcasme, raillerie, coup de bec ou de langue.

Éty. de *bec* et de *ada*, porté avec le bec. V. *Bec*, R.

Dounar la becada, abecquer un oiseau, lui donner la becquée.

BECADA, s. f. (becàde). Nom gascon de la bécasse, rapporté par le poëte d'Astros. V. *Becasse.*

Éty. de *bec* et de *ada*. V. *Bec*, R.

Qu'es bonno, tripo è budets la becado.
D'Astros.

BECADURA, s. f. (becadúre), dl. Un accroc: déchirure causée par un clou ou par quelqu'autre chose où l'on s'accroche.

Éty. de *becad* ou *becat*, et de *ura*, chose piquée par le bec, c'est-à-dire, par quelque chose de pointu qui peut déchirer. V. *Bec*, R.

BACAFIC, dl. et

BACAFIGA, V. *Bec-figa* et *Bec*, R.

BECAGE, s. f. (becàdgè), dl. Un herbage, un pâturage.

Éty de *bec* et de *age*, lieu où le bec peut agir, c'est-à-dire, où il y a de quoi manger. V. *Bec*, R.

BECAR, v. a. (becá); *Beccare*, ital. Becqueter et béquer, le poussin bèque quand il commence à percer la coquille de l'œuf dans lequel il est renfermé. V. *Bequetar* et *Bec*, R.

BECAR, v. n. **BEICAR**, d. m. Badauder. niaiser, faire le musard: *Que beiques aquit*, Qu'attends tu là. V. *Badar.*

Éty. de *becar*, béqueter, s'amuser à béqueter, c'est-à-dire, à des riens. V. *Bec*, R.

BECARD, s. m. (becár). Nom languedocien du Goujon. V. *Gobi* et *Bec*, R.

BECARRO, s. m. (becárre); *Bécuadro*, cat. *Becuadrado*, esp. *Bisquadro*, ital. *Bequadro*, port. Bécarre, caractère de musique, en forme de petit carré, qu'on met au-devant d'une note qui avait été haussée ou baissée d'un demi ton, pour la rétablir dans son ton naturel.

Éty. *becarro*, est dit pour *b-carrat*, b-carré.

BECARUT, UDA, adj. (becarú, úde); **BECUT.** Qui réplique à tout, qui se rébèque; grand parleur; raisonneur.

Éty. de *bec* pris au figuré, de *ar* et de *ut*, remarquable par son babil. V. *Bec*, R.

BECARUT, s. m. (becarú); **FLAMAND, FLAMENC.** *Fiammingo*, ital. *Flamenco*, esp. Flammant, Becharu ou Phénicoptère, *Phœnicopterus ruber*, Lin. oiseau de l'ordre des Échassiers et de la fam. des Latirostres ou Ramphoplates (à bec large), qu'on trouve quelquefois dans la Camargue à Arles, et qui est très-commun en Égypte.

Éty. Le nom de *becarut* lui vient de la

grosseur de son bec, et celui de *flamant*, de la couleur de flamme qui règne sur une partie de ses ailes. V. *Bec*, R.

BECASSA, s. f. (bécasse); *Becada*, cat. esp. *Beccaccia*, ital. Bécasse, Bécasse commune, *Scolopax rusticola*, Lin. oiseau de l'ordre des Echassiers et de la fam. des Ténuirostres ou Rampholites (à bec grêle), dont la chair est très-estimée.

Cet oiseau passe dans nos pays au mois d'octobre et y séjourne quelquefois une partie de l'hiver.

Éty. Son nom lui vient de la longueur de son bec. V. *Bec*, R.

On appelle :

MIROIR, les excréments des bécasses.
PASSE, le temps où elles arrivent ou partent.
CHUTE, le lieu où elles viennent s'abreuver.
VÉROTER, l'action de manger des vers.

BECASSA D'IRLANDA, s. f. Nom qu'on donne dans le Gard, selon M. Crespon, à la Barge rousse, *Limosa rufa*, Briss. oiseau du même genre que le précédent.

BECASSA-DE-MAR, s. f. CARDILAGNA, TROUBTA, CARDALINA, TROUMPETA, CARDILAGA. La Bécasse ou Eléphant de mer, *Centriscus scolopax*, Lin. poisson de l'ordre des Téléobranches et de la fam. des Aphyostômes (bouche en suçoir ou en forme de trompe).

Éty. A cause de la longueur de son museau qui le fait ressembler au bec de la bécasse. V. *Bec*, R.

La chair de ce poisson est tendre et de bon goût.

BECASSIN-CENDROUS, s. m. (becassin-ceindróus), s. m. Nom nicéen de la Barge à queue noire, *Limosa melanura*, Risso. *Scolopax limosa*, Lin. V. *Charloutina* et *Bec*, R.

BECASSIN-CUOU-BLANC. Nom nicéen du chevalier becasseau. *Tringa Ochropus*. Lin. V. *Cuou-blanc*.

BECASSIN-CUOU-ROUS, Nom nicéen de la bécassine. V. *Becassina*.

BECASSIN-GAVOUET, Nom nicéen du chevalier noir, *Totanus fuscus*. Risso.

BECASSIN-MARSENC, s. m. Nom nicéen de la bécasse double bécasse, *Scolopax major*, Gm.

BECASSIN-NANDU, s. m. Nom nicéen de la bécasse sourde, *Scolopax gallinula*, Lin. V. *Becassoun*.

BECASSIN-ROUS, s. m. Nom nicéen de la becasse rousse, *Limosa rufa*. Brisson, Risso. oiseau de l'ordre des Echassiers et de la fam. des Ténuirostres (à bec grêle).

BECASSINA, s. f. (beccassine); BECASSOUN. *Beccaccino*, ital. *Becadèll*, cat. Bécassine, Bécassine commune, *Scolopax gallinago*, Lin. oiseau de l'ordre des Echassiers et de la fam. des Ténuirostres ou Rampholites (à bec grêle).

Éty. dim. de *becassa*. V. *Bec*, R.

La bécassine est un peu plus grosse que la caille, et se distingue facilement des autres oiseaux qui lui ressemblent, aux cinq raies longitudinales qu'elle a sur la tête, dont deux noires et trois fauves.

Cet oiseau arrive dans nos pays en automne et les quitte au printemps, pour aller nicher en Allemagne, en Silésie et en Suisse.

On appelle :

MIROIR, sa fiente.

BECASSINA, s. n. Nom nicéen du corlieu d'Europe. V. *Courliou*, et *Bec*, R.

BECASSINA-DEI-GROSSAS, s. f. BECASSOUN. Nom que porte, dans le Gard, la bécassine double, *Scolopax major*, Lin. oiseau du même genre que les précédents.

BECASSINA DE MAR, s. f. Selon M. Risso, on donne ce nom à Nice, à l'orphie ou ésoce belone. V. *Agulha* et *Bec*, R.

BECASSOUN, s. m. (becassóun), dim. de *becassa*, petite bécasse ou jeune bécasse.

A Arles, on donne ce nom à la bécassine ordinaire, V. *Becassina*, et dans le Languedoc, à la double becassine, V. *Becassina-dei-grossas*. Ailleurs on donne le même nom au becasseau, cul blanc, etc. V. *Cuou-blanc-d'aigua*, et *Bec*, R.

BECASSOUN 2, s. m. SOURDET, SOURDA, BOURCHOUN, AUVERGNASSOUN. Petite bécassine, Sourde, *Scolopax Gallinula*, Lin. oiseau du même genre que le précédent et qu'on distingue facilement en ce qu'il n'est pas plus gros qu'une alouette; sa chair est des plus délicates. V. *Bec*, R.

BECASSOUN, s. m. Bécassine ou Double bécassine, *Scolopax gallinacea*, Dict. Sc. nat. oiseau du même genre que la bécasse, qui passe dans nos pays au printemps et en automne.

Éty. augm. de *becassina*, ou dim. de *becassa*, parce que cet oiseau tient le milieu pour la taille, entre l'une et l'autre. Voy. *Bec*, R.

BECAT, s. m. (bécat), dg. BECHAS. Hoyau, pioche. V. *Pic* et *Aissoun*.

Éty. de *bec* et de *at*, fait en forme de bec. V. *Bec*, R.

BECCA-MARINA, s. f. (bèque-marine). Nom nicéen du courlis vert, ou ibis vert. Voy. *Gourbelha*. et *Bec*, R.

BECCA-MARINA-PICOUNA, s. f. Nom nicéen du courlis cendré. V. *Courliou*.

On donne dans le même pays, le même nom au chevalier semi-palmé, *Totanus-semi-palmatus*. Risso. *Scolopax semi-palmata*. Gm.

BECEDARI, s. m. vl. m. s. que *abecedero*.

BECH OU **CONTRA**, s. m. (bétch ou cóntré); BE OU CONTRA. Tête ou queue, tête ou pointe, jeu d'épingles qui consiste à en cacher deux dans la main. Il faut pour gagner que l'adversaire devine si les deux têtes sont du même côté, pour cela il répond *bech*, qui vient de *bis*, pour dire qu'elles sont ensemble; ou *contra*, s'il pense qu'il en est autrement.

BECHA, s. f. (bètche). Nom qu'on donne, dans les environs de Berre, à toutes les espèces de maubèches; selon M. Porte.

BECHA, vl. Il ou elle égratigne.

BECHADA, s. f. (betcháde), d. lim. Nom de la bécasse. V. *Becassa* et *Bec*, R. Pour becquée. V. *Becada*.

BECHAR, v. a. vl. *Beccare*, ital. Becqueter. V. *Bequetar* et *Pitar*.

Éty. de *bech* pour *bec*, et de *ar*. V. *Bec*, Rad.

Faire une faute. Aub.

BECHARD, s. m. (bechár), dl. BIGA, BECUN, BECUT, MAGAU, FOURCAT. Binette, houe fourchue, instrument de vigneron pour biner les vignes, d'où le nom de binette qu'il porte en français. C'est une marre à deux pointes.

Éty. de *becha*, bêche, et de *ard*, pointue.

BECHAS, s. m. (betchás). V. *Becat*.

Éty.

BECHAT, adj. (betchá), d. du Var. *Uou bechet*, œuf percé par le poussin qui veut en sortir.

Éty. de *bech*, pour *bec*, et de *at*, percé avec le bec. V. *Bec*, R.

BECHAU, d. m. V. *Becada* et *Bec*, R.

BECHE, s. m. (bétsé), d. bas lim. Croc, crochet. V. *Croc* et *Bec*, R.

BECHET, s. m. (betché), d. arl. Nom du brochet à Arles. V. *Brochet*.

Emé lou perfide musclaou
Troumparen dins un plen repaou,
Lou frés barbeou, l'escarp'avidou,
Vo lou beché, vo lou lougaou.
Coye.

BECHIC, s. m. (betchi), dl. Chagrin, mélancolie, mauvaise humeur. Sauv.

BECHIGOUS, OUSA, adj. (betchigóus, óuse). Fantasque, capricieux, difficile.

BECHINA, s. f. vl. V. *Beguina*.

BECHIQUE, ICA, adj. (betchiqué, ique); *Bechico*, port. *Becchico*, ital. Béchique, plante, remède que l'on croit propre à adoucir la toux.

Éty. du grec βήξ (bêx), génitif βηχός (bêchos), toux.

BECHIR, v. n. (betchir). Poindre, naître, paraître, sortir à peine. V. *Pounchouniar*.

BECHIR, v. a. (betchir). Toucher à peine, appuyer tant soit peu; froler, friser. Avril.

BECHOREL, s. m. (betsorèl); BECHAREL. Nom bas limousin d'un oiseau qui paraît être le petit corlieu, selon M. Béronie.

Éty. de *bech* pour *bec*. V. *Bec*, R.

BECHOYA, s. f. (betchóye). Pitance, gourmandise, friandise. Avril.

BECILH, s. m. vl. BECILL. Renversement, détérioration, trouble. Dérivé : *Becillar*.

BECILHAR, v. n. vl. BECILLAR. Avoir envie de dormir. V. *Penecar*, sommeiller, roupiller.

BECILL, vl. V. *Becilh*.

BECORA, s. f. (becóre). Crottin de menu bétail, de lièvre, de lapin, etc. Garc. V. *Peta*.

Éty. Probablement de *pecora*, lat. brebis.

BECOUN, s. m. (becóun); *Biquinho*, port. *Beccuccio*, ital. Petit bec; fig. petit babil, babil agréable des enfants.

Éty. de *bec* et du dim. *oun*. V. *Bec*, R.

BECUDA, s. f. (becúde). Un des noms toulousains des pois chiches. V. *Ceze*.

BECUDA, s. f. (becúde). Nom qu'on donne, à Nismes, à la clavaire coralloide. Voy. *Barba*.

Éty. de *Bec*, R.

BECUDEL, s. m. (becudèl). *Becudel*, nom d'une espèce de raisin, dans le département de la Corrèze.

En dg. pois chiches. V. *Pese becut*.

BECUDET, s. m. dg. Oiseau.

La becado
Qu'es bouno tripas é budets,
Becassinos, é becudets. D'Astros.

BECUN, V. *Bechard* et *Bec*, R.

BECUT, **UDA**, adj. vl. *Bicudo*, port. Crochu. V. *Ceze* et *Pese becut.*

Éty. de *bec* et de *ut*, en forme de bec. V. *Bec*, R.

BECUT, V. *Bechard*, *Becarut* et *Bec*, R.

BED

BED, radical qui paraît avoir la même origine que *Berg*, v. c. m. et qui signifie, en général, brebis; ou aliment dont cet animal se nourrit, ce que semble prouver le mot *bedis*, nom par lequel les Languedociens désignent le saule marceau que les Lat. ont appelé *Salix caprœa*, saule des chèvres. Fig. benin, imbécile. Dérivés: *Bed-e*, *Bed-iga*, *Bedig-ana*, *Bedig-as*, *Bedig-assa*, *Bedin-bedos*, etc.

BEDANA, s. m. (bedáne); BEC-D'ANA, BEDAINE. *Bec-d'âne*, outil de menuisier.

Éty. du français *bec*, et de *ane*. V. *Bec*, R.

BEDAT, s. m. vl. Garenne ou bois défendu et prohibé.

Éty. du lat. *vetatum*, supin, de *veto*, *vetare*, défendre, d'où *vetat*, par apoc. et *bedat*, par métagr.

Si augun pica en bedat. Fors et Cost. de béarn.

BEDE, s. m. (bédé). Imbécile, niais. V. *Badaud* et *Nigaud.*

Éty. On fait venir ce mot d'un nommé *Beda*, qui voulut détourner François 1er d'établir des professeurs de langues, alléguant que la grecque, dont il ne connaissait pas seulement l'alphabet, était la source de toutes les hérésies.

BEDE, s. m. Terme dont se servent les bergers pour appeler les moutons. Sauv. V. *Bed*, Rad.

BEDEL, s. m. vl. BEDOT. *Bedèll*, cat. *Bedel*, esp. port. *Bidello*, ital. Bedeau, homme portant masse ou bâton, chargé de la police dans une église, dans une université, etc.

Éty. de l'anglo-saxon *bœdel*, nonce. Caseneuve dérive ce mot de la basse lat. *bedellus*, *quasi pedellus, à pedo, hoc est baculo*, c'est-à-dire, bâton; huissier portant bâton. Denina le fait venir de l'all. *bedel*, dérivé de *bede*, ordre, commandement, valet qui porte les ordres.

BEDEL, s. m. (bedèl), dl. V. *Vedel*, R.

BEDELA, s. f. (bedèle), dl. V. *Vedela* et *Vedel*, R.

BEDELAS, s. m. (bedelás), augmentatif de *bede* et de *Bedel*, v. c. m. et *Vedel*, R.

BEDELS, s. m. pl. dg. V. *Bouyeou* et *Budeou.*

BEDENA, s. f. (bedéne); VEDENA. Bedaine, gros ventre.

Éty. du vieux mot *bedon*, qui signifiait tambour, gros, replet, d'où *bedondaine*, gros ventre; ou selon Guichard de l'hébreu *beten*, ventre.

BEDEOU, Garc. V. *Budeou.*

BEDER, d. béarn. Voir. alt. de *veder*. V. *Veire.*

BEDERRES, s. et adj. vl. *Bedarrien*, du diocèse de Béziers.

BEDERS, nom de lieu, vl. Béziers.

BEDETS, dg. Pour *vesez*, vous voyez.

BEDIGA, s. f. (bedigue), dl. VAISSIVA. *Antenois*, un agneau, une brebis d'un an. V. *Anouge.* On le dit aussi d'une brebis maigre, malingre ou éclopée, qu'on fait paître à part dans de bons pâturages.

Éty. V. *Bed*, R.

BEDIGANA, s. f. (bedigáne). Nom que porte à Nismes, la vigne sauvage. V. *Lambrusca.*

Éty. Ce mot serait-il dérivé de *bedigas*, brebis, parce qu'elle est livrée à ces animaux. V. *Bed*, R.

BEDIGAS, **ASSA**, s. (bedigás, ásse), dl. VASSIVAU, BELIGAS, BERIGAS, BERIGAUDE, BEDIGA, ANOUGE, NIGAUDAS, BERTISSET, BOUREC. Agneau d'un an, *antenois*. V. *Anouge*, fig. bon enfant, bonne pâte, bonne personne.

Éty. de *bediga*, brebis d'un an, et de l'augm. *as*. V. *Bed*, R.

Aquot es un bedigas, c'est la brebis du bon Dieu.

BEDIGAS, Terme de commisération, pauvret; c'est le *poverazzo*, des Italiens, et le *pecaire*, des Provençaux. V. *Bed*, R.

BEDIGASSA, s. f. (bedigásse), dl. fém. de *bedigas*. Bonne femme, bonne personne, sans fiel et sans rancune. V. *Bedigas* et *Bed*, Rad.

BEDILHA, s. f. (bedille), dl. Nombril. V. *Embourigou.*

Éty. du bas breton, *beguil*, m. s. *bogail*, en galois.

BEDILHADA, s. f. (bedillàde), dg. Nom du liseron des champs. V. *Courregeola.*

BEDIN-BEDOS, s. m. (bedin-bedós). Osselet et jeu des osselets. V. *Berlingau.*

Éty. *bedin*, paraît venir de *bediga*, brebis, parce que les osselets étaient pris du pied de cet animal. V. *Bed*, R.

Jugar à bedin-bedos, ou rabigoutar, jouer aux osselets.

Pour jouer à ce jeu les enfants font un trou dans la terre, et celui qui joue doit, au moins en trois fois, y faire entrer l'objet qu'il lance: il dit, en jouant la première fois, *bedin* ou *bedi*, la seconde *bedos* ou *bedo* et la troisième *sauta au cros.*

BEDIOULA, dl. V. *Goubilha.*

BEDIS, s. m. (bedis). Un des noms lang. du saule marceau. V. *Amarinas*. On le dit aussi d'un scion d'osier. V. *Amarina.*

Éty. Ce mot viendrait-il de *bediga*, brebis, cet arbrisseau porte en lat. le nom de saule des chèvres, *Salix caprœa*, Lin. il n'y aurait rien d'étonnant qu'il portat en languedocien celui de saule des brebis. V. *Bed*, R.

BEDISSA, Le même que *Bedis*, v. c. m. V. *Bed*, R.

BEDISSIERA, s. f. (bedissiére), dl. Saussaie, oseraie, lieu planté de saules ou d'osiers.

Éty. de *bedis* et de *iera*. V. *Bed*, R.

BEDOCCA, s. f. (bedóque). V. *Badocca.*

BEDOS, **OSSA**, s. et adj. (bedós, ósse), dl. Bègue. V. *Begou.*

Forain, qui n'est pas du lieu. Sauv. V. *Fourestier* et *Estrangier.*

BEDOT, **OTA**, s. Bedeau et sa femme. V. *Bedel.*

BEDOU, d. béarn. Veuf. V. *Veous.*

BEDOU, d. béarn. Il ou elle vit. V. *Veguet.*

BEDOUELA, s. et adj. (bedouèle). Niaise, imbécile. V. *Nigaud* et *Niais.*

Éty. de *bed*, brebis, agneau, v. c. R.

BEDOUFA, adj. (bedóufe). Fainéant, imbécile, faible, paresseux.

Éty. V. *Bed*, R.

BEDOUIDA, s. f. (bedóuide). V. *Bedouvida* et *Bed*, R.

BEDOUINA, s. f. (bédouine). On confond sous ce nom, dans différents endroits, non seulement les oiseaux qu'on nomme *bedouvida* ailleurs, mais encore l'alouette cochevis. V. *Couquilhada*, et quelques autres espèces. V. *Bedouvida* et *Bed*, R.

BEDOUINS, s. m. pl. (bedóuins); BEDOUVINS. Bédouins, peuples d'Arabie qui vivent toujours dans les déserts et sous des tentes. Ils ne sont soumis qu'aux émirs leurs princes, ou aux cheiks, autres seigneurs subalternes; fig. personne brune, dont le teint a été noirci par le soleil.

Éty. de l'arabe *badaoui*, habitant du désert.

BEDOURIDA, s. f. Garc. V. *Bedouvida.*

BEDOURIER, s. m. (bedourié). Sédiment d'une liqueur. Garc. V. *Escourrilhas.*

BEDOUSSA, dl. V. *Bescla.*

BEDOUVIDA, s. f. (bedouvide); COUTELOUN, BEDOUIDA, GRASSET, BEDOUINA, LAUVETA, LAUZETA, PIOULA, PIOULIN, TRIOU, BEDOUVINA, ARCAJOUN, BEDOURIDA. Alouette farlouse, bedouille, bédouide, batarde, bretonne des prés, etc., etc. *Alauda pratensis*, Lin. oiseau de l'ordre des Passereaux et de la fam. des Subulirostres ou Raphioramphes (à bec en alène), elle est commune dans les prés.

Éty. Ce mot paraît venir de *bed*, brebis, qui vit dans les prés avec les brebis. V. *Bed*, Rad.

Dans le département des B.-du-Rh. selon l'auteur de sa Stat. on donne le nom de *bedouvida*, et dans le Gard celui de *couteloun*, à l'alouette cujelier, *Alauda arborea*, Lin. oiseau du même genre que le précédent, qu'on voit souvent perché sur les arbres.

BEDOUVIN, s. m. (bedouvin). V. *Bedouins.*

BEDOUVINA, s. f. (bedouvine). Une brune, parlant d'une femme. Garc. V. *Bedouins.*

BEDOY, s. m. vl. Bédoin. V. *Bedouins.*

BEDUALA, s. f. (beduále). Niaise, imbécile, femme qui manque de jugement. Garcin.

BEDUSCLAR, altér. de *Besusclar*, v. c. m.

BEDY, dg. Verdier; *vesi*, je vois.

BEÊ

BEÊ, s. m. anc. béarn. Bien. V. *Ben* et *Richessa.*

BEELAGE, Garc. V. *Bealagi.*

BEELAMENT, V. *Belament.*

BEELAR, V. *Belar.*

BEF

BEFA, s. f. (béfe), d. m. *Befa*, cat. esp. *Beffa*, ital. Raillerie, moquerie.

Éty. de l'esp. *befa*, m. s.

BEFACHOR, s. m. vl. BEFAYTOR. Bienfaiteur. V. *Benfactour.*

BEFAIRE, vl. V. *Befazer.*

BEFAIZ, s. m. pl. vl. Bienfaits.

BEFAT, vl. V. *Benfag.*

BEFAYTOR, s. m. vl. V. *Béfachor.*

BEFAZER, v. n. vl. *Bienfacer*, anc. esp. *Bemfazer*, port. Bienfaire. V. *Benfaire.*

Éty. du lat. *benefacere*, m. s. *Benefacer*, *Benfacer*, *Befazer.*

BEFE, EFA, adj. (bèfé, èfe); **BEFFE, BEFI, MOURRUT, BREGARUT, BOUCCARUT, LABRUT.** Celui, celle qui a la mâchoire inférieure plus avancée que la supérieure, ou seulement la lèvre inférieure; lippu, ue.

BEFERRI, s. m. (befèrri), dg. Coutre de charrue. V. *Coutre.*

BEFI, adj. (bèfi), dl. Pâle, bouffi; difforme, laid, défiguré : *Fariaz venir lous cats en befi*, vous feriez enrager un Saint. Pour lippu, V. *Befe.*

Éty. V. *Embefi* et *Embefiar.*

BEG

BEGA, s. m. (bègue), d. bas lim. Hoyau à deux fourchons. V. *Fourcat. De begas en geavela*, expr. adv. sans ordre, pêle-mêle.

Éty. de *beg*, altér. de *bis*, deux fois.

BEGA, s. f. (bègue), d. apt. Vesce. V. *Pesota.*

BEGADA, UNA, dl. et béarn. Une fois, alt. de *Vegada*, v. c. m. et *Fes. Begada*, se dit aussi, dans les mêmes dial. pour conjoncture; moment favorable.

BEGARAU, s. m. anc. béarn.
Homi de la villa ô dèu begarau?
Fors et Cost. de Béarn.

BEGARIA, s. f. anc. béarn?
Lo senhor no pot exigir sibada de sous subiectz, ni dèus sosmés, dèus gentius, sino en las begarias, *et dèus casalees naturaus, qui han acostumàt d'en pagâ.*
Fors et Cost. de Béarn.

BEGAS, s. f. pl. (bégues). Nom languedocien de la gesse. V. *Jaissa.*

BEGET, s. m. Goret. Avril. V. *Begin.*

BEGIN, s. m. (bedgin); **BEGET.** Pourceau, goret, terme enfantin. V. *Pourquet.* Pour impatience, inquiétude. Garc. V. *Pegin.*

BEGN, **BAN, BEN**, radical pris du gaulois *benna*, charrette entourée de claies, espèce de vase; d'où le latin *benna*, qui signifie aussi corbeille.

De *benna*, par apoc. *ben*, et par le changement de *e* en *a*, *ban*; d'où : *Ban-asta*, *Banast-oun*, *Banastoun-ier*, *Em-banastar*, *Des-banastar*, *Des-em-banastar*, etc.

De *banast*, par le changement de *a* en *e*, *banest*; d'où : *Banest-ier*, *Banest-oun.*

De *ben*, par le changement de *n* en *gn*, *begn*; d'où : *Begn-a*, *Begn-as*, *Begn-ada.*

BEGNA, s. f. **BEGNAS, BIEGNAS.** *Arate* dans laquelle on transporte, à dos de mulet, les verres travaillés. Garc.

Éty. du lat. *benna*, panier, corbeille. V. *Begn*, R.

BEGNADA, s. f. (begnàde). Plein une *arate*; la charge d'un cheval barnaché de l'échelette. Garc. V. *Begn*, R.

BEGNAS, s. f. pl. (bégnes). Grands paniers que l'on attache aux côtés du bât, et dans lesquels on transporte du fumier, de la terre, etc. V. *Begn*, R.

BEGNAS, s. f. pl. (bégnes). **BRESSOLAS, CARCASTIERAS, GARCASTIEIRAS, ENGASTIERAS, CARCADOUIRAS.** Echelette, cadre de bois qu'on fixe sur le bât des bêtes de somme, muni de chaque côté d'une espèce de cabestan horizontal, servant à monter la charge.

Éty. de *bina*, double, ou de *Begn*, R.

BEGNET, s. m. Nom qu'on donne, à Nice, au limon et au citron communs.

BEGNOIRA, s. f. (begnóire), pr. m. **BAGNOIRA.** *Bagno*, ital. *Baño*, esp. *Banho*, port. *Bany*, cat. Baignoire, vaisseau de métal, de pierre, de bois, de cuir verni, etc. dans lequel on prend des bains. V. aussi *Bagnoira.*

On donne le nom de *sabot*, à celles qui ont la forme de cette chaussure, c'est-à-dire, qui sont couvertes à moitié par le bas.

Éty. du lat. *balnearium*, m. s. V. *Bagn*, Rad.

BEGNON, dg. Jasm. Pour ils venaient, *venion.*

BEGNOUN, s. m. (begnóun), dim. de *begna*. On donne le nom de *begnouns*, selon M. Avril, aux cordes de l'échelette.

BEGNUR, V. *Bagnur.*

BEGOU, EGA, adj. et s. (bègou, ègne); **BEGOUL**, Bègue, qui bégaye. V. *Bretoun.*

Éty. du lat. *balbus*, *à balando potius quàm loquendo*, selon Isidore.

Begou, *borni*, *boussut*, *bouitous*,
Quatre b que soun fachous. Prov.

BEGOULAR, v. n. (begóulà). dl. Gueuler. Le proverbe dit : *A me lous cats on apprend*, *sodis*, *à begoular*, on apprend à heurler avec les loups.

Éty. de *be*, de *goula*, gueule, bouche, et de *ar*. V. *Goul*, R.

BEGOULEAR, v. n. (begouleá), d. de Barc. Bégayer. V. *Bretounegear.*

Éty. de *begoul* et de *ear*. V. *Goul*, R.

BEGOUMARD, s. m. (begoumá); **BEGOUMAS, BEGOUMAR.** Colostrum. V. *Bet.*

Éty. Ce mot est employé pour *pegoumar*, emplâtre de poix, parce que le colostrum fait rendre le méconium, qui ressemble à de la poix. V. *Peg*, R.

BEGUDA, s. f. (begùde). Nom qu'on donne à des auberges ou bouchons placés sur les chemins, où l'on s'arrête pour se rafraichir; lieu où l'on abreuve les bestiaux. Un coup à boire.

Éty. du grec πηγ-οδὸυ, (pég-odou), nom que les anciens donnaient à des logis situés le long des chemins, et auprès de quelque source, dans lesquels les voyageurs trouvaient de quoi boire et manger. Ce mot est formé de πηγὴ (pégué), source, fontaine, et de οδος (odos), chemin, selon l'auteur de la Stat. des B.-du-Rhône. V. *Bev*, R.

Beguda, semble dériver plus naturellement de *beoure*, boire, parce qu'on ne s'arrête en général, dans ces sortes d'auberges, que pour cela, ce qui revient d'ailleurs au même, *beguda*, en catalan, et *bebida*, en esp. signifient boisson, breuvage.

BEGUDA, s. f. *Qui-pro-quo.* Bévue, méprise, erreur grossière.

BEGUÉ, anc. vaud. V. *Beguer.*

BEGUE, s. m. (bègué). Nom qu'on donne à Nice, au charançon de la vigne. V. *Vignogou.*

BEGUE, et comp. Bègue, ces mots sont pris du français. V. *Bret*, etc.

BEGUEIAR et comp. V. *Bretouniar.*

BEGUER, s. m. anc. béarn. *Beguer*, cat. esp. Alt. de *Viguier*, v. c. m.

Beguer, *baile o loctenent.*
Fors et Cost. de Bearn.

BEGUI, vl. Je bus, *beguist*, tu bus; *begut*, il ou elle but; *bei*, je bois.

BEGUIN, s. m. (beguïn); **BOURGUIGNOTA.** Béguin, coiffe de toile qu'on met aux jeunes enfants, sous le bonnet, et qu'on attache sous le menton au moyen d'une bride; on donne particulièrement ce nom à la têtière ou coiffe de toile des nouveaux nés.

Éty. Les uns ont fait dériver le mot *beguin*, des religieuses, béguines. V. *Beguinas*, qui portaient une coiffure à peu près semblable, et les autres de *begue*, parce que les enfants sont bègues pendant le premier âge, c'est-à-dire, pendant qu'ils portent le béguin. Si, comme il le paraît, le mot *beguin* est plus ancien que l'institution des *béguines*, il faut chercher ailleurs son étymologie, qui vient probablement de l'allemand *beginn*, commencement, origine, bonnet qu'on porte au commencement de la vie.

Ce que lou beguin adus, lou suari v'empouerta, Pr. Ce qu'on apporte en naissant dure toute la vie.

BEGUINA, s. f. (beguine); **BECHINA.** *Beghina*, ital. *Beguina*, esp. port. Béguine, nom de certaines religieuses, et par dérision, dévote minutieuse ou superstitieuse. Voy. *Beguinas.*

BEGUINAS, s. f. pl. (beguines); *Begine*, all. *Beguinas*, esp. port. Béguines, société de filles dévotes, retirées du monde, mais non cloîtrées. Leur couvent porte le nom de béguinage.

Éty. Du nom de leur instituteur.

Lambert-Begh, prêtre du diocèse de Liège, les institua dans cette ville, en 1173, et non en 1226, comme il est dit dans le Dictionnaire de Trévoux, puisqu'à cette époque Lambert-Begh, était mort depuis 49 ans.

BEGUINATJE, s. m. vl. Béguinage, monastère de béguines.

Éty. de *beguina* et de *atje.*

BEGULA, s. f. (begùle); **PEPIA.** Bégueule, femme prude et impertinente. Faire la bégueule, affecter ridiculement la modestie et la vertu.

Éty. de *bée* et de *gula*, geule béante. V. *Goul*, R.

BEGUT, UDA, adj. et p. (begú, úde); **BUGUT.** *Bibido*, esp. *Bebido*, port. *Bevuto*, ital. Bu, ue.

Éty. Part. de *beoure*, du lat. *bibitum.* V. *Bev*, R.

BEI

BEI, d. béarn. Employé pour bien. V. *Ben.*

BEI, dl. Pour aujourd'hui. V. *Hui.*

BEIGEAR, V. *Baisar.*

BEIGEIRA, V. *Emboucheira.*

BEIGRA, vl. Couchette. V. *Beira.*

BEILAGI, **BEILAIRE, BEILAR**, etc., v. c. m. par *Bail.*

BEILET, s. m. (béïlé). Pour *veilet*, valet. V. *Varlet*.

BEILETA, V. *Baileta*.

BEILLA, dg. Pour veille. V. *Velha*.

BÉILLEOU, adv. d. béarn. alt. de *Beleou*, peut-être, v. c. m.

BEINECHIER, V. *Benechier*.

BEINET, **ETA**, adj. Béni, ie. V. *Beinit* et *Ben*, R.

BEINIR, V. *Benesir* et *Ben*, R.

BEINIT, V. *Benesit* et *Ben*, R.

BEIOLA, s. f. (beïóle). Nom du Guépier, aux environs de Montpellier. V. *Serena*.

BEIORT, vl. V. *Beort*.

BEIRA, s. f. vl. BEIGRA, BAIGRA. Couchette, lit de repos, grabat. V. *Lichiera*.

Éty. du lat. *grabatus*, m. s.

Je boirais, il ou elle boirait.

BEIRE, BEYRE, alt. lang. pour verre. V. *Veire*, pour voir. V. *Veire* et *Veser*.

BEIRIA, nom de lieu, vl. Berry, ancienne province de France.

BEIRIUS, s. m. vl. Berri, Berrichon, Berruyer.

BEIS, Un des pluriels de *beou*, formé par syncope de *beleis*.

BEIS, s. m. pl. d. lim. Biens. V. *Bens*.

BEISAR, et composés. V. *Baisar*.

BEIS-HUELHS, Avril. V. *Belhuelh*.

BEISSA, s. f. Garc. Batonnet. V. *Bisoc*.

BEISSA, vl. Foulon. V. *Baissa*.

BEISSAR, et composés. V. *Baissar*.

BEIT, **EITA**, adj. (bèït, èita), dl. Vide. Sauv. V. *Vuide*.

Éty. *beit* est dit ici pour *veit*. V. *Vuide* et *Vuid*, R.

BEIT, s. m. d. lim. *Bec*, v. c. m.

BEITIOMEN, vl. V. *Bestiament*.

BEJ

BEJARRI, adj. (bedjárri), d. apt. Bizarre, avare. Cast.

BEJAUNE, s. m. (bejáouné). Béjaune, au propre, jeune oiseau de proie qui a encore le bec jaune et qui ne sait rien faire, et au figuré, jeune homme niais, jeune apprenti. En provençal on n'emploie guère ce mot que dans cette phrase : *Pagar lou bejaune*, payer le béjaune, payer le noviciat.

Éty. *Bejaune* n'est qu'une ellipse de *becjaune*, pris dans le sens de novice, niais ou sot. V. *Bec*, R.

BEK

BEKO, BECA, s. f. (bèque), d. lim. Guèpe. V. *Guespa*.

BEL

BEL, ELA, BEOU, BER, radical dérivé du latin *bellus, a, um*, beau, belle, charmant, qui plaît, qui excite l'admiration ; grand, glorieux, magnifique.

De *bellus*, par apoc. *bel*; d'ou: *Bel, Belas, Bel-et, Bel-essa, Bel-urias, Bel-tat, Bela-ment, Bel-veder, Em-bel-ir*, etc.

De *bel*, par le changement de *l* en *ou*: *Beou, Beou-cop, Beou-fiou, Beou-tat*, etc.

De *bel*, par le changement de *l* en *r*, *ber*; d'où: *Ber-au, Ber-oulet, Ber-beluda*, etc.

BEL, **ELA**, adj. (bèl, èle); BER, BERA. *Bello*, esp. ital. port. *Bell*, cat. Bel, belle, et beau devant une consonne. V. *Beou*. *Bel* et *beou*, se prend souvent dans le sens de gros, grand : *Aquelous agnels soun dejà bels* ou *beous*; les agneaux sont déjà bien gros : *S'es fach beou*; il a bien grandi : *Es bela*, elle est bien avancée dans sa grossesse, en parlant d'une femme.

A bel tirar, dl. sans cesse: *En bel arpategeant*, tout en jouant des griffes et des pieds, dl. *A belis els besents*, dl. à vue d'œil, devant nos yeux: *A bela brassada* ou *à belas brassadas*, à brasse corps: *A belas boulegadas*, dl. par troupes, par épaulées. Sauv. *A belas paladas*, à pelletées: *A belas vengudas*, par excès, par flots, par saillies: *A beleis dous*, *à beleis des*, par deux, par dix, etc. *A belas houras*, dl. parfois, quelquefois.

Éty. du lat. *bellus*. V. *Bel*, R.

Bel mes, vl. il me plaît, s. f. La lie de l'huile. Garcin. V. *Caca*.

BEL, s. m. dl. Voile de religieuse. V. *Voilo* et *Vel*, R.

BEL, **DE**, adv. (dé bèl), d. bas lim. Doucement. V. *Plan-plan* et *Douçament*.

BELA, alt. g. pour *Vela*, v. c. m. V. *Vel*, R.

BELA, s. f. (bèle). Un des noms de la reine abeille.

BELA-DAMA, s. f. Nom qu'on donne à la *bella-dona*, aux environs de Brignoles, selon M. Amic. V. *Bela-dona* et *Bel*, R.

BELA DE JOUR, s. f. BELLA-DE-JOUR. Nom toulousain de l'ornithogale en ombelle. V. *Penitents-blancs*.

BELA DE JOUR, s. f. Belle de jour ou liseron tricolore, *Convolvulus tricolor*, Lin. plante de la fam. des Convolvulacées, originaire d'Espagne et de Barbarie; elle est cultivée comme fleur d'ornement.

Éty. Sa fleur ne s'épanouit que pendant le jour, d'où son nom.

BELA-DE-NEYT, s. f. (bèle-dé-nèït). Nom toulousain de la belle de nuit à longue fleur, *Mirabilis longiflora*. V. *Bella de nuech*.

BELA-DENT, s. f. BELEIS-DENTS. Un des noms de la gesse. V. *Jaissa* et *Bel*, R.

Éty. Ainsi nommée à cause de la ressemblance que ses fruits ont avec une dent molaire.

BELA DE NUECH, s. f. BELLA DE NEYT. Belle de nuit, *Nyctago jalapa*, Lin. plante de la fam. des Nyctaginées, originaire du Pérou, et cultivée comme fleur d'ornement.

Éty. Sa fleur ne s'ouvre que pendant la nuit, d'où le nom qu'elle porte.

BELA-DONA, s. f. (bèlle-dóne); *Bella donna*, ital. port. *Bella-dama*, esp. Nom ital. conservé pour désigner la belladone commune, *Atropa belladona*, Lin. plante de la fam. des Solanées, qu'on nomme aussi *bela-dama*.

Éty. Le nom de *bella-dona*, ital. belle dame ou belle femme, a été donné à cette plante parce qu'on en composait une espèce de fard à l'usage des dames. V. *Bel*, R.

Les fruits de cette plante, sont un poison assez actifs et l'extrait de ses feuilles partage aussi leurs qualités délétères. Le docteur Rimœrus de Hambourg, s'aperçut qu'appliqué sur l'œil il avait la propriété de dilater la pupille, en la paralysant momentanément, et d'après MM. les docteurs Hahnemann et Marc, il serait un préservatif certain de la scarlatine.

BELA-ESTELA, s. f. La belle étoile. *Vénus*, v. c. m. et *Bel*, R.

BELA-FILHA, V. *Nouera*.

BÉLAIDE, s. m. (belaïdé); BELAYDE. Nom que porte, à Montpellier, une espèce de corlieu. V. *Courliou*.

BELAIRE, s. m. (beláïré). Nom nismois de la berge commune et aboyeuse.

BELAIRE, adj. vl. superl. de *bel*, *bela*, le plus beau, la plus belle. V. *Bel*, R.

BELAMENA, s. f. (bèle-méne). Maladie des plantes légumineuses, occasionnée par le *ver appelé courtiliera*, qui ronge les racines; Garc. Ce ver, qui n'est pas un ver, mais un insecte, est la courtilière. V. *Talhaporres*.

BELAMENT, s. m. (bèlaméin); BEELAMENT, BIALAMENT, LOU BELAR. *Belamento*, ital. *Balido*, port. esp. *Bel*, cat. Bêlement, cri naturel des brebis, des chèvres, etc.

BELAMENT, adv. (beloméin), d. lim. Presque. V. *Quasi* et *Bel*, R.

BELAMENT, adv. (belaméin); *Bellamènt*, cat. *Bellamente*, esp. port. ital. Agréablement, bellement, doucement, avec modération.

Éty. de *bella* et de *ment*, d'une belle manière, ou du lat. *bellulè*, m. s. V. *Bel*, R.

BELA-MERA, V. *Beou-pero*.

BELANDA, nom de lieu, vl. Nice, ville, selon l'histoire de saint Honoré; Lexique manuscrit qui se trouve à la suite de l'histoire de Provence de Nostradamus, conservé dans la bibliothèque de Carpentras.

BELAR, v. n. (beará); BEARAR, BIALAR, BEELAR. *Belare* et *Balare*, ital. *Balar*, esp. port. *Belar*, cat. Bêler, ou le dit du cri des moutons, des chèvres, des agneaux, etc. et par extension de tout cri forcé.

Éty. du lat. *balare*, m. s. ou du grec βληχὴν (bèlèn), brebis, et de *ar*, faire comme la brebis. V. *Be*, R.

Bialar cauqu'un, dl. admirer, regarder quelqu'un avec des yeux de complaisance.

Feda que beará perde un moucel, Pr. brebis qui bêle perd la goulée.

BELAR, **LOU**, V. *Belament*.

BELARICOT, s. m. (belaricó). Un des noms qu'on donne au basilic, aux environs d'Hières. V. *Balicot*.

BELLAROYAS, dl. V. *Belurias* et *Bel*, Rad.

BELAS, s. f. pl. (bèles). Les figures des cartes, comme les rois, dames et valets portent en provençal le nom de belles: *Ai que de belas*, je n'ai que des peintures. V. *Bel*, R.

BELAS, **ASSA**, s. (belás, ásse); BELLAS. Très-beau : *Moun belas*, mon bel enfant : *Es una belassa*, c'est une beauté.

Éty. de *bel*, beau, et de l'augm. *as*, *assa*, V. *Bel*, R.

BELA-SORRE, s. f. (bèle-sórré); BELA-SUR. Belle-sœur, la femme du frère.

BELA-VIANDA, s. f. V. *Bela-vianda*.

BEL-AUCEOU, s. m. (bèl aoucèou). Un

des noms du loriot. V. *Ouruou*, *Bel* et *Aucel*, R.

BELAZOR, adj. comp. de *bela*, bella, vl. Plus belle. V. *Bel*, R.

BELCAIRE, nom de lieu, vl. Beaucaire, ville du département du Gard, célèbre par sa foire.

BELCOP, adv. dg. Beaucoup. V. *Força*.

BELEÇA, d. vaud. V. *Belessa* et *Beoutat*.

Éty. V. *Bel*, R.

BELECHAR, v. imp. (belexá), dg. V. *Eslioussiar*.

BELEGEAR, v. imp. (beledjá). **BELET-GEAR**. Eclairer. V. *Eslioussiar*.

Éty. de *belet* et de *egear*.

BALEIME, A, expr. adv. (belèimé); **BE-LIERME**, **BEL-TAL**. A peu-près, à vue d'œil, sans peser ni mesurer; *A bel-eime*.

Éty. de *bel* et du lat. *emere*, acheter, beau marché, acheter généreusement, de confiance. V. *Bel*, R.

BELEIS-DENTS, s. f. pl. (bèlei-dèins). Avril. V. *Bela-dent*.

BELEOU, adv. (belèou). Peut-être V. *Bessai*.

Éty. du ligurien, selon M. Diouloufet, et de *benè leve*, bien léger, bien hasardé, selon M. Raynouard, ou de *bis-levis*. V. *Lev*, R.

N'es pas segur qu dis beleou. Prov.

Beléou oc, peut-être qu'oui, *Beleou ben*, peut-être bien, peut-être oui.

BELESSA, s. f. (belésse); **BELLESSA**. *Bellesa*, cat. *Belleza*, esp. port. *Bellezza*, ital. Beauté. V. *Beoutat*.

Éty. de *bel* et de *essa*, chose belle. V. *Bel*, Rad.

BELESTAR, s. m. vl. **BELISTAR**. Bien-être.

BELET, ETA, adj. (belé, éte). Dim. de *bel*, *beou*. V. *Bel*, R.

BELET, s. m. Nom qu'on donne, dans le département des B.-du-Rh. au bouvreuil. V. *Piva* et *Bel*, R.

BELET, s. m. Un des noms du martin-pêcheur. V. *Bluret*.

BELET, s. m. Bléau, poiss. Garc.

BELET, dl. Éclair. V. *Eslious*: *A quot es lou belet*, c'est l'homme qu'il faut pour faire telle sottise. Sauv.

Éty. du celt. selon M. Astruc.

BELET, ETA, adj. et s. (belé, éte), d. bas lim. Fin, rusé. V. *Finot*.

BELET, ETA, s. md. Aïeul, eule. V. *Grand* et *Bel*, R.

BELETA, dg. Bergeyr. V. *Moustela* et *Martra*.

Éty. de *bele*, gallois, m. s. V. *Bel*, R.

BELEU, part. dub. (beléou), dl. peut-être. V. *Bessai*.

BELEZA, vl. V. *Belessa*.

BELEZAS, s. f. pl (bélézes). dl. Illusions, parures, Sauv. V. *Bel*, R.

BELFADOR, adj. vl. Spécieux.

BELGE, ELGEA, s. et adj. (bèldgé, elge); *Belgico*, ital. *Belga*, port. cat. Belge, qui est originaire de la Belgique.

BELH, vl. V. *Bel*.

BELHA, s. f. (béille); **BÉLLIO**, d. bas lim. Nom de la caillette ou quatrième estomac des ruminants. V. *Rebouleta*.

BELHA, s. f. d. lim. V. *Abelha*.

BELHADA, s. f. (beillâde), dg. Veillée. V. *Velhada* et *Vigil*, R.

Car de l'hiber tan lèt que la *beillado* es bèlo! Jasm.

BELHAR, dg. V. *Velhar* et *Vigil*, R.

BEL-HUELH, s. m. (bèl-huéill); **BIS-HUELHS**, **BEIS-HUELHS**. Nom qu'on donne à l'acarne, poisson de l'ordre des Holobranches, et de la fam. des Léipomes (à opercule lisse), qu'on regarde comme une variété du pagre ordinaire, *Sparus pagrus*. Lin. V. *Pagre*.

Éty. Ce poisson a de grands yeux dorés, d'où le nom de beaux yeux qu'on lui a donné. V. *Bel*, R.

On donne le même nom à Marseille, selon M. Roux, au *Sparus Massiliensis*.

BELHUI, s. m. (belhúï). Benjamin, enfant gâté. Garc.

BELIA, s. f. (belie), dl. V. *Bailea*.

BELICOCA, dl. V. *Falabrega*.

BELICOQUIER, (belicouquié), dl. V. *Falabreguier*.

BELICOT, s. m. Avril. V. *Balicot*: *Belicot d'hiver*, espèce de menthe. Avril.

BÉLICOUQUIER, dl. V. *Falabreguier*.

BELIER, s. m. (belié); **BELIE**. Nom que le peuple donne, dans le bas lim. au mois de février. V. *Febrier*.

BELIERA, s. f. Plusieurs jours de beau-temps. Garc.

Éty de *bel* et de *iera*, mult.

BELIERA, s. f. (beliére); **BERIERA**, **BEA-RIERA**, **BESAU**, **BOUIRA**, **BEAL**, **BOUTADA**, **BOUCAL-DE-MOULIN**. Biez de moulin, canal qui conduit les eaux dans quelque endroit élevé pour les faire tomber sur la roue d'un moulin. Dans le dialecte de Barcelonnette, canal d'arrosage.

Éty. de *beal* et de *iere*. V. *Beal*, R.

BÉLIERME, V. *Beleime*.

BELIGAN, dl. V. *Pelican*.

BELIGAS, alt de *Bedigas*, v. c. m.

BELIN, s. m. (belin), vl. Sorcier, enchanteur. V. *Em-belinaire* et *Sourcier*.

Éty. du roman *belin*, m. s.

Dérivés: *Em-belin-aire*, *Embelina-ment*, *Em-belin-ar*.

BELIS, s. m. (bèlis). Au jeu de mail, coup d'arrière main, à Aix et Marseille *Chechou*. Ach.

BELISARI, nom d'homme, (belisári); **BELISERO**. *Belisario*, esp. port. ital. Bélisaire.

BELISCOUQUIER, s. m. (beliscouquié). Nom qu'on donne, à Nismes, à l'alisier commun. V. *Areier*.

BELITR, radical dérivé du latin *balatro*, bélitre, maraud, fripon, mauvais sujet; mot qui vient probablement du grec βάραθρον (barathron), gouffre où l'on jetait les criminels qui étaient condamnés à mort chez les Athéniens; d'où βάραθρος (barathros), digne d'être jeté dans un cul de basse-fosse; mauvais sujet, ou de l'all. *bettler*, qui désigne également un fripon, selon Nicot. M. de Roquefort le fait venir de *balista*, parce que les albalétriers débandés, dégénérèrent, dit-il, en voleurs. Plaute a employé le mot *bliteus* dans le même sens que nous donnons à *belitre*.

Dérivés: *Belitr-alha*, *Belitr-alhas*, *Belitr-aria*, *Belitr-e*, *Baratro*, *A-beletr-ir*.

BELITRALHA, s. f. (belitráille); *Belitralla*, cat. Bélitraille, troupe de bélitres, les bélitres en général.

Éty. de *belitre* et de *alha*, tous les bélitres. V. *Belitr*, R.

BELITRALHAS, s. f. pl. (belitráilles), dl. Coquineries, turpitudes. Sauv.

Éty. de *belitre* et de *alhas*, toutes les actions des vauriens. V. *Belitr*, R.

BELITRARIA, s. f. (belitrarie); *Belitraria*, cat. Le même que *Belitralhas*, v. c. m. et *Belitr*, R.

BELITRE, **ITRA**, s. (belitré, itre); *Belitre*, cat. esp *Biltre*, port. *Briccone*, ital. Bélitre, homme de néant, coquin, gueux, misérable.

BELL, rad. dérivé du lat. *bellum*, guerre, sur l'origine duquel les étymologistes ne sont point d'accord, le faisant venir, les uns de *bellus, a, um*, *quasi* minimè bellum *dici*; les autres, ce que M. Thomassin regarde comme ridicule, de *bellua*, parce que les bêtes féroces se font la guerre entre elles, et qu'elles la font même à l'homme; mais comme on fait venir aussi *bellua* de *bellum*, ce serait un cercle vicieux; d'autres du grec βέλος (belos), dard, trait, javelot, dérivé, qui viendrait dans ce sens, de βάλλω (ballô), lancer; enfin, Isidore Camerar. Cœsar Scal, et plusieurs autres, le tirent de *duellum belli*, par métagr. de *d* en *b*, et sync. de *e*, parce que la guerre se fait entre deux peuples, d'où *bellum* et *bell*, par apoc. Dérivés: *Belli-cos*, *Bell-ona*, *Re-belle*, *Re-bell-ion*, etc.

BELLAMEN, V. *Belament*.

BELLAYDE, s. m. V. *Belaide*.

BELLAZOR, adj. comp. de *bella*, vl. V. *Belazor*.

BELLECZA, s. f. vl. vaudois. V. *Belessa*, *Beoutat* et *Bel*, R.

BELLET, ETA, V. *Belot* et *Bel*, R.

BELLEZA, s. f. vl. V. *Belessa* et *Bel*, R.

BELLICOS, adj. vl. **GUERRIER**, **GARRIER**, **BELLICOZ**. *Bellicot*, cat. *Bellicosa*, port. ital. *Belicoso*, esp. Belliqueux, guerrier, martial.

Éty. du lat. *bellicosus*, m. s. V. *Bell*, R.

BELLICOUS, OUSA, V. *Bellicos*.

BELLOLI, s. m (belóli), alt. de *Beou-l'oli*, v. c. m.

BELLONA, s. f. (bellóune); *Bellona*, ital. port. *Belona*, esp. Bellone, déesse de la guerre.

Éty. de *bellum*, guerre, parce que cette déesse y présidait.

BELLONA, s. f. (bellóne); **BELLOUNA**. Nom qu'on donne, à Nice, à une grosse figue tardive, qui est de couleur violette, sur un fond verdâtre, presque ronde, applatie à sa partie supérieure, et dont la peau est déchirée.

Éty. de *bela* et de l'augm. *ona*, très-belle. V. *Bel*, R.

BELOR, s. f. vl. *Bellor*, anc. cat. *Bellore*, anc. ital. Beauté. V. *Bel*, R.

BELORI, s. m. (belóri). Nom que porte, à Digne, le narcisse des poëtes. V. *Dona*.

Éty. de *bel*, beau. V. *Bel*, R.

BELLOT, OTTA, s. (beló, óte), dl. **BEL-LET**. Enfant qui a quelque beauté.

Éty. de *bel*, beau, et du dim. *ot*, *otta*. V. *Bel*, R.

BELOUN, Nom de femme, formé par syncope de *Isabeloun*, dim. de *Isabeou*, v. c. m. et *Elisabeth*.

BELOUR, dg. V. *Velours.*

BELOUSA, s. f. (belóuse). Blouse; on donne ce nom aux trous placés aux quatre coins et aux côtés du billard.

Éty. du celt. *blwch,* boîte.

BELOUSAR, v. a. (belousá). Blouser et non *belouser*, faire entrer la bille de son adversaire dans la blouse: *Faire bilha.*

Éty. de *belousa* et de *ar.*

BELOUSAR SE, v. r. Se blouser, faire aller par maladresse, sa propre bille dans la blouse, et fig. se faire illusion; se tromper dans les moyens que l'on a choisis pour parvenir à son but.

BELOUSAT, ADA, adj. et p. (belousá, áde). Blousé, ée.

BELOYAS, V. *Belurias* et *Bel*, R.

BELS, vl. Pour *ben los*, bien les.

BELSA, s. f. vl. BELSAS. Sorte de flèche: *Sagetas e* belsas *d'arc manal.*

BEL-TAL, A, phrase adv. dg. Sans choisir, en masse. V. *Eime* et *A bel eime.*

BELTAT, s. f. vl. V. *Beoutat.*

Sabis hom no s'atent à la beltat *del corps, mas à la* beltat *de l'arma.* Trad. de Bède.

BELUA, d. m. V. *Beluga.*

BELUG, rad. que Ménage dériva d'abord du lat. *baluca, balux*, grain ou paillette d'or qu'on trouve dans les mines et dans les sables des rivières; d'où se formerait naturellement *beluga*, par des métagr. fréquentes de *a* en *e* et de *c* en *g*. Depuis, cet étymologiste a cru que bluette venait plutôt de *lucetta* dim. de *luce*, ablatif de *lux*, lumière; ou de *bella lux*. Huet, dérive bluette de bleu; d'où *beluga*, il pourrait aussi venir, par addition de *e*, *belu*, *beluga* au fém. parce que les bluettes sont souvent de cette couleur. Dérivés: *Belug-a, Belug-ar, Es-belug-ar*, etc.

De *belug*, par transposition de *l*, *bleug* et par changement de *u* en *ou*, *bleoug*; d'où: *Es-bleouge-ar, Es-bleouge-at, Es-bleoug-issa-ment.*

De *bleoug*, par le changement de *e* en *o*, *bloou*; d'où: *A-blooud-ar, A-bloouge-ar, A-bloouv-ir, Es-bloou-issa-ment*, etc.

BELUGA, s. f. (belúgue); BELUA, BOULUGA, SCINTILLA, CENILHA, VAROSCA. *Balux* et *Baluca*, anc. esp. Etincelle, bluette. Celle qui résulte du choc d'un briquet contre une pierre dure, est produite par l'inflammation de la parcelle de fer que la pierre a détachée.

Éty. M. Astruc pense que ce mot est celt. L'auteur de la St. des B.-du-Rh. le fait venir du grec βαλλέκα (ballcka), mais ce mot est-il grec? V. *Belug*, R.

D'una pichota beluga *ven souvent gros fuec.* Prov.

BELUGA, s. f. Vétille, niaiserie, affiquet de femme; chose qui ne brille qu'un moment ou qui n'a que de l'apparence. V. *Belurias.*

S'amusar en de belugas, perdre son temps, niaiser.

BELUGA, s. f. (belúgue); BELUGAN, BELUGARD, BOLEGAR, GALLINETTA, à Nice. *Bellugó*, cat. Milan de mer, trigle milan, galline, perlon, cabotte, *Trigla hirundo*, Lin. poisson de l'ordre des Holobranches et de la fam. des Dactylés (à doigts), dont la chair est un peu coriace, et qui ne dépasse pas quatre décimètres de longueur.

Éty. Le nom de *beluga*, bluette, a été donné à ce poisson, à cause de la faculté dont il jouit de briller dans l'obscurité. V. *Belug*, R.

L'auteur de l'art. Ichthyologie de la St. des B.-du-Rh. prétend que c'est au grondin qu'on donne le nom de *beluga*. V. *Granau.*

BELUGAMENT, s. m. vl. *Bluettement*, action de lancer des bluettes.

Éty. de *belugar* et de *ment.* V. *Belug*, R.

BELUGAN, s. m. (belugán); BREGNOTA, B.-du-Rh. Nom qu'on donne à Nice, et peut-être aussi en Provence, au trigle adriatique, *Trigla Adriatica*, Riss. poisson de l'ordre des Holobranches et de la fam. des Dactylés (à doigts), qui atteint la longueur de quatre à cinq décimètres, et dont la chair est bonne à manger.

Éty. V. *Beluga*. Étincelle, parce que ce poisson semble en lancer, pendant la nuit. V. *Belug*, R.

BELUGAR, v. n. (belugá); BELUGUEGEAR, ESBELUAR, BELUCIAR. *Bellugar*, cat. Etinceler, produire des étincelles, des bluettes; briller, éclater, pétiller.

Éty. de *beluga*, étincelle, et de l'act. *ar*, produire des étincelles. V. *Belug*, R.

Gros, parlant de Cupidon, a dit:

A lou regard catiou, l'uelh que li beluguegea.

Tout li beluga, il est tout pétillant d'esprit ou de gentillesse.

BELUGEIAR, v. n. vl. *Bluetter.* Voy. *Belugar* et *Belug*, R.

BELUGUEGEAR, V. *Belugar* et *Belug*, Rad.

BELUGUET, ETTA, s. et adj. (belugué éte); BEZUGUET. *Belluguet*, cat. *Bulle-bulle*, esp. Eveillé, ée, vif, alerte, léger, fringant, pétillant, sémillant.

Éty. de *beluga* et du dim. *et*, petite étincelle, c'est-à-dire, léger comme, etc. V. *Belug*, R.

BELUGUIER, s. m. (beluguié), dl. Fourmilière. V. *Fourmiguiera.*

Éty. de *beluga* et de *ier*, au propre, grande quantité de bluettes. V. *Belug*, R.

BELUIA, s. f. vl. V. *Beluga.*

BELURIAS, s. f. pl. (belúries); BELLOYAS, BELLAROYAS, BELUGAS, ATOURS. Bijoux, joyaux, ornements des femmes, en or, argent, pierreries ou diamants; fanfreluches.

Éty. de *bel* et de *urias*, toutes les belles choses. V. *Bel*, R.

BELVEDER, nom de lieu, (belvédé); BÉOUVESER, MIRABEL, MIRABEOU, BELVESER. Beauvezer, Mirabeau, Beauvoir, etc.; belvédère, lieu élevé d'où l'on a une belle vue.

Éty. de *bel*, beau, et de *veser*, voir, bel à voir. V. *Bel*, R.

BELVESER, V. *Belveder* et *Bel*, R.

BELZEBUC, s. m. vl. *Belzebu*, ital. *Belzebut*, port. Béelzébuth, syn. de Diable, v. c. m. le prince des démons.

Éty. de l'hébreu *baal-zeboub*, traduit en grec par βεελζεβουλ (beelzeboul), et en français par béelzébuth. Dans sa langue originale, ce mot signifie: *Seigneur de la mouche*, sans que l'on connaisse bien la raison de cette dénomination; c'était un des dieux des Philistins.

BEM

BEMI, s. m. (bémi), dl. Bohémien. V. *Boumian.*

BEMIATALHA, s. f. (bemiatáille), dl. Troupe de bohémiens, de bandits, d'escrocs.

Éty. de *bemi*, bohémien et de *alha*, tout.

BEMOL, s. m. (bemól); *Bimmole*, ital. anc. *Bimmolle*, ital. mod. *Bemol*, esp. port. *Bèmoll*, cat. Bémol, caractère de musique en forme de petit *b*, qu'on met devant une note, pour la baisser d'un demi ton mineur.

Éty. de *be* et de *mol*, du lat. *mollis*. Voy. *Mol*, R. 3.

BEN

BEN, BEIN, BENE, radical pris du latin *benus*, qu'on a dit pour *bonus*, V. *Bon*; bon, bien, avantage, prospérité, faveur, grâce, jouissance; d'où les sous-radicaux latins *Benedicere*, bénir, dire du bien; *Benedictio*, bénédiction; *Benevolus*, bénévole; *Benignus*, bénigne, bénin; *Beneficium*, bénéfice. V. aussi *Bon*, R.

De *benus*, par apoc. *ben*; d'où: *Ben, Ben-s, Ben-dire, Ben-estre*, etc. Avec la prépos. *a*, *A-ben-at, A-ben-ar.*

De *benedicere*, par apoc. *ben*, et par le changement de *e* en *ei*, *bein*; d'où: *Bein-ir, Bein-it, Bein-et*, etc.

De *benedictionis*, gén. de *benedictio*, par, apoc. *benediction*, et par la suppr. du *d*: *Ben-aicion.*

De *benediction*, par apoc. *benedict*; d'où: *Benedict-in, ina.*

De *benedict*, par la suppr. du *c*, *benedit*; d'où: *Benedit, Beneditus.*

De *benedict*, par apoc. *bene*; d'où: *Benedicite.*

De *benignus*, par apoc. *benign*; d'où: *Benign-itat, Benigna-ment*, et par la suppression du *g*, *Benin.*

De *beneficium*, par apoc. *benefic*; d'où: *Benefic-i, Benefic-iar, Benefic-ier.*

BEN, Initiatif pris du lat. *bene*, qui signifie bien, fort, très, grandement, avantageusement, heureusement, largement.

BEN, s. m. (béin); *Bien*, esp. *Bene*, ital. *Bem*, port. Bien, l'opposé du mal, ce qui est juste et utile.

Éty. du lat. *benus* dit pour *bonum*. Voy. *Ben*, R.

Qu ben farà, ben trobarà. Les indiens répètent sans cesse ce proverbe, Lettr. Édif. Pierre Cardinal, réc. 13.

BEN, s. m. BENS. *Bienes*, esp. *Beni*, ital. *Bems*, port. *Bens*, cat. Les biens, la possession, les richesses, la fortune, les avantages.

Un ben de doues coublas, une ferme de deux charrues. V. *Ben*, R.

Proverbes:

Ben mau acquist noun proufita.

Ben d'usurier noun fa gau au tiers heritier.

Lei gens de ben
Fan toujours ben;
An toujours ben,
Soun toujours ben.

BEN, adv. *Bene*, ital. *Bien*, esp. *Bem*, port. *Ben* et *Be*, cat. Bien, beaucoup, considérablement.

Les substantifs qui suivent les autres adverbes de quantité ne prennent jamais l'article, mais celui-ci le prend toujours, ainsi on dit et l'on doit dire : Beaucoup de monde, et bien du monde. Beaucoup de gens et bien des gens, etc. V. *Ben*, R.

Ben s'en fau, Tr. il s'en faut bien et non bien s'en faut.

S'en manca ben, le même.

Va fasia per un ben, il le faisait dans de bonnes intentions.

Ben talament, Tr. certainement, et non bien tellement.

Auben, est formé par syncope de *Ha-ben* ou *ou-ben*; *Abe*, de *ha-ben!* *Obe*, de *ho-ben*: *Ben-de-bon*, Tout de bon, mots qui sont tous des espèces d'exclamations signifiant la même chose que oui ; oui-bien : *Aubenaquot*, cela ou pour cela oui : *Ben leu*, vl. peut-être.

BEN, s. m. dg. V. *Vent*, R.

Et dins l'ayre dejà, lou ben fresquet lançabo
Sas halenados de parfun. Jasmin.

BEN, dl. Il vient : *Que benga*, qu'il vienne. V. *Ven*, R.

BEN, dg. Il vend : Verdier l'emploie pour *Vende*. V. *Vend*, R.

BENA, s. f. (bène), d. bas lim. Cuve d'osier ou de paille où l'on garde le blé. Béron.

Éty. du lat. *benna*, espèce de vase. Voy. *Begn*, R.

BENABEL, adv. (benobèl), d. bas lim. A-peu-près, passablement.

BENAGE, adj. (benádgé), dl. Bénit, heureux : *Benage qu se counfessa*, heureux qui avoue sa faute.

Éty. du lat. *bene* et de *age* V. *Ben*, R.

BENAIA, vl. Bénisse. V. *Ben*, R.

Si Dieus me benaia, si Dieu m'est en aide.

BENAICION, s. f. vl. Bénédiction, v. c. m. et *Ben*, R.

BEN-AIMAT, ADA, s. (bèin-eimá, áde). Le bien-aimé, la bien-aimée, le benjamin, le préféré.

BENAISSIR, v. a. d. vaud. Bénir. Voy. *Benesir* et *Ben*, R.

BENALHA, s. f. (bénaille). Bien, fortune, richesse; faveur, avantage, profit. Garcin.

Éty. de *ben* et de *alha*, tout.

BENANAN, adj. vl. BENANANS. *Bienandante*, anc. esp. Qui est en bonne santé, qui va bien, heureux, fortuné, prospère.

Éty. de *ben* et de *anant*, qui va bien. V. *Ben*, R.

BENANANSA, s. f. vl. BENENANSA. *Bien andanza*, esp. Bonheur; bien-être, prospérité.

Éty. V. le mot précédent, et *Ben*, R.

BENAONDAR, v. n. vl. Suffire.

BENARIT, s. m. d. béarn. Un bon réjoui.

Éty. V. *Ben*, R.

BENARIT, s. m. (benari); BENOURIT, BENARRIC, BENERIT, BENARIS. BENARRIT. Nom qu'on donne à l'ortolan dans le Languedoc. V. *Hortoulan*.

Éty. Ce nom viendrait-il, comme semble l'indiquer un de ses synonymes, de *ben nourit* ou *ben nourrit?* bien nourri, gras.

Benaris *et becasso*
Ni perdirs preso au las,
N'an pas la car tant grasso
Coumo lau couguioulas. Le Sage.

Dans les vers suivants de Michel, *benarit* désigne un oiseau différent de l'ortolan ; serait-ce le roitelet qui porte aussi le nom de *benarit*, selon M. d'Anselme?

S'aimo de faire bonna chero,
Aqui (1) *non canton pas misero*,
Car l'y a perdrizes et faisans,
Caillos, benarits, *ourtoulans*,
Canars, pigeouns per lou poutage,
Et ce que fau per l'habillage.

BENARRIT. V. *Benarit*.

BENAS, s. m. (benás). Augm dépr. de *Ben*, le bien, considéré comme excitant au mal.

Éty. de *ben* et de *as*.

BENASTRE, s. m. vl. Bonheur.

Éty. de *ben* et de *astre*, bon astre, ou alt. de *ben-estre*.

BENASTRUC, adj. vl. ASTRUÇ. Bienheureux, corps saint.

Éty. de *ben*, et de *Astruc* v. c. m. *Ben*, R. et *Astre*.

BENAURANSA, s. f. vl. BENAURANSSA, BENAURELAT. Bonheur, félicité, béatitude. V. *Hor* et *Aur*.

BENAURAR, verb. act. vl. BONAURAR. Bienheurer, bénir, rendre bienheureux.

BENAURAT, ADA, adj. vl. BENESURAT, BONAZURAT. *Benaurat*, anc. cat. *Bienaventurado*, esp. Bienheureux, euse. V. *Benayrat*.

Éty. de *ben*, de *aura* et de *at*, qui a le vent favorable. V. *Ben*, R.

Benauratz, les bienheureux.

BENAURETAT, vl. V. *Benauransa*.

BENAVONDAR, v. n. vl. Suffire.

Éty. de *ben* et *avondar*, dit pour *abondar*, bien abonder. V. *Ben*, R.

BENAYRAT, (benayrá), adj. d. vaud. BENAURAT. Bienheureux, euse.

Li paure per sprit son benayrá *car lo regne de li cel ès de lor meyme.*

Éty. de *ben*, de *ayrat*, bien aéré, qui a le vent favorable. V. *Ben*, R.

BENAZET, adj. vl. V. *Benazit*.

BENAZIT, IDA, adj. (benazi, ide), dl. BENAZÈT, BENEZET. Béni, ie, ite. V. *Benesit* et *Ben*, R.

Gabriel l'Archangel gentil,
Dits à la bierges benazido,
Filleto, Diu bous a cauzido.
Per estro mero de soun fil. Goudelin.

BENC, s. m. (béinc) ; FOURCHOUN. Le fourchon d'une fourchette; la dent d'un peigne ; grosse écharde ; ergot, ou le reste d'une branche mal coupée ; picot, petite pointe qui reste à un morceau de bois qui n'a pas été coupé net.

Éty. *Benc*, est dit pour *bec*. V. *Bec*, R.

BENC, s. m. vl. Aspérité, pointe. Voy. *Bec*, R.

BENCADA, s. f. (beincáde). V. *Spet*. Déchirure. Garc.

BENCAT D'ESTABLE, s. m. (beincá d'estáblé), dg. BENCAT, BIGAS D'ESTABLE. *Tirefient*, hoyau à long manche, qui sert à enlever le fumier des écuries.

BENCILH, s. m. d. béarn. Lien de chêne.

BEND, radical dérivé du persan *bend*, lien, ou de l'all. anc. *band*, qui a la même signification. *Benden*, signifie encore aujourd'hui lier, dans cette dernière langue. Voy. Juste Lipse, Epist 44. *ad belgas*; Monti, T. II, part. 1, p. 307; Muratori, diss. 33, Denina, T. 1, p. 153, Rayn. D. rom. au mot *Renda*.

Dérivés : *Bend-a*, *Bend-agi*, *Bend-ar*, *Bend-eou*, *Des-bend-ar*, etc.

De *bend*, par le changement de *e* en *a*, *band*; d'où : *Band-a-me-l'ast*, *Band-at*, *Band-oulet*.

BENDA, s. f. (béinde); CONCHA. *Banda*, cat. esp. *Benda*, ital. port. Bande, pièce de linge beaucoup plus longue que large, destinée à entourer quelque partie. On le dit aussi de plusieurs autres liens longs et plats, servant à lier différentes choses.

Éty. V. *Bend*, ou de l'all. *bind*, lien.

Les deux extrémités, d'une bande portent le nom de *chefs*, qu'on distingue en *chef libre*, ou celui qui est à l'extérieur d'une bande roulée, et en *chef caché*, ou celui qui se trouve au centre du noyau.

BENDA, en terme de cuisinier. V. *Platina*.

BENDA DE RODA, Bandage.

BENDA, BANDA, s. f. vl. BENDEL. Voile, bande, bandeau, ruban, ceinture; filet, tuyau; côté, lisière; diadème. V. *Bend*, R. et *Benda*.

BENDAGI, s. m. (beindádgi); BENDAGE. *Benda*, ital. Bandage, application méthodique des bandes, compresses ou autres pièces destinées à fixer quelque appareil sur une partie du corps humain ; l'appareil même.

Éty. de *Benda*, v. c. m. et de *ago*. Voy. *Bend*, R.

On nomme :

BRAYER, le bandage qui est destiné à maintenir une hernie, il se compose d'un ressort, d'une pelotte, et d'un sous-cuisse.

Galien qui florissait vers le milieu du IIme siècle, a fait un traité sur les bandages ; et Cicéron, Liv. 3. *De natura deorum*, en attribue l'invention à Esculape lui-même.

BENDAGI, s. m. Bandage, bandes de fer dont on renforce les jantes des roues.

BENDAR, v. a. (beindá); TENDRE. *Vendar*, port. esp. *Bendare*, ital. Bander, tendre un arc, une corde; armer un fusil, bander un membre, le lier avec une bande.

Éty. de *benda* et de *ar*, mettre une bande. V. *Bend*, R.

Bendar una roda, embattre une roue de voiture, y appliquer ou y clouer la bande de fer.

BENDAT, ADA, adj. et p. (beindá, áde); TENDUT, UDA. *Vendado*, port. Bandé, ée ; armé, ée; selon le verbe.

Éty. de *benda* et de *at*. V. *Bend*, R.

BENDEL, s. m. vl. V. *Bendeou*, plus usité, et *Bend*, R.

BENDELAR, v. a. vl. Bander les yeux.

BENDEOU, s. m. (beindèou); dont le dim. est BENDOULET. *Bendolla*, ital. Bandeau, bande pour ceindre le front, ou pour couvrir les yeux; bandelette.

Éty. Dim. de *Benda*, v. c. m. ou du celt. *bandellus* V. *Bend*, R.

BENDIG, s. m. vl. Biendit, bonne parole, V. *Dir*, R.

BENDIR, v. a. vl. Bénir : *Beneia*, qu'il ou qu'elle bénisse ; dire du bien. V. *Benir*.

(1) A Beaucaire.

BENDIRE, s. m. (beindire); CANTAR, CHANTAR, CHANTAGE. Messe qu'on fait dire pour le repos de l'âme d'un mort; service.

Éty. de *ben* et de *dire*, dire bien ou du bien. V. *Ben*, R.

BENDOULET, s. m. (beindoulé); BANDOULET, dim. de *bendeou*. Petit bandeau. V. *Bend*, R.

BENDRESCA, s. f. d. béarn. Le ventre, la panse. V. *Ventresca* et *Ventr*, R.

BENE, D'Astros, Alt. de *Vendre*, v. c m. et *Vend*, R.

BENECHA, s. f. (benétche), nom qu'on donne, à Moustiers, à la pariétaire. Voy. *Esparga*.

Éty. Alt. de *benesida*, bénie, à cause des grandes vertus qu'on lui attribue. V. *Ben*, R.

BENECHIER, s. m. (beinetchié); BEINECHIER, AIGUA-SEGNADIER, SEIGNADOUR. Bénitier, espèce de cuvette qu'on met à l'entrée des églises, et où l'on tient de l'eau-bénite. C'est aussi une sorte de vase destiné au même usage, qu'on suspend au chevet des lits ou au-dessus d'un prie-dieu.

Éty. de la basse lat. *benedictarium*, Voy. *Ben*, R.

Dans les bénitiers suspendus, on distingue: la *Croix*, la *Gloire* et le *Culot*, ou partie inférieure.

BENEDICCIO, vl. V. *Benediction*.

BENEDICITE, s. m. (bénédicité); *Benedicite*, esp. port. ital. Bénédicité, prière que l'on fait avant le repas, pour bénir les aliments que l'on va prendre.

Éty. du lat. *benedicite*, bénissez. Voy. *Ben*, R.

Digues jamai gracis avant lou benedicite. Pr.

BENEDICTA, (bénédicte), nom de femme. Benoîte. V. *Benoita*.

BENEDICTIN, s. m. (bénédictïn); *Benedictino*, port. esp. *Benedicti*, cat. Bénédictin, religieux de l'ordre de Saint-Benoît.

Éty. du lat. *benedictinus*, formé de *benedictus*, nom du fondateur. V. *Ben*, R.

Saint Benoît fonda le premier monastère de cet ordre au Mont-Cassin, entre Rome et Naples. Sa règle fut approuvée, en 595, par Saint Grégoire le Grand.

Saint Odon, abbé de Cluny, commença la réforme de cet ordre, vers l'an 940, et de là est venue la congrégation ou l'ordre de Cluny.

BENEDICTINA, s. f. (bénédictine); *Benedictina*, esp. port. cat. Bénédictine, religieuse de l'ordre de Saint Benoît. Voy. *Ben*, R.

Sainte Scholastique fonda cet ordre à-peu-près en même temps et dans le même lieu que son frère avait établi celui des hommes.

BENEDICTIO, vl. V. *Benediction*.

BENEDICTION, s. f. (bénédicie-n); BENEDICTIEN. *Bendicion*, esp. *Benedizione*, ital. *Bençâo*, port. *Benedicció*, cat. Bénédiction, action par laquelle on bénit les assistants, une chapelle, des cloches, etc.; vœux en faveur de quelqu'un; bienfaits du ciel.

Éty. du lat. *benedictio*, action de bénir. V. *Ben*, R.

L'usage des bénédictions est très-ancien; on voit dans l'Écriture que les Patriarches bénissaient souvent le peuple, et les pères, leurs enfants. Cet usage a passé chez les chrétiens et il s'est toujours conservé.

Benédiction de la rose d'or, cérémonie qui se pratique à Rome, tous les ans, depuis que Urbain V, l'eut instituée, en 1366.

Es una benediction, c'est une bénédiction.

Anar à la benediction, et *prendre la benediction*, Tr. aller au salut, aller assister à la bénédiction, et non *prendre la bénédiction*.

BENEDIT, s. m. (bénédit); HERBA-DE-SANT-JEAN, BENEDICTUS, HERBA DE NOSTRA-DAMA, BENEDUC, BENEDITUS. Reprise, orpin, joubarbe des vignes, herbe à la coupure: *Sedum telephium*, Lin. plante de la fam. des Crassulacées, qui croît dans les lieux humides et ombragés.

Éty. du lat. *benedictus*, béni, parce que, dans la montagne, on en fait bénir le jour de la fête de Saint Jean, et on les plante ensuite dans une fente de muraille, ou de poutre, où elles poussent comme en pleine terre, pendant quelque temps. La plupart des plantes grasses jouissent de cette propriété. V. *Ben*, R.

BENEDIT, ITA, Avril. Un bienheureux, une bienheureuse. V. *Benesit*.

BENEDITION. V. *Benediction* et *Ben*, Rad.

BENEDOUR, s. m. vl. béarn. Vendeur. V. *Vendur*.

BENEDUC, V. *Benedit* et *Ben*, R.

BENEFIC, ICA, adj. vl. *Benefico*, ital. esp. port. *Benefic*, cat. Bienfaisant, ante.

Éty. du lat. *beneficus*, m. s.

BENEFICI, s. m. (bénéfici); *Beneficio*, esp. port. *Benefici*, cat. *Beneficio*, ital. Bénéfice, revenu ecclésiastique.

Éty. du lat. *beneficium*, formé de *benefacio*, d'où par apoc. *benefici*. V. *Ben*, R.

Les bénéfices furent établis par les Romains, pour récompenser les guerriers qui avaient bien servi la patrie, et qu'on nommait *milites beneficiarii*. Dans la primitive Eglise, les ministres des autels n'avaient d'autres revenus que les aumônes; mais, vers le IIIe siècle, ils commencèrent à avoir des propriétés, et Constantin le Grand, ayant permis à l'Eglise d'être dotée, elle acquit en peu de temps de grands biens dont elle disposa ensuite sous forme de bénéfice. C'est à cette occasion que Saint Jérôme dit: *l'Eglise, il est vrai, est devenue plus puissante, en richesses, mais plus pauvre en vertus.*

BENEFICI, s. m. vl. Se dit aussi pour gain, profit, avantage. V. *Bienfait*.

Benefici d'inventari, bénéfice d'inventaire, acte par lequel on accepte une succession, sans se charger de l'excédent des dettes. Il a été accordé par l'empereur Justinien.

Benefici de natura, bénéfice de nature, évacuation favorable, non provoquée.

BENEFICIAR, v. n. (beneficiá); *Beneficiar*, esp. port. *Beneficiare*, ital. Bénéficier, tirer du bénéfice, du profit. En vl. récompenser, donner un bénéfice.

Éty. de *benefici* et de *ar*, formé du lat. *bene* et *facere*, bienfait, bon office. Voy. *Ben*, R.

BENIFICIER, s. m. (beneficié); BENEFICIAT. *Benefiziato*, ital. mod. *Beneficiado*, esp. port. *Beneficiario*, ital. anc. Bénéficier, qui a un bénéfice ecclésiastique.

Éty. de *benefici* et de *ier*, qui reçoit, qui jouit d'un bénéfice. V. *Ben*, R.

BENEICIO, s. f. vl. BENEISSIO. Bénédiction.

BENEISIR, v. a. (béneisir), d. bas lim. *Beneir*, cat. Bénir. V. *Benesir*, *Beinir* et *Ben*, R.

BENENANSA, s. f. vl. Bonheur. Voy. *Benananza* et *Ben*, R.

BENER, d. béarn. Vendre. Alt. de *Vendre*, v. c. m. et *Vend*, R.

BENERIT, s. m. d. béarn. Nom de l'ortolan. V. *Benarit*.

BENERIT, s. m. (beneri); BENERY. Nom nismois de la mésange charbonnière. V. *Serralhier*, et de la mésange bleue. V. *Guingarroun*, selon l'auteur de la Stat. de Nismes.

BENERIT, s. m. BENERI. Nom qu'on donne, dans le département du Gard, selon M. Crespon;

1° Au roitelet ordinaire. V. *Lagagnoua*.

2° Au roitelet triple bandeau, *Sylvia ignicapilla*. Br.

BENESCYTA, adj. vl. Bénite. V. *Benesit*, *ida*, et *Ben*, R.

BENESIR, v. a. (benesír); BENEZIR, BENEISIR, BEINIR, BEINEZIR. *Benedire*, ital. *Bendecir*, esp. *Benzer*, port. *Beneir*, cat. Bénir, consacrer au culte divin avec de certaines cérémonies; donner la bénédiction; louer, remercier; faire prospérer, etc.

Éty. du lat. *benedicere*, formé de *bene*, bien, et de *dicere*, dire; dire bien à quelqu'un. V. *Ben*, R.

BENESIT, IDA, adj. (benesi, ide); BENAZIT, BEINIT, BENEZET, BENAZET, BENEZIT. *Bendito*, esp. *Bento*, port. *Benedetto*, ital. Béni, ie, et bénit, bénite. On dit *bénit*, quand on parle d'une chose consacrée au culte divin, et qui a reçu la bénédiction, pain-bénit, eau-bénite; fig. bon enfant.

On dit béni, dans les autres cas, main bénie, peuple béni, etc.

Éty. du lat. *benedictus*. V. *Ben*, R.

BENESTAN, adj. vl. *Benestant*, anc. cat. Parfait, accompli, complet, convenable. Agrément, plaisir, s. m. V. *Estr*. R.

BENESTANSA, s. f. vl. BENESTANSA. Bien-être, bonheur, bienséance.

BENESTANT, vl. BENESTANS. Bienséant, convenable, salutaire.

Éty. Mot composé de *ben* et de *estant*, étant bien. V. *Ben*, R

BENESTAR, vl. *Benestar*, cat. *Bienestar*, esp. Bien-être, perfection. V. *Benestre* et *Ben*, R.

BENESTRE, s. m. (bein-éstré); *Benessere*, ital. Bien-être, état d'aisance, bon portement.

Éty. de *ben*, bien, et de *estre*, être. Voy. *Ben*, R.

L'home supporta tout hormis lou benestre. Pr.

Benestre vous sia, bien vous en soit, soyez heureux.

BENESTRUAR, v. n. (benestruá). Complimenter, féliciter, faire la bien venue, term. de la montagne. Garc.

Éty. de *benestre* et de *ar*, souhaiter le bien-être. V. *Ben*, R.

BENESURAT, vl. V. *Benaurat*.

BENET, s. et adj. (béné). Benêt, sot, niais. V. aussi *Benesit*.

Éty. de *Benoît*, qui, comme Basile, Joseph et autres, sont souvent pris en mauvaise part. V. *Ben*, R.

BENET, nom d'homme, (béné), dim. de *Benoît* et de *Benezet*, v. c. m. et *Ben*, R.

On emploie encore ce mot pour benêt, sot, niais, imbécile.

BENET, s. m. (bené) : *Lou benet*, le bien, la fortune, l'avoir.

Éty. de *ben*, bien, et du dim. *et*. Voy. *Ben*, R.

BENEVESSA, s. f. vl. g. Bonne aventure, bienvenue?

BENEVESSA, s. f. vl. Panier.

BENEVOLENSA, s. f. vl. g. *Benevolencia*, cat. esp. *Benevolenza*, ital. Bienveillance.

Éty. du lat. *benevolentia*, m. s.

BENEZECTE, adj. vl. Béni.

BENEZEG, vl. V. *Benezet* et *Ben*, R.

BENEZEIRE, s. m. vl. Celui qui bénit.

BENEZET, nom d'homme, (bénézé); BENEZEG, BENAZET, BENEZIT, BENET, BENEDIT, BENEZECH. Bénézet.

Patr. Saint Bénézet, Bénédit, ou Bénédict, berger et fondateur, à l'âge de 18 ans, du pont d'Avignon; appelé pour cela *Pastor* et *Pontifex*, dans son office. Il mourut en 1184. On en fait mémoire le 14 avril. Voy. aussi *Benezit* et *Ben*, R.

BENEZIR, vl. V. *Benezir*.

BENEZIT, V. *Benezit* et *Benazit*.

BENFACH, s. m. (beinfâtch); BIENFET. *Benefatto*, ital. *Benfet*, anc. cat. *Bienfecho*, anc. esp. *Bemfeito*, port. Bienfait, grâce, service, bon office, plaisir.

Éty. du lat. *benefactum*, m. s. *benefact*, *benfach*, *benfact*, ou de *ben*, bien, et de *fach*, fait. V. *Ben*, R.

Un benfach n'es jamai perdut
Hors qu'un vilen l'ague reçut. Prov.

BENFACTOUR, FACTRIÇA, s. m. (bemfactóur, trice); BENFATOUR. *Benefattore*, ital. *Bienhechor*, esp. *Benfactor*, anc. cat. *Bemfeitor*, port. Bienfaiteur, trice; celui celle qui a fait du bien à quelqu'un.

Éty. de *ben* et de *factour*. V. *Ben*, R. ou du lat. *benefactor*, m. s. d'où : *benfactor*, *benfactour*.

BENFAG, s. m. vl. BENIFAG, BEFAT. V. *Benfach*.

BENFAIRE, v. n. (beinfâïré). Faire du bien, des actes de bienfaisance.

Éty. du lat. *benefacere*. V. *Ben*, R.

BENFASENÇA, s. f. (beinfasèince). Bienfaisance, inclination à faire le bien ; libéralité.

BENFASENT, ENTA, adj. (beinfaséin, ênte). Bienfaisant, ante, qui prend plaisir à faire du bien.

Éty. de *ben* et de *fasent*, faisant le bien. V. *Ben*, R.

BEN-FOUNS, s. m. (bèin-fôuns). Bien-fonds, immeuble, terres, en général.

BENGUDA, alt. lang. de *Venguda*, v. c. m. et *Ven*, R.

BENHEBUC, nom propre, vl. Belzébuth.

BENHURANÇA, s. f. (benhuránce). Une grande quantité, une bénédiction.

Éty. de *benhurans* et de *ança*, abondance de bonheur. V. *Ben*, R.

Vous farà d'uous certo una benhurança.
Dioul.

BENHURAR, v. a. (benhurá), dl. Rendre heureux, faire le bonheur de...

Éty. de *ben*, bien, bonne, de *hura*, heure et de *ar*. V. *Ben*, R.

La vertut et la gentilesse que benhuroun ma condition. Brueys.

De quaus (dons) Diou de sa man sagrado,
En precipu m'a benurado. D'Astros.

BENHURAT, ADA, adj. dl. BEN-HOURAT. Heureux, euse, bienheureux, à qui tout réussit. V. *Benhurous*.

Éty. de *ben*, bien, de *hura* pour *houra*, heure, et de *at*, qui a eu une bonne heure. V. *Ben*, R.

BENHUROUS, OUSA, OUA, adj. (bein huróus, óuse, óue); BENHURAT. Bienheureux, euse, qui est heureux sous tous les rapports. On emploie aussi ce mot subst. *Es un benhurous*, c'est un bienheureux, un prédestiné. V. *Ben* et *Hurous*.

BENIDA, s. f. (bénide); BENOITE. Benoîte. *Geum urbanum*, Lin. plante de la fam. des Rosacées, commune le long des haies et dans les bois.

Éty. du lat. *benedicta*. V. *Ben*, R.

Presque toutes les parties de cette plante jouissent d'une vertu astringente assez prononcée.

BENIFAG, s. m. vl. Bienfait. V. *Benfach*.

BENIGNAMENT, adv. (benignaméin); *Benignamente*, ital. esp. port. *Benignament*, cat. Bénignement, avec bénignité, d'une manière bénigne.

Éty. de *benigna* et de *ment*. V. *Ben*, R.

BENIGNE, IGNA, adj. vl. *Benigne*, cat. *Benigno*, esp. ital. V. *Benin* et *Ben*, R.

BENIGNITAT, s. f. (benignitá); *Benignità*, ital. *Benignidad*, esp. *Benignidade*, port. *Benignitat*, cat. Bénignité, bonté accompagnée de douceur, de facilité, d'indulgence, de générosité.

Éty. du lat. *benignitatis*, gén. de *benignitas*. V. *Ben*, R.

BENIN, dg. BENIM. Bergeyr. Pour venin. V. *Verin*.

BENIN, IGNA, adj. (benin, ine); *Benigno*, ital. esp. port *Benigne*, cat. Bénin, igne, disposé à faire du bien aux autres, à se conformer à leurs désirs; benêt, nigaud.

Éty. du lat *benignus*. V. *Ben*, R.

En benin, Jasm. En bénissant.

BENISIT, dl. V. *Benesit* et *Ben*, R.

BENISQUE, dg. pour *Beinisse*, qu'il bénisse.

BENISSAR, s. f. vl. Bonté.

BENISSOUNS, s. m. pl. (benissoúns). Bénédiction d'un marché : *Faire lous benissouns*, bénir un marché, faire un petit repas à la suite d'une affaire conclue.

Éty. du lat. *benedictionis*. V. *Ben*, R.

BENJEMIN, nom pr. (beindjemïn); BENJAMEN. *Beniamino*, ital. *Bengamin*, port. *Benjami*, cat. Benjamin, le douzième des fils de Jacob; fig. chéri, aimé, préféré : *Aquot es lou Benjemin*, c'est le Benjamin.

Éty. Ce mot signifie, fils de ma droite; de *ben*, fils, et de *jamen*, à la droite, qui est toujours à la droite de son père, le bien aimé.

BEN-LEOU, adv. (bèin lèou). Bientôt, dans peu de temps.

BEN-LEU, vl. peut-être. V. *Beleou*.

BENOIT, nom d'homme, (benóit); BENEZET. *Benedetto*, ital. *Benito*, esp. *Benet*, cat. Benoît.

Éty. du lat. *benedictus*, m. s. V. *Ben*, R.

Patr. Saint Benoît, Patriarche des moines d'Occident, mort vers 543, honoré dans l'église le 21 mars, et le 11 juillet.

BENOITA, s. f. nom de femme, (benoite). Benoîte.

Éty. du lat. *benedicta*. V. *Ben*, R.

BENOITA, s. f. Benoîte, plante. V. *Benida* et *Ben*, R.

BENOLENT, ENTA, adj. vl. g. Qui sent bon.

Éty. du lat. *bene olens, entis*, m. s.

BENOUN, s. m. (benóu), d. bas lim. dim. de *bena*, petite cuve d'osier ou de paille. V. *Begn*, R.

BENS, vl. Contraction de *be* ou *ben nos*, bien nous: *Bens ama*, nous aime bien.

BENSEANÇA, s. f. (beinseánce). Bienséance, conformité des discours et des actions, avec les temps, les lieux et les personnes.

Éty. du lat. *bene* et *sedere*. V. *Ben*, R.

BENSILH, s. m. d. béarn. Gros bâton, houlette de berger.

BENSIPOUNETAS, s. f. pl. (beinsipounéte); BENTIBOUNETA. Verge d'or ou verge dorée : *Solidago virgaurea*, Lin. plante de la fam. des Corymbifères, commune dans les bois et dans les haies. V. Gar. p. 489.

Éty. de *Bensilh*, houlette de berger. v. c. m. Dans le département des B.-du-Rh. on donne le même nom, selon M. Negrel, au *Senecio sarracenicus*, Lin. plante de la même fam. qu'on trouve dans les lieux humides et couverts des montagnes.

BENSUT, D'Astros, alt. de *Vencut*, v. c. m.

BENT-DE-BAU, s. m. d. béarn. Vent d'Ouest, il souffle avec violence dans le golfe de Gascogne. V. *Vent*, R.

BENTAR, v. a. (beintá), dl. Eventer. V. *Ventar* et *Vent*, R.

BENTE, dg. pour *Ventre*, v. c. m. et *Vent*, R.

BENTEGEAT, V. *Ventegeat* et *Vent*, Rad.

BENTIPOUNETA, Gar. V. *Bensipounetas*.

BENTORIA, alt. de *Ventoria*, v. c. m. et *Vent*, R.

BENTOULAR, alt. de *Ventoular*, v. c. m.

BENTRE, alt. l. de *Ventre*, v. c. m. et *Ventr*, R.

BENTRE-COUSUT, s. m. dl. Maigre, exténué, qui n'a que la peau et les os. V. *Ventre-prin* et *Ventr*, R.

BENTRESCA, s. f. (beintrésque), dl. Ventre, bedaine, poitrine. V. *Ventresca* et *Ventr*, R.

BENURAR, V. *Benhurar* et *Ben*, R.

BENUT, d. béarn. Venu. V. *Vengut* et *Ven*, R.

BENVENGUDA, s. f. (beinveingúde) ; *Bènvinguda*, cat. *Bien-venida*, esp. *Benvenuta*, ital. Bienvenue, l'heureuse arrivée de quelqu'un: *Souetar la benvenguda*, souhaiter la bien venue; féliciter sur l'heureuse arrivée.

Éty. V. *Ben* et *Ven*, R.

BENVENGUT, UDA, (beinvengú, ude), *Benvenuto*, ital. *Bienvenido*, esp. *Bemvindo*, port. Bienvenu, ue, qui arrive à propos, que l'on reçoit avec plaisir. V. *Ben* et *Ven*, Rad.

Fouguez lou ben vengut, soyez le bien venu: *Ben vengut qu adus*, bien venu qui apporte.

BENVIST, ISTA, adj. (bènvist, iste); *Benvenuto*, ital. *Benivis*, cat. Bien vu, vu avec plaisir, qu'on accueille volontiers. V. *Ben*.

BENVOLENSA, s. f. vl. V. *Benvoulensa*.

BENVOLENT, adj. vl. BEVOLET, BENVOLEN, BEVOLEN. Bienveillant, ante, affectionné.

Éty. du lat. *benevolentis*, gén. de *benevolens*, m. s. V. *Ben*, R.

BENVOUGUT, UDA, adj. (bènvougú, úde); *Benvoluto*, ital. Bien voulu, ue, aimé, recherché.

BENVOULENÇA, s. f. (beinvouilléince); BENVOURENCA. *Benvolencia*, esp. port. *Benevolensa*, cat. *Benevolenza*, ital. Bienveillance, disposition favorable envers quelqu'un; bonté, affection, amitié.

Éty. du lat. *benevolentia* et *ben*, R.

BENVOULHER, v. n. (benvouillé); *Benvolere*, ital. *Benvoler*, cat. *Si faire benvoulher*, se faire aimer, estimer, chérir, par ses bonnes manières, par une conduite honorable.

BEO

BEORDAR, v. n. vl. BAGORDAR, BIORDAR, *Bigordare*, anc. ital. *Behourder*, joûter, faire des tournois, des joûtes.

Éty. V. *Beort*, Rad.

BEORT, BEORD, rad. pris de la basse lat. *behordicum*, *behordium*, *bohordicum*, combat, course de lances, espèce de tournois; dérivé de *borda*, qui dans la même langue à la même signification que *baculum*, bâton.

De *behordium*, par apoc. et suppr. de *h*, *beord*; d'où: *Beord-ar*.

De *beord*, par le changement de *d* en *t*, *beort*; d'où: *Beort*.

De *beord*, par le changement de *e* en *i*, *biord*; d'où: *Biord-ar*, et par le changement du *d* en *t*: *Biort*.

De *beord*, par la suppression de *e*, *bord*; d'où: *Bord-ei*, *Bord-eit*, *Bort*, *Bord-ir*, *Board-ir*, *Burd-ir*, *Bag-ord-ar*, *Biord-ar*, *Biort*, *Bourd-oulha*.

BEORT, s. m. vl. BEIORT, BIÒRT, BORT. *Bigordo*, ital. *Behourt*, joûte, tournoi.

Éty. de la basse lat. *behordium*. V. *Beort*, Rad.

BEOTA, s. f. vl. vaudois. Beauté. Voy. *Beoutat* et *Bel*, R.

BEOU, s. m. (bèou). V. *Beal*.

BEOU, s. m. (bèou), dl. m. s. que *Dra*, v. c. m.

BEOU, s. m. dg. Pour bœuf. V. *Buou*.

BEOU, nom de femme. Aphérèse et sync. d'Isabelle et d'Elisabeth.

BEOU, ELA, adj. (bèou, èle). Devant les noms qui commencent par une consonne, et *bel* devant ceux qui commencent par une voyelle. *Bello*, *ella*, esp. ital. port. Beau, bel, belle, bienfait, qui plaît à la vue, qui a les plus belles proportions; grand, ande; déjà avancé dans sa croissance.

Éty. du lat. *bellus*, d'où *bel* et *beou*. V. *Bel*, R.

Dans la phrase suivante *beou*, signifie grand: *Soun beous coumo paire et maire*.

Ai bela faire, bela dire, j'ai beau faire, beau dire: *Beleis gens*, les parents du mari par rapport à la femme, et les parents de la femme par rapport au mari: *Lou beou darnier*, bien le dernier.

BEOU-BEOU, *faire lou*: *Far bellin*, *bellino*, ital. *Faire lou beou-beou*, faire le joli cœur, promettre plus que l'on n'a intention de tenir. V. *Bel*, R.

Double coumo Judas, souto lou noum d'ami,
Vous fasia lou *beou-beou*, quand voulia vous trahi. Coye.

BEOUCOP, adv. (bèoucóp). Beaucoup. V. *Forsa*.

Éty. du lat. *bella copia*, quantité considérable. V. *Bel*, R.

BEOUD, EOUDA, s. (bèoud, èoude), d. béarn. BEUD. Veuf, veuve.

Éty. alt. de *Veous*, v. c. m. et *Vuid*, R.

BEOUE, dg. Pour *Beoure*, v. c. m. et *Bev*, R.

BEOUET, adj. (beoué), dl. Ivre. V. *Ubri*.

Éty. Alt. de *buvet*. V. *Bev*, R.

BEOU-FIOU, V. *Gendre* et *Bel*, R.

BEOU-JUEOU, s. m. (bèou-djuèou). Beau poupon, mon trésor, beau bijou; expressions dont les mères et les nourrices se servent en parlant de leurs nourrissons.

BEOU L'AIGUA, s. f. (béou-l'àïgua). Hydropote, abstème, qui ne boit pas le vin, qui ne boit que de l'eau. V. *Bev*, R.

BEOU-L'OLI, s. m. (béou-l'óli); BEOU-L'ORI, BELLOLI, BEOU-OLI, DAMA, DAMASSA, BREZAGA, FRESACA, GARDA-DE-VILLA, OERFRAYA, SAUÇA-LAMPA, DAMA-DE-MIOCH. Effraie ou fresa, ie, petit chat-huant, Briss. chouette ou hibou des clochers: *Strix flammea*, Lin. oiseau de l'ordre des Rapaces et de la fam. des Nocturnes ou Nyctérins.

Éty. On croit que cet oiseau s'introduit dans les églises pour boire l'huile des lampes, d'où le nom de *beou-oli*. V. *Bev*, R. ou de l'espagnol *buho*, *buholi*, grand-duc.

BEOU-PEOU, s. m. (bèou-pèou). *Beau-poil*, nom qu'on donne aux fripiers qui courent les rues en criant *beou-peou*. V. *Bel* et *Pel*, R.

BEOU-PERO, s. m. (bèou-père); BELAMERA, s. f. Les noms de beau-père et de belle-mère, ont été substitués à ceux de parâtre et de marâtre; ceux de beau-fils et de belle-fille, à celui de filiâtre, comme plus honnêtes et plus propres à inspirer réciproquement entre eux, des sentiments d'amour et de déférence.

Ces mots n'avaient aucun rapport aux agréments de la personne, ni à rien de ce qui peut plaire aux yeux, mais à des sentiments du cœur. C'est ainsi qu'on disait beau sire, beau cousin, et qu'un père disait à son propre fils, beau-fils. Ces expressions revenaient à celles de mon cher. Sauv. V. *Bel* et *Pair*, Rad.

BEOUPRAT, s. m. (beouprát); BOPRE, *Baupres*, cat. esp. *Bompresso*, ital. Mât de beaupré, l'un des quatre grands mâts d'un vaisseau, dont la position est toujours plus ou moins inclinée, situé le plus sur l'avant. V. *Mat*.

BEOURE, v. a. (beòuré); BUOURE, BOURE, BIOURE. *Bevere*, ital. *Beber*, esp. port. *Beurer*, cat. Boire, au propre, avaler un liquide; faire une légère débauche en vin; au figuré, endurer avec patience. V. les phrases suivantes:

Éty. du lat. *bibere*. V. *Bev*, R.

Aqueou papier beou, ce papier boit: *Beoure deis huelhs*, manger couver, des yeux: *Meis souliers bevoun l'aigua*, mes souliers percent l'eau: *Un avugle l'y beouria*, un aveugle y mordrait: *Beoure l'halen*, suffoquer quelqu'un en lui parlant de trop près; *Beoure lou vent*, ôter la parole, dompter l'orgueil. Garc. *Beoure pauc et souvent*, buvoter: *Beoure coumo leis chins*, laper: *Beoure à plein veire*, boire des lampées.

Beoure à la santat ou à la santé, boire à la santé. Dans l'origine, dit le Grand d'Aussy, l'usage de se porter des santés, n'était chez les anciens, qui nous l'ont transmis, qu'une cérémonie religieuse. Ils plaçaient, près de leurs tables, les images de leurs dieux domestiques et tutélaires, leur faisaient des libations, et l'on buvait en les saluant. Dans la suite ils buvaient à la conservation et à la prospérité des personnes pour lesquelles ils s'intéressaient. Nos Français devenus chrétiens, crurent faire un acte de religion en buvant aux morts, et surtout à ceux qui étaient réputés saints. Cet acte fut regardé comme une idolâtrie et une profanation. Un concile de Nantes l'anathématisa..., Charlemagne, lui-même, le défendit dans ses Capitulaires; on ne but plus ensuite qu'à la santé des vivants.

BEOURE, LOU, s. m. Le boire, la chose qu'on boit; la ration de breuvage qu'on donne aux animaux. V. *Bev*, R.

Qu voou un bon beoure se lou prend. Pr.

Dona que noun mangea lou beoure la sousten. Pr.

BEOUSA, s. f. pour *veousa*. Un des noms du *Galanthus nivalis*. V. *Bergougnousa*.

BEOUSA, dl. alt. de *Veousa*, v. c. m. et *Vuid*, R.

BEOUSE et **BEUSE**, alt. l. de *Veouse*, v. c. m. veuf, et *Vuid*, R.

BEOUSSA, dl. V. *Bescla* et *Ratela*.

BEOUSSA, s. f. (bèousse). Corbeille, ouvrage de vanier, terme de Grasse. Garc. V. *Gourbelha*.

Éty. Ce mot viendrait-il du roman *beou*, *boux*, bouleau, à cause que son bois sert à faire des ouvrages de vannerie?

BEOUTA, s. f. (béoute), dg. alt. de *Veousa*, veuve, v. c. m. et *Vuid*, R.

D'alluro difère toujourt,
La beouto *de l'autro an, éla* beouto *daujourt.*
Bergeyret.

BEOUTAT, s. f. (beoutá); POULIDICE, POULIDOUR. *Beltà*, ital. *Beldad*, esp. *Beldade*, port. *Beltat*, anc. cat. Beauté, juste proportion des parties du corps avec une agréable mélange de couleurs.

Éty. de l'ital. *beltà*, formé de *bel*, beau, ou du lat. *bellitudo*, beauté. V. *Bel*, R.

Es una beoutat, c'est une beauté.

La beoutat et la vergougna van gaire ensems.

Oui, cade lengno a sa beouta,
N'en trobi souvent dins la mioono,
Qu'en autro pourria pas exprima dins la siouno. Gros.

BEOUTIER, s. m. (beoutié). Bouvier, pâtre qui garde des bœufs. Garc. V. *Bouyer* dont ce mot n'est qu'une altération, *Bravairier* et *Bov*, R.

BEOUVER, et

BEOUVEZER, V. *Belveser* et *Bel*, R.

BEOUVOISIS, (beouvoisis); *Bovesis*, esp. Beauvoisis ou Beauvaisis, petite contrée de France dont Beauvais était la capitale, enclavée aujourd'hui dans le département de l'Oise.

BEOUZE, part. dg. (béouzé). *Beouze de cervella*, Bergeyret; privé de bon sens, de cervelle, comme si l'on disait veuf de bon sens.

Éty. du lat. *viduus*. V. *Vuid*, R.

BEP

BEPH, s. m. vl. Mot hébreu *romanisé*. B.

BEQ

BEQUE, alt. de *Bec*, v. c. m.

BEQUET, s. m. (béqué), dim. de bec, petit-bec.

Éty. de *bec* et de *Et*, v. c. m.

BEQUET, s. m. (bequé). Un des noms qu'on donne au jeune saumon, dans le Bas-Limousin. V. *Tecoun*.

BEQUETAR, v. a. (bequetà); PITAR, PITASSAR, BECAR, BEQUETEGEAR. *Beccare*, ital. *Picotear*, esp. *Espicaçar*, port. Becqueter ou béqueter, donner des coups de bec; mordre dans quelque chose avec le bec.

Éty. de *bequet* dim. de *bec*, et de *ar*. Voy. *Bec*, R.

BEQUETAT, ADA, adj. et part. (bequetà, àde); PITAT, PITASSAT. Becqueté, ée, piqué avec le bec. V. *Bec*, R.

Fruit bequetat, fruit cautérisé.

BEQUETEGEAR, v. a. (bequetedjà), itér. de becqueter. V. *Bequetar* et *Bec*, R.

BEQUI, s. m. (béqui), dl. Souci, chagrin. Sauv. V. *Chagrin*.

Éty. Ce mot n'aurait-il pas la même origine que *Pegin*?

BEQUILHA, s. f. (bequille); NADILHA, CROSSA-DÉ-MALAUT, CHOUECHAS, CRECHAS. Béquille, bâton surmonté d'une petite traverse, sur lequel les vieillards et les infirmes s'appuient pour marcher.

Éty. du lat. *baculus, bacillus*, petit bâton. V. *Bacul*, R.

On appelle ironiquement :

BEQUILLARD, celui qui porte des béquilles.

BEQUILHOUN, s. m. (bequilloún), dim. de *bec* et de *bequilha*, petit bec, petite béquille, tronçon d'une petite branche rompue.

BER

BER, vl. V. *Bar*.

BER, s. m. Nom de l'aulne en béarn. V. *Ver* et *Verna*.

BER, ERA, adj. d. béarn. alt. de *bel*, *bella*. V. *Bel*, R.

Bera-so, belle-sœur.

BERA, s. f. vl. et d. bas lim. *Bara*, ital. Bière, cercueil. V. *Bierra*. adj. *belle*.

BERAU, s. f. (beráou), dl. Prune de Monsieur, espèce de prune. Sauv.

Éty. alt. de *belau*, belle. V. *Bel*, R.

BERAY, dg. V. *Verai*.

BERBAUS, d. béarn. Pour *prouces-verbaus*, procès-verbaux. V. *Verb*, R.

BERBELUDA, s. f. (berbelúde). Un des noms languedociens du narcisse des poëtes. V. *Dona*.

Éty. de *ber*, beau, belle, et de *beluda*, m. s. V. *Bel*, R.

BERBENA, s. f. (berbène), dl. Vertevelle, anneau qui assujettit un verrou.

BERBENA, dl. alt. de *verbena*. V. *Vervena*.

Éty. de l'ital. anc. et du cat. *berbena*.

BERBEQUIN, dl. V. *Vira brequin* et *Vir*, R.

BERBEZIL, nom de lieu; BERBEZIU. Barbezieux.

BERBI, s. m. (bèrbi); BERBIA. *Berbol*, cat. Dartre, maladie éruptive de la peau. V. *Dartre*.

On donne plus particulièrement le nom de *berbis* aux dartres farineuses de la figure.

Éty. du roman *berbi*, m. s. formé de *berbix*, brebis, parce que ces animaux sont sujets à cette maladie.

BERBIALHA, s. f. (berbiaille), d. lim. Les brebis en général; les bêtes à laine.

Éty. de *berbis* et de *alha*. V. *Berg*, R.

BERBILHOUN, s. m. BERBIÔUN DEIS DETS, d. apt. V. *Envegea* et *Porres*.

BERBILHOUS, OUSA, (berbillóus, óuse), adj. BERBIOUS. Dartreux, euse. Castor. V. *Dartrous*.

BERBIS, s. f. vl. et d. bas lim. BERBITZ. *Berbitz*, anc. cat. *Berbice*, ital. Brebis. V. *Feda*.

Éty. du lat. *vervecis*, gén. de *vervex*, mouton. V. *Berg*, R.

BERBOUISSET, dl. alt. de *verbouisset*. V. *Prebouisset*.

Éty. de *ber* pour *verd*, et de *bouisset*, dim. de *Bouis*, v. c. m. *Verd* et *Bouis*, R.

BERC, ERCA, s. et adj. (bèrque); BERCHA, BERCA-DENT, BERCHADENT, BERCHE. En parlant des hommes ou des femmes qui ont perdu une ou plusieurs dents de devant; on dit cet homme, cette femme est brèche-dent. Quand il est question des brebis qui, après cinq ans commencent à perdre les dents, on les dit brèches ou *calabres*, Ency.

Dans le dial. lang. on dit aussi *berca*, pour brèche, ou écornure d'une pierre. Sauv. V. *Brec*.

En vl. Coche, entaille, marque.

BERCA-DENT, dl. V. *Berca* et *Brec*, R.

BERCADURA, s. f. (bercadúre); BERCA, ENCRENA, EIBARCHADURA, ESCORNURA. Brèche, écornure d'une pierre : la brèche d'un couteau. Sauv.

Éty. de *berca* et de *ura*. V. *Brec*, R.

BERCAR, v. a. vl. ESBERCHAR, EMBERCHAR, ESBERLAR, EMBERLAR. Ébrécher, entailler.

Éty. de *berca* et de *ar*. V. *Brec*, R.

BERCAT, ADA, adj. et p. (bercá, áde); ESBERCHAT, EMBROUISCLAT. Ébréché, couteau, rasoir, ébréché, à qui l'on a fait une petite brèche.

Éty. de *berca* et de *at*. V. *Brec*, R.

On dit *égueulé*, en parlant d'un pot, d'une cruche, d'une bouteille, dont la partie supérieure ou le goulot est cassé.

Pienche bercada, peigne édenté.

Taula de marbre bercada, table écornée.

BERCHA, s. f. (bèrtche); *Si faire la bercha*, guerre que deux troupes d'enfants se font à coups de pierres.

BERCHA, adj. V. *Berca*. Brèche et *Brec*, R.

BERCHADENT, s. m. (bertsodèin), d. bas lim. Brèche-dent. V. *Berca* et *Brec*, Rad.

BERCHE, d. bas lim. Brèche. V. *Berca* et *Brec*, Rad.

BERDAULA, s. f. (berdáoule). Nom languedocien du verdier. V. *Verdier*.

Éty. *Berdaula* est une alt. l. de *verdaula*, dérivé de *verd*. V. *Verd*, R.

BERDUFALHAS, dl. V. *Bourdifalha*.

BERDUGA, Garc. V. *Barruga*.

BERDURA, s. f. (berdúre), d. béarn. Jonchée, verdure.

Éty. alt. de *Verdura*, v. c. m. et *Verd*, R.

BERDURAR, v. a. d. béarn. Joncher, répandre de tous côtés.

Éty. de *berdura*, alt. de *verdura* et de *ar*. V. *Verd*, R.

BERE, dg. Pour verre, V. *Veire*, pour gobelet. V. *Goubelet*.

BERE, pour venin alt. lang. de *Verin*, v. c. m. et *Venen*, R.

BEREGNA, s. f. (berégne), dl. BEREIGNA. Vendange, V. *Vendumi*, V. aussi *Besegna* et *Vena-d'alhet*.

BEREGNAIRE, s. m. (baregnâïré), dl. Vendangeur, V. *Vendumiaire*.

BEREIGNA, s. f. dg. Vendange. Voy. *Beregna*.

L'autan bous enflo la bereigno,
Lou Nort de blat la terr'empreigno.
D'Astros.

BEREN, alt. g. de *Verin*, v. c. m. et *Venen*, R.

BERENC, dg. V. *Verin*.

BERENCHIER, Synon. de *Sautoulama*, v. c. m. Avril.

BERENGUIERA, s. f. (bereinguière); BERINGUIERA, BRINGUIERO, BERENGUIER. Gros pot de chambre que l'on place dans une chaise percée. Quand il est de forme oblongue on l'appelle en français bourdalou.

BERENOUS, Pour venimeux, alt. l. de *Verinous*, v. c. m. et *Venin*, R.

BERG, BERQ, BARG, radical pris de la basse latinité, *bergarius*, dérivé du lat. *vervex*, *vervicis*, mouton, d'où vient aussi *berbix*, brebis; le P. Puget. le fait venir du celt. ou de l'all. *berg*, montagne.

De *vervex*, par apoc. et changement du premier *v* en *b*, et du second en *g*, *berg*; d'où: *Bergier*, *Berg-ey*, *Berg-eira*, *Bargeir-eta*, *Bargeir-oun-eta*.

De *berg*, par le changement de *e* en *a*, *barg*; d'où : *Barg-eir-eta*, *Barg-ier*, *Barge-al-ada*, *Bargeir-ada*, *Bargeir-oun-eta*, *Barg-iera*, *Bargiera-s*.

De *barg*, par le changement du *g* en *j* : *Barj-el-ada*.

De *berbix*, par apoc. *berb*, *berbi*; d'où : *Berbi-alha*, *Berbis*, *Berb-itz*.

De *berbi*, par la suppr. du *b*, *beri*; d'où : *Bere*, *Beri-beri*, *Beri-dou*, *Beri-gas*, *Berig-aud*, *Berigaud-as*, *Ber-ou*, *Berou-ge*.

BERGADA, s. f. dg. Perche, alt. de *Vergada*, v. c. m.

BERGADEROS, s. m. pl. (bergadéros), dl. Brigand. Sauv.

Ély. de *bergan de bos*, rom. alt. de *brigand deis boscs*, brigand des bois.

BERGAMOTA, s. f. (bergamote); BARGAMOTA. *Bergamote*, all. Lime bergamote, *Limon bergamotte*, variété du citronnier limonier, dont les fruits sont employés à faire des bonbonnières connues sous le nom de bergamotes qu'on fabrique particulièrement à Grasse.

En style badin, parties sexuelles féminines.

BERGAMOTA, s. f. *Bergamota*, esp. port. cat. ital. Bergamotte, poire verte et parfumée.

Éty. du turc, *bergamoud*, reine des poires ; de *armout*, poire, et de *beg*, seigneur, ou parce qu'elle est venue de Bergame en Italie, selon quelques auteurs.

BERGAR, v. a. vl. Frotter.

Éty. du roman *bergar*, m. s.

BERGAT, s. m. (bergà); BERGOT, VERGAT. *Bergat*, sorte de nasse en osier dont on se sert pour pêcher dans la Garonne. C'est un verveux en bois.

Éty. *Bergat*, n'est qu'une altération de *vergat*, qui a en roman la même signification.

BERGATIER, s. m. (bergatié), dl. Bredouilleur. V. *Mangea-favas*.

BERGAU, adj. vl. *Bergant*, cat. *Bergante*, esp. Bulgare, bougre, détestable.

BERGAU, s. m. vl. BERJAU. Bulgare, bougre, hérétique.

BERGE, s. f. (bèrdgé). Terrasse qu'on établit dans un terrain disposé en amphithéâtre. Garc.

BERGE. V. *Faissa*. Garc.

BERGE, dg. V. *Viergi*.

BERGEIRA, vl. V. *Bergiera* et *Berg*, Rad.

BERGEIRETA, s. f. (berdgeiréte); BARGEIRETA. Petite bergère, bergerette.

BERGEIRETA, s. f. (berdgeiréte). Nom qu'on donne, dans le Gard, à la bergeronnette jaune, qu'on nomme, à Avignon, *Bergeireta d'estiou*. V. *Pastoureleta*, 2.

Éty. de *bergeira* ou *bergiera*, parce que ces oiseaux suivent les troupeaux. V. *Berg*, Rad.

BERGEIROUNETA, s. f. (berdgeirounéte). Un des noms languedociens de la mante prie-dieu. V. *Prega-dieu-de-restouble*.

Éty. Probablement parce qu'elle vient dans les champs avec les bergers. V. *Berg*, R.

BERGET, D'Astros. V. *Vergier*.

BERGEY, s. m. dg. V. *Bergier* et *Berg*, Rad.

BERGIER, s. m. (bergié); BARGIER, PASTRE. Berger, celui qui garde les bêtes à laine dans les champs ou sur les montagnes. Ce mot, en provençal, est du style relevé. V. *Pastre*.

Éty. Selon les uns de *berg*, qui en all. signifie montagne, et selon d'autres de la basse latinité *berbix*, brebis, d'où *berbicarius*, berger. V. *Berg*, R.

BERGIERA, s. f. (bergière); PASTRESSA. Bergère, femme ou fille qui garde les troupeaux. V. *Pastressa*.

BERGNA, dg. altér. de *Verna*, aulne, v. c. m.

BERGNE, s. m. et

BERGNOLA, s. f. (bèrgné et bergnóle), dg. BERGNOCA. Véron. V. *Veiroun*.

BERGOINA, s. f. vl. Bourgogne, province de France. V. *Bourgougna*.

BERGONH, s. m. vl. Bourguignon. V. *Bergonha*.

BERGONHO, adv. vl. Peu, légèrement.

Éty. de *vergougna*, pris dans le sens de timidité, avec timidité. V. *Ver*, R.

BERGONHO, s. m. vl. BERGONH. Bourguignon.

BERGOUGNA, et

BERGOUGNOUS, alt. lang. de *Vergougna* ou *Vergougnous*, v. c. m. et *Ver*, R.

BERGOUGNOUSA, s. f. (bergougnóuse); BEOUSA. Nom qu'on donne, aux environs de Toulouse, à la galantine perce-neige, *Galanthus nivalis*, Lin. plante de la fam. des Liliacées qu'on trouve dans les prés couverts et montagneux.

Éty. Altér. de *vergougnousa*, honteuse.

BERGOUNJOUS, dg. alt. de *Vergougnous*, v. c. m. et *Ver*, R.

BERGUEDAN, nom de lieu, vl. Canton, district de Berga, en Catalogne.

BERGUONHA, nom de lieu, vl. Bourgogne.

BERI, s. m. (bèri), dl. Un ignorant. Sauv.

Éty. de *beri-beri*, mots dont on se sert pour appeler les moutons. V. *Berg*, R.

BERI, BERI, V. *Berou*, *Berou* et *Berg*, Rad.

BERIC, nom de lieu, vl. BERIU, BEIRIA. Berri.

BERICLE, vl. V. *Berille*.

BERICLES, V. *Besicles*.

Éty. Altér. de *vericles*, de verre, ou de *berillas*, bass. lat.

BERICOCA, dl. V. *Falabrega*.

BERICOQUIER, (bericouquié), dl. V. *Falabreguier*.

BERIDOUN, s. m. (beridóun), d. de Barc. Jeune agneau.

Éty. de *beri-beri*, nom par lequel on appelle les brebis, et du dim. *oun*. V. *Berg*, R.

BERIGAS, s. m. (berigás); BERIGAUD, ANOUGE, BELIGAS, V. *Bedigas*. Niais, simple, bonhomme.

Éty. du languedocien *beligas*, nom des antenois. V. *Anouge* et *Berg*, R.

BERIGAUD, s. m. (berigáou). Niais, imbécile, alt. de *Bedigas*, v. c. m. V. *Berg*, Rad.

BERIGAUDAS, ASSA, s. (berigaoudás, ásse), augm. de *berigaud*, gros nigaud. V. *Berg*, R.

BERIGOULA, s. f. (berigoule); BERIGOURA, BOURIGOULA, BARIGOULA. Sorte d'apprêt pour les artichauts, qui consiste à les faire cuire dans une marmite avec du sel, du poivre, de l'huile et un peu d'eau ; ou sur le gril avec du sel et de l'huile : *Carchofle* ou *artichau à la berigoula*, artichaut à la braise.

Éty. On a fait dériver ce mot de *beri*, qui sert à appeler, et de *goula*, qui appelle la bouche ; mais *berigoula*, n'est qu'une altération de *bouligoula*. V. *Bol* et *Goul*, R. Ou du nom d'un champignon qu'on fait cuire de cette dernière façon, et au lieu de dire tout au long *Carchofle à la berigoula*, on a dit *berigoula*, pour cette variété d'artichaut qu'on fait cuire de cette manière. V. *Bouligoula*.

BERIGOULETTA, s. f. (berigoulète). Nom languedocien de l'agarie du panicaut. V. *Bouligoula*.

Éty. Alt. de *bouligoula*, et du dim. *et*. V. *Bol* et *Goul*, R.

BERILLE, BERICLE, s. m. vl. *Berill*, cat. *Berilo*, esp. *Bérillo*, port. ital. Béryl, pierre précieuse, d'un vert bleuâtre et transparente, que l'on nomme aussi aigue-marine.

Éty. du lat. *beryllus*, m. s. dérivé du grec βήρυλλος (beryllos), m. s.

BERINGOUNS, s. m. pl. (beringóuns). Petits vases de terre. Aub.

BERINGUIERA, s. f. (beringuière). V. *Berenguiera*.

BERION, vl. Berrichon.

BERIU, s. m. vl. *Berri*.

BERJA, s. f. vl. Berge, plaine.

Éty. de la basse lat. *beria*, lieu plan, champêtre, inculte.

BERLA, s. f. (bèrle); BURLA, dl. Éclat de bois ou de pierre : morceau détaché d'un plus gros. Souche, morceau de souche. Sauv.

BERLA, s. f. dl. Le bord d'un vase : *Plen de ras en berla*, plein bord-à-bord. Sauv. *Sounar de berla en barla*, d. bas lim. mettre les cloches tout-à-fait en branle, sonner à toute volée.

BERLA, s. f. (bèrle). Nom qu'on donne à la berle à larges feuilles, et à plusieurs autres espèces : *Sium latifolium*, *angustifolium* et *nodiflorum*, Lin. plantes de la fam. des Ombellifères, qu'on trouve dans les lieux marécageux et dans les fossés. Voy. Gar. au mot *Sium*, p. 443.

Éty. du celt. *beler* ou *veler*, qui signifie cresson, ou plantes analogues ; ces plantes croissent en effet, dans les mêmes lieux. Théis.

A Nismes, on donne le même nom au laser de France ou laser trifurqué de Lam. V. *Battouira*.

BERLE, s. m. (bèrlé). Nom que M. Garcin paraît donner à la lentille d'eau. V. *Lentilha d'aigua*.

BERLINA, s. f. (berline) ; *Berlina*, esp. cat. ital. *Berline*, all. *Berlinda*, port. Berline, sorte de carrosse suspendu entre deux brancards ; division d'une diligence moderne, qui se trouve entre le coupet et la rotonde.

Éty. de Berlin où cette voiture fut inventée par Philippe de la Chiesa, ingénieur piémontais, premier architecte de Frédéric Guillaume, électeur de Brandebourg, qui dans un voyage en France en donna l'idée aux Français.

BERLINGAU, s. m. (berlingáou); BARLINGAU, BABIDOT, BABIGOT, BAVIDET, GOUR-

DOU, OUSSET, TIRA-TOUT, BEDIN-BEDOS. Os ou osselet du talon des bêtes à pied fourchu, dont on se sert pour jouer aux osselets; c'est aussi le nom du jeu.

Cet os paraît être l'*astragalus* ou *talus*, dont les Romains se servaient pour jouer. C'est au jeu des osselets que Octavien Auguste gagna, dit-on, plus de cinquante mille écus. On voit ce même jeu représenté plusieurs fois dans les peintures d'Herculanum, où l'on a trouvé une grande quantité de ces osselets.

Éty. de la basse latinité *berlenghum*, m. s. V. *Bedin-bedos.*

BERLOCA, V. *Breloca.*

BERLUA, V. *Barlua.*

BERLUG, radical dérivé du latin *vario lumine*, ou plutôt de *varia-luce.*

De *varia luce*, par apoc. *var-luc*, et par le changement de *v* en *b*, de *a* en *e*, *berluc*, et de *c* en *g*, *berlug*; d'où: *Esberlugar, Em-berlug-ar*, *Em-berlug-at*, *Es-barlug-ar.*

BERLUGA, V. *Barluga* et *Barruga.*

BERLUGAMENT, s. m. (berlugaméin). Tournis, maladie des animaux. V. *Lourdugi* et *Calugi.*

Éty. de *Berlua* et de *ment*, v. c. m.

BERMAT, ADA, adj. et p. (bermá, áde), dg. Diminué, ée. V. *Mermat.*

BERME, dg. V. *Verme* et *Verm*, R.

BERMENA, s. f. (berméne). Nom de la verveine, à Montpellier, selon M. Gouan. alt. de *Vervena*, v. c. m.

BERMENOUS, alt. l. de *Verminous*, v. c. m. et *Verm*, R.

BERMUDAS, s. f. pl. (bermúdes); *Bermude*, ital. *Bermudas*, esp. port. *Bermuda*, lat. Bermudes, groupe d'îles dans l'Océan Atlantique, à 300 lieues des côtes des Etats-Unis.

Éty. du nom de l'espagnol Jean Bermudas, qui les découvrit en 1527. On les a appelées aussi îles Sommers, parce que l'anglais Georges Sommers, y fit naufrage en 1609.

BERN, s. m. Un des noms lang. de l'aulne. V. *Verna* et *Vern*, R.

BERNA, s. f. (bèrne). BARNA. Berne, jeu dans lequel on fait sauter une personne dans une couverture.

Éty. V. *Bernar.*

BERNADET, s. m. (bernadé). Un des noms toulonnais du porc marin. V. *Porc-marin.*

BERNAGE, s. m. vl. BARNAGE. Ce mot a dans les anciens écrits, le sens de noble, d'homme apparent, ou du moins ces hommes pris collectivement. V. *Bernagi.*

BERNAR, v. a. (berná). Berner, faire sauter quelqu'un en l'air sur une couverture tenue par quatre personnes; se moquer de quelqu'un, le tourner en ridicule.

Éty. du grec βερνεσθαι (bernesthai), selon Casaubon, dont les Laconiens se sont servis pour παλλω (pallô), secouer, agiter, lancer.

BERNARD, s. m. (berná); BARNARD. *Bernardo*, ital. esp. Bernard, nom d'homme.

Éty. du lat. *bernardus*, formé de l'all. *beer*, ours, et de *hart*, génie.

L'Église honore 15 saints de ce nom.

BERNARD-L'HERMITA, s. m. BARNARD-L'ARMITA, PIADA, DIOU-HARPUT. Nom qu'on donne presque indistinctement à toutes les espèces du genre pagure, que l'on connaît en français sous ceux de bernard l'hermite, et de soldats, mais plus particulièrement au pagure bernard, *Pagurus bernhardus*, Fab. crustacé de l'ordre des Astacoïdes et de la fam. des Longicaudes ou Macroures (à longue queue), qu'on trouve dans la Méditerranée.

Éty. Le nom de bernard l'hermite a été donné à ces animaux à cause de la singulière habitude qu'ils ont de vivre isolés, chacun dans une coquille univalve vide, pour mettre à l'abri la partie vulnérable de leur corps.

BERNARD-PESCAIRE, s. m. (bernár pescaïré). Nom qu'on donne, à Nismes, au héron commun, V. *Heroun*, et au héron pourpré, V. *Serpatier.* Ce nom est commun à presque tous les hérons, aux environs de Montpellier.

Éty. Cet oiseau est ainsi nommé parce qu'il vit de la pêche.

L'auzel que lous moussurs nommen din lur jargoun,
Lou heroun,
E nous aous lou *Bernat-Pescayre.*
Bergeyret.

BERNARDA, s. f. (bernárde). Tonne d'un moulin à huile. Garc.

BERNARDIN, s. m. (bernardïn); *Bernardo*, port. esp. Bernardin, religieux de l'ordre de Citeaux.

Éty. de Saint Bernard qui par son zèle donna une grande extension à cet ordre.

Ces religieux furent fondés par Saint Robert, abbé de Molesme, et ensuite de Citeaux en Bourgogne; leur ordre n'est qu'une réforme de celui de Saint Benoît.

BERNARDINA, s. f. (bernardine); *Bernarda*, esp. port. Bernardine, religieuse de l'ordre de Citeaux. V. *Bernardin.*

On prétend que les Bernardines ont été fondées par Sainte Humbeline, sœur de Saint Bernard.

BERNAT, s. m. vl. Barnage, V. *Bar*, Rad.

BERNAT, ADA, adj. et p. (berná, áde). Berné, ée. V. *Bernar.*

BERNAT-PESCAIRE, dl. Héron. V. *Heroun* et *Bernard-pescaire.*

BERNIC, ICA, adj. (bernic, ique), d. béarn. Inquiet, ète: pointilleux, euse.

Éty. Probablement du roman *bernicles*, rien, qui s'attache à des riens.

BERNIÇAR, vl. V. *Vernissar* et *Barnis*

BERNISENCA, d. de Nice. V. *Barnissenca* et *Barnis*, R.

BEROI, OIA, adj. (beróï, óïe), dl. Joli, ie. Sauv. V. *Poulit.*

Éty. du roman *beroy*, *beroye*, beau, belle.

BEROLA, s. f. (beróle), d. bas lim. On le dit de tout ce qui est trop liquide, comme de la bouillie, etc. trop délayé. V. *Bouira.*

BEROU, s. m. (beróu), dl. Le robin d'un troupeau; le mouton favori, le principal bélier. Sauv.

Éty. de *beri*, pris pour mouton. V. *Berg*, Rad.

BEROU, s. m. dl. Le ver blanc et dodu qu'on trouve dans les cerises. Sauv.

Éty. du rom. *beron* ou *berou*, ver qu'on trouve dans l'espèce de cerises nommées guignes.

BEROU-BEROU, BERI-BERI, BREC, BREHAHA. Mot que les bergers prononcent rapidement pour appeler les moutons.

Éty. de *berou*, mouton, ou de l'hébreu *bérith*, alliance, invitation à se rallier. Troupeau en celt. V. *Berg*, R.

BEROUET, s. m. (beroué); BEROUE, BEROUGE, BEROUGET. Agneau faible ou infirme qui ne peut pas suivre le troupeau. Garc.

Éty. de *berou*, nom qu'on donne aux moutons en les appelant, et du dim. *et.*

BEROUGE, s. m. (beróudgé). V. *Berouet.*

BEROULH, V. *Ferroulh.*

BEROUNICA, s. f. alt. lang. de *Verounica*, v. c. m.

BEROUR, s. f. dg. Beauté?

Quet serbich deou houec la berou
Que déspaouent è de berou?
Noble (lou fuech), per ma claro berou,
Noble per ma béro clarou.
D'Astros.

BEROUTET, ETA, adj. dg. Belet, beau, joli. V. *Bel*, R.

En un abric ta beroutet
Bous ets coumo debat untet. D'Astros.

BERQUAR, vl. V. *Bercar.*

BERQUIERA, dl. V. *Verquiera*, Dot.

Éty. M. de Sauvages dérive ce mot de *berca*, brèche, parce qu'une dot est une brèche faite à l'héritage.

BERRA, s. f. (bèrre); BEARRA. Espèce de bonnet d'enfant qu'on attache sous le menton; par ext. et ironiquement, bonnet. V. *Barret*, R.

BERRET, s. m. (berré), dl. Chapeau de laine tricoté, plat et à bords très-étroits, des paysans de la Gascogne. Absolument, bonnet d'enfant.

Éty. Dim. de *berra*. V. *Barret*, R.

BERRET-DE-CAPELAN, s. m. (berré dé capelá). Nom toulousain du fusain. Voy. *Bounet-de-capelan.*

BERRETIER, s. m. vl. Bonnetier.

BERRETA, s. f. (berréte); *Berretta*, ital. fém. de *berret*, bonnet de nuit: *Es pu fier que berreta*, il est plus content qu'un roi; pour barrette. V. *Barreta* et *Barret*, R.

BERRI, s. m. (bèrri). Crochet fixé à un plafond pour y suspendre des paniers, ou aux paniers pour les accrocher aux branches des arbres; rossignol de serrurier; bélier, mâle de la brebis. Garc. V. *Aret.*

Éty. du roman *berri*, crochet, anneau, crampon.

BERRI, s. m. Filet de cordes dans lequel on transporte le fourrage, la paille, les gerbes, etc. Garc. V. *Barrioun* et *Berris.*

BERRIA, s. f. (bèrrie). Nom qu'on donne, à Sisteron, à la berle à ombelles sessiles, *Sium nodiflorum*, Lin. plante de la fam. des Ombellifères, qu'on trouve dans la plupart des ruisseaux.

Éty. Ce mot ne nous paraît être qu'une altération de *berle*. V. *Berla.*

BERRIA, s. f. (bèrrie), dl. BRETA, GORP. Une hotte; espèce de panier qu'on porte sur le dos au moyen de deux bretelles. Sauv.

BERRIS, s. f. pl. (bèrris); BERRIAS, d. m.

EMBAISSAS, BEGNA, BERBI. Echelette, grand cadre en bois qu'on fixe sur le bât, et sur les côtés duquel on attache les bords d'un drap ou d'une couverture, qui forme ainsi deux grandes poches, où l'on place les gerbes pour les transporter. C'est aussi un filet de cordes servant au même usage.

BERRIVIER, s. m. vl. Du Berry, berruyer.

Éty. du lat. *biturix*, m. s.

BERROLH, vl. V. *Ferrolh.*

BERROS, s. vl. Couleur dans le blason.

BERROULHAR, dl. V. *Barroulhar.*

BERROVIER, s. m. vl. *Berroviere*, ital. Éclaireur, soldat d'avant poste.

BERRUGA, s. f. (berrúgue); BARRUGA, BARLUGA, BRELUGA, BARRUA, VARUGE. *Verruga*, cat. esp. port. *Verruca*, ital. Verrue, excroissance dure et indolente qui vient ordinairement dans la peau des mains.

Éty. du lat. *verruca*, m. s.

Berrugas d'una dinda, d'un gabre, glandules.

BERRUGASSA, s. f. (berrugásse); *Berrugassa*, cat. augm. de *berruga*, grosse verrue.

BERRUGUETA, s. f. (berruguéte); *Berrugueta*, cat. dim. de *berruga*, petite verrue.

BERS, s. m. vl. *Berço*, port. Berceau, tombeau. V. *Bres* et *Vert*, R.

BERS, dg. V. *Vers.*

BERSAUNES, s. et adj. vl. Qui est de Barcelone.

BERT, terminaison particulière à quelques noms propres venus du Nord. Elle est dérivée de l'anglo saxon *beorth*, brillant.

BERT, s. m. dg. Pour vert, herbe, herbe verte, alt. de *vert*. V. *Verd*, R.

Priri sus aquel prat de bert *uno licado.*
Bergeyret.

BERTA, s. f. vl. BERTANH. Insecte.

BERTA, nom de femme, (bèrte); BERTHA. *Berta*, ital. Berthe et Barthe.

Patr. sainte Berte ou Berthe, abbesse de Blangi en Artois, morte en 725, le 4 juillet, jour où l'Eglise célèbre sa fête.

Doou demps que Bertha *filava: Nel tempo che* Berta *filava*, ital. Dans un temps plus heureux.

BERTA, s. f. Vieille brebis qu'on engraisse pour mener à la boucherie.

Éty. Altér. de *Berca*, sans dents, v. c. m. V. *Brec*, R.

BERTADIER, dl. alt. de *vertadier*. V. *Vert*, R. 2.

BERTADIEROMENT, dl. alt. de *Vertadierament*, v. c. m. et *Ver*, R. 2.

BERTAL, BERTAU, s. m. vl. Hanneton. V. *Bambarota.*

BERTAT, s. f. anc. béarn. V. *Veritat* et *Ver*, R. 2.

BERTAU, V. *Bertal.*

BERTAUS, adj. vl. Sot, penaud.

BERTEL, s. m. (bertèl), dl. Peson d'un fuseau.

Éty. Alt. de *vertel*. V. *Vert*, R.

BERT-ESPERA, s. f. (bèr-t-espére), dl. Pour *vert'espera*; faux espoir: *Auras una rauba fourrada de* bert'espera, tu auras une robe à Pâques, ou dimanche après la grand'messe.

Éty. *Berta* ou *verta espera*, attente verte, qui n'est pas mûre, qui est vaine. V. *Verd*, R.

BERTHOMIU, nom propre, anc. béarn. V. *Barthelemi.*

BERTIN, nom d'homme, (bertïn). Bertin.

Patr. saint Bertin, abbé de Sithieu, à Saint-Omer, mort le 5 septembre 709, fêté le 16 juillet.

BERTISSET, s. m. (bertissé), dl. Agneau, bon homme. V. *Bedigas.*

Aco dich meteri l'aujol
Coum'un bertissé *sus moun col.*
Trad. de Virg.

BERTOLOME, nom propre, vl. Barthelemy.

BERTOMIEU, nom d'homme, vl. Voy. *Barthelemi.*

BERTOUL, s. m. (bertoúl), dl. BICHOUN. Un cueilloir, petit panier à anse, fait d'éclisses, qui sert à cueillir le fruit, à ramasser les châtaignes, etc. Sauv.

Éty. Ce mot est une corrup. de *bredoul* ou *bichou*. Sauv.

BERTOUL, s. m. dl. Filet à prendre les anguilles. V. *Garbeta.*

Éty. du rom. *verveul*, filet pour pêcher; dérivé du lat. *everriculum*, m. s.

BERTOULAIGUA, dl. V. *Bourtoulaigua.*

BERTRAND, nom propre, (bertrán); *Beltrand*, esp. Bertrand.

Patr. saint Bertrand. L'Église honore cinq saints de ce nom, les 6 et 30 juin, 15 et 16 oct. et 14 nov.

Bertrand est aussi le nom qu'on donne souvent aux singes mâles.

Fez de ben à bertrand, *vous lou rende en ca....*, graissez les bottes à un vilain, il dira qu'on les lui brûle.

BERTRASCA, s. f. vl. Brétèche. Voy. *Bertresca.*

BERTRESCA, s. f. vl. BERTRASCA. *Bertesca*, ital. *Brétèche*, forteresse en bois.

Éty. de la basse lat. *bretachia*, m. s.

BERTUROUS, adj. dl. Robuste, puissant, fort.

Éty. de *bert* pour *vert*, rad. de *vertut*, pris dans sa véritable acception, qui est force, vigueur, et de la term. *urous*. V. *Vertut*, R.

BERTUT, d. béarn. alt. de *Vertut*, v. c. m. Rad.

BERZIS, s. m. vl. Toulousain.

BES

BES, prép. BIS, BI, B, BA, VI, BIN, VIS. Cette particule est prise du celt. *bes*, deux, deux fois, du grec δὶς (dis), ou du latin *bis*, m. s.

De *bes*: *Bes-as*, *Bes-cuech*, *Bes-soun*, etc.

De *bis*: *Bis-sext*, *Bis-tournat*, *Bis-aiul*, *Bis-cant*, etc.

De *bi*: *Bi-gamia*, *Bi-gorna*, *Bi-furcat.*

De *b*: *B-rut*, *B-retela.*

De *ba*: *Ba-lança*, *Ba-lançar.*

De *vi*: *Vi-nt* pour *Vi-ginti.*

De *vis*: *Vis-eou*, *Vis-tournat.*

De *bin*: *Bin-ar*, *Coum-bin-ar*, etc.

BES, préposition négative ou privative, prise du celtique *bes*, qui ajoute aux mots auxquels on l'unit, l'idée de privation ou d'erreur; d'où: *Bes-veire*, *Bes-compte*, etc.

BES, s. m. (bés); VES, BE, BESSOL. Noms languedociens et montagnards du bouleau blanc. *Betula alba* Lin. arbre de la fam. des Amentacées, qu'on trouve le long des graviers et dans les bois ombragés de la Haute-Provence.

Éty. du breton *bez*, m. s.

L'épiderme de cet arbre est recouvert d'une résine particulière à laquelle M. Chevreul a donné le nom de *Bétuline*, dont l'huile empyreumatique, est le principal ingrédient de la préparation des cuirs de Russie.

BES, s. m. Petit traîneau. Garc.

BES, t. de jeu, Le bord d'une fossette à quoi les enfants jouent. Sauv.

BES, s. m. pl. vl. Biens, bienveillance, altér. de *Bens*, v. c. m.

BES, ESSA, adj. (bés-ésse), d. m. Fourchu, ue: *Branca bessa*, branche fourchue: *Coua-bessa*, queue fourchue.

Éty. de *bes*, deux. V. *Bes*, initial.

BES, dg. BELS, BEOUS, Beaux.

BES, s. m. anc. béarn. *Bes de sang.* Fors et Cost de Bearn.

BESADAMENT, adv. dl. Mignardement.

Éty. de *besada*, baisée, et de *ment*, d'une manière caressante. V. *Bais*, R.

BESADAR, v. n. (besadá), dl. Folâtrer, se jouer. Sauv. Baisoter. V. *Bais*, R.

BESAGUDA, s. f. (besagúde), dl. BISAGUDA. Besaiguë, instrument de charpentier, taillant par les deux bouts, et tout de fer (ou d'acier). Sauv.

Éty. de *bes* et de *aguda*, pour *acuta*, tranchant de deux côtés, *bisacuta*. V. *Bes* init. et *Agut*, R.

BESAL, s. m. (besál), dl. Le même que *Besau*, v. c. m.

BESALAR, v. n. (besalá), dl. Faire des rigoles pour l'arrosement des prés.

Éty. de *besal* et de l'act. *ar*. V. *Besau.*

BESALAR, v. n. (besalá), d. de Barc. synonyme de *Bramar*, v. c. m.

BESALIERA, s. f. (besaliére), dl. BESAU, BEOU, BEAL. Rigole de pré, la principale rigole dans laquelle les autres viennent aboutir.

Éty. de *besal* et du mult. *iera*. V. *Besau.*

BESAMENTS, s. m. pl. (besaméïns), dl. et mieux *Baisaments*, baisements: *Tant de besaments*, bien des compliments. Sauv. V. *Bais*, R.

BESAN, s. m. anc. lim?

Que l'arsou sia garni de besans *de fer.*

BESANT, s. m. (besán); *Besante*, port. *Bisante*, ital. *Besan* ou *Besant*, cat. Besant, ancienne monnaie de l'Empire de Constantinople ou Bysance.

Éty. *Besant*, est une altér. de *byzant*, du lat. *byzantius*, de Bysance, ancien nom de Constantinople où cette monnaie fut frappée.

BESAS, s. m. (besás); BEZET. Besct, c'est en jouant au tric-trac, le coup où l'on amène deux as.

Éty. de *bes*, deux, et de *as*. V. *Bes*, initial.

BESAU, s. m. (besáou); BESAL, dl. Rigole d'arrosement, tranchée pour recevoir l'eau de la pluie d'un terrain en pente, et la détourner dans un ruisseau; mare pour abreuver le bétail. Sauv.

Éty. du roman *besal*, *besaliere*, canal,

conduit des eaux, rigole qui amène l'eau dans un pré.

BESAU, s. m. BOUTADA, dl. Biez, et arrière-biez d'un moulin. V. *Beliera*.

BESAVI, s. m. vl. BEZAVI, BEYRAVI. *Besavi*, cat. *Bisabuelo*, esp. *Bisavo*, port. *Bisavo* et *Bisavolo*, ital. Bisaïeul, arrière-aïeul, ou le père de l'aïeul.

Éty. de *bes*, deux fois, et de *avi*, aïeul. V. *Bes*, init.

BESAVIA, s. f. vl. *Besavia*, cat. *Bisabuela*, esp. *Bisavô*, port. *Bisava*, ital. Bisaïeule, la mère de l'aïeule ou de l'aïeul.

Éty. de *bes*, deux fois, et de *avia*, aïeule. V. *Bes*, init.

BESC, s. m. (bès). Sorte de traîneau en bois. Garc.

BESC, dl. alt. de *Visc*, v. c. m. R.

BESCAIRE, s. m. vl. BESCAYRE. Irrégularité, forme biscornue. V. *Cair*, R.

BESCAIRE, DE, expr. adv. (dé bescâïré). A fausse équerre.

Éty. de *bes*, init. pris dans le sens de faux, mauvais, et de *caire*, côté. V. *Cair*, R.

BESCALMES, s. m. vl. Galetas ouvert.

Éty. Dans la basse latinité *calma*, a été employé dans le sens de *fortification bâtie*. Rayn.

BESCALO, s. m. vl. Terme de fortification que M. Faurier suppose signifier escalier.

Éty. Ce mot étant composé de *bes*, et de *escalo*, qui est dit pour *escalon*, signifierait littéralement double échelle.

BESCAMBI, s. m. vl. *Bescambi*, cat. *Cambio*, esp. *Scambio*, ital. Changement, échange.

BESCANTADOR, et

BESCANTAIRE, s. m. vl. Médisant.

BESCANTAR, v. n. vl. *Descantar*, cat. Chanter mal, marmoter des paroles; médire, divulguer.

Éty. de *bes* mal, et de *cantar*.

BESCAUME, s. m. (bescâoumé), dl. Un balcon. Sauv. V. *Balcoun*.

BESCAYRE, s. m. vl. V. *Bescaire*.

BESCLA, la rete. V. *Bescle*.

BESCLE, s. m. (besclé); BEOUSSA, BESCLIN, BESCLA, BEDOUSSA, BASCLE, en vieux français. La rate des animaux, en terme de boucherie, porte ce nom dans différentes contrées, et particulièrement celle du mouton. V. *Ratela*.

Se gratar lou bescle, se chatouiller.

Éty. M. Astruc regarde ce mot comme celtique.

BESCLES, s. m. vl. Fressures.

BESCLIN, Avril. V. *Bescle*.

BESCOMTAR, vl. V. *Bescomptar*.

BESCOMPTAR, v. n. et r. (bescountá); DEBESCOMPTAR, BESCOMTAR. *Bescomptarse*, cat. Se mécompter, se tromper, se méprendre dans un calcul; être trompé dans son attente.

Éty. de *bes*, deux fois, incertain, et de *comptar*. V. *Bes* init. et *Compt*, R.

BESCOMPTE, s. m. (bescónté); DEBESCOMPTE, MESCOMPTE, DEBESCOMPTI. *Bescòmpte*, cat. Mécompte, défaut de supputation, erreur de calcul.

Éty. de *bes* et de *compte* V. *Bes* init. et *Compt*, R.

BESCONTE, s. m. vl. Faux-compte. V. *Bescompte*.

BESCOUEL, s. m. (bescouél); BESCOUER, BISCOUEL, BISCOUER, SAUNADOUR, BESCOUIL. Bout saigneux, cou de mouton.

Éty. probablement du lat. *post collum*, derrière ou bas du cou, *bescuezo*, en espagnol, signifie en effet cou, et *bescuezo de carnero*, collet de mouton. V. *Col*, R.

BESCOUER, V. *Bescouel*.

BESCOUERA, s. f. (bescouére). On donne ce nom, dans la montagne, aux incommodités occasionnées par une grossesse récente: *Faire bescouera*, ressentir les premiers symptômes de la grossesse.

Éty. de *bes*, pris dans le sens de mal. V. *Bes* init. et de *couer*, pour *cor*, cœur, mal de cœur, qui est un des principaux symptômes du commencement de la grossesse.

BESCOUIRE, v. a. (bescouïré). Recuire, cuire de nouveau; cuire une seconde fois.

BESCUECH, BISCUECH. V. *Bes*, init. et *couire*, R.

BESCUEG, vl. V. *Biscuech*.

BESCUEIT, vl. *Bescuit*, cat. V. *Biscuech*.

BESEDOUR, V. *Vesedour*.

BESEGNA, s. f. (beségne), ou *Vezegogna d'alhet*, dl. Un ail, une gousse d'ail. V. *Alhet*.

Éty. Alt. de *Vena-d'alhet*, v. c. m.

BESENGEA, s. f. (beséindje). Nom qu'on donne, dans le département des Bouch.-du-Rh. selon l'auteur de sa Stat., à la grande mésange. V. *Serrailhier*.

Éty. *Besengea*, n'est qu'une altération du mot français mésange, *meseke* et *meise*, en all. dérivé du grec μείων (melon), moindre, plus petit.

BESEOU, s. m. (besèou). Dans le dialecte de Barcelonnette, ce mot est synonyme de *Bram*, v. c. m.

Éty. du lat. *vagitus*, vagissement.

BESHALENAR, et

BESHARENAR, V. *Deshalenar* et *Halen*, R.

BESIADAMENT, V. *Beziadament*.

BESIADURA, V. *Beziadura*.

BESIAT, dl. V. *Vesiat*.

BESIATYE, d. béarn. Voisinage. Voy. *Vesinagi*.

BESICLES, s. m. pl. (besiclés); BERICLES, MERICLES. Besicles, syn. burlesque de lunettes. V. *Lunetas*.

Éty. du lat. *bis-oculi*, deux yeux, ou de *bis*, doublement, et du grec κύκλος (kuklos), cercle. V. *Bes*, init.

On est redevable de l'invention des bésicles à Alexandre Spina, dominicain de Pise, qui vivait dans le 14me siècle.

En 1450, Maurolicus, géomètre, découvre que le cristallin est destiné dans l'œil, à recevoir, et à rassembler sur la retine, les rayons émanés des objets. Il indique en quoi consistent les vues longues et les vues courtes: il aide les presbytes par des verres convexes, et les myopes par des verres concaves.

C'est là une des découvertes les plus importantes qui aient été faites dans le moyen âge, car elle prolonge les jouissances d'une foule d'hommes pendant quinze ou vingt ans. Combien en est-il qui ne pourraient plus ni lire, ni travailler, sans le secours des lunettes? et cependant, c'est une des découvertes les moins appréciées, le nom de son auteur est à peine connu de quelques érudits.

BESIERI, s. m. (besièri). But, sur le but. Castor.

BESILLAR, v. a. vl. Détruire, périr, renverser.

Éty. de *becilh* et de *ar*, ou de la basse latinité, *besilium*, massacre, destruction.

BESLEEM, vl. Bethléem.

BESLEI, s. m. vl. DESLEI. Injustice.

Éty. de *bes*, mauvais, et de *lei*, loi. Voy. *Leg*, R.

BESOCHA, V. *Basocha*.

BESOGNA, V. *Besougna*, plus usité et *Beson*, R.

BESOGNIVOL, adj. des deux genres, d. vaud. Nécessaire, inévitable.

Éty. de *besogn*, besoin, et de *ivol*. Voy. *Beson*, R.

BESOIGNA, s. f. vl. V. *Besougna* et *Beson*, R.

BESOIGNAR, vl. Manquer, faire besoin. V. *Beson*, R.

BESON, BESOUN, BESOGN, BESONH, radical dérivé, selon le Duchat, de *bissomnium*, *bissomniosus*, d'où besogneux, dit pour nécessiteux. D'autres pensent qu'il dérive de l'ital. *bisogno*, besoin.

De *bissomnium*, par apoc. *bissomn*, et par la suppr. de *m* et de *s*, *bison* et, *beson*; d'où: *Beson* et *Besoun*.

De *bissomnium*, par apoc. *bissomni*, par suppr. de *m* et *s*, *bisoni*, et par le changement de *ni* en *gn*, *bisogn* et *besogn*; d'où: *Besogn-a* et *Besougn-a*, *Besougn-ar*, etc.

De *besoni*, par le changement de *ni* en *nh*, *besonh*; d'où: *Besonh*, *Besounh-a*, *Besouh-os*, etc.

De *Besonh*, par le changement de *s* en *z*, *bezonh*; d'où: *Bezonh*, *Bezonh-able*, etc.

BESONCH, s. m. (besóntch), dl. Une serpe. Sauv.

Éty. de *bes*, deux. V. *Bes*, init. et de *uncus*, croc; il y a des serpes qui se terminent par deux tranchants recourbés.

BESONH, BEZONH, s. m. vl. Besoin, nécessité. V. *Besoun* et *Beson*, R.

BESONHA, BESOIGNA, s. f. vl. *Bessogna*, anc. cat. Besoin, nécessité, besogne; l'acte de la copulation. V. *Beson*, R.

BESONHABLE, ABLA, adj. vl. BEZONHABLE. Nécessaire. V. *Beson*, R.

BESONHAR, BESOIGNAR; *Bessognar*, anc. cat. *Bisognare*, ital. Manquer, faire besoin; travailler faire de la besogne.

Éty. de *besonha* et de *ar*. V. *Beson*, R.

BESONHOS, adj. vl. *Bessognos*, anc. cat. *Bisognoso*, ital. Nécessiteux, besogneux, nécessaire, qui fait besoin.

Éty. de *besonh* et de *ous*. V. *Beson*, R.

BESOUCOUS, adj. (besoucóus); BEGICOUS, ESPEDIDAIRE, PATEOUN-FANGUET, dl. Vétilleux, minutieux; il se dit des choses et des personnes; ouvrage vétilleux ou minutieux. Homme minutieux qui s'arrête à des minuties.

Éty. de *besuga*, niaiserie, et de *ous*.

BESOUGN, dg. V. *Besoun* et *Beson*, R.

BESOUGNA, s. f. (besóugne); *Bisogna*, ital. Besogne, travail, ouvrage.

Éty. de *besoun*. V. *Beson*, R. Travail pour subvenir aux besoins de la vie.

Sota gent, *sota* besougna. Prov.

Besougna *de singe*, *pauc et mau*. Pr.

BESOUGNAR, v. n. (besougná). S'occuper, travailler; *bisognar*, en rom.

Éty. de *besougna* et de l'act. *ar*, faire de la besogne. V. *Beson*, R.

BESOUIGN, dg. Besoin. V. *Besoun* et *Besoun*, R.

BESOUN, s. m. (bezóun); BESOUGN, BESOUIGN. *Bisogno*, ital. *Bessogn*, anc. cat. Besoin, manque d'une chose nécessaire, disette, indigence, nécessité naturelle.

Éty. V. *Beson*, R.

Estre dins lou besoun, être dans l'indigence.

Aquot mi fai besoun, cela m'est nécessaire, me fait besoin.

Es pas de besoun, il n'est pas nécessaire.

Aquot fai de besoun, on a besoin de cela.

Es ben de besoun, il est bien nécessaire.

S'era de besoun, s'il le fallait.

Faire sous besouns, vaquer à ses besoins naturels. *Faire son bezonh*, vl. Faire ses besoins. Acad.

BESOURDA, s. f. (besóurde). Nom qu'on donne en Languedoc, selon M. le Baron Trouvé, à une coquille du genre *Cardium*.

BESPE, d. béarn. Soir, alt. de *Vespre*, v. c. m. et *Vespr*, R.

BESQUERI, Jasm. Je vis.

BESQUET, dg., pour *veguet*, il vit.

BESQUILHAR, v. n. (besquillá), d. de Barcelonnette. Manquer, ne pas avoir lieu: *Aqueou mariagi risca de besquilhar.*

Éty. Ce mot n'est probablement qu'une altération de *resquilhar*, glisser, tomber, il peut être composé aussi de *bes*, dans le sens de mal, et de *quilhar*, dresser, arranger, mal agencé.

BESQUILHAT, AYA, adj. et p. (besquillâ, aie), d. de Barcelonnette. Manqué, qui n'a pas eu lieu: *Aqueu mariagi a besquilhat*, ce mariage a manqué.

BESSA, adj. f. (bésse). Bifurquée: on le dit des branches qui se divisant en deux, forment la fourche.

BESSA, s. f. (bésse), dl. Bête sauvage; quand on crie au loup, on dit: *Para la bessa*, prend garde au loup. Sauv.

Éty. *Bessa* est une altér. de *Bestia*, v. c. m. ou plutôt de *bellua*, bête féroce.

BESSA-DE-CEGA, s. f. (bèsse-dé-cégue). Nom toulousain de la vesse des haies, *Vicia dumetorum*, Lin. plante de la fam. des Légumineuses.

BESSAI, adv. (bessáï); BELEOU, PENTURA, BELEU, BULEOU, PENTU, TEI, BEILLEOU, PERVENTURA. Peut-être; est-il possible, lorsqu'il est employé comme exclamation.

Éty. Achard fait dériver ce mot de *que sai*, que sais-je? mais il paraît plus probable qu'il vienne de *bes*, deux, ou mal, et de *sai*, mal savoir, savoir double, oui et non, comme on dit *besveire*, voir double, ou ne pas bien voir. V. *Bes*, init.

On raconte qu'au retour d'un voyage qu'il avait fait en Provence, Louis XIV dit à quelques seigneurs de sa cour: moi aussi j'entends le provençal; à quoi l'un d'entre eux, né sur les bords de la Durance, répondit, *bessai* ou *beleou*. Ce roi que l'Europe armée contre lui n'avait pas fait trembler, resta comme interdit, étant obligé d'avouer qu'il n'entendait pas ce mot.

BESSAROLAS, dl. V. *Abece*.

BESSAS, s. f. pl. (bésses), dl. Vesces, gesses. V. *Jaissas* et *Pesolas*.

BESSAS-NEGRAS, s. f. pl. (bèsses-négres). Nom qu'on donne, à Agde, à la vesce cultivée, à graines noires, *Vicia sativa, semine nigro*.

Éty. du lat. *vicia*, par le changement de *v* en *b*.

BESSEDA, s. f. (besséde); BESSOUSA, dl. Boulaie, lieu planté de bouleaux.

Éty. de *bes*, bouleau, et de *eda*.

BESSINA, s. f. (bessine), alt. l. de *vessina*. V. *Lofi*, vesse.

Paraulas de femna, bessina *d'ase*. Pr.

Éty. de *vessina*, par le changement du *v* en *b*. V. *Vess*, R.

BESSO, adj. vl. V. *Bessoun*.

BESSOL, s. m. (bessól). Un des noms bas lim. du bouleau blanc. V. *Bes*.

BESSOUN, OUNA, s. et adj. (bessóun, óune); JUMEOU. *Bessó*, cat. Jumeau, elle, l'un ou l'une des deux, trois ou quatre enfants nés d'une même couche. On le dit aussi des animaux, des fruits qui viennent doubles, et des pièces de plusieurs machines qui sont toujours employées par deux et qu'on nomme jumelles: *Amenda bessouna*, amande jumelle.

Éty. de *bes*, deux, et de l'all. *sohn*, ou de l'anglais *son*, fils; ou selon Pasquier, de *bes* et de *om*, deux hommes, double enfant, ou plutôt double enfantement, ou encore de *bissunt*, ils sont deux. V. *Bes*, init.

BESSOUNADA, s. f. (bessounáde). Accouchement de jumeaux ou de jumelles: *A fach tres bessounadas*, elle est accouchée trois fois de jumeaux.

Éty. de *bessoun*, jumeau, et de *ada*, fait. V. *Bes*, init.

BESSOUNADA, s. f. BOUSSOUNADA. Les bourses: *Bessounada d'un home*, bourses: *Bessounada d'un vedeou*, mulette: *Bessounada d'un buou*, franchemule.

BESSUELHAS, s. f. pl. (bessuéilles); CHAITAS, CHEITAS. Copeaux que la hache fait. V. *Bussalhoun*.

BESSULHA, s. f. (bessúille). Copeaux de la hache, et

BESSULHOUN, s. m. (bessuillóun). V. *Bussalhoun*.

BESTA, V. *Vesta* et *Vest*, R.

BESTENSA, s. f. vl. Délai, retard.

BESTI, rad. dérivé du lat. *bestia*, bête. d'où: *Besti*, *Besti-a*, *Besti-al*, *Bestialitat*, *Besti-ari*, *Besti-as Besti-assa*, *Besti-ola*, *Em-besti-ar*, *A-best-ir*, etc.

De *besti*, par apoc. et suppr. de *s*, *bet*; d'où: *A-bet*, *A-bet-a*, *Ha-bet-ar*, *A-bet-ar*, *Em-bet-ar*, etc.

BESTI-IA, adj. (bésti, ie). Bête, sot, idiot.

BESTI, s. f. V. *Bestia*.

BESTIA, s. f. (bèstie); BESTI. *Bestia*, esp. ital. cat. *Besta*, port. Bête, animal irraisonnable, et fig. sot, idiot, imbécile.

Éty. du lat. *bestia*. V. *Besti*, R.

Bruta besti, *Bestia bruta*, cat. bête brûte, grosse bête. *Faire la besti*, c'est à plusieurs jeux de cartes, faire la remise: *Qu viou en pas viou en besti*, qui vit en paix vit en bête: *Bestia de carga*, *bestia de carga*, esp. bête de somme. *Li digueron pas bestia que fas aquit*, on ne lui demande pas es-tu-chien, es-tu-loup?

BESTIA-DOO-BOUEN-DIOU, s. f. FAUMA-VOLA, CATARINETA, PIBOLA, POULA-DE-SAINT-JEAN, BESTI-DOOU-BON-DIOU, PORQUET-DOOU-BON-DIOU, PORQUET-DE-NOSTRE-SEGNE, BIMBORA, BUOU-DE-NOUESTRE-SEGNE, MARGARIDETA-VOLA. Nom qu'on donne dans plusieurs endroits, et particulièrement dans la Haute-Provence, aux bêtes-à-Dieu, martins ou vaches-à-Dieu, qui sont autant de dénominations vulgaires des coccinelles, *Coccinella*, genre d'insectes très-nombreux en espèces, de l'ordre des Coléoptères et de la fam. des Triméres, mais surtout à la coccinelle à sept points, *Coccinella 7 punctata*, Lin. dont les élytres sont rouges et marquées de sept points noirs.

BESTIA-NEGRA, s. f. La bête noire, l'épouvantail, la terreur, l'ennemi de quelqu'un.

BESTIAL, adj. vl. *Bestial*, cat. esp. port. *Bestiale*, ital. Bestial, de bête, qui tient de la bête, pris subst. le bétail.

Éty. du lat. *bestialis*, ou de *bestia* et de *al*. V. *Besti*, R.

BESTIALENC, ENCA, adj. (bestialéinc, éinque), dl. BESTIAU. Bestial, qui tient de la bête, qui aime les animaux, qui se plaît à les soigner. Sauv.

Éty. de *bestial* et de *enc*. V. *Besti*, R.

BESTIALITAT, s. f. (bestialitá); *Bestialità*, ital. *Bestialidad*, esp. *Bestialidade*, port. *Bestialitat*, cat. Bestialité, commerce contre nature avec une bête.

Éty. de *bestia* et de *etat*. V. *Besti*, R.

BESTIALMEN, adv. vl. *Bestialment*, cat. *Bestialmente*, esp. port. ital. Bestialement, à la manière des bêtes.

Éty. de *bestial* et de *ment*. V. *Best*, R.

BESTIAMENT, adv. (bestiaméin); *Bestialmente*, esp. Bêtement, sottement, en bête, stupidement.

Éty. de *bestia* et de *ment*, à la manière des bêtes. V. *Besti*, R.

BESTIAR, s. m. vl. *Bestiar*, cat. Voy. *Bestiari* et *Besti*, R.

BESTIARET, s. m. (bestiaré), dg. Petite bête.

Éty. de *bestiari* et de *et* dim. V. *Besti*, R.

BESTIARI, s. m. (bestiári); BESTIAU, BESTIERI. *Bestiame*, esp. ital. *Bestiar*, cat. Bétail, nom collectif qui comprend tous les animaux d'une ferme, grange ou bergerie, excepté les chiens, les chats et la volaille. On le dit aussi des bêtes fauves. V. *Sauvageuna*.

On divise le bétail en gros et en menu; le gros bétail, *Lou gros bestiairi*, comprend les bêtes chevalines, *Lou cavalun*, le cheval, l'âne, le mulet, et les bêtes bovines, *La bouvina*, le bœuf et la vache. Dans le menu bétail, *Lou pichot bestiari*, on range, le mouton, la brebis, la chèvre, le bouc et le cochon.

Éty. du lat. *bestiarius*, dérivé de *Besti*, R. et de *ari*. V. *Besti*, R.

BESTIAS, ASSA, s. et adj. (bestiás, áse); BAMBORA, BUSAROCA, DE TUOU. *Bestiaccia*, ital. *Bestiassa*, cat. *Bestiassa*, esp. Grosse et vilaine bête; fig. ignorant, grossier, qui ne connaît pas même ses propres intérêts, bestiasse.

Éty. de *bestia* et de l'augm. péj. *as*, *assa*. V. *Besti*, R.

BESTIETA, s. f. (bestiéte), dl. *Bestieta*, cat. Une bestiole. V. *Bestiouna*.

Éty. de *besti* et du dim. *eta*. V. *Besti*, R.

BESTIOL, OLA, s. (bestiól, óle), dg. *Bestiuola*, ital. Petite bête.

Éty. de *besti* et de *ol*, *ola*, dim. V. *Besti*, Rad.

BESTIOLA, s. f. (bestiólc); *Bestiola*, ital. cat. *Bestiecilla*, esp. *Besticciuola*, ital. Petite bête. V. *Bestiouna*.

Éty. du lat. *bestiola*, m. s. V. *Besti*, R.

BESTIOUNA, s. f. (bestióune); BESTIETA, BESTIOLA. *Bestinha*, port. Bestiole, petite bête; les insectes en général. Fig. petit esprit, personne bornée et sans instruction.

Éty. de *besti* et du dim. *ouna*. V. *Besti*, Rad.

BESTISA, s. f. (bestise); BESTISI, BISSAUTA. *Bestidade*, port. *Bestiesa*, cat. Bêtise, défaut d'intelligence, de jugement. Discours, action qui porte le caractère de ce défaut; sottise.

Éty. de *besti* et de *isa*, action de bête. V. *Besti*, R.

Dire, faire de bestisas; dir, fèr bestiesas, cat. dire, faire des bêtises, des niaiseries.

BESTISASSA, s. f. (bestisásse). Grosse bêtise.

Éty. de *bestisa* et de l'augm. *assa*. V. *Besti*, Rad.

BESTIT, s. m. (besti), dg. Habit. Voy. *Viesti*, *Habit* et *Vest*, R.

Sul *bestis* ne jugeats, pas may que sur la figure.
Bergeyret.

BESTIU, adj. vl. Bestial.

BESTOR, s. f. vl. Tour, fortification, bastion.

BESTORNAR, v. a. vl. Renverser.

BESTORS, s. vl. Petite tour.

BESTOUERTA, s. f. (bestouérte). On donne ce nom, à Thorame, B.-Alpes, à l'espace de terrain, qu'on arrose à la fois, en lâchant l'eau.

Éty. *Bistouerta*, est dit pour *bis tordu*, ou détourné; ce qu'on arrose chaque fois en détournant l'eau.

BESTUOOU, s. m. (bestúou). Nom qu'on donne, à Grasse, au menu bétail. Garc. Voy. *Bestiari* et *Besti*, R.

BESTUOR, Aub. V. *Butor*.

BESUCARIAS, s. f. pl. (besucaries), dl. Vétilles, bagatelles, niaiseries. Sauv.

BESUDIAR, v. n. (besudiá). Vétiller, s'amuser à de vaines ou à de futiles occupations. Avril.

BESUGA, s. f. (besúgne); *Besuga*, cat. *Besugo*, esp. Nom niceën du spare marseillais, *Sparus Massiliensis*, Lac. poisson de l'ordre des Holobranches et de la fam. des Léiopomes (à opercules lisses), long de six décimètres, atteignant le poids de trois kilogrammes; sa chair est fort bonne.

Éty.?

BESUGA, s. f. (besúgue), dl. Niaiserie, l'instrument des gens désœuvrés, appelé vétille, qui est un enlacement d'anneaux difficile à délier. Sauv.

Éty. *Besugue*, en vieux français, m. s.

BESUGUET, V. *Lusc* et *Guechou*.

BESUQUEGEAR, v. n. (besuquedjá), dl. Vétiller, s'amuser à des riens; pignocher, ou manger négligemment. Sauv.

BESUQUET, s. m. (besuqué); PATROUNFANCHET. Un petit vétilleur, cogne-fêtu, un tatillon qui se tue à ne rien faire. Sauv.

Éty. de *besuga* et du dim. *et*.

Ren que l'oudour que se per din la sallou,
Exitayé la fan d'un besuquet.
Desanat.

BESUSCLAR, v. a. (besusclà); CHABUSCLAR, USCLAR, REDUSCLAR. Brûler superficiellement, ne brûler que le poil, flamber.

Éty. de *bes*, dans le sens de mal, et de *Usclar*, v. c. m. mal brûler, brûler imparfaitement.

BESUSCLAT, ADA, adj. et p. (besusclá, áde); BRUSCLAT. Superficiellement brûlé, ée.

BESVEIRE, v. n. (besvèïré). Voir une chose autrement qu'elle n'est.

Éty. de *bes*, double, mal, et de *veire*, voir. V. *Bes*, init. et *Veir*, R.

BET

BET, s. m. (bét); BEGOUMARD, BOUDOUMAS, BOUTADA. *Tabete*, port. *Amouille*, colostre et colostrum; le premier lait qu'on tire du pis des vaches, des chèvres et des brebis, quand elles ont mis bas. On le dit aussi du premier lait qui paraît dans le sein des femmes, après l'accouchement.

Éty.?

Ce premier lait est purgatif et destiné par la nature à faire évacuer le méconium qui remplit les intestins des nouveaux nés, ce qui montre combien est nuisible, la pratique des nourrices qui jettent ce premier lait avant de faire têter leurs enfants.

BET, vl. Il ou elle but; il ou elle boit.

BET, vl. pour *ben te*, te bien ou bien te.

BET, adj. dg. alt. de *bel*, beau: *Més tau es* bet *que n'es pas boun*. D'Astros.

BET, anc. béarn. Fois.

BET SOUEN, expr. adv. dg. Bien souvent.

BETA, s. f. (bête). Espèce de barque ou de bateau plat, d'environ six mètres de long, dont on se sert à Berre, B.-du-Rh. pour la pêche.

Le détail que nous en donnons ci-après, nous a été communiqué par l'obligeant M. Castillon, capit. en retraite à Berre.

Dans ce bateau on nomme :

AGUYOTS, des pièces de fer pointues, fixées au gouvernail, qui doivent entrer facilement dans les *femelots*.

AMADIERAS, les espaces qui existent entre les courbes.

AUBRE, v. c. m. et *Mat*.

BANCS, les bancs des rameurs.

BANC D'ARBOULAR, le banc du mât.

BANQUETA, la planche qui garnit le fond du bateau, *trepadour*.

BOURDAGIS, bordages, les planches qui recouvrent les courbes.

BREGANEOU, le plat bord.

CAPION, V. *Roda*.

CARENAU ou TALOUNAU, l'armement de la quille, à chaque extrémité de la barque.

COURBAS ou COUERBAS, les courbes ou côtés de la charpente.

ENTENA, l'antenne, qui est en deux parties, *la pena* et *ou quart*, jointes ensemble par des cordes, *gigas*.

ESCASSA, V. *Meoulha*.

ESCAUMES, *leis*, les tolets ou fiches de bois ou de fer, où l'on place les anneaux qui retiennent les rames.

ESCAUMIERAS, *leis*, les toletières, les parties renforcées des bords du bateau qui portent les tolets.

ESTROP, *lou*, l'anneau de corde, ou la corde qui fixe la rame au tolet.

FEMELOTS, *leis*, les ganses fixées sur le derrière, qui reçoivent le gouvernail.

FERRI, l'ancre.

GARDA-BANCS, GARDABAN, les pièces de bois qui fortifient les bancs.

MAT, *lou*, le mât. V. *Mat*, il est pourvu de deux poulies.

MEOULHA ou ESCASSA, la planche d'une seule pièce, et de la longueur de la barque, qui sert à fixer toutes les *planas*.

MURADAS, *leis*, les bords ou flancs.

OURGEAU, la barre du gouvernail.

PENA, l'une des deux parties de l'antenne.

PLAN, *lou*, le dessous.

PLANAS, *leis*, les pièces de bois qui tiennent au fond de la barque, les courbes.

POUPA, la poupe, l'arrière.

REMS, les rames, dont l'extrémité qui plonge dans l'eau s'appelle *pala*.

SARRETAS, *leis*, les longs liteaux qui règnent le long des flancs, à l'intérieur, pour fortifier les courbes.

SENOU, *lou*, le demi-pont de l'arrière.

TALOUNAU, V. *Carenau*.

TEOUME, *lou*, le petit pont qui est sur l'avant.

TIMOUN, le timon ou gouvernail.

TRAPADOUR, place sur l'arrière, où se tient le timonier.

Les voiles en usage dans ce bateau sont :

POULACRA, *la*, le foc, voile triangulaire.

PANTORI, *lou*, la voile en forme de trapèze, pour voguer avec le vent en poupe.

TASSEIROUNS, *lous*, ris pour diminuer la largeur de la voile : *Faire leis tasseirouns*, prendre des ris.

VELA, *la*, v. c. m.

Les cordages qu'on y emploie s'appellent;

AUBAN l', le hauban, qui sert à protéger le mât contre les efforts du vent.

AUGIVEOU ou LISSOUN DE POULACRA, celle qui sert à fixer le foc au haut du mât.

CAU, le cable pour amener la barque.

DAVANT et l'ORSA POUPA, les cordelettes attachées au bas de l'antenne, pour la diriger et la fixer.

DROSSA ou TROSSA, drosse, corde qui sert à maintenir l'antenne contre le mât.

ESCOTE, corde attachée à la voile, pour la fixer contre la barque, afin qu'elle résiste au vent.

FLOUN, la corde qui sert à hisser l'antenne et la voile au haut du mât.

MATAFIONS, *lous*, celles qui servent à fixer les voiles à l'antenne.

OULISSOUN, V. *Augiveou*.

TASSEIROUNS, *lous*, celles qui servent à prendre des ris.

Les instruments de pêche employés, sont :

AUSSELIERA, *l'*, v. c. m.

BADA, *la*, ou longue perche.

BRESSAU, *lou*, v. c. m.

DRAGAN, *lou*, espèce de rateau.

FASTIER, *lou*, v. c. m.

FICHOUIRA, *la*, v. c. m.

GANGUI, *lou*, v. c. m.

JAMBIN, LANSA, NASSA, *leis*, v. c. m.

LENSI, *la*, v. c. m.

MAYA, *la*, ou corde du filet.

MOULINEOU, *lou*, ou treuil horizontal pour tirer les filets.

PAYOLOS, RETZ, SARDINAUS, *leis*, filets pour barrer le passage au poisson, v. c. m.

TIRASSA, *la*, v. c. m.

TIRADOUIRAS, *leis*, v. c. m.

BETA, s. f. vl. *Veta*, et *Beta*, cat. esp. Marque, trace, impression; taie, cataracte.

Éty. de *veta*, par le changement du *v* en *b*, v. c. m.

BETA, s. f. (bête), dl. Bonne humeur: *Soui pas de beta*, je ne suis pas en train ou d'humeur de rire : il était en belle humeur. Sauv.

Ély. *Beta*, est dit pour *bella*.

BETA, et

BETA-RABA, V. *Bleta-raba*.

Éty. du lat. *beta*, m. sign.

BETAIRITZ, adj. f. vl. Trompeuse.

BET-TALH, DE, exp. adv. d. béarn. A peine.

BETAS, s. m. pl. vl. Palis, pieux, jalons.

BETAT, adj. vl. *Beté*, sang vermeil, *beté*. *betada*, désignait une mer éloignée.

Éty. Ce mot vient probablement de *beta*, bête-rave rouge.

BETEL, d. béarn. Veau; alt. de *vedel*. V. *Vedeou* et *Vedel*, R.

BETERAR, d. béarn. Vêler. V. *Vedelar* et *Vedel*, R.

BETERUS, s. m. p. vl. béarn.

Cargue de beterus *d'Angleterre et d'autres locs*, 12 *sols tournez*.

BETHLEEM, s. m. (betléin); *Belem*, port. *Betelemme*, ital. *Betlen*, esp. Bethléem, ville de Palestine, célèbre par la naissance de Jésus-Christ, qu'on trouve souvent nommée dans nos noëls provençaux.

Éty. du lat. *bethlehem*, dérivé de l'arabe *beyt-él-lahm*, ou de l'hébreu *bethel*, maison de Dieu.

BETIC, s. m. vl. Betterave.

BETILHAS, V. *Beatilhas*.

BETLEU, BETLEOU, d. béarn. Bientôt. V. *Benleou*.

BETOINA, s. f. (betoine); BETONICA, BETOUANA. *Betonica*, esp. ital. cat. *Betonia*, port. *Betonie*, all. On comprend sous ce nom, deux espèces du même genre; la bétoine officinale, *Betonica officinalis*, Lin. et la bétoine velue, *Betonica hirsuta*, Lin. plantes de la fam. des Labiées, communes dans les prairies élevées de la Haut-Prov. V. Garid. *Betonica*, p. 60.

Éty. du lat. *betonica*, corrup. de *vetonica*, nom d'un peuple qui habitait la partie Sud-Ouest de l'Espagne, auquel on attribue la découverte de cette plante: *Quia Vetones eam invenerunt*. Théis dit que le vrai nom de la bétoine en celt. est *bentonic*, dérivé de *ben*, tête, et de *ton*, bon ou bonne pour la tête.

BETOINA, s. f. est aussi le nom que l'on donne souvent à l'arnica des montagnes, plante qui se distingue par une belle fleur jaune. V. *Estournigа*.

BETONICA, vl. V. *Betoina*.

BETORGA, s. f. (betorgue), dl. La courte queue, le gobet; espèce de grosse cerise que l'on confit à l'eau-de-vie. Sauv.

BETRIUS, s. m. vl. Hérétique.

BETTRE, Mettre. Voy. *Mettre*.

BETUERTA, s. f. (betúerte). Lourdaud, stupide. Avril.

BETUM, s. m. vl. BETUMS. V. *Bitume*.

BEU

BEUDE, EUDA, s. vl. anc. béarn. Veuf, cuve. V. *Veous* et *Vuid*, R.

BEURAGE, s. m. vl. BEURATGE, BEURAGGE. Breuvage; coupe, vase. V. *Abeouragi*.

BEURE, v. a. (beóuré), dl. Pour boire. V. *Beoure* et *Bev*, R.

BEURE, LE, s. m. dl. Le déjeûner. V. *Dejunar*, *lou*.

BEUS, vl. On le trouve pour beau, et pour *ben vos*, bien vous.

BEUTAT, vl. V. *Beoutat*.

BEV

BEV, BEOUR, BEUR, BEG, BUV, BIV, radicaux pris du lat. *bibere*, *bibo*, boire et dérivés du grec πινω (pinô), m. s. par le changement de π et ν en *b*.

De *bibere*, par apoc. *biber*; d'où: *Biberoun*.

De *biber*, par une autre apoc. *bib*; d'où: *Bib-ul-os*, *Em-bib-ar*, *Em-bib-at*.

De *bib*, par le changement de *i* en *e* et du *b* en *v*, *bev*; d'où: *Bev-eire*, *Bev-enda*, *Bev-edor*, *Bev-achiar*, etc.

De *biber*, par le changement de *i* en *e*, de *b* en *u*, et suppr. de *e*, *beur*; d'où: *Beur-e*, *A-beur-age*, *A-beur-ar*, *A-beur-adour*, etc.

De *beur*, par le changement de *u* en *ou*, *beour*; d'où les mêmes mots: *A-beour-ar*, *Abeour-agi*, etc.

De *beour*, par le changement de *e* en *u*, *buour*; d'où: *Buour-e*.

De *bev*, par le changement de *e* en *u*, *buv*; d'où: *Buv-eire*, *Buv-enda*, *Buv-eta*, etc.

De *bev*, par le changement de *v* en *g*, *beg*; d'où: *Beg-uda*, *Beg-ut*, *Es-beg-ut*, etc.

BEVABLE, ABLA, adj. (bevablé, áble); BUVABLE. Buvable, qu'on peut boire, potable.

Éty. de *bever* et de *able*. V. *Bev*, R.

BEVACHIAR, v. n. (bevatchiá); BUVACHIAR, BEVASSIAR, BEVOUCHEGEAR. *Bevacchiare*, ital. Buvotter, boire à petits coups et souvent.

Éty. *bevachiar* est dit pour *bevassiar*, itér. de *beoure*; Boire souvent. V. *Bev*, R.

BEVADOUR, OUIRA, s. (bevadóu, óuïre); BEVEDOUR. Auget, petit vase de verre ou de terre qu'on tient dans les cages avec de l'eau, pour faire boire les oiseaux.

Éty. de *bevere*, *beoure*, boire, et de *adour*, qui sert à boire.

BEVANDA, s. f. vl. Boisson. V. *Bevenda*.

BEVEDAIRIA, s. f. (bevedáïrïe), vl. Excès de vin. V. *Bev*, R.

BEVEDOR, s. m. vl. V. *Beveire* et *Bev*, R.

BEVEDOR, OIRA, adj. vl. Buvable, potable.

Éty. de *bev* et de *edor*. V. *Bev*, R.

BEVEDOUR, V. *Buvadour*. Avril.

BEVEIRE, s. m. (bevéïré); BUVEIRE, BEVEIRÉ, BIBEROUN, CHINCAIRE, POUNET. *Bevitore*, ital. *Bebedor*, esp. port. cat. Buveur, qui boit beaucoup, qui aime le vin; biberon.

Éty. de *bever* et de *eire*. V. *Bev*, R.

BEVENDA, s. f. (bevèinde); ABEOURAGI. *Bebienda*, esp. *Bevanda*, ital. *Bebida*, port. *Bevenda*, anc. cat. Breuvage, boisson en général, mais plus particulièrement, boisson médicamenteuse, ou de mauvaise qualité. Ce mot est syn. de *piqueta*, dans le bas lim. v. c. m.

Bevenda viscousa voou ren au gargassoun. Prov.

Boisson gluante ne flatte pas le gosier.

Éty. de *Bev*, R. de *bever* ou *buouré*, et de *enda*. V. *Bev*, R.

BEVERIA, s. f. vl. *Beberia*, anc. esp. *Beveria*, ital. Action de boire, *buverie*.

Éty. de *Bever* et de *ia*. V. *Bev*, R.

BEVOLEN, vl. V. *Benvolent*.

BEVOLENSA, s. f. v n. V. *Benvoulensa*, *Ben* et *Vol*, R.

BEVOLENT, vl. V. *Benvolent*.

BEVOUCHEGEAR, d. aptésien. V. *Bevachiar*.

BEVUA, s. f. (bevúe). Bévue.

BEX

BEX, s. m. vl. V. *Bec*.

BEY

BEY, s. m. (bèï); *Bey*, cat. esp. port. ital. Bey, nom que les Turcs donnent au gouverneur d'une province ou d'une ville.

Éty. Ce mot signifie seigneur en langue turque.

BEYLET, dg. pour valet. V. *Varlet*.

BEYLIC, s. m. anc. lim. Bailie; maîtrise?

BEYRAT, *rasin*, dl. Raisin tourné.

BEYRE, dg. Voir. Verdier. V. *Veire* et *Veir*, R.

BEYRE, dl. V. *Veire* et *Vitr*, R.

BEYT, adj. dl. Vuide. V. *Curat*, *Vuide* et *Vuid*, R.

BEYRIA, s. f.?

As tu bist las beyrios *d'Auch*?

D'Astros.

BEYTIAU, s. m. d. lim. Bétail. V. *Bestiari* et *Besti*, R.

BEZ

BEZA, s. f. (béze); d. d'Auvergne, *Biez*, canal qui conduit l'eau à un moulin. V. *Beliera*.

Éty. de la basse lat. *biezium*, dérivé du lat. *via aquarum*. V. *Beal*, R.

BEZALIEIRA, s. f. (bezalièire); *Besal*, rigole, canal qui amène l'eau dans un pré. V. *Beou* et *Beal*, R.

BEZAN, s. m. vl. BEZANT. *Besant*, anc. cat. esp. *Besante*, port. *Bisante*, ital. Besant, monnaie de l'Empire de Constantinople.

Éty. D'Herbelot, *Bibliothèque orientale*, dérive ce mot de l'arabe *beizalzer*, *œuf d'or*. D'autres le font venir de la même langue *beidhah*, blancs, que les Turcs et les Persans, prononcent *beiza*, *bizan*.

Cette monnaie valait 10 sous, selon les uns, et 50 francs selon les autres, mais la première opinion, qui est celle de Joinville, doit être préférée.

Ainsi nommée, parce qu'elle commença à avoir cours dans la ville de Bisance, aujourd'hui Constantinople.

BEZANA, s. f. vl. Ruche à miel. V. *Brusc*.

Éty. *bezanne*, en vieux français.

BEZAVI, vl. V. *Besavi*.

BEZAVIA, vl. V. *Besavia*.

BEZEDOUR, adj. pour visible, alt. lang. de *vesedour*. V. *Visible* et *Vei*, R.

BEZER, pour voir, alt. lang. de *veser*. V. *Veire* et *Veir*, R.

BEZET, V. *Besas*.

BEZI, pour *besin*, voisin, alt. l. de *Vesin*, v. c. m. et *Vic*, R. 2.

BEZIA, vl. qu'il ou qu'elle bénisse.

BEZIADAMENT, adv. (beziadaméin); BESIADAMENT, dl. Délicatement, doucement, mignardement, avec délicatesse. V. *Bais*, R.

BEZIADEGEAR, v. n. (béziadedjá), dl. Faire le mignard, se dorloter, Doujat. V. *Bais*, R.

BEZIADURA, s. f. (beziadúre). Délicatesse, mignardise.

Per canta doussomen un jour
Las beziaduros *de l'amour.*
Goudelin.

Éty. du vieux français *besiadure*, délicatesse, mignardise; ou de *baisar*, baiser, caresser. V. *Bais*, R.

BEZIAT, ADA, adj. (beziá, áde), dg. et lang. Mijauré, délicat, précieux, douillet, mignon, chéri. V. *Bais*, R.

BEZIN, INA. s. dl. alt. de *Vesin*, v. c. m. et *Vic*, R. 2.

BEZINAT, s. m. (bezinà), dl. Voisinage. V. *Vesinagi* et *Vic*, R. 2.

BEZIR, v. a. vl. Obéir.

BEZIT, s. m. (bezi), d. lim. Un rien, un fétu.

BEZOARD, s. m. (bezouár); *Bezoar*, port. cat. esp. Bézoard, concrétion pierreuse qui se forme dans le corps de certains animaux, et à laquelle on attribuait jadis de grandes vertus. On le dit aussi d'autres concrétions.

Éty. du lat. *besoarius lapis*, ou du persan *bedzahar*, antidote contre le poison; formé de *bed*, remède, et de *zahar*, poison. Roque.

BEZONH, vl. V. *Besoun* et *Beson*, R.

BEZONHABLE, adj. vl. Nécessaire. V. *Beson*, R.

BEZONHAR, vl. V. *Besonhar*.

BEZONHOS, vl. V. *Besonhos*.

BEZUCAR, v. a. vl. *Besucar*, esp. Baisotter, caresser.

Éty. itér. de *bezar*. V. *Baisar* et *Bais*, R. *Bezuc*, il ou elle baise.

BEZUCARIAS. V. *Besucarias*.

BEZUGUET, adj. et s. (bezugué); BESUGUET. Louche. V. *Lusc* et *Guechou*. Vétilleur, minutieux.

BI

BI, alt. du dg. V. *Vin*, R.

BIA

BIA, s. f. vl. Bise. V. *Bisa*. Ceps, fers qu'on met aux pieds des prisonniers.

BIA, dg. Verdier l'emploie pour *vie* et pour *voie*. V. *Vida* et *Via*.

BIAFORA, s. f. (biafóre), dl. BIAHORA. *Cridar biafora*, donner l'alarme, crier au meurtre.

Éty. de *bia* pour *via*, et de *foras*, sortez, allez dehors, *via-foras*, en lat.

BIAHORA, s. m. (biahóre). Clameur qui s'étend au loin. V. *Bia-fora*.

BIAI, V. *Biais*, R.

BIAIS, rad. dérivé, selon le Père Jacob, add. à Ménage, de l'ancien *bihay*, de travers, formé probablement de la préposition anglaise *by*, qui marque quelquefois un détour, comme dans *byway*, chemin détourné. Roquefort et d'autres étymologistes font venir *biais* de *obliquus*. Denina, qui en dérive l'ital. *bicco*, est de cet avis. On assure que *bihen*, en celt. a la même signification. Ou de l'all. *biege*, courbure, inflexion; fig. adresse. Dérivés: *Biai*, *Biais*, *Biais-ar*, *Des-biaisat*, *Es-biai*, *Es-biais-ar*, etc.

BIAIS, AISA, adj. vl. Volage, inconstant. Il ou elle biaise; détourné, ée.

Paraulas biaisas, paroles détournées.

BIAIS, s. m. (biaï); BIAI, GALOI, GAROI, ADRESSA, CHIMPA, BIAY, BIEI, GAUBI. *Biais*, anc. cat. *Biax*, cat. mod. Biais, tournure, adresse, esprit, génie, bonne manière d'envisager les choses.

Éty. V. *Biais*, R.

Me ven pas à biais, je ne suis pas en main.

Sabi soun biais, je connais sa manière.

Aquot es soun biais, c'est sa façon d'agir.

D'un biais ou d'un autre, d'une façon ou d'autre.

Aver de bias, être adroit.

Prendre quauqu'un de soun biais, prendre quelqu'un par son faible.

Aquot prend un bon biais, cela prend une bonne tournure.

Mi siou virat de tous biais, je m'y suis pris de toutes les façons.

De tout biais, de toutes les manières.

BIAIS, d. m. BIAI, BIET. *Biege*, all. Courbure, inflexion, ligne oblique, travers, détour.

Éty. V. *Biais*, R.

De biais, de caire, de cournier, obliquement, de côté.

Coupar de biais, couper obliquement, en biaisant.

BIAISAR, v. n. (bicizá): BIEISAR, BIASAR. *Sbiccare*, ital. *Enviesar*, port. Biaiser, être de biais; prendre des détours, des voies indirectes; chercher de faux-fuyants.

Éty. de *biais* et de *ar*. V. *Biais*, R.

BIAISAT, ADA, adj. et p. (biaïsá, áde); BIEISAT. *Enviesado*, port. Biaisé, ée. Voy. *Biais*, R.

BIAISSAR, v. a. vl. Détourner, plier.

BIAISSEGEAR, v. n. (biaissedjá), dl. Diviser: être posé obliquement. Tergiverser. Sauv.

Éty. de *biais*, biais, et de *egear*, mettre de biais. V. *Biais*, R.

BIAISSUT, UDA, adj. (biaissú, úde), dl. Adroit, oite.

Éty. de *biais* et de *ut*, pourvu d'adresse. V. *Biais*, R.

BIAIZSAR, vl. V. *Biaisar*.

BIAL, V. *Beal* et *Via*, R.

BIALAMENT, s. m. (bialaméin), dl. Le bêlement des brebis, etc. V. *Bearar lou*, et *Be*, R.

BIALAR, dl. V. *Bearar* et *Be*, R.

BIALOUN, dg. Violon. V. *Viouloun*.

BIALOUNAEYRE, dg. Verdier. Voy. *Vioulounaire*.

BIANDA, s. f. (biánde), dl. BIONDA. Biens, possessions, richesses: *Arrassat de bianda*, comblé de biens. Sauv.

BIANDA, pour viande, alt. l. de *Vianda*, v. c. m.

BIARDA, s. f. (biárde), d. bas lim. Mensonge, défaite, bourde. V. *Messongea*.

Éty. *Biarda*, est dit pour *bilharda*, fém. de *billard*, qui signifie en roman, homme qui est obligé de s'appuyer sur un bâton pour marcher. Pris figurément, ce mot indique que le fait dont on parle a besoin d'être appuyé.

BIARDAR, (biordá), d. bas lim. S'enfuir. V. *Bilhardar*.

BIARNA, s. f. (biárne), dl. Temps pluvieux. Sauv.

BIARNES, ESA, s. et adj. d. béarn. BIARNS. Béarnais, aise, qui est du Béarn.

BIARNS, s. et adj. vl. V. *Biarnes*.

BIASSA, s. f. (biásse); BEASSA, MARETA, SAROU, BEAÇA, TASÇA, BIATA. *Bisaccia*, ital. Besace, panetière dans laquelle les bergers portent leur pain, et les pauvres ce qu'ils ramassent.

Éty. V. Le mot suivant.

BIASSAS, s. f. pl. (biásses); BEASSAS. *Biazas*, esp. Besace, long sac ouvert dans le milieu et ayant une poche de chaque côté.

Éty. du lat. *bisaccium*, formé de *bis* et de *saccus*, double sac. V. *Bes*, init. et *Sac*, R.

Aver leis biassas plenas, avoir du foin dans ses bottes, c'est-à-dire, beaucoup de bien.

Cadun precha per seis biassas. Pr.

BIATYE, d. béarn. Voyage. V. *Vouagi* et *Via*, R.

BIATYEDOUR, d. béarn. BIATEYDOU. V. *Vouyageour* et *Via*, R.

BIAU, s. m. (biaóu). V. *Beal* et *Via*, R.

BIAU, s. m. Un des noms languedociens du groneau. V. *Gournau*.

BIAU, nom limousin du bœuf. V. *Buou*.

BIAUDA, s. f. (biáoude), dg. V. *Bloda*.

BIAUJOU, s. m. (biaoudjou), d. lim. Puceron.

BIAYS, vl. V. *Biais*.

BIAYSAR, vl. V. *Biaisar*.

BIAYSH, vl. Adresse. V. *Biais*.

BIB

BIBALHAS, s. f. pl. d. béarn. BIBAILLES. Matières promptes à s'enflammer.

Éty. *Bibalhas*, est dit pour *vivalhas*, mot composé de *viv* et de *alhas*, choses vives, promptes, sous entendu, à prendre feu. Voy. *Viv*, R. et *Alh*, term.

BIBAS, dl. V. *Vivas* et *Viv*, R.

BIBE, d. béarn. pour *Vioure*, vivre: *De que bibe*, de quoi vivre. V. *Viv*, R.

BIBEROUN, OUNA, s. m. (biberóun, óune); BEVEIRE, BIEROUN, IBROUGNA. *Bevitore*, ital. *Beberão*, port. Biberon, celui qui boit beaucoup de vin.

Éty. du lat. *bibaculus* ou *bibulus*. V. *Bev*, Rad.

BIBEROUN, s. m. BIEROUN. Biberon, écuelle à bec, demi-couverte, à l'usage des malades.

Éty. de *bibere*, boire. V. *Bev*, R.

BIBI, s. f. Nom limousin de la chèvre. V. *Cabra*.

BIBIANA, nom de femme, (bibiáne). Bibiane.

Patr. Sainte Bibiane, vierge, martyrisée, à Rome, l'an 363, fêtée le 2 décembre.

BIBL, BIBLI, radicaux dérivés du grec βίβλος (biblos) et βιβλίον (biblion), livre; d'où: *Bibl-a*, *Biblio-theca*, *Bibliothec-ari*, *Biblio-grapho*, *Biblio-mania*, etc.

BIBLA, s. f. (bible); *Biblia*, esp. port. cat. *Bibbia*, ital. Bible, le livre ou recueil qui contient les livres de l'Ecriture Sainte, divisée en vieux et en nouveau testament.

Éty. du lat. *biblia*, livre, le livre par excellence. V. *Bibl*, R.

La plus ancienne traduction connue de la bible, est celle que Ptolomée Philadelphe, roi d'Égypte, fit faire par les Septante, 227 ans avant J.-C.

La Bible, ou le livre par excellence, mériterait encore ce titre, lors même qu'on ne le considérerait que comme un ouvrage profane; car, comme a dit un ancien auteur. « Que vous manque-t-il dans la loi de Dieu? si vous voulez de l'histoire, vous avez les livres des Rois; si vous voulez de la philosophie et de la poësie, vous avez Job, les prophètes, où vous trouverez plus d'esprit que dans tous les poëtes et les philosophes; parce que ce sont les paroles de Dieu, qui est le seul sage; si vous aimez les cantiques, vous avez les Psaumes; si vous cherchez les antiquités, vous avez la Genèse. »

Le respect que les juifs ont, ou avaient pour la Bible, paraît incroyable, ils ne la touchent jamais qu'après s'être lavé les mains et ne s'asseyent jamais sur les bancs où elle est mise. On assure qu'un jour étant par hasard tombée à terre, ils célébrèrent un jeûne solennel.

BIBLARIA, s. f. vl. Bibliothèque. Voy. *Bibliotheca* et *Bibl*, R.

BIBLIA, d. vaud. V. *Bibla* et *Bibl*, R.

BIBLIOGRAPHIA, s. f. (bibliougraphie); *Bibliographia*, port. *Bibliografia*, ital. esp. cat. Bibliographie, science du bibliographe.

Éty. du grec βίβλιον (biblion), livre, et de γράφω (graphô), écrire. Voy. *Bibl*, R. et *Grapho*, term.

BIBLIOGRAPHO, s. m. (bibliográphe); *Bibliographo*, port. *Bibliografo*, ital. Bibliographe, celui qui est versé dans la connaissance des livres, des éditions, etc. ou qui écrit sur cette matière.

Éty. Voy. *Bibliographie* et *Bibl*, R. et *Grapho*, term.

BIBLIOMANIA, s. f. (bibliomanie); *Bibliomania*, port. *Bibliomania*, ital. *Bibliomania*, esp. Bibliomanie, manie d'avoir des livres et surtout des livres précieux, et rares.

Éty. du grec βιβλίον (biblion), livre, et de μανία (mania), manie, fureur, passion. V. *Bibl*, R.

BIBLIOTHECA, s. f. (bibliouthêque); BIBLIOUTHECA. *Bibliotheca*, esp. port. *Biblioteca*, ital. cat. Bibliothèque, collection de livres et lieu où ils sont renfermés par ordre; tablettes qui les supportent.

Éty. du grec βιβλιοθήκη (bibliothêkê), formé de βιβλίον (biblion), livre, et de θήκη (thêkê), boîte, boutique, lieu où l'on serre quelque chose, dérivé de τίθημι (tithêmi), placer, disposer. V. *Bibl*, R.

Dans une bibliothèque, on nomme:

CORNICHE, V. *Gornicha*.

CRÉMAILLÈRE, la tringle de bois dentée à égale distance, sur les dents de laquelle on place des tasseaux mobiles.

GOUSSET, les consoles chantournées qui servent à soutenir des tablettes.

MONTANTS, les côtés qui supportent les tasseaux.

SOCLE, V. *Socle*.

TABLETTES ou RAYONS, les planches posées horizontalement sur lesquelles sont placés les livres.

TASSEAUX, les petites tringles qui supportent le bout des tablettes.

Suivant Strabon, Aristote fut le premier qui rassembla une bibliothèque, mais Strabon veut sans doute parler d'une bibliothèque considérable, car longtemps avant Aristote, Osymandias, roi d'Egypte et contemporain de Priam, qui vivait XII siècles avant notre ère, en avait formé une dans son palais à Thèbes, avec cette inscription ψυχῆς ἰάτρον (spuchês iatron), médecin de l'âme. Pisistrate eut la première bibliothèque à Athènes, et on n'en connut point à Rome avant celle de Asinius Pollio.

A son retour de la Terre-Sainte, Saint-Louis fonda la première bibliothèque que l'on ait vue en France.

La bibliothèque la plus fameuse dont l'histoire ait conservé le souvenir, est celle que Ptolomée Soter, fonda à Alexandrie, 287 ans, avant J.-C. elle contenait plus de 600,000 volumes quand elle fut brûlée, 47 ans, avant Jésus-Christ.

La fondation de la bibliothèque royale de Paris ne date que du règne de Charles V, et non point de 1360, comme le disent les Dictionnaires des Dates et des Origines, puisque ce roi, auquel ils l'attribuent, n'a commencé à régner qu'en 1364.

BIBLIOTHECARI, s. m. (bibliouthécari); *Bibliothecario*, esp. port. *Bibliotecario*, ital. *Bibliotecari*, cat. Bibliothécaire, qui est chargé du soin d'une bibliothèque.

Éty. du lat. *bibliothecarius*. V. *Bibliotheca*, et de la term. *ari*. V. *Bibl*, R.

Guillaume Budé, posséda le premier la charge de bibliothécaire en chef, créée par François Ier.

BIBOTIS, s. m. (bibótis), dl. Chut. V. *Mutus* et *Chut*.

BIBOUTEGEAR, v. n. (biboutedjá), dl. alt. de *vivoutegear*. V. *Viv*, R.

BIBULOS, adj. vl. Qui boit.

Éty. du lat. *bibulus*. V. *Bev*, R.

BIC

BIC, s. m. BICAREL, BICAREOU. Petit mercier ou porte balle. V. *Marchandoun*.

Éty. Ce mot est probablement dérivé du grec βῖκος (bikos), amphore; ou du diminutif βικίον (bikion), petit vase, petit tonneau; marchand qui porte tout dans un petit vase; d'où: *Bic-arel*, *Bic-areou*.

BIC, vl. Il ou elle but.

BICA, s. f. (bique); BICHA. Nom qu'on donne à la chèvre dans plusieurs pays, particulièrement quand on l'appelle.

Éty. du grec βήκη (bêkê), Chèvre, d'où le bas breton *bicq*, m. s. ou de σίττα (sitta), et σίττε (sitté), cri des bergers pour rappeler les chèvres. V. *Bouc*, R.

BICA, s. f. (bique), d. m. Pénis, ou membre viril.

Éty. Probablement du grec βῖκος (bikos), petit tonneau, d'où le portugais *bica*, tuyau de fontaine par où l'eau coule.

BICA, V. *Bicha*.

BICAIOULA, s. f. (bicaïoule). Nom avignonnais du micocoulier. V. *Falabreguier*.

BICAR, v. a. (bicá), d. bas lim. Embrasser, baiser, alt. de *Baisar*, v. c. m. *Bais*, R. et *Bicas*, lèvres.

BICAREL, s. m. (bicarèl), dl. V. *Bicareou* et *Bic*.

BICAREOU, s. m. (bicarèou); BICAREL. Petit mercier, ou porte balle. V. *Marchandoun* et *Bic*.

Éty. de *bic* et du dim. *arel*.

BICAS, s. f. pl. (biques), d. lim. Lèvres. V. *Boucas*; d'où: *Bic-ar*, *Bic-ou*, *Bicoun-egear*.

BICH, s. m. d. béarn. Glu. V. *Visc*, dont *bich* n'est qu'une altération de prononciation. V. *Visc*, R.

BICHA, s. f. (bitche), Biche, la femelle du cerf. Son petit porte le nom de *faon*, qu'on prononce *fan*, en français. C'est aussi le nom qu'on donne aux chèvres, dans quelques pays, quand on veut les appeler.

Éty. Achard dérive ce mot du celt. *bichia*, m. s. d'autres le font venir du grec βήκη (bêkê), chèvre, et le P. Thomassin de l'hébreu *bez*, ou *guez*, qui désigne le même animal, à cause de la ressemblance qu'on a cru trouver entre une biche et une chèvre. V. *Bouc*, R.

BICHARD, V. *Bechard*. Avril.

BICHAUT, s. m. dg. Oiseau?

La parro-seguo, lou bichaut.
Lou pinsan enemic deou caut.
D'Astros.

BICHET, s. m. (bitché), dl. Petit broc.

Éty. V. le mot suivant.

BICHOT, s. m. (bitchó), dl. Panier à anses.

Éty. du grec βῖκος (bikos), vase ou urne qui a des anses.

BICHOT, s. m. (bitchó); COULOUMBAUDA, BOSCARLA-BOUNDASSIERA MOUYENA. Grisette ou fauvette grise, *Motacilla sylvia* ou *sylviella*. Lin. oiseau de l'ordre des Passereaux et de la fam. des Subulirostres ou Raphioramphes (à bec en alène), qui ressemble beaucoup à la passerinette, avec laquelle on l'a souvent confondu. V. *Passerina*.

BICHOT, s. m. Est aussi le nom que l'on donne, dans les B.-du-Rh. selon l'auteur de sa St. à la guignète, *Tringa hypoleucos*.

Éty. Le mot *bichot*, ne paraît être qu'une altération de *pichot*, par le changement fréquent du *p* en *b*. V. *Petit*, R.

BICHOUN, s. m. (bitchóun). Espèce de chien. V. *Chin* et *Petit*, R. pour cueilloir. V. *Bertoul*.

BICOCA, s. f. (bicóque); *Bicocca*, ital. Bicoque, petite place de guerre mal fortifiée, très-petite maison. *Bicoca*, en espagnol désigne une guérite, une chambre peu spacieuse.

Éty. du lat. *bicoca*, m. s.

C'était le nom d'une maison de campagne d'un gentilhomme, sur le chemin de Lodi à

Milan, dans laquelle les impériaux soutinrent, en 1522, l'assaut de l'armée française, conduite par Laulrec. On donna à cette bataille le nom de *journée* de la bicoque. Ménage fait dériver ce mot de *vicus*, bourg.

BICOU, s. m. (bicou), d. lim. Baiser, embrassement. V. *Baisar* et *Bicas*, lèvres.

BICOUCAR, v. n. (bicoucá), d. bas. lim. Sommeiller. V. *Soubestar* et *Penecar*.

BICOUNAR, (bicouná), et

BICOUNEGEAR, v. a. (bicounedzá), d. bas lim. Verbe fréquentatif et dim. de *bicar*, baisotter. V. *Baisoutiar*.

Éty. de *bicas*, *bicounas*, lèvres, et de *egear*. V. *Bicas*.

BID

BIDAIGUA, dl. V. *Vinaigua*.

BIDALBA, s. f. (bidálbe), alt. lang. de *vitalba*, nom spécifique de la clématite. V. *Entrevadis*.

BIDALHADA, s. f. (bidailláde). Nom toulousain du liseron des haies. V. *Courregeola-de-barlas*.

BIDAR, dg. V. *Vuidar* et *Vuid*, R.

BIDAR, v. n. vl. Bâiller, ouvrir la bouche.

BIDASSA, alt. lang. de *Vidassa*, v. c. m. et *Vit*, R.

BIDAT, s. m. (bidá), dl. Rangée de ceps de vigne.

BIDAUSSA, s. f. (bidáousse). Bascule, Castor.

BIDAUSSAR, V. *Bindoussar*.

BIDET, s. m. (bidé); *Bidetto*, ital. Bidet, cheval de la plus petite taille, cheval de poste que l'on donne à ceux qui courent à franc étrier.

Éty. Mén. pense que ce mot est dérivé de *veredettus*, dim. de *veredus*, cheval de poste d'où : *Beredet*, *Bedet*, *Bidet*.

BIDET, s. m. Bidet, espèce de cuvette longue, ou pot de chambre oblong, servant pour se laver.

Les anciens qui en connaissaient l'usage, le nommaient *scaphium*, parce qu'il était fait en forme de gondole.

Éty. de *bidet*, parce qu'on enfourche ce vase, comme un cheval, quand on veut s'en servir.

BIDOT, s. m. (bidót), dg. Cep de vigne. V. *Souca*.

BIDOUIRE, s. m. (bidóuïré); MALAFLET, PALAFLET, TOUIRE. Homme ventru, courtaud, rond comme une outre, *ouire*.

BIDOUN, s. m. (bidóun). Bidon, vase de fer blanc, dans lequel les soldats tiennent le vin et l'eau.

Éty. M. de Roquefort donne la même éty. à ce mot qu'à *Bidet*, v. c. m.

BIDOURET, s. m. (bidouré); CLAPA, REIRADA, BIDOURLET, QUEIRADA. Sonnaille de mulet, ou gros grelot que les muletiers attachent au cou du chef de file des mulets. Sauv.

BIDOURLET, V. *Bidouret*.

BIE

BIEGNAS, V. *Begna*.

BIEI, d. m. V. *Biais*.

BIEL, dg. V. *Vielh*.

BIELE, s. f. vl. Bailliage, gouvernement.

Éty. de *Baile*, v. c. m.

BIEILLA, dg. V. *Vielha* et *Vielh*, R.

BIELHAS, s. f. pl. (biéilles); BIELIAS, BUELHAS, dl. *Les effilures*, les franges d'une robe usée, et qui s'en va en loques ou qui est effilée à dessein. Sauv.

BIELHOUR, dg. V. *Vielhessa* et *Vielh*, Rad.

BIENFEY, s. m. (bienfèï), dl. Bienfait. V. *Benfach* et *Ben*, R.

Se l'un banto soun couratge
L'aoûtre cito sous bienfeys.

Jasmin, parlant d'Henri IV.

BIENGUT, UDA, d. béarn. alt. de *Vengut*, *uda*, v. c. m.

BIENLEOU, adv. (bienlèou), d. bas lim. Bientôt. V. *Leou*.

BIEOU, V. *Biou*.

BIERAR, Avril. V. *Belar*.

BIERBA, s. f. (biérbe). Suppl. dict. Pellas. V. *Fanga*.

BIERLENGEAR, v. n. (bierlendzá), d. bas lim. Etre barlong; on le dit de ce qui est plus long d'un côté que de l'autre; ne suivre pas la même ligne, être en fausse équerre.

Éty. Ce mot est une altér. de *biais longear*.

BIEROUN, dl. V. *Biberoun*.

BIERRA, s. f. (bièrre); *Birra*, ital. *Beer*, angl. Bière, boisson spiritueuse, produite par la fermentation des graines céréales et particulièrement de l'orge.

Éty. de l'all. *bier*, m. s. du lat. *bibere*, selon Vossius; de l'hébreu *bar*, blé dont on la fait, selon d'autres, et de *bara* ou *beria*, qui signifient en hébreu, manger, suivant le P. Thomassin; enfin, d'après d'autres étymologistes du grec βρῦτον (bruton), vin d'orge; ou de l'anglo-saxon *bere*, orge.

On attribue l'invention de la bière aux Égyptiens, et l'on croit que c'est dans la ville de Peluse qu'elle fut faite, l'an du monde 2107; d'où le nom de boisson *pélusienne* que les anciens lui donnaient. Ces peuples l'attribuent eux mêmes à Osiris, ce qui prouve que cette boisson est connue de temps immémorial. Son usage dans les Gaules était déjà établi sous le règne de l'Empereur Julien.

Ce n'est que depuis 1523 qu'on fait entrer le houblon dans sa composition.

Cette boisson est une des plus anciennement connues, et l'on en retrouve des traces dans la langue de tous les peuples, le *cerevisium* des Romains; le *zythum* des Egyptiens, ainsi que leur *carmi*; l'*omoscrides* (vin d'orge) des Grecs; la *cervoise* du moyen age; le *chiqua*, des Péruviens; le *bulb*, des Nègres; le *cachiri*, des Caraibes, etc., ne sont que des bières dont les ingrédients diffèrent très-peu.

On appelle :

LEVURE, l'écume de la bière quand elle bout.

BIERRA, s. f. (bièrre); CAISSA, CAISSA-DE-MOUERT, ATEI, TOTS, TEI, TAU, TAIUT, TAHUT, ARTAUD, BERA. *Bara*, ital. *Bare*, all. *Beer*, angl. Bière, cercueil, sorte de caisse faite ordinairement avec des planches, où l'on enferme un corps mort pour le porter et le déposer en terre.

On donne le même nom, dans la montagne, à une espèce de brancard à claire voie, dans lequel on transporte les corps morts qui n'ont pas de bière, et d'où on les retire pour les déposer dans la fosse.

Éty. du teuton *baer*, ou *baar*, cercueil: ou de *bar*, qui désignait en celtique, une table, un brancard, une caisse portative. Le P. Pujet, pense que ce mot pourrait venir du grec φέρειν (phéréin), porter, ou plutôt du latin *fero*, d'où *feretrum*, bière.

BIESAR, V. *Biaisar*.

BIETS, d. béarn. Venez.

BIEU, dg. alt. de *Viou*. v. c. m.

BIEVRE, s. m. (bièvré); CABRELA, SARDINIER, RASSAIRE, CANARD-A-LONG-BEC, GANCHOU. Harle commun, grand harle. *Mergus merganser*, Lin. Oiseau de l'ordre des Palmipèdes et de la fam. des Serrirostres ou Prionoramphes (à bec en scie), dont la chair est peu estimée.

BIF

BIF, BEF, radical pris de la basse latinité *bifax*, qui a deux regards, deux faces, d'où: *Befax*, *Befarius*, *Befacius*, dans la même langue, trompeur, menteur, et dérivés du latin *bifarius*, double.

De *befax*, par apoc. *bef*; d'où : *De-befiar*, *De-bef-iat*.

De *bifax*, par apoc. *bif*; d'où : *De-bifar*, *De-bif-at*.

BIFAIS, s. m. vl. Bedon, gros homme.

BIFFADURA, s. f. (biffadùre). Chose biffée, rature. Garc.

BIFFAR, V. ESCAFFAR, ESFAÇAR.

Éty. M. Champollion le fait dériver du celt. *biffa*, ride du visage, d'où *biffar*, rayer, effacer.

BIFURCAR, v. a. et n. vl. Bifurquer.

BIFURCAT, ADA, adj. et p. vl. Bifurqué, ée.

BIFRAR, v. a. (bifrá). *Rifler*, terme de maçon, Pellas; pour manger avidement. V. *Braffar*.

BIG

BIGA, BIGUA, s. f. vl. *Biga*, cat. ital. Char, joug, poutre, solive, croix.

Éty. du lat. *biga*, char attelé de deux chevaux de front; d'où: *Big-at-ier*.

BIGA, s. f. (bigue); *Viga*, esp. port. Bigue; petite poutre longue et grêle qu'on emploie pour soutenir des tentes et autres choses légères; perche des maçons; pièce de bois qu'on passe dans les sabords pour soulever ou pour coucher un vaisseau; mâts qui servent d'appui à celui d'une machine à mâter; chevron, solive, jalon.

Éty. du celt. *biga*, poutre.

BIGA, s. f. Mât graissé, sortant presque horizontalement d'une barque pontée, sur lequel, dans le jeu qui porte le même nom, les concurrents doivent marcher debout jusqu'à son extrémité, pour remporter le prix proposé.

Éty. V. le mot précédent.

BIGA, s. f. dl. pour binette. V. *Bechard.*

BIGAL, adj. vl. De bige, attelé au bige.

BIGALHAR, v. n. (bigaillá). V. *Bigarrar.*

BIGALHAT, ADA, adj. et p. (bigaillá, áde). V. *Bigarrat.*

BIGALS, s. m. pl. (bigáls), dl. Moucherons, cousins. Sauv. V. *Mouissouns* et *Cousins.*

BIGAME, s. et adj. (bigámé); *Bigamo*, port. ital. esp. cat. Bigame, qui est marié à deux personnes en même temps.

Éty. V. *Bigamia.*

La personne coupable de bigamie était notée d'infamie chez les Romains, et punie de mort d'après notre ancienne législation.

BIGAMIA, s. f. (bigamie); *Bigamia*, port. ital. esp. cat. Bigamie, mariage avec deux personnes en même temps.

Éty. du lat. *bis*, deux fois, et du grec γαμεῖν (gaméin), se marier.

BIGANAUDA, Aub. V. *Baganauda.*

BIGAR, v. a. (bigá), d. bas lim. Terme de jeu, changer, troquer, *biguer* une carte, en faire un troc, un échange.

BIGAR, v. a. (bigá), dl. *Biguer*, troquer, échanger, troquer but-à-but. Sauv. Changer sa carte contre celle d'un autre.

Éty. du lat. *vices*, tour, échange. *Invicem mutare.* Roquef.

BIGARD, s. m. (bigár), dl. BIGAR. Taon. V. *Tavan*. Frelon. V. *Chabrian* et *Varoun.*

BIGARRADA, s. f. (bigarráde). Bigarade, espèce d'orange aigre. V. *Arangi bigarrat*, *vert* ou *aigre.*

Éty. de sa couleur variée. V. *Vari*, R.

BIGARRADIER, s. m. (bigarradié). Bigaradier, variété du citronnier qui produit les bigarades.

Éty. de *bigarrada* et de *ier*. V. *Vari*, R.

BIGARRADURA, s. f. (bigarradúre); BIGARRIERA, BIGARRURA, BIGARRAGI. Bariolage, bigarrure, variété de couleurs mal assorties. V. *Vari*, R.

BIGARRAR, v. a. (bigarrá); BRIGALHAR, PICALHAR, CHAMURRAR, MACHARRELIAR, ABIGARRAR. *Bigarrar*, cat. *Albigarrar*, esp. Barioler, bigarrer, peindre de diverses couleurs mal assorties.

Éty. du lat. *bis variare*. V. *Vari*, R.

BIGARRAT, ADA, adj. et p. (bigarrá, áde); PICASSAT, GAREL, GOREL, MARRELAT, TALABRENAT, CALHET. *Bigarrado*, esp. *Bigarrad*, cat. Bigarré, ée, peint de différentes couleurs.

Éty. du lat. *variegatus* ou de *virgatus*. V. *Vari*, R.

BIGARROTS, s. m. pl. (bigarrós). Bigarreaux, espèce de cerise.

BIGARRURA, V. *Bigarradura* et *Vari*, Rad.

BIGAS, s. f. pl. (bigues), dg. Hoyau. V. *Bencat.*

BIGATANA, s. f. vl. Javelot.

BIGATIER, s. m. (bigatié). Muletier qui loue ses œuvres et qui travaille à la journée avec ses bestiaux. V. *Biga.*

BIGEA, s. f. (bidze), d. bas lim. Bise, alt. de *Bisa*, v. c. m.

BIGEARRE, d. mont. V. *Bizarre*

BIGNA, alt. gasc. de *Vigna*, v. c. m.

BIGNARES, s. m. dg. Vignobles, champs plantés en vigne.

Éty. de *bigna*, alt. de *vigna*. V. *Vin*, R.

BIGNET, s. m. (bigné). Le même que *Bigneta*, v. c. m.

BIGNETA, s. f. (bignéte); BIGNET, BOUGNETA, BOUIGNETA, BOUNIT, PESCAJOUN, BOUNIESA. *Buñuelo*, esp. *Bunyol*, cat. Beignet et non *baignet*, sorte de pâtisserie que l'on fait cuire à la poêle avec de l'huile. Tache d'huile, de graisse ou de cambouis.

Éty. de *bigna* ou *bougna*, enflure, bosse, tumeur, et du dim. *eta*; ou de l'hébreu *pinneq*, nourrir délicatement.

Joinville, dans son histoire de Saint-Louis, raconte qu'étant prisonnier des Sarrasins, ceux-ci lui servirent des beignets de fromage rôtis au soleil.

BIGNETASSA, s. f. (bignetásse), augm. de *bigneta*, gros beignet ou grosse tache d'huile.

BIGNETOUS, OUSA, adj. (bignetóus, óuse); BOUGNETOUS. Taché d'huile.

Éty. de *bignet* et de *ous.*

BIGNO, adj. et s. (bigne); BEGNA. Lâche, poltron. Ach. V. *Pooutroun.*

BIGNOU, s. m. (bignóu), dl. BIGNOUN. *Bignon*, la truble, filet en forme de capuchon. V. *Mancha.*

BIGNOUN, s. m. (bignóu), dg. Truble. V. *Mancha.*

BIGOBARGEAS, s. m. (bigobárdzes), d. bas lim. Bancroche, cagneux. V. *Chambard.*

BIGO-BIGAL, expr. adv. vl. D'un bout à l'autre.

BIGORNA, s. f. (bigórne); *Bigornia*, cat. esp. *Bicornia*, ital. *Bigorna*, port. Bigorne, petite enclume à deux branches, assemblées sur une tige en forme de T, et dont le pied terminé en pointe, est fiché dans un billot; pointe de l'enclume.

Éty. du lat. *bicornis*, deux cornes. Voy. *Corn*, R.

BIGORNEOU, s. m. (bigournèou); BIGOURNEOU. *Bigornia pequeña*, esp. *Bigornazinha*, port. *Bigorneau*, petite bigorne.

BIGORRA, s. f. (bigóre), d. lim. BIGORA. Blé d'Espagne.

Éty. Probablement de *Bigorra*, province.

BIGOT, s. m. (bigó). Bigot, en term. de marine, pièce de bois percée de deux ou trois trous ronds, par où l'on passe le bâtard, pour la composition du racage.

BIGOT, OTA, adj. (bigó, óte); PERPETIA. *Bigiocco*, ital. *Bigote*, port. Bigot, ote, faux et fausse dévote, hypocrite.

Éty. de l'all. *bey gott*, ou de l'angl. *by god*, par Dieu, parce que les bigots prennent sans cesse Dieu à témoin de la pureté de leurs intentions.

BIGOT, s. m. (bigó), dl. Fourche coudée pour charger le fumier. Sauv. Maie d'un pressoir de vendange; fosse au fond d'une cave pour recevoir les liquides qui se répandent. Garc.

BIGOT, s. m. BIGOS, BIGOU, dl. Hoyau, bident, outil de vigneron, binette, Sauv. tire-foin.

BIGOTARIA, s. f. (bigoutarie); BIGOUTARIA. *Bigoteria*, port. *Bacchettoneria*, ital. Bigoterie, hypocrisie, fausse piété, fausse dévotion.

Éty. de *bigot* et de *aria*, action de bigot.

BIGOTIAR, v. n. (bigoutiá); BIGOUTIAR. Faire l'hypocrite, le faux dévot. Garc.

BIGOTISME, s. m. (bigoutismé); BIGOUTISME. *Bigotismo*, port. Bigotisme, caractère du bigot.

Éty. de *bigot* et de *isme.*

BIGOU, s. m. (bigou), dl. Hoyau, bident. V. *Bigot.*

BIGOUEI DE, adv. d. lim. De travers.

BIGOUOR, s. m. (bigouór). Creux rempli d'eau, servant à laver et à éteindre l'écouvillon d'un four. Aub.

BIGOURELA, s. f. (bigourèle). Couture à gros points et grossièrement faite. Voy. *Courdurassa.*

BIGOUTAR, v. n. (bigoutá), dl. Se dépiter, enrager, crever de dépit. Douj.

BIGOUTARIA, s. f. (bigoutarie). Voy. *Bigotaria.*

BIGRE, ESSA, s. BIGRA, dim. de *bougre*, terme injurieux, qui signifiait anciennement, garde forestier, selon Achard.

Éty. L'auteur de la St. des B.-du-Rh. fait dériver ce mot du lat. *piger*, paresseux; *bigre*, *biger* et *bigrou*, étaient anciennement les noms des gardes des forêts, qui étaient en même temps chargés de la surveillance et de la recherche des abeilles, pour en prendre le miel; ils avaient pour cela le droit de couper l'arbre sur lequel elles se trouvaient, sans pouvoir être recherchés; d'où ils furent appelés en basse lat. *bigrus*, du lat. *apiger*, *apicurus*. Cette charge fut supprimée en 1669.

BIGUA, vl. V. *Biga.*

BIGUEY, s. m. dg. Coq. Bergeyret.

BIJ

BIJARRE, alt. de *Bizarre*, v. c. m.

BIJARRIA, alt. de *Bizarraria*, v. c. m.

BIJOU, V. *Bijout.*

BIJOUN, s. m. (bidjoún). Nom qu'on donne, dans la Haute-Prov. à la térébenthine qu'on retire des différentes sortes de pins, pour la distinguer de celle qui découle du mélèze, qu'on appelle *Escourrau*, v. c. m.

Éty. de la ressemblance qu'on a cru y trouver avec le benjoin, qui tire son nom d'un mot arabe *ben-djâoury*, fils de *Jaoa*, parce qu'on le recueille dans un endroit qui s'appelle ainsi, ou de *bén*, parfun.

La térébenthine du pin à une odeur aromatique que ne possède point celle du mélèze; on l'emploie avec une grande confiance, contre les meurtrissures. C'est la panacée ou remède universel des habitants de la campagne.

BIJOUT, s. m. (bidjóu); BIJOU, JUIOU, JOUYEOU. Bijou, ouvrage précieux qui sert uniquement à l'ornement et à la parure; joli dans toutes ses parties.

Éty. du lat. *bis-jocus*; d'où: *Bijout-aria*, *Bijout-ier.*

BIJOUTARIA, s. f. (bidjoutarie); BIJOUTARIÉ. Bijouterie, profession de ceux qui font commerce de bijoux et de pierres précieuses.

Éty. de *bijou* et de *aria*, tout ce qui concerne les bijoux. V. *Bijout.*

La bijouterie d'acier, est un genre d'industrie d'une très-grande importance aujourd'hui, quoiqu'il n'ait été introduit en France, que vers l'an 1740. M. Schey a inventé un procédé au moyen duquel on peut donner toutes les empreintes possibles à l'acier, au moyen du balancier.

BIJOUTIER, s. m. (bidjoutié). Bijoutier, ouvrier qui fabrique, ou marchand qui vend des bijoux.

Éty. de *bijout*, et de la term. mult. *ier*, qui fait des bijoux. *V. Bijout.*

BIJOUTIERA, s. f. (bidjoutiére). Table couverte d'un vitrage sur laquelle on place les bijoux, etc.

BIL

BILA, s. f. (bile); FEL, FEOU. *Bile*, esp. ital. *Bila*, port. cat. anc. Bile ou fiel, liquide visqueux, filant, jaune, verdâtre ou vert, d'une odeur fade et d'une saveur très-amère, qui se forme dans le foie, se rassemble en suite dans la vésicule du fiel, et va de là, se dégorger dans l'intestin duodenum, par un petit canal nommé cholédoque.

Éty. du lat. *bila*, *bilis*. m. s.

BILA, s. f. bile, se prend fig. pour colère, mauvaise humeur, parce qu'on croit que c'est la bile âcre qui y donne lieu.

BILA ou **BILAS**, est un mot souvent employé par le peuple, pour *glaires*: *A voumi força bilas*, pour dire, il a vomi beaucoup de matières glaireuses. La bile est toujours jaunâtre ou verdâtre et par conséquent facile à distinguer des glaires qui sont comme du blanc d'œuf.

BILA, dg. V. *Vila.*

BILAN, s. m. (bilán); *Bilancio*, ital. *Balancé*, esp. *Balanço*, port. Bilan, livre où les marchands et les banquiers inscrivent leur dettes actives et passives.

Éty. du lat. *bilanso*, balance. V. *Balanc*, Rad.

Dounar soun bilan, Donner son bilan, faire banqueroute.

BILATA, s. f. (biláte), dl. Bicoque. Douj. V. *Bicoca.*

BILATGE, dg. alt. de *Villagi*. v. c. m.

BILATYOT, s. m. d. béarn. Petit village, hameau. V. *Villageoun* et *Vil*, R.

BILBOQUET, s. m. (bilbouqué); VIRA-BOUQUIN, VIRABARQUIN, TIRA-LANCET, TIRLANCET, SAUTA-SAUTA, TIRA-LANÇA. Bilboquet, petit instrument de bois ou d'ivoire, composé d'une tige tournée, terminée d'un côté par une pointe et de l'autre par une petite coupe, et d'une boule suspendue par un fil, servant à jouer.

Éty. du français *bille*, petite boule, et de *boquet*, petit morceau de bois, selon Ménage.

Ce jeu fut fort en vogue sous le règne de Henri III.

BILENS, s. f. vl. Balance. V. *Balança.*

BILET, dm. V. *Bilhet.*

BILH, radical dérivé de l'allemand *billet*, billet, d'où la basse lat. *billus*, *billetus.*

De *billet*, par apoc. et changement de *ll*, en *lh*, *bilh*; d'où: *Bilh-et*, *Bilhet-oun*, *Bilhet-a*, *Bilhet-ar*, etc.

BILHA, s. f. vl. Sorte de jeu, bâtonnet.

BILHA, s. f. (bille); *Bille*, all. *Bola*, port. *Biglia*, ital. *Bolilla*, esp. Bille, boule d'ivoire avec laquelle on joue au billard; *chique*, petite boule de marbre dont les enfants s'amusent. V. *Goubilha.*

Éty. du lat. *pila*, balle à jouer. V. *Pil*, Rad. 2.

BILHA, s. f. BILHADOUR. Bille, bâton pour serrer les ballots lorsqu'on les corde; garrot, ou bâton court et un peu courbe servant à serrer les cordes qui fixent la charge sur le bât d'une bête de somme; moulinet de charrette.

Éty. de l'all. *bille*, bâton court. V. *Pil*, Rad. 2.

✗**BILHACOU**, s. m. (billácou), d. béarn. Vieillard.

Éty. alt. de *vilhacou* ou *vielhacou*, de *Viellh*, R. v. c. m.

BILHADOUR, s. m. (billadóu), d. bas lim. Garrot, tortoir. V. *Bilha* et *Pil*, R. 2.

BILHAIRE, s. m. vl. Frère du père.

BILHAR, v. a. (billá); BIAR. Biller, serrer une corde avec la bille, ou avec le garrot, garroter.

Éty. de *bilha* et de l'act. *ar*. V. *Pil*, R. 2.

En t. de jeu de boules, abuter.

BILHARD, s. m. (billá); *Billard*, all. *Bilhar*, port. *Bigliardo*, ital. Billard, jeu qui se joue avec des billes d'ivoire, sur une table garnie de rebords ou bandes rembourrées, ordinairement recouverte d'un tapis vert.

Ety. de *bilha* et de *ard*. V. *Pil*, R. 2.,

BILHARD, s. m. (billá); BIARD. *Billart*, cat. *Billar*, esp. *Bigliardo*, ital. *Billard*, all. *Bilhar*, port. Billard, table sur laquelle on joue au jeu de ce nom.

Dans un billard on nomme:

TABLE, la partie horizontale recouverte d'un tapis.

TAPIS, le drap vert qui recouvre la table.

BANDES, les quatre tringles rembourrées qui forment les côtés de la table.

BLOUSES, les trous pratiqués dans les angles et aux côtés pour recevoir les billes.

PIEDS, *ou montants*, les supports de la table, ordinairement au nombre de 12, liés par des traverses.

BILLES, les boules d'ivoire qu'on chasse avec la queue.

QUEUES, les tringles de buis au moyen desquelles on chasse les billes.

MASSE, TAQUE, BILLARD ou BISTOQUET, masse ou bâton servant à pousser les billes.

CORDE, la ligne en dedans de laquelle le joueur doit placer sa bille, quand il commence à jouer.

Quelques auteurs attribuent, sans fondement, l'invention du billard aux Anglais, mais sans en fixer l'époque.

BILHARDAR, v. n. (billardá); BIARDAR. *Bilhardar*, port. *Bigliardare*, ital. Billarder, toucher deux fois sa bille en jouant au billard. En term. de marine, frapper avec le billard ce que l'on veut chasser.

Éty. de *billard* et de la term. *ar*, agir de nouveau sur sa bille. V. *Pil*, R. 2.

BILHARDAR, v. n. BIARDAR. Se dit aussi pour décamper, s'en aller au plus vite, faisant allusion à une bille qu'on chasse. V. *Descampar.*

BILHESSA, BILLESSA. d. béarn. alt. de *Vielhessa*, v. c. m. et *Vielh*, R.

BILHET, s. m. (billé); BILET, BIET. *Billet*, all. *Biglietto*, ital. *Billete*, esp. *Bilheto*, port. *Billet*, cat. Billet, petite lettre missive où l'on se dispense du cérémonial usité dans les lettres proprement dites; écrit imprimé ou à la main, par lequel on informe les particuliers ou le public, de certaines choses qu'on veut faire savoir, ou qui donne droit à quelque chose; promesse sous seing-privé, par laquelle on s'oblige à payer une somme dans un temps déterminé.

Éty. de la basse latinité *billus*, *billetus*, faits de l'all. *billet*, m. sign. V. *Bilh*, R.

BILHETA, s. f. (billéte); BIETA. Passavant que donnent les douaniers; billet de logement, avertissement des percepteurs.

Éty. dim. de *bilhet* et du signe du fem. *a*. V. *Bilh*, R.

BILHETAR, v. n. (billetá). Assigner par billet; donner des billets d'avertissement pour aller payer les impôts. Garc.

Éty. de *bilhet* et de *ar*. V. *Bilh*, R.

BILHETOUN, s. m. (billetóun); *Bilhetinho*, port. Petit billet.

Éty. de *bilhet* et du dim. *oun*. V. *Bilh*, R.

BILHO, s. m. vl. V. *Bilhot*, *Bilhoun* et *Pil*, R. 2.

BILHOT, s. m. (billó). Billot, tronçon de bois gros et court; tricot, bâton court et épais.

Éty. V. *Bilhoun* et *Pil*, R. 2.

BILHOTA, s. f. (billóte). Bâton dont on se sert pour commencer de faire tourner la vis d'un pressoir à huile. Garc.

BILHOUIRE, s. m. (billóuïre); BILOUIRE. Billot, petit bâton que l'on suspend en travers au cou des chiens, pour les empêcher d'aller courir dans les vignes. V. *Trica* et *Tricot.*

Ety. V. *Pil*, R. 2.

BILHOUN, s. m. (billóun); *Velló*, cat. *Vellon*, esp. *Bilhoã*, port. *Biglione*, ital. Billon (monnaie de), espèce de monnaie composée d'une petite quantité de métal précieux et d'une grande partie de métal commun.

Éty. de *bilha* et de *oun*, augm. V. *Pil*, Rad. 2.

BILHOUN, s. m. d. bas lim. (billóu). Toute sorte de petit bâton, palançons, palissons et palats, qui retiennent le torchis; degré ou bâton d'échelle.

Éty. V. *Pil*, R. 2.

BILHOUN, s. m. (billóun); TRONCHE, TROUNÇA. Billot et bille, tronçon d'arbre de différente longueur, selon l'usage auquel on le destine; les billots qui doivent être refendus en planches ont ordinairement deux ou trois mètres de longueur; mais ceux dont on ne veut faire que des buches pour brûler, n'ont le plus souvent qu'un mètre.

Éty. de la basse lat. *billus*, m. sign. *billia*, dans la basse lat. désignait aussi un tronc d'arbre, un billot. V. *Pil*, R. 2.

BILHOUN, s. m. *Ploutre*, rouleau, qui sert à applanir les terres nouvellement labourées.

BILHOUNAR, v. n. (billouná); Billonner, recueillir les monnaies défectueuses; les faire passer pour bonnes.

Éty. de *bilhoun*, monnaie de billon, et de *ar*, ce mot est pris du français. V. *Pil*, R. 2.

BILHOUNAR, d. bas lim. syn. de *Bilhar*, v. c. m. et *Esbilhounar.*

BILHOUNAS, s. m. (billounás). Gros billot, grosse bille.

Éty. de *bilhoun* et de l'augm. *as*. V. *Pil*, Rad. 2.

BILHOUNET, s. m. (bilhouné). Petit billot.

Éty. de *bilhoun* et du dim. *et*. V. *Pil*, Rad. 2.

BILIBRI, s. m. vl. Poids de deux livres.

Éty. du lat. *bilibris*, m. s.

BILIEIRA, s. f. (bilièïre), d. bas lim. Évier. V. *Aiguier* et *Beal*, R.

BILIER, d. bas lim. V. *Febrier*.

BILIOUS, s. m. (biliöus). Nom langued. de la vesce. V. *Pesota*, et du lupin. V. *Vessa de loup*. Pour bilieux. V. *Bilous* et *Bila*.

BILL, d. béarn. Vieux. V. *Vielh*, R.

BILLAIRE, s. m. vl. Faiseur de billes.

Éty. de *billa* et de *aire*. V. *Pil*, R. 2.

BILLIERA, s. f. (biliére). Belière, anneau qui soutient le battant d'une cloche.

Éty. de bélier, anneau qui soutient la sonnette du bélier, et par analogie anneau d'un battant de cloche; *bell*, en angl. sign. cloche.

BILLO, vl. et

BILLON, vl. V. *Bilhoun*.

BILOUS, OUSA, OUA, adj. (bilöus, öuse, öue); BILIOS. *Bilioso*, ital. esp. port. *Bilios*, cat. Bilieux, euse, qui abonde en bile, d'humeur colère.

Éty. du lat. *biliosus* ou de *bila* et de *ous*. V. *Bila*.

BIM

BIMA, s. f. (bime). Jeune chèvre, d'un an à deux, qui n'a pas encore fait de chevreaux; brebis d'un an accompli. Garc.

Éty. du lat. *bimus, ma*, âgé de deux ans.

BIMBAR, V. *Boumbar* et *Rossar*.

BIMBAROLAS, s. f. pl. (bimbaróles), dl. La berlue, éblouissement. Sauv.

BIMBOLA, ALA, V. *Bimborla*.

BIMBORA, s. f. (bimbóre), d. apt. Coccinelle. V. *Catarineta*.

BIMBORLA, *à la*, adv. (bimbórle), dg. BIMBORLA. Étourdiment; à la volée, sans réflexion.

BIMES, s. m. (bimés), dg. altér. de *Vimes*, v. c. m. Oseraie.

BIMET, s. m. (bimé), dl. Jet ou scion d'osier. Sauv. V. *Amarina*.

Éty. Ce mot est dit pour *vimet*; dérivé du lat. *vimen* ou *vimentum*, qui a la même sign.

BIMOUN, s. m. (bimóun), dim. de *bima*, chevreau femelle; chèvre qui a moins de deux ans. V. *Bima*.

BIMOUNIERA, s. f. (bimouniére), dl. Oseraie, le même que *Vigeira*, v. c. m.

Éty. du lat. *viminis*, gén. de *vimen*, osier, par le changement de *v* en *b*, et de *iera*, lieu abondant en osiers.

BIN

BIN, d. béarn. Il ou elle vint.

BINADA, dl. alt. de *Vinaigua*, v. c. m.

BINAGI, s. m. (binadgi); BINAGE. Binage, action de biner.

BINAIRE, s. m. (binaïré). Ouvrier qui bine.

BINAR, v. a. (biná); MAJENCAR, RELAURE, MENCAR, DOUNAR-VOOUTA. *Binar*, esp. Biner, donner une seconde façon aux terres labourables. On le dit aussi d'un prêtre qui est autorisé à dire deux messes par jour. V. *Biscantar*.

Éty. du lat. *bino* et de *ar*, d'où *binare*, doubler. V. *Bes*, init.

BINAT, ADA, adj. et p. (biná, áde). Biné, ée; labouré deux fois. V. *Bes*, init.

BINASSERA, adj. dg. V. *Vinassiera*, et *Vinatier*, *iera*.

Jou sou la binassero *autouno.*
D'Astros.

Éty. de *binasse* et de *era*, pour *vinassiera*. V. *Vin*, R.

BINCUT, d. béarn. Venu. V. *Vengut*, devenu. V. *Devengut*.

BINDAR, v. a. vl. Bander les yeux.

BINDOUSSA, s. f. (bindóusse); BINDOUSSOIR, BINDOUSSOUAR. Escarpolette, branloire, bascule. V. *Balançadour*.

BINDOUSSAR, v. a. (bindoussá); BIDAUSSAR, BINDOUSSIAR. Brandiller, remuer par secousses, agiter.

Éty. de *bindoussa* et de *ar*.

Le Père Pujet dérive ce mot de *bis-saltus*, double saut.

BINDOUSSAR SI, v. r. Se brandiller, se balancer.

BINDOUSSAT, ADA, adj. et p. (bindoussá, áde). Secoué, agité.

BINDOUSSIAR, V. *Bindoussar*.

BINDOUSSOIR, s. m. (bindoussóir). Le même que *Bindoussa*, v. c. m.

BINEICHA, s. f. (binèïtche). Qui peut, qui est susceptible d'être binée, en parlant d'une terre. Aub.

BINET, dg. V. *Vinet* et *Vinoun*, petit vin, vin chéri. V. *Vin*, R.

BINETA, s. f. (binéte). Nom qu'on donne, dans le département du Tarn, à l'oseille. V. *Oouselha*.

BINGANIOU, s. m. (binganiou); BINGASSIOU. Faux corail blanc. Gar. V. *Inganiou*.

BINGASSIOU, Garc. V. *Binganiou*.

BINGUT, dg.; pour venu. V. *Vengut*.

BINS, s. m. pl. (bins). Nom lang. des joncs, des brins d'osier. V. *Jounc* et *Amarina*.

BINT, Vingt, alt. lang. de *Vingt*, v. c. m.

BINUN, s. m. (binún). Terre qui doit être binée, c'est-à-dire, labourée une seconde fois. Aub.

BIO

BIOC, s. m. vl. g. Brisure, rupture, en parlant des vers et des stances; portion de vers, hémistiche.

BIOCA, s. f. (bioque), d. béarn. Vivres.

BIOCAR, v. a. vl. *Bioquer*.

Éty. de *bioc* et de *ar*.

BIOCAT, ADA, adj. et p. vl. g. Brisé, ée, en parlant des vers ou des stances, *bioqué*.

BIOCH, adj. (biotch), dl. Vide. Voy. *Vuide* et *Vuid*, R.

S'en anar bioch, s'en aller à vide.

Enfin per noun s'en ana bioch,
Achetet de touto misturo.
Le Sage.

BIOCH, s. m. dl. Le fond d'un tonneau. Sauv.

BIOGRAPHIA, s. f. (biougraphie); *Biografia*, ital. esp. cat. *Biographia*, port. Biographie, genre d'ouvrage qui a pour objet des vies particulières. On le dit aussi de la science et des écrits relatifs à ces ouvrages.

Éty. du grec βίος (bios), vie, et de γράφω (graphô), j'écris.

BIOGRAPHIQUE, ICA, adj. (biographiqué, ique); *Biografico*, esp., ital. *Biographico*, port. *Biografic*, cat. Biographique, qui a rapport à la biographie.

Éty. du lat. *biographicus*, m. s. V. le mot précédent.

BIOGRAPHO, s. m. (biográphe); *Biógrafo*, cat. esp. *Biografo*, ital. *Biographo*, port. Biographe, auteur qui a écrit une ou plusieurs vies particulières.

Éty. du lat. *biographus*, m. s. V. *Biographia*.

BIOLA, s. f. dg. Borne. V. *Bouina* et *Bola*.

BIOLA, s. f. (bióle); BIALA, d. bas lim. Charbon ardent. V. *Brasa*.

BIOLA, alt. g. de *Viola* et *Viela*, v. c. m.

BIOOU, s. m. (bióou), dl. V. *Buou*.

BIOQUE, expr. adv. d. béarn. D'abord que, dont *bioque* est une altération.

BIORDAR, vl. Jouter. V. *Beordar* et *Beort*, R.

BIORT, vl. Joute, course de chevaux. V. *Beort*, R.

BIOU, s. m. (biou). V. *Buou* et *Bov*, R.

BIOU, s. m. (biou); BIKOU, LIMAÇA-DE-MAR. On donne ce nom à plusieurs mollusques qui n'ont aucun rapport entre eux, tels que les *Buccins*, les *troques*, les *monodontes*, etc., mais l'espèce à laquelle ce nom est particulièrement consacré, est le triton nodifère, *Tritonium nodiferum*, Lam. qu'on trouve dans la Méditerranée et que l'on confond avec le triton émaillé, trompette marine ou conque de triton, *Tritonium variegatum*, Dict. Sc. Nat. *Murex tritonis*, Lin. Mollusque de l'ordre des Gastéropodes et de la fam. des Dermobranches.

Éty. Ses cornes ou tentacules, l'ont fait comparer à un bœuf.

En perçant les coquilles de ces mollusques, à l'extrémité de la spire, on en fait des trompettes qui produisent un son très-bruyant en soufflant dedans, ce qui leur a valu le nom de trompette marine.

BIOU-HARPUT, s. m. (biou-harpú); CAMBUT. On donne ce nom aux coquillages indiqués dans l'article précédent, lorsqu'ils sont habités par le bernard l'hermite, qui laissant paraître ses jambes, fait croire que cette coquille en est pourvue elle-même, d'où le nom de *harput* et de *cambarut*.

BIOU-DEIS-ILAS, s. m. (biou-deisiles). Gros buccin d'Amérique. Ach.

BIOU-DE-LUNA, s. m. LIMAÇA-DE-MAR. Cul de lampe nacré, nom vulgaire d'une espèce de *Turbo*, mollusque gastéropode de la fam. des Siphonobranches.

BIOU-DOOU-POURPRE, s. m. (bioudóou-póurpré). L'argonaute papyracé ou nautile papyracée, *Argonauta argo*, Lin. Mollusque de l'ordre des Céphalopodes, qu'on trouve quelquefois à Fréjus, à Saint-Tropez, à La Ciotat et même à Marseille.

Éty. Ainsi nommé parce que les pêcheurs sont dans la persuasion qu'un poulpe s'empare de sa coquille pour l'habiter, et plusieurs auteurs pensent en effet, que l'animal qu'on trouve dedans n'est pas celui qui l'a construite.

Habitée par l'espèce de poulpe qu'on y trouve, cette coquille représente parfaitement un petit vaisseau qui va à rames et à voiles en même temps. Six des pattes de l'animal servent de rames et deux autres élargies tiennent lieu de voiles.

BIOUANDES, ANDERA, s. dg. Vivandier, iera. V. *Vivandier* et *Viv*, R.

BIOULE, s. m. (bióulé). Nom du peuplier à Agen, à Toulouse, etc. V. *Piboula.*

BIOULET, s. m. (bioulé), dl. V. *Buvachoun* et *Bov*, R.

BIOULOUN, s. m. dl. alt. de *Viouloun*, v. c. m. et *Viol*, R. 2.

BIOULOUNAS, s. m. (bioulounás) dl. Vilain ou mauvais violon, alt. de *Vioulounas*, v. c. m. et *Viol*, R. 2.

BIOURE, alt. de *Beoure*, v. c. m.

BIR

BIRA, s. f. vl. Flèche, dard, javelot. V. *Matras.*

Un arc penjo darré, que quand elle le tiro,
Ha! què se cal garda das cops d'aquello biro.
Bergoing.

Auta redos coumo la biro
Que l'arqué lou més rede tiro.
D'Astros.

BIRA, dl. alt. de *Vira*, v. c. m. *Bira lebraus*, *bira calhas*, boute levrauts, boute cailles, dl. d'un côté ceci, de l'autre cela.

BIRADA, alt. lang. de *virada* V. *Revirada* et *Vir*, R.

BIRADIS, dl. V. *Viradis* et *Vir*, R.

BIRAGA, s. f. (birágue), dg. Ivraie. V. *Juelh.*

BIRA-PAU, s. m. d. béarn. Tournebroche. V. *Aste* et *Vir*, R.

BIRAR, d. béarn. alt. de *Virar*, v. c. m. et *Vir*, R.

BIRA-SOUREL, dg. V. *Tourna-sol* et *Vir*, R.

BIRBAR, v. n. (birbá). Gueuser, mendier, fripponner. V. *Gusegear.*

Éty. de l'ital. *birbante*, voleur.

BIRDAR, Garc. V. *Patuar.*

BIRIS, s. m. (biris); COUI-ROUSSET. Nom arlésien du canard millouin, *Anas ferina*, Lin. oiseau de l'ordre des Palmipèdes et de la fam. des Serrirostres ou Prionoramphes (à bec en scie), qu'on nomme *Boui-rousset*, dans le Gard.

BIROL, s. m. (biról), dg. Trouble. V. *Mancha.*

BIROULAR, alt. lang. de *Virolar*, v. c. m. et *Vir*, R.

BIROULESAT, adj. et p. (biroulesá). Tout étourdi.

BIROULET, s. m. d. béarn. Soubresaut, saut périlleux. V. *Vir*, R. dg. Pirouette. V. *Viroulet.*

BIROULEYAR, v. n. d. béarn. Voltiger, tourner.

Éty. de *birar*, tourner. V. *Vir*, R.

BIROULEYAT, ADA, adj. et p. (birouleyá, áde), d. béarn. Tourné et retourné, remué dans tous les sens. V. *Vir*, R.

BIROUN, s. m. et

BIROUNA, s. f. alt. lang. de *viroun* et *virouna*, le même que *Taraveloun*, *Guilhounet* et *Taravela*, v. c. m.

BIROUNIERA, s. f. (birouniére), dl. Tarière. V. *Taravela* et *Vir*, R.

BIROUSTA, dl. Le même que *Crouchoun*, v. c. m. Chose de peu de valeur. Garc.

BIRRET, s. m. vl. Bonnet. V. *Bounet* et *Barreta.*

Éty. de *barreta*. V. *Barret*, R.

BIRY, Verdier, pour *vegueri*, je vis.

BIS

BIS, prép. V. *Bes.*

BIS, *lou*, V. *Biscant* et *Bis*, R.

BIS, adj. vl. *Bazo*, esp. *Bigio*, ital. Bis, brun.

Éty. de la basse lat. *bisus*, *bisius*; d'où l'ital. *bigio*, m. s. V. *Bis-et*, *Bis-a*, *Bisouard*, *Bis-tre.*

BIS, *bisso*, s. m. vl. *Bisso*, ital. Lin. V. *Lin.*

Éty. du lat. *bissus*, m. s.

BISA, s. f. (bise); BISOUARD, BIGEA, BIZA, CISAMPA, CIROMPA. *Bisa*, ital. Bise, vent sec et froid qui souffle du N.-E. au N.-O.

Éty. du celt. *bis*, noir, ce qui répond au grec *mélamboreas*, vent noir, ou au latin *aquilo*, qui a la même signification, étant dérivé de *aquilus*, noirâtre, de couleur d'aigle. Ce vent est ainsi nommé, parce que dans quelques contrées, il couvre le ciel de nuages épais et noirs, ce que fait le N.-E. à Nismes. V. *Bis.*

Juste Lipse. Épist. 44, *ad Belgas*, dit que ce mot vient de l'ancien teutonique. *Bisa*, signifie encore tourbillon de vent, en all.

Fred é sec lou nord que de biso
Porto lou nom é la debiso.
D'Astros.

BISAC, vl. V. *Bissac.*

BISAGUDA, s. f. (bisagúde), dg. *Bisaiguë*. V. *Besaguda.*

BISAIUL, ULA, s. m. (bisaïúl, úle); REIRE-GRAND. *Bisavolo*, ital. *Bisavo*, port. Bisaïeul, eule, père de l'aïeul ou de l'aïeule.

Éty. de *bis* et de *aiul*, deux fois aïeul. V. *Bis*, R.

BISAIULA, s. f. (bisaïúle); *Bisavola*, ital. *Bisavo*, port. *Bisabuela*, esp. Bisaïeule. V. *Bis*, R.

BISALAR, (bisalá). V. *Bisalhar.*

BISALAT, ADA, adj. et p. (bisalá, áde), dl. Gercé. Sauv. V. *Crebassat* et *Bisalhar.*

BISALHAR, v. a. (bisaillá), dl. Labourer un champ coup sur coup. Sauv.

Éty. de *bis*, deux fois, et de *alar* ou *alhar*, pour *arar*, labourer. V. *Bis*, R.

BISALHOUN, s. m. (bisaillóun). Nom qu'on donne à des couteaux à manche de buis, dont la lame large et sans ressort n'est fixée que par un clou; on les nomme aussi *Couteous de siei liards.*

Éty. de Bisaillon, nom d'un fabricant de Saint-Étienne, qui a fait une fortune en fabriquant ces sortes de couteaux.

BISARRE, et composés. V. *Bizarre*, etc.

BISATGE, dg. V. *Visagi* et *Vis*, R.

BISBAL, adj. vl. BISPAL. *Bisbal* et *Obispal*, cat. Episcopal. V. *Episcopal.*

Éty. du lat. *episcopalis*, m. s.

BISBAS, s. m. vl. Evêque. V. *Bisbe.*

BISBAT, s. m. vl. BISBAT. *Bisbat*, cat. *Obispado*, esp. *Bispado*, port. Evêché, évêque.

Éty. du lat. *episcopatus*, m. s. d'où : *episcopat*, *epispat*, *ebisbat*, *bisbat.*

BISBE, s. m. vl. BISBAS. *Bisbe*, cat. Evêque.

Éty. du lat. *episcopus*, par aphérèse et changement du *p* en *b*.

BISBILH, s. m. (bisbill); MARMUL, BISBIS, BISBIL. *Bisbiglio*, ital. Bisbille, querelle, dispute légère à laquelle plusieurs personnes prennent part à la fois, ce qui produit un bruit que par onomatopée on a cherché à rendre par *bisbilh.*

BISCA, s. f. (bisque). Colère, fâcherie: *A pres la bisca*, il a pris la mouche : *Prendre la bisca*, prendre la chèvre, se fâcher.

BISCACHEOU, dl. V. *Biscoutin.*

BISCAIN, INA, adj. (biscaïn, ine). Traître, esse : *Raça biscaina*, méchante race.

Éty. de *Cain* ou de *biscaya.*

BISCAIN, s. m. (biscaïn); BISCAIEN. Un Biscaïen ou habitant de la Biscaie, un basque.

BISCAIRE, ARELA, adj. (biscáïré, arèle). Colérique, qui s'emporte, s'impatiente aisément; inquiet, emporté.

Éty. de *bisca* et de *aire.*

BISCAIRE, s. m. (biscáïré); BISCANT. Biais, côté, travers.

Éty. de *bis*, deux, et de *caire*, côté. V. *Bis* et *Cair*, R.

Caminar de biscant ou de biscaire, marcher de côté.

Coupar de biscaire, couper de biais.

Paret de biscaire, mur en faux équerre.

BISCALHAR, v. n. (biscaïá); BISCAIAR. Côtoyer; aller de côté. Aub. *En biscalhan*, en biaisant.

BISCAMBIAR, v. a. vl. Échanger. Voy. *Eschangear.*

BISCAMBY, s. m. anc. béarn. Échange. V. *Eschangi.*

Éty. de *bis*, deux, et *camby*, change. V. *Bis* et *Cambi*, R.

BISCANT, s. m. (biscán); BIS, BISCAR, BISCANTANDI. *Biscantat*, faculté que l'on donne à un prêtre de dire deux messes dans un jour, de desservir deux paroisses.

Éty: du lat. *bis*, deux fois, et de *cant*, chant; chant-double : *A lou bis*, il a la permission de biner : *Dounar lou bis* ou *biscant*, Tr. donner la permission de biner, et non *donner le bis*, et moins encore le *pis*, V. *Bis* et *Cant*, R.

De biscant, expr. adv. de côté, de travers.

BISCANTANDI, Suppl. Dict. de Pellas. V. *Biscant.*

BISCANTAR, v. n. (biscantá). Biner, dire deux messes dans un jour.

Éty. du lat. *bis cantare*, chanter deux fois, V. *Bis* et *Cant*, R.

BISCAR, v. n. (biscá); JASPINAR. *Chevroter*, se fâcher, s'emporter, s'impatienter, s'inquiéter, rechigner.

Éty. de *bisca* et de l'act. *ar* ; *bisquer* n'est pas français.

BISCARD, alt. lang. de *Viscard*. v. c. m.

BISCARROT, adj. et s. (biscarró). Inconstant. Aub.

BISCINA, s. f. vl. Béguine.

BISCLE, s. m. (biscle), dg. Faite, la pièce de bois la plus élevée d'un toit, qui va d'un pignon à l'autre.

BISCOBORAR, v. a. (biscoborá), d. bas lim. Peindre de diverses couleurs, barioler. V. *Barriolar* et *Chamarrar*.

BISCOBORO, s. m. (biscobóre), d. bas lim. Baragouin. v. c. m.

BISCOR, adv. d. béarn. De travers, du coin de l'œil.

BISCORNUT, UDA, adj. (biscournú, úde) ; BISCOURNUT. Biscornu, ue, qui a une forme très-irrégulière, mal fagoté.

Éty. de *bis*, deux fois, et de *cornut*, cornu deux fois, ou tout hérissé de cornes. V. *Bis* et *Corn*, R.

BISCOTA, s. f. (biscóte). Châtaigne sèche, et cuite deux fois dans le vin blanc. Garc.

Éty. du lat. *bis*, deux fois, et de *coctus*, *cocta*, cuit. V. *Bis* et *Couire*, R.

BISCOU, s. m. (biscou) ; Biseau. V. *Biscou*, et pour morceau, V. *Mouceou*.

BISCOUA, s. f. (biscóue). Nom bas limousin des hoche-queue. V. *Guigna coua*.

Éty. de *coua*, queue, et de *bis*.

BISCOUALHA, dl. V. *Piscoualha*.

BISCOUDET, s. m. d. béarn. Chien basset, petit chien.

BISCOUEIT, d. béarn. V. *Biscuech* et *Couire*, R.

BISCOUEL, et

BISCOUER, V. *Bescouel* et *Col*, R.

BISCOURNUT, UDA, UA, V. *Biscornut*.

BISCOUTIN, s. m. (biscoutìn) ; BISCACHOU. *Biscochito*, esp. *Biscuitet*, cat. *Biscottino*, ital. *Bizcotin*, all. *Biscoutinho*, port. Biscotin, sorte de petit biscuit, ordinairement rond et très-dur.

Éty. C'est un dim. de *Biscuech*, v. c. m. *Bis* et *Couire*, R.

BISCUCHELA, s. f. (biscutchèle). Sorte de biscuit non encaissé. Garc.

BISCUCHIAIRE, s. m. (biscutchiáïre). Confiseur. Aub.

Éty. de *biscuech* et de *aire*.

BISCUECH, s. m. (biscué) ; CURBELET, BISCOUEIT, BISCUEIT, vl. BESCUECH. *Biscotto*, ital. *Bizcocho*, esp. *Bescuit*, cat. *Biscouto*, port. Biscuit, pâte faite de la plus fine fleur de froment, de sucre et d'œufs, qu'on fait cuire au four, dans des moules.

Galette très-cuite qu'on embarque pour les voyages de long cours.

Caillou qui reste entier dans le bassin, après que la chaux est éteinte.

Éty. du lat. *bis*, deux fois, et de *coctus*, cuit, qu'il ne faut pas traduire comme on le fait ordinairement, par *cuit deux fois*, mais par *cuit deux fois autant qu'un autre*. V. *Couire*, R.

On croit que les Grecs en ont été les inventeurs.

Chez nous il en est question dans une chronique du temps de Charlemagne.

On appelle :

MACHE MOURE, le débris des biscuits ou galettes.

BISCUEIT, vl. V. *Biscuech*.

BISE, alt. du bas lim. pour *Bisel*, v. c. m.

BISEGLE, s. m. (bisègle). V. *Bizegle*.

BISEL, s. m. (bisèl), dl. V. *Biseou*, comme plus usité, et *Biais*.

Éty. de *bis*. V. *Bis*, R.

BISEOU, s. m. (biseou) ; BISEL. Biseau, talus pratiqué à l'extrémité d'un outil, d'un instrument, etc. ; en terme d'orfèvre, ce qui arrête la pierre d'une bague dans son châton ; en terme d'organiste, c'est une pièce d'étain qui couvre le pied des tuyaux et qui aide à les faires parler. V. *Bis*, R.

BISEST, V. *Bissest*.

BISET, ETA, adj. (bisé, éte). Qui est de couleur *biseta*. V. *Biset*.

BISET, s. m. (bisé). Couleur composée de marron et de blanc, ou de noir et de blanc, formant une espèce de gris. V. *Bis*.

BISET, s. m. Nom par lequel on désigne, dans le Gard et ailleurs, le pigeon biset. V. *Pigeoun biset*, et le pigeon colombin. V. *Pigeoun sauvagi*.

BISET, s. m. d. bas lim. Malheur, guignon. V. *Malhur* et *Guignoun*.

Es fach de biset, il est malheureux, rien ne lui réussit.

Éty. de *biset*, couleur sombre. V. *Bis*.

BISET, *Annada de biset*. V. *Bissest*.

BISLER, s. m. vl. Évêque, alt. de *bisbe*, dérivé du lat. *episcopus*, m. s.

BISMUTH, s. m. (bismút) ; *Bismut*, cat. *Bismuto*, esp. *Bismutte*, ital. *Bismuth*, port. Bismuth, étain de glace : métal fragile, d'un blanc jaunâtre ; prenant à l'air une légère teinte violette ; d'une structure lamelleuse, dont la pesanteur spécifique est à celle de l'eau distillée, comme 9,822 sont à 1,000.

On emploi ce métal pour durcir l'étain auquel on l'allie ; il forme aussi la base du blanc de fard.

Le bismuth était déjà connu en 1520, époque à laquelle Agricola en fit mention.

BISNAGA, s. f. (bisnágue) ; *Bisnaga*, cat. *Biznaga*, esp. Bisnague, herbe aux cure-dents, *Daucus visnaga*, Lin. *Ammi visnaga*, Déc. plante de la fam. des Ombellifères, qu'on trouve dans les lieux marécageux, aux environs de la mer ; dans le palus de Seillon, Gar. à Avignon, Requien. Voy. Gar. au mot *Fœniculum*, pag 188, pl. 59.

Éty. du lat. *visnaga* ou *bisnaga*, m. s. dérivés par altér. de *bis-acutum*, double pointe, ou aigu par les deux bouts, parce que anciennement on faisait des cure-dents avec le pédoncule de ses ombelles, d'où le nom de *herbe aux cure-dents*, qu'on a donné à cette plante. V. *Bis* et *Ac*, R.

BISOC, s. m. (bizóc) ; PICOTA, BRESCA, COURA, BISTOUQUET, SAUTAREL, BEQUIBILI, QUILHOLAT. Bâtonnet, court-bâton, cochonnet ; morceau de bois cylindrique, d'un décimètre de long, terminé en cône pointu de chaque côté, servant à jouer au jeu qui porte le même nom ; on le frappe avec la baguette.

Éty. du lat. *bis* et *acus*, deux fois pointu, où pointu de chaque côté.

M. Champollion le fait dériver du grec βέλος (belos), dard. V. *Bis* et *Ac*, R. *Jucc doou bisoc*, martinet.

BISOC, s. m. FAVAROT, GRAVAYOUN, NISSOOU, PISSOGOUS, ABERNOUN, LINSOULET, LINSOULIN, NISSOL. Noms que porte dans les différentes parties du Midi, le terre-noix, moison, suron, *Bunium bulbo-castanum*, Lin. plante de la fam. des Ombellifères qui nuit beaucoup aux moissons, quand elle est abondante.

Sa bulbe porte le même nom, elle sert de nourriture aux pigeons et aux cochons, et cuite dans l'eau, elle n'est ni désagréable ni nuisible à l'homme.

BISON, s. m. BIZON, vl. *Bisonte*, esp. cat. *Bisão*, port. Bison ou bœuf sauvage d'Amérique, *Bos americanus*, Gm. Mammifère ongulé, de la fam. des Ruminants ou Bisulques, qui habite les contrées tempérées de l'Amérique.

Éty. du lat. *bison*, dérivé de *bos*, *bovis*. V. *Bov*, R.

BISOUARD, s. m. (bisouár) ; BISOARD, BISOIR, BISOUARDA. Grosse bise, vent sec et froid qui souffle du Nord.

Éty. de *bisou* pour *bisa*, et de *ard*, aigue, qui pique. V. *Bisa*.

Bisouard, en français est le nom d'un petit marchand portant la balle.

BISOUARD, ADA, s. (bisouár, árde) ; BIZOUARD, VISOUARD, d. bas lim. On donne ce nom aux habitants des montagnes du Dauphiné qui quittent leurs pays et se répandent dans diverses contrées pour y exercer la profession de marchand.

Éty. de *valdesi*, d'où l'on a fait *bizordi* et *bisouard*, ou parce qu'ils sont ordinairement habillés d'une grosse bure bise.

BISOUS, s. m. pl. (bisoús), dl. Œufs que les mouches déposent sur la viande. Voy. *Vions*, par le changement du *v* en *b*.

BISOUTAR, v. n. (bisoutá). Prendre avec une carte en dessous de la supérieure ; ne pas vouloir surmonter la carte jouée. Garc.

Éty. *bisoutar* est un itér. de *biaisar*, biaiser.

BISPAL, adj. vl. BISPAL. Épiscopal ou appartenant à l'évêque.

Éty. du vieux mot *bispe*, évêque, et de l'art. *al*, dérivé du lat. *episcopalis*, m. s.

BISPAT, s. m. vl. BISBAT. Episcopat.

BISPE, s m. vl. Evêque. V. *Evesque*.

Lo bispe de Nemse, l'évêque de Nismes.

Éty. Alt. du lat. *episcopus*, d'où l'esp. *obispo*, et le port. *bispo*.

BISPRE, adj. (bispré), dl. D'un goût sur, revêche ou acide, fig. acariâtre. V. *Vispre*. Sauv.

BISQUETEOU, s. m. (bisquetèou). Sorte de pâtisserie.

Éty. dim. de *bisca*, formé du lat. *bis-coctus*, cuit deux fois, ou deux fois autant. V. *Bis* et *Couire*, R.

Per debita touto l'annado
Perrousino per de flambeoux,
D'ameloüns per de bisqueteoux.

Michel.

BISSA, 1. s. f. (bisse). Nom qu'on donne à Nice, selon M. Risso.

1° Au syngnate à bandes, *Syngnatus fasciatus*, Risso, ou *Scyphius fasc.*

2° Au scyphius annelé, *Scyphius annulatus*. Risso.
3° au scyphius littoral, *Scyphius littoralis*. Risso. Hist. Nat.
Dans son Ichthyologie de Nice, M. Risso avait donné aussi le nom de *bissa*.
1° Au syngnate ophidion ou vipère de mer, *Syngnatus ophidion*. Lin.
2° Au syngnate papacin, *Syngnatus papacinus*, Risso. poissons de l'ordre des Téléobranches et de la fam. des Ostéodermes (à peau osseuse). V. *Espingola*.
Éty. de l'ital. *biscia*, serpent, à cause de la forme de ces poissons.

BISSA, 2, est aussi le nom nicéen :
1° Du sphagebranche aveugle *Sphagebranchus cœcus*. Riss. *Murœna cœca*. Gm.
2° Du sphagebranche serpent, *Sphagebranchus serpa*. Risso.
3° Du sphagebranche à deux taches, *Sphagebranchus bimaculatus*, Riss. poissons de de l'ordre des Holobranches et de la fam. des Pantoptères (à nageoires continues).

BISSA, 3, s. f. (bisse). Nom qu'on donne, à Nice, selon M. Risso :
1° A la couleuvre à quatre raies, *Coluber elaphis*. Risso.
2° A la couleuvre de Scopoli, *Coluber Scopolii*. Risso.
3° A la couleuvre à collier, *Coluber torquatus*. Risso.
4° A la couleuvre verte noire, *Coluber atro-virens*. Risso.
5° A la couleuvre sillonnée, *Coluber strigatus*. Risso.
6° A la couleuvre tachetée, *Coluber guttatus*. Risso.

BISSA-DE-MAR, s. f. Nom nicéen des mêmes poissons que nous nommons *Serp-de-mar*, v. c. m.

BISSAC, s. m. (bissác); BISAC. *Bissac*, anc. cat. *Bisaccia*, ital. Bissac, besace. Voy. *Biassa*.
Éty. du lat. *bisaccium*, m. s.

BISSAM, s. m. (bissán). Nom nicéen de la couleuvre d'Esculape, *Coluber Œsculapii*, Riss. reptile ophidien de la fam. des Hétérodermes (à peau dissemblable), sédentaire sur les montagnes des environs de Nice, et probablement sur la plupart de celles de la Basse-Provence.

BISSANA, s. f. (bissáne). On donne ce nom, en Languedoc, au sarments flexibles, soit de la clématite, V. *Entrevadis*, soit de la vigne sauvage, V. *Lambrusca*, dont on fait des liens et des espèces de cordages.
Éty. de *bis* pour *vis*, sarment.

BISSAR, v. a. (bissá). Corrompre un cuir, y faire venir le grain au moyen de la pomelle.

BISSAS, s. m. (bissás). augm. péjor. de *bissa*, nom qu'on donne, à Nice, à la couleuvre rupestre, *Coluber rupestris*, Risso. reptile ophidien de la fam. des Hétérodermes (à peau dissemblable).

BISSAT, ADA, adj. et p. (bissá, áde). Corrompu, ployé.

BISSAUTO, s. m. (bissáoute). d. bas lim. Etourderie. V. *Bestisa*. Equipée. Voy. *Frasca* et *Cagada*.

BISSEST, s. m. (bissèst); BISEST, BISSEXT. *Bisesto*, ital. *Bisiesto*, esp. *Bissexto*, port. *Bigèst*, cat. Bissexte, nom du jour qu'on ajoute, de quatre en quatre ans, au mois de février. Bissextil et bissextile se disent de l'an et de l'année sur laquelle porte le bissexte.
Lou pagarai l'annada doou bissest, je le payerai aux calendes grecques, c'est-à-dire, jamais.
Éty. du lat. *bissextus*, formé de *bis sex*. V. *Bis*, R.
L'année solaire se compose de 365 jours 5 heures et 49 minutes. Ces 5 heures 49 minutes forment au bout de quatre ans, un jour presque entier, et alors l'an est composé de 366 jours. César ordonna qu'il fut intercallé après le 25 février, qui était le 6 des calendes de mars, que l'on comptait deux fois, *Bissexto calendas martii*.
Lou bissest a sautat, on a bissexte.

BISSESTAR, v. n. vl. Retarder.

BISSESTILE, ILA, adj. (bissestilé, ile); BISSESTIL. *Bissextil*, port. *Bisestile*, ital. *Bisextil*, esp. *Bigesl*, cat. Bissextile, année qui a un jour de plus que les années ordinaires, c'est-à-dire, 366.
Éty. du lat. *bissextilis*, m. s.

BISSEXT, vl. V. *Bissest*.

BISSEXTIL, adj. vl. V. *Bissestile*.
L'an a CCCLXV, dias et un quadrant, qui fa VI horas..., las quals... no so computadas en l'an comu, mas so reservadas entro l'an bissextil. V. *Bissest*.
Elucid. de las Propr.

BISSICATOIRO, dg. altér. de *Vesicatoiro*, v. c. m.

BISSO, s. m. vl. BISSON. Camisole piquée.

BISSO, vl. lim. V. *Bis*.

BISSOC, s. et adj. (bissóc), d. de Barc. Sot, maladroit.
Éty. de *bis*, deux fois, et de *soc* pour *sot*, deux fois sot. V. *Bis* et *Sot*, R.

BISTA, alt. lang. de *Vista*, v. c. m. et *Vis*, R.

BISTALHA, s. f. (bistáille); BISTALIO, dl. Une visite, une saisie. V. *Sesida*.

BISTANFLU, s. m. (bistanflú). Sorte de croquante. V. *Cassadent*. Garc.

BISTBAT, vl. V. *Bisbat*.

BISTE, dg. altér. de *Vite*, v. c. m.

BISTEN, s. m. vl. *Bistento*, ital. Trouble, hésitation, délai.

BISTENSA, s. f. vl. BISTENZA. Hésitation, retard, doute, perplexité; il ou elle hésite, vacille, incline.

BISTENSAR, v. a. vl. BISTENTAR, BISTENZAR. *Bistentar*, ital. Troubler, retarder, repousser.

BISTENTAR, V. *Bistentar*.

BISTOC, s. m. vl. Répugnance, dégoût, haine.

BISTORT, TORTA, adj. (bistór, órte); BISTOUERT, BISTOUART. *Bistort*, cat. Tordu, tors; mal fait, mal bâti, baroque, d. bas lim. *De bistort*, de travers.
Éty. de *bis*, deux fois, et de *tort*. V. *Bis* et *Tort*, R.

BISTORT, s. m. (bistór); BISTOUERT. Bitord, menue corde à deux fils. V. *Ficela* et *Bis-tort*, R. Dans le d. bas lim. ce mot signifie aussi bancal. V. *Bancal* et *Chambri*.

BISTORTA, s. f. (bistórte); BANDINA, COUROUBRINA, BISTOUARTA. *Bistorta*, esp. port. ital. cat. Bistorte, *Polygonum bistorta* Lin. plante de la fam. des Polygonées, commune dans les prairies humides de la H.-Pr. V. Gar. *Bistorta major*, p. 62.
Éty. du lat. *bis torta*, tordue deux fois ; ce qui a rapport à sa racine qui paraît en effet avoir subi une double torsion. V. *Bis* et *Tort*, R.

BISTOUERT, V. *Bistort*, *Bis* et *Tors*, Rad.

BISTOUN, s. m. (bistóu), dl. Le point visuel.
Éty. Alt. de *vistoun*, dim. de *vista*. Voy. *Vis*, R.

BISTOUQUET, s. m. (bistouqué), dl. Bâtonnet, le même que *Bisoc*, v. c. m. *Bis* et *Ac*, R.

BISTOURIN, s. m. (bistourìn) ; *Bisturi*, esp. port. cat. *Bistori*, ital. Bistouri, instrument tranchant, semblable à un petit couteau.
Éty. de *Pistoriensis*, de Pistoie, suivant Le Duchat, parce que cette ville d'Italie était autrefois renommée pour ses ouvrages en acier, *Gladius pistoriensis* ; le Père Pujet le fait venir aussi de *bis-tortus*, bistourné.
Cet instrument est composé d'un manche ou *chasse*, formé par deux *jumelles*, réunies aux deux extrémités par des clous à rosette, et d'une lame terminée par un marteau qui vient battre derrière la chasse. On en distingue de plusieurs espèces.

BISTOURNAR, v. a. (bistourná); ADOUBAR. Bistourner, méthode de castration par laquelle on tord violemment le cordon spermatique, d'où résulte ensuite l'atrophie des testicules.
Éty. de *bis*, deux fois, et de *tournar*. Voy. *Bis* et *Torn*, R.

BISTOURNAT, ADA, adj. et p. (bistourná, áde) ; ADOUBAT. Bistourné, ée, châtré par le moyen de la torsion. Personne mal bâtie, Garc.
Éty. de *bis-tourn* et de *at*, tourné deux fois. V. *Bis* et *Torn*, R.

BISTOURNEL, s. m. (bistournèl). Nom gascon de l'étourneau. V. *Estournel*.

BISTOURTIER, s. m. (bistourtié) ; LAUVANIER, LOUVANIER, MOULEDOUR, LAZAGNOOU. Rouleau dont on se sert pour mettre la pâte en feuilles.
Éty. de *bis*, deux, ou de chaque côté, de *tourta* et de *ier*, litt. qui sert à faire les deux côtés des tourtes.

BISTRATRAT, s. m. (bistratrá). Nom qu'on donne, dans le Gard : 1° Au tarier. V. *Cuou rousset barnat*. 2° au pâtre. Voy. *Blavet*.

BISTRATRE, s. m. (bistratré). Nom nismois du traquet. V. *Blavet*, oiseau.

BISTRE, s. m. (bistré) ; *Bistre*, port. Bistre, couleur brune dont les peintres se servent à la manière de l'encre de la chine.
Éty. de *Bis*, biset, v. c. m.
On obtient cette couleur de la suie des cheminées.

BIT

BITALHA, alt. lang. de *Vitalha*, v. c. m. et *Viv*, R.

BITERNA, s. f. (bitèrne), dl. Mot conservé dans cette phrase adverbiale: *Un diable de biterna*, un grand diable de Vauvert.

BITERNA, s. f. vl. Citerne. V. *Citerna*.

BITOR, s. m. (bitór); *Bittore*, ital. Nom arlésien du butor. V. *Brutier*; c'est aussi le nom qu'on donne, dans le Gard, au héron pourpré. V. *Serpatier*.

Éty. *bitor* est une altér. de *Butor*, v. c. m. et *Bov*, R.

BITOR-BLANC, s. m. C'est le nom par lequel on désigne, dans le département du Gard, l'aigrette. V. *Aigreta* et *Bov*, R.

BITORIA, alt. gasc. de *Victoria*. Voy. *Victori*.

BITOUN, s. m. (bitóun), dg. Luron.

Aquel que se perpauso
Es un bitoun *ma fi bien autro causo*.
Que l'entarrat. Bergeyret.

BITSEGEAR, v. a. (bitsedjà), dl. BIT-SEGAR, BIXEGAR. Biffer; griffonner, rayer. Douj.

BITUME, s. m. (bitúmé); *Betum*, cat. *Betun*, esp. *Bitume*, port. ital. Bitume, substance solide ou liquide, répandant une odeur forte quand elle est chauffée et brûlant facilement en donnant beaucoup de fumée; on le trouve dans le sein de la terre.

Le naphte, le pétrole, le malthe et l'asphalte, sont autant de bitumes dont l'origine est inconnue.

Éty. du lat. *bitumen*, dérivé du grec πίτυς (pitus), pin; ou de πίττα (pitta), poix.

BITUMINOS, OZA, adj. vl. V.

BITUMINOUS, OUSA, adj. (bituminóus, óuse); *Bituminoso*, ital. esp. *Betuminoso*, port. Bitumineux, euse, qui contient ou qui est de la nature du bitume.

Éty. du lat. *bituminosus*.

BIU

BIUERS, s. m. pl. vl. Huissiers, portiers, échansons.

BIULENÇA, dg. alt. de *Vioulença*, v. c. m. et *Viol*, R.

BIULENT, Violent, alt. lang. de *Vioulent*, v. c. m. V. *Viol*, R.

BIULETA, s. f. (biuléte). Nom toulousain de la violette, qui est une altér. de *Viouleta*, v. c. m.

BIV

BIVAC, s. m. (bivác); BIVOUAC. *Vivac*, esp. Bivac et bivouac, garde qui est sur pied pendant la nuit: *Estre au bivac*, être à la belle étoile.

Éty. de l'all. *bey*, auprès, et de *watch*, guet de nuit.

BIVACAR, v. n. (bivacá). Bivaquer et bivouaquer, passer la nuit au bivac, et par extension, la passer à l'air, à la belle étoile

BIVER, s. m. vl. Echanson, sommelier.

Éty. de *Bev*, R.

BIVOU, s. m. (bivou). Nom qu'on donne, à Berre, au triton, espèce de coquille. Voy. *Biou*.

BIZ

BIZ, IZA, adj. vl. Brun, tirant sur le noir. V. *Biset* et *Bis*.

BIZA, vl. V. *Bisa*.

BIZARRAMENT, adv. (bizarraméin); *Bizarramente*, port. *Bizzaramente*, ital. Bizarrement, d'une façon bizarre.

Éty. de *bizarra* et de *ment*. V. *Vari*, R.

BIZARRE, ARRA, adj. (bidjarré, árre); BIJARRE. *Bizzarro*, ital. Bizarre, fantasque, extravagant, capricieux. V. *Estravagant*, *Fantasc*, *Capricious* et *Ratic*.

Éty. de *bis-varius*. V. *Vari*, R.

BIZARRARIA, (bizarrarie) et

BIZARRIA, s. f. (bidjarrie); BIJARRIA. *Bizzarria*, ital. Bizarrerie, caprice, humeur inégale, fantasque. V. *Moya*.

Éty. de *bizarre* et de *arria*. V. *Vari*, R.

BIZEGLE, s. m. (bizègle); BISEGLE. Bizègle, morceau de buis servant à lisser le devant des semelles de soulier.

Éty. de *bis acutus*. V. *Bis* et *Ac*, R.

BIZON, vl. V. *Bison*.

BLA

BLA, alt. de *Blàd*, v. c. m.

BLACA, s. f. vl. Chênaie. V. *Blacha*.

BLACAIRAS, s. m. (blacaïrás); BLANCAIRAS, dl. Terre forte et limoneuse; on donne le même nom aux lits de rochers calcaires ou marneux qui se fondent à l'air et qui composent les terrains propres aux chênes, *blacas*, d'où le nom de ce terrain. V. aussi *Blancás* et *Blancassa*.

BLACAS, s. m. (blacás); BLACA. Chêne, chêneau, baliveau, jeune chêne. C'est aussi un nom de lieu. Fig. sot, imbécile, niais. Garc. Chêne vert, vl.

Éty.?

D'où: *Blac-airas*, *Blacass-oun*, *Blach-a*, de *Blacas*, nom de famille.

BLACASSOUN, s. m. (blacassóun), dim. de *Blacas*, v. c. m. La jeune rame de chêne-blanc. Sauv.

BLACHA, s. f. (blàtche). Nom de lieu, terrain planté de chênes.

Éty. de *blacas*, chêneau, baliveau, ou de la basse latinité *blacha* et *blachia*, champ de jeunes chênes ou de châtaigniers, plantés à une distance qui permet de labourer entre les allées.

BLACHIS, s. m. vl. g. BLECHI. Bassine ou cuiller à sceau. V. *Cassa*. Sceau de cuivre, en forme de cône renversé.
Gloss. Occit.

BLACIR, v. a. et n. vl. Faner, flétrir.

BLAD, BLA, BLAT, rad. pris de la basse lat. ou du celt. *bladum*, et probablement dérivé du grec βλαστὸς (blastos), germe, le germe par excellence; ou du celt. *blead*, moisson.

De *bladum*, par apoc. *blad*; d'où: *Blad* et ses composés, *A-blad-ar*, *Blad-ada*, *Blad-aria*, *Blad-era*, *Blad-ier*, etc.

De *blatos*, par apoc. *blat*; d'où: *Blat*, *Blat-eiras*.

BLAD, s. m. (blá); BLA, BLAT. *Biada*, ital. *Blat*, cat. Blé, nom générique qui comprend toutes les espèces de froment et de seigle; dans quelques contrées le mot *blad* n'est appliqué qu'au froment et à ses variétés.

Éty. du celt. *bladum*. V. *Blad*, R.

On appelle:

CHAUME ou TUYAU, la tige du blé, et particulièrement la partie qui reste fixée à la terre, quand on a moissonné.

JAVELLE, plusieurs poignées de blé coupé, avant qu'on les lie en gerbe.

GENOU ou NOEUD, les nœuds de la tige ou chaume.

PASSE-METEIL, le blé où il y a deux tiers de froment et un de seigle.

Levàr la pampa doou blad, effaner ou effioler.

Lou blad a fach lou des, lou quinze, le blé a rapporté le dix, le quinze, et non *a fait*.

Semenar un champ en blad, emblaver.

Terra ensemençada en blad, emblavure.

Blad anouit ou *mentit*, blé brûlé, rôti, retrait, bouffi ou sonneux, qui n'est pas assez nourri.

Blad-vestit, blé qui a souffert et dont la balle ne s'est pas séparée du grain, blé couvert.

Blad abauquit, *atepit*, d. apt. blé touffu, vert.

Blad aleirat, *couchat*, blé versé, alité.

On dit que le blé est *moucheté*, quand il est sali par la poussière de la carie.

Blad-carbouneou, blé mêlé, charbonné.

Blad coussat, d. apt. blé tassé.

Les altérations ou maladies auxquelles les blés sont sujets, proviennent:

La carie, noir ou pourriture, de l'*Uredo caries*. Déc.

Le charbon, de l'*Uredo carbo*. Déc.

La ruelle, de l'*Uredo rubigo vera*, qui attaque les feuilles.

L'ergot, *Sclerotium*, n'est peut-être qu'une maladie.

On nomme: *Coulure*, l'accident qui a lieu lorsque étant en fleur, la fécondation est empêchée.

Blad de restouble, blé *sur-chaume*.

Blad encambat, blé étiré, allongé.

Blad renadiou, *court*, *pagis*, blé courtaud.

Blad de luna, expr. prov. qui désigne plusieurs choses: on dit qu'une femme *Fai de blad de luna*, quand elle vole son mari ou même lorsqu'elle lui est infidèle.

Balhar blat bàgnat, dl. en donner à garder, donner des bourdes ou billevesées.

Blad-d'ase, dl. coups de bâton.

Boutar tout à tres blads, renverser, bouleverser, mettre sens dessus dessous.

Blad-bridat, dg. blé bridé, celui dont l'épi mûr, se recourbe et se dessèche.

Blad en herba, *blat en herba*, cat. blé en herbe, blé en vert.

Des auteurs qui ont écrit sur le blé, les uns pensent qu'il ne croît naturellement nulle part, et les autres qu'il est indigène en Sicile; Linnée l'indique en Sibérie. On ignore l'époque à laquelle il fut introduit dans les Gaules.

Cultivé de temps immémorial dans des terrains et des climats différents, le blé a produit un très-grand nombre de variétés.

En 1760, avant J.-C. Arcas, fils de Jupiter, apprit aux Arcadiens à semer du blé et à faire du pain.

En 1819, M. le comte de Lasteyrie, trouve ou plutôt retrouve, le moyen de conserver le blé en le plaçant dans des fosses souterraines.

BLAD, s. m. Se dit aussi pour champ semé de blé, pour blé en verd. V. *Blad*, R.

BLAD-BARBA-NEGRA, s. m. d. apt. Blé à barbe noire. V. *Regagnoun*.

BLAD-DE-BARBARIA, BLAD-TURQUES. On donne ce nom au blé qui vient du Levant, et au froment de Barbarie: *Triticum durum*.

Desf. On le donne quelquefois aussi au maïs. V. *Blad de turquia*.

BLAD-barbut-gros, Froment renflé, gros blé, pétamèle roux.

Éty. Ainsi nommé à cause des longues arêtes, *barbes*, que porte son épi.

BLAD-blanc. V. *Tuzela*.

Éty. La couleur du grain de cette espèce est beaucoup plus pâle que celle des autres, d'où le nom de *blad-blanc*.

BLAD-brulat, s. m. (blá-brulá). Nom qu'on donne, à Nismes, au blé qui est atteint du charbon.

Éty. On l'appelle brûlé parce qu'il est devenu noir.

BLAD-carbounel, dl. blad-brulat, blad-carbounat. Blé atteint du charbon, blé charbonné.

BLAD-coumun ou **ourdinai**, Froment cultivé, *Triticum sativum*, Lam. Tr. *Turgidum, hybernum* et *æstivum*, Lin. C'est de ces trois variétés que sont nées presque toutes les autres. V. *Froument*.

BLAD-de-couguou, s. m. blad doou diable, blad de couguiou. Nom des égilopes ovoïde et tri-articulée, *OEgilops ovata* et *triuncialis*, Lin. plantes de la fam. des Graminées, qu'on trouve dans les champs et le long des chemins. V. Gar. 3me *Gramen*, de la pag. 217.

BLAD-de-fuada, s. m. d. apt. *Maïs*, v. c. m.

Éty. de *fuada*, parce que son épi ressemble à une fusée.

BLAD-doou-diable, s. m. Nom langued. des égilopes. V. *Blad-de-couguou*.

BLAD-d'espagna, s. m. Nom qu'on donne, aux environs de Montpellier, selon M. Gouan, et à Bordeaux, suivant M. Brossier, au maïs. V. *Blad-de-Turquia* et *Maïs*.

BLAD-fin, s. m. (blá-fi). Un des noms toulousains du froment d'été. V. *Bladeta*.

BLAD-fin, s. m. Nom qu'on donne, en Languedoc, selon M. le baron Trouvé, au blé blanc à épi arrondi, avec barbes.

BLAD-fort, s. m. Nom qu'on donne, en Languedoc, à une espèce de froment à épi de couleur aurore foncée, à barbes de la même couleur et à quatre angles; originaire de Barbarie.

BLAD-gros, s. m. gros-blad. Nom du maïs, aux environs d'Hières. V. *Blad-de-Turquia*.

BLAD-mare, s. m. (bla maré). Un des noms languedociens du maïs. V. *Blad-de-Turquia*.

Éty. Ce mot paraît n'être qu'une corruption de *blad-marin*, blé qui vient d'outre-mer.

BLAD-de-marselha, s. m. Nom que porte, en Languedoc, selon M. le baron Trouvé, le blé à épi blanc, à quatre angles et barbu.

BLAD-de-miracle, *Blad-de-rappuga*. Froment à épi rameux, blé de miracle ou de Smyrne: *Triticum compositum*, Lin. fils; remarquable par les petits épis qui naissent au bas de l'épi principal. Il passe pour être originaire de l'Égypte.

BLAD-moounier, Avril. V. *Blad-pontis*.

BLAD-mouriscou, s. m. Nom toulousain du blé noir. V. *Blad-negre*.

BLAD negre, s. m. mil-negre, melh-negre, blad-mouriscou, blad-sarrasin. Blé noir, carabin, blé sarrasin, *Polygonum fagopyrum*, Lin. plante de la fam. des Polygonées.

Éty. *Blad*, parce qu'on peut en faire du pain, et *negre*, parce que ses graines sont de cette couleur.

Le blé noir est originaire de l'Asie, d'où il fut transporté en Afrique, et introduit en Espagne par les Maures, de là le nom de blé sarrasin qu'on lui donne en français. Il était cultivé en Angleterre avant 1597.

La dénomination de *blad-negre*, est appliquée aussi au blé devenu noir par la carie ou le charbon.

BLAD-de-pays, V. *Tuela* ou *Tuzela*.

BLAD-de-pontis, s. m. blad-de-pontus, blad-moounier. Blé d'Afrique.

Ce blé, commun aujourd'hui en Provence, y fut apporté sur la fin du siècle dernier, par un riche propriétaire de Pontiaux, près de La Garde-Freinet, département du Var. Il en fit semer deux charges dans ses terres, dont le produit surpassa de beaucoup, celui du blé ordinaire, ce qui contribua à le faire répandre promptement. Avril.

Éty. *Pontis* ou *pontus*, sont des altér. de Pontiaux.

BLAD-de-rapuga, s. m. Blé de Smyrne, espèce qui produit des épis latéraux à côté de l'épi central. Avril, V. *Blad-de-miracle*.

Éty. de *rapuga*, grappe.

BLAD-de-restouble, s. m. blad de retour. Blé sur chaume.

BLAD-rouge, s. m. erouffe. Blé rouge.

BLAD-sarrasin, Avril. V. *Blad-negre*.

Éty. Ce nom lui fut donné parce que ce furent les Maures ou Sarrasins, qui l'importèrent en Espagne.

BLAD-tramat, s. m. Nom avignonnais et lang. du maïs. V. *Blad-de-Turquia*.

BLAD-de-tres-mes, tremez. *Tremezinho*, port. Blé très-mois. V. *Regagnoun*.

BLAD-turques, V. *Blad-de-Turquia*.

BLAD-turc, s. m. Nom du maïs, aux environs d'Hières. V. *Blad-de-Turquia*.

BLAD-de-turquia, s. m. blad-turques, blad-turc, blad d'espagna, blad-mare, blad-tramat, lad-de-fuada, mays, baria. Maïs, blé de Turquie, blé d'Espagne, blé de Guinée, Blé d'Inde, gros millet des Indes : *Zea mays*, Lin. plante de la fam. des Graminées, originaire de l'Amérique, où elle était connue depuis longtemps, lors de la découverte du nouveau monde, d'après M. Parmentier, *Mémoire sur le maïs, couronné par l'académie de Bordeaux en* 1784.

Cette plante était déjà cultivée en France, sous le règne de Henri II, et Champier, en 1597, en parle comme d'un grain nouvellement introduit.

Éty. Le nom de blé de Turquie lui vient de ce que cette plante a traversé la Turquie pour arriver de l'Asie jusqu'à nous; quelques auteurs soutiennent qu'il est venu des Indes Orientales.

Un écrivain Chinois de 1552 à 1578, a donné le dessin exact du maïs.

Les Egyptiens l'auraient connu depuis longtemps, d'après M. Rifaud, voyageur, qui dit avoir trouvé un épi de cette plante, dans un cercueil de momie, à Thèbes; il aurait donc existé dans l'ancien monde, avant la découverte du nouveau. Histoire Naturelle et Économ. du maïs par M. Bonafoux, 1836 in-fol.

BLADA, s. f. (bláde); oblada, aublada, iblada. L'oblade, *Sparus melanurus*. Lin. *Boops melanurus*. Dict. Sc. Nat. Poisson de l'orde des Holobranches et de la fam. des Léiopomes (à opercule lisse). Sa chair est peu délicate et son poids ne dépasse pas un demi-kilogramme.

BLADADA, s. f. (bladáde). dl. *Bladage*, rente annuelle de blé qu'on retire d'un laboureur pour une ou plusieurs bêtes de labour, *moisson*, *chastel*. Douj.

Éty. de *blad* et de *ada*, faite en blé, sous entendu *rente*, ou de la basse latinité *bladada*, m. s. V. *Blad*, R.

BLADARIA, s. f. vl. *Bladerie*, marché au blé, droit de mesurage.

Éty. de *blad* et de *aria*, ou de la basse lat. *bladaria* et *bladeria*. V. *Blad*, R.

BLADAT, adj. et p. (blodá), d. lim. Labouré, semé en blé.

Éty. de *blad* et de *at*. V. *Blad*, R.

BLADEIRAS, s. m. (bladeirás); blateiras. dl. Grand champ à blé; droit qu'on prélevait sur le blé qu'on apportait au marché.

Éty. augm. de *bladier*, formé de *blad*, blé, et de *ier*. V. *Blad*, R.

BLADERA, adj. Epithète donnée à Cérès par D'Astros.

> *E quan la* bladero *diouesso*,
> *Cerès, etc.*

Éty. *bladera*, des blés. V. *Blad*, R.

BLADET, s. m. (bladé), dim. de *blad*, qu'on emploie quelquefois, aux environs de Toulouse, pour blé, sans modification.

BLADETA, s. f. (bladéte); blad-fin, froument. Nom qu'on donne, à Toulouse, au froment. *Triticum æstivum*. V. *Blad*.

BLADIER, s. m. (bladié); *Blader*, cat. Blatier, marchand de blé.

Éty. de *blad* et de *ier*. *bladarius* et *bladerius*, en basse lat. *moulin bladier*, moulin à farine.

BLADIERA, s. f. (bladière). Espèce de coussin qu'on met sur le cheval qui doit porter du blé. Aub.

BLADIU, s. m. (blodiü). Nom bas limousin du blé sarrasin. V. *Blad-negre* et *Blad*, R.

BLADOUS, adj. m. (bladóus). Où le blé domine, abondant en blé. Aub.

BLADUSCA, s. f. (bladúsque). ?

> *Et de pau que lou savouyard*
> *Noun li doune* bladusco *à triar*.
> J. de Cabanes.

BLAGA, s. f. (blágue). Babil importun; bourse dans laquelle on renferme le tabac à fumer, *blaque*.

Éty. V. *Blagar*.

BLAGAIRE, s. m. (blagáïré). Bavard, indiscret qui ne sait rien taire. V. *Blagur* et *Blagar*.

Éty. de *blaga* et de la term. *aire*. V. *Blagar*.

BLAGAR, v. n. (blagá). Bavarder, parler beaucoup et inconsidérément.

Éty. du lat. *blaterare*, caqueter, babiller, bavarder.

BLAGUER, d. bas lim. V. *Blagur*.

BLAGUR, **USA**, s. et adj. (blagúr); blagaire, blaguer. Bavard, hableur, grand parleur, indiscret qui ne sait rien taire.

Éty. de *blaga* et de *ur*. V. *Blagar*.

BLAHIR, v. n. vl. Blêmir, devenir livide.

Éty. de *blah*, pour *blau*, bleu, et de *ir*, devenir. V. *Blav*, R.

BLAI, s. m. (blàï). Nom que porte, aux environs du Mont-Ventoux, selon M. Requien, l'érable à feuilles d'obier, *Acer opulifolium*. Vill. Arbre de la famille des Erables, qu'on trouve aux environs de Toulon, au Mont-Ventoux, etc.

Éty. *blai* ne nous paraît être qu'une altération de *plai*, nom d'une autre espèce d'érable. V. *Plai*.

BLAI, AIDA, adj. (blàï, àïde), dl. Flétri: *Rama blaida*, rameau flétri. Sauv.

Éty. de *blav*, livide, parce que les choses flétries prennent cette couleur. V. *Blav*, R.

BLAI, nom prop. V. *Blasi*.

BLAIA, nom de lieu, Blaye.

BLAIME. V. *Blame*.

BLAINEGEAR, v. n. (bleinedjá), dl. Brouir, on le dit des blés et des fruits lors que, attendris par une gelée blanche, ils sont brûlés par un coup de soleil.

Éty. de *blain* pour blanc, et de *negear*, gelée blanche.

BLAISAN, s. m. (blaïsán). Un des noms des tithymales en Gascogne. V. *Lachouscla*.

BLAMABLE, ABLA, adj. (blamáblé, áble); *Biasimevole*, ital. Blamâble qui mérite d'être blâmé; répréhensible.

Éty de *blame* et de *able*, litt. de nature à être blâmé, ce mot est dit pour *blasphemable*, dont on a ôté *sphe*. V *Blasphem*, Rad.

BLAMAR, v. a. (blamá); BLASMAR. *Biasimare* et *Biasmare*, ital. *Blasmar*, esp. cat. Blâmer, condamner, désapprouver une personne ou une action, reprendre.

Éty. du lat. *blasphemare*. V. *Blasphem*, Rad.

BLAMAT, ADA, adj. et p. (blamá, áde). Blâmé, ée, désapprouvé, condamné.

Éty. de *blam* et de *at*. V. *Blasphem*, R.

BLAME, s. m. (blámé); BLAIME, BLASME, BLAMI. *Biasimo* et *Biasmo*, ital. *Blasmo*, esp. *Blasme*, anc. cat. Blâme, sentiment ou discours par lequel on condamne une personne, une action, une opinion, ou par lequel on désapprouve, calomnie.

Éty. de *blamar*, ou du grec βλάμμα (blamma), lésion, dommage, injure. V. *Blasphem*, R.

Levar un blame, calomnier.

E si us fols li diz mal per folia,
Jes per aisso noi s tenga per blasmatz;
Enanz s'en deu tener par ben lauzatz,
Que blasmes *es del fol al pro lauzors.*
Cadenet.

BLAN, vl. Il ou elle flatte, ou je flatte, cajole, adoucis, calme, choie.

BLANAS, dl. V. *Planas*.

BLANC, BLANCH, BLANQU, radical que Aldrete fait venir du goth. *blanch*, blanc; d'autres le dérivent de l'all. *blank*, m. s. Ménage de *albus*, etc. Dérivés: *Blanc*, et composés, *Blanc-bec*, *Blanc-a*, *Blanc-ada*, *Blanc-aria*, *Blanc-as*, etc. *Blanch-a*, *Blanch-arda*, *Blanch-aria*, *Blanch-astre*, etc. *Blanqu-egear*, *Blanqu-et*, *Blanqu-eta*, *Blanqu-eza*, *Blanqu-ier*, *Re-blanch-ri*, etc.

BLANC, CA, adj. (blan, blánque); *Blanc*, cat. *Bianco*, ital. *Blanco*, *ca*, esp. *Branco*, port. Blanc, che; qui est de la couleur de la neige; on le dit également dans le sens de propre: *Una camisa blanca*, une chemise propre. V. *Blanc*, R.

Faire un viagi blanc, faire un voyage inutile.

BLANC, s. m. BLANCOUR, BLANCHOUR. *Bianco*, ital. *Blanco*, esp. *Branco*, port. Blanc, la couleur blanche ou la réunion de toutes les couleurs, c'est l'opposé de noir.

Éty. V. *Blanc*, R.

BLANC, s. m. Cible. V. *Cibla*: *Tirar au blanc*, tirer à la cible.

Éty. Parce qu'on trace un petit rond blanc au centre d'un espace noir, pour y viser. V. *Blanc*, R.

BLANC, s. m. *Blanca*, cat. esp. Petite monnaie ancienne qui valait cinq deniers. Il ne reste depuis longtemps, dans le cours, que celle appelée *six blancs*, valant deux sous et demi.

Éty. Cette monnaie était ainsi nommée parce qu'on la blanchissait. V. *Blanc*, R.

Le blanc ou petit blanc avait des valeurs différentes:

Sous Charles V. il valait . . . 16 deniers.
Sous Charles VI . . . . 05.
Sous Charles VII . . . . 14.
Sous Louis XI . . . . 12.

BLANC-DE-BALEINA, s. m. *Bianco di balena*, ital. Blanc de baleine, nommé improprement *sperma ceti*, est une matière grasse, concrète, tenant le milieu entre la graisse et la cire, que Fourcroy a nommée adipocire. On retire cette matière d'une cavité particulière de la tête de plusieurs espèces de baleines.

BLANC-D'ESPAGNA, s. m. Blanc d'Espagne ou blanc de craie, carbonate de chaux broyé avec de l'eau et ramassé au fond de ce liquide en pains cylindriques; on l'emploie pour blanchir les appartements, etc.

BLANC-DE-PLOUMB, s. m. Blanc de plomb, carbonate de plomb, qu'on a longtemps regardé comme un acétate. Il sert beaucoup pour la peinture en batiments.

BLANC-D'UOU, s. m. (blanc-d'úou); ALBUM. Blanc d'œuf, aubin, partie glaireuse de l'œuf qui enveloppe le jaune, et qui durcit par la chaleur; il n'est composé que d'albumine.

BLANC-BEC, s. m. (blan-bè). Terme de mépris, jeune homme sans expérience.

Éty. En sortant du nid, plusieurs oiseaux ont encore le bec blanc, quoiqu'il devienne ensuite rouge, noir, etc., delà, par métaphore, jeune homme sans expérience.

BLANC-MANGEAR, s. m. (blan-mandjà); *Bianco-mangiare*, ital. Blanc-manger, espèce de gelée qui se fait ordinairement avec du lait, des amandes, du sucre et de la colle de poisson. Il y a longtemps que cet aliment est connu. Arnaud de Villeneuve en fait mention sous le nom de *Alba comestio*.

BLANC-MANTEOUS, s. m. pl. Blancs-manteaux, religieux servites, ou serviteurs de la Sainte Vierge, ainsi nommés parce qu'ils portaient des manteaux blancs.

Cet ordre fut institué à Marseille, et confirmé par le pape Alexandre IV, l'an 1257

BLANCA, s. f. (blánque), dl. *Bolverse en blanco*, esp. *Faire blanca*, faire faux-bond

Éty. par analogie à un billet blanc.

BLANCA, nom de femme (blánque) BLANCHA. *Bianca*, ital. *Blanca*, cat. Blanche Patr. sainte Blanche.

BLANCA, s. f. (blánque). Espèce de jeu dans lequel on tire des billets dont le gagnant seul est noir.

BLANCA, s. f. Gelée blanche, Suppl Dict. Pellas. V. *Blancada*.

BLANCA, s. f. Un des noms languedociens de la pie. V. *Agassa*.

Éty. A cause des taches blanches qui se font remarquer sur un noir brillant. V. *Blanc*, Rad.

BLANCA-FLOR, s. f. vl. Nom ancien de l'aubépine. V. *Acinier*.

Blanche fleur, héroïne de roman.

BLANCADA, s. f. (blancáde); BLANCA. Gelée blanche. V. *Breina*, *Aiguagna* et *Blanc*, R.

BLANCAIRAS, dl. V. *Blacairas*.

BLANCARIA, s. f. (blancarie), dl. BLANCHARIA. *Blancaria*, basse latin. *Blanqueria*, anc. cat. Tannerie, vl. lieu où l'on prépare les peaux blanches. V. *Blanc*, R.

C'est aussi le nom du lieu où l'on blanchit les toiles, blanchissoire.

BLANCAS, ASSA, adj. (blancás, ásse); BLANCHAS. *Blancatxo*, cat. *Blancazo*, esp. *Bianchiccio*, ital. Blanchâtre, d'un blanc sale, qui tire sur le blanc.

Éty. de *blanc* et de l'aug. dépr. *as*, *assa*. V. *Blanc*, R.

BLANCAS, s. m. (blancás). Les mineurs de houille du département des B.-de-Rh. donnent ce nom à la marne calcaire dure, à cassure terreuse, selon la Statis. de ce département. V. *Blanc*, R.

BLANCASSA, s. f. (blancásse). Les mineurs de houille, donnent ce nom, dans le département des B.-du-Rh. au chiste marneux dur. V. *Blanc*, R.

BLANCASSI, nom d'homme dl. V. *Brancassi*.

BLANCASTRE, V. *Blanchastre*.

BLANCAU, s. m. (blancáou), dl. La guigne blanche, espèce de cerise de couleur de cire, dont un côté a une teinte de rouge. Sauv.

Éty. de *blanc* et de *au*, pour *al*, qui tend au blanc. V. *Blanc*, R.

BLANCAU, s. m. Nom qu'on donne, à Montpellier, selon Magnol, à l'olive verdale, quand elle est un peu plus blanche qu'à l'ordinaire; c'est aussi le nom de l'olivier qui la porte. V. *Blanc*, R.

BLANCH, vl. V. *Blanc*.

BLANCHA, nom de femme (blánche). V. *Blanca*.

BLANCHARDA, s. f. (blantchárde). Nom qu'on donne, dans la H.-Pr., au motteux, à cause de sa couleur. V. *Cuou-blanc* et *Blanc*, Rad.

BLANCHARIA, s. f. (blantcharie); BLANCARIA, BLANCARIE, BLANCHISSAGE. *Blanqueria*, esp. Blanchisserie et blancherie, lieu où l'on blanchit les toiles, la cire.

Éty. de *blanc* et de *aria*, où l'on blanchit. V. *Blanc*, R.

BLANCHAS, ASSA, adj. V. *Blanchastre.*

BLANCHASTRE, ASTRA, adj. (blantchâstre, âstre), dm. BLANCASTRE, BLANQUINEOU, BLANCHINEOU, BLANCHINEL, BLANCHAS. *Bianciardo* et *Biancastro*, ital. *Blanquecino*, esp. Blanchâtre, qui tire sur le blanc, d'un blanc sale.

Éty. de *blanc* et de *astre.* V. *Blanc*, R.

BLANCHET, s. m. (blantché). Blanchet, morceau de gros drap blanc dont les imprimeurs garnissent le grand tympan d'une presse ; dans les pharmacies on donne le même nom à un morceau de drap blanc, au travers duquel on filtre les sirops et les décoctions.

Éty. de *Blanc*, R.

BLANCHIER, s. m. (blantchié); *Blanquer*, cat. Mégissier, chamoiseur, qui prépare les peaux blanches.

Éty. de la basse lat. *blanquerius*, m. sign. ou de *blanc* et de *ier.* V. *Blanc*, R.

BLANCHIMENT, s. m. (blantchiméin): BLANCHISSAGI. *Blanquiment*, anc. cat. *Bianchimento*, ital. anc. Blanchiment, l'action de blanchir et l'effet qui en résulte. On se sert du mot *blanchiment* en parlant des pièces de toile entières, et de *blanchissage* quand il est question du linge; c'est aussi le nom du lieu où l'on blanchit.

Éty. de *blanchir*, et de la term. *ment.* V. *Blanc*, R.

Avant la découverte du savon on employait des plantes et des terres pour blanchir les linges et les étoffes. En 1787, M. Berthollet fit connaître un procédé de blanchiment au moyen du chlore, qu'on a beaucoup perfectionné depuis.

BLANCHINEL, et

BLANCHINEOU, ELA, adj. (blantchinèl, èou, èle); *Branquinho*, port. *Blanquinos*, cat. *Blanquecino*, esp. Un peu blanc, tirant sur le blanc, V. *Blanquinèou*, *Blanchastre* et *Blanc*, R.

BLANCHIR, v. a. (blantchí); *Bianchire*, ital. *Blanquear*, esp. *Branquear*, port. *Blanquir*, anc. cat. Blanchir, donner, faire prendre une couleur blanche ; étendre du blanc sur un corps ; rendre net, propre, en ôtant les ordures ; donner de l'éclat, du lustre à certains ouvrages en métal ; justifier un accusé ; dégrossir, ôter les inégalités les plus saillantes du bois au moyen de la varlope.

Éty. de *blanc* et de *ir*, faire devenir blanc. V. *Blanc*, R.

BLANCHIR, v. n. (blantchir); *Bianchire*, ital. *Blanquear*, esp. *Branquejar*, port. Blanchir, devenir blanc.

BLANCHIR, v. n. PERBOULIR, CHAUMIMAR. *Faire blanchir*, faire blanchir, en terme de cuisine, c'est faire subir une première cuisson aux légumes, ou les passer à l'eau bouillante, avant de les apprêter, pour leur enlever l'âpreté qu'ils ont naturellement.

BLANCHISSAGI, s. m. (blantchissádgi). V. *Blanchiment*, *Blancharia* et *Blanc*, R.

BLANCHISSUR, s. m. (blantchissúr); *Blanquejadór*, cat. *Bianchittore*, ital. *Blanqueador*, esp. Blanchisseur, qui blanchit les toiles, les murailles. V. *Blanc*, R.

BLANCHISSUSA, s. f. (blantchissúse); SABOUNAIRA, LAVANDIERA. Blanchisseuse, qui blanchit le linge. V. *Bugadiera* et *Blanc*, R.

BLANCHIT, IDA, IA, adj. et p. (blantchi, ide, ie); ENBLANCHIT, BLANQUIT. *Branqueado*, port. *Blanquit*, cat. Blanchi, ie.

Éty. de *blanc* et de *it*. V. *Blanc*, R.

BLANCHIT, IDA, IA, adj. et p. CHAUMIMAT, Blanchi, ie, échaudé.

BLANCHOUN, s. m. (blantchóun). *Lebra blanca*, lièvre blanc, *Lepus variabilis*, Schreb, Mammifère onguiculé de la fam. des Rongeurs, commun sur les montagnes et dans les bois de la H.-P.

Éty. Cet animal est blanc en hiver, ce qui lui a fait donner le nom de *blanchoun*, Voy. *Blanc*, R. et gris en été, d'où l'épithète *variabilis*, variable.

Sa couleur blanche n'est ni l'effet de l'âge ni celui du froid, comme le pensent quelques personnes. Ce lièvre est une espèce bien distincte par ses mœurs plus sauvages, par sa taille plus petite et par sa chair qui est beaucoup moins délicate que celle de l'espèce commune.

BLANCHOUN, s. m. Nom que porte au Vernet, près de Seyne, le cresson sauvage. V. *Brama fan.*

Éty. A cause de la couleur blanche de ses fleurs. V. *Blanc*, R.

BLANCHOUR, s. f. (blantchóur); BLANCOUR. *Blancura*, esp. *Brancura*, port. *Blancor*, cat. esp. *Bianchezza*, ital. Blancheur, la couleur blanche.

Éty. de *blanch* et de *our.* V. *Blanc*, R.

BLANCOR, s. f. vl. BLANCOUR. Blancheur. V. *Blanchour* et *Blanc*, R.

BLANCOUR, V. *Blanchour.*

BLANCUGI, s. m. (blancúdgi). La blancheur des cheveux, la canitie. V. *Blanc*, R.

BLAND, radical dérivé du latin, *blandus, a, um*, doux, flatteur, charmant; d'où: *blandiri*, flatter, cajoler. Bond. Dérivés: *Blandi-ment*, *Bland-ir*, *Bland-re*, *Rebland-ar*, *Re-bland-ir.*

BLANDA, s. f. (blánde); BLANDE. Nom de la salamandre en Gascogne. V. *Alabrena.*

BLANDA, vl. Il ou elle flatte, caresse.

BLANDA, s. f. (blánde). Un des noms de la salamandre triton en Languedoc. V. *Alabrena.*

BLANDIMENT, s. m. vl. BLANDIMEN. Consentement, cajolerie, caresse, flatterie.

Éty. de *bland*, R. et de *ment.*

BLANDIR, v. a. vl. *Blandir*, anc. esp. *Blandire*, ital. Flatter, caresser, cajoler, adoucir, soumettre, apprivoiser.

Éty. du lat. *blandiri*, m. sign. V. *Bland*, Rad.

BRANDITZ-BROCHAN, vl. exp. adv. De bric et de broc.

BLANDORS, s. f. pl. vl. Caresses, flatteries, cajoleries, douceurs; consentement.

BLANDRE, s. m. vl. *Blandice*, flatterie.

Éty. du lat. *blandiri*. V. *Bland*, R.

BLANHA, adj. f. vl. Blanche.

BLANQUEGEAR, v. n (blanquedjá); BLANQUIAR. *Blanquejar*, cat. *Blanquear*, esp. *Branquejar*, port. *Biancheggiare*, ital. Paraître blanc, tirer sur le blanc, devenir blanc.

Éty. de *blanc* et de *egear*. V. *Blanc*. R.

BLANQUEJAR, vl. V. *Blanquejar* et *Blanc*, R.

BLANQUELET, adj. (blanquelé), dim. de *blanc*. V. *Blanquineou*, *Blanquet* et *Blanc*, R.

BLANQUET, s. m. (blanqué). Nom qu'on donne, dans le Var, à une maladie qui fait blanchir les concombres.

BLANQUET, s. m. (blanqué). Onguent connu sous le nom de blanc Rhasis, et par corrupt. blanc raisin. C'est aussi le nom qu'on donne quelquefois au cérat de Galien. V. *Cerat.*

Éty. de sa couleur blanchâtre V. *Blanc*, Rad.

BLANQUET, ETA, adj. BLANQUELET. *Blanquet*, cat. *Blanquillo*, esp. Dim. de blanc, un peu blanc; blanchâtre. V. *Blanc*, Rad.

BLANQUETA, s. f. (blanquéte); GIMBELOTA. Blanquette, fricassée à la sausse blanche. *Blanqueta*, est aussi le nom d'une petite poire d'été.

BLANQUETA, s. f. Nom qu'on donne, dans la Haut.-Prov. à la phléole de Gérard, *Phleum Gerardi.* All. plante de la fam. des Graminées, que les bergers d'Arles regardent comme une excellente nourriture pour les brebis; elle est commune sur toutes les montagnes élevées

Éty. de la couleur blanchâtre de ses feuilles. V. *Blanc*, R.

BLANQUETA, s. f. TURQUETA. Herniole, turquette ou herbe du turc, *Herniaria glabra*, Lin. plante de la fam. des Amaranthacées, qu'on trouve dans les pelouses. Voy. Gar. *Herniaria glabra*, p. 228.

Cette plante ne s'élève pas au-dessus du sol, et ses feuilles extrêmement petites et arrondies empêchent de la confondre avec la précédente.

BLANQUETA, s. f. Un des noms de la raie oxyrinque. V. *Flansada.*

BLANQUETA, s. f. Nom qu'on donne, à Arles, à l'*Helix vermiculata*, à cause de sa couleur blanche, en grande partie. Voy. *Mourgueta* et *Blanc*, R.

BLANQUETA, s. f. Nom languedocien de l'ansérine maritime, *Chenopodium maritimum*, Lin, plante de la fam. des Chénopodées, qu'on trouve dans les lieux fangeux près de la mer.

BLANQUETA, s. f. Nom qu'on donne à Aiglun, dans le département du Var, à la campanule des rochers, *Campanula petræa*, plante de la famille des Campanulacées qu'on ne rencontre que dans quelques localités en Provence. On en mange la racine.

Éty. La couleur blanche ou blanchâtre de ses feuilles et de ses fleurs, justifie le nom que cette plante porte. V. *Blanc*, R.

BLANQUETA, s. f. Nom qu'on donne, à Arles, à la figue de Lipari. V. *Figa.*

BLANQUETA, s. f. et adj. Espèce de poire ainsi nommée à cause de la blancheur de sa peau.

BLANQUETA, s. f. dl. La blanquette de Limoux, espèce de vin blanc fort estimé. Sauv. V. *Blanc*, R.

BLANQUETAS, s. f. pl. (blanquétes), t. d'arpenteur, piquets, jalons, flèches. Supp. Dict. Pellas.

BLANQUEYAR, vl. V. *Blanquegear.*

BLANQUEZA, s. f. vl. *Blanquesa*, anc.

cat. *Bianchezza*, ital. Blancheur. V. *Blanchour* et *Blanc*, R.

BLANQUIAR, Avril. V. *Blanquegear.*

BLANQUIER, s. m. vl. MEGISSIER. *Blanquer*, cat. Tanneur, corroyeur. V. *Blanchier* et *Blanc*, R.

BLANQUIER, pour ferblantier. V. *Ferrcblanquier* et *Blanc*, R.

BLANQUIERA, s. f. (blanquiére). Nom générique des terres marneuses, dans le département des B.-du-Rh. V. *Blanc*, R.

BLANQUIGNOUS, OUSA, adj. (blanquignóus, oúse), dg. Blanchissant, ante, tirant sur le blanc.

BLANQUIMENT, s. m. *Blanquiment*, anc. cat. Blanchiment. V. *Blanchiment* et *Blanc*, R.

BLANQUINA, adj. f. vl. Blanchissante.

BLANQUINEOU, ELLA, adj. (blanquinèou, inèle); BLANCHINEL, BLANCAS, BLANCHASTRE, BLANQUET, BLANQUINOUS. Tirant sur le blanc, un peu blanc. V. *Blanc*, R.

BLANQUINOS, vl. V.

BLANQUINOUS, adj. (blanquinóus); *Blanquinos*, cat. Blanchâtre, qui tire sur le blanc. V. *Blanquineou* et *Blanc*, R.

BLANQUIR, V. *Blanchir.*

BLANQUIT, V. *Blanchit.*

BLANS, s. m. pl. vl. Caresses.

BLANZA, adj. f. vl. Blanche.

BLAQUEGEAR, v. n. (blaquedjà), dl. Plier. Sauv. V. *Plegar.*

Éty. de *blacas*, jeune chêne, et de *egear*, plier comme un baliveau. V. *Blacas.*

BLANQUEZA, s. f. vl. *Blancheur.* Voy. *Blanchour.*

BLAQUIERA, s. f. (blaquiére); BLACHIEIRA, dl. Lieu planté de chênes-verts.

Éty. de *blacas*, chêne, et de *iera.*

BLAS, BLAZ, BLES, rad. dérivé du grec βλὰξ (blax), mou, lâche, paresseux, sot, imbécile.

De *blax*, par le changement de *x* en *s*, *blas;* d'où: *Blas-ar, Blas-at, Blas-ir, Blas-it.*

De *blas*, par le changement de *a* en *e*, *bles;* d'où: *Bles-id-ura, Bles-ir, Bles-it.*

De *blax*, par le changement de *x* en *z*, *blaz;* d'où: *Blaz-ir, Blaz-it.*

De *blaz*, par le changement du *z* et *ts*, et suppr. de *s* et changement de *a* en *e*: *Blet.*

BLASA, s. f. (blàse), dl. La bave, la bourre, l'araignée des cocons des vers à soie: Ce sont les premiers fils qui servent d'échaffaudage à leur petit édifice, et qui fournissent une enveloppe qui les met à couvert des injures de l'air s'ils y étaient exposés. V. *Bavadeis-magnans.*

On dépouille le cocon de cette bave avant de le filer: elle n'est pas aussi nourrie que le fil propre au cocon et n'est bonne qu'à faire du fleuret de peu de valeur. Sauv.

BLASAR, v. a. (blasá). Blaser, user les sens par l'excès des jouissances; on le dit particulièrement de la perte du goût qu'occasionne l'abus des liqueurs fortes.

Éty. du grec βλὰξ (blax), lâche, sot, imbécile, être un imbécile, un sot, fig. ne pas sentir. V. *Blas*, R.

BLASAT, ADE, adj. et p. (blasá, áde). Blasé, ée. V. *Blas*, R.

BLASFEMAR, vl. V. *Blasphemar.*

BLASI, nom d'homme, (blási); BLAI, BLAY, BLASE. *Blasio*, ital. *Blas*, esp. Blaise.

Patr. Saint Blaise, évêque de Sébaste, martyrisé vers l'an 316. L'Eglise latine en fait mémoire le 3 février.

BLASIR, v. a. (blasir), dl. BLAZIR. Faner, flétrir, meurtrir, froisser.

Éty. du grec βλὰξ (blax), mou, lâche, et de la term. act. *ir*, devenir lâche.

BLASIT, IDA, adj. et p. (blasi, ide), dl. BLAZIT. Flétri, fané, meurtri.

Éty. du grec *blax* et de *it*, devenu, ou rendu pâle. V. *Blas*, R.

BLASMADOR, s. m. vl. V. *Blasmaire* et *Blasphem*, R.

BLASMAIRE, s. m. vl. BLASMADOR. *Biasimatore*, ital. Qui blâme, qui réprimande, blasphémateur.

Éty. de *blasme* et de *aire*, dit par sync. de *blasphemador*. V. *Blasphem*, R.

BLASMAMEN, s. m. vl. BLASMAMENS. *Biasimamento*, ital. Blâme, réprimande.

Éty. de *blasmar* et de *men*, pour *ment.* V. *Blasphem*, R.

BLASMAR, v. a. vl. *Blasmar*, cat. Blâmer. V. *Blamar*, accuser, condamner; se peiner, blêmir. V. *Blesmar.*

BLASMAT, vl. V. *Blesmat.*

BLASME, s. m. vl. *Biasme*, cat. Blâme, blasphème, crime, ignominie. V. *Blame.*

BLASMEZO, s. f. vl. Blâme, crime. V. *Blame* et *Blasphem*, R.

BLASMOR, s. f. vl. BLASMORS. *Blasmor*, anc. cat. Blâme, improbation.

Éty. de *blasme* et de *or*. V. *Blasphem*, R.

BLASMOS, OSA, adj. vl. Blâmable. V. *Blamable.*

Éty. de *blasme* et de *os*. V. *Blasphem*, R.

BLASOUN, s. m. (blazoun); *Blason*, esp. *Blazão*, port. *Blasone*, ital. *Blassó*, cat. Blason, la science des armoiries, tout ce qui compose l'écu.

Éty. de l'all. *blasen*, sonner du cor, parce que c'était en sonnant de cet instrument qu'on se présentait dans les tournois, où le blason a pris naissance.

Le plus ancien auteur connu qui traite du blason, est de 1150.

BLASOUNAR, v. a. (blazouná); *Blasonar*, esp. port. Blasonner, peindre les armoiries avec les métaux et les couleurs qui leur appartiennent; expliquer les armoiries.

Éty. de *blasoun* et de la term. act. *ar.*

BLASOUNAT, ADA, adj. et p. (blasouná, áde); *Blasonado*, port. Blasonné, ée.

BLASPHEM, BLASFEM, BLASTEM, BLASM, BLAM, ne sont que des formes du même rad. dérivé du grec βλασφημέω (blasphêmeô), tenir des discours impies, blasphémer; dérivé dit-on de βλάπτω (blaptô), offenser, et de φήμη (phêmê), parole, renommée, ou de φημὴ (phêmê), réputation, dire des paroles offensantes ou blesser la réputation. Dérivés directs: *Blasphem-a, Blasphema-ment, Blasphem-ador, Blasphem-ar, Blasphem-e,*

Par métagr. de *ph* en *f*; *Blasfem-ar.*

Par métagr. de *ph* en *t*, ou dérivés plus directement de βλάπτω (blaptô): *Blaste-inhs, Blastem-ar, Blastom-ar, Blastim-ar, Blastem-e, Blasten-jar.*

Par sync. de *sphe*: *Blam-able, abla; Blam-ar, Blam-at, Blam-e.*

Par sync. de *phe*: *Blasm-ader, Blasm-aire, Blasm-ar, Blasm-e, Blasm-or*, etc.

Par addit. d'une prépos. *A-blasm-ar.*

BLASPHEMA, s. m. vl. V. *Blaspheme* et *Blasphem*, R.

BLASPHEMADOR, s. m. *Blasfemador*, port. Blasphémateur. V. *Blasphemaire.*

Éty. de *blasphem* et de *ador*. V. *Blasphem*, Rad.

BLASPHEMAIRE, s. m. (blastemáïré); BLASTEMAIRE, BLASPHEMATOUR. *Bestemmiatore*, ital. *Blasfemador*, esp. port. *Blasfemadór*, cat. Blasphémateur, celui qui blasphème.

Éty. de *blasphem* et de *aire*. V. *Blasphem*, Rad.

BLASPHEMAMENT, s. m. vl. Blasphème. V. *Blaspheme* et *Blasphem*, R.

BLASPHEMAR, v. a. et n. (blasphemá); BLASTEMAR. *Biastemmiare*, ital. *Blasfemar*, esp. cat. port. *Blastemar*, anc. cat. Blasphémer, proférer un blasphème; jurer contre le ciel; inculper quelqu'un, le calomnier.

Éty. du lat. *blasphemare.* V. *Blasphem*, Rad.

BLASPHÉMAT, ADA, adj. (blasphemá, áde); BLASTEMAT. *Blasfemado*, port. esp. *Blasfemad*, cat. Blasphémé, maudit.

Éty. de *blaspheme* et de *at*. V. *Blasphem*, Rad.

A chivau blastemat, *lou peou li luse.*

C'est au rapport de M. Féraud, ce que répondit M. de Janson, archevêque d'Arles, qui aimait à parler provençal, au cardinal de Fleury, qui le félicitait, au retour de son exil, sur l'air de santé qu'il avait.

BLASPHEMATOUR, V. *Blasphemaire.*

BLASPHEME, s. m. (blastèmé); BLASTEMI, BLASTEME. *Bestemmia* et *Biastemmia*, ital. *Blasfemia*, esp. port. cat. Blasphème, parole qui outrage Dieu.

Éty. du lat. *blasphemia*. V. *Blasphem*, R.

BLASPHEMIA, s. f. anc. béarn. *Blaspheme*, v. c. m.

Éty. V. *Blasphem*, R.

BLASSADURA, dl. V. *Faussa-coucha* et *Avourtament.*

Éty. de *blessar*. V. *Bless*, R.

BLASSAR, et

BLASSAR SE, v. r. (blassá sé), dl. V. *Blessar si*, et *Bless*, R.

BLASSAT, V. *Blessat* et *Bless*, R.

BLASSURA, s. f. (blassúre); BLASSADURA. V. *Faussa-coucha, Avourtament* et *Bless*, R. pour blessure. V. *Blessura.*

BLASTEINH, s. m. vl. Blâme, réprimande. V. *Blame* et le R. *Blasphem.*

BLASTEMAR, vl. *Blastemar*, anc. cat. Blasphémer. V. *Blasphemar* et *Blasphem*; R. blâmer. V. *Blamar.*

BLASTEME, et

BLASTEMI, s. m. V. *Blaspheme* et *Blasphem*, R.

BLASTENJAR, vl. V. *Blamar.*

Éty. Pour *blastemegear*, de *blastem* et de *egear*, proférer un blasphème. V. *Blasphem*, Rad.

BLASTIMAR, vl. V. *Blasphemar* et *Blasphem*, R.

BLASTOMAR, vl. V. *Blasphemar* et *Blasphem*, R.

BLAT, V. *Blad*, blé, et *Blad*, R.

BLATEIRAS, dl. V. *Bladeiras* et *Blad*, Rad.

BLATIER, adj. m. (blatié); CLATIER, CLAR. Œuf clair, non fécondé.

Éty. ?

Ces œufs sont inféconds, mais ils se conservent beaucoup mieux, et sont pendant longtemps bons à manger.

BLAU, s. m. (bláou), BLAVEIROOU, BLAUT. Meurtrissure, ecchymose.

Éty. de *blau*, vieux mot qui signifie bleu, parce que ces sortes de tumeurs sont ordinairement de cette couleur. V. *Blav*, R.

BLAU, AVA, adj. vl. *Blau*, cat. *Blavo*, anc. esp. *Blão*, port. Bleu, eue; livide.

Éty. du celt. selon M. Astruc. V. *Blav*, R.

BLAUDA, d. bas lim. V. *Bloda*.

BLAUETA, s. f. (blaouéte). Nom toulousain du bleuet. V. *Blavet*.

BLAUGETAT, adj. et p. (blaoudgetá), dl. Damasquiné. Sauv. V. *Damasquinat*.

Éty. Probablement de *blau*, bleu, et de *getat*, vergeté, barriolé de bleu. V. *Blav*, Rad.

BLAUIR, v. n. vl. Bleuir, devenir bleu.

BLAV, BLAU, BLU, BLAZ, BLES, BLESM, radicaux dérivés de la même source, c'est-à-dire, de *blau*, que M. Astruc, croit venir du celtique, et que les Allemands ont adopté dans la même signification de *bleu*; d'où: *blavus*, *blaveus*, en basse latinité; d'où encore, l'allemand *blass*, pâle. Dérivés: *Blahir*, *Blau*, *Blav-a*, *Blav-e*, *Blav-eiroou*, *Blaveiroun-ar*, *Blav-enc*, *Blav-et*, *Blaz-ir*, *Blaz-it*, *Blah-ir*, *Ey-blas-ir*, *Es-blazit*, etc. etc. *Ble*, *Bleia*, *Blem-e*, *Blai*, etc. *Blesm-ar*, *Blez-ir*, *Blu*, *Blur*, *Blur-astre*, *Blur-et*, *Blur-egear*, *Ablesm-ar*, *En-blasmar*; nom propres et de lieu: *Roca-blava*, roche bleue, et peut être Fontainebleau.

BLAVA, s. f. vl. *Blava flor*, bluet. V. *Blavet*.

BLAVAIRO, et

BLAVAIROL, s. m. vl. BLAVEZA, BLAVURA, BLAVAYROL. Meurtrissure, contusion. V. *Blaveiroou*.

BLAVAT, ADA, adj. (blavá, áde), dl. Meurtri, plombé, qui est d'une couleur livide, qui a des taches bleuâtres.

Éty. de *blau*, bleu, et de *at*, rendu bleu, parce que les meurtrissures sont ordinairement de cette couleur. V. *Blav*, R.

BLAVAYROL, s. m. vl. V. *Blavairo* et *Blav*, R.

BLAVE, AVA, adj. vl. et *blau*. Bleu. Sauv. V. *Blu* et *Blav*, R.

BLAVEIAR, v. n. vl. BLAVEJAR. *Blavejar*, cat. *Blavoier*, paraître bleu.

Éty. de *blav*, R. et de *eiar*.

BLAVEIROOU, s. m. (blaveiróou); BLAUT, MACQUEIROOU, BLAVAIRO, BLAVAYROL. Bouton, élevure, furoncle, tumeur non abcédée, ecchymose, meurtrissure.

Éty. de *blau*, bleu, parce que les meurtrissures sont de cette couleur. V. *Blav*, Rad.

Si soun bec ti pessugo oouras un blaveiroou.

Belloc.

BLAVEIROUNAR, v. a (blaveirouná). Meurtrir.

Éty. de *blaveiroou* et de *ar*. V. *Blav*, Rad.

BLAVENC, ENCA, adj. *Blavenc*, cat. Bleuâtre.

Éty. de *blav*, bleu, et de *enc*. V. *Blav*. Rad.

BLAVENTI, s. m. vl. Brabantin, qui est du Brabant.

BLAVET, s. m. (blavé); QUILHAIRE, QUYAIRE, QUILHAT, PED-NEGRE, TRAQUET, BISTRETAT, BISTRATRE. Traquet, traquet ordinaire, *Motacilla rubicola*. Lin. oiseau de l'ordre des Passereaux et de la fam. des Subulirostres ou Raphioramphes (à bec en alène), qu'on nomme *bistratrat*, dans le département du Gard.

Éty. de *blau*, bleu, en vieux langage. V. *Blav*, R.

BLAVET, s. m. (blávé); BLURET, BLAVETAS, BLAVETTA, CABASSUDA, MOUSSURS, BLUYET. Bluet, casse lunettes, barbeau, aubifoin, blaviole, *Centaurea cyanus*. Lin. plante de la fam. des Composées Cynarocéphales, commune dans les moissons.

Éty. Non parce que cette plante croît ordinairement dans les blés, mais parce qu'elle a la fleur bleue; de *blau*, bleu, en vieux langage. V. *Blav*, R.

BLAVETA, s. f. (blavéte). Nom nismois du bluet, centaurée bleuet. V. *Blavet* et *Blav*, R.

BLAVETAS, s. f. pl. Nom qu'on donne aux figues fleurs, aux Mées.

Éty. Comme ces figues donnent deux récoltes, elles ont été ainsi nommées de *blad*, blé, parce que la première a lieu vers l'époque de la moisson. V. *Blad*, R.

BLAVETAS, s. f. pl. (blavétes), dl. V. *Blavet* et *Blav*, R.

BLAVEZA, s. f. vl. Lividité, pâleur. V. *Blavairol* et *Blaveiroou*.

Éty. de *blav*, bleu. V. *Blav*, R.

BLAVIER, s. m. (blavié); GERLE-BLAVIER, à Nice. Spare alcyon, *Sparus alcedo*, Risso, poisson de l'ordre des Holobranches et de la fam. des Léiopomes (à opercules lisses).

Éty. de *blavet*, un des noms du martin pêcheur, auquel on a comparé ce poisson, à cause de ses belles couleurs bleues. V. *Blav*, R.

Il est d'un brun argenté, ayant sur les côtés des lignes transverses dorées et bleues, marquées d'un point noir.

BLAVIER, s. m. BLAVIE. Nom nicéen du lutjan lapine, ou crénilabre lapine, *Lutjanus lapina*. Lac. *Crenilabrus lapina*. Dict. Sc. Nat. *Labrus lapina*. Lin. poisson de l'ordre des Holobranches et de la fam. des Acanthopomes (à opercules épineuses).

Éty. V. le mot précédent et *Blav*, R.

BLAVIER, s. m. Nom nicéen du martin pêcheur. V. *Bluret*.

Éty. de *blav*, bleu. V. *Blav*, R.

BLAVINEOU, ELA, adj. (blavinèou, èle). Blême, bleuâtre, Suppl. Dict. Pellas. V. *Blau* et *Blav*, R.

BLAVURA, s. f. vl. V. *Blavairol*.

BLAZIR SE, v. r. vl. Se flétrir, se faner. V. *Passir se*, *Blezir* et *Blas*, R.

BLAZIT, IDA, adj. et p. (blazi, ide), dl. Flétri, ie. V. *Blasit* et *Blas*, R.

BLE

BLE, BLEIA, s. et adj. d. bas lim. Bleu. V. *Blu* et *Blav*, R.

BLEA, s. f. (blée); BLEDA, COSTAS, COUESTA, HERBETTA, ORTA, OURQUET. Poirée, variété à racines dures et cylindriques de la bette commune, *Beta vulgaris*, Lin. plante de la fam. des Chénopodées, cultivée partout.

Éty. *Blea*, sync. de *bleda*, qui est une altération du mot lat. *beta*, nom de cette plante, dérivé du grec βλίτον (bliton), m. s. fade sans goût, ou du celt. *bett*, rouge, à cause de la couleur de sa racine, selon M. Théis.

La poirée a trois variétés, la blanche, dont Linneus avait fait une espèce sous le nom de *betà cicla*; la blonde ou poirée à cardes et la rouge.

Il paraît, d'après M. Négrel, que l'on donne aussi le nom de *blea* ou *bleda*, dans le département des B.-du-Rh. à l'arroche ou bonne dame. V. *Armoou*.

Costas de bleda, cardes de poirée. Sauv.

BLEC, s. m. (blé), dm. Trait, on le dit de la quantité de lait que la main fait sortir chaque fois qu'elle presse le pis de la vache, de la chèvre, etc.

N'a pas un blec, elle n'en a point du tout, parlant du lait.

BLED, s. m. (bléd); BLET, MECHA, BLEIR, BLESET. *Ble*, cat. Mèche, coton que l'on passe dans le lamperon d'une lampe, celui qui est au centre des bougies, des cierges et des chandelles. Touffe de cheveux. Blette, poirée. Hablerie. Garc.

Éty. L'auteur de la Statistique des Bouches-du-Rhône, range ce mot parmi ceux d'origine ligurienne. *Blesta*, en basse lat. signifie toupet, mèches de cheveux relevées sur le front.

BLED, s. m. Nom qu'on donne, aux environs d'Hières, à l'amaranthe blette, *Amaranthus blitum*, Lin. plante de la fam. des Amaranthacées, qu'on trouve le long des murs, jusques dans les rues. On donne aussi le même nom, dans le même pays, à l'arroche des jardins. V. *Armoou*.

BLED, s. m. (blé); BLET. Nom toulousain de l'amaranthe verte, *Amaranthus viridis*, Allio. plante de la fam. des Amaranthacées, qu'on trouve dans les champs secs et pierreux.

BLED, s. m. d. apt. Bette-rave. Voy. *Bleta-raba*.

BLEDA, s. f. vl. BLED, *Bled* ou *Blet*, cat. *Bredos*, port. *Bledo*, esp. Blette. Voy. *Bleta-raba* et *Blea*.

Éty. du lat. *blitum*, dérivé du grec βλίτον (bliton), m. s.

BLEDA-CARDA, s. f. (bléde-cárde). Nom qu'on donne, à Toulouse, à la blette à large côte.

BLEDARABA, *blanca*, *jauna* et *rougea*. Noms toulousains des différentes bêtes-raves. V. *Bleta-raba*, etc.

BLEDOU, dl. V. *Pombroya*.

BLEI, V. *Blesit*, élimé. V. *Blav*, R.

BLEIMIR, v. n. (bleimir), d. bas lim. BLEISIR. Blêmir, pâlir, devenir blême.

Éty. de *bleime* et de *ir*, de *blau*, bleu. V. *Blav*, R.

BLEINEJOLAS, s. f. pl. (bleinedjóles). Petite pluie, bruine.

BLEIR. V. *Bled*, mèche.

BLEIT, EITA. V. *Blet.*

BLEME, EMA, adj. (blèmé. ème); PALE, MOURTINEOU. Blême, pâle.

Éty. du grec βλαξ (blax), m. s. *Devenir blême*, blêmir, ou du bas breton, *blenne*, m. s. V. *Blav*, R. Bleu.

BLEMIR, v. n. (blémir). Blêmir, pâlir.

Éty. de *bleme* et de *ir*, devenir blême.

BLENDA, s. f. (bléinde). Nom de la salamandre, en Languedoc. V. *Alabrena.*

BLENUCHIAR, v. n. (blenutchiá). Bruiner, tomber de la rosée blanche.

Éty. de la basse lat. *blenchus*, blanc, dit pour *blanchiar*. V. *Blanc*, R.

BLEOUGE, OUGEA, adj. (bleóudgé, óudge). Net, éblouissant, éclatant de blancheur.

BLES, BLES, BLET, BRET, radical dérivé du grec βλεσσὸς (blessos); βλεσὸς (blesos), ou βλαισὸς (blaisos), bègue, qui a beaucoup de peine à prononcer certaines lettres, d'où le lat. *blæsus*, m. s.

De *blesos* ou *blessos*, par apoc. *bles*, *bless*; d'où : *Bless-egear*, *Blest*.

De *bles*, par le changement de *s* en *z*, *blez*; d'où : *Blez*, *Blez-egear*.

De *blez*, par le changement de *z* en *t*, *blet*; d'où : *Blet-oun*, *Bletoun-egear*.

BLES, EZA, adj. et s. vl. BLET. Bègue. V. *Blez*. Blois.

Cette difficulté dans l'articulation des mots, diffère du véritable bègue en ce que le blez prononce de suite le mot, mais d'une manière défectueuse, il dit *ze* au lieu de *je*.

BLESA, s. f. (blèse), dl. *Fai de soun bleso*, il fait le bon apôtre, ou l'homme de bien.

BLESET, dl. V. *Bled.*

BLESIDURA, s. f. (blesidúre). État d'une chose mi-usée.

Éty. de *blesit* et de *ura*. V. *Blas*, R.

BLESINADA, s. f. (blesinàde), d. apt. Verglas, givre. V. *Breina.*

BLESINADA, s. f. (blesinàde), d. apt. Bruine, petite pluie. V. *Aiguagnada.*

BLESINAR, v. imp. (blesiná); BLESINEGEAR. Bruiner; *Blesina*, il bruine. V. *Aiguanegear.*

BLESINEGEAR, d. apt. V. *Blesinar.*

BLESIR, v. a. (blesír); ABLASIR, BLAZIR, FRENIR. Elimer, user le linge, un habit, rendre souple, mollet.

Éty. de *blas*, R. et de *ir*.

BLESIT, IDA, adj. et part. ABLASIT, ASSOUPLIT, SÉGAT, BLEI, FRENIT. Elimé, ée, souple; mollet, avachi, demi-usé, en parlant du linge; fig. sali, flétri. V. *Blas*, R.

N'ai ren la counsciença blesida, dl. je n'ai rien sur la conscience.

Contr'uno conscienço blesido
Non si fa gaire boüon fretar.
Brueys.

BLESMAR, v. n. vl. BLASMAR. Blêmir, s'évanouir, s'abandonner.

Éty. de *blesme* et de *ar*, devenir, se faire blême. Rad. *Blau*. V. *Blav*.

BLESMAT, ADA, adj. et p. vl. BLASMAT. Blême, évanoui. V. *Blav*, R.

BLESO, s. m. vl. BLEZO. *Bliau*, tunique.

BLESQUET, (blesqué), dl. et

BLESQUIN, s. m. (blesquïn). Un des noms qu'on donne à la rate des animaux. V. *Bescle* et *Ratela*. C'est aussi une maladie des moutons.

BLESS, radical dérivé du latin *læsare*, inusité de *lædere*, blesser, léser, frapper, par l'addition d'un *b*; ou du grec πλήσσειν (plêssein), frapper, faire une blessure, ou de βλάπτω (blaptô), offenser, léser.

De *pless*, par le changement du *p* en *b*, *bless*; d'où : *Bless-ar*, *Bless-at*, *Bless-ada*, *Blessad-ura*, *Blessa-ment*, *Bless-ura*.

De *bless*, par le changement de *e* en *a* : *Blass-ad-ara*, *Blass-ar*, *Blass-ura*, *Blass-at*, etc.

BLESSADURA, V. *Blessura* et *Bless*, R.

BLESSAMENT, s. m. vl. Blessure, action de blesser. V. *Blessura* et *Bless*, R.

BLESSAR, v. a. (blessá); PLAGAR. Blesser, faire une plaie, une blessure, faire du mal en donnant un coup; fig. offenser, mortifier.

Éty. de *Bless*, R. et de *ar*.

BLESSAR SI, v. r. Se blesser, se faire du mal par accident, par mégarde.

BLESSAR SI, v. r. BLASSAR SE, ABOURDAR, AVOURTAR. Se blesser, avorter, en parlant des femmes enceintes qui accouchent avant le terme naturel; on dit aussi faire une fausse couche, dans le même sens.

BLESSAT, ADA, adj. et p. (blessá, áde). Blessé, ée, qui a reçu un coup, une blessure; qui a fait une fausse couche, en parlant des femmes.

Éty. de *Bless*, R. et de *At*, v. c. m.

BLESSEDURA, vl. V. *Blessura.*

BLESSEGEAR, v. n. (blessedjá), dl. BLEZEGEAR. Pour grassayer, V. *Grassegear.*

On dit aussi *blessegear*, pour désigner une prononciation vicieuse de *l*, comme quand on dit *irlud*, *irle*, pour *illud*, *ille.*

On le dit encore pour indiquer la mauvaise prononciation du *j*, qu'on prononce comme un z, *z'ai* au lieu de j'ai, *z'aime*, au lieu de j'aime, etc. V. *Bles*, R.

BLESSIAR, Garc. V. *Bletounegear.*

BLESSURA, s. f. (blessúre); BLESSADURA, BLASSURA. Blessure, V. *Plaga*; fausse couche, avortement. V. *Faussa-coucha.*

Éty. de *bless*, R. et de *Ura*, v. c. m. *Blessadura*, *groussessa futura*. Prov.

BLEST, radical pris de la basse latinité *blesta*, mèche de cheveux, dérivé du grec βλαισότης (blaisotês), distorsion, torsion.

De *blesta*, par apoc. *blest*; d'où : *Blest-a*, *Blest-oun*, *De-blest-at*.

BLEST, adj. et s. (blés), dl. Bègue : *Un parlar blest*, le bégayement. V. *Bretoun.*

Éty. du grec βλεσσὸς (blessos), bègue. V. *Bles*, R.

BLESTA, s. f. (bléste); ABLESTA. On donne ce nom, dans quelques endroits, à la paille que les bestiaux ont brisée sur l'aire, et aux dépouilles du blé ou ablais.

On le dit aussi d'une bande de mousseline qui fait partie d'une coiffe. V. *Lista*; d'une petite touffe de cheveux et d'une poupée ou matteau de chanvre. V. *Blestoun*. Fig. Embarras. Aub.

Éty. de la basse lat. *blesta*, mèche de cheveux. V. *Blest*, R.

BLESTA, s. f. *Necoula*, dl. Le talc opaque des Cevennes : pierre talqueuse, espèce de schiste qui se fend le plus souvent en lames minces ou par feuillets. Sauv.

Éty. du roman *bleste*, bourbier, chose sale, parce que cette roche en se fondant, forme de la boue. Ce mot vient probablement du lat. *bliteus*, vil.

BLESTENCA, et

BLESTENTA, s. f. (blestéinque et blestéinque). V. *Guignocha*, détente.

Éty. Ces mots ne paraissent être que des altérations de *destenta*, détente.

BLESTOUN, s. m. (blestóun); BLESTA. Poupée, *matteau* de chanvre ou de lin dont on garnit la quenouille. V. *Coulougnada.*

Éty. de *blest*, R. et de l'augm. *oun*, v. c. m.

BLESTOUNEGEAR, v. n. (blestounedjá). Avril. V. *Bretounegear.*

BLET-EDA ou **ETA**, adj. (blé, éde ou bléte); COUIS, BLEIT, BLEITA, SOURBIN. Mou, blet, ette, blossi, ie, en parlant des fruits, et particulièrement des poires, qui sont trop mûres, à demi-pourries : *Pera blèda*, poire blette.

Éty. du grec βλάξ (blax), mou, ou du bas breton *blot*, m. s. V. *Blas*, R.

Si faire blet, vieillir.

BLET, pour mèche. V. *Bled.*

BLET, s et adj. vl. Bègue. V. *Blez.*

BLET, ETA, adj. (blét, éte), dl. BLET. Mou, faible, mince, plat. *Boussa bleta*, bourse plate. Sauv.

Éty. V. *Blas*, R.

BLET, s. m. Nom qu'on donne, à Nismes, à l'ansérine glauque, *Chenopodium glaucum*, Lin., plante de la fam. des Chénopodées qu'on trouve dans les champs cultivés.

BLET, s. m. Un des noms lang. de la blette des champs.

BLETA, s. f. (bléte). V. *Blea.*

BLETA, s. f. (bléte). Gaule, houssine, petite verge.

Éty. de la basse lat. *bletonata*, forêt plantée de jeunes arbres.

BLETA-RABA, s. f. (blétte-rábe); BLED, BETARABA, BLEDA-RABA; *Betarraga*, esp. Variété à racine épaisse et charnue, de la bette commune ou bette rave. *Beta vulgaris*, Lin. plante de la fam. des Chénopodées qu'on cultive partout. V. Gar. p. 60

Éty. du lat. *beta* et *rapa*, ou du grec, βλῖτον (bliton), qui désigne la même plante, ou de *bett*, qui en celtique signifie rouge. Théis.

On distingue trois variétés dans cette espèce : la rouge, dont la racine est de couleur de sang et les feuilles d'un rouge foncé; la jaune, à racine et côte des feuilles d'un jaune pâle, et la blanche dont la racine et la côte des feuilles sont d'un vert blanchâtre.

C'est de ces variétés qu'Achard de Berlin, en 1810 et 11, commença à retirer le sucre de betterave, et dont on le retire encore en ce moment. Chacun connaît les usages de la betterave comme aliment.

Margraf, chimiste de Berlin, avait longtemps avant, retiré un sucre des betteraves qu'il assurait être le même que celui de la canne à sucre.

BLETAS, s. m. et

BLETASSA, s. f. (bletásse). Grosse gaule, grosse branche.

Éty. de *bleta* et de *assa*.

BLETOUN, s. m. (bletóun), dl. Clou rivé d'un couteau, des ciseaux, etc. V. *Tacheta*.

BLETOUNA, s. f. (bletóune), dim. de *Bleta*, v. c. m.

BLETOUNAR, v. a. (bletouná), dl. Clouer la lame d'un couteau à son manche. V. *Tachetar*.

BLETOUNEGEAR, v. a. (bletounedjá). Gauler; frapper quelqu'un avec une gaule. Avril.

Éty. de *bletouna* et de *egear*.

BLETOUNEGEAR, V. *Bretounegear* et *Bles*, R.

BLETOUN, V. *Bretoun* et *Bles*, R.

BLETOUNIAR, V. *Bretounegear*.

BLEY, s. m. (bléi). Nom du bon henry, aux environs de Brignoles, d'après M. Amic. V. *Sangari*.

BLEZ, **EZA**, adj. vl. BLES, BLET. *Bles*, qui articule mal ou avec difficulté, bègue. V. *Bretoun*.

Éty. du lat. *blæsus*, m. s. V. *Bles*, R.

BLEZEGEAR, dl. V. *Blessegear* et *Bles*, Rad.

BLEZIDURA, s. f. (blezidúre). État d'une étoffe élimée, usée.

BLEZIR, v. n. vl. BLAZIR. Faner, blémir, devenir blême; salir, flétrir, user.

Éty. de *blez*, pour *blau*, bleu, et de *ir*. V. aussi *Blesir* et *Blav*, R.

BLEZIT, **IDA**, adj. et p. vl. BLAZIT. Fané, blême, sali, usé. V. *Blav*, R.

BLEZO, s. m. BLIZO, BREZO. Bouclier. V. *Bouclier*, Rayn. et *Bleso*.

Éty. de *bloca*, v. c. m. Surtout, vêtement de dessus, cotte d'armes, selon d'autres.

BLI

BLIAL, s. m. vl. BLIAU, BLISAUD, BLIZAUT. *Brial*, cat. esp. *Bliau*, justaucorps, robe, habit. V. *Bloda*.

Éty. de la basse lat. *bliaudus*, *bliaus*, *blialdus*, espèce de vêtement, de surtout, blaude.

BLIAU, s. m. vl. V. *Blial*.

BLIN, s. m. (blïn). Blin, pièce de bois carrée dans laquelle sont des barres propres à pousser des coins sous la quille d'un vaisseau que l'on veut mettre à l'eau.

Éty.?

Selon M. Garcin, ce mot signifie aussi goutte d'eau, petite pluie; d'où: *blinachora*.

BLINACHORA, s. f. (blinatchóre). Bruine, rosée. V. *Breina*.

Éty. de *blina* et de *chora*.

BLIZAUT, s. m. vl. V. *Blial*.

BLIZO, s. m. vl. V. *Blezo*.

BLO

BLOC, BLOUC, rad. dérivé de l'all. *block*, tronc, souche, bloc, blin.

De *block*, par la suppr. du *k*, *bloc*; d'où: *Bloc*, *Bloc-us*.

De *bloc*, par le changement de *o* en *ou*, *blouc*; d'où: *Blouc-ar*, *Des-bloucar*, *Bloucat*, *Des-bloucat*.

BLOC, s. m. (bló). Bloc, morceau de marbre ou de pierre, tel qu'il est sorti de la carrière. Plusieurs choses estimées ensemble, en bloc.

Éty. de l'all. *block*, m. s. M. Roquefort le fait venir du lat. *globus*, dans son Dict. de la Langue Romane. V. *Bloc*, R.

BLOCA, *bocla*, s. f. vl. Bosse, partie du bouclier, boucle.

Éty.?

Dérivés: *Bloc-ar*, *Bloqu-ier*, *Blez-o*, *Bliz-o*, *Des-bloc-ar*.

V. Leibnitz, p. 54 et 105, Muratori, Diss. 33.

BLOCAR, v. a. vl. Bosseler, couvrir, orner de bosses.

Éty. de *bloca* et de *ar*, faire ou mettre des bosses.

BLOCAT, **ADA**, adj. et p. Bosselé, ée, orné de bosses.

BLOCUS, s. m. (blocús); *Blocco*, ital. *Bloqueo*, esp. *Bloqueio*, port. *Bloquet*, cat. Blocus, manière d'assiéger une place qu'on veut prendre par la famine, en fermant tous les passages, afin d'empêcher les communications.

Éty. de l'all. *block haus*, maison de bois, où l'on place du canon, ou de *blockade*, blocus. V. *Bloc*, R.

BLODA, s. f. (blóde); BLAUDA, ARGAUD, CAMIAS, CAMIARDA, GLODA, BIAUDA. Blaude, blouse, sarrau, sorte de surtout de grosse toile, qui descend au-dessous des genoux, et que les charretiers, etc., portent par dessus leurs habits.

Éty. de la basse lat. *blialdus*, *bliaudus*, qui pourrait bien venir de *blau*, bleu, couleur ordinaire de cette sorte de vêtement.

BLOI, **OIA**, adj. vl. BLOY. Blond, onde.

Éty. V. *Blond*, R. et Muratori, diss. 33.

BLOIS, adj. vl. Jaune.

BLON, adj. vl. V. *Blound* et *Blond*, Rad.

BLOND, BLOUND, BLOI, radical sur l'origine duquel les étymologistes ne sont point d'accord, le tirant, les uns, comme Ferrari et Caseneuve, du lat. *apluda*, couleur de la graine de millet, ou de *ablunda*, paille, couleur de paille; les autres, parmi lesquels Ménage, de *bladum*, couleur de blé, blond, ou encore de *blondus*, agréable.

De *ablunda*, par apoc. et aphér. *blund*, et *blound*, ou *blond*, par le changement de *u* en *ou*, ou en *o*; d'où: *Blon*, *Blond-et*, *Blond-ir*, *Blound*, *Blound-a*, *Blound-et*, *Blound-in*, *Bloi*, *Bloy*, etc.

BLONDET, adj. vl. Blond, jaune. V. *Bloundet* et *Blond*, R.

BLONDIR, v. n. vl. Blondir, faire paraître blond.

Éty. de *blond* et de *ir*. V. *Blond*, R.

BLOOU, s. m. (blóou). Nom qu'on donne dans le bas lim. au bouillon blanc. V. *Bouilhoun-blanc* et *Verdacha*.

BLOQUIER, s. m. vl. *Broquer*, anc. cat. *Broquel*, esp. port. Bouclier. V. *Bouclier*.

Éty. de *bloca*, v. c. m. Bouclier échancré. Gloss. Occit.

BLOS, adj. vl. Vide, dépouillé, privé, nu, exempt, lâche, mou. Pur.

Éty. de l'anc. all. *blos*, qui a la même sign. formé de *blosen*, priver.

BLOU, s. m. Brou, écale verte de la noix, de l'amande. Avril.

BLOUCA, s. f. (blóuque); BOUCLA. Boucle, sorte d'anneau en métal, qui, à l'aide d'un ardillon, sert à former une espèce de fermeture que l'on applique à beaucoup d'objets différents.

Éty. du lat. *buccula*, grille d'un casque, ou de *bauga* ou *bauca*, qu'on trouve dans les Capitulaires de Charlemagne, dans le sens de boucle, ou du grec πλοκάς boucle de cheveux.

Dans une boucle on nomme:

ANNEAU ou CORPS, le tour de forme ronde ou carrée qui supporte les autres pièces.
CHAPPE, la partie qui tient au soulier ou à la ceinture, etc.
ARDILLON, le dard qui entre dans l'étoffe ou la peau.
BROCHE, petit cylindre qui traverse la chappe et l'ardillon et qui va se fixer de chaque côté à l'anneau.

On croit que les Anglais sont les inventeurs des boucles, en 1680.

BLOUCAR, v. a. (bloucá). Boucler, attacher ou serrer avec une boucle.

Éty. de *blouca* et de *ar*.

Bloucar leis chevus, boucler les cheveux.

Bloucar una letra, en t. d'impr. bloquer une lettre, la renverser.

Bloucar una bilha, bloquer une bille, la faire entrer dans la blouse sans quelle touche les bandes du billard.

BLOUCAR, v. a. *Bloccare*, ital. *Bloquear*, cat. *Bloquear*, esp. port. *Blockiren*, all. Bloquer, occuper les passages afin de ne rien laisser entrer dans une place assiégée, faire le blocus. V. *Bloc*, R.

En terme d'impr. bloquer, mettre à dessein des lettres renversées à la place des autres.

BLOUCAT, **ADA**, adj. et p. (bloucá, áde). Bouclé, ée, pourvu d'une boucle ou fermé par son moyen.

Éty. de *blouca* et de *at*.

BLOUCAT, **ADA**, adj. *Bloqueado*, esp. port. Bloqué, ée.

Éty. de *Bloc*, R. et de *at*.

BLOUND, **DA**, adj. (blóun, óunde); *Blondo*, *da*, esp. *Biondo*, ital. Blond, e, d'une couleur moyenne entre le doré et le châtain clair. Myope. Garc.

Éty. V. *Blond*, R.

Devenir blound, blondir, v. n.

BLOUNDA, s. f. (blóunde); *Blonda*, esp. port. Blonde, dentelle en soie. V. *Dantela*, pour les détails.

On nomme *blondier*, l'ouvrier qui fabrique les blondes.

Éty. Ainsi nommée parce qu'elle devient rousse, blonde. V. *Blond*, R.

BLOUNDET, **ETA**, (bloundé, éte) et

BLOUNDIN, **INA**, (bloundïn, ine). Blondin, ine, jeune homme blond, jeune fille blonde.

Éty. de *blound* et du dim. *et*. V. *Blond*, R.

BLOUNDIR, v. n. (bloundir). Blondir, devenir blond.

Éty. de *blound* et de *ir*.

BLOUS, OUSA, adj. m. (blóus), dl. Pur, sans mélange.

De *vin blous*, du vin pur.
Aigua blousa, eau pure.
Éty. de l'all. *blos*, pur, seul.
Lou bin blous *las gens embriayguo,*
Jamés aquó n'arribo a l'ayguo. D'Astros.

BLU

BLU ou **BLUR, URA**, adj. (blú ou blur, úrc); BLAVE, BLE. Bleu, bleue, qui est de cette couleur. V. *Blav*, R.

BLU ou **BLUR**, s. m. Bleu, l'une des sept couleurs primitives, dont l'athmosphère offre le type, quand la nuit est bien obscure.

Éty. de l'all. *blaw*, qui signifie la même chose. V. *Blav*, R.

Les mineurs de houille donnent le nom de *blu*, dans le département des B.-du-Rh. à la houille sèche.

BLU DE COBALT, Le bleu de cobalt qui peut remplacer l'outre-mer dans la peinture, fut découvert en 1804. On le nomme aussi bleu de Thénard et bleu d'azur. Il paraît être un composé d'alumine et d'oxyde de cobalt.

BLU DE PRUSSA, s. m. Bleu de Prusse, prussiate de fer, substance qui est d'une très-belle couleur bleue.

Éty. Ce composé fut découvert à Berlin en Prusse, d'où le nom qu'il porte.

Jean Conrad Dippel, chimiste de Berlin, ayant jeté dans sa cour, en 1704, plusieurs liqueurs de son laboratoire, s'aperçut que le pavé était devenu d'un bleu magnifique. Il recomposa les mêmes liqueurs et il obtint le même résultat; son procédé resta secret jusqu'en 1724, époque à laquelle Voodward, le fit connaître.

BLUASTRE, ASTRA, adj. (bluástré, ástre); BLUARSTRE. Bleuâtre, d'un bleu sale.

Éty. de *blu* et de *astre*. V. *Blav*, R.

BLUIT, s. m. (bluï). Nom qu'on donne, dans le Gard, à la mésange bleue. V. *Guingarroun.*

Éty. *Blui*, est une alt. de *blu*, bleu. V. *Blav*, R.

BLUR, s. m. Un des noms qu'on donne, à Toulon, au squale glauque. V. *Verdoun* et *Blav*, R.

BLUR, s. m. (blú). Le bleu, la couleur bleue. V. *Blu* et *Blav*, R.

BLURASTRE, adj. (blurástré). Bleuâtre. V. *Bluastre* et *Blav*, R.

BLUREGEAR, v. n. (bluredjá); BLUREJAR. Paraître bleu, tirer sur le bleu.

Éty. de *blur* et de *egear*. V. *Blav*, R.

BLUREST, s. m. (blurés). Un bleu, nom que le peuple donne aux gardes de ville, parce qu'ils ont l'habit bleu. Avril.

BLURET, s. m. (bluré); BLAVIER, BLUYET, ARNIER, ALCYOUN, MARTIN PESCARET, BELET, ARGNA. Martin pêcheur, tartarin, meunier, bleu, pivert bleu, etc. *Alcedo hispida*, Lin. oiseau de l'ordre des Passereaux et de la fam. des Ténnirostres ou Leptoramphes (à bec grêle et étroit) qu'on rencontre plus particulièrement le long des eaux douces.

Éty. *Bluret*, de *blur*, bleu, à cause de la couleur de son plumage. V. *Arnier* et *Blav*, Rad.

BLURET, s. m. Bluet, plante. V. *Blavet.*

A Manosque, on donne le même nom au miroir de Vénus ou doucette. *Campanula speculum*, Lin. *Prismatocarpus speculum*, Déc. plante de la fam. des Campanulacées, commune dans les champs cultivés.

Éty. de la couleur bleue de sa fleur. Voy. *Blav*, R.

BLURIR, v. a. (blurír). Bleuir, donner la couleur bleue. Garc. V. *Blav*, R.

BLUTEOU, V. *Baluteou.*

BLUVET, s. m. (bluvé). Mèsange bleue. Garc. V. *Guingarroun* et *Blav*, R.

BLUYET, s. m. (bluïé). Un des noms gascons du bluet. V. *Blavet*, et du martin pêcheur. V. *Bluret.*

BO

BO, adj. vl. *Bo*, cat. Bon. V. *Bon*, R.

BO ! Interjection qui marque tantôt l'étonnement, que me dites-vous là? et tantôt le commandement, alte-là, arrête. Garc.

BO. Les habitants du Bas-Limousin, doivent chercher par *ba*, tous les mots qu'ils ne trouveront pas en *Bo.*

BO, pour bois, alt. de *Bosc*, v. c. m.

BOA

BOA, s. m. (boá); *Boa*, esp. cat. ital. Boa, nom d'un genre de serpents des pays chauds, parmi lesquels on distingue surtout, par la beauté de ses couleurs et par son énorme taille, le boa devin, *Boa constrictor*, Lin. Reptile de l'ordre des Ophidiens, qui atteint jusqu'à cinquante pieds, (plus de quinze mètres de longueur). On le trouve aux Indes et en Afrique; il n'est point vénimeux mais sa force le rend redoutable aux animaux même les plus terribles.

Éty. On a dit que le nom de *boa*, avait été donné à ces serpents, parce qu'ils suivaient les troupeaux de vaches, pour s'attacher à leurs mamelles et sucer leur lait; d'autres disent que ce mot est brésilien et qu'il signifie serpent.

BOACCA, s. f. vl. *Bœuf femelle*, Rayn., vache. V. *Vacca* et *Bov*, R.

BOACHI, s. m. d. de Carpentras. Voy. *Bouc.*

BOACIER, s. m. vl. Vendeur de chair de bœuf.

Éty. de *boac* et de *ier*. V. *Bov*, R.

BOADA, s. f. vl. *Boade*, redevance au sujet des bœufs.

Éty. de *bo* et de *ada*. V. *Bov*, R.

BOAL, vl. V. *Boaria.*

BOARIA, s. f. vl. BOAL, BOAU. *Boyera*, esp. *Bovile*, ital. Bouverie, étable à bœufs.

Éty. de *bo*, bœuf, et de *aria*. V. *Bov*, R.

BOARIA, s. f. anc. béarn. Bêtes bovines, de *bo* et de *aria*, les bêtes ressemblant au bœuf, en général. V. *Bov*, R.

BOARIA, s. f. vl. Marché aux bœufs. V. *Bov*, R.

BOARAL, adj. vl. g. De bœuf, qui tient du bœuf: *Boaral votz*, voix de bœuf.

BOASAT, adj. (bouasá), dg. Vin fûté, qui a pris le goût du bois, *qu'a lou goust doou bosc.*

BOAU, vl. V. *Boal* et *Bov*, R.

BOB

BOBA, s. f. vl. Tique, petit insecte: *Faire boba*, style enfantin. V. *Bobo.*

BOBA, s. f. vl. Faste. V. *Bobansa.*

BOBA, s. f. (bóbe). Nom qu'on donne, dans quelques contrées de la Gascogne, au taupin strié, *Elater striatus*, Fab. insecte de l'ordre des Coléoptères et de la famille des Thoraciques ou Sternoxes, qui, à l'état de larve, ronge les racines du blé. On donne le même nom à la larve des hannetons, ou ver blanc, et au ver à soie. V. *Magnan.*

BOBAL, d. bas lim. Insecte. V. *Bobau.*

BOBAN. V. *Bobansa.*

BOBANCIER, *Bobançier* en vieux français, *Bobinator*, basse lat. V. *Bobansier.*

Éty. de *bobans* et de *ier*. V. *Pomp*, R.

BOBANS, s. m. et

BOBANSA, s. f. vl. BOBAN, BURBAN. *Bobanza*, anc. cat. Ostentation, pompe, faste, magnificence, luxe, générosité, vanité.

Éty. du lat. *pompa*. V. *Pomp*, R.

BOBANSAR, v. a. vl. *Bobansar*, anc. cat. Entourer de faste, rendre fier.

Éty. de *bobans* et de *ar*. V. *Pomp*, R.

Et neutr. faire l'important.

BOBANSIER, adj. vl. BOBANCIER. Fastueux, prodigue, magnifique: vain, glorieux, fanfaron, aimant l'apparence et l'éclat.

Éty. de *bobans* et de *ier*.

BOBAS, s. f. pl. (bóbes), d. bas lim. *Far las bobas*, bouder, faire la moue. V. *Beba.*

BOBAU, s. m. (bobáou); BOBAL, d. bas lim. Nom qu'on donne aux insectes en général.

BOBAU, m. d. ou BABAU. Être imaginaire qu'on nomme loup-garou. V. *Barban.*

BOBAU LUZENT, s. m. Un des noms lang. du ver luisant. V. *Luzerna.*

Éty. de *babau*, insecte, et de *lusent*, luisant.

BOBO, s. m. (bobó). Bobo, t. enfantin, petit mal, mal léger.

BOBORAUNA, s. f. (boboráoune). Nom bas limousin du ver luisant. V. *Luzerna.*

On donne aussi ce nom à une idée folle, extravagante, à une vision, à une chimère, et au visionnaire qui a ces idées. Pour berlue. V. *Barluga.*

BOC

BOC, s. m. vl. BOCS. *Boc*, cat. Bouc. V. *Bouc* et *Bouc*, R.

BOC, s. m. vl. Entaille. V. *Ousca.*

BOCA, s. f. vl. Bouche. V. *Boucca* et *Boucc*, R.

BOCADA, s. f. (boucáde), d. bas lim. et mieux BOCCADA. Buvée, Ency. ce qu'on donne aux cochons mêlé avec l'eau. Lavage, en parlant des aliments, potages ou ragoûts où l'eau a été mise en trop grande quantité.

Éty. de *boca* et de *ada*, pour la bouche. V. *Boucc*, R.

BOCAIRAN, s. m. vl. BOCARAN. Linon, fin lin. V. *Bocaran.*

BOCAL, s. m. vl. Débouché, défilé, ouverture, entrée des lices, des palissades, de toute avenue fortifiée.

Éty. de *boca*, dans le sens de passage, ouverture. V. *Boucc*, R.

BOCAR, v. a. et n. (bocá), d. bas lim. et mieux BOCCAR : *Fa bocar lous gagnouns*, donner la buvée aux cochons, et dans le sens neutre, en parlant d'un ivrogne, boire avec excès.

Éty. de *boca* et de *ar*. V. *Boucc*, R.

BOCARAN, BOQUERAN, BOCAIRAN, s. m. vl. *Bocaram*, cat. Bougran, sorte d'étoffe, toile gommée. V. *Boucaran* et *Bouc*, R. V. Muratori, diss. 33, Monti, t. 2, p. 310.

BOCARIA, vl. V. *Boucharia* et *Bouc*, R.

BOCELANA, s. f. (boucelàne); CORIS, PIOUCELAGI, BOUCELANA. Porcelaine, *Cypræa*, genre de mollusques gastéropodes de la fam. des Siphonobranches, très-nombreux en espèces.

Éty. *bocelana*, n'est qu'une altération de *porcellana*, porcelaine.

Ce sont les coquilles appartenant aux mollusques de ce genre que l'on emploie pour faire des tabatières.

BOCELANA, s. f. Le gland de la verge.

BOCELANA-VIRANTA, s. f. (bousselàne-virànte). On donne ce nom aux espèces de mollusques du genre volute, de l'ordre des Gastéropodes et de la fam. des Siphonobranches.

Éty. *Bocelana viranta*, signifie porcelaine tournante, parce que dans ce genre on voit les tours de spire qui sont cachés dans les porcelaines.

BOCHA, s. f. vl. Bouche, V. *Boucca* et *Boucc*, R.

BOCHA, s. f. (bótche); BOULA. *Bocha*, esp. *Bola*, port. *Boccia*, ital. *Botxa*, cat. Boule, corps sphérique, ordinairement de buis, servant à jouer.

Éty. du celt. *boch*, Ach. ou de *buxus*, buis.

Jugar as bochas, Jouer à la boule et non *aux boules*, *Giucar alle boccie*, ital.

Juec de bochas, jeu de boule, *juego de las bochas*, esp. *Giuocco di boccie*, ital.

Tirar una bocha, débuter une boule.

Arrestar una bocha, caller une boule.

Arrestar una bocha en plaça, bien caller une boule.

Aver lou bouchoun, avoir la boule, l'avantage de jouer le premier.

Fau veire qu'u jugarà premier, il faut voir à qui aura la boule.

Poussar la boche, aller à l'appui de la boule, approcher du but la boule de son partenaire.

Pointar, pointer une boule, la faire rouler pour arriver le plus près possible du but.

On appelle :

NOYON, une ligne qui borde le jeu de boule, et au-delà de laquelle la boule qui y passe est noyée, perdue.

BOCHAR, v. n. (boutchà); BOUCHAR. *Bochar*, esp. Atteindre une boule en tirant avec une autre ; tirer une boule.

BOCHI, s. m. (bótchi), d. apt. V. *Bouc*.

BOCHI, s. m. Suppl. au Dict. de Pellas. Pâté d'encre. V. *Porc* et *Pouerc*.

BOCHIER, vl. V. *Bouchier* et *Bouc*, R.

BOCHIS, s. m. pl. (bótchis). Nom qu'on donne, à Seyne, au barbebouc. V. *Barbabouc*.

Éty. de *boc*, bouc, et de *is*, qui est destiné, qui appartient au bouc.

BOCHOUN, s. m. (boutchóun); BOUCHOUN, BOUIGNOUN, BUT, LET. Cochonnet, petite boule qui sert de but aux joueurs de boule, et que celui qui a gagné le dernier point lance ou joue à volonté.

Éty. de *bocha* et du dim. *oun*. V. *Bol*, R.

BOCINADA, s. f. vl. Bouchée, fragment. V. *Bouccada*.

Éty. de *bocin* et de *ada*. V. *Boucc*, R.

BOCLA. V. *Bloca*.

BOCON, s. m. vl. Morceau. V. *Boucoun* et *Boucc*, R.

BOD

BODA, s. f. (bóde). Nièce. V. *Neça*. *Boda*, en esp. et en cat. signifie noce.

BODER, s. m. vl. Beurre. V. *Buri*.

BOE

BOE, dl. V. *Boer*.

BOÊE, s. m. anc. béarn. Bœuf. V. *Buou*.

BOELA, s. m. pl. vl. Boyaux. V. *Tripas*.

BOER, s. m. vl. BOÉ. Bouvier. V. *Bouyer*.

BOEU, s. m. anc. béarn. Bœuf. V. *Buou*.

BOEY, dg. Bois, verdier. V. *Bosc*, R.

BOEYT, adj. d. béarn. Vide. V. *Vuide*.

BOEYT, s. m. anc. béarn. Bouvier. V. *Bouyer*.

BOEYTAR, anc. béarn. ?

De las sentencias qui se boeytaran *(in campo)*.

Fors et Cost. de Bearn.

BOEZA, s. f. vl. Bonté. V. *Bontat*.

BOF

BOFAITOR, vl. V. *Benfatour*.

BOFEI, s. f. vl. Fierté, vanité, ostentation.

BOFFA, s. f. (bóffe). Bosse, élévation, enflure qui survient à la peau à la suite d'un coup ou d'une contusion; on le dit aussi pour bosse.

Éty. probablement de *bouffar*, boursoufler, ce qui est boursouflé. Le P. Pujet dérive ce mot du lat. *bufo*, crapaud, gonflé comme un crapaud.

Boffa d'un capel, forme d'un chapeau.

BOFFIS, s. m. pl. (bóffis). Poches que l'on fait faire aux joues en mangeant goulument. Garc.

BOFI, IA, adj. (bófi, ófie). Enflé, ée. Aub.

BOFO, s. m. vl. Bouffon, machine de guerre.

BOG

BOGA, s. f. (bógue); BUGA, BOGOU; *Boga*, ital. cat. esp. port. *Bugo*, à Nice. Bogue ou bogue commune, *Sparus boops*, Lin. *Boops boops*, Dict. Sc. Nat. poisson de l'ordre des Holobranches et de la fam. des Léiopomes (à opercules lisses), commun dans la Méditerranée; sa chair est très-estimée.

Éty. du grec βόωψ (boöps), m. s. fait de βοῦς (bous), bœuf, et de ὤψ (ôps), œil de bœuf, à cause des gros yeux qui distinguent ce poisson. V. *Bov*, R. ou selon le P. Pujet, de βοαξ (boax), parce que ce poisson beugle quelquefois comme un bœuf.

BOGA-RAVEOU, s. f. (bógue-ravèou); BUGARAVELLA, à Nice. Spare bogoraveo, *Sparus bogoraveo*, Lac. poisson de l'ordre des Holobranches et de la fam. des Léiopomes (à opercules lisses), long d'environ deux décimètres.

BOGEA, s. f. (bódze), d. bas lim. et lang. Poche, grand sac de toile dont on se sert pour contenir du blé, de l'avoine. V. *Sacca*.

BOGEAS, s. f. pl. (bódges), dl. Terme de tripière et de boudinière ; poches ou sacs de la partie inférieure d'une des grosses tripes du pourceau, connue sous le nom de colon par les anatomistes. Sauv.

Éty. de *bogea*, sac.

BOGIA, s. f. vl. *Bogia*, cat. Singe, guenon.

BOGIA, vl. V. *Bougia*.

BOGOU, s. m. (bógou). Diablotin, celui qui, dans un moulin à huile, est chargé d'alimenter la meule. V. aussi *Bachacoun*. Avr.

BOH

BOHEMA, s. f. (bouhème); *Boemia*, ital. *Bohemia*, port. esp. Bohème, l'une des douze grandes provinces de la Monarchie Autrichienne.

Éty. du lat. *Bohemia*, m. s.

BOHEMIEN, ENA, s. et adj. (bouhemièn, ène): *Boemo*, ital. *Bohemio*, port. Bohémien, originaire de la Bohème. Dans le langage ordinaire, ce mot désigne plutôt cette population errante qu'on appelle *Gitanos*, en Espagne. V. *Boumian*.

BOI

BOI, s. m. d. arl. Pour *bosc* et *Bouesc*, v. c. m. Dans le d. bas lim. la substance du bois, le bois. V. *Bosc*, R.

BOI-DOURILHON, s. m. (boï-dourillón). Nom qu'on donne, à Avignon, au garou. V. *Garou* et *Boi*, R.

BOIA, vl. V. *Boias*.

BOI-GUINDE, s. m. (boï-guïndé). Nom qu'on donne dans le bas limousin, au bois de campêche. V. *Campech*.

Éty. de *boi*, bois, et de *guinde*, qui paraît n'être qu'une altération de d'*Inda*, de l'Inde.

BOIAL, adj. vl. De bœuf; substantivement, Lucarne.

BOIAS, s. f. vl. Chaînes, entraves, fers que l'on met aux pieds.

Éty. de la basse lat. *boia*, m. s. probablement dérivé du grec κλοιος (kloios), collier, carcan, menottes, formé de κλείω (kleiô), fermer à clef.

BOIERA, s. f. vl. Bouvière, fém. de Bouvier. V. *Bov*, R.

BOILLIR, vl. V. *Boulhir*.

BOILLIT, IDA, adj. et p. vl. Bouilli, ie. V. *Boulhit*.

BOIME, OIMA, s. (bóïmé, óïme), d. bas lim. Bohémien, ienne, celui, celle qui se mêle de prédire l'avenir. V. *Boumian*.

On le dit aussi d'une femme habituellement sale. V. *Ganipa* et *Salopa*.

Jasmin a employé ce mot adject. dans le sens de trompeuse.

BOIOU, s. m. (bóïou); *Boja*, ital. Nom

qu'on donne au bourreau dans la Haute-Provence. V. *Bourreou.*

Éty. du lat. *boia*, carcan, collier de fer que cet exécuteur des hautes-œuvres met au cou des criminels. V. *Boias.*

BOIRA, s. f. vl. ferme, métairie.

BOIRA, s. f. (boïre). Nom gascon de la buse. V. *Busa.*

BOIS, s. f. dg. V. *Voix.*

BOIS, s. m. vl. Buis. V. *Bouis*, R.

BOIS, V. *Bouesc* et *Bosc*, R.

BOISAGI,

BOISAR, et

BOISARIA, V. par *Boues.*

BOISH, s. m. vl. *Buis.* V. *Boui.*

BOISON, vl. Buisson. V. *Bouissoun.*

BOISSA, s. f. vl. BOISSOSA. Boîte, barette. V. *Bouita.*

BOISSERA, s. f. vl. Coffre; bûcher, buissière. V. *Bouissiera, Boscatiera, Bosc* et *Bouis*, R.

BOISSO, vl. V. *Boisson.*

BOISSON, s. m. vl. BOISSO. Buisson, haie. V. *Bouissoun.*

Éty. Parce que les premières haies étaient faites avec du buis. V. *Bouis*, R.

BOISSOUN, s. m. (boissóun); BOUASSOUN, prov. mod. Boisson, liqueur spiritueuse.

BOISSOUNADA, d. de Carpentras. V. *Bouissounada.*

BOITOS, adj. vl. Boiteux. V. *Bouitous* et *Goy.*

BOIX, dl. Du Rouergue. V. *Voix*, vl. buis. V. *Bouis.*

BOJ

BOJA, vl. Il ou elle vide, verse, *bugea.*

BOJAL, s. m. vl. Lucarne. V. *Lucarna.*

BOJAR, v. n. vl. *Bojar*, esp. port. Bouger, se retirer. V. *Bouleg*, R.

BOJOLH, s. m. vl. BOJOL. Moyeu, jaune d'œuf. V. *Jaune d'uou.*

BOL

BOL, BOL, BOUL, BOCH, rad. dérivé du celt. *bol*, qui désigne un corps rond en général, d'où l'all. *boll*, m. s. le lat. *bolus*, petite boule, bol, morceau, bouchée, et peut-être le grec βωλὸς (bôlos), motte, masse.

De *bolus*, par apoc. *bol*; d'où: *Bol, Bol-a, Bol-et, Bol-i, Bol-us.*

De *bol*, par le changement de *o* en *ou*, *boul*; d'où: *Boul-a, Boul-ar, Boul-ena, Boul-et, Boule-vers-ar, Bouli-goula, Boul-oun*, etc.

De *boli*, gén. de *bolus*, par le changement de *o* en *a* ou en *e*, et de *l* en *r*, *bari*; d'où: *Bari-goula, Beri-goula, Berigoul-eta.*

De *bol*, par le changement de *l* en *ou*: *Boou.*

De *bol*, par le changement de *o* en *ou*, et de *l* en *r*, *bour*; d'où: *Bour-et, Bour-iga, Bourig-oula.*

BOL, s. m. vl. V. *Boli.*

BOL, s. m. BOLUS. Bol, petite boule, ou grosse pilule, composée de substances médicinales, qu'on prend seule, ou enveloppée dans du pain à chanter, etc. V. *Bol*, R.

BOL, d. béarn, altér. de *Vol*, v. c. m.

BOL, s. m. et

BOLA, s. f. (bóle). Bol, petit vase, ressemblant à une écuelle sans oreilles, avec une, ou sans anse, où l'on prend ordinairement le thé, le café au lait, etc.

BOLA, s. f. vl. *Bola*, cat. esp. *Bolla*, port. Boule. V. *Bocha* et *Bol*, R.

BOLA, s. f. vl. BUOLA. Borne, limite. V. *Bolas.* Bourde.

BOLA, s. f. En Languedoc ce mot désigne les *Typha* ou massettes. V. *Sagna*; et dans la Camargue, d'après M. de Rivière, le scirpe des lacs, *Scirpus lacustris*. Lin.

Éty. du grec βολὶς (bolis), javelot, flèche, parce que le long pédoncule des typha, terminé par un épi plus ou moins allongé, ressemble beaucoup à une flèche.

BOL-D'ARMENIA, V. *Boli.*

BOLA, d. bas lim. pour *Batal*, v. c. m. et *Escouba.*

BOLAIRE, BOLLIER, s. m. vl. *Borneur*, planteur de bornes, arpenteur.

Éty. de *bola* et de *aire.* V. *Bolas.*

BOLAR, BOULAR, v. a. vl. Borner, limiter, sauter en jouant. Gloss. Occit.

Éty. de *bola*, borne, et de *ar*, mettre. V. *Bolas.*

BOLAS, s. f. pl. (bóles); BOLA, BOULA. *Bolas*, esp. Bornes d'un champ, d'un héritage. V. *Borna* et *Bouina.*

Éty. du lat. *bodones* ou de *bola*, en basse lat. bornes. *Bolas seu metas plantare*; probablement dérivé du grec βώλαξ (bôlax), de βῶλος (bôlos), motte, glèbe; parce que les mottes ont dû servir de bornes dans les premiers temps.

Dans les anciens règlements de la ville d'Aix, le mot de *bolles*, désigne un espace de terrain en pâturage, dans lequel les bouchers de la ville avaient seuls le droit d'introduire des bestiaux.

Pris dans cette dernière acception, ce mot a été apporté en Provence par les rois d'Aragon, où le même usage était établi, et où il portait le nom de *boleare*, et l'édit du prince qui l'établissait *bolearis constitutio*; ce terme y était synonyme de *defesiæ forestæ. Boalia seu vetata*, que nous traduisons maintenant par défens, et *devens*, en prov. Dérivé: *Bol-a, Bol-aire, Bol-ar.*

BOLAS, s. f. pl. BOELES, BOUALES. Voirie. Suppl. au Dict. de Pellas. V. *Prat-batalhier.*

BOLEGAR, vl. et

BOLEGUAR, vl. V. *Boulegar.*

BOLEI, s. m. vl. Boulette; rien.

BOLERNA, s. f. vl. Brouillard, brume; tempête.

BOLET, s. m. vl. V. *Boulet.*

BOLFIGA, s. f. vl. Ampoule, vessie. V. *Bouffiga.*

BOLHIARGE, d. bas lim. V. *Hordiboiard* et *Espeouta.*

BOLHIDOR, s. m. vl. Chaudière, bouilloire. V. *Bolidor.*

BOLHIR, vl. V. *Boulhir.*

BOLI, s. m. (bóli); BOOU, BOL. *Bol*, cat. esp. *Bolo*, port. *Bolarmenico*, ital. Bol d'Arménie, espèce d'argile qui ressemble beaucoup à la sanguine, mais qui est d'un rouge moins vif et qui ne se laisse pas tailler aussi facilement; sa couleur est due aux oxydes de fer qu'elle contient.

Éty. de *bol*, parce qu'on l'employait en médecine sous cette forme, et de *Armenia*, parce qu'on le tira d'abord de cette contrée, V. *Bol*, R. βῶλος Ἀρμενία (bôlos Armenia).

On donne aussi ce nom à la craie et à l'ocre jaune. Avril.

BOLIDOR, s. m. vl. BOLHIDOR. Bouilloire, chaudière. V. *Escaufaire.*

Éty. de *bolir* et de *or*, qui sert à faire bouillir. V. *Bulh*, R.

BOLIDURA, s. f. vl. *Bouillage.*

Éty. de *bolida* et de *ura*, chose qu'on fait bouillir. V. *Bulh*, R.

BOLISME, s. m. vl. *Bolisme*, boulimie, faim excessive.

Éty. du lat. *bulimia*, m. s. dérivé du grec βου (bou), particule augmentat. et de λιμός (limos), faim.

BOLLA, s. f. vl. Bulle. V. *Bulla.*

BOLLA, s. f. Nom lang. des feuilles de la massette à larges feuilles. V. *Sagna.*

BOLLADA, s. f. vl. BOULLADA. Tripaille. V. *Tripalha.*

Éty. de la basse lat. *botellus, budellus*, boyau, comme si l'on disait *botellada.* Voy. *Bud*, R.

BOLLAR, vl. V. *Bullar.*

BOLLAT, vl. V. *Bullat.*

BOLLEGAR, v. a. vl. V. *Boulegar* et *Bouleg*, R.

BOLLETA, s. f. (bolléte). Nom qu'on donne, dans le même pays, à la massette à feuilles étroites. V. *Filoua.*

BOLLIER, vl. V. *Bolaire.*

BOLUS, s. m. (bólus). Mot pris du lat. pour désigner un bol ou une grosse pilule. V. *Bol*, R.

BOM

BOM-BOM, s. m. DON-DON. Onomatopée du son des cloches, imitée du grec βομ-βομ (bom-bom), son.

BOMBA, s. f. vl. *Bomba*, cat. esp. Pompe, ostentation, vanterie. V. *Poumpa* et *Boumba.*

Éty. V. *Pomp*, R. et *Boban.*

BOMBIX, s. m. vl. *Bombice*, ital. Ver à soie.

Éty. du lat. *bombyx*, dérivé du grec βόμβυξ (bombyx), m. s.

BOMETIQUE, dg. V. *Vooumitif* et *Vooum*, R.

BOMI, s. m. (bómi); *Vomito*, ital. esp. port. Vomissement, action de rejeter par la bouche les matières contenues dans l'estomac.

Éty. du lat. *vomitus.* V. *Vooum*, R.

Mi fariaz venir lou bomi, vous me feriez soulever le cœur.

BOMIR LOU, s. m. Le vomissement. V. *Bomi.*

BOMIR, v. n. (boomir). V. *Vooumir.*

BON

BON, ONA, BOUN, BOUEN, BOUAN, BONI, radical, et quelquefois préposition, qui porte l'idée d'approbation, de satisfaction, d'utilité, d'excellence, de vertu, de douceur, de salubrité, etc. V. *Ben.*

Éty. du lat. *bonus, i*; *bona, æ*, *bonum*, bon, bonne. Les anciens se sont quelquefois servi de *benus*, dans le même sens. V. *Ben*.

De *bonus*, par apoc. *Bon*, *Bon-a*, *Bon-assa*, *Bona-ment*, *Bon-hur*, etc.

De *boni*, gén. de *bonus*: *Boni-as*, *Boni-assa*, *Boni-flar*, *Boni-guet*, etc.

De *bon*, par la prononciation sourde de *o* en *ou*: *Boun-diou*, *Boun-tat*, *A-boun-ar*, etc.

De *bon*, par l'altér de *o* en *oue*: *Bouen*, *Bouen-hur*, etc. et par le changement de *o* en *oua*: *Bouan*, *Bouan-riblet*, etc.

De *bon*, par la prononciation de *a*: ... par l'addition de la prép. *a*: *A-bon-esir*, *A-bon-ar*, *A-boun-t*, etc. par celle de *sobre*; *Sobre-bon*; et avec la prép. *ra* ou *re*, *Ra-bon-ir*, *Re-bon-ar*, etc.

BON, adj. vl. BO, BOS. Bon, saint, subst. profit, avantage, adv. *de bon*, *de bo*, de bonne foi, sérieusement.

BON, **ONA**, adj. (bon, óne); BOUEN, BOUAN, BOU, BON, BO. *Buono* et *Bono*, ital. *Bueno*, esp. *Bom*, *boã*, port. *Bo*, cat. Bon, bonne, en parlant d'une personne, qui a de la bonté, qui est humaine, qui a toutes les qualités désirables, et les talents nécessaires pour l'état qu'elle exerce; en parlant d'une chose, qui a toutes les qualités convenables à sa nature; grand, fort, vrai, franc, véritable.

Éty. du lat. *bonus*, m. sign. V. *Bon*, R.

Aquot es un bon home; c'est un homme fort, et selon les cas, c'est un homme bon. Un bon homme, en français, désigne un homme de peu d'esprit.

Una bona lega; *una bona houra*, une bonne lieue, une forte lieue, une bonne heure.

Aquot es de bon faire, *de bon dire*, cela est aisé à faire, à dire.

Escritura de bon legir, écriture facile à lire.

Aquot es de bon ou *de beau veire*; c'est clair, c'est évident.

L'y fai bon caminar; il y fait beau marcher, ou il fait beau marcher dans ce chemin.

Estre en bona ou en *bouena*, être en belle humeur, gai, content.

Lou bon doou jour; tr. le milieu du jour.

Fai bon estre riche; tr. parlez moi d'être riche.

Es una femna de la bona; tr. c'est une maîtresse femme.

Si faire bon; s'abonir.

BON, s. m. BOUEN, BOUAN. Bon, le bon, la qualité de ce qui est bon; le profit, le bénéfice.

Ai agut tant de bon, j'ai eu tant de bon. V. *Bon*, R.

BON, interj. *Bueno*, esp. *Bom*, port. *Bo*, cat. Bon, bien, à merveille, il signifie quelquefois bah!

BON, adv. *Doou bon*, *ou doou bon de Diou*, tout de bon; exprès, avec intention.

Va dis doou bon, il le dit tout de bon et non du bon, provençalisme très-commun.

N'aures pas de pena à v'a creire,
Perque couneisses ce que siou
Et que l'ami de bouen de Diou.

Gros.

BONA, s. f. (bóne). Friandise, bonbon, terme enfantin qui désigne les sucreries en général. V. *Bon*, R.

Mangear de bona, manger de la viande. Avril.

BONA, nom de femme. *Bonna*, ital. *Bona*, esp. Bonne.

Patr. Sainte Bonne; l'Église honore deux saintes de ce nom, les 29 mai, et 12 septembre.

BONA-BESTI, s. f. (bóne-bèsti); BOUENA-BESTI. Badaud, nigaud, bon-homme. V. *Bon*, Rad.

BONA-FOUS, s. f. et nom de lieu (bone-fous). Bonnefoux, c'est aussi un nom propre.

Éty. de *bon*, et de *fous*, fontaine, bonne fontaine. V. *Bon*, R.

BONA-SERA, s. f. (bóne-sére); BOUENA-SERA, BON-SOIR. Bonsoir, manière de saluer depuis midi jusqu'au soir. V. *Bon* et *Sera*.

BONA-VOYA, s. f. (bóne vóye). BOUENA-VOYA. Bonne tournure, bonne envie de travailler, et par dérision le contraire. V. *Bon*, Rad.

BONADICH, adv. (bonadi); BOUENADICH, BOUANADI, BOUADI. Heureusement, fort à propos. grâces à...

Éty. de *bon*, de *a* et de *dich*. V. *Bon*, R.

BONAMAN, s. f. (bonemán); BOUENAMAN. *Bonamano*, ital. La bonne main, l'étrenne. V. *Bon*, R. et *Man*.

BONAMEN, vl. V. *Bonament*.

BONAMENT, adv. (bonnaméin); BOUENAMENT. *Bonament*, cat. *Bonariamente* et *Bonamente*, ital. *Bonitamente*, port. *Buenamente*, esp. Bonnement, d'une manière simple, naïve, sincère, de bonne foi, sans détour.

Éty. de *bona* et de *ment*. V. *Bon*, R.

BONAS, ASSA, V. *Bonias*.

BONASSA, s. f. (bounásse); BOUNASSA, BOUNAÇA, BOUENASSA, BOUASSA. *Bonaccia*, ital. *Bonança*, port. *Bonanza*, esp. *Bonansa*, cat. Bonace, calme sur mer, tranquillité, et par extension, temps doux et chaud.

Éty. de l'ital. *bonaccia*, m. s. ou de *bon* et de l'augm. *assa*, parce que la mer n'est bonne que lorsqu'elle est calme.

BONAUR, s. m. vl. Bonheur, félicité. V. *Bonhur*.

BONAURANSA, s. f. vl. Béatitude.

BONAURAR, vl. V. *Benaurar*.

BONAURAT, **ADA**, adj. vl. Bienheureux, euse.

Éty. de *bon* pour *ben*, et de *aurat*. V. *Bon* et *Aura*.

BONAURETAT, s. f. vl. Bonheur, béatitude, félicité.

BONAVENTURA, s. f. vl. Bonaventure, bonheur. V. *Bon* et *Ventur*, R.

BONAVENTURA, s. f. (bonavanturé); *Bonaventura*, cat. *Buenaventura*, esp. *Ventura*, ital. Bonne rencontre, bonheur inattendu, rencontre heureuse. V. *Bon*, R. V. *Fortuna* et *Bona-fortuna*.

BONAVENTURO, nom d'homme, (bounavantúre); BOUANAVANTURA. *Bonaventura*, ital. *Buenaventura*, esp. Bonaventure.

Patr. saint Bonaventure, général de l'ordre de Saint-François, mort le 14 juillet 1274, jour où l'Eglise en fait mémoire.

BONAZURAT, adj. vl. BENESURAT. Bienheureux. V. *Benaurat*.

BONBA, s. f. vl. Masse, massue, chose lourde et ronde comme une bombe. Voy. *Boumb*, R.

BONBON, s. m. (bonbón); BONA, BOUNBOUN. Bonbon, terme enfantin pour désigner les sucreries en général, les friandises.

Éty. de *bon*, répété, qui devient alors un superlatif. V. *Bon*, R.

BONBONIERA, s. f. (bounbouniére); BOUNBOUNIERA, BOUNBOUNIEIRA. Bonbonnière, boîte à bonbons; fig. petite maison rangée avec beaucoup de propreté.

Éty. de *bonbon* et de *iera*. V. *Bon*, R.

BON-BRAS, BOUEN-BRAS. Commandement de marine pour faire brasser au vent. V. *Bon* et *Bras*.

BON-CHRESTIAN, s. m. et adj. (bon-chrestián). Bonchrétien. V. *Pera de*.

BONDA, s. f. (bónde). Grand panier. Suppl. au Dict. de Pellas. V. *Banasta*.

BON-DE-DIOU, (doou), expr. adv. (bon-dé-dióu); BOUAN-DE-DIOU, DE BOUEN. Tout de bon, réellement, en vérité. Garc.

BON-DIOU, s. m. (bon diou); BOUEN DIOU. Il est rare que les Provençaux voulant parler de Dieu, ou s'adressant à Dieu, disent *Diou* seul, presque toujours ils l'appellent *Bon-Diou*, bon Dieu, par opposition aux faux ou mauvais dieux, ce qui prouve que cette façon de s'exprimer remonte aux temps où le paganisme régnait encore dans notre pays. V. *Bon* et *Diou*.

BON-DIOU, s. m. BOUEN DIOU. Se dit souvent pour crucifix, V. *Crucifis*, d'où le juron: *Bon Diou de bouesc*. V. *Bon* et *Diou*.

BON-DIOU, s. m. BOUN-DIOU. Est encore le nom que les scieurs de long et les menuisiers donnent à un coin de bois qu'on met dans la fente que la scie a faite, pour lui donner plus de voie.

Lou bon Diou deis sarraires dana leis menusiers, parce qu'en forçant un peu trop le coin appellé *bon-diou*, on fait fendre le bout de la planche qui aurait dû être scié, ce qui contrarie les menuisiers, parce que le bois fend irrégulièrement et qu'il faut le raboter.

BONDIR, v. n. vl. *Bonir*, cat. Retentir, raisonner, bourdonner. Voy. *Boundar* et *Bound*, R.

Bonda, qu'il ou qu'elle fasse retentir.

BONDON, s. m. vl. Bonde, bondon. V. *Boundoun* et *Bound*, R.

BONDONEL, s. m. vl. Bouchon. Voy *Bouchoun* et *Tap*.

Éty. de *bondon* et du dim. *el*. V. *Bound*, Rad.

BONDRAGON, s. m. (bon-dragón); BONDRAGO. Nom qu'on donne, à Grasse, aux sauterelles armées.

BONESSA, BONEZA, s. f. vl. *Bonesa*, anc. cat. *Bonizia*, ital. Bonté, mérite, excellence.

Éty. de *bon* et de *essa*, chose bonne. V. *Bon*, R.

BONETA, s. f. vl. Bonnet, barrette. V. *Bounet*.

BONEZA, s. f. vl. V. *Bonessa* et *Bon*, Rad.

BONHOME, nom d'homme, BOUENHOME. *Bonomo*, ital. *Bonhome*, cat. Bonhomme.

Ce nom ne figure pas dans le martyrologe.

BON-HOME, s. m. (bon-hóme); BOUEN-HOME, BOUAN HOME. *Bom homem*, port. Logis pour relever les creusets de verrerie. Garc. Ce mot signifie aussi, bon homme, bon enfant, nigaud. V. *Bon*, R.

BONHOMIA, s. f. (bonhoumie); BOUNHOU-

MIA, BOUANHOMIA. Bonhomie, bonté de cœur et simplicité de manières. V. *Bon* et *Home*.

BONHUR, s. m. (bonhúr); BOUÉNHUR, BOUNHUR. Bonheur, félicité, état heureux, prospérité.

Éty. de *bona houra*, bonne heure, parce que l'astrologie faisait dépendre le bonheur ou le malheur de l'heure de la naissance. V. *Bon*, R.

Vesès de que *bouenhur* Diou mi laissa jouir,
Mai si vos aver part à sei bountats divinos
Fau qu'eis flours moun enfant preferes leis espinas.
Coye.

BONIAS, ASSA, adj. (bouniás, ásse); BOUNAS, BOUNIAS, BOUGNAS. *Bonas, assa*, cat. *Bonazo*, esp. *Bonaccio*, ital. Bonasse, homme simple et crédule, sans malice et sans esprit, bon enfant.

Éty. de *bon* et de l'augm. *as*. V. *Bon*, R.

BONIASSAMENT, adv. d. du Var. Bonnement, d'une manière bonasse.

Éty. de *boniassa* et de *ment*. V. *Bon*, R.

BONIC, ICA, adj. vl. *Bonic*, cat. *Bonito*, esp. Joli, jolie, agréable.

BONIFAÇA, s. et adj. (bounifáce); BOUNIFACI. Qui a un bon cœur, une bonhomie remarquable.

Éty. de *boni* et de *faça*, bonne figure. V. *Bon*, R.

BONIFACI, s. m. (bamifáci), dl. Un bon enfant, un benêt. V. *Glaudou*.

BONIFAÇO, nom d'homme, (bounifáce); BOUNIFAI. *Bonifacio*, ital. esp. port. *Bonifaci*, cat. Boniface.

Éty. du lat. *Bonifacius*.

Patr. saint Boniface.

L'Eglise honore **14** saints de ce nom, et particulièrement Boniface pape, le 25 décembre; Boniface martyr, le 14 mai et Boniface confesseur, le 5 juin.

BONIFIAR, v. a. (bounifiá); BOUNIFIAR. *Benificar*, port. *Bonificare*, ital. Bonifier, rendre meilleur.

Éty. de *bon*, *boni* et de *fiar*, faire, rendre bon. V. *Bon*, R.

BONIFIAR SE, v. r. (se bounifiá); SE FAIRE BON. Se bonifier, s'abonnir, devenir meilleur.

Éty. de *bon*, *boni* et de *ficare*. V. *Bon*, R.

BONIFIAT, ADA, adj. et p. (bounifiá, áde); BOUNIFIAT. Bonifié, ée, rendu, meilleur.

BONIFICACIO, s. f. vl. BONIFFICACIO. V. *Bonification*.

BONIFICATION, s. f. (bounificatie-n); BOUNIFICATIEN. *Bonificazione*, ital. *Bemfeitoria*, port. Bonification, amélioration, augmentation de produit. V. *Bon*, R.

BONIGUET, ETA, adj. (bounigué, éte); BOUNIQUET, BOUNICOT. *Bonet*, cat. *Bonito*, esp. *Buonino*, ital. Bon, agréable, et fig. doux, paisible.

Éty. de *bon* et de *iguet*, espèce de diminutif. V. *Bon*, R.

BONJOUR, s. m. (boundjour); BOUEN-JOUR, BOUANJOUR. *Bons dias*, port. *Buondi*, ital. *Buenos dias*, esp. Bonjour, expression dont on se sert habituellement pour saluer quelqu'un, avant midi. V. *Bon* et *Jour*, R.

BON-MOT, V. *Mot*.

BONNA, s. f. (bónne), d. bas. lim. Terrain marécageux, terrain où les eaux croupissent, fondrière. V. *Fangas*.

BONNIER, s. m. vl. *Bonnier*, champ dont on a fixé ou déterminé les limites.

Éty. de la basse lat. *bonnarium*, m. s. V. *Bouin*, R.

BONOIAR, vl. Flotter?

BONOMIA, s. f. vl. V. *Bohomia*.

BON-PRO, souhait, (bon pró); BOUAN-PROUN. Grand bien vous fasse.

Éty. de *bon* et de *pro*, profit.

BON-QUART-D'AVANT, Commandement de marine pour recommander de surveiller tout ce que l'on aperçoit pendant la nuit.

BON-RESCONTRE, s. m. (bon-rescontré). Une heureuse rencontre, un bon marché, une bonne fortune.

Éty. *Boun res couentre*, bonne rencontre. V. *Bon*, R.

BON-SEREN, s. m. (bon-seréin); BOUEN-SEREIN. Espèce de vent régulier qui souffle de l'Ouest à l'Est, vers le haut d'une montagne près de Bargemont, Var.

BONSOIR, s. m. (bounsoir); BOUEN-SOIR, BOUON SOIR, BOUENA SERA. *Boas tardes*, port. *Buona sera*, ital. *Buenas tardes*, esp. Bonsoir, expression dont on se sert pour saluer quelqu'un, le soir, l'après-midi.

BONS-HOMES, s. m. pl. (bons-hómés); SANT JEAN, BOUENS-HOMES. Sauge des prés, toute bonne des prés, *Salvia pratensis*, Lin. plante de la fam. des Labiées, commune dans toutes les prairies. On donne le même nom à la *Salvia verbenacea*. V. Gar. au mot *Horminum*, p. 235.

Éty. Je pense que le nom de bons-hommes a été donné à cette plante, à cause de la couleur bleue de ses fleurs, disposées le long de la tige comme en épi, ce qui l'a faite comparer aux religieux établis en Angleterre en 1259, par le prince Edouard, sous le titre de Bons-hommes, et dont l'habillement était bleu; nom qu'on donnait aussi en France au Minimes.

Bouens-homes-blancs, nom que porte, à Valensoles, la sauge sclarée ou toute bonne, *Salvia sclarea*, Lin. plante du même genre que la précédente.

BONTAT, s. f. (bountá); BOUNTAT. *Bontà*, ital. *Bondad*, esp. *Bondade*, port. *Bontat*, cat. anc. Bonté, qualité par laquelle une personne ou une chose est bonne.

Éty. du lat. *bonitatis*, gén. de *bonitas*, m. s. V. *Bon*, R.

BONTAT, s. f. vl. Valeur, courage; dédommagement, service, bonne œuvre, gratification.

BONTATGE, s. m. vl. BONTIETZ. Bonté, qualité.

Éty. de *bontat*. V. *Bon*, R.

BON-TOUS-TEMPS, expression de souhait. Bonheur et prospérité sans fin.

BONZINA, s. f. vl. Trompette. Voy. *Troumpeta*.

Éty. du lat. *buccina*, formé de *bucca cano*.

BOO

BOO, adj. anc. béarn. V. *Bon*, R.

BOOTES, s. m. vl. *Bootes*, cat. esp. *Boote*, ital. Le bouvier, constellation.

Éty. du lat. *booetes*, m. sign.

BOOU, s. m. (bóou). Un des noms du bœuf. V. *Buou*.

Éty. du lat. *bovis*, génit. de *bos*; d'où: *Bov* et *Boou*, par le changement de *v* en *ou*. V. *Bov*, R.

BOOU, pour bonne pêche. V. *Bau*. *Faire boou*, au jeu de vendôme, c'est faire la vole. Avril.

BOOU, BOL, s. m. (bóou). Nom que les pêcheurs de l'*aissaugue* donnent au poste qu'ils occupent.

Éty. du lat. *bolus*, coup de filet, amorce, dérivé du grec βαλλω (balló), jeter.

BOOU, s. m. dl. Le même que *Bolí*, v. c. m. et *Bol*, R.

BOOUBECHA, V. *Bobecha*.

BOOUCAR, Avril. V. *Baucar*.

BOOUDANA, V. *Baudanas*.

BOOUDRE A, adv. (à bóoudré); BOOU-DROOU, BAUDRE. En abondance, à foison; en désordre.

BOOUDROI, dl. V. *Baudruelh*.

BOOUDROOU, s. m. (booudróou). M. Avril, dont nous tirons ce nom, le définit: *Insecte*, *melc de la sauterelle*; ce qui veut probablement dire, mâle de la sauterelle et n'apprend pas davantage. V. aussi *Booudre*.

BOOUDROUN, s. m. (booudróun). Boulin, soliveau qui soutient les échaffaudages.

Éty. de *bodrillon*, qui dans l'ancien langage signifiait, chevron, pieu.

BOOUDUFA, V. *Boudufa*, V. *Boud*, R.

BOOUFIGA, V. *Boufiga*.

BOUJA, s. f. ou

BOOUJOU, s. m. (bóoudjou). Gros soufflet de forge. Garc. V. *Baugeas*.

BOOUMAR, V. *Baumar*.

BOOUMETA; alt. de *baumeta*. Voy. *Balm*, R.

BOOUMI, s. m. (bóoumi), d. bas lim. Clôture, barrière faite sur une rivière ou sur un canal, ayant une ou plusieurs portes.

BOOUMIAN, ANA, s. (booumian, áne), BAUMIAN, BOIME, BOUEMIS, BOUIMENC, BEMI, BOULEMI. Bohémien, ienne; c'est le nom qu'on donne aux individus d'une peuplade errante, vagabonde et dissolue qui fit irruption en Europe vers le commencement du XVme siècle. Les bohémiens se livrent au commerce et à toutes sortes de fraudes, et les bohémiennes disent la bonne aventure, et non donnent *la bonne fortune*, comme on le dit journellement.

Éty. de *boem*, vieux mot français qui, selon Borel, signifiait ensorcelé.

Voici de quelle manière Pasquier, dans ses recherches, raconte leur arrivée: « Au » mois d'avril, 1427, il vint à Paris douze » penanciers, c'est-à-dire, pénitents, comme » ils le disaient: un duc, un comte, et dix » hommes à cheval qui se qualifiaient chré- » tiens de la basse Egypte, chassés par les » Sarrasins, et qui, s'étant adressés au pape » pour confesser leurs péchés, avaient reçu » pour pénitence d'errer sept ans par le mon- » de, sans coucher dans aucun lit. Leur suite » était d'environ 120 personnes tant hommes » que femmes et enfants. Leurs femmes étaient » très-laides et diseuses de bonne avanture. »

On attribue diverses origines à ces hôtes étranges: celle de Collemau et de David

Richardson, qui place le berceau des Bohémiens dans l'Inde, est la plus accréditée. Dict. des Dates.

D'autres pensent qu'ils sont originaires de l'Egypte, et le nom de *Gitanos*, qu'ils portent en Espagne, qui est une corruption d'*Egiptianos*, semble le confirmer.

BOOUMIANA, s. f. Nom qu'on donne, au Vernet, près de Seyne, à l'anémone des Alpes, quand elle est en fleur. V. *Barbua*.

BOOUMIANA, s. f. est encore le nom qu'on donne, dans les B.-du-Rh. selon l'auteur de sa Stat. à la *Raïa fatidica?* Raie divineresse, poisson de l'ordre des Trématopnés et de la fam. des Plagiostomes (à bouche transversale).

BOOUMIANCHALHA, s. f. (booumiantchâille). Nom collectif sous lequel on comprend, non seulement tous les Bohémiens, mais encore les vagabonds en général.

BOOUMIANCHARIA, s. f. (booumiántcharie). Action de bohémien. Avril.

BOOUMIR et composés. V. *Vooumir*, etc.

BOOUMITORI. V. *Vooumitif*.

BOOUTA, s. f. (bóoute), dl. Façon qu'on donne à la terre.

Éty. ce mot est une alt. de *voouta*, tour. V. *Voulu*, R.

Nou y sap dounar ni tour ni boouta, il ne sait par quel bout s'y prendre.

BOOUTESAR, et

BOOUTHAZAR, Nom d'homme. V. *Balthazar*.

BOOUTUGAIRE, s. m. (booutugäïré). Agaçant, qui agace. Aub.

BOOUTUGAR, v. a. (booutugá). Agacer. Aub. froisser, déranger quelque chose avec les pieds. Avril.

BOOZELS, s. m. vl. Le Bouvier, constellation.

BOP

BOPRE, V. *Beouprat*.

BOQ

BOQUEJAR, v. a. et n. vl. *Boquejar*, cat. *Boquear*, esp. *Boccheggiare* ital. Battre, bâiller, bayer, ouvrir la bouche.

BOQUERAN, vl. V. *Bocaran*.

BOQUET, s. m. vl. Petit bouc, chevreau. V. *Boucachoun*.

Éty. de *boqu* et de *et*. V. *Bouc*. R.

BOQUETA, vl. V. *Bouqueta*.

BOQUI, s. m. (bóqui). Image, dessein grossier et mal fait. Garc.

BOQUIER, s. m. vl. *Boquerius*, basse lat. Boucher. V. *Bouchier* et *Bouc*, R.

BOQUIN, **INA**, adj. vl. De bouc, *carn boquina*, chair de bouc. V. *Bouc*, R.

BOQUINA, s. f. vl. *Boquena*, basse lat. Peau de bouc. V. *Bouc*, R.

BOR

BORA, s. f. (bóre), dl. Le même que *Sagna*, v. c. m.

Éty.

Se lou soul era prou fort (lou sourel)
Per seca nostras demoras,
Nostres valas, *nostras* boras. Tandon.

BÓRA, s. f. SOUPA-DE-FARINETA. Bouillie faite avec de la farine. Aub.

BORAL, s. m. vl. Une bagarre, un entretien bruyant. Sauv.

BORALI, s. m. (borále), d. bas lim. Différent, dispute, querelle.

BORAR, v. a. vl. Marcher à l'ennemi.

BORBOLHOS, s. m. vl. Brouillon.

Éty. *Bórböll*, en catalan, signifie fraude, dol, tromperie, et *Bórböllaire*, trompeur, filou.

BORC, s. m. vl. *Borc*, cat. Bourg. V. *Borg*. Bâtard. V. *Bastard*.

BORC, s. m. (bor), et *bourc*, vl. Un bâtard. V. *Bastard*.

BORCEL, s. m. vl. Bourse, gousset.

BORCES, s. m. vl. Bourgeois. V. *Borges*.

BORD, BROD, BROUD, radical dérivé de l'allemand *bord*, bord, lisière, extrémité, ou du latin *ora*, par addition de *b*. Dérivés: *Bord*, *Bord-agi*, *Bord-ar*, *Bord-egear*, *Bord-ereou*, *Bord-ura*, *Bourd-iga*, *Bourd-ar*, *A-bord*, *Abord-ar*, *Abord-agi*, *In-abor-dable*, *Des-bord*, *Desbord-ar*, *Desbordament*, *Re-bord*, *Rebord-ar*, *Sa-bord*, *Tribord*, *Vi-bord*.

De *bord*, par aphérèse et changement de *d* en *l*, *orl*; d'où: *Orl-e*, *Or-lar*, *Orl-at*.

BORD, 2, radical dérivé de l'anglo-saxon, *bord*, cabane, métairie, maison, *borda* et *boria*, basse latinité. Dérivés: *Bord-a*, *Bor-al-ier*, *Bord-aria*, *Bord-el*, *Bordil-er*, *Bord-iou*, *Bord-iga*, *Bor-ia*, *Bort*, *Bourd-il-er*, *Bourd-el*, *Bourd-eou*, *Bourd-ier*, *Bouri-aire*.

Et les noms propres: *Borda*, *Laborde*, *Bordeau*, *Bourdais*, *Borderie*, *Bordier*, *Bourdaloue*.

Nous pensons que c'est à tort que M. Roquefort dérive ces noms de bord, lisière, au lieu de *borda*, maison, métairie.

BORD, s. m. bórd); RIBA. *Bordo*, ital. cat. *Borde*, esp. *Borda*, port. *Bord*, all. *Bora*, cat. *Burdus*, basse lat. Bord, il se dit communément des parties les plus éloignées du milieu d'une étendue limitée.

Éty. de l'all. *bord*, m. sign. V. *Bord*, R.

Bord d'una campana, pince d'une cloche.
Bord pendis d'une ribiera, berge.
Bord de la mar, rivage de la mer.
Bord d'un pous, margelle.
Bord escarpat de la mar, dune.
Bord d'un bosc, orée.

BORD, s. m. En terme de mar. bord se prend pour un côté du vaisseau et pour le vaisseau même. V. *Bord*, R.

BORD, **ORDA**, adj. vl. g. BORT. *Bord*. cat. Bâtard, arde.

BORDA, s. f. (borde). Impératif du verbe *bourdar*, commandement de marine pour faire border les écoutes, pour les tirer ou haller, jusqu'à ce qu'on fasse toucher le coin de la voile à un certain point. V. *Bord*, R.

Borda et *brassa*, autre commandement pour faire border les écoutes et brasser les vergues en même temps.

BORDA, s. f. (bórde), dg. et l. BOURDIER, BORIA. *Borda*, basse lat. anc. cat. Métairie. V. *Mas*. d. bas lim. maisonnette, chaumière.

Éty. de saxon *bord*, chaumière, cabane, métairie. V. *Bord*, R. 2.

BORDA, s. f. vl. Bourde, menterie, jactance.

BORDA, s. f. (bórde), Pour fétu. V. *Bouerda*, comme plus usité. et *Bard*, R. 2.

BORDADA, s. m. (bourdáde); BOURDADA. *Bordata*, ital. *Bordada*, esp. port. cat. Bordée, décharge de tous les canons du bord d'un vaisseau. Fig. flux de paroles, cours d'un vaisseau qui louvoie.

Éty. de *bord*, côté du vaisseau, et de la term. pass. *ada*. V. *Bord*, R.

BORDAGI, s. m. (bourdádgi); BOURDAGI. Bordage, on donne plus particulièrement ce nom aux planches qui recouvrent en debors la carcasse d'un navire; mais en terme de mar. toutes les planches de chêne, et même celles de sapin qui ont plus de deux pouces d'épaisseur, s'appellent aussi bordages; dans les bateaux, celles qui recouvrent les courbes.

Éty. de *bord* et de la term. *agi*, litt. je fais ou forme le bord. V *Bord*, R.

On nomme:

VAIVRAGE, SERRAGE ou VAIGRE, le bordage de l'intérieur du vaisseau.
PARACLOSE, le premier tour du vaigre qui règne le long de la carlingue.
VAIGRES D'EMPATURE, Les deux ou trois virures plus fortes qui règnent vers le milieu des genoux.
VAIGRES DE MURAILLE, celles d'entre-pont ou de vire-bord.
GABORDS, les bordages qui servent dans la quille à l'extérieur.
RIBORD, La virure qui est par-dessus.
BORDAGES DE FLEURS, ceux qui règnent extérieurement, vers le milieu des genoux.
BORDAGES DE DIMINUTION, ceux qui sont au-dessous des précédents, etc.

BORDAGI, s. m. *Bordage*, l'action de border quelque chose, un chapeau, un soulier; ce qu'il en coûte pour cela.

Éty. de *Bord*, R. et de *agi*.

BORDAGIER, s. m. (bourdadgié); BOURDAGIER, BOURDELIER, BOURDILHOS. Balayures.

Éty. de *borda*, fétu. V. *Bord*, R. 2.

BORDALES, s. m. vl. Bordelais, qui est de Bordeaux; le bordelais.

BORDALHA, s. f. (bordäille), d. bas lim. On le dit de tout ce qui flotte dans un liquide. Béron. V. *Bard*, R. 2.

BORDALIER, s. m. (bourdalié); BOURDALIER. *Bordarius* et *bordellarius*, en basse lat. fermier, métayer.

Éty. de *borda* et de *ier*, *l*, est euphonique. V. *Bord*, R. 2.

BORDAR, v. a. (bourdá); BOURDAR. *Bordare*, ital. Border, garnir le bord de quelque chose, mettre une bordure.

Éty. de *bord* et de l'act. *ar*, litt. mettre le bord. V. *Bord*, R.

Bourdar un tableou, embordurer et non *border* un tableau.

BORDARIA, s. m. vl. *Borderie*, petite métairie, petite maison de campagne.

Éty. de *borda* et de *aria*. V. *Bord*, R. 2.

BORDAREOU, s. m. (bourdarèou); BOURDAREOU, BORDEREOU, ROLE, NOTA. Bordereau, mémoire ou note des espèces diverses qui composent une somme; extrait de compte tiré hors de ligne.

Éty. de *bord*. V. *Bord*, R.

Je crois, dit le Duchat, que le bordereau a été ainsi appelé parce que ce papier n'est écrit que sur les bords, savoir, à gauche les espèces et à droite leur valeur.

BORDAT, **ADA**, adj. et p. (bourdá, áde);

BOURDAT. *Bordado*, port. *Bordatus*, basse lat. Bordé, ée, chose à laquelle on a mis, ajouté un bord : *Capel bordat*, chapeau bordé.

Éty. de *bord* et de *at*, bord fait. V. *Bord*, Rad.

BORDEGEAR, v. n. (bourdedjà); BOURDEGEAR. *Bordejar*, port. Border, bordayer, ou louvoyer, gouverner tantôt d'un côté, tantôt d'un autre, lorsque le vent ne permet pas de porter le cap à la route. Jouer du bâton, dl.

Éty. de *bord* et de la term. *egear*, tirer des bordées. V. *Bord*, R. et dans la dernière acception de *bourda*, bâton.

BORDÈI, s. m. vl. BORDEIT, BORDEITZ, BORDEY. *Behourdie*, art de jouter, tournoi. Joujou.

Éty. de *beort*, R. v. c. m.

BORDEIT, vl. V. *Bordei* et *Beort*, R.

BORDEL, s. m. (bourdèl); BOURDEL, BOURDEOU. *Bordèll*, cat. *Burdel*, esp. *Bordello*, ital. *Bordell*, all. Bordel, lieu de prostitution.

Éty. de l'anglo-saxon, *bord*. V. *Bord*, Rad. 2, maison, cabane, *Bordellum*, basse lat. métairie, nom qu'on donnait autrefois, dit Raymond, à des appartements souterrains qu'habitaient les femmes pour être à l'abri de toute insulte. Les hommes ayant avec le temps, pénétré dans ces demeures, elles cessèrent d'être des asiles de chasteté, pour se transformer en lieux de prostitution, et leur nom servit a désigner des maisons de débauche. V. *Bord*, R.

Guillaume de Jumiedj emploie *bordellus*, pour maison; V. dans le 1er volume du traité des maladies vénériennes d'Astruc, 3me édit. Paris, 1755, p. 205, et suiv. Les curieux statuts sur le lieu public de débauche d'Avignon, qu'on attribue à la reine Jeanne 1re, donnés en 1347.

Louis IX. prohiba les maisons de ce nom. Philippe le Hardi, les supprima en 1272, et depuis, on désigna les rues où elles pouvaient être tolérées, qu'on appelait anciennement *carrieras caldas* ou *caudas*, rues chaudes.

BORDEL, s. m. vl. Baraque, petite maison, bordel.

BORDELA, nom de lieu, vl. *Bordea*, basse lat. Bordeaux.

Éty. du lat. *burdigala*, m. s.

BORDELAIRIA, s. f. vl. Libertinage.

Éty. de *bordel* et de *aria*. V. *Bord*, R. 2.

BORDELAR, v. n. vl. m. s. que *fornicar* et *Palhardar*, v. c. m.

BORDELEIRA, s. f. vl. Femme prostituée.

BORDELIER, adj. vl. *Bordelliere*, ital. Débauché, libertin.

Éty. de *bordel* et de *ier*. V. *Bord*, R. 2.

BORDELZ, Ancien nom de bordeaux.

Éty. du lat. *Burdigala*, m. s. V. *Bourdeous.*

BORDEREOU, s. m. (bourderèou). V. *Bordareou.*

BORDERGUATZ, vl. Loi des sentinelles allemandes.

BORDEY, vl. V. *Bordei.*

BORDIGA, s. f. V. *Bourdiga* et *Bord*, Rad.

BORDIL, s. m. vl. Métairie, ferme. V. *Borda* et *Bord*, R. 2.

BORDILER, s. m. (bourdilè); BOURDILE, BOURDIER. *Borderius*, basse lat. Métayer. V. *Masier*, *Rentier* et *Bord*, R. 2.

BORDIOU, s. m. (bourdiòu), dg. BOURDIOU. Maison, ferme, métairie.

Éty. de la basse lat. *borda*, derivé du saxon bord, maison, d'où l'ancien français bourdil et bourde. V. *Bord*, R. 2.

Mes s'entourne dret al bourdiou
Per coussira so qu'ere Diou.
D'Astros.

BORDIR, v. n. vl. BAORDIR, BURDIR, BORDRE. *Behourder*, joûter, folâtrer, s'amuser, bondir.

Éty. *Beort*, R. v. c. m. ou de la basse lat. *Bordiare*, m. s.

BORDISSAR, v. a. (bordissà), d. bas lim. Se vautrer, se rouler dans la boue. V. *Vioutar se*, *Tourchadar.*

BORDO, s. m. vl. g. BORDON. *Bordon*, esp. Dans *las Flors del gay saber*, ce mot est toujours pris dans le sens de vers.

Pauza de bordo, repos du vers, de l'hémistiche.

Bordos, en autra maniera apellatz bordonetz, o versetz, o bastos, o bastonets; alqu'dizo vers. ibid.

Bordos es una part de rima que al mays conte 12 sillabas. Le vers est une partie de rime qui contient au plus 12 syllabes.

BORDO, s. m. vl. Bourdon de pélerin. V. *Bourdoun.* Lance, pique, bâton.

BORDOLES, s. f. vl. BORDOLEZ. Hangar, maisonnette, petite habitation.

Éty. de *bord*, de *ol*, dim. et de *es*. V. *Bord*, R. 2.

BORDON, vl. V. *Bordo.*

BORDONER, s. m. vl. BOURDONNIER. Porte bourdon, nom par lequel les habitants des pays envahis par la croisade albigeoise, désignaient les croisés, Faurier. V. *Bourdoun.*

BORDONET, s. m. vl. Petit vers.

Éty. de *bordos* ou *bordon*, et de *et*, dim.

Bordos, en autra maniera apellatz bordonetz. Flors del gay saber.

BORDOUS, OUSA, adj. (bordóus, óuse). Bourbeux, euse, plein de bourbe, trouble, qui n'est pas clarifié: *Riou bordous*, ruisseau bourbeux.

Éty. de *bord*, pour *bard*, boue, fange, et de *ous*. V. *Bard*, R. 2.

BORDRE, vl. V. *Bordir.*

BORDURA, s. f. (bourdùre); BOURDURA. *Bordatura*, ital. basse lat. Bordure, on le dit en général de tout corps appliqué sur les extrêmités d'un autre, pour le soutenir ou pour y servir d'ornement.

Éty. de *bord* et de *ura*. V. *Bord*, R.

BOREAL, adj. vl. *Boreal*, esp. cat. port. *Boreale*, ital. Boréal, qui se montre du côté du nord.

Éty. du lat. *borealis.*

BOREAS, s. m. vl. *Boreas*, esp. port. *Borea*, ital. Borée, le vent du nord.

Vent boreal *qui es freg e sec.*

Éty. du lat. *boreas.*

BOREL, s. m. vl. Bourrelet. V. *Bourrelet* et *Bourr*, R.

BOREL, V. *Borrel*, *Bourreou* et *Bourrel*, R.

BORG, BORC, s. m. vl. *Borg*, cat. Bourg. V. *Bourg*, R.

BORGES EZA, s. m. vl. BORZES, BORGUES, *Borgues*, cat. V. *Bourgeois* et *Bourg*, R.

BORGET, s. m. vl. Petit bourg. V. *Bourget* et *Bourg*, R.

BORGNA, s. et adj. f. (bórgne). Borgne, alt. de *Bornia*. V. *Borni* et *Born*, R.

BORGNA, s. f. Contusion. V. *Bougna* et *Baioca.*

BORGNA, *de moulin*. V. *Fugida.*

BORGNAS, s. f. pl. (bórgnes), d. bas lim. *Fa las borgnas*, montrer sur son visage de la mauvaise humeur ou du mécontentement, froncer le sourcil, se refrogner. Béron. V. *Bobas* et *Moutar.*

BORGUES, ESA, s. vl. BORZEY. Bourgeois, eoise.

BORGUESIA, s. f. vl. V. *Bourgeoisia* et *Bourg*, R.

BORGNI, d. mars. alt. de *Borni*, v. c. m. et *Born*, R.

BORI, s. m. vl. *Bori*, anc. cat. Ivoire.

Éty. du lat. *eboris*, gén. de *ebur.*

BORI, s. m. (bóri). Bol d'Arménie, substance d'un brun rouge. V. *Boli.*

Bori, se dit aussi du sédiment que forment l'huile et les autres liquides. Aub.

BORIA, s. f. (bórie), dl. BARIA, BORDA, GRANGEA, BASTIDA, MAS, etc. Synonymes des noms français ferme, métairie, cense, masure, ménil, manoir, mense. Sauv.

Éty. de la basse lat. *boria*, fonds de terre, maison de campagne; dérivé du lat. *boaria*, étable à bœufs, jas. V. *Borda* et *Bord*, Rad. 2.

Vous n'augmentarés pas per aquo vostro glorio,
Ni noun crouroparés pas per aquo mas ni *borio*.
Le Sage.

BORLI, ORLIA, adj. et s. (bórli, órlie), d. bas lim. Borgne. V. *Borni* et *Born*, R.

BORLLEI, s. m. vl. Appareil, faste.

BORM, s. m. et

BORMA, s. f. (bórme), dl. et g. *Borm*, cat. alt. de morbus, d'où par apoc. *morb*, et *borm* par anagramme. V. *Morva.*

BORMOULADA, s. f. (bourmouláde), dl. *Una bormulada*, un petit morveux, un enfant. V. *Morb*, R.

BORMOUS, OUSA, adj. (bourmóus, óuse). Morveux. V. *Mourvous* et *Morb*, R.

BORN, rad. dérivé du bas breton *born*, borgne, Ménage, prétend que *borgne*, français, *bornio*, ital. et *born*, bas breton, viennent tous du lat. *orbus*, de cette manière: *orbus*, *orbinus*, *orbnus*, *bornus*, *bornius*, *bornio*, *borgne*, *born*; on a dit *borgnus*, dans la basse lat. Dérivés: *Born-i*, *ia*; *Borniclet*, *Borni-goun*, *Es-borni-ar*, *Born-egear*, *Em-borni-ar*, etc.; et par métagr. de *o* en *ou*: *Bourni-achou*, *Bourni-clet*, *Bourniquel*, *A-bourgn-ar*, *Bourgn-aire*, etc.

De *born*, par le changement de *n* en *gn*, *borgn*; d'où : *Borgn-a*, *Borgn-i*, *Borl-i*.

BORN, s. m. vl. Bord, *de born en born*, à toute volée, en parlant d'une cloche. Voy. *Bord*, R.

BORNA, s. f. Cavité, creux.

Borna d'un aubre, creux d'un arbre.

Borna d'une chamineya, tuyau d'une cheminée.

BORNA, s. f. (bórne). Borne, frein, empêchement, pour borne, limite. V. *Bouina*.

Éty. de la basse lat. *Bornia*, m. s. Voy. *Bouin*, R.

BORNA, s. f. Borne ou pierre ordinairement taillée en cône tronqué, destinée à garantir les murs. V. *Buta-roda* et *Bouin*, Rad.

BORNAR, v. a. (bourná); BOURNAR. Borner, mettre des bornes, limiter, circonscrire, terminer; offusquer, empêcher de voir.

Éty. de *borna* et de *ar*, mettre une borne. V. *Bouin*, R.

Creuser, rendre creux. Avril.

BORNARUT, **UDA**, adj. BOURNARUT, d. apt. Creux, euse. V. *Bornat*.

BORNAT, ADA, adj. et p. (bourná, áde); BOURNAT. Borné, ée, limité; creux; fig. dont l'esprit n'est pas ouvert, très-limité.

Éty. de *borna* et de *at*, litt. borne mise.

BORNAT, s. m. (bourná), dg. et bas lim. BOURNAT. Ruche faite avec un panier d'osier ou de paille, en forme de cloche. V. *Brusc*.

Éty. de *bournal*, qui signifiait rayon de miel, en gaulois, ou de *bornat*, creux, vide.

BORNEGEAR, v. n. (bornedjá); BOURNEGEAR, CLINCHAR, BOURGNAR. Bornoyer, voir et reconnaître à l'œil, si une pierre, une planche, un mur, sont d'alignement; fermer un œil pour mieux ajuster avec l'autre; lorgner, regarder avec une lorgnette.

Éty. de *borni* et de *egear*, litt. faire le borgne, parce qu'on ferme un œil quand on bornoye. V. *Born*, R.

BORNEGEAR, v. a. Ce verbe est aussi actif selon Achard et il signifie alors dégrossir, dresser le parement d'une pierre, d'une pièce de bois. V. *Born*, R.

BORNEO, (borneó); *Borneo*, ital. esp. port. Bornéo, île de l'Océanie, la plus considérable du globe, après la Nouvelle Hollande. Elle est située dans la Mer des Indes. Elle a 300 lieues de long sur 250 de large.

Éty. Le nom de *Bornéo*, a été donné en 1530, à cette île, par les Portugais, qui la découvrirent en 1521.

BORNI, ORNIA, s. et adj. (bórni, órnie); BORLHE, BORLI, BATOUL, ORBOU, AVUGLE, BORNI D'UN UELH. *Borgno* et *Bornio*, ital. anc. *Borni*, cat. Le sens le plus ancien de ce mot en provençal, est aveugle, comme le prouvent une infinité de manières de parler, telles que les suivantes:

Cantar coumo un borni, chanter comme un aveugle.

Borni de Prouvença, un aveugle.

Lou pichot borni, Cupidon, l'amour; et ces vers de La Bellaudière:

Trop plus desfortunat you siou que n'est un *borny*,
Lou qual non poot vezer, pan, vin, oly ny sau.

Crida coumo un borni qu'a perdut soun bastoun, il crie comme un aveugle qui a perdu son bâton.

Aujourd'hui il est synonyme de borgne.

On donne aussi le nom de *borni*, aux vers à soie qu'on croit privés de la vue, quoique les organes de ce sens n'existent pas chez ces insectes à l'état de chenille.

Éty. du bas breton *born*, m. s. V. le R. *Born*.

Borni, se dit encore du jeu de colin-maillard.

BORNICLET, ETA, s. et adj. (bournicIé, éte); BOURNIQUET, SUP, CALUT, TUCLE, BOURNIQUEL, BOURNIACHOU. Myope, qui a la vue basse, faible, le contraire du presbyte.

Éty. de *borni*, aveugle, et du dim. *clet*, *cleta*. V. *Born*, R.

Ce mot est pris ironiquement pour l'amour dans les vers suivants:

Ah! pichot bourniclet *vous m'avez per detras,*
En surpresa blessat, eme vouestre matras.
Jard. m. Pr.

BORNIGOUN, s. m. (bournigóun); BOURNIGOUN. Petit réduit mal éclairé. Garc.

BORNIGOUN, s. m. (bournigóun); BOURNIGOUN. Ruelle ou petite rue étroite, cul de sac, ou rue sans issue à l'extrémité.

Éty. de *borni*, qui n'a qu'un œil, et fig. qu'une ouverture. V. *Born*, R.

BORNIT, adj. vl. BORNITZ. Bruni.

BORNS, s. m. pl. vl. *Pommes de tente*, Gloss. Occit. *tente* est probablement une faute d'impression.

BORO, s. m. (bóre). Bore, corps simple, pulvérulent, brun verdâtre, sans odeur et sans saveur, infusible, et plus pesant que l'eau, qu'on extrait de l'acide borique.

Éty. V. *Bouras*, borax.

MM. Gay-Lussac et Thénard, l'ont découvert, en 1809.

BOROLA, s. f. vl. Brouillerie, sédition.

BORRA, s. f. vl. V. *Bourra* et *Bourr*, Rad.

BORRAGE, s. f. vl. V. *Bourragi*.

BORRAS, vl. V. *Bourras*.

BORREL, s. m. vl. Bourreau. V. *Bourreou*.

BORREL, vl. *Bourrelet*, v. c. m.

BORROT, s. m. vl. Bourre. V. *Bourra*.

BORS, s. f. vl. BORSEGUI, BORSI. Bourse. V. *Boursa*.

BORSA, vl. V. *Boursa*.

BORSEDURA, s. f. vl. Froissement.

BORSEGUI, vl. Bourse. V. *Boursa*.

BORSEL, s. m. vl. Gousset. V. *Boussoun*.

BORSI, vl. Bourse. V. *Boursa*.

BORT, s. m. vl. BORTZ. Joûte; bourde, gasconnade.

BORT, s. m. dg. Côté. V. *Bord*, R.

Benio tapauc de soun bort *besita*.
Bergeyret.

BORT, s. m. vl. *Bord*, cat. *Borde*, esp. Bâtard, parasite. V. *Bord*.

Éty. V. *Borda*.

BORZES, vl. V. *Bourgeois*.

BORZESA, s. f. vl. Bourgeoise. V. *Bourgeois*.

BORZEY, s. m. anc. lim. Bourgeois.

BOS

BOS, s. m. V. *Bosc*.

BOS, prép. dl. *Bos en la*, de ce côté là. *Bos en amont*, là haut. V. *Vers*.

BOS, adj. vl. Brave, vaillant. *Bos home*, moine, religieux.

Éty. Alt. de *bon*.

BOSA, s. f. (bóse). Nom languedocien des *typha*. V. *Sagna*, *Filoua* et *Bola*.

BOSC, BOSQU, BOUESC, BOUASC, BOUSC, BUSC, BUCH, radical dérivé du gothique *busche*, bois, forêt, selon Olaus-Magnus, cité par Aldrete, p. 361; d'où: *Boscus*, *Boscum*, en basse lat. *Busch*, en all. *Bosque*, en esp. *Bosco*, en ital. et *Bois*, en français. D'autres le font venir du celt. *boes*, arbres, bois.

De *busch*, par apoc. *busc* ou *busqu*; d'où: *Busc*, *Busc-a*, *Busc-alha*, *Des-busc-ar*, *Em-busc-ar*, etc. *Busqu-eta*, et par le changement de *u* en *ou*: *Bousc-agi*, *A-bousc-assit*, *Bousc-alha*, *Bousc-at-iera*, *Bousc-arla*, etc.

De *busc*, par le changement de *u* en *o*, *bosc* ou *bosqu*; d'où: *Bosc*, *Bosc-agi*, *Bosc-ar*, *Bosc-as*, *Bosqu-egear*, *Bosqu-ilhoun*, *Em-bosc-ar*, *Des-bosc-ar*, etc.

De *bosc*, par le changement de *o* en *oue*, les mêmes mots, *bouesc*, et par la supp. du *c*, *Boues-agi*, *Boues-ar*, etc.

De *bouec*, par le changement de *e* en *a*, *bouas*, d'où les mêmes mots qu'en *oues*.

De *busc*, par le changement du *c* en *s*, *buss*; d'où: *Buss-alha*, *Bussalh-oun*, etc.

BOSC, s. m. (bósc); BOUESC, BOUASC, BOUEI. Bois, substance ligneuse dure et compacte des arbres et des arbrisseaux, composée en grande partie de carbone, d'hydrogène, d'oxygène et d'un peu de potasse.

Éty. du celt. *boes* ou du gothique *busche*. V. *Bosq*, R.

On distingue dans le bois:

LA MOELLE, V. *Mouila*.
LE COEUR, ou la partie qui s'étend de la moelle à l'aubier.
L'AUBIER. V. *Aubecha*.
LE LIBER et L'ÉCORCE. V. *Escorça*.

Considéré sous le rapport de ses qualités, de ses usages et de l'état dans lequel il se trouve, le bois s'appelle en français:

BOIS ABROUTI, celui dont l'arbre a été brouté par les animaux.
AFFAIBLI, celui dont on a diminué la forme d'équarrissage.
D'ANDELLE, celui de hêtre, qui vient de la Normandie par la rivière d'Andelle.
APPARENT, celui qui étant employé n'est recouvert par rien.
A BATIR, celui qu'on emploie pour bâtir, pour les toits.
BOIS ARSIN, celui qui a été endommagé par le feu.
BLANC, V. *Bosc blanc*.
BOMBÉ, celui qui a quelque courbure naturelle.
BOUCAN, celui qui n'est plus propre qu'à brûler.
BOUGE, celui qui est courbé.
DE BRIN, les troncs dont on n'a ôté que les quatre dosses flaches.
DE CANTIBAY, celui qui n'est défectueux que d'un côté, qui n'a de flache que sur une face.
CARIE ou POURRI, celui qui a des malandres ou des nœuds pourris.
CHABLIR ou CHABLÉ, celui provenant des arbres qui ont été abattus par le vent.
DE CHARPENTE, celui qui est propre aux grandes constructions.
COMBUGÉ, celui qui est imbibé d'eau.
DE CONSTRUCTION, celui qui est propre à la construction des vaisseaux.
CORROYÉ, celui qu'on a dressé à la varlope ou au rabot.
COURBÉ, celui qui a une courbure naturelle.
DÉCHIRÉ, celui qui provient d'un ouvrage mis en pièces.
D'ÉCHANTILLON, celui qui est d'une dimension déterminée.
DÉCHAUSSÉ, celui des arbres dont on a déchaussé le pied.
D'ÉMAIL, celui qui est fendu et scié du centre à la circonférence.
DÉVERSÉ, V. *Gauche*.
DOUX, V. *Gras*.
DUR ou RUSTIQUE, celui qui a le fil gros.
ÉCHAPPÉ, celui qui est entraîné par les débordements.
DE FIL, celui qui est débité parallèlement aux fibres.

FLACHE, celui qui ne peut s'équarrir qu'avec beaucoup de perte.
FLOTTÉ, celui qu'on a conduit sur les rivières.
GAUCHE, GAUCHI ou DIVERSÉ, celui qui s'est tordu après avoir été travaillé.
GÉLIF, celui qui est rempli de fentes ou de gerçures causées par le froid.
GISANT, celui qui est coupé et étendu sur terre.
GRAS ou DOUX, *bosc-gai*, celui qui a peu de nœuds et qui est facile à travailler.
EN GRUME, celui qui est en tronçons avec son écorce.
LAVÉ, celui dont on a enlevé les traits de la scie.
LÉGER, celui de sapin, de tilleul, etc.
MADRÉ, NOUEUX, celui qui ne peut se fendre à cause de ses nœuds.
MARQUÉ, celui qui a une destination.
MOPLAT, celui qui étant travaillé, a beaucoup plus de largeur que d'épaisseur.
DE MERRAIN, celui qu'on a distribué en ais minces pour des douves.
MIPLAT, V. *Méplat*.
MORT EN PIED, celui dont l'arbre est mort sur pied.
MOULINÉ, celui qui a été rongé par les vers.
NOUEUX, V. *Madré*, *Signounous*, celui qui est rempli de nœuds.
NON OUVRÉ, celui qui n'a pas encore été travaillé.
D'OUVRAGE, celui dont on fait des sabots, etc.
OUVRÉ, celui qui a été travaillé.
PELARD, celui qu'on a dépouillé de son écorce.
POUILLEUX, celui qui est échauffé, plein de taches rouges et noires, qui annoncent qu'il se corrompt.
POURRI, V. *Carié*.
REFAIT, celui qui est équarri et dressé sur ses faces.
DE REFEND, celui qui est destiné à être refendu.
DE REMONTAGE, celui qu'on emploie pour les affûts, charriots, etc.
ROUGE, celui qui s'échauffe et qui est près de périr.
ROULÉ, celui dont les cernes de chaque année sont séparées.
RUSTIQUE, V. *Dur*.
DE SCIAGE, celui qui est destiné à être scié.
EN SEMELLE, celui qui est débité obliquement aux fibres.
DE TIGE, V. *De Brin*.
TRANCHÉ, celui qui est débité perpendiculairement aux fibres.

MM. Bray et Malo, ont en 1823, trouvé un procédé, par le moyen duquel ils moulent et coulent le bois, comme un métal.

BOSC, s. m. BOUESC, BOUASC. *Bosco*, ital. *Bosquo*, esp. port. *Bosc*, cat. Bois, la réunion d'un grand nombre d'arbres sur le même terrain; le terrain même où ils croissent, forêt.

Éty. de la basse lat. *boscus*, V. *Bosc*, R.

Bosc coupadis, bois taillis.

Bosc coumunau, bois communal.

Bosc d'un deven, bois en défends. Voy. *Deven*.

Dans un bois on appelle :

CLAIRIÈRE, *esclarsiera*, les endroits dégarnis d'arbres.
LAIE, une route taillée dans une forêt.
LAIS, les jeunes baliveaux de l'âge du bois qu'on laisse quand on coupe un taillis.
RAIN, *listera*, la lisière d'un bois ou d'une forêt,
TETARD, l'arbre qui, dans les coupes, est conservé pour tête de limite.
DEMI-FUTAIE, bois ou forêt de 40 à 60 ans.
BOIS DE HAUT REVENU, futaie de 40 à 70 ans.
BOIS A FAUCILLON, celui qu'un peut abattre avec la serpette.

On évalue à 6,530,000 hectares l'étendue superficielle des bois en France, d'après l'annuaire géographique de 1826, par M. Perrot.

BOSC-BAS, s. m. BOUESC-BAS. Petit bois, brouissailles, mort-bois.

BOSC D'ATEF, Bois qui provient des arbres que l'on cultive, ou qui croissent dans les champs cultivés.

Éty. de *atefiar*, élever, nourrir.

BOSC BLANC, *Bouesc blanc*. Bois qui provient des différentes espèces de pins, et particulièrement du sapin, du saule et du peuplier.

BOSC-DE-CAMPECH, BOUESC-DE-CAMPECH, BOI-GUINDE. *Campètxe*, cat. *Palo de campeche*, esp. *Campeggio*, ital. Bois de campêche : il provient de l'*Hœmatoxylum campechianum*, Lin. arbre de la fam. des Légumineuses, commun à Saint-Domingue et aux Antilles.

Éty. de la Baie de Campêche, où il est abondant.

Ce bois est employé pour la teinture en noir et en violet. Son principe colorant porte le nom d'hématine, dérivé du grec αἷμα (baima), sang.

BOSC-DE-CARROSSA, Bateau d'un carrosse.

BOSC DE FUSIOU, Bois de fusil. V. *Fusiou*.

BOSC-DE-LA-SANTA-BAUMA. Nom qu'on donne à l'if, aux environs d'Aix, parce que cet arbre croît dans le bois de la Sainte-Baume. V. *If*.

BOSC-DE-LIECH, s. m. pour bois de lit. V. *Lichiera*.

BOSC-DOOU-BRESIL, BOUESC-DOOU-BRESIL. Bois de Brésil, bois de Fernambouc, bois dont les teinturiers se servent pour teindre en rouge; il provient du Brésillet de Fernambouc, *Cœsalpinia echinata*, Lam. arbre de la fam. des Légumineuses, seconde section, qui croît sur les rochers, au Brésil.

Éty. Le bois de Brésil ne tire point son nom du pays, puisqu'au rapport d'Huet, le rabbin David Kimchi, dans son commentaire sur le livre des Paralipomènes, dit que le bois appelé dans l'écriture algammin est le même qu'on appelle brésil. Or, ce rabbin ayant écrit avant la découverte du Brésil, c'est plutôt le pays qui a pris le nom du bois.

Ducange, au mot *Brezellium*, cite une charte de 1208, où ce bois paraît déjà désigné par le mot *brezellum*.

BOSC-ESCOECH, Bois échauffé, bois qui commence à se gâter.

BOSC-ROUGE, Le cœur du bois, par opposition à l'aubier.

BOSC-SENSA-ESCORÇA. Bois pelard, bois privé de son écorce.

BOSCAGI, s. m. (bouscádgi); BOUSCAGI. *Boscage*, esp. *Boscaggio*, ital. *Bosquezinho*, port. *Boscatge*, cat. Forêt, bocage, bouquet de bois, petit bois; en parlant d'une maison, *Bouscagi* a la même signification que boisage, et que charpente, tout le bois qui entre dans sa composition.

Éty. de *bosc*, bois, et de *agi*, faire ou fait avec du bois. V. *Bosc*, R.

BOSCAIRAR, v. n. (bouscairá); BOSCAYRAR, BOSCALHAR, BOUSCAYRAR, BOUSQUILHAR. *Boscairare*, *Boscalhar*, *Bosquerare*, etc., basse lat. Ramasser du bois pour brûler; on ne le dit guère qu'en ce sens à présent, mais autrefois ce mot avait une signification plus étendue, car nous lisons dans un acte de 1278 : *Habere jus pascendi animalia sua et pecora, et Boscayrandi, seu ligna scindendi.*

Carpentier, en cite aussi un de 1206, où on lit : *Bosqueirandi seu ligna scindendi*. C'est pourquoi il définit le mot *boscairare, ligna cœdere*, couper du bois,

Il paraît donc évident que le mot *boscairare*, dans les actes anciens, signifie non seulement ramasser, mais même couper du bois. V. *Bosc*, R.

BOSCAL, s. m. vl. Forêt, bois. V. *Bosc*.

Éty. de *Bos*, R. et de *al*.

BOSCALHA, s. f. (bouscáille); BOUSCALHA, *Boscaglia*, ital. Toutes sortes de bois, du bois en général.

Éty. de *Bosc*, R. et de *Alha*, v. c. m.

BOSCALHAR, v. n. (bouscaillá); BOUSCALHAR, BOUSQUILHAR. Ramasser les petits morceaux de bois, prendre tout ce qui reste. V. *Boscairar*.

Éty. de *bouscalha*, et de la term. act. *ar*. V. *Bosc*, R.

BOSCAR, v. a. (bouscá); BOUSQUAR, BOUSCAR. *Boscar* et *Buscar*, esp. Chercher; attraper, prendre par ruse ou par adresse; filouter, extorquer; gagner en travaillant.

Éty. du grec βόσκω (boskô), ou de *posco*, demander, faire paître, nourrir; ou de *bosc* bois, et de *ar*, act. courir les bois, chercher. V. *Bosc*, R.

Boscar sa vida, chercher sa vie, sa nourriture, busquer fortune, *Boscar fortuna*, chercher fortune.

BOSCAR, v. n. Partir sans faire ses adieux, déguerpir, s'en aller dans les bois. V. *Bosc*, R.

BOSCARDIEIRA, dl. V. *Boscatiera* et *Bosc*, R.

BOSCARDIER, dl. V. *Bouscatier* et *Bosc*, R.

BOSCARIDA, s. f. (bouscaride); BOUSÇARIDA. Nom commun, dans le Gard, à plusieurs espèces d'oiseaux des genres *Motacilla* et *Sylvia*, de l'ordre des Passereaux et de la fam. des Subulirostres (à bec en alène).

Éty. de *bosc*, bois, qui habite les bois. V. *Bosc*, R.

On donne principalement ce nom : 1° Au bec-fin des roseaux, *Sylvia arundinacea*, Lath. 2° et au bec-fin mélanocéphale, *Sylvia melanocephala*. Lath.

BOSCARIDA-GROSSA, s. f. Nom langued. du torche-pot. V. *Sieta*.

BOSCARIDA-DEIS-JARDINS, s. f. Fauvette babillarde, *Sylvia curruca*, Lath. *Motacilla curruca*, Lin. *Curruca garrula*, Brisson. V. *Boscarla boundassiera grossa*.

BOSCARIDA-DEIS-PALUDS, s. f. ESCALA-SAGNA, BESSA-SAGNA, BOUSSIGNOOU-AIGUALHIER, BOUSSIGNOOU-DE-PALUN, LOU PICHOT. Bec-fin aquatique, *Sylvia aquatica*, Lath. elle est en-dessus d'un roux pale, taché de brun, ayant la poitrine rousse, l'abdomen et le croupion blancs.

BOSCARIDETA, s. f. (bouscaridéte); BOUSCARIDETA. Nom qu'on donne, dans le département du Gard, au pitchou de Provence. V. *Chaurctier* et *Pitchou*; à la Passerinette. V *Passerina*; il s'appliquerait encore, selon M. Anselme, à la *Sylvia conspicillata*.

Éty. dim. de *boscarida*. V. *Bosc*, R.

BOSCARLA, s. f. (bouscárle); BOUSQUERLA, BOUSCARLA, BOUSCARIDA, GARDA-CORTA. On donne assez indistinctement ce nom à plusieurs espèces de fauvettes, *Motacillæ*, Lin. oiseaux de l'ordre des Passereaux et de la fam. des Subulirostres ou Raphioramphes, (à bec fin). V. *Bosc*, R.

Dans le département des B.-du-Rh. selon l'auteur de sa Statist. c'est à la fauvette commune, *Motacilla hortensis*, Lin. qu'on applique plus particulièrement le nom de *bouscarla*.

Suivant Salerne, ce serait au traquet qu'on le donnerait. V. *Blavet*; et selon Buffon et l'Ency. à la fauvette grise ou grisette. V. *Bichot*. Enfin l'auteur de l'Ornithologie ou dénomination provençale française des oiseaux communs en Provence, traduit le mot *boscarla* par fauvette fauve, nom que je ne connais pas. M. Roux, Ornithologie provençale, donne le même nom à la fauvette babillarde, *Sylvia curruca*. Lath.

BOSCARLA, s. f. (bouscárle); BOUSCARLA. Nom qu'on donne, à Nice, selon M. Risso, au gobe-mouches à collier. V. *Brandala* et *Bosc*, R.

BOSCARLA-BOUNDASSIERA-GROSSA, s. f. Nom nicéen de la fauvette babillarde, *Curruca garrula*, Risso: *Motacilla curruca*, Gm. oiseau de l'ordre des Passereaux et de la fam. des Subulirostres (à bec en alène).

BOSCARLA BOUNDASSIERA MOUYENA, s. f. Nom nicéen de la fauvette grisette. V. *Bichot*.

BOSCARLA-DE-CANIER, s. f. (bouscárle-dé-canié); CIGALOUN, JAUNELLA. Fauvette des roseaux, *Motacilla salicaria*, Lin. oiseau du même genre que les précédents, qui habite les lieux marécageux, et particulièrement ceux où croissent des roseaux, *cana, canier*, d'où le nom qu'il porte.

BOSCARLA-CHINSOUNIERA, s. f. (bouscárle-chinsouniére). Nom qu'on donne, à Nice, selon M. Risso:

1° Au gobe-mouches becfigue, *Muscicapa luctuosa*, Lin. oiseau sédentaire sur les montagnes des environs de Nice.

2° Au gobe-mouches grisâtre, *Muscicapa grisola*, Lin. oiseau de l'ordre des Passereaux et de la fam. des Crénirostres (à bec à entaille).

BOSCARLA PASSERINERA s. f. BOSCATIEIDA, BOUSQUATIEDA, TESTA-NEGRA. Nom nicéen de la fauvette orphée, *Sylvia orphea*. Temn. *Curruca orphea*, Risso, oiseau du même genre que les précédents. C'est encore le nom de la fauvette passerinette. V. *Passerina*.

BOSCARLA-TESTA-NEGRA, s. f. Nom nicéen de la fauvette tête-noire. V. *Couloumbada pichota*.

BOSCARLA-VERA. Nom nicéen de la fauvette commune. V. *Bouscarla*.

BOSCARLETA, s. f. (bouscarléte). Nom nicéen du roitelet à poitrine jaune. V. *Couloumbada* et *Bosc*, R.

BOSCAS, adj. dl. Sauvage, *Branca boscassa*, branche sauvage, non greffée: *Cousin boscas*, cousin bâtard: *Front boscas*, front couvert de cheveux ou de poils.

Éty. de *bosc* et de *as*, dépréc. V. *Bosc*, R.

BOSCAS, s. m. (bouscás); BOUSCAS. Gros bois, grande forêt, forêt solitaire, mauvais bois, bois qui brûle difficilement ou qu'on ne peut pas travailler, bois sec ou inutile d'un arbre.

Éty. de *bosc* et de la term. augm. et dépr. *as*. V. *Bosc*, R.

Coupar lou bouscas d'un amourier, dl. ôter le sauvageon d'un mûrier greffé.

BOSCAS, s. m. Un des nom langued. de la menthe sauvage. V. *Mentastra* et *Bosc*, R.

BOSCASSA, s. f. (bouscásse). Le même que *Sauvi-sauvagea*. v. c. m.

Éty. de *bosc*, bois, et de *assa*.

BOSCASSIER, s. m. (bouscassié). Voy. *Boscatier* et *Bosc*, R.

BOSCASSIER, IERA, adj. (bouscassié, iére), dl. *Boschereccio*, ital. Bocager, ère, qui habite les bois.

Éty. de *boscas* et de *ier*. V. *Bosc*, R.

BOSCAT, s. m. vl. Bocage, bosquet. V. *Bosc*, R.

BOSCATGE, s. m. vl. Bocage, forêt. V. *Boscagi* et *Bosc*, R.

BOSCATIEIDA, s. f. (bouscatiéïde); BOUSQUATIEDA. Nom qu'on donne, à Gignal, Hérault, à la sylvie orphée. V. *Bouscarla passeriera*.

BOSCATIER, s. m. (bouscatié); OUS-CATIER, BOSCARDIER, BOUSQUETIER, ESPESSAIRE, BOSCASSIER, BOSQUILHOUN. *Boscajuolo* et *Boscatore*, ital. *Boscatèr*, cat. Bûcheron, ouvrier employé dans les forêts à abattre les arbres et à faire du bois de chauffage.

Éty. de *bosc*, de *at* et de *ier*, celui qui fait du bois. V. *Bosc*, R.

BOSCATIERA, s. f. (bouscatiére); BOUSCATIERA, LEGNER, LIGNER, BOSCARDIEIRA, BOUSQUETIERA. Bûcher, lieu où l'on serre le bois de chauffage; hangar au bois.

Éty. de *bosc-at-iera*, lieu où est placé le bois. V. *Bosc*, R.

BOSCOS, OSA, adj. vl. *Boscoso*, ital. Boisé, ée, couvert de bois. V. *Bouesat*.

Éty. de *bosc* et de *os*, qui est de la nature du bois. V. *Bosc*, R.

BOSCQ, s. m. anc. béarn. Bois. V. *Bosc*, Rad.

BOSO, s. m. vl. BOZA. Bélier: *Ung bozo, so es engin per derocar muralhas*, machine ou engin pour abattre les murs. V. *Bosson*.

BOSOULS A, adv. (à bosóuls), dl. Loin, au diable, je ne sais où.

BOSPHORO, s. m. (bosphóre); *Bosforo*, ital. esp. cat. *Bosphoro*, port. Bosphore, les anciens donnaient ce nom à un détroit ou canal de mer d'une petite étendue, qu'un bœuf pouvait traverser à la nage.

Éty. du lat. *bosphorus*, formé du grec βοῦς (bous), bœuf, et de πόρος (poros), passage.

Par le nom de Bosphore on désigne généralement aujourd'hui, le Bosphore de Thrace ou Canal de Constantinople, qui sépare l'Europe de l'Asie.

BOSQUEGEAR, v. n. (bousquedjá); BOSCATIAR, BOSCALHAR. *Boscheggiare*, ital. Fréquenter les bois, ramasser du bois. Voy. *Boscairar*.

Éty. de *bosç* et de *egear*. V. *Bosc*, R.

BOSQUET, s. m. (bousqué); BOUSQUET. *Bosquete* et *Bosquecillo*, esp. *Boschetto*, ital. *Bosquele*, port. Bosquet, petit bois, petite touffe de bois.

Éty. de *bosc*, et de la term. dim. *et*. Voy. *Bosc*, R.

BOSQUETA, s. f. (bosquéte); BOUSQUETA. Nom que porte, dans le département des B.-du-Rh. la leuzée conifère. V. *Lengua de cat*.

Éty. de *bosc*, qui habite les bois. V. *Bosc*, Rad.

BOSQUETIER, V. *Boscatier* et *Bosc*, R.

BOSQUETIERA, V. *Boscatiera*.

BOSQUIAR, et

BOSQUILHAR, v. n. (bousquillá); BOUSQUIAR. Partir, s'évader, prendre la fuite. Garc.

Éty. de *bosquilha* et de *ar*, s'en aller dans la broussaille, parce que c'est là ordinairement que les voleurs se cachent. Voy. *Bosc*, R.

BOSQUILHAR, d. de Carpentras. Voy. *Boscalhar*.

BOSQUILHOUN, s. m. (bousquillóun), dg. Bûcheron. V. *Boscatier*.

Éty. de *bosquilh* et de *oun*. V. *Bosc*, R.

BOSQUINA, s. f. vl. Forêt, bois taillis, broussailles.

Éty. de *bosqu* et de *ina*. V. *Bosc*, R.

BOSS, rad. dérivé du grec φύσσα (phussa), soufflet, ou φύσα (phusa), vessie pleine d'air, d'où bosse en général; d'autres le dérivent du celtique *boss*, m. s. ou du grec ὕβος (ubos), par anagramme *bosu*.

De *phussa*, on a fait *pussa*, et par le changement du *p* en *b*, *bussa*, et enfin par apoc. et changement de *u* en *o*, *boss*; d'où: *Bossa, Boss-agi, Bossel-ar, Boss-erla, Bosseela, Boss-ut, Des-boss-ar*, etc.

De *boss*, par le changement de *o* en *ou*, et de *ss* en *c*, *bouc*; d'où: *Bouc-earla, Boucerla*, etc.

De *boss*, par le changement de *o* en *ou*, *bouss*; d'où: les mêmes mots que par *boss*.

BOSSA, s. f. vl. Bourse, V. *Boursa*; bubon. V. *Bouboun*.

BOSSA, s. f. (bósse); BOUDAS. *Bozza*, ital. Bosse. V. *Gibba*, bosse, se dit, en général, de toute excroissance contre nature.

Éty. du celt. *boss*. V. *Boss*, R.

BOSSA, (bósse); *Beocia*, ital. *Beoce*, esp. Beauce, ancienne province de France, située entre le Perche, l'Ile-de-France, le Blaisois et l'Orléanais, faisant partie aujourd'hui du département d'Eure-et-Loir.

Éty. du lat. *Belsia*.

BOSSAGI, s. m. (boussádgi); BOUSSAGI. *Bozzo*, ital. Bossage, partie saillante d'un mur, d'une colonne, ou appareil de toutes les pierres posées en place où les moulures ne sont point taillées.

Éty. de *bossa* et de *agi*, je fais bosse. V. *Boss*, R.

BOSSAR, v. n. (boussá); BOUSSAR, BOUSSELAR, BAUSSAR. Ce mot signifiait originairement devenir bossu, de là l'expression figurée: *La terra si bosse*, que la terre devienne bossue de ton corps. Sauv.

Éty. de *bossa*, bosse, et de *ar*. V. *Boss*, Rad.

BOSSAS, s. f. pl. (bósses). Bosses: on nomme ainsi les cordages qui font dormant par un bout sur quelque chose de solide et qui s'entortillent de l'autre sur quelque manœuvre.

Éty. V. *Boss*, R.

BOSSAT, ADA, adj. et p. vl. Bosselé, gonflé, bossué.

Éty. de *bossa* et de *at*, fait en bosse. V. *Boss*, R.

BOSSEARLA, s. f. (bousseárle), dm. V. *Bosserla* et *Boss*, R.

BOSSEL, s. m. vl. *Bosse, bossel*, sorte de mesure : *E plen bossel de vi*. V. *Boss*, R.

BOSSELA, s. f. (boussèle); BOUSSELA, CABOSSA, dl. Oignon de lis, de tulipe, de jacinthe, etc. *Una bossela d'alhets*, une tête d'ail, qui est un assemblage de plusieurs gousses. V. *Vena*.

Éty. de *bossa* et de *ela*. V. *Boss*, R.

BOSSELANA, V. *Bocelana*.

BOSSELAR, v. n. (bousselá); BOUSSELAR, BOUSSAR, dl. Nouer, grossir, se renfler; on le dit particulièrement des oignons. Sauv.

Éty. de *bossa*, de *el* et de *ar*, former la bosse. V. *Boss*, R.

BOSSEMAN, s. m. (bossemán). Bosseman, quatrième officier marinier, qui est chargé du soin des cables, des ancres et des bouées.

Éty. de l'angl. *boat-swain*, contre-maître de navire.

BOSSEOU, s. m. (bousseou); BOUSSEOU. Nom générique par lequel on désigne toutes les espèces de poulies qu'on emploie sur un vaisseau. V. *Boss*, R.

Touffe de graines. Avril.

BOSSERLA, s. f. (boussèrle); BOUSSERLA, BOUCERLA, BOUSSEARLA. Ampoule, phlyctène, vésicule qui survient à la peau.

Éty. du celt. *boucellee*, selon Ach., mais plus probablement de *bossa*, bosse, et de *erla*, bosse élevée. V. *Boss*, R.

Que lei nieros, lei puou lei penaisos tamben
Vous fagoun jamai de boucerlo. Gros.

BOSSERLA, s. f. (boucèrle); BOUCERLA, RASQUETA. On donne ce nom à des galles qui croissent sur les oliviers, et qui sont produites par la piqure d'un insecte.

Éty. de *bossa*.

MM. Giovine et de Fons-Colombe pensent que ces excroissances servent de retraite, et peut-être même de nourriture à quelques insectes.

BOSSERLA, s. f. (boussèrle); BOUSSEARLA, BOUSSERLA. Nom par lequel on désigne, dans la Haute-Prov. le bolet du saule et le bolet amadouvier, parce qu'ils proéminent sur l'écorce de cet arbre, comme une bosse ou une ampoule. Après l'avoir charbonné et réduit en poudre on s'en sert pour faire de l'encre.

Éty. Parce que ce champignon forme une véritable bosse sur le tronc de l'arbre où il croît. V. *Boss*, R.

BOSSETA, s. f. vl. *Bozzella*, ital. Bossette, petite bosse.

Éty. de *bossa* et du dim. *eta*. V. *Boss*, R.

BOSSETA, s. f. vl. Petite boîte. V. *Bouiteta* et *Bouit*, R.

BOSSETA, s. f. (boussète). Pour petite bourse. V. *Bourseta* et *Bours*, R.

BOSSETA, s. f. *Bousseta*. Bossette, en terme de sellier, plaques de cuivre ou d'argent, que l'on met aux côtés du mors d'une bride.

Éty. de *bossa* et du dim. *eta*, petite bosse. V. *Boss*, R.

BOSSI, s. m. vl. Morceau, bouchée. Voy. *Boucin* et *Boucc*, R.

Far de la lengua bossi, tirer la langue par dérision.

BOSSICHOUN, s. m. (boussitchóun); BOUSSICHON, dl. Petit homme, ragot, petit bossu.

Éty. de *bossa* et du dim. *ichoun*. V. *Boss*, Rad.

BOSSIGNOLA, s. f. (boussignóle); BOUSSIGNOLE, dl. Petite bosse ou contusion au front. Sauv.

Éty. de *bossa* et du dim. *ignola*. V. *Boss*, Rad.

BOSSO, s. m. vl. Bélier. V. *Bosson*. On donnait aussi ce nom à une espèce de trait, de grosse flèche lancée par les arbalétriers.

BOSSON, s. m. vl. BOSSOS, BOSO, BOSSO. Bélier, machine de guerre pour l'attaque des places; espèce de flèche.

E fan far una gata e bastir un bosson.
Guillaume de Tudela.

Ils font faire une chatte et construire un bélier.

BOSSUT, UA, s. et adj. (boussu, úe); BOUSSUT. Bossu, ue, celui ou celle qui a une bosse sur le dos ou sur l'estomac.

Éty. de la basse lat. *bossutus*, m. s. ou du lat. par aphér. de *gibbosus*, *bosus*, ou plutôt de *bossa*. V. *Boss*, R.

BOSTIA, s. f. vl. BOSTEA. Boite. Voy. *Bouita* et *Bouit*, R.

BOSTON, s. m. (bostón). Boston, jeu de cartes qui se joue à quatre personnes et qui diffère peu du whist, dont il tire son origine.

Éty. de *Boston*, ville de l'Amérique Septentrionale, d'où ce jeu fut apporté en France, vers 1780, lors de la guerre de l'indépendance, dont il est l'emblème allégorique.

BOT

BOT, s. m. Vœu, alt. langued. de *Vot*, v. c. m. et *Vot*, R.

BOT, s. m. dl. But, fossette : *Jugar al bot*, jouer à la fossette. V. *Bout*, R. 3.

BOT, *Bot*, cat. pour outre. V. *Bout*, *Ouire* et *Bouc*, R.

BOT, s. m. vl. Forme tronquée et populaire de *Nebot*, neveu, v. c. m.

BOTA, s. f. vl. *Bota*, cat esp. port. *Botte*, ital. Barrique, tonneau.

Éty. du saxon *butte*, m. sign. V. *Bout*, Rad. 2.

Il ou elle heurte, pousse.

BOTA, impér. du v. *boutar*, d. bas lim. V. *Bouta* et *Bout*, R.

BOTA, s. f. dg. altér. de *vota*. V. *Vot*, fête patronale, frairie.

BOTA, s. f. (bóte), dl. La fête d'un lieu. V. *Vot*, *Feste* et *Roumavagi*.

Éty. Alt. de *vota*. V. *Vot*, R.

BOTA, s. f. vl. Botte. V. *Botta*.

BOTA-EN-TREN, d. bas lim. V. *Bouta-en-tren* et *Bout*, R.

BOTA-FE, d. bas lim. V. *Bouta-fioc* et *Bout*, R.

BOTAIROUN, s. m. (botéïroun); BOTEIROUN. Petite botte de foin.

Éty. de *bota* et du dim. *airoun*. V. *Bout*, Rad.

Semblablement est défendu, aux dits *féneraires*, de ne faire aucuns *boterons* de foin. *Privilèges de la ville d'Aix, de 1477, art. 74.*

BOTANICA, s. f. (boutanique); BOUTANICA. *Botanica*, ital. port. *Botànica*, esp. cat. Botanique, science qui traite de la structure, de la classification et de la nomenclature des végétaux.

Éty. du lat. *botanica*, dérivé du grec βοτάνη (botanê), herbe.

Chronologie.

323 ans, avant J.-C. Théophraste, donne une histoire des plantes.

En 1619 de notre ère, Pierre Richier, restaure la botanique en France.

En 1626, établissement du jardin des plantes, par Louis XIII, dont la surintendance est réunie à la place de premier médecin.

En 1664, Tournefort donne sa méthode de classification, d'après la présence ou l'absence et la forme de la corolle.

En 1775, Linné, développe son système sexuel.

En 1788, Jussieu, publie la méthode naturelle.

BOTANISTO, s. m. (boutaniste); BOUTANISTO, HERBOURISTO. *Botanista*, esp. *Botanico*, ital. port. Botaniste, personne versée dans la science de la botanique.

Éty. du lat. *botanicus*.

BOTANY-BAY, (botani-bèi). Botany-bay, Baie de la côte orientale de la nouvelle Hollande, dans l'Océanie. C'est là que les Anglais formèrent en 1786, une colonie destinée à servir de lieu de déportation.

Éty. de l'anglais *botany-bay*, c'est-à-dire, baie botanique, ainsi nommée à cause de la grande quantité de plantes qu'on y trouve.

BOTAR, vl. BOUTAR, BUTAR. Mettre, pousser, heurter. V. *Boutar*, pousser, croître; *Poussar* et *Bout*, R.

BOTAT, ADA, adj. et p. vl. Qui fait le bourrelet.

BOTEILLIER, s. m. vl. BOTELHER, BOTELHIER. *Boteller*, anc. esp. *Botillero*, esp. mod. *Bottigliere*, ital. Echanson, bouteillier.

Éty. de *botelha* et de *ier*. V. *Bout*, R. 2.

BOTELHA, s. f. vl. V. *Boutelha*.

BOTELHER, vl. V. *Boteillier*.

BOTHS, s. m. pl. vl. Le fond du tonneau.

BOTI, s. m. (bóti). Badaud, lourdaud, nigaud. V. *Niais* et *Nigaud*.

Éty. du grec βοῦς (bous), bœuf, lourdaud, homme stupide. V. *Bov*, R.

Mai fem jamai la festa avant lou sant,
Car lorsque piey se revelham,
Gros boti *eriam, gros* boti *se troubam.*
Dioul.

BOTICOLA, s. f. (bouticóle), d. bas lim. Barraque, maison mal bâtie, bicoque, petite boutique, échoppe. V. *Bicoca* et *Boutigoun*.

Éty. de *botica*, boutique, et du dim. *ola*. V. *Boutiga*.

BOTIGA, s. f. vl. V. *Boutiga*.

BOTILHEE, s. m. anc. béarn. Échanson. V. *Bout*, R. 2. et *Botilhiar*.

BOTILHIAR, s. m. vl. Echanson, celui qui aime la bouteille. V. *Boteillier*.

BOTO, s. m. vl. Bouton, peu de chose, rien. V. *Boutoun*.

BOTOISAR, v. a. vl. Raser, tondre.

BOTOLA, s. f. Tumeur, tubercule.

Éty. de *bot*, pour *boud*, et du dim. *ola*. V. *Boud*, R.

BOTON, s. m. vl. BOTO. V. *Boutoun*, Rad.

BOTONADURA, s. f. vl. *Botonadura*, esp. *Bottonatura*, ital. Garniture de boutons. V. *Boutoun*, R.

BOTONAR, vl. V. *Boutounar*.

BOTTA, s. f. (bóte); *Bota*, esp. cat. port. Botte, chaussure de cuir qui couvre le pied, la jambe et quelquefois le genou.

Éty. du celt. *bot*, pied, et de *tes*, couvrir; ou du saxon *butte*, barrique, parce que cette chaussure en a la forme.

Les Grecs et les Romains, portaient des bottines faites avec du cuir de bœuf. Il est parlé des bottes dans le procès des miracles de saint Yves, au XIIIme siècle; et l'on trouve dans les registres de la chambre des comptes, un article de 15 deniers, pour graisser les bottes de Louis XI.

Vers le milieu du dernier siècle, un cordonnier de Nancy, nommé Marsan, trouva le moyen de faire des bottes sans couture, moyen qui a été renouvellé et perfectionné en 1806, par M. Delvan, de Paris.

Dans une botte on nomme:

BONNET, les genouillères échancrées des bottes des courriers.

COLLET, la partie qui correspond au talon.

CONTREFORT, la pièce de renfort qu'on ajoute au bas et au derrière de la botte.

COUSSINET, le petit sac piqué et rempli de crin ou de laine, dont on garnit les genouillères des bottes à l'écuyère.

GENOUILLÈRE, la partie qui couvre le genou.

PASSANTS. V. *Tirants*.

PIEDS, le soulier proprement dit.

PORTE-ÉPERON, la pièce de cuir ou de métal, fixée au talon, pour empêcher que l'éperon ne tombe.

REVERS et RETROUSSIS, la partie du sommet de la botte qu'on rabat sur la tige.

ROSETTE, la plaque de métal placée sur le cou-de-pied, servant à attacher l'éperon.

TIRANTS ou PASSANTS, les anses de tissu ou de peau du sommet de la botte, servant à la chausser.

Parties accessoires:

L'EMBOUCHOIR, composé de trois pièces principales, du *devant* portant l'*avant-pied*, du *derrière* et de la *clef* qu'on enfonce comme un coin entre les deux.

TIRE-BOTTES, *les*, les crochets que l'on emploie pour chausser les bottes. On donne le même nom à la planche percée ou fourchue qui sert à les tirer.

On distingue les bottes en:

BÔTTE-A-BALEINE, celle qui est molle et soutenue par des baleines.

BOTTE-DE-COUR, dont la genouillère est évasée en forme d'entonnoir.

BOTTE DE COURRIER, dont les garnitures sont jointes l'une à l'autre par des jarretières à boucle.

BOTTE-FORTE, dont la tige ne fait aucun pli.

BOTTE-DE-GARDE-DU-CORPS, dont la genouillère est grande, carrée, et dont les garnitures sont rondes.

BOTTE A CONTRE FORT, qui a des pièces rapportées sur la tige.

BOTTE A QUATRE COUTURES, dont les quatres faces sont ornées d'un cordon, en manière de couture.

BOTTE-MOLLE, qui fait des plis au-dessus du cou-de-pied.

BOTTE DE MOUSQUETAIRE, qui a un pli derrière le talon.

On appelle *botterie*, l'art du bottier et le magasin où l'on serre les bottes.

Remonter des bottes, c'est y mettre des pieds neufs.

BOTTA, s. f. Botte, assemblage ou faisceau de plusieurs choses de même nature liées ensemble.

Éty. de *boutar*, mettre, mettre ensemble. V. *Bout*, R.

Botta de seda, botte de soie.

Mettre en bottas, botteler.

BOTTA, s. f. *Bote*, port, *Botta*, ital. Botte, en terme de scrime, stocade, botte, coup porté à l'adversaire avec un fleuret ou avec une épée, et fig. coup de langue, annonce désagréable, accès de maladie. V. *Bout*, R.

BOTTAR, v. a. (boutá); BOUTAR. Botter, chausser des bottes.

Éty. de *botta* et de *ar*. V. *Botta*.

BOTTAR SI, v. r. Se botter, mettre ses bottes.

BOTTAS, s. f. pl. (bótes), dm. Espèce d'anse ou de repli, qui terminait inférieurement les manches du corset des femmes, dans les anciens costumes.

BOTTIER, s. m. (boutié); BOUTIÉR. Bottier, cordonnier qui fait des bottes.

Éty. de *botta* et de *ier*. V. *Botta*.

BOTTIERA, s. f. (boutiére); BOUTIERA. *Trousse-longue*, botte de foin que les muletiers portent en route pour faire manger leurs mulets en chemin.

BOTTINA, s. f. (boutine); BOUTINA. *Botin*, esp. *Botina*, port. Bottine, botte courte faite avec un cuir mince et souple.

Éty. de *botta* et du dim. *ina*, petite botte. V. *Bout*, R. 2.

On voit des bottines parfaitement représentées sur la colonne Trajanne, ce qui prouve que les anciens connaissaient cette chaussure.

BOTTO, s. m. *Batta*, ital. Nom nicéen du chabot. V. *Aineou*.

Éty. A cause de la ressemblance qu'on a cru lui trouver avec le crapaud, *botta* en ital. V. *Boud*, R.

BOTTO, s. m. vl. BOTZ. *Botto*, ital. Coup.

BOTZ, s. m. vl. Neveu. V. *Nebout*, coup. V. *Coou*; Outre. V. *Ouire*.

BOU

BOU, adj. d. lim. V. *Bon*.

BOU, s. m. vl. Bœuf, V. *Buou* et *Bov*, R. soufflet de cuir.

BOU, OUNA, alt. du d. bas lim. pour *boun*. V. *Bon*.

BOUA, s. f. (bóue). Balise. Garc.

BOUA, dm. V. *Bousa* et *Bov*, R.

BOUADA, s. f. dg. ?

Me jeteren per terre abéque une bouade.
Verdier.

BOUADA, s. f. (bouáde), d. bas lim. Populace, canaille; et pour plaisanter, petits enfants qui font du bruit, comme si l'on disait troupeau de bœufs. V. *Bov*, R.

BOUADI, interj. (bouadi). Grâce, grâce, il se dit aussi pour *Bonadich*.

BOUALHA, s. f. (bouáille); BOUALIA. Troupeau de bêtes aumailles ou de bœufs, de vaches et de taureaux, ou ces animaux pris collectivement.

Éty. du grec βους (bous), bœuf, et de la term. *alha*, tout, tous les bœufs. V. *Bov*, R.

Es de la boualha, se dit de quelqu'un qui mange beaucoup.

BOUAMA, V. *Booumiana*.

BOUAN, BOUANA, et composés. Alt. de *bouen*, *bouena*. V. *Bon* et *Bona*.

Le *e*, prononcé de cette manière, est tellement ouvert qu'il ressemble à un *a*, alt. commune dans le département du Var.

BOUAR, v. a. (bouá). Pour calfeutrer avec de la boue, V. *Embouar*; pour fienter. V. *Fientar* et *Bov*, R.

BOUARDA, V. *Bouerda*.

BOUAS, et

BOUASC, s. m. d. du Var. Altération de *Bosc*, bois, v. c. m. ainsi que ses composés. V. *Bosc*, R.

BOUAT, d. béarn. Voué, alt. de *vouat*. V. *Vot*, R.

BOUATIER, s. m. (bouatié). Bouvier, V. *Bouvier* et *Bouhier*. Muletier qui conduit habituellement des mulets. Garc.

Éty. du grec βοτηρ (botêr), garde des troupeaux. V. *Bov*, R.

BOUATIERA, s. f. (bouatiére). Ration de fourrage qu'on porte au champ pour les animaux qui labourent, et particulièrement pour les bœufs. V. *Bov*, R.

BOUATIERA, s. f. (bouatiére); BOUTIERA. Botte de fourrage que les muletiers portent sur leurs mulets, pour les alimenter en chemin, le drap dans lequel ils l'enferment, s'appelle *cubertin*.

Éty. de *bouatier*, muletier et de *iera*.

BOUBA, s. f. (bóube), et

BOUBAS, s. f. pl. (bóubes); *Boubas*, port. Boutons qui s'élèvent sur les lèvres; bubons qui surviennent aux aines. La maladie vénérienne portait autrefois, en Provence, le nom *de mau das boubas*.

Éty. du lat. *bubon*, tumeurs aux aines, dérivé du grec βουβῶν (boubôn), m. s.

Bouba, terme d'enfant et de nourrice, est dit pour mal, *mi fai bouba*, cela me fait mal, *ai bouba*, j'ai mal.

BOUBECHA, s. f. (boubétche); BOOUSSECHA, ESPARGUETA. *Boggiuolo*, ital. *Bocal*, port. Bobêche, la partie supérieure d'un chandelier, destinée à recevoir la chandelle ou la bougie; il y a des bobêches mobiles.

Éty. de *bavesche*, qui s'est dit autrefois dans le même sens, selon Le Duchat, mot qui serait composé alors de *bava* et de *escer*, sortir, c'est-à-dire, qui retient la bave qui sort de la chandelle. V. *Bab*, R.

BOUBINA, dl. V. *Boumbina*.

BOUBINAR, V. *Boumbinar*.

BOUBOUIRA, s. f. (boubóuire). Nom qu'on donne, à Valensole, à la huppe. Voy. *Petuga*.

BOUBOUN, s. m. (boubóun); BUBOUN, BOUBAS, v. c. m. *Bubo*, lat. *Bubó*, cat. *Bubon*, esp. *Bubao*, port. *Bubbone*, ital. Bubon, Tuméfaction qui survient aux glandes des aines et des aisselles, et par extension, tumeur qui résulte du virus vénérien ou de la métastase d'un autre principe morbifique.

Éty. du grec βουβῶν (boubôn), aine.

Ambroise Paré, qui était meilleur chirurgien que grammairien et étymologiste, fait dériver le mot bubon de *bubo*, hibou, parce que les bubons se cachent comme cet oiseau.

BOUBOURADA, s. f. (boubouráde), dl. CALIMAS. Vapeur chaude et étouffante qui s'exhale d'un endroit chaud et renfermé. V. *Tafour* et *Touffa*.

BOUBOUSA, s. f. (bouboúse), dl. BOUB-BOUSA. *A la boubousa*, à la volée, étourdiment.

BOUC, BOUQU, BOUCH, BOC, BUC, rad. pris du lat. *bucca*, bouche. Vossius, fait dériver le mot *bucca* de l'hébreu *buca*, vide, creux, ou du grec βύζω (buzó), enfler, remplir, bourrer.

De *bucca* ou *buca*, par apoc. et changement de *u* en *ou*, *bouc*; d'où: *Bouc-a*, *Bouc-ada*, *Bouc-au*, *Bouc-i*, *A-bouc-ar*, *Re-bouc-agi*, etc.

De *bouc*, par le changement de *ou* en *o*, *boc*; d'où: *Boc-al*, *Boc-ada*, *Boc-ar*, etc.

De *bouc*, par le changement de *c* en *ch*, *bouch*; d'où: *Bouch-a*, *Bouch-ard*, *Bouch-assa*, *Bouch-in*, *Bouch-ar*, *Em-bouch-ar*, *Des-bouch-ar*, *Re-bouch-ar*, etc.

De *bouch*, par le changement de *ou* en *o*, *boch*; d'où: les mêmes mots que par *Bouch*.

De *bouc*, par le changement de *c* en *qu*, *bouqu*; d'où: *Bouqu-eta*, *Bouqu-in*, etc.

De *buca*, par apoc. *buc*; d'où: *Buc-ella*.

BOUC, 2, BOC, rad. dérivé du celt. *buch*, bouc, ou de l'all. *bock*, m. s. d'où le bas breton *bouch*, le gallois *bwch*, et la basse latin. *buccus*, qui ont la même signification. Ce mot pourrait être pris du grec βήκη (bêkê), chèvre, parce que c'est le mâle de la chèvre.

De *buch*, par apoc. *buc*, et par le changement de *u* en *ou*, *bouc*; d'où: *Bouc*, *Bouc-ach-oun*, *Bouc-assin*, etc., et par le changement de *c* en *qu*, *bouqu*; d'où: *Bouqu-in*, *Bouqu-et-oun*, *Bouqu-et-in*, etc.

De *bouc*, par le changement de *c* en *ch*, *bouch*; d'où: *Bouch-aria*, *Bouch-ier*, *Bouch-igas*, *Bouch-iera*, etc.

De *bouc*, *bouch* et *bouqu*, par le changement de *ou* en *o*, *boc*, *boch* et *boqu*; d'où: les mêmes mots que par *bouc*, *bouch* et *bouqu*, appartiennent presque tous à la langue ancienne.

BOUC, s. m. (bouc); BOACHI, BOC, BOCHI. *Boc*, cat. *Bode*, esp. port. *Boco*, ital. *Bock*, all. Bouc, le mâle de la chèvre, *Capra hircus*, Lin. mammifère de la fam. des Bisulques ou Ruminants, qu'on nomme *meni* et *menoun*, quand il est châtré ou bistourné.

Éty. du celt. *buch*. V. *Bouc*, R. 2.

BOUC-SAUVAGI, V. *Bouquetin*.

BOUC, s. m. ou BOUT. *Bot*, cat. Outre. V. *Ouire*.

Éty. Parce qu'on les fait avec la peau des boucs et des chèvres. V. *Bouc*, R. 2.

BOUC, s. m. dl. Figue-fleur ou figue précoce.

BOUCA, s. f. (boúque); BOUCHA, GOULA, GOURA, BOCA, BOCCA. *Bocca*, ital. *Boca*, esp. port. cat. Bouche, c'est chez les hommes et chez les animaux, l'ouverture par laquelle ils prennent leurs aliments, mais chez les derniers elle porte plus particulièrement le nom de gueule; on le dit aussi de l'ouverture de plusieurs vases, sacs, etc.

Éty. du lat. *bucca*, m. s. V. *Bouc*, R.

Bouca de l'estoumac, *doou couer*, creux de l'estomac. *Boca del cor*, cat. *Boca del estomago*, esp.

Bouca d'una ribiera, embouchure d'une rivière.

Bouca doou four, gueule du four.

Bouca fenduda, bec de lièvre.

La bouche se compose des lèvres, Voy. *Boucas*; des dents, V. *Dent*; des gencives, V. *Gencivas*; de la langue, V. *Lenga*; du palais, V. *Palais*; et de l'intérieur des joues. V. *Gautas*.

BOUCAS, s. f. pl. (boúques); LABRAS, LEVRAS. On le dit en provençal pour lèvres: *A leis boucas bruladas doou fred*, il a les lèvres gercées.

Quelques personnes transportent cette locution en français et disent très-improprement, *les bouches me cuisent*, pour les lèvres me cuisent.

De boucas en joust, dl. V. *A bouchons*.

De boucas en sus, sur le dos, à l'envers.

BOUCACHOUN, s. m. (boucatchóun); BOQUET. Petit bouc, chevreau mâle.

Éty. de *bouc* et du dim. *achoun*. V. *Bouc*, Rad. 2.

BOUCADA, s. f. (boucáde); GOULADA, BOUCADA, BOUCHAYA, GAFADA, BOUCHAU, BOU-HAYA, BOCCADA, BOUCHADA, *Boccata*, ital. *Bocada*, esp. *Bocado*, port. cat. Bouchée, plein la bouche, la quantité d'un aliment qu'on met à la fois dans la bouche; un petit morceau.

Éty. du lat. *buccea*, ou de *bouca* et de *ada*, bouche remplie. V. *Bouc*, R.

Les faïanciers, donnent aussi le nom de *boucada*, à la quantité de bois qu'ils mettent à la fois dans le four.

BOUCADIS, s. m. dg. ?

Joué de plasés un boucadis.

D'Astros.

BOUCA FENDUDA, V. *Bec-de-lebre*.

BOUCAL, s. m. (boucál); BOCCAL. *Boccale*, ital. *Bocal*, port. V. *Boucau*.

Boucal, dl. est aussi le nom du goulot d'une cruche, d'une bouteille.

Éty. de *bouca* et de *al*, la bouche ou à la bouche, V. *Bouc*, R. ou du lat. *buccula*, petite bouche.

Boucal de moulin, dg. Biez. V. *Beliera*.

En vl. embouchure d'une rivière: *Dels boucals del Tybre*.

BOUCAN, s. m. (boucán); BOUSIN, TAPAGI. *Boucan*, pour lieu de débauche, V. *Bourdeou*, bruit tumultueux, tapage.

Éty. du celt. *bocan*, impudique, ou du grec βυκάνη (bukanê), trompette; d'où: *Boucan-ar*, *Boucan-at*.

Ce mot, dans la langue des Caraïbes, indique un lieu où ils font fumer leurs viandes, d'où le nôtre peut bien être dérivé à cause du bruit qui doit se faire dans ce lieu.

BOUCANAR, v. n. (boucaná); BOUCANE-GEAR. Faire tapage, faire du bruit, *Boucaner*.

Éty. de *boucan* et de l'act. *ar*, ou du grec βυκανίζω (bukanizô), sonner de la trompette.

BOUCANAR, v. a. Boucaner, faire fumer et griller de la viande dans le boucan, et par extension, faire sécher de la viande ou du poisson à la fumée.

Éty. de *bouc*, *bouquetin*, parce que ces animaux ont été les premiers dont la chair ait été ainsi préparée. V. *Bouc*, R. 2.

BOUCANAT, ADA, adj. et p. Boucané, ée, desséché au boucan ou à la fumée. Voy. *Boucanar* et *Bouc*, R. 2.

BOUCANUR, s. m. (boucanúr). Tapageur. Aub.

BOUCAR, v. a. (boucá); BOULCAR, ABLACAR, BOURCAR, BOULDOUIRAR, COUGEAR. Verser les blés, V. *Couchar*; coucher par force, faire céder, céder à la force.

La pluegea a boucat lous blads, la pluie a versé les blés.

De blads boucats, des blés versés.

Éty. *Boucar*, paraît n'être qu'une altér de *Abaucar*, v. c. m.

BOUCAR SE, v. r. dl. BOUCASSAR, BACHUCHAR SE, BACHUCAR. Se rouler à terre, se vautrer dans la boue. Sauv.

BOUCAR, v. n. (boucá), d. bas lim. Bouquer, être contraint de faire quelque chose, se résigner par force.

Éty. de *bouc* et de *ar*, faire baiser par force la bouche, être contraint. V. *Bouc*, R.

BOUCARAN, s. m. (boucarán); BOUGRAN. *Bócarom*, cat. *Bocari*, esp. Bougran ou bouqueran, toile forte et gommée dont on fait des doublures.

Éty. de la basse lat. *bucaranum* ou *boquerannus*, de bouc, parce qu'on les fabrica d'abord avec des poils de bouc. V. *Bouc*, R. 2.

BOUCARIE, dl. V. *Boucharia*.

BOUCA-ROUGEA, s. f. (bóuque-róudge); *Gros hueilh*. B.-du-Rh. Nom nicéen, du spare gros œil, *Sparus macrophthalmus*, Lac. poisson de l'ordre des Holobranches et de la fam. des Léiopomes (à opercules lisses), dont la longueur atteint cinq décimètres, et le poids d'un kilogramme.

Éty. *Bouca-rougea*, bouche rouge.

BOUCARUT, UDA, adj. (boucarú, úde); BOUCHARUT. Lippu, ue, qui a la lèvre d'en bas grosse et avancée. V. *Befe*.

Éty. de *bouca*, pris pour lèvre, et de *arut*, qui paraît signifier remarquable, comme quand on dit *longarut*. d'un homme grand. V. *Bouc*, Rad.

BOUCAS, s. f. pl. (bóuques); BOUCHAS, LEVRAS, POUTS, POTS. Les lèvres, et non les bouches, faute assez commune chez les habitants de la Provence et du Languedoc, Voy. *Bouc*, R.

Ai leis boucas bruladas ou *rastidas*, Tr. j'ai les lèvres gercées.

A leis boucas sourtidas, il a les lèvres enlevées.

Ai mau à meis boucas, j'ai mal aux lèvres et non *à mes bouches*.

BOUCAS, s. f. Un des noms langued. des sauterelles. V. *Langousta*.

BOUCASSA, s. f. (boucásse); BOUCHASSA. *Bocaza*, esp. *Bocaça*, port. *Bócassa*, cat. augm. de *Bouca*, grosse bouche. V. *Bouc*, Rad.

BOUCASSIN, s. m. (boucassín); *Bocaxim*, port. *Boccacino*, ital. *Bocaci*, cat. V. *Sargaleti*.

Éty. V. *Bouc*, R.

BOUCATIOU, s. m. (boucatióu); BOUCCATIU. Vocation. V. *Voucation* et *Voc*, R.

Quand sensé bouccatiu *per adouci lour bido*,
Lour mettrés à las mas uno espazo perfido.

Hillet.

BOUÇAU, s. m. (bouçáou); BOUCCAU, BOUCAL. *Boccale*, ital. *Bocal*, esp. all. Bocal, bouteille à col court et large, ou vase cylindrique, ayant un rebord à sa partie supérieure qu'on couvre avec du papier ou de la peau.

Éty. du lat. *baucalium*, formé du grec βαυκάλιον (baukalion), bocal, V. *Bouc*, R. ou de l'arab. *baucal*, vase sans anses.

BOUCAU, Bocal, est aussi un vase de terre à large ouverture dont on se sert pour distribuer le vin aux matelots.

BOUCAU, s. m. Boucaut, nom qu'on donne à un tonneau de moyenne grandeur, dans lequel on renferme diverses marchandises.

Éty. de *bouc*, la contenance d'une peau de bouc, d'un outre. V. *Bouc*, R.

BOUCEARLA, V. *Bossearla* et *Boss*, R.

BOUCELANA, V. *Bocelana*.

BOUCERLA, V. *Bosserla* et *Boss*, R.

BOUCH, BOUGN, rad. probablement pris du grec βύω (buô), boucher, fermer, obstruer, remplir de, farcir, constiper, d'où selon Ménage, *buco*, *bucare*, il peut avoir été pris du même verbe, au parfait, βέβυκα (bebuka), par la suppr. de la syll. *be*, ou peut-être du lat. *buca*, bouche, parce que boucher, c'est obstruer, fermer la bouche.

Du *buk*, par le changement de *u* en *ou*, et de *k* en *ch*, *bouch*; d'où : *Bouch-ar*, *Des-bouchar*, *Re-bouchar*, *Bouch-oun*, *Des-boucha-ment*, etc.

De *bouch*, par le changement du *ch* en *gn*, *bougn*; d'où : *De-bougn-ar*; et par le changement de *ch* en *iss*, *bouiss*; d'où : *De-bouiss-ar*, *De-bouiss-el-ar*.

De *bouch*, par l'add. d'une *s*, *bousch*; d'où : *Bousch-ar*, *Bousch-oun*, *Bouschoun-ar*, etc.

De *bousch*, par le changement de *ch* en *s*, *bouss*; d'où : *Bouss-at*.

BOUCHA, s. f. (boútche). Pour bouche, V. *Bouca* et *Bouc*, R. c'est aussi un ancien nom de la chèvre, fém. de *bouc*.

BOUCHADA, BOUCHAU, BOUCHAYA. Voy. *Boucada* et *Bouc*, R.

BOUCHAIRE, s. m. (boutchaïre). Nom qu'on donne, à La Motte du Caire, à un grand tablier dans lequel les femmes mettent les herbes qu'elles ramassent.

BOUCHAR, v. a. (boutchá), d. béarn. Frotter, nettoyer.

Éty. dit pour *bouchounar*, et formé de *bouchoun*, petit rouleau de paille dont on se sert pour frotter, et de *ar*. V. *Bol*, R.

BOUCHAR, v. a. (boutchá). Mot dérivé du français, boucher. V. *Tapar*.

Éty. de *boucha* et de *ar*, fermer la bouche. V. *Bouch*, R.

BOUCHAR, v. n. TIRAR UNA BOCHA. Heurter. Garc. V. *Bochar* et *Bol*, R.

BOUCHARD, **ARDA**, adj. et s. (boutchár, árde). Les bergers donnent ce nom aux moutons, et les muletiers aux mulets qui ont le museau noir, ou portant une couleur différente de celle du corps; on le dit aussi pour sale, mal propre.

Éty. M. de Sauvages dit que les mots *bouchard* et *boucha*, signifiaient autrefois bouc et chèvre, et que c'est d'après ce sens qu'on dit *bouchard* pour sale; il pourrait être dérivé aussi de *boucha* et de *ard*, remarquable par la bouche, du moins dans le premier sens. V. *Bouc*, R. 2, et *Bouc*, R.

BOUCHARADA, s. f. (boutcharáde). ?

Dab ũo arronflanto boucharado
A soun diou perparec l'antrado.
D'Astros.

BOUCHARCAT, **ADA**, adj. et p. (boutcharcá, áde), dl. Sali, barbouillé. Sauv.

Éty. V. *Bouchard* et *Bouc*, R. 2.

BOUCHARDA, s. f. (boutchárde). *Boucharde*, marteau taillé en tête de diamant dont les sculpteurs et les tailleurs de pierre se servent pour égaliser leur ouvrage.

BOUCHARDAR, v. a. (boutchardá). *Boucharder*, tailler, frapper une pierre avec la boucharde.

Éty. de *boucharda* et de *ar*.

BOUCHARDAT, **ADA**, adj. et p. (boutchardá, áde). *Bouchardé, ée.*

BOUCHARDIAR, v. n. (boutchardiá). Faire la moue, la grimace.

Éty. de *bouch* et de *ardiar*.

BOUCHARIA, s. f. (boutcharie); BOUBADOUR, MAZEOU, BOUCARIA, BOCARIA, BOUCHEIRIA. *Beccheria*, ital. *Bocaria*, basse lat. Boucherie, lieu où l'on tue les animaux qui doivent servir de nourriture à l'homme; boutique où l'on vend la viande; fig. tuerie, massacre, carnage.

Éty. de *bouc* et de la term. *aria*, lieu où l'on tuait les boucs, et où l'on en préparait la chair, et non de *bovina caro*. V. *Bouc*, R. 2.

Dans une boucherie, on nomme :

BÉNATE, le panier d'osier dans lequel on passe le suit.
BROCHE, V. *Verga de bouchier.*
BOUTIQUE ou ÉTUI, la boite qui renferme les couteaux.
ÉCHAUDOIR, la chaudière où l'on fait cuire les abattis.
ESTOU, le chevalet à claire voie sur lequel on égorge les moutons, les veaux, etc.
ÉTAL, la boutique où l'on vend la viande.
FENTOIR, l'espèce de couperet dont la lame est large et aiguë.
FUSIL-A-REPASSER, le cylindre de fer sur lequel on affile les couteaux.
MERLIN, la massue qui sert à assommer les bœufs.
TEMPE, le morceau de bois qui sert à tenir ouvert le ventre de animaux égorgés, quand ils sont suspendus.

Néron fit construire à Rome, dans le lieu appellé *Grand marché*, un superbe édifice, abreuvé d'eau courante, pour servir de tuerie, auquel on donna le nom de *Macellum Augusti*.

Il serait à désirer que chaque ville eut de semblables établissements et que le réglement de Charles IX, du 4 février 1567, qui ordonnait à chaque boucher d'avoir sa *tuerie* et son *écorcherie*, hors des villes, fut rigoureusement exécuté.

BOUCHARIL, s. m. (bouxaríl), dg. V. *Bouchil*.

BOUCHARUT, V. *Boucarut*.

BOUCHAS, s. f. pl. (boútches). Pour lèvres. V. *Boucas* et *Bouc*, R.

BOUCHAS, s. f. pl. dl. *Boccia*, ital. Ampoules qui viennent aux mains des personnes peu habituées à manier de gros outils. V. *Ampoulla*.

Éty. dit pour *bochas*, boules, petites boules. V. *Bol*, R.

BOUCHAS-DOOU-RHONE, s. f. pl. (Boútches-doou-Rhôné); *Bocas-del-Rhôdano*, esp. Bouches-du-Rhône, département des... dont le chef-lieu est Marseille.

Éty. des embouchures du Rhône.

BOUCHAT, **ADA**, adj. et p. (boutchá, áde); BOUSSAT. Bouché, ée, V. *Tapat*, fig. peu intelligent. V. *Bouchar* et *Bouch*, R.

BOUCHE, s. m. (bóutsé), d. bas lim. Corbeau, grosse pierre ou pièce de bois mise en saillie pour soutenir une poutre. V. *Barbacana*.

BOUCHEIRIA, d. béarn. V. *Boucharia* et *Bouc*, R. 2.

BOUCHET, s. m. dg. Bichet ?

Que certo tres bouchets *de graignos*
Nou my haran pas diable ou dô,
Ta plan et m'a toucat au cô.
D'Astros.

BOUCHEY, dg. Bergeyr. pour *Bouchier*, v. c. m. et *Bouc*, R. 2.

BOUCHEYA, s. f. (boutchèie). Bube. éruption qui survient aux lèvres et qu'on attribue ordinairement à ce qu'on a bu dans un verre mal propre. Suppl. Dict. Pellas. V. *Bouc*, R.

BOUCHEYA, s. f. (boutchèye). *Barbuquet* ? écorchure ou petite gale qui vient sur le bord des lèvres. Garc.

BOUCHIER, s. m. (boutchié); BOCHIER. *Bocciero*, *Beccaio* et *Beccaro*, ital. *Botxi*, cat. Boucher, celui qui est autorisé à tuer des bœufs, des moutons, etc., pour en vendre publiquement la viande. Fig. homme cruel et sanguinaire; chirurgien ignorant et hardi.

Éty de *bouc* et de *ier*, qui exerce le métier de tuer des boucs. V. *Bouc*, R.

Cette étymologie est confirmée par l'ital. *beccaio* et *beccaro*, qui signifient boucher, bien évidemment dérivés de *becco*, bouc.

Inconnus chez les Grecs du temps d'Homère, les bouchers ne s'établirent à Rome que sous les Consuls. Avant cette époque chacun dépeçait la viande qui lui était nécessaire.

BOUCHIERA, s. f. (boutchiére). Bouchère, la femme du boucher ou celle qui vend la viande en détail.

BOUCHIERABA, s. f. (boutchierábe). Nom du barbe-bouc, à Toulouse, V. *Barba-bouc*. On appelle ses aigrettes *Voulur*, v. c. m.

BOUCHIGAS, s. f. pl. (boutchigues), dl. V. *Barba-bouc*.

BOUCHIL, s. m. (boutchil), dg. BOUXIL, BOUXARIL. Trognon, le cœur ou centre d'une pomme ou d'une poire, quand on en a mordu la chair du tour. C'est aussi le nom d'un trognon de chou. V. *Tros*.

BOUCHIN, s. m. (boutchïn). Éruption de boutons qui survient aux babines des chèvres, et par extension, maladie éruptive des lèvres.

Ne serait-ce point ce que le Dictionnaire de Trevoux désigne sous le nom de *barbuquet*, et qu'il définit ainsi: *Ecorchure ou petite gale qui vient sur le bord des lèvres.*

Éty. de *boucha*, bouche, et de *in*, dans, V. *Bouc*, R. ou peut-être de *bouc*, qui survient aux boucs.

BOUCHIN-BARBA, dl. V. *Barba-bouc*.

BOUCHOLA, et

BOUCHORLA, s. f. (boutchóle et boutchórle), dl. Ampoule des pieds et des mains. V. *Ampoulla*.

Éty. Dim. de *bocha* ou de *bouchoun*, petite boule. V. *Bol*, R.

BOUCHOUN, s. m. (boutchóun); BOUDEISSOUN. Bouchon, ce qui sert à boucher. V. *Tap* et *Bouch*, R.

BOUCHOUN, Cochonnet. V. *Bochoun* et *Bol*, R.

BOUCHOUN, s. m. BOUSCHOUN. Bouchon, lieu où l'on donne à boire; rameau que l'on suspend pour l'indiquer. Si le petit cabaret est placé hors de la ville, il s'appelle guinguette. V. *Bouch*, R.

BOUCHOUNA, s. f. *Bocchina*, ital. dim. de *Boucha*. V. *Bouqueta*.

BOUCHOUNISTO, s. m. (boutchounis-te). Cabaretier, celui qui tient un bouchon. V. *Bouch*, R.

BOUCI, alt. du d. bas lim. pour *Boucin*, v. c. m.

BOUCIN, s. m. (boucïn); TROS, BOUCI, BOUSSIN, BOUSSI, BOUSSIS, dg. *Boci*, cat *Bocado*, esp. *Boccone*, ital. Morceau. V. *Mouceou*.

Éty. du lat. *buccea*, bouchée, ou de *Bouc*, R. et de *in*, dans; qu'on met ou qui est destiné à être mis dans la bouche, ou de l'all. *beissen*, mordre. V. *Bouc*, R.

Boucin per boucin, d. bas lim. peu à peu, par petites parcelles.

BOUCINAR, V. *Boucinegear* et *Bouc*, Rad.

BOUCINAT, adj. et p. (boucinâ); MOURDUT, BOUSSINAT. Entamé avec les dents, chose mordue ou rongée.

Éty. du lat. *buccea*, bouchée, et de *at*, chose à laquelle on a enlevé une bouchée; ou de *boucin*, morceau, et de *at*. V. *Bouc*, R.

BOUCINEGEAR, v. a. (boucinedjá), dl. et bas lim. BOUCINAR. Morceler, dépecer, couper en pièces ou en morceaux.

Éty. de *boucin*, morceau, et de l'act. *egear*, mettre en morceaux. V. *Bouc*, R.

BOUCINET, s. m. (bouciné); BOUSSINET, BOUCINOT. *Bocinet*, cat. *Bocadillo*, esp. Petit morceau, morceau.

> Plus countent qu'un lebrier troubânt à soun cunin
> Un *boussinet* de cart qu'un bouchier ven de perdre.
> La Bellaudière.
>
> Un *boussinet* de pan, uno tasso de vin. Id.

Éty. du lat. *bucella*, petite bouchée, ou de l'all. *bissen*, un morceau, une bouchée, ou de *boucin* et du dim. *et*. V. *Bouc*, R.

BOUCINOT, dim. de *Boucin*, petit morceau. V. *Boucinet*.

BOUCLA, s. f. (bóucle); *Bucle*, esp. cat. Boucle de cheveux; pour boucle, agrafe. V. *Blouca*.

BOUCLAR, V. *Bloucar*.

BOUCLIER, s. m. (bouclié). Bouclier, arme défensive qu'on portait au bras gauche pour se couvrir le corps. V. *Targa*.

Éty. de la basse lat. *buccula*, génisse, ou de *bouc*, parce que la peau de ces animaux servait à recouvrir les boucliers.

Le bouclier est l'arme défensive la plus ancienne que l'on connaisse; il en est parlé dans les livres de Moyse. Son invention est attribuée aux Egyptiens.

BOUCONI, V. *Boucoun*.

BOUCOUN, s. m. (boucóun); BOUCONI. Boucon, morceau ou breuvage empoisonné.

Éty. de l'ital. *boccone*, morceau. V. *Bouc*, Rad.

BOUD, BOUT, radical pris de la basse latinité *botta*, crapaud, et dérivé du celt. *bot*, m. s. *Bodda*, ital. Selon M. Champollion, grosseur, tumeur qui lui ressemble.

De *bot*, par le changement de *o* en *ou*, et du *t* en *d*, *boud*; d'où: *Boud-as*, *Boud-enflige*, *Boud-enflar*, *Boud-enfle*, *Boud-ifla*, *Boudifl-ar*, *Boud-in*, *Boud-ougna*, *Boud-ouire*, *Bouign-a*, *Bouign-oun*, *Booud-ufa*, etc. *Bot-ola*, *Bott-o*.

BOUDAIRE, **ARELA**, **USA**, s. et adj. (boudáïré, arèle, úse). Boudeur, euse, celui, celle qui a l'habitude de bouder. V. *Fougnaire*.

BOUDAIRE, ARELA, s. (boudáïré, arèle), BOUDUR, USA. Boudeur, euse.

BOUDAR, v. (boudá). Bouder.

Éty. Roquefort lui donne la même origine qu'à *moue*, parce qu'en boudant on fait la moue, et il en fait une onomatopée.

BOUDAR, V. *Fougnar*.

BOUDARIA, V. *Fougnaria*.

BOUDARIA, s. f. (boudarie), et

BOUDAS, s. f. (bóudes), dl. Paquet de quoique ce soit, qui fait bosse: *Far boudas*, faire panse, faire une grande bosse. Douj. V. *Bossa*.

Éty. V. *Boud*, R.

BOUDEFLIGE, dl. V. *Boudenflige* et *Boud*, R.

BOUDEISSON, s. m. (boudeïssóun). Suppl. au Dict de Pellas. Bouchon. V. *Tap*. et *Boud*, R.

BOUDENAR, v. n. (boudená), dl. ESBOUFFAR. Crever d'embonpoint: *Es gras que boudena*, il est gras à lard, il est gras à crever. Sauv.

Éty. *Boudenar* paraît être une alt. de *esbedenar*, formé de *es*, priv. de *bedena*, et de *ar*, ou il vient peut-être de *Boud*, R. v. c. m.

BOUDENFLAR, v. n. (boudeinflá); BOUDOUFLAR, GOUDENFLAR, BOUNDOUNAR. S'enfler, pleurer à chaudes larmes: *Boudenflava*, il suffoquait à force de pleurer; enfler, enlever: *Aquot fai boudenflar las boucas*, cela fait enlever les lèvres; mûrir, tourner: *Las figas boudenfloun*, les figues commencent à tourner, à mûrir.

Éty. de *boud*, pour *bot*, crapaud, et de *enflar*, s'enfler comme un crapaud. V. *Boud*, R.

BOUDENFLE, ENFLA, s. f. (boudeinflé, éinfle); BOUDOUFLE, BOUDOUFFE, BOUFFIT, BOUFRE. Bouffi, œdémateux, enflé, gros; fig. enflé d'orgueil.

Éty. de boud pour *bot*, et de *enfle*, enflé. V. *Boud*, R.

Ai lou cor boudenfle, Tr. j'ai le cœur gros.

Es boudenfle, il est enflé et non *enfle*.

Figa boudenfla, figue qui se gonfle en atteignant son dégré de maturité.

BOUDENFLIGE, s. m. (boudeinflidge), dl. *Boudeflige*. Bouffissure, hydropisie. Sauv.

Éty. du celt. *bot*, crapaud, parce que les crapauds s'enflent facilement. V. *Boud*, R.

BOUDIFLA, s. f. (boudifle), dl. Vessie urinaire. V. *Boufiga*.

Éty. de *boud* et de *ifla*, enflée comme un crapaud. V. *Boud*, R.

BOUDIFLAR, v. n. (boudiflá), dl. S'enfler, se boursoufler: *Moun det s'es boudiflat*, il m'est venu une ampoule ou une cloche au doigt.

Éty. de *boudifla* et de *ar*. V. *Boud*, R.

BOUDIFLAS, s. f. pl. (boudifles), dl. Les cloches, les ampoules qui s'élèvent sur l'eau par la chute de grosses gouttes de pluie, ou quand on souffle dans une eau savonneuse.

BOUDIN, s. m. (boudïn); TRULLE, GOGA, TRULET, GALAVARD. *Boldone*, ital. Boudin, boyau rempli d'un mélange de sang, d graisse et d'herbes.

Éty. de la basse latinité *botulus* et *botel lus*.

Les Romains appelaient *botularii*, ceu qui faisaient et vendaient du boudin. Roq. C mot pourrait venir aussi de *bot*, crapaud, en flé comme un crapaud. V. *Boud*, R.

On appelle *boudinière*, l'entonnoir qui ser à faire le boudin, et *boudinier*, celui qui l fait ou qui le vend.

On doit dire: faire, manger du boudin, et non *des boudins*.

Nous pourtam pas de boudins, dl. Nos chiens ne chassent pas ensemble, ou nos flûtes ne s'accordent pas.

BOUDIN, s. m. Boudin, en ter. d'architecture, gros cordon de la base d'une colonne qui a la forme d'un boudin, d'où son nom.

BOUDINA, s. f. (boudine). Boudine, nœud qui se trouve au milieu d'une pièce de verre plate, œil de bœuf.

Éty. de *bous*, bœuf. V. *Bov*, R.

BOUDINALHA, s. f. (boudinaille); BOUDINAIA. Le boudin en général, tout ce qui s'y rattache.

BOUDINAR, v. n. (boudiná). Manger du boudin avec excès. Aub.

BOUDINIERA, s. f. (boudiniére); MÔLLE DE LAS GOGAS. Boudinière, entonnoir pour faire le boudin.

Éty. de *boudin* et de *iera*. V. *Boud*, R.

BOUDIOU, Excl. de surprise, altér. de *Bondiou*.

BOUDISSOUN, s. f. (boudissóun); BOUDOUISSOUN, vl. Un bouchon, les écoliers disent à un certain jeu où ils forment des calottes d'argile. *N'a* ou *gna pas ni trau ni boudissoun*, ce que les enfants des provinces où l'on parle français, rendent, dans le même jeu, par, il n'y a ni trou ni perce. Sauv.

BOUDISSOUN, OUNA, adj. et s. (boudissóun, óune). Polisson, V. *Foutissoun*, grosse et courte femme, dl. V. *Boud*, R.

BOUDISSOUNAR, v. n. (boudissouná). Polissonner, faire le polisson. V. *Capounegear*.

BOUDOIR, s. m. (boudóir); BOUDOUAR. Boudoir, cabinet pour être seul; on ne le dit guère qu'en parlant de celui des femmes.

BOUDOLI, s. m. (boudóli). Le même que *Boudouire*, v. c. m. V. *Boud*, R.

BOUDOLI, s. m. dl. Une outre. V. *Outre*.

Éty. de *boud* pour *bout*, et de *oli*, outre pour l'huile. V. *Boud*, R.

BOUDOUFLA, dl. V. *Boufiga* et *Boud*, Rad.

BOUDOUFLAR, dl. V. *Boudenflar*, *Gounflar* et *Boud*, R.

BOUDOUFLE, dl. V. *Boudenfle*, *Gounfle* et *Boud*, R.

BOUDOUGNA, s. f. (boudóugne); AGNOCA, BOUGNA, MOUGNA, BACHOCA, BOUIGNA. Bigne, contusion et bosse qui en résulte; loupe, V. *Lupi*, excroissance qui vient sur les arbres. On nomme broussins, celles qui croissent sur les érables et qu'on emploie dans la tabletterie.

Éty. du grec βουνος (bounos), élévation. V. aussi *Boud*, R.

BOUDOUGNAR, v. n. (boudougná). S'élever, s'enfler, grossir.

Éty. de *boudougna* et de *ar*. V. *Boud*, R.

BOUDOUIRE, s. m. (boudóuiré); BOUDOLI, BOUDOURLET, NANET, BOUDOUL. Petit homme gros et joufflu; ventru; un nabot, un nain, un ragotin.

Éty. de *boud* pour *bout*, et de *ouire*, outre, petite outre. V. *Boud*, R. ou de l'ital. *Budello*, boyau.

BOUDOUIRE, s. f. (boudouïré), d. bas lim. Populace, V. *Populaça;* racaille, V. *Racalha*. V. aussi *Fordage*, amas confus.

BOUDOUL, V. *Boudouire*.

BOUDOUMAS, s. m. (boudoumás). Nom qu'on donne, aux environs d'Annot, au colostrum. V. *Bet*.

BOUDOURENA, s. f. (boudouréne). Chiffon qu'on roule autour d'une corde qui doit servir de croupière à une bête de somme; vieux chiffon en général. Garc. V. *Tira* et *Pata*.

BOUDOURLET, dl. *Touliau*.

BOUDOUROUSCHA, s. f. (boudouróustse), d. bas lim. Gadoue, excréments qu'on tire des latrines.

Éty. probablement du grec βόρβορος (borboros), bourbe, boue.

BOUDOURROU, s. m. et adj. (boudóurrou). Bourru, ue, bizarre, fâcheux, brutal. Avril.

BOUDOUSCA, s. f. (boudóusque); BOUDOUSCLA. Les écales ou la peau détachées des pois qui cuisent; le marc du miel, ou la cire d'une gaufre dont on a exprimé le miel; les rayons de miel, selon M. Gar. Bourbe ou crotte épaisse, telle que celle des terres grasses; bourbier où l'on s'enfonce, et d'où l'on a de la peine à se tirer. Sauv.

Éty. Ce mot viendrait-il du grec βόρβορος (borboros), bourbe, boue?

BOUDOUSCLA, s. f. (boudóuscla). V. *Boudousca*.

BOUDOUSCLA, s. f. (boudóuscle). Les rayons qu'on enlève d'une ruche à miel, et qui fournissent le miel et la cire. Garc.

BOUDOUSCLAR, v. a. (boudousclá). Châtrer les ruches à miel. Garc.

Éty. de *boudousca* ou *boudouscla*, et de *ar*.

BOUDOUSCLIER, s. m. (boudousclié). Marchand qui achète la cire brute; les rayons des abeilles privés de miel. Aub.

BOUDOUSQUIAIRE, s. m. (boudousquiairé). Marchand de marc de cire.

BOUDOUTSOUN, et

BOUDOUXOUN, dl. pour bouchon. V. *Tap* et *Bouchoun*.

BOUDOUXOUNAR, dl. pour boucher. V. *Tapar*.

BOUDOUTSOUNAR, v. a. (boudoutsouna), dl. Boucher, étouper. Sauv.

BOUDRA, d. bas lim. V. *Brouda*.

BOUDRA, adj. f. (bóudre). *Terra boudra*, terre meuble, effritée. Aub.

BOUDRES A; expr. adv. (à boudrés); BOOUDRES, RAMBALHADA. Pêle-mêle, sans ordre, à foison. Aub.

Semenar à boudres, semer à la volée.

Plantar la vigna à boudres, planter la vigne à plein, sans laisser des allées. Avril.

BOUDRIER, V. *Baudrier*.

BOUDROC, s. m. (boudró), dl. Terme injurieux, petit drôle. Sauv.

Éty. de *boud*, crapaud. V. *Boud*, R.

BOUDROGA, Garc. V. *Boudroi*.

BOUDROI, s. m. (boudrôï); BOUDROGA. Crasse, sédiment d'une liqueur. Garc.

BOUDROI, s. m. Nom nicéen de la boudroie commune. V. *Baudruelh*.

BOUDROUS, d. bas lim. V. *Broudous*.

BOUDROYA, s. f. (boudroye). Vermillets, petits vers. Garc.

BOUDUFA, s. f. (boudûfe); BOOUDUFA, BAUDUFA, GAUDUFA, TURBIN, QUILHANDRA, PIRINGUETA, CIBOT. Toupie, jouet d'enfant, en forme de poire, muni d'une petite queue à la partie supérieure et d'un fer à la pointe, sur lequel il tourne, quand on le lance avec force pour faire dérouler promptement le cordon dont il était demi couvert et entortillé. fig. fille de joie.

Le sabot, bourdet, est une autre espèce de toupie qu'on fait tourner en la fouettant avec un fouet fait de plusieurs lanières de cuir. M. de Sauv. se trompe en disant le contraire, il prétend que c'est la toupie que l'on fouette.

Éty. du celt. *bodwa*, mamelle, parce que le fer qui est à la pointe de la toupie ressemble à un mamelon; ou selon Wachter, de *toop*, qui, chez les Belges, les Anglais, les Gallois, a la même sign. et qui vient de *toppen*, tourner, en Belge; ou enfin de *Boud*. v. ce R.

Boudufa curada, ronflon.

On nomme :

GUIOLE, la marque qu'une toupie fait sur une autre en la frappant.

BOUTON, MAMELON. V. *Rampoun*, *coucoumou*.

On dit que la toupie dort, lorsqu'elle tourne si vite qu'elle paraît immobile, d'où le proverbe, dormir comme une toupie ou comme un sabot.

Qu se trufa
Diou lou bufa
Et lou fai virar coumo una boudufa.

BOUDUFEGEAR, v. n. (boudufedjá et booudufedjá). Tournoyer. Aub. Ravauder; Suppl. au Dict. de Pellas.

Éty. de *boudufa* et de *egear*, faire tourner comme une toupie.

BOUDUR, **USA**, V. *Boudaire*.

BOUE, dl. Pour bouvier. V. *Bouyer* et *Bov*, R. Conducteur d'une charrette à bœufs; d. béarn.

BOUEFAT, **ADA**, adj. et p. d. lim. Balayé, ée. V. *Escoubat*.

BOUEI, exclam. du d. lim. pour *Moun-Diou*, Mon Dieu.

BOUEI, d. lim. V. *Bosc*, bois.

BOUEIT, **EITA**, adj. d. béarn. Vide. V. *Vuide* et *Vuid*, R.

BOUELO, dg. Pour voile. V. *Voilo*.

BOUEMIS, dl. Pour bohémien. V. *Booumian*.

BOUEN, V. *Bon*, R.

BOUENA-BROUISSA, s. f. (bóuene-bróuisse). Nom qu'on donne à plusieurs espèces de *Sideritis* et de *Stachys*, plantes de la fam. de Labiées, mais plus particulièrement à la crapaudine scordion, *Sideritis scordioïdes*, Lin. qui croît dans les lieux secs de la Prov. Mérid. V. *Bon*, R.

BOUENADICH, expr. adv. (bouenadi). V. *Bouadich*.

BOUENAMENT, V. *Bonament*.

BOUENASSA, V. *Bonassa*.

BOUEN-CHRESTIAN, V. *Pero*.

Éty. du lat. *pancresta*, par altér. du grec πας (pas), tout, et de χρηστός (chrèstos), bon, utile; toute bonne: *Pyra pancresta*, lat. V. *Pera*.

BOUEN-DIOU, V. *Bon-Diou*.

BOUENEIS-HERBAS, s. f. pl. (bouéneis-hèrbes); BONAS-HERBAS, FINAS-HERBAS, MENUDA. On donne ce nom aux plantes potagères qui servent d'assaisonnement, et plus particulièrement au persil. V. *Bon* et *Herb*, R.

BOUENHUR, V. *Bonhur* et *Bon*, R.

BOUEN-MESTRE, s. m. Corruption en usage dans le Var, de *Poumestre*, v. c. m.

BOUEN-RIBLET, s. m. ou MABILLE, RUBI, SALBIA-FERA, SALBIA-FOLLA, BOUEN RUBI, BOUAN RIBLE. Marrube blanc ou marrube commun, *Marrubium vulgare*, Lin. plante de la fam. des Labiées, commune, le long des chemins. V. Gar. *Marrubium album vulgare*, p. 306.

Éty. de *bouen*, bon et de la désinence latine *rubium*.

BOUEN-RUBI, V. *Bouen-riblet*.

BOUEN-SETI, et

BOUENS-HOMES, s. m. pl. SANT-JEAN, BOURRACHE-SALVAGE. Sauge des prés, *Salvia pratensis*, Lin. plante de la fam. des Labiées, commune dans les prés.

BOUENS-HOMES-BLANCS, TOUTA-BONA. Ormin, prud'homme. *Salvia horminum*, Lin. plante de la même fam. que la précédente.

BOUEN-SIDI, s. m. V. *Herba doou siegi*.

BOUEN-VISCLET, s. m. Nom qu'on donne, aux environs de Brignoles, à la guimauve, selon M. Amic. V. *Altea*.

BOUENA-TENGUDA, s. f. (bouéne-teingúde). On nomme ainsi une rade dont le fond est propre à tenir l'ancre.

Éty. de bonne tenue, qui tient bien.

BOUEOU, dg. pour *Buou*, v. c. m.

BOUER, dg. V. *Bouyer*.

BOUERA, troisième personne du sing. de l'impér. du verbe *bourar*, mesurer, inusité, qui est à son tour une altérat. de *boular*, expression conservée au jeu de boule, pour dire mesurer. Avril.

BOUERD, BOURD. Ce radical sert à composer des mots qui désignent tous des excréments ou de petites paillettes, ou des balayures et autres immondices; viendrait-il du grec βοῦς (bous), bœuf, et de *merda*, par la suppression de *m*, comme on dit *bousa*, pour la fiente de cet animal, ou de βόρβορος (borboros), boue, bourbe, mais la présence du *d* empêche d'admettre cette dernière étymologie; ou du lat. *sordes*, saleté. Dérivés: *Bouerd-a*.

De *bouerd*, par la supp. de *e*, *bourd;* d'où: *Bourd-ilha*, *Bourdilh-aire*, *Bourdilh-ier*, *Bourd-ouir-ar*, *Bourd-ufl-alhas*.

BOUERDA, s. f. (bóuerde); BOUARDA, BORDA. Saleté, fétu qu'on trouve dans les boissons, dans la soupe; ordures en général; excréments des petits enfants.

Éty. Le P. Pujet dérive ce mot du grec βορβορος (borboros), boue, ordure.

Dans les environs d'Annot, B.-Alpes, on donne le nom de *bouarda* à la chenevotte.

V. *Chandilhouns*; on le dit aussi pour balayures. V. *Escoubilhas* et *Bouard*, R.

BOUES, s. f. dg. V. *Voix* et *Voc*, R. ainsi que *Bosc*.

BOUESA, s. f. (bouése), dl. Un des noms de la feuille de la massette d'eau. V. *Sagna* et *Bolla*.

BOUESAGI, s. m. (bouesádgi); BOISAGI, BOISARIA, BOUASAGE. Boisage, tout le bois dont on s'est servi pour boiser. Boiserie, ouvrage de menuiserie dont on couvre les murs d'une chambre, d'un cabinet; on le dit aussi pour parquetage. La boiserie qui couvre les murs s'appelle lambris.

Éty. de *boues* et de *agi*, fait avec du bois. V. *Bosc*, R.

BOUESAR, v. a. (bouesá); BOISAR, BOUASAR. Boiser, couvrir les murs d'une chambre, d'un cabinet, d'un appartement, d'ouvrages en bois assemblés, moulés, sculptés, etc. parqueter, faire un parquet en bois; planchéier.

Éty. de *boues* et de *ar*. V. *Bosc*, R.

BOUESAT, **ADA**, adj. et p. (bouesá, áde); BOISAT. Boisé, ée, parqueté, planchéié. V. *Bosc*, R.

BOUESC, dm. et prov. V. *Bosc*.

BOUES-HOMES, s. m. M. Avril, d'après qui, je cite ici ce nom, en donne une définition tellement confuse qu'on ne sait si c'est au grand-houx, *Ilex aquifolium*, qu'il faut l'appliquer, ou au petit-houx. Il donne les noms de ce dernier et la description de l'autre.

BOUET, s. m. (boué). Nom lang. du rouge-gorge. V. *Rigau*.

BOUEY, exclam. du d. lim. Mon Dieu!

BOUEYNA, d. lim. V. *Bouina*.

BOUEYRAR, v. a. d. lim. Mêler. V. *Mesclar*; *se boueyrar*, se mêler.

BOUEYSAT, **ADA**, adj. et. p. d. lim. Balayé, ée. V. *Escoubat*.

BOUEYT, adj. dg. Obscur, noir, où l'on ne voit goutte.

Aquet chaos, tout aquò quero?
Tout aquò n'ero peou segu
Qu'un ayre boueyt *un ayre-escu.*
D'Astros.

BOUEYTAR, v. a. d. béarn. Vider. V. *Vuidar*.

BOUFF, BUFF, radical qui existe dans beaucoup de langues, avec de simples modifications euphoniques, et qui indique, dans toutes, au positif, l'action d'enfler les joues et de souffler, ce qui a fait dire à Watcher, dans son Glossaire germanique: *Puffen*, *flare*, *inflare*, *sufflare*, *verbum naturale magis quam institutum*. C'est une espèce d'onomatopée; les Anglais disent: *To puff*; les Allemands: *Puffen*; les Belges: *Poffen* et *Puffen*; souffler, bouffer.

Ménage fait venir ce mot du lat. *bucca*, bouche; d'où: *buccare* et *buffare*; mais il serait bien plus naturel, en prenant *bucca* pour radical, de le former de *buc*, apoc. de *bucca*, et de *flare*; d'où: *bucflare*, et par le changement de c en *f*, *bufflare* et *buffare*, souffler avec la bouche.

De *buffare*, par apoc. *buff*, ou *buf*; d'où: *Buff-ada*, *Buff-ar*, *Buff-a-bren*, *Buf-et*, *Buf-ador*, etc.

De *buff*, par le changement de *u* en *ou* *bouff*; d'où: *Bouff-a*, *Bouff-ar*, *Bouff-anta*, *Bouff-oun*, *Bouff-it*, *Bouff-ets*, etc., etc.

BOUFFA, s. f. (boúfe); dl. BOUFA. La balle du blé. V. *Pousses*; gousse des légumes. V. *Gova*.

Éty. de *bouffar*, souffler, gonfler. V. *Bouff*, R.

BOUFFA-FIOC, s. m. (bóuffe-fió), dl. Un tisonneur, un gratte-cendre.

Éty. de *bouffa*, souffle, et *fioc*, feu, qui souffle le feu. V. *Bouff*, R.

BOUFFADA, s. f. (bouffáde); BUFFADA, BUFFAU, BUFFAYA, BOUFFARADA, VENTADA, BENTADA, BUFFAL, VENTORIA. *Bufara*, ital. *Lufada*, port. *Bufada*, cat. Bouffée, une bouffée de vent, de fumée, d'ail, de vin; fig. de dévotion. *Lou tombariou d'una bouffada*, je le jetterais par terre d'un souffle.

Éty. de *Bouff*, R. de *bouffar*, et de *ada*, souffle fait.

BOUFFAIRE, s. m. (bouffaïré); *Bufador*, cat. Vorace, gros mangeur, joufflu: *Souffle-boudin*, terme injurieux; souffleur.

Éty. du grec βουφαγος (bouphagos), qui mange un bœuf en un repas, 1er sign. V. *Bouff*, R. 2me sign.

BOUFFAIRE, **ELA**, s. Joufflu, ue, qui gonfle les joues en soufflant, qui veut se donner un air d'importance.

Éty. V. *Bouffar*, *Bouffareou* et *Bouff*, R.

BOUFFAIRE, s. m. Nom qu'on donne, à Arles, à un jeune lapin sauvage.

Éty. de *bouffar*, parce que quand on prend les jeunes lapins dans leur terriers, ils soufflent comme de petits chats. V. *Bouff*, Rad.

BOUFFAL, s. m. (bouffal), dl. Raves bouillies des Cevennes, sur lesquelles on souffle pour les manger moins chaudes. Sauv.

Éty. V. *Bouff*, R.

BOUFFANTA, s. f. (bouffánte). Bouffante, étoffe plissée et ample, qui sert d'ajustement au haut des manches.

Éty. de *bouff*, R. et de *anta*, qui semble soufflée.

BOUFFAR, v. a. (bouffá); BUFFAR. *Bufar*, cat. esp. port. *Buffare*, ital. Bouffer, souffler en enflant les joues, et comme verbe neutre, être essoufflé, siffler quelqu'un, rejeter ses propositions.

Éty. Par onomatopée ou imitation du bruit qu'on fait en soufflant. V. *Bouff*, R.

Bouffar lou rire ou *de rire*. V. *Espouffar lou rire*.

N'en bouffez pas, n'en parlez pas.

BOUFFAR, v. a. et n. Manger avec excès, dévorer.

Éty. du grec βοῦς (bous), et φάγω (phagó), manger, manger un bœuf. V. *Bou*, R.

BOUFFARADA, s. f. (boufforáde), d. bas lim. Bouffée, action subite et passagère de diverses choses. V. *Bouffada*.

Fa una buffarada, faire feu violet, faire un feu de paille, une bouffée. On donne aussi ce nom à celui, ou à celle qui ne se livre au travail que par boutades; à celui ou à celle qui promet beaucoup et ne tient rien, à un prometteur, à une prometteuse.

Éty. de *bouffar* et de *ada*. V. *Bouff*, R.

BOUFFARD, s. m. (bouffá); dl. En terme de verrerie, le bouffard; ou maître souffleur, celui qui souffle les grandes bouteilles, telles que les dame-jeannes.

Éty. de *bouff* pour souffle et de *ard*. V. *Bouff*, R.

BOUFFAREL, V. *Bouffareou*.

BOUFFAREOU, **ELLA**, adj. (bouffarèou, èle); BOUFFAREL, BOUFFETI. Joufflu, ue, qui a de grosses joues.

Éty. de *bouffar* souffler, et de *eou*, *el*, qui souffle, parce que ceux qui soufflent ont les joues gonflées. V. *Bouff*, R.

Sembla un angi bouffareou, il ressemble à un ange bouffi.

Sa sur (du soleil, la lune) la casta cussarella
Eme sa cara *bouffarela*;
Qu'en quittant seis corna ella pren
Servio à la terra de calen. Gros.

BOUFFARONA, s. f. (bouffaróne), dl. ou BUFECA. *Nose bouffarona*, noix creuse, noix avortée lorsqu'elle était en bave, qui ne contient que du vent, qui semble soufflée.

Éty. de *bouffar* et de *ona*. V. *Bouff*, R.

BOUFFA-TRULE, s. m. (bouffe-trúle). Souffle boudin, terme injurieux; jouflu.

Éty. de *bouffar*, souffler. V. *Bouff*, R. et *Trule*.

BOUFFAU, s. m. (bouffáou). Souffleur, gros souffleur, celui qui, dans une verrerie, est chargé des grosses pièces. Gros.

BOUFFET, **ETA**, s. f. (bouffé, éte). Creux, euse; vermoulu. Aub. pour soufflet, ustensile. V. *Soufflets* et *Bouffets*.

BOUFFETA, s. f. (bouffète). Houppe de laine qu'on suspend à la bride des mulets. V. *Floc*.

Éty. V. *Bouff*, R.

BOUFFETADA, *Bofetada*, cat. V. *Soufflетada*.

BOUFFETAR, *Bofetejar*, cat. V. *Soufletar*.

BOUFFETI, V. *Bouffareou*.

BOUFFETIAIRE, s. m. (bouffetiaïré). Fabricant de soufflets. Aub. V. *Bouff*, R.

BOUFFETIAR, v. a. (bouffetiá). Souffler le feu. Aub.

BOUFFETIER, s. m. (bouffetié). Marchand de soufflets. Aub.

Éty. de *bouffet* et de *ier*. V. *Bouff*, R.

BOUFFETOUN, V. *Soufletoun*.

BOUFFETS, s. m. pl. V. *Soufflets*.

BOUFFETS, s. m. pl. Les soufflets, danse qu'on exécutait anciennement en Provence, en tenant des soufflets dans les mains, qu'on faisait jouer en chantant des couplets improvisés. V. *Bouff*, R.

BOUFFIA, sync. de *Bouffiga*, v. c. m.

BOUFFIARD, s. m. (boufiá). Nom nismois de l'aphye. V. *Gobou*.

BOUFFIGA, s. f. (bouffigue); BOUFIGA, BOUFIA, BOUFFIGEA, BOUDIFFLA, BAUDICHA, BOOUFIGA, VESIGA, BAUFIGA, BOUDOUFLA, BOUFA, VESSIA, BOUTRIGA, BOUTARIGA, PETEIROLA, PETDOUEYRA. *Bexiga*, port. *Vejiga*, esp. *Vessica*, ital. Vessie, organe destiné à recevoir l'urine après qu'elle a été sécrétée par les reins, d'où elle lui est transmise par deux conduits nommés *uretères*, et à l'expulser, par un autre canal appelé *urètre*; on le dit aussi par analogie, d'une petite ampoule remplie de sérosité, qui s'élève sur la peau.

Éty. C'est à tort qu'on a fait venir ce mot du lat. *vesica*, c'est de *bouffat, ada*, enflé, gonflé, qu'il dérivé. V. *Bouff*, R.

Méry, paraît être le premier chirurgien qui ait fait la ponction de la vessie au-dessus du pubis.

J. Herculanus en avait eu l'idée en 1460.

Celle du périnée, plus ancienne, est généralement attribuée au lithotomiste, Tolet.

BOUFFIGADURA, s. f. (boufigadúre); *Boufigueira*. BOUFIGADURA, BOUDFIGADURA, BOUFFIGA. Bouffissure, enflure œdémateuse; fig. style ampoulé.

Éty. de *bouffigat* et de *ura*, chose enflée comme une vessie. V. *Bouff*, R.

BOUFFIGAR, v. n. (boufigá); BOUFFIGAR. S'élever en pustules, en phlyctènes, se boursouffler.

Éty. de *bouffiga* et de *ar*, faire des vessies. V. *Bouff*, R.

Aquot fai boufigar, cela fait enlever ou soulever la peau.

BOUFFIGAS, s. f. pl. (boufigues); BOUFIGAS. Bourgeons qui viennent sur le visage et particulièrement au nez; cloches ou ampoules produites par une brûlure, aphthes ou petites vésicules blanches qui s'élèvent dans l'intérieur de la bouche.

Éty. de *bouffiga*. V. *Bouff*, R.

BOUFFIGAT, ADA, adj. et p. (boufigá, áde). Soulevé, bourgeonné, boursoufflé.

Éty. de *bouffiga* et de *at*, vessie faite, ou fait en forme de vessie. V. *Bouff*, R.

Ladre bouffigat, un ladre vert, ou avare fieffé.

BOUFFIGUEIRA, s. f. (boufiguèïre). V. *Bouffigadura*, R.

BOUFFIGEA, V. *Bouffiga*.

BOUFFIN, s. m. (boufin); BOUFIN. Lopin, grosse bouchée, joue enflée par les aliments qui remplissent la bouche; tumeur survenue à la tête à la suite d'un coup.

Éty. V. *Bouff*, R.

BOUFFINAIRE, ARELA, s. (bouffinaïré, arèle). Gros mangeur, grosse mangeuse. Aub.

Éty. de *bouffin* et de *aire*, qui fait de gros morceaux.

BOUFFINAR, v. n. (boufiná). Faire gonfler les joues en mangeant, comme les singes; manger beaucoup.

Éty. de *boufin* et de la term. act. *ar*, *faire de boufinas*. V. *Bouff*, R.

BOUFFIS, ISSA, Avril. V. *Bouffit*.

BOUFFISSURA, s. f. (bouffissúre). Bouffissure, état d'une partie bouffie, et fig. enflure; la bouffissure du style. V. *Bouff*, R.

BOUFFIT, IDA, adj. et p. (bouffi, ide); GATEI, BOUFFIS. Bouffi, ie, enflé d'orgueil. V. *Boudenfle* et *Bouff*, R.

BOUFFOUN, s. m. (bouffóun); BOUFFOUNAIRE. *Buffone*, ital. *Bufon*, esp. *Bufo*, cat. Bouffon, celui qui fait profession de dire et de faire des choses plaisantes.

Éty. du lat. *buffo, buffonis*, employé dans le même sens, dérivé, de *puffen*, enfler, parce que les bouffons enflent souvent les joues pour faire rire. V. *Bouff*, R.

Employé adjectivement, ce mot est synonyme de plaisant, facétieux, railleur, farceur, goguenard.

Les Grecs et les Romains avaient déjà des hommes payés pour faire rire les autres: on en vit plusieurs au triomphe de Scipion l'Africain, qui contrefaisaient les gestes des malheureux rois vaincus qu'on avait enchaînés devant le char de ce vainqueur inhumain.

L'usage d'avoir des bouffons à la cour, n'a cessé en France, que sous le règne de Louis XIV, lors de la disgrâce d'Angely.

BOUFFOUNADA, s. f. (boufounáde); BOUFFOUNARIA. *Buffoneria*, ital. *Bufoneria*, esp. port. *Bufonada*, esp. Bouffonerie, plaisanterie, farce qui excite à rire.

Éty. de *bouffoun* et de *ada*, action de bouffon. V. *Bouff*, R.

BOUFFOUNAIRE, s. m. (boufounáïré). V. *Bouffoun* et *Bouff*, R.

BOUFFOUNAR, v. n. (boufouná); *Bufonizar*, esp. anc. *Buffonare*, ital. Bouffonner, faire le bouffon, goguenarder.

Éty. de *bouffoun* et de *ar*. V. *Bouff*, R.

BOUFFOUNARIA, V. *Bouffounada*.

BOUFFOUNIA, s. f. (bouffounie), d. du Var. Bruit d'un vent impétueux, d'un ouragan.

Éty. de *bouffar*, souffler, et de *ounia*. V. *Bouff*, R.

BOUFFRE A, adj. (bouffré, e); BOUFRE. Bouffi. V. *Boudenfle*.

Nose bouffra, noix vermoulue, qui ne contient rien dans son intérieur.

Bouffre de ragea, enflé de colère. Voy. *Bouff*, R.

BOUFIA,

BOUFIGA, et composés. V. *Bouffia* et *Bouffiga*.

BOUGAN, s. m. (bougán), dl. *Plantar bougan*.

Sur de barquos desassipados
Plantec bougan *à l'abandon*. Vales.

BOUGE, s. m. (bóudzé), d. bas lim. pour bouge, V. *Bougea*, bouge, la partie la plus élevée du moyeu d'une roue, d'une futaille.

BOUGE, s. m. (bóutgé). Nom langued. de la genestrolle ou spargelle, *Genista sagittalis*, Lin. arbuste de la fam. des Légumineuses, qu'on trouve sur les coteaux.

BOUGEA, s. f. (bóudge); BOUGE. Bouge, petit cabinet obscur, logement mal propre, semblable à un étable à bœufs.

Éty. de l'all. *bogen*, m. s. V. *Bov*, R.

BOUGEACAN, s. m. (boudjacán). Le même que *Bougearoun*, v. c. m. et *Bougre*.

BOUGEADIS, s. m. (boudjadis), dl. Egoût d'une tuerie de boucherie, où l'on répand le sang des bêtes que l'on égorge, et où l'on vide les excréments des boyaux.

Éty. Ce mot est dit pour *bugeadis, vuidadis*, formé de *bouge* et de *adis*, par où l'on vide. V. *Vuid*, R.

BOUGEAIRE, adj. et s. (boudjáïré), dl. Mutin, capricieux, qui change souvent.

Éty. de *bougear* et de *aire*, qui remue. V. *Bouleg*, R.

BOUGEAL, s. m. (boudzál), d. bas lim. Trou, ouverture à peu près ronde, faite à un corps. V. *Trauc*.

Éty. de *bugear*, *bug* et de *al*, trou par lequel on verse. V. *Vuid*, R.

BOUGEAR, v. a. (boudjá), dm. *Bucciare*, ital. m. s. que *Boulegar*, v. c. m. et *Bouleg*, Rad.

BOUGEAR, v. a. dl. m. s. que *Bugear*, verser, répandre, v. c. m. et *Vuid*, R.

Aquel malaut se bougea, ce malade se vide par le bas.

BOUGEARRAR, v. a. (boudjarrá). Flanquer, donner des coups. T. bas.

BOUGEARROUN, s. m. (boudjarróun); BOUGEACAN. *Bujarron*, esp. *Bugiarone*, ital. Terme injurieux, qui est un dim. de *Bougre*, v. c. m. et qu'on emploie aussi dans le sens de luron, d'homme intrépide.

Es un bougearroun que se tirarà proun d'affaires, c'est un luron qui se tirera bien d'embarras.

BOUGEASSA, s. f. (boudjásse), dl. augm. de *bogea* et syn. de *Pouitre*, v. c. m. Sauv.

BOUGEAS, s. f. pl. (boudjes); BOULSETS. Soufflet de forge à bascule. V. *Soufflets* et *Baugeas*.

BOUGEAT, ADA, adj. et p. (boudjá, áde). V. *Boulegat* et *Bouleg*, R.

BOUGEOIR, s. m. (boudjoi); *Bugia*, ital. Bougeoir, petit chandelier sans pied, formé d'une douille implantée au milieu d'une soucoupe, dont le bord est pourvu d'un manche, et qui sert pour aller çà et là.

Éty. de *bougia*, destiné à porter une bougie, ou de *bougear*, selon M. Roq. V. *Bouleg*, R.

BOUGEOL, s. m. (boudzól), d. bas lim. Jaune d'œuf. V.

BOUGEOLAR, v. a. (boudzolá), d. bas lim. BOUJOLAS. Trouer, V. *Traucar*, bourgeonner, en dg.

Éty. de la basse lat. *bugia, bulga*, trou, sac, bourse.

BOUGEOLAT, ADA, adj. et p. (boudzólá, áde), d. bas lim. Troué, ée. V. *Traucat*.

BOUGET, s. m. vl. Petit soufflet, petit sac de cuir. V. *Bou*.

BOUGET, dl. V. *Bugel*.

BOUGIA, s. f. (boudgie); *Bugia*, esp. port. ital. Bougie, chandelle de cire.

Éty. de *Bugie*, ville située sur la côte d'Afrique, d'où l'on tirait beaucoup de cire et beaucoup de bougies. V. *Ciergi*. Le mot *bougie*, d'après Barbazan, n'est usité en France que depuis l'avant dernier siècle: en 1699, on disait encore *chandelle de cire*.

Bougia, bougie, en terme de chirurgie désigne une petite verge cirée et flexible que l'on introduit dans l'urètre. Dérivés: *Bougiar, Bougi-at, Bouge-oir*.

BOUGIAR, v. a. (boudgiá); EMBOUGIAR. Bougier, passer légèrement une bougie allumée sur la coupe d'une étoffe, qui s'effile facilement, afin d'en arrêter les fils.

Éty. de *bougia* et de *ar*, *mettre de la bougie*.

BOUGIAT, ADA, adj. et p. (boudgiá, áde). Bougié, ée. V. *Bougia*.

BOUGNA, s. f. (bóugne). Nom qu'on donne, à Toulouse, à la *bosse* ou *loupe*, maladie à laquelle est sujet le maïs.

BOUGNA, s. f. (bóugne). Bigne, glande, enflure, bosse, contusion, meurtrissure; souche d'arbrisseau ou d'arbuste. V. *Boudougna*.

Éty. de *bougna*, ancien mot qui signifiait tumeur, d'où l'ital. *bugna*, bosse. Dérivés : *Bougn-oun, Bougnoun-at, Bougn-ar*.

BOUGNAR, v. n. (bougná). Boucher avec force, enfoncer le bouchon. Garc. Voy. *Bougna*.

BOUGNAR, v. n. (bougná), d. bas lim. Tremper, demeurer quelque temps dans l'eau. V. *Trempar*, alt. de *Bagnar*, v. c. m. et *Bagn*, R.

Bougnar, se dit aussi pour couver. Voy. *Couar* et *Counfir*; pour infuser. V. *Infusar*; pour séjourner. V. *Gapir*.

BOUGNAS, dl. alt. de *Bonias*, v. c. m.

BOUGNETA, V. *Bigneta*.

BOUGNETAS, dl. V. *Soupetas*.

BOUGNOUN, s. m. Magot, figure grotesque. Il se dit aussi de l'amas d'argent que quelqu'un fait en cachette. V. *Magot*.

BOUGNOUN, s. m. (bougnóun). Pomme d'un chou, chou cabus, etc. V. *Bougna*.

BOUGNOUNAR, Garc. V. *Abougnar*.

BOUGNOUNAT, ADA, adj. et p. (bougnouná, áde). Cabus. V. *Cabus* et *Bougna*.

BOUGNOURUT, UDA, adj. et p. (bougnourú, úde). Pommé. Garc. V. *Cabus*.

BOUGRAN, V. *Boucaran*.

BOUGRARIA, s. f. (bougrarie). Bougrerie. V. *Bougre*.

BOUGRAS, s. m. (bougrás), augm. de *Bougre*, v. c. m.

BOUGRE, OUGRA, s. (boúgré, oúgre); *Bugerone*, ital. Term. injurieux et sale. Bougre.

Éty. Ce mot, selon Caseneuve, fut donné à une secte d'hérétiques qui s'éleva dans la Bulgarie: appelée par syncope Bougrie, et celui de *bougre* à ceux qui en faisaient partie. C'était aussi le nom qu'on donnait aux sodomistes.

BOUGUIERA, s. f. (bouguiére); BOUGUIERA, BOURGUIERA. Bouguière, filet délié en simple natte, et à petites mailles, de 80 brasses de longueur, sur cinq à six de chûte, qu'on emploie pour prendre les bogues.

Éty. de *bogou*, bogue, et de la term. mult. *iera*.

BOUHOUN, s. m. Nom béarnais de la taupe. V. *Darboun* et *Taupa*.

Argus p'ous auts, bouhouns *pra nous*.
Argus pour les autres, taupes pour nous.
Trad. des Fabl. de la Font.

BOUI, pour buis. V. *Bouis*.

BOUI, interjection de dédain ou de dégoût, dl. Ouais ! fi ! *Boui qu'aquot es brut*, fi ! que cela est laid ! *Boui ! me venez en odi*, ouais, vous m'ennuyez, vous m'excédez : *Boui ! que siaz fier*, ouais que vous êtes fier ! *Boui lassa*, hélas !

BOUI, Cherchez par *boulh*, les mots que vous ne trouverez pas en *boui*.

BOUI, s. m. Nom qu'on donne, dans le département du Gard, avec ou sans épithète, à plusieurs espèces de canards, et particulièrement, au canard garrot, *Anas clangula*, Lin. V. *Miou-miou* : Au canard à iris blanc, *Anas leucophthalmos*. Bechst.

BOUI-CABUSSIER, s. m. (boui cabussié). Canard chipeau, *Anas strepera*. Lin. Voy. *Mejan-gris*.

BOUI-NEGRE, s. m. (boui-négré). Morillon ou canard morillon : *Anas fuligula*. Lin. V. *Mourilhoun*.

BOUI-ROUSSET, s. m. (boui-roussé) ; BOUI. *Bouixol*, cat. Canard millouin, *Anas ferina*. Lin. V. *Biris*.

BOUIA, s. f. (bóuïe). Teigne, maladie du cuir chevelu, *Castor*. V. *Rasca*.

BOUIA-BAISSA. V. *Boulhabaissa*.

BOUI-BLANC, s. m. (bóuï-blanc). Nom qu'on donne, aux environs d'Hières, à l'arroche halime, *Atriplex halimus*, Lin. arbrisseau de la fam. des Chénopodées, qu'on trouve dans les sables maritimes.

Éty. Les feuilles de cet arbrisseau ont quelque ressemblance avec celles du buis, et comme elles sont blanchâtres, on l'a appelé *bouis-blanc*.

BOUICHOUN, dm. V. *Bouissoun*.

BOUICHOUNAU, dm. V. *Bouissounada*.

BOUIEOU, V. *Budeou* et *Tripa*.

BOUIER, V. *Bouyer*.

BOUIEROUN, s. m. (bouieróun); BOULHEROUN, BOUILLOUN. Nom qu'on donne, à Arles, à une très-petite anguille du Rhône.

BOUIGAIRE, s. m. (bouigáïré). Le groin, le museau d'un cochon. V. *Bouigoun*.

Éty. Parce que les cochons s'en servent pour remuer la terre, *per la bouigar* ou *boulegar*.

Fig. personne qui mange salement, qui parle en grognant. Garc.

BOUIGAR, v. a. (bouigá). Pour remuer. V. *Boulegar*.

BOUIGAR, v. n. Boutir, vermiller, action du pourceau et du sanglier, lorsqu'ils fouillent dans la terre avec le groin ou le boutoir; il signifie plutôt manger dans l'auge. Garc. V. *Fouigar*.

Éty. de *bouigoun*, groin du pourceau, et de *ar*, *bouigounar*, et par sync. *bouigar*. V. *Bouleg*, R.

BOUIGEA, s. f. (bouïdze), d. bas lim. Pâturage sec. V. *Pastural* et *Pasquier*.

BOUIGNA, s. f. (bóuïgne), dl. Bosse à la tête. V. *Boudougna* et *Baioca*.

BOUIGNETA, s. f. dl. pour beignet. V. *Bigneta*.

BOUIGNOUN, s. m. dl. V. *Lel* et *Bochoun*.

Éty. de *bougna*, *bouigna*, et du dim. *oun*. V. *Boud*, R.

BOUIGOUN, s. m. (bouigóun) ; BOUIGAIRE. Groin du pourceau, boutoir du sanglier, Garc. fig. visage sale d'un enfant. Garc.

Éty. de *bouigar* pour *boulegar*, qui sert à remuer. V. *Bouleg*, R.

BOUIGOUN, s. m. BOUIGON. Croissant, grosse serpette tranchante des deux côtés et pourvue d'un long manche; terme de Manosque.

BOUILLON, dg. Jasm. Pour voulaient, *voulion*.

BOUIMENC, ENCA, s. (bouiméin, éinque). Homme ou femme de mauvaise foi dans les affaires. Garc.

Éty. de *Booumian*, v. c. m

BOUIMIAN, V. *Booumian*.

BOUIMIR, d. bas lim. Vomir. V. *Voou-mir*.

BOUIMISSAMENT, s. m. (bouimissaméin), d. bas lim. V. *Vooumissament*.

BOUIN, BOUN, BOM, BOL, radical pris du latin *bodones*, *bonna*, en basse lat. Bornes, limites; *bonn*, en bas breton, et dérivé du grec βουνὸς (bounos), hauteur, tertre, colline, monceau, objets qui servirent naturellement de bornes et de limites lors du partage des terres.

Achard, je ne sais d'après quelle autorité, fait venir le mot *bouina* du celt. *boina*, buisson, comme ayant servi de bornes naturelles.

De *bounos*, par apoc. *boun* ; d'où : *A-boun-ar*, *A-bouna-ment*, etc.

De *boun*, par l'intercallation d'un *i* euphonique, *bouin*; d'où : *Bouin-a*, *Bouin-ar*, etc.

De *boun*, par la suppr. de *u* et l'addition d'un *r*, *born*; d'où : *Born-a*, *Born-ar*, *Su-born-ar*, *Born-egear*, etc.

De *born*, par le changement de *o* en *ou*, *bourn*; d'où : *Bourn-ar*, *Bourn-egear*, etc.

De *born* ou *bourn*, par apoc. *bor* et *bour*, et par le changement de *r* en *l*, *bol* et *boul*; d'où : *Bol-a*, *Bol-aire*, *Bol-ar*, *Boul-a*, *Boul-a-ment*, *Boul-ar*, etc.

De *bodones*, par apoc. *bod*, et par transposition de *n*, *bond* et *bound*; d'où : *Bound-a*, *Bound-ass-ier*.

BOUIN, s. m. (bouïn). Bouchon de bouteille, d'une futaille. Garc. V. *Tap*.

BOUINA, s. f. (bóuïne) ; BORNA, TERME, LIMITA, CROUS, DEC, AURELHETAS, FILHOLA, GUIDOUN. Borne, limite, pierre, arbre, ou autre marque qui sert à séparer un champ, une propriété d'avec une autre.

Éty. V. *Bouin*, R.

On appelle :

SCORPION, Un tas de pierres servant de borne.

L'usage de planter des bornes était déjà établi du temps de Job, qui met parmi les usurpateurs ceux qui arrachaient les bornes.

BOUINA, adj. Qui tient aux bœufs. V. *Bouvina* et *Bov*, R.

BOUINAR, v. n. Bourdonner, faire entendre des bourdonnements, selon Garc.

Éty. C'est une altér. de *Bousinar*, v. c. m.

BOUINAR; v. n. (bouïná); Confiner, toucher, en parlant d'un champ, d'une propriété, être sur la limite, être limitrophe.

Éty. de *bouina* et de *ar*, ou du bas breton *bonnein*. V *Bouin*, R.

Bouinam ame un tau, nous sommes voisins de terre, nos champs sont limitrophes.

BOUINAR, v. n. Avoir une grande envie de dire ou de faire quelque chose, griller d'impatience.

Éty. du celt. *boin*, empressé, selon Ach.

BOUINAR, v. a. et n. d. Apt. Remuer, soulever un fardeau. Castor.

BOUINAT, part. (bouiná). Borné, ée, qui a des limites, en parlant des champs. V. *Bouin*, R.

BOUINAU, s. f. (bouináou). Nom qu'on donne, aux environs d'Annot, à une certaine quantité de châtaignes ou de pommes de terre, que l'on fait cuire à la fois sous la cendre.

BOUINGNAR, v. a. (bouïngná). Boucher avec force; enfoncer un bouchon, une bonde, un tampon. Garc.

BOUIOUN. V. *Boulhoun*.

BOUIOUNCS, s. m. pl. (bouióuncs).

Nom que porte, à Valensoles, la véronique becabunga. V. *Creissoun.*

BOUIOURETTA, s. f. V. *Bouyourela.*

BOUIOUS, OUSA, adj. (bouïóus, óuse). Teigneux, euse, Castor. V. *Rascassous.*

BOUIRA, s. f. (bóuïre); BEROLA. Nom que porte le petit lait, dans la H.-Prov. V. *Lachau* et *Gaspa*. On donne, dans le même pays, le nom de *bouira* à une soupe ou à une sauce trop liquide, au bouillon. *Cercar bouira*, chercher noise. V. *Buira.*

Éty. Probablement du catalan *abuir*, abonder, ou de *bouire*, canal de moulin.

BOUIRA, s. f. dl. Biez, ou canal pour l'eau d'un moulin. Sauv. V. *Beliera.*

BOUIRA, s. f. (bouïre), d. bas lim. Mélange en général, mélange de seigle et de froment. V. *Mitadier.* Bouille, longue perche dont les pêcheurs se servent pour battre l'eau et faire sortir le poisson.

BOUIRAC, s. m. (bouïrác); BOUYRAC, dl. Outre à huile. Douj. V *Ouire.*

BOUIRADISSA, adj. f. (bouiradisse), d. bas lim. *Tela bouiradissa*, toile du tout au tout, ou toile faite avec la filasse du lin ou du chanvre, de seconde qualité.

Éty. de *bouira*, *bouïrada*, mélangée, parce que cette filasse est un mélange de brin et d'étoupe.

BOUIRAGE, s. m. (brouiradze), d. bas lim. Mélange. V. *Mescla.*

BOUIRAR, v. a. (bouirá), d. bas lim. Mélanger. V. *Mesclar*, fouiller en brouillant. V. *Farfoulhar.* Mouvoir, remuer, V. *Boulegar.* Mouvoir en rond, V. *Virar.*

BOUIRAR, v. a. (bouïrá), dl. Frapper, bourrer; charger de coups. Sauv.

Éty. de *bouir*, alt. de *buou*, bœuf, et de *ar*, frapper comme sur un bœuf. V. *Bov*, R.

BOUIRAR SE, v. r. dl. *Se bouirar de vianda*, se gorger, s'empiffrer. Sauv.

BOUIRAS, s. m. (bouirás), dl. BOUIRE. Un bœuf gras, et par ironie un habitant des montagnes du Gevaudan. Sauv.

Éty. de *bouir*; et de *as*. V. *Bov*, R.

BOUIREL, s. m. (bouirèl); BOUIREOU. Fagot en général, mais plus particulièrement fagot de chanvre.

Éty. de *bouir*, pour *buou*, bœuf, et de *el*, fagoté comme un bœuf. V. *Bov*, R.

BOUIRELAS, s. m. (bouirelás). Augmentatif de *bouirel*, gros paquet, gros fagot.

Éty. de *bouirel*, et de *as*. V. *Bov*, R.

BOUIRELOUN, s. m. (bouireloún). Dim. de *bouirel*, petit fagot. V. *Bov*, R.

BOUIREOU, V. *Bouirel.*

BOUIRET, adj. (bouiré), dl. Enflé de graisse et de gourmandise. Sauv.

Éty. de *bouirel*, et du dim. *et*. V. *Bov*, Rad.

BOUIRICA, s. f. (bouïrique); BOUSSA, d. bas lim. Bourriche, panier dans lequel les oiseleurs portent des oiseaux en vie, dans lequel on tient de la volaille.

BOUIROT, s. m. (bouïró). Nom qu'on donne au goujon, dans le Bas-Limousin. V. *Gobi.*

Éty. de *bouir* et de *ot*, petit bœuf. Voy. *Bov*, R.

BOUIROT, s. m. m. d. CROPET, TOOUPET. Trapu, homme, cheval gros et court. Voy. *Rabassel* et *Bov*, R.

BOUIROUN, s. m. (bouiróun). Nom qu'on donne à la lamproie fluviatile, *Petromizon fluviatilis*, Lin. poisson de l'ordre des Trématopnés et de la fam. des Cyclostomes (à bouche circulaire), qu'on trouve dans le Rhône; jeune anguille, goujon, d'après le Suppl. au Dict. de Pellas. V. *Gobi.*

BOUIROUN, s. m. Se dit encore d'une masse de vers enfilés pour pêcher les anguilles; Garc. *Faire boiroun*, marauder.

BOUIS, BOIS, radical, pris du lat. *buxus*, buis, et dérivé du grec, πύξος (puxos), m. s.

De *buxus*, par apoc. et changement de *u*, en *ou*, et de *x* en *s*, *bouis*; d'où : *Bouis*, *Bouis-fer*, *Bouis-pougnent*, *Bouiss-a*, *Bouiss-iera*, *Bouiss-et*, *Bouiss-oun*, *Bouita*, V. ce sous radical en son lieu. *Boussola*, *Em-bouissoun-ar*, *Boui.* Et les noms propres: *Dubuisson*, *Laboissière*; *Boissier*, *Montboissier.*

De *bouis*, par la suppr. de *u*, *bois*; d'où : *Bois*, *Boiss-a*, *Boiss-era*, *Boish*, *Boisson*, *Boysh-o*, *Brost-ia.*

BOUIS, s. m. (boui); BOUI, *Buxo*, esp. anc. port. *Box*, cat. *Bosso*, ital. Buis, buis toujours vert, *Buxus sempervirens*, Lin. arbrisseau de la fam. des Euphorbiacées, commun sur les côteaux des pays tempérés. V. *Bouis*, R.

BOUIS-FER, s. m. Un des noms du rhododendron. V. *Bourgenc* et *Bouis*, R.

BOUIS POUGNENT, Petit houx. V. *Prebouissct* et *Bouis*, R.

BOUISSA, s. f. (bouisse). *Bouisse*, morceau de bois concave en forme de tas, sur lequel les cordonniers battent les semelles des souliers.

Éty. de *bouis*, buis, bois dont est le plus souvent fait cet outil. V. *Bouis*, R.

BOUISSA, s. f. Tampon qui bouche un bassin, un réservoir, etc. Garc.

BOUISSA, s. f. dg. Boîte de roue.

BOUISSADOUR, s. m. (bouissadóu). *Étire*, instrument plat, de fer ou de cuivre, qui sert à étendre les cuirs et à les décrasser.

BOUISSAR, v. a. (bouissá). d. bas lim. Balayer, nettoyer. V. *Escoubar.*

Éty. de *bouissoun*, genêt dont on fait les balais, et de *ar*, ôter avec le balais. Voy. *Bouis*, R.

BOUISSEL, s. m. (bouissèl), dl. CIVADIER. Boisseau; en Languedoc, cette mesure forme la seizième partie du setier, et à Paris, c'en est la douzième. V. *Saumada.*

Éty. de la basse lat. *bussellus*, m. sign. V. *Boss*, R.

Tau semeno prou blat, amai lon tems sié bel,
Que quan ven la saison non n'a pas un bouissel. Michel.

BOUISSELIER, s. m. (buisselié). Boisselier, qui fait ou vend des boisseaux. Voy. *Cruvelier* et *Boss*, R.

BOUISSER, s. m. (bouïssé). Nom qu'on donne, aux environs de Montpellier, au *Millouinan.*

BOUISSEROLA, s. f. (buisseróle); BOUISSERILHA. Nom qu'on donne, aux environs de Meirueis, en Languedoc, à la Busserole. V. *Uva ursi.*

Éty. de *bouis*, buis, à cause de la ressemblance qu'ont les feuilles de cet arbuste, avec celles du buis, V. *Bouis*, R.

BOUISSESA, s. f. (bouisséze); BOUISSIERA, dl. Le boitillon, terme de meunier; pièce de bois enchassée dans le milieu de la meule dormante et traversée par l'arbre qui porte l'anil et la meule tournante. Sauv.

Éty de *bouis*, buis. V. *Bouis*, R.

BOUISSET, s. m. (bouissé), dl. Hallier, lieu hérissé de buissons et d'épines. Sauv.

Éty. de *bouissoun* et du dim. *et*, *bouissounet*, dont *bouisset*, n'est qu'une syncope. V. *Bouis*, R.

BOUISSET, s. m. Nom par lequel on désigne, à Nismes, le petit morillon (oiseau).

BOUISSIEIRA, s. f. dl. V. *Bouissiera.*

BOUISSIERA, s. f. (bouissiére); BOUISSIEIRA, BUISSIERA. *Bòxeda*, cat. *Buxeda*, esp. *Buxol*, port. *Buissière*, *buissaie*, champ ou montagne couverte de buis.

Éty. du lat. *buxetum*, formé de *buxus*, ou de *bouis* et de *iera*; *buxeria*, en basse lat. V. *Bouis*, R.

BOUISSIERA, pour boitillon. V. *Bouissesa.*

BOUISSONAL, s. f. (bouissonál), d. bas lim. V. *Ginestiera* et *Bouis*, R.

BOUISSOUN, s. m. (bouissoun); BOUICHOUN, BRUCHOU, BARTAS, MATAS, ROUAI. Buisson, arbrisseau épineux et sauvage.

Éty. de *bouis* et de *soun*, littéralement, fils du buis ou petit buis, parce qu'on a d'abord donné le nom de buisson à une petite haie formée avec du buis. *Boisonus*, en bass. lat. V. *Bouis*, R.

N'es pas tant pichot lou bouissoun qu'una fes doou jour noun fasse oumbra. Pr. Il ne faut rien mépriser.

L'un batte lou bouissoun, l'autre pren la lebre. L'un court le bénéfice, l'autre l'obtient.

BOUISSOUN, s. m. (bouissou). Nom bas limousin du genêt. V. *Ginest.*

BOUISSOUN, s. m. Est le nom qu'on donne plus particulièrement, à Avignon, à l'aubépine monogyne, *Cratægus monogyna*. Jacq. var. de l'*oxyacantha*. V. *Perettier* et *Acinier.*

BOUISSOUN, s. m. Est encore le nom qu'on donne, à Digne et dans ses environs, à un faisceau de paille dans lequel on plante de petites broches où sont enfilées les prunes pelées qu'on veut faire sécher.

Éty. parce qu'hérissé de pointes, ce faisseau ressemble à un buisson. V. *Bouis*, R.

BOUISSOUN, s. m. L'un des noms languedociens du prunellier ou prunier épineux. V. *Agrenier* et *Bouis*, R.

BOUISSOUN-BLANC, s. m. BOUISSOU-BLANC. Nom que porte, aux environs de Digne, l'argousier, à cause de la blancheur de ses feuilles. V. *Agranas*; et à Nismes, le lyciet d'Europe. V. *Arnaveou*, pour la même raison, la blancheur de ses feuilles. Dans la Gascogne on donne aussi ce nom à l'Aubépine. V. *Acinier.*

BOUISSOUN-NEGRE, s. m. (bouissóun-négré); BOUISSOU-NEGRE. Nom toulousain du prunellier. V. *Agrenier.*

BOUISSOUNADA, s. f. (bouissounáde); BOISSONNADA, BOUICHOUNAU, ROUMEDIERA, TOUISSA, BARAGNA, CEBISSA. Touffe de buissons, lieu où il ne croît que des buissons, hallier; à Marseille, on le dit pour haie vive.

Éty. de *bouissoun* et de *ada*, fait de buissons. V. *Bouis*, R.

BOUISSOUNAS, s. m. (bouissounás). Gros buisson.

Éty. de *bouissoun* et de l'augm. *as*. Voy. *Bouis*, R.

BOUISSOUNET, s. m. (bouissouné); BARTASSOUN. *Buissonnet*, petit buisson.

Éty. de *bouissoun* et du dim. *et*. V. *Bouis*, Rad.

BOUISSOUNILHA, s. f. (bouissounille). BOUISSOUNALHA. Les buissons en général, le bois à brûler qui en provient.

Éty. de *bouissoun* et de *ilha* ou *alha*, tout. V. *Bouis*, R.

BOUISSOUNOUS, adj. (bouissounóus); BOUICHOUNOUS. Rabougri, semblable à un buisson. Aub. V. *Agarrussit*. Buissonneux, euse, plein de buissons.

BOUIT, sous-radical dérivé de *bouis*, par le changement de *s* en *t*, boîte, *pyxis*, en lat. du grec πυξὶς (puxis), formé de πύξος (puxos), buis, parce que les boîtes que l'on fait aujourd'hui avec toutes sortes de matières, ne se faisaient dans l'origine qu'avec du buis.

Dérivés : *Bouit-a*, *Bouit-ar*, *Em-bouitar*, *Bouit-ier*, *Des-bouit-ar*, *Des-bouit-at*.

BOUITA, s. f. (bouite); BOSTIA, BOUSTIA, BRUSTIA. *Bossola*, ital. *Boceta*, port. *Buxeta*, esp. Boîte, sorte d'ustensile fait de bois, de carton, de corne ou de métal, ayant un couvercle, destiné à recevoir quelque chose qu'on peut porter avec soi ; cavité d'une articulation.

Éty. de *Buxeta*, formé de *buxus*. Voy. *Bouit*, R.

Bouita per lou tabac, V. *Tabaquiera*.
Bouita de the, barse.
Grande boîte. V. *Massapan*.
Boîte à farine, *enfarinadouira*.

BOUITA, s. f. Boîte, espèce de cylindre de fer creux qu'on charge avec de la poudre et un tampon, pour tirer les jours de réjouissance publique.

BOUITAMENT, s. m. (bouitaméin), d. bas lim. Clochement, claudication, action de clocher, de boiter.

Éty. de *bouitar* et de *ment*. V. *Bouit*, R.

BOUITAR, v. n. (bouità); GOUYAR, BOUITEGEAR, CLAUCAR, TOURTEYAR, GOIAR, RANQUEGEAR, Boiter, clocher, ne pas marcher droit, marcher en boitant d'un côté ou successivement de l'un et de l'autre.

Éty. On dit qu'un os s'est déboîté, *desbouitat*, quand il a abandonné son articulation *sa bouita*, et *bouitar*, quand cette articulation est faible. V. *Bouit*, R.

BOUITAR, v. n. Pour emboîter, Voy. *Embouitar*. V. *Bouit*, R.

BOUITASSA, s. f. (bouitásse). Grosse et laide boîte.

Éty. de *bouita* et de l'augmentatif dépréciatif *assa*. V. *Bouit*, R.

BOUITEGEAR, v. n. (bouitedjà); BOUITOUSEGEAR, PANARDEGEAR. Boiter un peu, clocher d'un pied, feindre d'un pied, clocher tout bas. V. *Bouitar*.

Éty. de *bouitous*, boiteux, et de *egear*, litt. faire le boiteux ; c'est un itér. de *bouitar*. V. *Bouit*, R.

BOUITETA, m. s. que *Bouitouna*, v. c. m.

BOUITIER, s. m. (bouitié), Écrin, baguier, lancetier.

Éty. de *Bouit*, R. et de *ier*.

BOUITOUNA, s. f. (bouitóune); BOUITETA, BRUSTIETA. *Bossita*, ital. *Boucetinha*, port. *Buxetilla*, esp. Petite boîte.

Éty. de *bouita* et du dim. *ouna*. V. *Bouit*, Rad.

BOUITOUS, OUSA, OUA, adj. Boiteux. V. *Goy* et *Bouit*, R.

BOUITOUSEGEAR, dl. V. *Bouitegear*.

BOUJOU, s. m. (bóudjou). Sceau. Voy. *Pouaire*. Garc.

BOUJOULAR, v. n. (boudjoulá), dg. Gonfler, bouillonner. V. *Gounflar* et *Bulh*, Rad.

BOUL, POUL, rad. dérivé du lat. *pollen*, *pollinis*, fleur de farine ; d'où : *Pollentarius*, de farine de froment.

De *pollen*, par apoc. *pol* et *poul*, par le changement de *o* en *ou* ; d'où : *Poul-enta*.

De *polentarius*, par apoc. *polent* et *poulenti*, par le changement de *o* en *ou*.

De *poulenti*, par le changement de *p* en *b*, *boulent*, et par celui de *t* en *v* et *g*, *bouleng* ; d'où : *Bouleng-ier*, *Boulenge-aria*, etc.

BOUL, Pour bouillon. V. *Boulh*.

BOUL, s. m. (bóul). Sceau, cachet. V. *Cachet*, en terme de chasseur, odeur que le lapin laisse sur sa trace.

Éty. du lat. *bulla*, m. s. Dérivés : *Boul-ar*, *Des-boular*.

BOULA, s. f. vl. *Bola*, esp. mensonge, fraude.

Éty. de *bulla*, bulle ou petite bouteille qui s'élève au-dessus de l'eau quand elle est agitée, et qui ne contient rien. V. *Bulh*, R.

BOULA, s. f. (bóule); *Bola*, esp. port. Boule, tout corps rond de quelque nature qu'il soit. V. *Bocha*.

Éty. de l'all. *boll*, rond, ou du grec βῶλος (bôlos), motte, boule. V. *Bol*, R.

BOULA, s. f. CENADA, SENADA, GEVITRAIA, GEVITRA, PARPAI. Espace vide qui est entre la chemise et le ventre, ou espèce de poche que la chemise forme à cet endroit.

Éty. de *boula*, rom. mensonge, fraude.

BOULA-DE-NEIGEA, s. f. (boule-dénèdge); MILLA-FLORIS, MILLA-FLOURS. Nom pris du français, pour désigner la boule de neige, pain blanc, pomme de neige ou rose Gueldre, variété à fleurs pleines et stériles du *Viburnum opulus*, Lin. arbrisseau de la fam. des Caprifoliacées, qu'on trouve dans toutes les haies, à Seyne ; où, par parenthèse, il ne porte point de nom, quoique très-abondant.

BOULADIS, ISSA, adj. (bouladis, isse). Terrain sujet à être foulé par les passants. Garc.

Éty. de *boular*, fouler aux pieds.

BOULAMENT, s. m. vl. Bornage.

Éty. de *bola*, borne, et de *ment*, V. *Bouin*, Rad.

BOULANGEARIA, s. f. (boulandjarie). Boulangerie, l'art de faire le pain ; le bâtiment où on le fait. V. *Boul*, R.

BOULANGEY, dg. Boulanger. V. *Boulangier*.

BOULANGIER, IERA, s. (boulangié, iére); BOULINDIER. BOULANGEY, PASTOURILHA. Boulanger, ère, qui fait et vend le pain.

Éty. Le nom de *boulanger*, déjà en usage du temps de Saint-Louis, vient selon Ducange, de ce que le pain avait la forme d'une boule, ou de *polentarius*, d'où la basse latinité *bolengarius*. V. *Boul*, R.

C'est en Orient qu'on a vu les premiers boulangers ; ils ne passèrent en Europe que vers l'an 583 de la fondation de Rome. Voy. *Pan*.

Le premier ouvrier d'un boulanger, s'appelle *mitron*, le second *geindre* et le dernier *aide*.

Cette profession doit être fort ancienne ; cependant on n'en trouve guère de preuves antérieures à une ordonnance de Dagobert II, de l'année 630, dans laquelle il est question de fourniers qui vendaient du pain, et qui en faisaient pour vendre.

BOULAR, v. a. (boulá). Fouler aux pieds, marcher, mettre le pied sur quelque chose. Marquer le menu bétail ; M. Garcin, d'après qui je rapporte la dernière signification de ce mot, dit qu'il est particulier à la montagne, où je ne l'ai cependant jamais entendu prononcer.

Éty. Dans la dernière acception, de *boli* et de *ar*, marquer avec du bol. V. *Bol*, R.

BOULAR LEIS RASINS, Fouler la vendange. Avril.

BOULAR, d. béarn, alt. de *Voular*, voler, prendre, v. c. m.

BOULAR, v. a. d. apt. Mesurer, au jeu de boule. Cast.

BOULAR, v. a. Sceller, cacheter, marquer le menu bétail, imprimer avec de la poix ou autrement la marque du maître sur les brebis ; pour borner, vl. V. *Bolar*.

Éty. de *boul*, cachet, et de l'act. *ar*.

BOULARAS, s. f. pl. (boulâres). Un des noms langued. du goujon. V. *Gobi*. Fig. personne de taille courte et grossière. Sauv.

BOULAT, ADA, adj. et p. (boulá, áde). Scellé, marqué, cacheté.

BOULATOUNS, s. m. pl. dg. Êtres volants. V. *Foulcloun*.

BOULATUN, s. m. dl. Volée d'oiseaux. V. *Voulada*.

BO[illegible]AU, BON, ROUEN, expr. adv. et iron. Petite quantité. Cast.

BOULBENA, s. f. (boulbéne), dg. *Boulbène*, terre où domine la silice, en grains plus ou moins gros, et qui contient peu de calcaire.

BOULCAR, dl. Verser. V. *Boucar* et *Bugear*.

BOULCAT, ADA, adj. et p. (boulcá, áde), dg. alt. de *Boulegat*, v. c. m.

BOULDOUIRAR, dl. Verser. Voy. *Boucar* et *Bugear*.

BOULDRA, s. f. (bóuldre), dl. Boue, limon que l'eau trouble d'une rivière dépose, V. *Pauta* et *Limon* ; la lie, ce qui reste d'épais au fond d'une bouteille, les effondrilles. Sauv.

Éty. du grec βόρβορος (borboros), bourbe, boue.

BOULDRIT, IDA, adj. et p. (bouldri, ide), dl. Meurtri. Sauv. V. *Macat*. Réduit en bouille, en boue. V. *Bouldra*.

BOULEAR, dl. Verser. V. *Boulcar*.

BOULECH, s. m. (boulétch). Nom que porte, aux environs de Toulouse, la camomille des champs. V. *Margaridier*.

Éty. de la forme arrondie de ses fleurs.

BOULECH-POUNCHUT, s. m. (bouletch-pountchú); HUELH-DE-BOOU. Nom toulousain du buphthalme épineux, *Buphthalmum spinosum*, Lin. plante de la fam. des Composées Corymbifères, qu'on trouve sur le bord des champs en Provence, en Languedoc, etc.

BOULECH-PUDENT, s. m. Nom toulousain de la camomille cotule ou puante, *Anthemis cotula*, Lin. plante de la fam. des Corymbifères, qu'on trouve dans les champs.

BOULEDIERA, s. f. (bouledière), dl. Terre à champignons et proprement une champignonnière; champ dans lequel les champignons bons à manger croissent spontanément et en abondance.

Éty. de *boulet*, champignon, et de *iera*. V. *Bol*, R.

BOULEG; BOUG, BOJ, rad. dérivé de l'all. *wegen*, voguer, marcher, se mouvoir, d'où *bewegen*, remuer; *boulgein*, en bas breton. M. Astruc, regarde ce mot comme celtique; il peut venir aussi de *bol*, *boula*, corps rond, parce qu'il se remue plus facilement.

De *bewegen*, par apoc. *beweg*, par la suppression du premier *e* et le changement de *w* en *ou*, *boueg*, et par l'addition d'une *l*, *bouleg*; d'où : *Bouleg*, *Bouleg-adis*, *Bouleg-aire*, *Bouleg-ar*, etc.

De *bouleg*, par la suppr. de *e*, *boug*; d'où : *Bouge-ar*, *Bouge-aire*, etc.

De *boug*, par le changement de *ou* en *o*, et de *g* en *j*, *boj*; d'où : *Boj-ar*.

De *bouleg*, par la suppr. de *u*, *boleg*; d'où : *Boleg-ar*, *Boll-eg-ar*.

BOULEG, s. m. (bouleg), dl. BOULEC. Remue-ménage, mouvement, bruit des meubles qu'on traîne, qu'on porte d'une place à l'autre. Sauv.

Éty. de *Boulegar*, v. c. m. et *Bouleg*, R.

BOULEGADA, s. f. (boulegáde), dl. Un tas, une troupe : *Una boulegada de femnas*, un tas, une fourmilière de femmes.

Éty. de *boulegar* et de *ada*. V. *Bouleg*, Rad.

> Tal fai de cavalets tout una *boulegada*.
> Que non a geu de blat, quand l'aire es acabada.
>
> Michel.

BOULEGADIS, ISSA, adj. (boulegadis-isse). Léger, dispos, leste, qu'on peut ou qui peut facilement remuer; remue-ménage. V. *Mouvadis*.

Éty. de *boulegad*[illegible]t de *is*, qui est remué ou facile à remuer. V. *Bouleg*, R.

BOULEGAIRE, s. m. et adj. (boulegaïré); BOULEGUET, BOULEGOUN, TREGE, BRENLE. Remuant, frétillant, sémillant, qui s'agite, qui remue toujours: *Mestre boulegoun*, personne remuante, intrigante : *Boulegaire de fuec*, tisonnier.

Éty. de *boulegar* et de *aire*. V. *Bouleg*, Rad.

BOULEGAMENT, s. m. (boulegaméin). Frétillement, remuement. Avril.

BOULEGAN, s. m. (boulegán). Poisson. V. *Beluga*.

BOULEGAR, v. a. (boulegá); BOULEGEAR, BOUGEAR, BOUIGAR, BOUIRAR, BOUYAR, DEMENAR, GOUSAR, BRANDAR, DEMENAR. *Bolejar*, cat. Remuer quelque chose, la mouvoir, la changer de place : *Boulegar lou guespier*, remuer le bourbier, réveiller le chien qui dort.

Éty. de l'all. *wogen*, voguer, se mouvoir. V. *Bouleg*, R.

BOULEGAR, v. n. BOULEGEAR, BOUGEAR. Bouger, se remuer, changer de place: *Boulegues pas*, ne bouge pas: *Que jamai mi boulegui d'aicit si*, je veux bien ne jamais bouger de la place si..., frétiller, en parlant du poisson qui s'agite dans l'eau : *Boulega tout viou*, il frétille encore, il frétille dans la poêle. V. *Bouleg*, R.

BOULEGAR SE, v. r. SE BOULEGEAR, SE BOUGEAR. Se remuer, bouger, mais non *se bouger*; se donner du mouvement, intriguer : *Si boulegaria pas per cinq soous*, il ne remuerait pas pour beaucoup.

BOULEGAT, ADA, adj. et p. (boulegá, áde) ; BOUIGAT BOUGEAT, BOULCAT. Remué, ée, d. béarn. renversé, bouleversé. V. *Bouleg*, Rad.

BOULEGEAR, pour remuer. V. *Boulegar*.

BOULEGEAR, v. n. (bouledjá), dl. VOULEGEAR, BOUINAR. Confiner, être limitrophe, être contigu, se toucher, en parlant des propriétés ; *boulegeam*, nos champs se touchent, V. aussi *Bouinar*, de *bola*, borne, limite. V. *Bouin*, R.

BOULEGOUN, V. *Boulegaire*.

BOULEGUET, V. *Boulegaire*.

BOULEGUETA, s f. (bouleguéte) ; BOULIGUETA. Sorte de rigaudon dont les mouvements sont vifs et précipités: *Dansar la bouleguela*.

Éty. de *boulegar*. V. *Bouleg*, R.

BOULEJOUN, s. m. (bouledjóun); BOULEJOU. *Boulejou*, espèce de filet en forme de bregin dont on se sert pour prendre des sardines, particulièrement à Cette.

BOULEMI, IA, dl. V. *Booumian*.

BOULEN, s. m. (boulén), d. bas lim. TERSOL. Farine blanche, grosse farine, seconde farine tirée au bluteau après la fleur. V. *Farina*.

Éty. du lat. *pollen*, *inis*, fleur de farine. V. *Boul*, R.

BOULEN PAN, m. d. Pain bis, blanc.

BOULEN, s. m. d. lim. Ce qui reste de la farine de seigle quand on en a ôté la fleur. V. *Boul*, R.

BOULENA, s. f. (boulène). Nom qu'on donne, en Languedoc, aux larves des œstres. V. *Varoun*.

Éty. du lat. *bolus*, petite boule, parce que ces larves sont presque rondes. V. *Bol*, R.

BOULENTAT, D'Astros, alt. de *Voulountat*, v. c. m. et *Vol*, R.

BOULEOU, s. m. (boulèou); BOULEU. Nom du bouleau, à Bordeaux. V. *Bes*.

BOULET, s. m. (boulé). Boulet, boule de fer dont on charge les canons.

Éty. Dim. de *boula*, petite boule. V. *Bol*, Rad.

On appelle :

BOULETS BARRÉS, ceux qui sont joints ensemble par une barre de fer.
BOULETS A CHAINES, deux boulets liés par une chaîne.
BOULET COUPÉ, celui qui est partagé en deux.
BOULETS CREUX, ceux qu'on remplit d'artifice.
BOULETS MESSAGERS, ceux qui étant creux et garnis de plomb à l'extérieur, servent à porter des nouvelles dans une place bloquée.
BOULET ROUGE, celui qu'on a fait rougir avant de le lancer. L'Électeur de Brandebourg, en introduisit l'usage avec succès au siége de Stralsund en Poméranie, en 1675.
BOULETS A DEUX TÊTES, ceux qu'on enveloppe d'un voile soufré pour porter le feu dans les navires.

BOULET, s. m. Boulet, jointure du bas de la jambe du cheval, qui unit cette partie avec le sabot.

BOULET DE NOUVAU, s. m. Teigne des chevaux.

BOULET, s. m. BOLET, BOURET. *Bolet*, cat. *Boleto*, ital. Nom commun à plusieurs espèces de champignons bons à manger. V. Gar. p. 196.

Éty. du lat. *boletus*, champignon. probablement dérivé du grec βῶλος (bôlos), dit Vossius, *est* βωλίτης (bolitès), *Unde latinum boletus. Est fungi genus, omnium fungorum minimè noxium*. V. *Bol*, R.

M. Duval, professeur de philosophie à Grasse, à qui nous devons plusieurs observations intéressantes, m'a fait remarquer, à l'égard de ce mot, qu'on retrouvait dans le patois *boulet*, la voyelle longue de βωλίτης (bôlitès).

BOULET, s. m. Nom qu'on donne, à Avignon, à l'agaric eryngium. V. *Bouligoula* et *Bol*, R.

BOULET-D'AGNEL, s. m. (boulé-d'agnèl); CAP-D'AGNELA. Nom languedocien, d'un gros champignon globuleux, qui est probablement, selon M. de Belleval, la vesse de loup gigantesque, *Lycoperdon giganteum*, Batsch. qui croît dans les environs du Pic Saint-Loup. V. *Bol*, R.

BOULET D'AMOURIER, s. m. (boulé d'amourié). Nom qu'on donne, à Nismes, à l'agaric du mûrier.

BOULETA, s. f. Nom de l'échinope, dans le département de Vaucluse. V. *Espina blanca*.

Éty. Ainsi nommée à cause de la forme de ses fleurs qui sont ramassées en petite boule. V. *Bol*, R.

BOULETA, s. f. (bouléte); *Boleta*, cat. *Bolilla*, esp. *Palletta*, ital. pour petite boule, V. *Bocheta*; boulette, petite boule de viande hachée que l'on met dans les ragoûts ou dans les pâtés; ouverture d'un tonneau. Aub.

Éty. de *boula* et du dim. *eta*. V. *Bol*. R.

BOULETEGEANT, ANTA, adj. (bouletedján, ánte), dg. Remuant, ante, inconstant.

Éty. de *boulegar*. V. *Bouleg*, R.

> *L'himurt* bouletegeanto *enfin*,
> *Prenguet lou dessus à la fin.*
>
> Bergeyret.

BOULETEGEAR, dl. alt. de *Vouletegear*, v. c. m. et *Vol*, R. 2.

BOULETIN, V. *Buletin*.

BOULETIN *d'arangi*. Le zeste de l'orange. V. *Zest*.

BOULETS, s. m. pl. (boulés). Nom gascon, de la camomille. V. *Camomilha*.

Éty. Parce que ses fleurs forment de petites boules.

BOULEVART, s. m. (boulevár); *Baluardo*, ital. *Baluarte*, esp. port. *Baluart*, cat.

Boulevard, autrefois on donnait ce nom à un rempart composé de plusieurs genres de fortifications; mais aujourd'hui il ne désigne plus au propre, que des promenades qui font le tour des villes.

Éty. de l'all. *bolwerck*, ouvrage de poutres, formé de *bole* ou *bohle*, poutre, madrier, et de *werck*, ouvrage. Ducange le dérive de *burgwardus*, composé de *burg* et de *ward*, mots teutons, dont le premier signifie *bourg* ou *village*, et le second *gardé*, ou du celt. *Boulward*, rempart de ville.

Voici une autre étymologie qui ne paraît pas invraisemblable; on jouait anciennement à la boule sur le gazon qui bordait les villes, et on disait, *bouler sur le vert* ou *sur le vart*, d'où *boulevart*. Les Anglais, traduisant littéralement, ont fait *bowlin-green*, mot que les Français ont adopté pour désigner les pièces de gazon qu'on voit dans les jardins.

BOULEVERSAMENT, s. m. (bouleversaméin); *Rovesciamento*, ital. Bouleversement, renversement, dérangement total de l'ordre d'une chose, mélange et confusion de toutes ses parties.

Éty. de *boula*, de *versar* et de *ment*, tourner comme une boule. V. *Bol* et *Vert*, R.

BOULEVERSAR, v. a. (bouleversá); *Rovesciar*, ital. *Trastornar*, esp. port. Bouleverser, renverser, ruiner, mettre tout en désordre. V. *Bol* et *Vert*, R.

BOULGUER, dg. Vouloir. V. *Voulher*.

BOULH, s. m. (bóuill): BICHOL, BOUL, BUL, OUNDA, BOUIL. *Bolla*, ital. Bouillon, grosse bulle qui s'élève d'un liquide qui bout; mouvement de ce liquide.

Éty. du lat. *bulla*, m. s. V. *Bulh*, R.

Prendre lou boulh, commencer à bouillir.

Fau qu'un boulh, il ne faut qu'un bouillon,

BOULHA, s. f. (bóuille). *Bouille*, hotte de bois mince, dont on fait usage dans les vignobles du département du Doubs.

Éty. En vieux Français, *bouille*, m. s.

BOULHACA, s. f. (bouilláque), d. bas lim. Souillon, marie graillon, V. *Ganipa*; sauce trop longue. V. *Lagas*.

Éty. de *boulhir*. V. *Bulh* et *Boulh*, R.

BOULHE-BAISSA, s. f. et m. (bouillie-báïsse); BOUIABAISSA, BOULHABAISSA. Matelote à la provençale, espèce de ragoût, ou de potage que l'on fait avec du poisson bouilli, assaisonné principalement avec de l'ail.

Éty. de *boulhe-baissa*, du sens même de ces mots qui signifient, il bout, baisse, c'est-à-dire, descends la marmite, le potage bout. V. *Bulh*, R.

BOULHENT, ENTA, adj. (bouillèin, èinte); BULHENT, BOUIENT. *Bollente*, ital. *Bullent*, cat. Bouillant, ante, qui bout; et fig. qui a beaucoup de vivacité, beaucoup d'ardeur; colérique, prompt, cuisant, pénible: *N'en siam eis boulhents*, nous en sommes au pénible, au difficile.

Éty. de *boulh* et de *ent*, chose qui bout. V. *Bulh*, R.

BOULHENTS, s. m. pl. (boulhèins); BOUYENS. Transes; Les grands coups.

Es ara que lous boulhents se dounoun. Avril.

BOULHIDA, s. f. (bouillide); BOUILLIDA. Cuvée, tout le raisin que l'on met à la fois dans la cuve. Garc.

BOULHIDOUR, s. m. (bouillidóu); BOULHIDOU, BOULIDOUR, BULHIDOUR. Bouillonnement, bouillons, mouvement d'un liquide qui bout, trou par lequel l'eau d'une source jaillit; cuve de vendange.

Éty. du celt. *boulh-d'our*, rejaillissement d'eau. V. *Bulh*, R.

BOULHIMENT, s. m. (bouillimèin); BULHIMENT. *Bollimento*, ital. Ébullition, l'action de bouillir: *Boulhiment de sang*, ébullition de sang.

Boulhiment de ventre, peur, effroi, surprise.

Éty. de *boulhir* et de *ment*, action ou manière de bouillir. V. *Bulh*, R.

BOULHIR, v. n. (bouilli); BOULIR, BULIR, BOUIR, BULHIR. *Bollire*, ital. *Bullir*, cat. esp. *Bulir*, port. Bouillir, s'élever en bulles par la force de la chaleur ou de la fermentation; fermenter ou cuver, en parlant du vin.

Éty. du lat. *bullire*, m. s. V. *Bulh*, R.

Cadun sau ce que boulhe din soun oula. Pr.

BOULHIT, IDA, adj. et p. (bouilli, ide); BOULIT. *Bulid*, cat. *Bullido*, esp. Bouilli, ie, qui a bouilli, qui a été soumis à l'ébullition.

Éty. de *boulh* et de *it*. V. *Bulh*, R.

BOULHIT, s. m. (bouilli); BULHI, BOLIT, BOUIT. *Bollito*, ital. Bouilli, viande bouillie ou cuite dans l'eau.

Éty. de *Boulh*, R. et de *it*. V. *Bulh*, R.

BOULHOOU, s. m. (bouillóou); BOCIOOU. Grand seau pour égoutter les bateaux et puiser l'eau des puits quand on veut les creuser.

Éty. Il paraît que ce vase servait aussi à faire bouillir l'eau. V. *Bulh*, R.

BOULHOTTA, s. f. (bouillótte). Bouillotte, sorte de brelan ou celui qui a perdu sa cave, cède sa place à un autre joueur qui la garde jusqu'à ce qu'il soit décavé à son tour.

Éty.?

A la bouillotte on nomme :

CAVE, le fond d'argent que chaque joueur met devant soi

PASSE-PAROLLE, lorsqu'un joueur cède à un autre le droit qu'il aurait de relancer.

BOULHOUN, s. m. BOCIOUN. Crue d'une rivière.

BOULHOUN, s. m. (bouillóun); BOUIOUN, BOUYOUN. *Boglio*, ital. anc. Bouillon, décoction de viandes ou d'herbes; le bouillon de viande est une dissolution de matières gélatineuses, extractives et colorantes, avec plusieurs sels.

M. Thénard a donné le nom d'osmazome, au principe aromatique qui s'en dégage.

Éty. de la basse lat. *ebulium*, m. s. fait du lat. *bullire*, bouillir, parce que, c'est par l'ébullition qu'on le prépare V. *Bulh*, R.

BOULHOUN, s. m. Bouillon. V. *Boulh*.

Eme encara un bouilhoun es cuech.

BOULHOUN DE BALANÇA, ou de *verga*, PLOUMBEL, MARROUN, s. m. Peson ou boulon d'une balance. V. *Balança*.

BOULHOUNAMENT, s. m. (bouillounaméin). Bouillonnement, mouvement d'un liquide qui bouillonne.

BOULHOUNAR, v. n. (bouillouná); BOUIOUNAR. Bouillonner, bouillir, jeter des bouillons.

BOULHOUN-BLANC, s. m. (bouillóunblán); VARLOCCA, VARLACA, VERLACA, VERDACHA, FATARASSA, LAPASSES, ALAPAS, BLOOU, CANDELA-DE-SANT-JEAN, PEDASSOUN, ESCOUBA-D'IERA. Bouillon blanc, molène, *Verbascum thapsus*, Lin. plante de la fam. des Solanées, commune le long des chemins. V. Gar. *Verbascum mas*, p. 481.

On donne le même nom à presque toutes les espèces du même genre.

BOULIA, V. *Lia-de-bouta*.

BOULIDOUR, dl. Cuve de vendange. V. *Boulhidour* et *Bulh*, R.

BOULIECHA, s. f. (bouliéche); TRACHINA, TRAINAS. Boulièche ou trachine, grand filet en forme de saine, dont on fait usage dans la Méditerranée.

BOULIGOULA, s. f. (bouligóule); BOURIGOULA, BRIGOULA, BOULET, BERIGOULETA, BOURIGA, COUDERLA. Noms communs à plusieurs champignons bons à manger, et particulièrement à l'*Agaricus eryngii*, Déc. plante de la fam. des Champignons, commune dans la Pr. Mérid. V. Gar. p. 196.

Éty. du lat. *bolus gulæ*, morceau de bouche ou délice du palais. V. *Bol*, R.

Le Père Thomassin le tire de l'hébreu *boul*, ce qui provient de la terre.

BOULIGOULA, s. f. Nom qu'on donne à la morille, aux environs de Riez. V. *Mourilha* et *Bol*, R.

BOULIGOULA, s. f. Est aussi le nom qu'on donne, dans les B.-du-Rh. à la mérule chanterelle, *Merulius cantharellus*. Pers. V. *Girbouleta*.

BOULIGUETA, V. *Boulegueta*.

BOULINA, s. f. (bouline); BOUINA. *Bolina*, esp. port. *Bowline*, angl. *Borina*, cat. Bouline, corde amarrée vers le milieu de chaque côté d'une voile, qui sert à la porter de biais pour prendre le vent de côté.

Éty. de l'angl. *bow-line*, composé de *bow*, arc, et de *line*, corde, parce que la bouline se tend comme la corde d'un arc.

Anar à la boulina, prendre le vent par côté.

Faire courrer la boulina, faire courir la bouline, espèce de châtiment qu'on fait subir aux matelots quand ils volent leurs camarades, il diffère de celui des verges en ce qu'on frappe avec une garcette.

Tau se dis fort savant à touto la marino,
Qu'on sap pas soulamen que voou dire bourino

Michel.

BOULINDIER, IEIRA, s. (boulindié, ièïre), d. bas lim. Boulanger. V. *Boulangier* et *Boul*, R.

BOULINETA, Garc. V. *Buleta*.

BOULINIER, s. m. (bouliné). Boulinier, on le dit d'un vaisseau selon qu'il va bien ou mal à la bouline.

Éty. de *boulina* et de *ier*.

BOULIOUN, V. *Boulhoun*.

BOULIR, V. *Boulhir*.

BOULIT, V. *Boulhit*

BOULISSOUN, dl. V. *Carabagnada*.

BOULOFAS, s. f. (boulófes), dl. La balle du blé. V. *Pousses*, *benta boulofas*, bavard.

Éty. de *bulla*, bulles. V. *Bulh*, R.

BOULOUC, D'Astros, pour *Vouguet*, voulut.

BOULOUER, s. m. (bouloué). Une bouilloire, vaisseau de cuivre ou de fer pour faire bouillir de l'eau. V. *Escaufaire* et *Bulh*, Rad.

BOULOUN, s. m. (boulóun). Boulon, morceau de fer rond ou carré, ayant une tête d'un côté, et de l'autre un trou pour recevoir une clavette ou un écrou, quand ce bout est taraudé.

Éty. de *boula* et du dim. *oun*. V. *Bol*, R.

Mettre un bouloun, boulonner; boulon dans Peyrot, est dit pour *Boulan* et *Voulan*, v. c. m.

BOULOUN, altér. lang. de *Mouloun*, v. c. m.

BOULOUNAR, v. a. (boulouná). Boulonner, arrêter avec un boulon. Garc.

BOULOUNTAR, dl. V. *Foulountar*.

BOULSAR, dl. V. *Bourdouirar*.

BOULSETS, s. m. pl. (boulsés), et impr. *Boulzer*. Soufflet de forge de martinet, à bascule ou à eau.

BOULUGA, dg. Étincelle, alt. de *Beluga*, v. c. m.

BOULUM, s. m. (boulún), dl. BOULUN. Tas, monceau, V. *Mouloun; En bouloun*, en foule.

BOUM, s. m. (bóun); POUN, BOUMB. Onomatopée ou imitation du bruit sourd que font les choses molles en tombant.

Éty. du lat. *bombus*, bruit sourd de trompette. V. *Boumb*, R.

BOU-MARIN, s. m. d. de Nice. V. *Buoumarin*.

BOUMB, POUMB, radical pris du latin *bombus*, et dérivé du grec βόμβος (bombos), bruissement, murmure, bruit. C'est une onomatopée.

De *bombus*, par apoc. et changement de *o* en *ou*, *boumb*; d'où: *Boumb*, *Boumb-a*, *Boumb-ar*, *Boumb-arda*, *Boumbarda-ment*, *Boumbard-ar*, *Boumb-et*, *Boumb-oun-egear*, *Boumb-oun-iaire*, *Boumboun-iar*, etc. etc.

De *boumb*, par le changement de *b* en *p*, *poump*; d'où: *Re-poump-el*, *Re-poumpelar*, *Re-poump-ida*, *Re-poump-ir*.

BOUMBA, s. f. (bóumbe); *Bomba*, ital. esp. port. cat. Bombe, gros boulet de fer creux, qu'on remplit de poudre pour le faire éclater, et qu'on lance au moyen d'un mortier.

Éty. du lat. *bombus*. V. *Boumb*, R.

Dans une bombe on nomme:

ANSES, les deux anneaux qui servent à les porter. V. *Manetha*.
CHAMBRE, le creux de la bombe. *La chambra*.
CULOT, sa partie inférieure, *lou cuou*.
ESPAULETTE, *la meche*, qui donne le feu.
FUSÉE, *la fusada*, le cylindre qui renferme la mèche.
LUMIÈRE, *la lumiera*, l'ouverture.

L'époque de l'invention des bombes est incertaine, les uns la font remonter à 1346, tandis que d'autres la renvoient, au moins pour l'usage, à 1634. Il paraît cependant certain qu'on s'en servit au siége de Valchtendonck, ou Walhtendanck, Gueldre, en 1588; en France, ce projectile a été employé pour la première fois, en 1521, au siége de Mézières; d'autres disent au siége de La Motte, en 1634. Quelques-uns en attribuent l'invention à Sigismond Pandolphe Malatesta, prince de Rimini, mort en 1457.

BOUMBA, s. f. *Bonba*, cat. Flacon en terre. Garc. V. *Bourracha*.

BOUMBA, s. f. (bóumbe), dg. Bouille, perche garnie à son extrémité d'une masse de bois ou d'un talon de soulier, qui sert à bouiller, pour faire sortir le poisson des *crones* où il s'est caché.

BOUMBA, s. f. (bóumbe), d. bas. lim. Noix ou chique plus grosse que les autres dont les enfants se servent pour jouer.

Éty. de sa forme bombée, ou du bruit qu'elle fait lorsqu'étant percée, on la fait tourner rapidement autour d'un essieu. Voy. *Boumb*.

BOUMBA-DE-QUELHA, s. f. (bóumbe de quéille), d. bas. lim. Noix royale, espèce de grosse noix. Béron.

BOUMBAMENT, s. m. (boumbaméin). Bombement, état de ce qui est bombé. V. *Boumb*, R.

BOUNBANÇA, s. f. (boumbánce); DEGUELHA, GOTCHERA, BOUMBANCI. Bombance, repas somptueux, grande chère.

Éty. du lat. *pompantia*. V. *Pomp*, R.

BOUMBANCIER, **IEIRA**, s. (boumbancié, ièire), d. bas lim. qui aime à faire bombance. V. *Riboutur*.

Éty. de *boumbança* et de *ier*. V. *Pomp*, Rad.

BOUMBAR, v. a. (boumbá); BOUMBIR, dl. BIMBAR. Frapper, heurter avec force, s'élancer avec précipitation, bondir. Voy. aussi *Boundar*, assommer de coups.

Éty. du grec βόμβος (bombos), bruit. V. *Boumb*, R.

A sa porta aqueles toundus
Boumberoun coumo de perdus.
Favre.

BOUMBAR, v. a. (boumbá). Bomber, rendre convexe, v. n. devenir convexe; s'élancer avec précipitation, bondir. V. *Boundar*.

Lou moutoun en belant boumbavo din la plano.
Gros

Éty. de *boumba* et de *ar*, faire comme la bombe, être convexe comme ce corps. V. *Boumb*, R.

BOUMBARDA, s. f. (boumbárde); *Bombarda*, ital. esp. port. cat. Bombarde, pièce d'artillerie; jeu de l'orgue.

Éty. de *boumba* et de *arda*. V. *Boumb*, Rad.

L'usage des bombardes, dont la marine française se servit la première fois, aux deux bombardements d'Alger, en 1682 et 1688; ne remonte qu'au règne de Louis XIV. L'invention en est due à l'ingénieur Bernard Ponaud.

On donne aussi le même nom à un vaisseau destiné à tirer les bombes, galiote à bombes, bombarde, chaloupe canonnière.

BOUMBARDAMENT, s. m. (boumbardaméin); *Bombardamento*, ital. *Bombardeamento*, port. *Bòmbardeti*, cat. Bombardement, action de jeter des bombes, de bombarder.

Éty. de *boumbardar* et de *ment*. V. *Boumb*, Rad.

BOUMBARDAR, v. a. (boumbardá); BOUMBARDEGEAR. *Bombardear*, esp. port. *Bombardare*, ital. *Bòmbardejar* et *Bòmbejar*, cat. Bombarder, jeter, lancer des bombes.

Éty. de *boumbarda* et de *ar*, lancer avec la bombarde. V. *Boumb*, R.

BOUMBARDAT, ADA, adj. et p. (boumbardá, áde); *Bombardeado*, esp. port. Bombardé, ée. V. *Boumb*, R.

BOUMBARDEGEAR. V. *Boumbardar*.

BOUMBARDELA, s. f. (boumbardèle). Canonnière. V. *Eissop* et *Boumb*, R.

BOUMBARDELIAR, v. n. (boumbardelià). Faire des décharges de mousqueterie. Aub.

BOUMBARDELIER, s. m. (boumbardelié). Un des noms du sureau, d'après M. Garcin. V. *Sambuquier*.

Éty. de *boumbardela*, canonnière. V. *Boumb*. R.

BOUMBARDIER, s. m. (boumbardié); *Bombardero*, esp. *Bombardiere*, ital. *Bombardeiro*, port. Bombardier, qui tire les bombes.

Éty. de *boumbarda* et de *ier*. V. *Boumb*, Rad.

BOUMBARDIER, s. m. Nom qu'on donne au sureau, à Cuges, selon M. le docteur Reimonen, parce qu'on se sert de ses branches pour faire des canonnières, *eissops*. V. *Sambequier* et *Boumb*, R.

BOUMBARDIERA, s. f. (boumbardiére). Canonnière. V. *Eissop* et *Boumbarda*.

BOUMBAS, V. *Boumbet*

BOUMBASINA, s. f. (boumbasine), dl. Des coups. V. *Rossada* et *Boumb*, R.

BOUMBASSAL, s. m. (boumbassál); BOUMBASSAU, s. f. dl. Grand coup de poing. Sauv. V. *Boumb*, R.

BOUMBAT, **ADA**, adj. et p. (boumbá, áde). Bombé, ée, convexe, comme une bombe. V. *Boumb*, R.

BOUMBEGEAR, v. n. (boumbedjá). Bondir. V. *Cambadiar*.

Éty. de *bound* et de *egear*, le *b*, pour le *d*. V. *Bound*, R. et *Boumb*.

BOUMBET, s. m. (boumbé); SARRA-ESTOUMAC, GOUMBET, BOUMBAS. Corset de femme qui se croise par devant; gilet, Sauv. fig. petit homme court, entassé, tout rond de graisse; *Totus teres atque rotundus*. Sauv.

Éty. de *boumba* et du dim. *et*, arrondi à peu près comme une bombe. V. *Boumb*, R.

BOUMBILHAR, v. n. (boumbillá). Frétiller, en parlant du poisson; bondir, quand il s'agit des petits quadrupèdes.

Éty. dit pour *boundilhar*. V. *Bound*, R.

BOUMBINA, s. f. (boumbine); BOUBINA. Bobine, petit cylindre de bois, percé dans toute sa longueur, roulant autour d'une vergette de fer, sur lequel on dévide le fil.

Éty. du lat. *bombyx*, dérivé du grec βόμβυξ (bombux), ver à soie, à cause, dit Saumaise, de la ressemblance qu'il y a entre une bobine garnie de fil, et le cocon d'un ver à soie.

On donne le nom de:

ROSTEIN ou ROUSTAIN, à une grosse bobine qui porte la soie grossière dont on fait la lisière des étoffes.

Et celui de:

SEPOULE, à une autre faite avec du roseau.

BOUMBINAR, v. a. (boumbiná); BOUBINAR. Bobiner, dévider du fil sur la bobine.

Éty. de *boumbina* et de *ar*.

BOUMBIR, v. n. (boumbi), d. bas lim. EMBARIR. *Fa boumbir*, combuger des futailles. V. *Endouar*.

Éty. du lat. *bambatus*, qu'on a fait tremper.

BOUMBIR, v. n. md. sonner creux. V. *Resounar*.

Éty. du lat. *bombus*, bruit sourd. V. *Boumb*, R. Ronfler. V. *Rounflar*; retentir.

BOUMBIR, v. a. (boumbir), dl. Pour frapper. V. *Boumbar* et *Boumb*, R.

Brocher, ou expédier vite et à la hâte; bondir. V. *Boundar*.

BOUMBOUINAR, d. bas. lim. V. *Boumbounegear* et *Boumb*, R.

BOUMBOUN, s. m. (bounbóu), d. bas lim. V. *Bonbon* et *Bon*, R. Boisson. Avril.

BOUMBOUNA, s. f. (boumbóune). Taverne; vin. Aub.

Éty. de *boumboun*, boisson, liqueur.

BOUMBOUNAMENT, s. m. (bounbounaméin). Bourdonnement.

BOUMBOUNEGEAIRE, s. m. (boumbounedjäïré); BOUMBOUNIARE. Inquiet, grognon, qui se plaint toujours et de tout.

Éty. de *vounvounegear* et de *aire*. V. *Boumb*, R.

BOUMBOUNEGEAR, v. n. (boumbounedjá); BOUMBOUNIAR, BOUMBOUINAR. Marmotter, murmurer, grogner, se plaindre continuellement; trouver à redire à tout; bourdonner, corner aux oreilles. V. *Vounvounegear* et *Zounzouniar*; pour bouillonner. V. *Gargoutar*.

Éty. du grec βομβαίνω (bombainô), bourdonner, ou de βομβέω (bombéô), murmurer, gronder, dont la racine est βόμβος (bombos), bourdonnement. V. *Boumb*, R.

BOUMBOUNIAIRE, V. *Boumbounegeaire*.

BOUMBOUNIAR, V. *Boumbounegear* et *Boumb*, R. Battre, picoter, élancer, parlant d'un abcès, Avril. V. *Lançar*.

BOUMBOURA, espèce d'adverbe, (boumbóure), dl. *A la boumbourà*, A la légère, à la volée. Sauv.

BOUMBOURINADA, s. f. (boumbourinàde), dl. Boutade, caprice, transport. Sauv.

BOUMIDURA, s. f. (boumidúre) Les matières vomies.

BOUMIR, V. *Vooumir* et *Vooum*, R.

BOUMISSAMENT, s. m. V. *Vooumissament*.

BOUMITAR, BOOUMITAR. V. *Vooumir*.

> Veguere la discordou et leis harpiou infamou ?
> La chimerou embrasadou eu *boumitent* de flamou.
>
> Coye.

BOUN..... Il faut chercher à *Bon*... les mots qu'on ne trouvera pas à *Boun*....

BOUN, **OUNA**, adj. dg. Bon, onne. V. *Bon*, R.

BOUN, pour *bous-en*. V. *Voun*.

BOUNADA, dl. V. *Bournada*.

BOUNARD, **ARDA**, adj. et s. (bounár, árde), d. bas lim. Bon, bonasse. V. *Bonias* et *Bon*, R.

BOUNAS, V. *Bonias*.

BOUNASSA, s. f. V. *Bonassa*.

BOUNBOUINEGEAR, v. n. (bounbouinedjá). *Leis mans me boumbouinegeoun de picar*, les mains me démangent de frapper.

Éty. du grec βαμβαίνω (bambainô), je frappe des mains, selon Properce. P. Pujet.

BOUNBOUNIEIRA, s. f. d. bas lim. V. *Bonboniera*.

BOUND, BOND, radical formé par onomatopée du retentissement de la terre sous un corps dur qui la frappe et se relève aussitôt; ou dérivé du grec βόμβος (bombos), bruissement, bruit. V. aussi *Boumb*, R. Dérivés : *Bound*, *Bound-a*, *Bound-ar*, *Des-boundar*, *De-boundar*, *Bound-oun*, *Bound-ir*, *Re-bound*, etc.

De *bound*, par le changement de *ou* en *o*, *bond*; d'où : *Bond-ir*, *Bond-ou*, etc.

BOUND, COUND, désinences prises du latin *bundus*, *cundus*, et dérivées de *unda*, onde, que Butet appelle expansives, parce qu'elles expriment l'idée d'explication, de développement, d'abondance, de fréquence.

De *bundus*, par apoc. *bund*, et par le changement de *u* en *ou*, *bound*; d'où : *Furi-bound*, *Mori-bound*.

De *cundus*, par apoc. *cund*, et par changement de *u* en *ou*, *cound*; d'où : *Fe-cound*, *Rubi-cound*.

BOUND, s. m. (boun). Bond, saut d'un corps élastique, d'un animal ou d'un homme qui s'élance.

Éty. C'est une onomatopée prise du retentissement de la terre, sous le corps qui la frappe. V. *Bound*, R.

BOUNDA, s. f. (bóunde). Bonde, pièce de bois qu'on baisse ou qu'on lève pour fermer ou pour ouvrir un étang. V. *Boundoun* et *Bound*, R. Bonde, trou rond pratiqué à un tonneau, pour y introduire le liquide qu'on veut y mettre.

BOUNDA, s. f. dm. Bord inculte d'un champ cultivé, berge.

Éty. de la basse lat. *bouna*, limite, borne. V. *Bouin*, R.

BOUNDA, s. f. d. apt. CACHABOUTIN. *Cacheboutin*, outil de cordonnier.

BOUNDAIRE, s. m. (boundäïré). Celui qui envoie la balle ou le ballon; homme emporté, violent, qui se laisse entraîner à la colère. Garc. V. *Bound*, R.

BOUNDAR, v. n. (boundá); BOUMBAR, SAUTAR, BOUNDIR. Bondir, jaillir, rebondir, sauter.

Éty. de *bound* et de *ar*, faire un bond. V. *Bound*, R.

BOUNDAR, v. a. d. bas lim. Bondonner. V. *Boundounar* et *Bound*, R.

BOUNDASSIERA, s. f. (boundassière). Nom nicéen de la fauvette, *Pitchou*, v. c. m.

Éty. de *bounda*, bord inculte d'un champ, haie; de *assa*, augm. et de *iera*, qui fréquente les haies, les buissons. V. *Bouin*, R.

BOUNDAT, **ADA**, adj. et p. (boundá, áde), dg. Plein, farci.

Éty. de *bounda* et de *at*, plein jusqu'à la bonde. V. *Bound*, R.

BOUNDICAR, v. n. (boundicá); d. bas lim. Marmotter, murmurer. V. *Bounbounegear* : *Las aurelhas me boundicoun*, les oreilles me cornent, *me sibloun. Las dents me boundicoun*, je sens des élancements dans les dents.

Éty. M. Béronie regarde ce mot comme une onomatopée. V. *Boumb*, R.

BOUNDINAR, v. n. (boundiná), dl. Bourdonner, tinter; on le dit, soit du bourdonnement, soit du tintoin des oreilles. Voy. *Zounzouniar* et *Bound*, R.

BOUNDIR, v. n. d. bas lim. Bondir. V. *Boundar*, dm. pousser; V. *Poussar*, et *Bound*, R.

BOUNDISSAMENT, s. m. (boundissaméin). Bondissement, mouvement de ce qui bondit. Garc.

BOUNDOULAUS, s. f. pl. (boundouláous). Nom languedocien des bourdons et des frelons. Sauv.

> Aro tout sé délargo ; entenden dins lous aïrés
> Murmura *boundoulaous* é cousis, é ressaïrés..
>
> Peyrot.

Éty. V. *Bound* et *Boumb*, R.

BOUNDOUN, s. m. (boundóun); BOUNDA. Bondon, bouchon, tampon; morceau de bois qu'on lève pour faire couler l'eau d'un étang : cheville courte qui bouche l'ouverture d'un tonneau : c'est encore l'ouverture par laquelle on remplit les tonneaux et autres futailles.

Éty. de *bound*, parce que c'est en tirant le bondon que l'eau ou le vin jaillissent, ou de l'all. *spund*, m. s. V. *Bound*, R.

Mettre lou boundoun, bondonner.

Levar lou boundoun, débondonner.

BOUNDOUNAR, v. n. (boundouná); DEBOUNDOUNAR. Sangloter. V. *Boudenflar*.

Éty de *boundoun* et de *ar*, lâcher le bondon, donner un libre cours à ses larmes. V. *Bound*, R.

BOUNDOUNAR, v. a. BOUNDAR. Bondonner, boucher la bonde où le bondon d'un tonneau. V. *Bound*, R.

BOUNDOUNIERA, s. f. (boundounière). Bonde qu'on met au fond d'une cuve. Garc.

BOUNDREA, s. f. (boundrée). LABOURIER. Bondrée ou buse bondrée, *Buteo apivorus*, Lacep. *Falco apivorus*, Lin. oiseau de l'ordre des Rapaces et de la fam. des Plumicolles ou Cruphodères (à cou recouvert).

Éty.

BOUNET, radical qu'on fait venir du celt. *boned*, bonnet, ou de l'anglais *bonnet*, m. s. Caseneuve le dérive du nom d'un certain drap dont on faisait anciennement les habillements de tête, comme on appelle *castor* un chapeau fait avec le poil de l'animal qui porte ce nom.

De *bonnet*, par le changement de *on* en *ou*, *bounet*; d'où : *Bounet* et composés: *Bounet-a*, *Bounet-ada*, *Bounet-as*, *Bounet-ar*, *Bounet-aria*, *Bounet-ier*, *Bounet-oun*.

BOUNET, s. m. (bouné); BONET, BOUNETA. *Bonet*, anc. cat. *Bonete*, esp. port. *Bonetto*, ital. Bonnet, habillement de tête, fait ordinairement avec de l'étoffe ou du tricot.

Éty. du celt. *boned*, ou de l'anglais. Voy. *Bounet*, R.

Fabricant de bounets, bonnetier.

Mettre lou bounet de caire, se fâcher, prendre colère, mettre le bonnet de travers.

L'usage des bonnets en France, n'est pas fort ancien : on en vit pour la première fois en 1449, lorsque Charles VII fit son entrée à Rouen, auparavant on se servait de chaperons.

BOUNET QUARRAT, Bonnet carré, bonnet à quatre angles que portent les gens d'église.

Il fut inventé dans le XVme siècle par un nommé *Patrouillet.*

On appelle :

GORGERETTE, la ligature qu'on passe sous le menton des enfants pour maintenir le bonnet.

GASQUET, la calotte ou bonnet de laine rouge, que portent les Orientaux.

BOUNET DE CAPELAN, s. m. (bouné dé capelán); BERRET-DE-CAPELAN, BARETA-DE PREIRE, en piémont. BOUNET-DE-PESTRE, COUKOULHAT. Bonnet de prêtre, bois à lardoire, fusain ou fusain d'Europe, *Evonymus Europæus*, Lin. arbrisseau de la fam. des Frangulacées, commun dans les haies et les bois. V. Gar. *Evonymus vulgaris*, p. 165.

Éty. de la ressemblance qu'a son fruit avec un bonnet carré. V. *Bounet*, R.

Son bois est employé par les tourneurs, son charbon pour faire la poudre à canon, et des crayons pour tracer les esquisses dans le dessein, parce que les traits qu'il fait s'effacent facilement.

BOUNET-DE-GRENADIER, (bouné dé granadié). Bonnet de dragon, cabochon, *Patella hungarica*, Lin. mollusque de l'ordre des Gastéropodes et de la fam. des Dermobranches, qu'on trouve dans la Méditerranée.

Éty. Ainsi nommée à cause de sa ressemblance avec un bonnet. V. *Bounet*, R.

BOUNET-DE-PESTRE, s. m. Nom qu'on donne, dans le Bas-Limousin, au fusain ou bonnet de prêtre. V. *Bounet de capelan* et *Bounet*, R.

BOUNETA, s. f. (bounéte). Coiffe de bonnet, et non bonnette, Sauv. grand bonnet. Béron. Bonnette, en français, est une espèce de coiffure de femme.

Éty. Fém. de *Bounet*, v. c. m. et *Bounet*, R.

BOUNETA, s. f. Voile. V. *Bouneta.*

BOUNETADA, s. f. (bounetáde); Bonnetade, révérence, salut du bonnet. Voy. *Capelada.*

Éty. de *bounet* et de *ada*, faite avec le bonnet. V. *Bounet*, R.

BOUNETAR, v. a. (bounetá), d. bas lim. Bonneter, rendre des respects et des devoirs assidus à des personnes dont on a besoin.

Éty. de *bounet* et de *ar*, saluer du bonnet. V. *Bounet*, R.

BOUNETARIA, (bounetarie), s. f. CAUSSETARIA, DEBASSARIA. *Boneteria*, esp. Bonnéterie, ouvrages et marchandises du bonnetier.

Éty. de *bounet* et de la term. mult. *aria.* V. *Bounet*, R.

Sous la dénomination de bonnéterie, on comprend tous les ouvrages faits à mailles, tels que les bonnets, les bas, les gants, les mitaines, etc. et l'on nomme bonnéterie d'étame celle en laine qui n'est pas foulée, et bonnéterie drapée, celle qui l'a été.

BOUNETAS, s. m. (bounetàs). Gros et vilain bonnet.

Éty. de *bounet* et de l'augmentatif dépréciatif *as.* V. *Bounet*, R.

BOUNETAS, s. f. pl. (bounétes); ESCOUBAMAT. *Bonetas*, esp. Bonnettes, petites voiles dont on se sert quand il y a peu de vent.

BOUNETIER, s. m. (bounetié); *Bonetero*, esp. Bonnetier, celui qui fait ou qui vend des bonnets.

Éty. de *bounet* et de *ier.* V. *Bounet*, R.

BOUNETOUN, s. m. (bounetóun), dim. de *bounet*, petit bonnet. V. *Bounet*, R.

BOUNHOUMIA, V. *Bonhomia.*

BOUNHUR, dg. V. *Bonhur.*

A tan creyre al bounhur *cal pas s'acoustumar.*
Jasm.

BOUNIAS, V. *Bonias.*

BOUNICOT, OTA, adj. (bounicó, óte), d. bas lim. V. *Boniguet* et *Bon*, R.

BOUNIER, s. m. vl. Champ dont on a fixé ou déterminé les limites; nom propre, Bonnier.

Éty. probablement de *bouina* et de *ier.* V. *Bouin*, R.

BOUNIESA, s. f. (bouniése). Beignet. Suppl. au Dict. de Pellas. V. *Bigneta.*

BOUNIFACO, nom d'homme, BOUNIFACI. Boniface. V. *Bonifai.*

BOUNIFAI, nom d'homme, (bounifáï). Boniface. V. *Bonifai.*

BOUNIFIAR SE, v. r. (bounifiá). Voy. *Bonifiar se.*

BOUNIQUET, adj. V. *Boniguet.*

BOUNIT, s. m. (bouni), d. bas lim. Beignet. V. *Bigneta.*

BOUNITOUN, s. m. (bounitóun). Nom qu'on donne, au boniton, scombre sarde, *Scomber sarda*, Lac. poisson de l'ordre des Holobranches et de la fam. des Atractosomes (à corps en fuseau), qui atteint trois décimètres de longueur, et dont la chair à bon goût; et au scombre de la roche, *Scomber Rochai*, Risso, du même genre que le précédent, qui parvient jusqu'au poids de trois kilogrammes.

Éty. *Bounitoun*, comme *bouniguet*, sont des diminutifs de *bouen*, bon. V. *Bon*, R.

BOUNSEI, d. lim. Bonsoir. V. *Bonasera.*

BOUNT, V. *Bound*, R.

BOUNT, OUNTA, adj. dl. Le même que *Mout*, v. c. m.

BOUNTAT, V. *Bontat.*

BOUQUEDANS DE, adv. (bouquédáns), dl. En un bouchon. Sauv.

BOUQUEIRENC, ENCA, s. et adj. (bouqueiréin, éinque), alt. de *beoucairenc*, qui est de Beaucaire.

BOUQUET, rad. dérivé de la basse lat. *boscetum*, diminutif de *boscus*, qui a d'abord signifié un petit bois, ensuite un groupe d'arbres, et plus tard un groupe de fleurs ou un assemblage de diverses choses liées ensemble; on dit encore un bouquet de bois, un bouquet d'arbres; ce qui confirme cette étymologie, c'est que les Espagnols appellent un bouquet *ramilla*, et les Languedociens *ramelet.*

De *boscetum*, par apoc. et changement de *osc* en *ouqu*, *bouquet;* d'où : *Bouquet, Bouquet-ier, Bouquet-iera, Bouquet-as, Bouquet-oun.*

BOUQUET, s. m. (bouqué); BOUTEL, BROUSSEOU. *Bocchetto*, ital. anc. Bouquet, réunion de fleurs liées ensemble; trochet, assemblage de quelques fruits, sur le même pied.

Éty. de la basse lat. *boscetum.* V. *Bouquet*, R.

Bouquet d'aubres, bouquet de bois, petite touffe d'arbres.

Bouquet doou vin, le bouquet du vin, son parfum.

Bouquet de peiras, dl. pierre d'attente.

Bouquet de peous, flocon, toupet de cheveux.

BOUQUET, s. m. C'est, selon M. Garcin, un petit trou qu'il nomme boucassin, où les verriers tiennent le verre chaud au moment qu'ils le travaillent.

Éty. Dim. de *buca*, trou, en celt.

BOUQUET FACH, s. m. Bouquet fait, œillet de poëte, doux jean, doux guillaume, *Dianthus barbatus*, Lin. plante de la fam. des Cariophyllées, que l'on cultive comme fleur d'ornement.

Éty. On donne le nom de bouquet fait à cette plante à cause du grand nombre de fleurs réunies sur un même pied. V. *Bouquet*, Rad.

BOUQUETA, s. f. (bouquéte); BOQUETA, BOUCHOUNA. *Boquita*, esp. *Boquinha*, port. *Bocchetta*, ital. *Bòqueta*, cat. dim. de *bouca*, petite et jolie bouche, bouche mignonne.

Faire boqueta, sourire, faire bonne grâce. V. *Bouc*, R.

BOUQUETAS, s. m. (bouquetás). Gros bouquet, bouquet mal fait.

Éty. de *bouquet* et de l'augm. dép. *as.* V. *Bouquet*, R.

BOUQUETIER, s. m. (bouquétié). Bouquetier, vase propre à contenir des fleurs, des bouquets. Le roi du bal, Suppl. au Dict. Pellas. V. *Abbat.*

Éty. de *bouquet* et de *ier.* V. *Bouquet*, R.

BOUQUETIER, s. et adj Est le nom, ou l'épithète qu'on donne, aux environs d'Hières, au bigarradier riche dépouille.

BOUQUETIERA, s. f. (bouquetiére). Bouquetière, marchande de bouquets, de fleurs; la reine du bal, en Languedoc. V. *Abbessa* et *Bouquet*, R.

BOUQUETIN, s. m. (bouquetïn). Bouquetin, *Capra ibex*, Lin. mammifère de la fam. des Bisulques ou Ruminants, qu'on ne trouve plus dans les Alpes de la Provence.

Éty. de *bouc* et de *etin*, dim. V. *Bouc*, R.

BOUQUETOUN, s. m. (bouquetóun), dim. de *bouquet*, petit bouquet. V. *Bouquet*, Rad.

BOUQUIN, s. m. (bouquïn). Bouquin, vieux bouc, fig. vieux libertin, vieux débauché.

Éty. de *Bouc.* V. ce R.

BOUQUIN, s. m. Porte cigare, petit tuyau auquel on adapte une pipe ou un cigare pour fumer.

Éty. de *bouca*, bouche, ou de *bouc*, à cause de la mauvaise odeur de la pipe. V. *Bouc* et *Bouca.*

BOUQUIN, s. m. Bouquin, vieux livre ou livre qui n'a aucune valeur.

Éty. de l'all. *buch*, ou de l'angl. *book*, livre; on a fait de *book*, mauvais livre, comme de *rosse*, cheval; on a fait mauvais cheval; ou de l'all. *buchlein*, petit livre. Dérivés: *Bouquin-ar, Bouquin-ista, Bouquin-egear.*

BOUQUINAR, v. n. (bouquiná); BOUQUINEGEAR. Bouquiner, chercher de vieux livres.

Éty. de *bouquin* et de *ar.*

BOUQUINCAN, s. m. (bouquïncán). Bonnet élevé. Aub.

BOUQUINCAN, s. m. (bouquïncan). Tapabord, espèce de bonnet en usage chez les matelots.

BOUQUINISTO, s. m. (bouquinisto). Bouquiniste, marchand de vieux livres, de bouquins.

Éty. de *bouquin* et de *isto*.

BOUQUINUR, s. m. (bouquinúr). Bouquineur, qui aime les vieux livres, qui les recherche.

Éty. de *bouquin* et de *ur*.

BOUQUIOU, adj. m. d. béarn. Homme de bon appétit, à qui tous les mets sont indifférents, qui n'en estime que la quantité.

Éty. de *bouca*. V. *Bouc*, R.

BOUQUIREN, s. et adj. dl. altér. de *Beoucairenc*, qui est de Beaucaire.

BOUR..., On trouvera à *Bor...*, les mots qui ne figurent pas à *Bour...*

BOURAÇA, V. *Bourraça*.

BOURAI, s. m. (bouráï). Poignée d'étoupe. Garc.

BOURAR, v. a. (bourá). Mesurer; on se sert particulièrement de ce mot au jeu de boule. Avril.

Éty. Altér. de *boular*, formé de *boula* et de *ar*.

BOURAS, s. m. (bourrás); BOURRAS. *Borace*, ital. *Borax*, all. *Borrax*, cat. *Borrai*, esp. Borax, borate, sursature de soude ou sous-borate de soude des chimistes.

Éty. de l'arabe *boura*, qui désigne la même substance.

Le borax nous vient de la Perse, de la Chine et du Japon. Malgré son abondance et le grand usage que l'on en fait comme fondant dans les arts, son origine n'est pas encore bien connue: Les uns, comme Fourcroy, pensent que c'est un produit de l'art, d'autres assurent que la nature le fournit immédiatement dans les régions désignées ci-dessus.

BOURASSIERA, s. f. (bourassiére); *Boratiere*, ital. Rochoir à mettre le borax.

BOURB, rad. dérivé du grec βόρβορος (borboros), bourbe, boue.

De *borboros*, par apoc. et changement de *o* en *ou*, *bourb*; d'où: *Bourb-a*, *Bourb-ouirar*, *Bourb-oulh-ada*, *Bourb-oulh-age*, *Bourb-oulh-ous*, *Bourb-ouss-ada*, etc.

BOURBA, s. f. (bóurbe). Bourbe, fange épaisse. V. *Pauta* et *Fanga*.

Éty. V. *Bourb*, R.

BOURBOUIRAR, v. a. (bourbouirá), dl. Salir, gâter.

Éty. du grec βορβορόω (borboroô), couvrir de boue, salir, gâter; dérivé de βόρβορος (borboros), bourbe, boue, et de l'act. *ar*. V. *Bourb*, R.

BOURBOULH, s. m. (bourbouill); BOURBOUI, BOURBOULHAMENT. *Borboglio*, ital. Bruit semblable à celui qu'on entend dans les intestins, et qu'on appelle borborygmes; gachis, fange.

Éty. du grec βορβορύζω (borboruzô), bruire, faire un bruid sourd. Dérivés: *Bourboulh-ar*, *Bourboulh-oun*.

BOURBOULHADA, s. f. (bourboulhádc), dl. Le même que *Barboulhada*, v. c. m. et *Bourb*, R.

BOURBOULHAGE, s. m. (bourbouilládgé), dl. V. *Barboulhagi* et *Bourb*, R.

BOURBOULHAR, v. n. (bourbouillá); *Borbogliare*, ital. Grouiller, se dit du bruit que les intestins font entendre quand ils contiennent des vents.

Éty. de *bourboulh* et de *ar*, grouiller, tracasser. Garc.

BOURBOULHOUN, s. m. (bourbouillóun). Brouillon, tracassier, inconséquent.

Éty. du grec βορβορος (borboros), limon, parce qu'étant remué il trouble l'eau. Voy. *Bourboulh*.

BOURBOULHOUS, s. m. (bourbouillóus), dl. Chipotier, qui épluche trop, et qui est difficile à contenter. Sauv. V. *Bourb*, R.

BOURBOUNES, (bourbounés); *Borbonese*, ital. *Borbones*, esp. Bourbonnais, ancienne province de France, bornée au N. par le Berry et le Nivernais; à l'E. par la Bourgogne; au S. par l'Auvergne, et à l'O. par le Berry.

Éty. du lat. *borbonnensis ager*.

BOURBOUNES, adj. Bourbonnais; on donne aussi ce nom, selon M. Garcin, aux aborigènes ou habitants originaires d'Aix.

BOURBOUNTINA, s. f. (bourbountine); BOURBOUTINA. Un des noms de la semencine. V. *Semen contra*.

Sabez ti que m'avez tanca
En mi mandant vouestro vermino,
Digaz mi lou verai, fau qu'agues embouca
Un pipooudoun de grano bourbountino.

Gros.

BOURBOUSSADA, s. f. (bourboussáde); BOURBOUSSAT, dl. AUSSIC, BARBOUISSAC. Le curoir de l'aiguillon. V. *Cureta*.

Éty. du grec βόρβορος (borboros), boue, et de *ada*, fait pour la boue, c'est-à-dire, pour ôter la boue. V. *Bourb*, R.

BOURBOUSSAT, Le même que *Bourboussada*, v. c. m. et *Bourb*, R.

BOURBOUTINA, V. *Semen contra*.

BOURCAR, dl. V. *Boucar*.

BOURCHAS, **ASSA**, adj. (bourtchás, ásse). Austère, styptique, âpre, en parlant des fruits. Suppl. au Dict. de Pellas.

BOURD, BOURL, radical pris de la basse latinité *burdare*, jouer, plaisanter, dire des sornettes, et dérivé probablement du latin *versutia*, ruse, malice, d'où l'ital. *burla*.

De *burdare*, par apoc. *burd*, et par changement de *u* en *ou*, *bourd*; d'où: *Bourd-a*, *Bourd-aire*, *Bourd-ar*, *Bourd-esc*, *Bourdesc-ada*.

De *burla*, ital. par apoc. et changement de *u* en *ou*, *bourl*; d'où: *Bourl-a*, *Bourl-ar*.

BOURDA, s. f. (bóurde). Bourde, mensonge, fausse nouvelle. V. *Bourla*.

Éty. de la basse lat. *burda*, mensonge. V. *Bourd*, R.

BOURDA, s. f. dl. Un gourdin, bâton court et plus gros par un bout.

Éty. du vieux lang. *bourde*, d'où l'on a formé *bourdon*, bâton de pélerin. Sauv. de la basse lat. *burdo*.

BOURDADA, V. *Bordada*.

BOURDAGI, V. *Bordagi*.

BOURDAGIER, V. *Bordagier*.

BOURDAIRE, **AIRA**, s. (bourdáïré, aïre), d. bas lim. Bourdeur. V. *Messongier*.

Éty. de *bourda*, mensonge, et de *ier*. V. *Bourd*, R.

BOURDALIER, V. *Bordalier*.

BOURDALOUA, s. f. (bourdalóue); BOURDALOU, JARRETIERA DE CAPEOU. Bourdaloue, sorte de laisse de chapeau, avec une boucle. V. *Bord*, R.

BOURDAR, pour border. V. *Bordar*.

BOURDAR, v. n. (bourdá), d. bas lim. Se moquer, dire des mensonges, des sornettes, des bourdes.

Éty. de *bourda*, mensonge, et de *ar*, ou de la basse lat. *burdare*, m. s. V. *Bourd*, R.

BOURDAREOU, s. m. V. *Bordareou*.

BOURDASSAR, v. a. (bourdassá), d. bas lim. Rapetasser. V. *Pedassar* et *Bord*, R.

BOURDAT, V. *Bordat* et *Bord*, R.

BOURDEGEAR, V. *Bordegear* et *Bord*, Rad.

BOURDEL, s. m. V. *Bourdeou*, comme plus usité, et *Bord*, R. 2.

BOURDELESA, s. f. (bourdelése). Bordelaise, bouteille de la même forme que celles où l'on met du vin de Bordeaux. Garc.

BOURDELIER, s. m. d. apt. Balayures. V. *Bordagier*.

BOURDELIERA, s. f. (bourdeliére). Nom qu'on donne:

1° A la sope, *Cyprinus ballerus*, Lin. poisson de l'ordre des Holobranches et de la fam. des Gymnopomes (à opercules nues), dont le poids ne dépasse pas une livre et demie.

2° A la bordelière, *Cyprinus blicca*, Bloch. du même genre que le précédent dont il diffère principalement par son corps plus large, plus mince, par les 25 rayons de la nageoire de l'anus, et ensuite par son poids qui n'est que d'un hectogramme.

BOURDEOU, s. m. (bourdèou). V. *Bordel* et *Bord*, R. 2.

BOURDEOUS, (bourdèous); BOURDOS. *Bordò*, ital. *Burdeos*, esp. *Bordeos*, port. Bordeaux, ville, ancienne capitale de la Guyenne et maintenant chef-lieu du département de la Gironde.

Éty. du lat. *burdigala*, *burdegalis*, m. s. Isidore de Séville dit que ce nom lui a été donné à cause de ses premiers habitants qu'il nomme *burgos gallos*.

BOURDESC, **ESCA**, adj. et p. (bourdés, ésque), dl. Brusque, fantasque. V. *Fantasc*.

Éty. de *bourda*, mensonge. V. *Bourd*, R.

BOURDESCADA, s. f. (bourdescáde), dl. Caprice, boutade. Douj. V. *Bourd*, R.

BOURDET, s. m (bourdé), dl. Sabot, espèce de toupie qu'on fait tourner avec un fouet. V. *Boudufa*.

Éty. de *bourda*, bâton court, et du dim. *et*.

BOURDIER, d. béarn. Fermier. V. *Bordiler*, *Rentier* et *Bord*, R. 2.

BOURDIER, **IEIRA**, s. (bourdié, ièire), d. bas lim. V. *Borda*, maisonnette, et *Bord*, Rad.

BOURDIFALHA, s. f. (bourdifáille), dl. BOURDUFALHA, BERDUFALHAS, BOURDICAU, BOURDIFAIA. Petites guenilles, bagatelles, fétus qui surnagent dans quelque liqueur; broussailles. Sauv.

Éty. du lat. *burrœ*, m. sign. et de la term. *alha*, toutes.

BOURDIGA, s. f. (bourdigue); **BORDIGA, MANICUIERA, BOURDIGOU.** *Bordigala*, *Bordigolum* et *Burdigalum*, basse lat. Bordigue, espèce de retranchement ou d'enceinte que l'on construit avec des roseaux et des joncs, dans les canaux qui communiquent des étangs à la mer, pour y prendre du poisson.

Éty. de *bord* et de *diga*, digue au bord. Roquefort dit que ce mot est corrompu du grec πορος (poros), passage.

Dans une bordigue on nomme:

BALADOUR ou BALADOUN GRAND ET PICHOT, les deux chambres dont elle est composée.

SERVE, l'espace étroit situé près du verveux où les poissons se placent quand ils sont pressés ailleurs.

TOURS, les espaces ronds où les poissons se rassemblent; il y en a ordinairement cinq Les deux qui sont le plus près de l'entrée, se nomment *reculadours*, celle du milieu, *requinqueto*, et celle de le pointe, *tourre de fourca*.

VERVEUX ou PANTENNE, le filet qui la termine.

AUVEL, la claie de roseaux dont on forme l'enceinte.

COUTELETS, les goulets formés par les traverses des bourdigues.

PILOTINS, les principaux pieux qui servent à sa construction.

SERRE ou CONTRE-TOUR, la chambre qui sert de décharge à la dernière tour, lorsqu'il y a beaucoup de poissons.

TEMPLES, les perches horizontales qui servent à la construire.

TRAVERSES, les cloisons qui se dirigent l'une vers l'autre et qui forment comme des goulets, qu'on nomme *coutelets*.

BAUDAUX, les cordes de spart qu'on emploie pour monter les bourdigues.

BOURDONNORE, la première chambre de l'enceinte de la bourdigue.

CONTRETOUR V. *Serre*.

EMBOURIGLE, les goulets qui séparent les différentes chambres des bourdigues.

Pitton, dans son histoire d'Aix, attribue l'invention des bordigues à la ville des Martigues.

BOURDIGAU, V. *Bourdilha*.

BOURDILER, ERA, s. f. dg. Habitant, habitante de Bordeaux.

Éty. du lat. *burdigalensis*, m. s.

BOURDILER, ERA, s. (bourdilè ère), dg. Métayer. V. *Bordiler* et *Bord*, R. 2.

Lou bourdilè *dins lou barey fertille*
Countro l'aray resto mut, immoubile
Pret de sous fils. Jasm.

BOURDILHA, s. f. (bourdille); **BOURDIGAU, BOURDIA, BOURDIHA, BOURDELHA.** Balayures, ordures composées de petits fétus. V. *Escoubilhas*.

Éty. de *bouerda* et de la term. *ilha*, *toutas las bouerdas*. V. *Bouerd*, R.

Mettre pas de bourdilha en quauqu'endrech, c'est, ne pas y aller, ne pas le fréquenter.

BOURDILHAIRE, s. m. (bourdillàïré). Marchand qui achète les balayures.

Éty. de *bourdilha* et de *aire*, *ramassaire de bourdilhas*. V. *Bouerd*, R.

BOURDILHIER, s. m. (bourdillié). Caisse où l'on met les balayures.

Éty. de *bourdilha* et de *ier*, *ounte l'on mette leis bourdilhas*. V. *Bouerd*, R.

BOURDIOU, s. m. dg. V. *Bordiou*.

BOURDOUIRAR, v. a. et n. (bourdouirá), dl. **BOULSAR.** Ravauder, farfouiller, mettre sens dessus dessous; fouiller, retourner pour trouver quelque chose.

De que bourdouires? qu'est ce que tu ravaudes par là? *M'an bourdouirat mas fardas*, on m'a farfouillé mon linge, mes robes, etc. Sauv.

Éty. de *bourd*, *bouerd*, balayures, ordures; fouiller jusques dans les ordures. V. *Bouerd*, R.

BOURDOULAIGUAS, Nom toulousain, du pourpier. V. *Bourtoulaigua*.

BOURDOULHA, s. f. (bourdóuille), dl **BOURLIS.** Trouble, confusion; on le dit aussi d'une personne qui ne prend point de repos, qui s'agite toujours, remuante. Aub.

Éty. de la basse latinité *bohordium*, combat, tournoi, d'où le vieux français, *place bourdoire*, lieu où l'on joutait, et où il y avait nécessairement du trouble et de la confusion. V. *Beort*, R. ou de *Bradoulha*, v. c. m.

Velà donc uno grand bourdouillo
Que penset estre lou simbel
D'un grand affaire criminel.
Michel.

Et ailleurs:

L'un lou ralha, l'autre se ris,
N'y a que se metton en bourdoulho.

BOURDOUN, s. m. Bourdon, un des jeux de l'orgue qui fait une espèce de bourdonnement, d'où le nom qu'il porte; grosse cloche.

BOURDOUN, s. m, Quenouille d'un lit, pilier qui s'élève aux quatre angles des bois de lit fait à l'ancienne.

Éty. V. le mot suivant.

BOURDOUN, s. m. *Bordone*, ital. *Bordon*, esp. *Bordão*, port. Bourdon, sorte de bâton, que portent les pélerins.

Éty. de *bourda*, vieux mot languedocien, qui signifie bâton. Caseneuve le dérive de la basse latinité *borda*, massue, boule, à cause des petits globes, que ces sortes de bâtons ont à leur extrémité supérieure. Mén. le tire de *burdo*, mulet, comme si l'on disait, la monture d'un pélerin.

Plantar bourdoun, s'établir, se fixer dans un pays, y prendre racine.

Et voun trobi mon ben, aquy planty *bourdoun*.
La Bellaud.

BOURDOUN, s. m. (bourdóun). Bourdon, faux-bourdon, nom qu'on donne aux mâles ou rois des abeilles.

Éty. *Bourdoun*, paraît être une onomatopée, ou imitation du bruit que font ces insectes.

On donne aussi le même nom à plusieurs grosses espèces de mouches ou de grosses abeilles.

BOURDOUN, s. m. *Bordo*, cat. *Bordon*, esp. *Bordone*, ital. Bourdon, basse continue qui raisonne toujours sur le même ton, dans la musette, la cornemuse, la vielle, etc.

Éty. V. le mot précédent.

BOURDOUN, s. m. Bourdon, en ter. d'impr. désigne l'omission d'un ou de plusieurs mots dans la composition.

BOURDOUNAMENT, s. m. (bourdounaméin). Bourdonnement, bruit que font les bourdons; bruissement, tintement d'oreilles.

BOURDOUNAR, v. n. (bourdouná). Bourdonner. V. *Zounzouniar*.

BOURDOUNEGEAR, v. n. itér. (bourdounédjá), d. du Var. Bourdonner souvent. V. *Bourdoun*.

BOURDOUNET, s. m. (bourdouné). Bourdonnet, petit rouleau de charpie qu'on introduit dans les plaies pour empêcher qu'elles ne se ferment.

Éty. Dim. de *bourdoun*, petit bâton.

BOURDOUNIERA, s. f. (bourdouniére). Pantoquière, corde entrelacée dans les haubans, pour leur donner plus de force.

Éty.

BOURDOUNS, s. m. pl. (bourdóuns); **BOURDOUS**, dl. *Lous tres bourdouns*, la ceinture d'orion ou les trois rois; constellation de trois étoiles de la première grandeur, disposées en ligne droite, et à des distances égales l'une de l'autre, de la manière suivante * * *.

BOURDUFALHAS, s. f. pl. (bourdufàilles), dl. Petits brins, bagatelles; petites guenilles. V. *Bourdilhas* et *Bouerd*, R.

Mé moundurés dé qué bous cal,
Bolé diré, quont de mitraillo
Per claouré dins un libre oquelo *bourdufaillo*
Peyrot.

BOURDURA, V. *Bordura*.

BOURENCA, V. *Bourrenc*.

BOURES, (bourés) et

BOURET, adj. (bourré), d. bas lim. **BOURRET.** *Vin bouret*, vin rosé, vin clairet.

Éty. V. *Bourr*, R.

BOURET, alt. de *Boulet*, agaric, v. c. m. morille, selon M. Avril. V. *Mourilha*.

BOUREYA, s. f. (bourèie). Bourrée, fagot de bois de chêne vert dont on se sert, à Avignon, pour se chauffer, ou chauffer quelque chose. Suppl. Dict. Pellas.

BOURG, radical dérivé de la bas. lat. *burgus*, par apoc. de *us* et métagr. de *u* en *ou*; gros village ou petite ville. On a dit dans le même sens *burs* en roman, qui vient évidemment du lat. *urbs*, par métathèse du *b*.

Les mots *borc*, *bor*, *borg*, *bors*, *bos*, *bours*, *burs*, désignaient anciennement un lieu fortifié, une ville entourée de murailles, ce qui porterait à croire que *bourg*, pourrait bien être dérivé du grec πύργος (purgos), tour, d'où l'allemand *burg*, fort, château, citadelle, forteresse; d'où encore, dans la même langue, *bergen*, défendre, protéger.

Le mot *bourg*, ne s'applique plus aujourd'hui qu'à un gros village, mais il ne faut pas être surpris de ce changement de signification; on en retrouve un analogue dans *villa*, qui pris d'abord pour une maison de campagne, désigne aujourd'hui les plus grandes agglomérations de maisons, les villes. On dit même encore *bourgeois*, pour habitant d'une ville, et *bourgmaistre* pour magistrat d'une ville. Saint Grégoire est désigné, dans la traduction de ses dialogues, par *l'Apostoile del bors de Roume* ou *Lo papa del bors de Rome*, *Apostolus urbis Romæ*. Roq. Dérivés: *Bourg*, *Bourg-ada*, *Bourg-eois*, *Bourgeois-ia*, *Bourg-et*, *Bourgu-et*, etc., et les noms de lieu: *Edinburg*, *Bourgd'odin*, *Magde-bourg*, bourg de la jeune fille; *Stras-bourg*, bourg du chemin, etc.

Quelquefois cependant, le mot *bourg* à une autre origine et peut venir, pour les noms étrangers, du polonais *bor*, forêt de pins, comme dans *Brande-Bourg*, ou de *buro*, lance, comme dans Bourgogne.

De *bourg*, par le changement de *ou* en *o*, *borg*; d'où : *Borg*, *Borg-es*, *Borg-et*, *Borgu-esia*, *Burgu-ier*, *Bourj-ei*, *Bour-joizia*, et les noms propres : *Bourg*, *Bourgeois*, *Dubourg*, *Maubourg*.

BOURG, s. m. (bóurg); *Borgo*, ital. *Burgo*, esp. port. *Borg*, anc. cat. Bourg, endroit moins considérable qu'une ville, mais plus grand qu'un village.

Éty. V. *Bourg*, R.

Anibert, Mém. Hist. T. p. 86, not. fait observer que les parties des villes auxquelles on donnait anciennement le nom de bourg, en étaient séparées par un certain espace, et que le faubourg était attenant aux murs de la cité.

BOURGADA, s. f. (bourgáde); *Borgata*, ital. Faubourg; bourgade ou petit bourg.

Éty. de *Bourg*, R. et de *ada*.

BOURGADIER, IERA, s. (bourgadié, ière). Habitant, ante du faubourg.

Éty. de *bourgada* et de *iera*. V. *Bourg*, Rad.

Lei bourgadières *fan lei foles,*
S'attaquoun fort ei rougiroles.
Embarras de la fiero de Sant Miqueou.

BOURGAL, ALA, adj. (bourgál, ále), dl. Franc, loyal.

Éty. de *bourg*, ville, et de *al*. V. *Bourg*, Rad.

BOURGALAMENT, adv. (bourgalaméin), dl. Franchement, loyalement.

Éty. de *bourgal* et de *ment*. V. *Bourg*, R.

BOURGAR, v. n. (bourgá). Tourner, commencer à mûrir, parlant des figues et des fruits en général. Garc. Cast.

BOURGEADOUIRA, s. f. (bourdjadouïre). *Dégorgeoir ?* Baguette dont on se sert pour enlever le tampon de la cuve, quand on veut tirer le vin. Avril. Castor.

BOURGEAIRE, s. m. (boudjäïré). BOURJAIRE, FOURGEAIRE. Chaufournier, ouvrier qui fait des fours à chaux. Garc.

BOURGEAQUIN, s. m. (bourdjaquïn). *Bourgillon*, jeune bourgeon.

BOURGEAR, v. a. (bourdjá) dl. et ROUSSILHAR. Fouiller profondément la terre avec la pioche ou la marre, Sauv. dégorger un tuyau, un conduit.

Éty. Alt. de *bougear*. Avr. V. *Bouleg*, R.

BOURGEAS, s. m. (bourdjás). Nom qu'on donne, aux environs d'Annot et du Fugeret, à la bruyère commune. V. *Brusc*.

Éty. Alt. de *brusc* et de *Brugas*, v. c. m.

BOURGEASSOTA, s. f. (bourdjassote); BOURGEANSSOTA, BOURGISSOTO. *Borjaçote*, port. Figue bourjassote. V. *Figa*.

Éty. On disait dans la basse lat. *Prœdia burgensotica*, fonds roturiers. Sauv.

BOURGENC, s. m. (bourdgéinc); BOURGENQUIN, BOUIS-FER. Rosage, *Rhododendron*, laurier rose des Alpes, buis fleuri, *Rhododendron ferrugineum*, Lin. arbuste de la fam. des Rhodoracées, qu'on trouve sur les montagnes élevées de Barcelonnette, de Seyne, d'Allos, de Colmars, etc.

Éty.

BOURGEOIS, GEOISA, adj et s. (bourdjois, oise); BOURGES, BOURGEOUAS. *Borghese* et *Burgese*, ital. *Burges*, esp. *Bürger*, all. *Burguez*, port. Ce mot est du provençal moderne, nos anciens disaient *bourges*; bourgeois, oise, absolument parlant, qui vit dans une ville ou un bourg. V. *Bourg*, R. Ce qu'indique parfaitement le mot *bourg-es*, *es d'un bourg*, il est d'un bourg : en provençal ce mot désigne plutôt celui qui vit bourgeoisement, c'est-à-dire, de ses rentes, sans travailler, d'où, *Faire lou bourgeois*, pour dire vivre sans rien faire. Les ouvriers donnent le nom de bourgeois à la personne qui les fait travailler.

Et tau fai lou bourges que non a pas de pan.
Michel.

Vioure bourgeois, Trad. vivre de ses rentes.

Éty. Nous lisons dans le Dictionnaire Catalan, en cinq langues :

« *En son origen burges significaba habitant de una vila en contraposició als habitants de las ciutads que se anomenaban ciutadans, posteriorment fou un dels titols de honor de Catalunya, del cual sen féren tres classes, majors, mitjans y menòrs. Los burgeses majòrs eran los que no tenian cap ofici mecànic ; los mitjans eran los mercadèrs, y los menòrs los menestrals. Aludind segurament als majors se introdui la expressio familiar* l'Ofici del burges, menjar, beurer y no fer res. *Art. burges.* »

BOURGEOISAMENT, adv. (bourdjoisamèin); BOURGEOUASAMENT. Bourgeoisement, d'une manière bourgeoise.

Éty de *bourgeoisa* et de *ment*, à la manière des bourgeois. V. *Bourg*, R.

BOURGEOISIA, s. f. (bourdjoisie); *Burgesia*, esp. *Borghesia*, ital. Bourgeoisie, le corps des bourgeois; la qualité de bourgeois. V. *Bourg*, R.

BOURGEOUN, s. m. (bourdjóun); *Borbulha*, port. Bourgeon, bouton d'arbre d'où naissent les feuilles, les fleurs et les fruits. V. *Bourra*.

Éty. V. *Bourra*, parce que les bourgeons en sont couverts. V. *Bourr*, R.

BOURGEOUNIAIRE, s. m. (bourdjouniäïré); BOURJOUNAIRE. Tisonneur, Aub. *Fourgouniaire*, celui qui attise le feu, une querelle. Garc.

BOURGEOUNAR, v. n. *Borronar*, cat. Bourgeonner, pousser ou jeter des bourgeons. V. *Bourrar* et *Boutounar*. V. aussi *Bourgeouniar*.

Éty. de *bourgeoun* et de *ar*, litt. faire des bourgeons. V. *Bourr*, R.

BOURGEOUNAT, ADA, adj. et p. (bourdjouná, áde). Bourgeonné, ée, arbre qui a des bourgeons ; personne dont le visage est couvert de boutons.

Éty. de *bourgeoun* et de *at*. V. *Bourr*, R.

BOURGEOUNIAR, v. n. (bourdjouniá); BOURJOUNAR. Fourgonner. V. *Fourgouniar*, et pour bourgeonner, *Bourgeounar*.

BOURGES, s. m. (bourdgés), d. arl. V. *Bourgeois*.

BOURGET, nom de lieu, *Borghetto*, ital. Dim. de *bourg*, petit bourg.

Éty. de *Bourg*, R. et de *et* dim.

BOURGIN, s. m. (bourdgin); BURGIN. Bregin, nom qu'on donne, à Marseille, à un filet qui ressemble beaucoup au petit bouclier.

C'est peut être le même que celui qu'on nomme *Bregin* à Nice, v. c. m.

BOURGISSOTA, s. f. (bourdgissóte). Nom qu'on donne, à Arles, à la figue grosse bourjassote. V. *Figa-grossa-bourgeassota*.

BOURGMESTRE, s. m. (bourgmestré) *Borgomaestro*, ital. *Borgomestre*, port. Bourgmestre, titre des premiers magistrats de quelques villes de Belgique, d'Allemagne, de Suisse, etc.

Éty de *bourg* et de *mestre*, ou du lat. *magistratus urbis*. V. *Bourg*, R.

BOURGNAIRE, s. m. (bourgnäïré), d. bas. lim. Bornoyeur, celui qui bornoie, qui ne regarde qu'avec un œil pour s'assurer si une chose est droite ou de niveau.

Éty. de *bourgn*, pour *borni*, et de *aire*. V. *Born*, R.

BOURGNAR, v. n. (bourgná), d. bas lim. Bornoyer. V. *Bornegear*.

BOURGNOUN, s. m. (bourgnóun), dl. Le même que *Brusc*, v. c. m.

BOURGNOUN, s. m (bourgnóun). Nom qu'on donne, à Avignon, à la petite bécassine. V. *Becassoun*, R. 2.

BOURGOUGNA, s. f. (bourgóugne); BERGOINA. *Borgogna*, ital. *Borgonha*, port. *Borgoña*, esp. Bourgogne, ancienne province de France, bornée au Nord par la Champagne ; au Sud, par le Lyonnais ; à l'Est, par la Franche-Comté, et à l'Ouest, par le Bourbonnais et le Nivernais. Elle forme aujourd'hui les départements de L'Yonne, de La Côte-d'Or, de Saône-et-Loire, et une partie de celui de l'Ain.

Éty. du lat. *burgundia*, m. s.

BOURGUET, nom de lieu (bourgué); BOURGET. Petit bourg.

Éty. de *bourg* et du dim. *et*. V. *Bourg*, R.

BOURGUET, s. f. Béron. d. bas lim. Guiole, creux, cavité que fait le fer d'une toupie, en la lançant avec force sur une autre ; lardon, mot piquant. Brocard.

BOURGUETADA, s. f. (bourguetáde); d. bas lim. Brocard, mot piquant, raillerie mordante.

Éty. de *bourguet*, petit bourg, et de *ada*, fait, dit comme au faubourg. V. *Bourg*, R.

BOURGUETAR, v. a. (bourguetá). Brocarder, piquer par des paroles mordantes et satyriques.

Éty. de *bourguet* et de *ar*, parler comme au faubourg. V. *Bourg*, R.

BOURGUIGNOTA, s. f. (bourguignóte), dl. Calotte à oreilles, coiffe de dessous ; V. *Beguin*. Ce nom était donné anciennement à une espèce de casque de fer.

Éty. de *bourguignoun*, parce qu'on croit que l'invention en est due aux Bourguignons.

BOURGUIGNOUN, OUNA, s. (bourguignóun, óune); *Borghignone*, ital. *Borguinhão*, port. Bourguignon, onne, celui, celle qui est de la Bourgogne.

Éty. du lat. *burgundius*, m. s.

Dans le dialecte languedocien, le mot *bourguignoun* se prend ironiquement pour un cochon.

BOURGUIGNOUN, s. m. Nom qu'on donne, dans une grande partie de la Provence, à l'épi de l'orge des rats. *Hordeum murinum*, Lin. V. *Sauta-roubin*, et à l'orge marin. V. *Estrangla bestis*.

Éty. Ce nom a été donné à l'épi de ces deux plantes, que l'on confond ordinairement, parce qu'il sert à un jeu d'enfant, qui consiste à casser l'épi par le milieu, à le rajuster ensuite et à faire sauter la partie supérieure en frappant sur le bras et en chantant.

Bourguignon salé,
L'épée au côté,
La barbe au menton,
Saute bourguignon.

BOURI, s. m. (boúri), d. bas lim. Poussière, duvet, qui s'attache aux habits et aux meubles; ordures, balayures. V. *Escoubilhas*.

Éty. du lat. *burræ*, choses de rebut, de néant.

BOURIACA, s. f. (bouriáque). Mauvaise soupe. Aub.

Éty. Alt. de *boulhiaca*, mauvais bouillon.

BOURIAIRE, s. m. (bouriaïré); GASALIER, dl. Métayer, fermier. Sauv. V. *Rentier* et *Bord*, R. 2.

Bâtonnet, servant à remuer, à agiter la bouillie.

BOURIAR, v. a. (bouriá). Remuer, agiter un liquide. Aub.

Éty. Alt. de *boulegar*.

On le dit encore de l'action de répandre de la bouillie sur de la paille, pour la faire manger aux animaux, et la rendre plus nourrissante. Aub.

BOURICHOT, s. m. (bouritchó), dg. Panier couvert.

Éty. *Bourroiche* et *bourrache*, en vieux français.

BOURIGA, V. *Bouligoula*.

BOURIGA, s. f. (bourigue). Nom de la morille, dans le département des B.-du-Rh. selon M. Negrel. V. *Mourilha* et *Bol*, R.

BOURIGEOLA, s. f. (bouridjóle). Centaurée étoilée, plante. Garc.

BOURIGOULA, V. *Bouligoula*.

BOURIL, s. m. (bouril); BOUIRIL, dl. Le ventre, la bedaine. V. *Ventre*.

Éty. Dim. de *bouire*, ventre.

BOURINA, V. *Boulina*.

BOURINOUS, OUSA, adj. (bourinóus, óuse), d. bas lim. Mélancolique, triste, de mauvaise humeur, V. *Peginous*, en parlant du temps couvert et froid, temps gris.

Aire bourinous, air, physionomie triste, rembrunie; capricieux, quinteux.

BOURIR, v. n. (bourir), dg. Brûler, bouillir.

Dab lou bin la frebe bourich,
Au loc que l'ayguo l'ascantich, et
Car au taléou que jou parichi
Au taléou d'amou iou bourichi.
D'Astros.

Éty. Alt. de *boulir*. V. *Bulh*, R.

BOURISSOUN, OUNA, s. (bourissóu, óune), d. bas lim. Babouin, ouine, jeune enfant badin et étourdi; tracassier.

BOURIT, s. m. (bouri), d. lim. Balayure. V. *Escoubalhier* et *Escoubilhas*.

BOURJEI, d. lim. V. *Bourgeois*.

BOURJOIZIA, V. *Bourgeoisia*.

×**BOURLA**, s. f. (bóurle); BOURDA. *Burla*, ital. esp. Moquerie, bourde, tromperie.

Éty. de l'ital. *burla*, m. s. V. *Bourd*, R.

BOURLA, s. f. Nom qu'on donne au méteil, à Sisteron et aux environs de cette ville. V. *Miladier*.

BOURLAR SI, v. r. (si bourlá); *Burlarsi*, ital. *Burlarse*, esp. Se moquer, railler. V. *Bourd*, R.

BOURLAR, v. a. (bourlá), d. bas lim. pour brûler. V. *Brular*.

Bourlar lou tioul à quauqu'un, manquer de parole à quelqu'un, manquer à ses engagements; railler. Garc. On dit aussi *bourlar*, pour fausser compagnie. V. *Bourd*, R.

BOURLAR, v. n. Remuer, bouger, parler. Aub.

BOURLASOUN, s. f. (bourlazóu), d. bas lim. FARCHAL. Fer-chaud, soda. V. *Cremesoun*.

Éty. de *bourlar*, brûler, parce que ceux qui sont atteints de cette indisposition, éprouvent dans la gorge un sentiment de cuisson qui semble produit par le feu. V. *Braz*, R.

BOURLHIOU, s. m. (bourilliou), d. bas lim. Flocon de laine ou de soie. V. *Flocoun*.

BOURLIS, s. m. (bourlis), dl. Trouble, confusion, vacarme. V. *Bourdoulha*.

Éty. ?

Un varlet per un cop de gàulo
Meno souvent un tau bourlis
Que semblo la mar quan boulis.
De garbuge et de ravages,
De revouloun et de bourlis. Michel.

BOURLODI, s. m. (bourlódi), d. bas lim. Brûlure, trou fait à une étoffe par une étincelle.

Éty. de *bourlar*, brûler. V. *Braz*, R.

BOURLOUN, s. m. (bourlóun). Bouillie. Aub.

BOURLURT, dg. Bergeyr. alt. de *Voulour*, v. c. m.

BOURMENEC, ECA, adj. (bourmenéc, éque), dl. Véreux, vermoulu. Sauv. V. *Chirounat*.

Éty. Ce mot est dit pour *vourmounec* ou. *Verminous*, v. c. m.

BOURMOULADA, V. *Bormoulada*.

BOURMOUS, dg. anagr. de *Mourvous*, v. c. m.

BOURMOUS, OUSA, adj. (bourmóus, óuse), dl. Le même que *Morvous*, v. c. m. et *Morb*, R.

BOURNADA, s. f. (bournáde), dl. BOUNADA. Tripailles des bêtes qu'on tue à la boucherie. Sauv. V. *Tripailha* et *Toumbada*. V. aussi *Bouras*.

BOURNAGI, s. m. (bournádgi); BOURNAGE. Bornage, plantation de bornes. Garc.

BOURNAL, s. m. (bournál), dl. GOUGOURNAS, GAGOURNAS, FOURNAS, BADOURNAS. Cendrier d'un four de boulanger.

Éty. *Bournal*, est dit pour *fournal*, qui a rapport au four.

BOURNAR, V. *Bornar* et *Bouin*, R.

BOURNEGEAIRE, s. m. (bournedjáïré). Bornoyeur, celui qui bornoie.

BOURNEGEAR, Voy. *Bornegear* et *Bouin*, R.

BOURNEL, s. m. (bournèl); BOURNEOU, TUTEL, CHANOUN, TUNCA, EMBOURNEOU, TUYEOU. Tuyau en fonte, en brique ou en bois, destiné à conduire les eaux d'un lieu dans un autre.

Éty. du celt. *born*, fontaine, ou du ligurien, selon l'auteur de la St. des B.-du-R. Le P. Pujet le dérive de *borna*, limite, parce que les tuyaux enferment l'eau dans d'étroites limites; ou peut-être de *borna*, creux. Dérivés: *Bournel-agi*, *Bournel-ar*, *Bournel-at*, *Bourne-ou*.

On appelle:

Dégorger, nettoyer les tuyaux avec une sonde.

Emboîter les tuyaux, les faire entrer l'un dans l'autre.

Embranchement, l'union de plusieurs tuyaux assemblés par des nœuds de soudure.

Queue de renard, les longues traînées de racines qui engorgent les tuyaux.

Oreilles, les rebords à équerres qu'on laisse sur les tuyaux de fonte pour les joindre les uns aux autres, au moyen de vis.

Ventouse, le tuyau de plomb branché verticalement sur une conduite d'eau et attaché à un arbre, montant plus haut que le niveau de l'eau du réservoir, pour faciliter l'issue de l'air.

BOURNELAGI, s. m. (bourneládgi); BOURNELAGE. L'ensemble des tuyaux, l'action de les poser.

Éty. de *bournel* et de *agi*, mettre ou poser des tuyaux.

BOURNELAR, v. a. et n. (bournelá). Placer les tuyaux, y faire passer l'eau.

Éty. de *bournel* et de *ar*, mettre les tuyaux.

BOURNELAT, ADA, adj. et p. (bournelá, áde). Muni de tuyaux, renfermé dans des tuyaux, en parlant de l'eau.

BOURNEOU, V. *Bournel*.

BOURNIACHOU, adj. (bourniátchou), Le même que *Borniclet*, v. c. m. et *Born*, R.

Tant avïou à moun dam lou *bourniachou* garçoun.
La Bellaudière.

BOURNICLET, V. *Borniclet* et *Born*, Rad.

BOURNIGOUN, V. *Bornigoun*.

BOURNIOU, dl. V. *Apier*.

BOURNIQUEL, dl. V. *Borniclet* et *Born*, R.

BOUROUSCLAT, ADA, adj. (bourousclá, áde). Légèrement brûlé par le froid. Garc.

BOURR, BOURG, BUR, rad. dérivé du lat. *burra*, que plusieurs auteurs ont employé dans le sens de bourre, fait de *burrus*, roux, parce que la bourre est ordinairement de cette couleur. Ces mots sont tirés du grec πυῤῥὸς (purrhos), roux, rougeâtre.

De *burra*, par apoc. et changement de *u* en *ou*, *bourr*; d'où: *Bourr-a*, *Bourr-agi*, *De-bourrar*, *Bourr-ar*, *Bourr-as*, *Bourr-asca*, *Bourrasc-ada*, *Bourr-e*, *Bourrel-et*, *Bourrel-ier*, *Bourr-ica*, *Bourrilh-oun*, *Bourr-iscou*, *Des-bourr-ar*, *Ram-bourrar*, *Bourge-oun*, *Bourgeoun-ar*, etc., et par suppr. de *u*: *Bor-el*, *Borr-a*, *Borr-age*, etc.

De *burrus*, par apoc. *bur*; d'où: *Bur-alisto*, *Bur-at*, *Burat-a*, *Burat-aire*, *Buratin*, *Bur-el*, *Bur-eou*, *Bur-eus*.

BOURRA, s. f. (bóurre); *Borra*, ital. esp. port. cat. Bourre, ce qu'on rejette des laines lorsqu'on les file; poil que les tanneurs détachent des peaux de certains animaux; ce dont on bourre une arme à feu; soie de rebut.

Éty. du lat. *burra*. V. *Bourr*, R.

Bourra deis paradous, *laveton*, quand elle est grossière, *lanisse*, quand elle est fine.

Bourra de seda, bourre de soie, bave ou araignée.

BOURRA, s. f. BOURRE, BOURROU, PARANGOUN. Bourgeon qui commence à pousser; on le dit plus particulièrement de l'œil de la vigne.

Éty. de *bourra*, bourre, à cause du coton roux qui couvre les bourgeons au moment où ils paraissent. V. *Bourr*, R.

BOURRA, s. f. dl. et bas lim. Masse de fer, masse de mineur ou de carrier pour rompre les pierres. V. *Massa*.

BOURRA, s. f. BESTI. La bête, jeu de cartes.

Estre bourre, faire la bête, c'est ne point faire de levée à ce jeu.

BOURRA, s. f. d. bas lim. Moisissure, V. *Mousidura*, fleur de certains fruits, comme la prune. V. *Flour* et *Bour*, R.

BOURRA, BOURRA, impér. du verbe *bourrar*. Bourre, bourre, atteints, attrappe, mords, en terme de chasse.

BOURRAÇA, s. f. (bourrâce). Voy. *Bourassa*.

E leis enfans à la bouraço
N'oouran pa pus tan paou d'aou lou.
Boufounadas.

BOURRACAN, s. m. V. *Barracan*.

BOURRACHA, s. f. (bourrâtche), pour bourrache. V. *Bourragi*.

BOURRÁCHA, s. f. *Borracha*, port. Flacon en terre, V. *Boumbo*.

Éty. de l'ital. *baracchia*, bouteille de cuir.

BOURRACHA, s. f. Asphodèe (plante), V. *Pourracca*.

BOURRACHE SALVAGE, s. m. (bourraxe salbaxe). Nom gascon de la sauge des prés. V. *Bouens-homes*.

BOURRADA, s. f. (bourráde); COUGNADA. Bourrade, action de bourrer, de maltraiter; coup de crosse, secousse, agitation; en lang. effort, épaulée, reprise d'un ouvrage: *Li vau faire una bourrada*, je vais donner encore un coup de main à cet ouvrage.

Éty. de *bourrar* et de *ada*. V. *Bourr*, R.

BOURRA-FOLLA, s. f. (bóurre-fólle), d. bas lim. Poil follet, V. *Peou foulet*, première barbe qui paraît au menton.

Éty. V. *Bourr*, R.

BOURRAGEA, dl. V. *Bourragi*.

BOURRAGI, s. m. (bourrádgi); BOURRAGEA, BORRAGE, BOURRACHA, BOURRAIA. *Borrax*, esp. *Borragine*, ital. *Boraja*, cat. anc. *Borragem*, port. *Borratxa*, cat. mod. Bourrache ou bourrache commune, *Borrago officinalis*, Lin. plante de la fam. des Borraginées, commune partout; elle est originaire du Levant.

Éty. du lat. *borrago*, altér. de *corago*, selon Apulée, mot qui dans la Lithuanie signifiait cordial, animant le cœur, parce qu'on regardait cette plante comme très-tonique; de *cor*, cœur, et de *ago*, je donne; ou plutôt, parce que ses feuilles et sa tige sont couvertes d'une espèce de bourre, selon Roq. Voy. *Bourr*, R.

La bourrache contient beaucoup de nitre et est généralement employée comme béchique et sudorifique.

BOURRAGI-FER, s. m. VIPERINA, BOURRAGEA-FERA, FAURES, LENGA DE BIAU. Vipérine, *Echium vulgare*, Lin. plante de la fam. des Borraginées, commune dans les lieux incultes; on donne aussi le même nom, dans beaucoup d'endroits, aux *Anchusa italica* et *Angustifolia*. Lin. V. *Buglossa*.

BOURRAIA, s. f. (bourráïe). Nom apt. de la bourrache. V. *Bourragi*.

BOURRAIRE, s. m. (bourráïré). Chargeoir pour les mines; baguette dont on se sert pour bourrer; celui qui bourre; chien qui forlance le gibier. Garc.

BOURRAQUIN, s. m. (bourraquïn), dl. Grand flacon de cuir, avec quoi certains religieux fesaient la quête du vin. Sauv.

Éty. de la basse lat. *burrhanicum*.

BOURRAR, v. a. (bourrá); BOURRIR. Bourrer, au propre, garnir ou remplir de bourre, presser la charge d'un fusil avec un bouchon fait ordinairement de bourre; fig. maltraiter, pousser rudement quelqu'un; gorger, remplir outre mesure; bondir un chien.

Éty. de *bourra* et de *ar*. V. *Bourr*, R.

Bourrar ou abourrar un chin, exciter un chien à se lancer sur la proie ou sur quelqu'un, lui faire quitter l'arrêt.

BOURRAR, v. a. dl. Frapper les rochers avec une masse de carrier, *bourra*; briser avec le même outil des blocs de pierre. Sauv.

BOURRAR, v. n. BOURROUNAR, BOURRIR. Bourgeonner, on le dit de la vigne quand elle commence à pousser ses bourgeons. V. *Bourgeounar*.

Éty. de *bourra*, bourgeon, et de *ar*, mettre-des bourgeons. V. *Bourr*, R.

BOURRAR SE, v. r. Se bourrer, manger avec excès, se gorger d'aliments; se garnir, se bien vêtir, V. *Fourrar se*, dans ce dernier sens. et *Bourr*, R.

BOURRAR SE, v. r. d. bas lim. Se moisir. V. *Mousir se*.

Éty. Se couvrir de *bourre*. V. *Bourr*, R.

BOURRAS, s. m. BORRAS. *Borrax*, cat. Qu'on nomme *trentauna*, dans la montagne; grosse toile d'étoupe dont on fait des sacs et autres meubles pour la campagne et dans laquelle on enveloppe les cadavres, dans les hôpitaux; canevas grossier.

Éty. A cause de sa ressemblance avec l'étoffe nommée *bourras* ou *bure*, V. *Bourr*, R. ou augm. dépr. de *bourra*, bourre.

BOURRAS, s. m. Nom qu'on donne aux pénitents réformés, soit parce que leurs sacs sont faits avec la toile de ce nom, soit à cause que leurs bonnets sont coupés ras au bout, d'où *bout-ras*.

BOURRAS, pour *borax*. V. *Bourras*.

BOURRAS, s. m. BOURNADA DAS INFERS, dl. La boue ou la lie des fosses d'un pressoir à huile; ce sont aussi les fèces, le résidu ou dépôt qui se fait au fond d'un vaisseau où l'on a mis de la nouvelle huile. Sauv.

BOURRASCA, s. f. (bourrásque); BOURRASSADA, AURAGAN, AURISTRE. *Burrasca*, ital. *Borrasca*, esp. port. cat. Bourrasque, tourbillon de vent impétueux et de peu de durée. Fig. accident imprévu, mauvaise humeur, emportement de colère violent, mais instantané.

Éty. de l'ital. *burrasca*, m. s. V. *Bourr*, R. de *bourrar* pris fig. pour maltraiter, pousser rudement, choses que font les bourrasques, ou plutôt de *boreas*, vent du Nord.

BOURRASCADA, s. f. (bourrascáde). Synonyme de *bourrasca*, quand elle a eu lieu. V. *Bourr*, R.

BOURRASSA, s. f. (bourrásse); BOURRAÇA, BOURREN, PEDAS LARI, BOURRASSOU, SALLET, PEDALAGNA. Le lange de dessous, qui est en laine ou en coton.

Éty. de *bourras*, grosse toile, et de *assa*, dépr. V. *Bourr*, R.

On le dit aussi de l'ensemble des choses qui servent au maillot d'un enfant: *Es encara à la bourrassa*, il est encore au maillot. V. *Pedas*.

BOURRASSADA, s. f. (bourrassáde), d. bas lim. Giboulée, pluie violente et de peu de durée. V. *Raissa*. Tourbillon. V. *Bourrasca* et *Bourr*, R. Grêle de coups. Voy. *Rossada*.

Ferme au profit du maître. Sauv.

BOURRASSIER, s. m. et adv. (bourrassié). Drap de grosse toile (*de bourras*), dans lequel on transporte les gerbes: *Linçoou bourrassier*.

Éty. de *bourras* et de *ier*.

BOURRASSOUN, s. m. (bourrossóu), d. bas lim. Lange d'étoffe, V. *Bourrassa*, dont il est un dim. et le R. *Bourr*.

BOURRAT, ADA, adj. et p. (bourrá, áde). Bourré, ée, mal traité. V. *Bourrar* et *Bourr*, R.

D'ioous bourrats, dl. des œufs au verjus, des œufs brouillés.

BOURRATIER, s. m. (bourratié), dl. Métayer, qui fait valoir une ferme.

BOURRATS, *toumbar à*, expr. adv. (bourrás), dg. Tomber par torrents, en parlant de la pluie.

BOURRE, s. m. dl. V. *Bourra*, R.

BOURRE, OURRA, adj. (bóurré, óurre); BOURRET, ETA. Brun, une; de couleur de café.

Éty. du lat. *burrus*, roux. V. *Bourr*, R.

BOURREC, EGA, s. (bourréc, égue), dl. *Borreg, ega*, cat. *Borrego*, esp. Agneau d'un an. V. *Anouge*.

BOURREL, rad. mot qui sert à désigner l'exécuteur des hautes œuvres, et sur l'origine duquel les étymologistes sont loin d'être d'accord.

Selon les uns il viendrait du celt. *borreo*. Caseneuve le dérive du grec βορὸς (boros), qui dévore, parce que, dit-il, les bourreaux vivent de la mort d'autrui et du carnage qu'ils font. En bas breton *bourreo*.

Gui-Patin, dit qu'il vient de *burrus*, roux, parce que les rousseaux sont ordinairement violents, qualité nécessaire aux bourreaux. Le Père Labbe, le dérive de *bouchereau*, petit boucher; Ménage de *buccarus*, boucher, de cette manière, *buccarellus*, *burellus*, *bourel*. Cette analogie entre bourreau et boucher se retrouve dans *Carnifex*, qui les désigne l'un et l'autre en latin. M. Eusèbe de Salverte, cité par Roq. dit que ce mot vient du bourguignon *buro*, qui signifie lance. Enfin, Villaret croyant que le mot *borel*, ne remonte qu'à l'an 1260, le fait venir d'un clerc nommé Richard Borel, qui possédait le fief de Bellem-Combre, à la charge de pendre les voleurs du canton. Dérivés : *Bourrel, Bourrel-a, Bourreou, Bourrel-aire, Bourrel-ar, Bourrel-at, Bor-el, Borr-el.*

BOURREL, s. m. (bourrèl). Bourreau. V. *Bourreou*, plus usité.

BOURRELA, s. f. (bourrèle). Bourrelle, femme de bourreau ; fig. méchante femme, marâtre.

Éty. V. *Bourrel*, R.

BOURRELAIRE, s. m. (bourrelâïré), en anc. prov. Bourreau, cruel, qui tourmente.

L'avoucat present'un larroun,
Lou medecin un bourrelaire. Brueys. V. *Bourrel*, R.

BOURRELAR, v. a. (bourrelà) ; BOURRELEGEAR. Bourreler, tourmenter, maltraiter.

Éty. de *bourrel* et de la term. act. *ar*. V. *Bourrel*, R.

BOURRELAT, ADA, adj. et part. (bourrelà, àde). Tourmenté, inquiété, rongé par les remords.

Éty. de *bourrel* et de *at, ada*. V. *Bourrel*, Rad.

BOURRELEGEAR, v. a. Aub. Voy. *Bourrelar*.

BOURRELET, s. f. (bourrelé). Bourrelet ou bourlet, coussin rempli de bourre ou de crin, ordinairement vide au milieu. Excroissance qui se forme sur l'écorce d'un arbre, quand elle a été entamée.

Éty. de *bourra* et du dim. *et*, petite bourre, pour petit coussin. V. *Bourr*, R.

BOURRELIER, V. *Bastier*.

Éty. de *bourra-el-ier*. V. *Bourr*, R.

BOURRENC, s. m. (bourréin). Drap de grosse toile, pour porter de la paille ou du foin.

Éty. de *bourra* et de *enc*, fait de bourre. V. *Bourr*, R. et *Buissau*.

BOURREOU, s. m. (bourrèou) ; BOYOU, BOURRÉL, BISPAIRE. *Bourrelaire*, anc. prov. *Borrero*, anc. esp. Bourreau, exécuteur de la haute justice ; et fig. cruel, inhumain, féroce.

Éty. V. *Bourrel*, R.

La peine de mort ayant été infligée dans tous les temps, il a nécessairement fallu avoir des bourreaux ; mais cet emploi révoltant n'a pas excité la même indignation chez tous les peuples. Les Grecs loin de le mépriser, mettaient celui qui l'exerçait au nombre des magistrats ; les Israélites n'avaient point de bourreau titré, le peuple, les accusateurs, ou les parents du condamné en remplissaient les fonctions, qui n'étaient pas déshonorantes chez eux.

BOURREOU, s. m. BISPAIRÉ, dl. L'ouvrier d'un pressoir à huile, chargé de la mouture des olives. Sauv.

BOURRET, s. m. (bourré). *Bourrel*, nom qu'on donne aux bœufs, en Auvergne.

BOURRET, adj. m. (bourré). On le dit du vin qui n'ayant pas assez bouilli, est clairet et douceâtre ; d'un mouton ou d'une brebis qui a la tête noire ou noirâtre. Aub.

Éty. du celt. *bourre*, qui n'est pas cuit, ou à cause de sa couleur rougeâtre. Voy. *Bourr*, R.

BOURRETA, s. f. (bourréte). Fleuret, fil, ruban et étoffe faits avec les débris du tirage des cocons, ou avec la soie grossière appelée *bourrette*.

Éty. Dim. de *bourra*. V. *Bourr*, R.

BOURRETA, s. f. dl. *Faire bourreta*. V. *Goureta*.

BOURRETAS, s. f. pl. (bourrétes). Marque que le vin laisse à la lèvre supérieure, quand on boit dans un verre. Aub.

BOURRETIAIRA, s. f. (bourretiaïre), dl. Cardeuse de fleuret ou de bourre de soie. Les deux premières barbes ou poils qu'elles tirent des côtés, sont ce qu'on appelle de la fantaisie : le restant est du fleuret ou de la bourrette, pareille à ce qu'on tire des strasses.

Éty. de *bourreta* et de *aira*, celle qui travaille la bourre de soie. V. *Bourr*, R.

BOURRETIAIRE, s. m. V. le mot préc.

BOURREYA, s. f. (bourrèye), dl. Bourrée, un rigaudon. Sauv. V. *Rigaudoun*.

Éty. de *bourrada*. V. *Bourr*, R.

BOURREYOUN, d. arl. V. *Bourrilhoun*.

BOURRIAR, v. n. Bourgeonner. Aub. V. *Bourrar*.

BOURRICA, s. f. (bourrique) ; *Borrico, ca*, esp. *Buriccia*, ital. *Burra*, cat. Bourrique. V. *Sauma*. Fig. Personne ignare.

Éty. du lat. *buricus*, rosse, mauvais cheval, dim. de *burrus*, roux. V. le R. *Bourr*.

BOURRICOUN, s. m. d. béarn. Dim de *bourrica*, petit âne. V. *Ainoun* et *Bourr*, Rad.

BOURRIDA, s. f. (bourride). Aillade, espèce de potage que font les Provençaux en délayant de l'*alholi*, aillade, dans de l'eau bouillante, avec du sel et des jaunes d'œuf ; on le dit aussi d'un potage trop liquide.

Éty. du grec, βωρίδια (bòridia), soupe de poisson, selon la Statistique des Bouch.-du-Rhône.

M. Germain de Marseille, a publié sur ce sujet, un petit poëme fort intéressant, sous le titre de *Bourrido deis Dious*.

Courrer bourrida, être dans la peine, faire mal ses affaires ; avoir la diarrhée ; faisant allusion à la peine dans laquelle se trouve un Provençal quand *la bourrida* lui manque.

BOURRIGAI-FER, s. m. (bourrigàifèr). Buglosse d'Italie, plante. Garc.

BOURRIL, s. m. (bourril), dl. BOURIL. Bouchon, duvet, coton, ou bouts de fil qui déparent les étoffes, et d'où on les épluche. Les bas de soie et les étoffes jettent leur coton quelques jours après qu'on les a portés.

Éty. de *bourra* et de *il*, espèce de dim. V. *Bourr*, R.

BOURRILHOUN, s. m. (bourrillóun). BOURREYOUN, BORGNA, BOURRIOUN. On donne ce nom aux espèces de tubercules, durillons, bouchons ou *mattons*, qu'on rencontre sur un fil mal filé.

Éty. de *bourra*, et du dim. *ilhoun*. Voy. *Bourr*, R.

La vid'es coum'un fieou que tiroun d'un tracheou,
Coum'un lume tramblan su lou bor d'un caleou,
Qu'un bourreyoun fai roumpre et que lou soufle
amoussou.
Coye.

BOURRILHOUN, s. m. dl. Contre-bourgeon ou petit bourgeon qui vient à côté du principal ; le plus bas œil ou bouton d'un sarment de vigne ; dans la taille ordinaire d'un sarment on ne laisse que la *bourra* et le *bourrilhoun*. Sauv.

Éty. Dim. de *bourra* ou *bourre*. Voy. *Bourr*, R.

BOURRILHOUS, OUSA, adj. (bourrillóus, óuse) ; BOURRIOUS. Bouchonné, ée, plein de bouchons, Voy. *Bourrilhoun* ; fil, toile, bas bouchonnés, étoffe laineuse ; fruit cotonné.

BOURRIN-BOURRAN, express. adv. (bourrïn-bourrán), dg. Sens dessus dessous.

BOURRINAT, ADA, adj. et p. (bourrinà, àde) ; retroussé, ée : on le dit des bords d'un chapeau monté, par opposition à *débourrinat* V. *Retapat*.

BOURRIQUET, s. m. (bourriqué). Voy. *Bourrisquet*.

BOURRIR, v. n. (bourrir) ; BOURRAR. Bourgeonner. V. *Bourrar*. Fig. paraître, se montrer après avoir été longtemps caché. Avril.

BOURRIR, V. *Bourrar*.

BOURRISCA, s. f. (bourrisque). Fém. de *Bourriscou*, v. c. m.

BOURRISCADA, s. f. (bourriscáde), dl. ASENADA. *Bourricada*, cat. *Borricada*, esp. Aneric, faute grossière ; la bête, terme de jeu, Sauv.

Éty. de *bourriscou* et de *ada*, fait, action d'âne. V. *Bourr*, R.

BOURRISCAR, v. n. (bourriscá), dl. Faire la bête à un jeu de cartes. Sauv.

Éty. de *bourriscou* et de *ar*, litt. faire l'âne. V. *Bourr*, R.

BOURRISCOU, ISCA, s. *Borrico*, *Borrica*, esp. Baudet, bourrique, âne, ânesse. V. *Ay* et *ase*.

Éty. du grec πύῤῥιχος (purrhichos), de couleur rousse. V. *Bourr*, R.

BOURRISCOUN, s. m. (bourriscóun) ; BOURRISQUET. Dim. de *bourriscou*, petit âne. V. *Bourr*, R.

BOURRISQUET, s. m. (bourrisqué) ; BOURRIQUET. *Borrisquete*, esp. *Burriquet*, cat Bourriquet, ânon qui commence à porter la charge.

Éty. Dim. de *bourriscou*. V. *Bourr*, R.

BOURROU, alt. de *bourroun*. V. *Bourra*, bourgeon et *Bourr*, R.

BOURROU, V. *Bourriscou*.

BOURROULAR, v. a. (bourroulá). Brouiller, mettre pêle-mêle, fatiguer la salade. Garc. Brasser, remuer. Suppl. au Dict. de Pellas.

BOURROUN, s. m. (bourróu), d. bas lim. Bourgeon, bouton des arbres et des vignes. V. *Bourra*.

BOURROUNAR, v. n. dl. V. *Bourrar*.

BOURROURETA, *soupa de*, s. f (bourrouréte). Gaude, bouillie. Cast.

BOURROUYA, s. f. (bourróuïe). Bouillon. Avril. V. *Barroulha*.

BOURRUGA, s. f. dg. alt. de *Barruga*, v. c. m.

BOURRUT, UDA, UA, adj. (bourrú, úde, úe). Bourru, ue, inquiet, impatient avec grossièreté.

Éty. de l'hébreu *bur*, qui, selon Huet, signifie la même chose.

BOURRUT, UDA, adj. d. bas lim et g. Velu, ue. V. *Pelous.*

Éty. de *bourr* et de *ut*, pourvu de bourre. V. *Bourr*, R.

BOURS, BOUSS, radical pris du latin *bursa*, bourse, et dérivé du grec βυρσα (bursa), ou βυρσις (bursis), peau, cuir apprêté, parce qu'on en faisait les bourses. Aldrete pense que ce mot vient de l'arabe *borxa*.

De *bursa*, par apoc. et changement de *u* en *ou*, *bours*; d'où : *Bours-a*, *Bours-ier*, *Bours-eta*, *Em-bours-ar*, *Rem-bours-ar*, *Bours-ilh-ar*, etc.

De *bours*, par altr. de *r* en *s*, *bouss;* d'où : *Bouss-a*, *Bouss-ada*, *Bouss-egear*, *Bouss-oun*, *Bouss-oun-au*, *Bouss-ictau*, *Des-bouss-el-ar*, etc.

De *bours*, par la suppression de *u*, *bors*; d'où : *Bors-a*, *Bors-el*, etc.

BOURSA, s. f. (bóurse); BOUSSA, BORSA. *Borsa*, anc. cat. *Bossa*, cat. mod. *Bolsa*, esp. port. *Borsa*, ital. *Borse*, all. Bourse, petit sac diversement figuré, et de peau préparée dans l'origine, où l'on met de l'argent pour porter sur soi; par extension, l'argent qu'on a, celui dont on peut disposer.

Éty. du lat. *bursa*. V. *Bours*, R.

On appelle *boursiers* ceux qui fabriquent les bourses, et *tirant* ce qui sert à la lier.

BOURSA, s. f. Bourse, se dit fig. d'une pension fondée par le gouvernement, par une commune ou par un particulier, dans un collége, dans une école publique, dans un séminaire, etc. pour l'entretien d'un écolier, d'un élève, durant le cours des études qu'il y doit faire. On donne le nom de *boursiers* à ceux qui en jouissent. V. *Bours*, R.

BOURSA, s. f. Bourse, petit sac de taffetas noir, dans lequel les hommes enfermaient autrefois leurs cheveux, au lieu de les lier en forme de queue. V. *Bours*, R.

BOURSA, s. f. Bourse, en t. d'église, double carton couvert d'étoffe, dans lequel on met les corporaux qui servent à l'autel. V. *Bours*, R.

BOURSA, s. f. *Bolsa*, esp. port. Bourse, lieu où s'assemblent les négociants pour traiter des affaires relatives au commerce.

Éty. Le mot *bourse*, employé dans ce sens, a pris naissance à Bruges en Flandres. Les négociants y tenaient leurs assemblées sur une place au bout de laquelle était un magnifique hôtel, appartenant à la famille de *Vander Bourse* ou *Wanden Bourse*, ayant pour armoiries trois bourses gravées sur le couronnement du portail, d'où hôtel de la bourse et bourse. V. *Bours*, R.

On assure qu'il existait à Rome, 493 ans avant J.-C. une bourse célèbre connue sous le nom de *Collegium mercatorium*. V. *Logea*. La plus ancienne qui ait été établie en France, est celle de Lyon, vinrent ensuite celles de Toulouse, de Rouen, en 1556, et enfin celle de Paris.

BOURSA-A-PASTRE, s. f. EVANGILAS, TABOURET, *Borsa-pastoris*, ital. Tabouret, Bourse à pasteur : *Thlaspi bursa-pastoris*, Lin. plante de la fam. des Crucifères siliculeuses, commune partout dans les champs.

Éty. Ainsi appelée parce que sa silique a la forme d'une de ces bourses dans lesquelles nos anciens pasteurs et magistrats enfermaient leurs cheveux. V. *Bours*, R.

BOURSAL, s. m. (boursal). Filet en forme de cône qu'on nomme aussi *Goulet* et *Mancha*, v. c. m.

Éty. A cause de sa ressemblance avec une bourse. V. *Bours*, R.

BOURSEGEAR, v. n. (boursedjá). Boursiller. Aub. V. *Boursilhar* et *Bours*, R.

BOURSELHAR, Garc. V. *Boursilhar.*

BOURSETA, s. f. (bourséte); BOUSSETA, BOUSSOUNA. *Borsella* et *Borsetta*, ital. Petite bourse.

Éty. de *boursa* et du dim. *eta*. V. *Bours*, Rad.

BOURSICAR, v. n. (boursicá), d. bas lim. Boursiller. V. *Boursilhar* et *Bours*, R.

BOURSICOUN, s. m. (boursicóu), d. bas lim. Boursoun. V. *Pouchoun* et *Bours*, Rad.

BOURSIER, s. m. (boursié); *Borsiere*, ital. Boursier, ouvrier qui fait et marchand qui vend des bourses.

Éty. de *boursa* et de *ier*. V. *Bours*, R.

BOURSILHAR, v. n. (boursillá); BOUSSEGEAR, BOURSICAR, BOURSEGEAR, BOURSELHAR. *Boursiller*, contribuer à une petite dépense.

Éty. de *boursa* et de *ilhar*. V. *Bours*, R.

BOURSOUFFLAR, v. a. (boursoufflá). Boursouffler, rendre enflé. V. *Souffl*, R.

BOURSOUFFLAT, ADA, adj. et part. (boursoufflá, áde). Boursoufflé, ée.

BOURSOUNADA, V. *Boussounada.*

BOURTOULAIGUA, s. f. (bourtoulaïgue); BOURTOULAIGUA, BOURDOULAIGUAS, POURTOULAIGA, BROUTOULAIGA, BOURTOURAIGUA, BERTOULAIGA, BOURTOULAIGRA, HERBA-DE-CAMBA-DE-POUL. *Verdolaga*, esp. *Portulaca*, ital. *Beldroegas*, port. Pourpier, pourpier cultivé, *Portulaca oleracea*, Lin. plante de la fam. des Portulacées que l'on cultive comme plante potagère, V. Gar. p. 377. On en connaît maintenant cinq espèces.

Éty. *Bourtoulaiga*, est une corrup. du lat. *portulaca*, qui désigne la même plante.

BOURTOULAIGUA-DE-MAR, s. f. dl. V. *Frauma.*

BOURTOULAIGUA-FERA, s. f. Nom qu'on donne au pourpier sauvage qui est la même espèce que la précédente.

BOURTHOUMIOU, et

BOURTOUMIOU, V. *Barthoumiou.*

BOURTOURAIGUA, d. du Var. Voy. *Bourtoulaigua.*

BOUS..... On trouvera à *Bos*, les mots qui ne figurent pas à *Bous.*

BOUSA, s. f. (bóuse); BOUA. *Boazza*, et *Bovina*, ital. *Buina*, cat. *Bosta*, port. *Boñiga*, esp. Bouse, la fiente du bœuf et de la vache, et par extension le crotin du cheval, de l'âne et du mulet, selon M. de Sauv. Sédiment d'une liqueur. Aub.

Éty. du grec, βουστάσια (boustasia), m. s. dérivé de βους (bous), bœuf, V. *Bov*, Rad.

BOUSAÇA, s. f. (bousáce); BOUSAÇOU. Vin d'un mauvais quartier du terroir d'Avignon. Hyac. Morel.

BOUSADA, s. f. (bousáde), dl. Tas de bouse que les bœufs ou les vaches ont déposé. On dit *Petarrada*, v. c. m. quand c'est du crotin au lieu de la bouse.

Éty. de *bousa* et de *ada*, bouse faite, bouse rendue. V. *Bov*, R.

BOUSANQUET, s. m. (bousanqué), dl. Un bamboche, homme de très-petite taille. V. *Boujancou* et *Bougearroun.*

BOUSAR, v. n. (bousá), et par syncope BOUAR. Fienter, action de rendre la bouse, en parlant des bœufs et des vaches.

Éty. de *bousa* et de *ar*. V. *Bov*, R.

BOUSAR, v. a. (bousá); EMBOUAR. Calfeutrer avec de la bouse. V. *Bov*, R.

BOUSAS, s. m. (bousás); BOUAS. Grosse bouse, et par extension, gros excrément humain.

Éty. de *bousa* et de l'augm. *as*. V. *Bov*, Rad.

BOUSC..... Signifiant bois. V. *Bosc*.....

BOUSCA, s. f. V. *Bisca*. Chaleur, temps chaud. *Quinta bousca*, quelle chaleur! Avril.

BOUSCARIDA, et

BOUSCARLA, V. *Boscarla.*

BOUSCARROT, s. m. dg. Dim. de *bosc*, petit bois, bosquet. V. *Bosc*, R.

BOUSCAS, V. *Boscas.*

BOUSCASSERA, dg. V. *Boscassiera.*

BOUSCASSIER, V. *Boscatier.*

BOUSCHAR, v. a. (boustsá), d. bas lim. Boucher. V. *Bouchar* et *Tapar.*

BOUSCHOUN, s. m. (boustsóu), d. bas lim. Bouchon. V. *Bouchoun* et *Tap.*

BOUSCHOUNAR, v. a. (boustsouná), d. bas lim. m. s. que *Bouchar*, v. c. m. dont il est un itérat.

BOUSCLA, s. f. (bóuscle). Blennie tentaculé, *Blennius tentaculatus*, Lin. poisson de l'ordre des Holobranches et de la fam. des Jugulaires ou Auchénoptères (à nageoires au cou), qui vit dans la Méditerranée. Il n'a guère qu'un décimètre de long et porte une tache ocellée sur la nageoire dorsale; on le nomme *bavecca*, à Nice.

BOUSCOUS, OUSA, adj. (bouscóus, óuse); BOUSCOUS, BOUSQUS. Boisé, ée, garni de bois, touffu. Garc.

BOUSENA, s. f. (bouzéne), dl. Rencontre, accident, heur: *Mala bousena*, malheur, malencontre : *L'a dounat la mala bousena*, il lui a porté malheur : *La mala bousena ti venga*, la peste te crève.

BOUSERACA, s. f. (bouseráque). Cornures, boue qu'on trouve au fond des puits, des mares, etc. V. *Bousa.*

BOUSETI, s. m. (bousèti). Ragot, pansu, ventru. V. *Pansard.*

BOUSIERI, nom d'homme (bousièri). Babilas.

Patron, Saint Babilas, évêque d'Antioche, martyrisé l'an 251, dont l'Eglise célèbre la fête le 24 janvier.

BOUSIGAR, v. a. (bousigá), dl. FREDOUNAR. Essarter un terrain, le défricher, le mettre en culture, fig. gâter un ouvrage. Voy. *Bousilhar* et *Bov*, R.

BOUSIGAR, v. n. fouiller, labourer, en parlant des pourceaux qui remuent la terre. V. *Bov*, R.

BOUSILHAGI, s. f. (bousilládgi); BOUSIAGI. Bousillage, ouvrage mal fait, bousillé, comme si l'on disait fait avec de la bouse. V. *Bov*, R.

BOUSILHAR, v. a. (bousillá); BOUSIGAR, FAGOUTAR, GROULEGEAR, GAVACHAR, BOUSIAR. Engoncer, fagoter, en parlant des habillements; gâter, malfaire un ouvrage quelconque.

Éty. *Bousilhar* au propre signifie bâtir avec de la bauge ou du torchis, et originairement avec de la bouse.

Du vieux langued. *bousigar*, fouiller, remuer la terre, défricher, parce que la terre nouvellement remuée n'offre rien de régulier. V. aussi *Bosillar*.

BOUSILHAT, ADA, adj. et part. (bousillá, áde). Fagoté, gâté, mal fait.

Éty. de *bousilh*, V. le m. pr. et de la term. pass. *at*, *ada*.

BOUSILHUR, USA, s. f. (bousillúr, úse); FAGOUTIER, FAGOUTAIRE, BOUSIUR. Bousilleur, euse, qui travaille sans soin, avec précipitation, qui fait de mauvais ouvrage. V. *Bov*, R.

BOUSIN, s. m. (bouzïn); BOUZIN. Tapage, rumeur; mauvais lieu, lieu de débauche. V. *Boucan*. Train, gens de mauvaise vie. Béron.

Éty. Ce mot paraît venir du portugais *bozina*, cornet, cor, trompette, et être dérivé du lat. *buccinum*.

Dérivés: *Bousin-aire*, *Bousin-ar*.

BOUSINAIRE, s. m. (bousináiré). Voy. *Bousinur* et *Bousin*.

BOUSINAR, v. n. (bousiná). Faire du bruit, faire tapage. V. *Bousin*.

Éty. du portugais *bozinar*, corner, trompetter, sonner du cor, du lat. *buccinare*, m. s. ou de *Bousin* et de *ar*, v. c. m.

BOUSINAR, v. n. EMBOUSINAR, ESCOSER, ESCOUIRE, ESCOUSINAR. Cuire, causer une douleur cuisante, âpre, aigue ou lancinante.

Éty. V. *Bousinar*.

BOUSINUR, s. m. (bousinúr); BOUSINAIRE. Tapageur, fanfaron qui fait beaucoup de bruit.

Éty. du portugais *bozinador*, celui qui sonne du cor, ou du lat. *buccinator*, m. s. V. *Bousin*.

BOUSOLA, s. f. (bousóle), dg.

Embaganau aura sas beos
La terro farcido é pleos
Denquio las bousolos d'iher.
D'Astros.

BOUSQUAR, V. *Boscar*.

BOUSQUET, V. *Bosquet*.

BOUSQUIN, s. et adj. (bousquin). Bâtard. Cast. V. *Bastard*.

BOUSS..... V. *Boss*,..

BOUSSA, s. f. (bóusse). Nom aptésien du reseda phyteuma. V. *Amoureta*.

Éty. Probablement à cause de ses capsules enflées, qui les font ressembler à des bourses.

BOUSSA, s. f. (bóusse), pour bourse. V. *Boursa*.

BOUSSA, s. f. d. bas lim. Bourriche. V. *Bouirica*.

BOUSSADA, s. f. (boussáde) et *boussau*, dm. Plein une bourse d'argent, le magot d'un avare.

Éty. de *boussa* et de *ada*, litt. Bourse faite, bourse pleine. V. *Bours*, R.

BOUSSAR, V. *Bossar*.

Dérivés: *Boursa*, *Bouss-ada*, *Boussichou*, *Bouss-oun*, *Bouss-oun-ada*.

BOUSSAT, d. béarn. Bouché. V. *Bouchat*.

BOUSSEGEAR, V. *Boursilhar*.

BOUSSEGEAR, v. a. (boussedjá). Egréner le chanvre, Garc.

BOUSSELA, V. *Bossela*.

BOUSSELANA. V. *Bosselana*.

BOUSSELANA-VIRANTA, s. f. (bousselàne-virante). Nom commun à plusieurs coquilles à spire saillante.

BOUSSELAR, V. *Bosselar*.

BOUSSEOU, V. *Bosseou*.

BOUSSERLA, V. *Bosserla*.

BOUSSETA, V. *Bosseta*.

BOUSSI, alt. lang. de *Boucin*, v. c. m.

BOUSSICHOUN, V. *Bossichoun*.

BOUSSICLAU, s. m. (boussicláou); *Calebasse*, nom qu'on donne aux prunes qui se bossèlent et se dessèchent sur l'arbre, par suite d'une maladie qu'on croit être produite par la piqûre d'un insecte.

Éty. de *boussa* et de *iclau*, dim. comme si l'on disait petite bourse. V. *Bacoun* et *Bours*, Rad.

BOUSSICOTA, s. f. Petite bosse. Aub.

BOUSSIGNOLA, V. *Bossignola*.

BOUSSIN, V. *Boucin* et *Boucinet*.

BOUSSINAT, V. *Boucinat*.

BOUSSINET, V. *Boucinet*.

BOUSSINOT, s. m. dg. Petit morceau. V. *Boucinet*.

BOUSSIORLA, d. apt. V. *Bosserla*.

BOUSSIS, V. *Boucin*.

BOUSSOIR, s. m. (boussóir). Bossoir, poutres mises en saillie à l'avant d'un vaisseau, au-dessus de l'éperon, avec une ou deux poulies à la tête de chaque bossoir, pour tirer l'ancre lorsqu'elle est venue à pic.

Éty. de *bosse*, et de la term. *oir*, qui se relève en bosse; qui fait saillie. V. *Boss*, R.

BOUSSOLA, s. f. (boussóle); *Bussola* et *Bossola*, ital. *Bussola*, port. Boussole, aiguille aimantée, renfermée dans une boîte, où elle peut tourner sur un pivot.

Éty. de la basse lat. *bussola* ou *buxula*, boîte de buis, *buxus* en latin, parce que le buis est la matière ordinaire dont on fait les boîtes. V. *Bouis*, R. *Boussolah*, en arabe.

La boussole marine est suspendue sur quatre pivots, et elle a une rose divisée en 32 vents.

La boussole à cadran est pourvue d'une aiguille au centre pour montrer l'heure.

La boussole à lever les plans a un cercle divisé en 360 degrés, et l'un des côtés de la boîte porte une visière à bascule; l'instrument est mobile sur un genou adapté à un pied à trois branches:

Dans une boussole on nomme:

AIGUILLE, la petite lame aimantée qui tourne toujours vers le Nord.

BALANCIERS, la réunion des cercles qui tiennent la boussole en équilibre.

CADRAN, la plaque sur laquelle sont marquées les rumbs. V. *Rose des vents*.

CHAPE ou CHAPELLE, le petit bouton creux soudé sur le milieu de l'aiguille pour recevoir le pivot sur lequel elle tourne.

PIVOT, le support sur lequel elle tourne.

ROSE DES VENTS, le papier circulaire divisé en 32 parties égales ou rumbs, indiquant les 32 vents principaux.

On n'est d'accord ni sur le temps ni sur le lieu dans lequel la boussole a été inventée: les Français, les Anglais, les Italiens et les Chinois s'en disputent l'honneur.

Les Chinois prétendent la connaître depuis 2600 ans, avant J.-C.

La première notion écrite que les Français aient eue de la boussole, se trouve consignée dans les poësies de Guyot de Prov. en 1200, qui la nommait *marinette*.

Par la vertu de la marinelle
Une pierre laide et noirette.

En 1302 Flavio Gioia, pilote italien, perfectionna la boussole, suspendit l'aiguille aimantée sur un pivot, etc. améliorations qui le firent regarder comme l'inventeur de cet instrument.

La boussole à cadran solaire est de l'invention d'un anglais nommé Buterfield.

BOUSSOUN, s. m. (boussoun); *Bosotto*, ital. anc. *Bolso*, port. Bourson, Gousset, petite poche attachée sous la ceinture de la culotte ou l'on portait l'argent, d'où le dicton: *A lou boussoun garnit*, en parlant d'une personne qui est soupçonnée avoir beaucoup d'argent.

Éty. de *boussa*, bourse, et du dim. *oun*, petite bourse. V. *Bours*, R. On disait autrefois, *boursoun*.

BOUSSOUN, s. m. BOURSOUN, CHANOUN, BATAREOU, BALHARSOU. Goulot d'un vase, tuyau par où s'écoule l'eau d'une fontaine.

Éty. Ce mot est dit pour *bouchoun*, *bouchouna*, petite bouche V. *Bouc*, R.

BOUSSOUN, s. m. (boussóu), d. bas lim. Corbillon, petit panier, petite corbeille. Voy. *Panieiret* et *Courbelheta*.

Éty. de *boussa*, panier, et du dim. *oun*.

BOUSSOUNADA, AU, AYA, s. f. (boussounáde, áou, áye); BOURSOUNADA. Le scrotum, les bourses.

Éty. de *boussoun* et de *ada*, gousset rempli. V. *Bours*, R.

Boussounada d'un buou, Franche mule.

Boussounada d'un vedeou, mulette de veau.

Boussounada d'un moutoun, caillette. Pellas.

Boussounada deis homes, bourses.

BOUSSOUNAT, s. f. (boussouná). Gousset bien rempli d'argent. Aub.

BOUSSOUNAU, V. *Boussounada*.

BOUSSUELLA, s. f. (boussuèle); BOUSSUELLA. Bosse, enflure, pustule; loupe, nœud du bois. Avril. V. *Bossa* et *Bosserla*.

BOUSSURLA, s. f. V. *Bosserla*.

BOUSSUT, UA, V. *Bossut*.

BOUSTACAU, s. m. (boustacáou). Luron, grivois, éveillé, qui n'est pas étourdi. Garc.

BOUSTEOU, s. m. (boustèou). Fagot de javelle. Garc.

BOUSTIA, s. f. (bóustie), d. bas lim. Boîte. V. *Bouita*.

BOUSTICAR, V. *Boustigar* et *Bov*, R.

BOUSTIGAIRE, s. m. (boustigaïré). Tisonnier, ustensile pour attiser le feu; celui qui s'en sert. Garc.

BOUSTIGAR, v. a. (boustigá); BOUSTICAR, FURNAR, VARALHAR. Remuer, bouleverser, fouiller, inquiéter, agiter, exciter, piquer, aiguillonner; tromper, Sauv. Attiser le feu. Garc.

Éty. de *bous*, bœuf, et de *tigar*, *ticar*, piquer, dérivé du grec θίγω, (thigô), tou-ou de στίζω (stizô), piquer.
cher, lancer, frapper, littér. piquer les bœufs.

BOUSTIGAT, ADA, adj. et p. (boustigá, áde); BOUSTICAT. Inquiété, tourmenté, irrité. V. *Bov*, R.

BOUSTIGOUN, s. m. (boustigóun); BOULEGOUN, BOUSIGAIRE. Aiguillon, taquin, qui provoque les autres; qui va grattant, furetant, fouillant, selon Gros; un gaillard, un luron, Garc.

Éty. de *bous*, et de *tigoun*. V. *Boustigar*.

BOUSTIQUEGEAR, v. n. (boustiquedjá), dl. Fureter, mettre les mains partout. Sauv.

Éty. *Boustigar* et *Bov*, R.

BOUSTIQUIAIRE, s. m. (boustiquiáïré). Fatigant, qui fatigue, qui taquine. Aub. V. *Bov*, R.

BOUSTIQUIAR, v. a. (boustiquiá). Harceler, fatiguer, V. *Bov*, R.

BOUT, BOTAR, radical dérivé de la basse latinité *butare*, mettre, placer, selon Ducange, que d'autres font venir du lat. *pultare* ou *pulsare*, mais qui ne peut avoir cette origine que dans le sens de pousser, appuyer, frapper, lancer. V. *But*, R. Ménage pense que nous tenons ce mot de la langue teutonique, dont pourrait s'être formé le grec moderne βουτίζειν (boutizéin), plonger, mettre dans l'eau?

Dérivés: *Bot-a*, *Bota-en-tren*, *Bota-fe*, *Bot-ar*, *Em-bot-ir*, *Bout-oda*, *Bout-ar*, *Bout-ura*, *Bot-a*, *Bot-airoun*, *Bot-ar*, etc.

BOUT, 2. BOT, radical, pris du saxon ou de l'allemand, *butte*, barrique, cuvier, tonneau, d'où *buta*, en basse lat. m. s.

De *butte*, par apoc. *but*, et par changement de *u* en *ou*, *bout*; d'où: *Bout-a*, *Em-bout-ar*, *Bout-elha*, *Boutelh-ar*, *Em-bou-telh-ar*, *Boutelh-ier*, *Bout-in*, *Bout-ina*, *Em-bout-aire*, etc.

De *bout*, par la suppr. de *u*, *bot*; d'où: *Bot-a*, *Bott-ier*, etc.

BOUT, 3, BUT, rad. dérivé de la basse lat. *butum*, bout, fin, terme, extrémité, ou du celt. *bot* et *bod*, le fond, l'extrémité d'une chose; ou enfin du grec βυθὸς (buthos), m. s. *boder*, all. *bottom*, angl.

De *butum*, par apoc. et changement de *u* en *ou*, *bout*; d'où: *Bout*, *A-bout-ir*, *A-bout-issents*, *Bout-doou-mounde*, *Bout-as*, *Bout-et*, *Bouts-rimats*, *De-bout-ar*.

De *butum*, par apoc. *but*; d'où: *But*, *De-but*, *De-but-ant*, *Del-but-ar*.

BOUT..., On trouvera à *Bot...*, les mots qui ne figurent pas à *Bout...*

BOUT, s. m. *Bot*, cat. Pour outre. Voy. *Bouc*, R. et *Ouire*.

Éty. de l'hébreu *ob*, *obot*, m. s.

BOUT, s. m. (bóu); *Butz*, all. Bout, brin, extrémité, reste de quelque chose; garniture dont on arme le bout de plusieurs outils, meubles et instruments.

Éty. du celt. *bod*, fond, extrémité, V. *Bout*, R. 3, *boden*, all.

Bout doou fourreou d'una espasa, *d'un sabré*, etc., bouterole. *Bout d'una courdela*, *d'un lacet*, ferret. V. *Ferroun*.

Bout d'herba, brin d'herbe.

Bout de fiou, brin de fil.

Fiou à dous ou *à tres bouts*, fil à deux ou à trois brins, et non *à trois bouts*.

Bout d'home, bout d'homme, nain.

Bout d'una peça de charpanta, about.

Poudem pas nousar leis dous bouts, nous ne pouvons pas nouer les deux bouts, c'est-à-dire, avoir de quoi vivre jusqu'à la fin de l'année.

Venir à bout, atteindre son but, réussir.

BOUT-DOOU-MOUNDE, s. m. dl. L'intestin *cæcum*, qui a la forme d'un cul de sac, c'est-à-dire, qui n'a qu'une ouverture. C'est ce qu'on appelle aussi le boyau gras; il est placé entre l'ileum et le colon. M. de Sauvages, dans son Dict. s'est trompé lorsqu'il a dit qu'il était placé entre l'*ileum*, et le *rectum*. Voy. *Bout*, R. 3.

BOUTA, s. f. Boute, grande futaille où l'on met de l'eau douce, et que l'on embarque pour les voyages. V. *Bout*, R. 2. Tonneau.

BOUTA, s. f. dl. V. *Ouire* et *Boufiga*. Dans le bas lim. on donne le nom de *bouta*, aux outres faites avec une peau de bœuf cousue, et on conserve celui de *ouire*, aux peaux de bouc et de chèvre.

Éty. V. *Bout*, R. 2.

BOUTA, s. f. d. bas lim. Cornet d'écritoire. V. *Escritori* et *Bout*, R. 2.

BOUTA, s. f. (bóute); FUSTA. *Bota*, esp. cat. *Botte*, ital. Tonneau ou gros vaisseau de bois destiné à conserver le vin, l'huile, etc.

Éty. de la basse lat. *buta*, m. s. V. *Bout*, R. 2, ou du grec βυθὸς (buthos), fond d'un gouffre, profondeur.

Traucar la bouta, mettre en perce.

Gros coumo una bouta, gros comme un muid. V. pour les détails, *Touneou*. Dérivés: *Bouta*, *Bout-ard*, *Bout-elha Em-bout-ar*.

BOUTA-BOUIRA, s. m. (bóute-bóuire); BOUTA-BUIRA. Boute-feu. Aub. V. *Bouta-foc*.

BOUTA-COIRE, s. m. et f. (bóute-coïré), dl. Le frère ou la sœur coupe-choux, terme de dénigrement qu'on donne au frère cuisinier ou à la sœur cuisinière d'une maison religieuse. Sauv.

Éty. *Bouta-coire*, litt. qui met cuire. V. *Bout*, R.

BOUTA-EN-TRIN, s. m. (bóute-èin-trïn). Boute-en-train, oiseau qui excite les autres à chanter; dans les haras, cheval qui est employé à essayer si les juments qu'on présente aux étalons, sont d'humeur à en recevoir l'approche. Celui qui anime les autres soit au plaisir, soit au travail.

Éty. de *boutar*, mettre, de *en* et de *trin*, train. V. *Bout*, R.

BOUTA-FIOC, s. m. (boute-fiò). V. *Bouta-fuec*.

BOUTA-FOC, s. m. (bóute-foc); BOUTA-FUEC, BOUTA-BOUIRA. Boute-feu, qui excite des querelles, des dissensions.

BOUTA-FOUERA, s. m. (bóute-fóuere). Boute-hors ou bout-dehors, matereau ou espars qu'on pousse horizontalement au large d'un vaisseau pour amurer les bonnettes basses en général, tout matereau faisant saillie hors du bord pour quelque objet que ce soit.

Éty. *Bouta-fouera*, met dehors, à cause de son usage. V. *Bout*, R.

BOUTA-FUEC, s. m. (boúte-fuè); BOUTA-FIOC, BOTA-FE. *Bòtafog*, cat. *Botafogo*, port. *Botafuego*, esp. Boute-feu, baguette garnie d'une mèche, servant à mettre le feu au canon; celui qui s'en sert pour mettre le feu; fig. qui excite la discorde, brouillon.

Éty. de *bouta* et de *fuec*, qui met le feu. V. *Bout*, R.

BOUTA TREMPIERA, s. f. (bóute-treimpiére). Un muid à piquette.

Éty. V. *Bouta*, *Trempa* et *Bout*, R.

BOUTA-BOUTA, interj. de menace. Va, va, attends, attends; d'Ablancourt s'est servi de *boute*, *boute*, pour dire, fais, fais, comme si l'on disait en latin *age*, *age*. Voy. *Bout*, R.

BOUTADA, s. f. (boutàde); ESPOUTARRADA. Boutade, caprice, saillie qu'on lance; temps pendant lequel on se dépêche plus qu'à l'ordinaire, en travaillant.

Éty. de *boutar*, *boutada*, mettre, où l'on a mis, sous entendu, de l'activité, du caprice. V. *Bout*, R.

BOUTADA, s. f. dl. Le colostrum, le premier lait qui vient aux mamelles après l'accouchement, V. *Bet*; pour biez d'un moulin. V. *Beal* et *Beliera*.

Éty. Dit pour *betada*.

BOUTADOUR, V. *Brocadour* et *Bout*, Rad.

BOUTADOUS, OUSA, adj. d. béarn. *Boutladeux*, *euse*, qui fait tout à boutades, qui est bizarre, capricieux. V. *Bout*, R.

BOUTAIRE, s. m. (boutáïré). Nom qu'on donne, aux environs de Montpellier, au petit héron, V. *Esclapaire*, et à la grue du Danube, *Ardea danubialis*, oiseau de l'ordre des Echassiers et de la fam. des Cultrirostres ou Ramphocopes (à bec tranchant).

BOUTANICA, V. *Botanica*.

BOUTANISTA, V. *Botanisto*.

BOUTANISUR, Garc. V. *Botanisto*.

BOUTAR, v. a. (boutá); BUTAR, BOTAR. *Botar*, cat. esp. port. *Buttare*, ital. Mettre, placer, poser.

Éty. de la basse lat. *butare*, m. s. V. *Bout*, Rad.

Pour avoir une idée des modifications que ce verbe éprouve dans ses significations il faut lire les locutions suivantes:

Boutar man, mettre la main à l'œuvre.

Boutar man à la bouta, mettre un tonneau en perce.

Boutaz qu'ague ren dich, prenez que je n'aye rien dit.

Vouas tu boutar qu'aqueou groumand
T'aurà de soun partit rendudo?
Brueys.

Boutar, dans ce vers est dit pour parier,

Boutar sus juec, mettre sur jeu.

Ha boutaz, est-il possible, que me dites vous là?

Bouta te troumpes, va, tu te trompes.

Boutaz qu'es pas tant nesci, allez qu'il n'est pas si sot.

Lous cabris boutoun de banas, les cornes poussent aux chevraux.

Aquel enfant bouta de dents, cet enfant met des dents.

Boutar-couire, mettre le pot, faire cuire la viande.

BOUTAR, s. m. Tonnelier, selon M. Garcin, V. *Tounelier*, le mot doit s'écrire avec un *d* final, *boutard*, composé de *bouta* et de *ard*, une tonne, selon M. de Sauv.

Éty. C'est un augm. de *bouta*. V. *Bout*, Rad. 2.

BOUTAR, v. a. Botter, mettre des bottes. V. *Bottar* et *Bout*, R. 2.

BOUTAR-COUIRE, s. m. La portion de viande ou de légumes que l'on fait cuire en une seule fois. Avril.

BOUTAREOU, s. m. (boutarèou). Dim. de *Bouta*, v. c. m. Avril.

BOUTARGA, s. f. (boutárgue). V. *Poutarga*.

BOUTARIGA, dl. V. *Boufiga*.

BOUTAS, ASSAS, s. m. pl. (boutás, ásses). Nom qu'on donne, à Digne, à des oignons dont le col est aussi épais que la tête.

Éty. de *bout* et de *as*, *asses*, gros bout. V. *Bout*, R. 3.

BOUTA-SELLA, s. f. (bóute-sèle); *Butta-la-sella*, ital. *Bota-sella*, port. Boute-selle, signal qui se donne avec la trompette, pour avertir les cavaliers de seller leurs chevaux, et de se tenir prêts à monter à cheval. V. *Bout*, R.

BOUTAT, ADA, adj. (boutá, áde). Mis, mise. V. *Bout*, R.

BOUTAVILA, s. f. (bóutavíle). Bergoin a employé ce mot dans le sens de contusion, de cicatrice :

A dal coustat uno grand boutovila
Que gagnet uno neit al siege de Pergam.

BOUTAZ, (boutás); BOUTAS, espèce d'interj. *Boutas va sabi proun*, allez, je le sais bien. V. *Bouta-bouta* et *Bout*, R.

BOUTEC, s. m. d. béarn. Moue: *Ha boutec*, faire la moue, bouder, faire la mine.

Éty. de *boutada*, et de *ha* pour *fa*. V. *Bout*, Rad.

BOUTEL, s. m. (boutèl), d. bas lim. Trochet, réunion de quelques fleurs ou de quelques fruits, formant bouquet, mis ensemble, *Boutadas ensems*. V. *Bouquet* et *Bout*, R.

BOUTEL, s. m. (boutél), dl. V. *Bouteou*, comme plus usité.

BOUTELHA, s. f. (boutéille); BOUTILHA, BOUTEIA. *Bòtella*, cat. *Botella*, esp. *Bottiglia*, ital. *Botelha*, port. Bouteille, vase de verre ou d'autre matière, à long col et à large ventre, contenant d'un demi-litre à deux litres, propre à conserver des liquides: on le dit aussi de ce que la bouteille contient; cette quantité s'estime à un litre quand elle n'est pas déterminée.

Éty. de la basse lat. *buticula*, dim. de *butta*. V. *Bout*, R. 2.

Dans une bouteille on nomme :

CORDON, CORDELINE ou COLLET, le bourrelet qui est près du goulot.

COU, la partie allongée du haut de la bouteille.

CUL, le fond ou la partie enfoncée.

GOULOT, l'ouverture.

VENTRE, la partie renflée.

FELURE ou ETOIRE, une petite cassure ou felure.

CRAPAUD, une bouteille ronde et plate, dans laquelle on met de l'eau bouillante pour chauffer un lit, ou mettre sous les pieds dans une voiture.

BOUTEILLE DE LEYDE, *boutelha de Leyda*, vase de verre mince, garni d'une substance électrisable par communication.

La propriété de la bouteille de Leyde fut découverte en 1746 à Leyde : quelques auteurs l'attribuent à Musschenbroeck, d'autres à Cuneus.

BOUTELHA, s. f. dl. BOUTELIA. Le potiron, espèce de courge aplatie de la queue à l'ombilic ou sur ses pôles, et qui acquiert un très-gros volume. V. *Gourda*.

Éty. Parce qu'étant vidée de ses graines elle sert de bouteille. V. *Bout*, R. 2.

BOUTELHAN, s. m. et adj. CARGA-MUOU, BOUTEIOU, BOUTEILLAN. Espèce de raisin. V. *Rasin*.

Éty. de *boutelha*, celui qui remplit les bouteilles, qui donne le plus de vin. V. *Bout*, R. 2.

BOUTELHAR, v. a. et n. (bouteillá); BOUTEIAR, BOUTILHAR, EMBOUTELHAR. *Bottigliare*, ital. Décuver, mettre en bouteilles; boire, chopiner, Gar. syn. de *Racar*, Sauv. v. c. m.

Éty. de *boutelha* et de *ar*. V. *Bout*, R. 2.

Pren sa poudeta...
S'en anava bouteia.
Rigaud.

BOUTELHAS, s f. pl. (boutéilles), en t. de m. Les bouteilles sont des saillies de charpente sur le côté de l'arrière des vaisseaux, dans lesquelles on pratique des latrines.

BOUTELHAT, ADA, adj. et p EMBOUTELHAT, BOUTILHAT. Mis en bouteilles. V. *Bout*, R. 2.

BOUTELHAU, s. m. (bouteilláou). Nom qu'on donne, à Montpellier, selon Magnol, à une espèce d'olivier qui porte de petites olives rondes, disposées en grappe.

On donne aussi le même nom à une espèce de raisin, dans le même pays, d'après le même auteur.

BOUTELHAYA, s. f. (bouteilláïe), d. de Barcel. Une bouteille, plein une bouteille.

Éty. de *boutelha* et de *aya*, pour *ada*. V. *Bout*, R. 2.

BOUTELHESOUN, s. f. (bouteillesóun); BOUTEIESOUN. L'action de décuver, de tirer le vin de la cuve. Avril.

BOUTELHETA, s. f. (bouteilléte); BOUTILHETA, BOUTELHOUNA, BOUTEYETA. Petite bouteille, *topette*.

Éty. de *boutelha* et du dim. *eta*. V. *Bout*, R. 2.

BOUTELHIER, s. m. (bouteillié); BOUTELIER. Pied de courge, bouteille. V. *Cougourdier* et *Bout*, R. 2.

BOUTELHOUN, s. m. (bouteillóun); dl. BOUTELIOU. Les graines des cucurbitacées, celles de la pastèque, de la calebasse, du potiron et du melon, sont connues en pharmacie sous le nom de semences froides. V. *Estivalhas*; biberon, vase à bec. Garc.

Éty. Parce que quelques unes produisent des courges qu'on appelle *boutelha*. V. *Bout*, Rad. 2.

BOUTELHOUNA, s. f. (bouteilloúne); BOUTILHOUNA. Petite bouteille. V. *Boutelheta*.

Éty. de *boutelha* et de *ouna*. V. *Bout*, Rad. 2.

BOUTEOU, s. m. (boutéou); BOUTEL, POUMPIL. Mollet, le gras de la jambe, il est presque entièrement formé par les muscles jumeaux.

Éty. de *Bout*, Rad. v. c. m. et de *eou*, dim. petite barrique. V. *Bout*, R. 2.

Aquot ti rendra ti lou bouteou ben fach ?
Cela te rendra-t-il la jambe bien faite?

BOUTERLA, s. f. (boutèrle), dl. BARRAU-LONG. Petit tonneau de demi muid; *Bouterla* ou *Barrau long*, une brinde, barril propre à charrier, sur une bête de somme, du vin, de l'eau ou de l'huile. Sauv. V. *Bout*, R. 2.

BOUTET, s. m. (boute), dl. *Bucciolo*, ital. Une greffe, un tuyau de greffe, virole d'écorce de franc, qui a un ou deux yeux et qu'on insère sur un scion écorcé d'un autre arbre.

Éty. de *bout* et du dim. *et*, petit bout, ou de *bouta* et du dim. *et*, petite barrique. V. *Bout*, R. 2.

BOUTHEZAR, V. *Bauthezar*.

BOUTIAR, v. a. et n. (boutiá). Charrier du vin et autres liqueurs ou liquides, dans des outres; bouder, faire la moue. Garc.

Éty. de *bout*, outre, et de *iar*.

BOUTICA, V. *Boutiga*.

BOUTICARI, s. m. (bouticári); POUTICAYRE, ABOUTICARI, APOUTICARI, POUTICARI. *Boticario*, esp. port. *Apothecarius* lat. Apothicaire ou pharmacien, celui qui étant légalement reçu prépare les remèdes simples et composés, d'après les ordonnances des médecins ou les dispensaires avoués par les facultés.

Éty. du grec ἀποθήκη (apothêkê), boîte, boutique, lieu où l'on serre des provisions.

De qui proquo de bouticari,
Et d'etcetera de noutari,
Diou nous garde à jamai sans fin.
Prov.

Les Romains avaient des *pigmentarii*, des *seplasiarii*, des *pharmacopolæ* et des *medicamentarii*, qui remplissaient probablement, et jusqu'à un certain point, les mêmes fonctions que nos apothicaires. Couring, cité par Noël, affirme que dès le premier siècle de l'Ère chrétienne il vint en Espagne et en Italie des apothicaires d'Afrique. En France, ils ne formèrent un corps de marchands que depuis Charles VIII, qui leur donna des statuts et réglements en 1484.

BOUTICARIA, s. f. (bouticaria). Apothicairerie, l'état, et toutes les drogues des apothicaires.

Éty. de *bouticari* et de *aria*.

BOUTIER, s. m. (boutié). Gardeur de bœufs.

Éty. du grec βωτης (bôtês), pasteur de bœufs. V. *Bor*, R.

BOUTIERA, V. *Bottiera*.

BOUTIFAROT, s. m. (boutifaró). Espace entre la chemise et le sein. Garc. V. *Gevitra*.

BOUTIFARROU, s. m. (boutifárrou), dm. Gros joufflu, gros ventru.

Éty. de *bout*, outre, ou de l'espagnol *butifarro*, sorte de boudin.

BOUTIGA, s. f. (boutigue); BOUTICA, BOTIGA. *Bottega*, ital. *Botica*, esp. port. *Botiga*, cat. Boutique, lieu où les marchands exposent leurs marchandises en vente.

Éty. du grec ἀποθήκη (apothêkê), lieu où l'on serre, ou l'on renferme.

Dérivés : *Botig-ola*, *Botig-a*, *Boutic-ari*, *Boutic-aria*, *Boutig-assa*, *Boutiguier*, *Boutig-oun*, *Boutin-causa*.

BOUTIGA, s. f. Atelier, lieu où plusieurs ouvriers de la même profession travaillent ensemble.

BOUTIGASSA, s. f. (boutigàsse); *Bottegaccia*, ital. Grande et laide boutique.

Éty. de *boutiga* et de *assa*.

BOUTIGNADA, s. f. (boutignàde), dl. Bouderie, mutinerie.

Éty. de *boutign*, dim. de *Boutada*, et de *ada*. V. *Bout*, R.

BOUTIGNAIRE, adj. et s. (boutignàïré); BOUTIGNÒUS, dl. Boudeur, capricieux, mutin. Sauv.

Éty. du français *boutadeux*, capricieux, chagrin. V. *Boutada* et *Bout*, R.

BOUTIGNAR, dl. V. *Fougnar* et *Bout*, Rad.

BOUTIGNAU, espèce d'olive. V. *Ouliva*.

BOUTIGNOUS, dl. V. *Boutignaire*.

BOUTIGOUN, s. m. (boutigóun); BOTICOLA, BICOCA. *Bottigino*, ital. Petite boutique, échoppe.

Éty. de *boutiga* et du dim. *oun*.

BOUTIGUIER, IERA, s. m. (boutiguié jére); *Botiguero*, esp. *Botteghiere*, ital. *Botiguèr*, cat. Boutiquier, celui qui tient boutique, regratier.

Éty. de *boutiga* et de *ier*.

Au boutiguier cambas roulas. Pr.

BOUTILHA, s. f. (boutille), d. mars. V. *Boutelha*.

BOUTILHAR, etc. V. *Boutelhar*, R. 2.

BOUTILHETA, V. *Boutelheta*.

BOUTILHOUNA, V. *Boutelhouna*.

BOUTIN, s. m. (boutìn); BOUTINA. Seau dont le principal usage est de servir à porter de l'eau pour l'abreuvage des moutons. V. *Pouaire* et *Broc*.

Éty. de *Bout*, Rad. de *bouta*, et de *in*, dim. petite barrique. V. *Bout*, R. 2.

Il se compose d'une :

ANSE, V. *Manelha*, qui passe dans des *ansettes* ou *oril-lons*; du *fond*, des *douves* et des *cercles*.

BOUTINA, s. f. (boutine); *Botin*, esp. Bottine, V. *Bottina*.

BOUTINCANSA, s. f. (boutìncànse). Médicament, article de pharmacie, *Sente la boutincansa*, il sent la droguerie. Garc. V. *Boutiga*.

BOUTIOLAS D'AIGUA, s. f. pl. (boutiólas d'àïgue), dl. pour *boutelholas d'aigua*, petites bouteilles d'eau, hydatides. V. *Granas* et *Boufiga*.

Éty. Dim. de *Boutelha*, v. c. m. et *Bout*, Rad. 2.

BOUTIS, s. m. (boutís). Piqure à l'aiguille.

BOUTIS, ISSA, adj. (boutís, isse). Cordé. V. *Charbut*. Boutisse, pierre.

BOUTJAIRE, s. m. (boutdjàïré), dl. Boudeur, capricieux. V. *Boutadeux*, *Boutada* et *Bout*, R.

BOUTJAR, v. n. (boutdjà), dl. Bouger, se mutiner.

BOUTOLA, s. f. (boutóle), d. bas lim. Bulle de savon, vessie, ampoule qui se forme sur la peau. V. *Ampoula*.

Éty. de *Bout*, Rad. 2, de *bouta* et de *ola*, dim. Petite barrique.

BOUTOUN, BOTON, radical dérivé de la basse latinité *botonus*, *botones*, bouton, boutons d'habillement, que M. de Roquefort fait dériver de *boutar*, mettre ; par extension, ce qui ressemble à un bouton. Dérivés : *Bot-on*, *Boton-ar*, *Boton-adura*, *A-boton-ar*, *Des-en-boton-ar*, et composés, *Boutoun*, *Boutoun-ar*, *Boutoun-iera*, *Desboutoun-ar*, etc.

BOUTOUN, s. m. *Botó*, cat. *Boton*, esp. *Botão*, port. *Bottone*, ital. Bouton, petite pièce ordinairement ronde, de différentes matières, destinée à passer à travers les boutonnières pratiquées aux vêtements, pour les fixer. Ce nom est encore commun à une infinité de choses qui n'ont d'autre ressemblance entre elles que d'être terminées par une extrémité arrondie.

Éty. de la basse lat. *botonus*, bout, extrémité, bouton. V. *Boutoun*, R.

V. Muratori diss. 33.

Il paraît que les anciens, connaissaient comme nous, l'usage des boutons pour fixer les vêtements.

BOUTOUN, s. (boutóun); BOBA, BUSSOL. Bouton, petite élevure qui se montre sur la peau. V. *Boutoun*, R.

On nomme :

PAPULE, celui qui ne contient pas de pus et qui se termine par desquammation.

BOUTOUN, pour butoir. V. *Buta*.

BOUTOUN D'ARGENT, s. m. Bouton d'argent, nom qu'on donne à la variété à fleur double de l'achillée ptarnique ou herbe à éternuer, *Achillea ptarnica*, Lin. V. *Herba-deis-esternuts*.

Éty. La forme arrondie de la fleur de cette plante, et sa couleur blanche, lui ont fait donner le nom qu'elle porte. V. *Bouton*, R.

Dans plusieurs contrées de la Prov. Mérid. on donne le même nom à la matricaire Voy. *Matricari*.

BOUTOUN-DE-CAT, s. m. Nom qu'on donne, dans le département des B.-du-Rh. à la ficaire, selon M. Negrel. V. *Aurelhetas*.

Éty. Parce que ses racines sont tuberculeuses, et qu'elles ont quelque ressemblance avec les testicules d'un chat. V. *Boutoun*, R.

BOUTOUN-DE-L'ESCOUBILHOUN, s. m. Bouton de l'écouvillon, term. d'art. partie de l'écouvillon qui est garnie de peau et arrondie. V. *Boutoun*, R.

BOUTOUN D'OR, s. m. PIMPOUN-D'OR. Bouton d'or, variété à fleur pleine, de la renoncule âcre, *Ranunculus acris*, Lin. plante de la fam. des Renonculacées, dont la fleur d'un beau jaune ressemble à un bouton d'or, d'où le nom qu'elle porte. V. *Boutoun*, R.

Dans le département des B.-du-Rh. on donne le même nom à la renoncule rampante, *Ranunculus repens*, Lin. plante du même genre.

D'après M. Garcin, on donnerait aussi le nom de bouton d'or à la tanaisie. V. *Tanarida*.

BOUTOUN D'OR, s. m. (bouton-d'or). Nom toulousain de la perlière, *Gnaphalium stœchas*. Lin. V. *Saureta*.

BOUTOUN-D'OR, s. m. Est aussi le nom qu'on donne à la globulaire turbith, dans les environs du Pont-du-Gard. V. *Sene-bastard*.

Éty. C'est par un abus de mots impardonnable qu'on a donné le nom de bouton d'or à cette plante dont les fleurs sont bleues.

BOUTOUN-DE-RODA, s. m. Moyeu d'une roue de voiture, ainsi nommé à cause de sa forme arrondie. V. *Boutoun*, R.

BOUTOUN-DE-VISITA, s. m. Le noyau d'un escalier en vis.

BOUTOUNAR, v. a. (boutouná); *Bottonare*, ital. *Abotonar*, esp. *Botoar*, port. *Botonar*, cat. Boutonner, attacher, fixer avec des boutons, les faire passer dans les boutonnières.

Éty. de *boutoun* et de *ar*, V. *Boutoun*.

BOUTOUNAR, v. n. (boutouná); *Botonar*, cat. Boutonner, pousser des boutons, en parlant des arbres et des arbrisseaux.

Éty. de *boutoun* et de *ar*, donner des boutons. V. *Boutoun*, R.

BOUTOUNAR SE, v. r. *Botoarse*, port. Se boutonner, passer dans leur boutonnière les boutons de ses habillements.

BOUTOUNAT, ADA, adj. et part. (boutouná, áde); *Abotonado*, esp. *Botoado*, port. Boutonné, ée, selon le verbe; caché, secret, dissimulé, en parlant des hommes, bourgeonné, en parlant du visage, du nez couvert de boutons.

Éty. de *boutoun* et de *at*. V. *Boutoun*, R.

BOUTOUNET, s. m. (boutouné); *Botonet*, cat. *Botoncito*, esp. *Bottoncino*, ital. Dim. de *boutoun*, petit bouton.

BOUTOUNIER, s. m. (boutounié); *Botonero*, esp. *Bottonajo*, ital. *Botoeiro*, port. Boutonnier, celui qui fait ou qui vend des boutons.

Éty. de *boutoun* et de *ier*. V. *Boutoun*, R.

BOUTOUNIERA, s. f. (boutouniére); *Bottoniera*, ital. *Botonera*, cat. Boutonnière, petite taillade faite dans un habit, une chemise, etc., pour y passer un bouton.

Éty. de *boutoun* et de *iera*. V. *Boutoun*, R.

Iron. blessure, plaie ; on donne aussi ce nom à une femme qui fait des boutons.

On appelle :

BRIDE, les points qu'on fait à son extrémité pour empêcher qu'elle ne s'agrandisse.

PASSÉE, le fil passé des deux côtés pour former la boutonnière.

BOUTOUNS, s. m. pl. (boutouns). C'est le nom par lequel on désigne les testicules quand on veut parler en termes un peu couverts.

Éty. A cause de leur forme arrondie. Voy. *Boutoun*, R.

BOUTOUNS DEIS AUBRES, s. m. pl. TAIGTS. Boutons des arbres et des arbrisseaux; ce sont de petits corps ronds, ovales ou coniques, qui naissent à l'aisselle des feuilles et qui sont les rudiments de nouvelles pousses.

On nomme :

BOUTON A BOIS, celui qui ne renferme que les rudiments des feuilles.

BOUTON A FRUIT, celui qui contient aussi des fleurs.

Éty. A cause de leur forme arrondie qui les fait ressembler à des boutons. V. *Boutoun*, R.

Dans nos pays, et dans tous les pays froids, la nature prévoyante a pourvu ces nouveaux organes d'enveloppes connues sous le nom d'écailles, qui sont coriaces et garnies à l'intérieur d'un duvet cotonneux plus ou moins abondant, pour préserver du froid le dépôt qu'elles renferment; dans les pays chauds les bourgeons sont nus ou presque nus.

BOUTOUNS DEIS FLOURS, Boutons des fleurs; on donne ce nom aux fleurs qui n'étant pas encore épanouies ne laissent voir que leur calice.

BOUTRIGA, dl. V. *Boufiga*.

BOUTS, dl. BOUX, la voix. Douj. Voy. *Vois* et *Voc*, R.

BOUTS-RIMATS, s. m. pl. (bous-rimás). Bouts rimés, rimes données pour en faire des vers.

Éty. *Rimes* qui font le *bout* des vers. V. *Bout*, R. 3.

Les bouts rimés doivent leur origine à Duclos, poëte du milieu du XVIIme siècle, qui avait l'habitude de faire les rimes avant les vers.

BOUTUGAR, v. a. (boutugá). Souiller, tacher, Supp. au Dict. de Pellas.

BOUTURA, s. f. (boutúre); POUTURA, BROUTURA. Bouture, toute partie d'un arbre ou d'une plante que l'on sépare du corps pour la confier à la terre afin de lui faire prendre racine.

Éty. de *boutar*, mettre, et de *ura*. Voy. *Bout*, R.

BOUTURA, s. f. En t. d'orfèvre, est une *lisse* pour blanchir la vaisselle.

BOUVACHOUN, V. *Buvachoun*.

BOUVATIER. V. *Boutier*.

BOUVEIROOU, Garc. V. *Blaveiroou*.

BOUVET, s. m. (bouvé); BOUBET. Bouvet, sorte de rabot dont se servent les menuisiers et les charpentiers pour faire des languettes et des rainures; insecte qui dévore les prés. Garc.

Éty.

Bouvet mascle, bouvet mâle, celui qui fait les languettes.

Bouvet fumeou, bouvet femelle, celui qui fait les rainures. V. *Rabot*.

Assemblar à mascle et fumeou, assembler à languette et à rainure.

On appelle :

BOUVET DE PANNEAUX, ceux destinés à faire les rainures et les languettes à des planches de six lignes.

BOUVETS DE TROIS QUARTS, ceux pour les planches de neuf lignes.

BOUVET D'UN POUCE, ceux destinés à celles d'un pouce.

JOUE ou PLANCHETTE, la lame qui règle la marche de l'outil.

BOUVET A FOURCHEMENT, celui qui fait la rainure et la languette.

BOUVET DE DEUX PIÈCES ou BRISÉ, celui qui est monté sur deux tiges carrées et qui s'éloigne ou se rapproche.

BOUVET DE BRISURE, celui qui sert à faire les rainures des guichets, des croisées.

BOUVET A DÉGORGER, celui qui sert à dégorger les moulures.

BOUVET A EMBRASURE, celui qui sert à faire les embrèvements des cadres.

BOUVET A NOIX, celui avec lequel on fait les noix des battants des croisées.

BOUVET A PLANCHER, celui qui sert à *rainer* les planches à plancher.

BOUVET, s. m. Nom qu'on donne, à Digne, à la punaise rouge des choux, ou pentatome orné, *Pentatoma ornata*, Oliv. insecte de l'ordre des Hémiptères et de la fam. des Frontirostres ou Rhinostomes, qu'on trouve ordinairement sur les crucifères, et particulièrement sur les choux, dont sa larve ronge et perce les feuilles.

BOUVET, s. m. Nom languedocien du bouvreuil. V. *Piva*.

BOUVIER, s. m. Un des noms du motteux, qu'on lui a donné parce qu'on le voit souvent perché sur les mottes de terre, pendant qu'on laboure. V. *Cuou-blanc* et *Bov*, Rad.

BOUVIER, s. m. Laboureur. V. *Bouier*.

BOUVINA, s. f. et adj. (bouvine); BOUINA. *Bovina*, esp. anc. *Bovino*, *na*, esp. mod. *Bovi*, cat. Bêtes bovines, nom par lequel on désigne à la fois le taureau, le bœuf, ou taureau coupé, la vache et le veau mâle ou femelle.

Éty. du lat. *bovinus*. V. *Buou* et *Bov*, R.

BOUVOUN DE, expr. adv. (dé bouvoun). *Anar de bouvoun*, marcher courbé : *Se couchar de bouvoun*, *de bouchoun* ou *d'abouchouns*, se coucher sur le ventre. V. *Abouchounar s'*.

Éty. de *bouv*, *buou*, à la manière des bœufs. V. *Bov*, R.

BOUYAJOUR, dg. V. *Vouyageur*.

BOUYAR, d. béarn. Remuer. V. *Bougear*.

BOUYAR, v. a. (bouyá), d. béarn. Labourer.

Éty. de *bouy*, bœuf, et de *ar*, agir avec les bœufs. V. *Bov*, R.

BOUYATJAIRE, dl. V. *Vouyageur*.

BOUYCHET, s. m. dg. *Un bouychet de braso*. D'Astros.

BOUYEOU, V. *Budeou*.

BOUYER, s. m. (bouïé); BOUIER, BOUVIER, BOUVATIER, BOUHIER. *Boyero*, esp. *Boeiro*, port. *Bovèr*, cat. *Boaro*, ital. Bouvier, celui qui garde les bœufs; on le nomme aussi *Bravairier*, v. c. m. On donne également le nom de *bouyer* au laboureur.

Éty. du lat. *bovis*, gén. de *bos*, bœuf, d'où *bov* ou *bou*, et de *ier*, celui qui conduit les bœufs, qui laboure, parce que c'est ordinairement avec des bœufs. V. *Bov*, R.

BOUYER, s. m. Un des noms languedociens de l'escargot. V. *Limaça*.

BOUYER, s. m. BOUIER, BOUER, BOUVIER, LABOURUR, LABOURADOUR. *Boaro*, ital. *Boyero*, esp. *Boeiro*, port. Bouvier, celui qui conduit les bœufs et particulièrement quand ils labourent.

Éty. de *boui* ou *bovi*, de *bovis*, bœuf, et de *ier*. V. *Bov*, R.

Bouvier *sensa barba*
Fa l'iera sensa garba.
Prov.

BOUYOOU, s. m. (bouyóou). Grand seau que les cureurs de puits emploient pour puiser l'eau.

BOUYOUN, V. *Boulhoun*.

BOUYOURETA, s. f. (bouyouréte); BACELETA, COUANCHA. *Boarina*, ital. Nom qu'on donne assez indistinctement, dans la Haute-Provence, à la lavandière, V. *Vacherouna*; à la bergeronnette grise, et à la bergeronnette jaune, V. *Pastoureleta*, parce qu'elles suivent les laboureurs, *bouyers*, et cela pour manger les vers que la charrue découvre. V. *Bov*, R.

BOUYRAC, V. *Bouirac*.

BOUYTEGEAR, V. *Bouitegear*.

BOUYTOUS, V. *Bouitous*.

BOUZA, V. *Bousa*.

BOUZAR, v. a. (bouzá). Battre, frapper. V. *Rossar* et *Bougearrar*; *L'ai ben bouzat*, je l'ai bien rossé.

Éty. du celt. *bazat*, coup de bâton. Ach.

BOUZAS, s. f. pl. vl. Soufflet de forge. V. *Bougeas*.

BOUZAT, **ADA**, adj. et p. (bouzá, áde). Frappé, ée, battu, ue.

BOUZIER, s. f. (bouzié), d. bas lim. Femme qui a beaucoup de gorge et un gros ventre; grosse tripière.

Éty. *Bouzier* ne serait-il pas une alt. de *poussier*, fait de *poussa*, mamelle, et de *ier*.

BOUZINAR, V. *Bousinar*.

BOV

BOV, BOU, BOUV, BUOU, BOUS, BO, BUR, radical pris du latin *bovis*, gén. de *bos*, bœuf, et dérivé du grec βους (bous), qui désigne le même animal, et la vache par synecdoche; d'où : βουτύρον (bouturon), beurre.

De *bovis*, par apoc. *bov*; d'où : *Bov*, *Bov-er*, *Bov-in*, *Bov-ina*, etc.

De *bov*, par le changement de *o* en *ou*, *bouv*; d'où : *Bouv-ina*, *Bouv-ier*, *Bouv-achoun*, etc.

De *bovis*, par apoc. de *s*, *boui*, et par l'addition d'une *r* euphonique, *bouir*; d'où: *Bouir-ar*, *Bouir-as*, *Bouir-el*, *Bouirel-as*, etc. *Bouiour-eta* pour *Bouir-eta*.

De *bos*, par le changement de *o* en *ou*, *bous*, d'où : *Bous-a*, *Bous-ada*, *Bous-igar*, *bous-tigar*, *Bous-tigoun*, *Bous-ilh-ar*, etc.

De *bov*, par le changement de *o* en *u*, *buv*; d'où: *Bu-gla*, *Bu-glossa*, *Bu-presto*, *Bu-a*, *Bu-as*, *Bu-coulica*, *Bu-alh-ar*, etc.

De *butyron*, par apoc. *butyr*, et par *sync.* de *ty*, *bur*; d'où : *Bur-i*, *Bur-iera*, etc.

BOV, s. m. vl. V. *Buou*.

BOVEIR, vl. V. *Boveir* et *Bouyer*.

BOVER, s. m. vl. Bouvier. V. *Bouyer*.

BOVIER, (bovéir). Boyer, s. m. Voy. *Bouyer*.

BOVIN, **INA**, adj. vl. *Bovi*, cat. *Bovino*, esp. ital. De bœuf.

Éty. du latin *bovinus*, m. s. V. *Bov*, R.

BOVIRE, s. m. (boviré). Nigaud, bon enfant. Garc. V. *Bov*, R. βοῦς, (bous), en grec, désigne aussi un lourdaut, un homme stupide.

BOX

BOX, s. m. vl. Bois, buisson, bouc.

BOY

BOY, dg. V. *Bosc*, R.

BOYA, s. m. vl. Bubon.

BOYER, vl. V. *Bouyer*.

BOYHA, vl. V. *Boya*.

BOYME, OYMA, s. (boïmé, óïme), dg. Enjôleur, trompeur.

Ety. Altér. de *Booumian*, v. c. m.

BOYOL, vl. V. *Bojolh*.

BOYOU, V. *Bourreou, Boiou* et *Bourrel*, R.

BOYSH, s. m. vl. Buis. V. *Bouis*.

BOYSHO, s. m. vl. Buisson. V. *Bouissoun*.

BOYSSADA, s. f. vl. *Boscata*, ital. Forêt, bois.

Ety. de *boys* et de *ada*, composée de bois. V. *Bosc*, R.

BOYSSERA, s. f. vl. *De non obrir la boyssera*, vl. boîte?

BOYTOS, vl. V. *Bouitous*.

BOZ

BOZA, s. f. vl BUZA. Bouse, V. *Bousa*; bouche, V. *Bouca*; bourse, V. *Boursa*.

BOZINA, s. f. vl. Trompette, V. *Buccina*.

BOZINAR, v. a. vl. ? Bâtir avec de la bouse; bousiller.

Ety. de *boza*, V. *Bov*, R.

BOZOLA, s. f. vl. Borne, limitation.

Ety. de *bola*, borne. V. *Bouin*, R.

BOZOLAR, v. a. vl. Limiter, borner.

Ety. de *boyola* et de *ar*. V. *Bouin*, R.

BOZON, s. m. vl. BOZO. Bélier, machine de guerre.

BRA

BRABAR, dg. V. *Bravar*.

BRABEGEAR, dl. V. *Bravegear*.

BRABETAT, alt. lang. de *Bravetat*, v. c. m.

BRAC, BRAQU, BRAG, BRAUD, rad. dérivé du gaulois *brac*, boue, bourbier, le pus qui sort d'une plaie; et peut-être de *bar*, *bart*, qui a la même signification, et qu'on regarde comme celtique. V. *Bard*, R. 2. Juste Lipse le fait venir du lat. *crassus*, épais; *brod*, en anc. flamand. Dérivés : *Brac*, *Brach-adissa*, *Brag-ous*, *Bragu-egear*, *Braqu-et*, *Braud-a*, *Braud-egear*, *Braud-ier*, *Braut-a*, *Brautous*.

BRAC, s. m. (brác), dl. *Brac*, cat. *Brago*, ital. Pus, humeur blanche et épaisse qui sort d'une plaie ou d'un ulcère.

Ety. de *brac*, gaulois. V. *Brac*, R.

BRAC, s. m. vl. Boue, bourbier. Voy. *Pauta*.

Ety. Selon Juste Lipse, *à crasso fortasse dicta*. V. *Brac*, R.

BRAC, ACA, adj. et p. (brác, áque), dg. Court, ourte.

Ety. du grec βραχὺς (brachus), *brevis*.

BRAC, ACA, adj. (brác, áque). Fou, écervelé, diable à quatre.

Ety. du grec βρακὺς (brakus), qui n'est pas capable; de *brac*, diable, ou de *brec*, rompu, fêlé.

BRAC, ACA, adj. vl. Vil, sale, abject.

Ety. du grec βράχιος (brachios), méprisable, ou de *brac*, boue, pus. V. *Brac*, R.

BRAC, ACA, s. (brác, áque); BRACON, BRAQUET. *Brac*, anc. cat. *Braco*, port. Braque, chien couchant, *brachet*, chien qui a les jambes courtes.

Ety. du grec βραχὺς (brachus), court, bref, petit.

BRACA, s. f. (bráque); BRAC. Braque, espèce de chien de chasse; une chienne, terme de Grasse, Garc. chienne en chaleur.

Ety. de l'all. *bract*, m. s. V. *Brac*, chien.

BRACANAT, dl. V. *Barracanat*.

BRACAR, v. a. (bracá); ABRACAR. Braquer, tourner vers le but une arme à feu, un canon, un mortier.

Ety. Ménage le dérive de *vertere* pour *verticare*.

Bracar quauqu'un, d. apt. planter là quelqu'un, lui manquer de parole.

BRECARIA, vl. Boucherie. V. *Boucharia*.

BRACAT, ADA, adj. et p. (bracá, áde). Braqué, ée. V. *Bracar*.

BRACCAT, ADA, adj. vl. Qui porte des braies.

Ety. du lat. *braccatus*. V. *Embrayat* et *Brag*, R.

BRACELET, V. *Brasselet*.

BRACHADISSA, vl. V. *Escrachadissa* et *Brac*, R.

BRACIAR, v. a. vl. Mesurer avec les bras.

BRACOLOGIA, s. f. vl. *Bracologie*, abréviation.

Ety. du grec βραχυλογία (brachulogia), dérivé de βραχὺς (brachus), bref, et de λόγος (logos), discours.

Bracologia en autra maniera apelada Oliopomenon se fai cant hom en breus motz pauza gran sentensa. Fl. del Gay Saber.

BRACON, vl. V. *Brac*.

BRACOUNIER, s. m. (bracounié); BRACOUGNER. Braconnier, celui qui fait sa profession de la chasse et qui chasse furtivement; on le dit aussi d'un chasseur qui tue beaucoup de gibier.

Ety. de *bracoun*, chien de chasse, et de *ier*. V. *Brac*.

BRADA, s. f. (bráde), d. bas lim. Gelée blanche. V. *Breina*.

BRADA, s. f. vl. Folie.

BRADALAIRE, s. m. (bradalàïré). Braillard. V. *Bramaire*.

BRADALAR, v. n. (bradalá). Brailler. V. *Bramar*.

BRADASSA, s. f. d. lim. Barbouilleuse.

BRADIN, BRADAN, expr. adv. (bradìn, bradàn), d. bas lim. BALHI-BALHA. Faire une chose *bradin, bradan*, la faire à la hâte, avec précipitation; bredi, breda; on s'en sert aussi pour dire qu'une chose n'étant pas posée de niveau ou solidement, vacille.

BRAEY, dg. pour vrai. V. *Verai*.

BRAFF, BRIFF, rad. pris du grec βρέφος (brephos), enfant, parce que, dit Borel, les enfants mangent avec avidité et souvent; ou du bas breton *dibriff*, manger.

De *brephos*, par apoc. *breph*, et par le changement de *e* en *a*, et de *ph* en *ff*, *Braff*; d'où : *Braff-a*, *Braff-aire*, *Braff-ar*.

De *dibriff*, par la suppr. de la syllabe *di*, *briff*; d'où : *Briff-ar*, *Briff-at*, *Briffa-saussa*, *Briff-aud*.

BRAFFA, s. f. (bráffe); BAFRA, BRAFA. Goinfrerie, l'action de manger avidement, bâfre, repas abondant.

Ety. V. *Braff*, R.

BRAFFAIRE, s. f. (braffàïré); BAFRAIRE, GOLIS, GOURBAU. Bâfreur, qui mange avec avidité, gros mangeur.

Ety. de *brafa* et de *aire*. V. *Braff*; R.

BRAFFAR, v. n. (baffrá); BAFRAR, BRIFFAR, BIFRAR, PIFRAR. Goinfrer, bâfrer, manger beaucoup et avidement.

Ety. de *braffa* et de *ar*, on a fait venir ce mot du lat. *valivorare*, de *bis faucibus*, comme si l'on mangeait avec deux bouches; de *brisare*, vieux mot qui signifiait manger. Le P. Thomassin, le tire du bas breton *dibriff* ou de l'hébreu *barals*, manger.

BRAFFAT, ADA, adj. et p. (brafá, áde); BAFRAT. Bafré, ée, mangé avec avidité, dévoré: *Aquot es leou estat bafrat*, cela a vite été dévoré. V. *Braffa*.

BRAG, BRAY, BRALH, rad. dérivé du celt. *brag*, d'où le latin *braca*, *bracca* ou *braccæ*, culotte, espèce de vêtement gaulois, qui couvrait les cuisses, et même le grec βρᾶκος (brakos), m. s. qu'Isidore, fait venir de βραχὺς (brachys), court; d'autres le tirent de l'hébreu *berec*, genou, parce que ce vêtement ne descendait que jusqu'à cette partie.

De *brag*: *Brag-a*, *Brag-as*, et par le changement de *g* en *y*, et en *i*, *bray*, *brai*; d'où: *Bray-as*, *Bray-assa*, *Brayass-ier*, *Bray-er*, *Em-bray-ar*, *Des-bray-ar*, *Bray-eta*, et les mêmes mots par *i* simple.

De *bray*, par le changement de *y* en *lh*, *bralh*; d'où: *Bralh-eta*, *Bralh-oun*, *Bralh-ass-it*, etc.

BRAGA, s. f. dg. Primevère. V. *Braga-de-couioul*.

James plumo dé pau non braguo
Tant coumo om bey braga ma braguo.
D'Astros.

BRAGA, s. f. vl. Culotte, V. *Brayas*, caleçon, baudrier, ceinture.

Ety. du celt. V. *Brag*, R.

BRAGA, s. f. (brágue). Brague, braque et drague, corde que l'on fait passer au travers des affûts d'un canon, et qu'on amarre par les deux bouts à des boucles fixées à côté des sabords, pour borner le recul des pièces.

BRAGA-DE-COUIOUL, s. f. Un des noms langued. de la primevère. V. *Couguou*.

BRAGAIRAC, nom de lieu, vl. Bergerac, en Périgord.

BRAGALOU, s. m. (bragalóu); BRAGOUN, DOUCET, DRAGOUN, BRAGALOUN. Aphyllante ou nonfeuillée, *Aphyllantes monspeliensis*. Lin. plante de la fam. des Joncées, commune dans les lieux secs et abrités de la Prov. Mérid. V. *Garid. Aphyllantes*, p. 36.

Ety.

On fait des brosses avec la racine de cette plante.

BRAGALOUN, V. *Bragalou*.

BRAGAR, v. n. (bragá), dl. et g. Piaffer, faire piaffe ou ostentation de ses meubles, de son équipage, de ses richesses, etc. Sauv. Briller, fleurir, profiter, en d. béarn.

Ety. du gaulois, *faire brague*, *braguier*,

se divertir, folâtrer, passer agréablement son temps.

De perletes é de carcans
Heou braga *lous prats é lous cams.*
D'Astros.

BRAGARD, ARDA, adj. (bragá, árde), dg. Aimable, gentil.

Éty. Alt. de *brave*, ou du gaulois *bragard*, galant, gentil, aimable.

E d'aqui me reben un gran countentamen
Car atal elo par plus gentilo e bragardo.
Goudelin.

BRAGARDAMENT, adv. vl. Joliment galamment.

BRAGARDISA, s. f. (bragardise), dl. Piaffe ou ostentation; tout ce qu'il fait n'est que piaffe. Sauv.

BRAGAS, s. f. pl. (brágues). Brague, corde pour retenir le canon, *bragas doou bras*, dormant d'une manœuvre. Garc.

BRAGAS, Culotte, V. *Brayas*, comme plus usité, et *Brag*, R.

BRAGEAS, s. f. pl. (brádzas), d. bas lim. pour *culotte*. V. *Brayas*.

BRAGER, d. lim. V. *Brasier*.

BRAGOS, vl. V. *Bragous* et *Brac*, R.

BRAGOUL, OUA, Garc. V. *Bragous*.

BRAGOUN, Avril. V. *Bragalou*.

BRAGOUS, OUSA, adj. (bragóus, óuse); BRAGOUL, OUA. Sale, boueux, mal propre en ses habits. Garc. V. *Crassous*.

Éty. de *brac*, boue, fange, et de *ous*. V. *Brac*, R.

BRAGUER, s. m. vl. Braguier, la partie de l'armure qui était faite pour couvrir les cuisses. V. *Braq*, R.

BRAGUETA, V. *Brayeta*. *Faire braguela*, monter sur un théâtre pour amuser le public. Garc.

BRAGUETA, s. et adj. (braquéte). Braillard, arde. V. *Bramaire*, V. aussi *Braguetian*.

BRAGUETA, s. f. (breguéte). Criaillerie, vacarme. Avril.

BRAGUETIAN, s. m. (braguetián); BRAGUETTIN, BREGUETTIAN, BRAGUETTI, BRAGUETA. Charlatan, bateleur, qui vend des drogues sur un tréteau, qui fait des grimaces pour attirer la foule et vendre ses onguents. V. *Breguetian*.

Éty. du gaulois *braguetin*, m. s. ou de l'italien *braghettone*, qui porte de grosses culottes.

BRAGUETIN, Voy. *Braguetian*. Ce mot signifie aussi grosse braye, comme celle de certains charlatans, V. le mot précédent.

BRAGUETINADA, s. f. (braguetináde). Criaillerie, vacarme, action du brailleur. Avril.

BRAGUIER, s. m. vl. BRAIER. *Braguer*, cat. Brayer, bas du ventre, enfourchure; ceinture placée au-dessus des braies. Voy. *Brayer* et *Brag*, R.

BRAH, vl. V. *Brais*.

BRAHIER, V. *Brayer*.

BRAI, s. m. vl. Braillement, cri, clameur.

Éty. de *braire*. V. *Bram*, R.

BRAI, d. béarn. Vrai, alt. de *vrai*. V. *Verai* et *Ver*, R.

En vl. il ou elle crie, gronde, brait.

BRAIA, V. *Brayas*, vl. il ou elle se plaint.

BRAIAR, V. *Embrayar*.

BRAIAS, V. *Brayas*.

BRAIDAR, v. n. vl. BRAIDIR. Brailler, crier, braire.

Éty. de *braire*. V. *Bram*, R.

BRAIDIR, vl. V. *Braidar* et *Bram*, R.

BRAIDIS, adj. vl. BRAYDIS, BRAIDIU. Hennissant, criard, braillard, alerte, fougueux, fringant. V. *Bram*, R.

BRAIDIU, adj. vl. V. *Braidis*.

BRAIER, V. *Brayer*.

BRAIETA, V. *Brayeta*, V. pour tous ces mots, *Brag*, R.

BRAIETA, V. *Brayer*, *Bragueta* et *Brag*, R.

BRAIL, s. m. vl. BRAILL. Braillement, cri, clameur, chant, ramage.

Éty. de *Braire* et *Bram*, R.

BRAILAR, v. n. BRAIRE, BRAILLAR. Brailler, crier, chanter; *Braila*, il ou elle crie.

Éty. de *brail* et de *ar*. V. *Bram*, R.

BRAILL, vl. V. *Brail*.

BRAILLAR, vl. V. *Brailar*.

BRAIMAN, s. m. vl. BRAIMANSO. Brabanson, soldat aventurier.

BRAIMANSO, s. f. vl. Brabanson. V. *Braiman*.

BRAIRE, v. n. vl. Chanter, braire, brailler, crier, résonner, faire du bruit, retentir. V. *Bram*.

Braire, *lo*, vl. Braillement.

BRAISSA, s. f. (braîche). Ce qui soutient le panier dans lequel on fait la lessive. Aub.

BRAISSAR, v. a. vl. V. *Embrassar*.

BRALHA, et composés. V. *Braya*, etc.

BRALHADA, s. f. (brailláde). Plein la culotte; fig. grande lassitude. Garc.

BRALHAIRE et

BRALHAR, Garc. V. *Bramaire* et *Bramar*.

BRALHAS, V. *Brayas*.

BRALHOUN, V. *Brayoun* et *Brag*, R.

BRALHASSI, s. m. (braillássi). Garc. V. *Brayassier*.

BRALHASSI, et

BRALHETA, V. *Bragueta*.

BRALHETI, V. *Brayassier*.

BRALHIER, Garc. V. *Brayer*.

BRALHOUN, Garc. V. *Brayoun*.

BRALLE, s. m. dl. ?

Resolgut de sauva ma vido,
Fagueri un bralle de sourtido.
Trad. de Virg.

BRAM, BRAI, BRALH, BRAID, radical qui paraît être une onomatopée du bruit que font les divers animaux qui bramant ou braillent, d'où le grec βρέμω (brémô), frémir, bruire, murmurer, gronder, mugir, frémir de colère; le latin *fremere*, m. s. le bas breton *bram*, l'italien *bramare*, et même, le grec βρωμάομαι (brômaomai), braire, en parlant d'un âne qui a faim. Ménage dérivé brailler de βράχω (brachô), craquer, faire du bruit, qui est aussi une onomatopée.

Dérivés de *bram*: *Bram*, *Bram-a*, *Bramadissa*; *Brama-fam*, *Bram-ar*, *Bram-aire*, *Bram-aria*, *Es-bram-ass-ar*, etc.

De *bram*, par la suppr. de *m* et la substitution d'un *i* et d'un *d*, *braid*; d'où: *Braid-ar*, *Braid-ir*, *Braid-is*, *Braid-iu*, *Brayd-is*.

De *braid*, par la suppr. de *d*, et l'add. d'une *l*, *brail*; d'où: *Brail*, *Brail-ar*.

De *brail*, par la suppr. de *l*, *brai*; d'où: *Brai-re*, *Brai-s*, *Es-braire*.

BRAM, s. m. (bran); BESEOU. *Bram*, cat. *Bramido*, port. Braillement, cri, effort de la voix; désir. V. *Cri*. Beuglement, rugissement.

Éty. du bas breton *bram*, qui signifie la même chose. V. *Bram*, R.

Bram d'ases noun van au ceou. Pr. Dieu n'écoute pas des vœux injustes.

BRAMA, s. f. (bráme); BRAMIA. Brame, *Cyprinus brama*, Lin. poisson de l'ordre des Holobranches et de la fam. des Gymnopomes (à opercules nues) qu'on trouve dans plusieurs lacs et dans quelques fleuves en Europe.

Éty. du lat. *brama*.

BRAMA-FAM, s. m. PURA-PAN, BRAMA-PAN, CREBA-FAM. Un crie-famine, un affamé qui crie famine sur un tas de blé. V. *Bramapan* et *Mau plen*.

Éty. Qui crie famine. V. *Bram* et *Fam*, Rad.

BRAMA-FAM, s. m. BLANCHOUN, EGOS, TARASPIC. Nom qu'on donne au cresson sauvage ou ibéride pinnée, *Iberis pinnata*, Lin. plante de la famille des Crucifères siliculeuses, commune dans les moissons. V. Gar. 1er *Nasturtium* de la p. 327.

Éty. Cette plante est nuisible au blé et fait crier famine quand elle est abondante. V. *Bram* et *Fam*.

BRAMA-PAN, s. m. (bráme-pán). Affamé, qui demande du pain avec instance. V. *Affamat* et *Brama fam*.

Éty. de *bramar* et de *pan*, demander du pain à grand cris, ou de *bramare*, qui en ital. signifie désirer ardemment. V. *Bram*, Rad.

BRAMA-PAN, s. m. (bráme-pan), d. apt. Cresson sauvage.

BRAMA-VACCA, s. f. PDOULHS, NILHA D'AUTOUNA, UBRIAGEA, VACHARELLA, ESTRANGLA-CHIN, FLOURS-DE-SEMENÇA, SAFRAN-BASTARD, SEMENCIERA. Colchique, colchique d'automne, safran bâtard, tue-chien, veilleuse, veillotte, *Colchicum autumnale*, Lin. plante de la fam. des Colchicacées, commune dans les prairies naturelles. Ces fleurs paraissent en automne et ses feuilles ne se montrent qu'au printemps suivant.

Éty. de *bramar* et de *vacca*, qui fait beugler les vaches, quand elles en ont mangé. V. *Bram* et *Vacc*, R.

Les racines fraîches du colchique, ou bulbes, contiennent un suc laiteux, extrêmement âcre et d'une saveur brûlante, qui est un poison violent pour l'homme et pour plusieurs animaux.

BRAMA-VACCA, s. f. (bráme-váque). Nom qu'on donne à la gratiole, dans quelques pays. V. *Herba doou paure home*.

BRAMADISSA, s. f. (bramadisse); BRAULHARIA, BRAULHADA, BRAMADIS, CRIDESTA. Criaillerie, en parlant des personnes, braiement, quand il est question des ânes.

Éty. de *bramar* et de *issa*, courage, allons, action de crier ensemble. V. *Bram*, R.

BRAMAIRE, ARELA, s. (bramaïré, èlle); BRAULHAIRE, CRIDAIRE, BRADALAIRE, BRAGUETA. *Bramaire*, cat. Brailleur, euse, braillard, arde, qui crie continuellement et mal à propos. On le dit aussi des chevaux qui hennissent toujours.

Éty. de *Bram*, v. c. m. et de *aire*, celui qui brame, qui crie. V. *Bram*, R.

BRAMANSON, s. m. vl. BRAMANSO. V. *Braiman*.

BRAMAR, v. n. (brámá); CRIDAR, BRAULHAR, BRAULIAR, DISCLAR, DESALAR, BRADALAR. *Bramar*, cat. esp. port. Braire, brailler, crier beaucoup; bramer, en français, ne se dit que du cri naturel du cerf. V. *Cris*.

Bramar coumo un ai, braire comme un âne.

Brama coumo un buou, il ne crie pas, il beugle.

Bramar pan, d. apt. crier fort, brailler.

Éty. de *bram*, et de la term. act. *ar*, pousser des cris.

BRAMAR, v. a. vl. *Bramare*, ital. Désirer.

BRAMARIA, s. f. (bramarie). Braillerie, criaillerie, dispute.

Éty. de *Bram*, R. et de *Aria*, v. c. m.

BRAMO, prép. (brâme), d. béarn. A cause, parce que.

BRAN, s. m. vl. BRENC, BRAND. *Bran*, anc. cat. *Brando*, ital. Epée, glaive, pique, lance, tranchant, coutelas, épieu. Il ou elle embrase.

Éty. du lat. *fractum*, de *frangere*, par apoc. de *gere*, et métagr. de *f* en *b*.

BRAN, *sounar à*, Mettre une cloche en branle, sonner à la volée. Suppl. Dict. Pellas. V. Muratori, Diss. 33.

BRAN, V. *Bram*.

BRANA, s. f. (bráne). Nom toulousain de la bruyère à balais. V. *Brusc*.

BRANA, s. f. (bráne). Nom qu'on donne, à Agen, aux bruyères en général ou bruyères des Landes. V. *Brusc*.

Enten la bouts de toun janet,
Qui, dessus la brane *sabrouse,*
Cante tous airs deü diü nénét.
Poës. Béarn.

BRANC et *BRANCH*, rad. pris de la basse lat. *branca*, *brancha*, et dérivé du celt. *branc*, m. s. d'où le lat. *brachium*. V. *Bras*, R. Dérivés: *Branc*, *Branc-a*, *Branc-agi*, *Branc-an*, *Branc-ard*, *Branc-us*, *Branc-assa*.

De *branc*, par le changement de *c* en *ch*, *branch*; d'où: *Branch-a*, *Branch-agi*, *Branch-assa*, *Branch-oun*, etc. *Es-branch-ar*.

BRANC, vl. V. *Branca*.

BRANCA, s. f. (bránque); BRANCHA, BRENCA, BRANQUA. *Branca*, esp. anc. *Branca*, cat. ital. Branche, les divisions du tronc d'un arbre ou les jets qui en partent; division, portion.

Éty. du lat. *brachium*, ou du celt. *branc*, m. s. V. *Branc*, R.

En agriculture on nomme:

BRANCHE-A-BOIS, celle qui n'a que des boutons à bois.
BRANCHE-DE-FAUX-BOIS, celle qui perce l'écorce et qui ne provient point d'un œil.
BRANCHE-A-FRUIT, celle qui porte des boutons à fruit.
BRANCHE-FOLLE ou CHIFFONNE, celle qui n'est d'aucune valeur, ordinairement très-petite.
BRANCHE-GOURMANDE, celle qui prend trop de nourriture.
BRANCHE MÈRE ou MÈRE BRANCHE, la principale branche d'un arbre.
BRANCHE FOURRÉE, celle qui a passé derrière une autre.
BRANCHE-NOURRICE, celle à bois qui fournit de la nourriture aux branches à fruit.
BRANCHE-PERDUE, celle qu'on épargne à la taille, et qu'on laisse derrière les autres branches en espalier.
BRANCHE-DE-RÉSERVE, celle qui est placée entre deux branches à fruit, et qu'on taille fort court, afin qu'elle ne puisse produire que l'année suivante.
CROCHET, une petite branche courbée.
JARRET, la branche isolée qui forme un angle.
LAMBOURDE, une branche longuette qui darde sur certains arbres fruitiers.
SURGEON, un rejeton qui sort vers le pied de l'arbre.

Dans une branche on nomme:

ANNEAUX, les rides qui se trouvent aux rameaux fructueux.
AOUTÉE, celle que la chaleur du mois d'août a brunie et renforcée assez pour résister à l'hiver.
CALUS, le nœud qui se forme à l'extrémité de celle qui a été cassée.
ERGOT, l'extrémité d'une branche morte ou vive, laissée par négligence.
MOIGNON, une branche assez forte coupée loin de la branche principale.
ONGLET, le bois mort qui reste de la coupe d'une branche.
COURSON, un rameau coupé tout court.

Ragréer une branche, c'est unir avec la serpette le bout qui a été scié.

BRANCA, s. f. vl. Branche, brin, portion; branchies. V. *Branc*, R.

Branca d'un coumpas, jambe d'un compas.

BRANCACI, nom d'homme, (brancáci); BRANCAI, BLANCASSI. Pancrace.

Éty. du lat. *Pancratius*, et dérivé du grec πᾶν (pan), tout, et de κράτος (kratos), force.

Patr. saint Pancrace, martyrisé à Rome, dans le courant de l'année 304, dont on fait la fête le 12 mai.

BRANCADA, s. f. La quantité de fruit qui se trouve sur une branche. Garc.

BRANCADA, s. f. (brancáde). Banc des galères où l'on enchaîne les forçats.

Éty. *Brancada*, est probablement une altération de *bancada*, par l'interposition de *r*. V. *Banc*, R.

BRANCAGI, s. m. (brancádgi); BRANCHAGI, BRANCAGE. *Ramatge*, cat. Branchage, toutes les branches d'un arbre: *Brancagi deis melouns*, *cougourdas*, etc. Les bras des melons, etc.

Éty. de *branca* et de *agi*. V. *Branc*, R.

BRANCAI, n. prop. V. *Brancaci*.

BRANCAN, V. *Brancard*.

BRANCA-ORSINA, s. f. vl. *Branca-ursina*, cat. esp. *Branca-orsina* et *Brancorsina*, ital. Brancursine. V. *Acantha*.

Éty. Il semblerait que ce mot est dérivé de *branca*, branche, et de *orcina*, branche épineuse comme un oursin, mais Caseneuve fait observer que ce nom ne lui vient point de branche, français, mais bien de l'italien *branca*, patte de devant d'une bête sauvage, parce qu'on compare cette plante, ou ses feuilles, à la patte de devant d'un ours, d'où l'épithète *orcina*.

BRANCAR, v. n. vl. Pousser des branches.

Éty. de *branca* et de *ar*. V. *Branc*, R.

BRANCARD, s. m. (brancá); BRANCAN. Brancard, espèce de litière pour transporter un malade, des pierres, etc. V. *Civieras*; partie d'une voiture. V. *Carrossa*.

Éty. de *branca*, selon Ménage, auquel on doit ajouter la term. *ard*, ce qui signifiera alors branche élevée ou grosse branche. V. *Branc*, R.

BRANCARD, s. m. Niche portative; espèce de pavillon ou de baldaquin orné de draperies, etc., dans lequel on transporte les bustes des Saints, dans les processions.

BRANCARUT, UDA, adj. (brancarú, úde); BRANCHUT. Branchu, ue, qui a beaucoup de branches. V. *Branc*, R.

BRANCAS, s. m. (brancás); BRANCHAS, BRANCASSA, BRANCHASSA. Augmentatif de branche, longue et grosse branche.

Éty. de *branca* et de *as*. V. *Branc*, R.

C'est aussi un nom propre.

BRANCASSA, V. *Brancas*.

BRANCHA, dm. V. *Branca*, pour blanche. V. *Blanc*.

BRANCHAGI, V. *Brancagi*.

BRANCHAS, s. m. et

BRANCHASSA, s. f. dm. V. *Brancas*.

BRANCHILHOUN, s. m. (brantchillóun); BRANCHIOUN. Petite branche.

BRANCHOUN, dm. V. *Branqueta*.

BRANCHUT, UDA, UA, adj. BRANCARUT, BRANCUT. *Brancutz*, cat. Branchu, ue.

Éty. de *branca* et de *ut*, remarquable par ses branches. V. *Branc*, R.

BRANCOS, s. m. vl. *Branque*, maladie du cochon.

BRANCUT, vl. V. *Branchut*.

BRAND, radical dérivé de l'allemand *brand*, embrasement, feu. Dérivés: *Brand-e-vin*, *Brand-o*, *Brand-oun*, *Brand-ouns*, *Brand-ar*, *Brand-ous*, etc. *A-brand-ar*, *A-bran-ir*.

De *brand*, par le changement de *r* en *l*, *bland*; d'où: *A-bland-ar*, *A-bland-ant*.

BRAND, 2, BRANL, radical sur l'origine duquel on n'est point d'accord. Ménage, par une suite de transformations peu admissibles, le dérive du latin *vibrare*, vibrer, brandir, agiter, de la manière suivante: *vibrare*, *vibramen*, *vibramentum*, *vibramentire*, *bramentire*, *brandire*, *brandualum*, *brandiculare*, d'où branler. Gibelin le tire de *branche d'arbre* et M. Roquefort le regarde comme une onomatopée.

De *brand*: *Brand-a*, *Branda-l'ala*, *Branada*, *Brand-ar*, *Brand-i*, *Brand-ir*.

BRANDA, s. f. (brànde); HAMAC. Hamac, branle, morceau de toile de 2 mètres de longueur, sur un et demi de largeur, qui sert de lit aux gens de l'équipage d'un vaisseau.

Éty. de *brandar*, branler, remuer. V. *Brand*, R. 2.

Le hamac à l'anglaise est fait avec un cadre sur lequel on place un matelas.

BRANDA-FOUERA, Branlebas, commandement pour faire ôter les branles et les mettre dans les filets du bastingage, lorsqu'on se dispose au combat.

BRANDA, s. f. Cloison mince qui sépare deux appartements. V. *Buget*.

En vl. il ou elle embrase, agite, vacille.

BRANDA, s. f. (brànde), d. bas lim.

Brande, petits arbustes qui croissent dans les lieux incultes; campagne qui en est couverte. V. *Brounda;* bruyère, à Bordeaux. V. *Brusc.*

BRANDA-BEASSAS, s. m. (brânde-beásses), d. de Barc. On donne ce nom par mépris, à un homme décontenancé, qui se balance en marchant comme le feraient des besaces, d'où le nom *branda beassas*, branle besaces. V. *Brand*, R. 2.

BRANDA-L'ALA, s. m. (brânde l'âle). Nom qu'on donne, en Languedoc, au gobe-mouche. V. *Aragna* et *Brand*, R. 2.

BRANDADA, s. f. (brandâde); GANGASSADA, SAQUETADA, SECOUDURA, BRANLADA, BRANDAU, BRANDATA, BASSACADA, GANGASSA, BRANLADA, SAGALADA. *Brandada*, cat. Branlement, agitation, remuement: *Dounar una brandada*, secouer quelqu'un ou quelque chose.

Éty. de *brandar* et de *ada*. V. *Brand*, Rad. 2.

BRANDADA, s. f. Brandade, espèce de ragoût provençal que l'on fait avec de la morue, de l'huile et de l'ail, en le remuant souvent.

Éty. de *brandar*, remuer, agiter, parce qu'on l'agite souvent en le faisant. V. *Brand*, Rad. 2.

BRANDAINAR, v. n. (brandeiná). Fainéanter, battre le pavé. V. *Brand*, R. 2.

BRANDALA, s. m. (brandâle); BOSCARLA. Nom qu'on donne, dans le département de Vaucluse, selon M. d'Anselme, au gobe-mouche à collier, *Muscicapa albicollis*, Lin. oiseau de l'ordre des Passereaux et de la famille des Crénirostres.

Éty. de *brandar* et de *ala*. V. *Brand*, Rad. 2.

BRANDAMENT, s. m. (brandaméin). Branlement, mouvement de ce qui branle.

Éty. de *brandar* et de *ment*. V. *Brand*, R. 2.

BRANDANT, ANTA, adj. (brandán, ânte). Branlant, ante, qui branle, qui penche tantôt d'un côté, tantôt de l'autre.

Éty. de *brandar* et de *ant*. V. *Brand*, R. 2.

BRANDAR, v. a. (brandá); BRANLAR, BRANTOLAR, BRANDUSSAR, BUTIR, BUTRE, SABOUTIR, SAGOUTIR, SAMBOUTIR, TRIGOUSSAR, SAQUETAR, BRANTAR, MASANTAR, DANDRALHAR. *Brandar*, cat. *Brandir*, port. Branler, remuer fortement, agiter, faire aller deçà et delà.

Éty. V. *Brand*, R. 2.

Brandar la testa, remuer la tête.

Brandar un aubre, secouer un arbre.

Brandar leis campanas, brimbaler les cloches.

Brandar leis cambas, brandiller les jambes.

Brandar au manche, branler au manche.

Ferre que branda, fer qui loche.

A toujours quauque ferre que li branda, il a toujours quelque fer qui loche et non qui *cloche*.

BRANDAR, v. n. Éclairer, luire, brûler.

Éty. V. *Brand*, R.

Un foc que branda, dl. un feu brillant.

BRANDAR, v. n. DEMENAR, GOUJAR. Branler, chanceler, balancer. V. *Brand*, R. 2.

Lou ferre doou chivau branda, le fer loche.

Aquel uou branda, cet œuf cloque.

Si brandar sur una cadiera, se balancer, se dandiner sur une chaise.

BRANDAT, ADA, adj. et p. (brandá, áde); *Brandido*, port. Branlé, secoué, agité, selon le verbe. V. *Brand*, R. 2.

BRANDEBOURG, s. m. (brandebóurg). Brandebourg, nom d'une sorte de boutons faits en olive, et ornés d'une espèce de frange.

Éty. Ce nom était celui d'une espèce d'habit, dont les gens de l'Electeur de Brandebourg étaient vêtus, quand ils passèrent avec lui en France, en 1674.

BRANDEGEAR, v. n. (brandedjá). Mettre le feu à la cheminée. Garc. V. *Brand*, Rad.

BRANDELHA, s. f. (brandéille), d. bas lim. Un niais, un nigaud, un dadais, un dandin. V. *Brantolo.*

Éty. de *brandar*, dandiner. V. *Brand*, R. 2.

BRANDEVIN, s. m. (brandevïn). Brandevin; c'est un synonyme d'eau-de-vie.

Éty. de l'all. *brandwein*, qui a la même signification, et qui est formé de *brand*, embrasement et de *wein*, vin, vin brûlé. V. *Brand*, R.

On donne le nom de brandevinier, ière, à celui ou à celle qui vend de l'eau-de-vie dans un camp, dans une garnison, etc.

BRANDI, s. m. (brändi). Pour branle, V. *Brandou.*

BRANDIDA, s. f. (brandide), dl. et bas lim. Secousse, saccade, branle; reproche, mercuriale. V. *Brandada.*

Éty. de *brandi*, branle, et de *ida*, branle fait. V. *Brand*, R. 2.

BRANDIN, adj. et s. (brandïn), dl. Fainéant, désœuvré, batteur de pavé; grand vaurien. Sauv. V. *Brand*, R.

BRANDINAS, s. m. (brandinás), dl. Grand flandrin. Sauv.

Éty. de *brandin* et de l'augm. *as*. Voy. *Brand*, R.

BRANDIN-BRANDAN, espèce d'adv. dl. *Sous brasses van brandin-brandan*, il va les bras ballans. V. *Brand*, R. 2.

BRANDINEGEAR, v. n. (brandinedjá), dl. Fainéanter, battre le pavé; gueuser.

Éty. de *brandin* et de *egear*. V. *Brand*, Rad.

BRANDILHAR, V. *Brandoular.*

BRANDIR, v. a. (brondi); AUREGEAR. *Brandir*, cat. esp. port. *Brandire*, ital. secouer, agiter, branler, brandir, vaciller; brandir la lance, l'épée. V. *Brandar*, *Gangassar* et *Brand*, R. 2.

Vous lou brandigueroun, on le secoua, on le pelota comme il faut. Sauv.

BRANDIT, IDA, adj. et part. (brandí, ide), dl. Achevé, terminé, baclé; *Aquot fouguet leou brandit*, cela fut bientôt bâclé. V. *Brand*, R. 2.

BRANDO, s. m. vl. V. *Brandoun.*

BRANDOS, s. m. vl. BRANDOS. Torche, tison ardent. V. *Brandoun.*

BRANDOU, s. m. (brándou); BRANDI. Branle, sorte de danse de plusieurs personnes qui se tiennent par la main en formant un rond; maintien, démarche.

Éty. de *brandar*, parce qu'en exécutant cette danse on balance continuellement les bras ou, de l'esp. *brando*, danse. V. *Brand*, Rad. 2.

BRANDOU, s. m. Balancement ou tangage d'un vaisseau. V. *Brand*, R. 2.

BRANDOUL, s. m. (brándoul), d. de Barc. Grille suspendue sur laquelle on place le pain. V. *Trantoul* et *Brand*, R. 2.

BRANDOULAR, v. n. et r. (brandoulà); BRANDOULIAR, GANGASSAR, BINDOUSSAR, BRANDILHAR, GASSILHAR, BRANDOUIAR. *Brandolare*, ital. Brandiller, branler, être agité, se balancer, se dandiner.

Éty. de *brandoul*, branle, et de *ar*. Voy. *Brand*, R. 2.

BRANDOULAR, LOU, s. m. Le brandillement ou l'action de brandiller.

BRANDOULIAR, V. *Brandoular*,

BRANDOUN, s. m. (brandóun); *Brandó*, anc. cat. *Brandão*, port. Brandon, flambeau fait avec de la paille tortillée; guidon d'une procession, d'une compagnie de soldats.

Éty. de l'all. *brand*, embrasement. Voy. *Brand*, R.

BRANDOUNAR, v. a. (brandouná). Brandonner, planter des brandons dans un champ saisi. Garc.

BRANDOUNIAR, v. a. (brandouniá). Promener un enfant sur ses bras. Aub. V. *Brand*, R. 2.

BRANDOUNS, DIMENCHE DEIS, DIMENCHE DEIS CARBES. Dimanche des brandons. *Dominica in brandonibus*, est le nom qu'on donne au premier dimanche de carême.

Éty. Dans plusieurs pays des troupes de jeunes gens parcourent les rues ce jour-là, tenant dans leurs mains une torche ou brandon allumé, d'où le nom qu'il porte. *Brand*, en all. signifie tison, V. *Brand*, R.

Ménage fait dériver cette coutume d'un reste d'idolâtrie, disant qu'on était anciennement dans l'usage d'aller à la même époque, un tison à la main, visiter les arbres, et menacer de brûler ceux qui ne porteraient pas de bon fruit.

L'auteur de la Statistique des Bouch.-du-Rhôn. pense au contraire qu'elle fait allusion à la pénitence que l'Eglise imposait autrefois, à ceux qui s'étaient livrés à des divertissements défendus, pendant le carnaval, laquelle consistait à se présenter à l'église avec une torche à la main, le premier dimanche de carême.

BRANDOUS, s. m. pl. (brándous), d. de Barcel. Jeux, folies: *A que de brandous*, il ne cherche qu'à folâtrer.

Éty. Par allusion aux *Brandouns*, v. c. m. et *Brand*, R.

BRANDUSSAR, v. a. dl. V. *Brandar*. *En brandussen la testo*, Hy. Morel. Voy. *Brand*, R. 2.

BRANLA-COUA, s. f. (brânle côue). Nom languedocien de la bergeronnette jaune. V. *Pastoureleta* et *Brand*, R. 2.

BRANLA COUETA, s. f. (branle couéte). Nom nismois de la bergeronnette jaune. V. *Pastoureleta* et *Brand*, R. 2.

BRANLADA, V. *Brandada.*

BRANLADOUR, s. m. (branladóu), dl. Une branloire. V. *Brand*, R. 2.

BRANLAR, V. *Brandar.*

BRANLE, s. m. (brânlé). Branle, mouvement de ce qui branle, de ce qui se balance. V. *Brand*, R. 2.

BRANLE, s. m. term. de mar. Branle, hamac.

BRANLE-GAI, s. m. (branlé-gaï), dl. Un réjoui, un gros réjoui. Sauv. V. *Brand*, R. 2.

BRANQUEIL, V. *Branquilh.*

Éty. ?

BRANQUETA, s. f. (branquéte); BRANCHETA, BRANCHOUN. *Branqueta*, cat. Petite branche.

Éty. de *branca* et du dim. *eta*. V. *Branc*, Rad.

BRANQUILHOUN, s. m. (branquilloun); BRANCHILLOUN. Très-petite branche. Voyez *Branc*, R.

BRANQUILH, s. m. vl. BRANQUELH, BRANQUILL, BRAQUELH. Rameau, petite branche.

Éty. de *branca* et du dim. *ilh*. V. *Branc*, Rad.

BRANQUILHAR, v. n. vl. BRANQUILLAR. Jeter des branches.

Éty. de *branqu*, de *ilh* et de *ar*, pousser de petites branches. V. *Branc*, R.

BRANQUILLAR, vl. V. *Branquilhar.*

BRANQUIT, s. m. vl. Branche, rameau.

Éty. V. *Branc*, R.

BRANSOULAR, vl. V. *Brandar.*

BRANSOULAR SE, dl. V. *Brandoular.*

BRANTADOUR, Garc. V. *Balançadour.*

BRANTAR, V. *Brandar*. Garc.

BRANTOLO, s. m. (brontóle), d. bas lim. *Brandelha*, qui se balance, grand dandin. V. *Brand*, R. 2.

BRANTOLAR, v. n. (brontoulá), d. bas lim. *Brancolare*, ital. Chanceler, vaciller. V. *Brandar*.

BRAON, s. m. vl. BRAO. Hanche, haut de la cuisse; pus, corruption.

BRAQUEGEAR, v. n. (braquedjá), dl. Apostumer, aboutir. V. *Apoustemir.*

Ély. de *brac*, pus, et de *egear*, se faire pus. V. *Brac*, R.

BRAQUET, s. m. (braqué). Petit bouton qui se manifeste à la peau et qui tient de la nature du furoncle.

Éty. de *brac*, pus, et du dim. *et*, petit abcès, ou du grec βραχὺς (brachus), court, petit. V. *Brac*, R.

BRAQUET, s. m. et adj. Nom qu'on donne, à Nice, à une espèce de raisin dont les grains sont ronds, petits, durs, d'une légère couleur rougeâtre et doux. C'est cette espèce qui donne au vin de Belley ses principales qualités.

Éty. du grec βραχὺς (brachus), court, petit.

BRAQUET, vl. V. *Brac.*

BRAQUETIN, V. *Braguetian.*

BRAS, rad. pris du lat. *brachium*, et dérivé du grec βράχιων (brachiôn), bras.

De *brachium*, par apoc. *brach*, et par le changement de *ch* en *s* ou *ss*, *bras* ou *brass;* d'où: *Bras, Brass-a, Brass-ar, Em-brass-ar, Brass-el-et*, etc., etc.

BRAS, s. m. (bras). pl. *Brasses; Bras*, cat. *Brazo*, esp. *Braço*, port. *Braccio*, ital. Bras, partie du corps humain qui, dans le langage ordinaire, comprend le bras, l'avant-bras et la main, mais qui ne s'entend, en anatomie, que de la première de ces parties, formée par un seul os nommé humérus.

Éty. du lat. *brachium*, formé du grec βράχιων (brachiôn), m. s. V. *Bras*, R.

Bras, se dit encore d'une infinité de choses qui par leur position ou leur usage, simulent en quelque sorte les bras: bras d'une chaise, d'un fauteuil, d'une brouette, d'une rivière, etc. *Bras d'una carreta*, timons.

BRASA, V. *Braza.*

BRASAR, et

BRASAT, V. *Brazar, Brazat* et *Braz*, Rad.

BRASC, ASCA, adj. (brás, ásque); BRASQUE, BRASTE. Cassant, fragile, on le dit particulièrement du bois qui ne plie pas facilement sans se rompre.

Éty. du bas bret. *bresc*, cassant. V. *Brec*, Rad.

Dérivés: *Brasqu-e, Brasqu-et.*

BRASCA, s. f. (brásque). V. *Couradouira.*

BRASEILL, s. m. vl. Brasier. V. *Brazier.*

BRASER. vl. V. *Brassier.*

BRASIER, et

BRASIERA, etc. V. *Braza, Brazier, Braziera*, et composés. V. *Braz*, R.

BRASIOULAR, V. *Brazioular.*

BRASON, vl. V. *Brazon.*

BRASQUE, dl. V. *Brasc.*

BRASQUET, ETA, adj. (brasqué, éte), dl. Raboteux, euse, rude au toucher.

Éty. de *brasc* et du dim. *et*, parce que ce qui est cassé est rude au toucher. V. *Brec*, R.

BRASSA, s. f. (brásse); *Brassa*, cat. *Braza*, esp. *Braça*, port. *Braccio*, ital. Brasse, mesure de la longueur des deux bras étendus, environ un mètre et demi; pour embrassade, vl. V. *Brassada* et *Embrassada.*

Éty. de *bras* et de *a*. V. *Bras*, R.

Brassa, est aussi le nom d'un cordage amarré au bout d'une vergue, pour la gouverner.

BRÁSSADA, s. f. (brassáde); BRASSAU, BRASSAYA. *Abraçada* et *Brazada*, esp. *Brassad*, cat. *Braçado*, port. *Bracciata*, ital. Brassée, ce qu'on peut contenir entre les bras; accolade, baiser. V. *Embrassada.*

Éty. de *bras* et de la term. pass. *ada*.

A brassadas, à brasse corps. *Plòou à brassadas*, il pleut à verse. V. *Bras*, R.

BRASSADA, s. f. ABRASSADA, ARCADA, NADADA, NAT. Une nagée, ou l'espace que parcourt un nageur par un seul mouvement des bras et des jambes.

Éty. de *bras* et de *ada*, fait avec le bras; on a dit aussi *arcada*, parce que dans le mouvement de la natation les bras et les jambes décrivent des arcs. V. *Bras*, R.

BRASSADEL, s. m. (brassadeou); BRASSADEOU. Espèce d'échaudé.

Éty. de *brasa*, de *ad*, pour *at*, et de *el*, fait sous la braise. V. *Braz*, R.

BRASSADEOU, dl. Echaudet. V. *Tourtilhoun, Brassadel* et *Braz*, R.

BRASSADOUR, s. m. (brassadóu). Brasserie, lieu où l'on brasse de la bière.

Éty. de *brassar* et de *our*. V. *Bras*, R.

Dans les brasseries on appelle:

BAC, un grand baquet de bois.
BRAI, l'escourgeon et l'orge broyés pour faire de la bière.
BROCHER, le levain lorsqu'il commence à faire des boutons de mousse.
TOURAILLE, le bâtiment où l'on fait sécher le grain.
TOURAILLON, le germe du grain, séché.
TRUITE, l'espèce de cage carrée, de brique ou de fer, placés sur la cheminée du fourneau de la touraille.
VAGUES ou BRASSOIRS, les espèces de longs rabots de bois dont on se sert pour brasser la bière.

BRASSAR, v. a. (brassá); *Brassare*, ital. Brasser, agiter à force de bras, on le dit plus particulièrement de la bière; en terme de mar. faire la manœuvre des brasses.

Éty. de *bras* et de *ar*, agir ou faire avec le bras. V. *Bras*, R. ou de *brance*, nom gaulois d'une espèce de froment dont on faisait de la bière.

BRASSARIA, s. f. vl. Travail des bras, travail de la terre.

Éty. de *bras* et de *aria*, tout ce qui a rapport au travail des bras. V. *Bras*, R.

BRASSARIA, s. f. (brassarie); *Brassaria*, ital. Brasserie, lieu où l'on brasse de la bière.

Éty. de *brassar* et de *aria*.

BRASSAS, s. m. (brassás); *Brassas*, cat. *Brazazo*, esp. *Braccione*, ital. Augm. de bras, gros bras, bras mal fait.

BRASSAT, ADA, adj. et p. (brassá, áde). Brassé, ée.

BRASSAT, s. m. (brassá), dl. Brassée. V. *Brassada.*

A bel brassat, à plein bras. V. *Bras*, R.

BRASSAU, s. m. (brassáou); *Bracciale*, ital. *Brazal*, esp. *Braçal*, port. Brassard, armure qui couvrait le bras, instrument de joueur de ballon.

Éty. de *bras* et de l'art. *au*, au bras. V. *Bras*, R.

BRASSAU, s. f. V. *Embrassada.*

Faire una brassau, embrasser. V. *Bras*, Rad.

BRASSEE, s. m. vl. Ouvrier. V. *Brasser.*

BRASSEGEAR, v. n. (brassedjá), dg. *Brassejar*, cat. *Bracear*, esp. Gesticuler avec les bras. V. *Esbrassiar s'.*

Éty. de *bras* et de *egear*, agir avec les bras. V. *Bras*, R.

BRASSEL, s. m. (brassèl), dg. PATOC. *Brassel de fen*, meulons, petites meules de foin qu'on fait sur le pré, quand on craint la pluie, ou pour empêcher que la rosée ne le décolore. V. *Cucha.*

BRASSEL, s. m. dg. V. *Patoç.*

BRASSELET, s. m. (bracélé); BRACELET. *Braccialetto*, ital. *Brazalete*, esp. *Bracelete*. port. *Brassalet*, cat. Ornement que les femmes portent au-dessus du poignet.

Éty. du lat. *brachiale* ou *bracilelum*, formés de *brachium*, bras. V. *Bras*, R.

Les femmes grecques en portaient de différentes formes et de différentes matières; du temps des Patriarches les hommes s'en paraient comme les femmes.

En France, ce ne fut qu'au milieu du XVme siècle, sous le règne de Charles VII, que l'usage des bracelets s'est introduit, en même temps que les pendants d'oreilles et les colliers.

BRASSELIERA, s. f. (brassclière). Bretelles fixées à un tablier, à un jupon pour empêcher qu'il ne tombe.

Éty. de *brassel*, brasselet, et de *iera*, qui sert à fixer aux bras, parce que ces attaches passent par dessus l'épaule, et le bras. V. *Bras*, R.

BRASSER, s. m. anc. béarn. BRASSE, BRASSEE. V. *Brassier*.

Si es question de salaris de bailetz
Serventas, neurissas et brassées.
Fors et Cost. de Béarn.

BRASSETA, s. f. (brassétc). *A la brasseta*, sous le bras : *Menar en brasseta*, donner le bras à quelqu'un, le mener sous le bras.

Éty. de *bras* et du dim. *eta*, donner un peu le bras. V. *Bras*, R.

BRASSIEIROUN, s. m. (brossieiróu), d. bas lim. Vêtement de paysanne qui s'applique exactement sur le corps ; il s'agraffe ou se lace par devant et par derrière. Voy. *Bras*, R.

BRASSIER, s. m. vl. BRASER, BRAZER. *Brasser*, cat. *Bracero*, esp. Homme de peine, journalier qui travaille des bras ; écuyer, celui qui donne le bras à une dame.

Éty. de *bras* et de *ier*, qui se sert du bras. V. *Bras*, R.

BRASSIERA, s. f. (brassière) ; BRASSIERA. Bras de rivière ; lisière pour soutenir les enfants qui commencent à marcher ; *Enfant à la brassiera*, enfant à la lisière.

Éty. de *bras* et de *iera*, qui sert de bras, ou aux bras. V. *Bras*, R.

BRASSIERAS, s. f. pl. (brassières), dl. *Brassieras de raubas*, les manches pendantes ; bandes d'étoffe attachées derrière les robes des enfants. Sauv. V. *Bras*, R.

BRASSOUN, s. m. (brassóun) ; *Bracinho*, port. *Brasset*, cat. *Brazuelo*, esp. *Bracciello*, ital. Dim. de *bras*, petit bras, joli petit bras.

Éty. de *bras* et du dim. *oun*, ou du lat. *brachiolum*, m. s. V. *Bras*, R.

BRASSUR, USA, s. (brassur ùse); *Brassaro*, ital. Brasseur, euse, celui, celle qui fait la bière ou qui la vend en gros.

BRASUCADA, V. *Brazucada*.

BRASUCAR, V. *Brazucar*.

BRATELLAS, s. f. pl. (bratèles) ; BRETELLAS. Bretelles, bandes de tissu ou de peau destinées à soutenir la culotte en passant sur les épaules.

Éty. de *bretelle*, sangle de cuir ou de tissu qui sert à porter une hotte, une chaise à porteur, etc. et que Le Duchat, fait dériver de *brachium*, bras, par les transformations suivantes : *brachella*, *bratella*, *bretelle*; ou du grec βρίθω, (brithô), porter, supporter, être chargé.

Les bretelles sont ordinairement composées d'une *bande*, et de deux *élastiques* qui se joignent au moyen d'une boucle ; leur usage ne date que de la fin du dernier siècle, époque à laquelle on a commencé à porter des culottes fort hautes.

Les élastiques, composés avec des fils de laiton roulés en spirale, ont été inventés par l'anglais John Walker.

BRATZ, s. m. vl. V. *Bras*, R.

BRAU, AVA, adj. vl. BRAUS. *Brau*, cat. *Bravo*, esp. port. ital. Dur, méchant, fougueux, sauvage, brave, cruel, rude, fier, féroce, triste.

Éty. V. *Brav*, R.

BRAU, s. m. (bráou), dl. Un taureau. V. *Buou*.

Éty. du bas bret. *braw*, vaillant, fort, d'où *brave*. V. *Brav*, R. *Brau*, en catalan, ne désigne qu'un veau : *Fort coum'un brau*, fort comme un taureau. Dérivés : *Brav-aira*, *Brav-air-ier*, etc.

BRAU, s. f. d. de Colmars. Braise. Voy. *Braza*.

BRAUDA, s. f. (bráoude) ; BRAUTA, dl. Crotte, boue battue ; crasse, ordure. Voy. *Pauta*, *Brouda* et *Brac*, R.

Éty. de l'ancien flamand *brod*, boue.

BRAUDEGEAR, v. n. (braoudejá), dl. Crotter. V. *Pautassiar* et *Brac*, R.

BRAUDIER, s. m. (braoudié), dl. Bourbier. V. *Pautas* et *Brac*, R.

BRAULHADA, (broouillâde). V. *Bramadissa*.

BRAULHAIRE, AIRA, adject. et s. (broouillâïré, âïre), d. bas lim. Brailleur. V. *Bramaire*.

BRAULHAR, v. n. (broouillá), d. bas lim. Crier, brailler, criailler, V. *Cridar*, *Bramar* et *Bram*, R.

BRAULHARIA, s. f. d. bas lim. Crierie, criaillerie. V. *Bramadissa* et *Bram*, R.

BRAULIAR, v. n. (braouliá), dl. Crier. V. *Bramar*.

BRAUSIR, SE, v. r. (sé braouzír), dl. Se brûler. V. *Brular se*. Se griller. V. *Braz*, Rad.

BRAUSIT, IDA, adj. (braousi, íde), dl. Havi, desséché par le feu, rissolé. On le dit d'une pièce de rôt qu'on a laissée trop longtemps au feu, et du blé trop mûr, que la châleur du soleil détache de la balle. Sauv. V. *Braz*, R.

BRAUTA, s. f. (bráoute) ; dl. Ordure du visage, crasse. V. *Brac*, R.

BRAUTOUS, OUSA, adj. (braoutóus, óuse), dl. Barbouillé, sale, crasseux. Voy. *Brac*, R.

BRAUZIR, vl. *Abruzzure*, ital. Griller. V. *Grilhar* et *Braz*, R.

BRAV, BRAU ; ce mot, qui sert de radical à *brave*, *bravoura* et dérivés, peut avoir trois origines, selon Denina, t. 3, p. 15 : il peut, selon lui, venir par antonomase, de *pravus*, latin : de *probus*, qui répond assez justement à *bravo* ; mais il est, dit il, plus probable qu'il vienne de *braf*, *brav*, qu'on donne pour ancien mot germanique, et que Skinner croit être celtique. Il pourrait être dérivé aussi du grec βραβεῖον (brabeion), le prix du combat, donné au plus brave.

Braw, en bas breton, signifiant vaillant, fort, doit être le véritable radical des mots suivants : *Es-brav-ach-ar*, *Brau*, *Brav-e*, *Brav-ar*, *Bravamenz*, *Brav-ada*, *Bravegear*, *Brav-oura*, etc.

De *brav*, par le changement du *v* en *b*, *brab*, d'où : *Brab-ar*, *Brab-egear*, *Brabelat*.

BRAVA, s. f. (bráve), dl. Une génisse. V. *Jungea*.

Ety. V. *Brau*, taureau. V. *Brav*, R.

Que vou de courdouan ben fin,
Que vou vedels, bravos *ou vacquos*. Michel.

Vou, est ici employé pour *voou*, qui veut.

BRAVACHOU, s. m. (bravátchou). Bravache, faux brave, fanfaron. V. *Brav*, R.

BRAVADA, s. f. (bravâde) ; *Bravata*, esp. cat. port. ital. Bravade, action de braver quelqu'un, menace insolente.

Éty. de *brave* et de *ada*, action du brave. V. *Brav*, R.

BRAVADA, s. f. (bravâde) ; BRAVAIRA. Bravade, nom d'une espèce de fête militaire, instituée par Charles d'Anjou, à son retour de la Terre-Sainte. On plaçait un papegai sur un lieu élevé, et celui qui l'abattait était déclaré roi par les magistrats : il se choisissait un lieutenant et un enseigne qui levaient chacun une compagnie d'hommes armés, et la veille de la fête de saint Jean-Baptiste, ils allaient par la ville, et se rendaient ensuite sur la place où le parlement se trouvait, à Aix, pour allumer le feu ; on faisait alors des décharges de mousquéterie et cela s'appelait la *bravade*. P. Puget.

Éty. du lat. *bravium*, prix qu'on donnait à celui qui avait remporté la victoire dans les jeux ou les exercices.

En imitation de cet usage on fait dès *bravades* maintenant, dans presque toutes les villes et villages de la Provence, non seulement le jour de la fête patronale, mais encore toutes les fois qu'on veut rendre des honneurs distingués à quelqu'un, à l'occasion de son arrivée, de son mariage ou du baptême de l'un de ses enfants.

BRAVADAIRE, s. f. (bravadâïré). Celui qui fait partie d'une *bravade*.

Éty. de *bravada* et de *aire*. V. *Brav*, R.

BRAVADAR, v. n. (bravadá) ; BRAVADIAR. Faire les décharges de mousquéterie qu'on appelle *bravade*.

Éty. de *bravada* et de *ar*. V. *Brav*, R.

BRAVAGEAIRE, s. f. (bravadjaïré) ; *Bravatero*, esp. Querelleur, qui a l'habitude de menacer. Aub.

BRAVAGEAR, v. a. (bravadjá). Quereller pour épouvanter. Aub. V. *Bravegear*.

BRAVAIRA, s. f. (bravaïre) ; BRAVATALHA. Troupeau de bœufs ou de vaches.

Éty. *Bravaira* est dit pour *Bravalhà*, formé de *brau*, bœuf, taureau, et de *alh*, tout. V, *Brau* et *Brav*, R.

BRAVAIRE, adj. (bravaïré) ; BRAVE. Brave, vaillant, courageux, intrépide.

Éty. de *brave* et de *aire*, qui fait le brave. V. *Brav*, R.

BRAVAIRIER, s. m. (braveirié) ; BRAVEIRIER, BACHEIROUN, BEOUTIER, VACHEIROOU, VACHIER, VAQUIER. Vacher, celui qui garde les vaches.

Éty. de *bravaira* et de *ier*. V. *Brau* et *Brav*, R.

BRAVAIROL, s. m. vl. Sorte d'oiseau. Gloss. Occit.

BRAVAMENT, adv. (bravamein) ; *Bravament*, cat. *Bravamente*, esp. port. ital. Bravement, beaucoup, raisonnablement, courageusement.

Éty. de *brava* et de *ment*. V. *Brav*, R.

BRAVAMENZ, vl. V. *Bravament*.

BRAVAR, v. a. (bravá); *Bravare*, ital. *Bravear*, esp. Braver, affronter le danger, ne pas le craindre. V. *Brav*, R. et *Bravegear*.

BRAVARIA, s. f. (bravarié); *Braveria*, ital, esp. Bravoure, magnanimité, valeur; bravade.

Éty. de *brave* et de *aria*, tout ce qui est brave. V. *Brav*, R.

BRAVASCHE, ASCHA, adj. (brovástsé, ástse), d. bas lim. Sauvage, qui n'est pas apprivoisé. V. *Sauvagi*, *Ferouge* et *Brav*, Rad.

BRAVATALHA, s. f. (bravatáille), dl. Le même que *Bravaira*, v. c. m.

Éty. de *brau*, taureau, et de *alha*, tout; le *t*, est euphonique. Ce mot désigne en effet et plus particulièrement un troupeau de bœufs. V. *Brav*, R.

BRAVE, AVA, adj. (bravé, brave); *Bravo*, ital. esp. port. Sage, religieux, honnête, retenu, raisonnable, assez gros pour son espèce et pour son âge; vaillant; bien paré, joli; vl. altier, ière, revêche.

Éty. du bas bret. *braw*, fort, courageux; vaillant, ou de l'allemand *brav*, courageux. V. *Brav*, R.

L'adjectif *brave* a deux significations différentes: placé devant le substantif, il est synonyme de sage, vertueux, et mis après, il a le sens de courageux, d'intrépide, etc.

Un brave homme, est un homme vertueux.

Un homme brave, est un homme courageux, vaillant, intrépide.

Aquel enfant es brave, Tr. cet enfant est sage et non *brave*.

Est brave, Tr. il est honnête, sage et non *brave*; quand on ne veut pas dire courageux.

Siaz braves? dl. se porte-t-on bien chez vous.

Es brave coumo un soou, il se porte au mieux; il est bien sage.

Seriaz ben brave si, vous seriez bien aimable si....

Il se dit aussi pour bon, commode, approprié, *un brave houstau*, une maison passable; *un brave ben*, un assez bon bien.

BRAVE, AVA, s. (brávé, áve), dl. Veau, bouvillon; génisse.

Éty. de *Brau*, v. c. m.

BRAVE, s. m. d. bas lim. Jeu d'enfant, joujou, bimbelot. V. *Juguet*.

BRAVEGEAR, v. a. (bravedjá); BRAVAR, BRABEGEAR, BRAVAGEAR, ESBRAVAGEAR. *Braveggiare*, ital. *Bravejar*, port. Tancer, quereller, menacer, intimider par des menaces, braver.

Éty. de *brave* et de *egear*, litt. faire le brave. V. *Brav*, R.

BRAVEGEAR, v. a. (bravedjá), dl. *Bravear*, esp. *Bravare* et *Braveggiare*, ital. *Bravatejar*, cat. Brusquer, braver, laver la tête à quelqu'un.

Éty. de *brave* et de *egear*, faire le brave, le terrible. V. *Brav*, R.

Soui d'Uzes et vau a Beoucaire,
Me dis e la tout bravejan.
Michel.

BRAVENC, adj. (bravéin), dl. Certaine qualité de terrain limoneux, qui n'est ni trop léger, ni trop argileux. Sauv.

Éty. de *brave* et de *enc*, d'une bonne nature. V. *Brav*, R.

BRAVET, ETA, adj. (bravé, éte). Gentil, gentille, qui est d'une taille raisonnable.

Éty. de *brave* et du dim. *et*, *eta*. V. *Brav*, Rad.

BRAVET, pour bouvillon. V. *Buvachoun*.

BRAVETAT, s. f. (bravetá); BRABETAT. Sagesse. V. *Sagessa* et *Brav*, R.

BRAVO, *Bravo*, port. T. emprunté de l'ital. dont on se sert en français pour témoigner son approbation, pour applaudir; on dit aussi *des bravos*, V. *Brav*, R.

BRAVOURA, s. f. (bravóure); *Bravura*, ital. esp. *Braveza*, port. Bravoure, courage, guerrier, vaillance. V. *Brav*, R.

BRAXA, s. f. vl. V. *Braza*.

BRAY, dg. Vrai. V. *Verai*.

BRAYAS, s. f. pl. (bráïes); DEHAUTS, DENAUS, CAUZAS, CULOTAS, MALINAS, BRAGAS, BRAGEAS, BRAIAS, BRALHAS. *Bracche*, ital. *Bragas*, esp. cat. Culotte, partie du vêtement de l'homme, qui couvre depuis la ceinture jusqu'aux genoux; on dit aussi braie.

Éty. du celt. *brag*. V. *Brag*, R.

Paurtar leis brayas, porter le haut de chausses, commander son mari.

S'en tirar leis brayas netas, s'en tirer les braies nettes.

Es un caga brayas, c'est un lâche, un poltron.

Dans une culotte on nomme:

CEINTURE, *la centura*, la bande d'étoffe qui fait le tour du corps.

CUL, *lou cuou*, la partie qui reçoit les fesses.

FOURREAUX, *canons* ou *brayons*, l'habillement de chaque cuisse.

BRAGUETTE, la fente de devant dans les culottes qui n'ont pas de pont. *Brayeta*.

PONT, l'espèce de tablier qui couvre l'ouverture de la culotte, et qu'on appelle aussi *cavalière*.

GOUSSET, *pouchoun*, la poche ou les poches qu'on y adapte.

La plupart des Provençaux n'emploient le mot *culotte* qu'au pluriel et disent *j'ai mis mes culottes* au lieu de ma culotte; on ne doit employer le pluriel que quand on parle de plusieurs.

Tous les soldats qu'on voit sculptés sur la colonne trajanne à Rome, portent la culotte, et selon Winckelmann, les Grecs et les Romains en portaient aussi.

« Les soldats Romains n'eurent longtemps que le petit jupon, sur lequel flottaient les lambrequins de leur armure, mais ayant fait la guerre en Germanie, ils sentirent la nécessité de se mieux couvrir, et ils prirent la culotte à l'imitation des peuples de cette contrée. *Alienus Cæcina*, leur général, osa rentrer à Rome avec la sienne. *Braccas gestare non erubuit, Romam ingressus*, dit Tacite. On s'indigna d'abord d'une telle audace, mais on finit par se familiariser avec cette innovation contre laquelle les harangues de Quintilien furent aussi inutiles que les décrets du Sénat. Auguste, tourmenté d'une sciatique, se fit faire une culotte de laine qu'il porta habituellement, selon Suetone, etc. »

Ces faits suffisent pour marquer l'époque à laquelle ce vêtement fut adopté par les Romains; il paraît qu'il l'a été chez nous de temps immémorial.

BRAYAS, s. f. pl. On donne ce nom à des amandes jumelles, qui sont réunies par le bas, représentant ainsi une culotte courte. Avril.

BRAYAS, s. f. pl. Braies, toiles goudronnées dont on enveloppe le contour des ouvertures par lesquelles les mâts, les pompes et les gouvernails traversent les ponts d'un vaisseau, pour empêcher que l'eau ne s'introduise dans l'intérieur.

Éty. de *brayas*, habillement qui couvre le bas du corps. V. *Brag*, R.

BRAYAS, s. f. pl. En terme d'imprimerie, feuille de papier ou de parchemin qu'on nomme braie, et qu'on découpe aux endroits où la feuille doit être imprimée.

BRAYAS *d'una crota*, dl. Les reins d'une voûte. Sauv. V. *Brag*, R.

BRAYASSA et

BRAYASSIER, s. m. (brayásse et brayassié); BRALHASSI, BRALHETI, BRALHOURIER. Ter. de mépris pour désigner un homme qui laisse tomber la culotte en marchant, ou qui la porte fort grande.

Éty. de *brayas* et de l'augm. *assá*. Voy. *Brag*, R.

BRAYDAR, vl. V. *Braidar*.

BRAYDIS, vl. V. *Braidis*.

BRAYER, s. m. (braïé). Brayer ou bandage pour maintenir les hernies inguinales. V. *Brag*, R.

BRAYET, s. m. Avril. V. *Brayeta*.

BRAYETA, s. f. (breïéte); BRAIETA, BRALHETA, CLEDOU, CLEDOUN, BRAGUETA, BRAIETA. *Braguilha*, port. Braguette et brayette, la fente de devant d'un haut de chausse; l'espèce de poche qu'on y plaçait anciennement.

Éty. de *braya* et du dim. *eta*. V. *Brag*, R.

BRAYETA, s. f. BRAIÈTA, BRAYET. Braye, c'est aussi le nom qu'on donne au linge, en forme de poche, que les nourrices placent au derrière des enfants pour recevoir leurs excréments, qu'on nomme braie en français. V. *Brag*, R.

BRAYETA, s. f. (brayéte). Un des noms langued. de la primevère officinale. Voy. *Couguou*.

Éty. Parce que le tube de sa fleur ressemble à un canon de culotte. V. *Brag*, R.

BRAYETO, s. m. (braïéte), dl. Un culottin ou petit enfant en culotte. Sauv. Voy. *Brag*, R.

BRAYOUN, s. m. (brayóun); BRALHOUN, BRAIOUN, CAMBAL. Fourreau, canon, moitié de la culotte qui habille une cuisse.

Éty. de *brayas* et du dim. *oun*. V. *Brag*, Rad.

BRAYS, s. m. pl. vl. Chants, cris, chants des oiseaux: clameur. V. *Bram*, R.

Braida, il ou elle crie.

BRAZ, 1, BRAS, BRUS, BRUL, rad. pris du bas breton *bras*, braise; ou de l'all. *brasen*, brûler; probablement dérivés du grec βραζω ou βράσσω (brazô ou brassô), bouillir avec violence, être brûlant, d'où l'esp. et le port. *brasa* et l'ital. *bragia*.

De *brazó*, par apoc. *braz*; d'où: *Braz-a*, *Braz-ar*, *Braz-ier*, *Em-braz-ar*, *Em-braza-ment*, *Em-braz-ura*, etc., etc.

En tirant ce radical de l'all. *brasen*, il faudrait écrire ces mots par *s* et non par *z*.

BRAZA, s. f. (brâse); BIOLÀ, BRASA, BRAU. *Bragia*, ital. *Brasa*, esp. cat. *Braza*, port. Braise, charbon allumé ou portion de bois brûlé qui ne donne plus de flamme.

Éty. V. *Braz*, R.

BRAZAL, s. m. vl. BRAZELL. Brasier. V. *Brazier*.

BRAZAR, v. a. (brasâ); ABRAZAR. Braser, souder ensemble avec du cuivre, deux pièces de fer, par le moyen du feu.

Éty. du grec βράζω (brazô), bouillir avec violence; parce que c'est en faisant ainsi bouillir deux métaux qu'on parvient à les souder. V. *Braz*, R.

Les chaudronniers donnent le même nom à l'opération par laquelle ils soudent le cuivre, au moyen du laiton et du zinc.

BRAZAS, s. m. (brasás); BRASAS, dl. Grand brasier, feu de reculée. Sauv.

Éty. de *brasa* et de l'augm. *as*.

BRAZAT, ADA, adj. et part. (brasá, áde); ABRAZAT. Soudé, ée. V. *Braz*, R.

BRAZE, BRAZER, d. béarn. alt. de *Brazier*, v. c. m.

BRAZE, dg. V. *Brazier*.

BRAZEL, et

BRAZELL, s. m. vl. Brasie. V. *Brazel* et *Brazier*.

BRAZER, vl. V. *Brassier*.

BRAZIER, s. m. (brasié); BRASIER. *Braser*, cat. *Brasero*, esp. *Brasido*, port. *Braciere*, ital. Brasier, feu de charbons ardents; fig. ardeur intérieure.

Éty. de *braz* et de *ier*. V. *Braz*, R.

BRAZIERA, s. f. (brasiére); BRASIERA. *Braseira*, port. Rechaud, brasier, bassin de fer ou de terre dans lequel on met de la braise pour chauffer un appartement.

Éty. de *braza* et de *iera*, qui contient la braise. V. *Braz*, R.

BRAZILAR, v. a. vl. Brûler, havir; briser.

BRAZILHAR, v. n. (brazillá); BRASILLAR. Éparpiller la braise. Garc.

Éty. de *brazilh* et de *ar*, *braza*, et de l'itér. *ilhar*.

BRAZIOULAR, v. a. (brosioulá), d. bas lim. BRASIOULAR. Ecarter la braise pour que le bois flambe.

Éty. de *braza*, braise, et de *ioular*. Voy. *Braz*, R.

BRAZON, s. m. vl. Le gras des fesses. Gloss. Occit.

BRAZOS, s. m. pl. vl. Brassards, partie de l'armure destinée à couvrir les bras. V. *Bras*, R.

BRAZUCADA, s. f. (brasucáde); BRASUCADE, dl. Une grillade de châtaignes: *Faire una brasucada*, faire une grillade, ou faire cuire des châtaignes à la braise. Sauv.

Éty de *braza* et de *ucada*, rôti à la braise. V. *Braz*, R.

BRAZUCAR, v. n. (brasucá); BRASUQUEGEAR, dl. BRASUCAR. Tisonner. V. *Tisouniar*.

Éty. de *brasa*. V. *Braz*, R.

BRE

BRE, s. Désinence prise du latin *ber*, *bris*, *bre*, que Butet à nommée générative, parce qu'elle exprime l'idée de reproduction, de génération relativement à l'objet désigné par le terme variable, comme dans *Salubre*, de *salus* qui contribue à la santé; *Lugu-bre*, de *lugeo*, qui marque le deuil; *Fune-bre*, *Cele-bre*; elle indique aussi la conservation, la faculté de contenir, de créer, de conserver, comme dans *Candelabre*, qui soutient la chandelle; *Setembre*, qui contient sept; *Octobre*, huit; *Novembre*, nœuf; *Décembre*, dix. Fabre, ouvrier, artisan qui produit des ouvrages.

BREA, s. f. d. vaud. Querelle.

Éty. du gaulois *brayt*, cri. V. *Bram*, R.

BREALHA, V. *Brialha*.

Éty. Ce mot n'est probablement qu'une altér. de *brebial*, un troupeau de brebis, en gaulois. V. *Berg*, R.

BREBET, s. m. anc. béarn. *Brevet*. v. c. m. et *Brev*, R.

BREC, BRECH, BRESC, BREG, BERC, BERG, BRIS, BRIG, BRASC, BARG, BROUQ, radical pris de l'allemand *brechen*, rompre, casser, briser, arracher, et probablement dérivé du grec βραχω (brachô), craquer, faire du bruit, comme les choses qu'on casse ou qu'on brise, d'où *bresc*, cassant, en bas breton. Plusieurs formes de ce radical peuvent venir du grec βρίσω (brisô), futur de βρίθω (brithô), gémir sous le poids, être surchargé, comme une chose qui se brise.

De *brechen*, par apoc. *brech*; d'où: *Brech-a*, *Es-brech-ar*; et par la transposition de *e*: *Berch-a*, *Es-berch-at*, *Bercha-dent*, etc.

De *brech*, par apoc. de *h*, *brec*; d'où: *Brec*, *Brec-a*, *Brec-at*, et par la transposition de *e*, *berc*; d'où: *Berc-a*, *Berc-ar*, *Berc-ad-ura*, etc.

De *brec*, par le changement du *c* en *qu*, *brequ*; d'où: *Brequ-a*, etc.

De *brec*, par le changement du *c* en *g*, *breg*; d'où: *Breg-a*, *Breg-oun*, *Bregoun-ar*, *A-breg-ir*, *Brege-ar*, etc.

De *breg*, par le changement de *e* en *i*, *brig*; d'où: *Brig-a*, *Es-brig-ar*, *Brig-alh-ar*, *Brig-oun*, *Brig-oul-ar*, *Brigu-eta*, etc.

De *brec*, par le changement de *e* en *i*, *bric*; d'où: *Bric-a*, *Bric-alhà*, *Bric-oun*, *Bricoun-egear*, etc.

De *brec*, par le changement de *e* en *a*, ou du grec *brachô*, par apoc. *brac*; d'où: *Brac*, *A-brac-ar*.

De *brac*, par le changement du *c* en *g*, *brag*; d'où: *A-bragu-ir*, *A-bragu-it*, etc.

De *brac*, par l'interposition d'une *s*, *brasc* *brasqu*; d'où: *Brasc*, *Brasqu-e*, *Brasqu-et*, etc.

De *brec*, par l'interpos. d'un *i* et le changement de *c* en *ch*, *breich*; d'où: *Breich-a*.

Du grec *brisô*, par apoc. *bris*, ou *briz*; d'où: *Bris*, *De-bris*, *Bris-ar*, *Bris-as*, etc. et par le changement de *i* en *e*, *brez*; d'où: *Brez-a*, *Brez-ar*, *Brez-ilh-ar*.

De *bris*, par la supp. de *s*, *bri*; d'où: *Bri-atha*, *Es-bri-at*, etc., etc.

BREC, vl. Piége. V. *Bretz*.

BREC, V. *Beron* et *Berou*.

BREC, nom de lieu (bréc). Rocher escarpé ou passage à travers des rochers qui ont été rompus.

Éty. de l'all. *brechen*, rompre. V. *Brec*, Rad.

BRECA, s. f. (brèque). Pour écornure, coche. V. *Bercadura*.

BRECA, s. f. Gâteau, rayon de miel. V. *Bresca* et *Brec*, R.

BRECAR, v. a. (brecá); EMBRECAR, EIBARCHAR, ESBERCHAR, ESBRECHAR, EBERLAR, EMBERLAR, DECAR, FAIRE UNA DECA, EMBROUISCLAR, VISSAR, OUICHAR. Ebrécher, faire une petite brèche, une entaille à un instrument tranchant.

Éty. de l'all. *brechen*, rompre, briser. V. *Brec*, R.

BRECAR, v. n. (brécá); BRUCAR, BROUNCAR, BROUNCHAR. Broncher, faire un faux pas et fig. faire une faute, faillir.

Éty. Peut-être du grec βροχίζω (brochizo), enchevêtrer. V. *Brec*, R.

Tout bouen chivau breca.
Frema, *trauc*, *peira en camin*,
Fan brucar *lou pelerin*.
Prov.

BRECARIA, s. f. vl. Boucherie. V. *Bocaria*.

Éty. du gaulois *brecier*, blesser, mutiler. V. *Brec*, R.

BRECAT, ADA, adj. et p. (brecá, áde); ESBERCHAT, EMBROUISCLAT, BERCAT, DECAT, EBERLAT, EMBROUISCLAT. Ebréché, ée, à quoi l'on a fait une brèche, en parlant des instruments tranchants.

Éty. de *Brec*, Rad. et de *At*, v. c. m.

BRECELIANDA, Nom de lieu. vl. BROCELIANDA. Forêt de Bretagne.

BRECELIANDA, vl. V. *Brecelianda*.

BRECH, ECHA, adj. vl. Ébréché, clochant, boiteux.

Éty. V. *Brec*, R.

BRECHA, s. f. (brètche); BRECA, DECA. *Breccia*, ital. *Brecha*, esp. port. *Brètxa*, cat. Brèche, ouverture faite à un mur, à une haie, etc. par force, ou par suite de vétusté, fig. atteinte à la réputation; espèce de marbre.

Éty. de l'all. *brechen*. V. *Brec*, R.

BRECHET, s. m. (brétché). BRICHET. Bréchet, le bas du sternum, le creux de l'estomac.

Éty. du bas breton *bruchet*, qui peut être un dim. de *bru*, qui signifie ventre en gallois.

BRECHET, s. m. (bretché). Nom du brochet, à Avignon. V. *Brouchet*.

BRECOULAR, SE, v. r. (se brecoulá). Se donner une entorse. Aub.

BRECS, s. m. vl. BRES, BRESC. Gluau, piége, trébuchet; berceau.

BREDINDIN, s. m. (bredîndîn). Bredindin ou berdindin, palan simple, dont les poulies sont plates, et les roues de trois décimètres de diamètre, servant à charger et à décharger les petits fardeaux.

Éty. ?

On donne aussi le même nom à une mauvaise voiture de louage qu'on appelle encore *rouanta*.

BREDOLA, s. f. vl. Banc, marchepied.

BREDOULA, s. f. (bredóule), dl. Du coton ou de l'éclisse, terme de vannier, lame mince d'une gaule refendue, propre aux ouvrages de vannerie. Sauv.

BREDOULHO, s. m. (bredóuille); BARDOULHA. Bredouille, partie double qu'on marque de deux jetons au jeu de tric-trac, bavard impitoyable, qui a une intempérance de langue, jointe à une impossibilité de se taire.

BREF, adv. (brèf); *Breve*, ital. esp. Bref, en un mot, en peu de mots.

Éty. du lat. *brevis*, court. V. *Brev*, R.

BREF, s. m. BREU. *Breu*, cat. *Breve*, esp. port. ital. *Brief*, all. Bref, lettre pastorale du pape.

La différence qu'il y a entre un bref et une bulle, est que le premier est souscrit du nom du secrétaire et que son adresse est sur l'envers: la seconde est plus ample et s'expédie toujours en parchemin.

Éty. Parce que ces lettres sont ordinairement écrites dans un style très-concis, d'où le nom de bref, formé de *brevis*, court. V. *Brev*, Rad.

BREF, EVA, adj. (brèf, ève); *Breve*, ital. port. esp. Brief, ève. V. *Brev*, R.

BREGA, s. f. Mine, contenance. *Faire leis bregas*, faire la moue; *Laida brega*, laide mine. Avril. V. *Cara*.

BREGA, s. f. Maque. Avril. V. *Bregoun*.

BREGA, s. f. (brégue), dl. *Brega*, cat. esp. *Briga*, port. ital. Rixe, querelle, noise: *Cercar brega*, chercher noise, faire une querelle d'allemand ou sans sujet; dispute, tracasserie, embarras, tumulte.

Éty. de l'esp. *brega*, dispute, débat, querelle, formé probablement du gallois *breg*, rupture ou de *bresc*, cassant. V. *Brusc*, et *Brec*, R.

Lou viel se plan, toujour crida,
Cerquo brego *de pa ren.* Boufounadas.

Que no fassa riotha ni brega.
Stat. de la confr. du Saint-Esprit d'Avignon.

BREGADA, V. *Brigada*.

BREGADIER, V. *Brigadier*.

BREGAMA, s. f. (bregáme). Tapisserie de Bergame.

Éty. *Bregama*, n'est qu'une alt. de *Bergama*, v. c. m.

BREGAN, vl. V. *Brigand*.

BREGAND, et comp. V. *Brigand*.

BREGANEOU, s. m. (breganèou). Nom que les pêcheurs de Berre donnent au platbord du bateau qu'ils appellent *Beta*, v. c. m.

BREGANTIN, V. *Brigantin*.

BREGAR, v. a. (bregá). Frapper, rosser, term. de montagne, selon M. Garc. maquer, Avril. V. *Bregounar*.

BREGARUT, UDA, adj. Lippu.

BREGAS, s. f. pl. (brégues); BREGOU. Les lèvres, les mâchoires, les dents, les babines; les épaules. Avril.

Éty. de *breg*, rupture, parce que les mâchoires divisent les objets. V. *Brec*, R.

Faire leis bregas, faire la moue.
S'en liparà leis bregas, il s'en passera.
Aver bona brega, avoir de bonnes dents.

BREGEAIRE, s. m. (bredjáire). V. *Bregoun*.

Éty. V. *Brec*, R.

BREGEAIRIS, s. f. (bredjeiris); BARGEIRISA, BARGEAIRA. Femme qui broie le lin ou le chanvre, broyeuse, chanvrière, briseuse. V. *Brec*, R.

BREGEAR, v. a. (bredjá). V. *Bregounar*.

BREGEAR, v. a. (bredzá), d. bas lim. Frotter dans les mains ou sur quelque chose. V. *Fretar*.

Éty. de *Breg*, R. et de *ear*, rompre, briser. V. *Brec*, R.

BREGEAR, v. n. md. Gringotter, fredonner, en parlant des petits oiseaux quand ils font entendre une voix tremblottante.

Éty. de l'all. *brechen*, rompre, briser, parce que dans cette espèce de chant la voix paraît brisée. V. *Brec*, R.

BREGEARUT, UDA, Aub. Qui a de grosses lèvres.

BREGEAS, V. *Bregas* et *Bregoun*.

BREGEAT, ADA, adj. et p. (bredjá, áde). V. *Bregounat*.

BREGEAUDA, s. f. (bredzáoude), d. bas lim. BREJAUDA. Espèce de potage fait avec du pain de seigle, des choux verts, du lard et autres ingrédients. Béron.

BREGES, s. f. pl. (brédzés), d. bas lim. Ustensile de cuisine qui sert à enlever la seconde peau des châtaignes. Il est composé de deux morceaux de bois assemblés par une cheville, pouvant s'ouvrir comme des tenailles.

Éty. de *Breg*, R. et de *es*, qui est fait pour rompre. V. *Brec*, R.

BREGEUN, s. m. (bredjún). Filasse du chanvre ou du lin qu'on a broyé.

Éty. de *bregear* et de la term. *un*, chose broyée. V. *Brec*, R.

BREGIDA, V. *Brigida*.

BREGIN, s. m. (bredgin); BRESIN, BOURGIN. Filet ressemblant à une petite aissaugue, dont on se sert dans les environs de Nice, destiné à prendre de petits poissons et des crustacés.

Éty. du grec βρόχις (brochis), lacs, filet, d'où la basse latinité *broginus*, m. s. que *bregin*.

BREGITA, Nom de femme. V. *Bregida*.

BREGLIANA, s. f. Nom nicéen d'une espèce de figue hâtive.

BREGNAR, v. a. dg. Vendanger. Voy. *Vendumiar*.

BREGNAS, s. f. pl. (brégnes), dg. Vendanges. V. *Vendumi*.

BREGNAT, ADA, adj. et p. dg. Vendangé, ée. V. *Vendumiat*.

Lou binte dus octobre après abé bregnat.
Verdier.

BREGNAYRE, s. m. dl. V. *Vendumiaire*.

BREGNOTTA, s. f. (bregnólte). Nom qu'on donne au trigle adriatique, dans le département des Bouch.-du-Rhône, selon M. Roux. V. *Belugan*.

BREGOUIRA, V. *Bregoun*, R.

BREGOUIRAR, Garc. V. *Bregounar*.

BREGOULEGEAR, V. *Brigoulegear*.

BREGOUN, s. m. (brégoun); BREGOUNDELAS, BREGOUIRA, BREGEAIRE, BREGEAS, BARGA, BREGA, BARGAS, BRIGOUN, BARGADOUIRA, GRAMOU. *Bregadoras*, cat. Broie, maque et brisoir, instrument avec lequel on romp la chenevotte du chanvre et du lin, après qu'ils ont été rouis, pour en extraire la filasse et la disposer à être sérancée et filée.

Éty. de l'all. *brechen*, rompre, briser. Voy. *Brec*, R.

Dans une broie on nomme :

CAISSE ou MACHOIRES INFÉRIEURES, la pièce de bois longue d'environ un mètre et creusée de deux mortaises, formant trois couteaux immobiles.

COUTEAUX ou MACHOIRES SUPÉRIEURES, les lames de bois mobiles, taillées en forme de coutélas qui entrent dans les mortaises de la caisse,

PIEDS, les supports de la caisse.

BROIE MECANIQUE RURALE, M. Laforest, ancien officier, a inventé en 1823 et 1824, cette machine qui offre l'avantage de briser le lin et le chanvre sans qu'ils soient rouis, ce qui leur conserve beaucoup plus de force. Ce procédé a encore l'avantage que la chenevotte qu'on obtient est propre à faire du papier.

BREGOUN, s. m. M. Avril, donne ce nom à l'*espade*.

BREGOUNAD, ADA, adj. et part. (bregouná, áde); BREGEAT, ADA. Broyé, maqué.

Éty. de *bregoun* et de la term. pass. *at*, *ada*, qui a subi l'action du *Bregoun*, v. c. m. et *Brec*, R.

BREGOUNDELAS, s. f. pl. (bregoundèles). Broie, Avril. V. *Bregoun*.

BREGOUNAR, v. a. (bregouná); BREGEAR, BARGAR, BREGOUIRAR. *Bregar*, cat. Maquer, broyer, écanguer le chanvre ou le lin, en briser la chenevotte au moyen de la broie.

Éty. de *bregoun*, et de la term. act. *ar*, agir avec la broie. V. *Brec*, R.

BREGOURA, s. f. (bregóure). V. *Roumpeire*.

Éty. V. *Brec*, R.

BREGOURA, s. f. Gros brisoir pour le chanvre. V. *Brec*, R.

BREGOUS, adj (bregoús); dl. Querelleur, hargneux : *Chin bregous a las aurelhas vermenousas*, chien hargneux a les oreilles déchirées.

Éty. de *brega* et de *ous*, qui a l'esprit querelleur, hargneux, *brigosus*, en basse latinité.

Bregous, ousa, signifie aussi sale, malpropre, bréneux.

BREGOUS, V. *Bregas*.

BREGUENTOT, s. m. dg. ?

Que soun dounc lous autes partou,
Que breguentots *auprès de jou?*
D'Astros.

BREGUETTA, s. f. (breguéte). Petite lèvre, lèvres des petits enfants : *A leis breguetas toumbadas*, il a les lèvres abattues.

Éty. de *brega*, lèvre, et de *etta*, dim. V. *Brec*, R.

BREGUETO, s. m. (breguéte). Bateleur. Aub.

BREGUETIAN, s. m. (breguetián); BRIGUETIAN, BRIQUETIAN, BREQUETIN, BRAGUETI, BREGUETA. Charlatan, batteleur, arracheur de dents.

Éty. Ce mot vient probablement de l'allemand, *zachne brechen*, arracher les dents. Nous avons vu au Rad. *Brec*, qu'il se changeait souvent en *breg*, d'où *breg-zachne* et *breguetian*. V. *Brec*, R.

BREGUIERA, s. f. V. *Brussiera*. Garc.

BREGUIOL, adj. et s. vl. Querelleur.

BREHAHA, V. *Berou*, *berou*.

BREI, adj. (brèï). On se sert de ce mot, à Thorame, Basses-Alpes, pour dire mouillé et transi de froid.

Éty. du grec βροχὴ (brochê), mouillure, humidité, derivé de βρέχω (brechô), mouiller.

BREICHA, s. f. dm. Gâteau de cire. V. *Bresca*.

BREIDA, et

BREIDOUN, Garc. V. *Brida* et *Bridoun*.

BREIGA, V. *Briga*.

BREIME, Avril. V. *Broume*.

BREINA, s. f. (brèine) ; BRINA, BRADA, BARBASTA, BARBARUSTA, GIBRA, GEALIBRE, GELEBRINA, GRASSINA, BLANCADA, AIGUAGNA, BLISACHORA, AUBIERA, CABARIDA, BRENADA, BREISNADA. *Brina*, ital. Gelée blanche, ou rosée convertie par le froid, en une espèce de neige. La *bruine*, en français, est différente.

Éty. du lat. *pruina*, m. s. quasi *pyrina*, *perurina*, *a perurendo dicta*, du grec πῦρ (pur), gén. πυρὸς (puros), feu, parce que ses effets sur les végétaux, ressemblent beaucoup à ceux du feu, d'où l'expression : *Lou fred a tout brulat*, *tout roustit*, *tout grilhat*. V. *Pur*, R.

BREINAR, v. n. (breiná) ; BARBASTAR, GEALIBRAR, DIBRAR, LENTEGEAR, BRUMEGEAR, BREISNAR. Bruiner, produire de la gelée blanche.

Éty. de *breina* et de l'act. *ar*. V. *Pur*, R.

BREINAT, **ADA**, adj. et p. (breiná, áde) ; AUBIERAT. Couvert de gelée blanche. V. *Pur*, R.

BREISSAUDA, s. f. (breissáoude). Grosse marmite remplie de soupe. Aub.

BREJAUDA, s. f. d. lim. (bredjóoude). V. *Bregeauda*.

BREL, s. m. vl. Bois, forêt ; parc de bêtes fauves. V. *Broulh*, *Bruelh* et *Brout*, R.

BRELHOUN, s. m. (breillóu), d. bas lim. Semotte, on le dit des nouvelles productions des choux pommés auxquels on a coupé la tête, sans arracher le pied. Voy. *Greou* et *Grelhoun*, dont *Brelhoun*, ne paraît être qu'une altération, à moins qu'il ne vienne de *brelh*, broussaille. V. *Brout*, R.

BRELIAUDA, d. de Carpentras. V. *Berluga*.

BRELOCA, s. f. (brelóque) ; BERLOCA. Nom qu'on donne, dans le département des B.-du-Rhôn. à la leucosie noyau, *Leucosia nucleus*, Fabr. crustacé de l'ordre des Astacoïdes et de la fam des Mucronés ou Oxyrinques (à nez pointu), qu'on trouve dans la Méditerranée.

Éty. ?

BRELOCA, s. f. Breloque, bijoux qu'on suspend à une chaîne de montre ; batterie de tambour. V. *Barloca*.

BRELUGA, Suppl. au dict. Pellas. Voy. *Barruga*.

BREMBAR, v. n. et r. (breimbá), dl. se ressouvenir, Douj. se souvenir : *Iou me brembi de len*, je me souviens de loin.

Éty. Alt. du lat. *memorare*, se rappeler. V. *Mem*, R.

BREN, s. m. (bréin) ; *Brann*, angl. *Brenno*, ital. *Bren*, esp. Son. V. *Racel* ; ordure, matière fécale ; berceau, Garc.

Éty. du bas breton *brenn*, m. sign. ou de *brance*, nom gaulois d'une espèce de froment dont on faisait de la bière.

Estrech au bren, *larg à la farina*, un ménager de bouts de chandelles, ou celui qui vend le son et donne la farine.

En temps de famina,
Tant se vende lou bren coumo la farina.
Prov,

Dérivés : *Bren-ada*, *Bren-ous*.

BRENACHA, s. f. (brenátche). Nom que porte, aux environs de Montpellier, le cravant, *Anas bernicla*, Lin. oiseau de l'ordre des Palmipèdes et de la fam. des Serrirostres ou Prionoramphes, (à bec en scie).

BRENADA, s. f. (brenáde). Cataplasme fait avec du son.

Éty. de *bren*, son, et de *ada*, fait.

BRENADA, s. f. d. apt. Verglas, givre. V. *Breina*.

BRENC, vl. V. Epée. V. *Bran*.

BRENCA, s. f. dg. Jasm. Branche. V. *Branca*.

BRENICA, s. f. (brenique), dl. Mie de pain.

Éty. de *bren*.

BRENOUS, adj. (brenóus), dl. Syncope de *Berenous* ou *Verinous*, v. c. m.

BRENOUS, **OUSA**, adj. (brenóus, óuse), dl. Embrené, sali de bran, c'est-à-dire, de matière fécale.

Éty. de *bren* et de *ous*.

BRENSAR, V. *Bressar*.

BREO, adj. dg. Sec, froid.

Éty. du grec βρέχω (bréchô), *madefacio*.

BREO, adv. vl. vaudois. Vite. V. *Breu*, *Vite* et *Brev*, R. adj. bref, ève, court, courte.

BREOMENT, vl. vaudois. Brièvement V. *Brev*, R.

BREOU, s. m. dl. Une amulette ou un *brevet*, sachet ou nouet que l'on porte sur son corps comme préservatif contre les maladies ou contre un accident.

Les amulettes ont une origine si ancienne qu'elle se perd dans la nuit des temps : les Chaldéens et les Egyptiens les communiquèrent aux Grecs et aux Romains, qui nous ont transmis ce genre de superstition.

On dit du présent d'un avare : *N'en farai un breou*, j'en ferai une relique, en lat. *breves sententiæ*. Sauv. V. *Breu*, R.

BREOU, adv. (brèou) ; BREU, BRIOU, BRIEOU. dl. Bref, court : *En breou temps*, en peu de temps ou dans peu, le même qu'en bref temps.

Éty. du lat. *brevis*. V. *Brev*, R.

Breou et *briou*, sont quelquefois employés substantivement.

Breou de sacrament, formule de serment, et dans ces vers de Michel :

Se rizon en ralhan, y demore bon *brieou*
Et nous divertissent tous autres amai yeou.
Michel.

BREOU, s. m (bréou) ; BREOULE. Nom qu'on donne, en Languedoc, selon M. de Belleval, à la laitue vivace, *Lactuca perennis*, Lin. plante de la fam. des Composées Chicoracées, commune dans les lieux pierreux.

BREOULE, dl. Laitue vivace. V. *Breou*.

BREPHANIA, s. f. anc. lim. Épiphanie. L'abbé le Gros, d'après Nadaud de Limoges, fait observer que dans les statuts d'une frairie établie en l'honneur de Sainte Félicité, en 1350, on met au rang des fêtes annuelles la *Brefania*.

BREQUA, V. *Beca* et *Brec*, R.

BREQUILHOUS, **OUSA**, adj. d. bas lim. V. *Rofissous*.

BRES, radical dérivé du latin *versus*, part. de *versare*, tourner, agiter.

Éty. de *versus*, par apoc. *vers*, et par le changement de *v* en *b*, *bers* ; d'où : *Berscou*, etc. et par la transposition de *r*, *bres* ; d'où : *Bres*, *Bress-ar*, *Bress-aire*, *Bressoun*, *Bress-iera*, etc.

Quelques étymologistes font dériver le mot *bres*, du grec βρίζω (brizô), dormir ; ou de βράσσειν (brassein), agiter, être agité.

BRES, s. m. vl. g. Éclat.

BRES, s. m. vl. BRESC, BRE, BREN. *Berco*, port. *Bres*, cat. Berceau, lit mobile où l'on couche les enfants à la mamelle ; fig. bas âge ; commencement, lieu où une chose a commencé.

Éty. du lat. *versus*. d'où *vers*, *bers* et *bres*. V. *Bres*, R. Ou de l'hébreu *reber*, par la transposition de *r*.

Bres d'abel, dl. ruche à miel. V. *Brusc*.

Bres d'amarinas, manne d'enfant.

Grana de bres, les petits enfants, et non *grana de brest*, comme on le dit souvent et improprement.

BRES, vl. Piége. V. *Brecs*.

BRES, **ESA**, adj. vl. Pris, ise, alt. de *Pres*, v. c. m.

BRES, Nom d'homme, (brès). Brice.

Patron Saint Brice, (*Brictius*), évêque de Tours, après Saint Martin, l'an 400, mort le 13 novembre, 444, jour auquel l'Eglise célèbre sa fête.

BRES, s. m. vl. Ruine, naufrage, destruction. V. *Brec*, R.

BRESAINA, s. f. (bresáïne), dl. BREZAINA. Faux poids. Sauv. Tromperie au poids. Douj.

BRESAR, v. a. (brezá), d. bas lim. Briser. V. *Espessar*, *Roumpre*, *Esbriar* et *Brec*, Rad.

BRESAR, v. n. (brezá) ; BREZAR. dl. Dégoiser, gringotter, fredonner, chasser à l'affût. Sauv. Oiseler, piper.

BRESC, s. m. (brès) ; BRES. dl. Chasse à la pipée. Sauv. en vl. piége. V. *Bresc*.

Éty. de *bresc*, piége.

Venez, venez choutaires
Planta leu vostre *bres*.
Car ben qu'aquest yver se rescontre un pauc fresc
Yeu noun restaray pas de fa valé moun *bresc*.
Le Sage.

BRESCA, s. f. (brésque) ; BRECA, BREICHA, BRESCHA, BREISSA. *Bresca*, ital. cat. anc. esp. Gaufre, gâteau de cire, rayon de miel ; pièce de cire percée de trous hexagones qu'on nomme alvéoles, dans lesquels les abeilles déposent le miel et le couvain.

Éty. du celt. *bresq*, ou du ligurien, selon

l'auteur de la St. des B.-du-Rh. et plus probablement de *Brec*, R. v. c. m.

M. Laure, le fait venir de *brusc*.

BRESCA, SAUTAREL. Brisque, les as et les dix, au jeu de cartes dit *le mariage*.

BRESCA, dl. Bâtonnet. V. *Bisoc*.

BRESCAMBILHA, s. f. (brescambille). La briscambille, ancien jeu de cartes. V. *Bruscambilha*.

BRESCAN, Garc. V. *Bresca*.

BRESCAT, s. m. (brescá), dl. Grillage, fenêtre ou jalousie. Sauv.

BRESCHA, s. f. (brèstse), d. bas lim. Gâteau de cire ou de miel. V. *Bresca* et *Bresc*, R.

BRESEGAS, s. f. pl. (breségues), dl. BREZEGAS. Aphtes. V. *Cran* et *Muguet*.

BRESEGOU, dl. V. *Verbouissel*.

BRESEGOUN, s. m. (bresegóun); BREZEGOUN, BREZEGOU. Un des noms languedociens du houx frelon. V. *Prebouisset* et *Verbouisset*.

BRESENAR, v. n. (bresená), dl. BREZENAR. Gronder, murmurer entre les dents, marmotter. V. *Grougnar*.

BRESIA, s. f. (bresie); BRESIER. dl. Rocher graveleux. V. *Saveou, Gres, Bresier* et *Brec*, R.

BRESIAR, V. *Bresilhar*.

BRESIER, s. m. (bresié), dl. Rocher composé de grès plus ou moins fin.

Éty. de *bresil* et de *ier*. V. *Brec*, R.

BRESIL, s. m. (bresil); BRASIL. *Brasile*, ital. *Brasil*, esp. port. Brésil, grand pays de l'Amérique Méridionale, borné à l'E. par l'Atlantique; au N. par la Guyane française et la Colombie; à l'O. par le Pérou et le Paraguay, et au S. par la république de Buenos-Ayres.

Éty. du lat. *brasilia*, m. s. C'est probablement de l'arbre nommé *brasil*, *bresil*, *brezellum*, en basse latinité, que cette contrée a pris son nom, parce qu'il y est très-abondant.

En 1500, Pinson, officier de Colomb, passa la ligne et aperçut ce pays, ainsi que l'embouchure du Fleuve des Amazones.

En 1501, Don Pedro Alvarès Cabrel, portugais, découvrit ce pays et en prit possession au nom du Portugal.

BRESIL, Arbre. V. *Brezilh*.

BRESIL, s. m. (bresil); BREZIL. dl. Menu gravier, V. *Gresil*; de là le nom de *bresil*, terrain graveleux; on le dit aussi pour poussier de charbon. V. *Brec*, R.

BRESILHAR, v. n. (bresillá); BREZILIA, dl. BRESIAR. Gazouiller, gringotter, fig. dégoiser. Sauv.

Lou roussignoou bresiava,
La tourtourela sounava.
Rigaud.

BRESILHAR, v. a. dl. Briser, concasser. V. *Gresilhar* et *Pilar*.

Éty. *Bresilhar*, est probablement un fréquentatif de *brisar*, formé de *brisa*, miette, et de *ar*, réduire en miettes. V. *Brec*, R.

BRESILIEN, ENA, s. et adj. (bresilièn, ène); *Brasilicro*, port. Brésilien, enne, qui est du Brésil.

BRESINAR, d. apt. V. *Breinar*.

BRESPA, d. béarn. Guèpe, alt. de *Guespa*, v. c. m.

BRESPA, s. f. (brèspe), dl. Veille. *La brespa de Natal*, la veille du Noël.

Éty. Alt. de *vespera*. V. *Velha* et *Vesper*, Rad.

BRESPADA, s. f. (bréspade), dl. BRESPAU. Soirée. alt. de *Vesprada*, v. c. m. et *Vespr*, Rad.

BRESPALHAR, v. n. (brespaillá); RESPRALIAR, dl. BRESPILHAR. Goûter, faire collation. V. *Goustar*.

Éty. Ce mot est dit par alt. de *vespralhar*, formé de *vesperalis* ou de *vespre*, soir, parce que c'est vers le soir qu'on prend ce repas. V. *Vespr*, R.

BRESPALHAT, s. m. (brespaillá), dg. Goûter. V. *Goustar*.

BRESPAS, s. f. pl. (bréspes), dl. Les vêpres, l'office du soir.

Éty. de *vespera*. V. *Vespras* et *Vespr*, R.

BRESPAS, s. f. pl. altér. gasc. de *Vespras*, v. c. m.

BRESPAU, V. *Brespada*.

BRESPE, s. m. (brèspe), dl. Soir, alt. de *Vespre*, v. c. m. et *Vespr*, R.

BRESSA, s. f. (brèsse), dl. FOURADA. Cabane portative de berger; on la nomme *fourada* quand elle est construite avec de la paille; ce mot peut alors être dérivé de *fouerre*, qui signifiait paille dans l'ancien gaulois.

Éty. *Bressa*, est le fém. de *bres*, selon M. de Sauv. et signifie grand berceau. V. *Bres*, R.

BRESSAIRE, s. m. (bressaïré). Table sur laquelle on pose le berceau pour bercer V. *Bres*, R.

BRESSAIRE, ARELA, s. (bressaïré, arèle). Celui, celle qui berce. V. aussi *Bressiera* et *Bres*, R.

BRESSAIROLA, s. f. (bresseiróle), dl. Une *Berceuse*, Sauv. Add,

Éty. V. *Bres*, R.

BRESSAR, v. a. (bressá); BRESSAR, YUMPAR. *Bressar*, cat. *Brizar*, esp. Bercer, agiter un enfant dans son berceau pour l'endormir.

Éty. du lat. *versare*. V. *Bres*, R.

De tout ce qu'on a pu dire, pour ou contre l'usage de bercer les enfants pour les endormir, il est démontré: qu'une forte agitation peut leur nuire, soit en produisant un état apoplectique, soit en empêchant de reconnaître la véritable cause de leurs cris, ce qu'il faut toujours rechercher avec soin, car les pleurs, chez eux, sont toujours l'expression d'un besoin; et qu'un mouvement modéré peut contribuer puissamment à calmer de petites douleurs et favoriser ainsi leur repos, loin de leur nuire.

BRESSAR, v. a. Baratter, remuer, agiter du lait ou de la crème dans une barate pour faire du beurre.

BRESSAT, ADA, adj. et p. (bressá, áde). Bercé, ée. V. *Bres*, R.

BRESSAU, s. m. (bressáou). *Bresseau* ou *bresseaux*, empile ou pile, fil de crin, de chanvre ou de laiton, muni d'un hameçon qu'on attache à une corde principale.

BRESSIERA, s. f. (bressiére). BRESSAIRE. Table ou pieds sur lesquels on pose le berceau, pour l'élever au niveau du lit de la nourrice.

Éty. de *bres* et de *iere*, sur quoi l'on pose le berceau, qui sert au berceau. V. *Bres*, R.

BRESSOL, s. m. vl. *Bressol*, cat. Berceau. V. *Bres*, R.

BRESSOLA, s. f. (bressóle), dl. Petit berceau, berceau de menuiserie. Sauv.

Éty. de *bres* et du dim. *ola*, *bressolum*, en basse lat. du lat. *versullus*, dim. de *versus*. V. *Bres*, R.

BRESSOLAS, s. f. pl. (bressóles), dl. V. *Gargastieras*.

BRESSOUN, s. m. (bressóun); *Bressolet*, cat. Petit berceau.

Éty. de *bres* et du dim. *oun*. V. *Bres*, R.

BRESUGOUN, s. m. (bresugoú), dg. PRESUGOU. Petit houx. V. *Prebouisset*.

BRET, adj. vl. BRETON. Breton, qui est de Bretagne. V. *Bretoun* et *Bretagna*, R. pour bègue. V. *Bretoun*.

En vl. oisellerie. Gloss. Occit.

BRETA, s. f. (bréte). Brette, longue épée.

Éty. On nomme ainsi ces sortes d'épées parce qu'on les frabriqua d'abord en Bretagne, comme si on disait: *Una breta*, une bretonne, sous entendu épée. V. *Bretagna*, R.

BRETA, s. f. (bréte), dl. Pour hotte, V. *Berria*, dg. Génisse. V. *Jungea*.

BRETAGNA, (bretágne); *Bretagna*, ital. *Bretaña*, esp. *Bretanha* port. Bretagne, jadis l'*Armorique*, ancienne province de France et une des plus étendues. Elle est bornée au S. et à l'O. par l'Océan; au S.-E. par le Poitou; à l'E. par l'Anjou et le Maine; au N.-E. par la Normandie, et au N. par la Manche. Cette province forme aujourd'hui cinq départements; Finistère, Côtes-du-Nord, Ille-et-Vilaine, Morbihan, et Loire-Inférieure.

Éty. du lat. *britannia*, parce que les habitants de la Grande-Bretagne, chassés de leur pays, vinrent occuper cette province, à laquelle on donna le nom de leur patrie.

Dérivés: *Bret, Bret-a, Bret-ar, Bretanha, Bret-on, Breton-enc, enca; Bret-ur*.

BRETAIGNA, vl. V. *Bretagna*.

BRETALA, s. f. (brétale), d. bas lim. Gribouillet. V. *Tira-peous*.

BRETANHA, s. f. vl. Bretagne, Armorique. V. *Bretagna*.

Les troubadours ont souvent fait allusion à la Bretagne et à ses habitants.

BRETAR, v. a. (bretá), d. bas lim. Ronger, couper avec les dents en rongeant, V. *Rouigar*, on ne le dit qu'en parlant des rats.

Éty. de *breta* et de *ar*, couper avec l'épée dite brette. V. *Bretagna*, R.

Esser de Bretanha, attendre inutilement, expr. prov.

BRETELLA, s. f. V. *Bratella*.

BRETI, (bréti), *A breti*, adv. A foison, copieusement.

Éty. du grec βρίθω (brithô), être surchargé, succomber sous le poids, être plein de, être chargé de.

BRETO, vl. V. *Breton*.

BRETOINA, s. f. (bretóine). Un des noms du troëne, à Toulouse. V. *Olivier-Sauvagi*.

BRETOLS, adj. vl. Vain, trompeur,

comme l'espoir des Bretons, V. *Bretona*; *Bretol*, en catalan, signifie coquin, vaurien.

BRETON, adj. vl. BRETO. Breton, qui est de Bretagne. V. *Bretagna*, R. et *Bretoun*.

BRETONA, adj. vl. *Esperanca bretona*, espérance vaine, comme celle des Bretons qui attendent leur roi Artur.

BRETONEJAR, vl. V. *Bretounegear*.

BRETONENC, ENCA, s. Breton, bretonne, V. *Bretoun* et *Bretagna*, R.

BRETOUN, OUNA, s. et adj. (bretóun, óune); BRET, BRETONENC, ENCA. *Bretone*, ital. Breton, qui est de la Bretagne.

Éty. du latin *britonis*, gén. de *brito*, m. s.

BRETOUN, OUNA, adj. et s. (bretóun, óune); BRET, BLETOUN, BLEST, LENGUA-BOURAT, BEDOS, BEGOU, BLEZ, QUEC. *Balbo*, ital. Bègue, qui bégaye.

Éty. Ce mot est une onomatopée, ceux qui bégayent prononcent souvent, *bre*, *bret*, ou du lat. *blæsus*, bègue, pris du grec βλαισὸς (blaisos), ou βλεσὸς (blésos), m. s.

BRETOUNEGEAIRE, s. m. (bretounedjäïré). Bègue, bredouilleur. Aub.

BRETOUNEGEAMENT, s. m. (bretounedjaméin). Bégaiement, ou bégayement, l'action de bégayer; la difficulté de prononcer certains mots, bredouillement.

Éty. de *bretounegear* et de *ment*.

On appelle:

MUTACISME, la difficulté de prononcer les lettres *b*, *m*, *p*.

BRETOUNEGEAR, v. n. (bretounedjá); BLETOUNEGEAR, QUEQUEGEAR, BRETOUNIAR, BARTOUNEGEAR, QUEIREGEAR, BEGOULEAR. Bégayer, articuler avec difficulté certains mots; répéter plusieurs fois la même syllabe, bredouiller.

Éty. de *bretoun* et de *egear*.

BRETOUNIAR, V. *Bretounegear*.

BRETUEGNA, UEGNO, s. (bretuégne). Bredouilleuse, eur. Avril.

BRETUR, s. m. (bretúr). Bretteur, brétailleur, celui qui fréquente les salles d'armes, qui se bat souvent à l'épée.

Éty. de *breta*, épée, et de *ur*. V. *Bretagna*, Rad.

BRETZ, vl. V. *Bres*.

BRETZ, BREC, BRES, s. m. vl. Piége, glu, appeau, pipée.

BREU, s. m. vl. Charte, bref, contrat, brevet, lettre, feuille de papier; pour bref. V. *Bref*.

Éty. V. *Brev*, R.

BREU, s. m. (brèou), dg. Breuvage. V. *Abeouragi* et *Bev*, R.

BREU-EVA, adj. vl. BRES, BRIEU, BRIEUS. *Breu*, cat. *Breve*, esp. ital. Bref, court, rapide, de peu de durée. V. *Bref*.

Éty. du lat. *brevis*. V. *Brev*, R.

BREUDOBLE, s. m. vl. *Bref-double*, genre de poésie des troubadours, qu'il est difficile de caractériser, et dont ils n'ont usé que très-tard.

Éty. Ce nom paraît avoir été donné, à ce genre de poésie, à cause du petit nombre de couplets dont les pièces étaient composées et au petit nombre de vers de chaque couplet. Rayn. V. *Brev*, R.

BREUEZA, s. f. vl. *Breugetat*, cat. Brièveté. V. *Breveza*.

BREUGAR, v. a. vl. BREVIAR. Abréger.

Éty. du lat. *breviare*, m. s. V. *Brev*, R.

BREUGETAT, s. f. vl. *Breugetat*, cat. V. *Brievetat* et *Brev*, R.

BREUMEN, adv. vl. *Breument*, cat. *Brevemente*, esp. ital. Bientôt, brièvement, rapidement. V. *Brievament*.

Éty. de *breu* et de *men*, *en breumen*, sous peu, *breviter*, en lat. V. *Brev*, R.

BREUTER, vl. Boucher. V. *Bouchier*.

BREV, BREU, BREG, BRIEV, BREF, radical pris du latin *brevis*, et probablement dérivé du grec βραχὺς (brachys), court, bref, petit.

De *brevis*, par apoc. *brev*; d'où: *Brev-a*, *Brev-et*, *Brev-iari*, *A-brev-ia-ment*, *A-brev-iation*, etc.

De *brev*, par le changement de *v* en *u*, *breu*; d'où: *Breu*, *Breu-men*, *Breu-doble*, etc.

De *breu*, par l'intercallation d'un *i*, *brieu*; d'où: *Brieu*, et en conservant le *v*: *Brievament*, *Briev-etat*.

De *briev*, par la suppression de *e*, *briv*; d'où: *Briv-ar*, *Briv-ada*, *Briv-ouela*, etc.

De *brev*, par le changement de *v* en *f*. *Bref*.

De *breu*, par le changement de *u* en *o*, ou en *ou*, *breo*, *breou*; d'où: *Breo*, *Breoment*, *Breou*, etc.

BREVADAMEN, adv. vl. Brièvement. V. *Brievament*.

BREVAGI, s. m. (brévadgi), d. arl. *Brevatge*, cat. *Brebage*, esp. V. *Abeouragi* et *Bev*, R.

BREVAS, s. f. pl. (brèves); NOTAS, MINUTAS. Minutes des notaires, ou originaux des actes, qui restent en dépôt dans leur étude.

Éty. de *bref*, *breva*, abrégé, court, parce que ces actes n'étaient qu'un resumé des conventions entre particuliers. V. *Brev*, R.

BREVEMEN, adv. vl. *Brevemente*, port. Rapidement, en peu de temps.

Éty. de *breu*, *breve* et de *ment*, V. *Brev*. Rad.

BREVET, s. m. (brévé); *Brevetto*, ital. Brevet, acte portant concession d'une grâce ou d'un don, que le souverain fait à quelqu'un.

Éty. du lat. *brevetum*. V. *Brev*, R.

BREVET-D'INVENTION, s. m. (brevé-d'inventie-n). Brevet d'invention, acte par lequel le gouvernement autorise exclusivement l'auteur d'une invention ou d'un perfectionnement, à vendre ou publier pendant un temps, qui ne peut pas dépasser quinze ans, l'objet de sa découverte.

Par déclaration du 24 décembre 1762, le gouvernement pouvait accorder des priviléges exclusifs; mais le 31 décembre 1790, l'assemblée constituante consacra par une loi, la propriété des inventions à leurs auteurs, et créa par conséquent les brevets d'invention. Les lois des 7 janvier et 25 mai, 1791 en posèrent les principes.

On distingue ces brevets, en *Brevets d'invention*, *Brevets de perfectionnement* et *Brevets d'importation*.

BREVETAR, v. a. (brevetá). Breveter, donner un brevet.

Éty. de *brevet* et de *ar*. V. *Brev*, R.

BREVETAT, ADA, adj. et p. (brevetá, áde). Breveté, ée, qui est pourvu d'un brevet.

Éty. de *brevet* et de *at*. V. *Brev*, R.

BREVETAT, s. f. d. vaud. Brièveté. V. *Brievetat* et *Brev*, R.

BREVEZA, s. f. vl. BREVEZA. Brièveté.

BREVIAMEN, et

BREVIAMENT, s. m. vl. BREVIAMEN. Abréviation. V. *Brev*, R.

BREVIAR, v. a. vl. Abréger, accourcir.

Éty. de *brevis* et de *ar*, rendre bref. V. *Brev*, R.

BREVIARI, s. m. (bréviari); *Breviari*, cat. *Breviario*, esp. port. ital. *Brevier*, all. Bréviaire, office que doivent dire chaque jour, ceux qui sont dans les ordres sacrés; le livre qui contient ces offices.

Éty. du lat. *breviarium*, formé de *brevis*, court, abrégé. Cette étymologie n'est plus exacte maintenant que le bréviaire contient toutes les heures canoniales, savoir: matines, laudes, prime, tierce, sexte, none, vêpres et complies. V. *Brev*, R.

« La récitation du bréviaire n'était d'abord » que de dévotion: le Concile de Basle, sous » Jules II, et celui de Latran, sous Leon X, » y astreignirent les bénéficiers. Depuis, cette » obligation s'étendit à tout ecclésiastique » promu aux ordres sacrés. » Lames. Dict. des Prov.

On dit d'un ignorant, *Sau legir que dins soun breviari*.

Quoique les prières contenues dans le bréviaire varient selon les diocèses, elles sont toujours divisées en sept parties, conformément à ces paroles du prophète Roi, psaume 118: « J'ai chanté vos louanges sept fois le jour: » elles le seraient même en huit, si *matines* et *laudes* comptaient pour deux. Les noms qu'on leur a donnés indiquent les heures auxquelles on doit les réciter ou les chanter.

BREVITAT, vl. *Brevità*, ital. V. *Brievetat*.

BREX, s. m. dg. Rable. V. *Riable*.

BREYAR, v. n. (breïá), d. arl. V. *Brilhar*.

BREZA, s. f. (bréze), d. bas lim. Miette. V. *Briga*.

BREZADOR, s. m. vl. BREZAIRE. Oiseleur, pipeur.

Éty. de *bretz* et de *ador*, qui emploie les piéges.

BREZAGA, s. f. (brezágue). Nom qu'on donne, à Agen, à l'orfraie. V. *Beou l'oli*.

N'entendes pas canta sul clouchè la brezago.
Jasm.

Éty. de *brezar*, briser.

Le nom d'orfraie que cet oiseau porte en français, vient du latin *ossifraga*, qui brise les os, et a par conséquent le même radical, quant au sens. V. *Brec*, R.

BREZAIRE, vl. V. BREZADOR.

BREZAR, vl. V. *Bresar*.

BREZET, s. m. dg. Filet ou espèce de piége pour prendre les oiseaux. D'Astros.

BREZIL, vl. V. *Brezilh*.

BREZILH, s. m. vl. BREZIL. *Brasil*, cat. esp. *Brasile*, ital. Brésil, espèce d'arbre, très-abondant au Brésil, et qui a donné son nom à la contrée. V. *Bosc-de-Bresil*.

BREZILAR, v. n. vl. Tomber en débris, se briser.

Éty. de *bresill*, débris, et de *ar*. V. *Brec*, Rad.

BREZILHAR, v. a. vl. Briser, fracasser; dégoiser, gazouiller, gringotter.

BREZILHER, s. m. vl. Verrou.

BREZOLA, s. f. (brezóle). Moellon de roche plein de trous et fort dur; pierre meulière. Béron. V. *Peira*.

BREZON, s. m. vl. BREZO. Plastron.

BRI

BRI, *per escurar*, s. m. SAVEOU. Nom qu'on donne, aux environs d'Aix, aux recoupes des pierres qu'on taille, parce qu'on s'en sert pour frotter les métaux qu'on veut polir ou décrasser.

Éty. du celt. *brix*, rupture.

BRI, s. m. d. bas lim. pour *Brin*, v. c. m.

BRIA, s. f. vl. Bruit, renommée; il ou elle abrège, diminue.

BRIA, dm. V. *Brisa*.

BRIA, part. nég. (brie), d. bas lim. Pas, point, mie.

Éty. Comme si l'on disait *pas bria*, pas miette. V. *Brec*, R.

BRIAC, s. m. vl. Ivrogne. V. *Ubriac*.

BRIADOUIRA, s. f. (briadouïre). Couteau à deux manches dont on se sert, dans le Var, pour couper le liége.

BRIAGA, s. f. vl. Ivraie.

BRIAL, s. m. (briál); BROUAL, d. bas lim. Petite éminence, le bord d'une terre, d'un champ qui est élevé, qui domine sur un autre, tertre.

BRIALHA, s. f. (briáille); BREALHA. Nom collectif qui désigne tous les enfants qui font du bruit, tous les jeunes gens bruyants; toute la canaille.

Éty. de *bria*, miette, parcelle, petit, et de *alha*, tous les petits. V. *Brec*, R.

BRIAN, s. m. (briàn), dl. Un ciron. V. *Ciroun*.

Éty. du celt. selon M. Astruc; *brion* et *brian*, en gaulois.

BRIAN, s. m. vl. *Brià*, cat. Ascaride, ver.

BRIAR, v. a. (briá). *Briar la rusca*, dépouiller le liége de sa partie raboteuse.

BRIAR, v. a. (briá), d. lim. Raccourcir. V. *Brev*, R.

BRIBAND, s. m. (bribán), dl. Truand, belître, caïman, fainéant. Douj.

Éty. de l'ital. *birbante*.

BRIBANDEGEAR, v. n. (bribandedjá), dl. Gueuser, mendier, quémander. Douj.

Éty. de *briban*, gueux, *birbante* en ital.

BRIC, s. m. vl. V. *Bricon*, coquin.

BRIC, Mot employé dans cette loc. prov. *De bric et de broc*, *De rifla ou de rafla*, d'une manière ou d'une autre; de tête ou de pointe.

Éty. de *brocha*, selon M. Roquef.

BRIC, s. m. vl. BRICS. Morceau, fragment. V. *Brec*, R.

BRIC, s. m. (bri); BRICK. Brick, petit bâtiment, d'une mâture et d'une voilure particulières. V. *Brigantin*, dont bric n'est qu'une altération.

Éty. de l'angl. *brig*.

BRICA, s. f. (brique). Brique, terre argileuse pétrie, moulée et cuite, qu'on emploie dans les bâtiments. V. *Maloun*.

Éty. du latin *ruber*, *rubris*, rouge, d'où *rubrica* et *brica*, par aphérèse.

On donne le nom de :

BRIQUES EN LIAISON, à celles qui sont posées sur leur plat.

BRIQUES DE CHAMP, à celles qui le sont sur leur côté, pour servir de pavé.

BRIQUES EN ÉPI, à celles qui sont placées sur l'angle, en manière de point de Hongrie.

BRIQUES VERNISSÉES, à celles qui ont été enduites d'un vernis.

ROCHES, à celles qui se vitrifient et se collent les unes aux autres pour avoir été exposées à un feu trop violent.

Menès avait, dit-on, écrit les premières origines de l'Egypte sur des briques, 2965 ans avant J.-C. d'autres n'en font remonter l'invention, chez les Chinois, qu'à l'année 2611 de la même époque. Il paraît qu'au commencement on ne les faisait pas cuire au four, mais qu'on se bornait à les faire sécher au soleil. Les murailles de Ninive et de Babylone en étaient construites, ce qui est cause qu'on n'en retrouve plus de traces; cependant, on a reconnu dans les décombres de la tour de Babel des briques qui avaient été cuites au four. Les Grecs attribuaient l'invention de faire cuire les briques, à deux habitants de l'Attique, nommés Eurialus et Hyperbius.

BRICA, s. f. (brique), dl. Mie de pain, V. *Moudela*; petite parcelle, V. *Briga*, point, nullement: *Cap de brica*, point du tout. V. *Brec*, R.

BRICALHA, s. f. (bricáille), dl. Même signification que *brica*, mie. V. *Brica* et *Brec*, R.

BRICALHOUN, et

BRICALHOUNET, s. m. dl. Dim. de *bricalha* et de *brica*, petite parcelle, petite miette. V. *Brigueta* et *Brec*, R.

BRICH, **ICHA**, adj. et p. (britch, itche). Trempé, mouillé. Aub.

BRICO, s. m. vl. *Bricco*, ital. *Bricó*, cat. Bandit. V. *Bricon*.

BRICO, Nom d'homme; *Bricio*, ital. Brice.

Patr. Saint Brice; l'Église honore deux saints de ce nom, les 9 juill. et 13 nov.

BRICOLA, s. f. vl. BRIOCOLA. Fléau de balance. V. *Fleou*.

BRICOLA, s. f. (bricóle); REPOUMPIDA. *Briccola*, ital. Bricole, retour de la bille qui a frappé l'une des bandes du billard; fig. détour, ruse.

Éty. du celt. *bricol*, tromperie, ou de l'esp. *brincar*, cabrioler.

BRICOLAR, v. n. (bricoulá); BRICOULAR. *Briccolare*, ital. Bricoler, jouer de bricole, à la pomme ou au billard, faire le coup qu'on jouait par le retour de la balle ou de la bille.

Éty. de *bricola* et de *ar*.

BRICOLAS, s. f. pl. (bricóles). Bricoles, bretelles de porte-faix, et par extension bretelles ordinaires.

BRICOLAT, **ADA**, adj. et p. (bricoulá, áde). *Me siou bricoulat lou ped*, je me suis foulé le pied, je me suis donné une entorse au pied.

BRICON, s. m. vl. BRICO, BRIC. *Brico*, anc. cat. *Briccone*, ital. Coquin, fripon, traître, vaurien, malotru, misérable.

Éty. de l'ital. *briccone*, m. s. ou du bas breton *brigus*, m. s.

BRICOU, s. m. (bricou); BRIQUOU. Petite cafetière de terre, espèce de coquemar, V. *Coucoumar*; pour un peu, V. *Bricoun*.

Éty. du turc.

BRICOUALA, s. f. (bricouále). Besace, panetière. Garc.

BRICOULAR, V. *Bricolar*.

BRICOUN, s. m. (bricóu), dl. Un peu, un petit brin. V. *Brigoun*.

Éty. de *brica*, miette, et du dim. *oun*. V. *Brec*.

BRICOUNEGEAR, v. a. (bricounedjá), dl. Mettre en petits morceaux. V. *Esbrigar*.

Éty. de *bricoun* et de *egear*, faire de petits morceaux. V. *Brec*, R.

BRICUOU, s. m. V. *Escaufaire*. Garc.

BRID, radical dérivé du celtique *bride*, selon Denina t. II, p. 105; du vieux saxon *bridel*, *bride*, qui désigne également une bride, selon Le Duchat; ou du grec βρύτηρ (brutêr), éol, pour ῥυτήρ (rutêr), formé de ῥύω (ruô), tirer, parce que la bride sert à tirer, et à conduire le cheval, et par ext. à retenir une chose quelconque. Dérivés: *Brid-a*, *Brid-ar*, *Brid-el*, *Brid-ier*, *Brid-oun*, *Des-brid-ar*, etc.

BRID, **IDA**, adj. (brid, ide); BRIS, ISSA. Trempé, ée, mouillé par une ondée. Garc. V. *Tremp*.

Éty. du grec βρέχω (brêchô), mouiller, tremper, arroser.

BRIDA, s. f. (bride); *Briglia*, ital. *Brida*, esp. cat. port. Bride, partie des harnais du cheval qui sert à le conduire.

Éty. V. *Brid*, R.

Une bride se compose de la monture, du mors et des rênes.

Dans la monture on nomme:

TÉTIÈRE, la partie qui passe sur la tête, V. *Testiera*.

FRONTAIL ou FRONTEAU, la courroie qui passe sur le front au-dessus des yeux.

PORTE-MORS ou MONTANT DE LA BRIDE, les deux lanières qui de la têtière vont se fixer au mors.

SOUS-GORGE, la courroie qui partant de la têtière, passe sous le cou et vient rejoindre la même partie du côté du montoir.

MONTURE, les parties qui soutiennent l'embouchure.

Dans le mors on nomme:

BRANCHES, les deux pièces de fer courbées qui portent l'embouchure, et qui tiennent d'un côté au porte-mors et de l'autre aux rênes.

MORS ou EMBOUCHURE, la partie qui entre dans la bouche du cheval.

BOSSETTES, l'ornement qui cache le bouquet ou fonceau du mors.

GARGOUILLE, l'anneau diversement contourné qui termine les branches du mors.

TOURET, le demi S qui est fixé dans l'œil du touret supérieurement par un bouton, et qui se termine inférieurement par un autre demi S qui soutient un anneau.

OEIL-DU-TOURET, le trou pratiqué à la partie inférieure de la gargouille, dans la place formée où est logé le touret.

CHAINETTE, la petite chaîne qui s'étend de l'une à l'autre gargouille des branches du mors.

GOURMETTE, la chaînette de fer terminée par deux maillons destinés à entrer dans deux crochets lorsqu'on veut la mettre en place.

FAUSSE-GOURMETTE, les deux petites longes de cuir cousues aux arcs du banquet de la branche du mors.

SOUS-BARBE, la partie plate, droite d'un côté et taillée en coude de l'autre, qui se termine par le rouleau,

ROULEAU, l'extrémité inférieure de la sous-barbe qui se replie plusieurs fois sur elle-même.

OEIL, les trous qui terminent chacune des branches par en haut.

BANQUET, la partie arrondie de la branche qui est au-dessous de l'œil.

FONCEAU, la plaque qui bouche les orifices du canon du mors.

JARRET, la partie qui s'étend depuis le rouleau jusqu'aux petits tourets de la première chaînette.

RENES, les courroies,

MUSEROLLE, la partie qui se place au-dessus du nez.

La bride des chevaux de charrette est plus simple que la bride ordinaire; elle a en outre:

LE CACHE-NEZ, qui est un large morceau de cuir qui pose sur le nez.

LES ABOUTOIRES ou EMBOUTOIRES, qui sont des plaques de cuir attachées aux montants derrière les yeux pour les préserver des coups de fouet, et empêcher le cheval de regarder en arrière.

Celle des chevaux de voiture est à peu près la même; elle a des *œillères*, et un *trousse-crin*, qui sert a envelopper le toupet de crin du front du cheval.

On appelle:

MASTIGADOUR, une espèce de mors que l'on place dans la bouche des chevaux pour exciter la mastication et les faire écumer.

TRANCHEFILE, le morceau de cuir tortillé qu'on met à la bride des chevaux de carrosse; et les chaînettes de la branche du mors, dans ceux de manège.

Les premiers hommes qui domptèrent des chevaux n'employèrent long-temps pour les conduire, que la voix; ils se servirent ensuite d'une baguette, et la bride furent avec l'éperon, les derniers moyens inventés pour se rendre entièrement maîtres de ces utiles animaux.

Les Grecs attribuent l'invention de la bride à Bellerophon, 1360 ans avant J.-C. et Pindare, en fait honneur à la déesse Pallas.

Les statues équestres antiques, n'ont rien dans la bouche.

BRIDA, s. f. vl. Bride; machine à lancer des traits.

BRIDA, s. f. Bride, en terme de couturière, désigne un arrêt ou couture à points redoublés, que l'on fait aux angles des boutonnières pour les fortifier. V. *Brid*, R.

BRIDA-DE-CHAMINEYA, Fenton ou fanton, fer qui sert de chaîne à une crémaillère. V. *Brid*, R.

BRIDAR, v. a. (bridá); BREIDAR. *Brigliare*, ital. *Embridar*, esp. *Bridar*, esp. port. Brider, mettre la bride à un cheval; lier par contrat.

Éty. de *brida* et de *ar*. V. *Brid*, R.

Le P. Thomassin fait venir ce mot de l'hébreu *vada*, dominer.

Siam bridats, nous jeûnons.

Bridar l'ase, croquer le marmot, expr. fig.

BRIDAT, ADA, adj. et p. (bridá, áde); *Briadado*, anc. esp. Bridé, ée, arrêté par une bride. V. *Brid*, R.

BRIDEL, dl. V. *Bridoun*.

BRIDIER, s. m. (bridié). Bourrelier, artisan qui fait les harnais des chevaux et des autres bêtes de somme, et particulièrement les brides.

Éty. de *brida* et de *ier*. V. *Brid*, R.

Caramel à quatre filets de lignette; moyenne corde fine de spart, à quatre branches, servant à coudre les cabas, etc. Avril.

BRIDISSURA, s. f. (bridissúre); BRIDISSOURA. Tranchefile; chaînette de fil blanc que l'on fait sur les brides.

Éty. de *brida* et de *issura*. V. *Brid*, R.

BRIDOULA, s. f. (bridóule), dl. Corde de genêt. Sauv.

BRIDOULAR, v. n. (bridoulá), dl. Crier. Sauv. V. *Cridar*.

BRIDOUN, s. m. (bridóun); BRIDEL. Bridon; en français, on donne ce nom à un petit mors brisé au milieu, mais en provençal, on désigne par ce mot, une espèce de bride à embouchûre simple et droite, terminée de chaque côté par un anneau dans lequel on passe les rênes.

Éty. de *brida* et du dim. *oun*. V. *Brida* pour les détails, et *Brid*, R.

Cette espèce de bride porte aussi le nom de bridon à la royale, parce que ce fut, dit-on, Louis XIV, qui s'en servit le premier dans une circonstance où la bride de son cheval se cassa.

BRIDOUN, s. m. Petite bande de toile ou d'étoffe, qui passe sous le menton d'un enfant pour retenir le béguin sur sa tête, bride de béguin.

BRIEN, s. m. (brien). V. *Brion*.

BRIEU, vl. BREC, EN BRIEU. Dans peu, sous peu. V. *Brev*, R.

BRIEUMEN, adv. vl. Bientôt. V. *Brievament* et *Brev*, R.

BRIEVAMENT, adj. (briévaméin); *Brevements*, esp. port. *Breument*, cat. *Brievemente*, ital. Brièvement, en peu de mots.

Éty. de *brieva* pour *breva*, et de *ment*, d'une manière brève. V. *Brev*, R.

BRIEVETAT, s. f. (brievetá); *Brevità*, ital. *Brevedad*, esp. *Brevidade*, port. *Brevitat*, anc. cat. Briéveté, courte durée de quelque chose.

Éty. du lat. *brevitatis*, gén. de *brevitas*, m. s. V. *Brev*, R.

BRIFFAIRE, s. m. (briffaïré). Gros mangeur, goulu. Aub.

BRIFFAR, V. *Braffar* et *Braff*, R.

BRIFFA-SAUSSA, s. m. (briffe-sáousse; Grippe-sauce, *gouliafre*, goulu. V. *Braff*, R.

BRIFFAT, ADA, adj. et p. (briffá, áde). Mangé avidement, V. *Braff*, R.

BRIFFAU, AUDA, s. m. (briffáou, áoude), d. bas lim. Sot, niais, badaud. Voy. *Niais* et *Badaud*.

BRIFFAUD, AUDA, s. (briffáou, áoude); *Briffot*. Grand mangeur. V. *Braff*, R.

BRIFFOU, adj. m. (briffou); BRIFFOUL. *Brufol*, cat. Brouillé, surchargé de vapeurs, en parlant du temps.

Éty. du grec βρίθω (brithô), être pesant, lourd.

BRIGA, pour miette. V. *Brisa*.

BRIGA, s. f. (brigue); ENTRIGA, BREGADA. Brigue, mesures secrètes et détournées que l'on emploie pour obtenir quelque chose; cabale, faction.

Éty. de l'italien *briga*, parti, débat, querelle, procès, combat.

BRIGADA, s. f. (brigáde); BREGADE. *Brigata*, ital. *Brigada*, esp. cat. port. Brigade, partie ou division d'un corps de troupes, soit à pied, soit à cheval, commandée par un brigadier.

Éty. de l'ital. *brigata*, ou du celt. *briga*, réunion d'hommes, et de *ada*. Dérivés: *Brigad-ier*, *Em-brigad-ar*, *Embrigad-at*.

BRIGADEL, s. m. (brigadèl). V. *Brigadeou*, plus usité, et *Brec*, R.

BRIGADELIAR, v. n. (brigadeliá), dm. Balbutier, ânonner, mal prononcer, ne savoir ce qu'on dit.

Éty. de *brigadel* et de *iar*. V. *Brec*, R.

BRIGADEOU, ELA, adj. et s. (brigadèou, èle); BRIGADEL. Imbécile, barbouilleur, nigaud.

Éty. Qui parle comme celui qui a la bouche remplie de la bouillie qu'on nomme *Brigadeous*, v. c. m. et *Brec*, R.

BRIGADEOUS, s. m. pl. (brigadèous); BRIGADELS, COUQUELS, BRIGANDEOUS, BRIGOUNDEOUS. Gaude, bouillie, soupe que l'on fait avec de la farine délayée dans l'eau et réduite en grumeaux.

Éty. de *briga*, miette; *brigad*, réduit en miettes, en petits grumeaux, et de *cous* ou *els*, art. V. *Brec*, R.

BRIGADIER, s. m. (brigadié); BREGADIER. *Brigadiere*, ital. *Brigadier*, esp. *Brigadeiro*, port. *Brigadèr*, cat. Brigadier, commandant d'une brigade; autrefois officier supérieur.

Éty. de *brigada* et de *ier*.

BRIGAL, s. m. (brigál), dg. Brin, bout. V. *Brisa*.

BRIGALHAR, v. a. dg. Briser en petits morceaux.

Ero souffren: lou mal brigaillabo *sous os.*
Jasmin.

Éty. de *briga*, miette, et de *alhar*, mettre tout en petits morceaux. V. *Brec*, R.

BRIGALHAR, v. a. (brigaillá), d. bas lim. Bigarrer, billebarrer. V. *Bigarrar* et *Vari*, R.

BRIGALHOT, OTA, adj. dg. Petit, petite: *Brigaillot seignur*, Bergeyret, petit seigneur.

Éty. de *brigalh* et de *ot*, R. V. *Briga* et *Brec*, R.

BRIGALHOUN, s. m. dg. Un peu, une petite quantité.

Éty. de *briga* ou *brigalh*, et de *oun*. Voy. *Brec*, R.

BRIGAND, s. m. (brigán); BREGAND, BREGAN. *Brigante*, ital. Brigand, voleur de grand chemin; fig. celui qui fait des vexations ou d'étranges concussions; plusieurs chefs militaires ont, sous bien des rapports, mérité ce titre, pendant les dernières guerres.

Éty. Suivant plusieurs étymologistes, ce mot vient de *brigantes*, peuples d'Hibernie, qui, sous l'Empire Romain, passèrent en Angleterre dont ils ravagèrent toute la partie septentrionale. Roquefort, pense que le mot *brigand* vient de *brigandine*, armure que des soldats portaient vers 1356, à Paris, où ils commirent tant de vols que l'on conserva le nom de brigands aux voleurs, comme les latins l'avaient fait de *latro*, qui signifiait soldat dans l'origine.

BRIGANDAGI, s. m. (brigandádgi);

BRIGANDAGE. Brigandage, volerie sur les grands chemins; fig. action violente, concussion.

Éty. de *brigand* et de la term. *agi*, je fais le brigand, action de brigand.

BRIGANTIN, s. m. (brigantïn); BREGANTIN, BRIC. *Bergantin*, port. *Brigantino*, ital. Brigantin, bric, bâtiment à deux mâts et d'une grandeur peu considérable; il est distingué des autres bâtiments de même force, par sa grande voile nommée brigantine. V. *Brigantina*.

Éty. On croit que ce mot vient de *brigand*, parce que les pirates s'en servaient.

BRIGANTINA, s. f. (brigantine). Brigantine, voile distinctive des brigantins; elle a beaucoup de surface et elle est déployée par le moyen d'un pic ou d'un gui, c'est-à-dire, par deux vergues, l'une inférieure, l'autre supérieure.

BRIGAR, v. a. (brigá); Égruger, passer quelque chose à l'égrugeoir. Gar. V. *Esbrigar* et *Trissar*.

Éty. de *briga*, miette, et de *ar*, mettre ou réduire en miettes. V. *Brec*, R.

Brigar la terra, vaquer la terre, en terme de potier.

BRIGAR, v. a. *Brigare*, ital. Briguer, poursuivre par brigue.

Éty. de *briga* et de *ar*.

BRIGAUS, s. m. pl. (brigâous). Petits morceaux de pain. V. *Brisa*.

BRIGIDA, nom de femme, (bridgide); BROGIDA, BRIGITA, BREGITA. *Brigita*, ital. *Brigida*, port. Brigide et Brigitte.

Patr. Sainte Brigide.

L'Eglise honore quatre saintes de ce nom, les 1er févr. 3 et 23 juill. et 8 oct.

BRIGNA, s. f. dg. et lim. Poisson blanc. V. *Sophi*.

BRIGNA, s. f. (brigne). Un des noms gascons de la vandoise. V. *Sophi*.

BRIGNOLAS, s. f. pl. (brignóles); *Brugnole*, ital. Nom qu'on donne, en général, aux prunes perdigonnes desséchées, ou pruneaux, qu'on récolte dans les environs de Digne, et non à Brignolles comme leur nom semble l'indiquer.

BRIGNOUN, s. m. (brignóun); *Brugna*, ital. *Bruño*, esp. La petite prune de mirabelle, brugnon ou brignon.

Éty. de *Brignolle*, où il paraît que cette prune était autrefois abondante.

BRIGOTTA, s. f. (brigóte). V. *Gallina*.

BRIGOULA, dl. V. *Berigoula*.

BRIGOULAR, v. a. (brigoulá), dl. BRIGOULIAR. Remanier, briser. V. *Esbrigar*.

Éty. de *brigoula*, miette, et de *ar*. Voy. *Brec*, R.

Lancet lou tounerro d'al cel
Per brigoula *cadà vaissel*.
Trad. de Virg.

BRIGOULEGEAR, v. a. (brigouledjá); BREGOULEGEAR, BRIGOULIAR, BRIGOURIAR. Grignotter continuellement, manger à tout moment.

Éty. de *brigas*, miettes, d'où *brigoula*, et de *egear*. V. *Brec*, R.

BRIGOULIER, s. m. (brigoulié). Un des noms du micocoulier. V. *Falabreguier*.

BRIGOUN, s. m. (brigoun); BRICOUN. Le même que *brigueta*, petite miette, petit morceau : *Un brigoun*, un rien.

Éty. de *briga* et du dim. *oun*. V. *Brec*, R.

BRIGOUN, s. m. Dans le dial. de Barc. ce mot est synonyme de *Bregoun* et *Bregeaire*, v. c. m.

BRIGOUNDEOUS, d. apt. V. *Brigadeous*.

BRIGUAR, v. n. et a. *Brigare*, ital. Frayer, se familiariser, briguer.

BRIGUETA, s. f. (briguéte); BRISETA, BRIQUÈTA, BRIGOUN, BRIQUET, BRICALHOUNET. *Bricciola*, ital. Une petite miette, une très-petite quantité; un petit espace de temps.

Éty. de *briga*, miette, et du dim. *eta*. V. *Brec*, R.

Si siam una brigueta *amusaz au jardin*.
Gros.

BRIGUETIAN, V. *Brequetian*.

BRILH, rad. que Ménage fait venir de l'italien *brillare*, briller, en avouant qu'il ignore l'éty. de ce mot.

Les MM. della Crusca, proposent *berillus*, qui est le nom d'une pierre précieuse brillante, comme ayant fourni ce dérivé. Le Duchat le tire de la basse lat. *radiculare*, rayonner, pris de *radius*, rayon; comme nous avons fait, ajoute cet étymologiste, railler, de *ridiculare*, et griller de *craticulare*. M. de Roquefort, dit que *briller*, signifia d'abord chasser de nuit aux oiseaux avec de la lumière; de *luminare*, fait de *lumen*, puis on l'employa pour avoir de l'éclat, reluire, jeter une vive lumière.

Enfin, Dénina, t. 3, p. 16, dit que briller est probablement un mot de l'ancien celtique. Dérivés: *Brilh-ant, Brilhant-ar, Brilhant-at, Es-briand-ar, Es-brilh-and-ar*.

BRILHA, s. f. (brille), dl. Ris, terme de boucherie, glandes qui sont sous l'œsophage; celles des veaux s'appellent ris de veau. Sauv. V. *Galhas*.

BRILHA, s. f. (brille). Un des noms gascons de la vandoise. V. *Sophi*.

BRILHANDA, s. f. (brillánde); ABRILHANDA. On nomme ainsi les trois premiers jours d'avril, et l'on est dans la croyance que le temps qui règne durant ces trois jours, continuera pendant les quarante qui suivront, d'où le proverbe :

Quand la brilhanda es ventousa, n'a per quaranta jours.

BRILHANT, ANTA, adj. (brillán, ánte); LUSENT, VOUTANT. *Brillante*, ital. *Brillant*, cat. *Brilhante*, port. Brillant, ante, qui brille, qui a beaucoup d'éclat.

Éty. de *Brilh*, R. et de *ant*.

BRILHANT, s. m. *Brillante*, ital. esp. *Brillant*, cat. *Brilhante*, port. Brillant, diamant taillé à facettes par dessus et par dessous.

Éty. de *brilh* et de *ant*.

BRILHANTAR, v. a. (brillantá). Brillanter, tailler des diamants à facettes, par dessous comme par dessus; fig. semer son discours de faux brillants.

Éty. de *brilhant* et de *ar*, mettre du brillant. V. *Brilh*, R.

BRILHANTAT, ADA, adj. et p. (brillantá, áde). Brillanté, ée, selon le verbe.

Éty. de *brilhant* et de *at*. V. *Brilh*, R.

BRILHAR, v. n. (brillá); BREYAR, LUSIR, RESPLANDIR. *Brillare*, ital. *Brillar*, esp. cat. *Brilhar*, port. Reluire, briller, réfléchir vivement la lumière, affecter vivement les yeux, et, en général, d'une manière agréable.

Éty. de *Brilh*, R. et de *ar*.

BRILLAR, vl. V. *Brilhar*.

BRIMBALA, s. f. (brïmbále). Brimbale, levier d'une pompe. Garc.

BRIMBALAR, v. a. (brïmbalá); *Bambalear*, esp. Brimbaler, agiter de côté et d'autre; on le dit particulièrement des cloches qu'on sonne mal; fig. faire aller ses bras.

Éty. du lat. *brachia vacillare*. Roq. Glossaire de la langue romane, ou du grec βαμβάλω (bambalô), claquer des dents, grelotter de froid. Roq. Dict. Etym.

BRIMBALAT, ADA, adj. et p. (brimbalá, áde). Brimbalé, ée.

BRIMBALET, s. m. (brïmbalé). *A brimbalet*, de travers. Aub.

BRIMBALH, s. m. (brïmbáil), dg. filaments.

BRIMBELLAS, s. f. pl. (brïmbèlles). Un des noms de l'airelle. V. *Aiges*.

Éty. Probablement de *brimbelette* qui signifiait bagatelle, babiole, dans l'ancien langage. V. *Brimborion*.

BRIMBORION, s. m. (brïmborión), Brimborion, colifichet, babiole, chose de peu de valeur.

Éty. Ce mot est dit pour *bimborion*, jouet d'enfant, selon M. Roquefort, qui le dérive de *bimbelot*, ou de *babil*, mot enfantin formé par onomatopée.

BRIME, Avril. V. *Broume*.

BRIME, s. m. vl. Bruine, brouillard.

BRIN, s. m. (brïn); *Bri*, d. bas lim. cat. *Brin*, esp. Le brin ou filasse du chanvre et du lin; on nomme *premier brin*, les longs filaments qui restent dans la main de celui qui sérance; ceux qui sont plus courts portent le nom de *second brin*, le reste est l'étoupe. V. *Couer*, *Estoupa* et *Cochis*.

Éty. de *briser*, parce qu'un brin est une petite portion qui a fait partie d'une plus grande. V. *Brec*, R.

Premier jet de la graine d'un végétal, Garc. plumule.

BRINA, particule explétive, (brine). Mie, pas, point. V. *Briga*.

Nou soun pas brino *faribólos*. Jasm.
Elles ne sont pas du tout folâtres.

BRINA, *Brina*, ital. V. *Breina*.

BRINÇA, s. f. (brïnce), dg. Petite branche d'arbuste. Gaule. V. *Amarina*.

Éty. de *bringe*, brosse, vergette, en vieux français.

Dios brincos *fourman dus anels*.
Jasm.

BRINDA, s. f. (brïnde), dl. *Brenta*, ital. Hotte, panier évasé et plat d'un côté, qu'on porte sur les épaules au moyen de deux bretelles.

Éty. de l'all. *bringen*, porter.

Per ma fremo n'escoularié
Tous leis jours uno pleno brindo.
Bonneville.

BRINDAIRE, s. m. (brindàïré); GOURPETAIRE. *Brentadore*, ital. Hotteur, celui qui porte la hotte.

Éty. de l'all. *bringer*, porteur, ou de *drind* et de *aire*.

BRINDAR, v. n. (brindà), dl. *Brindare*, ital. *Brindar*, esp. port. cat. Boire, Sauv. boire à la santé.

Éty. de l'ital. *far brindesi*, boire à la santé.

BRINDOU, s. m. Manière d'être, air, allure, contenance: *Lou laid brindou*, la laide tournure: *Aver marrit brindou*, avoir mauvaise mine, sous le rapport de la santé.

BRINDOU, s. m. (brïndou); *Brindis*, cat. esp. *Brindisi*, ital. Toast, brinde, coup que l'on boit à la santé de quelqu'un; santé que l'on porte.

Éty. de l'ital. *brindisi*, m. s. ou du flam. *bringen*, porter une santé.

BRINGA, s. f. (brïngue), d. bas lim. Grande femme mal bâtie, hallebreda; grande fille dégingandée, qui ne fait que gambader, gigue, coureuse, peu réglée dans sa conduite.

BRINGABALA, s. f. (brïngabàle). Brimbale, levier qui sert à faire aller une pompe. V. *Brimbalar*.

BRINGUIERA, dl. V. *Beronguiera*.

BRIOC, s. m. (brióc). Nom béarnais du autour.

BRIOCHA, s. f. (briótche). Brioche, espèce de gâteau.

BRION, s. m. (brie-n); BRIEN. Ringeau ou rinjot, l'endroit où la quille et l'étrave d'un vaisseau se joignent.

BRIONIA, vl. V. *Bryouina*.

BRIOTA, s. f. (brióte). Brouette. Voy. *Bariota*.

Éty. de *bis rota*.

BRIOU, s. m. (briou), dl. *Bri*, petit intervalle de temps. V. *Breou* et *Brev*, R.

BRIOU, s. m. (briou). Recoupe des pierres de taille molles.

BRIOUA, s. f. dg.

E jou blat roujet é groussaigno,
Briouo, *segle, que blat espraigno*, etc.
D'Astros.

BRIOUINA, V. *Bryouna*.

BRIOULETA, D'Astros, alt. de *Viouleta*, v. c. m.

BRIOULE, s. m. dg.

Que tuet soun bedet qu'ere debat un brioulé.
Verdier.

BRIOULOUN, s. m. d. béarn. Pour violon. V. *Viouloun*.

BRIOUS, (briũs), s. m. d. béarn. Endroit d'un ruisseau où l'eau coule avec bruit.

Éty. du vieux français *brin*, courant de l'eau d'une rivière, formé du roman *bro*, *bro*, rive, rivage, bord.

BRIQUA, V. *Brica*.

BRIQUET, s. m. (briqué); ATILH, BATIFEC. Fusil, briquet, morceau d'acier diversement conformé, dont on se sert pour tirer du feu au moyen d'un caillou siliceux.

Éty. de l'all. *brechen*, rompre, parce que dans le choc du briquet il se détache toujours de petites parcelles de l'acier, qui étant enflammées par la chaleur qu'occasionne la forte pression des deux corps, produit l'étincelle, qui n'est autre chose qu'un morceau de cet acier en fusion. V. *Brec*, R.

Boileau ignorait ce fait quand il a dit dans le Lutrin. Ch. 3.

. . . . . et tirant un fusil de sa poche,
Des veines d'un caillou, qu'il frappe au même instant,
Il fait jaillir un feu qui pétille en sortant.

Briquet oxygéné: M. Chevalier a inventé ce briquet en 1811.

Briquet pneumatique: M. le colonnel Grobert, la inventé en 1806.

Briquet pyro-pneumatique: il a été introduit en France en 1824.

BRIQUET, s. m. Peson, crochet, petite romaine, petite balance sans bassins.

Briquet, se dit ironiquement d'un mauvais et petit cheval, d'un sabre court à l'usage de l'infanterie, d'un petit homme.

BRIQUET, s. m. (briqué), dl. dim. de *brica*, petit morceau. V. *Brigueta* et *Brec*, Rad.

BRIQUETA, s. m. (briquéte), dg. Pour *Brigueta*, v. c. m. et *Brec*, R.

BRIS, vl. Il ou elle outrage.

Éty. de *bris*, fracture, rupture. V. *Brec*, Rad.

BRIS, ISSA, d. v. V. *Brid* et *Tremp*.

BRISA, s. f. (brise); BRIZA, BRIA, BRIGA, BRICA, BRENICA, BRICALHA, BREIGÀ, BREZA, BRIGAL, BRIGAU, MICALHA. *Briccio* et *Briciola*, ital. Miette, brin, petite parcelle d'une chose: *Dounaz m'en una brisa*, donnez m'en une miette: *N'aguet de las brisas*, il eut des éclaboussures.

Ce mot est quelquefois pris adverbialement et il signifie alors pas et point: *N'auras brisa*, tu n'en auras point, pas une miette.

Éty. de *brisar*, briser, une partie brisée. V. *Brec*, R.

Brisas ou *brias de pan*, miettes de pain.

Brisa-à-brisa, petit à petit.

N'en voli qu'una briga, je n'en veux qu'un brin, qu'une idée.

Pas cap de brica, dl. point du tout, nullement.

Brisas de galeta, machemourre, débris de biscuit de mer.

BRISA, s. f. *Brisa*, esp. cat. *Briza*, port. *Breeze*, angl. Brise, petit vent frais et périodique qui souffle dans certains parages du N.-E.

Éty. Parce qu'il brise les vagues. V. *Brisar* et *Brec*, R.

BRISADA, s. f. (brisáde), dg. *Frèze* ou *brisée*, cinquième âge des vers à soie pendant lequel ils mangent beaucoup. V. *Braffa*.

BRISAIRE, s. m. (brisâïré); DROUSSEUR. Ouvrier qui drousse la laine pour la préparer à être cardée.

Éty. de *brisa* et de *aire*. V. *Brec*, R.

BRISAIRE, s. m. Chevalet ou baudet, espèce de banc, portant une caisse qui renferme la laine huilée, et une droussette fixe, sur lequel le drousseur, s'assied pour drousser la laine.

Il se compose de quatre *pieds*, du *banc*, où s'assied l'ouvrier de la *caisse* où est renfermée la laine, de la *droussette* fixe et de la *droussette* mobile. V. *Brec*, R.

BRISAL, s. m. (brisál), dl. BRIZAL. Menus fragments.

Éty. de *brisa*, miette, et de *al*, *brisal de carboun*, bris de charbon de terre, poussier de celui de bois. V. *Brec*, R.

BRISAMENT, s. m. vl. Bris, fracture. V. *Brec*, R.

BRISAR, v. a. (brisá). Briser.

BRISAR, v. a. (brisá). *Drousser*, passer la laine par les droussettes ou cardes grossières, avant que de la carder.

Éty. de *brisa* et de *ar*. V. *Brec*, R.

BRISARELA, s. f. et adj. (brisarèle). Un des noms de la poire cramoisie, aux environs d'Hières. V. *Cremesina*.

BRISAS, s. f. pl. (brises), dl. BRIZAS. Châtaignes ou *bajannes* brisées: celles qu'on a brisées en les battant. Le bris des châtaignes.

Quand vendez las brisas? combien ou à combien les *brises*?

Éty. de *brisa*, miette. V. *Brec*, R.

BRISAS, s. f. pl. (brizes); BRISOUIRAS. *Droussettes*. Les plus grossières des cardes, qu'on fixe sur un chevalet ou baudet. V. *Carda*.

Éty. Ce mot vient probablement de *brisar*, briser, diviser. V. *Brec*, R.

BRISAT, **ADA**, part. (brisá, áde). Droussé, ée, cardé grossièrement.

Éty. de *brisa* et de *at*, divisé avec la *brisa*. V. *Brec*, R.

BRISAU, s. m. (brisáou); BRIZAU. dl. Sarrot de toile grossière, en forme de large scapulaire, dont se couvraient les épaules les religieux qui travaillaient la terre. Sauv.

BRISCAMBILHA, s. f. (briscambille); BRISCAMBIA. Bancal, ale, qui a les jambes tournées en dehors ou en dedans; fig. joueur ruiné; homme méprisable.

BRISETA, s. f. (briséte). Un petit brin, dim. de *brisa*. V. *Brec*, R.

BRISETAS, s. f. pl. (brisétes); FRETOULETS. Pâte réduite en petits grains arrondis dont on fait la soupe.

Éty. de *brisa*, miette. V. *Brec*, R.

BRISOTA, s. f. dg. Petite brise.

Éty. de *brisa* et du dim. *ota*. V. *Brec*, R.

BRISOUIRAS, s. f. pl. (brisóuires), d. de Barcel. *Droussettes*. V. *Brisas*, R.

BRISOUNA, s. f. (brisóune); BRISETA, PICHOTA BRIA. Dim. de *brisa*, miette, très-petite portion.

BRISTOULADURA, s. f. (bristouladúre), dl. Rougeurs du visage provenant du hâle. Douj. V. *Braz*, R.

BRISTOULAT, **ADA**, adj. et p. (bristoulá, áda), dl. Hâlé, brûlé par le soleil. Douj.

Éty. Dit pour *brustular*, dimin. de *brus-lar*, *brular*, brûler. V. *Braz*, R.

BRISUR, s. m. (brisúr); BRISAIRE. Gros mangeur. Garc.

BRITAN, s. m. vl. *Britain*, *homme britan*. Homme de la Bretagne.

Éty. du lat. *britonis*, gén. de *brito*, breton.

BRIU, BRIV, radical dérivé du roman *briu*, valeur, mérite, impétuosité, orgueil; ou du celt. *briva*, chemin. Dérivés: *Briu*, *Briv-ar*, *A-briv-ar*, *A-briv-ada*, *A-briv-au*, etc.

BRIU, s. m. vl. BRIUS. *Brio*, cat. esp. port. ital. Valeur, mérite, impétuosité, orgueil, grandeur d'âme, bonne grâce, adresse, vivacité. *De briu*, de suite.

Éty. de *brevis*, dans le dernier sens, V. *Brev*, R. et de *briu*, valeur, dans le premier. V. *Briu*, R.

BRIVADA, s. f. (brivàde), dl. Séance, séjour de peu de durée : *Y avem fach una bona brivada*, nous y avons fait une bonne séance. V. aussi *Abrivada*.

Éty. C'est selon M. de Sauv. le fém. de *breou*, bref, court. V. *Brev*, R.

En vl. impétuosité, précipitation.

BRIVAR, v. a. vl. Abréger, presser, s'empresser. V. *Abrivar* et *Brev*, R.

BRIVOUELA, s. f. (brivouèle) ; **BRIVOUERA, BRIVOLA, DORGNA, BOUTOUN.** Petit bouton qui survient à la peau : *A de brivouelas*, il a une éruption.

Éty. de *briv*, pour *brev*, petit, et de *ouela*, dim. V. *Brev*, R.

BRIZA, s. f. Brise, miette. V. *Brisa*, *Briga* et *Brec*, R.

BRIZADOR, s. m. vl. Briseur, qui brise. V. *Brec*, R.

BRIZAR, v. a. vl. *Britar*, anc. port. Briser, rompre, casser, écraser. V. *Esbriar* et *Brisar*.

Éty. de *brisa* et de *ar*, mettre en miettes. V. *Brec*, R.

BRIZAT, ADA, adj. et p. vl. Brisé, ée. V. *Brec*, R.

BRO

BRO, s. m. (bró), vl. Pays ; *bro* ou *abro*, bord, rive. d. bas lim. Dérivé : *Broca*.

BRO, s. m. vl. *Bodrio*, esp. port. *Brodo*, ital. Brouet, bouillon.

Éty. de la basse lat. *brodium*, bouillon.

BROA, s. f. vl. Braie, en terme de pêche, l'endroit d'une rivière disposé de manière à présenter au poisson un goulet par où il passe pour tomber dans le filet. Rayn.

BROC, **BROQU, BROCH**, radical pris de la basse latinité *brochia*, et dérivé, selon les uns, du lat. *veruculum*, dim. de *veru*, broche, dard. Denina, T. III, p. 16, dit que *broc* paraît venir d'un mot celtique et germanique.

De *veruculum*, par apoc. *verucul*, par changement de *v* en *b*, *berucul*, par suppr. de *e* et de *ul*, *bruc*, et par le changement de *u* en *o*, *broc*, d'où : *Broc*, *Broc-a* ; *Broc-ar*, *Broc-adour*, etc.

De *broc*, par le changement du *c* en *qu*, *broqu* ; d'où : *Broqu-eta*, *Broqu-et-ar*, *Broqu-et-ier*, etc.

De *broc*, par le changement du *c* en *ch*, *broch* ; d'où : *Broch-a*, *Broch-ar*, *Em-broch-ar*, *Broch-ura*, etc.

De *broc*, *broqu* et *broch*, par le changement de *o* en *ou*, *brouc*, *bruqu* et *brouch*, les mêmes mots.

BROC, 2, radical dérivé de la basse latinité *brocus* ou *brochus*, broc, vase propre à contenir du vin, probablement tiré du grec βρόχθος (brochthos), bouteille, ou de βρέχω (brechô), je verse, j'arrose, vase qui sert à.... dont on a fait βρόχος (bróchos), vase pour le vin. Dérivés : *Broc*, *Broiss-a*, *Broqu-er*, *Am-broc-ar*, *Em-broc-ar*, *Em-broc-acio*, *Broqu-ier*.

BROC, s. m. (bróc) ; **BROOU, COURNUDOUN.** *Brocca*, ital. *Broc* et *Brocal*, catal. Broc, seau propre à puiser de l'eau. V. *Pouaire* et *Boutin* ; c'est aussi un petit baquet à deux anses.

Éty. de la basse lat. *brocus*. V. *Broc*, R. 2.

BROC, s. m. C'est encore le nom qu'on donne, à Barcelonnette, à une bête vieille qui est hors de service. V. *Barat*.

Éty. du lat. *brochus*, ou *broccus*, qui a les dents saillantes, chose qui arrive aux bêtes vieilles.

BROC, s. m. d. bord. Épine. V. *Broc*, R.

BROCA, s. f. (bróque) ; **BROCHA, BROC.** *Brocco*, ital. Bâton, buchette, *Lou toucariou pas ame una broca de quatre pans*, je ne le toucherais pas avec des pincettes.

Éty. V. *Broc*, Rad.

Broca enviscada, Gluau.

Brocas deis antennas d'un moulin, barres du ratelier d'un moulin à vent, latte.

BROCA, s. f. Bouture, marcotte de figuier, greffe, jet d'un arbre nouvellement planté. V. *Broc*, R.

BROCA, s. f. Est aussi le nom que l'on donne à une pince ou pièce de fer dont se servent les cordiers ; à la broche ou cheville d'un tonneau ; à la broche ou petite tige de fer qui traverse les fiches ; à la broche ou tige de fer qui soutient la bobine ; à la broche qui reçoit la forure de la clef ; à des baguettes enduites de glu ; etc. Voy. *Broc*, R.

BROCA BONA ou **MARRIDA**, Bon ou mauvais sujet. Garc.

BROCA-QUIOU, s. m. dl. Le jeu de broche-en-cul. Sauv. V. *Broc*, R.

BROCADA, s. f. vl. *Brocada*, cat. Escarmouche, charge, attaque.

BROCADOUR, s. m. (broucadoù) ; **BROUCADOUR, BOUTADOUR.** Brochoir, marteau qui sert à ferrer les bestiaux.

Éty. de *broca* et de *our*, qui sert à brocher ou à planter les broches ou clous. Voy. *Broc*, R.

BROCADOUR, s. m. dl. Un *afiché*, ou un soutien : petit bâton creux par un bout pour soutenir une des broches ou aiguilles à tricoter. Sauv. V. *Broc*, R.

BROCALHAR, v. a. (broucaillà) ; **BROUCAILLA**, dg. Ramasser du bois sec.

Éty. de *broca*, morceau de bois sec tombé d'un arbre, et de *ar*. V. *Broc*, R.

BROCANTAR, v. n. (broucantà) ; **BROUCANTAR.** Brocanter, acheter, vendre, troquer divers objets.

BROCANTUR, USA, s. (broucantur, úse) ; **BROUCANTUR.** Brocanteur, celui qui troque.

BROCAR, v. a. (broucá) ; **BROUCAR**, dl. Planter des boutures ; ficher en terre.

Éty. de *broca* et de *ar*, planter des broches. V. *Broc*, R.

Brocar de cebas, planter des oignons à la broche ou au plantoir.

BROCAR, **BROCHAR**, v. a. vl. Piquer, éperonner, courir. Rayn. V. *Broc*, R.

BROCART, s. m. (broucár) ; **BROUCART.** *Brocato*, ital. *Brocado*, port. esp. *Brocat*, cat. Brocart, étoffe de soie brochée d'or ou d'argent.

Éty. de *broca* et de *art*. V. *Broc*, R.

BROCATELA, s. f. (broucatèle) ; **BROUCATELA.** *Brocatello*, ital. *Brocatel*, port. esp. Brocatelle, étoffe fabriquée à la manière du brocart, mais de moindre valeur.

Éty. de *brocat*, pour *brocart* et de *ela* dim. V. *Broc*, R.

C'est aussi le nom d'une espèce de marbre.

BROCHA, s. f. (brótche) ; *Broccia* ital. Broche pour faire rôtir la viande. Voy *Aste*.

Éty. V. *Broc*, Rad.

BROCHA, s. f. Broche, espèce de longue aiguille.

Broche d'un tonneau, *brouqueta*.

Broches à tricotter, *agulhas de bas*.

Broches de chandeliers, *vergas*.

Broche, en t. de serrurier, fer rond qui entre dans le nœud des fiches.

Broche de rouet à filer, *brouecha*.

Éty. V. *Broc*, R.

BROCHADA, s. f. (broutchàde) ; **BROUCHADA, BROUCHETADA.** Brochée, la quantité de viandes que l'on met à la fois à la broche.

BROCHAGI, s. m. (broutchàgi) ; **BROUCHAGE.** Brochure, l'action de brocher les livres. Garc.

BROCHAR, v. a. vl. Piquer. V. *Brocar*, *Brocciare*, ital. et *Broc*, R.

> Vai *brochan* lo destrier dels tranchans esperos.
> Va piquant le destrier des tranchants éperons.
>
> Hist. Crois. Alb. V. 2110.

BROCHAR, v. n. (brouchá) ; **BROUCHAR.** Brocher, enrichir le fond d'une étoffe de clinquant, de chenille, de fil d'argent, de cannetille, etc.

Éty. de *brocha* et de *ar*. V. *Broc*, R.

BROCHAR, v. n. Brocher, plier les feuilles d'un livre les unes sur les autres, les coudre ensemble et les couvrir de papier en couleur ou autre.

Éty. de *brocha* et de *ar*, coudre avec la broche. V. *Broc*, R.

BROCHAT, ADA, adj. et p. (broutchá, áde). Broché, ée, selon le verbe.

Éty. V. *Broc*, R.

BROCHET, s. m. (broché) ; **BRECHET, BUCHET, BECHET, BROUCHET.** Brochet, *Esox lucius*, Lin. poisson de l'ordre des Holobranches et de la fam. des Siagonotes (à mâchoires remarquables).

Éty. du lat. *brochus*, qui a la bouche avancée comme une broche. V. *Broc*, R.

Le brochet porte le nom de *Cançon* ou *Lanceron*, quand il est petit, celui de *Brochet poignard*, quand il est moyen et enfin celui de *Brochet carreau* quand il a acquis tout son accroissement.

Sa chair est ferme, feuilletée, blanche, savoureuse et de facile digestion ; ses œufs jouissent d'une vertu purgative assez prononcée pour qu'on la mette à profit, dans certains cantons du Nord.

Ce poisson vit longtemps et peut parvenir à une grosseur prodigieuse. Celui qui fut pris à Kaiserslautern, près de Mannheim, en 1497, avait 19 pieds de long et pesait 350 livres. Un anneau de cuivre doré qu'on lui trouva avec cette inscription : *Je suis le poisson qui a été jeté le premier dans cet étang par les mains de l'Empereur Frédé-*

ric *II*, le 5 octobre 1230, prouve qu'il était âgé au moins de 267 ans.

BROCHETA, s. f. (brouchéte); BROUCHETA. *Brochica*, esp. *Brochetta*, ital. Brochette, dim. de broche, petite broche.

Éty. Dim. de *brocha*. V. *Broc*, R.

Hâtelette, brochette, est aussi le nom des choses qu'on y fait cuire, comme du foie, de petits oiseaux, etc.

BROCHETIAR, v. a. (broutchetiá); BROUCHETIAR. Passer la brochette à un tonneau. Aub. V. *Broquetar*.

BROCHIER, s. m. (broutchié); BROUCHIER. Tonnelier. Aub. V. *Tounelier*.

BROCHOUNIAR, v. n. (broutchounié); BROUCHOUNIAR. Commencer à paraître, en parlant des graines qui germent. Aub. Voy. *Pounchouniar*.

Éty. de *brochouna*, petite broche, et de *iar*.

BROCHUR, **USA**, s. (brôtchúr, úse); BROUCHUR. Celui, celle qui fait métier de brocher les livres.

BROCHURA, s. f. (broutchúre); BROUCHURA. Brochure, livre non relié et dont le volume est peu considérable.

Éty. de *broch*, et de *ura*, chose cousue avec une broche. V. *Broc*, R.

BROCIDA, s. f. vl. Terme de guerre, désignant, selon M. Faurier, une palissade formée de pieux aigus, ce qu'il n'assure pas.

Éty. de *Broc*, R. broche, dard.

BROCOLI, s. m. (brocoli); *Broccoli*, port. ital. *Broculi*, esp. *Brocoli*, cat. Nom d'une variété de chou. V. *Caulet*.

Éty. de *broca*, broche, tige; parce que ce chou vient par petites têtes autour d'une tige commune qu'on a comparée à une broche. V. *Broc*, R.

BROCS, s. m. pl. d. béarn. Epines.

Éty. de *broca*, broche, dard. V. *Broc*, R. En vl. il ou elle pique.

BRODA, s. f. (bróde), dl. BRODOU. Paresse, fainéantise. *As huei la broda*, tu as aujourd'hui un point de paresse.

Éty. M. Mazer dérive ce mot du grec βραδὺς (bradus), lent, ou de βραδεῖα (bradéia), lenteur.

Car tout lectour prendria la broda
Sans l'entremet d'un episoda.
Favre.

BRODEU, s. m. vl. Frange. V. *Frangea*.

Éty. de *brod*, pour *bord*, parce que c'est au bord des étoffes qu'on met les franges. V. *Bord*, R.

BRODUR, **USA**, s. (broudúr, úse); *Bordador*, esp. *Brodador*, cat. Brodeur, euse; celui, celle qui brode; qui embellit en racontant.

BROE, s. m. vl. Bruine, brouillard.

BROI, **OIE**, adj. d. béarn. Joli, ie. V. *Poulit*.

BROIEMENT, adv. d. béarn. Joliment. V. *Poulidament*.

BROILE, s. m. vl. BROILL. Bois, forêt; rejeton. V. *Brout*, R. ou de l'ital. *brollo*, pépinière, jardin.

BROILL, s. m. vl. V. *Broile*.

BROILLAR, vl. V. *Bruelhar*.

BROINGUA, vl. V. *Bronha*.

BROISSO, s. m. vl. BROISSES. Gouleau, cruche, cruchon.

Éty. de *broc*, ou de l'ancien langage *broisse*, coupe, tasse, vase.

Tan va'l broquers à laiga
Tro que'l broissos *lai rema.*
Tant va le potier à l'eau
Qu'enfin le pot y reste.

BROLHAR, v. n. vl. Pulluler, poindre, percer, bourgeonner. V. *Bruelhar* et *Brout*, Rad.

BROJA, dg. V. *Brocha*.

BROMES, s. m. (brómés), d. arl. Amorce qu'on emploie pour attirer les poissons.

Éty. Ce mot paraît dérivé du grec βρῶμη (brômê), nourriture, aliment, dont le radical est βρώσκω (brôskô), manger, brouter, paître.

BRONC; radical qui indique des qualités âpres, grossières, dans les mots qu'il concourt à former, et qui est probablement tiré du grec βρόγχος (brogchos, bronchos); trachée-artère ou âpre-artère; ou du latin *bronchus*, qui en dérive, et qui désigne la partie intérieure de ce même canal, ou une branche d'arbre coupée; d'où l'ancien mot gaulois *bronches*, buisson, broussailles. En ital. *brusco*, signifie âpre, aigre, brusque.

De *bronchus*, par apoc. *bronc*; d'où: *Bronc-ut*, *Em-bronc*, *Em-bronc-ar*, *Brusc*, *Brusc-a*, *Brusca-ment*, *Brusc-ar*, *Brusc-at*, *Brusqu-e*.

De *bronc*, par aphér. *ronc*, et par le changement du *c* en *g*, *rong*; d'où: *Rong-ass-ada*, *Rong-ass-a*, *Rongass-ous*.

BRONC, s. m. vl. *Broncio*, ital. Apreté, grossièreté, humeur.

Éty. V. *Bronc*, R.

BRONC, adj. vl. *Bronc*, cat. *Bronco*, esp. Triste, fâché, courbé, incliné, âpre, rude.

BRONCUT, **UDA**, adj. (brouncú, úde), dg. BROUNCUT. Raboteux, grossier.

Éty. de *broca*, morceau de bois sec, et de *ut* ou de *bronc*, âpreté, grossièreté.

BROND, BROUND, radical dérivé du latin *bronchus*, branche d'arbre coupée, ou de la basse latinité *bronda*, menues branches, ou plutôt du lat. *frondes*, par apoc. et changement de *f* en *b*.

De *brond*: *Brond-el*, *Brond-elh*, *Brond-ilh*; et par le changement de *o* en *ou*: *Bround-a*, *Bround-as*, *Bround-ilhas*, *Es-bround-ar*, *Es-broundel-at*, *Re-bround-agi*, *Re-bround-alhas*, *Re-bround-ar*, etc.

BRONDEL, et

BRONDELH, s. m. vl. *Broncone*, ital. Jeune branche, bourgeon, scion, rameau, feuillée, branche.

Éty. V. *Brond*, R. V. aussi *Broundel*.

Dérivés: *Brond-il*, *Es-brond-ar*.

BRONDILL, s. m. vl. Rameau, assemblage. V. *Brond*, R.

BRONDIS, s. m. vl. Bordure, bande, ceinture.

BRONHA, s. f. vl. BROIGNA. *Brugne*, *brunie*, cuirasse. Rayn. Dérivé: *Embroingnar*.

BROOU, adj. (broóu). Cassant. Aub.

BROQUAR, vl. V. *Brocar*.

BROQUER, s. m. vl. BRAQUERS, BROQUEIS. Cruchon, pot; potier.

Éty. de *Broc*, R. v. c. m.

BROQUET, s. m. (brouqué); BROUQUET, AFFIQUET. Affiquet ou porte aiguille, petit bâtonnet, creux par un bout, que les femmes qui tricotent, portent quelquefois à leur ceinture pour soutenir les aiguilles, mais surtout les broches.

BROQUETA, s. f. (brouquéte); LUMENETA, BROUCOT, MECHOUN, ALLUMETA, SOUFRETA, LUQUETA, LUQUET. Allumette, brin de bois ou de chenevotte, soufré à l'une de ses extrémités, dont on se sert pour allumer le feu, les lampes, etc.

Éty. de *broca*, buchette, et du dim. *eta*. V. *Broc*, R.

A escampat brouqueta, elle ne compte plus, en parlant d'une femme qui est près du terme de sa grossesse, parce que dans l'origine une buchette à laquelle on faisait des entailles, tenait lieu d'almanach.

BROQUETAS OXYGENADAS. Allumettes oxygénées.

Ces allumettes ont l'avantage de s'enflammer par leur contact avec l'acide sulfurique ou par une forte pression.

BROQUETA, s. f. BROCOT, BROUQUETA, BROUCOT. Broquette, petit clou propre à fixer les tapisseries, etc.

Éty. Dim. de l'esp. *broca*, petit clou, ou du celt. *broquetta*, m. s. V. *Broc*, R.

Racine raconte, dans son voyage en Languedoc, qu'ayant eu besoin de petits clous pour ajuster sa chambre, à Valence, Drôme, il dit à son valet d'aller chercher en ville, deux ou trois cents *broquettes*, et que celui-ci lui apporta trois boîtes d'allumettes: c'était en 1661.

BROQUETA, s. f. Brochette ou fausset, mots usités dans les arts, pour désigner une petite cheville qui sert à boucher le trou que l'on a fait à un tonneau pour en goûter le vin. V. *Broc*, R.

BROQUETAR, v. a. (brouquétá); BROCHETIAR, BROUQUETAR. Mettre une brochette à un tonneau, et ironiquement saigner quelqu'un.

Si fa brouquetar touts leis ans.

Éty. de *broqueta* et de la term. act. *ar*. V. *Broc*, R.

BROQUETAS, s. f. pl. (brouquétes), dl. Des jonchets, petites lames de roseau qui ont servi de dents aux *ros* ou peignes de tisserands, dont les enfants jouent: *Jugar à las brouquetas*, jouer aux jonchets. Sauv.

Éty. du R. *Broc*, v. c. m.

BROQUETIER, s. m. (brouquetié); BROUQUETIER. Fabricant et marchand d'allumettes.

Éty. de *broqueta* et de *ier*. V. *Broc*, R.

BROQUIER, s. m. (brouquié); BROUQUIER, BOUTIER, BARRALIER. Boisselier, artisan qui fait des futailles de bas-bord, telles que des seaux, des baquets, des brindes, etc.

Éty. de *broca*, bâton de saule refendu. Sauv. ou de *Broc*, R.

BROQUILHADA, s. f. (brouquillade), dl. BROUQUILHADA, BUSCALHADA. Fagot de broutilles ou de buchettes; ramassis qu'on fait dans un bois ou au fond d'un bûcher.

Éty. de *broquilha*, dim. de *broca*, et de *ada*, fait de petites bûches. V. *Broc*, R.

BROS, s. m. vl. béarn. Mesure des grains, du sel, etc.

BROS, s. m. d. béarn. Charrette, Voy. *Carreta*.

BROS, s. m. vl. Brouet. V. *Brouit*.

BROSSA, s. f. (brósse); *Broza*, esp. *Brossa*, cat. Brosse. V. *Brusti* et *Brusc*, R.

BROSSA, s. f. vl. *Brossa*, cat. *Broza*, esp. Broussailles.

Éty. de *bros*, *brot*, *brout*, V. *Brout*, R. ou de *bruscia*, bruyère. V. *Brusc*, R.

BROSSAR, v. a. (broussá); *Brossar*, cat. *Brozar*, esp. Brosser. V. *Brustiar*.

BROST, adj. vl. Rongé. V. *Broutat*.

Éty. de *Brout*, R. v. c. m.

BROSTA, s. f. vl. *Josca la brosca*. Gloss. Occit.

BROSTAR, v. a. vl. Brouter, manger, ronger. V. *Broutar* et *Brout*, R.

BROSTIA, BRUSTIA, s. f. Boîte, cassette, petite caisse.

Éty. de *bouis*; parce que c'est avec ce bois qu'on fait les petites boîtes. V. *Bouis*, R.

BROT, s. m. vl. et dg. Buisson, épine, pousse, jet des arbres. V. *Brout*, R.

BROTAR, v. n. vl. Bourgeonner, pousser, croître. V. *Broutar* et *Brout*, R.

BROTO, s. m. vl. *Broto*, cat. *Broton*, esp. Pousse, jet d'arbre. Voy. *Boutoun* et *Brout*, R.

BROTONAR, v. n. vl. Boutonner, bourgeonner. V. *Broutar* et *Brout*, R.

BROTONAT, **ADA**, adj. et p. vl. Boutonné, ée, bourgeonné, ée.

BROTS, s. m. (bróts), dg. BROTZ. Ronces, épines, buissons, bourgeons, brou; brocolis, grappe.

Éty. V. *Brout*, R.

Apret lous brots *benon las flous.*
Jasm.

BROU, V. *Brout*.

BROUA, s. f. (bróue). Bord d'un champ garni de buissons, broussaille, V. *Abrouat*, *Bro*, haie, et *Baragna*.

BROUA, BROUA, (bróue, bróue). Cri du porcher pour appeler les cochons, en y ajoutant tic, tie, tie, *cocha*, *cocha*.

BROUADA, s. f. (brouáde), d. bas lim. Rosée blanche. V. *Rouada* et *Ros*, R.

BROUAL, d. bas lim. V. *Brial*.

BROUAS, s. m. (brouás); ABROUAS, MOURRAS, GARROULHA, GARROULHADA. Une fane, une touffe, en parlant de l'herbe; trochée, cépée, en parlant de l'ensemble des jeunes jets que pousse un arbre qui a été coupé près du sol ou dans la terre.

Éty. du grec βρύω (bruô), bourgeonner, et de *as*, augm. V. *Brout*, R.

BROUC..., On trouvera à *Broc...*, les mots qui manquent à *Brouc*.

BROUC, s. m. Nom toulousain de la bruyère commune. V. *Brusc*.

BROUC, dl. Bruyère. V. *Brusc*.

BROUCAL, alt. lang. de *boucal*. Voy. *Boucau*.

BROUCANTAR, v. n. (broucantá); TROCAR, TROUCAR, BROCANTAR. Brocanter, acheter, revendre ou troquer, il se dit plus particulièrement des choses qu'on échange.

Éty. Dans les XII et XIIIme siècles on appelait *marchands à la broche*, ceux qui vendaient du vin en détail; comme il leur était défendu d'en délivrer en bouteille, ils se servaient d'une broche toutes les fois qu'il leur arrivait un chaland. On disait alors, mettre le vin en broche, pour percer un tonneau, et *brocanter*, pour vendre le vin en détail. De là, *brocanteur*, désigna le commerce de tous les marchands en détail. Roquefort. V. *Broc*, Rad.

BROUCANTUR, **USA**, s. (brocantúr, úse). Brocanteur, euse, celui, celle qui fait métier de brocanter. V. *Broc*, R.

BROUCARD, s. m. (broucá). Brocard, plaisanterie piquante; étoffe précieuse. Voy. *Broc*, R.

BROUCATELA, s. f. (broucatèle). Brocatelle, sorte d'étoffe.

BROUCHILHOUN, s. m. d. lim. Voy. *Branchilhoun* et *Broc*, R.

BROUCHOUN, s. m. (broutsóu), d. bas lim. Broutilles, buchettes, ramilles, menu bois que les pauvres gens vont ramasser dans les forêts; V. *Ramilha*; brindille, petite branche sortant de la tige d'un arbre.

Éty. de *brouch* et de *oun*, dim. V. *Broc*, Rad.

BROUCHOUNAR, v. a (broutsouná), d. bas lim. Fouiller, fourgonner, V. *Fourgounegear*; attaquer quelqu'un par des paroles piquantes. V. *Agulhouniar* et *Broc*, R.

BROUCOT, V. *Broqueta* et *Broc*, R.

BROUDA, s. f. (bróude); *Boudra*, d. bas lim. Boue, fange des rues et des chemins. V. *Pauta* et *Fanga*.

Éty. de l'ancien flamand *brod*, boue. V. aussi *Bard*, R.

BROUDAR, V. pour les mots qui manquent, à *Brodar*, etc.

BROUDAR, v. a. (broudá); BRODAR, *Bordar*, esp. port. Broder, faire à l'aiguille, un ouvrage en relief, sur un tissu quelconque; et fig. orner un récit. Lambiner.

Éty. de *bord* et de *ar*. V. *Bord*, R.

BROUDARIA, s. f. (broudarie); BRODARIA. *Bordadura*, esp. *Brodadura*, cat. mod. *Brodaria*, anc. cat. Broderie, ornements faits en brodant. L'art du brodeur; fig. ornements d'un récit.

Éty. de *bord*, par la transposition de *r*, parce que les ornements en broderie, se placent ordinairement au bord des draperies.

On regarde les Phrygiens comme les inventeurs de la broderie, d'où le nom latin de *Phrygium opus*, que les anciens lui ont donné.

On nomme: Broudaria au passat, broderie passée, celle qui paraît des deux côtés de l'étoffe.

Broudaria au tambour ou à chaineta, celle qui se fait avec un crochet.

Broudaria a bossa, la broderie à bosse.

Broudaria au plumetis, celle au plumetis.

On appelle :

BRODERIE APPLIQUÉE ou A APPLICATION, celle faite sur la toile que l'on découpe pour l'appliquer ailleurs.

BRODERIE EN GUIPURE, celle faite en or ou en argent, que l'on assujettit avec de la soie.

BRODERIE EN COUCHURE, celle dont l'or ou l'argent est couché sur le dessein.

BROUDAT, **ADA**, adj. et p. (broudá, áde); BRODAT. *Bordado*, esp. port. Brodé, ée, orné de broderie, fait en broderie. Voy. *Bord*, R.

BROUDEQUIN, s. m. (broudequin); *Borzeguim*, port. Brodequin, sorte de chaussure antique, particulièrement en usage au théâtre, qui recouvrait le pied et une partie de la jambe, semblable à nos bottines.

On attribue l'invention des brodequins au poëte Eschyle, qui en introduisit l'usage sur le théâtre.

Éty. de l'esp. *borzequi*, chaussure brodée des Maures, d'où l'ital. *borzecchino*, brodequin, formé de *broudar*; broder, V. *Bord*, R. d'autres le dérivent de *borsa*, bourse.

BROUDIR, v. n. (broudir), d. bas lim. Se jouer à la manière des enfants; batifoler; rendre un son confus, bruire.

BROUDOUS, **OUSA**, adj. (broudóus, óuse); BOUDROUS, d. bas lim. Boueux, fangeux. V. *Pautous* et *Fangous*.

Éty. de *brouda* et de *ous*. V. *Bard*, R.

BROUDUR, **USA**, (broudúr, úse): *Bordador*, *ora*, port. Brodeur, euse, celui, celle qui brode.

Éty. de *bord* et de *ur*. V. *Bord*, R.

Les brodeurs appellent:

CALQUE, la copie d'un dessein qu'ils ont prise au moyen d'un papier transparent.

POUCETTE, un petit sac ou nouet de toile, rempli d'une poudre colorée ou blanche.

POUÇURE, la poudre qu'ils mettent dans la poncette.

MÉTIER, le cadre sur lequel ils tendent leur étoffe.

Ce métier se compose :

1· DE DEUX ENSUBLES, ou pièces de bois longues et cylindriques, ayant deux mortaises à chaque extrémité et une lisière dans toute leur longueur.

2· DE DEUX LATTES, ou règles longues et plates, percées de plusieurs trous, entrant par leurs extrémités dans les mortaises des ensubles.

3· DU TREILLISSAGE, qui se compose de l'entrelacs formé par les ficelles qui, de l'étoffe passent dans les trous des lattes.

4· DES FICELLES ou CORDONS, qui forment le treillissage.

5· DES CLOUS ou CHEVILLES, qui fixent les lattes dans les mortaises des ensubles.

TAMBOUR, une espèce de cercle sur lequel on fixe l'étoffe qui doit être brodée.

Dans ce tambour ils nomment :

ECLISSE, le cercle sur lequel on fixe l'étoffe.

CEINTURE, la courroie qui sert à fixer l'étoffe autour de l'éclisse.

TABLETTE, la base sur laquelle est fixée l'éclisse au moyen de deux pieds.

COFFRETS, les petites boites qui sont à l'extrémité de la tablette.

CROCHET, un outil servant à broder au tambour.

Il est composé:

D'UNE AIGUILLE terminée en hameçon et fixée par une vis sur le manche.

BROUECHA, s. f. (brouétche), dm. Broche de rouet à filer. V. *Brocha* et *Broc*, R.

BROUETA, s. f. (brouéte). Brouette. V. *Bariola*.

Éty. de la basse latinité *birota*, m. s. formé de *bis*, deux, et de *rota*, roue, parce que anciennement on les faisait à deux roues. V. *Rot*, R.

BROUFFAR, *lou rire.* V. *Espouffar* et *Esbrouffar.*

BROUGNOUN, s. m. (brougnóun), dl. BROUGNON. Le même que *Brusc*, v. c. m.

Éty ?

Es que veguet sous *brougnouns (l'abelha)*
Ses *(pour secs)* couma lou mes d'avous.
Tandon.

BROUGNOUN, s. m. dl. Espèce de pêche.

BROUHA, Aub. Alt. de *Brouhaha.* V. *Chamatan.*

BROUI, V. *Brouit.*

BROUIRE, et

BROUISSA, s. f. (broúisse). Nom de la bruyère commune, aux environs d'Hières. V. *Brusc.*

BROUIT, s. m. (broui); BROUI, BROUIRE, BROUEIT. *Brodo*, ital. Brouet, bouillon, la partie la plus liquide d'une soupe, d'une sauce quelconque.

Éty. de la basse lat. *brodium*, bouillon de viande. V. *Bulh*, R.

Le P. Thomassin le dérive de l'hébreu *bara*, aliment.

Galina vielha fa bon brouit. Pr.

Plagadament you mastegui la cart,
Lous brouis *m'y son coumo l'olly de cade.*
La Bellaudière.

Estre tout brouit, être trempé de sueur. V. *Bagnat* et *Trempat.*

BROUJOU, s. m. (broudjóu), dl. Bruit de la mer; brouhaha, ou bruit confus du peuple ou de la multitude.

Éty. Par onomatopée ou imitation du son.

BROULH, BULH, radical dérivé de l'italien *Brogliare*, confondre, mêler, mettre pêle-mêle; jeter de la mesintelligence, que Ménage fait venir du latin *turbare*, troubler, et d'autres, de *tribulatio.*

De *brogliare*, par apoc. *brogli*, et par les changement de *o* en *ou* et de *gli* en *lh*, *broulh*; d'où : *Broulh-ar*, *Broulh-ard*, *Broulh-aria*, *Broulh-amini*, *Broulh-oun*, etc.

De *broulh*, par la suppr. de *r*, *boulh*, *bulh*; d'où : *Ram-bul*, *Ram-bulh-ar*, *Ram-bulh-at.*

BROULHA, s. f. (broúille); BROULHIDURA. *Broulha doou visagi*, la tanne ou petites mouches qui viennent sur le visage. Garc.

Broulha doou blad, la fane du blé. Garc. V. *Bruelha* et *Brout*, R.

BROULHADA, s. f. (brouillâde). BROUIADA. Macédoine; œufs mêlés avec des truffes, ou avec des légumes.

BROULHADURA, s. f. (brouilladúre), dl. Echauboulure, effervescence du sang. Sauv. V. *Broulh*, R. Brouillerie, mésintelligence. Garc.

BROULHAMINI, s. m. (brouillámini) : BROUILLAMINI. Brouillamini, désordre, confusion, brouillerie, dispute, mésintelligence, discorde.

Éty. Du nom que les maréchaux donnent par corruption, à un emplâtre où entre le *bol d'Arménie*, ou du Rad. *Broulh*, v. c. m.

BROULHAR, v. a. (brouillá); MAU-MESCLAR, TORBOULAR. *Brogliare*, ital. Brouiller, mettre pêle-mêle, V. *Embroulhar*, mettre le désordre, désunir des personnes ou les brouiller; broyer des couleurs.

Éty. de l'ital. *brogliare*, m. s. V. *Broulh*, Rad.

BROULHAR SE, v. r. Se brouiller, devenir ennemis, d'amis qu'on était.

BROULHARD, s. m. (brouillá); BROUIARD. *Brogliardo*, ital. Brouillard, nuage, V. *Nebla.* Il signifie aussi brouillon ou écrit qui n'est pas mis au net.

Éty. du lat. *pruina*, et de *ard*, *brolhardus*, en bas lat. dans le premier sens, et de *Broulh*, R. dans le second.

Lou broulhard d'una lettra, le brouillon d'une lettre.

BROULHARIA, s. f. (brouillarie); BROUIARIA, BROULHASSARIA. Brouillerie, querelle, dissension. V. *Broulhamini* et *Broulh*, R.

BROULHASSARIA, s. f. (brouillassarie). Augm. de *Broulharia*, v. c. m.

BROULHAT, ADA, adj. et p. (brouillá, âde). Brouillé, ée. V. *Broulhar*, mêlé, embrouillé. V. *Embulhat* et *Broulh*, R. Fou, insensé. V. *Fol* et *Matou.*

BROULHET, s. m. (brouillé); BREL, vl. Bosquet, jeune bois. V. *Bruelha* et *Brout*, Rad.

BROULHIDURA, Garc. V. *Broulha.*

BROULHOUN, s. m. (brouillóu), d. bas lim. *Semotte.* V. *Greou* et *Brout*, R.

BROULHOUN, s. m. TURBULANT, BROUIOUN. Brouillon, homme qui cherche à brouiller, qui embrouille les affaires au lieu de les éclaircir. V. *Broulh*, R.

BROULHOUN, s. masc. (brouillóun); BROUIOUN. Brouillon, journal sur lequel on écrit avant que de mettre au net; papier sur lequel on jette les premières pensées. V. *Broulhard* et *Broulh*, R.

BROULHOUN, s. m. Broyon, molette avec laquelle les imprimeurs broyent ou brouillent leur encre. V. *Broulh*, R.

BROUMA, s. f. (bróume); BRUMA. *Bruma*, esp. Brume, brouillard, fig. femme de mauvaise vie.

Éty. du lat. *bruma*, m. sign. formé de *brevissima*, le jour le plus court de l'année, parce que c'est à cette époque que la brume se forme.

BROUMA, s. f. Taret, ver qui perce obliquement les bordages des vaisseaux.

BROUMA, s. f. Gourme du cheval.

Éty. Alt. de *Gourma*, v. c. m. gourmette, partie de la bride. Avril.

BROUMA, s. f. Chose qui n'est bonne à rien, qui ne vaut rien.

Éty. De l'esp. *bromado*, carié, gâté.

BROUMAR, v. n. (broumá). Geler à la surface, en parlant des eaux dormantes et des ruisseaux.

Éty. de *brouma* et de *ar.*

BROUME, s. m. (broúmé); BRIME, BREIME, BRUME, BRUMI, BROUMET. Menue corde de spart, *lignette*, c'est un filé plus fin et plus tort que le filé ordinaire. Avril.

BROUMET, s. m. (broumé). Marmelade, viande ou poisson réduit en pâte par la cuisson.

Éty. Du celt. *brw*, piler, moudre, selon Achard, ou du grec βρῶμη (brômê), nourriture.

BROUMET, V. *Broume.*

BROUN-BROUN, s. m. (bróun-bróun). Nom que les jeunes enfants donnent à l'eau, et cri par lequel ils demandent à boire.

Éty. du grec βρῦν (brun), cri par lequel les enfants qui ne savent pas encore parler, demandent à boire.

Entrar broun-broun ou *balin balan*, dl. entrer en hurlu-berlu, c'est-à-dire, étourdiment et en petit maître.

BROUNCADA, s. f. (brouncáde); BROUNCHADA, BROUNQUADA, BRUCADA. Bronchade, action de broncher, faux pas que fait un cheval.

Éty. de l'ital. *bronciare*, m. s. formé de *bronco*, tronc, dérivé du lat. *truncus.* V. *Trounc*, R.

Brouncada ou *brucada d'un troupeau*, échappée. Castor.

BROUNCAR, v. n. (brouncá); BROUNCHAR, BRUCAR, SAPELAR. *Bronciare*, ital. Broncher, faire un faux pas. V. *Brecar* et *Trounc*, R.

Éty. du vieux lat. *pronicare*, m. s. de *pronus.*

BROUNCHADA, s. f. (brountchâde). V. *Brouncada.*

BROUNCHAR, V. *Brouncar* et *Trounc*, Rad.

BROUND, BROUNIT, TRON, TROUN, BROUNZ, radical dérivé du grec βροντὴ (brontê), tonnerre.

De *bronté*, par apoc. *bront*, et par changement de *o* en *ou*, et de *t* en *d*, *bround*; d'où : *Bround-ida*, *Broundid-our*, *Bround-ir.*

De *bronte*, par apoc. et interp. d'un *i* *bronit*, et par le changement de *o* en *ou*, *brounit*; d'où : *Brounit-eyre*, *Brounit-era.*

De *brounit*, par la suppr. du *t*, *brouni*; d'où : *Brouni-ment.*

De *brout*, par le changement de *o* en *ou*, et du *t* en *z*, *brounz*; d'où : *Brounz-idour*, *Brounzi-ment*, *Brounz-in-aire*, *Brounzin-ar*, *Brounz-ir*, etc.

BROUNDA, s. f. (bróunde). V. *Broundas* et *Brond*, R.

BROUNDAS, s. f. pl. (bróundes). SECULAGI. Brandes, de la bourrée, des branches bien sèches qui brûlent aisément; dans la montagne on donne plus particulièrement ce nom aux branches de mélèse. V. *Broundilha.*

Éty. V. *Brond*, R.

BROUNDE, OUNDA, adj. (bróundé, óunde), d. bas lim. Récalcitrant, revêche. V. *Testard* et *Bronc*, R.

BROUNDEL, s. m. (broundèl); BROUNDEOU. Un quignon de pain, le crouton, la croute du bord. V. *Brouc*, R.

BROUNDIDA, s. f. d. lim. (broundide). Cri, bruit.

Éty. du grec βροντὴ (brontê), tonnerre. V. *Bround*, R.

BROUNDIDOUR, s. m. (broundidou) d. bas lim. Remuant, qui est sans cesse en mouvement, vif, lutin. V. *Lutin* et *Boulegoun.*

Éty. du grec βροντὴ (bronté), tonnerre. V. *Bround*, R.

BROUNDIGALHA, Garc. V. *Broudilhas.*

BROUNDILHAS, s. f. pl. (broundilles); POUDILHAS, REBOUNDUN, TROUNQUILHA, BROUNDAS, BROUNDIGALHA, RAMILHA, EIBUSCAGNA. Broutilles, brindilles, petites branches qu'on trouve par terre dans les bois, ou qu'on obtient en ébranchant les arbres.

Éty. de *broundas*, et de *ilhas*, toutes les menues branches. V. *Brond*, R.

BROUNDILHOUN, s. m. (broundilloun), d. lim. Petit morceau, petit éclat.

Éty. de *brounda*, branche, rameau, et du dim. *ilhoun*. V. *Brond*, R.

E la mindra séquetado
Mé métrié tout en broundilhoux.
Foucaud.

BROUNENT, ENTA, adj. (brounèin, èinte), dg.

Éty. V. *Bround*.

Au soun brounent *de la cigalo*.
D'Astros.

BROUNIMENT, s. m. d. béarn. (brouniméin). Bourdonnement.

Éty. du grec βροντὴ (brontê), tonnerre, et de *ment*, à la manière du tonnerre. Voy. *Bround*, R.

BROUNIOU, dl. V. *Brusc*, ruche.

BROUNIR, v. imp. (brounir). Tonner.

Éty. du grec βροντάω, (brontaô), m. s.

BROUNITERA, s. f. (brounitère), d. béarn. Bruit confus.

Éty. du grec βροντὴ (brontê), tonnerre. V. *Bround*, R.

BROUNITEYRE, s. m. (brounitèire), dg. Tonnerre. V. *Tron* et *Bround*, R.

Et enauragic (diou) aquets ayres
De brouniteyres *e d'esclayres*
D'Astros.

BROUNZAR, v. a. (brounzá); *Broncear*, espagn. *Bronzear*, port. *Bronzare*, ital. Bronzer, donner une couleur de bronze.

Éty. de *Brounze* et de *ar*, mettre du bronze ou rendre semblable au....

BROUNZAT, adj. (brounzá); *Bronceado*, esp. *Bronzeado*, port. Bronzé, qui a la couleur du bronze: *Soulier brounzat*, soulier en marroquin présentant le velouté de la peau, à l'extérieur.

Éty. de *brounze* et de *at*.

BROUNZE, s. m. (brôunzé); *Bronzo*, ital. *Bronze*, port. *Bronce*, esp. *Brónse*, cat. Bronze, alliage de cuivre, de zinc et d'étain dont on fait les cloches, les statues et les canons.

Éty. du celt. *broncz*, le même.

L'usage de faire des statues en bronze est très-ancien. Romulus avait fait faire la sienne de cette matière. La statue équestre de Louis XIV, qu'on voyait à Paris, sur la place Vendôme, avant la révolution, faite en 1699, était l'ouvrage des modernes le plus hardi en ce genre.

BROUNZEIRE V. *Rounfla*, m. s. et *Bround*, R.

BROUNZIDOUIRA, V. *Rounfla*.

BROUNZIDOUR, s. m. (brounzidóu); BROUNZIDOUIRA, BROUNZEIRE, ROUNFLA, ESTERVEL, PETARDA. Loup. V. *Rounfla*.

Éty. de *brounzir* et de *our*, qui produit un frémissement comme celui qui succède à l'éclat du tonnerre. V. *Bround*, R.

BROUNZIMENT, s. m. (brounziméin). Le bruit que fait un loup (brounzidour), le sifflement d'une balle, d'une pierre lancée avec force, etc.

Éty. de *brounzir* et de *ment*. V. *Bround*, Rad.

BROUNZIN, s. m. (brounzïn); LAVESOUN. Espèce de marmite en fer fondu, qui a un couvercle de la même matière.

Éty. C'est un dim. de *bronza*, qui signifie pot en piémontais où il est ainsi appelé parce qu'il est ordinairement en bronze. Denina t. 3, p. 17.

BROUNZINAIRE, s. m. (brounzinaïré), dl. Grondeur, qui va toujours marmottant entre ses dents.

Éty. de *brounzir* et de *aire*, qui murmure. V. *Bround*, R.

BROUNZINAR, V. *Brounzir* et *Bround*, Rad.

BROUNZIR, v. n. (brounzir); BROUNZINAR, ROUNFLAR, GROUGNAR, BOUMBOUNIAR, SIBLAR. *Bransir*, cat. *Brausen*, all. Au positif, bruire, siffler, en parlant d'une pierre, d'une balle ou d'un loup, fig. bourdonner, grogner, murmurer, marmotter, brouir par le froid. Garc. V. *Bround*, R.

Éty.

Enterim que chacun pren plasso
Velà veni lou guet que passo :
Trompetes tombours, tout bronzis,
Homes et chavals tout luzis.
Michel.

BROUNZIT, IDA, adj. et p. (brounzi, ide); BROUNSIT. *Brounzit doou souleou*, broui, ie, Cast.

BROUQUET, s. m. (brouqué). Tuyau d'un pressoir à huile. Garc. V. *Broc*, R. Vase de bois pour transporter de l'eau, du vin, etc. Aub. Baquet à bords très-bas, que l'on met sous la presse du moulin à huile, pour recevoir celle qui en découle. Avril.

BROUQUET, s. m. dg. V. *Affiquet*.

BROUQUETA, et composés. V. *Broqueta*.

BROUQUIEIRA, s. f. (brouquieïre), dl. Souche mère de châtaignier. V. *Menier*. V. *Broc*, R.

BROUS, Garc. V. *Rebrous*.

BROUS, s. m. vl. Brouet. V. *Brouit*.

BROUSQUIAIRE, s. m. (brousquiaïré). Homme emporté, colère. Garc.

Éty. Alt. de *brusquiaire*, qui brusque.

BROUSQUIAR, v. n. (brousquiá). S'emporter facilement. Garc.

BROUSS..... On trouvera à *Bross*.... Les mots qui manquent à *Brouss*....

BROUSSA, s. f. (bróusse); FOURZILS, RECUEICHA. Recuite, caillebotte qu'on obtient du petit lait par le moyen d'un acide, et de l'ébullition. Salée et desséchée, il en résulte cette espèce de fromage qui porte le nom de *Ceras*, v. c. m.

Éty. du grec βρῶσις (brôsis), nourriture aliment ou de βρώσιμος (brôsimos), bon à manger.

Fai la broussa, dit on d'un enfant qui vomit le lait caillebotté.

Dérivés : *Broussa-salsa*, *Brouss-ar*, *Brouss-at*, *Brouss-in*, *Brouss-ourar*.

BROUSSA, s. f. dl. Une touffe de bruyère de la petite espèce : *Broussa rasiera*, la petite bruyère basse et rampante.

Éty. du bas breton, *broust*, buisson. Voy. *Brout*, R.

BROUSSALHAS, s. f. pl. (broussailles). BOUISSOUNALHA, FOURNILHAS, BROUAS, ABROUAS, BROUSSAS, BROUSSIER, BRUSC, BRUIEIRA, BROUSSAIAS. Broussailles, ronces, buissons; mauvais bois qui profite peu et qui est de la nature des buissons; bruyères.

Éty. du bas breton *brouss*, *broust*, mots qui ont la même signification. V. *Brusc*, R.

BROUSSAR, v. n. (broussá). *Caillebotter*, grumeler, cailler, tourner.

Éty. de *broussa* et de l'act. *ar*.

L'aiguo fai broussar lou lach; l'eau fait tourner ou grumeler le lait.

BROUSSAR, v. a. *Broussar de chocolat*, faire mousser le chocolat. V. aussi *Turtar* et *Bussar*.

BROUSSAR, v. n. dm. Se dit encore des semences de courge, de haricots qu'on plante dans une terre trop humide et qui pourrissent sans lever.

Éty. Dans cet état, ces semences forment une espèce de bouillie qui ressemble à de la recuite.

BROUSSA-RASIEIRA, s. f. Nom languedocien de la bruyère commune. Voy. *Brusc*, R.

BROUSSAS, s. m. (broussás), dl. Une bruyère, un champ couvert de bruyères. Sauv.

Éty. V. *Brusc*, R.

BROUSSA-SALSA, s. m. (bróusse-sálse), dl. Mauvais cuisinier. Sauv.

Éty. *Broussa-salsa*, qui fait ou qui laisse grumeler les sauces. V. *Broussar*.

BROUSSAT, ADA, adj. et p. (broussá, áde). Grumelé, tourné.

Éty. de *broussa* et de *at*, changé en caillebotte.

Lou lach à broussat, le lait a tourné, il s'est grumelé.

BROUSSIN, s. m. (broussin). Le même que *Rebrous*, v. c. m.

Éty. de *broussa*, à cause de la ressemblance qu'a cette pâte avec la recuite.

Serum du lait, petit lait. Aub.

BROUSSOUN, s. m. (broussóun); BOUSSOUN. Goulot d'un vase destiné à contenir des liquides, d'une fontaine. V. *Chanoun*.

Éty. du grec βρύω (bruô), fut. βρύσω (brusô), sourdre, jaillir.

BROUSSOURAR, v. n. (broussourá). On dit que les haricots, les graines de courge ont *broussourat*, quand ils pourrissent sans germer, parce que leur fécule se convertit en une matière molle, ressemblante à de la bouillie ou à de la recuite, *broussa*, d'où l'expression *broussourar*.

BROUSSUR, s. m. (broussùr). Le poëte Bellot a employé ce mot dans le sens d'hâbleur.

Ion., coumo lou pater, crécïou cé qué disié,
Et n'éro qu'un *broussur*, qu'un marchan d'avarié.
Scèn. prov.

BROUSTA, s. f. (bróuste), d. bas. lim. et béarn. Ramée, V. *Rama*; ronce, Voy.

Roumias. On donne aussi le nom de *brousta*, au chou brocoli, dans le Béarn.

Éty. V. *Brusc* et *Brout*, R.

BROUSTAR, v. a. (broustá); d. bas lim. Pour brouter, V. *Esbroutar* et *Brout*, Rad.

BROUSTAT, s. m. (broustá), d. bas lim. Rameau, branchage. Voy. *Trounc*, *Brounda* et *Broundilha*.

Éty. V. *Brout*, R.

BROUSTIA, s. f. (bróustie); **BROUSTIERA**, dl. Petite boîte de sapin, faite avec des lames minces de sapin refendu : *Caud coumo una brusti*, chaud comme une étuve.

Éty. du bas breton *broustel*, jeune bois aisé à refendre. V. *Brout*, R.

BROUSTIAR, v. a. (broustiá). Sérancer. V. *Brustiar*.

BROUSTIC, s. m. d. béarn. dim. de *brousta*. V. *Broust*, R.

BROUSTOUCOUNAR, v. n. (broustoucouná), d. bas lim. Roucouler, en parlant des pigeons.

BROUT, **BROT**, **BRUELH**, radical dérivé du grec βρύω (bruô), bourgeonner, abonder, fourmiller, jaillir; ou du celt. *brout* ou *brot*, brin, d'où la basse lat. *Brogilum*, *Bruillum*, *Brolium*, petit bois, broussailles qu'on fait brouter. Dérivés : *Brot*, *Brot-ar*, *Brout*, *Brout-ar*, *Es-broutar*, *Broutura* : par l'add. d'une *s* : *Broust-a*, *Broust-ar*, etc.

De *bruó* : *Bruelh*, *Bruelh-a*, *Brulh-ar*, etc.

De *brout*, par la suppr. de *t*, *brou*, d'où : *A-brou-ar*, *A-brou-as*, *A-brou-at*.

Noms propres, *Breuil*, *Dubreuil*, *Broglia*.

BROUT, s. m. (broú); **BROU**, **GANEL**, **BROUTEL**, **BROUTOUN**, **BOUQUET**, **PIGNEL**, **PIGNOUN**. *Brota*, esp. *Brot*, cat. *Brocco*, ital. Jeune pousse des arbres; un brin détaché d'une plante, d'un arbre; trochet de fleurs ou de fruits, bourgeon.

Éty. V. *Brout*.

Brout de laurier, brin de laurier.

Brout de peras, trochet de poires.

Brouts dels aubres, bourgeons, sommités.

Brout de vioulier, brin de giroflée.

Brout de l'araire. flèche. V. *Perti*.

C'est aussi le nom de l'avant-train, dans quelques contrées.

BROUT, s. m. Trumeau, partie du poitrail d'un bœuf; haut de côté de poitrine de mouton ou pièce du poitrail.

Éty. du vieux mot *brutz*, sein, poitrine.

BROUTA, s. f. (broúte); **BROUTETA**. Nom toulousain du chou à feuilles vertes et crépues.

BROUTA, s. f. Nom de la racine du buis, dans le Var et à Riez : *Bocha de brouta*, boule de racine de buis. Chassan.

BROUTAR, v. n. **BROUTOUNAR**. *Brotar*, cat. esp. port. Bourgeonner, commencer à pousser, en parlant des arbres.

Éty. de *brout*, bourgeon, et de *ar*, pousser des bourgeons. V. *Brout*, R.

BROUTAR, v. a. (broutá); **ESBROUTAR**. Abroutir, brouter, manger l'extrémité des plantes et particulièrement des arbres et des arbrisseaux.

Éty. de *brout* et de *ar*, enlever les bourgeons. V. *Brout*, R.

BROUTAT, **ADA**, adj. et p. (broutá, áde); **ESBROUTAT**. Abrouti, bois dont les bestiaux ont mangé les bourgeons. V. *Brout*, R.

BROUTAVOUIRA, s. f. (broutavóuïre). Nom qu'on donne, à Digne, à l'ononis arbrisseau. V. *Lebratin*.

Éty. de *broutar* et de *vouira*, bonne à brouter, parce que les animaux aiment beaucoup cet arbuste. V. *Brout*, R.

BROUTEL, et

BROUTET, dl. V. *Brout*.

Éty. de *brout* et du dim. *et*. V. *Brout*, R.

BROUTETA, dg. V. *Brouta*.

BROUTIERA, s. f. (broutière), dl. Oseraie. V. *Vegiera* et *Brout*, R.

BROUTOUCOUN, s. m. (broutoucóu), d. bas lim. Roucoulement des pigeons.

Éty. C'est une onomatopée ou un dérivé du grec βρύχω (bruchô), rugir, mugir.

BROUTOUCOUNAR, v. n. (broutoucouná), d. bas lim. Roucouler, en parlant des pigeons. V. *Roucoular*.

Éty. de *broutoucoun* et de *ar*.

BROUTOULAIGUA, Altér. de *Bourtoulaigua*. v. c. m.

BROUTOUN, s. m. (broutóun), vl. bourgeon, V. *Brout* et *Boutoun*; pour *Brocoli*, v. c. m. et *Brout*, R. Seconde pousse du chêne. Aub.

BROUTOUNAR, v. n. (broutouná), vl. Bourgeonner. V. *Boutounar*, *Broutar* et *Brout*, R.

BROUTOUNAT, **ADA**, adj. dl. Bourgeonné, en parlant du visage. V. *Brout*, R.

BROUTOURAIGUA, Aub. V. *Bourtoulaigua*.

BROUTURA, s. f. V. *Boutura*, plus usité et *Brout*, R.

BROUVA, s. f. (broúve). Suppl. au Dict. de Pellas. Haie. V. *Baragna*.

BROUYAR, v. a. (brouyá), p. m. Broyer, réduire un corps en particules plus menues, de quelque manière et avec quelque instrument que ce soit.

Éty. Espèce d'onomatopée, ou de *Brec*, R. v. c. m.

BROUYAT, **ADA**, adj. et p. (brouyá, áde). Broyé, ée. V. *Brec*, R.

BROUYOUN, s. m. (brouyóun), Broyon, en t. d'impr. pièce de bois qui sert à remuer l'encre. V. *Brec*, R.

BROUYUR, s. m. (brouyú), pr. m. Broyeur, celui qui broye des couleurs, des poudres, etc. V. *Brec*, R.

BROY, adj. dg. *Ta broy*, si beau. Voy. *Beou*.

BROYDAR, vl. V. *Broudar*.

BRU

BRU, adj. alt. l. de *Brun*, v. c. m. *Pan bru*, pain bis.

BRU, s. m. (bru). *Bru*, sorte de raisin qui croît en France, dans le département de la Corrèze.

BRUAUS, adj. vl. Rude.

BRUC, s. m. (brúc); **BROUC**, dl. *Bruc*, cat. *Brezo*, esp. Nom générique des bruyères. V. *Brusc* et *Brugas*, R.

A Toulouse, ce nom désigne la bruyère commune. V. *Brusc*.

BRUC, s. m. vl. **BUSTZ**. Tronc, buste; bruyère à balais. V. *Brusc*.

BRUC, vl. V. *Bustz*.

BRUCADA, et

BRUCAR, dl. V. *Brouncada*, *Brouncar* et *Trounc*, R.

BRUCH, s. m. (brútch), m. s. que *Brut*, v. c. m.

Cependàn le bruch *cour per touto la Libio,*
Que Didon fa l'amour amb'un prince d'Asia.
Bergoing.

Éty. V. *Brut*, R.

En vl. hanneton.

BRUCHOU, s. m. d. béarn. *Bruciolo*, ital. Buisson. V. *Bouissoun* et *Brusc*, R.

Ni las rosas musquetes,
Ni la flou d'eü bruchou.

BRUDA, s. f. vl. Renommée, réputation bruit. V. *Bruit* et *Brut*, R.

BRUDEICHA, s. f. (brudèïtche); **BRUDEISSA**, **BRUDIERA**. Bruit considérable et long-temps continué. V. *Brut*, R.

BRUDIER, s. m. (brudi), d. bas lim. m. s. que *brugea*. V. *Jarra* et *Sellier*.

BRUDIERA, Aub. V. *Brudeicha*.

BRUDIR, v. n. (brudi), d. bas lim. V. *Braudir*, il signifie aussi siffler comme une balle, comme le vent. V. *Siblar*.

BRUEIL, vl. V. *Bruelh*.

BRUELH, s. m. vl. **BRUEIL**, **BRUEL**, **BREL**, **BROUTIOT**, **BROULHOT**. Jeune taillis, broussailles, bourgeon, branchage, rejeton.

Éty. M. Rayn. pense que ce mot appartient à l'ancien gaulois, mais il paraît être tiré du grec βρύω (bruô), pousser, bourgeonner. V. *Brout*, R.

BRUELHA, s. f. (bruéille); **BREL**, **BROULHAT**. Blé en vert, feuillage du blé avant qu'il pousse sa tige, son chaume.

Éty. V. *Bruelh* et *Brout*, R.

BRUELHA, **BROUILLA**, s. f. vl. *Brolla*, cat. *Brulha*, port. Taillis, forêt, broussailles, ramée; bourgeons des arbres.

Éty. de *bruelh*. V. *Brout*, R.

BRUELHAR, **BROLHAR**, **BRUILLAR**, v. n. vl. *Brollar*, cat. *Abrolhar*, port. Bourgeonner, surgir, pousser, reverdir.

Éty. de *bruelha* et de *ar*. V. *Brout*, R.

BRUEY, et

BRUEYT, dg. Verdier. Bruit. V. *Brut*.

BRUFE, s. m. vl. **BRUFOL**. Buffle. Voy. *Buffle*.

BRUFOL, s. m. Un des noms anciens du buffle. V. *Buffle*.

Éty. du cat. *brufol*, m. s.

BRUG, s. m. vl. Bruit, cri, mugissement. V. *Brut*, R.

BRUG, V. *Brugas*.

BRUG-TER, Garc. V. *Brusc-fer* et *Brusc*, Rad.

BRUGA, s. f. (brúgue); **BROUGA**. Nom toulousain de plusieurs bruyères, telles que la *cinerea* et la *tetralix*. Lin. V. *Brusc*.

BRUGA, s. f. (brúgue), dg. Bruyère. V. *Brusc*.

BRUGAR, v. a. (brugá). Flamber une

volaille, l'exposer à la flamme quand elle a été plumée. Garc.

Éty. de *bruga*, bruyère, parce que c'est ordinairement à la flamme de la bruyère ou de quelqu'autre brindille, qu'on flambe.

BRUGAS, s. m. (brugás). Bruyère. V. *Brusc*.

BRUGAS-FUMEOU, s. m. Nom de la bruyère à balais, aux environs d'Hières. V. *Brusc*.

BRUGAS-MASCLE, s. m. (brugás-másclé). Nom qu'on donne, dans le Var, à la bruyère en arbre, *Erica arborea*, Lin. arbuste de la fam. des Ericacées.

BRUGEA, s. f. (brúdze), d. bas lim. Jarre. V. *Jarra*.

BRUGEAS, s. m. (brudjás), dl. BRUC, BROUC. *Brugar*, cat. Pays de bruyères ou couvert de la petite bruyère ou bruyère commune. V. aussi *Talabrina*, *Brugneirola* et *Brusc*, R.

BRUGEOUN, s. m. (brudzóu), d. bas lim. Cruchon, petite cruche. V. *Dourgueta*.

Éty. de *brugea* et du dim. *oun*.

BRUGIDA, vl. V. *Brugiment*.

BRUGIMENT, s. m. vl. BRUGIDA. *Brugit*, cat. Rumeur, bruit, bourdonnement.

Éty. V. *Bruit*, *Bruich*, ou de *Brugir* et de *Ment*, v. c. m.

BRUGIR, v. a. et n. vl. *Brugir*, anc. cat. Gronder; bruire, retentir, bourdonner.

Éty. du grec βρύχω (bruchô), rugir, mugir.

BRUGIRE, vl. V. *Brusir*.

Éty. V. *Brus*, R.

BRUGUEIROLA, s. f. (brugueiróle): BRUGEAS, BURGUEIROLA, dl. BRUGUIERA. Petit champ couvert de bruyères.

Éty. de *bruguiera*, bruyères, et du dim. *ola*. V. *Brusc*, R.

BRUGUET, s. m. (brugué), dl. Nom d'une sorte de champignon. Douj.

Éty. de *brugas* ou *bruguiera*, bruyère, parce qu'on le trouve probablement dans les mêmes lieux.

BRUGUIERA, s. f. (bruguiére), dl. *Bruguera*, anc. cat. Une bruyère ou champ couvert de bruyères. V. *Brugeas* et *Brusc*, Rad.

BRUICH, vl. V. *Bruit*.

BRUIDA, s. f. vl. Bruit, tumulte. Voy. *Brut*.

BRUIDOR, s. m. vl. Bruit. V. *Brut*.

BRUIEIRA, et

BRUIERA, s. f. (bruiére), d. bas lim. Bruyère, broussaille. V. *Broussalha*.

Éty. du grec βρυχή (bruché), murmure, rugissement, à cause du bruit que font ces arbustes quand ils sont agités par le vent.

BRUILAR, vl. V. *Bruzar*.

BRUILETA, s. f. (bruiléte). Nom de la violette dans le Béarn.

BRUILLAR, vl. V. *Bruelhar* et *Brout*, Rad.

BRUINA, s. f. (bruine). Bruine, Ency. corde qui borde la tête d'un filet, et qui porte les nattes de liége; bruine, rosée blanche.

BRUINAR, v. imp. (bruiná); BREINAR. Bruiner, tomber, en parlant de la bruine.

Éty. du lat. *pruina*, gelée blanche, et de *ar*.

BRUIR, v. n. vl. *Bruir*, anc. cat. Hennir, faire grand bruit, bourdonner.

BRUIT, BRUICH, BRUT. s. m. vl. Bruit, rumeur, renommée. V. *Bruit*, R.

BRUIZAR, V. *Brusar*.

BRUL, USCL, radical pris du latin *urere*, *uro*, *ustum*, brûler, que Vossius fait venir de l'hébreu *aour*, feu, ou du grec πῦρ (pur), m. s. d'où πυρόω (puroô), allumer, embraser, brûler: de *pur*, *purô*, les anciens on fait *buro*, *burere*, *brustum*, inusité; d'où: *Comburere*, brûler en entier, *Combustio*, combustion.

De *urere*, on a fait *ustulare*, brûler légèrement; *præustulare*, inus. d'où: *Brustulare*, *Bruslare*, *Brul*, et *Brul-ar*, *Brul-ad-ura*, *Brul-ura*, *Brul-ant*, etc.

De *ustulare*, par apoc. *ustul*, par la suppr. du dernier *u*, *ustl*, et par le changement de *t* en *c*, *uscl*, d'où: *Uscl-e*, *Uscl-ar*, *Chab-usclar*.

De *combustio*, par apoc. *combust*; d'où: *Coumbust-ible*, *Coumbust-ion*, *En-coum-bust-ible*.

BRULA-CAFET, s. m. (brûle-café). V. *Bruloir*.

BRULADURA, s. f. (bruladúre). V. *Brulura*.

BRULAMENT, (brulaméin), s. m. Brûlement, action de brûler, d'incendier.

Éty. de *brular* et de *ment*. V. *Brul*, R.

Penso eissugar deis maus lou piegi,
Es-à-dire, *lou* brulament.
J. de Cabanes.

BRULANT, ANTA, adj. (brulán, ánte). Brûlant, ante, qui brûle, qui est excessivement chaud. V. *Brul*, R.

BRULAR, v. a. (brulá); BOURLAR, ABSAR, LARDAR, ARDER, ARDRE, BRUSLAR, ARIR, CRES-CEAR, ABONEGAR, CREMAR, CRESMAR. *Brucciare* et *Brugiare*, ital. *Brusar*, anc. cat. Brûler, consumer par le feu; échauffer excessivement, causer une douleur vive, en parlant d'un corps chaud qu'on touche.

Brular una etapa, brûler un gîte, la dinée, y passer sans s'arrêter.

Brular la cervella, brûler la cervelle, casser la tête d'un coup de pistolet ou de fusil.

Brular quauqu'un en palha, brûler quelqu'un en effigie.

Éty. du lat. *perustulare*, selon Le Duchat; d'où *prustular*, *bruslar* et *brular*; ce qui donne la raison de l'ancienne orthographe française *brusler*. V. *Brul*, R.

BRULAR, v. a. Brouir, on le dit du dommage que causent les impressions froides aux fleurs et aux premiers bourgeons des arbres, ainsi qu'aux blés.

Lou fred a brulat lous blads, la gelée a broui les blés. V. *Brul*, R.

BRULAR, v. n. Brûler, être en état de combustion; être excessivement chaud, être dévoré d'ambition, consumé d'amour. V. *Brul*, R.

BRULAR SE, v. r. Se brûler, se faire une brûlure.

BRULAT, ADA, adj. et p. (brulá, ádé); CREMAT, ABSAT. Brûlé, ée, broui, ie, selon le verbe. V. *Brul*, R. Fig. déterminé, capable d'un coup de tête: *Es un brulat*, c'est un écervelé.

BRULE, s. m. (brûlé). Nom qu'on donne, à Bordeaux, au peuplier. V. *Piboula*.

BRULESQUE, ESCA, V. *Burlesque*.

BRULHAR, v. n. (bruillá), dl. Germer. V. *Grelhar* et *Brout*, R.

BRULHET, s. m. vl. Petit bois, taillis.

Éty. de *bruelh*, bois, et du dim. *et*. V. *Brout*, R.

BRULOIR, s. m. (brulóir); BRULOUAR. Brûloir, ustensile dans lequel on fait torréfier le café.

BRULOT, s. m. (bruló); *Brulot*, cat. *Brulotto*, ital. *Brulote*, port. esp. Brûlot, vaisseau chargé de matières inflammables, destiné à incendier une flotte ou un autre vaisseau.

Éty. de *brular*, brûler. V. *Brul*, R.

BRULOT, se dit aussi d'un morceau très-épicé qu'on présente à quelqu'un pour l'attraper; et fig. d'un homme intrépide, bouillant, d'un boute-feu.

BRULOTA, s. f. (brulóte). Nom qu'on donne, aux environs de Toulouse, au cirse bulbeux, *Cirsium bulbosum*, Déc. *Carduus tuberosus*, Villars; plante de la fam. des Composées Cynarocéphales, qu'on trouve dans les champs humides.

Éty. A cause de la douleur cuisante que causent ses piqûres.

BRULURA, s. f. (brulúre); BRULURA, BRULADURA, RUMADURA. Brûlure, lésion que laisse sur la peau ou sur d'autres corps, l'action du feu ou du calorique.

Éty. de *brular*. V. *Brul*, R.

Le meilleur moyen de prévenir les effets des brûlures, quand les parties ne sont pas complétement désorganisées, est de tremper immédiatement après l'accident, la partie brûlée dans de l'eau très-froide et de l'y laisser longtemps, en ayant soin de la renouveller souvent pour qu'elle ne s'échauffe pas.

BRUMA, s. f. vl. *Bruma*, esp. ital. Brume, brouillard.

Éty. du lat. *bruma*, m. s. solstice d'hiver, hiver, temps semblable à celui de l'hiver; formé de *brevissima*, parce que le mot *bruma* s'est dit du jour le plus court de l'année. Dérivés: *Brum-age*, *Brum-or*, *Brum-ero*, *Brum-os*, *Brum-ous*.

BRUMA, s. f. dg. *Brouille des blés*. V. *Reoulh*.

BRUMA, s. f. (brúme), dl. et bas lim. Brume, écume, flegme, pituite.

Cassar la bruma dal poulmoun, expectorer; pour brouillard, V. *Brouma* et *Escuma*.

BRUMA DE BOUTIGA, s. f. (brúme dé boutigue), dl. Marchandise de rebut. V. *Rous-signoous*.

BRUMAGE, s. m. (brumádze), d. bas lim. Brouillard. V. *Nebla* et *Bruma*, R.

BRUMAR, v. n. (brumá), dl. Écumer, jeter de l'écume, en être couvert; en style poétique, fumer: *Una daga que brumava dal sang que sourtia de la plaga*. Sauv.

Éty. de *bruma*, écume, et de *ar*.

BRUMAT, ADA, adj. et p. (brumá, áde), dg. NEBLAT. En parlant des céréales, rouillé, ée.

BRUME, d. v. V. *Brouma*.

BRUME, s. m. (brúmé). Sparton, corde de spart. V. *Marroun*.

BRUMEGEAR, dg. V. *Breinar*.

BRUMERO, s. m. (brumère). Brumaire, le second mois de l'année républicaine ; il commençait le 22 octobre et finissait le 22 novembre.

Éty. de *Bruma*, v. c. m.

De la terre l'exhalaison
Vient épaissir notre atmosphère;
Le brouillard cache l'horizon:
Voilà d'où naquit le brumaire.

BRUMESTIA, s. f. Nom que porte, à Nice, une variété du raisin barbaroux grec, à grains plus petits, plus durs et moins rouge que l'espèce.

BRUMOR, s. f. vl. Brume, brouillard, état brumeux, obscurité: *La brumor de l'aire.* V. *Bruma*, R. Bruissement, bruit. V. *Brut*, R. ou de βρόμος (bromos), frémissement.

BRUMOS, vl. V. *Brumous.*

BRUMOUS, OUSA, adj. (brumóus, óuse), d. bas lim. *Brumos*, esp. Brumeux, euse. V. *Neblat* et *Bruma*, R.

BRUN, radical dérivé de l'all. *braun*, ou de l'anglo-saxon *brun*, brun, couleur foncée, d'où le flamand *bruyn*. Dérivés: *Brun*, *Brun-a*, *Brun-et*, *Brun-ir*, *Em-brunit*, etc.

BRUN, UNA, adj. (brün, úne); ENCRE, BRU, BUREL. *Bruno*, esp. ital. *Bru*, cat. *Braun*, all. Brun, brune, de couleur brune, sombre, bis: *Pan brun*, pain bis.

Éty. de l'all. *braun*, m. s. Turpin, dans l'histoire de Charlemagne, se sert du mot *brunus*. V. *Brun*, R.

BRUN, s. m. (brün); OBSCUR, ESCUR. Brun, la couleur brune, celle qui tire sur le noir; un brun, une brune. V. *Brun*, R.

BRUNA, s. f. (brúne). Brune, temps entre le coucher du soleil et la nuit. V. *Brun*, Rad.

BRUNA, s. f. (brúne). Nom nicéen de la fauvette tachetée; *Curruca nœvia*. Briss. *Motacilla nœvia*, Lin. oiseau de l'ordre des Passereaux, et de la fam. des Subulirostres, (à bec en aleine) et de la fauvette d'hiver. V. *Chic-d'avaus.*

BRUNDIR, v. n. (broundir), d. lim. Bourdonner, faire du bruit en roulant. V. *Bround*, R.

BRUNELA, s. f. (brunèle). Nom qu'on donne, aux environs de Toulouse, à la brunelle à grande fleur, *Brunella grandiflora*, Lin. plante de la famille des Labiées qu'on trouve dans les prés.

BRUNELA, s. f. Jument de couleur grisâtre. Garc.

BRUNELETA, s. f. (brunéléte). Nom toulousain de la brunelle vulgaire: *Brunella vulgaris*, Lin. plante de la fam. des Labiées, commune dans les champs.

BRUNER, s. vl. ?
Cargue de . . . . et bruner, *une liure tourneze.*

BRUNET, s. m. (bruné). Panari. Avril. V. *Panari.*

BRUNET, ETA, adj. et s. (bruné, éte). Brunet, ette, un peu brun.

Éty. de *brun* et du dim. *et*, *eta*. V. *Brun*, Rad.

BRUNETA, s. f. vl. BRUNETTA. *Bruneta*, esp. *Brunete*, sorte d'étoffe. V. *Brun*, R.

BRUNETA, s. f. d. apt. Espèce de champignon. V. *Barba.*

BRUNEZIR, v. n. vl. *Brunezir*, cat. Brunir, s'obscurcir. V. *Brunir* et *Brun*, R.

BRUN-FOURCAT, s. m. et adj. (brünfourcá). Nom qu'on donne, aux environs d'Hières, à une espèce de raisin, à grains, gros, noirs, ronds et doux.

BRUNHA, s. f. vl. *Brugne*, cuirasse. V. *Bronha.*

BRUNIDA, s. f. (brunide); CAYETIERA. Vase de terre en forme de petite jarre. Garc. V. *Toupina.*

BRUNIR, v. a. (brunír); EMBRUNIR. *Brunyir*, cat. *Brunire*, ital. *Bruñir*, esp. *Brunir*, port. Brunir, rendre brun, peindre en brun; polir l'or, l'argent, etc., avec le brunissoir; bronzer, polir.

Éty. de *brun* et de *ir*, faire devenir brun. V. *Brun*, R.

BRUNIR, v. n. Brunir, devenir brun. V. *Brun*, R.

BRUNISSAGI, s. m. (brunissádgi); *Brunidura*, port. Brunissage, ouvrage du brunisseur; action de brunir.

Éty. de *brun*, de *is* et de *agi*. V. *Brun*, R.

BRUNISSOIR, s. m. (brunissoir); BARNISSOIR, BRUNISSOUAR. *Brunitojo*, ital. *Brunydór*, cat. Brunissoir, outil pour brunir ou polir les métaux.

Éty. de *brun*, de *iss* et de *ar*. V. *Brun*, Rad.

BRUNISSUR, s. m. (brunissúr); *Brunyidór*, cat. *Brunitore*, ital. *Brunidor*, port. Brunisseur, celui qui brunit les métaux au moyen du brunissoir.

Éty. de *brun* et de la term. *Ur*, v. c. m. et *Brun*, R.

BRUNIT, IDA, adj. et p. (bruní, ide); *Brunito*, ital. *Brunido*, port. esp. Bronzé, bruni, ie, poli avec le brunissoir. V. *Brun*, Rad.

BRUNO, nom d'homme, (brúno); BRUNOT. *Bruno*, ital. Bruno.

Patr. Saint Bruno, instituteur général des Chartreux en 1084, mort le 6 octobre de l'an 1101, jour où l'Eglise célèbre sa fête.

BRUNOR, s. f. vl. Brouillard, brune, obscurité; entrée de la nuit.

Éty. de *brun* et de *or*. V. *Brun*, R.

BRUNOT, nom d'homme, (brunó). V. *Bruno.*

BRUOIL, et

BRUOILL, vl. V. *Broul*, R. et *Bruelh.*

BRUOILLA, s. f. vl. V. *Bruelha.*

BRUQUETS, s. m. pl. (bruqués); *Brugnoli*, ital. Nom qu'on donne, en Languedoc, à plusieurs espèces de champignons qui croissent dans les bruyères et dans la mousse, et qu'on nomme à cause de cela *mousserons* en français. V. *Brusc*, R.

BRUS, 2, BROS, rad. pris du roman *brus*, sombre, brun, noir.

De *brus*: *A-bruz-ir*, *A-bruz-ia.*

De *brus*, par le changement de *u* en *o*, *bros*; d'où: *A-bross-ir.*

BRUS, adj. vl. Brun, sombre. V. *Brus*, Rad.

BRUS, s. f. vl. Bruyère. V. *Brusc*, R.

BRUSAR, v. n. (brusá); BRUZAR, BROIZAR, PRUDIR. Cuire avec démangeaison, sentiment que fait éprouver la piqûre des orties, par exemple. V. *Prusir*, brûler, vl. et *Brus*, R.

Brusar, en d. vaud. signifie brûler.

BRUSAT, ADA, *bruzat*, vl. Brûlé, ée. V. *Brus*, R.

BRUSC, BRUST, BRUS, BROUST, BROUSS, BRUG, rad. dérivé du celt. *bruscus*, *bruc*, en bas breton, et *brueria*, *bruscia*, en basse lat. bruyère ou petit arbuste qui lui ressemble ; broussaille, d'où le lat. *bruscum*, petit houx, arbrisseau.

De *bruscus*, par apoc. *brusc*; d'où: *Brusc*, *Brusc-ar*, *Brusqu-et*, *Brusqu-ier*, etc.

De *brusc*, par suppr. du *c*, *brus*; d'où: *Brus*, et par le changement de *u* en *ou*, *brous* ou *brouss*; d'où: *Brouss-alha*, *Brouss-as*, etc.

De *brusc*, par le changement de *c* en *t*, *brust*; d'où: *Brust-i*, *Brust-iar*, etc.

De *brusc*, par la suppr. de *s*, *bruc*; d'où: *Bruc*, *Bruch-ou.*

De *bruc*, par le changement de *c* en *g*, *brug*; d'où: *Brug*, *Brug-as*, *Brugu-iera*, *Brugu-et*, *Em-brug-ar*, etc.

BRUSC, s. m. (brús); BRUS, BRES, ABEL, BOURGNOUN, BROUGNOUN, BROUNIOU, CHASTRA, SOUCCA, BOURNAT. *Buc*, cat. Ruche, ruche à miel, espèce de panier conique ou de caisse cylindrique ou carrée où on loge les abeilles que l'on élève en état de domesticité.

Éty. de *rusca*, écorce, avec addition de *b*, parce que dans l'origine on ne faisait les ruches qu'avec des écorces et particulièrement avec celle du liége; du bas breton *brusc*, écorce, ou de *brusc*, tronc V. *Rusc*, R.

Les principales ruches en usage à présent sont :

1° L'ancienne, faite avec une écorce ou avec un tronc d'arbre creux.

2° La carrée, construite avec quatre planches, en forme de caisse.

3° Celle à feuillets ou en livre, de M. Huber.

4° La villageoise ou lombarde, de M. Lombard.

5° La pyramidale, de M. Ducouëdir.

6° Celle à hausse, de M. Palteau.

7° Celle à l'air libre, de M. Martin.

8° Celle de M. Féburier.

On emploie aussi celles de MM. Gelieu, Serain, Ravenel et Mahogani.

Dans une ruche on nomme :

CROISÉE, les deux bâtons qui la traversent en croix dans le milieu.

TABLIER ou TABLE, la planche sur laquelle elle repose.

HAUSSE, les cercles qu'on ajoute à certaines ruches comme à celle de M. Palteau.

ENTRÉES ou PORTES, les ouvertures par lesquelles les abeilles entrent et sortent.

TOIT, MANTEAU ou CHAPEAU, ce qui les recouvre.

COUVAIN, V. *Couen*, gâteau ou gaufre, V. *Bresca*, pour miel, V. *Meou*; pour cire, V. *Cira*, et pour propolis. V. *Propolis.*

ROUGET, V. *Pinaut.*

FUMERON, V. *Cinsa.*

POURGET, la pâte composée de chaux, de bouse de vache et d'argile, avec quoi on bouche les joints des ruches.

On dit que la ruche *fait la barbe*, lorsque toutes les abeilles ne pouvant plus se loger à l'intérieur, s'amassent en grappe sous le tablier.

Châtrer ou tailler les ruches, c'est en enlever les rayons ou gâteaux.

On attribue à Aristée, 1480 ans, avant

J.-C. l'art de faire des ruches et d'y enfermer les abeilles.

BRUSC, s. m. (brús); brus, brugas, bruc, brug, brugi, brugiera, brouc, broussa-ratiera, burga, bourgeas, bruga. *Brughiera*, ital. On donne ce nom ou ces noms à plusieurs espèces de bruyères, et principalement à la bruyère commune, *Erica vulgaris*, Lin. et à la bruyère à balais, *Erica scoparia*, Lin. arbustes de la fam. de Ericacées, dont la dernière est particulièrement employée à faire des balais, qu'on nomme *Escoubas de brusc*. V. Gar. *Erica major*. p. 160.

Éty. du celt. *bruscus*. V. *Brusc*, R.

BRUSC, USCA, adj. (brúsc, úsque); *Brusco*, ital. port. *Bronco*, esp. *Brusc*, cat. Brusque, prompt et rude; subit, inopiné.

Éty. V. *Bronc*, R.

BRUSC, vl. Tronc, buste, poitrine, V. *Bustz*; ruche, V. *Brusc*.

BRUSCA, s. f. (brúsque). Un des noms languedociens du genêt épineux. V. *Argielas*.

Éty. V. *Brusc*, R.

BRUSCA, s. f. vl. *Brusca*, cat. Broussaille, rameau.

Éty. V. *Brusc*, R.

BRUSCAGI, s. m. (bruscádgi). L'action de flamber l'extérieur d'un bâtiment pour en unir le goudron.

Éty. de *brusc*, fougère, broussaille, et de *agi*, parce qu'on se servait de la bruyère pour cette opération. V. *Brusc*, R.

BRUSCAMBILHA, s. f. (bruscambille); brescambilha. Pour briscambille, V. *Brescambilha*, homme dont la démarche est chancelante et burlesque.

Éty. de *brusc*, écorce, et de *cambilha*, dim. de *camba*, jambes d'écorce, c'est-à-dire, peu solides. V. *Rusc* et *Brusc*, R.

BRUSCAMENT, adv. (brusquaméin); *Bruscamente*, ital. port. Brusquement, avec rudesse.

Éty. de *brusca* et de *ment*, d'une manière brusque. V. *Bronc*, R.

BRUSCAR, v. a. (bruscá); brusquiar. *Bruscare*, ital. 2 sign. Brusquer, traiter d'une manière brusque; brusquer un vaisseau, en brûler l'extérieur pour détruire les corps qui s'y attachent; flamber. V. *Bruscagi*.

Éty. de *brusc* et de *ar*. V. *Bronc* et *Brusc*, Rad.

BRUSCARIA, s. f. (bruscarie); *Bruscaria*, cat. *Bronquedad*, esp. Brusquerie, rudesse.

BRUSCAT, ADA, adj. et p. (bruscá, áde). Brusqué, ée, traité durement, brûlé à l'extérieur, en parlant d'un vaisseau. Voy. *Bronc* et *Brusc*, R.

BRUSC-FER, s. m. rouvet, ginestoun. Nom qu'on donne, dans le département des B.-du-Rh. selon l'auteur de sa Stat. à l'osyris blanc, *Osyris alba*, Lin. arbrisseau de la fam. des Eléagnées, commun sur les coteaux de la Prov. Mérid.

BRUSCLAT, ADA, adj. et p. (brusclá, áde), Suppl. au Dict. de Pellas. Un peu brûlé. V. *Besusclat*.

BRUSIMENT, s. m. (brusiméin). Bruissement, bourdonnement. Garc.

BRUSIR, v. n. (brusir); bruzir. *Brugir*, anc. cat. *Zurrir*, esp. *Bruire*, ital. Bruire, rendre un bruit sourd et confus, une espèce de bourdonnement; gronder: *Lou tron brusis*; ébruiter, divulguer.

Éty. du lat. *rugire*, par l'addition d'un *b* au commencement, ou du grec βρύχειν (bruchéin), rugir, grincer des dents. Voy. *Brounzir*.

Lou gendarmo coumo un tavan
Fasia brusir l'er et la terro. Bruys.

BRUSIR, v. n. brusar. Démanger, cuire. V. *Brusar*, pour ébruiter. V. *Abrudir*.

BRUSLAR, vl. V. *Brular*.

BRUSOUR, s. f. (brusour); escousour. Douleur cuisante, cuisson; bruit sourd.

Éty. de *brusor*. V. *Brus* et *Brut*, R.

BRUSQUE, USCA, V. *Brusc* et *Bronc*, Rad.

BRUSQUET, s. m. (brusqué). Petite caisse en liége, dans laquelle on tient le sel, en lieu sec, et dans laquelle aussi, on met les châtaignes bouillies, qu'on expose pour vendre. Garc.

Éty. de *brusc*, écorce, et du dim. *et*. Voy. *Brusc*, R.

BRUSQUET, s. m. (brusqué). Nom gascon du bolet potiron.

BRUSQUIAR, Garc. V. *Bruscar*.

BRUSQUIER, adj. (brusquié). *Pan brusquier*, pain bis, pain de recoupes.

Éty. *Brusquier*, est dit par corrup. de *busquier*, formé de *busca*, paille, et de *ier*, qui contient beaucoup de pailles, beaucoup de son. V. *Brusc*, R.

BRUSSAR, alt. de *bussar*. V. *Dourdar*.

BRUSSIERA, s. f. (brussiére). Champ couvert de bruyère. Garc.

Éty. de *bruss* pour *brusc*, bruyère, et de *iera*.

BRUSTI, s. f. (brústi); brustia, espausseta, vargeta, vergeta, brossa, freta-fanga, *Burste*, all. Brosse, instrument à poil ou à fil d'archal ou de laiton, qui sert à nettoyer.

Éty. de *brusti* ou de *bruscus*, bruyères, racines dont on s'est d'abord servi pour faire des brosses. V. *Brusc*, R.

Brosse pour les souliers, *Freta-fanga*.

Brossier, *Fesur de brossas*.

On appelle :

BOIS ou PATTE, la planchette qui porte le poil ou le fil métallique.

LOQUETS, les petits paquets de poils ou de fil qui entrent dans les trous du bois.

BRUSTI, s. m. (brústi); brustia. Nom qu'on donne au barbon ou brossière : *Andropogon ischœmon*, Lin. plante de la fam. des Graminées qu'on trouve dans les lieux secs et arides.

Éty. de *brusti*, brosse, parce qu'on se sert des racines de cette plante pour faire des brosses rudes, particulièrement employées par les tisserands. V. *Brusc*, R.

C'est encore un des noms des bruyères, à Valensole. Aub. V. *Brusc*.

BRUSTIA, vl. V. *Brostia*, petite boîte.

BRUSTIA, s. f. dm. Brosse. V. *Brusti* et *Brusc*, R.

BRUSTIA, s. f. dl. Boîte. Voy. *Bouita*.

BRUSTIAR, v. a. (brustiá); vargetar, vergetar, escoubetar. Brosser, frotter ou nettoyer avec une brosse; faire avec précipitation.

Éty. de *brusti* et de *ar*. V. *Brusc*, R.

BRUSTIAR, v. a. Sérancer, passer le chanvre ou le lin par le séran, qui est le peigne des chanvriers. V. *Brusc*, R.

BRUSTIAR, v. a. broustiar. Panser un cheval, un mulet, le brosser; vider les poches au jeu; envoyer paître quelqu'un qui vous importune. V. *Brusc*, R.

BRUSTIETA, s. f. (brustiéte), dl. Petite boîte. V. *Bouitouna* et *Bouiteta*.

BRUT, brud, bruch, brug, bruit, radical qu'on tire du bas breton *brud*, *brut*, bruit, rumeur, nouvelle; du grec βρυχή (bruché), rugissement; ou du lat. *rugitus*, m. s.

De *brut* : *Brut*, *Brut-la*, *Es-brut-ir*.

De *brud* : *Brud-a*, *Brud-ir*, *A-brud-ir*, *Es-brud-issar*.

De *brut*, par le changement du *t* en *ch*, *bruch*; d'où : *Bruch*, *Bruich*.

De *bruch*, par la suppression de *h*, et le changement du *c* en *g*, *brug*; d'où : *Brug*, *Brug-i-ment*, *Em-brug-ir*, *Re-brug-ire*, *Brug-ire*, etc.

BRUT 2, radical dérivé du latin *brutus*, *a*, *um*, brute, stupide, grossier. Denina dit que ce mot est formé par anastrophe de *turp*, radical de *turpis*, qui renversé fait *prut*, *brut*, sale, couvert d'ordures. Dérivés : *Brut*, *Brut-al*, *Brutala-ment*, *Brutal-as*, *Brutal-isar*, *Brutal-itat*, *Brut-ar*, *A-brut-ir*, *Brut-issi*, *Em-brut-ir*, etc.

BRUT, s. m. (brú); bruch, bruech, bru, bruey. *Brugit*, cat. *Ruido*, esp. port. *Bruito*, ital. *Brausen*, all. Bruit, son ou mélange de sons confus que l'oreille ne peut ni bien distinguer, ni apprécier; tumulte; nouvelle qui circule, renom; querelle.

Éty. du bas breton *brut*, V. *Brut*, R.

Brut de l'aigua, murmure.

Brut doou tron, grondement.

Brut deis abelhas, *deis guespas*, bourdonnement.

Brut deis sabres, *deis espasas*, cliquetis.

Brut d'una pouerta, hiement.

Brut doou vin que souerte de la boutelha, glou-glou.

Brut de forsa gens que parloun ensems, brouhaha.

Brut de la mar, bruissement.

Brut deis pichots auceous, gazouillement.

Brut deis aurelhas, bourdonnement, bruissement.

BRUT, UTA, UDA, adj. (brú, úte, úde); *Bruto*, esp. port. ital. *Brut*, cat. Brut, ute, c'est l'opposé de travaillé; il se dit de tous les objets qui sont encore dans l'état où la nature nous les présente, lorsqu'ils sont destinés à être perfectionnés par l'art; sale, malpropre; brute, stupide, grossier.

Éty. du lat. *brutus*. V. *Brut*, R. 2.

BRUT, UTA, adj. Brut, ort, poids total de la marchandise avec son emballage : *Pesa brut tant*, elle pèse brut tant. V. *Brut*, Rad. 2.

BRUT, vl. Tronc, buste. V. *Buste*.

BRUTA-BESTI, s. f. (brúte-bèsti). Bête-brute; ignorant, rustre.

Éty. V. *Brut*, R. 2.

BRUTA-BONA, s. f. adj. (brúte-bóne). Nom d'une espèce de poire, de la brute-bonne, ou beurré d'Angleterre.

Éty. Son extérieur ne paye pas de mine, quoiqu'elle soit très-bonne; d'où son nom.

BRUTAL, ALA, s. et adj. (brutáou, ále); BRUTAU, MOUSQUET, *Brutale*, ital. *Brutal*, esp. port. cat. *Brutal*, all. Brutal, ale, qui tient de la brute; qui est grossier, féroce, emporté, sans égard, sans politesse, sans ménagement.

Éty de *brutus*, brute, *brut*, et de *al*. V. *Brut*, R. 2.

BRUTALAMENT, adv. (brutalaméin); *Brutalmente*, ital. esp. port. *Brutalment*, cat. Brutalement, en bête-brute, avec brutalité, grossièreté.

Éty. de *brutala* et de *ment*, d'une manière brutale. V. *Brut*, R. 2.

BRUTALAS, ASSA, s. m. (brutalás, ásse). Augmentatif de *brutal*, gros brutal. V. *Brut*, R. 2.

BRUTALISAR, v. a. (brutalisá); *Brutteggiare*, ital. Brutaliser, outrager par des paroles ou par des actions brutales.

Éty. de *brutalis*, inus. et de *ar*. V. *Brut*, R. 2.

BRUTALISAT, ADA, adj. et p. (brutalisá, áde) Brutalisé, ée.

Éty. de *brutalis*, inus. et de *at*. V. *Brut*, R. 2.

BRUTALITAT, s. f. (brutalitá); *Brutalità*, ital. *Brutalidad*, esp. *Brutalitat*, cat. *Brutalidade*, port. *Brutalitaet*, all. pris du français. Brutalité, vice du brutal; action brutale.

Éty. de *brutalitatis*, gén. de *brutalitas*, inus. V. *Brut*, R. 2.

BRUTAR, v. a. (brutá); BRUTIR, SALIR, ENSALIR. *Bruttare*, ital. Salir, couvrir d'ordures, de saleté.

Éty. de *Brut* et de *ar*, v. c. m. et *Brut*, Rad. 2.

BRUTAR SE, v. r. SE BRUTIR. Se salir, s'embrener, en parlant des enfants.

Éty. du grec βροτοω (brotoô), salir de sang et de poussière. V. *Brut*, R. 2.

BRUTAS, ASSA, s. et adj. (brutás, ásse). Augm. de *brut*, salope, malpropre. V. *Brut*, R. 2.

BRUTAU, V. *Brutal*.

BRUTICI, V. *Brutissi*.

BRUTIER, s. m. (brutié); BUTOR, BITOR, IMAGAIRE, VICTORDAURA. *Bittore*, ital. Butor, *Ardea stellaris*, Lin. oiseau de l'ordre des Echassiers et de la fam. des Cultrirostres ou Ramphocopes (à bec tranchant).

Éty. de *botaurus*, formé de *bostaurus*, à cause que sa voix ressemble un peu au mugissement du taureau, ou de *brut* et de *er*, qui fait du bruit.

Il habite les marais de la Prov. Mér. Sa chair n'est pas estimée.

BRUTIGE, s. m. (brutidgé), dl. Saleté. V. *Brutissi* et *Brut*, R. 2.

BRUTIR, V. *Brutar*.

BRUTISSI, s. (brutissi); MAURETISSI, ALETAT, BRUTIGE, PERIDURA, TACA, BRUTICI. *Bruticia*, cat. *Bruttura*, ital. Saleté, ordure.

Éty. de *brut*, ou du grec βρότος (brotos), sang mêlé de poussière. V. *Brut*, R. 2.

BRUTLA, s. f. vl. Forme féminine du substantif *brutle*, vacarme, tumulte. Voy. *Brut*, R.

BRUTLE, s. m. vl. Tumulte, bruit. Voy. *Brut*, R.

BRUTONAR, v. n. vl. Pousser, bourgeonner.

Éty. de *broutoun* et de *ar*. V. *Brout*, R.

BRUTZ, s. m. vl. Le sein, la poitrine; bruit, réputation. adj. Sale.

BRUYANT, ANTA, adj. (bruián, ánte); BRUIANT. Bruyant, ante; qui fait beaucoup de bruit. V. *Brut*, R.

BRUYNA, s. f. vl. *Pruina*, anc. esp. *Brina*, ital. Gelée blanche. V. *Breina*.

Éty. du lat. *pruina*, m. s. V. *Pur*, R.

BRUZAR, vl. Brûler, bruire, frémir. V. *Brusar*.

BRUZILHAR, v. n. vl. Marcher à travers les obstacles.

Éty. de *brusca*, broussaille, et de *ar*, aller. V. *Brusc*, R.

BRUZINA, s. f. vl. Bruine. V. *Breina*.

BRUZIR, Bruire, frémir. V. *Brusir* et *Brus*, R.

BRUZOUR, V. *Brusour*.

BRY

BRYOUINA, s. f. (briouine); BRIOUINA, COUGOURLIER-SAUVAGI, COUCOUMELESSA, COUDIEIRASSA, COUGEARASSA, COUÇARASSA, VIGNA-BLANCA. *Brionia*, esp. ital. cat. Bryone, couleuvrée, vigne blanche, *Bryonia dioica*, Jacq. plante de la fam. des Cucurbitacées, commune dans les haies. V. Garid. *Bryonia*, p. 67.

Éty. du lat. *bryonia*, formé du grec, βρυωνία (bryônia), m. sign. dérivé de βρυω (bruô), je crois, je pousse, à cause de sa prodigieuse végétation.

La racine de cette plante est d'une grosseur extraordinaire. on en trouve qui ont près de 6 décim. de long sur 15 cent. de diamètre; elle est très-âcre et purge violemment.

BUA

BUA, pl. f. (buá), d. de Digne, lessive. V. *Bugada*.

BUA, s. f. (buá). Bouze, fiente des mulets, des chevaux, etc. Garc. V. *Buas* et *Bov*, R.

BUADA, s. f. vl. Chambre voûtée, lieu voûté, caveau, couloir.

BUAH et BOUHA, excl. (búhe et bóuhe). En y ajoutant *ó*, *ho*, cri du muletier pour faire arrêter ses mulets.

BUAIRE, s. m. (buáïré). Celui qui met le suif dans les fentes ou les joints des tonneaux. C'est aussi le nom d'un couteau de bois qui sert à cette opération. Aub.

BUALHAR, v. a. (buaillá); BUALIA. dl. Eclaircir, nettoyer, balayer, Sauv. ôter la boue ou bouse. V. *Bov*, R.

BUAR, v. a. (buá). Enduire les fentes et les joints des tonneaux avec du suif. Aub.

BUAS, s. m. (buás); BUE, BUA. Monceau, magot d'argent; bouse de bœuf ou de vache, crotin de cheval amoncelé. Garc. V. *Bov*, R.

BUAU, s. f. (buáou), dm. BUOOU. V. *Bugada*.

BUB

BUBA, s. f. vl. *Buba*, esp. Bubon, tumeur, bouton. V. *Boubas*.

BUBALI, s. m. vl. *Bubalo*, esp. anc. Buffle. V. *Buffle*.

Éty. du lat. *bubalus*.

BUBAS, s. f. pl. (búbes), dl. Les bubes ou pustules du chignon des enfants négligés. *Renouvelar las bubas*, rappeler un souvenir triste.

Éty. V. *Boubas*.

BUBETA, s. f. vl. Petit bubon.

Éty. de *bubo* et de *eta*. V. *Boubas*, R.

BUBO, s. m. vl. Bubon. V. *Bouboun*.

BUBO, s. m. vl. *Bubo*, esp. *Bufo*, port. *Gufo*, ital. Hibou. V. *Machota*.

Éty. du lat. *bubo*, m. sign.

BUBOUN, V. *Bouboun*.

BUC

BUC, s. vl. g. Audace.

BUC, s. m. vl. Ruche d'abeilles. V. *Brusc*.

Éty. de la basse latinité *buca*, tronc d'arbre, parce qu'un tronc creux a d'abord servi de ruche.

BUC, s. m. (buc), dl. Un ergot, un chicot d'arbre; chicot d'une dent cassée, une écharde ou picot qu'on prend à quelque doigt. Sauv. Une ruche d'abeilles. Douj.

Éty. de la basse latinité *buca*, tronc, tige.

BUCADA, s. f. (bucáde); ESQUINSADURA, dl. Un accroc.

Éty. du l'ital. *buccato*, percé. Sauv. fait de *buca*, trou, et de *ada*.

BUCCINA, BOZINA. s. f. vl. *Botzina*, anc. cat. *Bocina*, esp. *Bozina*, port. *Buccina*, ital Trompette. V. *Troumpeta*.

Éty. du lat. *buccina*, m. s.

BUCELLA, s. f. vl. Petite bouchée. V. *Bouc*, R.

Plus val una bucella de pan ab j'ai, que plena mas de charn ab odi.

BUCHA, s. f. vl. Bouche. V. *Bouca*.

BUCHAU, V. *Bourrenc*.

BUCHET, s. m. (butché); POUNCHINPERLA, BUTETA, dl. DETET, BOULINETA. Poussette, jeu d'enfant auquel celui-là gagne qui, en poussant son épingle du bout du doigt, la fait croiser sur celle de son adversaire.

Éty. *Buchet*, est un dim. de *bucha*, bûche, dérivé de la basse latinité *buca*, m. s.

BUCHET, s. m. (butché). Nom nismois du brochet. V. *Brochet*.

BUCHIAR, Avril. V. *Buscalhar*.

BUCOULIQUE, CA, adj. (bucouliqué, ique); *Buccolica*, ital. *Bucolico*, esp. cat. Bucolique, poésie pastorale.

Éty. du grec βουκόλος (boukolos), bouvier, pasteur, dérivé de βοῦς (bous), bœuf, et de κόλον (kolon), nourriture, parce que ces poésies ne parlaient ordinairement que des bergers. V. *Bov*, R.

Cette espèce de poésie, née en Sicile, est la plus ancienne que l'on connaisse.

BUCS, s. m. vl. Bras sans main.

BUD

BUD, BOUD, radical dérivé du lat. *botellus*,

dim. de *botulus*; d'où le lat. barbare, *budellus*, boyau, boudin, et *budel*, *bud*.

De *budellus*, par apoc. *bud*; d'où: *Bud-alha*, *Bud-ar*, *Bud-el*, *Bud-eou*, *Bu-ela*, *Bud-el-ada*, *Budell-ier*, *Es-budel-ar*, *Em-budel-ar*, *Es-boud-el-ar*, etc.

De *botellus*, par apoc. et suppress. de la syllabe *te*, *boll*; d'où: *Boll-ada*.

BUDALHA, s. f. (budáille); *Budellame*, ital. Les boyaux en général, le ventre. V. *Burbalha*.

Éty. de *budel*, boyau, et de la term. *alha*, tous. V. *Bud*, R.

Sensso lou vin que sousten ma budaillo,
Auriou ja vist lou lagagnous Caroun.
La Bellaudière.

BUDAR, v. a. (budá), dl. Vider, verser. V. *Vuidar*.

BUDEL, s. m. (budèl); BUDEOU, BOUYEOU, BOUDEOU, TRIPA. *Budello*, ital. *Budell*, cat. Boyau, intestin, organe membraneux et musculeux, creux, rond, s'étendant depuis l'ouverture inférieure de l'estomac jusqu'au fondement.

Éty. de la basse lat. *budellus*, par apoc. V. *Bud*, R.

On distingue les intestins en intestins grêles et en gros intestins.

Les intestins grêles, en partant de l'estomac sont, dans l'homme: Le *Duodenum*, le *Jejunum* et l'*Iléon*.

Les gros intestins portent les noms de: *Cœcum*, *Colon* et *Rectum*, qui est le dernier.

BUDELADA, s. f. vl. BUDELLADA, BOLLADA. *Budellame*, ital. Tripaille. V. *Tripalha* et *Budalha*.

Éty. de *budel*, et de *ada*. V. *Bud*, R.

BUDELLADA, s. f. vl. V. *Budelada*.

BUDELIER, s. m. vl. BUDELLIER. Tripier, charcutier.

Éty. de *budel* et de *ier*. V. *Bud*, R.

Budelliers *sui a sazos*.
Raimond d'Avign.

Je suis tripier dans l'occasion.

BUDEOU, d. pr. V. *Budel*.

BUDEOU, s. m. BOUYEOU, QUIEOCLARD, BUDÈL, QUIOULARD. On le dit en particulier du rectum, troisième portion du gros intestin qui s'étend jusqu'à l'anus.

A, ou fai lou budeou, il est sujet à la chute du rectum.

BUDGET, s. m. (budgé); BUGET. Budjet, état de l'actif et du passif d'une grande administration financière.

Éty. de *bugette*, petite bourse, altéré par la prononciation anglaise, on a fait *Budget*.

BUE

BUEIA, vl. V. *Baia*.

BUEICHALHAS, s. f. pl. (bueitcháilles); BUISSALHAS. Brindilles. Aub. V. *Broundilhas*.

BUEIRA, Alt. de *Buira*, v. c. m.

Cercar bueira, chercher noise ou querelle. Garc.

BUELA, s. f. vl. Bedaine. V. *Bedena*.

Éty. de *budel*. V. *Bud*, R.

BUELHAR, v. a. (bueillá); BUELIA. dl. Séparer avec un balai la balle d'avec le blé. Sauv.

BUELHAS, s. f. pl. (buèilles), m s. que *Bielhas*, v. c. m.

BUEOU, s. m. vl. Bœuf. V. *Buou*.

BUERBA, et comp. V. *Burba*.

BUERBALHA, Avril. V. *Burbalha*.

BUERNA, s. f. vl. Bruine, brouillard. V. *Breina*, *Nebla* et *Pur*, R.

BUERRI, V. *Buri*.

BUEU, vl. *Bue*, ital. esp. anc. V. *Buou*.

BUF

BUF, BAF, exclam. vl. *Buf*, esp. Buf, baf, moquerie; souffle.

BUFADOR, s. m. vl. *Bufador*, cat. Sifflet, chalumeau.

Éty. de *buf* et de *ador*. V. *Bouff*, R.

BUFAMENT, s. m. vl. BUFAMEN. Souffle, respiration, vent.

Éty. V. *Bouff*, R. et *Men*.

BUFAR, v. a. vl. Souffler, se moquer. V. *Bouffar* et *Bouff*, R.

BUFET, s. m. vl. Souffle.

Éty. de *buf*, et du dim. *et*. V. *Bouff*, R.

BUFFA, s. f. (búffe); BUFA. *Buffa*, ital. Moue, grimace que l'on fait en signe de mécontentement, Avril. Traque, battue. Castor.

BUFFA-BREN, s. m. (búffe-bréin), dl. Un bavard; litt. *souffle-son*.

Éty. de *buffar*. V. *Bouff*, R.

BUFFADA, V. *Bouffada* et *Bouff*, R.

BUFFAR, dl. Pour souffler. V. *Bouffar*. *Buffa foc*, souffleur

BUFFAS, s. f. pl. (búffes), dl. Les fesses. V. *Cuissas*, parce qu'elles sont gonflées, et *Bouff*, R.

BUFFEC, ECA, adj. (buffèc, èque), dl. Creux, vide: *Nose buffeca*, noix creuse; vain, inutile. Douj. Rempli de vent, soufflé. V. *Bouff*, R.

BUFFAL, s. f. (buffál), dl. Bouffée de vent, V. *Bouffada* et *Bouff*, R. Soufflet de cheminée. V. *Soufflets*.

BUFFALIECH, s. m. (buffalièteh), dl. Une bassinoire. V. *Cauffaliech* et *Bouff*, R.

BUFFALIERA, adj. (buffaliére), dl. Fanfaron, Sauv. qui ne produit que du vent.

Éty. *Bouff*, R.

BUFFANIER, dl. V. *Trulle* et *Bouff*, Rad.

BUFFAR, v. n. (buffá), dl. *Bufar*, port. S'irriter, bouffer de colère; se moquer, V. *Bouffar*, en d. bas lim. souffler. V. *Soufflar* et *Bouff*, R.

BUFFARD, s. m. (buffá), vl. Soufflet. V. *Soufflet* et *Bouff*, R.

BUFFAROL, adj. (bufforól), d. bas lim. *Cocal buffarol*, se dit d'une noix vide ou gâtée.

Éty. de *bufec*, vide, soufflé. V. *Bouff*, R.

BUFFAROULADA, s. f. (buffarouláde), dl. Dim. de *Buffada* ou *Bouffada*, petit coup de vent. V. *Bouff*, R.

BUFFAU, s. f. (buffáou), dm. V. *Bouffada*.

BUFFEC, dl.

Desempei lous desseins des gres,
Cado jour se trovou buffecs.
Trad. de Virg.

BUFFET, dg. V. *Soufflet*.

BUFFET, s. m. (bufé); *Bufete*, port. Buffet, armoire pour la vaisselle et pour le linge de table.

Éty. du celt. *buffet*. V. *Bouff*, R.

On a trouvé dans les ruines de Pompeia, un buffet antique qui paraissait destiné aux mêmes usages que ceux de nos jours.

BUFFETAR, v. n. (buffetá). Buffeter, fouiller dans le buffet; boire au tonneau. Garc.

BUFFETAS, s. f. pl. (bouffétes), dl. Soufflet. V. *Soufflets*, *Bouffets* et *Bouff*, R.

BUFFLE, s. m. (búflé); BUFFRE. *Bufalo* et *Brufol*, cat. *Buffalo*, ital. *Bufalo*, port. esp. Buffle: *Bos bubalus*, Lin. mammifère de la fam. des Ruminants ou Bisulques, qui ressemble beaucoup au bœuf ordinaire; la peau tannée de cet animal.

Éty. du lat. *bufalus*, qu'on a dit pour *bubalus*, dérivé du grec βούβαλος (boubalos), buffle, dont la racine est βους (bous), bœuf. V. *Bov*, R.

On croit qu'il est originaire des contrées chaudes et humides de l'Inde, et qu'il a été introduit en Grèce et en Italie, où il est actuellement très-abondant, sous Agilulfe, roi des Lombards, vers le VIIme siècle.

BUFFLETARIA, s. f. (buffletarie). Buffleterie, l'ensemble des pièces de l'équipement du soldat qui sont en peau de buffle ou en autre peau forte.

Éty. de *buffle* et de la term. *aria*, qui indique la généralité. V. *Bov*, R.

On doit à Colbert l'introduction de la buffleterie en France: il y attira deux ouvriers, l'un de Hollande nommé La Haye, l'autre de Cologne, connu sous le nom de Jabac.

BUFFRE, s. m. (búffré). V. *Buffle*. Ce mot est employé ironiquement dans le sens de peau, par Coye, dans les vers suivants:

De Bezout, Calvin et Luther,
Ni de proun autres hérétiques,
En quaus lou negre Lucifer
Roustis lou buffre *dins l'infer.*

Repassar lou buffre, étriller quelqu'un.

Éty. Altér. de *Buffle*, v. c. m. et *Bov*, R.

BUFO, s. m. vl. BUFOS. Crapaud. V. *Grapaud*.

Éty. du lat. *bufo*, m. sign.

BUG

BUGA, s. f. (búgue). Nom nicéen de la bogue. V. *Boga*.

BUGA, s. f. vl. Fers, menottes.

BUGAD, radical dérivé du celt. *bugad*, lessive; selon les uns formé de *buca*, un trou, parce que c'est par un trou que la lessive s'écoule; selon d'autres il viendrait du grec βουχάνδα (bouchanda), grand bassin, cuve; il en est qui le tirent du latin *buo*, ou *imbuere*, imbiber, d'où l'on aurait fait *imbuar*, *buar*, *bugadar*; d'où le bas breton *Bugal*, m.s.

De *bugad*: *Bugad-ar*, *Bugad-iera*, *Bugad-oun*, *Em-bugadar*, etc.

BUGADA, s. f. (bugáde); BUAU, BUGEAU, BUA, BUAYA, BUSCADA, BUOOU, ALLETADOUR. *Bugata*, ital. *Bugada*, esp. anc. cat. Lessive, anciennement *buée*; action de lessiver, de blanchir par le moyen d'une eau alkaline chaude; on le dit aussi pour la quantité de linge encuvé. En français le mot lessive s'entend aussi pour l'eau qu'on verse sur les objets qu'on veut blanchir. V. *Lissiou* et *Bugad*, R.

Faire la bugada : *Far la bucata*, ital. faire la lessive.

Coular la bugada, lessiver.

Faire una bugada, faire une lessive, une grande perte au jeu, expr. fig. faire une sottise.

Éty. du celt. *bugad*.

Eissagar la bugada, essanger le linge de la lessive.

Asselar la bugada, encuver le linge.

Mettre sur la bugada, ajouter une dette à une autre.

BUGADAR, v. a. (bugadá); *Buar, faire la bugada*. EMBUGADAR, BUSCAR, ABUGADAR. Lessiver, blanchir au moyen de la lessive; pour combuger. V. *Endouar*.

Éty. de *bugada* et de *ar*, faire la lessive. V. *Bugad*, R.

BUGADAT, **ADA**, adj. et p. (bugadá, ade). Lessivé, ée, blanchi par la lessive; combugé, selon le verbe.

Éty. de *bugada* et de *at*, qui a été mis à la lessive. V. *Bugad*, R.

BUGADIER, s. m. (bugadié); BUGEADIER, BUGADIERA. Buanderie, lieu où sont les fourneaux pour faire la lessive, vase ou cuvier dans lequel on lessive le linge. V. *Tina* et *Tineou*.

Éty. de *bugada* et de *ier*, qui sert à la lessive. V. *Bugad*, R.

BUGADIERA, s. f. (bugadiére); BLANCHISSUSA, LABAYRA. *Bugandiera*, ital. Se dit de la lavandière, ou femme qui lave la lessive, de la blanchisseuse, qui fait métier de blanchir chez elle le linge, et de la buandière qui fait la lessive, qui la coule. Cuve à lessive, d. apt. pour *buanderie*. V. *Bugadier*.

Éty. de *bugada* et de *iera*. V. *Bugad*, R.

BUGADIERA, s. f. *Bugadieyra*. Nom qu'on donne, à Montpellier, selon M. Gouan, au liseron des champs, V. *Courregeola*; et au liseron de Biscaye, *Convolvulus cantabrica*, Lin. plante de la fam. des Convolvulacées, commune dans les lieux secs de la Basse-Provence.

BUGADOUN, s. m. (bugadóun); BASTARDOUN, CHICAUDOUN, COULADOUN. Petite lessive, lessive faite dans un petit cuvier.

Éty. de *bugada* et du dim. *oun*. V. *Bugad*, Rad.

BUGARAVELLA, s. f. (bugueravèle). Nom nicéen du *Bogoraveo*. V. *Boga-raveou*.

BUGAS, s. f. pl. vl. Haut-de-chausses, culotte, braies.

Éty. Alt. de *bragas*. V. *Brag*, R.

BUGEADA, s. f. (budzáde), d. bas lim. Lessive. V. *Cendrau*, *Bugada* et *Bugad*, Rad.

BUGEADAIRE, AIRA, s. (budzodáïré, áïre), d. bas lim. Buandier, ière, lavandier, celui, celle qui fait le premier blanchiment des toiles neuves.

Éty. de *bugeada* et de *aire*. V. *Bugad*, Rad.

BUGEADAR, v. a. (budzodá), d. bas lim. Lessiver. V. *Bugadar* et *Bugad*, R.

BUGEADIER, s. m. (budzodié), d. bas lim. Buanderie, lieu où l'on fait ordinairement la lessive, où il y a des fournaux pour cet objet. V. *Bugadier* et *Bugad*, R.

BUGEAR, v. a. (budjá); BOUGEAR, VEGEAR, VEIAR, BUJAR, VIEOUGEAR. Verser, répandre.

Éty. du lat. *viduare*, dépouiller, priver. V. *Vuid*, R.

On verse un liquide volontairement et on le répand contre son gré.

BUGEAR SE, v. r. Se vider, rendre tout ce que l'on a dans le corps; on le dit aussi par ironie, d'une fille qui est accouchée depuis peu. *Ven de se bugear*, ou *s'es bugeada*.

BUGET, s. m. (budgé); BRANDA, BUJET, BOUJET, COUROUNDAT. Muraille mince, ou cloison en bois qui sert, dans l'intérieur des maisons, à séparer les diverses pièces dont elles se composent.

Éty. On fait dériver ce mot du celt. *bugia*, cloison.

On nomme en français :

CLOISON DE CHARPENTE, celle qui est hourdée plein, lattée à claire-voie et recouverte en plâtre.

CLOISON SOURDE ou CREUSE, celle dont les intervalles ne sont point hourdés. Cette cloison est lattée, jointive et recouverte.

CLOISON A CLAIRE-VOIE, celle qui est faite de planches de bateau, posées tant plein que vide, lattée à claire voie, hourdée en plâtre et recouverte.

CLOISON HOURDÉE, dont les deux côtés sont couverts d'un enduit de plâtre.

CLOISON D'HUISSERIE, celle en planches, qui entrent par en haut et par en bas dans la feuillure d'une coulisse.

Employé pour cloison, ce mot est un barbarisme.

BUGET, s. m. dl. Un bouge, une garderobe; on le dit aussi d'une pierre de taille.

BUGETAR, v. n. (budgetá). Elever une cloison. Aub.

BUGIA, s. f. vl. Singe.

Éty. du portugais *bugia*, femelle du singe.

BUGLA, s. f. (búgle); HERBA-DE-CARBOUN. Bugle, on comprend sous ce nom en provençal, la bugle rampante, *Ajuga reptans*. Lin. la bugle pyramidale, *Ajuga pyramidalis*, Lin. et la bugle de Genève : *Ajuga genevensis*, Lin. plantes de la fam. des Labiées, communes dans les prairies de la H.-Pr. V. Gar. *Bugula*, p. 69.

Éty. du lat. *bugula*, m. s. petite buglosse. V. *Buglossa* et *Bov*, R.

BUGLA, s. f. Selon l'auteur de la Stat. des B.-du-Rh. on donne, dans ce département, le nom de *bugla*, à la vipérine commune, *Echium vulgare*, Lin. plante de la fam. des Borraginées, commune le long des chemins,

Le nom de *bugla* étant consacré à une plante depuis des siècles, ne peut point être donné à une autre sans s'exposer à l'inconvénient de tout brouiller.

BUGLOSSA, s. f. (buglósse) : BOURRAGI FER. *Buglosa*, cat. esp. *Buglossa*, ital. *Lingua de boi*, port. Nom commun à la buglosse d'Italie, *Anchusa italica*, Retz; à la buglosse à feuilles étroites, *Anchusa angustifolia*, Lin. et à la buglosse officinale, *Anchusa officinalis*, Lin. plantes de la fam. des Borraginées, qu'on trouve le long des chemins. V. Gar. *Buglossum*, 1er de la pag. 68.

Éty. du grec βοῦς (bous), bœuf, et de γλῶσσα (glôssa), langue, à cause de la ressemblance qu'on a cru trouver entre les feuilles de cette plante et la langue du bœuf. V. *Bov*, R.

BUGNA, V. *Rasqueta*.

BUGUET, s. m. vl. Petit bois.

Éty. de *bug*, pour *bosc* et du dim. *et*. V. *Bosc*, R.

BUGUIERA, s. f. (buguiére). Grand filet horizontal, dont on se sert dans les environs de Nice, et qu'on jette le soir à la mer, d'où on le retire le matin, et dans lequel on prend les gades-sey, les caraux, les trachures, etc.

Éty. de *buga*, bogue, et de *iera*, qui sert à prendre les bogues.

BUGAT, V. *Begut*.

BUI

BUICHA, s. f. (buiche). Nom qu'on donne, aux environs d'Annot, au chanvre qui se trouve au bord de la chenevière et qui n'est pas parvenu à son état de maturité, qui est resté nain; et à Thorame, à la chenevotte qui tombe sous le brisoir ou maque. V. *Broc*, R.

BUICHALHADA, s. f. (buichailláde); ESTAMEGNAYA. Plein un *Buichau*.

BUICHAU, s. m. (buichàou), dm. V. *Buissau*.

BUILLIR, vl. V. *Bulhir*.

BUILLIR, vl. V. *Boulhir*.

BUIRA, s. f. (búïre); BOUIRA, BUEIRA. Noise, querelle. *Cercar buira*, chercher noise.

Éty. Altér. de *brut*.

A benhourous ou malhurous noun cerques buira : ne cherches noise à personne.

Qu cerca bouira *et prouces*
N'en troba assez. Pr.

BUIRE, s. m. vl. V. *Buri*.

BUISSA, s. f. (buïsse). Gros paquet de chanvre commun. Garc.

BUISSAS, s. f. pl. (buïsses); BUICHAS. Paillettes qui restent dans le pain grossier. Aub.

BUISSAU, s. m. (buissáou); BUCHAU, BUICHAU, BOURENCA, ESTAMEGNA, LINCOOU-PASTURIER, BUSCALH, BOURRENC, ESTRAMIER, BOURRAS. Drap de toile grossière, dans lequel on transporte le foin et la paille. V. *Bourrenc*.

Éty. Ce mot ne viendrait-il pas du grec βόσκω (boskô), nourrir, ce drap servant à transporter la nourriture aux bestiaux, ou de *buissas*, pailles, paillettes; cette espèce de drap étant destiné à transporter le foin et la paille, composés de petits brins.

BUISSOUN, V. *Bouissoun*.

BUJ

BUJA, s. f. d. lim. Vase de grès à long col.

Éty. du vieux langage *buhe*, une cruche.

BUJANDIERA, s. f. d. lim. *Bucandiera*, ital. Blanchisseuse. V. *Buandiera*, *Blanchissusa* et *Bugad*, R.

BUL

BUL, dl. V. *Boulh*.

BUL, V. *Boul*.

BUL, dg. Jasm. pour *boulhe*, il bout.

BULA, s. f. (bûle); SOURDA. Nom qu'on

donne, dans le départemant du Gard, selon M. Crespon, à la barge à queue noire, *Limosa melanura*, Leisler. oiseau de l'ordre des Echassiers et de la fam. des Ténuirostres (à bec grêle).

BULEOU, pour *beleou*. V. *Bessai*.

BULH, BULL, BOULH, BOL, rad. dérivé du latin *bullire*, bouillir, formé de *bullæ*, bulles qui s'élèvent de l'eau qui bout, et de la term. *ir*, comme si l'on disait: s'en aller en bulles.

De *bullire*, par apoc. *bull* ou *boulh*; d'où: *Bulh-ir*, *Bulh-ent*, *Bull-a*, *Es-bulh-ent-ar*, *Boulh-oun*, *Boulh-abaissa*, *Re-boulh-ir*, *Es-boulh-ir*, etc., etc., et par altération: *Bolh-ir*, *Bol-idor*, *Bour-ir*, *Brou-it*, *Brou-ire*, etc.

BULHENT, V. *Boulhent*.

BULHIR, v. n. vl. BOLHIR, BUILLIR, BOILLIR. *Bulir*, port. V. *Boulhir*.

BULIR, V. *Boulhir*.

BULISSENS, adj. vl. Bouillant, ante. V. *Bulh*, R.

BULLA, s. f. (búle); *Bolla*, ital. *Bulla*, port. cat. *Bula*, esp. *Bulle*, all. Bulle, lettre du pape expédiée en parchemin et scellée en plomb.

Éty. du lat. *bulla*, sceau.

On distingue dans une bulle quatre parties principales, qui sont, la *narration*, la *conception*, les *clauses* et la *date*.

Le titre de serviteur des serviteurs de Dieu, *Servus servorum Dei*, que le pape y prend, fut employé, la première fois, par Grégoire le Grand, Ier du nom, pour s'opposer aux titres fastueux que prenaient les patriarches d'Orient. Dict. Orig.

BULLA, s. f. Bulle, globule d'air, d'eau ou de métal.

Éty. du lat. *bulla*, m. s. V. *Bulh*, R.

BULLA, s. f. Happelourde, chose mauvaise et qui a pourtant l'apparence bonne, tromperie; vaurien.

BULLA, s. f. d. bas lim. Badaud, niais, dadais. V. *Niais*.

BULLADA, s. f. (bulláde). Tripaille, V. *Tripalha* et *Bulh*, R. Gonflé comme une bulle d'eau.

BULLAR, v. a. vl. BOLLAR. *Bollar*, esp. *Bollare*, ital. *Buller*, sceller.

Éty. de *bulla* et de *ar*.

BULLAROT, s. m. (bullaró). Un des noms languedociens du goujon. V. *Gobi*.

BULLAT, ADA, adj. et p. BOLLAT. Bullé, ée, qui est en forme authentique, scellé, ée.

BULLEGAN, Garc. V. *Beluga*.

BULLENT, adj. vl. Bouillant. V. *Boulhent*.

BULLETIN, s. m. (buletìn); BOULETIN. *Bulettino* et *Bolletino*, ital. Bulletin, billet par lequel on rend compte chaque jour, d'une chose intéressante; morceau de papier sur lequel on écrit un suffrage.

Éty. Dim. de *bulla*.

BULLICIO, s. f. vl. *Bullicio*, esp. *Bollizione*, ital. Ebullition, bouillonnement.

Éty. du lat. *ebullitio*, m. s. V. *Bulh*, R.

BULTI, anc. béarn. pour *Bulletin*, v. c. m.

BUO

BUOLA, vl. Limite. V. *Bola*.

BUOU, s. m. (búou); TAURAL, BIOU, BEOU, BIEU, BIOOU, BOOU, BOU, BHAU. *Bove* et *Bue*, ital. *Bou*, cat. *Boy*, anc. esp. *Buey*, esp. mod. *Boi*, port. Bœuf; en le prenant pour l'espèce entière; c'est le *Bos taurus domesticus*, Lin. mammifère de la fam. des Bisulques ou Ruminants.

Éty. du lat *bovis* gén. de *bos*. V. *Bov*, R.

En français, par le mot bœuf, on n'entend que le bœuf coupé; le bœuf entier porte le nom de taureau.

On trouve dans la Camargue, à Arles, une variété de bœufs assez remarquable et qu'on appelle dans le pays *Buous marins*, selon l'auteur de la Stat. du département des B.-du-Rh. Ils sont noirs, vifs et presque sauvages, sans appartenir cependant au *Bos taurus*, Var. *Ferus* de Lin. comme le prétend l'auteur cité. L'espèce désignée par Lin. est l'aurochs ou bœuf sauvage de Pologne. Le bœuf d'Arles se perpétue sans se mêler, et paraît mériter de faire, sinon une espèce, du moins une variété particulière. Il est très-léger à la course; mais qu'il puisse parcourir dix lieues dans une heure, comme le prétend l'auteur de la Stat. citée, c'est ce qu'il est difficile de croire; il dit également que dans le XVIme siècle, la Camargue nourrissait 16,000 de ces bœufs, d'après Quiqueran de Beaujeu.

Lou buou brama le bœuf beugle.
Jouine buou, bouvard ou bouvillon.
Estable per leis buous, bouverie.
Buou à la doba, bœuf à la mode.

Dans le bœuf, considéré comme viande de boucherie, on nomme en français:

COLLIER DE BOEUF, la partie qui contient le premier et le second travers avec la joue.
CULOTTE, la portion de la cuisse, depuis les hanches jusqu'à la queue.
CIMIER, la partie charnue de la cuisse.
PIÈCE RONDE, le premier morceau du cimier.
SEMELLE, le second morceau.
GITE, le bas de la cuisse.
PIÈCE PARÉE, la portion qui se lève à la tête de la surlonge.
ALOYAU, la pièce coupée le long du dos.
PIÈCE TREMBLANTE, un morceau très-charnu, épais et entrelardé de graisse.
CRETONS, les morceaux de graisse dure que l'on met à la presse pour en retirer du suif.
FEUILLET, celui des ventricules qui a plusieurs feuillets.
GRAS-DOUBLE, la panse
TRUMEAU, le jarret.

BUOU-DE-NOSTRE-SEGNE, s. m. Avril. V. *Besti-doou-bondiou*.

BUOU-L'AIGUA, s. m. (búou-l'äïgue). Un buveur d'eau, un homme qui ne boit point de vin. V. *Bev*, R.

BUOU-MARIN, s. m. (búou-marìn); BOU-MARIN. Nice. Nom du phoque commun, *Phoca vitulina*, mammifère ongulé et néctopode de la fam. des Amphibies, dont le pelage est composé de poils courts et roides, d'un gris jaunâtre, et qui passe dans la mer de Nice vers le mois d'août.

On donne le même nom au phoque à ventre blanc, *Phoca monachus*, Risso, qui se distingue du précédent, par ses poils d'un brun noirâtre, et d'un beau blanc sous le ventre.

BUOURE, V. *Beoure*.

BUOU-VIN, s. m. (buou-vìn). Rejeton, branche gourmande qui croît autour du cep des vignes et nuit aux jets fertiles. Avril.

BUP

BUPRESTO, *Bupresto*, ital. V. *Gounflabuous*.

Éty. du grec βούπρηστις (bouprêstis), mouche ou insecte qui empoisonne les animaux qui l'avalent, formé de βοῦς (bous), bœuf, et de πρήθω (prêthô), enflammer. V. *Bov*, R.

BUQ

BUQUET, s. m. (buqué). Le manche d'un gigot, en term. de boucher et de cuisinier.

Éty. V. le mot suivant.

BUQUET, s. m. Morceau de bois que l'on bâtit dans un mur, pour soutenir des étagères; fanton. V. *Bosc*, R.

Éty. *Buquet*, paraît être une altération de *bousquet*, petit bois, petit morceau de bois. V. *Bosc*, R.

BUQUIA, dl. V. *Aissada*.

BUR

BURADA, s. f. (burade), dl. Crême du lait de vache. V. *Crama*.

Éty. de *buri* et de *ada*, qui fait le beurre. V. *Bov*, R.

BURAIRE, s. m. (buráïré). Beurrier, qui fait ou qui vend du beurre.

Éty. de *buri* et de *aire*, qui fait le beurre. V. *Bov*, R.

BURALISTO, s. m. (buraliste). Buraliste, qui tient un bureau de tabac, de loterie; qui est préposé à un bureau de paiement, de recette, etc.

Éty. de *bural*, pour *bureou*, et de *isto*. V. *Bourr*, R.

BURAT, s. m. (burá), dl. BURATIN, BUREL. *Burato*, esp. *Buratto*, ital. Buratine, étoffe dont la chaîne est de soie ou de filoselle, et la trame de laine, que l'on fabrique à Nismes.

Éty. La même que celle de *Burata*, v. c. m. et *Bourr*, R.

BURATA, s. f. (buráte); LANETA. *Burallo*, ital. Bure, étoffe de laine, plus fine que le cadis, qui est la véritable bure. La *burata*, est tissue étaim sur étaim.

Éty. de la basse lat. *burra*. V. *Bourr*, R.

La véritable bure ou *cadis* était une étoffe rousse ou couleur de la bête.

Ce mot se dit aussi pour *Burat*, v. c. m. Il vient peut-être du port. *burato*, Gazè, parce que la *burata*, est beaucoup plus claire que le cadis.

BURATAIRE, s. m. (buratáïré), dl. M. de Sauv. traduit ce mot par *buratairе*, qui n'est malheureusement pas adopté par l'académie, car autrement il indiquerait, avec justesse, le fabricant de burate.

Éty. de *burata* et de *aire*, qui fait la burare. V. *Bourr*, R.

BURATIN, V. *Burat*.

BURBA, s. f. (burbe); BEDENA, FANFA, BOCIRA, BUERBA. Bedaine, gros ventre, et particulièrement la tripaille des animaux; la peau des olives, Garc. pour bulbe, oignon. Voy. *Bulba*.

BURBA, s. f. Altér. de *bulba*, oignon de plantes liliacées.

BURBALHA, s. f. (burbáïle); VENTRALHO,

burda, buerbala, burbaya, tripalha, buerbaya, budaha, ventralha. Tripaille, tous les boyaux d'un animal, pris collectivement.

Éty. de *burba* et de *alha*, tout, ou de la basse lat. *burbalia*.

BURBAN, s. m. vl. **burbant.** Magnificence, alt. de *boban*. V. *Pomp*, R.

BURC, s. m. vl. **burs.** Heurt, choc, poussée.

BURCAR, v. n. vl. Butter, broncher, alt. de *Brouncar*, v. c. m.

BURCHOU, s. m. (búrtchou). Libage, grosse pierre mal taillée qu'on emploie dans les fondements d'un édifice. Garc.

BURCS, nom de lieu, vl. Burgos, ville d'Espagne.

BURDIR, vl. V. *Bordir*.

BURDO, s. m. vl. Bardot, bardeau. V. *Bardot*.

Éty. du lat. *burdo*, m. sign.

BURDUFALHA, dl. V. *Bourdifalha*.

BURE, V. *Buri* et *Bov*, R.

BUREL, s. m. (burèl). *Burèll*, cat. *Buriel*, esp. De la bure. V. *Burat* et *Cadis*.

Cette étoffe est faite avec la laine des brebis noires, qui n'a pas été teinte. V. *Bourr*, Rad.

BUREL, ELA, adj. (burèl, èle), dl. Brun, une. V. *Brun* et *Bourr*, R.

Éty. du lat. *burrus*, m. s.

BURELOUS, adj. dg.

Digam lou coucout burelous. D'Astros.

BUREOU, s. m. (burèou); *Bureo*, esp. Bureau, table destinée au travail des affaires, et sur laquelle on met des papiers, on compte de l'argent, etc.; lieu où l'on expédie des affaires; on le dit aussi des personnes qui font le travail du bureau; du nombre de personnes qui composent un comité.

Tenir bureou, s'assembler, être réunis. Aub.

Éty. de *bure*, coupon de drap dont on recouvrait la table sur laquelle on mettait les actes; tapis de bure. V. *Bourr*, R.

BUREOU, s. m. Nom que les chasseurs donnent, selon M. Roux, aux jeunes linottes dont les mâles n'ont pas encore les couleurs rouges qui doivent les distinguer par la suite, qui ne sont encore qu'un peu rousses. Voy. *Bourr*, R.

BURETA, s. f. (burète); **buvetta.** Burette, petit vase où l'on met de l'eau ou du vin pour le sacrifice de la messe.

Éty. Dim. de *buira*, vase propre à tenir des liquides; ou alt. de *buveta*, qui sert à boire en petite quantité.

Dans une burette on distingue : la *anse*, le *bec*, le *col* et la *panse*.

BUREUS, s. m. vl. *Burel*, cat. port. *Buriel*, esp. *Burello*, ital. Bure, étoffe grossière. V. *Bourr*, R.

BURGA, s. f. vl. alt. de *Burla*, v. c. m.

BURGA, dg. Bruyère. V. *Brusc*.

BURGAU, s. m. (burgáou), d. lim. Frelon. V. *Chabrian*.

BURGEAR, v. a. (burjá); **bourgear**, dl. Fouiller, V. *Farfoulhar*; fourgonner. Voy. *Fourgounegear*.

Éty. du vieux français *burger*, pousser, heurter.

BURGEAS, s. m. (burdjás), dl. Défrichement, endroit fouillé. Sauv.

BURGUIER, s. m. vl. Habitant d'un bourg. V. *Bourg*, R.

BURI, s. m. (búri); **buerri, burri, bure, burre.** *Butter*, all. *Butiro* et *Burro*, ital. *Butyro*, anc. esp. Beurre, matière grasse et huileuse qu'on retire du lait. M. Chevreuil, annonça en 1814, qu'elle était composée de stéarine, d'oléine, d'un principe colorant, et d'un principe odorant auquel il donna le nom d'*acide butyrique*.

Éty. du grec βούτυρον (boutyron), formé de βοῦς (bous), vache, et de τυρός (tyros), fromage, d'où le latin *butyrum*, m. s. V. *Bov*, R.

Les Grecs n'ont point connu ou n'ont connu le beurre que très-tard. Homère ni Aristote n'en font aucune mention, eux qui parlent si longuement du lait et du fromage. Les nations barbares du temps de Pline le connaissaient, et les premiers Chrétiens d'Egypte, dit Clément d'Alexandrie, se servaient de beurre au lieu d'huile pour les lampes. V. Ency. Ant.

Il est d'ailleurs parlé du beurre dans la Genèse, chap. 18, v. 8.

Faire lou buri, battre le beurre, baratter.

Mettre de buri sus lou pan, beurrer.

Faire una lesca au buri, faire une beurrée.

Marchand de buri, beurrier, ière. Voy. *Buraire*.

Soun buri se founde, son bien se dissipe.

L'y a coustat soun buri, il lui en a coûté cher.

Es encara en tout soun buri, il est encore vert, en parlant d'un vieillard.

Délaiter, c'est presser le beurre pour en faire sortir le lait qu'il contient.

BURI-foundut, s. m. Beurre fondu, beurre qu'on a fait fondre, qu'on a écumé et salé, et que l'on conserve pour l'usage.

Cette méthode, que décrit parfaitement Olivier de Serres, paraît, selon lui, avoir été inventée en Lorraine.

BURI-salat, s. m. Beurre salé, beurre que l'on sale après l'avoir fait, ce qui le conserve à peu près frais, pendant longtemps.

Les statuts donnés en 1412, aux fruitiers de Paris, parlent du *beurre salé en pot de terre*.

BURI-d'antimoino, s. m. Chlorure d'antimoine, beurre d'antimoine, muriate d'antimoine sublimé, deuto-chlorure d'antimoine sublimé des modernes; préparation composée de 54, 88 parties d'antimoine et de 45, 12 de chlore; elle est blanche, demi transparente, très-caustique, onctueuse et fusible audessous de la chaleur de l'eau bouillante.

Éty. Le nom de beurre lui a été donné à cause de sa consistance. V. *Bov*, R.

BURIERA, s. f. (buriére); **bariela, batta, barriela.** *Barutola*, ital. Baratte, baril long et étroit dans lequel on bat la crème pour faire le beurre.

Éty. de *buri* et de *iera*, qui sert à faire le beurre. V. *Bov*, R.

On nomme:

CORPS, le baril.
COUVERCLE, l'espèce de sébille percée d'un trou pour laisser passer le bâton.
BATON ou MANCHE, la tige du bat-beurre.
BAT-BEURRE ou RIBOT, la plaque ordinairement ronde qui est ajustée à l'extrémité du bâton et qui bat la crème. V. *Batetroun*.

BURIN, s. m. (burìn); *Burino*, ital. *Buri*, cat. *Buril*, esp. *Boril*, port. Burin, petite barre d'acier trempée et pointue, destinée à graver.

Éty. du celt. *burin*, Ach. ou de l'all. *boren*, creuser.

Dans un burin on nomme:

VENTRE, l'angle qui pose sur la planche.
NEZ, le bout taillé en biseau et pointu.

BURINAR, v. a. (buriná); *Burilar*, esp. Buriner, graver, travailler au burin; avoir une belle plume, bien peindre.

Éty. de *burin*, et de la term. act. *ar*.

BURINAT, ADA, part. (buriná, áde); *Burilado*, esp. Buriné, ée, fait au burin, bien écrit.

Éty. de *burin*, et de la term. pass. *at*.

BURLA, s. f. (búrle); *Burla*, cat. esp. ital. *Bulra* et *Burla* port. Pièce, niche, tromperie, sornette, bourde. V. *Trufaria*.

Éty. de l'ital. *burla*, dérivé du celt. *burla*, m. sign.

BURLA, s. f. **buerla.** Espèce de jeu de boule qui consiste à mettre chacun une mise convenue en argent, qu'on pose sur une boule placée à 12 ou 15 pas, et chaque joueur, selon le tour que le sort lui a désigné, tire à cette boule, nommée *burla*; en la déplaçant il gagne tout l'argent qui se trouve plus près de sa boule que de la *burla*: *Jugar à burla vista*, jouer à coup sûr.

Éty. du lombard *burella*, fosse.

BURLADOR et

BURLAIRE, s. m. vl. **burlador.** *Burló*, cat. *Burlador*, esp. *Burlatore*, ital. Moqueur, railleur.

Éty. de *burla* et de *aire*.

BURLAR, v. vl. *Burlar*, esp. *Burlare*, ital. *Burlarse*, cat. Railler, se moquer.

BURLAR, v. a. dg. Pour brûler. V. *Brular*.

Dins un corei, che jou bal may que *burli* d'oli
Que de ciro chés grands dins l'esprogno d'argen.
Jasm.

BURLESCAMENT, adv. (burlescaméin); *Burlescamente*, port. Burlesquement, d'une manière burlesque.

Éty. de *burlesca* et de *ment*.

BURLESQUE, CA, adj. (burlèsqué, èsque); **burlesque.** *Burlesco*, ital. esp. port. *Burlesc*, cat. Burlesque, bouffon, facétieux, risible, extravagant; employé substantivement ce mot désigne un genre de poésie, ou de style, qui travestit les choses les plus nobles et les plus sérieuses, en bouffonneries et en plaisanteries.

Éty. Selon les uns, de l'italien *burlesco*, plaisant, fait de *burlare*, plaisanter. D'autres le font dériver de *Berni* ou *Bernia*, poëte italien du XVIme siècle, qui composa dans ce style l'*Orlando innamorato rifatto*, d'où le nom de poésie berniesque, et ensuite burlesque; il est d'ailleurs certain que les Italiens sont les inventeurs de ce mauvais genre, dans lequel notre Scarron a perdu beaucoup de temps.

BURMI, s. m. (búrmi). Terrain aqueux, terre molière. Garc.

BURMOUS, OUSA, OUA, Garc. V. *Mourbous*.

BURQUIER, s. m. vl. Ecurie, étable à ânes.

Éty. de *burq*, pour *burrica*, et de *ier*, qui sert aux *bourriques*. V. *Bourr*, R.

BURRAIRE, **AIRA**, s. (burràïré, àïre), dg. Beurrier, ière; celui, celle qui fait, fait faire, ou vend le beurre.

BURRE, dg. Beurre. V. *Buri*.

BURREA, s. et adj. f. (burrée); BUREA, BURRETA. Beurré, poire beurrée.

Éty. Parce qu'elle se fond dans la bouche comme du beurre.

BURRI, V. *Buri*.

BURRIERA, V. *Buriera*.

BURS, s. m. vl. Heurt, choc, coup.

BURSAR, v. a. vl. Pousser, bercer.

BURSAR, vl. Bercer, balancer. V. *Bressar*

BUS, s. m. Nom d'une partie de la charrue, aux environs d'Hières.

Éty. du lat. *buris?*

BUS

BUS, s. m. vl. *Buc*, cat. *Buza*, esp. Bateau, barque; baiser.

BUSA, s. f. (búse); TARDARASSA, RUISSA, LABOURIER, BUSSA, TARTANA, BOUISSA, BUSARC, TARTANAS, BOIRA. Buse ou Buse commune, *Buteo vulgaris*, Lacép. *Falco buteo*, Lin. oiseau de l'ordre des Rapaces et de la fam. des Plumicolles ou Cruphodères (à cou recouvert de plumes).

Éty. du lat. *buteo*, m. s. d'où l'allemand *busshart*, *bussart*, m. s.

On dit fig. d'une personne bornée, *Es una busa*, parce que la buse n'est bonne à rien dans la fauconnerie.

BUSA DEIS PALUNS, s. f. RUISSA D'AIGUA. Gard, nom qu'on donne, dans le département des B.-du-Rh. selon l'auteur de sa Stat. à la harpaie, busard harpaie ou busard des marins, *Falco rufus*, Gm. *Buteo rufus*. Dict. Sc. Nat. il se nourrit dans les paluns ou marais de la Crau et de la Camargue, d'où son nom.

BUSAINA, s. f. vl. Tache, bouton.

BUSARC, s. m. (busác et busárc); BUSAC. Noms lang. de la *busa*. V. *Busa*, et du *Milan*, v. c. m.

Éty. de la basse lat. *buteardus*, dérivé de *buteo*, buse, busard.

BUSAROCO, **OCA**, s. (busoróque), d. bas lim. Buse, sot, sotte. V. *Sot*, *Bestias* et *Busa*.

BUSART, vl. V. *Buzac*.

BUSC, s. m. (búsc); BUST, BUSQUIERA. Busc, lame de baleine, de bois ou de fer, qui sert à tenir en état un corps de jupe.

Éty. de *busca*, petite pièce de bois, parce que, dans l'origine, les *buscs* n'étaient faits qu'avec de petites tringles de bois. V. *Bosc*, Rad.

On donne le nom de *busquière* à l'espèce de fourreau qui enveloppe le busc.

BUSCA, s. f. (búsque); TOCCA. *Busca*, anc. ital. *Busco*, ital. mod. Bûche, Bûchette, brin détaché d'une bûche, paille ou brin de balle d'orge, etc. qu'on trouve dans le pain bis; pour touche. V. *Busqueta*.

BUSCAGNA, V. *Buscalha*.

BUSCALH, s. m. (buscáill); BUSCAIL. Petit linceul qui sert à porter du fourrage. Garc. V. *Buissau*.

BUSCALHA, s. f. (buscáille); BUSCAGNA, BUSCAYA, BUSALHAS, BUSCALHS. Broutilles et brindilles. V. *Bouscalha* et *Broundilha*.

Éty. de *busc*, bois, et de *alha*, tout. V. *Bosc*, R.

BUSCALHADA, s. f. (buscaillâde), dl. Fagot de broutilles. V. *Brouquilhada* et *Bosc*, R.

BUSCALHAR, v. n. (buscaillá); BUSCAIAR, BUSQUELHAR, BUSCAIAR. Ramasser de petites buchettes, des broutilles; *broutiller*.

Éty. de *buscalha* et de *ar*. V. *Bosc*, R.

BUSCAR, v. a. (buscá), dl. Echancrer, en style de couturière, faire une échancrure à une jupe, à un tablier. V. *Boscar* et *Bosc*, Rad.

BUSCAR, v. a. BUSTAR. Busquer, mettre un busc. V. *Bosc*, R.

BUSCAR, v. a. vl. *Buscare*, ital. *Buscar*, port. esp. cat. Chercher. V. *Bosc*, R.

BUSCASEL, s. m. (buscasèl). Nom qu'on donne à l'Esperou, à la populage, *Caltha palustris*, Lin. plante de la fam. des Renonculacées, qu'on trouve dans les fossés et dans les prairies marécageuses.

BUSCATELA, s. f. (buscatèle); BUSQUICHELA. Echaudé.

Que mei drageyou valoun ben
Lei pouelicou buscatelou. Hyac. Morel.

BUSCAYA, s. f. (buscáïe); BUSCA, dl. Une bûche de bois à brûler.

Éty. *Buscaya*, est dit pour *boscaio*; formé de *bosc* et de *cayo*, qui signifie aussi pièce ou morceau de bois: *Enne caye de buos*, en lorrain, signifie encore une pièce de bois. Sauv. V. *Bosc*, R.

BUSCHA, s. f. (bústse), d. bas lim. Gros son, V. *Bren*; pour bûche a brûler. V. *Estela* et *Bosc*, R.

BUSNADOR, s. m. vl. Sonneur de cor, trompette.

Estela et *Bosc*, R.

BUSOC, s. m. dg. Oiseau.

Jou nout'alegui lou busoc
Que hé hiou hiou dab son bec croc.
D'Astros.

BUSQUEGEAR, Avril. et

BUSQUELHAR, Garc. V. *Buscalhar*.

BUSQUERLA, s. f. (busquèrle). Un des noms lang. de la fauvette. V. *Boscarla* et *Bosc*, R.

BUSQUETA, s. f. (busquéte); LA TOCCA. *Buschetta*, ital. Touche, petite bûche, petit éclat de bois, bâtonnet, jonchet.

Éty. de *Busca*, v. c. m. et du dim. *eta*. V. *Bosc*, R.

Roumpre busqueta, rompre la paille, se brouiller.

Partre busqueta, le même.

Vella perque de bouon vouoly partre *busquetto*.
La Bellaudière.

Moustrar las lettras ame la busqueta, montrer les lettres avec la touche.

BUSQUETA, s. f. Pour *fichoir*. V. *Fichoun* et *Bosc*, R.

BUSQUICHELA, s. f. (busquitchèle); BUSQUICHEOU. Petit biscuit que l'on vend attaché à une feuille de papier. V. aussi *Buscatela*.

Éty. dim. de *Biscuech*, R.

BUSQUIERA, s. f. (busquiére). Pour *Busc*, v. c. m. busquière, morceau de toile en forme de gaîne, servant à renfermer et contenir le busc.

Éty. de *busc* et de *iera*. Voy. *Bosc*, R.

BUSSA-DEIS-PALUNS, s. f. Garc. V. *Tartau*.

BUSSAIRE, **ARELA**, s. et adj. (bussàïré, arèle). Qui a l'habitude de cosser, de donner de la corne. V. *Bussar*.

BUSSALHA, s. f. (bussáille); BESSUELHA, BESSULHA. Copeaux de la hache.

Éty. *bussalha*, est dit pour *buscalha*, petit bois, ou morceau de bois. V. *Bosc*, R.

BUSSALHOUN, s. m. (bussaillóun); BESULHOUN, BESSULHOUN. Petit copeau, petit éclat de bois, écharde.

Éty. Dim. de *bussalha*. V. *Bosc*, R.

BUSSAR, v. a. et n. (bussá). Cosser, heurter de la tête l'un contre l'autre, en parlant des béliers et des moutons. V. *Bussar*.

Éty. du roman *bosso*, bélier, machine de guerre, ou de l'ital. *bussare*, frapper.

BUSSET, s. m. vl. Sinciput.

BUSSOL, s. m. (bussól), d. bas lim. Bouton, pustule. V. *Boutoun*, *Boba*, *Ampoula*.

BUST, s. m. (búst); BUSTE. *Busto*, ital. esp. port. cat. Buste, ouvrage de sculpture représentant la tête, les épaules et la poitrine; le buste d'un saint. V. *Corps Sant*. V. aussi *Busc*.

Éty. de l'ital. *busto*.

BUSTAR, v. a. (bustá); BUSCAR. Busquer, mettre un busc à un corps. V. *Bosc*, Rad.

BUSTAR, v. a. vl. Frapper à la porte, V. *Tustar*.

BUSTE, s. m. V. *Bust*.

BUSTZ, BRUC, BRUSC, BRUT. Tronc du corps, buste. V. *Bust*.

BUT

BUT, BOUT, BOT, radical dérivé du lat. *pulsare* ou *pultare*, pousser, battre, choquer, frapper, qui sont des fréq. de *pellere*, pousser, repousser, chasser. Dérivés: *Bouta-fouera*, *But-a*, *But-avant*, *Butada*, *But-ar*, *Buta-roda*, *But-ir*, *But*, *Re-but*, *Re-but-ar*.

BUT, s. m. (bú). But, point où l'on vise; fin que l'on se propose; *de but en barra*, ou *de but en blanc*, inconsidérément, sans réflexion, sans les préalables d'usage; but, pour cochonnet. V. *Bochoun*.

Éty. de la basse lat. *butum*, m. s. *but-à-but*, but-à-but, sans aucun avantage, ou du celt. *bot* ou *bod*, fin, extrémité.

Ai remplit moun but, Trad. j'ai atteint mon but et non *j'ai rempli*.

Dounar, *picar au but*, buter.

BUTA, pour butoir, V. *Butavant*; pour *But*, v. c. m.

BUTA-BUTA, s. f. (búte-búte); d. bas lim. Espèce de jeu qui n'est plus en usage; Boute-hors.

Ici, dit Béronie, c'est un jeu d'écolier qui consiste à se placer plusieurs sur un banc, et à pousser des deux extrémités sur le centre, afin de forcer quelqu'un à quitter la place.

Fa à la buta buta, expr. figurée, dont on se sert pour désigner la conduite de deux hommes qui cherchent à s'expulser mutuellement de quelque emploi.

BUTADA, s. f. (butáde); **BOUSSADA**, **TOPAT**, **TURTADA**, **TURT**, **BUTIDA**, **BATSACADA**. Secousse, heurt, choc, l'action de pousser quelqu'un rudement.

Éty. de *butar*, et de *ada*, choc donné. V. *But*, R.

Una butada, une épaulée.

L'y ai dounat una bona butada, j'ai donné un bon coup de collier à cette affaire, j'ai poussé l'ouvrage bien avant.

A bellas butadas, par reprises, par épaulées.

BUTA-FORA; s. m. (buta-fóre); **BOUTA-FOUERA**. Défense, pièce de bois qu'on met devant une maison pour avertir qu'on travaille à un démolissement, etc.

Éty. Ce mot signifie *pousse-dehors*, ou passez loin. V. *But*, R.

BUTA-FORA. Bouts de mâts que l'on met sur l'arrière et sur l'avant d'un vaisseau qui se bat, pour empêcher l'abordage et pour repousser les brûlots. V. *But*, R.

BUTA-L'OLI, s. m. (búte l'olí), dl. Jeu de la pousse. Douj.

BUTAR, v. a. (butá). Pousser, heurter, serrer contre, soutenir, affermir; en vl. jeter l'ancre. V. *Turtar* et *But*, R.

Butar lou temps, pousser le temps avec l'épaule.

Butar la porta, pousser la porte, heurter à la...

Qu'es fachous de toumbar lorsque degun vous *buta*.

Buter, en français, signifie viser au but.

BUTAR, V. *Boutar*.

BUTAREOU, s. m. (butarèou). Etai, étrésillon, pièce de bois qu'on met entre deux murs pour soutenir celui qui déverse. Garc. V. *But*, R.

BUTA-RODA, s. f. (búte-róde); **BORNA**, **PEIRA-DE-CANTOUN**, **CASSA-RODA**. *Boute-roue*, borne, pierre terminée en pyramide qu'on met au coin des rues et contre les murs, pour empêcher que les roues des voitures ne les dégradent.

Éty. de *butar*, pousser, repousser, et de *roda*. V. *But*, R.

On donne le nom d'*armature*, aux fers dont on garnit les bornes pour empêcher que les voitures ne les écornent.

BUTAVANT, s. m. (butaván); **BUTA**, **BUTAMAN**. *Bótavant*, cat. *Pujavante*, esp. Boutoir, outil de maréchal qui sert à couper la corne du pied des animaux qu'on veut ferrer.

Éty. de *butar*, pousser, et de *avant*, en avant, parce que c'est ainsi que cet outil agit. V. *But*, R.

BUTAVANT, s. m. Jeu qui consiste à jeter une boule à toute force, pour voir qui la lancera plus loin.

BUTETA, s. f. (butete). Poussette. Voy. *Buchet*. V. *But*, R.

BUTEYA, s. f. (butèye). Contre-fort, mur contrebutant servant d'appui à un mur chargé d'une terrasse. V. *Bout*, R. et *Acoula*.

BUTIDA, s. f. dg. V. *Brandada*, *Gangassada* et *But*, R. Effort. V. *Esfors*, dl. Chiquenaude, V. *Chica*. Poussée, et *Butada*.

BUTIN, s. m. (butín); *Bottino*, ital. *Botin*, esp. *Bóti*, cat. Butin, tout ce qu'on enlève à l'ennemi.

Éty. de l'all. *beute*, m. s.

Ramassar de butin, butiner. V. *Butinar*.

BUTINAR, v. a. (butiná); **BUTINEGEAR**. *Botinare*, ital. Butiner.

Éty. de *Butin*, v. c. m. et de *ar*.

BUTINEGEAR, Garc. V. *Butinar*.

BUTIR, v. a. (butir), dg. **BUTRE**. Secouer. V. *Brandar*, d. bas lim. faire effort contre quelque chose pour l'ôter de sa place. V. *Butar*, *Poussar*, *Repoussar* et *But*, R.

BUTOR, s. m. (butór). Butor, oiseau. V. *Brutier*.

Éty. du lat. *bos-taurus*, parce que cet oiseau imite le mugissement du taureau.

Butor, est pris aussi comme en français, dans le sens de sot, d'imbécile.

BUTRE, d. bas lim. V. *Butir*.

BUTS, d. béarn. Voix. V. *Vois*.

BUTUROS, **OSA**, adj. vl. **BURROSO**, butyreux, euse. V. *Bov*, R.

BUTUROZITAT, s. f. vl. Qualité butyreuse.

Éty. du lat. *butyrum* et de *ozitat*. Voy. *Bov*, R.

BUU

BUU, dg. pour *Buou*, v. c. m.

BUV

BUVABLE, **ABLA**, adj. (buvábié, áble). Buvable, qu'on peut boire.

BUVACHOUN, s. m. (buvatchoún); **BOUVACHOUN**, **BIOULET**, **GORI**, **BRAVET**, **BRAVE**, **BOUVILHOUN**. *Bouet*, cat. *Boyezuelo*, esp. Bouvillon ou bouvard, qui est d'un âge moyen entre celui du veau et du bœuf.

Éty. de *buou* ou *buv*, et de *achoun*, dim. ou du lat. *bovillus*. V. *Bov*, R.

BUVADOUR, s. m. (buvadóu). Auget. V. *Buvedour*.

BUVASSIAR, v. n. (buvassiá); **BUVOUCHIAR**. Buvoter, siroter; boire souvent et à petits coups.

BUVEDOUR, s. m. (buvedóu); **BUVEIRE**, **BUVADOUR**. Auget, petit vase dans lequel on met l'eau pour les oiseaux qui sont en cage. Aub.

BUVEIRE, V. *Beveire* et *Buvedour*.

BUVEIROT, s. m. (buveiró). Petit buveur. Garc.

BUVEIROUN, s. m. (buveiróun). La *buvée* que l'on donne aux pourceaux. Garc. V. *Bev*, R.

BUVENA, s. f. (buvéne). *Avalar una buvena*, avaler le bocone, une boisson empoisonnée; avaler un affront. Garc. V. *Bev*, Rad.

BUVENDA, V. *Bevenda* et *Bev*, R.

BUVETA, V. *Bureta*. On le dit aussi pour cabaret. *Aub.*

BUVOLI, s. m. (buvóli). Branche gourmande qui pousse sur le tronc des oliviers.

Éty. Parce que ces branches plus vigoureuses épuisent celles qui doivent porter les olives.

BUVOUCHIAR, Aub. et

BUVOUNIAR, Garc. V. *Buvassiar*.

BUX

BUX, dg. D'Astros, pour *Voix*, v. c. m.

BUY

BUYRA, s. f. vl. Bruit. V. *Buira*.

BUZ

BUZA. V. *Busa*.

BUZA, s. f. vl. V. *Bousa*.

BUZAC, s. m. vl. **BUSART**. *Bozzagro*, ital. Buse, busart, oiseau de proie; milan. Voy. *Milan*.

BUZACADOR, s. m. vl. Amateur de buses, chasseur à la buse.

BUZUCARIA, s. f. (buzucarie), d. bas lim. V. *Chicoutaria* et *Patetaria*.

BY

BY, d. béarn. V. *Vin*.

La lettre B contient 7,134 Mots ou Articles.

C

C s. m. Troisième lettre de l'alphabet, et la deuxième des consonnes.

Le C a le son rude et se prononce toujours en français, quand il est placé entre une voyelle et une autre consonne. Les Italiens suppriment ce C et doublent ordinairement la consonne qui le suit. Les Provençaux les imitent quant à la prononciation, et disent mal à propos, *doteur*, *spetacle*, *atte*, *acent*, *spètre*, etc., au lieu de docteur, spectacle, acte, accent et spectre.

Employé comme chiffre romain, le C seul vaut 100, précédé d'un XC, il ne vaut que 90; renversé avec un IↃ devant il marque 500 et 1,000 quand le I est placé entre deux CIↃ, mais c'est alors un D. V. cette lettre.

Dans le vieux langage il est souvent employé pour le mot cent.

On distingue dans le C majuscule la *panse* et les deux *crochets*.

C, Le C final dans plusieurs verbes romans, indique la troisième personne du singulier du parfait simple:

Ac, il eut, de *aver*.
Plac, il plut, de *plazer*.
Cazec, il tomba, de *Cader*.
Sofrec, il souffrit, de *sofrir*.
Bec, il but, de *beure*.
Dec, il dût, de *dever*.
Correc, il courut, de *corre*.
Sec, il s'assit, de *sezer*.
Tec, il tint, de *tener*.
Moc, il mut, de *mover*.
Ploc, il plut, de *placer*.
Poc, il put, de *poter*.
Noc, il nuisit, de *nocer*.
Sostenc, il soutint, de *sostener*.
Venc, il vint, de *venir*.
Erc, il ouvrit, de *ubrir*.
Dolc, il souffrit, de *doler*.
Tolc, il ota, de *toler*.

Le C termine aussi la première personne du singulier du présent de l'indicatif, quand en otant la désinence latine, cette lettre devient finale.

Conosc, je connais.
Prec, je prie.
Dic, je dis.

CA

ÇA, adv. Ça et là. V. *Deissà deilà*.

Ça est souvent employé improprement pour cela; ça va sans dire, pour cela va sans dire; donnez-moi ça, donnez-moi cela; quel livre est ça, quel livre est cela, etc., etc.

ÇA, interj. d'encouragement: *Anem ça*, allons ça, courage.

CA, pour tête, chef, chas, alt. de *Cap*, v. c. m.

CA, Alt. de *Cat*, v. c. m. pour chat.

CA, s. m. vl. *Ca*, cat. Chien. V. *Can*.

Entre ca e lop, a la fi del jorn.
Cat. dels Apost. de Roma.
Entre chien et loup, à la fin du jour.
Il ou elle tombe.

CA, CHA, désinence qui est une variété de *Ica*, *Aque*, v. c. m. comme: *Man-cha*, de *Man-ica*; *Plan-cha*, de *Plan-ica*.

Elle se convertit quelquefois en *gi*, *gea*, comme: *Gram-gea*, de *Gran-ica*; *Vola-gi*, de *Vola-ticus*; *Sauvagi*, de *Sylvaticus*.

ÇA-EN-REIRE, vl. Par le passé.

CAA

CAA, s. m. d. béarn. Chien. V. *Can*.

CAAS, s. m. anc. béarn. V. *Cas*.

CAB

CAB, s. m. *Cabo*, port. Tête, fin. extrémité, commencement.

Éty. du lat. *caput*, *cap* et *cab*. V. *Cap*, R.

CAB, vl. Souvent employé dans les manuscrits pour *que ab*, qu'avec.

CAB; vl. Il ou elle contient, se moque.

CABADOR, s. m. vl. pour *Gabador*, moqueur.

CABADURA, s. f. vl. Fil d'une autre couleur que le tisserand met au bout d'une pièce de toile. V. *Cap*, R.

CABAL, pour cheval. V. *Caval*.

CABAL, adj. et s. vl. *Cabal*, cat. esp. Capital, le fort, le principal d'une chose, l'essentiel; parfait, accompli.

Éty. du lat. *capitalis*, par le changement de *p* en *b*. V. *Cap*, R.

Tot de cabal, en entier.

Estar de cabal, vl. être debout, abonder.

Que laiga e la cresma de totlor es cabaus.
Hist. de la Crois des Albig.
Que l'eau et la crème tout leur est abondant.

CABAL, s. m. vl. *Cabal*, cat. *Caudal*, esp. Le fond d'un magasin; capital, cheptel, V. *Cabau* et *Capitau*; tête, *Cab* et *Cap*, R.

Gazanhar el cabal, gagner, mériter la peine capitale.

CABALA, s. f. (cabâle); *Cabala*, esp. port. ital. *Cabala*, cat. Cabale, interprétation allégorique de la Bible, que les juifs prétendent avoir reçue par tradition.

Éty. de l'hébr. *kabalach*, tradition, ou du celt. *cabalat*; d'où: *Cabala*, *Cabal-aire*, *Cabal-ar*, *Cabal-ur*.

CABALA, s. f. *Cabala*, port. Brigue, cabale, complot pour faire réussir une entreprise; il se prend ordinairement en mauvaise part.

«Les Romains distinguaient deux sortes de brigues, employées par les candidats, pour parvenir aux places qu'ils sollicitaient. Les unes nommées *ambitus concessus*, démarches ou tournées permises, et les autres *ambitus infamis*, dont on faisait un crime aux candidats et que l'on chercha à réprimer par plusieurs lois, par des amendes, par l'infamie et par la *transportation* dans les îles désertes. On comprenait parmi ces dernières, les menaces, la force ouverte, les combats des gladiateurs donnés au peuple la veille des élections, et enfin les largesses extraordinaires.» Ency. Ant.

Il n'y aurait plus d'île déserte si de pareilles lois étaient encore en vigueur.

CABALAIRE, s. m. (cabalâïré); CABALUR, CABALIER. Cabaleur, celui qui cabale, qui intrigue.

Éty. de *cabala* et de *aire*.

CABALAR, v. n. (cabalá). Cabaler, intriguer pour quelqu'un ou pour soi, il se dit toujours en mauvaise part, parce que celui qui a besoin de l'intrigue pour être promu à un grade quelconque, prouve par là même, qu'il n'en est guère digne.

Éty. de *cabala* et de *ar*.

CABALAYRE, s. m. vl. Capitation. V. *Capitation*.

Éty. de *cab*, tête. V. *Çap*, R.

CABALEIAR, v. a. vl. CABALEJAR, CABALEYAR. Gouverner.

Éty. de *cabal* et de *eiar*, faire le chef. V. *Cap*, R.

CABALEJAR, vl. V. *Cabaleiar*.

CABALER, s. m. vl. Chef.

Éty. de *cab*. V. *Cap*, R.

CABALISTIQUE, ICA, adj. (cabalistiqué, ique); *Cabalistico*, port. esp. ital. *Cabalistic*, cat. Cabalistique, qui appartient à la cabale.

Éty. du lat. *cabalistica*, m. s. V. *Cabala*.

CABALET-DE-SANT-GEORGI, s. m. (cabalé-dé-san-Djórdgi), dl. Le cheval fondu. V. *Cavaleta-toumba*.

CABALEYAR, vl. V. *Cabaleiar*.

CABALINA, V. *Cavalun*.

CABALISTO, s. m. (cabaliste), dl. *Cabaliste*, fermier judiciaire, marchand intéressé dans un commerce, sans que son nom paraisse.

Éty. de *cabal*, capital, et de *isto*. V. *Cap*. Rad.

CABALISTO, s. m. dl. Un aisé; les aisés d'une communauté étaient ceux qui n'ayant point de bien fonds, mais des effets mobiliers, étaient mis au rôle des aisés et taxés comme tels. V. *Capitalisto* et *Cap*. R.

CABALLOS, V. *Cabalos*.

CABALMEN, adv. vl. *Cabalment*, cat. *Cabalmente*, esp. port. Principalement, parfaitement.

Éty. de *cabal* et de *men*. V. *Cap*, R.

CABALOS, adj. vl. CABALLOS, CABAUS. *Cabal*, cat. esp. Important, parfait, supérieur, extrême, considérable.

Éty. de *cabal* et de *os*. V. *Cap*, R.

CABALUR, V. *Cabalaire* et *Cabala*.

CABAN, s. m. (cabán) ; CAPA. *Caban*, esp. *Gabbano*, ital. Manteau de drap fort, pourvu d'un capuchon, dont les bergers, les marins et les pêcheurs font usage.

Éty. de *cab*, tête, parce que ce manteau a une partie qui couvre la tête. V. *Cap*, R.

CABANA, s. f. (cabáne) ; CHABANA. *Cabaña*, esp. *Cabanya*, cat. *Cabana*, port. *Capanna*, ital. Cabane, petite chaumière, hutte, habitation ordinaire des bergers sur les montagnes; atelier des vers à soie.

Éty. de la basse lat. *capanna*, m. s. dérivé du grec κάπανα (kapana), crèche, petite habitation. Denina, t. 3, p. 19. fait observer que *benna* signifiait hutte en celtique, et qu'en s'unissant à *Ca*, R. de *Casa*, maison, il pourrait bien avoir formé *cabana*. Roquefort le dérive de *taberna*, et Isid. orig. 14. 12. de *capere*. V. *Cap*. R. 2. *Hanc rustici capanam vocant quod unum tantum capiat.*

Les cabanes ont dû être les premières habitations des hommes ; l'histoire nous apprend qu'un des jeux favoris des enfants des Romains était d'en construire.

Cabana d'un vaisseou, petite chambre qui est à la poupe du vaisseau, dans laquelle couche un pilote.

Cabana per cassar, cabane ou poste à chasser, hutte.

Cabana deis fieraires, échoppe.

Cabana deis chins, chenil, lieu où couchent les chiens de chasse.

Cabana de verdura, tonnelle, treillage couvert de verdure.

Cabana deis magnans, berceau des vers à soie.

CABANA, s. f. En vl. se dit encore pour tabernacle.

CABANAR, v. a. (cabaná). Faire des cabanes ou mettre sous des cabanes. Aub. V. *Encabanar*.

CABANEL, s. m. (cabanèl), dl. V. *Fuec de Sant Jean.*

CABANETA, s. f. (cabanéte). V. *Cabanoun.*

CABANIER, s. m. et adj. (cabanié). chasseur qui attend le gibier dans une cabane.

Éty. de *cabana* et de *ier*. V. *Cap*, R. 2.

CABANIER, IERA, adj. (cabanié, iére). Sot, imbécile, butor, ignorant. *Ai cabanier*, stupide.

Éty. de *cabana* et de *ier*, habitant d'une cabane. V. *Cap*, R. 2.

CABANIERA, s. f. (cabaniére); CABANIEIRA, dl. Une laitière, femme qui trait le lait et qui le vend.

> Toudis qu'o soun trofic barquo lu *coboniéyro*
>
> Peyrot.

C'est à dire :

> Tandis qu'à soun trafic vasa la cabaniera.

Éty. de *Cabana* et de *iera*. V. *Cap*, R. 2.

CABANIS, nom propre (cabanis). Cabanis.

Éty. Ce nom aurait-il été donné anciennement aux habitants des cabanes ? Sauv. V. *Cap*, R.

CABANOUN, s. m. (cabanóun) ; CABANETA, CHABANOUN. *Cabañuella*, esp. *Cabaninha*, port. *Capannetta* et *Capanella*, ital. *Cabanyeta*, cat. Hutte, petite cabane, cahutte ; cabane de berger, destinée à loger un ou deux hommes seulement ; petite tonnelle.

Éty. de *cabana* et du dim. *oun*. V. *Cap*, Rad. 2.

A Caussols, Var, on donne ce nom, d'après les notes que M. Hugues a bien voulu nous adresser, à un petit réduit fait en pierres sèches et terminé en cône.

CABANSA, s. f. vl. Assouvissement, satiété. V. *Cap*, R. 2.

CABANTOU, V. *Calous*, dl.

CABAR, d. béarn. V. *Acabar*.

CABARET, s. m. (cabaré). Cabaret, lieu où l'on donne à boire et à manger.

Éty. du grec καπελεῖον (capelèion), cabaret, selon les uns, et du celt. *cab*, maison, *bar*, manger, et *red*, donner, selon d'autres; mais l'étymologie la plus satisfaisante qu'on puisse donner de ce mot est la suivante, tirée de Sauvages: de *cap aret*, *caput arietis*, tête de bélier, parce qu'on en mettait anciennement une pour enseigne sur ces sortes de maisons, comme on le fait encore dans plusieurs endroits aujourd'hui. Le Père Thomassin le fait venir de l'hébreu *kabal*, recevoir, admettre.

Une inscription trouvée dans les ruines d'Herculanum, fait connaître qu'il y avait dans cette antique ville, neuf cents maisons publiques où l'on donnait à boire et à manger.

Fréquentar lous cabarets, *cabareter*.

Dérivés : *Cabaret-ier*, *Cabaret-isar*.

Dans un cabaret on nomme :

BOUCHON, le paquet ou rameau de verdure que l'on suspend en dehors, pour indiquer que l'on vend du vin.

CABARET, s. m. Cabaret, plateau à rebord, sur lequel on met les tasses.

CABARET, s. m. AURELHA-D'HOME. Cabaret, rondelle, oreille d'homme, nard sauvage, oreillette, girard roussin, *Asarum Europæum*, Lin. plante de la fam. des Aristoloches qu'on trouve dans les bois élevés.

Éty. De ce que l'on se servait autrefois de la racine de cette plante pour se faire vomir quand on avait trop bu dans le cabaret, dit Lemery, Dict. des Drogues.

Ses feuilles, séchées et pulvérisées, font partie essentielle de la fameuse poudre sternutatoire connue sous le nom de *Poudre capitale de Saint-Ange*.

CABARETEY, dg. V. *Cabaretier*.

CABARETIER, s. m. (cabaretié) ; CABARETEY. Cabaretier, qui tient cabaret.

Éty. de *cabaret* et de *ier*.

Les cabaretiers institués d'abord pour donner à boire et à manger aux étrangers, rendaient de grands services à la société ; aujourd'hui leurs maisons sont des lieux de débauche où vont se réunir les habitants même du lieu de leur résidence. Nos anciens, plus savants que nous en fait de police, avaient, par de sages réglements, prévenu cet inconvénient.

On lit dans celui de la ville d'Aix, de 1569 : « Il est défendu aux dits hôtes de bailler à » manger ni à boire à aucuns des habitants de » la dite ville, sur peine de carcan. »

CABARETISAR, v. n. vl. Tenir cabaret.

Éty. de *cabaret* et de *isar*.

> *Car penden touto la franchizo*
>
> *Tout lou monde cabaretizo.* Michel.

CABARLAS, s. m. (cabarlás). Nom que porte, aux environs de Toulouse, l'agaric écailleux : *Agaricus squammosus*, Bulliard, plante de la fam. des Champignons, qu'on trouve sur les vieilles souches en automne, dans les bois.

CABARLOUS A, adv. (á cabarlóus), dg. CAVAUCOUN DE. A califourchon, c'est-à-dire, jambe deçà, jambe delà.

Éty. Ce mot est une altér. de *cambarlous*, fait de *Cambarlar*, v. c. m. et *Camb*, R.

CABAS, s. m. vl. *Cabaz*, port. cat. *Cabaco*, ital. *Capazo*, esp. Cabas. Voy. *Couffin*; et fig. femme sur le retour de l'âge; femme qui néglige extrêmement sa parure depuis qu'elle est mariée.

Éty. du grec κάβος (kabas), mesure à blé ; panier de jonc, *cabaccus*, lat.

> L'y a de tout. . . . (à la fiera de Beoucaire)
>
> . . . .
>
> Per l'estable libans, mourreus,
>
> *Cabasses*, martels et destraus.
>
> Michel.

Cabas de boutiga, fond de boutique. Garc.

CABASSA, s. f. (cabásse), dl. Maîtresse branche qui formait une partie considérable de la tête d'un arbre et qu'on a coupée; tronc d'arbre étêté.

Éty. de *cab* pour tête, et de l'augm. *assa*, grosse tête, tête principale. V. *Cap*, R.

CABOSSA DE GOUS, s. f. (cabosse dé góus). Nom toulousain de la capsule du muflier à grande fleur.

CABASSEGEAR, v. a. et n. (cabassedjá). Menacer, se mutiner. Cast. V. *Cap*, R.

CABASSET, s. m. (cabassé) ; *Capacete*, esp. Cabasset, espèce de morion.

Éty. de *cab*, tête. V. *Cap*, R.

CABASSET, s. m. dl. dim. de *Cabas*. V. *Couffinet* et *Cabas*.

CABASSOL, s. m. (cabassól), dl. Les issues d'un chevreau, la tête, les pieds. Sauv.

Éty. de *cab*, tête. V. *Cap*, R.

CABASSOUN, s. m. (cabassóun). Espèce de poisson, selon Ach. Serait-ce le cabasson dont parle Gesner, poisson qui a, d'après lui, beaucoup de rapport avec le lavaret ?

Éty. V. *Cap*, R.

CABASSOUN et

CABASSOUNEL, s. m. (cabassóu, cabassounèl), dl. Petite coureuse, petite fille qui a peu de retenue.

Éty. de *cab*, *cabas*, tête, et du dim. *oun*, petite tête, cervelle légère, s'il ne vient pas du port. *cabaneira*, courtisane rustique qui court les cabanes.

CABASSUC, s. m. (cabassú). Nom nicéen de l'athérine boyer, *Atherina Boyeri*, Riss. poisson de l'ordre des Holobranches et de la fam. des Gymnopomes (à opercules nues), qui atteint à peu près un décimètre de longueur.

Ety. de *cabessa*, tête, parce qu'il se fait remarquer par cette partie. V. *Cap*, R.

Ce poisson remonte jusqu'à trois lieues dans les rivières.

CABASSUDA, s. f. (cabassúde) ; CAROUGE, CAP-ROUGE. Centaurée des collines, *Centaurea collina*, Lin. plante de la fam. des Composées Cynarocéphales, qu'on trouve dans les lieux secs de la Prov. Mérid. V. Gar. *Carduus luteus*, etc. p. 88.

Sous le nom de *cabassuda*, Achard confond trois ou quatre plantes différentes.

Éty. *Cabassuda*, fém. de *cabassut*, qui a grosse tête. V. *Cap*, R.

Dans le Languedoc, selon M. de Sauvages, on donne aussi le nom de *cabassuda*, à la centaurée jacée, V. *Maca-muou*, et même au bleuet, selon M. Villa. V. *Bluret.*

CABASSUT, UDA, adj. (cabassú, úde); *Cabeçudo*, port. Qui a grosse tête.

Éty. de *cabessa*, tête. V. *Cap*, R.

CABAU, s. m. (cabáou), dl. pour cheptel. V. *Capitau.*

CABAU, s. m. dl. et béarn. CAUDAL. *Caudal*, esp. Trésor, possession, héritage, l'avoir ou le vaillant de quelqu'un : *Aquot es tout soun, tout moun cabau*, C'est tout mon avoir.

A pichot cobau diou li voou mau. Pr.

CABAU, adj. vl. *Cabal*, cat. esp. port. Supérieur, principal. V. *Cabalos* et *Cap*, R.

Éty. de *cab*, tête, et de *au*, qui est à la tête, qui est le premier.

CABBAT, adv. (cabá), d. béarn. Bas: *Era cadut ente cabbat.* Il était tombé en bas, ou vers le bas.

Éty. Probablement de l'esp. *cabe*, auprès, ou de *cab bat*, altér. de *cad bas*, tombe en bas.

CABDAL, vl. *Cabdal*, esp. V. *Captal.*

CABE, s. m. (cabé), d. bas lim. Quand un enfant veut jouer avec un autre il commence par lui donner une petite tape en lui disant *cabe*, et il prend la fuite pour que l'autre le poursuive.

Éty. Béronie fait dériver ce mot du lat. *hoc habe*, aie cela, attrape cela ; mais il nous paraît bien plus naturel de le faire venir du verbe *capere*, *capio*, *cape*, prends, d'où *cabe*, par le changement ordinaire du *p* en *b* ; ou de l'espag. *cabe*, coup qu'une boule donne à une autre V. *Cap*, R. 2.

CABECA, s. f. (cabéque), dl. La chevèche, femelle du hibou, Sauv. La chouette. V. *Machota*,

Ier tan que le caus, le chot et la cabeco
Trataon a l'escar de lours menus afars;
E que la triste neit per moustra sous lugras,
Del gran calel del cel amagabo la meco.
Goudouli.

Éty. Prob. de *cabeça*, tête, à cause de la grosseur de la sienne. V. *Cap*, R.

CABEDA, s. f. (cabéde). Nom nismois du dobule, poisson du genre cyprin. Voy. *Sophi.*

Éty. V. *Cap*, R.

CABEDE, s. m. (cabédé); *Cabot*, cat. *Capiton* esp. Un des noms du chabot V. *Ayneou* et *Cap*, R.

CABEDEIRA, s. f. et

CABEDEIRE, s. m. d. béarn. Tortillon que les porte-faix mettent sur la tête. Voy. *Cabessau* et *Cap*, R.

CABEDEL, s. m. vl. Pelote, peloton. V. *Cabudeou.*

CABEDEOU, d. arl. V. *Cabudeou.*

CABEGEAR, v. n. (cabedjà), dl. CAPEGEAR, CABEJAR. *Cabeccar*, esp. port. Tourner la tête çà et là ; regarder de tous côtés : ne se montrer que par le haut de la tête, dandiner la tête en dormant.

Éty. de *cab*, tête, et de *egear*. V. *Cap*, R.

CABEIAMENT, s. m. vl. Jet, projection en avant.

Éty. de *cab* et de *eiament*, action d'aller à l'extrémité, loin. V. *Cap*, R.

CABEILLIER, s. m. vl. Coiffe pour retenir les cheveux.

Éty. de *cabeill* et de *ier*, qui sert aux cheveux. V. *Capill*, R.

CABEILLOS, s. m. vl. Chevelure. V. *Chevelura.*

Éty. de l'esp. *cabello*, cheveu. V. *Capill*, Rad.

CABEISSA, s. f. vl. perruque, couvre-chef. V. *Perruca* et *Capill*, R.

CABEL, s. m. (cabél); *Capello*, ital. *Cabello*, esp. port. *Gabell*, cat. Cheveu. V. *Peou* et *Chevu.*

Éty. du lat. *capillus*. V. *Capill*, R.

Cabel, aux environs de Toulouse, signifie épi, et particulièrement épi de blé. V. *Espiga.*

CABELEIRA, s. f. vl. Couvre-chef, coiffe.

Éty. de *cab*, tête, ou de l'esp. *cabellera*, cheveux postiches, perruque. *Cabelleira*, port. V. *Capill*, R.

CABELH, vl. *Cabello*, port. V. *Cabel*, *Peou* et *Chevu;* fig. chevelure. V. *Capill*, Rad.

CABELHA, s. f. (cabéille), dg. Tête, panache d'un arbre.

Éty. de l'esp. *cabellera*, longue chevelure. V. *Capill*, R.

CABELHA-DE-MIL, s. f. (cabéille-demil), dg. Tête de maïs, c'est la portion de cette plante qui se trouve entre les crêtes et le dernier nœud, qu'on retranche ordinairement avant la maturité.

CABELHAR, v. a. vl. Guider quelqu'un, lui montrer ce qu'il désire savoir, lui servir de chef. V. *Cap*, R.

CABELHAR, v. n. d. béarn. Se former en épi. V. *Espigar.*

Éty. de *cab*, *cabelh*, tête, et de *ar*. V. *Cap*, R.

CABELLADORA, s. f. V. *Cabelladura* et *Capill*, R.

CABELLADURA, s. f. vl. CABELLADORA, CABELADURA. *Cabelladura*, anc. cat. esp. *Capellatura*, ital. *Cabelleira*, port. Chevelure, tresses, parure des cheveux. V. *Chevelura.*

Éty. du lat. *capillatura*. V. *Capill*, R.

CABELLUT, UDA, adj. vl. *Cabelludo*, port. esp. *Capelluto*, ital. *Cabellud*, cat. Chevelu, ue.

Que mais viu cals que cabellutz.
B. de Venzenac.
Que chauve vit plus que chevelu.

Éty. de *cabell* et de *ut* V. *Capill*, R.

CABER, v. a. vl. *Cabrer*, cat. *Caber*, esp. port. *Capere*, ital. Contenir, fournir, être contenu, demeurer.

Éty. du lat. *capere*, m. sign. V. *Cap*, Rad. 2.

CABES, s. m. (cabés); CABESSIAL, CHABES, CHABE, CABESSIER, CABET, CABEÇAL. *Capezzale*, ital. *Cabezal*, esp. Chevêt d'un lit, traversin, oreiller long, le côté du lit où l'on met la tête, dossier.

Éty. de *cab*, tête, et de *es*, qui est à la tête ou du côté de la tête. V. *Cap*, R.

CABESSA, s. f. (cabésse); CABOCHA. *Cabeza*, esp. *Cabeça*, port. *Capo*, ital. Tête, et figur. esprit, bon sens, jugement, pénétration.

Éty. du lat. *caput*, ou du grec κέβη (kébê), le même. V. *Cap*, R.

A gis de cabessa, il n'a point de bon sens, de jugement.

Bona cabessa, bonne tête, bonne caboche.

CABESSAL, s. m. (cabessál). V. *Cabessau.* La poche des manœuvres ou des porte-faix ; petit sac demi-plein de paille dont ils se coiffent la tête, pour appuyer plus mollement sur leurs épaules le fardeau qu'ils y portent. Sauv.

Éty. de *cab*, *es*, *al*, mis à la tête ou de *cabessa*, et de *al*. V. *Cap*, R.

CABESSAL, s. m. vl. Coiffure, coiffe.

Éty. de *cabessa* et de *al*. V. *Cap*, R.

CABESSALET, s. m. vl. Dim. de *Cabessal*, petite coiffe, petite coiffure. V. *Cap*, Rad.

CABESSALHA, s. f. vl. Tresse de cheveux.

CABESSAU, s. m. (cabessáou); CABUSSAL, CHABUSSAU, CASUSSAU, CHABUSSAL, CABESSAL, CABEDEIRA, CABEDEIRE, CABILADA, CABILHODA; CHASSAL, CHABESSAL, COURDEOU. Tortillon, espèce de coussinet de linge tortillé en rond, que les femmes placent sur leur tête, au-dessous du fardeau qu'elles veulent porter ; celui des porte-faix et des manœuvres est un petit sac plein de paille que M. de Sauvages nomme *poche*.

Éty. de *cabes*, pris pour tête, et de l'art. *au*, qu'on met à la tête. V. *Cap*, R.

CABESSIER, s. m. (cabessié); CABESSIERA. *Cabeceira*, port. Dossier, planche du lit placée du côté de la tête ; c'est aussi la partie de la garniture du lit du même côté, le traversin. V. *Cabes.*

Éty. de *cab-es-ier*, qui sert à la tête. V. *Cap*, R.

CABESTAN, s. m. (cabestán); CABESTRAN. *Cabestrante* ou *Cabrestante*, esp. port. *Capstern*, ang. Cabestan, machine composée d'un cylindre vertical qu'on fait tourner avec des leviers horizontaux, et qui sert à rouler et à dérouler un câble, etc.

Éty. du celt. *cabestan*, Ach. V. *Cabl*, R.

Dans un cabestan on nomme:

CYLINDRE, l'arbre vertical, dont les tourillons sont retenus dans un bâtis de charpente.

COLLETS, les anses de fer, fixées à la charpente et dans lesquelles tournent les tourillons du cylindre.

TÊTE, le sommet du cylindre qui est percé de trous.

AMOLETTES, les trous dans lesquels on fait entrer les leviers horizontaux.

BATI, l'échaffaudage qui soutient le cylindre, composé d'un *plateau*, de *supports*, de *pieux*, de *courbes* et d'*entretoises*.

FUSEAU, la *fusée* ou *taquet de cabestan*, les pièces de bois courtes qui servent à renfler le cabestan.

CABESTANH, Nom de lieu, vl. Capestang, petite ville du Languedoc.

CABESTRAN, s. m. Garc. V. *Cabestan*

CABESTRE, s. m. (cabéstré); CHABESTRE *Capestro*, ital. *Cabestro*, esp. *Cabresto*, port *Cabestre*, cat. Licol ou licou, lien qu'on met à la tête des bêtes de somme pour les attacher au moyen d'une longe.

Ety. du lat. *capistrum*, m. sign. formé de *caput stringo*, d'où *caput stringium*, *cabustrium* et *cabestre*; *cabestr*, en bas bret. V. *Cap*, R.

Dans un licou on nomme :

BRANCHES ou MONTANTS, la courroie qui fait le tour de la tête, et qui descend de chaque côté jusqu'à la bouche.
TETIÈRE, la partie qui passe sur la tête.
FRONTEAU, la courroie qui passe d'une branche à l'autre, sur le front.
MUSEROLLE, la partie qui passe sur le museau.
SOUS-GORGE, la courroie qui passe sous la gorge.
CAVEÇON, la plaque ou demi-cercle de fer, qu'on place sur le nez des bêtes méchantes, pour les retenir.

CABESTRE, s. m. Corde pour la poulie d'un grenier à foin, ou pour étendre l'allonge d'un cheval qu'on attache en pleine campagne. Garcin.

CABET, Chevet. V. *Cabes*.

CABIDOULA, s. f. (cabidóule). Nom qu'on donne, à Nismes, au chevalier commun et à la maubèche grise, *Tringa grisea*, Dict. Sc. Nat. oiseau de la taille d'une bécassine, de l'ordre des Echassiers et de la fam. des Ténuirostres (à bec grêle).

CABIDOULETA, s. f. (cabidouléte). Nom qu'on donne, à Nismes, selon l'auteur de la Stat. de cette ville, à l'alouette de mer. V. *Pivoutoun*.

CABIDOURLE, s. m. (cabidóurlé). Nom arlésien du petit chevalier. V. *Gambeta*.

CABIFOL, s. m. (cabifól), dl. Un écervelé, une tête de linotte.

Éty. de *cabi* pour *capi*, tête, et de *fol*, fou. V. *Cap*, R.

CABILH, vl. V. *Cabelh*.

CABILHA, s. f. (cabille), d. de Bord. Malléolle. V. *Cavilha*, dont *cabelha* n'est qu'une altération gasconne.

CABILHADA, s. f. (cabillàde), dl. Le même que *Cabessau*, v. c. m. et *Cap*, R.

CABILHADA, s. f. (cabillàde), dl. *Pointille*, chicane. V. *Cabilharia*.

Éty. du lat. *cavillatio* ou *cavilla*, m. s. et de *ada*, chicane faite. V. *Cavilh*, R.

CABILHAR, dl. V. *Cavilhar*.

CABILHARIA, s. f. (cabillarie), dl. CABILHADA. *Cavilacion*, esp. *Cavillação*, port. *Cavillatione*, ital. anc. Chicane, pointillerie, contestation sur des bagatelles.

Éty. du lat. *cavilla*, m. s. et de *aria*. V. *Cavilh*, R.

CABILHEGEAR, v. n. (cabilhedjá), dl. CHAVILHOUNAR. *Cavilar*, esp. *Cavillar*, port. *Cavillare*, ital. Pointiller, faire des chicanes, user de finesse.

Éty. du lat. *cavillari*, m. s. ou de *cabilh* et de *egear*. V. *Cavilh*, R.

CABILHET, s. m. (cabillé), dl. et *cabihiera*. Du ruban de fil, du rouleau.

Éty. du lat. *capillus*, cheveu, parce que les femmes se servaient de ces rubans pour tresser leurs cheveux.

CABILHIERAS, s. f. pl. (cabilliéres), dl. *Courola*. Rubans de diverses couleurs qu'on proposait, dans les derniers siècles, aux jeunes filles, pour prix de la course qu'elles faisaient nu-pieds, dans un champ où le terrain était inégal.

CABILHOUS, **OUSA**, adj. (cabillóus, óuse), dl. *Caviloso*, esp. *Cavilloso*, ital. port. Pointilleux, euse, chicaneur.

Éty. du lat. *cavillosus*. V. *Cavilh*, R.

CABINET, s. m. (cabiné); GABINET. *Gabinetto*, ital. *Gabinete*, esp. port. Cabinet, petit appartement qui est près d'un plus grand, et où l'on se retire pour converser; lieu de retraite pour travailler; en parlant des princes, ce mot désigne leur conseil particulier. On donne encore ce nom aux collections d'histoire naturelle, d'antiquités ou de tableaux; armoire.

Éty. de la basse lat. *cavinetum* dim. de *cavinum*, qui est à son tour un dim. de *cavum*, cavité, enfoncement, selon Ménage, V. *Cav*, R. ce n'est peut-être qu'un dim. de *cabana*. V. *Cap*, R. 2.

Les anciens rassemblaient dans leurs temples, les objets curieux qu'ils pouvaient conserver, mais ce n'est que dans le XVIIIme siècle qu'on a vu se former des cabinets d'histoire naturelle proprements dits. Celui du jardin des plantes de Paris, est l'un des plus beaux et des plus riches qui existent en ce moment.

CABINET, s. m. dl. Armoire. V. *Armari* et *Placard*.

CABIR, dl. V. *Chabir* et *Cap*, R. 2.

CABIRAR, dl. (cabirá). Renverser la tête en bas. V. *Chavirar*.

Éty. de *cab*, tête, et de *virar*. V. *Cap*, R.

CABIROL, dl. Chevreuil. V. *Cabroou* et *Cabr*, R.

CABIROLA, s. f. (cabiróle), dl. Une chevrette; une cabriole, qui est au propre le saut d'un chevreau. Sauv.

Éty. Ce mot est dit pour *cabrola*, petite chèvre. V. *Cabr*, R.

CABIRON, et

CABIROS, vl. V. *Cabrion* et *Cabr*, R.

CABIROU, d. béarn. alt. de

CABIROUN, s. m. (cabiróun), dl. Chevron. V. *Cabrioun*.

CABISCOOU, s. m. V. *Capiscol*.

CABISCOU, Garc. V. *Capiscol*.

CABIT, dl. V. *Chabit*.

CABL, rad. dérivé du grec κάλως (kalôs), cable, cordage, *cabel* en hollandais, et *habel*, en arab.

De *kalós*, par l'insertion de *b*, *kablos*, et par apoc. et changement de *k* en *c*, *cabl*; d'où: *Cabl-e*, *Cabl-ira*, *Cabl-et*, *Ac-cabla-ment*, *Ac-cabl-ant*, *Ac-cabl-ar*, *Ac-cabl-at*, *Cabestan*.

CABLAS, s. m. (cablàs); CALABAS, CARGA-BAS. Calebas ou cargue-bas, petit palan simple qui sert à amener les vergues du grand hunier.

Éty. Ce mot signifierait naturellement gros cable, mais il est mis ici pour *cala-bas*, qui sert à tirer en bas. V. *Bas*, R.

CABLE, s. m. (câblé); CAU, GUMA. *Calabre*, port. *Cabel*, holl. *Cable*, angl. esp. cat. Cable, grosse corde dont on se sert pour amarrer les vaisseaux au rivage, pour attacher les ancres, etc., etc.

Éty. V. *Cabl*, R.

On nomme :

CABLE D'AFFOURCHE ou GRELIN, celui qui tient à l'ancre d'affourche.
CABLE DE REDRESSE, celui qu'on passe sous un vaisseau qu'on veut caréner.
CABLE D'AJUST, des cables ajustés les uns aux autres pour mouiller dans les grands fonds.
MAITRE-CABLE, celui de la grosse ancre.

Dérivés. *Cabes-tan*, *Cabl-iera*, *Cabl-ot*.

On ignore l'époque à laquelle les cables ont été inventés, on sait seulement que les anciens employaient dans leur construction, le cuir, le genêt, l'osier marin et le lin.

M. Gierson, a inventé en 1818, un cable en chaîne, d'une grande utilité pour la marine.

Dans un cable on nomme :

BADÈRE, une large tresse, faite avec des fils de caret, dont on recouvre le cable dans les parties exposées à des frottements destructifs.
AUSSIÈRES, les trois cordages dont il se compose.
BITTURE ou BITURE, la partie de la longueur d'un cable qui doit suivre une ancre à la mer.

CABLIERA, s. f. (cabliére). Cablière, pierre ordinairement percée, destinée à assujettir les filets ou les lignes au fond de l'eau.

Éty. de *cable* et de la term. *iera*, qui tient au cable. V. *Cable*, R.

CABLAT, s. m. (cabló); CHABLOT, ARCHIGECLIN. *Cablecillo*, esp. Cableau, cable de la chaloupe et du canot, et qui sert à tirer les bateaux hors des rivières.

Éty. de *cable* et de la term. dim. *ot*, petit cable. V. *Cabl*, R.

CABOCHA, s. f. (cabótche), dm. Voy. *Cabossa*.

CABOLFIGA, s. f. vl. Figue précoce.

CABORNA, s. f. (cabórne), dl. Antre, caverne, tanière, repaire de bêtes fauves.

Éty. du vieux français *caborne*, petite loge de pierres sans mortier.

CABOS, s. m. (cabós). Un des noms qu'on donne, dans la Gascogne, au chabot, V. *Aineou*, et aux têtards de grenouille. Voy. *Testa d'ase*.

CABOSSA, s. f. (cabósse); CABOCHA, CABOUESSA, CABOUECA. *Cabessa*, cat. *Cabeza*, port. Tête: *Bona cabossa*, bonne tête. *Cabossa d'alhet*, *Cabessa de alls*, cat. *Cabeza de ajos*, esp. tête d'ail.

Éty. de *cab*, tête. V. *Cap*, R.

De caboueças d'alhet chausidos per Comus.
Germain.

CABOSSA, s. f. CABOCHA. *Caboche*, clou de rue, clou à ferrer qu'on enlève ou qui tombe du pied d'une bête de somme.

Éty. de *cab*, tête, parce qu'il ne reste presque plus que cette partie à ces clous. Voy. *Cap*, R.

CABOSSA-DE-GOUS, s. f. (cabósse-dégous). Nom qu'on donne, aux environs de Toulouse, à la capsule du mufle de veau.

CABOSSAS, s. f. pl. (cabósses). Nom qu'on donne, à Hières, aux pieds d'artichauts tirés de la pépinière.

CABOSSECEAR, v. n. (caboussedgéa); CABOUSSEGEAR, dl. *Cabocear*, esp. port. Menacer de la tête; dodiner, se dodiner en marchant, marcher en balançant la tête. Voy. *Cabegear*.

Éty. de *cabossa*, tête, et de *egear*, agir. V. *Cap*, R.

CABOT, s. m. (cabó), dm. Cahutte, taudis, caveau, maison petite et incommode.

Éty. Alt. de *cavot*. V. *Cav*, R.

CABOTA, V. *Cabede* et *Aineou*.

CABOUESSA, V. *Cabossa*.

CABOULHA, s. f. (caboùille). Talle, rejeton, jet qu'une plante pousse du collet de sa racine. Garc. V. *Cap*, R.

CABOULHAR, v. n. (cabouillá); CABOUIAR. Taller. V. *Gaissar*.

Éty. *Caboulha* est formé de *cap*, tête, et de *oulhar*, pousser plusieurs têtes. V. *Cap*, R.

CABOULHAT, s. m. (cabouillá). Un des noms du chabot, en Gascogne. V. *Aineou*.

CABOURNAT, d. bord. V. *Cabournut*.

CABOURNUT, UDA, adj. et p. (cabournú, úde), d. bord. CABOURNAT. Caverneux, euse.

Éty. Alt de *Cavernut*, v. c. m.

CABOURRUT, UDA, adj. d. béarn. *Cabeçudo*, port. *Cabezudo*, esp. Entêté, ée.

Éty. de *cab* et de *bourrut*. V. *Cap*, R.

CABOUSSAR, v. n. (caboussá), d. de Barcel. Tomber.

Éty. de *caboussa*, dit pour *cabessa*, tête, et de *ar*, tomber la tête la première. V. *Cap*, Rad.

CABOUTAGI, s. m. (caboutádgi); CABOUTAGE. *Cabotátge*, cat. *Cabotaje*, esp. *Cabottaggio*, ital. Cabotage, navigation le long des côtes, sans perdre la terre de vue.

Éty. de *cab*, cap, et de la ter. act. *agere*, aller de cap en cap. V. *Cap*, R.

On nomme *cabotier* le bâtiment qui sert au cabotage, et *caboteur* le navigateur qui le conduit.

Quelques historiens ont avancé que les anciens ne connaissaient pas d'autre navigation que le cabotage.

CABOUTAR, v. n. (caboutá). Caboter, naviguer de cap en cap, de port en port, le long des côtes.

Éty. de *cab*, pour *cap* et de *outar*. V. *Cap*, R.

CABOUTIERA, s. f. (caboutiére); CABOUSSIERA. Cabotière ou cabussière, espèce de tramail, ou de filet en usage sur nos côtes.

Éty. V. *Cap*, R.

CABOUTUR, s. m. (caboutúr). Caboteur, cabotier, bâtiment qui n'est employé qu'au cabotage; navigateur côtier.

Éty. de *caboutar* et de *ur*. V. *Cap*, R.

CABR, CAPR, CHABR, radical dérivé du latin *caper*, *capri*, bouc, d'où *capra*, chèvre, qu'on fait venir de *carpo*, cueillir, brouter.

De *capri*, gén. de *caper*: *Capri-corna*, *Capri-fuelh*, *Capriz-ant*, *Caprici*.

De *capri*, par apoc. *capr*; d'où: *Capr-a*, *Capr-in*, etc.

De *capr*, par le changement du *p* en *b*, *cabr*; d'où: *Cabr-a*, *Cabr-ar*, *Cabr-i*, *Cabr-ier*, *Cabr-oou*, etc.

De *cabri*, par la transposition de *i*, *cabir*; d'où: *Cabir-on*, *Cabir-ola*, *Cabir-os*, etc.

De *cabr*, par le changement de *c* en *ch*, *chabr*: d'où: *Chabr-a*, *Chabr-aira*, *Chabr-ier*, *Chabr-ella*, etc.

CABRA, s. f. (cábre); CHABRA, BICHA, BIBI. *Capra*, ital. *Cabra*, esp. cat. port. Chèvre, la femelle du bouc. V. *Bouc*.

Éty. du lat. *capra*, m. s. V. *Cabr*, R.

La cabra se fai assir, la chèvre est en rut.

La cabra a cabriat, la chèvre a chevroté.

Cabra mouta ou *bounta*, chèvre franche ou motaie, Sauv. celle qui n'a point de cornes.

Sinsounets de la cabra, glands ou pendants. V. *Cincinets*.

Me fariaz venir cabra, vous me feriez chevroter, ou perdre patience.

Li courroun coumo las cabras à la sau, on y court comme au feu.

M. Mayeuvre de Champvieux annonça en 1812, que le duvet qui croit entre le poil de nos chèvres, au mois de mars, peut remplacer celui des chèvres de Cachemyre pour la fabrication des schals.

CABRA, s. f. CABRELLA, CABRI. *Capra*, ital. *Cabrea*, port. *Cabria*, esp. *Cavria*, cat. Chèvre, est aussi le nom d'une machine dont les maçons et les charpentiers se servent pour élever des objets très-lourds.

Elle est composée de trois pièces, dont deux portent le nom de *bras* et l'autre celui de *bicoq*; elles forment ensemble une pyramide à trois faces. Les bras sont réunis sur plusieurs points par des *traverses* ou *entretoises*; entre les deux bras, est placée au haut, une *mouffle* ou poulie suspendue avec une *clavette*; au bas, entre les bras, on fixe un *treuil*, *tour* ou *moulinet*. On enlève quelquefois le bicoq et on fixe les bras de la chèvre avec des cordes.

Éty. de *cabra*, chèvre, à cause de la ressemblance qu'on a cru trouver entre cette machine et une chèvre, quand elle se dresse sur ses jambes de derrière. V. *Cabr*, R.

CABRA, s. f. dl. *Cabra*, cat. Morpion. V. *Peou-court*.

CABRA, s. f. En terme de scieur de long et de maçon, chevalet, support qu'on fait avec deux barres placées en sautoir, et sur lequel porte le baudet qui soutient le billot qu'on scie.

CABRA, s. f. Nom qu'on donne, dans plusieurs endroits, au ver à soie femelle. V. *Magnan*.

CABRA, s. f. Indisposition causée pour avoir bu du vin, en mangeant du raisin fraîchement cueilli. Garc.

CABRA, s. f. CABRETA, TOUPIN. Toupin ou sabot de cordier, outil de bois cannelé dont les cordiers se servent pour tenir les tourons des cordes écartées pendant qu'ils les tordent.

CABRA, s. f. Nom qu'on donne, à Valensole, suivant M. Aubert, à l'araignée faucheur. V. *Aragna combaruda*.

CABRA, s. f. dl. *Craba*. Une échelle à pied pour cueillir les fruits et la feuille des jeunes mûriers.

Éty. A cause de la ressemblance qu'a son pied avec celui d'une chèvre. V. *Cabr*, R.

CABRA, s. f. Est un des noms languedociens de la mante-prie-dieu. V. *Prega diou de restouble*.

Éty. Ainsi nommée parce que les enfants lui demandent *cabra ount'es lou loup?*

CABRA, dl. Chevrette. V. *Cabreta*.

CABRACEN, s. vl. Redondance, oppression. Gl. Occ.

CABRAIRA, s. f. (cabraïre); CHABRAIRA. *Cabrada*, port. *Cabreria*, esp. Les chèvres en général, un troupeau de chèvres. V. *Cabruna*.

Éty. de *cabra* et de *aira*. V. *Cabr*, R.

CABRAIRETA, s. f. (cabraïréte). Nom qu'on donne, dans le département des Bouch.-du-Rhône, selon l'auteur de sa Stat. au trèfle-puant. V. *Balicot-fer*.

CABRAL, s. m. (cabrál); dl. CABRAU. *Cabrafico*, esp. *Caprifico*, ital. Nom du figuier sauvage, dont les figues ne mûrissent qu'en employant la caprification. *Figuiera cabral* ou *cabrau*. V. *Figuiera*.

Éty. du lat. *capri-ficus*, figuier de bouc, *cabral* signifie de chèvre. V. *Cabr*, R.

CABRA-MOUTA, s. f. (cábre-móute); CHABRA-MOUTA. *Cabra-sega*, esp. *Cabracega*, port. Jeu d'enfant, colin-maillard.

Éty. V. *Cabr*, R.

CABRAR SE, v. r. (sé-cabrá). Se cabrer, s'élever sur les deux pieds de derrière, en parlant des chevaux; fig. s'emporter, se mettre en colère, se brouiller avec quelqu'un: *Se soun cabrats*, ils sont en opposition.

Éty. de *cabra* et de *ar*, faire comme la chèvre, qui s'élève souvent sur ses deux jambes. V. *Cabr*, R.

CABRAREOU, s. m. (cabrarèou); CABRARAU, CABREIRET, CABRARET, GRIMAUD, CHOCHOT, CAT-BRAÑEOU, CAT-HUANT, NICHOULA, MACHOTA. La chouette hulotte; Buffon a décrit la femelle sous le nom de chat-huant et Gmelin sous celui de *Strix-stridula*, et le mâle sous la dénomination de hulotte, et Gm. sous celle de *Strix aluco*, oiseau de l'ordre des Rapaces et de la fam. des Nocturnes ou Nyctérins, qui n'habite que les bois, tandis que l'Effraie avec laquelle on le confond souvent, se tient dans les vieux édifices.

Éty. de *cat*, chat, et de *brareou*, bruyant. V. *Cat*, R.

CABRARET, s. m. (cabraré). Un des noms de la hulotte. V. *Cabrareou* et *Cat*, Rad.

CABRARI, s. m. (cabrári). Nom que porte, dans le département des B.-du-Rh. La chevèche. V. *Machoueta pichota*.

Éty. de *cat*, chat, et de *brari*, pour *brareou*, bruyant. V. *Cat*, R.

CABRAS, s. m. (cabrás), dl. Troupeau de chèvres qui ont un bouc à leur tête. Sauv.

Éty. de *cabra* et de l'augm. *as*. V. *Cabr*, Rad.

CABRAT, s. m. vl. Chevreau. V. *Cabrit*.

CABRAT, ADA, adj. et p. (cabrá, áde). Cabré, ée. V. *Cabra* et *Cabr*, R.

CABRAU, s. m. (cabráou), dl. V. *Cabral*, Rad.

CABREFOIL, s. m. vl. *Caprifolia*, ital. Chèvrefeuille. V. *Sabatoun* et *Maire siouva*.

Éty. du lat. *caprifolium*. V. *Cabr*, R.

CABREIRET, s. m. Garc. V. *Cabrareou*.

CABREIRETA, s. f. (cabreïréte). Nom du psoralier bitumineux, selon M. Garc. V. *Balicot-fer*.

CABREL, s. m. vl. CABREIS. Chevreau. V. *Cabrit*.

Éty. du lat. *capreolus*, m. s. V. *Cabr*, Rad.

CABRELA, s. f. (cabrèle). Un des noms que le bièvre porte, aux environs de Montpellier. V. *Bievre*.

CABRELLA, s. f. vl. Rais de la roue; chèvre, machine.

Éty. Dim. de *cabrion*. V. *Cabr*, R.

CABREN, vl. V. *Caprin*.

CABRERIA, s. f. vl. CABRIERA. *Cabreria*, esp. Boucherie où l'on vend la chair de chèvre.

Éty. de *cabra* et de *eria*. Voy. *Cabr*, R.

CABRETA, s. f. (cabréte); *Cabreta*, cat. *Cabrita*, esp. *Capretta*, ital. *Cabruina*, port. Dim. de *cabra*, petite chèvre.

Éty. de *cabra* et du dim. *eta*. V. *Cabr*, Rad.

CABRETA, s. f. Chevrette, cruche de faïence dans laquelle les pharmaciens tenaient les sirops.

CABRETA, s. f. Chevrette, petit chenet bas qui n'a point de branches. V. *Chafuec plat* et *Cabr*, R. Toupin de cordier. V. *Cabra*.

Cabreta se dit encore de la potence qui soutient une enseigne ou une lanterne. Supp. à Pellas.

CABRI, Machine. V. *Cabra*.

CABRI, pour chevreau, alt. de *Cabrit*, v. c. m. Ce mot est pris pour bouc dans la phrase suivante du langage vaudois: *En aima cabri devant lo grez*, comme le bouc devant le troupeau.

CABRIA, vl. Il ou elle serait contenu.

CABRIAR. V. *Cabridar*.

CABRIAU, alt. de *Cabrilhau*, v. c. m. et *Tardarassa*.

CABRICI, et comp. Aub. V. *Caprici*.

CABRIDAN, V. *Chabrilhan*.

CABRIDAR, v n. (cabridá); CABRIAR, CHABRIAR, CRABIDAR. *Cabritar*, cat. Chevroter, faire le chevreau, en parlant d'une chèvre.

Éty. de *cabrit* et de *ar*, faire un chevreau. V. *Cabr*, R.

CABRIDELLA, s. f. (cabridèle). Nom qu'on donne, à Montpellier, à l'aster tripolium, *Aster tripolium*, Lin. plante de la famille des Composées Corymbifères, qu'on trouve dans les lieux marécageux.

CABRIDIER, IERA, s. (cabridié, iére); *Cabritero*, esp. Boucher, ère, qui vendait de la viande de chevreau.

Éty. de *cabrid* et de *ier*. V. *Cabr*, R.

« Semblablement on fait commandement « à tous *cabridiers*, saucissiers et autres, « ne vendre leurs saucisses, ni membres de « chevreaux à plus grand prix que celui qui « est porté par leur chalred. *Réglement sur « la police de la ville d'Aix, de* 1569.

CABRIDOULA, s. f. (cabridóule). Un des noms languedociens du psoralier bitumineux. V. *Balicot-fer*.

CABRIEIRA, dl. V. *Cabriera*.

CABRIER, s. m. (cabrié); CHABRIER. *Caprajo*, ital. *Cabrero*, esp. port. *Cabrer*, cat. Chevrier, celui qui garde les chèvres.

Éty. du lat. *caprarius*, m. s. ou de *cabra*, et de *ier*. V. *Cabr*, R.

CABRIERA, s. f. (cabriére); CABRIEIRA, dl. Etable ou parc à chèvres. V. aussi *Cabreria*.

Éty. de *cabra* et de *iera*. V. *Cabr*, R.

CABRIFEL, s. m. (cabrifèl). Nom toulousain du troëne, V. *Olivier sauvagi*.

Éty. *Cabrifel* est une altér. du lat. *Caprifolium*.

CABRIL, adj. vl. *Cabronil*, anc. cat. Qui est de la chèvre. V. *Caprin* et *Cabr*, R.

CABRILHAU, s. m. (cabrilláou). Un des noms de l'engoulevent, selon M. Garcin. V. *Tardarassa*.

CABRILHOUN, s. m. (cabrillóun). CHABRILHOUN. Cabrillon et chabrillon, nom d'une espèce de fromage qu'on fait en Auvergne, dans les environs de Clermont.

Éty. Probablement parce qu'on le fait avec du lait de chèvre. V. *Cabr*, R.

CABRIMET, V. *Cabrinet*.

CABRINET A, s. m. (cabriné); A CABRIMET, CHAMBA-CULIERA, A CHABRAS-MORTAS, CRABIMET. A la chèvre morte, enjambé sur les épaules, les jambes pendantes sur la poitrine du porteur. V. *Camba culhiera*.

Éty. du lat. *capra mortua*, Dioul. porter comme on porte un chevreau. V. *Cabr*, Rad.

Mai lou pichot tamben en virant, en jugant,
Se trobo à cabrinet per dessus soun esquino.
Dioul.

CABRIOLA, s. f. (cabrióle); *Capriola*, ital. *Cabriola*, esp. port. cat. Cabriole, saut léger, imitant les gambades que font les chevreaux.

Éty. du lat. *capreolus*, chevreau. V. *Cabr*, Rad.

CABRIOLAR, v. n. (cabrioulá); CABRIOULAR. *Cabriolar*, esp. *Capriolare*, ital. Cabrioler, faire des cabrioles.

Éty. de *cabriol* pour *cabrol*, chevreau et de *ar*, faire comme les chevreaux. V. *Cabr*. Rad.

CABRIOLAIRE, s. m. (cabrioulàiré); CABRIOULUR, CABRIOULAIRE. Cabrioleur, qui fait, qui sait faire des cabrioles.

Éty. de *cabriola* et de *aire*. V. *Cabr*, R.

CABRIOLET, s. m. (cabrioulé); CABRIOULET. *Cabriolé*, cat. esp. Cabriolet, voiture à deux roues, dont la caisse est portée sur deux brancards, et qu'un seul cheval peut traîner. V. *Carrossa*.

Éty. du lat. *capreolus*, chevreau, parce que ces voitures sottent comme des chevreaux. V. *Cabr*, R.

On trouve des cabriolets représentés sur les monuments anciens, et l'on en a rencontré dans les fouilles d'Herculanum et de Pompeii.

Les cabriolets ont une portière en devant qui ne vient qu'à hauteur d'appui, et qui n'est quelquefois qu'un tablier de cuir, supporté par une barre transversale.

CABRION, s. m. (cabrie-n); CABRIOUN, CHABRION, CABIRON, CHABRIEN, CABRIEN, CABROUN, CHABROUN. *Cabrio*, esp. *Cabiró*, cat. Les chevrons sont de longues pièces de bois qui s'étendent depuis le faîte d'un toit jusqu'à la plate-forme. Ils supportent les lattes, et sont eux-mêmes soutenus par les *pannes*.

Éty. de *caprone*, fait de *capreolus*, qui se trouve dans Vitruve avec la m. s.

On a nommé ces pièces *capreolus*, chevreau, par opposition à *pullitra*, qui dans la bass. lat. signifie poutre et jument. C'est un dim. par comparaison. V, *Cabr*, R.

On nomme :

CHEVRONS DE LONG-PAN, ceux qui vont d'un bout à l'autre du comble.

CHEVRONS DE CROUPE ou EMPANONS, ceux qui sont fixés sur les arêtiers de la croupe.

CHEVRONS DE FERME, deux pièces encastrées par le bas sur l'entrait, et jointes en haut, par le bout, au poinçon.

NOULET et CHEVALET, les chevrons des lucarnes.

CHEVRONS CEINTRES, ceux qui sont courbés et assemblés dans les liernes d'un dôme.

CHEVRONS DE REMPLAGE, les plus petits d'un dôme et qui ne suivent pas dans les liernes.

Les chevrons que l'on voit dans les armoiries doivent leur origine aux Tournois, où ils servaient comme les pals, à former la barrière qui fermait le champ de bataille.

CABRIONADA, s. f. (cabriounáde). Gar. V. *Trevada*.

CABRIONAT, s. m. vl. *Chevronnage*, chevrons employés dans une construction.

Éty. de *cabrion* et de *at*. V. *Cabr*, R.

CABRIOULAIRE, V. *Cabriolaire*.

CABRIOULAR, V. *Cabriolar*.

CABRIOULUR, Garc. V. *Cabriolaire*.

CABRIT, s. m. (cabri); CHABRIT, GAZEL, CABRID, CABROOU, CHABROOU. *Capretto*, ital. *Cabrito*, esp. port. *Cabrit*, cat. Chevreau et cabri; on donne ce nom au petit de la chèvre jusqu'à l'âge d'un an, époque à laquelle il prend celui de *bima*, s'il est femelle, et de *boucachoun*, s'il est mâle.

Éty. du lat. *capreolus*. V. *Cabr*, R.

Sautar coumo un cabrit, sauter comme un cabrit.

Dérivés: *Cabrid-ar*, *Cabrit-oun*.

CABRITOUN, s. m. (cabritóun); CHABRITOUN, CHABRIDOUN. *Cabritinho*, port. *Cabritillo*, esp. *Cabridet*, cat. *Caprettino*, ital. Petit ou jeune chevreau.

Éty. de *cabrit* et du dim. *oun*. V. *Cabr*, Rad.

CABROL, s. m. (cabról). Un des noms lang. du chevreuil. V. *Cabroou* et *Cabr*, R.

CABROLET, s. m. (cabroulé); CABROLETZ. Chevreuil, chevreau. V. *Cabroou*.

CABRON, vl. V. *Cabrion*.

CABROOU, s. m. (cabróou). Chevreau, V. *Cabrit*, comme ayant ses composés.

Éty. du lat. *capreolus*, *capreol*, *cabrol*, *cabroou*. V. *Cabr*, R.

CABROOU, s. m. CHABROOU, CABRORA, CABIROL, CABROLLA, CABROL, CHABROL. *Cabirol*, cat. *Cabriolo*, anc. esp. *Cavriolo* et *Capriuolo*, ital. En Languedoc, on donne ce nom au chevreuil, ou mâle de la chevrette, *Cervus capreolus*, Lin. mammifère de la fam. des Ruminants qui habite dans quelques forêts du Nord de la France.

Éty. du lat. *capreolus*, m. s. V. *Cabr*, R.

CABRORA, s. f. (cabróre). Chevreuil. Garc. V. *Cabroou*.

CABROTA, vl. Petite chèvre. V. *Cabreta*.

CABRUN, s. m. et

CABRUNA, s. f. (cabrúne); CHABRUNA, CHABRUN, CABRAIRA, CHABRAIRA. *Cabrum*, port. Nom des chèvres, boucs et chevreaux en général: *La cabruna*, les chèvres, la race des chèvres.

Éty. de *cabra* et de *una*. V. *Cabr*, R.

On lit dans le réglement de police pour le terroir d'Aix, de 1574, art. 10: « Item, au-» cun bétail *chevrun*, ne pourra entrer dans » le terroir dudit Aix, pour y dépaître, même » hors des bolles, excepté la chèvre qu'on » voudra tenir à l'attache. »

CABUCEL, et composés. V. *Cabussel*.

CABUCEOU, s. m. (cabucèou). Hachoir, plateau. Cast. V. *Chaplaire*.

CABUCEOU, V. *Cabusseou*.

CABUCET, V. *Cabusset*.

CABUÇOUN, s. m. (cabuçóu); CABUÇOU.

Nom qu'on donne, à Montpellier, au castagneux. V. *Castagnous.*

CABUDEOU, s. m. (cabudèou); CABEDEOU, ESCAUTOUN, GROUMICHEL, PELOUTOUN, GRAMISSEOU, CANDEL, GRUMEL, CABEDEL, GRUMICEL. *Capdèll*, cat. Peloton de fil, de soie, etc.

Éty. de *caput* et de la term. *Eou*, v. c. m. L'auteur de la St. des B.-du-Rh. fait dériver ce mot du grec κέϐη-οῖδος (kèbé-oidos), tête enflée. V. *Cap*, R.

Cabudeou d'un destrech, clef d'un pressoir, parce qu'à une de ses extrémités, cette clef est ronde comme une tête.

CABUDEOU, s. m. Nom qu'on donne, dans le département des B.-du-Rh. au petit manchot, *Aptenodytes minor*, Lath. oiseau de l'ordre des Palmipèdes et de la fam. des Brévipennes ou Uropodes (à pattes près de la queue).

Cet oiseau est cité comme de la Nouvelle-Zélande, par M. Dumont, Dict. Sc. Nat. ce qui nous fait penser que M. Roux s'est mépris sur l'espèce dans la Stat. des B.-du-Rh.

Il paraît que c'est au *Colymbus minor*, que le nom de *cabudeou*, doit être appliqué. V. *Castagnous.*

CABUDIERA, s. f. (cabudiére); CABUSSIERA. *Cabaudière*, tramail dont on se sert dans le port de Cette.

CABURN, et

CABURNI, V. *Chaburni.*

CABUS, s. m. Ce mot dérivé du lat. *caput, capitis*, tête, sert de rad. à un assez grand nombre d'autres, qui tous indiquent ou des formes semblables à la tête, comme: *Cabudeou, Cabussau*, ou des actions faites avec la tête, comme *Cabussar, Cabussaire*, etc.

CABUS, s. m. dl. Une *plongée*, ou l'action de plonger.

Plongeon, dans le sens de *plongée*, n'est pas français, on dit faire le plongeon ou imiter le plongeon, mais non *un plongeon.*

CABUS, s. m. (cabús); CHABUS, CABUSSADA, CABUSSAL, COUGADURA, COUADURA, COUIGEADIS, MALHOOU, MALHOUER, PROUVA, PROUBAGEA, PROUBAINA, SOTA, SOUMEISSA, REBOSTA. Provin, branche de vigne que l'on couche dans la terre pour qu'elle prenne racine et remplace un cep qui manque.

Éty. *Cabus*, signifie tête, chef, un nouveau chef, ou de *cabussar*, abattre. V. *Cab*,

CABUS, adj. m. (cabús); BOUGNOUNAT, CAPUS, CABUSSOUS, CABUSSAT, CABUNAT, CASSU. *Cabuccio*, ital. *Caulet cabus*, chou pommé, chou cabus; on le dit des choux dont les feuilles, étroitement serrées les unes contre les autres, forment une espèce de tête.

Éty. de *cab*, tête. V. *Cab*, R.

CABUSSADA, Aub. V. *Cabus.*

CABUSSAIRE, s. m. (cabussaïré); *Cabussador*, anc. cat. Plongeur. V. *Soutaire.*

Éty. de *cabus*, tête, et de *aire*, celui qui va la tête la première, parce que c'est ainsi qu'on plonge. V. *Cap*, R.

CABUSSAIRE, s. m. (cabussaïré). On désigne par ce nom, dans le Languedoc, plusieurs espèces d'oiseaux du genre *Colymbus*, de l'ordre des Palmipèdes et de la famille des Brévipennes ou Uropèdes, (à pieds sortant de la queue) et particulièrement:

1° L'Imbrin, *Colymbus glacialis*, Lin. qu'on distingue dans plusieurs endroits par l'épithète de grand, *Lou grand cabussaire.*

2° Le Lumme, ou petit plongeon de la mer du Nord. *Colymbus arcticus.* Lin.

3° Le Plongeon à gorge, *Colymbus septentrionalis*, Gm.

Éty. Le nom que portent ces oiseaux est un synonyme de plongeur, ou de plongeon. V. *Cabussaire.*

CABUSSAL, adj. dl. V. *Cabus.*

CABUSSAL, s. m. dl. V. *Cabessau.*

CABUSSAR, v. a. (cabussá), dl. Faire la culbute, plonger dans l'eau, jeter à l'eau, noyer; casser la tête, assommer.

Éty. de *cabus*, tête, et de *ar*, frapper sur la tête, ou jeter la tête la première. V. *Cap*, Rad.

Cain son fraire cabusset.
Brueys.

CABUSSAR, v. a. AMOURRAR, COUGAR, PROUBAGINAR, PROUBACHAR. Provigner la vigne.

Éty. de *cabus*, provin, et de l'act. *ar.*

CABUSSAR, v. n. *Cabussar se*, cat. Faire la culbute; tomber la tête la première, précipiter. On le dit aussi de la cérémonie que pratiquent les femmes juives, après leur menstruation, et avant de cohabiter avec leur mari, laquelle consiste à se plonger dans l'eau jusqu'au cou et à y tremper ensuite trois fois la tête. V. *Cap*, R.

CABUSSAR, v. n. *Cabucciare*, ital. Pommer, en parlant des choux, V. *Cap*, R.

CABUSSAT, ADA, adj. et part. (cabussá, áde); ABOUGNAT. Plongé, précipité la tête la première, selon le verbe.

Éty. de *cabus* et de *at*. V. *Cap*, R.

Ella dis ti la vérita
Quand dis que l'aven esperade,
Et pui que l'aven cabussade,
Dedin lou gour de l'espitau.
Prouces de Caremeutran.

CABUSSAU, V. *Cabessau.*

CABUSSAU, s. m. (cabussáou). Nom qu'on donne, à Nismes, au castagneux. V. *Castagnous.*

CABUSSEL, s. m. (cabussèl) ou CABUCEL, selon l'étymologie qu'on adopte, CAPITAL. Couvercle. V. *Cabussella* et *Cabusseou*, comme plus généralement adoptés.

Éty. de *cabus*, tête, et de *el*, qui sert de tête ou à couvrir la tête. V. aussi *Cabuceou* et *Cap*, R.

Dérivés: *Cabussella, Cabuss-eou, Cabussell-ar, Cabuss-au, Cabuss-et, Descabussel-ar.*

CABUSSELA, s. f. (cabussèlle); CURBECELLA, CREBUCELLA, CABUCELLA, CRUBECELA, CUBERTOUIRE, CUBERTOURA. Couvercle. On donne communément le nom de *cabussela* aux couvercles qui servent à des vases du genre féminin, comme les *oulas, toupinas*, etc. et celui de *cabusseou*, à ceux du genre masculin, mais cela varie tellement dans les différents pays, qu'on ne peut donner aucune régle à cet égard.

CABUSSELA, s. f. FAIRE DE SAUTELS. *Faire de cabusselas.* Bêcher imparfaitement la terre, ne pas donner la profondeur convenue; se borner à étendre les draps de lit et les couvertures, sans remuer les matelats ni la paillasse. V. *Cap*, R.

CABUSSELA, s. f. Un des noms du nombril de Vénus, selon M. Cast. V. *Escudet.*

Éty. Parce que les feuilles de cette plante ont la forme d'un couvercle, *cabussela.*

CABUSSELAR, v. a. (cabusselá); CABUCELAR, CUBESSELAR, CURBESSELAR, CRUBECELAR, CUBERTOUIRAR. Couvrir un pot, un plat, une huche, etc. avec son couvercle; couvrir en général: *Cabusselar l'oula*, couvrir le pot.

Éty. de *cabussel* et de *ar*, mettre le couvercle. V. *Cap*, R.

CABUSSELAS, s. f. pl. (cabussèles). Cymbales. V. *Jugar de las cabusselas.*

Éty. A cause de la ressemblance qu'ont les cymbales avec le couvercle d'une marmite. V. *Cap*, R.

CABUSSELAT, ADA, adj. et p. (cabucelá, áde); CURBECELAT, CUBERTOUIRAT. Couvert avec un couvercle. V. *Cap*, R.

CABUSSEOU, s. m. (cabussèou); CREBECEOU, CURBECEOU, CUBERTOUN, CABUCEOU, CABUSSEL, CURBECEL, CABUSSELA. *Coperchio*, ital. *Cobertera*, esp. *Cuberta*, port. Couvercle, ce qui sert à couvrir un vase en général.

Éty. de *cabus* et de *el, eou*. V. *Cabussel*, ou du lat. *caput celare*, cacher la tête ou l'ouverture; ou du grec χελέβη (kèlébê), ou χελέϐα (kéléba), pot, vase, joint à *cabu*, d'où: *cabukelebe, cabukel, cabucel*, tête ou coiffe de vase, mais en adoptant cette étymologie, il faudrait écrire *cabucel* et non *cabussel*. V. *Cap*, R.

Cabusseou doou liech, ciel du lit.

Cabusseou doou bres, vescrounceou.

CABUSSET, s. m. (cabussé); CABUCET. Un des noms languedociens du rale d'eau. V. *Rale d'aigua*, et du castagneux. V. *Castagnous.*

CABUSSET, s. m. Culbute: *Faire lou cabusset*, faire la culbute, tomber la tête la première; un provin.

Éty. de *cabus*, tête. V. *Cap*, R.

CABUSSO, vl. V. *Cabussol.*

CABUSSOL, s. m. vl. *Cabussó*, cat. Plongeon.

Éty. de *cabussar*, plonger. V. *Cap*, R.

CABUSSOLA, s. f. (cabussóle) Nom languedocien du têtard. V. *Testard.*

Éty. de *cabus*, grosse tête. V. *Cap*, R.

CABUSSOUN, s. m. (cabussóun). C'est le nom qu'on donne, dans le Gard, d'après M. Crespon: 1° au grèbe huppé, V. *Plauca*. 2° au jou gris, *Podiceps rubricollis*, Lath. 3° au jou cornu, *Podiceps cornutus*, Lath. 4° au jou oreillard, *Podiceps auritus*. Lath. V. *Fumat.* oiseaux de l'ordre des Palmipèdes et de la fam. des Brévipennes ou Uropodes (à pattes près de la queue).

CABUSSOUS, dl. V. *Cabus*

CAC

CAC, CAG, radical pris du latin *cacare, caco*, se décharger le ventre, et formé du grec χάκκη (kakkê), caca, excrément, d'où le lat. *cacatus*, et le bas breton. *cach.*

De *cacare*, par apoc. *cac*; d'où: *Cac-a, Cac-ada, Cac-ai, Cac-ar, Cac-andre*, etc.

De *cac*, par le changement du *c* en *g*, *cag*; d'où: *Cag-ada, Cag-ar, Cag-aire, Cagagna, Caga-nis, Cag-as*, etc.

CAC, ADA, adj. indéterm. vl. Chaque. V. *Cade* et *Cadun*.

CACA, Caca. V. *Cacai*.

CACA, s. f. Nom qu'on donne, à Cuges, selon M. le docteur Remonen, à une petite cigale dont le chant fait entendre le son du nom qu'elle porte.

CACA; s. f. d. bas lim. Nom enfantin de la châtaigne. V. *Castagna*.

CACA, s. f. (câque); *Caca*, cat. port. *Cacca*, ital. La lie, le marc des olives; excrément.

Ety. du grec, κακος (kakos), mauvais. V. *Cac*, Rad.

CACADA, s. f. (cacáde). Cacade, au propre, décharge du ventre, et au figuré, entreprise mal conçue, manquée, fausse démarche. V. *Cagada* et *Cac*, R.

CACAI, s. m. (cacaï); CACA, CACAY. *Caca*, cat. esp. *Cacca*, ital. Caca, terme dont se servent les nourrices pour désigner les excréments des enfants, et en général tout ce qui est sale : *Es de cacai*, c'est sale. *Faire cacai*, rendre les excréments.

Ety. du lat. *caca*, dérivé du grec χάκκη (kakkê), excrément. V. *Cac*, R.

CACALA A, d. de Barcel. A califourchon. V. *Chamba-culiera*.

CACALA, s. f. (cacále). Un des noms languedociens du mufle de veau. V. *Tetarelas*.

Ety. de l'ancien français *cacalia*, qui désignait la même plante.

CACALACA, s. f. (cacaláque). Noix dont on a enlevé la coquille. Avr.

CACALACA, s. m. (cacalacá). Le coquerico ou chant du coq. V. *Cacaraca*.

CACALACA, s. m. Nom languedocien du mufle de veau. V. *Tetarelas* et *Cacala*.

CACALACA, s. f. dl. Terme de coiffeuse; le bec des anciennes coiffes.

Ety. de *cacalia*, anc. mot franç. qui désignait la même chose.

CACALAS, s. m. (cacalás), dl. ESCARCALHADA, ESCARCALHAU, COSCOLADA, ESCALASSES. Eclat de rire. V. *Escarcalhau*.

Faguet un grand cacalas, il partit d'un grand éclat de rire. V. le mot suivant.

CACALASSAR, v. n. (cacalassá), dl. Eclater de rire. V. *Escarcalhar*.

Ety. du grec καγχαλάω (kagchalaô), rire immodérément.

CACALAU, s. m. (cacaláou). Nom commun à la plupart des hélix, à Arles, mais qui désigne plus particulièrement le *vermiculata*. V. *Mourgueta*.

CACALAUSA, s. f. (cacaláouse); CACALAU, CACARAULA, COUCARELA. *Cacalause*, en vieux franç. Noms qu'on donne, en différents lieux, aux escargots. V. *Escargot*. Facétie, conte en l'air. Aub.

CACALAUSA, s. f. CACALAUSADA. Ragoût d'escargots. V. *Cacalausada*.

CACALAUSADA, s. f. (cacalaousáde), dial. arl. CACALAUSA. Ragoût d'escargots.

Ety. de *cacalausa* et de la term. pass. *ada*, fait avec des *cacalausas*.

Et s'ai quatre fes de peissoun,
Quaranta fes la merlussadou,
Lou youme, la cacalausadou.

Coye.

CACALEGEAR, Avr. V. *Cacareliar*.

CACALHA, s. f. d. béarn. (cacáille). Crote, boue, fange, caca. V. *Pauta* et *Cac*.

CACALICAR, v. a. (cacalicá), d. béarn. Chatouiller. V. *Galilhar*.

CACALUCHA, s. f. Avr. Altér. de *Coquelucha*, v. c. m.

CACAMBRE, Cast. V. *Caganis* et *Cacandre*.

CACAN, s. m. (cacán). Homme riche, opulent : *Es un gros cacan*, c'est un richard, un homme marquant.

CACANDRE, s. m. (cacándré); CACANDROUN, CACOI, CACOUAT. Le culot, le dernier né. V. *Caganis*.

Ety. du grec χακανδρία (kakandria), lâcheté, parce que les lâches marchent les derniers. V. *Cac*, R.

CACANDROUN, s. m. Aub. V. *Cacandre*.

CACAO, s. m. (cacaó); *Cacao*, esp. ital. *Cacào*, port. *Cacau*, cat. Cacao ou beurre de cacao, est le nom qu'on donne à une huile grasse, concrète, que l'on retire des semences des cacaotiers, et particulièrement des *Theobroma cacao*, Lin. *Cacao sativa*, Lam. et du *Theobroma bicolor*, arbres de la famille des Malvacées qui croissent dans le Mexique, dans les provinces de Guatimala, de Nicaragua, sur la côte de Caraque, aux Antilles, à la Guiane, etc.

On nomme *cabosses*, les fruits du cacaotier, et *Cacaoyère*, le lieu qui est planté de ces arbres.

Le beurre de cacao est, comme chacun sait, le principal ingrédient du chocolat. Il fut apporté du Mexique en Europe, par les Espagnols, l'an 1510.

On donne le nom de

CACAO CARACA, à celui qui vient de la côte de Caraque, supérieur aux autres par ses qualités.

Ety. *Cacao* est le nom que les Galipons et les Galibi, peuples de la Guiane, donnent à ce fruit.

CACAPHOUNIA, V. *Cacophonia*.

CACAPUCA, s. f. V. *Catapuça*. On donne le même nom, à Avignon, au ricin. V. *Palma-Christi*.

CACARA, s. m. CASCARA, CASCABLAD. (cacarà, cascarà et cascablà). Mots inventés pour imiter le chant de la perdrix et de la caille, et particulièrement du mâle de ce dernier oiseau.

CACARACA, s. m. (cacaracá); CACALACA, COUCOUDESCA, COUCOURESCA. Le coquericot, ou chant du coq. V. *Coucouroucou*.

Ety. Par onomatopée.

C'est aussi un des noms du coquelicot parce que sa fleur ressemble à la crête du coq. V. *Rouala*.

Noix entière dépouillée de sa coquille; fig. petit esprit. Aub.

CACARAQUEGEAR, v. n. d. Apt. V. *Cacareliar*.

CACARELEGEAR, Avril. V. *Cacareliar*.

CACARELETA, s. f. (cacaréléte). Un des noms de la mercuriale, selon Garcin. V. *Mercuriala*.

Ety. Ainsi nommée parce qu'elle entre dans la composition des lavements. V. *Cac*, R.

CACARELIAR, v. n. (cacareliá); CACARAQUEGEAR, CASCARELIAR, COUDASSEGEAR, CACARETIAR, CACALEGEAR, CACARELEGEAR. *Chioc-ciare*, ital. *Cacarear*, esp. *Cacaregear*, port. Coqueliner, crételer, en parlant du coq qui chante; caqueter, quand il s'agit de la voix que donne la poule qui va pondre, et par extension caqueter, babiller.

Ety. du lat. *cucurire*, m. s.

CACARETIAR, d. de Barcel. V. *Cacareliar*.

CACAROCA, s. f. (cacaróque), dl. Une taie à l'œil, la cataracte.

Ety. Corrup. de *cataracta*.

CACAROT, s. m. (cacaró). Amoureux, séducteur. Cast.

CACAROUCHOU, V. *Cacaruchou*.

CACARUCHAR, d. apt. Combler. V. *Acuchar*.

CACARUCHOU, s. m. (cacarútchou), dm. CACAROUCHOU, COUCOUROUCHOU. *Cocuruto*, port. Le sommet de la tête, et par ext. le sommet de quelque chose, d'une montagne, d'une pyramide, etc.

Ety. du lat. *cacumen*, sommet, cime. V. *Ac*.

CACASSA, s. f. (cacásse). La lie de l'huile. Garc.

Ety. de *caca* et de l'augm. dépr. *assa*. V. *Cac*, R.

CACASSIAIRE, s. m. (cacassiaïré). Acheteur de lie d'huile. Garc.

Ety. de *cacassa* et de *aire*.

CACAU, s. m. (cacáou). Sabot, toupie qu'on fait tourner avec un fouet. V. *Mouine*.

CACAU, Cast. V. *Caganis*.

CACAULA, s. f. (cacáoule). Un des noms de la corneille, à Montpellier. V. *Gralha*.

CACENPHATON, s. m. vl. Cacologie, locution vitieuse, vice du discours qui a lieu quand un mot commence par la même syllabe qui termine le précédent.

Ety. du grec κακεφατον (kakephaton).

E vol dire cacenphaton aytant coma mala, aspra et caca sonoretat ques fay en una dictio cant a la votz. Fl. del Gay. Sab.

CACES, vl. Il ou elle tomba.

CACH, radical que Ducange fait dériver de *saccus*, sac, cacher.

Quasi in sacco sese abscondere.

Cacha-fioc, *Cacha-intrada*, *Cach-ar*, *Cach-et*, *Cachet-ar*, *Cach-eta*, *Cach-ot*.

CACHA, s. f. (câtche), d. béarn. Caisse, altér. de *Caissa*, v. c. m. et *Caiss*, R. Cercueil, dg.

CACHABOUTIN, s. m. (catchaboutïn). *Cacheboutin*, outil de cordonnier.

CACHA-CACHOUN, DE, (dé câtche-catchóun), expr. adv. en cachette. V. *Escoundoun d'*.

CACHACLAU, s. m. (cascacláou), dg. Lim. Monture ou porte-charge d'un fouet.

CACHADA, s. f. (catcháde), dl. Coup, tape.

Ety. de *quassus*, percution. V. *Cass*, R. 2.

CACHA-DENT, s. m. (câtche-dèin), dl. Biscotin dur.

Ety. *Cacha dent*, qui casse les dents. V. *Cass*, R. 2, ou qu'on casse avec les dents.

C'est aussi le nom d'une espèce d'amande dont la coquille est tendre.

CACHADEOU, s. m. (catchadèou). Nom de la petite sarcelle, à Montpellier.

CACHADIOU, s. m. (catchediou). Nom qu'on donne, à Montpellier, à la sarcelle. V. *Sarcela.*

CACHADURA, s. f. (catchadúre). Pinçon, meurtrissure. V. *Quichadal*, brisure, cassure, et *Cassadura.*

Éty. du rom. *cachar*, rompre, briser; dérivé du lat. *quassare.* V. *Cass*, R. 2.

CACHAFIOC, V. *Cachafuec.*

CACHA-FOUET, s. m. dl. Chambrière de charrette. V. *Taravela.*

Chambriere de puits à roue, qu'on accroche à un fuseau de la lanterne, pour l'empêcher de tourner.

CACHA-FUEC, s. m. *Tresseau?* espèce de fronde sans croisillon. Avril.

CACHAFUEC, s. m. (catcheufè); CACHAFIOC, GACHAFUEC, CALENDAU, CALIGNAU, CALEGNAU, SOUCA-DE-NADAU, SOUCHA-DE-NADAL, TREFEOU. Bûche de Noël, on nomme ainsi en Provence, une grosse bûche qu'on met au feu le soir de la veille de Noël; après qu'un enfant y a fait trois libations avec du vin, en disant :

Alegre, Diou nous alegre,
Cachafuec *ven;*
Diou nous fasse la graci de veire l'an que ven,
Se Siam pas mai, que fouguem pas men.

Aqueou grand rei de glori.
Es nat à miege nuech;
N'en fasen la memori
Quand meten cacha-fuech.
Gautier.

Cette cérémonie ne se pratique plus guère, mais on met encore dans bien des endroits, la bûche au feu pendant que l'on fait la collation.

Éty. *Cacha-feuc*, qui cache le feu. V. *Cach*, Rad.

C'est un reste de l'ancien usage par lequel on allumait le feu nouveau, à l'époque du renouvellement de l'année, au solstice d'hiver; un enfant et un viellard devaient porter la bûche, parce que l'un représente l'année qui commence et l'autre celle qui finit.

Faire cachafuec; fêter la veille de Noël.

Lou sera de cachafuec, le soir de la veille de Noël.

CACHAFUS, s. m. (catchefús). fronde à un seul trou. Aub.

CACHA-INTRADA, s. f. (cátche-ïntráde). Cache-entrée, pièce qui sert à cacher l'entrée d'une serrure. V. *Cach*, R.

CACHA-MALHA, s. m. (cátche-máille); CACHA-MAIA, ARGENTINA, DENIEIROLA, DIGNEIROLA, DENEIROBA, DIGNADIERA, ESCLIPOT, DIGNAIROLA. Tirelire, espèce de boîte en terre, dans laquelle on fait entrer des pièces de monnaie par une ouverture étroite.

Éty. de *cacha*, cache, et de *malha*, maille, ancienne monnaie. V. *Cach*, R.

On voit des tirelire gravées dans le recueil d'antiquités de Caylus, qui ont été trouvées dans les environs de Rome.

CACHA-MECHA, s. Sournois, méfiant. Avril.

CACHAMELA, s. f. (catchemèle). Nom qu'on donne, dans le Comtat-Venaissin, au casse-noix. V. *Avelanier* et *Pessa-ouliva.*

Éty. de *cachar*, casser, et de *amela*, amande. V. *Cass*, R. 2.

CACHAMENT, s. m. vl. *Cassamento*, ital. Cassure, brisure. V. *Cassadura.*

Éty. de *cachar*, briser. V. *Cass*, R. 2.

CACHA-MOURRE, s. m. (cátche-móurré), dl. Coup de poing sur le nez.

Éty. de *cachar*, écraser, et de *mourre*, museau, figure. V. *Cass*, R. 2.

CACHA-MUSEOU, s. m. (cátche-musèou). Petit biscuit léger et délicat.

CACHA-NIOU, s. m. (catche-nióu), dl. Oiseau niais d'une nichée, V. *Caga-nis*; fig. homme faible, fluet et casanier.

Éty. de *cacha-niou*, c'est-à dire, cache-nid, qui est encore dans le nid. V. *Cach*, R.

CACHAO, d. bordelais. V. *Dent* et *Cass*, Rad. 2.

CACHAPIGNOUN, s. m. (cátche-pignóun). Nom que porte, dans le Gard, la grande sarcelle. V. *Caneta.*

Éty. de *cachar*, casser, briser, et de *pignoun*. V. *Cass*, R. 2.

CACHAR, v. a. (catchá); CELAR. Cacher. V. *Escoundre.*

Éty. de *sac* et de *ar*, mettre dans un sac. V. *Cach*, R.

CACHAR, v. a. dl. Presser, serrer : *Plat cachat l'un sur l'autre*, bien serré l'un sur l'autre : *L'y n'an cachadas de bounas*, on lui en a donné de rudes, on l'a bien battu.

Éty. On croit que ce mot est celtique. V. *Cass*, R. 2.

CACHAR, v. a. dl. Couper quelque chose de dur avec les dents, casser un noyau, une noix, écacher les olives; blesser, pincer, frapper : *Se cachar lous dets*, se pincer les doigts : *Cachar lou canebe*, broyer le chanvre.

Éty. du grec σχάω (schaô), ou σχάζω (schazô), couper. Thomas.

CACHAR, vl. Casser, V. *Cassar* et *Cass*, R. 2. entrer en putréfaction; pour chasser V. *Cassar.*

CACHAT, ADA, adj. et p. (catchá, áde); ACATAT. Caché, ée, V. *Escoundut*, dissimulé.

Ce mot signifie vieux, fort, dans *Froumagi cachat*, fromage affiné? dit le continuateur de Sauv. mais il vient plutôt de *cachar*, dans le sens d'écraser. V. *Cass*, R. 2.

CACHAU, s. m. (catcháou); d. béarn. CACHAO. Dent molaire, dent. V. *Geisselas.*

Éty. de *cachar* pour *cassar*, rompre, briser, usage auquel les dents molaires sont destinées. V. *Cass*, R. 2.

CACHE, s. m. (cátsé); *Catse*, d. bas lim. Avorton de châtaigne.

CACHECTIQUE, ICA, adj. (catchectique, ique); *Cachetico*, port. *Cachettico*, ital. Cachectique, qui est atteint de cachexie, de dépérissement.

Éty. du lat. *cachecticus*, m. s. V. *Cachexia* et *Caco*, R.

CACHELA, s. f. (catchèle). Coup qu'on donne avec la pointe du pouce, ayant le poignet fermé. Garc. V. *Chica* et *Cass*, R. 2.

CACHEMIRA, (catchemire). Cachemire ou Kachemyr, province septentrionale de l'Inde, bornée de toutes parts par de hautes montagnes.

Cette contrée s'est rendue fameuse par les beaux tissus qu'on y fabrique et que nous connaissons sous le nom de *cachemires.*

CACHEMYR ou **CACHEMIRE**, s. m. (catchmir ou cachemire). Cachmyr ou cachemire, nom qu'on donne à des schalls en laine qu'on retire de la contrée de l'Hindoustan Septentrional, connue sous la même dénomination.

On sait aujourd'hui, d'une manière certaine, que la précieuse laine dont on fait les cachemires est fournie par les chèvres du Thibet.

Messieurs Ternaux frères, font fabriquer depuis 1806, des cachemires aussi beaux que ceux de l'Inde, avec de la laine de mérinos, et ces mêmes négociants ont enfin introduit en France, les chèvres qui fournissent le véritable poil appelé cachemire.

CACHET, s. m. (catché); SAGEL, BOUL. Cachet, petit sceau qu'on applique sur de la cire en fusion ou sur tout autre corps mou, pour en obtenir une empreinte qui sert à garantir la fermeture d'une lettre, d'un paquet, etc., ou de marque distinctive. L'empreinte même; on le dit aussi et improprement pour pain à cacheter, pain à chanter; *cachet*, n'est pas français en ce sens.

Éty. de *cacher*, selon Ménage, parce que le cachet sert à cacher le contenu de la lettre. V. *Cach*, R.

L'usage des cachets est très-ancien. Diodore rapporte qu'en Egypte on coupait les deux mains à ceux qui avaient contrefait le cachet du prince.

Dans l'antiquité les cachets étaient presque toujours gravés sur le châton d'un anneau.

CACHETA, s. f. (catchéte). Cachette. V. *Escoundalha* et *Cach*, R.

En cacheta, expr. adv. en cachette, en secret, à la dérobée.

CACHETAR, v. a. (catchetá); SAGELAR, BOULAR. Cacheter, appliquer un cachet.

Éty. de *cachet* et de la term. act. *ar*. Voy. *Cach*, R.

CACHETAT, ADA, adj. et p. (catchetá, áde). Cacheté, ée.

Éty. de *cachet* et de la term. pass. *at*. V. *Cach*, R.

CACHETI, s. m. (catchèti); CACHEYA, CACHEOU, CACHAT, BEDROUS. On donne ces noms, dans différentes contrées de la Provence, à une espèce de fromage que l'on réduit en pâte, et auquel on ajoute du vinaigre et quelques épices, *Rhubarbe de fromage?*

Éty. de *cachar*, briser, écraser. V. *Cass*, Rad. 2.

CACHEXIA, s. f. (catchexie); *Cachexia*, port. *Cachessia*, ital. Cachexie, mauvaise disposition du corps, causée par l'altération des humeurs ou des organes.

Éty. du lat. *cachexia*, m. s. dérivé du grec κακὸς (kakos), mauvais, et de ἕξις (héxis), habitude, disposition. V. *Caco*, R.

CACHEIOUS, OUSA, adj. (catcheióus, óuse). Boueux, euse. Aub.

CACHEYA, Boue, fange. Aub. Voy. *Cacheti.*

CACHIERA, V. *Quichiera.*

CACHIMBAU, s. m. (catchïmbáou); *Ca-*

chimbo, port. Espèce de pipe ornée de figures, et par extension, pipe en général.

Au flambeou d'un eglisa abrau soun *cachimbau*.
Soun. inéd.

Éty. du port. *cachimbo*, qui a la m. s. d'où *cachimbar*, fumer.

CACHOCLE, s. m. (catchôclé). Un des noms de la flambe. V. *Coutelas*.

CACHOFLA, s. f. (catchôfle), et

CACHOFLE, s. m. (catchôflé); *Alcachofre*, port. V. *Artichau*.

CACHOSSINTHETON, s. m. vl. CACOSYNTHETON. Cacophonie, rencontre de syllabes ou de paroles qui forment un son désagréable à l'oreille.

Éty. du grec κακοσύνθετον (kakosunthéton). V. *Caco*, R.

CACHOT, s. m. (catchó). Cachot, prison basse et obscure.

Éty. Probablement de *cachar*, cacher. V. *Cach*, R.

CACHOU! interj. (cátchou); CASSOU, CACHOULIN. C'est tantôt une interj. de surprise, diantre! peste! et tantôt l'expression de la douleur, foin! fi.

CACHOU, s. m. (catchóu); *Catecu*, cat. *Cato*, esp. *Cacciù*, ital. *Cachonde* et *Cato*, port. Cachou, extrait préparé avec le bois et les gousses encore fraîches du *Mimosa catechu*, grand arbre originaire des Indes Orientales, et particulièrement du Bengale, appartenant à la fam. des Légumineuses.

Éty. de l'indien *cat-ché*, ou *cathecu*, m. s.

CACHOUFLIER, s. m. *Alcochofral*, port. Plant d'artichaut. V. *Artichau*.

CACHOURLIAR, v. a. (calchourliá). Cajoler, faire la patte de velours. Garc.

Éty. Alt. de *Cojoular*, v. c. m.

CACHOURRAR, v. n. (catchourrá), dl. Mentir: *Vous n'avez cachourrat*, vous en avez menti.

CACIQUE, s. m. (caciqué); *Cacic*, cat. *Cacique*, esp. port. Cacique, nom qu'on donnait aux princes, dans le Mexique, et dans quelques autres régions de l'Amérique.

CACO, CACH, radical dérivé du grec κακός (kakos), méchant, pervers, lâche, timide, qui est de basse extraction, vil, pauvre, incapable. V. aussi *Cac*, R.

De *kakos*, par apoc. et changement de *k* en *c*, *caco*; d'où: *Caco-chyme*, *Cacophonia*.

De *caco*, par apoc. et changement du *c* en *ch*, *cach*; d'où: *Cach-ectique*, *Cachexia*, *Cachossin-cheton*.

CACOCHYME, YMA, adj. (cacoutchimé, ime); *Cacochymo*, port. *Cacoquimic*, cat. *Cocoquimico*, esp. *Cachettico*, ital. Cacochyme, mal-sain, qui est rempli de mauvaises humeurs.

Éty. du grec κακός (kakos), mauvais, et de χυμός (chumos), suc, humeur. V. *Caco*, Rad.

CACOCHYMIA, s. f. (cacochymie); *Caroquimia*, cat. esp. *Cacochymia*, port. Cacochymie, mauvais état du corps, mauvaise complexion qui rend sensible aux moindres causes de maladie.

Éty. du lat. *cacochymia*. m. s. V. *Cacochyme*.

CACOI, d. des environs de Riez. B.-Alpes. V. *Cacandre*.

CACOPHONIA, s. f. (cacophounie); CACAPHOUNIA. *Cacophonia*, port. *Cacofonia*, ital. esp. cat. Cacophonie, son désagréable résultant de la rencontre de voyelles semblables, ou de celui de deux lettres dont la prononciation est dure; vice d'élocution.

Éty. de κακός (kakos), mauvais, et de φωνή (phôné), voix, son. V. *Caco*, R.

Beaucoup de gens prononcent et écrivent *cacaphonie* au lieu de cacophonie, ce qui est un barbarisme.

CACOSSYTHETON, vl. V. *Cachossintheton*.

CACOUAT, ADA, adj. et p. (cacouá, áde). Cadet, cadette. V. aussi *Caganis*.

CACOUGNAR, dl. V. *Coucounegear*.

CAD

CAD, pr. ind. vl. Chaque, *cadan*, chaque année.

CAD, CAS, radical pris du latin *cadere*, *cado*, *casum*, tomber, et dérivé, selon Vossius, du grec κάτω (katô), *hoc est deorsum*, *nam*, dit-il, *cadere*, *nihil aliud est quam naturaliter*, *hoc est*, *ob gravitatem deorsum ferri*; d'où: *Casus*, chute, et les sous-radicaux *cas*, *caz*, *chas*, *chaz*; *accidens*, *entis*, accident. V. *Accident* et *Cas* sous R.

De *cadere*, par apoc. *cad*; d'où: *Cad-er*, *Cad-ut*, *En-cad-at*, *Cad-aula*, *Cad-aular*, *Cad-avre*, *Cad-uc*, etc., etc.

De *cadentis*, gén. de *cadens*, qui tombe, par apoc. *cadent*, *cadens*, *cadenc*; d'où: *Cadança*, *Cadanç-ar*, *Cadanç-at*.

De *cadens*, par le changement de *c* en *ch*, *chadens*, et par la suppr. de la syll. *de*, *chans* ou *chanc*; d'où: *Chanç-a*, *Chançous*, *Chanc-el-ar*, *E-cheanç-a*, etc.

De *cadent*, par les mêmes mutations: *Me-chant*, *Me-chanc-etat*, *Me-chant-isa*, etc.

De *accidentis*, gén. de *accidens*, accident, par apoc. *accident*; d'où: *Accident*, *Accident-el*, par apoc. *accid*, et par aphér. *cid*; d'où: *In-cid-ent*, *Re-cid-iva*, *Recidiv-ar*.

CADA, vl. CAC. *Cada*, port. esp. cat. *Ciascuno*, ital. Chaque, chacun: *Cado dos*, *cada tres*, deux à deux, trois à trois.

Éty. du lat. *quisque*.

CADABRE, Alt. de *Cadavre*, v. c. m.

CADABROUS, V. *Cadaverique*.

CADAFALC, s. m. vl. CADAFAUS, CADALET. *Cadafal*, anc. cat. *Cadalso*, esp. *Cadafalso*, port. *Catafalco*, ital. Echafaud, machine de guerre, tour de bois; catafalque.

Éty. de l'ital. *catafalco*, m. s. que l'on fait venir aussi du grec κατά (kata), dessous, et de l'arab. *falak*, élévation, proprement la voûte du ciel. Roq.

CADAFAUS, vl. V. *Cadafalc*.

CADAI, s. m. (cadaï). Cati, *chas* ou *parement*, colle faite d'eau, de farine et de graisse, dont les tisserands enduisent les chaînes, pour en rendre le fil plus glissant.

Éty. de la basse lat. *cada*, sain-doux, suif. P. Pujet.

CADAISSAR, v. a. (cadeissá). Donner le cati. V. *Encadaissar*.

CADALET, s. m. vl. CADALETS. V. *Cadafaus*.

CADALIECH, s. m. (cadaliétch), dl. Un bois de lit. V. *Lichiera*.

Éty. de l'esp. *cadalecho*, lit fait de branches d'arbres.

CADANÇA, s. f. (cadánce); CADENÇA, CADANSA. *Cadenza*, ital. *Cadencia*, esp. port. Cadence, la mesure du son qui règle le mouvement de celui qui danse, suite de mesures dans le chant, la lecture, la composition, etc.

Éty. du lat. *cadere*, tomber, la cadence étant une chute agréable. V. *Cad*, R.

En term. de musique on appelle cadence:

BRISÉE, celle qui commence sans tenue.
DOUBLE, celle qui emploie toute la note.
PRÉPARÉE, celle qui commence par une tenue.
PARFAITE, celle où après l'accord de septième, la basse fondamentale descend de quinte sur un accord parfait.
IMPARFAITE, celle où la basse fondamentale ne descend que de tierce.
ROMPUE, celle dont la basse fondamentale ne monte que d'un degré.

CADANÇAR, v. a. (cadança); CANDENÇAR, CADANSAR. Cadencer, donner à son style de la cadence et de l'harmonie; rendre la cadence sensible.

Éty. de *cadença* et de *ar*. V. *Cad*, R.

CADANÇAT, ADA, adj. et p. (cadançá, áde); CADENÇAT. Cadencé, ée. V. *Cad*, R.

CADARAU, s. m. (cadaráou); CATARAU. Le ruisseau des rues. V. *Valat*.

Éty. du grec κατὰ (kata), en bas, et de ῥέω (rhéô), couler, couler en bas. V. *Rhe*, R.

CADAROSSA, s. f. (cadarósse), d. bas lim. Petite branche sèche d'un arbre; on le dit fig. d'une personne maigre.

CADASCUN, dl. *Cadascu*, cat. V. *Cadun*.

Éty. de l'esp. *cadascuno*, m. s.

CADASTRE, s. m. (cadástré); COUMPES. *Cadastro*, port. cat. esp. *Catastro*, ital. Cadastre, registre public où sont marquées l'étendue et la valeur des terres.

Éty. du lat. *capitularium*, ou de *capitastrum*, selon Mén. mais plutôt de *encadrat*, parce que anciennement, après sa confection, on en exposait chaque année, au public, les feuilles renfermées dans des cadres. Le Père Pujet le dérive de l'ital. *catasto*, taille, et Borel de *cadun*. V. *Cap*, R.

In gallia, aliquibus in locis, à capitibus vel capitutione capdastra, vel catastre, vocatur capitationis scilicet registrum, in quibus singulorum nomina adnotata erant.
Godefroi.

Les Romains, sous le nom de cens, connaissaient déjà, et employaient au même usage que nous, les cadastres.

Celui qu'on exécute en ce moment en France, fut demandé en 1789, par les Assemblées Electorales, et décrété par la Constituante qui en posa les bases. En 1491, Charles VIII, voulait régler un compoix ou cadastre de tout le royaume.

Le cadastre anglais, fut commencé en 900 et terminé seulement en 1086.

CADASTRIER, s. m. (cadastrié). Celui qui fait le cadastre. Aub.

Éty. de *cadastre* et de *ier*.

CADAULA, s. f. (cadáoule); GANDAULA CADAURA, CLAQUETA, CLISQUET, GISCLET, SIS

CLET, BARTABELA. Loquet, cadole; assemblage de menues pièces de quincaillerie qui sert à fermer une porte, au lieu de la serrure.

Éty. du lat. *caducus*, dérivé de *cadere*, tomber.

Fina cadaula, expr. prov. fin matois.

Es toujour en l'er coumo una cadaula, il est toujours en mouvement.

Dans un loquet on nomme :

BASCULE, POUCIER ou CLINCHE, le morceau de fer plat sur lequel on met le pouce pour ouvrir ou relever le battant.

BATTANT, la tige principale et mouvante, dans laquelle on distingue la *tête* et la *queue*.

CADOLE, V. *Battant*.

CLINCHE, V. *Bascule*.

MENTONNET, l'espèce de crochet qui arrête le battant.

PLATINE, la plaque de fer au travers de laquelle passe le poucier.

POIGNÉE, l'anse de fer qui sert de poignée.

PORTE-GACHE, l'anse qui borne les mouvements du loquet.

ROSETTE, la petite plaque qui garnit le bouton des loquets qui en ont un.

On appelle *loqueteau*, en français, le petit loquet qui est au haut d'une fenêtre et qu'on décroche par le moyen d'un cordon.

CADAULAR, v. a. (cadaoulá); CADAURAR. Fermer une porte avec le loquet.

Éty. de *cadaula* et de *ar*.

CADAULIAR, v. n. (cadaouliá); CADAURIAR, GISCLETAR, GANDAURIAR, CADAULAR, BARTABELLAR. *Loqueter*, agiter, faire aller le loquet pour ouvrir une porte, ou pour indiquer l'intention qu'on a d'entrer.

Éty. de *cadaula* et de *iar*. V. *Cad*, R.

CADAUN, dl. et vl. CADAU, CADUS. Chacun. V. *Cadun*.

Éty de l'esp. *cada-uno* ou du port. *cada-hum*.

CADAURA, V. *Cadaula*.

CADAURAR, V. *Cadaular*.

CADAUS, s. m. vl. *Cada-un*, cat. *Cadauno*, ital. Chacun.

CADÁVERIQUE, ICA, adj. (cadaveriqué, ique); CADAVEROUS, CADABROUS. *Cadaverico*, port. esp. ital. *Cadaveric*, cat. Cadavérique, semblable à un cadavre.

Éty. de *cadaver* et de *ique*. V. *Cad*, R.

CADAVEROUS, OUSA, OUA, adj. V. *Cadaverique*.

CADAVRE, s. m. (cadâvré); CADABRE. *Cadaver*, port. esp. cat. *Cadavero*, ital. Cadavre, corps mort. Ce mot s'applique plus particulièrement au corps humain. Fig. Languissant, mourant, débile : *Tirassi moun cadavre coumo podi*, je me traîne comme je puis.

Éty. du lat. *cadaver*, formé de *cadere*, tomber, parce que les anciens prenaient ce mot, de *obire*, mourir, et non comme on a dit, de *caro-data-vermibus*. V. *Cad*, R.

Le respect religieux que les anciens avaient pour les cadavres était tel, qu'il n'était pas même permis de les ouvrir pour constater la cause d'une mort violente, et ce n'a été que dans le XVIme siècle que l'on s'est aidé de cette recherche pour éclairer la justice. Si l'on a quelque chose à déplorer aujourd'hui, ce n'est point la difficulté de s'en procurer, mais bien la profanation que l'on en fait. On pourrait citer à cet égard des faits qui révolteraient l'être le moins sensible.

CADE, Genévrier, ce mot est regardé comme celtique. Dérivés : *Cade-mourvis*, *Cade-sabin*, *Cade-neda*, *cade-n-iera*, *Cade-n-ela*, *Cade-n-eda*.

De *cade*, par le changement du *c* en *ch*, *chade*, et par la suppr. du *d*, et changement de *e* en *i*, *chai*; d'où : *Chai*, *Chai-chainier*, *Chaine*, *Chaine-pougnent*.

CADE, s. m. *Cade*, cat. Grand genévrier, genévrier oxycèdre, *Juniperus oxycedrus*, Lin. Arbrisseau de la fam. des Conifères, commun sur les coteaux de la Prov. Mér. Voy. Gar. *Juniperus major*, p. 258.

Éty. Ce mot est regardé comme celtique. V. *Cad*, R.

Devalar lou cade, mourir.

Cette espèce a des baies très-grosses et de couleur rousse, ce qui le fait distinguer, au premier coup d'œil, du genévrier commun, qui porte le même nom dans la Haute-Provence. V. *Genebre*.

L'huile ou plutôt le liquide résineux, connu sous le nom d'*oli de cade*, dont l'odeur est si infecte, s'obtient en faisant brûler par un bout les branches, fraîchement coupées, de ce genévrier, et en recevant dans un vase le liquide qui découle de l'autre extrémité.

CADE, ADA, pr. (cadé, áde); CHAQUE. *Cada*, esp. port. Chaque : *Cadun*, chacun ; *Cad'an*, chaque année ; *Cada fes*, chaque fois : *A cada houra*, à chaque heure, *A cada hora*, port.

CADEBIOU, s. m. (cadebióu); CADEDIOU, CADEBIOURI, CADEDIENA. Juron qui correspond au *cadedis* des gascons, au *per diis*, des romains, et au têtebleu, tetiguenne et parbleu des Français.

Éty. Ce mot n'est qu'une espèce de contraction de *cap-de-diou*, tête de Dieu. Voy. *Cap*, R. et *Cadenoun*.

Les peines prononcées anciennement contre les blasphémateurs, ont donné lieu à tous les jurons déguisés dont on s'est servi depuis. V. *Jurament*.

CADEDIENA, interj. (cadediène). Autre juron où le nom de Dieu se trouve également déguisé. C'est le *capo-de-diana* des Vénitiens. V. *Cap*, R.

CADEDIS, interj. (cadedis), dl. V. *Cadebiou* : *Cadedis qu'acot es caud*, peste que c'est chaud !

CADEGUT, UDA, adj. et p. vl. Tombé, ée.

Éty. Alt. de *cadut*. V. *Cad*, R.

CADEICHAR, V. *Encadaissar*.

CADEIRA, vl. *Cadeira*, port. Chaire V. *Cadiera*.

CADEIRAIRE, et

CADEIRIAIRE, s. m. (cadeiriaïré); CADEIRAN, CHADIEIRAIRE, CADIEIRIAIRE. *Cadiraire*, cat. Tourneur, fabricant de chaises.

Éty. de *cadeira* et de *aire*, qui fait des chaises. V. *Cadier*, R.

CADEIRAN, Le même que *Cadeiriaire*, v. c. m. et *Cadier*, R.

CADEIRAR, v. a. (cadeirá), dm. Chasser à coups de chaises, poursuivre, lapider.

Éty. de *cadeira* et de *ar*. V. *Cadier*, R.

CADEIRASSA, s. f. (cadeirásse) ; CADIRASSA, *Cadirassa*, cat. Augm. dépr. de *cadiera*, grosse et laide chaise. V. *Cadier*, Rad.

CADEIRENCA, s. et adj. (cadeiréinque). Nom d'une poire, aux environs de Toulon.

Éty. qui vient de La Cadière, village du Var.

CADEIRETA, s. f. (cadeiréte) ; CADIEIRETA. *Cadireta*, cat. Petite chaise.

Éty. de *cadeira* et du dim. *eta*. V. *Cadier*, R.

CADEIROUNA, s. f. (cadeiróune); *Cadeirinha*, port. Autre dim. de *cadeira*. V. *Cadeireta* et *Cadier*, R.

CADEL, rad. dérivé du latin *catulus*, *i*, ou de *catellus*, *i*, petit d'un animal, et particulièrement d'une chienne, dont le radical est *canis*.

De *catellus*, par apoc. *catel*, et par le changement de *t* en *d*, *cadel*; d'où : *Cadel*, *Cadel-a*, *Cadel-as*, *Cadel-et*, *Cadel-oun*, *Cadel-ar*, *Cadel-ada*, et par le changement de *l* en *ou* : *Cadeou*.

De *cadel*, par le changement du *c* en *ch* : *Chadel*, *Chadel-ar*, *Chadel-ada*.

CADEL, s. m. (cadèou); CADET, CAGNOT, CHADEL, CADEOU, GOUSSET. *Cadell*, cat. *Catello*, ital. Le petit de la chienne, jeune chien, et par extension, jeune enfant, jeune homme qui a les manières enfantines.

Éty. du lat. *catellus*, m. s. V. *Cadel*, R.

On dit ironiquement d'une personne qui vomit après avoir trop bu, *que fai de cadeous*. *Cadeous*, dans ce sens, se rend en français par dégobillis. *Cadeous*, est dit alors iron. pour cadeaux.

Cadeous deis meissouniers, douleurs de reins, Cast. courbature, présents des moissonneurs.

CADEL, s. m. dl. Chaton. V. *Catoun*.

CADELA, s. f. (cadele) ; CADENELA, CANADELA, BANUT. Nom qu'on donne, dans la Basse-Provence, à la larve du trogosite caraboïde, *Trogosita caraboides*, insecte de l'ordre des Coléoptères et de la fam. des Planiformes ou Omaloïdes (de forme plate); l'insecte parfait porte le nom de *Panieirola*, à Nismes, v. c. m.

Éty.?

Cette larve qu'on nomme *cadelle*, cause de grands dégâts aux grains renfermés dans les greniers, dont elle mange et gâte une bien plus grande quantité que celles des charançons et des teignes.

CADELA, s. f. *Catella*, ital. fém. de *cadel*. Jeune chien femelle. V. *Cadel*, R.

CADELADA, s. f. (cadeláde); CHADELADA. *Catellata*, ital. Portée ou ventrée d'une chienne; on dit aussi laitée quand on parle d'une chienne de chasse.

Éty. de *cadel* et de *ada*, les petits chiens faits, sous-entendu, à la fois. V. *Cadel*, R.

A fach tres cadeladas, elle a mis bas trois fois.

CADELAN, s. m. (cadelán), dl. Altér. de *cap de l'an*, le principe, le premier jour de l'an; un anniversaire ou un service pour un mort, une année après son décès. V. *Cap*, R.

CADELAR, v. n. (cadelá) ; CHADELAR. *Cadellar*, cat. *Catellare*, ital. Chienner, mettre bas, en parlant d'une chienne; pousser des châtons; vomir pour avoir trop bu de vin.

Ety. de *cadel* et de *ar*, faire de petits iens, dans le premier sens; de petits chats, ns le second; et des cadeaux, dans le troi- ème.

CADELAR SE, v. r. Se dit du blé quand s bruches, *Cadelas*, le rongent.

CADELAS, s. m. (cadelás). Jeune et gros ien; fig. blanc-bec, jeune homme imberbe, grand jeune homme qui fait l'enfant.

Éty. de *cadel* et de l'augm. *as*. V. *Cadel*, ad.

CADELET, s. m. vl. *Cadellet*, cat. Petit jeune chien. V. *Cadeloun*.

CADELIOU, s. m. (cadeliou), dl. Une te folle, tête verte, homme violent et em- orté. Sauv.

Éty. Ce mot est peut-être une altération de anelon.

CADELOUN, s. m. (cadelóun); CADELET. *adellet*, cat. *Catellino*, ital. Petit chien qui te encore, chien fort jeune, et par ext. une enfant.

Éty. de *cadel* et du dim. *oun*. V. *Cadel*, R.

CADE MOURVIS, V. *Mourvenc*.

CADEN, CHAIN, rad. pris du lat. *catena*, aine, et probablement dérivé du grec ϰαθ-εἷς (kath-éis), l'un après l'autre, un à ; quelques étymologistes ont fait dériver le tin *catena*, de *captum tenere*, tenir captif, d'autres du grec ϰάθεμα (katéma), collier, rce que les chainons d'une chaine sont lacés comme les grains d'un collier.

De *catena*, par apoc. *caten*, et par change- ent de *t* en *d*, *caden*; d'où: *Caden-a*, *aden-at*, *Caden-eta*, *En-caden-ar*, *Des- iden-ar*, etc.

De *caden*, par le changement de *c* en *ch*, *aden*; par la suppr. de *d*, *chaen*, et par le angement de *e* en *i*, *chain*; d'où: *Chain-a*, *n-chain-ar*, *Des-chain-ar*, *Chain-eta*, etc. Par le changement de *a* en *e*, *chein*, et les èmes mots.

CADENA, s. f. (cadène); CHAINA, CHEYNA, IADENA, GRAZELET. *Cadena*, esp. cat. *Catena*, al. *Cadea*, port. Chaine, suite d'anneaux ou ainons, engagés les uns dans les autres; par ext. suite de choses rangées à la file.

Éty. du lat. *catena*, m. s. V. *Caden*, R.

Selon leur forme on appelle :

CHAINE A LA CATALOGNE, celle qui est composée d'anneaux ronds ou elliptiques, liés les uns aux autres, de manière que chacun en embrasse deux.

CHAINE CARRÉE, celle dont les anneaux elliptiques sont ployés en deux et entrelacés les uns dans les autres

CHAINE EN GERBE, celle dont les chainons sont courbés en 8 de chiffre.

CHAINE EN S, celle dont les anneaux ont la figure de cette lettre.

CHAINE SANS FIN, celle dont les chainons de même figure se tiennent tous.

CHAINON, chacune des parties dont la chaine est composée.

Cadena de galerian ou *de fourçat*, cadène abrancade.

Cadena d'un coulas, mancelle, chaine qui ent au collier d'un cheval de voiture.

Cadena deis haubans, cadène des haubans, de mar.

Cadena de verga, chaine de fer avec laquel- on attache les vergues pendant le combat.

Cadena de peirola, chaine qui suspend r le feu la chaudière de l'équipage d'un isseau.

Cadena doou couel, la nuque, le nœud du cou.

Cadena ou *cadena de l'esquina*, l'épine du dos, formée de la réunion de plusieurs ver- tèbres.

Cadena de fiou. V. *Chaina*.

Es fred coumo una cadena de pous, Pr. froid comme un landier.

On donne le nom de chainetier, au fabri- cant de chaines et de chainettes.

CADENAR, V. *Encadenar*.

CADENAS, V. *Cadenau*.

CADENAT, s. m. vl. Cadenas. Voy. *Cadenau*.

CADENAU, s. m. (cadenáou); CADENAT, CADENAS. *Candado*, esp. *Cadeado*, port. Cadenas, serrure mobile et portative, munie d'un anneau qu'on passe dans un autre anneau fixé à la chose que l'on veut fermer.

Éty. du lat. *catena*, chaine, *cadena*, en prov. parce que anciennement les serrures n'étaient attachées qu'avec des chaines, *catenaria sera*. V. *Caden*, R.

Mettre un cadenau, cadenasser.

Dans un cadenas on nomme :

ANNEAU, BRANCHE ou ANSE, le demi-cercle qu'on passe dans un autre anneau quand on veut fermer quelque chose.

PALATRE. V. *Saralha*.

CLOISON. V. *Saralha*.

COUVERTURE. V. *Saralha*.

GARNITURE. V. *Saralha*.

CASSE. V. *Chassa*.

CADENEDA, dl. V. *Cadeniera*.

CADENEL, s. m. vl. Canal, ruisseau.

Éty. de *Canal*, v. c. m.

CADENELA, s. f. (cadenèle). Insecte. V. *Cadela*.

CADENELA, s. f. Baies du grand gené- vrier ou genévrier oxycèdre. V. *Cade*.

CADENELA, s. f. Lieu planté de geniè- vre, selon Garcin, c'est-à-dire, de genévriers. V. *Cadeniera*.

CADENETA, s. f. (cadénéte); *Cadenita*, esp. *Catenette*, ital. *Cadeneta*, cat. Petite chaine, chainette servant à une infinité d'u- sages.

Éty. du lat. *catenula*, dim. de *catena*, chaine. V. *Caden*, R.

CADENETA, s. f. La réunion des vertè- bres qui composent le sacrum, connu en provençal sous le nom de *Oues Bertrand*, v. c. m.

Éty. *Cadeneta*, petite chaine, est un dim. de *cadena*, dénomination de la colonne vertébrale; la petite colonne. V. *Caden*, R.

CADENETA, s. f. Longue tresse de cheveux qu'on laissait croître autrefois, du côté gauche, tandis qu'on coupait les autres très-court.

Éty. Cette mode fut introduite, selon Ménage, par Henri d'Albert, seigneur de Cadenet, maréchal de France, d'où le nom de *cadeneta*, ou coiffure à la Cadenet.

CADENIERA, s. f. (cadeniére); CHADE- NEDA, CADENEDA, dl. CADENELA. Champs cou- verts du genévrier oxycèdre.

Éty. de *cade* et de *iera*, lieu où abondent les *cades*. V. *Cade*, R.

CADENOUN, s. m. (cadenóun); CHAI- NOUN. Chainon ou anneau de chaine. Voy. *Caden*, R.

CADENOUN, (cadenóum); CADDENOUN, CAPDENOUN, CADENOUNGE, QUADENOUN. Jurement qu'on croit être une contraction de *Cap-de-Junoun*, *caput-Junonis*, tête de Junon. Il marque admiration et surprise, diantre! parbleu! *Cadenoun lou bel animau*, diantre la belle bête!

On le dit aussi pour colère: *Si me fas ve- nir lou cadenoun*, si tu me fais mettre en colère. V. *Cap*, R. et *Cadebiou*.

CADENOUNGE, CADENOUNDZE, d. bas lim. Alt. de *Cadenoun*, v. c. m.

CADEOU, d. pr. V. *Cadel*.

CADER, v. n. (cadé), d. béarn. *Cadere*, ital. *Caer*, esp. *Cahir*, port. Tomber. Voy. *Toumbar*.

Éty. du lat. *cadere*, m. s. V. *Cad*, R.

CADERA, vl. V. *Cadiera*.

CADERN, s. m. vl. Cahier, carnet.

Éty. du lat. *quaternio*, m. s.

CADE-SABIN, s. m. (cádé-sabïn). Un des noms lang. de la sabine. V. *Sabina* et *Cad*, R.

CADET, s. m. *Cadete*, esp. *Cadet*, cat. *Cadetto*, ital. Cadet, jeune gentilhomme qui servait comme simple soldat; fig. éveillé, luron.

L'institution des compagnies de jeunes gentilshommes nommés cadets, fut établie en 1682, par Louis XIV.

Le sort de ces cadets, à en juger par les proverbes suivants, n'était pas des plus bril- lants:

Cadet de Bretagna
N'a que ce que gagna.

Cadet de Gascougna
A souvent la rougna.

Cadet de Prouvença
D'argent es sensa.

Cadet Nourmand
A proun s'a de pan.

CADET, ETA, s. et adj. (cadé, éte); PUINAT. *Cadetto*, ital. *Cadete*, port. Cadet, ette; puiné, puinée; celui qui est plus jeune qu'un autre, le plus jeune de la famille.

Éty. du lat. *capitelum*, petit chef, par op- position à *cap-d'hostal*, chef de maison. V. *Cap*, R.

CADETA, s. f. (cadéte); CADETTA. Cadette, queue de billard qui vient après les deux plus longues.

CADEYA, s. f. (cadèye), d. béarn. Chaine. V. *Cadena*.

CADHUN, HUNA, vl. V. *Cadun*.

CADI, s. m. (cadi); *Cadi*, cat. esp. port. ital. Cadi, nom qu'on donne aux juges chez les Turcs.

Éty. de l'arabe *kády*, arranger.

CADIEIRA, CADERA, s. f. vl. Trône, chaire, chaise. V. *Cadiera* et *Cadier*, R.

C'est aussi le nom d'une ancienne monnaie de France et d'Angleterre.

CADIEIRA, dl. V. *Cadiera*.

CADIEIRAIRE, dl. V. *Cadeiraire*.

CADIEIRETA, V. *Cadeireta*.

CADIER, CADER, CADIEIR, CATHEDR, rad. pris du lat. *cathedra*, et dérivé du grec ϰαθέδρα (kathédra), siége, banc; *cadoer*, en bas breton. Dérivés directs: *Cathedra-la*, *Catedr-al*.

De *cathedra*, par sync. du *d*, *cathera*, par met. du *th* en *d*, *cadera;* d'où: *Cadera.*

De *cadera*, par changement de *e* en *ei*, *ie*, ou *iei: Cadier-a*, *Cadeir-eta*, *Cadeirouna*, *Cadeir-a*, *Cadeir-ier*, *Cadeir-iaire*, *Cadieir-a*, *Cadeir-ar*, *A-cadeirar*, etc.

De *cadier*, par le changement du *c* en *ch*, *chadier;* d'où: *Chad-iera*, *Chad-iegra*, *Chadieir-a*, *Chadieir-aire*, *Cheyr-a.*

CADIERA, s. f. (cadiére); CADIEIRA, CHADIEIRA, CHEYRA, CARRIEIRA. *Sedia*, ital. *Cadeira*, port. *Cadira*, cat. Chaise, siége à dossier où l'on s'assied.

Éty. du lat. *cathedra.* V. *Cadier*, R.

Cadiera à bras, *cadira de brassos*, cat. Chaise à bras.

Dans une chaise ordinaire on nomme:

BATI, l'ensemble du bois qui forme la chaise.

DOSSIER, le prolongement des pieds de derrière, qui s'élève au-dessus du siége et où l'on appuye le dos.

MÉDAILLON ou BALUSTRE, les ornements de sculpture ou autres qu'on place quelquefois au milieu du dossier.

PIEDS, les quatre bâtons sur lesquels la chaise porte; on les distingue en pieds de devant et pieds de derrière.

PLANCHETTE, la bande qui passe devant la traverse de devant du siége, pour protéger la paille.

TRAVERSES, les tringles qui lient les différentes parties de la chaise les unes aux autres. Celles du dossier s'appellent *traverses de dossier*, et la supérieure *traverse d'en haut*, celles qui portent le siége, traverses *de ceinture* ou *horizontales.*

SIÉGE, la partie horizontale où l'on s'assied, elle peut être en bois, en jonc, en paille, en crin, etc.

CHEVILLON, petit bâton tourné au dos d'une chaise de paille. Raymond.

Empalhar una cadiera, rempailler une chaise.

Empalhaire de cadieras, rempailleur.

CADIERA, s. f. (cadiére); CHADIEIRA. *Cadira*, cat. anc. *Cadera*, esp. *Cadeira*, port. *Cattedra*, ital. *Cateda*, cat. mod. *Chadera*, vl. Chaire, petite tribune élevée dans une église, d'où un prêtre instruit ses auditeurs.

Éty. V. le mot précédent et *Cadier*, R.

Dans une chaire on nomme:

DEVANTURE, ce qui en fait le tour, de forme carrée, cylindrique ou polygone.

DOSSIER, la partie postérieure.

DAIS, le pavillon qui la recouvre.

CUL DE LAMPE, le cône renversé qui soutient le tout par en bas.

ESCALIER, l'échelle qui y conduit.

ABAT-VOIX, le dessus.

CADIERA COURRERELA, V. *Cadiera de bres.*

CADIERA DE BRES, s. f. CADIERA COURRERELA. Roulette, ou chaise roulante, espèce de machine où les enfants qui ne peuvent pas encore marcher sans être soutenus, peuvent se transporter d'un endroit dans un autre.

CADIERA DE POSTA, Chaise de poste; cette voiture légère et commode pour les voyages, qui n'était, dans l'origine, qu'un fauteuil soutenu sur un châssis, porté par derrière sur deux roues, et par devant sur le cheval, fut inventée en 1664 par le nommé de La Grugère.

CADIERA A POURTURS, Chaise à porteur. L'usage de cette espèce de siége ambulant, que deux hommes portent, fut introduit de Londres en France, par M. de Montbrun, bâtard du Duc de Bellegarde. La permission de s'en servir, fut donnée par lettres patentes, enregistrées le 11 décembre 1617.

CADIEYRA, vl. V. *Cadiera* et *Trone.*

CADIS, s. m. (cadis); PINCHINAT, BUREL, DOURGNA. Cadis, étoffe de laine, étroite et grossière, qu'on fabrique dans la montagne.

CADISSAIRE, s. m. (cadissaïré), dl. Tisseur de cadis.

Éty. de *cadis* et de *aire.*

CADISSAT, **ADA**, adj. et p. (cadissá, áde). Cadisé, ée, fait en façon de cadis.

Éty. de *cadis* et de *at.*

CADIT, adj. (cadi). V. *Candit.*

CADIUEISSA, s. f. (cadiuèisse), dl. Cosse de pois, de fève, de haricot ou d'autres légumes qu'on écosse, fig. *Picar sur la cadiueissa*, frapper sur le dos de quelqu'un: *A bona cadiueissa*, il a de bonnes épaules.

CADMIUM, s. m. (cadmiún). Cadmium, nom d'un nouveau métal, découvert en 1818, par MM. Aromeyer et Hermann, dans la *calamine* ou *blende*, qui est une mine de zinc.

Ce métal est très-brillant, inodore, insipide, se laissant entamer par le couteau, prenant un beau poli, tachant les corps avec lesquels on le frotte, et du poids spécifique de 8, 654, l'eau étant 1,000.

CADOLEX, s. m. (cadolèx), d. de Bord. Couchette. V. *Coucheta.*

CADORN, s. m. vl. Amorce, appât.

CADOSCA, s. f. (cadósque). Un des noms languedociens de la chevêche. V. *Machota pichota.*

CADOT, s. m. (cadó). Cadeau, chose donnée en présent. V. *Present.*

Éty. de *cadena*, chaîne, parce que les présents resserent l'amitié. V. *Caden*, R.

CADRA, (cadrá), dg. Il faudra, pour *faudrà*, temps du verbe *falher*, *chalher.*

CADRAN, s. m. (cadrán); MOUESTRA. *Quadrante*, esp. ital. port. Cadran, surface sur laquelle sont marquées les heures.

Éty. du lat. *quadratus* ou *quadrum*, carré, à cause de leur forme primitive. V. *Quadr*, R.

On nomme cadran solaire, celui qui indique les heures au moyen de l'ombre d'un style.

Dans ce cadran on nomme:

STYLE ou AXE, *agulha*, la tige de fer dont l'ombre indique les heures.

CENTRE, le point où le style est inséré.

Les Chaldéens sont généralement regardés comme les inventeurs des cadrans solaires, dont la science porte le nom de gnomonique. Pline attribue son perfectionnement à Anaximène de Milet, qui aurait construit le premier cadran solaire à Sparte dans le VIme siècle.

520 ans avant J.-C. Diogène de Laërce en fait honneur à Anaximandre, successeur de Thalès. L'Ecriture Sainte nous apprend que déjà du temps d'Achaz, roi de Juda, environ 400 ans avant Alexandre, il y avait à Jérusalem un cadran solaire; cette invention passa de la Grèce en Sicile, et de là à Rome, où Papirius Cursor en traça le premier, dans le temple de Quirinus, 306 ans avant J.-C. On en a trouvé un dans les fouilles de Pompeii, en 1762.

L'an 290, avant J.-C. l'invention des cadrans solaires est portée de la Grèce à Rome, et en 262 de la Grèce en Sicile.

Cadran de sûreté, ce cadran qui fait sonner un tocsin, allume une bougie, fait partir un pistolet lorsqu'on veut ouvrir un meuble sans en connaître le secret, a été inventé par M. Mariotte, en 1810.

On appelle cadran:

SOLAIRE, celui qui indique les heures au moyen de la clarté du soleil et d'un style qui projette une ombre.

A LA LUNE, celui qui les indique par la lune.

AUX ÉTOILES ou *Nocturnal de Munster*, celui qui les indique par la présence de telle ou telle étoile.

ANALEMMATIQUE ou AZIMUTAL, celui qui les indique par les azimuts.

DÉINCLINÉ, celui qui ne regarde pas les points cardinaux.

ÉQUINOXIAL, celui qui est situé parallèlement à l'équateur.

HORIZONTAL, celui qui est placé horizontalement.

INCLINÉ ou DÉCLINANT, celui qui est décrit sur une surface horizontale et déclinante.

MÉRIDIONAL, celui qui regarde le Midi.

OCCIDENTAL, celui qui regarde l'Occident.

ORIENTAL, celui qui regarde l'Orient.

POLAIRE, celui qui est tracé sur un plan que l'on imagine passer par les pôles du monde.

RECLINANT, celui qui est incliné sans passer par le pôle.

SEPTENTRIONAL, celui qui est tourné vers le Nord.

SPHÉRIQUE, celui qui est tracé sur une sphère.

UNIVERSEL ou CAPUCIN, celui qui a la forme d'un capuchon.

VERTICAL et DÉCLINANT, celui qui est tracé sur une surface perpendiculaire à l'horizon et incliné au Nord et au Midi.

CADRAR, v. n. (cadrá). Cadrer; convenir, s'ajuster.

CADRAT, s. m. (cadrá); QUADRAT. *Quadrado*, esp. port. *Quadrato*, ital. Quadrat, pièce de fonte de caractère d'imprimerie, plus bas que les lettres, qu'on place aux endroits qui doivent rester blancs.

Éty. du lat. *quadratum*, m. s. V. *Quadr*, Rad.

CADRATIN, s. m. (cadratìn); QUADRATIN. *Quadratino*, ital. Quadratin, petit quadrat.

Éty. de *cadrat*, et du dim. *in.* V. *Quadr*, Rad.

CADRE, s. m. (cádré); *Quadro*, ital. *Cuadro*, cat. Cadre, bordure de bois ou de métal, formée par quatre liteaux assemblés à angles droits par leurs extrémités, dont on entoure les tableaux, les gravures, etc.

Éty. du lat. *quadrum*, carré. V. *Quadr*, Rad.

Dans un cadre on nomme:

LITEAUX, les quatre baguettes qui le forment.

DRAGEOIR ou DRAGEOIRE, la rainure destinée à recevoir le verre.

PIGEON, le morceau de bois mince qu'on place dans les onglets ou angles des liteaux.

ÉCHARPE, morceaux de bois que l'on met aux quatre angles d'un chassis de tableau.

ONGLET, coupure oblique des extrémités des baguettes.

CADRE, s. m. Cadre, en terme de marine, est une espèce de chassis sur lequel on place les matelas des hamacs à l'anglaise. V. *Quadr*, R.

CADRETA, V. *Quadreta.*

CADRISSAR, v. a. vl. Carder. V. *Cardar.*

CADRISSAT, **ADA**, adj. et p. vl. V. *Cardat.*

CADRIU, s. m. vl. *Cuadrivio*, esp. *Quadrivio*, ital. Carrefour.

Éty. du lat. *quadrivium*, m. s. V. *Quat*, Rad.

CADUC, UCA, adj. (cadú, úque) ; *Caduco*, ital. esp. port. *Caduc*, cat. Caduc, uque, vieux, cassé, qui s'achemine vers le tombeau.

Éty. du lat. *caducus*, fait de *cadere*, tomber. V. *Cad*, R.

Mau caduc, mal caduc, le même que *Epilepsia*, v. c. m. ainsi nommé parce que ceux qui en sont atteints tombent à terre.

CADUCEO, s. m. (caducée) ; *Cadusseo*, cat. *Caduceo*, esp. port. *Caduceo*, ital. *Caduceu*, port. Caducée, verge accolée de deux serpents, que les poëtes donnent pour attribut à Mercure; bâton fleurdelisé des hérauts d'armes.

Éty. du lat. *caduceus*, que Lambinus dérive du grec κήρυξ (kêrux), héraut d'armes.

CADUCITAT, s. f. (caducitá) ; VIELHUN. *Caducità*, ital. *Caducidad*, esp. Caducité, état d'une personne caduque.

Éty. du lat. *caducitatis*, inusité, d'où par analogie *caducitat*. V. *Cad*, R.

CADUN, UNA, pron. distrib. s. (cadún, úne) ; CASCUN, CADE, QUADE, CHACUN, CHASCUN, CADAUN, CADASCUN. *Cada uno*, esp. *Cada hum*, port. *Ciascuno*, ital. *Cada-hu*, cat. Chacun, une.

Éty. de *cade-un*, *quisque-unus*. V. *Un*, Rad.

Cadun n'en parla, chacun en parle.

Amic de cadun, amic de degun. Pr.

Cadun es parent deis riches. Pr.

Cadun est toujours suivi en provençal de *soun*, *sa*, quand il prend le pronom possessif, et rarement de *lour*, leur ; ce qui fait commettre beaucoup de fautes aux Provençaux qui traduisent littéralement ; exemple :

Intreroun cadun à soun tour, ils entrèrent chacun à son tour, serait un solécisme, il faut *chacun à leur tour*, etc.

On évitera ces fautes en ayant égard aux règles suivantes :

Quand *cadun*, chacun, précède le régime du verbe on met *leur* : ils ont payé chacun *leur* écot, ils ont rempli chacun *leur* devoir, quoiqu'on dise *soun* en provençal.

Mais lorsque *cadun* est après le régime on le traduit par son, sa, ses, remettez ces livres chacun à *sa* place, ils ont tous donné *leur* avis, chacun selon *ses* lumières, etc.

Quadun troubara sa quaduno.
E jou noun troubare pas uno.
Goudelin.

Un chacun, ne se dit plus, quoiqu'il ait été reçu pendant longtemps.

CADUN-COULAS, s. m. (cadún-coulás) ; Mancelle, petite chaîne qui tient au collier les chevaux de charrette.

CADUT, UDA, part. (cadú), d. béarn. Tombé, ée. V. *Cad*, R.

CAE

CAEC, vl. Il ou elle tomba.

CAERCIS, adj. et s. vl. Cahorsin, qui st de Cahors.

CAERSI, Nom de lieu, vl. Le Quercy.

CAERSINES, s. et adj. vl. Qui est du Quercy.

CAF

CAFARD, ARDA, adj. et s. (cafár, árde) ; CAFAR. Cafard, arde, celui ou celle qui affecte les dehors de la religion dans le dessein d'inspirer de la confiance et de faire des dupes.

Éty. de l'arabe *caphar* ou *cafr*, qui de chrétien s'est fait turc. V. aussi *Bigot*.

CAFARDARIA, s. f. (cafardarie). Cafarderie, hypocrisie, caractère du cafard. Garc.

CAFARDEOU, s. m. (cafardéou). Jeune ou petit hypocrite, jeune cafard. Garc.

Éty. de *cafard* et de *eou*.

CAFAROTA, s. f. (cafaróte), dl. *Cafurote*, en vieux français. Antre, caverne naturelle ou artificielle : nid à rats.

Éty. Dim. de *Cafourna*, v. c. m.

CAFF, CAFFOURN, radical qu'on regarde comme dérivé du celt. *caffargn*, recoin, enfoncement, cachette ; d'où *caffa*, qui en basse latinité désigne une poche, un sac, une cavité ou une mesure de capacité, *caffium*, il pourrait venir aussi du grec κουφίζω (kouphizô), gonfler.

De *caffargn* ou *caffa*, par apoc. *caff*; d'où : *Caff-ir*, *Caff-it*, *Caff-ouchou*, *Caffourna*, *Caffourn-egear*, *Caffourn-oun*, *En-caffourn-ar* ; etc.

CAFFE, s. m. (cafè) ; CAFET. *Café*, esp. port. cat. *Caffè*, ital. *coffee*, angl. *Kaff*, all. Café, nom commun à la graine du cafier, à l'infusion qu'on en fait, à l'arbre qui le porte et au lieu où on le vend préparé.

Éty. du lat. *coffea*, dérivé de l'arabe *qahouch*, qui désigne la liqueur de ce nom, et qui exprime, en même temps, la force, la vigueur ; on sait que le café est un puissant tonique.

Prendre soun café, expr. pr. *prendre son café*, s'amuser aux dépens de quelqu'un.

On appelle :

CAFÉ EN COQUES, celui qui est encore renfermé dans son enveloppe.
MONDÉ, celui qui est dépouillé.
MARINÉ ou AVARIÉ, celui qui a été mouillé par l'eau de la mer.

On a donné le nom de :

CAFÉINE, au principe amer qui se trouve dans le café.

Le café, tel qu'on nous l'apporte, est la graine dépouillée de son enveloppe, du *cafier* ou cafeyer : *Coffea arabica*, Lin. arbrisseau de la fam. des Rubiacées, originaire de l'Asie.

Le cafeyer fut transporté par les Hollandais de Moka à Batavia et de là à Amsterdam. Le Bourgmestre de cette ville en donna un pied à Louis XIV, qui fut envoyé à La Martinique en 1720. Clieux, marin français, fut chargé de le soigner pendant la traversée, et il s'en acquitta avec tant de zèle, qu'il l'arrosait avec la faible portion d'eau qui lui était accordée pour boire. De là il se propagea dans tout le Nouveau Monde. En 1721, les Français le cultivèrent à Cayenne.

Les uns attribuent la découverte des propriétés du café à un Molhac arabe, nommé Chadely, qui l'employa pour se guérir d'un assoupissement continuel, vers 1596, et les autres, au prieur d'un monastère de religieux qui s'aperçut que les chèvres qui en mangeaient, étaient extrêmement vives, ce qui lui donna l'idée de l'employer pour tenir ses moines éveillés.

On n'a commencé à en faire usage en France, que vers l'année 1655, où Thcienot l'apporta.

Le premier établissement où l'on ait donné à boire du café au public, paraît être celui qu'un Arménien fonda à Paris en 1672.

CAFFE MOKA, Café moka ; on le distingue à son grain petit et arrondi, ce qui provient de ce que l'une des deux graines contenues dans la baie a avorté. C'est le plus délicat de tous et le plus parfumé.

Ce nom lui a été donné de Moka, ville de l'Arabie heureuse, où cette espèce de café prospère si bien que les cafiers s'y élèvent de trente à quarante pieds.

CAFFEOMETRO, s. m. (cafeomètre). Caféomètre, instrument destiné à mesurer la pesanteur spécifique du café.

Éty. de café et du grec μετρον (métron), mesure.

Cet instrument fut inventé par M. Chevalier, en 1806.

CAFFETIER, s. m. (caffetié). Cafetier, limonadier, celui qui tient café, le maître d'un café ; la femme d'un cafetier se nomme limonadière.

Éty. de *caffe* et de *ier*, le *t* est euphonique.

CAFFETIERA, s. f. (caffetiére) ; *Caffettiera*, ital. *Cafetera*, cat. esp. *Cafeteira*, port. Cafetière, vase où l'on fait le café.

Éty. de *caffe* et de *iera*, le *t* est euphonique.

Cafetiera doou levant, marabout, cafetière de fer blanc battu, à très-large ventre.

CAFFIR, v. a. (caffir) ; CLAFFIR, CLAUFIR, CAFIR. Remplir, presser pour en mettre davantage, gorger, remplir la mesure.

Éty. *caffium* et *gaficium*, étaient des mesures de légumes secs et de liquides, autrefois en usage à Marseille et à Barcelonne, ce qui explique assez l'étymologie de ce mot. V. *Caff*, R.

CAFFIR SE, v. r. Se gorger d'aliments, se remplir de viandes.

CAFFIT, IDA, adj. et part. ou CLAFFIT, CAUFLIT, COUFIT, CLAUFIT. Comble, Rempli, gorgé, farci, entièrement plein. V. *Caff*, R.

CAFFOUCHOU, V. *Caffourna*.

CAFFOURNA, s. f. (cafoúrne) ; CAFFOUCHOU, CAFFOURNOUN, CAFOURNA, CAFORNA. *Cofurna*, cat. Cachette, recoin, enfoncement, lieu retiré dans une maison où l'on peut cacher quelqu'un ou quelque chose. Cahutte, mauvaise petite maison.

Éty. du celt. *caffargn*, m. s. fait de *caf*, creux, et du lat. *caverna*. V. *Caff*, R.

CAFFOURNEGEAR, v. n. (cafournedjá). CAFFOURNIAR, CAFOURNEGEAR, FURNAR, CAFOURNEIAR. Fouiller dans tous les coins et recoins.

Éty. de *cafourna* et de *egear*. V. *Caff*, R.

CAFFOURNEIAR, et

CAFFOURNIAR, V. *Cafournegear*.

CAFFOURNOUN, V. *Caffourna*.

CAFFOURNUT, UDA, adj. Creux, euse, profond, enfoncé, étroit, serré. Garc. V. *Caff*, R.

CAFI, s. m. (cófi), d. bas lim. Gros morceau. *Cafi de pan*, quignon de pain.

Éty. de *Caff*, R. v. c. m. morceau qui remplit.

CAFIOC, dl. V. *Chafuec.*

CAFIRAR, v. a. (cafirá); CAGIRAR, dl. Tordre le cou.

Éty. de *cap-virar*, tourner la tête. Voy. *Cap* et *Vir*, R.

CAFIRAR, v. a. CAGIRAR. Mettre en haut ce qui est en bas, et réciproquement; on dit dans le même sens *virar*, V. le mot précédent.

CAFORNA, V. *Caffourna.*

CAFOUGE, dl. Chenet. V. *Chafuec.*

CAFOUIET, dl. V. *Chafuec.*

CAFRE, AFRA, adj. et s. (cáfré, áfre), *Cafre*, cat. esp. port. *Cafro*, ital. Cafre, qui est de la Cafrerie, contrée située sur la côte d'Afrique, près du Cap-de-Bonne-Espérance.

Éty, du lat. *cafer*, m. s.

CAFUEC, V. *Chafuec.*

CAG

CAGA-CHIN, s. m. (cague-chïn). Nom qu'on donne, en Languedoc, au bon-henri V. *Sangari.*

Éty. Parce que les chiens vont, de préférence, déposer leurs excréments sur cette plante. V. *Cac*, R.

CAGADA, s. f. (cagáde); CACADA, BISSAUTA. *Cacatura*, ital. *Cagada*, esp. cat. Cacade, décharge du ventre; construction qui s'écroule, et fig. entreprise mal conçue et manquée; échauffourée.

Éty. du grec κακὸς (cacos), mauvais, ou de κάκκη (kakkê), excrément. V. *Cac* et *Caco*, Rad.

Faire una cagada, faire un pas de clerc, une équipée.

Aissito, musas, à moun secours,
Mi fau l'esprit dei troubadours,
Autrament fau una cagada.

CAGADAULETA, s. f. (cagadaouléte). Nom du troglodyte, à Montpellier. Voy. *Petoua.*

CAGA-FERRE, s. m. dl. *Cagaferro*, cat. *Cagafierro*, esp. V. *Caral* et *Macha-ferre.*

CAGA-DIGNES, s. m. dl. Chie-deniers. V. *Caga-dur.*

CACADOUIRA, dl. *Cagadora*, cat. V. *Cagarela.*

CAGADOUR, s. m. (cagadóu). V. *Cagarela* et *Cac*, R.

On dit d'une maison mal entretenue, sale, qui tombe en ruine, *Qu'es un cacadour*, que c'est une latrine, V. *Casau;* pour pot de chambre. V. *Pot.*

Éty. de *cagar* et de *dour.* V. *Cac*, R.

CAGA-DUR, s. m. (cágue-dú), dl. CAGA-SEC, CAGA-MALHAS, CAGA-DIGNES. *Cacasodo*, ital. Pince-maille, vilain, ladre.

CAGADURA, s. f. (cagadúre); *Cacatura*, ital. Chiure de mouche, de puce.

Éty. de *cagad* et de *ura*, excrément rendu. V. *Cac*, R.

On dit: la *fiente* des bêtes de somme; les *excréments* humains, le *crotin* des brebis, chèvres, etc., la fiente ou la *merde* des chiens, la *colombine* des pigeons.

CAGAGNA, s. f. (cagágne); CAGARELET, CAGUEGNA, CAGUIGNA, CAGAROUSTA, CAGARIA. *Cagalera*, esp. *Cagarina*, cat. Diarrhée, dévoiement, cours de ventre; épreintes, envies fréquentes d'aller à la selle; fig. grande peur.

Éty. de *caga* et de *agna.* V. *Cac*, R.

CAGAIRE, GARELA, s. et adj. (cagaïré, èle); *Cacatore*, ital. *Cagon, ona*, esp. *Cagaire*, cat. Chieur, euse; fig. poltron, lâche.

Éty. du lat. *cacator*, ou de *cagar* et de *aire*, V. *Cac*, R.

Mina de cagaire, visage de constipé.

CAGAL, s. m. (cagál), dl. Un étron, une chiasse, une chiure, et fig. un avorton, un petit bout d'homme. Sauv.

Éty. de *caga* et de *al.* V. *Cac*, R.

CAGALHOUN, s. m. (cagaillóun), dl. Un petit étron, et fig. un bout d'homme. V. *Tapouissoun* et *Cac*, R.

CAGA-MALHAS, s. m. (cague-máilles), dl. CAGA-DUR. Pince-maille, chiche, taquin. V. *Cac*, R.

CAGA-MELETA, s. m. (cágue-meléte), dl. Un trembleur, un poltron. V. *Cac*, R.

CAGA-MORIA, dl. V. *Carga-cela.*

CAGANDRE, et

CAGANDRI, Garc. V. *Caganis.*

CAGA-NIN, dm. V. *Caga-nis.*

CAGA-NIOU, d. du Var. V. *Caga-nis.*

CAGA-NIS, s. m. (cágue-nis); CAGA-NIN, CAGA-NIOU, CACHA-NIOU, GACHA-NIOU, CATSA-NIOU, CAGA-TRAUC, CACANDRE, CAGANDRE, CAGANDRI, CACANDROUN, CURA-NIS, COUCAIROUN, CACAU, CAGUEIROOU. Culot, le dernier oiseau éclos d'une couvée, celui qui sort le dernier du nid; et par extension le dernier né d'une famille; le dernier reçu dans une compagnie.

Éty. *Caga-nis*, signifie littéralement qui chie au nid, qui le salit, qui le met hors d'usage. V. *Cac*, R.

CAGA-PRIN, s. m. (cágue-prïn), et

CAGAR, v. n. (cagá); *Cacare*, ital. *Cagar*, esp. cat. port. *Faire sous besouns.* Chier, aller à la selle, rendre ses excréments.

Éty. du lat. *cacare*, dérivé du grec κακάω (kakaô), m. sign. ou de *caca* et de *ar*, faire *caca.* V. *Cac*, R.

CAGAR, v. n. S'ébouler, en parlant d'une fusée, d'une bobine, d'une toupie, dont le fil enroulé d'une manière trop lâche, s'éboule; on le dit aussi d'un mur.

Dans le Languedoc, on dit encore *cagar*, dans le sens de mépriser, se moquer: *Iou cagueri tout aquot*, je me moquai de tout cela: *Te caguc*, je me moque de toi.

CAGARAULA, s. f. (cagaráoule). Nom que l'hélice aspergée porte, aux environs de Montpellier. V. *Judiouva* et *Escargot.*

CAGARAULET, s. m. et

CAGARAULETA, s. f. (cagaraouléte). Nom qu'on donne, à Montpellier, à l'hélice variable, *Helix variabilis.*

CAGARAULOUN, s. m. (cagaraoulóun), dl. Un petit escargot; un jumeau, très-petit pot à bouillir, ou à mettre au feu, qui tient environ un demi-setier, ou une prise de bouillon pour un malade. Sauv.

CAGAREL, s. m. (cagarèl). Nom qu'on donnait à la mandole, à Marseille, du temps de Rondelet. V. *Moundola* et *Cac*, R.

CAGARELA, s. f. (cagarèle); CACADOUR, CAGADOUIRA, CASAU, CAGADOUR. *Cagadero*, esp. *Cacatojo*, ital. *Cagadoro*, cat. Latrines, commodités, lieu privé ou commun.

Éty. de *Cagar*, v. c. m. et *Cac*, R.

CAGARELA, s. f. (cagarèle); CAGARELETA. Nom qu'on donne à la mercuriale à cause qu'elle entre souvent dans la composition des lavements, qui font aller à la selle. V. *Mercuriau* et *Cac*, R.

CAGARELET, s. m. (cagarélé). Avril. V. *Cagagna.*

CAGARELETA, s. f. (cagareléte). Nom de la mercuriale, aux environs d'Apt. Voy. *Cagarela* et *Mercuriau.*

CAGAREOUS, LEIS, s. m. pl. (cagaréous leï). Le schiste marneux friable, est ainsi nommé par les mineurs de houille du département des B.-du-Rh. parce qu'il n'a pas plus de consistance que les excréments. V. *Cac*, R.

CAGARIA, Aub. V. *Cagagna.*

CAGAROTAS, s. f. pl. (cagarótes); PECOLAS-DE-MAGNAN, dl. Le crotin du ver à soie.

Éty. de *cagarruta*, esp. crotin en général. V. *Cac*, R.

CAGAROUSTA, dl. V. *Cagagna.*

CAGARRINA, s. f. (cagarrine). Nom toulousain de l'épurge. V. *Catapuça.*

Éty. Ainsi nommée parce que ses graines sont un violent purgatif. V. *Cac*, R.

CAGARROTA, s. f. (cagarróte). Nom qu'on donne, aux environs de Toulouse, au concombre sauvage. V. *Couçoumbrassa.*

CAGAS, s. m. (cagás). Gros tas d'excréments; monceau: *Un cagas de neou*, un gros jet de neige.

Éty. de *caga* ou *caca*, et de l'augm. *as.* V. *Cac*, R.

CAGA-SANG, s. m. CAGA-SANGUA, s. f. (caga-sán); *Caga-sangue*, ital. Dyssenterie. V. *Flux-de-sang.*

Éty. de *caga* et de *sang*, qui chie le sang. V. *Cac*, R.

CAGA-SEC, s. m. (cágue-séc), dl. m. s. que *Caga-dur*, v. c. m. et *Cac*, R.

CAGA-TRAUC, s. m. (cágue-tráou). m. s. que *Caganis*, v. c. m. et *Cac*, R.

Leis pus grans portou la becado.
Eis pus pichos, ei cago-traous.
Aubanel.

CAGA-TREPA, dl. V. *Caucatrapa.*

CAGA-TROUES, s. f. (cágue-tróues); TROUES, CALOUS, CABANTOU, TANAS, CAMANTOU, CALOUES. Trognon, la partie charnue qui se trouve dans le trognon ou racine du chou. V. *Cac*, R.

CAG-AU-LIECH, s. m. (cagá-aou-liétch). Un chie-en-lit; on le dit d'un enfant un peu grand qui pisse encore au lit.

Éty. de *cagar-au-liech.* V. *Cac*, R.

CAGEA, s. f. (cádge). V. *Gabi.*

CAGEAROCA, s. f. (cadjaróque), dl. CAJAROCA. Une hutte ou petite loge, Sauv. taudis, chaumière.

Éty. de *cagea* et de *roca*, dim. V. *Cav*, R.

CAGEOULAR, v. a. (cadjoulà); CARESSAR, CALEGNAR, FLATEGEAR, CACHOURLIAR, CAJOULAR. Cajoler, tenir à quelqu'un des proos obligeants, flatteurs, agréables, dans dessein de lui plaire et d'obtenir de lui ce n'on désire.

Éty. de *cagea*, cageoler, en vieux français, caresser, parler, jaser, chanter comme un oiseau qui est en cage.

CAGEOULARIA, s. f. (cadjoularie); **CAJOULARIA**. Propos et démarches d'un cajoleur.

Éty. de *cajoular* et de *aria*, tout ce qui sert à cajoler.

CAGEOULUR, USA, s. **CAJOULUR**. Cajoleur, euse, qui use de cajoleries.

CAGER. v. n. dg. Tomber. V. *Toumbar* et *Cad*, R.

Quan soun esperit boun é sage
Sur sous disciples boulouc cage.
D'Astros.

CAGIC, d. vaud. Il ou elle tomba.

CAGIRAR, dl. V. *Caffirar*.

CAGLIERA, s. f. (cailliére). Nom ancien de la Caille. V. *Calha*.

CAGNA, s. f. dg. béarn. Chienne. Voy. *China*.

Éty. de l'ital. *cagna*. V. *Can*, R. 2.

Teplan seras mourdut daou can que de la *cagna*.
Verdier.

CAGNA, s. f. (cágne); **FLACA, FAMA-LASSA, LAQUIGE, FLAQUERIGE, FLAQUIERA**. Langueur, nonchalance, malaise occasionné par les fortes châleurs.

Éty. de *cagna*, chienne, qui reste souvent couchée. *Ai la cagna*. Colère, mauvaise humeur. Cast. V. *Can*, R. 2.

CAGNA, s. f. *Traitoire*, instrument de tonnelier, composé d'un manche de bois et d'un crochet de fer, pour tirer et allonger les cercles et les placer sur les futailles. Fig mine refroignée, air de dégoût ou dédaigneux : *Faire la cagna*, faire la mine, dédaigner, se soucier peu des mets qu'on présente. Sauv.

CAGNA, CAGNET, pr. dl. Pour quel, lequel, quelle, laquelle. V. *Quau, quala*.

CAGNARD, ARDA, adj. et s. (cagnár, arde). Cagnard, arde; fainéant, ante.

Éty. de *cagna*, chienne, fainéant comme un chien. V. *Can*, R. 2.

CAGNARD, s. m. (cagnár); **CAIGNARD, ACNAR**. Abri, lieu chaud où le vent ne se fait pas sentir, et où le soleil darde.

Éty. de l'ital. *cagna*, chienne, et de *ard*, esprit, manière, parce que les chiens recherchent les lieux abrités. V. *Can*, R. 2.

Étienne Pasquier dit que ce mot vient de la coutume où étaient les fainéants de Paris, qui de son temps, passaient une partie de leurs journées en été, sous les ponts, comme les canards.

CAGNARDIER, s. m. (cagnardié), dl. Un cagnard, un paresseux, un fainéant.

Éty. de *cagnard* et de *ier*. V. *Can*, R. 2.

CAGNARDISA, s. f. (cagnardise). Cagnardise, paresse, fainéantise.

Éty. de *cagnard* et de *isa*. V. *Can*, R. 2.

CAGNARDOUN, s. m. (cagnardóun). Les mineurs du département des B.-du-Rh. donnent ce nom à la marne argileuse mêlée de gypse lenticulaire.

CAGNE, pr. lang. V. *Quau*.

CAGNIN, INA, adj. (cagnïn, ine). Malicieux, taquin, froid, en parlant du temps. Garc. V. *Cain*.

CAGNOOU, s. m. (cagnóou). Nom qu'on donne, dans le département des B.-du-R. au squale glauque. V. *Verdoun*.

Éty. V. *Can*, R. 2.

CAGNOT, s. m. (cagnó). Nom qu'on donne, à Toulon, au squale milandre, V. *Pal*. et au squale glauque. V. *Verdoun*.

Éty. de *cagnot*, petit chien. V. *Can*, R. 2.

CAGNOT, s. m. et *caignot*, dl. Petit chien. V. *Chinoun* et *Can*, R. 2.

CAGNOT BLUR, s. m. (cagnó blú); **CAGNOOU**. Nom qu'on donne, à Toulon, au squale glauque ou bleu. V. *Verdoun* et *Can*, R. 2.

CAGNOTA, s. f. (cagnóte), dl. Une cagnote, Sauv. cornette d'étoffe ou de cotonnée.

CAGNOTA, s. f. Dim. de *cagna*, petite chienne. V. *Can*, R. 2.

CAGNOTA, s. f. Terme du jeu de bouillotte.

CAGNOUS, Cagneux. V. *Chambard*.

Éty. de *cagn*, chien qui a les jambes tournées en dedans comme celles d'un basset à jambes torses. V. *Can*, R. 2.

CAGOT, s. m. vl. *Cagots no pagaran talhas*, les cagots ne payeront pas de tailles. Ces cagots étaient une espèce d'hommes abjects et méprisés, qu'on croyait descendus des Gots d'Aquitaine; ils vivaient hors de la société. Rayn.

CAGOT, adj. et s. (cagó). Cagot, hypocrite, faux dévot.

Éty. de *ca*, première partie du mot grec κακός (kakos), mauvais, et de *got*, qui dans les langues germanique et franque signifie, Dieu; mauvais adorateur de Dieu, ou de l'anglais *caklegod*, caquette-dieu. V. *Caco*, R.

CAGOTARIA, s. f. (cagoutarie); **CAGOUTARIA**. Cagoterie, action, dévotion du cagot.

Éty. de *cagot* et de *aria*. V. *Caco*, R.

CAGOTARIA, s. f. d. béarn. anc. Lieu, maison des cagots; léproserie. V. *Caco*, R.

CAGOTS, s. m. pl. (cagós), d. béarn. anc. **CAGOT**. Le nom des habitants du Béarn et de quelques parties de la Gascogne, méprisés et haïs, comme des lépreux.

Éty. Ce mot vient probablement de *cagot*, ladre, mesquin, nom des Sarrasins qui restèrent en Gascogne du temps de Charles Martel. Roquefort.

CAGOYA, s. f. (cagóïe), dm. *A la cagoya*, sur le dos, à califourchon, sur les épaules; on ne l'emploie qu'avec le verbe porter.

CAGUAEYRA, dg. Diarrhée, verdier. V. *Cagagna* et *Cac*, R.

CAGUEGNA, s. f. (caguégne), dm. **CAGOUAGNA**. *Caguèra*, cat. Besoin pressant d'aller à la selle. V. *Cac*, R.

CAGUEIROOU, Suppl. à Pellas. Voy. *Caga-nis*.

CAH

CAHIER. V. *Cayer*.

CAHIN-CAHA, adv. Cahin-caha, tant bien que mal, de mauvaise grâce, inégalement.

Éty. Corrup. du lat. *Quà hinc quà hàc*.

CAHORS, s. m. (cahórs). Raisin connu dans le pays dont il porte le nom.

CAHOS, Coye. V. *Chaos*.

CAHOT, s. m. (cahô); **CAHOUTAMENT**. Cahot, saut que fait une voiture. V. *Ressaut*.

Éty. de l'ital. *caduta*, chute, ou onomatopée de la secousse rude qu'on désigne par ce mot.

CAHOTAMENT, s. m. (cahoutaméin); **CAHOUTAMENT, CAHOUTAGI**. Cahotage, l'effet que produisent les cahots fréquents d'une voiture.

Éty. de *cahot* et de *ment*.

Cahotement, n'est pas français.

CAHOTAR, v. a. et n. (cahoutá); **CAHOUTAR**. Cahoter, agiter en faisant des cahots, causer des cahots. V. *Ressautar*.

Éty. de *cahot* et de *ar*.

CAHOTAT, ADA, adj. et p. (cahoutá, áde). Cahoté, ée. V. *Trebaudat*.

CAHUS, dl. V. *Chat-huant*.

CAHUTA, s. f. (cahúte). Cabute, petite loge, cabane, échoppe.

Éty. de *cahot*, petite loge que le vent fait cahoter. Roquef.

CAI

CAI, s. m. (càï); **CHAI**. Balle de l'avoine, sorte d'épi qui ne produit pas de grain et qui pique les vêtements. Garc.

M. Castor définit le même mot, barbe de l'épi du blé.

CAI, vl. Il ou elle tombe.

ÇAI, adv. de lieu (çàï); *Sai*, d. bas lim. Ça. V. *Aiçà*.

CAIA, s. f. (càïe). Caille, altér. de *Calha*, v. c. m.

CAIASTRAS, s. m. (caïastrás), d. du Var. V. *Flandrin*.

CAIAU, s. m. (caïáou). Employé dans le sens de caillou, par M. Tandon, dans le vers suivant.

Yé mandet un caiau que pensel l'àcaba.

Éty. V. *Cal*, R. 3.

CAICA, s. f. V. *Caikou*.

CAICHA, dm. V. *Caissa*.

CAICHAL, s. m. vl. Dent molaire. V. *Caissal*.

CAIGNAR, v. a. (caigná), dl. *Caignar le naz*, coigner ou écacher le nez à quelqu'un.

CAIGNOT, Petit chien. V. *Cagnot* et *Chinoun*.

CAIKOU, s. m. (càïcou); **CAICA**. *Caico*, ital. Caïc ou caique, canot d'une galère, il est terminé en pointe par l'avant et par l'arrière, comme les bateaux de pêche.

Éty. du turc *kaïk*, petit bateau.

CAILHOU, d. lim. Caillé. V. *Calhat*.

CAILLA, vl. V. *Calha*.

CAIMAN, s. m. (caïmán); *Caimão*, port. *Caiman*, cat. esp. *Caimano*, ital. Caiman, espèce de crocodile d'Amérique.

Éty. de l'indien *cayman*, m. s.

CAIMAR, v. n. (caïmá); dl. **CAYMAR**. Languir de misère, caimander.

Éty. du lat. *quæritare*, fréquentatif de *quærere*, chercher.

CAIN, INA, adj. (caïn, ine). Fourbe, méchant, traître, mutin, ine. Cast.

Éty. de la race de Caïn, frère d'Abel.

CAINA, pr. vl. Quelle.

CAINAR, v. n. (caïná), dl. Gémir, craquer, en parlant des portes ou des roues qui ne sont pas graissées; pousser des cris immodérés, en parlant des enfants.

CAINARIA, s. f. (caïnarie). Fourberie, tromperie, mutinerie, méchanceté. Cast.

Éty. de *Caïn* et de *aria*.

CAIOU, s. m. (caïóu). Prison, cachot, selon M. Thomas, qui fait venir ce mot du grec καιάδου (kaiadon), gén. de καιάδας (kaiadas), fosse souterraine où l'on jetait les criminels à Sparte.

CAIOU, s. m. (cáïou); CAISOU. Nom de la chaussée qui sépare l'étang de Berre de celui de Marignane.

Éty. de *Caius Marius*, qui l'a fait construire, selon la commune croyance.

CAIOUN, s. m. (caïóun). Un des noms du cochon, dans quelques endroits voisins du Dauphiné; pour cailleteau. V. *Calhateou*.

CAIR, QUAIR, radical de *caire*, côté, dérivé probablement de χεὶρ (chéir), main, bras, parce que les bras sont placés à côté du corps.

De *caire*, par apoc. *cair;* d'où: *Cair-e*, *Cair-el*, *A-cair-ar*, *Bes-caire*, *Es-cair-ar*, *Es-cair-e*, etc. et par le changement de *c* en *qu*: *Quair-ar*, *Quair-e*.

CAIRA, vl. Il ou elle tombera.

CAIRADES, s. m. pl. (caïradés), dl. Des pois carrés, espèce de gesse. Sauv. V. *Quadr*, Rad.

CAIRADURA, s. f. vl. Equarrissage.

CAIRAR, v. a. vl. CAYRAR. *Quadrar*, cat. port. *Cuadrar*, esp. *Quadrare*, ital. Carrer, équarrir, cadrer, disposer avec symétrie.

Éty. du lat. *quadrare*, m. s. V. *Quat*, R.

CAIRAT, adj. (caïrá), dl. Carré, anguleux ou de forme angulaire. Sauv. V. *Quarrat*.

CAIRAT, ADA, a. et p. (caïrá, áde), dl. Perché, élevé; fig. difficile à croire ou à comprendre. *Me la bailet cairada*, il me la bailla belle.

Basto cairat, vl. Bâton ferré.

CAIRE, s. m. (caïré), *Cayre*, cat. Côté, endroit que l'on désigne, le côte du corps, ou d'un objet quelconque.

Éty. du grec χεὶρ (cheir), la main. V. *Queir* et *Cair*, R.

Lou caire gauch, *lou caire drech*, le côte gauche, le côte droit.

Es anat d'aqueou caire, il est allé de ce côté.

Cercar de tous lous caires, chercher dans tous les coins.

Es per caires et cantouns, il est par voies et par chemins.

De caire, adv. de côté.

Anar de caire, marcher de côté, et fig. être gêné dans ses affaires.

De tout caire, en tout sens.

Una cana de tout caire, une canne en tout sens.

Coupar de caire, couper de biais.

CAIRE, s. m. vl. CAYRE, CAIRON. Pierre de taille, carne, quartier de pierre, pierre de l'angle. V. *Quat*, R.

CAIRE, s. m. dl. Pour carreau, couleur du jeu de cartes. V. *Carreou* et *Quadr*, R.

CAIRE, v. n. vl. Tomber. V. *Toumbar* et *Cad*, R.

CAIREL, (caïrèl). Mot dérivé de la basse latinité *carellus*, *carrellus*, carreau, trait, d'où l'anc. catalan *quadrell*; l'italien *quadrello*, chose qu'on lance avec la main. V. *Queir*, R.

CAIREL, ELA, adj. (queirèl, èle). Qui est de côté, qui n'est pas coupé carrément.

Éty. de *caire* et de *el*. V. *Cair*, R.

CAIREL, s. m. vl. L'affût d'une arbalette. *Un cairel de ascyr*, un carreau d'acier.

CAIREL, s. m. vl. *Quadrell*, anc. cat. *Quadrello*, ital. Sorte de trait ancien appelé en français garrot, ou carreau, synonyme de foudre, flèche: *Li cairel de lor arc*, les flèches de leur arc.

Éty. de la basse lat. *quarellus*.

CAIREL, s. m. Une fronde; un passement pour le bord des habits ou des chapeaux. Sauv.

CAIREL, s. m. d. bas lim. QUAIREL, QUEIREL. *Cairó*, cat. *Quadrello*, ital. Carreau de briques pour paver. V. *Maloun*.

Éty. du lat. *quadratus*. V. *Quadr*, R.

Parce que anciennement leur forme était carrée; ou de *cairel*, de côté, parce qu'on en faisait aussi de triangulaires.

CAIRELADA, s. f. (caïrélàde); QUAIRELADA, QUEIRELADA, d. bas lim. Action de dépaver, d'enlever les carreaux.

Éty. de *cairel* et de *ada*. V. *Quadr*, R.

CAIRELAR, v. a. (caïrelá); QUEIRELAR, d. bas lim. Paver en brique. V. *Malounar* et *Quadr*, R.

CAIRELAT, ADA, adj. et p. (caïrelá, áde), d. bas lim. Carrelé. V. *Malounat* et *Quadr*, R.

CAIRELET, s. m. vl. Petite flèche.

CAIRELHIERA, s. f. (queirelliére), dl. FLAN. Meurtrière, ouverture pratiquée à un rempart par où l'on tirait les flèches.

Éty. de *cairel*, trait et de *iera*.

CAIRIA, s. f. vl. Carne, fortification, bastion. V. *Quat*, R.

CAIRIER, s. m. (caïrié), dl. Le même que *Flourier*, v. c. m. pour torchon, essuie-main. V. *Panaman*.

CAIRO, s. m. vl. V. *Cairoun* et *Quadr*, Rad.

Ils ou elles tombèrent.

CAIRON, s. m. vl. V. *Caire*, *Cairo* et *Cayro*, cat.

CAIRONET, s. m. vl. Brique. V. *Quadr*, Rad.

CAIROUN, s. m. (caïroun); CAIRO, dl. QUEIROUN. Encoignure, V. *Cantoun*, moellon; caillou, tuile. V. *Quadr*, R.

CAIROUN, s. m. Nom qu'on donne, à Nice, au cynips de l'olivier, *Cynips oleæ*, insecte de l'ordre des Hyménoptères et de la fam. des Néotéocryptes, qui pique l'olive dès qu'elle a acquis la grosseur d'un pois et y dépose ses œufs.

CAIS, mot qui dans la langue romane signifie dent, mâchoire, bouche, visage.

Éty. Probablement du grec κάψις (kapsis), dans le sens de mâchoire, de mordre, ce qui mord.

Dérivés: *Cais*, *Cays-alh*, *Caiss-el*, *Caiss-al*, *A-caiss-ar*, *Es-caiss-ar*, *Caiss-ar*, *Caiss-au*, *Cais-au*, *Es-cayss-ar*.

De *caiss*, par les changements de *ss* en *ch*, *caich;* d'où: *Caich-al*, *Cays-alh*. *Chancel-aya*.

CAIS, s. m. (cáïs), dl. CAYS. La mâchoire; les dents, la bouche, la face, le visage.

Boutar lou cais en desubransa, faire chômer la mâchoire, jeûner.

A bel cais, à belles dents.

O gouludamen à bel cays
De l'herbeto maienca se pays.
Goudelin.

Éty. V. *Cais*, R.

CAIS, vl. Pour *Quasi*, v. c. m. presque.

Éty. On regarde ce mot comme celtique.

Lo diable trai à se cais tot lo mon.

CAISAR, nom d'homme, dl. Corrup. de *Cesar*, v. c. m.

CAISCE, vl. V. *Quaysque*.

CAISIM, vl. Pour *que aisime*, qu'ainsi me.

CAISIS, vl. Pour *que ansinsse* qu'ainsi se. *Caisis castiaran*, qu'ainsi se châtieront, ou seront châtiés, corrigés.

CAISO, s. f. vl. CAISOS. Cause, raison.

CAISON, s. f. vl. Cayson, accusation. V. *Caus*, R.

CAISQUE, vl. V. *Quaysque*.

CAISS, CAPS, CASS, rad. pris du lat. *capsa*, caisse, d'où le diminutif *capsula*, petite caisse, capsule, et dérivé du grec κάψα (kapsa), cassette, coffre.

De *capsula*: *Capsula*, et par apoc. *caps;* d'où: *Caps-e*, *Caps*.

De *caps*, par la suppression de *p* et changement de *a* en diphth. *ai*, *caiss*; d'où: *Caissa*, *Caiss-eta*, *Caiss-oun*, *En-caiss-ar*, *Des-caiss-ar*, etc.

De *caiss*, par la suppr. de *i*, *cass*, d'où: *Cass-a*, *Cass-eta*, *Cass-ol-eta*.

De *cass*, par le changement de *c* en *ch*, *chass;* d'où: *Chass-a*, *Chass-is*, *En-chass-ar*, *Chass-ouera*, etc.

CAISSA, s. f. (cáïsse); CAICHA, CACHA. *Cassa*, ital. *Caxa*, esp. cat. *Caixa*, port *Capsa*, lat. Caisse de bois propre à renfermer et à transporter des fruits ou des marchandises; coffre-fort ou coffre de paysan; bureau où l'on reçoit et où l'on compte l'argent, où l'on paye; pour *Tambour*, v. c. m.

Éty. du lat. *capsa*. V. *Caiss*, R.

Caissa de mort, bière.

Caissa de moulin, huche, caisse destinée à recevoir la farine à mesure qu'elle sort de dessous la meule.

Caissa de teisseirand, cannelier.

Caissa de jardinier. V. *Bacha*.

CAISSA D'ESPARGNA, s. f. Caisse d'épargne ou de prévoyance, espèce de caisse de réserve créée particulièrement en faveur des ouvriers qui peuvent y déposer leurs économies et les retirer à volonté.

Cette caisse fut proposée le 27 janvier 1819, à la société d'encouragement, par un rapport de MM. Degérando, Francœur et Jomard, et recommandée aux préfets par une circulaire du ministre, du 30 avril de la même année.

CAISSAL, dl. m. s. que *Caissau*, v. c. m. dent molaire, et *Cais*, R.

Els caissals estremiers, les dernières dents, les plus profondes.

CAISSAR, vl. m. s. que *Cassar*, v. c. m. et *Cass*, R.

CAISSAR, v. a. (queissá), dl. Pour chausser un arbre. V. *Caussar*.

CAISSAR, v. n. dl. Pour taller, V. *Gaissar;* on le dit fig. pour rajuster ses affaires.

CAISSAT, ADA, adj. et p. (queissá, áde), dl. Ragoté, en parlant d'un cheval ou d'un homme court et épais. On le dit aussi au fig. de celui qui a rajusté ses affaires, qui a mis du foin dans ses bottes.

Aquella femna s'es ben caissada, cette femme a bien fait ses orges, dans cette maison; elle s'est bien meublée, bien nippée; elle a pris de la carrure et de l'embonpoint. Sauv.

CAISSAU, s. m. (queissáou); CAISSAL, CAYSSAL, CAISSELA, CAISSE. *Caxal*, cat. Dent molaire ou mâchelière. V. *Geisselas* et *Dent.*

Éty. V. *Cais*, R.

CAISSAU, s. m. dl. Une genouillère. V. *Cuissard.*

CAISSE, s. m. (cáïssé). Graine de bromus, selon M. Garc. *Den molaire*, dg. Voy. *Caissau.*

CAISSEL, s. m. vl. Mâchoire, dent molaire.

Éty. V. *Cais*, R.

CAISSELA, Garc. V. *Caissau.*

CAISSETA, s. f. (queisséte); QUEISSETA, CAISSOUNA. *Caxeta*, cat. *Caixita*, esp. *Caixina*, port. *Cassetta*, ital. Petite caisse, caissetin, cassette.

Éty. de *caissa* et du dim. *eta*. V. *Caiss*, Rad.

Caisseta de decroutur, sellette.

CAISSETIN, s. m. (caissetïn); QUEISSETIN. Caisson qu'on transporte à dos de mulet, et dans lequel on met de la terre, des pierres, etc., Garc. petite caisse.

CAISSIER, s. m. (queïssié); *Cassiere*, ital. *Caxero*, esp. *Caixeiro*, port. *Caxer*, cat. Caissier, celui qui fait des caisses; chez les comptables, l'employé qui tient la caisse, qui reçoit et paye.

Éty. de *caissa* et de *ier*. V. *Caiss*, R.

CAISSOUN, s. m. (queissóun). Chétron, petit compartiment ou petite caisse avec son couvercle, pratiquée à l'une des extrémités d'un grand coffre. V. *Caiss*, R.

Éty. de *caissa* et du dim. *oun*.

Caissoun d'una roda de segna, godet d'un chapelet de puits à roue.

CAISSOUN, s. m. QUEISSOUN. *Caixão*, port. *Cassone*, ital. *Caxon*, esp. *Caxó*, cat. Caisson, grande caisse sur un train à quatre roues, qui sert ordinairement pour porter les vivres et des munitions à l'armée.

Éty. de *caissa* et de l'augm. *oun*, grande caisse. V. *Caiss*, R.

CAITIBE, s. m. d. béarn. Alt. de *Caitivier*, v. c. m. et *Cap*, R. 2.

CAITIBIER, dl. V. *Caitivier* et *Cap*, Rad. 2.

CAITIEU, adj. vl. Chétif, ive. V. *Caitiu*, *Caitiou* et *Cap*, R. 2.

CAITIOU, TIVA, adj. (caitiou, caïtive), ll. CAITOUS. *Caitiu*, cat. Chétif, ive, misérable, malingre; malin, rusé.

Éty. du lat. *captivus*. V. *Cap*, R. 2.

CAITIOUS, et

CAITIU, adj. vl. CAITIEU. Captif, Voy. *Captif;* chétif, pauvret, misérable. V. *Caitiou* et *Cap*, R. 2.

CAITIVAGE, s. m. vl. CAITIVATGE, CAITIVEZA, CAITIVIER. Esclavage, misère, peine, chagrin, détresse, affliction, calamité, inquiétude. V. *Cap*, R. 2.

CAITIVET, adj. vl. *Cattivello*, ital. Chétif, malheureux.

Éty. Dim. de *caitiu*. V. *Cap*, R. 2.

CAITIVIER, s. et adj. (caitivié); MENDRIGOULOT, CAITIBIER, CAITIBE. Malingre, chétif, languissant, cacochyme: *Aquot es un caitivier*, c'est un emplâtre; tout malingre, tout cacochyme: *L'y vai pas de caitivier*, il n'y vas pas de main morte. V. *Cap*, R. 2.

CAITIVIER, s. m. dl. CAYTIVIER. *Captiveri*, cat. *Captiverio*, esp. *Cativeiro*, port. Misère, mésaise: *Es mort de caitivier*, il est mort de misère: *Tirar soun ventre de caitivier*, se refaire à une bonne table d'une précédente mauvaise chère. V. *Cap*, R. 2.

CAITIVIER, s. m. dl. Saleté, ordure, malpropreté.

CAITIVOUS, OUSA, adj. dl. m. s. que *Caitivier* et *Cap*, R. 2.

CAITOUS, OUSA, adj. (caïtóus, óuse), d. béarn. Rusé. V. *Caitiou* et *Cap*, R. 2.

CAIZON, s. f. d. vaud. Cause. V. *Causa* et *Caus*, R.

CAJ

CAJOULAR,

CAJOULARIA, et

CAJOULUR, V. *Cageoular*, etc., plus conforme à l'éty.

CAL

CAL, CALD, CAUD, CHAUD, CHAL, rad. pris du latin *calor*, *calere*, *calidus*, chaleur, être chaud; chaud est dérivé du grec καλόω (kaloô), brûler, selon Vossius, d'où l'all. kôlen et le belge *kolen*, charbon.

De *caloô*: *Calor*, *Color-ens*, et par le changement de *o* en *ou*, *calour;* d'où: *Calour*, *Calour-ada*, *Calour-ique*, *Calour-ent*, etc., par le changement de *c* en *ch*, *chalour*, et les mêmes mots que par *calour*.

De *calor*, par apoc. *cal;* d'où: *Cal-far*, *Es-cal-far*, *Cal-fagge*, *Cal-iu*, *A-cal-in-ar*, *Re-cal-iu*, etc.

De *cal*, par le changement de *l* en *u*, *cau;* d'où: *Cau-fagi*, *Cau-far*, *Es-cau-far*, *Cau-fa-liech*, *Res-cau-far*, etc.

De *calidus*, par apoc. *calid*, et par la suppr. de *i*, *cald;* d'où: *Cald*, *Cald-a*.

De *cald*, par le changement de *l* en *u*, *caud;* d'où: *Caud*, *Cauda*, *Cauda-ment*, *Caud-et*, *Caud-iera*, *Es-caud-ar*, etc.

De *caud*, par le changement de *c* en *ch*, *chaud;* d'où: *Chaud-an*, *Chaud-oun*, *Chaud-eou*, *Chaud-oul*, et en général les mêmes mots que par *caud*.

CAL, 2, CULC, rad. dérivé du celt. *kaled*, dur, ou de l'arabe *galed*, s'endurcir, ou encore du lat. *callus*, *callum*, cal, calus, durillon; pris de *calx*, *calcis*, talon, pied, parce qu'il s'est dit originairement de la peau durcie, qui se forme sous les pieds.

De *callus*, par apoc. *cal;* d'où: *Cal*, *Calabassa*, *Cal-us*, etc.

De *cal*, par le changement du *c* en *g*, *gal;* d'où: *Gal-ets*, *Gal-oun*, *Galoun-ar*, *Galh-a*, *Galha-de-vedeou*, *Galh-etas*, *Galg-as*, *Gay-eta*.

CAL, 3, CALC, GAL, GALH, rad. pris du lat. *calx*, *calcis*, pierre à chaux, et dérivé du grec χάλιξ (chalix), pierre, caillou, rocaille, d'où le lat. *calculus*, petit caillou, *calculare*, calculer.

De *calx*, par apoc. *cal;* d'où: *Cal-ada*, *Calad-agi*, *Calad-aire*, *Calad-ar*, *Des-caladar*, *Des-caladaire*, etc.

De *cal*, par le changement de *c* en *g*, *gal;* d'où: *Gal-et*, *Gal-eta*, *Gal-ets*.

De *cal*, par le changement de *l* en *lh*, *calh;* d'où: *Calh-au*, *Calhau-os*.

De *calculus*, par apoc. *calcul;* d'où: *Calcul*, *Calcul-able*, *In-calculable*, *Calcul-aire*, *Calcul-ar*, *Calcul-at*.

De *calx*, par le changement de *x* en *s*, *cals;* d'où: *Caus*, *Causs-ina*, *Caussin-adu*, *Causs-an-ier*, *Caucin-ier*, *Caussin-ier*, *A-caus*, *En-caussin-ar*, etc.

De *calcis*, par apoc. *calc;* d'où: *Calc-ina*, *Calcin-at*, *Calcin-ation*, *Calc-ium;* par le changement de *c* en *ch*: *Chaussin-a*, *Chau*, *Chaut-ar*, *En-chaussin-ar*.

CAL, 4, CHAL, CHAU, CHALH, rad. dérivé de *caler*, *chalher*, v. impér. chaloir, faillir, manquer, soucier, dont l'origine est assez obscure.

Castelvetro, dit Denina, T. 3, p. 132, n'avait peut-être pas assez de fondement pour le tirer de *calere*, être cuit, être chaud; mais Henri-Etienne en avait encore moins de le prendre de *schaden*, all. (nuire, faire tort); il vient probablement de *calere*, si ce verbe signifiait en lat. *souhaiter*, ou du grec καλέω (kaleô), appeler, implorer. Dérivés: *Cal*, *Caler*, *Cal-ensa*, *Non-caler*, *Non-cala-men*, *Cal-ier*, *No-cal-ens*, *No-cal-er*, et par le changement de *c* en *ch*: *Chal*, *Chall-er*, *Non-chal-ensa*, *Chal-and*, *Chaland-ar*, *A-chal-and-ar*, *Chaur-e*, *En-chaure*, etc.

CAL, 5, rad. pris du lat. *calo*, bois, et dérivé du grec κᾶλον (kalon), m. s.

De *calo*, par apoc. *cal;* d'où: *Cal-os*, *Cal-ois*, *Cal-ous*, *Calouss-ada*, *Calouss-ar*, *Cala-man*.

CAL, CALA, *la cal*, vl. Qui, lequel, laquelle, quelle. V. *Qual*, R.

CAL, s. m. dl. Pour présure. V. *Presura;* pour caillé, partie caséeuse du lait. Voy. *Calhat* et *Calh*, R.

CAL, dl. *Noze en cal*. V. *Bava.*

CAL, dl. Il faut. V. *Fau* et *Cal*, R. 4.

Le mounde, per mo fes, es uno drollo cauzo,
Quand *cal* s'arresta cour, quand *cal* courre, se pauzo?
Hillet.

Estan à nou men cal, vl. ils sont dans l'insouciance.

No m cal, vl. *ne me chaut*, il ne m'importe.

CAL, vl. Chaleur. V. *Caud.*

CAL, adj. vl. Chauve.

Éty. du lat. *calvus*, m. s. V. *Calv*, R.

Que mais viu cals que cabelluz.
B. de Venzenac.

Que chauve vit plus que chevelu.

CAL, s. f. vl. CAUS. *Calle*, esp. *Cal*, cat. Chemin, rue.

Éty. du lat. *collas*, m. s. V. *Cal*, R. 2.

CALA, s. f. CALANCA, CARANCA. *Cala*, esp. cat. ital. Cale, abri entre des rochers ou des pointes de terre; port, rade pour les petits bâtiments.

Éty. de l'esp *callar*, se taire, lieu où le vent se tait, *ounte lou vent calla.*

Les Italiens ont dit dans le même sens *scalla*, d'où, par une mauvaise traduction, les Français ont fait échelle, nom qu'on a donné aux ports de la Méditerranée, de l'Asie et de l'Afrique.

CALA, s. f. (càle). Cale, la partie la plus basse du vaisseau comprise entre le premier pont et le fond du navire ; on dit plus communément dans ce sens *fond de cale.*

Éty. de *calar*, descendre, V. *Calar*, ou du grec χαλάω (kalaô), m. s.

La cale est divisée en plusieurs compartiments, qu'on nomme :

CALE A EAU, *grande cale* ou simplement *cale*, celui destiné à contenir l'eau pour boire.
CALE A VIN, celui qui contient le vin et autres boissons.
ARCHIPOMPE, celui qui entoure les tuyaux ou corps des pompes.
PUITS AUX BOULETS, celui où sont déposés les boulets.
FOSSE AUX CABLES, celui où sont roulés les câbles.
FOSSE AUX LIONS, celui qui contient les rechanges du maître d'équipage.
SOUTE, les autres compartiments destinés à contenir la poudre, le biscuit, etc, etc.

On appelle :

CALE DE CONSTRUCTION, l'espèce de grillage à terre sur lequel pose le vaisseau que l'on construit.
CALE DE RADOUB, grillage construit sous l'eau, dans la haute mer, sur lequel on amène les vaisseaux, et où ils échouent quand la mer baisse.
CALE DE QUAI ou SCALE, rampe en pente douce pratiquée dans un quai pour favoriser les embarcations et les débarquements.

CALA, *dounar la cala.* Donner la cale, châtiment qui consiste à plonger le coupable dans la mer, en l'y laissant tomber de son propre poids.

CALA, impératif du verbe *calar*, descends.

CALA, s. f. (càle) ; COUGNET, SAUTILHA, SOUSTILHA. Cale, morceau de bois ou d'autre matière qu'on met sous un corps quelconque pour le faire tenir d'aplomb.

Éty. V. *Calar.*

CALABAS, s. m. (calabás) ; CALABAS. *Calebas*, *calbas*, *carguebas*, cordage qui sert à amener les vergues des pacfics.

CALABASSA, s. f. (calabàsse) ; GOURDA, CARABASSA, COUJA-VINOUSA. *Calabaza*, esp. *Cabaça*, port. *Carabassa*, cat. Calebasse, espèce de courge vidée et séchée dont on se sert en guise de bouteille.

Éty. de l'esp. *calabaza*, m. s. dérivé de *curvus*, dont on a fait *cucurbita.* Roq.

CALABASSA, s. f. se dit aussi des durillons qui se forment aux pieds des personnes qui marchent beaucoup et aux mains de celles qui manient des choses dures. On le dit encore pour *Bilboquet.* v. c. m.

CALABRE, s. m. vl. CALABRES. *Calabre*, machine de guerre, catapulte.

CALABRUN, s. m. (calabrún). Entre chien et loup, à la nuit, la chouette. Voy. *Brun*, R.

Un jour, l'ausseou doou calabrun
Fasia seis plants à sa vesino.
Bioul.

CALACOM, adj. vl. Quelconque.

CALACON, vl. V. *Qualaquom.*

CALADA, s. f. (caláde) ; PAVÉ. Pavé, pierre, marbre ou autre corps dur servant à paver ; mais plus particulièrement le terrain, la rue, le chemin, l'espace pavés ou recouverts de pierres régulièrement disposées.

Éty. de *Cal*, R. corps dur, et de la term. *ada*, fait avec des corps durs, avec des pierres, avec des pavés, ou du grec Κάλαις (kalais), qui, selon Pline, signifie pierre. V. *Cal*, R. 3.

Dans un pavé ou une rue pavée, on nomme:

ACCOTEMENT, l'espace qui s'étend du ruisseau aux maisons.
ASSIETTE, la face du pavé posée sur la forme opposée au parement ou partie qui s'enfonce dans le sable.
BATTEMENT, la partie du pavé qui est au droit de l'embrâsement d'une porte cochère.
CAILLOUTAGE, un pavé composé de forts cailloux.
CANIVEAU, un pavé plus gros que les autres, un peu incliné, assis alternativement, qui traverse le milieu d'un ruisseau. On dit qu'une pierre est taillée en caniveau, quand elle est creusée en canal au milieu.
DEMOISELLE, V. *Dameisella.*
FLACHE, la partie du pavé enfoncée ou brisée où l'eau séjourne.
FORME, la couche de sable ou de terre sur laquelle on asseoit le pavé.
GALETS, les galets plus ou moins ronds dont on construit certains pavés.
HAUT-DU-PAVÉ, la partie qui touche aux maisons.
PAREMENT, la partie apparente du pavé sur laquelle on marche.
RECHERCHE-DE-PAVÉ, c'est le raccommodage des flaches et la pose de pavés neufs à la place des vieux.
ASSEOIR LE PAVÉ, le poser convenablement et le consolider avec le marteau.

CALADA, s. m. (caláde) ; *Calata* et *Calcado*, ital. Pavé, terrain, rue, espace pavé, recouvert de pierres régulièrement disposées.

Éty. de *Cal*, R. pierre, et de la term. pass. *ada*, fait avec des pierres.

Sous dérivés : *Caladagi*, *Caladaire*, *Caladar*, *Caladat*, *Descaladar*, *Recaladar.*

Selon Isidore, les Carthaginois ont été les premiers qui ont pavé leurs villes de pierres. Ce fut à leur imitation qu'Appius Claudius-Cœcus fit paver la ville de Rome, 188 ans après l'expulsion des rois. Dict. des Orig. de 1777, in-8°.

La première ville moderne qui ait eu des rues pavées est Cordova, en Espagne ; ce fut Abdulrahman qui, en l'an 850, fit paver cette ville. Paris le fut, vers l'an 1185, par ordre de Philippe-Auguste.

CALADAGI, s. m. (caladádgi) ; CALADAGE. Pavage, l'ouvrage du paveur.

Éty. de *cal* et de la term. *agi*, faire du pavé. V. *Cal*, R. 3.

CALADAIRE, s. m. (caladaïré) ; PAVUR. Paveur, celui qui pave.

Éty. de *cal* et de la term. *aire*, qui fait le pavé, qui place les pierres. V. *Cal*, R. 3.

CALADAR, v. a. (caladá) ; PAVAR. Paver, revêtir le sol de pierres placées régulièrement en forme de muraille horizontale.

Éty. de *calada* et de la term. act. *ar*, faire une *calade*, un pavé. V. *Cal*, R. 3.

CALADAT, ADA, adj. et part. (caladá, áde). Pavé, ée : *Lou soou n'es caladat*, en parlant du fruit qui est tombé, la terre en est jonchée.

Éty. de *calada* et de *at.* V. *Cal*, R. 3.

CALADOUN, s. m. (caladoù) ; MAHOU, dl. Carreau de terre cuite ou carreau de pierre cubique qui servait autrefois à paver. Sauv. V. aussi *Maloun.*

Éty. de *calada* et du dim. *oun.* V. *Cal*, R. 3.

CALADUN, s. m. (caladün). Terrain à paver, Aub. chemin assez raide, Garc.

CALAFAT, s. m. (calafà) ; CALAFAT, GALAFAR. *Calafate*, esp. port. *Calafato*, ital. *Calafat*, cat. Calfat, celui dont le métier est de calfater les vaisseaux.

Éty. de l'héb. *caphar*, enduire de bitume, ou du grec κάλαφατης (kalaphates), m. s.

CALAFATAGI, s. m. (calafatádgi) ; CALAFETAGEM. Calfatage, action de calfater, l'ouvrage qui en résulte, l'étoupe enfoncée dans la couture d'un vaisseau.

Éty. V. *Calafatar.*

CALAFATAR, v. a. (calafatár) ; GALAFATAR, CARAFATAR. *Calafatare*, ital. *Calafetear*, esp. *Calafètar*, port. Calfater, garnir de poix et d'étoupe les fentes d'un vaisseau.

Éty. du grec καλαφατεῖν (kalaphatéin), qui signifie la même chose.

Se calafatar, se calfeutrer, se renfermer.

Le boulet chauffé dont les calfats se servent pour faire liquéfier le goudron s'appelle *balleaqueur.*

CALAFATAT, ADA, adj. et p. (calafatá, áde). *Calafetado*, port. Calfaté, ée. Voy. *Calafatar.*

CALAM, CALAMEL, CARAM, rad. dérivé du grec κάλαμος (kalamos), canne, roseau, chalumeau, chaume ; d'où le latin *calamus* et *calam*, par apocope. Comme les premiers chalumeaux et les premières flûtes furent faites avec un tuyau de roseau, ce mot a servi aussi à désigner ces instruments, surtout par le rad. du dim. inusité *calamellus* ; d'où *calamel.* Dérivés : *Calam-el*, *Calamel-a*, *Calamell-ar*, *Calamel-ar*, *Calam-itat*, *Calamit-ous.*

De *calamel*, par le changement de *l* en *ou* : *Calameou*, et par celui du *c* en *ch* : *Chalum-eou*, *Calum-et*, *Chalum-ina*, *Chalem-ie*, par celui du premier *l* en *r* : *Charam-el*, *Charamel-a*, *Caram-el*, *Caramel-a*, *Caramel-ar*, *Calamer-a*, *Carlam-ua*, *Carlam-usa*, par la suppression du second *a* : *Calmeilh*, *Calmeilla*, *Charamel-aire*, *Charamel-ar*, *Caramer-a*, *Caum-a*, *Churlumel-ar*, *Churl-ar.*

De *calamus*, par apocope *calam* ; d'où : *Calam-el*, *Calam-ela*, *Calam-el-ar*, *Calam-itat*, *Calam-it-ous.*

De *calam*, par le changement de *l* en *r* : *caram* ; d'où les mêmes mots.

De *calam*, par l'intercallation d'un *r*, *carlam* ; d'où : *Carlam-ua*, *Carlam-usa.*

CALAMALEC, s. m. vl. V. *Salamalec.*

CALAMAN, s. m. (calamán) ; CHARAMAN, CHARLATA, CALAMANT, SOOUMIER. Arêtier, faîtage d'un toit, pièce de bois qui s'étend d'une ferme à l'autre ; elle porte sur le poinçon, et elle soutient le bout des chevrons par en haut.

Éty. du grec κᾶλον (kalon), bois, ou du ligurien, selon l'auteur de la Stat. des B.-du-Rh. V. *Cal*, R. 5.

A Marseille, on donne le nom de *calaman* à toutes sortes de poutres.

CALAMANDRA, s. f. (calamándre) ; *Cala-*

nacò, esp. Calmande, étoffe de laine luisante et lustrée d'un côté.

Éty. du celt. *calamanda*, selon Ach.

CALAMANDRIER, s. m. (calamandrié); CALAMANDRIER, CALAMENDRIER, PICHOT-CHAINE, CALAMANDRINA. *Calamandrina*, ital. *Camedris*, esp. Petit-chêne, germandrée ou chênette, *Teucrium chamædrys*, Lin. plante de la famille des Labiées, commune sur les coteaux. V. Gar. *Chamædrys*, p. 97.

CALAMANDRIN, adj. vl. Temps humide.

CALAMANDRINA, s. f. (calamandrine); *Calamandrina*, ital. V. *Calamendrier*.

CALAMANT, s. m. (calamán); CALAMENT. *Calament*, cat. *Calamento*, esp. *Calaminta*, port. *Calamiento*, ital. Calament, calament de montagne ou mélisse calament, *Melissa calamintha*, Lin. plante de la famille les Labiées, commune dans les lieux secs et dans les bois.

Éty. du grec καλαμίνθη (calaminthê), formé de καλὸς (calos), beau, et de μίνθα (mintha), menthe, belle menthe ou menthe utile.

CALAMANT, Arêtier. V. *Calaman*.

CALAMANTRAN, Avr. V. *Caramentran*.

CALAMAR, s. m. vl *Calamajo*, ital. *Calamars*, cat. Ecritoire. V. *Escritori*.

Éty. du lat. *calamarius*, propre à recevoir les plumes.

CALAMBOURG, s. m. (calambóur). Calembourg ou calambourg, jeu de mots qui résulte du double sens sous lequel on peut prendre une expression quelconque.

Éty. Ce mot est nouveau, et cependant on n'en connait pas l'étymologie. Boiste le fait venir de *calamajo burlare*.

Personne n'a mieux jugé ce faux bel esprit que M. Delille, Conversation, chant Ier;

> Le *Calembourg*, enfant gâté
> Du mauvais goût, et de l'oisiveté,
> Qui va guétant, dans les discours baroques,
> De nos jargons nouveaux les termes équivoques,
> Et, se jouant des phrases et des mots,
> D'un terme obscur fait tout l'esprit des sots.

Ce mauvais genre n'était pas tout-à-fait nouveau quand M. de Bièvre lui donna une sorte de vogue.

Calambourdier, faiseur de calembourgs.

CALAMEL, V. *Caramel*, plus usité, *Chalumeau* et *Calam*, R.

CALAMEL, s. f. d. vaud. Flûte, chalumeau.

Éty. de *calamus*. V. *Calam*, R. καλαμη.

CALAMELA, s. m. (calamèle), d. vaud. Flûte, chalumeau.

Éty. de *calamus*. V. *Calam*, R. ou du grec καλαμη (kalamê), m. s.

CALAMELAR, v. n. (calamelá), dl. V. *Calamellar*.

CALAMELLAR, v. n. vl. CALAMELAR, CARAMELAR. *Caramelar*, anc. cat. *Caramellar*, esp. Jouer du chalumeau, *chalemeler*, chanter, conter.

Éty. de *calamel*, chalumeau, et de *ar*. V. *Calam*, R.

CALAMENT, s. m. vl. V. *Calamant*.

CALAMENT, s. m. (calaméin); CALAMENS, CALAMEN. Silence, calme. V. *Calar*, se taire.

CALAMEOU, adj. (calamèou). Brueys emploie ce mot dans le sens de nigaud, d'imbécile, dans le vers suivant :

> *Counfessi qu'èri* calameou.

CALAMERA, s. f. dg. Chalumeau, espèce d'instrument de musique. V. *Caramela*.

> *En canta sur sa* calamera
> *Aquesto couble bertadero.*
> D'Astros.

Éty. V. *Calam*, R.

CALAMINA, s. f. (calamine); *Calamina*, cat. port. esp. *Pietra-calamniaria* ou *Giallamina*, ital. Calamine : on donnait autrefois ce nom et celui de pierre-calaminaire à l'oxide de zinc natif dont on se servait pour la fabrication du cuivre jaune ou laiton.

CALAMITAT, s. f. (calamitá); *Calamità*, ital. *Calamidad*, esp. *Calamidade*, port. *Calamitat*, cat. Calamité, grand malheur, malheur public ou suite de malheurs.

Éty. du lat. *calamitatis*, gén. de *calamitas*. V. *Calam*, R.

Calepin, remarquant que le mot calamité s'est pris d'abord pour les désastres auxquels sont exposées les habitations du peuple couvertes en chaume, et particulièrement les moissons, l'a dérivé de *calamus*, chaume, chaume brisé, récolte emportée.

CALAMITOUS, OUSA, adj. (calamitous, ouse); *Calamitòs*, cat. *calamitoso*, port. esp. ital. Calamiteux, euse, qui abonde en calamités.

Éty. de *Calamit*, Rad. de *Calamitat*, et de *ous*. V. *Calam*, R.

CALAMUA, et

CALAMUC, s. m. (calamú). V. *Carlamua*.

CALANCA, ou *Caranca*. *Calanca*, ital. V. *Cala*.

CALANCA, s. f. (calánque). V. *Calancat*.

CALANCA, s. f. (calánque); CARANCA, CALCITA. Cale. V. *Cala*.

Éty. de *calar*, abaisser, parce qu'on s'arrête dans ces endroits, et l'on y cale les voiles.

CALANÇA, s. f. (calánce). Temps que l'on passe sans rien faire. T. d'impr. Garc.

CALANCAT, s. m. (calancá); CARANCAT, CALANCA. Calencar, toile peinte qui vient des Indes et de la Perse et qui est la plus estimée des indiennes.

CALANDRA, s. f. (calándre); CALIANDRA, CARIANDRA, MOOUVIETA, ALOUVETA, LAUVETA, LAUZETA, ALAUVETA. *Calandra*, esp. ital. cat. *Calhandra*, port. C'est dans plusieurs endroits de la Provence, un nom commun à toutes les alouettes; mais dans quelques autres il désigne particulièrement l'alouette commune, *Alauda arvensis*, Lin. oiseau de l'ordre des Passereaux et de la fam. des Subulirostres ou Raphioramphes (à bec en alène).

Éty. du grec χάλανδρα (chalandra).

Cet oiseau est l'un des plus communs de ce genre et celui dont le mâle chante le mieux.

Voyez pour les autres espèces aux mots *Coulassada*, *Couquilhada*, *Criou* et *Bedouvida*.

Les alouettes *Tirent-lirent*, le tire-lire de l'alouette.

CALANDRA, s. f. Nom qu'on donne au charançon noir du blé, calandre du blé ou cosson, *Curculio granarius*, Lin. *Calandra granaria*, Deg. insecte de l'ordre des Coléoptères et de la fam. des Rhinocères ou Rostricornes, dont la larve dévaste les greniers. V. pour les moyens de la détruire l'art. blé du Dict. des Sc. Nat.

Éty. Selon M. Nodier du grec καλινδέω (kalindéô), je retourne, et par extension, je laboure, par ironie ou contre vérité, ce qui est commun.

CALANDRA, s. f. *Calandra*, port. Calandre, presse pour donner du lustre aux draps.

L'introduction de cette machine en France, est due au Grand Colbert.

M. Nodier fait dériver ce mot du grec καλέοντες (kaléontés), *jugum*, et M. Roquefort de κύλινδρος (culindros), cylindre, parce que son principal effet est dû à un cylindre. Dérivés : *Calandr-aire*, *Calandr-ar*.

CALANDRA, s. f. A Nice, dans le Gard et à Avignon, on donne le nom de Calandre, à la véritable alouette calandre. Voy. *Coulassada*.

CALANDRA CAPELUDA, Avr. V. *Couquilhada*.

CALANDRAIRE, s. m. (calandràïré); Calandreux, celui qui calandre.

Éty. de *calandra* et de *aire*. V. *Calandra*.

CALANDRAR, v. a. (calandrá). Calandrer, passer les étoffes à la calandre.

Éty. de *calandra* et de *ar*. V. *Canlandra*.

CALANDRAS, s. m. (calandrás), dl. Grand benêt, grande personne de mauvaise façon. Sauv.

CALANDRE, s. m. (calándre), dl. Bondrille, bon compagnon, homme de débauche, plaisant, gaillard ; jeune apprenti marchand. Sauv.

Éty. Ce mot peut être pris du grec καλὸς (kalos), beau, et de ἀνδρὸς (andros), gén. de ἀνὴρ (anêr), homme. mari.

CALANDREGEAR, v. n. (calandredjá); CALANDREGEAR, dl. Sauter, se réjouir, se donner du bon temps.

Éty. de *calandre* et de *egear*, faire le bondrille, s'amuser.

CALANDRETA, s. f. (calandréte); CREOU, CALANDRINA, COURRENTILHA. Nom par lequel M. Crespon, dans son catalogue des oiseaux du département du Gard, désigne une espèce qu'il a créée, sous la dénomination d'alouette à doigt court. *Alauda brachidactyla*. Cresp. qu'on nomme *Creou*, à Avignon, suivant M. Requien. Cet oiseau est de l'ordre des Passereaux et de la fam. des Subulirostres.

CALANDRIER, V. *Calendrier*.

CALANDRINA, s. f. (calandrine), d. de Montp. V. *Calandreta*.

CALANDROUN, s. m. (calandróun). Petit de l'alouette, fig. poupon, Avr.

CALANS, s. m. pl. (caláns). Nom qu'on donne, dans la Basse-Prov. aux plus hauts sommets des Alpines (montagnes).

CALAPITA, s. f. (calapite); HERBA-OUERNINA. Ivette, *Teucrium chamæpitys*, Lin. *Ajuga chamæpytis*. Dic. plante de la fam. des Labiées, qu'on trouve dans les champs cultivés. V. Gar. *Chamæpitys lutea*, p. 103.

Éty. Le mot *calapita* ne paraît être qu'une corruption du lat. *chamæpitys*, dérivé du grec χαμαὶ (chamai), humble, petit, et de πίτυς (pitys), pin, comme si l'on disait petit pin; cette plante ressemblant en effet à un pin qui n'aurait encore que quelques pouces de *hauteur*.

CALAR, CAL, radical pris de la basse latinité, *chalare*, abaisser, faire descendre, et dérivé du grec χαλάω (chalaô), descendre, abaisser, lâcher, relâcher, cesser, céder.

De *chalare*, par apoc. et suppr. de *h*, *calar*; d'où: *Calar*, *En-calar*, *Re-calar*, *En-cal-at*, *En-car-ar*, *En-car-at*.

CALAR, v. n. (calá); CARAR, DESCENDRE, DABERAR. Descendre, aller en bas: *Se calar*, *se carar*, se fourrer, se mettre dessous.

Éty. du grec χαλάω (chalaô), descendre au moyen d'une corde, lâcher, d'où le bas latin *chalare*, abaisser, amener, caler.

CALAR, v. a. Descendre quelque chose d'un lieu élevé, caler, mettre une cale.

CALAR, v. a. *Calar*, esp. En term. de marine et de pêche, caler, abaisser, jeter: *Calar leis velas*, caler les voiles, *Calar le vele*, ital. *Calar l'ancra*, jeter l'ancre, χαλᾶν ἄγκυραν (chalan agkuran), *calar un souflet*, donner, appliquer un soufflet: *Calar fuec*, mettre le feu.

CALAR, v. n. (calá); *Calar*, anc. cat. *Callar*, esp. *Calar*, port. *Calare*, ital. Se taire, se soumettre, mettre pavillon bas, bouquer; discontinuer ce qu'on a commencé. V. *Calhar*.

Éty. de l'esp. *callar*, se taire.

Lou faguet calar, il le fit bouquer.

Calem siau, taisons-nous.

M. Thomas le fait aussi venir du grec χαλάω (chalaô), dans le sens de céder, cesser.

CALAT, ADA, part. (calá, áde); DESCENDUT. Descendu, ue. Il signifie aussi: bien mis, élégant, selon M. Thomas, qui le dérive alors du grec καλὸς (kalos), beau.

CALA-TOUT, (cale-tóu). Cale-tout, commandement pour laisser tomber tout-à-coup ce que l'on tient, T. de mar.

CALAU, s. m. (caláou), d. bas lim. Coquille d'œuf, de noix. V. *Crouveou*.

CALAVIA, s. f. (calávie). Viorne, Cast. V. *Alatier*.

CALBIR, v. n. vl. Penser.

CALBOT, s. m. (calbó). Le Cataphracte ou Aspidiphore armé, *Aspidiphorus armatus*, Dict. Sc. Nat. *Cottus cataphractus*, Lin. poisson de l'ordre des Holobranches et de la fam. des Céphalotes (à grosse tête), qui atteint la longueur des deux ou trois mètres.

CALC, CAL, CAUSS, CHAUSS, radical pris du latin *calcis*, gén. de *calx*, talon, pied, et dérivé du grec λὰξ (lax), de λήξω (lexô), futur de λήγω (lêgô), finir, être au bout, à l'extrémité, d'où le latin *Calcare*, fouler aux pieds, *Inculcare*, enfoncer, inculquer; *Recalcitrare*, recalcitrer.

De *calcis* ou de *calcare*, par apoc. *calc*, d'où: *Calc-es*, *calc-ar*, *Calc-ida*, *Calc-a-ment*, etc.

Par le changement de *l* en *u*, *cauc*; d'où: *Cauc*, *Cauc-a*, *Cauc-ar*, *Cauc-agna*, *Cauqu-iera*, *Cauc-asoun*, etc.

De *cauc*, par le changement de *c* en *ss*, *Causs*, d'où: *Causs-ar*, *Causs-eta*. *Causs-oun*, *Des-causs-at*, *Causs-igar*, *Causs-ura*, etc.

De *causs*, par le changement de *c* en *ch*, *chauss*, et les mêmes mots que par *causs*, dans le dm.

De *inculcare*, par apoc. *Inculcar*, *Inculc-at*.

De *recalcitrare*, par apoc. *Recalcitrar*, *Recalcitr-ant*.

CALC, vl. Il fallut.

CALCA, CALGUA, s. f. vl. Charpie. Voy. *Escarpida*.

CALCADOIRA, s. f. vl. Cuve, pressoir.

CALCAMENT, s. m. vl. *Calcamento*, ital. Foulement.

Éty. de *calc* et de *ment*. V. *Calc*, R.

CALCAR, v. a. (calcá); *Calcar*, cat. esp. *Calcare*, ital. Calquer, copier les traits d'un dessein, d'une écriture, etc. à travers un transparent.

Éty. du lat. *calcare*, fouler. V. *Calc*, R.

Calquoir, pointe émoussée servant à calquer.

CALCAR, v. a. vl. *Calcar*, port. esp. cat. *Calcare*, ital. Fouler, enfoncer. Voy. *Caucar*.

Éty. du lat. *calcare*, ou de *Calc*, R. et de *ar*.

CALCATREPA, s. f. (calcatrépe). Nom toulousain de la centaurée chausse trape. V. *Caucatrapa*. Dans le vl. ce nom désigne aussi la lavande.

CALCATRICS, s. f. vl. *Cocadrix*, esp. Crocodile. V. *Crocodilo*.

CALCEDOYNE, s. m. vl. *Calcedonia*, port. cat. *Calcidonio*, esp. *Calcedonio*, ital. Calcédoine, nom d'une agate de couleur laiteuse, dont l'intérieur, semble rempli de nuages.

Éty. du lat. *calcedonius*, m. s.

CALCES, s. m. pl. (calces). Vieux mot qui signifiait chaussure, souliers.

Éty. du lat. *calceamen*, m. s. V. *Calc*. R.

CALCIA, s. f. vl. Chaux. V. *Caux*.

CALCIDA, dl. V. *Caussida* et *Calc*, R.

CALCIES, dl. V. *Caussura* et *Calc*, R.

CALCINA, s. f. vl. *Calsina*, cat. *Calcina*, esp. Chaux, ciment, mortier. Beton. V. *Caucina* et *Cal*, R. 3.

CALCINAR, v. a. (calciná); *Calcinare*, ital. *Calcinar*, esp. port. *Calsinar*, cat. Calciner, au propre, réduire en chaux par le moyen de la calcination, et par ext. réduire en poudre par le feu.

Éty. du lat. *calcis*, gén. de *calx*, chaux, et de *ar*, réduire en chaux. V. *Cal*, R. 3.

CALCINAT, ADA, adj. et p. (calciná, áde); *Calcinado*, port. Calciné, ée. V. *Cal*, Rad. 3.

CALCINATION, s. f. (calcinatie-n); *Calcinazione*, ital. *Calcinacion*, esp. *Calcinacão*, port. *Calsinació*, cat. Calcination, action de calciner.

Éty. du lat. *calcinationis*, gén. de *calcinatio*. V. *Calc*, R. 3.

CALCITA, s. f. Garc. V. *Calanca*.

CALCIUM, s. m. (calcióm). Nom nouveau, créé pour désigner le métal qui forme la base de la chaux.

Éty. de *cals*, *calcis*, chaux. V. *Calc*, R. 3.

Ce métal n'a encore été trouvé dans la nature, que dans l'état d'oxyde, dégagé de tout acide, il est solide, plus pesant que l'eau, et ayant une très-grande affinité pour l'oxygène.

Il fut découvert en 1808 par Davy. Voy. *Caus*.

CALCON, s. m. vl. Clepsydre. V. *Clepsydre*.

CALÇOUNS, s. m. pl. (calçóuns); *Sottocalzoni*, ital. *Calzoncillos*, esp. *Calçoes* et *Calçotes*, port. *Calsotets*, cat. Caleçon, culotte de toile qu'on porte sous la culotte ordinaire.

Éty. de l'ital. *calzoni*, culotte, de *calceare*. V. *Calc*, R.

De calçouns, Trad. un caleçon, et non *des caleçons*, ni une *paire de caleçons*, quand on ne parle que d'un seul de ces vêtements: *Aquou*, *aquella que fai de calçouns*, *caleçonnier*, *ière*.

Dieu en prescrit l'usage aux Juifs dans l'exode.

CALCUL, s. m. (calcúl); *Calculo*, port. esp. ital. *Calcul*, cat. Calcul, supputation, compte.

Éty. du lat. *calculus*, petit caillou, petite pierre. V. *Cal*, R. 3.

Dans les premiers temps les hommes n'ont compté qu'avec leurs doigts et par dizaines. Les calculs les plus savants et les plus compliqués sont encore fondés aujourd'hui sur les mêmes bases; mais, comme les doigts ne pouvaient servir qu'à fixer le nombre dix, il fallut inventer des signes pour marquer le nombre de dizaines et c'est à cet usage qu'on employa de petits cailloux, *calculi*. Lorsqu'en comptant on avait employé tous ses doigts, on posait un petit caillou et ainsi de suite jusqu'à ce que le compte fut fini, et si le nombres des dizaines était considérable on les comptait de même en déposant à chacune un caillou qui valait alors dix dizaines ou 100: on faisait de même pour ces dernières qui valaient dix dizaines de dizaines ou 1,000, pour simplifier ensuite cette manière de calculer, on fut d'accord que la première barre en comptant de droite à gauche, indiquerait les unités, la seconde les dizaines, la troisième les dizaines de dizaines ou 100, la quatrième les 1,000, la cinquième les 10,000, etc.

On appelle calcul:

DIFFÉRENTIEL, celui qui a pour objet de trouver la différence infiniment petite d'une quantité finie variable, il fut inventé par Leibnitz en 1680.

ASTRONOMIQUE, celui qui est relatif aux mouvements des astres.

CALCUL INTEGRAL, s. m. Calcul intégral, il consiste à trouver la quantité finie dont une quantité infiniment petite, proposée, est la différentielle. Bernoulli le découvrit en 1700.

CALCULABLE, ABLA, adj. (calculáblé, áble); *Calculavel*, port. Calculable, qui se peut calculer.

Éty. de *calcul* et de *able*. V. *Cal*, R. 3.

CALCULAIRE, d. arl. V. *Calculatour* et *Cal*, R. 3.

Trop facha dounc d'estre rimaïre
Me dounc pas per calculaire.

Coye.

CALCULAR, v. a. (calculá); COUMPTAR, CHIFFRAR. *Calcular*, cat. port. esp. *Calculare*, ital. Calculer, supputer, compter, faire un calcul.

Éty. du lat. *calculare*, formé de *calculus*, et de la term. act. *ar*. V. *Car*, R. 3.

CALCULAT, **ADA**, adj. et p. (calculá, áde); *Calculado*, port. esp. Calculé, ée.

Éty. de *calcul* et de *at*. V. *Cal*, R. 3.

CALCULATOUR, s. m. (calculatóur); CALCULAIRE. *Calculatore*, ital. *Calculador*, port. esp. cat. Calculateur, celui qui calcule bien, spéculateur.

Éty. de *calcul* et de la term. *atour*, l'acteur du calcul, celui qui calcule. V. *Cal*, Rad. 3.

Calculatour mecanique, calculateur mécanique, instrument au moyen duquel, on peut sans maître, faire les quatre premières règles de l'arithmétique.

Il est dû à M. Guesnal qui l'a fait connaître en 1820.

CALD, **ALDA**, adj. vl. V. *Caud*, *auda*.

Éty. du lat. *caldus*, m. s. V. *Cal*, R.

CALECHA, s. f. (calèche); *Calesso*, ital. *Calesa*, esp. cat. *Caleça*, port. Calèche, petit carrosse coupé; sorte de carrosse léger, entouré de mantelets, dont on se sert pour se promener. V. *Cabrioulet*.

Éty. de *carus*, char, selon Ménage. V. *Car*, R.

En provençal on donne plus particulièrement ce nom à une chaise roulante. Les calèches n'étaient pas encore connues du temps de Louis XIV.

CALECHOU, s. m. (calètchou), dl. Une chaise roulante et non une calèche, Sauv.

Éty. de l'ital. *calesso*.

CALECUGI, V. *Calugi*.

CALEDUSNI, s. m. (caledúsni). Maladie des brebis qui consiste dans un affaiblissement considérable de la vue.

Éty. du lat. *caligo*, obscurcissement de la vue.

CALEFACTIO, s. f. vl. *Calefacion*, esp. *Caleffazione*, ital. Caléfaction, action de chauffer.

Éty du lat. *calefactio*, m. sign. V. *Cal*, Rad.

CALEFACTIU, **IVA**, adj. vl. *Calefattivo*, ital. *Calefactif*, rechauffant.

Éty. de *calefacere* et de *iu*. V. *Cal*, R.

CALFAR, dl. V. *Caufar* et *Cal*, R.

CALEFATAR, vl. V. *Calafatar*.

CALEGN, CALIGN, ce radical de *calegnar*, *calegnaire*, *calignar*, est un de ceux, qui ont le plus exercé les étymologistes pour en découvrir l'origine, les uns le font venir du grec χαλεῖν (chalein), implorer, parce que le galant demande, supplie, implore. M. de Sauvages le fait dériver de *gallus*, *galli*, coq, d'où par l'addition de la terminaison active *ar*, *galliar* et *calignar*, faire comme le coq, dont chacun connait la galanterie, d'autres le tirent du latin *calere*, être ardent, d'autres de l'espagnol *cariño*, tendresse, affection, témoignage d'amitié, désir ardent, d'où *cariñoso*, caressant, tendre, affectueux, désireux, on pourrait le prendre encore du grec καλὸς (kalos), beau, ou de καλινδέω (kalindeó), être assidu.

De *calegn*, sont dérivés: *Calegn-aire*, *A-calegn-it*, *Calegn-ar*, *Calign-ar*, *Calign-at*, *Calign-aire*, *Calignair-is*.

De *calegn*, par le changement de *l* en *r*, *caregn*; d'où les mêmes mots que par *Calegn*.

CALEGNAIRE, s. m. (calegnaïré); CALIGNAIRE, AMOUROUS, AMANT, GALANT, EMANT, CAREGNAIRE. Galant, amant, jeune homme nubile: *Es un calegnaire*, c'est un grand garçon.

Éty. de *calengn* et de *aire*. V. *Calegn*, Rad.

CALEGNAIRIS, s. f. (calegnéiris); AMANTA, MESTRESSA, CALIGNAIRIS, CAREGNAIRIS. Fille nubile, bonne à marier, maîtresse, amante.

Éty. Ceux qui font venir *calegnaire*, de *gallus*, coq, font dériver *calegnairis*, de *gallina*, ce qui est peut-être la cause de ce que plusieurs disent et écrivent *calignairis*, *calignaire*. V. *Calegn*, R.

CALEGNAR, v. n. (calignà); CALIGNAR, CAREGNAR, COURTISAR. Courtiser, faire la cour, coqueter, faire l'aimable auprès des femmes, et fig. convoiter, faire tous ses efforts pour avoir, pour obtenir quelque chose, mugueter.

Éty. V. *Calegn*, R.

CALEGNAT, **ADA**, adj. (caligná, áde); CARIGNAT, CALIGNAT. Courtoisé, ée, convoité, celui ou celle à qui on fait la cour.

Éty. V. *Calegn*, R.

CALEGNAU, V. *Cacha-fuec*.

Éty. Ce mot parait formé de *cal*, pour *calendas*, de *legn*, pour *legna*, bois, et de *au*, bois des calendes. V. *Calendau* et *Calend*, R.

CALEL, s. m. (calél), dl. Lampe à queue, V. *Calen*, on dit fig. *El gran calel del ciel*, pour le soleil.

Deman de bon matin taleu que lé soulel
Tournara (si dinplai) mettre d'oli al *calel*.
Bergoing.

CALEMALEC, vl. V. *Salamalec*.

CALEMUS, dl. (calèmus). Employé dans cette locution, *mangem calemus*, taisons nous. V. *Calar*, se taire.

CALEN, s. m. (caléin); CAREN, CALEL, CALEOU, CHALEL, LUME. Lampe à queue que l'on suspend, au moyen d'un crochet qui la termine.

Éty. du grec κέλυς (kélus), tortue, selon les uns, parce que cette espèce de lampe a la forme de l'écaille de cet animal, ou parce que l'on s'en est d'abord servi, au lieu de lampe. Le Pujet le fait venir de κάλον (kalon), bois, parce qu'on s'est servi, et qu'on se sert encore du bois gras, *théa*, pour s'éclairer. Le P. Thomassin le tire de καλα (kala), brûler, et d'autres du lat. *calere*, être ardent.

Abrar lou calen, allumer la lampe et non éclairer.

Bal de calen, bal de taudis.

Buffar lou calen, congédier la veillée.

Dans cette lampe on nomme:

QUEUE, la partie qui sert à la suspendre.
TOURET, le pivot mobile qui fixe la queue au bassin qui contient l'huile.
CORPS DE LA LAMPE, la partie qui contient l'huile.
BASSINET, l'espèce de calotte placée sous la lampe pour recueillir l'huile qui pourrait en tomber, *crasset*.
BEC, la partie avancée du corps où l'on place la mèche.

CALEN, s. m. Ableret, filet en forme de grand carreau qu'on établit à l'avant d'un bateau et qu'on relève par le moyen d'un contre poids.

Éty. Parce qu'on le suspend à la manière de l'espèce de lampe nommée *Calen*, v. c. m.

CALEN, adj. vl. *Calent*, cat. *Caliente*, esp. *Calente*, ital. Chaud, ardent: prévoyant, prudent.

Éty. du lat. *calens*, m. s.

CALEN, s. m. Lèchefrite, selon Garc. V. *Lichafroya*.

CALENA, s. f. (caléne) et

CALENAS, s. m. (calenás). Noms qu'on donne, dans la Pr.-Mér. au petit houx. V. *Prebouisset*.

CALENAS, V. *Calendas*.

CALEND, rad. dérivé du latin *calendæ*, qui désignait le premier jour de chaque mois, les calendes, ainsi appelées parce que ce jour là on convoquait le peuple sur le Capitole pour lui annoncer la nouvelle lune, et lui apprendre quel jour tomberaient les nônes, ou parce que les pontifes, pour les annoncer, disaient cinq fois: *Dies te quinque calo, juno novella*, (juno est pris ici pour *luna*); ou sept fois: *Septem te dies calo, juno novella*, selon qu'elles devaient arriver le cinq ou le sept du mois. Bondil, p. 21.

Comme le 25 décembre était le plus remarquable des huits jours avant les calendes (octavo calendas) nos ancêtres, devenus chrétiens, conservèrent le nom de *calendas*, à ce jour, pour désigner la fête de Noël, *calare*, *calo*, appeler, assembler, est dérivé du grec καλεῖν (kaléin), m. s. Dérivés: *Calend-a*, *Calend-as*, *Calend-al*, *Calend-au*, *Calend-r-ier*, *Calend-ier*, *Calend-r-egear*.

De *kalein*: *Kalend-a*, *Kalend-ar*, *Kalend-as*, *Kalen-as*, *Kalend-au*.

De *calend*, par le changement de *c* en *ch*, et de *l* en *r*: *Charend-as*, *Charend-au*, et par suppr. de *d*: *Calen-as*, *Calign-au*.

CALENDA, s. f. vl. Néoménie, le premier du mois; la nouvelle lune.

CALENDAL, adj. vl. *Calendal*, qui est des calendes.

Éty. de *calenda* et de *al*. V. *Calend*, R.

CALENDAS, s. f. pl. (calèindes); CHARENDAS, CALENAS. *Calendas*, cat. esp. port. *Calende*, ital. On désigne par ce mot, la fête de Noël et le festin que l'on fait à cette époque.

Per calendas, à la Noël.

Faire calendas, se réjouir, se regaler.

Éty. V. *Calend*, R.

Remandar eis calendas grecas, renvoyer aux calendes grecques, c'est-à-dire, bien loin, à un temps qui n'arrivera jamais, parce que les grecs ne comptaient pas par calendes.

CALENDAU, s. m. Viande, aliment que l'on fait cuire dans l'espèce de lèchefrite, nommée *Calen*. Avr.

CALENDAU, s. m. Nom avignonnais du petit houx. V. *Verbouisset*.

Éty. de *calendas*.

Calendes, noms par lesquels on désigne les fêtes de Noël, parce qu'on met les tiges de cette plante couverte de leurs fruits dont on entoure les rameaux par des nœuds blancs faits avec la moelle du *Scirpus holoschœnus*, sur le pain ou gateau de la veille de Noël, pain qu'on place au milieu de la table. Roq. V. *Calend*, R.

CALENDAU, s. m. (caleindáou), dl. V. *Cachafuec* et *Calend*, R.

CALENDAU, dl. V. *Micha* et *Pan*.

CALENDIER, vl. V. *Calendrier*.

CALENDREGEAR, v. n. (caleindredjá), dl. V. *Calandregear*, il signifie aussi dégoiser. Sauv.

Éty. de *calendas*, selon M. de Sauv. et de *egear*, se réjouir comme aux fêtes de Noël. V. *Calend*, R.

CALENDRIER, s. m. (calandrié); CALENDIER. *Calendari*, cat. *Calendario*, esp. port. ital. Calendrier, livre ou table qui contient l'ordre et la suite de tous les jours de l'année avec l'indication des fêtes, etc.

Éty. du lat. *calendarium*, formé de *calendæ*, calendes, mot qu'on écrivait autrefois en gros caractères au commencement de chaque mois, et qui vient du grec καλεῖν (kaléin), appeler. V. *Calend*, R.

Le calendrier a subi un grand nombre de réformes avant que d'être parvenu au point de perfection où nous le voyons aujourd'hui.

Les premières notions sur le calendrier datent de l'empereur Chinois, Hoang-Ti, 2611 ans avant J.-C.

Les Grecs en attribuent l'invention au Centaure Chiron, 1450 ans, avant la même époque, mais la découverte de la longueur exacte de l'année, est attribuée à Harpale, astronome grec (535 ans, avant J.-C.), ou à Denis, d'Alexandrie (285 ans, même ère). Les Grecs ne réglèrent leur année d'une manière définitive que 130 ans, avant la nôtre.

Trois grandes réformes ont été opérées depuis celle de Jules-César, 44 ans, avant l'ère vulgaire, par laquelle on ajoutait un jour bissextil, de quatre en quatre ans, à l'année de Numa, qui n'était que de 365 jours, mais au lieu de faire cette addition à la fin des quatre années révolues et au commencement de la cinquième ; on la fit au commencement de la quatrième, de sorte que dans l'espace de 36 ans, ils avaient inséré 12 jours bissextils, tandis qu'il n'en aurait fallu que neuf.

Auguste corrigea cette erreur 4 ans avant J.-C. en laissant écouler 12 ans sans intercallation.

Ce calcul supposait l'année composée de 365 jours et 6 heures, mais comme il s'en manque 11 minutes et quelques secondes, Grégoire XIII fit en 1582 une dernière réforme qui consista à retrancher 10 jours de l'année 1582, qui fut par cette raison nommée année julienne, pour marquer la fin du calendrier de Jules César, et à supprimer un jour bissextil tous les 300 ans, afin de faire coïncider l'année civile avec l'année solaire. V. *An*.

Le calendrier grégorien a été adopté par tous les catholiques, à l'exception des Grecs et de quelques protestants d'Allemagne.

En 1793, le 5 octobre, la Convention décrète un nouveau calendrier, qui divise l'année en 12 mois égaux de 30 jours, suivis de 5 jours complémentaires.

Le calendrier républicain fut substitué en France au calendrier grégorien en 1792, et aboli le 1er janvier 1806.

On fixa le commencement de l'année au 22 septembre, jour où tombe l'équinoxe d'automne pour l'observatoire de Paris.

Le premier vendemiaire an 1er, correspond au 22 septembre 1792, jour de l'ouverture de la convention nationale.

Le calendrier grégorien fut rétabli par un sénatus-consulte du 22 fructidor an XIII. Le premier janvier 1806, époque où il recommença à être en usage, et qui correspond au 11 nivose an XIV.

Chronologie.

2115 ans avant J.-C. Gjemschid, roi de Perse, réforme le calendrier.

1450 ans avant J.-C. Chiron, dresse celui dont se servirent depuis les Argonautes.

714 ans avant J.-C. Numa Pompilius, ordonne la réforme de celui des Romains, il ajoute deux nouveaux mois à l'année romuléenne et les nomme *januarius* et *februarius*, et fait commencer l'année par le premier de ces mois.

45 ans avant J.-C. Sosigène, par ordre de César, règle le cours de l'année sur celui du soleil, réforme le calendrier romain, et fixe l'année à 365 jours.

22 ans avant J.-C. Auguste, ordonne la mise en activité du calendrier romain.

1500 ans depuis J.-C. Abraham Zachut, en compose un perpétuel.

1582 ans depuis J.-C. réforme du calendrier européen sous Grégoire XIII, par Vincent Laurier, Christophe Clavius et Ciaconius.

1791 ans depuis J.-C. le 6 octobre, on fixe le commencement de l'année au 22 septembre ; établissement du calendrier républicain, dont l'usage cesse au premier janvier 1806.

CALENIERA, s. f. (caleniére); CARENIERA, LUMINIERS, COURDEOU. Chaine, à laquelle on suspend la lampe nommée *calen*, d'où *caleniera*. V. *Calen*.

CALENSA, s. f. vl. Nécessité, soin, souci, intention.

Éty. *Caler*, *chalher*. V. *Cal*, R. 4.

CALEOU, s. m. (calèou), d. arl. Voy. *Calen*.

CALER, v. imp. (calè), dl. Falloir, être de nécessité, V. *Chalher*, faillir, manquer, vl. être à cœur, et *Cal*, R. 4.

CALES, *estre à*, expr. prov. Être mal dans ses affaires, n'en pouvoir plus.

Éty. Probablement de Calais, ville située à l'extrémité de la France, être à Calais, être à l'extrémité, dans un sens figuré.

CALES, nom de lieu, vl. Chalais.

CALFAGGE, s. m. vl. Chauffage. Voy. *Caufagi*.

CALFAMENT, s. m. vl. Chauffement. V. *Cal*, R.

CALFAPED, s. m. (calfapè), dg. Chaufferette. V. *Banqueta*.

CALFAR, v. a. vl. Chauffer. V. *Caufar*.

CALFAR, dl. V. *Caufar* et *Cal*, R.

CALFAT, adj. et p. vl. Chauffé. Voy. *Caufat*.

Éty. du lat. *calefactum*.

CALGRA, vl. Il faudrait, il faudra.

CALGUA, vl. V. *Calca*.

CALH, rad. dérivé du latin *coagulare*, coaguler, cailler, formé de *coago*, qui est composé de *cum* et de *ago*, d'où *cogere*, *cogo*, *coactum*, ramasser, recueillir, resserrer, d'où *coactio*, coaction, *coagulatio*, coagulation.

De *coagulare*, par apoc. *coagul*, par la suppr. de *o* et de *u*, *cagl*, et par le changement de *gl* en *lh*, *calh*; d'où : *Calh*, *Calhada*, *Calh-ar*, *Calh-astre*, *Calhastr-oun*, *Calh-at*, *Calh-ot*, etc.

De *coactio* : *Coaccio*.

De *coagulare*, par apoc. *Coagular*, *Coagul-at*.

De *coagulatio*, *ionis*, coagulation : *Coagulacio*, *Coagulation*.

CALH, s. m. dm. CAL. Pour lait caillé. V. *Calhat* et *Calh*, R.

En vl. jointure, calus.

CALHA, s. f. (cáille); CAIA, CATA. *Quaglia*, ital. *Cagliera*, Nice. Caille, *Perdix coturnix*, Lath. *Tetrao coturnix*, Lin. oiseau de l'ordre des Gallinacés et de la fam. des Alectrides, (ressemblant aux poules).

Éty. On croit que ce mot est une onomatopée du chant de cet oiseau.

Les cailles arrivent dans nos pays vers la fin d'avril et ne les quittent qu'en septembre pour se rendre sur les côtes de l'Asie et de l'Afrique, où elles passent l'hiver.

Le cri de la caille s'appelle *courcaillet*. La caille carcaille ; on dit qu'elle margotte quand elle commence à chanter d'un ton enroué.

CALHA, interj (caille); CALLO, dl. Foin, malpeste.

Éty. de *Calhar*, se taire, v. c. m.

CALHA, s. f. dl. Caille, jeu de collége. Suppl. à Sauv.

CALHA, s. f. CALIA, dl. Une truite. Voy. *Truita* et *Troucha*.

CALHADA, s. f. (caillàde), dl. Caillé. V. *Calhat* et *Calh*, R. Dans le d. bas lim. ce mot désigne aussi une jonchée ou petit fromage.

CALHADIERA, s. f. (cailladiére). Laitière, femme qui vend du lait et du caillé. V. *Lachiera*.

Éty. de *calhat* et de *iera*. V. *Calh*, R.

CALHAR, v. a. (caillá); CAILHAR, CAULAR, FIGEAR, CAIAR. *Cuallar*, cat. *Quagliare*, ital. *Cuajar*, esp. *Coalhar*, port. Cailler, figer, coaguler; on ne le dit actuellement qu'en parlant du lait.

Éty. du lat. *coagulare*. V. *Calh*, R.

CALHAR SE, v. r. (sé caillá). Se cailler, se coaguler; le lait se caille, le sang se coagule.

CALHAR, v. n. *Callar*, cat. esp. Se taire: *L'ai fach calhar*, je lui ai coupé la parole, je l'ai réduit au silence.

Éty. de l'esp. *callar*, *callarse*, se taire.

Ce mot est particulièrement conservé dans les proverbes suivants :

Ounte força regna lei et resoun calhoun.
Ounte escrichs soun barbas calhoun.

CALHAS, s. m. (caillás), dl. Pour caillot. V. *Calhoun* et *Calh*, R.

CALHASTRAS, Garc. V. *Flandrin*.

CALHASTRE, s. m. (cailIástré). Voy. *Calhoun*.

CALHASTROUN, s. m. (caillastróun). Dim. de *calhastre*, petit caillot, petit grumeau. V. *Calh*, R.

CALHAT, s. m. (caillá); CAL, CALH, CALHADA, CAULADA, CAIAT. *Coalhada*, port. Caillé, du lait caillé : *Mangear de calhat*, manger du caillé.

Éty. du lat. *coagulatum*, part. de *coagulare*, coaguler. V. *Calh*, R.

CALHAT, ADA, adj. et p. (caillá, áde); *Coalhado*, port. Caillé, ée, coagulé. V. *Calh*, Rad.

CALHAT, adj. vl. Trempé, en parlant de l'acier.

CALHAT, s. m. (caillá), dl. Cailleteau. V. *Calhateou*.

CALHATEOU, s. m. (caillatèou) ; CALHAT, CALHOT, BARBACHOHA, CAIOUN. Cailleteau, le petit de la caille.

Éty. de *calha* et de *eou*, dim. le *t* est euphonique.

CALHAU, s. m. (cailláou), dl. CAIAU. *Calhão*, port. Pour caillou, V. *Peira*, *Codou*, *Massacan*; gros morceau, en d. bas lim. et *Tros*.

Éty. du lat. *calculu*. V. *Cal*, R. 3.

CALHAUOS, adj. vl. Cailloutcux.

Éty. de *calhau* et de *os*. V. *Cal*, R. 3.

CALHET, s. m. (caillé), d. de Bordeaux. Vidangeur, gadouard.

CALHET, ETA, adj. (caillé, éte); CAIHOL, GAREL, CAILHOL, CAIIOL, CAIET. *Bladcalhet*, blé qui n'est pas encore bien mûr, qui a des épis verts parmi les épis mûrs : *Terra calheta*, terre qui est encore recouverte de neige par-ci, par-là ; bigarré, de deux couleurs : *Buou calhet*, bœuf pie.

CALHETA, s. f. (cailléte); CALHETAS, pl. CALHETAS, GAYETA, CAIETA. On donne ce nom à une espèce de saucisse faite avec du foie de cochon et du lard, pomme de porc, selon M. Garc.

Éty. V. *Calh*, R.

CALHETIERA, Garc. V. *Brunida*.

CALHIBA, s. f. dl. Cheville. V. *Cavilha*.

CALHIBAR, m. d. Cheviller. V. *Cavilhar*.

CALHIBARI, s. m. m. d. Charivari. V. *Charivari*.

CALHIU, s. m. (cailliou); CAILLOU, dl. Cendre chaude. V. *Recaliou*.

CALHOBA, s. f. (caillóbe), d. bas. lim. Pelote de neige, V. *Peloutoun*, grumeau de sang. V. *Calhoun* et *Calh*, R.

Calhoba de pus, bourbillon.

CALHOL, dl. V. *Calhet*.

Nous sem calhols, nous sommes perdus, nous sommes fricassés.

CALHOT, s. m. (cailló), d. béarn. Cailleteau, jeune caille.

CALHOUN, s. m. (caillóun); CALHAS, CALHASTRE, CALHAU, CALHOBA, CAIOUN. *Coágul*, cat. *Coagulo*, esp. Caillot, grumeau ou petite masse de sang caillé. On le dit aussi des autres substances qui sont susceptibles de se figer.

Éty. V. *Calh*, R.

CALIANDRA, CARIANDRA. Noms de l'alouette calandre, selon M. Garc. V. *Calandra*.

CALIBADA, s. f. dl. V. *Caliou* et *Recaliou*.

CALIBARI, s. m. (calibarí). Nom roman du *Charivari*, v. c. m.

CALIBAT, s. m. (calibá), dl. La cheville du pied. Sauv. V. *Cavilha*.

CALIBOT, s. m. (calibó), dl. BROUSSA, BROUSSIN. Des caillebottes ou du lait caillé, en grumeaux.

Éty. V. *Calh*, R.

CALIBOTAT, ADA, adj. et p. (caliboutá, áde), dl. Grumelé, caillé en grumeaux.

Éty. de *calibot* et de *at*. V. *Calh*, R.

CALIBRAR, v. a. (calibrá). Calibrer, donner le calibre, la grosseur convenable.

Éty. de *calibre* et de *ar*.

CALIBRAT, ADA, adj. et p. (calibrá, áde). Calibré, ée.

CALIBRE, s. m. (calibré); *Calibro*, ital. *Calibre*, esp. port. cat. Calibre, diamètre, intérieur du canon d'une arme à feu, et par extension, diamètre des corps en général ; grosseur de la balle ou du boulet proportionnée au canon qui doit la recevoir.

Éty. de l'arabe *calib*, moule.

On donne le même nom à un instrument qui sert à déterminer les calibres.

CALICE, V. *Calici*.

CALICI, s. m. (calici) ; CALICE, QUIRA. *Caliz*, esp. *Calice*, port. *Calice*, ital. *Calser*, cat. Calice, vase où l'on fait la consécration de la messe ; calice, enveloppe extérieure de la fleur.

Éty. du lat. calix, formé du grec κάλυξ (kalyx), coupe, tasse, ou du lat. *calicis*, gén. de *calix*.

On distingue dans un calice, la coupe, la tige et le pied ; ses parties accessoires sont : *la patène*, *le purificatoir*, *la palle*, *le corporal*, *la bourse* et *le voile*, *lavabo*.

Les calices des apôtres étaient de bois et probablement aussi ceux de leurs premiers successeurs. Le pape Zéphirin, et selon d'autres, Urbain Ier, au IIIme siècle, ordonna qu'on les ferait d'or ou d'argent. Léon IV a défendu ceux d'étaim et de verre.

CALICOT, s. m. (calicó). Calico? Tissu de coton, espèce de mousseline, moins fine que la percale.

CALIDA, s. f. (calide). Nom Avignonnais du brome stérile. V. *Espangassat*.

Dans la Camargue on donne plus particulièrement le nom de *calida* à l'épi, et on nomme la plante entière, *herba molla*.

CALIER, adj. vl. Soucieux, soigneux.

Éty. de *calensa*, souci et *Cal*, R. 4.

CALIFO, s. m. (calife) ; *Calife* et *Califa*, port. *Califa*, cat. esp. *Califfo*, ital. Calife, nom des souverains musulmans, successeurs de Mahomet, qui réunissent le pouvoir temporel et le pouvoir spirituel.

Éty. de l'arabe *khalyfah*, dérivé de *khalafa*, succéder.

CALIGNADA, s. f. (calignáde). Braise, feu de menu bois. Thomas.

Éty. du grec κάλιον (kalion), morceau de bois, id.

CALIGNAIRE, V. *Calegnaire*.

CALIGNAIRIS, s. f. CALEGNAIRIS. *Calegneiris*. Nom commun à l'ophidie barbue. V. *Corrugian*. A l'ophidie vassali, *Ophidium vassali*, Risso. poisson de l'ordre des Holobranches et de la fam. des Pantoptères (à toutes nageoires), très-commun à Nice : à l'ophidie imberbe, *Ophidium imberbe*, Lin. poisson du même genre que le précédent, dont la chair est très-délicate, et à la cépole serpentiforme, *Cepola rubescens*. V. *Rougeola*.

Le nom de *calignairis* a été donné à ces poissons à cause de la beauté et de la variété de leurs couleurs.

CALIGNAR, V. *Calegnar*.

CALIGNAU, s. m. (kalignáou), synonime de *Cachafuec*, v. c. m.

Éty. de *Calena*, v. c. m. et *Calend*, R.

CALIMAS, s. m. (calimás), dl. V. *Caum*. Rad.

> Jantis pastourelets que dejouts las oumbretos,
> Sentets apazima le calimas del jour.
>
> Goudel.

CALIN, INA, s. (calïn, ine) ; *Carinyos*, cat. *Cariñoso*, esp. Calin, homme lâche et paresseux ; indolent, rampant, flatteur.

Éty. du grec χαλᾶν (chalân), lâcher, témoigner de l'indulgence, ou peut être de *calignaire*, *calinaire* et par apoc. *calin*.

CALINA, s. f. vl. *Calina*, esp. Chaleur, le temps chaud. V. *Calimas*.

Éty. du lat. *caliginis*, gén. de *caligo*, dans le sens de chaleur

CALINEGEAR, v. a. (calinedjá), dg. Caresser.

Éty. de *calin* et de *egear*.

CALIOU, s. m. (calíou), dl. CALIBADA. De la cendre chaude. V. *Recaliou*, *Caliu* et *Cal*, R.

CALIOU, s. m. dl. Un pourceau. V. *Porc*.

CALIOURNA, s. f. (caliourne). Caliorne, cayorne ou caïorne, gros cordage passé dans deux moufles à trois poulies, servant à lever les gros fardeaux.

Éty. Probablement du grec χάλος (kalos), corde, cable. V. *Cabl*, R.

CALISSADA, s. f. (calissáde), dg.

> *Quate* calissados *quadun*.
>
> D'Astros.

CALISTO, nom d'homme (caliste) ; *Calisto*, ital. *Calixto*, esp. Calixte.

Patr. On honore plusieurs saints de ce nom : Calixte de Corinthe, le 16 avril ; Calixte, évêque de Todi, le 14 août, Calixte, pape, le 14 octobre.

CALITOR, s. m. (calitór). Nom qu'on donne, à Nismes, à une espèce de raisin hâtif blanc, dont les grains sont médiocres, ronds et séparés.

CALITOR NEGRE, SAURE. Nom d'une autre espèce de raisin, noir hâtif, dont les grains sont ronds et séparés.

CALITZ, vl. V. *Calici*.

CALIU, s. vl. *Caliu*, cat. Braise, charbon, cendre chaude. V. *Cal*, R. et *Recaliou*.

CALIVAR, v. a. vl. Chauffer, échauffer.

CALIVIER, s. m. (calivié). Un des noms de la viorne. V. *Ataticr*.

CALIX, vl. V. *Calici*.

CALLA, s. f. vl. Caille. V. *Calha*.

CALLABLAMENT, adv. vl. De connivence.

CALLEBA, s. f. (callèbe), dl. ?

Tantos dessus, dejouts, coumo fa la *callebo*.
Hillet.

CALLIGRAPHIA, s. f. (calligraphie); *Caligrafia*, cat. esp. ital. *Calligraphia*, port. Calligraphie, nom qu'on donnait autrefois aux écritures ornées et faites par une belle main, ainsi qu'à l'art de les tracer. Aujourd'hui, ce mot est restreint à la méthode par laquelle on enseigne en peu de temps à écrire passablement.

Éty. V. *Calligrapho*.

CALLIGRAPHO, s. m. (calligraphe). Calligraphe, nom que portaient, avant l'invention de l'imprimerie, les copistes qui mettaient au net et ornaient d'emblêmes et de dessins les écrits des *notaires*; il s'applique maintenant à ceux qui, par une méthode particulière, enseignent en peu de temps la belle écriture.

Éty. du grec καλλος (kallos), beauté, et de γράφω (graphô), j'écris.

M. Bernadet est l'un des auteurs de la nouvelle méthode de calligraphie qui ont le mieux réussi dans cette entreprise.

CALLOUS, OUSA, adj. (callous, ouse); *Callos*, cat. *Calloso*, esp. port. ital. Calleux, calleuse, qui a des callosités, qui est devenu dur comme un cal.

Éty. du lat. *callosus*, m. s. fait de *cal* et de *osus*.

CALLOUSITAT, s. f. (callousità); *Callositat*, cat. *Callosidad*, esp. *Callosidade*, port. *Callosità*, ital. Callosité, endurcissement et épaississement de la peau, particulièrement de l'épiderme qui recouvre l'intérieur des mains et la plante des pieds.

Éty. du lat. *callositatis*, gén. de *callositas*, m. s.

CALLUS, s. m. (càlus); REIBEOUES, REIBOS. *Callo*, esp. port. Cal, substance osseuse qui réunit deux os qui avaient été fracturés, le nœud qui en résulte. V. *Beire-os*.

Éty du lat. *callum*, *callus*, inusité. Voy. *Cal*, R. 2.

A fach callus se dit figur. pour endurci, incorrigible, irrémédiable. *A fach callus*, *Ha fatto il callo*, ital. l'habitude est prise.

CALMA, s. f. vl. Chaleur.

CALMANT, ANTA, adj. (calmàn, ànte); *Calmant*, cat. *Calmante*, esp. ital. port. Calmant, ante, remède auquel on attribue la propriété de calmer les irritations musculaires et les excitations nerveuses.

Éty. de *Calmar*, v. c. m. et *Calme*.

CALMAR, v. a. (calmà); ABAUCAR, AMATIGHAR, ACHUAUZAR. *Calmare*, ital. *Calmar*, esp. cat. *Acalmar*, port. Calmer, rendre calme.

Éty. de *calme* et de *Ar*, v. c. m.

CALMAR SE, v. r. (se calmà); *Acalmarse*, port. Se calmer, cesser d'être agité.

CALMAT, ADA, adj. et p. (calmà, àde); ABAUCAT. *Calmado*, esp. Calmé, ée. Voy. *Calme*.

CALME, ALMA, adj. (càlmé, alme): *Acalmado*, port. Calme, tranquille, qui n'est pas agité.

Éty du grec μάλακὸς (malakos), mou, selon Huet, d'où *malacia*, calme, qui se trouve dans le IIIme liv. des Comment. de César. De *malacus* on a fait, par transposition de lettres, *calamus*, puis *Calme*. Roq.

CALME, s. m. BOUNAÇA. *Calma*, ital. esp. cat. *Calme*, port. Calme, état opposé à l'agitation, au mouvement violent, tumultueux. On le dit plus particulièrement du calme de la mer quand le vent cesse de l'agiter, et au fig. de celui de l'esprit.

CALMEILH, s. m. vl. CALMEILLA. Chaume. V. *Clui*.

Éty. du lat. *calamus*. V. *Calam*, R.

CALMEILLA, s. f. vl. même significat. V. *Calam*, R.

CALMOUCKS, (calmóucs). Les Calmoucks, peuple nomade, d'origine tartare, dans la Russie d'Europe, qui habite la partie du gouvernement du Caucase, située entre le Volga et l'Oural, se prolongeant vers la mer Caspienne.

CALMS, s. m. vl. Plaine sans herbe, lande.

CALOBRA, s. f. d. arl. Couleuvre. Voy. *Serp*.

CALOFA,

CALOFE et

CALOUFA, d. bas-lim. Ecale de certains fruits, brou de la noix. V. *Gruelha*.

CALOGE, s. m. (calódgé). Confrère pénitent, titre que se donnent ceux d'une même confrérie qui ont exercé des dignités. Garc.

CALOIS, s. m. (calói). Bâton épais et court, selon Garc. V. *Calous* et *Cal*, R. 5.

CALOMPNIA, vl. V. *Caloumnia*.

CALONGAR, vl. V. *Calonjar*.

CALONH, s. m. vl. Lampe; alt. de *Calen*, v. c. m.

CALONJA, s. f. vl. *Calonja*, anc. esp. *Calogna*, ital. Dispute, refus.

Éty. du lat. *columnia* et *caloumni*, R.

CALONJAR, v. n. vl. CALONGAR. *Calognar*, anc. cat. *Calonjar*, anc. esp. *Calongnare*, ital. Disputer, refuter, prohiber, réclamer par devant justice, requérir.

Éty. de *calonja* et de *ar*. V. *Caloumni*, R.

CALOR, vl. V. *Calour*.

CALORENT, vl. V. *Calourent*.

CALOS, s. m. (calos); CAMBA-DE-MIL, dg. Tige du maïs. V. *Cal*, R. 5.

CALOS, s. m. V. *Calous* et *Cal*, R. 5.

CALOT, s. m. (caló), d. béarn. Somme d'argent qu'on tient en réserve, affaire bonne ou mauvaise: *Aquot faria ben moun calot*, cela ferait bien mon affaire.

CALOTA, s. f. (calóte). Petit bonnet, ordinairement de cuir, qui ne couvre que le sommet de la tête, écuelle en dg.

Éty. du celt. *calota*, selon Ach. du lat. *callus*, couverture de tête, dérivé du grec καλὺπτω (kaluptô), couvrir, voiler.

L'usage des calottes est très-ancien; Martial en parle déjà dans ses satyres. On assure que le cardinal de Richelieu est le premier ecclésiastique qui en ait porté en France.

On nomme *calottier* l'ouvrier qui les fabrique.

CALOTA, s. f. Tape, coup donné avec la main sur la tête, comme si on y appliquait une calotte. On donne aussi le nom de calotte à la convexité d'un four, d'un dôme, etc.

CALOTAR, v. a. (caloutà). *Calotter*, donner des coups du plat de la main sur la tête.

Éty. de *calota* et de *ar*, frapper sur la calotte, prise ironiquement pour la tête.

CALOTOUN, s. m. (caloutóun); CALOUTOUN. Béguin, petite calotte.

Éty. de *calota* et du dim. *oun*.

CALOUAS, Garc. V. *Calous*.

CALOUES, Avr. V. *Calous*.

CALOUMNI, CALUMPNI, CALONI, radical dérivé du lat. *calumnia*, calomnie, supposition de crimes, fausse accusation, dérivé de *calvor*, tromper, frustrer, dont le rad. est *calvus*, chauve, parce que celui qui a la tête pelée trompe l'attente de celui qui voudrait le prendre par les cheveux. Bondil. Dérivés directs: *Caloumni-a*, *Caloumni-ar*, *Caloumni-atour*, *Caloumni-ous*, par l'addition d'un *p*: *Caumpni-a*, *Calumpni-ar*, *Calumpni-amen*, par la suppr. de *m*, et le changement de *u* en *o*, et de *i* en *j*: *Calonj-a*, *Colonj-ar*, et par celui de *o* en *e*, et du *j* en *g*: *Con-caleng-ier*.

CALOUMNIA, s. f. (caloumnie); *Calunnia*, ital. *Calumnia*, esp. port. cat. Calomnie, mensonge par lequel on accuse quelqu'un d'une mauvaise action qu'il n'a pas faite, ou on lui impute des défauts qu'il n'a pas.

Éty. du lat. *calumnia*, m. sign. V. *Caloumni*, R.

CALOUMNIAR, v. a. (caloumnià); *Calunniare*, ital. *Calumniar*, esp. port. cat. Calomnier, accuser méchamment quelqu'un d'une mauvaise action qu'il n'a pas faite, ou lui attribuer des défauts qu'il n'a pas.

Éty. du lat. *calumniari*, ou de *calumnia* et de *ar*, *qui calvit omnia*, qui déguise tout. V. *Caloumni*, R.

CALOUMNIAT, ADA, adj. (caloumnià, àde); *Calumniado*, port. esp. Calomnié, ée.

Éty. V. *Caloumni*, R.

CALOUMNIATOUR, s. m. (caloumniatóur); MARRIDA LENGUA. *Calunniatore*, ital. *Calumniador*, esp. port. cat. Calomniateur, celui qui calomnie.

Éty. du lat. *calumniator*, ou de *calumnia* et de *atour*. V. *Caloumni*, R.

On dit en français, calomniatrice au fém. *calunniatrice* en ital. *calumniadora* en esp. et en port. mais le provençal y substitue la périphrase, *marrida lengua*.

CALOUMNIOUS, OUSA, adj. (caloumnióus óuse); *Calumniòs*, cat. *Calunnioso*, ital. *Calumnioso*, esp. port. Calomnieux, euse, qui porte le caractère de la calomnie.

Éty. du lat. *calumniosus*, ou de *calumnia* et de *ous*, de la nature de la calomnie. V. *Caloumni*, R.

CALOUR, s. m. (calóur); CHALOUR. *Calore*, ital. *Calor*, esp. port. Chaleur, sensation déterminée dans nos organes par la transmission du calorique sensible; fig. ardeur, feu, véhémence, activité.

Éty. du lat. *calor*, m. sign. V. *Cal*, R.

Calour deis animaus, se dit du désir des femelles pour s'unir aux mâles: *La china es en calour*, la chienne est en chaleur, on dit en rut en parlant de la plupart des autres animaux; la vache est en chas.

CALOURADA, s. f. (calouráde), dl. Echauffaison, passion de l'âme, la concupiscence. Sauv. Bouffée de chaleur.

Éty. de *calour* et de *ada*. V. *Cal*, R.

CALOURENT, ENTA, adj. (calouréin, éinte); *Caloroso*, ital. esp. port. *Caloròs*, cat. Chaleureux, euse, qui a beaucoup de chaleur naturelle, échauffé, ée, qui est en sueur. *Siou tout calourent*; qui est d'un tempérament chaud et bouillant.

Éty. de *Calour*, chaleur, et de la term. *ent*, v. c. m. V. *Cal*, R.

CALOURIQUE, s. m. (calourique); *Caloric*, cat. *Calorico*, esp. ital. port. Calorique, nom que les physiciens modernes ont donné au principe de la chaleur, fluide subtil qui pénètre tous les corps en en écartant les molécules constituantes.

Éty. du lat. *caloricum*, fait de *calor*. V. *Cal*, R.

On nomme :

CALORIQUE SPÉCIFIQUE ou LATENT, les rapports de quantité de calorique que les différents corps contiennent.

CALORIQUE COMBINÉ, celui qui est intimément combiné avec les corps et qui en fait partie.

CALORIQUE INTERPOSÉ ou LIBRE, celui qui est libre et seulement interposé.

CALORIQUE RAYONNANT, celui qui tend à passer d'un corps dans un autre.

CALOUS, s. m. (calóus). Trognon de chou. V. *Cagatrouei* et *Cal*, R. 5.

CALOUS, s. m. CALOIS, CALOUAS. Bâton court et épais, branche dépouillée de ses rameaux; fig. sot, stupide. Garc.

Éty. du grec κᾶλον (kalon), bois.

L'auteur de la Stat. des B.-du-Rh. regarde ce mot comme ligurien. V. *Cal*, R. 5.

CALOUSSADA, s. f. (caloussáde). Bastonnade. V. *Bastounada*.

Éty. de *calouc* et de *ada*, fait avec le bâton nommé *calous*. V. *Cal*, R. 5.

CALOUSSAR, v. a. (caloussá). Bâtonner. V. *Bastounar*.

Éty. de *calous* et de *ar*, frapper avec le *calous*. V. *Cal*, R. 5.

CALOUTAR, V. *Calotar*.

CALOUTOUN, V. *Calotoun*.

CALOUYET, s. m. d. béarn. CALOUYÈ. Chanoine. V. *Canounge*.

CALPATRAPA, s. f. (calpatrápe). Nom toulousain de la chausse-trape. V. *Caucatrapa*.

Éty. Alt. du lat. *calcitrapa*.

CALPISAR, vl. V. *Caupisar*.

CALPRE, s. m. (cálpré). Nom toulousain de la charmille. V. *Charme*.

CALQUE, Pour quelque. V. *Cauque* et *Qual*, R.

Cauque cal, vl. quiconque.

CALQUESA, s. f. (calquése). Fourneau pour dessécher le bois, cadre en tôle pour y recuire les ouvrages en verre. Garc.

Éty. V. *Cal*, R.

CALQUIERA, dl. V. *Cauquiera*.

CALRA, vl. Il faudra.

CALRES, vl. Pour *Que al res*, qu'autre chose. V. *Qual*, R.

CALRIA, vl. Il faudrait.

CALS, adj. vl. Chauve. V. *Calv*.

Éty. du lat. *calvus*, m. s.

CALS, s. m. (cáls), dl. Le chas ou œil d'une aiguille. V. *Chaur*.

Éty. de *casus*, chute, lieu où le fil entre ou tombe. V. *Cas*, R.

CALS, s. m. dl. *Cals*, cat. La chaux; une cage à poulets.

Éty. du lat. *calx*, m. s. V. *Caus*, comme plus usité, et *Cal*, R. 3.

CALSA, s. f. vl. Chausse, soulier. Voy. *Caussa* et *Calc*, R.

CALSACOM, vl. V. *Qualaquom*.

CALSAMEN, vl. V. *Causament*.

CALSAMENTA, s. f. vl. *Calsat*, cat. *Cazado*, esp. *Calzare*, *il*, ital. Chaussure.

Éty. du lat. *calceamentum*, m. s.

CALSIGADOR, adj. vl. Qui foule aux pieds.

CALSIGAR, v. a. vl. Fouler aux pieds.

CALSOUN, V. *Calçoun* et *Calc*, R.

CALS-QUE, vl. Quiconque. V. *Qual*, R.

CALT, adj. vl. CALTZ. Chaud, chaux. V. *Chaud* et *Caus*.

CALUC, adj. vl. CALUCS. Camard.

CALUC, UCA, adj. (calú, úque); CALUS, CALU, CALUT, CALUDA, SARDOUS. Qui est atteint du vertige ou tournis.

Éty. V. *Calugi*.

CALUC, UCA, adject. SUP, TUCLE, dl. Myope, qui a la vue extrêmement basse, aveugle, louche.

Éty. du lat. *caligo*, obscurcissement de la vue, ou du grec καλύπτω (kaluptô), couvrir, voiler.

CALUDA, s. f. (calúde), dl. Brebis atteinte du tournis. V. *Caluc*, *uca*.

CALUGI, s. m. (calúdgi); LUBDUGI, CALECUGI, BESSEIG, BERLAGAMENT, CALUGE. Tournis ou vertige des brebis et des moutons.

Il est causé par la présence de l'hydatide cérébrale, *hydatis cerebralis*, Bosch, zoophyte de la fam. des Intestinaux ou Helminthes. On en a trouvé jusqu'à cinq cents dans la même cavité.

Il est quelquefois produit aussi par la présence de la larve de l'œstre des brebis dans les naseaux. Dans ce cas, il n'est que momentané.

Éty. du grec ἀλύω (aluô), devenir fou, errer à l'aventure, comme font les animaux atteints du tournis, ou du lat. *caligo*, obscurcissement de la vue, infirmité que procure la même maladie. V. *Caluc*

CALUMET, s. m. (calumé). Calumet, pipe des sauvages de plusieurs contrées. Ils ont un calumet de guerre, qui est rouge, et un calumet de paix, qui est orné de plumes blanches.

Éty. du lat. *calamus*. V. *Calam*, R.

CALUMPNIA, s. f. vl. V. *Caloumnia* et *Caloumni*, R.

CALUMPNIAR, v. a. vl. V. *Caloumniar* et *Caloumni*, R.

CALUMPNJAMEN, s. m. vl. Contestation, difficulté. V. *Caloumni*, R.

CALUS, adj. vl. Chauve. V. *Calv*.

CALUSTRADA, V. *Escalustrada*.

CALUSTRAR, V. *Escalustrar*.

CALV, rad. pris du lat. *calvus*, chauve.

Dérivés : *Calv*, *Calv-et*, *Calv-iera*, *Calv-ut*, *Calv-era*, *Calv-ira*, *Es-calv-in-ar*, *Decalv-atier*, *Es-calv-airat*, *Es-calvin-at*, et par la suppr. de *v*, *cal*; d'où : *Cal*, *-Chauv-e*,

CALV, QUALV, adj. vl. CAL, CALVET, CALAS, CALS. *Calvo*, cat. esp. port. ital. Chauve. V. *Pelat*.

Éty. du lat. *calvus*, m. s. V. *Calv*, R.

CALVADOS, s. m. (calvadòs); *Calvados*, esp. Calvados, nom d'un département de la Normandie dont le chef-lieu est Caen.

Éty. d'un rocher qui porte ce nom et qui borde la mer dans une étendue de quatre à cinq lieues, près de Baieux.

CALVARIA, s. f. vl. V. *Calvero*.

Golgota es le mont Calvaria, on, per nos, nostre Salvador fo mes en crotz. Elucid. de las propr.

CALVERO, s. m. (calvère); CALVARI. *Calvario*, esp. port. ital. *Calvari*, cat. Calvaire ou Golgotha, mont de Palestine où J.-C. fut crucifié. Élévation sur laquelle on plante trois croix en mémoire de la passion de Notre-Seigneur; lieu escarpé.

Éty. du lat. *calvarius*, formé de *calvaria*, crâne, la partie la plus élevée du corps, ou selon saint Gérome, parce que ce lieu était plein de crânes, d'ossements; ou de *calvarius*, fait de *calvus*, nu, pelé. V. *Calv*, R.

La congrégation de Notre-Dame du Calvaire est un ordre de religieuses qui suivent la règle de saint Benoit, et qui fut fondé d'abord à Poitiers, par Antoinette d'Orléans; confirmé en 1617 par le pape Paul V et par Louis XIII.

CALVET, adj. vl. CALVOT. *Calvo*, cat. esp. ital. port. Chauve. V. *Calv*.

Éty. de *calv* et de *et*. V. *Calv*, R.

CALVIERA, s. f. vl. *Calvezza*, ital. *Calvicie*, esp. *Calva*, port. ital. *Calvesa*, cat. Calvitie, chauveté, état d'une personne chauve.

Éty. du lat. *calvities*, m. s. ou de *calv* et de *iera*. V. *Calv*, R.

CALVINISME, s. m. (calvinismé); *Calvinismo*, ital. esp. port. *Calvinisme*, cat. Calvinisme, doctrine et opinions de Jean Calvin.

Cet hérésiarque né à Noyon en 1509, commença à Dogmatiser en 1533; il se retira à Genève en 1536, d'où il fut chassé deux ans après; il y revint et s'y fixa en 1541.

L'on peut réduire aux six chefs suivants les dogmes principaux et caractéristiques du Calvinisme :

1° Que J.-C. n'est pas réellement dans le Sacrement de l'Eucharistie; mais qu'il n'y est qu'en signe ou en figure.

2° Que la prédestination et la réprobation sont antérieures à la prescience divine des œuvres bonnes ou mauvaises.

3° Que la prédestination et la réprobation dépendent de la pure volonté de Dieu, sans égard aux mérites ou démérites des hommes.

4° Que Dieu donne à ceux qu'il a prédestinés une foi et une justice *inamissibles*, et qu'il ne leur impute pas leurs péchés.

5° Que les justes ne sauraient faire une bonne œuvre, en conséquence du péché originel, qui les en rend incapables.

6° Que les hommes sont justifiés par la foi seule, qui rend les bonnes œuvres et les sacrements inutiles.

CALVINISTO, ISTA, s. (calviniste); *Calvinista*; ital. esp. port. Calviniste. Voy. *Huganaud* et *Proutestant*.

Éty. de *calvin* et de *isto*.

CALVIRA, s. f. (calvire); CALVINA. Calville, sorte de pomme à côtes. V. *Pouma*.

Éty. de *calvus*, parce que cette pomme est très-lisse. V. *Calv*, R.

CALVUT, adj. vl. Chauve. V. *Calvet.*

CALYPSO, (calypsó) ; *Calipso*, ital. Calypso, fille de l'Océan et de Tethys, régnait sur l'île d'Ortygie, dans la mer Eonienne, quand Ulysse y aborda, à son retour de l'expédition de Troie.

Éty. du grec Καλυψώ (Kalupsô), futur de καλυπτω cacher, voiler.

CALZ, vl. Chaux. V. *Caus.*

CAM

CAM, dg. Pour *Champ*, v. c. m.

CAMA, s. f. (càme). Teigne. V. *Arna.*

CAMA, d. béarn. *Cama*, cat. Jambe. V. *Camba.*

CAMAIAR, v. a. et n. (camaïá), dl. Noircir, barbouiller de noir, tacher. V. *Mascarar.*

La vigna se camaia, le raisin commence à tourner. Sauv.

CAMAL, s. m. vl. V. *Camalh.*

CAMALEON, vl. V. *Cameleon.*

CAMALH, s. m. (camáill) ; CAMAI, CAMAIL. *Camaglio*, ital. Camail, demi-manteau à l'usage des évêques et des chanoines.

Le camail doit son origine au capuchon des moines, et son ancienneté ne remonte pas au-delà du commencement du XVIme siècle ; en Allemagne son usage était déjà établi dès l'an 1386.

Éty. du celt. *camale*, selon Ach. mais ce mot vient de *cap-malh*, formé de *cap*, tête, et de *malh*, maille, tête de maille, capuchon de maille, qui était une armure défensive dont le guerrier couvrait sa tête pour la garantir. Pour se préserver du froid les Ecclésiastiques employèrent, pendant les offices, un couvre-chef fait d'étoffe, et à peu près semblable à celui des guerriers.

Le P. Pujet, fait dériver ce mot de *camelaucum*, pris du grec moderne καμελαυκιον (kamelaukion), couverture de tête faite avec du poil de chameau.

CAMALOU, s. m. (camalóu). Porte-faix, à Antibes. V. *Porta-fais.*

Éty. de *Cameou*, v. c. m.

CAMAMIERI, s. m. V. *Camamilha.*

CAMAMILHA, s. f. (camamille) ; CAMOMILLA, CAMOUMILHA, BOULETS, CAMAMIERI, CAMOUMIDA. *Camomila*, esp. *Camomilla*, ital. *Camillen*, all. *Camamilla*, cat. Camomille, camomille romaine, *Anthemis nobilis*, Lin. plante de la fam. des composées Corymbifères ; cultivée pour ses fleurs. Voy. Gar. *Chamœmelum nobile*, p. 100.

Éty. du grec χαμαὶ (kamai), à terre, et de μῆλον (mêlon), pomme, à cause que ses fleurs sont basses et arrondies.

CAMANTOU, dl. V. *Caga-trouces.*

CAMARA, s. f. (camàre) ; dl. Cloison ou mur de refend. V. *Buged* et *Branda*, lambris ou plafond ceintré en menuiserie.

Éty. de *camara*, voûte, arcade. V. *Cambr*, R.

CAMARADO, s. f. (camaráde) ; CAMBARADA, COUMPAGNOUN, CAMERADA. *Camerata*, ital. *Camarada*, cat. esp. port. Camarade, ami, compagnon ; qui sert dans le même corps, qui est dans la même classe.

Éty. du grec καμάρα (kamara), voûte, chambre, qui habite la même chambre. V. *Cambr*, R.

CAMARAR, v. a. (camará). Couvrir un toit. Cast.

CAMARARIA, s. f. vl. *Camareria*, ital. esp. cat. Fonction, charge de camérier. V. *Camérerie.*

Éty. de *camara* et de *ria*. V. *Cambr*, R.

CAMARD, ARDA, adj. (camár, árde). *Camus*, v. c. m.

Éty. Probablement du grec καμάρα (kamara), voûte, arcade, creux de l'oreille, parce que les nez camus sont courbés. V. *Cambr*, R.

CAMARDA, s. f. (camarde). Les poëtes provençaux ont souvent donné cette épithète à la mort et ils l'ont aussi employée quelquefois substantivement pour la désigner. Voy. *Cambr*, R.

La camardo es à la oledo.
Leou presto à lou recata.
Boufounadas.

CAMARGA LA, nom de lieu, (camárgue la) ; *Castro-Marino*, ital. Camargue, la, c'est la réunion des petites îles que forment les branches du Rhône à son embouchure, dans le département des Bouches-du-Rhône, près d'Arles.

Éty. de *Caius-Marius*, qui y fit faire une tranchée remplie avec les eaux du Rhône, pour se défendre contre les Cymbres ; d'autres le tirent de *Castra-Marii*.

CAMARGUENC, ENCA, s. (camarguéin, éinque). Habitant de la Camargue.

Éty. de *camarga* et de *enc.*

Dimenche es doun la voto ? anen,
Vole qu'ane gagnia la cousso,
E que vengue lou camarguen.
Aubanel.

CAMARIER, vl. V. *Camerier.*

CAMARIERA, s. f. vl. *Camerière*, femme de chambre.

Éty. de *camara*, chambre, et de *iera*. V. *Cambr*, R.

CAMARLENC, CHAMARLENC, s. m. vl. *Camarlenc*, cat. *Camarlengo*, esp. *Camerlengo*, port. *Camarlingo*, ital. Chambellan. V. *Chambellan.*

Éty. de *camarl*, pour *cambra* et de *enc*. V. *Cambr*, R.

CAMB, CHAMB, GAMB, rad. dérivé du celt. *camb*, jambe, ou du grec καμπὴ (kampè), courbure, formé de κάμπτω (kamptô), courber, fléchir, parce que la jambe est un peu courbée, ou plutôt parce qu'elle peut se plier sur la cuisse. Dérivés : *Camb-a*, *Camb-ada*, *Camb-ad-iar*, *En-camb-ar*, *Camb-arot*, *Camb-et*, *Des-camb-ar-l-at*, etc.

De *camb*, par le changement de *c* en *ch*, *chamb* ; d'où les même mots.

De *camb*, par le changement de *c* en *g*, *gamb* ; d'où : *Gamb-a*, *Gamb-ajoun*, *Gamb-eta*, et en général les mêmes mots que par *camb.*

De *camb*, par la suppr. de *b*, *cam* ; d'où : *Cam-a*, *Cam-el*, *Cam-ina*, *Cam-ota*, etc.

De *gamb*, par le changement de *g* en *j*, *jamb* ; d'où : *Jamb-ar*, *Jamb-ieras*, *Jamb-oun.*

CAMBA, s. f. (càmbe) ; CHAMBA, JARA, DIGA, CAMA, CAMET, CAMOT, CAMOU. *Gamba*, ital. cat. Jambe, partie des membres abdominaux qui s'étend du genou au pied.

Éty. de la basse lat. *campa* ou *gamba*, m. s. V. *Camb*, R.

La jambe est composée de deux os : du tibia, qui est situé à la partie interne et antérieure, et du péroné qui occupe le côté externe.

Dounar leis cambas a un enfant, lui donner la première robe, l'affranchir du maillot, le vêtir pour la première fois.

Camba d'una lettra, jambage d'une lettre.

Podi pas levar las cambas, je ne puis pas mettre un pied devant l'autre.

Sembla que me pissoun contra la camba, quand j'entends de pareils discours, il me semble qu'on me pèle le nez.

Camba d'una botta, tige.

CAMBA, s. f. dg. Tige des plantes, tronc des arbres. V. *Tigea.*

CAMBA-DE-MIL, s. f. (càmbe-dé-mil). Tige de maïs. V. *Calos.*

CAMBABIRAR, Alt. lang. de *Cambavirar*, v. c. m.

CAMBADA, s. f. (cambáde) ; QUILHABOUMBA, PELHEBETA. *Cambadelha*, port. *Gambata*, ital. *Gambada*, esp. Gambade, espèce de saut sans art et sans cadence ; enjambée ; culbute.

Éty. de *camba* et de la term. pass. *ada*, ce qu'on peut franchir avec les jambes, enjambée. V. *Camb*, R.

Pagar ame de mouneda de singe, ame de cambadas, payer en monnaie de singe, en gambades.

L'origine de ce proverbe vient d'un des articles du tarif fait par Saint-Louis, pour régler les droits des péages que les jongleurs ou farceurs payaient à l'entrée de Paris, où il est dit, que les jongleurs ne payeraient rien pour l'entrée de leur singes, mais qu'ils les feraient jouer et gambader devant le péage.

CAMBADA, se dit aussi de l'étendue de terre qu'un cultivateur bêche sans se détourner ni à droite ni à gauche.

CAMBADIAR, v. n. (cambadiá) ; BOUMBEGEAR. *Camejar*, cat. *Scambiettare*, ital. Gambader, faire des gambades.

Éty. de *cambada* et de *iar*. V. *Camb*, R.

CAMBAGI, s. m. (cambádgi). Pieds droits d'une porte. Aub. V. *Jambagi.*

CAMBAJOUN, dl. V. *Jamboun.*

GAMBAJOUN, s. m. (cambadjóun) ; CAMBALHOUN, CAMBILHOUN. La partie mince d'un gigot ou d'un jambon ; le manche. Garc.

Éty. Dim. de *camba*. V. *Camb*, R.

CAMBAL, s. m. dg. Fourreau d'une culotte ou d'un pantalon. V. *Brayoun.*

CAMBAL, s. m. (cambál). On donne ce nom, à Thorame, B.-Alp. au morceau de bois qui passe dans l'anneau du coin, nommé *triangle*, dont on se sert pour traîner des poutres ; au *cambal* viennent se fixer les traits du cheval.

Éty. de *Camb*, courbe, v. c. m.

CAMBA-LASSA, s. f. (cámbe-lásse). Course inutile et fatigante.

Éty. de *camba* et de *lassa*, jambe fatiguée. V. *Camb*, R.

CAMBALETA, s. f. (cambaléte), dl. Cheval fondu. V. *Cavaleta-toumba*.
Éty. V. *Camb*, R.

CAMBALHAT, ADA, adj. et p. (cambaillá, áde); CAMBALIAT. Employé par M. Taudon, de Montpellier, dans le sens de, pourvu de bonnes jambes, ou qui a les jarretières bien liées.

Yeou pode pa, may que sache prou courre
Lous arresta, soun trop ben cambaias.

Éty. de *camba* et de *at*. V. *Camb*, R.

CAMBALHOUN, Garc. V. *Cambajoun*.

CAMBALIAR SE, v. r. (sé cambaliá), dl. Mettre ses jarretières.
Éty. de *camba* et de *liar*, lier la jambe. V. *Camb*, R.

CAMBALIAT, V. *Cambalhat*.

CAMBALIER, s. m. (cambalié), dl. Jarretière. V. *Jarratiera*.
Éty. de *camba* et de *lier*, qui lie la jambe. V. *Camb*, R.

CAMBALIGA, s. f. (cámbe-ligue), dg. Jarretière.
Éty. de *camba* et de *liga*, qui lie la jambe.

CAMBALOTA, s. f. (cambalóte), dl. CAMBARELETA. *Capitombolo*, ital. *Faire la cambalota*, faire la culbute: *Fa faire la cambalota*, culbuter quelqu'un, lui faire faire la culbute; saut périlleux.
Éty. V. *Camb*, R.

CAMBALOU, s. m. (cambalóu), dg. CAMBAU. *Jambier*, bâton garni de fortes entailles à chaque extrémité, auxquelles les bouches fixent les jambes de derrière des animaux qu'ils ont tués, pour les suspendre ensuite la tête en bas.

CAMBARADO, V. *Camarado*.

CAMBARELETA, s. f. (cambarelète). *De cambareleta*. V. *Escambarlous d'*.

CAMBAROT, s. m. (cambaró). Nom commun à plusieurs crabes à longues pattes. V. *Carambot*.
Éty. du lat. *gammarus*, m. s. dérivé du grec κάμμαρον (kammaron), homard.

CAMBAROT, s. m. dl. GAMBAROT, ENTAUCHADURE, ENFAUCHEIRA. Le *cambarot*, Sauv. douleur au poignet et quelquefois au coude, à laquelle sont sujets certains artisans par le fréquent exercice de ces parties. V. *Camb*, R.

CAMBAROT, s. m. dl. Bracelet d'écarlate, qu'on croit être le remède ou le préservatif de l'indisposition qui porte ce nom; on l'appelle encore ainsi la souche d'un vieux chêne coupé. V. *Camb*, R.

CAMBA-ROUSSA, s. f. (camba-róusse). Pariétaire. Avril. V. *Espargoula*.

CAMBARUT, UDA, adj. (cambarú, úde); CAMBARUT. Qui a de longues jambes, qui est remarquable par les jambes.
Éty. de *camb* et de *arut*. V. *Camb*, R.

CAMBARUT, s. m. Un des noms de l'échasse à manteau noir. V. *Cambet-grand* et *Camb*, R.

CAMBASSA, s. f. (cambásse); *Camassa*, cat. *Gambaccia*, ital. Augm. péjor. de *camba*, grosse et laide jambe.
Éty. de *camba* et de *assa*. V. *Camb*, R.

CAMBASSA, s. f. Nom nicéen de l'échasse manteau noir. V. *Cambet-grand*.

CAMBATERRAR, v. a. et n. vl. Démonter, mettre pied à terre, descendre de cheval.
Éty. de *camba*, de *terra* et de *ar*, mettre la jambe à terre.

CAMBATERRAT, adj. vl. CAMBA-TERAT. Qui a mis pied à terre.
Éty. de *camba*, de *tera* pour *terra*, et de *at*. V. *Camb*, R.

CAMBAU, s. m. (cambáou); CAMBOOU. Pièce de bois qui sert à suspendre un cochon mort et épilé. Garc. V. *Cambalou*.

CAMBA-VIRAR, v. a. et n. (cámbe-virá), dl. CAMBABIRAR. Culbuter, renverser, mettre sans dessus dessous: faire tourner le vin, *Lous trons fan cambavirar lou vin*; fig. trépasser.
Éty. Tourner la jambe. V. *Camb*, R.

CAMBAXOU, s. m. (cambatsoú), Jambon. V. *Jamboun*.

CAMBE, s. m. (cámbé). V. *Canebe*.

CAMBE, d. lim. Combien. V. *Quant*.

CAMBEGEAR, v. n. (cambéjá), dl. PENNEGEAR, CAMBILHAR. Gambiller, ruer, les enfants qu'on remue à l'âtre gambillent. On ne peut emmailloter cet enfant, il ne fait que gambiller.
Éty. de *camba* et de *egear*, remuer les jambes. V. *Camb*, R.

CAMBET, s. m. (cambé); PED-ROUGE, CAMBUSSA. Le petit Chevalier aux pieds rouges ou la gambette de Buffon, *Tringa gambetta*, Lin. oiseau de l'ordre des Echassiers et de la fam. des Ténuirostres ou Rampholites (à bec grêle), qui habite les lieux marécageux de la B.-Prov.
Éty. de *camba*, jambe, et de *et*. V. *Camb*, Rad.
M. Temminck, prétend que l'oiseau décrit sous le nom de gambotte par Buffon, est le même que le grand chevalier au pieds rouges, *Scolopax calidrix*, Lin. vu avec sa parure d'été.

CAMBET, s. m. Est aussi le nom qu'on donne, dans le Gard, 1° au combattant ou ou pan de mer, V. *Sourda*; 2° au chevalier arlequin, *Totanus fuscus*, Leisler, oiseau de la même fam. que le précédent, 3° au chevalier aboyeur, *Totanus glottis*, Bechst.
Éty. de *camba* et de *et*. V. *Camb*, R.

CAMBET, s. m. dg. Age de la charrue.

CAMBET, d. Béarn. Chanvre. V. *Canebe*.

CAMBET-GRAND, s. m. (cambégran). Nom qu'on donne, dans le département du Gard, à l'éch sse à manteau noir, *Charadrius himantopus*, Lin. *Himantopus melanopterus*, Meyer, qu'on nomme *Cambassa* à Nice, et *Cambarut* ailleurs, oiseau de l'ordre des Echassiers et de la fam. de Ténuirostres (à bec grêle), très-remarquable par la longueur de ses jambes qui sont d'une belle couleur rouge.

CAMBETA, s. f. (cambéte); CAMINA, CAMOTA. *Cameta*, cat. *Gambetta*, ital. Petite jambe.
Éty. de *camba* et du dim. *eta*. V. *Camb*, R.
Faire la cambeta, l'escambarleta, trabatels, donner le croc en jambe, *Aniar cambapè*, port. *Anar d'una cambeta*, aller à cloche pied.

CAMBETA, s. f. dl. CAMBET, BASSEGOU. PESTIA. Age ou flèche de la charrue; dans quelques endroits, mancheron.

CAMBI, CHAMBI, CAMJ, CANG, CHANG, rad. pris du lat. *cambium*, change, troc, échange, formé de *cambire*, *cambio*, *campsi*, *campsum*, échanger, troquer, et probablement dérivé du grec κάμπτω (kamptô), futur ψω (psô), plier, faire tourner: *Unde et campse campsas solebant vestutissimi dicere*. Voss.
M. Du Mège, le fait venir de αμειβω (ameibô), permuter.
De *cambium*, par apoc. *cambi;* d'où: *Cambi, Cambi-aire, Cambi-ar, Es-cambi-ar*, etc.
De *cambi*, par la suppr. de *b*, *cami*, et par le changement de *i* en *j*, *camj;* d'où: *Camj-e, Camj-aire, Camj-ador, Camj-ar*, etc.
De *camj*, par le changement de *c* en *ch*, et de *j* en *g*, *chang;* d'où: *Change-a-ment, Change-ar, Change-ant, Chang-i, Es-chang-i*, etc.

CAMBI, s. m. (cámbi); CAMBIS, ESCHANGI, CHANGI. *Cambio*, ital. esp. port. *Cambi*, cat. Change, échange, troc d'une chose contre une autre.
Éty. du lat. *cambium*, m. s. V. *Cambi*, R.
A cambi de punouchas, à vil prix.
Faire changi, troquer, changer.

CAMBIADOR, s. m. vl. *Cambiador*, port. cat. *Cambiatore*, ital. Banquier. Voy. *Banquier, Changeur, Cambiaire* et *Cambi*, R.

CAMBIAIRE, s. m. (cambiáïré); CHANGEAIRE. *Cambiador*, cat. esp. port. *Cambiatore*, ital. Changeur, troqueur; volage, inconstant.
Éty. de *cambi* et de *aire*, celui qui change, qui échange. V. *Cambi*, R.

CAMBIAMENT, dl. *Cambiament*, cat. V. *Changeament*.

CAMBIAR, v. a. (cambiá); *Cambiar*, port. esp. cat. *Cambiare*, ital. Changer. V. *Changear* et *Eschangear*.
Éty. de *cambi* et de *ar*. V. *Cambi*, R.

CAMBIAT, adj. vl. *Cambiado*, esp. Changé, échangé.
Éty. de *cambi* et de *at*, échange fait. V. *Cambi*, R.

CAMBICOUN, dl. V. *Jamboun*.

CAMBIÈRA, s. f. vl. Jambière, arme défensive qui garantissait les jambes: botte, guêtre.
Éty. de *camba* et de *iera*. V. *Camb*, R.

CAMBILHOUN, Garc. V. *Cambajoun*.

CAMBINIERA, dl. V. *Canebiera*.

CAMBIOUTEGEAR, v. n. (cambioutedjá), dl. Verbe fréquentatif, changer souvent.
Éty. de *Cambi*, R. et de *outegear*.

CAMBIS, s. m. vl. Change. V. *Cambi*.

CAMBIS, s. m. CHAMBIS, COULAS, GAMBIS. Collier de bois qu'on met au cou des bêtes, pour y suspendre une sonnaille ou clairine.
Éty. du grec καμπύλη (kampulê), bâton recourbé, formé de καμπή (kampê), courbure, le υ se rend souvent par un *i*, d'où *campile*, *campil* et *cambil*, par le changement fréquent de *p* en *b*. V. *Camb*, R.

CAMBITOR, adj. et s. (cambitór), dl. *Camatort*, cat. Boiteux, bancroche. Voy. *Bouitous*.
Éty. V. *Camb*, R.

CAMBO, s. m. vl. CAMBOU. Champ, vallon, plaine cultivée, champ de blé. V. *Champ* et *Camp*, R.
Éty. Alt. de *campo*.

CAMBOIS, s. m. V. *Cambouis*.

CAMBORLA, s. f. (cambórle). Nom toulousain de la tige sèche du maïs. V. *Milharassa.*

CAMBOUIS, s. m. (cambóui); CAMBOY, CAMBROY. Cambouis, graisse noircie par l'oxyde de fer, qui sort du moyeu des voitures.

Éty. du celt. *cambouis*, vieux oing.

CAMBOY, V. *Cambouis.*

CAMBR, CAMAR, CHAMBR, rad. dérivé du grec καμάρα (kamara), voûte, arcade, d'où le lat. *camara* et *camera*, qui ont la même signification. Dans l'origine on ne donnait le nom de chambre, *camara*, basse lat. qu'aux appartements voûtés, et on l'a appliqué ensuite à la plupart des divisions d'une maison, quand elles sont moins grandes que les salles et plus vastes que les cabinets.

De *camara*, par apoc. et addit. de *b*, *cambr;* d'où: *Cambr-a*, *Camb-usa*, *Cambrada*, *Cambr-ota*, *Cambr-ousa*, etc.

De *camara*, par simple apoc. *camar;* d'où: *Camar-ado*, *Camar-ier*, *Camar-l-enc*, *Acamar-ad-ar*, etc.

De *cambr*, par changement de *c* en *ch*, *chambr;* d'où: *Chambr-a*, *Chambr-iera*, *Chambr-eta*, *Chambr-oun*, *Chambr-i*, *Chambr-el-an*, etc. et par la transposition de *r*, *cramb;* d'où: *Cramb-a*, *Cramb-eta*, *Cramb-ot*, etc.

CAMBRA, s. f. (cámbre); *Camara*, port. *Cambra*, cat. Chambre. V. *Chambra*, comme plus usité, quoique plus éloigné de l'étymologie, et le R. *Cambr.*

CAMBRADA, s. f. dl. (cambráde). Chambrée, en terme de *magnaguerie*, certaine quantité de vers à soie élevés dans une ou plusieurs pièces sous la conduite d'un chef [illegible] appelé *magnaguier*, Sauv. V. [illegible] acceptions *Chambrada*. et *Cambr*, R.

CAMBRAR, v. a. (cambrá). Cambrer, voûter, courber.

Éty. de *Cambr*, R. et de *ar*, ou du lat. *camerare.*

CAMBRAT, **ADA**, adj. et p. (cambrá, áde). Cambré, ée, courbé, ée.

Éty. de *Cambr*, R. et de *at*, voûter.

CAMBRAY, s. m. (cambráï); CAMBRESINA. *Cambraina*, cat. *Cambray*, esp. *Cambrai*, ital. *Cambresine*, toile de lin, claire et fine qui ne se fabriquait autrefois qu'à *Cambray*, d'où le nom qu'elle porte.

Moussur tendrin que la *cambresina* lou macz.

CAMBRE, vl. V. *Canebe.*

CAMBREIAR, v. n. vl. CAMBREJAR. Avoir accointance, *coïter.*

Éty. de *cambra* et de *eiar*. V. *Cambr*, R.

CAMBRESINA, Toile fine.

Éty. du lat. *carbasina*, de fin lin. V. aussi *Cambray.*

CAMBRETA, s. f. (cambréte); CAMBRETA, CHAMBRETA. *Camarita*, esp. *Camarim*, port. *Cameretta*, ital. *Cambreta*, cat. Chambrette, petite chambre. V. *Cambr*, R.

CAMBRIER, *Cambrieu*, s. m. vl. *Camerer*, cat. *Camerero*, esp. *Cameriere*, ital. Chambellan, vallet de chambre.

Éty. de *cambra* et de *ier*, V. *Cambr*, R. *camerarius*, en lat.

CAMBRIEU, vl. V. *Cambrier.*

CAMBRIOLA, s. f. vl. *Camerella*, ital. *Cambriole*, très-petite chambre.

Éty. Sous dim. de *cambra*. V. *Cambr*, R.

CAMBRIOUL, s. m. (cambriòu); CAMBROUL, CAMBRIEU. Nom qu'on donne, dans le Languedoc, à des éruptions vagues et fugaces de la peau. V. *Cambroul.*

CAMBROTI, s. m. (cambróti). Mousse de la chambre.

Éty. de *cambra*, chambre, et du dim. *oti*, petit serviteur de la chambre. V. *Cambr*, R.

CAMBROUA, et

CAMBROISA, s. f. Avril. V. *Chambriera* et *Cambr*, R.

CAMBROUL, s. m. (cambróul); CAMBRIEL, CAMBRIOUL, dl. PELHA, BROULHADURA. Échauboulure, éruption presque instantanée de petits boutons à la surface de la peau.

CAMBROUSA, s. f. (cambróuse); CAMBROUA. Femme de chambre. V. *Chambriera* et *Cambr*, R.

CAMBROY, V. *Cambouis.*

CAMBRURA, s. f. (cambrûre). Cambrure, partie d'un soulier qui forme l'arc.

CAMBUSA, s. f. (cambúse). Cambuse, lieu où l'on tient les provisions de bouche dans les vaisseaux.

Éty. V. *Cambr*, R.

CAMBUSSA, s. f. (cambússe). Nom qu'on donne, à Berre, assez indistinctement au chevalier aux pieds verts, au chevalier aux pieds rouges et au chevalier aux pieds noirs, et même au combattant, selon M. Porte. Voy. *Cambet.*

COMBUT, **UDA**, adj. vl. Qui a de longues jambes. V. *Cambarut.*

CAMEL, CAMEOU, rad. pris du lat. *camelus*, et dérivé de l'hébreu *gamal*, d'où le grec κάμηλος (kamêlos), l'arabe *djemel*, *guemel*, chameau.

Les uns on fait venir ce mot de κάμνω (kamnô), je travaille, parce que cet animal est condamné à porter des fardeaux: d'autres de καμπύλος (kampulos), courbe, à cause de la forme de son dos, et d'autres enfin du Rad. *Cam*, marche, animal qui marche bien, marcheur, ce qui est en effet une des grandes qualités du chameau. Dérivés: *Camel*, *Camel-a*, *Camel-in*, *Camel-o-part*, *Camel-ot*, et par le changement de *l* en *ou*: *Cameou*, etc.

CAMEL, s. m. (camèl); CAMEL, CAMEOU. *Cammello*, ital. *Camello*, esp. *Camelo*, port. *Camèll*, cat. Chameau, *Camelus bactrianus*, Lin. mammifère de la fam. des Ruminants ou Bisulques, qui habite l'Afrique et l'Asie.

Éty. V. *Camel*, R.

On confond souvent, sous la même dénomination, le chameau et le dromadaire; mais ce dernier n'a qu'une bosse sur le dos, tandis que le chameau en a deux.

Cet animal fournit aux habitants de l'Afrique et de l'Asie non seulement du lait, de la laine et de la viande, mais encore des moyens de transport économiques.

Son poil porte le nom de *tertif*, et sa femelle celui de *chamelle.*

Le mot *camel*, est devenu un synonyme de nigaud, de badaud, et M. Thomas le fait venir alors du grec κόαλεμος (koalémos), sot, fou, insensé.

CAMELA, s. f. vl. *Camella*, cat. esp. *Cammella*, ital. *Camelle*, femelle du chameau.

CAMELEGEAR, v. n. (cameledjá), dl. Badauder, ou s'amuser à regarder des choses insignifiantes.

Éty. de *camel*, badaud, et de *egear*, faire le badaud.

CAMELEON, s. m. (cameléon); CAMALEON, CAMALEON. *Camaleon*, esp. *Camelão*, port. *Cameleonte*, ital. *Camaleó*, cat. Caméléon ou caméléon ordinaire, *Cameleo vulgaris*, Dict. Sc. Nat. *Lacerta cameléo*, Lin. Reptile de l'ordre de Sauriens et de la fam. des Téréticaudes (à queue arrondie).

Éty. du lat. *chamæleon*, m. s. et dérivé du grec χαμαιλέων (chamailéôn), qui désigne le même animal, et qui signifie littéralement petit lion, apparemment parce qu'il chasse aux mouches, comme le lion chasse et dévore les autres animaux.

La singulière propriété dont jouit ce petit animal de changer de couleur suivant que sa circulation est plus ou moins active, l'a fait regarder comme le symbole de l'hypocrisie.

CAMELIN, **INA**, adj. vl. *Camellino*, ital. De chameau.

Éty. du lat. *camelinus*, ou de *camel* et de *in*. V. *Camel*, R.

CAMELOPART, s. m. vl. *Cameleopardo*, esp. *Camelopardal*, port. *Cammellopardo*, ital. Caméléopard, girafe. V. *Girafa.*

Éty. du lat. *camelopardalis*, dérivé du grec καμηλος (kamêlos), chameau, et de πάρδαλις (pardalis), panthère, parce que la girafe a la tête comme le chameau et est tachée comme la panthère. V. *Camel*, R.

CAMELOT, s. m. (cameló). *Cambellotto*, ital. *Camelote*, esp. *Chamalote*, port. Camelot, étoffe de poil de chèvre, de soie ou de laine, non croisée, qui se fabrique sur un métier à deux marches.

Éty. du grec καμηλωτὴ (kamêlôtê), peau de chameau, parce qu'on a cru qu'on la fabriquait avec le poil de cet animal, ou de *giamal*, chameau, selon Cochart. V. *Camel*, Rad.

CAMELOTAR, v. a. (camelotá), d. béarn. Entrelacer les jambes.

Éty. Ce mot est une alt. de *cambelotar.*

CAMEOU, lang. mod. V. *Camel.*

CAMERADA, d. béarn. V. *Camarado*, m. s. et *Cambr*, R.

CAMERAT, s. m. (camerá); CAMERA. L'espace qui se trouve entre le toit et le plancher d'un galetas.

Éty. du grec καμάρα (kamara), voûte, arcade. V. *Cambr*, R.

CAMERIER, s. m. (camerié); CAMARIER. *Camarer*, cat. *Camarero*, esp. *Cameriere*, ital. Camérier, officier de la chambre du pape.

Éty. de l'ital. *camera*, chambre, et de *ier*. V. *Cambr*, R.

CAMET, s. m. (came), d. béarn. Jambe. V. *Camba.*

CAMGE, vl. Echange, V. *Cambi*, R. qu'il ou qu'elle change.

CAMGEA, adj. f. vl. Changée. V. *Changeat*, *ada* et *Cambi*, R.

CAMI, Alt. de *Camin*, v. c. m.

CAMIA, V. *Camisa.*

CAMIADA, s. f. (camiáde). Plein la chemise. Garc.

CAMIADOR, vl. Changeur. V. *Cambiador.*

CAMIARDA, s. f. (camiárde); CAMIAS, BLODA. Blaude de vigneron ou de pressureur d'olives; c'est ordinairement une chemise grossière et neuve; blouse de charretier.

Éty. *Camiarda*, est une syncope de *Camisarde*, formé de *camisa* et de *arda*.

CAMIARIT, adj. vl. CAMIARITZ. Changeante, volage.

CAMIAS, s. m. (camiás), dl. Le même que *Camiarda* et *Bloda*, v. c. m.

Éty. de *camia* et de l'augm. *as*, grosse chemise.

CAMILHA, nom de femme, (camille); CAMIA. Camille.

Patrone. L'Eglise honore deux saintes de ce nom, Camille, vierge en Auxerrois, le 3 mars, et Camille Baptiste de Varanes.

CAMILHO, nom d'homme, (camille); *Camillo*, ital. Camille.

Patron. L'Eglise honore deux saints de ce nom; Camille de Lellis, le 14 juillet, et Camille de Milan, le 2 et 10 janvier.

CAMIMOUN, s. m. (camimóun). Guenon, femelle du singe. V. *Guenoun*.

Éty. de l'ital. *gatto-mammone*, formé de *gatto, ca*, chat, et du grec μιμῶ (mimô), singe.

CAMIN, CHAMIN, CAMI, rad. dérivé du celt. *cam*, marche, ou selon l'auteur de l'origine des premières sociétés, de *cham* ou *chem*, mot égyptien qui signifie incendie, feu, chaleur, d'après saint Jérôme, à cause, dit-il, que les premiers sentiers libres, les premiers voies praticables furent frayées par le feu.

Denina, T. 3. p. 18, dit que les plus anciennes traces de ce mot se trouvent dans la traduction des évangiles d'Ulphilas, où on lit *wamen*, et où cette lettre *u*, a la même valeur que le *k* ou le *q*. Le gothique *quiman*, et le teuton *komen*, ont d'après cet auteur, la même signification, T. 2. p. 242; *kommen* en all. et *comme* dans d'autres langues du Nord, signifient *aller*, *venir*, *o* se prononce à peu près comme un *a*. Ferrari et Ménage dérivent *caminare* de *campinare*, dim. de *campare*, formé du grec καμπή (kampê), jambe. Dérivés: *Camin*, *Camin-ador*, *Camin-aire*, *Camin-ar*, *Camin-eia*, *Camin-et*, *Camin-ola*, *Camin-oun*, *En-camin-ar*, etc., par le changement de *c* en *ch*, les mêmes mots.

CAMIN, s. m. (camīn); CAMI, CHAMIN. *Cammino*, ital. *Camino*, esp. *Caminho*, port. *Cami*, cat. Chemin, voie, route par où l'on passe pour aller d'un endroit à un autre.

Éty. V. *Camin*, R.

Beou camin es jamai long. Prov.

Lou camin deis vacas, la terre ferme, le plancher des vaches.

Es à la fin de soun camin, dl. il est à la fin de sa course.

Le génie distingue maintenant trois espèces de chemins ou de routes; la première classe comprend tous ceux qui sont entretenus aux frais de l'état, on les nomme *chemins royaux* ou *routes royales*, ils sont divisés en trois classes, selon leur importance; il y en a qui ont jusqu'à 24 mètres. C'est, dit-on, à Colbert qu'on doit ce luxe contre lequel l'agriculture a justement réclamé.

La seconde classe comprend les chemins entretenus aux frais des départements, et pour cette raison ils sont appelés *départementaux* ou *routes départementales*.

Dans la troisième sont rangés les chemins *vicinaux*, qui sont à la charge des communes.

Du lat. *vicinales*, *quasi tendentes de viciis ad vicum*.

On attribue aux Carthaginois l'art de paver les routes, que les Romains portèrent à un dégré de perfection qu'on est loin d'imiter maintenant. Leurs chemins étaient divisés en trois parties distinctes sur leur largeur; le milieu, destiné aux voitures, s'appelait *agger*, qu'on a traduit par le mot *chaussée*, les deux autres *margines*, que nous appelons *accotements*.

Ces chemins étaient établis sur plusieurs couches de matérieux, qu'ils nommaient: *statumen*, ou première couche, formée par des pierres plates, noyées dans le mortier; *rudus* ou seconde couche, faite avec de la maçonnerie en blocaille; *nucleus*, ou troisième couche, formée d'une espèce de béton, et enfin de la *summa crusta* ou *summum dorsum* ou dernière couche, composée de pavés ou de dalles.

Les voies Appienne, Aurélienne et Flamminiène dont il existe encore de nombreux restes, attestent l'excellence de leurs procédés.

En France, les chemins ont été négligés pendant longtemps. Paris ne fut pavé qu'en 1184, d'après l'ordre de Philippe-Auguste. Henri IV, ne créa l'office de grand voyer, en faveur de Sully, qu'en 1790; Les Anglais ont inventé les chemins de fer.

Dans les différentes espèces de chemins, on nomme:

ACCOTEMENT ou BANQUETTE, l'espace compris entre la bordure et le fossé.

ACCOURCIE, un chemin de traverse qui va d'un point à un autre de la route, par une voie plus courte.

AILE, en supposant qu'une ligne droite séparât par le milieu une chaussée, chaque moitié serait une aile.

AIRE, V. *Forme*,

AQUEDUC, un petit pont, ordinairement en dalles, pour faire écouler les eaux.

AXE, la ligne qu'on suppose partager le chemin longitudinalement, en deux parties égales.

BANQUETTE ou TROTTOIR, le petit chemin pour les piétons, élevé sur les côtés de la route.

BARRAGES, les petites digues qu'on fait en travers d'une rigole, pour déverser les eaux

BIVOIE, l'endroit où deux chemins aboutissent pour n'en plus faire qu'un.

BORDURE, les grosses pierres qui forment encaissement et terminent les deux côtés de la chaussée.

BORNES, les grosses pierres placées à côté des routes, où l'on marque les distances. V. *Pierres-milliaires*.

CARREFOUR, le lieu où plusieurs chemins se croisent.

CASSIS, la rigole pavée qui traverse la route, pour faire écouler les eaux.

CHAINES, les rangées de gros cailloux placés de distance en distance pour contenir la pierraille intermédiaire.

CHAPELETS, les espèces de sillons transversaux et parallèles entre eux, que font les pieds des bœufs attelés.

CHASSE-ROUES, V. *Buta-roda*.

CHAUSSÉE, la partie bombée qui est entre les accotements et où passent les charrettes.

CORNICHE, ou route en corniche, un chemin tracé sur le flanc d'un coteau, d'une montagne, etc.

COUVERTURE, les menues pierres de la surface de la couverture.

CUNETTE, les petits fossés pratiqués entre chacun des arbres d'une route ou d'une avenue, pour recevoir les eaux pluviales.

EMPIERREMENT ou FERRURE, la partie du milieu que l'on recouvre de petites pierres de temps en temps.

FERRURE, V. *Empierrement*.

FLACHE, une cavité dépavée qui retient les eaux.

FONDRIÈRE, les parties d'un chemin dont le fond n'est pas solide, et où l'on peut s'enfoncer.

FORME ou AIRE, la disposition du chemin qui le rend propre à recevoir l'empierrement.

FOSSÉS, les conduits pour les eaux, que l'on creuse de chaque côté.

GARE, l'endroit élargi pour que les voitures puissent se croiser.

HÉRIS, les pierres plus grosses qu'on met à terre, au fond de l'empierrement.

MORSES, les rangs de pavés qui vont aboutir aux bordures, en traversant le chemin.

ORNIÈRES, les sillons plus ou moins profonds que les roues creusent sur les routes

PARAPET, les gardes-fous en maçonnerie, en bois ou en terre, qu'on place sur le bord de la route du côté du précipice.

PAREMENT, l'assiette uniforme du pavé sans bosses ni flaches.

PATTE-D'OIE, l'extrémité d'une chaussée dépavée, qui s'étend en glacis rond pour se raccorder aux ruisseaux d'en bas.

PIERRE-MILLIAIRE, les pierres où sont marquées les distances.

PONT, V. *Pont*.

POTEAU, un pilier de bois, muni de bras qu'on place dans les carrefours pour indiquer les différentes routes.

PUISARDS, des points de dégorgement qu'on établit de distance en distance, et qu'on creuse jusqu'à ce qu'on trouve une voie perméable pour faire disparaître les eaux.

RAIDILLON, une petite côte rapide et courte,

RAIL, la partie en relief qui forme l'ornière des chemins de fer,

RAMPE, la pente de la route.

RIGOLES, les petits conduits obliques qui portent l'eau dans les fossés.

TAS DROIT, une rangée de pavés en ligne droite, sur le milieu d'une chaussée.

TALUS, la base que l'on donne aux remblais et aux fossés; celui de 45 degrés, qui a autant de [illegible] hauteur, est le plus commode.

On appelle:

CHEMINS FERRÉS, ceux qui sont garnis d'un mélange de cailloux et de sable graveleux, qu'on recharge de temps en temps.

CAMIN DE SAINT JACQUES, CAMI-DE-SAINT-SAQUES. Voie lactée, cercle de Junon, chemin de saint Jacques, espèce de léger nuage qui semble ceindre le ciel, et qu'on aperçoit très-distinctement quand le temps est serein.

Éty. Selon la chronique fabuleuse de l'archevêque Turpin, saint Jacques apparut à Charlemagne dans la voie lactée que ce prince considérait alors, et il lui indiqua cette direction pour se transporter en Espagne, et y découvrir son tombeau, d'où le nom de chemin de Saint-Jacques.

Depuis Démocrite on a toujours cru que la voie lactée était l'assemblage d'un nombre immense d'étoiles mobiles et nébuleuses.

CAMINA, s. f. (camine), d. béarn. Petite jambe. V. *Cambeta*.

CAMINADA, dl. Presbytère. V. *Clastra*.

Mais del foun de sa caminada,
L'homme del ciel aouyó millou sagut, etc.
Jasmin.

CAMINADOR, s. m. vl. *Caminador*, cat. esp. *Camminatore*, ital. Bon marcheur, routier, voyageur, vagabond.

Éty. de *camin* et de *ador*. V. *Camin*, R.

CAMINAIRE, s. m. (caminaïré); *Ca-*

minhairé, port. *Caminador*, esp. cat. Marcheur, qui marche beaucoup sans se lasser; charriot pour apprendre aux enfants à marcher. Garc.

Éty. de *Camin*, R. et de *aire*.

CAMINAIRES, s. m. pl. (caminâirés). Avril. V. *Menarelas*.

CAMINAL, adj. vl. CAMINAU. Transportable.

Éty. de *camin* et de *al*, qui peut aller en chemin, V. *Camin*, R.

CAMINAR, v. n. (caminá); CHAMINAR, MARCHAR. *Camminare*, ital. *Caminar*, esp. cat. *Caminhar*, port. Marcher, aller, faire son chemin, *Faire camin*; poursuivre, courir après, en vl.

Éty. de *camin* et de *ar*, faire chemin, faire route. V. *Camin*, R.

Farà bon caminar deman, il fera bon marcher demain.

Caminaz coumo se deou, marchez comme il faut.

CAMINAR LOU, s. m. Marché, démarche, action de marcher: *L'ai couneissut à soun caminar*, je l'ai connu à sa démarche.

CAMINAU, s. m. (caminâou), dg. Chenet?

Éty. de *camineya* et de *au*. V. *Camin*, R.

Se roumpat une espaoule abeque un *caminaou*
Verdier.

CAMINEIA, s. f. vl. Chemin. V. *Camin*, Rad.

CAMINER, Employé pour *caminar*, dans le poëme de la croisade contre les Albigeois. V. *Camin*, R.

CAMINET, Le même que *Caminoun*. *Camin*, R.

NETAS, s. f. pl. (caminétes). Avr. *elas*.

INEYA, V. *Chamineya*.

CAMINIER, s. m. vl. *Caminero*, anc. esp. *Caminheiro*, port. *Caminero*, esp. mod. Voyageur, V. *Caminaire*, adj. vagabond.

Éty. de *camin* et de *ier*.

CAMINOLA, dl. V. *Caminoun*, *Drayoou* et *Camin*, R.

CAMINOUN, s. m. (caminóun); CHAMINOUN, CAMINET, CAMINOLA, DRAYOU, CARREIROOU. *Caminet*, cat. *Caminito*, esp. *Camminetto*, ital. Petit chemin, sentier.

Éty. de *camin* et du dim. *oun*, petit chemin. V. *Camin*, R.

CAMIS, CAMI, CHAMIS, rad. dérivé du celt. *camisa*, d'où *camisia* en basse lat. ou de l'arabe *quamyss*, chemise. Isid. orig. XIX, 22, le fait venir de *cama*, dit, en espagnol, *camisias vocamus*, dit-il, « *quod in his dormimus in camis, id est, in stratis nostris.* » Dérivés: *Camis-a*, *Camis-ard*, *Comis-ela*, *Camisola*, *Camis-oun*, par la suppr. de *s*: *Cami-a*, *Cami-arda*, *Cami-as*.

De *camis*, par le changement de *c* en *ch*, et l'addition de *n*, *camins*; d'où: *Chamins-a*, *Chamins-ola*, *Chamins-ou*, *Chamins-oun*.

CAMISA, s. f. (camise); CAMIA, CHAMINSA, CHAMIA. *Camisa*, esp. port. cat. *Camiccia*, ital. Chemise, vêtement de linge avec corps et manches, qu'on porte sur la peau; récrépissage d'un mur.

Éty. de la basse lat. *camisia*. V. *Camis*, Rad.

Estre en corps de camisa, être en chemise, c'est-à-dire, n'avoir que la culotte, et non en corps de chemise, qui est un provençalisme.

Es pu pres la car que la camisa, Prov.

Mettre en camisa, ruiner.

Dans une chemise on nomme :

CORPS, la partie qui renferme le buste.

MANCHES, les enveloppes des bras.

COL, ce qui enveloppe le cou.

ÉPAULETTES, V. *Musclieras*.

GOUSSET, V. *Gueiraun*.

AMADIS, V. *Parament* et *Pugnet*.

POINTES, *seitas ou pounchas*, les triangles qu'on ajoute pour l'agrandir inférieurement.

ÉCHANCRURE, *l'escavadura*, ce que l'on enlève au haut d'une chemise de femmes.

FOURCHETTE, la pièce qui garnit la fente du poignet.

JABOT, V. *Jabot*.

MANCHETTES, V. *Manchettas*.

ARRIÈRE-POINT, le rang de points continus faits sur le poignet de la manche.

ARRÊT *pecela*, morceau de toile, ou points serrés qu'on met à l'extrémité des fentes d'une chemise d'homme, pour l'empêcher de se fendre davantage.

Ce vêtement, moderne parmi nous, puisque l'on se récria contre le luxe de la reine de France Isabeau-de-Bavière, parce qu'elle avait deux chemises de toile, était connu des Romains deux siècles avant l'ère vulgaire.

La chemise ne devint cependant d'un usage général que sous le règne d'Auguste: elle s'appelait alors *indusium*, vel *lineum indumentum, quod nudo corpori induitur*.

CAMISADA, s. f. (camisáde). Grande sueur, grande fatigue. Garc.

CAMISARD, ARDA, s. (camisár, árde); HUGANAUT. Camisard, arde.

Éty. On donna ce nom aux calvinistes rebelles des Cevennes, qui se soulevèrent en 1688; probablement parce que la plupart étaient habillés avec de gros sarraux de toile qu'on aurait pris de loin pour des chemises. V. *Camisa* et *Ard*. V. *Camis*, R.

CAMISETA, s. f. (camiséte); *Camisole*, port. *Camiseta*, cat. *Camisita*, esp. *Camicina*, ital. Chemisette, petite chemise qu'on porte sur la chemise ordinaire; chemise d'enfant. V. *Camisoun*.

Éty. de *camisa* et de *eta*. V. *Camis*, R.

CAMISOLA, s. f. (camisóle); CHAMISOLA, CHAMISOLA, CAMISORA. *Camiciuola*, ital. *Camisola*, port. *Camison*, cat. *Camisolin*, esp. Camisole, vêtement court, assez large, ressemblant à un corcet à manches, qu'on porte ordinairement sur la chemise; chemisette.

Éty. Dim. de *Camisa*, v. c. m. et du dim. *ola*. V. *Camis*, R.

CAMISOUN, s. m. (camisoún); CHAMINSOU, CHAMINSOUN, CAMISETA. Petite chemise pour les enfants en bas âge.

Éty. de *camisa* et du dim. *oun*. V. *Camis*, Rad.

CAMJADOR, vl. V. *Cambiaire*.

CAMJAIRE, vl. V. *Cambiare*.

CAMJAIRITZ, s. f. vl. Femme volage, inconstante.

Éty. de *camjar*, changer. V. *Cambi*, R.

CAMJAR, vl. Changer. V. *Cambiar* et *Changear*.

CAMJE, s. m. vl. V. *Cambi*, R.

CAMMAS, s. m. (cammás), dl. Hameau. V. *Camp-mas*, *Fourest* et *Cap*, R.

CAMMAZIL, s. m. vl. Camp ménil, le principal ménil. V. *Mas*, R.

CAMO, vl. V. *Camamilha*.

CAMOCH, OCHA, adj. Avril. V. *Camard* et *Camus*.

CAMOIS, s. m. vl. Boue, souillure, tâche.

Éty. *Camoisé*, en vieux français, signifiait couvert de plaies, d'où *camois*, pourrait bien désigner une plaie ou le pus qui en sort. Dérivé prob. de *Cambouis*.

CAMOLA, s. f. d. vaud. Teigne, insecte.

CAMOLIGAT, adj. et p. dg. Qui a les jambes liées, impotent.

Éty. Alt. de *camba* et de *ligat*. V. *Camb*, Rad.

CAMOMIDA, Garc. V. *Camamilha*.

CAMOMILLA, V. *Camamilha*.

CAMOT, s. m. (camó), d. béarn. Jambe. V. *Camba*.

CAMOTA, s. f. (camóte), d. béarn. Petite jambe. V. *Cambeta* et *Camb*, R.

CAMOU, s. m. d. béarn. (cámou). Alt. de *Cambou*, *Camba*, jambe, v. c. m. et *Camb*, Rad.

CAMOUFLET, s. m. (camouflé); ESTUBADA, ESTUBAU, ESTUBA. Camouflet, fumée que l'on souffle malicieusement au nez de quelqu'un avec un cornet de papier allumé; fig. mistification, affront.

Éty. du lat. *calamo flatus*, soufflé avec un chalumeau, ou du R. *Cam*, feu, et de *flatus*.

CAMOUMILHA, s. f. V. *Camamilha*.

CAMOUN, V. *Caumoun*.

CAMOUS, s. m. V. *Chamous*.

CAMOUSINA, s. f. (camousine). Garc. V. *Cremesina*.

CAMP, CHAMP, rad. pris du lat. *campus*, champ.

De *campus*, par apoc. *camp*; d'où: *Camp*, *Camp-as*, *Camp-ar*, *Des-camp-ar*, *Re-camp-ar*, *Camp-estre*, *A-camp-ar*, etc.

De *camp*, par le changement de *c* en *ch*, *champ*; d'où: *Champ*, *Champagna*, *Champeira*, *A-champ-ar*, *Champ-as*, *A-champ*, etc.

Les noms de lieux suivants, dérivent aussi du même radical: *Champ-pourcin*, champ des porcs; *Champ-richard*, champ de richard ou du riche; *Champ-redoun*, champ-rond; *Champ-flourin*, champ des fleurs; *Champ-tercier*, Champ ou camp troisième.

Ainsi que les noms propres: *Du-camp*, *Des-camps*, *Des-champs*, *Du-champ*, *Champigny*, *Champ-eaux*, *Champ-agna*, *Champion*, *Champ-ionet*.

CAMP, s. m. vl. *Camp*, cat. *Campo*, esp. port. ital. Champ, camp. V. *Camp* et *Champ*.

Éty. du lat. *campus*. V. *Camp*, R.

CAMP, s. m. (cán); *Campo*, esp. port. ital. *Camp*, cat. Camp, lieu où une armée se loge, se retranche et prend ses quartiers; l'armée elle-même: *Fichar lou camp*, décamper, s'enfuir.

Éty. du lat. *campus*, m. s. V. *Camp*, R.

CAMP-RETRANCHÉ, Cet espace fortifié, pour y renfermer un corps de troupes à l'abri d'une surprise, est d'invention Turque. On commença à en faire usage dans les troupes françaises, sous Louis XII, pendant les guerres d'Italie.

CAMP, Pour champ. V. *Champ*.

CAMPA, s. f. (cámpe), dl. *Dounar la campa*, donner la chasse. *A la campa*, à la *campa*, cri de guerre des enfants qui se battent à la fronde.

Éty. de *camp*, champ. V. *Camp*, R.

CAMPAGNA, s. f. (campagne); *Camp*, cat. *Campagna*, ital. *Campaña*, esp. *Campanha* et *Campina*, port. Campagne, grande étendue de pays; lieu hors de la ville où l'on trouve des champs cultivés ou non cultivés, des bois, des pâturages, etc.

Éty. du lat. *campania*, terre de labour, formé de *campus*. V. *Camp*, R.

Anar à la campagna, aller à la campagne, dans les champs.

Anar en campagna, aller en campagne, aller loin de chez soi.

Batre la campagna, battre la campagne, tenir des propos discordants.

CAMPAGNA, s. f. *Campanha*, port. *Campf*, all. Campagne, expédition militaire sous le rapport des plans, de la conduite, du résultat et de la fin des opérations; le temps que dure chaque année une expédition militaire.

Éty. de *campagna*. V. *Camp*, R.

CAMPAGNARD, ARDA, s. (campagnar, àrde); *Campagniuolo*, ital. *Camponez*, port. Campagnard, arde; celui, celle, qui habite ordinairement les champs, la campagne.

Éty. de *campagna* et de *ard*, qui à l'esprit, le génie, de la campagne. V. *Camp*, R.

CAMPAGNER, s. m. dl. Sonneur. Voy. *Campanier*.

CAMPAGNOLA,

CAMPAGNOULET, et

CAMPAGNOULIER VINOUS, Noms languedociens du champignon de couche. V. *Envinassat*.

CAMPAL, adj. vl. *Campal*, cat. esp. port. *Campale*, ital. *Campal*, qui est en champ: *Batalla campal*, cat. bataille rangée.

Éty. de *camp* et de *al*. V. *Camp*, R.

CAMPAMENT, s. m. (campamein); *Accampamento*, ital. *Campament*, cat. *Acampamento*, esp. port. Campement, l'action de camper.

Éty. de *camp* et de *ment*. V. *Camp*, R.

CAMPAN, rad. dérivé du lat. *campana*, cloche de *Campania*, La Campanie, contrée d'Ital. où saint Paulin, évêque de Nole, en introduisit d'abord l'usage. V. *Campana*.

Dérivés: *Campan-a*, *Campan-ar*, *Campan-egear*, *Campan-ela*, *Campan-eta*, *Campan-iar*, *Campan-ier*, etc.

De *campan*, par le changement de *n* en *gn*, *campagn*; d'où: *Campagn-er*.

CAMPANA, s. f. (campàne); CLOCHA. *Campana*, cat. esp. ital. *Campainha*, port. Cloche, instrument de métal ordinairement de bronze, muni d'un battant, destiné à faire du bruit.

Éty. du lat. *Campana*, m. s. V. *Campan*, Rad.

Kircher attribue l'invention des cloches aux Egyptiens, qui s'en servaient pour annoncer les fêtes d'Osiris, et l'on croit généralement, que c'est saint Paulin, évêque de Nole, en Campanie, qui en introduisit l'usage dans l'Eglise, en 400.

Il paraît qu'en 610, les cloches étaient encore rares en France, puisque l'armée de Clotaire, qui assiégeait Sens, fut tellement effrayée du bruit de celles de l'Eglise de Saint Etienne, que Loup, évêque d'Orléans, fit sonner, qu'elle leva le siége et prit la fuite.

On croit que la plus grosse cloche connue est celle du couvent de Trotzkoi, près de Moscou, que l'impératrice Elisabeth, fit fondre en 1746; elle a 18 pouces d'épaisseur, 13 pieds 9 pouces de diamètre et par conséquent 41 pieds, trois pouces de circonférence, et pèse 152,000 livres, son battant a cinq pieds, cinq pouces de circonférence.

Ce n'est qu'au commencemant du VIIIme siècle, que l'on a introduit l'usage de bâptiser les cloches.

Hoang-ti, empereur de la Chine, inventa les cloches 2601 Avant J.-C.

Campana--marteou. V. *Toqsan*

Dans une cloche on nomme :

ANSE, les parties par lesquelles on la suspend : l'anse du milieu à la quelle toutes les autres se réunisseut se nomme *pont*.

BONNET, sa partie supérieure.

CERVEAU, la partie où tiennent les anses.

CALOTTE ou ONDE, partie de matière qui sert à augmenter l'épaisseur du cerveau, afin de donner de la solidité aux anses.

FAUSSURE, l'endroit de la surface extérieure et inférieure où la cloche cesse de suivre la même convexité.

VASE SUPÉRIEUR, la partie qui s'élève au-dessus des faussures.

GORGE, le renflement compris depuis les faussures jusqu'au bord ou arrondissement de la cloche.

BORD, PANSE ou FRAPPE, l'extrémité inférieure sur laquelle frappe le battant.

PATTE, la partie inférieure qui se termine en s'amincissant.

BELIÈRE, l'anse intérieure où pend le battant.

BATTANT, masse de fer servant à frapper la cloche pour en tirer le son.

BRAYER, bandage ou attache qui fixe le battant à l'anneau intérieur de la cloche ou belière.

BALÈVRES ou BARBURES, les inégalités qu'on observe à la surface quand elle sort du moule et qu'il faut enlever.

BRIDES, grands anneaux de fer qui suspendent la cloche au mouton.

MOUTON, forte pièce de bois à laquelle la cloche est suspendue par ses *anses*; terminé de chaque côté par un *tourillon* qui roule sur une *crapaudine* fixée dans le *beffroy*.

SOUFFLURES, concavités ou bouteilles qui se forment dans l'épaisseur de la cloche quand le métal a été coulé trop chaud.

POALLIER, la grosse pièce de cuivre dans laquelle porte le tourillon du sommier de la cloche, qui la tient suspendue.

DIAPASON, l'instrument qui sert à déterminer la grosseur, l'épaisseur et le poids des cloches.

CAMPANAR, v. a. (campanà), d. bas lim. Sonner la cloche. V. *Sounar* et *Campanegear*.

Éty. de *campana* et de *ar*. V. *Campan*, Rad.

Publier, ébruiter.

CAMPANAYRE, s. m. (campanaïré), dg. Sonneur. V. *Campanier* et *Sounaire*.

CAMPANEGE, s. m. (campanédgé), dl. V. *Canissa*.

CAMPANEGEADO, s. f. (campanedjàde), dl. Plein un Clayon.

Éty. de *campanege* et de *ada*.

CAMPANEGEAR, v. n. (campanedjá); CAMPANIAR, CAMPANAR. *Campanejar*, cat. *Campanear*, esp. Sonner les cloches longtemps et d'une manière ennuyeuse, sonner à coups redoublés.

Éty. de *campana* et de *egear*. V. *Campan*.

CAMPANELA, s. f. vl. *Campanella*, ital. *Campanilla*, esp. Clochette. V. *Campaneta*.

Éty. de *campana* et du dim. *ela*. Voy. *Campan*, R.

CAMPANELA, s. f. (campanèle). Nom toulousain de la campanule à feuilles de pêcher, *Campanula persicifolia*, Lin. plante de la fam. des Campanulacées, commune dans les bois.

Éty. de *campanela*, clochette.

On donne le même nom, dans le même pays, à la campanule à feuilles de lierre, *Campanula hederacea*, Lin. et aux campanules. *Trachelium* et *Rhomboidalis*.

CAMPANES, ESA, s. vl. Champenois, oise.

CAMPANETA, s. f. (campanéte); CLOCHETA, CLOUCHETA, ESQUILHA, ESQUIRA, ESQUILLA, ESQUILHETA, ESQUIROU. *Campaneta*, cat. esp. *Campanella*, ital. *Campanniha*, port. Dim. de *campana*, sonnette, clochette, petite cloche; clairine, quand on parle de celles des bestiaux. V. *Campana* et *Campan*, R.

Sur plusieurs monuments antiques de Rome on voit des bacchantes ayant des clochettes suspendues à leurs habits qu'elles portaient pour faire plus de bruit en dansant.

Les Grecs et les Romains en attachaient aussi aux harnais de leurs chevaux, selon Aristophane.

CAMPANETA, s. f. Nom qu'on donne, aux environs de Gigean, Hérault, selon M. de Belleval, au *Narcissus tazetta*. V. *Pissauliech* et *Campan*, R.

CAMPANETA, s. f. Est aussi un des noms qu'on donne, en Languedoc, au nombril de Venus. V. *Escudet* et *Campan*, R.

CAMPANETA, s. f. Nom languedocien du petit liseron ou liseron des champs. V. *Courregeola*.

Éty. A cause de la forme de sa fleur qui ressemble à une petite cloche. V. *Campan*, Rad.

CAMPANETA-GROSSA, s. f. Grand liseron. V. *Courregeola de Bartas*.

CAMPANETA DE MOUNTAGNA, s. f. Nom qu'on donne à La Foux, près d'Allos, au damier ou fritillaire méléagre, *Fritillaria meleagris*, Lin. plante de la fam. des Liliacées qui ne s'élève pas au-delà d'un pied, et qui ne porte qu'une fleur d'un bleu rougeâtre, agréablement variée de jaune.

CAMPANETA-DE-SAGNA, s. f. Nom qu'on donne, à Seyne, Basses-Alpes, à la grassette à grande fleur, *Pinguicula grandiflora*, Lin. petite plante à fleur bleue, de la fam. des Personnées, qu'on trouve dans presque tous lieux marécageux de la H.-Prov. au-dessus de 1,400 mètres d'élévation.

Éty. Ainsi nommée parce que sa fleur forme une petite cloche, et que la plante croît dans les marais, *sagnas*.

CAMPANETAS, s. f. pl. (campanétes). Nom que portent, presque indistinctement toutes les plantes qui ont des fleurs en cloche et particulièrement celles qui font partie du genre Campanule, *Campanula*, de la fam. des Campanulacées.

Éty. A cause de la ressemblance qu'ont les fleurs de ces plantes, avec une clochette. V. *Campanula*.

A Seyne, B.-Alp. on donne aussi le nom de *campanetas*, à l'ancolie. V. *Galantina.*

A Montpellier, on l'applique au lizeron des champs. V. *Courregeola.*

CAMPANHA, s. f. vl. V. *Campagna.*

CAMPANIAR, Sync. de *Campanegear*, v. c. m.

CAMPANIER, s. m. (campanié); *Campanajo*, ital. *Campaner*, cat. *Campanero*, esp. *Œris campani pulsator*, lat. *Campanario*, port. Sonneur. V. *Sounaire.*

Éty. de *campana* et de *ier*. V. *Campan*, Rad.

CAMPANIER, s. et adj. vl. Champenois qui est de la Champagne.

CAMPAR, v. n. (campá); *Campare* et *Accampare*, ital. *Acampar*, esp. *Campar*, port. cat. Camper, asseoir un camp; on le dit aussi pour vivre, échapper à la mort: *A campat long temps*, il a vécu pendant longtemps.

Éty. de *camp* et de *ar*. V. *Camp*, R.

CAMPAR SE, v. r. *Acamparse*, port. Se camper, se mettre dans une place qui ne convenait qu'à un supérieur; s'arrêter en un lieu, s'y fixer comme un terme.

CAMPAROL, s. m. (camparol). Ce mot qui est à peu près l'équivalant de champêtre est donné, aux environs de Toulouse, à plusieurs espèces de champignons des genres *Agaric* et *Bolet.*

CAMPAROL DE BIOU, *Agaricus bovinus.*

CAMPAROL DE L'AMADOUR, Bolet amadouvier. *Boletus iginarius.*

CAMPAROL JAUNE, Agaric délicieux, *Agaricus deliciosus.*

CAMPAROL NEGRE, Bolet vivace, *Boletus perennis.*

CAMPAROL DE L'OURME, *Boletus fomentarius.*

CAMPAROL PEGOUS, *Boletus viscidus.*

CAMPAROL PELUT, *Agaricus villosus.*

CAMPAROL DE SAUSE, *Boletus suaveolens.*

CAMPAROL, s. m. (camparól). Nom qu'on donne, en Languedoc, au potiron ou champignon de couche. V. *Arcielous* et *Envinassat.*

Éty. *Camparol*, qui vient dans les champs. V. *Camp*, R.

Du petit Camparol *que le fens a lebat.*
Hillet.

CAMPAROLA, s. f. (camparóle), dl. Grande et ancienne colerette de femme.

Éty. de *camparol*, qui concerne les champs, parce qu'il paraît que ce vêtement n'était en usage que dans les campagnes. V. *Camp*, Rad.

CAMPAS, s. m. (campás). Augm. péj. de champ, champ inculte, terre vague; friche, lande.

Éty. de *camp* et de *as*. V. *Camp*, R.

CAMPAT, ADA, adj. et p. (campá, áde); *Campado* et *Acampado*, port. Campé, ée. *Me v'aquit ben campat*, me voilà bien campé.

Éty. de *camp* et de *at*. V. *Camp*, R.

CAMPAURIOLA, s. f. (campaouriòle). On nomme ainsi, dans le Languedoc, un champ couvert de l'espèce de centaurée, qu'on nomme *Auriola*, v. c. m. et *Auricela.*

Éty. de *camp*, champ, et de *auriola*. V. *Camp*, R.

CAMPECH, (campétch); CAMPES. *Campêxe*, cat. *Campeggio*, ital. V. *Bosc-de-campech.*

CAMPEGEAR, v. a. (campedjá); ACOURSAR, COUSSEGEAR, ACOUTIR. Poursuivre quelqu'un, le galopper, courir après lui: *L'ai campegeat à coous de peiras*, je l'ai poursuivi à coups de pierres; chasser, dissiper. Sauv.

Éty. de *camp*, champ, et de *egear*, poursuivre dans les champs. V. *Camp*, R.

Et quand veget veni soun tour
Et qua deja lou campegeavon.
Tandon.

CAMPEGEAR, v. n. dl. Aller quérir, aller chercher bien loin.

CAMPEJAR, v. n. vl. Tourner, voltiger.

CAMPERNAR, v. a. vl. Attaquer, envahir.

Éty. de *Camp*, R.

CAMPESTRA, s. f. vl. Plaine. Voy. *Campestre.*

CAMPESTRE, ESTRA, adj. (campèstré, èstre); CHAMPESTRE. *Campestre*, ital. esp. port. cat. Champêtre, qui appartient aux champs; ce mot est toujours dépréciatif en provençal: *Salada campestra*, salade champêtre.

Éty. du lat. *campestris*, *campestre*. Voy. *Camp*, R.

CAMPESTRE, s. m. Terrain inculte et agreste, champêtre, lieu solitaire, pittoresque, pays montueux. V. *Camp*, R.

Lous uns courrisson drech au mestre,
Et lous austres per lou campestre.

CAMPET, s. m. (campé), dg. *Campet*, cat. *Campecito*, esp. *Campetto*, ital. Petit champ. V. *Champoun.*

De blat tous lous campets *daurejon,*
Tous lous camis ne hourniguejon.
D'Astros.

Éty. de *Camp*, R. et de *et*.

CAMPHORA, s. f. vl. V. *Camphre.*

CAMPHOURATA, s. f. (camphouráte). Nom qu'on donne, à Avignon, à la camphrée, *Camphorosma monspeliaca*, Lin. plante de la fam. des Chénopodées, commune dans la Basse-Provence.

Éty. Ainsi nommée à cause de l'odeur de camphre qu'elle répand. V. *Camphre.*

CAMPHRAT, adj. (camphrá, áde); *Canforad*, cat. *Canforato*, ital. *Alcanforado*, esp. Camphré, ée.

CAMPHRE, s. m. (cámphré); CAMPHORA. *Canfora*, cat. port. ital. *Camphora*, ital. anc. *Campher*, all. *Camphire*, angl. *Alcanfor*, esp. Camphre, substance blanche, odorante et demi-transparente, qu'on retire des racines et des branches du *Laurus camphora*, Lin. arbre de la fam. des Laurinées, abondant à Ceylan, à Sumatra, à Java, à la Chine et au Japon; et d'un autre arbre qui n'est pas encore connu des botanistes, et qu'on nomme *Kapour-barros*, à Bornéo, à Sumatra et à Malaka, où il est commun.

Éty. du lat. *camphora*, qui est une altération de l'arabe *kaphur*, *coafur*, *cafir* ou *kamphur*, d'où les Grecs ont fait le mot *camphora*, ainsi que les Latins, et nous celui de *camphre*.

Tout le camphre qui arrive en Europe vient de la Chine ou du Japon, d'où on l'apporte sous forme de poudre grise, pour être soumis aux rafineries.

CAMPIAIRE, ARELA, adj. (campiaïré). V. *Campier.*

CAMPIAR, v. a. et n. (campiá). Charrier les productions des champs; marauder. Garc.

CAMPIER, s. m. (campié); CAMPIAIRE. Messier, celui qui garde les fruits de la campagne; garde-champêtre; voleur qui maraude dans les champs pendant la nuit. Garc.

Éty. de *camp*, champ, et de *ier*, qui fréquente les champs. V. *Camp*, R.

CAMPILHAR, v. n. (campillá); FIGAIRAR. Aller à la maraude des figues. Garc.

Éty. de *cam*, pour *champ*, et de *pilhar*, piller les champs ou dans les champs. Voy. *Camp*, R.

CAMPIO, vl. V. *Champion.*

CAMPION, s. m. vl. V. *Champion.*

CAMPIS, s. m. (campís), dl. Bâtard. V. *Bastard.*

Éty. de *camp* et de *is*, qui est des champs, qu'on trouve dans les champs: *Filius campi*, les anciens disaient dans le même sens *Filius terræ*. V. *Camp*, R.

CAMPIS, s. et adj. (campís), dl. Fripon, malin, brusque. V. *Camp*, R.

CAMPISSADA, s. f. (campissáde), dl. Frasque, impertinence; friponnerie. Sauv. V. *Camp*, R.

CAMPMAS, vl. Maison des champs. V. aussi *Cap-mas.*

CAMPOLIEIT, s. m. vl. Tente, lit de camp.

Éty. de *camp* et de *lieit*. V. *Camp*, R.

CAMSIL, V. *Cansil.*

CAMUS, USSA, adj. et s. (camús, ússe); *Camuso*, ital. Camus, use, qui a le nez court et plat: *Estre camus*, être camus, ou trompé dans son attente; niais, sot.

Qu a un pan de nas es pas camus. Prov.

Éty. de *camurus*, qui est interprété par *curvus*, courbé en dedans.

CAMUSAT, adj. vl. Camus, écaché, aplati.

Éty. de *camus* et de *at*, rendu camus. V. *Cambr*, R.

CAMUSIA, s. f. vl. Niaiserie.

Éty. de *camus*, niais, et de *ia*, chose niaise.

CAMUSSA, s. f. (camússe). Gros a donné cette épithète à la mort.

Aquello camusso abramado.

CAMZAR, v. a. vl. Changer. V. *Cambiar.*

CAMZIL, s. m. vl. Toile de fin lin.

CAN

CAN, rad. dérivé du celt. *can*, lac, lieu aquatique, canne, roseau; il a produit les sous-radicaux *Canoun*, *Canal*, *Canab*, *Chanal*, v. c. m.

De *can*, d'où le latin *canna*, et le grec κάννα (kanna), roseau, ainsi nommé parce qu'il croît dans les lieux aquatiques, ou peut-être de l'hébreu *canch*, qui désigne la même plante, sont venus: *Can-a*, *Can-ier*, *Canagi*, *Can-egear*, *Can-el*, *Can-el-ura*, *Caneta*, *Can-ula*, *A-can-ar*, etc., etc.

De *can*, par le changement de *c* en *ch*; à peu près les mêmes mots.

De *can*, roseau, tuyau de roseau, les Italiens ont fait *cannone*, gros tuyau, d'où par apoc. *canon* et *canoun*, et: *Canoun*, *Canoun-ada*, *Canoun-ier*, *Canoun-ar*, etc.

De *can*, les Latins ont fait *canalis*, canal, conduit; et par apoc. *canal* et *canau*, par le changement de *l* en *u*; d'où: *Canal*, *Canau*, *Can-ot*, et par le changement de *c* en *ch*: *Chan-oun*, *Chan-ela*, etc.

De *cana*, par la substitution de *r* à *n*, *cara*; d'où: *Cara-bina*, *Cara-bin*, *Cara-bin-ier*, *Cara-bouqu-ier*, *Cara-brui*, etc.

CAN, 2, CANIS, CAGN, rad. pris du latin *canis*, *is*, chien, et dérivé du grec κύων (kuôn), gén. κυνὸς (kunos), par le changement de υ en *a*, et *o* en *i*, *kanos*, *canis*, comme on a fait *calix*, de κύλιξ (kulix). Voy. *Chin*. Dérivés: *Can*, *Can-alha*, *En-canalh-ar*, *Can-el*, *Can-icha*, *Canicul-a*, *Canin-a*, *Chin*, v. c. m. *A-caniss-ar*, etc.

De *can*, par le changement de *n* en *gn*, *cagn*; d'où: *Cagn-ard*, *Cagnard-isa*, *Cagn-a*, *Cagn-oou*, *Cagn-ot*, *Cagnot-blur*, *Ca-gnot-a*, *Cagn-ous*, *Caignot*, *Cha*, *Cha-fuec*, *En-cagna-ment*, *En-cagn-ar*, *En-cagn-at*.

De *can*, par la suppr. de *n*, *ca*; d'où: *Ca*, *Ca-fioc*, *Ca-fouge*, *Ca-fouit*, *Ca-fuec*.

CAN, Pour chant, alt. de *Cant*, v. c. m.

CAN, vl. Pour *qu'an*, qui ont, qu'ils ou qu'elles ont.

CAN, adv. vl. V. *Quand*.

CAN, Alt. de *champ*, de *quand* et de *Quant*, v. c. m.

CAN, s. m. (can); *Cão*, port. *Cane*, ital. Chien, dans plusieurs contrées de la Provence.

Éty. du lat. *canis*, m. s. V. *Can*, R. 2.

Ce mot étant presque isolé dans la langue, puisque tout le monde dit *china* et *chinoun*, on doit adopter de préférence *Chin*, v. c. m.

CAN DE MAR, V. *Chin de mar*.

CANA, s. f. vl. Chaîne. V. *Cadena*.

Éty. Alt. de *catena*, m. s. V. *Caden*, R.

CANA, s. f. vl. Cheveux blancs.

CANA, s. f. CANAVERA, CANELA, CANEOU. *Canna*, lat. ital. *Caña*, esp. *Cana*, port. cat. Canne, roseau séché, jonc ou bâton sur lequel on s'appuie en marchant.

Éty. du lat. *canna*. V. *Can*, R.

Bacchus ordonna sagement aux hommes qui boiraient du vin, de ne porter que des cannes de férule, pour que dans leur ivresse ils ne pussent blesser personne.

Chacun connaît l'admirable retenue de Louis XIV, lorsque se sentent ému par la colère, contre Lauzun, qui lui avait manqué grossièrement, il jeta sa canne par la fenêtre en disant à M. Le Tellier: *Je serais au désespoir d'avoir frappé un gentilhome.*

Une ordonnance de police du 21 mai 1784, fait défense de vendre et de porter des cannes à dard, à peine de 300 francs d'amende.

Dans une canne on nomme:

POMME, le bout arroudi qui termine la poignée.
EMBOUT, BOUT, le tuyau de cuivre ou de fer qui garnit le bout.
ŒIL, trou qui perce la canne d'outre en outre, au-dessous de la poignée, où l'on passe le cordon.
CORDON, cordon qu'on passe dans lœil.
COQUILLON, nom de la pomme quand elle a la forme d'une coquille.

CANA, s. f. ou *canier*, *Cana*, ital. Canne de Provence, roseau cultivé, *Arundo donax*, Lin. plante de la fam. des Graminées, commune dans les lieux marécageux de la Provence Mér. V. Gar. *Arundo sativa*, p. 43.

Éty. de *Can*, R.

Rasclar de canas, garder les manteaux.

CANA, s. f. dl. La mesure d'huile qui porte ce nom, à Alais, vaut 9,521 litres.

CANA, s. f. CANNA. Canne, mesure de huit pans dont la longueur varie beaucoup selon les pays.

Celle de Montpellier et d'Alais, vaut six pieds, un pouce, six lignes; celle de Nice, 2 mètres, 960 mill.

Éty. du lat. *canna*, roseau. V. *Can*, R.

CANA, s. f. (câne); GUITA, RITA, ALEDRA, ANEDA. Cane, la femelle du canard. V. *Canarda* et *Canard*, R. Le mâle porte le nom de *malart*, quand il est sauvage.

CANA, s. f. (câne) ou CANA A SUCRE. Canne à sucre, *Saccharum officinarum*, Lin. plante de la fam. des Graminées, originaire des Indes et de la Chine.

Éty. V. le mot précédent et *Can*, R.

La canne à sucre fut transportée à Saint-Domingue, en 1506, d'où elle s'est répandue dans toute l'Amérique; on peut la cultiver en Provence, mais elle n'y produit presque pas de sucre.

CANA, s. f. Fêle, canne, tube de fer au moyen duquel les verriers prennent le verre fondu dans les pots, par un côté, et avec lequel ils le soufflent de l'autre.

Éty. de sa ressemblance avec un roseau, *cana*. V. *Can*, R.

On nomme:

EMBOUCHURE, le côté par lequel on souffle.
MORS, l'extrémité que l'on plonge dans le creuset et à laquelle le verre s'attache.
COL, la partie de la paraison qui tient à la canne.

CANA-D'INDA, s. f. Balisier ou canne d'inde, *Canna indica*, Lin. plante de la fam. des Amonaées, originaire des Indes et cultivée en Europe comme plante d'agrément, à cause de la beauté et de la grandeur de ses feuilles.

CANAB, CANAV, CAND, CANEB, CANEP, CANEV, CARB, CHARB, sous-radical pris du latin *cannabis*, et dérivé du grec κάναβις (kanabis), dont le R. prim est *Can*, v. c. m.

De *cannabis* on a fait par apoc. *canab*; d'où: *Canab-as*, *Canabass-aria*, *Canabac-ier*, *Canabass-ier*, *Canab-era*, *Canab-ier*, *Canab-oun*, etc.

De *canab*, par le changement de *b* en *v*, *canav*; d'où: *Canav-as*, *Canav-era*, *Canav-iera*.

De *canab*, par sync. du second *a* et métat. du *b* en *d*, *cand*; d'où: *Cand-e*, *Cand-eou*, *Cand-i*, *Cand-ilhouns*, *Cad-enel*.

De *canab*, par le changement du second *a* en *e*, *caneb*; d'où: *Caneb-e*, *Caneb-as*, *Caneb-era*, *Caneb-iera*.

De *caneb*, par le changement de *b* en *p*, *canep*; d'où: *Canep*, *Canep-in*.

De *caneb*, par le changement de *b* en *v*, *canev*; d'où: *Canev-as*.

De *caneb*, par suppr. de *e*, *canb*; d'où: *Canb-e*, *Canb-et*, *Canb-in-iera*, et par métagr. euphonique de *n* en *r*, *carb*; d'où: *Carb-e*, *Carb-en-alh*.

De *carb*, par le changement de *c* en *ch* *charb*; d'où: *Charb-e*, *Charb-ous*, *Charb-ul*, *Cherb-e*.

De *canab*, par le changement de *c* en *ch*: *Chanab-al*, *Chanab-oun*, *Chenab-oun*, *Cheneb-ier*.

CANABACIER, s. m. vl. CANABASSER. Tisserand.

Éty. de *canabas* et de *ier*. V. *Canab*, R.

CANABAS, s. m. vl. Toile de chanvre. V. *Canevas*.

Éty. de *cannabis*, ou de *canab* et de *as*, augm. V. *Canab*, R.

CANABASSARIA, s. f. (canabassarie), dl. CANABASSARIÉ. De la toilerie et tout ce que l'on fait en tissu de chanvre et de lin.

Éty. de *canabas* et de *aria*. V. *Canab*, R.

E'un acheto de draparié
L'autre de canabassarié.

Michel.

CANABASSER, vl. V. *Canabassier*.

CANABASSIER, s. m. vl. CANDIAIRE. Marchand qui réunissait les commerces de chanvrier, de filassier et de toilier.

Éty. de *canabas*, gros chanvre, et de *ier*, marchand de. V. *Canab*, R.

CANABERA, s. f. (canabère), dl. Un roseau, une canne, une tige de chanvre.

Éty. du grec κάναβος (kanabos), roseau. V. *Can*, R.

CANABIER, s. m. (canabié). V. *Canebe*.

CANABIERA, s. f. (canabiére), dl. Une chenevière, V. *Canebiera*, on le dit aussi pour canne, roseau. V. *Canab*, R.

CANABIERA-PICHOUNA, s. f. Nom toulousain de l'*Arundo calamagrostis*, Lin. V. *Bauca*.

CANABIRA SALVAGEA, (canabiére-salbâtge); BAULET, SESQUIL. Nom qu'on donne, aux environs de Toulouse, au roseau ordinaire, *Arundo phragmites*, Lin. plante de la fam. des Graminées, commune dans les fossés.

Éty. A cause de sa ressemblance avec la canne.

Les feuilles de cette graminée sont employées pour garnir les chaises; elles donnent un revenu annuel de 200,000 francs, dans le Département des B.-du-Rhône, selon l'auteur de sa Stat.

CANABIEYRA, s. f. d. du Rouergue. V. *Canebiera*.

CANABOUN, s. m. (canabóun); CANABOU, dl. *Cañamon*, esp. Chenevis, semence ou graine de chanvre. V. *Canab*, R.

CANACIERA, vl. Roseau. V. *Can*, R. et *Canavera*.

CANADA, (canadà); *Canada*, ital. esp. port. Canada, grande contrée de l'Amérique Septentrionale, borné à l'E. par le golfe de Saint-Laurent; à l'O. par des pays encore inconnus; au N. par la Nouvelle Angleterre; et au S. par les États-Unis, Quebec en est la capitale.

Le Canada fut découvert en 1497 par Cabot père et fils, vénitiens.

Conquis par J. Verranzani, florentin, envoyé par François 1er en 1523, et cédé aux Anglais depuis la paix de 1763.

Éty. du lat. *Canada*, dans la langue du pays, ce mot signifie village.

CANADELA, V. *Cadela.*

CANADOUIRA, V. *Acanadouira* et *Can*, R.

CANAG, ?

Per chascun canag qui sera gravat, ou mule de prest, un sol morlaas.

Privilége et cout. de Béarn.

Éty. Ce mot viendrait-il du bas breton *kannad*, envoyé, délégué, exprès?

CANAGI, s. m. (canádgi); CANAGE. *Canació*, cat. Cannage, mesure des étoffes à la canne : *Lou canagi*, la mesure.

Éty. de *cana* et de *agi*. V. *Can*, R.

CANAL, s. f. et m. vl. *Canal*, cat. esp. port. *Canale*, ital. Canal ; voie ; creux. Voy. *Canau.*

Éty. du lat. *canalis*. V. *Can*, R.

CANALHA, s. f. (canáille); BAGAGE, CANAIA. *Canalha*, port. *Canalla*, cat esp. *Canaglia*, ital. Canaille, nom collectif qui comprend toutes les personnes qui n'ont ni honneur, ni probité, ni délicatesse ; on le dit aussi et fort improprement, de la plus basse classe de la société.

Éty. de *can*, chien, et de *alha*. V. *Can*, Rad. 2.

CANALOBRA, s. f. vl. Candelabre.

CANAPE, s. m. (canapè), pr. m. *Canapè*, ital. *Canape*, cat. esp. *Canapé*, port. Canapé, sorte de chaise longue à dossier sur laquelle plusieurs personnes peuvent s'asseoir, et où une personne seule peut se coucher.

Éty. du grec κωνωπεῖον (kônôpeion), pavillon, tente.

On nomme :

EMBOURRURE, le crin, la bourre et la toile qui les renferme, dont on garnit le canapé.
ACCOTOIRS ou BRAS. V. *Cadiera.*

CANA-PETIERA, s. f. (cáne-petière), la femelle et *Grefe*, le mâle. FAISAN-BASTARD. Petite outarde, outarde canepetière, *Otis tetrax*, Lin. oiseau de l'ordre des Gallinacés et de la fam. des Domestiques ou Alectrides (ressemblant aux poules), qu'on ne rencontre que passagèrement dans nos pays.

Éty. L'auteur de l'art. Outarde du Dict. des Sc. Nat. dit que le mot *cane-petière*, *cane-petrace* ou *cane-pétrole*, vient de quelque ressemblance qu'à l'attitude de cet oiseau, avec le canard sauvage, et de son habitation dans les lieux pierreux.

L'avantage qui résulte de la décomposition des mots dont nous avons indiqué et suivi la méthode, est ici bien évident, pour trouver la véritable étymologie de *canapetiera.*

Cana, est le féminin de canard, et *petiera*, est formé de *pet* et de la terminaison multiplicative *iera*, ce qui signifie littéralement *canard qui pète souvent*. En effet, le mâle appelle ses femelles dans la nuit, par le cri répété de *prout*, *prout*, *prout*, imitant en quelque sorte les petarades d'un âne qui va péniblement à la montée.

CANAR, v. a. (caná), dl. *Canar*, cat. Mesurer à la canne, auner, mesurer à l'aune. V. *Canegear.*

Éty. de *cana* et de *ar*. V. *Can*, R.

CANAR, Oiseau. V. *Canard.*

CANAR, (caná), d. lim. V. *Canau* et *Can*, Rad.

CANARD, CAN, rad. formé par onomatopée, du cri du canard, *can*, *can*, et de la term. *ard* : *Canar*, *Can-eta.*

De *canard*, par apoc. *can* ; d'où : *Can-a*, *Can-eta*, *Can-can*, *Cana-petiera*, *Canard-iera*, *Canard-ar*, *Canard-a*, *Canard-at*, *Canard-oun.*

CANARD, s. m. (caná) ; GUIT, TOUZET. Canard, *Anas*, Lin. nom d'un genre d'oiseaux, de l'ordre des Palmipèdes et de la fam. des Serrirostres ou Prionoramphes (à bec en scie), dont on connaît un grand nombre d'espèces et une infinité de variétés.

Éty. de *can*, *can*, qui est son cri naturel, et de la term. *ard*, aigu. V. *Canard*, R.

CANARD, s. m. Nom qu'on donne, à Nice, au canard milouin, *Anas ferina*, Lin. V. *Biris*, et au harle vulgaire, *Mergus merganser*. Lin. V. *Bievre.*

CANARD, Espèce de chien. V. *Chin.*

CANARDA, s. f. (canárde), dl. CANA. Cane, cane femelle du canard. V. *Cana* et *Canard*, Rad.

CANARD-A-LONG-BEC, s. m. Nom commun dans le Gard : au *Mergus-merganser*, V. *Bievre*, au *Mergus serrator*, V. *Huelhs rouges*, et au *Mergus albellus*. V. *Estrougnoun.*

CANARDAR, v. a. (canardá). Canarder, tirer avec avantage sur son ennemi, sans être vu ; *L'a canardat*, il l'a tué d'un coup de mousquet ou de canardière.

Éty. de l'habitude où l'on est de se cacher pour tirer aux canards, formé de *canard* et de *ar*, act. V. *Canard*, R.

CANARDAR SE, v. r. Se battre longtemps et avec acharnement. Garc. V. aussi *Acagnardar.*

CANARDAT, **ADA**, adj. et p. (canardá, áde). Canardé, ée. V. *Canard*, R.

CANARD-COUA-LONGA, Nom nicéen du canard à longue queue, *Anas acuta*, Lin. oiseau de passage ; il s'arrête quelque temps dans les marais et dans les étangs. V. *Alalonga.*

CANARD-DE-BARBARIA, CANARD MUT. Le canard musqué, canard d'Inde, cane de Guinée ou de Barbarie, *Anas moschata*, Lin. originaire du Brésil et de la Guiane.

On dit qu'il fut apporté des Indes au commencement du XVIme siècle : *Nuper ex Indiâ advecti*, écrivait Charles Étienne, en 1550.

CANARD-D'HIVER, Nom nicéen du canard tadorne, *Anas adorna*, Lin. et du canard garrot, *Anas clangula*. Lin. V. *Mioumiou.*

CANARD-GRIS, s. m. Nom nicéen du canard chipeau, *Anas strepera*, Lin. de passage le long des grandes rivières et des fleuves. V. *Méjan-gris.*

CANARDIERA, s. f. (canardiére). Canardière, fusil dont le canon est très-long et d'un gros calibre, pour chasser aux canards ; lieux où l'on prend les canards sauvages, par le moyen d'un canard privé.

Éty. de *canard* et de la term. *iera*. Voy. *Canard*, R.

CANARD-HUPAT, Nom nicéen du harle huppé, *Mergus serrator*, Lin. Voy. *Huelhs-rouges.*

CANARD-MUT, s. m. (canár-mu). Nom qu'on donne, dans le Gard, au canard siffleur huppé, *Anas rufina*, Pallas, et dans le département de Vaucluse, au canard musqué. V. *Canard-de-Barbaria.*

CANARD-NEGRE, Nom nicéen de la macreuse. V. *Macrusa.*

CANARDOUN, s. m. (canardóun). Dim. de canard, petit canard. V. *Canard*, R.

CANARDOUN, s. f. Nom nicéen, du guillemot nain, *Uria alle*, Brunn. Risso ; oiseau de l'ordre des Palmipèdes et de la fam. des Brévipennes (à ailes courtes), qu'on voit quelquefois le long du Var.

CANARD OURDINARI, s. m. CANARD, TOUZET. Canard domestique, *Anas domestica*, Lin. espèce du même genre que les précédentes, qui a été produite par l'éducation du canard sauvage ; la chair de ce canard est moins estimée et plus indigeste que celle du canard sauvage.

CANARD-PEGOUNIER, Nom nicéen du canard morillon, *Anas fuligula*. Lin. V. *Mourilhoun.*

CANARD-SAUVAGI, s. m. COUEL VERT, VERDAU, COL VERD. Canard sauvage, *Anas boschas*, Lin. oiseau du même genre que les précédents.

Le canard sauvage donne plusieurs variétés qui ont souvent été regardées comme des espèces distinctes et qu'on désigne en provençal par des noms particuliers, tels sont : *lou couel grisard*, *lou couel roux*, *lou couel vert*, *lou barnavert*, *lou negroun*, *lou neirouse*, etc.

CANARD-SERRAIRE, Nom nicéen du canard souchet, *Anas clypeata*. Lin. Voy. *Culheiras.*

CANARD-SIBLAIRE, V. *Siblaire.*

CANARD-TESTA-ROUSSA, Nom nicéen du canard siffleur, *Anas penelope*. Lin. V. *Siblaire.*

CANARD-VARIAT, Nom nicéen du canard à iris blanc, *Anas leucophthalmos* ; Risso ; de passage le long des fleuves et des grandes rivières.

CANARI, s. m. (canári) ; SERIN, SERESIN. *Canario*, port. esp. ital. *Canari*, cat. Serin des Canaries, *Fringilla canaria*, Lin. oiseau de l'ordre des Passereaux et de la fam. des Conirostres ou Conoramphes (à bec conique).

Éty. du lat. *canaria*, *canariensis*, de Canarie.

Dans l'état sauvage, vivant sur les bords des ruisseaux dans les îles Canaries, le serin n'a point dans sa voix cette douceur que nous lui connaissons et que la domesticité seule lui donne. Ce n'est que là qu'on peut le voir rivaliser avec le rosignol auquel il ne cède que pour la force de l'organe et pour la variété des intonations ; mais sur lequel il l'emporte par la finesse de l'oreille, par la mémoire et surtout par la grande facilité qu'il a pour l'imitation.

Cet oiseau est tellement susceptible d'éducation et d'attachement, que sans l'avoir vu on ne pourrait facilement croire à ce dont il est capable.

En 1823, un batteleur parcourut toute la Provence, en montrant un grand nombre de serins, qu'il avait élevés et à chacun desquels il avait appris un rôle différent. Ils obéissaient à sa voix avec une ponctualité admirable ; n'étaient point effrayés par le bruit du tambour, ni par l'explosion du canon auquel ils mettaient eux-mêmes le feu.

La femelle du serin peut s'allier avec les mâles des chardonnerets, des venturons, des cini et même avec ceux des bruans, des pinçons et des moineaux, et produire des métis qui sont encore féconds.

Le millet, le chènevis, la navette, les échaudés, des œufs cuits durs, etc., sont la nourriture ordinaire de ces oiseaux en état de domesticité dans lequel ils peuvent vivre de dix à douze ans.

Canari sauvagi, nom qu'on donne, dans la B.-Prov. et à Avignon, au remis, *Parus narbonensis*. V. *Debassaire.*

CANAS, s. f. pl. (cánes); CHANAS, CHUANAS. Les fleurettes du vin, espèce de moisissure qui nage sur le vin mal bouché. *Channe* ou *Chane.*

Éty. du lat. *canus*, blanc. V. *Can*, R.

Es à las canas, il est à sec ou à son dernier sou.

CANAS, s. f. pl. vl. *Canas*, esp. Cheveux blancs.

Éty. du lat. *cani*, m. s. V. *Can*, R.

CANASTA, s. f.

CANASTEL, s. m. et

CANASTELA, s. f. (canastèle); CHANESTELA. *Canasta*, esp. *Canastra* et *Canistrel*, port. *Canastra*, cat. Corbeille, panier ordinairement d'osier, de forme oblongue, moins profond que large, servant à contenir et à transporter certains objets.

Éty. du lat. *canistrum*, m. s. et dérivé du grec κάναστρον (kanastron), vase en forme de corbeille, fait de κάνης (kanès), corbeille, et de στέλλω (stellô), envoyer.

CANASTELOUN, s. m. (canesteloún), dl. *Canastreta*, cat. *Canastella*, esp. Corbillon.

Éty. de *canastel* et de *oun*, dim.

CANAT, s. m. (caná), d. de Grasse. Claie sur laquelle on dépose les figues lorsqu'elles sont à mi-sèches.

Éty. de *cana* et de *at*, fait avec des roseaux, *cana*. V. *Can*, R.

CANATILHA, V. *Canetilha.*

CANATOUN, s. m. (canatóun), dl. Pourvoyeur, qui dans les grandes métairies, porte le repas aux travailleurs.

CANAU, s. m. (canáou); *Canal*, esp. port. *Canale*, ital. *Cano*, port. Canal, conduit par où l'eau passe, lieu où la mer est resserrée par deux rivages, fig. moyen, entremise, etc.

Éty. du lat. *canalis*, m. s. V. *Can*, R.

Faire canau, faire canal, s'éloigner de la terre, et fig. ne pas dormir la nuit.

Canau de l'aurelha, conduit auditif.

Canau de la respiration, trachée-artère.

Canau deis aliments, œsophage.

Canau de l'urina, canal de l'urètre ou urètre.

Canau d'un cubert, chénau.

CANAU, s. f. M. Garcin définit ce mot: auge où l'on met la *buvée* du cochon. Voy. *Bachas.*

CANAU-NAVIGABLE, s. m. Canal navigable, canal fait à main d'homme, où les grosses barques peuvent naviguer; on en comptait 74 en France au commencement de 1837.

CANAU DOOU MIEJOUR OU CANAU DOOU LENGADOC. Ce canal qui joint les deux mers, est l'entreprise, dit Lalande l'astronome, la plus hardie et la plus étonnante que les hommes aient exécutée. On le doit à l'immortel Pierre-Paul Riquet, de Bonrepos, né à Béziers, en 1604.

En octobre 1666, sous le ministère de Colbert, parut le premier acte du gouvernement relatif à ce canal; en 1681 et en 1684 eut lieu la réception des ouvrages, mais dès 1681, la navigation était établie.

La dépense totale de ce monument peut-être évaluée à 36 millions; sa longueur est de 238,715 mètres, depuis son origine à Toulouse, Haute-Garonne, jusqu'à sa jonction, à 5 kilom. d'Agde, Hérault, avec l'étang de Thau, qui communique avec la Méditerranée.

Le point de partage des eaux est à Naurouse. Le point culminant est à 187 mètres au-dessus de la Méditerranée. *Annuaire de l'Aude pour* 1841.

CANAU DE NARBOUNA, Il a son origine dans le canal du Midi: sa longueur est de 4,810 mètres. Cette dérivation a pour continuation la *Robine*, ouvrage déjà existant sous l'ère romaine. Ce dernier canal dérive de la rivière d'Aude, dont il reçoit les eaux à l'écluse de Moussoulens; se partage en deux branches; l'une se rend à la mer par le *Grau* de Vendres, l'autre conduit au port de la Nouvelle par les étangs de Bages et de Sigean.

Jusqu'au port de la Nouvelle, le canal de la Robine a 31,424 mètres. *Annuaire de l'Aude* 1841.

CANAULA, s. f. (canáoule), dl. Sorte d'échaudé; long gâteau fait sans œufs pour le manger en carême. Douj.

CANAVAS, V. *Canevas.*

CANAVERA, s. f. (canavère). Nom bas limousin et lang. du roseau de Provence. V. *Cana* et *Can*, R.

CANAVES, nom de lieu, vl. District d'Ivrée, en Piémont.

CANAVETA, s. f. (canavéte); CANTINA. *Cantinella*, ital. *Cantina*, esp. Cantine, coffret à compartiments où l'on place des bouteilles ou des fioles. Bouteille carrée garnie de paille ou de roseau, *cana*. Avril.

CANAVIERA, vl. Roseau. V. *Cana.*

CANAYA, d. arl. V. *Canalha.*

CANCA, s. f. vl. Tante. V. *Tanta.*

CANCAN, s. m. (cáncan). Quanquan, vacarme, *Faire un cancan*, faire un quanquan, faire beaucoup de bruit, beaucoup d'éclat, pour une chose qui n'en vaut pas la peine.

Éty. du lat. *quamquam*, quoique, bien que, mot par lequel commence ordinairement une harangue latine prononcée par un écolier à l'ouverture de certaines thèses de théologie.

CANCANA, s. f. (concáne), d. bas lim. Grelot, V. *Cascaveou*, niais, dadais. V. *Niais.*

CANCARIGNOL, s. m. (cancarignól), dg. Têtard.

Lou gros cancarignol *dins l'aygo si passegeo.*
Jasmin.

CANCARINETAS, s. f. pl. (cancarinétes), dg. Cliquettes V. *Cliquetas* et *Cancan.*

CANCE, s. m. (cáncé); CANCES, CHANCIA, ACHOUNCES, CRESSES, TAUSRA, TAUVENA, TOUSSERA, TAUVERA, TALVEA, OOURIERA, OURIERA, AURIERA, COUNTOURNIERA, COOUSSA, TALDERA; CANSI, ESCANSI. *Cancel*, esp. Lisière, extrasillon, *contournière*, espace de terre que la charrue ne peut pas atteindre au bord des champs et qu'il faut piocher ou bêcher.

Prendre cance, commencer à labourer un champ par le bord, enrayer, tracer le premier sillon.

Éty. du lat. *cancelli*, *orum*, bornes, limites, barrières.

CANCELIER, vl. V. *Chancelier.*

CANCELLAR, v. a. vl. DESCANCELLAR. *Cancelar*, esp. *Cancellar*, cat. port. *Cancellare*, ital. Effacer, biffer. V. *Escaffar.*

Éty. du lat. *cancellare*, m. s.

Qu'paga et noun cancella,
Soun deoute renouvella. Prov.

CANCELLAR, v. a. vl. Griller, fermer avec une grille.

Éty. du lat. *cancellare.*

CANCELLARIA, vl. V. *Chancellaria.*

CANCELLAT, **ADA**, adj. et p. vl. Effacé, biffé.

Éty. du lat. *cancellatus*, m. s.

CANCELLATION, s. f. vl. *Cancellatio*, cat. *Cancelacion*, esp. *Cancellazione*, ital. Radiation.

Éty. du lat. *cancellationis*, gén. de *cancellatio*, m. s.

CANCEOU, s. m. (cancèou). Courbet d'un bât. V. *Arçoun* et *Cambr*, R.

CANCER, CANCR, CHANCR, rad. pris du lat. *cancer*, *cancri*, *cancre*; cancre, écrevisse, cancer, chancre, qui est probablement pris du grec καρκίνος (karkinos), crabe. Dérivés: *Cancer*, *Cancre*, *Cancr-os*, *Cancer-ous*, par le changement du *c* en *ch*: *Chancre*, *Chancrous*, *Es-chancr-ura*, *Es-chancr-ar.*

CANCER, s. m. (cancèr); *Cancer*, port. esp. *Cancro*, ital. *Càncer*, cat. Cancer, mot restreint en Provençal, au carcinome des mamelles, maladie terrible dont l'amputation ne débarrasse pas toujours les femmes qui en sont atteintes. V. *Chancre.*

Éty. de *cancer*, lat. crabe ou cancre, probablement à cause de la ressemblance que l'on a cru trouver entre les veines engorgées de cette tumeur et les pattes de l'animal de ce nom. V. *Cancer*, R.

CANCER, s. m. vl. *Cancer*, cat. esp. port. *Canchero*, ital. Cancre. V. *Crabe* et *Favouya*. Cancer, signe du Zodiaque.

Éty. du lat. *Cancer*, R.

CANCEROUS, **OUSA**, adj. (canceróus, óuse); *Canceroso*, port. Cancéreux, euse, qui tient de la nature du cancer.

Éty. de *cancer* et de *ous*. V. *Cancer*, R.

CANCHOU, dl. Quignon de pain. V. *Crouchoun* et *Tros.*

CANCICZ, s. vl. Réprimande, reproche, blâme.

CANCIL, vl. V. *Cansil.*

CANCRE, s. m. (cáncré); *Grancio* et *Grancella*, ital. Cancre ou crabe, *Cancer*, Lin. genre de Crustacés de l'ordre des Astacoïdes et de la fam. des Cancériformes ou Carcinoïdes, dont on connaît un grand nombre d'espèces. La plus commune, celle qu'on désigne ordinairement par le mot *cancre*, est le crabe commun, *Cancer mænas*. Lin.

Éty. du lat. *cancer*, *cancre*, à l'abl. Voy. *Cancer*, R.

On donne aussi le nom de *cancre* au *Perimela denticulata*. V. *Tourteou*.

CANCROS, vl. V. *Chancrous*.

CAND, CAN, CHAN, CANT, radical pris du lat. *canus, a, um*, blanc; *canus autem est à* καω (kaô), *uro, quia ignis lucem parit*, Voss. d'où les sous-radicaux *candor*, candeur; *candela*, chandèle; *incendere*, *incensum*, brûler, enflammé.

De *canus*, par apoc. *can*; d'où: *Can-as*, *Can-etas*, *Can-ut*, *Can-icia*, *En-can-ezir*, etc.

De *can*, par le changement de *c* en *ch*, *chan*; d'où: *Chan-as*, *Chan-arda*.

De *canus*, les latins on fait, *caneo*, *candeo*, *candidus*, d'où par apoc. *cand*, et: *Cand-e*, *Cand-ela*, *Cand-el-abre*, *Cand-el ier*, *Cand-el-eta*, *Cand-el-ousa*, *Cand-idat*, *Cand-or*, *Cand-our*.

De *cand*, par le changement de *c* en *ch*, *chand*; d'où: *Chand-ela*, *Chand-el-ier*, *Chand-el-ous*, etc., etc.

De *incensum*, par apoc. *incens*, et par le changement de *i* en *e*, *encens*; d'où: *Encens*, *Encens-ada*, *Encens-ar*, *Encens-oir*, etc.

De *cand*, par le changement de *d* en *t*, *cant*; d'où: *Es-cant-ig*, *Es-canti-ment*, *Es-cant-ir*, *Es-cant-il*, etc.

CANDARISSA, s. f. (candarisse). *Guinderasse*, bressin palant, ou cordage qui sert à hisser et à amener une vergue ou une voile.

Éty. de *cande*, chanvre.

CANDE, s. m. (cándé). Nom nismois du chanvre. V. *Canebe*.

CANDE, CANDA, adj. (cándé, ánde), dl. Pur, clair, transparent, limpide: *Font d'una aigua canda*, fontaine d'eau claire. V. *Clar*.

Es cande *coumo un jour poulit*.
Jasm.

Éty. du lat. *candidus*, clair. V. *Cand*, R.

CANDEL, s. m. (candèl), dl. Peloton. V. *Cabudeou*.

CANDELA, s. f. (candéle); CHANDIALA, CHANDELA, CHANDEARA. *Candela*, ital. cat. esp. *Candea*, port. Chandelle, petit cylindre de suif dont une mèche de fil de coton occupe le centre d'un bout à l'autre; morve qui tombe du nez en forme de mèche; cylindre ou cône de glace suspendu à l'endroit d'où l'eau coule; stalactite.

Éty. du lat. *candèla*, m. s. formé de *candeo*, être blanc de feu. V. *Can*, R.

On nomme:

CHANDELLE MOULÉE, celle qui a été faite dans une moule.
CHANDELLE PLONGÉE, celle qu'on fabrique en plongeant à plusieurs reprises la mèche dans le suif.
CHANDELLE GRAVELÉE, celle qui est grossièrement et inégalement enduite de suif.
MOUCHURE, ce qu'on enlève en la mouchant.
MOUCHERON ou LUMIGNON, le bout de la mèche qui brûle.

Ce n'est qu'en 1298 que les Anglais substituèrent les chandelles de suif aux éclats de bois dont ils se servaient pour s'éclairer. Boquillon, Dict. des Invent.

Dans une chandelle on nomme :

MÈCHE, les fils de coton qui en occupent le centre.
COLLET, l'anse que la mèche forme en dépassant la tête.
TÊTE, la partie supérieure.
CUL, l'extrémité inférieure qui entre dans le chandelier.
LUMIGNON, V. *Moucheron*.

CANDELA, s. f. C'est encore un terme commun à plusieurs arts: les charpentiers nomment ainsi l'arbre du moulin à farine; le poinçon d'une ferme; les maçons, le noyau d'un escalier en vis ou en limaçon.

CANDÈLA, s. f. En vieux langage ce mot signifiait cierge, d'où *Candelousa*, v. c. m.

CANDELABRE, s. m. (candelábré); *Candelabro*, cat. esp. port. *Candalobre*, anc. cat. Candelabre, grand chandelier à plusieurs branches.

Éty. du lat. *candelabrum*, m. s. V. *Can*, Rad. 3.

CANDELA-DE-SANT-JEAN, ou de SENT-JEAN, s. f. Nom toulousain de la molène ou bouillon blanc. V. *Bouilloun-blanc*.

CANDELAR, vl. V. *Candelier*.

CANDELEIR, EIRA, adj. vl. *Candeleria*, esp. De la chandeleur.

Éty. de *Cand*, R.

CANDELER, vl. Chandelier. V. *Candelier*.

CANDELET, s. m. vl. V. *Candeleta*, petite chandelle. V. *Cand*.

CANDELETA, s. f. (candéléte); VIGILA. *Candelilla*, esp. *Candeleta*, cat. *Candeletta*, ital. Petite chandelle, petite bougie.

Éty. Dim. de *Candela*, v. c. m. et *Cand*, Rad.

En term. de marine, corde garnie d'un crampon de fer pour acrocher l'anneau de l'ancre, lorsqu'elle sort de l'eau.

Candeleta de glaça, glaçon en forme de cône allongé, représentant une bougie renversée.

CANDELETA, s. f. CHANDELETA, CHANDERETA, ESTOURNA-BUDELS. Suppositoire, médicament de consistance un peu dure et de forme conique destiné à être introduit dans l'anus.

Éty. de sa ressemblance, avec une petite chandelle. V. *Cand*.

Hippocrate parle des suppositoires en plusieurs endroits de ses ouvrages ce qui prouve que ce remède est un des plus anciennement connus.

CANDELETA, dl. *Faire la candeleta*. V. *Aubre-drech*. *Hazer la candelilla*, esp. être droit comme une chandelle. V. *Cand*, Rad.

CANDELHES, s. m. (candelhés). Nom de la pomme épineuse, aux environs de Bordeaux. V. *Darboussiera*.

CANDELIAIRE, s. m. (candeliäiré); CANDELIER, CHANDIALAIRE, CHANDELIAIRE, CHANDELIER. *Candeliero*, esp. *Candelèr*, cat. *Candelajo*, ital. Chandelier, qui fait ou vend des chandelles.

Éty. de *candela* et de *aire*, celui qui fait les chandelles. V. *Cand*, R.

Les principaux ustensiles et outils du chandelier sont :

L'ABYME, CAQUE ou TINETTE, qui est la cuve où est le suif fondu.
LA BURETTE PUISELLE ou POT A MOULER, est le vase avec lequel le chandelier prend le suif fondu dans l'abyme pour le verser dans les moules.
LES MOULES, instruments propres à mouler les chandelles.
LE MOUVET ou MOUVOIR, bâton avec lequel on remue le suif fondu.
L'ÉTABLI, grande cage où l'on met égouter les chandelles.
L'ÉGOUTTOIR, grande auge qu'on met sous l'établi pour recevoir le suif qui s'écoule des chandelles.
LE DÉPÉÇOIR, Un couteau destiné à couper le suif.
LE COUPE-QUEUE, ROGNOIR ou ROGNE CUL, instrument propre à rogner les chandelles pour leur donner une bonne forme et pour les mettre de poids.

Les chandeliers nomment :

PAIN DE CRETON, le marc de la graisse et du suif.
BOULÉE, le sédiment du suif qui reste après la fonte au fond des poëles.

CANDELIER, s. m. (candelié); CHANDELIER. *Candeliere*, ital. *Candelero*, esp. *Candieiro*, port. *Candelier*, anc. cat. Chandelier, ustensile destiné à supporter les chandelles, bougies, etc., qu'on allume pour donner de la clarté.

Éty. du lat. *candelabrum*, m. s. ou de *candela* et de *ier*. V. *Cand*, R.

Dans un chandelier on nomme.

BALUSTRE, la partie du pied qui est plus grosse en haut qu'en bas.
BASSINET, l'espèce de bassin qui surmonte la tige.
BINET ou BRULE TOUT, l'espèce de tuyau qu'on place dans la bobèche et qui est mobile dans plusieurs, au moyen d'une petite queue, dans la tige creuse du chandelier, il sert à faire brûler la chandelle jusqu'au bout.
BOBÈCHE, le cylindre creux, muni d'un rebord qu'on place dans le bassinet, et qui reçoit la chandelle.
BOUGE, la partie qui commence à la poignée et qui descend sur le pied en s'évasant.
BRANCHE, V. *Tige*.
BROCHE, V. *Fiche*.
CLOCHE, l'ornement de la monture qui se place ordinairement sous le vase.
COLLET, les différents étranglements placés entre le vase et le nœud, entre le pied et le vase, etc.
CULOT, le fond du bassinet.
COUPE, la partie supérieure et évasée, des grands chandeliers d'église.
FICHE ou BROCHE, l'espèce de clou fiché dans la coupe, sur lequel on fixe les cierges.
NOEUDS, les différents renflements en forme d'anneau, qui ornent la tige.
PATTE, le pied sur lequel le chandelier repose.
TIGE ou BRANCHE, la partie qui s'étend du pied à la coupe ou à la bobèche.
VASE, le renflement en forme de poire, qu'on place ordinairement au milieu de la tige.
VIROLE, la partie du haut de la tige qui forme un cylindre creux dans lequel on place la bobèche.

On donne le nom de :

CANDELABRE, à un grand chandelier à plusieurs branches
BOUGEOIR, à un chandelier à queue et qui n'a presque pas de tige.

M. Felix, mécanicien à Paris, a imaginé en 1806, un chandelier avec réveil, qui mouche la chandelle à propos.

CANDELIER, s. m. Se dit aussi du fabricant et du marchand de chandelles. Voy. *Candeliaire* et *Can*, R. 3.

CANDELIER A MANCHE, s. m. Bougeoir.

CANDELOR, et

CANDELOSA, vl. V. *Candelousa*.

CANDELOU, s. m. (candelóu), d. gasc. Résinette, petite chandelle de résine dont la mèche est composée de gros fils d'étoupe. C'est la chandelle du pauvre.

Éty. Alt. de *candeloun*.

CANDELOUA, V. *Candelousa*.

CANDELOUN, s. m. (candelóun), dl. Petit bout de bougie filée; petit peloton de fil.

Éty. Dim. de *candela* dans le premier sens, et de *candel*, dans le second. V. *Cand*, R.

CANDELOURA, Alt. de *Candelousa*.

CANDELOUSA, s. f. (candelóuse); CANDELOURA; CANDELOUA, CHANDELOUA, CHANDALIEIRA, NOSTRA-DAMA-LUZERNA. *Candelèra*, cat. *Candelaja*, ital. *Candelaria*, esp. port. Chandeleur, fête qu'on célèbre dans l'Eglise, le deux février, en l'honneur de la purification de la Sainte Vierge et de la présentation de J.-C. au temple.

Éty. de *candela*, chandelle, cierge, parce que les prêtres et beaucoup de laïques présentaient ce jour là des flambeaux pour indiquer que J.-C. est la vraie lumière du monde. *Candelosa*, en basse lat. V. *Cand*, R.

Le pape Gelase institua cette fête et abrogea les lupercales, en 492; d'autres l'attribuent au pape Vigile, en 536.

Quand la candeloura lucerna,
Quaranta jours apres hiverna.
Prov. cevennois.

CANDEOU, s. m. (candèou), dl. Chènevotte, tuyau de la plante du chanvre et du lin dépouillé de la filasse, brisé ou non par la maque. V. *Candilhouns* et *Canab*, R.

CANDEOU, s. m. *Flambart? allume?* Bûche desséchée, dont on se sert pour éclairer l'intérieur d'un four à pain.

Éty. V. *Cand*, R.

CANDI, adj. (cándi); *Candil*, port. *Candi*, cat. esp. *Candito*, ital. *Sucre candi*, sucre candi: *Assucar candil*, port. V. *Candit*.

Éty. de *cande*, pur, clair, transparent. V. *Cand*, R.

CANDI, s. m. (cándi), dl. V. *Canebe* et *Canab*, R.

CANDIAR SE, v. r. (candiá). S'émerveiller. Garc. V. *Cand*, R.

CANDIDA, nom de femme, (candida); *Candida*, ital. Candide.

Patr. V. *Candido*.

CANDIDAT, s. m. (candidá); *Candidato*, esp. ital. port. *Candidat*, cat. Candidat, celui qui aspire ou qui est proposé à un emploi.

Éty. du lat. *candidatus*, de *candidus*, blanc, parce que les aspirants aux charges de la république romaine étaient obligés de porter une toge blanche pendant les deux années qu'ils postulaient, d'où le nom de *candidati*, qu'on leur donnait. V. *Cand*, R.

CANDIDATURA, s. f. (candidatúre); *Candidatura*, cat. esp. Candidature, prétention à une dignité.

Éty. Pris du français. V. *Cand*, R.

CANDIDO, nom d'homme, (candide); *Candido*, ital. Candide.

Patron. L'Eglise honore 15 saints de ce nom; les 15 déc. 22 sept. 11 mars, premier déc, 2 févr. 3 oct. 9 mars, 3 janv. 6 juin, 4 et 20 sept. 29 août.

CANDIEOU, GAST. V. *Candilhouns*.

CANDILHOUNS, s. m. pl. (candillóuns); CHANDILHOUNS, CANDIOUNS, CANDIEOU, EISSANDILHOUNS, CANDEOU, ESSELIOUS, ESTELHOUNS, CABAL, CABABRUI, BARGUN, BARGETOUN, BARGEUN, BARGILLAS, Chènevottes, débris de la partie ligneuse du chanvre et du lin.

Éty. de *candeou*, tuyau de la plante du chanvre, et du dim. *ilhoun*. V. *Canab*, R.

CANDIR, v. a. (candir). Candir, faire fondre du sucre et le réduire jusqu'à ce qu'il soit candi; interdire quelqu'un, le rendre stupéfait.

Éty. V. *Cand*, R.

CANDIR SE, v. r. Se candir, se cristalliser, en parlant des confitures.

CANDIT, IDA, adj. et p. (candi, ide); CADIT. *Candito*, ital. *Cande*, esp. *Candi*, port. Candi, ie, cristallisé, en parlant du sucre et des confitures; fig. interdit. V. *Cand*, R.

CANDOLAS, s. f. pl. (candóles). Gâteau, placenta, espèce de gâteau que les Juifs font avec la fleur de farine, le sucre et l'eau rose. P. Puget. D. Inéd.

Éty. du grec κάνδυλος (kandulos), mets composé d'amidon, de fromage, de miel et de lait.

CANDOR, vl. V. *Candour*.

CANDORADOR, s. m. vl. Blanchisseur.

Éty. de *candor*, blancheur. V. *Cand*, R.

CANDOU, CHANDOU, ce mot que nous ne reconnaissons dans aucune des langues dont nous avons quelques notions, a la même signification dans la nôtre, qu'abonnement, ou prix convenu d'avance: *Candou*, *Candou-r-ier*, *A-candou*, *A-candour-ar*, *A-candour-at*, *Chandour-ier*.

CANDOU, s. m. (cándou); CHANDOU, CANDO, ACANDOU. Abonnement ou prix convenu d'avance pour un travail qu'on fait faire habituellement selon le besoin; particulièrement aux meuniers, maréchaux ferrants, barbiers, chirurgiens, etc. *Estre à candou*, être abonné. *Boutar à candou*, s'abonner.

Éty. de l'ital. *quanto*, *quanti*, combien. V. *Candou*, R.

CANDOUR, s. f. dg. Blancheur.

Éty. du lat. *candor*, m. s. V. *Cand*, R.

CANDOUR, s. f. (candour); *Candor*, anc. esp. port. cat. *Candore*, ital. Candeur, sentiment intérieur de la pureté de son âme qui empêche de penser qu'on ait rien à dissimuler; blancheur.

Éty. du lat. *candor*, m. s. V. *Cand*, R.

Ela candour de soun lengagi
Provo aquello de soun couer,
La vertut sur soun visagi
Brilho jusqu'après sa mouer. Gros.

CANDOURIER, s. m. (candourié); CHANDOURIER. Abonné à un four, à un moulin, chez un chirurgien, etc.

Éty. de *Candou*, v. c. m. et de la term. mult. *ier*.

Candourier, se dit encore selon Gar. d'un jour ordinairement très-froid. V. *Capourier*.

CANEBAS, s. m. (canebás). Guimauve à feuilles de chanvre, *Althæa cannabina*, Lin. plante de la fam. des Malvacées. V. Gar. *Alcea cannabina*, p. 14.

Éty. de *canebe*, chanvre, et de la term. dépréciative *as*, mauvais chanvre. V. *Canab*, Rad.

CANEBAS, s. m. Est aussi le nom qu'on donne, à Montpellier, selon M. de Belleval, à la mauve alcée, *Malva alcea*, Lin. plante de la même fam. que la précédente. V. *Canab*, Rad.

CANEBE, s. m. (canébé); CARBE, CAMBE, CANABIER, CHARBE, CAMBET, CANEP, CANDE, CANDI, CHAMBE. *Cañomo*, esp. *Canam*, cat. *Canhamo*, port. *Canapa*. ital. *Canab*, arab. *Canhamo*, anc. esp. Chanvre, *Cannabis sativa*, Lin. plante de la fam. des Urticées qu'on cultive partout pour en retirer la filasse connue sous le même nom, depuis le XIIIme siècle seulement; on le croit originaire d'Asie.

Éty. du grec κάνναβις ou κάναβις (kanabis), qui signifie la même chose; dérivés selon Bullet, du celt. *can*, roseau, et de *ab*, petit. V. *Canab*, R.

Les sexes sont portés, dans cette plante, sur des pieds différents, ce qui l'a fait diviser en mâle et en femelle: mais ne connaissant point le mystère de la fécondation des végétaux, les anciens et Garidel lui-même; ont été complétement dans l'erreur relativement à leur distinction, ou pour parler plus exactement, ils ont ignoré s'il en existait, et s'ils ont donné le nom de mâle à l'un, et celui de femelle à l'autre, ce n'a été que par ce qu'ils avaient observé que celui qui portait la graine donnait une filasse plus forte que celui qui n'avait que des fleurs, qu'ils appellaient femelle quoique ce soit véritablement le mâle. On l'arrache dès qu'il a fleuri. V. Gar. *Cannabis*, p. 78.

Chaque plante de chanvre prise séparément se nomme *brin*, sa racine *patte*, et l'extrémité opposée *tête*, la graine porte le nom de *chènevis*.

Opérations principales:

Desbousselar lou canebe, égruger le chanvre, en faire tomber les graines au moyen de l'égrugeoir.

Naygear lou canebe, rouir le chanvre; le rouissage a pour objet la destruction de l'épiderme et d'une partie du tissu cellulaire.

Faire secar lou canebe, faire haler le chanvre, le faire sécher après qu'il est sorti du routoir.

Teilhar lou canebe, teiller le chanvre, c'est en détacher la filasse brin à brin.

Picar lou canebe, briser le chanvre, en rompre un peu la chènevotte pour le préparer à être broyé.

Bregear ou *bregounar*, broyer ou briser, passer le chanvre à la broye. V. *Bregeaire*.

Coustoular, espader ou écoucher; l'espadage ou écouchage, se pratique en frappant sur le chanvre avec un couteau nommé espade, *coustouela*, dans la fente d'un pieu posé verticalement, connu sous le nom de *picaire*, chevalet. Ency.

Pignar, peigner ou serancer le chanvre, le passer à travers des sérans.

Espounchar, moucher le chanvre, c'est le rompre au-dessus des pattes que le peigne n'a pas fait tomber.

On nomme premier brin ce qui reste dans la main du peigneur. V. *Couer*.

Second brin ce que les sérans retiennent, V. *Estoupe*, étoupe, la partie la plus grossière. V. *Cochis*.

On nomme:

COURTON, la troisième des quatre espèces de filasse qu'on retire du chanvre.

Outils, machines, etc

ÉGRUGEOIR, outil propre à faire tomber les graines. V. *Gloua.*

HALOIR, espèce de grotte disposée pour faire sécher le chanvre au moyen du feu.

BROYE. V. *Bregeaire, Bregoun* et *Coustourla.*

SÉRANS, fins et grossiers. V. *Pienchis* et *Pignas.*

ROUTOIR, fosse où l'on fait rouir le chanvre. V. *Nays.*

ÉCHANVROIR, l'instrument pour échanvrer.

MAILLERIE, moulin pour battre le chanvre.

En février 1808, les frères Roumieu, de Paris, inventent la manière de transformer le chanvre en coton, soie et bourre de soie.

En juillet 1817, Gerard-Joseph-Christian, directeur du conservatoire des arts et métiers, à Paris, a inventé une machine qui rend le chanvre propre à être filé, sans être roui.

En 1819, M. Roggero, invente aussi une machine à broyer le chanvre et le lin sans rouissage.

CANEBERA, s. f. (canebéré), d. béarn. Roseau. V. *Cana* et *Can*, R.

CANEBIER, et

CANEBIERA, s. f. (canebiére); CANABIERA, CHENEBIERA, CAMBINIERA, CARBENALH, CANEBIER, CHANABAL, CANABIEYRA. Chenevière ou champ semé de chanvre; lieu où on le vend.

Éty. du lat. *cannabetum*, ou de *canebe* et de *iera*. V. *Canab*, R.

CANEBIERA, s. f. dg. Roseau. V. *Cana.*

CANEBOUN, s. m. dg. Oiseau.

CANECX, adj. vl. Chenu. V. *Cand*, R.

CANEFICI, s. f. Garc. V. *Cassa*, pulpe de.

CANEGEAGE, Gar. V. *Canagi.*

CANEGEAIRE, s. m. (canedjäire); *Canejador*, cat. Arpenteur. Aub.

Éty. de *cana* et de *egeaire*, qui mesure à la cane.

CANEGEAR, v. a. (canedjá); CANAR. *Canar* et *Canejar*, cat. *Canner*, mesurer, auner. V. *Canar.*

Éty. de *cana* et de *egear*. V. *Can*, R.

CANEGEAT, ADA, adj. et p. (canedjá, áde). Mesuré, auné.

Éty. de *cana* et de *egeat*, V. *Can*, R.

CANEGO, nom de lieu, vl. Canigou, pic des Pyrénées.

CANEL, s. m. (canèl), dl. Un tuyau de roseau; une bobine de navette; un étui à épingles, Sauv. un tuyau en général.

Éty. de *cana* et du dim. *el*. V. *Can*, R.

Sous dérivés: *Canel-ar, Canel-at, Caneou, Canel-a.*

CANEL, s. m. (canèl), dg. Bouchon, jeu dans lequel on pose un bouchon debout ou autre chose pareille, sur lequel on met des pièces de monnaie et qu'on tache d'abattre en tirant avec une autre pièce de monnaie, d'un endroit déterminé.

CANELA, s. f. (canèle). Nom qu'on donne, en Languedoc, au roseau de Provence. V. *Cana* et *Can*, R.

CANELA, s. f. CHANELA, CARABENA, ENCA, CANELOUN, CANELOU. Cannelle, tuyau de bois ou de cuivre qu'on ajuste à une cuve ou à un tonneau pour en tirer commodément la liqueur qu'il contient; robinet de fontaine; canelle ou pissote de cuivre. V. *Can*, R.

CANELA, s. f. (canèle); *Cannella*, ital. *Canela*, esp. port. *Canyella*, cat. Cannelle, nom qu'on donne à la seconde écorce du laurier cannelier, *Laurus cinnamomum*, Lin. arbre de la fam. des Laurinées, qui croît naturellement dans l'Ile de Ceylan, à Sumatra, et qu'on cultive aujourd'hui à Cayenne, aux Antilles, etc.

Éty. Dim. de *canna*, petite canne, parce que les morceaux roulés de la cannelle forment de petits cylindres. V. *Can*, R.

Ce précieux arbre fut naturalisé à l'Ile de France en 1749 par Poivre qui le rapporta de la Cochinchine avec le poivre auquel il donna son nom.

CANELAR, v. a. (canelá); *Scanalare*, ital. *Acanalar*, esp. *Acanellar*, port. Canneler, former, tracer des cannelures dans le fût d'une colonne, d'un pilastre, etc.; se former en tuyau, monter en tige, en parlant du blé.

Éty. du lat. *canaliculare*, ou de *canel*, cannelure, et de *ar*. V. *Can*, R.

CANELAT, ADA, adj. et p. (canelá, áde). Cannelé, ée.

Éty. de *canel*, petit tuyau, et de *at*. Voy. *Can*, R.

CANELAT, adj. et p. (canelá). *Plâtré?* on le dit du vers à soie quand il est atteint d'une maladie qui le fait ressembler à ces morceaux de citron sucrés, que l'on nomme *Canelats*. Avr.

CANELAT, s. m. (canelá). Cannelas, sorte de dragée faite avec du citron, ou du cédrat et de la cannelle. On le nomme abricoté quand il est fait avec des abricots et citronat quand c'est avec du citron.

Éty. de *canela* et de *at*, fait avec de la cannelle. V. *Can*, R.

CANELHADA, s. f. vl. *Cannellée*. V. *Jusquiama.*

CANELIER, s. m. (canelié); *Canela*, esp. port. Cannelier, arbre qui fournit la cannelle et qui croît particulièrement à l'Ile de Ceylan.

Éty. de *canela* et de *ier*. V. *Can*, R.

CANELIER, s. m. dl. Cannaie, lieu planté de cannes. V. *Canier* et *Can*, R.

CANELLA, vl. V. *Canela.*

CANELOUN, s. m. (caneloún), dg. CANELOU. V. *Canela.*

CANELURA, s. f. (canelúre); CANNEOU, CANEOU. *Scanalatura*, ital. Cannelure, on donne ce nom à de petits canaux longitudinaux qu'on taille le long du fût d'une colonne, d'un pilastre ou de tout autre objet.

Éty. de *canal* dim. de *cana*, et de *ura*. V. *Can*, R.

On appelle:

CANNELURES A COTES, celles qui sont séparées par des listels.

CANNELURES AVEC RUDENTURES, celles qui sont garnies de roseaux, de cables ou de bâtons jusqu'au tiers du fût de la colonne.

CANNELURE DE GAINE, DE THERME, DE CONSOLE, celles qui sont larges par le haut et par le bas.

CANNELURE ORNÉES, celles qui ont des ornements.

CANNELURE A VIVE ARÊTE, celles où il n'y a point de côtes.

CANEOU, s. m. (canèou). Roseau commun. Garc. V. *Can*, R.

CANEOU, Pour cannelure. V. *Canelura* et *Can*, R.

CANEP, vl. V. *Canebe.*

CANEPIN, s. m. (canepïn). Canepin, pellicule ou épiderme, que les mégissiers enlèvent sur les peaux qui ont été passées en mégie.

Éty. de *canep* pour *canebe*, chanvre, par analogie, parce que cette pellicule se détache de la peau, comme la filasse se sépare de la chènevotte.

CANESC, adj. vl. Le temps passé.

Éty. du lat. *canus*, vieux, du temps passé. V. *Cand*, R.

CANESTELA, V. *Canastela.*

CANESTEOU, V. *Canasteou.*

CANESTOUN, s. m. (canestoún). Corbillon, petite corbeille.

CANET, s. m. (cané). Nom de lieu qui se disait autrefois pour cannaie ou lieu planté de cannes ou roseaux, *canetum*, en basse lat. V. *Can*, R.

CANET, s. m. d. béarn. Baguette, Petit roseau. V. *Caneta* et *Can*, R.

CANET, s. m. vl. *Canet*, anc. cat. Petit chien. V. *Chinoun.*

Éty. de *can* et du dim. *et*. V. *Can*, R. 2.

CANETA, s. f. (canéte). La femelle du canard, dans les environs de Carpentras. V. *Aneda.*

CANETA, s. f. SARCELLA, CACHAPIGNOUX. Nom arlésien de la grande sarcelle, *Anas querquedula*, Lin. oiseau de l'ordre des Palmipèdes et de la fam. des Serrirostres ou Prionoramphes (à bec en scie). V. *Sarcela.*

Éty. *Caneta*, petite canne, petit canard. V. *Canard*, R.

CANETA, s. f. vl. Petite chienne, canicule, constellation.

Éty. de *cana* et du dim. *eta*. V. *Can*, R. 2.

CANETA, s. f. (canéte); *Canita*, esp. *Canico*, port. *Canyeto*, cat. *Canneta*, ital. Dim. de *cana*, petite canne, petit roseau. Canette et caneton, le petit, mâle ou femelle de la cane.

Éty. de *cana* et du dim. *eta*. V. *Can*, R.

CANETA, s. f. dl. *Canela*, port. Epoulin. V. *Espoour* et *Can*, R.

CANETAS, s. f. pl. vl. Cheveux blancs.

Éty. de *canus*. V. *Cand*, R.

CANETILHA, s. f. (canetille); CANATILHA. *Canquillo*, cat. *Canutillo*, esp. *Canutiglio*, ital. Cannetille, morceau de fil d'or ou d'argent, fin ou faux, trait en fil rond ou plat.

Éty. de *caneta* et de *ilha*, tortillé en forme de petit tuyau, de petite canne. V. *Can*, R.

CANEVAS, s. m. (canevás); CANAVAS. *Canevaccio*, ital. *Cañamazo*, esp. *Canyamas*, cat. Canevas, toile écrue, claire, de chanvre ou de lin, dont on se sert pour les ouvrages de tapisserie à l'aiguille; grosse toile de chanvre écrue; plan, projet d'un ouvrage.

Éty. du lat. *cannavaccus* de *cannabis*, chanvre, d'où notre *canebe*. V. *Canab*, R.

CANEYA, s. f. (canèye), dl. Une haquenée. ***Es vengut sus la caneya de Sant Frances***, il est venu sur la haquenée des cordeliers, qui voyageaient à pied.

Éty. de l'ancien thiois *anakan*, marcher, d'où Caseneuve dérive haquenée, ou peut-être du lat. *equina*, de *equus*.

CANEZIR, CANUZIR, v. n. vl. Blanchir, devenir blanc, être atteint de canitie.

Éty. du lat. *canescere*, blanchir de vieillesse. V. *Cand*, R.

CANFIEGOUS, s. m. (canfiegóus), dl. CAMFUEGUS. Terre brûlée, champ où le feu a passé et tout embrasé. Sauv.

Éty. de *can* pour *camp*, champ, et de *fiegous* pour *fuegous*, de *fuec*. V. *Camp*, R.

CANFRE, et dérivés. V. *Camphre*.

CANGRENA, V. *Gangrena*.

CANH, vl. V. *Canin*.

CANHA, s. f. vl. Chienne, machine de guerre. V. *Can*, R. 2. Quelle.

CANI, adj. vl. Canin, ine, V. *Canin*, rude, âpre, revêche, sauvage.

CANI, pron. dl. Quel. V. *Que* et *Quau*.

CANI, s. m. dg. Troisième bourgeon de la vigne. V. *Tres bourrou*.

CANICHA, s. f. (caniтche); CANISSA. Barbette, la femelle du chien barbet. V. *Can*, Rad. 2.

CANICHO, s. m. (canitche). Un des noms du chien barbet. V. *Chin* et *Can*, R. 2.

CANICIA, s. f. vl. *Canicia*, port. *Canizie*, ital. Canitie, état des cheveux blanchis.

Éty. du lat. *canitia*, m. s. V. *Cand*, R.

CANICULA, s. f. (canicúle); *Canicula*, cat. esp. port. *Canicola*, ital. Canicule; nom de la belle étoile du chien, constellation qui s'élève dans le temps des grandes châleurs; jours pendant lesquels la canicule règne.

Éty. du lat. *canicula*, formé de *canis*, chien; parce que cette étoile ne paraît que le matin à l'aurore pour nous annoncer le commencement des grandes châleurs. On lui a donné le nom de l'animal qui veille à nos portes. V. *Can*, R. 2.

CANICULAR, adj. m. vl. Caniculaire. V. *Caniculari*.

« *Duro aquels dias caniculars del XV jorn de julh entro'l* XII *de setembre.* »

Eluc. de las propr.

Éty. V. *Can*, R. 2.

CANICULARI, adj. d. arl. (caniculári); *Canicular*, cat. esp. port. *Canicolare*, ital. Caniculaire, qui est relatif à la canicule; on le dit des jours pendant lesquels la constellation du chien s'élève et se couche avec le soleil.

Éty. de *canicula* et de *ar*, *ari*, ou du lat. *canicularis*. V. *Can*, R. 2.

En ten caniculari. Coye.

CANIER, s. m. (canié); CANELIER. *Canaveal*, port. *Canyar*, cat. *Canaveral*, esp. *Canneto*, ital. Cannaie, lieu planté de cannes.

Éty. de *cana* et de *ier*. V. *Can*, R. ou du lat. *cannetum*, m. s.

CANIF, *Caniveti*, port. V. *Canif*.

CANIFES, dl. V. *Carnifes*.

CANIGOUN, s. m. (canigóun). Cahutte, chenil, petite cabanne. V. *Chaboutoun*. Avr.

CANILHA, dl. V. *Touera*.

CANIN, **INA**, adj. vl. CANH, CANI. *Cani*, cat. *Canino*, port. esp. ital. Canin, ine, de chien. V. *Canina*.

Éty. du lat. *caninus*, m. s. V. *Can*, R. 2.

CANINA, adj. f. (canine); *Canino*, esp. ital. port. *Cani*, cat. Canine, qui tient du chien; *fam canina*, faim canine, faim dévorante; dent canine, etc.

Éty. du lat. *caninus*, de chien. V. *Can*, Rad. 2.

CANINEU, adj. vl. CANINIEU. Race de chien, canin. V. *Can*, R. 2.

CANINIER, adj. vl. Aimant les chiens.

Éty. de *canin* et de *ier*. V. *Can*, R. 2.

CANINIEU, adj. vl. V. *Canineu*.

CANIPAU-BLANC, s. m. (canipáou-blanc); MARLUS-DE-CHAMP, MERLE-DE-CHAMP. Nom qu'on donne, aux environs de Toulouse, au chardon marianne, *Carduus marianus*. Lin. plante de la fam. des Composées Cynarocéphales, qui croît dans les fossés.

Éty. *Canipau*, est évidemment une altér. de *panicaut*.

CANIS, **ISSA**, adj. (canis, isse), dl. Raboteux, escarpé, revêche, âpre. Sauv. V. aussi *Canissa*.

Figa canissa, figue confite? figue mûre qui commence à se rider.

CANISSA, s. f. (canisse); CAMPANEGE, LEVADOUR. *Canniccio*, ital. *Canizo*, esp. *Caniçada*, port. *Canyis*, cat. Claie, clayon, treillis fait avec des brins d'osier ou des tiges de roseau, sur lequel on fait dessécher les fruits, et où l'on élève dans leur premier âge, les vers à soie.

Éty. de *Can* R. et de *issa*, composé de roseaux, ou du grec κανίας (kánias), objet tressé en jonc. Thom.

CANISSA, dl. Pour barbette, femelle du chien barbet. V. *Canicha* et *Can*, R. 2.

CANISSAR, v. a. (canissá), dl. Lambrisser avec des roseaux.

Éty. de *canissa* et de *ar*. V. *Can*, R.

CANISSES, s. m. pl. dg. Chemins, altér. de *camins*. V. *Camin*.

CANITOURTIER, s. m. (canitourtié), dl. Un plant, un pied de violettes. Sauv.

CANIVET, s. m. vl. Petit couteau.

Éty. de *canif* ou *ganif*, et du dim. *et*.

CANJE, s. m. vl. Change, changement.

CANLEVAR, v. n. (canlebá), dg. CANLEBAR. Faire la bascule. V. *Coua-leva*, *faire*.

CANLEVAT, **ADA**, adj. et p. (canlebá, áde), dg. Qui a fait la culbute.

CANNAVERA, s. f. vl. Canne. V. *Canna*.

CANNEOU, s. m. (cannèou). Nom qu'on donne au roseau commun dans le département des B.-du-Rh. V. *Raulet*, *cana*.

Éty. de *cana*, roseau, et de la termi. dim. *eou*, petit roseau. V. *Can*, R.

CANNIBALO, s. m. (cannibále); *Canibal*. cat. esp. Cannibale, nom donné aux Anthropophages d'Amérique, et par extension à un homme cruel, barbare, féroce.

CANNONEGUE, vl. V. *Canounge*.

CANO, vl. V. *Canon*.

CANOBOUN, s. m. (canobóun). Nom de la fauvette aquatique, *Motacilla aquatica*, Lin. à Nice; oiseau de l'ordre des Passereaux et de la fam. des Subulirostres (à bec fin).

CANOINI, s. m. d. vaud. Chanoine. V. *Canounge*.

CANON, *CANOUN*, radical pris du grec κάνον (kanôn), règle, décret, loi; d'où le latin *canon*, *canonis*, *canonicus*, dérivés : *Canon-ge*, *Canonic*, *Canonic-al*, *Canon-ista*, *Canoniz-ar*, *Canoniz-atio*, etc. et par. altér. *Canor-gue Canor-gua*, *Canorgu-ia*, par le changement de *o* en *ou*: *Canoun*, *Canoun-ge*, *Canoun-ic-al*, *Canoun-ique*, *Canoun-is-ar*, *Canounis-ation*, etc., et par altér. *Canour-ga*, *Canourg-ar*.

CANON, s. m. vl. CANO. Pour canon, V. *Canoun*, tourbillon, quenouille, clepsydre.

CANONEGE, s. m. (canonédgé), vl. Chanoine. V. *Canounge*.

Éty. du lat. *canonicus*, dérivé de *Canon*, v. c. m. V. *Canon*, R.

CANONGE, vl. V. *Canounge*.

CANONIC, **ICA**, adj. vl. Canonique. V. *Canounique*.

CANONICAL, adj. vl. *Canonical*, esp. *Canonicale*, ital. Canonique. V. *Canounique*.

CANONIS, vl. V. *Canounge*.

Éty. du lat. *canonicus*, m. s.

CANONISAR, vl. V. *Canounisar*.

CANONISTA, vl. V. *Canounisto*.

CANONIZAR, vl. V. *Canounisar*.

CANONIZATIO, vl. V. *Canounisation*.

CANORGA, s. f. vl. CANORGUA. Chanoinessa.

CANORGUA, s. f. vl. V. *Canorguia*.

CANORGUE, s. m. vl. V. *Canounge*.

CANORGUIA, s. f. vl. CANORGUA. *Canongia*, cat. esp. Canonicat, chapitre ou réunion de chanoines.

Éty. de *canorgue*.

CANORQUA, s. f. vl. Antre, canal, tuyau.

CANOT, s. m. (canó); *Canoa*, cat. esp. Canot, petit bateau à rames destiné au service d'un gros vaisseau.

Éty. de l'indien *canoe*, qui signifie pirogue, petit bateau.

CANOUN, s. m. On dit d'une personne infatigable et très-active, *Es un canoun*.

CANOUN, s. m. (canoún); *Cañon*, esp. *Cannone*, ital. *Cano* et *Canhão*, port. *Canó*, cat. Canon, longue pièce d'artillerie, propre à lancer des boulets et de la mitraille.

Éty. de l'ital. *cannone* ou du lat. *canna*, parce que les canons sont creux intérieurement comme une canne ou roseau. V. *Can*, R.

Dans un canon on nomme:

CULASSE, l'extrémité renforcée, opposée à la bouche.

BOUTON, l'extrémité arrondie qui termine la culasse.

TOURILLONS, les deux pivots ronds et saillants qui portent sur l'affût.

ANSES, les anneaux placés près des tourillons, ayant presque toujours la forme d'un serpent ou d'un dauphin.

PLATE-BANDE, la partie de la pièce qui a un peu plus d'élévation que le reste: une pièce en a ordinairement trois, celle de la culasse; celle du premier renfort et celle du second renfort.

RENFORT, la partie composée de trois grosseurs ou circonférences.

VOLÉE, la partie qui s'étend depuis les tourillons jusqu'à la bouche.

ASTRAGALE, l'ornement composé de deux moulures l'une rondé faite en demi cercle, l'autre d'un filet On en distingue ordinairement trois, celui de la lumière, celui de ceintre et celui de volée.

COLLET, la partie comprise entre l'astragale et le bourrelet.

BOURRELET, l'extrémité renflée du côté de la bouche.

AME, toute la partie intérieure et creuse.

CHAMBRE, la partie du fond de l'âme, où l'on place la poudre.

LUMIÈRE, l'ouverture par où l'on transmet le feu à l'intérieur.

COQUILLE, la partie supérieure et évasée de la lumière.

Parties accessoire :

ACCUL, les piquets qu'on plante au bout d'une plate-forme pour retenir le canon quand il recule.
CHAPERON ou CHAPITEAU, les deux ais joints en forme de bât, qu'on met sur la lumière, pour la preserver de la pluie.
ECOUVILLON, V. *Escoubalhoun*.
FAUSSE-LANCE ou PASSE-VOLANT, les canons de bois bronzé ne servant que pour la montre.
FRONTEAU DE MIRE, le bourrelet de cuivre ou de bois placé autour du collet du canon, qui sert à le pointer droit
TORE, la moulure de la culasse.
DAUPHINS, les figures de dauphin, en relief, sur les anses.
ÉVASEMENT, l'élargissement de l'ouverture du canon opérée par l'usure que font les boulets en passant.

Canoun de porta vista, tube de porte vue.

Canoun de chamineia, tuyau de cheminée.

Canoun de bouta, cannelle d'un tonneau, *mettre canoun*, mettre en perce.

Canoun d'ounguent, magdaléon ou canon d'onguent.

Canoun de cira, bâton.

Canoun de soupre, bâton de soufre.

Canoun de la fouent, tuyau de la fontaine.

Canoun d'escritori, casse.

Canoun de la messa, canon de la messe, *canon de la misa*, esp.

Canoun de pailha, éteule, chaume.

Conoun d'un soufflet, tuyère d'un soufflet.

Canouns deis auceous, les tuyaux ou les plumes en tuyau des jeunes oiseaux.

Canoun de pluma, tuyau de plume.

On croit communément qu'on a commencé à se servir des canons dès l'an 1338, mais ce ne fut qu'en 1539 qu'on s'en servit sur les vaisseaux, et que la bataille de Crecy en Picardie, livrée le 26 août 1346, par les Français contre les Anglais, est la première où l'on ait employé le canon. Edouard en avait placé six sur une colline : « Tout-à-coup, dit Chateaubriand, nos soldats croient entendre éclater la foudre, et se sentent frappés d'une mort invisible ; Dieu lui même paraît se déclarer en faveur de leurs ennemis, et lancer le tonnerre au milieu de la bataille, pour la première fois le bruit du canon frappait l'oreille des Français. »

D'autres disent qu'on les avait employés au siége du Puy-Guillaume en Auvergne en 1338.

En 1341. Les Maures se servent de canons au siége d'Algesiras pour la première fois, c'est donc à eux que l'on doit l'invention de l'artillerie et la fonte des premiers canons.

Lenglet Dufresnoy.

En 1433. Les Turcs font usage pour la première fois du canon au siége de Constantinople.

En 1539. On commence a se servir des canons sur les vaisseaux européens.

En 1635. Les premiers canons de bronze sont fondus en Angleterre.

En 1819. Invention d'une espèce de canon que l'on charge par la culasse, par M. Diamanti, mécanicien à Rome.

On appelle canon :

DE FUSIL TORDU, celui auquel on a fait éprouver, étant chaud, une torsion qui le rend plus solide.
RUBANÉ, celui qui est fait avec une bande de fer roulée sur un calibre.
CARABINÉ, celui qui est taraudé en dedans.
RAYÉ, celui qui a intérieurement des raies longitudinales.
CHAMBRÉ, lorsqu'il a des cavités défectueuses.

Dans ces canons on nomme :

CULASSE, la pièce de fer ou vis adaptée au tonnerre et prolongée en une *queue* qui s'encastre dans le fût où elle est maintenue par la vis de culasse.
CORPS, la partie qui s'étend de la culasse à la bouche.
TONNERRE, la partie inférieure et renforcée.
LUMIÈRE, le petit trou qui communique avec le bassinet.
AME, l'ouverture intérieure.
BOUCHE, l'ouverture supérieure de l'âme.
GUIDON, le petit morceau de métal qui sert à mirer.
TENONS, les petits morceaux de fer carrés, soudés sur le derrière du canon au travers desquels on passe les goupilles.
MIRE, la marque qui existe sur la longueur du canon servant à guider l'œil.
GOUPILLES, les petits clous qui fixent le canon au bois.
BRONZER LES CANONS, c'est leur faire prendre une couleur bleuâtre en les frottant à chaud avec du beurre d'antimoine.

CANOUN, s. m. *Canó*, cat. *Canon*, esp. *Cano* et *Canuda*, port. *Cannone*, ital. Canon, est encore le nom que portent beaucoup de choses qui ont la forme d'un tuyau; en vl. Tourbillon. V. *Can*, R.

CANOUNADA, s. f. (canounáde); *Canónada*, cat. *Cannonata*, ital. *Cañonazo*, esp. *Canhonaço*, port. Canonnade, décharge de plusieurs canons.

Éty. de *canoun* et de *ada*. V. *Can*, R.

CANOUNADA, s. f. dl. *Canónada*, cat. La conduite d'une fontaine faite ordinairement en tuyaux de grès ou de bois. V. *Can*, R.

CANOUNAR, v. a. *Cañonear*, esp. *Canhonear*, port. *Canónejar*, cat. *Cannoneggiare*, ital. Canonner, battre à coups de canon, et dans le sens neutre, être ou monter en forme de tuyau.

Éty. de *canoun* et de *ar*. V. *Can*, R.

CANOUNAT, ADA, adj. et p. *Cañoneado*, esp. *Canhoneada*, port. Canonné, ée. V. *Can*, R.

CANOUNAS, s. m. (canounás); *Conónas*, cat. *Cañonazo*, esp. Gros canon.

Éty. de *canoun* et de *as*.

CANOUN DE LA MESSA, s. f. *Canon*, port. cat. esp. *Canone*, ital. Canon de la messe, paroles sacramentales de la messe, depuis la préface jusqu'au pater.

Éty. du lat. *canon*, m. s. V. *Canon*, R.

Le canon de la messe a très-peu varié depuis Saint Ambroise qui en parle sous la même dénomination de *canon;* il fut rédigé par Saint Jérôme selon les uns, et par le Pape Sirice, qui vivait sur la fin du IVme siècle, selon d'autres.

CANOUN, DRECH, s. m. Droit canon, règle, décision d'un concile.

Éty. V. *Canoun de la messa* et *Canon*, R.

La collection des règles tirées de l'Ecriture sainte, des Conciles, des Constitutions des papes, des sentiments des pères de l'église, et de l'usage reçu par la tradition, fut faite en 1151 par Dom. Gratiam, bénédictin.

CANOUNGE, s. m. (canoundgé); CANONEGE, CALOUYET. *Canonico*, ital. *Canonigo*, esp. *Conego*, port. *Canonge*, cat. Chanoine, celui qui possède un canonicat, et ironiquement celui qui occupe un emploi qui ne lui donne aucune peine.

Éty. du lat. *canonicus*, formé du grec κανονικὸς (kanonikos), régulier, dérivé de κανων (kanôn), règle. V. *Canon*, R.

L'établissement des chanoines tels que nous les connaissons aujourd'hui, ne remonte qu'au VIIIme siècle selon Bergier.

Autrefois les chanoines dépendaient de l'évêque, vivaient de ses revenus, demeuraient sous le même toit, comme dans la maison paternelle.

CANOUNICAMENT, adv. (canounicaméin); *Canónicament*. cat. *Canonicamente*, esp. ital. port. Canoniquement, selon les canons.

Éty. de *canounique* et de *ment*, d'une manière canonique.

CANOUNICAT, s. m. (canounicá); *Canonicat*, cat. *Canonicato*, ital. esp. port. Canonicat, bénéfice d'un chanoine dans une église cathédrale ou collégiale; dignité de chanoine.

Éty. V. *Canon*, R.

CANOUNIER, s. m. (canounié); *Cañoniero*, esp. *Canoner*, cat. *Cannoniere*, ital. Canonnier, celui dont la profession est de servir le canon.

Éty. de *canoun* et de *ier*. V. *Can*, R.

On nomme :

CANONNIER POINTEUR, celui qui pointe.
CANONNIER BOUTE-FEU, celui qui met le feu à la pièce.

CANOUNIQUE, ICA, adj. (canouniqué, ique); *Canonicus*, lat. *Canonico*, esp. ital. port. *Canonic*, cat. Canonique, qui est selon les canons.

Éty. du grec κανονικὸς (kanonikos), suivant les règles. V. *Canon*, R.

CANOUNISAR, v. a. (canounizá); CANONIZAR. *Canonizar*, esp. port. *Canonizzare*, ital. *Canonisar*, cat. Canoniser, inscrire au catalogue des saints suivant les règles de l'Église.

Éty. de *canoun*, pris pour catalogue, et de la term. act. *ar*. V. *Canon*, R.

CANOUNISAT, ADA, adj. et part. (canounizá, áde); *Canonizado*, port. Canonisé, ée, inscrit au nombre des saints.

Éty. de *canoun*, et de la term. pass. *at*. V. *Canon*, R.

CANOUNISATION, s f. (canounization); *Canonisació*, cat. *Canonizacion*, esp. *Canonizacão*, port. *Canonizzazione*, ital. Canonisation, cérémonie par laquelle le pape canonise.

Éty. du lat. *canon*, *onis*, et de la term. *ation*, de *actio*, action d'inscrire au catalogue, parce que dans le principe la canonisation ne consistait que dans un ordre des papes ou des évêques, d'inscrire au canon de la messe le nom de ceux que leur piété avait fait distinguer.

Le premier acte authentique et indubitable que nous ayons d'une canonisation solennelle, dans les formes modernes, est consigné dans une bulle du pape Jean XVI, en 993, qui place au rang des Saints Ulric, évêque d'Ausbourg.

Jusqu'au milieu du XIIme siècle, les évêques avaient comme les papes, le droit de canoniser, mais à cette époque, Alexandre III, élu pape en 1159, s'en arrogea le droit exclusif, qu'aucun évêque n'osa lui contester.

CANOUNISTO, s. m. (canouniste); *Canonista*, cat. esp. port. ital. Canoniste, celui qui est savant en droit canon.

Éty. de *canoun* et de *isto*. V. *Canon*, R.

CANOUNS, s. m. pl. (canóuns). Les premières plumes des oiseaux quand elles n'ont encore que le tuyau.

CANOUNXE, dg. V. *Canounge*.

CANOURGA, s. f. (canóurgue), dl. Église de chanoines ou tout autre construction faite par eux ou pour eux. V. *Canon*, R.

CANOURGAR, v. n. vl. Être admis ou reçu à la dignité, au rang de chanoine. *Canourgari*, en basse latinité. V. *Canon*, R.

CAN-REDOUN, nom de lieu. Champrond. V. *Champ* et *Camp*, R.

CAN-RIOU, Champ arrosé. V. *Camp*, Rad.

CANS, vl. Ce mot a été employé pour chien, V. *Can;* quels, V. *Qual* pour chants, V. *Cant*, pour Caën, ville, et pour ils ou elles changent, chantent; pour ardent. V. *Can*.

CANSA, s. f. (cánse), dg. Vigne.

CAN-SALADA, nom de lieu. Ce nom répondrait-il à *Campus salinus*, champ salé ou imprégné de sel? V. *Camp*, R.

CANSALADA, s. f. (cansalàde), dl. Chair de porc, le maigre et le lard tout ensemble; iron. le corps: *Boli que s'oublígue la cansalada*, je veux qu'il s'oblige au corps. Voy. *Can*, R.

CANSAT, ADA, adj. et p. (cansá, áde), dl. *Cansad*, cat. *Cansado*, esp. Malade, mal-en-point; las, recru, fatigué. Sauv.

Éty. de l'esp. *cansado, da*, las, fatigué.

CANSER, vl. V. *Cancer*.

CANSI, s. m. (cánsi). Plantation de vigne dans un champ clos, le long des murailles. Garc.

Éty. Dim. de *cancelli*, espalier. V. aussi *Cance*.

CANSIL, s. m. vl. Toile de chanvre, toile fine.

Éty. de *Canebe* et *Canab*, R. Ce mot paraît être une altération de *canebe*, *fil*, fil de chanvre.

CANSO, vl. V. *Cansoun* et *Cant*, R.

CANSON, vl. V. *Cansoun*.

CANSONETA, vl. V. *Cansouneta*.

CANSOUN, s. f. (cansóun); CHANSOUN. *Canzone*, ital. *Cansó*, cat. *Cancion*, esp. *Canção*, port. Chanson, pièce de vers qu'on chante et dont les stances se nomment couplets; fig. sornettes, contes frivoles.

Éty. du lat. *cantio* ou de *canticum*, formé de *cantare*. V. *Cant*, R.

L'usage du chant et des chansons est presque aussi ancien que celui du langage. Les anciens chantaient leurs lois, leurs histoires et les éloges qu'ils faisaient des grands hommes; Aristote assure que le même mot grec désignait les lois et les chansons.

Charlemagne en 800, fait, à l'exemple des Francs et des Germains, composer un recueil de chansons guerrières qui retracent les belles actions des premiers rois de France et les hauts faits de leurs guerriers.

On appelle:

COUPLET, les stances dont elle est composée.

REFRAIN, la partie d'un couplet ou couplet entier qu'on répète après chaque stance.

CANSOUNAR, v. a. (cansouná), dl. Chançonner. V. *Cansounegear* et *Cant*, R.

> Laissen lous s'égoya, qu'o lour aisé cansounou.
> Peyrot.

CANSOUNEGEAIRE, dg. V. *Cansounier*.

CANSOUNEGEAR, v. a. (cansounedjá); CANSOUNAR. *Cansónejar*, cat. Chansonner, faire des chansons contre quelqu'un.

Éty. de *cansoun* et de *egear*. V. *Cant*, R.

CANSOUNEJAYRE, s. m. (cansounedjäire), dg. Chanteur, qui chante des chansons.

CANSOUNETA, (cansounéte); CHANSOUNETA, CANSONETA. *Cancioncilla*, esp. *Cançoneta*, port. *Cansoneta*, cat. *Canzonetta*, ital. Chansonnette, petite chanson, on le dit aussi par opposition aux airs graves et sérieux.

Éty. de *cansoun* et du dim. *eta*. V. *Cant*, Rad.

CANSOUNIER, s. m. (cansounié); CHANSOUNIER, CANSOUNEGEAIRE, CANSOUNEJAYRE. *Cancioneiro*, port. Chansonnier, faiseur de chansons, on dit chansonnière au fém. recueil de chansons.

Éty. de *cansoun* et de *ier*. V. *Cant*, R.

CANSSON, vl. V. *Cansoun*.

CANT, CHANT, CANS, CHANTR, radical dérivé du latin *cantare*, *canto*, *cantatum*, chanter; d'où *cantus*, chant, *cantio*, chanson, et *cantor*, abl. *cantore*, chantre.

De *cantare*, par apoc. *cant*; d'où: *Cant*, *Cant-ar*, *Can-taire*, *Cant-ata*, *En-cantar*, *En-cant-aire*, etc.

De *cant*, par le changement de *c* en *ch*, *chant*, d'où les mêmes mots dans le d. m.

De *cantore*, abl. de *cantor*, par la suppression de *o*, *cantre*, et par le changement de *c* en *ch*: *Chantre*, *Chantr-essa*, *Chantroun*.

De *cantionis*, gén. de *cantio*, par apoc. *cantion*, par suppression de *i*, *Canton*, et par changement de *t* en *s*, *canson* et *cansoun*; d'où: *Cansoun*, *Cansoun-eta*, *Cansoun-ar*, *Cansoun-ier*, etc. et par le changement de *c* en *ch*, les mêmes mots.

CANT, CHANT, radical dérivé selon Denima, t. 3. p. 18, de l'all. *kant*, côté, marge, bord, angle, coin. Aldrète, p. 361, le fait venir du Gothique *cant*, m. s. mais il vient peut-être du grec κανθος (kanthos), le coin de l'œil, l'angle, le coin. Dérivés: *Cant-el*, *Es-cantel-ar*, *Cant-eou*, *Cant-on*, *oun*, *Canton-et*, *Cantoun-ada*, *Cantoun-iera*, *A-cantoun-ar*, etc., par le changement de *c* en *ch*: *Chant-ier*, *Chanc-ier*, *Chant-eou*, *Chant-el*, *Chant-ilhoun*, *Chant-tournar*, *Chan-tournat*, *E-chant-ilhoun*.

CANT, s. m. (cán); CHANT, CAN. *Canto*, esp. ital. port. *Cant*, cat. Chant, suite de sons variés et appréciables, assujétis au rithme, et renfermés dans des séries déterminées que l'on a nommées gamme; la voix de plusieurs oiseaux; division ordinaire des poëmes épiques ou didactiques des langues modernes.

Éty. du lat. *cantus*, m. s. V. *Cant*, R.

Les Grecs avaient imaginé quatre sortes de chant, qui paraissent former la musique la plus parfaite, ils les appelaient *les modérateurs des passions humaines*. Lamiras, poëte et musicien de Thrace, antérieur à Homère, avait inventé le premier, nommé *Dorien*; le second, appellé *phrygien*, excitait à la fureur; le troisième *sous phrygien*, opposé au second, produisait un effet contraire; Marsyas en était l'inventeur, le quatrième, appelé *lydien*, était triste, lamentable, on en connaissait un cinquième nommé *eolien*, inventé par Demon, neveu de Demosthène. On attribue à saint Ignace, disciple de saint Jean, l'usage du chant alterné des hymnes et des psaumes qui sous le règne de Constance, vers 450 se répandit dans toutes les Eglises.

CANT, Pour combien. V. *Quant*.

CANT, vl. Pour *quand*, v. c. m. et *quant*.

CANTABREMA, Garc. altér. de *Cantabruna*.

CANTABRUNA, s. f. (cantabrúne); CANTABREMA. Cannette, roseau par le moyen duquel on hume le vin dans les barils.

Éty. Parce que les personnes qui ont bu chantent ordinairement. V. *Cant*, R.

> *As fa jugar la* cantabruna. Gros.
> Tu es ivre, tu as levé le coude.

CANTA-CARUMEL, s. m. (cánte-carumèl), dg. Chalumeau fait avec la hampe du seigle vert. V. *Carlamua* et *Cant*, R.

CANTADIS, ISSA, s. (cantadis, isse); CANTARIA. Homophonie, concert à l'unisson de plusieurs voix. Garc.

CANTADOR, vl. *Cantador*, cat. V. *Cantaire*. *Cantador*, est employé comme régime, et *cantaire*, comme sujet. V. *Cant*, Rad.

CANTADOURS, s. m. pl. (cantadóurs), vl. Chanteurs, ceux qui chantaient les vers des troubadours.

Éty. du lat. *cantatores*, m. s. V. *Cant*, Rad.

CANTAIRE, s. m. (cantáïré); CHANTAIRE, CHANTRE. *Cantador*, esp. port. cat. *Cantatore*, ital. Chanteur, qui chante, qui fait profession de chanteur, on dit chantre quand on parle de ceux qui chantent au chœur de l'église.

Éty. du lat. *cantator*, m. s. ou de *cant*, et de *aire*. V. *Cant*, R.

CANTAL, s. m. (cantál); *Cantal*, esp. Cantal, département du, dont le chef-lieu est Aurillac.

Éty. D'une haute montagne de l'Auvergne qui porte ce nom.

CANTANT, ANTA, adj. (cantán, ánte). Chantant, ante, qui se chante aisément, qui chante.

Éty. de *cant* et de *ant*. V. *Cant*, R.

CANTA-PERDRIS, s. m. (cánte-pardrís). Nom qu'on donne au garou, dans le Languedoc. V. *Garou*.

Terra de canta-perdris, terrain sec et aride.

Éty. J. Bauhin dit que les fruits du garou devenus rouges par la maturité, sont avidement recherchés par les oiseaux, notamment par les perdrix, d'où probablement le nom de *canta-perdris*. V. *Cant*, R. Rich. de Bell.

CANTA-PLOURA, s. m. (cánte-plóure), dg. Chante-pleure, tube de fer blanc percé de trous, qui sert à verser du vin dans un tonneau qui n'est pas plein, sans troubler celui qu'il contient.

CANTAR, s. m. (cantá); CHANTAR, CANTAT. Absoute, service pour les morts, V. *Cant*, R.

CANTAR, v. a. (cantá); CHANTAR. *Cantar*, esp. port. cat. *Cantare*, ital. Chanter, pousser la voix avec des modulations et des inflexions variées.

Éty. du lat. *cantare*, m. s. V. *Cant*, R.

L'usage de chanter dans les repas est de la plus haute antiquité; les convives dans Homère y étaient toujours invités.

Cantar entre dents, gringotter, frédonner mal un air.

Cantar la palinoudia, *se desdire*, *se retractar*. *Cantar a palinodia, dedizer-se, retratar-se*. port.

Cantar en pouesia, célébrer, chanter, louer.

Cantar messa, *cantar misa*, esp. chanter ou célébrer la grand'messe.

Cantar haut, demander un trop grand prix d'une chose.

Cantar poulhas, injurier, chanter pouilles

Cantar clar, avoir la voix sonore et agréable.

Cantar prin, avoir la voix aiguë.

Cantar fa plooure, le chant fait pleuvoir. Cette façon de parler est fort ancienne, puisque Sénèque dit quelque part: *Antiquitas credebat attrahi imbres cantibus*.

CANTAR, v. n. *Faire cantar leis dents*, faire grincer ou craquer les dents, grelotter de froid; sonner, raisonner: *A quel plat canta lou rout*, ce plat sonne creux, il est fêlé. V. *Cant*, R.

CANTAREL, adj. vl. CANTARELS. Qui chante souvent.

CANTARELA, s. f. dg. Caille dressée à appeler les autres, dont on se sert avec avantage au lieu d'appeau.

CANTARELA, s. f. (cantarèle); CHANTUSA, CHANTARELLA. Chanteuse, femme ou fille qui chante bien ou qui fait profession de chanter, on nomme *cantatrice*, les chanteuses de l'opéra italien.

Éty. de *cantar* et de *ella*, celle qui chante. V. *Cant*, R.

CANTARELA, s. f. Chanterelle, la plus fine des cordes d'un instrument de musique.

Éty. Qui chante, c'est-à-dire, qui chante le plus, le plus haut. V. *Cant*, R.

CANTARELA, s. f. CHANTARELLA, CANTARELLA. Bouteille de verre mince, qui produit un frémissement agréable, lorsqu'on chante dans son ouverture. V. *Cant*, R.

CANTARELA, s. f. Un des noms des criquets dans la B.-Pr. V. *Langousta* et *Cant*, R.

CANTARET, s. m. vl. CHANTARET. Petit chant, sorte de poésie.

Éty. de *cantar*, et du dim. *et*. V. *Cant*, Rad.

CANTARIA, Gorc. V. *Cantadis*.

CANTARIDA, et

CANTARIGA, V. *Cantharida*.

CANTAROT, s. m. (cantaró). Nom que porte encore, dans quelques endroits, le pot de chambre.

Éty. du lat. *cantharus*, tasse ou coupe, dérivé du grec κάνθαρος (kantharos), le même.

CANTAS, (cántes), vl. Combien.

CANTASOUS, s. m. (cantasóus), dl. *Siou pas un cantasous*, je ne suis pas d'humeur, ou en train de chanter; *Ai pas lou cantar*. V. *Cant*, R.

CANTAT, **ADA**, adj. et p. (cantá, áde); *Cantado*, port. Chanté, ée. V. *Cant*, R. et *Cantar*.

CANTATA, s. f. (cantáte); *Cantada*, cat. esp. *Cantata*, ital. port. Cantate, petit poëme fait pour être mis en musique, composé de récitatifs et d'airs chantants.

Éty. de l'ital. *cantata*, fait du lat. *cantus*, chant. V. *Cant*, R.

C'est à l'illustre J.-B. Rousseau, que la France est redevable de ce genre de poésie dont la première idée est due aux Italiens.

CANTE, pr. (cánté); *cugne*, *cun*, *quau*. Lequel: *Canta*, *Cugna*, *Cuna*, laquelle. V. *Quala* et *Qual*, R. *Cantes*, *Cugnes*, *Cunes*, lesquels. V. *Quaus* et *Qualas*.

CANTE, s. m. (cánté); CANTO, CANTEOU, ESPARLIN, MOURRE AGUT, MOURRE-POUNCHUT. Le Sparaillon, Sparlus ou Spargus, *Sparus annularis*, Lin. poisson de l'ordre des Holobranches et de la fam. des Léiopomes (à opercules lisses).

Éty. du grec κάνθαρος (kantaros), m. s. il vit dans la Méditerranée.

CANTE, s. f. (cánté), d. bas lim. Pièce de bois qu'on met aux contrevents et aux portes pour les fermer. V. *Barra*.

CANTEL, s. m. Pièce, morceau, quartier. V. *Canteou* et *Cant*, R. 2.

CANTEL DE, adv. DE CHANTEOU. De champ, on le dit de la situation d'un corps plat posé sur sa tranche, ou sur la partie la plus mince, comme le sont les livres sur les tablettes.

Éty. du bas bret. *cant*, l'épaisseur d'une planche, et de *el*. V. *Cant*, R. 2.

CANTEOU, s. m. (cantèou); CHANTEL, CANTEL, BRONDEL. *Cantel*, cat. *Cantillo*, esp. *Cantinho*, port. *Cantoncello*, ital. Chanteau, premier morceau ou gros quartier qu'on coupe d'un pain; morceau d'étoffe ordinairement en pointe que le tailleur ajoute sur les côtés d'un manteau ou autre vêtement, pour lui donner l'ampleur nécessaire. V. *Guciroun*.

Éty. de la basse lat. *cantellum*, dim. de *cantum* pour coin. V. *Cant*, R. 2.

CANTEQUANT, adv. V. *Catacan*.

Éty. de *quantò*, *guantò*, P. Puget.

CANTHA, s. f. (cánthe). Nom du spare canthère, dans les B.-du-Rh. V. *Tanuda*.

CANTHARIDA, s. f. CANTARIDA, TANARIDA, CANTARIGA, CANTHARIGA, CANTARELLA. *Cantaride*, ital. *Cantarida*, esp. cat. *Cantharida*, port. Cantharide et improprement mouche cantharide, *Meloe vesicatorius*, Lin. *Lytta vesicatoria*, Fab. insecte de l'ordre des Coléoptères et de la fam. des Vésicants, qu'on trouve sur les frênes, sur le troène et sur le lilas.

Éty. du lat. *cantharis*, formé du grec κανθαρις (kantharis), nom qui paraît avoir désigné le mylabre de la chicorée, que les anciens employaient au lieu de notre cantharide, comme vésicant.

Cantharidine, principe actif des cantharides.

CANTHARIDA-DE-LA-VIGNA, s. f. TANAIROU. Noms que porte, à Montpellier, le velours vert ou attelabe du petit bouleau: *Attelabus betuleti*, Fab. insecte de l'ordre des Coléoptères et de la fam. des Curculionites. V. *Vignogou*.

CANTHARIDIER, s. m. (contoridié). Nom qu'on donne, dans le Bas-Limousin, au frêne, parce qu'il sert de nourriture aux cantharides. V. *Fraisse*.

CANTHENA, s. f. (canthéne). Nom qu'on donne, à Nice, au spare canthère quand il est jeune.

CANTIC, vl. V. *Cantico*.

CANTICO, s. m. (cantique); CANTICA. s. f. *Cantico*, esp. port. ital. *Cantic*, cat. Cantique, chant ou poëme lyrique consacré à la gloire de Dieu et en actions de grâces.

Éty. du lat. *canticum*, fait de *cantus*, chant. V. *Cant*, R.

On nomme *Cantique spirituel*, celui qui a pour objet des matières de dévotion, tels sont ceux des missions, de l'âme dévote, etc.

David peut être regardé comme le créateur, et le créateur sans copie, de ce genre de poëme.

Cantico deis canticos, le cantique des cantiques ou le cantique par excellence; il fut composé par Salomon en forme d'épithalame, à l'occasion de son mariage avec une fille du roi d'Egypte. Il y raconte naïvement ce qui se passa dans les sept premiers jours, qui était le temps fixé pour les nôces des Hébreux; mais les docteurs et les pères, regardent ce récit comme une allégorie de l'amour réciproque de J.-C. et de l'Eglise.

CANTILHA, s. f. (cantille), dl. Chenille. V. *Chenilha* et *Touera*.

CANTINA, s. f. (cantine); QUISTINA. *Cantina*, esp. cat. ital. Cantine, lieu où l'on vend du vin et de la bière aux soldats; vase de fer blanc, applati d'un côté, arrondi de l'autre, dans lequel on transporte de l'huile, du vin, etc. Grande bouteille cylindrique, en d. bas lim. et lang.

Éty. de l'ital. *cantina*, m. sign.

CANTINIER, **IERA**, s. *Cantinièr*, cat. *Cantinero*, esp. *Cantiniere*, ital. Cantinier, ière, celui, celle qui tient une cantine.

Éty. de *cantina*, et de *ier*, *iera*.

CANTIPLE, **IPLA**, adj. (cantiplé, iple), dl.

Mes que l'homé qu'es soul, sensé effans, sensé suito,
Siu cantiple de bés dount degus nou proufito. Hillet.

Ce mot paraît être une altér. de *Centuple*, v. c. m.

CANTITAT, vl. *Cantitat*, cat. V. *Quantitat*.

CANTO, vl. V. *Canton*.

CANTON, vl. V. *Cantoun* et *Cant*, R. 2.

CANTON, vl. V. *Chantre*.

CANTONAL, adj. vl. Angulaire, du coin.

Éty. de *canton* et de *al*. V. *Cant*, R. 2.

CANTONET, s. m. vl. *Cantinho*, port. Petit coin, recoin.

Éty. de *canton*, et du dim. *et*. V. *Cant*, R. 2.

CANTOR, s. m. vl. V. *Chantre*.

CANTOREL, adj. vl. V. *Cantaire*.

CANTOU, Alt. d. bas lim. de *Cantoun*, v. c. m.

CANTOUN, s. m. (cantoún); CANTOU. Canton, esp. anc. cat. *Canto*, esp. port. *Cantone*, ital. Quartier d'une ville, recoin d'un appartement, angle d'un mur, etc. Actuelle fig. *A virat lou cantoun*, la tête lui a tourné.

Éty. V. *Cant*, R. 2.

Cantoun d'una taula, d'un banc, coin d'une table, etc.

Cap de cantoun, coin de rue.

Figura ou cauva à 4 cantouns, tétragone ou quadrangle.

Figura ou cauva à 5 cantouns, pentagone.

Figura ou cauva à 6 cantouns, hexagone.

Figura ou cauva à 7 cantouns, heptagone.

Figura ou cauva à 8 cantouns, octogone.

Figura ou cauva à 9 cantouns, ennéagone.

Figura ou cauva à 10 cantouns, décagone.

Figura ou cauva à plusieurs cantouns, polygone.

CANTOUN, s. m. Canton, certaine étendue de pays, une des divisions territoriales de la France, qui fait partie d'un arrondissement et qui se compose d'une ou de plusieurs communes, avec justice de paix. V. *Cant*, R. 2.

Les cantons furent créés en 1790 par le même décret qui divisait la France en départements; on en comptait 2,834, en 1837.

CANTOUNADA, s. f. (cantounáde); CANTOUNAU, CANTOUNAYA. *Cantonada*, cat. Coin de rue; pour coin et encoignure, V. *Cantoun*; choses amassées ou entassées dans un coin, on le dit plus particulièrement des ordures; refend, terme de maçon, Garc.

Éty. de *cantoun* et de *ada*, mis dans un coin. V. *Cant*, R. 2.

CANTOUNAMENT, s. m. (cantounaméin). Cantonnement, séjour des troupes cantonnées, lieu où on les cantonne.

CANTOUNAR S', V. *Acantounar s'* et *Cant*, R. 2.

CANTOUNAT, ADA, adj. et p. (cantouná, áde). V. *Acantounat* et *Cant*, R. 2.

CANTOUNEGEAR, v. a. CHANTUSSAR, CANTOUNIAR, CHANTOURNIAR, CANTOURLEGEAR, CANTOURLIAR, CHANTOURIAR. Chanter souvent et entre les dents, fredonner ou gringotter un air, une chanson.

Éty. du lat. *cantilare*, m. sign. V. *Cant*, Rad.

CANTOUNET, s. m. (cantouné). Petit coin.

CANTOUNIAR, v. n. (cantouniá). V. *Cantounegear*.

CANTOUNIER, s. m. (cantounié). Cantonnier, ouvrier, employé qui travaille à la réparation ou à l'entretien des chemins.

CANTOUNIERA, s. f. (cantouniére); *Cantonera*, cat. *Cantonata*, ital. Cantonnière, pièce de la tenture d'un lit, qui couvre les colonnes du pied, ou quenouilles, et passe par-dessus les rideaux; recoin, lieu écarté et retiré; femme de mauvaise vie.

Éty. de *cantoun* et de *iere*. V. *Cant*, R. 2.

CANTOURLA, dl. V. *Canturla*.

CANTOURLEGEAR, v. n. (cantourledjá), dl. Le même que *Cantounegear*, v. c. m. V. *Cant*, R.

CANTOURLIAR, Aub. V. *Cantounegear*.

CANTOURNA, s. f. (cantóurne), dl. Le chantourné: pièce d'un lit qui se met entre le dossier et le chevet.

CANTRE, vl. V. *Chantre*.

CANTUR, V. *Chantre* et *Chantaire*.

CANTURLA, s. f. (cantúrle); CANTOURLA. dl. Tête, bon sens: *A bona canturla*, il a du bon sens.

CANTURLA, s. f. CANTOURLA, dl. Ivresse, *A la canturla*, il est ivre; la tête lui a tourné. Sauv.

Éty. de *canturlegear*, fredonner, chanter. V. *Cant*, R.

CANTURLEGEAR, v. n. (canturledjá), dl. Dégoiser, fredonner en chantant, préluder V. *Chantounegear*.

Éty. Verbe itér. de *cantar* ou du lat. *cantitare*. V. *Cant*, R.

CANTUSA, s. f. (cantúse); CHANTUSA, CANTARELLA. *Contadeira*, port. *Cantatrice*, ital. *Cantora*, esp. Chanteuse, celle qui chante, qui fait profession de chanter ou qui aime à chanter.

Éty. du lat. *cantatrix*, m. s. ou de *cant*, et de *usa*. V. *Cant*, R.

CANUDA, V. *Roucau*.

CANUGI, s. m. (canúdgi). Odeur de chien, faguenas, odeur qui s'exhale des personnes malades ou malpropres.

Éty. de *can*, chien. V. *Can*, R. 2.

CANULA, s. f. (canúle); *Cannello*, ital. *Cañoncito*, esp. *Canudinho*, port. Canule, petit tuyau qui s'ajuste au bout d'une seringue. fig. intrigant, importun.

Éty. Dim. de *cana*, *canaliculus*, ou *cannula*, lat. V. *Can*, R.

CANULAIRE, adj. et s. (canuláïré). Fatigant, ennuyeux.

CANULAR, v. a. (canulá). Importuner, vexer, inquiéter.

Éty. de *canula* et de *ar*, tourmenter avec la canule, express fig. V. *Can*, R.

CANUNA, Quelle chose. V. *Qu'au una*.

CANUT, nom d'homme, (canú); *Canuto*, ital. esp. Canut.

Patr. On honore deux saints de ce nom, le 7 et 19 janvier, le 10 juillet.

CANUT, adj. vl. *Cano*, esp. *Encanecido*, port. *Canuto*, ital. Chenu, blanc de vieillesse.

Éty. du lat. *canus*, m. s. et subst. vieillard. V. *Cand*, R.

CANUZIR, v. n. vl. *Canupir*, cat. *Encanecer*, esp. *Incanutire*, ital. Blanchir.

Éty. de *canus* et de *ir*, devenir blanc. V. *Cand*, R. ou du lat. *canescere*, m. s.

CAO

CAOU, ... Cherchez en *cau* . . . . les mots qui ne figurent pas en *caou*.

CAOUAR, dg. V. *Cauffar*.

CAOUAT, m. d. *Cauffat*.

CAOUECA, s. f. (caouèque), dg. Oiseau.

CAOUO, s. f. dg. V. *Cava*, *Crota* et *Cav*, R.

CAP

CAP, CHAP, CAB, CHAB, CAPIT, CHAPIT, CHAPITR, CAPI, CAD, CA, CEP, CIP, radical pris du latin *caput*, *capitis*, tête, et fig. homme, individu, bout, fin, extrémité, titre, chef; que Vossius fait venir du grec κεφαλή (képhalê), tête, par le changement de φ en *p* comme cela a lieu pour *carpo*, pris de κάρφω (karphô); et par celui de ε en α, ou plutôt de κύβη (kubê), qui désigne également la tête; d'où: *Cub*, *Cab* et *Cap*. Varron le tire du lat. *capere*, contenir, *quod à capite*, dit-il, *initium capiant sensus et nervi*.

Es dit cap quar totz, V. *Sens*, *corporals cabo en el. Elucid. de las propr.*

De *caput*, radical principal, se sont formés les mots latins *Capitalis*, capital; *Capitellum*, chapiteau; *Capitulum*, chapitre; *Capitolium*, capitole; *Capistrum*, licou, qui deviennent des sous-radicaux dans notre langue.

De *caput*, par apoc. *cap*; d'où: *Cap*, *Cap-dal*, *Mes-cap*, *En-cap*, *Cap-a*, *Capas*, *Cap-el*, *Capel-ada*, *Cap-ot*, *Res-cap*, *Cap-ucha*, *Cap-tenensa*, etc., etc.

De *cap*, par le changement de *c* en *ch*, *chap*; d'où: *Chap*, *Chap-a*, *Chap-at*, *Chap-ier*, *En-chap-ar*, *Chap-el*, *Chapel-ada*, etc.

De *cap*, par le changement du *p* en *b*, *cab*; d'où: *Cab*, *Cab-essa*, *Cab-ocha*, *Cab-ede*, *Es-cab-essar*, *Cab-aret*, *Cabaret-ier*, *A-cab-ar*, *A-cab-aire*, *Cab-us*, *Cabuss-ar*, *Cabuss-ela*, etc.

De *cab*, par le changement de *c* en *ch*, *chab*; d'où: *Chab-ar*, *Chab-aul*, *Ei-chab-enc-ar*, *Chab-estre*, *Chab-al*, *En-chab-estr-ar*, *Des-chabestr-ar*, etc.

De *cap*, par le changement de *a* en *e*, *cep*; d'où: *Cep*, *Cep-a*, *Cep-oun*, *Cep-ar*, *Re-cep-ar*, *Re-cep*, etc.

De *caput*, par la suppr. de *u*, *capt*, et par le changement de *t* en *d*, *capd*; d'où: *Capd-al*, *Capd-el*, *Capdel-ar*, *Capd-ol*, etc.

De *capd*, par la suppr. du *p*, *cad*; d'où: *Cad-et*, *Cad-astre*, *En-cadastr-ar*, etc.

De *cap*, par la suppr. de *p*, *ca*; d'où: *Ca-de-biou*, *Ca-de-diena*, *Ca-de-noum*, *Ca-pignar*, *Ca-firar*, etc.

De *ca*, par l'addition de *m*, *cam*; d'où: *Cam-alh*, *Cam-mas*, etc.

De *capitalis*, par apoc. *capital*; d'où: *Capital*, *Capital-a*, *Capital-ier* et *Capitau*, par le changement de *l* en *ou*.

De *capitis*, gén. de *caput*, par apoc; *capit*; d'où: *Capit-an*, *Capitan-a*, *Capitan-i*, *Capit-ar*, *Capi-ation*, *Des-capit-ar*, etc.

De *capit*, par suppr. de *t*, *capi*; d'où: *Capi-ol*, *Capi-on*, *Capi-purgi*, *Capi-scol*, etc.

De *capitellum*, par apoc. *capitel*; d'où: *Capitel*, *Capitel-age*, et par le changement de *c* en *ch*, et de *l* en *ou*: *Chapit-eou*.

De *capitulum*, par apoc. *capitul*; d'où: *Capitul*, *Capitul-ant*, *Capitul-ar*, *Capitul-ation*, *Re-capitul-ar*, *Capitul-ari*, etc.

De *capitul*, par suppr. de *u*, *capitl*, et par changement de *l* en *r*, *capitr* et *chapitr*, par celui de c en *ch*; d'où : *Chapitr-e*, *Chapitr-ar*.

De *capitolium*, par apoc. *capitol*; d'où : *Capitol*, *Capitoul*, *Capitouls*.

De *capit*, par la suppr. de *i*, *capt*; d'où : *Capt-al*, *Captal-men*, *Captal-ier*, *Des-capt-ar*, etc.

De *cep*, par le changement de *e* en *i*, *cip*; d'où : *Pre-cip-itar*, *Precipit-ada*, etc.

De *caput*, par le changement de *p* en *d*, *cabud*; d'où : *Cabudeou*, *Cabud-el*.

De *caput*, par le changement de *t* en *s*, ou *ss*, et de *p* en *b*, *cabus*, *cabuss*; d'où : *Cabus*, *Cabuss-ar*, *Cabuss-aire*, *Cabuss-el*, *Cabussel-at*, *Cabuss-ol*, *En-cabussel-ar*, *Des-cabuss-el-ar*, etc.

De *cabus*, par le changement de *c* en *ch*, *Chabuss-el-ar*.

De *capistrum*, par apoc. et changement de *p* en *b*, *Cabistr*; d'où : *Chabistr*, par le changement de *c* en *ch*, *Chabistr-e*, *Chabistr-at*.

De *chabistr*, en changeant *i* en *e*, *chabestr*; d'où : *Chabestr-e*, *En-chabestr-ar*, *Des-chabestr-ar*, etc.

CAP, 2, CAB, CHAP, CHAUB, CAUP, CAPT, CAIT, CAISS, CAYSS, CEP, CEB, CUP, radical pris du latin *capere*, *capio*, *captum*, prendre, recevoir, contenir, que Scaliger fait dériver du Syriaque *kaph*, paume de la main, creux de la main, prendre avec la main; d'autres le tirent du grec κάπτω (kaptô), manger gloutonnement, dévorer, d'où les mots latins *capax*, *capacis*, susceptible de contenir, propre, habile à..... *Captare*, capter, s'efforcer de prendre, tacher d'avoir, attirer, chercher à tromper : *Captivus*, captif, prisonnier lié : *Captio*, artifice, action de prendre, fourberie, préjudice : *Accipere*, *acceptum*, recevoir, prendre, accueillir, formé de *ad* et de *capere*; *Concipere*; prendre ou contenir entièrement, concevoir; *Conceptio*, *onis*, conception; *Exceptio*, *exceptum*, exception, restriction, limitation; *Præceptum*, précepte, enseignement, règle; *Recipere*, recevoir, reprendre; *Decipere*, décevoir, tromper, duper, surprendre; *Percipere*, apprendre, comprendre, concevoir, etc., mots qui deviennent autant de sous-radicaux dans notre langue.

De *capax*, *acis*, par apoc. *cap*; d'où : *Cap-able*, *For-cap*, *Re-cap*, *Cap-oun*, *Capac-itat*, etc.

De *cap*, par le changement de *p* en *b*, *cab*; d'où : *Cab-an-a*, *Caban-oun*, *Caban-ier*, *Cab-e*, *Cab-er*, *Cab-ir*, *Cab-in-et*, *Cab-ot*, *Mes-cab-ar*, *En-caban-ar*, etc.

De *cab*, par le changement de *c* en *ch*, *chab*; d'où les mêmes mots.

De *cab*, par le changement de *c* en *g*, *gab*; d'où : *Gab-i*, *Gabi-oula*, *En-gab-iar*, etc.

De *captare*, par apoc. *capt*; d'où : *Capt-ar*, *Capt-ura*, *Re-capt-ar*, *Re-capt-e*, etc.

De *captivus*, par apoc. *captif* et *captiv*; d'où : *Captif*, *Captiv-a*, *Captiv-ar*, *Captiv-itat*, et par altér. *Chétif*, *Chetre*, etc.

De *captionis*, gén. de *captio*, par apoc. *caption*; d'où : *Caption*, *Caption-al*, etc.

De *captio*, *captiosus*, captieux, artificieux, et par apoc. *captios*, ou *capcios*; d'où : *Capcios*, *Captiosa-ment*.

De *concipere*, par apoc. *concip*, et par changement de *i* en *e*, et de *p* en *b*, *conceb*; d'où : *Concebe-ment*, *De-cebe-ment*, *De-ceb-eire*, *De-ceb-edor*.

De *recipere*, par suppression de *e* du milieu, *recipre*, et par changement de *i* en *e*, et de *p* en *b*, *recebre*; d'où : *Recebre*, et par une autre apoc. *receb*; d'où : *Receb-eire*, *Receb-edor*, *Receb-i-men*.

De *accipere*, *acceptum*, par apoc. *accept*; d'où : *Accept-ar*, *Accepta-ment*, *Accept-ation*, etc.

De *accept*, par le changement de *e* en *a*, *accapt*; d'où : *Accaptar*, et par le changement de *cc* en *ch* : *Achet-ar*, *Ra-chetar*, *R-achet*, *R-achat*, etc.

De *receptio*, *onis*, par apoc. *recept*, *reception*; d'où : *Recept-io*, *Recept-ar*, *Recept-able*, *Recept-iu*, *Recept-ion*, etc., et par la suppr. de *t*, *recep*; d'où : *Recep-isse*, *Re-cep*, *Recip-ant*.

De *recep*, par le changement de *p* en *b*, et de *b* en *v*, *recev*; d'où : *Recev-ur*, *Recev-able*, etc.

De *decipere*, par apoc. *decip*, par la suppr. de *ec*, *dip*, et par le changement de *i* en *u*, *dup*; d'où : *Dup-a*, *Dup-ar*, *Dup-aria*, etc.

De *exceptio*, *onis*, par apoc. *except*; d'où : *Except-ar*, *Except-ion*, *Except-io*, etc.

CAP, s. m. (cap); CAB, CAUP, CA. *Capo*, ital. *Cabo*, esp. port. *Cap*, cat. Tête, bout, fin, extrémité. V. *Cab*.

Éty. de lat. *caput*. V. *Cap*, R.

Cap de l'an, le premier jour de l'an.

N'a ni cap ni centena, cela n'a ni tête ni queue.

N'y a pas cap, il n'y en a point.

Pas cap de boussi, point du tout.

Pas cap, aucun, aucune.

Cap d'homme, d. bas lim. nul homme.

Pas cap d'home que visca, nul homme vivant.

Tu sies cap et causa, tu es l'auteur de cela.

Entre cap et coua, entre œil et bât, c'est-à-dire, entre tête et queue.

Estre à cap de camin, être à la fin de sa course.

M. Tandon a dit : *Cridar a plein cap*, dg. Crier a tue tête.

Cap primier, vl. commencement.

> *Zéphir, deü cap de soun alette*
> *Caresse las charmantes flous.*
>
> Poés Béarn.

Cap-dreytz, vl. tête droite.

Cap-clis, id. tête inclinée, tête basse.

Cap-vas, id. tête basse.

Cap-auras, id. tête en l'air.

Cap-senis, id. tête sensée, bonne tête.

CAP, s. m. CHAP. Ce mot désigne encore : 1° la tête ou le derrière renforcé de la douille d'une bache, d'une pioche, etc.; 2° une grosse corde servant à fixer la charge des charrettes; 3° un cordage destiné à la manœuvre d'un vaisseau, etc..

CAP, s. m. *Cabo*, esp. *Capo*, ital. *Cap*, cat. Cap, promontoire, pointe de terre qui s'avance dans la mer. V. *Cap*, R.

CAP, s. m. Pour grande voile. V. *Capa* et *Cap*, R.

CAP, s. m. Le cap, l'avant du vaisseau, d'où les expressions : *Cap à l'ennemi*, *Cap à la mer*, *Cap au vent*, *Cap à terre*, selon qu'on présente la proue à l'ennemi, à la mer, au vent ou à la terre. V. *Cap*, R.

CAP, dl. *Cap*, cat. Souvent employé comme affirmatif, ou pour un, une; mais plus souvent pour nul, pas un.

A-t-y gitado cap de larme? A-t-elle fait une seule larme?

CAPA, s. f. (cápe); CHAPA. *Cappa*, ital. *Capa*, esp. port. cat. Cape manteau à capuchon. V. *Caban*.

Éty. de *cap*, tête, parce que ce manteau couvre aussi la tête, de *capere*, selon d'autres. V. *Cap*, R, ou de l'hébreu *capa*, couvrir.

La capa doou ciel, la voute céleste.

CAPA, s. f. CHAPA. *Cappa*, ital. *Capa*, esp. port. Chape, ornement d'église que portent les choristes ou chantres et même le célébrant dans certaines parties de l'office. V. *Cap*, R.

On appelle :

CHAPIER, une grande armoire garnie de tiroirs dans laquelle on serre les chapes.

ORFROI, l'ornement de devant des chapes.

CAPA, s. f. Chape, est encore le nom qu'on donne a différentes choses qui servent à couvrir ou à renfermer.

CAPABLE, **ABLA**, adj. (capáblé, áble); *Capas*, cat. *Capace*, ital. *Capaz*, esp. port. Capable, qui peut produire l'effet qu'on en attend; qui a de la capacité, de l'adresse, de l'intelligence.

Éty. du lat. *capax*, et de *able*, habile, propre à contenir. V. *Cap*, R. 2.

CAPACITAT, s. f. (capacitá); *Capacità*, ital. *Capacidad*, esp. *Capacidade*, port. *Capacitat*, cat. Capacité, au positif, qualité par laquelle un corps peut contenir un autre corps, et au fig. aptitude ou disposition.

Éty. du lat. *capacitatis* gén. de *capacitas*, m. s. V. *Cap*, R. 2.

CAPADA, s. f. (capáde); Capade, quantité de poil ou de laine que le chapelier arçonne ou prépare à la fois pour la foule.

Éty. du lat. *capere*, *captum*, prendre, la quantité de laine qu'on travaille à la fois. V. *Cap*, R. 2.

CAPAFUAT, s. m. vl. Couvre-feu.

CAPAGE, s. m. (capadgé), et

CAPAGI, s. m. (capádgi); CAPATGE. Capitation, espèce d'impôt par tête, qu'on levait accidentellement pour un objet déterminé, V. Ach. Dict. Géogr. de la Provence, t. 1. p. 74.

Éty. de la basse lat. *capagium*, formé de *caput*, tête. V. *Cap*, R.

CAPAIRO, s. m. vl. CAPAIRON. Chaperon, capuchon.

Éty. de *Cap*, R.

CAPAIRON, vl. V. *Capairo*.

CAPAISSOL, dl. V. *Aissela*.

Éty. de *cap* et de *aissa*. V. *Cap*, R.

CAPALA, s. f. (capále), d. de Meyrones, B.-Alp. V. *Gramuel*.

CAPAROSA, *Caparosa*, port. *Caparros*, cat. Altér. de *Couparosa*, v. c. m.

CAPARRA, s. f. (caparre). V. *Arras*.

Éty. de l'ital. *caparra*, m. s.

CAPARRAÇOUN, s. m. (caparraçóun); FILAT, FIELET. *Caparazon*, esp. *Caparazao*, port. Emouchette, et caparaçon, réseau de filoche dont on couvre les chevaux pour les garantir de la piqûre des mouches.

Éty. de l'esp. *caparazon*, m. sign. qui est un augm. de *capa*, manteau, couverture. V. *Cap*, R.

CAPARRAÇOUNAR, v. a. (caparraçouna). Caparaçonner, mettre un caparaçon à un cheval, etc.

CAPARRAÇOUNAT, ADA, adj. et p. (caparràçouná, àde). Caparaçonné, ée, muni, pourvu d'un caparaçon.

CAPARRAS, s. f. pl. (capàrres). Même sign. que *Arras*, v. c. m.

Voues que te donni de caparros.
Brueys.

Éty. de l'ital. *capparra*, m. s.

CAP-ARROUSSA, s. f. dg. Oiseau.

CAPAS, s. m. (capâs), dl. Grosse tête, forte tête, bonne tête. V. *Testassa*.

Éty. de *cap*, tête, et de l'aug. *as*. V. *Cap*, R.

CAPAT, Dans:

Badré bien mey passa per las mans daou boureou
Que de mettre lous pés *capat* aquelle ville. (Bourdeau)
Verdier.

Il vaudrait bien mieux passer par les mains du bourreau que de mettre les pieds dans cette ville.

CAPATGE, vl. V. *Capagi*.

CAPAYROU, et

CAPAYROUN, dl. V. *Capeiroun*.

CAP-BAL, adv. (cap-bal), dl. En bas, en en bas, de haut en bas.

CAP-BAS, adj. (cáp-bás), dl. *Capbax*, cat. *Cabisbajo*, esp. Fin, rusé, sournois, qui va la tête baissée, ce qu'indique le mot *cap-bas*. V. *Cap*, R.

CAPBILHAR, v. a. et n. (caplillá), dl. *capilhar*. Culbuter, précipiter, tomber la tête la première.

Éty. du grec καταβάλλω (kataballô), abattre, renverser, prosterner, ou de *cap*, et de *bilhar*. V. *Cap*, R.

CAP-BIRAR, v. a. (cap-birá), dl. CAPVIRAR. Tordre le cou, retourner, mettre en haut ce qui était en bas. V. aussi *Chavirar*.

Éty. de *cap*, tête, et de *birar* pour *virar*, tourner. V. *Cap*, R.

CAP-BLANC, s. m. (cáp-blán). Nom qu'on donne à l'*Ammi diversifolium*, aux environs de Toulouse, d'après M. Noulet.

Éty. A cause de ses fleurs blanches.

CAPCASAL, m. s. vl. métairie principale.

Éty. de *cap*, chef. et de *casal*, V. *Cap*, Rad.

CAPCASALER, adj. vl. Qui est chef de métairie.

Éty. de *capcasal*, et de *er*. V. *Cap*, R.

CAP-CASAU, s. m. vl. Chef, casal. V. *Cap* et *Casa*, R.

CAPCAUDAT, CAPCOAT. adj. Enchaîné, enlacé, s'est dit des mots rimés, qui, de la fin du précédent vers, passent au commencement du suivant. Rayn.

Éty. de *cap* et de *caudat*. V. *Cap*, R.

CAP-CAZAU, s. m. vl. Chef-casal. V. *Cap* et *Casa*.

CAPCIOS, OSA, adj. vl. *Capciós*, cat. *Capcioso*, esp. port. *Capzioso*, ital. Captieux, euse, qui tend à induire en erreur et à surprendre par quelque belle apparence.

Éty. du lat. *captiosus*, dérivé de *capere*, prendre. V. *Cap*, R. 2.

CAPCOAT, vl. V. *Capcaudat*.

CAP-D'AGNELA, s. f. Nom qu'on donne, dans les environs de Bordeaux, à la grande vesse de loup. V. *Boulet-d'agnel*.

CAPDAL, s. m. vl. CAPDALER, CAPDALIER, CAPDELADOR, CAPDELAIRE, CAPDEL. *Capdal*, cat. Chef, capitaine, commandant. V. *Capdel*.

Éty. V. *Cap*, R.

CAPDALER, vl. V. *Capdal* et *Cap*, R.

CAPDALIER, vl. V. *Capdal*.

CAP D'ASE, s. m. (cap d'ásé). Nom qu'on donne, aux environs de Toulouse, à la centaurée noirâtre, *Centaurea nigrescens*, Wild. plante de la fam. des Composées Cynarocéphales, et à la centaurée jacée.

CAP D'AUTAL, s. m. (cap-d'aoutál). Fête majeure.

Éty. *Cap-d'autal*, chef-d'autel. V. *Cap*. Rad.

CAP D'AUZEL, s. m. (cap d'auzèl). Nom toulousain du trèfle des champs. V. *Patade-lapin*.

CAP-DE-BONA-ESPERANÇA, (cap dé bóne esperánce); *Capo de buena esperenca*, esp. *Cabo da boa esperança*, port. Cap-de-Bonne-Espérance, nom donné à une étendue considérable de terrain, situé à l'extrémité méridionale de l'Afrique; il est borné au N. par le pays des Hottentots; au N.-E. et à l'E. par la Cafrerie; à l'O. par l'Océan Atlantique, et au S. par l'Océan Indien.

Éty. du lat. *caput bonæ spei*. V. *Cap*, R.

Il fut découvert par Barthélemy Diaz, Portugais, en 1486, il lui donna le nom de *Capo tormentoso*, cap des tempêtes, à cause de celle qu'il y avait essuyée; mais le roi Jean II, ne doutant plus qu'on n'eut enfin trouvé la route maritime des Indes Orientales, changea ce nom en celui de Cap-de-Bonne-Espérance.

CAP-DE-CANTOUN, s. m. dl. Coin de rue. Sauv. V. *Cap*, R.

CAP DE COSTA, s. m. dl. Point le plus élevé d'un coteau, point culminant d'une route. V. *Cap*, R.

CAP-DE-DETS, s. m. dl. Le bout des doigts. V. *Cap*, R.

CAP-DE-DRAGO, s. m. vl. Tête de dragon, étoile.

CAP-DE-JOUVENT, s. m. dl. Le même que *Abat de la jouinessa*, l'abba, le chef de la jeunesse, que les Romains nommaient: *Princeps juventutis*. V. *Cap*, R.

CAPDEL, s. m. vl. CAPDELAMEN. Conduite, commandement, chef.

CAPDEL, s. m. vl. CAPDEU, CAPDAL. *Capdal*, cat. Capital; chef, capitaine, gouverneur.

Éty. de *capd* et de *el*, chef du. V. *Cap*, Rad.

CAPDELADOR, V. *Capdelaire*.

CAPDELAIRE, s. m. vl. CAPDELHADOR, CAPDAL. *Cabdellador*, anc. cat. Chef, guide, conducteur. V. *Cap*, R.

CAPDELAR, v. a. vl. CAPTELAR, CAPDELHAR, CAPDELLAR. *Capdellar*, anc. cat. anc. esp. Gouverner, diriger, conduire, commander, particulièrement en guerre. V. *Cap*, R.

Mal pot los autres capdelar
Qui si meteysch no sap gardar,
Fl. del G. S.

CAPDELAT, ADA, adj. et p. vl. Gouverné, dirigé. V. *Cap*, R.

CAPDELHADOR, vl. V. *Capdelaire* et *Cap*, R.

CAPDELHAR, vl. V. *Capdelar*.

CAPDELLAMEN, s. m. vl. Direction, chef. V. *Cap*, R.

CAPDELLAR, V. *Capdelar*.

CAPDENAL, adj. vl. Ritournelle, qui reproduit, ramène un même mot ou plusieurs, une même pensée.

Éty. de *cap*, chef. V. *Cap*, R.

CAP-DE-NOUN, V. *Cadenoun* et *Cap*, Rad.

CAP DE PESSA, exp. prov. vl. Au bout de quelque temps. V. *Cap*, R.

CAPDEU, s. m. vl. Commandement. V. *Capdel* et *Cap*, R.

CAP D'HOSTAL, s. m. dl. L'aîné, le chef de la maison. V. *Cap*, R.

CAPDOLH, s. m. vl. CAPITOL, CAPDUELH. Capitole, citadelle, la partie la plus élevée d'une ville, donjon, château, chef-lieu.

Éty. du lat. *capitolium*, m. s. V. *Cap*, R.

CAPDOLHAR, v. a. et n. vl. Monter, dominer.

CAPDUEILH,

CAPDUELH, et

CAPDULH, s. m. vl. CAUPIDUELH. La principale maison d'un domaine, d'un fief, qui en faisait pour ainsi dire le titre, château, donjon. V. *Cap*, R.

CAPEGEAR, V. *Cabegear* et *Cap*, R.

CAPEIROUN, s. m. (chapéiróun); CHAPEIROUN, CAPAIROUN. *Caperon*, cat. *Caperuza*, esp. *Cappuccio*, ital. Chaperon, habillement de tête qu'on portait avant l'introduction des chapeaux, et qu'on a porté jusque sous Charles VII. V. *Capel*.

Éty. Selon les uns du lat. *capparone*, abl. de *capparo*, qui dans la basse lat. avait la même signification; dérivé du grec καππα (kappa), nom de la lettre k, à cause de la ressemblance qu'avait la *cape*, avec cette lettre: mais il vient évidemment de *cappa*, dont il paraît un dim. V. *Cap*, R.

CAPEIROUN, s. m. CHAPEIROUN. Chaperon, ornement en forme d'ancien chaperon que portaient sur l'épaule gauche les consuls des villes, les docteurs et certains magistrats, avant la révolution de 1789; en terme de sellier faux fourreaux dans lesquels on porte des pistolets à l'arçon de la selle; en terme d'imprimerie feuilles que l'on ajoute en sus du nombre déterminé. V. *Cap*, R.

CAPEIROUN, s. m. Chaperon, ornement entouré d'une frange qui est au dos de la chape des évêques et des prêtres célébrants.

Éty. Dim. de *Capa*.

On donne aussi ce nom au *capron* ou

morceau de drap que portent devant la poitrine et sur le dos, les capucins novices.

CAPEIROUN, s. m. (capeiróun); CHAPEIROUN, RASAL, CAPAYROUN. *Capeiron* ou *Ray*, filet en forme d'entonnoir dont les deux côtés latéraux sont munis d'un manche et l'inférieur d'une cablière ou corde garnie de plomb.

Éty. du lat. *capere*, prendre. V. *Cap*, Rad. 2.

CAPEJADOR, vl. V. *Capejayre*.

CAPEJAYRE, s. m. vl. CAPEJAYRE, CAPEJADOR. Poursuivant, qui cherche à atteindre, à prendre, qui provigne.

Éty. du lat. *capere*. V. *Cap*, R. 2.

CAPEL, CHAPEL, sous-radical pris du lat. *capella*, chapelle, sur l'origine duquel on n'est point d'accord, quoique le plus grand nombre des étymologistes aient adopté l'avis de Marculphe et de Walafred, qui le dérivent de *cappa*, chape.

Walafridus Strabo, qui vivait, dit Ménage, en 700, chapitre dernier de son livre; *de exordiis et incrementis ecclesiasticis: Dicti autem sunt primitus* capellani *à* cappa, *sancti Martini, quam reges francorum ob adjutorium victoriæ, in prœliis solebant secum habere: quamferentes et custodientes cum cæteris sanctorum reliquiis clerici capellani, cœperunt vocari*.

Durandus, livre XI, de son rationale, chap. 10. Egalement cité par Ménage, dit: *Antiquitus reges Franciæ ad bella procedentes, cappan sancti Martini secum portabant, quæ sub quodam tentorio servabatur quod ab ipsa* cappa dictum est capella *et clerici, in quorum custodia ipsa capella erat, inde* capellani *dicebantur*. Une nouvelle preuve de la vérité de cette origine, c'est qu'anciennement on donnait assez indistinctement les noms de chape, et de chapelle, aux petites Eglises ou *capelas*. Le P. Pujet pense que ce mot pourrait venir du grec ἀπελλαι (appellai), temple.

De *capella*, par apoc. *capel*; d'où: *Capel-a, Capel-an, Capelan-ia, Capel-eta, Capela-yar, Capelan-fer, Capera, Caperaa*; et par le changement de *c* en *ch*: *Chapell-a, Chapell-eta*.

CAPEL, s. m. (capèl); CAPEOU, CHAPEOU, CHAPEL. *Cappello*, ital. *Capelo*, esp. *Chapeo*, port. *Capel*, cat. Chapeau, coiffure extérieure des hommes et des femmes, fig. homme, cavalier; ce qui sert à couvrir.

Éty. de *cap*, tête, et de *el*, pour la tête, d'où *capellum*, en basse lat. et *capella*, lat. qui désignait une petite chape dont on se couvrait la tête; ce serait alors un dim. de *capa*.

Capeou retapat, chapeau monté ou retroussé.

Capeou encalat, chapeau clabaud ou à bords rabattus.

Dans un chapeau on nomme :

BORD, la partie évasée à laquelle on donne souvent et improprement le nom d'ailes.

CARRE, le haut de la forme.

COIFFE, la toile dont on garnit l'intérieur.

CORDON, LIEN, LAISSE, BOURDALOUE, l'attache qui serre le bas de la forme, ordinairement munie d'une boucle.

CORNES, les angles formés par les bords des chapeaux montés.

CUL, la partie qui répond au-dessus de la tête.

GALON, le ruban dont est garni l'extérieur du bord.

FORME ou TÊTE, la partie destinée à recevoir la tête; elle se compose du tour et du *fond* ou *cul*.

PORTES, V. *Malketa*.

AGRAFFE, V. *Crouchet*.

FICELLE, la marque que la ficelle laisse au bas de la forme quand on l'a enficelée.

Repassagi d'un capeou, affustage.

Les chapeaux remplacèrent les chaperons sous Charles VI, dans les campagnes: ils s'introduisirent dans les villes. Sous Charles VII, vers 1449, et ce prince est le premier de nos rois qui en ait porté. On ne s'en servait alors que dans les temps de pluie et ce ne fut guères que sous Louis XI qu'ils devinrent à la mode, quoiqu'on trouve sur les monuments de Rome, des figures qui prouvent que les chapeaux étaient connus des anciens chez lesquels ils furent même un signe d'affranchissement: d'où le proverbe *Vocare servum ad pileum*. C'est pour représenter en quelque sorte l'affranchissement de la férule des maîtres et indiquer la liberté d'agir, qu'on inventa ensuite le bonnet des maîtres es-arts et des docteurs. C'est encore en signe de liberté que les présidents des cours se couvrent de leur toque quand ils vont prononcer un jugement. La coutume d'ôter le chapeau quand on salue et de rester nu tête devant les personnes qu'on veut honorer, vient aussi du même usage et indique l'humiliation.

Dans les peintures d'Herculanum on voit des hommes portant des chapeaux qui paraissent être de feutre et semblables aux nôtres. Pline livre VIII, chap. 48, nous apprend que les anciens connaissaient la manière de préparer le feutre.

CAPEL, s. m. CAPEOU, MOUC, ROUSETA, CARBOUN. Se dit aussi du champignon ou petit bouton qui se forme dans le lumignon d'une bougie ou d'une mèche enflammée quelconque.

CAPEL, s. m. vl. *Capel*, anc. cat. *Capelo*, esp. *Chapeo*, port. *Cappello*, ital. Chapeau. V. *Capeou*, casque, V. *Cascou*, couronne de fleurs ou de feuilles. V. *Courouna*, heaume. V. *Elme* et *Cap*, R.

CAPELA, s. f. Cage, enfoncement entre deux piliers, dans lequel se trouve la presse d'un moulin à huile. Avr.

CAPELA, vl. V. *Capelan*.

CAPELA, s. f. (capèle); *Capela*, port. *Cappella*, ital. cat. *Capilla*, esp. *Chapella*, petite église, petit édifice consacré à Dieu; partie d'une église où est un autel particulier; bénéfice simple; chapelle; iron. cabaret: *Segre las capellas*, hanter les cabarets; *Far chapela*, d. bas lim. V. *Fournelet*, *faire lou*.

Éty. du lat. *capella*, m. s. dérivé du mot *chape*, parce que la chape de Saint Martin était la plus précieuse relique de l'oratoire des rois de France. V. *Capel*, R.

CAPELA ou *Chapela*, ESCALETA, CLASSAS. Sorte de jeu de marelle que les enfants exécutent en poussant à cloche pied, un petit palet sur les divisions d'une échelle tracée à terre. Le sommet de cette échelle a une espèce de sanctuaire où le joueur se repose; le tout ressemble au plan d'une petite église, d'où le nom de chapelle. V. *Capel*, R.

CAPELA, s. f. Chapelle ou chapelle de l'aumônier, coffre qui contient tous les ornements qui sont propres au service divin, à bord des vaisseaux. V. *Capel*, R.

CAPELA, s. f. Se dit encore de la cage d'un moulin renfermant un pressoir; de la partie voûtée d'un four; des copeaux que fait le rabot du menuisier, etc.

CAPELA, s. f. (capèle). Couverture, voûte. *La capela del ciel*, La voûte du ciel. Jasmin.

Pour prêtre. V. *Capelan*.

CAPELADA, s. f. (capelâde); CHAPELAU, CHAPELAYA, CHAPELADA, DESCAPELADA, BOUNETADA. Salutation avec le chapeau, coup de chapeau.

Éty. de *capel* et de *ada*, faite avec le chapeau. V. *Cap*, R.

Voyez pour l'explication de cette cérémonie au mot *Capeou*.

CAPELADA, s. f. m. Plein un chapeau, et non *un plein chapeau*; taudis en dl. V. *Cap*, R.

CAPELAN, s. m. (capelán); CAPELA, CAPELAN. *Capella*, cat. *Capellão*, port. *Capellano*, ital. *Capellan*, esp. Prêtre, celui qui a reçu les ordres sacrés; on le dit aussi pour chapelain. V. *Capel*, R.

Éty. du lat. *capellanus*, ou du grec ἀπέλλακες (apellakès), employé au service des temples.

Capelan deis Juifs, rabin.

Capelan doou Japoun et de la China, bonze.

Capelan de l'America, goyez.

Capelan deis Indiens, bramin.

Capelan deis Mahometans d'Africa, marabout.

On nommait *capellani*, anciennement les clercs qui gardaient la chape de Saint Martin, on appliqua ensuite le même nom à la chasse et même au petit édifice qui la renfermait, d'où les noms de *capellan*, *capella* et de *chapellain*, garde chappe ou *capa*.

CAPELAN, s. m. dl. En terme de *magnagnerie*, ver à soie mort d'une maladie qui le fait devenir noir, d'où le nom de *capelan*. V. *Capel*, R.

CAPELAN, s. m. Le capelan ou l'officier, *Gadus minutus*, Lin. poisson de l'ordre des Holobranches et de la fam. des Jugulaires ou Auchénoptères (à nageoires au cou) qu'on trouve dans la Méditerranée, et quelquefois en si grande abondance, qu'au rapport de Rondelet, les pêcheurs furent obligés de l'employer à l'engrais des terres en 1545.

Sa chair est peu estimée et n'est le plus souvent employée que comme appât.

CAPELAN, s. m. Est aussi le nom qu'on donne, à Nice, au gade blennoïde, *Gadus blennoïdes*, Lin. poisson du même genre que le précédent, mais beaucoup plus rare, qu'on nomme, à Marseille, *Moustela*, v. c. m. et à la morue capelan, *Morua capelan*, Riss. à Montpellier, on donne le même nom au *Merlan*, v. c. m.

CAPELAN, s. m. (capelán); PREIRE, MOURGUE. Noms par lesquels on désigne, à Marseille, la bucarde glauque, *Cardium glaucum*, Bosc. mollusque bivalve, de l'ordre des Ancéphales, dont on fait presque un aussi grand usage à Marseille que des *Claucissas de la reserva*, v. c. m.

Éty.

CAPELAN-DEIS-FAVAS, Nom des bruches qui rongent les fèves, selon M. Cast. V. *Courcoussoun*.

CAPELAN FER, s. m. Nom qu'on donne, à Allos, à la grande sauterelle verte. V. *Barbanchuan*.

Éty. Parce que ses longues ailes lui donnent l'air d'un *capelan*, recouvert d'une chape. V. *Capel*, R.

CAPELANIA, s. f. (capelanie); *Chapellania* et *Cappelania*, ital. *Capellania*, cat. esp. port. Chapellenie, bénéfice d'un chapelain. V. *Capel*, R.

CAPELANILHA, s. f. (capelanille); CAPELANIA. Prétraille, terme de mépris dont les honnêtes gens ne se servent pas pour désigner les prêtres en général.

CAPELAR, v. a. (capelâ), dl. Couvrir d'un chapeau, et par extension, couvrir.

Éty. de *capel* et de *ar*. V. *Cap*, R.

CAPELARIA, s. f. (capelarie). Chapelerie, l'art de fabriquer les chapeaux et le commerce qui en résulte.

Éty. de *capel*, et de *aria*, tout ce qui est relatif aux chapeaux. V. *Cap*, R.

CAPELAT, ADA, adj. et p. (capelá, âde), dg. Caché, ée, couvert comme d'un chapeau. V. *Cap*, R.

Tenno capelat *lou secret*
Es mau-aysit a les fumelos.
Bergeyret.

Tenir caché le secret est mal aisé aux femmes.

CAPELAYAR, v. n. vl. Hanter les prêtres.

Éty. de *capelan* et de *ayar*. V. *Capel*, Rad.

CAPEL-DE-BUGADA, s. m. CAPEOU DE BUGADA. Couvercle de paille ou d'éclisse pour le cuvier. Avr.

CAPELET, s. m. (capelé); CHAPELET, CAPELOUN. *Cappelletto*, ital. Petit chapeau; espèce de beguin ou de couronne d'une nouvelle mariée, le chapeau de fleurs.

Éty. de *capel* et du dim. *et*. V. *Cap*, R.

Cargar lou capelet, dl. Se faire noter, se perdre de réputation, se donner un mauvais chapeau.

CAPELET, s. m. Est aussi le nom que l'on donne à la cupule du gland et au fruit du paliure. Garc.

CAPELET, s. m. Jeu qui consiste à faire sauter des épingles dans un chapeau et à les faire croiser pour gagner le pari, qui consiste ordinairement dans les épingles mêmes. V. *Cap*, R.

CAPELET, pour chapelet. V. *Chapelet*.

CAPELETA, s. f. (capeléte); CHAPELETTA. *Capellinha*, port. *Capelletta*, ital. *Capelleta*, cat. *Capilita*, esp. Petite chapelle, c'est aussi l'enfoncement d'un moulin à huile où se trouve le pressoir.

Éty. de *capela* et de la term. dim. *eta*. V. *Capel*, R.

CAPELETA, s. f. Un des noms languedociens du nombril de Venus. V. *Escudet*.

Éty. Ainsi nommé de la forme de ses feuilles qui ressemblent à un petit chapeau chinois. V. *Cap*, R.

CAPELETS, s. m. pl. (capelés). Nom languedocien du paliure. V. *Arnaveou*.

Éty. Ainsi nommé parce que ses fruits ressemblent à un petit chapeau. V. *Cap*, R.

CAPELH, vl. V. *Capel*.

CAPELIER, IERA, s. (capelié, iére); CHAPELIER, IERA. Chapelier, ière, celui ou celle qui fabrique ou vend des chapeaux.

Éty. de *capel* et de la term. mult. *ier*. V. *Cap*, R.

Parmi les ouvriers, on nomme :

APPRÊTEUR, celui qui donne les apprêts.
ARÇONNEUR, celui qui travaille à l'arçon.
ARRACHEUR et EJARREUSE, celui ou celle qui ôte le jarre.
COUPEUSE, celle qui coupe le poil après qu'on a ôté le jarre
REPASSEUSE, celle qui achève d'arracher avec le couteau, le poil que la plane n'a pu atteindre.
SECRETEUR, celui qui humecte les peaux avec le secret. V. *Secreter*.

Opérations principales :

ARÇONNER, battre la laine ou le poil avec l'arçon.
ASSORTIR, faire entrer la tête du chapeau sur une forme qui lui convienne.
BATTRE, diviser le poil en arçonnant.
BASTIR, réunir les capades.
DÉCATIR, ouvrir le poil des peaux que l'eau seconde avait pelotonnés.
DÉGORGER, plonger les chapeaux dans l'eau bouillante pour les purger du tartre qui pourrait y être resté.
ÉBOURER, passer la main à plat sur le chapeau sortant de la chaudière pour en exprimer l'eau.
FOULER, travailler les capades réunies au moyen de l'eau chaude.
MARCHER, travailler les capades à froid et à sec.
LUSTRER, donner le lustre.
REPASSER, ôter la crasse d'un vieux chapeau et le rétablir à neuf.
SECRETER, passer à l'eau seconde certains poils pour les mettre en état de se feutrer

Outils particuliers :

ARÇON, V. *Arçoun* pour le détail.
AVALOIR, instrument avec lequel on presse la corde qui serre le chapeau sur la forme.
CLAIE, treillis d'osier servant à plusieurs usages.
CLAYON, treillis beaucoup plus fin.
CHOC, plaque de laiton un peu courbe sur sa longueur, qui sert à faire descendre la corde qui serre le chapeau sur la forme.
COMPAS, instrument qui sert à prendre les mesures des chapeaux, il est composé d'un tuyau de cuivre et d'une tige mobile.
FEUTRIÈRE, morceau de toile triangulaire, sur lequel on réunit les capades.
FORMES, cylindres de bois tronqués sur lesquels on moule la tête des chapeaux.
JATTE, sébille ou grosse écuelle de bois.
LAMBEAU, morceau de papier fort, qu'on met entre les capades qu'on assemble.
MANICLE ou SEMELLE, espèce de semelle dont l'ouvrier garnit sa main quand il foule; elle est pourvue d'une anse qu'on nomme doigtier, *poussoir*.
ROULET, morceau de bois tourné en forme de fuseau, servant à la foule.
PIÈCE, plaque de laiton, amincie sur son bord, servant à la foule.
CHEVALET, banc sur lequel on étend les peaux pour enlever le jarre.
PLANE, couteau à deux tranchants et à deux manches.
TIRE-PIED, courroie double servant à fixer la peau sur le chevalet.
VIOLON, faisceau de cordes minces fixées par un bout et réunies par l'autre à un manche, servant à battre la laine, etc.

CAPELINA, s. f. (capeline); *Capellinha*, port. *Capellina*, cat. Capeline, espèce de capote; têtière, Sauv. chapeau de paille, Aub.

Éty. de *capel* et de *ina*, dim. V. *Cap*, R.

CAPELLA, vl. V. *Capelan*.

CAPELLAN, s. m. Nom languedocien du safran bâtard. V. *Grana de perrouquet*.

CAPELLIER, V. *Capelier* et *Cap*, R.

CAPELOUN, s. m. (capeloún), dim. de *capeou*. V. *Capelet* et *Cap*, R.

CAPELUT, UDA, adj. (capelú, úde); CAPURLAT, CHAPELUT. *Capelluto*, ital. *Capillud*, cat. *Capilludo*, esp. Huppé, ée, on le dit au propre des oiseaux qui ont sur la tête une touffe de plumes, ressemblant à un chapeau, à une espèce de coiffure, et fig. de quelque femme de bas étage qui porte une coiffure élevée et élégante.

Éty. de *capel* et de *ut*. V. *Cap*, R.

Capelludo, en port. qui porte un capuchon.

CAPEOU, Prov. mod. V. *Capel*.

CAPEOU, s. m. même syn. CHAPUT, CHAPU, CAPUELA. Huppe que certains oiseaux ont sur la tête.

CAPERA, s. m. d. béarn. Alt. de *Capelan*, v. c. m. et *Capel*, R.

CAPERAA, s. m. anc. béarn. *Capelan*, v. c. m.

CAPERAR, v. a. dg. Couvrir. V. *Capelar* et *Cap*, R.

CAPERAT, Couvert. V. *Capelat*.

CAPET, dg. V. *Capel*.

CAPET, s. m. (capé); COFET. vl. Petite tête, homme léger.

Éty. de *cap*, tête, et du dim. *et*. V. *Cap*, R.

CAPETA, s. f. (capéte), dl. *Capeta*, cat. *Capita*, esp. Manteau de femme, mantelet d'enfant; un paysan, pourvu d'un capuchon.

Éty. de *capa*, manteau, et du dim. *eta*; et dans la seconde signification, parce que les paysans allaient couverts d'une cape. V. *Cap*, Rad.

CAPFIEU, s. m. vl. Chef-fief. V. *Cap*, Rad.

CAPFINIT, IDA, adj. vl. A refrain. V. *Cap*, R.

CAPFRACH, s. m. vl. Tête cassée; mal, dommage.

CAP-GROS, s. m. dl. *Caparos*, cat. Le même que *Testa d'ase* et *Testard*, v. c. m. et *Cap*, R.

CAPHORA, adv. (capfóre), d. béarn. CAPFORA. Dans le lointain.

Éty. de *cap*, fin, extrémité, au loin, et de *hora*, dehors, par le changement de *f* en *h*, V. *Cap*, R.

CAPIAR, v. a. (capiá). Entendre, comprendre, concevoir; éplucher, dépouiller le coton des corps étrangers qu'il contient. Garc.

Éty. de *capere*. V. *Cap*, R. 2.

CAPIER, s. m. (capié); *Capèr*, cat. *Capero*, esp. Chapier, le prêtre qui dans les cérémonies religieuses porte la chape; armoire dans laquelle on serre les chapes.

Éty. de *capa* et de *ier*. V. *Cap*, R.

CAPIERA, s. f. (capiére); CAPIERAS. dg. *Capière*, peau de blaireau ou de mouton, avec son poil, et quelquefois ornée, dont les bouviers couvrent la tête des bœufs, dans la Gascogne. *Poumarède.*

CAPIGNAR, v. a. (capignà), dl. PICAGNAR, PICOUTAR. Frapper doucement, en parlant des chats qui se caressent à coups de pattes et des enfants qui se battent sans malice; taquiner; pour écheveler. V. *Carpignar.*

Éty. de *cap*, tête, et de *pignar*, peigner. V. *Cap*, R.

CAPIGNAR SE, v. r. Se taquiner, se disputer, se pointiller.

CAPIGNEGEAR, v. a. (capignedjá). Verbe itér. de *Capignar* et *Cap*, R.

CAPIGNET, s. m. (capigné), dl. Un enfant qui se plaît à taquiner ses compagnons. *Espiègle.* V. *Cap*, R.

CAPIL, vl. V. *Cabel* et *Chevu.*

CAPIL, s. m. vl. Pignon de maison.

CAPILL, CABEL, CHAV, CHEV, sous-rad. pris du lat. *capillus, capilli*, cheveu, formé de *capitis pilus*, dont les R. sont *Caput* et *Pilus*; d'où: *Capil, Capill-ar, Capill-ari, Capill-ati, Capill-era.*

De *capill*, par le changement de *p* en *b*, et de *i* en *e*, *cabel, cabell*: *Cabel, Cabelh, Cabelh-a, Cabel-eira, Cabelh-a, Cabelh-adora, Cabell-adura, Cabell-ut, uda, Cabellier, Des-cabelh-ar*, etc.

De *cabel*, par le changement de *c* en *ch*, de *a* en *e* et de *b* en *v*, *chevel*; d'où: *Chevelura, Chevel-ut, uda, Chev-u, Chab-el, Chabel-iera*, et par altération: *Chivel-iera, Escabelh-ar, Ei-ssav-el, Ei-ssavel-ar, Eissavel-at, Ei-ssavel-oun, Ei-ssaveou.*

CAPILLAR, vl. et

CAPILLARI, **ARIA**, adj. (capillári, ária); *Capillar*, cat. port. *Capillare*, ital. *Capilare*, esp. Capillaire, délié comme des cheveux.

Éty. du lat. *capillaris*, m. s. V. *Capill*, R.

CAPILLATI, adj. m. pl. (capilláti). Chevelus, épithète qu'on donnait aux Gaulois parce qu'ils portaient les cheveux longs.

Éty. du lat. *capillatus, i*, m. s. V. *Capill*, Rad.

CAPILLERA, s. f. (capillère); CAPILERA. Capillaire, nom commun à plusieurs plantes de la fam. des Fougères et particulièrement, au capillaire du Canada, *Adianthum pedatum*, Lin. qui nous vient de l'Amérique Septentrionale, notamment du Canada; au capillaire de Montpellier, cheveux de Vénus ou simplement capillaire, *Adianthum capillus veneris*, Lin. qui croît comme les suivants au bord des fontaines, et dans les lieux ombragés et humides. V. Gar. *Adiantum*, p. 9; au capillaire noir, *Asplenium adianthum nigrum*, Lin. V. Gar. *Filicula quæ adianthum*. p. 181; et à la doradille ou politric, *Asplenium trichomanes*, Lin. commun sur les murailles humides.

Éty. du lat. *capillaris*, m. s. V. *Capill*, Rad.

Délié comme un cheveu; les tiges de plusieurs, celles surtout du capillaire de Montpellier ressemblent en effet à des cheveux.

CAPILOUTADA, s. f. (capiloutáde); REITA. *Capirotada*, esp. *Caperotada*, port. Capilotade, ragoût que l'on fait avec des restes de volailles et de pièces de rôti dépécées.

Éty. de l'esp. *capirotada.*

Mettre en capiloutada, mettre en hachis, en déconfiture.

CAPIOL, s. m. vl. Chef ou capitaine. V. *Capitani* et *Cap*, R.

CAPION, s. m. vl. Chaperon, couvre-chef. V. *Capeiroun* et *Cap*, R.

CAPIOUN, s. m. (capióun). Besace de berger ou plutôt panetière. Garc.

Éty. Probablement du lat. *capere*, contenir. V. *Cap*, R. 2.

CAPIPURGI, s. m. vl. Sternutatoire.

Éty. de *cap* et de *purg*, qui purge la tête. V. *Cap*, R.

CAPISCOL, s. m. (capiscól); CAPISCOOU, CABISCOOU. *Capiscol*, cat. esp. Capiscol, dignité qui dans nos anciennes Eglises répondait aux grands chantres de nos jours, mais qu'on ne donnait, en général, qu'aux doyens des chapitres, c'était le chef du chœur.

Éty. du lat. *caput scholæ* ou *caput chori*, le chef du chœur ou des chantres. V. *Cap*, Rad.

CAPITAINE, dl. V. *Capitani* et *Cap*, Rad.

CAPITAL, **ALA**, adj. (capitál, ále); CAPITALE, ALA, CAPITAU. *Capital*, cat. esp. port. *Capitale*, ital. Capital, ale, principal, le plus remarquable.

Éty. du lat. *capitalis*, ou de *capit* et de *al*, qui est à la tête. V. *Cap*, R.

CAPITAL, s. m. (capitál); CABAL, CAPITAU, CHAPTAL. *Capital*, esp. port. cat. Capital, principal d'une dette, fonds en valeur disponible, fond de magasin.

Éty. du lat. *caput*. V *Cap*, R.

CAPITAL, s. m. CABAU, CABAL, CHATEL, CAPAL, CAPTAU, CHATAU, CAPITAU. Cheptel, la totalité des bestiaux d'une métairie; le bail par lequel on cède les bestiaux d'une ferme, est ce qu'on nomme plus particulièrement cheptel en français.

Éty. de la basse lat. *capitale*. V. *Cap*, R.

CAPITALA, s f. (capitále); *Capital*, cat. esp. port. *Capitale*, ital. Capitale, ville principale d'un état, d'une province; lettre capitale, majuscule.

Éty. du lat. *caput*, tête, chef. V. *Cap*, R.

CAPITALIER, s. m. vl. Entrepreneur, fermier, débiteur, sectateur.

Éty. de *capital* et de *ier*. V. *Cap*, R.

CAPITALISAR, v. a. (capitalisá); *Capitalisar*, cat. *Capitalizar*, esp. *Capitaliser*, réduire en capital.

Éty. de *capital* et de *isar.*

CAPITALISTO, s. m. (capitaliste); CABALISTO. *Capitalista*, cat. esp. ital. port. Capitaliste, celui ou celle qui possède des capitaux ou fortes sommes d'argent.

Éty. du lat. *caput*. V. *Cap*, R.

CAPITAN, s. m. vl. lim. *Far capitan*, convoquer la milice.

CAPITAN, s. m. (capitán). Pour capitaine. V. *Capitani* et *Cap*, R.

CAPITANA, s. f. (capitáne); *Capitana*, cat. esp. ital. Capitane, ou galère capitane, est la principale galère d'un port, chez plusieurs puissances. V. *Cap*, R.

CAPITANAT, s. m. vl. *Capitanato*, ital. Capitainerie, commandement militaire. V. *Cap*, R.

Capitani mal gouber, dl. le jeu de l'abbé.

CAPITANESSA, s. f. (capitanéssa). Femme qui marche ou qui se montre à la tête d'une troupe d'autres, dans une réunion quelconque. Avril.

CAPITANI, s. m. (capitani); CAPIAL, CAPITAN. *Capitano*, ital. *Capitan*, esp. *Capitao*, port. *Capitá*, cat. Capitaine, au propre, chef d'une compagnie de soldats, d'un vaisseau et en général celui qui commande un service militaire quelconque.

Éty. de *caput*, chef, *capitanus*, en basse lat. V. *Cap*, R.

CAPITANIA, s. f. vl. *Capitania*, cat. esp. port. *Capitananza*, ital. Capitainerie, charge de capitaine. V. *Cap*, R.

CAPITAR, v. n. (capitá). Commencer une affaire, rencontrer fortuitement, réussir bien ou mal: *A ben capitat*, il ou elle a bien rencontré, du lat. *dare capiti*. donner où il faut.

Éty. du lat. *caput, capitis*, et de la term. act. *ar*, aller, donner à la tête, au but. Voy. *Cap*, R.

CAPITATION, s. f. (capitatie-n); *Capitacion*, esp. *Capitaçâo*, port. *Capitació*, cat. *Capitagione*, ital. Capitation, taxe ou imposition par tête.

Éty. du lat. *capitatio*, formé de *tributum capitis*, imposition par tête. V. *Cap*, Rad.

Julien trouva la capitation établie dans les Gaules en y entrant vers l'an 360. La première qui fut levée d'une manière générale en France, fut celle qu'ordonna le roi Jean, en 1355, Louis XIV la rétablit par un édit du 18 janvier 1695; elle répondait à notre imposition personnelle.

CAPITAU, lang. mod. V. *Capital.*

CAPITE, *Capites*, articles ou clauses d'un contrat de bail à ferme. V. *Chapitre* et *Cap*, R.

CAPITEL, dl. V. *Cabussel* et vl. Voy. *Chapiteou.*

CAPITELA, s. f. (capitèle), dl. Hutte ou baraque de vigne; très-petit bâtiment voûté et terminé en cône, principalement destiné à mettre à couvert un cuvier en maçonnerie, où l'on égrappe la vendange pour en faire les charges des mulets ou des charriots. Sauv.

Éty. Probablement du lat. *capere*, contenir. V. *Cap*, R. 2.

CAPITELAGGE, s. m. vl. Ensemble des chapiteaux. V. *Cap*, R.

CAPITO, s. m. (capite). Domaine, capital. *Mangearie capito*, il avalerait tout. Avr.

CAPITO, s. m. (capite). Pour chapitre. V. *Capitol* et *Chapitre.*

L'ase de capito, Leis ieras de capito, l'âne, les aires du chapitre qui appartient à tout le monde. V. *Cap*, R.

CAPITOL, s. m. vl. Le point principal; chapiteau. V. aussi *Capdolh.*

Éty. du lat. *capitis*, gén. de *caput*, tête, chef. V. *Cap*, R.

CAPITOL, s. m. *Capitoul*, vl. *Capitolo*, ital. *Capitulo*, esp. port. *Capitol*, cat. Chapitre, assemblée des principaux habitants d'une ville, on nommait les membres de ces assemblées: *Li capitols*, et en basse latinité *capitularii* ou *domini de capitulo*; *Capi-*

toul, v. c. m. assemblée d'ecclésiastiques, chapitre. V. *Chapitre* et *Cap*, R.

CAPITOLAR, v. a. vl. CAPITOLEIAR. Chapitrer, ranger par chapitres.

Éty. de *capitol* et de *ar*. V. *Cap*, R.

CAPITOLEIAR, vl. V. *Capitolar* et *Cap*, R.

CAPITOLI, s. m. vl. V. *Capitolo* et *Cap*, R.

CAPITOLIER, s. m. vl. Membre du conseil municipal; capitoul.

Éty. de *capitol* et de *ier*, membre du conseil. V. *Cap*, R.

CAPITOLO, s. m. (capitóle); *Capitolio*, port. esp. ital. Capitole, nom d'un ancien édifice ou temple de Rome consacré à Jupiter.

Éty. du lat. *capitolium*. V. *Cap*. R.

CAPITORBO, dl. Voy. *Catitorbo* et *Meni-moun-ai*.

CAPITOU, d. béarn. Conseil, chapitre. V. *Capitoul* et *Cap*, R.

CAPITOUL, s. m. (capitóu); CAPITOU. Le lieu où les chanoines tiennent leurs assemblées; la ferme d'un chapitre, chapitre d'un traité. V. *Capitol* et *Cap*, R.

CAPITOULAT, s. m. (capitoulá). Capitoulat, dignité de capitoul; paroisse ou quartier d'une ville dependant d'un capitoul. V. *Cap*, R.

CAPITOULS, s. m. pl. (capitóuls). Capitouls, anciens magistrats populaires de Toulouse, pareils aux échevins, jurats, consuls, officiers municipaux. V. *Cap*, R.

CAPITOUN, s. m. (capitóun). Capitou, bourre de soie.

CAPITOUS, OUSA, OUA, adj. (capitous, óuse, óue). Capiteux, euse, en parlant du vin et des liqueurs qui portent à la tête, qui enivrent facilement.

CAPITULA, s. f. (capitúle); *Capitula*, cat. esp. *Capitolo*, ital. *Capitulo*, port. Capitule, espèce de petite leçon qui se dit à la fin de certains offices.

Éty. du lat. *capitulum*, petit chapitre. V. *Cap*, R.

CAPITULANT, s. m. (capitulán); *Capitulante*, port. esp. *Capitolante*, ital. Capitulant, chanoine ou religieux qui a voix au chapitre.

CAPITULAR, v. n. (capitulá); *Capitulare*, ital. *Capitular*, esp. port. cat. Capituler, traiter de la rédition d'une place, et par extension entrer en accommodement.

Éty. du lat. *capitulum*, chapitre, parce que les conditions d'une capitulation sont rédigées par chapitres ou articles; de *capitul* et de *ar*, faire consentir des articles. V. *Cap*, R.

CAPITULARI, ARIA, (capituléri, árie); *Capitular*, cat. port. esp. *Capitulare*, ital. Capitulaire, appartenant au chapitre, à une assemblée de chanoines ou de religieux.

Éty. du lat. *capitularius*, m. sign. Voy. *Cap*, R.

CAPITULARIAS, s. f. pl. (capituláries); *Capitulares*, port. Capitulaires, s. m. ordonnances, réglements sur les matières civiles, criminelles et ecclésiastiques, rédigées par chapitres: les Capitulaires de Charlemagne, etc.

Éty. du lat. *capitularia*. V. *Cap*, R.

CAPITULAT, ADA, adj. et p. (capitulá, áde); *Capitulado*, port. *Capitulad*, cat. V. *Cap*, R.

CAPITULATION, s. f. (capitulatie-n); *Capitulació*, cat. *Capitolazione*, ital. *Capitulacion*, esp. *Capitulação*, port. Capitulation, traité des différentes conditions que ceux qui rendent une place, une ville, obtiennent de ceux auxquels ils sont obligés de la céder.

Éty. de *capitula* et de *tion*, action de capituler. V. *Cap*, R.

CAPMAIL,

CAPMAL, et

CAPMALH, s. m. vl. Camail. V. *Camalh*, coiffe, tête de maille.

Éty. de *cap* et de *malha*. V. *Cap*, R.

CAP-MAS, s. m. (cap-más); CAMP-MAS, CAMMAS, dl. et vl. Chef-lieu d'un domaine, celui qu'habite le maître ou le seigneur; chef de famille.

Éty. du lat. *caput domus* ou de *cap*, chef, et de *mas*, *campmasium*, basse lat. V. *Cap*, R.

CAPO, vl. Chapon. V. *Capoun*.

CAPOCHOU, s. m. CAPOUCHOU, CAPOUCHOUN, CAPUCHA. *Caputxo*, cat. *Capuz*, port. *Capucho*, esp. *Cappuccio*, ital. Capuchon ou chaperon d'une cape ou d'un manteau de berger, etc.

Éty. du lat. *caput*, tête. V. *Cap*, R.

Ce vêtement de tête et très-ancien; on voit sur les bas-reliefs de la colonne trajane, des hommes couverts de grands manteaux qui ont des capuchons.

CAPOCHOUN, V. *Capochou*.

CAPOLA, s. f. (capóle), d. de Barcel. Tas de gerbes auquel on a donné une forme triangulaire.

Éty. *Capola*, paraît être une altération de *coupola*, dérivé du lat. *cupa*, coupe. Voy. *Cap*, R.

CAPOLAR, v. a. vl. *Capolar*, cat. Charpenter, chapler. V. *Caputar* et *Capular*.

Éty. de *chaple*. V. *Chapl*, R.

CAPOLHAT, ADA, adj. et p. vl. CAPOLHATZ. Conduit, uite; gouverné, ée.

CAPON, vl. V. *Capoun*.

CAPONAR, vl. V. *Capounar*.

CAPORA, s. f. (copóre), d. bas lim. Couperose. V. *Couparosa*.

CAPOS, s. m. vl. Chapon. V. *Capoun*.

CAPOT, s. m. Le chaperon de la chape d'un berger, Garc. capote, espèce de manteau, en dg.

CAPOT, adj. m. (capó); *Capot*, cat. *Capote*, esp. *Cappotto*, ital. Capot, au jeu de piquet se dit du joueur qui n'a point fait de levée; on le dit aussi d'une personne qui trouvant le contraire de ce qu'elle croyait trouver reste interdite et confuse.

Éty. de *caput*, pris dans le sens de commencement et fin, parce que le gagnant fait toutes les levées. V. *Cap*, R.

Il vient peut être plus naturellement de *capere*, *captum*, prendre. V. *Cap*, R. 2.

CAPOTA, s. f. (capóte); *Capota*, port. Capote, espèce de manteau qu'on donne aux soldats; espèce de chapeau n'ayant des bords que sur le devant et sur les côtés, que les femmes portaient au lieu de chapeau.

Éty. de *cap*, tête. V. *Cap*, R.

CAPOTES, vl. V. *Chapotes*.

CAPOU, s. m. (cápou). Chef principal

Éty. du lat. *caput*. V. *Cap*. R.

Poche de la chape d'un berger. Garc.

CAPOUAR, v. dg. ?

L'aujamou que la primo couo,
Que l'estiou nouyrich é capoua.
D'Astros.

CAPOUCHIN, s. m. (capoutchïn); *Capoucho*, port. *Caputxi*, cat. *Capuchin*, esp. *Cappuccino*, ital. Capucin, religieux de l'ordre de Saint François, portant ordinairement une longue barbe et un capuchon.

Éty. de la basse lat. *capucinus*, m. s. ou de *capochou*, capuchon. V. *Cap*, R.

Mathieu Baschi, frère mineur observantin, du couvent de Mont-Falco, voulant suivre une vie plus parfaite que celle qu'il menait dans son couvent, obtint du pape Clément VII, en 1525, la permission de se retirer dans une solitude pour y instituer sa réforme qui fut approuvée en 1529.

Le cardinal Charles de Lorraine, fit venir les capucins en France, en 1574, sous le règne de Charles IX.

CAPOUCHIN, s. m. En terme de marin. petit palan, palanquin.

CAPOUCHIN, s. m. (capoutchïn). Un des noms du pied d'alouette. V. *Flour de l'amour*.

Éty. Ainsi appelé à cause de la ressemblance qu'ont ses fleurs avec un capuchon. V. *Cap*, R.

CAPOUCHIN-FER, s. m. Nom qu'on donne, à Valensoles, au pied d'alouette des champs. V. *Flour de l'amour fera*.

CAPOUCHINA, s. f. (capoutchine); CAPUCINA. *Caputxina*, cat. *Capuchina*, esp. Capucine, *Tropæolum majus*, Lin. plante de la fam. des Géraniées, originaire et indigène du Pérou, cultivée partout comme fleur d'ornement.

Éty. A cause de la ressemblance qu'a sa fleur avec le capuchon d'un capucin. Voy. *Cap*, R.

Ce n'est que depuis la fin du XVIIme siècle en 1684, que cette plante a été introduite en Europe; ses boutons confits dans le vinaigre sont employés comme ceux des câpres en assaisonnement.

La capucine à feuilles étroites ou petite capucine, *Tropæolum minus*, Lin. a été apportée du Pérou en Europe, en 1580.

CAPOUCHINA, s. f. (capoutchine); *Capucha*, port. *Caputxina*, cat. *Capuchina*, esp. *Cappuccina*, ital. Capucine, religieuse de Sainte Claire.

L'ordre des capucines ou filles de la passion, fut institué à Naples, en 1588, par Marie Laurence Longa. Louise de Lorraine, veuve de Henri III, en fonda un monastère en France, qui fut établi en 1602, par la duchesse de Mercœur.

Éty. Le nom qu'elles portent vient de ce qu'elles sont habillées comme les capucins. V. *Cap*, R.

CAPOUCHINADA, s. f. (capoutchinâde). Capucinade, discours peu éloquent et peu sensé.

Éty. de *capouchin* et de *ada*, action de capucin.

CAPOUCHINADA, s. f. CAPUCHINADA, dl. Secousse de la tête que faisaient, pour la découvrir, ceux qui portaient des capuchons. *Faire de capouchinadas*, dandiner la tête en avant ou de côté en dormant. Sauv. V. *Cap*, Rad.

CAPOUCHINARIA, s. f. (capoutchinarie). Hypocrisie, fausse dévotion. Garc.

CAPOUCHOU, et

CAPOUCHOUN, V. *Capochou* et *Càp*, Rad.

CAPOUIRE, s. m. (capóuïré). Marteau de faucheur. Garc. V. *Martelïera*.

CAPOULAR, v. a. (capoulá); COASSIR, CHAPLAR. Hâcher menu, couper en morceaux, découper avec des ciseaux; *Capoular coumo d'herbetas*, hacher comme chair à pâté. V. *Chaplar* et *Caputar*.

CAPOULIER, s. m. (capoulié); CAPOURIER. Chef d'une troupe de moissonneurs, de paysans qui travaillent à une *effondrée* ou à tout autre travail de la campagne.

Éty. de *capoul*, chef, et de *ier*. V. *Cap*, Rad.

CAPOULIERA, s. f. (capouliére). *Capoulière*, nappe de filets à larges mailles, qu'on place à l'entrée ou à l'extrémité des bourdigues. V. *Cap*, R.

En style badin, directrice des travaux.

CAPOULOUN, s. m. (capoulóun), dl. Le même que *Escapouloun*, v. c. m.

Éty. de *capouloun* dim. de *capoul*, chef, petit chef. V. *Cap*, R.

CAPOUN, s. m. (capóun); CHAPOUN. *Capó*, cat. *Capão*, port. *Capone*, ital. *Capon*, esp. Chapon, coq coupé ou châtré.

Éty. du lat. *capo*, *caponis*, qui a la même signification; formé probablement de l'all. *kapp*, coupé, châtré; et de *han*, poulet, ou même du grec κάπον (kapôn), chapon.

On ne saurait croire, sans en avoir été le témoin, à la sollicitude avec laquelle les chapons sont susceptibles d'élever les poussins, lorsqu'après leur avoir plumé le dessous du ventre et l'avoir lavé avec du vinaigre, on les a laissés enfermés dans un panier, avec les petits poulets pendant une demi heure seulement. Ils sortent de là en gloussant comme une poule et prennent un soin tout particulier des petits qu'on leur a confiés. On dirait que privés des attributs de la paternité, ils veulent s'en dédommager par les jouissances moins bruyantes, mais plus douces de la maternité.

Il paraît que l'usage de châtrer les coqs est fort vieux et qu'il a commencé à Délos, d'où le nom de *Déliaques*, que les anciens donnaient à ceux qui châtraient les oiseaux.

CAPOUN, s. m. en term de mar. *Capon* ou crochet à lever l'ancre; machine composée d'une corde et d'une grosse poulie jointe à un gros croc de fer pour lever l'ancre.

Éty. de *capere*, prendre, saisir. V. *Cap*, Rad. 2.

CAPOUN, s. m. En term. de vigneron?

CAPOUN, s. m. Terme de boucherie, la boîte à la moelle: pièce de l'épaule du bœuf à laquelle le paleron et le collier se joignent. Sauv.

CAPOUN, OUNA, s. et adj. (capoún, óune); RUSCASSIER. Terme injurieux, polisson, vaurien, gueux, capon, et au fém. polissonne, fille de mauvaise vie.

Éty. M. Roquefort, fait dériver ce mot de *capot*, qui fait l'adversaire capot, qui fait toutes les levées, qui prend tout. Le P. Puget, le dérive de chapon, parce que les capons, dit-il, sont ordinairement gras comme des chapons.

CAPOUN, s. m. Chapon, morceau de pain frotté d'ail, qu'on met dans la salade.

Éty. V. *Cap*, R. 2.

CAPOUN, s. m. Nom nicéen, de la truie de mer. V. *Escourpena*.

CAPOUNA, impér. du verbe *Capounar*, (capóune). Commandement pour faire mettre l'ancre en place. V. *Cap*, R. 2.

CAPOUNADOUR, adj. (capounadoú), dl. En âge d'être chaponné.

Éty. de *capoun* et de *adour*.

CAPOUNALHA, s. f. (capounáille). Gueusaille; les capons en général.

Éty. de *capoun* et de *alha*.

CAPOUNAR, v. n. Friponner, tricher au jeu, faire le capon, le lâche, le poltron, le métier de rapporteur. V. *Capounegear*.

CAPOUNAR, v. a. (capouná). Caponner l'ancre, la haler au bossoir, en faisant usage du capon.

Éty. de *capoun* et de la term. act. *ar*. V. *Cap*, R. 2.

CAPOUNAR, v. a. ou *Chapounar; Caponar*, cat. esp. anc. *Capar*, esp. port. *Capponare*, ital. Chaponner ou châtrer un poulet.

Éty. dè *capoun* et de la term. act. *ar*, *faire un capoun*.

On prétend que l'invention en est due aux insulaires de Cos, et que les Romains la firent connaître en Italie.

CAPOUNARIA, s. f. (capounarie). Polissonnerie, action méprisable, trait de capon.

Éty. dè *capoun*, gueux, coquin, et dè *aria*, fait, action de coquin. V. *Cap*, R. 2.

CAPOUNAS, ASSA, (capounás, asse); CAPOUNASSAS. Augm. dépr. de *Capoun*, Gros capon, grand vaurien, gueuse.

Éty. de *capoun* et de *as*.

CAPOUNAT, adj. et p. m. (capouná); CHAPOUNAT. Chaponné, châtré, en parlant des coqs.

Éty. dè *capoun*, chapon, et de *at*, litt. fait chapon.

CAPOUNEGEAR, v. n. (capounedjá); CAPOUNAR, CAPOUNIAR. Vagabonder et vagabonner, polissonner, faire le galopin.

Éty. de *capoun* et de *egear*, faire le polisson. V. *Cap*, R. 2.

CAPOUN-FER, s. m. Nom que porte dans plusieurs endroits du département des B.-du-Rh. le petit vautour, *Vultur leucocephalus*, Briss. oiseau de l'ordre des Rapaces et de la fam. des Nudicolles.

A Arles, c'est au sacre d'Egypte: *Vultur percnopterus*, Gem. qu'on donne le nom de *Capoun-fer*; le mâle de cette espèce est tout blanc.

CAPOUN-GALHOUN, s. m. (capougaillóu), dl. Coquâtre, coq à demi châtré.

Éty. de *galhoun* dim. de *gal*, petit coq, demi-coq.

CAPOUN-GARDIAN, s. m. (capóun-gardián). Nom nicéen, du grand pluvier. V. *Coureli*.

CAPOUN-JAUNE, s. m. (capóun-djáouné). Nom nicéen, de la scorpène jaune, *Scorpena lutea*, Risso, poisson de l'ordre des Holobranches et de la fam. des Céphalotes (à grosse tête), assez commun, et dont la longueur parvient à trois décimètres.

CAPOUNOT, OTA, s. m. (capounó, óte). Jeune vaurien, jeune effrontée, petite libertine.

Éty. de *capoun* et du dim. *ot*.

CAPOURAU, s. m. (capouráou); CARPOURAU, COURPOURAU. *Caporale*, ital. *Caporal*, cat. anc. Caporal, chef de la plus petite subdivision d'une compagnie d'infanterie, nommée *escouade*. Il porte pour distinction deux galons en fil sur la manche de son habit.

Éty. de l'ital. *caporale* dim. de *caput*, chef, petit chef. V. *Cap*, R.

Avant Henri II, on leur donnait le nom de *cap-d'escouade* et ce n'est que depuis ce règne qu'on l'a remplacé par celui de caporal.

CAPOURIER, V. *Capoulier*.

CAPOUS, s. m. dg. Chapoun. V. *Capoun*.

CAPOUTAR, v. a. (capoutá); TAPOUTAR. Donner des coups sur la tête; tapoter.

Éty. du lat. *caput*, *capout* et de *ar*, frapper sur la tête. V. *Cap*, R.

CAPRA, s. f. (câpre); *Alcaparra*, port. *Kabar*, arabe. V. *Tapena*.

Éty. du lat. *capparis*, qu'on fait dériver de *caput*; *capitis*, tête, parce que ses boutons ressemblent à de petites têtes. V. *Caprier*.

CAPRI, vl. V. *Càprin*.

CAPRICI, s. m. (caprici); CAPRICHI, FANTASIA, MAROTA. *Capritxo*, cat. *Capriccio*, ital. *Capricho*, esp. port. Caprice, mouvement subit de l'âme qui fait désirer, vouloir, aimer, haïr, etc., sans motif et sans raison, mais seulement par inconstance et légèreté de caractère.

Éty. du lat. *capra*, par analogie de caractère. V. *Cabr*, R.

De caprici ou *Per caprici*, capricieusement.

CAPRICIAR, SE, v. r. (capriciá). Prendre du caprice, s'entêter à quelque chose.

CAPRICIOUS, OUSA, adj. (capricióus, óuse); FANTASC, CAPRICHIOUS. *Capriccioso*, ital. *Caprichoso*, esp. port. *Capritxós*, cat. Capricieux, euse; qui a des caprices, qui est sujet aux caprices, qui est inconstant dans ses goûts.

Éty. de *caprici* et dè *ous*, de la nature du caprice. V. *Cabr*, R.

CAPRICORNA, s. m. (capricórne); CABRICORNE. *Capricorni*, cat. *Capricornio*, esp. port. *Capricorno*, ital. Capricorne, c'est le nom qu'on a donné à une espèce de chèvre qui n'est pas bien connue; on croit que c'est un paseng: *Capra œgagrus*, Lin. mammifère onguiculé de la fam. des Ruminants ou Bisulques.

Éty. du lat. *capricornus*, formé de *capra* et de *cornu*. V. *Cabr*, R.

CAPRICORNUS, vl. V. *Capricorno*.

CAPRIER, s. m. (caprié); *Capparo*, ital. *Kappar*, arab. *Kappren*, all. *Alkaparras*, anc. esp. Caprier. V. *Tapenier*.

Éty. du lat. *capparis*, dérivé du grec κάππαρις (kapparis), capre et caprier, ou de *capr* et de *ier*, qui produit les capres.

CAPRIFUELH, s. m. vl. *Caprifoglio*, ital. Chèvre-feuille. V. *Maire-siouva*.

Éty. du lat. *caprifolium*, m. s. V. *Cabr*., Rad.

CAPRIN, **INA**, adj. CABREN, CAPRI. vl. *Cabruno*, esp. *Cabrum*, port. *Caprino*, ital. De chèvre, qui vient de la chèvre ou qui lui appartient.

Éty. du lat. *caprinus*, m. s. de *capra*. V. *Cabr*, R.

CAPRIZANT, adj. vl. Caprisant, il se dit d'un pouls dur et inégal.

Éty. du lat. *caprizantis* gén de *caprizans*, dont le rad. est *Capra*, qui saute comme une chèvre. V. *Cabr*, R.

CAP-ROUS, s. m. Nom qu'on donne, aux environs de Toulouse, au lotier à cornes. V. *Embriaga*.

CAPSANA, s. f. (capsáne), dl. Pour licou. V. *Caussana* et *Cap*, R.

CAPSE, s. f. vl. Châsse. V. *Chassa*.

Éty. du lat. *capsula*. V. *Cais*, R. 2.

CAPSOL, s. m. vl. Capsol, droit dû au seigneur sur le prix de la vente des terres qui relevaient de lui. Lods.

Éty. de *cap* et de *sol*.

CAPSOO, s. f. anc. béarn. Sorte de rente, en matière de fief. V. *Capsool*.

Preneran capsoos, ô preparanças
De la causa que sera venduda.
Fors et Cost. de Béarn.

CAPSOTE, s. m. anc. béarn. Celui qui perçoit le *Capsol*, v. c. m.

CAPSULA, s. f. vl. *Capsula*, esp. *Capsola*, ital. Capsule, petite caisse.

Éty. du lat. *capsula*, m. s. V. le Rad. *Caiss*.

CAPSULA, s. f. (capsúle). Capsule, vase en forme de cassolette; très-petite calotte contenant de la poudre fulminante qui sert d'amorce pour les armes à feu, dites à piston. C'est une invention tout-à-fait moderne. V. *Caiss*, R.

CAPSUS, adv. d. béarn. Fort au-dessus.

Éty. de *cap*, loin, et de *sus*, loin en-dessus. V. *Cap*, R.

CAPTAL, s. m. vl. CABDAL. *Cabdal*, anc. cat. Capital, cheptel; capitaine, chef; pris adject. principal. V. *Cap*, R.

CAPTAL, s. m. (captál). Ancien nom de dignité des plus illustres maisons d'Aquitaine. Il répond à chef. Sauv. V. *Cap*, R.

CAPTALIER, s. m. (captalié); DEOUTEIRENC. Débiteur, fermier, cheptelier; sectateur. V. *Cap*, R.

CAPTALMEN, adv. vl. Entièrement.

Éty. de *captal* et de *men*. V. *Cap*, R.

CAPTAR, v. a. vl. *Captar*, cat. esp. port. *Captare*, ital. Capter, employer adroitement auprès d'une personne, tous les moyens de parvenir à quelque chose, chercher à obtenir par voie d'insinuation; acquérir.

Éty. du lat. *captare*, m. s. de *capere*. V. *Cap*, R. 2.

CAPTAT, **ADA**, adj. et p. (captá, áde); *Captado*, port. Capté, ée, obtenu par ruse ou par adresse. V. *Cap*, R. 2.

CAPTAT, s. m. vl. Cheptel. V. *Capitau* et *Cap*, R.

CAPTEL, s. m. vl. Tête tranchée. Gl. Occit.

CAPTELAR, vl. V. *Capdelar* et *Cap*, R.

CAPTENEMENT, s. m. vl. CHAPTENEMENT, CAPTENEMEN, CAPTENENSA. Procédé, conduite, manière, gouvernement, action, contenance.

Éty. de *cap*, de *tener* et de *men*. V. *Cap*, Rad.

CAPTENENSA, s. f. vl. *Captenenza*, anc. cat. *Captenencia*, esp. Conduite, manière, démarche, domination. V. *Cap*, R.

CAPTENER, v. a. vl. *Captener*, anc. cat. Retenir, gouverner, maintenir, obéir.

Éty. de *cap* et de *tener*, tenir le gouvernail. V. *Cap*, R.

Capte, il ou elle gouverne, maintient.

CAPTENGUT, part. vl. Conduit. V. *Cap*, R.

CAPTENH, s. m. vl. Soutien, manière. V. *Cap*, R.

CAPTENIR, v. a. vl. Maintenir, excuser, soutenir. V. *Cap*, R.

CAPTIF, **IVA**, adj. (captif, ive); *Caitiu*, cat. *Cattivo*, ital. *Cautivo*, esp. *Cativo*, port. Captif, pour esclave. V. *Esclave*; qui est tenu dans la contrainte.

Éty. du lat. *captivus*, m. s. V. *Cap*, Rad. 2.

CAPTIO, vl. V. *Caption*.

CAPTION, s. f. (captie-n), vl. *Capció*, anc. cat. *Capcion*, anc. esp. Prise, capture, arrestation. V. *Captura* et *Cap*, R. 2.

Caption *personala non deu estre consentida per lou president de la cambra per vigour d'una appodissá ou aultra escritura que non sia recouneguda legitimament*. Titre d'un statut.

Caption personala, prise de corps.

CAPTIONAL, **ALA**, adj. vl. Qui provient de capture, d'arrestation.

Éty. de *caption* et de *al*. V. *Cap*, R. 2.

CAPTIONAR, v. a. vl. Capturer, arrêter. V. *Cap*, R. 2.

CAPTIONAT, **ADA**, adj. et p. anc. béarn. Pris, arrêté. V. *Cap*, R. 2.

CAPTIOSAMEN, adv. vl. *Capciosamente*, esp. port. Captieusement.

Éty. de *captiosa* et de *men*, d'une manière captieuse. V. *Cap*, R. 2.

CAPTIU, **IVA**, adj. vl. *Captiu*, cat. Captif, prisonnier.

Éty. du lat. *captivus*. V. *Captif* et *Cap*, Rad. 2.

Pour chétif, malheureux. V. *Caitiou*.

CAPTIVAR, v. a. (captivá); CATTIVAR. *Cattivare*, ital. *Cautivar*, esp. cat. *Captionar*, port. Captiver, capter, tenir captif.

Éty. de *captif* et de *ar*, rendre captif, ou du lat. *captivare*. V. *Cap*, R. 2.

CAPTIVAT, **ADA**, adj. et p. (captivá, áde); *Captivado*, esp. port. Captivé, ée. V. *Cap*, R. 2.

CAPTIVATIO, s. f. vl. Captivité. V. *Captivitat* et *Cap*, R. 2.

CAPTIVITAT, s. f. (captivitá); ESCLAVAGI. *Captivitat*, cat. *Cattività*, ital. *Cautividad*, esp. *Cativeiro*, port. Captivité, état de celui qui est captif.

Éty. du lat. *captivitatis* gén. de *captivitas*, m. s. de *capere*. V. *Cap*, R. 2.

CAPTRAIRE, v. n. vl. Venir à bout.

Éty. de *cap*, fin, et de *traire*, conduire, tirer.

CAPTURA, s. f. (captûre); CATTURA, PILHA. *Cattura*, ital. *Captura*, esp. cat. port. Capture, appréhension au corps d'un débiteur ou d'un criminel; saisie de marchandises qu'on voulait passer en fraude.

Éty du lat. *captura*, fait de *capere* prendre. V. *Cap*, R. 2.

CAPTURAR, v. a. (capturá); *Capturar*, cat. *Catturare*, ital. Capturer, saisir une personne pour l'arrêter; prendre un bâtiment, s'en emparer, prendre un contrebandier.

Éty. de *captura* et de *ar*.

CAPTURCHA, s. f. dg. Oiseau.

CAPUCHA, *Caputxa*, cat. V. *Capochou*. et *Cap*, R.

CAPUCHINADA, V. *Capouchinada*.

CAPUCINA, s. f. V. *Capouchina*.

CAPUÇOU, d. bas lim. Pour

CAPUÇOUN, s. m. (capuçóu). Couverture de tête; capuchon; Bér. La pomme d'un chou cabus, d'une laitue pommée. V. *Greou* et *Cap*, R.

CAPULADA, s. f. (capuláde); dg. Oiseau.

Éty. Qui a une huppe.

CAPURLA, s. f. (capúrle), dl. Huppe d'oiseau. V. *Capeou* et *Cap*, R.

CAPURLAT, **ADA**, adj. et p. (capurlá, áde), dl. Huppé, ée, V. *Cap*, R.

CAPUS, adj. d. toul. V. *Cabus*.

CAPUS, adj. (capú), d. bas lim. Cabus, pommé. V. *Cabus* et *Cab*, R. Fig. fou, fou achevé, fou pommé.

CAPUSADOUR, s. m. (capusadóu), dl. Atelier où l'on charpente des pièces de bois pour différents usages. Sauv. V. *Chapl*, Rad.

CAPUSAIRE, s. m. (capuzáïré), dl. V. *Caputaire* et *Chapl*, R.

CAPUSAR, v. a. (capuzá), dl. Pour charpenter. V. *Caputar* et *Chapl*, R.

CAPUSILHAS, s. f. pl. (capuzilles). V. *Caputilhas* et *Chapl*, R.

CAPUTAGE, s. m. (caputádgé). Équarrissage, action de *Caputar*, v. c. m. Garc. V. *Chapl*, R.

CAPUTAIRE, s. m. (caputaïré); CAPUSAIRE. Equarrisseur, charpentier, menuisier, bûcheron. Gar. V. *Chapl*, R.

CAPUTAR, v. a. (caputá); CAPUSAR, CHAPUTAR, CHAPOUTAR, CAPOULAR. Charpenter, dégauchir, équarrir, menuiser, tailler le bois, Garc. couper du bois pour brûler, mettre en petits morceaux, en copeaux, hacher. V. *Chapl*, R.

CAPUTAT, **ADA**, adj. et p. (caputá, áde). Mis en petits morceaux, dépécé. V. *Chapl*, R.

CAPUTILHAS, s. f. pl. (caputilles); CHAPUTILHAS, CAPUSILHAS, BESSUELHAS. Copeaux gros ou menus que la cognée détache d'une pièce de bois, petits morceaux de bois provenant d'un plus gros. V. *Chapl*, Rad.

CAPUZAR, v. a. vl. Chapler, chapuser, raboter. V. *Capusar*, *Capular* et *Chapl*, R.
CAPYTOL, vl. V. *Capitol*.

CAQ

CAQUET, s. m. (caqué). Caquet, intempérance de langue qui prend sa source dans la vanité et qui est toujours accompagnée d'un air de prétention et d'assurance. Voy. *Charradissa*.

Éty. du bruit que fait la poule en caquetant, c'est une onomatopée.
CAQUETAGI, s. m. (caquetádgi). Caqueterie?
CAQUETAR, v. n. (caquetá). Caqueter, il se dit au propre, du bruit que font les poules quand elles viennent de pondre et fig. ou par analogie; faire beaucoup de bruit en babillant.

Éty. de *caquet* et de *ar*.
CAQUETARIA, s. f. (caquetarie); CAQUETARIE. Caqueterie, action de caqueter.

Éty. de *caquet* et de *aria*.
CAQUETUR, **USA**, adj. (caquetúr, úse). Caqueteur, euse, qui aime à caqueter. V. *Charraire*.

CAR

CAR, CHAR, CARIT, CHARIT, CHER, CHIER, rad. pris du latin *carus*, *a*, *um*, cher, rare, précieux, d'où *caritas*, disette, cherté, charité.

De *carus*, par apoc. *car*; d'où: *Car*, *Car-vendre*, *Car-encia*, *Car-essa*, *Car-ess-ar*, etc.

De *caritatis*, gén. de *caritas*, par apoc. *caritat*; d'où: *Caritat*, *Caritat-iu*, et par le changement du *t* en *d*, *caritad*; d'où: *Caritad-ier*, *Caritad-ous*, par la suppr. de *at*, *carit*; d'où: *Carit-able*, *Carit-abla-ment*.

De *carit*, par la suppr. de *i*, *cart*; d'où: *Cart-at*, *Cart-en-enza*.

De *carit*, par le changement de *c* en *ch*, *charit*; d'où: *Charit-at*, *Charit-able*, *Charit-è*, etc.

De *charit*, par apoc. *char*; d'où: *Char-isme*, *Char-ent*, *Char-i-vend*.

De *char*, par le changement de *a* en *e*, *cher*; d'où: *Cher-ir*, *Cher-i-vend*, *Ran-cher-ir*, *En-cher-ir*, *En-cher-issur*.

De *cher*, par l'add. de *i*, *chier*; d'où: *Chier*, *Chier-a*, *En-chier-a*.

CAR..., On trouvera en *Cal...*, les mots qui manquent en *Car*.
CAR, CAER, Lieu fortifié en lang. celt. d'où: *Cardigan*, *Caernavon*.
CAR, adj. vl. *Caro*, port. ital. *Car*, cat. Chéri, cher, précieux, excellent, rare. Voy. *Chier* et *Car*, R.

Ay beou temps perdut
Que m'as crudello, trop car vendut.
Brueys.

Éty. V. *Car*, R.
CAR, vl. Puisque.

Éty. du lat. *quare*.
CAR, Pour chair. V. *Carn*.
CAR, Pour quart. V. *Quart*.
CAR, conj. QUAR. *Car*, cat. Conjonction qui sert à marquer que l'on va énoncer la cause, la preuve, la raison de ce qu'on vient d'avancer, vl. parce que, c'est pourquoi, à cause que.

Éty. du grec γάρ (gar), m. s. ou plutôt du lat. *quare*.

Car ilh avian invidia, car la gent lo seguia.
La nobla leyczon.

Car ils avaient envie, parce que la gens le suivait.

CAR, d. bas lim. Pour charrette. V. *Carreta* et *Car*, R.

CARA, CAR, radical pris du grec κάρα (kara), tête, qu'on a par extension appliqué à la figure. Dérivés: *Cara*, *Car-age*, *agi*, *Car-eta*, *Car-assa*, *A-cara-ment*, *A-car-ar*, *Des-car-ada-ment*, *Es-cara-miar*, *Es-cara-miat*, etc., et par le changement de *c* en *ch*: *Chara*, *Char-assa*, *Chara-virar*, *Chara-blanc*, etc.

CARA, s. f. (cára); CHARA, CHERA, CARAGE, CARAGI. *Ciera*, ital. *Cara*, esp. port. cat. Mine, visage, figure, aspect.

Éty. du grec κάρα (kara), tête, *cara*, en basse latinité.

Bona cara, bonne mine.

Bella cara d'Rome, bel homme, physionomie heureuse.

Bon pan, bon vin et bona cara d'hoste, bon pain, bon vin et bon accueil.

Aquot a pas cara de bon sens, cela n'a pas l'ombre du bon sens, du sens commun.

Qui a la cara... magra e jauna es artificios e enginhos. Liv. de Sidrac.

Qui a la figure... maigre et jaune, est artificieux et rusé.

Cara trona, vl. visage refrogné, mine mécontente.
CARA, adj. f. vl. *Rima cara*, rime rare.

Son dig rim estrampas caras de carestia.
Fl. del. G. Sab.

CARA, Pour quelle. V. *Quala* et *Qual*, Rad.
CARA, Pour masque. V. *Masco*.
CARA, s. f. vl. Cilice. V. *Cilici*.
CARABACA, s. f. (carabáque). Crabe. Avr. V. *Favouya*.
CARABAGNADA, s. f. (carabagnáde), dl. V. *Tarabastada*.
CARABASSA, s. f. V. *Calabassa*.

Troumpar la carabassa, dl. frauder la calebasse ou la gabelle. Bilboquet, P. Puget.

Éty. de l'esp. *calabaça*, calebasse, dérivé de *curvus*.
CARABENA, dl. V. *Canela* et *Can*, R.
CARABIN, s. m. (carrabìn). Carabin, épithète injurieuse qu'on donne aux élèves en médecine, parce qu'ils s'armèrent autrefois de carabines, lors d'une insurrection qui eut lieu à Paris. V. *Can*, R.
CARABINA, s. f. (carabine); *Carabina*, ital. esp. port. *Carrabine*, cat. Carabine, petite arquebuse qu'on porte à cheval et dont le canon est ordinairement rayé à l'intérieur.

Éty. de l'ital. *carabina*, mot altéré de *canabina*, canne double; soit parce que le canon était double, soit parce que cette arme est composée d'une canne de fer appuyée sur une canne de bois. Roqu.

Carabinade, se dit en français, d'une décharge de carabines.

Les Arabes sont regardés comme les inventeurs de la carabine. V. pour les détails, *Fusiou*.

CARABINAR, v. a. (carabiná). Carabiner, creuser des raies dans le canon d'un fusil, à la manière des carabines.

Éty. de *carabina* et de *ar*. V. *Can*, R.
CARABINAT, **ADA**, adj. et part. (carabiná, áde). Carabiné, ée.
CARABINEGEAR, v. a. (carabinedjá), dl. Troler, mener quelqu'un, le traîner après soi dans différents endroits pour lui faire compagnie; porter ça et là, un enfant ou quelqu'autre chose. Sauv.

Éty. de *carabina* et de *egear*, porter comme une carabine. V. *Can*, R.
CARABINIER, s. m. (carabinié); *Carabinero*, esp. *Carabineiro*, port. *Carabiniere*, ital. *Carrabinèr*, cat. Carabinier, soldat armé d'une carabine, dans l'origine; aujourd'hui les carabiniers portent des fusils comme les autres fantassins.

Éty. de *carabina* et de *ier*. V. *Can*, R.
CARABOUGNA, s. f. (carabóugne), dl. Le creux, la cavité d'un arbre pourri, Sauv. comme si l'on disait carabiné.

Éty. de *cara* pour *cana*. V. *Can*, R.
CARABOUGNAT, **ADA**, adj. (carabougná, áde), dl. Creux, euse, creusé par la pourriture ou décomposition du bois, en parlant des arbres.

Éty. Alt. de *carabinat*, creusé comme une carabine. V. *Can*, R.
CARABOUQUIER, s. m. (carebouquié). Rossignol des rochers, de montagne. Garc.

Ce nom est donné dans quelques endroits, au rossignol de muraille. V. *Coua-roussa*.

Éty. de *cara* alt. de *cana*. V. *Can*, R.
CARABRUI, s. m. (carabrúi); CARABRUA. Chanvre grossier qui n'est bon que pour faire des cordes, Garc. chènevotte. Avril. V. *Candilhouns*.

Éty. de *cara* pour *cana*, et de *brui* pour *brut*. V. *Can*, R.
CARABRUN, s. m. (carabrùn). Crépuscule. Cast. V. *Auba*.

Éty. de *carar*, dans le sens de cesser, de *brun* pour *bruna*, nuit, obscurité, qui fait cesser la *brune*, la nuit.
CARACACA, s. m. (caracacá); CACARACA. Le coquericot ou chant du coq; le coq même.

Certen caracaca courtisan de l'aurora.
Gros.

Éty. *Caracaca* est l'onomatopée du chant du coq.
CARACACA, s. m. CACARACA. Nom qu'on donne, dans plusieurs pays, au coquelicot, à cause de la ressemblance qu'à sa fleur avec la crête d'un coq, nommé aussi quelquefois *caracaca*. V. *Roourella*.

CARACOL, rad. pris de l'esp. *caracol*, limaçon à coquille; escalier en caracol ou en limaçon, et dérivé de l'arabe *carcara*, tourner en rond, Roqu. ou peut être du latin *cochlea*, escargot, qui vient du κοχλίας (kochlias), limaçon, vis d'Archimède, escalier tournant.

De *caracol*: *Caracol-a*, *Caracol-ar*.

De *caracol*, par le changement de *c* en *g*, et de *o* en *au*, *caragaul*, ou en *oou*, *caragoou*; d'où: *Caragaul-a*, *Caragoou*, *Des-carage-ar*.
CARACOLA, s. f. (caracóle); *Caracollo*,

ital. *Caracol*, esp. port. Caracole, mouvement en rond ou en demi-rond, qu'on fait faire à un cheval, en changeant quelquefois de main.

Éty. de l'esp. *caracol*, m. s. limaçon, escalier tournant, pris de l'arabe *carcara*, tourner en rond. Roqu. V. *Caracol*, R.

Caracolas, prévenances, petits soins. Aub.

CARACOLAR, v. n. (caracoulá); CARACOULAR. *Caracollare*, ital. *Caracolear*, esp. Caracoler, faire des caracoles.

Éty. de *caracola* et de *ar*. V. *Caracol*, Rad.

CARACOLLA, s. f. (caracóle); CARACALLA. Nom qu'on donne, à Arles, au haricot à grandes fleurs, *Phaseolus caracalla*, Lin. plante de la fam. des Légumineuses que les Portugais ont apportée du Brésil.

Éty. Les Portugais ont ainsi nommé cette plante à cause de sa fleur qui a la forme d'un escargot ou d'un capuchon, ou de la caracolle des Gaulois, d'où le nom de caracalla, donné à l'empereur Marc-Aurele-Antonin, qui s'en servit. Theis.

CARACOU, s. m. (caracou); CARACO. *Cacao caracou*, cacao caraque; on nomme ainsi celui qui nous vient du Brésil, et dont la qualité est supérieure à celui qu'on apporte d'ailleurs.

Éty. Soit parce qu'il était apporté par les vaisseaux portugais nommés caraques, soit parce qu'il vient de la côte Caraque.

CARACT, CARACTER, radical pris du latin *character*, *characteris*, caractère, marque, signe, empreinte, manière, génie, style, et dérivé du grec χαρακτὴρ (charactêr), type, empreinte, marque, lettre, formé de χαράσσω (charassô), graver, creuser, imprimer.

De *character*, par apoc. et changement de *ch* en *c*, *caract*; d'où: *Caract-a*, *Caract-ero*, *Caracteris-ar*, *Caracteris-at*, *Caracteris-tique*.

CARACTA, s. f. vl. Marque, caractère.

Éty. du lat. *character*, m. sign. V. *Caract*, R.

CARACTERISAR, v. a. (caracterisá); CARATERISAR. *Caracterisar*, cat. *Caratterizzare*, ital. *Caracterizar*, esp. port. Caractériser, désigner une personne ou une chose par ses traits caractéristiques de manière à la faire reconnaître au premier coup d'œil.

Éty. du lat. *charateris*, gén. de *character* et de *ar*. V. *Caract*, R.

CARACTERISAT, **ADA**, adj. et p. (caracterisá, áde); *Caracterizado*, port. esp. *Caracterisad*, cat. Caractérisé, ée, distingué par son caractère.

Éty. de *characteris* et de *at*. V. *Caract*, R.

CARACTERISTIQUE, **ICA**, adj. (caracteristiqué, ique); *Caratteristico*, ital. *Carateristico*, esp. port. *Caracteristic*, cat. Caractéristique, qui caractérise.

Éty. du lat. *characteristicus*, m. s. V. *Caract*, R.

CARACTERO, s. m. (caractère); CARETTERO. *Carattere*, ital. *Caracter*, esp. port. cat. Caractère, empreinte, marque, il se prend particulièrement pour les figures dont on se sert dans l'écriture et dans l'impression.

Éty. du lat. *character*, m. s. V. *Caract*, Rad.

Caractero roumain, caractère romain, impr. caractère rond et perpendiculaire, inventé à Vénise, en 1461, par un français nommé Nicolas Jauson.

Caractero italique, caractère italique, caractère penché, imitant un peu l'écriture, on le doit à Aldo Manuce, célèbre imprimeur de Vénise. Son nom lui vient de son origine italienne. V. *Imprimaria*, *Escritura* et *Lettras*.

CARACTERO, s. m. (caractère); CARACTERE. Caractère, titre, dignité, effet imprimé par un sacrement; ce qui distingue un homme d'un autre, sous le rapport des mœurs et de l'esprit; en histoire naturelle, marques distinctives qui différentient les êtres les uns des autres, etc.

Éty. V. le mot précédent, et *Caract*, R.

CARAFA, V. *Garafa*.

CARAFOUN, V. *Garafoun*.

CARAFRACH, s. m. (carafràtch), dl. Brise-tête ou plutôt brise-face, d'après l'éty. de ce nom, composé de *cara* et *fracha*, du lat. *frango*. *Carafrach*, est l'ancien nom des fourches patibulaires de Nismes. Sauv. V. *Cara*, R.

CARAGAULA, s. f. (caragáoule). Nom que porte, à Montpellier, l'*Helix aspersa*. V. *Judiouva* et *Caracol*, R.

CARAGE, s. m. (carádgé).

CARAGGE, vl. V.

CARAGI, s. m. (carádgi). Le visage, la figure; la façade d'une maison. V. *Cara*, *Chara* et *Cara*, R.

D'après le Suppl. à Pelas, c'est aussi le nom d'une sorte de coiffe que portent les femmes juives; ironiquement, visage.

CARAGOOU, s. m. *Caracol*, port. V. *Escargot*.

Éty. de l'esp. *caracol*, m. sign. V. *Caracol*, R.

On donne aussi ce nom à un petit vase dans lequel on fait de la bouillie pour les enfants, parce qu'à cause de sa petitesse on l'a comparé à la coquille d'un escargot.

CARAI, s. m. (carái). Chènevotte brisée en travaillant et teillant le chanvre, Garc. V. *Candilhouns* et *Can*, R. filasse brute, du chanvre. Avril.

CARAIBOS, s. m. pl. (caraïbes). Caraïbes ou Cannibales, nation sauvage qui habitait les petites Antilles à l'époque de leur découverte.

CARAIBOU, s. m. (caraïbou). Caraïbe, nom de certains sauvages de l'Amérique.

CARAIOUN, d. des environs de Riez, B.-Alp. et Var. V. *Fournelet*.

CARAIRADA, s. f. vl. Voie, chemin, direction. V. *Carraira*.

Éty. de *Carr*, R.

CARAIROOU, V. *Carrairoou*.

CARAJOOU, s. m. (caradjoou), dl. Une cruche. V. *Dourga* et *Pechier*.

CARAL, s. m. (carral), dl. Pour carrelet, espèce de filet. V. *Quarral* et *Quadr*, Rad.

CARAL, s. m. dl. Ornière. V. *Carral*.

CARAL DE FABRE. V. *Macha-ferre*.

CARAL, adj. vl. V. *Quarrat*.

CARALHET, **ETA**, adj. (caraillé, ète), dg. Rayonnant, ante.

De grands fets caralhets. Jasm.
De grands feux rayonnants.

CARAMA, vl. V. *Caresma*.

CARAMALHER, vl. Pendu comme une cremaillère. Gl. Occit.

Ce mot est estropié, il faudrait *Caramalhat*, pour qu'il eut un sens.

CARAMAN, V. *Charamant*.

CARAMAN, V. *Calaman*.

CARAMANDA, dl. V. *Calamandra*.

CARAMANDRIER, V. *Calamandrier*.

CARAMANTRAN, V. *Carementrant*.

CAREMANTRETA, V. *Carementreta*.

CARAMBOLA, s. f. (carambóle); *Carambola*, cat. esp. ital. port. *Carambole*, action de caramboler.

CARAMBOLAGI, s. m. (caramboulátge); CARAMBOULAGE. Carambolage, action de caramboler au jeu du billard.

CARAMBOLAR, v. n. (carambolá); CARAMBOULAR. Caramboler, toucher, d'un même coup deux billes, avec celle qu'on a lancée.

CARAMBOT, s. m. (carambó); CAMBAROT, CARAMBOOU, CARAMOTA, CARAMODA, CHAMBAROT, CIVADA, CIVADA-DE-MAR, SALICOT, SALHICOT, LANGOUSTIN. Nom qu'on donne au palémon squille ou chevrette de mer, *Palæmon squila*, Leach. *Cancer squilla*, Lin. crustacé de l'ordre des Astacoïdes et de la fam. des Longicaudes ou Macroures (à longue queue), qu'on trouve sur nos côtes et dont on mange la chair.

Éty. Altér. de *cambarot* ou *cambarut*, à cause de ses longues jambes, ou du grec κάραβος (carabos), crabe. V. *Camb*, R.

On donne le même nom à plusieurs autres espèces du même genre. V. *Cambarot*.

CARAMEL, s. m. (caramèl); *Caramelo*, esp. port. Caramel, préparation que l'on obtient en torréfiant légèrement du sucre pulvérisé, dans une capsule de métal ou de terre.

Éty. de l'esp. *caramelo*, pâte de sucre, etc.

CARAMEL, s. m. (caramèl); CALAMEL, CARAMELA. dl. *Caramillo*, esp. *Caramèlla*, cat. Tuyau du blé, chalumeau, flageolet champêtre fait avec un tuyau de blé ou d'écorce d'arbre; scion, jet vigoureux d'un arbre: *Caramel de cordas*, un paquet de cordes de jonc: *Faire petar soun caramel*, jouer du flageolet. Sauv.

Éty. *Caramel*, est une altér. du lat. *calamus*, m. sign. V. *Calam*, R.

CARAMELA, s. f. m. sign. que *Caramel*, v. c. m. *Caramela*, cat. esp. *Charamella*, port. *Cennamella*, ital. C'était aussi un instrument de musique qu'on nommait *cennamella*, ital.

Éty. V. *Calam*, R.

CARAMELAR, et

CARAMELLAR, v. n. vl. CARAMELHAR. *Caramelar*, cat. Jouer du chalumeau. V. *Calamelar*.

Éty. de *caramel* et de *ar*. V. *Calam*, R.

CARAMEN, adv. vl. *Car*, cat. *Caramente*, esp. ital. Chèrement, avec instance.

Éty. de *cara* et de *men*, d'une manière chère. V. *Car*, R.

CARAMENTRETA, s. f. (caramentréte); CARAMENTRETTA, CAREMANTRETA. Carême-prenant, les trois jours qui précèdent le mercredi des cendres; celui qui court les rues masqué, pendant les jours gras. Garc.

Éty. de *caramentrant* et de *eta*, petit carnaval.

CARAMI, s. f. (carámi). Chafoin, qui a la figure refrognée, c'est un syn. déguisé de *Carogna*, v. c. m.

Éty. On le fait dériver, dit Achard, de l'arabe *cara*, noir, et de *min*, visage. V. *Carn*, R.

Le P. Puget, le fait venir aussi du grec κέραμιον (kéramion), vase de terre, à cause des figures bizarres qu'on y voit souvent sculptées.

CARAMIDA, s. f. vl. CARAMITA. *Caramida*, cat. *Calamita*, port. ital. esp. *Calamite*, boussole. V. *Boussola*.

Éty. de *calamite*, ital. et esp. qui désigne l'aimant ou la pierre d'aimant. Giambullari, dit que c'est un mot arabe, fait de l'hébreu *challamisch* ou *chalamis*, qui sig. caillou; Covarruvias le dérive du grec καλάμη (kalamê): *Quod stipulas trahit*. Mén.

CARAMITA, vl. V. *Caramida*.

CARAMODA, et

CARAMOTA, s. f. (caramóde et caramóte). Nom languedocien, de la chevrette de mer. V. *Carambol*.

CARANCA, Ruelle étroite et rapide, t. des environs de Faïence. Garc. V. *Cala*.

CARANCA, s. f. (caránque), dl. Du calencar, toile peinte de Perse et des Indes. V. *Calancat*.

CARANCA, s. f. Pour anse, abri. V. *Calanca* et *Cala*.

CARANCA, s. f. CALANCA. Gord, vivier? endroit profond au bord de la mer ou d'une rivière, où l'on trouve habituellement du poisson. Avr.

CARANDRA, V. *Calandra*.

CARANOVA, Nom de lieu, corrompu de *Casa nova*.

CARANTEN, adj. vl. V. *Quarantieme* et *Quaranten*.

CARANTENA, vl. s. f. Quarantaine, croisade avec indulgences. Gl. Occit. V. *Quarantena*.

CARAR, *Carar fuec*, d. m. Mettre le feu, incendier. V. *Calar*.

CARAR, v. n. (cará), d. béarn. CALAR. Se taire, *Bos te carar*, veux tu te taire. Voy. *Calar* et *Taisar*.

Éty. du grec καρόω (karoô), procurer de s'assoupir.

CARAS, s. m. (carás), dl. Un tombeau; un radeau. Sauv.

CARASSA, s. f. (carásse); CHARASSA. *Carassa*, cat. *Caraza*, esp. Augm. de *Cara*, qui, contre l'analogie, se prend en bonne comme en mauvaise part, *Bona carassa*, *Marrida carassa*.

Éty. de *Cara*, R. et de *assa*.

CARAT, s. m. (cará); *Carato*, ital. *Quilate*, esp. port. Carat, poids qui exprime le dégré de pureté de l'or, et qui désigne toujours, quelle que soit la quantité de ce métal, la 24me partie de sa masse. L'or parfaitement pur serait à 24 carats; s'il contient un 24me d'alliage, il n'est plus qu'à 23 carats, etc.

En parlant des diamants et des perles le carat vaut quatre grains.

Éty. de l'arabe *kouara*, nom d'un arbre connu sous le nom de *coralodendron*, dont la fève servait de temps immémorial aux Shangallas, dans le commerce de l'or, cette fève portait le nom de *karat*, d'où l'on a dérivé la manière d'estimer l'or; d'autres font venir ce mot de *kirat*, qui dans la même langue, désigne un poids qui vaut à la Mekke, le vingt-quatrième d'un denier.

CARAU, V. *Carrau*.

CARAUGNADA, Voy. *Carougnada* et *Carn*, R.

CARAVANA, s. f. (caravánc); *Caravana*, esp. cat. port. *Carovana*, ital. Caravane, troupe de voyageurs qui se réunissent pour aller plus sûrement. On le dit plus particulièrement de ceux qui traversent les déserts de l'Arabie. Nombre de vaisseaux marchands qui vont de conserve; première course sur mer, que faisaient les nouveaux chevaliers de Malte.

Faire seis caravanas, voyager beaucoup.

Éty. du persan *karaouan*, ou du syriaque *carraran*, réunion de personnes qui voyagent ensemble. P. Puget.

CARAVAS, s. m. (caravás); ESCARAVAS. Nom qu'on donne, dans le département des B.-du-Rh. selon l'auteur de sa St. à presque tous les insectes du genre escarbot, *Hister*, Lin. de l'ordre des Coléoptères et de la fam. des Solidicornes ou Stéréocères, à antennes solides, qu'on trouve dans le fumier, les excréments et les cadavres des animaux.

Éty. Probablement dérivé du grec κάραβος (karabos), crabe, à cause de la ressemblance qu'ont les insectes qui portent ce nom, avec les crabes.

CARAVELA, s. f. (caravèle); *Carabela*, esp. Caravelle, petit bâtiment portugais équipé en forme de galère, ayant la poupe carrée, point de hunes et portant voiles latines.

Éty. Roquef. fait dériver ce mot de *char*, et alors de la manière suivante, de *carrus* et de *vehere*, *veho*, porter. V. *Carr*, R.

CARAVENC, s. m. (caravéin), dl. Précipice. Sauv.

CARAVEOU, s. m. (caravèou). Creux, vide, qu'on trouve dans le bois mort. Garc.

CARAVEOU, s. m. (caravèou). Petite caisse où l'on renferme le levain, à Berre, d'après M. Porte.

CARAVIELHA, s. f. CARE-NOVE, CARAVIELHA, dl. Noms de lieu corrompus de *Casanova* et *Casa-vielha*, maison neuve et maison vieille. V. *Casa*, R.

CARAVIL, vl. V. *Charivari*.

CARAVIOU, s. m. (caraviou). Syn. de charivari dans quelques pays. V. *Charivari*.

CARAVIRAR, v. n. (caravirá); CHAVIRAR, CARABIRAR, CAP-BIRAR. Tourner et fig. tourner casaque, changer de parti; tordre la tête.

Éty. de *cara*, figure, et de *virar*, faire volte-face. V. *Cara*, R.

CARAVIRAT, **ADA**, adj. et p. (caravirá, áde); CHARAVIRAT, CARABIRAT, EMBEFIT, dl. Troublé, étourdi, étonné: *Soui tout caravirat*, je ne sais ou j'en suis; défiguré, laid, affreux, contrefait: *Las convulsions l'an caravirat*, les convulsions l'ont défiguré; imbécile.

Éty. de *cara*, figure, et de *virat*, tourné. V. *Cara*, R.

CARAYS, s. m. vl. Querelle, caractère.

CARBA, s. f. (cárbe), dl. L'anse d'un pôt, d'un panier, d'un chaudron. Voy. *Manelha*.

CARBE, s. m. (cárbé). V. *Canebe*, comme plus conforme à l'éty. V. *Caneb*, R.

CARBENALH, s. m. (carbenáill), dl. Le même que *Canebiera*, v. c. m. et *Caneb*, R.

CARBE-SALVAGE, s. m. (cárbé-salbátgé). Nom qu'on donne, aux environs de Toulouse, au bident partagé, vulgairement appelé *cornuel*: *Bidens tripartita*, Lin. plante de la fam. des Composées Corymbifères, qu'on trouve dans les lieux aquatiques.

CARBO, s. m. vl. V. *Carboun* et *Carboun*, R.

CARBONADA, vl. V. *Carbounada*.

CARBONCLE, s. m. vl. CARBUNCLE. *Carboncle*, anc. cat. *Carbunclo*, esp. port. *Carbonchio*, ital. Escarboucle, pierre précieuse qui a beaucoup d'éclat et qui est d'un rouge foncé.

Éty. du lat. *carbunculus*, m. s. Voy. *Carboun*, R.

CARBOUER, s. m. CARBOUE, d. béarn. Charbonnier. V. *Carbounier* et *Carboun*, Rad.

CARBOUGNEIRA, V. *Carbouniera*.

CARBOUN, CARBON, CHARB, CHARBOUN, CARBOUNCL, rad. pris du lat. *carbo*, *carbonis*, charbon, d'où *carbunculus*, petit charbon.

Dérivés directs: *Carbo*, *Carboun*, *Carbounar*, *Carboun-ier*, *Carboun-iera*, *Carbounada*, *Carboun-ous*, *Carboun-el*, etc.

De *carboun*, par le changement de *n* en *gn*, *carbougn*; d'où: *Carbougn-eira*, et par le changement de *c* en *ch*: les mêmes mots que à *Carboun*.

CARBOUN, s. m. (carbóun); CHARBOUN. *Carbone*, ital. *Carbon*, esp. *Carvão*, port. *Carbó*, cat. Charbon, on donne ce nom à plusieurs substances dans lesquelles le carbone a été mis à nu par l'action du feu, et particulièrement au charbon de bois ou braise éteinte.

Éty. du lat. *carbo*, *onis*, qui a la m. s. V. *Carboun*, R.

On appelle:

FUMERON, un morceau de charbon de bois qui n'étant pas assez cuit, jette encore de la fumée.

FLAMBART, un charbon à demi consumé qui jette encore de la flamme et de la fumée.

L'usage du charbon est très-ancien, Théophraste et Pline, décrivent déjà la manière de le faire et cette manière est encore celle qu'on emploie aujourd'hui.

CARBOUN DE PEIRA, s. m. CARBOUN. *Carbó de pedra*, cat. *Carbon de piedra*, esp. Houille, charbon de terre ou de pierre, minéral de couleur noire, dont le caractère principal est de brûler avec plus ou moins de facilité, en répandant une odeur bitumineuse.

On nomme:

CHARBONNIÈRE, l'espèce de four où l'on fait brûler la houille pour en enlever le souffre surabondant.

DESSOUFRAGE, l'opération que l'on fait pour parvenir à ce résultat.

C'est, dit-on, dans le pays de Liége, qu'on découvrit en 1200, les premières mines de charbon de terre, et ce ne fut qu'en 1357 qu'on l'employa à Londres.

CARBOUN, s. m. Charbon se dit aussi d'un morceau de bois qui est entièrement embrasé et qui ne jette plus de flamme, de la partie brûlée d'une mèche : *Estre sur leis carbouns*, être sur les charbons, éprouver une vive impatience, une impatience mêlée de crainte. V. *Carboun*, R.

CARBOUN, Syn. de *Carbouncle*, v. c. m.

CARBOUN, s. m. MARRIT-GRAN, LA MI-CHARTA. *Carbonchio*, ital. *Carbuncle*, cat. *Carbunculo*, port. *Carbunclo*, esp. Charbon, anthrax, tumeur inflammatoire, circonscrite, élevée en pointe, sur laquelle se forment plusieurs phlyctènes, et qui passe promptement à l'état gangréneux.

Éty. de *carboun*, à cause de sa couleur. V. *Carboun*, R.

CARBOUNADA, s. f. (carbounáde); *Caravonada*, port. Etuvée, viande cuite dans son jus, à petit feu, avec de l'ail, des oignons, du riz, etc.

Éty. de *carboun* et de *ada*, litt. fait sur les charbons. V. *Carboun*, R.

Carbounada d'ase, coups de bâton.

A vilen carbounada d'ase. Pr.

Le mot carbonnade en français, désigne de la viande qu'on fait griller sur les charbons. V. *Grilhada*.

CARBOUNAR, v. a. (carbouná); CHARBOUNAR, TSORBOUNA. Charbonner, noircir avec du charbon ou avec tout autre matière noire. V. *Mascarar*.

Éty. de *carboun* et de *ar*. V. *Carboun*, Rad.

CARBOUNARI, s. m. pl. (carbounári); CARBONARO, au sing. Carbonari, membre d'une association politique et mystérieuse, formée en Italie, et opposée à celle des *calderari*. C'est aussi le nom d'une association formée en France, sous le gouvernement royal restauré en 1815.

CARBOUNAT, ADA, adj. et p. (carbouná, áde); CHARBOUNAT. Charbonné, ée, attaqué du charbon, en parlant du blé et autres graminées; noirci, ie. V. *Carboun*, R.

CARBOUNCLE, s. m. (carbóunclé); CHARBOUNCLE, CARDOUN, CARBOUNFLE, MASCARON. *Carbonchio*, ital. *Carbunclo*, esp. *Carbunculo*, port. On confond sous ces différentes dénominations deux maladies des grains, dont l'une est le charbon ou nielle, et l'autre la carie, produites par un petit champignon parasite, qui finit par dévorer, non seulement le grain mais même l'épi.

La première, c'est-à-dire, le charbon, est occasionnée par l'urédo charbon, *Urédo carbo*, Déc. et l'autre par l'urédo carie, *Uredo caries*, Déc. plantes parasites de la fam. des Champignons.

Éty. du lat. *carbunculus*. V. *Carboun*, R.

On a employé différents moyens pour préserver le blé de ces maladies; l'échaulement connu depuis longtemps consiste à laver le blé de semence dans de l'eau de chaux; ou à saupoudrer de la chaux sur le blé et à y asperger ensuite de l'eau. M. Benedict Prévost, a publié en 1818 un mémoire sur ces maladies, dans lequel il indique un nouveau moyen de les prévenir, qu'il donne comme certain, c'est l'emploi du vitriol bleu ou sulfate de cuivre, on l'emploi de la manière suivante :

Prenez 13 hectolitres et demi de blé; mettez dans un cuvier 250 litres d'eau; faites y dissoudre un kilogramme et demi de sulfate de cuivre. Ensuite, au moyen d'un second vase, dans lequel on met un peu de blé et assez de l'eau préparée pour que le mauvais grain puisse surnager et être enlevé, on le purifie. Il faut avoir soin de bien faire sécher le blé avant que de le semer. V. *Le Journal des maires*, 24 août 1819.

CARBOUNCLE, s. m. Pour charbon, anthrax. V. *Carboun*.

CARBOUNEL, ELA, adj. (carbounèl, èle), dl. Qui est atteint du charbon, en parlant des grains. V. *Blad carbounel* et *Carbounous*.

Éty. V. *Carb*, R.

CARBOUNERET, s. m. (carbouneré). Nom du petit grimpereau, selon M. Garcin. V. *Escalaperoun*.

CARBOUNET, s. m. (carbouné); CHARBOUNET. *Carvãozinho*, port. *Carbonet*, cat. *Carboncillo*, esp. *Carboncino*, ital. Petit charbon.

Éty. de *carboun* et du dim. *et*. V. *Carb*, Rad.

CARBOUNEY, dg. V. *Carbounier*.

CARBOUNFLE, Cast. V. *Carbouncle*.

CARBOUNIAR, v. n. (carbouniá); CHARBOUNIAR. Tisonner, remuer les charbons du feu; faire cuire des fruits sous la cendre.

Éty. de *carboun* et de *iar* pour *egear*, litt. faire sur les charbons. V. *Carb*, R.

CARBOUNIER, s. m. (carbounié); CARBOUNEY, CARBOUER, CHARBOUNIER. *Carbonero*, esp. *Carbonèr*, cat. *Carbonajo*, ital. *Carvoeiro*, port. Charbonnier, qui fait, porte ou vend du charbon, mineur de charbon de terre.

Éty. du lat. *carbonarius* ou de *carboun*, et de *ier*, litt. qui travaille au charbon. Voy. *Carb*, R.

D'un sac carbounier pouu pas sourtir farina blanca, il ne peut sortir d'un sac que ce qui y est contenu.

CARBOUNIERA, s. f. (carbouniére); CARBOUNIER, CHARBOUNIER, CARBOUGNEIRA. *Carvoeira*, port. *Carbonera*, cat. esp. *Carbonaia*, ital. Charbonnière, lieu où l'on fait le charbon dans les forêts, le tas de bois préparé pour être carbonisé; houillère, mine de charbon ou de houille.

Éty. de *carboun* et de la term. mult. *iera*. V. *Carb*, R.

Dans une charbonnière, on nomme :

FAULDE, l'aire d'une charbonnière ou la fosse où l'on fait le charbon.

AIRE DU FOURNEAU, l'espace circulaire qu'on a applanie pour y établir le fourneau.

ALLUMELLE, le fourneau tant qu'il n'est pas bouché.

CHEMINÉE, le vide du fourneau par où passe le feu et la fumée.

ÉCLISSE, le second étage ou le second rang de tronçons de bois disposés dans un fourneau pour faire du charbon.

FOURNEAU, la pyramide de bois arrangé pour en faire du charbon.

FOYER DU FOURNEAU, l'endroit par où l'on met le feu.

FUMERON, le charbon qui n'ayant pas encore assez brûlé, donne encore de la flamme et de la fumée.

GRAND-HAUT, le troisième lit du fourneau.

PETIT-HAUT, le quatrième lit formé avec du petit bois.

POUSSIER, la poussière du charbon ou le menu charbon.

VENT, l'ouverture que la force du feu fait quelquefois faire à un fourneau.

MAT, bâton ou perche que les charbonniers placent au haut du four.

CARBOUNIERA, s. f. Charbonnier, lieu où l'on serre le charbon dans les maisons. V. *Carb*, R.

CARBOUNILHA, s. f. (carbounille); CARBOUNIA. Blé charbonné. Avril.

CARBOUNILHA, s. f. (carbounille). Poussier ou débris de charbon, V. aussi *Carboun*, maladie des végétaux.

Éty. de *carboun* et de *ilha*, dim. de *alha*. V. *Carboun*, R.

CARBOUNIQUE, adj. (carbouniqué); *Carbónic*, cat. *Carbonico*, esp. ital. port. Carbonique, formé de carbone et d'oxygène, acide carbonique.

CARBOUNOUS, OUSA, adj. (carbounóus, óuse); CHARBOUNOUS, CARBOUNEL, CARBOUNAT. Charbonné, ée, on le dit des blés qui ont beaucoup de grains atteints par le charbon; noirci par le charbon.

Éty. de *carboun* et de *ous*. V. *Carboun*, Rad.

CARBUNCLE, vl. V. *Carbouncle*.

CARC, s. m. vl. CARCS. *Carc*, anc. cat. Charge. V. *Carga* et *Carg*, R.

CARCAGNA, s. f. (carcágne). Vieille femme grognarde. Garc.

CARCAGNAIRE, adj. m. (carcagnaïré), dl. Hargneux, grondeur.

Éty. de *carcagnar* et de *aire*, qui gronde, qui inquiète.

CARCAGNAR, v. a. (carcagná). Inquiéter, fatiguer, tourmenter, importuner, chatouiller. Ce verbe est aussi réciproque et signifie alors, s'inquiéter, etc.

Éty. du grec καρκίνος (karkinos), chancre, affection qui cause des tourments et des douleurs inouies; ou de *carcagna*, inus. et de *ar*.

CARCAGNAS, s. m. (carcagnás), Augm. de *Carcagna*, inusité, gros crachat. V. *Escarcavai*.

Éty. du grec καρκαίρω (karkairô), résonner, retentir, parce que ces sortes de crachats ne sortent qu'avec grand bruit; ou de *carcagna*, inus. et de l'augm. *as*.

CARCAGNAT, ADA, adj. et p. (carcagná, áde). Tourmenté, inquiété, chatouillé.

Éty. de *carcagna*. V. *Carcagnar*, et de *at*, *ada*.

Arribo un loup carcagna par la fam.
D'Astros.

CARCAGNOLA, s. f. (carcagnóle); CARCAGNORA. Gros crachat et bien épais. V. *Escarcavai*.

CARCAGNOOU, s. m. (carcagnóou); CARCAGNOU. Ergot, production cornée et pointue qui pousse au bas des jambes des coqs.

Éty. de *Carcagnar*, v. c. m.

CARCAIS, s. m. vl. V. *Carcouas*.

CARCAISET, s. m. (carcaizé), vl. Un carquois.

CARCAISSOUS, OUSA, OUA, adj. Inquiet, tourmenté, qui n'est bien nulle part.

Éty. de *carcagn*, V. *Carcagnar*, et de la term. *ous*, *ousa*, de la nature de, enclin à.

CARCALHAT, s. m. (carcaillà). Crachat; méchant, mauvais; tonneau, Suppl. à Pelas.

CARCAN, s. m. (carcán); COULAS, COULOMBARD. Carcan, collier de fer fixé à un poteau, et avec lequel on attache par le cou, les malfaiteurs qui y ont été condamnés.

Éty. de la basse lat. *carcannium*, ou du grec καρκίνος (karkinos), cancre, ou du rom. *carcol*, collier.

CARCANAS, s. m. (carcanás), dl. V. *Tartanas*.

CARCANAUS, s. m. pl. (carcanáous), dl. Gros et vilains souliers. Sauv. V. *Sabatassas*.

Éty. Ce mot viendrait-il du grec καρβατίνη (karbatinê), chaussure grossière, savate.

CARCANEL, s. m. vl. Gorge, gosier.

CARCASSA, s. f. (carcásse); *Carcassa*, ital. port. Carcasse, ossements décharnés, mais encore joints, et ironiquement personne maigre décharnée.

Éty. du lat. *carne-cassus*, privé de chair, ou de *car*, chair, et de *cassa* pour *caissa*, caisse de la chair. V. *Carn* et *Caiss*, R.

CARCASSA, s. f. Carcasse, charpente d'un édifice, d'une vaisseau. V. *Carn*, R.

CARCASSES, s. m. vl. *Carcassonnais*, *Carcassais*, qui est des environs de Carcassonne.

CARCAT, adj. et p. anc. béarn. Chargé. V. *Cargat* et *Carg*, R.

CARCAVELA, adj. f. (cacavèle), dl. *Nose carcavela*, nois dont l'amande sèche branle dans la coquille.

Éty. *Carcavela*, est une altér. de *cascavela*, fém. de *cascavel*, qui sonne comme un grelot. V. *Cascavel*, R.

CARCAVELAR, v. a. (carcavelá), dl. Tourmenter, agiter.

Éty. de *carcavel* pour *cascavel*, et de *ar*, agiter comme un grelot. V. *Cascavel*, R.

CARCAVIELH, IELHA, adj. (carcavieill, iéille). Décrépit de vieillesse: *Una carcavielha*, une vieille futaille, terme injurieux. Sauv.

Éty. de *carca* pour *carcassa*, et de *vielh*, *vielha*; vieille carcasse. V. *Carn*, R.

CARCAVIELHIT, IDA, adj. et p. (carcavieilli, ide); ACARCAVIELHIT, ACARCAVIELIT. Cassé, décrépit: *Es tout carcavielhit*, il est tout impotent, tout éclopé. Sauv. V. *Carn*, Rad.

CARCAYSH, s. m. vl. CARCAIS. Carquois.

CARCE, s. m. (cárcé), vl. Prison. V. *Prisoun* et *Carcer*.

Éty. du lat. *carcer*, m. sign. V. *Carcer*, Rad.

CARCE, s. f. On donne ce nom, aux environs d'Annot, au canal par lequel l'eau sort d'un moulin.

CARCELIER, s. m. vl. *Carceller*, cat. *Carcelero*, esp. *Carceriere*, ital. Geôlier. V. *Geoulier*.

Éty. de *carcer*, prison, et de *ier*.

CARCER, sous-radical pris du latin *carcer*, *carceris*, prison, chartre, formé de *cum* et de *arcere*, comme si l'on disait *coarcer;* dérivés: *Carcer*, *Carcer-al*, *Carcer-ier*, *En-carcer-ar*, *En-carcer-at*, *Encarcer-ation*, *Carce*, *Charcer*, *Charcer-at*.

CARCER, s. f. vl. CARCE. *Carcer*, anc. cat. *Carcel*, esp. *Carcere*, port. ital. *Carcer*, chartre, prison.

Éty. du lat. *carcer*, m. sign. V. c. R.

CARCERAL, adj. vl. De prison.

Éty. du lat. *carceralis*, m. s. V. *Carcer*, Rad.

CARCERIER, s. m. vl. *Carceller*, anc. cat. *Carcelero*, esp. *Carceriere*, ital. Geôlier. V. *Geolier*, prisonnier. Gl. Occ.

Éty. du lat. *carcerarius* ou de *carcer*, et de *ier*. V. *Carcer*, R. prisonnier.

CARCHOCLE, s. m. (cartchóclé). Un des noms de l'*artichaut*. V. *Artichau*.

CARCHOFE, s. m. (cartchófé). Un des noms qu'on donne, à Montpellier, selon M. Gouan, à la grande joubarbe. V. *Joubarba*.

Éty. De sa ressemblance avec un artichaut.

CARCHOFETA, s. f. (cartchoféte). Un des noms languedociens, de la grande joubarbe. V. *Joubarba*.

Éty. *carchofeta*, est un dim. de *carchofle*, artichaut, petit artichaut.

CARCHOFLE, s. m. (cartchóflé); *Carxofa*, cat. *Alcachofa*, esp. *Carciofo*, ital. Nom languedocien de l'artichaut, V. *Artichau*, et de la cardonnette, espèce d'artichaut. Sauv.

Éty. de l'ital. *carciofa*, m. s.

CARCHOFLE D'ASE, s. m. Nom languedocien du chardon crépu, *Carduus crispus*, selon M. Gouan.

CARCHOFLIER, s. m. (cartchouflié); CARCHOUFLIER. *Carxofèra* cat. *Alcachofera*, esp. *Carciofo*, ital. Plante de l'artichaut.

CARCOIS. V. *Carcouas*.

CARCOL, s. m. vl. Collier. Dérivé: *Carcan*.

CARCOUAS, s. m. (carcouás); CARCOIS, CARCAIS. *Carcax*, anc. cat. esp. Carquois, étui à flèches.

Éty. de l'all. *karkasse*, m. sign. Denina, t. 2. p. 337. pense que ce mot est venu de l'arabe.

CARD, CHARD, CARM, CHARM, radical dérivé du latin, *carere*, *caro*, carder, par l'add. du *d*, d'où *carduus chardon*, selon Vossius, qui dit: *Carduus sic vocatur à carere*, *quia aptus carendæ lanæ*. Théis, prétend que *carduus* dérive du primitif *ard*, pointe, en celtique d'où ἄρδις (ardis), pointe d'une flèche. V. *Ard*, R. Dérivés: *Card-oun*, *Card-a*, *Card-ar*, *Card-ier*, *Card-aire*, *Card-agna*, *Card-airina*, *Card-ela*, etc.

De *card*, par la transp. du *d*, *cadr;* d'où: *Cadr-iss-ar*, *Cadriss-at*, par le changement de *c* en *ch: Chard-a*, *Chard-ada*, *Chard-aire*, *Chard-at*, *Chard-ela*, *Chard-it*, *Char-douça*, etc.

De *caro*, *carere*, les latins ont fait, *Carmen*, *inis*; peigne de cardeur, d'où: *Carmin-ar*, *Carmin-acio*, *Carmen-ar*, *Carmen-at*, *Carmin-at-if*.

CARDA, s. f. (carde); BRISA. *Carda*, port. esp. cat. *Cardo*, ital. Carde, le peigne le plus fin que les cardeurs emploient.

Éty. du lat. *caro*, *carere*, V. *Card*, R. ou de *carduus*; chardon, parce qu'on emploie la tête d'une espèce pour carder.

Dans les cardes on nomme:

PLANCHETTE, le parallélogramme sur lequel sont fixés les crochets.

TALON ou FUT, le côté où le manche est fixé.

PINCE ou POINT, le côté opposé au manche.

MANCHE, la poignée.

CUIR, la peau sur laquelle sont fixées les pointes.

POINTE, CROCHETS ou FICHETS, les dards courbés dont le cuir est hérissé dans lesquels on distingue le *pied*, la *jambe* et la pointe.

On distingue trois sortes de cardes, et l'on nomme:

PLAQUERESSES, les plus grossières. V. *Escarrassas*.

ÉTOQUERESSES, les moyennes.

REPASSERESSES, les troisièmes.

BOUTER UNE CARDE, c'est garnir le cuir de ses dents et avant que de le monter sur le fust.

REMBOURRER LES CARDES, c'est les garnir avec de bourre.

ENFRAYURE, première livre de laine préparée sur des cardes neuves.

FEUILLET, la peau de veau qui sert d'assiette aux pointes de la carde.

PANTEUR, instrument sur lequel les cardeurs tendent les peaux des cardes.

CARDA, s. f. (cárde); CARDOUS. *Cardo* et *Cardone*, ital. *Cardon*, esp. *Cardo*, port. Cardon, cardonnette, cardon d'Espagne, *Cynara cardunculus*. Lin. plante de la fam. des Cynarocéphales, qu'on cultive dans tous les jardins, elle est originaire du Midi de l'Europe et particulièrement de l'Italie.

Éty. du lat. *carduus*, ou du grec κάρτος (kartos), artichaut. V. *Card*, R.

La racine et la côte des feuilles sont les seules parties qu'on mange de cette plante, qui fut introduite en France, en 1536, par Rabelais, curé de Meudon.

CARDA, s. f. CARDOL, PENCHINADA, PERCHINEDA, PENCHENILHA. *Carduca*, port. *Cardo de paraire*, cat. *Cardencha*, esp. Nom que les bonnetiers et les fabricants de drap donnent au chardon à bonnetier: *Dipsacus fullonum*, Lin. plante de la fam. des Dipsacées, cultivée à cause de ses têtes qui servent à tirer le poil des draps, comme le ferait une carde, d'où son nom. V. *Card*, R.

CARDACHOU, s. m. (cardátchou). Un ami de cœur, un ami sincère.

Éty. de l'arab. *cardachs*, ou du grec καρδιακὸς (kardiakos), qui tient du cœur.

CARDADA, V. *Cardagna*.

CARDAGNA, s. f. (cardágne); CARDIAGNA, CHARDAGNA, CARDADA. *Cardadura*, port. Cardée, quantité de laine que l'on carde à la fois, cette laine cardée.

Éty. de *carda* et de *agna*. V. *Card*, R.

CARDAIRA, s. f. (cardáire). Nom toulonnais, de la raie chardon. V. *Cardaire* et *Card*, R.

CARDAIRE, s. m. CARDAIRA. Raie chardon, *Raia fullonica*, Lin. poisson de l'ordre des Trématopnés et de la fam. des Plagiostomes (à bouche transversale), dont la chair est passable et qui parvient jusqu'au poids d'un kilogramme.

Éty. Le nom de *cardaire*, cardeur, a été donné à ce poisson à cause de la ressemblance qu'on a cru lui trouver avec la tête du chardon à bonnetier, *Dipsacus fulonum*, qui est toute hérissée d'épines et que les cardeurs emploient pour tirer le poil des étoffes. V. *Card*, R.

CARDAIRE, s. m. (cardàïré); CHARDAIRE, PESCHINAIRE, PIGNAIRE. *Cardatore*, ital. *Cardador*, esp. port. cat. Cardeur, celui qui carde la laine ou le coton

Éty. du lat. *carminator* ou de *carda*, et de *aire*, celui qui carde. V *Card*, R.

CARDAIRINA, vl. V. *Cardalina* et *Card*, R.

CARDAIRIS, s. f. (cardeiris); CARDEIRIS, CARDOSA. *Cardadora*, port. Cardeuse, qui carde de la laine, du coton, etc.

Éty. du lat. *carminatrix* ou de *carda*, et de *airis*. V. *Card*, R.

CARDALINA, s. f. (cardaline); CARDANILHA, CARDOUNILHA, CARDARINA, CARDINA, CARDI, CARDOUNIA, CARDOUNIERA, CANDOUNIER, CARDOUINA, CARDELINA, CARDENILHA, JARDELA. *Cardello* et *Cardellino*, ital. *Cardinho*, port. *Cadarnèra*, cat. Chardonneret, s. m. *Fringilla carduelis*, Lin. oiseau de l'ordre des Passereaux et de la fam. des Conirostres ou Conoramphes (à bec conique).

Le chardonneret demeure pendant toute l'année dans nos pays où il se nourrit des graines du chanvre, de la chicorée sauvage, de l'éryngium et surtout des chardons, appelés en lat. *carduus*, *cardui*, d'où le nom de *carduelis* et celui de *cardalina*. V. *Card*, R.

De l'accouplement du chardonneret avec la sérine, nait un métis d'une voix extrêmement agréable.

Cet oiseau est recherché à cause de la douceur de son chant.

On en distingue deux races; l'une qu'on nomme *negrouna*, dont la couleur rouge de la tête est plus foncée et l'autre appelée *royala*, dont les six pennes latérales de la queue sont ornées, vers leur extrémité, d'une grande tache blanche, les individus de cette race sont regardés comme meilleurs chanteurs.

On appelle le chardonneret *quatrin*, lorsqu'il a quatre pennes de la queue terminées par une tache blanche.

CARDALINA, s. f. (cardaline). Nom qu'on donne, dans le département des B.-du-Rh. selon M. Roux, à la bécasse de mer. V. *Becassa de mar.*

CARDALINETA, s. f. (cardalinéte). Jeune chardonneret. Avril. V. *Cardalina.*

CARDAMOMI, s. m. vl. *Cardamomo*, esp. port. ital. cat. Cardamome, on donne ce nom dans le commerce de la droguerie, aux fruits de plusieurs espèces du genre Amome, *Amomum*, et particulièrement, à ceux de l'*Amomum cardamomum*, qui nous vient des Indes Orientales.

Éty. du lat. *cardamomum*, dérivé du grec καρδάμωμον (kardamômon), m. s. tiré de l'indien *cardamon.*

CARDAMOUMA, s. f. (cardamóume). V. *Pouma-de-paradis.*

CARDAMOUNA, Garc. V. Le mot précédent.

CARDANIL, s. m. vl. Gond.

Éty. du lat. *cardo.*

CARDANILHA, s. f. (cardanille). Nom qu'on donne par corruption, aux environs d'Annot, au chardonneret. V. *Cardelina* et *Card*, R.

CARDAR, v. a. (cardá); CHARDAR. *Cardare*, ital. *Cardar*, esp. cat. port. Carder, peigner la laine avec les cardes.

Éty. du lat. *carminare* ou de *carduus*, chardon, parce qu'on a d'abord employé le chardon à bonnetier pour cette opération. V. *Card*, R.

CARDAR LOU, s. m. *Cardage*, l'action de carder, elle s'opère sur un des genoux du cardeur, tandis que le droussage se pratique sur un chevalet. V. *Card*, R.

CARDARINETA, s. f. (cardarinéte). Nom qu'on donne, dans les environs de Brignoles, aux carlines. V. *Chardoussa* et *Card*, R.

CARDAT, s. f. vl. CARDATZ. Cherté, rareté, disette.

CARDAT, ADA, part. (cardá, áde); *Cardado, a*, esp. port. Cardé, ée.

Éty. du lat. *carminatus*, m. d. V. *Card*, Rad.

CARDEIRIS, Garc. V. *Cardairis.*

CARDELA, s. f. (cardèle). V. *Lachairoun* et *Card*, R.

CAR-DE-LAS-ARMAS, dl. La grande et la petite ourse. V. *Carri* et *Carr*, R.

CARDELINA, s. f. Garc. V. *Cardalina.*

CARDENAL, s. vl. *Cardenal*, cat. V. *Cardinal*, R.

CARDENAL, adj. V. *Cardinal*. R.

CARDENIER, s. m. (cardenié). Nom qu'on donne au chardonneret, à Saint-Tropez. V. *Cardalina* et *Card*, R.

CARDENILHA, s. f. Garc. V. *Cardalina.*

CARDETA, s. f. (cardéte). Nom languedocien du seneçon vulgaire. V. *Sanissoun*, *Seneçoun* et *Card*, R.

CARDI, s. f. (cárdi). Un des noms languedociens du chardonneret. V. *Cardalina* et *Card*, R.

CARDIAC, adj. vl. *Cardiac*, cat. *Cardiaco*, esp. port. ital. Cardiaque, qui est relatif au cœur.

Éty. du lat. *cardiacus*, dérivé du grec καρδιακός (kardiakos), m. s.

CARDIER, s. m. (cardié); *Cardeiro*, port. *Cardèr*, cat. *Cardero*, esp. Cardier, ouvrier qui fait, marchand qui vend des cardes.

Éty. de *carda* et de *ier*. V. *Card*, R.

CARDILAGA, s. f. (cardilágue); CARDILAGNA. Centrisque bécasse. V. *Becassa de mar.*

CARDILAGA, Est aussi le nom que l'on donne quelquefois, à Marseille, à la mole. V. *Mola.*

CARDINA, s. f. (cardine). Un des noms languedociens du chardonneret. V. *Cardalina* et *Card*, R.

CARDINAL, CARDENAL, sous-radical dérivé du latin *cardinalis*, par apoc. principal, qui sert de fondement, cardinal, dont la racine est *cardo, inis*, gond, pivot. Dérivé directs: *Cardinal*, *Cardinal-a*, *Cardinau*, *Cardinal-at*, et par le changement de *i* en *e*: *Cardenal.*

CARDINAL, s. m. (cardináou); CARDINAU. *Cardenal*, esp. cat. *Cardeal*, port. *Cardinale*, ital. Cardinal, un des 70 prélats du Sacré Collége.

Éty. du lat. *cardinalis*, m. s. V. *Cardinal*, Rad.

Le titre de cardinal est très-ancien; on le trouve dès l'an 499: on dit même qu'il est fait mention des cardinaux diacres dans le VIme canon du concile de Rome, tenu sous Saint Sylvestre, en 324; mais ce n'est que depuis le XIIIme siècle que les cardinaux ont le premier rang dans l'Église après le pape.

Jusqu'au 3 décembre 1586, le nombre des cardinaux ne fut point fixé, mais à cette époque Sixte-Quint, le borna à 70.

En 1243, Innocent IV, leur donna le chapeau rouge et en 1464, Paul II, leur accorda la calotte de même couleur, le cheval blanc et la housse de pourpre.

Le titre d'*éminence*, remplaça ceux d'*illustrissime* et de *révérendissime*, usités jusqu'au dix janvier 1630, d'après l'ordre d'Urbain VIII.

Ils portent aujourd'hui: *La calotte rouge, le chapeau rouge, le rochet, une chape rouge, le camail, la mitre et un saphir enchassé dans un anneau d'or, au doigt.*

CARDINAL, ALA, adj. (cardinál, ále); *Cardinal*, cat. esp. port. *Cardinale*, ital. Cardinal, principal.

Éty. du lat. *cardinalis*. V. *Cardinal*, R.

CARDINALAT, s. m. (cardinalá); *Cardealado*, port. *Cardenalado*, esp. *Cardinalato*, ital. *Cardenalat*. cat. Cardinalat, dignité de cardinal.

Éty. de *cardinal* et de *at*. V. *Cardinal*, R.

CARDINAU, ALA, adj. (cardináou, ále); CARDINAL. *Cardinal*, esp. Cardinal, principal, le plus important. V. *Cadinal*, R.

Leis vertus cardinales, les vertus cardinales, la prudence, la justice, la tempérence et la force.

Leis vents cardinaus, les vents cardinaux ceux qui soufflent du Nord de l'Est, du Sud et de l'Ouest.

CARDINEGEAR, v. n. dg. et l. Chanter, gazouiller comme le chardonneret, fig. dégoiser.

La cardineta cardinejo. D'Astros.

Éty. de *cardina* et de *egear*. V. *Card*, R.

CARDINETA, s. f. (cardinéte). Nom gascon du chardonneret, V. *Cardalina*, dont *cardineta*, est un dim.

Éty. V. *Card*, R.

CARDO, vl. V. *Gardoun* et *Card*, R.

CARDOING, nom de lieu. Cardonne, en Catalogne.

CARDOL, s. m. (cardól). Nom toulousain du cirse à feuilles de roquette? *Cnicus erisithrales. Cirsium erucagineum*. Déc.

Du chardon à bonnetier, Voy. *Carda* et du *dipsacus dissectus.*

CARDONEL, s. m. vl. Chardonneret.

CARDOU, Alt. lang. de *Cardoun*, v. c. m. et *Card*, R.

CARDOUÇA, V. *Chardoussa*, plus usité.

CARDOUINA, s. f. (cardóuine). Ce nom qu'on donne, dans le Gard, au chardonneret, n'est qu'une altération de *cardelina*. Voy. *Card*, R.

CARDOUINA BASTARDA, s. f. (cardóuine bastárde). On donne, dans le Gard, ce nom au *venturon*. V. *Venturoun*.

CARDOULHA, s. f. (cardóuille). Nom languedocien de la carline à feuilles d'acanthe. V. *Chardoussa* et *Card*, R.

CARDOUN, s. m. (cardóun); CHARDOUN. *Cardo*, port. esp. ital. *Card*, cat. On comprend, sous cette dénomination, presque toutes les plantes de la fam. des Cynarocéphales qui sont garnies d'épines. V. Gar. *Carduus* pag. 81 et suivantes, et aux mots *Caussiga*, *bartalai*.

Éty. du lat. *carduus*, m. sign. V. *Card*, Rad.

Derrabar leis cardouns, échardonner.

CARDOUN, s. m. En terme de serrurier, chardon; pointes ou crochets de fer qu'on met au-dessus des portes ou des murs pour empêcher qu'on ne puisse passer par dessus.

Éty. Parce que les pointes qu'on place au-dessus des portes les font ressembler à un chardon. V. *Card*, R.

CARDOUN, s. m. On donne ce nom, à Avignon, au scolyme d'Espagne. V. *Cardousses* et *Card*, R.

CARDOUNAR, v. a. (cardóuná). *Chardonner*, carder les draps avec le chardon.

Éty. de *cardoun* et de *ar*.

CARDOUN-BEINIT, s. m. BOUEN CARDOUN. *Cardo santo*, port. cat. esp. ital. Chardon bénit, *Centaurea benedicta*, Lin. plante de la fam. des Composées Cynarocéphales, qu'on trouve dans les lieux cultivés, aux environs d'Aix et ailleurs. V. Gar. *Carduus sylvestris*, p. 121.

Éty. du lat. *carduus benedictus*.

CARDOUN-DEIS-AIS, s. m. Chardon hémorrhoidal. V. *Caussida*.

CARDOUNETA, s. f. (cardounéte). Nom qu'on donne, en Languedoc, au cardon sauvage, *Cinara cardunculus sylvestris*, Lin. plante de la fam. des Composées Cynarocéphales, commune aux environs de Montpellier.

Éty. de *cardoun* et du dim. *eta*, petite carde. V. *Card*, R.

CARDOUNIA, s. f. (cardounie), dl. Un des noms du chardonneret. V. *Cardalina* et *Card*, R.

CARDOUNIA BASTARDA, s. f. Un des noms languedociens du venturon, d'après M. d'Anselme. V. *Venturoun*.

CARDOUNIERA, s. f. (cardouniére). Nom nicéen du chardonneret. V. *Cardalina* et *Card*, R.

CARDOUNIERA, s. f. *Cardal*, port. Lieu planté de chardons. V. *Card*, R.

CARDOUNIERA, s. f. (cardouniére). Nom qu'on donne, à Nice, à la scorpène dactyloptère, *Scorpena dactyloptera*, De Laroche, poison de l'ordre des Holobranches et de la fam. des Céphalotes (à grosse tête), dont la longueur acquiert cinq décimètres et qui pèse jusqu'à deux kilogrammes.

CARDOUNIL, s. m. (cardounil). Nom que porte, aux environs de Toulouse, le circe sans tige, ou nain, *Cirsium acaule*, Allioni, plante de la fam. des Composées Cynarocéphales.

CARDOUNILHA, s. f. (cardounille), et impr. *Cardounia*, nom du chardonneret, dans le Gard. V. *Cardelina* et *Card*, R.

CARDOUN-SAUVAGE, s. m. Nom qu'on donne, à Nismes, au scolyme ramassé.

CARDOUS, s. m. (cardóus). Nom languedocien du cardon cultivé. V. *Carda* et *Card*, R.

CARDOUSSA, s. f. (cardóusse). Nom qu'on donne, à Avignon, à la carline à feuille d'acanthe, V. *Chardoussa*, et à Montpellier au scolyme d'Espagne. V. *Cardousses*. et *Card*, Rad.

CARDOUSSES, s. m. pl. (cardóussés); CARDOUN. Nom qu'on donne, en Languedoc, au scolyme d'Espagne: *Scolymus hispanicus*, Lin. plante de la fam. des Composées Cynarocéphales, qu'on trouve sur le bord des champs, depuis Digne jusqu'au bord de la mer.

Éty. A cause de la ressemblance qu'on a cru lui trouver avec la *chardoussa*. V. *Card*, R.

CARDUELA, s. f. (carduèle). On nomme ainsi, à Manosque, la plupart des laitrons. V. *Lachairoun* et *Card*, R.

CARDUSA, s. f. (cardúse). V. *Cardairis*.

CARECH, s. m. vl. CARRÉG. Charge, fardeau, impôt.

CAREGNAGE, s. m. (carégnádge); CAREGNAGI, CAREGNUN. Action de faire l'amour; de *caregnar*, ou de caresser pour obtenir. Garc.

CAREGNAIRE, V. *Calignaire* et *Calegn*, R.

CAREGNAR, d. m. V. *Calignar* et *Calegn*, R.

CAREGNUN, d. m. V. *Calegnun*.

CAREIRA, s. f. vl. Rue, chemin. V. *Carriera*: *Far careira*, faire place.

CAREL, s. m. (carél), dg. et bas lim. Lampe à queue. V. *Calen*.

Benjat al bout d'un tros de carumelo,
Un biel carel nous prestaba sa luts.
Jasmin.

CARELHA, s. f. (careille), dl. Une lampe à pied. Sauv. V. *Lampe* et *Calen*.

CARELHA, s. f. (corèlle), d. lim. Querelle, V. *Querella*, carelle, en vieux français.

CARELHADA, s. f. (careilláde). *Couriadá*. Nom qu'on donne, à Montpellier, à la jusquiame blanche, *Hyosciamus albus*, Lin. plante de la famille des Solanées.

CARELHADA, s. f. (carelhade) Nom qu'on donne, dans plusieurs pays, à la jusquiame. V. *Jusquiama*.

Éty. de *car*, percée, et de *elhada*, pour *ulhada*, percée de petits yeux, V. *Can*, R. parce que ses fleurs paraissent percillées.

CARELHAT, ADA, adj. et p. (careilhá, áde), dl. CAUVILHAT, TRAUQUILHAT. Œilleté, poreux, spongieux, plein d'yeux, tel qu'est le pain bien levé; plein de chambres et de soufflures, comme le sont les pièces de fonte et les laves des volcans, plein de bulles comme le verre de mauvaise qualité. Sauv.

Éty. de *car*, percé, et de *elhat*, pour *ulhat*, œilleté. V. *Cau*, R.

CAREMA, V. *Caresma*.

CAREMENTRANT, s. m. (carementrán); CARAMANTRAN, CARMANTRAN, CAREMENTRAN. Carême-prenant, mannequin ou homme de paille qu'on promène dans les rues le mercredi des cendres; c'est le carnaval personnifié. On le dit aussi pour carnaval, et d'un homme mal vêtu: *Sembla un carementrant*.

Éty. de *carmentalia*, fêtes des Romains qui se célébraient en janvier, mais plus probablement de *carema entrant*, carême-entrant ou commencement du carême. M. Champollion fait venir ce mot du celt. *caramantran*, qui signifie *corps décharné*.

Un vielh carementrant; un vieux célibataire; un vieux libertin. Garc.

A de beous carementrants, il est chargé d'années.

CAREMENTRETA, s. f. (carementréte). CARMANTRETA. Carême-prenant, le trois jours qui précèdent le mercredi des cendres. Garc. Les cadeaux que reçoivent ceux qui vont mendier dans les maisons, pendant ce temps.

CAREN, radical dérivé du latin *carina*, carène d'un vaisseau. *Carina à currendo dicta, quasi currina*, Isidore, parce que c'est sur cette partie que le vaisseau court.

De *carina*, *carina*, et par apoc. et changement de *i* en *e*, *caren*; d'où: *Caren-a*, *Caren-agi*, *Caren-ar*, *Caren-at*.

CAREN, V. *Calen*.

CARENA, s. f. (caréne); *Carena*, esp. cat. port. ital. Carène, quille et flancs d'un vaisseau jusqu'à fleur d'eau, toute la partie submergée lorsqu'il est chargé, qu'on nomme aussi *œuvre-vive*, par opposition à *œuvre morte*, qui est celle qui se trouve au-dessus de la flottaison.

Éty. du latin. *carina*, m. s. V. *Caren*, Rad.

Vaisseou en carena; un vaisseau est en carène quand son œuvre vive est mise à découvert pour la radouber.

CARENAGI, s. m. (carenádgi); CARENAGE. *Carena*, cat. esp. *Carenaggio*, ital. *Querena*, port. Carénage, action de caréner, de radouber la carène d'un vaisseau, lieu propre à cette opération.

Éty. de *carena* et de *agi*, *carinam ago*, faire ou réparer la carène. V. *Caren*, R.

CARENAR, v. a. (carená); DOUNAR CARENA. *Carenar*, esp. cat. *Carenare*, ital. *Querenar*, port. Caréner, donner carène au vaisseau, le coucher sur le côté pour radouber sa carène.

Éty. de *carena* et de la term. act. *ar*. V. *Caren*, R.

CARENAS, V. *Calenas* et *Calendas*.

CARENAT, ADA, adj. et part. (carenádo, áde); *Carenado, da*, esp. *Querenado*, port. Caréné, ée.

Éty. de *carena* et de *at*, *ada*. V. *Caren*, Rad.

CARENCE, s. m. vl. Charançon. V. *Charançoun*.

CARENCIA, s. f. vl. *Carencia*, cat. esp. port. *Carenzia*, ital. *Carence*, manque, défaut, privation.

Éty. de *carere*, manquer.

CARENTAL, adj vl. Quadragésimal, de carême. V. *Quat*, R.

CARENTENA, s. f. vl. V. *Quarantena*.

CARER SE, v. r. dg. Se taire. V. *Taisar*, se et *Calar*.

CARESMA, s. m. et f. (caréme); CAREMA, QUARESMA. *Cuaresma*, esp. cat. *Quaresma*, port. *Quaresima*, ital. Carême, espace de quarante jours de pénitence pour se préparer à la fête de Pâques.

Éty. du lat. *quadragesimus*, quarantaine; Gros à fait *caresma*, du genre féminin.

Jou noun voueli pas esperar,
D'estre à la fin de la carema.

En français, le mot carême, est toujours du genre masculin. On croit généralement que le carême a été établi par les apôtres pour consacrer le jeûne de quarante jours, de Jésus-Christ, mais d'autres versions disent que c'est en mémoire du déluge qui dura aussi quarante jours; ou du même espace de temps que les Ninivites obtinrent pour faire pénitence, ou encore pour perpétuer le souvenir du jeûne de Moïse ou de celui d'Elie, qui durèrent pareillement quarante jours?

La rigueur du carême a varié suivant les temps et suivant les pays.

« Dans l'Eglise d'Occident, on ne faisait qu'un repas vers le soir et l'on ne mangeait que des légumes et des fruits. Les viandes, les œufs, le laitage et le vin étaient défendus, le poisson était permis, mais la plupart cependant s'en abstenaient. Il paraît que le jeûne était encore plus rigoureux en Orient, où presque tous les chrétiens ne vivaient que de pain et d'eau, avec quelques légumes. On s'est beaucoup relâché depuis, sur ces pieuses austérités. Dès le septième siècle, on avait réduit le jeûne à l'abstinence de la viande et à un seul repas le soir. Insensiblement on avança ce repas jusqu'à midi, de sorte que la collation devint nécessaire.

» L'Eglise, comme une mère tendre, a toujours exempté les infirmes du jeûne et de l'abstinence, et cette exemption est la même pour les nourrices, pour les femmes grosses, pour les vieillards, pour ceux dont les travaux sont incompatibles avec les jeûnes, enfin, pour tous ceux qui ne sauraient jeûner sans ruiner leur tempérament. »

Dict. Hist. des Cultes Religieux, t. 1, p. 359.

CARESMAL, adj. vl. KARESMAL, KAREIAL. *Quaresmal*, cat. port. *Cuaresmal*, esp. *Quaresimale*, ital. De carême. V. *Qual*, R.

CARESSA, s. f. (carésse); *Carezza*, ital. *Caricia*, esp. port. cat. Caresse, témoignage extérieur d'affection, de bienveillance.

Éty. du lat. *carus* et de *essa*. V. *Car*, R.

CARESSAIRE, V. *Caressant*.

CARESSANT, **ANTA**, adj. (caressán, ante); CARESSAIRE, FLATIER, AMISTADOUS. *Carezzante*, ital. *Carinhoso*, port. *Cariciós*, cat. *Cariñoso*, esp. Caressant, ante; qui est naturellement porté à faire des caresses. V. *Car*, Rad.

CARESSAR, v. a. (caressà); FLATEGEAR, AMISTOUSAR. *Carezzare*, ital. *Acariciar*, esp. port. cat. Caresser, traiter avec des démonstrations d'amitié, de tendresse, d'attachement, de bienveillance.

Éty. de *caressa* et de *ar*, faire des caresses, ou du grec καῤῥέζω (karrhezô), m. s. ou peut être de χειρίζω (cheirizô), toucher avec la main, traiter, panser. V. *Car*, R.

CARESSAT, **ADA**, adj. et p. (caressá, áde). Caressé, ée. V. *Car*, R.

CARESTIA, s. f. (carestie); CHARESTIA, CARESTIE. *Carestia*, esp. port. cat. ital. Cherté, disette, pénurie, l'opposé de l'abondance.

Éty. du lat. *caritas*. V. *Car*, R.

CARESTIA, s. f. dl. Amour, amitié, charité. V. *Car*, R.

CARESTIOUS, **OUSA**, adj. (carestióus, óuse), dl. *Carestiós*, cat. Cher, enchéri, qui met sa marchandise à un trop haut pris. V. *Charivend* et *Car*, R.

CARETA, s. f. (caréte), dl. *Careta* et *Carinha*, port. *Careta*, cat. *Carita*, esp. Jolie petite figure, dim. de *cara*; un masque, un faux visage. Sauv.

Éty. de *Car*, R. et de *eta* dim. V. *Cara*, Rad.

CARFUEC, V. *Chafuec*.

CARFUELH, s. m. V. *Charfuelh*.

CARFUOC, dl. V. *Chafuec*.

CARG, CHARG, sous-radical dérivé du lat. *carrus*, char, d'où *caricare*, charger, par apoc. *carric*, et par sync. *carc*; d'où: *Carc*, *Carc-iu*, *Carc-at*.

De *carc*, par le changement de *c* en *g*, *carg*; d'où: *Carg*, bas breton; *Carg-a*, *Carg-ar*, *Des-carg-ar*, *Carg-aire*, *Re-carg-ar*, *Cargu-esoun*, etc.

De *carg*, par le changement de *c* en *ch*, *charg*, et les mêmes mots.

De *caricare*, par apoc. *caric* ou *carric*; d'où: *Carric-at-ura*, *Carrica-ment*.

CARGA, s. f. (cargue); CHARGEA. *Carica*, ital. *Carga*, esp. port. cat. *Carrega*, cat. Charge, fardeau, faix, ce que porte ou peut porter un homme ou un animal; ce qui, posé sur une personne ou une chose peut être soutenu par la force de la personne ou de la chose; obligation permanente, qui est ou que l'on regarde comme gênante, onéreuse, assujetissante; impôt; ce qu'on met pour charger une arme à feu.

Éty. du bas breton *carg*. V. *Carg*, R.

Carga d'ase, ânée.

Carga d'un bateou, navée.

CARGA, s. f. *Cargo*, port. Charge, emploie, commission, dignité. V. *Carg*, R.

CARGA, s. f. CHARGEA. La charge est aussi une mesure de convention. Celle de blé est composée, dans beaucoup d'endroits de 8 ou de 10 *paneaux* selon les mesures, valant 32 décalitres. La charge de bois est indéterminée, elle n'a d'autre mesure que la force de la bête qui la porte, cependant on l'estime en général 125 kil. ou trois quintaux. A Aix la charge de raisins est évaluée à 161 kil. et celle d'amandes à 32 décalitres ou 16 *paneaux* rases.

La charge se prend encore pour une mesure agraire dans quelque pays, dont l'étendue n'est pas bien fixe; c'est l'espace dans lequel on peut semer une charge de blé.

CARGA, s. f. CORROVI. Viette ou courson. La viette est un sarment taillé sur le cep, d'environ un pied de longueur, qu'on plie pour l'attacher en arc avec du pleyon sur le moignon du cep ou de la perche.

Le courson est de même un bout de sarment, mais taillé beaucoup plus court, il n'a que deux ou trois yeux et fatigue beaucoup moins le cep que ne fait la viette.

CARGA, impér. du verbe *Cargar*. Commandement de marine, cargue, c'est-à-dire, raccourcis ou trousse les voiles. V. *Carg*, Rad.

CARGA-BAS, V. *Cablas*.

CARGA-BOULINA, s. f. (cárgue-bouline).

CARGACELA, s. f. (cargocèle), dl. CARCOCELA, COGA-MORTA. Manière de porter quelqu'un sur les épaules. V. *Chamba-culiera* et *Carg*, R.

CARGACELA, s. f. dl. ESQUINA D'ASE, COUNCACELA, CAGA-MORTA, ESQUINETA, CATETAS, COURTA-SELLA. *Combre celle*, faire à quelqu'un la courte échelle, l'épauler, lui prêter le dos pour grimper sur un mur, sur un arbre. V. *Carg*, R.

CARGADA, s. f. vl. Charge. V. *Carga* et *Carg*, R.

CARGADA, adj. et p. vl. Enceinte.

CARGADOUIRAS, s. f. pl. (cargadóuïres); CARGASTIERAS, ENGASTIERAS, AJOUAS, AFFUN, ALHA, TIRAS. Corde à charger, faisant partie de l'agrès d'un bât, il y en a ordinairement deux à chaque courbet.

Éty. de *carga* et de *douiras*. V. *Carg*, R.

CARGADOUR, s. m. (cargadóu); CHARGEADOUR. *Carregadór*, cat. *Cargadero*, esp. Chargeoir, l'endroit d'une vigne où l'on fait les charges de la vendange. Sauv. V. aussi *Chargeadour*.

Éty. de *carga* et de *dour*. V. *Carg*, R.

CARGAIRE, **USA**, s. m. (cargáïré, úse); *Caricatore*, ital. *Cargador*, esp. *Carregador*, port. Chargeur, euse, celui qui charge, *Commissaire chargeur*, celui qui tient un entrepôt de marchandises que les négociants lui confient pour les faire passer à leur destination; dans l'artillerie, celui qui charge le canon; lieu propre à charger ou à se charger.

Éty. de *carga* et de *aire*. V. *Carg*, R.

CARGAMENT, s. m. (cargaméin); CARGA. *Cargamento*, esp. *Caricamento*, ital. *Carregament*, cat. Chargement, la charge d'une voiture, d'un mulet; mais ce mot s'applique plus particulièrement à la charge d'un vaisseau. V. *Carguesoun*.

Éty. de *carga* et de *ment*. V. *Carg*, R.

Cargament de lach, engorgement laiteux.

CARGA-MUOU, s. m. Nom d'un raisin qui donne beaucoup de vin, d'où l'épithète *carga muou*. V. *Boutelhan*.

CARGA-PELHA, s. f. (cárgue-péille), dl. SALNAL, CARGA-PELIA. Bruine ou pluie menue. *Toumba de carga-pelha*, il bruine. Sauv. V. *Aiguagnola*.

Éty. *Cargar*, charger, et de *pelha*, poils, parce que les poils des plantes se chargent particulièrement de bruine. V. *Carg* et *Pel*, Rad.

CARGAR, v. a. (cargá); CHARGEAR. *Cargar*, esp. cat. *Caricare*, ital. *Carregar*, port. Charger, mettre une charge, un fardeau sur.... imposer une obligation à quelqu'un, attaquer l'ennemi au pas de charge;

déposer contre; mettre la poudre et le plomb dans un arme à feu, etc., etc.

Éty. du lat. *caricare*, fait de *carrus*, char, parce qu'on n'a d'abord donné le nom de charge qu'aux fardeaux qu'on mettait sur un char. V. *Carg*, R.

Cargar troou, surcharger.

Aqueou drap carga la poussiera, se drap prend et non charge la poussière.

CARGAR, v. a. En terme de marine, carguer, trousser ou raccourcir les voiles.

CARGAR SE, v. r. Se charger, promettre de faire une commission, une affaire quelconque.

CARGAR, v. a. CHARGEAR. *Herber, brocher*, ency. Introduire un morceau de racine d'hellébore, dans le poitrail d'un cheval ou dans le fanon d'un bœuf, pour y déterminer un engorgement et de la suppuration.

CARGAS, s. f. pl. (cargues). Cargues, cordages qui servent à plier, à retrousser les voiles des vaisseaux.

CARGASOUN, V. *Carguesoun*, comme plus usité, et *Carg*, R.

CARGASTIERAS, s. f. pl. (cargastières), dl. Echelettes. V. *Begnas* et *Cargadouiras*.

Éty. de *carga*, charge, et de *stieras*, qui sert à charger. V. *Carg*, R.

CARGAT, ADA, adj. et p. (cargá, áde); CHARGEAT. *Carregad*, cat. *Cargado*, esp. Chargé, ée.

Éty. de *carga* et de *at*, charge faite ou placée. V. *Carg*, R.

CARGIU, IVA, adj. vl. Onéreux, qui est à charge.

Éty. de *carga* et de *iu*. V. *Carg*, R.

CARGUAR, vl. V. *Cargar*.

CARGUEA, adj. f. vl. Chargée. V. *Carg*, Rad.

CARGUESOUN, s. m. (carguésoun); CARGASOUN, CARGAMENT. *Carico*, ital. *Cargazon*, esp. *Carregação*, port. Cargaison, chargement d'un vaisseau.

Éty. du vieux mot all. *karren*, m. sign. ou de *carga*. V. *Carg*, R.

CARGUET, s. m. (cargué); CHARGET. Chargeoir, mesure de la poudre qui doit former la charge d'un fusil; pour étui à épingles, dl. V. *Espingoulier*.

Éty. de *cargu* et du dim. *et*, petite charge. V. *Carg*, R.

CARGUETA, s. f. (carguéte); CHARGETA. *Carregueta*, cat. *Carguita*, esp. *Carichetto*, ital. Une petite charge.

Éty. de *carga* et du dim. *eta*. V. *Carg*, R.

CARGUETA, s. f. TRELHETA, VISADA, ANDOY. Moissine, viette, brin de sarment auquel tiennent deux grappes de raisin, qu'on suspend pour les conserver.

CARGUETA-DEIS-ESPINGLAS, Tête ou peinte. Cast. V. *Testa-pouncha*.

CARGUIUS, adj. vl. Onéreux.

CARIA, s. f. (carie); *Carie*, ital. *Caries*, port. Carie, maladie des os qui consiste dans une lésion particulière des tissus, tendant à leur décomposition.

Éty. du lat. *caries*, m. s.

CARIANDRA, d. du Var, Altér. de *Calandra*, v. c. m.

CARIAR SE, v. r. (se cariá); SE GASTAR. *Cariarse*, cat. esp. port. Se carier, se gâter, se ronger par l'effet de la carie.

Éty. de *caria* et de *ar*.

CARIAT, ADA, adj. et p. (cariá, áde). GASTAT. Carié, ée, atteint ou rongé par la carie

Éty. de *caria* et de *at*.

CARIATGE, s. m. vl. Train d'un grand seigneur.

CARIATO, s. f. vl. Chariot. V. *Carretoun* et *Carr*, R.

CARIBARI, dl. V. *Charivari*.

CARICA, s. f. vl. Figue.

Éty. du lat. *carica*, m. s.

CARICATURA, s. f. (caricatúre); *Caricatura*, ital. esp. cat. port. Caricature, c'est au propre le burlesque de la peinture et de la sculpture, et au figuré une personne ridiculement vêtue ou contrefaite.

Éty. de l'ital. *caricare*, charger, d'où *caricat* et de *ura*, chose chargée, surchargée. V. *Carg*, R.

Les artistes anciens ont laissé quelques traces de ce libertinage de l'imagination.

CARIDA, s. f. (caride). Nom nicéen du muge à grosse tête. V. *Mugeou*.

Éty. Probablement du grec κάρα (kara), tête.

CARIEIRA, s. f. dl. V. *Carriera* et *Carr*, R.

CARIENTHISMOS, s. m. Euphémisme, adoucissement d'expression par lequel on déguise des idées désagréables, ou tristes ou déshonnêtes, sous d'autres plus douces, plus décentes, qui laissent deviner les premières.

Éty. du grec χαριεντισμὸς (karientismos), grâce, agrément, élégance du discours.

Carienthismos vol dir aytan coma graciosa costuma de parlar. Fl. del Gay. Sab.

CARIEYRA, dl. Alt. de *Carriera*, v. c. m. et *Carr*, R.

CARILHOUN, et comp. Garc. V. *Carrilhoun*.

CARINA, s. f. vl. V. *Carena*.

Éty. du lat. *carina*, m. s. V. *Caren*, Rad.

CARINCAR, v. n. (carincá), dl. Crier, on le dit d'une voiture dont l'essieu mal graissé crie; ainsi que d'une porte dont les gonds ne sont pas huilés. Sauv.

CARINCARA, s. f. (carincáre). Nom qu'on donne, à Berre, selon M. Porte, à la sarcelle d'été.

Éty. Parce qu'elle descend (cara) ordinairement en carême, et parce que son chant imite assez bien une cresselle.

CARITABLAMENT, adv. (caritablamein); CHARITABLAMENT. *Caritatevolmente*, ital. *Caritativamente*, esp. port. *Caritativament*, cat. Charitablement, avec charité.

Éty. de *caritabla* et de *ment*, d'une manière charitable. V. *Car*, R.

CARITABLE, ABLA, adj. (caritáble, áble); CHARITABLE, CARITADIER, CARITADOUS. *Caritatevole*, ital. *Caritativo*, esp. port. *Caritatiu, iva*, cat. Charitable, qui a de la charité ou de l'amour pour son prochain.

Éty. de *caritat* et de *able*. V. *Car*, R.

CARITADIER, IERA, adj.

CARITADOUS, adj. m. vl. CARITADOS. Charitable. V. *Caritable*, en vl. chef de la corporation de la charité. V. *Car*, R.

CARITAT, s. f. (caritá); CHARITAT. *Carità*, ital. *Caridad*, esp. *Caridade*, port. *Caritat*, cat. Charité, vertu par laquelle nous aimons Dieu de tout notre cœur et notre prochain comme nous-mêmes; effet, de commisération par laquelle nous secourons notre prochain, aumône, secours que l'on accorde, pain béni qu'on donne à la messe, Garc. vl. corporation.

Éty. du lat. *caritatis* gén. de *caritas*. V. *Car*, R.

La premiera caritat coumensa per si meme, charité bien entendue commence par soi-même.

CARITATIU, adj. KARITATIU. *Caritatiu*, cat. *Caritativo*, esp. port. ital. Charitable. V. *Charitable* et *Car*, R.

CARIVARI, V. *Charivari*.

CARIVENT, V. *Charivend*.

CARJAR, vl. V. *Cargar*.

CARLADES, s. et adj. vl. District de Carlat, qui est de ce district.

CARLAMUA, s. f. (carlamúe); CHALUMEOU, CANTA-CARÓMEL, CALAMUC. Chalumeau, tuyau de paille ou de roseau dont les enfants font des espèces de trompettes; en poésie, flûte, flageolet ou autre instrument champêtre, à vent.

Éty. du lat. *calamellus* dim. de *calamus*. V. *Calam*, R.

Le chalumeau ou le roseau percé de distance en distance, est le premier instrument à vent qui ait été connu.

CARLAMUSA, Pour *Cornemuse*. V. V. *Cornemusa* et *Calam*, R.

CARLE, nom d'homme. V. *Charle*.

CARLEPEPI, s. m. vl. *Carlopepin*.

CARLET, V. *Carrelet*.

CARLIMPADA, dl. V. *Escarlimpada*.

CARLIN, s. m. (carlin). Carlin, espèce de chien. V. *Chin*.

CARLINA, s. f. (carline); *Carlina*, port. cat. esp. ital. Carline, *Carlina*, Lin. genre de plantes de la fam. des Composées Cynarocéphales, dont on distingue plusieurs espèces. V. Gar. *Carlina*, p. 86.

Éty. On raconte que la vertu alexitère de la racine de l'une de ces plantes, fut révélée à Charlemagne, par un ange, pour la guérison de la peste dont son armée était atteinte, d'où le nom de *Carlina* qu'on lui a donné, nom qui n'est que la contraction de *Carolina*. V. *Chardouça*.

CARLINGA, s. f. (carlingue); *Carlinga*, port. Carlingue, longue pièce de bois qui règne tout le long d'un vaisseau au-dessus de la quille.

Éty. du lat. *carlinga*, m. s.

CARMAL, s. m. (carmál), dg. Cremaillère. V. *Cumascle*.

CARMALHER, s. m. (carmaillé), dg. V. *Cumascle*.

CARMALHOUS, s. m. (carmaillóus), dg. Crochets qu'on adapte à une crémaillère.

CARMANTRAN, V. *Carementran*.

CARMANTRETA, V. *Carementreta*.

CAR-MARINA, s. f. (car-marine). Nom nicéen du leptocéphale Spalanzani. V. *Murua*.

CAR-MARINA, s. f. (car-marine). Est

aussi le nom qu'on donne, dans le même pays, au lépidope diaphane, *Lepidopus pellucidus*, Risso; poisson de l'ordre des Holobranches et de la fam. des Pétalosomes (à corps en lame), qui atteint la longueur de deux décimètres.

Éty. *Car marina*, chair marine. V. *Carn*, Rad.

CARME, s. m. (càrmé); *Carmelitano* et *Carmine*, ital. *Carmelita* et *Carmen*, esp. *Carme*, cat. Carme, religieux de l'ordre de Notre-Dame-du-Mont-Carmel.

Éty. De *Carmelus*, mont de la Palestine, où fut le premier berceau de l'ordre.

Phocas, moine grec, dit, qu'il trouva cet ordre établi, en 1185, en visitant les Saints Lieux. Le B. Albert, patriarche de Jérusalem, leur donna une règle, vers l'an 1209, qui fut confirmée quelque temps après par le pape Honoré III.

Saint-Louis à son retour de la Terre-Sainte, introduisit ces religieux en France.

CARME, s. m. *Quaderno*, ital. *Quadernas*, esp. On fait *carme* au jeu de dés, lorsqu'on amène deux quatre ensemble.

CARME DESCAUS, Carme déchaussé, religieux appartenant à la réforme de ce nom.

Éty. On les nomme déchaussés parce qu'ils vont nu pieds.

Cette congrégation fut établie dans le 16me siècle, par Sainte Thérèse, vers l'an 1562, et confirmée par le Pape Grégoire XIII, en 1580.

CARMELITA, s. f. (carmelite); *Carmelita*, port. cat. esp. *Carmelitana*, ital. Carmélite, religieuse qui suit la règle du Mont-Carmel et conformément à la réforme introduite par Sainte Thérèse, en 1562.

Éty. du lat. *carmelita*, formé de *carmelus*, mont de Palestine.

Cet ordre ne fut établi et confirmé en France, qu'en 1623, par un bref d'Urbain VIII.

CARMENAR, vl. *Carmenar*, esp. cat. V. *Carminar*.

CARMENAT, ADA, adj. et p. vl. *Carmenado*, esp. Cardé, ée. V. *Cardat* et *Card*, R.

CARMENTRAN, s. m. Suppl. à Pelas. V. *Carementrant*. On donne encore ce nom aux menstrues des femmes, à Carpentras.

CARMIN, s. m. (carmïn); *Carmin*, esp. *Carminio*, ital. *Carmim*, port. *Carmi*, cat. Carmin, espèce de laque très-fine, d'une couleur rouge éclatante, dont on fait usage en peinture.

Éty. du lat. *caro*, *carnis*, chair, à cause de sa couleur. V. *Carn*, R.

CARMINACIO, s. f. vl. Cardage. V. *Cardagi*.

Éty. du lat. *carminatio*, m. s. V. *Card*, Rad.

CARMINAR, v. a. vl. CARMENAR. *Carminare*, ital. *Carmenar*, esp. cat. Purger, carder. V. *Cardar*.

Éty. du lat. *carminare*, m. s. V. *Card*, Rad.

CARMINATIF, IVA, adj. (carminatif, ive); *Carminativo*, port. ital. Carminatif, ive; médicament qu'on emploie contre les affections venteuses.

CARMO, s. m. (càrme). Carme, double quatre, au jeu de tric-trac. V. *Carme*.

CARN, CAR, CHARN, radical pris du latin *caro*, *carnis*, chair, viande.

De *carnis*, par apoc. *carn*; d'où: *Carn*, *Carn-assa*, *Carn-agi*, *A-carn-a-ment*, *Carn-ass-ier*, *Des-carn-ar*, *Carn-ier*, *Carn-aval*, *En-carn-at*, *Des-carn-at*, etc.

De *carn*, par le changement de *c* en *ch*, *charn*; d'où: *Charn-el*, *Charn-igou*, *Charn-ut*, et en général, les mêmes mots que par *carn*.

De *carn*, par la suppr. de *n*, *car*; d'où: *Car-cassa*, *Car-marina*, *Car-salada*, etc., et par le changement de *c* en *ch*, *char*; d'où: *Char-cut-ar*, *Char-cut-ier*, *Char-douça*, etc.

De *car*, par l'addition de l'augm. *on*, *oun*, *caron* ou *caroun*, *carogn*, *carougn*, *carouch*; d'où: *Carogn-a*, *Carogn-ada*, *Carogn-assa*, *Carougn-adà*, etc.

CARN, s. f. (car); CAR, CHAR, CHER. *Carne*, ital. esp. port. *Carn*, cat. Chair, viande, ce dernier ne se dit que de la chair des animaux considérée comme aliment. La chair est la partie musculaire du corps de l'animal, fig. l'homme en tant que sensible ou susceptible de tentation; teint.

Éty. du lat. *carnis* gén. de *caro*, m. sign. V. *Carn*, R.

A la carn fina, il a le teint délicat.

Es ni carn ni pey, il n'est ni poisson ni chair, il n'est rien.

Carn mortal, vl. viande de bête morte.

Carn demoria, vl. viande passée.

CARNA, s. f. (càrne). Fruits à pépins séchés au soleil, par tranches. Gar.

Éty. de *carna*, quatre, parce qu'on les coupe ordinairement en quatre.

CARNABIOL, s. m. Un des noms languedociens de la vesce à fleurs jaunes. V. *Corna-biou*, dont *carnabiol*, est une altération. V. *Carn*, R.

CARNABIOU, s. f. (carnabiòu). Nom languedocien de plusieurs vesces. V. *Cornabiou* et *Corn*, R.

Éty. *Carnabiou* pourrait bien être formé de *carn-à-biou*, chair à bœuf, parce que ces plantes les engraissent.

CARNACIER, s. m. vl *Carnassier*, v. c. m. Boucher, bourreau. V. *Bourreou* et *Carn*, Rad.

CARNACIER, V. *Carnassier*.

CARNADA, s. f. vl. Excroissance de chair. V. *Carn*, R.

CARNADURA, s. f. (carnadúre), dl. CARNATION, CARNASSIER. *Carnagione*, ital. *Encarnadura*, esp. *Encarnação* et *Carnadura*, port. cat. Carnation, la couleur de la chair, sur le visage de l'homme vivant.

Éty. de *carnad* et de *ura*, la chose *incarnée* ou de couleur de chair. V. *Carn*, R.

CARNAGE, V. *Carnagi* et *Carnal*.

CARNAGI, s. m. (carnàdgi); CARNAGE. *Carniceria*, esp. *Carnagem*, port. *Carnage*, anc. esp. *Carnaggio*, ital. Carnage, l'action de mettre à mort une multitude d'hommes ou d'animaux.

Éty. de *carn* et de *agi*, faire de la chair. V. *Carn*, R.

CARNAIROL, s. m. vl. CARNAYROL. *Carnajuolo*, ital. V. *Carnassier* et *Carnier*.

CARNAL, ALA, adj. vl. *Carnal*, cat. esp. port. *Carnale*, ital. Charnel, V. *Charnel*, gras, asse, subst. viande. V. *Carn*, Rad.

CARNAL, s. m. CARNAGE, CARNALAGE, CARNENC. *Carnal*, port cat. esp. Le *charnage*, Sauv. temps auquel il est permis de manger de la viande. V. *Carn*, R.

C'était aussi la dîme des agneaux, et des chevreaux qui revenait au décimateur.

CARNALADOO, s. m. anc. béarn. Assassin? V. *Carnalat* et *Carn*, R.

CARNALAT, s. m. anc. béarn. V. *Carn*, Rad.

O ab aquet qui au carnaladoo plasera, si es estat a far tal dit carnau ó per confession dèu carnalat. Fors et Cost. de Béarn.

CARNALATGE, s. m. vl. CARNALADGE. Boucherie, Charnage, carnage. V. *Carnagi* et *Carn*, R.

CARNALITAT, s. f. vl. *Carnalidad*, esp. *Carnalidade*, port. *Carnalità*, ital. Chair; parenté, Gl. Occ.

Éty. de *carnal* et de *itat*. V. *Carn*, R.

CARNALMENT, vl. V. *Charnelament* et *Carn*, R.

CARNAMUA, V. *Carlamua*. Garc.

CARNASSA, s. f. (carnásse); *Carnassa*, cat. *Carnaggio*, ital. Augm. dépréc. de *carn*, mauvaise viande, abondance de viande.

Éty. de *carn* et de *assa*. V. *Carn*, R.

CARNASSA, s. f. Espèce d'animal marin, qualifié insecte, mais qui paraît appartenir à une autre classe, qu'on trouve dans la rade de Marseille et probablement ailleurs; il a la forme d'une calotte de prêtre, et souvent même la grosseur; sa couleur est l'orange clair, et il est presque transparent mou et visqueux, il se colle sur la peau des personnes qu'il rencontre et la partie qu'il touche s'enflamme.

On vit en août 1839, un banc si nombreux de ces animaux dans la rade de Marseille, que les nageurs furent obligés de se retirer.

CARNASSA, s. f. (carnàsse); *Carnassa*, cat. *Carnaza*, esp. Drayure, rognures des peaux qu'on prépare pour tanner; débris de coquillages que la mer jette sur le rivage.

Éty. de *carn* et du péjor. *assa*, mauvaise chair, chair de rebut. V. *Carn*, R.

CARNASSIER, IERA, adj. (carnassié, iére); *Carnivoro*, ital. *Carnicero*, esp. *Carniceiro*, port. *Carnicer*, cat. Carnassier, ière, absolument parlant, qui ne se nourrit que de chair, mais par extension qui en mange beaucoup, qui la préfère à tout autre aliment; cruel, brutal. Sauv.

Éty. de *carnassa* et de *ier*. V. *Carn*, R.

CARNATGE, vl. V. *Carnagi* et *Carn*,

CARNATGE, s. m. vl. Charnage.

Éty. On appelait *decimæ carnariæ*, les dîmes des moutons, des agneaux, etc. Rayn. V. *Carn*, R.

CARNATGUE, vl. V. *Carnagi*.

CARNATION, V. *Carnadura* et *Carn*, Rad.

CARNAU, s. m. anc. béarn.

Qui a feyt carnau, dèu verifica lo loc ou ees estat feyt, ab lo testimoni pluus digne de fe.....

Tout carnau se dèu balhà a sol malheuta.

Fors et Cost. de Bearn.

Carnau *d'Aölhas es dotze Aolhas et lo marro.* ibid.

CARNAVAL, s. m. (carnavál); CARNAVAS. *Carnovale*, ital. *Carnaval*, port. *Carnestolendas*, esp. Carnaval, temps destiné aux divertissements, il dure depuis l'Epiphanie jusqu'au mercredi des cendres.

Éty. de *carne vale*, adieu la chair, ou de Carna, qui était la déesse de la bonne chère chez les anciens, selon les uns, et de *carn-a-val*, la chair s'en va ou viande à bas, suivant Ducange. Le mot par lequel les Espagnols expriment le carnaval, *carnestolendas;* justifie cette dernière étymologie. V. *Carn*, R.

On s'accorde à regarder le carnaval comme un reste des saturnales.

CARNAVELAS, s. f. pl. (carnavèles); CARNAVELA. Cervelle, cerveau, on ne se sert de cette expression que dans quelques phrases proverbiales, comme : *A lou diable as carnavelas*, il a le diable au corps.

Éty. Ce mot est une altér. de *Cervelas*, v. c. m.

CARNAZA, vl. Chair morte. V. *Carnassa* et *Carn*, R.

CARNEL, s. m. (carnèl), dl. Un créneau. Sauv. V. *Merlet.*

Éty. de la basse lat. *quarnellus*, m. s.

CARNENC, s. m. (carnéin), dl. Le même que *Carnal*, v. c. m. et *Carn*, R.

CARNER, s. m. vl. *Carnicer*, cat. *Carnicero*, esp. Boucher, marchand de chair, charnier. V. *Carn*, R. et *Carnier.*

CARNET, s. m. (carné). Carnet, registre des dettes actives et passives d'un négociant.

Éty. du lat. *quaternio*, cahier.

CARNETA, s. f. (carnéte); *Carneta*, cat. Dim. de *carn* et de *eta*, petite viande, chair tendre. V. *Carn*, R.

CARNICERIA, s. f. vl. *Carniceria*, cat. esp. port. Boucherie. V. *Boucharia.*

Éty. de *carnis* et de *eria.* V. *Carn*, R.

CARNIER, s. m. vl. Charnier, cimetière, carnage.

Éty. de *carn* et de *ier.* V. *Carn*, R.

CARNIER, s. m. (carnié); CHARNIER, CARNASSIERA, AUBRESSAC. *Carnero*, esp. *Carneiro*, port. *Carnajo*, ital. Carnassière et carnier, espèce de sac ou de besace, formé ordinairement de deux grandes poches et d'un rang de plus petites en dessus, dans lequel les chasseurs portent leurs provisions et leurs munitions, et où ils mettent le gibier.

Éty. de *carn* et de *ier*, destiné à la chair. V. *Carn*, R.

CARNIFALHA, s. f. (carnifáille), dl. Peau de viande maigre, toute sorte de viande extrêmement maigre. Sauv. V. *Carn*, R.

CARNIFES, s. m. pl. (carnifés); CANIFES, dl. CHANIFES. Malaise, inquiétude, souci dont on est pour ainsi dire bourrelé.

Éty. du lat. *carnifex*, bourreau. V. *Carn*, Rad.

CARNIL, s. m. vl. Chair, charogne. V. *Carogna* et *Carn.*

CARNILHA, s. f. (carnille). Viande de boucherie. Garc.

Éty. de *Carn*, R.

CARNILHA, s. f. (carnille), d. m. Altér. de *Crenilha*, inus. anse que fait le fil quand il est trop tordu, en se roulant sur lui-même.

CARNILHETS, s. m. pl. (carnillés); CARNIETS, CARNILHOUNS, CRÈSINEOU, CREINEOU, CHAINEOU, CRIGNEOU, CRIGNOULET, PETAIRES, COULICHOUNS, TETA-LEBRE. Carnillet, béhen blanc, *Cucubalus behen*, Lin. *Silene inflata*, Déc. plante de la fam. des Cariophyllées dont on mange les jeunes pousses, en plusieurs endroits, en guise d'épinards. Voy. Gar. *Lichnis* 1er p. 297.

CARNILHOUNS, s. m. pl. (carnilhouns). Nom qu'on donne, à Valensoles, au béhen blanc. V. *Carnilhets.*

CARNISSOUN, s. m. (carnissóun), dl. Carnosité, excroissance charnue, telle que celle qu'on nomme polype. Sauv. Voy. *Charnivas.*

Éty. du lat. *carnis* gén. de *caro*, et du dim. *oun*, petit morceau de chair. V. *Carn*, Rad.

CARNIVAS, Rapp. V. *Charnivas.*

CARNIVORO, adj. et sub. (carnivóre); *Carnivoro*, port. cat. esp. ital. Carnivore, on le dit particulièrement des animaux qui se nourrissent de chair, par opposition aux herbivores qui vivent d'herbes, aux granivores, qui ne mangent que des graines et aux carnissiers qui ne dévorent que de la chair vivante, etc., et fig. de quelqu'un qui mange beaucoup de viande.

Éty. du lat. *carnivorus*, m. s. fait de *caro*, chair, et de *voro*, je dévore. V. *Carn*, R.

CARNOS, OSA, OZA, adj. vl. CARNOZ. *Carnoso*, esp. port. ital. *Carnós*, cat. Charneux, euse, V. *Charnut*, corpulent.

Éty. de *carn* et de *os.* V. *Carn*, R.

CARNOSITAT, s. f. vl. *Carnosidad*, esp. *Carnosidade*, port. *Carnosità*, ital. *Carnot*, cat. Carnosité, chair, excroissance de chair.

Éty. de *carnos* et de *itat.* V. *Carn*, R.

CARNOT, s. m. (carnó), dl. Un créneau. V. *Merlet.*

Éty. de la basse lat. *quarnellus*, m. s.

CARNOZ, vl. V. *Carnos.*

CARNULHA, s. f. vl. Carnosité, morceau de chair. V. *Carn*, R.

CARNUS, s. m. (carnús), dl. m. sign. *Carougnada*, v. c. m.

Éty. du catalan *carnus*, brut, sale, rosse. V. *Carn*, R.

CARNUT, adj. vl. *Carnuto*, ital. Charnu. V. *Charnut* et *Carn*, R.

CAROBLA, vl. Cosse, gousse. Voy. *Carroubi.*

CAROBLAR, v. n. vl. Danser.

CAROBRA, s. f. Un des noms qu'on donne, dans le département des B-du-Rh. aux couleuvres amphibies. V. *Serp.*

Éty. Altér. du lat. *caluber*, m. s.

CAROGNA, s. f. (carógne); CHAROGNA, CAROGNADO, CARAMI. *Carogna*, cat. Charogne, corps corrompu d'une bête morte.

Éty. du grec χαρώνεια (charôneia), lieu infect, ou du lat. *caro rodens.* V. *Carn*, R.

CAROGNA, s. f. *Cabrona*, esp. Carogne, femme débauchée, méchante femme, t. inj. V. *Carn*, R.

CAROGNADA, s. f. (carougnáde); CAROUGNADA, COUVRAGNADA, CAROGNASSA, CARNUS, CHAROGNAU, sont des augm. dépr. de *Carogna* et *Carn*, R.

CAROLA, s. f. (caróle), dl. Une brouette. V. *Bariola.*

Éty. de *car*, char, charrette, et du dim. *ola*, petit char. V. *Carr*, R.

CAROLINA, nom de femme, (caroûline); *Carolina*, ital. esp. Caroline.

Patr. V. *Charle.*

CAROLIS, s. m. (carolis), et

CAROLUS, s. m. (carólús); CARROLIS. Carolus, ancienne monnaie de billon, marquée d'un K, qui valait deux blancs ou dix deniers, elle fut frappée sous Charles VIII.

CAROMEN, adv. vl. chèrement, avec affection. V. *Car*, R.

CARONHA, vl. V. *Carogna.*

CARONHADA, s. f. vl. CARUNHADA. Chair morte, carcasse; charogne. V. *Carognada* et *Carn*, R.

CARONHIER, adj. vl. CARUNHIER, CARONHIERS. Carnassier, V. *Carnassier*, qui recherche les charognes; homicide.

Éty. de *caronha* et de *ier.* V. *Carn*, R.

CAROUGE, s. f. (caróudgé); CAP-ROUGE, dl. Le même que *Cabassuda*, v. c. m.

Éty. de *ca*, tête, et de *rouge.*

CAROUGNADA, V. *Carognada.*

CAROUGNASSA, V. *Carognada.*

CAROUN, (caróun); *Caronte*, ital. Caron et mieux Charon, nocher des enfers, fils de la nuit et de l'érèbe. Il était chargé de passer dans sa barque, moyenant une rétribution, les ombres des morts, au-delà du Styx et de l'Achéron.

Éty. du grec χάρων (charôn), m. s.

CAROUN, s. m. (caróun), dl. Espèce de méteil ou mélange de froment et d'orge.

CAROUNADA, s. f. (carrounáde). Caronade, grosse pièce d'artillerie courte et renflée à la culasse.

Éty. de Caron écossais, qui les inventa.

CAROUSSA, s. f. (caróusse). Un des noms de la perche de mer. V. *Loup.*

CAROUSSIN, dl. V. *Carroussin.*

CARP, rad. pris du grec καρπός (karpos), carpe, poignet, jointure de la main avec l'avant-bras; fruit bon à cueillir, d'où le lat. *carpere, carpo, carptum*, prendre cueillir; déchirer, fendre, diviser, dérivé, dans ce dernier sens, du grec σκορπίζω (skorpizô), disperser, éparpiller.

Du lat. *carpere*, par apoc. *carp;* d'où: *Carp-ar, Carp-en-ar, Carp-ign-ar, Es-carp-en-ar, Es-carp-in-ar, Es-carp-ir*, etc.

De *carp*, par le changement de *p* en *ch* et addit. de *es, escarch;* d'où: *Es-carch-adura, Escarch-ar, Escarch-at.*

De *carp*, par le changement de *c* en *ch*, *charp;* d'où: *Es-charp-ar, Es-charp-ida, Es-charp-ilhoun, Es-charp-ilhar, Es-charp-ir*, etc.

CARP, ARPA, adj. vl. Peu danse, poreux, filandreux, spongieux; meuble, parlant de la terre, facile à travailler. V. *Carp*, R.

CARPA, s. f. (cárpe); *Carpa*, esp. *Carpione*, ital. *Carapao*, port. Carpe, carpe ordinaire, *Cyprinus carpio*, Lin. poisson de l'ordre des Holobranches et de la fam. des Gymnopomes (à opercule nue), qui vit dans les eaux douces et dans les lacs, elle est abonnte dans celui du Lauzet, arrondissement de Barcelonnette.

Éty. du celt. *carp*, m. s. Le premier auteur qui ait désigné ce poisson par le mot de *carpio* est Cassiodore : *Dè apparatu convivii regii*, selon Cloquet. Dict. Sc. Nat.

On croit que la carpe est originaire de Asie. Elle était déjà connue en France en 1258, selon Noël, Histoire des pêches, t. 1, p. 353.

Ce poisson parvient à une grosseur considérable. On en prend dans le petit lac du Lauzet, qui pèsent jusqu'à 15 livres; mais Bloch en cite une de 70 livres, prise en 1711, à Bischofshause. On en a vu vivre 200 ans, et leur fécondité est si extraordinaire qu'on a compté 700,000 œufs dans l'ovaire de l'un de ces poissons qui ne pesait que 10 livres.

On appelle :

CARPIE, une espèce de hachis de carpe.
CARPIÈRE, ALEVIER, un vivier pour les carpes.
CARPEAU ou CARPETTE, une petite carpe. V. *Carpeou*.
CARPE A MIROIR, celle qui n'a que deux ou trois rangs d'écailles dorées au dos et au ventre.
CARPE SAUMONNÉE, celle qui a des taches rouges comme le saumon.

CARPAN, s. m. (carpán), dl. CARPAS. Bonnet ou toque d'enfant; bonnet de quelque riche étoffe; bonnet de parade, dont la mode commence à passer. Sauv.

Éty. Le P. Pujet, le dérive du lat. *carpere*, prendre, parce qu'il embrasse toute la tête, ou de l'hébreu *carpas*, fin lin, dont on les faisait.

CARPANS, s. m. pl. (carpáns), dl. Des coups. V. *Carpar* et *Carp*, R.

Carpan de venisa, un soufflet.

CARPAR, v. a. (carpá), dl. Battre, étriller, frotter. V. *Rossar*.

Éty. de *carp*, poignet, et de *ar*, frapper avec le poing. V. *Carp*, R.

CARPAS, s. m. vl. Bonnet d'enfant, V. *Carpan*, escoffion, coiffure de femme; le dessus de la tête. Garc.

CARPENADA, s. f. (carpenáde); CHARPINADA, CARPENALHA. Action de se traîner ou tirer par les cheveux. Garc. V. *Carp*, R.

CARPENALHA, Garc. v. le m. précédent.

CARPENAR, dl. V. *Carpignar* et *Carp*, Rad.

CARPENTARIA, s. f. vl. *Carpinteria*, esp. *Carpintaria*, port. Charpenterie, l'art de travailler en charpente.

Éty. de *charpenta* et de *aria*, tout ce qui tient à la charpente. V. *Carr*, R.

CARPENTER, dg. V. *Charpentier* et *Carr*, R.

CARPENTIER, vl. V. *Charpentier* et *Carr*, R.

CARPEOU, s. m. (carpèou); CARPILHOUN, ESCARPOUN. Carpeau, jeune carpe et petite carpe.

Éty. de *carpa*.

CARPIGNAR, v. a. (carpigná); ESCARPINAR, ESFLOUTAR, CHARPINAR, ESCARPINAR, ESCARPIGNAR, ESFLOUTIGNAR, ESFLOUTRINAR, ESTIGNASSAR, CAPIGNAR, CAPIGNEGEAR, CARPENAR, PINAR. Echeveler, décoiffer, égratigner le visage, harpailler.

Éty. du grec καρπὸς (karpos), le carpe, la main, et de *pignar*, peigner, peigner avec la main, égratigner, ou de l'esp. *carpir*, égratigner. V. *Carp*, R.

CARPIGNAR SE, v. r. SE CHARPINAR, SE CHARPIR. V. *Carpinar*, act. Se prendre aux cheveux, s'égratigner, se harpailler, se battre, se disputer, avoir maille à partir. V. *Carp*, R.

CARPINEGEA, dl. V. *Carpignar* et *Carp*, R.

CARPINOUS, OUSA, adj. (carpinóus, óuse); CAPIGNOUS, CAPIGNIER, CHARPINOUS. Pointilleux, hargneux, querelleur inquiet. Voy. *Carp*, R.

En dl. on le dit aussi d'un arbre rabougri ou hérissé de pointes, de chicots ou d'ergots.

CARPIR, v. a. vl. Saisir, prendre, arrêter.

Éty. du lat. *carpere*, m. s. V. *Carp*, R.

CARPIT, adj. et p. vl. CARPITZ. Pris, saisi.

Éty. du lat. *carptus*. V. *Carp*, R.

CARQUIGNAR, et

CARQUIGNEGEAR SE, v. r. (carquigná et carquignedjá), dl. Se taquiner.

Éty. M. Thomas fait dériver ce mot du grec κέρχω (kerchô), aigrir, irriter, taquiner.

CARR, CARRET, CHARR, rad. pris du latin *carrus*, char, ou plutôt du celte *karr*, qui a la même signification, d'où l'allemand *karr*, char, charrette, et le lat. *carpentum*, carrosse, chariot suspendu.

De *carrus*, par apoc. *carr*; d'où : *Carr-ada*, *Carr-e*, *Carr-aira*, *Carr-airoun*, *Carr-egear*, *Carr-au*, etc.

De *carr*, par l'addition de la désinence diminutive *et*, *carret*; d'où : *Carret-a*, *Carret-ier*, *Carret-oun*, *Carret-ada*, *Carret-assa*, *Carret-egear*, etc.

De *carrus*, on a fait *carricare*, d'où *carric*, par apoc. *carrec*, par le changement de *i* en *e*, et *carreg*, par celui de *c* en *g*; d'où : *Carrege-ar*, *Carreg-e*, *Carrege-adis*, *Carrege-aire*, etc.

De *carreg*, par syncope de *re*, *carg*, d'où ce sous-radical.

De *carri*, gén. de *carrus* : *Carri*, *Carri-agi*, *Carri-ol*, *Carriol-a*, *Carri-ol-ar*, etc.

De *carrus*, par le changement de *u* en *o*, *carros* et *carross*; d'où : *Carros*, *Carross-o*, *Carross-ier*, *Carross-in*, et les mêmes mots, en changeant *o* en *ou* : *Carrouss-ier*, etc.

De *carr*, par le changement de *c* en *ch*, *charr*; d'où : *Charr-eta*, *Charr-et-ier*, *Charr-oun-t-ar*, *Charr-oun*, etc.

De *carpentum*, par apoc. *carpent*; d'où : *Carpent-aria*, *Carpent-ier*, et les mêmes mots par *Charp*.

CARRA, vl. Il faudra.

CARRABINA, *Carrabina*, cat. Voy. *Carabina*.

CARRABINIER, V. *Carabinier*.

CARRACA, s. f. (carráque). Garc. Voy. *Coquelucha*.

CARRACOUS, OUSA, OUA, adj. (carracóus, óuse, óue). Phthisique, étique. Garc.

CARRADA, s. f. (carráde), dl. Une charretée, plein un charriot, une voie de bois, de foin. V. *Carretada*.

Éty. de *car*, pour char, charrette, et de *ada*, plein une charrette. V. *Carr*, R.

Qu'à cadaroussa ès arrivat
Quatre cents carradas *dè blat.* Fabre.

CARRAFA, V. *Garrafa*.

CARRAFOUN, V. *Garrafoun*.

CARRAGE, vl. V. *Caragi*.

CARRAIRA, s. f. (carraïre); DRAYA, CARRAYRA. Chemin ou passage destiné aux troupeaux de brebis qui vont et viennent de la Basse-Provence. V. *Draya*.

Éty. de *Carr*, R. charrette, et de *aira*, chemin qui peut servir aux charrettes. V. *Carr*, Rad.

Le parlement de Provence délibéra, en 1782, que les *carrairas* auraient cinq toises de largeur.

CARRAIRO,

CARRAIROL, dl. et

CARRAIRON, vl. V. *Carrairoou*.

CARRAIROOU, s. m. (carreiróou); CARRAIROUN, CAMINOL, CARRAYROL, CARRAIROUER, CARREIROOU, CARREIROUN, CARRIROUN, DRAYOOU, VENEL, VENELO, VIOL. *Carreiro*, port. *Carreró*, cat. Ruelle, petite rue qui aboutit à une plus grande; petit sentier tracé par les brebis ou par les gens à pied.

Éty. Dim. de *carriera* ou de *carraira*.

CARRAIROUER, d. m. V. *Carrairoou* et *Carr*, R.

CARRAIROUN, Le même que *carrairoou* V. *Carr*, R.

CARRAL, s. m. (carrál), dl. CARREL, CARAL, CARRE, CARRETAL, OURNIERA, CHALOT. *Carril*, esp. port. Ornière, trace que les roues des voitures impriment dans la terre ou sur les chemins. V. aussi *Ourniera*.

Éty. de *Carr*, R. et de *al*, ou du grec χάραξ (charax), ornière, sillon.

CARRALHE, Alt. de

CARRALHIER, adj. (carralhié), dg. *Fuec carralhier*, feu à pleine cheminée, feu de garde.

CARRAMBERGA, s. f. vl. CARREMBERGA. Flamberge.

CARRAR, v. n. (carrá), dl. Prendre le bras de quelqu'un, lui donner le bras. Sauv.

CARRAR, v. a. vl. Rendre quarré. V. *Quarrar*.

CARRAR SE, v. r. Se carrer, marcher avec un air d'importance, d'ostentation, d'arrogance, se mettre à l'aise, se pavaner.

Éty.

Se carrar coumo un chafre, dl. se panader comme un coq d'Inde.

CARRARA, s. m. (carráre). Carrare, nom d'une ville d'Italie, en Toscane, des environs de laquelle on tire du marbre que l'on appelle *marbre de Carrare*.

CARRAT, s. m. (carrá). Bouteille de verre carrée. *Avem begut quatre carrats de vin*. P. Puget.

CARRAT, s. m. vl. CAYRAT. *Quilat*, cat. *Quilate*, esp. port. *Carato*, ital. Carat, poids pour l'or et l'argent. V. *Quarrat*.

CARRATÊE, s. m. anc. béarn. Charretier. V. *Carretier* et *Carr*, R.

CARRATEOU, V. *Quarlaud*.

CARRATIER, vl. V. *Carretier* et *Carr*, Rad.

CARRAU, *Charau*, s. m. et f. vl. CARAU. Carrière, voie, chemin, ornière.

Éty. de *Carr*, R.

CARRAU, s. m. (caráou), dl. CARAL. Ruisseau des rues; V. *Vallat*; ornière de charrette, voie, train de carrosse. V. *Carral* et *Carr*, R.

Coupar carrau, dl. traverser quelqu'un dans ses projets.

> *L'home se counduisié tan mau,*
> *Qu'un jour, toucat de sa misera*
> *Jupiter vouguet en bon pera,*
> *Lou remetre d'in lou carau.* Tandon.

CARRAUGNADA, s. f. (carraougnâde), dl. Charogne. V. *Carougnada.*

M. Doujat, écrit ainsi ce mot, dans son *Dictionnari Moundi*, et peut être avec raison, parce qu'il donne une étymologie satisfaisante de l'objet qu'il désigne, *car*, chair, et *raugnada*, le même que *rouigada*, rongée, signifie chair qu'on livre aux animaux. V. *Carn*, R.

CARRE, s. m. (carré). Instrument qui sert à nettoyer le soc de la charrue, qu'on nomme aussi *Cureta*, v. c. m.

CARRE, Suppl. à Pelas. Charriage.

CARRE, s. m. Ornière. V. *Carral.*

CARRE, s. m. vl. *Carro*, cat. esp. port. ital. Char. V. *Char* et *Carri.*

CARRECH, dl. V. *Carregeagi* et *Carr*, Rad.

CARRECT, s. m. vl. Impôt, droit de transport.

Éty. de *Carrech*, v. c. m. et *Carr*, R.

CARREFORC, s. m. vl. Carrefour, place publique.

Éty. du lat. *quadrifurcus*, m. s. V. *Quat*, Rad.

CARREG, s. m. (carrédg), dl. V. *Carregeagi* et *Carr*, R.

CARREGAR, vl. V. *Carregear.*

CARREGE, s. m. (carrédgé), dl. Sédiment, dépôt d'une liqueur.

CARREGEADIS, ISSA, adj. (carredjadis, isse), dl. Voituré, apporté de dehors: *Holi carregeadis*, huile étrangère, par opposition à l'huile indigène ou du pays; un podagre dit: *Soui pas carregeadis*, je ne suis guère allant. Sauv. susceptible d'être transporté.

Éty. de *carregeat* et de *is*, susceptible d'être porté. V. *Carr*, R.

CARREGEAGE, et

CARREGEAGI, s. m. (carredjádgi); CARREAGI, CARREG, CARRECH. *Carriaggio*, ital. *Acarreo*, esp. Charroi, la voiture, le transport des effets d'un endroit dans un autre, par le moyen des charrettes, et par extension, le transport en général; ce qu'il en coûte.

Éty. de *carre* pour *carreta*, et de *eagi*. V. *Carr*, R.

CARREGEAIRE, AIRIS, GEARELLA, s. (carredjàïré, eiris, djarèle). Voiturier, celui, celle qui charrie. V. *Carr*, R.

CARREGEAR, v. a. (carredjá); CARREA, CARREJAR, CARRETEGEAR, CARRIOLAR, CARRIOULAR, CHARRETAR, CHARRIAR, CHARRIEAR. *Carrejar*, anc. cat. *Carrear*, anc. esp. *Carretar*, port. *Carreggiare*, ital. Charrier, voiturer, transporter d'un lieu dans un autre par le moyen des voitures ou autrement.

Éty. de *carre*, charrette, et de *egear*, porter en charrette. V. *Carr*, R.

CARREGEAR, v. n. Entraîner, déposer; se bien ou mal porter: *Aquella aigua carregea*, cette eau est bourbeuse: *Aquel vin carregea*, ce vin dépose: *Carregeoun pas ensems*, il ne vivent pas d'accord, leurs chiens ne chassent pas ensemble: *Coumo te carreges?* comment te portes tu. V. *Carr*, R.

CARREGEAT, ADA, adj. et p. (carredjá, áde); *Acarreado*, esp. *Carregad*, cat. Charrié, ée, transporté.

Éty. de *carre* et de *egeat*, porté en charrette. V. *Carr*, R.

CARREGEA-TEMPESTA, s. m. (carrèdja-teimpèste), dl. Un porte malheur.

Éty. *Carregea-tempesta*, qui porte la tempête.

CARREICH, s. m. vl. Chariot. Voy. *Carretoun* et *Carr*, R.

CARREIRA, s. f. d. béarn. et vl. Rue, V. *Carriera*, vl. chemin. V. *Camin.*

Éty. V. *Carr*, R.

CARREIROUN, V. *Carrairoou* et *Carr*, Rad.

CARREJAR, V. *Carregear* et *Carr*, R.

CARREJOOU, Petit ruisseau, alt. de *Courreiroou*, v. c. m.

CARREL, s. m. (carrèl), dl. CAREL. Petite lèchefrite dans laquelle on fait cuire de la saucisse. Sauv.

Éty. V. *Carrat.*

> *L'y a de tout* (à la foire de Beaucaire)...
> . . . .
> *De sartans et de viradouiros,*
> *Licafroios, astes,* carels
> *Fialouzos, fuzes et vertels.*
> Michel.

CARREL, s. m. dl. Carré de gros papier, dont on a relevé les bords comme ceux d'une lèchefrite et sur quoi on place les vers à soie qui sortent d'éclore. Sauv.

Carel, t. de pêcheur. V. *Caral.*

CARREL, s. m. (carré). Ornière. Voy. *Carral.*

CARREL, s. m. vl. Carreau, trait. Voy. *Cairel*, *Carreou* et *Quadr*, R.

CARRELA, s. f. (carrèle); POULEGEA, TIROLA, POULÈGE, POULIEGEA, ROUSSEOU, TRAROLA. *Carrillo* et *Garrucha*, esp. Poulie, petite roue autour de laquelle on passe une corde qui sert à élever des fardeaux.

Éty. du celt. *carrel*, qui crie. Le P. Puget le tire de l'espagnol *carrella* dim. de *carrus.*

Dans une poulie, on nomme :

JOUES DE LA CHAPE, la face intérieure des deux côtés de la chape.

GOUJON, boulon sur lequel tourne le rouet.

ROUET ou ROUE, le plan circulaire de bois ou de métal creusé d'une gouttière pour recevoir la corde.

GORGE, le canal creusé à la circonférence du rouet.

AXE ou BOULON, l'essieu qui traverse le rouet par le centre.

CHAPE ou CAISSE, l'espèce de bride qui porte les deux extrémités de l'axe.

On nomme :

MOUFLES ou PALANS, plusieurs poulies réunies pour agir de concert.

ESTROPE, cercle en fer ou en corde, ordinairement pourvu, d'un crochet, qui entoure la chape de la poulie, et qui sert à la suspendre.

MOUFLE, ARCASSE ou BARAQUETTE, le rateau de la poulie, en t. de mar.

Archytas de Tarente, qui avait fait une colombe, dont le vol imitait celui des colombes ordinaires, inventa la poulie, 381 ans, avant Jésus-Christ.

CARRELA, s. f. dl. Une brouette. Voy. *Carr*, R.

CARRELA, s. f. PATRACA, RANGUEIRA, RANGORI. Personne qui se plaint toujours, qui est toujours malade.

Éty. de *carrèla*, poulie, par allusion; parce que les poulies crient quand on les remue.

Faire la carrela, être lâche au travail.

CARRELAGI, s. m. (carrelàdgi). Carrelage.

CARRELAIRE, s. m. POULEGEAIRE. Poulieur, ouvrier qui fait les poulies.

Éty. de *carrela* et de la term. *aire.*

On nomme :

POULIERIE, l'atelier où se font les poulies.

CARRELAR, v. a. (carrelá). Carreler, faire ou tracer des carreaux, mettre des carrelures à des souliers, carreler un appartement. V. *Malounar.*

CARRELET, s. m. (carrelé). Carrelet, aiguille de 5 ou 6 centimètres de long, terminée par une pointe à plusieurs pans, quelquefois carrée, d'où son nom. V. *Quadr*, Rad.

Carrelet, carrelet, petite carde sans manche, servant à tirer le poil aux chapeaux.

Carrelet, carrelet, carré ou échiquier, filet de pêcheur en forme de nappe carrée, attaché par les quatre coins aux extrémités de deux portions de cerceaux qui se croisent et qui sont fixés au bout d'une perche à l'endroit de leur jonction. On donne encore le même nom à un filet pour prendre les oiseaux. V. *Quadr*, R.

Carrelet, carrelet, chassis auquel on fixe une étamine ou une serge pour y passer les choses liquides. Les pharmaciens y fixent le blanchet.

Éty. Tous ces mots sont dérivés de *carrat*, dont *carrelet* est un dim. V. *Quadr*, R.

CARRELET, s. m. Un des noms du pleuronecte carrelet, V. *Roumb*, et de la plie. V. *Larba.*

CARRELETS, s. f. pl. (carrelés). On donne ce nom, à Barcelonnette, à des cubes de fer sulfuré, qu'on nomme *dez* ailleurs, et qu'on trouve dans des carrières d'ardoise ou dans une espèce de schiste calcaire, ils sont si abondants au quartier de Soleille-Bœuf, qu'on nomme: *Rocher des carrelets*, celui où ils se trouvent. V. *Quadr*, R.

CARREMBERGA, vl. V. *Carramberga.*

CARREOU, s. m. (carrèou); MALOUN, TOUMETA. *Quadrello*, ital. *Quadrete*, esp. *Quadrado*, port. Carreau, terre moulée sous différentes formes et cuite comme la brique dont on se sert pour paver, V. *Maloun* chose carrée en général.

Éty. du lat. *quadrellum*, petit carré. V. *Quadr*, R.

Restar sus lou carreou, demeurer sur le carreau, être tué sur la place, mourir subitement, sans changer de place.

Carreou de damier, case d'un damier.

Carreou de vitra, carreau de vitre.

Carreou de peira, carreau, pierre de taille, qui a plus de largeur aux parements que de queue dans le mur.

Carreou d'acier, bille d'acier, morceau

d'acier sous la forme d'un carré long, tel qu'on le livre dans le commerce.

CARREOU, s. m. *Quadri*, ital. Carreau, une des couleurs du jeu de cartes, dont les figures distinctives, sont rouges et rhomboïdes, à quatre côtés. V. *Cartas* et *Quadr*, Rad.

CARREOU, s. m. Carreau, fer à repasser dont les tailleurs se servent pour rabattre les coutures; ainsi nommé parce qu'il est carré. V. *Quadr*, R.

CARREOU, s. m. COUSSIN. Carreau, coussin de forme carrée, destiné à une personne seule. V. *Quadr*, R.

CARRERA, dg. Rue. V. *Carriera* et *Carr*, R.

CARRET, s. m. (carré). Curoir pour dégager le soc de la charrue, Garc. ornière d'un chemin. V. *Trin.*

CARRET, adj. *Camin carret*. Chemin roulier où les charrettes peuvent passer. Garc.

CARRETA, s. f. (carréte); CHARRETA, CAR, CHAR. *Carreta*, cat. esp. port. *Carretta*, ital. Charrette, voiture à deux ou à quatre roues, destinée à porter de lourds et de gros fardeaux; vl. char.

Éty. du lat. *carrus* ou de *Carr*, R. et de *eta*.

Dans une charrette à deux roues, on nomme:

LIMONS, les deux maitres brins, qui forment le fond et les côtés de la charrette, et qui se prolongent en avant pour servir de *limonière* à un cheval.

ÉPARTS, morceaux de bois plats qui joignent les deux limons en les assujetissant à une égale distance. V. *Palmadelas*.

RIDELLES, les côtés de la charrette faits en forme de ratelier, V. *Escaragna*; il y en a en forme de claies mobiles. V. *Cledas*.

RANCHERS, deux morceaux de bois carrés qui se placent sur le haut et sur la queue de la charrette, de façon que les bouts, percés chacun d'une mortaise, reçoivent les cornes des ranchers.

CORNES DE RANCHERS, quatre morceaux de bois; de la hauteur d'un mètre environ, qui s'enchassent dans les mortaises des ranchers en dehors et qui servent à appuyer les ridelles.

TREUIL, un arbre horisontal, placé sur le derrière des limons, pour serrer la charge.

GAROT ou TORTOIR, bâton gros et court qui sert à serrer la corde qui fixe la charge.

ÉCHANTIGNOLLES, pièces qui fixent l'essieu sous les limons.

ROUES, V. *Roda*.

ESSIEU, V. *Ession*.

CHAMBRIÈRE, V. *Chambriera*.

FOURCHETTE, le morceau de bois armé de deux pointes de fer, qui pend derrière la charrette et qu'on laisse trainer à terre dans les montées, afin de prévenir les reculades.

ENTAILLE, forte coche faite près du bout du timon, qui l'empêche d'entrer plus qu'il ne faut dans les redondes ou anneaux du joug.

MENTONNET, la partie saillante du timon, près de l'entaille.

FLOTTE, anneau qu'on met entre le gros bout du moyeu et le limon qui empêche le premier de frotter contre le second.

AIDEAU, les pièces de bois placées en travers des ridelles, pour élever la charge au-dessus du limonier.

BACHE, grande couverture avec laquelle on couvre la charge d'une charrette.

CHARTIL, le corps de la charrette, le lieu où on les enferme.

LIURE, cable avec lequel on serre la charge.

ATTELOIRE, la cheville que l'on met au timon pour y arrêter les traits des chevaux.

TIMON, V. *Timoun*.

ÉCHELLE ou CORPS, bâtis composé des limons, des épars et du timon. V. *Escala de la carreta*.

ENTRETOISE, l'épars de derrière, beaucoup plus fort que les autres.

BARETTES, les planches qui garnissent le fond de la charrette.

LIMON-DE-RANCHER ou LIMON-DE-TRAVERSE, la barre supérieure des ridelles.

ROULONS, les bâtons montants des ridelles. V. *Pals de carreta*.

TRÉSAILLE, traverse qu'on met aux ridelles au-dessus des limons de traverse, pour arrêter leur écartement.

TALON ou CUL DE LA CHARRETTE, partie postérieure de la charrette en dehors des ridelles.

On donne le nom de :

LIMONIER, au cheval qui est dans les limons.

CHEVILLIER, à celui qui le précède immédiatement.

CHEVAL DE FAUTE, le troisième.

CHEVAL DE DEVANT, le quatrième.

Carreta à quatre rodas egalas, binard.

Carreta sensa ridellas, haquet.

Carreta pu longa, chartil.

L'article 9 de la loi du 3 nivose an VI, enjoint aux propriétaires des voitures de roulage, de faire clouer en avant de la roue et au côté de la voiture, une plaque de métal contenant, en caractères apparents, leur nom et leur domicile.

CARRETADA, s. f. (carretáde); CARRETAU, CARRETAYA, CHARRIADA, CARRADA, CHARRADA, CARRETA, CHARRE, CHARRETADA. *Carretada*, esp. port. cat. *Carrettata*, ital. Charretée, ce que peut contenir ou ce que l'on porte à la fois dans une charrette.

Éty. de *carreta* et de *ada*, plein une charrette. V. *Carr*, R.

CARRETA DE CAS, s. f. (carréte-décas), dg. Un des noms des pleiades. Voy. *Pouiniera*.

CARRETAL, adj. m. (carretál), dl. *Camin carretal*. Grand chemin, chemin roulier; pour ornière. V. *Carral* et *Carr*, R.

CARRETASSA, s. f. (carretássa). Grosse et laide charrette.

Éty. de *carreta* et de *assa*. V. *Carr*, R.

CARRETAU, d. m. V. *Carretada* et *Carr*, R.

CARRETEGEAR, dl. v. n. (carretedjá); *Carretejar*, cat. *Carretear*, esp. Voiturer. V. *Carregear* et *Carr*, R.

CARRETEOU, s. m. (carretèou). Petite futaille pour le vin, qui contient environ le quart d'un tonneau ordinaire. Garc.

CARRETER, d. béarn. Altér. de *Carretier*, v. c. m. et *Carr*, R.

CARRETEY, dg. Bord. V. *Carretier* et *Carr*, R.

CARRETIER, s. m. (carretié); CARRETER, TREGINIER. *Carretèr*, cat. *Carrettiere*, ital. *Carretero*, esp. *Carreteiro*, port. Charretier, celui qui conduit une charrette.

Éty. de *carreta* et de *ier*. V. *Carr*, R.

On donne le nom de *Tombelier* en français à celui qui conduit un tombereau.

CARRETIER, s. m. Nom qu'on donne, aux environs de Toulouse, selon M. Tournon, à un agaric à chapeau rouge et à feuillets blancs.

CARRETOUN, s. m. (carretóun); CHARRETOUN. *Carretó*, cat. *Carreton*, esp. *Carreto*, port. *Carrettone* et *Carretto*, ital. Dim. de *Carreta*, petite charrette, camion, chariot, haquet. V. *Carr*, R.

CARRETOUN, s. m. Camion, la plus petite des espèces d'épingles, selon Ach. mais je crois que le mot de camion, petite charrette, l'a induit en erreur, car son Dict. Fr. au mot *Camion*, petite épingle, se borne à dire, *Espinglo de couiffo*, *Pichouno espinglo*.

CARREYAR, v. a. (carreyá), d. béarn. V. *Carregear*, m. s. et *Carr*, R.

CARRI, s. m. (cárri); CARRE, CHARRI. *Carro*, ital. esp. port. Chariot en général. Dans la Haute-Provence, on donne ce nom à une espèce de charrette à très-grandes roues, qu'on nomme éfourceau ou diable, en français sous le brancard de laquelle on suspend les lourds fardeaux qu'on veut transporter.

Éty. de *Carr*, R. v. c. m. ou d'un ancien verbe *karren*, porter, d'où l'anglais *carry*, m. s. V. *Carr*, R.

Mettre lou carri avant leis buous, commencer par la fin.

C'est aussi le nom du chariot à quatre roues, sur lequel on fixe le billot à refendre, dans les scieries.

CARRI, s. m. Planche montée sur de petites roues, dont les cordiers se servent pour assembler les tourons et en faire des cables. V. *Carr*, R.

CARRI, s. m. *Carri de las armas*, *Grand carri*. La grande ourse ou chariot de David. C'est la plus remarquable des constellations boréales, composée de sept étoiles, formant une espèce de chariot, d'où le mot *Carri*. V. *Carr*, R.

CARRIAGE, s. m. vl. Train de grand seigneur, grand nombre de voitures. V. *Carr*, R. et *Carregeagi*.

CARRICAMENT, s. m. vl. *Carregament*, cat. *Caricamento*, ital. V. *Cargament* et *Carg*, R.

CARRIER, s. m. (carrié); PEIREIROUN, QUEIROUNIER, PEIRIER, PEIROUNIER, TIRA-CAIRE. Carrier, ouvrier qui extrait les pierres des carrières.

Éty. de *carri*, *carriera* et de *ier*. V. *Carr*, Rad.

CARRIERA, s. f. (carrière); CARRERA, CHARRIEIRA, RUYA, CHARRIERA. *Carrera*, esp. *Carreira*, por. *Carriera*, ital. *Carrer*, cat. Rue, chemin libre, qui est entre les maisons d'une ville, d'un village ou d'un hameau.

Éty. de la basse lat. *carreria*, dérivés de *carrus*, chemin à chariot, et de *iera*. Voy. *Carr*, R.

Grand carriera, grande rue.

Pichota carriera, ruelle, rue courte.

Per carrieras, dans les rues.

Se sem ou se siam vists per carrieras, nous nous sommes vus dans les rues ou dans la rue et non *à la rue*.

Resta en carriera longa, il demeure rue longue.

Des escus se troboun pas à la carriera, on ne trouve pas dix écus sous les pieds d'un cheval.

On nomme :

RUE A CHAUSSÉE, celle qui a un ruisseau de chaque côté.

RUE A DOUBLE REVERS, celle qui a le ruisseau au milieu.

PAVÉ, V. *Calada*.

CANIVEAUX, les pavés qui forment le fond du ruisseau.

ACCOTEMENTS ou BERMES, c'est dans les rues pavées en chaussée, l'espace qui est compris entre chaque ruisseau et les maisons qui bordent la rue.
AILE, la moitié de la chaussée divisée dans sa longueur.
ANGLE, l'endroit où les deux ruisseaux d'une chaussée se réunissent au ruisseau des rues à double revers.
CHANTE-PLEURE, l'ouverture pratiquée au mur de soutènement d'une rue pour en faire écouler les eaux.
FLACHE, les cavités ou dépressions des pavés.
FORME, la couche de sable qui sert d'assiette au pavé.
GONDOLE ou PLATIÈRE, c'est un ruisseau qui coupe et traverse une chaussée.
TAS DROIT, rangée de pavés sur le milieu d'une chaussée, qui en marque l'axe.
BORNE, V. *Buta roda*.
HEURT, le point culminant d'une rue ayant une pente de chaque côté.
RANGE, un rang de pavés de même grandeur.

CARRIERA, s. f. *Carrera*, cat. esp. Carrière, le cours de la vie, état, profession: *Prendre carriera*, prendre un état, s'acheminer.

CARRIERA, s. f. dg. Jasmin a employé ce mot dans le sens de chaise. V. *Cadiera*.

Quatre carrieros desclissados.

CARRIERA, s. f. dl. Grande caisse que les tailleurs tiennent sous leur table et dans laquelle ils jettent les restes et les rognures.

Par cette équivoque de mots, les tailleurs couvrent leurs petits larcins, dit M. de Sauvages, lorsqu'on leur demande les rognures, ils répondent sans croire mentir, *Que les an jitadas à la carriera*.

CARRIERA, s. f. *Carreira*, port. Pour carrière. V. *Peiriera*.

Éty. du lat. *quadraria* ou *quadrataria*. V. *Quadr*, R.

CARRIERA VEIRIERA, s. f. Pour barres. V. *Barris*.

CARRIEYRA, s. f. vl. et dl. Rue. V. *Carriera* et *Carr*, R.

CARRILH, V. *Gazoulh*.

CARRILHOUN, s. m. (carrillóun); CARRIOUN. Carillon, horloge qui sonne différents airs.

Éty. de *quatre*, musique à quatre cloches. V. *Quat*, R.

On prétend que le premier carillon a été fait à Alos, en Flandres, en 1487. Dictionnaire des Origines.

CARRILHOUN, s. m. TREZEL, TRICNOUN. *Carrilhao*, port. Carillon, battement des cloches à coups précipités et avec une sorte de mesure; crierie, grand bruit, tapage. V. le mot précédent et *Quat*, R.

CARRILHOUNAR, v. n. (carrihouná); TREZELAR, TRICNOUNAR, CARRIOUNAR. Carillonner, sonner en carillon; faire beaucoup de bruit, se disputer.

Éty. de *carrilhoun* et de la term. act. *ar*. V. *Quat*, R.

CARRILHOUNUR, s. m. (carrillounúr). Carillonneur, celui qui carillonne, tapageur, turbulent, querelleur. V. *Quat*, R.

CARRINCAR, v. n. (carrincá); *Carrinquar*, dg. Crier, en parlant des portes qui produisent un bruit aigu en tournant sur leurs gonds; grogner, se plaindre, imiter le bruit d'une roue mal graissée.

CARRINCARRAT, s. m. (carrincarrá); CARRINCARRA. Crécelle. V. *Estenebras*.

Éty. Onomatopée.

CARRIOL, s. m. dg. Brouette. Voy. *Bariola*, vl. chariot.

Éty. Dim. de *Carr*, R. et de *ol*, dim.

CARRIOLA, s. f. (carrióle); *Carriola*, esp. *Carriuola*, ital. Cariole, espèce de voiture économique dont le coffre est très-léger, en planches ou en tresses d'osier, souvent porté sur l'essieu, sans ressorts de suspension, montée sur deux roues.

Éty. de *carri*, char, et de *ola* term. dim. V. *Carr*, R.

CARRIOLA, dl. Pour brouette. V. *Bariola* et *Carr*, R.

CARRIOLAR, v. a. (carrioulá); *Carrioular*, dg. Porter sur des chariots, charrier. V. *Carregear*.

Éty. de *carriola* et de *ar*, porter en cariole. V. *Carr*, R.

CARRIOOU, s. m. (corrióou). Cast. V. *Broueta*.

CARRIOT, s. m. dg. Chariot, char. V. *Carr*, R.

CARRIROUN, d. arl. Altér. de *Carrairoun*. V. *Carrairoou* et *Carr*, R.

CARROGNA, dl. V. *Carogna* et *Carn*, Rad.

CARROLA, s. f. dl. Brouette. V. *Broueta*, *Bariola* et *Carr*, R.

CARRONADA, s. f. (carrounáde). Caronade, espèce de canon beaucoup plus court et proportionnellement d'un beaucoup plus gros calibre que les canons ordinaires, en usage sur les vaisseaux.

Éty. Ainsi nommée parce qu'elle fut inventée à Carron, en Ecosse.

La marine anglaise fit construire cette arme en 1779.

CARROS, s. m. vl. Chariot, titre d'une pièce allégorique dans laquelle un troubadour employait des termes de guerre, de bataille et de siéges pour faire ressortir davantage les qualités de sa maîtresse, qu'il compare à une place assiégée par toutes les autres femmes jalouses de son mérite et de sa beauté.

CARROS, s. m. vl. Char, chariot; espèce de tournois; quartier de pierre.

CARROSSA, s. f. et

CARROSSO, s. m. (carrósse); *Carrozza*, ital. *Carrosa*, esp. *Carroça*, port. *Carrossa*, cat. Carrosse, voiture à quatre roues, fermée et suspendue.

Éty. de la basse lat. *carruca* ou *carrucha*, formé de *carrus*, char, selon Ménage; ou de l'ital. *carro-rosso*, char rouge, parce que selon le P. Menestrier, les florentins en faisaient marcher un de cette couleur à leur tête, quand ils allaient à la guerre. V. *Carr*, Rad.

Un carrosse se compose essentiellement de trois parties qui sont l'*avant-train*, l'*arrière-train* et la *caisse*.

On nomme :

AVANT-TRAIN, la partie antérieure, composée de la sellette, du timon, de la fourchette, de deux armons et de quatre jantes de rond.
TIMON, la longue pièce mobile où l'on attèle les chevaux.
CHEVILLE, le morceau de bois qui joint le timon aux armons.
ARMONS ou ÉREMONTS, les deux pièces de bois entre lesquelles le gros bout du timon est placé
LISOIR DE DEVANT, la pièce dans laquelle l'essieu de fer est encastré, il supporte le train de devant.
JANTE DE ROND, la pièce de bois composée de quatre jantes qui forment un rond enchassé sur la sellette de l'avant-train.
ESSIEU, la pièce qui passe dans le moyeu des roues.
SELLETTE, la pièce de bois d'environ un mètre de long sur 3 décimètres d'épaisseur, au-dessus de laquelle est enchassé l'essieu des petites roues.
FOURCHETTE, les deux pièces de bois enchassées dans les mortaises, faites à la face de dessous du lisoir de devant.
MOUTONS ANTÉRIEURS, V. ci-après.
ARRIÈRE-TRAIN, qui se compose des parties suivantes.
ESSIEU, et
LISOIR, V. ci-dessus.
ÉCHANTIGNOLE ou ÉCHANTIGNEUL, les morceaux de bois longs environs de 3 décim. qui sont emmortaisés pour recevoir l'essieu en-dessous et qui servent à l'assujetir.
VOLÉE, pièce de bois ronde, longue 12 ou 13 décim. environ, placée à demeure sur les armons et aux extrémités de laquelle on attache les palonniers.
PALONNIERS, les deux morceaux de bois ronds, de la longueur de 6 décim. attachés avec des liens de cuir à la volée et auxquels on attèle les chevaux.
COQUILLE, la planche sculptée en coquille où le cocher appuye ses pieds.
MOUTONS POSTÉRIEURS, les deux montants qui servent à former le siége du cocher, fixés sur le lisoir en avant, ceux de derrière servent de gardes-fous à ceux qui montent en laquais.
TRAVERSE DE SOUPENTE, le morceau de bois sculpté qui s'assemble des deux bouts, sur les brancards entre le siége du cocher et la planche des pages, elle sert à attacher les soupentes.
TRAVERSE DE SUPPORT, la bande de bois qui se pose avec des chevilles sur le derrière des fourchettes.
BRANCARD, les deux longues pièces de bois, un peu courbes, enchassées dans le bout du lisoir de derrière, posant sur l'avant-train.
PLANCHE DE DERRIÈRE, la partie sur laquelle se placent les laquais.
ROUES, GRANDES et PETITES, V. *Roda*.
CHEVILLE OUVRIÈRE, la cheville qui unit le train de devant au train de derrière.
FLÈCHE.

Callithea, fille de Pyrante, inventa, vers l'an 1678 avant J.-C. les chars et les attelages qui servirent d'abord dans les cérémonies religieuses, pour leur donner plus de pompe.

En 1292 avant J.-C. Antolycus apprend à Hercule à conduire les chariots.

Les carrosses, d'abord nommés coches, furent selon la plupart des historiens inventés par les Français, vers l'année 1514, sous François Ier; mais tout porte à croire qu'ils existaient avant cette époque, puisque parmi les présents que l'empereur Ladislas V, fit offrir, en 1457 à la reine de France, se trouvait un char qui attirait l'admiration de tout Paris, *lequel était branlant et moult riche*, ce qui indique qu'il était suspendu.

Du temps de François Ier, on n'en comptait encore que trois à Paris, V. *Voitura*, il paraît même qu'il en existait déjà en 1409.

L'invention des carrosses suspendus par des ressorts et ornés de glasses, ne remonte qu'à 1661.

CARROSSADA, s. f. (carroussáde), et impr. *Carroussada*. Carrossée, la quantité de personnes que contient un carrosse.

Éty. de *carrossa* et de *ada*. V. *Carr*, R.

CARROSSIER, s. m. (carroussié), et impr. *Carroussier*. Carrossier, ouvrier qui fait ou marchand qui vend des voitures, des carrosses, des berlines, des cabriolets, etc.

Éty. de *carrossa* et de *ier*. V. *Carr*, R.

CARROTA, s. f. (carróte); GARROTA, PASTENAGA, PASTANAIGA. Carotte ou carotte commune, *Daucus carota*, Lin. plante de la fam. des Ombellifères qui croît naturellement dans les champs et qui acquiert par la culture un développement considérable dans sa racine, dont chacun connait l'usage et l'utilité.

Éty. du lat. *carota*, dérivé du celt. *car*, rouge.

CARROTA SALVAGEA, s. f. (carróte-salbàtge). Nom toulousain de la caucalide daucoïdes, *Caucalis daucoides*, plante de la fam. des Ombellifères.

Éty. A cause de sa ressemblance avec la carotte.

CARROU, s. m. (cárrou), dl. Mélange de froment et d'orge, *Modure*. Douj.

CARROU, s. m. (cárrou), d. béarn. Chariot. V. *Carri* et *Carr*, R.

CARROUBI, s. f. (carróubi): CARRUBI, CORRBOUBIA, CAROBLA, COUBRUBI. *Carrobla*, anc. cat. *Garroba*, esp. *Carruba*, ital. mod. *Carobe* et *Caroboli*, ital. anc. Caroube, carouge, fruit du caroubier.

Éty. de l'arabe *harroba* ou *caroub*, m. s.

CARROUBIER, s. m. (carroubié); CARRUBIER. Caroubier, caroubier à siliques, *Ceratonia siliqua*, Lin. arbre de la fam. des Légumineuses, originaire du Levant.

Éty. du grec κερατώνια (keratônia), gousse cornue, ou de l'arabe *harroba*, d'où *carroubi* et de *ier*, arbre qui produit les caroubes.

CARROULHA, s. f. (carróuille). Nom qu'on donne à l'épi fertile ou à grains, du maïs, aux environs de Toulouse.

CARROULHOUN, s. m. (carrouillóu); CARROULHOU, MILHARASSOUN. Nom de l'épi à grains avortés du maïs, aux environs de Toulouse.

CARROUN, s. m. (carróu); CARROU. Nom que porte, à Toulouse, une espèce de froment dont le grain est petit et de couleur rousse.

..., moulignè, trop leou arrestado la molo,
... bailhat de carrou *per la fino moussolo.*
Tableou de la bido del parfet Chrestia.

CARROUNADA, s. f. (carrounáde). Caronade ou caronade, espèce de canon beaucoup plus court que les autres, en usage sur les vaisseaux.

Éty. de Carron, fameux fondeur d'Écosse, près de Stirling.

Les premières carronades furent fondues en 1774, et l'on s'en servit peu de temps après dans la marine anglaise, mais ce n'a été que vingt ans plus tard qu'on les a adoptées en France.

CARROUNAR, v. a. (carrouná). Briqueter une muraille, la peindre comme si elle était bâtie en brique.

Éty. de *carroun*, *carrat*, quarré, parce que les briques sont carrées, et de la term. act. ... V. *Quadr*, R.

CARROUNAT, ADA, part. (carrouná, ...). Briqueté, ée. V. *Quadr*, R.

CARROUNTEGEAIRE, s. m. (carrountejàiré). Celui qui change souvent de logement, de domicile. Aub.

CARROUNTEGEAR, v. a. (carrounted-...). Charrier de côté et d'autre, changer souvent ses effets de place. Aub.

CARROUSSADA, V. *Carrossada*.

CARROUSSIER, V. *Carrossier*.

CARROUSSIN, s. m. (carroussìn), dl. et mieux *Carrossin*. Voiture, petit carrosse; celui qui le conduit.

Éty. de *carrosso* et de *in* dim. V. *Carr*, R.

CARRUAGI, s. m. (carruàdgi): *Carruatge*, cat. *Carruaje*, esp. *Carriaggio*, ital. Charriage, l'action de transporter sur des charrettes; l'ensemble des moyens employés pour cela.

CARRUAR, Gar. V. *Carregear*.

CARRUBI, s. m. V. *Carroubi*.

CARRUBI, Nom de lieu, paraît venir de *Cap-rubrum*, tête rouge.

CARRUBIA, s. f. vl. V. *Carroubi*, cosse, gousse.

CARRUBIER, V. *Carroubier*.

CARRUGA, s. f. vl. *Charrua*, port. *Carruca*, ital. Charrette, charrue. V. *Carreta*.

Éty. de *Carr*, R.

CARRULEOU, s. m. (carrulèou). Rouleau, roulette. Cast.

CARRUNCULA, s. f. vl. Caroncule, tubercules carniformes.

Éty. du lat. *caruncula*, m. s.

CARRUOU, V. *Courruou*; BARIOTA, BROUETA. Espèce de chariot dans lequel on met les enfants pour leur apprendre à marcher. Garc. V. *Cadiera*.

Jugar au carruou, jouer au chariot. P. Puget.

CARRURA, s. f. (carrúre). Carrure, largeur du corps à l'endroit des épaules.

Éty. de *carral* et de *ura*. V. *Quadr*, R.

CARSALADA, s. f. (carsaláde); CARSALAU, CARSALATA. *Carnsalada*, cat. *Carnesalada*, ital. Chair ou viande salée.

Éty. de *car*, chair, et de *salada*, salée. V. *Carn*, R.

CARSALADA, s. f. Espèce de jeu auquel Pellas donne le nom de poire.

CARSALADIER, V. *Charcutier*.

Éty. de *car*, chair, de *salada*, salée, et de *ier*, celui qui sale la chair. V. *Carn*, R.

CARSIR, v. a. et n. vl. CARZIR. Renchérir, ajouter, dire plus.

CARSOUN, Alt. de *Calçoun*, v. c. m. et *Calc*, R.

CART, CHART, radical pris du grec χάρτης (kartês), papier, d'où le lat. *charta*, charte, papier, lettre. Dérivés: *Cart-a*, *Carta-blanca*, *Carta-geougraphica*, *Carta-marina*, *Carta-bel*, *Cart-able*, *Cart-age*, *Cart-as*, *Carteou*, *Cart-el*, *Cart-i-pel*, *Cart-oucha*, *Cart-ier*, *En-carta-men*, *En-cart-ar*, *Encart-at*, *In-cart-ada*.

De *charta*, les latins ont fait *chartularius*; d'où *cartoular*, par apoc. et *cartolar*, par mét. de *u* en *o*: *Cartul-ari*, *Cartol-ar*, *Cartolari*.

De *cart*, par l'addition de l'augm. *on*, ital. *oun*, on a fait: *Cart-oun*, *Cartoun-ar*, *Cartoun-at*, *Cartoun-ier*.

Du lat. *charta*, charte, papier: *Charta*, *Chart-r-a*.

CART, V. *Quart* et *Quartet*.

CART, vl. Pour quatre. V. *Quatre* et *Quat*, R.

CART, s. m. vl. Chardon. V. *Cardoun*.

CARTA, s. f. (carte); *Carta*, cat. esp. port. ital. Ce mot a longtemps été employé pour papier, acte, registre, ce qui est démontré par ce proverbe:

Ounte cartas parloun
Barbas calhoun.

Là où les écrits parlent, les témoins se taisent.

Éty. du lat. *charta*, dérivé du grec χάρτης (chartês), papier. V. *Cart*, R.

CARTA PER JOUGAR, V. *Cartas*.

CARTA BLANCA, *Carta blanca*, cat. esp. *Carta semplice*, ital. Carte blanche, plein pouvoir, *Dounar carta blanca*, donner carte blanche, autoriser à faire ce que l'on jugera convenable.

CARTA TOUCHA, V. *Cartoucha*.

CARTA, s. f. vl. *Carta*, port. cat. esp. Papier, V. *Papier* et *Carta*, lettre, épitre, V. *Letlra* et *Epitra*; titre, charte, V. *Titre* et *Charta*, cartes à jouer, V. *Cartas* et *Cart*, Rad. liste, V. *Lista*, billet, rôle, registre, feuillet, étiquette, état, inventaire; quatrième.

CARTA, dl. Mesure. V. *Quarta* et *Quat*, Rad.

CARTA-GEOUGRAPHICA, s. f. (càrte-djeougraphique); CARTA DE GEOUGRAPHIA. *Carta-geografica*, esp. port. Carte géographique, feuille de papier sur laquelle est tracée la surface du monde ou de l'une de ses parties.

Éty. de *carta* et de *Geographia*, v. c. m.

La baguette qui est au haut d'une carte qu'on veut rouler se nomme *gorge* et celle qui est au bas *rouleau*; le dessin qui renferme le titre, s'appelle *cartouche*.

Apollonius de Rodes, attribue l'invention des cartes géographiques aux Egyptiens et particulièrement à Sésostris leur premier roi, 1722 ans avant J.-C. Strabon en fait honneur à Anaximandre le milésien, dans le VIme siècle avant J.-C.

2200 ans avant J.-C. Un fondateur de la première dynastie impériale de la Chine, fit fondre neuf grandes urnes sur lesquelles il fit graver la carte de chaque province de son empire.

1722 ans avant J.-C. Sésostris en fait dresser une où il fait connaître les nations qu'il a soumises.

1595 ans avant J.-C. Moïse en dresse une pour faire le partage de la terre de Chanaan.

515 ans avant J.-C. Aristagoras, Tyran de Milet, présente à Cléomène, roi de Sparte, une table d'airain, sur laquelle est décrit le tour de la terre, avec les fleuves et les mers, pour expliquer la situation des peuples.

44 ans même ère. Le sénat Romain, en fait dresser une de tous les états soumis à la république.

1756 ans depuis J.-C. Louis XV fait lever les grandes cartes de France, par Cassini, de Thuri, etc.

Le premier artiste qui ait gravé et imprimé des cartes géographiques sur cuivre, est Buckinck Arnold, et c'est dans l'édition de Ptolémée qui parut à Rome en 1478, in fol. que les premières furent placées.

En 1482, on grava sur bois, des cartes géographiques pour l'ouvrage de Ptolémée.

La carte de la France par Cassini, la plus célèbre que l'on connaisse, fut ordonnée par Louis XV et publiée de 1744 à 1793, en 182 feuilles y compris la carte d'assemblage et celle des triangles. Elle a été exécutée sur la proportion de 1 à 86,400, ou une ligne par 100 toises.

CARTA-MARINA, s. (cárte-marine). Carte-marine, c'est la projection de quelques parties de la mer, sur un plan, à l'usage des navigateurs.

On en rapporte l'invention à Henri, fils de Jean, roi de Portugal.

CARTABEL, s. m. vl. *Cartapel*, esp. *Cartapacio*, port. *Cartabello*, ital. Feuille volante, Brouillard.

Éty. de *Carta* et *Cart*, R.

CARTABLE, s. m. (cartáblé). Grand porte-feuille, propre à contenir des gravures, des desseins, etc.

Éty. de *carta*, papier, et de la term. *able*, propre à renfermer des papiers. V. *Cart*, R.

CARTAGE, s. m. vl. Examinateur des titres.

Éty. de *carta* et de *age*. V. *Cart*, R.

CARTAIRO, et

CARTAIROLA, s. f. (corteiróle), et impr. *Carteirola*, dl. V. *Quartairola* et *Quat*, R.

CARTAIRON, vl. V. *Quartairoun*.

CARTAIROUN, s. m. V. *Quartairoun* et *Quat*, R.

CARTAL, V. *Quartal* et *Quat*, R. vl. pinte de liquide. Gl. Occ.

CARTAN, vl. V. *Quartan*.

CARTANA, s. f. vl. V. *Quartana* et *Febre*.

CARTANARI, vl. V. *Quartanari*.

CARTAR, v. vl. *Cuartar*, esp. Quarter, labourer quatre fois les terres, donner quatre façons ou une quatrième façon.

Éty. du lat. *quatuor*, quatre. V. *Quat*, R.

CARTARIA, s. f. vl. Quartelage.

« C'est un droit injuste en vertu duquel les » seigneurs volaient ou usurpaient la qua- » trième partie des blés ou des vins recueillis » par les habitants. »

De Laurière, Gloss. du droit franç.

Éty. de la basse lat. *quartagium*. V. *Quart*, Rad.

CARTAS PER. JOGAR, s. f. pl. (cártes); *Carte da giuoco*, ital. *Cartas*, esp. cat. Cartes, morceaux de carton coupés en carré long, portant diverses figures et servant à jouer.

Éty. V. *Carta* et *Cart*, R.

Au jeu des cartes, on nomme :

VOLE ou VOLTE, l'action de faire toutes les levées.
DÉVOLE, celle de n'en point faire quoiqu'on les eut demandées.
RENTRÉE, ce qu'on prend dans le talon après avoir écarté.
PORT, ce que lon réserve quand on écarte.
ÉCART, ce que l'on renvoie en écartant.
TALON, ce qui reste après qu'on a donné à chacun le nombre qu'il faut.

On dit:

AVOIR LA MAIN, être le premier à jouer.
DONNER LA MAIN, céder à l'adversaire le droit de primauté.
PERDRE LA MAIN, perdre la primauté.
FAIRE LA MAIN, donner les cartes.

D'après la croyance commune, les cartes à jouer ne furent inventées qu'en 1390 ou en 1391, par Nicolas Pepin, espagnol, pour amuser la mélancolie de Charles VI; mais on trouve dans les statuts de l'ordre de la bande, formé en Espagne, vers 1332, par Alphonse XI, une disposition qui prohibe le jeu des cartes. M. Johanneau, en fait remonter l'invention à une époque bien plus reculée encore.

Sous le règne de Charles VII, un peintre français, nommé Jacquemin Gringonneur, inventa des cartes particulières et emblématiques. Argine, nom de la dame de trèfle est l'anagramme de *regina*; c'était la reine Marie d'Anjou, femme de Charles VII. Rachel, la dame de carreau, était Agnès Sorel. La dame de pique, sous le nom de Pallas, désignait la pucelle d'Orléans. La dame de cœur, sous celui de Judith, représentait Isabeau de Bavière; cette Judith était l'impératrice, femme de Louis le Débonnaire, connue par sa galanterie. Dans David qui est le roi de pique, on a voulu reconnaître Charle VII, persécuté par son père, comme David par Saül. Selon d'autres, les quatre rois David, Alexandre, César et Charlemagne, sont des Emblêmes des quatre grandes monarchies Juive, Grecque, Romaine et Allemande. Les quatre valets Ogier, Lancelot, la Hire et Hector, sont des personnages historiques. Les deux premiers étaient des héros ou des braves du temps de Charlemagne, Hector de Galand et la Hire, étaient deux capitaines distingués sous Charles VII. Le titre de valet était anciennement un grade qui menait à la chevalerie. Ces quatre valets représentaient la noblesse, les autres cartes depuis le dix, désignaient les soldats.

Les couleurs étaient des emblêmes qui indiquaient : le *cœur*, la bravoure, le *pique*, les armes ainsi que les *carreaux*, le *trèfle*, les fourrages qu'un général doit toujours avoir en vue. L'*as* enfin, serait le symbole des finances, munition indispensable pour faire la guerre.

Suivant le P. Menestrier, le *cœur* représentait les gens d'église ou de chœur, le *pique* les gens de guerre, le *trèfle* les laboureurs, et le *carreau* les bourgeois; parce que dit-il, leurs maisons sont carrelées, explication ridicule.

Il fut établi un impôt sur les cartes, dez et tarots, par un édit d'Henri III, donné le 22 mai 1583.

On lit dans un règlement de la douane, du pays de Béarn, du 19 janvier 1563 : *Cargue de cartes, dels sols tournez.*

On nomme :

ATOUT, V. *Atous*,
LEVÉE, main qu'on a levée.
RENVI, mise d'une somme que le joueur engage en sus d'une autre.
RETOURNE, V. *Tourna*
SORTIE, cartes basses qui donnent le moyen de ne plus faire de levées.
TAROLÉES, cartes tarolées, celles qui sont imprimées sur le dos, offrant divers desseins.
TRIOMPHE, la carte qu'on retourne, sa couleur.
BLUTEU, la gravure qui marque sur l'enveloppe le nom de chaque jeu de cartes.
FRONCE, les plis défectueux qui se trouvent dans les plis des cartes.

CARTASSAR, v. a. vl. Étiquetter.

Éty. de *certassa* augm. de *certa*, étiquette, et de *ar*.

CARTAT, s. f. vl. Cherté, rareté. V. *Chiertat*.

Éty. Altér. de *caritat*, formé de *car* et de *itat*, état de ce qui est cher, rare. V. *Car*, Rad.

CARTATOUCHA, s. f. (cartatóuche). La giberne et les cartouches. V. *Cartoucha*.

CARTAU, V. *Quartau*.

CARTEIRA, vl. V. *Quartiera*.

CARTEIRADA, V. *Quarteirada*.

CARTEIROUN, V. *Quarteiroun*.

CARTEL, s. m. (cartèl); CARTEOU. *Cartello*, ital. *Cartel*, esp. port. *Cartèll*, cat. Cartel, défi par écrit pour un combat singulier.

Éty. du lat. *chartella* dim. de *charta*, papier, petit papier, c'est-à-dire, petite lettre, petit billet. V. *Cart*, R.

L'usage de ces défis était très-commun parmi les Grecs et les Romains; on en voit plusieurs exemples dans Homère et dans Virgile; il l'était encore beaucoup chez nous avant la révolution. V. *Duel*.

CARTELAGE, d. bas lim. V. *Quartelage*.

CARTENENSA, vl. V. *Cartenenza*.

CARTENENZA, s. f. vl. CARTENENSA. Haut prix, estime.

Éty. de *car*, cher. V. *Car*, R.

CARTENIER, dl. V. *Quartenier* et *Quat*, R.

CARTEOU, V. *Cartel* et *Cart*, R.

CARTER, s. m. vl. Le quart. V. *Quat*, Rad.

CARTESANA, s. f. (cartesáne). Cartisane, ornement composé d'un fond de vélin ou de veau, recouvert de soie, d'or, d'argent, etc.

CARTIEIRA, vl. V. *Quartiera*.

CARTIER, s. m. vl. V. *Quartier*.

CARTIER, s. m. (cartié). Cartier, celui qui fait ou vend des cartes à jouer. V. aussi *Quartier*.

Éty. de *carta* et de la term. mult. *ier*. V. *Cart*, R.

Le carton dont on fait les cartes est composé de trois sortes de papiers, que les cartiers nomment :

PAPIER TRACE ou MAIN BRUNE, c'est celui qu'on place au milieu et qui donne l'opacité.
PAPIER CARTIER, celui qui recouvre la carte.
PAPIER AU POT, celui qui porte les figures.

CARTIERA, V. *Quartiera* et *Quat*, R.

CARTILAGE, et

CARTILAGI, s. m. (cartiládgi); CRUSSANTELLA. *Cartilago*, esp. *Cartilagem*, port. *Cartilagine*, ital. Cartilage, substance blanche, élastique, moins dure que les os et plus dure que les chairs qui recouvre les extrémités des os articulaires.

Éty. du lat. *cartilaginis* gén. de *cartilago*, m. sign.

CARTILAGINOS, vl. et

CARTILAGINOUS, **OUSA**, adj. (cartiladginós, óuse); *Cartilaginós*, cat. *Cartilaginoso*, esp. port. ital. Cartilagineux.

Éty. du lat. *cartilaginosus*, ou de *cartilagin* et de *ous*, de la nature du cartilage.

CARTIPEL, s. m. (cartipèl), dl. *Cartel*, Sauv. étiquette qu'on attache sur un sac renfermant les pièces d'un procès.

Éty. du lat. *carta*, papier, et de *pel*, peau, étiquette de peau mise sur les papiers. Voy. *Cart*, R.

CARTO, s. m. vl. Quart, le quart; quartier. V. *Quat*, R. et *Carton*.

CARTOLAR, et

CARTOLARI, s. m. vl. Chartrier, notaire, écrivain.

Éty. du lat. *chartularius*, m. s. V. *Cart*, Rad.

CARTON, s. m. vl. CARTO, CARTAIRON, CARTAIRO. *Quarto*, cat. port. ital. *Cuarto*, esp. Quart, sorte de mesure; quarteron, quatrième partie de la livre.

CARTOSA, s. f. vl. Chartreuse. Voy. *Chartrousa*.

CARTOUCHA, s. f. (cartóutche); CARTATOUCHA. *Cartoccio*, ital. *Cartucho*, esp. *Cartuxo*, port. *Cartutxo*, cat. Cartouche, petit cylindre creux, de papier roulé, renfermant la charge ordinaire d'un fusil, poudre et balle, ou plomb; on le dit aussi pour la charge du canon. V. *Gargoussa*.

Éty. de la basse lat. *chartuccia*, formé de *charta*, papier, et de *uccia* augm. V. *Cart*, Rad.

On appelle :

MANDRIN, le cylindre sur lequel on roule le papier qui sert de moule.

Les cartouches portant la balle, ne furent inventées qu'en 1690.

CARTOUCHA, s. f. Cartouche, ornement d'architecture et de sculpture, en forme de volute.

CARTOUN, s. m. En parlant de la lune, quartier, le quart de la durée d'une lunaison.

CARTOUN, s. m. (cartóun); *Carton*, esp. *Cartão*, port. *Cartone*, ital. *Cartró*, cat. Carton, assemblage de papier hâché, battu et collé, formant des feuilles d'un à trois ou quatre millimètres d'épaisseur.

Éty. de *cart* et de l'augm. *oun*. V. *Cart*, Rad.

On croit que l'invention du carton est aussi ancienne que celle du papier. V. *Papier*.

En terme d'imprimeur, feuille que l'on réimprime pour y faire quelque changement ou corriger quelque faute.

En terme de maçon et de charpentier, soliveau équarri ou triangulaire.

En terme de marine, portulan, volume de cartes marines.

CARTOUN CUER, Carton cuir, il fut inventé par M. Dufort, en 1819.

CARTOUN-PEIRA, Carton pierre, M. Mezières, l'inventa en 1817.

CARTOUNADA, s. f. V. *Trevada* et *Quat*, R.

CARTOUNAR, v. a. (cartounà). Cartonner; couvrir un livre de carton seulement, sans le relier tout à fait; mettre des soliveaux à un plancher, à un toit.

Éty. de *cartoun* et de *ar*. V. *Carto*, R.

CARTOUNAT, ADA, adj et p. (cartounà, áde). Cartonné, ée. V. *Cart*, R.

CARTOUNIER, s. m. (cartounié). Cartonnier, ouvrier qui fait ou marchand qui vend le carton.

Éty. de *cartoun* et de *ier*. V. *Cart*, R.

CARTS, adj. vl. Quatrième, V. *Quat*, R. char.

CARTULARI, s. m. CARTULARIA, s. f. *Cartulario*, esp. *Cartolare*, ital. Cartulaire, recueil de chartes. C'était aussi les papiers terriers des Eglises ou des monastères, sur lesquels on écrivait les contrats d'acquisition, de vente, d'échange; les privilèges, etc.

Éty. du latin *chartularium*, de *charta*, papier. V. *Cart*, R.

D. Mabillon fait honneur du premier cartulaire à Foulquin, sur la fin du Xme siècle.

CARUENDA, s. f. vl.?

Quascuna vuelh n'ai un pic, qu'estier nom platz lur caruenda. Gloss. Occ.

CARUMELA, s. f. (carumèle), dg. Roseau. V. *Cana*, *Canela* et *Calam*, R.

CARUNHADA, vl. V. *Carougnada*.

CARUNHIER, vl. V. *Caronhier*.

CARVAR, v. a. vl. Graver, imprimer, buriner. V. *Gravar*.

CARVENDA, s. f. vl. Haut-prix.

Éty. de *car*, cher, et de *vendà*, vente. V. *Car*, R.

CARVENDRE, v. n. vl. Surfaire, vendre trop cher.

Ety. de *car* et de *vendre*. V. *Car*, R.

CARVI, s. m. (càrvi). V. *Charui*.

CARVIER, s. m. vl. Chargeur. Voy. *Cargaire* et *Carg*, R.

CARYATIDA, s. f. (cariatide); *Cariatide*, cat. esp. ital. Caryatide, statue de femme dont la tête soutient une corniche.

Éty. du lat. *caryatides*, m. s. dérivé du grec καρυάτιδες (karyatides).

D'après Vitruve, les Grecs ayant vaincu les habitants de Carie, ils passèrent les hommes au fil de l'épée, et emmenèrent les femmes captives, sans distinction de rang. Pour perpétuer leur humiliation, les architectes placèrent les figures de ces infortunées dans les lieux publics, au lieu de colonnes, pour soutenir les entablements.

CARYBDA, s. f. (càrybde); *Carybdes*, port. Carybde, gouffre des côtes de Sicile. *Toumbar de Carybda en Sylla*, tomber de Carybde en Sylla, de mal en pis.

Éty. du grec χαίνω (chainô), s'ouvrir, et de ῥόδδην (rhubdên), avec violence.

CARZIR, v. n. vl. Renchérir, devenir plus cher, plus précieux. V. *Rencherir*.

Éty. de *car* et de *ir*, devenir cher, le *z* est euphonique. V *Car*, R.

CARZIT, IDA, adj. et p. Renchéri, ie. V. *Car*, R.

CAS

CAS, CAZ, CHAS, CHAZ, CHAIS, CAIS, CHANS, CHANT; sous-radical de *Cad*, v. c. m. dérivé de *casum*, sup, de *cadere*, tomber.

De *casum*, par apoc. *cas*; d'où : *Cas*, *Casu-el*, *Cass-ada*, *Es-cas-ensa*, *Cas-cada*, etc.

De *cas*, par le changement de *s* en *z*, *caz*; d'où : *Caz-er*, *Mes-caz-er*, *Es-chaz-ensa*, *Caz-ir*, *Caz-it*, *Caz-ensa*, etc.

De *caz*, par le changement de c en *ch*, *chaz*; d'où : *Chaz-er*, *Es-chaz-er*, *De-chaz-ensa*, *Mes-chaz-ensa*, etc.

Du lat. *occasio*, *onis*, formé de *oc* pour *ob*, de *cas* et de *io*, par apoc. *occasion*, *occasio* et *ocais*; d'où : *Ocuiso*, *Ocaison-ar*, *Occasio*, et par le changement de *c* en *ch* : *Ochaiso*, *Ochaison*, et de *o* en *u* : *Uchaiso*, *Uchaison-ar*.

CAS, s. m. (càs); *Caso*, ital. esp. port. *Cas*, cat. Cas, différentes désinences des noms dans les langues où ils se déclinent. On en distingue six dans la latine, le nominatif, le génitif, le datif, l'accusatif, le vocatif et l'ablatif. V. ces mots chacun en son lieu.

Éty. du lat. *casus*, chute, désinence, parce que c'est sur la finale des noms que tombent les variations. V. *Cas*, R.

CAS, s. m. Est pris pour membre viril dans le proverbe suivant :

Qu a beou nas a beou cas.

qui n'est qu'une traduction du lat,

Noscitur ex naso quanta sit hasta viro.

CAS, s. m. Le chas ou œil d'une aiguille. V. *Chaur*.

Éty. *Casus*, chute, parce que c'est de ce trou qu'entre ou tombe le fil. V. *Cas*, R.

CAS, s. m. *lou cas*, Nom par lequel on désigne la clavelée dans plusieurs contrées de la Provence. V. *Picota*.

Éty. de *cas*, accident. V. *Cas*, R.

CAS, s. m. d. bas lim. Mue, grande cage ronde et haute, sous laquelle on enferme la volaille.

Éty. du lat. *capsa*, caisse. V. *Caiss*, R.

CAS, vl. Je chasse, il ou elle chasse, arrive, tombe.

CAS, s. m. pl. vl. Chiens.

CAS, s. m. Pour petit enclos fait avec des claies. V. *Gay*.

Éty. du lat. *caps*, caisse. V. *Caiss*, R.

CAS, s. m. *Caso*, ital. esp. port. *Cas*, cat. Cas, événement, aventure, conjoncture, fait, action, estime, ce qui arrive, ce qui tombe.

Éty. V. le mot précédent, et *Càs*, R.

Se per cas, tr. si par hazard.

Es pas aquit lou cas, et par élision.

Esp'aquit lou cas, tr. ce n'est pas l'embarras et *non ce n'est pas le cas*.

Estre au cas de, tr. être dans le cas de, et non *au cas de*, au cas, en français, est toujours suivi de que; c'est une espèce d'adv.

Et si caas es que, d. béarn. et s'il arrive que.

CASA, CAZA, CHASA, CAHAZA, CAS, rad. pris du latin *casa*, case, cabane, chaumière, hutte, baraque, maisonnette; qu'on fait venir de l'hébreu *casa*, couvrir, ou du grec χάζω (chazô), contenir, mettre à l'écart, d'où χάσις (chasis), action de mettre à l'écart.

De *casa* : *Casa*, *Càsa-ment*, *Cas-al*, *Casal-as*, *Cas-ar*, *Des-cas-ar*, *Cas-erna*, *Cas-ern-ar*, etc., par le changement de *s* en *z* : *Caz-al*, *Caz-au*, *Caz-ar*, etc., par le changement de *c* en *ch* : les mêmes mots.

Et les noms propres : *Cazali*, *Cazal*, *Cazela*, *Chazel*, *Chazella*.

CASA, s. f. (càse); *Casa*, ital. esp. port. cat. Case, petite cabane; on le dit aussi pour maison, à l'imitation des Italiens, des Espagnols et des Troubadours; pour casse. Voy. *Cassa*.

Éty. du lat. *casa*, maison, demeure. V. *Casa*, R.

Casa d'un damier, l'un des carrés de l'échiquier.

CASACA, s. f. (casáque); *Casacca*, ital. *Casaca*, esp. port. cat. Casaque, surtout à larges manches.

Éty. Corrupt. de *cosaque*, peuple de qui nous vient cette sorte d'habillement, selon Guyet et Ménage. Le P. Thomassin le tire de l'hébreu *casa*, couvrir.

On en attribue l'invention ou du moins l'introduction dans nos pays, à l'empereur Caracalla, qui étant à Lyon, en fit donner à tous ses gens.

Virar casaca, tourner casaque, changer de parti, d'opinion.

CASAL, s. m. (casál); CHAZA, CHARAS, CHAZEL, CHAZET, CAUSAU, CHASAL, CAŞAU, CACADOUR. *Casal*, cat. esp. port. *Casale*, ital. Masure, maison ruinée, qui n'a plus de toit; décombres, petite cahutte, étable à pourceaux; métairie, latrines.

Éty. de *casa* et de *al*. V. *Casa*, R.

CASALAS, s. m. (cazalás). Grande, vieille ou laide maison. V. *Maisounassa*.

Ety. de *casal* et du péjor. *as*. V. *Casa*, R.

CASALATGE, s. m. vl. habitation.

Éty. de *casal* et de *atge*. V. *Casa*, R.

CASALÊE, s. m. anc. béarn. Serf, homme qui dépend, qui est attaché à une métairie.

Éty. V. *Casa*, R.

CASALERA, s. f. vl. Cassine.

Éty. de *casal* et de *era*. V. *Casa*, R.

CASALISSA, s. f. (casalisse), dl. Une grange. Sauv. V. *Grangea*.

Éty. V. *Casa*, R.

CASA-MATA, s. f. (cáse-máte); *Casamatta*, ital. *Casamata*, esp. port. cat. Casemate, lieu voûté sous terre, à l'abri de la bombe, qu'on établit dans les fortifications.

Éty. de l'esp. *casamata*, fait de *casa*, maison, et de *mata*, basse, selon Covarruvias. V. *Casa*, R.

CASAMEN, s. m. vl. *Casament*, cat. *Casamiento*, esp. *Casamento*, port. ital. Habitation, domaine, fief, mariage.

Éty. de *Casa*, R. et de *men*.

CASANIER, IERA, adj. (casanié, iére). Casanier, ière, qui ne sort presque jamais de son logis.

Éty. de *casa*, maison, et de *ier*.

CASAQUIN, s. m. (casaquïn); *Casaquilla*, esp. cat. *Casaquinha*, port. Casaquin, habillement de femme moins long que la casaque, dont se servent particulièrement les paysannes, fig. le dos.

Éty. Dim. de *casaca*.

CASAR, v. a. vl. Investir, donner en fief.

CASAR, v. n. (casá). Caser, placer deux dames sur la même flèche, au jeu de tric-trac; iron. emprisonner.

Éty. de *casa* et de *ar*. V. *Casa*, R.

CASAR, v. a. *Casar*, cat. esp. port. *Casarr*, ital. et

CASAR SE, v. r. SACASAR, S'ACASIR. *Casar-se*, port. cat. esp. Se caser, s'établir à un endroit; se marier: *Aqueou s'es ben casat*, celui-là s'est bien établi; se pourvoir.

CASARNET, s. m. (casarné). Nom que portait anciennement le rôle des contribuables.

Éty. de *casar*, placer, et de *net*, propre, particulier, qui donne à chacun une place distincte, on a dit *caser net*, comme on dit encore mettre au net. V. *Casa*, R.

CASAT, ADA, adj. et p. (casá, áde); *Casado, ada*, port. esp. *Casad*, cat. Pourvu, casé, marié, placé, ée.

Éty. de *casa* et de *at*, mis dans la cas. V. *Casa*, R.

CASATZ, vl. Pour *qu'assaz*, qu'assez. V. *Sat*, R.

CASAU, s. m. (casáou). Le même que *Casal*, v. c. m. et *Casa*, R.

Ce mot signifiait aussi faubourg, autrefois.

In suburbiis quæ vulgo casalia vocantur.

CASAU, s. m. d. béarn. Jardin potager, V. *Hort*, cloaque. Aub.

CASCABEL, s. m. (cascabèl), dg. *Cascabèll*, cat. *Cascabel*, esp. Grelot. V. *Cascavel*.

CASCA-BLAD, (cásque-blá). Onomatopée du chant de la caille, qui signifie en même temps secoue blé. V. *Cascarat*.

CASCADA, s. f. (cascáde); PISSAROTA, PICHAROUETA. *Cascata*, ital. *Cascada*, esp. port. cat. Cascade, chute d'eau, soit naturelle, soit artificielle. Les grandes cascades occasionnées par l'inégalité du terrain, se nomment cataractes.

Éty. de l'ital. *cascata*, fait de *cascare*, tomber. V. *Cas* et *Cad*, R.

CASCAIRE, s. m. (cascaïré). Celui qui secoue, gauleur, lorsqu'il gaule les arbres. Gar.

Éty. de *cascar* et de *aire*. V. *Cas*, R.

CASCAL, s. m. (cascál), dl. Bruit que font les noix quand on les remue; le glossement de la poule, *ca-ca-ca-ca*, différent du gloussement, *glou-glou-glou*. On le dit aussi du gazouillement des oiseaux, et fig. du murmure que fait une assemblée de femmes, lorsqu'elles parlent toutes ensemble, comme cela arrive presque toujours. V. aussi *Rousigou*.

Éty. *Cascal*, paraît être une onomatopée ou un mot dérivé du celtique.

CASCALAR, v. n. (cascalá). Cacaber, on le dit de la caille et de la perdrix qui chantent.

CASCALHA, s. f. (cascáille). Au positif, grelot, V. *Cascavel*; et au figuré, personne légère, coquette ou volage.

Éty. Onomatopée.

CASCALHAR, v. a. (cascalhá); CASCALHEGEAR, PAFFABAR, CASCAIAR. Secouer fortement un arbre ou une personne. Gar. Closser, les poules clossent lorsqu'elles ont faim; gazouiller, babiller, jabotter, on le dit aussi du gazouillement des enfants; Sauv. brandiller. Cast.

Éty. de *cascalha*, grelot, et de *ar*, secouer ou raisonner comme un grelot.

CASCALHAR LOU, s. m. CASCALHET, CASCALHAT, COURCALHAT, CASCARAT, CASCABLAD. Courcaillet, le cri des cailles, l'appeau dont on se sert pour les appeler.

Éty. Ce mot est une onomatopée ou imitation du bruit que fait la caille.

CASCALHEGEAR, v. n. (cascailledjá), dl. V. *Cascalhar*.

CASCALHET, s. m. (cascaillé), dl. Le courcaillet de la caille. V. *Cascalhar*, *lou*.

CASCALHOU, s. m. vl. Tique. Voy. *Cascalhoun*.

CASCALHOUN, s. m. Pour grelot, V. *Cascaveou*, et pour tique. V. *Langasta*.

CASCALHOUN, s. m. (cascaillóun). Nom qu'on donne, à Grasse, selon M. Aubin, à la groseille à maquereau. V. *Agrourela* et *Grousela*.

CASCANEL, s. m. vl. Meule.

CASCAR, v. a, (cascá), dg. Émotter, abattre les mottes. V. *Trissar moutas* et *Cas*.

CASCAR, v. a. (cascá); *Cascare*, ital. Secouer, abattre en secouant, faire tomber le fruit en agitant l'arbre; choquer, mettre dedans, frapper contre. Douj.

Éty. du lat. *casus*, chute, et de la term. act. *ar*. V. *Cas*, R.

CASCAR, v. n. Défleurir, en parlant des arbres; passer, couler, quand il est question des autres plantes.

Ety. de *casus*, chute. V. *Cas*, R.

CASCARAT, (cascará); CASCARA. Onomatopée du chant de la caille. V. *Cascalhar lou*.

CASCARELEGEAIRE, s. m. (cascareledjäiré). Caqueteur, babillard. Aub.

CASCARELEGEAR, v. n. Aub. Voy. *Caquetar*.

CASCARELET, ETA, adj. (cascarélé, éte). Fréluquet, esprit léger, femme frivole. Garc.

CASCARELIAR, d. du Var. V. *Cacareliar*.

CASCARELUN, s. m. (cascarelún). Babil, caquet.

CASCARIAR, v. n. (cascariá). Cacaber, parlant du chant de la perdrix. Garc.

CASCARILHA, s. f. (cascarilhe); *Cascarilla*, cat. esp. *Cascarilha*, port. Cascarille, nom qu'on donne à l'écorce d'un arbrisseau de l'Amérique Méridionale, appartenant à la fam. des Euphorbiacées, et que Linneus a désigné sous le nom de *Croton cascarilla*.

Éty. du lat. *cascarilla*, fait de l'esp. *cascara*, écorce, sous entendu, du Pérou.

Cet arbrisseau, dont Vincent Garcias Salat, espagnol, a parlé le premier, croît dans plusieurs pays de l'Amérique.

CASCARIN, INA, s. et adj. (cascarin, ine), d. m. Plaisant, facétieux.

CASCAVARI, s. m. (cascavári). Champ; pièce de bois en forme de rouet, qu'on met au lieu de poulie, dans une mortaise.

CASCAVEL, CARCAVEL, rad. qui paraît avoir été pris du lat. *scabellum*, *scabillum*, espèce d'instrument qui avait de grands rapports avec les castagnettes, selon Ménage, d'autres le dérivent du grec καρκαίρω (karkairó), résonner, retentir, *cascaviellus*, en basse lat.

De *cascavel* et *cascaveou*, par le changement de *l* en *ou*: *Cascavel-ar*, *Cascavel-as*, *Cascavel-iar*, *Cascavel-oun*, *Cascavel-a*.

De *cascavel*, par le changement de *s* en *r*, *carcavel*; d'où: *Carcavel-a*, *Carcavel-ar*.

CASCAVEL, s. m. (cascavèl); CANCANA, CASCALHA, QUISCABEL. *Cascaveou* et impr. *Quiscabel*. *Cascabel*, esp. *Cascavell*, cat. *Cascavel*, port. Grelot, petite sphère de métal creuse et percée, dans laquelle on met un battant mobile, fig. personnage léger et inconsidéré.

Éty. V. *Cascavel*, R.

CASCAVEL, s. m. (cascavèl). Nom qu'on donne, aux environs du Pont du Gard, selon M. Requien, à la jonquille. V. *Jounquilha*.

Éty. Probablement à cause de la ressemblance qu'on a cru y trouver avec un grelot. V. *Cascavel*, R.

CASCAVELA, s. f. (cascavèla). Nom qu'on donne, dans quelques villages des environs de Digne, à la crête de coq. Voy. *Tartarieia*.

Éty. Ainsi nommée parce que les capsules de ses semences ressemblent un peu à des grelots, *Cascavel*, v. c. m.

D'après M. Aubin, on donne le même nom, à Grasse, au mélampyre des champs. Voy. *Pinaut*.

CASCAVELAR, v. n. V. *Cascaveliar*.

CASCAVELAS, s. m. (cascavelás). Augm. de *Cascavel*, gros grelot.

Éty. de *cascavel* et de la term. augm. *as*. V. *Cascavel*, R.

CASCAVELEGEAR, d. apt. V.

CASCAVELET, ETA, adj. (cascavelé, été). Petit étourdi, jeune écervelé.

CASCAVELETA, s. f. (cascaveléte). Nom du reseda sauvage, selon M. Castor. Voy. *Amoureta*.

CASCAVELIAR, v. n. (cascaveliá); CASCAVELAR, CASCAVELEGEAR. Faire sonner les grelots, et fig. faire du bruit, faire claquer son fouet; jaser, babiller, ébruiter un secret, grelotter. Cast.

Éty. de *cascavel* et de la term. act. *ar*. V. *Cascavel*, R.

CASCAVELOUN, s. m. (cascavelóun). Dim. de *cascavel*, petit grelot. V. *Cascavel*, Rad.

CASCAVEOU, s. m. (cascavèou). Grelot. V. *Cascavel*.

CASCAVEU, vl. V. *Cascavel* et *Cascavel*, R.

CASCIEU, s. m. vl. Chasse, lieu de chasse.

Éty. de *cassa*. V. *Cass*, R.

CASCO, s. m. (cásque); CASQUE, CASCOU. *Casco*, esp. port. cat. *Caschetto*, ital. Casque, armure défensive qui couvre la tête.

Éty. du lat. *cassis*, m. s. probablement dérivé du grec χάζω (chazô), contenir. V. *Casa*, R.

Dans un casque, on nomme :

GARDE VUE, la partie qui fait saillie sur le devant.
MENTONNIÈRE, celle qui passe sous le menton.

Les casques viennent des Lacédémoniens, Carès fut le premier qui les orna d'aigrettes et de plumes. Dict. des Orig.

Leur usage s'introduisit en France vers l'an 752.

Le casque est la coiffure militaire la plus anciennement connue.

CASCOU, V. *Casco*.

CASCU, vl. Alt. de *Cascun*, v. c. m.

CASCUN, QUASCUN, sub. ind. vl. *Cascun*, cat. Chacun. V. *Chascun* et *Cadun*.

Éty. du lat. *qualiscumque*. V. *Qual* et *Un*, R.

CASERNA, s. f. vl. CAZERNA. Prostituée, débauchée.

Jazer ab vielha cazerna,
Cant sent flairor de taverna.

CASERNA, s. f. (cazèrne); CASERNAS, s. f. pl. *Caserna*, esp. cat. port. *Caserma*, ital. Caserne, bâtiment pour loger des troupes en garnison.

Éty. de *casa*, maison. V. *Casernar* et *Casa*, R.

« La première ordonnance pour caserner les troupes, est du trois décembre 1691; avant ce temps, tous les soldats étaient logés chez les habitants. » Ency. mod.

CASERNAMENT, s. m. (casernaméin). Casernement, action de caserner.

Éty. de *caserna* et de *ment*. V. *Casa*, R.

CASERNAR, v. a. (caserná). Caserner, loger dans des casernes.

Éty. de *casa*, maison, et de *cernere*, séparer, mettre en particulier. V. *Casa*, R.

CASETA, s. f. (caséte); *Caseta*, cat. *Casita*, esp. *Casetta*, ital. Nom de lieu, petite maison, maisonnette.

Éty. de *casa* et du dim. *eta*.

CASI, *Casi*, cat. esp. V. *Quasi*.

CASILHOUS, OUSA, OUA, adj. (casilhóus, óuse, óue). Casilleux, euse, verre qui se casse quand on veut le couper avec le diamant.

Éty. Ce mot est dit pour *cassilhous*, de *quassare* et de *ilhous*, qui se casse facilement. V. *Cass*, R. 4.

CASIMIR; nom d'homme, (casimir); *Casimirro*, ital. *Casimiro*, esp. Casimir.

Patr. Saint Casimir, prince de Pologne, honoré le 4 mars.

CASIMIR, s. m. (casimir); *Casimirra*, ital. *Casimir*, esp. cat. Casimir, drap léger croisé, qu'on a d'abord fait avec la plus belle laine, et qu'on fabrique depuis peu en coton.

CASIR, v. a. vl. Connaître.

CASLAR, s. m. vl. Château fort, tertre, éminence.

Éty. Alt. de *castelard*. V. *Castel*, R.

Caylar, nom de lieu.

CASONAR, v. a. vl. Accuser.

CASPA, s. f. vl. Grappe.

CASPI, interj. (cáspi); CASPITELA, CASPITENO. *Caspita*, cat. esp. *Cappità*, ital. Interjection qui marque la surprise : Certes! peste! morbleu! dame!

Caspi que mourralhada! tu-dieu quelle tirade!

CASPITELA, et

CASPITENO, V. *Caspi*.

CASQUE, V. *Casco*.

CASQUETA, s. f. (casquéte); GASQUETA. *Casquete*, port. Casquette, coiffure d'homme faite d'étoffe ou de peau, qui a quelquefois un rebord sur le devant.

Éty. de *casco* et du dim. *eta*, petit casque. V. *Casa*, R.

CASQUETA, s. f. (casquéte); ESCAUSSELADOUR, dg. Emottoir ou casse mottes, massue de bois, dont on se sert pour briser les mottes.

CASQUILHOUN, V. *Lingasta*.

CASS, CHASS, rad. de *cassa*, *cassar*, chasse, chasser, et dérivés, que Caseneuve fait venir du lat. *casses*, espèce de filets dont les anciens se servaient pour chasser, même les grandes bêtes; de *casses*, on a fait *cassarius*, celui qui fait les filets de chasse, et ensuite *cassaire*, chasseur.

Isaac Pontanus, dit que chasser, *cassar*, vient de *casnar*, mot gaulois qui désigne celui qui poursuit, qui pourchasse quelque chose.

Denina, le dérive du celtique, et il en donne pour preuve que le mot *caciare*, se trouve déjà dans les capitulaires des rois Carlovingiens avec Jagen, qui a la m. s. en all.

Ménage croit qu'il vient de *captare*, et M. Nodier, du vieux français *sacher*, formé de *sagittare*; d'où : *Cass-a*, *Cass-ador*, *Cass-aire*, *Cassair-ol*, *A-cassar*, *Cassar*, *Cass-at*, *Per-cassar*, etc., par le changement de *a* en *au* : *Caus-ar*, *En-caus*, *Entre-caussamen*, *Encauss-ar*, etc., par le changement de *c* en *ch* : *Chass-a*, *Chassa-diable*, *Chass-aire*, *Chass-iera*, *Chass-oun*, *Chass-ar*, *Per-chassar*, et en général les mêmes mots que par *Cass*.

Irrégulièrement formés : *Per-cat* pour *Per-cassat*, *Per-chat*, *Per-cas*, *Pro-catz*.

CASS, 2, CACH, radical dérivé du latin *quassare*, *quasso*, *quassatum*, fréquentatif de *quatere*, *quatio*, *quassum*, ébranler, secouer, rompre, briser, d'où *percutere*, frapper parmi; *percussio*, percussion, *succutere*, secouer; *succussio*, secousse, d'où le latin barbare, *cassare*, casser, et peut être l'arabe, *cassara*, rompre briser.

De *cassar*, par apoc. *cass*; d'où : *Cass-a*, *Cass-ar*, *Cass-at*, *Cass-ada*, *Cassad-ura*, *Cass-ant*, *Cass-ation*, *Cassa-dent*, *Casilh-ous*.

De *cass*, par le changement des *ss* en *ch*, *cach*; d'où : *Cach-ar*, *Cach-at*, *Cach-ada*, *Cachad-ura*, *Cacha-dent*, *Cacha-mela*, *Cacha-ment*, *Cacha-mourre*, *Cacha-pignoun*, *Cach-ao*, *Cach-eta*, *Cach-eti*, *Cach-eya*, *Cach-iera*.

CASS, 3, rad. pris du roman *casse* ou *casser*; chêne : *casser es arbre glandier*. Eluc. de las propr.

Cass-e, *Casser*, *Cass-agna*, *Cassagn-as*, *Cassagn-eta*, *Cass-en-at*, *Cassen-ola*, *Cass-el*, *Cass-o*, *Cass-ana*, par le changement de *c* en *ch*, *chass*; d'où : *Chass-agna*, *Chass-agnas*, *Chassagn-ada*, *Chass-an*.

Noms propres : *Cassagna*, *Chassan*.

CASS, ASSA, adj. vl. Nul, vain.

Éty. du lat. *cassus*, m. s.

CASSA, s. f. (cásse); CASSI, CANEFICI. *Cassia*, ital. Casse, nom qu'on donne au fruit du canéficier, *Cassia fistula*, Lin. arbre de la fam. des Légumineuses, indigène des Indes Orientales et des lieux les plus chauds de l'Amérique.

Éty. du lat. *cassia* ou *quassia*, dérivé du grec κασιαν (kasian), mot dont les Septante se sont servi pour rendre celui que les Hébreux employaient pour désigner cet arbre qui est *ketzioth*.

La pulpe contenue dans les siliques ou fruits de la casse, est depuis longtemps employée comme purgative et particulièrement dans les maladies qui ont un caractère enflammatoire.

C'est vers l'an 824 que les Arabes introduisirent l'usage de la casse dans la médecine.

CASSA, s. f. (cásse); CHASSA. *Caza*, esp. *Caccia*, ital. *Caça*, port. *Cassa*, cat. Chasse, action de chasser, de poursuivre les bêtes sauvages. La chasse des bêtes fauves prend le nom de vénerie, et celle qui s'exécute au moyen des oiseaux de proie, celui de fauconnerie; produit de la chasse.

Éty. du lat. *casses*. V. *Cass*, R.

La chasse est un exercice auquel les hommes se sont livrés dans tous les temps, et l'Ecriture nous apprend que Nemrod, petit-fils de Noé, était un grand chasseur, et qu'il fut rejeté par le Seigneur.

Les Grecs regardaient les Lacédémoniens comme les inventeurs de la chasse et Decertus en particulier.

En termes de chasse, on nomme :

FROUER, l'action par laquelle on contrefait, à l'aide d'une feuille de lierre, le cri des geais, des merles, et d'autres oiseaux, pour les attirer dans le piége.

La chasse qu'on fait pendant la nuit aux oiseaux, au moyen de la clarté du feu, se nomme fouée, *cassa de nuech.*

CASSA, s. f. (càsse) ; CASA. Casse, caisse de forme parallélipipède, dans les divisions de laquelle les imprimeurs placent les caractères d'imprimerie.

Éty. du lat. *casa* ou *capsa*, cassette, boîte. V. *Caissa* et *Casa*, R.

La casse est formée de deux pièces ayant chacune les mêmes dimensions, qu'on nomme *casseaux*. Le supérieur se nomme *haut-de-casse* et l'inférieur *bas-de-casse*. Le haut-de-casse, est subdivisé en 98 petites cases qu'on nomme *casselins*, et le bas-de-casse en 54, mais de différentes grandeurs.

Chaque compositeur a ordinairement devant lui trois casses, assemblage qui porte le nom de *rang*.

CASSA, s. f. Sasse, pelle de bois creuse, servant dans les moulins à huile, à transporter l'eau de la chaudière sur les *escourtins* pour échauder la pâte et faire couler l'huile. Avr.

CASSA, s. f. BLACHI. *Casse*, poêlon d'airain ou de fer, à long manche, dont on se sert pour prendre de l'eau dans les gros vases.

Grande cuiller de fer pour transvaser le verre. Garc.

Éty. du lat. *capsa*, cassette, coffre. Voy. *Caiss*, R.

CASSA, s. f. d. lim. Fracture, brisure.

Éty. de la basse lat. *cassare*. V. *Cass*, R. 2.

Mé que n'ai pas pau de la casso
Iaü mé mettraï dovan
Tan qué tan. Lou toupi de terro et lou de fer.

CASSA-CASSA, Troisième personne du sing. de l'imp. du verbe *Cassar*, chasse-chasse, expression dont on se sert pour chasser les chats. V. *Cat*, V. *Cass*, R.

CASSADA, s. f. (cassàde) ; BAJAULA. Cassade, mensonge pour plaisanter que les masques se disent à l'oreille ; bourde ; propos vrai, mais insultant. Garc. V. *Baya* et *Peissoun d'abriou.*

Éty. du lat. *casses*, filet, filet où l'on tombe, où l'on se prend. V. *Cas*, R.

CASSADA, s. f. vl. Copeau.

CASSA D'AFFINAGI, s. f. Coupelle où l'on essaye l'or et l'argent.

CASSA-DENT, s. m. (càsse-dèin). Craquelin, espèce de pâtisserie qui craque sous la dent.

Éty. de *cassar* et de *dent*, qui casse les dents. V. *Cass*, R. 2.

CASSADOR, vl. V. *Cassaire.*

CASSADOUR, s. m. (cassadóu), dg. *Chassoir*, billot de bois dont le tonnelier se sert pour *chasser* les cercles, pour les enfoncer.

CASSADURA, s. f. vl. CACHADURA. *Cassatura*, ital. brisure, cassure.

Éty. de *cassada* et de *ura*, chose cassée. V. *Cass*, R. 2.

CASSAEYRE, s. m. dg. V. *Cassaire.*

CASSAFU, s. m. (cassafù). Fronde à plusieurs mailles pour lancer des pierres. Garc.

CASSAGNA, s. f. (cassàgne). Nom de lieu très-répandu, que M. de Sauvages croit avoir signifié chênaie ou lieu planté de chênes.

Éty. de *casse*, chêne. V. *Cass*, R. 3.

CASSAGNAS, s. m. (cassagnàs) ; CASSANAS, dl. Augm. de *Cassagna*, v. c. m. et *Cass*, R. 3.

CASSAGNETA, s. f. (cassagnéte). Dim. de *Cassagna*, v. c. m. et *Cass*, R. 3.

CASSAIRE, s. m. (cassàïré) ; CASSAEYRE, CASSEDOUR, CHASSAIRE. *Cacciatore*, ital. *Cazador*, esp. *Caçador*, port. *Cassador*, cat. Chasseur, celui qui chasse actuellement ou qui aime à chasser.

Éty. de *cassa* et de *aire*, celui qui chasse, ou du lat. *cassarius*, celui qui faisait les filets pour la chasse, selon Mén. V. *Cass*, R.

Cassaire de cardelinas ou *d'auceous*, oiseleur.

CASSAIROLA, s. f. (casseiróle) ; CASSEIROLA. *Casserola*, ital. port. *Cassarola* et *Cacerola*, cat. *Casseruola*, ital. Cesserole, ustensile de cuisine en forme de bassin, muni d'un manche, dans lequel on fait ordinairement les ragoûts.

Éty. de *cassa*, dérivé du lat. *capsa* et du dim. *airola*. V. *Caiss*, R.

Dans une casserole on distingue : le *manche*, le *fond*, le *tour* et le *couvercle.*

CASSAIROT, s. m. (casseiró) ; CASSEIROT. Petit et mauvais chasseur.

Éty. de *cassaire* et du dim. *ot*. V. *Cass*, Rad.

CASSA-JOYA, s. m. (casse-jóye), dl. Un rabat-joie, un trouble-fête, celui dont l'air grave et sévère oblige les autres à prendre un air sérieux.

Éty. de *cassar*, chasser. V. *Cass*, R.

CASSANA, s. f. (cassàne), dl. FALQUIERA. Ceinture de culotte, de caleçon ; cordon de ceinture, de jupe : *Cassana doou col*, le col d'une chemise, d'une aube, etc. Sauv.

Éty.

CASSANA, s. f. dl. Noix de galle ou de chêne. V. *Gala.*

Éty. de *casse*, chêne. V. *Cass*, R. 3.

CASSANA, s. f. M. Michel, dans son poëme sur l'embarras de la foire de Beaucaire, emploie ce mot pour *caussana* ; *Cassanos, cabestres, brindols.*

CASSANDRO, nom d'homme, (cassàndre) ; *Cassandro*, ital. *Casandra*, esp. Cassandre.

CASSANT, ANTE, adj. (cassàn, ànte). Cassant, ante ; fragile, qui se casse facilement.

Éty. de *Cass*, R. 2, et de *ant.*

CASSAR, v. a. et n. (cassá) ; CHASSAR, COUCHAR. *Cacciare*, ital. *Cazar*, esp. *Caçar*, port. *Cassar*, cat. Chasser, expulser, mettre dehors ; aller à la chasse, poursuivre le gibier.

Éty. du lat. *captare*, m. s. ou de *cassa* et de *ar*. V. *Cass*, R.

CASSAR, v. a. (cassà) ; *Cassar*, cat. port. *Casar*, esp. *Cassare*, ital. Pour rompre, briser. V. *Roumpre* et *Espeçar*, casser, annuler une sentence, un acte ; priver ou destituer quelqu'un de son emploi.

Éty. du lat. *cassus*, vain, inutile, et de la term. act. *ar*, rendre inutile, annuler, Voy. *Chassar*, et dans le premier sens de *quassare*. V. *Cass*, R. 2.

CASSA-RODA, dg. V. *Bula-roda.*

CASSAT, ADA, adj. et p. (cassá, àde) ; *Caçado*, port. Chassé, ée, aboli, ie, annulé : *Froumagi cassat.* V. *Cacheti.*

Éty. de *Cass*, R. et de *at*, V. *Cass*, R. dans la première accep. et *Cass*, R. 2, dans la seconde.

CASSATION, s. f. (cassatie-n) ; CASSATIEN. *Cassació*, cat. *Casacion*, esp. *Cassazione*, ital. *Cassação*, port. Cassation, acte juridique par lequel on casse un jugement, une procédure.

Éty. de *Cassar*, v. c. m. et de la term. *ion*, l'action de casser. V. *Cas*, R. 2.

Cour de cassation, cour suprême, établie à Paris, pour la révision des procès jugés par les cours royales, et dans lesquels les formes légales n'auraient pas été observées.

Elle fut instituée en 1790.

CASSAUDA, s. f. (cassàoude). Nom languedocien des prêles. V. *Coussauda.*

CASSAYRE, vl. V. *Cassaire* et *Cass*, Rad.

CASSE, s. m. d. béarn. Fromage. Voy. *Froumagi.*

CASSE, s. m. (cássé) ; CASSEU, CASSOU. Nom commun à presque toutes les espèces de chênes.

Éty. Ce mot paraît être celtique. V. *Cass*, Rad. 3.

CASSE-BLANC, s. m. Nom toulousain du chêne-blanc. V. *Roure.*

CASSEDOUR, d. béarn. CASSEDOU. Chasseur. V. *Cassaire* et *Cass*, R.

CASSEGEAR, v. a. (cassedjà), fréq. de *Cassar*, V. *Cass*, R. chasser souvent.

Aquel que tout l'an cassejo,
Que fai pas d'aoutré mestié,
Per un lapin que campejo
Gasto un parel de souié.

Boufounades.

CASSEIROLA, s. f. V. *Cassairola.*

CASSENADA, s. f. (cassenàde). Nom toulousain de l'agaric du chêne, *Agaricus quercinus.*

CASSENAT, s. m. vl. CASSENADA, CESSENAS, CASSET. Jeune chêne ; baliveau. Douj. V. *Cass*, R. 3.

CASSE-NEGRE, s. m. (cássé-négré). Nom toulousain du chêne ordinaire à fruits sessiles. V. *Roure.*

CASSENOLA, s. f. (cassenóle) ; CASSANOLA, dl. Excroissance qui vient sur les feuilles du chêne, ressem[illegible]t aux galles. Voy. *Cass*, R. 3.

CASSER, s. m. vl. Chêne. V. *Roure* et *Cass*, R.

CASSEROUN, s. m. (casseróun). Voy. *Cassouleta*. Garc.

CASSET, dl. Un des noms du chêne, dérivé de *casse*. V. *Cassenat* et *Cass*, R. 3.

CASSETA, s. f. (casséte). Cassette, petit coffre où l'on serre les objets précieux, de l'argent, etc. V. *Caisseta.*

Ety. Dim. de *cassa* ou de *caissa*. Voy. *Caiss*, R.

CASSETA, s. f. *Casseta*, cat. *Caceta*, esp. *Cacerwola*, ital. Petit poêlon, ordinairement de laiton. V. *Cassa*.

CASSETADA, s. f. (cassetáde). Poêlonnée, plein un poêlon.

Éty. de *casseta* et de *ada*. V. *Caiss*, R.

CASSETIN, s. m. (cassetìn). Cassetin, en terme d'imprimerie, petite casse. Voy. *Cassa* et *Caiss*, R.

CASSEYA, s. f. (cassèïe). Fromage fort mis en pâte, etc. V. *Rebrous*.

Éty. de *casse*, qui signifie fromage en Béarnais.

CASSEYER, s. m. (casseyé). V. *Cassilha*.

CASSIA, s. f. vl. *Cassia*, cat. Casse, V. *Cassa*, arbre et fruit.

CASSIAN, nom d'homme, (cassián). Cassien.

Patron, Saint Cassien, évêque d'Autun, mort avant le milieu du IVme siècle, dont on célèbre la fête, le 5 août; ou de Cassien le bienheureux, prêtre de Marseille et père de l'Eglise, mort l'an 434, dont on honore la mémoire à Marseille, le 23 juillet.

Sant-Cassian, se dit proverbialement d'un sans-souci, sans que nous en connaissions la raison.

CASSIBRALHA, s. f. (cassibráille), dl. Marmaille, en parlant des petits enfants, V. *Marmalha* et *Brealha*; racaille, quand il est question de gens méprisables, plus âgés que les enfants.

Éty. V. *Brealha*.

CASSIDA, s. f. (casside). Chassie. Cast. V. *Reouma* et *Lagagna*.

CASSIDENC, **ENCA**, s. (cassidéin, éinque). Habitant de Cassis.

Éty. de *Cassis* et de *Enc*, v. c. m.

CASSIDOINE, vl. V. *Calcedoina*.

CASSIDOS, adj. vl. Chassieux. V. *Lagagnous*.

Éty. de *cassida*, chassie, et de *os*.

Hom cassidos o laganhos non pot guardar lo lum.

CASSIDOUS, **OUSA**, adj. Cast. Voy. *Cassidos* et *Lagagnous*.

CASSIER, s. m. (cassié). V. *Cassilha*.

CASSIEST, vl. Tu chassas.

CASSIGOULAR, v. a. (cassigoulá), dl. Chatouiller. V. *Catilhar*.

CASSILHA, s. f. (casilla); CASSILHIER, CASSIER, CASSEYER. Acacia des jardins, acacia Farnèse, *Mimosa farnesiana*, Lin. arbrisseau de la fam. des Légumineuses que l'on cultive à cause de l'odeur suave de ses fleurs. Originaire de l'Inde.

CASSILHA, s. f. dl. Le gibier qu'on tue à la chasse, soit le gros, soit le menu, comme les oiseaux. Sauv.

Éty. de *cassa* et de *ilha*, tout, toute la chasse. V. *Cass*, R.

CASSILHIER, V. *Cassilha*.

CASSINA, s. f. (cassine). Nom qu'on donne au groseiller noir, à Toulouse, où le fruit est connu sous celui de *Coulindroun negre*. V. *Cassis*.

CASSIOU, dl. V. *Catilh*.

CASSIR, v. a. vl. Approuver, consentir.

CASSIS, s. m. (cassis); CASSINA. Nom qu'on donne, à Montpellier, au groseiller noir, *Ribes nigrum*, Lin. arbrisseau de la fam. des Groseillers, que l'on cultive sous les noms de *cassis* ou *cassier*.

CASSO, s. m. dg. Chêne. V. *Roure* et *Cass*, R. 3.

CASSOLA, s. f. (cassóle), dl. *De la cassole*, Sauv. sorte de mets fait de gruau ou de riz, qu'on met cuire à un four dans le vase nommé aussi *cassola*. V. *Caiss*, R.

Avem boutat la cassola, nous avons mis cuire une *cassole*. Sauv.

Levar de cassola, fig. dégoûter, supplanter.

N'es pas de cassola, il n'est pas de la fête ou de la partie.

CASSOLA, s. f. BROUT. Avant-train de la charrue. Cast.

CASSOLA, s. f. (cassóle). Espèce de casserole; grande terrine plate.

Éty. Dim. de *cassa* V. *Caiss*, R.

CASSOLA, s. f. CHASSOUERA. Auget d'un moulin, conduit de bois, fait comme une tuile creuse qui, placé sous la trémie, verse peu à peu le grain sur la meule, par le mouvement que lui communique le cliquet.

Éty. Dim. de *cassa*, petite caisse. Voy. *Caiss*, R.

CASSOLADA, s. f. (cassouláde); CASSOULADA, dl. Une terrine ou plein une terrine de cassole de riz ou de gruau. Sauv.

Éty. de *cassola* et de *ada*. V. *Caiss*, R.

CASSOLETA, s. f. (cassouléte); CASSOULOUN, CASSOULETA, CASSOLOUN. *Cazzuola*, ital. *Cassoula*, port. *Cassoleta*, cat. Cassolette, petit vase où l'on met des parfums pour les faire évaporer; couvet, vase en fer dans lequel on met de la braise et qu'on place dans une chaufferette.

Éty. de *cassola* et du dim. *eta*. V. *Caiss*, Rad.

Cassoleta per leis malauts, bassin à queue. Suppl. à Pelas.

CASSOLETA, s. f. (cassouléte); CASSOULETA. Nom qu'on donne, en Languedoc, à la julienne. V. *Juliena*.

CASSOLETA-BLANCA, s. f. Nom toulousain de la julienne inodore, *Hesperis inodora*, Lin. plante de la fam. des Crucifères Siliqueuses.

CASSOLETA-JAUNA, s. f. CASSOULETA-JAUNA. Nom qu'on donne, à Toulouse, au velar de Sainte Barbe, *Erysimum barbarea*. *Flore pleno*. V. *Herba de Santa Barba*.

CASSOOU, s. m. (cassóou), dl. Ferret d'aiguillette. V. *Cassoun* et *Bout-de-courdela*.

Éty. Probablement de *cas* pour *cap*, dont le *p* s'est changé en *s* par attraction et de *soou* pour *solide*, tête ou bout, ferme, solide.

CASSOOUDA, s. f. (cassóoude). Nom des prêles, à Avignon et dans le Languedoc. V. *Coussauda*.

CASSOU, s. m. (cássou). Il n'est guère employé que dans cette expression proverbiale: *Te dounarai un cassou*, je ne te donnerai rien du tout.

Éty. du lat. *cassus*, vide, de nulle valeur, ou de l'ital. *cazzo*, nargue, un rien.

CASSOU, interj. d'étonnement. Certes! diantre! peste!

CASSOU, s. m. d. béarn. Chêne. Voy. *Casse* et *Cass*, R. 3.

CASSOUARA, s. f. Garc. V. *Chassouera*.

CASSOUDA, s. f. (cassóude). Nom qu'on donnait, à Montpellier, dans le XVIIme siècle, selon Magnol, à la prêle, V. *Coussauda*, et particulièrement à l'*Equisetum arvense*, Lin. prêle des champs.

CASSOUDA BASTARDA, s. f. Nom qu'on donnait dans le même pays, selon le même auteur, à l'*Equisetum fluviatile*, Lin. prêle fluviatile.

CASSOULADA, V. *Cassolada*.

CASSOULETA, V. *Cassoleta*.

CASSOULOUN, s. m. (cassoulóun); CASSOUROUN. Petit rechaud. V. *Cassoleta*.

CASSOUN, s. m. (cassóun), dl. CASSOU, CASSOOU, BOUT, CATSOU. Un ferret d'aiguillette, de toupie. V. *Coucoumeou* et *Bout-de-courdela*.

Éty. de *cas* pour *cap*, tête, bout, et de *soun*, dim. petit bout, ou de *cap* et de *sounc*, bout. V. *Cap*, R.

CASSOUNADA, s. f. (cassounáde). Cassonade, sucre non rafiné.

Éty. du portugais *cassonada*, qui signifie la même chose, fait de *casson*, caisse ou caisson, parce que c'était dans ces sortes de coffres que les Portugais l'expédiaient, jadis, du Brésil en Europe. V. *Caiss*, R.

CASSOUNAR, v. a. (cassouná), dl. CAPSOUNAR. Ferrer une aiguillette, un lacet.

Éty. de *cassoun* et de *ar*.

CASSOURRA, s. f. (cassóurre); CASSURRE, d. béarn. Chêne. V. *Roure* et *Casse*.

> *Soubiente de la* cassourre
> *Oun hazés cadé lous glans.*
>
> Despourrins.

CASSU, s. m. (cassú), d. de Barcel. Chou cabus, tête de chou. V. *Cabus*.

Éty. de *cas* pour *cap*. V. *Cap*, R.

CAST, CHAST, CASTET, CHASTET, CEST, rad. pris du lat. *castus*, chaste, pur, d'où *castitas*, *itatis*; chasteté, *castigare*, châtier.

Isidore, livre X, donne ainsi l'étymologie du mot *castus*:

Castus primum à castratione nuncupatus, postea placuit veteribus sic nuncupari cui perpetuam libidinis abstinentiam pollicebantur. Similiter Perottus, ajoute Vossius, *sed castro potius est à castus. Itaque alii volunt esse à cestus, sive* κεστος (kestos), *id Veneris cingulum est, quod in honestis ultitur nuptii: unde nuptiæ honestati repugnantes dicuntur incestæ.*

De *castus*, par apoc. *cast*; d'où: *Cast-a*, *Casta-ment*, *Cast-etat*, *Cast-itat*, etc. *Cast-r-ar*, V. *Castr*, sous-rad. *Cast-iar*, V. *Castig*, sous-rad.

De *cast*, par le changement de *c* en *ch*, *chast*; d'où: *Chast-e*, *Chast-a*, *Chastament*, *Chast-etat*, etc., *Chat-chat-a*, dans le sens de jeune garçon, jeune fille.

De *cast*, par le changement de *a* en *e*, *cest*; d'où: *In-cest-o*, *In-cest-u-ous*.

CAST, **ASTA**, adj. vl. V. *Chaste*.

CASTA, s. f. (cáste); *Casta*, port. cat. esp. *Casata*, ital. Caste, tribus dans lesquelles sont divisés les idolâtres dans les Indes, et par extension, race, famille, ordres d'un état.

CASTAGN, CHASTAGN, CASTANH, rad. pris

du latin *castanea*, châtaigne, dérivé de *castana* ou κάσταvα (kastana), ville de Thessalie, près du fleuve Pénée, où l'on recueillait beaucoup de châtaignes, et où l'on voit encore selon M. Theis, de superbes châtaigniers.

Quelques auteurs ont voulu faire dériver le mot *castanea*, de *casta-nata*, née chaste, à cause du hérisson, où enveloppe épineuse qui la protège. Dérivés directs : *Castagn-a*, *Castagn-ada*, *Castagn-adas*, *Castagn-aire*, *airis; Castagn-aireda*, *Castagn-ar*, *Castagn-etas*, *Castagn-ier*, *Castagn-iera*, *Castagn-ous*, et par la suppression du *g* : *Castan*, *Castan-ier*, *Castan-iera*, *Castan-et*; par le changement de *qu* en *nh* : *Castanha*, *Castanh-ia*; et par celui de *c* en *ch*: *Chastagn-a*, *Chastan*, *Chastan-ia*, *Chastan-iasouns*, *Chateign-a*.

CASTAGNA, s. f. (castàgne) ; CHASTAGNA, CHASTENIA. *Castaña*, esp. *Castanha*, port. *Castagna*, ital. *Castanya*, cat. Châtaigne, fruit du châtaignier.

Éty. du lat. *castanea*, m. s. V. *Castagn*, Rad.

Dans les châtaignes, on nomme :

BOGUE, V. *Pericarpe*.
ÉCORCE, la partie brune, lisse et dure, qui enveloppe le fruit.
PÉRICARPE et BOGUE, l'enveloppe épineuse qui la revêt extérieurement.
ZESTE, la pellicule qui est sous l'écorce et qui pénètre souvent l'amande.

Dépouillée de ses enveloppes la châtaigne est composée d'une grande quantité d'amidon, d'un peu de gluten et d'une petite quantité de substance sucrée.

En 1811, le 22 du mois d'octobre, Guerrazzi de Florence, publia un procédé au moyen duquel on peut extraire du sucre de la châtaigne, sans en altérer la fécule.

Quoique les différentes espèces de châtaignes soient facilement distinguées par les agriculteurs, il est très-difficile et même impossible de leur assigner des caractères qui puissent les faire reconnaître par une description, comme on s'en convaincra par l'essai suivant, fait sur les espèces que l'on récolte au Fugeret, Meaille et environs, Basses-Alpes.

Espèces de châtaignes connues au Fugeret et dans ses environs :

Pichouna rabouna, de grosseur moyenne, écorce lisse avec quelques lignes un peu plus foncées, dirigées de la base au sommet, chair peu ou point pénétrée par le zeste ; c'est une des meilleures.

Grossa rabouna, une des plus grosses, plus large que haute; le zeste pénètre peu dans la chair; c'est la meilleure espèce, celle qu'on nomme probablement *marron*, ailleurs.

Rabouna fera, un peu moins grosse que la précédente, mais entièrement pénétrée par le zeste et moins délicate.

Daurada, grosseur moyenne; plus haute que large, écorce marquée de bandes d'un brun noirâtre, se dirigeant de la base au sommet, peu pénétrée par le zeste. Les bandes qui sont entre les noires, sont de couleur d'or, au moment de la récolte; elle est souvent fendillée.

Roustagna, assez grosse, plus large que haute, pénétrée par le zeste.

Peloua ou *barbiera peloua*, son écorce est couverte d'un léger duvet, au moment de la récolte; pénétrée par le zeste; grosseur moyenne; souvent unique, plus large que haute.

Touchina, grosseur moyenne, plus large que haute, écorce bien sensiblement rayée de brun, pénétrée par le zeste.

Courdiera-roussa, plus petite que la précédente, plus haute que large quand elle est unique, écorce souvent marquée par des taches d'un roux clair, d'où l'épitèthe rousse, peu pénétrée par le zeste.

Barbiera, grosseur moyenne, plus large que haute, chair pénétrée par le zeste.

Barbiera fera, grosse, écorce sensible, rayée de brun, plus large que haute, pénétrée en tout sens par le zeste.

Courdiera, diamètres égaux quand elle est unique, petite, rarement double, chair pénétrée en tout sens par le zeste, écorce noirâtre.

Cristola, une des plus petites et pour la bonté presque égale à la petite rabonne; plus haute que large, pénétrée par le zeste.

CASTAGNA-BISCOTA, V. *Biscota*.

CASTAGNA-BLANCA, s. f. Châtaigne sèche privée de son écorce.

CASTAGNA-DEIS-CHIVAUS, s. f. Ergot.

Éty. A cause de la ressemblance que cette excroissance a avec une châtaigne.

CASTAGNA-FERA, s. f. (castàgne-fère). Marron, fruit du marronnier.

CASTAGNA-PISTA, s. f. Nom qu'on donne, dans le Var, selon M. Garcin, à la châtaigne blanche, c'est-à-dire, séchée sans la peau.

CASTAGNA-DE-L'ARGUI, s. f. Linguet, pièce de bois qui empêche le cabestan de dériver, t. de mar.

CASTAGNA-DE-MAR, s. f. Un des noms du petit castagneau. V. *Castagnola*.

CASTAGNADA, s. f. (castagnàde); RABANELA, CASTAGNAU, CASTAGNAYA. La quantité de châtaignes qu'on fait cuire à la fois.

Faire una castagnada, se régaler avec des châtaignes.

Éty. de *castagna* et de *ada*. V. *Castagn*, Rad.

CASTAGNADAS, s. f. pl. (castagnádes); CASTANIASOUNS. La saison pendant laquelle on fait la récolte des châtaignes. M. de Sauvages donne pour équivalant français de ce mot, *Chataignaison*, qui n'est malheureusement pas reçu.

Éty. V. *Castagn*, R.

CASTAGNAIRAS, s. f. pl. et

CASTAGNAIREDA, s. f. (castagneirède). V. *Castanet* et *Castagn*, R.

CASTAGNAIRISES, s. f. pl. (castagneirísès), dl. Ramasseuses de châtaignes ou absolument ramasseuses. Sauv.

Éty. de *castagna* et de *aira*, *airis*. Voy. *Castagn*, R.

CASTAGNAL, dg. V. *Castanet*.

CASTAGNAR, v. a. (castagná), dl. Ramasser les châtaignes.

Éty. de *castagna* et de *ar*. V. *Castagn*, Rad.

CASTAGNER, dg. V. *Castagnier*.

CASTAGNER FER, s. m. Nom qu'on donne, dans quelques pays, au marronier. V. *Marrounier*.

CASTAGNER D'INDOUL, s. m. dg. V. *Marrounier*.

CASTAGNETAS, s. f. pl. (castagnétes); CASTAGNOLAS. *Castañetas*, esp. *Castanyetas*, cat. *Castanhetas*, port. *Castagnetta*, ital. Castagnettes, petits morceaux de bois qu'on fait frapper l'un contre l'autre, entre les doigts, pour accompagner la danse.

Ces instruments étaient connus des anciens sous le nom de *Crotola*.

Éty. de *castanea*, châtaigne, parce que les castagnettes ressemblent aux deux valves creuses de la châtaigne. V. *Castagn*, R.

CASTAGNIER, s. m. (castagnié); CASTANIER, CHASTAN, CASTAGNER, CASTAGNE. *Castagno*, ital. *Castaño*, esp. *Castanheiro*, port. *Castanyer*, cat. Châtaignier, *Fagus castanea*, Lin. *Castanea vulgaris*, Déc. arbre de la fam. des Amentacées, dont on distingue plusieurs espèces que nous avons taché de caractériser par leur fruit au mot *Castagna*, v. c. m.

Éty. du lat. *castanea*. V. *Castagn*, R.

Le châtaignier vit longtemps et peut acquérir un volume prodigieux. Jean-Houel, dans son voyage en Sicile, a donné l'histoire et le dessein d'un arbre de cette espèce, qui existait sur le Mont-Etna, dont le pied avait 50 mètres environ de circonférence. On en cite un en France, à Sancerre, département du Cher, dont le tronc a près de 10 mètres de tour.

V. sur l'histoire du châtaignier, Gar. *Castanea*, p. 89. Duhamel, arbres et arbustes, nouvelle édition, v. 3, p. 65. Un mémoire de Desmarets, dans le journal de Physique, de 1771 et 72; le traité de la châtaigne de Parmentier; le Dict. des Sc. Nat. au mot Châtaignier, et l'art. *Tsostanio*, du Dict. bas lim. de M. Béronie.

Dans le bas limousin où les châtaigniers sont abondants, on nomme :

NOUIRISSAS, les châtaigniers sur lesquels on prend des chalumeaux pour greffer.
OBRA, ces chalumeaux.
EMPEOUS, les châtaigniers greffés.
PELOU ou PELOUN, la bogue.

On nomme:

CHATAIGNERAIE, un lieu planté de châtaigniers.

CASTAGNIERA, s. f. (castagniére); CASTANIEIRA. Poêle aux châtaignes; elle est percée au fond d'un grand nombre de trous pour laisser passer la flamme.

Éty. de *castagna* et de *iera*. V. *Castagn*, Rad.

CASTAGNOLA, s. f. (castagnóle); CASTAGNA DE MAR, CASTAINOLA. Le marron, ou petit castagneau. *Sparus chromis*, Lin. *Chromis mediterranea*, Dict. Sc. Nat. poisson de l'ordre des Holobranches et de la fam. des Léiopomes (à opercules lisses), qui n'atteint qu'un décimètre de longueur et dont la chair est blanche et de bon goût.

CASTAGNOLA, Est aussi le nom qu'on donne, à Nice et dans le département des Bouches-du-Rhône, à la castagnole, *Sparus* *castaneola*, Lacép. *Sparus Raii*, Bloch. poisson du même ordre que le précédent et de la fam. des Léiopomes.

On distingue ce joli poisson à sa machoire inférieure plus avancée que la supérieure, et à sa couleur qui est noire sur le dos, bleue sur les côtés et argentée sur le ventre. Sa hauteur est presque égale à sa longueur.

CASTAGNOLAS, s. f. pl. Garc. Voy. *Castagnelas*.

CASTAGNOUN, dl. Châtaigne desséchée. V. *Bajana*.

CASTAGNOUN, s. m. (castagnóun), dl. Un fesse-mathieu.

CASTAGNOUS, s. m. (castagnóus); PITEET, CABUSSAU, CABUSSET, MARGOULHA. BARDET, FLOUNGEOUN, CABUSSOUN. Castagneux, grèbe de rivière ou grèbe castagneux, *Colymbus minor*, Lin. *Podiceps minor*, Lath. oiseau de l'ordre des Palmipèdes et de la fam. des Brévipennes ou Uropodes (à pieds sortant de la queue).

Éty. de la couleur brun-châtain qu'il a sur le dos, couleur de la châtaigne. V. *Castagn*, Rad.

CASTAMENT, adv. vl. V. *Chastament* et *Cast*, R.

CASTAN, nom pr. (castán). Castan.

Éty. de *castan*, châtaignier en roman. V. *Castagn*, R.

CASTAN, adj. (castán); *Castanho*, port. Châtain, couleur qui approche de celle des châtaignes; d'où le nom qu'elle porte. V. *Castagn*, R.

CASTANET, s. m. (castané); CASTANEDA, CASTAGNAIREDA, dl. CASTAGNAL. *Castagneto*, ital. *Castañal*, esp. *Castanhal*, port. Châtaigneraie, lieu planté ou abondant en châtaigniers.

Éty. du lat. *castanetum*. V. *Castagn*, R.

CASTANEY, s. m. d. de Bord. Voy. *Castagnier*.

CASTANHA, s. f. vl. V. *Castagna*.

CASTANHIA, vl. V. *Castagna* et *Castagn*, R.

CASTANIER, V. *Castagnier* et *Castagn*, R.

CASTANIERA, V. *Castagniera* et *Castagn*, R.

CASTEDAT, vl. V. *Chastelat* et *Cast*, Rad.

CASTEGEAIRE, s. m. (castedjäïré); CASTELEGEAIRE. Nom qu'on donne, en Provence, à des bergers, qui n'ont pas de lieu fixe; qui vont continuellement d'un pays à l'autre. On donne le même nom, dans le Var, d'après M. Garcin, à ceux qui achètent des brebis pour les revendre quand elles sont grasses. Tondeur de nappe.

Éty. V. *Castelegear*.

CASTEGEAR, Acheter des brebis pour les revendre après les avoir engraissées. Garc. V. *Castelegear*.

CASTEI, s. m. vl. Remontrance, avis, enseignement.

Éty. du lat. *castigare*, m. s. V. *Castig*, Rad.

CASTEL, CHASTEL, rad. pris du lat. *castellum*, petit fort, petite citadelle, dim. de *castrum*, fort, château, camp.

De *castellum*, par apoc. *castel*; d'où: *Castel*, *Castel-a*, *an*; *Castel-ard*, *Castel-ars*, *Castel-as*, *Castel-et*, *Castel-oun*, *Castel-egear*, *Castel-ets*, *Castel-egeaire*, *Castegeaire*, *Des-castel-ar*, *In-castel-ar*, par le changement de *c* en *ch* : *Chastel*, *Chastel-an*, *Chastel-ar*, *Chastel-et*, *Chateu*.

De *castrum*, par apoc. *castr*; d'où: *Castr-a*, *Castr-oun*.

De *castel*, par le changement de *c* en *i*, *castil* et *castilh*; d'où: *Ac-castilh-agi*, *Ac-castilh-at*.

CASTEL, s. m. vl. *Castello*, ital. port. *Castillo*, esp. *Castell*, cat. Château, Voy. *Casteou*, comme plus usité.

Éty. du lat. *castellum*, par apocope. V. *Castel*, R.

CASTEL, s. m. vl. Bourg, village.

CASTELA, s. f. vl. Châtelain. V. *Castelan* et *Castel*, R.

CASTELA, s. f. vl. Castille, ancien royaume d'Espagne.

CASTELA, Pour *Castelan*, castillan. V. *Castilhan*.

CASTELAA, s. m. anc. béarn. Châtelain. V. *Castel*, R.

CASTELAILLON, nom de lieu, vl. Chatel-Aillon, en Aunis.

CASTELAIRAUT, nom de lieu, vl. Chatellerault, en Poitou.

CASTELAN, s. m. vl. CASTELLAN. *Castellano*, ital. *Castellão*, port. *Castellan*, esp. *Castella*, cat. Châtelain, commandant d'un château; seigneur qui avait droit d'avoir un château.

Éty. de *castel* et de *an*. V. *Castel*, R.

CASTELAR, s. m. vl. Bourg, château, fort.

CASTELARAS, Garc. V. *Castelas*.

CASTELARD, nom de lieu (castelárd); CHASTELARD. Ce nom est donné à des châteaux qui sont quelquefois devenus des villages et qui sont situés au sommet de quelque colline, dans un endroit dominant.

Éty. de *castel* et de *ard*, château ardu, élevé, escarpé. V. *Castel*, R.

CASTELARS, nom de lieu (castelárs); CHASTELARS. Nom qu'on donne, à des châteaux ou à des villages qui ont commencé par un château et qui ont été brûlés.

Éty. de *castel* et de *ars*, dérivé de *arsus*, brûlé. V. *Castel*, R.

CASTELAS, s. m. (castelás); CHASTELAS, CASTELARAS. Château ruiné, vieux château qui tombe ou est tombé en ruines.

Éty. de *castel* et du péjor. *as*. V. *Castel*, Rad.

CASTELAS, s. et adj. vl. Castillan, qui est de Castille.

CASTELAT, s. f. (castelá), V. *Chastelat*, comme plus usité. V. *Cast*, R.

CASTELAT, vl. V. *Chastelat* et *Cast*, Rad.

CASTELAT, ADA, adj. et p. CASTELLAT. Fortifié, ée.

Éty. de *castel*, château, et de *at*, fait, fortifié comme un château. V. *Castel*, R.

CASTELEGEAR, v. n. (casteledjá); CASTELEJAR, CHASTELAR, CLASTREGEAR. Vivre d'aventure; de franches lippées, aller de côté et d'autre, mendier un dîner; courir le monde avec un troupeau qu'on nourrit souvent aux dépens d'autrui.

Éty. de *castel*, château, et de la term. act. *agere*, *ear*; aller d'un château à l'autre, comme faisaient nos anciens troubadours, les baladins et les premiers comédiens. Voy. *Castel*, R.

CASTELET, s. m. (castelé); CHASTELET. *Castellet*, cat. *Castillete*, esp. *Castelletto*, ital. *Castellinho*, port. Châtelet, petit château; c'est aussi le nom de quelques villages qui ont commencé par un petit château.

Éty. de *castel* et du dim. *et*. V. *Castel*, R.

CASTELET, s. m. *Rangée* ou *rangette*? Avr. Jeu d'enfant, dont Erasme parle dans ses colloques; il consiste à mettre à terre trois noix ou trois châtaignes en triangle qu'on couronne d'une quatrième; espèce d'édifice qu'on tâche d'abattre avec une autre noix qu'on jette contre, et celui qui en vient à bout gagne les débris du *châtelet*. Sauv. V. *Castel*, R.

CASTELETS, s. m. pl. (castelés), dl. Petites tournettes à l'usage des rubaniers, pour mettre un écheveau de soie en roquets; ces tournettes sont jumelles. Sauv.

Éty. V. *Castel*, R. et *et*, dim.

CASTELH, vl. V. *Castel*, R.

CASTELLAN, vl. V. *Castelan* et *Castel*, Rad.

CASTELLANA, s. f. vl. Châtelaine. V. *Castel*, R.

CASTELLANIA, s. f. vl. *Castellania*, cat. esp. ital. Châtellenie, la seigneurie et la juridiction du seigneur châtelain. V. *Castel*, Rad.

CASTELLAT, ADA, adj. vl. Fortifié, qui est en forme de château.

Éty. de *castel* et de *at*. V. *Castel*, R.

CASTEOU, s. m. (castèou); CASTEL, CHASTEL, CHASTEOU, CASTET. *Castello*, ital. port. *Castillo*, esp. *Castèll*, cat. Château, maison de plaisance d'un seigneur; forteresse.

Éty. de *Castel*, v. c. m. et *Castel*, R.

Tirar lou casteou, renifler.

CASTET, d. béarn. Château. V. *Casteou*.

Éty. Dit pour *castelet*. V. *Castel*, R.

CASTEU, s. m. vl. Château. V. *Casteou* et *Castel*, R.

CASTIADOR, vl. V. *Castiaire* et *Castig*, Rad.

CASTIA-FOL, s. m. (castie-fol), dl. Un maître sire, et fig. martin-bâton.

Éty. *castia-fol*, châtie-fou. V. *Cast*, R.

CASTIAIRE, s. m. vl. CASTIADOR. *Castigador*, anc. cat. esp. port. Correcteur, conseiller, maître qui enseigne.

Éty. du lat. *castigator*, m. s. V. *Castig*, Rad.

CASTIAMENT, s. m. vl. Instruction, avertissement, réprimande. V. *Castiansa*.

CASTIANSA, s. f. vl. CHASTIANSA, CASTIAMENT. Châtiment, correction.

Éty. de *Casti*, R. de *castigar*, V. *Castig* et *Ansa*.

CASTIAR, vl. *Castiar*, cat. m. s. que *Castigar*, v. c. m. et *Castig*, R. ordonner, régler; recommander.

CASTIAR, sync. de *Castigar*, v. c. m. et *Castig*, R.

CASTIAT, adj. et p. vl. V. *Castigat* et *Castig*, R.

CASTIC, s. m. vl. CASTIER. *Castig*, cat.

Castigo, esp. port. ital. Correction, châtiment, leçon, avis, conseil.

Éty. de *castigare*. V. *Castig*, R.

CASTIE, V. *Castig*.

CASTIER, s. m. vl. Remontrance, réprimande, instruction, leçon, sermon, conseil.

Éty. de *castigare*. V. *Castig*, R.

CASTIG, CHARTI, CASTI, rad. dérivé du lat. *castigare*, châtier; ce ne serait qu'un sous-radical si ce mot venait de *castus*, *castum-agere*: *Castig-ar*, *Castig-adour*, *Castiga-ment*, *Castig-at*, *Castigu-ier*, par le changement de *g* en *c*: *Castic*, *Cast-ei*, par la suppression de *g*: *Casti-er*, *Cast-iar*, *Casti-aire*, *Casti-ador*, *Cast-ei*, *Casti-ansa*, *Casti-at*, *Castia-fol*, *Re-casti-n-ar*, par le changement de *c* en *qu*: *Quasti-azo*; et par celui de *c* en *ch*: *Chasti-ar*, *Chasti-at*, *Chastia-ment*, *Chasti-ansa*, *Quast-iazo*.

CASTIGADOUR, adj. (castigadóu), dl. Punissable, qui mérite d'être puni. Voy. *Castig*, R.

CASTIGAMEN, s. m. (castigamein); *Castigament*, cat. Châtiment, peine, punition. Garc. V. *Castic*.

CASTIGAMENT, s. m. (castigaméin); *Castigo*, ital. port. esp. Châtiment, punition, correction.

Éty. du lat. *castigatio*, ou de *castigar* et de *ment*, manière, action de châtier. Voy. *Castig*, R.

CASTIGAR, v. a. (castigá); CASTIAR, CHASTIAR, EIDUGIAR. *Castigar*, cat. esp. port. *Castigare*, ital. Châtier, corriger, punir; et en vl. reprendre, avertir, prévenir, instruire.

Éty. du lat. *castigare*, formé de *castum agere*, rendre chaste. V. *Castig*, R.

CASTIGAT, **ADA**, adj. et p. (castigá, áde); CHASTIAT, CASTIAT. *Castigàdo*, esp. port. *Castigad*, cat. Châtié, ée.

Éty. du lat. *castigatus*, m. s. V. *Castig*, R.

CASTIGUERI, et

CASTIGUIER, s. m. vl. Correction, châtiment.

Éty. de *castigare*. V. *Castig*, R.

CASTILHAN, s. m. (castillàn); *Castellà*, cat. *Castellano*, esp. port. *Castigliano*, ital. Langue castillane.

CASTILHAN, adj. Castillan, qui est de Castille.

CASTITAT, s. f. vl. V. *Chastetat* et *Cast*, R.

CASTOLL, nom de lieu vl. Castille, la.

CASTOR, nom d'homme, (castór); CASTOU. *Castore*, ital. Castor.

Patron. L'Eglise honore cinq saints de ce nom, le 28 déc. 20 et 21 sept. 13 févr. 6 et 28 mars et 27 août.

CASTOR, s. m. (castór); FIBRE. *Castoro*, ital. *Castor*, cat. esp. port. Castor, *Castor fiber*, Lin. mammifère de la fam. des Rongeurs qui vit en société le long des fleuves et des lacs, où il se construit une habitation qu'il défend par des digues, dont l'ingénieuse construction a excité, dans tous les temps, l'admiration de l'homme.

Éty. du lat. *castor*, formé du grec κάστωρ (kastor), mot qui désigne le même animal.

Ce petit quadrupède, habite depuis le XXXme degré de latitude jusqu'au LXme dans l'Amérique Septentrionale ainsi que dans l'ancien continent.

Sa chair n'est pas délicate, mais sa peau pour les fourrures et son poil pour les chapeaux sont très-estimés.

CASTOR, Est aussi le nom que l'on donne aux chapeaux faits avec le poil de l'animal de ce nom.

CASTOREA, et

CASTOREUM, s. f. vl. *Castoreô*, port. cat. esp. *Castorio*, ital. Castoreum, substance d'une nature particulière, sécrétée dans deux poches que les castors portent près des parties génitales, et qui nous vient de la Sibérie et de l'Amérique Septentrionale.

Éty. du lat. *castoreum*, m. s. de *castor*.

CASTORINA, s. f. (castorine): *Castorèt*, cat. *Castorcillo*, esp. *Castorina*, ital. port. Castorine, étoffe de laine légère et soyeuse.

CASTR, CRAST, CREST, rad. pris du latin *castrare*, châtrer, que l'on croit dérivé de *castus*, chaste, par la raison, dit-on, que les châtrés sont chastes, ce qui n'est pas toujours vrai.

Castrare planè dici censeo à castus: quia castrando vis libidinis extinguitur. Alii tamen dici putant quasi castorare ut κυρίως (kuriòs), *sit*, *castorem, sive fibrum imitari, qui ipse sibi testiculos creditur amputare*, Vossius. Dérivés directs: *Castr-ar*, *Castr-acio*, *Castra-ment*, *Castr-at*, *ada*; *Castr-oun*, *En-castr-ar*.

De *castr*, par métathèse de *r* on a fait *crast*; d'où: *Crast-ar*.

De *crastar*, par le changement de *a* en *e*, *crest*; à moins que cette dernière forme ne vienne comme je l'ai dit au mot *crestar*, de l'habitude de couper la crête aux coqs que l'on châtre: *Crest-ar*, *Crest-at*, *ada*; *Crest-ada*, *Crestad-ura*, *Crestad-oura*, *Crest-aire*, *Crest-eza*, *Crest-ou*, *oun*; *Chastr-a*, *Chastr-ar*, *Chastr-at*.

CASTRA, CASTRUM et CASTELLUM. Les Romains avaient coutume de fortifier des camps dans les provinces qu'ils avaient soumises et d'y mettre des corps d'armée pour les retenir sous leur puissance. Ces camps furent habités ensuite par les nationnaux qui en firent des châteaux, des bourgs et des villes; de là viennent les noms si communs, de *castra*, *castrum* et *castellum*, dans la nomenclature latine des villes, villages et hameaux. V. *Castel*, R.

CASTRACIO, s. f. vl. *Castracion*, esp. *Castração*, port. *Castrazione*, ital. Castration, action de châtrer.

Éty. du lat. *castratio*, m. s. V. *Castr*, R.

CASTRAMENT, s. m. vl. Castration. V. *Castracio*.

CASTRAR, v. a. vl. *Castrar*, port. cat. *Castrare*, ital. Châtrer. V. *Crestar*.

Éty. du lat. *castrare*, m. s. V. *Castr*, R.

CASTRAT, **ADA**, adj. et p. (castrá, áde); *Castrat*, cat. *Castrado*, esp. Châtré, ée. V. *Crestat*.

CASTRIOLA, s. f. (castrióle). C'est l'olive qui produit l'huile très-estimée de Castries, d'où elle a tiré son nom, on croit que c'est la même que la *Redounau*: *Olea sphærica*. Gouan. Ch. de Belleval.

CASTROUN, s. m. (castróun), dl. Berceau qui sert de ratelier aux brebis, Sauv. retranchement fait dans une bergerie, avec des claies ou du fagotage, pour séparer une partie du bétail de l'autre.

Éty. de *castr*, radical de *castrum*, lat. retranchement, et du dim. *oun*, petit parc. V. *Castel*.

CASTROUN, s. m. Agneau ou chevreau châtré.

Éty. de *Castr*, rad. du mot lat. *castratus*, châtré, et du dim. *oun*. V. *Castr*, R.

CASUAL, vl. V. *Casuel* et *Cas*, R.

CASUAL, s. m. vl. Régime, accident, mot auquel l'article est joint.

CASUALMENT, adv. anc. béarn. *Casuelmente*, port. Casuellement, accidentellement. V. *Cas*, R.

CASUEL, s. m. (casuèl). Casuel, revenus d'une cure qui ne sont point fixes, tels que les baptêmes, les enterremens, les offrandes, etc. V. *Cas*, R.

CASUEL, **ELA**, adj. (casuèl, èle); *Casuale*, ital. *Casual*, esp. port. cat. Casuel, elle; qui arrive par cas fortuit; qui peut arriver ou ne point arriver, accidentel.

Éty. du lat. *casualis*. V. *Cas*, R.

CASUELAMENT, adv. (casuèlaméin); *Casualment*, cat. *Casualmente*, esp. ital. Casuellement, fortuitement, par hazard.

Éty. de *casuela* et de *ment*, d'une manière casuelle. V. *Cas*, R.

CASUISTA, s. m. (casuíste); *Casista*, ital. *Casuista*, esp. port. cat. Casuiste, théologien qui résout les cas de conscience.

Éty. de *casus*, cas, et de *isto*, qui s'occupe des cas. V. *Cas*, R.

CASUT, adj. et p. vl. Tombé. V. *Cat*, R.

CASUTA, V. *Cazuta*.

CAT

CAT, GAT, CHAT, radical pris du lat. *catus*, chat, sur l'étymologie duquel on n'est pas d'accord. Isidore, Casaneuve, etc., le dérivent de *catare* ou *cattare*, qui signifie voir clairement. *Catum ab eo quod catat, id est videt*, Gloss. arab. lat. *catos*, *id est*, *acutos*, Saint Augustin lib. 4, chap. 21. De *civitate Dei*. Le latin *catus* a été fait du grec κατὶς (katis), qui signifie *viverra* (furet), pour lequel Homère a dit κτὶς (ktis), par contract. Le grec κατὶς peut avoir été fait de l'hébreu *chatoul*, qui signifie un chat. Mén. Catus *sapientem notat*; ut indicat Plinius. *lib. 7*, *cap. 31*. *Ubi ait*, *a sapientia esse imposita catorum et corculorum cognonima*. Vossius qui est toujours d'un grand poids quand il s'agit d'étymologies latines, dit: *mihi*, *si origo ejus adferri possit*, *a caveo dici maxime probatur*.

De *caveo*, *cavere*, prendre garde, on a fait *cautus*, qui prend garde, fin, rusé, d'où par sync. *catus*.

De *catus*, par apocope *cat*; d'où: *Cat*, *Cat-a*, *Cat-as*, *Cat-aras*, *Cat-oun*, *Catoun-ada*, *Catoun-ar*, *Catoun-iere*, *Cat-uegna*, *A-cat-ar*, *A-cat-at*, *A-cat-oul-ar*, *Des-acatar*, *Des-cat-ar*, *Des-cat-at*, *Ca-brareou*, *Ca-braret*, *Ca-brari*, par le changement de c en *ch*: *Chat*, *Chat-a*, et ses composés, V. *Cata*, *Chat-oun*, *Chatoun-ar*, *Chatoun-a*, *Chata-miau*, *Chata-mauna*.

De *catullire*: *Chacili*, *Chacili-ar*.

De *cat*, par le changement de *c* en *g*: *Gat*, *at-a*, *Gat-as*, *Gat-oun*, *Gat-o*, *Gat-onio*, *e-gat-igna-ment*, *De-gat-ign-ar*, *De-gat-nous*.

CAT, s. m. (cà); GAT, CHAT. *Gat*. cat. *Gato*, esp. port. *Gatto*, ital. Chat: *Felis catus*, Lin. mammifère de la fam. des Carnivores ou Digitigrades, dont on connaît plusieurs variétés provenant toutes du chat sauvage qu'on trouve encore dans plusieurs forêts.

Éty. du lat. *catus*, m. s. V. *Cat*, R.

Es dit cat, quar catar vol dire vezer.
Eluc. de las propr.

Chacun sait que le chat est un ennemi qu'on entretient pour s'opposer à d'autres ennemis plus dangereux, et que s'il est constant dans nos maisons, c'est parce qu'il en connaît les êtres et qu'il y trouve par conséquent une nourriture plus aisée; que s'il fuit avec tant de vitesse, quand on lui donne quelque chose, c'est parce qu'il croit toujours l'avoir dérobé, et que s'il nous caresse quelque fois, c'est pour nous blesser ensuite; ce qui a fait dire à Buffon qu'il était fidèle par intérêt, voleur par instinct et ingrat par caractère.

Les longs poils que le chat porte aux lèvres se nomment *moustache*.

Les principales variétés du chat sont:

LE CHAT DOMESTIQUE, à plante des pieds et à lèvres noires.

LE CHAT D'ESPAGNE, dont le pelage est composé d'un mélange de blanc, de roux et de noir, ayant les lèvres et la plante des pieds de couleur de chair.

LE CHAT DES CHARTREUX, à poils très-fins, d'un gris d'ardoise, à lèvres et plante des pieds noires.

LE CHAT D'ANGORA, et non d'*Angola*, à poils longs et fins d'un gris d'ardoise, et à lèvres et plante des pieds noires.

Du mélange de ces espèces sont nées les nombreuses sous-variétés que nous connaissons.

Lou cat miaula ou miaura, le chat miaule. *Sauta coumo un cat maigre*, il saute comme un daim ou comme un cabri.

CAT AUGUIER. V. *Gat-auguier*, poiss.

CAT FER, s. m. Chat sauvage. V. *Cat*.

CAT-DE-MAR. V. *Agulhat*.

CAT-HUANT, s. m. *Gat-huant* et *chat-huant*. Chat-huant, nom commun à plusieurs espèces d'oiseaux du genre *Strix*. V. *Cabratou*, *Dugou* et *Beou-l'holi*.

CAT, s. m. Nom qu'on donne, à Nice, selon M. Risso, à la chimère arctique, ou roi des harengs du Nord. *Chimæra monstrosa*, Lin. poisson de l'ordre et de la fam. des Trématopnés (respirant par une fente).

Éty. de sa conformation et de ses mouvements qui ont quelque analogie avec ceux du quadrupède de ce nom. V. *Cat*, R.

M. Risso donne le nom de *cat* à la chimère méditerranéenne, qu'il a nommée *Chimæra mediterranea*, et il ne parle pas de la précédente ce qui nous porte à croire que c'est celle-ci que l'on désigne aussi dans nos ports par le nom de *cat*.

CAT, *joc del*, s. m. dg. Le jeu du chat, qui consiste en ce que celui qui fait le chat poursuit un des joueurs, pendant que les autres lui barrent le chemin, sans se laisser toucher, car celui qui est touché devient chat à son tour.

CAT, s. m. (càt), dg. Tête, alt. de *Cap*, v. c. m. commencement.

Cat d'an, premier de l'an.

Cat de mort, Jasm. tête de mort.

Pas cat, personne, aucun.

CAT, d. béarn. Il ou elle tombe. V. *Cad*, Rad.

CATA, prépositif pris du grec κατὰ (kata), qui marque un mouvement qui se prolonge du haut en bas, et quelquefois augmentation, opposition, contrariété, contre, sur.

Cata-rrhe, de *cata*, en bas, et de *rheô*, couler.

Cata-stropha, de *cata*, sous, et de *strépho*, tourner, destruction ou fin de l'action.

Cata-plasme, de *cata*, dessus, et de *plassô*, enduire, placer.

Catalogo, de *cata* et de *légô*, discours de haut en bas: *Cata-chresa*, *Cata-coumbas*, *Cata-falco*, *Cata-puça*, *Cata-pulta*, *Cata-purgea*.

CATA, s. f. (càte); GATA, CHATA. *Gata*, esp. *Gatta*, ital. Chatte, la femelle du chat. V. *Cat* et *Cat*, R.

CATA, Pour roussette. V. *Cata-rouquiera*.

CATA, Alt. de *Catharina*, v. c. m.

CATA-MITA, s. f. (càte-mite); CHATAMITA, CHATA-MIAU, CHATA-MIAUNA, CATA-MIAULA, CATA-BAGNADA. Chatte mite, personne qui affecte une contenance douce, humble, et qui n'est qu'un hypocrite.

Éty. du lat. *cata-mitis*, chatte douce, qui fait la patte de velours. V. *Cat*, R.

CATA-ROUQUIERA, s. f. (càtte rouquiére); PINTA-ROUSSA, GAT-MARIN, le mâle, ROUSSETA, la femelle. Nom qu'on donne, en Languedoc et en Provence, à la petite roussette, rochier, chat rochier ou chien de mer mâle, *Squalus catulus*. Lin. *Scyllium catulus*, Dict. Sc. Nat. et même au *Squalus stellaris*, Lin. poisson de l'ordre des Trématopnés et de la fam. des Plagiostomes (à bouche transversale), dont la peau sert aux mêmes usages, du moins celle du premier, que celle de la grande roussette. V. *Gat-auguier*.

Éty. *Cata rouquiera*, chatte de roche, parce que ce poisson se tient souvent dans les rochers d'où il chasse aux poissons, aux crustacés et aux mollusques. V. *Cat*, R.

Sa femelle est connue à Nice, selon M. Risso, sous le nom de *Lombarda*.

CATA-SÓURNA, s. f. (càte-sóurne); CATASOURNETA. Sournois, dissimulé, hypocrite. Garc.

CATA-SOURNA, s. f. (càte-sóurne). Le même que *cata-miaula*. V. *Cat*, R.

CATA-BAGNADA, s. f. Fig. poule mouillée: *A quel home, es une cata bagnada*, c'est homme est une vraie poule mouillée, une chatte-mite, une sainte nitouche.

CATACAN, adv. (catacàn); CATECAN, QUANTEQUANT, CANTECANT, ENCOURTINENT. Tout de suite, sur le champ.

On fait dériver ce mot du grec κατὰ (kata), sur, près, et de *can* pour *camp*, sur le champ, mais il dérive plutôt du lat. *quantocius* au plus vite.

Catacan *m'es vengut en testo*
Qu'aujourd'hui ero voustro festo.
Gros.

CATA-CENDROULETA, s. f. (càte-céindrouléte). Cendrillon, demoiselle qui ne quitte presque jamais le coin du feu, comme les chats. V. *Cat*, R.

CATACHIERME, V. *Catechisme*.

CATACHRESA, s. f. (catacrèse); *Catachresis*, port. *Catacresi*, ital. Catachrèse, usage d'un mot contraire à sa signification propre, comme quand on dit: *Ferrer en argent*, *aller à cheval sur un âne*, *une feuille d'argent*, etc.

Éty. du grec κατάχρησις (katachrêsis), abus, d'où le lat. *catachresis*. V. *Cata*, prép.

CATACHRESIS, vl. V. *Catachresa*.

CATACOUMBAS, s. f. pl. (catacóumbes); *Catacumbas*, cat. port. esp. *Catacombe*, ital Catacombes, grottes souterraines ou carrières d'où l'on tirait la pierre et le sable, et dans lesquelles les anciens Romains enterraient leur morts.

Éty. du grec κατὰ (kata), dessous, et de κύμβος (kumbos), cavité; cavité souterraine. V. *Cata*, prép.

Plusieurs historiens attribuent l'origine des catacombes aux premiers chrétiens qui allaient s'y cacher pour se soustraire à la persécution.

CATAFALCO, s. m. (catafàlque); CATAFARCO, TAUT, CATAFAU. *Catafalco*, ital. *Catafal*, cat. Catafalque, élévation ou charpente qui porte des décorations d'architecture, de peinture et de sculpture, et que l'on dresse au milieu d'une Eglise à l'occasion d'une pompe funèbre.

Éty. de l'ital. *catafalco*, m. s. ou du grec κατα (kata), auprès, et de *facula*, flambeaux, chose auprès de laquelle on met des flambeaux, Denina. V. *Cata*, prép.

CATAFAU, s. m. (catafàou). Cast. V. *Catafalco*.

CATAFORNA, s. f. (catafórne). Caverne, creux. Cast.

CATAGAN, s. m. (catagàn); CATOUGAN. Catogan, cheveux de la queue plusieurs fois doublés et retenus par une attache.

Éty. du lat. *catena*, chaîne parce qu'on les tressait. V. *Caden*, R.

CATAL, s. m. vl. Cheptel, bien, patrimoine.

CATALA, Alt. de *Catalan*, v. c. m.

CATALAN, s. m. (catalàn), dl. CATALA. Le diable: *N'en sabe mai que catalan*, il en sait plus que le diable, Sauv.

CATALAN, ANA, s. *Catala*, *ana*, cat. *Catalan*, esp. *Catalano*, ital. Catalan, ane; qui est de Catalogne.

Éty. du lat. *catalaunensis*, m. s.

CATALAN, s. m. Espèce de raisin. V. *Rasin*.

CATALANA, s. f. (catalàne). Retroussis, la partie relevée des bords d'un chapeau.

Éty. L'usage de retaper les chapeaux nous est probablement venu des catalans, d'où les mot suivants: *Catalanar*, *Catalanat*, *Descatalanar*, *Descatalanat*.

CATALANAR, v. a. (catalanà). Relever les bords d'un chapeau avec des agrafes, le retaper. V. *Retapar*.

Éty. de *catalana*, et de l'act. *ar*.

CATALANAS, s. f. pl. (catalánes). Agrafes, qui comprenent l'agrafe proprement dite, et improprement nommée crochet, et la porte.

CATALANAT, adj. et p. (catalanà). V. *Retapat.*

CATALEPSIA, s. f. (catalepsie); *Catalepsia*, port. Catalepsie, maladie dans laquelle on reste tout à coup immobile et privé de sentiment, sans perdre cependant la respiration.

Éty. du grec κατάληψις (katalêpsis), détention, dérivé de καταλαμβάνω (katalambanô), arrêter, retenir, parce que ceux qui sont attaqués de cette maladie restent immobiles.

CATALEPTIQUE, ICA, adj. et s. (cataleptique, ique); *Cataleptico*, port. Cataleptique, qui est atteint de catalepsie.

CATALOGO, s. m. (catalògue); *Catalogo*, port. esp. ital. *Catalog*, cat. Catalogue, liste, dénombrement.

Éty. du lat. *catalogus*, dérivé du grec κατάλογος (catalogos), de κατα (cata), et de λέγω (legô), raconter en détail.

CATALOIGNA, nom de lieu, vl. CATALUENHA. Catalogne. V.

CATALOUGNA, (catalóugne); *Catalogna*, ital. *Cataluña*, esp. *Catalunha*, port. Catalogne, province considérable d'Espagne, bornée au N. par les Pyrénées qui la séparent de la France; à l'E. et au S. par la Méditerranée, à l'O. par le royaume d'Aragon et de Valence; elle a 60 lieues de longueur sur 50 de largeur; Barcelonne en est la capitale.

Éty. du lat. *Catalaunia* m. s. formé de *Gothalonia*, terre ou pays des Goths.

CATALOUGNA, dl. V. *Longeira.*

CATALPA, s. m. (catalpà). Catalpa: *Bignonia catalpa*, Lin. *Catalpa cordifolia*, Duh. arbre de la fam. des Personnées que Catesby apporta de la Caroline en Angleterre, en 1726, d'où il s'est répandu dans le reste de l'Europe.

Éty. *Catalpa* est le nom américain de cet arbre.

CATALUENHA, vl. Catalogne. V. *Catalougna.*

CATAMIAUCHA, s. f. (catamiàoutche). Pour *Tire-lire*, V. *Cacha-malha* et

CATA-MIAULA, s. f. (càta-miàoulc); CHATA-MIAUNA, CATA-SOURNA, CATA-BAGNADA, CATA-MITA. Chatemite, hypocrite, doucereux, homme qui sous un aspect de bonhomie cache de mauvais projets. V. *Cat*, R.

CATAPLAMUS, V. *Cataplasme.*

CATAPLASME, s. m. (cataplâsmé); CATAPLAMUS, PATACLAMUS. *Cataplasma*, lat. esp. port. cat. *Cataplasmo*, ital. Cataplasme, médicament mou qu'on applique extérieurement.

Éty. du grec κατάπλασμα (kataplasma), formé de κατὰ (kata), dessus, et de πλάσσω (plassô), enduire.

CATAPUÇA, s. f. (catapúce); LACH-DE-PUTA, PEBEROUN, PEVEIRETA, PEVEROTA, CATAPURGEA, CAGARRINA, CACAPUÇA, GRATAPUÇA. *Cacapuzza*, ital. *Cataputia*, piém. Epurge: *Euphorbia lathyris*, Lin. plante de la fam. des Euphorbiacées qu'on trouve dans quelques forêts de la Basse-Provence, selon Gérard.

Éty. du grec κατὰ (kata), en bas, et de *purza*, excrément puant, qui pousse en bas les excréments, qui purge. V. *Catapurgea.*

CATAPULTA, s. f. (catapúlte); *Catapulta*, port. cat. esp. ital. Catapulte, machine de guerre dont les anciens se servaient pour lancer des pierres ou des traits.

Éty. du lat. *catapulta*, dérivé du grec καταπέλτης (katapeltês), formé de κατὰ (kata), sur, contre, et de πάλλω (pallô), je lance.

CATAPURGEA, s. f. (catapûrdge). Voy. *Catapuça.*

Éty. du grec κατὰ (kata), en bas, et du lat. *purgare*, purger, qui purge en bas. V. *Catapuça.*

CATAR, v. a. Pour couvrir, V. *Curbir.*

CATAR, vl. Catarrhe. V. *Catarri.*

CATAR, v. a. vl. *Catar*, anc. esp. Voir.

Es dit cat, quar catar vol dire vezer.
Elucid. de las propr.

CATAR SE, v. r. dg. Se taire. Voy. *Taisar, se.*

CATARACHA, s. f. (cataràtche). Corrup. de *Cataracta*, v. c. m.

CATARACTA, s. f. (cataràcte); CACAROCA, CATARACHA, CATARASSA. *Cateratta*, ital. *Catarata*, esp. cat. *Cataracta*, port. Cataracte, cécité plus ou moins complète provenant de l'opacité du cristallin ou de sa capsule.

Éty. du lat. *cataracta*, formé du grec καταράκτης (katarakiês), chûte d'eau, et par extension de la vue; ou parce que l'on était dans la persuasion que la cataracte était produite par un liquide opaque qui était tombé dans l'œil.

Quelques auteurs attribuent la première opération de la cataracte par extraction, à Hérophile, médecin carthaginois, qui vivait dans le IIIme siècle, avant J.-C.

CATARACTA, s. f. vl. *Cateratta*, ital. Bonde, vanne.

Éty. du lat. *cataracta*, m. s.

CATARAS, s. m. (cataràs), dl. Un matou, gros chat mâle, non châtré.

Éty. de *cat*, et de l'augm. *aras*. V. *Cat*, R.

CATARINA, nom de femme (catarine). Catherine. V. *Catharina.*

CATARINETA, s. f. (catarinéte); CATARINETTA. Dim. de *Catarina*, nom de femme. V. *Catharina.*

CATARINETA-DEIS-PIGNENS, Nom qu'on donne, dans le département des Bouches-du-Rhône, à la lycoperdine à bandes, *Lycoperdina fasciata*, insecte de la même fam. que les précédents, qu'on trouve dans les champignons.

CATARINETAS-DAURADAS, s. f. pl. On nomme ainsi, dans le département des Bouches-du-Rhône, les chrysomèles dorées, telles que les *Chrysomela cerealis, americana, fastuosa, graminis*, etc. insectes de l'ordre des Coléoptères et de la fam. des Chrysomèlines.

CATARINOT, s. m. (catarinó), dl. Hypocrite ou faux dévot.

Éty. de Sainte Cathérine, parce que ce nom fut donné d'abord à une troupe de séditieux, qui en 1617, causèrent beaucoup de troubles à Montpellier où ils s'attroupaient dans le cimetière de Sainte Cathérine.

CATAROT, s. m. (cataró). Homme lunatique, sujet à faire des folies. V. *Catarri*, Garc.

CATAROUS, s. m. (cataróus). Nom qu'on donne, à Berre, d'après M. Porte, au canard millouin. V. *Biris.*

CATARR, vl. Catarrhe. V. *Catarri.*

CATARRHAL, ALA, adj. (catarrhál, àle); *Catarral*, port. cat. esp. *Catarrale*, ital. Catarrhal, qui appartient ou qui a rapport au catarrhe.

Éty. V. *Cata* et *Rh*, R.

CATARRHI, s. m. (catàrri); CATARRE, CATARRI. *Catarro*, ital. esp. port. cat. Catarrhe, inflammation aiguë ou chronique des membranes muqueuses, avec sécrétion plus ou moins abondante de mucus. On le dit particulièrement de celles des bronches, du nez et des yeux.

Éty. du lat. *catarrhus*, formé du grec κατάῤῥος (katarrhos), dérivé de κατὰ (kata), en bas, et de ῥέω (rhéô), couler. V. *Rh* et *Cata*, R.

CATARRHOUS, OUSA, adj. (catarróus, óuse); CATARROUX. *Catarroso*, port. esp. ital. Catarrheux, euse, qui est sujet aux catarrhes, cauteleux, rusé, hargneux.

Éty. de *catarri* et de la term. *ous, ous*, et dans le dernier sens du celt. *catarus* dangereux. V. *Cata* et *Rh*, R.

CATAS, s. m. (catás); GATAS. Gros chat, et fig. homme rusé, fin, dissimulé.

Éty. de *cat* et de l'augm. *as*. V. *Cat*, R.

CATASTROPHA, s. f. (catastróphe); *Catastrophe*, lat. port. *Catastrofe*, cat. esp. ital. Catastrophe, changement ou révolution, renversement, destruction.

Éty. du grec καταστροφὴ (katastrophê), m. s. formé de κατὰ (kata), sous, et de στρέφω (strêphô), tourner.

CATAU, s. m. (cataóu). Aisé, riche?

Adressaz vous
Anfin à touteis leis catau
Qu'an de bos dins la bouscatièra.
Mathieu.

CAT-BAT, adv. d. toul. Là bas.

Éty. du grec καββὰς (kabbas), descendant.

CAT-BRAREOU, s. m. V. *Cabrareou.*

CATCEROU, s. m. (catceróu), d. béarn. Les langes d'un enfant, le maillot.

CATE, Alt. lang. de *Catet*, v. c. m.

CATECAN, adv. (catecàn), dl. Dès que, aussitôt que. V. *Catacan.*

CATECHIERME, Garc. Alt. de *Catechisme*, v. c. m.

CATECHISAR, v. a. (catetchisá); *Catequisar*, cat. *Catequizar*, esp. port. *Catechizzare*, ital. Catéchiser, instruire de vive voix des mystères de la religion chrétienne; dire à quelqu'un tout ce que l'on croit propre à le déterminer.

Éty. du grec κατηχίζειν (katêchizèin), enseigner de vive voix, faire retentir aux oreilles; formé de κατὰ (kata), en bas, et de ἦχος (êchos), son.

CATECHISAT, ADA, adj. et p. (catetchisá, àde); *Catequisado*, port. Catéchisé, ée; instruit, bien informé.

CATECHISME, s. m. (catetchismé); DOOUTRINA, CATACHIERME, CATECHIERME. *Cate-*

chismus, lat. *Catecisme*, cat. *Catechismo*, ital. *Catequismo*, esp. *Catecismo*, port. Catéchisme, instruction élémentaire sur les principes de la foi ; le livre qui les renferme.

Éty. du grec κατηχίζειν (katèchizein), faire retentir aux oreilles, enseigner de vive voix ; formé de κατὰ (kata), et de ἦχος (èchos), son, retentissement.

CATECHISTO, s. m. (catetchiste) ; *Catechista*, port. ital. *Catequista*, cat. esp. Catéchiste, celui qui enseigne le catéchisme aux enfants.

Éty. du lat. *catechista*, m. s.

CATECHUMENO, ENA, s. (catécumène) ; *Catecúmeno*, cat. *Catecumeno*, esp. ital. *Catechumeno*, port. Catéchumène, personne qu'on instruit pour la disposer au baptême.

Éty. du lat. *catechumenus*, m. s. dérivé du grec κατηχούμενος (katèchouménos), participe passé de κατηχέω (katéchéô), instruire de vive voix.

CATEDRAL, adj. vl. V. *Cathedrala* et *Cadier*, R.

CATEGORIA, s. f. (categourie) ; CATECOURIE. *Categoria*, lat. esp. ital. port. cat. Catégorie, sorte de classe dans laquelle les anciens philosophes rangeaient plusieurs choses qui sont de différente espèce, mais qui conviennent à un même genre ; sorte, nature, caractère, qualité.

Éty. du grec κατηγορία (katègoria), chose dont on peut parler, formé de κατηγορέω (katègoreô), montrer, déclarer, manifester.

CATEGORICAMENT, adv. (categouricamèin) ; CATEGOURICAMENT. *Categoricamente*, port. esp. *Categoricament*, cat. Catégoriquement, pertinemment, à propos, ou d'une manière claire, précise. V. *Categoria*.

CATEGORIQUE, ICA, adj. (categourique, ique) ; *Categorico*, ital. esp. port. Catégorique, qui est selon la raison, qui est à propos, ou qui est clair, précis. Voy. *Categoria*.

CATELAN, adj. et s. (catelán). Nom d'une espèce de raisin, ainsi caractérisé ; mou, acide, à grain noir presque rond.

CATERNA, s. f. vl.

N'ai obrador e caterna ?

CATET, s. m. (caté) ; CATE. Nom qu'on donne, en Languedoc, à la roussette ou chat marin. V. *Gat* et *Cat*, R.

CATETAS, s. f. pl. (catétes), dl. Caresses : *Faire catetas*, caresser, cajoler, flatter. *De catetas*, en baissant la tête, avec un air d'humilité, en s'humiliant.

CATETAS, *faire las*, dl. Faire la courte échelle. V. *Cargacella*.

CAT-EVES, s. m. (cat-évès), dl. Chat acculé et en défense : *S'aparar coumo cat-eves*, se défendre à bec et à griffes. Sauv.

Éty. *Cat-eves*, est dit pour *cat-revers*. V. *Cat*, R.

CATHA, vl. Chatte. V. *Cata*.

CATHACREZIS, vl. V. *Catachresa*.

Cathacrezis es uzurpatios so es prendemen dautra nom en defautá del siu nom propre. Fl. del Gay Sab.

CATHACUMBA, vl. V. *Catacoumbas*.

CATHALOGUE, vl. V. *Catalogo*.

CATHARINA, nom de femme, CATARINA, CATIN, CATA, CATOUN, CATHARINETA, dim. *Catarina*, ital. *Catalina*, esp. Cathérine.

Patrone. L'Eglise honore huit saintes de ce nom, les 25 nov. 11 et 12 mai, 25 juillet, 14 sept. 6, 29 et 30 avril, 9 et 24 mars.

Éty. du lat. *Catharina*.

CATHATIPOZIS, s. f. vl. *Catatypose*, imitation.

Cathatipozis es cant hom designa home a las fayssos o a las proprietatz que a coma :

Guilhems es magres e calvutz,
Lenis es hautz lunez e canutz.

Fl. del Gay Sab.

Éty. du lat. *catatyposis*, dérivé du grec κατατύπτω (katatuptô), imiter.

CATHEDRALA, adj. et s. f. (catedrále) ; *Catedral*, cat. esp. *Cathedral*, port. *Cattedrale*, ital. *Cathedralis*, lat. Cathédrale, Eglise principale de la ville où un évêque réside.

Éty. du grec καθέδρα (kathédra), siége, parce qu'anciennement les prêtres, qui composaient, avec leur évêque, le *presbyterium*, étaient assis, comme le sont les Juifs dans leurs consistoires. V. *Cadier*, R.

Le nom d'*Eglise cathedrale*, n'a été en usage dans l'Eglise latine, qu'au Xme siècle.

CATHEZIZAR, vl. V. *Catechisar*.

CATHOLIAL, adj. vl. CATHOLICALH. V. *Catholique*.

CATHOLIC, ICA, adj. vl. Catholique. V. *Catholique*.

CATHOLICAL, adj. vl. et

CATHOLICALH, vl. V. *Catholique*.

CATHOLICAMENT, adv. (catoulicaméin) ; CATOULICAMENT. *Catòlicament*, cat. *Catolicamente*, esp. *Cattolicamente*, ital. *Catholicamente*, port. Catholiquement, d'une manière conforme aux principes de l'Eglise Catholique.

CATHOLICISMÉ, s. m. (catoulicismé) ; CATOULICISME. *Cattolicismo*, ital. *Catolicismo*, esp. *Catholicismo*, port. *Cotolicisme*, cat. Catholicisme, communion ou religion catholique.

CATHOLICON, s. m. (catoulicón) ; *Diacattolicon*, ital. *Catholição*, port. *Catolicon*, cat. esp. *Catholicon*, lat. Catholicon.

Éty. Remède ainsi appelé du grec καθολικὸς (katholikos), universel, ou parce qu'il est composé de plusieurs ingrédients, ou parce qu'on le croyait propre à toutes les maladies.

CATHOLIQUE, ICA, adj. (catoulique, ique) ; CATHOULIQUE. *Catolico*, esp. *Catolic*, cat. *Catholico*, port. *Cattolico*, ital. Catholique, qui est selon la religion romaine.

Éty. du lat. *catholicus*, formé du grec καθολικός (katholikos), universel ; de κατὰ (kata), par, et de ὅλος (holos), tout ; c'est-à-dire, qui est répandu par tout.

Catholique, se dit souvent et familièrement pour régulier, bien séant, etc. *Aquot es* ou *es pas catholique*.

Catholique, est encore un titre d'honneur pour les rois d'Espagne. Recarède roi des Wisigoths, en fut décoré le premier en 589. Le troisième concile de Tolède le lui donna en considération de son zèle. Alexandre VI, fit revivre ce titre qui s'était perdu, en faveur de Ferdinand et d'Isabelle, après la prise de Grenade, en 1492. Jules II, le rendit héréditaire en 1509, pour tous les rois d'Espagne.

CATI, s. m. (cati). Cati, dernier apprêt que l'on donne aux étoffes de laine, par le moyen de la presse, pour les rendre plus fermes et plus lustrées.

Éty. du lat. *captare*, dans le sens de *videre*, rendre beau à la vue, Roq. Dérivés : *Catir*, *Catissur*, *Descatir*, *Descatit*.

CATIEOU, Avril. V. *Catiou*.

CATIEU, vl. V. *Captiu*.

CATIFOULER, v. n. (catifoulé), dg. Batifoler. V. *Folastregear* et *Fol*, R.

CATIFOULET, ETA, adj. (catifoulé, éte), dg. Folâtre. V. *Fouligaud* et *Fol*, R.

CATIGLAR, v. a. vl. Chatouiller. V. *Catilhar*.

CATIGOU, Avr. V. *Catilh*.

CATIGOULAR, CATIGOURAR. V. *Catilhar*.

CATILH, s. m. (catill) ; COOUTIGOU, GATILH, GATIGOU, CATIOU, COUTIGOU, CATIGOU, CASSIOU, SOUSSELEGAS, SOUSSELEGUI, COUTIGUET, GRATILOUS, SOUSSELEGUET, CHATIGOU, COUTIGA, CHACILI, COUTIGADURA. *Cosquillas*, esp. *Cocegas*, port. Chatouillement, action de chatouiller, sentiment qui nait de cette action.

Éty. du lat. *catulire*, titillation produite dans les animaux par le besoin de s'accoupler par le rut et particulièrement celle du chien, on disait anciennement en français *catiller*.

Cregner lou catilh, être chatouilleux.

Faire catilh. V. *Catilhar*.

CATILHAR, v. a. (catillá) ; GATILHAR, CHACILIAR, CATIGOURAR, COSSIGOULAR, SOUSSELAR, COUTIGAR, CHACILIAR, CHATIGOULAR, COUSSERGUEGEAR, FAIRE-COUTIGA. *Hacer cosquillas*, esp. *Fazer cocegas*, port. Chatouiller, causer par un attouchement léger un tressaillement qui provoque ordinairement à rire et qui poussé trop loin pourrait donner lieu à des convulsions et à la mort.

Éty. de *Catilh*, v. c. m. et de *ar*.

CATIN, nom de femme, (catìn). Alt. de *Catharina*, v. c. m.

CATIN, s. f. (catin). Catin, fille ou femme dont la conduite est déréglée, dim. de *Catharina*.

CATIOU, OUVA, adj. (catiou, óuve) ; CATIOUS, CAITOUS, CATICOU. Fin, rusé, méchant, mauvais, malin : *Hueilhs catious*, yeux malins : *Temps catiou*, mauvais temps.

Quand ploou, ploou, quand negea, negea,
Mai quand fa vent, fa catiou *temps.*

Éty. du lat. *cautus*, m. s. V. *Caut*, R.

Abriou lou catiou, avril le trompeur.

CATIOU, Pour chatouillement. V. *Catilh*.

CATIR, v. a. (catir). Donner le cati aux étoffes, ce mot signifiait serrer fortement, en vieux français.

Éty. de *cati*, et de l'act. *ir*.

CATITORBA, s. f. (catitórbe), dl. Colin maillard. V. *Meni-mounai*.

CATO, s. m. vl. Petit chat. V. *Catoun* et *Cat*, R.

Caton, nom d'homme.

CATOLIC, ICA, adj. vl. V. *Catholique*.

CATOLICON, V. *Catholicon*.

CATOPTRICA, s. f. (catouptrique) ; *Catoptrica*, port. cat. esp. *Cattotrica*, ital. Catoptrique, partie de l'optique qui traite des effets de la réflexion de la lumière.

Éty. du lat. *catoptrica*, m. s. dérivé du grec κάτοπτρον (katoptron), miroir, d'où κατοπτρίζω (katoptrizô), réfléchir comme un miroir; dérivé de κατά (kata), contre, et ὄπτομαι (optomai), voir.

CATORZEN, vl, V. *Quatorzen.*

CATOUN, s. m. (catóun); **catoun, cadel, chatoun.** *Gatinho*, port. *Gató*, cat. Chaton, petit chat ou le petit de la chatte.

Éty. de *cat* et du dim. *oun.* V. *Cat*, R.

Mudar lous catouns, changer de place ce qu'on a de précieux, ne fréquenter plus les mêmes lieux.

CATOUN, s. m. **chatoun.** Chaton, assemblage de petites écailles florales, fixées sur un axe commun, portant chacune un ou plusieurs organes sexuels de même sexe, comme on le voit sur le saule, le noyer, le noisetier, etc.

Éty. Ainsi nommées parce que ces sortes de fleurs sont ordinairement lanugineuses et ressemblent un peu à la peau d'un petit chat. V. *Cat*, R.

CATOUN, s. m. Impression que la brûlure occasionnée par une bluette, laisse sur un vêtement. Garc.

CATOUN, nom de femme, dg. Dim. de *Catharina*, v. c. m.

CATOUN, s. m. Est aussi le nom qu'on donne, dans la Camargue, au trèfle champêtre et au trèfle couché, *Trifolium campestre* et *Trifolium resupinatum*, Lin. plantes de la famille des Légumineuses, dont les têtes, quand les fleurs sont tombées, paraissent laineuses comme un petit chat. V. *Cat*, R.

CATOUNA, s. f. (catóune); **chatouna.** *Gatinha*, port. Petite ou jeune chatte.

CATOUNADA, s. f. (catounáde); **minounada.** *Chattée*, la portée d'une chatte, le nombre de chatons qu'elle faits à la fois.

Éty. de *catoun* et de *ada*. V. *Cat*, R.

CATOUNAR, v. n. (catouná); **chatounar.** Chatter, faire ses petits en parlant de la chatte; la chatte a chatté.

Éty. de *catoun* et de *ar*, faire les chatons. V. *Cat*, R.

CATOUNET, s. m. (catouné), d. béarn. Petit caton, petit sage, qui veut imiter le philosophe Caton, ou du lat. *cautus*, prudent, sage. V. *Caut*, R.

CATOUNIERA, s. f. (catouniére); **pouartua, chatouniera, partus.** *Gateira*, port. Chatière, trou qu'on pratique aux portes pour laisser passer les chats.

Éty. de *catoun* et de *iera*. V. *Cat*, R.

CATOYA, s. f. (catóye); **catoia, marrana.** Jaunisse, maladie contagieuse des plantes légumineuses, que l'on voit jaunir et dépérir chaque jour.

CATRAN, s. m. (catrán). *Oli de catran.* Huile de cade. Garc.

Éty. Alt. de *Quitran*, v. c. m.

CATRE, vl. V. *Quatre.*

CATRULHAT, adj. (catruilla). *Ueilh catrulhat.* Œil dont on ne voit pas bien clair.

CATS, adv. (cáts), dg. Vers. *Cats à*, vers là.

S'arresto: cats al ciel sa priero s'enbolo.
Jasmin.

Il s'arrête, et vers le ciel sa prière s'envole.

CATSAMUSEL, s. m. (catsamusèl), d. bas lim. Petit chou, espèce de gâteau ou de pâtisserie, casse-museau.

CATSANIOU, s. m. (catsaniou), d. bas lim. Culot. V. *Caganis.*

CATSAR, v. a. (catsá), dl. Orner, parer, Sauv. serrer une aiguillette. Douj.

CATSE, d. bas lim. V. *Cache.*

CATSOU, s. m. (catsou), dl. Ferret, ou fer d'aiguillette. V. *Bout-de-courdela* et *Cap*, Rad.

CATSOUN, V. *Bout de courdela.*

CATSOUNAR, dl. (catsouná). Ferrer des aiguillettes. V. *Cassounar* et *Cap*, R.

CATTIER, s. m. (catié). Un des noms de l'argousier. V. *Agranas.*

CATTIVAR, *Cattivare*, ital. V. *Captivar.*

CATTIVITAT, *Cattività*, ital. V. *Captivitat.*

Éty. de l'ital. *cattività*, m. s.

CATUEGNA, s. f. (catuégne); **chatuegna.** Troupe de chats, l'engeance des chats; troupe de petits enfants.

Éty. de *cat* et de *uegna*. V. *Cat*, R.

CATULHAR, v. a. (catuillá), dg. Détraquer, ruiner. V. *Destracar.*

Éty. *Cattar*, nom d'une ancienne machine de guerre.

CATUSSEL, s. m. (catussèl). V. *Herba deis rascas.*

CATZ, vl. Il ou elle Tombe. V. *Cadit.*

CAU

CAU..., On trouvera en *Quau*... les mots qui ne figurent pas en *Cau*...

CAU, Ce mot privé de sa consonne finale ou altéré, a été employé pour désigner des choses qui n'ont entre elles aucune ressemblance, car on le trouve pour :

Cable, V. *Cable.*
Quel, quelle, V. *Quau.*
Chaud, V. *Caud.*
Chou, V. *Caul* et *Caulet.*
Chaux, V. *Caus.*
Cave, creux, V. *Cava.*

Et pour, il faut, il ou elle tombe, tient, se tait, dans l'anc. langage.

CAU, AVA, adj. vl. *Cau*, cat. Creux, euse; vide.

Éty. du lat. *cavus*, m. s. V. *Cav*, R.

CAU, d. lim. Foucaud, pour cou. V. *Col.*

CAU, s. m. vl. Hibou, choucas.

CAUBES, vl. Il ou elle tint, fut contenu.

CAUBRA, vl. Il ou elle tiendra, tiendrait, serait contenu, sera contenu, ue.

CAUBRE, V. *Caupre.*

CAUC, s. m. vl. Attaque.

CAUCA, s. f. (cáouque). Temps où l'on foule les blés. V. *Caucada.*

A paga seray fidele,
Avan caucas *per ma fé,*
Lous interesses tabé,
Tandon de Montpellier.

Éty. du lat. *calcare*, fouler. V. *Calc*, R.

CAUCA, s f. **chaugea, cauga.** Tente, petit bourdonnet de charpie ou de linge, qu'on met dans une plaie fistuleuse pour la tenir ouverte.

Éty. du lat. *calco*, je presse. V. *Calc*, R.

CAUCA, Pour quelque. V. *Quauque* et *Qual*, R.

CAUÇA, s. f. (cáouce), d. béarn. Chaussure. V. *Caussura* et *Calc*, R.

CAUÇADA, s. f. (caucáde); **cauca, soulada, calcada, caucasoun, cauquesoun.** Temps où l'on foule les blés; airée, la quantité de gerbes qu'on met à la fois sur l'aire, pour être foulées, V. *Airoou;* ou de raisins qu'on presse.

Éty. de *Cauc*, R. et de *ada*. V. *Calc*, R.

CAUCADIS, ISSA, s. (caoucadís, isse). État d'un terrain sur lequel on a marché. Garc.

CAUÇADIS, ISSA, s. (caoucadís, isse). Étendue de terre ou grande quantité de plantes foulées aux pieds. Garc.

CAUÇADOUIRA, s. f. (caoucadóuire); **coucadouira.** Baquet dans lequel on foule les raisins; cuve, fouloir.

Éty. de *Caucar*, v. c. m. ou de *calcatorium*, lat. qui désigne un pressoir ou une cuve. V. *Calc*, R.

CAUCAGI, s. m. (caoucádgi); **lou caucar, caucage.** L'action de fouler.

Éty. du lat. *calcatio*, m. s. V. *Calc*, R.

La palha vau pas lou coucagi, le jeu ne vaut pas la chandelle.

CAUCAGNA, s. f. (caoucágna), d. de Barcel. Airée. V. *Airoou* et *Calc*, R.

CAUCAIRE, s. m. (caoucáïré); **coucaire.** Celui qui foule les raisins, fouleur ne se dit en français que de l'ouvrier qui foule les chapeaux, les cuirs et les draps.

Éty. du lat. *calcator*, m. s. V. *Calc*, R.

CAUCAR, LOU, s. m. L'action de fouler la paille. V. *Caucagi* et *Calc*, R.

Il paraît que cette opération a été la première connue pour séparer le grain de la paille, elle était déjà pratiquée en Egypte et en Grèce, du temps de Moïse, comme à présent. V. Det. c. 25, ỳ. 4. Voyage du jeune Anacharsis, t. 5, p. 4.

CAUCAREN, V. *Quaquaren.*

CAUCAL, ALA, adj. (caoucál, ále), dl. Lâche, mou, pesant; butor: *Grossa caucala*, grosse bête, et subst. *Una caucala*, une begueule.

CAUCALA, s. f. (caoucále), dl. **caucalha.** *Cucala*, cat. Corneille. V. *Gralha.*

CAUCALHA, s. f. (caoucaille). Un des noms de la corneille, à Montpellier. V. *Caucala* et *Gralha.*

CAUCALOUS, adj. (caoucalóus), dl. Malingre, maladif.

Éty. de *caucal* et de *ous.*

CAUCAR, v. a. (caoucá); **calcar, foultrir, chauchar.** *Calcar*, cat. port. *Calcare*, ital. Fouler la paille, des chapeaux, des draps, des cuirs, etc.; presser fortement.

Éty. du lat. *calcare*, fouler aux pieds. V. *Calc*, R.

Caucar la terra, la presser pour qu'elle s'affaisse moins, la plomber.

Caucar una poula, en parlant du coq, cocher une poule.

Caucar per la palha, expr. prov. Fouler pour la paille, travailler pour un petit profit.

Coucar de coucouns, fouler des cocons de graine pour les rendre propres à être filés.

La fachiniera l'a caucada, dl. elle a eu le cochemar, la sorcière l'a pressée.

Caucar leis rasins, troulhar, prautir, fouler les raisins.

CAUCAR, v. n. CHAUCHAR. Patrouiller, marcher dans la boue ou dans l'eau. V. *Calc*, Rad.

Ai caucat, j'ai patrouillé. V. *Calc*, R.

CAUCARREN, Garc. V. *Quauquaren*.

CAUCASO, LOU, (caoucáse); *Caucaso*, ital. port. Caucase, le; grande chaîne de montagnes, dans l'Asie, qui s'étend de la mer Noire, à la mer Caspienne, souvent cité par les poëtes.

Éty. de l'arabe *gâf* ou *kâf*, qui désigne la même chaîne.

CAUCASOUN, s. f. (caoucazóun); CAUQUESOUN, dl. La saison de fouler, le foulage. V. *Caucada* et *Calc*, R.

CAUCAT, ADA, adj. et p. (caoucá, áde); CHAUCHAT. *Calcado*, port. Foulé, pressé.

Éty. du lat. *calcatus*, m. s. V. *Calc*, R.

CAUCA-TRAPA, s. f. (cáouque-trápe); CAGA-TREPA, CALCATREPA, CALFATREPA, CAUCATREPA, CAUCA-TRIPA. Chausse-trape, chardon étoilé, *Centaurea calcitrapa*, Lin. *Calcitrapa stellata*, Lam. plante de la fam. des Composées Cynarocéphales, commune le long des chemins.

Éty. du lat. *calcitrapa*, par corruption, fait de *cauc* pour *Calc*, R. et de *trappa*, lat. altér. de *trapp*, piége, en celtique; chausse-trape, piége qu'on foule, piége pour les pieds. C'était une machine de guerre à quatre pointes propre à arrêter la cavalerie. Ce nom a été donné à cette plante à cause de son calice épineux, qui le fait ressembler à une chausse-trape.

CAUCA-VIELHA, dl. Cauchemar. V. *Chaucha-vielha*, *Pen* et *Calc*, R.

CAUCIDA, s. f. vl. Chardon hémorroïdal, V. *Caussida*; buglosse.

CAUCIER, s. m. vl. Chausses. V. *Calc*, Rad.

CAUCIGAR, v. a. et n. vl. Fouler aux pieds; regimber. V. *Caussigar*.

CAUCINA, s. f. vl. *Calcina*, esp. ital. Chaux. V. *Caus* et *Cal*, R. 2.

Que fo faitz de mortier d'arena e de caucina.
Crois. contre les Albigeois, V. 1064.

CAUCINIER, s. m. (caoucinié); CAUSSINIER. V. *Caussinier* et *Cal*, R. 2.

CAUCUN, Alt. de *Quauqu'un*, v. c. m.

CAUCUN, et

CAUCUS, dl. Quelqu'un. V. *Quauqu'un*.

CAUCZ, s. m. pl. vl. Pas: *Traire li caucz*, détourner les pas. V. *Calc*, R.

CAUD, AUDA, adj. (cáou, áoude); CAUT, CAL, CHAUD, CHALD, CALD, CAU, CHAL. *Caldo*, ital. *Calido*, esp. port. cat. Chaud, aude; qui fait éprouver la sensation de la chaleur.

Un corps est d'autant plus chaud qu'il contient une plus grande quantité de calorique, mais relativement à nous, les choses que nous touchons ne nous paraissent chaudes que lorsque leur température est plus élevée que la nôtre; de sorte que le même corps peut nous paraître froid ou chaud alternativement en faisant varier notre degré de chaleur.

Éty. du lat. *calidus, calid, cald, caud.* V. *Cal*, R.

CAUD, s. m. *Lou caud.* V. *Calour*.

Fai ben caud, il fait bien chaud.

L'y fasia caud, il y faisait chaud, l'affaire était chaude. V. *Cal*, R.

CAUD, adv. Chaud et chaudement.

Beoure caud, boire chaud.

Se tenir caud, se tenir chaudement. V. *Cal*, R.

CAUDA, s. f. (cáoude); CHAUDA. *Calda*, cat. esp. *Caldo*, ital. Chaude, feu nécessaire pour faire rougir le fer au blanc; l'action de le forger: *En una cauda un bon fabre deou faire un ferre*, un bon forgeron doit forger un fer à cheval, en une seule chaude; fig. promptitude, premier mouvement de colère. V. *Cal*, R.

Sur la cauda, sur le champ, tout de suite, à la chaude.

CAUDAMENT, adv. (caudamèin); CHAUDAMENT, CAUDAMEN. *Caldamente*, ital. *Calientemente*, esp. *Caldament*, cat. Chaudement, de manière à conserver la chaleur, à se garantir du froid; avec chaleur.

Éty. de *cauda* et de *ment*. V. *Cal*, R.

CAUDA-PISSA, s. f. (cáoude-pisse). Chaude-pisse, blennorhagie.

Éty. de *pissa*, urine, et de *cauda*, chaude. V. *Cal*, R.

CAUDAT, adj. vl. A queue, plat, en parlant des vers qui riment deux à deux.

Éty. du lat. *cauda*, queue. V. *Coua*, R.

CAUDEGEAR, v. n. (caoudedjá), dl. Couler la lessive à chaud.

Éty. de *caud* et de *egear*, agir, couler à chaud. V. *Cal*, R.

CAUDEGEADA, s. f. (caoudedjáde), dl. Un rechaud, une chaude: *Dounar una caudegeada*, donner un rechaud à la lessive, c'est-à-dire, la rechauffer avec de la nouvelle eau chaude. Sauv. V. *Cal*, R.

CAUDEGEAR, v. a. dl. Battre ou brasser une liqueur chaude pour la refroidir; on bat le thé, le café en les versant alternativement de la tasse dans la soucoupe. V. *Cal*, Rad.

CAUDEIRA, s. f. vl. CAUDERA. Chaudière. V. *Chaudiera* et *Cal*, R.

CAUDEIROUN, s. m. (caoudéiróun); CHAUDEIROUN, CAOUDEYROUN. Dim. de *Caudiera*, petite chaudière, chaudron. V. *Cal*.

CAU DE MOOUTA, s. f. (cáou dé móoute). Moque, poulie ronde, sans roue, ayant trois trous sur le plat, dans lesquels passent des cordes.

CAU DE MOOUTA DE MARTINET, V. *Martinet*.

CAUDERA, vl. V. *Caudeira*.

CAU-DE-REMOUQ, V. *Remouq*.

CAUDET, ETA, adj. (caoudé, éte). Un peu chaud, qu'on ne peut pas encore manger ou boire.

Éty. de *caud* et du dim. *et*. V. *Cal*, R.

CAUDETAS, s. f. pl. (caoudètes); TETAS, dl. Châtaignes bouillies; on dit ordinairement: *Castagnas caudetas* et par contract. *Caudetas*. V. *Cal*, R.

CAUDEYARE, s. m. vl. Dégraisseur.

CAUDEYRA, dg. Chaudière. V. *Chaudiera* et *Cal*, R.

CAUDIERA, s. f. (caoudière). Pour chaudière. V. *Chaudiera* et *Cal*, R.

CAUDIERA, s. f. dl. Chaleur forte. V. *Tafour*.

Éty. de *caud* et de la term. mult. *iera*. V. *Cal*, R.

CAUDOLA, s. f. (caoudóle). Sorte de gâteau ou de pain azyme, que les Juifs préparent en Provence, pour leurs fêtes.

Éty. de *caud*, chaud. V. *Cal*, R.

CAUFA, s. f. (cáoufe). Chauffe, lieu où l'on jette, où brûle le bois, pour chauffer les fourneaux, où l'on fait fondre les métaux, etc.

Éty. de *cauffar*, chauffer, *caufa*, qui chauffe. V. *Cal*, R.

CAUFADOUR, V. *Escaufaire* et *Cal*, R.

CAUFAGI, s. m. (caoufádgi); CAUFAGE. Chauffage, l'action de se chauffer, la quantité de bois que l'on consume annuellement pour cet objet.

Éty. de *caufar* et de *agi*. V. *Cal*, R.

CAUFAGI, s. m. (caoufádgi); COUFAGE. Espèce de cellier, ordinairement obscur, où l'on dépose des hardes inutiles. V. *Chaufagi*.

CAUFAIRE, s. m. (caoufàïré). Chauffeur, celui qui souffle le feu d'une forge. Garc.

CAUFA-LIECH, V. *Escaufa liech* et *Cal*, Rad.

CAUFAR, v. a. (caoufá); CALFAR. *Scaldare*, ital. *Caldear*, esp. *Caldejar*, cat. *Aquentar*, port. Chauffer, exposer à la chaleur du feu.

Éty. du lat. *calefacere*, fait de *calidum*, et de *facere*. V. *Cal*, R.

Caufar lou liech, bassiner le lit.

CAUFAR SE, v. r. Se chauffer, s'approcher du feu pour en recevoir la chaleur.

CAUFAR, v. n. En parlant du soleil et d'un feu violent, on dit en provençal *caufa*, il fait chaud. V. *Cal*, R.

CAUFAT, ADA, adj. et p. (caoufá, áde). Chauffé, ée.

Éty. du lat. *calefactus*, m. s. V. *Cal*, R.

CAUFEGEAR, v. a. fréquent. (caoufedjá), dl. ESCAUFAR, RESCAUFAR. Réchauffer, chauffer à plusieurs reprises, en appliquant des linges chauds sur quelque partie du corps.

Éty. de *caufar* et de *egear*. V. *Cal*, R.

CAUFLIT, dl. Le même que *Caffit*, v. c. m.

CAUL, CHAUR, radical de *caulet*, chou, que beaucoup d'étymologistes font venir du latin *caulis*, tige, dérivé du grec καυλός (kaulos), qui a la même signification. Cette étymologie n'est pas satisfaisante, attendu que c'est une des plantes qui se fait le moins remarquer par sa tige; l'opinion de ceux qui tirent le mot chou du celtique *chaulx*, *cawl*, ou *caul*, qui tous signifient légume, est bien plus raisonnable; de *cawl*, les Italiens ont fait *cavolo*, les Espagnols *col*, les Allemands *koel*, les Belges *koole*, etc.

De *caul*: *Caul*, *Caul-at*, *Caul-et*, *Caulet-ier*, *Caulet-oun*, *Caulech-oun*, *Caul-egear*, *Caulich-ous*, *Caul-ilhas*, *Col-zat*.

De *caul*, par le changement de *l* en r, *caur*; d'où: *Caur-et*, *Caur-il*, et par celui du *c* en *ch*: *Chaur*, *Chaur-de-chabra*, *Chaur-essoun*, *Chaur-et*, *Chauret-ier*, *Chauret-oun*.

De *caul*, par le changement de *c* en *ch*; *Chaul*, *Chaul-at*, *Chaul-iera*, *Chaur-iera*, *Chaul-issoun*.

CAUL, s. m. vl. Nom languedocien du chou. V. *Caulet.*

CAULA, s. f. (càoule), d. bas lim. Enveloppe extérieure de certains fruits. V. *Gruelha.*

CAULADA, s. f. (caouláde), dl. Caillé. V. *Calhat.*

CAULAR, v. n. (caoulá), dl. Figer, cailler. V. *Calhar* et *Calh*, R.

CAULAT, s. m. (caoulá). Un plant de choux.

Éty. de *caul*, chou, et de *at*. V. *Caulet.*

CAULECHOUN, s. m. (caouletchóun); CAULET, CAURIL. Nom avignonnais du cranson drave, *Cochlearia draba*, Lin. plante de la fam. des Crucifères siliculeuses.

Éty. *Cauletoun*, dim. de *caulet*, dit pour petit chou, à cause de la ressemblance qu'on a cru trouver entre ces deux plantes. V. *Caulet.*

CAULEGEAR, v. n. (cauledjà), dl. Effeuiller un chou.

Éty. de *caulet* et de *egear*. V. *Caulet*, R.

CAULET, s. m. (caoulé); CAU, CAUL, CHAL, CHAURET, CHAUR. *Caol* et *Caul*, bas breton, *Cavolo*, ital. *Col*, esp. cat. *Couve*, port. *Koel*, all. *Koole*, belge. Chou, *Brassica*, Lin. nom d'un genre de plantes de la fam. des Crucifères dont on distingue plusieurs espèces en botanique, mais qui, dans le langage ordinaire, ne comprend que celles qui peuvent servir d'aliment, que le chou potager proprement dit *Brassica oleracea*, Lin. qui fournit un grand nombre de variétés. V. Garid. Brassica, p. 64, et le Dict des Sc. Nat. au mot Chou.

Éty. V. *Caul*, R.

L'y a fach seis caulets grasses, il y a fait ses orges.

L'y a caulets et caulets, il y a fagots et fagots.

Entre Sant Pierre et Sant Pau,
Plante lou porre et lou cau.
Prov. des Cevennes.

Les jardiniers donnent le nom de *broccoli* aux rejetons qui poussent le long de la tige des choux, et celui de *cimette*, à ceux qui poussent au printemps.

M. Arnaud de Villeneuve, ne comptait, au XIIIme siècle, que trois espèces de choux, les *verts*, les *blancs* et les *frisés*. Au XVIme Charles-Etienne en faisait connaître trois autres, les *cabus*, les *rouges* et les *romains*. En 1651, Bonnefonds, auteur du jardinier français, ajoutait à cette liste, les choux de *Veronne*, de *Milan*, de *Gêne*, les *choux blancs*, les *choux à large côte* et les *pancaliers* ou *pancalins*; on en connaît maintenant plus de cinquante variétés.

CAULET, s. m. Est aussi le nom qu'on donne dans la Camargue au cochlearia draba. V. *Caulichoun* et *Caulet*, R.

CAULET-BRUT, s. m. (caoulé-brú); *Col de brotó*, cat. Nom languedocien du chou vert. V. *Caulet-verd.*

CAULET-CABUS, s. m. *Col capdellada*, cat. *Cavolo capuccino*, ital. Chou cabus ou pommé, *Brassica oleracea capitata*, Lin.

Éty. Ainsi nommé à cause de l'espèce de tête, *cab*, que forment ses feuilles serrées les unes contre les autres.

Cette variété que Charles-Etienne fit connaître au XVIme siècle, compte plus de quinze sous-variétés aujourd'hui.

CAULET-COLZAT. V. *Colzat.*

CAULET-FLORI, s. m. (caouléflóri); CHAUR-FLOUR, CAULET-FLOUR. *Cavolo fiore*, ital. *Coliflor*, esp. *Couliflor*, port. *Colyflor*, cat. Le chou-fleur, *Brassica oleracea botrytis*, Lin. dont le chou-fleur d'Angleterre, le chou-fleur tendre, le chou-fleur de Chypre et le brocoli ne sont que des sous-variétés.

On croit assez généralement que les premiers choux-fleurs ont été apportés de l'île de Chypre en Italie et de là dans le reste de l'Europe.

On ne regarde le chou-fleur que comme une variété de chou commun, produite par la culture, mais Miller le considère comme une espèce distincte.

CAULET-NAVEOU, V. *Naveou.*

CAULET-RABA, s. m. CHAUR-RABA. Chou-rave, *Brassica-oleracea gongyloïdes*. Lin. Dans le chou cabus la surabondance de nourriture se porte sur les feuilles, dans le chou-fleur sur les rameaux naissants, et dans celui-ci sur la racine ou fausse tige, et la transforme en une masse charnue qui est bonne à manger.

Éty. Parce qu'il tient à la fois de la nature du chou et de celle de la rave.

CAULET-VERT, s. m. (caoulé-vèr); CAULET-D'HIVER, CAULET-BRUT, CHAUR-VEART. *Col-verda*, cat. *Cavolo verzotto*, ital. Le chou-vert, *Brassica oleracea*, *viridis*, Lin. cette espèce ne pomme jamais et produit un grand nombre de sous-variétés connues sous les noms de *Chou-frisé*, *Chou-tricolore*, *Chou-crépu-d'écosse*, *Chou-vivace*, *Chou-palmier*, *Chou-à-vache*, *Chou-branchu*, etc.

CAULETAS, s. m. (caouletás); CHAURETAS. *Colassa*, cat. *Cavolone*, ital. Gros chou.

Éty. de *caulet* et de *as*.

CAULET-DE-SERP, s. m. (caoulé-dé-sèr). Nom du pied de veau ou gouet, selon M. Cast. V. *Fugueiroun.*

CAULETIER, V. *Chauretier*, *Pit-chou* et *Caulet*, R.

CAULETOUN, s. m. (caouletoún); CHAURETOUN, CHAULISSOUN. *Coleta*, cat. *Cavoletto*, ital. Petit chou, plant de choux.

Éty. de *caulet* et du dim. *oun*. V. *Caulet*, R. ou du lat. *cauliculus*, m. s.

CAULICHOUS, s. m. (caoulitchóus). Nom languedocien du béhen. V. *Carnilhets* et *Petiaires.*

Éty. Dim. de *Caulet*, v. c. m.

CAULILHAS, s. f. pl. (caoulilles), dl. Les rejetons d'un chou. Sauv.

Éty. de *caulet* et de *ilhas*, pour *cauletilhas*, V. *Caul*, R. ce qui provient des choux.

CAUM, CHAUM, radical qu'on a mal à propos tiré du latin *caligo*, sous-entendu *œstuosa*, brouillard chaud, et qui vient du grec καῦμα (kauma), chaleur, grand échauffement.

De *kauma*, par apoc. et changement du *k* en *c*, *caum*; d'où: *Caum-ar*, *Caum-ier*, *Caum-as*, *Caum-assa.*

De *caum*, par le changement de *u* en *l*, *calm*, et l'augmentation d'un *i*, *calim*; d'où: *Calim-as.*

De *caum*, par le changement de *c* en *ch*, *chaum*; d'où: *Chaum-assa*, *Chaum-ar*, *Chaum-arela.*

CAUMA, s. f. (cáoume). Chaumière, espèce de cabane recouverte en chaume ou en ramée, servant à abriter le bétail au moment des chaleurs. Garc.

Éty. du lat *calamus*, chaume. V. *Calam*, Rad.

CAUMA, V. *Cauna.*

CAUMAGNAS, V. *Caumas*, dont il est un augmentatif dépréciatif.

CAUMAR, v. n. (caoumá), dg. Lancer des rayons de chaleur.

Éty. de *caumas*, chaleur forte, et de *ar*, faire. V. *Caum*, R.

CAUMAS, s. m. (caoumás); CALMA, CAUMASSA, CHAUMASSA, CAUMAGNAS, TAFOUR, CALIMAS, ESCAUMOSSI, GAUMAS, BOUBOURADA. *Calina*, esp. Chaleur incommode et étouffante, particulièrement occasionnée par le vent du Sud, *marin.*

Éty. V. *Caum*, R.

CAUMASEIAR, v. n. (caoumaseiá), d. toul. Produire une chaleur étouffante.

Éty. de *caumas*, et de *eiar*, ou du grec καυματίζω (kaumatizo), brûler.

CAUMASSA, s. f. (caoumásse), fém. de *Caumar*, v. c. m. et *Caum*, R.

CAUMIER, **IERA**, adj. (caoumié, iére), dl. Qui craint la chaleur.

Éty. de *caumas*, chaleur, et de *ier*. V. *Caum*, R.

CAUMOU, V. *Coumou.*

CAUMOUN, nom de lieu, (caoumóun). Ce mot est la traduction de *cavus-mons*, montagne creuse ou caverneuse; de *calvus-mons*, montagne chauve ou pelée; ou de *calidus-mons*, chaumont, montagne chaude, montagne volcanique, qu'on trouve dans les anciens titres avec cette signification.

Éty. V. *Cav* et *Mont*, R.

CAUMOUS, adj (caoumóus). Spacieux, qui a beaucoup de place, parlant d'un lieu. Garc.

CAUNA, s. f. (cáoune); CAUNIERA, CAUMA. *Crône*, certains gouffres d'eau dont le fond est rempli de racines ou d'herbes, et qui servent de retraite aux poissons; on le dit aussi pour caverne, antre, grotte.

Éty. du lat *cavus*, et dérivé du grec χαίνω (chainô), s'ouvrir, s'entrouvrir. Dérivés: *Caun-iera*, et par le changement du *c* en *ch*, *Chaun-ut.*

CAUNA, s. f. (caóune); CAOUNA. Cavité, creux.

Cauna deis peissouns, *crône.*

Cauna deis lapins, rabouillère.

CAUNIERA, s. f. (caounière), d. m. Gouffre, *crône*, V. *Cauna*, on le dit aussi, dans la montagne pour fondrière. V. *Ensias* et *Cauna*, R.

CAUNIT, part. m. (caouni), dl. Trépassé, Sauv. V. *Trepassat.*

Éty. Ce mot paraît venir du grec κατουδαῖος (katoudaios), mort.

CAUP, V. *Cap.*

En vl. il ou elle fut contenu, ue; il ou elle entra.

CAUPES, vl. Qu'il ou qu'elle entra, fut contenu, ue.

CAUPIDUELH, vl. V. *Capduelh.*

CAUPISAR, v. a. (caoupisá); CAUSSIGAR, CHAUSSIAR, TREPIAR, BOULAR. *Calpestare*, ital.

Pisar, port. Fouler aux pieds, marcher sur quelque chose, la fouler, mettre le pied dessus: *M'avez caupisat*, vous m'avez marché sur le pied, et non vous *m'avez marché dessus*.

Éty. de *cau* pour *caucar*, de *pis* pour *pes*, et de *ar*, fouler avec les pieds, ce que rend encore mieux l'ital. *calpestare*. V. *Cal*, Rad.

CAUPISAT, ADA, adj. et p. (caoupisá, áde); CHAUPISAT, CHAUSSIAT, CAUSSIGAT. Foulé aux pieds. V. *Calc*, R.

CAUPOL, s. m. vl. Falaise.

CAUPRE, v. a. (cáoupré); CAURE, CAUBRE, CHAUPRE. Tenir, contenir, recevoir, être contenu.

Éty. du lat. *capere*, m. s. V. *Cap*, R. 2.

Poou plus caupre dins sa peou, il ne peut plus tenir dans sa peau, il est trop gros.

> Et dious moun estoumac pode ren faire *caupre*
> Parce que moun gousier n'es plus fach per recaupre.
>
> Coye.

CAUQUEIRAN, s. m. (caouqueirán). Tanneur. V. *Tanur* et *Calc*, R.

Éty. de *cauquiera* et de *an*.

CAUQUETREPA, Gar. V. *Caucatrapa*.

CAUQUIADA, dl. Alt. de *Couquilhada*, v. c. m.

CAUQUIERA, s. f. (caouquiére); CHAUCHIERA, CALQUIERA. Tannerie, lieu où l'on tanne et prépare les peaux; plein, ou réservoir dans lequel les tanneurs font tremper les peaux.

Éty. de *caucar* et de *iera*, lieu où l'on foule; ou de *cau*, chaux, parce qu'on disait alors *caussiniera*.

CAUQUILHA, V. *Couquilha*.

CAUQUILHADA, V. *Couquilhada*.

CAUQUILHAGE, s. m. (caouquilliádge). Nom languedocien du cochevis ou grosse alouette hupée. V. *Couquilhada*.

CAUQUILHAGI, V. *Couquilhagi*.

CAUQUIOU, s. f. (caouquiou). Nom qu'on donne, aux environs de Montpellier, au morillon. V. *Mourilhoun*.

CAURE, dl. V. *Caupre* et *Cap*, R. 2.

CAURET, s. m. (caouré), d. du Var. alt. de *Caulet*, chou, v. c. m. et *Caul*, R.

CAURIL, s. m. (caouril). On donne ce nom à Marsillargues, selon M. Dunal, au cranson *drave*. V. *Caulechoun* et *Caul*, R.

CAURILHA, s. f. (coourilhe); COOURIA. Cast. V. *Amarun*.

Éty. Dim. dépréc. de *cauret*, petit mauvais chou.

CAURILHAT, ADA, adj. et p. (caourillà, áde); CHOURILHAT. Michel, a employé ce mot dans le sens de percillé.

> *Son visage tout tronquilhat*,
> *Semblo un fourmage* caurilhat.

On le dit aussi du pain bien levé et bien cuit, qui a de grands trous à l'intérieur.

Éty. de *caur* pour *car*, dit pour *can*, percé comme un roseau. V. *Can*, R.

CAURRINASSA, s. f. (caourrinásse). Chaleur souffoquante, Cast. V. *Tafour*.

CAUS, CAUZ, CHAUS, CAUV, CHAUV, CHAUZ, CAT, radical pris du latin *causa*, chose, principe, motif, raison, affaire, procès, intérêt; d'où les sous-radicaux *accusare*. V. *Accus*, *Excusatio* et *Escus*.

De *causa*; *causa*, et par apoc. *caus*; d'où: *Caus-al*, *Caus-ar*, *Caus-at*, etc.

De *caus*, par le changement de *s* en *z*: *Cauz-a*, *Cauz-e*, *Cauz-atiu*.

De *caus*, par le changement de *s* en *v*, *cauv*; d'où: *Cauv-a*, *Cauv-as-assa*, *Cauv-e*, *En-cauv-a*, etc.

De *caus*, par le changement de *c* en *ch*, les mêmes mots: *Chauv-a*, *Chaus-a*, etc.

De *caus*, par syncope de *a cus*, qui avec la proposition *ad*, changée en *ac*, par atraction, a fait *accus*; d'où: *Accus-ar*, *Accus-at*, *Accus-ation*, *Accus-at-if*, *Accus-atour*, etc.

De *cus*, par l'addition de *en*, *encus*; d'où: *Encus-ador*, *Encus-ar*, *Encus-acio*, *Des-encus-ar*, etc., par l'add. de *re*, au lieu de *en*, *recus*; d'où: *Recus-ar*, *Recus-at*, *Recus-ation*, et par celle de *es* ou *ex*, *escus* ou *excus*; d'où: *Es-cus-a*, *Es-cus-ar*, *Es-cus-able*, et les mêmes mots par *ex*: *Ex-cus-atio*, *Ex-cus-ar*, etc.

CAUS, CHOOUS, CHAUS, radical que beaucoup d'étymologistes font venir du latin *eligere*, choisir, formé de *legere*, *lego*, amasser, cueillir, choisir. Ménage le dérive de *colligere*, lat. Mais, selon M. *Schleger*, « il ne pouvait pas plus mal deviner; le mot dérivé de *colligere* est cueillir; on trouve dans le vieux français *chausir* et dans le provençal *causir*. »

Ce mot est théotiste d'après *Ulfilas*, il vient de *kiusan* ou *kusan*, qui fait au prétérit, *kaus*.

Le P. Jacob, dans ses additions sur Ménage, pense également que choisir vient du Nord, car selon lui; les Goths disaient *kjusan*; les Anglo-Saxons, *ceosan* et *cysan*; les Francs, *chiosan*; les Allemands, *kiesen*; les Flamands, *kiezen*; les Anglais, *choose*; les Suédois, *kesa*; et les Irlandais, *kiosa*; tous dans le sens de choisir.

De *kaus*, par le changement de *k* en *c*, *caus*; d'où: *Caus-ir*, *Caus-ida*, *Causi-ment*, *Des-cauzimen*, etc., et par le changement de *c* en *ch*, les mêmes mots: *Chaus-ir*, *Chaus-idor*, etc.

De *caus*, par le changement de *au* en *oou*, *choous*, d'où encore les mêmes mots.

CAUS, s. f. (cáou); CAU, CHAUSSINA, CALS, CHAU, ACAUS, CAUSSINA, CAUCINA, CAUSENA. *Cals*, cat. *Cal*, esp. port. *Calce*, ital. Chaux, pierre calcaire ou chaux carbonatée des minéralogistes, *Protoxide de calcium*, des nouveaux chimistes, privée de l'acide carbonique et de l'eau de cristalisation qu'elle contient, par le moyen du feu.

Éty. du lat. *calx*, *calcis*, d'où *cals*, *caus*. V. *Cal*, R. 3.

En 1755 Black, découvrit dans la chaux toutes les propriétés des alkalis, et dès cette époque elle fut classée dans la même catégorie, et en 1807, M. Davy, démontra qu'elle n'était autre chose qu'un métal, combiné avec l'oxygène, auquel il donna le nom de *calcium*.

Caus destrempada, chaux éteinte.

On nomme:

CHAUX AIGRE ou MAIGRE, celle qui n'est pas grasse

CHAUX APRE, celle qui durcit fortement et promptement.

CHAUX BRULÉE, celle qui a été éteinte avec moins d'eau qu'il n'en fallait pour la bien dissoudre.

CHAUX PLAMÉE, celle dont les tanneurs se sont servis pour dépiler les peaux.

CHAUX COULÉE, celle qu'on fait éteindre dans un bassin de bois et couler ensuite dans une fosse.

CHAUX ÉTEINTE PAR DÉFAILLANCE, celle qui a été réduite en poudre par l'humidité de l'air.

CHAUX ÉTOUFFÉE, chaux qu'on éteint avec de l'eau après l'avoir recouverte d'une couche de sable.

CHAUX FUSÉE, celle qui a perdu sa force par l'influence de l'air, c'est-à-dire, en reprenant une partie de l'acide carbonique dont la calcination l'avait privée.

CHAUX GARDÉE, chaux éteinte et conservée en pâte dans des fosses bien recouvertes.

CHAUX GRASSE, chaux en pâte qui ne laisse point apercevoir de grumeaux.

CHAUX VIVE, celle qui s'échauffe en lui donnant de l'eau.

CHAUX HYDRAULIQUE, qui a la propriété de se solidifier presqu'instantanément, ce qui la rend précieuse pour les ouvrages qu'on construit dans l'eau.

On nomme:

CHAUFOURNIERS, les ouvriers qui préparent la chaux au moyen du feu. V. *Caussanier* et *Four de caus*.

CHAUX BISCUIT, les parties dures et pierreuses qui se montrent dans la chaux éteinte.

CAUS, dl. V. *Cat-huan*.

Éty. de *ca*, pour *cat*, et de *us*, pour *huau*. V. *Cat*, R.

> Hier tant que le *caus*, le chat et la cabeca.
>
> Goudelin.

CAUS, Ce mot est employé dans le vl. pour:

Chaud. V. *Caud*.
Chaux. V. *Caus*.
Chauve. V. *Calv*.
Creux. V. *Cau* et *Cav*.
Quels. V. *Quau*.
Chas. V. *Caur*.

CAUS, s. f. anc. béarn.

> *Qui coparà quasso à la* caus.
>
> Fors et Cost. de Béarn.

CAUS, s. m. vl. Cals, chemin, rue. V. *Cal*, R.

CAUSA, s. f. (cáouse); *Cousa*, port. *Cosa*, ital. cat. esp. Chose, ce qui est, ce qui existe, et dans un sens plus restreint toute chose inanimée. V. *Cauva*.

Éty. du lat. *causa*, m. s. V. *Caus*, R.

Que causa! quelle chose!

En d. bas lim. l'avoir, ce qu'on possède de biens, *aqu'ei touta sa causa*, c'est tout son avoir.

CAUSA, s. f. ENCAUSA, ENCAUVA, EUCHAUVA. *Causa*, ital. esp. port. cat. Cause, ce qui produit ou concourt à produire un effet; motif, raison déterminante; intérêt; objet d'un plaidoyer.

Éty. du lat. *causa*, m. s. V. *Caus*, R.

CAUSAL, ALA, adj. vl. *Causal*, cat. *Causale*, ital. *Causal*, esp. Causal, ale; causatif, ive; il se dit des mots, des conjonctions qu'on emploie quand on veut énoncer la raison de ce qui a été dit, *car*, *parce que*.

Éty. du lat. *causalis*, m. s. V. *Caus*, R.

CAUSAMENT, CHALSAMEN, CAUSSAMENT. vl. *Calzamento*, ital. Chaussure. V. *Caussura*.

Éty. du lat. *calceamentum*. V. *Caussa* et *Calc*, R.

CAUSAR, v. a. (caousá); *Cagionare*,

ital. *Causare*, esp. *Causar*, cat. port. Causer, produire, faire naître, être cause.

Éty. de *causa* et de *ar*. V. *Caus*, R.

CAUSAR, v. a. vl. Chasser, expulser.

Éty. de *cassar*. V. *Cass*, R.

CAUSAT, ADA, adj. et p. anc. béarn. *Causad*, cat. *Causado*, esp. Causé, motivé, ée; garni, ie. V. *Caus*, R.

CAUSATIU, IVA, adj. vl. V. *Cauzatiu* et *Caus*, R.

CAUSE, V. *Cauve*. Monsieur chose; on le dit communément d'une personne dont on a oublié le nom. V. *Caus*, R.

CAUSEIAR, v. a. et n. vl. CHAUSAR. *Causar*, cat. esp. port. *Causare*, ital. Reprocher, accuser, disputer.

Éty. du lat. *Causari*, R. *causa*. V. *Caus*. Rad.

CAUSELLA, s. f. vl. Châsse.

CAUSENA, s. f. (caouzéne), dl. De la chaux. V. *Caussina* et *Cal*, R. 3.

CAUSER, s. m. vl. Fossé. Gl. Occit. Je crois que dans la phrase citée par l'auteur, ce mot signifie *Chancia*, v. c. m.

CAUSETA, s. f. (caouséte); CHAUVETA, CAUSOTA. *Coseta*, cat. *Cosita*, esp. *Cosetta*, ital. Petite chose, chose de rien.

Éty. de *causa* et de *eta*.

CAUSIA, s. f. vl. CHAUSIDA. Volonté, choix.

Éty. du part. *causida*. V. *Caus*, R. 2.

CAUSIDA, s. f. (caouzide); CAOUZIDA. dl. Le choix, l'élite. V. *Chois*.

Éty. de *causir* ou *chausis*, choisir. V. *Caus*, R. 2.

Et vous pregue, qu'au nom de Dieou,
Vous infourmés ben de ma vido,
Et yeou vous baillarai cauzido.

Michel.

CAUSIDAMEN, adv. vl. CHAUSIDAMEN. Convenablement, poliment.

Éty. de *causida* et de *men*. V. *Caus*, R. 2.

CAUSIGAR, vl. V. *Caussigar*.

CAUSIMENT, s. m. vl. CAUZIMENT, CAUZIMENS, CAUSIMEN. Égard, procédé, discrétion, courtoisie, honnêteté.

Éty. de *causir* et de *men*. V. *Caus*, R. 2.

CAUSINA, vl. V. *Caucina*.

CAUSIR, v. a. (caousir); CHOOUSIR, CHAUSIR. *Sceglicre*, ital. *Escoger*, esp. *Escolher*, port. Choisir, préférer une personne ou une chose à une autre, vl. voir, discerner.

Éty. V. *Caus*, R.

CAUSIT, IDA, adj. et p. (caousi, ide); CHAUSIT, CHOOUSIT. Choisi, ie. V. *Caus*, R. 2.

CAUSIT, s. m. vl. Choix, volonté, attention.

Éty. de *causir*. V. *Caus*, R. 2.

CAUSO, s. m. vl. Chausse, culotte, chausson.

Éty. V. *Caussa* et *Calc*, R.

CAUSOTA, dg. V. *Causeta*.

CAUSSA, s. f. vl. CALSA, *Calze*, ital. *Calsas*, cat. *Calças*, port. Chausse, soulier.

Éty. Aldrete dit que ce mot est arabe *calzat*. V. *Calc*, R.

CAUSSADA, s. f. vl. *Calzada*, esp. *Calçada*, port. *Calsada*, cat. Chaussée. V. *Levada* et *Diga*.

Éty. de *caussa* et de *ada*. V. *Calc*, R.

CAUSSAGI, s. m. (caoussádgi); CAUSSAGE. V. *Caussura* et *Calc*, R.

CAUSSAMENT, V. *Caussament*.

CAUSSAMENTA, s. f. vl. Chaussure. V. *Caussar*, *lou*; et *Caussura*.

Éty. de *caussa* et de *menta*, V. *Calc*, R. ou du lat. *calceamentum*.

CAUSSANA, Alt. de *Coussana*, v. c. m. vl. Cape, chaperon, capuchon.

CAUSSANIER, V. *Caussinier* et *Cal*, Rad. 3.

CAUSSA-PED, s. m. (cáousse-pè); *Calsador*, cat. *Calzador*, esp. *Calzatojo*, ital. Chausse-pied, morceau de cuir large d'un côté et étroit de l'autre, ou corne dont on se sert pour chausser des souliers neufs ou trop étroits.

Éty. V. *Calc*, R.

CAUSSAR, v. a. (caoussá); CAUZAR, CHAUSSAR. *Calzare*, ital. *Calzar*, esp. *Calçar*, port. *Calsar*, cat. Chausser, mettre des bas ou des souliers; faire des souliers pour quelqu'un, le chausser.

Éty. du lat. *calceare*, ou de *caussa* et de *ar*. V. *Calc*, R.

Caussar un aubre, una planta, buter un arbre, une plante, en garnir le pied avec de la terre.

Caussar l'aira ou *l'iera*, dl. glaiser une aire, pour en rendre le sol plus ferme et plus uni.

Caussar un enfant, calsar, cat. l'habiller, le tirer des langes.

Caussar una aissada, una relha, recharger une maille, un soc de charrue ou tout autre outil.

Caussar une idea, s'attacher fortement à une idée.

CAUSSAR SE, v. r. *Calcar-se*, port. *Calsarse*, cat. Se chausser, mettre ses bas, ses souliers: *Se caussar d'un ped en un autre*, se méchausser.

CAUSSAR LOU, s. m. La chaussure, tout ce qui sert à chausser, bas, souliers, bottes, etc. V. *Caussura*.

CAUSSAS, s. f. pl. (cáousses); *Calças*, port. Chausses et haut de chausses. V. *Bas*, *Brayas* et *Calc*, R.

CAUSSAT, ADA, adj. et p. (caussá, áde). Chaussé, ée.

Éty. du lat. *calceatus*. V. *Calc*, R.

CAUSSAT, s. m. (caoussá), dl. *Calsat*, cat. *Calzado*, esp. *Calçado*, port. *Calzo*, ital. Chaussure. V. *Caussura*.

Éty. de *caussa* et de *at*. V. *Calc*, R.

CAUSSATARIA, s. f. (caoussatarie), dl. V. *Caussetaria*.

Éty. de *caussat* et de *aria*. V. *Calc*, R.

CAUSSE, s. m. (cáoussé), dg. Causse, terrain calcaire produit par la décomposition de la pierre à chaux, plus ou moins mélangée d'alumine et de silice. Poumarède.

CAUSSEGOL, s. m. (caoussegól). Alt. de *Coussegal*, v. c. m. et *Mitadier*.

Counserbas la moussolo, omai lou caussegol.

Peyrot.

Éty. de *caus*, alt. de *cou*, avec, parmi, et de *segol*, seigle, mêlé avec du seigle.

CAUSSENARD, s. m. (caoussená), dl. Habitant des Causses. Sauv.

CAUSSET, s. m. (caoussé), dl. *Causse*, Sauv. montagne ou suite de montagnes terminées par une plaine de plusieurs lieues d'étendue, sur laquelle s'élèvent pourtant des buttes et des collines, mais où il est très-rare de trouver des fontaines. Sauv.

CAUSSETA, s. f. (caoussète); CHAUSSETTA, BAS-ESTRIOU. Chaussette, petit bas qui ne va que jusqu'au mollet.

Éty. du rad. *Caus*, chaussure, et du dim. *eta*, petite chaussure. V. *Calc*, R.

On le dit encore d'un morceau de drap que l'on attache aux jambes d'une poule, pour la reconnaître.

CAUSSETARIA, s. f. (caoussetarie); CAUSSATARIA. *Chausseterie*, bonneterie, fabrique ou commerce de bas, de bonnets et autres vêtements faits à l'aiguille ou au métier à bas.

Éty. de *causseta* et de *aria*. V. *Calc*, R.

CAUSSETIER, s. m. (caoussetié); *Calceteiro*, port. *Chaussetier*, marchand de bas, de culottes, etc., fripier.

Éty. de *causseta* et de *ier*. V. *Calc*, R.

CAUSSIC, s. m. (caoussic). Nom du chardon hémorroïdal, dans les environs de Bordeaux. V. *Caussida*.

CAUSSIDA, s. f. (caoussida); CARCHOFLE-D'ASE, CARDOUN-DEIS-AIS, CHAUCIDE, CAUSSIGA, CHAUSSIA, CALCIDA, CAUSSIT, CAUSSIC. Chardon hémorroïdal, chardon aux ânes, *Serratula arvensis*, Lin. *Cirsium arvense*, Lam. plante de la fam. des Composées Cynarocéphales, qui n'est que trop commune dans les champs.

Éty. de *caussigar*, fouler aux pieds, pour dire que cette plante n'est bonne à rien. V. *Calc*, R.

Là vounte creisse la caussida
Lou terradour n'es pas marrit.

J. M. Pr.

Il paraît que dans le département des B.-du-Rh. on donne aussi le nom de *caussida*, au chardon crépu, *Carduus crispus*, Lin. plante de la même fam. qu'on trouve également dans les champs.

CAUSSIER, s. m. dl. V. *Caussura*.

En vl. chausses, culotte, décence.

Éty. V. *Caussa* et *Calc*, R.

CAUSSIER, s. m. (cooussié), dg. GARAMAXA. Gamache, sorte de large bas sans pied, en toile ou en étoffe, quelquefois boutonné comme les guêtres. V. *Baluarts*.

CAUSSIGADA, s. f. (caoussigáde), dl. L'action de marcher sur le pied de quelqu'un.

Éty. de *caussig* et de *ada*. V. *Calc*, R.

CAUSSIGAGNA, s. f. (caoussigágne). Empreinte des pieds sur la partie foulée. Garc. V. *Peada*.

CAUSSIGAR, v. a. (caoussigá); CAUPISAR, CHAUSSIAR, PAUSSIGAR, BOULAR, CHAUPISAR. *Calcigar*, anc. cat. *calcicare*, anc. ital. Presser du pied, fouler aux pieds; récalcitrer, régimber. V. *Caupisar*.

Éty. de *calcare*. V. *Calc*, R.

CAUSSIGAT, V. *Caupisat* et *Calc*, R.

CAUSSINA, V. *Caus* et *Cal*, R. 3.

CAUSSINADA, s. f. (caoussinàde); CALCINADA, dl. Palmée, chaux détrempée des tanneries et tirée des pleins ou fosses où l'on a fait dépiler les peaux; chaux mêlée avec les cendres des manufactures de savon.

Éty. de *caussina* et de *ada*, fait avec de la chaux. V. *Cal*, R. 3.

CAUSSINIER, s. m. (caoussanié); CAUSSANIER, CAUSSIGNIER, CAUCINIER, CAUSSOUNIER. *Cayeiro*, port. Chaufournier, artisan qui fait des fours à chaux.

Éty. de *caussina* et de la term. mult. *ier*, qui fait de la chaux. V. *Cal*, R. 3.

CAUSSINIER, s. m. Nom nicéen de l'alépocéphale à bec, *Alepocephalus rostratus*, Riss. poisson de l'ordre des Holobranches et de la fam. des Gymnopomes (à opercule nue).

CAUSSIT, s. m. (caoussi). Nom toulousain du chardon hémorroïdal. V. *Caussida.*

CAUSSOUN, s. m. (caoussóun); CHAUSSOUN. Chausson, chaussure de toile, de flanelle ou de tricot, qu'on met au pied avant le bas.

Dans la montagne on donne le même nom à des souliers auxquels on a ajouté une épaisse semelle de bois V. *Esclot.*

Éty. de *Caus*, R. et du dim. *oun*, petite chaussure. V. *Calc*, R.

Dans le bas lim. on donne aussi ce nom aux chaussettes ou demi-bas.

CAUSSOUNIER, s. m. (caoussounié). Chaufournier. V. *Caussinier.*

CAUSSURA, s. f. (caussúre); CAUCA, CHAUSSURA, CAUSSAT, CAUSSIER, CAUSSAGI. *Calzamento*, ital. *Calzado*, esp. *Calçado*, port. Chaussure, ce que l'on met aux pieds pour se chausser; souliers, sandales, chaussons, mules, sabots, bottes, bottines, etc.

Éty. du lat. *calceus* ou *calcearium*, m. s. V. *Calc*, R.

L'usage de porter des chaussures remonte à la plus haute antiquité. Moïse fait dire dans la Génèse à Abraham, qu'il ne prendrait pas même la courroie des souliers des ennemis qu'il avait vaincus. La forme et la matière des chaussures a tellement varié qu'il faudrait un volume pour les décrire. V. les Dict. des Origines à l'art. Chaussure.

CAUSTIC, s. m. vl. Cautère, adj. cuisant. V. *Caustique.*

CAUSTIQUE, CA, adj. (coustiqué, ique); COUSTIC, COUSTIQUE. *Caustico*, esp. port. ital. *Caustic*, cat. Caustique, qui brûle, qui désorganise, comme le feu, et fig. mordant, satirique.

Éty. du lat. *causticus*, formé du grec καυστικὸς (kaustikos), brûlant, dérivé de καίω (kaiô), je brûle.

CAUSTRA, s. f. vl. Cloître. V. *Clastra.*

CAUT, CAOUT, COUT, radical pris du latin *cautio, onis*; caution, assurance; dérivé de *cavere caveo, cautum*, prendre garde, garantir, assurer, etc., d'où *cautus*, prudent, avisé, rusé; *cautio*, assurance, caution; *cautela*, cautèle; *præcautio*, précaution.

De *cautio*, par apoc. *caut*; d'où: *Caut-io, Caut-ion, Caution-ar, Cautiona-ment, Caut-ela, Caut-el-os, Cauteloza-ment, Encaut-at*, etc.

De *caut*, par sync. de *u*, *cat*; d'où: *Cat-iou, Cat-oun-et?*

CAUT, CAUT-PRES, vl. Pris sur le fait; *Pres sus la cauda.*

CAUTA-CAUTA, adv. (cáoute-cáoute), dl. En tapinois, en catimini, en cachette, secrètement: *L'y anava cauta-cauta*, il allait en tapinois.

Éty. du lat. *caute*, avec prudence, avec précaution. V. *Caut*, R.

CAUTELA, s. f. (caoutèle); *Cautela*, cat. esp. port. ital. Cautèle, finesse, ruse, tromperie, précaution, prévoyance.

Éty. du lat. *cautela*, précaution. V. *Caut*, Rad.

Ara cresi que leys femellos
Non respiron que de cautellos.
Bruges.

CAUTELA, s. f. Ce mot est souvent et improprement employé pour *Cautero*, v. c. m. à moins qu'on ne lui donne le sens qu'il a en lat. précaution, parce que c'est ordinairement pour prévenir quelque maladie qu'on emploie ce moyen.

CAUTELOS, vl. et

CAUTELOUS, adj. (caoutelóus), dl. *Cautelo*, cat. *Cauteloso*, esp. port. Pointilleux, fâcheux, prévoyant.

Éty. de *cautus*, cauteleux, et de la term. *ous*. V. *Caut*, R.

CAUTELOZAMENT, adv. vl. *Cautelosament*, cat. *Cautelosamente*, esp. port. Cauteleusement, avec ruse.

Éty. de *cautelosa* et de *ment*, d'une manière cauteleuse. V. *Caut*, R.

CAUTER, rad. pris du lat. *cauter*, *cauterium*, cautère, et dérivé du grec καυτὴρ (kautêr), m. s. de καίω (kaiô), brûler.

De *cauter*: *Cauter-o, Cauter-i.*

De *cauteris*, gén. de *cauter*: *Cauterisar, Cauteris-at, Cauteris-ation, Cauterizacio.*

De *cauter*, par le changement de *r* en *l*, *cautel*; d'où: *Cautel-a.*

CAUTERI, vl. *Cauteri*, cat. V. *Cautero* et *Cauter*, R.

CAUTERISAR, v. a. (caouterisá); COUTERISAR. *Cauterisar*, cat. *Cauterizar*, esp. port. *Cauterizzare*, ital. Cautériser, brûler à la manière des cautères ou avec un cautère.

Éty. du lat. *cauterisare*, m. s. V. *Cauter*, Rad.

CAUTERISAT, ADA, adj. et p. (caouterisá, áde); COUTERISAT. *Cauterizado*, esp. port. *Cauterisad*, cat. Cautérisé, ée. Voy. *Cauter*, R.

CAUTERISATION, s. f. (caouterisatie-n); COUTERISATION. *Cauterisació*, cat. *Cauterizacion*, esp. *Cauterização*, port. *Cauterizzazione*, ital. Cautérisation, action de cautériser, effet d'un caustique.

Éty. de *cauterisar* et de *action*. V. *Cauter*, Rad.

CAUTERIZACIO, vl. V. *Cauterisation* et *Cauter*, R.

CAUTERIZAR, vl. V. *Cauterisar.*

CAUTERO, s. m. (caoutère) et impr. CAUTELA, s. f. COUSTIC, CRABOT, RATORI, BETOUERA. *Cauter*, cat. *Cauterio*, esp. port. ital. Cautère, caustique qui sert à brûler, à cautériser. On le nomme *actuel*, quand on emploie le fer rouge, et *potentiel*, lorsqu'on se sert de la potasse ou d'une autre substance corrosive; ouverture et ulcère qui résulte de l'application d'un caustique.

Éty. du lat. *cauterium*, m. s. V. *Cauter*, Rad.

CAUTIO, vl. V. *Caution* et *Caut*, R.

CAUTION, s. f. (caoutie-n); *Caució*, cat. *Caucion*, esp. *Caução*, port. *Cauzione*, ital. Caution, personne qui répond ou s'oblige pour une autre.

Éty. du lat. *cautionis* gén. de *cautio*, fait de *cavere*, être ou se tenir sur ses gardes, prendre ses précautions, ses mesures. V. *Caut*, R.

L'ancien droit romain, permettait au créancier de s'adresser directement à la caution pour être payé. L'empereur Adrien accorda le bénéfice de division entre les cautions, et Justinien décida que la caution ne pourrait être attaquée qu'autant que le débiteur aurait été discuté.

CAUTIONAMENT, s. m. (caoutiounaméin); CAUTIOUNAMENT. *Caucionament*, cat. Cautionnement, acte par lequel on s'oblige pour un autre.

Éty. de *cautiounar* et de la term. *ment*. V. *Caut*, R.

CAUTIONAR, v. a. (caoutiouná); CAUTIOUNAR. *Caucionar*, cat. Cautionner, s'obliger ou se rendre caution pour quelqu'un.

Éty. de *caution* et de la term. act. *ar*. V. *Caut*, R.

CAUTU, V. *Coutu.*

CAUTZ, vl. Chaux. V. *Caus.*

CAUVA, s. f. (cáouve); CHAUVA, CAUSA, CAVA, CAUZA. *Cosa*, ital. esp. *Cousa*, port. Chose, on peut désigner par ce mot, tout ce qui est, tout ce qui existe; une belle, une grande, une petite chose; on le dit aussi pour affaires, les choses sont bien changées.

Éty. du lat. *causa*, m. s. V. *Caus*, R.

Laida cauva, laide mine, laide personne.

Cauva defenduda es mai desirada, on désire plus ardemment les choses défendues.

Estre cauva. V. *Estre causa.*

Parla si sies bona cauva, parle si tu es de Dieu.

CAUVA-CAUVETA, s. f. (cáouve, cáouveta). Sorte de jeu d'enfant qui consiste à se proposer mutuellement quelque énigme.

CAUVAS, ASSA, s. (caouvás, ásse); CHAUVAS, ASSA, CAUVASSIER. Fainéant, sans-souci, qui n'est bon à rien, sale. V. *Carougnada.*

Éty. de *cauva*, chose, et de la term. dépr. *as*, *assa*, mauvaise chose. V. *Caus*, R.

CAUVE, AUVA, s. (cáouvé, áouve); CAUSE, CHAUVE, CHARTON. Mot souvent employé pour désigner quelqu'un qui est très-connu, mais dont on n'a pas le nom présent à la mémoire. V. *Caus*, R.

CAUVETAS, s. f. pl. (caouvétes). Layette, trousseau des enfants à la mamelle. Garc. V. *Prouviment de bres.*

CAUVILHAT, ADA, adj. et p. (caouvillá, áde). P. Puget. *Pan cauvilhat*, pain œilleté. V. *Carelhat.*

Éty. de *cav*, creux, et de *ilhat.*

CAUVIN, nom propre (caouvìn); CHAUVIN, CALVIN. Chauvin ou Calvin.

CAUVOUN, OUNA, s. (caouvóun, óune). Jeune personne, enfant à la mamelle ou en bas âge. Garc.

CAUZA,

Aquest motz cauza es tan latz e tan amples

que a totas cauzas sesten, e perso es apelatz noms transcendens so es que totz los autres motz passa, e sobre monta, quar a tota re se pot aplicar; quar Dieus es cauza, li angel son cauza, homs es cauza, peyra es cauza, vertutz es cauza e ayssi de las autras cauzas. Fl. del gay sab.

CAUZAL, vl. V. *Causal.*

CAUZAR, v. a. vl. Persécuter. V. *Persecutar, Lapidar* et *Couchar.*

CAUZAR, v. a. vl. Chausser. V. *Caussar.*

CAUZAS, s. f. pl. vl. Chausses, Voy. *Brayas*; souliers, bottines.

Éty. Alt. de *caussas*, chausses.

CAUZATIU, IVA, adj. vl. CAUSATIU. Causatif, qui concerne un procès; qui occasionne, qui cause.

Éty. du lat. *causativus*, m. s. V. *Caus*, R.

CAUZE, V. *Cauve* et *Cause.*

CAUZIDA, V. *Causida.*

CAUZIER, vl. V. *Caussier.*

CAUZIMENT, s. m. vl. CAUSIMEN. Ménagement, égard, courtoisie, merci, pitié.

CAUZIR, v. a. vl. Voir, apercevoir; choisir. V. *Causir.*

CAUZISCA, dl. A la bonne heure, passe pour cela. Sauv.

CAUZIT, adj. vl. Choisi; civil, honnête, courtisan. V. *Causit.*

CAUZON, s. m. vl. *Cauzone*, ital. *Causus*, fièvre ardente.

Éty. du lat. *causus*, m. s. dérivé du grec καῦσος (kausos), chaleur, fièvre brûlante.

CAUZONIDES, s. m. vl. Ardent: *Febre nomnada cauzonides*, fièvre nommée ardente. Ray. V. *Cauzon.*

CAV

CAV, CAG, GAB, radical pris du latin *cavus, a, um*, creux, concave, profond, d'où les dérivés *cavare*, creuser, caver; *cavatus*, cave, creusé; *cavea*, cave et cage; *caverna*, caverne; *excavatio*, excavation; *cavitas*, cavité; *concavus*, concave, etc. V. *Gav.*

De *cavus*, par apoc. *cav*; d'où: *Ca-va, Cav-ar, Re-cav-ar, Es-cav-ar, Cav-at, Es-cav-ad-ura, Cav-itat*, etc.

De *cav*, par le changement de *v* en *u*, *cau*; d'où: *Cau-mont, Cau-mous.*

De *caverna*, par apoc. *cavern*; d'où: *Cavern-a, Cavern-os.*

De *concavus*, par apoc. *councav*; d'où: *Coun-cav-ar, Coun-cav-itat, Coun-cav-al*, etc.

De *cav*, par le changement du *v* en *g*, *cag*; d'où: *Cage-a, Cage-oul-ur, Cage-oul-aire*, etc.

De *cav*, par le changement de *c* en *b*, *cab*; d'où: *Cab-in-et.*

De *cab*, par le changement du *c* en *g*, *gab*; d'où: *Gab-in-et, Gab-in, Gabin-ora, Gab-i-ola, Gab-i, En-gabi-at, Gab-ier, Gabi-ada*, etc.

CAV, AVA, adj. vl. *Cau*, cat. *Cavo*, anc. esp. ital. Creux, cave; trou, ravin.

Éty. du lat. *cavus*, m. s. V. *Cav*, R.

CAVA, s. f. vl. *Cava*, esp. port. ital. Creux, grotte, cave, V. *Crota* et *Cav*, R. Il ou elle convient, est bien séant.

CAVA, Pour chose. V. *Cauva* et *Caus*, R.

CAVAER, s. m. vl. Soldat, cavalier. V. *Cavalier* et *Caval*, R.

CAVAIROL, s. m. vl. Carnacière, gibecière. V. *Carnier.*

CAVAL, CABAL, radical pris du latin *caballus*, par apoc. *cabal*, et par changement de *b* en *v*, *caval*; dérivé du grec καβάλλης (kaballês), cheval de somme, mazette, rosse; signification que *caballus* conserve en latin.

De *caval*: *Caval, Caval-a, Caval-as, Caval-ier, Caval-ot, Caval-aria, Caval-iera-ment*, etc.

De *caval*, par le changement de *l* en *u*, *cavau*; d'où: *Cavau, Cavau-frust*, et par l'add. d'un *c*: *Cavauc-ad-ura, Cavauc-ar, Cavauc-at*, etc.

De *caval*, par l'addition d'un *c*, *cavalc*; d'où; *Cavalcar, En-cavalc-ar, Cavalc-aire, Cavalc-ada, Cavalc-ad-ura*, etc.

De *cavalc*, par le changement de *c* en *g*, *cavalg*; d'où: *Cavalg-ada, Cavalg-ador, Cavalg-ar*, etc.

De *caval*, par le changement de *c* en *ch*, *chaval*; d'où les mêmes mots dans quelques dialectes.

De *chaval*, par le changement du premier *a* en *i*, *chival*; d'où: *Chival, Chival-ier, Chival-aria*; et par celui de *l* en *u*, *chivau*; d'où: *Chivauge-ar, Chivaug-eira*, etc.

De *cabal*: *A-cabal-ar, A-cabal-at*, etc.

CAVAL, V. *Cavau* et *Caval*, R.

CAVALA, s. f. (cavále). Cavale et jument, la femelle du cheval. V. *Cavau* et *Caval*, R.

Cavala pouliniera, jument poulinière.

La jument porte onze mois et quelques jours.

CAVALAIRIA, s. f. vl. V. *Cavalaria.*

CAVALAIROS, OSA, adj. vl. *Caballeresc*, cat. *Caballeroso*, esp. *Cavalleiroso*, port. *Cavalleresco*, ital. Chevaleresque, courageux. V. *Caval*, R.

CAVALARES, S'ENCAVALAR. Se mettre à *califourchon* V. *Caval*, R.

CAVALAR, v. a. (cavalá), d. lim. Poursuivre au galop.

Éty. de *caval* et de *ar*, poursuivre à cheval. V. *Caval*, R.

CAVALARIA, s. f. (cavalerie); *Caballeria*, esp. cat. *Cavalleria*, port. ital. Cavalerie, gens de guerre à cheval, chevalerie, en vl.

Éty. de *caval*, cheval, et de la term. mult. *aria*. V. *Caval*, R.

C'est en Égypte, selon les historiens profanes, que l'équitation a été inventée et ils font honneur de sa découverte à Orus, fils d'Osiris. On attribue le premier corps de cavalerie militaire à Sésostris qui régnait en Égypte vers l'an 1650 avant J.-C. mais c'est à Épaminondas d'après les modernes.

CAVALARIA, s. f. vl. CAVALAYRIA. V. Pour ses syn. le mot précédent. Chevalerie, état de chevalier, faits, sentiments chevaleresques. V. *Caval*, R.

CAVALARIA, vl. Armée. V. *Caval*, R.

CAVALAS, ASSA, s. *Caballas*, cat. *Caballon*, esp. *Cavallone*, ital. Aug. dépréciatif de *cavau* et de *cavala*, gros et vilain cheval, grosse jument.

Éty. de *caval* et de *as*, ou du grec καβάλλης (kaballês), cheval de somme, mazette, rosse. V. *Caval*, R.

CAVALASSA, s. f. (cavalásse). Augm. dépr. de *cavala*, grosse et laide jument. V. *Caval*, R.

CAVALAT, ADA, adj. et p. d. lim. Poursuivi au galop. V. *Caval*, R.

CAVALAYRIA, vl. V. *Cavalaria.*

CAVALCADA, s. f. (cavalcáde); *Cavalcata*, ital. cat. *Cabalgada*, esp. *Cavalgada*, port. Cavalcade, marche pompeuse de cavaliers, promenade à cheval faite par plusieurs personnes.

Éty. de *caval*, cheval, et de *cada*. V. *Caval*, R.

Ce mot était synonyme d'armée dans le XIIIme siècle; on lit dans le bail de Vaccarès de l'an 1247, cité par Anibert:

Si contingerit commune arelatis exire in exercitum sive cavalcatam per terram, vel per aquam.

CAVALCADOR, s. m. vl. *Cabalcador*, anc. cat. *Cabalgador*, esp. Cavalier. V. *Cavalcaire* et *Caval*, R.

CAVALCADURA, s. f. vl. CAVALGADURA. *Cavalgadura*, anc. cat. port. *Cabalgadura*, esp. *Cavalcatura*, ital. *Chevauchage*, monture, action d'aller à cheval.

Éty. de *cavalcar* et de *ura*. V. *Caval*, R.

CAVALÇAIRE, s. m. vl. CAVALCADOR, CAVALGADOR. *Cabalgador*, esp. *Cavalgador*, port. *Cavalcatore*, ital. *Cavalcant*, cat. Chevaucheur, cavalier.

Éty. de *cavalcar* et de *aire*, celui qui va à cheval. V. *Caval*, R.

CAVALCAR, v. n. vl. CAVALGUAR. *Cavalgar*, cat. port. *Cabalgar*, esp. *Cavalcare*, ital. Chevaucher, aller à cheval, être à cheval; combattre. Gl. Occ.

Éty. de *caval* et de *cal*, qui vient de *calcar*, presser le cheval. V. *Caval*, R.

CAVALEIRAL, adj. vl. De chevalier, qui appartient au chevalier.

Éty. de *cavaleir* et de *al*. V. *Caval*, R.

CAVALER, vl. V. *Cavalier*, *Home* et *Caval*, R.

CAVALERIAR, v. n. vl. Faire la guerre.

Éty. de *cavaler*, dans le sens de guerrier, et de *iar*. V. *Caval*, R.

CAVALET, s. m. dl. Gerbier dressé sur une aire, il diffère de la *garbiera* par sa forme, celle-ci est ronde et terminée en cône, tandis que le cavalet est plus ou moins allongé et finit en dos d'âne, d'où son nom *petit cheval*, monceau de paille taillé. Avr.

Tau fai de *cavalet* tout'uno boulegado
Que non a gen de blat, quand l'airo es acabado.
Michel.

CAVALET, s. m. dl. Un chevalet, terme de dévideuse; les dévideuses qui se servent du dévidoir à main, font des chevalets, lorsque, prenant une broche du dévidoir pour une autre, elles font croiser ou chevaucher le fil, ce qui brouille ou mêle l'écheveau. Sauv.

CAVALET, s. m. (cavalé); *Cavallette de viola*, port. Chevalet, bois aminci par le haut, qui soutient à une hauteur convenable les cordes des instruments.

Éty. de *caval*, cheval, et du dim. *et*, petit cheval, ou de la basse lat. *caballetus*, dim. de *caballus*, m. sign. V. *Caval*, R.

CAVALET, s. m. *Caballete*, esp. *Cavalleta*, port. *Caballet*, cat. Chevalet, espèce d'échelle dont les peintres se servent pour soutenir leur tableaux quand ils peignent; échelle à support.

Éty. V. *Caval*, R.

CAVALET, s. m. Chevalet, espèce d'échelle qui se soutient sur quatre pieds; pièce de bois sur laquelle les tanneurs étendent les peaux pour les travailler en les sortant de la chaux; banc propre à soutenir des planches.

CAVALET, s. m. Baudet, tréteau sur lequel les scieurs de long, posent leur bois pour le scier. V. *Caval*, R.

CAVALET, s. m. Chevalet, rouleau qui sert aux marins à pousser les cables d'un lieu dans un autre.

CAVALET, s. m. Trémie des mesureurs de blé. Garc.

CAVALET, V. *Catafalco*.

CAVALET, s. m. CHABA. Tréteau ou chèvre, espèce de banc, composé de deux croix de saint André, jointes par une traverse, servant à maintenir le bois que l'on veut scier en travers, le bois à brûler.

CAVALET-DOUBLE, s. m. Double échelle, elle est composée de deux échelles réunies par le haut, qui se soutiennent réciproquement.

CAVALET-SANT-GEORGI, dl. V. *Cavaleta-toumba*.

CAVALETA, s. f. (cavaléte). Dim. de *cavala*, petite jument. V. *Caval*, R.

CAVALETA-MORTA, *Devina-quant*. Jeu d'enfant, jouer à combien. V. *Cavaleta-porta* et *Caval*, R.

CAVALETA-PORTA, s. f. (cavaléte-pórte); CAVALETA-MORTA, DEVINA-QUANT, TALITA-POSTA, TELITA-POSTA, ALLEN-JEAN, en dauphiné. Le jeu de combien ou métier à deviner, que les enfants jouent en cachant dans la main, des grains, des épeingles, etc. Celui avec qui ils jouent, demande à l'autre, *cavaleta porta?* et celui qui tient les objets répond *fino quant*, c'est-à-dire, la petite jument porte? devine combien, si celui qui répond devine le nombre d'objets contenus dans la main, il les gagne, si non il perd la différence.

M. Champollion fait observer que ce jeu a la plus grande analogie avec celui que les Grecs nommaient ἀρτιάζειν (artiazéin), pair ou impair. V. *Caval*, R.

CAVALETA-TOUMBA, s. f. (cavaléte-tóumbe); CAMBALETA, CAVALET-SANT-GEORGI, CAVALETA-TOUMBA, CUOU-ROUBIN. Le jeu du cheval fondu, dans lequel quelques enfants courbent le dos en appuyant la tête le second sur le dos du premier et ainsi de suite, tandis que les autres prennent escousse sautent et se tiennent à cheval sur ceux-ci, celui qui tombe se courbe à son tour, ainsi que celui qui succombant sous le poids dit, *ceba*, je cède.

Éty. *Tumba* en esp. signifie *culbute*, de même que *cambaleta* en lang. V. *Caval*, Rad.

CAVALGADA, s. f. vl. V. *Cavalcada*. Chevauchée, expédition de guerre en général, détachement de cavalerie, cavalerie. V. *Caval*, Rad.

CAVALGADOR, s. m. vl. Cavalier, homme qui monte à cheval. V. *Caval*, R. et *Cavalcaire*.

CAVALGADURA, vl. V. *Cavalcadura*.

CAVALGAIRE, V. *Cavalcaire*.

CAVALGAR, vl. V. *Cavalcar*.

CAVALGUAR, vl. V. *Cavalcar* et *Caval*, R.

CAVALGUER, vl. m. s. V. *Caval*, R.

CAVALH, vl. V. *Cavau* et *Caval*, R.

CAVALHER, vl. V. *Cavalier* et *Caval*, R.

CAVALI, vl. V. *Cavalin*.

CAVALIER, **IERA**, adj. (cavalié, ière); LEST. Cavalier, ière, libre, aisé, dégagé, sans égard, sans politesse comme un cavalier ou homme de cheval. V. *Caval*, R.

CAVALIER, s. m. (cavalié); CAVAYER, CHIVALLIER. *Cavalier*, anc. cat. *Cavaliere*, ital. *Caballero*, esp. *Cavalleiro* et *Cavalheiro*, port. Cavalier, homme à cheval; soldat appartenant à la cavalerie. On le disait autrefois pour homme, et par opposition à dame ou à demoiselle, ce qui a encore lieu au bal, par exemple, où chaque danseuse a son cavalier. Homme qui monte bien à cheval; pièce du jeu des échecs.

Éty. de *caval*, cheval, et de *ier*. V. *Caval*, Rad.

CAVALIERA, s. m. (cavalière), dl. *Bouta-cavaliera*. Tonneau engerbé: *Dous rangs de cavalieras*, deux rangs de tonneaux engerbés, *Faire de cavalieras*, engerber des tonneaux l'un sur l'autre. V. *Caval*, R.

CAVALIERA, s. f. vl. Vigne dont les ceps sont en perches.

CAVALIERA, s. f. Le pont ou partie du devant d'un pantalon, d'une culotte, qui peut s'ouvrir et qui ne tient d'en haut que par des boutons à la manière des cavaliers. V. *Caval*, Rad.

CAVALIERAMENT, adv. (cavalieraméin). Cavalièrement, sans gène, d'une façon cavalière.

Éty. de *cavaliera* et de *ment*. V. *Caval*, Rad.

CAVALIERS, s. m. pl. (cavaliés). Dans certaines contrées on donne ce nom aux derniers jours d'avril, et aux premiers de mars. V. *Vacheirouns*.

> Lous *cavaliers* Gerget, Marquet, Crouset
> Et quauqua fes Jean lou pire de tres. Prov. Cevennois.

Les cavaliers sont George, Marc et sainte Croix; et quelquefois aussi Jean, le pire des trois. Saint George le 23 avril, Saint Marc le 25, Sainte Croix le 3 mai et Saint Jean le 6; sont les cavaliers des Cevennes, qu'on nomme ailleurs Saints Greleurs.

CAVALIN, **INA**, adj. vl. CAVALL. Chevalin, ine; bête.

Éty. du lat. *caballinus*, m. s. V. *Caval*, R.

CAVALINA, Cast. V. *Herba-cavalina* et *Tussilagi*.

CAVALINA, V. *Cavalun* et *Caval*, R.

CAVALINS, V. *Cavalun* et *Caval*, R.

CAVALIOUN, s. m. (cavalioun), et impr. *cavaliou*. Une perchée ou perchis, terme de vigneron: *Faire de cavalíouns*, mettre des ceps de vigne en perches. Sauv. *Leis encavalcar*, les mettre comme à cheval. V. *Caval*, Rad.

CAVALL, vl. V. *Caval* et *Cavau*.

CAVALLARIA, vl. V. *Cavalaria*.

CAVALLIER, V. *Cavalier*.

CAVALOT, s. m. (cavaló); CAVALOUN, CAVALET, CHIVALET, CHIBALET. *Cavallinho*, port. *Caballet*, cat. *Caballito*, esp. *Cavalluccio*, ital. Petit cheval, bidet, criquet.

Éty. Dim. de *Cavau*, v. c. m. et *Caval*, Rad.

> *Cessan de li veire gouta,*
> *Es Phebus que dins sa routa*
> *Fa voular seis* cavalots. Gros.

Cavalot, est aussi le nom d'une monnaie d'argent qui fut fabriquée en France sous le règne de Louis XII. Elle représentait S. Second à cheval.

CAVALOUN, OUNA, V. *Cavalot*.

CAVALOUN, **OUNA**, s. (cavaloùn, oùne). Dim. de cheval et de jument, petit cheval, petite jument. V. *Caval*, R.

CAVALUCA, s. f. (cavalúque); OOURUOU, B.-du-Rh. Nom nicéen du petit maquereau, *Scomber colias*, Lin. poisson de l'ordre des Holobranches et de la fam. des Atractosomes (à corps en fuseau), dont la chair est très-inférieure à celle du maquereau commun.

CAVALUELH, s. m. (cávelúeil); CAVOLUE. Nom des demoiselles ou libellules, selon M. Castor. V. *Doumaisella*.

CAVALUN, s. m. (cavalún); CAVALINA, CABALINA, CAVALINS. Les bêtes chevalines, le cheval entier, le cheval hongre ou coupé, la jument, le poulain et la pouliche. Sous la dénomination de bêtes chevalines on comprend encore en français, l'âne et le mulet, mais en provençal *cavalun*, ne désigne que ce qui a rapport aux chevaux et juments, on emploie le mot *rossas*, quand on veut parler en général. V. *Caval*, R.

CAVAMENT, s. m. vl. *Cavamento*, ital. Excavation.

Éty. de *cava* et de *ment*. V. *Cav*, R.

CAVAN, s. m. (caván), d. de Meyronnes, près de Barcel. Panier. V. *Panier*.

Éty. Probablement du lat. *cavus*. V. *Cav*, Rad.

CAVANILHAS, s. f. pl. (cavanilles). V. *Cavarouns* et *Cav*, R.

CAVANSAR, s. m. vl. Mineur.

Éty. de *cavans* et de *ar*, qui creuse. V. *Cav*, R.

CAVAR, v. a. (cavá); CHAVAR. *Cavare*, ital. *Cavar*, port. cat. esp. Creuser, miner, caver; arracher: *Cavar lous huelhs*, crever les yeux.

Éty. du lat. *cavare*, m. s. V. *Cav*, R.

CAVAR SE, v. r. Se caver, en terme de jeu, mettre devant soi une certaine somme d'argent que l'on déclare être dans l'intention de risquer.

CAVAROTA, s. f. vl. Grotte, tanière.

Éty. de *cava* et du dim. *ota*. V. *Cav*, R.

Il paraît que ce mot a produit *crota*.

CAVAROUN-DOOU-BLAD, s. m. (cavaróun-dóou-blá); CHARANTOUN, CHAROUTOU. Nom du charançon du blé, *Curculio granarius*, Lin. *Calandra granaria*, Fab. insecte de l'ordre des Coléoptères et de la fam. des Rostricornes ou Rhinocères (à antennes sur le nez), qui a tout au plus 2 millim. de longueur; mais dont la larve fait de grands ravages dans les greniers.

Éty. de *cavar*, parce qu'il creuse le blé. V. *Cav*, R.

CAVAROUNS, s. m. pl. (cavaróuns); CAVARILHAS. Nom générique des charançons, dans le département des B.-du-Rh. selon l'auteur de sa Stat.

Éty. de *cavar*, parce qu'ils creusent le blé. V. *Cav*, R.

CAVAT, ADA, adj. et p. (cavá, áde); CHAVAT. *Cavad*, cat. *Cavado*, port. esp. Creusé, ée. V. *Curat* et *Cav*, R.

CAVATERNA, s. f. (cavotèrne), d. bas lim. Caverne, souterrain. V. *Caverna*.

Éty. Probablement de *cava* et de *terna*, cave obscure. V. *Cav*, R.

CAVAU, s. m. (cavâou); CHAVAL, CHIBAL, CHIVAL, CHIVAU, CHIBAU. *Cavallo*, ital. port. *Caballo*, esp. *Caball*, cat. Cheval, *Equus cabalus*, Lin. mammifère de la fam. des Solipèdes, originaire de la Grande Tartarie.

Éty. du lat. *cabalus* ou du celt. *caval*. V. *Caval*, R.

Le cheval est aux quadrupèdes ce que le cygne est aux oiseaux, c'est-à-dire, le roi de son espèce; même élégance dans les formes, même fierté dans les mouvements, même noblesse dans le caractère, distinguent ces superbes animaux; mais le cheval se fait particulièrement remarquer par les services journaliers qu'il rend à l'homme, dont il est la plus belle conquête, selon l'heureuse expression de Buffon. C'est à la description qu'en a faite cet éloquent historien de la nature que nous renvoyons le lecteur; c'est là qu'il apprendra à connaître et à admirer un des premiers chefs-d'œuvre de la création.

Soumis à l'état de domesticité, le cheval sauvage a produit un grand nombre de variétés, qu'on nomme races, dont voici les principales :

CAVAU ARABE, *Cheval arabe*, tête presque carrée, chanfrein creux, encolure droite, peau fine, poil ras, veines apparentes, apophyses très-prononcées, muscles forts, articulations larges, jambes fines, cordes tendineuses, bien détachées, pied sur, taille de quatre pieds six pouces à quatre pieds sept pouces; c'est pour la bonté, le premier cheval du monde.

CAVAU PERSAN, *Cheval persan*, il a la tête plus fine et la croupe mieux faite que l'arabe dont il descend. Il est aussi bon pour les petites courses.

CAVAU BARBOU, *Cheval barbe*, encolure plus arrondie et tête plus fine que l'arabe dont il a la taille: chanfrein busqué, épaules plates, croupe allongée, ordinairement long-jointé. Il est recherché pour le manège.

CAVAU TURC, *Cheval turc*, il a l'encolure droite et ordinairement effilée, le corps plus long et les reins plus élevés que l'arabe dont il descend et dont il a les qualités.

CAVAUS TARTARE, TRANSILVAN, HONGRES, POULOUNES; *Chevaux tartare, transilvain, hongrois, polonais;* tête carrée, crinière longue, corps petit, sabot étroit, talons hauts, ils sont d'origine arabe et bons coureurs.

CAVAU ESPAGNOOU, *Cheval espagnol*, tête grosse et forte, souvent chargé de ganache; chanfrein ordinairement busqué; oreilles longues, encolure forte, trop charnue et chargée de crins, épaules et poitrail larges, reins forts, croupe de mulet, long-jointé, bon pour le manège et la cavalerie.

CAVAU ALLEMAND, *Cheval allemand*, il provient de l'Arabe, du Turc ou de l'Espagnol, dont il a les qualités, on lui reproche d'avoir l'haleine courte.

CAVAU SUISSE, *Cheval suisse*, fort, ramassé, bien membré, ganache, mâchoire et jambes chargées de poils; d'origine allemande. Il est vigoureux et bon pour le trait.

CAVAU DANOIS, *Cheval danois*, bien fait et étoffé, formes arrondies, encolure rouée, croupe mince, jambes trop fines pour la taille. Les plus estimés sont ceux de Jutland et d'Eldembourg.

CAVAU HOULANDES, *Cheval hollandais*, bon pour le carrosse et pour le trait; on préfère ceux des provinces de Frise, de Berg et du pays de Juliers.

CAVAU ANGLES, *Cheval anglais*, semblable à l'arabe et au barbe dont il descend; tête grande, moutonnée, oreilles assez longues, taille plus grande et plus étoffée que l'arabe.

On en distingue quatre sous-races, le cheval de course, celui de chasse, celui de carrosse et celui de trait.

CAVAU FRANCES, *Cheval français*, on trouve en France des chevaux croisés de toutes les races, parmi lesquels on distingue les limousins et les normands.

Le cheval de la Camargue, ressemble un peu à l'arabe dont il a l'encolure, la taille, la tête et les jambes; il est presque toujours blanc.

Selon M. Poule, ingénieur, l'origine du cheval de la Camargue est inconnue, quoiqu'il se conserve depuis des siècles sans altération; on croit cependant qu'il a été amené d'Afrique par les Maures, après l'invasion de l'Espagne.

Lou cavau eudilha, le cheval hennit.

Guéer un cheval, le faire promener dans l'eau pour le rafraîchir.

On dit qu'un cheval forge, lorsqu'en marchand il frappe avec la pince du pied de derrière les fers de devant, *se pica*.

Bretauder un cheval, c'est lui couper la queue.

Un cheval *choppe*, quand il heurte du pied contre terre.

Proverbes.

Cheval de foin, cheval de rien
Cheval d'avoine, cheval de peine
Cheval de paille, cheval de bataille.

A la montée, ne me presse
A la descente, ne me monte,
Dans la plaine, ne m'épargne,
Dans l'écurie, ne m'oublie,
Tu auras un cheval pour la vie.

Dounar un cavau, foueter.

Le cheval peut parvenir à une grosseur extraordinaire.

Le journal intitulé l'*Hygie*, annonçait dans son numéro du 30 septembre 1823, qu'on faisait voir gratuitement à Paris, au manège de M. Piton, rue Folie Méricourt, un cheval géant qui avait quatorze pieds de long sur six et demi de haut.

Considéré extérieurement, le cheval se divise en trois parties, savoir :

En *avant-main*, en *corps* et en *arrière-main*.

L'avant-main comprend:

La tête, le cou, le devant du poitrail, le garot et les jambes de devant.

Le corps comprend :

Le dos, les reins, le dessus du poitrail, les côtés, le ventre, les flancs, les parties de la génération.

L'arrière-main comprend:

La croupe, la queue, le fondement, la nature, dans la jument; les hanches, les fesses et les jambes de derrière.

Dans la tête on distingue:

La nuque, le toupet, les oreilles, les sourcils, les paupières, les cils, le grand angle, le petit angle, les yeux, les onglets, le nez, le chanfrein, les nazeaux, la bouche, la lèvre supérieure, la lèvre inférieure, la commissure des lèvres, le menton, les barres, les joues, les ganaches, l'auge, les avives.

Dans le cou on distingue:

Le gosier, l'encolure, la crinière.

Dans le devant de la poitrine on distingue:

L'os de la poitrine, la fosse tête, les aisselles.

Le garot est formé:

De la partie supérieure des épaules et postérieure de l'encolure.

Les jambes de devant sont formées:

De l'épaule, de la pointe de l'épaule, du bras, de l'avant-bras, des ars, du coude, de la châtaigne, du nerf, du boulet, du fanon, du paturon, de la couronne, du sabot, qui se composé de la muraille et de la sole.

La muraille se divise:

En muraille de la pince, muraille des quartiers et muraille des talons.

La sole comprend:

La sole de la pince, la sole des quartiers, la sole des talons et la sole de la fourchette.

La cuisse comprend:

Le plat du dehors, le plat du dedans, l'âme, le grasset, la jambe, proprement dite, le jarret, le pli du jarret, la pointe du jarret, le canon, le nerf; le reste comme à la jambe de devant.

Selon les défauts qu'il présente, le cheval se nomme:

BEGUT, quand il conserve toute sa vie les marques noires de ses dents.
BOUTÉ, quand il a les jambes droites depuis le genou jusqu'à la couronne.
BRASSICOURT, quand il a les jambes de devant arquées.
CORNU, quand les os des hanches s'élèvent aussi haut que la croupe.
COURONNÉ, quand il s'est emporté la peau des genoux en tombant.
COURT-JOINTÉ, quand le paturon est court.
CROCHU, quand les jarrets sont trop rapprochés.
ÉCHANCRÉ, quand les hanches ne paraissent pas égales.
ENSELLÉ, quand le dos se courbe du côté du ventre.
FORTRAIT, quand il est harassé de fatigue.
ÉCOURTÉ, *cavau escouat*, à qui l'on a coupé la queue.

Le cheval est si noble de sa nature qu'il a ennobli les hommes qui s'en sont particulièrement servis, le *chevalier*, le *marquis*, le *maréchal*, le *conétable* (comes stabuli), le cavalier, Nodier.

On nomme :

CHEVAL BADINANT, un cheval surnuméraire qu'on ajoute à un attélage. V. *Cavau d'arbaleta.*

Les Dactyles de Crête, sont regardés comme les premiers hommes qui aient apprivoisé les chevaux, vers 1950 avant J.-C.

En 1398, même ère, les Tessaliens se rendent célèbres dans l'art de dompter les chevaux.

CAVAU, s. m. Nom nicéen commun à plusieurs syngnates, poissons de l'ordre des Téléobranches et de la fam. des Ostéodermes (à peau osseuse), qu'on trouve dans la Méditerranée ; tels sont :

La trompette de mer, *Syngnatus typhle.* Lin.

L'aiguille de mer, *Syngnatus acus.* Lin.

Le tuyau de mer, *Syngnatus pelagicus.* Risso.

Le syngnate vert, *Syngnatus viridis.* Riss.

Le syngnate rougeâtre, *Syngnatus rubescens.* Riss.

Le syngnate pipe, *Syngnatus æquoreus.* Lin.

L'hippocampe, *Syngnatus hippocampus.* Lin. V. *Gagnola.*

Le syngnate pyroïs, *Syngnatus pyrois.* Risso.

Le syngnate phlégon, *Syngnatus phlegon.* Risso.

Le syngnate éthon, *Syngnatus éthon.* Riss.

Le syngnate abaster, *Syngnatus abaster.* Risso.

L'hippocampe rosacé, *Hippocampus roseaceus.* Risso.

Le scyphius papacin, *Scyphius papacinus.* Risso.

Le scyphius violâtre, *Scyphius violaceus.* Risso.

CAVAU, s. m. d. d'Aix. Gros gerbier. Pugel.

CAVAU-DE-BOSC, s. m. (caváou-dé-bós) ; CHIVAU-DE-BOUESC, CHAVAL-DE-BOI. Cheval de bois, pièce de bois taillée en arête, avec une tête de cheval, qu'on met sur les trétaux et qui sert à infliger une punition.

CAVAU-DE-PARADA, CHIVAL, CHIVAU DE PARADA. Cheval de parade, cheval qui a plus d'apparence que de valeur ; et fig. homme qui n'a que de l'extérieur.

CAVAUCADURA, s. f. (cavaoucadúre) ; CAVAUCAMENT, CHIVAUGEIRA. Enchevauchure, se dit de la partie où deux pièces passent l'une sur l'autre, faisant allusion au cavalier qui chevauche un cheval.

Éty. de *cauvaucada* et de *ura.* V. *Caval,* Rad.

CAVAUCAMENT, s. m. (cavaoucamèin). V. *Cavaucadura* et *Caval*, R.

CAVAUCAR, v. n. (cavaoucá) ; CAVALCA. Chevaucher, aller à cheval jambe deçà jambe delà, chevaucher, passer l'une sur l'autre, en parlant des extrémités d'une chose, on dit aussi *chivaugear.* V. *Caval*, R.

CAVAUCAT, adj. et p. (cavaoucá, áde) ; CHIVAUGEAT. Chevauché, ée. V. *Caval*, R.

CAVAUCOUN DE, exp. adv. (dè cavaoucoun) ; CAMBA DE ÇA, CAMBA DE LA. A califourchon. V. *Cabarlous à.*

Éty. de *cavaucar*, chevaucher. V. *Caval*, Rad.

CAVAU-MARIN, s. m. GAGNOLA. *Cavaletto-marino*, ital. *Caball-mari*, cat. *Caballo-marino*, esp. Cheval-marin ou hippocampe, *Syngnathus hippocampus*, Lin. *Hippocampus vulgaris*, Dict. Sc. Nat. poisson de l'ordre des Téléobranches et de la fam. des Ostéodermes (à peau osseuse), qu'on trouve dans la Méditerranée.

Éty. Étant desséché, ce poisson ressemble un peu à un cheval, surtout par la tête, d'où son nom ; quand il est frais on le nomme plus généralement *Gagnola*, v. c. m.

CAVAU-MARIN, serait aussi le nom que l'on donnerait, selon Bloch, suite à Buffon, à l'anguille de mer, la trompette, Ency ; *Syngnathus typhe*, Lin. poisson du même genre que le précédent.

CAVAYER, vl. V. *Cavalier* et *Caval*, Rad.

CAVEC, s. m. vl. Hibou.

CAVECA, s. f. vl. *Chevèche*, chouette.

CAVÊE, s. m. anc. béarn. V. *Cavier* et *Caval*, R.

CAVELC, nom de lieu, vl. District de Cavaillon ; il ou elle chevaucha.

CAVELET, s. m. vl. Petit tuyau.

Éty. de *cav* et de *elet* dim. V. *Cav*, R.

CAVER, vl. V. *Cavier*, *Cavalier* et *Caval*, R.

CAVERNA, s. f. (cavèrne) ; CAUNA, BAUMA, TRAUC DE ROCCA, CAVATERNA. *Caverna*, ital. esp. port. cat. Caverne. « On a remarqué, » de tout temps, dit Brogniart, des cavités » irrégulières, sinueuses, souvent étendues et » profondes, qui pénétraient dans le sein de » la terre. Ces cavités très-multipliées à la » surface du globe, et creusées par la nature, » servaient de retraite aux bêtes sauvages, » d'habitation aux premiers hommes et dans » la suite de refuge aux hommes civilisés, » ont attiré l'attention de tous les observa- » teurs, et surtout des voyageurs. On les a » décrites avec des détails inutiles ; les mer- » veilles que le vulgaire crédule se plaît à en » raconter, les difficultés de leur abord, les » formes bizarres des stalactites qu'elles ren- » ferment ordinairement, et l'éclat singulier » de leur surface, éclairée par la lumière des » flambeaux qui dirigent le voyageur inquiet » dans ces labyrinthes souterrains, ont exalté » l'imagination de ceux qui les ont visités, et » ont fait naître ces descriptions romanes- » ques ou singulières qu'on a souvent don- » nées des cavernes les moins remarquables, » etc., etc. »

Éty. du lat. *caverna*, m. s. V. *Cav*, R.

Il y a peu de communes qui n'aient quelqu'une de ces grottes qu'on regarde comme célèbres, dans la Provence.

CAVERNOS, adj. vl. *Cavernoso*, esp. port. ital. *Cavernós*, cat. Caverneux, creux.

Éty. du lat. *cavernosus.* V. *Cav*, R.

CAVERNOUS, OUSA, OUA, adj. (cavernóus, óuse, óue) ; *Cavernoso*, esp. port. ital. Caverneux, euse ; creux, qui contient de petites cavités.

CAVESSOUN, s. m. (cavessoún) ; *Cabezon*, esp. Caveçon, demi-cercle de fer que l'on met sur le nez des chevaux fougueux, pour les contenir.

Éty. Alt. de *capeçoun*, formé de *cap*, tête, chef, et du dim. *oun*, petit chef, petit licou. V. *Cap*, R.

CAVET, s. m. (cavé). Un des noms du bruche des pois. V. *Courgoussoun.*

Éty. de *cavar*, creuser. V. *Cav*, R.

CAVET, s. m. (cavé). Échanvroir, espèce de trépied en bois, ayant une profonde échancrure au sommet, sur laquelle on applique le chanvre qu'on veut marquer, briser. Avril. V. *Coustouela.*

CAVIAL, V. *Caviar.*

CAVIAR, s. m. (caviá) ; CAVIAL. Cavial, caviar, œufs d'esturgeon salés, que l'on prépare en Russie.

Éty. de l'ital. *caviale*, ou du grec moderne *kauiari*, m. s. Roquef.

CAVIER, s. m. (cavié), vl. CAVER, CAVÊE, d. béarn. Ce mot vient, selon la remarque de M. de Marca, dans son Histoire de Béarn, liv. 6, chap. 24, n. 10, de *caballarius*, qui signifiait, dans la basse latinité, chevalier ; ainsi *cavier*, *caver*, *cavée*, est proprement un vassal qui doit à son seigneur service de cheval. V. *Caval*, R.

CAVIGNEGEAR, v. a. (cavignedjá) ; CHAVOUGNAR. Fréq. de *cavar*, fouiller, chercher avec le doigt dans le nez ou dans les oreilles. V. *Cav*, R. et *Fourgouniar.*

CAVILH, CABILH, CHAVILH, radical dérivé du latin *cavilla*, *cavillatio*, plaisanterie, moquerie, chicane, subtilité, détour, sophisme.

De *cavillatio*, par apoc. *cavilh* ; d'où : *Cavilh-a*, *Cavilh-aire*, *Cavilh-atio*, *Cavilh-os*, *Des-cavilhar*, *Chavilh-oun*, *Chavilhoun-ar*, *Chavilh-ous*, *Chavilh-ar* ; par le changement du *v* en *b* ; *Cabilh-aria*, *Cabilh-egear*, *Cabilh-ada*, *Cabilh-ous.*

CAVILHA, s. f. (caville) ; CHAVILHA, CALHIBA, CABILHA. *Clavilla*, cat. *Caviglia*, ital. *Clavija*, esp. *Cavilha*, port. Cheville, morceau de bois, de fer ou d'autre matière destinée à remplir un trou, pour le boucher, pour faire des assemblages, etc.

Éty. du lat *clavicula*, m. s. fait de *claviculus*, dim. de *clavus.* V. *Clav*, R.

Cavilha ouvriera, cheville ouvrière, celle qui unit l'avant-train au corps d'une voiture.

Pichota cavilha, goupille.

Cavilha de poumpa, cheville de fer mobile qui unit la bringueballe avec la verge de la pompe.

Cavilha de timoun, Ateloire.

La cavité que laisse une cheville cassée au-dessous du niveau de la surface de l'ouvrage, porte le nom de *tête de mort.*

Cavilha doou timoun de l'araire, courtbouton.

Déchasser, faire sortir de force une cheville du fer ou du bois d'où elle était plantée.

Cavilha d'emploumbar, t. de m. épissoir.

CAVILHA, s. f. Se dit fig. d'une personne qui fait des visites trop longues.

Plantar cavilha, se fixer, rester longtemps dans un endroit, comme une cheville plantée. V. *Clav*, R.

Home trop liberau,
Planta cavilha à l'espitau. Pr.

CAVILHA, En terme de luthiers désigne les chevilles sur lesquelles les cordes sont roulées et qui servent à les tendre et à les détendre. V. *Clav*, R.

CAVILHA, s. f. Court-bâton : *Jugar ou tirar à la cavilha*, tirer au court bâton ou au bâton. V. *Clav*, R.

CAVILHA, s. f. Poisson, espèce de surmulet. P. Puget.

CAVILHA, s. f. CAVILHA DOOU PED, CALIBAT, CABELHA. Cheville du pied, malléole interne et externe ; la première est formée par une éminence placée à la partie inférieure et interne du tibia, et la seconde par l'extrémité inférieure du péroné. V. *Clav*, R.

CAVILHA, s. f. En poésie, cheville, mot inutile pour le sens, mais nécessaire à la mesure. V. *Clav*, R.

Cavilha, se dit encore pour chicane, vétille, d'où *Cavilhoun*, v. c. m.

CAVILHA-COUA, s. f. (caville-cóue) ; COUA-CHIVAU. Embarras de fil sur le travouil ; reliquat, reste de compte, chose qui reste. V. *Clav*, R.

CAVILHADA, V. *Cabessau* et *Clav*, R.

CAVILHA-DE-JARDINIER, s. f. PLANTAVOUIRA, PLANTOIR, QUILHA, *Chavilha*, port. Plantoir, grosse cheville dont les jardiniers se servent pour piquer les jeunes plants de salade, etc.

CAVILHA D'EMPLOUMBADURA, s. f. (caville d'eimploumbadúre). Épissoir, instrument qui sert à entrelasser une corde avec une autre, en mêlant ensemble leurs fils ou tourons.

CAVILHAIRE, s. m. (cavillàire). Celui qui enfonce des chevilles ; planteur de salades avec le plantoir ; fig. Chicaneur, vétilleur. V. *Chicanaire*.

Éty. de *cavilha* et de *aire*, ou du lat. *cavillator*, m. s. V. *Cavilh*, R.

CAVILHAR, v. a. (cavillà) ; CAVIAR, CHAVILHAR, CABILHAR, CALHIBAR, CHAVILHOUNAR. *Cavilhar*, port. Cheviller, assembler et faire tenir ensemble avec des chevilles plusieurs pièces de menuiserie, de charpenterie, etc.

Éty. de *cavilha* et de *ar*. V. *Clav*, R.

CAVILHAR, v. a. Piquer, en terme de jardinier, planter avec la cheville qu'on nomme plantoir. V. *Clav*, R.

CAVILHAR, v. a. En terme de manufacturier de soie, trafuser un écheveau de soie à la cheville d'un trafusoir, pour la démêler à la main et la disposer à être dévidée. Sauv. V. *Clav*, R.

CAVILHASSA, s. f. (cavillàsse), augm. de *cavilha*, grosse cheville. V. *Clav*, R.

CAVILHAT, **ADA**, adj. et p. (cavillá, áde) ; CHAVILHAT. *Cavilhado*, port. Chevillé, ée. V. *Clav*, R.

CAVILHATIO, s. f. vl. *Cavillació*, cat. *Cavilacion*, esp. Cavillation, subterfuge.

Éty. du lat. *cavillatio*. V. *Clav*, R.

CAVILHETA, s. f. (cavillète) ; CAVILHOUNA. *Cavilheta*, port. Dim. de *cavilha*, petite cheville. V. *Clav*, R.

CAVILHIER, s. m. (cavillié). Pour portemanteau. V. *Rastelier*.

Éty. de *cavilha* et de *ier*. V. *Clav*, R.

CAVILHOS, **OSA**, adj. vl. *Gavillos*, cat. *Caviloso*, esp. *Cavilloso*, port. ital. Fourbe, chicaneur, *cavillateur*, tracassier. V. *Cabilhous*, *Cavilhaire* et *Chavilhoun*.

Éty. du lat. *cavillosus*. V. *Cavilh*, R.

CAVILHOT, s. m. (cavilhó) ; CAVIOT. *Chevillot* de la charrue. Cast. V. *Mouleta*.

Éty. *Cavilhot*, dim. de *cavilha*, petite malléole, petite cheville. V. *Clav*, R.

CAVILHOUN, s. m. (cavillóun). Nom niçéen de la trigle cavillonne : *Trigla cavillonne*, Risso, poisson de l'ordre des Holobranches et de la fam. des Dactylés.

CAVILHOUN, s. m. (cavilloun). Petite cheville, particulièrement celle qui sert à donner de l'air aux tonneaux.

CAVILHOUNS, s. m. pl. (cavillóuns) ; GALOCHA, CABILHOTS. Cabillots, petits bouts de bois posés aux extrémités de plusieurs herses qui tiennent aux haubans pour maintenir les poulies de pantoquière, term. de mar. V. *Clav*, R.

CAVILLA, vl. V. *Cavilha*.

CAVILLADURA, s. f. vl. *Chevillure*.

Éty. de *cavilhada* et de *ura*, chose chevillée. V. *Clav*, R.

CAVILLAR, V. *Cavilhar*.

CAVILLATION, vl. V. *Cavilhatio*.

CAVITAT, s. m. (cavità) ; CAVURNI, CAFORNI. *Cavità*, ital. *Cavidad*, esp. *Cavidade*, port. *Cavitat*, cat. Cavité, creux, vide qui se trouve dans un corps solide.

Éty. du lat. *cavitas*, *atis*, m. s. V. *Cav*, R.

CAVOUNIAR, Garc. V. *Cavar* et *Cavignegear*.

CAVOOUCAMENT, s. m. (cavooucaméin). Cahot et cahotage, ressaut d'une voiture, Avril. *Cahotement*, n'est pas français.

CAVOOUCAR, v. n. (cavooucá). Cahoter.

CAVURNI, Garc. V. *Cavitat*.

CAX

CAXAR, v. a. (caxá), d. toul. Ranger, parer, orner.

Éty. du grec κάζω (kazô), m. s.

CAXAU, s. m. anc. béarn. Dent molaire.

Éty. de *cais*, dent. V. *Cais*, R.

Caxau es membre et si plusors ne salh d'un cop, no son contatz que per un alep ; dent nos es membre. Fors et cost. de Béarn.

CAY

CAY, vl. Il ou elle tombe.

CAYA, s. f. Caille, alt. de *Calha*, v. c. m.

CAYAU, s. m. (caïáou), dl. Caillou.

CAYCHA, vl. V. *Caissa*.

CAYER, s. m. (cayé) ; CAHIER. *Quaderno*, ital. esp. port. *Cuadern*, cat. Cahier, assemblage de feuilles de papier blanc ou écrit pliées ensemble.

Les relieurs donnent le même nom aux feuilles d'un livre pliées suivant leur format.

Éty. de *scaparium*, fait de *scapus*, Ménage, de *Codex*, Nicot ; et de *quaternio*, Ducange.

On fit usage du mot cahier à cause de la division quaternaire des feuilles des manuscrits. Rayn.

CAYETIERA, Garc. V. *Brunida*.

CAYMAN, s. m. V. *Crocodilo*.

Éty. de l'indien *cayman*, m. s.

CAYMAR, V. *Caimar*.

CAYN, **YNA**, pron. rel. vl. QUIN, QUINE. Quel, quelle.

Cayna que sia, quelle qu'elle soit.

CAYRADURA, s. f. vl. Quadrature, carrure, carré, régularité, symétrie. V. *Quadratura*.

Éty. du lat. *quadratura*. V. *Quat*, R.

CAYRAR, V. *Cairar*.

CAYRAT, vl. V. *Carrat*.

CAYRE, V. *Caire*.

CAYRELIERA, s. f. vl. Carrelière, ouverture par où l'on tirait les traits.

Éty. de *cairel* et de *iera*.

CAYRIER, dl. Charrier. V. *Cairier* et *Flourier*.

CAYRO, vl. V. *Cairon*.

CAYRUT, **UDA**, adj. dl. Carré. V. *Quarrat* et *Quadr*, R.

CAYS, vl. V. *Cais*.

CAYSAL, vl. V. *Caysalh*.

CAYSALH, s. f. vl. CAYSAL. *Caxal*, cat. Dent mâchelière, dent.

Éty. de *Cais*, v. c. m. et *Cau*, R.

CAYSH, s. m. vl. Bouche ?

CAYSON, s. f. vl. Accusation.

Éty. du lat. *accusationis*, d'où l'on a fait *cation*, *cayson*. V. *Caus*, R.

CAYSSA, vl. V. *Caissa*.

CAYSSHETA, s. f. vl. Petite caisse, cassette, dim. de *Caisseta*, v. c. m. et *Caiss*, Rad.

CAYTIVIER, vl. V. *Caitivier*.

CAZ

CAZA, vl. V. *Casa*.

CAZADA, adj. vl. Casée, pourvue, établie. V. *Casat*, *ada*.

CAZAL, s. m. (cazàl), dg. Maison, jardin. V. *Hort*, *Casal* et *Casa*, R.

CAZALATGE, vl. V. *Casalatge*.

CAZALET, s. m. vl. Petite métairie, petit casal, dg. petit jardin.

Éty. de *cazal*, et du dim. *et*. V. *Casa*, Rad.

CAZAMENT, s. m. vl. CASAMEN. Chute, éboulis, couchant. V. *Casamen*.

Éty. de *cazer*, tomber. V. *Cad* et *Cas*, R.

CAZAMENT, s. m. vl. Habitation, logement, bien, domaine, héritage.

Éty. de *caza*. V. *Casa*, R. maison, et de *ment*.

CAZAR, v. a. vl. V. *Casar*.

CAZAT, **ADA**, adj. et p. vl. Casé, vassal. V. *Casat*.

CAZEC, vl. Il ou elle tomba ; de *cazer*, tomber.

CAZEITAT, s. f. vl. Caséité, partie caséeuse du lait qui produit le fromage.

Éty. de *caseus*, fromage.

CAZEMENT, s. m. vl. CASEMEN. *Cadimento*, ital. Chute. V. *Chuta*.

Éty. de *cazer* et de *men*. V. *Cas*, R.

CAZENSA, s. f. vl. Chute, terminaison.

CAZER, s. m. vl. Un nombre de quatre.

Éty. du lat. *quaternio*. V. *Quat*, R.

CAZER, v. n. vl. *Caurer*, cat. *Cader* et *Caer*, esp. *Cahir*, port. *Cader*, ital. Tomber. *La maison cazec*, la maison tomba ; abaisser, baisser.

Éty. du lat. *cadere*. V. *Cas*, R.

CAZER, v. n. vl. Tomber, déchoir.

Éty. du lat. *cadere*.

CAZERN, s. m. vl. Cahier, feuille; quadrille.

CAZERN, s. m. vl. QADERN, QUADERN. *Quadern*, cat. *Cuaderno*, esp. *Quaderno*, port. ital. Tableau à quatre colonnes; cahier, livre.

Éty. du lat. *quaternus*, m. s. V. *Quat.*

CAZERNA, s. f. vl. Débauchée. V. *Caserna.*

CAZERNAL, s. m. vl. Registre. V. *Cayer* et *Quat*, R.

CAZETA, V. *Gazeta.*

CAZINS, adv. vl. Ici, ici dedans; céans.

Éty. de *casa* et de *ins*. V. *Casa*, R.

CAZIR, v. a. vl. Abaisser, faire déchoir.

Éty. de *cas* et de *ir*, aller en bas. V. *Cas* et *Caz*, R.

CAZIT, adj. et p. vl. Tombé, *cazon*, ils ou elles tombent.

Éty. de *caz* et de *it*. V. *Cas* et *Caz*, R.

CAZUAL, s. m. vl. Dans *las flors del gay saber*, le substantif régime est souvent désigné par le mot *Cazual.*

No deu hom separar la prepozitio de son casual. Fl. del gay. sab.

CAZUBLA, s. f. vl. V. *Chasubla.*

CAZUCHA, adj. f. vl. Caduque. V. *Cazut.*

CAZUROS, s. m. vl. Saltimbanque.

CAZUT, UDA, adj. vl. CAZUG, CAZUCHA. Tombé, ée, déchu, caduc.

Éty. du lat. *casum*, ou de *caz* et de *ut*. V. *Cas* et *Caz*, R.

CAZUTA, s. f. vl. *Cagguda*, cat. *Caida*, esp. *Cahida*, port. *Caduta*, ital. Chute.

Éty. de *cas*, *cazer*. V. *Cas* et *Caz*, R.

CE

CE, employé dans le sens de *ce que*, par M. Tandon de Montpellier.

Era dedins un jardi
Ce de pu sol qu'on pot veire.

A Colmars, B.-Alp., on donne plus d'extension encore à ce mot, car il est employé pour : ce qui appartient, la portion, la propriété de.... *Ce deis cats*, la portion des chats; *Ce de moun vesin*, la propriété de mon voisin, etc.

CEA

CEAC, s. m. (ceác). La moindre discussion, le moindre désaccord. Interjection, taistoi, tu m'ennuies. Garc.

CEARCAR, d. m. V. *Cercar* et *Quer*, R.

CEB

CEB, CIBOUL, radical pris du latin *cæpa*, oignon : *Cæpa, ita dici videtur a capitis magnitudine*, Isidore, lib. 17; cap. 10, du celt. *ceb*, *cep*, *cap*, tête.

De *cæpa*, les latins ont fait *cæpula*, dim. ciboule.

De *cæpa*, par le changement de *p* en *b*, *ceba*, *ceb*; d'où : *Ceb-a*, *Ceb-art*, *Ceb-assa*, *Ceb-at*, *Ceb-eta*, *Ceb-etas*, *Ceb-ilhoun*, *Ceb-oul-at*, *Ceb-oulh-ada*, *Ceboulh-oun*, *Ceb-ula*, *Ceb-iera.*

Du lat. *cæpula*, par apoc. *cæpul*, et par changement de *p* en *b* et de *æ* en *i*, *ciboul*: *Ciboul-a*, *Ciboul-at*, *Ciboul-eta*, *Cibourl-at.*

De *ciboule̊ta*, par le changement de *b* en *v* et la sync. d'*oul*: *Civeta*, *Civ-ier*, et par le changement de *c* en *s*: *Saboul at*, *Saboulh-oun*, *Seb-eioun*, *Seb-eta*, *Seb-ilhoun*, *Seb-oulhoun*, *Siv-eta.*

CEBA, s. f. (cèbe); IGNOU, IONOUN. *Cebolla*, esp. *Ceba*, cat. *Cebola*, port. *Cipolla*, ital. Oignon : *Allium cepa*, Lin. plante potagère de la fam. des Liliacées, qui a donné, par la culture, 9 ou 10 variétés, dont les suivantes sont les plus remarquables.

Ceba rougea, oignon rouge.

Ceba blanca, oignon blanc.

Ceba verda, oignon d'Espagne.

Ceba coulariva, oignon dont le cel est presque aussi épais que la tête.

Cebas michelencas, dl. oignons de la Saint-Michel.

Cebas renardivas, oignons de l'arrière saison.

Éty. du lat. *cepa* ou *cæpa*. V. *Ceb*, R.

On donne le nom de *ceba renardiera* aux oignons remontés. V. *Cebart.*

L'oignon parvient à une grosseur assez considérable quand il est cultivé dans un terrain convenable, j'en possède un en ce moment, 1824, qui pèse trois kilogrammes.

Dire ceba, demander grâce, s'avouer vaincu.

Fricassada de cebas, *oignonade* ou *ognonnade.*

CEBA-MARINA, s. f. vl. *Ceba-marina*, cat. Scille, oignon marin. V. *Scilla.*

CEBART, s. m. (cebár). Oignon qui a poussé de nouvelles feuilles, oignon remonté.

Éty. de *ceba*, oignon, et de la term. dépréciative *art*. V. *Ceb*, R.

CEBASSA, s. f. (cebásse); *Cebassa*, cat. *Cebellon*, esp. *Cipollone*, ital. Gros et mauvais oignon.

Éty. de *ceba* et de *assa*. V. *Ceb*, R.

CEBAT, s. m. vl. Oignon. V. *Ceba* et *Ceb*, R.

CEBENC, V. *Sebenc.*

CEBENCHOUN, *Cebenchoun d'un gàbre*, Roupie, Cast. V. *Sebenchoun.*

CEBETA, s. f. (cebéte); *Ceba*, cat. *Cebolleta*, esp. *Cebola*, port. *Cipolla* et *Cipollina*, ital. Petit oignon, plan d'oignon.

Éty. de *ceba* et du dim. *eta*, ou du lat. *cepula*. V. *Ceb*, R.

CEBETAS, s. f. pl. (cébétes). Plant d'oignons, ou jeunes oignons bons à planter. V. *Ceboulat* et *Ceb*, R.

CEBIAIRE, s. m. (cebiäïré). Marchand d'oignons, Aub.

CEBIAR, v. n. (cebiá). Planter, semer, manger des oignons. Aub.

CEBIERA, s. f. (cebiére); CEBIEIRA, SEBIERA. *Cebobal*, port. Oignonière, terre semée d'oignons.

Éty. de *ceba* et de *iera*. V. *Ceb*, R.

CEBIL, adj. g. Polissé. V. *Civil.*

CEBILHA, s. f. Garc. V. *Baragna.*

CEBILHOUN, s. m. (sebillóun); SEBELHOUN, SEBILHOUN, SEBEIOUN. Nom qu'on donne, dans le département des B.-du-Rhôn. selon M. Negrel, au Muscari botrioide, *Muscari botryoides*, *Mill. Hyacinthus botryoides*, Lin. plante de la fam. des Liliacées qu'on trouve dans les champs. V. Gar. *Muscari* Ier de la page 319; et à l'ornithogale jaune et petit, *Ornithogalum luteum et minimum*, Lin. plantes à fleurs jaunes de la même fam. V. Gar. *Ornithogalum luteum*, p. 343, et à l'ail des vignes, dans le Languedoc. V. *Porre fer.*

Éty. Dim. de *ceba*. V. *Ceb*, R.

CEBILHOUNS, s. m. pl. Nom languedocien de l'ail civette. V. *Civeta* et *Ceb*, R.

CEBILHOUNS, s. m. pl. Est encore le nom qu'on donne, à Meyronnes et à Larche, B.-Alp. à l'ail feuillé, *Allium foliosum*, Clarion, plante de la fam. des Liliacées, commune dans les prairies humides de la Haute-Provence.

CEBISSA, s. f. (cebisse); *Sepale*, ital. Haie vive. V. *Baragna.*

Éty. du celt. *cebyst*, qui resserre, Ach. ou du lat. *sepes*, haie.

CEBORI, s. m. (cebóri), dl. Porche ou portique, lieu couvert à l'entrée d'une église.

CEBOULAT, s. m. (ceboulá); SABOULAT, SEBOULAT, CEBETAS. Plant d'oignons et de ciboules qu'on vend en bottes. V. *Cebetas.*

Éty. de *ceboula*, petit oignon, et de *at*. V. *Ceb*, R.

CEBOULHADA, s. f. (cebouillàde); SAVALHADA. Nom qu'on donne, à Avignon, au muscari à toupet. V. *Barrelet gros.*

Éty. A cause de la ressemblance de ses feuilles avec celles des jeunes oignons, *Cebetas* ou *Ceboulhouns*. V. *Ceb*, R.

CEBOULHOUN, s. m. (cebouillóun); CEBILHOUN, SABOULHOUN, CEBOUYOUN. Oignon sauvage, oignon qui croît sans culture.

Éty. de *ceba*, oignon, et de la term. dim. *oulhoun*, oignon de mauvaise qualité. Voy. *Ceb*, R.

A Valensoles, on donne le même nom à l'ornithogale nain, *Ornithogalum minimum*, Lin. petite plante à fleurs jaunes de la famille des Liliacées qu'on trouve parmi les moissons.

CEBOULHOUN, s. m. (sebouillóun); SABOULHOUN. Ail sauvage. V. *Alhet fer* et *Ceb*, R.

CEBRAT, ADA, adj. et p. vl. Séparé, ée.

Éty. Alt. de *Separat*, v. c. m.

CEBULA, s. f. *Sivela*, ciboule, petit oignon. V. *Civeta.*

Éty. *Ceb*, R.

CEC

CEC, CECA, CEGU, radical pris du latin, *cæcus*, *a*, *um*, aveugle, d'où *cæcitas*, *atis.*

De *cæcus*, par apoc. *cæc* et *cec*; d'où : *Cec*, *Ceca*, *Ceca-ment*, *En-cec-ar*, *Es-segar*, *En-cec-a*, *En-cec-at*, *Cecitat.*

De *cec*, par le changement de *c* en *gu* ou en *g*, *cegu*; d'où : *Esseg-ar*, *En-seg-ar*, *Cegu-era*, *Cegu-esa*, *Cegu-etat*, *Chacouna.*

CEC, ECA, adj. et sub. vl. SEC, SEX, CECS. *Cec*, anc. cat. Aveugle : *Cec nasc*, aveugle-né.

Éty. du lat. *cæcus*, m. s. V. *Cec*, R.

CECA, s. f. (céque). Cayes, rochers à fleur d'eau. Garc. *Faire una ceca*, demeurer trop longtemps dans un lieu. Garc.

CECAI, V. *Cecalh.*

CECAIOUN, V. *Cecalhoun.*

CECALH, s. m. (cécaill). *Cecai*, v. c. m. par *S*.

CECALHOUN, s. m. V. *Cecalh*.

CECAMENT, adv. d. vaud. CEQUAMENT. *Ciecamente*, ital. *Ciegamente*, esp. *Cegamente*, port. Aveuglément, d'une manière aveugle.

Éty. de *ceca*, aveugle, et de *ment*. Voy. *Cec*, R.

CECILA, nom de femme (cecile); *Cecilia*, ital. esp. Cécile.

Patr. On honore six saintes de ce nom. Cécile d'Afrique, le 14 mai; Cécile de Carthage, le 3 juin; Cécile d'Elvire, le 1er février; Cécile, vierge et mart. le 22 novembre; Cécile de Rémiremont et Cécile de Ponçonas, le 12 août.

CECITAT, *Ceguetat*, s. f. vl. *Ceguedad*, esp. Cécité, l'état d'une personne aveugle.

Éty. du lat. *cæcitatis*, gén. de *cæcitas*, m. s. V. *Cec*, R.

CED

CED, CESS, rad. pris du lat. *cedere*, *cedo*, *cessum*; céder, laisser, aller, s'en aller; d'où les sous-rad. *cess*, de *cessum*, *cessio*, dérivé du grec χάζω (chazô), χαδέω (chadeô), ion, reculer.

De *cedere*, par apoc. *ced*; d'où: *Ced-ar*, *Pre-ced-ar*, *Prou-ced-ar*, *Suc-ced-ar*, *Prou-ced-ura*, *Inter-ced-ar*, *Coun-ced-ar*, etc.

De *cessum*, par apoc. *cess*; d'où: *Prou-ces*, *Suc-cess-if*, *Suc-cess-iva-ment*, *Suc-cess-our*, *Ac-cess-oiro*, *Ac-cess-ible*, *Ex-cess-if*, *Cess-ion*, *Prou-cess-ion*, *Coun-cess-ion*, etc.

CEDA, s. f. vl. Soie. V. *Seda*.

CEDA, s. f. anc. béarn.

Ab lo registre ó ceda.
Fors et cost. de Béarn.
Rubr. de probations d'instrum.

CEDAL, adj. vl. De soie, en soie.

CEDAR, v. a. (cedá); QUITAR, ABANDOUNAR. *Cedere*, ital. *Ceder*, esp. port. *Cedir*, cat. Céder, laisser, abandonner.

Éty. du lat. *cedere*, m. s. V. *Ced*, R.

CEDAR, v. n. BOUÇAR. *Cedere*, ital. *Ceder*, esp. port. *Cedir*, cat. Ceder, se soumettre, se reconnaître vaincu, succomber, plier, s'affaisser. V. *Ced*, R.

CEDAS, s. f. pl. (cédes), d. toul. Gercures du sein. V. *Crebassas*.

Éty. du lat. *cædere*, couper.

CEDAS, s. f. pl. (cédes), dl. Jeu d'enfants, ils se touchent légèrement et s'enfuyent; celui qui a touché le dernier et qu'on ne peut toucher, a gagné. Sauv.

CEDAS, s. m. dg. (cedás); *Cedas*, cat. *Cedazo*, esp. Tamis de soie. V. *Sedas*.

Bouto sulamens, apario
Lou cedas é més la hario.
D'Astros.

CEDAT, **ADA**, adj. et p. (cedá, áde); Cedé, ée. V. *Ced*, R.

CEDATIL, adj. vl. *Sedativo*, esp. Sédatif, propre à calmer.

Éty. du lat. *sedare*, calmer.

CEDATIO, vl. V. *Sedatio*.

CEDELAR, v. n. vl. Avoir soif, être altéré.

Éty. du lat. *sitire*, m. s.

CEDILHA, s. f. (cedille); *Cedilho*, port. *Cedilla*, esp. Cédille, espèce de petite virgule qu'on met au-dessous du ç devant les voyelles *a*, *o*, *u*, lorsqu'il doit se prononcer comme *s*.

Éty. de l'esp. *cedilla*, petit *c*, qui a la même signification.

Ce signe a été inventé par les Espagnols.

CEDO, vl. Seton. V. *Sedoun*.

Éty. du lat. *seta*, soie.

CEDOLA, vl. V. *Cedula*.

CEDOUN, Garc. V. *Sedoun*.

CEDRAT, s. m. (cedrá). Cédrat, fruit du cédratier, qui est une variété du citronnier, *Citrus medica*, Lin. arbre de la fam. des Hespéridées, originaire de l'Asie.

Éty. M. Roquefort le fait dériver de cèdre, sans en donner la raison.

On cultive plusieurs variétés de cédratiers, et l'on a par conséquent plusieurs espèces de cédrats, qui diffèrent principalement des citrons en ce qu'ils sont beaucoup moins aigres.

CEDRE, s. m. CEDRO. *Cedro*, cat. esp. port. *Cedra*, ital. Cèdre, cèdre du Liban, *Pinus cedrus*, Lin. *Larix cedrus*, arbre de la fam. des Conifères, originaire de l'Egypte. Le plus ancien qu'il y ait en France est celui qu'on voit au jardin des plantes à Paris, où il fut apporté d'Angleterre, en 1734, par M. Bernard de Jussieu.

Éty. du lat. *cedrus*, dérivé du grec κέδρος (kédros), mot qui désigne le même arbre, fait de κυωδης (kuôdês), odorat, ou de *Cedrea*, ville d'Orient, d'où l'on tirait des cèdres.

Le cèdre parvient à une grosseur considérable. Labillardière dit en avoir mesuré un sur le Liban, dont le tronc avait neuf mètres de circonférence et vingt-cinq de hauteur.

La Bible fait souvent mention du cèdre qu'elle donne comme l'emblême de la puissance et de la grandeur. Son bois est regardé comme incorruptible.

M. Élie de Beaumont en cite un du Liban, qu'on croit âgé de 800 ans.

Cedre de totz aybres rey.
Eluc. de las propr.

Son fruit porte le nom de *cedris*, en franç.

CEDULA, s. f. (cedúle); *Cedula*, cat. esp. *Sedula*, port. *Cedola*, ital. Assignation, ajournement qu'on fait donner à quelqu'un pour comparaître devant le juge, *cédule* en français désigne plus particulièrement un billet sous seing privé; vl. titre, lettre.

Éty. du lat. *schedula*, dérivé du grec σχέδη (schédê), billet, mémoire.

CEDULAR, v. a. anc. béarn. Citer, donner une citation.

Éty. de *cedula* et de *ar*.

CEE

CEES, s. m. (céés). Soies de cochon. Aub.

CEG

CEGAR, V. *Segar*.

CEGARES, V. *Segares*.

CEGNER, vl. V. *Cenchar*.

CEGUEL, s. m. Nom toulousain du seigle. V. *Segue*.

CEGUERA, et

CEGUESA, s. f. vl. CECUEZA. *Ceguera*, cat. esp. Aveuglement, cécité.

Éty. du lat. *cæcitas*, m. s. V. *Sec*, R.

CEGUETAT, vl. *Ceguetat*, cat. V. *Cecitat* et *Cec*, R.

CEI

CEI, adv. de lieu, (céi); *Cei es*, il est ici: *Cei sus*, d. bas lim. ici en haut. V. *Sei*.

CEINGNER, vl. V. *Cenher*.

CEIRA, Garc. Draine. V. *Sera*.

CEIROUN, s. m. (ceiróun). Ancienne petite monnaie de Provence. Garc.

CEIS, vl. Il ou elle ceignit, entoura, environna.

CEISAU, s. m. anc. béarn. Fonction de juge?

Éty. *Cei*, est employé dans la basse latinité, dans le sens de *judicatores*.

CEITA, s. f. (cèite), dl. Pour moulin à scie. V. *Serre d'aigua*.

CEL

CEL, CELEST, radical pris du latin *cœlum*, *i*, ciel, d'où *cœlestis*, céleste, et dérivé du grec κοῖλος (koilos), κοῖλον (koilon), creux, concave, à cause de la forme apparente de la voûte céleste.

De *cœlum*, par apoc. *cœl* et *cel*; d'où: *Cel*, *Subre-cel*, *Subre-ceou*, *Celest-e*, *a*, *Celestial*, *Celestial-men*, *Celest-in*.

De *cel*, par l'add. de *i*, *ciel*: *Ciel-dubert*, *Ciel-ouvert*, *Cial*, *Ciau*.

De *cel*, par le changement de *l* en *ou*; *Ceou*, *Ceou-sin*, *Cerul-en*, *Ceu*.

CEL, 2, SEL, radical pris du lat. *celo*, *are*, céler, cacher, probablement dérivé du grec κλείω (kléiô), fermer à clef, et par conséquent cacher; ou de l'hébreu *calim*, selon Vossius, d'où *clam*, *clandestinus*, et le sous-radical *Cell*, v. c. m.

De *celare*, par apoc. *cel*; d'où: *Re-celar*, *De-celar*, *Cel-ar*, *Celar-aria*, *Re-cela-ment*, *Cel-iu*, *Celh-as*, *Celh-ar*, *En-celar*, *Re-cel-ur*, *Re-cels*, *Re-celar*, *Re-cel-ada*, *Des-cela-men*, *Des-celar*, *Des-celat*, *Entre-celar*, *Entre-celi*, etc., et par le changement de *c* en *s*, *sel*; d'où: *Selada-men*, *Seladatamen*, *Sel-aire*, *Sel-ar*, *Sel-at*, etc.

CEL, s. m. dl. *Cel*, cat. Pour *Ciel*, v. c. m. firmament.

Éty. du lat. *cœlum*. V. *Cel*, R.

CEL, vl. Il ou elle scelle, cache.

CEL, CELH, CIL, SEL, SELH, pr. dém. m. s. SELL, CELL. *Cels* et *Cells*, anc. cat. Celui, ce, celui-là, cet. V. *El*, R.

CELA, pr. dém. f. s. CELHA, CELLA, SELA, SELHA, SELLA, AQUELA. *Cellas*, anc. cat. Celle, celle-là; cette, il ou elle cèle.

CELA, s. f. vl. Cellule.

CELADA, s. f. vl. Cachette.

CELADA, s. f. vl. *Celada*, cat. esp. *Ce-*

ola, ital, Pièce de l'ancienne armure qui couvrait la tête.

Éty. Probablement de *celar*, cacher.

CELADAMEN, adv. vl. CELADAMIEN, CELADAMEN. *Celadament*, anc. cat. En cachette, secrètement, à la dérobée.

Éty. de *celada* et de *men*, d'une manière cachée. V. *Cel*, R. 2.

CELADOR, s. m. vl. SELAIRE. *Celador*, cat. esp. Discret, qui cache, secret, surveillant. V. *Cel*, R. 2.

CELADOUN, s. et adj. (celadóun), et impr. SALADOUN. Céladon, couleur entre le bleu et le vert tendre; amant tendre et délicat.

Éty. de *celadon*, personnage du roman de l'Astrée par D'Urfé.

CELAMEN, s. m. vl. *Celamento*, ital. Discrétion.

Éty. V. *Celadamen* et *Cel*, R. 2. ou de *celamen*.

CELAR, SELAR. v. a. vl. *Celar*, cat. esp. *Celare*, ital. *Calar*, port. Celer, cacher.

Éty. du lat. *celare*. V. *Cel*, R. 2.

CELARARIA, s. f. vl. *Célérerie*, office de *celerier*.

Éty. de *cellario* et de *aria*, tout ce qui est relatif au *celerier*. V. *Cel*, R. 2.

CELARIER, vl. V. *Cellarier*.

CELAS, pron. dém. f. pl. vl. Celles-là.

CELAT, adj. vl. Caché, secret, discret, *A celat*, expr. adv. en secret. V. *Cel*, R. 2.

CELCLAR, vl. V. *Ceouclar*.

CELEBR, radical pris du lat. *celeber*, *celebris*, célèbre, dérivé de *calo*, *calare*, d'où *calabris*, qu'on nomme ou dont on parle souvent; il pourrait venir aussi, d'après Vossius, du grec κλέιω (kleiô), célébrer. V. *Clar*, *Clarit*.

De *celebris*, par apoc. *celebr*; d'où: *Celebre*, *Celebr-ar*, *Celebr-at-ada*, *Celebr-ation*, *Celebr-ant*, *Celebr-itat*.

CELEBRANT, s. m. (celebrán); *Celebrante*, ital. esp. port. *Celebrant*, cat. Célébrant, le prêtre qui célèbre une messe ou qui préside à un office.

Éty. *Celebrant*, fait de *celebrar*, qui célèbre. V. *Celebr*, R.

CELEBRAR, v. a. (celebrá); *Celebrare*, ital. *Celebrar*, esp. port. cat. Célébrer, exécuter solennellement une chose avec le concours et en présence de plusieurs personnes; couer avec éclat, dire la messe.

Éty. du lat. *celebrare*, m. s. V. *Celebr*, R.

CELEBRAT, **ADA**, adj. et p. (celebrá, áde); *Celebrado*, port. *Celebrad*, cat. Célébré, ée. V. *Celebr*, R.

CELEBRATION, s. f. (celebratie-n); *Celebrazione*, ital. *Calebracion*, esp. *Celebração*, port. *Celebració*, cat. Célébration, l'action de célébrer.

Éty. du lat. *celebrationis*, gén. de *celebratio*. V. *Celebr*, R.

CELEBRE, **EBRA**, adj. (celèbre, èbre); FAMOUS. *Celebre*, ital. esp. port. cat. Célèbre, qui a une grande réputation acquise par des talents ou d'autres avantages extraordinaires.

Éty. du lat. *celebre*, abl. de *celeber*. V. *Celebr*, R.

CELEBRITAT, s. f. (celebritá); REPUTATION, VOGA. *Celebritat*, cat. *Celebrità*, ital. *Celebridad*, esp. *Celebridade*, port. Célébrité, éclat, pompe, publicité avec laquelle on exécute solennellement une chose.

Éty. du lat. *celebritatis*, gén. de *celebritas*. V. *Celebr*, R.

CELER, radical pris du latin *celer*, *celeris*, léger, prompt, agile, formé de *cellere*, *cello*, avancer, se mouvoir, et dérivé du grec κέλης (kélês), coursier, d'où *celeritas*, célérité.

De *celer*: *Ac-celer-at*, *Ac-celer-ar*, *Ac-celer-ation*, *Ac-celer-atour*.

De *celeritatis*, gén. de *celeritas*, par apoc. *celeritat*.

CELERI, s. m. (celeri). Un des noms du céleri, plus particulièrement en usage dans la montagne. V. *Api*.

Éty. Le mot *celeri* a été pris de l'italien, et formé par syncope de *petroselium*, qui est son nom latin, qu'on dérive du grec σέλινον (selinon), hache, grand persil, mais rien ne peut nous assurer que la plante que les Grecs nommaient ainsi soit notre céleri.

CELERITAT, s. f. vl. *Celeritat*, cat. *Celeridad*, esp. *Celeridade*, port. *Celerità*, ital. Célérité, vitesse, diligence, promptitude dans l'exécution.

Éty. du lat. *celeritatis*, gén. de *celeritas*, m. s. V. *Celer*, R.

CELESTE, **ESTA**, adj. (celèsté, èste); *Celeste*, ital. esp. port. cat. Céleste, qui appartient au ciel, de Dieu, qui vient de Dieu, qui semble surpasser la condition humaine.

Éty. du lat. *cœlestis*. V. *Cel*, R.

CELESTI, vl. V. *Celestin*.

CELESTIAL, adj. vl. *Celestial*, cat. esp. port. *Celestiale*, ital. Céleste, et pris subst. Dieu.

Éty. du lat. *celestis* et de *al*. V. *Cel*, R.

CELESTIALMEN, adv. vl. *Celestialmente*, esp. ital. Célestement.

Éty. de *celestial* et de *men*, d'une manière céleste. V. *Cel*, R.

CELESTIN, s. m. vl. *Celestino*, ital. Bleu, couleur du ciel. V. *Cel*, R.

CELESTIN, nom d'homme (celestin). Célestin.

Éty. du lat. *cœlestinus*.

Patr. S. Célestin, pape, mort le 30 juillet, 432, dont l'Eglise honore la mémoire le 6 avril, et le 19 juillet. L'Eglise honore encore plusieurs saints de ce nom; Célestin d'Alexandrie, le 2 mai; Célestin de Grèce, le 25 mai; Célestin V, le 19 mai.

CELESTIN, s. m. Célestin, religieux qui suit la règle de saint Benoît.

Éty. Du pape Célestin V, qui fonda cet ordre en 1244, avant que d'être élevé sur la chaire de saint Pierre.

Les Célestins ne furent introduits en France qu'en 1300, sous Philippe le Bel.

CELESTINA, nom de femme (celestine); *Celestina*, ital. Célestine.

Patrone. V. *Célestin*.

CELET, V. *Scelet*.

CELH, pr. dém. vl. V. *Cel*.

CELHA, pro. dém. f. vl. V. *Cela*.

CELHAR, v. n. (ceillá), dl. Sourciller, remuer les sourcils, ciller.

Éty. de *celha* et de *ar*. V. *Cel*, R. 2.

CELHAS, s. f. pl. (céilles); CILIAS, CILHAS, CILHS, CILS, PARPELUGAS, PAUPERLAS. *Celha*, port. *Ciglio*, ital. *Cella*, cat. *Ceja*, esp. Cils, poils qui garnissent le bord des paupières.

Éty. du lat. *cilium*, m. s. fait de *celare*, cacher. V. *Cel*, R.

CELIBAT, s. m. (célibá); *Celibato*, esp. ital. port. *Celibat*, cat. Célibat, état d'une personne non mariée.

Éty. du lat. *cælebs*, formé du grec κοίτη (koitè), lit et de λείπω (leipô), je laisse.

Le célibat était considéré comme une offense envers la société, dans les premiers siècles du monde: Moïse prescrivait le mariage; Lacedémone notait les célibataires d'infâmie, et leur infligeait des peines; les lois de Lycurgue proscrivaient le célibat, le magistrat qui admettait un citoyen romain, à prêter serment, lui demandait avant de dire, sur son âme et conscience, s'il avait un cheval et une femme? Comment a-t-on fait ensuite de cet état un chose si honorable quoique bien évidemment contraire aux vœux de la nature?

CELIBATARI, s. m. (celibatári); MOUCHOURDIN. *Celibatario*, port. *Celibe*, cat. esp. ital. Célibataire, celui qui vit dans le célibat, quoique d'âge et d'état à pouvoir se marier.

CELIDONI, s. m. vl. Chélidoine, sorte de pierre précieuse.

CELIDONIA, s. f. vl. V. *Chelidonia*.

CELIER, vl. V. *Cellier*.

CELINA, nom de femme. Célina, Céline ou Celine, vierge, amie de sainte Geneviève, honorée à Paris et à Meaux, le 21 octobre.

Éty. du lat. *cœlina* ou *cilinia*.

CELIS, vl. V. *Cels*.

CELIU, adj. vl. Discret, caché.

Éty. de *celar*. V. *Cell*, R.

CELL, CEL, sous-dérivé du lat. *cella*, chambre, garde manger, dérivé de *celo*, *celare*, cacher. *Cella*, *à celando*. Vossius. *Cœlla*, *quod ed cœlentur quæ vellimus esse occulta*. Festus.

Sanè antiqui cela *scripserunt*, *quia ante Ennium non solent consone geminari*. Voss.

Cell-a, *Cell-ar*, *Cellar-ier*, *Cell-ier*, *Celier*, *Cel-iu*, *Cell-ula*.

CELL, pr. dém. vl. *Cell*, cat. anc. V. *Cel*.

CELLA, pr. dém. f. vl. Celle. V. *Cela*, s. f. selle. V. *Sela*.

CELLA, vl. Pour selle. V. *Sella*.

CELLA, s. f. vl. *Cella*, anc. cat. port. ital. *Celda*, esp. cat. mod. Cellule. V. *Cellula*.

Éty. du lat. *cella*. V. *Cell*, R.

CELLAR, vl. V. *Celar*.

CELLARIER, s. m. vl. *Celleler*, anc. cat. *Cillerero*, esp. *Cellareiro*, port. *Cellerajo*, ital. *Célerier*, distributeur qui a soin des objets qui servent à la nourriture.

Éty. du lat. *cellarius*, m. s. V. *Cell*, R.

CELLAS, vl. V. *Celas*.

CELLE, pr. dém. Celte. V. *Aquella*.

CELLIER, s. m. (céliè); CHAUFAGI, TINAL, TONALIER. *Celleiro*, port. *Celliere*, ital. *Celler*, cat. Cellier, lieu où l'on serre le vin et autres provisions, vl. écurie.

Éty. du lat. *cellarium* ou de *cella*, dérivé de *celare*, cacher. V. *Cell*, R.

Le mot *cellarium*, chez les anciens était commun aux greniers, gardes robes, celliers, etc.

CELLUI, vl. pronom démonstr. Celui-là.

CELLULA, s. f. (celúle); *Cella*, ital. *Celda*, esp. cat. *Cellula*, port. Cellule, petite maison, chambre ou appartement qu'habitent les moines et les religieux; petite loge.

Éty. du lat. *cellula*, m. sign. V. *Cell*, R.

CELOR, pron. vl. Ceux.

CELS, s. m. vl. Précaution, prévoyance, pr. dém. pl. de *Cel*, v. c. m.

CELTIQUE, s. et adj. (celtiqué); *Celtico*, port. esp. *Celtic*, cat. Celtique, adj. qui appartient aux Celtes; subs. La langue celtique ou le celtique.

CELTO, s. m. et adj. (cèlte); *Celtas*, port. cat. ital. esp. Nom des habitants de la Gaule celtique.

Éty. du lat. *celtæ*.

CELUI, pr. dém. m. s. SELUI, SELHUY. vl. Celui, celui-là. V. *El*, R.

CEM

CEMA, s. f. (cème); *Scemo*, ital. Déchet, diminution, on le dit particulièrement de la perte de liquide qu'un tonneau a faite.

Éty. de l'ital. *scemare*, diminuer.

CEMBAR, v. n. vl. CENBAR. Remuer les jambes.

CEMBEL, s. m. vl. CEMBEUS. Appel, signal, particulièrement celui du combat, donné par divers instruments de musique.

Éty. du lat. *cymbalum*, cymbale, instrument de musique fait d'airain.

CEMBEL, s. m. SEMBEL. *Cembell*, cat. *Cimbel*, esp. Combat, dispute, joûte, tournoi; piége, tromperie.

Éty. Borel dérive ce mot de *cymbalum*.

CEMBELAR, v. a. et vl. CEMBELLAR. Attaquer, combattre, joûter, escarmoucher; *tonneler*.

Éty. de *cembel* et de *ar*.

CEMBELI, s. m. vl. Fourrure.

CEMBELLA, s. f. vl. Joûte; tonnelle. V. *Cembel*.

CEMBELLAR, V. *Cembelar*.

CEMBES, s. m. pl. vl. Cymbales.

Éty. du lat. *cymbalis*, m. s.

CEMBEU, vl. V. *Cembel*.

CEMENAR, V. *Semenar*.

CEMENTERI, s. m. (céméntèri); CIMENTERI, SEMENTERI, SAMENTERI, SEGRAT. *Cimenterio*, esp. *Cimitero*, ital. *Cimentiri*, cat. *Cemiterio*, port. Cimetière, lieu béni où l'on enterre.

Éty. du lat. *cœmenterium* ou du grec κοιμήτεριον (koimêtérion), lieu de repos.

Les cimetières où l'on entasse les cadavres de la religion chrétienne n'ont été établis qu'en 200. Les Romains enterraient le long des grands chemins, d'où la formule ordinaire des épitaphes *sta-viator*, et plusieurs autres peuples brûlaient les cadavres pour en conserver les cendres. Les Egyptiens les embaumaient pour les garder dans leurs maisons ou dans les catacombes, les Hébreux les enterraient dans des champs funéraires.

Les Romains établissaient leurs cimetières hors des villes, et la loi des douze tables l'ordonnait expressément, en ces termes: *Hominem mortuum in urbe ne sepelito neve urito*. Depuis 1765 il est défendu en France, d'enterrer dans les cimetières existants dans l'enceinte des villes.

CEMS, adj. vl. Baissé, diminué, dépourvu; sot, imbécile, hébété. V. *Cema*.

CEN

CEN, radical pris du latin *cœna*, repas du soir, repas en commun, et dérivé du grec κοινὸς (koinos), commun, d'où κοινοτης (koinotès), communauté, société.

De *cœna*, par le changement de *œ* en *e*, *cena*; et par apoc. *cen*; d'où: *Cen-acle*, *Cen-ada*, *Cen-ador*, *Cen-ar*.

CEN, vl. Pour sens. V. *Sens*.

CEN, s. m. vl. Cens, droit seigneurial. V. *Censa*.

CEN, vl. Pour cent. V. *Cent*.

CENA, s. f. (cène); *Cena*, ital. esp. cat. *Cea*, port. Cène, nom du dernier souper que J.-C. fit avec ses apôtres. C'est aussi la cérémonie que le roi et le recteur des pénitents, dans certains pays, faisaient tous les ans, le Jeudi-Saint, et qui consistait à laver les pieds à un nombre plus ou moins considérable de pauvres, 12 ordinairement, et à les servir à table; vl. repas, souper.

Éty. du lat. *cœna*, repas commun. V. *Cen*, Rad.

Robert, fils de Hugues Capet, est regardé comme le premier de nos rois qui ait pratiqué cette pieuse cérémonie.

CENACLE, s. m. (cenaclé); CINACLE. *Cenacle*, anc. cat. *Cenaculo*, esp. port. *Cenacolo*, ital. Cénacle, salle à manger des anciens, salle dans laquelle J.-C. fit la Cène.

Éty. du lat. *cœnaculum*, fait de *cœna*, repas du soir. V. *Cen*, R.

CENADA, s. f. (cenáde). Souper, repas du soir. V. *Soupar*.

Éty. du lat. *cœna*. V. *Cen*, R.

Faire cenada, courir pendant la nuit, pour voler des fruits.

CENADA, V. *Boula*, *Gevitrada* et *Senada*.

CENADOR, s. m. vl. *Cenador*, cat. Chambre haute où les anciens mangeaient; salle à manger.

Éty. du lat. *cœnaculum*, m. s. V. *Cen*, R.

CENAR, v. n. vl. CENHAR, SEGNAR. Faire signe de la tête ou de la main.

Éty. du lat. *signum* et de *ar*. V. *Sign*, R.

CENAR, v. n. vl. *Cenar*, anc. cat. esp. *Cenare*, ital. *Cener*, souper.

Éty. du lat. *cœnare*, m. s. V. *Cen*, R.

CENAT, vl. V. *Senat*.

CENBEL, FAR. exp. adv. vl. Tromper, donner, ou prendre le change.

CENBELAR, vl. V. *Cembelar*.

CENCARTAS, s. f. pl. (cencártes), dl. Le millet ou le livre. V. *Libre*.

Éty. de *cent* et de *cartas*, pour feuillets. V. *Cent*, R.

CENCH, CENCH, CENT, CENG, CINGL, radical dérivé du latin *cingere*, *cingo*, *cinctum*, ceindre, environner; d'où *cinctura*, ceinture; *cingula*, sangle; *cingulum*, ceinturon.

De *cingere*, par apoc. *cing*, et par le changement de *i* en *e*, *ceng*; d'où: *Re-ceng-er*, *Cenge-ment*, *Cenge-ar*, *Cenge-at*.

De *ceng*, par le changement de *ng* en *nh*, *cenh*; d'où: *Cenh-a*, *Cenh-er*, *En-cenh-er*, *Re-cenher*, *Tras-cenh-er*.

De *cinctum*, par apoc. *cinct*, par suppression de *c*, *cint*; d'où: *Cinth-a*, et par le changement de *i* en *e*, *cent*; d'où: *Cent-a*, *Cent-ura*, *Cent-ur-oun*, *En-cent-a*, etc.

De *cingula*, par apoc. et suppr. de *u*, *cingl*; d'où: *Cingl-a*, *Cingl-ar*, *Re-cingl-ar*; et par la substitution de *s* à *c*, *singul*; d'où: *Singl-a*, *Singl-ar*, etc.

De *cingl*, par le changement de *i* en *e*, *cengl*; d'où: *Cengl-a*, *Cengl-ar*, *Cengl-oun*, *Re-cengl-ar*, *Des-sengl-ar*, etc.

De *cinctum*, par apoc. *cinct*, par changement de *ct* en *ch*, et de *i* en *e*, *cench*; d'où: *Cench-a*, *Cench-ar*, *De-cench-ar*, *De-cench-at*, etc.

De *cinct*, par le changement de *c* en *s*, à peu près les mêmes mots.

CENCHA, s. f. (céintche). Bande pour panser une plaie. V. *Benda*; pour ceinture. V. *Centura* et *Cench*, R.

CENCHA, s. f. Enceinte que l'on forme dans la mer avec des filets, que l'on resserre peu-à-peu, pour prendre le poisson qui s'y trouve enfermé.

Éty. de *cingere*. V. *Cenchar* et *Cench*, R.

CENCHAR, v. a. (ceintchá); CENGEAR, CENGER, CEGNER, CINTAR. *Cignere*, ital. *Cinchar*, esp. *Cingir*, port. Ceindre, sangler, bander, mettre une ceinture, entourer, environner.

Éty. du lat. *cingere*, m. s. V. *Cench*, R.

Cenchar un aubre, cerner, faire la courroie à un arbre, en enlever une portion d'écorce, en forme de ceinture, pour le faire périr.

CENCHAT, **ADA**, adj. et p. CENGEAT. *Cingito*, port. Ceint, ceinte, sanglé, ée.

Éty. du lat. *cinctus*, ou de *cencha*, et de la term. pass. *at*, *ada*, pourvu d'une ceinture. V. *Cench*, R.

CENCHA, s. f. (céintche); SENCHA. Filet pour bloquer le poisson dans une partie de la mer. Garc.

CENCIER, s. m. (ceincié). Récipient des essences. Garc.

Éty. de *cença* pour *essença*, et de *ier*.

CENCIRISI, s. m. (ceincirisi). Un des noms languedociens du proyer. V. *Chiepèrdris*.

Éty. *Onomatopée* de son chant.

CENDAD, s. m. vl. Pour linceul. V. *Linçoou* et *Sed*, R. 2.

CENDAL, CENDAT, SENDAT. vl. *Cendal*, cat. esp. Taffetas. V. *Sed*, R. 2.

CENDAL, s. m. vl. CENDAT. *Cendal*, anc. cat. *Cendal*, cat. esp. *Zendato*, ital. Étendard, drapeau. V. *Drapeou* et *Sed*, R. 2.

CENDALIA, s. f. vl. Sandale. V. *Sandala*.

CENDAT, s. m. vl. *Cendat*, cat. Drap de soie, taffetas. V. *Cendat*; linceul. V. *Linçoou*, manteau, V. *Manteou*, drapeau, V. *Cendal*.

CENDIEIRA, s. f. vl. Sentier.

CENDIER, vl. V. *Semdier* et *Sentier*.

CENDIEYRA, vl. V. *Seindier* et *Sentier*.

CENDOBLES, s. m. (ceindoblés), vl. Le centuple. V. *Centuple* et *Cent*, R.

CENDR, CINER, CENER, CEND, radical pris

du lat. *cineris*, gén de *cinis*, cendre, dérivé du grec κόνις (konis), cendre, poussière, par le changement de o en i.

Isidore, lib. 16, cap. 1, dit: *Cinis sic fici videtur à cando, quia ex rebus incensis reliquus sit.*

De *cineris*, par apoc. *ciner*, *cinre;* par métathèse de r, *cindre*, par add. de *d*, et changement de *i* en *e*, *cendre;* d'où le Rad. *Cendr*, *Cendr-es*, *Cendr-alhas*, *Cendr-as*, *Cendr-au*, *Cendr-ier*, *Cendr-ouliar*, *Cendr-oulier*, *Cendr-ous*, *Cendrous-eta*, *Cendr-ada*, *Cendr-ea*, *In-cendre*, *Incend-ar*, *In-cendi-a*, *In-cendi-ar*, *In-cendi-ari*.

De *incensum*, par apoc. *incens*, et par le changement de i en e, *encens;* d'où: *Encens*.

De *cinis*, *eris*, par le simple changement de i en e: *Cene*, *Cenes*, *Cener-ous*, *Cenre*, *Cen-ilha*.

De *cinis*, *cineris*, par apoc. *In-ciner-atio*, *In-ciner-ar;* par altération: *Chadr-a*, *Chadr-ier*, *Chadr-ous*.

CENDRADA, s. f. (ceindráde); *Cendrada*, port. cat. *Cernada*, esp. Charrée. V. *Chairel* et *Cendr*, R. Lessive qu'on fait aux olives et aux pois chiches. Garc.

CENDRALHAS, s. f. pl. (cendráilles), dl. De la cendrée. V. *Poussiera* et *Granalha*.

Éty. de *Cendr*, R. et de *alhas*.

CENDRAS, s. m. (ceindrás), dl. Le cendrier d'un fourneau; grand tas de cendres; la charrée.

Éty. de *cendres* et de l'augm. *as*. V. *Cendr*, Rad.

CENDRASSOU, s. m. (ceindrassóu), dl. Cendrier, cagnard, casanier. Douj. V. *Cendr*, Rad.

CENDRAU, s. f. (ceindráou); LISSIOU, BUGADA, CENDRADA, SENDRADA. Lessive. V. *Lissiou*.

Éty. de *cendres* et du grec ῥέω (rhéô), couler, qui coule de la cendre. V. *Cendr*, R.

CENDRE, V. *Cendres*.

CENDREA, s. f. (ceindrée), d. bas lim. Cendrée, petit plomb. V. *Granalha* et *Poussiera*.

Éty. de *cendres*, menu comme de la cendre. V. *Cendr*, R.

CENDREGEAR, dl. (ceindredjá), dl. CENDROURIAR. Remuer la cendre sans sujet et par désœuvrement.

Éty. de *cendres* et de *egear*. V. *Cendr*, R.

CENDRES, s. f. pl. (céindrés); *Ceniza*, esp. *Cenere*, ital. *Cinza*, port. *Cendra*, cat. La cendre, s. f. sing. résidu d'un combustible consumé par le feu.

Éty. du lat. *cinere*, abl. V. *Cendr*, R.

La cendre est composée en grande partie, de sous-carbonates de potasse, de soude et de chaux: d'un peu de silice, d'alumine, d'oxydes de fer, et de manganèse, de sous-phosphates de chaux, de potasse et de magnésie, etc., suivant les matières brûlées. Par le mot *cendres* au pluriel, en français, on désigne les cendres bénites, dont le prêtre marque le front des fidèles, le premier mercredi de carême, et poétiquement parlant, les restes des morts.

Cendres qu'an servit à la bugada, charrée.

Cendre doou carboun de peira, frésil.

Prendre cendres, entrer en carême, recevoir les cendres bénites de la main du prêtre.

La coutume d'aller prendre les cendres le premier mercredi de carême, fut instituée en 1091, par le Concile de Bénévent, pour rappeler aux hommes qu'ils sont venus de la poussière, et qu'ils retourneront en poussière: *Memento homo quia pulvis es et in pulverem reverteris.*

Les Hébreux dont cet usage paraît être tiré; se couvraient de cendre, dans les grandes calamités, en signe de douleur.

CENDRIER, s. m. (ceindrié); CENDRAS. *Cendrera*, cat. *Cendrier*, esp. Cendrier, partie d'un fourneau où la cendre tombe; lieu où on la dépose.

Éty. de *cendres* et de *ier*. V. *Cendr*, R.

CENDRILHOUS, dl. V. *Cendrous* et *Cendr*, R.

CENDROS, adj. vl. V. *Cendrous* et *Cendr*, R.

CENDROULET, **ETA**, Avril. V. *Cendroulier*.

CENDROULIAR, v. n. (ceindrouliá); CENDROURIAR. Tisonner, remuer continuellement les tisons et la cendre, sans but et sans nécessité. V. *Cendregear*.

Éty. de *cendres* et de *ar*. V. *Cendr*, R.

CENDROULIER, **IERA**, s. m. (ceindroulié); CENDROURIER, CENDROULETA. fém. Tisonneur, homme acoquiné au feu, qui s'amuse à remuer les tisons et la cendre, cendrillon.

Éty. de *cendroul* pour *cendres*, et de *ier*. V. *Cendr*, R.

CENDROURETA, V. *Cendrouseta*.

CENDROURIAR, V. *Cendrouliar*.

CENDROURIER, V. *Cendroulier*.

CENDROUS, **OUSA**, **OUA**, adj. (ceindróus, óuse, óue); CENDRILLOUS, CHADROUS. *Cendros*, cat. *Cenizoso*, esp. *Ceneroso*, ital. Cendreux, poudreux, couvert de cendre.

Éty. du lat. *cinerosus*, m. s. V. *Cendr*, R.

Ferre cendrous, fer cendreux.

CENDROUSETA, s. f. (ceindrouséte); dl. CENDROULETA, CENDROURETA. Une petite cendrillon, jeune fille qui ne sort point de la maison et qu'on trouve toujours autour du feu.

Éty. de *cendrous* et de *eta*. V. *Cendr*, R.

CENE, dg. V. *Cendres* et *Cendr*, R.

CENEDE, s. m. vl. V. *Synodo*.

CENEROUS, adj. dg. V. *Cendrous* et *Cendr*, R.

CENES, s. f. pl. vl. V. *Cendres*.

CENGEAR, vl. V. *Cenchar*.

CENGEAT, **ADA**, adj. et p. (ceindzá, áde), d. bas. lim. Ceint. V. *Cenchat* et *Entourat*, cinglé. V. *Cenglat* et *Cench*, R.

CENGEMENT, s. m. vl. Ceinture. V. *Centura*.

CENGER, v. a. (cèindze), d. bas lim. Ceindre, entourer, V. *Cenchar*, pour cingler. V. *Cenglar* et *Cench*, R.

CENGLA, s. f. (céingle); CINGLA, SINGLA, SENGLA. *Cingha*, ital. *Cincha*, esp. *Cilha*, port. *Cingla*, cat. Sangle, bande plate et large qui sert à ceindre, à serrer, etc.

Éty. du lat. *cingulum*, fait de *cingere*, ceindre. V. *Cench*, R.

Cenglà d'un enfant, bande d'enfant au maillot, et non *sangle*.

CENGLADA, s. f. (ceingláde), dl. *Cenglada de ventre; Cinglada de mal de ventre*, cat. Tranchée ou colique. Sauv. V. *Coulica*.

Éty. Parce que les coliques font souvent éprouver une sensation semblable à celle que produirait une ceinture trop serrée. Voy. *Cench*, R.

CENGLAR, vl. V. *Sanglier*.

CENGLAR, v. a. (ceinglá); SINGLAR. *Cilhar*, port. *Cinglar*, cat. *Cinchar*, esp. *Cignare*, ital. Sangler, attacher avec la sangle; assener un coù: *Ti cengli un souflet*, je te donne un soufflet.

Éty. de *cengla* et de *ar*. V. *Cench*, R.

CENGLAT, **ADA**, adj. (ceinglá, áde); CENGEAT. *Cilhado*, port. Sanglé, ée. V. *Cench*, Rad.

CENGLOUN, s. m. (cceinglóun); SINGLOUN. Lisière ou bande pour conduire les petits enfants; petite sangle.

Éty. de *cengla* et du dim. *oun*, petite sangle, ou du lat. *cingulum*, m. s. V. *Cench*, Rad.

Dans la montagne on donne le même nom à une sangle munie d'un anneau de chaque côté, dans lequel on passe une corde, et dont on se sert pour fixer la charge sur une bête de somme qui n'a pas de bât.

CENGLOUN, s. m. dl. Petit cordage appelé *chablot*, en terme de corderie, propre à lier ou à attacher quelque chose. Sauv. V. *Tiroun* et *Cench*, R.

CENHA, s. f. CENCHA. Bande, ceinture; V. *Banda*, *Centura* et *Cench*, R. cimetière. V. *Cimenteri*.

CENHAR, v. n. vl. Faire signe.

CENHER, v. a. vl. SENDRE. *Cenyir*, cat. *Ceñir*, esp. *Cingir*, port. *Cignere* et *Cingere*, ital. Ceindre, environner. V. *Cenchar*.

Éty. du lat. *cingere*, m. s. V. *Cench*, R.

CENIL, s. m. Nom du serin vert, à Montpellier. V. *Cini*.

CENILHA, s. f. (cenille); SENILHA. Poussière ou cendre fine qui s'élève du feu et qui retombe sur les corps environnants.

Éty. du lat. *cinis*, cendre. V. *Cendr*, R.

A Cuges, on nomme ainsi la litière faite avec les feuilles tombées du chêne kermes.

CENILHA, s. f. Aux environs d'Annot, on donne ce nom aux bluettes. V. *Beluga*.

Éty. du lat. *scintilla*, étincelle.

CENILHAS, s. f. pl. (cenilles). Copeaux, à Annot. V. *Couguous* et *Ribans*.

CENIZA, s. f. vl. Cendre. V. *Cendres*.

CENOPHALI, s. m. vl. *Cénophale*, tête vide.

Éty. du grec κενὸς (kénos), vide, et de κεφαλὴ (képhalé), tête.

CENOTAPHO, s. m. (cenotáphe); *Cenotaphio*, port. *Cenotafi*, cat. *Cenotafio*, esp. ital. Cénotaphe, Tombe vide, dressée à la mémoire d'un mort.

Éty. du lat. *cenotaphium*, m. s. dérivé du grec κενὸς (kénos), vide; et de τάφος (taphos), tombeau.

CENOUBITO, s. m. (cenoubite); *Cœnobita*, lat. *Cenobita*, port. esp. ital. cat. Cénobite, religieux qui vit en communauté, sous une certaine règle; on ne le dit guère que des anciens moines qui vivaient en commun.

Éty. du grec κοινὸς (koinos), commun, et de βίος (bios), vie, qui vit en commun.

L'abbé Piammon, rapporte au temps des Apôtres, l'institution des Cénobites. Saint Pacôme est cependant regardé généralement, comme l'instituteur de la vie cénobitique, parce qu'il fut le premier à soumettre à des règles des communautés religieuses.

CENPELHAS, s. f. pl. (cènpéilles), dl. V. *Libre*.

Éty. de *cent* et de *pelhas*, peaux. V. *Cent*, Rad.

CENRE, vl. V. *Cendres*.

CENS, CES, SENS, SÈS, rad. pris du latin *census, ûs*, redevence, cens, dérivé de *censeo, ere*; compter, penser, faire l'estimation, juger; d'où *censor*, censeur; *recensere*, recenser, etc.

De *census*, par apoc. *cens*; d'où: *Cens-a, Cens-aria, Censar-agi, Censar-oti, Censau, Cens-ier, Cens-ur, Censur-a, Censurar, A-censa-ment, A-cens-ar, Re-cens-ar*, etc., par le changement de *c* en *s*: *Sens-a, Is-sensa, Sens-al, Sens-agi, Sens-aria, Sens-au*.

De *cens*, par sync. de *n*, *ces*; d'où: *Ces, Sobre-ces, Sob-ces, Cess-al, Cessal-men, A-cess-ar, A-cessa-men, Ac-cess-ador, Ac-cessar*.

CENS, adj. et p. vl. Ceint.

CENS, s. m. (céins). Dans le langage moderne, revenu nécessaire, constaté par l'imposition, pour pouvoir prendre part aux affaires publiques, aux élections. V. *Censa*.

CENSA, s. f. (céinse); SENS, SENSA. *Censo*, esp. ital. port. *Cens*, cat. Cens, redevance en argent que certains biens devaient annuellement au seigneur.

Éty. du lat. *census*, le même. V. *Cens*, R.

Aqueou que retira leis censas, censier.

Le cens se divisait en gros et en menu cens: le gros cens était celui qui n'était point distribué sur chaque arpent ou autre partie ou mesure de l'héritage donné à cens, mais qui se payait en bloc et en gros, et généralement pour la totalité de la chose; le menu cens, au contraire, était celui qui était dû pour chaque arpent.

Ce cens était appelé chef-cens, à la différence du Surcens qui était proprement la première rente foncière après le cens.

Suppl. à Pellas.

CENSARAGI, s. m. (ceinsarádgi); CENSALAGI, CENSELAGI. Courtage, entremise, négociation d'un courtier; droit du mesureur public pour les liquides, à Draguignan. V. *Censaria*.

Éty. de *censa* et de *agi*. V. *Cens*, R.

CENSARIA, s. f. (ceinsarie); CENSARIE. Censerie, tout ce qu'on entend par courtage; droit du courtier.

Éty. de *censa* et de *aria*. V. *Cens*, R.

CENSAROTI, s. m. (ceinsaróti). Nom qu'on donne aux hommes qui sans y être autorisés, exercent le courtage.

Éty. C'est un dim. de *censau*. V. *Cens*, Rad.

CENSAU, s. m. (ceinsáou); *Sensale*, ital. Courtier et *censal*, celui qui vend ou qui achète pour le compte d'un autre; à Draguignan, mesureur public des liquides.

Éty. de *censa* et de *al, au*. V. *Cens*, R.

CENSIER, s. m. *Censalista*, cat. *Censualista*, esp. ital. Censier, celui à qui l'on devait les cens.

Éty. de *censa* et de *ier*. V. *Cens*, R.

CENSIER, s. m. (ceinsié). Récipient des essences. T. de distillateur. Garc.

CENSOUR, s. m. (ceinsóur). Garc. V. *Censur*.

CENSUARI, s. m. vl. Censier.

Éty. du lat. *censuarius*, m. s. V. *Cens*, Rad.

CENSUR, s. m. (céinsúr); CENSURAIRE, CENSOUR. *Censor*, cat. esp. port. *Censore*, ital. Censeur, celui qui reprend et contrôle les actions des autres; critique qui juge des ouvrages d'esprit; celui que le gouvernement charge de l'examen des livres, des journaux, etc., celui qui inspecte et surveille l'enseignement dans un collége.

Éty. du lat. *censor*, nom qu'on donnait dans l'ancienne Rome à un magistrat qui avait inspection sur la conduite et les mœurs des citoyens.

CENSURA, s. f. (ceinsúre); *Censura*, cat. esp. port. ital. Censure, correction, blâme, critique, jugement qui porte condamnation, en matière de dogme.

Éty. du lat. *censura*.

CENSURABLE, ABLA, adj. (ceinsurâblé, âble); *Censurable*, cat. esp. *Censurabile*, ital. *Censuravel*, port. Censurable, qui peut-être censuré, qui mérite censure.

Éty. de *censura* et de *able*.

CENSURAIRE, V. *Censur*.

CENSURAR, v. a. (ceinsurá); *Censurare*, ital. *Censurar*, esp. port. cat. Censurer, reprendre, blâmer; déclarer qu'un livre ou qu'une proposition contient des erreurs.

Éty. du lat. *censura*, et de la term. act. *ar*; *censuram agere*.

CENSURAT, ADA, adj. et p. (ceinsurá, áde); *Censurado*, port. Censuré, ée, blâmé, désapprouvé, condamné en matière de religion.

Éty. de *censura* et de *at*.

CENT, CENTI, CENTEN, CENTUR, radical pris du lat. *centum*, cent, par apoc. d'où *centenarius* centenaire, et *centurio*, centurion; dérivés du grec ἑκατὸν (hékaton), cent, par la suppress. de la syll. *εκα*, et l'add. d'un *n*.

De *cent*, cent; *Cent-cartas, Cent-pelhas, Cent-e, Cent-uple, Cent-isme, Cent-oun*.

De *centen*, sync. de *centenarius*; *Centen, Centen-a, Centen-ada, Centen-ar, Centenari, Centen-au, Centen-ier*.

De *centi*, gén. supposé de *centum*: *Centieme, ema*; *Centi-gramma, Centi-metro, Centi-mo, Cent-urio, Cent-uria, Cent-urion*, etc.

CENT, adj. num. (cèin); *Cento*, ital. port. *Ciento*, esp. *Cent*, cat. Cent, dix fois dix; il se dit aussi indéfiniment pour un grand nombre de choses, on le dit aussi subst. des choses qui se vendent au cent: *Un cent d'uous*, un cent d'œufs.

Éty. du lat. *centum*. V. *Cent*, R.

De cent en quatre, trad. de loin à loin, ou de loin en loin, fort rarement.

CENTA, vl. V. *Centura* et *Cench*, R.

CENTANIER, s. m. Garc. V. *Centena*.

CENTAUR, s. m. vl. *Centauro*, cat. esp. port. ital. Centaure, être fabuleux, moitié homme et moitié cheval.

Éty. du lat. *centaurus*, m. s. dérivé du grec κένταυρος (kentauros), formé de κεντέω (kentéô), piquer, et de ταῦρος (tauros), taureau.

Ces centaures n'étaient autre chose que des hommes qui montaient sur des chevaux ou sur des bœufs, et qui allaient faire paître ces animaux dans des endroits marécageux de la Thessalie.

CENTAUREA, s. f. (ceintoréa); CENTAURE, FEL-DE-TERRA, SECOUTI, ROUGETA, CENTAURI, TRASCALAN-ROUGE. *Centaura*, cat. *Centaurea*, esp. port. ital. Petite centaurée, chirone centaurée: *Gentiana centaurium*, Lin. *Chironia centaurium* et *pulchella*, Déc. plantes de la fam. des Gentianées communes dans les prés secs et pierreux. V. Gar. *Centaurium minus*, p. 92.

Éty. du lat. *centaurea*, du nom du Centaure, qui se guérit, dit-on, d'une blessure avec les feuilles d'une plante de ce genre. V. *Centaur*, R.

Cette plante a toujours été regardée comme tonique, fébrifuge et vermifuge.

CENTAURI, V. *Centaurea*.

CENT-CARTAS, dl. V. *Entrefiel*, *Libre* et *Cent*, R.

CENTE, ESMA, vl. CENTISME. *Centè*, cat. Nombre ordin. centième.

Éty. V. *Cent*, R.

CENTEME, s. m. vl. Le centuple. V. *Cent*, R.

CENTEN, adj. num. vl. *Cente*, cat. Centième, V. *Centieme*, il est aussi subst.

Éty. de *Cent*, R.

CENTENA, s. f. CENTENAU, CENTANIER, CENTENIER. Centaine, bride de fil ou de soie par laquelle sont maintenus tous les fils d'un écheveau.

Éty. de *centum*, cent, parce que cette bride liait ordinairement cent fils. V. *Cent*, Rad.

Aquot n'a ni sens ni centena, celà n'a ni tête ni queue.

Aquit noun y a cap ni cententena, dl. m. s.

CENTENA, s. f. (centéne); CENTENADA, CENTENAU, CENTENAYA, CENTANIER, CENTENIER. *Centinajo*, ital. *Centena*, esp. port. cat. Centaine, nombre de cent, ou à peu près. V. *Cent*, R.

CENTENADA, V. *Centena*.

CENTENAR, s. m. vl. *Centenar*, cat. esp. port. Centaine. V. *Centena* et *Cent*, R.

CENTENARI, adj. et s. (ceintenári); *Centenario*, port. esp. *Centenaria*, ital. Centenaire, qui a atteint l'âge de cent ans; association pieuse de cent personnes; fête qu'on célèbre tous les cent ans.

Éty. de *centena* et de *ari*. V. *Cent*, R.

CENTENAU, V. *Centena* et *Cent*, R.

CENTENIER, s. m. (ceintenié) CENTURIOUN. *Centener*, anc. cat. Centenier, mot qui dans l'Evangile désigne un chef militaire de cent hommes, un centurion.

Éty. de *centena* et de *ier*. V. *Cent*, R.

CENTENIER, V. *Centena*.

CENTIEME, IEMA, adj. (céntième, ième); *Centesimo*, ital. port. *Centeno*, esp. *Centessim*, cat. Centième, nombre d'ordre de cent; pris subst. la centième partie d'une chose, qu'on exprime ainsi en chiffres. 1/100

Éty. du lat. *centesimus*, m. s. V. *Cent*, Rad.

CENTIGRAMMA, s. m. (centigrame). Centigramme, la centième partie du gramme, dans le nouveau système des poids et mesures.

Éty. du lat. *centum*, cent, et de γράμμα (gramma), gramme. V. *Cent*, R.

CENTIMA, s. f. Centime, s. m. petite monnaie qui est la centième partie du franc; il équivaut à deux deniers et quarante-trois centièmes.

Éty. du lat. *centum*, cent, le centième. V. *Cent*, R.

Ce mot désignerait, en Languedoc, une pièce de cinq francs, selon Villa, je vous paierai avec des centimes, c'est-à-dire, avec des pièces de cinq francs.

CENTIMETRO, s. m. (ceintimètre), et impr. CENTIMETRE, CENTIMESTRE. Centimètre, la centième partie du mètre.

Éty. du lat. *centum*, cent, et du grec μέτρον (métron), mesure ou mètre. V. *Cent*, Rad.

CENTISME, adj. num. vl. *Centessim*, cat. *Centesimo*, esp. port. ital. Centuple. V. *Centuple*.

Éty. du lat. *centesimus*, m. s. V. *Cent*, Rad.

CENTOUGES, adj. et s. m. vl. Saintongeois, de Saintes.

CENTOUN, s. m. (ceintóun). Centon, pièce de vers composée en entier de vers ou de passages pris de côté et d'autre, soit dans le même auteur, soit dans différents écrivains, et disposés seulement dans un nouvel ordre, qui donne à ces lambeaux un sens tout différent de celui qu'ils ont dans l'original.

Éty. du lat. *cento*, et dérivé du grec κέντρων (kentrôn), habit fait de divers morceaux, formé de κεντέω (kentéô), piquer, parce qu'il fallait bien des points pour coudre ces sortes d'habits.

CENT-PELHAS, dl. V. *Libre* et *Cent*, Rad.

CENTR, radical pris du latin *centrum*, *centri*, centre, point au milieu d'un cercle, et dérivé du grec κέντρον (kentron), m. s.

De *centrum*, par apoc. *centr*; d'où: *Centr-e*, *Coun-centr-ar*, *Coun-centr-at*, *Coun-centr-ique*, *Ex-centr-ic*.

CENTRAL, ALA, adj. (ceintrál, ále); *Central*, ital. *Central*, esp. port. cat. Central, ale, qui est au centre.

Éty. du lat. *centralis*, m. s. V. *Centre*, R.

CENTRALISAR, v. a. (ceintralisá). Centraliser, réunir au centre, dans un centre commun.

CENTRALISATION, s. f. (ceintralisatie-n); CENTRALISATIEN. Centralisation, action de centraliser.

CENTRE, s. m. (cintré); *Centre* et *Centro*, it. esp. port. ital. Centre, le point du milieu d'un cercle, d'une sphère, d'un corps quelconque; le lieu où toutes les choses tendent naturellement, milieu en général.

Éty. du lat. *centrum*, formé du grec κέντρον (kentron), m. s. V. *Centr*, R.

Dérivés: *Centr-al*, *Centri-fugea*, *Centri-peta*.

CENTRIFUGEA, GEO, adj. (ceintrifúdge); *Centrifugo*, port. Centrifuge, qui tend à éloigner d'un centre.

Éty. du lat. *centrum*, centre, et de *fugio*, fuir, s'éloigner. V. *Centre*.

CENTRIPETA, ETO, adj. (ceintripète); *Centripeto*, port. Qui tend à approcher d'un centre.

Éty. du lat. *centrum*, centre, et de *peto*, je demande, je désire. V. *Centre*.

CENT-SUISSES, s. m. pl. (ceint-suissés). Cent-Suisses, nom qu'on donnait à une compagnie de Cent-Suisses, établie en 1481, par Louis XI, pour la garde du roi, conformément au projet de Charles VII. On donne le nom de Cent-Suisse, à chacun des membres de cette compagnie. V. *Cent*, R.

CENTUPLAR, v. n. (ceintuplá); *Centuplicar*, cat. esp. *Centuplicare*, ital. *Centuplar*, port. Centupler, rendre cent fois plus grand; multiplier par cent. V. *Cent*, R.

CENTUPLE, s. m. (centúplé); *Centuplo*, ital. port. *Centiplicado*, esp. Centuple, cent fois autant.

Éty. de lat. *centuplex*, m. s. V. *Cent*, R.

CENTURA, s. f. (ceintúre); CEINTURA, SENTURA. *Cintura*, esp. ital. port. Ceinture, ce qui sert à ceindre le corps.

Éty. du lat. *cinctura*, formé de *cingere*, ceindre. V. *Cench*, R.

Chez les Grecs et les Romains, les hommes et les femmes portaient des ceintures.

CENTURA, est aussi la partie du corps qui est entre les côtes et les os du bassin où l'on place la ceinture.

CENTURAIRE, s. m. (ceinturaïré). Ceinturier, celui qui fait ou vend des ceinturons.

Éty. de *ceintura*, *ceinturoun* et de *aire*. V. *Cench*, R.

CENTURAR, v. a. vl. Ceindre. V. *Cenchar* et *Cench*, R.

CENTURAT, ADA, adj. et p. Ceint, ceinte. V. *Cenchat* et *Cench*, R.

CENTURIA, s. f. (ceinturie); *Centuria*, port. cat. esp. ital. Centurie, centaine; on ne l'emploie guère que dans les phrases suivantes: *Leis ceinturias de Nostradamus*, les prédictions de cet auteur distribuées par centaines. Le peuple romain était distribué par centuries.

Éty. du lat. *centuria*, centaine, nombre de cent. V. *Cent*, R.

CENTURIO, vl. V.

CENTURIOUN, s. m. (ceinturióun); CENTENIER. *Centurió*, cat. *Centurião* et *Centurio*, port. *Centurion*, esp. *Centurione*, ital. Centurion, chez les anciens Romains, officier d'infanterie, qui commandait une centurie.

Éty. du lat. *centurionis*, gén. de *centurio*, m. s. dérivé de *centuria*, centaine. V. *Cent*, Rad.

CENTUROUN, s. m. (ceinturoun); *Cinto*, port. *Cinturó*, cat. *Cinturon*, esp. *Cinturino*, ital. Ceinturon, ceinture de cuir ou d'étoffe qui sert à porter l'épée ou le sabre.

Éty. du lat. *cinctura*. V. *Cench*, R.

On nomme:

CEINTURIER, celui qui fait ou vend des ceintures, des baudriers, des ceinturons, etc.

FACE, le morceau de cuir fixé au milieu du ceinturon d'une épée auquel on fixe les pendants.

ALLONGE, les deux bandes de cuir qui soutiennent la partie du ceinturon dans laquelle passe le sabre ou l'épée.

CEO

CEOU, s. m. (cèou); *Ceo*, port. V. *Ciel* et *Cel*, R.

CEOU-SIN, term. de mar. Ciel serein, clair, sans nuages. V. *Cel*, R.

CEOU, Pour suif. V. *Seou*.

CEOU, Pour sceau. V. *Sceou*.

CEOUCLADOUR, V. *Seoucladour* et *Seoucl*, R.

CEOUCLAGI, s. m. (ceouclàgi); CEOUCLAGE. Reliage, action de cercler un tonneau ou toute autre futaille; pour l'action de sarcler un champ. V. *Seouclagi*.

Éty. de *ceoucle* et de *agi*, mettre un cercle. V. *Circ*, R.

CEOUCLAIRE, V. *Seouclaire*.

CEOUCLAR, v. a. (ceóuclá); CICLAR. *Cercar*, esp. port. *Cerchiare*, ital. *Cerclar*, anc. cat. Relier, cercler, mettre des cercles à un tonneau, à une cuve, etc. *Ceouclar un tounеou*, relier ou cercler un tonneau.

Éty. du lat. *circulare*, ou de *ceoucle* et de *ar*. V. *Circ*, R.

CEOUCLAR, Pour *sarcler*. V. *Seouclar* et *Seoucl*, R.

CEOUCLAT, ADA, adj. et p. (ceouclá, áde). Cerclé, ée, relié; fig. fou, exalté, pour sarclé. V. *Seouclat* et *Circ*, R.

CEOUCLE, s. m. (ceóuclé) SEOUCLE, CICLE, CERCLE. *Circolo* et *Cerchio*, ital. *Circulo*, esp. port. *Cercle*, anc. cat. *Circul*, cat. mod. Cercle, circonférence, ligne circulaire; cerceau, bande de bois ou de fer formant un rond qui sert à cercler les tonneaux, etc.

Dans un cercle, on nomme:

ARC, la portion de la circonférence comprise entre les deux points d'une corde.

CENTRE, le milieu du cercle.

CORDE, une ligne qui va d'un point de la circonférence à l'autre, sans passer par le centre.

DEGRÉ, la trois cent soixantième, partie de la circonférence.

DIAMÈTRE, la ligne qui va d'un point de la circonférence à l'autre, en passant par le centre.

Éty. du lat. *circulus*. V. *Circ*, R.

Ceoucle de boula, cerceau.

Ceoucle de tambour, vergette de tambour.

Ceoucle d'una pendelota, belière.

Ceoucle d'une plaga, deis huelhs, cerne.

Ceoucle de tamis, rusc. V. *Tamis*.

CEOUCLET, s. m. (ceouclé). Nom qu'on donne au palœmon narval, *Palæmon narval*, Herbst. crustacé de l'ordre des Astacoïdes, et de la fam. des Longicaudes ou Macroures, qu'on trouve dans la Méditerranée.

Éty. du grec κυκλη (kuklê), m. s.

CEOUCLIERA, s. f. (ceouclière); JOURGUIERA, dl. Un taillis à cerceaux, taillis de châtaigniers sauvages dont les gaules servent à faire des cerceaux, des claies à sécher les châtaignes, des perches pour les espaliers, des lattes ou écotes pour relier la basse futaille. Sauv.

Éty. de *ceoucle* et de *iera*, qui produit des cercles. V. *Circ*, R.

On les nomme *bagueredas*, quand elles sont faites en plants de laurier.

CEOUCLUN, V. *Seouclun*.

CEOUGEA, s. f. (céoùdge), d. m. Fente, felure, qui se trouve dans le bois ou dans la pierre.

CEP

CEP, CEPS, cette terminaison vient de deux mots différents, et elle ajoute aussi deux sens divers aux mots qu'elle concourt à former. Dérivée du lat. *capere*, *capio*, prendre elle sert à former: *For-ceps*, qui prend ou tire en dehors; *Capio foras*, prise de *caput*, tête, elle entre dans la composition de: *Biceps*, deux têtes, qui a deux têtes.

CEP, s. m. vl. *Cep*, cat. *Cepa*, esp. port. *Ceppo*, ital. Cep de vigne, souche. V. *Souca*.

Éty. du lat. *cap-vineæ*, m. s. V. *Cap*, R.

CEP, s. m. d. de Bord. Nom de plusieurs bolets et champignons.

CEP, s. m. (cèp); SEPAS. *Cep*, cat. *Cepo*, esp. port. *Ceppo*, ital. Cep, entraves, menottes de fer, chaines que l'on met aux pieds.

Éty. du lat. *cippus*, m. s. V. le mot suivant et *Cap*, R.

CEPA, s. f. (cépe), et impr. SEPA. *Ceppo*, ital. *Cepa*, esp. port. *Cepo*, port. Tronc d'arbre, le tronc principal d'un arbre, le pied d'une vigne; la souche d'une famille.

Éty. du lat. *cippus*, m. s. ou de *caput*, tête, la partie principale; les Latins disaient *caput-vineæ*, pour cep de vigne. V. *Cap*, R.

CEPADA, s. f. (cepàde). Cépée; haie vive. Cast.

CEPADEL, s. m. (cepadèl). Espèce de piége.

Éty. Probablement de *cepi*, prétérit de *capio*, je prends.

CEPANDANT, adv. et conj. (cepandàn); ENTERIM, ENTANTERIM, ENTANDOOUMENS, CEPENDENT. Cependant, pendant cela; pendant ce temps là; néanmoins, toutefois, comme si l'on disait, *cela pendant*.

Éty. du lat. *hocce-pendente*, Mén. sous-entendu *tempore*.

CEPAR, dl. V. *Recepar* et *Cap*, R.

CEPAT, V. *Recepat*.

Éty. de *cep*, souche. V. *Cap*.

CEPEIOUN, Avr. V. *Souquet*.

CEPENDENT, dg. V. *Cepandant*.

CEPET-BLANC, s. m. (cépé-blàn); BRUGUET-BLANC. Nom que porte, dans les environs de Toulouse, un bolet comestible, qui est blanc en dessous.

CEPET-JAUNE, s. m. On donne ce nom, dans le même pays, Toujours d'après M. Tournon, à un autre bolet comestible, jaune en dessous.

CEPEYOUN, s. m. (cepeïoun). Partie brisée de la souche d'un arbre. Garc. V. *Cap*, R.

CEPHAL, radical pris du grec κηφαλὴ (kêphalê), tête: *Cephal-ea*, *Cephal-ic*, *Cenophal-ic*, *Cephal-ique*, *ica*; *A-cephali*.

CEPHALEA, s. f. vl. *Cephalea*, port. Céphalée, mal de tête, chronique, migraine.

Éty. du lat. *caphalea*, m. s. V. *Cephal*, Rad.

CEPHALIC, vl. V. *Cephalique* et *Cephal*, Rad.

CEPHALIQUE, ICA, adj. (cephaliqué, ique); *Cefalic*, cat. *Cefalico*, ital. esp. *Cephalico*, port. Céphalique, on le dit des remèdes que l'on croit propres à guérir les maux de la tête.

Éty. du lat. *cephalicus*, m. s. V. *Cephal*, R.

CEPILHOUN, s. m. (cepillóun). Plant enraciné de l'olivier; petite souche.

Éty. de *cep* et du dim. *ilhoun*. V. *Cap*, R.

CEPIOUN, V. *Cepilhoun*.

CEPOUN, s. m. (cepóun). Billot, tronçon de bois sur lequel on hache les viandes, etc.

Éty. de *cepa* et de *oun*, augm. grosse souche, ou peut-être du grec σκήπων (skêpôn), bâton, sur lequel on s'appuie. V. *Cap*, R.

Cepoun de campana, mouton.

Cepoun de cabaret, pilier de cabaret, ivrogne.

CEPOUN, s. m. Registre à souches, talon d'un passe-port, d'une reconnaissance.

CEPOUN, s. m. (cepóun); SOUCHOUN, SEPOUN, SUPOUN. Billot, épais et court, servant à divers usages, particulièrement à hacher les viandes.

Éty. Dim. de *Cepa*, v. c. m. et *Cap*, R.

Cepoun de broquier, tronchet, billot, qui porte sur trois pieds.

CEPOUN, s. m. Chouquet, petit billot sur lequel les bourreaux achevaient de couper, avec la hache, les têtes qu'ils avaient manquées avec le sabre. V. *Cap*, R.

CEPOUN, Pour mouton d'une cloche. V. *Moutoun*.

CEPOUN, s. m. Souche des registres. V. *Cap*, R.

CEPOUN, s. m. dl. Petite serrure d'armoire; serrure forte d'un jardin ou d'une maison de campagne. Sauv.

CEPTAS, s. f. pl. vl. Liens. V. *Cep*.

CER

CER, CIR, CIER, CERAT, radical pris du latin *cera*, cire, dérivé du grec κηρὸς (kêros), cire, vernis.

De *cera*, par apoc. *cer*; d'où: *Cera*, *Cer-at*, *Cer-e*, *Cer-as*, *En-cer-ar*, *Cer-ot*, *Cer-usa*, *Cere-monia*.

De *cera*, par le changement de *e* en *i*, *cira*, *cir*: *Cira*, *Cir-agi*, *Cir-ar*, *Cir-ous*, *Cir-al-ada*, etc.

De *cera*, par add. d'un *i*: *Ciergi*, *Cier-a*, *Cer-usa*, *Cierg-ier*, *Cier-oua*.

CER, vl. Serpent. V. *Serp*.

CER, s. m. vl. Le soir. V. *Sera*.

CER, V. *Cerf*.

CERA, Oiseau. V. *Sera*.

CERA, s. f. (cére), dl. *Cera*, port. Cire. V. *Cira* et *Cer*, R.

CERAS, s. m. (cerás). Fromage qui résulte de la recuite salée.

Éty. du grec κηρος (kéros), Cire, parce que ce formage en a la consistance. V. *Cer*, Rad.

CERASTES, s. m. vl. *Cerastes*, esp. *Cerasta*, port. *Ceraste*, ital. Céraste, vipère d'Egypte, qui a sur la tête deux éminences en forme de cornes, et dont la morsure est très-dangereuse.

Éty. du lat. *cerastes*, dérivé du grec κέρας (kéras), corne.

CERAT, s. m. (cerá); *Cerotto*, ital. *Encerado*, esp. *Ceroto*, port. Cérat, composition de parties égales d'huile, de cire et d'eau, battus ensemble.

Éty. de *cera*, cire, et de *at*, V. *Cer*, R. ou du lat. *ceratum*, m. s.

CERAUNI, s. m. vl. *Cerauno*, ital. Aérolithe, pierre tombée du ciel.

CERBE, s. m. (cèrbé). Nom que porte la moutarde sauvage, aux environs de Toulouse. V. *Rabanela*.

On donne le même nom à la moutarde noire. V. *Moustarda*.

CERBEL, s. m. (cerbél), dl. Cerveau. V. *Cerveou* et *Cervel*, R.

CERBERO, s. m. (cerbère); *Cerbero*, port. Cerbère, nom du chien à trois têtes qui, selon la fable, gardait la porte des enfers, fig. gardien sévère, portier brutal.

Éty. du lat. *cerberus*, m. s. dérivé du grec κέρβερος (kerbéros), Cerbère, dit pour κρεοβορος (kréoboros), formé de κρέας (kreas), chair; et de βορὸς (boros), dévorant, qui dévore les chairs. Roq.

CERBET, d. béarn. Cerveau. V. *Cerveou* et *Cervel*, R.

CERBI, d. béarn. *Cerf*, v. c. m. et *Cerv*, Rad.

CERCA, s. f. (cèrque); *Cerca*, cat. ital. Recherche, perquisition: *Siam en cercas*, nous cherchons.

Éty. V. *Circ*, R. ou du lat. *quæstio*, m. s.

Estre en cerca, Tr. être occupé à chercher et non *être en cherche*.

Circum cerca, environ, du lat. *circa*, m. s.

CERCABUIRA, s. f. (cercabùïre); CHERCHABUIRA. Querelleur. Suppl. à Pelas.

CERCADIS, ISSA, adj. (cercadis, isse); SERCADIS. Recherché, ée, qu'on aime à avoir, à se procurer.

CERCAIRE, ARELLE, s. (cercaïré, arèle). Chercheur, euse, celui ou celle qui cherche.

Éty. de *cercar* et de *aire*. V. *Quer*, R.

CERCAMEN, s. m. vl. *Cercamento*, ital. Recherche.

Éty. de *cerca* et de *men*. V. *Quer*, R.

CERCA-NISADAS, s. m. (cèrque-nisádes). Dénicheur de moineaux, un polisson, un va nu-pieds. Sauv.

Éty. *cerca-nisadas*, qui cherche des nichées. V. *Quer*, R.

CERCA-PETAS, s. m. (cèrque-pétes); SARCA-PETAS.

CERCA-POURCA, s. m. Cherche-fiche ou cherche-pointe, instrument de serrurier. V. *Quer*, R.

CERCA-POUS, s. m. (cèrque-póus); SARCA-POUS, CERCAS. *Cercapous*, cat. *Cherche-puits?* Croc-à-puits, assemblage de crochets diversement disposés avec lesquels on retire des puits les objets qui y sont tombés. V. *Quer*, Rad.

CERCAR, v. a. (cercá); et impr. CEARCAR, CHERCAR, SARCAR. *Cercar*, esp. cat. Chercher, se donner du soin pour trouver, rechercher.

Ély. de la basse lat. *encercare*, formé du lat. *quærere*. V. *Quer*, R.

Cercar rougna ou *garroulha*, chercher noise, chercher dispute.

On ne cherche que ce qui est égaré ou ce dont on ne connait pas la place, ainsi on ne traduira point comme on le fait ordinairement, *anaz cercar d'aigua*, par *aller chercher de l'eau*, mais bien par aller quérir, puiser ou prendre de l'eau, etc. On évitera d'employer le mot chercher toutes les fois que la situation ou la localité de l'objet désiré sera connue.

Cercar soun pan, sa vida, mendier, chercher son pain.

Cercar de nisadas, dénicher des oiseaux.

Qu'anaz cercar aquil? bon, qu'allez vous dire là, qu'il n'en soit plus question, et *non qu'allez vous chercher*.

Es eou que ma cercat, Tr. c'est lui qui m'a cherché querelle, et non *c'est lui que m'a cherché*.

S'oou es cercat, Tr. il l'a cherché.

Qu cerca troba, pr. *Qui cerca troba*, cat.

CERCARAGNAS, s. m. (cercarágnes). Un des noms du grimpereau de muraille. V. *Escala-barris* et *Quer*, R.

CERCA-RENA, s. m. (cèrque, réne), dl. Hargneux, mauvais payeur.

Ély. *Cerca-rena*, qui ne cherche qu'à grogner. V. *Quer*, R.

CERCAS, (cèrques), dg. V. *Cerca-pous*.

CERCAT, ADA, part. de *Cercar*, *Cercad*, cat. Cherché, ée.

CERCIORAR, v. a. vl. *Cerciorar*, esp. cat. *Accertare*, ital. Assurer, certifier.

Ély. du lat. *certiorare*, m. s. V. *Cert*, R.

CERCIORAT, ADA, adj. et p. vl. *Cerciorad*, cat. *Cerciorado*, esp. Assuré, certifié. V. *Cert*, R.

CERCLE, s. m. vl. *Cercle*, anc. cat. V. *Ceoucle* et *Circ*, R.

En language moderne, cercle, réunion d'amis, société.

CERCLES, s. m. vl. Cèdre.

Vertutz creis en aut coma cercles *o palma, o cipres*.

CERDAJE, nom de lieu. La Cerdagne.

CERE, adj. vl. Qui est de cire. V. *Cer*, R.

CEREIRA, s. f. vl. V. *Cerisa*.

CEREIREDA, s. f. (cereiréde), dl. Cerisaie, champ ou terrain planté de cerisiers. V. *Cerisa*.

CEREMONI, V. *Ceremounia*.

CEREMONIA, s. f. (ceremounie); cerimoni, ceremounie, ceremounia. *Ceremonia*, ital. esp. port. cat. Cérémonie, démonstrations extérieures et symboliques, qui font partie des usages de la police et du culte d'une société; politesse, civilité génante, incommode.

Ély. du lat. *cerimonia*, m. s.

De ceras prendon nom cerimonia, *car ceris antiquament hom ofria*. Les cérémonies prennent nom de cires, car anciennement on offrait des cierges.

Eluc. de las propr.

D'autres font dériver ce mot de *Cœres, etis*, Cérès, ville de Toscane, où durant la guerre contre les Gaulois, les Romains trouvèrent un asyle, et mirent en sûreté le feu perpétuel, etc., ou de *Ceres, cereris*; la déesse Cérès, du culte qu'on lui rendait. Bondil.

Dérivés: *Ceremoni*, *Ceremouni-al*, *Ceremouni-ous*.

CEREMONIAL, s. m. (ceremouniál); ceremounial. *Ceremoniale*, ital. *Ceremonial*, esp. port. cat. Cérémonial, le livre où sont contenus l'ordre et les règles des cérémonies ecclésiastiques. L'usage de chaque cour, de chaque pays pour les cérémonies politiques, etc.

Ély. de *ceremonia*, et de la term. *al*. V. *Ceremounia*, R.

Dans tous les temps et chez tous les peuples, des cérémonies particulières ont été mises en usage, pour honorer les personnes constituées. Il parait même que les anciens y tenaient beaucoup, car le jeune Cyrus, étant gouverneur de l'Asie Mineure, fit exécuter deux de ses cousins germains pour avoir manqué à son égard, au cérémonial de tenir leur mains couvertes en sa présence.

CEREMONIOUS, OUSA, adj. (ceremouniós, óuse); ceremounious. *Cerimonioso*, ital. *Ceremonioso*, esp. port. *Ceremoniós*, cat. Cérémonieux, euse; qui fait trop de cérémonies dans la société.

Ély. de *Ceremounia* et de *ous*, v. c. m.

CERENA, vl. Beau jour. V. *Serena*.

CERENTA, s. f. Guépier. Garc. Voy. *Serena*.

CERES, (cerès); *Cerere*, ital. *Ceres*, port. Cérès, déesse de l'agriculture, fille de Saturne et de Rée, sœur de Junon et de Vesta.

Ély. du lat. *ceres*, m. s.

CERES, s. f. (cérès). Cérès, nom d'une planète dont on doit la découverte à l'astronome napolitain Piazzi, qui la vit pour la première fois à Palerme, le premier janvier 1801.

Elle est placée entre Mars et Jupiter, et fait sa révolution en quatre ans, sept mois et dix jours.

CERESIN, s. m. (cerezïn). Un des noms languedociens du proyer. V. *Chic-perdris*.

Ély. Altér. de *serin*.

CERET, nom de lieu (ceré). Forêt de hêtres. Sauv.

CERETOUN, s. m. (ceretoún). Espèce de fromage de sang ou sang des animaux, particulièrement des bœufs, cuit dans un moule, qu'on vend en masse solide.

CAREZIN, s. m. Nom du serin vert, à Montpellier, V. *Cini*, et du tarin. Voy. *Tarin*, 1.

CERF, s. m. (cèr); cerv, cer, cerbi. *Cervo*, cat. ital. port. *Ciervo*, esp. Cerf, cerf commun, le mâle de la biche, *Cervus elaphus*, Lin. mammifère de la fam. des Ruminants qui habite les grandes forêts de l'Europe, de l'Asie, de l'Amérique et même de l'Afrique.

Ély. du lat. *cervus*, dérivé du grec κέρας (kéras). corne. V. *Cerv*, R.

Commun autrefois dans toutes les grandes forêts de la France, le cerf en a été chassé et il ne se trouve plus guère aujourd'hui à l'état sauvage que dans celles du gouvernement; il existe des titres dans les archives de Digne, qui prouvent que cet animal n'était pas rare dans ses environs, il y a quelques siècles.

A l'âge de 18 mois, le cerf est en état d'engendrer; il entre en rut en septembre, et après huit mois et quelques jours, la biche fait un petit qu'on nomme *faon*, jusqu'à l'âge de six mois; *here*, de six mois à un an; *broquart*, d'un an à deux; *daguet*, de deux ans à trois; *cerf à sa première tête*, de trois à quatre; *cerf à sa seconde tête*, de quatre à cinq; *cerf à sa troisième tête*, de cinq à six; *cerf dix cors jeunement*, de six à sept; *cerf dix cors*, de sept à huit; *grand cerf*, de huit à neuf, et *grand vieux cerf*, pendant le reste de sa vie qui peut être de vingt ans.

Vers l'âge de six mois il parait sur la tête du cerf deux tubercules qu'on nomme *bosses*, qui se prolongent peu de temps après et prennent le nom de *couronnes*; à l'âge d'un an, le bois allongé en une simple branche s'appelle *dague*, et ce n'est que lorsqu'il a des cors ou andouilles qu'il prend définitivement le nom de bois. Ce bois tombe et se renouvelle chaque année en augmentant toujours de volume.

Lou cerf brama, le cerf ret ou brame.

La bicha à fach lou pichot, la biche à faoné.

L'art de la chasse du cerf, se nomme vénérie, il a un langage particulier que nous ne ferons pas connaître, ne trouvant point à en faire l'application dans nos contrées.

Dans le cerf, on nomme:

LAMBEAUX, la peau velue qu'il dépouille au frayer.
LARMIÈRES, les deux ouvertures qu'il a au-dessous des yeux.
LARMES, la liqueur jaune qui sort des larmières.
PARAMONT, le sommet de la tête.
NERF, le membre génital.
NOMBLE, la partie qui s'élève entre les cuisses.

CERF-volant, s. m. (cèr-voulán); gruya, cervoulant, crabas. *Cèrvo-volant*, cat. *Ciervo-volante*, esp. Cerf-volant ou lucane cerf, *Lucanus cervus*, Lin. insecte de l'ordre des Coléoptères et de la fam. des Serricornes ou Priocères (à cornes en scie), commun vers le milieu de l'été.

Ély. Ses deux grandes mandibules dentées, qu'on a comparées au bois du cerf, jointes à la faculté de voler dont il jouit, lui ont fait donner le nom qu'il porte. V. *Cerv*, R.

Cet insecte n'est point venimeux et c'est à tort qu'on le redoute dans quelques pays.

CERF-volant, s. m. gruga. Cerf-volant, machine de papier qu'on fait élever dans les airs en la retenant au moyen d'un fil, à contre sens du vent. V. *Cerv*, R.

CERFUESH, et

CERFUL, d. toul. V. *Charfuelh*.

CERFUL-SELVAGE, s. m. (cerfúl-selbátgé). Nom qu'on donne, aux environs de Toulouse, au cerfeuil penché, *Chærophyllum temulum*, Lin. plante de la fam. des Ombellifères qu'on trouve dans les haies et dans les lieux incultes.

CERIEIRA, dl. V. *Cerisa*.

CERIEIRIER, dl. V. *Cerisier*.

CERIER, s. m. (cerié), dl. Ce nom désigne le cerisier à fruit noir, dans les environs de Toulouse. V. *Agrutier* et *Cerisier*.

Ély. Alt. de *cerisier*.

CERIERA-ESPEROUNADA, s. f. Nom

toulousain de la cerise rouge légèrement tachée de blanc.

CERIERA-NEGRA, s. f. Nom de la cerise noire, à Toulouse.

CERIEYRA, dl. V. *Cerisa.*

CERIMONIA, vl. V. *Ceremonia.*

CERISA, s. f. (cerise); CERIEYA, CEREIRA, CERIEYRA, CIREGEA. *Cherry*, angl. *Kirsch*, all. *Cirèra*, cat. *Cereza*, esp. *Cereja*, port. *Ceregia* et *Ciriegia*, ital. *Carasta*, arabe. Cerise, fruit du cerisier. V. *Agrueta.*

Éty. du lat. *cerasum*, fait du grec κεράσια (kerasia), m. s. de Cérasonte ou de son territoire, ville de l'Asie mineure, d'où Lucullus apporta le cerisier, environ 64 ans avant l'ère vulgaire.

Vautier, dans un ouvrage posthume, publié en 1653, ne faisait encore mention que de cinq espèces de cerises : les *hatives*, les *grosses à courte queue*, les *tardives à queue longue* et celles *à feuilles de sauge*, quoiqu'en 1600, De-Serres en nomma déjà huit.

CERISIA, s. f. vl. V. *Melicrat.*

CERISIER, s. m. (cerisié); CERIGIER, CERIER, CERIEIRIER, CERISIERA. *Ciriegio*, ital. *Cereza*, esp. *Cirèrer*, cat. *Cerajeira*, port. Cerisier, cerisier commun ou vulgaire, *Cesarus vulgaris*, Lois. arbre de la fam. des Rosacées, dont on distingue plus de quarante variétés.

Éty. du lat. *cerasus*, ou de Cérasonte, ville de Pont, d'où l'on tira les premiers κέρασος (kerasos), en grec.

Cet arbre fut d'abord apporté en Italie par Lucullus, après la défaite de Mitridate, l'an 680, de la fondation de Rome. V. Plin. liv. 15, chap. 25.

Outre le fruit agréable qu'il fournit, le cerisier est encore utile à l'homme sous beaucoup d'autres rapports, son bois, trempé pendant vingt-quatre heures dans de l'eau de chaux, prend une belle couleur d'un rouge brun et peut alors rivaliser avec les bois exotiques les plus recherchés.

L'écorce moyenne du cerisier et du merisier, fournit une couleur jaune. La grosse merise noire, entre dans la composition du ratafia de Grenoble, le kirschenwasser et le marasquin, doivent aussi leur saveur à des espèces de cerises et particulièrement à la merise.

CERISIER-SAUVAGE, s. m. (cérisié-saouvàdgé). Nom qu'on donne, à Nismes, au prunier merisier. V. *Amaruvier.*

CERISIERA, V. *Cerisier.*

CERISOULIER, s. m. (cerisoulié). V. *Argeroulier.*

CERITERA, s. m. (ceritère); GUINDOUL, GUINDOULA. Nom languedocien de la guigne, espèce de cerise aigre. V. *Cerisa.*

CERIUN, s. m. (cerión). Cerium, nouveau métal découvert par Berzelius, en 1804, combiné avec l'acide fluorique.

On n'a obtenu ce métal à l'état de pureté qu'en globules ; il est blanc, lamelleux, très-cassant, presque infusible.

CERN, rad. pris du lat. *cernere*, *cerno*, *cretum*, voir, juger, séparer, etc., dérivé du grec κρίνο (krino), trier, séparer, discerner, choisir, d'où les sous-rad. latins; *discernere*, discerner; *decernere*, décerner; *decretum*, décret ; *secretus*, séparé, secret.

De *cernere*, par apoc. *cern;* d'où : *Councern-ant*, *Coun-cern-ar*, *De-cern-ar*, *Decern-at*, etc.

De *cretum*, par apoc. *cret*; d'où : *Se-cretion*, *En-dis-cret-ion*, *Dis-cret-io*, *Concret*, *Dis-cret*, *Dis-creta-ment*, *Dis-cretion*, *In-discret*, *In-discreta-ment.*

De *decretum*, par apoc. *decret;* d'où: *Decret*, *Decret-al*, *Decretal-a*, *Decret-ar*, *Decret-at*, *Decretal-ista*, *Decret-ista*, *Secret*, *Se-cret-ari*.

De *discernere*, par apoc. *discern;* d'où : *Discerna-ment*, *Discern-ar*, *E-ssern-ir*, *I-ssern-ir*, *Ei-ssarn-ir*, *De-ssern-ir*, *Eissern-it*, *Ey-sserni-men*, *Is-serm-ir*, *Isserm-it*, etc.

CERNALHA, s. f. vl. Cernelle, vieux français ; *Cenelle*, fruit du houx.

CERNER, v. a. (cerné), dl. Sasser, tamiser.

Éty. du lat. *cernere*, m. s. tamiser, séparer.

CERNET, nom d'homme (cerné), dl. Saint Cernin, Sorlin, Saturnin.

Patr. Saint Saturnin, premier évêque de Toulouse ; martyrisé dans cette ville, vers la fin du premier siècle. On célèbre sa fête le 29 novembre.

CERNI, s. m. (cèrni). Assortiment de certaines marchandises et spécialement de celles du Levant. Garc.

Éty. du lat. *cernere*, séparer, faire choix.

CERNISSAGE, s. m. (cernissàdge). L'action de faire un assortiment de marchandises, nommé *cerni*. Garc. V. *Cerni.*

CEROT, s. m. vl. *Cerot*, cat. *Ceroto*, esp. port. *Cerotto*, ital. Cérat. V. *Cerat* et *Blanquet.*

Éty. du lat. *ceratum*, m. s. V. *Cer*, R.

CERRA, s. f. vl. Colline. V. *Serre.*

CERRA, d. lim. V. *Cira.*

CERRA, vl. Pour scie. V. *Serra.*

CERS, s. m. *Cers*, cat. *Cierzo*, esp. Nom d'un vent qui souffle, en Languedoc, du Nord-Ouest au Sud-Ouest, il est opposé à l'Autan. L'Empereur Auguste lui consacra un autel à Narbonne.

Éty. du lat. *circius* ou *cercius*, que Vossius dérive du grec κίρκος (kirkos), ou κρίκος (krikos), tourbillon. Cambden et Merula le font venir de *cyrch*, mot celtique qui signifie, violence, impétuosité.

CERS, s. m. (cèrs). Nom du Mistral, dans quelques contrées du Languedoc. V. *Mistrau.*

Éty. Ce mot paraît être formé par apocope de *cercius*, qui désignait le même vent chez les anciens.

CERS, s. m. (cèrs), dl. Pour domestique. V. *Varlet* et *Serv*, R. 2.

> Lo *cers* va per darré, li bailla una secousso,
> Lo mari vou dauan per li tourci le col.
>
> Bergoing.

CERT, CERTITUD, sous-radical dérivé du lat. *certus*, *a*, *um*, certain, manifeste, qui est tiré de *cernere*, *cerno*, *cretum*, d'où *certum;* par métathèse, et *certitudo*, certitude. V. *Cern*, *Cert*, *Cert-a*, *Certa-ment*, *Certan*, *ana*, *Certana-ment*, *Cert-as*, *Cert-en*, *ena*, *Certena-ment*, *Cert-eza*, *In-certen*, *A-certamen*, *A-cert*, *A-cert-ar*, etc.

De *certi*, gén. de *certum*: *Certi-fiar*, *Certi-fiat*, *Certi-ficat*, *Certi-ficar*, *As-serti-on*, *A-certiva-men*, etc.

De *certitudo*, *certitud*: *Certitud-a*, *In-certituda*, *Cercior-ar*, *Cercior-at*, irrégulièrement formés : *Sertet-ut*, *Cercior-ar*, *As-serir*, *A-sert-uc*, *Sert*, *Sert-an*, *Sert-as*, *Sert-etut*, *Sert-eza.*

CERT, ERTA, adj. vl. *Cert*, cat. *Cierto*, esp. *Certo*, port. ital. Certain, assuré, sûr, ferme, résolu, décidé.

Éty. du lat. *certus*. V. *Cert*, R.

CERTA, adv. (cèrte) ; CERTAS. Certes, certainement, en verité.

CERTAMENT, vl. V. *Certenament*. V. *Cert*, R.

CERTAN, ANA, adj. vl. *Certan*, anc. cat. *Certano*, esp. *Certo*, port. ital. Certifié, averti, certain. V. *Segur.*

Éty. du lat. *certus*, m. s. V. *Cert*, R.

CERTANAMEN, vl. V. *Certenament* et *Cert*, R.

CERTANETAT, s. f. vl. CERTANEDAT, CERTANSA. *Certenitat*, cat. *Certanedad*, anc. esp. Certitude. V. *Certituda.*

Éty. de *certan* et de *etat*. V. *Cert*, R.

CERTANZA, s. f. vl. *Certanza*, anc. cat. ital. Certitude. V. *Cert*, R.

CERTAS, adv. (cèrte); *Certes*, cat. *Certo*, port. Certes, certainement, en vérité: *Oui certas*, oui vraiment: *Oh certas!* oh pour le coup !

Éty. du lat. *certè*. V. *Cert*, R.

CERTEN, V. *Cert* et *Segur.*

CERTENAMENT, adv. (certènaméin); CERTANAMENT, CERTAMEN. *Certanament*, anc. cat. port. *Certamente*, ital. *Ciertamente*, esp. Certainement, assurément, indubitablement.

Éty. de *certana* et de *ment*, d'une manière certaine. V. *Cert*, R.

CERTEZA, s. f. vl. *Certesa*, cat. *Certeza*, esp. port. *Certezza*, ital. Assurance, certitude. V. *Cert*, R.

CERTIFFICATORIA, s. f. vl. *Certificatoria*, anc. cat. anc. esp. Certificat, assurance.

Éty. de *certificar* et de *atoria*, chose qui certifie. V. *Cert*, R.

CERTIFIAR, v. a. (certifiá); CERTIFICAR. *Certificare*, ital. *Certificar*, esp. port. cat. Certifier, assurer la vérité d'une chose.

Éty. du lat. *certum-facere*, ou de *certi*, gén. de *certum*, et de *fiar*, contr. de *ficare*. V. *Cert*, R.

CERTIFIAT, ADA, adj. et p. (certifiâ, àde); *Certificado*, port. *Certificad*, cat. Certifié, ée, attesté. V. *Cert*, R.

CERTIFICAMEN, s. m. vl. *Certificamento*, ital. Attestation, assurance. V. *Cert*, Rad.

CERTIFICAR, vl. V. *Certifiar.*

CERTIFICAT, vl. V. *Certifiat* et *Cert*, Rad.

CERTIFICAT, s. m. (certificâ); *Certifical* et *Certificació*, cat. *Certificato* ital. *Certificado*, esp. *Certidão*, port. Certificat, témoignage que l'on donne par écrit pour certifier la vérité d'une chose.

Éty. de *certi*, gén. de *certum*, et de *ficat*, fait, rendu certain, attesté. V. *Cert*, Rad.

On nomme :

EXOINE, Le certificat qui dispense quelqu'un de comparaître en personne devant la justice.

CERTIFICATORIA, s. f. vl. *Certificatoria*, anc. cat. anc. esp. Certificat, assurance. V. *Cert*, R.

CERTISSURA, V. *Sartissura*.

CERTITUDA, s. f. (certitùde); SARTITUDA. *Certezza*, ital. *Certeza*, esp. port. *Certitud*, cat. Certitude, adhésion forte et invincible de notre esprit à une chose qu'il a reconnue vraie, il se dit aussi de la vérité de la chose.

Éty. du lat. *certitudo*, m. s. V. *Cert*, R.

CERTZ, adj. vl. Certain, adv. certainement. V. *Cert*.

CERULENC, ENCA, adj. vl. Bleu, bleuâtre, azuré, d'azur.

Éty. du lat. *cæruleum*, ou *cærulus*, m. s. dérivé de *cælulus*, dont le radical est *Cælum*. V. *Cel*, R.

CERUSA, s. f. (cerùse); CERUZA. *Cerusa*, esp. *Cerussa*, ital. Céruse, blanc de plomb, blanc de céruse, blanc de krems, sous-carbonate de plomb, substance blanche et onctueuse dont on fait un grand usage pour peindre en blanc le bois et les meubles.

Éty. du lat. *cerussa*, de *cera*, cire, à cause de la ressemblance qu'on à cru trouver entre ces deux substances. V. *Cer*, R.

On distingue plusieurs variétés de céruse qui diffèrent non seulement par les usages auxquels ou les destine, mais encore par leur composition.

Les principales sont :

LE BLANC D'ARGENT, c'est du sous-carbonate de plomb pur, il est employé par les peintres, pour les ouvrages délicats.

LE BLANC DE VENISE, formé de parties égales de carbonate de plomb et de sulfate de baryte.

LE BLANC DE HAMBOURG, composé d'une partie de carbonate de plomb et de deux de sulfate de baryte.

LE BLANC DE HOLLANDE, qui est un mélange de trois parties de sulfate de baryte et d'une de carbonate de plomb.

Ceruza si fa de platas de plum, per vapor de vinagre. Eluc. de las propr.

Céruse se fait de lames de plomb par vapeur de vinaigre.

CERV, CERF, CERVI, radical pris du latin *cervus*, cerf, par apoc. et dérivé du grec κέρας (kéras), corne.

De *cervus*, par apoc. *cerv*; d'où: *Cerv*, *Cervi-a*, *Cervi-at*, *Cerv-in*, *Cervi-os*, *Cerv-ier*.

De *cerv*, par le changement du *v* en *b*, *cerb*; d'où: *Cerb-i*.

De *cerv*, par le changement de *v* en *f*: *Cerf*, *Cerf-voulant*, *Cer-vulant*.

CERV, CER, s. m. vl. *Cerf*, v. c. m. et *Cerv*, R.

CERVEGANA, s. f. (cervegàne); SERVEGANA, SARVEGANA. Linge que l'on met sur la tête des nouveaux-nés.

Éty. de *cerveou*, cerveau. V. *Cervel*, R.

CERVEL, CERVELL, radical pris du lat. *cerebellum*, dim. de *cerebrum*, cerveau, cervelle, d'où par apoc. *cerebel*, par sync. de *e* mitoyen, *cerbel*, et par métagr. de *b* en *v*, *cervel*: *Cerebrum* à κάρα (kara), *Id est caput, quasi carabrum, quomodo à facio est feci, ab ager peregre.* Vossius; d'où: *Cervix*, *icis*, *Cervel*, *Cervel*, *a*, *Cervell-a*, *Cervelletas*, *E-cervel-ar*, *De-cervelar*, *De-cervel-at*, *E-cervel-at*.

De *cervix*, *icis*, par apoc. et changement de *c* en *g*; *Cervig-eneg*, *Cerveg-ana*, *Cervig-ual*, *Cerviz*, *Cervitz*; et par changement de *l* en *ou*: *Cerveou*.

De *cervel*, par le changement de *v* en *b*: *Cerbel*, *Cerbel*.

CERVEL, s. m. vl. SERVEL. *Cervel*, cat. *Cervello*, ital. Cerveau, cervelle. V. *Cerveou* et *Cervella*.

Éty. du lat. *cerebrum*, *cerebellum*, m. s. V. *Cervel*, R.

CERVELA, s. f. (cervèle); CERVELLA, SARVELLA. *Cervello*, ital. *Cerebro*, port. *Cervèll*, cat. *Celebro*, esp. Cervelle, substance blanche et molle qui remplit l'intérieur du crâne des animaux. V. *Cerveou* et *Cervel*, R.

En provençal on met souvent le mot *cervela*, au pluriel, ce qui fait commettre plusieurs fautes en français.

Faire sautar leis cervelas, tr. faire sauter la cervelle.

Mangear de cervelas, manger de la cervelle, etc.

CERVELAS, s. m. (cervelàs); *Cervellata*, ital. Cervelas, espèce de saucisse que les charcutiers fabriquent. C'est un mélange de porc frais maigre, de veau, de lard et de beaucoup d'épices, qu'on fait cuire avant que de le manger; du fromage de porc en Languedoc.

Éty. M. Roquefort fait dériver ce mot de chair.

CERVELAT, s. m. (cervelà). Instrument de musique à vent et à anche dont on se servait autrefois; il n'avait que quinze centim. de long.

CERVELETAS, s. f. pl. (cervelétes), dl. De la cervelle d'agneau ou de chevreau.

Éty. Dim. *cervela*, ou du lat. *cerebellum*. V. *Cervel*, R.

CERVELH, s. m. vl. *Cervèll*, cat. *Celebro*, esp. *Cervello*, ital. Cervelle, jugement, prudence, sagesse. V. *Cervel*, R.

CERVELLERIA, s. f. vl. Sorte de casque.

CERVEOU, s. m. (cervéou); SARVEOU, CERBEL, CERBET. *Cervèll*, cat. *Cervello*, ital. *Celebro*, esp. *Cerebro*, port. Cerveau, substance blanche et molle contenue dans la cavité du crâne. V. *Cervela*.

Éty. du lat. *cerebrum*, m. s. V. *Cervel*, R.

CERVEZA, s. f. vl. *Cerveca*, cat. *Cervesa*, esp. *Cerveja*, port. *Cervogia*, ital. Cervoise, espèce de bière.

Éty. du lat. *cervisia*, m. s. mot que Pline, liv. XXII, dit être gaulois.

CERVI DE COUTEL, dl. L'épaisseur d'une lame de couteau. Sauv.

CERVI, Pour regard de fontaine. V. *Servi*.

CERVIA, s. f. vl. *Cerva*, cat. port. *Cierva*, esp. ital. Biche. V. *Bicha*.

Éty. du lat. *Cerva*. V. *Cerv*, R.

CERVIAT, s. m. vl. *Cervato*, esp. *Cerviatto*, ital. Petit cerf. V. *Cerv*, R.

CERVIER, IERA, adj. (cervié, iére); *Cerval*, port. Cervier, qui tient ou qui a rapport au cerf: *Loup cervier*, *massuga-cerviera*.

Éty. du lat. *cervarius*, de cerf. V. *Cerv*, Rad.

CERVIGAL, s. m. vl. CERVITZ, CERVIGUAL. Cou, nuque, chignon; crâne, cervelle, oreiller.

Éty. du lat. *cervix*. V. *Cervel*, R.

CERVIGUAL, V. *Cervigal*.

CERVIGUAL, s. m. vl. Nuque, crâne.

Éty. de *Cerviz*, v. c. m. et *Cervel*, R.

CERVIN, INA, adj. vl. *Cervino*, esp. ital. De cerf.

Éty. du lat. *cervinus*. V. *Cerv*, R.

CERVITZ, s. f. vl. CERVIZ. Crête, sommité d'une forteresse. V. *Cervel*, R.

CERVITZ, et

CERVIZ, s. f. vl. *Cerviz*, esp. port. *Cervice*, ital. Cervelle, cerveau, tête.

Éty. du lat. *cervix*, m. s. V. *Cervel*, R.

CERVOULANT, V. *Cerf-voulant* et *Cerv*, R.

CES

CES, s. m. vl. V. *Censa*, droit seigneurial. V. *Cens*, R.

CESAR, nom d'homme (cesà); *Cesare*, ital. *Cesar*, port. César.

Patr. Saint César de Bus, le bienheureux, dont l'Eglise honore la mémoire, le 15 mars.

Éty. de *cædere*, couper, parce qu'on donnait anciennement les noms de *cæsus*, *cæso*, *cæsar*; à ceux qui avaient été tirés du sein de leur mère, par la section de l'utérus, d'où le nom d'opération césarienne, et celui de *Prunius Cæsar* qui, selon Pline, *à cæso matris utero dictus*.

CESAR, s. m. vl. *Cesar*, cat. esp. port. *Cesare*, ital. César, titre de dignité impériale qui n'appartint d'abord qu'à la famille Julia; on le donna à tous les héritiers de l'empire depuis Dioclétien et les empereurs prirent le surnom d'Auguste.

CESARI, nom d'homme. Césaire.

Patr. Saint Césaire, évêque d'Arles, dont l'Eglise honore la mémoire le 27 août; elle honore encore la mémoire d'autres saints de ce nom, les 28 déc. 1er et 3 nov. 20 avril, 25 févr. 9 mars et 12 janvier.

Éty. du lat. *cæsarius*.

CESARIA, nom de femme. Césarie.

Éty. Probablement de Sainte Césarie, martyre, dont on célèbre la fête, le 25 mars.

CESARIENA, adj. f. (cesariène); *Cesariana*, port. Césarienne, opération qui consiste à faire une ouverture à la matrice, par le ventre, pour en retirer un enfant.

Éty. de *Prunius Cæsar*, qui vint au monde par cette voie.

CESARINA, nom de femme. Césarine.

Éty. Probablement de Sainte Césarienne martyre, dont on célèbre la fête, le 21 juillet.

CESCA, s. f. Nom ancien du glaïeul, V. *Coutelet*; pour amadou. V. *Esca*.

CESERA, dl. V. *Sera*.

CESGIAR, s. m. vl. Angoisse.

CESILIA, nom de lieu, vl. La Sicile.

CESS, CESSAT, CESSION, sous-rad. pris du lat. *cessare*, cesser, par apoc. dérivé de *cedere*, *cedo*, *cessum*, s'en aller, céder, laisser, d'où *cessio*, cession, *cessatio*, cessation.

V. *Ced: Cess-a, sans; Cess-able, Cessament, Cess-ar, Cess-at, Cess-ation, De-cessar, De-cessat, Re-cessar.*

De *cessio, cessionis, cession: Cessio, Cession, Cession-ari, Ac-cessio, Ac-cess-ori, oria; Ac-cessoria-ment, Con-cession, Processio, Prou-cession, Su-cessio, Suc-cession, Suc-cessor, Suc-cessif, iva; Suc-cessivament, Pre-de-cess-or, Pro-ces, Pro-cezimen, De-ces.*

CESSABLE, adj. vl. *Cessable*, finissable.

Éty. de *cessare*, cesser. V. *Cess*, R.

CESSAL, adj. vl. *Censal*, cat. *Censual*, port. *Censuale*, ital. Censitaire, *censable*, celui qui devait cens et rente, à un seigneur de fief.

Éty. du lat. *censualis*, subst. le cens ou revenu du cens. V. *Cens*, R.

CESSALMEN, adv. vl. *Censualmente*, esp. Censalement, à cens. V. *Cens*, R.

CESSAMENT, s. m. vl. CESSAMEN. *Cesamiento*, esp. *Cessamento*, ital. *Cessament*, cat. Interruption, cesse, abandon.

Éty. de *cessar* et de *ment*, action de cesser. V. *Cess*, R.

CESSAR, v. n. (cessá); *Cessare*, ital. *Cesar*, esp. *Cessar*, cat. port. Cesser, ne plus faire une chose que l'on faisait auparavant, ne plus être ce qu'on avait été; discontinuer.

Éty. du lat. *cessare*, m. s. V. *Cess*, R.

CESSAT, ADA, adj. et p. (cessá, áde); *Cessado*, port. *Cessád*, cat. Cessé, ée.

Éty. du lat. *cessatus*. V. *Cess*, R.

CESSATIO, vl. V.

CESSATION, s. f. (cessatie-n); *Cessazione*, ital. *Cesacion*, esp. *Cessação*, port. *Cessació*, cat. Cessation, intermission, discontinuation.

Éty. du lat. *cessationis* gén. de *cessatio*. V. *Cess*, R.

CESSENADA, dl. V. *Cassenat*.

CESSENAS, dl. V. *Cassenat*.

CESSIO, vl. V. *Cession* et *Cess*, R.

CESSION, s. f. (cessie-n); CESSIEN. *Cessió*, cat. *Cessione*, ital. *Cesion*, esp. *Cessão*, port. Cession, transport, acte par lequel une personne transporte à une autre, une propriété ou un droit; abandon que font de tous leurs biens à la justice, ceux qui veulent éviter la contrainte par corps, quand ils n'ont pas de quoi satisfaire leurs créanciers; délaissement, abandon, vl.

Éty. du lat. *cessionis* gén. de *cessio*. V. *Cess*, R.

CESSIONARI, s. m. et f. (cessionári); *Cessionari*, cat. *Cessionario*, ital. port. *Cesionario*, esp. Cessionnaire, celui ou celle qui fait cession de ses biens en justice; celui ou celle qui accepte une cession, un transport.

Éty. de *cession* et de *ari*. V. *Cess*, R.

CESSOUN, V. *Sessoun*.

CEST, ESTA, pron. dém. vl. Cet, cette: *Gestas*, au pl.

CESTA, s. f. (cèste), d. bas lim. Espèce de panier, fait ordinairement d'osier, où l'on met habituellement le pain, des fruits, etc.

Éty. du lat. *cista*, panier, manne, corbeille; dérivé du grec κίστη (kistè), m. s.

CESTOU, Alt. du d. bas lim. de

CESTOUN, s. m. (cestóu). Dim. de *cesta*, petit plateau d'osier, maniveau. V. *Cesta*.

CESURA, s. f. (cesúre); *Cesura*, ital. esp. port. cat. Césure, repos marqué dans les vers après certain nombre de syllabes; il est placé après la sixième dans les vers alexandrins, et après la quatrième dans les vers de dix syllabes, les autres espèces n'en ont pas de forcée.

Éty. du lat. *cæsura*, le même, fait de *cædere*, couper.

Jean Lemaire, de Belges, né vers l'an 1473, est le premier qui ait fixé la règle pour la césure des vers français.

CET

CETACEOS, s. m. pl. (cetacées); *Cetáceos*, cat. *Cetaceos*, esp. *Cetacei*, ital. Cétacés, nom d'une famille de Mammifères, à laquelle on a donné l'épithète de Nectopodes, parce qu'ils vivent dans les eaux de la mer, ce qui les a fait regarder à tort, comme des poissons; de ce nombre sont les dauphins, les baleines, les cachalots, etc.

Éty. du lat. *cete*, *ceti*, m. s.

CETAN, vl. V. *Seten*.

CETERAC, s. m. (cétérác). V. *Herbadaurada*.

Éty. de l'arabe *ceterach*, qui désigne la même plante.

CETGE, s. m. vl. Chaise, siége.

CETI, s. m. vl. Siége, assaut. V. *Siegi* et *Assaut*.

CETRA, s. f. vl. CITRA. Cruche, chaudron, marmite.

CEU

CEU, s. m. vl. *Seu*, cat. *Sebo*, esp. port. *Sevo*, ital. Suif. V. *Sain*.

Éty. du lat. *sebum*, m. s.

CEU, s. m. d. béarn. *Ciel*, v. c. m. et *Cel*, R.

CEV

CEVADILHA, Garc. V. *Civadilha*.

CEVENAS, s. f. pl. (cevénes); CEVENNAS. *Sevenne*, ital. Cevennes, montagnes du Bas-Languedoc qui se trouvent aujourd'hui dans les départements du Gard, de la Lozère et de l'Ardèche.

Éty. César dans ses Commentaires, les appelle *Mons Cebenna*: Strabon, Ptolomée et Festus, leur donnent le nom de *Cemmenice*, *Cemmeni-montes*.

Ce mot viendrait, selon Bochard, du syriaque, *gebina*, sommet d'une montagne; où d'après Astruc, du celtique *kebenn*, qui a la même signification, dans le pays de Galles, on dit *eefen* pour colline.

CEVENOL, OLA, s. et adj. (cevenól, óle), dl. Habitant des Cevennes, Cevennois.

CEY

CAYAS, V. *Celhas*.

CEYLAN, (coïlan); *Ceylan*, esp. *Ceilão*, port. Ceylan, île, dans la mer des Indes, qui est séparée de la côte de Coromandel par le Détroit de Manaar. Elle a 320 kilom. de long sur 240 de large. C'est une des plus riches de l'Inde. Les Anglais la possèdent. Cany en est la capitale.

Cette île fut découverte par les Portugais, en 1506.

Éty. du lat. *celanum*.

CEYS, s. m. vl. Graisse.

CEZ

CEZE, s. m. (cézé); CEZE BEQUET, PEZE BECUT, BECUTS, TICHE, CEZE BECUT, CEZEROUS. Pois chiche, café français, *Cicer arietinum*, Lin. plante de la fam. des Légumineuses, originaire du Levant, de l'Espagne et de L'Italie, et cultivée dans toute la Prov. Mérid. V. Gar. *Cicer*, p. 107.

Ceze, est aussi le nom des pois à Toulouse.

Éty. du lat. *cicer*, m. s. qu'on fait venir du grec Κικυς (kikus), force, à cause des éminentes vertus qu'on lui attribuait.

CEZE, nom de nombre. V. *Sese*.

CEZE BECUT, s. m. (cézé becú). Nom toulousain du pois chiche. V. *Ceze*.

CEZE-BEQUIT, s. m. dg. Pois chiche. V. *Ceze*.

CEZE DE CAMP, s. m. Nom du pois des champs, à Toulouse. V. *Menuvilhoun*.

CEZE D'OOUDOUR, s. m. Nom qu'on donne, à Toulouse, au pois de senteur. V. *Pese de sentour*.

CEZE FER, s. m. Nom qu'on donne, aux environs de Brignoles, selon M. Amic, à l'astragale?

CEZELHA, s. f. vl. CEZELLA. Petit siége, banquette.

Éty. du lat. *sedecula*, m. s.

CEZELLA, vl. V. *Cezelha*.

CEZER, vl. Asseoir. V. *Sezer*.

CEZERA, s. f. (cezére). Un des noms languedociens de la draine. V. *Sera*.

CEZE SALVAGE, s. m. (sézé salbatgé). Nom toulousain du pois des champs. Voy. *Menuvilhoun*.

CEZIER, s. m. (cezié) et

CEZIERA, s. f. (cezière). Champ semé de pois chiches.

Éty. de *ceze* et de *iera*.

Qu voou un bon cezier
Que lou fasse en febrier. Prov.

CHA

CHA, prép. (tsá), d. bas lim. Chez, en la maison de.... V. *Chez* et *Enquot*.

Éty. M. Roquefort fait dériver *chez* de caisse, *capsa*. V. *Cap*.

Esse cha se, être propriétaire de la maison qu'on habite.

Aver soun cha se, avoir une maison à soi.

CHA, s. m. vl. Pour chien. V. *Chin*, *Chan* et *Can*, R.

CHA, s. m. md. *Cha de familha*, chef de famille. V. *Chef* et *Cap*, R.

Faire cha, dans un enterrement, c'est conduire le cortége funèbre.

CHA, s. m. md. Le bout du fil d'un écheveau. V. *Bout*.

On le dit aussi pour fin, extrémité, point, fin principale, etc. V. *Cap*, R.

Ei cha dei compte, au bout du compte

A cha de força, qui n'a plus de force.

Lou cha dei champ, la limite d'un champ, que M. Béronie écrit, *lou tsa de-i tsou*.

De cha en cima, de la fin au commencement.

CHA, s. m. vl. Kan, titre chez les Tartares.

CHA, vl. Il ou elle tombe.

CHA, particule réduplicative (tchá). ACHA. *A-cha-dous*, *à-cha-tres*, *à-cha-quatre*, deux à deux, trois à trois, quatre à quatre.

A cha pauc, peu-à-peu.

Anciennement on disait *chas* dans le même sens. Du-Pinet, traducteur de Pline dit, en parlant d'une espèce de pierre; on les trouve quelquefois *à chas deux* et par fois *à chas trois*.

> Coum'un viel bastiment *à cha pauc* si degruno,
> Tau es vieu lou matin, que d'avant la nuech bruno,
> Va, la traillo passar, d'au viellard pontounier.
>
> De Labellaudière.

CHAAZ, vl. Que vous tombiez.

CHABAL, s. m. (tsobál), d. bas lim. Bail de bestiaux, dont le profit doit se partager entre le preneur et le bailleur, espèce de cheptel.

Éty. Alt. de *capital*, fait de *caput*. Voy. *Cap*, R.

Chabal, s'entend aussi des bestiaux qu'on place dans un domaine pour l'exploiter.

L'y a un chabal de dous milla francs dins aquel doumaine; du capital ou de la mise qu'on fait dans une affaire.

CHABALIER, s. m. (tsobolié), d. bas lim. Celui qui prend des bestiaux à cheptel. *cheptelier*. Gatt.

Éty. de *chabal* et de *ier*. V. *Cap*, R.

CHABALL, vl. V. *Cabal*.

CHABAMINA, vl. V. *Chalamina*.

CHABANA, s. f. d. m. et bas lim. Cabane. V. *Cabana* et *Cap*, R. 2.

CHABANAS, s. f. pl. (tsobánes), d. bas lim. *Far las chabanas*, froncer le sourcil, avoir la mine refrognée. V. *Cap*, R. 2.

CHABANEL, adj. (tsobonèl), d. bas lim. On donne ce nom aux malheureux qui n'ont d'autre métier que celui d'écorcher les bêtes mortes et jetées à la voirie.

CHABAR, v. a. (tchabá), d. lim. Finir, achever. V. *Acabar*.

Éty. de *chab* et de *ar*. V. *Cap*, R.

CHABAT, ADA, adj. et p. d. lim. Achevé. V. *Acabat* et *Cap*, R.

CHABATRE, v. a. (tsobáttré), d. bas lim. Débattre, discuter une question. V. *Debatre* et *Batr*, R.

CHABATRE SE, v. r. md. Se disputer, se débattre. V. *Chamalhar se* et *Batr*, R.

CHABAUD, s. m. (tchabáou). Un des noms du chabot, poisson. V. *Ayneou*.

Éty. du lat. *caput*, à cause de la grosseur de sa tête. V. *Cap*, R.

CHABEL, s. m. (tsobèl), d. bas lim. La fane ou feuillage des plantes potagères: *Lou chabel de las rabas*, la fane des raves.

Éty. du lat. *capillamentum*, chevelure, filaments des plantes. V. *Capill*, R.

CHABELIERA, s. f. (tchabelière), d. de Barcel. Ruban de fil dont les femmes attachent leurs cheveux. V. *Vetas*.

Éty. du lat. *capillare*, coiffe de femme, ou de *cabel*, cheveu, et de *iere*. V. *Capill*, R.

CHABENSA, s. f. (tchabéinse); *Cabedal*, port. Chevance, domaine, bien fonds qu'on a, héritage; l'action de *chabir*; débit aisé d'une marchandise. Garc.

Éty. de la basse lat. *chabensia*, *chavancia* et *cabentia*, m. s. ou de *chab* et de *ensa*. V. *Cab*, R.

Bouscar chabensa, chercher fortune.

CHABER, v. a. (tsobé), d. bas lim. et vl. GABER. Pour renfermer, comprendre dans un certain espace, contenir, être contenu. V. *Chabir* et *Cap*, R. 2.

CHABESSAL, s. m. (tsobessál), d. bas lim. Tortillon, coussinet. V. *Cabessau* et *Cap*, R.

Se boutar en chabessal, se plier en rond, prendre la forme d'un tortillon.

CHABESSAL, s. m. d. bas lim. On donne ce nom à un ragoût de lièvre, parce que pour l'apprêter, on le plie comme un coussinet. V. *Cap*, R.

CHABEST, s. m. (tsobé), d. bas lim. Dossier d'un lit. V. *Cabes* et *Cap*, R.

CHABESTEL, s. m. (tchabestèl), d. m. Nom qu'on donne à une muselière en forme de petit panier, qu'on met au museau des bœufs, pour les empêcher de manger quand ils sont attelés; quand elle est faite de spart elle s'appelle *Mourralhoun*, v. c. m.

Éty. Dim. de *Chabestre*, v. c. m. et *Cap*, Rad.

CHABESTRE, d. m. V. *Cabestre* et *Cap*, R.

CHABET, adj. et p. (tsobé), d. bas lim. V. *Chabit* et *Cap*, R. 2.

CHABIR, v. a. (tchabir); CABIR, CHABER. *Caber*, port. Consommer des provisions, se défaire de certaines marchandises, perdre, égarer; contenir: *Podi pas chabir dins ma peou*, je crève.

Éty. de *chab*, pour *cab*, fin, et de *ir*, voir la fin. V. *Cap*, R. et *Cap*, R. 2.

Chabir una filha, marier, établir une fille.

Cabimentum a été employé dans la basse latinité pour établissement.

> *Entre choousir et non choousir.*
> *Filha resta de se chabir.* Prov.

CHABIR SE, v. r. et *se cabir*. Se marier, s'établir. vl. se comporter.

CHABISSENÇA, s. f. (tsobissénsse), d. bas lim. et impr. *tsobissenssa*. Capacité, profondeur et largeur d'une chose considérée comme pouvant contenir.

Éty. de *chabir*, contenir, et de *ença*. V. *Cap*, R. 2.

CHABISTRAT, ADA, adj. (tsobistrá, áde), d. bas lim. Pourvu de son licou, ou contenu par .... V. *Encabestrat* et *Cap*, R.

CHABISTRE, s. m. (tsobistre), d. bas lim. Licou, chevêtre. V. *Cabestre* et *Cap*, R.

CHABIT, IDA, adj. et p. (tchabi, ide); CABIT, CHABOT. Consommé, ée; vendu, serré, rangé, contenu. V. *Cap*, R. 2.

CHABIVOU, IVA, adj. (tsobivou, ive), d. bas lim. Qui peut beaucoup contenir, gros, vaste. V. *Cap*, R. 2.

CHABLAR, v. a. (tchablá), dl. Broyer, pulvériser. Sauv. V. *Trissar* et *Chapl*, R.

CHABLOT, V. *Cablot*.

CHABOUCEOU, s. m. (tchabucèou). Nom qu'on donne, à Maurin, Basses-Alpes, à l'anémone à fleurs de narcisse, *Anemone narcissiflora*, Lin. plante de la fam. des Renonculacées, très-abondante dans les prairies de Larche, Basses-Alpes.

CHABOUTOUN, s. m. (tchaboutóun). Petit logement, cahute; petit réduit. Chénil. V. *Cap*, R. 2.

CHABRA, s. f. (tchábre). V. *Cabra* et *Cabr*, R.

CHABRACA, s. f. (tchabráque). Schabraque ou chabraque, housse, sorte de couverture qu'on étend sur la selle des chevaux de cavalerie, et qui à l'endroit du siége, est garnie ordinairement d'une peau de mouton. Acad.

Éty. de l'allemand, *schabracke*, m. s.

CHABRA-FUELH, s. m. Nom qu'on donne, à La Motte-du-Caire, Basses-Alpes, au grand-houx. V. *Agarrus*. V. *Cabr*, R.

CHABRAIRA, V. *Cabraira* et *Cabr*, R.

CHABRA-MOUTA, (tchábre-móute). Colin-maillard. V. *Muliera*, *Meni-mounai* et *Cabr*, R.

CHABRAS, s. f. pl. (tsábres). Nom qu'on donne, dans le Bas-Limousin, aux aigrettes des graines de certaines plantes que le vent emporte. V. *Lume* et *Perdigola*.

CHABRAS-MORTAS, A, adv. (tsábres-mórtes), d. bas lim. *Portar à chabras-mortas*, porter à la chèvre morte. V. *Cabrinet* et *Cabr*, R.

CHABRETA, s. f. (chobrète), d. lim. Musette. V. aussi *Cabreta*, dim. de *Cabra*.

CHABRETA, s. f. (tchabréte). Dim. de *Chabra*. V. *Cabreta*. V. *Cabr*, R. En Languedoc, c'est l'un des noms de la Menthe. V. *Prega-diou*.

CHABRETA, s. f. (tsobrète), d. bas lim. Cornemuse. V. *Cornamusa*.

CHABRETAIRE, s. m. (tsobretáïré), md. Celui qui joue de la cornemuse.

CHABRETAR, v. n. (tsobretá), d. bas lim. Jouer de la musette.

CHABRI, d. bas lim. (tsobri). Altér. de *chabrit*. V. *Cabrit*.

CHABRIAN, s. m. (tchabrián); CABRIDAN, CHABBIDAN, CHATBRIANT, CHABRILHAN, GRAULET, GRAULOUN, FOURCALOUN, FISSALHOUN, FOUSSALOUN, FOUSSAROUN, FERELOUN, BIGARD, MOUSCHA-VAINA, ALABROUN. Frelon, guèpe frelon, *Vespa crabro*, Lin. insecte du même genre que la guèpe commune, V. *Guespa;* très-commun dans nos pays et dont la piqûre est extrêmement douloureuse.

Éty. du lat. *crabronis*, gén. de *crabro*, probablement dérivé du grec χρέας (kréas), chair, et de Βορὰ (bora), nourriture, parce que cette espèce est carnassière.

CHABRIAR, d. m. V. *Cabridar* et *Cabr*, Rad.

CHABRIDOUN, s. m. V. *Cabritoun* et *Cabr*, R.

CHABRIEIRA, s. f. (tchabrièire). Nom qu'on donne aux chouettes, aux environs d'Annot.

CHABRIEIRADA, s. f. (chabrièïráde). La portée d'une chèvre. Aub.

CHABRIEIRAR, Aub. V. *Cabridar*.

CHABRIEN et

CHABRIER, adj. (tsobrié), d. bas lim. *Vent chabrier*, vent de Nord-Ouest: *Lou vent se vira vei chabrier*, le vent passe au Nord-Ouest.

CHABRIER, V. *Cabrier* et *Cabre*, Rad.

CHABRILHOU, pour

CHABRILHOUN, s. m. (tsobrillóu), d. bas lim. Espèce de raisin noir à grains très-serrés, recherché par les fabricants de moutarde.

CHABRION, V. *Cabrion* et *Cabr*, R.

CHABRIOULAR, v. n. (tchabrioulá), dl. Grappiller après la vendange. V. *Rapugar*.

CHABRIOULET, s. m. (tchabrioulé), dl. Un grapillon, raisin resté à la souche après la vendange. V. *Rapuga*.

CHABROLA, s. f. (tchabróle). Un des noms lang. de la framboise. V. *Framboisa*.

CHABROLLA, s. f. (tsobrólle). Nom du chevreuil, dans le Bas-Limousin où il est très-rare. V. *Cabroou* et *Cabr*, R.

CHABROOU, V. *Cabroou*.

CHABROUN, s. m. (tsobróu), d. bas lim. TSOBROU. Chevron. V. *Cabrion* et *Cabr*, Rad.

CHABROUNIER, adj. (tsobrounié), d. bas lim. Nom d'un gros rat qui habite sous les toits, entre les chevrons, d'où le nom de *chabrounier*. V. *Garri* et *Cabr*, R.

CHABROUNLAIRE, s. et adj. (tsobrounlàïré), d. bas lim. Qui aime à escarper, à parcourir des lieux montueux, à monter sur les rochers.

Éty. de *chabra*, chèvre. V. *Cabr*, R.

CHABROUNLAR, v. n. (tsobrounlá), md. Aimer à grimper comme les chèvres. V. *Cabr*, R.

CHABRUNA, V. *Cabruna* et *Cabr*, R.

CHABURNI; s. m. (tchabúrni); CABURNI, MOUQUET, CABURN. Nom qu'on donne, à Digne, à une toux opiniâtre des enfants et à la coqueluche. V. *Coquelucha*.

CHABUS, et comp. V. *Cabus*.

CHABUSCLAR, v. a. (tsobusclá), d. bas lim. Brûler légèrement, brûler la peau, la pelure, l'écorce de quelque chose. V. *Besusclar*.

Éty. de *chab*, pour sommet, extrémité, et de *usclar*, brûler les extrémités. V. *Cap*, et *Brul*, R.

CHABUSSAU, V. *Cabessau*.

CHAC, s. m. (tchá), dl. Bruit que fait une chose en tombant.

Éty. Par onomatopée.

CHAC, s. m. d. béarn. Coup d'aiguillon, ou de quelqu'autre instrument pointu.

CHACA, dl. Fabre s'en sert au lieu de de *chaqua*, chaque. V. *Chaque*.

CHACA, s. f. (tcháque). Nom de la draine, aux environs de Montpellier. V. *Sera*.

CHACAIRE, s. m. (tchacàïré). Celui qui agace. Aub.

CHACAR, v. a. (tchacá). Agacer. Aub.

CHACAR, v. n. (tchacá), dl. Manger avidement. Bouj. Piquer, en d. béarn. de *Chac*, v. c. m.

CHACELAS, s. m. (tchocelás). V. *Chasselas*.

CHA-CHA, s. m. (tchá-tchá). Nom qu'on donne, dans le Gard, à la draine, V. *Sera*, dans la montagne et dans le département de Vaucluse, à la litorne. V. *Sera-mountagnarda*.

Éty. *Cha-cha*, est une onomatopée du cri de cet oiseau.

CHACHARAS, s. f. (tchatcharás). On le dit d'une femme ou d'une fille qui n'a ni tenue ni bon sens. Garc.

CHACILI, s. f. (tsocili), d. bas lim. Chatouillement. V. *Catilh* et *Cat*, R.

CHACILIAR, v. a. (tsociliá), md. Chatouiller. V. *Catilhar* et *Cat*, R.

CHACOUNA, s. f. (tchacóune); *Chacona*, esp. Chaconne, air de symphonie sur lequel on fait différents couplets, ordinairement avec un refrain; danse sur cet air.

Éty. de l'ital. *chiaccona*, qui signifie la même chose, dérivé de *cecone*, augmentatif de *ceco*, aveugle, parce que le mouvement propre à cette danse fut, dit-on, inventé par un aveugle. V. *Cec*, R.

CHACRIN et comp. V. *Chagrin*.

CHACUHUAR, v. a. (tchacuhuá); CHAQUUAR. Houspiller, provoquer, tirailler, maltraiter quelqu'un. Avril,

CHADALIER, s. m. (tsodolié), d. bas lim. Ridelle de charrette. V. *Parabandoun*.

Éty. de *cha*, pour *chef*, et de *alier*, ridelle. V. *Cap*, R.

CHADEL, s. f. (tsodèl), d. bas lim. Jeune chien. V. *Cadel*, *Cadeou*, dont *Chadel*, est une altération. V. *Cadel*, R.

CHADEL, s. m. (tsodèl), d. bas lim. Espèce de collier de bois, formé avec une branche pliée en arc, et fermée par un lien d'osier ou autre bois flexible; on s'en sert pour attacher les jeunes veaux.

CHADELADA, s. f. (tsodeláde), md. V. *Cadelada* et *Cadel*, R.

CHADELAIRE, vl. V. *Capdelaire*.

CHADELAR, v. n. (tsodelá), d. bas lim. V. *Cadelar* et *Cadel*, R.

CHADEN, vl. En tombant. V. *Cad*, R.

CHADENA, s. f. (tsodéne), d. bas lim. Chaîne. V. *Cadena*, dont *chadena* est une altération. V. *Caden*, R.

CHADENEDA, dl. V. *Cadeniera*.

CHADERA, vl. Chaise. V. *Cadiera*.

CHADIEGRA, s. f. (chodiégre), d. lim. Chaire. V. *Cadiera*.

CHADIEIRA, s. f. (tsodièïre), d. bas lim. Alt. de *Cadiera*, v. c. m. et *Cadier*, R.

CHADIEIRA, s. f. md. Pour chaire à prêcher. V. *Cadiera* et *Cadier*, R.

CHADIEIRAIRE, s. m. (tsodieiràïré), md. Ouvrier qui fait des chaises. V. *Cadeiriaire* et *Cadier*, R.

CHADRA, s. f. (tsádre), d. bas lim. Charrée. V. *Chairel*.

Éty. Alt. de *cendres*. V. *Cendr*, R.

CHADRIER, s. m. (tsadrié), d. bas lim. Charrier ou charier. V. *Flourier*.

Éty. de *chadra*, charrée, et de *ier*. Voy. *Cendr*, R.

CHADROUS, **OUSA**, adj. (tsadróus, óuse), d. bas lim. Cendreux, euse. V. *Cendrous*.

Éty. de *chadra*, charrée, et de *ous*, alt. de *chendrous* pour *cendrous*. V. *Cendr*, R.

CHAEGUDA, s. f. vl. Chute. V. *Cazuta* et *Chuta*.

Éty. de *cadere*. V. *Cad*, R.

CHAEY, d. de Bord. V. *Chai*.

CHAFARET, s. m. (tchafaré), dl. SOFARET. Bruit, tapage, train: *Menoun un fort chafaret*, on fait un grand tapage. Sauv. V. *Chamatan*.

CHAFFAUT, V. *Echaffaut*.

CHAFRAR, v. a. (tsofrá), d. bas lim. Donner un sobriquet à quelqu'un.

Aquei il que m'a chafrat *eital*.
C'est lui qui m'a donné ce sobriquet.

CHAFRE, s. m. (tsáfré), d. bas lim. Faux nom, sobriquet, V. *Soubriquet*.

Il paraît qu'à Tulle, comme dans nos montagnes de la Haute-Provence, l'usage de donner des surnoms ou sobriquets, est si général qu'il est rare de trouver une personne qui n'en porte pas quelqu'un.

Dans le petit poëme des Ursulines, la Sœur Angélique reproche à la Sœur Catherine :

Dins la recreation, faire ma fadegear,
Ou à toutas las sors quauque chafre *dounar.*

« Dans les récréations, elle ne fait rien que folâtrer ou donner des sobriquets à toutes les sœurs. »

CHAFRE, s. m. (tcháfré); ACOU, dl. Un carreau de dalle, et autrefois une queue; pierre à aiguiser à l'usage des faucheurs et des moissonneurs. Sauv.

Se quarrar coum'un chafre.
Se panader comme un coq.

CHAFRE, nom d'homme, dl. Chaffre, Théofroi, Théofred.

Éty. de Saint Chaffre, en lat. *Theofridus* et *Trielfredus*, abbé de Carmenc, en Velay, qui après avoir gouverné son monastère plusieurs années, fut martyrisé par les Sarasins, le 19 octobre, vers l'an 728.

CHAFREN-CHAFRAN, expr. adver. (tsofrén-tsofrán), d. bas lim. Sans façon, sans y mettre de l'importance : *Mingear chafren-chafran*, manger indistinctement ce qui se présente.

CHAFUEC, s. m. (tchafúec); CAFUECH, CARFUEC, CAFUEC, CHARFUEC, ESCARFUEC, CAFIOC, CARFUOC, CAFOUIET, CAFOUYE, ESCAFUEC. Chenet, ustensile de cuisine ou de chambre qui soutient le bois dans le foyer.

Éty. de *canis*, chien, parce qu'on donnait anciennement, comme aujourd'hui, au pied des chenets, la forme de la patte d'un chien; d'où les noms de *chiennet*, *quenot* et *chenet*, qu'il porte en français, et de *fuec*, feu, chien du feu, ou qui garde le feu. V. *Can*, R.

D'autres le font venir du bas breton *kafuner*, qui signifie aussi chenet.

On nomme :

LANDIER, un grand chenet qui porte à son sommet une espèce de réchaud sur lequel on peut placer une assiette.
HATIER ou CONTRE-HATIER, un grand chenet de cuisine à plusieurs crampons, sur lesquels on peut faire tourner plusieurs broches.
POMME, l'espèce de boule qui les termine.
POMMETTES, les petites boules qui les terminent.
TÊTE ou branche-montante, celle qui porte les crochets.

Chafuec plat, *cabreta*, chevrette.

Marmouset, les chenets de fonte, en forme de prisme triangulaire dont l'extrémité porte une figure quelconque.

CHAGNAR, v. a. (tsogná), d. bas lim. Alt. de *Changear*, v. c. m.

CHAGOUTAR, v. n. (tchagoutá), dl. Barboter dans l'eau comme les canes, les cygnes, etc.

Cabusso din le rec, se *chagoto*, se baolo.
Bergoin.

CHAGRIN, s. m. (tchagrïn). Chagrin, espèce de cuir grenu, serré, solide, couvert de papilles rondes; qu'on tire de Constantinople, de Tunis, d'Alger et de Tripoli, etc., et que les gaîniers emploient pour recouvrir les boîtes, les étuis, etc. On donne le même nom à la peau de certains squales.

Éty. de l'arabe *sagri* qui signifie croupe, parce que c'est avec le cuir qui couvre cette partie de l'animal qu'on le prépare.

On nomme *Chagrinier*, l'ouvrier qui fabrique les chagrins.

CHAGRIN, s. m. CHACRIN, BEQUI, GOUFY. Chagrin, peine, affliction, humeur, dépit, colère.

Éty. V. le mot suivant.

CHAGRIN, INA, adj. Chagrin, ine, triste, inquiet, affligé.

Éty. de l'arabe *Chakrain*, malheureux, infortuné, pénétré de douleur. Roq.

Le P. Puget le dérive d'*aigrir*, faisant observer qu'on dit encore dans quelques endroits *aigrain* pour *chagrin* : *Chagrinar*, *Chagrin-at*.

CHAGRINAR, v. n. (tchagriná); CHACRINAR. Chagriner, causer du chagrin, rendre chagrin.

Éty. de *Chagrin* et de *ar*, v. c. m.

CHAGRINAR SE, v. r. SE CHACRINAR. Se chagriner, s'abandonner, se livrer au chagrin.

CHAGRINAT, ADA, adj. et p. (tchagriná, áde); CHAGRINAT. Chagriné, ée. Voy. *Chagrin, ina*.

CHAGUT, s. m. (tchagú). Nom qu'on donne, à Agen, au sureau. V. *Sambuquier*.

CHAI, s. m. (tchaï). Un des noms du genevrier, dans la H.-P. V. *Chaine*, *Cade*, *Genebrier* et *Sabina*.

CHAI-CHAINIER, *Chai-cheinier*, nom que la sabine porte à La Motte-du-Caire, B.-Alp. V. *Sabina*.

CHAI-MAT, nom de la sabine, à Meyrones, Basses-Alpes. V. *Sabina*.

CHAI-POUGNENT, nom du genevrier dans la partie la plus élevée de la Vallée de Barcelonnette. V. *Genebre*.

CHAI, s. m. (tsaï), d. bas lim. La tête : *Li an pausat pei chai*, on l'a frappé sur la tête. V. *Testa*.

Éty. Alt. de *Chap* pour *Cap*, v. c. R.

Chai-de-gagnoun, tête de cochon.

Chai-tort, torticolis, qui porte la tête de travers, fig. faux dévot.

Chai, barbe de l'épi du blé, Cast.

CHAI, s. m. vl. Il ou elle tombe, de *chaire* ou *chazer*, tomber. V. *Cad*, R.

CHAI, *de chai*, vl. Deçà.

CHAI, s. m. (tchäï), dl. CHAY, CHAEY. Cave. V. *Crota*; cellier. V. *Cellier*, lieu où l'on entrepose les vins.

Mais del *chay* tenebrous oun languissio lou char.
Jasmin.

CHAIA, s. f. (tchäïe), d. m. Nom des corneilles. V. *Cralha*.

CHAIGEOUN, s. m. (tchoidjóun). On donne ce nom, à Allos, à une petite tourte aux herbes.

CHAINA, s. f. (tchéine). Chaine. V. *Cadena* et *Caden*, R.

CHAINA, s. f. Chaine, assemblage de fils ourdis, formant la longueur d'une étoffe.

Éty. On lui a donné ce nom parce que en enlevant le fil de dessus l'ourdissoir, on le replie en grandes boucles, représentant une chaîne V. *Caden*, R.

Monter une chaîne sur le métier, c'est l'enrouler sur l'ensouple, en joindre la tête au *penne*, passer cette tête dans les lisses et dans le peigne, l'amener près de l'encouloir et l'y fixer.

La chaine est distribuée en *portées*, la portée en *branches*, et la branche en *fils*.

CHAINE, s. m. (tchaïné). Chêne. Voy. *Roure*.

Éty. du lat. *quernus*, qu'on a dit pour *quercus*, ou du caldaïque *chisna*, chêne.

CHAINE ou *chaine trainel*. V. *Sabina*, pour fouine, *Fouina* et *Cade*, R.

CHAINE POUGNENT. V. *Ginebre* et *Cade*, Rad.

CHAINE, s. m. (tchaïné). Nom qu'on donne, en Languedoc, à la genette, *Viverra genetta*, Lin. mammifère onguiculé de la fam. des *Digitigrades* ou Carnivores; espèce de chat sauvage dont la taille égale celle du chat domestique et dont la queue est annelée de blanc et de noir.

La fiente de cet animal sent le musc, odeur qui provient d'une matière particulière sécrétée dans une poche située sous la queue.

CHAINE, s. m. Un des noms arlésiens et languedociens du chêne. V. *Roure*.

Éty. du lat. *quernus*, dit pour *quercus* ou de *Chaonie*, forêt de Dodone qui n'était composée que de *chênes*, selon Barbazan.

CHAINE PICHOT, s. m. Nom qu'on donne, à Montpellier, selon Gouan, à la germendrée. V. *Calamendrier*.

CHAINETA, s. f. (tcheïnéte); CADENETA. *Cadenetas*, port. pour petite chaine. V. *Cadeneta*. Chainette, points de couture ou de broderie, qui imitent une petite chaine. V. *Caden*, R.

CHAINOUNS, s. m. pl. (tcheinóuns), d. de Barcel. Chaînes pour attacher les vaches, dans l'écurie.

Éty. Dim. de *Chaina* et *Caden*, R.

CHAIOUS, s. m. (tchaióus). Cœur, tige d'une plante. Aub.

CHAIRE, v. n. (tchäïré), dl. Tomber. V. *Toumbar*.

Éty. du lat. *cadere*, m. sign. V. *Cad*, R.

CHAIRE, s. m. (tsäïré), d. bas lim. Entente, on s'en sert pour dire, entendre, comprendre facilement : *L'y entende a mie chaire*, il y entend à demi mot.

CHAIREL, s. m. (tcheïrèl); CHEIREL, CHADRA, CHAIRIAS, CENDRADA. *Carnada*, esp. Charrée, cendres lessivées ou qui ont servi à la lessive.

Éty. Alt. de *chendres* pour *cendres*, ou peut-être de *chaire* et de *el*, ce qui tombe, ce qu'on jette.

Cette cendre lessivée fournit encore un très-bon engrais pour les sols argileux, elle détruit la mauvaise herbe et convient particulièrement aux terrains humides.

CHAIRIAS, s. m. (tchaïriás), d. de Barc. Charrée. V. *Chairel*.

CHAISSES, s. m. pl. (tchäïsses). Nom qu'on donne dans le Var, d'après M. *Chassan*, à l'orge des souris. V. *Sauta-roubin*.

CHAITA, s. f. (tchäïte). Caquet, babil. V. *Babilh* et *Charradissa*.

CHAITAS, s. f. pl. (tchèïtes); CHEITAS. Copeaux, éclats que la hache, la doloire, etc., fait tomber du bois qu'on abat ou qu'on travaille. V. *Bessuelhas*.

Éty. de *Cheite*, v. c. m. qui signifiait chute, de *cadere*. V. *Cad*, R.

CHAITIVEIR, s. m. vl.

CHAITIVEZA, s. f. vl. Captivité. Voy. *Captivitat* et *Cap*, R.

CHAITIVIER. Misère. V. *Caitivier*.

CHAL, pour il faut. V. *Fau* et *Cal*, R. 4.

CHAL, d. bas lim. (tsal), Chou. V. *Caulet* et *Caul*, R.

CHAL, s. m. (tsól), d. bas lim. Chas, trou d'aiguille; arbre creux : *Me sei sialat dins un chal d'aubre*, je me suis abrité dans un arbre creux.

CHAL, CHAUDA, adj. (tsál, tsáoude), d. bas lim. Chaud, aude. V. *Caud* et *Cal*, R.

CHALAMINA, s. f. (tchalamine), dl. *Chabamina*. Chalumeau, flûte, musette, haut-bois, instrument de musique champêtre, en général.

Éty. du lat. *calamus*, m. s. V. *Calam*, R.

CHALAMOUN, s. m. dl. V. *Calaman*.

CHALANCHA, s. f. (tchaláutche). On donne ce nom, à Thorame, aux lieux dépourvus d'arbres et en pente rapide, par où, dans les forêts, on fait rouler le bois.

Éty. de *chalancha* ou *eschalon*, précipice, d'où *eschalancar*, se précipiter, en dl.

CHALAND, ANDA, s. (tchaland, ánde); PRATICA, POUSITA. Chaland, ande, celui, celle, qui se sert ordinairement chez un marchand, est un chaland pour ce marchand.

Éty. du grec καλεῖν (kaléin), appeler. V. *Cal*, R.

CHALANDAR, V. *Achalandar*, *Chaland* et *Cal*, R. 4.

CHALANT, s. m. d. béarn. CHALAN. *Chalou*, *Chalan*, en vieux franç. Espèce de bateau.

Éty. de la basse latinité *chelaudium*, *chelandrium*, *chelindrus*, *salandra*, vaisseau léger à la course que les écrivains de Byzance ont appelé χελανδιον (chelandion).

CHALANTER, s. m. d. béarn. Conducteur de *chalant*.

CHALAR SE, v. r. (se chalà). Se régaler, jouir des agréments de la vie; s'épanouir la rate.

Éty. de *chalou*, plaisir, et de *ar*, ou de l'hébreu *shala*, vivre tranquille, heureux.

CHALAR, v. a. Regarder avec un porte vue ou lunette d'approche. Garç. regarder avec admiration.

Éty. de *chalou*, porte vue, et de *ar*.

CHALAU, s. f. (tchaláou); CHALADA, CHALAYA. Trace ou chemin ouvert dans la neige par le passage des hommes ou des animaux : *Dressar*, *faire chalau*, ouvrir la trace, frayer le chemin.

Éty. *Chalau* est une altération de *chalada*, formé de l'inusité *calcada*, dérivé du lat. *calcatus*, *a*, foulé, frayé, battu. V. *Calc*, R.

CHALAYA, V. *Chalau* et *Calc*, R.

CHALAYAS, s. f. pl. (tchaláyes); CHARATAS. Nom qu'on donne, dans la Haute-Provence, aux feuilles des plantes potagères, et particulièrement à celles des porreaux et des oignons.

CHALCEE, s. m. d. béarn.

Cargue de chalcée *fin lanetz*
Une liure cinq sols tournez.
Priv. et règl. de Béarn.

CHALD, dl. V. *Caud.*

CHALE, s. m. (tchálé). Châle, schale et schall, espèce de fichu carré ou oblong, dont la matière est une laine ou un duvet extrêmement fin, servant d'ornement et de vêtement aux femmes. En Asie, les hommes s'en servent aussi.

Éty. Le mot *schall* est persan.

V. l'Histoire des Châles, que M. J. Rey a publiée, en 1823.

On nomme :

TARTAN, un châle de laine à carreaux, imité de la fabrique arabe.

CHALE, s. m. V. *Chalou.*

CHALEL, s. m. (tsolél), d. b. lim. Lampe à queue. V. *Calen.*

CHALEMIE, V. *Carlamua*, *Chalumeou* et *Calam*, R.

CHALENDAS, V. *Calendas.*

CHALENSA, s. f. vl. Soin, souci, attention.

CHALER, s. m. d. béarn.

Cargue d'Augues, chalers *coumuns*,
Melins et bruner, une liure tourneze.
Priv. et règl. de Béarn.

CHALFRENAR, v. a. vl. Retenir, réprimer, mettre un frein.

CHALHER, v. imp. (tchaillé); CALER, CHALER, CHAURE, FALHER. *Caldrer*, cat. *Chaloir*, en vieux franç. Falloir, être de nécessité, être nécessaire. Ce verbe n'est guère employé que dans les temps suivants: *Chau*, il faut; *charia*, il fallait; *charria*, il faudrait; *auria chagut*, il aurait fallu. Voy. *Falher*. Le mot, *nonchalance*, français, vient de ce verbe et signifie *non challoir*, c'est-à-dire, ne pas se soucier, ne pas agir, ne pas faire. V. Cal, R. 4.

CHALIBARI, dg. V. *Charivari.*

CHALON, s. m. (tchalón), dl. Un précipice. Sauv. V. *Debaus.*

CHALOR, s. f. vl. Chaleur. V. *Calor*, *Calour* et *Cal*, R.

CHALOT, s. m. (tchaló), dg. Ornière.

CHALOTA, s. f. (tchalóte). Nom languedocien de l'ail échalotte, *Allium ascalonicum*, Lin. plante de la fam. des Liliacées, originaire du Levant, et cultivée pour l'usage de la cuisine. V. *Echalota.*

Éty. *Chalotta*, n'est qu'une altération du français échalotte, et du lat. *ascalonicum*, parce qu'on la croit originaire d'*Ascalon* en Palestine.

CHALOU, s. m. (tchálou); CHALE. Plaisir, satisfaction, régal, lieu agréable.

CHALOU, s. m. Pour lunette d'approche. V. *Porta-vista.*

Éty. Ce mot viendrait-il du grec καλέω (kaleô), appeler? parce qu'on appelle pour faire rapprocher.

CHALOU, pour châle. V. *Chale.*

CHALOUFA, s. f. (tsoloúfe), d. bas lim. Première pelure de la châtaigne qu'on est obligé d'enlever avec le couteau. Béron.

CHALOUPA, s. f. (tchaloúpe); *Chalupa*, esp. port. *Scialupa*, ital. Chaloupe, petit bâtiment destiné au service des grands vaisseaux. C'est le plus grand bateau qu'un vaisseau puisse embarquer.

Éty. de l'allem. *schale*, une coquille, selon Le Duchat, ou de l'ital. *scialupa.* M. Roquefort le fait venir de chaloir, importer, être nécessaire, le P. Puget, de *chalan*, espèce de bateau de rivière, qu'il dérive du grec χάλον (kalon), bois.

On nomme :

CHALOUPE A PUITS, celle qui a un trou dans son milieu, par où passe l'orin pour lever l'ancre.
CHALOUPE-CANONNIÈRE, une grande chaloupe de 15 mètres, portant un ou deux canons.
CHALOUPE-DE-PÊCHE, une chaloupe munie de voiles pour aller à la pêche au large.

CHALSAMENT, vl. V. *Causament*, *Caussura* et *Calc*, R.

CHALUMEOU, V. *Carlamua* et *Calam*, R.

CHALZERON, vl. Ils ou elles se soucièrent.

CHAM, alt. de *Champ*, v. c. m.

CHAMA, s. f. (tchâme). Action de chamer. V. *Chamar.*

CHAMADA, s. f. (tchamáde); *Chiamata*, ital. *Clamada*, esp. *Chamada*, port. Chamade, manière de battre le tambour, ou espèce de son de trompette par lequel les assiégés annoncent qu'ils veulent parlementer; son de trompette pour annoncer dans la ville quelque chose; diane, sérénade, huée.

Éty. de *chamar* et de *ada*, d'où le port. *Chamada*. V. *Chamar.*

CHAMADURA, s. f. (tchamadure). Action de demander qu'on joue une couleur, à certains jeux de cartes. Garc.

CHAMALHAR, v. n. (tsomaliá); CHAMALAR, CHAMAIAR. Chamailler, disputer, contester avec bruit: *Vole pas chamalhar*, je ne veux pas disputer, faire des efforts pour obtenir quelque chose.

Éty. M. Roquefort fait venir ce mot du lat. *clamare*, dans le sens de retentir, hausser la voix, et Ménage de *Capo-malliare.*

CHAMALHAR SE, v. r. (sé tchamailla); SE CHABATTRE, Se chamailler, se disputer d'une manière bruyante; contester sur des choses de peu d'importance.

CHAMANT, nom d'homme. V. *Chamas.*

CHAMAR, v. a. (tchamá); *Chamar*, port. *Chiamare*, ital. *Llamar* et *Xamar*, esp. Appeler, faire venir quelqu'un en l'appelant par son nom; demander d'une couleur au jeu des trois sept.

Éty. du latin *clamare*, appeler, d'où le port. *Chamar*, m. s.

CHAMARAR, v. a. (stomorá), d. bas lim. Chamarrer. V. *Chimarrar.*

CHAMARLENC, vl. V. *Camarlenc.*

CHAMAROT, OTTA, s. (tchamaró, óte). On donne ce nom, à Sisteron, aux personnes qui s'emploient pour faire conclure des mariages.

Éty. Ce mot viendrait-il de *chamar*, appeler, demander.

CHAMARRAR, V. *Chimarrar.*

CHAMAS, s. m. TUZOUN, TION, TUOS, TISOUN. Tison allumé dont on se sert en guise de torche.

Éty. du grec χάμαξ (kamax), perche, pieu (sous-entendu enflammée). Thom.

CHAMAS, nom d'homme (tchamás); CHAMANT. Chamant ou Amant.

Patron, Saint Chamant ou Amant, *Amantius*, lat. premier évêque de Rodez, au cinquième siècle. L'Eglise honore sa mémoire le 4 novembre.

CHAMAT, ADA, p. (tchamá, áde); *Chamado*, port. Appelé, ée.

CHAMATAN, s. m. (tchamatán); CHAFARET, SOFARET, TAPAGI, VACARME. Tapage, criaillerie, vacarme, chamaillis.

Éty. du lat. *clamitatio*, criaillerie, clabauderie, d'où l'ital. *chiamata*, cri, huée.

CHAMATAR, Garc. V. *Chamalhar.*

CHAMBA, Pour jambe. V. *Camba.*

CHAMBA-CULIERA, s. f. (chámbe-culière); d. m. CABGACELA, POURTAR A, COGAMORTA, CACATA, CAGOYA. A. Porter sur les épaules. V. *Cabrinet.*

Éty. *chambaculiera*, est dit pour *chamba colata*, jambes au cou. V. *Camb*, R.

CHAMBAL, s. m. (tsombál), d. bas lim. Pièce de bois de la grosseur du bras, qui sert aux bouchers, d'abord à assommer, et ensuite à suspendre les bœufs par les jambes, d'où le mot *chambal*. V. *Camb*, R. 2.

CHAMBA-LENGUETA, s. f. (tsámbe-leinguéte), d. bas lim. Celui qui n'a qu'une jambe, qui marche sur une seule jambe: *Far chamba lengueta*, aller à cloche-pied. V. *Ped-couquet.*

Éty. V. *Camb*, R.

CHAMBALET, ETA, adj. Avr. V. *Chambart.*

CHAMBALOUN, s. m. (tsomboloú), d. bas lim. Dim. de *chambal*, gros bâton long d'un mètre, un peu courbé en arc, ayant à chaque extrémité une entaille qui sert à retenir les seaux quand on les porte sur l'épaule, *barra*, *palanche*, Ency.

Éty. de *chamb*, courbe. V. *Camb*, R.

CHAMBALOUNEGEAR, v. a. (tsombolounedzá), d. bas lim. Donner des coups avec le *chambaloun*. V. *Camb*, R.

Guillaume prend soun chambaloun,
Coumo de rasoun, coumo de rasoun,
E il lo chamboulounegcava.
Chant. bas lim.

CHAMBAROT, Avr. V. *Cambarot.*

CHAMBART, ARDA, adj. (chambár, árde); CHAMBRI, CAGNOUS, ESCAMBITOURNAT, CAMBI, JAMBAR, BIGOBARGEAS, CHAMBALET. *Cambayo*, port. Cagneux, euse, qui a les genoux tournés en dedans; bancroche, bancal.

Éty. du lat. *scambus*, formé du grec σκαμβός (skambos), qui a les jambes tortues, ou de *chamba* et de *ard*. V. *Camb*, Rad.

CHAMBATERRAT, vl. V. *Cambaterat.*

CHAMBE, V. *Canebe.*

CHAMBEIROUN, s. m. (chambeiróun). Qu'on nomme aussi *chamberra*, baloire ou talonnière, espèce de guêtre que les paysans mettent au tour de leurs souliers quand ils piochent, pour empêcher la terre d'y entrer.

Éty. de *chamba*. V. *Camb*, R.

CHAMBEIROUN, s. m. Espèce de chaussure encore en usage à Fours, B.-Alp. consistant en une peau qu'on attache sur le pied avec un lacet.

Éty. Le mot *chambeiroun*, paraît venir du *campagus* des latins, chaussure peu différente du *caliga*, qui était faite d'une grosse semelle qu'on attachait avec des bandes de cuir qui se croisaient sur le coude-pied; ce que les Grecs nommaient *soloa*.

CHAMBERLAN, V. *Chambrelan.*

CHAMBERRA, s. f. (tchambèrre); CHAMBEIROUN. Baloire ou talonnière, morceau de feutre ou de peau dont les hommes qui piochent la terre enveloppent leurs coude-pied; c'est aussi une espèce de chaussure. V. *Chambeiroun.*

Éty. de *chamba*, jambe. V. *Camb*, R.

CHAMBIAR, V. *Changear.*

CHAMBIS, d. m. V. *Cambis.*

CHAMBO, s. m. (tsombó), d. bas lim. Alt. de *chambon*, jambon. V. *Jamboun* et *Camb*, R.

CHAMBORIEIRA, s. f. (tsomborièïre), d. bas lim. Servante de campagne, alt. de *Chambriera*, v. c. m. Lien qui retient la quenouille à l'épaule de la fileuse. V. *Gansa*, *Chambriera* et *Cambr*, R.

CHAMBOUN, s. m. (tchambóun); CHAMBOU, CAMBOUN, dl. Nom de lieu qui signifie bon champ, bonne terre.

Éty. de *cham* pour *champ* et de *boun*, pour bon.

Sous-dérivés: *Chamboun*, petit champ; *Chamboun-as*, gros champ; *Chambounredoun*, champ arrondi; *Chamboun-rigau*, champ arrosé; *Campus irriguus*, lat.

CHAMBOUSCLE, s. m. (tchambóusclé). Carie et charbon du blé. V. *Carboun* et *Carbouncle.*

CHAMBOUTAR, v. n. (tchamboutá), dl. Rendre un son, tinter, on le dit particulièrement du bruit que fait un liquide dans un vase qui n'est pas plein. V. *Gargouliar.*

CHAMBRA, s. f. (tchámbre); CRAMBA, CAMBRA. *Camera*, ital. *Camara*, esp. port. *Cambra*, cat. Chambre, se dit particulièrement des appartements où l'on couche; tribunal, assemblée de justice; compartiment, division.

Éty. du lat. *camera*, formé du grec καμάρα (kamara), voûte, parce que, dans l'origine, on ne donnait le nom de chambre qu'aux pièces voûtées. V. *Cambr*, R.

Chambra doou major-dome d'una galera, compagne.

Chambra de l'argousin d'una galera, échandole.

Chambra doou coumito d'una galera, mézance.

Chambra de l'escrivan d'una galera, paillon, *porte-verte.*

CHAMBRA OUBSCURA, chambre obscure, appareil d'optique qui a pour objet de réfléchir sur une surface blanche placée dans l'obscurité, les objets extérieurs avec leurs couleurs et dans les plus exactes proportions.

Porta, l'inventa en 1499, et il fut ensuite perfectionné par S'Gravesande, Wolaston et par M. Vincent Chevalier.

En 1820, M. Chevalier, aîné, fit connaître une chambre obscure à prisme convexe qui rend plus vive l'image des objets.

CHAMBRA CLARA, chambre claire, instrument d'optique, inventé par M. Wolaston, en 1807, et qui n'a pas besoin d'être placée dans l'obscurité pour produire son effet, comme la chambre obscure.

CHAMBRADA, s. f. (tchambráde); CHAMBRAU, CHAMBRATA, CAMBRADA. *Camerata*, ital. Chambre, certain nombre de soldats qui logent ensemble; nombre de personnes que contient une chambre quand elle est à peu près remplie.

Éty. de *chambra* et de *ada*. V. *Cambr*, R.

CHAMBRAN, s. m. (tchambrán); CHAMBRANLE. Chambranle, cadre en pierre ou en bois qui soutient ou pare l'ouverture d'une porte, d'une croisée ou d'un âtre de cheminée.

Éty. de *camara*, voûte, arcade. V. *Cambr*, Rad.

Un chambranle est composé de deux *montants verticaux*, et d'une *traverse* ou table horizontale.

CHAMBRAS-DEIS-COMPTES, Chambres-des-comptes, ou Cours des comptes; ces cours furent d'abord instituées pour examiner les comptes des revenus des princes; elles sont aussi anciennes que la monarchie. V. *Cour-deis-comptes.*

Celle de Montpellier fut fondée en 1522. Celle de Pau en 1527.

CHAMBRE, V. *Escrevissi.*

CHAMBREIROUN, s. m. (tchambreiróun). Dim. de *chambriera*, petite servante, souillon. V. *Cambr*, R.

CHAMBRELAN, s. m. (tchambrelán); CHAMBERLAN, CHAMBELLAN. Chambellan, officier de la chambre d'un prince.

Éty. de *chambra*. V. *Cambr*, R.

L'office de grand chambellan existait déjà sous Clovis, selon Nicolas Gilles. Il est fait mention d'un chambellan d'Hérode dans les actes des Apôtres.

CHAMBRELAN, s. m. CHAMBERLAN. Ouvrier qui travaille en chambre, qui n'a point de boutique publique.

Éty. de *chambra*. V. *Cambr*, R.

CHAMBRETA, s. f. (tchambréte); CHAMBRILHOUN, CHAMBROUN, CAMBRETA, CRAMBETA. *Camarasinha*, port. *Cambreta*, cat. *Cameretta*, anc. esp. *Cameretta*, ital. Chambrette, petite chambre, bouge.

Éty. de *chambra*, et du dim. *eta*. V. *Cambr*, Rad.

CHAMBRETA, s. f. Se dit aussi d'une réunion d'amis, demi-secrète, où ils se rassemblent pour s'amuser; l'appartement où ils se réunissent. V. *Cambr*, R.

CHAMBREYRA, dg. V. *Chambriera.*

CHAMBRI, s. m. V. *Escrevissi.*

Éty. de *camurus*, courbé. V. *Cambr*, R.

CHAMBRI, adj. (tchámbri). Pour bancal. V. *Chambard.*

CHAMBRI, s. m. Ecrevisse. V. *Escrevissi* et *Cambr*, R.

CHAMBRIERA, s. f. (tchambriére); CAMBROUA, CAMBROUSA, CHAMBORIEIRA, CHAMBREYRA, SERVENTA, SARVENTA, FILHA-DE-SARVICI, PAUCHA, DOUMESTICA. *Camareira*, port. *Cambrèra*, cat. *Cameriera*, ital. Chambrière, servante chargée de tous les soins d'un ménage.

Éty. du grec καμάρα (kamara), chambre, et de *iera*, litt. qui sert à la chambre. V. *Cambr*, R.

Fai coumo la chambriera de pilato, il fait comme le valet du diable, plus qu'on ne lui commande.

CHAMBRIERA, s. f. Epontille? chambrière, bâton mobile fixé au moyen d'un anneau à la queue d'une charrette ou sur le devant pour soutenir la charge.

Éty. Le mot *chambriera*, est pris ici comme dans les mots suivants, pour aide. V. *Cambr*, R.

CHAMBRIERA, s. f. Chambrière, espèce de chandelier dont les charrons et quelques autres ouvriers, se servent dans leurs travaux.

CHAMBRIERA, s. f. ANDRILHIEIRA, MANEGOTA, ESCANA. En terme de cuisine, poignée de fer à double crochet pour saisir la marmite sur la cremaillère; main de fer.

CHAMBRIERA, s. f. En terme de fileuse, petit ruban formant une anse à travers laquelle on passe la quenouille pour la maintenir, on dit aussi *Gansa*, v. c. m.

CHAMBRIERE, s. f. En terme de gantier, instrument de bois propre à élargir les gants.

CHAMBRILHOUN, s. m. (tchambrilłóun). Petite chambrière. V. *Chambreta* et *Cambr*, R.

CHAMBRISTO, s. m. (tchambriste). Membre d'une chambrée. Garc. V. *Cambr*, R.

CHAMBROUN, s. m. (tchambróun); CHAMBRILHOUN, CHAMBRIOUN. Bouge, petite chambre. V. *Chambreta* et *Cambr*, R.

CHAMECISSA, s. f. (tchamecisse). Camécisse, lierre terrestre. Garc. V. *Roundola.*

Éty. du grec χαμαὶ (chamai), à terre, et de κισσὸς (kissos), lierre.

CHAMEIGEAR, v. a. (tsomeïdzá), d. bas lim. Salir, souiller, barbouiller, noircir. V. *Mascarar.*

CHAMEIGEAT, **ADA**, adj. et part. (tsomeïdzá, áde), md. Basané, qui a une couleur maladive.

CHAMETA, s. f. (tchaméte). C'est au jeu des trois sept la carte qu'un joueur met sur la table pour indiquer à son partenaire ce qu'il doit jouer lui même, invite? Avr.

CHAMFREN, s. m. (tchanfréin); *Chanfro*, port. Chanfrein, la partie de la tête du cheval qui s'étend depuis les yeux jusqu'aux naseaux, ou du front jusqu'au nez, sur laquelle porte la muselière.

Éty. du lat. *camus*, frein, muselière, et de *frænum.*

CHANFREN, s. m. CHANFRENAT. Chanfrein, inclinaison pratiquée au-dessus d'une corniche en imposte, qui se nomme plus communément biseau, et en général, pan oblique qui se fait en rebattant l'arête d'une pierre, d'une pièce de bois, etc.

Éty. V. le mot précédent.

CHANFRENAR, v. a. (tchanfrená). Chanfreiner, faire un chanfrein.

Éty. de *chanfren* et de *ar*.

CHANFRENAT, s. m. V. *Chanfren*.

CHANFRENAT, ADA, adj. et p. (tchanfrená, áde). Chanfreiné, ée, muni, pourvu d'un chanfrein.

CHAMGE, vl. V. *Camge*.

CHAMIA, d. m. CHAMIE. V. *Camisa*.

CHAMIGNEIRA, dl. V. *Chamineia*.

CHAMIN, s. m. (tsomí), d. vaud. Chemin. V. *Camin*, R.

CHAMINADA, s. f. (tsonimáde), md. Cheminée. V. *Chamineia*.

CHAMINAIRE, s. m. (tsominâïré), md. On donne ce nom à tous les ouvriers qui travaillent aux chemins, aux cantonniers, piqueurs, conducteurs, et même aux entrepreneurs.

Éty. de *chamin* et de *aire*. V. *Camin*, R.

CHAMINAR, v. n. (tsominá), md. Marcher, V. *Caminar* et *Camin*, R. on le dit aussi pour courir, aller vite.

Chaminaz ly, courez-y.

CHAMINEIA, s. f. (tchaminéïe); CHAMINADA, CHAMIGNEIRA, FOURNEL. *Cammino*, ital. *Chimenea*, esp. *Cheminé*, port. *Caminus*, lat. Cheminée, lieu où l'on fait le feu dans les maisons, et tuyau par où la fumée s'échappe.

Éty. du grec κάμινος (kaminos), fourneau, cheminée. V. *Camin*, R.

Il paraît que l'usage des cheminées est très-ancien, on trouve des passages dans Virgile, tels que le vers suivant:

Et jam summa procul villarum culmina fumant.

et dans les comédies d'Aristophane, qui prouvent que de leur temps elles étaient connues; mais d'un autre côté, le silence de Vitruve, sur la manière de les construire, fait voir que si elles étaient en usage, cet usage était très-restraint; on n'en a point trouvé à Herculanum et elles sont encore très-rares à Vénise; on n'a commencé à s'en servir en Angleterre qu'en 1200, et dans le reste de l'Europe que vers 1310.

Dans un cheminée on nomme:

ATRE ou FOYER, la partie horizontale où, l'on fait le feu.

CHAMBRANLE, l'encadrement en marbre vrai ou peint, en bois, etc. qu'on place devant une cheminée.

CONTRE-COEUR, le fond perpendiculaire de la cheminée, entre les deux jambages, qu'on recouvre souvent d'une plaque en fonte, qu'on nomme *contre-cœur de fer*.

COURGE, corbeau de fer ou de pierre, qui porte le faux manteau d'une cheminée.

CROISSANT, la tringle de fer courbée, ayant un scellement d'une extrémité et un vase à l'autre, servant à retenir les pelles et les pincettes

DÉVOIEMENT, l'inclinaison qu'on donne quelquefois à un tuyau.

EMBRASSURE, ceinture ou chassis de fer plat, qu'on met au tour des tuyaux de briques de cheminée pour empêcher qu'ils ne se fendent ou ne s'écartent.

FAUSSE-HOTTE, hotte en maçonnerie qui sert à cacher l'irrégularité d'un tuyau de cheminée dévoyé.

FAUX-MANTEAU, celui qui est porté par des consoles et non par un chambranle montant du fond.

FERMETURE, la dalle percée qui sert à former et couronner le haut d'une souche de cheminée.

GORGE, le commencement du tuyau ou sa partie inférieure.

HOTTE ou TRÉMIE, la partie du tuyau qui a une forme pyramidale depuis le dessus du manteau jusques sous le plancher, particulièrement en usage dans les cheminées de cuisine, et portée ordinairement sur des jambages très-élevés.

JAMBAGES, les deux petits murs élevés un de chaque côté de l'âtre, qui supportent le manteau et qu'on recouvre souvent d'un chambranle.

LANGUETTE, le petit mur d'environ six centimètres d'épaisseur qui forme les faces et les côtés du tuyau, depuis le manteau jusqu'à la fermeture au-dessus du comble: On nomme: *languette de face*, celle de devant; *languettes cotières*, celles des côtés et *languette de refend*, celle qui sépare deux tuyaux.

LARMIER, sorte de corniche qui rejette l'eau hors de l'aplomb du tuyau.

MANTEAU, la partie inférieure et évasée du tuyau.

MITRE, l'espèce de coffre en terre cuite ou en plâtre, évasé par le bas, qu'on place à l'extrémité supérieure du tuyau pour diminuer la colonne d'air, et empêcher de fumer.

PLANCHE DE VENTOUSE, la languette de plâtre, de fer blanc ou de bois, placée obliquement sous le manteau de la cheminée pour empêcher qu'elle ne fume.

PLAQUE. V. *Contre-cœur*.

SOUCHE, la partie de plusieurs tuyaux réunis qui s'élèvent au-dessus du comble.

TABLETTE, la planche de buis ou la tranche de pierre, posée sur le chambranle.

TABOURIN ou TOURNE-AU-VENT, la machine tournante faite en tole ou en fer blanc ayant la forme d'un quart de sphère, qu'on place au-dessus du tuyau pour empêcher que la cheminée ne fume.

TRÉMION, la barre de fer qui sert à soutenir la hotte ou la trémie.

TUYAU, le conduit par où passe la fumée et qui s'étend depuis le manteau jusqu'au dessus du comble. On nomme: *tuyau apparent*, celui qui est établi hors du mur; *tuyau dans l'œuvre*, celui qui est pris dans son épaisseur; *tuyau d'évoyé*, celui qui est fléchi et hors de son aplomb.

VENTOUSES, le trous pratiqués aux côtés d'une cheminée pour lui donner de l'air et favoriser la sortie de la fumée.

CHAMINSA, s. f. (tsomïndze), d. bas lim. Chemise. V. *Camisa* et *Camis*, R.

Mudar de chaminsa, changer de chemise.

CHAMINSOLA, s. f. (tsomïndzóle), d. bas lim. Camisole, blouse. V. *Camisola* et *Bloda*.

Éty. Dim. de *camisa*. V. *Camis*, R.

CHAMINSOU, Alt. de

CHAMINSOUN, s. m. (tsomïndzóu), d. bas lim. Chemise d'enfant. V. *Camisoun*, *Camiseta* et *Camis*, R.

On donne le même nom, à Tulles, aux cultivateurs qui, revêtus de robes blanches, portent la statue de Saint Jean autour de *la Lunada*, v. c. m.

CHAMNHADOR, s. m. vl. CHAMPNADOR. Changeur.

CHAMOIS, CHAMOUAS, langue moderne. V. *Chamous*.

CHAMOUNT, s. m. (tsomóunt), d. bas lim. Hauteur, élévation, éminence; le haut: *A gagnat vers lou chamount*, il a gagné la hauteur.

CHAMOUNT-CHAVAL, expr. adv. md. Tantôt haut, tantôt bas: *Chamoun chaval lei arribarem*, en montant, en descendant, nous y arriverons.

CHAMOUS, s. m. (tchamóus); CAMOUS, CHAMOIS. *Camoscio* et *Camozza*, ital. *Camusa*, piém. *Camuza* et *Gamuza*, esp. *Camurça*, port. Chamois, *Antilope rupicapra*, Lin. mammifère de la fam. des Ruminants, qui habite les montagnes les plus élevées de la Provence Septentrionale et des Pyrénées.

Éty. Ce mot viendrait-il du grec κεμὰς (kémas), faon, ou de l'arabe *djâmouss* ou *gâmouss*, buffle?

Les chamois vivent en société sur les montagnes de Barcelonnette, d'Allos, de Prads, de Colmars, etc., B.-Alp. où l'on en a vu ensemble jusqu'à quatre-vingt-dix. Les vieux mâles seuls, n'étant plus retenus par les liens de l'amour, abandonnent les autres et vont cacher dans la solitude, la honte que leur impuissance paraît leur inspirer. Cet instinct pour la retraite que plusieurs philosophes ont dit être commun à presque tous les hommes disgraciés et malheureux, est partagé, comme on le voit, par des êtres d'une intelligence bien inférieure.

Les femelles reçoivent les mâles vers la fin d'octobre ou de novembre, et font en mars ou en avril, un et rarement deux petits, dont la légéreté et la vitesse, égalent celle de la mère, dès qu'ils sont âgés de vingt-quatre heures.

Les chamois sont susceptibles de s'apprivoiser, mais il est rare qu'ils ne reprennent pas leur liberté dans le temps du rut, ou si l'on a l'imprudence de les conduire dans les lieux qu'ils habitent naturellement.

Leur chair, passée au vinaigre, surtout celle des jeunes, est très-bonne à manger et approche beaucoup de celle du lièvre. Chacun connaît d'ailleurs l'usage qu'on fait de leurs peaux, auxquelles on donne aussi le nom de *chamois*, quand elles ont été préparées.

CHAMOUSÈL, s. m. (tchamoucèl), d. de Barcel. CHABOUCEL, à Allos. Fille coureuse.

Éty. Probablement de *chamous*, chamois, et de *el*.

CHAMOUSIT, IDA, adj. (tsomousi, íde). Moisi, ie. V. *Mousi* et *Muffit*.

CHAMP, s. m. (tchán); CAMP, CAM, CAN, CHIAM. *Campo*, ital. esp. port. Champ, espace de terre cultivée ou susceptible de l'être, qui n'est pas compris dans l'enclos d'une habitation.

Éty. du lat. *campus*, m. s. V. *Camp*, R.

Dans un champ dont on ne laboure que la moitié chaque année, on nomme:

SAISON, la partie qui est en rapport.

JACHÈRE, celle qui se repose.

On nomme:

EMBLAVURE, celui qui est semé en blé.

DÉRAYURE, un large sillon fait entre deux champs pour les séparer l'un de l'autre.

ESSART, une terre défrichée.

Champs alisiens, les Champs-Élisées. V. *Aliscamps*.

Champ de batalha, *Campo de batalha*, port. champ de bataille, lieu où l'on se bat; dans une place forte, lieu où les troupes s'assemblent.

Courre per champs, courir les champs.

A tout bout de champ, à tout propos, à tout moment.

Sur lou champ, sur le champ, tout de suite.

Le mot champ a plusieurs composés qui sont devenus des noms propres ou des noms de lieu: *Chambon*, bon champ; *Chanredoun*, champ rond; *Chanreynard*, champ aux renards; *Champourcin*, champ aux pourceaux; *Champ de l'espitalet*, champ ou domaine des hospitaliers de Saint Jean, etc., etc.

CHAMPAGNA, (tchampágne); *Sciampagna*, ital. *Champaña*, esp. Champagne, ancienne province de France, d'environ 260 kilomètres de long, sur 180 de large; bornée au N. par le Hainaut et le Luxembourg; à l'E. par la Lorraine et la Franche-Comté; au S. par la Bourgogne et à l'O. par l'Ile-de-France et le Soissonnais. Elle forme les départements de la Haute-Marne, de l'Aube, de la Marne et des Ardennes; Troyes, en était la capitale.

Éty. du lat. *campania*, dérivé de *campi*, champs, qu'on distinguait des collines, des vignobles, des prés et des forêts. V. *Camp*, Rad.

CHAMPAGO, Garc. V. *Guitarra*.

CHAMPAS, s. m. (tchampás). Grand et mauvais champ. V. *Campas*.

Éty. de *champ* et de *as*. V. *Camp*, R.

CHAMPASSIT, Avril. V. *Achampassit*.

CHAMPEIRAR, v. a. (tchampeirá). Rechercher avec avidité; aller chercher quelqu'un ou quelque chose dans des lieux incultes et pierreux. Ach. On le dit dans quelques endroits, pour *Esqueiregear*, v. c. m.

Éty. de *champ* et de *eirar*. V. *Camp*, R.

CHAMPERGE, ERGEA, adj. (tsompèrdzé, èrdze); CHAMBRUT. Rude, âpre au goût. V. *Aspre*. On le dit aussi d'une personne qui a un caractère bourru, et des bois qui sont difficiles à travailler, qui brûlent avec peine ou qu'on ne peut casser, mais qui plient aisément.

Éty. Ce mot paraît être une alt. de *Champestre*, v. c. m. V. *Camp*, R.

CHAMPESTRE, adj. (tchampèstré). Champêtre, éloigné des villes, des habitations. V. *Camp*, R.

CHAMPIGNOUN-DE-VIGNA, s. m. Morille. Cast. V. *Mourilha*.

CHAMPIGNOUNS, s. m. pl. (tchampignouns); PIGNETS, PIGNENS, BOURIGAS, PIGNEUS, AMBOURIGOU. Sont compris en français sous la dénomination générale de champignons ou agarics, *Agarici* et *Boleti*, Lin. plantes de consistance charnue, subéreuse ou mucilagineuse, n'ayant ni feuilles ni fleurs, se reproduisant par de petits corpuscules placés tantôt à l'intérieur et tantôt à l'extérieur de la plante.

Éty. Champignon, fruit des champs, parce qu'ils viennent sans être semés. V. *Camp*. et Garid. *Fungus*, p. 195 et suiv.

Dans un champignon ordinaire, du genre agaric, on nomme:

TIGE, PÉDICULE ou PIED, la partie qui le fixe à la terre et qui soutient le chapeau.
CHAPEAU, la partie arrondie en forme de chapeau qui porte en dessous des *feuillets*, dans le genre *agaric*, et des tubes terminés par des *pores* dans le genre *bolet*.
VOILE, la membrane mince qui unissait dans sa jeunesse les bords du chapeau avec le pédicule.
ANNEAU, la trace du voile qui reste sur le pédicule.
PÉRIDION, la partie qui contient les bourgeons séminifères.
LA VOLVA ou BOURSE, espèce de bourse qui enveloppe tout le champignon dans son jeune âge, elle n'existe pas toujours.

Fongine, la substance particulière, ou produit immédiat que les champignons contiennent.

Cette nombreuse famille est divisée maintenant en cinquante-quatre genres, comprenant plus de dix-huit cents espèces.

Les champignons sont en général indigestes et pour quelques espèces qui sont agréables au goût et qu'on peut manger impunément, il en est un grand nombre de vénéneux et capables de donner lieu aux accidents les plus terribles, ce qui est cause que considérés sous le point de vue économique, ils sont plus nuisibles qu'utiles à la société.

Les accidents produits par leur usage se manifestent au bout de quelques heures par de violentes coliques, souvent accompagnées de convulsions, par un pouls vif et petit; par des vertiges ou par un assoupissement profond. La mort termine ordinairement cette scène quand un traitement convenable n'est pas employé à temps.

La première indication qu'on doive remplir, est de provoquer la sortie du poison par le moyen des vomitifs, s'il y a peu de temps qu'il a été pris, ou par celui des purgatifs si l'on suppose que la digestion stomacale est faite; on donne ensuite des calmants tels que les émolients et l'éther, l'emploi des acides ne convient que lorsqu'il n'existe plus de matière vénéneuse dans le corps.

CHAMPION, s. m. (tchampie-n); CAMPIOU, CHAMPIEN. *Campion*, cat. *Campeon*, esp. *Campião*, port. *Campione*, ital. Champion, qui combattait en champ clos; défenseur, bon partenaire.

Éty. de *campio*, fait selon Ménage, de *campus*, champ, lieu où combattaient les champions. Ducange, fait dériver ce mot de l'all. *kampf*, combat, *pion* est un mot indien adopté par les Arabes, qui signifie soldat; ainsi *champion*, désigne un soldat de champ ou qui combat dans le champ. V. *Camp*, R.

La coutume de terminer les différents par des champions est venue du Nord; elle passa de là en Allemagne; les Saxons la portèrent en Angleterre, et insensiblement elle s'introduisit dans le reste de l'Europe.

Noël, Dict. Orig.

CHAMPIOU, s. m. (tchampióu), dg. Alt. de *Champioun*. Bruit, confusion, dispute: *Cercar champiou*, chercher noise.

Lou champiou *soul d'un grand chalibari,*
Que mous bezis fazion à moun bezi.

Jasmin.

CHAMPIR, SE, v. r. (se tsompí); S'ACHAMPIR, d. bas lim. S'opiniâtrer, s'attacher à quelque chose.

CHAMPIT, IDA, adj. et p. (tsompí, ide), md. Opiniâtre, mutin, V. *Têstard* et *Oupiniastre*, tenace: *Aquellas feoures soun champidas*, ces fièvres sont tenaces.

CHAMPORNIA, s. f. (tchampórnïe), d. m. CHAMPORNI. Nom grossier et insultant qu'on donne à une femme, et qui équivaut à calomniatrice, fausse; sotte, nigaude, bestiasse. Garc.

CHAMPORNIA, s. f. md. Instrument de fer qu'on fait sonner entre les dents. V. *Guitarra*.

CHAMPOUIRAU, nom de lieu (tchampouiráou). Champ de foire? Sauv.

Éty. Ce mot vient-il du lat. *campus emporii?* m. s. V. *Camp*, R.

CHAMPOUN, s. m. (tchampóun); *Campinho*, esp. Petit champ. V. *Camp*, R.

CHAN, vl. Je chante, *canti*, *chanti*; s. m. chant.

CHAN, s. m. vl. Chant, chanson. Voy. *Chant*, *Cant*, *Cansoun* et *Cant*, R.

CHANABAL, s. f. (tsonobál), d. bas lim. Chenevière. V. *Canebiera* et *Canab*, R.

CHANABOUN, s. m. (tsonobóu). Chenevis. V. *Grana-de-canebe* et *Canab*, R.

CHANAL, s. f. (tsonál), d. bas lim. Ce mot désigne, en général, une conduite d'eau en maçonnerie ou en bois. V. *Chanau* et *Canal*, dont *chanal*, n'est qu'une altération. V. aussi *Porta-aigua* et *Can*, R.

CHANAL DE MOULIN, s. m. md. Biez. V. *Gorgea*.

CHANARDA, adj. f. (tsonárde), d. bas lim. *Lana chanarda*, laine grossière, de couleur grisâtre.

Éty. de *cana*, blanche, et de *arda*, dépr. blanchâtre. V. *Can*, R. 3.

CHANAS, s. f. pl. (tchânes), d. m. et bas lim. V. *Canas*.

Éty. du lat. *canus*, blanc. V. *Can*, R. 3.

CHANAS, s. f. pl. (tsánes), d. bas lim. Le derrière des jambes: *Virar chanas à quauqu'un*, tourner le dos à quelqu'un.

CHANASSA, s. f. (tchanásse). Chaleur étouffante. Avr. V. *Taffour* et fig. *Cagna*.

CHANAU, s. m. (tchanáou). Cheneau, conduit de bois, formé de trois planches réunies. V. *Gorgea*.

Éty. Alt. de *canau*. V. *Can*, R.

CHANÇA, s. f. (tchánce); CHANSA. Chance, ce qui peut arriver d'heureux ou de malheureux à quelqu'un, par le pur hasard; bonheur, disgrace de fortune.

Éty. du lat. *cadentia*, fait de *cadere*, tomber, arriver. V. *Cad*, R.

CHANCEL, s. m. (tchancèl); CHANTEL, dl. Cancel, le sanctuaire, espace qui est entre le maître autel et la balustrade.

Éty. du lat. *cancellum*, formé de *cancellare*, griller, parce qu'une grille sépare ordinairement cette partie du reste de l'Eglise.

CHANCELANT, ANTA, adj. (tchancelán, ánte): CHANSELANT. Chancelant, ante, qui chancelle, qui n'est pas solide; incertain, irrésolu. V. *Cad*, R.

CHANCELAR, v. n. (tchancelá); VARALHAR, AVAREGEAR, DANDRALHAR, TRANTALHAR, CHANSELAR. Chanceler, n'être point ferme sur sa base, sur ses jambes; être irrésolu, incertain.

Éty. du lat. *cadere*, tomber. V. *Cad*, R.

Ce mot, qui ne se retrouve pas dans les autres langues de l'Europe latine, a été employé au figuré par Pierre de Blois, qui dit, épist. 22:

In hoc itaque modico cancellavit *Plato.*

Rayn.

CHANCELAR, v. a. (tsonselá), d. bas lim. Apportionner ses enfants: *Quand lou paire mouri, chancelet tous sous enfants.*

CHANCELARIA, s. f. (tchancelarie); *Cancelleria*, ital. *Cancilleria*, esp. *Chancellaria*, port. Chancellerie, lieu où l'on scelle certaines lettres pour les rendre authentiques; l'hôtel habité par le chancelier d'un souverain.

Éty. de *chancel* et de *aria*.

CHANCELAYA, s. f. (tchancelàïe), d. de Barcel. Dent molaire. *Geisselas* et *Cais*, R.

CHANCELIAIRE, LUSA, s. (tchanceliàïré, lùse). Celui, celle qui ne peut se déterminer à rien, qui est toujours indécis. Garc.

CHANCELLAT, ADA, adj. et p. vl. Grillé, ée, ou fermé d'une grille : *Fons chancellada*, fontaine grillée.

Éty. du lat. *cancellatus*, m. s.

CHANCELLARIA, s. f. (tchancellarìé) ; *Cancelleria*, ital. cat. *Cancilleria*, esp. *Chancellaria*, port. Chancellerie, lieu où l'on scelle certains actes avec le sceau du prince, de l'Etat, etc.

Éty. de *chancel* pour *cancel*, sceau, et de *aria*.

CHANCELLE, s. m. vl. *Chancellier*, v. c. m.

CHANCELLIER, s. m. (tchancelié) ; *Cancelliere*, ital. *Canceller* et *Cancelario*, esp. *Chanceller*, port. *Cancellèr*, cat. Chancelier, celui qui a la garde des sceaux, sa femme porte le nom de chancelière.

Éty. du lat. *cancellarius*, de *cancelli*, barreaux ou treillis qui environnaient le lieu où l'empereur rendait la justice.

Chez les Romains, les chanceliers ne furent d'abord que des écrivains ou des huissiers, et ce n'est qu'insensiblement que cet emploi s'est élevé en dignité.

La prérogative dont ils jouissent en ce moment de marcher immédiatement après les princes du sang, ne date que de Philippe-le-bel, en 1302.

CHANCERA, s. f. vl. *Chancère*, dot.

CHANCIA, s. f. (tchâncie), d. m. Voy. *Cance*.

CHANCIER, s. m. (tsoncié), d. bas lim. Chantier, pièces de bois sur lesquelles on place les barriques de vin ou d'autres liqueurs dans les caves.

Éty. Alt. de *chantier*, dérivé de *canton*, portion de terre, subdivision, selon Roq. V. *Cant*, R, 2.

CHANÇOUS, OUSA, adj. (tchançoùs, óuse) ; CHANSOUS. Chanceux, euse, heureux ; mais plus souvent, incertain, *qui est sujet à tomber*.

Éty de *chança* et de *ous*, de la nature du hasard. V. *Cad*, R.

CHANCRAR, Aub. V. *Eschancrar*.

CHANCRE, s. m. (tchâncré). Chancre, ulcère qui ronge les chairs ; carcinome : fig. avare, cuistre ; on le dit aussi pour aphte. V. *Cran* et *Muguet*.

Éty. du lat. *cancer*, m. s. V. *Cancer*, R.

Chancre deis peiras, bouzin, croûte qui enveloppe les pierres de taille.

Tirar lou chancre deis peiras, ébousiner.

CHANCROUS, OUSA, adj. (tchancróus, óuse) ; *Canceroso*, esp. *Cancroso*, port. *Cancheroso*, ital. Chancreux, qui est de la nature du chancre.

Éty. de *chancre* et de *ous*. V. *Cancer*, R.

CHANCRUT, d. bas lim. (tsoncrú). V. *Champerge*.

Éty. du lat. *campus crudus*, comme on dit *terra cruda*, terre en friche V. *Camp*, R.

CHANDALIEIRA, adj. (tsondoliéïre), d. bas lim. *Nostra dama chandalieira*, la chandeleur. V. *Candelousa* et *Can*, R. 3.

CHANDEARA, d. m. V. *Candela* et *Can*, R. 3.

CHANDALIER, s. m. (tsondolié), md. Chandelier. V. *Candelier* et *Can*, R. 3.

CHANDEIAR, vl. Préluder. V. *Canturlegear* et *Cant*, R.

CHANDELA, d. m. V. *Candela* et *Can*, Rad. 3.

CHANDELIER, d. m. V. *Candelier* et *Can*, R. 3.

CHANDELOUSA, s. f. (tchandeloúse). La chandeleur. V. *Candelousa* et *Can*, R. 3.

CHANDIALA, s. f. (tsondiále), d. bas lim. Chandelle. V. *Candela* et *Can*, R. 3.

CHANDIALAIRE, s. m. (tsondioláïré), md. Chandelier. V. *Candeliaire* et *Can*, R. 3.

CHANDIALETA, s. f. (tsondioléte), md. *Far la chandialeta*, faire l'arbre fourchu. V. *Aubre-drech* et *Can*, R. 3.

CHANDIALOUN, s. m. (tsondiolóu), d. bas lim. Petite chandelle de cire jaune, bougie. V. *Vigila*.

Éty. Dim. de *chandiala*. V. *Can*, R. 3.

CHANDILHOUNS, d. m. Voy. *Candilhouns* et *Canab*, R.

CHANDORN, s. m. vl. Lueur.

Éty. du lat. *candorem*, selon M. Rayn. V. *Can*, R. 3.

> Aissi col peis que s'eslaissa el *chandorn*
> E no sap re tro que s'es pres en l'ama.
> B. de Ventadour.

De même que le poisson qui s'élance à la lueur, et ne sait rien jusqu'à ce qu'il s'est pris à l'hameçon.

A l'article *Ama*, M. Raynouard cite les mêmes vers, mais il traduit *chandorn*, par appât.

CHANDOURIER, d. m. V. *Candourier* et *Candou*, R.

CHANDRON, s. m. vl. *Appât*.

CHANEI, s. m. (tchonéï), d. lim. Petit lampion pour l'huile de noix. Foucaud.

Éty. Ce mot paraît être une altération de *Calen*, v. c. m.

CHANELA, s. f. (tsonèle), d. bas lim. Cannelle. V. *Canela* et *Can*, R.

CHANELAR, v. n. (tsonelá), md. L'écoulement des eaux dans un canal nommé *chanal*, et en général couler : *Lou nas me chanelá*, mon nez coule. *Que sier de tant chanelar?* à quoi sert de tant pleurer. V. *Can*, R.

CHANELHAT, ADA, adj. et p. (tsonelià, àde), d. bas lim. OEilleté, en parlant du pain, du fromage. V. *Traucat* et *Can*, R.

CHANELI, s. f. (tsonéli), d. bas lim. Alt. de *chanilha*. V. *Touera*.

CHANELLA, V. *Canela*.

CHANELOUN, s. m. (tsonelóu), md Dim. de *chanela*, petite cannelle de bois dont on se sert lorsqu'on ne veut tirer qu'une petite quantité de liquide. V. *Can*, R.

CHANESTELA, V. *Canastela*.

CHANESTRE, s. m. (tchanéstré), d. m. Corbeille plate, ayant la forme d'un van, dans laquelle on servait anciennement le pain sur la table, dans la Haute-Provence.

Éty. V. *Canastela*.

CHANET, s. m. (tchané). Nom qu'on donne, aux environs de Montpellier, à l'alouette pipi, et en général à toutes les espèces du genre *Anthus*. V. *Criou*.

CHANFRAN, s. m. (tchanfrán). Allure gauche et grossière qui annonce toujours une personne du peuple ou contadin. Garc.

CHANFREN, V. *Chanfren*.

CHANFRENAR, V. *Chanfrenar*.

CHANFRIN, Garc. V. *Chanfrein*.

CHANGE, vl. Voy. *Camge*, *Cambi* et *Changi*.

CHANGEAIRE, USA, s. m. (tchandjaïre, úse). Échangeur, euse, brocanteur, euse, qui a la manie des échanges.

Éty. de *changear* et de *aire*. V. *Cambi*, R.

CHANGEAMENT, s. m. (tchandjaméin) ; CAMBIAMENT. *Cambiamento*, ital. esp. *Cambiament*, cat. Changement, mutation.

Éty. de *changear* et de *ment*, manière ou action de changer. V. *Cambi*, R.

> *Jou crese gaire eis changeament subit,*
> *L'on quitta pas soun caractero*
> *Coumo l'on quitta un vielh habit.*
> Morel.

Changeament de sesouns. Les changements des saisons ont lieu aux deux solstices et aux deux équinoxes. V. *Soulstici* et *Equinoxo*.

CHANGEANT, ANTA, adj. (tchandján, ánte). Changeant, ante, qui change aisément, qui passe aisément d'un dessein à un autre.

Éty. de *changear* et de *ant*. V. *Cambi*, R.

CHANGEAR, v. a. (tchandjá) ; CAMBIAR, CHAMBIAR, CHAGNAR. *Cambiare*, ital. *Cambiar*, esp. port. *Cangear* et *Cambiar*, cat. Changer, céder une chose pour une autre ; transformer, substituer : *Changear soun buou per un ase*, faire un échange désavantageux : *Changear de manada*, dessoler une terre.

Éty. de l'ital. *cambiare*, m. s. ou de *changi* et de *ar*, faire un échange. Voy. *Cambi*, R.

CHANGEAR, v. n. Changer, quitter une chose pour en prendre une autre, mais d'espèce différente, passer d'un état à un autre.

Changear d'houstau, déménager.

Changear de plaça, *de benefice*, permuter.

Era un brave home mai a ben changeat, c'était un brave homme mais il a bien changé.

Aquel home es tout changeat, cet homme est tout changé par la maladie.

Aquella coulour changearà, cette couleur n'est pas solide, elle changera.

CHANGEAR SE, v. r. m. syn. Se changer, se transformer.

Me vau changear, Tr. je vais changer d'habillement, de linge, etc.

Me siou changea de camisa, Tr. J'ai changé de chemise, etc.

Se changer de linge, *d'habits*, etc., sont autant de provençalismes dont la fréquence et la ridiculité font désirer la correction.

Nous sem changeat aquot d'un tau, dl. Tr. Nous avons pris un logement chez un tel.

Dez empiei qu'houra vous sez changeats, md. Tr. Depuis quand avez vous déménagé, ou changé de logement.

CHANGEAT, ADA, adj. et p. (tchandjá, àde) ; CAMBIAT, CHAMBIAT. *Cambiado*, port. *Cangead*, cat. *Cangeado*, esp. Changé, ée.

Éty. de *change* et de *at*. V. *Cambi*, R.

CHANGEUR, s. m. (tchandjúr). Changeur, qui fait commerce de l'échange des monnaies.

Éty. de *changear* et de *ur*. V. *Cambi*, R.

CHANGI, s. m. (tchándgi); CHANGE. *Cange*, cat. *Cambio*, ital. esp. port. Change, action de changer ou de céder une chose pour une autre.

Faire changi, échanger, troquer.

Éty. du lat. *cambium*, m. s. V. *Cambi*, R.

Fig. *Prendre lou changi*, prendre le change, se tromper, prendre une chose pour une autre.

CHANGI, s. m. *Cambio*, port. Change, lieu où l'on change des espèces de monnaie pour d'autres espèces; le commerce qui en résulte.

Lettra de changi, *letra de cambio*, port. lettre de change. V. *Lettra*.

CHANGNIAR, d. lim. V. *Changear* et *Cambi*, R.

CHANIFES, V. *Carnifes*.

CHANILHA, V. *Touera* et *Chenilha*.

CHANISSOUN, s. m. (tsonissóu). Nom qu'on donne au seneçon, dans le Bas-Limousin. V. *Sanissoun* et *Seneçoun*.

CHANLEVAR, v. n. (tsonlevá), d. bas lim. On le dit des amandes, des noix, lorsque leur coque est assez mûre, pour se séparer de l'amande. V. *Souslevar*, dont *chanlevar* est une altération.

CHANOUERA, s. f. (tchanouére); *Canoura*, port. Trémie. Auget de la trémie.

CHANOUIRA, s. f. (tchanouïre); d. de Barcel. Gaule pour abattre les noix. Voy. *Acanadouira* et *Can*, R.

CHANOUN, s. m. (tchánoun); CANOUN. *Broussoun*, *Boussoun*. Canal ou conduit d'eau en bois, en terre ou en métal; gouleau.

Éty. du lat. *canalis*, d'où *canal*, *chanal*, et le dim. *oun*. V. *Can*, R.

CHANSA, V. *Chança*.

CHANSE, s. f. (tsánsé), d. bas lim. On donne ce nom, dans quelques lieux, aux droits successifs qu'une personne a dans une maison; ce qui peut lui revenir, tomber dans son lot. V. *Cad*, R.

CHANSO, s. f. vl.

Chansos *es us dictatz que conte de* v *à* vii *coblas, et deu tractar principalmen d'amors o de lauzors*. Fl. del gay. sab.

La Chanson est une composition qui comprend de cinq à sept couplets; elle doit traiter principalement d'amour ou de louange.

CHANSO, vl. V. *Chansoun*, *Cansoun* et *Cant*, R.

CHANSON, s. m. Ce mot fut souvent employé par les troubadours, comme celui de vers, pour désigner un grand nombre de leurs poésies; mais la chanson était nécessairement divisée en couplets, et ce titre s'appliquait particulièrement aux pièces dont l'amour ou la louange faisaient la matière, et qui devaient être chantées. Raynouard.

L'auteur de la vie manuscrite de Pierre d'Auvergne dit que Giraud de Borneil fut l'inventeur de la chanson; *Mas en Guiraut de Borneill fes la premeira chanso que anc fos faita*.

Cependant, dit M. Raynouard, le Comte de Poitiers qui vivait plus de deux siècles, avant ce dernier troubadour, commence une de ses pièces en disant :

Farai chansoneta nueva.
Je ferai chansonnette nouvelle.

CHANSONETA, V. *Chansouneta* et *Cansouneta*.

CHANSOUN, d. m. V. *Cansoun*.

CHANT, V. *Cant*.

CHANTADOR, s. m. vl. Chanteur. Voy. *Cantaire*.

CHANTADOR, adj. vl. Qui doit être chanté, qui est harmonieux. V. *Cant*, R.

Un vers farai chantador.
Gavaudan le vieux.

CHANTAGE, s. m. (tsontadze), d. bas lim. Service. V. *Chantar*, *Bendire* et *Cant*, Rad.

CHANTAIRE, V. *Cantaire*.

CHANTAR, v. a. V. *Cantar*.

CHANTAR, s. m. d. m. Service pour les morts. V. *Bendire* et *Cant*, R.

CHANTARELA, V. *Cantarela*.

CHANTARET, vl. V. *Cantaret*.

CHANTEL, Pour sanctuaire. V. *Chancel*.

CHANTEL, s. m. (tsontèl), d. bas lim. Pour chanteau. V. *Canteou* et *Cant*, R. 2.

N'aver ma un chantel, vivre du même pain et à la même table.

Degun li barra lou chantel, personne ne lui ferme le pain.

Virar lou chioul ei chantel, tournez le dos à la fortune, à ce qui nous nourrit.

CHANTEOU, s. m. (tchantèou). Voy. *Canteou*.

CHANTIER, s. m. (tchantié); TINDOOLS, TINDOOS. Chantier, grande place où l'on entasse des piles de bois.

Éty. de la basse lat. *cantherius*, qui signifie la même chose, ou de l'all. *kant*, coin, recoin où l'on place le bois, etc. V. *Cant*, Rad. 2.

CHANTIER, s. m. Chantier, vaste atelier quelquefois découvert, où travaillent les ouvriers occupés aux constructions civiles et navales. V. *Cant*, R. 2.

CHANTILHAIRE, s. m. (schantillaïré). CHANTIAIRE. Plaisant, facétieux, bouffon; impertinent, ridicule, chicaneur. Avr.

CHANTILHAR, v. a. (tchantillá); CHANTIAR. Plaisanter, goguenarder, tourner en ridicule. Avr.

CHANTILHOUN, s. m. (tchantillóun). Dim. de *chanteou*, petit chanteau. V. aussi *Eschantilhoun* et *Cant*, R. 2.

CHANTIU, s. m. vl. Chant.

CHANT MESCLAT, s. m. vl. Chant-mêlé, sorte de poésie.

CHANTOUNIAR, d. m. V. *Cantouniar*.

CHANTOURNAR, v. a. (tchantourná). Chantourner, couper avec la scie en suivant un dessein ou une courbe.

Éty. Tourner le champ ou autour du champ, d'un corps quelconque. V. *Cant*, R. 2.

CHANTOURNAT, ADA, adj. et part. (tchantourná, áde). Chantourné, ée. Voy. *Cant*, R. 2.

CHANTRE, s. m. (tchantré); CHOURISTO. *Cantore*, ital. *Chantre*, esp. port. *Cantor*, cat. Chantre, celui qui chante au lutrin dans les églises catholiques; Poëte.

Éty. du lat. *cantor*, abl. *cantore*, par la sync. de *o* et le changement du *c* en *ch*. Voy. *Cant*, R.

Charlemagne les introduisit dans l'Eglise l'an 787.

CHANTRESSA, vl. V. *Chantusa*.

CHANTROUN, s. m. (tsontróu), d. bas lim. Enfant de chœur. V. *Clersoun* et *Cant*. Rad.

CHANTUM, s. m. (tchantúm), dl. Mot qui sert à désigner quelqu'un ou quelque chose dont on ne sait pas le nom. Voy. *Cause*.

Qualque chantum, quelque chose.

CHANTUSA, s. f. (tchantúse); CANTARELA. *Cantora*, cat. esp. *Cantatrice*, port. ital. Chanteuse, Cantatrice, qui fait métier de chanter, ou qui s'est rendue célèbre dans cet art.

Éty. de *chant* et de *usa*, ou du lat. *cantatrix*. V. *Cant*, R.

CHANTUSSAR, d. lim. V. *Canturlegear*.

CHANUT, adj. et p. vl. Blanc : *Pel chanut*, poil blanc. V. *Canut*.

Éty. V. *Can*, R. 3.

CHANUYA, s. f. (tchanúïe). Sorte, espèce, qualité, classe.

De la bona chanuya, de la bonne espèce, de la bonne souche.

CHAORCIN, s. m. vl. CHAORCI. *Cahorsin*, usurier.

Éty. de la basse lat. *caorcinus*, employé dans le sens d'usurier, dans les ordonnances de Louis IX et de Philippe III.

CHAOS, s. m. (caó); CAHOS. *Caos*, ital. cat. *Chaos*, esp. port. Chaos, confusion. Il se dit au propre de l'état où toutes choses étaient au moment de la création, avant que Dieu leur eut donné l'arrangement et l'ordre. Fig. toute sorte de confusion.

Éty. du lat. *chaos*, dérivé du grec χάος (chaos), confusion.

CHAP..... V. en *Cap*..... les mots qui ne figurent pas en *Chap*.....

CHAP, s. m. vl. Tête. V. *Cap*, R.

CHAP, s. m. Sorte d'imposition qui se percevait anciennement à Mende, dans le Gévaudan, au cadastre terrier, sur toutes sortes de personnes, même nobles, outre l'imposition que ces personnes devaient pour leurs biens ruraux. Raymond, Suppl. à l'Ac. V *Cap*, R.

CHAP, s. m. (tchálp). Le talon d'une douille. V. *Cap*, R.

CHAPA, s. f. (tchápe). Ornement d'église. V. *Capa*; partie du toit qui déborde un mur, V. *Larnier*; espace ou travée, en béarn. V. *Cap*, R.

CHAPA, s. f. Chape, partie de la boucle qui la tient fixée au soulier ou à la ceinture.

CHAPA, s. f. Portion ou quartier d'un billot fendu : l'opposé de rondin.

Éty. de *chapar*, couper.

CHAPADURA, s. f. (tchapadure). Fêlure, et fig. folie. V. *Chapl*, R.

CHAPA-FRESAS, s. m. (tchápe frèses). V. *Mangea-favas*, m. s.

Éty. de *chapar*, couper, et de *fresas*. V. *Chapl*, R.

CHAPAIRE, s. m. (tchapaïré). Celui

qui fend le bois de chauffage. V. *Espessaire* et *Chapl*, R.

CHAPAR, v. n. et a. (tchapá), dl. Mâcher à vide : *Chapar la brida*, ronger le frein, son frein. Douj. Hacher, couper menu.

Est *chapon pan*, *chapon hourmatge.*
D'Astros.

Éty. du lat. *capulari*. ou de l'hébreu *quetsar*, couper. V. *Chapl*, R.

CHAPAR, v. a. Refendre du bois au moyen d'une hache ou des coins. V. *Espessar*. V. *Chapl*, R.

CHAPAT, **ADA**, adj. et p. (tchapá, áde); CHAPORNI. Felé; fou, folle. V. *Chapl*, R.

CHAPEIROUN, V. *Capeiroun* et *Cap*, Rad. V. aussi par *Ca*, les mots que vous ne trouverez pas en *Cha*.

CHAPEL, s. m. Chapeau. V. *Capel*, *Capeou* et *Cap*, R.

CHAPELADA,

CHAPELAU, d. m. et

CHAPELAYA, d. de Barcel. V. *Capelada* et *Cap*, R.

CHAPELET, s. m. (tchapelé). Chapelet, grains enfilés, sur chacun desquels on dit un *ave maria* : à chaque dizaine se trouve un grain plus gros sur lequel on dit un *pater*; c'est aussi le nom de la prière qu'on récite. V. *Rousari*.

Éty. de *capelet*, petit chapeau ou espèce de couronne, parce que le chapelet se nomme aussi la couronne de la vierge. V. *Cap*, R.

On nomme *patenôtrier*, l'ouvrier qui les fabrique.

Despassar lou chapelet, s'emporter au point de n'être plus maître de ses paroles. Défiler son chapelet, dire de suite tout ce qu'on sait.

M. Fleury, auteur de l'Histoire Ecclésiastique, rapporte l'origine du chapelet aux moines du XIme siècle. Pierre Viret et Larrey, en attribuent le premier usage à Pierre l'Hermite, fameux dans l'Histoire des Croisades.

Pâtenôtre, grains du chapelet et chapelet tout entier.

CHAPELET, Pour petit chapeau, et chapeau de fleurs. V. *Capelet*. On le dit aussi d'une brochette et de plusieurs choses qu'on enfile les unes à côté des autres. V. *Cap*, R.

CHAPELET, en term. de mar. V. *Racagi*.

CHAPELLA, d. m. V. *Capela* et *Capel*, Rad.

CHAPELLA, s. m. vl. lim. Alt. de *Capelan*, v. c. m.

CHAPELOUN, d. m. et bas lim. V. *Capelet*.

CHAPEOU, s. m. (tchapèou), d. m. et béarn. Chapeau. V. *Capeou*.

CHAPFRENAR, v. a. vl. Refréner, comprimer. V. aussi *Chatfrenar*.

Éty. de *chap*, pour *cap*, tête, et de *frenar*, mettre le frein. V. *Cap*, R.

CHAPIAL, s. m. (tsopiál), d. bas lim. La partie des murs d'un édifice qui s'élève en triangle. Pignon. V. *Cap*, R.

Chapial d'escura, pignon de grange.

Aturar un alapend countre un chapial. Adosser un appentis au pignon d'une grange, d'une maison.

CHAPIER, s. m. (tsopié), d. bas lim. Prêtre ou chantre revêtu d'une chape qui se promène dans le chœur d'une église pour maintenir la régularité dans le chant.

Éty. de *chapa* et de *ier*. V. *Cap*, R.

Far chapier, être chargé de la surveillance ci-dessus.

On le dit aussi ironiquement de la volaille quand elle laisse tomber l'aile, qui a alors l'air d'une chape.

CHAPITAR, V. *Chapitrar*. Gar.

CHAPITEOU, s. m. (tchapitèou); *Capitell*, cat. *Capitel* esp. port. *Capitello*, ital. Chapiteau, partie du haut de la colonne qui pose sur le fut; corniche ou couronnement des buffets, armoires, etc.

Éty. du lat. *capitellum*, m. s. V. *Cap*, R.

Vitruve attribue l'invention du chapiteau corinthien à Callimaque, sculpteur grec, vers l'an 522, A. J.

Dans un chapiteau on nomme :

ABAQUE, la partie supérieure ou le couronnement.

ACANTHE, l'ornement qui représente des feuilles d'acanthe.

ANCON ou AIMELETS, les petits filets ou listels du chapiteau dorique.

CULOT, l'ornement employé dans le chapiteau corinthien, qui est supporté par des tigettes et d'où sortent les volutes.

ÉCHARPE, le lien ou ceinture des balustres et des volutes du chapiteau ionique antique.

GORGERIN, la petite frise du chapiteau dorique qui est entre l'astragale du haut du fut de la colonne et les annelets.

GOUSSES, les ornements du chapiteau ionique qui ressemblent à des gousses de fève.

HÉLICES, les petites volutes qui entrent dans la composition du chapiteau corinthien.

OREILLER, la face de côté des volutes, dans le chapiteau ionique.

ORLE, le filet qui est sous l'arc du chapiteau.

ROSE, l'ornement taillé dans le milieu de chaque face de l'abaque.

TAILLOIR ou TRANCHOIR, la partie supérieure.

TIGETTE, l'espèce de tige ou de cornet cannelé et orné de feuillets d'où naissent les volutes et les hélices.

VASE, la partie intérieure qui a la forme d'un vase.

VOLUTE, l'ornement en forme de spirale qu'on voit au chapiteau ionique.

CHAPITOUEI, s. m. (chopitouèi). Nom limousin du putois. V. *Marta*, 2, et *Putouet*.

CHAPITRAR, v. a. (tchapitrá); CHAPITAR. Chapitrer, réprimander en plein chapitre; réprimander fortement quelqu'un; médire, Avril; contester, disputer. Garc.

Éty. de *chapitre* et de *ar*. V. *Cap*, R.

CHAPITRE, s. m. (tchapitré); CAPITE, CAPITOU. *Capitolo*, ital. *Capitulo*, port. esp. *Capitol*, cat. Chapitre, division d'un livre, d'un compte; sujet dont on parle.

Éty. du lat. *capitulum*, m. s. V. *Cap*, R.

CHAPITRE, s. m. *Capitol*, cat. *Capitulo*, port. esp. *Capitolo*, ital. Chapitre, corps de chanoines, le lieu de l'église où ils se placent.

Éty. du lat. *capitulum*, pris pour petite tête, petit corps. V. *Cap*, R.

Le titre de chapitre ne paraît avoir été employé dans l'Eglise que depuis le VIIIme siècle. Ency. mod.

CHAPL, CHAP, CAPUL, rad. pris de la basse lat. *capulare*, couper, trancher, particulièrement en parlant de la tête, *caput*: *Caput delatorii capuletur*; *Lingua delatoris capuletur*; *Crines capulare; Pedem capulare. In lege salica.*

De *capulare*, par apoc. *capul*, par suppression de *u*, *capl*, et par le changement de *c* en *ch*, *chapl*; d'où : *Chapl-e*, *Chapl-ar*, *Chapl-at*, *Chapl-aire*, etc.

De *capulare*, par apoc. *cap*, et par le changement de *c* en *ch*, *chap*; d'où : *Chap-ar*, *Chap-at*, *Chap-ad-ura*, *Chap-aire*, etc.

De *capul*, par la substitution de *u* en *o*, *ou*, *capol*; d'où : *Capol-ar*, *Capoul-ar*.

De *capul*, par le changement de *l* en *t*, *caput*; d'où : *Caput-ar*, *Caput-ilhas*, etc., et par celle de *t* en *s*, *capus*; d'où : *Capus-ar*, *Capus-aire*, *Capus-at*, etc.

CHAPLACHOUS, s. m. (tchaplátchous), dl. Crotales, deux bassins de cuivre qu'on frappe l'un contre l'autre; instrument de musique militaire renouvelé des Grecs et des Romains, qui le tenaient des Egyptiens, Sauv. V. *Cymbalas*, car les crotales n'étaient que des espèces de castagnettes.

CHAPLADIS, **ISSA**, s. (tchapladis, isse), dl. Débris de choses cassées ou brisées, chablis ou abatis. V. *Chaple* et *Chapl*, R. en vl. carnage.

CHAPLAIRE, s. m. (tchaplaïré), d. m. GRATUAIRE, TAULIER, CHAPLOOU, CABUCEOU. Hachoir, tailloir, planche sur laquelle on hache, V. *Gratuaire* et *Chapl*, R. lieu où l'on hache, celui qui hache; celui qui déchire la réputation d'une personne absente. Garc.

CHAPLALESCAS, s. m. (tchàple-lésques). Couteau de boulanger, fixé d'un bout à une table par un anneau, servant à couper le pain par tranches.

Éty. de *chaplar*, hacher. V. *Chapl*, R.

CHAPLAMEN, s. m. vl. CHAPLEI, CHAPLER, CHAPLEU, CHAPLIER. Carnage. V. *Chaple* et *Chapl*, R.

CHAPLAN, s. m. (tchaplán); CHAPLUN. Nom qu'on donne, dans le département du Var, à une espèce de charançon noir, qui s'est montré en 1823, sur les oliviers dont il dévorait les feuilles. V. le mémoire de M. Laure, inséré dans le Bulletin de la société d'agriculture du département du Var, Vme année, numéro 15, p. 81.

Éty. de *chaplar*, hacher, couper par petits morceaux. V. *Chapl*, R.

CHAPLAR, v. a. (tchaplá); CHAPUTAR, COUSSIR, HACHAR, COUPAR MENUT. Hacher, couper en très-petits morceaux, trancher, tailler.

Éty. de la basse lat. *capulare*, m. s. V. *Chapl*, R.

M. Champollion, pense que ce mot est celtique, et le P. Puget, qu'il peut venir de l'hébreu *kapad*, couper.

CHAPLAR, v. a. Chapeler, enlever la surface de la croute du pain, du pain chapelé. V. *Chapl*, R.

CHAPLAR SE, v. r. Se couper, se déchirer dans les plis, en parlant des étoffes.

CHAPLAT, **ADA**, adj. et p. (tchaplá, áde). Coupé, haché, chapelé, selon le verbe. V. *Chapl*, R.

CHAPLATIO, s. f. vl. CHAPLADIS. Carnage. V. *Carnagi*.

Éty. de *chaplar*, hacher.

CHAPLE, s. m. (tchàplé); CHAPLADIS, CHAPLEI, ABATTAGE. Massacre, tuerie, carnage, abatis, boucherie, et fig. consommation désordonnée.

Éty. de *chaplar*. V. *Chapl*, R.

Chaple de bosc, abatis.

Chaple de marteous, vl. battement de marteaux.

CHAPLE-CHOC, s. m. (tchàplé-tchoc). Nom par lequel on désigne, à Carpentras, d'après le Suppl. à Pellas, une espèce de concert composé de trois instruments, savoir: d'un fifre, d'un petit tambour et de petites timbales ou castagnettes de fer ; c'est au son de ces instruments que le bas peuple danse ordinairement.

CHAPLEI, vl. V. *Chaple*.

CHAPLER, s. m. vl. Carnage. Voy. *Chaplamen* et *Chapl*, R.

CHAPLET, s. m. vl. Mêlée. V. *Chaple* et *Chapl*, R.

CHAPLEU, s. m. vl. Carnage. V. *Chaple* et *Chapl*, R.

CHAPLIER, vl. V. *Chaple*.

CHAPLOOU, d. de Barcel. V. *Chaplaire*, *Gratuaire* et *Chapl*, R.

CHAPLUN, s. m. (tchaplûn), dl. Chapelure, ce que l'on a ôté de la croûte de pain en le chapelant ; les recoupes de la pierre de taille, ce qui a été haché. V. *Chapl*, R.

CHAPLUN, s. m. Suppl. à Pellas. Recoupes des pierres de taille.

CHAPLUN, s. m. (tchaplûn). Nom qu'on donne, aux environs de Toulon, à une espèce de charançon qui vit sur les feuilles et les bourgeons naissants de l'olivier. V. *Chaplan*.

Éty. de *chaplar*, hacher, parce qu'il découpe les feuilles sur lesquelles il vit.

CHAPOLI, s. m. nom d'homme, (tchapòli). Hypolithe.

CHAPOLI, s. m. Rhapontic commun, rhubarbe des moines, patience des Alpes, *Rumex Alpinus*, Lin. plante de la fam. des Polygonées qu'on trouve dans les lieux gras et humides de la Haute-Prov.

Éty.

La racine du rhapontic des Alpes, a une saveur amère bien prononcée, elle agit comme tonique et légèrement purgative. On la vend quelquefois dans le commerce au lieu du vrai rhapontic, qui est une espèce de rhubarbe.

CHAPOLI, s. m. Est souvent employé comme synonime de fou, écervelé, etc.

CHAPORNI, Garc. V. *Chapat*.

CHAPOTES, s. m. vl. Chapotois, monnaie de Bigorre.

CHAPOU, s. m. (tsopóu), d. bas lim. Alt. de *Chapoun*, chapon, V. *Capoun*, fig. homme riche : *A qu'ei un boun chapoun*.

CHAPOUIRE, Garc. Marteau de faucheur. V. *Marteleira*.

CHAPOUN, s. m. (tchapóun). Chapon. V. *Capoun*.

Besace de berger cousue au caban. Aub.

CHAPOUN, s. m. (tsopóu), d. bas lim. Pâté d'encre. V. *Porc*.

CHAPOUNAR, V. *Capounar*.

CHAPOUTADIS, s. m. (tchapoutadis), dl. L'action de se tremper souvent dans l'eau.

CHAPOUTAR, v. a. (tchapoutá), dl. Hacher, couper avec une cognée ; battre, frapper. Sauv. V. aussi *Caputar* et *Chapl*, Rad.

CHAPOUTAR, v. a. dl. CHAPOUTEGEAR. Laver, tremper et remuer dans l'eau. Douj.

CHAPOUTAR SE, v. r. dl. SE CHAPOUTEGEAR, SE CHAPOUTAR. Se dodeliner dans l'eau.

CHAPOUTARIA, s. f. (tchapoutarie), dl. Guenilles, bagatelles. V. *Chapl*, R.

CHAPPA, s. f. (tchàpe). Chappe, Ency. espèce de lisière dont les mailles ont quinze lignes en carré, et qu'on met au tour des filets pour les fortifier.

Éty. de *chap* pour *cap*, extrémité. V. *Cap*, Rad.

CHAPRED, s. m. (tchaprè). Règlement de police, concernant la taxe des viandes. V. *Cabridier*.

Éty. de *cha* pour *char*, chair, viande, et de *pred*, pour prix, prix donné à la viande.

CHAPT, s. m. (tchapt), d. lim. Bout, extrémité.

CHAPTAR, v. a. vl. lim. Acheter. V. *Achetar*.

CHAPTAR, v. a. vl. Maintenir.

Éty. de *chapt* pour *cap*, et de *ar*, tenir la tête, sous-entendu, levée.

CHAPTENEMEN, vl. V. *Captenemen*.

CHAPTENER, v. a. vl. Empêcher, retenir, abstenir.

CHAPTENS, s. m. vl. Soutien, protecteur.

CHAPUGEAR, v. a. (tsopudzá), d. bas lim. Charpenter, tailler du bois de charpente. V. *Fustegear*, enlever du bois à une pièce pour la rendre plus mince, dans l'intérieur d'une mortaise pour l'agrandir ; fig. revenir toujours sur le même propos, V. *Repepiar*, tousser: *Ai trapugeat touta la net*, j'ai toussé toute la nuit.

Éty. de *chapuiz* et de *egear*, billot à l'usage des tonneliers, et par extension, bois charpentier.

CHAPUIS, nom pr. (chapuis). Chapuis.

Éty. du roman *chapuis*, qui signifiait charpentier, d'où le nom propre *Chapuis*.

CHAPUS, s. m. (xapús), dg. Tronchet, billot soutenu par trois pieds, sur lequel les tonneliers et autres ouvriers, dégrossissent leur ouvrage.

CHAPUT, s. m. (tsopú), d. bas lim. Huppe, touffe de plumes que certains oiseaux ont sur la tête. V. *Capeou* et *Cap*, R.

CHAPUT, UDA, adj. et p. (tsopú, úde), md. Huppé, ée. V. *Capelut* et *Cap*, R.

CHAPUTAI, s. m. (tsoputáï). Nom bas limousin du Putois. V. *Marta*, 2.

CHAPUTAIRE, ARELA, adj. (tchaputàïré, arèle). Celui, celle qui se plaît à hacher, à couper par petits morceaux, sans besoin ; médisant. Garc.

CHAPUTAR, V. *Caputar* ; médire ; bousiller. Gar. et *Chapl*, R.

CHAPUTAT, V. *Caputat* et *Chapl*, R.

CHAPUTILHAS, Voy. *Caputilhas* et *Chapl*, R.

CHAQUE, CHEQUE. V. *Cade*.

CHAR, une des variétés de la désinence *Egear*, *ar*, v. c. m.

CHAR, s. f. (tsà), d. bas lim. Chair. V. *Carn* et *Carn*, R.

Esse coumo la char et l'oungla, être lié d'une amitié étroite.

Char-de-poula, contraction de la peau, occasionnée par une impression subite de froid, qui la fait resserrer et rendre saillants les bulbes des poils, ce qui la fait ressembler à de la chair de poule.

CHAR, s. m. (tsá), md. Pour charrette. V. *Carreta* et *Carr*, R.

CHAR, s. m. (tchar). Char, voiture à deux roues dont les anciens se servaient dans les combats, dans les jeux, dans les triomphes, etc., et poétiquement parlant, carrosse magnifique.

Éty. V. *Carr*, R.

L'invention des chars remonte à la plus haute antiquité, à plus de trois mille ans avant l'ère chrétienne, puisqu'il est dit dans l'écriture que Salomon en entretenait une grande quantité.

CHAR, ARA, adj. (tsá, áre), d. bas lim. Cher. V. *Chier* et *Car*, R.

CHARA, s. f. (tsóre), d. bas lim. Servante de cuisine. V. *Gadouthoun*.

Far chara, se dit d'une chose qui fait défaut, de quelqu'un qui reste court : *Nostre curat a faci chara ei miech de soun prone*, le curé est resté court au milieu de son discours, de son prône.

Éty. de *chara*, figure, sous-entendu, *marrida*, mauvaise. V. *Cara*, R.

CHARA, s. f. (tchàre). Pour figure, mine. V. *Cara* et *Cara*, R.

N'y agacha ni els ni chara, d. bas lim. il agit sans aucune considération.

CHARA, s. f. dl. Grand flacon d'étain ou de cuivre. V. *Charra*.

CHARABAN, s. m. (tcharabán). Char-à-banc, sorte de voiture à quatre roues, longue et basse, qui n'a qu'un banc sur lequel on s'assied de côté. V. *Carr*, R.

CHARA-BLANC, s. f. (tsáre-blán), d. bas lim. On le dit des personnes qui ont la figure blême et en même temps quelque chose de repoussant. V. *Cara*, R.

CHARABOL, s. m. (tsorobòl), d. bas lim. Vieux tronc de châtaignier pourri. V. *Can*, R.

CHARADA, vl. V. *Carretada*.

Éty. de *char* et de *ada*. V. *Carr*, R.

CHARAL, s. f. (tsorál), d. bas lim. Chemin de servitude qu'on laisse dans les champs pour aller aux terres voisines. V. *Carr*, R.

CHARAMALHAT, ADA, adj. et p. (tcharamaillá, áde) ; CHARAMIHAT.-Ebaubi, ie ; ravi d'admiration. Avril. V. *Esbait* et *Esmervelhat*.

CHARAMAN, s. m. (tcharamán), d. m. CALAMANT, FLET. Arêtier. V. *Calaman*.

CHARAMEL, s. m. (tsoromèl), d. bas lim. Chalumeau, tuyau de paille ou de roseau avec lequel on inspire un liquide ; tuyau encore verd du blé, de l'orge, etc. V. *Calam*, Rad. grosses plumes qui commencent à pousser aux oiseaux.

CHARAMELA, s. f. (tsoromèle), d. bas lim. Augm. de *Charamel*, espèce de sifflet, que les enfants fabriquent avec l'écorce du châtaignier ; on emploie souvent ce mot pour désigner un son ennuyeux.

Éty. du portugais *charamella*, flûte, hautbois. V. *Calam*, R.

CHARAMELAIRE, s. m. (tsoromelàïré), md. Joueur de la *Charamela*, et par extension d'un instrument à vent, du haut-bois.

Éty. du port. *charamelleiro*, joueur de flûte.

CHARAMELAR, v. n. (tsoromelá), md. Jouer de la *charamela*, et par extension d'un instrument à vent.

Éty. de *charamela* et de *ar*. V. *Calam*, R.

CHARAMELIAR, v. a. (tcharameliá). Terme arabe qui signifie charmer, enchanter, rendre joyeux.

CHARAMELIAT, ADA, adj. et p. (tcharameliá, áde). Qui jouit, qui goûte la plus grande volupté.

CHARAMOULAR, Ach. V. *Amoular* et *Mol*, R.

CHARAMOULAT, s. m. (tcharamoulá); CHEROMOULAT. Remouleur. V. *Amoulet* et *Amoulaire*.

Éty. P. Puget fait venir ce mot, de *charriar*, charrier, et de *mola*, meule, qui porte la meule.

CHARANTA, s. f. (tcharánte); *Charenta*, esp. Charente, département de la...., dont le chef-lieu est Angoulême.

Éty. D'une rivière de ce nom qui traverse le pays, *caranthomos*, en lat.

CHARANTA-INFERIOURA, Charante-Inférieure, département de la...., dont le chef-lieu est La Rochelle.

Éty. V. le mot précédent.

CHARANTOU, s. m. (tsorontóu), alt. du d. bas lim. de *Charantoun*.

CHARANTOUN, s. m. (tsorontóu), d. bas lim. Charançon du blé. V. *Cavaroun doou blad*.

Éty. du lat. *calandra*, suivant Ménage.

CHARANTOUNAT, ADA, adj. (tsorontouná, áde), d. bas lim. On le dit du blé qui a été attaqué par les charançons.

CHARAS, s. m. (tcharás), d. m. MAZATGE. Masure, restes d'une maison tombée en ruines. V. *Casal*.

CHARAU, vl. V. *Carrau*.

CHARAVARIN, Garc. et

CHARAVERIN, s. m. (tcharavarïn). Altération de *Charivari*, v. c. m.

CHARAVI, s. m. (tsorovi). Un des noms bas lim. du chervis. V. *Charui*.

CHARAVIL, s. m. (tcharavil). Autre altération de *Charivari*, v. c. m.

CHARAVIRAR, v. n. (tcharavirá). Culbuter, faire la culbute, tomber à la renverse. Garc.

CHARAVIRAR, V. *Chavirar*.

Éty. de *chara*, figure, et de *virar*; sous-entendu, en bas. V. *Cara* et *Vir*, R.

CHARA-VIRAT, d. bas lim. V. *Caravirat*.

CHARAYAS, V. *Chalayas*.

CHARBE, s. f. (tsárbé), d. bas lim. Anse d'un panier, d'une marmite, etc. V. *Manelha*.

La charbes dei col, la clavicule, os qui s'étend transversalement et obliquement du haut du sternum, au haut de l'omoplate.

CHARBE, d. m. V. *Canebe* et *Canab*, R.

CHARBONIER, vl. V. *Carbounier* et *Carboun*, R.

CHARBOU, s. m. (tsorbóu), d. bas lim. Alt. de *Charboun*. V. *Carboun* et *Carbous*, Rad.

CHARBOUN, d. m. et comp. V. *Carboun*, etc.

CHARBOUS, OUSA, adj. (tcharbóus, óuse). Filandreux comme le chanvre. V. *Charbut* et *Canab*, R.

CHARBUT, UDA, UA, adj. et p. (tcharbú, úde, úe); ESTOUPOUS, COURDAT, CORDAT, COUTOUNAT, TANAT, BOUTIS, TINAT, CHARBOUS, PANOUCHOUS. Cordé, ée, en parlant des racines potagères qui sont devenues filandreuses comme du chanvre, cotonné, ée, quand il s'agit des fruits durs et coriaces. V. *Canab*, Rad.

CHARCER, vl. Prison, V. *Prisoun* et *Carcer*, R. Chartre. V. *Chartra*.

CHARCERAL, s. f. vl. Peine de chartre. V. *Carcer*, R.

CHARCHA-BRUT, s. m. (tsártse-brú), d. bas lim. Tapageur, qui cherche, qui aime les querelles.

Éty. Ce mot sign. littér. cherche-bruit. V. *Quer*, R.

CHARCHA-FEINA, s. m. (tsártse-fèine), Animal vorace de l'espèce de la fouine, mais son ennemi, il est très-alerte pour enlever sa proie.

M. Béronie ne donne pas d'autre renseignement sur cet animal qu'il est impossible de déterminer d'après une description aussi insignifiante. V. *Quer*, R.

CHARCHA-POUS, d. bas lim. m. sign. que *Cerca-pous*, v. c. m. et *Quer*, R.

CHARCUTAR, V. *Charcutiar* et *Carn*, Rad.

CHARCUTIAIRE, s. m. (tcharcutiaïré). Ironiquement mauvais chirurgien, mauvais opérateur. V. *Charcutier*.

Éty. V. *Charcutiar* et *Carn*, R.

CHARCUTIAR, v. a. (tcharcutiá); CHARCUTAR, MASCAGNAR. Charcuter; au propre, découper de la viande crue, fig. couper mal proprement les viandes à table; opérer mal adroitement, en parlant d'un chirurgien.

Éty. de *char* pour *car*, chair, de *cut* pour *oruch*, cuit, et de *ar*, faire cuire les chairs, ou de *car*, de *culter* et de *iar*, litt. couper la chair avec le couteau, ou selon M. Nodier, de *caro*, chair, et de *cutis* peau, parce que les charcutiers ne pouvaient vendre que la viande des animaux qui ne s'écorchent pas. V. *Carn*, R.

CHARCUTIER, s. m. (tcharcutié); CARSALADIER, CHARCUTIAIRE, SALCISSIER, CHARCUTAIRE. Charcutier, qui vend de la chair de cochon, crue, cuite, fraîche ou salée. V. *Carn*, R.

CHARDA, s. f. (tchárde), d. m. et bas lim. Carde. V. *Carda* et *Card*, R.

CHARDADA, s. f. (tsordáde), d. bas lim. Cardée. V. *Cardagna* et *Card*, R.

CHARDAIRE, AIRA, s. (tsordaïré, aïre), d. bas lim. Cardeur, euse. V. *Cardaire* et *Card*, R.

CHARDAT-ET-PENCHENAT, s. m. (tsordá-é-pentsená), d. bas lim. Espèce d'étoffe qu'on fabrique à Tulle, dont la chaîne est en laine peignée et la trame de laine cardée, d'où le nom, *cardé et peigné*.

Éty. V. *Card*, R.

CHARDELLA, s. f. (tchardèle). V. *Lachairoun* et *Card*, R.

CHARDINA, d. béarn. Alt. de *Sardina*, v. c. m.

CHARDIT, *Mes chardit de bous escarnir*, mais on n'oserait, ou on ne serait pas si hardi de vous imiter, Sauv. on n'aurait garde.

Éty. V. *Card*, R.

CHARDOUÇA, s. f. (tchardóuce); CARDOUÇA, CARDARINETA, CARDOUSSA, CARDOULHA. Carline à feuilles d'acanthe, *Carlina acanthifolia*. Allioni, plante de la famille des Composées Corymbifères, commune sur les coteaux arides de la Pr.-Sept. où l'on mange ses réceptacles comme ceux des artichaux.

Éty. de *car*, chair, et de l'adj. *douça*, douce; chair douce ou bonne à manger. V. *Carn*, R.

Sa fleur desséchée sert d'hygromètre, elle se ferme par l'influence de la sécheresse de l'air, et s'ouvre par celle de son humidité.

CHARDOUSSIAR, v. a. (tchardoussiá). Secouer, agiter, balloter.

Éty. du lat. *carnem agitare*. V. *Carn*, R.

CHAREI, s. m. d. lim. Charroi. V. *Carr*, Rad.

CHARENAS, d. m. V. *Calendas*.

CHARENDAS, s. f. pl. (tcharèindes). V. *Calendas* et *Calend*, R.

La fête de Noël était fixée au 25 décembre, jour des calendes de janvier, ce nom de *calendas*, fut appliqué dans un sens restreint à la fête même.

A calendas, le sant jorn de Nadal.
Chronique d'Arles.

CHARENDAU, adj. m. (tchareindáou); PAN. Pain des calendes de Noël. On donne ce nom, à Champtercier, village près de Digne, à un gros pain divisé en quatre, par une incision cruciale, que l'on fait à la Noël, et auquel on ne touche pas jusqu'à ce qu'un pauvre s'étant présenté on a pu lui en donner un quart. V. *Calend*, R.

CHARENT, ENTA, adj. (tsoréin, éinte), d. bas lim. Cher, ère, qui vend plus cher que les autres. V. *Charivent* et *Car*, R.

CHARESTIA, s. f. V. *Carestia* et *Car*, Rad.

CHARFIEL, s. m. Nom nismois du cerfeuil. V. *Charfuelh*.

CHARFUEC, d. m. V. *Chafuec*, *Can* et *Fue*, R.

CHARFUELH, s. m. (tcharfuéill); CARFUELH, CERFUELH, CERFUI, CHARFIEL, CHERFIEUL, CARFUEILH. *Cerepoll*, cat. *Cerafolio*, esp. *Cerfoglio*, ital. *Cerefolio*, port. Cerfeuil, cerfeuil cultivé: *Scandix cerefolium*, Lin. *Chœrophyllum sativum*, Lam. plante de la fam. des Ombellifères, indigène du Midi de l'Europe, et cultivée dans tous les jardins pour l'usage de la cuisine. V. Gar. *Chœrophyllum*, p. 97.

Éty. du lat. *chœrophyllum*, dérivé du grec χάιρω (kairô), je me réjouis, et de φυλλον (phullon), feuille, qui se plaît à pousser une grande quantité de feuilles.

CHARFUELH SAUVAGI, s. m. Cherfeuil sauvage.

CHARGEA, d. m. et compos. V. *Carga*, etc. par c, et *Carg*, R.

CHARGEADOUR, s. m. (tsordzodóu), et impr. TSORDODOUR. d. bas lim. Se dit du lieu où se réunissent les charrettes pour prendre leurs charges. V. *Cargadour* et *Carg*, Rad.

On donne aussi ce nom à une pièce de bois fourchue, soutenue à la hauteur des épaules d'un homme sur laquelle les journaliers placent leurs paniers pour les remplir, et pour les charger ensuite plus facilement sur leurs épaules. Bér.

CHARGEAR, v. a. (tchardjá), d. m. et bas lim. Charger. V. *Cargar* et *Carg*, R.

CHARGEOTA, s. f. (tchardjóte), dim. de *Chargea*, petite charge. Garc. V. *Carqueta*.

CHARGEUR, s. m. (tchardjúr). Chargeur, propriétaire d'une cargaison. Garc.

CHARGIER, s. m. (tchargié), d. m. Gros jet de neige : grande quantité de neige tombée à la fois.

Éty. de *chargea*, charge, et de *ier*, qui charge beaucoup, sous-entendu les toits. V. *Carg*, R.

CHARGIVOU, OUA, adj. (tchardgïvou, óue), d. m. *Carregós*, cat. Pesant, indigeste, qui pèse sur l'estomac. V. *Carg*, R.

CHARISCLE, s. m. (tchariscle). Nom du serin, aux environs de Toulouse.

Éty. du grec χάριεις (charieis), gracieux.

CHARISME, adj. vl. *Carissim*, cat. *Carissimo*, esp. ital. Très-cher. V. *Car*, R.

CHARITABLE, V. *Caritable* et *Car*, R.

CHARITAT, V. *Caritat*.

CHARITATIVAMENT, adv. d. vaud. Charitablement, V. *Caritablament*.

CHARITE, s. f. (tcharite); CHARITÉ. Voy. *Caritat* et *Car*, R.

Fraires de la charite. Les frères de la charité, *i fratelli*, en ital. Ordre religieux, fondé à Grenade en 1540, par le nommé Saint Jean-de-Dieu, et destiné à donner des soins aux malades. Marie de Médicis l'introduisit en France en 1601, et Henri IV, leur donna des lettres patentes.

Filhas de la charite, filles de la charité, congrégation, fondée à Châtillon-les-Dombes, en Bresse, l'an 1517, par les soins de Saint Vincent-de-Paul.

Maison, hôpital pour les enfants trouvés.

CHARITOUN, OUNA, s. m. (tcharitóun, óune). Enfant nourri à la charité.

CHARITOUS, OUSA, adj. (tcharitóus, óuse). *Charitable*, v. c. m. Aub.

CHARIVARI, s. m. (tcharivari); CHABAVARIN, CHIARIVARI, CHARAVIOU, CARAVIOU, CARIBARI, TARIBARI, CHARAVERIN, CHARAVIL, CARIVARI, CALHIBOBI, CHALIBARI, CARAVIL. Charivari, bruit confus et tumultueux qu'on fait avec des poêles, des chaudrons, des casseroles, des sonnettes, etc., aux portes de ceux qui célèbrent des secondes nôces, pour les tourner en dérision. On donne aussi figurément le même nom, à une mauvaise musique ou à un bruit confus excité par quelque querelle.

Éty. Nicot dérive ce mot du grec καρηβαρία (karêbaria), pesanteur de tête, d'où καρηβαρικὸς (karêbarikos), qui donne des pesanteurs de tête; Borel de καρηβαρέω (karêbaréô), je romps la tête; Ducange de *cari, cari*, cri que profèrent les Picards de Boulogne ou de Calais, pour soulever le peuple contre les exactions qu'on veut faire sur lui: Comme le bruit est grand et tumultueux, dit le Dict. de Trévoux, et que les Picards prononcent *ca*, ce qu'ailleurs on prononce *cha*, on a appelé *charivari* le grand bruit que faisaient des masques ou des personnes déguisées pour faire insulte à quelqu'un etc.; mais la véritable étymologie de ce mot est celle donnée par Scaliger qui le fait venir de χαλυβς (chalybs), acier; d'où *chalibari*, par la suppression de la désinence, et *charivari*, par les mutations ordinaires de *l* en *r*, et de *b* en *v*. Comme c'est en effet, avec des ustensiles de fer ou d'airain qu'on fait ordinairement cette bisare symphonie, il ne reste aucun doute sur la vérité de cette étymologie.

S'il est difficile de connaître l'origine du *Charivari*, puisque plusieurs auteurs disent qu'on en trouve des exemples dans l'antiquité, il n'en est pas de même des intentions qui l'ont déterminé, car autrefois, comme à présent, on n'a eu d'autre objet en vue, dans ces démonstrations bruyantes, que de blâmer la conduite de celui qui en était gratifié. D'abord et pendant longtemps, il ne fut exécuté, que contre des personnes qui rompaient leur veuvage, et cela à cause des espèces d'anathèmes que l'Eglise, et particulièrement l'Eglise Grecque avait lancés contre les secondes nôces : *Severior fuit prioribus sæculis Ecclesiæ, præsertim græcæ; disciplina ratio erga eos qui ad secundas et ulteriores transibant nuptias.* Honoratus Tournely, prælectiones theologiæ, de sacramento matrimonii.

On peut voir dans le même ouvrage que Saint Paul, Tertulien, Saint Ambroise, Théophile, etc., sans les regarder comme illégales, blamèrent les secondes nôces et conseillèrent aux fidèles de s'en abstenir; en fallait-il davantage pour exciter le peuple à les désapprouver aussi? et comme les premières, les véritables nôces étaient saluées par des concerts, on hua les autres par des charivaris qui en sont la parodie.

C'est donc à tort que Thiers, dans son traité des jeux, prétend trouver dans le charivari, une dérision contre le mariage, qui aurait provoqué les décrets des Synodes et des Conciles qui l'ont défendu, non seulement sous peine d'excommunication, mais qui y ont encore ajouté une peine pécuniaire. Ces conciles et ces synodes n'avaient sans doute d'autres vues, dans leurs décisions, que de prévenir les scènes scandaleuses et souvent sanglantes, auxquelles les charivaris donnaient lieu. Ce même Thiers, se répand ensuite en invectives contre cette discordante musique, la traitant d'amusement honteux, préjudiciable aux bonnes mœurs et contraire à la société, comme s'il avait pu prévoir dès lors, 1686, qu'en 1832, un charivari à grand orchestre, serait donné à quelqu'un qui porterait son nom *(Joan, de Garrouib, secund. Nupt. cité par Raynouard, dit aussi : secundo nubentibus fit* charavaritum *seu capramaritum, nisi se redimant et componant cum abbate juvenum).*

Cet abus s'était tellement répandu que les reines mêmes qui se remariaient n'étaient pas épargnées, ce qui engagea les autorités ecclésiastiques et judiciaires, à lancer leurs foudres respectifs pour le faire cesser. Le Concile de Tours le défendit sous peine d'excommunication; les parlements de Paris, de Lorraine, de Provence, de Toulouse et de Dijon, rendirent plusieurs arrêts, tant pour l'abolir que pour punir ceux qui s'en étaient rendu coupables. Les arrêts les plus remarquables du parlement de Toulouse contre le charivari, sont ceux du 18 janvier 1537, du 11 mars 1549, du 9 octobre 1545, du 6 février 1542 et du mois de mars 1551; on cite aussi ceux de Dijon, du 26 juin 1606 et du 14 janvier 1640; de Lorraine, du 17 janvier 1715; de Paris, du 13 mars 1735; enfin, de Provence, du 27 juin 1534, du 23 décembre 1544 et du 19 mars 1616.

Malgré toutes ces défenses et les condamnations qui en ont été la suite, l'abus du charivari n'a pas pu être détruit entièrement, ce qui a lieu pour tout ceux qui ont poussé de profondes racines et que le temps semble avoir sanctionnés.

CHARIVEND, ENDA, adj. (tcharivèint, èinde), d. m. CHARENT, CHERIVENDI. Qui vend sa marchandise trop cher, renchéri.

Éty. de *chari*, pour *chier*, cher, et de *vend*, pour *vendre*, vend cher. V. *Car*, R.

CHARJA, vl. V. *Carga*.

CHARLAIRE, s. m. (tcharlaïré), dl. *Ciarlatore*, ital. Babillard. V. *Charraire*.

Éty. du vieux mot *charlar*, port. *charrar* et de *aire*.

CHARLATA, s. f. (tcharláta); CHANLATA, CHARLATTA. Chanlatte, pièce de bois fixée vers l'extrémité des chevrons pour soutenir deux ou trois rangées de tuiles destinées à écarter la pluie d'un mur de face.

CHARLATAN, ANA, (tcharlatan, áne); FARFANT, FARFANTAIRE, BREGUETIAN. *Charlatan*, esp. *Charlatão*, port. *Ciarlatano*, ital. Charlatan, vendeur de drogues sur les places publiques, marchand d'orviétan; hableur, euse.

Éty. de l'ital. *ciarlare*, parler, ou du celt. *charlataria*, bavardage.

Les charlatans sont nés avec la médecine et ne finiront qu'avec elle. Hippocrate en a laissé une peinture des plus frappantes.

CHARLATANARIA, s. f. (tcharlatanarie); CHARLATANARIE. *Charlataneria*, esp. port. *Ciarlataneria*, ital. Charlatanerie, discours de charlatan, charlatanisme.

CHARLATANIAR, v. a. (tcharlataniá); *Charlatanear*, esp. port. Charlataner, tromper quelqu'un en le cajolant par des discours semblables à ceux des charlatans.

CHARLATANISME, s. m. (tcharlatanismé); *Charlatanismo*, port. Charlatanisme, ruses, artifices, tromperies de charlatan.

Éty. de *charlatan* et de *isme*.

CHARLES, nom d'homme (tcharlé); CHARLE. *Carle*, ital. *Carles*, esp. Charles.

Patr. L'Église honore 7 saints de ce nom : Charles Borromée, le 4 nov. Charles de Chatillon, le 29 sept. Charles le bon, le 2 mars; Charles de Rumane, le 7 sept. Charles Grégoire, le 20 sept.

Éty. du lat. *carolus*, dérivé du celt. *carl*, qui signifie mâle, au propre, et vaillant, au figuré.

CHARLOT, nom d'homme, (tcharló). CHARLOUN, *Carlino*, ital. Charlot.

Patr. V. *Charles*.

Éty. Dim. de *Charles*, v. c. m.

CHARLOT, s. m. (tharló). Nom qu'on

donne au courlis commun, à Arles, à Avignon et dans le Gard. V. *Courliou.*

CHARLOT-PICHOT, s. m. Nom arlésien du corlieu. V. *Courliou* 2.

CHARLOT-ROUS, s. m. Un des noms du courlis vert, selon M. d'Anselme, Voy. *Gourbelha* et *Charlot-d'Espagna.*

CHARLOTA, nom de femme (tcharlóte), LOLOTA, *Carlotta*, ital. *Carlota*, esp. Charlotte.

Patr. V. *Charles.*

CHARLOT-DE-GARRIGA, subt. m. (tcharló-dé-garrigue). Nom qu'on donne, à Montpellier, au pluvier commun. V. *Pluvier coumun.*

CHARLOT-D'ESPAGNA, s. m. Nom que M. Crespon donne à l'ibis falcinelle, *Ibis falcinellus*, Cresp, de la même fam. que le précédent. V. *Gourbelha.*

CHARLOTINA, s. f. Nom qu'on donne, à Montpellier, au *Tringa equestris.*

CHARLOTINA, s. f. (tcharloutine); Nom arlésien de la barge, *Scolopax limosa*, Lin. oiseau de l'ordre des Echassiers et de la fam. des Ténuirostres ou Rampholites (à bec grêle).

Éty. *Charloutina*, fém. et dim. de *charlot*, courlis.

CHARLOTINA, s. f. Nom qu'on donne, dans le Gard, au corlieu ou petit courlis. V. *Courliou* 2.

CHARLOUN, nom d'homme, dim. de *Charles*, Cast. V. *Charlot.*

CHARMABLE, adj. (tsormáblé), d. bas lim. *Charmant*, v. c. m. et *Charmar.*

CHARMADOUR, adj. vl. Charmant. V. *Charmant* et *Charmar.*

Éty. de *charmar* et de *adour*, celui qui charme.

> D'autro part lou vioulouu et l'auboís charmadou,
> Nous tiravo subtil l'amo per l'ausidou.
>
> Lesage.

CHARMAIRE, USA, s. (scharmàiré, úse). Celui, celle qui charme; sorcier.

CHARMANT, ANTA, adj. (tcharmán, ánte); CHARMABLE. Charmant, ante, qui plaît extrêmement par des qualités aimables qui captivent le cœur.

Charmant est une espèce de superlatif qui n'admet point d'augmentatif, ne dites donc pas *bien charmant*, *fort charmant*, etc.

CHARMAR, v. a. (tcharmá). Charmer, enchanter, plaire, ravir.

Éty. de la basse lat. *carminare*, fait du lat. *carminis*, gén. de *carmen*, enchantement, charme, et de *are*, opérer le charme, l'enchantement.

Dérivés: *Charm-able*, *Charm-adour*, *Charm-ant*, *Charm-at*, *Charm-e.*

CHARMAR, v. a. Se dit souvent pour cautériser avec un fer incandescent.

Éty. Parce que cette brûlure ne cause presque pas de douleur quand on l'applique légèrement, et qu'elle fait souvent cesser le mal qui la fait mettre en usage.

CHARMAT, ADA, adj. et p. (scharmá, áde). Charmé, ée; cautérisé, ée, selon le verbe.

CHARME, s. m. (tchármé); EMBELINAMENT, ENCANTAMENT. Charme, enchantement, appas, attrait.

Éty. du lat. *carmen*, vers, poésie, parce que dans leur origine les formules des magiciens étaient en vers.

Dansava coumo un charme, *aquot vous vai coumo un charme*, d. bas lim. elle dansait à ravir, cela vous va parfaitement.

CHARME, s. m. (tchármé); CHARMILHA, CHAUPRE, CALPRE. Charmille ou charme, *Carpinus-betulus*, Lin. arbre de la fam. des Amentacées, indigène de l'Europe.

Éty. Pris du lat. *carpinus*, que M. Théis fait dériver du celt. *car*, bois, et de *pin*, tête, c'est-à-dire, bois propre à faire des jougs pour la tête (des bœufs). Le nom grec de cet arbre exprime la même chose : ζυγια (zuguia), dérivé de ζυγος (zugos), joug, bois de joug. Ce nom en anglais a encore la même signification: *Hornbeam-tree*, arbre à trait pour les cornes; son bois est en effet très-propre pour tous les ouvrages de charronnage.

CHARMENT, dg. Pour *Sarment*, v. c. m.

CHARMILHA, s. f. (tcharmille); CHARME, *Carpino*, ital. *Carpes*, esp. port. Charmille. V. *Charme.*

Charmilha, se dit plus particulièrement des plants de petits charmes, ou d'une haie faite avec de jeunes arbres de cette espèce.

CHARN, s. f. vl. Chair. V. *Carn.*

CHARNAIGRE, V. *Charnigou* et *Carn*, Rad.

CHARNALMENT, vl. V. *Charnelament.*

CHARNEGOU, dl. V. *Charnigou.*

CHARNEL, ELLA, adj. (tcharnèl, èle); *Carnale*, ital. *Carnal*, esp. port. cat. Charnel, elle, qui est attaché aux plaisirs des sens, qui s'y rapporte.

Éty. du lat. *carnalis*, m. s. V. *Carn*, R.

CHARNELAMENT, adv. CARNALMENT, CHARNALMENT. *Carnalment*, cat. *Carnalmente*, esp. port. ital. Charnellement.

Éty. de *charnela* et de *ment*, d'une manière charnelle. V. *Carn*, R.

CHARNIER, s. m. (tcharnié); *Charneira*, port. Charnier, espèce de cage garnie en canevas, où l'on place la viande pour la conserver.

Éty. de *charn*, pour *carn*, et de *ier.* V. *Carn*, R.

Dans le Bas-Lim. on le dit iron. d'une personne très-grasse.

CHARNIERA, (tcharnière). Charnière, pièce de métal, composée de trois parties, qui sert à maintenir réunis une boîte avec son couvercle, etc.

Éty. du lat. *cardo*, *cardinis*, gond, selon Ménage.

Dans une charnière on nomme :

CHARNONS, les petits anneaux des deux pièces d'une fiche à nœuds.

LACET, la broche de fer ou rivure.

CHARNIGAIRE, s. m. (tcharnigáire). Un libertin éfeminé.

Éty. du lat. *carnis*, gén. de *caro* et de *aire*, le *g*, est euphonique. V. *Carn*, R.

CHARNIGAR, v. a. vl. Chasser avec le chien appellé *charnigou* ou *charnaigre.* V. *Carn*, R.

> Caranono puis dis, you m'en vau *charnigar*
> Un parecu de sounious, que saran per soupar.
>
> Labellaudière.

CHARNIGOU, s. m. (tcharnígou); CHARNEGOU, CHARNAIGRE, RASTEGUE, RASCAS, PASSIL. Charnaigre, espèce de chien levrier bâtard, provenant de deux espèces différentes. V. *Carn*, R.

CHARNIGOU, adj. CHARNEGOU. Difficile, bourru, hargneux, acariâtre comme le chien qui porte ce nom, V. *Carn*, R.

CHARNIVAS, s. m. (tcharnivás), d. m. CARNISSOUN, CARNIVAS. Grosse excroissance de chair qui vient sur une partie quelconque du corps de l'homme ou des animaux; carnosité.

Éty. de *carnis*, gén. de *caro*, et du dépr. *as*, le *v* représente peut être là, le mot *viva*, gros morceau de chair vive. V. *Carn*, R.

CHARNOUN, s. m. (tcharnóun). Charnon, anneau d'une charnière dans lequel passe une goupille, ordinairement fixée à une boîte ou à un bijou. V. *Charniera.*

CHARNUT, UDA, UA, adj. (tcharnú, úde, úe); *Carnoso*, esp. port. ital. Charnu, ue, bien muni de chair, on le dit aussi des fruits bien nourris, charneux, composé de chair.

Éty. de *caro*, *carnis*, chair, et de la term. *Osus*, v. c. m. V. *Carn*, R.

CHAROGNA, V. *Carogna.*

CHAROGNAU, V. *Carognada* et *Carn*, Rad.

CHAROSPA, s. f. (tcharóspe); CHOSPA, TIRASSADA, CHORNIA. Une coureuse, une prostituée, une femme de mauvaise vie.

Éty. Mot adouci de *Charogna.* V. *Carn*, Rad.

CHAROUGNAU, V. *Carognada* et *Carn*, Rad.

CHAROUR, d. m. V. *Calour.*

CHARPAIRE, s. m (tcharpàïré). Celui qui endêve, qui est impatient, emporté, querelleur, etc.

Éty. de *charpar* et de *aire.*

CHARPANTA, V. *Charpenta.*

CHARPANTIER, *Charpentier.*

CHARPAR, v. n. (tcharpá); BISCAR. Endêver, avoir grand dépit de quelque chose; gronder, quereller, clabauder, crier après quelqu'un, se fâcher.

Éty. du lat. *carpi*, *carpor*, être affligé, tourmenté. P. Puget.

CHARPENTA, s. f. (tcharpánte); CHARPANTA. Charpente, assemblage des pièces de bois, ordinairement équarries, employées à la construction d'un édifice; art du charpentier; le canevas d'un ouvrage d'esprit. V. *Charpentier* et *Carr*, R.

Les Chinois inventèrent la charpente, 2611 ans avant J.-C.

CHARPENTARIA, s. f. (tcharpentarie); CHARPANTARIA. *Charpentaria*, port. Charpenterie, l'art de travailler en charpente, le métier du charpentier, toute la charpente d'une maison.

Éty. de *charpenta* et de *aria*, tout ce qui concerne la charpente. V. *Charpentier* et *Carr*, R.

CHARPENTIER, s. m. (tcharpantié); CHARPANTIER, MESTRE D'AISSA. *Charpentiero*, ital. *Carpintero*, esp. *Carpenteiro*, port. Charpentier, ouvrier qui exécute ou fait exécuter les ouvrages en gros bois qui entrent dans la construction des édifices.

Éty. de *charpenta* et de *ier*, ou de la basse

lat. *carpentarius*, de *carpentum*, un char, à cause des rapports qu'il y a entre l'art du charpentier et celui du charron, ou parce que ce nom ne fut d'abord donné qu'aux charrons. V. *Carr*, R.

Ce mot peut venir aussi du celt. *scearp*, angl.-saxon, tout ce qui coupe.

L'art du charpentier, d'après Vitruve, paraît être un des plus anciens.

Les principaux outils du charpentier sont:

L'AMORÇOIR. V. *Amorsoir.*
LA BESAIGUE. V. *Besaguda.*
LES CISEAUX. V. *Ciseous.*
LA COGNÉE, V. *Destrau.*
LE CORDEAU. V. *Courdeou.*
L'ÉBAUCHOIR, ou gros ciseau qui sert à ébaucher les mortaises.
L'ÉQUERRE. V. *Escaire.*
L'ESSETTE ou EISSETTE. V. *Aisseta.*
LA GRUE. V. *Grua.*
LA HACHE. V. *Hapia* et *Destraloun.*
L'HERMINETTE. V. *Armineta.*
LE LASSERET, ou petite tarière qui sert à ébaucher les mortaises et à percer les trous des chevilles.
LE MAILLET. V. *Massa* et *Musseta.*
LA MOUFFLE. V. *Moufla.*
LE MOUTON. V. *Moutoun.*
LE NIVEAU. V. *Niveou.*
LE PIOCHON, ou espèce de besaigue qui n'a que quarante centim. de long, servant à faire les grandes mortaises.
LA RAMETTE, instrument de fer dont une extrémité applatie et recourbée sert à tracer sur le bois, et dont l'autre plate et percée de plusieurs petites fentes, sert à donner de la voie aux scies.
LA ROUANNE, instrument ressemblant à un compas qui sert à tracer.
LA SCIE PASSE PARTOUT. V. *Louba.*
LE SIMBLO ou SIMBLEAU, cordeau ou ficelle dont on se sert pour tracer une ligne circulaire lorsque son étendue dépasse la portée du compas.
TIRE SOUCLERS, outil qui sert à dégauchir le dedans des mortaises.

Les charpentiers nomment, ou disent:

ABOUT, l'extrémité de toute sorte de pièce coupée à l'équerre et façonnée en talus.
AMORCER, pour percer avec un laceret l'endroit où ils veulent faire une mortaise.
BRANDIR, pour percer un trou au travers de deux pièces qui se croisent, et y mettre une cheville pour les arrêter ensemble.
CHEVALER, pour indiquer l'action d'étayer, ou de soutenir un édifice avec des chevalements pour le reprendre sous-œuvre.
CINGLER, pour tracer des lignes avec le cordeau blanchi ou noirci.
ÉVENTER pour tirer avec un cordage une pièce de bois que l'on monte, pour qu'elle ne touche ni aux murs ni aux échaffauts.
RÉCÉPER, pour couper le superflu d'un pilot après qu'il a été battu.
MADRIER. V. *Platoun.*

CHARPIA, s. f. (tcharpie). V. *Escarpida.*

Éty. du lat. *carpia*, m. s.

CHARPIN, s. m. (tcharpin); CHARPINARIA. Au propre, gratelle, galle de chien, et au figuré, inquiétude dont on ne connaît pas la cause, mal être, anxiété; plein de venin. Garc.

Éty. du lat. *carpere*, prendre, chose qui prend, qui s'attache. V. *Carp*, R.

CHARPINADA, s. f. (tcharpinade). Combat à coups de poing. Aub.

CHARPINAR, V. *Carpignar.*

CHARPINOUS, OUSA, adj. (tcharpinóus, óuse); RAVIDAS. Qui est atteint de la gratelle ou galle de chien; inquiet, de mauvaise humeur. V. *Carpinous* et *Carp*, R.

CHARPIR SE, V. *Carpignar.*

CHARPOUS, OUSA, adj. (tcharpóus, óuse). Filandreux. V. *Charbous*, dont *Charpous*, est une altération.

CHARRA, s. f. (tchárre); *Ciarla*, ital. Babil, causerie, parlerie.

Éty. de l'ital. *ciarla*, m. s.

Dérivés: *Charr-ada*, *Charr-adissa*, *Charr-aire*, *Charr-ar*.

CHARRA, s. f. (tchárre), dl. CHARA. Flacon, grande bouteille d'étain ou de cuivre.

Perdic charra, Perdrix grise. Douj.

CHARRA, adj. d. béarn. Faible, qui a peu de consistance.

CHARRADA, s. f. (tcharráde). Charade, sorte d'énigme où, sans intervertir l'ordre des lettres, on décompose un mot en deux ou plusieurs syllabes, qui forment chacune un mot particulier qu'on définit, ainsi que le mot entier.

Éty. de *charra*, causerie, parlerie, et de *ada*.

CHARRADA, s. f. (tsorráde), d. bas lim. Charretée. V. *Carretada*, *Carreta* et *Carr*, Rad.

CHARRADA, s. f. Conversation, babil, caquet. V. *Charra.*

Faire la charrada, causer, babiller; *faire la charrade*, n'est pas français.

CHARRADIS, s. m. V.

CHARRADISSA, s. f. (tcharradísse); CHARRADIS, CHARRADA, PARLADISSA, PARLADA, PARLARIA, PARLAMENT. Grande causerie, conversation animée de plusieurs personnes. Gros l'a employé dans le sens de *charrada*, dans les vers suivants. V. *Charra.*

Aquel avis mi bouta en lissa
De vous faire ma Charradissa.
Gros.

CHARRAIRE, RELLA, s. m. (tcharráïré, rèle); BABILHAIRE, BARGEAIRE, BARGEAU, BASSACAIRE, BATALHAIRE, CHICAIRE, CHARLAIRE. *Charlador*, port. *Ciarlone*, ital. Babillard, arde, grand parleur, hableur, jaseur.

Éty. de *charrar* et de *aire*. V. *Charra.*

CHARRAR, v. n. (tcharrá); BACHIQUELIAR, BABILHAR. *Ciarlare*, ital. *Charlar*, port. Babiller, caqueter, causer, faire la conversation, parler beaucoup.

Éty. de *charra* et de *ar.*

CHARRASSIAR, v. n. (tcharrassiá). Causer, babiller longtemps et à toute rencontre, c'est un itér. de *charrar.*

CHARRE, adj. d. béarn. Faible.

Lou mé redoutable animau
Au mé charre *parlaba atau.*
Le plus redoutable animal, (le lion)
Au plus faible parlait ainsi. (au moucheron)

CHARRE, s. m. (tsárré), d. bas lim. Charretée. V. *Carretada* et *Carr*, R.

CHARREI, s. m. vl. Charroi, équipage.

Éty. de *char.* V. *Carr*, R.

CHARREL, s. m. (tsorèl), d. bas lim. Réunion de plusieurs charrettes pour conduire une certaine quantité de denrées, charroi. V. *Carr*, R.

CHARRETA, V. *Carreta* et *Carr*, R.

CHARRETADA, s. f. (tsoretáde), d. bas lim. Charretée. V. *Carretada* et *Carr*, R.

CHARRETAL, ALA, adj. (tsoretál, ále), d. bas lim. Chemin, route où les charrettes peuvent passer, roulier, ière.

Éty. de *charreta* et de *al*, propre à la charrette. V. *Carr*, R.

CHARRETAR, v. a. (tsoretá), d. bas lim. Transporter quelque chose dans une charrette, charrier. V. aussi *Carregear.*

Éty. de *charreta* et de *ar*. V. *Carr*, R.

CHARRETIER, vl. V. *Carretier* et *Carr*, R.

CHARRETOUN, s. m. (tsoretóu), d. bas lim. Dim. de *Charreta*. V. *Carretoun* et *Carr*, R.

Butar lou charretoun, fig. aider, pousser.

CHARRI, dl. V. *Carri.*

CHARRIADA, dl. V. *Carretada.*

CHARRIAR, V. *Carregear.*

CHARRIEIRA, s. f. (tsorièïre), d. bas lim. Rue. V. *Carriera* et *Carr*, R.

CHARRIEIROUN, s. m. (storièïróu), md. *Courredour*, ruelle, petite rue.

Éty. de *charrieira*, et du dim. *oun*. V. *Carr*, R.

CHARRIERA, d. m. V. *Carriera.*

CHARRILHA, s. f. (tsorille), d. bas lim. Espèce de charrette destinée au transport du fumier. V. *Toumbareou* et *Carr*, R.

CHARRIN, INA, adj. (tcharrïn, ïne). Bourru, ue; hargneux, euse; qui a mauvaise grâce; sobriquet que les gens de Manne, Basses-Alpes, donnent à ceux de Forcalquier.

Éty. de *charra* pour *cara*, face, mine. V. *Cara*, R.

Biou charrin, bœuf un peu méchant.
Desanat.

CHARRIN, s. m. Mauvaise humeur. Cast. V. *Pegin.*

CHARRINARIA, s. f. (tcharrinarie); CHARRINARIE. Mauvaise humeur habituelle, mélancolie, chagrin, inquiétude. Avril.

CHARRIOT, s. m. (tcharrió). Chariot.

CHARRIT, s. m. (tcharri), dg. Oiseau.

Lou charrit *charrito peous-prats.*
D'Astros.

CHARRITAR, v. n. dg. Chanter comme le *charrit.*

Lou charrit charrito. D'Astros.

CHARROT, s. m. (tcharó), dl. Gargouillis, bruit que fait l'eau en tombant d'une gargouille; le filet d'eau qui tombe.

CHARROTADA, s. f. (tcharoutáde), et impr. *Charoutada*, dl. Filet d'huile ou de vinaigre.

Éty. de *charot* et de *ada.*

CHARROTAR, v. n. (tcharoutá), et impr. *Charoutar*, dl. Couler à reprises, goutte à goutte.

Éty. de *charot* et de *ar.*

CHARROUN, s. m. (tcharróun); ROUDIER. *Carradore*, ital. *Carretero*, esp. Charron, ouvrier qui fait et vend tous les ouvrages en bois qui font partie des grosses voitures.

Éty. du lat. *carrorum faber*. V. *Carr*, R. De *carrorum*, gén. pl. de *carrus*, on a fait par sync. *carron* et *charroun*.

CHARROUNAGI, s. m. (tcharrounádgi). Charronnage, la profession du charron et son ouvrage.

Éty. de *charroun* et de *agi*, ce que fait le charron. V. *Carr*, R.

CHARROUNIAR, v. n. (tcharrouniá). Babiller, bavarder. Garc.

CHARROUNTAR, v. a. (tcharrountá); CHARROUNTIAR. Porter d'un côté à l'autre, espèce d'itér. de *charriar*.

Éty. de *char*, charrette, voiture. V. *Carr*, Rad.

CHARROUNTAR SE, v. r. FAR A LA BANLEVA, FOURTICARSE. Se balancer à l'escarpolette.

CHARROUNTIAR, V. *Charrountar*.

CHARROUSSET, s. m. (tcharroussé), d. m. REDOLESSA. *Carrocim*, port. Brouette. V. *Broueta* et *Bariota*.

Éty. Dim. de *char*. V. *Carr*, R.

CHARROUTADA, V. *Charrotada*.

CHARROUTAR, V. *Charrotar*.

CHARRUAR, Labourer avec la charrue. Aub. V. *Carregear* et *Carr*, R.

CHARRUIA, d. apt. V. *Araire*.

CHARRUN, Garc. Babil. V. *Charra*.

CHARRUSA, V. *Charraire*.

CHARTA, s. f. (tchárte); CHARTRA. Charte ou chartre, ancien titre et papiers relatifs soit à l'histoire, soit au droit public ou particulier, etc., constitution d'une monarchie.

Éty. du grec χάρτης (chartès), *charta*, en lat. gros papier sur lequel on écrivait autrefois, les actes d'importance. V. *Cart*, R.

Charta counstitutiounella, charte constitutionnelle, loi fondamentale des Français, donnée par Louis XVIII, le 4 juin 1814.

Charta privada, charte privée, tenir en charte privée, tenir en prison sans jugement.

Éty. du lat. *carcer*, prison.

CHARTROUS, OUSA, s. (tchartróus, óuse); *Cartuxo*, cat. port. *Cartujo*, esp. *Certosino*, ital. Chartreux, euse; religieux, religieuse de l'ordre de Saint Bruno.

Éty. du lat. *carthusianus*. V. *Chartrousa*.

L'ordre des Chartreux, fut établi par Saint Bruno, en 1086, au lieu appelé la Chartreuse, où ce saint et savant personnage se rendit avec six compagnons d'étude et de piété.

CHARTROUSA, s. f. (tchartróuse); *Cartuxa*, port. cat. *Cartuja*. esp. *Certosa*, ital. Chartreuse, couvent de chartreux.

Éty. du lat. *carthusia*, formé de *Caturissium*, nom du lieu que Hugues, évêque de Grenoble, donna à Saint Bruno, pour y établir son ordre, qu'on nomma ensuite *chartrous* et enfin chartreuse.

Ce mot désigne encore, dans le Bas-Lim. une maison qui n'a qu'un rez-de-chaussée, et un endroit obscur, où l'on enferme la volaille pour l'engraisser, une mue.

CHARUBRINA, s. f. (tcharubrine). Chaleur étouffante. Aub. V. *Taffour*.

CHARUI, s. m. (tcharúi), et imp. CHERUI, CHERVI, ESCARABIDA, ESCARABILI, CHARAVI, ESTARAVI, CARVI. *Carvi*, cat. ital. *Alcaravea*, esp. *Cherivia*, port. Carvi, cumin des prés ou carvi commun, *Carum carvi*, Lin. plante de la fam. des Ombellifères, qui n'est que trop commune dans les prés de la Haute-Prov.

Éty. de *carvi*, en changeant le *v* en *u*.

Ses semences sont carminatives et stomachiques.

CHARUP, adj. (tcharúp). Laid, difforme, hideux, terrible.

Éty. Ce mot est pris du piémontais.

CHARVIR, v. n. (tsorvi), d. bas lim. Se consumer d'ennui, de tristesse, etc.; languir. V. *Languir*.

CHAS, s. f. Avr. (tchás). La clavelée. V. *Picota*.

CHAS, s. m. d. béarn. Faix. V. *Fais*.

CHASAMEN, vl. V. *Casamen*.

CHASCUN, UNA, V. *Cadun*.

CHASPAIRE, s. m. (tchaspáïré). Qui va toujours tâtant, palpant, maniant; qui hésite longtemps avant que de se décider.

Éty. de *chaspar* et de *aire*.

CHASPAR, v. a. (tchaspá); TAPOUINAR. Tâter, palper, manier, patiner, tâtonner, en *chaspant*, en tâtonnant.

Éty. Probablement du latin *palpare*, toucher doucement, caresser. Dérivés: *Chaspar*, *Chaspaire*, *Chaspouniar*, *Chaspatiar*.

CHASPAR, v. n. Tâtonner, réfléchir longtemps avant que de se décider.

CHASPAR, v. a. Fouiller avec les mains, sous les pierres dans l'eau, pour prendre les poissons qui s'y sont réfugiés.

CHASPATIAR, V. *Chaspouniar*.

CHASPATIAR, v. a. (tchaspatiá). Itératif de *Chaspar*, fouiller partout, aller en tâtant. V. *Chaspar*.

CHASPOUN, s. m. (tchaspóun); *Anar de chaspoun*, aller en tâtonnant, à l'aveugle. Garc.

CHASPOUNIAIRE, et

CHASPOUNIAR, V. *Chaspaire* et *Chaspar*. Garc.

CHASPOUNIAR, v. a. (tchaspouniá). Manier sans délicatesse et sans retenue.

CHASPOUS, adj. Aub. Altér. de *Charbous*, v. c. m.

CHASSA, s. f. (tchásse). Pour chasse, poursuite. V. *Gassa* et *Cass*, R.

CHASSA, s. f. *Cassa*, ital. Pour chasse ou caisse à renfermer des reliques, V. *Reliquari* et *Caiss*, R.

CHASSA, s. f. ENCHASSA, RESPET, PETARD, BATEDOUR. Forcet, fouet ou corde à fouet, espèce de ficelle déliée, que l'on met au bout des fouets pour les faire claquer, pour chasser devant soi les animaux. V. *Cass*, R.

CHASSA, s. f. Chasse se dit en général de tout ce qui sert à tenir une chose enchassée.

CHASSA-QUARRADA, s. f. (tchásse-carráde). Chasse-carrée, marteau à deux têtes carrées, dont une seulement est acérée.

CHASSA-DIABLE, s. m. (tsásse-diáblé). Nom qu'on donne, dans le Bas-Limousin, au mille pertuis ordinaire. V. *Herba-de-l'olirouge*.

CHASSAGNA, dl. V. *Cassagna* et *Cass*, Rad. 3.

CHASSAGNADA, s. f. (tsossagnáde), d. bas lim. Une plantation en chênes.

Éty. de *chassagna*, chêne, et de *ada*, faite. V. *Cass*, R. 3.

CHASSAGNAS, dl. V. *Cassagnas* et *Cass*, R. 3.

CHASSAIRE, V. *Cassaire* et *Cass*, R.

CHASSAL, dl. V. *Cabessau*.

CHASSAN, s. m. (tsossán). Nom bas lim. du chêne. V. *Roure* et *Cass*, R. 3.

CHASSAR, Pour chasser, aller à la chasse, V. *Cassar*, pour casser, renvoyer. V. *Couchar* et *Cass*, R.

CHASSELAS, s. m. (tchasselás); *Chasselet*, angl. Nom d'une espèce de raisin blanc et sucré, dont le plus renommé est celui de Fontainebleau.

CHASSIDA, s. f. (tchasside); CHASSIDE, d. bas lim. Chassie. V. *Rheouma* et *Lagagna*.

Éty. du franç. chassie, dérivé selon Ménage, du lat. *cæcus*, *cæca*. aveugle, d'où le mot espagnol *cegajoso*, chassieux, de *cegar*, aveugler.

Le Duchat, se fondant sur ce qu'on dit que les yeux des chassieux distillent le beurre et le fromage, fait venir le mot chassi de *cascus*.

CHASSIDE, s. f. (tsossidé), d. bas lim. V. *Cassida*.

CHASSIDOUS, OUSA, adj. (tsossidóu, óuse), md. Chassieux, euse. V. *Reoumous*, *Lagagnous* et *Chassida*.

CHASSIERA, s. f. (tchassiére); GEST. *Fai chassiera*, se dit d'une vache qui est en rut.

Éty. du lat. *catulitio*, chaleur, rut: d'où *catulire*, être en rut, de *catulire*, *chatulire*, et par la suppression de *ul* et le changement de *t* en *ss*: *Chassire*, *Chassiera*.

CHASSIS, s. m. (tchassis). Chassis, assemblage de fer ou de bois, ordinairement carré, ou carré long, destiné à contenir ou à environner un corps pour le protéger.

Éty. du lat. *cancelli*, barreaux, *capsicum*, fait de *capsus*, *i*; coffre. V. *Caiss*, R.

CHASSIS, s. m. CADRE DE CHASSIS. Chassis, carré mobile d'une fenêtre, qu'on garnit de papier ou de verre.

On nomme:

CHASSIS D'IMPOSTE, celui qui ne s'ouvre pas et qui termine le haut d'une grande croisée, posé sur une traverse qu'on nomme imposte.

CHASSIS ou CROISÉE A GLACES ou A GRANDS CARREAUX, celle qui n'a point de petits bois entre le cadre.

CHASSIS A PETITS BOIS ou A PETITS CARREAUX, celui qui a un ou deux rangs de petits bois dans chaque cadre.

CHASSIS A UN VENTAIL, celui qui s'ouvre d'un seul côté, qui n'a qu'un cadre.

CHASSIS ou CROISÉE A DEUX VENTAUX, celui qui a deux cadres distincts.

CHASSIS A POINTES DE DIAMANT, celui dont les petits bois portent des moulures à double onglet, pour s'assembler avec les traverses.

CHASSIS DE CHEMINÉE, V. *Chamineya*.

Dans un chassis ou croisée, on nomme:

CADRE, les deux montants extérieurs et les deux traverses du haut et du bas du chassis.

CROISILLONS, les petits bois qui remplissent le cadre des croisées à petits carreaux et qui reçoivent les verres.

JET D'EAU, LARENIER ou LARMIER, la traverse qui est au bas du chassis et qui forme saillie en dehors pour empêcher que l'eau n'entre dans l'appartement.

PETITS BOIS, V. Croisillons.

ESPAGNOLETTE, V. *Espagnouleta*.

TOURNIQUET, le morceau de bois tournant, servant à fermer ou à tenir un chassis relevé.
PIÈCE D'APPUI, la traverse inférieure.

CHASSOIR, s. m. (tchassoir); CHASSOUAR. *Chassoir?* outil dont les tonneliers se servent pour faire descendre les cerceaux. Garc.

CHASSOUERA, s. f. (tchassoùere), d. m. Pour auget de moulin. V. *Cassola* et *Caiss*, Rad. pour charrue. V. *Souchau*.

CHASSOUN, s. m. (tsossóu), d. bas lim. et impr. *Chassou*, Ligneul. V. *Lignoou*.

Éty. de *chassa*, fouet, et de *oun*. V. *Cass*, Rad.

CHASTAGNA, V. *Castagna*.

CHASTAMENT, adv. (tchastaméin); CASTAMENT. *Castament*, cat. *Castamente*, esp. port. ital. Chastement, avec chasteté.

Éty. de *chasta* et de *ment*, d'une manière chaste. V. *Cast*, R.

CHASTAN, adj. (tchastán); *Castany*, cat. *Castaño*, esp. *Castagno*, ital. Châtain, de couleur bai brun.

Éty. du lat. *castaneus*, m. s. couleur de la châtaigne.

CHASTAN, s. m. (tsostán). Un des noms bas lim. du châtaignier. V. *Castagnier* et *Castagn*, R.

CHASTANIA, s. f. (tsostánie). Nom bas lim. de la châtaigne. V. *Castagna* et *Castagn*, R.

CHASTANIASOUNS, **LAS**, s. f. pl. (tsostoniosóus), d. bas lim. Saison des châtaignes. V. *Castagnadas* et *Castagn*, R.

CHASTE, **ASTA**, adj. (tchasté, áste). *Casto*, ital. esp. port. *Cast*, cat. Chaste, qui s'abstient de tout ce qui a rapport à des amours ou jouissances illicites.

Éty. du lat. *castus*, m. s. V. *Cast*, R.

CHASTEL, s. m. (tsostél), d. bas lim. Château. V. *Casteou* et *Castel*, R.

CHASTELAN, s. m. (tchastelán); *Castellano*, ital. esp. *Castellaó*, port. Châtelain, seigneur châtelain; autrefois lieutenant de juge.

Éty. de *chastel*, château, et de *an*. V. *Castel*, Rad.

CHASTELANIA, s. f. vl. Châtélenie.

CHASTELAR, v. n. (tsostelá), d. bas lim. Cousiner, aller de château en château. V. *Castelegear*.

Éty. de *chastel* et de *ar*. V. *Castel*, R.

CHASTELET, s. m. (tsostelé), d. bas lim. Petit château. V. *Castelet* et *Castel*, R.

C'est aussi un jeu que les enfants jouent avec des noyaux dont ils forment de petits châteaux qu'ils cherchent à abattre avec d'autres noyaux, le vainqueur gagne ceux qu'il abat.

CHASTETAT, s. f. (tchastetá); CASTETAT. *Castidad*, esp. *Castidade*, port. *Castedat*, cat. *Castità*, ital. Chasteté, vertu par laquelle on est chaste; continence perpétuelle.

Éty. du lat. *castitas*, *atis*. V. *Cast*, R.

CHASTIAIRE, vl. V. *Castiaire*.

CHASTIAMENT, s. m. vl. CHASTIAMEN, *Castigament*, anc. cat. *Castigamento*, esp. Châtiment, correction, enseignement, avis.

Éty. de *chastiar*, pour *castigar* et de *ment*. V. *Castig*, R.

CHASTIANSA, vl. V. *Castiansa*.

CHASTIAR, d. m. V. *Castigar*.

CHASTIAR, v. a. vl. Enseigner.

Éty. du lat. *castigare*, pris dans le sens de corriger, reprendre, et par extension, enseigner, instruire.

CHASTIC, V. *Castic*.

CHASTRA, V. *Turga*.

Éty. du lat. *castrata*, châtrée. V. *Castr*, R.

CHASTRA, s. f. (tchástre), dl. Une ruche à miel. V. *Brusc*.

Éty. du latin *castrata*, parce qu'on la châtre. V. *Castr*, R.

CHASTRAR, v. a. (tsostrá), d. bas lim. Châtrer. V. *Crestar* et *Castr*, R.

CHASTRAT, **ADA**, adj. (tsostrá, áde), md. Châtré, ée. V. *Crestat* et *Castr*, R.

CHASTROUAS, s. f. pl. (tchástroues), d. m. Raquettes que l'on fixe aux pieds pour marcher sur la neige plus commodément.

CHASUBLA, s. f. (tchasúble); *Casula*, port. *Casulla*, esp. cat. Chasuble, ornement d'église que le prêtre met par dessus l'aube et l'étole pour dire la messe.

Éty. du lat. *casula*, le même, dim. de *casa*, case, maisonnette, parce que le prêtre, revêtu de cet ornement, a l'air d'être enfermé dans une boîte, selon Caseneuve, ou de *casá*, couvrir, en hébreu, selon le P. Puget. V. *Casa*, R.

La chasuble est regardée comme le symbole de la charité et de l'autorité sacerdotale.

On nomme :

ORFROI, l'ornement en broderie ou autre qui est sur le devant.
CHASUBLIER, l'ouvrier qui fait, et le marchand qui vend des chasubles et autres ornements d'église.

CHAT, **ATA**, s. (tchá, áte). Pour chat, chatte. V. *Cat*, *ata* et *Cat*, R.

CHAT, **ATA**, s. Jeune garçon, jeune fille, à Arles, à Avignon et dans le Languedoc en général. V. *Garçoun* et *Filha*.

Éty. du lat. *castus*, *asta*, chaste. Voy. *Cast*, R. ou du celtique, selon M. de Sauv. Ce mot est pris du teutonique *Karl*, jeune fille, Denina, ou plutôt du latin *catulastra*, jeune fille, nubile.

CHATA, Pour jatte, vase. V. *Jata*.

CHATA, s. f. A Arles et à Avignon, jeune fille. V. *Chat*, *ata*.

Éty. Sauvages, dit que ce terme est celtique.

CHATA, s. f. Chatte, espèce de gabarre propre à charger et à décharger les vaisseaux, c'est une allège, ponton ou barque plate.

CHATAL, s. m. (tchatál), d. de Barc. Cheptel. V. *Capitau* et *Cap*, R.

CHATA-MIAU, s. f. (tsáte-miáou), d. bas lim. V. *Cata-mita* et *Cat*, R.

CHATA-MIAUNA, s. f. (tcháte-miáoune); V. *Cata-mita* et *Cat*, R.

CHATA-MITA-BORLIA, s. f. (tsáte-mite-bórlié), d. bas lim. Colin-maillard. V. *Meni-mou-ai*, *muliera*.

CHATAU, s. m. (tchatáou), d. m. Le chas ou œil d'une aiguille. V. *Chaur*.

Éty. *Chatau* est dit pour *captau* et *capitau*, la tête, la partie principale. V. *Cap*, R.

CHATAU, s. m. V. *Capitau*, Chef, principal. V. *Chef* et *Capitau*. V. *Cat*, R.

CHATEIGNA, d. lim. V. *Castagna*.

CHAT-ESCUROL, s. m. Un des noms bas lim. de l'écureuil. V. *Esquiroou* et *Cat*, Rad.

CHATEU, d. lim. V. *Casteou*.

CHATFRENAR, v. a. vl. CHAPFRENAR. Brider, mettre un frein, réprimer. V. *Fren*. Rad.

CHAT-HUANT, s. m. (tchat-huàn); CAHUS, CAUS, CHAVANT. Le chat-huant.

Éty. de *chat* et de *huant*, qui hue. Voy. *Cat*, R.

CHATIGOU, V. *Catilh*.

CHATIGOULIAR, V. *Catilhar*.

CHATILHOUN, s. m. (tchatillóun), dl. Une petite lamproie. Sauv.

CHATOUN, s. m. (tchatoun). Dim de *chat*. V. *Catoun* et *Cat*, R.

CHATOUN, s. m. dl. Loquette de coton ou de laine cardée que les fileuses tiennent dans la main pour la filer.

Éty. de *chatoun*, petit chat, à cause de la ressemblance qu'ont ces loquettes roulées avec un jeune chat. V. *Cat*, R. Un fripon, un brouillon. Douj.

CHATOUN, s. m. Châton, fleur des amentacées, elle est presque toujours disposée en épi. Les châtaigniers, les saules, les peupliers et les noyers ont des châtons.

Éty. du lat. *catulus*, m. s. V. *Cat*, R.

CHATOUNAR, V. *Catounar*.

CHATOUNIEIRA, dl. et bas lim. et

CHATOUNIERA, s. f. (tchatouniére). V. *Catouniera* et *Cat*, R.

CHATOUNA, s. f. (tchatóune). Dim. de *chata*. V. *Catouna* et en dl. Jeune fille. V. *Filheta*.

CHAU..... On trouvera en *Cau*..... Les mots qui manquent en *Chau*...

CHAU, dm. Troisième personne du sing. de l'ind. prés. du verbe *chalher*. Il faut. V. *Fau*.

CHAU, s. f. (tsáou), d. bas lim. Chaux. V. *Caus*.

CHAU, s. m. vl. Hibou, choucas.

CHAU, d. lim. *S'il chau caüqué déyréi*, s'il éprouve quelque dérangement.

Éty. S'il *chau*, est dit pour *si au* ou *si cou*.

CHAUA, s. f. vl. Corneille. V. *Chaya* et *Gralha*.

CHAUANS, s. m. vl. Hibou, chat-huant.

CHAUCHA-GRAPAUD, s. m. Nom qu'on donne, à Avignon, à l'engoulevent. V. *Tardarassa*.

CHAUCHAIRE, s. m. (tchaoutchàïré). On donne ce nom, à Thorame, à la quantité de gerbes ou de légumes, qu'on se propose de fouler dans un jour, airée. V. *Airoou*, et *Calc*, R.

CHAUCHAR, d. m. V. *Caucar*.

CHAUCHAT, **ADA**, V. *Caucat*.

CHAUCHAT, **AYA**, adj. d. de Barc. (tchaoutchá, áye). Renforcé, ée, exagéré, ée; on le dit d'un dévot, d'une dévote outrés, qu'on appelle ailleurs *devot*, *devota doou gros grun*.

CHAUCHA-VIELHA, s. f. dl. *Cauca-Vielha*. Le cauchemar, l'incube. V. *Pen*.

Éty. *Chaucha-vielha*, pressé par la vieille, sous-entendu sorcière, parce que le peuple est dans la persuasion que cette maladie est l'effet de l'animosité de quelque vieille sorcière. V. *Calc*, R.

CHAUCHA-VIELHA, s. f. (tsóoutse-viéille). Désigne, dans le Bas-Limousin, un homme qui épouse une vieille femme.

CHAUCHIERA, s. f. V. *Cauquiera* et *Calc*, R.

CHAUCHIERA, s. f. (tchaoutchiére), d. de Barcel. Airée. V. *Airoou* et *Calc*, R.

CHAUCHINAR, V. *Mastroulhar*.

CHAUCHOLLA, s. f. (tchaoutchóle); CHAUCHORLA, CHOOUCHOLLA, SAUSSOLA. Fadaise, niaiserie, baliverne, sornette. Garc. V. *Baliola*, *talounada*, soupe au vin. V. *Saussolla*.

Éty. de *chauva*, chose, et de la term. dim. *olla*, petite chose, chose de peu d'importance. V. *Caus*, R.

Vous compti pas ges de chauchollo.
Gros.

CHAUCIDE, s. f. (tsooucide). Nom du chardon hémorroïdal, dans le Bas-Limousin. V. *Caussida* et *Calc*, R.

CHAUCINA, et

CHAUCINIER, et comp. V. *Caucino*, *Caucinier*, etc.

CHAUD, V. *Caud* et *Cal*, R.

CHAUDA, Chaude. V. *Cauda*, d. bas lim. fournée, V. *Fournada* et *Cal*, R.

CHAUDAN, s. m. (tchaoudán), d. m. Eau de source dont la température variant peu, paraît plus chaude en hiver qu'en été, ce qui n'est vrai que relativement au degré de chaleur de l'extérieur.

Éty. de *chaud*, chaud et de *au*, lieu chaud, ou du lat. *caldarium*. V. *Cald*, R.

CHAUDEIRADA, s. f. (tchaoudeiráde); CHAUDERATA. *Caldeirada*, port. *Calderada*, cat. esp. Chaudronnée, ce qu'un chaudron peut contenir. V. *Cal*, R.

CHAUDEIRETA, s. f. (tchaoudeiréte), d. m. *Caldereta*, cat. *Calderita*, esp. *Caldajetta*, ital. Dim. de *Chaudiera*, petit chaudron, ou du lat. *caldarium*. V. *Cal*, R.

CHAUDEIROUN, s. m. (tchaoudeiróun); CHOUDEIROUN. *Caldeirão*, port. *Calderó*, cat. *Calderico*, esp. *Caldajetta*, ital. Petite chaudière, chaudron. V. *Peiroulet*.

Éty. Dim. de *chaudiera*; *caldariola*, en lat.

CHAUDEL, dl. V. *Chaudeou* et *Cal*, R.

CHAUDELET, s. m. (tchaudelé), dl. Dim. de *chaudel*, petit échaudé; gâteau sans œufs. V. *Cal*, R.

CHAUDELIER, s. m. (tchaoudelié). Faiseur d'échaudés.

Éty. de *chaudel*, prim. de *chaudeou*, et de *ei*, parce que la pâte des échaudés a été échaudée. V. *Cal*, R.

CHAUDEOU, s. m. (tchaoudèou); CHAUDEL. Echaudé, espèce de pâtisserie qu'on fait avec de la pâte échaudée.

Éty. de *chaudel*, par le changement de *l* en *ou*. V. *Cal*, R.

Faire chaudel. V. *Fougassa* et *Faire*.

CHAUDIEIRA, s. f. (tsooudièire), d. bas lim. V. *Chaudiera* et *Cal*, R.

CHAUDIEIRASSA, s. f. (tchaoudieirásse); *Calderassa*, cat. Augm. dép. de *chaudiera*, grosse chaudière.

CHAUDIERA, s. f. (tchaudiére); CAUDIERA, CHAUDIEIRA, PEIROLA. *Calderone* et *Caldaja*, ital. *Caldera*, esp. cat. *Caldeira*, port. Ce mot désigne tantôt un grand vaisseau de cuivre ou d'airain, et tantôt une chaudière, ustensile de cuisine ou chaudron.

Éty. du lat. *caldaria*. V. *Cal*, R.

CHAUDOUN, s. m. (tsaoudóu), et impr. TSAOUDOU, d. bas lim. Le fer chaud avec lequel on flétrit les condamnés à la marque. V. *Cal*, R.

CHAUDROUNIER, s. m. (tchaoudrounié); *Caldeireiro*, port. *Calderajo*, ital. *Calderero*, esp. *Calderer*, cat. Chaudronnier, artisan qui fait ou qui vend des chaudrons, des marmites, etc.

Éty. de *chaudroun* et de *ier*. V. *Cal*, R.

CHAUFA, et composés. V. *Caufa*.

CHAUFAGI, s. m. (tchaoufádgi); COUFAGE, CAUFAGI. Cellier, nom qu'on donne, dans la montagne, à une pièce située au-rez-de-chaussée, dans laquelle on dépose une partie des provisions de bouche, et où l'on fait quelquefois la lessive, d'où le nom de *caufagi*. V. *Cal*, R.

CHAUFA-LIECH, Bassinoire. V. *Escaufa-liech* et *Cal*, R.

CHAUFA-PANSA, s. f. (tsáoufe-pánse), d. bas lim. Contre-cœur, plaque de cheminée. V. *Placa* et *Cal*, R.

CHAUFA-PED, s. m. d. bas lim. Chaufferette. V. *Banqueta* et *Cal*, R.

CHAUFAR, V. *Caufar* et *Cal*, R.

CHAUFARETA, s. f. d. lim. Réchaud. V. *Escauffeta* et *Cal*, R.

CHAUGEA, s. f. (tcháoudge). Tempon.

Éty. du roman *calca*, *calgua*, charpie qu'on met, qu'on enfonce dans une plaie, dans un ulcère.

CHAUGNAR, v. a. (tsoougná), d. bas lim. Manger sans appétit. V. *Machougnar*.

CHAUL, vl. V. *Caul*.

CHAULAR, v. a. (tsooulá), d. bas lim. Chauler, passer le blé ou autres grains, dans une lessive alcaline, dans de l'eau de chaux, avant que de les semer, l'opération porte le nom de chaulage. V. *Cal*, R. 3.

CHAULAT, s. m. (tsooulá), md. Graine de choux: *Ai amassat moun chaulat*, j'ai ramassé ma graine de choux. V. *Caul*, R.

CHAULHAR SE, v. r. d. lim. Se souiller.

CHAULIAR, v. a. (tsooulià), d. bas lim. Froisser du linge, de l'étoffe: *Ai chauliat ma queiffa*, j'ai bouchonné ma coiffe. V. *Chaupinar*.

CHAULIERA, s. f. d. de Barcel. V. *Chauriera* et *Caul*.

CHAULISSOUN, s. m. (tsaoullissóu), d. bas lim. Petit chou. V. *Cauletoun* et *Caul*, Rad.

CHAUM, radical dérivé du grec χασμάομαι (chasmaomai), bâiller, hésiter, être irrésolu; se reposer, chômer: *Chaum-ar*, *Chaumarela*, *A-chaum-ar*.

CHAUMA, s. f. (tcháoume). Temps, heures pendant lesquelles les troupeaux chôment. Garc.

CHAUMADOUR, s. m. (tchaoumadóur). V. *Chaumarela*.

CHAUMAR, v. n. (tchaoumá); CAUMAR, CHOUMAR. Chômer, se reposer, rester oisif; on le dit plus particulièrement du repos que les brebis prennent dans les moments des grandes chaleurs. Elles cherchent alors à mettre leur tête à l'ombre, pour empêcher que des insectes nommés *œstres*, pondent leurs œufs dans leurs naseaux, ce qui les incommode beaucoup.

Chaumar, se dit également et ironiquement pour vieillir sans pouvoir se marier; avoir un magasin et ne rien vendre; un métier sans pratique, etc.

Éty. du grec κῶμα (kôma), sommeil profond, selon Lancelot, fêter, dans le dernier sens, ou καῦμα (kauma), chaleur, et de la term. *ar*.

CHAUMAR, v. a. Chômer, fêter, solenniser un jour, en cessant de travailler. Chômage, se dit en français de l'espace de temps pendant lequel on chôme.

CHAUMARELA, s. f. (tchaoumarèle); CHAUMADOUR, CHAUMICERA. Chaumoir ou chômoir, ombrage où les brebis chôment.

Éty. de *Chaumar*, v. c. m. et *Caum*, R.

CHAUMASSA, s. f. (tchaoumásse); CAUMASSA. Chaleur étouffante. V. *Tafourassa*.

Éty. Augm. de *chauma*, traduct. du grec καῦμα (kauma), châleur. V. *Caum*, R.

Le P. Puget fait venir *chaumar*, du grec χασμάειν être oisif, ou plutôt de κεῖμαι (keimai), rester oisif.

CHAUMENIR, v. n. et r. d. lim. Moisir, se moisir.

CHAUMENIT, IDA, adj. et p. (tchaoumeni, ide), d. lim. Moisi, ie. V. *Mousit* et *Muffit*.

Quello rosou n'ey pas tan chaumenido.
Foucaud.

CHAUMIERA, Garc. V. *Chaumarela*.

CHAUMILHA, s. f. (tchaoumille). Marmaille; multitude d'enfants. Garc.

Éty. de *chaume*.

CHAUNUT, UNA, adj. (tsoounú, úde); d. bas lim. Creux, euse, qui a une cavité intérieure. V. *Curat*.

Aquel aubre es chaunut, cet arbre est creux. V. *Cauna*.

CHAUPAR, v. n. (tchaoupá). Cosser. Cast. V. *Bussar*.

CHAUPERNATS, s. m. pl. vl. CHAUPERNAS. Envahis, usurpés.

CHAUPET, s. f. (tchaoupé). Bisbille, querelle, batterie, désordre, rumeur. Garc.

CHAUPIN, s. m. (tchaoupin). Manie de se disputer, colère qui porte au désespoir. V. *Chagrin*, Garc.

CHAUPINAGI, s. m. (tchaupinádge); CHAUPINAGE. Action de se disputer, de se battre; travail malfait. Garc.

CHAUPINAR, v. a. (tchaoupiná); CHAULIAR, CHIFFOUNAR, ESCAFINAR, EMMOUCHOUNAR. Chiffoner, froisser; boire chopine, chopiner; se tirailler par les cheveux, Garc. V. *Charpinar*, on le dit aussi pour fouler aux pieds, chiffonner, éparpiller.

Éty. de l'ital. *calpestare*, fouler aux pieds, par alt. V. *Calc*, R.

CHAUPINAT, ADA, adj. et p. (tchaoupiná, áde); CHIFFOUNAT. Chiffonné, ée, froissé, foulé. V. *Calc*, R. Ebouriffé, ée.

CHAUPIR, v. a. (tchaoupir), dl. Pour fouler aux pieds ou avec les pieds. V. *Caucar* et *Calc*, R. mal mener, gourmander, mettre le pied sur quelque chose, marcher sur....

CHAUPIR, v. a. vl. Prendre, saisir.

Éty. du lat. *capere*. V. *Cap*, R. 2.

CHAUPISAR, v. a. (tchaoupisá), d. de ırcel. Fouler aux pieds. V. *Caussigar* et ılc, R.

CHAUPLA, d. lim. S'il vous plaît, pour *vous plaz.*

CHAUPRAR, v. a. (tsooupră), d. bas lim. egretter un bien dont on a longtemps joui, dont on s'est privé par sa faute.

Chauprar lou temps passat, regretter le mps passé.

CHAUPRE, s. m. (tsáoupré). Nom qu'on ınne au charme, dans le Bas-Limousin. V. *harme.*

CHAUPRE, V. *Caupre* et *Cap*, R. 2.

CHAUR, s. m. (tchaour), d. m. Chou. '. *Caulet* et *Caul*, R.

CHAUR, s. m. L'œil d'une aiguille. V. *gulha*, *Cals*, *Chatau*, *Cas* et *Chaur.*

Éty. du grec χόαρ (kuar), le trou d'une iguille, par la transposition de *a*, χαυρ.

CHAUR-DE-CHABRA, s. m. Nom qu'on onne, à Allos, au mélinet à petites fleurs, *'erinthe minor*, Lin. plante de la fam. des orraginées, commune dans les prairies. On n mange les jeunes pousses dans la soupe ıx herbes.

Éty. Le nom de chou de chèvre, lui a robablement été donné parce que cet animal n est très-friand. V. *Caul* et *Cabr*, R.

CHAURAR, v. a. (tchaourá), dl. Echauffer, suffoquer de chaleur: *Me chauraz*, vous ne suffoquez. Sauv. V. *Cal*, R.

CHAURE, v. imp. (tcháouré). Falloir, entre dans la conjugaison de *chalher* et de *alher*. V. *Cal*, R. 4.

CHAURE, v. n. (tcháouré); CHAUTAR. *S'en hau pas*, il ne s'en soucie pas: *Que m'en hau*, que m'importe. V. *s'Enchaure* et *Cal*, Rad. 4.

CHAURELHAR, v. n. (tchaoureillá); CHAURILHAR, CHOURILHAR, CHOOUREIAR. Prêter l'oreille, écouter sans se montrer, écouter attentivement.

Éty. de *aurelha* et de *ar*, prêter l'oreille. V. *Aurelh*, R.

Le P. Puget, dérive ce mot du grec χάσκω (chaskó), ouvrir, joint à *aurelha*.

Chaurelhar deis animaus, chauvir, dresser les oreilles.

CHAURESSIAR, v. n. (tchaouressiá); CHOOURESSIAR, CHAURETIAR. Manger beaucoup de choux, et souvent. Aub.

Éty. de *chaures* et de *iar*.

CHAURESSIERA, s. f. (tchooouressiéré); CHOOURESSIERA. Lieu planté de choux. Aub.

CHAURESSOUN, s. m. (tchaouressóun). Nom qu'on donne, à Valensole, au chou des champs. V. *Pan-blanc* et *Caul*, R.

CHAURET, s. m. (tchaouré). Nom du chou, dans la montagne. V. *Caulet* et *Caul*, Rad.

CHAURETIER, s. m. (tchaourétié); CAULETIER. Nom qu'on donne, à Digne, à la fauvette de Provence. V. *Pit-chou* et *Caul*, Rad.

Éty. de *chauret*, chou, parce qu'on voit souvent cet oiseau sur cette plante.

CHAURETOUN, s. m. (tchaouretóun). Dim. de *chaur*. V. *Cauletoun.*

Chauretoun, est aussi le nom qu'on donne, à Digne, au pied d'oiseau. V. *Amarun* et *Caul*, R.

CHAURIERA, s. f. (tchaourière); CHAULIERA. Lieu planté de choux. V. *Caul*, R.

CHAURILHAR, V. *Chaurelhar* et *Aurelh*, R.

CHAURILHAR, V. *Chaurelhar.*

CHAURIMAR, v. n. (tchaourimá); CHAUMIR, dl. Faire blanchir des herbes sur le feu. Sauv. V. *Blanchir.*

Éty. de *chau*, chaud, et de *rimar*. V. *Cal*, Rad.

CHAURIMAT, **ADA**, adj. et p. (tchaourimá, áde), dl. Mitonné, ée, flétri par la chaleur. V. *Passit*, *Blanchit* et *Cal*, R.

CHAURIT, s. m. (tchaouri), dl. Le prétendu sabbat des sorciers: *Au chaurit*, au sabbat. Sauv. V. *Sabbat.*

CHAUS, vl. Œil d'une aiguille. V. *Chaur.*

CHAUSA, s. f. CHAUZA, vl. Chose. V. *Causa* et *Caus*, R.

CHAUSAMENT, s. m. vl. Reproche.

Éty. de *chausa*, et de *ment*. V. *Caus*, R.

CHAUSAR, vl. Blâmer, reprocher. V. *Causeiar* et *Caus*, R.

CHAUSIDA, vl. V. *Caussia*, *Causida* et *Caus*, R. 2.

CHAUSIDAMEN, vl. V. *Causidamen* et *Caus*, R. 2.

CHAUSIDOR, s. m. vl. CHAUSSIRE. Choisisseur, celui qui choisit, adversaire.

Éty. de *chausir* et de *dor*. V. *Caus*, R. 2.

CHAUSIMEN, s. m. vl. Préférence. V. *Caus*, R. 2.

CHAUSINA, s. f. vl.

Le sols enfo tan vertz coma chausina.

Est-ce une altération de *chausida?* V. *Caussida.*

CHAUSIR, V. *Choousir* et *Caus*, R. 2.

CHAUSIT, V. *Causit.*

CHAUSSA, s. f. (tsáousse), d. bas lim. Bas, vêtement de la jambe et du pied. V. *Bas.*

Éty. V. *Calc*, R.

CHAUSSA, s. f. (tcháousse). Chausse, espèce de poche de feutre ou de tissu dans laquelle on fait filtrer les liqueurs qu'on veut clarifier.

Éty. de *chaussa*, bas, à cause de sa forme. V. *Calc*, R.

CHAUSSADA, s. f. (tsooussáde), d. bas lim. Chaussée ou levée pour retenir l'eau d'un étang. V. *Calc*, R.

CHAUSSADA, s. f. (tchaoussáde). Bois, manche et sep de la charrue. V. *Souchau.*

Éty. V. *Calc*, R.

CHAUSSAIRE, s. m. (tsooussaïré), d. bas lim. TSOOUSSAIRE. Ouvrier qui apprête les bas de laine tricotés.

Claro Bafé, sor dei tsooussaire,
N'e vengudo mooure, n'y a gaire,
Dous ou be tres sistié de bla.
La Moulinade.

Claire Bafé, sœur du Chaussetier,
Est venue, il y a peu de temps,
Moudre deux ou trois setiers de blé.

Éty. de *chaussa* et de *aire*. V. *Calc*, R.

CHAUSSANA, Alt. de *Caussana*, v. c. m.

CHAUSSAR, V. *Caussar.*

CHAUSSAT, V. *Caussat* et *Calc*. R.

CHAUSSELA, s. f. (tsooussèle), d. bas lim. Enfant mort très-jeune, lorsqu'il n'avait encore reçu d'autre sacrement que le Baptême.

Éty. M. Béronie fait dériver ce mot, de *chaussa*, bas, parce qu'un bas peut suffire pour lui former un suaire. V. *Calc*, Rad.

CHAUSSELA, adj. md. On applique cette épithète injurieuse aux enfants qui ayant négligé d'apprendre le catéchisme, ne peuvent pas faire leur première communion.

Es enquera chaussela, signifie, en parlant d'un enfant, qu'il n'a pas encore fait sa première communion.

CHAUSSET, **ETA**, s. (tchooussé, éte). Souillon, celui, celle qui tache, salit ses habits. Avr.

CHAUSSETIAR, v. n. (tchooussetiá). Patauger, courir, marcher dans les rues, dans la boue, en parlant des enfants. Avril.

CHAUSSINA, et composés. V. *Caus* et *Cal*, R. 3.

CHAUSSIRE, vl. V. *Chausidor* et *Caus*, Rad. 2.

CHAUSSODI, s. m. (tsooussódi), d. bas lim. Le fer qu'on ajoute à un soc, le bois que l'on ajuste à une roue pour la renforcer.

Éty. V. *Calc*, R.

CHAUSSOUN, V. *Caussoun* et *Calc*, R.

CHAUSSOUNIER, s. m. (tchaoussounié). Traîne savate.

Éty. de *chaussoun* et de *ier*. V. *Calc*, R.

CHAUT, **AUDA**, d. m. V. *Caut.*

CHAUTAR, **S'EN**, v. r. (tchaoutá), dl. V. *Chaure* et *S'enchaure*. Se soucier, s'embarrasser: *Quau s'en chau?* qui s'en embarrasse? *Iou m'en chaute*, je m'en moque. V. *Cal*, R. 4.

CHAUTRIASSA, s. f. V. *Chautrinassa.*

CHAUTRIN, **INA**, adj. (tchaoutrïn, ine); CHOOUTRIN. Traîne savate, n'est guère usité qu'au féminin, salope, malpropre, gueuse.

CHAUTRINASSA, Augm. de *chautrina*. V. *Chautrin.*

CHAUVAS, **ASSA**, V. *Cauvas* et *Caus*, Rad.

CHAUVE, **AUVA**, s. On nomme ainsi les personnes dont on ne connaît pas le nom, monsieur, madame, chose. V. *Caus*, R.

CHAUVE, **AUVA**, adj. (tcháouvé, áouve); CHAVOU. *Calvo*, ital. Chauve, qui n'a plus de cheveux, du moins sur la partie supérieure de la tête.

Éty. du lat. *calvus*, m. s. V. *Calv*, R.

CHAUVET, s. m. (tchaouvé). Nom limousin du marron, espèce de châtaigne. V. *Castagna.*

Elo pétet coum-un chauvé.
Foucaud.

Elle éclata comme un marron.

CHAUVIA, d. de Barcel. Corneille. V. *Chaya* et *Gralha.*

CHAUZA, vl. V. *Causa.*

CHAUZIDOR, vl. V. *Chaussire.*

CHAUVURA, s. f. (tchauvúre). Calvitie; état de ceux qui ont les cheveux blancs. *Garc.*

CHAUZIR, vl. Choisir, discerner. Voy. *Choousir* et *Caus*, R. 2.

CHAUZIT, vl. V. *Choousit* et *Causit.*

CHAVAL, s. m. (tsovál), d. bas lim.

TCHAVAL, d. m. Cheval. V. *Cavau*, *Chivau* et *Caval*, R.

Anar à chaval, aller à cheval, par opposition à *anar d'à ped*, aller à pied.

Far lou medecin de village, anar à chaval, et tournar à ped, faire comme les médecins des villages auxquels on amène un cheval pour aller voir leurs malades, et qui sont obligés de retourner à pied.

Anar à chaval sur un bastoun, c'est un jeu qu'Agésilas, à Sparte, et Henri IV, à Paris, jouaient pour amuser leurs enfants.

CHAVALARIN, s. m. Alt. de *Charivari*, v. c. m.

Un grand *chavalarin* nicha dins meis oûreyon
Quan sarre la parpallou en sursaou me revèyou.
Coye.

CHAVAL DE BOI, d. bas lim. V. *Cavau de bosc.*

CHAVALIAN, part. prés. vl. CHAVALIANS. Combattant, au service.

CHAVALIAR, v. n. vl. Chevaucher. V. *Cavalcar.*

Éty. de *chaval* et de *iar*, aller à cheval. V. *Caval*, R.

CHAVALIER, vl. Voy. *Chivalier* et *Caval*, R.

CHAVALLER, vl. V. *Chivalier*, *Cavalier* et *Caval*, R.

CHAVANA, s. f. (tchaváne). Giboulée, pluie soudaine, averse. V. *Raissa.*

Éty. du lat. *cavata*, creusée, selon le P. Puget, parce que ces pluies soudaines creusent la terre.

CHAVANA, s. f. vl. *Caveta*, ital. Chevêche, Chouette. V. *Dugou pichot.*

Éty. Fém. de *Chavant*, v. c. m.

CHAVANT, s. m. (tsovón). Nom bas lim. du chat-huant et du hibou. V. *Chat-huant* et *Cat*, R.

Éty. *Chavan* est une alt. de *chat-huant.*

CHAVANTUT, UDA, adj. (tsovontú, úde), d. bas lim. Celui, celle qui a les yeux enfoncés comme le *chat-huant.*

Éty. de *chavant* et de *ut*. V. *Cat*, R.

CHAVAR, v. a. (tchavá et tsová), d. bas lim. et m. Extraire, caver. V. *Cavar* et *Cav*, R. Creuser, V. *Curar*; défricher, V. *Estrucar*, *Roumpre.*

Chavar lous huelhs, crever les yeux.

Chavar quauqu'un, pousser, presser quelqu'un pour en tirer ce qu'on veut savoir.

CHAVAT, ADA. V. *Cavat*, et *Cav*, R.

CHAVAU, d. lim. V. *Chivau.*

CHAVILHA, d. m. V. *Cavilha.*

CHAVILHAR, V. *Cavilhar*. Railler, agacer, d. bas lim.

Éty. du lat. *cavillari*, railler quelqu'un.

CHAVILHOUN, s. m. (tchavillóun). Taquin, chicaneur. V. *Chavilhous* et *Cavilh*, Rad.

CHAVILHOUNAR, v. a. (tchovillouná), d. bas lim. Pour planter des chevilles. Voy. *Cavilhar*, fig. chicaner, disputer sur les plus petites choses. V. *Cabilhegear* et *Cavilh*, R.

Éty. du lat. *cavillari*, chicaner, ou de *cavilhoun*, R., par le changement de *c* en *ch* et de *ar*.

CHAVILHOUS, OUSA, s. (tsovillóu, óuse), d. bas lim. CHAVILHOUN, CABILHOUS. Qui fait souvent querelle, qui relève les plus petites choses, pour chercher une occasion de disputer; pointilleux, euse.

Éty. du lat. *cavillosus*, chicaneur. Voy. *Cavilh*, R.

CHAVIRAR, v. n. (tchavirá); CABIRAR, CHABAVIRAR. Chavirer, en t. de mar. on le dit d'un vaisseau ou d'un bateau qui se renverse en revirant de bord.

Se renverser la tête en bas. V. *Cap-virar*, tourner sens dessus dessous.

Éty. Alt. de *cap-virar*, tourner la tête en bas. V. *Vir*, R.

CHAVON, s. m. vl. Décadence, chute.

Éty. de *cha* pour *cas*, chute. V. *Cad*, R.

CHAVOU, AVA, adj. (tchávou, áve); *Calvo*, ital. esp. port. Chauve, qui n'a que peu ou point de cheveux sur la tête. Voy. *Chauve.*

Éty. du lat. *calvus*, m. s. V. *Calv*, R.

CHAVU. V. *Chevu.*

CHAY, dg. Hangar, réduit, cave. Voy. *Chai.*

CHAYA, s. f. (tchâye). Nom des corneilles dans la Haute-Provence. V. *Gralha.*

C'est le nom particulier du choucas, dans quelques pays. V. *Agralhoun.*

CHAYNE. V. *Chaine.*

CHAZ, d. lim. Chez. V. *Aquot.*

CHAZA, s. f. vl. V. *Casal.*

CHAZAMEN, s. m. vl. Fief.

Éty. de *chaza* pour *casa*, et de *ment*. V. *Casa*, R.

CHAZAS,

CHAZEL et

CHAZER, vl. Tomber. V. *Cas*, R.

CHAZET, dl. Le même que *Casal*, v. c. m. et *Casa*, R.

CHE

CHE, s. m. (tsé). Alt. du d. bas lim. de *chen*. V. *Chin*, R.

CHE, (tchè). Espèce d'impératif dont on se sert pour chasser les chèvres, *che*, *che.*

CHECA, s. f. vl. Chienne, terme injurieux.

Éty. de *che*. V. *Chin*, R.

CHECHA-POUN, s. f. (tchètche-poun). Grosse caisse, instrument de musique. Cast.

CHECHIER, s. m. (tchetchié). Jujubier. Garc. V. *Chichourlier.*

CHECHOU, s. m. (tchètchou). Coup d'arrière-main au jeu de mail. V. *Belis.*

CHECHOU, s. m. Jujube, en term. de Grasse, selon Garcin. V. *Chichourla.*

CHECHOU, s. m. Haie; le surplus, le supplément. V. *Souquet.*

Qu'a huetant'ans eme lou chechou,
Qui a quatre-vingts ans et le par-dessus.
Diouloufé.

CHECUN, d. béarn. Alt. de *Chacun*, v. c. m.

CHEF, s. m. (tchèf); CHA, CHATAU. *Capo*, ital. *Xefe*, esp. *Chefe*, port. Chef, le premier, celui qui commande, qui est à la tête d'un corps, d'une assemblée.

Éty. du grec κεφαλὴ (kephalê), tête.

De soun chef, de son chef, à sa tête.

Chef d'ouvriers, de moissonneurs, *capoulier.*

Chef d'escadra, chef d'escadre.

CHEF-D'OBRA, s. m. (tché-d'óbre); CHEF-D'UVRA, *Capo-d'opera*, ital. Chef-d'œuvre, un des ouvrages les plus difficiles d'une profession, qu'on propose dans les examens; ouvrage fait dans la dernière perfection. Voy. *Chef.*

CHEF-LUEC, s. m. (tchèf-luéc). Chef-lieu, lieu où siége le préfet d'un département, le sous-préfet d'un arrondissement, le juge de paix d'un canton. V. *Chef.*

CHEGUIR, dg. Alt. de *Segre*, v. c. m. et *Sequ*, R.

CHEGUIT, IDA, adj. dg. Suivi, ie. V. *Sequ*, R.

CHEI, d. lim. V. *Chin*, R.

CHEIGEOUN, d. m. V. *Chaigeoun.*

CHEINA, d. m. V. *Cadena* et *Caden*, R.

CHEINAU, s. m. (tcheinàou). Sorte d'anneau fermé par une clavette, pour l'araire nommé *Frachis*. Garc.

CHEIPA, s. f. (tsèipe), d. bas lim. Vieille femme mal propre.

CHEIRA, s. f. vl. Cilice. V. *Cilici*; mine, semblant. V. *Cara.*

CHEIREL, V. *Chairel.*

CHEL, d. vaud. pour *qu'el*, qu'il.

CHEL, d. m. V. *Pasteou*, pêne, et *Chef.*

CHELI, nom d'homme et de lieu (tchèli), dl. Le même que *Gili*, v. c. m.

CHELIDOINA, s. f. (tchelidoine); FEROUGEA, SARADDEGNA, SARAJUEGNA, DINDOULIERA. *Chelidonia*, ital. *Chalidunium*, arab. *Celiduenha*, anc. esp. *Celidonia*, cat. port. esp. Chélidoine. V. *Dindouliera.*

Éty. du lat. *chelidonium*, dérivé du grec χελιδόνιον μελα (kelidonion mela), de χελιδών (kelidôn), hirondelle, parce que, selon Pline, si l'on crève les yeux aux petits de l'hirondelle, elle les guérit avec cette plante. Il dit aussi qu'elle fleurit à l'arrivée des hirondelles, et qu'elle se dessèche à leur départ. C'est de là aussi que lui est venu le nom de *Dindouliera*, v. c. m.

CHEMINEIA, s. f. (tchemineie). V. *Chamineia* et *Camin*, R.

CHEMINIEYRA, s. f. dl. Cheminée. V. *Chamineya* et *Camin*, R.

CHEMIR, v. n. (tsemir), d. bas lim. Chêmer et se chêmer, maigrir, tomber en étisie.

CHEMISA et

CHEMISETA. Mots pris du français. V. *Camisa* et *Camiseta.*

CHEN, dl. Alt. de *sens*. V. *Sensa.*

Un malhur n'arribe pas chen l'aouto.
Catastrophe.

CHEN, ENA, s. (tséin, éne), d. bas lim. Chien, chienne. V. *Chin* et *Chin*, R.

CHENABOUN, s. m. d. lim. Chenevier. V. *Canebiera* et *Canab*, R.

CHENARD, s. m. (tsenár), d. bas lim. Augm. de *chen*, grand chien lâche et fainéant. V. *Chinas* et *Chin*, R.

Far lou chenard, promener son oisiveté, n'avoir rien à faire.

CHENATIER, s. m. (tsenotié), d. bas lim. Paillard, passionné, crapuleux, amoureux comme un chien. V. *Chin*, R.

CHENAU, s. m. (tchenáou). Échenau, terme de fondeur en grand, bassin posé au-dessus de l'enterrage où l'on verse le métal en fusion, et d'où il se communique aux jets qui le distribuent dans toute la figure. Voy. *Can*, R.

CHENEBIER, V. *Canebiera* et *Canab*, Rad.

CHENEC, s. m. (tchenèc); CHENECUN. Consomption d'une personne ou d'un arbre.

CHENEQUIAR, v. n. (tchenequiá). Tomber en consomption, dépérir, se chêmer, tomber en chartre. Garc.

CHENERILHA. Avril. V. *Chenilha*.

CHENILHA, s. f. (tchénille); CAMILHA, CHENERILHA. Chenille. V. *Touera*; fig. personne chagrine qui aime à tracasser les autres.

Éty. M. Morin, d'après Ménage, fait dériver ce mot du lat. *canis*, à cause de la ressemblance, dit-il, qu'ont certaines chenilles avec de petits chiens, *caniculæ*, se fondant aussi sur ce que le poëte Antiphanès a appelé la chenille, κύων (kuôn), chien, chienne; mais chenille, vient évidemment du lat. *catena*, chaîne, parce que cet insecte est composé d'anneaux fixés les uns aux autres comme ceux qui composent une chaîne; d'où l'expression figurée *s'enchenilhar*, pour dire s'entortiller, s'envenimer, s'enlacer. Voy. *Caden*, R.

CHENITRE, ITRA, adj. (tchenitré, itre), d. béarn. Avare à l'excès, ladre comme un chien.

Éty. de *Chin*, R.

CHENS, d. béarn. Alt. de *sens*, Voy. *Sensa*.

CHENUT, UA, adj. m. (tchenú). Excellent, de première qualité.

Éty. du lat. *canutus*, blanc de vieillesse, faisant probablement allusion au vin qui acquiert de meilleures qualités en vieillissant.

CHEPTAL, s. m. vl. V. *Capital*.

CHEQUE, d. béarn. V. *Chaque*.

CHER, s. m. (tchèr); *Cher*, esp. Cher (département du), dont le chef-lieu est Bourges.

Éty. Du nom d'une rivière, appelée en latin *Carus*, Cher.

CHER, s. f. (tchèr). Pour viande, Voy. *Carn*, R.

Éty. de l'hébreu *shoer*, chair; parent.

CHERA, s. f. (tchère). Pour chère, ce que l'on mange. V. *Chiera*.

Éty. de *cara*, mine; on a d'abord dit faire bonne mine, bon accueil, et ensuite bien traiter, régaler.

CHERA, s. f. vl. Semblant, mine, contenance. V. *Cara*, R.

CHERBE, s. m. d. lim. Chanvre. Voy. *Canebe* et *Canab*, R.

CHERBE, s. m. vl. V. *Carbe*, chanvre.

CHERBI, s.m. (tcherbi). Nom toulousain de la berle chervi, *Sium sisarum*, Lin. plante de la fam. des Ombellifères, cultivée dans plusieurs jardins, et que l'on croit originaire de la Chine. Sa racine porte, dans les mêmes lieux, le nom de *Escarabila*, v. c. m.

CHERCAR, v. a. (tchercá). Employé dans le sens de *Cercar*, v. c. m., par M. Boissier, dans les vers suivants :

> *Vou recherqua qu'a resplendi,*
> *Et Jesus* cherque *qu'à beni.*

CHERCHABUIRA. Suppl. à Pellas. Voy. *Cercabuira*.

CHEREVELIN. V. *Charivari*.

CHEREVERIN, Avril. V. *Charivari*.

CHERFUEI, d. d'Avignon. Alt. de *Charfuelh*, v. c. m.

CHERFUELH, Garc. V. *Charfuelh*.

CHERIR, v. a. (tcherir); AMAR. *Querer*, esp. port. Chérir, aimer avec un tendre attachement, aimer avec prédilection.

Éty. de *cher* et de *ir*. V. *Car*, R.

CHERIT, IDA, IA, adj. et p. (tcheri, ide, ie); AMAT, ADA. *Querido*, port. Chéri, ie. V. *Car*, R.

CHERIVENDI, s. m. (tcherivéindi). Chervendeur. *Garc*. V. *Charivend* et *Car*, R.

CHEROMOULAT, s. m. V. *Amoulaire*, Garc. et *Charamoulat*.

CHERPA, V. *Eicharpa*.

CHERUB, vl. V. *Cherubin*.

CHERUBIN, s. m. (tcherubïn); *Querubi*, cat. *Querubin*, esp. *Cherubim*, port. *Cherubino*, ital. Chérubin, ange du second chœur de la première hiérarchie.

Éty. de l'hébreu *kheroub*, dont le pluriel est *kheroubim*.

Ces anges sont ordinairement peints avec le visage enflammé, pour exprimer l'amour de Dieu qui les anime; et c'est d'après cela, qu'on dit d'une personne haute en couleur : *qu'elle est rouge comme un chérubin*.

CHERUBINADA, s. f. (tcherubinàde). Cirure, mélange de cire et de suif dont on frotte les souliers.

Éty. Probablement à cause de la couleur rouge qu'on lui donnait.

CHERUI, V. *Charui*.

CHESTRES, s. m. pl. (tchèstrés), vl. Champs : *Per chestres*, par les champs.

CHETIF, IVA, adj. (tchetif, ive); *Cattivo*, ital. Chétif. V. *Marrit*, *Mesquin* et *Cap*, R. 2.

CHETRE, ETRA, adj. (tchètré, ètre), d. béarn. Chétif, ive. V. *Pietre* et *Cap*, R. 2.

CHETTENIR SE, d. lim. V. *Soustenir se*, et *Ten*, R.

CHEVELURA, s. f. (tchevelúre); CABELLADURA, PERA. *Capellatura*, ital. *Cabellera*, esp. cat. *Cabelleira*, port. Chevelure, l'ensemble des cheveux qui couvrent la tête de l'homme.

Éty. de *chevel*. V. *Capill*, R.

Une belle chevelure fut, dès la plus haute antiquité, un signe de distinction; les esclaves étaient obligés de la porter négligée : *Capillum passum*, *fluxum* et *intonsum*. Les Germains tondaient les princes qu'ils détrônaient, comme l'on tond aujourd'hui les hommes condamnés aux travaux forcés.

Les ecclésiastiques portent depuis longtemps les cheveux courts, pour donner ainsi des preuves de leur servitude spirituelle et de leur parfaite soumission.

CHEVELUT, UDA, UA, adj. (tchevelú, úde, úe). Chevelu, ue, qui a beaucoup de cheveux. V. *Capill*, R. et *Cabellut*.

CHEVU, s. m. (tchevú); PEOU, CABEL. Cheveu, poil de la tête humaine.

Éty. du Rad. *Chevel*. V. *Capill*, R. par la suppression de *e*, et le changement de *l* en *u*.

Selon M. Vauquelin, les cheveux noirs sont composés de mucus, d'une huile blanche, d'une huile noirâtre, de fer, de phosphate de chaux, de carbonate de chaux, de silice et de soufre.

Les cheveux blancs ne contiennent ni huile noire, ni fer, substances qui paraissent être la cause de la couleur de ceux qui sont noirs.

CHEY, nom de nombre, (tchèï), d. bord. Six. V. *Siei* et *Sex*, R.

CHEYNA, Coye. V. *Cadena* et *Caden*, Rad.

CHEYRA, dg. Chaise. V. *Cadiera* et *Cadier*, R.

CHEYTAR, V. (tcheïtá), dg. Asseoir. V. *Assetar* et *Sed*, R.

CHEYTAT, ADA, adj. et p. (tchéïtá, áde), dg. Assis, ise. V. *Assetat* et *Sed*, R.

> *Cheytat aou cung d'aou fuc.*
> Verdier.
> Assis au coin du feu.

CHEZ, s. m. pl. vl. Chiens. V. *Chin*, R.

CHEZ, prép. (tchès), pr. mod. Chez. V. *Aquot* ou *enquot*.

CHI.

CHI, Alt. lang. de *Chin*, v. c. m.

CHI, vl. Pour *que*, qui.

CHIAGNAS, s. f. pl. (tchiágnes), d. de Barcel. Crotte ou merde de rat. V. *Cac*, R.

CHIAM, Alt. de *Champ*, v. c. m. Voy. *Camp*, R.

CHIANVRI, s. m. (tchiánvri). Cigale de mer, Garc.

CHIA-QUE-CHIA, expr. adv. d. lim. Quoiqu'il en soit, quoiqu'il arrive.

Éty. Alt. de *sia*, *que sia*. V. *Ser*, R. 3.

CHIAR, v. n. (tchiá). Ce mot signifie, dans les environs de Berre, pousser les hauts cris, d'après M. Porte.

CHIARIVARI, dl. V. *Charivari*.

CHIARNEA, v. impers. (tchiarnée), d. de Barcel. Il tombe de la neige, il neige.

Éty. de *chiar* et de *nea*, pour neige Voy. *Cac*, R.

CHIBAL, dg. V. *Cavau* et *Caval*, R.

CHIBALET, d. béarn. Alt. de *Chivalet*, v. c. m. et *Caval*, R.

CHIBAU, dg. V. *Cavau* et *Caval*, R.

CHIC, CHI, radical dérivé de l'Espagnol *chico*, *chica*, petit, petite, ou du gaulois *chic*, petit morceau, parcelle, finesse, subtilité, chicane, qui peut venir, dans ce dernier sens, du grec σικανὸς (sikanos), sicanien, sicilien, rusé, fourbe; dérivés; *Chic*, *Chic-a*, *Chic-aire*, *Chic-ana*, *Chican-aire*, *Chican-ar*, *Chican-ur*, *Chic-ar*, *Chic-audoun*, *Chi-chin*, *Chichin-ous*, *Chi-chiribeli*, *Chich-ou*, *Chich-a*, *Chich-oun*, *Chichoun-et*, *Chic-ot*, *Chicot-agi*, *Chicot-ar*, *Chi-poutar*, *Chi-pout-agi*, *Chi-pout-ar*, *Chiqu-et*, *De-chic-ar*, *De-chicot-at*, etc.

CHIC, adv. d. béarn. Peu. V. *Pauc*.

Chic de causa, peu de chose.

> *La nature, à fort chic de yén*
> *De plase à baillat lou talén.*
> Fables de La Fontaine.
> La nature, à très-peu de gens,
> De plaire a donné le talent.

Éty. de *Chic*, R.

CHIC, s. m. (tchic); BATAR, TAUS-TUBC,

MEOUCA, CRAC. *Faire chic*, rater, en parlant d'une arme à feu. *Leis cambas me fan chic*, les jambes fléchissent sous moi; manquer son but. V. *Chic*, R.

CHIC, ICA, adj. (tchic, ique), dl. *Chico*, *Chica*, esp. Petit, ite. V. *Pichot* et *Chic*, R.

A chicas et micas, par parcelles.

CHIC, s. m. (tchic). Nom qu'on donne à plusieurs espèces du genre bruant, *Emberiza*, Lin. oiseaux de l'ordre des Passereaux et de la fam. des Conirostres ou Conoramphes (à bec conique).

Éty. Le nom de *chic* leur a été donné par onomatopée, c'est-à-dire, parce qu'il représente assez exactement leur chant, lorsqu'on prononce ce mot à la provençale, *tchic*; ce mot signifie aussi petit.

CHIC, s. m. CHIC-JAUNE, TRIDA, ROUSSIERA, SIBROU. Noms par lesquels on désigne le zizi ou bruant-de-haie, *Emberiza cirlus*. Lin.

Le mâle a le sommet de la tête de couleur d'olive, moucheté de noirâtre, et les joues jaunes; il porte plus particulièrement le nom de *chic*; la femelle est différente, et on l'appelle plus souvent *chic-jaune* ou *chica*.

CHICA, s. f. (tchique); Nom de la femelle du bruant zizi. V. *Chic*.

CHICA, s. f. (tchique); BUTIDA, MOUCABELA, CHICANOTA, CACHELA, ZICANAUDA, CHICANAUDA, MIFLA, FRETA, CIGALA. *Clusca*, cat. Chiquenaude, coup qu'on donne ordinairement avec le doigt du milieu en le séparant avec rapidité du pouce contre lequel on l'avait roidi. Celle qu'on applique sur le nez se nomme nasarde en français.

Éty. du bas breton *chifkoden*, m. s. Voy. *Chic*, petit coup.

Nasarder, donner des nazardes.

CHICA, s. f. Mâchicatoire, pincée de tabac ou de toute autre substance médicamenteuse, qu'on met dans la bouche pour la mâcher; petit morceau. V. *Chic*, R.

CHICA, s. f. Chique, soie de mauvaise qualité provenant des cocons qui ne sont pas arrivés à leur entier développement, qui produit peu. V. *Chic*.

CHICA, s. f. ou *Chicou*, dl. Parcelle, petite partie de quelque chose: *A chicas et micas*, chiquet à chiquet, par parcelles.

Éty. V. *Chic*, R.

CHICA, s. f. d. m. Babil, caquet.

CHICADA, s. f. (tchicade). Mangeaille, les aliments en général. Avril.

CHICADA, s. f. (tchicade). Ramage, chant de quelques oiseaux; caquet, babil, conversation. Garc.

Éty. de *chica* et de *ada*, babil fait, soutenu.

CHICAIRE, s. m. (schicaïré). Pour babillard, V. *Charraire*; mâcheur, celui qui mâche du tabac. V. *Chic*, R.

CHICANA, s. f. (tchicane). Chicane, procédure artificieuse, subtilités captieuses, contestation mal fondée.

Éty. de l'esp. *chic*, petit. V. *Chic*. On fait aussi dériver ce mot du grec σικανος (sikanos), sicanien, sicilien, fourbe, fripon, ou de Κιχέω (kichéô), trouver, trouver des subterfuges.

On nomme jeu de chicane, au mail, celui qu'on joue dans des ruelles étroites. Sauv.

Chicana, en d. bas lim. indique aussi un défaut, une maladie qu'a une bête qu'on veut vendre: *Aquel beou a una chicana an d'aquel ped*, ce bœuf a un défaut à ce pied.

CHICANAIRE, USA, s. (tchicanaïré, úse); CHICANUR, CAVILHAIRE. Chicaneur, euse, celui, celle qui chicane, qui fait de mauvaises querelles.

Éty. de *chicana* et de *aire*, qui fait la chicane, ou du grec δικανικὸς (dikanikos), bon avocat, pris pour bon chicaneur. V. *Chic*, R.

CHICANAR, v. n. (tchicanâ); CHICANEGEAR. Chicaner, user de chicane, ergoter, pointiller, critiquer minutieusement.

Éty. de *chicana* et de *ar*. V. *Chic*, R.

CHICANAR, v. a. *Chicanar quauqu'un*, chercher dispute à quelqu'un. V. *Chic*, R.

CHICANARIA, s. f. (tchicanarie). Chicane, ergoterie, chicanerie, mauvaise difficulté.

Éty. de *chicana* et de *aria*. V. *Chic*, R.

Quantequant l'avoucat s'aviso
De vantar sa chicanerie,
Qu'avie fach uno pleidarie.

Brueys.

CHICANEGEAR, V. *Chicanar*.

CHICANETA, s. f. (tchicanéte), dl. Tricheur, chicaneur. V. *Chicanaire* et *Chic*, R.

CHICANUR, USA, adj. (tchicanúr, use), Le même que *Chicanaire*, v. c. m. et *Chic*, Rad.

CHICAR, v. a. (tchicá). Chiquer, mâcher du tabac ou d'autres substances, et par extension, manger, boire, siroter.

Éty. de *chica* et de *ar*. V. *Chic*, R.

CHICAR, v. n. Jaser, caqueter.

Éty. de *chica*, babil, et de *ar*.

CHICARROT, s. m. (tchicarró). Pétard d'argile. V. *Meritapa*.

CHICAUDOUN, s. m. (tchicaoudóun); CHICOOUDOUN. Petite lessive, à Manosque. V. *Bugadoun* et *Chic*, R.

CHIC-CENDROUS, s. m. CHIC-FARNOUS, GRASSET, CHIC D'AUVERGNA, TRIDA-JARDINIERA, PRADIERA, PRATERA. Le bruant fou ou bruant des prés, *Emberiza cia*, Lin. La femelle de cet oiseau porte le nom de *Chic-gavouet*, v. c. m. selon M. Roux, *Oiseaux de Provence*, et le mâle, celui de *Chic moustacha*.

CHIC-CERIZI, s. m. Nom que M. d'Anselme donne comme synonyme de *petarier*, qu'il a omis.

CHIC D'AUVERGNA, s. m. (tchic d'aouvérgne). Nom qu'on donne, dans le Gard, au bruant fou. V. *Chic cendrous*.

CHIC D'AVAUS, s. m. (tchic-d'aváous); BRUNA, PASSERETA; PASSERA, CHIC-D'AVAUSSES, SAUTA-BORAS. Fauvette d'hiver ou mouchet, *Motacilla modularis*. Lin. Cet oiseau n'appartient point au genre bruant, quoiqu'il soit de la même famille.

CHIC-DEI-PALUDS, s. m. (tchic-déipalús); TRIDA-ROUQUIERA, CHIC-DEI-SAGNAS, CHIC-OURDINARI, CHINOUES. Nom qu'on donne, dans le Gard, à l'ortolan des roseaux, chic des roseaux ou bruant des roseaux; *Emberiza schœniclus*, Lin. de la fam. des précédents.

CHIC-DEIS-SAGNAS, Nom que porte, dans le département des Bouches-du-Rhône, le bruant des roseaux. V. *Chic-dei-paluds*.

CHIC-DE-MITILENA, s. f. Nom qu'on donne, dans le département des Bouches-du-Rhône, au mitilène de Provence. V. *Chic-ourdinari*.

CHIC-GAVOUET, s. m. CHIC-MOUSTACHA. Chic gavotte, gavoué de Provence, chic moustache ou bruant-gavoué, *Emberiza provincialis*, Lin. que Temminck croit être le même que le bruant des roseaux. V. *Chic-ourdinari*.

D'après M. Roux, *Oiseaux de Provence*, le *Chic gavouet*, n'est autre chose que la femelle du bruant fou, *Emberiza cia*. Voy. *Chic-cendrous*, dont le mâle porte le nom de *Chic-moustacha*, v. c. m.

CHICH'ACUERNI, s. f. (tchitch'acúerni). Chiche, avare. Avril.

CHICHANTA, nom de nombre, d. béarn. Soixante. V. *Seissanta* et *Sex*, R.

CHICHAR, v. a. (tchitchá). Presser, appuyer fortement. Avril. V. *Chauchar*, *Caucar* et *Causseliar*.

CHICHAY, s. m. (tchitchaï). Enfant, petit garçon, en langage de bohémienne. V. *Babarouchoun*.

Éty. de l'espagnol, *chico*, m. s. V. *Chic*, Rad.

CHICHET, dl. V. *Chichou* et *Chic*, R.

CHICHI, s. m. (tchitchi). Mot dont les enfants se servent pour désigner les petits oiseaux, les insectes, les pous. Avril. Voy. *Chichiou*.

CHICHI-BELLI, s. m. (tchitchibèlli); CHICHIRIBELLI. Queue de rat; lambeau de papier ou de chiffon, qu'on suspend au dos des passants, pendant les jours gras, pour s'en amuser. Avril. V. *Chic*, R.

CHICHIBUT, s. m. (tchitchibú). Nom de l'ortolan, selon M. Avril. V. *Hortoulan*.

CHICHIMEIA, s. f. (tchitchimèie), dl. De la ripopée, mélange de plusieurs vins, Sauv. boisson de peu de prix. V. *Chic*, R.

CHICHIN, s. m. (tchitchin). Ruse, finesse, tromperie, en terme de jeu. *Faire de chichin*, filouter. V. *Chic*, R.

CHICHINOUS, OUSA, adj. (tchitchinóus, oúse), d. m. Filou au jeu, querelleur.

Éty. de *chichin*, ruse, tromperie, et de *ous*. V. *Chic*, R.

CHICHIOU, s. m. (tchitchiou); CHICHI, TITI. Nom par lequel les enfants désignent les petits oiseaux.

Éty. Onomatopée du cri de plusieurs.

CHICHIRIBELI, s. m. (tchitchiribèli). Garc. V. *Chichi-belli*.

CHICHIRRI, s. m. (tchitchirri). Nom de la farlouse, selon M. Castor.

CHICHOIS, nom d'homme, (tchitchóis); CHICHOUAS. Altération de *François*, v. c. m.

CHICHOISA, nom de femme, (tchitchóise). Altér. de Françoise.

CHICHOU, s. m. (tchitchou), dl. CHICHET. Petit chien. V. *Chinoun* et *Chic*, R.

CHICHOU, ICHA, adj. (tchitchou, itche); CHICHOUNET, CHICHOUN. Echars, arse, chiche, vétilleux, avare, qui tient à des vétilles. Garc.

Éty. de l'esp. *chico*, petit. V. *Chic*, R.

CHICHOUN, OUNA, adj. (tchitchóun, óune). Avare, chiche. Avr. V. *Chichou*.

CHICHOUN, OUNA, s. d. bas lim. V. *Chinoun*, *ouna*.

CHICHOUN, s. m. et adj. (tchischóun). Avare. Aub.

CHICHOUNARIA, s. f. (tchitchounarie). Lésine. Aub.

CHICHOUNEGEAR, Cast. V. *Chichounïar*.

CHICHOUNET, s. m. Que *Chichou*, v. c. m.

CHICHOUNIAIRE, **ARELA**, s. (tchilchouniâïré, arèle). *Lésineur*, avare. Aub.

CHICHOUNIAR, v. n. (tchitchouniá); CHICHOUNAR, CHICHONEYAR. Lésiner, être chiche, Garc. barguigner, marchander sou à sou. Avr.

CHICHOURIER, s. m. (tchitchourié). Nom du jujubier, à Grasse. V. *Chichourlier*.

CHICHOURLA, s. f. (tchitchóurle); CHECHOU, DINDOULA, GINJOURLA, CHINCHOURLA. Jujube, fruit du jujubier: on donne quelquefois le même nom à celui du micocoulier.

Éty. de l'ital. *giuggiola*, m. s.

CHICHOURLIER, s. m. (tchitchourlié); CHECHIER, DINDOULIER, GINJOURLIER, CHICHOURIER, CHINCHOURLIER, GUIDOULIER. Jujubier, jujubier commun: *Zizyphus vulgaris*, Lam. *Rhamnus zizyphus*, Lin. arbre de la fam. des Frangulacées, transporté de la Syrie à Rome du temps d'Auguste, et naturalisé ensuite en Provence.

Éty. de l'ital. *giuggiolo*, m. s.

CHIC-JAUNE, s. m. Bruant commun ou de France, verdier, *Emberiza citrinella*, Lin. V. *Verdoun*.

CHIC-JAUNE, On donne aussi ce nom au bruant de haie femelle, *Emberiza cirlus*, Lin. V. *Chic*.

CHICLETA, s. f. et

CHICLETAR, v. n. Aub. V. *Cliqueta* et *Cliquetar*.

CHIC MOUSTACHA, s. m. (tchic-moustáche); MOUSTACHOUN, CHIC FARNOUS, CHIC GAVOUET. Sont autant de noms du bruant fou, qui désignent des différences d'âge ou de sexe. V. *Chic gavouet*.

CHIC NATUREL, s. m. Nom du bruant zizi, selon. M. Roux. V. *Chic*.

CHICONA, s. f. (tchicóne). Un des noms languedociens de la quinte-feuille. V. *Fraga*.

CHICOT, s. m. (tchicó); CIGOT, CIGOUET. Chicot, portion d'une dent rompue qui reste dans l'alvéole; reste fixé à la terre d'un arbre cassé. V. *Souca*; branche morte et rompue dont la base tient encore à l'arbre.

Éty. de l'arabe *schikkah*, éclat, morceau de bois fendu; formé du verbe *schakka*, fendre, éclater, ou de *Chic*, petit, v. c. r.

CHICOTAGI, s. m. (tchicoutádgi); CHICOUTAGI. Action de festonner, de déchiqueter.

Éty. de *chicot* et de *agi*. V. *Chic*, R.

CHICOTAIRE, **USA**, s. (tchcotáïre, úse); CHICOUTAIRE. Qui chicote, qui trouve à redire à tout. Garc.

CHICOTAR, v. a. (tchicoutá); CHICOUTAR. Baloter, déchiqueter, ruiner une pièce de bois à coups de hache pour y mieux faire tenir le plâtre.

Éty. de *chicot* et de *ar*, reduire en chicots, mettre en morceaux. V. *Chic*, R.

CHICOTAR, v. n. Chicoter, Disculer, critiquer, chamailler, vétiller. V. *Chic*, R.

CHICOTAR, **SE**, v. r. Se contrarier, se tirailler, se disputer.

CHICOTARIA, s. f. (tchicoutarie). Action de chicoter, vétiller. Garc.

CHICOTURA, s. f. (tchicotúre); CHICOUTURA. Déchiqueture, taillades faites à une étoffe. Avr.

CHICOULA, s. f. (tchicóule). Micocoule. V. *Falabrega*, Avr.

CHICOULAR, v. a. (tchicoulá). Agacer. Avr. V. *Catigar* et *Chtilhar*.

CHICOULAT, s. m. (tchicoulá). V. *Chocolat*.

> Et toutei lei matins avant de mi leva,
> M'adurrez lou cafet vo ben lou *chicoulà*.
>
> Pelabon.

CHICOUN, s. m. (tsicou), d. bas lim. et impr. TSICOU. Chicon ou laitue romaine, V. *Lachuga*.

CHICOURAR, v. a. (tchicourá). Chatouiller; faire payer. Aub.

Chicourar la boutelha, vider la bouteille.

CHIC-OURDINARI, s. m. Mitilène de Provence: *Emberiza lesbia*. Lin. Selon Montbeillard, Guys et Mauduyt, Ency. méth. Mais selon l'auteur de la dénomination provençale et française des oiseaux de Provence, ce serait à l'ortolan des roseaux, chic des roseaux ou bruant des roseaux, *Emberiza schœniclus*, Lin. qu'on donnerait ce nom. V. *Chic-dei-paluds*.

CHICOUREA, s. f. (tchicourée). Nom de la chicorée, pris du français. V. *Cicori*.

CHICOUREA SALVAGEA, s. f. (tchicouréa salbàtge). Nom toulousain de la chicorée sauvage. V. *Cicori*.

CHICOURUN, s. m. (tchicourún). Chatouillement. Aub.

CHIC-PERDRIS, s. m. CINCERISI, CENCERISI, TERI-TEBI, TERIDA, TRIDA, CERESIN, PETARIER, TRIOU. Proyer de France, bruant proyer, *Emberiza miliaria*. Lin. Cet oiseau est plus gros que l'alouette ordinaire, il a plus de 20 centim. de l'extrémité du bec à celle de la queue.

CHIEICHIEOU, **TIVA**, adj. (tsieitsiéou, tive), d. bas lim. Alt. de chétif, qui n'est pas de bonne qualité, qui n'a pas un air de santé. V. *Chetif*, *Marrit* et *Cap*, R. 2.

CHIEICHIVIER, s. m. (tsieitsivié), d. bas lim. Nom générique qu'on applique à tous les insectes incommodes, aux puces, aux punaises et principalement aux poux. V. *Vermina*.

CHIER, **IERA**, adj. (tchiér, iére); CAR, CHAR. *Caro*, ital. esp. port. *Car*, cat. Cher, ère, qui est au-dessus du prix ordinaire; chéri, à qui l'on est tendrement attaché, que l'on aime beaucoup.

Éty. du lat. *carus*, m. s. V. *Car*, R.

CHIER, adv. *Caro*, esp. ital. port. Cher; *Vendre chier*, vendre cher, au-dessus du prix commun.

Éty. du lat. *care*. V. *Car*, R.

CHIERA, s. f. (tchiére); CHERA. Chère, tout ce qu'on sert dans un repas, sous le rapport de la quantité, de la qualité et de la délicatesse. V. aussi *Quechiera*.

Faire bona ou marrida chiera, faire bonne ou mauvaise chère. V. *Cara*, R.

CHIERAMENT, adv. (tchieraméin). Chèrement, à un prix élevé; tendrement.

CHIEROUN, s. m. (tchieróun). Poudre de bois vermoulu. Aub.

CHIEROUNAR, V. *Chirounar*.

CHIERPA, Aub. V. *Echarpa*.

CHIERTAT, s. f. (tchiertá); CARESTIA. *Carestia*, esp. port. Cherté, prix excessif des marchandises et particulièrement des denrées de première nécessité.

Éty. du lat. *caritatis*, gén. de *caritas*, m. s. V. *Car*, R.

CHIFFARNEOU, s. m. (tchiffarnèou); CHIFARNEOU. *Chinfreneau*, terme populaire qui sert à désigner un coup de bâton donné sur la tête ou sur le visage. Ach.

Éty. Probablement par dérision du bas breton *chifern* ou *sifern*, rhume du cerveau.

CHIFFLA, s. f (tchiffle); CHIFLA. Moquerie, raillerie. Avr.

CHIFFLAR, v. a. et n. (tchifflá). Boire, se moquer, railler, plaisanter, persifler. V. *Truffar se*.

CHIFFLARIA, s. f. (tchifflarie). Moquerie. Aub.

CHIFFLET, s. m. (tchifflé). Moqueur. Aub. V. *Chiflet*.

CHIFFLUR, **USA**, adj. (tchifflur, úse); CHIFFLAIRE. Railleur, euse. Avr. V. *Truffaire*.

CHIFFOUN, s. m. (tchiffóun). Pour chiffon, V. *Estrassa* et *Pata*; gipon avec lequel le cordonnier ciré le cuir. Garc.

Éty. de l'arabe *schaffoun*, toile légère, linge mince.

CHIFFOUNAR, V. *Chaupinar*.

CHIFFOUNAT, V. *Chaupinat*.

CHIFFOUNIER, s. m. (tchiffounié). Chiffonnier. V.

CHIFFOUNIERE, s. f. (tchiffouniére). Espèce de commode.

CHIFFR, radical dérivé de l'arabe *saphar*, écriture, livre, ou de l'hébreu *siphr*, compter.

De *siphr*, par le changement de *s* en *ch*, et de *ph* en *ff*, *chiff*; d'où: *De-chiffr-agnar*, *De-chiffr-ar*, *Des-chiffr-able*, *Des-chiffr-ar*, *Des-chiffr-at*, *Des-chiffr-ur*, *In-des-chiffr-able*.

CHIFFRA, s. f. (tchiffre); *Cifra*, ital. esp. port. Chiffre, caractère qui représente les nombres; l'arithmétique. V. *Chiff*, R.

Chiffre, fém. en provençal, est masc. en français, ainsi Tr.

Quant vau aquella chiffra, par: combien vaut ce chiffre?

Apprendre la chiffra, apprendre l'arithmétique.

1, 2, 3, 4, 5, 6, 7, 8, 9, 0. sont appelés chiffres arabes.

I. V. C. L. D. M. X., portent le nom de chiffres romains.

L'I, vaut un, le V, cinq, l'L, cinquante, le C, cent, le D, cinq-cents, l'M, mille, l'X, dix, mais lorsqu'il est placé devant l'L, le D ou l'M il ôte dix à la valeur de ce chiffre, CX, valent cent dix, mais XD, ne valent que 90 ou quatre-vingt-dix.

Deux CIↃ en regard avec un I au-milieu valent mille, et IↃ ne vallent que cinq cents ainsi on peut écrire, 1846, de deux manières avec les chiffres romains MDCCCXLVI ou CIↃDCCCXLVI.

Les Hébreux, les Grecs et les Romains n'ont employé, pour compter, que les lettres de leur alphabet, les chiffres arabes paraissent être une invention moderne qui nous serait venue des Indiens par la voie des Arabes. M. Nodier est du nombre de ceux qui pensent que nous les devons aux Grecs, mais comme les Grecs n'ont point de chiffres, proprement dits, nous aurions seulement imité leurs lettres dans nos chiffres; le savant Huet était de cet avis; il en donnait pour preuve la frappante analogie qui existe entre les unes et les autres. Le chiffre 1, serait pris de l'iota (ι); le 2 et le 5, du zêta en différents aspects (ξzζ); le 3, de l'oméga redressé (ɜ); le 4, du delta (Δ); le 6 et le 9, du sigma (σ); le 7, du tau (τ); le 8, de l'ou (ȣ); le 0, de l'omicron (ο).

L'invention des chiffres arabes, qu'ils soient ou non imités des lettres grecques, est attribuée par les uns, à l'arabe Moramène qui les inventa ou les découvrit chez les Indiens, il vivait l'an 550 avant J.-C.

Gébert, archevêque de Reims, qui vivait vers la fin du Xme siècle, les introduisit en Europe en 999; mais ils ont reçu leur dernière forme, celle sous laquelle nous les connaissons aujourd'hui, de Widman et Kachetoffen de Leipsick, qui en gravèrent les types en 1489. Déjà en 1482, Leonard Holl, de Ulm, les avait perfectionnés dans sa belle édition de la Géographie de Ptolomée. Ce n'est qu'après cette époque que leur usage est devenu général.

Paret de chiffra, mur de refend, cloison de plâtre.

CHIFFRA, s. f. Chiffre, est aussi le nom que l'on donne à un arrangement de deux ou plusieurs lettres entrelacées, qui expriment un nom en abrégé, et qu'on met sur des cachets, sur des meubles, sur des voitures, etc.

CHIFFRAIRE, s. m. (tchiffràïré); *Cifrador*, esp. Chiffreur, arithméticien, celui qui compte bien au moyen des chiffres, fig. qui sacre, jure, gronde souvent.

Éty. de *chiffra* et de *aire*.

CHIFFRAR, v. n. (tchiffrá). Chiffrer, calculer par le moyen des chiffres, fig. s'impatienter, s'inquiéter. V. *Pitrar*.

Éty. de *chiffra* et de *ar*.

CHIFFRAR, v. a. (tsifrá), d. bas lim. *Cifrar*, esp. port. Effacer, biffer, V. *Escaffar;* exclure quelqu'un d'une association, effacer son nom de la liste des sociétaires.

CHIFFRAT, ADA, adj. et p. (tchiffrá, áde); *Cifrado*, port. Chiffré, ée, marqué par des chiffres, compté au moyen des chiffres, et par ext. compté, calculé.

CHIFLA, s. f. vl. CHUFLA. *Chufa*, anc. esp. port. Sifflement, moquerie, raillerie. V. *Chiffla* et *Sibl*, R.

CHIFLADOR, s. et adj. vl. Railleur, moqueur. V. *Chifflur*.

CHIFLAIRE, vl. V. *Ciflador*.

CHIFLAR, v. n. et a. CHUFLAR, vl. *Chiflar*, esp. Siffler, V. *Chifflar*, moquer, railler, et *Sibl*, Rad.

CHIFLET, s. m. (tchiflé). Railleur, critique.

Éty. du grec σίφλος (siphlos), moquerie, raillerie. V. *Sibl*, R.

CHIFOU, s. m. (tchifou). Chagrin, inquiétude mêlée de colère et de dépit: *Ai un chifou*, j'ai un dépit.

Éty. du bas breton *chif*, chagrin, tristesse, inquiétude.

CHIGNEIRA, s. f. (tchignèire), dl. et mieux *Chiniera*. Un chenil, lit mal étoffé et en désordre.

Éty. de *chin* et de *iera*. V. *Chin*, R.

CHIGNOUN, s. m. (tchignóun); TIGNOUN. Chignon, le derrière du cou et les cheveux qui le couvrent.

Éty. du lat. *catena*, chaîne, dont on a d'abord fait le dim. *chaignon*, et ensuite *chignon*. V. *Caden*, R.

CHILA, s. f. (tchile); *La chila*, la pipée, chasse qu'on fait aux oiseaux en les attirant avec un pipeau, Garc. en sifflant. V. *Pipada*.

Éty. de *Chilet*, v. c. m. et *Sibl*, R.

CHILAIRE, s. m. (tchilàïré). Chasseur au pipeau. Garc.

CHILAR, v. n. (tchilá); CHILHAR, PIOULETAR, PIPAR, CHIAR. Piper, contrefaire la voix des oiseaux pour les appeler.

Éty. de *chil*, *chilet* et de *ar*. V. *Sibl*, R.

CHILET, s. m. (tchilé); CHILHET, PIOULET, QUIERET, CHILLET, QUIELET. Appeau, pipeau, sifflet de chasse, qui contrefait la voix des oiseaux.

Éty. du celt. *chillæ*, ou du grec χειλωτὴρ (chéilôtèr), courroie pour les lèvres des joueurs de flûte. V. *Sibl*, R.

Le P. Pujet, le dérive du vieux mot *gille*, tromperie. *Chilet per prendre leis cailhas*. V. *Courcailhet*.

CHILHAR, V. *Chilar*.

CHILHET, V. *Chilet* et *Sibl*, R.

CHILPA, s. f. vl. Querelle.

CHIMAIRE, s. m. (tchimàïré). Buveur qui boit peu et souvent.

Éty. du grec χύμος (chymos), suc, et de la term. *aire*, sous-entendu boire, qui boit le suc, ou de κῦμα (kyma), flot, liquide.

CHIMAR, v. n. (tchimá). Siroter, boire à petits coups et longtemps; suinter, couler goutte à goutte. Douj.

Ety. de *chim* et de *ar*, act. V. le mot précédent.

> *Pitançarem eme Comus*
> *Badinarem eme Momus,*
> *Musiquegearem eme Orpheo*
> *Et* chimarem *eme Bacchus.* Coye.

CHIMARRA, s. f. (tchimárre), dl. Grand flacon. Sauv.

CHIMARRADURA, s. f. (tchimarradúre); CHIMARRURA, CHAMARRURA. Chamarrure, ornement ou parure bizarre; griffonnage, barbouillage.

Éty. On fait venir ce mot du turc *samour*, peau de marte, parce que les *cimarres* en étaient garnies, chamarrées.

CHIMARRAIRE, s. m. (tchimarràïré). Griffonneur, barbouilleur de papier. Garc.

CHIMARRAR, v. a. (tchimarrá); CHAMARRAR, MACHARRELHAR, BISCOUORAR. Chamarrer, garnir de passements, de galons de différentes couleurs; charbonner une muraille, barbouiller du papier, griffonner en écrivant.

CHIMARRAT, ADA, adj. et p. (tchimarrá, áde). Chamarré, ée; Charbonné, barbouillé.

CHIMARRURA, V. *Chimarradura*.

CHIMERA, s. f. (tchimère); *Chimera*, lat. ital. esp. *Quimera*, port. Chimère, vaine imagination.

Éty. du grec χίμαιρα (chimaira), monstre fabuleux.

CHIMERIC, ICA, adj. vl. et

CHIMERIQUE, ICA, adj. (tchimeriqué, ique); *Chimerico*, esp. ital. *Quimerico*, port. Chimérique, visionnaire, plein de chimères, d'imaginations ridicules et vaines.

Éty. du lat. *chimæreus*, m. s. V. *Chimera*.

CHIMIA, s. f. tchimie); *Chimica*, ital. *Chymica*, port. *Chimia*, esp. Chimie, science qui a pour objet les propriétés intimes et réciproques de tous les corps, leur analyse et leur synthèse.

Éty. du grec χυμὸς (chymos), suc, parce qu'à une certaine époque, cette science n'avait pas d'autre but que la préparation des sucs végétaux; ou plus vraisemblablement de χύω ou χέω (chyô ou chéô), fondre, parce que, dans son origine, la chimie ne s'occupait que de la fonte des métaux.

On distingue la chimie: en philosophique, météorologique, minérale, végétale, animale, pharmacologique, manufacturière et économique, selon qu'elle s'occupe plus spécialement de l'une de ces parties.

La chimie est redevable de ses premiers documents à l'alchimie dont on ignore l'origine. La Bible en attribue l'invention à Coré, parent de Moïse; plusieurs auteurs en placent la source chez les Arabes, vers le milieu du VIIIme siècle, et font honneur de sa découverte à Gebert, philosophe juif ou arabe. Ce ne fut qu'au XIIIme siècle, que la chimie commença à avoir des principes fixes, époque à laquelle Arnaud de Villeneuve, Roger Bacon et Albert le Grand, lui donnèrent une grande impulsion; Paracelse au XVIme siècle, Vanhelmont, dans le XVIIme et ensuite Becher, Bayle, Kunkel, Sthal, Boerhaave, y opérèrent une grande révolution.

La nouvelle chimie ou la chimie pneumatique, qui doit sa naissance à l'infortuné Lavoisier, a successivement été perfectionnée, par Fourcroy, Vauquelin, Chaptal, Guyton Morveau, Thenard, Davy, Berzelius, Proust, etc.

CHIMICAR, v. n. (tchimicá); CHIMIQUA, dg. Pétiller.

CHIMIQUE, ICA, adj. (tchimiqué, ique); *Chimico*, ital. *Chymico*, port. Chimique, qui appartient, qui est relatif à la chimie.

CHIMISTO, s. m. (tchimiste); *Chimico*, ital. *Chymico*, port. *Chimista*, esp. Chimiste, celui qui sachant la chimie s'en occupe.

Éty. de *chimia* et de *isto*.

CHIMOURRIT, IDA, adj. et p. (tchimourri, ide). Ridé, ée.

CHIMPA, s. f. (tchimpe); CHIMPIA, dl. Adresse, esprit, manière de faire. V. *Biais*.

CHIN, radical pris du grec κυνός (kynos), gén. de κύων (kyôn), chien. V. aussi *Can*.

De *kynos*, par apoc. et changement de *ky* en *chi*, *chin;* d'où: *Chin*, *Chin-a*, *Chin-s*, *Chin-ar*, *Chinas*, *Chinass-aria*, *Chin-eta*, *Chin-oun*, *A-chin-it*, *Chin-iera*, par la suppr. de *n: Chi*, *Che*, *Chec-a*, *Chei*, et par le changement de *i* en *e*, *chen*; d'où: *Chen*, *Chen-a*, *Chen-ard*, *Chen-at-ier*, *Chen-itre*, *Quina-redoun*.

CHIN, s. m. (tchïn); CHI, CO, COS, COUEL, AA, GOUS, CHE, CHEN, CAN. *Cane*, ital. *Cão*, port. Chien, *Canis familiaris*, Lin. mammifère onguiculé de la fam. des Digitigrades ou Carnivores.

Éty. du grec κύων (kyôn), gén. κυνὸς (kynos). V. *Chin*, R.

L'état de domesticité a produit, dans l'espèce du chien, comme dans celle du cheval, un grand nombre de variétés ou races, qu'on divise en trois familles : les Mâtins, les Épagneuls et les Dogues.

Les Mâtins.

LOU MASTIN OU CHIN D'AVER, le mâtin, grand, vigoureux, léger, à oreilles demi-pendantes, queue recourbée en haut, poils longs et laineux. Il est excellent pour la garde des troupeaux et pour la chasse des loups.

LOU DANOIS, le danois, corps et membres plus fournis que le mâtin, auquel il ressemble d'ailleurs.

LOU LEBRIÉR, le levrier, formes sveltes, jambes longues et effilées, poil ordinairement ras, bon coureur.

Les Épagneuls.

L'ESPAGNOL OU PAGNOL, l'épagneul, à poils longs et soyeux, oreilles pendantes, jambes peu élevées. Il est ordinairement blanc avec des taches noires. On le nomme *gredin*, quand il est tout noir, et *pyrame*, quand il est noir, marqué de feu.

LOU BARBET OU CANARD, le barbet, poil long et fin; c'est de tous les chiens le plus intelligent et le plus fidèle.

LOU CHIN COURANT, le chien courant, oreilles longues et pendantes, jambes charnues, poils courts, queue relevée ; c'est le chasseur par excellence.

LOU CHIN DE PASTRE, le chien de berger, taille moyenne, oreilles courtes et droites, queue horizontale, poils très-longs sur le corps, courts sur le museau, ordinairement noir; bon pour la garde des troupeaux.

LOU CHIN LOUP OU LOUBET, le chien loup, oreilles courtes et droites, recouvertes ainsi que les jambes et la tête, d'un poil court; corps à longs poils, queue relevée et bien garnie; bon pour la garde.

LOU BASSET, le basset, jambes extrêmement courtes, oreilles longues et pendantes.

LEIS BRACS, de l'all. *brak*, les braques, museau moins long et moins large et oreilles plus courtes que les chiens courants auquels ils ressemblent d'ailleurs.

Les Dogues.

LOU GROS DOGOU, le dogue de forte race, tête très-grosse, ainsi que le corps; oreilles petites, demi-pendantes, lèvres épaisses tombant de chaque côté de la gueule, jambes courtes et fortes, queue recourbée en haut, poil ras.

LOU DOGOU, le dogue, semblable au précédent mais plus petit, poil ras, narines souvent séparées par une fente profonde.

LOU CARLIN, le doguin, carlin ou *mops*, c'est un dogue en miniature.

Éty. Ainsi nommé par allusion au masque de l'arlequin fameux, connu sous le nom de *Carlin*. V. *China* et *Bertinazzi*.

Lou chin lapa, le chien lape.

Lou chin hurla ou *jappa*, le chien hurle ou aboie.

Marrit chin de cassa, louret.

Soun toujours coumo lou chin et lou cat, ils sont toujours en castille, en dispute.

En parlant d'une chose mauvaise ou désagréable on a coutume de dire qu'elle n'est bonne ou propre que pour les chiens, *fret de chin*, *pan de chin*, etc. Les Grecs employent souvent le mot κυνὸς, de chien, dans le même sens.

On dit qu'un chien est *agravé*, lorsque le dessous de ses pieds, est devenu extrêmement sensible par un excès de fatigue, ou pour avoir marché sur un terrain trop sec.

Canicide, meurtre d'un chien.

CHIN-DE-FUSIOU, s. m. Chien, pièce de fer adaptée à la platine, portant la pierre, et mue par un ressort. V. *Fusiou*.

CHIN-DE-MAR, s. m. Chien de mer, nom commun à plusieurs poissons du genre des squales et particulièrement aux suivants. V. *Aguilhat*, *Gata* et *Mora*.

CHINA, s. f. (tchine); CAGNA. *Cagna*, ital. Chienne, la femelle du chien. On donne le nom de lice à celle qui est destinée à perpétuer une bonne race pour la chasse.

La china a cadelat, la chienne a chienné ou mis bas.

La china es en calour ou en folia, la chienne est en rut.

Les petits chiens naissent avec les yeux fermés et ils ont acquis leur entier développement à l'âge de deux ou trois ans et ne vivent pas au-delà de 12 ou 15.

CHINA, (tchine); *China*, ital. esp. port. Chine, la Chine proprement dite, qui est une des six grandes divisions de l'empire Chinois, est bornée au N. par la grande muraille, qui la sépare de la Mongolie; à l'O. par la Mongolie, le Tibet et l'empire Birman; au S. par les états de Laos et du Tong-Kin, le golfe de ce nom et la mer de Chine, à l'E. par la mer Orientale, la mer Jaune et la Chorée; elle a 2,000 kilomètres de longueur moyenne sur une largeur de 1,600 environ; Pekin, est la capitale de l'empire.

Éty. du lat. *sinæ*, m. s.

CHINAR, v. a. (tchiná). Chiner une étoffe, lui donner des couleurs différentes et sans ordre, moirer comme à la Chine. V. *China*.

CHINAR, v. n. Faiblir, saigner du nez, reculer, se retracter.

Éty. de *chin* et de *ar*, faire comme les chiens qui aboient souvent en fuyant. Voy. *Chin*, R.

CHINCAR, v. a. (tchïncá); CHINCHAR, dl. Tâter, goûter : *Noun chincaras pas*, tu n'en tateras pas, Sauv. chopiner, boire du vin en débauche, pinte à pinte, Ach. choquer le verre avant de boire. Aub.

Éty. Le P. Pujet, qui donne pour équivalant français de ce mot *chinquer*, le dérive de l'all. *schinken*, verser à boire.

CHINAS, s. m. (tchinás); GOUSSAS. Gros chien.

Éty. de *chin* et de *as*, augm. V. *Chin*, R.

CHINASSARIA, s. f. (tchinassarie). Amas de chiens, les chiens en général.

Éty. de *chinas* et de *aria*. V. *Chin*, R.

CHINAT, ADA, adj. et p. (tchiná, áde). Chiné, ée; moiré comme à la Chine. V. *China*.

CHINCHADA, s. f. (tchintchàde). Jointée. V. *Graffada*.

Éty. *Chinchade*, est une altér. de *junchade*.

CHINCHAR, dl. V. *Chincar*.

CHINCHARRA, s. f. dg. Oiseau.

CHINCHI, s. f. d. lim. Viande. V. *Vianda* et *Carn*.

CHINCHOUN, s. m. (tchïn-tchóun), dl. Fille fluette et malingre. Sauv.

CHINCHOURLA, Avr. V. *Chichourla*.

CHINCHOURLA, s. f. (tchintchóurle). Un des noms languedociens de l'ortolan, V. *Hortoulan*, du verdier, V. *Verdier* et *Chic-jaune*, et du proyer, V. *Chic-perdris*.

CHINCHOURLIER, Avr. V. *Chichourlier*.

CHINCHOURLINA, s. f. (tchïntchourline). Un des noms de la bergeronnette, suivant M. Garcin. V. *Pastoureleta*.

CHIN DE CAMBAU, s. m. (tchïn dé cambáou). Le moine bourru, le loup-garou. Suppl. à Pellas. V. *Barbau*.

CHINETA, s. f. (tchinête); CAGNOTA. Petite chienne, chienne de petite taille.

Éty. de *china* et du dim. *eta*. V. *Chin*, R.

CHINIER, s. m. (tchinié). Chef des journaliers, homme de confiance. Avr.

CHINIERA, s. f. (tchinière); CHINEIRA, PALTRE. *Canile*, ital. Chenil, lieu où l'on renferme les chiens de chasse, et fig. taudis, logement sale et vilain.

Éty. de *chin* et de *iera*. V. *Chin*, R.

CHINOIS, OISA, s. et adj. (tchinóis, óise); *Chinese*, ital. *Chim*, port. Chinois, qui est de la Chine.

Éty. du lat. *Sinensis*.

CHINOUES, s. m. (tchinoués). Nom qu'on donne, à Montpellier, au bruant des roseaux. V. *Chic-deis-paluds*,

Éty. *Chinoues* est probablement une altér. de *Ginoues*, Génois.

CHINOUN, s. m. (tchinóun); CAGNOT, CAIGNOT, CHICHOU, CHICHOUN. *Cãozinho*, port. Petit chien, ou chien de petite taille.

Éty. de *chin* et du dim. *oun*. V. *Chin*, R.

CHINS, s. m. pl. (tchïns); LAPUCS. Nom qu'on donne, dans les environs d'Allos, aux *grapelles* ou fruits de la bardanne, parce qu'étant hérissés de pointes crochues, ils s'attachent aux habillements comme un chien irrité. V. *Chin*, R.

CHINSOUN, s. m. (tchinsóun). Nom qu'on donne, à Nice :

1° Au pinson ordinaire, V. *Quinsoun*.

2° Au Pinson incertain, *Fringilla incerta*. Risso.

CHINSOUN CORSOU, s. m. Nom nicéen du pinson des Ardennes. V. *Quinsoun gavouet*.

CHINSOUN-DE-MOUNTAGNO, s. m. Nom nicéen du pinson de neige. Voy. *Niveirou*.

CHIOU-CHIOU, s. m. (tchiou-tchiou); PIOU-PIOU, dl. Le pipi, ou cri des jeunes poussins.

Noun fara jamai lou chiou-chiou, il ne le portera pas loin, il n'en reviendra jamais, dit-on d'un malade. Sauv. Le gazouillement des oiseaux.

CHIOUCHOLA, s. f. (tchióutchóle), dl. La gourme des jeunes chevaux. V. *Gourma*.

CHIOULADA, s. f. (tchiouláde), dg. bord. Roulade du gosier. V. *Sibl*, R.

CHIOURMA, s. f. (tchióurme); CHURMA. *Chuzma*, esp. *Ciurma*, ital. *Chusma*, port. Chiourme, tous les rameurs d'une galère, pris collectivement.

Éty. de l'ital. *ciurma*, formé du lat. *turma*, foule, multitude.

CHIPAT, ADA, adj. et part. dg. Saisi, ie, pris, ise.

Éty. de *chipéer*, prendre, voler de petites choses, ou en petite quantité. V. *Chic*, R.

CHIPOUS, OUSA, adj. (tchipóus, óuse), d. de Bord. Sale, malpropre.

CHIPOUTADURA, s. f. (tchipoutadúre); CHIPOUTAGI, CHIPOUTARIA. Vétille, chicane, discussion sur des riens.

Éty. de *chipoutar* et de *ura*. V. *Chic*, R. On le dit aussi pour l'action de gâter une étoffe en la coupant mal.

CHIPOUTAGI, V. *Chipoutadura*.

CHIPOUTAIRE, TARELLA, s. (tchipoutáire, tarèle); CHIPOUTUR, USA, CHIPOTOUS, OUSA. Chipotier, ière, celui, celle qui chipote, qui aime à chipoter; vétilleur, chicaneur.

Éty. de *chipoutar*, et de *aire*. V. *Chic*, R.

CHIPOUTAR, v. n. (tchipoutá). Chipoter, faire quelque chose négligemment; chicaner, vétiller, contester sur des riens; gâter ce que l'on fait; boire du bout des lèvres, buvoter de petites quantités. V. le Rad. *Chic*, peu, et *Potare*, boire.

CHIPOUTUR, USA. Le même que *Chipoutaire*, v. c. m. et *Chic*, R.

CHIQ, V. *Chic*.

CHIQUA, V. *Chica*.

CHIQUAR, V. *Chicar*.

CHIQUET, s. m. (tchiqué); TICOUTARIA. Un petit coup de vin: *Beoure un chiquet*, boire un petit coup.

Éty. de l'all. *schenken*, verser à boire, ou de l'ital. *cioncare*, godailler, boire. V. *Chic*, Rad.

Le P. Puget le tire, avec plus de raison, de l'espagnol *chico*, petit.

CHIQUET, s. m. Un des noms qu'on donne, en Languedoc, au grillon. Voy. *Grilhet*.

CHIQUETA, s. f. (tchiquéte). Modèle pour former la grosseur d'un barril. Garc.

CHIRAGRA, s. f. (tchirágre); *Chiragra*, port. *Ciragra*, ital. Chiragre, goutte qui attaque les mains.

Éty. du grec χεὶρ (cheir), main, et de ἄγρα (agra), prise, capture. V. *Queir*, R.

CHIRIVENDI, V. *Cherivendi*, Gar.

CHIROGRAPHERO, adj. m. (kirographère). Chirographaire, celui qui est créancier, en vertu d'un acte sous seing-privé, et non reconnu en justice.

Éty. du grec Χεὶρ (cheir), main, et de γράφω (graphô), j'écris. V. *Queir*, R.

CHIROMANCIA, s. f. (quiroumancie); *Chiromancia*, port. Chiromancie, divination par l'inspection des lignes de la main.

Éty. de χεὶρ (cheir), main, et de μαντέία (mantéia), divination. V. *Queir*.

CHIROUN, s. m. (tchiróun); QUERA. *Siro*, ital. Ciron, *Acarus*, Lin. genre d'insectes de l'ordre des Aptères et de la fam. des Parasites.

Éty. du lat. *siro*, ou du grec κείρω (keirô), ronger, couper, ravager, tondre; d'où: ξυρὸς (xuros), rasoir.

CHIROUN, s. m. d. de Barcel. Percerette. V. *Taraveloun*.

CHIROUN, (tchiróun); *Chirone*, ital. *Quiron*, esp. Chiron, le plus célèbre des Centaures, fils de Saturne et de Philyre, métamorphosé en cheval; il fut célèbre dans les sciences et surtout en médecine.

Éty. du grec χείρων (cheirôn).

CHIROUN, s. m. (tchiróun). Nom qu'on donne, dans la Basse-Provence, au bostriche ou vrillette de l'olivier: *Hylesinus oleæ*, insecte de l'ordre des Coléoptères et de la fam. Cylindriformes, qui fait beaucoup de mal aux oliviers.

CHIROUNAR, v. a. (tchirouná). Ronger, carier le bois; fig. inquiéter, donner du souci.

La cour ounte vous proumenaz,
Et lou jardin que l'environno,
Lou banquet ounte v'assetaz,
N'es pas aquot que me chirouno.

Suou, inéd.

CHIROUNAR SE, v. r. Se carier, se vermoudre, se vermouler, se laisser piquer ou manger par les cirons.

CHIROUNAT, ADA, part. QUERAT, QUERODS, BOURMENEC. Carié, vermoulu, rongé par les cirons, en parlant du bois.

Éty. de *chiroun* et de *at*.

CHIROUNDELA, s. f. (tchiroundèle). M. Tendon, de Montpellier, appelle ainsi l'hirondelle. V. *Dindoouleta* et *Hiroundela*.

Sabe anfin que la chiroundela
Vous a pas fach jamai lou mendre tort.

C'est particulièrement à l'hirondelle de cheminée que ce nom s'applique. V. *Dindoouleta de chemineya*.

CHIROUNDOUN, s. m. (tchiroundóun). Le même poëte applique ce nom au petit de l'hirondelle.

Un chiroundoun qu'era fort jouyne,
Que savie pas gayre voula,
Toumbet un jour d'au nis su lou capel d'un mouyne.

CHIRPOUS, OUSA, adj. d. béarn. Crasseux, euse, malpropre.

CHIRURGIA, V. *Cirurgia* et *Queir*, R.

CHIS, d. béarn. Six. V. *Siei* et *Sex*, R.

CHIS, s. m. vl. Chien. V. *Chin*.

CHISCLAR, v. a. (tchisclá), d. béarn. Frapper rudement à coup de verges ou de fouet; pousser des cris aigus.

Éty. du grec σιζω, aor, ἔσισα ou ἔσιζα (sizô, esisa ou esiza), siffler, frémir. Thomas.

CHISMATIQUE, ICA, adj. (tchismatiqué, ique); *Scismatico*, ital. cat. *Cismatico*, esp. *Schismatico*, port. *Cismatic*, cat. Schismatique, qui fait schisme, qui est dans le schisme, qui est séparé de la communauté d'une religion.

Éty. du lat. *schismaticus*. V. *Chisme*.

CHISME, s. m. (tchismé); *Schisma*, port. *Scisma*; ital. *Cisma*, esp. cat. Schisme, séparation qui a lieu en conséquence de la diversité d'opinions, entre gens d'une même religion, qui refusent de reconnaître la primauté de l'Église de Rome.

Éty. du lat. *schisma*, formé du grec σχίσμα (schisma), coupure, séparation; dérivé de σχίζω (schizô), couper, diviser.

CHITAR, V. *Chutar*.

CHITOU, adv. (tchitou), d. béarn. En silence. V. *Chutou*.

CHIVAGER, v. n. vl. Chevaucher. V. *Cavalcar* et *Caval*, R.

CHIVAL, dl. Cheval. V. *Cavau* et *Caval*, Rad.

CHIVALARIA, s. m. (tchivalarié); *Cavalleria*, ital. port *Caballeria*, esp. Chevalerie, dignité militaire, instituée dans le moyen-âge, pour la défense de l'état, de la religion, des femmes, et en général des faibles et des opprimés.

Éty. de *chivau* et de la term. mult. *aria*, parce qu'ils combattaient à cheval. V. *Caval*, Rad.

Charlemagne, en ceignant son fils de son épée, institue la chevallerie, en 791.

CHIVALERESQUE, ESCA, adj. (tchivaleresqué); *Cavalleril*, cat. *Caballeresco*, esp. *Cavalleresco*, ital. *Cavalleiroso*, port. Chevaleresque, qui appartient à la chevalerie, ou qui tient de la chevalerie. V. *Caval*, Rad.

CHIVALET, s. m. V. *Cavalot* et *Caval*, Rad.

CHIVALETA, s. f. (tchivaléte); COCIS, CHIVALOUN-CHIVALET, PASSA-CHIN, PASSA-GENS, FREMA-GROSSA, SAUTA-TURC, SAUT-DOOU-TURC. Le jeu de coupe-tête, ou de cheval-fondu, jeu d'enfant qui consiste à sauter, avec les jambes écartées, sur un autre enfant qui pose incliné et la tête basse, imitant un cheval, et à le dépasser sans le faire tomber, sous peine de se mettre à sa place. Quand on joue ce jeu *à la longa*, le premier qui a sauté pose à une certaine distance et ainsi de suite; quand tous ont sauté, le premier se lève, saute et pose quand il a dépassé tous les autres, et ainsi de suite.

Le cheval-fondu est un autre jeu. V. *Caval*, Rad.

CHIVALIER, s. m. (tchivalié); *Caballero*, esp. *Cavaliere*, ital. *Caballer*, cat. Chevalier, anciennement, sorte d'honneur militaire, aujourd'hui membre d'un ordre de chevalerie. Ce mot est souvent employé par le peuple, comme synonyme d'intrigant: *Es un chivalier*, c'est un intrigant.

Éty. de la basse lat. *caballarius*, ou *caballaris*, de cheval, parce que les Romains en donnaient un à ceux qu'ils honoraient du titre de chevalier. V. *Caval*, R.

CHIVALIER DE MALTHA, Chevalier de Malthe, est le titre que prirent les chevaliers hospitaliers de St.-Jean de Jérusalem, en 1521, lorsqu'ils s'établirent à Malthe.

CHIVALIERA, alt. de *cheveliera*. V. *Veta* et *Capill*, R.

CHIVAU, s. m. (tchiváou). V. *Cavau* et *Caval*, R.

CHIVAU, s. m. (tchiváou), d. m. fil embrouillé, ou qui perd sa place dans un écheveau.

CHIVAUCHAR, V. *Chivaugear*.

CHIVAU-DOOU-DEBANAIRE, s. m. Passe-travouil, méprise. *Cast*.

CHIVAU FRUX ou **FRUST**, (tchiváou frù). Cheval fringant; c'est un cheval de carn, en usage dans les réjouissances publi-ies de la Provence, et particulièrement à ix, lors de la Fête-Dieu. Le cavalier l'ajuste sa ceinture, de sorte qu'en le portant, il en ait porté.

M. Toulousan pense que cet usage a été ntroduit dans notre pays par les Phocéens, ui, dans leurs jeux publics, représentaient combat des Centaures et des Lapithes avec es chevaux de bois.

Il fait dériver le mot *frux* du grec φρύαγμα (phruagma), hennissement. V. Stat. des B.-u-Rhône, t. III, p. 219.

CHIVAUGEAR, v. n. (tchivaoudjá); CA-AUCAR, TIVAUGEAR, CHIVOOUCHAR, CHIVAUCHAR. hevaucher. On le dit de deux extrémités qui e croisent. V. *Cavaucar* et *Caval*, R.

CHIVAUGEIRA, s. f. (tchivaoudgèire), . m. Enchevauchure. V. *Cavaucadura* et *Caval*, R.

CHL

CHLORO, s. m. (chlòre). Chlore, corps egardé comme simple aujourd'hui, et qu'on successivement nommé *acide marin déphlogistiqué* et *acide muriatique oxygéné*, *acide oxy-muriatique*.

Éty. du grec χλωρός (chloros), jaunâtre, cause de sa couleur.

Le chlore fut découvert en 1774, par Schéele, qui lui donna le nom d'acide marin déphlogistiqué.

MM. Gay-Lussac et Thénard avancèrent, n 1809, que c'était un corps simple, ce que es expériences de Davy ont mis hors de doute.

Dérivés : *Chlorures*, corps résultant de l'union du chlore avec les corps simples et avec quelques corps composés.

CHLORUROS, s. m. pl. (clorúres). Chlorures, nom donné aux composés du chlore. V. *Chloro*.

Leur propriété désinfectante a été découverte par Labaraque, en 1822.

CHO

CHO, Alt. de *chot* ou *chiot*. Ulotte. V. *Cabrareou*, Scops, et *Dugou-pichot*.

Éty. Par onomatopée.

CHOC, s. m. (tchóc); *Choque*, esp. port. Choc, heurt d'un corps contre un autre; rencontre et combat de gens de guerre.

Éty. du teut. *schocken*, m. s. ou onomatopée du son produit par deux choses qui se frappent.

CHOC, s. m. Choque ou choc, instrument de chapelier qui sert à donner au feutre la forme du chapeau ; il est en cuivre.

CHOCA, s. f. (tchóque). Nom béarnais de la linote. V. *Linota*.

CHOCA, s. f. (tchóque) ; Bosse, Cast. V. *Baioca*.

CHOCANT, ANTA, adj. (tchoucán, nte); CHOUCANT. *Choquante*, esp. Choquant, ante, qui choque, qui produit un effet désagréable, contraire aux mœurs ou aux usages.

Éty. de *choc* et de *ant*.

CHOCAR, v. a. (tchoucá), et impr. CHOUCAR. *Chocar*, esp. port. Choquer, heurter contre un autre corps ; offenser, blesser.

Éty. de *choc* et de *ar*, faire un choc.

CHOCARIA, s. f. (tchocarie); CHOUCARIA, CHOUCARIE. Ce qui choque, offense, déplait. Garc.

CHOCAT, ADA, adj. (tchoucá, áde) ; CHOUCAT. *Chocado*, port. Choqué, ée.

CHOCOLAT, s. m. (tchocolá); CHOUCOULAT, CHICOULAT. *Chocolate*, esp. port. *Cioccolata*, ital. *Chocolatum*, lat. Chocolat, composition alimentaire, faite avec le cacao et le sucre, et qu'on aromatise avec la canelle, la vanille, etc.

Éty. *Chocolat* ou *Chocolate* était le mot par lequel les Mexicains désignaient cette préparation, quand les Espagnols en firent la découverte.

Ce fut en 1520, que les conquérants du Mexique trouvèrent, dans ce pays, l'usage du chocolat établi depuis un temps immémorial. Le cardinal de Lyon, Alphonse de Richelieu, est le premier qui en ait pris en France, vers 1653.

CHOCOLATIER, s. m. (tchocolatié) ; *Chocolateiro*, port. *Chocolatero*, esp. Chocolatier, celui qui fait ou vend du chocolat.

Éty. de *chocolat* et de *ier*.

CHOCOLATIERA, s. f. (tchocolatiére); *Chocolatera*, esp. *Chocolateira*, port. *Cioccolattiera*, ital. Chocolatière, vase dans lequel on prépare le chocolat pour le prendre comme aliment.

Éty. de *chocalat* et de *iera*.

CHODE, Garc. V. *Chaudeou*.

CHOI, s. m. (tchoï). Dévidoir propre à faire des écheveaux. V. *Debanela*.

CHOIS, s. m. (tchois); CHOOUSIDA, CAUSIDA, CAUZIDA. *Scelta*, ital. Choix, action de choisir ; préférence éclairée ; les choses choisies.

Éty. du lat. *colligere*. V. *Leg*, R. 2.

CHOIS, OISA, nom propre, (tchóis, óise). Altération de François et de Françoise.

CHOISA, nom de femme, (tchóise); CHOUASA. Françoise. V. *Françoisa*.

CHOISET, ETA, nom propre, (tchoisé, éte). Dim. de *chois*, *oisa*, dont on se sert à l'égard des petits enfants.

CHOISOUN, nom de femme. Dim. de *Choisa*, petite Françoise.

CHOIX, s. m. (tchouás). On donne ce nom, à Thorame, à une espèce de dévidoir propre à mettre le fil en écheveaux. Voy. *Debanelas*.

CHOLERA, s. m. (colerá), ou CHOLERA-MORBUS. Choléra-morbus.

CHOLI, s. m. (tchóli). On donne ce nom, à Thorame, Basses-Alpes, au dévidoir qu'on appelle ailleurs *Debanelas*, v. c. m.

CHO-MOT, expr. adv. d. béarn. pour dire taisez-vous.

Éty. Alt. de *chut-mot* ou *chut pas mot*.

CHOOU, On trouvera par *Chau*, les mots qui ne figurent pas en *Choou*.

CHOOUCHOLA, s. f. (tchooutchóle). Niaiserie, vétille. V. *Chauchola*.

CHOOUCHOURAR, v. a. (tchoouttchourá). Porter un enfant sur les bras ; garder un cochon, un âne ou tout autre animal qu'on laisse divaguer. Garc.

CHOOUDELIER, IERA, s. Fabricant d'échaudé. Garc.

CHOOUDEOU, Garc. V. *Chaudeou*.

CHOOUSIDA, s. f. (tsoouzide), d. bas lim. Choix. V. *Choix* et *Leg*, R. 2.

CHOOUSIR, v. a. (tchoousir); CHAUSIR, TRIAR. Elire, choisir, prendre entre plusieurs personnes et plusieurs choses, celle que l'on préfère. V. *Causir*,

Éty. de *chois* et de *ir*, faire un choix. V. *Leg*, R. 2.

Qu deou jouir deou choousir, Prov.

Per voulher trop chooousi,
La fille demouret aqui.

CHOOUSIT, IDA, IA, adj. et part. (tchoousi, ide, ie). Choisi, ie, que l'on a préféré. V. *Causit* et *Leg*, R. 2.

CHOOUTRIN, V. *Chautrin*.

CHOP, OPA, adj. (tchó, ópe), dl. CHOPE. Mouillé, trempé. Sauv. V. *Bagna* et *Tremp*.

CHÔPA, s. f. (tchópe), d. béarn. Géolc.

Éty. Alt. de échope, du lat. *cupa*, coupe.

CHOREGRAPHIA, s. f. (corégraphie). Chorégraphie, art de noter les pas, les mouvements et les figures d'une danse.

Éty. du grec χορεία (choreia), danse, et de γράφω (graphô), j'écris, c'est-à-dire, art d'écrire la danse.

Le premier écrit qui est paru sur cet art, est de 1588.

CHORIST, s. m. vl. *Corista*, cat. esp. port. ital. Choriste, chantre du chœur.

Éty. du lat. *chorista*, m. s.

CHORNIA, s. f. (tchórnie). Prostituée.

CHOROGRAPHIA, s. f. (corographie); *Corografia*, port. cat. esp. ital. Chorographie, description d'un pays, d'une province.

Éty. du lat. *chorographia*, m. s. dérivé du grec χῶρος (chôros), région, contrée, et de γράφω (graphô), je décris.

CHORT, vl. ; pour *Cort*, cour, v. c. m.

CHORUS, s. m. (corús). Chorus, mot emprunté du latin, et usité dans cette phrase : *Faire chorus*, répéter en chœur et à l'unisson, ce qui vient d'être chanté à voix seule ; répéter ce qu'un autre a dit.

CHOSPA, V. *Charospa*.

CHOSSA, s. f. (tchósse). Poule qui a des poussins. Garc. V. *Clussa*.

CHOT, s. m. (tchó); CHO. Nom par lequel on désigne, dans le Gard, la chouette hulotte. V. *Cabrareou*, pour *Strix ulula*. V. *Machota grossa*.

Éty. *Chot*, est dit pour *chota*, pris de *chouette*, c'est l'onomatopée de son chant ou plutôt de son cri.

CHOT-BANUT, s. m. (tchó-banu). Nom qu'on donne, dans le Gard, au hibou scops. V. *Dugou-pichot*.

Éty. *Chot-banut*, chouette cornue, à cause des deux petites cornes que forment les plumes des oreilles.

Aux environs de Montpellier on donne le même nom au *Strix otus*. V. *Dugou-mejan*.

CHOT-BANUT-PICHOT, s. m. (tchót-banú-pitchó). Nom que porte, aux environs de Montpellier, le *Strix scops*. V. *Dugou-pichot*.

CHOTAIRE, s. m. (tchotaïre); CHOUTAIRE,

dl. Chasseur, qui chasse à la pipée, avec la chouette ; dormeur.

Éty. de *chot*, chouette, et de *aire*.

Venez, venez chóutaires
Planta leu vostre bres. (pour *bresc*.)
Le Sage.

CHOTAR, v. n. (tchoutá) ; CHOUTAR, dl. Dandiner la tête, la laisser tomber en dormant ; dormir de bout.

CHOTOUN-BOTOUN, dl. V. *Tustet-balustret.*

CHOTTA, dg. et bord. Chouette. V. *Machota.*

CHOU, d. lim. Hache. V. *Hapi* et *Destrau.*

Éty. Alt. de *hachoun*. V. *Apioun.*

CHOU, s. m. (tchóu) ; CHOUN. Se dit quelquefois pour porc. V. *Porc;* espèce de patisserie.

CHOU-CHOU, CHOUN. Mots que les porchers emploient pour chasser les cochons et qui correspondent à tirez, tirez.

Éty. du bas breton *ouch*, cochon.

CHOUAN, s. m. (tchouán). Chouan, nom qu'on donna à ceux qui, dans la guerre de la Vendée, en 1791, parcouraient les villages, etc., pour lever des soldats, et s'étaient mis en pleine insurrection contre le gouvernement.

Éty. Les chouans encore en petit nombre, commencèrent leurs hostilités par de courtes excursions nocturnes qui leur firent donner ce nom : *chouan*, se disant, dans les provinces de l'Ouest, pour *cha-huant.*

CHOUAS, Garc. V. *Choix.*

CHOUAS, nom d'homme. Avr. V. *François.*

CHOUASA, nom de femme. V. *Françoisa.*

CHOUAU, adv. (tchouáou), d. béarn. *Tout chouau*, tout bas, doucement, sans bruit.

Éty. Alt. de *suau*, de *suavis*, doux.

CHOUCANT, V. *Chocant.*

CHOUCAR, V. *Chocar.*

CHOUCAT, V. *Chocat.*

CHOUCOULAT, V. *Chocolat.*

CHOUER, V. *Chuer.*

CHOUETA, s. f. (tchouéte). Nom que porte, dans le Gard, le busard chevêche. V. *Machota-pichota.*

Éty. *Choueta*, est un alt. de *machota.*

CHOULHA, s. f. (tchóuille) ; CHOUYA. Emincé, griblette, charbonnée, morceau de bœuf ou de porc qu'on fait griller sur les charbons ; on le dit aussi mais improprement d'une côtelette rôtie.

Éty. de l'espagnol *chullas* (chouille), côtelette de mouton à mettre sur le gril.

CHOUN, s. m. (tchóun). Goret, petit cochon. Garc. V. aussi *Chou.*

CHOUNA, s. f. (tchóune). Plongeon forcé qu'on fait faire à quelqu'un, en le poussant au fond de l'eau. Garc.

CHOUNAR, Garc. V. *Pounar.*

CHOUNCHOUN, s. m. (tchountchóun). Jeu de la vendôme. Garc.

CHOUNET, s. m. (tchouné). Dim. de *Choun*, v. c. m.

CHOUNET, s. m. (tchouné). Dim. de *choun*, petit cochon.

Éty. de *couchounet*, par aphérèse.

CHOUPAR, v. a. (tchoupá), dl. Mouiller. Sauv. V. *Bagnar*, *Trempar* et *Chop.*

CHOUPINADA, s. f. (tchoupinàde). Batterie, querelle et combat à coups de poing. Avr.

CHOUPINAR, Avr. V. *Carpinar.*

CHOUPLAR, v. a. (tchouplá). *Chouplar quauqu'un*, saisir quelqu'un ; *l'an chouplat*, on l'a saisi, Garc. V. *Agantat.* Détendre un piége, abattre une embûche. Garc.

CHOUPLAR SE, v. r. *Se chouplar leis dets*, se meurtrir les doigts, il s'est pris les doigts à un piége ou plutôt il s'est compromis. Garc. V. *Lecar se.*

CHOUPLE, **OUPLA**, adj. (tchóuple, óuple). *Leca choupla*, piége d'étendu. Garc.

CHOUQUET, s. m. (tchouqué), et mieux *Choquet.* Pour boquet. V. *Senglut.*

Éty. de l'angl. *choked*, souffoquer ? ou onomatopée.

CHOUQUET, s. m. Chouquet, en term. de mar. gros billot de bois qui se met à chaque brisure des mâts, au-dessus des barres des hunes, pour emboîter les mâts les uns dans les autres.

Éty. Dim. de *choca*, choque, en gaulois, qui désignait une souche de vigne, une bûche.

CHOURIAR, v. a. (tchouriá). *Faire chouriar*, jeter, faire envoler une chose, pour qu'on ne puisse plus l'avoir. Garc, R.

CHOURILHAR, V. *Chaurilhar* et *Aurelh*, R.

CHOURISTO, s. m. (couriste) ; *Corista*, ital. esp. port. cat. Choriste, chantre du chœur des églises.

Éty. du lat. *chorista*, dérivé du grec χορὸς (choros), chœur, et de *isto.*

CHOURLAR, v. n. (tchourlá) ; CHOURLOUMELAR, dl. Buvotter ; laper. V. *Lapar.*

CHOURLOUMELAR, dl. Le même que *Chourlar*, v. c. m.

CHOURRAR, v. a. (tchourrá), dl. Chômer, sommeiller, être engourdi, rêver creux ; tarder, s'amuser. Douj. se délasser, boire, festiner. V. *Chaurar* et *Chaumar.*

Éty. On fait venir ce mot du grec χορεύω (choreuô), danser, se délasser, dans le sens de s'amuser.

CHOURRIAR, v. n. (tchourriá). *Faire chourriar*, faire envoler. Jeter quelque chose en un lieu pour qu'on ne puisse plus le ravoir. Terme de Draguignan. Garc.

CHOURROU, s. m. (tchóurrou) ; FUGATOUN, PILHARD DE MOULIN D'OLI. Le diablotin, ouvrier d'un pressoir à huile, employé aux plus pénibles offices.

CHOURROU, s. m. Valet de pressureur de vendange ; aide de garde vigne, jeune garçon qui lie les gerbes ; porcher.

Éty. de *chou*, cochon.

CHOURROU, adj. Taciturne, mauvais caractère.

CHOURROUTAR, v. n. d. béarn. Ruisseler.

CHOURTAR, dl. Le même que *Turtar*, v. c. m.

CHOURTAR, dl. V. *Dourdar.*

CHOUSCLA, Alt. de *Lachouscla*, v. c. m.

CHOUT, prép. (chóu). Sous, dans le dialecte de Montpellier. V. *Sous* et *Souta.*

Un ase viel, malaute et de pron paura mina,
Que s'esrrancava *chout* lou pes
Countava pas d'angandi soun estable.
Tandon.

CHOUTAIRE, V. *Chotaire.*

CHOUTAR, V. *Chotar.*

CHOUYA, V. *Choulha.*

CHOUZA, s. f. vl. Chose, bagage, équipage. V. *Caus*, R.

CHOZAT, **ADA**, adj. et p. vl. CHOZATZ. Pressé par le besoin.

CHR

CHREM, CREM, CRAM, radical pris du latin *chrisma*, chrême, onction, huile, et dérivé du grec χρίσμα (chrisma), onction, formé de χρίω (chriô), oindre.

De *chrisma*, par la suppr. de *s* et le changement de *i* en *e*, *chrema.*

CHREMA, s. m. (crème) ; SANT-CHREMO. *Chrisma*, lat. *Crisma*, cat. esp. port. *Cresima*, ital. Chrême ou Saint-Crême, huile sacrée pour l'administration des sacrements de la confirmation, de l'extrême-onction, etc.

Éty. du lat. *chrisma*. V. *Chrem*, R.

Le Saint-Chrême est composé d'huile, comme propre à adoucir et à fortifier, et de baume, pour empêcher la corruption.

A pas la chrema, phr. prov. il n'a pas le sens commun, comme on dit : *A pas lou baptemo*, il n'est pas baptisé.

CHRESTIAN, **ANA**, s. et adj. (crestián, áne) ; CHRETIEN, CRESTIAN. *Cristia* et *Christia*, cat. *Cristiano*, *ana*, esp. ital. *Christião*, port. Chrétien, ienne, qui est baptisé et fait profession de la foi de J.-C.

Le peuple emploie souvent ce mot comme synonyme d'homme et dit : *Lous singes soun fachs coumo de chrestians : Iou mangi tout ce que mangea lou chrestian.*

Éty. du lat. *christianus*. V. *Christ.*

Caminar sur lou chrestian, marcher sur la chrétienté, les souliers et les bas étant percés.

Le nom de chrétien ne commença à être donné aux disciples de J.-C. que vers l'an 40 de notre ère, et pour la première fois aux fidèles d'Antioche.

Le titre de Très-Chrétien que prennent les rois de France, remonte, selon les uns, à Childebert ; d'autres ne lui donnent pas une date plus ancienne que le règne de Pepin, auquel le pape Etienne II, donne ce surnom ; mais ce ne fut que sous le pontificat de Paul II, l'an 1469, que ce titre devint une expression de formule.

CHRESTIANAMENT, adv. (crestianamén) ; *Christianamente*, esp. ital. *Christamente*, port. *Cristianament*, cat. Chrétiennement, d'une manière chrétienne ou à la manière des chrétiens.

Éty. de *christiana* et de *mens*, *entis*, esprit, manière d'être.

CHRESTIANISME, V. *Christianisme.*

CHESTIANAR, v. a. (chrestianá), dl. CRESTIANAR. *Cristianar*, esp. Baptiser. Voy. *Bategear.*

Éty. de *chrestian* et de *ar*, litt. faire chrétien.

CHRESTIANAT, ADA, adj. et p. Voy. *Baptegeat.*

CHRESTIANDAT, vl. *Cristiandat*, cat. V. *Chrestiantat.*

CHRESTIANISME, V. *Christianisme.*

CHRESTIANTAT, s. f. vl. KRISTIANDAD. *Christiandat*, cat. *Cristiandad*, esp. *Christiandade*, port. *Cristianità*, ital. Chrétienté, toutes les nations chrétiennes, tous les pays où domine la religion chrétienne.

CHRETIEN, V. *Chrestian.*

CHRIST, CHRISTI, CRIST, CHREST, CREST, radical pris du latin *Christus*, le Christ, le fils de Dieu fait homme, et dérivé du grec χριστὸς (christos), oint, l'oint du Seigneur, formé de χρίω (kriô), oindre.

De *christus*, par apoc. *christ*; d'où: *Christ*, *Christi-an*, *ana*, *Christian-isme*, *Christian-itat*, *Ante-Christ*, *Cristian*, *Cristi-at.*

Par le changement de *i* en *e*, *Chrestian-ar*, *Chrestian-at*, *Chrestian-dat*, *Chrestian-tat*, *Crestian-or*, *Des-chrestianar*, *Chrestian-isme*, *Chreti-en*, *Crestianisme.*

De *chrestian*, par la suppr. de *h* et l'apoc. *cresti*; d'où: *Crestia*, *Cresti-andat*, *Cresti-an*, *Crestian-ar*, *Crestian-esme*, *Des-crestianar.*

CHRIST, s. m. (crist); CRISTOU, CRIST. *Cristo*, esp. ital. cat. *Christo*, port. Christ, l'envoyé du Seigneur, le Messie.

Éty. du lat. *christus*, V. *Christ*, R.

Christ, est aussi le nom que l'on donne à la figure de J.-C. attaché à la croix.

L'Ordre du Christ, est un ordre militaire, fondé l'an 1318, par Denis Ier, roi de Portugal. Il en existe un autre en Italie, fondé à peu près dans le même temps, par Je..n XXII.

CHRISTIAN, ANA, V. *Christian*, plus usité.

CHRISTIANISME, s. m. (christianismé), *Cristianesimo*, ital. *Cristianismo*, port. *Cristianisme*, cat. esp. Christianisme, religion dont J.-C. est l'auteur.

Éty. du lat. *christianismus* ou de *christian* et de *isme*. V. *Christ*, R.

CHRISTIANITAT, s. f. (christianitá); d. vaud. Chrétienté, christianisme. V. *Christianisme* et *Christ*, R.

CHRISTINA, nom de femme (cristine); *Cristina*, esp. ital. Christine.

Patr. Le martyrologe cite 7 saintes de ce nom, mais la patrone ordinaire est sainte Christine qui souffrit le martyre à Tiro en Toscane, durant la persécution de Dioclétien. L'Église honore sa mémoire le 24 juillet.

Éty. de *Christina.*

CHRISTOOU, nom d'homme, (christóou); CRISTOOU. *Cristobal*, esp. Christophe.

Éty. de Saint Christophe ou *Christophanus.*

Patr. L'Église honore 6 saints de ce nom, les 31 oct. 20 août, 25 juillet, 14 avril et 24 déc.

CHRISTOU, Garc. V. *Christ.*

CHROMO, s. m. (chróme). Chrôme, nouveau métal dont les caractères sont: d'être solide, cassant, d'un blanc grisâtre, en masses poreuses ou en grains agglutinés, presque infusible, inattaquable par les acides, et se convertissant, par son union avec l'oxygène, en un oxyde vert qui colore les émeraudes, et en un oxyde d'un rouge pourpre assez beau, auquel le rubis spinèle, le plomb rouge de Sibérie, etc., doivent leur couleur.

Éty. du grec χρῶμα (chrôma); couleur, parce que ses combinaisons sont toutes colorées; découvert en 1797, par M. Vauquelin, dans le plomb rouge de Sibérie.

Dérivés français :

Chrômâte, sel formé par l'acide chronique.
Chrômique, acide formé par le chrôme.

CHRONI, s. f. pl. d. vaud. Chroniques. V. *Chronica.*

CHRONICA, s. f. (chrounique); CHROUNICA. *Cronica*, cat. esp. ital. *Chronica*, port. Chronique, histoire dressée suivant l'ordre des temps.

Éty. du cat. *chronica*, m. s. dérivé du grec χρονικος (chronikos), qui appartient au temps, dérivé de χρόνος (chronos), le temps ou la durée du temps; année, en grec vulgaire.

La chrounica scandalousa, la chronique scandaleuse, les mauvais bruits, les discours médisants.

CHRONIQUE, ICA, adj. (chrouniqué, ique); *Cronic*, cat. *Cronico*, esp. ital. *Chronico*, port. Chronique, c'est, en parlant des maladies, celles qui parcourent lentement leurs périodes et qui sont sans ou avec peu de fièvre. On les nomme aussi *maladias de langour* ou de *longour.*

CHRONOGRAPHIA, s. f. (crounougraphie); CRONOGRAPHIA. *Cronographia*, cat. esp. port. ital. Chronographie. V. *Chronologie.*

Éty. du grec χρόνος (chronos), temps, et de γράφω (graphô), j'écris.

CHRONOLOGIA, s. f. (chrounouloudgie); CHROUNOULOUGIA. *Cronologia*, esp. ital. cat. *Chronologia*, port. Chronologie, science des temps.

Éty. du lat. *chronologia*, m. s. dérivé du grec χρονος (chronos), temps, et de λόγος (logos), discours.

La véritable chronologie ne date que depuis Bérose, Manéthon et Apollodore; avant ces écrivains, l'histoire n'était qu'une tradition non écrite ou fondée sur des rapports peu certains.

CHRONOLOGIQUE, adj. (chrounouloudgiqué); *Cronologico*, ital. esp. *Chronologico*, port. *Cronologic*, cat. Chronologique, qui appartient à la chronologie.

Éty. du lat. *chronologicus*, m. s.

CHRONOLOGISTO, s. m. (crounouloudgiste); *Cronologisto*, ital. esp. port. cat. Chronologiste, celui qui sait ou qui enseigne la chronologie; celui qui écrit sur cette science.

Éty. du lat. *chronologus*, m. s. V. *Chronologia* et *Ista.*

CHRONOMETRO, s. m. (chrounoumètre); *Chronometro*, port. *Cronometro*, cat. esp. ital. Chronomètre, nom générique de tout instrument qui sert à mesurer la durée du temps.

Éty. Dérivé du lat. *chronometrum*, m. s. du grec χρόνος (chronos), temps, et de μέτρον (métron), mesure.

CHRYSOSTOMO, nom d'homme (chrysostóme): *Crisostomo*, ital. *Crisostoma*, esp. Chrysostôme.

Patr. Saint Jean-Chrysostôme, que l'Église honore les 27 janvier, 14 et 18 septembre.

CHU

CHUANA, s. f. Fleurs du vin. Aub. Voy. *Canas.*

CHUAR, d. lim. V. *Suar* et *Sud*, R.

CHUC, s. m. (tchú), dl. Jus ou suc: *Plen de chuc*, ivrogne, sac à vin; *Tirar quauque chuc*, boire quelque coup. Sauv. V. *Suc*, R.

Aquot n'a ni chuc ni muc, Douj. cela n'a point de goût, point de suc.

CHUCAR, v. a. (tchucá); CUCAR, CHUCHAR, CHICAR, CHIMAR, CHULAR. Sucer, boire avec sensualité, savourer.

Éty. de *chuc*, suc, et de *ar*, ou du port. *chupar*, sucer. V. *Suc*, R.

CHUCHA, s. f. (tchútche). Le vin, le jus de la treille: *Ama la chucha*, il aime à boire.

CHUCHAR, v. a. (tchutchá); pour boire. V. *Chucar* et *Suc*, R.

Uno devoto savignasso,
Ei dous ueils lagagnous, veritablo bagasso,
Lou chuchavo se poou pas mies.
Contes d'Autum.

CHUCHOUNARIA, s. f. (tchutchounarié). Chuchoterie, action de chuchoter. Garc.

CHUCHOUNIAR, Garc. V. *Chuchoutiar.*

CHUCHOUNIAIRE, s. m. (tchutchouniaïré). Chuchoteur, qui a l'habitude de chuchoter. Garc.

CHUCHOUTIAR, v. n. (tchutchoutiá); CHUCHOUTAR, CHUCHOUNIAR, PARLUFEGEAR. Chuchoter, parler bas, à l'oreille.

CHUCHUT, s. f. (tchútchú); *Chuchuto*, à la *chuchut* ou *à la chutou*, à la sourdine, en secret, sans bruit: *Parlar à la chutchut*, chuchoter, parler à basse note.

CHUCHUTA, dl. Le même que *Chuchut*, v. c. m.

CHUER, s. m. (cuér); COR, CHOUER. *Cor*, cat. *Coro*, esp. port. ital. Chœur, partie de l'église où l'on chante l'office divin; troupe de musiciens qui chantent ensemble; dans les tragédies, personnages qui chantent ensemble, durant la pièce, ou pendant les entr'actes.

Éty. du lat. *chorus*, formé du grec χορὸς (choros), morceau d'harmonie exécuté par tous les musiciens ensemble.

Un des marbres d'Arondel porte: « Depuis que les hommes commencèrent à faire des chœurs de voix, dont ils se disputèrent le prix, 508 ans avant J.-C. »

CHUERMA, s. f. (tchuérme). Troupe, rassemblement de personnes de basse qualité. Avr.

Éty. de chiourme, nom collectif des forçats qui ramaient sur une galère.

CHUERMALHA, s. f. (tchuermáille); CHUERMAYA. Troupe de petits enfants. Avr. V. *Chuerma.*

CHUFANIER, s. m. vl. Railleur. Voy. *Chifflaire* et *Chifflar*.

CHUFLA, vl. V. *Chifla*.

CHUFLAR, v. a. vl. Railler. V. *Chiflar* et *Chifflar*.

CHUGUETA, s. f. (tchuguéte). Nom languedocien de la mâche. V. *Douceta*.

Éty. *Chugueta* est une altération de *Lachugueta*, v. c. m.

CHULAR, V. *Chucar* et *Suc*, R.

CHUMICA, s. f. (tchumique), dg. Larmes, pleurs.

Nad deces d'un espoussense grand chumique.
Bergeyret.

Point de décès d'époux sans grandes larmes.

CHUMICANT, part. prés. dg. Pleurant.

Sus aco, chumiquans, *se disen addissias.*
Bergeyret.

Là-dessus, en pleurant, ils se disent adieu.

CHUQUET, s. m. (tchuqué). Nom qu'on donne, aux environs de Toulouse, à la lathrée clandestine : *Lathrœa clandestina*, Lin. plante de la fam. des Rhinanthacées, qu'on trouve dans les lieux couverts et froids.

CHURLAR, v. a. (tchurlá); CHIMAR, CHOUSCLAR. Boire, boire beaucoup.

Éty. Alt. de *Churlumela*, v. c. m. et *Calam*, Rad.

Creignez pas de rampar lou sera et lou matin,
Per faire bona chiera et *churlar* de bon vin.
Suou, inéd.

CHURLOU, s. m. (tchúrlou). La churle, ou churge, oiseau. Garc.

CHURLUMELAR, v. a. (tchurlumelá), dl. Buvotter, humer à plusieurs reprises. Douj.

Éty. Alt. de *caramelar*, jouer du chalumeau, dans le sens figuré, pour boire au chalumeau. V. *Calem*, R.

CHURMA, V. *Chiourma*.

CHUSCLAR, v. n. (tchusclá). V. *Churlar* et *Enchousclar*.

CHUSIMEN, s. m. vl. Raillerie, moquerie.

CHUT, s. m. et imp. (tchút); CHUTOU, CHUTA. Paix, silence : *Crompa-ti un chut*, ne dis rien; *Plantar un chut*, ne pas parler, se taire, garder le tacet.

Éty. de *chu*, tombé, comme si l'on disait : laisse tomber la voix.

CHUTA, s. f. (tchúte); SIBOTIS. *Caduta*, ital. *Caida*, esp. *Cahida*, port. Chute, action de la personne ou de la chose qui tombe.

Éty. de *chu*, part. du verbe cheoir.

CHUTAR, v. n. (tchutá); CHITAR, dl. Chuchoter, parler bas.

Éty. de *chu* et de *ar*.

Noun gausa pas chutar, il n'ose pas ouvrir la bouche, il n'ose pas souffler.

CHUTEZ, seconde personne du pl. de l'imp. du verbe *chutir*. Taisez-vous.

CHUTIR SE, v. r. (sé tchutir). Se taire, garder le silence, cesser.

Éty. V. *Chut*.

Faire chutir, faire taire.

CHUTOU, imp. de *Chutir*. *Chut*, v. c. m.

CHUTOU, s. m. (tchútou). Rancune, désir de se venger. Garc.

CHY

CHYLE, s. m. (tchylé); *Chylus*, lat. *Chilo*, ital. *Quilo*, esp. port. Chyle, suc ou liqueur blanche et laiteuse que les vaisseaux absorbants pompent dans les intestins, à mesure que la digestion se fait. Ce suc, porté dans le sang, sert à le réparer.

Éty. du grec χυλὸς (chylos), suc, humeur épaisse.

En 1661, Jean Pecquet, de Dieppe, médecin, en découvre le réservoir dans le corps humain, qu'on a nommé, à cause de cela, réservoir de Pecquet.

CI

CI, adv. V. *Aicit*.

CI, Verdier, pour *Si*.

CIA

CIAL, d. bas lim. Ciel. V. *Ciel*, *Ceou* et *Cel*, R.

CIAU, s. m. (ciáou), d. bas lim. Ciel. V. *Ciel*, *Ceou* et *Cel*, R.

Pour tranquille, paisible. V. *Siau*.

CIB

CIBADA, *Cibada*, cat. Alt. lang. de *Civada*, v. c. m. et *Civad*, R.

CIBET, Alt. lang. de *Civet*, v. c. m.

CIBIER, dl. V. *Civier*.

CIBIERA, V. *Civieras*.

CIBLA, s. f. (cible). Cible, but contre lequel on tire. V. *Blanc*.

CIBLAR, vl. V. *Siblar*.

CIBOIRO, s. m. (cibóire); CIBORI, CIBOUARO. *Ciborio*, ital. port. Ciboire, vase sacré dans lequel on conserve les hosties consacrées.

Éty. du lat. *ciborium*, formé du grec κιδώριον (kibôrium), coupe, faite avec la fève d'Égypte, nommée par les anciens *ciboria*. Les Grecs et les Romains donnaient d'ailleurs ce nom à toutes les coupes qui servaient à boire.

Le ciboire est composé du *vase*, du *couvercle*, de la *tige*, du *pied* et du *pavillon surtout* ou *custode*.

CIBORI, et

CIBORIO, s. m. vl. V. *Ciboiro*.

CIBOT, s. m. (cibó), dg. Toupie. Voy. *Booudufa*.

CIBOT, s. m. (cibó). Pignon du pin. Cast. V. *Pignouns*.

CIBOULA, s. f. (cibóule); *Cebolinha*, port. Nom qu'on donne, à Montpellier, selon M. Gouan, à la grande ciboule. V. *Civeta*, *Allium schœnoprasum*. Lin.

Éty. du lat. *cœpula*, m. s. dim. fait de *cœpa*, petit oignon.

CIBOULAT et

CIBOULETA, s. f. V. *Civeta*.

CIBOURLAT, s. m. (cibourlá). Nom qu'on donne, à Allos, à la variété alpine de l'ail civette, qui croît naturellement dans les prairies humides des montagnes. V. *Civeta*.

CIC

CICART, **CICAU** et

CICAU, *Sicapt*.

CICATRIÇA, s. f. (cicatrice); CRETA, CRIOUDA. *Cicatrice*, ital. *Cicatriz*, esp. port. *Cicatris*, cat. Cicatrice, trace qui reste d'une plaie ou d'un ulcère après sa guérison.

Éty. du lat. *cicatrix*, m. s.

CICATRISAR, v. a. (cicatrisá); ASSANAR. *Cicatrizzare*, ital. *Cicatrisar*, port. cat. *Cicatrizar*, esp. Cicatriser, faire des cicatrices : *Se cicatrisar*, v. r. se cicatriser, commencer à guérir, en parlant d'une plaie.

Éty. de *cicatriça* et de la term. act. *ar*, ou du lat. *cicatricare*.

CICATRISAT, ADA, adj. et part. (cicatrisá, áde); ASSANAT. *Cicatrizado*, port. Cicatrisé, ée, guéri.

Éty. de *cicatriça* et de la term. pass. *at*, *ada*.

CICERO, s. m. (ciceró); *Cicero*, cat. Cicéro, caractère d'imprimerie de moyenne grandeur, qui est entre le Saint-Augustin et la Philosophie.

Éty. d'une édition des œuvres de Cicéron, faite à Rome, en 1458, par Ulbertus Gallus.

CICEROUN, s. m. (ciceróun). On dit d'un homme adroit, qui fait bien ce qu'il fait : *Qu'es un Ciceron*. Aub.

CICI, s. m. (cici). Nom qu'on donne, dans le Gard et à Avignon, au pit-pit des buissons, *Anthus arboreus*, Bechst. oiseau de l'ordre des Passereaux et de la fam. des Subulirostres ou Raphioramphes (à bec en alêne).

CICI, D'après M. d'Anselme, on donne ce nom à l'alouette pipi, dans le Comtat. V. *Criou*.

CICI-DEI-GROS, s. m. Nom que porte, dans le Gard, la spipolette. V. *Pivoutoun gavouet* et *Cici-dei-paluns*.

CICI-DEI-PALUNS, s. m. CICI-DEI-GROS. Nom qu'on donne dans le Comtat, selon M. d'Anselme, à la spipolette, *Alauda campestris*, Lin. oiseau du même genre que les précédents.

CICI-MOUNTAGNARD, Nom avignonnais du même oiseau.

CICLAR, v. a. (ciclá), d. bas lim. Cercler. V. *Ceouclar* et *Circ*, R.

CICLE, s. m. (cicle), d. bas lim. Cercle. V. *Ceoucle*, plus usité et *Circ*, R.

CICLE, vl. V. *Cycle*.

CICLOPE, s. m. vl. Cyclope. V. *Cyclopos*.

CICONIA, s. f. vl. V. *Cigogna*.

CICORI, s. f. (cicóri); CICORIA, SAUTOURMA, SECOUREIA, CICOUREYA-A-LA-BROCA, CICOUREYA, CICOUREYA-AMARA, CHICOUREA-FERA, CICORI-FER. *Cicoria-salvaja*, piém, *Cichorea*, anc. ital. *Cichoria*, esp. *Chicoria*, port. Chicorée sauvage, *Cichorium intybus*, Lin. plante de la fam. des Composées Chicoracées, commune le long des chemins et dans les champs incultes.

Éty. du latin *cichoreum*, dérivé du grec κιχωρη (kichôrè), ou de κιχοριον (kichorion), que Bodée et Linneus, ont fait venir de κιω (kiô), je viens, je crois, et de χωριον (chôrion), champs, qui vient dans les champs.

La chicorée est amère, tonique et apéritive,

et sa racine torréfiée, a quelque analogie avec le café.

CICOUREYA, s. f. (cicourèïe). Nom languedocien du pissenlit. V. *Pourcin.*

CICOUREYA, s. f. (cicourèye). Nom avignonnais de la chicorée. V. *Cichori-fer.*

Éty. de l'arabe sjikurie (chikoûrych).

CICOUREYA-A-LA-BROCA, s. f. On donne ce nom, dans le Languedoc, à la chicorée sauvage, V. *Cichori;* et à la chondrille jonciforme, V. *Sautoulama*, dont on mange les jeunes pousses en salade.

CICOUREYA AMARA, s. f. Nom qu'on donne, à Nismes, à la chicorée sauvage.

CICOUREYA-DEIS-PRATS, Un des noms du pissenlit, selon M. Avril. Voy. *Pourcin.*

CICOUREYA-DE-LA-BONA, s. f. (cicourèye-dé-la-bóne). Nom qu'on donne, à Avignon, au pissenlit. V. *Pourcin.*

CICUDA, vl. V. *Cigua.*

CID

CIDDOUL, et

CIDDOULAS, s. f. pl. (cidóules), dl. Engelures. V. *Tignas.*

Éty. du galois *chwyddou*, tumeur. Astruc.

CIDE, désinence dérivée du lat. *cida*, de *cædo*, couper, tuer, égorger; d'où : *Homicide*, homicide, de *cædo* et de *homo*, qui tue un homme : *Parri-cide*, de *parri* pour *patris*, et de *cide*, qui tue son père : *Regi-cide*, qui tue le roi.

CI-DEVANT, s. m. (ci-deván); CIDAVANT. Celui qui était noble avant la révolution de 1789.

CIDOULAS, dl. V. *Tignas* et *Cidoulas.*

CIDRA, s. f. vl. *Citra*, anc. cat. Guitare, harpe. V. *Cithara.*

CIDRE, s. m. (cidré); POMADAT, POUMAT. *Cidra*, esp. cat. *Sidro*, ital. *Cidro*, port. Cidre, boisson faite avec le jus des pommes fermenté.

Éty. du grec σίκερα (sikéra), qu'on croit dérivé de l'hébreu *schacar*, mot qui désigne toute liqueur enivrante, excepté le vin. Mezerai le fait dériver de *citreus*, citron, en latin, parce que le cidre en a la couleur, et M. Theis de l'anglo-saxon *cider*, d'où l'angl. *cider*, même sign.

L'usage de cette liqueur était déjà commun en Europe, au XIIIme siècle.

On croit que les Grecs et les Romains connaissaient le cidre et que les Juifs en sont les inventeurs.

On appelle :

CIDRE DOUX, celui qui n'a pas fermenté dans la cuve.
GROS CIDRE, celui qu'on fait avec de l'eau sans pressurer les pommes.
CIDRE PARÉ, celui qui a acquis le montant du vin blanc.
PETIT-CIDRE, celui qu'on a obtenu en exprimant les pommes, et qu'on a coupé avec de l'eau.
CAPPE, l'espèce de croûte qui se forme à la surface d'un cidre vigoureux.

CIE

CIEIA, vl. V. *Sieia.*

CIEL, s. m. (cièl); CIAL, CIAU, CEL, CEOU. *Cielo*, esp. ital. *Cel*, cat. *Ceo*, port. Ciel, la partie supérieure du monde, dans laquelle se meuvent les astres, qu'on nomme aussi l'empyrée ; l'air, la demeure de Dieu, des anges et des bienheureux ; climat, pays.

Éty. du lat. *cœlum*, m. s. V. *Cel*, R.

Ciel de liech, ciel de lit.

Ciel d'un tableou, ciel d'un tableau, etc., en parlant de ceux-là ainsi que de ceux des carrières, ont dit ciels au pluriel au lieu de cieux.

Ciel de la bouca, palais.

Ciel poumelat, pouma ridada
Soun pas de longa durada. Prov.

On nomme :

NADIR, le point du ciel qui est directement sous nos pieds.
ZÉNITH, le point du ciel qui est au-dessus de notre tête.
PIED-DE-VENT, terme de mar. éclaircie qui paraît un peu au-dessus de l'horizon, lorsque le temps est chargé, et qui montre que le vent viendra bientôt de cet endroit.
CLAIRON, terme de mar. un endroit du ciel qui paraît clair dans une nuit obscure.

Le ciel peut être :

Clair, serein, couvert, nuageux, brumeux, pommelé, enflammé.

CIELAR, v. a. (cielá); CIALAR, d. bas lim. Céler, cacher, taire, ne pas faire connaître. V. *Cachar*, *Escoundre* et *Cel*, R. 2.

CIELAR SE, v. r. *Cielar*, se mettre à couvert du vent, de la pluie.

Charchen à nous cielar, cherchons un abri.

CIEL-DUBERT, V. *Ciel-ouvert* et *Cel*, Rad.

CIEL-OUVERT, s. m. (cièl-ouvèr); CIEL-DUBERT, CIEL-DESCOUVERT, CILOUVERT, SALIBERT. Ciel-ouvert, ouverture pratiquée à un toit pour donner du jour à un escalier; on le dit aussi d'une plate-forme, au premier étage qui n'a pas de toit. V. *Cel*, R.

CIENTALMENT, vl. V. *Scientament.*

CIERA, V. *Cira* et *Cer*, R.

CIERERAS, s. m. (ciererás). Nom languedocien du prunier de Sainte Lucie. Voy. *Amarel* et *Cerisa.*

CIERGI, s. m. (ciérdgi); CIRE, CIERGE. *Cirio*, esp. port. *Cero*, ital. *Ciri*, cat. Cierge, chandelle de cire à l'usage des églises.

Éty. du lat. *cerius* pour *cereus*, dont on a fait *cerjus*. V. *Cer*, R.

L'usage des cierges est très-ancien dans les cérémonies religieuses ; les Payens employaient des flambeaux dans leurs sacrifices et dans la célébration des mystères de Cérès; ils en plaçaient aussi devant les statues de leurs dieux.

Leur origine, dans nos églises, peut n'être qu'une imitation de l'usage des anciens, comme elle peut être due aussi, à ce que les premiers chrétiens ne s'assemblant que dans les lieux souterrains, en avaient un besoin indispensable, et l'on a continué d'en user pour perpétuer ce souvenir. C'est d'ailleurs un signe de joie comme symbole de la foi.

CIERGI-PASCAU, *Cirio pascual*, esp. *Ciri pascual*, cat. *Cero pasquale*, ital. Cierge paschal, cierge qu'on bénit et qu'on allume le jour de Pâques.

Quelques uns en font remonter l'origine au concile de Nicée, qui après avoir fixé l'époque à laquelle on devait célébrer la Pâque, et réglé les autres fêtes mobiles sur celle-là ; ordonna qu'on les écrirait sur un gros cierge béni solennellement et destiné à ce seul usage.

Les grands cierges que portent les marguilliers, auxquels on attache quelquefois un écusson, portent le nom de flambeaux de poing.

CIERGI, s. m. Cactier ou cierge du Pérou, *Cactus Peruvianus*, Lin. plante de la fam. des Cactiflores ou Nopalées, qui parvient à la hauteur de 6 à 7 mètres.

Éty. de cierge, parce qu'il monte droit sans se ramifier, comme un cierge, proprement dit. V. *Raqueta* et *Cer*, R.

CIERGIER, s. m. (cierdgié); *Cerajolo*, ital. *Cerero*, esp. *Cirieiro*, port. Cirier, celui qui fabrique et vend des cierges, des bougies.

Éty. de *ciergi* et de *ier*, qui fait des cierges, ou du lat. *cerarius*. V. *Cer*, R.

CIERGUES, nom d'homme, (ciérgués), dl. Cyr et Cyrique.

Éty. de Saint Cyr, en lat. *Ciricius* ou *Quiricius*, qui fut martyrisé encore enfant, avec sa mère Sainte Juliette. On célèbre sa fête le 16 juin.

CIEROUA, s. f. (cieróue). Nom qu'on donne, aux environs de Brignoles, au caillelait. V. *Herba-de-la-ciera.*

Éty. *Cieroua*, est un alt. de *cierousa*, mot formé de *ciera*, cira, et de *ousa*, qui est de la nature de la cire, qui en fournit. V. *Cer*, R.

CIETA, V. *Sieta.*

CIEUCLA, s. f. (cieúcle). Nom nicéen de la dorade bilunulée, *Aurata bilunulata*. Riss.

CIEUDA, s. f. (ciéude). Nom nicéen du spare Berde, *Sparus Berda*, Lin. poisson de l'ordre des Holobranches et de la fam. des Léiopomes (à opercules lisses), qui atteint trois décimètres de longueur et dont la chair est assez bonne.

Éty.

CIEUTADIN, s. m. vl. INCOLA, HABITADOUR. Citadin : *Item, que degun non se puesca dire ni reputar* cieutadin *ou* habitadour *ou* incola, *en las cieutas luecs villas del dict pays si non que y aia istat l'espaci de des ans juxta la forma dal drech possessor et possessista de bens estables et mouables.* St. Prov. V. *Civ*, R.

CIEUTAT, vl. V. *Cioutat.*

CIF

CIFER, s. m. dg. Alt. de *Lucifer*, v. c. m.

CIG

CIGALA, s. f. (cigále); CIGARA. *Cicala*, ital. *Cigarra*, esp. port. *Cigala*, cat. Cigale, *Cicada*, Lin. genre d'insectes de l'ordre des Héminoptères et de la fam. des Collirostres ou Auchénorinques (à bec paraissant naître du cou), dont on connaît plusieurs espèces, qui habitent toutes les parties Méridionales de la France.

Éty. du lat. *cicada*, formé du grec κικκὸς (kiccos), membrane, et de ἄδω (adô), chanter, parce que c'est par le frottement d'une membrane sonore qu'elles ont de chaque côté de l'abdomen, près du corcelet, qu'elles font entendre le bruit connu sous le nom de chant; les mâles seuls juissent de cette faculté. Parvenues à l'état parfait, les cigales ne vivent que sept à huit jours.

Les espèces de cigales les plus communes dans nos pays sont : la cigale du frène, *Cicada fraxini*, Réaum. la cigale hématode, *Cicada sanguinea ;* la cigale plébéienne, *Cicada plebeia*, et la cigale de l'orne, *Cicada orni*. Lin.

Quand la cigala canta en septembre
Noun crompes blad per revendre.
Prov. cevennois.

Prendre la cigala, expr. fig. s'enivrer.

CIGALA, s. f. CIGARRA. Cigarre, petit rouleau de tabac propre à fumer.

Éty.

Cigarre est masculin en français et l'on doit par conséquent dire un cigarre et non une cigarre comme la plupart des Provençaux.

Ce sont les sauvages qui ont appris à fumer des cigarres, mais ils en aspirent la fumée par le nez, et la font sortir par la bouche. Noël. Dict. des Orig.

CIGALA DE MAR, s. f. Cigale de mer.

CIGALA, s. f. Organeau, anneau par lequel on suspend l'ancre.

CIGALA, s f. Croquignole donnée sous le nez. Garc.

CIGALA, s. f. Croquignole ; Garc. V. *Chica*.

CIGALAR, v. n. (cigalá) ; CIGALEGEAR, dl. Eblouir, *Lous iols mi cigalegeoun*, j'ai les yeux éblouis. V. *Parpalhounegear*.

Éty. de *cigala*, pris dans le sens d'ivresse.

CIGALASSA, s. f. (cigalásse) ; *Cigalassa* et *Cigarron*, esp. *Cicalaccio*, ital. Grosse cigale.

Éty. de *cigala* et de *assa*.

CIGALASTRE, s. m. (cigalástré) ; SIGALASTRE. Mâle de la cigale. Garc. V. *Cigau*.

Éty. de *cigala* et de *astre*.

M. Garcin partage ici la commune erreur en regardant comme mâle, la cigale femelle, celle qui ne chante pas.

CIGALEGEAR, V. *Cigalar*.

CIGALET, **ETA**, s. (cigalé, aléte). Etourdi, ie, évaporé, écervelé, sémillant, fringant.

CIGALET, **ETA**, s. (cigalé, éte) ; CIGARÈT, CIGAROUN. *Cigaleta*, cat. *Cicaleta*, ital. Petite cigale, c'est aussi le nom des petites espèces de cigales, formant le genre *Tettigonia*, de Fabricius. V. *Cigaloun*.

CIGALIER, s. m. (cigalié) ; SIGALIER. Nom nicéen du *coucou*. V. *Couguou*.

CIGALOUN, s. m. (cigalóun) ; CIGAROUN, CIGALETA. Nom commun à toutes les petites espèces de cigales dont se composent les genres : *Membracis*, *Fulgora*, *Cicadella*, *Cercopis*, etc., insectes de l'ordre des Hémiptères et de la fam. des Collirostres ; très-nombreux en espèces.

Éty. de *Cigala*, v. c. m. et de la term. dim. *oun*, petite cigale.

CIGALOUN, s. m. (cigaloun) ; SIGALOUN, CIGAROUN. Nom qu'on donne, aux environs de Nice, à la fauvette salicaire. V. *Bouscarla de canter*, et à la fauvette cysticole, *Motacilla vel*, *Curruca cysticola*. Tem. Risso., oiseaux de l'ordre des Passereaux et de la fam. des Subulirostres (à bec en alêne).

Ce dernier passe toute l'année dans les savanes marécageuses des provinces méridionales, selon M. Risso.

Éty. *cigaloun*, dim. de *cigala*, semble indiquer quelque analogie entre le chant ou la continuité du chant entre l'oiseau et l'insecte.

CIGARA, s. f. (cigáre) ; CIGALA. *Cigarro*, cat. esp. *Sigaro*, ital. Cigare ou cigarre, cylindre de tabac propre à fumer. V. *Cigala*.

CIGARET, V. *Cigalet*.

CIGARET, **ETTA**, s. et adj. (cigaré, éte). V. *Cigalet*.

CIGAROUN, V. *Cigaloun*.

CIGAU, s. m. (cigáou). Terme badin pour désigner une rasade.

Éty. de *cigala*, par le changement de *l* en *u*.

CIGAU, s. m. (cigáou) ; CIGALASTRE. On a cru désigner, par ce nom, le mâle de la cigale, et c'est à la femelle qu'on l'a donné, car c'est elle qui ne chante pas.

CIGAU, V. *Sicap*.

CIGAU, s. m. (cigáou). Nom qu'on donne, à Aix, selon M. de Fons-Colombe, à la cigale du frène, *Cicada orni*, Lin. *Tettigonia orni*, Fab. insecte de l'ordre des Hémiptères et de la fam. des Collirostres, qui ressemble beaucoup à la cigale ordinaire, mais qui est une fois au moins plus petite.

CIGNE, s. m. *Cigne*, cat. V. *Cygne*.

CIGNOUNC, s. m. (cignóun) ; CIN. Nœud qui se forme à un arbre à l'endroit d'où une branche a été enlevée.

Éty. Ce mot est probablement dérivé du grec σὺν (sun), avec, et de *nounc*, nœud, mais alors il faudrait écrire ce mot *synounc*.

CIGOGNA, s. f. (cigóugne) ; CIGOUGNA, CICONIA. *Cigonya*, cat. *Cegonha*, port. *Cigueña*, esp. *Cicogna*, ital. Cigogne, cigogne blanche, *Ardea ciconia*, Lin. *Ciconia alba*, Briss., oiseau de l'ordre des Echassiers et de la fam. des Cultirostres ou Ramphocopes (à bec tranchant), qui passe les hivers en Afrique et le reste de l'année dans le Nord de l'Europe.

La cigogne craquette.

Éty. du lat. *ciconia*, m. s

La vénération que la plupart des peuples ont eue pour la cicogne a été telle, que la peine de mort était prononcée en Thessalie, contre celui qui se serait permis d'en tuer une. On les respecte encore aujourd'hui dans les pays où elles vont nicher, et l'habitant du Nord s'estime heureux quand l'un de ces oiseaux veut bien se fixer sur le toit de sa maison. Les cigognes ont d'ailleurs une utilité réelle, celle de détruire les reptiles dans les endroits qu'elles habitent.

Ses petits portent le nom de cigogneaux.

CIGOUGNA NEGRA, nom qu'on donne, dans le département des B.-du-Rh., selon l'auteur de sa Stat. à la cigogne noire, *Ardea nigra*, Lin. *Ciconia nigra*, Rai. Oiseau du même genre que le précédent.

CIGOGNA, s. f. d. bas lim. Levier, barre de bois qui tient à une anse du levier de la cloche, à laquelle on attache la corde qui sert à sonner.

CIGOGNA, s. f. (cigóugne) ; CIGOUGNA, d. bas lim. SIGOGNA. Cigogne, V. le mot précédent ; irrésolution, difficultés qu'on élève.

CIGOGNAIRE, s. m. (cigougnaïré) ; SIGOUGNAIRE, d. bas lim. Homme irrésolu, lent, lambin, lanternier.

CIGOGNAR, v. n. (cigougná) ; SIGOUGNAR, d. bas lim. Agir lentement ; lambiner, lenter.

Éty. de *cigougna* et de *ar*. V. aussi *Foutimassiar*.

CIGOINA, dg. V. *Cigogna*.

CIGOT, s. m. (cigot) ; CIGOUET, CIGOUES, CIGOUAT. Chicot, morceau de dent qui reste dans l'alvéole quand le reste a été rompu. V. *Chicot* et *Chic*, R.

Argot, chicot, reste d'un arbre qui sort de terre, quand le tronc a été cassé.

Éty. Le P. Puget dérive ce mot du latin *siccus*, sec.

CIGOTAR, v. a (cigoutá) ; CIGOUTAR. Argoter un arbre, en couper les argots.

Éty. de *cigot* et de *ar*. V. *Chic*, R.

CIGOUES, s. m. (cigóues). Pour chicot. V. *Cigot*. Morte-paye, personne à charge dans une maison. Avr.

CIGOUET, V. *Cigot*.

CIGOUGNA, V. *Cigogna*.

CIGOUGNAR, v. a. (cigougná) ; CIGOUGNEGEAR, dl. Inquiéter, importuner. Sauv.

CIGOUGNAIRE, s. m. (cigougnáïré). Importun.

CIGOUTAR, V. *Cigotar*.

GIGOUTAR, v. a. (cigoutá). V. *Cigotar*.

CIGUA, s. f. (cigüe) ; COUCUDA, CICUDA, CIGUDA, BALLANDINA, JUVERT-FER, JUVERT BASTARD, JUBERTINA, JUVERTASSA. *Ceguda*, anc. esp. port. *Cicuta*, ital. esp. port. cat. Ciguë ou grande ciguë, *Cicuta major*, Lam. *Conium maculatum*, Lin. plante de la famille des ombellifères, qu'on trouve dans les lieux humides et gras.

Éty. du lat. *cicuta*. V. *Ballandina* et *Juvert-fer*.

Les propriétés énergiques dont jouit la ciguë, en font un remède héroïque ou un poison dangereux selon la manière dont elle est administrée. On sait que les Athéniens s'en servaient pour ôter la vie à ceux qui étaient condamnés au dernier supplice, et que c'est par son moyen que furent empoisonnés Socrate et Démosthènes. V. Gar. *Cicuta major*, p. 108.

On confond souvent, même dans les pharmacies, le cerfeuil velu, *Chærophyllum hirsutum*, Lin. avec la ciguë ; on ne peut pourtant pas se méprendre en examinant la graine de ces deux plantes, qui est très-allongée dans la première, tandis qu'elle est ronde, à canelures crénelées, dans l'autre.

On a découvert dans la ciguë un alcali particulier qu'on a nommé *cicutine*.

CIGUDA, s. f. (cigúde). Nom toulousain de la ciguë. V. *Cigua*.

CIL

CIL, CILL, CILH, CELH, sous-radical pris du latin *cilium*, *cilii*, cil, poil des paupières, dérivé de *cillere*, *cillo*, mouvoir, dont la R. est : *Cio*, *Cieo*, *Civi*, *Cere*, *Citum*, qui a la m. s. d'où *supercilium*, sourcil, mots tirés du grec Κινέω (kinéô), remuer, agiter, mouvoir. Dérivés directs : *Cil*, *Cilh-a*, *Cilhs*, *Cill-a*, *Cilha-barrat*, *Sobre-cill* ;

Sobre-cilha, *Entre-cilh*; et par le changement de *i* en *e* : *Celhas*, *Celh-ar*.

CIL, pron. dém. f. et s. CILH, CILL, SIL, SILH, vl. Celui, celle, ceux.

CIL, s. m. dl. et vl. *Ciglio*, ital. Cil. V. *Celhas* et *Cil*, R.

CILENDRE, et comp. V. *Cylendre*.

CILH, pron. dém. m. et f. s. V. *Cil*, vl.

CILHA, s. f. (cille); CILIA, dl. Le même que *Celhas*, v. c. m. et *Cil*, R.

CILHA-BARRAT, s. m. (cille-barrà), dl. Homme aux sourcils joints, ce qui est, dit-on, un signe de méchanceté. V. *Cil*, R.

CILHS, s. m. pl. (cills). Les cils. V. *Celhas*.

Éty. du lat. *cilium* et *Cil*, R.

CILICI, s. m. (cilici); CIRICI, HERA. *Cilici*, cat. *Cilicio*, esp. port. *Ciliccio*, ital. Cilice, tissu de crin que l'on porte sur la peau par esprit de pénitence, et par extension, tout moyen de torture employé volontairement.

Éty. du lat. *cilicium*, tissu de poil de chèvre fabriqué originairement en *Cilicie*.

Ce tissu servait, dans l'origine, à l'habillement des moines et des premiers habitants de la Cilicie, et ce ne fut que longtemps après qu'il fut employé comme instrument de pénitence.

CILL, vl. V. *Cil*.

CILLA, s. f. vl. *Cella*, cat. *Ceja*, esp. Cil. V. *Celhas* et *Cil*, R.

CILLS, s. m. pl. vl. Sourcils, paupières.

CIM

CIM, SIM, radical dont l'origine est obscure. Denina, t. II, p. 251, pense que le mot *cima*, cime, pourrait venir du portug. *cume*, haut, sommet; d'où : *cumieira*, *cumiada*, sommet d'un édifice; mot bien évidemment dérivé de *culmen*, faîte.

Il peut venir aussi du lat. *cyma* : *Sumus ac tenerior coliculus herborum*, Vossius, Rejeton, bourgeon, tendron de chou; dérivé du grec χῦμα (kyma), qui signifie aussi flot, vague, toutes choses qui se trouvent au sommet. Dérivés : *Cim*, *Cim-a*, *Sim-a*, *Cim-eou*, *A-cim-ar*, *Re-cimar*, *Entre-cimar*, *Cim-ier*, *En-cim-ar*, *Tre-ssimar*, *Sobre-tra-cimar*, *Entre-Cim*, *A-cim-at*, *As-sim-erlat*, *Entre-cima-men*, *En-tre-cims*, *Cim-ous*, *Cimouss-a*, *Cim-ounsa*, *Cimouss-ar*, *De-cim-out-ar*, *Som*, *Som-a*, *Som-cims*, *Sor-sim*, *Soum*.

CIM, SIM, s. m. vl. et d. béarn. *Cim*, cat. *Cimo*, port. Sommet, Cime. Voy. *Cima* et *Cim*, R.

CIMA, s. f. (cime); CACARUCHOU, SIMA. *Cima*, ital. esp. port. cat. Cime, le sommet aigu, ou la partie la plus élevée d'un corps terminé en pointe.

Éty. du lat. *cyma* et *summum*. V. *Cim*, R.

Cima-de-testa, aliéné, fou. Cast.

CIMBEL, s. m. (cimbèl), dl. *Cimbell*, cat. *Cimbel*, esp. Cordon qui attache l'appeau des oiseleurs; filet. V. *Simbel*. Sauv.

CIMBLOS, s. m. vl. Timbre, sonnette. V. *Sounalha*.

CIMEC, dl. V. *Sumi*.

CIMELH, s. m. vl. Coteau.

CIMEN, vl. V. *Ciment*.

CIMENT, s. m. (cimén); BATUM CIMEN. *Cimento*, port. Ciment, mortier dans lequel on met, au lieu de sable, de la brique pilée et autres ingrédients, suivant l'emploi auquel on le destine.

Éty. du lat. *cæmentum*, formé de *cædere*, casser, rompre, parce que c'était avec des pierres brisées qu'on le faisait d'abord, ou du grec ψαμμος (psammos), sable.

Le ciment romain dont on a perdu la formule, n'a pu encore être imité d'une manière avantageuse, quoique celui inventé par M. Smith, nommé *ciment romain*, et celui que M. Puymaurin a découvert en 1802, possèdent déjà une grande partie de ses qualités.

CIMENTAR, v. a. (cimeintá); BATUMAR, EMBATUMAR. Cimenter, unir avec du ciment; fig. consolider, joindre, affermir.

Éty. de *ciment* et de *ar*.

CIMENTAT, **ADA**, adj. et p. (cimeintá, áde). Cimenté, ée, au posit. comme au fig.

Éty. de *ciment* et de *at*, uni avec du ciment.

CIMENTERI, V. *Cementeri*.

CIMEOU, s. m. (ciméou); QUIERA, AUBRET. Cime d'un arbre; arbret ou arbrot, branche dégarnie de feuilles, et enduite de glu, qu'on place sur un arbre, pour prendre des oiseaux, ou seulement pour les engager à s'y reposer; cime, sommet d'une montagne. Avr. Attrapoire, appelourde.

Éty. de *cima* et de *el*, *eou*. V. *Cim*, R.

CIMESA, V. *Cymesa*.

CIMETERI, s. m. anc. béarn. Cimetière. V. *Cementeri*.

CIMI, s. m. (cim). Punaise, du lat. *cimex*. V. *Sumi*, comme plus usité.

CIMETERRA, s. m. (cimeterre); *Cimitarra*, cat. esp. *Scimitarra*, ital. V. *Jinjarra*.

CIMIER, s. m. (cimié); *Cimiere*, ital. *Cimera*, esp. cat. *Cimeira*, port. Cimier, ornement de plumes ou de crin, qu'on place sur un casque.

Éty. de *cima*, sommet, et de *ier*, qu'on met au sommet. V. *Cim*, R.

CIMIL, s. m. vl. Singe. V. *Singe*.

CIMOOU, s. m. (cimóou). Chanvre le plus grossier. Garc. V. *Cochis*.

Éty. de *cima*, bout, extrémité.

CIMOUNSA, s. f.

CIMOUS, dl. V. *Simous*.

CIMOUS, s. m. et

CIMOUSSA, s. f. (cimóusse); CIMOUNÇA, SIMOYSSA. *Cimossa*, ital. *Simolsa*, cat. Lisière d'une étoffe, d'une toile ou d'un tissu quelconque; ce qui la borde.

Éty. du lat. *cima*, cime, extrémité. Voy. *Cim*, R.

CIMOUSSAR, v. a. (cimoussá). Emmailloter. V. *Emmalhoutar*.

Éty. de *cimoussa* et de *ar*, parce que c'est souvent avec une lisière qu'on bande les enfants. V. *Cim*, R.

CIMOUSSAT, **ADA**, adj. et p. (cimoussá, áde); CIMOUNÇAT. Pourvu, ue, d'une lisière. Avril.

CIN

CIN, V. *Cignounc*.

CINA, s. f. (cine). Fruit de l'aubépine. Garc. V. *Acina*.

CINABRE, Garc. V. *Cinobre*.

CINACLE, s. m. vl. Salle à manger. Voy. *Cenacle*. Suaire, linceul. V. *Linçoou*.

CINAMOMI, s. m. vl. *Cinamomo*, cat. esp. *Cinnamomo*, port. ital. Cinnamome, cannelier. V. *Canela*.

Éty. du lat. *cinnamomum*.

CINAS, s. m. (cinás). Nom de l'aubépine, selon M. Garc. V. *Acinier*.

CINCERIZI, s. m. vl. Le proyer. Voy. *Chic-perdris*.

CINCINETS, (cïncinés), s. m. pl. SANSOUGNETS, SANSOUNETS, SINSOUNETS, PENDILS. Les glands ou les pendants des chèvres; appendices charnus, couverts de poils, qui croissent sous la mâchoire inférieure de ces animaux. On en voit aussi quelquefois chez les brebis et les pourceaux.

Les caroncules charnues des coqs et des poules portent le même nom. V. *Galietas*.

Éty. du lat. *cincinnus*, boucle de cheveux, ornement; ou du grec κικιννος (kekinnos), m. s.

CINCONA, s. f. (cincóne); CHINCONA. Nom que porte, dans le département de l'Hérault et du Gard, la quinte feuille. V. *Fraga*.

Éty. de *cinq*, cinq. V. *Cinque*, R.

CINCOPI, vl. Évanouissement. Voy. *Syncopa*.

CINDRAR, v. a. (cintrá); CINTRAR. Centrer, faire un ceintre, faire un ouvrage en ceintre, établir la charpente sur laquelle on doit faire une voûte.

Éty. de *cindre* et de *ar*. V. *Cench*, R.

Cindrar una peça, bâtir, faufiler, agencer.

CINDRAT, **ADA**, adj. et p. (cindrá, áde); CINTRAT. Ceintré, ée. V. *Cench*, R.

CINDRE, s. m. (cindré). V. *Cintra*.

CINDRIA et

CINDRIAR, V. *Cintra* et *Cindrar*.

CINGLA, s. f. (cïngle), dl. Sangle. Voy. *Cengla*.

CINGLAR, v. a. vl. SINGLAR. *Cinglar*, cat. *Cinghiare*, ital. Sangler, serrer la sangle. V. *Cenglar*.

CINGLAR, s. m. (cïnglár). Nom langued. du sanglier. V. *Sanglier*.

CINI, s. m. (cini); SERIN, SARRASIN, SENIL, CENIL, CEREZIN. Serin vert de Provence, *Fringilla serinus*, Lin. oiseau de l'ordre des Passereaux et de la fam. des Conirostres ou Conoramphes (à bec conique).

Éty. du lat. *cecini*, parf. de *canere*, chanter.

Ces oiseaux se nourrissent des graines du séneçon, de la morgeline, du plantin, etc., et ils imitent assez bien le chant du chardonneret.

CINIER, s. m. (cinié). Un des noms de l'aubépine, Garc. V. *Acinier*.

CINOBRE, s. m. (cinibré); *Cinnabaris*, lat. *Cinabro*, ital. *Cinabrio*, esp. port. Cinabre, sulfure rouge de mercure; combinaison du soufre avec le mercure, d'une belle couleur rouge, qu'on trouve abondamment dans la nature.

Éty. du grec κιννάβαρι (kinnabari), qui a la même sign.

Le cinabre broyé sous l'eau et réduit en poudre impalpable, est ce qu'on connaît, dans le commerce et dans les arts, sous le nom de vermillon.

Le cinabre est composé de 100 parties de mercure et de 16 de soufre.

CINOBRI, vl. V. *Cinobre*.

CINOUS, **OUSA**, **OUA**, adj. (cinóus, óuse, óue). Noueux, euse. Gar. V. *Signounous*.

CINQ, adj. numér. (cïnq); *Cinque*, ital. *Cinco*, esp. port. *Cinq*, cat. Cinq, nombre impair, composé de deux et de trois, ou de quatre et d'un. Il est subst. quand on dit un cinq de chiffre, 5; ou quand on parle d'une carte marquée de cinq points.

Éty. du lat. *quinque*. V. *Cinqu*, R.

CINQ COSTAS, s. f. Nom avignonnais des plantains grand et moyen. V. *Herba de cinq costas*, et *Cinqu*, R.

CINQU, QUINQU, radical pris du lat. *quinque*; d'où: *Cinqu* et *Quinquenn-al*, *Quinqua-gezima*; par le changement du *q* en *t*: *Quint*, *Quint-a*, *Quinta-ment*, *Quint-ar*; par le changement du *t* en *z*: *Quinz-e*, *Quinz-en*, *Quinz-ena*, *Quinzen-ada*; par le changement de *qu* en *c*: *Cinq*, *Cinq-costas*, *Cinqu-al*, *Cinc*, *Cinc-ona*; *Cinquanta*, *Cinquant-ena*, *Cinquant-ieme*, *Cinquant-egear*, *Cinquant-en*, *Cinqu-en*, *enа*, *Cinqu-iema*, *Cinquiema-ment*, *Cinqu-ieme*, *Sinq*, *Sinqu-antena*, *Sinqu-es*.

CINQUAL, adj. anc. béarn. Cinquième.

Éty. V. *Cinqu*, R.

CINQUANTA, nom de nombre, (cïnquánte); *Cinquanta*, ital. *Cincuenta*, esp. *Cincoenta*, port. *Cincuanta*, cat. Cinquante, dix fois cinq.

Éty. du latin *quinquaginta*, m. s. Voy. *Cinqu*, R.

CINQUANTE, vl. V. *Cinquanten*.

CINQUANTEGEAR, v. n. dg. Chercher midi à quatorze heures, lambiner.

Éty. V. *Cinqu*. R.

CINQUANTEN, adj. vl. CINQUANTE. Cinquantième.

Éty. de *cinquanta* et de *en*. V. *Cinqu*, R.

CINQUANTENA, s. f. (cinquantène); *Cinquantina*, ital. *Cincuentena*, esp. *Cincoenta*, port. *Cincuantena*, cat. Cinquantaine, un nombre de cinquante personnes ou de cinquante choses.

Éty. du lat. *quinquaginta*. V. *Cinqu*, R.

CINQUANTIEME, **IEMA**, adj. (cïnquantièmé, ième); *Cinquantesimo*, ital. *Quinquagesimo*, esp. Cinquantième, celui qui vient après le quarante-neuvième; il est substantif dans un cinquantième, qu'on rend ainsi en chiffres $^1/_{50}$.

Éty. du lat. *quinquagesimus*. V. *Cinqu*, Rad.

CINQUANTIER, s. m. (cïnquantié). Entraves de fer qu'on met aux pieds d'un criminel, en prison. Garc.

CINQUE, vl. V. *Cinquen*.

CINQUEN, **ENA**, adj. vl. CINQUE. *Cinqué*, cat. *Cinqueno*, esp. Cinquième. V. *Cinquieme*.

Éty. V. *Cinqu*, R.

CINQUIEMA, s. f. (cinquième). Cinquième, la cinquième classe d'un collége; l'écolier qui étudie dans cette classe. Voy. *Cinqu*, R.

CINQUIEMAMENT, adv. (cïnquièmaméin); *Cinquenament*, cat. Cinquièmement, en cinquième lieu.

Éty. de *cinquiema* et de *ment*. V. *Cinqu*, Rad.

CINQUIEME, **IEMA**, adj. (cïnquièmé, ième); *Quinto*, ital. esp. port. Cinquième, Celui qui vient après le quatrième. V. *Cinqu*, Rad.

CINSA, s. f. (cïnse). Toile brûlée et charbonnée dont on se sert en guise d'amadou.

Éty. En faisant dériver ce mot du lat. *cinis*, cendre, comme le P. Puget, il faudrait l'écrire *cinsa*. V. *Sinsa*.

CINSAIRE, V. *Sinsaire*.

CINSAR, V. *Sinsar*.

CINTA, s. f. (cïnte), dg. *Cinta*, cat. esp. Ruban, ceinture. V. *Cintha*.

CINTA, s. f. (cïnte), dl. CEINTURE. Voy. *Centura* et *Cench*, R.

CINTA-DE-SENT-JEAN, s. f. (cïnte dé sein dján). Nom de l'armoise, à Toulouse. V. *Artemisa*.

CINTAR, v. a. (cïntá), dl. Ceindre, V. *Cenchar*.

CINTASSA, et

CINTASSI, V. *Syntaxa*.

CINTEY, s. (cïntéi), dg. ?

Aqui soun das gouyats que feden aou cintey.

Verdier.

CINTHA, s. f. vl. CINTA. *Cingla*, cat. *cincha*, esp. *Cinta*, port. *Cigna*, ital. Ceinture. V. *Centura*.

CINTIEIRA, s. f. dl. V. *Centura*.

CINTILLA, vl. V. *Scintilla* et *Beluga*.

CINTRA, s. f. (cïntre); CINDRIA, CINTRE, CINDRA. *Centina*, ital. *Cimbra*, esp. Ceintre, arcade de bois sur laquelle on élève une voûte de pierre; règle pour ceintrer.

Éty. du lat. *cintus*, *cinctura*, de *cingore*, ceindre. V. *Cench*, R.

On nomme:

POINÇON, toutes les pièces posées de bout dans lesquelles sont assemblées les courbes.

POINTAUX, pièces de bois courbes qui soutiennent les couchis.

PLEIN CEINTRE, le demi-cercle parfait.

CEINTRE SURBAISSÉ, celui qui est moins haut que large.

CINTRE, V. *Cintra*.

CINZ, adj. et p. vl. Ceint.

CINZA, s. f. (cinze), et

CINZET, s. m. (cïnzé). Noms languedociens de la punaise de lit. V. *Sumi*.

CIO

CIOUCLAR, V. *Ceouclar* et *Seouclar*.

CIOUCLET, s. m. (cioucIé). Nom qu'on donne, dans le département des B.-du-Rh. au spare Passeroni. V. *Moissin*.

CIOURE, s. m. (cióuré). Nom qu'on donne, à Montpellier, selon Gouan, au chêne-liége. V. *Suve*.

CIOURRA, s. f. (cióurre). Nom nicéen de l'alouette à doigts courts, *Alauda brachydactyla*, Risso. oiseau de l'ordre des Passereaux et de la fam. des Subulirostres, (à bec en alène).

CIOUTADAN, **ANA**, adj. vl. CIOUTADA. Citadin, concitoyen.

CIOUTAT, s. m. (cioutá); *Ciodad*, esp. *Ciutad*, cat. *Città*, ital. *Cidade*, port. Mot ancien qui signifie ville.

Éty. du lat. *civitatis*, gén. de *civitas*. V. *Civ*, R.

Les anciens désignaient par ce nom, un peuple avec toutes ses dépendances; une république particulière. Dans la suite on le réserva aux villes épiscopales, et enfin à toutes celles qui, par leur importance, pouvaient mériter le nom de ville ou de cité.

CIP

CIPRI, nom de lieu, vl. Chypre, île.

CIPRIEN, V. *Cyprien*.

CIPRIER, s. m. (cíprié). Nom toulousain du cyprès. V. *Cypres*.

CIPTA, vl. CIPTAT. Ville, cité. V. *Cioutat* et *Civ*, R.

CIPTADA, vl. V. *Ciptadan*.

CIPTADAN, s. m. vl. V. *Citadin*, m. s. et *Civ*, R.

CIPTAT, vl. Ville, cité. V. *Cioutat*.

CIR

CIR, CER, CIER, radical pris du latin *cera*, cire, et dérivé du grec κηρὸς (kêros), cire, vernis.

De *cera*, par apoc. *cer*; d'où: *En-cer-ar*, *En-cer-at*.

De *cer*, par le changement de *e* en *i*, *cir*; d'où: *En-cir-ada*, *En-cier-ada*, *En-cier-at*, *Sin-cera-ment*, *Sin-cer-e*, *Sin-cer-ital*.

CIRA, s. f. (cire); CERA, CIERA. *Cera*, esp. cat. port. ital. Cire, matière grasse et ductile dont les abeilles construisent leurs gâteaux ou cloisons des alvéoles.

Éty. du lat. *cera*. V. *Cer*, R.

D'après les dernières expériences de M. Hubert, il paraît évident que la cire est le produit d'une sécrétion, dont les organes existent sous les anneaux du ventre des abeilles.

Dans le commerce on donne le nom de cire:

MAURINE ou MAURESQUE, à celle qui est d'un brun obscur.

JAUNE ou BRUNE, à celle qui n'a pas encore été purifiée.

BLANCHE, à celle qui a été blanchie.

VIERGE, à celle qui n'a servi à aucun ouvrage.

On nomme:

CIRIER, l'ouvrier qui la travaille.

CIRA, dl. V. *Seya*.

CIRA PER ENTAR LEIS AUBRES, Composition de cire, de poix et de térébenthine, servant à la greffe des arbres.

CIRA DE BLAD, s. m. Nom par lequel on veut désigner, d'une manière plus honnête, les excréments humains. V. *Merda*.

CIRA DEIS HUEILHS, s. f. Chassie. V. *Reouma*.

CIRA D'ESPAGNA, s. f. Cire d'Espagne, cire à cacheter, dont la laque et la colophane font la base.

On en attribue l'invention à un nommé Rousseau, marchand à Paris, qui avait appris ce secret aux Indes Orientales; mais des cabels apposés sur des actes de 1574, prouvent que cette cire était connue bien avant l'époque où vivait Rousseau.

CIRAGI, s. m. (cirádgi); CIRAGE. Cirage, l'action de cirer ou l'effet de cette action, préparation dont on se sert pour cirer.

Éty. de *cira* et de la term. *agi*, je mets de la cire. V. *Cer*, R.

CIRAGRA, s. f. vl. V. *Chiragra*.

CIRAMPA, Garc. V. *Cisampa*.

CIRAR, v. a. (cirà); *Incerare*, ital. *Encerar*, esp. port. Cirer, enduire de cire, frotter avec de la cire ou avec une espèce de vernis qu'on nomme cirage. Bougier, mettre un enduit de cire au bord d'une étoffe pour l'empêcher de s'effiler.

Éty. du lat. *cerare* ou *incerare*, m. sign. formé du grec κηρόω (kèroô), enduire de cire; ou de *cira* et de *ar*, mettre de la cire. V. *Cer*, R.

CIRAR, v. n. dl. *Cira*, a la même signification que *fai seya*. V. *Seya*.

CIRARAR, v. vl. Ecrire sur des tablettes de cire.

Éty. de *cira* et de *ar*. V. *Cer*, R.

CIRAT, **ADA**, adj. et p. (cirà, áde). Ciré, ée.

Éty. du lat. *ceratus*, m. s. V. *Cer*, R.

CIRC, CIRCUL, CERCL, CELCL, CEOUCL, CERC, CYCL, radical pris du latin *circus*, *i*, tour, circuit, enceinte, cirque, et dérivé du grec κύκλος (kyklos), cercle; d'où les mots latins formant des sous-radicaux: *circulus*, cercle; *circulare*, circuler, aller tout autour; *circulatio*, circulation, action de circuler; *circuitus*, circuit.

De *circus*, par apoc. *circ*; d'où: *Circo*.

De *circulare* et *circulatio*, par apoc. *circul*; d'où: *Circul-ar*, *Circul-aria*, *Circulation*, etc.

De *circul*, par suppr. de *u*, *circl*; et par changement de *i* en *e*, *cercl*; d'où: *Cercl-e*.

De *cercl*, par le changement de *r* en *l*, *celcl*; d'où: *Celcle*, *Celcl-ar*.

De *celcl*, par le changement de *l* en *ou*, *ceoucl*; d'où: *Ceoucl-e*, *Ceoucl-ar*, *Deceoucl-ar*, *Ceoucl-agi*, etc.

De *kyklos*, par apoc. *kyk*, et par le changement de *k* en *c*, *cycl*; d'où: *Cycl-e*, *Cyclopo*.

Prépositif: *Circoun-script*, *Circoun-scription*, *Circoun-spection*, *Circoun-stança*, *Circounstanci-ar*, *Circounstanci-at*, *Circoun-vesin*, *Circum-dare*, *Circum-ferensa*, *Circum-flect*, *Circum-vesin*.

CIRCO, s. m. (cirque); CIRQUE. *Circo*, esp. ital. port. cat. Cirque, lieu destiné chez les anciens Romains, aux courses de chevaux et de chars, et aux jeux publics.

Éty. du lat. *circus*, emprunté du grec κίρκος (kirkos), cercle, espace circulaire. V. *Circ*, R.

CIRCOMBESIN, s. et adj. anc. béarn. Circonvoisin. V. *Circounvesin* et *Circ*, R.

CIRCOUM, **CIRCU**, Initiatif pris du lat. *circum*, qui est probablement l'accusatif de *circus*, cirque, ou de *circulus*, cercle, il ajoute aux mots qu'il sert à former une idée de circonférence, d'*entour*; autour, à l'entour, aux environs, auprès, sont ses significations directes.

Circoun-spet, de *circoun*, et de *spicio*, qui regarde autour, qui examine.

Circouncision, action de couper tout autour.

Circoun locution, action de dire autour avant que d'en venir à son but.

CIRCOUNCIRE, v. a. (circouncire); *Circouncidar*, cat. *Circouncidere*, ital. *Circuncidar*, esp. port. Circoncire, faire l'opération de la circoncision.

Éty. du lat. *circumcidere*, fait de *circum* autour et de *cidere* couper. V. *Circ*, R.

CIRCOUNCIS, adj. (circouncis); *Circumcidado*, port. *Circumcis*, cat. *Circunciso*, ital. Circoncis, qui a subi la circoncision.

Éty. du lat. *circuncisus*. V. *Circouncisire* et *Circ*, R.

CIRCOUNCISION, s. f. (circoncisie-n); *Circumcision*, esp. *Circoncisione*, ital. *Circumcisão*, port. *Circumcisió*, cat. Pratique religieuse observée par les Juifs et les Mahométans, qui consiste à couper une portion du prépuce aux enfants mâles, elle n'est cependant pas prescrite par l'alcoran.

Éty. du lat. *circumcisio*. V. *Circouncire* et *Circ*, R.

Abraham et son fils Ismael, subirent les premiers cette opération, selon l'Ecriture, d'après l'ordre formel de Dieu.

J.-C. fut lui-même circoncis, et l'Eglise en célèbre la fête le 1er jour de janvier.

CIRCOUNFERENÇA, s. f. (circounféreince); CIRCUMFERENCIA. *Circumferenciá*, cat. port. *Circunferencia*, esp. *Circonferenza*, ital. Circonférence, ligne courbe qui termine le cercle.

Éty. du lat. *circumferentia*, formé de *circum*, autour, et de *fero*, je porte. V. *Circ*, R.

CIRCOUNFLEXE, s. m. (circounfléxé); *Circumflexó*, cat. *Circonflesso*, ital. *Circunflexo*, port. *Circunflejo*, esp. Circonflexe, accent circonflexe, celui qui a la forme d'un Λ renversé.

Éty. du lat. *circumflexus*, m. s. V. *Circ*, Rad.

CIRCOUNLOCUTION, s. f. (circounloucutie-n); *Circumlocució*, cat. *Circunlocucion*, esp. *Circonlocuzione*, ital. *Circumlocucão*, port. Circonlocution, périphrase, circuit de paroles.

Éty. du lat. *circumlocutionis*, gén. de *circumlocutio*, m. s.

CIRCOUNSCRIOURE, v. a. (circounscrióuré); *Circonscrivere*, ital. *Circunscribir*, esp. *Circunscrever*, port. *Circunscriurer*, cat. Circonscrire, donner des limites, mettre des bornes à l'entour.

Éty. du lat. *circunscribere*, m. s. V. *Circ*, Rad.

CIRCOUNSCRIPT, **IPTA**, adj. et part. (circounscrit, ite); *Circumscripto*, port. *Circunscrit*, cat. *Circunscrito*, esp. Circonscript, ipte.

Éty. du lat. *circumscriptus*, m. s. V. *Circ*, R.

CIRCOUNSCRIPTION, s. m. (circounscriptie-n); *Circonscrizione*, ital. *Circunscripcion*, esp. *Circumscripção*, port. Circonscription, ce qui borne, ce qui limite l'étendue d'un corps, il se dit aussi de la division d'un territoire.

Éty. du lat. *circumscriptionis*, gén de *circumscriptio*, m. s. V. *Circ*, R.

CIRCOUNSPECT, **ECTA**, adj. (circounspèct, ècte); *Circonspetto*, ital. *Circunspecto*, esp. *Circumspecto*, port. *Circunspecte*, cat. Circonspect, ecte, discret, retenu, qui prend garde à ce qu'il fait, à ce qu'il dit.

Éty. du lat. *circumspectus*, m. s. V. *Circ*, R.

CIRCOUNSPECTION, s. f. (circounspectie-n); *Circonspezzione*, ital. *Circunspeccion*, esp. *Circunspecção*, port. *Circunspecció*, cat. Circonspection, prudence, retenue, discrétion.

Éty. du lat. *circumspectionis*, gén. de *circumspectio*, m. s.

CIRCOUNSTANÇA, s. f. (circounstánce); *Circonstanza*, ital. *Circunstancia*, esp. port. cat. Circonstance, c'est littéralement ce qui accompagne une chose; certaine particularité.

Éty. du lat. *circumstancia*, m. s. V. *Circ*, Rad.

CIRCOUNSTANCIAR, v. a. (circounstancià); *Circonstanziare*, ital. *Circunstanciar*, esp. *Circumstanciar*, port. Circonstancier, marquer, détailler les circonstances.

Éty. de *circounstança* et de *iar*, V. *Circ*, Rad.

CIRCOUNSTANCIAT, **ADA**, adj. et p. (circoustancià, áde); *Circumstanciado*, port. *Circunstanciad*, cat. *Circonstanziato*, ital. Circonstancié, ée. V. *Circ*, R.

CIRCOUNVESIN, **INA**, adj. (circounvesìn); *Circonvicino*, ital. *Circumvecino*, esp. *Circunvisinho*, port. Circonvoisin, ine, chose qui est proche de celle dont on parle.

Éty. du lat. *circum* et de *vicinus*. V. *Circ*, Rad.

CIRCUICIO, vl. V. *Circuitio*.

CIRCUIT, s. m. (circuï); TOUR. *Circuito*, ital. esp. port. *Circuit*, cat. Circuit, détour qui éloigne de la voie directe, au positif comme au figuré.

Éty. du lat. *circuitus*, de *ire*, *circum*, aller autour. V. *Circ*, R.

CIRCUITIO, s. f. vl. CIRCUICIO. *Circuicio*, anc. cat. *Circuicion*, esp. *Circuizione*, ital. Tour, contour, circuit, circonlocution, périphrase.

Éty. du lat. *circuitio*, m. s. V. *Circ*, R.

CIRCULAR, v. n. (circulà); COURRER. *Circulare*, ital. *Circular*, esp. port. cat. Circuler, se mouvoir circulairement, aller continuellement d'un lieu dans un autre.

Éty. du lat. *circulari*, fait de *circulus*, cercle, et de *ari*, aller en cercle. V. *Circ*, Rad.

CIRCULAR, adj. vl. V.

CIRCULARI, **ARIA**, adj. (circulári, árie); *Circular*, cat. esp. port. *Circolare*, ital. Circulaire, qui a la forme, la figure d'un cercle.

Éty. du lat. *circularis*, m. s. V. *Circ*, R.

CIRCULARITAT, s. f. vl. *Circolarità*, ital. *Circularité*. V. *Circ*, R.

CIRCULARIAMENT, (circulariaméin);

Circularment, cat. *Circularmente*, esp. port. *Circolarmente*, ital. Circulairement.

Éty. de *circularia* et de *ment*. V. *Circ*, Rad.

CIRCULARMEN, adv. vl. V. *Circulariament*.

CIRCULATION, s. f. (circulacie-n); *Circulacion*, esp. *Circolazione*, ital. *Circulação*, port. *Circulació*, cat. Circulation, mouvement de ce qui circule.

Éty. du lat. *circulationis*, gén de *circulatio*. V. *Circ*, R.

La circulation du sang est cette fonction importante des animaux à sang chaud ou froid, qui fait mouvoir et arriver ce liquide dans toutes leurs parties, etc.

Quoique quelques auteurs prétendent que Salomon et Hyppocrate en connaissaient le mécanisme, il n'en est pas moins vrai que les anciens n'avaient que des idées erronées, vagues ou confuses sur la manière dont elle s'exécute. Michel Servet, en 1553, donna le premier quelques aperçus justes sur le mouvement du sang: Colombus, décrivit ensuite la circulation pulmonaire; Césalpin en entrevit la plus part des phénomènes en 1571, et l'immortel Arvey en développa tout le système en 1619.

Il paraît cependant que Némésius d'Emèse en Phénicie, l'avait entrevue, 400 ans avant notre ère.

CIRCUM-CIRCA, adv. (circóun-cirque); *Circum cerca*, port. Environ, à peu près.

Éty. du lat. *circum-circa*, m. s. V. *Circ*, Rad.

CIRCUMCIRE, vl. V. *Circouncire*.

CIRCUMCIS, vl. V. *Circouncis*.

CIRCUMCISIO,

CIRCUMCISION, et

CIRCUMCIZIO, vl. V. *Circouncision*.

CIRCUMDAR, v. a. vl. *Circundar*, esp. *Circumdar*, port. *Circondare*, ital. Environner, contourner, *circuire*.

Éty. du lat. *circumdare*, m. s. V. *Circ*, Rad.

CIRCUMFERENSA, vl. V. *Circounferença* et *Circ*, R.

CIRCUMFLEC, adj. vl. CIRCUMFLECS. Circonflexe, accent. V. *Circum*, prép. et *Circounflexe*.

CIRCUMLOCUTIO, s. f. vl. *Circumlocució*, cat. *Circumlocucion*, esp. *Circumlocução*, port. *Circonlocuzione*, ital. Circonlocution.

Éty. du lat. *circumlocutio*, m. s.

CIRCUMSIR, vl. V. *Circouncire*.

CIRCUMSTANCIA, vl. V. *Circounstança*.

CIRCUMVESIN, vl. V. *Circounvesin*. *Circum*, prép. et ves.

CIRCUNDAR, v. a. vl. *Circundar*, esp. *Circumdar*, port. *Circondare*, ital. Environner, contourner, *circuire*. V. *Circ*, R.

CIRE, s. m. (ciré). Brueys emploie ce mot au lieu de *Ciergi*, v. c. m. V. *Cer*, R.

CIREGEA, s. f. (cirédge), dg. V. *Cerisa*.

CIRET, s. m. (ciré). Le P. Puget, donne ce mot comme synonyme de *Ciergi*, v. c. m.

CIRGUET, nom d'homme, dl. CIERGUET. Cyrille.

Patr. Saint Cyrille, patriarche d'Alexandrie, mort le 27 juin 444, et dont on célèbre la fête le 28 janvier.

CIRI, d. m. vl. V. *Ciergi*.

CIRICI, vl. V. *Cilici*.

CIROUN, s. m. (ciróun); BRIAN. Ciron, mitte, famille de petits insectes de l'ordre des Aptères et de la famille des Parasites. Ils sont presque tous compris dans le genre *Acarus* de Linnée, qu'on a divisé en huit autres, d'après les formes de la bouche.

Éty. du grec κείρω (kéirô), je coupe, je ronge.

Ciroun doou froumagi. V. *Frioun*.

CIROUS, Parlant de yeux. V. *Lagagnous* et *Cer*, R.

CIROUTAR, V. *Siroutar*.

CIRURGIA, s. f. (cirurdgie); CHIRURGIA. *Chirurgia*, lat. ital. *Cirugia*, esp. cat. *Cirurgia*, port. Chirurgie, partie de la médecine qui traite des maladies dans lesquelles le secours de la main devient nécessaire.

Éty. du grec χειρουργία (chéirurgia), formé de χείρ (chéir), main, et de ἔργον (ergon), ouvrage, travail, opération.

La chirurgie aussi ancienne que la médecine, n'a commencé à faire une science à part, qu'à dater de 1163, époque à laquelle le Concile de Tours défendit aux ecclésiastiques, qui exerçaient alors ces deux arts, de pratiquer des opérations sanglantes, d'après la ridicule application que l'on fit du précepte, *l'église abhorre le sang*, la chirurgie ne fut plus enseignée dans les universités, elle fut abandonnée aux laïcs presque tous illétrés dans cet âge de barbarie. Elle resta ainsi livrée aux barbiers jusqu'à l'établissement de l'école de chirurgie fondée en 1731. Alors quelques hommes de génie, tels que les Mareschal, les La Peyronie, les Lamartinière, les Morand et les Louis, se montrèrent, et par les progrès qu'ils firent faire à cet art, ils le placèrent pour toujours au rang des sciences les plus utiles et les plus honorables.

Chronologie:

1450 ans, avant J.-C. Chiron, le Centaure, l'enseigne aux héros grecs.

285 ans, avant J.-C. Elle est separée de la médecine, à Alexandrie; premiers travaux sur l'anotomie.

219 ans, même ère. Archagate vient la professer à Rome.

1271 ans, depuis J.-C. Fondation du collége de chirurgie à Paris.

1732 ans, même ère. Etablissement de l'académie royale de chirurgie à Paris, par François de La Peyronie.

CIRURGIEN, s. m. (cirurdgièn); SURGENT. *Chirurgus*, lat. *Chirurgo*, ital. *Cirujano*, esp. *Cirurgião*, port. *Cirurgià*, cat. Chirurgien, celui qui étant légalement reçu, exerce la chirurgie.

Éty. du grec χείρ (chéir), main, et de ἔργον (ergon), ouvrage. V. *Queir*, R.

Sans être insensible, le chirurgien doit souvent être sourd à la douleur, c'est ce qu'exprime le proverbe suivant :

Cirurgien pietous
Fa lou cementeri gibous.

CIRVIS, s. f. vl. *Cirvis estenduda*, tête levée, cou alongé.

Éty. du lat. *erecta cervix*.

CIRY, vl. V. *Ciergi*.

CIS

CIS, CID, CES, radical, dérivé du latin *cædere*, *cæso*, *cæsum*, couper, trancher, fendre, frapper; d'où, dans la même langue, *cæsura*, césure, *decidere*, décider, trancher la difficulté; *occidere*, occire.

De *cæsum*, par apoc. et changement de æ en *e*, *ces*; d'où: *Ces-ura*.

De *ces*, par le changement de *e* en *i*, *cis*; d'où: *Cis-el*, *Cis-alhas*, *Cis-el-et*, *De-cis-if*, *De-cis-ion*, *In-cis-ar*, *Circum-cis*, *En-de-cis*, etc.

De *decidere*, par apoc. *decid*; d'où: *De-cid-ar*, *De-cida-ment*, *De-cid-at*, etc.

De *occidere*, par apoc. *occid*, et par le changement de *oc* en *au*, *aucid*; d'où: *Aucid*, *Aucid-er*.

De *occisum*, par apoc. et changement de *oc* en *au*, *aucis*; d'où: *Aucis-edor*.

De *occidere*, par apoc. *occide*, et par aphérèse *cide*; d'où: *Homi-cide*, *Sui-cide*, *Parri-cide*, *Enfanti-cide*, *Regi-cide*, etc.

CIS, préposition, pris du lat. *cis*, en deçà, ou deçà.

Cis-alpin, en deçà des Alpes, par rapport à Rome.

CIS, s. m. Nom languedocien de l'ellébore fétide. V. *Marsioure*.

CISALHAS, s. f. pl. (cisáilles); CISAIAS, CISOIRAS. Cisailles, gros ciseaux à longues branches et à courte lame, servant à couper le fer-blanc, la tole, etc.

Éty. du celt. *cisailh*, gros ciseaux, de *cædere*, *cæsum*, couper. V. *Cid*, R.

CISALPIN, **INA**, adj. (cisalpin, ine); *Cisalpino*, esp. port. ital. *Cisalpi*, cat. Cisalpin, ine; qui est en deçà des Alpes.

Éty. du lat. *cis*, deçà, en deçà, et de *alpin*, ou du lat. *cisalpinus*, m. s.

CISAMPA, s. f. (cisámpe); CIRAMPA. Bise, vend du Nord. V. *Bisa*.

Éty. de l'ancien verbe lat. *sicilire*, couper, parce qu'il semble que ce vend coupe la figure. V. *Cid*, R.

CISAMPA, V. *Sisampa*.

CISCLAR, vl. V. *Sisclar*.

CILCLE, vl. V. *Siscle*.

CISCLET, vl. CISCLE. V. *Sisclet*, sifflement. V. *Sibl*, R.

CISEL, dl. V. *Escaupre* et *Cid*, R.

CISELAR, (giselá). Ciseler, faire diverses figures et divers ornements sur le métal au moyen du ciselet.

Éty. de l'ancien verbe lat. *cicilire*, couper, ou mieux, de *ciselet*, et de la term. act. *ar*, travailler avec le ciselet. V. *Cid*, R.

CISELAT, **ADA**, adj. et part. (giselá, áde). Ciselé, ée, travaillé au ciselet.

Éty. de *cisel* et de la term. pass. *at*, *ada*, qui a subi l'action du ciselet. V. *Cid*, R.

CISELET, s. m. (giselé). Ciselet, petit outil d'acier dont on se sert pour ciseler.

Éty. Dim. de *cisel*, ciseau, ou du lat. *cicilum*, m. s. V. *Cid*, R.

CISELUR, s. m. (giselúr); *Cesellatore*, ital. *Cincelador*, esp. *Sinzelador*, port. Ouvrier qui cisèle, qui fait des bas-reliefs sur les métaux.

Éty. de *cisel* et de *ur*, qui travaille avec le ciseau. V. *Cid*, R.

CISELURA, s. f. (ciselùre). Ciselure, ouvrage du ciseleur, chose ciselée.

Éty. de *ciselet* et de la term. *Ura*, v. c. m. et *Cid*, R.

L'art de ciseler ou de sculpter en bas-relief sur les métaux, paraît avoir été connu de temps immémorial en Asie et en Egypte, il passa ensuite en Grèce où il atteignit un nouveau degré de perfection.

CISEOU, s. m. (cisèou). Ciseau, instrument d'acier plat, tranchant par un des bouts et muni d'une tête ou d'un manche de l'autre, servant à tailler le bois, la pierre, etc.

Éty. de *sicilum* ou *sicila*, mots qui dans le moyen âge désignaient les ciseaux des tailleurs d'habits et de pierre, dérivés de l'ancien verbe *sicilire*, couper, qui vient de *cædere*. V. *Cid*, R.

Un ciseau est composé d'une *lame* ou *fer* et d'un *manche*.

CISEOUS, s. m. duel. (cisèous); TESOUIRAS. Ciseaux, instrument d'acier composé de deux branches, terminées chacune par une lame et fixées par un clou ou pivot.

Éty. V. *Ciseou* et *Cid*, R.

Dans les ciseaux, on nomme :

ANNEAU, l'espèce de cercle dans lequel le doigt se place.
BISEAU, l'inclinaison donnée à la lame pour en diminuer l'épaisseur.
BRANCHE, la partie arrondie qui s'étend de l'anneau à la lame.
BRANCHES, les deux parties dont ils se composent.
CLOU ou PIVOT, l'axe sur lequel les lames jouent.
ENTABLEMENT ou ECUSSON, la partie plate qui est entre la lame et la branche, traversée par le pivot.
ENVOILURE, légère courbure des lames l'une sur l'autre.
LAME, la partie tranchante de la branche.
MOIGNON, le bouton qui sert d'ornement aux branches.
TRANCHANT, la partie effilée de la lame.

On nomme :

DÉCOUPOIR, l'espèce de ciseaux garnis d'un ressort, propres à découper la gaze, pour faire des fleurs artificielles.
MONSTRES, très-petits ciseaux ayant de grands anneaux.

On dit que les ciseaux *se mordent* ou qu'ils *grugent*, quand une lame entame l'autre.

Uneis ciseous, une paire de ciseaux.

Uneis ciseous per toundre la lana. V. *Fourfis*.

CISMATICI, vl. V. *Chismatique*.

CISNE, s. m. vl. V. *Cigne*.

CISOIRAS, s. f. pl. (cisoires); CISOUARAS. Cisailles, gros ciseaux pour couper les feuilles de métal.

CISSA-MERDA, s. f. (cisse-mèrde). Nom qu'on donne, à Grasse, selon M. Aubin, au muffle de veau à larges feuilles. V. *Tetarela*.

Éty. C'est une altération de *suça-mela*. V. *Suc*, R.

CISSADA, s. f. (cissáde). *Fora cissada*, c'est assez, quittons la bèche.

CISSAR, v. a. V. *Aquissar*.

CIST, pr. dém. pl. m. vl. CYST, SIST, SYST. *Questi*, ital. Ces, ceux-ci.

CISTA, s. f. (ciste). Nom qu'on donne, à *Athamantha meum*, à l'Espérou, Gard, d'après M. Amoreux. V. *Cistra*.

CISTEL, s. m. vl. CISTELA. *Cister*, cat. *Cistel* et *Cister*, esp. *L'orde de Cistel*, l'ordre de Citeaux. *Ordine Cisterciense*, ital.

Éty. du lat. *cisterciensis ordo*, m. s.

CISTERNA, d. vaud. *Cisternà*, cat. V. *Citerna*.

Éty. du lat. *cisterna*, m. s.

CISTRA, s. f. (cistre), d. m. CISTA, SISTRE, CISTRE. Meum ou livèche meum, *Athamantha meum*, Lin. *Ligusticum meum*, Dèc. plante de la fam. des Ombellifères, qui croît abondamment dans les prairies de montagne.

Éty ?

CISTRA, s. f. Manne, berceau en osier, selon Garc.

Éty. du grec κίςτη (kistè), manne, panier.

CISTRA, s. f. vl. *Cisto*, ital. Ciste, sorte d'arbrisseau, Rayn. V. *Massuga*.

Éty. du lat. *cistus*, dérivé du grec κίστος (kistos), m. s.

CISTRAS, s. m. (cistrás), dl. On comprend sous ce nom, dit M. de Sauvages, toutes les terres durcies qu'on trouve à quelques pieds de profondeur, et qui se fondent à l'air, comme la marne, etc.

Éty. de *cis* ou *cistre*, tuf, et de l'augm. *as*.

CISTRE, s. m. dl. (cistré); CIS, SAVEL, TAPARAS. Roche graveleuse de granit calciné, qui s'émie facilement et qui sert alors à la végétation. Cette roche est commune dans les Cevennes. Sauv.

CISTRE, s. m. Un des noms de la livèche meum, selon le P. Pujet. V. *Cistra*.

CISTRE, s. m. Est encore le nom qu'on donne, à Nismes, selon l'auteur de sa Stat. aux brèches ou poudingues qui forment des bancs de rochers sous la ville, et dans presque toute la plaine.

CISTRE, s. m. (cistré). Un des noms du pied de griffon, dans le Var, et dans une partie des Basses-Alpes. V. *Marsioure*.

CISTRIA, s. f. vl. Panier, corbeille.

CIT

CIT, sous-rad. pris du lat. *citare*, citer, animer, pousser, appeler, nommer, dérivé de *cieo*, *civi*, *ere*, *citum*, provoquer, mouvoir, pousser, qui vient du grec κινεω (kineô), remuer, agiter, mouvoir, d'où: *excitare*, exciter; *incitare*, inciter; *suscitare*, susciter; *recitare*, réciter: *Cit-ar*, *Cit-at*, *Cita-men*, *Cit-ation*, *Cit-atori*, *Cit-aire*, *ayre*; *Re-cit-atio*, *Ex-citar*, *Ex-cit-atiu*, *Ex-cit-ation*, *Re-cit-ar*, *Re-cit-atio*, *Re cita-men*, *Re-cit-at*, *Re-cit*, *In-cit-ar*, *In-cit-at*, *In-cit-ous*.

CITADELLA, s. f. (citadèle); *Ciutadela*, cat. *Cittadella*, ital. *Ciudadela*, esp. *Citadella*, port. Citadelle, fortification destinée à la fois à défendre une ville et à la contenir dans le devoir.

Éty. du lat. *civitas*, ville, dont l'ablatif *civitate*, a donné lieu, selon Ménage, à *civitatella*. dim. d'où *citadella*, parce que la citadelle fait partie de la ville et n'en est point distincte comme les forts. V. *Civ*, R.

Cette espèce de fortification fut inventée par Charles-Quint, qui en fit usage contre les habitants d'Utrech et de Gand.

CITADIN, INA, s. (citadìn, ine); CIUTADAN, ANA. *Cittadino*, ital. *Ciudadano*, esp. *Cidadão*, port. *Ciutadà*, cat. Citadin, ine; habitant d'une ville, citoyen.

Éty. de *citad* et de *in*, dans la ville. V. *Civ*, R.

CITADOR, vl. V. *Citaire*.

CITAIRE, s. m. vl. CITADOR, CITAYRE. *Citador*, esp. *Citatore*, ital. Plaideur.

Éty. de *citar* et de *aire*, celui qui fait citer. V. *Cit*, R.

CITAMEN, s. m. vl. Assignation.

Éty. de *citar* et de *men*, action de citer. V. *Cit*, R.

CITAR, v. a. (citá). *Citare*, ital. *Citar*, esp. port. cat. Citer, assigner un passage d'un écrivain, une autorité; ajourner devant un magistrat.

Éty. du lat. *citare*. V. *Cit*, R.

CITARA, vl. V. *Cithara*.

CITARIZADOR, et

CITARIZAIRE, s. m. vl. Harpiste, joueur de lyre. V. *Cithara*.

CITAT, ADA, adj. et p. (citá, áde); *Citado*, esp. port. *Citud*, cat. Cité, ée. V. *Cit*, R.

CITATION, s. f. (citatie-n); CITATIEN. *Citació*, cat. *Citazione*, ital. *Citacion*, esp. *Citação*, port. Citation, application que l'on fait en parlant ou en écrivant, d'une pensée ou d'une expression employée ailleurs, assignation devant un juge.

Éty. de *citar* et de *tion*. V. *Cit*, R.

CITATORI, s. m. vl. CITATORY. *Citatoria*, cat. *Citatoire*, Citation.

Éty. de *citar*. V. *Cit*, R.

CITAYRE, vl. V. *Citaire*.

CITERNA, s. f. (citèrne); CISTERNA. *Cisterna*, esp. port. cat. ital. Citerne, réservoir où l'on conserve l'eau de pluie.

Éty. du lat. *cisterna*, dérivé du grec κιστη (kistê), coffre à serrer les provisions, selon M. Morin, ou du lat. *cis terrena* ou *cis terram*, sous terre; d'autres le tirent du celt. *cist*, vase, chose creuse.

On admire, à Constantinople, une citerne qui passe pour la plus belle du monde; les voûtes portent sur deux rangées de 212 piliers chacune, et ces piliers ont deux pieds de diamètre.

CITHARA, s. f. vl. CITARA, CITOLA. *Cetra*, ital. *Cithara*, port. *Citara*, cat. esp. Harpe, lyre, cithare.

Éty. du lat. *cithara*, dérivé du grec κιθάρα (kithara), m. s.

Dérivés : *Cithar-ista*, *Cidr-a*, *Cith-ola*.

CITHARISTA, s. m. vl. CITARISADOR, CITARIZAIRE. *Citarista*, cat. esp. ital. Harpiste, joueur de lyre.

Éty. du lat. *citharista*. V. *Cithara*.

CITHOLA, s. f. vl. *Citola*, anc. esp. Citole, harpe, lyre. V. *Cithara*.

Éty. du lat. *Cithara*, v. c. m.

CITISO, s. m. (citise); GEALASSOUNS, POULETAS, ARA SAUVAGEA, SANT JEANET. Cytise, *Cytisus sessilifolius*, Lin. arbrisseau de la fam. des Légumineuses, commun sur les coteaux de la H.-Prov.

Éty. du lat. *cytisus*, nom que les anciens donnaient, à ce qu'on croit, au *Medicago arborea*, parce qu'elle fut découverte dans l'ile de *Cythnos*. V. Plin. liv. 13, chap. 24.

CITOLA, V. *Cithola*.

CITOYEN, ENA, s. (citouyèn, ène); CITOUYEN. Citoyen, enne. V. *Citadin*.

Éty. du lat. *civis*. V. *Civ*, R.

CITR, rad. pris du lat. *citrus, i;* citronnier, qu'on a supposé être dérivé de *Citrea*, ville d'Asie en Judée; mais comme le fait observer M. Théis, cet arbre est trop connu, et cette ville l'est trop peu, pour qu'on doive lui attribuer une semblable origine; κιτριον (kitrion), en grec, désigne le même arbre; d'où: *Citrullus*, citrouille; *Citr-a*, *Citr-in, ina*, *Citrin-itat*, *Citr-oun*, *Citroun-ier*, *Citroun-ela*, *Sub-citrin*.

De *citrullus*, par apoc. *citrull*, et par le changement de *u* en *ou* et des *ll* en *lh*, *citroulh*; d'où: *Citroulh-a*, *Citroui-a*.

CITRA, vl. V. *Cetra*.

CITRA, s. f. (citre). Un des noms de la pastèque, en Languedoc. V. *Pasteca*.

Éty. du lat. *citrullus*, dérivé de *citrus*, citron, orange, d'où *cètre* en vieux français. V. *Citr*, R.

CITRA,

Que voulbent s'espassar, fusien *citra* un moument.
Sibour.

CITRA, s. f. (citre). Nom qu'on donne, dans le département de Vaucluse, selon M. d'Anselme, au venturon. V. *Venturoun*, à cause de sa couleur. V. *Citr*, R.

CITRE, s. m. (citré), dl. Fou, insensé, sot, imbécile. Sauv.

CITRI, vl. V. *Citrin*.

CITRIN, adj. vl. CITRI. *Citrino*, port. ital. Citrin; roux.

Éty. du lat. *citrinus*. V. *Citr*, R.

CITRINITAT, s. f. vl. *Citrinità*, ital. Couleur de citron, pâleur.

Éty. de *citrin* et de *itat*. V. *Citre*, R.

CITROUIA, Alt. lang. de *Citroulha*, v. c. m. et *Citr*, R.

CITROUIOUN, s. m. (citrouïoun). Nom languedocien de l'ache sauvage. V. *Api-fer*.

Éty. M. de Belleval croit que le mot *citrouioun*, n'est qu'une altération de *satyrion*; et ce qui semble le confirmer, selon lui, c'est qu'il a trouvé dans un vocabulaire italien le mot *satirione*, expliqué par *Appio salvatico*.

CITROULHA, et par alt. *Citrouia*, s. f. (citrouille, citrouïe). Un des noms de la pastèque, à Montpellier, selon Gouan, Voy. *Pasteca*.

Éty. du lat. *citrullus*, m. s. dérivé de *citrus*, citron, orange, à cause de la couleur de ce fruit. V. *Citr*, R.

CITROUN, s. m. (citróun); *Cedro*, ital. Citron, fruit du citronnier.

CITROUN, adj. *Cetrino, a*, esp. ital. Citrin, citrine, couleur de citron.

CITROUNELA, s. f. (citrounèle); *Cidronela*, esp. *Citrago*, cat. Nom qu'on donne, dans plusieurs pays, à la mélisse ou citronnelle, à cause de l'odeur de citron que ses feuilles répandent quand on les écrase. V. *Melissa*, et au *Thymus citratus*, à Toulouse, d'après M. Tournon.

CITROUNELA SALVAGEA, s. f. (citrounèle salbatge). Nom toulousain de la mélisse. V. *Melissa*.

CITROUNIER, s. m. (citrounié); *Cedro*, ital. *Cidreira*, port. Citronnier, *Citrus medica*, Lin. Arbre de la fam. des Hespéridées, qu'on croit originaire de l'Asie Mineure et particulièrement de la Médie, d'où l'épithète *medica*.

Éty. de *citroun* et de la term. multiplicative *ier*. V. *Citr*, R.

Transporté d'abord dans la Perse, ensuite dans la Grèce, il le fut après en Italie, et de là en Provence, où l'on en cultive, en ce moment, plusieurs variétés.

Il existe dans le jardin de Versailles un pied de la variété du citronnier, connue sous le nom de bigarradier, qui a maintenant plus de 400 ans d'existence. On le nomme le Grand Bourbon, parce qu'il avait appartenu au Connétable de Bourbon. Sa hauteur en caisse est de 7 mètres; la circonférence de sa tête est de 15 mèt. et celle de son tronc de 1 mèt. 4 déc.

CIU

CIU, s. f. vl. Cité. V. *Ciutat*, *Cioutat* et *Civ*, R.

CIUTADA, s. m. vl. V.

CIUTADAN, s. m. vl. CIPTADANS. *Ciutadà*, cat. *Ciudadano*, esp. *Cittadino*, ital. Citoyen, citadin. V. *Citadin* et *Civ*, R.

CIUTADANA, s. f. vl. *Ciutanada*, cat. *Ciudadane*, esp. *Cidadoa*, port. *Cittadina*, ital. Citadine, citoyenne.

Éty. de *ciutat* et de *ana*. V. *Civ*, R.

CIUTAT, s. f. vl. Cité, ville. V. *Cioutat*.

Éty. du lat. *civitatis*, gén. de *civitas*. V. *Civ*, R.

CIV

CIV, CIUT, CIU, CIVIT, CIVIL, CIVIC, sous-radical pris du lat. *civis*, *is*, citoyen, dérivé de *cieo*, *cio*, *civi*, *cire*, appeler, parce que les citoyens sont tous appelés, par leur qualité, au même lieu, à la même société, Bond. V. *Cil*, selon d'autres, *civis*, serait dit pour *coivis*, de *coire* (*cum ire*), aller ensemble, se joindre; d'où: *Civilis*, civil, de citoyen; *Civicus*, civique; *Civilitas*, *atis*, civilité; *Civitas*, *atis*, cité.

De *civis*, par apoc. *civ*, et par le changement de *v* en *u* et la suppression de *i*; *ciu*: *Ciutad-an*, *ana*, *Ciut-at*, *Cieutad-in*, *Ciutad-a*.

Ce *civitatis*, gén. de *civitas*, par apoc. *Civitat*, *Cioutat*.

De *civilis*, par apoc. *Civil*, *Civil-a*, *Civila-ment*, *Civil-ment*, *In-civil*, *In-civilament*.

De *civilis*: *Civilis-ar*, *Civilis-at*, *Civilis-ation*.

De *civilitatis*, gén. de *civilitas*: *Civilitat*, *In-civilitat*.

De *civicus*: *Civiqu-e*, etc.; *Cipta*, *Ciptadau*, *Ciptat*, *Citad-ella*, *Citad-in*, *Cit-oyen*, *Coun-citoyen*, *Sieutad-an*, *Sieut-at*.

CIVAD, CIBAD, radical pris du latin *cibus*, aliment, selon les uns, ou du chaldéen *zevada*, nourriture, suivant le P. Puget. Le mot latin *avena*, dérive de la même propriété, s'il est pris, comme on le croit, de *etan*, manger, d'où les Anglais ont formé leur verbe *to eat*, manger, parce que l'avoine a été, et est encore dans le Nord, un des principaux aliments de l'homme.

De *zevada*, par apoc. et changement de *z* en *c* et de *e* en *i*, *civad;* d'où: *Civad-a*, *Civada-blanca*, *Civad-assa*, *Civad-ier*, *Civad-iera*, *En-civad-ar*, etc. par la suppr. de *d*: *Civa-ier*, etc. par la substitution de *y* au *d*: *Civay-a*, etc.

CIVAD, s. f. (civáde). Nom qu'on donne, à Nismes, à la petite chevrette, crustacé. V. *Carambot*.

Éty. du chaldéen, *zevada*, nourriture. On sait que ce petit crustacé fournit un aliment assez délicat.

CIVAD, s. f. (civá). V. *Civada*.

CIVADA, s. f. (civáde); CIVAU, CIVAYA, CIBADA, SIBADA, SIOUADA. *Civada*, cat. *Cevada*, port. esp. Avoine, avoine cultivée, *Avena sativa*, Lin. plante de la fam. des Graminées, cultivée partout à cause de l'utilité de son grain. On croit qu'elle est originaire de l'Ile de Saint-Jean-Fernandez, près du Chili, dans la Mer du Sud.

Éty. du chaldéen *zevada*, aliment, selon Ménage. V. *Civad*, R.

Relativement à la couleur du grain, on distingue deux variétés dans l'avoine commune, la blanche et la noire. V. Gar. au mot *Avena*, p. 51.

Outre les services que l'avoine rend, comme nourriture des chevaux, on en fait encore du gruau qui est un aliment très-sain pour l'homme.

M. Journet, de Paris, a découvert, en 1814, un principe sous les balles de l'avoine, d'une odeur analogue à celle de la vanille, et que l'on peut employer aux mêmes usages.

On appelle *avoinerie*, un champ semé d'avoine.

CIVADA-BAUJA, s. f. (civáde báoudge). Nom qu'on donne, dans le département de l'Hérault, à une espèce d'avoine qui, suivant M. Touchy, est distincte non seulement de l'*Avena fatua*, avoine folle, mais aussi de l'avoine stérile. V. *Civad*, R.

CIVADA-BLANCA, s. f. Nom qu'on donne, à Digne, à l'épeautre serrée, variété de la grande épeautre, *Triticum spelta*, Lin. V. *Espeouta* et *Civad*, R.

Éty. On sème cette variété au printemps, et comme il s'y mêle souvent de l'avoine commune, le peuple croit que cette épeautre s'est transformée en avoine blanche, d'où son nom.

CIVADA-COUGUOULA, COUIOLA. Un des noms de la folle avoine. V. *Civada-fera* et *Civad*, R.

CIVADA-FERA, s. f. (civáde-fère); CIVADA-COUGOUOLA, COUIOLA, CIVADA-FOLLA, VENA, AVENA, CIVADASSA, VENA-FERA, AREGEA. Folle avoine, averon ou avron, *Avena fatua*, Lin. plante du même genre que l'avoine ordinaire, dont elle ne diffère qu'en ce que ses graines sont garnies de poils à leur base. V. *Civad*, R.

Cette plante, nuisible aux récoltes, se trouve dans les champs.

CIVADA-FOLLA, s. f. Un des noms de la folle avoine. V. *Civada fera* et *Civad*, R.

CIVADA-DE-MAR, dl. La petite squille. V. *Carambot*.

CIVADAR, v. a. (civadá). Donner de l'avoine aux chevaux; fig. battre, rosser quelqu'un. Avr.

CIVADASSA, s. f. (civadâsse). Nom bas lim de l'avoine folle. V. *Civada-fera.*

Éty. de *civada* et du péjor. *assa*. V. *Civad*, R.

CIVADIER, s. m. (civadié); CIVAIER. Mesure pour le grain, valant deux picotins. Il en faut quatre pour faire une panal et 32 pour une charge.

Éty. de *civada* et de la term. *ier*, parce que cette mesure est particulièrement destinée à mesurer l'avoine. V. *Civad*, R.

M. de Sauvages dit, dans son dictionnaire, que le *civadier* est la sixième partie d'une aune.

CIVADIERA, s. f. (civadiére). Champ ensemencé d'avoine.

Éty. de *civada* et de *ier*, qui porte de l'avoine. V. *Civad*, R.

CIVADIERA, s. f. *Vela cebadera*, esp. *Cevadeira*, port. *Civadiera*, ital. Civadière, voile qui s'oriente sur la vergue de civadière, d'où son nom, gréée sur le mât de beaupré. V. *Civad*, R.

CIVADILHA, s. f. (civadille); GRANA DE CAPOUCHIN, *Cibadilla*, cat. Cévadille, *Fructus sabadillæ*, c'est ainsi qu'on nomme les fruits du *Veratrum sabadilla*, Retr. plante de la famille des Colchicacées, indigène du Mexique, que l'on emploie comme vermifuge.

Éty. du lat. *sabadilla*, m. s.

MM. Pelletier et Caventou ont retiré de la cévadille un principe immédiat, qu'ils ont nommé *Vératrine*, qu'on a appelé ensuite *Cévaditine*, qui paraît être le principe actif de ce médicament, qu'on range, avec raison, parmi les poisons; on a reconnu aussi dans ses graines un acide particulier, qu'on a nommé *Cévadique.*

CIVADOUN, s. m. (cibadóu); CIBADOU. Nom toulousain de l'avoine jaunâtre, *Avena flavescens*, Lin. plante de la famille des Graminées, commune dans les prairies sèches.

Éty. de *civada*. avoine, et du dim. *oun.*

CIVAIER, vl. V. *Civadier.*

CIVAREOU, s. m. (civarèou); CIVARIOU. Civelle, Lamproyon, ammocèle, *Ammocetus branchialis*, Duméril, *Petromyzon branchialis*, Lin. poisson de rivière, de l'ordre des Trématopnés et de la fam. des Cyclostomes (à bouche circulaire), dont la chair n'est pas estimée, défaveur qu'augmente la ressemblance qu'a ce poisson, avec les vers de terre ou lombrics, il est avantageusement employé comme appât.

CIVARIOU, Garc. V. *Civareou.*

CIVAYA, s. f. (civáye). Nom de l'avoine, Barcelonnette et à Seyne. V. *Civada* et *Civad*, R.

CIVECA, s. f. (civèque). *Prendre la civeca*, prendre froid en attendant quelqu'un.

CIVETA, s. f. CIBOULAT, CIBOULETA, CIOURLAT. Ciboula, civette, ciboulette, grande ciboule, appétits ou fausses échalottes, est une variété cultivée de l'ail civette, *Allium schœnoprasum*, Lin. plante de la fam. des Liliacées qui croît naturellement dans les prairies humides de la Haut.-Prov. où elle est connue sous le nom de *Cibourlat*, v. c. m.

Éty. Alt. de *cebeta*, du lat. *cæpula*, ciboule. V. *Ceb*, R.

CIVETA, s. f. Est aussi le nom qu'on donne, à Avignon et à Montpellier, à la petite chouette, *Strix passerina*. V. *Machota-pichota.*

CIVETA, s. f. (civéte). Civette; matière balsamique, très-odorante, contenue dans une petite poche placée entre l'anus et les organes de la génération de la civette, *Viverra civetta*, Lin. mammifère onguiculé de la fam. des Digitigrades ou Carnivores, qui habite les contrées les plus chaudes de l'Asie et de l'Afrique.

Éty, de l'arabe *zebed*, *zebâd*, civette, parfum qu'on en retire.

CIVIEIRA, s. f. (civièïre), d. bas lim. Civière. V. *Civieras.*

CIVIER, s. m. (civié); CIBIER, CIBET. Civet, ragoût fait de chair de lièvre, coupée par morceaux et cuite avec du bouillon, un bouquet d'herbes et un assaisonnement de vin, de farine, d'oignons et d'un peu de vinaigre.

Éty. de *civa*, *civeta*, espèce de petit oignon dont on se sert pour assaisonner ce ragoût, et de *ier*. V. *Ceb*, R.

CIVIERAS, s. f. pl. (civières); ENCIVIERAS, CIVIEIRAS, EISSIVIERAS, BAYARD, CIBIERA. Civière, sorte de brancard sur lequel deux hommes portent à bras, différents fardeaux.

Éty. du lat. *cænovectorium*, fait de *cænum*, boue, fange, et de *vectare*, voiturer, parce qu'on se sert particulièrement de ce brancard, pour porter du fumier, de la boue, etc.

CIVIL, **ILA**, adj. (civil, ile); *Civile*, ital. *Civil*, esp. port. cat. Civil, ile, qui concerne les citoyens; il est aussi l'opposé de criminel, *code civil*, *code criminel*; poli, honnête.

Éty. du lat. *civilis*, m. s. V. *Civil*, R.

CIVILAMENT, adv. (civilaméin); HOUNESTAMENT. *Civilment*, cat. *Civilmente*, ital. esp. port. Civilement, avec civilité; en matière civile.

Éty. de *civila* et de *ment*, d'une manière civile. V. *Civ*, R.

CIVILISAR, v. a. (civilisá). *Civilizzare*. ital. *Civilizar*, esp. *Civilisar*, port. Civiliser, rendre sociable, unir par les liens de la société civile.

Éty. du lat. *civilis* et de *ar*. V. *Civ*, R.

CIVILISAT, **ADA**, adj. et p. (civilisá, áde); *Civilizado*, esp. *Civilisado*, port. *Civilisad*, cat. Civilisé, ée. V. *Civ*, R.

CIVILISATION, s. f. (civilisatie-n); CIVILISATIEN. *Civilisació*, cat. *Civilizacion*, esp. *Civilizzazione*, ital. *Civilisação*, port. Civilisation, l'action de civiliser, le résultat de cette action. V. *Civ*, R.

CIVILITAT, s. f. (civilitá); CIVILITÉ. *Civilitat*, cat. *Civilidad*, esp. *Civilidade*, port. *Civilità*, ital. Civilité, honnêteté, courtoisie, politesse.

CIVILMENT, adv. vl. V. *Civilament* et *Civ*, R.

CIVIQUE, **ICA**, adj. (civiqué, ique); *Civico*, ital. esp. port. Civique, qui concerne le citoyen, ou qui appartient à un bon citoyen.

Éty. du lat. *civicus*, m. s. V. *Civ*, R.

CIVITAT, s. f. vl. Cité. V. *Cioutat.*

CIZ

CIZIA, s. f. vl. Assise, jugement.

CLA

CLA, Pour *Clar*, v. c. m.

CLA, d. béarn. Alt. de *Clar*, clair, v. c. m.

CLABAR, v. a. (clabá), dl. Fermer à clef, alt. de *Clavar*, v. c. m. perfectionner, accomplir. V. *Clav*, R.

Un bers nous dubris las aureillos
Quand es clabat *à perfectiu.*
Goudelin.

CLABAUD, s. m. (clabáou). Clabaud, chien courant dont les oreilles plates et longues passent de beaucoup le nez; chien de chasse qui crie mal à propos sur les voies.

Éty. de l'hébreu *chaleb*, chien.

CLABAUDAIRE, **ARELLA**, s. (chabaoudaïre arèle); CLABOOUDAIRE. Clabodeur, euse, celui ou celle qui a l'habitude de crier beaucoup, sans sujet et sans raison.

Éty. de *clabaud* et de *aire.*

CLABAUDAR, v. n. (clabaoudá); CLABOUDAR. Clabauder, crier sans sujet et mal à propos.

Éty. de *clabaud* et de *ar.*

CLABAUDARIA, s. f. (clabaoudarie); CLABOOUDARIA. Clabauderie. Aub.

CLABEIRAT, adj. et part. (clabeïrá), d. béarn. Cloué. V. *Clavelat* et *Clav*, R.

CLABEL, s. m. (clabèl). Clou, alt. lang. de *Clavel*, v. c. m. et *Clav*, R.

CLABELAR, v. a. (clabelá). Clouer, alt. lang. de *Clavelar*, v. c. m. et *Clav*, R.

CLAC, CLAQU, CLIQU, radical formé par onomatopée, du son que produisent deux mains vivement frappées l'une contre l'autre, ou de celui résultant d'un autre choc sonore, ou du bruit que fait un corps qu'on casse, il pourrait alors venir du grec κλάω (klaô), fut, 1. κλάσω (klasô), part. κέκλακα (kéklaka), briser, rompre, casser. Dérivés: *Clac*, *Clac-a*, *Clac-ar.*

De *clac*, par le changement du *c* en *qu*, *claqu*; d'où: *Claqu-eta*, *Claqu-etas*, *Claquet-ar.*

De *claqu*, par le changement de *a* en *i*, *Cliqu*; d'où: *Cliqu-et*, *Cliqu-etas*, *Cliopet-as.*

CLAC, s. m. Clac, bruit que font plusieurs choses en se heurtant, ou en se cassant. V. *Clac*, R.

CLACA, s. f. (cláque); CLAPADA. Claque, coup du plat de la main sur une partie charnue, principalement sur les fesses.

Éty. Ce mot est évidemment une onomatopée de bruit produit par le coup. V. *Clac*, Rad.

CLACA, s. f. (cláque), d. béarn. Coquille. V. *Couquilha*, *Crouveou* et *Clac*, R.

CLACAMENT, s. m. (clacaméin). Claquement.

CLACAR, v. n. (clacá), md. Parler à tort et à travers, par allusion au bruit des coquilles que l'on remue. V. *Clac*, R.

CLACAR, v. n. (clacá); FLISCAR. Claquer,

faire du bruit en frappant les mains l'une contre l'autre, ou en choquant les dents d'en bas contre celles d'en haut: ***Faire clacar soun fouit***, faire claquer un fouet, signifie en français, faire parade de son crédit.

Éty. de *clac* et de *ar*.

CLACAR, v. n. dl. Manger avidement; fripper. Douj.

CLACASAR, v. n. (clacasá), d. toul. Jaser.

Éty. M. Dumège fait venir ce mot du grec εκλασα (eklasa), aor. de κλαω (klaô), briser, casser.

CLAFFIR, V. *Caffir*.

Éty. Le P. Puget fait dériver ce mot du lat. *conflare*, souffler, ou plutôt dit-il, du grec λαφύσσειν (laphustéin), avaler gloutonnement, par l'addition de *c*.

CLAGET, s. m. d. toul. V. *Claiet*.

CLAIET, s. m. (claïé), d. toul. CLAGET?

Éty. du grec ελαύνω (elaunô), et ἐλαύω, *agito*, ἐλαιῶν *olivetum*, Dumège.

CLAIRANA, s. f. (cleiráne). Pour éclaircie. V. *Clariera* et *Clar*, R.

CLAIROUN, s. m. (cleiróun), d. m. Bois qu'on met sur la gueule du four pour l'éclairer.

Éty. de *clair* pour *clar*, et du dim. *oun*. V. *Clar*, R.

CLAM, radical pris du lat. *clamare*, crier, appeler, invoquer, demander à grands cris, formé du grec κλαζω (klazô), crier comme les oies, ou de *cla*, onomatopée, qui entre dans la composition, de plusieurs mots qui expriment le bruit, les cris, les éclats de voix, etc.

De *clamare*, par apoc. *clam*; d'où: *Clam*, *Clam-a*, *Clam-aire*, *Clam-ar*, *Clam-or*, *Re-clamat*, *Clam-our*, *Clams*, *Clam-e*, *Prou-clamar*, *Re-clamar*, *Re-clam*, *Re-clamation*, *Prou-clamation*, *Ex-clam-atio*, *Pro-clam-ation*, *Prou-clam-ar*, *Ac-clamation*, *De-clam-ar*, *De-clam-ation*, *De-clam-atour*, etc.

CLAM, s. m. vl. *Clam*, anc. cat. *Clamo*, esp. Requête, plaid, plainte, réclamation, ban. V. aussi *Clams*.

Éty. du lat. *clamare*; *Clam*, est une espèce d'onomatopée. v. c. r.

Los Bailes son creduts de *clam*, man et de ban.

Fors et Cost. de Béarn.

CLAMA, s. f. (cláme), vl. Clameur.

Letras de clama *non si balhan sensa véser l'obligansa*. Titre d'un Statut.

Lettres de clameur ne se donneront point sans voir l'obligation.

Éty. V. *Clam*, R.

CLAMADER, s. m. vl. CLAMATER. Réclamant, chargé des pouvoirs, procureur fondé. V. *Clam*, R.

CLAMADOR, vl. V. *Clamaire*.

CLAMAIRE, s. m. vl. CLAMADOR. *Clamador*, cat. esp. *Chiamatore*, ital. Réclamant.

Éty. du lat. *clamator*. V. *Clam*, R.

CLAMANT, s. m. anc. béarn. *Clamant*, cat. Plaignant. V. *Clamaire*.

Éty. *Clamantis*, gén. de *clamans*. V. *Clam*, Rad.

CLAMAR, v. a. et n. vl. *Clamar*, cat. anc. esp. port. *Chiamare*, ital. *Llamar*, esp. mod. Crier, appeler, proclamer, récrier, réclamer; porter plainte; invoquer; demander, exiger.

Éty. du lat. *clamare*, demander à grands cris. V. *Clam*, R.

CLAMAR SE, v. r. vl. Se plaindre.

CLAMAT, ADA, adj. et. p. vl. Appelé, ée. V. *Clam*, R.

CLAMATER, vl. V. *Clamador* et *Clam*, Rad.

CLAMATIER, adj. vl. CLAMIUS. *Clamater*, anc. cat. Réclamant, plaignant.

Éty. de *clamat* et de *ier*. V. *Clam*, R.

CLAME, s. m. (clâmé). Mot qu'on n'emploie qu'avec *sant*: *A plourat tout lou sant clame doou jour*, il a pleuré pendant toute la journée.

Au begut touta la pluia.
Tout lou sant clame *doou jour*.
Saboly.

CLAMIUS, vl. V. *Clamatier*.

CLAMOR, vl. V. *Clamour*.

CLAMOS, OZA, adj. vl. CLAMOZ. *Clamoso*, anc. esp. *Clamarós*, cat. Criard; fig. plaignant, plaintif, réclamant.

Éty. de *clamar*. V. *Clam*, R.

CLAMOUR, s. f. (clamóur); *Clamore*, ital. *Clamor*, esp. port. cat. Clameur. V. *Cris*, *Bram*. vl. Plainte, réclamation.

Éty. du lat. *clamor*. V. *Clam*, R.

CLAMS, s. m. vl. CLAM. Clameur, citation devant le juge; plainte en matière criminelle, demande en matière civile. V. *Clam*, R.

CLANDESTIN, INA, adj. (clandestin, ine); *Clandestino*, ital. esp. port. *Clandesti*, cat. Clandestin, ine, qui se fait en secret et contre les lois.

Éty. du lat. *clam*, à l'insu, en secret.

CLANDESTINAMENT, adv. (clandestinaméin); *Clandestinament*, cat. *Clandestinamente*, esp. ital. port. Clandestinement, d'une manière clandestine.

CLANTIR, v. n. (clantir). Claquer. Cast.

CLAOR, vl. V. *Claror*.

CLAP, radical, dérivé du grec κλάσμα (klasma), éclat, morceau, fracture; formé de κλαω (klaô), rompre, briser, ou peut-être du latin *lapis*, pierre, par apoc. *lap*, et par addition d'un *c*, *clap*, comme on a dit *clovis* de *lovis*.

De *clap*: *Clap*, *A-clap*, *Clap-a*, *Clapas*, *Clapass-ar*, *Clapass-iar*, *Clap-areda*, *Clap-ier*, *Clap-ilha*, *Clap-iera*, *A-clapar*, *Des-clapar*, *A-clap-at*, *En-clapat*, *Es-clap-ar*, *Peri-cl-ada*, *Peri-cl-ar*, *Peri-cl-et*.

CLAP, s. m. (cláp); TES, TE, TEL, TEST. Têt, débris d'un pot de terre; portion d'une écuelle, d'une assiette, d'une cruche, etc., on le dit aussi pour pierre, caillou, comme débris d'une plus grosse masse.

Éty. V. *Clap*, R.

CLAP, s. m. vl. Tas, amas, monceau, masse: *A clap*, expr. adv. en masse. V. *Clap*, Rad.

M. Rayn. le fait venir de *lapis*.

CLAPA, s. f. (clápe). Blocailles, rocaille, lieu couvert de gros blocs de pierres.

Éty. V. *Clap*, R.

CLAPA, s. f. Se dit aussi pour grand éclat de quelque chose, *Clapa de bosc*, bûche. V. *Estela*, *Que clapa d'home!* quel homme! quel géant! V. *Clap*, R.

CLAPA, s. f. dl. Grande sonnaille de mulet. V. *Bidourlet*.

CLAPA-DE-COUNIL, s. f. dl. Clapier, terrier où se retirent les lapins. V. *Clapouira* et *Clap*, R.

CLAPADA, s. f. (clapáde), d. bas lim. Claque, coup du plat de la main. V. *Claca*. *Far à las clapadas*, jouer à la main chaude. V. *Man-caudâ*.

CLAPAIRAR, v. a. (clapaïrá), dl. Poursuivre, chasser à coups de pierre. V. *Esqueiregear*.

Éty. de *clap*, pierre, et de *airar*. V. *Clap*, Rad.

CLAPAR, v. a. (clapá); CLOPAR, dl. Frapper. V. *Picar*.

CLAPAR, v. a. vl. *Clapar*, anc. cat. *Capolar*, esp. cat. mod. Couper, tailler, mettre en pièces, trancher, massacrer; tacheter, marquer.

Éty. du lat. *scalpere*, m. s.

CLAPAREDA, s. f. (claparéde), dl. Champ couvert de tas de pierres. V. *Clapas*.

Éty. de *clap*, pierre, et de *areda*. V. *Clap*, R.

CLAPAS, s. m. (clapás); CLAPISSA, CLAPAREDA. Gros cailloux, gros tas de pierres, lieu couvert de gros blocs de pierre.

Éty. de *clap*, pierre, et de l'augm. *as*, V. *Clap*, R. et pour tas de pierres. V. *Clapier*.

CLAPASSAL, s. m. (clapassál), dl. Grand coup de poing, de bâton, de marteau, etc.

Éty. de *clapas*, grosse pierre, et de l'art. *al*, ce mot a probablement signifié, dans l'origine, coup donné avec une grosse pierre. V. *Clap*, R.

CLAPASSIAR, v. n. (clapassiá), d. m. Pour *clapassegear*, marcher dans les pierres, dans un lieu couvert de grosses pierres.

Éty. de *clapas* et de *iar* ou *egear*. V. *Clap*, Rad.

CLAPASSILHA, s. f. (clapassílle). Petite blocaille. Garc.

Éty. de *clapas* et du dim. *ilha*.

CLAPASSOUN, s. m. (clapassóun). Dim. de *clap*, petit têt, petit tesson.

CLAPCEDRA, s. f. vl. Seringue. V. *Seringa*.

Éty. du lat. *clepsydra*, machine hydraulique, dérivé du grec Κλέπτω (kleptô), dérober, cacher, et de ὕδορ (hudor), eau.

CLAPEIRET, s. m. (clapeïré). Nom du cul-blanc, selon M. Castor. V. *Cuou-blanc*.

Éty. Ainsi nommé parce qu'on le voit souvent perché sur les petits tas de pierres.

CLAPET DE COMPTOIR. (clapé dé countóir), dl. La bascule d'un comptoir de marchand par où l'on jette l'argent. Sauv.

CLAPETA, adj. f. (clapéte), dl. *Aigua clapeta*, eau dégourdie au feu ou au soleil.

CLAPIE, s. m. vl. Tas, amas, grand nombre: *A clapies*, expr. adv. à tas, en grand nombre.

CLAPIER, s. m. (clapié). Tas de pierres entassé sans ordre, et par extension, tas, monceau.

Éty. de *Clap*, v. c. m. et de la term. mult. *ier*, lieu où il y a beaucoup de pierres. V. *Clap*, R.

La peira regoera toujours au clapier. Prov. La fortune ne favorise que les riches.

Peira à peira clapiers *se fan*. Prov.

Jamai clapier *à fach bon prad*. Prov.

CLAPIER, s. m. d. bas lim. Rucher, lieu où l'on réunit un certain nombre de ruches, V. *Apier*, terrain clos de murailles, partie couvert et partie découvert, où l'on enferme des lapins; clapier.

Éty. du grec κλέπτω (kleptô), cacher.

CLAPIER, s. m. vl. Clapier, trou à lapins. V. *Clap*, R.

CLAPIERA, s. f. vl. Amas de pierres. V. *Clapier* et *Clap*, R.

CLAPILHA, s. f. (clapille), d. m. Lieu couvert de petits cailloux.

Éty. de *clapa* et du dim. *ilha*. V. *Clap*, R.

CLAPISSA, s. f. (clapisse), dl. Le même que *clapas* et *clapareda*. V. *Clap*, R.

CLAPOUIRA, s. f. (clapóuïre); CLAPA-DE-COUNIL. Clapier, trou ou terrier dans lequel les lapins se retirent.

Éty. de *clapier*, tas de pierres, ou du grec κλέπτω (klepthô), se cacher.

CLAPOUIRAS, s. f. pl. (clapóuïres). Nom de lieu; lieu couvert de pierres. Voy. *Clapa* et *Clapier*.

CLAQUETA, s. f. (claquéte), d. bas lim. Cliquettes, V. *Cliquetas*, loquet. V. *Cadaula* et *Clac*, R.

CLAQUETAS, s. f. pl. d. bas lim. Cliquettes. V. *Cliquetas* et *Clac*, R.

CLAQUETAR, v. n. (claquetá). Cliqueter, faire un bruit semblable à celui d'un cliquet de moulin qui est en mouvement.

Éty. de *claquet* et de *ar*. V. *Clac*, R.

CLAR, CLARIT, CLARIFIC, sous-rad. pris du lat. *clarus, a, um*; clair, illustre, brillant; dérivé de *calo, are*; appeler, ou du grec κλείω (kleió), célébrer, V. *Celebr*, R. d'où *claritas*, clarté; *clarificare*, clarifier; *exclarare*, éclairer.

De *clarus*, par apoc. *Clar, Clar-a, Clara-ment, Clar-egear, Claret-a, Clar-iera, Clar-in-eta, Cler-oun, De-clar-ar, De-clar-ation*, etc.

De *claritatis*, gén. de *claritas*, par apoc. *claritat*: et par la suppression de *i*: *Clar-tat* et *Clardat*, par le changement de *t* en *d*: *Claretat*, par celui de *i* en *e*: *Clar-dat*.

De *clarificare*, par apoc. *Clarific-acio, Clarific-ation, Clarific-ar*.

De *clarificare*, par sync. de *c*: *Clarifi-ar*, etc.

De *exclarare*, par apoc. *Clarz-ir, Es-clar-z-ir, Es-clar-ze-zir, S-clarz-ir*.

De *esclarar*, par le changement de *a* moyen en *ai*: *Es-clair-ar, Es-clair-ada, Es-clair-agi, Es-clair-e, Es-clarg-ivoue-ra, A-clari-ar, Es-clarc-ir, Es-clarc-issa-ment*, etc.; *Cla, Es-clars-ir, Es-clarz-ia, Es-claz-ir, Es-clarz-it, Es-clarzi-men, Clair-ana, Clair-oun*.

CLAR, nom d'homme. Clair.

Éty. du lat. *clarus*. V. *Clar*, R.

Patr. L'Eglise honore plusieurs saints de ce nom; Saint Clair de Loudun, le 28 août; Clair de Nantes, le 1er et 10 octobre; Clair de Salingestad, le 1er février; Clair de Tours, le 8 novembre; Clair de Vexin, le 4 novembre; Clair de Vienne, le 1er janvier; Clair martyr, le 18 juillet.

CLAR, CLARA, adj. (clár, clàre); CANDE, CLA. *Chiaro*, ital. *Claro*, esp. port. *Clar*, cat. Clair, aire, lumineux, transparent, qui répand beaucoup de lumière; qui reçoit ou donne beaucoup de jour; liquide, qui n'a pas beaucoup de consistance, qui n'est pas épais, qui est tissu d'une manière lâche et peu serrée, en parlant d'une étoffe; dont les plantes sont éloignées les unes des autres, en parlant du blé, du foin, etc., aigu, ue; quand il est question de la voix: *Las castagnas soun claras*, les châtaignes sont clair-semées; pur, brillant, gai, vl.

Éty. du lat. *clarus*, m. s. V. *Clar*, R.

Clar d'en bas, montagn'escura, plegea segura. Prov. cevennois.

CLAR, s. m. CLAR OUBSCUR. *Claro-oscuro*, port. Clair: *Lou clar de la luna*, le clair de la lune, un beau clair de lune: *Tirar de vin au clar*, tirer du vin au clair.

CLAR, adv. Clair, d'une manière distincte: *Li veire clar*, y voir clair: *Parlar clar*, parler clair: *Semenar clar*, semer clair ou clair semer. V. *Clar*, R.

CLAR, ARA, adj. vl. Clair, aire; net, pur; gai, joyeux; beau, bon.

CLAR, s. m. vl. Glaire, blanc d'œuf. V. *Clara d'uou*.

CLARA, s. f. (clàre); GLARA. *Clara*, port. cat. esp. Blanc-d'œuf, V. *Clara d'uou*; nasse, espèce de panier pour prendre le poisson. V. *Nassa*.

Éty. V. *Clar*, R. parce qu'il est construit à claire-voie.

CLARA-D'UOU, s. f. (clàre-d'úou); *Clara*, cat. esp. port. *Chiara*, ital. Blanc-d'œuf, albumen, glaire de l'œuf.

Éty. du lat. *clarum ovi*. V. *Clar*, R.

CLARAMENT, adv. (claraméin); *Chiaramente*, ital. *Claramente*, esp. port. *Clarament*, cat. Clairement, évidemment, distinctement.

Éty. de *clara* et de *ment*, d'une manière claire. V. *Clar*, R.

CLARASVALS, nom de lieu, vl. Clairveaux, abbaye.

CLARAT, vl. CLARATZ. Clarté, alt. de *Clartat*, v. c. m.

Éty. de *clar* et de *at*, fait, rendu clair. V. *Clar*, R.

CLARDAT, vl. V. *Clartat*.

CLARDOR, vl. V. *Claror*.

CLAREGEAR, v. n. (claredjá), dl. CLAREJAR. *Clarejar*, cat. *Clarear*, esp. port. Briller, poindre, commencer à luire. Sauv.

Éty. de *clar* et de *egear*, devenir clair, ou du lat. *clarare*. V. *Clar*, R.

CLAREIAR, vl. V. *Claregear*.

CLARENSOUN, nom d'homme, (clarensóun). Fils de Clarens.

Éty. de *clarens* et du dim. *oun*, ou de *claren* et de *soun*, fils.

CLARET, s. m. vl. *Claret*, cat. *Clarete*, esp. port. *Claretto*, ital. Clairet, sorte de boisson.

Éty. de *clar* et du dim. *et*. V. *Clar*, R.

CLARET, ETA, adj. (claré, éte); *Chiaretto*, ital. *Claret*, cat. *Clarete*, esp. Clairet, ette: *Vin claret*, vin qui tient le milieu entre le blanc et le rouge, vin clairet.

Éty. C'est un dim. d'agrément, de *clar*. V. *Clar*, R.

CLARETA, s. f. Est aussi le nom qu'on donne, à Nismes, à une espèce de raisin rouge, dont les grains sont petits, longs et séparés; et à une autre blanc, tardif, à grains petits, longs, séparés. V. *Clar*, R.

CLARETA, s. f. (claréte). Clairette, sorte de raisin dont on fait le vin blanc, qui porte aussi le nom de clairette. V. *Clar*, R.

CLARETA, s. f. (claréte). Nom qu'on donne, à Toulouse, à la grande chélidoine, V. *Dindoouliera*, à cause de la vertu qu'on lui attribue, d'éclaircir la vue.

CLARETAT, dg. V. *Clartat*.

CLAREYANT, ANTA, adj. (clareyán, ánte). Brillant, ante. V. *Clar*, R.

CLARGEAS, s. m. (clardjás), dl. Gueuse, masse de fer qu'on a coulée dans le sable, au sortir du fourneau de fusion.

Un fioc de clargeas, un feu de reculée.

CLARGIER, s. m. (clardgié), d. de Mars. Le clergé.

CLARIANA, s. f. (clariáne). Nom des narcisses, à Colmars, B.-Alpes. V. *Dona* et *Troumpoun*.

CLARIERA, s. f. (clariére); CLAIRANA, CLEIRIERA, ESCLARGIVOUERA. *Clariana*, cat. *Clara*, esp. *Chiarore*, ital. Eclaircie, serein ou espace du ciel qui se découvre instantanément pendant les temps orageux; interruption momentanée de la pluie.

Éty. de *clar* et de *iera*, lieu où il y a beaucoup de clarté. V. *Clar*, R.

CLARIERA, CLEIRIERA, ESCLARGIERA, ESCLARGIVOUERA. Clairière, endroit d'un bois dégarni d'arbres ou dans lequel ce bois est peu touffu.

Éty. de *clar*, rare, clair-semé, et de *iera*. V. *Clar*, R.

CLARIEYRA, s. f. vl. Claire-voie; fenêtre.

CLARIFIAR, v. a. (clarifiá); CLARIFICAR, DESPESSIR. *Clarificar*, esp. cat. port. *Chiarificare*, ital. Clarifier, rendre claire une liqueur trouble.

Éty. du lat. *clarificare*, m. s. V. *Clar*, R.

CLARIFIAT, ADA, part. *Clarificato, a*, esp. port. Clarifié, ée; rendu clair. V. *Clar*, R.

CLARIFICACIO, et

CLARIFICAMEN, s. m. vl. *Clarification*, v. c. m. et *Clar*, R.

CLARIFICAR, v. a. vl. Éclaircir, glorifier. V. *Clarifiar* et *Clar*, R.

Statut per modificar et clarificar lou precedent. Gl. Occ.

CLARIFICATION, s. f. (clarificaci-én); *Clarificatión*, esp. *Clarificação*, port. *Chiarificazione*, ital. *Clarificació*, cat. Clarification, action de clarifier, de séparer d'un liquide des corps qui s'y trouvent en suspension. On clarifie par le repos, par l'addition de l'eau, par la filtration, par le charbon, par l'argile, par l'albumine, la chaleur, etc.; clarté, vl.

Éty. du lat. *clarificatio*, m. s. V. *Clar*, R.

CLARIFICATIU, IVA, adj. vl. *Clarificativo*, esp. Qui a la vertu de clarifier, d'éclairer, *clarificatif*.

Éty. de *clari*, de *ficare* et de *iu*, de nature à rendre clair. V. *Clar*, R.

CLARINETA, s. f. (clarinéte); **CLARINETTA**. *Clarinete*, esp. *Clarineta*, port. *Clarinet*, cat. *Chiarina*, ital. Clarinette, instrument à vent, de la longueur de 63 centimètres environ, qu'on fait sonner avec une anche.

Éty. du lat. *clarus*, clair, aigu, à cause de la nature du son qu'il rend. V. *Clar*, R.

Dans une clarinette, on nomme :

ANCHE, la lame mince qui raisonne sur le bec.
BARIL, la partie en forme de barillet qui soutient le bec, mais qui n'a aucun trou.
BEC, celle qui porte l'anche.
CLEFS, les plaques de métal qui ferment les trous.
CORPS, on le distingue en supérieur qui porte cinq trous en dessus et deux en dessous, il est tenu par la main gauche, et en inférieur, qui l'est par la main droite et qui n'est percé que de trois trous.
PATTE, qui est en dessous du corps inférieur et qui porte trois trous.
PAVILLON, la partie évasée qui termine la patte.
PERCE, le canal cylindrique qui va d'un bout à l'autre, il a 15 millimètres de diamètre.
POMPE, l'emboîture de métal qu'on y ajoute pour hausser ou baisser le ton.
TÊTE, la partie qui comprend le bec et l'anche.
TROUS, les ouvertures extérieures qui communiquent avec la perce, ils sont au nombre de 13.

On croit que la clarinette a été inventée par un nurembourgeois, au commencement du XVIIIme siècle. (En 1790, par Christophe Denner, selon le Dictionnaire des Dates).

CLARION, s. m. vl. Clairon.

CLARISSA, Nom de femme, Clarice; ce nom ne figure pas dans le martyrologe.

CLARIT, IDA, adj. vl. Clair, éclairci. V. *Clar, ara*.

CLARITAT, s. f. vl. Pour clarté. Voy. *Clartat* et *Clar*, R.

Éty. du lat. *claritatis*, gén. de *claritas*, on a fait *claritat* et *clartat*, par la suppression de *i*, et réduit ainsi un mot de quatre syllabes à deux, d'où ensuite le français clarté.

Après l'obscuritat
Ven puis la claritat.
La Bellaudière.

CLARMONTES, s. m. vl. Clermontois, pièce de monnaie.

CLAROR, s. f. **CLARDOR**, **CLAYROR**, **CLAOR**, *Claror*, cat. anc. esp. *Chiarore*, ital. Clarté, éclat, lumière.

Éty. du lat. *claror*, m. s. V. *Clar*, R.

CLAROU, s. m. d. béarn. Clairon, instrument de musique.

Éty. de *clar*, clair, aigu. V. *Clar*, R.

CLAROUR, V. *Claror*.

CLAROUR, s. f. (clarôu), dl. Lueur, faible clarté. V. *Clar*, R.

CLARS, d. m. Glas. V. *Clas*.

CLARSINAS, s. f. pl. (clarsines). *Clarsines*, nom qu'on donne, en Auvergne, à la race des moutons venant du Berry, Raymond, Suppl. à l'Ac.

CLARSIR, vl. V. *Clarzir*.

CLARTAT, s. f. (clartá); **CLARITAT**, **ESCLAIRE**. *Chiarità* et *Chiarezza*, ital. *Clartat* et *Claredad*, cat. *Claridad*, esp. *Claridade*, port. Clarté, lumière, splendeur, éclat.

Éty. du lat. *claritatis*, gén. de *claritas*. V. *Clar*, R.

Clartat feibla, lueur.

CLARZIR, v. a. vl. **CLARSIR**. *Clarir*, anc. cat. *Clarecer*, esp. *Chiarire*, ital. Rendre clair, éclaircir. V. *Esclairar* et *Esclarcir*.

Éty. du lat. *clarescere*, m. s. V. *Clar*, R.

CLAS, s. m. vl. Cri, clameur.

CLAS, s. m. pl. (clás); **GLAIS**, **GLARS**, **CLASÉ**, **GLAT**, **GLAY**, **FINIDA**, **CLARS**, **CLAR**, **CLASSES**, pl. **CLAU**. *Chiasso*, ital. *Glas*, *Glassus*, en b. lat. Glas, son d'une cloche qu'on tinte pour quelqu'un qui vient d'expirer ou qu'on va ensevelir. vl. clameur, glapissement; clocher.

Éty. du bas breton *glas*, m. s. du lat. *clango*, faire retentir, sonner de la trompette; ou de *clamo*, appeler à grand cris, parce qu'anciennement, lorsque quelqu'un venait d'expirer, on l'appelait trois fois par son nom, avant que de le déclarer mort, d'où l'expression, encore en usage aujourd'hui, en parlant d'un malade désespéré : *de ægro conclamatum est.* Ce mot peut aussi venir du grec κλαίω (klaiô), pleurer, ou de κλάζω (klazô), faire un bruit aigre et perçant.

Sounar de classes, dl. sonner pour un mort.

Lous grands classes, la grande sonnerie.

Lous pichots classes, la petite sonnerie.

CLASSA, s. f. (classe); *Classe*, ital. port. cat. *Clase*, esp. Classe, distinction de personnes ou de choses que l'on arrange par ordre, selon le motif qui donne lieu à cet arrangement.

Éty. du lat. *classis*, m. s.

CLASSAMENT, s. m. (classaméin). Classement, action de classer; distribution par ordre.

CLASSAR, v. a. (classá); *Classificar*, cat. port. *Clasificar*, esp. *Classificare*, ital. Classer, ranger, distribuer par classes.

Éty. de *classa* et de *ficar*, mettre par classes.

CLASSAS, s. f. pl. (clásses), dg. Jeu de marelle. V. *Capela*.

CLASSAS, s. f. pl. (clásses). Classes, différentes salles d'un collége, dans lesquelles on distribue les écoliers, selon leur capacité; les études que l'on fait successivement.

A fach seis classas, il a fait ses études.

CLASSAS, *Bureou deis*, Le bureau des classes est celui établi dans un port pour régler le service des matelots.

Éty. du lat. *classis*, flotte, armée navale.

CLASSEJAR, v. n. vl. Sonner les cloches.

CLASSES, s. m. pl. (clássés), dl. Glas, plur. de *Clas*, v. c. m.

CLASSIFICATION, s. f. (classificatie-n); **CLASSIFICATIEN**. *Classificació*, cat. *Clasificacion*, esp. *Classificazione*, ital. *Classificação*, port. Classification, distribution par classes.

Éty. de *classis* et de *fication*, action de ranger par classes.

CLASSIQUE, ICA, adj. (classiqué, ique); *Classico*, ital. esp. port. *Classic*, cat. Classique, il se dit des auteurs de premier rang, qui sont devenus modèles dans une langue quelconque.

Éty. du lat. *classicus*, m. s.

CLASTRA, s. f. (clástre); **CAMINADA**, **COMINADO**. Presbytère, maison curiale, terre bénéficiale d'une cure.

Éty. du lat. *claustrum*, cloître, parce que la plupart des presbytères étaient autrefois des cloîtres, fait de *claudere*, fermer. Voy. *Claus*, R.

CLASTRAS, s. f. pl. (clástres), d. bas lim. La partie d'un monastère, faite en forme de galerie, ayant quatre côtés avec un jardin ou une cour, ou un pré au milieu, cloître.

CLASTREGEAR, v. n. (clastredjá). Aller de clocher en clocher, ce qui revient à *castelegear*. V. *Claus*, R.

CLAT, s. m. vl. Bruit, voix. *A un glatz*, d'une voix.

CLATIR, V. *Glatir*.

CLAU, s. f. vl. et d. béarn. Clef. V. *Clau* et *Clav*, R. Term. de grammaire, principes, bases; clôture, V. *Clausura*; prison, Voy. *Prisoun* et *Claus*, R.

Portar la clau, être le maître, avoir la pomme; il ou elle ferme, entoure.

CLAU, s. m. vl. *Clau*, cat. Pour clou, V. *Clavel*, *Claveou* et *Clav*, R.

CLAU, s. f. (cláou); *Llave*, esp. *Chiave*, ital. *Clau*, cat. *Clave*, anc. esp. *Chave*, port. Clef, instrument de fer ou d'acier qui sert à faire marcher le pêne d'une serrure pour ouvrir ou fermer les portes.

Éty. du lat. *clavis*. V. *Clav*, R.

Eustache attribue l'invention des clefs aux Lacédémoniens. Pline en fait honneur à un certain Théodore de Samos.

Lou quichar de la clau, exp. prov. Coup décisif, moment périlleux. Garc.

Dans une clef on nomme :

ANNEAU, la partie que l'on tient dans la main.
BALUSTRE, l'ornement qu'on place dans l'anneau.
BOUTON, bout de la tige en delà du panneton, il entre dans le palâtre qu'il dépasse un peu. On nomme les clefs qui en sont pourvues *clefs à bout*.
DENTS, les refentes du museau.
EMBASE, renflement de la tige près de l'anneau.
FENTES DU PANNETON, elles donnent passage à la bouterolle et aux autres gardes.
FORURE ou PERTUIS, le trou percé dans la tige où entre la broche dans les clefs qui n'ont pas de bouton.
GARDES, les entailles du panneton.
HÈVE, la petite éminence pratiquée sur un des côtés du panneton d'une clef à bout ou benarde pour empêcher qu'elle ne passe au travers de la serrure.
MUSEAU, la partie du panneton dans laquelle sont pratiquées les entailles pour le passage des dents du rateau.
PANNETON, la partie applatie qui porte les dents.
PANNETON en S, ceux qui ont la forme de cette lettre.
TIGE, la partie cylindrique qui porte l'anneau d'un côté et le panneton de l'autre.

On nomme :

CLEF A BOUT, celle dont la tige n'est pas forée.
CLEF FORÉE, celle qui est forée à son extrémité.
CLEF A DOUBLE FORURE, celle qui est forée en trèfle ou en pique.

CLAU FAUSSA, s. f. Fausse clef.

CLAU DE GARENGEOT ou *Clau anglesa*, Clef de Garangeot ou clef anglaise, instrument de chirurgie propre à arracher les dents, et dont on regarde Garengeol comme l'inventeur, ce qui n'est pas bien démontré.

Elle se compose :

D'un manche, d'une tige, terminée par un panneton, dans la fente duquel on fixe un crochet au moyen d'une vis.

CLAU, s. f. En term. d'arch. clef, dernier voussoir que l'on pose au haut d'une voûte, d'un arc ou d'une plate-bande.

CLAU, s. f. Clef, caractère de musique qui se met au commencement d'une portée pour indiquer les noms de toutes les notes qu'elle contient dans la ligne de cette clef.

CLAU DE MOUESTRA, DE PENDULE. Clef de montre, de pendule, outil qui sert à les remonter, il est composé, d'une clef en forme d'anneau, de lame, de cercle, de cachet, etc., et du *remontoir* ou carré qui fait tourner l'arbre du ressort. V. *Clav*, R.

CLAU, s. m. Claie sur laquelle on traînait le cadavre d'un suicide.

CLAU, Sonnerie pour les morts. V. *Clas*. Suppl. à Pellas.

CLAUCAR, v. n. (claoucá); CLOUÇAR, d. bas lim. *Claudicar*, cat. Boiter, clocher, V. *Bouitar*, locher. V. *Brandar*.

Éty. du lat. *claudicare*, m. s. par la suppr. de *di*. V. *Claud*, R.

CLAUD, CLOP, radical pris du latin *claudus*, boiteux, d'où *claudicare*, clocher, boiter, et *claudicatio*, claudication.

Claudus, paraît dérivé du grec χωλαίνω (kôlainô), clocher, boiter, formé de χωλός (kôlos), boiteux, *Sed potius censeo*, dit Vossius, *a fractis pedibus dici*, *esse quœ à* κλάω (klaô), *hoc est frango*.

Claudicat-io, *claudiqu-ar*, *clauc-ar*, par sync. de *di* et changement de *au* en *o*, et de *d* en *p* : *Clop*, *Clop-char*, *Clop-ier*.

CLAU-DE-SANT-PEIRE, s. f. dg. Un des noms du lézard gris. V. *Lagramusa*.

CLAUDICATIO, s. f. vl. *Claudicacion*, esp. *Claudicação*, port. *Claudicazione*, ital. Claudication, boitement, action de boiter.

Éty. du lat. *claudicatio*. V. *Claud*, R.

CLAUDINA, nom de femme (claoudine); *Claudina*, ital. esp. Claudine.

Ce nom ne figure pas dans le martyrologe.

CLAUDIQUAR, v. n. vl. *Claudicar*, cat. esp. port. Boiter.

Éty. du lat. *claudicare*. V. *Claud*, R.

CLAUFIR, dg. Combler. V. *Caffir*.

CLAUFIT, **IDA**, md. Comble. V. *Caffit*.

CLAUMEN, adv. vl. Closement, étroitement.

Éty. de *claus* et de *men*, d'une manière fermée. V. *Claus*, R.

CLAURE, v. a. (clâouré); CLAUZER. *Chiudere*, ital. Cloir, anc. cat. *Clourer*, cat. mod. Clore. V. *Serrar*, *Clausurar*, *Enclaure*, enfermer, cacher, contenir, en dg.

Éty. du lat. *claudere*, m. s. par la supp. de *de*. V. *Claus*, R.

CLAUS, CLAUZ, CLOS, CLUS, CLAUSTR, CLASTR, CLUC, CLUCH, CLUR, radical pris du latin *claudere*, *claudo*, *clausum* ou *cludere*, *cludo*, clore, fermer; d'où : *clausus*, *a*, *um*, fermé, clos; *claustrum*, cloître, enclos, clôture; *excludere*, exclure; *includere*, enclore; *inclusus*, enclos, enfermé; *concludere*, conclure, mots qui, par apocope, deviennent autant de sous-radicaux en provençal, et dont la racine se trouve dans le grec κλάισις (klaisis), pour κλέισις (kléisis), clôture, formé de κλέιω (kléiô), fermer à clef, dérivé de κλαισ, κλεις (klais, kleis), clef.

De *clausus*, par apoc. *claus*; d'où : *Claus*, *En-claus*, *Claus-ada*, *Claus-a*, *Re-claus-a*, *Claus-et*, *Claus-oun*, *Claus-ura*, *Claus-ur-ar*, etc.

De *claus*, par la suppr. de *s*, *clau*; d'où : *Clau-men*.

De *claus*, par le changement de *s* en *z*, *clauz*; d'où les mêmes mots.

De *claus*, par le changement de *s* en *v*, *clauv*; doù : *Clauv-au*, *Clauv-ura*, *Clauv-ur-ar*, *Clauv-ur-at*, *Clauv-issa*, *Clauv-iera*, *Res-clauv-a*.

De *claus*, par suppr. de *a*, *clus*, *inclusus*, par apoc. *inclus*; d'où : *Inclus*, *Inclus-io*, *Enclus-iva-ment*, etc., et par aphérèse de *in clus*; d'où : *Clus*, *Clus-el*, *Re-clus*, *Con-clus-ion*, *Ex-clus*, *Ex-clus-ion*, *Ex-clus*, *Ex-clus-iva-ment*, etc.

De *clus*, par le changement de *s* en *c* ou *ch*, *cluc* ou *cluch*; d'où : *Cluc-ar*, *Cluqu-et*, *Cluch-ar*, *Cluch-et*, *Cluch-oun*, etc., et par le changement de *c* en *g*, *clug*; d'où : *Clug-ar*, *Clug-oun*, etc.

De *claudere*, par apoc. *clauder*, et par sync. de *de*, *claur*; d'où: *Claur-e*, *En-claur-e*, *Res-claure*, *Re-claur-e*, etc., et par supp. de *a*, *clur*; d'où : *En-clur-e*, *Ac-clur-e*, *Coun-clur-e*, *Ex-clur-e*, etc.

De *claustrum*, par apoc. *claustr*; d'où : *Claustr-a*, *Claustr-ier*, et par suppr. de *u*, *clastr*; d'où : *Clastr-a*, *Clastr-egear*, *En-clastr-e*.

De *claustr*, par suppr. de *s*, *clautr*, et par changement de *au* en *oi*, *cloitr*; d'où : *Cloitr-ar*, *Cloitr-e*, *Cloitr-at*, etc., etc.

CLAUS, s. m. (clâous); ENCLAUS, RES-CLAUS. Clos, enclos, espace de terre cultivé et fermé par des murailles, des haies, par un fossé, etc.

Éty. du lat. *clausum*. V. *Claus*, R.

CLAUS, vl. Il ou elle ferma. De *claure*, clore.

CLAUS, **AUSA**, adj. (clâous, âouse). Pour enclos. V. *Enclaus* et *Claus*, R.

CLAUSA, s. f. (clâouse); *Clausola*, ital. *Clausula*, esp. port. Clause, disposition particulière d'une transaction.

Éty. du lat. *clausula*, m. s. formé de *clausur*, renfermé. V. *Claus*, R. *Clausa*; pour écluse. V. *Resclausa*.

CLAUSADA, s. f. vl. Enceinte; canton, ou certaine étendue de pays circonscrit par des limites fixes, telles que des collines, des ruisseaux, des rivières, etc. V. *Vau-clauva*.

Éty. de *claus* et de *ada*. V. *Claus*, enclos.

CLAUS-DE-SANT-JORGI, s. f. pl. Le mouchoir derrière le cul, jeu d'enfant. Douj.

CLAUSEL, dl. V. *Clauset* et *Claus*, R.

CLAUSER, v. a. vl. Clore.

Éty. V. *Claus*, R.

CLAUSET, s. m. (claousé); CLAUSEL, CLAUSOUN, CLAUVET. *Claustret*, cat. *Claustrito*, esp. *Chiostrino*, ital. Closeau, closerie, petit jardin, petit enclos.

Éty. de *claus*, clos, et du dim. *et*. V. *Claus*, Rad.

CLAUSIO, s. f. vl. Clôture, action de fermer.

Éty. de *claus* et de *io*. V. *Claus*, R.

CLAUSIR, v. a. (claousir), dl. Pour clore. V. *Clausurar* et *Claus*, R.

CLAUSISSA, s. f. (claousisse); dl. Boîte des bergers et des journaliers où ils tiennent quelques mets graisseux ou molasses, qu'ils portent aux champs ou au lieu du travail pour leur repas. Cette boîte et son couvercle sont de bois. Sauv.

Éty. de *claus*, enclos, et de *illa*. V. *Claus*.

CLAUSOUN, s. m. (claousóun). Autre dim. de *claus*. V. *Clauset* et *Claus*, R.

Peira clausoun, boutisse, pierre de face dans un mur.

CLAUSOUN, s. f. Cloison, terme de serrurier, ce qui entoure le palâtre d'une serrure et forme la surface extérieure de ses côtés. V. *Claus*, R.

CLAUSOUN, s. f. (claousóun); CLOISOUN. Cloison. V. *Branda*, *Buget* et *Separation*.

Éty. du lat. *claudere*, fermer. V. *Claus*, Rad.

CLAUSTRA, s. f. vl. *Claustra*, cat. esp. port. anc. *Chiostra*, ital. Cloître, monastère, retranchement.

Éty. du lat. *claustrum*, m. s. V. *Claus*, Rad.

CLAUSTRIER, s. m. vl. *Claustero*, anc. esp. Cloîtrier, qui est dans un cloître. V. *Claus*, R.

CLAUSUGA, s. f. (claousúgue), dl. CLAUZURA. Pour cul-de-sac. V. *Androuna* et *Claus*, R.

CLAUSULA, s. f. vl. *Clausula*, cat. esp. port. *Clausola*, ital. Clause, convention. V. *Clausa*.

Éty. du lat. *clausula*. V. *Claus*, R.

CLAUSURA, s. f. (claousúre); BARAGNADA, PLAI, BARRALHA, CLAUVURA, BARAGNA, RANDURA, RANDALME. *Clausura*, cat. esp. port. *Chiusura*, ital. Haie vive ou morte, faite ou avec des buissons ou avec des planches, des pieux, des broussailles, etc.

Éty. de *claus* et de *ura*. V. *Claus*, R.

Clausura en lat. désigne un lieu fermé.

Clausura de bouissouns, échalier.

CLAUSURAR, v. a. (claousurá); CLAUVURAR, CLUAR, CLAURE, CLAUSIR, BARAGNAR, BARRALHAR, RANDALMAR, RANDURAR, PALISSOUNAR, PAREISSOUNAR, PAREICHOUNAR, APAREISSOUNAR, PALISSADAR. Clore avec une haie, morte ou vive.

Éty. du *clausura* et de *ar*. V. *Claus*, R.

CLAUSURAT, **ADA**, adj. et p. (claousurá, âde); CLAUVURAT, BARAGNAT, RANDURAT, RANDALMET. Enclos, ose, avec une haie.

Éty. de *clausura* et de *at*. V. *Claus*, R.

CLAUSURAT, **ADA**, adj. et p. (claousurá, âde), pour les syn. en lisant *at*, au lieu de *ar*. V. *Clausurar*, clos, ose, enclos par une haie.

Éty. de *clausura* et de *at*. V. *Claus*, R.

CLAUTRA, s. f. anc. d. lim. Cloître, enceinte.

CLAUTRIER, s. m. (claoutrié); CLAVE-

TIER, CLAVELIER. *Chiodajuolo*, ital. Cloutier, ouvrier qui fait des clous ; on donne quelquefois le même nom au marchand qui les vend. Le cloutier d'épingles, est l'ouvrier qui fait les petits clous à épingles. V. *Pounchas de Paris* et *Clav*, R.

CLAUVAU, s. m. (claouváou), d. m. Porte de four.

Éty. du lat. *claudere*. V. *Claus*, R.

CLAUVET, d. m. V. *Clauset* et *Claus*, Rad.

CLAUVISSA, s. f. (claouvisse); CLOVISSA. Nom qu'on donne, particulièrement, à Marseille, à la vénus treillissée, *Venus decussata*, Lin. mollusque acéphale dont on fait une grande consommation en Provence; ce mot s'applique par extension à tous les bivalves.

Éty. de *clauv*, et de *issa*, qui est clause, fermée. V. *Claus*, R.

CLAUVISSA-DE-LA-RESERVA. On donne ce nom, à Marseille, aux vénus treillissées qu'on pêche dans les écueils qui bordent le fort Saint-Nicolas.

CLAUVISSA, s. f. CLOUVISSA. Grosse boîte de bois dans laquelle on porte du fromage. Aub.

CLAUVISSIERA, s. f. (claouvissiére); CLOOUVISSIERA. Nom qu'on donne, à Berre, au grand et au petit courlis, parce qu'ils mangent les coquillages connus sous celui de *clauvissa*. V. *Courliou*.

CLAUVISSOUA, s. f. (claouvissóue). Nom que les mineurs de houille donnent, dans le département des B.-du-Rh., selon l'auteur de sa Stat. au calcaire houiller coquillier, entre les couches duquel se trouve la houille.

Éty. Ainsi nommé parce qu'il contient beaucoup de coquilles pétrifiées du genre des Vénus, *clauvissas*, en prov. V. *Claus*, Rad.

CLAUVURA, s. f. d. m. V. *Clausura* et *Claus*, R.

CLAUVURAR, v. a. d. m. V. *Clausurar* et *Claus*, R.

CLAUVURAT, V. *Clausurat* et *Claus*, Rad.

CLAUZA, s. f. vl. Période. V. aussi *Clausa*.

CLAUZADA, s. f. vl. Enceinte, clos, canton. V. *Claus*, R.

CLAUZER, vl. V. *Claure*.

CLAUZIO, vl. V. *Clausio*.

CLAUZONT, vl. Ils ou elles ferment.

CLAUZURA, vl. V. *Clausura*.

CLAV, CLAVEL, CLAVIC, CLAU, radical pris du lat. *clavis*, clef, qui est dérivé du grec κλὸις (klois), pour κλεις (kleis), m. s. et de *clavus*, clou, d'où deux familles, celle de *clavis*, clef, et celle de *clavus*, clou, d'où: *clavicula*, clavicule, clavette, petit clou. V. aussi *Clas*.

De *clavis*, par apoc. *clav*: *Clau*, *Clavar*, *Re-clavar*, *Clav-at*, *ada*, *Clav-eta*, *Clavad-ura*, *Clav-aire*, *Clav-ari*, *Clavecin*, *Clav-ier*, *Clav-iera*, *Clav-aria*, *Claveta*, *Es-clav-ar*, *Es-clav-at*, *Con-clavi*, *Coun-clave*, *En-clav-ar*, *En-clav-at*, *Des-clav-ar*, *Des-clav-at*, *Contra-clau*, *Contraclav-iers*, *Re-clavar*, *En-clauv-ar*.

De *clav*, par le changement du *v* en *b*, *clab*; d'où: *Clab-ar*, *En-clabar*, *En-clab-at*.

De *clavus*, par apoc. *clav*; d'où: *Clau*, *Clau-trier*, *Clav-el*, *Claveou*, *Clavel-ar*, *Clavel-at*, *ada*, *Clavel-ada*, *Clavel-as*, *Clavel-et*, *Clavel-oun*, *Clavel-ier*, *Clavetier*, *Clav-eu*, *Clav-iera*, *Des-clavelar*, *Des-clavelh-ar*, *Des-clavelat*, *En-clavadura*, *En-clav-aira*, *En-clav-ar*, *Cliau*, *Clou-iera*.

De *clav*, par le changement de *v* en *b*, *clab*; d'où: *Clab-eirat*, *Clab-el*, *Clabel-ar*.

De *clavicula*, par la suppr. de la première *l* et de la syllabe *cu*, *cavila*; et par le changement de *l* en *lh*, *cavilha* et *cavilh*; par apoc. d'où: *Cavilh-a*, *Cavilla-coua*, *Cavilh-ada*, *Cavilh-ar*, *Cavilh-assa*, *Cavilh-at*, *Cavilh-eta*, *Cavilh-ier*, *Cavilh-et*, *Cavilh-ouns*, *Cavill-ad-ura*, *Cavill-ar*, *Es-clau*, *Es-clav-e*, *Es-clav-agi*, *Es-clav-air-ada*.

CLAVA, s. f. (clâve), vl. Trace des pieds.

CLAVABLE, **ABLA**, adj. (clavâblé, âble), vl. Qu'on peut suivre à la trace.

CLAVADURA, s. f. (clavadúre); PASTELADURA. Fermeture. V. *Clav*, R.

CLAVAIRE, et

CLAVAR, v. a. (clavá); CALBAR, FERMAR, BARRAR, FOURROULHAR, PASTELAR, CLABAR. Fermer à clef, pousser avec la clef le pêne dans sa gâche.

Éty. de *clav*, pour *clau*, clef, et de *ar*. V. *Clav*, R.

Clavar una crota, mettre la clef à une voûte, la fermer avec la pierre qu'on nomme clef.

Se clavar dedins, fermer la porte sur soi.

Quben clava ben duerbe. Pr.

Clavar las muralhas d'un houstau, ancrer.

CLAVAR, v. a. dl. Achever, accomplir, faisant allusion à une voûte qui est achevée quand on y met la clef, qu'on la *clavà*. V. *Clav*, R.

CLAVARI, s. m. vl. *Clavari*, cat. *Clavario*, esp. Collecteur de tailles; gardien des clefs des portes d'une ville, trésorier, porte-clefs. V. *Clav*, R.

Éty. de *clau* et de *aire*, *ari*, longue et grosse dent, Garc. ou du lat. *clavicarius*, m. s.

CLAVARIA, s. m. vl. Trésorerie, charge de collecteur, recette des deniers publics, bureau où se fait la recette.

CLAVAT, **ADA**, adj. et p. (clavá, áde); PASTELAT, FERMAT, BARRAT. Fermé à clef. V. *Clav*, R.

CLAVECIN, s. m. (clavecìn); CLAVERSIN. *Clavicordio*, esp. port. *Clave*, cat. *Clavicembalo*, ital. Clavecin, instrument de mélodie et d'harmonie dont on fait parler les cordes, en pressant les touches d'un clavier semblable à celui de l'orgue.

Éty. du lat. *clavicymbalum*, m. s. V. *Clav*, Rad.

On dit toucher le clavecin et non *du clavecin*.

On a peu de données sur l'invention du clavecin; quelques auteurs la placent au XVme siècle, d'autres la reportent au XIme et l'attribuent à Gui-d'Arezzo.

V. pour les détails, *Forte-piano*. Vers 1600, un musicien de Nuremberg, Jean Heyden, inventa un clavecin à archet.

CLAVEL, s. m. (clavèl); CLAVEOU. *Clavo*, esp. *Chiavello* et *Chiodo*, ital. *Clavell*, cat. *Cravo*, port. Morceau de métal allongé et pointu, servant à fixer une chose à une autre.

Éty. du lat. *clavus*, m. s. V. *Clav*, R.

Dans un clou on appelle:

COLLET, la jonction de la tête avec la tige.

CORPS, TIGE ou LAME, la partie qui s'étend du collet à la pointe.

LAME. V. *Corps*.

POINTE, l'extrémité opposée à la tête.

TÊTE, la partie ordinairement arrondie ou à facettes, opposée à la pointe, dont la forme détermine diverses espèces de clous.

Qu'on nomme:

TÊTE A TROIS COUPS, ou clous ordinaires.

TÊTE DE CHAMPIGNON, grand clou dont la tête est ronde et qui a plus de deux décimètres.

TÊTE EMBOUTÉE, la plus grosse espèce de broquette.

TÊTE PLATE, les clous des ardoises et des lattes.

TÊTE RABATTUE, les gros clous qui servent à fixer les bandes de fer aux roues des charrettes.

TÊTE A BANDES, les mêmes dont on se sert pour les carrosses et les cabriolets.

On donne aux principales espèces de clous, les noms de:

CABOCHE, qui est un clou à tête de diamant dont on garnit la semelle des gros souliers. V. *Tacha* et *Senepa*.

CABOCHON, diminutif de caboche.

CARAVELLE ou CARVELLE, clou de dix ou douze centimètres de long. V. *Senepa*.

CLOU A RIVER, celui dont se servent les chaudronniers.

CLOU D'ÉPINGLE. V. *Pounchas de Paris*.

CLOU A ROSETTE, clou pour l'ornement des coffres.

Clavel à glâce, clou à glace.

Clavel de carreta, clou à bande.

Clavel de carriera, clou de rue, toutes sortes de clous, ou de pointes, que les bêtes de somme prennent dans les rues et dans les chemins, en marchant.

Clavel de courouna. V. *Caravelle*, ci-dessus, et *Senepa*.

Clavel de cubert ou *Claveou de latà*, clou à tête de mouche.

Clavel de tapissaria, clou à crochet.

Clavel doublat, clou tortu ou crochu.

Clavel mourrut, clou rebouché ou épointé.

Clavel replegat ou *entourtit*, clou crocué.

Clavel de ferrar, clou à ferrer, on appelle *rivet*, la pointe rivée sur la corne du pied.

Clavel riblat, clou rivé ou rivet, servant à fixer les pentures.

Clavel d'una peira, ferret, partie plus dure qui se trouve dans une pierre que l'on taille, c'est ordinairement du fer sulfuré, qui a la couleur de l'or et la dureté du silex.

Les anciens Romains, d'après Tite-Live, n'avaient pas d'autres annales que des clous qu'ils plantaient aux murs du temple de Minerve, et les Etrusques faisaient la même chose dans le temple de Nortia, leur déesse.

CLAVEL, s. m. Clou, petit furoncle.

CLAVEL, s. m. Claveau, maladie éruptive et contagieuse des moutons. V. *Picota*.

Éty. du lat. *clavus*.

CLAVEL DE GIROFLE, s. m. *Clavell*, cat. *Clavo*, esp. Clou de girofle, nom qu'on donne aux boutons desséchés, des fleurs non épanouies du giroflier aromatique, *Caryophyllus aromaticus*, Lin. arbre de la fam. des Myrtes, qui croît naturellement dans les Iles Moluques et que M. Poivre introduisit à l'Ile de France en 1770, où il est cultivé depuis, ainsi que dans plusieurs Iles de l'Afrique et dans les deux Indes.

Éty. *Clavel*, vient de la forme du bouton qui ressemble beaucoup à un clou; *girofle*, est le nom de l'arbre qui le porte.

CLAVELADA, s. f. (clavelâde); CLAVADA, PALOUSA. Raie bouclée ou clavelade, *Raia clavata*, Lin. poisson de l'ordre des Trématopnés et de la fam. des Plagiostomes (à bouche transversale) qui parvient jusqu'au poids de vingt à trente kilogrammes, et dont la chair est agréable et savoureuse.

Éty. Le nom de *clavelade*, clouée, a été donné à ce poisson, à cause de la ressemblance qu'ont ses piquants avec des clous. V. *Clav*, R.

Il paraît que la raie ronce, porte le même nom dans les B.-de-Rh. V. *Razza*.

On désigne aussi, à Nice, par le nom de *clavelada*, la raie piquante, *Raia aspera*. Risso. V. *Rasat*.

CLAVELADA, s. f. Pour clavelée, maladie des brebis. V. *Picota* et *Clav*, R.

CLAVELADA-FERA, s. f. Nom que porte, dans le département des B.-du-Rh. le céphaloptère Giorna. V. *Vachetta*.

CLAVELADA PISSOUA, s. f. (clavelâde pissôue). Nom de la raie ordinaire quand elle n'a que des pointes au lieu de boutons, et dont la chair, d'un assez mauvais goût, exhale une odeur de pissat, quand elle est passée, ce qui lui a fait donner le nom qu'elle porte. Avr.

CLAVELAR, v. a. (clavelá); CLABELAR, CAVELLAR. *Inchiodare*, ital. *Clavar*, esp. *Cravar* et *Cravejar*, port. *Clavelar*, anc. cat. *Chiavellare*, anc. ital. Clouer, attacher, fixer avec un ou plusieurs clous; on dit *clouter*, en français, quand on ne met les clous que pour l'ornement.

Éty. de *clavel* et de *ar*. V. *Clav*, R.

CLAVELAS, s. m. (clavelás). Gros clou. V. *Clav*, R.

CLAVELAT, ADA, adj. et p. (clavelá, âde); CLABEIRAT. *Cravado* et *Cravejado*, port. Cloué, ée, clouté, ée.

Éty. de *clavel* et de *at*. V. *Clav*, R.

CLAVELAT, s. m. Nom que porte, dans le département des B.-du-Rh. le squale bouclé. V. *Mounge clavelat*.

CLAVEL DE LINA, s m. (clabèl de line), dg. Hameçon. V. *Musclau*.

Éty. Altér. de *clavel de ligna*.

CLAVELET, s. m. (clavelé), dl. Pour détente de fusil. V. *Guignocha* et *Clav*, R.

CLAVELH, vl. V. *Clavel*.

CLAVELIER, s. m. (clavelié). Cloutier. V. *Clautrier* et *Clav*, R.

CLAVELAR, vl. V. *Clavelar* et *Clav*, R.

CLAVELOUN, s. m. (clavelóun); CLAVELET. *Cravinho*, port. *Clauet*, cat. *Clavillo*, esp. *Chiodetto*, ital. Petit clou. V. *Clav*, R.

Éty. du lat. *clavulus*, dim. de *clavus*.

CLAVEOU, lang. mod. V. *Clavel*.

CLAVEOU-D'ASE, s. m. CLAVEOU-D'ORI. Nom du chardon de Malthe, selon M. Castor.

CLAVÈTIER, s. m. (clavetié), d. bas lim. Cloutier. V. *Clautrier* et *Clav*, R.

CLAVETA, s. f. (clavéte). Clavette, espèce de clou plat et mince, plus large d'un bout que de l'autre, qu'on passe dans la mortaise d'un boulon pour le fixer.

Éty. Dim. de *Clau*, v. c. m. et *Clav*, R. *Claveta de l'essiou*, esse.

CLAVEU, s. m. vl. Epieu.

CLAVICULA, s. f. (clavicúle); *Clavicola*, ital. *Clavicula*, esp. port. cat. Clavicule, os long, situé à la partie supérieure de la poitrine, entre le sternum et l'omoplate.

Éty. du lat. *clavicula*, dim. de *clavis*, petite clef. V. *Clav*, R.

CLAVIER, s. m. (clavié). Clavier, l'assemblage de toutes les touches d'un piano, d'un clavecin, d'un orgue, etc.

Éty. du lat. *clavis*, clef, parce que les touches de l'orgue qui est le plus ancien instrument de ce genre, sont destinées à ouvrir et à fermer les portes au vent, d'où le nom de clefs, *claves*, et de la term. *ier*. V. *Clav*, Rad.

CLAVIER, s. m. vl. *Clavero*, esp. Portier, concierge, guichetier. V. *Portier;* trésorier. V. *Tresorier* et *Clav*, R.

CLAVIER, s. m. dl. *Clauèr*, cat. *Llavero*, esp. Crochet garni d'un anneau et d'une chaine, à laquelle les femmes suspendent leurs ciseaux, et qu'elles fixent à leur ceinture. V. *Crouchet*.

Éty. de *clau* et de *ier*, parce qu'anciennement on y suspendait les clefs. V. *Clav*, R.

CLAVIERA, s. f. (claviére); *Clavèra*, cat. esp. *Chiodaja*, ital. Clouière ou cloutière, instrument propre à former la tête des clous.

Éty. de *calv*, clef, et de la term. mult. *iera*. V. *Clav*, R.

CLAVIERA, s. f. FERRIERA. Ferrière, sac de cuir dans lequel les muletiers portent tout ce qui est nécessaire pour ferrer un cheval.

Éty. V. le mot précédent et *Clav*, R.

CLAVIERA, s. f. Trou de la serrure où l'on place la clef.

Éty. du lat. *clav*, contr. de *clavis*, clef, et de la term. *Iera*, v. c. m. et *Clav*, R.

CLAVIERA, s. f. vl. Champ entouré ou clos de haies.

Éty. *Claviera*, est dit pour *clausiera*, lieu clos. V. *Claus*, R.

CLAVUN, s. m. (clavún). Amas de petites pierres, pierraille. MM. de Flotte.

CLAYROR, vl. V. *Claror*.

CLE

CLE, s. m. (clé), dl. et bas lim. Paille longue, entière, liée en faisceau. V. *Clui*.

CLEA, d. m. Sync. de *Cleda*, v. c. m.

CLECH, dl. V. *Clui*.

CLECHIER, s. m. dial. arl. V. *Clochier*.

CLECUS, s. m. (clecús), dl. Du michon, stil. fam. c'est-à-dire, de l'argent. Douj.

CLEDA, s. f. (clède); CLEA, TAVELA. Claie, porte à barreaux ou à claire-voie; claie d'un parc à brebis; ridelle d'un charriot; un séchoir ou un suoir à châtaignes; palissade, vl.

Éty. de la basse lat. *cleda*, formé du grec κλῆδος (klêdos), clôture, haie, formé de κλείω (kléiô), je ferme.

CLEDA, Pour herse. V. *Herpi*.

CLEDA, s. f. vl. Palissade.

CLEDANÇA, V. *Credança*.

CLEDAR, v. a. vl. Fermer ou entourer de claies.

Éty. de *cleda* et de *ar*. V. *Cleda*, R.

CLEDAS, s. m. (cledás), dl. CLEDIS. Grande claie; grande porte à barreaux ou à claire-voie. Sauv.

Éty. de *cleda* et de l'augm. *as*. V. *Cleda*, Rad.

CLEDAS, s. f. pl. (clédes), dg. Les ridelles d'une charrette.

CLEDAT, s. m. (cledá); GRILHAT, RAJAT, TRELHIS, CLEDAS. Grillage de fenêtre, claire-voie, qui sert de porte; balustre. Sauv.

Cledat de ferre, treillis de fer, vl. clef, d. béarn. bercail.

Éty. de *cleda* et de *at*, fait en forme de claie. V. *Cleda*, R.

CLEDAT, ADA, adj. et p. (cledá, áde), dl. Ceint ou entouré de claies ou d'un treillis. V. *Cleda*.

CLEDIER, s. m. (cledié), dl. Homme qui est chargé de transporter au séchoir, appelé *cleda*, les châtaignes que les ramasseuses recueillent, et de veiller à leur dessication. V. *Pizar*, Sauv. add. et *Cleda*, R.

CLEDIS, s. m. (cledis). Treillis de fil de fer qu'on met aux fenêtres pour empêcher qu'on ne casse les vitres.

Éty. de *Cleda*, v. c. m.

CLEDOU, Alt. du d. bas lim. pour

CLEDOUN, s. m. (cledóu). La brayette ou espèce de repli qui forme l'ouverture du devant de la culotte. V. *Brayeta*, c'est aussi une petite claie et les traverses des claies.

Éty. Dim. de *Cleda*, v. c. m.

CLEGNAR, dl. V. *Clignar*.

CLEINAR, V. *Clinar* et *Clin*, R.

CLEIOUN, Alt. de *Clersoun*, v. c. m.

CLEIRIERA, d. m. V. *Clariera*.

CLEISOUN, s. m. (cleisóun). Nom qu'on donne au labre triple tache, dans le département des Bouches-du-Rhône, selon M. Roux. V. *Tenca*.

CLEISOUN, Pour enfant de chœur. V. *Clersoun*.

CLEMENÇA, s. f. (cleméince); *Clemenza*, ital. *Clemencia*, esp. port. cat. Clémence, vertu qui porte les supérieurs à pardonner les offenses et à modérer les châtiments.

Éty. du lat. *clementia*, m. s.

Les anciens avaient fait une divinité de cette vertu, on lui éleva des autels à Rome, après la mort de Jules-César; et le pied de la même statue était un asyle dans Athènes.

CLEMENÇA, nom de femme. Clémence.

CLEMENÇA, nom de femme, (clemeince); CLEMANÇA. *Clemenza*, ital. Clémence.

Patronne. Sainte Clémence, d'Hohemberg, honorée le 21 mars.

CLEMENS, nom d'homme (cleméins); CLAMENS. *Clemente*, ital. esp. Clément.

Patr. L'Eglise honore 13 saints de ce nom: les 20 et 23 janv. 8, 15 et 27 juin; 10 sept. 17 oct. 9 nov. et 4 déc.

CLEMENT, ENTA, adj. (clemèn, ènte); *Clemente*, ital. esp. port. *Clement*, cat. Clément, ente; qui a de la clémence.

Éty. du lat. *clementis*, gén. de *clemens*.

CLEMENTINA, nom de femme (clemeintine); *Clementina*, ital. Clémentine.

Patr. de Saint Clémentin ou de Sainte Clémentienne, honorés le 17 déc.

CLEPSYDRE, s. m. (clepsídre); *Clessidra*, ital. *Clepsydro*, port. *Clepsidra*, esp. Clepsydre, horloge qui indique la marche du temps par l'écoulement d'une certaine quantité d'eau. Les anciens donnaient le même nom à plusieurs de leurs machines hydrauliques.

Éty. du grec κλέπτω (kleptô), dérober, cacher, et de ὕδωρ (udôr), eau, parce que l'eau s'y dérobe à la vue, en s'écoulant.

CLER, Employé pour *clar*, clair; dans la Croisade contre les Albigeois. V. *Clar*, R.

CLERA, nom de femme, (clère); *Chiara*, ital. *Clara*, esp. Claire.

Patr. L'Église honore plusieurs saintes de ce nom: Claire de Saint Damien d'Assise, le 12 août; Claire Gambacorte, le 17 avril; Claire d'Auvergne... Claire de lieu N.-D. le 4 août; Claire de Montefalco, le 18 août.

CLERC, CLERG, rad. pris du lat. *clericus*, clerc, dérivé du grec κληρικὸς (klèrikos), m. s. formé de κλῆρος (klèros), héritage, c'est-à-dire, qui a pris le seigneur pour son héritage.

Cette étymologie n'est point applicable, comme chacun le devine, aux clercs de procureur; mais l'écriture étant considérée autrefois comme une science, et ceux qui savaient écrire étant presque tous clercs, écrivain et clerc devinrent synonymes et s'appliquèrent indistinctement aux ecclésiastiques et aux laïques lettrés.

« Ni plus ni moins, dit Pasquier, que les Druides prirent les clefs, tant de leur religion que des lettres: aussi se lotirent nos prêtres de ces deux articles entre nous...... n'étant notre noblesse aucunement attentive à si louable sujet: or de cette asnerie ancienne (de la noblesse), advint que nous donnâmes plusieurs façons au mot de *clerc*, lequel de sa naïve et originaire signification, appartient aux ecclésiastiques, et comme ainsi fut, qu'il n'y eut qu'eux qui fissent profession de bonnes lettres; aussi par une métaphore, nous appellâmes *grand clerc*, l'homme savant; *mauclerc*, celui qu'on tenait pour bête, et la science fut appelée *clergie*. »

De *clericus*, par apoc. *cleric*, et par sync. de *i*, *clerc*; d'où: *Clerc*, *Clerc-ia*, *Clerc-z-on*, *Cleric-atura*.

De *clerc*, par le changement de *c* en *g*, *clerg*, *clerga*; d'où: *Clerg*, *Clerg-ant*, *Clerg-at*, *Clerg-avis*, *Clerg-e*, *Clerge-oun*, *Clerg-ia*, *Clerg-ier*, *Clerg-il*, *Clergu-a*, *Clergu-ada*, *Clergu-e*, *Clergu-egear*, *Clerj-al*.

De *clerc*, par le changement de *c* en *s*: *Clers-oun*, *Clei-oun*, *Cleis-oun*, *Clericatura*, *Clier*.

CLERC, s. m. (clèr); CLERG, CLERGUE, CLER. *Chierico*, ital. *Clerigo*, esp. port. *Clerc*, cat. Clerc, celui qui par la tonsure est entré dans l'état ecclésiastique; celui qui écrit ou travaille sous un homme de pratique; homme lettré, en vl.

Éty. du lat. *clericus*. V. *Clerc*, R.

CLERC, s. m. vl. Secrétaire; ecclésiastique: savant. V. *Clerc*, R.

CLERCIA, s. f. vl. CLERGATZ, CLERGIA. *Clerecia*, cat. esp. *Clerezia*, port. *Clero*, ital. Clergé, les clercs en général; science. V. *Clerc* et *Clerge*, R.

Éty. de *clerc*. V. *Clerc*, R.

CLERCIAL, adj. vl. Clérical.

Éty. du lat. *clericalis*. V. *Clerc*, R.

CLERCZON, vl. V. *Clersoun* et *Clerc*, Rad.

CLERG, V. *Clerc*, R.

CLERGADA, s. f. vl. Tonsure.

CLERGANT, vl. V. *Clergat* et *Clerc*, R.

CLERGAT, s. m. vl. CLERGANT. Ecclésiastique, clerc.

Éty. de *clerg* et de *at*. V. *Clerc*, R.

CLERGAVI, s. m. vl. Clergé, *Clerc*, v. c. m.

CLERGE, s. m. (clerdgè); CLERGUE, CLARGIER. *Clero*, ital. esp. port. Clergé, en général le corps des personnes consacrées au culte catholique; les ecclésiastiques; pour clerc. V. *Clerc*.

Éty. du lat. *clericus*. V. *Clerc*, R.

CLERGEOUN, s. m. (clerdjóun); CLERZOUN, CLEISOUN, CLEIOUN, CHAILTROUN. Enfant de chœur, petit clerc.

Éty. de *clerg* et de *oun*, dim. V. *Clerc*, R.

CLERGIA, vl. Le clergé. V. *Clerc*, R. et *Clercia*.

CLERGIER, s. m. vl. Prêtre. V. *Clerc*, Rad.

CLERGIL, adj. vl. Clérical, ecclésiastique, qui appartient au clergé.

Éty. de *Clerc*, R.

CLERGUA, s. f. vl. Clergesse. V. *Clerc*, Rad.

CLERGUADA, s. f. vl. Tonsure. V. *Tounsura*.

Éty. de *clergu* et de *ada*, qu'on fait aux clercs. V. *Clerc*, R.

CLERGUE, s. m. vl. *Clergue*, cat. *Clerigo*, esp. *Chierico*, ital. Clerc, clergé. V. *Clerge* et *Clerc*, notaire.

Éty. V. *Clerc*, R.

Jamai de tout lou lon de l'an,
Moussen Ion, nostre capelan,
Et soun clergue *que li repliquo*
N'a fach de tant belo musiquo.
Le Sage.

CLERGUEGAR, v. n. vl. Pérorer, se perdre en paroles.

Éty. de *clergue* et de *egar*, faire le *clerc*, le savant. V. *Clerc*, R.

CLERICATURA, s. f. (clericatúre); *Chiericato*, ital. *Clericatura*, esp. *Clericato*, port. Cléricature, l'état des clercs ou ecclésiastiques. V. *Clerc*, R.

CLERJAT, vl. V. *Clergat*.

CLEROUN, s. m. (cleróun); CLAROU. *Clari*, cat. *Chiarina*, ital. *Clarin*, esp. *Clarim*, port. Clairon, un des jeux de l'orgue qui s'accorde à l'unisson de la trompette; espèce de trompette.

Éty. de *clarus*, clair; le son de cet instrument étant très-aigu. V. *Clar*, R.

CLEROUN, nom de femme. Dim. de *Clera*, v. c. m.

CLERSOUN, V. *Clergeoun*.

CLERZO, vl. V. *Clersoun*.

CLES, et.

CLESC, dl. Pour coque d'œuf et coquille de noix. V. *Crouveou*, fig. caboche, tête. Douj. V. *Closc*.

CLESQUE, s. m. (clésque), dg. Noyau. V. *Meoulhoun* et *Closc*.

Mais lou clesque *a l'amello,*
Et lou clesque *es plantat.*
Jasmin.

CLI

CLI, vl. Alt. de *Clin*, v. c. m.

CLIANT, V. *Client*.

CLIANTELA, V. *Clientela*.

CLIAR, d. lim. V. *Clerc*.

CLIAU, d. lim. Clou. V. *Claveou* et *Clau*, R. d. lim. V. *Clau*.

CLICA, s. f. (clique); CLIQUA. Clique, gens unis pour cabaler ou pour tromper.

Éty. Gébelin dérive ce mot d'*alligatio*, ligue, association, et P. Puget du grec κλήζω (klèzô), j'appelle. V. *Lig*, R.

CLICAS *a las*, expr. adv. (cliques), dg. Au point.

A las clicas del jour. Jasm.
A la pointe du jour.

CLIC-CLAC, s. m. (clic-clac). Cliquetis, bruit que font les armes blanches en se choquant.

CLICHAR, v. a. (clitchar). Clicher, tirer sur le métal en fusion, avec ou sans moule, une empreinte de caractères mobiles ou déjà stéréotypés. Garc.

CLICLA, V. *Clica*.

CLICLETAS, V. *Cliquetas*.

CLIENT, ENTA, s. (clián, ánte); CLIANT. *Cliente*, ital. esp. port. *Client*, cat. Client, ente, celui qui a chargé un avocat ou un procureur de la défense d'une affaire ou qui va solliciter son juge.

Éty. du lat. *clientis*, gén de *cliens*, qui désignait chez les Romains, un citoyen qui se mettait sous la protection d'un autre citoyen plus puissant; ce mot est probablement dérivé du grec κλείω (kléiô), honorer.

CLIENTELA, s. f. (cliantèle); CLIANTELA. *Clientela*, ital. esp. port. cat. Clientelle, nom collectif dont on se sert pour désigner tous les clients d'un avocat, d'un procureur.

CLIER, s. m. (clier), d. de Barcel. Alt. de *clerc*, sonneur. V. *Sounaire* et *Clerc*, R.

CLIGNAR, v. a. (cligná); CLEGNAR, CRANCAR. Cligner, fermer les yeux à demi; ciller, remuer les paupières, clignotter, les remuer souvent.

Éty. La même que pour *Clinar*, v. c. m. et *Clin*, R.

Clignar, clegnar ou *crancar las espalas*, plier et hausser les épaules, on plie les épaules par soumission et on les hausse en signe de mépris ou de compassion.

CLIGNETA, s. f. (clignéte), dl. V. *Pluguet* et *Clin*, R.

CLIGNOUN DE, expr. adv. (dé clignóun); CLINOUN DE. En se courbant: *Caminar de clignoun*, marcher incliné, pour ne pas être aperçu. Avr.

CLIMAT, s. m. (climá); *Clima*, cat. ital. esp. port. Climat, partie de la terre comprise entre deux cercles parallèles à l'équateur, mais plus ordinairement, région, pays, température.

Éty. du lat. *clima*, formé du grec κλίμα (clima), région, échelle, degré.

La division des climats sur la sphère, fut imaginée par Pitheas, qui avait entrepris un voyage de découvertes, par ordre de la République de Marseille, 330 ans avant J.-C.

CLIMATERIQUE, adj. m. (climateriqué); *Climaterico*, ital. esp. port. *Climateric*, cat. Climatérique, ou année climatérique, se dit de chaque septième année de la vie humaine, et particulièrement de la LXIIIme qui est le neuvième septénaire.

Éty. du lat. *climactericus*, dérivé du grec κλιμακτηρικὸς (klimaktêrikos), qui signifie par échelons, dérivé de κλίμαξ (klimax), degré ou échelle, parce qu'on monte par degrés de 7 en 7 ans, pour arriver à la grande année climatérique.

Les Chaldéens furent les premiers à croire aux influences des années climatériques, erreur que l'astrologie a propagée depuis.

CLIMAX, s. f. vl. Gradation, figure de rhétorique.

Éty. du lat. *climax*, m. s. du grec κλίμαξ (climax), échelle, degré.

Es climax *cant hom procezish de gra en gra, du mot ad autre.* Fl. del Gay. Sab.

CLIN, radical dérivé du grec κλίνω (klinô), pencher, baisser, d'où le latin *clino*, *clinare*, *declinare*, *inclinare*, etc. : *Clin*, *Clin-a*, *De-clin*, *In-clin*, *Clin-d'uelh*, *Clin-ar*, *Re-clinar*, *En-clinar*, *In-clinar*, *In-clination*, *De-clin*, *Declin-ar*, *De-clin-able*, *De-clin-atori*, *De-clin-atoria*, *In-de-clin-able*, etc.

De *clin*, par le changement de *i* en *e*, *clen*; d'où : *A-clenc-at*, *A-clenc-ar*.

CLIN, INA, adj. (clin, ine); CLI. *Chino*, ital. Courbé, ée, baissé. V. *Clinat*.

Éty. du grec κλίνω (klinô), je baisse V. *Clin*, R.

CLINAR, v. a. (cliná); BAISSAR, CLEINAR. *Clinare* et *Acclinare*, lat. *Clinare*, anc. ital. *Chinare*, ital. mod. Baisser, incliner, faire pencher, faire plier.

Éty. de *clin* et de *ar*, ou du grec κλίνειν (klinéin), pencher, plier. V. *Clin*, R.

CLINAR SE, v. r. SE CLEINAR. Se baisser, se pencher, s'incliner, se courber.

CLINAT, ADA, adj. et p. (cliná, áde); CLEINAT, CLIN. Incliné, ée, courbé, baissé.

Éty. du lat. *clinatus*, m. s. V. *Clin*, R.

CLINCHAIRE, Bornoyeur. V. *Guinchaire*, comme plus usité. V. *Clin*, R.

CLINCHAR, Bornoyer. V. *Guinchar*, comme plus usité. V. *Clin*, R.

Ety.

CLIN-CLAN, s. m. (clïn-clán). Clinquant, petite lame de cuivre dorée ou argentée ; fig. faux brillants.

Éty. Du bruit que font ces lames flexibles, lorsqu'on les presse sous les doigts.

CLINCLETAS, dl. V. *Cliquetas*.

CLIN-D'UELH, s. m. (clïn-d'uéill). Clin-d'œil, prompt mouvement de la paupière qu'on baisse et qu'on relève au même instant.

Éty. de *clin* et de *uelh*. V. *Clin*, R.

CLINICA, s. f. (clinique); *Clinica*, cat. esp. port. ital. Clinique, partie de la médecine qui a pour objet le traitement des malades alités.

Éty. du lat. *clinica*, m. s. dérivé du grec κλίνη (klinê), lit.

CLINOUN, (clinóun). *De clinoun*, marcher courbé. V. *Garapachoun*, Garc. et *Clin*, R.

CLINQUETAS, Avr. V. *Cliquetas*.

CLIOPETAS, v. a. (cliopetá), d. lim. Claquer des mains.

Éty. V. *Clac*, R.

Lou grans sount fa pèr vantas,
Lou petits per cliopetas.

Foucaud.

CLIPSE, s. m. vl. Eclipse, V. *Esclussi*, ellipse, fig. de gram. V. *Elipse*.

CLIQUA, V. *Clica*.

CLIQUET DE MOULIN, V. *Batarel* et *Clac*, Rad.

CLIQUETAS, s. f. pl. (cliquétes); CARCARINETAS, CLAQUETAS, CLINCLETAS, TRIQUETTAS, CLICLETTAS, CRIQUETTAS, TIQUETAS, CLINQUETAS. Cliquette, instrument fait de deux longs morceaux de bois ou d'os, qu'on fait frapper l'un contre l'autre en les agitant entre les doigts ; jouer des cliquettes.

Éty. Ce mot est fait par onomatopée, ou du grec κρέχω (kréchô), rendre un son désagréable. V. *Clac*, R.

On obligeait autrefois les lépreux ou meseaux, de nos maladreries, à faire du bruit avec des cliquettes ou des crécelles, pour avertir les passants de ne pas les aborder.

C'est ainsi que dans l'ancienne loi, on obligeait ceux qui étaient attaqués de la même maladie, à crier de loin qu'ils étaient impurs.

CLIQUETAS DE LADRE, V. *Estenebras*.

CLISQUET, s. m. (clisqué), dg. Loquet. V. *Cadaula*.

CLISTERI, s. m. V. *Clysteri*.

CLISTERIZACIO, s. f. vl. Clystérisation, action de clystériser. V. *Clysteri*.

CLO

CLOBS, adj. vl. CLOPS. Boiteux. V. *Clops*.

Éty. du lat. *claudus*.

CLOC, s. m. (cló); CLO. Onomatopée ou imitation du bruit que fait un verre d'eau jeté à terre, avec une certaine adresse, ou un autre corps en tombant et en se cassant.

Éty. du grec κλάω (klaô), je brise, et par contraction κλω (klô).

CLOCA, s. f. vl. Cloche, tintement ou coup de cloche ; fig. appel, invitation.

Éty. de la basse lat. *cloca*, mot qu'on lit déjà dans un Capitulaire de Charlemagne, sous l'an 789, art. 18 : *Ut* clocas *non baptizent*, ou de l'anglo-saxon *clugga*, m. s. Rayn. ou de l'all. *glocken*, battre, frapper.

CLOCHA, s. f. Cloche, se dit aussi d'un ustensile de cuisine, fait de fer, de cuivre ou de terre cuite, ainsi nommé, parce qu'il est ordinairement en forme de cloche.

On le dit encore des vases de verre, ayant également la forme d'une cloche, que l'on met sur les plantes délicates pour les garantir du froid et en hâter la végétation, Olivier de Serres, en parle déjà.

CLOCHA, s. f. (clótche). Cloche. Voy. *Campana*.

Éty. de la basse lat. *Cloca*, v. c. m.

CLOCHAR, v. n. (cloutchá); ESQUINLAR, CLOUCHAR. Sonner, tirer le cordon d'une sonnette et non *clocher*, qui n'est pas français dans ce sens.

Éty. de la basse lat. *clocare*, ou de *clocha* et de *ar*. V. *Cloca*.

CLOCHETA, s. f. (cloutchéte). Clochette. V. *Campaneta* et *Cloca*.

CLOCHETA, s. f. Nom du liseron des champs, selon M. Castor. V. *Courregeola*.

CLOCHIER, s. m. (clouchié); CLOUCHIER, CLUCHIER, CLECHIER, CLOUCHER, CLOUQUIER. Clocher, bâtiment ou espèce de tour élevée qui soutient les cloches d'une église.

Éty. de la basse lat. *clocarium*, formé de *cloca*, cloche, ou de *clocha* et de *ier*, qui porte les cloches. V. *Cloca*.

On nomme :

ABAT-VENT, l'assemblage de petits auvents inclinés et parallèles qui garantit du vent, de la pluie, les ouvertures ou ouies.

AIGUILLE ou FLÈCHE, la partie qui surmonte la cage, en forme de pyramide.

BEFFROI, la charpente qui suspend les cloches.

CAGE, l'assemblage de charpente qui forme le corps du clocher.

CHAISE, l'assemblage de quatre fortes pièces de bois de charpente, sur lequel on établit la cage.

LUNETTE, petite vue pratiquée dans la flèche d'un clocher pour donner un peu de jour.

SOMMIER, grosse pièce de bois qui porte une cloche.

Campanile, est un clocher à jour ou une tour légère, haute et souvent isolée.

CLODOYER, nom d'homme, vl. Clovis.

CLOISOUN, V. *Clausoun* et *Claus*, R.

CLOITRAR, v. a. (cloitrá). Cloîtrer, obliger à embrasser l'état monastique.

Éty. de *cloitre* et de *ar*. V. *Claus*, R.

CLOITRAT, ADA, adj. et p. (cloitrá, áde). Cloîtré, ée ; enfermé dans un cloître. V. *Claus*, R.

CLOITRE, s. m. (cloitré); COUVENT. *Claustro*, ital. esp. port. Cloître, monastère de personnes religieuses, de l'un ou de l'autre sexe.

Éty. du lat. *claustrum*, enclos, tout ce qui sert à fermer. V. *Claus*, R.

A Aix, le cloître de Saint Sauveur porte le nom de *Chapiteou*.

CLOOU, s. m. (clóou). Menu bois qu'on met dans le four à pain, pour éclairer. Aub.

CLOOUSOUN, s. m. (cloousóun). Dim. de *clot*, tombeau, fosse. V. *Claus*, R.

Oou *cloousoun* finiran meis pen'et moun chagrin.
Bellot. Lou fiou ingrat.

CLOOUSOUN, V. *Clausoun*.

CLOOUSSAR, v. n. (clooussá). Taller, pousser des jets ou d'autres tiges à côté de la tige principale : *Leis blads an ben* clooussat, les blés ont bien tallé. Avr.

CLOOUSURA, V. *Clausura*.

CLOOUVISSA, V. *Clauvissa* et *Claus*, R.

CLOOUVURA, V. *Clauvura*.

CLOOUVURAR, V. *Clauvurar* et *Claus*, Rad.

CLOP, s. et adj. vl. CLOPS, CLOBS. Écloppé, boiteux. V. *Escloupat*.

Éty. du lat. *claudus*. V. *Claud*, R.

CLOPCHANT, part. prés. vl. Clochant, boitant; gauchissant. V. *Claud*, R.

CLOPAR, dl. V. *Picar*.

CLOPCHAR, v. n. vl. Clocher, boiter.

Éty. de *clop* et de *ar*, dérivé du lat. *claudicare*. V. *Claud*, R.

CLOPIER, s. m. (clopié), d. bas lim. Piedbot, personne qui ne marche qu'avec peine. V. *Claud*, R.

CLOQUA, s. f. vl. Cloche. V. *Clocha*.

CLOQUAR, v. a. vl. Sonner. V. *Sounar*.

Éty. de *cloca* et de *ar*.

CLOQUIAR, v. n. vl. *Cloqueiar*, cat. esp. Glousser. V. *Clussir*.

CLOQUIER, s. m. vl. Clocher. V. *Clochier*.

CLORINDA, nom de femme (cloriïnde). Clorinde.

Éty. Nom pris, probablement d'une héroïne de la Jérusalem délivrée.

CLORRE, vl. V. *Claure*.

CLOS, s. m. vl. Cloche, V. *Cloco*; coquille de noix, cloche. V. *Clocha* et *Campana*.

CLOS, Pour creux de la main. V. *Cros*, *Croues* et *Claus*, R.

Que n'y a qu'un may de round que lou *clos* de la man.
Le Sage.

CLOSC, s. m. (clos); CLOSSES, pl. dl. CLOS. *Closca*, cat. *Casca*, port. *Guscio*, ital. *Cascara*, esp. Noyau de pêche, de cerise et d'olive, V. *Meoulhoun*, vl. clôture, enveloppe.

Éty. du bas breton *clocz*, *cloczen*, qu'on prononce *closs*, *clossen*, m. s. Astruc.

CLOSCA, s. f. (clósque), dl. *Closca del cap*, cat. Pour crâne. V. *Crane*.

A cervella en closca, il a une bonne caboche.

CLOSCA DE MORT, s. m. (clósque dé mor). Nom qu'on donne, à Toulouse, aux fruits ou cônes du cyprès.

CLOSCOU, s. m. (clóscou).

Jout soun closcou *s'éroun ficats.*
Fabre.

CLOSSES, s. m. pl. (clossés), dl. De la basse monnaie, au propre, des noyaux, des débris.

Éty. de *Clos*, v. c. m. et *Closc*.

M. Thomas fait venir ce mot du Grec κλάσω (klasô), briser.

Et lous pus grosses,
Encaro qu'ajoun de moyens,
Aujourd'hioi se faran paiens,
Mai que touquessoun forço closses.
Le Sage.

CLOT, CLOUT, radical qui indique dans ses composés un état uni, plan, etc.; d'où: *Clot*, *Clot-et*, *Clout-ar*, *Clout-et*, *A-clout-ir*, *En-clout-ar*, *En-clout-at*, *Clouet*, *En-clout-adura*, *En-clout-ir*, *En-clout-iss-ura*, *En-clout-it*, *En-glout-adura*, *En-glout-ar*, *En-glout-at*.

CLOT, OTA, adj. (clot, óte); CLOUET, CLOUAT. On le dit d'un champ uni, horizontal, d'un meuble ou de toute autre objet placé d'aplomb, solidement, qui ne peut pas vaciller, couché, atterré par une maladie.

CLOT, s. m. dl. et béarn. *Clot*, cat. *Hoyo*, esp. Fossé, fosse, tombeau, creux, cavité, enfoncement.

CLOTA, s. f. vl. Cave, grotte. V. *Crota* et *Crot*, R.

CLOTA, dl. V. *Crota*.

CLOTET, s. m. (clouté); CLOUTET. *Clotet*, cat. Ce dim. de *Clot*, signifie tantôt une petite plaine, et tantôt une petite fosse, un petit enfoncement. V. *Clot* et *Claus*, R.

Lous clotels de las gautas, dl. Les fossettes des joues.

CLOTETA, s. f. (cloutéte), dl. Dim. de *clot*, fossette. V. *Claus*, R.

CLOTETS, dl. V. *Gotis*.

CLOTILDE, nom de femme. (cloutilde). *Clotilda*, ital. Clotilde.

Patr. Ste-Clotilde, reine de France, honorée le 3 juin.

CLOUAR, d. du Rouergue. V. *Couar*.

CLOUAT, d. du Var. V. *Clot*.

CLOUATRO, V. *Cloitro*.

CLOUC, CLUSS, radical pris du latin *glocire*, *glocitare*. Glousser comme les poules qui appellent leurs poussins, mot qui paraît être formé, par onomatopée, de *glouc*, *glouc*, *clouc*, *cluss*, ou dérivé du grec κλώζω (klôzô), glousser.

De *klôzô*, par apoc. et changement de *z* en *c*, de *o* en *ou*, et de *x* en *c*, *clouc*; d'où: *Clouc-a*, *Clouc-ada*, *Clouc-ar*, *Couch-a*, *Clouch-ada*, *Clouch-ar*, *Clouc-ir*, *Clouss-ir*.

De *clouc*, par le changement de *ou* en *u*, et de *c* en *ss*, *cluss*; d'où: *Cluss-a*, *Cluss-ir*.

CLOUCA, s. f. Nom toulousain de l'eryngium des champs. V. *Panicaut*.

CLOUCA, s. f. dg. V. *Couarela*.

CLOUCA, s. f. (clóuque), dg. CLOUQUO. Les Pleïades, chevelure de Bérénice, constellation de l'hémisphère septentrional, composée d'un certain nombre d'étoiles qui ne forment aucune figure distincte.

Éty. de *clouca*, mère-poule, poule suivie de ses poussins. V. *Clouc*, R.

Dabord que l'aouba estalan sa blancou,
Encrumira las sept luts de la cluca.
Jasmin.
A Moussu Champas.

CLOUCA, s. f. (cloúque). dl. V. *Clussa* et *Clouc*, R.

CLOUCADA, s. f. (cloucáde). Couvée. V. *Couada* et *Clouc*, R.

M. A*** à employé ce mot dans un sens plus étendu:

Mouniina embe resoun, tu deves coumença,
Examina de pres touta aquela *cloucada*,
Coumpara sos beoutas à las que t'ai douna.

CLOUCADA, s. f. (cloucade), dg. Couvée. V. *Couada*.

CLOUCAR, v. n. (cloucá), dl. Closser. V. *Clussir* et *Clouc*, R. Tinter, faire sonner une cloche en ne faisant toucher le battant que d'un côté, fermer l'œil. V. *Cluchar* et *Cluc*, R.

CLOUCHA, s. f. (cloútche), dl. Poule couveuse. V. *Clussa* et *Clouc*, R.

CLOUCHADA, s. f. (cloutchäde), dl. Couvée. V. *Couada* et *Clouc*, R.

CLOUCHAR, Pour sonner, V. *Clochar*; pour glousser, V. *Clussir* et *Clouc*, R. pour boiter. V. *Bouitar*.

CLOUCHER, d. béarn. Alt. de *Clouchier*, v. c. m. et *Cloc*, R.

CLOUCHETA, V. *Clocheta*.

CLOUCHIER, V. *Clochier*.

CLOUCIR, dl. V. *Clussir* et *Clouc*, R.

CLOUET, d. m. V. *Clot*, R.

CLOUETA, Pour pente. V. *Penta*.

CLOUFAR, dl. V. *Couflar* et *Gounflar*.

CLOUIERA, V. *Claviera*.

CLOUPIN-CLOUPAN, expr. adv. (cloupin-cloupán). Clopin-clopan, Garç.

CLOUQUEIAR, v. n. (clouqueïá), d. toul.

Éty. du grec κλώζω (klôsô), glousser.

CLOUQUET, s. m. dg. Clocher. V. *Cluchier*.

CLOUQUIER, s. m. dg. V. *Clochier*.

CLOUSSAR, dl. Pour taller. V. *Gaissar*.

CLOUSSIR, V. *Clussir* et *Clouc*, R.

CLOUTAR, dl. V. *Encloutar* et *Clot*, R.

CLOUTET, V. *Clotet* et *Clot*, R.

CLOUTOUN, dl. V. *Crotoun*.

CLOUTURA, V. *Clautura*.

CLOUTUT, UDA, adj. (cloutú, úde), dg. Concave. V. *Couffut*.

CLOUVISSA, V. *Clauvissa* et *Claus*, R.

CLOUZA, adj. f. vl. Close. V. *Claus*, R.

CLOVIS, nom d'homme, (clóvis); *Clodoveo*, ital. Clovis.

Patr. Clovis, roi.

CLOVISSA, d. de Carpentras. V. *Clauvissa*.

CLU

CLUA, s. f. (clúe); CLUSA. Enceinte ou passage fermé ou resserré par des rochers escarpés.

Éty. du lat. *clausum*, enclos, d'où *clausus*, *clausa*, fermé, ée, ou de *clusa* et *clua*, par suppr. de s. V. *Claus*, R.

CLUAR, V. *Baragnar*, *Clausurar* et *Claus*, R.

CLUAU, s. f. (cluáou), d. m. Tente ou espèce de rideau en chaume dont les bergers se servent pour se mettre à l'abri du vent et de la pluie quand ils couchent dans les champs.

Éty. de *clui*, chaume. V. *Clui*, R.

CLUAYA, s. f. (cluáïe). On nomme ainsi, à Sisteron, les toits en chaume.

Éty. Ce mot est dit pour *cluada* ou *cluiada*; formé de *clui*, chaume, et de *ada*, fait. V. *Clui*, R.

CLUB, s. m. (clúb), *Club*, cat. esp. port. Club, société de personnes qui s'assemblent, à jours fixes, pour s'entretenir des affaires publiques.

Éty. de l'anglais, *club*, m. s.

Les dangereuses réunions connues sous le nom de *club*, s'introduisirent d'Angleterre en France, sous le ministère de Calonne. Le premier qui s'ouvrit à Paris fut le *club politique*, dont les séances commencèrent en 1782; un second s'établit, dans la même ville, au Palais-Royal, en 1785, sous le nom de *club de Boston ou des Américains*. En 1790, plusieurs autres sociétés de ce nom s'organisèrent en France, etc. D. des Dates.

CLUBE, d. lim. V. *Club*.

CLUC, adj. vl. *A hueil cluc*, avec les yeux fermés.

CLUCAR, v. n. (clucá), dl. Pour fermer les yeux, V. *Cluchar*; éteindre le feu, et fig. mourir, fermer la paupière. V. *Clin*, R.

CLUCHA, s. f. (clútche). Cast. V. *Cucha.*

CLUCHAR, v. n. (clutchar); CLUGAR, CLUCAR, CUGAR, CLUTAR, PLUGAR. Clore, fermer les yeux; faire, au jeu de colin-maillard, *qu clucha*, qui fait? sous-entendu le colin-maillard. On emploie aussi ce mot, dans un sens actif, lorsqu'on dit: *Cluchar* ou *plugar qu'auqu'un*, bander les yeux à quelqu'un: *A cluchat*, exp. adv. pour dire il est mort: *Jugar à cluchar*, jouer à colin-maillard.

Éty. du grec κλίνω (klinô), plier, ou de *clus*, *clusar*, fermer, dérivé de *claus*, *claure*, V. *Claus* et *Clin*, R. ou de κεύτω (keutô), cacher, enfermer, être caché.

CLUCHET, s. m. (clutché); CLUQUET, PLUGUET, CUGUET, RESCOUNDUDA, dl. Le jeu de cligne-musette ou cache-cachette. V. *Escoundalhas.*

Éty. de *cluchar*, fermer les yeux, parce qu'on les bande ordinairement à celui qui est obligé de chercher les autres. V. *Clin*, R.

CLUCHIER, V. *Clochier.*

CLUCHOUN A, adv. DE CLUCOUS. *Anar à cluchoun*, aller les yeux fermés.

Éty. V. *Cluchar* et *Clin*, R.

CLUCOUS DE, expr. adv. dg. V. *Cluchoun.*

CLUECH, V. *Clui*

CLUEYS, s. m. vl. Bluet. V. *Blavet.*

CLUGAR, V. *Plegar* et *Clin*, R.

CLUGEAIRE, s. m. (cludzaïre), d. bas lim. Couvreur en chaume, artisan dont le métier est de couvrir les maisons de paille.

Éty. de *clug*, chaume, et de *aire*. V. *Cluc.*

CLUGEAR, v. a. (cludzá), md. Couvrir de chaume un bâtiment.

Éty. de *clug* et de *ear*. V. *Clui*, R.

CLUGEASSA, s. f. (cludzásse), md. Grosse javelle de glui. V. *Clui*, R.

CLUGOUN, V. *Plegoun* et *Clin*, R.

CLUI, CLUJ, CLUG, CLU, radical, dérivé du flamand *gheluye*, selon Mén. paille longue, dont on se sert pour couvrir les maisons; emballer des marchandises, etc.

De *gheluye*, par apoc. et suppr. de *he*: *Gluy*, *Glui.*

De *glui*, par le changement du *g* en *c*, *clui*, *clu*; d'où: *Clu-au*, *Clu-aya*, *Clu-ech*, *Clui.*

De *clui*, par le changement de *i* en *j*, et de celui-ci en *g*, *clug*; d'où: *Cluge-aire*, *Cluge-ar*, *Cluge-assa.*

CLUI, s. m. (clúï); CLE, CLUIS, CLOECH, CLECH, GLOTS, ESTOULHA, GLOCH, CLUCI, ESCOUSSA. Chaume des graminées et particulièrement du seigle, dépouillé du grain qu'il portait, glui. On le nomme gerbée quand il contient encore quelques grains et qu'on le donne à manger aux bestiaux.

Éty. du flamand *gheluye*, selon Mén. V. *Clui*, R.

CLUI, s. m. vl. Clos, parc. Il ou elle clôt, enferme.

CLUIRA, s. f. (cluïre); Haie. Aub. Voy. *Claustura.*

CLUIRAR, v. a. (cluirá). Clorre. V. *Claurar*. Aub.

CLUISSER, V. *Clussir.*

CLUMASCLE, Garc. V. *Cumascle.*

CLUNHIC, nom de lieu, vl. Clugny.

CLUPSIS, dg. V. *Esclussi.*

CLUQUET, s. m. (cluqué), dl. Le jeu de cligne-musette. V. *Escoundalhas* et *Clin*, R.

CLUQUETS, (cluqués). *Tout de cluquets*, expr. adv. à yeux clos. V. *Clin*, R.

CLURE, vl. Cligner, clore, fermer. Voy. *Cluchar* et *Claus*. R.

CLUS, adj. vl. Clos, caché, secret, fermé, ténébreux, obscur.

Éty. du lat. *clusus*, m. s. V. *Clas*, R.

CLUS, s. m. (clús); ESTOCH. Relent: *Sente lou clus*, il sent le relent, mauvaise odeur et mauvais goût qu'acquièrent certains aliments qui ont trop longtemps séjourné dans un lieu fermé.

Éty du lat. *clausus*, fermé, par contr. *clus*. V. *Claus*, R.

CLUSEL, s. m. vl. Caverne. V. *Caverna.*

Éty. V. *Claus*, R.

CLUSEL, s. m. vl. Caverne.

CLUSAMEN, adv. vl. CLUZAMEN. Obscurément, secrètement, à mots couverts.

Éty. de *clusa* et de *ment*, d'une manière clause. V. *Claus*, R.

CLUSSA, s. f. (clússe), d. m. CLOUCA, CLOUCHA, COUARELLA, CLOSSA, COUARCHA, ACLUSSIDA. Une poule couveuse, une glousse, Sauv. Une mère-poule; fig. personne qui se plaint toujours.

Éty. V. *Clussir* et *Clouc*, R.

CLUSSIR LOU, s. m. *Il chiocciare*, ital. Le gloussement, bruit sourd et particulier que font les poules quand elles couvent, ou qu'elles sentent le besoin de couver.

Éty. V. le mot précédent et *Clouc*, R.

CLUSSIR, v. n. (clussir); CLUISSER, CLOUCHAR, CLOUCAR, CLOUSSIR, ACOUROUCAR. *Clocar* et *Cloquejar*, cat. *Clocar* et *Cloquear*, esp. *Chiocciare*, ital. Glousser, il se dit de la poule qui veut couver ou qui appelle ses poussins; fig. se plaindre de quelque infirmité.

Éty. du lat. *glocire*. V. *Clouc*, R.

Ces différentes manières d'exprimer le cri de la poule-mère, sont autant d'onomatopées.

CLUTAR, dl. V. *Cluchar* et *Clin*, R.

CLUZA, s. f. vl. Nid, gîte.

Éty de *clos*, coque, enveloppe, ou de *Claus*, R.

CLUZAMEN, adv. vl. V. *Clusamen.*

CLUZEL, s. m. et adj. vl. Creux; petit enclos.

CLY

CLYSSOIR, s. m. (clissoir). Clyssoir, instrument, sous forme d'un cône tronqué, très-allongé, terminé par une canulle, et construit avec une étoffe imperméable, servant à prendre et à donner des lavements.

Éty. du grec κλύζω (klyzô), laver, laver le corps avec un remède, avec un lavement.

M. Caïman Duverger, à Soissy-Sous-Etioles, prit le 5 mars 1828, un brevet de cinq ans, pour l'invention de cet instrument, qui est bien certainement le plus avantageux de tous ceux qui ont été inventés pour remplir le même but.

CLYSTERI, s. m. (clistèri); CRYSTERI, CLISTERI, LAVAMENT et impr. CRESTERI. *Clister*, esp. *Clistel*, port. *Clistero*, ital. Clystère, lavement, et en terme de bonne société, remède, liquide ou remède quelconque introduit dans le rectum.

Éty. du grec κλυστὴρ (klystêr), formé de κλύζω (klyzô), laver, nettoyer, d'où le lat. *clysterium.*

Hérodote dit que les Egyptiens ont été les inventeurs du clystère, ou au moins les premiers qui l'ont mis en usage. Galien et Pline disent que ces peuples en avaient appris l'usage d'un oiseau nommé *Ibis*, qui s'en administrait avec son bec.

CLYSTERISAR, v. a. (clisterisá); imp. *Crysterisar*, *Cresterisar*, Donner des lavements.

Éty. de *clysteri* et de la term. act. *ar.*

CO

ÇO, pr. relat. m. Employé neutralement, pour *ce que*, ce, cela: *Dounaz me ço que me devez*, donnez ou rendez-moi ce que vous me devez.

CO, vl. Comment. V. *Coumo* et *Com.*

CO, vl. Pour *en co*, jusqu'à, jusqu'à ce que.

Metran sen aventura co vos aisi moratz.
Hist. de la Crois. contre les Alb. v. 6696.
Metrons se en aventure (peril) jusqu'à ce qu'ici vous mouriez.

CO, vl. Employé pour *que o*, *que oou*, qui le.

CO, Souvent employé pour *Aquot*, v. c. m. chez.

Co *d'un marchand de perrouquets,*
Un jour, per hazard, me trouvere.

CO, Pour *ce*, *cela*. V. *Aquot.*

Cô d'aü autreis
Ei per n'autreis
No poueizou. Foucaud.

Le bien des autres est pour nous du poison.

CO, dl. Pour vanne. V. *Marteliera.*
Toumbar lou co, abaisser ou abattre la vanne.

CO, s. m. dl. Pour chien. V. *Chin.*

CO, Pour fois. V. *Cop-coou.*

CO, dl. Pour queue. V. *Coua.*

CO, dg. Pour cœur. V. *Cor.*

CO, d. bas lim. Cuit, *La vianda co*, la viande cuit.

COA

COA, s. f. vl. d. vaud. *Lo cap au la coa*, le tête avec la queue. V. *Coua*, il ou elle couve.

COACCIO, s. f. vl. *Coacció*, cat. *Coaccion*, esp. *Coacção*, port. *Coazione*, ital. Contrainte, coaction.

Éty. du lat. *coactio*, m. s. dérivé de *cogere*, *cogo*, *coactum*, forcer, contraindre. V. *Calh*, R.

COADJUTOR, vl. V. *Coadjutour.*

COADJUTOUR, s. m. (coadjutóur); *Coadjutore*, ital. *Coadjutor*, esp. port. cat. Coadjuteur, celui qui est adjoint à un prélat pour l'aider dans ses fonctions.

Éty du lat. *coadjutor*, fait de *cum* et *adjutor*. V. *Adjud*, R.

COADOR, s. m. vl. COAIRE. Qui couve, couveur.

Éty. de *coar* et de *ador*. V. *Couard*, R.

COAGULACIO, s. f. vl. V. *Coagulation* et *Calh*, R.

COAGULAR, v. a. et n. (couagulà); *Coagular*, cat. esp. port. *Coagulare*, ital. Coaguler, cailler. V. *Calhar*.

Éty. du lat. *coagulare*, fait, de *cogere*, *cogo*, assembler, ramasser, resserrer. V. *Calh*, R.

COAGULAT, **ADA**, adj. et p. (couagulà, àde); *Coagulad*, cat. *Coagulado*, esp. Coagulé, ée. V. *Calhat* et *Calh*, R.

COAGULATION, s. f. (couagulatie-n); *Coagulació*, cat. *Coagulacion*, esp. *Coagulação*, port. *Coagulazione*, ital. Coagulation, action de se cailler.

Éty. du lat. *coagulationis*, gén. de *coagulatio*. m. s. V. *Calh*, R.

COAIRE, vl. V. *Coador*.

COAJUTOR, V. *Coadjutour*.

COAL, vl. V. *Coua*.

COALISAR SE, v. r. (se coualisà); COUALISAR. Se coaliser, se réunir pour s'opposer, ... pour former un parti.

COALISATION, s. f. (coualisatie-n); COUALISATION, COUALISATIEN. *Coalició*, cat. *Coalicion*, esp. Coalition, réunion de différents partis, ligue de plusieurs puissances.

Coalisation n'est pas français, quoique souvent employé comme tel.

COANA, s. f. vl. Coane, panier d'osier.

COAR, vl. Couver. V. *Couar*.

COAR, Pour cœur, alt. de *Cor*, v. c. m.

COARCTAR, v. a. vl. COARTAR. *Coartar*, cat. esp. port. *Coartare*, ital. Comprimer, étraindre.

Éty. du lat. *coarctare*, m. s. formé de *co* et de *artus*, serré, resserré, dérivé de *arcere*, *arceo*.

COARCTAT, **ADA**, adj. et p. vl. Comprimé, ée, resserré.

Éty. du lat. *coarctatus*, m. s.

COARDAYRE, adj. vl. Couard, lâche. V. *Coart* et *Couard*, R.

COARDIA, s. f. vl. *Cobardia*, cat. esp. port. *Codardia*, ital. Lâcheté, couardise.

Éty. de *coart* et de *ia*. V. *Couard*, R.

COARDOAN, s. m. d. béarn. Cuir de Cordoue. V. *Cordouan*.

COAROS, s. m. vl. Hochequeu. V. *Guigna coua*.

COART, adj. vl. *Coart*, anc. cat. *Cobarde*, esp. port. *Codardo*, ital. Couard, lâche.

Éty. V. *Couard*, R.

COARTACIO, s. f. vl. *Coartacion*, esp. *Coartação*, port. *Coartazione*, ital. Pression, serrement.

Éty. du lat. *coarctatio*, m. s. V. *Coarctar*.

COARTAR, vl. V. *Coarctar*.

COAS, Suppl. à Pellas. V. *Couessa*.

COAT, **ADA**, adj. et p. vl. COATZ. Couvé, couvis. V. *Couat*.

COB

COBALT, s. m. (cobàlt); *Cobalt*, cat. *Coballo*, esp. ital. port. Métal d'un gris blanc, qu'on obtient rarement à l'état pur. Brandt le découvrit en 1733, dans un minerai que l'on employait depuis plusieurs siècles pour colorer le verre en bleu.

Éty?

Le bleu qu'on appelle de Thénard, est une préparation de ce métal à l'état de protoxide.

COBE, adj. (còbé), vl. Désireux, avare.

Éty. Alt. du lat. *cupidus*, m. s. et *Cupid*, Rad.

COBEDEZA, vl. et

COBEDICIA, s. f. vl. V. *Cobeitat*.

COBEETAR, vl. V. *Cobeitar*.

COBEETAT, vl. V. *Cobeitat* et *Cupid*, Rad.

COBEEZA, s. f. vl. V. *Cobeitat*.

COBEITAR, v. a. vl. CUBITAR, COBEETAR, COBEZEIAR, COBESEGEAR. *Cobidiciar*, cat. *Codiciar*, esp. *Cubiçar*, port. *Cubitare*, ital. Désirer, convoiter.

Éty. de *cobeit* et de *ar*. V. *Cupid*, R. *Cobei*, je convoite.

COBEITAT, s. f. vl. COBEYTAT, COBEETAT, COBITANSA, COBEDICIA, COBEEZA, COBEITEZA, CUBITICIA. *Cobdicio*, cat. *Codicia*, esp. *Cupidigia*, ital. *Cubiça*, port. Convoitise, désir immodéré, avarice, cupidité.

Éty. de *cobeit* et de *at*. V. *Cupid*, R.

COBEITEZA, s. f. vl. V. *Cobeitat*.

COBEITOS, adj. vl. CUBITOS. *Cobeitos*, anc. cat. *Codicioso*, esp. *Cobiçoso*, port. *Cubitoso*, ital. Cupide, convoiteux, désireux, avare.

Éty. du lat. *cupidus*. V. *Cupid*, R.

COBERCELLAR, v. a. vl. Couvrir. V. *Cabucelar* et *Cobr*, R.

COBERLANDA, nom de lieu, vl. Cumberland.

COBERTOR, s. m. vl. Couvercle, couverture. V. *Cubertor*.

COBERTURA, s. f. vl. Défense.

COBERTURIER, s. m. vl. Couverturier, faiseur de couvertures.

Éty. de *cobertura* et de *ier*. V. *Cobr*, R.

COBES, **ESA**, adj. vl. *Cobes*, anc. cat. Convoiteux, avare, serré, chiche, mesquin.

Éty. V. *Cobeitos* et *Cupid*, R.

COBESEGEAR, vl. V. *Cobeitar* et *Cupid*, R.

COBESER, vl. V. *Coubesegear* et *Cupid*, Rad.

COBESESSA, s. f. (cobesésse), dl. COBEZEZA. Convoitise, cupidité, concupiscence. V. *Cupid*, R.

COBEYTAT, vl. V. *Cobeitat* et *Cupid*, Rad.

COBEYTATIU, **IVA**, adj. vl. *Cobiçoso*, port. Convoiteux. V. *Cobeitos* et *Cupid*, R.

COBEZEIAR, et

COBEZEITAR, v. a. vl. *Cobejar*, anc. cat. *Cobiçar*, port. Convoiter, désirer. V. *Cobeitar* et *Cupid*, R.

COBEZEZA, s. f. vl. *Cobezeza*, cat. *Cobiça*, port. Convoitise, désir. V. *Cobeitat*.

Éty. du lat. *cupiditas*, m. s. V. *Cupid*, Rad.

COBIDA, adj. f. vl. Douce, affable, obligeante, facile.

COBIR, v. a. vl. Départir, accorder, obtenir.

Éty. V. *Cobe* et *Cupid*, R.

COBIT, adj. et p. vl. Départi, accordé. V. *Cupid*, R.

COBIT, s. m. vl. COBITZ. Festin, régal, parure, ornement; adj. convoiteux, désireux.

COBITANSA, s. f. vl. COBITAT, COBITATZ. Convoitise.

COBLA, s. f. vl. *Cobla*, cat. *Copla*, esp. Couplet, poésies amoureuses, stance de chanson, M. Raynouard fait observer que ce mot se trouvant souvent opposé à celui de chanson, il doit avoir une acception différente. V. *Coublet* et *Coubl*, R. bracelet. Gl. Occ.

Cobla vol dire ajustamen. Fl. del gai sab.

COBLEIADOR, et

COBLEIAIRE, s. m. vl. COBLIEDOR. *Coblejador*, anc. cat. *Copleador*, anc. esp. *Coupletier*, faiseur de couplets.

Éty. de *cobla*, de *eiador* et de *eiaire*. V. *Cobl*, R.

COBLEIAR, v. a. vl. COBLEJAR. *Coblesar*, anc. cat. *Coplear*, esp. Coupleter, faire des couplets, faire une chanson.

Éty. de *cobla*, couplet, et de *eiar*, faire. V. *Cobl*, R.

COBLEJAR, vl. V. *Cobleiar*.

COBLIEDOR, s. m. vl. V. *Cobleiaire*.

COBR, CUBR, CURB, CUBERT, COOPER, COBERT, COUV, sous-radical, pris du lat. *cooperire*, couvrir, d'où: *coopertus*, couvert; *coperculum*, couvercle.

De *coopertus*, par apoc. *coopert*: *Coopertura*.

De *cooperire*, couvrir, cacher entièrement, par apoc. *cooper*; par suppression d'un *o* et de *e*, *copr*, et par métagr. de *p* en *b*, *cobr*; d'où: *Cobr-ir*, *Des-cobrir*, *Re-cobrir*, etc.

De *cooper*, par sync. d'un *o*, *coper*, et par métagr. de *p* en *b*, *cober*; d'où: *Cobert-urier*, *Cober-cellar*.

De *cober*, *cobert*, par métagr. de *o* en *u*, *cuber*, *cubert*; d'où: *Cubert*, *Cubert-a*, *Des-cubert*, *Re-cubert*, *Cubert-in*, *Cubert-our*, *Cubert-oun*, *Cubert-ura*, etc., par addition de *a*, d. m. *Cubeart*, *Cubeart-a*.

De *cuber*, par métat. de *r*, *cubr*: *Cubr-ir*, *Des-cubr-ir*.

De *coopertus*, couvert, par le changement de *oo* en *u*, et de *p* en *b*, *cuber*; d'où: par apoc. *cubert*: *Cubert*, *Des-cubert*. *Des-cubert-a*, *Cubert-oun*, *Cubert-a*, *Cubert-ouna*, *Cubert-assa*.

De *coopertus*, par apoc. et changement de *oo* en *ou*, et de *p* en *v*, *couvert*; d'où: *Couvert*, *Couvert-a*, *Des-couvert*, *Des-couverta*, *Couvert-ura*, *Re-couvert*.

De *cooperculum*, couvercle, par apoc. *coopercul*, et changement de *oo* en *u*, de *p* en *b* et de *u* en *e*, *cubercel* et *curbecel*, par la transposition de *r*; d'où: *Curb-ir*, *Des-curb-ir*, *Curbecel-a*, *Curbecel-ar*, *Curbecel-at*, *Des-curbecelar*, *Des-curbecelat*.

COBRA, s. f. vl. Recouvrement, recouvrance.

Éty. V. *Cobrar* et *Recuper*, R.

COBRANZA, s. f. vl. COBRANSA. *Cobransa*, cat. *Cobranza*, esp. *Cobrança*, port. Recouvrance, recouvrement.

Éty. de *cobrar* et de *anza*. V. *Recuper*, Rad.

COBRAR, v. a. vl. *Cobrar*, cat. esp. port. *Riscuotere*, ital. Recouvrer, obtenir.

Éty. du lat. *recuperare*, m. s. V. *Recuper*, Rad.

Senès cobrar, sans ressource.

COBRAR, v. n. (coubrá), d. bas lim. Avaler beaucoup de liquide sans reprendre haleine. V. *Rascapet*.

Éty. de *recuperare*, dans le sens de recevoir. V. *Recuper*, R.

COBRAT, ADA, adj. et p. vl. *Cobrad*, cat. *Cobrado*, esp. Recouvré, ée. V. *Recuper*, Rad.

COBRE DE, adv. (côbré); SOBRA, vl. De relais, en réserve, en reste. V. *Soubras de*.

COBRICAP, s. m. vl. Couvre-chef.

Éty. de *cobri* et de *cap*. V. *Cobr* et *Cap*, R.

COBRIR, CUBRIR, vl. *Cobrir*, port. Couvrir, cacher, garantir, fig. dissimuler. V. *Curbir*.

Éty. du lat. *cooperire*. V. *Cobr*, R.

COBRIR SE, v. r. vl. *Cobrir-se*, port. S'excuser, se justifier.

COBRIRE, s. m. vl. Couvreur.

Éty. V. *Cobr*, R.

COBRIRS, s. m. vl. Discrétion, chose couverte.

COBS, s. m. vl. Pièce d'armure; crâne.

COC

COC, COQU, rad. qui paraît être pris du celt. *coq*, rouge; d'où: *Cochenilha*, *Coquelicot*, *Coc-arda*; et même Coq, oiseau, à cause de la rougeur de sa crête: de celui-ci, par onomatopée de son chant, se sont formés: *Coucouroucou*, *Cacaraca*, *Cucurucar*, *Cacareliar*.

COC, CUEC, CUTZ. s. m. vl. *Coc*, cat. *Cuoco*, ital. *Cocinero*, esp. Cuisinier. V. *Cousinier*.

Éty. du lat. *coquus*, m. s. V. *Couire*, R. Il ou elle cuisit, fit cuire.

COCA, s. f. vl. Besoin, presse. V. *Cocha*.

COCA, s. f. (côque), dl. Pain mollet, au sucre et aux œufs. Sauv.

Coca, en cat. désigne une tourte.

COCA, s. f. Espèce de ratelier ou tablette d'osier, où les paysans placent leurs cuillers et où ils posent leurs verres.

Ce mot n'est guère employé que dans cette locution: *Ni coca ni moca, ni rifla ni rafla*, ni sou, ni maille, rien. V. *Moca*.

COCA, s. f. Coque, plis qui se forme à une corde trop tordue, qui le fait ressembler à la spire d'une coquille. V. *Couquilh*, R.

COCA, s. f. En terme de nourrice, une noix, une amande, une châtaigne. Voy. *Couquilh*, R.

COCA A LA, *mangear*, expr. fam. Pour dire manger quelque chose à la coque ou à la coque au sel; sans autre assaisonnement que du sel.

Mangear un uou à la coca, Tr. manger un œuf à la coque, le manger dans sa coque ou coquille. V. *Couquilh*, R.

COCA-DE-MIL, s. f. dg. Le réceptacle du maïs, sur lequel sont implantés les grains.

COCAGNA, s. f. (coucágne); COUCAGNA. Cocagne, pays imaginaire où tout abonde, où la providence donne des viandes toutes rôties.

Éty. du lat. *coquere* ou de *cocas*, petits pains de pastel qu'on préparait en grande quantité dans le Languedoc, et dont cette province retirait un produit considérable, ce qui lui fit donner le nom de pays de cocagne.

Mat de cocagna, cet exercice paraît, d'après M. Dulaure, avoir été introduit en France par les Anglais, pendant qu'ils tenaient Paris sous leur domination, on trouve une description bien exacte, d'un mât planté à Paris, le premier septembre 1425, dans la rue aux Ours.

COCAL, s. m. (cocál), d. bas lim. Noix, fruit du noyer. V. *Nose* et *Couquilh*, R.

COCAL-BUFFAROL, md. V. *Buffarol*.

COCAL D'ASE, s. m. d. bas lim. Coquecigrue; qu'avez-vous-là ? j'ai des coquecigrues; on le dit pour se moquer d'une personne qui est indiscrète dans ses demandes.

Éty. de *coquecigrue*, espèce de coquillage. V. *Couquilh*.

COCALANO, s. m. (cocaláne); COUCAREL. Comédies que les paysans représentent dans certains villages. Sauv.

Éty. Ce mot est pris du français.

COCARDA, s. f. (coucárde). Cocarde, nœud de rubans ou pièce d'étoffe plissée et diversement colorée, suivant les puissances, qu'on porte au retroussis du chapeau.

Éty. *Cocarde*, est une altération de *coquarde*, dérivé de coq, parce que les soldats croates, hongrois, polonnais, etc., portaient à leur bonnet des touffes de plumes de coq. V. *Coc*, R.

COCAREL, ELA, adj. (coucarèl, èle); COUCAREL. Agréable, gentil, éveillé; coquet, galant. V. *Coquart*.

Éty. de *coq*, de *ar* et de *el*, celui, celle qui fait comme le coq. V. *Coc*, R.

COCAROTA, s. f. (cocoróte), d. bas lim. Coque, coquille et écale de l'œuf et de la noix. V. *Crouveou* et *Couquilh*, R. fig. tête: *Paubra cocarota*, pauvre tête, tête verte, tête éventée.

COCAS, s. f. pl. (cóques). Les pièces d'une serrure qui servent à fixer le pêne.

COCAS, s. f. pl. dl. Des poules, en langage de nourrice.

COCATRIX, s. m. vl. Crocodile.

COCC, COC, COUC, radical pris du latin *coccus*, et dérivé du grec κόκκος (kokkos), grain, pepin, graine d'écarlate, ou du celt. *coc*, rouge, selon M. Theis.

De *kokkos*, par apoc. et changement des *k* en *c*, *cocc*, d'où: *Cocc-a*, *Coc-chenilha*, *Coc-o*, *Couc-ou-mela*, *Coucou-meou*, *Coucoumela-blanca*, *grisa*, *jauna*, *En-cocc-ar*, *En-cocc-at*.

COCCA, s. f. (côque). Coques du Levant, nom qu'on a donné aux fruits du coquecule subéreux, *Cocculus suberosus*, Déc. *Menispermum cocculus*, Lin. arbrisseau de la fam. des Ménispermées, qui croît aux Indes Orientales.

Éty. du grec κόκκος, grain. V. *Cocc*, R.

Chacun sait que les coques du Levant ont la propriété d'enivrer les poissons et même de leur donner la mort quand ils en mangent une certaine quantité.

M. Boullay a donné le nom de Picrotoxime (poison amer), au principe auquel la coque du Levant doit son amertume et sa propriété vénéneuse

COCEL, vl. V. *Conselh*.

COCELH, s. m. vl. Altér. de *Conselh*, v. c. m.

COCENA, s. f. vl. *Cochedra*, anc. esp. Matelas, oreiller.

Éty. Ce mot ne paraît être que le fém. de *couissin*, *cocin*, *cocina*.

COCENTIMENT, vl. Voy. *Counsentament*.

COCHA, s. f. vl. COCA, COITA. Hâte, besoin nécessité, presse. V. *Coucha*; engoisse, péril, mêlée.

Éty. V. *Coch*, R.

Tornar a cocha, vl. être pressé, être en danger.

COCHADAMEN, adv. vl. Promptement, hâtivement.

Éty. de *cochada* et de *men*. V. *Coch*, R.

COCHA-PERDRIS, s. m. (coúche perdris). Nom qu'on donne, à Nismes, au busard. V. *Fau-perdriou*.

COCHAR, COICHAR, v. a. vl. Poursuivre, hâter, presser. V. *Couchar*.

Éty. de *cocha* et de *ar*. V. *Coch*, R.

COCHAR SE, v. r. vl. Se presser, se hâter.

COCHDEI, s. m. vl. Hâte, impatience, précipitation.

COCHE, s. m. (cótché). Coche. V. *Cochou*.

COCHENILHA, s. f. (coutchenille); *Cochinilla*, esp. *Coccus*, lat. *Cochonilha*, port. Nom qu'on donne plus particulièrement à la cochenille du Nopal, cochenille fine, ou graine d'écarlate, *Coccus cacti*, insecte de l'ordre des Hémiptères et de la famille des Phytadelges ou Plantisuges, qui se nourrit particulièrement sur le Nopal, *Cactus cochenilifer*, Lin.

Cet insecte, qui fournit la belle couleur rouge, connue sous le nom d'écarlate, est originaire d'Afrique.

MM. Pelletier et Caventou, ont donné le nom de *carmine* à son principe colorant, parce que le carmin lui doit sa couleur.

Ce fut en 1510 que la cochenille fut apportée d'Amérique en Europe.

Éty. du lat. *Coccinilla*, m. s. dérivé du grec κόκκος (kokkos), grain, parce qu'on a pris pendant longtemps la cochenille desséchée pour la graine du Nopal et de chenille, parce que lorsqu'on eut reconnu que c'était un animal, et non une graine, on ne sut où le placer, et l'on en fit tantôt un ver, tantôt une araignée, tantôt une punaise et enfin une chenille. V. *Cocc*, R.

« La cochenille et la plante dont elle se nourrit n'étaient qu'imparfaitement connues à St.-Domingue, lorsque Nicolas Thierry de Menouville, lorrain, alla à travers mille périls au Mexique, exprès pour y constater et enlever la cochenille, il eut le bonheur de réussir, et il arriva au Port-au-Prince en 1777, avec la cochenille fine, la cochenille sylvestre et plusieurs espèces de cactus, *le Splendide*, *le Nopal*, etc.» Théis, p. 89.

CÔCHIER, s. m. (couchié); COUCHIER. *Cochero*, esp. *Cochiero*, port. *Cocchiere*, ital. *Cotxero*, cat. Cocher, celui qui conduit une voiture, un carrosse, un coche, d'où le nom de *cocher*.

Pour conduire leurs chars dans les cirques,

les Romains avaient des cochers qu'ils nommaient *aurigæ* et *agitatores*. Ils les prenaient parmi les esclaves, les affranchis ou les étrangers, parce qu'un citoyen libre aurait été déshonoré par cette fonction.

Éty. de *Cochou*, v. c. m. et de *ier*.

COCHIOSAMENT, adv. vl. A la hâte. V. *En coucha*. V. *Coch*, R.

COCHIS, s. m. (cótchis); NARIDAS, RAMBAL, BARGANILHAS, PUBARGAS, EQUIGNOUS. Etoupe qui se sépare de la filasse du chanvre et du lin quand on les broye; c'est la plus grossière de toutes, ce qui a donné lieu à l'expression figurée: *Groussier coume de cochis*, en parlant d'une personne mal élevée.

COCHOS, OSA, adj. vl. Pressé, empressé. V. *Couchous*.

Éty. de *cocha* et de *os*. V. *Coch*, R.

COCHOSAMEN, adv. COICHOSAMEN. Promptement, hâtivement.

Éty. de *cochosa* et de *men*, d'une manière pressée. V. *Coch*, R.

COCHOU, s. m. (cótchou); COCHE, *Cotxe*, cat. *Coche*, esp. port. *Cocchio*, ital. Coche, long carrosse non suspendu, où l'on voyage. C'est aussi le nom d'un grand bâteau destiné au même usage.

Éty. du hongrois, Kotschi, qui est le nom d'un village, connu aujourd'hui sous celui de *Kisten*, où l'on croit que les premiers coches se fabriquèrent.

La première institution des coches de terre remonte à Charles IX. Il paraît que du temps de Henri IV, toutes les voitures portaient le nom de coche. Ce prince écrivait à Sully: « Je comptois aller vous voir, mais je « ne le pourrai, attendu que ma femme se « sert de *ma coche*. »

COCIRAR, v. a. vl. Considérer.

COCO, s. m. (cocó); *Cocco*, ital. *Coco*, esp. port. cat. Nom qu'on donne au fruit du cocotier de mer, des Maldives ou des Iles Sechelles, *Lodoicea sechellarum*. Labill. *Cocos maldivia*, Wild. arbre de la famille des Palmiers, sur la patrie duquel on a été longtemps incertain, et qu'on ne connaissait que par son fruit, qu'on trouvait sur la mer, près des Iles Maldives. On a découvert ensuite qu'il croissait dans l'une des Iles Séchelles, nommée l'Ile des Palmiers.

Cet arbre sert à une infinité d'usages dans le pays où il croît, et chacun connaît ceux auxquels on emploie sa noix dans le nôtre. En 1665, les premiers cocotiers furent plantés dans la colonnie de St.-Domingue, par des Français.

Éty. du grec, κοκκος (kokkos), grain, coque. V. *Cocc*, R.

COCO, s. m. (cocó). Nom qu'on donne, à Arles, au baricot de Prague. V. *Cocc*, R.

COCO, s. m. Hillet, dans son *Miral moundi*, emploie ce mot dans le sens de gâteau. V. *Fougaça*.

COCODRIL, *Cocodrillo*, cat. *Cocodrilo*, port. Altér. de *Crocodilo*, v. c. m.

COCODRILLE, vl. V. *Crocodilo*.

COCOMAR, s. m. (coucoumá); COUCOUMAR. Coquemar. MM. de Flotte.

COCOTA, s. f. (cocóte). Poulette, terme familier d'amitié, qu'on applique à une femme, à une fille chérie et même aux animaux, à une jument, à une chienne, à un singe femelle, etc.

COCOTIER, s. m. (coucoutié). Cocotier. V. *Coco*.

COCOU, dl. V. *Coucarou*.

COCOU, s. m. (cócou). Syn. burlesque de *coq*. V. *Gau*, et de coq de village. V. *Coc*, R.

COCOU, s. m. dl. Le même que *Coucaroun*, v. c. m.

COCS, s. m. vl. COEX. Cuisinier.

Éty. du lat. *cocus*.

COCUC, s. m. vl. Cocu, onomatopée qui exprime le chant du coucou. V. *Couc*, R.

COCUDA, s. f. vl. *Cocue*, *cornarde*. V. *Couc*, R. Le coucou. Gl. Occ.

COCYTO, s. m. (coucite); *Cocyto*, port. Cocyte, fleuve des enfers qui tombe dans l'Achéron.

Éty. du lat. *cocytus*, m. s. dérivé du grec κωκυτὸς (kôkytos), formé de κώκυμα (kôkyma), gén. ατος (atos), pleurs, lamentations, parce qu'on croyait que les eaux du Cocyte étaient fournies par les larmes des âmes qui étaient dans les enfers.

COD

COD, COUD, CODOUL, radical pris du latin, *cotaria*, carrière de pierres à aiguiser, formé de *cautes*, caillou; d'où *codulus*, en basse lat.

De *cotaria*, par apoc. *cot*, et changement de *o* en *ou*, et du *t* en *d*, *cod* et *coud*; d'où: *Cod-e*, *Cod-ols*, *Cod-oul*, *Coudoul-et*, *Coudoul-iera*, *Coudoul-ous*, *Coudourel*, *Coued-ou*, *A-cad-eirar*, *A-coud-ilh-ar*, *Coudi-al*, *Coud-ieira*, *Coud-ier*, *Coud-iou*, *Coud-ouela*, *Coud-ouitre*, *Coudoul-et*, *Coudoul-iera*, *Couy-er*.

CODA, s. f. V. *Coua*, R.

CODE, s. m. (códé), dl. Le même que *Codoul*, v. c. m. et *Cod*, R.

Supputayan pu loou quand y a de *code* en crau.
Coye.

CODE, s. m. vl. Coude. V. *Coude*.

CODE, s. m. (códé); CODO, CODOU. *Codi*, anc. cat. *Codigo*, esp. port. *Codice*, ital. Code, recueil des lois, des constitutions, et des rescrits des douze empereurs romains. On a donné par imitation à nos recueils des lois civiles, criminelles, forestières, etc., les noms de code civil, criminel, forestier, etc. On a encore étendu la même dénomination, en médecine, au recueil des formules approuvées par une faculté.

Éty. du lat. *codex*. V. sur l'origine des différents codes. Le Dict. des Orig. publié en 1777, 6 vol. in-12.

En 1137, le code de Justinien, publié en 438, devint notre droit écrit.

Le code Théodosien, fut publié en 438.

Le code Justinien, en 329.

Le code Civil des Français, fut promulgué en 1808, 19 fév.

Le code de Procédure civile, en 1806, 9 mai.

Le code de Commerce, en 1807, 26 août.

Le code d'Instruction criminelle, en 1808.

Le code Pénal, en 1811, 1er janv.

CODEL, dl. Pour chien. V. *Chin*.

CODELIAR, v. n. (coudeliá); COUDELIAR. Jeter des pierres. Suppl. à Pellas. V. *Codoul*.

CODENA, s. f. vl. Peau. Pour couenne, V. *Coudena*.

CODENEL, s. m. vl. CODONEL. Creton.

CODEPED, V. *Coudeped*.

CODERC, s. m. vl. COUDERC. Pelouse, pâturage communal, petit enclos. Gl. Occ.

Éty. du lat. *codetum*, m. s.

Ripas ipsius totius plani et prætorum sive codercorum. Hist. de Nismes, *preuves*, t. 3. p. 261. Rayn.

Dérivés: *Conderc*, *Condarg-œr*, *Conders-er*.

CODERCOL, s. m. vl. Brique, argile.

CO-DE-REINARD, dl. V. *Coua-de-Reinard*.

CODI, vl. *Codi*, cat. V. *Code*.

CODICIL, vl. V. *Codicilo*.

CODICILAR, v. a. vl. *Codecillar*, anc. esp. cat. *Codicillare*, ital. Faire un cocidille.

Éty. de *codicil* et de *ar*.

CODICILLE, vl. V. *Codicilo*.

CODICILO, s. m. (coudicile); COUDICILO, *Codicillo*, ital. port. *Codicilo*, esp. *Codicil*, cat. Codicille, disposition écrite, par laquelle un testateur ajoute ou change quelque chose à son testament.

Éty. du lat. *codicillus*, m. s. V. *Codex*.

Auguste en introduisit l'usage 7 ans avant J.-C.

CODIL, vl. Coudée. V. *Coid* et *Coud*, R.

CODOING, vl. Coing. V. *Coudoun*.

CODOL, s. m. vl. *Codol*, cat. V. *Codoul* et *Cod*, R.

CODONAT, s. m. vl. Cotignac. V. *Coudounat*.

CODONHIC, vl. V. *Coudounier*.

CODORNITZ, s. f. vl. *Codorniz*, esp. Caille.

Éty. du lat. *coturnix*, m. s.

CODOU, Garc. V. *Code*.

CODOUL, s. m. (códou); COUEDOU, CODE, CALADA, COUEDE, MASSACAN, PEIRA, COUEDOU, COUDOULET. *Codol*, cat. Galet, caillou arrondi qu'on trouve particulièrement le long des rivières ou dans les terrains où elles ont passé, tels que la Crau d'Arles.

Éty. de la basse lat. *codulus*, *codale*, formé du lat. *cautes*, caillou.

CODOULET, s. m. (coudoulé); COUDOULET. Dim. de *coudoul*, on le dit aussi pour niais, imbécile, etc. V. *Cod*, R.

CODOULIERA, s. f. (coudouliére); COUDOULIERA. Nom de lieu qui s'applique à un endroit pierreux, et particulièrement à une partie de la plage de Fox, et à la Crau d'Arles, *Cotulosus campus*.

Éty. de *codoul*, caillou, et de *iera*, lieu abondant en cailloux. V. *Cod*, R.

CODOULOUS, adj. vl. Lieu pierreux ou couvert de pierres.

Éty. de *codoul*, pierre, et de *ous*. V. *Cod*, R.

CODOUROUSSOU, alt. bas lim. de

CODOUROUSSOUN, s. m. (coudourous-sou). Dim. de *codorossa*, petite branche sèche.

COE

COES, vl. vaudois. ÇO ES. C'est-à-dire cela est.

COETA, s. f. vl. Nuque.

Éty. de *coda*, queue. V. *Cod*, R.

COETERNEL, **ELA**, adj. (coeternèl, èle); *Coetern*, cat. *Coeterno*, esp. ital. port. Coéternel, qui existe de toute éternité avec un autre.

Éty. du lat. *coæternus*, m. s.

COEXISTENÇA, s. f. (couexistèince); *Coexistencia*, cat. esp. port. *Coexistenza*, ital. Coexistence, simultanéité, état de plusieurs choses qui existent dans le même temps.

COEXISTAR, v. n. (couexistá); *Coexistir*, cat. esp. port. *Coesistere*, ital. Coexister, exister ensemble.

COF

COFA, s. f. (cófe); *Cofia*, cat. esp. *Coifa*, port. *Cuffia*, ital. La forme d'un chapeau; coiffe, bonnet de nuit. Douj. en vl. bonnet que les chevaliers portaient sur le casque.

Éty. du celt. *coffion*, ou du grec κῦφος (kuphos), vase convexe, gondole.

Boli parlar d'am sa cofa, dl. je veux parler à lui, tête à tête.

COFERMACIO, vl. V. *Counfirmation*.

COFERMAMEN, vl. V. *Confermament*.

COFERMAR, vl. V. *Counfirmar*. Encourager, rendre plus ferme. V. *Firm*, R.

COFERMATIO, vl. V. *Counfirmatio*.

COFERMATIU, vl. V. *Confermatiu*.

COFES, vl. V. *Coufes* et *Confess*, R.

COFESSAR, vl. V. *Confessar* et *Confess*, R.

COFESSOR, s. m. vl. V. *Counfessour* et *Confess*, R.

COFFA, s. f. (cóffe). Gousse des pois, sans grains. V. *Gova*.

COFFA, s. f. dg. Coiffe. V. *Couiffa* et *Couiff*, R.

COFFAR, dg. V. *Couiffar* et *Couiff*, R.

COFFIMEN, vl. V. *Cofimen*.

COFFOLHO, s. m. d. béarn?

Polbo de grana, et *coffolho*, *tres liures et dets sols tournez*.

COFFR, M. Roquefort fait dériver ce radical du latin *cophinus*, panier d'osier où l'on mettait le pain, il et pris du grec κόφινος (kophinos), panier d'osier, corbeille, ou plus naturellement de l'all. *kuffer*, coffre, qui selon Watcher, est, ainsi que l'anglais *coffer*, le gallois *coffr* et le latin barbare *cofferum*, dérivé du verbe celtique *cau*, fermer, usité encore aujourd'hui dans le pays de Galles.

De *cuffer*, par la suppression de *e* et le changement de *u* en *o*, *coffr*; d'où: *Coffr-ar*, *En-coffrar*, *Coffr-e*, *Coffre-fort*, *Coffr-et*, *Coffr-ier*, *En-coffr-at*.

COFFRAR, v. a. (coufrá); COUFFRAR. Coffrer, saisir, emprisonner. V. *Encoffrar* et *Coffr*, R.

COFFRE, s. m. (cóffré); *Cofano*, ital. *Cofr*, esp. port. cat. Coffre, meuble, en forme de caisse, propre à serrer des hardes, de l'argent, etc. La capacité de la poitrine, du corps humain.

Éty. de l'all. *kuffer*, m. s. V. *Coffr*, R.

On nomme :

CANTONNIÈRE ou EQUERRE, les morceaux de fer blanc ou de fer ordinaire qui servent à en fortifier l'assemblage.

CHETRON, la petite layette en forme de tiroir qu'on ménage dans le coin d'un coffre.

CORNIÈRES, les quatre angles de fer.

MORAILLON, le morceau de fer plat qui sert à le fermer.

OBRON, le morceau de fer percé par le milieu qui est attaché à l'obronière du coffre.

OBRONNIÈRE, la bande de fer à charnière qui est attachée au dedans du couvercle d'un coffre-fort. Voy. *Mala*.

COFFRETIER, l'ouvrier qui fait les coffres.

COFFRE, s. m. Coffre, terme d'imprim., bois dans lequel est enchâssé le marbre que l'on met sous la presse. V. *Coffr*, R.

COFFRE, terme de jurisprudence. Don de coffre, donnation stipulée dans un contrat de mariage par les conjoints en faveur de celui qui survit. Trousseau de nouvelle mariée. P. Puget.

COFFRE, s. m. (côffré). Deux poissons du genre Coffre ou Ostracion, de l'ordre des Téléobranches et de la fam. des Ostéodermes (à peau osseuse), portent ce nom en Provence. L'ostracion ou coffre moucheté, *Coffre tigrat*, *Ostracion cubicus*, Lin. qui est tétragone oblong, avec des taches rondes, et l'ostracion ou coffre trigone, *Ostracion trigonus*, Lin. qui est trigone, avec des taches hexagones bombées : *Coffre a perlas*, *Boursa*, à Toulon. C'est encore le nom qu'on donne, à Nice, au coffre à bec, *Ostracion nasus*. Risso.

Quoiqu'habitants des mers des Indes, ces poissons ont été pêchés dans la mer de Nice, selon M. Risso.

Éty. Le nom de coffre leur a été donné à cause de la solidité de leur peau, qui fait qu'étant privés de leurs organes intérieures, ils conservent leur forme. V. *Coffr*, R.

COFFRE-FORT, s. m. (côfré-for); COFFRE-FOUERT. Coffre-fort, coffre ordinairement de fer où l'on renferme l'argent. Voy. *Coffr*, R.

COFFRET, s. m. (coufré), et improp. *Couffret*, dim. de *coffre*, petit coffre, coffret V. *Coffr*, R.

COFFRIER, s. m. (couffrié); COUFRIER. Coffretier, ouvrier qui fait des coffres.

Éty. de *coffre* et de *ier*. V. *Coffr*, R.

COFIDOR, vl. V. *Counfisur*.

COFIMEN, s. m. vl. GOFFIMEN, CONFIGIMEN. Assaisonnement, confiture. V. *Fac*, R.

COFIN, s. m. vl. Panier, corbeille. V. *Couffin*.

COFIR, vl. V. *Counfir*.

COFISANSA, vl. V. *Cofizansa*.

COFISAR, vl. V. *Confidar*.

COFIZAMEN, s. m. vl. *Confidamento*, ital. V. *Cofizansa* et *Counfiança*.

COFIZAMEN, adv. vl. Avec confiance. V. *Fid*, R.

COFIZANSA, s. f. vl. COFIZAMEN. Confiance, assurance. V. *Counfiança* et *Fid*, Rad.

COFIZAR, vl. V. *Counfidar*.

COFONA, vl. Qu'il ou qu'elle confonde, ruine, détruise.

COFONDRE, vl. V. *Counfundre*.

COFORT, vl. Encouragement, courage, secours. V. *Counfort*.

COFORTAMEN, vl. V. *Confortament*.

COFORTAR, v. a. vl. Consoler, rendre plus fort. V. *Fort*, R.

COFORTATIU, vl. Voy. *Counfortatif*.

COFRAIRE, vl. V. *Counfraire*.

COFRE, vl. V. *Coffre*.

COG

COG, s. m. anc. béarn. Cou. V. *Col*,

COGA, vl. Qu'il ou qu'elle cuise. Voy. *Coquat*.

COGAMENT, adv. vl. CUGAMEN. En cachette. V. *Escoundouns d'*.

COGA-MORTA, V. *Cargacela*.

COGITACIO, V. *Cogitatio*.

COGITAR, v. a. vl. *Cogitar*, anc. cat. anc. esp. *Cogitare*, ital. Penser, concevoir.

Éty. du lat. *cogitare*, m. s. V. *Cogit*, R.

COGITATIO, s. f. vl. COGITACIO. *Cogitacio*, anc. cat. *Cogitacion*, anc. esp. *Cogitazione*, ital. Pensée.

Éty. du lat. *cogitatio*, m. s. V. *Cogit*, R.

COGITATION, s. f. vl. Pensée. V. *Cogitatio*, m. s. et *Cogit*, R.

COGNAC, s. m. (cougnác): COUGNAC. Eau-de-vie de Cognac, du cognac.

COGNAT, vl. CONHAT, COINGNAT. Beau-frère, cousin. V. *Cougnat*.

COGNATION, s. f. vl. *Cognacion*, esp. *Cognação*, port. *Cognacio*, cat. *Cognazione*, ital. Cognation, parenté, proximité du sang.

Éty. du lat. *cognationis*, m. s. Voy. *Nat*, R.

COGNAZ, s. m. vl. Coing. V. *Coudoun*.

COGNEGUT, **UDA**, adj. et part. anc. béarn. Connu, ue. V. *Couneissut* et *Nosc*, Rad.

COGNICIO, s. f. vl. COGNITIO, *Cognicio*, anc. cat. *Cognicion*, anc. esp. *Cognizione*, ital. Connaissance. V. *Couneissença* et *Nosc*, Rad.

COGNITIO, V. le mot précédent.

COGNITIU, **IVA**, adj. vl. Appréciatif, qui connaît.

Éty. du lat. *cognitivus*, m. s. V. *Nosc*, R.

COGNOM, s. m. vl. COGNON. *Cognombre*, anc. esp. *Cognome*, port. ital. *Cognom*, cat. Surnom.

Éty. du lat. *cognomen*, m. s.

COGNON, vl. V. *Cognom*.

COGNOSCIBLE, **IBLA**, adj. vl. Connaissable. V. *Nosc*, R.

COGOL, s. m. vl. Coucou. V. *Couguou* et *Couc*, R.

COGOLA, s. f. vl. Capuchon.

COGOMBRE, vl. Concombre. V. *Councoumbre*.

COGOMAS, s. m. vl. COGORNA. Coloquinte. V. *Coloquinta*.

Éty. du lat. *cucumis*.

COGONOT, adj. vl. Cagnard, lâche.

COGORNA, vl. V. *Cogomas*.

COGOS, s. m. vl. Coucou, cocu, cornard. V. *Couguou*.

COGOSSIA, s. f. vl. COGOSSIA. Cocuage, état d'un homme qui est cocu.

Éty. de *cogos* et de *ia*. V. *Couc*, R.

COGOT, s. m. vl. Cocu. V. *Couguou*, *Coucu* et *Couc*, R.

COGOT, s. m. vl. *Cogot*, cat. *Cogote*, esp. port. Nuque, chignon. V. *Coutouit*.

COGOUEI, s. m. d. lim. La nuque. Voy. *Coutouit*.

COGUASTRO, s. m. vl. COGUASTO. Cuisinier, marmiton.

Éty. de *coc* et de *astro*. V. *Couire*, R.

COGUL, s. m. vl. Coucou et Cocu. Voy. *Couguou* et *Couc*, R.

COGULA, s. f. vl. *Cugulla*, cat. *Cogulla*, esp. *Coculla* et *Cogula*, port. *Cocullo*, ital. Capuchon, capuce.

Éty. du lat. *cucullus*.

COGULAR, v. a. et n. vl. *Cocufier*, abâtardir.

COGUOT, s. m. vl. Cocu. V. *Couguou*.

COH

COHA, s. f. vl. Queue. V. *Coua*.

COHA, s. f. COHE, d. béarn. Coiffe. Voy. *Couiffa*.

COHABITAR, v. n. (couhabitá); *Coabitare*, ital. *Cohabitar*, esp. port. cat. Cohabiter, vivre ensemble comme mari et femme.

Éty. du lat. *cohabitare*, fait de *cou* et de *habitare*, habiter ensemble. V. *Hab*, R.

COHABITATION, s. f. (couhabitatie-n); *Cohabitazione*, ital. *Cohabitacion*, esp. *Cohabitação*, port. *Cohabitacio*, cat. Cohabitation, demeure commune d'une personne avec une autre ou plusieurs autres; l'action de cohabiter.

Éty. du lat. *cohabitationis*, gén. de *cohabitatio*. V. *Hab*, R.

COHERENÇA, s. f. (couherèince); *Coherencia*, cat. esp. port. *Coherenza*, ital. Cohérence, liaison, union, connexion d'une chose avec une autre.

Éty. du lat. *cohærencia*, m. s.

COHEIRITZ, s. f. vl. Cohéritière. Voy. *Hered*, R.

COHERITIER, s. m. (coheritié); *Coereu*, cat. *Coerede*, ital. *Coheredero*, esp. *Coherdeiro*, port. Cohéritier, celui qui est héritier d'un défunt, avec un ou plusieurs autres.

Éty. du lat. *cohæredis*, gén. de *cohæres*, ou de *co* pour *cum*, et de *heritier*, héritier avec. V. *Hered*, R.

COHERTIO, s. f. vl. COHERTION. *Cohercio*, anc. cat. *Coercion*, esp. Coercition, pouvoir de contraindre, de retenir dans le devoir.

Éty. du lat. *coercitionis*, gén. de *coercitio*, m. s.

COHERTION, vl. V. *Cohertio*.

COHTZ, vl. Cuit. V. *Cuech*.

Éty. du lat. *coctus*.

COI

COI, vl. Il ou elle épure, fait cuire.

COIA, s. f. vl. Courge. V. *Cougourda*.

Éty. du lat. *cucurbita*.

COICHAR, vl. V. *Cochar*.

COICHER, v. a. et n. vl. Coucher. Ce mot est employé pour *Cochar*, v. c. m. et *Couchar*.

COICHI, s. m. vl. Coussin. V. *Couissin*.

COICHOSAMENT, vl. V. *Cochosamen* et *Coch*, R.

COID, s. m. (coïd); CODIL, vl. Coudée. V. *Coud*, R.

COIDAR, v. a. vl. Adorer, honorer, révérer.

COIDE, s. m. vl. V. *Coude*.

COIG, s. m. anc. béarn. Cou. V. *Col*, R.

COIL, s. m. vl. Testicule, génitoire. V. *Coulhoun*.

COILLIR, v. a. vl. Cueillir, rassembler. V. *Culhir*.

Éty. du lat. *colligere*. V. *Leg*, R. 2.

COILLO, vl. V. *Colho*.

COINA, s. f. vl. Cuisine, cuisinière; taverne, cabaret.

COINASSA, s. f. vl. Cognée. V. *Destrau*.

Éty. du lat. *cuneus* et de l'augm. *assa*. V. *Cougn*, R.

COINCIDAR, v. n. (couïncidá); *Coincidir*, cat. esp. port. *Coincidere*, ital. Coïncider, s'ajuster parfaitement; arriver en même temps.

Éty. du lat. *co* pour *con*, et de *incidere*. V. *Coincidença*.

COINCIDENÇA, s. f. (couïncidèince); *Coincidencia*, cat. esp. port. *Coincidenza*, ital. Coïncidence, état de deux choses qui coïncident, qui arrivent en même temps.

Éty. du lat. *co* pour *con* ou *cum*, avec, ensemble, et de *incidere*, tomber dans ou sur; tomber, arriver avec ou ensemble.

COINDA, adj. f. vl. Belle. V. *Coinde*.

COINDANSA, s. f. vl. CUENDANSA, CUNDANSA. Accointance, agrément, aménité.

Éty. du lat. *comptus*. V. *Coint*.

COINDAR, v. a. vl. Cajoler, caresser, disposer.

Éty. de *coind*, fait du lat. *comptus*, paré, ajusté, flatté, et de *ar*. V. *Coint*.

COINDE, INDA, adj. vl. COINTE, INTA. Poli, gracieux, agréable, élégant; joli, coquet, coquette. V. *Coind*, R.

COINDEIAR, v. a. vl. CONDEIAR, COINDEJAR, COINDEYAR. *Conciare*, ital. Embellir, faire politesse, ajuster, parer; cajoler, coqueter.

Éty. de *comptus* et de *ar*. V. *Coint*.

COINDET, ETA, CUNHET, ETA. Voy. *Coinde*.

COINDIA, s. f. vl. CUCINDIA, CUNHDIA, CUNTHIA. Grâce, politesse, courtoisie, charme.

Éty. de *coind* et de *ia*. V. *Coint*.

COINE, vl. Alt. de *Coms*, comte, v. c. m.

COINGNAT, vl. V. *Cougnat*.

COINT, CONT, CUEND, COND, CONG, CONJ, sous-radical pris du lat. *comptus*, cultivé, gracieux, aimable, bien peigné, ajusté, attifé, poli, soigné.

De *comptus*, par apoc. *compt*, et par suppr. du *p*, *cont*; d'où : *Cont-e*.

De *cont*, par le changement du *t* en *d, g, j*, *cond*, *cong*, *conj* : *Cong-e*, *Conj-e*, *Condeiar*, *A-conj-ar*, *Re-conj-a*, *Re-conj-ar*.

De *cont*, par chang. de *o* en *oi*, *coint*: *Coint-e*, *Cointa-men*.

De *coint*, par le chang. de *t* en *d* : *Coind-et*, *Coind-ia*, *Coind-ansa*, *Coind-ar*, etc.

De *coind*, par le chang. de *oi* en *uei* ou en *ue*, *cuend*, *cueind*; d'où : *Cuend-e*, *Cuend-el*, *Cuend-ansa*.

De *cond* ou *cont*, par le chang. de *o* en *u*, *cund* : *Cunhd*, *Cunhd-et*, *Cunhd-ia*, *Cunth-ia*, *Cund-ansa*, *Cund-esia*, etc.

COINT, INTA, adj. vl. *Coinde*.

Éty. de *comptus*, *comtus*, Ducange, ou de *cultus*, Ménage, *coant*, en bas breton.

COINTAMEN, adv. vl. CUEINDAMEN, CONHDAMENS. *Coindament*, anc. cat. *Contaments*, anc. ital. Agréablement, proprement, prudemment, gracieusement.

Éty. de *cointa* et de *men*. V. *Coint*, R.

COINTE, vl. V. *Conte*.

COIRASSA, s. f. vl. Cuirasse. V. *Cuirassa* et *Cor*, R. 2.

COIRATARIA, vl. V. *Curataria* et *Cor*, Rad. 2.

COIRATIER, s. m. vl. Tanneur. Voy. *Curatier* et *Cor*, R. 2.

COIRE, dl. V. *Couire*.

COIRE, vl. V. *Cuivre*.

COISNA, s. f. vl. Peau, fourrure.

COISSA, vl. V. *Cuissa*.

COISSA, s. f. vl. Une cuite, la quantité de grain envoyée au moulin pour faire moudre en une fois.

COISSA, s. f. (cóïsse); d. du Var. Voy. *Couessa* et *Pia*.

COISSENDEDURA, s. f. vl. Scissure, déchirure.

COISSEIL, s. m. vl. Conseil. V. *Counseou* et *Conselh*, R.

COISSI, s. m. vl. Coussin. V. *Couissin*.

ÇOIT, COCH, COUCHAR, radical pris du roman *coita* et *cocha*, besoin, nécessité, presse. Probablement dérivé du lat. *cupire*, *cupio*, désirer, souhaiter avec ardeur, parce que lorsqu'on est pressé, on désire d'avoir promptement, ou qu'on souhaite de voir bientôt la fin de ce que l'on fait. Dans le sens de chasser, ce radical vient peut-être du lat. *cogere*, forcer à, sous-entendu, s'en aller.

Coit-a et *cuit-a*, par métagr. de *o* en *u* : *Coit-os*, *osa*, *Coitoza-men*, *Coit-ar*, *A-coitar*, *Couit-ansa*, etc.

De *coit*, par métagr. de *t* en *ch*, *coich* et *coch*, par sync. de *i* : *Coich-ar*, *Coch-a*, *Coch-ar*, *Coich-osa-ment*, *Coch-os*, *osa*, *Cochosa-men*, *Coch-at*, *ada*, *Cochada-men*, *Sobre-cochar*, *Coch-iosa-ment*.

De *coch*, par métagr. de *o* en *ou* : *Couch-a*, *Couch-ous*, *ousa*, *Couch-airar*, *Couch-aire*, *Couch-at*, *Couch-ayroun*, etc.

COIT, s. m. vl. *Coito*, esp. port. ital. Coït, copulation, accouplement.

Éty. du lat. *coitus*, m. s. dérivé du grec Κοίτη (koïtê), commerce avec une femme.

COITA, s. f. vl. CUITA, COITAM. Presse, besoin, empressement : *Ab gran coita*, en diligence; attaque, assaut, hâte, célérité, besoin, nécessité.

Éty. de *Cocha*, v. c. m. et *Coch*, R.

COITAR, v. a. vl. Presser, hâter. Voy. *Couchar*.

Éty. de *coita* et de *ar*. V. *Coch*, R.

COITAR SE, v. r. vl. Se hâter, se dépêcher.

COITAT, ADA, adj. et p. vl. Pressé, ée. V. *Couchat* et *Coch*, R. mis dans la détresse.

COITOS, OSA, adj. vl. pressé, passionné, nécessiteux, convoiteux, euse, avide.

Éty. de *coita* et de *os*. V. *Coch*, R.

COITOSAMEN, et

COITOZAMEN, adj. vl. Promptement, avidement.

Éty. de *coitoza* et de *men*. V. *Coch*, R.

COITURA, s. f. vl. Brûlure, Cuisson, cautère. V. *Couissoun*.

COIZENZA, s. f. vl. Cuisson, douleur. V. *Couisoun*.

COL

COL, coul, couel, radical pris du latin, *collum*, i, col, cou, d'où *collare*, collier, dérivé peut être du grec κῶλον (kôlon), membre, le membre par excellence ; *Quia nobile sit illud membrum, cui sacrum caput imititur*. Vossius.

De *collum*, par apoc. *col*; d'où : *Col*, *Col-ada*, *Col-ar*, *A-colada*, *Col-ier*, *Col-ereta*, *Col-is*, *Col-portur*, *A-col-ar*, *Ac-col-ada*, *De-col-ation*, *Ra-col-ar*, *Ra-col-ur*, etc.

De *col*, par le changement de *o* en *oue*, *couel*; d'où : *Couel*, *Bes-couel*, *Bis-couel*, *Bis-couer*.

Par le changement de *c* en *g*, *gol*, *goul*; d'où: *De-gol-a*, *De-gol-ar*, *De-gol-atio*, *De-goul-ation*.

COL, 2. coul, coun, radical pris du latin *colare*, *colo*, couler.

Dérivés directs : *Col-ar*, *Col-ad-itz*, *Colament*, *Col-ada*, *Es-col-ar*, etc.

Par le changement de *o* en *ou*, *coul* : *Coular*, *Es-coular*, *Coul-at-da*, *Coul-ada*, *Coulad-ura*, *Coulad-is*, *Coulad-our*, *Escouladura*, *Coul-aire*, *Coul-ana*, *Es-coular*, *Es-coula-ment*, *Res-coular*, *Coul-inar*, *Coul-is*, *Couliss-a*, *Es-coul-anchar*, *Es-coulanch-ouira*, *Es-coul-ets*, *Es-coulouira*.

De *coul*, par le changement de *l* en *r*, *cour*; d'où: *Cour-am-ment*, *Cour-ancha*, *Cour-ar*, *Cour-ad-ouira*, *Cour in-ar*. et en général les mêmes mots que par *Coul*.

COL, s. m. (cól); couel, couilh, coual, couelh, coul, coau, coual, couele. *Collo*, ital. *Cuello*, esp. *Collo*, port. *Coll*, cat. Cou, partie du corps qui soutient la tête; vl. collier, accolade, caresse.

Éty. du lat. *collum*. V. *Col*, R.

Le cou dans lequel on distingue le larynx à la partie antérieure et supérieure, et la nuque à la partie supérieure et postérieure, est une des parties les plus compliquées du corps humain; il se compose de huit os, du larinx, de la trachée artère, du pharynx, de l'ésophage, de plusieurs glandes et de soixante-quinze muscles.

Col d'una camisa, col d'une chemise.

Col d'una boutelha, goulot d'une bouteille.

Col d'un pechier, gorge d'un pot à l'eau.

Col de moutoun, collet de mouton, parlant de la viande.

Col de ped, cou de pied.

Col-de-pera, dl. Cou de grue, long cou, torticolis.

Col-tort, dl. Cagot, torticolis, hypocrite.

Col-trincar, rompre le cou.

CLO, s. m. Col passage étroit entre deux montagnes.

COL, colh, vl. Il ou elle accueille, il ou elle glisse, coule, prend, admet, reçoit, amasse.

COL, conj. comp. vl. Contract. de *com el*, comme le; de *com il*, comme les; on l'emploie aussi pour *que o el*, que je le.

COLA, s. f. (cóle), dl. Bande, troupe, compagnie d'ouvriers, de camarades qui vont deux à deux, trois à trois.

Anar de cola, aller de compagnie.

Bailar la cola, donner une cassade. Sauv.

COLA, Pour colle. V. *Colla*.

COLAC, s. m. (colac), dl. et g. Un des noms de l'alose. V. *Alausa*.

Éty. de *col*. gallois, arête de poisson, *colac*, plein d'arêtes. Astruc. V. *Colacus*. Ducange.

COLADA, s. f. vl. Coup, soufflet, gourmade. V. *Soufflet* et *Emplastre*.

Éty. du lat. *colaphus*, soufflet, dérivé du grec κόλαφος (kolaphos), m. s.

COLADA, s. f. Salut, révérence : *faire la colada*, saluer en traînant le pied à terre, en le faisant glisser, couler. V. *Col*, R. 2.

COLADA, s. f. Accolade, coup d'épée donné sur le cou. V. *Col*, R. En vl. Iron, botte, coup violent.

COLADEGEAR, et

COLADIAR, v. a. vl. Donner des soufflets, souffleter.

Éty. du lat. *colaphizare*. V. *Colada*.

COLADIT, adj. vl. Coulant, doux, doucereux, bien poli.

Éty. de *colar*, couler, glisser. V. *Col*, R. 2.

Motz coladitz, paroles flatteuses, paroles qui s'insinuent doucement: *Bran coladitz*, épée luisante, polie.

COLAMENT, s. m. vl. *Colament*, cat. *Colamento*, ital. Coulement, écoulement, l'action de couler.

Éty. de *colar* et de *ment*. V. *Col*, R. 2.

COLANDRA, vl. V. *Coriandra*.

COLAR, v. a. (colá); dg. Chômer une fête, honorer la mémoire d'un saint.

Éty. du lat. *colere*. V. Col, R. 3.

Toujoun noste curé trobo el sujet de nous carga de quaouque sin noubel, qu'es rigur de cola, mes que lo corno al prono.

Bergeyret.

COLAR, v. a. vl. Embrasser, accueillir, donner l'*acolade*. V. *Col*, R.

Éty. V. le mot précédent.

COLAR, s. m. (coulá); colar, coulier, coular, colier, coullier, coulas. *Collar*, esp. cat. *Colare*, port. *Collare*, ital. Collier, cercle de fer ou d'autre matière, qu'on met autour du cou des animaux pour les attacher. Pour collier, ornement, on se sert plus particulièrement du mot *Coulier*, v. c. m.

Éty. du lat. *collare*, formé de *collum*. V. *Col*, R.

COLAR, v. n. vl. *Colar*, cat. esp. *Colare*, ital. Couler, glisser, passer, marcher, partir. V. *Col*, R. 2.

COLAS, s. m. coular, coulas. Se dit aussi pour *carcan*, V. *Carcan*; pour collier d'un chien de berger, V. *Colar*; pour collier de sonnaille, V. *Cambis*. V. *Col*, R. Grand ou gros *cou*.

COLAS, s. m. (coulás); coulas, couissin, coulariva, coulas. Collier, espèce de coussin fortement rembourré que l'on met au cou des bêtes qui labourent et aux chevaux de trait, pour empêcher que les attelles ne les blessent.

Éty. de *col*, *couel*, et de l'augm. *as*, gros cou. V. *Col*, R.

Dans un collier on nomme :

TÊTE, le haut.

CHAPERON, la pièce de cuir qui recouvre la tête.

EMBOUCHURE, l'endroit où le collier commence à se diviser en deux branches.

CORPS, les deux branches.

PANSE, l'endroit des branches où elles sont élargies en arrière.

VERGE, espèce de bourrelet qui occupe tout le devant du corps.

BOUTONS; *boutouns*, les attaches en cuir qui fixent les attelles au collier.

ATTELLES, *atelas*; les deux morceaux de bois courbés en forme d's, qui sont fixés sur le collier. Leur partie supérieure se nomme *patte*, et le reste *corps*.

BOITES, V. *Billot*.

BILLOT, le double anneau de cuir, servant à retenir les traits des chevaux de devant, ou la mancelle du limonier.

RIQUET, le petit bouton encoché qui fixe le billot sur l'attelle.

MANCELLE, l'attache qui tient par un bout au billot, et forme de l'autre un grand anneau dans lequel on passe le bout du limon de la charrette, jusqu'au trou où elle est arrêtée par la cheville, nommée attelloire. Les mancelles sont quelquefois en fer.

COUPLIÈRES, les deux courroies de cuir qui unissent les attelles au collier en haut et en bas.

CEINTURE, la courroie qui embrasse le collier par derrière et se noue avec la couplière d'en haut.

CROISSANTS, les bandes de fer que l'on cloue au bas des attelles des colliers qui s'ouvrent, dont l'un porte un crochet et l'autre un œil pour le recevoir, afin de tenir le collier fermé.

HOUSSE, la peau de mouton garnie de sa laine dont on couvre le collier.

COLASSADA, s. f. (coulassáde); calandra, couloussada, coulassada. Nom qu'on donne, dans la Basse-Provence, à la calandre ou grosse alouette, *Alauda calandra*, Lin. oiseau de l'ordre des Passereaux et de la fam. des Subulirostres ou Raphioramphes (à bec en alêne).

Éty. de *colus*, collier, à cause d'une bande noire qu'elle a sous la gorge, ressemblant à un collier. V. *Col*, R.

Cette espèce, qui habite le Midi de la Provence, a sept pouces et trois lignes de longueur. Le mâle a une voix agréable et possède le talent d'imiter le chant des autres oiseaux.

COLASTICA, Nom de femme. Altér. de *Escolastica*. v. c. m.

COLAT, s. m. (coulá); dg. coulat. Alose. V. *Alausa*.

Éty. Ce poisson est remarquable par la petitesse de sa tête qui fait ressortir son cou, d'où son nom *Colat*, pourvu d'un cou remarquable.

COLATIU, **IVA**, adj. vl. Qui aide à couler.

Éty. de *colat* et de *iu*. V. *Col*, R. 2.

COLBE, s. m. vl. colb. Alt. de *Colp* et *Coou*, v. c. m. pour faute, V. *Culpa*.

COLC, vl. Il ou elle servit, honora.

COLCADA, s. f. vl. colgada. Couchée. V. *Couchada*.

COLCAMENT *del solelh*, vl. (colcaméin del soleil); colcamen. Le coucher du soleil.

Éty. de *colcar*, coucher, et de *men*. V. *Couch*, R.

COLCANT, LO, s. m. vl. Le couchant du soleil.

Éty. V. *Couch*, R.

COLCAR, vl. V. *Coucar*.

COL-DEL-BLAD, s. m. dg. Partie de la tige ou hampe du blé, depuis la dernière feuille jusqu'à l'épi.

COL-DEL-PED, s. m. dg. V. *Coudeped*.

COL-DE-SEIGNOURA, s. f. Nom d'une espèce de figue, à Toulouse. V. *Figua-de-gourrau*.

COLENTS, s. m. pl. (coléns), vl. Prosélytes.

Éty. du lat. *colentes*, qui honorent, révèrent. V. *Col*, R. 3.

COLER, COULER, CHOLER, radical pris du grec χολέρα (choléra), choléra, colère, ou de χολὴ (cholé), bile, fiel, humeur, haine, jalousie, parce qu'on a attribué à ce liquide, ou du moins à son influence, ces passions et la maladie, connue sous le nom de *choléra*, d'où le latin *cholera*.

De *cholera*, par la suppr. de *h*: *Coler-a*, *Coler-ic*, et par sync. de *e*: *Colr-a*, *Colr-etz*.

De *coler*, par le chang. de *o* en *ou*: *Couler-a*, *Couler-ique*, *ica*, *Couler-ous*, *En-couler-it*.

COLER, v. n. vl. COLRE. *Coldrer*, cat. *Colere*, ital. Chômer une fête, la célébrer: *De qui festas colem?* De quel saint faisons nous la fête. Servir, honorer. V. *Colar*.

Éty. du lat. *colere*, honorer, adorer. V. *Col*, R. 3.

COLERA, COLRA, s. f. vl. *Colera*, cat. esp. port. *Collera*, ital. Bile, flegme.

Éty. du lat. *cholera*, dérivé du grec χολὴ (cholê); bile, et de ῥέω (rhéô), couler. V. *Coler*, R.

COLERA, Maladie. V. *Cholera*.

COLERA-MORBUS, s. m. (colerámorbus); COLERA. *Colera-morbo*, cat. esp. *Colera-morbus*, ital. *Cholera-morbus*, port. Cholera-morbus.

COLERIC, vl. V. *Coulerique* et *Coler*, R.

COLET, *pichot*, s. m. V. *Rabat*.

COLETA, nom de femme (colète). Collette.

Patr. Ste Collette, abbesse du monastère de Ste Claire, d'Aigueperse.

COLETA, s. f. (couléte). Petite colline et nom de lieu.

Éty. Dim. de *col* ou *coul*. V. *Coul*, R.

COLETAR, v. a. (coletá). Colleter, saisir quelqu'un au collet, en faisant des efforts pour le jeter par terre.

Éty. de *coulet* et de *ar*, prendre au collet. V. *Col*, R.

COLETAT, **ADA**, adj. et p. (coletá, áde), d. bas lim. Celui, celle qui porte un collet: *Ben couletat, mau couletat*, selon que le collet est bien ou mal ajusté. V. *Col*, R.

COLETINA, s. f. (couletine), dl. COULETINA. Collet ou pourpoint de cuir. Douj. V. *Col*, R.

COLETOUN, s. m. (couletóun). Dim. de *Colet*, v. c. m. et *Col*, R.

COLGA, s. f. vl. *Colchão*, port. Un lit, une couche. V. *Couch*, R.

COLGADA, vl. V. *Colcada*.

COLGAT, **ADA**, adj. et p. vl. *Colgad*, cat. Couché, éc. V. *Couch*, R.

COLGRA, vl. Il ou elle honorerait, honorera.

COL-GROS, dg. Goître. V. *Gouitre*.

COLGUAR, vl. V. *Colgar*.

COLGAR, v. a. vl. COLCAR, COLGUAR. *Colgar*, cat. *Colcare*, ital. Coucher, reposer. V. *Coucar*.

Éty. V. *Couch*, R.

COLGUT, **UDA**, adj. et p. vl. Couché.

Éty. de *colgar*.

COLH, s. m. vl. Cou. V. *Col*, *Couel* et *Col*, R.

COLH, s. m. vl. Accueil.

Éty. de *colere*. V. *Col*, R. 3.

COLHA, s. f. vl. Vessie; les bourses.

COLHANDRA, d. toul. V. *Couriandra*.

COLHET, s. m. (coillé), dl. COLIET. Vidangeur de retraits. Sauv.

COLHO, s. m. vl. V. *Coulhoun*.

COLHS, s. m. pl. vl. Testicules; trou d'un tonneau. Que tu cueilles.

COLHUT, adj. vl. Qui n'est pas châtré.

COLI, vl. Je sers, courtise, cultive.

COLIANDRE, s. m. vl. Coriandre. V. *Coriandra*.

COLIBET, V. *Quolibet*.

COLIC, vl. V. *Coulica*.

COLICA, s. f. vl. COLICHA. Collecte, aumône: *Far colica*, faire part de ses biens.

COLIER, s. m. (coulié); COULIER, COUIER. *Collar*, esp. cat. *Colar*, port. *Collare*, ital. Collier, ornement que les femmes portent au cou. V. *Colar*.

Éty. du lat. *collaris*. V. *Col*, R.

Les Egyptiens en faisaient déjà un grand usage; la plupart de leurs statues en sont pourvues. On en donnait aux soldats romains pour honorer leur bravoure.

Manlius, fut surnommé *Torquatus*, parce qu'il avait enlevé, à un gaulois, un des colliers qu'on appelait *torques*.

COLIER, s. m. vl. COLIERS. Porte-faix. V. *Porta-fais*.

Éty. de *col* et de *ier*, parce qu'ils portent sur le cou.

COLIOL, adj. V. *Calhet*.

COLIS, s. m. (cólis). Colis, balle, caisse ou barrique, qu'on embarque ou qu'on transporte en charrette.

Éty. Probablement de *col*, cou, balle qu'on porte sur le cou, sur les épaules. V. *Col*, R.

COLL, COL, radical pris du latin *colla*, même sign. colle, et dérivé du grec κόλλα (kolla), qui signifie la même chose; d'où: *Colla*, *Coular*, *Des-colla-ment*, *Des-coll-ar*, *Des-coll-at*.

COLL, s. f. vl. Col, colline. V. *Colla*.

COLLA, s. f. (cóle). Pour cou. V. *Col*, *Couel* et *Col*, R.

Pourtar à la colla, porter à califourchon.

COLLA, s. f. (cóle); COLA, COUELLA. *Colla*, lat. Colle, matière gluante et tenace qui sert à joindre deux surfaces.

Éty. du grec κόλλα (kolla), m. s. Voy. *Coll*, R.

Balhar la colla, dl. donner une cassade, fourber. Douj.

COLLA A BOUCCA. *Cola de boca*, cat. esp. *Colla di bocca*, ital. Colle à bouche, préparation de colle que l'on peut humecter dans la bouche pour s'en servir immédiatement.

COLLA DE PEISSOUN, s. f. Colle de poisson ou ichthyocolle, matière sèche, coriace, blanche, demi-transparente, contournée en manière de lyre, provenant de la vessie natatoire des esturgeons, roulée et séchée.

Cette matière fondue dans l'eau, fournit une colle qui n'est point cassante comme les autres, ce qui la fait préférer pour beaucoup d'ouvrages. C'est particulièrement sur les bords de la Mer-Caspienne qu'on la prépare, et les Russes en font un grand commerce.

La colle à bouche, se fait avec de l'ichthyocolle dissoute dans l'eau sucrée et aromatisée.

En dissolution dans l'eau-de-vie, elle peut servir à réunir des fragments de verre ou de porcelaine et autres corps durs.

COLLA FORTA, COUELLA FOUERTA. Colle forte, elle est le produit de la coction des parties gelatineuses des animaux, son nom lui vient de sa grande tenacité.

COLLA-PEI, s. m. Un des noms qu'on donne, à Toulon, à l'*Accipenser huso*. V. *Copso*.

COLLA, s. f. (cóle); COUELA. *Coll*, cat. *Colle*, ital. Col, passage étroit dans des montagnes; montagne, colline.

Éty. du lat. *collis*, probablement dérivé du grec κολωνὸς (kolónos), hauteur, colline.

COLLABLAMEN, adv. vl. De connivence.

COLLACION, vl. V. *Collation*.

COLLADEIAR, v. a. vl. Souffleter, tourmenter.

Éty. de *colada* et de *eiar*.

COLLAR, v. n. COULAR. Coller, en parlant d'un habit, d'une culotte, etc., qui s'applique bien sur le corps, qui ne fait point de plis; qui semble collé.

COLLAR, v. a. (coulá); COULAR, ENCOULAR, EMPEGAR, EMPEGAR. *Incollare*, ital. *Encolar*, esp. *Collar*, port. Coller, unir des corps par l'interposition de la colle; passer à la colle, dans la colle; au jeu de billard, pousser une bille près de la bande.

Éty. de *colla* et de *ar*, ou du grec κολλάω (kollaô), m. s.

COLLAT, **ADA**, adj. et p. (coulá, áde); COULAT, ENCOLLAT. *Collado*, port. Collé, ée.

COLLATERAL, **ALA**, adj. et s. (coullatéral, ále); COLLATERAU. *Collaterale*, ital. *Colateral*, esp. *Collateral*, port. cat. Collatéral, qui est parent de quelqu'un à *latere*, c'est-à-dire, de côté, et non en ligne directe. Les frères, les oncles et les cousins, sont des collatéraux, ils forment la ligne collatérale, par opposition à la ligne directe.

Éty. du lat. *collateralis*, m. s. V. *Lat*, R.

COLLATERAU, V. *Collateral*.

COLLATIER, s. m. vl. Crocheteur, porte-faix.

COLLATIO, vl. V. *Collation*.

COLLATION, s. f. (coullatie-n); *Collació*, cat. *Colacion*, esp. *Colazione*, ital. *Collação*, port. Collation, droit de conférer un bénéfice; provision donnée par le collateur; comparaison d'une copie avec son original.

Éty. du lat. *collationis*, gén. de *collatio*. V. *Lat*, R. 3.

COLLATION, s. f. vl. *Collació*, cat. *Colacion*, esp. *Collação*, port. *Colazione*, ital. Collation, confrontation; cession, transport; léger repas du soir.

Éty. du lat. *collationis*, gén. de *collatio*. V. *Lat*, R. 3.

COLLATIONAR, v. a. vl. V. *Collatiounar*.

COLLATIOUNAR, v. a. (coullatiouná); *Collazionare*, ital. *Colacionar*, esp. Collationner, comparer une pièce avec l'original pour voir si elle est conforme.

Éty. de *collation* et de *ar*. V. *Lat*, R. 3.

COLLATOUR, s. m. (coullatóur); *Collador*, cat. *Colador*, esp. *Collator*, port. Collateur, celui qui confère un bénéfice ecclésiastique.

Éty. du lat. *collator*, m. s. V. *Lat*, R. 3.

COLLECTA, s. f. vl. V. *Coulecta*.

COLLECTIO, s. f. vl. V. *Coulection*.

COLLECTIU, IVA, adj. vl. V. *Coulectif*.

COLLECTOR, s. m. vl. V. *Coulectour*.

COLLEGE, s. m. vl. Collége des cardinaux. V. *Leg*, R. 2.

COLLEGI, s. m. vl. V. *Coulegi*.

COLLEGIAL, vl. V. *Coulegial*.

COLLEGIAT, ADA, adj. et s. f. vl. *Collegiad*, cat. *Colegiata*, esp. *Collegiata*, port. *Collegiato*, ital. Collégial, ale. V. *Leg*, R. 2.

COLLEGIR, v. a. vl. COLLIGIR. *Collegir*, cat. *Colegir*, esp. *Colligir*, port. Colliger, assembler, amasser, cueillir.

Éty. du lat. *colligere*, m. s. V. *Leg*, R. 2.

COLLERETA, s. f. (colerète). Collerette, ornement que les femmes, et les jeunes filles particulièrement, mettent autour du cou.

Éty. de *coller* pour *collier*, et du dim. *eta*. V. *Col*, R.

COLLEVA, s. f. (colève). V. *Coua-leva* et *Coua*, R.

COLLIER, vl. V. *Colier*.

COLLIGACIO, s. f. vl. COLLIGANCIA, COLLIGAMENT. *Colligació*, cat. *Coligacion*, esp. *Colligação*, port. *Colligazione*, ital. Liaison, réunion, ligue, enlacement.

Éty. du lat. *colligatio*, m. s. V. *Le*.

COLLIGAMENT, s. m. vl. *Coligamiento*, esp. *Collegamento*, ital. Liaison. V. *Colligacio*.

COLLIGANCIA, s. f. vl. *Colliganza*, anc. cat. *Colleganza*, ital. Confédération. V. *Colligacio*.

COLLIGAR, v. a. vl. *Colligar*, cat. port. *Coligar*, esp. *Colligare*, ital. Lier ensemble, conjoindre, comprimer. V. *Leg*, R.

COLLIGAT, ADA, adj. et p. vl. *Colligad*, cat. *Coligado*, esp. Conjoint, ointe, lié, ée.

COLLIGATIU, IVA, adj. vl. *Colligatif*, propre à joindre, à lier ensemble.

COLLIGIR, vl. V. *Collegir*.

COLLIRI, vl. Collyre. V. *Collyro*.

COLLISIO, s. f. vl. COLLIZIO. *Collisió*, cat. *Collisione*, ital. *Colision*, esp. *Collisão*, port. Collision, froissement; vice du discours, collision.

Éty. du lat. *collisio*, m. s. V. *Leg*, R.

Collizios *es ajustamens de motas dictios ques an motas consonans en una sillaba coma fortz, francs, ferms*. Fl. del gay sab.

COLLIZIO, vl. V. *Collisio*.

COLLOCAR SE, v. r. (sé coulloucá); COULLOUCAR. *Collocar-se*, port. *Colocarse*, esp. cat. *Collocarsi*, ital. Se colloquer, se faire placer dans l'ordre des créanciers qui doivent être payés.

Éty. du lat. *collocare*, m. s. V. *Loc*, R.

COLLOCAT, ADA, adj. et p. (coulloucá, áde); COULLOUCAT. *Collocado*, port. Colloqué, ée; placé à son rang, en parlant d'un créancier.

Éty. du lat. *collocatus*, m. s. V. *Loc*, R.

COLLOCATION, s. f. (coulloucatien); COULLOUCATIEN, COULLOUCATION. *Collocació*, cat. *Colocacion*, esp. *Collocamento*, ital. *Collocação*, port. Collocation, action de colloquer, et l'effet de cette action.

Éty. du lat. *collocatio*, m. s. fait de *col* pour *cou*, de *loc* et de *ation*, action de prendre place.

COLLOGUI, s. m. anc. béarn. Collocation. V. *Loc*, R.

COLLOQUINTIDA, vl. V. *Coloquinta*.

COLLOQUO, s. m. (collóque); *Colloquio*, ital. port. *Coloquio*, esp. *Colloqui*, cat. Colloque, dialogue, entretien de deux ou de plusieurs personnes.

Éty. du lat. *colloquium*, m. s. V. *Locut*, R.

COLLOUCAR, et comp. V. *Collocar*, etc.

COLLUCATIU, IVA, adj. vl. *Collucatif*, qui luit, qui brille de toutes parts.

Éty. du lat. *collucere*.

COLLYRO, s. m. (coulyre); COLLIRI. *Colliri*, cat. *Colirio*, esp. *Collyrio*, port. *Collirio*, ital. Collyre, médicament liquide, qu'on emploie en lotion contre les maladies des yeux.

Éty. du lat. *collyrium*, m. s. dérivé du grec κολλύριον (kollyrion), de κωλύω (kôlyô), empêcher, et de ῥέω (rhéô), couler, c'est-à-dire, qui empêche de couler.

COLME, OLMA, adj. vl. *Colmo*, cat. esp. Plein, pleine.

Éty. du lat. *cumulus*, l'excédent, le pardessus.

COLMIS, s. m. vl. Nom d'un peuple.

Outra mar Turcs ni Colmis.

COLO, COLA, désinence dérivée du lat. *colere, colo, cultum*, cultiver, habiter, honorer, adorer.

COLOBI, s. m. vl. *Colobio*, port. ital. Dalmatique, tunique courte.

Éty. du lat. *colobium*, m. s. dérivé du grec κολόβιον (kolobion), chemisette sans manches, fait de κολοβέω (kolobeô), mutiler, tronquer.

COLOBRA, s. f. (colóbre); COLOBRE, COLOBRI. *Culebra*, cat. esp. *Cobra*, port. *Colubro*, ital. Couleuvre, serpent. V. *Anguilha de bouissoun*.

Éty. du lat. *colubra*, m. s.

COLOBRE, et

COLOBRI, s. m. vl. V. *Colobra*.

COLOBRINA, vl. V. *Couloubrina*.

COLOFOGNA, et

COLOFONIA, s. f. dl. *Colofonia*, cat. Colophane. V. *Colophana*.

COLOGAR, v. a. vl. COLOGUAR. *Collocar*, port. cat. *Colocar*, esp. *Collocare*, ital. Colloquer, placer, établir.

Éty. du lat. *collocare*, m. s. V. *Coulloucar* et *Loc*, R.

COLOGUAR, vl. V. *Cologar* et *Coulloucar*.

COLOM, s. m. vl. Pigeon. V. *Colomb*.

COLOMB, COULOUMB, rad. pris du latin *columba*, colombe, pigeon, qui est probablement dérivé du grec κολυμβὰς (kolumbas), plongeon, formé de κολυμβάω (kolumbaô), nager, plonger, nom donné d'abord à un oiseau aquatique, qui avait, comme les mouettes, quelque ressemblance avec les pigeons; d'où : *Colom, Colomb, Colomb-a, Colomb-at, Colomb-et, Colomb-ier, Colomb-in*.

De *columba*, par le changement de *o* en *ou*: *Couloumb, Couloumb-a, Couloumb-ada, Couloumb-ier, Couloumb-in, Couloumb-ina, Couloum-et, Couloumb-et, Coulon*.

COLOMB, s. m. vl. COLOM, COLOMBA. *Colom*, anc. cat. Pigeon, colombe. V. *Pigeoun* et *Couloumba*.

Éty. du lat. *columbus*, par apoc. V. *Colomb*, R.

COLOMBA, s. f. vl. V. *Couloumba* et *Colomb*, R.

COLOMBAT, s. m. vl. Petite colombe, pigeonneau. V. *Colomb*, R.

COLOMBET, s. m. vl. *Colomi*, cat. *Palomino*, esp. Pigeonneau, tourtereau.

Éty. de *colomb* et du dim. *et*, V. *Colomb*, Rad. ou du lat. *columbulus*, m. s. dim. de *columbus*.

COLOMBIER, s. m. vl. V. *Couloumbier* et *Colomb*, R.

COLOMBIN, INA, adj. vl. *Colombino*, ital. De pigeon, de colombe. V. *Colomb*, R.

COLOMBION, s. m. (colombión). Métal d'un gris sombre, prenant du brillant par le frottement, que M. Hatchett a découvert en 1801, dans un minéral où il était à l'état de colombate, de protoxyde de fer et de manganèse.

Éty. Ce métal ayant été trouvé en Amérique, M. Hatchett, a voulu le consacrer à la mémoire de Christophe Colomb, en lui donnant le nom de *colombium*.

COLOMER, s. m. vl. *Colomer* et *Colomar*, anc. cat. Colombier. V. *Couloumbier*.

COLOMPNA, vl. V. *Coulouna* et *Colon*, Rad.

COLON, COULOUN, COUROUEN, rad. pris du lat. *columna*, colonne, dérivé de *columen*, parce que les colonnes soutiennent les combles, les faîtages, etc. : *Quod culmina sustineant, Festus*. ou du grec κῶλον (kôlon), pied, jambe ; d'où : *Colon-el, Colonn-a, Colompn-a*; et par le changement de *l* en *r*: *Coron-da, Courouenda*.

De *colon*, par le changement de *o* en *ou*, *couloun*: *Couloun-a, Couloun-ada, Couloun-ela, Courouend-a, Couround-age, Couround-oun, Couroun-el*.

COLON, s. m. vl. *Colon*, anc. cat. *Colono*, esp. port. ital. Colon, celui qui cultive.

Éty. du lat. *colonus*. V. *Col*, R. 3.

COLON, vl. Ils ou elles vénèrent, de *colere*. V. *Col*, R. 3.

COLONHES, s. m. vl. Épée fabriquée à Cologne.

Éty. de *colonha* et de *es*.

COLONHET, s. m. vl. Fusain ou bonnet de prêtre ; arbrisseau. V. *Bounet de capelan*.

D'un albre c'om fuzan hapella o colonhet.
Deudes de Prades.

COLONNA, vl. Colonne. V. *Coulouna* et *Colon*, R.

COLONTIERS, adv. vl. Combien, volontiers. Gl. occ. Altér. de *Volontiers*, v. c. m.

COLONYA, s. f. anc. béarn. ?

Lòs filhs dèu prumé maridage debèn habé las colonyas de la mort dèu pay.
Fors et Cost. de Béarn.
Rubr. de Penas et Emendas, art. 2.

COLOPHANA, s. f. (colophâne); COLOPHONA, COLOFOGNA, COLOFONIA. *Colofonia*, cat. esp. ital. *Colophonia*, port. Colophone et Colophane, espèce de résine dont les joueurs d'instruments à corde, frottent leur archet, et les écrivains le papier qu'ils ont gratté pour empêcher qu'il ne boive. V. *Sandaraca*.

Éty. du grec κολοφωνία (kolophônia), de Colophone, ville d'Ionie, où l'on prépara d'abord cette résine pour les usages indiqués.

Cette préparation consiste à faire fondre deux parties du résidu de la résine ordinaire distillée avec une partie de poix blanche.

COLOPHONIA, vl. V. *Colophana*.

COLOQUINTA, s. f. (coulouquìnte); *Coloquinta*, cat. *Coloquintida*, esp. port. *Colloquintida*, ital. *Colloquint*, all. Coloquinte ou concombre amer, *Cucumis colocynthis*, Lin. plante de la fam. des Cucurbitacées, originaire de Barbarie.

Éty. du lat. *colocynthis*, m. s. dérivé du grec κολοκυνθὶς (colokynthis), le même.

La pulpe de cette plante est d'une amertume extraordinaire et jouit d'une vertu purgative très-prononcée.

COLOR, COULOUR, radical pris du latin, *color, coloris*, couleur. Dérivés directs: *Color, Color-ar, Color-at, ada, Colora-ment, Colora-cio, Des-coloramen, Des-coloracio, Des-coloratiu, Des-colorar, Es-colorir, Des-color-at, Es-color-it*, par métagr. de *o* en *ou: Coulour;* et les mêmes mots.

COLOR, s. f. vl. Couleur, espèce, qualité, manière, splendeur, éclat, prétexte. V. *Coulour* et *Color*, R.

Juus color *de ignorança,*
Juus color *de absencia.*
Fors et Cost. de Béarn.

COLORACIO, s. f. vl. *Coloracion*, esp. *Colorazione*, ital. *Coloration*, coloris.

Éty. de *color* et de *acio*. V. *Color*, R.

COLORAMENT, s. m. vl. *Coloramiento*, anc. esp. *Coloramento*, ital. *Coloration*.

Éty. de *colorar* et de *ment*. V. *Color*, R.

COLORAT, v. a. vl. V. *Coulourar* et *Color*, R.

COLORAT, ADA, adj. et p. vl. V. *Coulourat* et *Color*, R.

COLORATIU, IVA, adj. vl. *Colorativo*, esp. *Coloratif*, qui a la vertu de colorer. V. *Color*, R.

COLORIR, v. a. n. vl. *Colorir*, cat. esp. port. *Colorire*, ital. Colorer, se colorer. V. *Color*, R.

COLORIT, IDA, adj. vl. Coloré, ée.

COLOSSAL, ALA, adj. (couloussál, ále); *Colossale*, ital. *Colosal*, esp. *Colossal*, port. cat. Colossal, ale, d'une grandeur extraordinaire.

Éty. du lat. *Colosseus*, m. s.

COLOSSO, s. m. (colósse); *Colosso*, ital. port. cat. *Coloso*, esp. Colosse, statue dont la proportion est fort au-dessus de la taille naturelle; telles qu'étaient celle du soleil à Rhodes, élevée vers l'an 300 avant J.-C. par Charès de Lindes; et celles des empereurs Néron et Commode. Fig. Homme d'une grande taille.

Éty. du lat. *colossus*, dérivé du grec κολοσσὸς (kolossos), m. s.

COLOT, adj. vl. COLOTZ. Altér. de *golót*, goulu, gourmand.

COLOVRE, vl. V. *Colobre* et *Colobra*.

COLP, s. m. vl. Cou. V. *Coou*.

COLPA, s. f. vl. Coulpe. V. *Coulpa* et *Culp*, R.

COLPABLAMENT, adv. vl. *Culpablement*, cat. *Culpablemente*, esp. *Culpavelmente*, port. *Colpabilmente*, ital. Coupablement, criminellement.

Éty. de *culpabla* et de *ment*, d'une manière coupable. V. *Coupable* et *Culp*, R.

COLPABLE, ABLA, adj. vl. V. *Coupable* et *Culp*, R.

COLPAL, vl. V. *Colpau*.

COLPAR, v. a. vl. *Culpar*, cat. esp. port. *Colpar*, ital. Inculper, accuser. V. *Inculpar* et *Culp*, R.

COLPAU, adj. vl. COLPAL. *Coupable*, v. c. m. Fautif, criminel, coupable. V. *Culp*, Rad.

COLPIER, s. m. vl. Batailleur.

Éty. de *colp* et de *ier*, qui porte des coups.

COLPORTAGI, s. m. (coulpourtátgi); COULPOURTAGE. Colportage, état, métier, de colporteur.

COLPOURTUR, s. m. (coulpourtú); MARCHANDOUN, MERCIER, PORTA-BALLA. Colporteur, homme qui fait métier de porter dans les maisons, des marchandises pour les vendre.

Éty. de *col*, cou, épaules, et de *pourtur*, qui porte sur les épaules. V. *Col* et *Port*, R.

COLQUET, vl. Il ou elle se coucha.

COLRA, s. f. vl. Bile; il ou elle recueillera. V. *Colrat* et *Coler*, Rad.

COLRADI, nom d'homme, vl. Conradin.

COLRAT, ADA, adj. et p. vl. *Colrad*, cat. Alt. de *Colorat, ada*, coloré, ée, teint, einte.

COLRE, v. a. vl. *Colrer*, anc. cat. *Colere*, anc. ital. Vénérer, célébrer, adorer, V. *Coler*, accueillir, honorer.

Éty. du lat. *colere*, m. s. V. *Col*, R. 3.

COLRET, s. f. vl. COLRA. Flegme, bile.

Éty. Alt de *Colera*, v. c. m. et *Coler*, R.

Colretz jaunas e negras, biles jaunes et noires.

COLS, vl. Contr. de *Com els*, comme les. V. *Collina*, *Col* et *Colla*.

COLT, adj. et p. vl. COLTZ. Cultivé, révéré.

COLTELADA, s. f. vl. COLTELLADA. Estafilade, coup de couteau.

COLTELLADA, s. f. vl. *Coltellada*, cat. V. *Coutelada* et *Coutel*, R.

COLTHEL, vl. *Coltell*. cat. V. *Coutel*.

COLTIVADOR, s. m. vl. V. *Cultivatour* et *Col*, R. 3.

COLTIVAMENT, s. m. vl. *Cultivament*, anc. cat. *Coltivamento*, ital. Culture, V. *Cultura;* pour adoration, V. *Adoration*.

Éty. de *coltivar* et de *ment*. V. *Col*, R. 3.

COLTIVAR, v. a. vl. Cultiver, V. *Cultivar*, vénérer, honorer. V. *Col*, R. 3.

COLTIVAT, ADA, adj. et p. vl. V. *Cultivat* et *Col*, R. 3.

COL-TORSER, dl. Tordre le cou. V. *Col* et *Tors*, R.

COL-TORT, s. m. (cól-tór); COUEL-TOUERT. V. *Col* et *Tors*, R.

COLTRE, s. m. vl. *Coltro*, ital. Coutre. V. *Coutre*.

COL-TRINCAR SE, v. r. dl. Se rompre le cou. V. *Col*, R.

COLUENHA, nom de lieu. Cologne.

Éty. du lat. *colonia*.

COLUM, s. m. vl. Colum, sorte de ponctuation: elle était marquée par un seul point et n'avait guère plus de valeur que notre virgule. Rayn.

COLUMBA, vl. V. *Colomba*.

COLURI, vl. et

COLURO, s. m. (coulúre); *Coluro*, cat. esp. port. ital. Colure, on le dit de deux grands cercles de la sphère, qui coupent l'équateur et le zodiaque en quatre parties égales, et qui servent à marquer les quatre saisons de l'année.

Ety. du lat. *colurus*, dérivé du grec κόλουρος (kolouros), taillé, mutilé, écourté, formé de κολούω (kolouô), couper, et de οὐρὰ (oura), queue, extrémité, à cause des entailles qu'on a faites à ces deux cercles pour soutenir tous les autres.

COL-VERD, s. m. (col-vèr). Nom du canard sauvage dans beaucoup d'endroits. V. *Canard sauvagi*, *Col* et *Verd*, R.

COLZAT, s. m. (colzá). Chou colzat, ou simplement colzat, *Brassica oleracea arvensis*, Lin. plante de la famille des Crucifères, cultivée particulièrement à cause de l'huile qu'on retire de sa graine.

Éty. du celt. *cawl* ou *chaulx*, légume. V. *Caul*, R.

COM

C. O. M. vl. Ces lettres sont employées pour désigner le nombre cent mille.

COM, adv. et conj. vl. CUM, CO. *Com*, cat. *Como*, esp. port. *Come*, ital. Comme, comment, de même que, ainsi, puisque, avec. V. *Coumo*.

Éty. du lat. *cum*, *quomodo*, il prend quelquefois, *si*, *aissi*, *en aissi*, en roman.

Si com, *eissi com*, *enaissi com*, *cossi*, qui ne changent point sa signification ordinaire.

Com que m n'an, quoiqu'il m'arrive.

Com que s vueilla, comme on voudra.

COMA, s. m. vl. *Coma*, cat. esp. ital. Comma, sorte de ponctuation qui consiste en deux points placés l'un au-dessus de l'autre. (:)

Éty. du lat. *comma*.

COMA, s. f. (cóme); *Coma*, lat. *Chioma*, ital. *Coma*, anc. esp. port. Crinière du cheval, longs crins qui croissent tous le long du cou des chevaux; vl. chevelure, queue de comète.

Éty. du grec κόμη (komê), chevelure, formé de κομέω (koméô), parer.

COMA, adv. et conj. vl. Comme. V. *Coumo*.

COMA, vl. *Quasi*, v. c. m.

COMAIRA, vl. V. *Comaire* et *Coumaire*.

COMAIRE, s. f. vl. comayre, comaira. V. *Coumaire*.

COMAN, s. m. vl. comant. *Comando*, esp. ital. Ordre, commandement; homme, sujet, serviteur, homme recommandé. V. *Coumandament* et *Mand*, R.

COMANDA, s. f. vl. commanda. *Comanda*, cat. *Comenda*, port. Commandement, ordre, injonction; dépôt, chose confiée; puissance, domination, recommandation; commandite.

COMANDADOR, s. m. vl. comandaire. *Comanador*, cat. *Comendador*, esp. port. *Commendatore*, ital. Ordonnateur, celui qui a confié, commandeur. V. *Mand*, R.

COMANDAIRE, s. m. vl. comandador. *Comanador*, cat. *Camendador*, esp. port. *Commendatore*, ital. Commandant, maître, celui qui commande, commandeur. V. *Mand*, Rad.

COMANDAMENT, s. m. vl. comandamen. *Comandament*, cat. Ordre, injonction; examen, interrogation, recommandation. V. *Coumandament*.

COMANDAR, v. a. vl. Invoquer, commander avec prière; confier, mettre en dépôt; se déclarer vassal. Gl. occ.

Éty. du lat. *commendare*, m. s. V. *Mand*, Rad.

COMANDAT, adj. et p. vl. Confié, commandé. V. *Mand*, R.

COMANDATARI, s. m. vl. commanditari. Commandataire.

COMAT, adj. vl. *Comato*, ital. Chevelu, à longue crinière.

Éty. du lat. *comatus*, ou de *coma* et de *at*.

COMAYRE, vl. V. *Comaire* et *Coumaire*.

COMB, BA, adj. vl. cumba. Courbe.

Éty. L'espagnol dit *combar*, pour courber; dérivé du grec Καμπή (kampê), courbure.

COMBA, s. f. vl. Vallée, vallon; tertre, colline. V. *Coumba*.

COMBATEDOR, s. m. vl. *Combatidor*, esp. *Combattitore*, ital. Combattant, assaillant, guerrier. V. *Coumbatant*.

Éty. de *con*, de *bat* et de *edor*, celui qui se bat avec.... V. *Battr*, R.

COMBATEMENT, s. m. vl. combatemen. *Combatiment*, anc. cat. *Combatimento*, esp. *Combattimento*, ital. Combat, attaque. Voy. *Coumbat*.

Éty. de *com*, de *bat* et de *ment*. V. *Batr*, Rad.

COMBATRE et

COMBATTRE, vl. V. *Coumbatre*.

COMBEL, s. m. vl. Vallon, ravin.

Éty. de *comba* et du dim. *el*. V. *Coumba*, pointe d'une flèche. Gl. occ.

COMBEMENT, s. m. vl. Enfoncement, cavité. V. *Coumba*.

COMBINAR, v. a. vl. Combiner, joindre. V. *Coumbinar* et *Bis*, R.

COMBINAT, V. *Coumbinat* et *Bis*, R.

COMBINATIU, IVA, adj. vl. *Combinatif*, qui peut être ou qui est combiné, joint, mêlé; collectif.

Éty. de *combinat* et de *iu*, susceptible d'être combiné. V. *Bis*, R.

COMBIROUS, s. m. (combiróus), dl. Les environs. Sauv.

COMBURIR, v. a. vl. Brûler, embraser. V. *Coumbourir*.

COMBURIT, IDA, adj. et part. vl. Brûlé, ée, embrasé.

COMBUSTIO, vl. V. *Coumbustion*.

COMCA, vl. V. *Conca*.

COMDADOR, adj. vl. Comptable, à compter. V. *Comptable* et *Compt*, R.

COMDAR, v. a. vl. Compter; raconter.

COMDIERS, s. m. pl. vl. comtiers. Jetons.

COMDIERS, s. m. vl. Terme qui paraît correspondre à calendrier. Sauv.

COMDOR, s. m. vl. Comte relevant immédiatement du roi. V. *Comt*, R.

COME, nom d'homme. V. *Cosme*.

COME, s. m. (cômé); comò, comi. *Comitre*, esp. Comite ou comme, bas-officier de galère qui commande la chiourme; il est à l'égard des forçats, ce qu'est le maître d'équipage à l'égard des matelots.

Éty. de l'ital. *comito*, dérivé du lat. *comes*, *comitis*, m. s. V. *Comt*, R.

COMEDER, v. a. vl. Manger, dévorer. V. *Mangear*.

Éty. du lat. *comedere*, m. s.

COMEDIA, s. f. vl. Sorte de composition littéraire. V. *Coumedia*.

COMEL, s. m. (comèl), dl. Sot, nigaud. Sauv.

COMEMORACIO, et

COMEMORATIO, vl. Voy. *Coummemouration*.

COMEN, vl. V. *Comens*.

COMENCEIA, adj. et part. f. vl. Commencée. V. *Coumençat* et *Coumenç*, R.

COMENCHAR, vl. V. *Comensar*.

COMENCZAR, v. a. vl. V. *Començar* et *Coumençar*.

Coumenczar lo, le commencement. Voy. *Coumenç*, R.

COMENDABLE, adj. vl. *Comendable*, anc. esp. *Commendabile*, ital. Recommandable.

Éty. *Commendabilis*, m. s. V. *Mand*, R.

COMENDADOR, vl. V. *Comandaire*.

COMENDATIO, s. f. vl. *Commendazione*, ital. Recommandation, considération.

Éty. du lat. *commendatio*, m. s. Voy. *Mand*, R.

COMENHAR, vl. Voy. *Coumençar* et *Coumenç*, R.

COMENS, s. m. vl. *Coment*, cat. *Comento*, esp. port. ital. Commentaire. Voy. *Coumentari*.

COMENS, s. m. vl. *Comens*, anc. cat. Commencement. V. *Coumençament* et *Coumenç*, R.

COMENSADOR, vl. V. *Coumençant* et *Coumenç*, R.

COMENSAILLA, s. f. vl. Commencement. V. *Coumençament* et *Coumenç*, R.

COMENSAIRE, s m. vl. *Cominciatore*, ital. Commençant. V. *Coumençant* et *Coumenç*, R.

COMENSAMEN, s. m. vl. V. *Coumençament* et *Coumenç*, R.

COMENSANSA, s. f. vl. V. *Coumençança* et *Coumenç*, R.

COMENSAR, comenhar, v. a. vl. Voy. *Coumençar* et *Coumenç*, R.

COMENSAZON, s. f. vl. Commencement. V. *Coumenç*, R.

A la commensazon, d'abord.

COMENSURACIO, s. f. vl. *Commensuracio*, cat. *Conmensuracion*, esp. Commensurabilité.

COMENT, adv. vl. Comment. V. *Coumo*.

Éty. du lat. *quomodo*.

COMER, v. a. vl. *Comer*, esp. Manger.

Éty. du lat. *comedere*.

COMERGAT, ADA, adj. et part. vl. Communié, ée.

COMES, vl. Il ou elle gagna, paria.

COMESSAMENT, vl. Alt. de *Començament*. V. *Coumençament* et *Coumenç*, R.

COMESSARI, vl. V. *Coumissari*.

COMESTIBLES, s. m. pl. (coumestiblés). V. *Coumestibles*.

COMESTIO, s. f. vl. Le manger, repas.

Éty. du lat. *comessatio*, m. s. de *comedere*, manger.

COMETA, s. f. (couméte); coumeta. *Cometa*, lat. cat. esp. port. ital. Comète, corps lumineux par réflexion, qui paraît dans le ciel avec une traînée de lumière, qu'on appelle tantôt *chevelure*, tantôt *barbe*, et tantôt *queue*, suivant la forme qu'elle affecte; on appelle *lonchites*, celles qui ressemblent à une lance.

Éty. du grec κομήτης (komêtês), chevelu, dérivé de κόμη (komê), chevelure.

Les comètes sont des espèces de planètes qui se meuvent dans un orbite immense, et dont l'apparition n'a lieu qu'à des intervalles très-éloignés dans notre système planétaire. On croit que les Chaldéens ont eu les premières idées justes sur la nature des comètes; c'est du moins l'opinion de Sénèque, le seul philosophe de l'antiquité qui ait considéré ces astres comme de véritables planètes. Parmi les modernes, Décartes a reconnu le premier cette vérité : avant lui on ne regardait les comètes que comme des météores. Enfin les découvertes de Newton ne laissèrent plus de doute à cet égard. On doit à Legendre la méthode pour déterminer l'orbite de ces corps célestes. Boquillon. Dict. des Inv.

L'apparition d'une comète fut pendant longtemps regardée comme le présage de grands désastres, préjugé que la connaissance de leur vrai nature a fait disparaître, ce qui a fait dire à Voltaire :

> Comètes que l'on craint à l'égal du tonnerre,
> Cessez d'épouvanter les peuples de la terre,
> Dans une ellipse immense achevez votre cours,
> Remontez, descendez près de l'astre des jours,
> Lancez vos feux, volez, et revenant sans cesse,
> Des mondes épuisés ranimez la vieillesse.

En 1193, avant J.-C. une comète est observée aux environs des playades, qui va disparaître vers le cercle arctique.

En 619, avant J.-C. on observe, pour la première fois, la comète périodique qui apparut à la mort de Jules-César, dont la période paraît être de 575 ans.

En 44, réapparition de la même comète.

COMETEDOO, s. m. anc. béarn. Qui a commis?

COMETRE, v. a. vl. commettre. *Cometrer*, cat. *Cometer*, esp. *Commetter*, port. *Commettere*, ital. Commettre, défier, provoquer, attaquer, confier, entreprendre, risquer. V. *Cometter*.

Éty. du lat. *committere*, m. s.

COMETTER, v. a. vl. COMETRE, COMMETRE. Attaquer. V. *Cometre*.

COMEYRAR, v. n. vl. Suivre les baptêmes, faire des commères, se traiter de compère et de commère.

COMI, s. m. Ancien nom du cumin.

COMI, s. m. dl. Comité. V. *Come* et *Comt*, R.

COMIAR, v. a. vl. Congédier, renvoyer.

COMIAT, vl. V. *Conjat* et *Comjat*, R.

COMIET, s. m. vl. Congé. V. *Coungiet* et *Comjat*, R.

COMINACIO, s. f. vl. *Comminació*, cat. *Comminacion*, esp. *Comminação*, port. Menace.

Éty. du lat. *comminatio*.

COMINAL, vl. *Cominal*, cat. Commun, semblable, pareil. V. *Comunal*.

Éty. du lat. *communis*, commun. V. *Mun*, Rad.

COMINALAMEN, adv. vl. En commun. V. *Mun*, R. et *Comunalmen*.

COMINALER, s. m. vl. De la communauté.

Éty. du lat. *communiter*, en commun. V. *Mun*, R.

COMINALEZA, vl. V. *Coumunautat*.

COMINALMEN, adv. vl. Communément, ensemble, en commun.

Éty. du lat. *communiter*, m. s. V. *Mun*, Rad.

COMINALS, s. m. pl. vl. *Cominales seu comunes*. Espèces de syndics qui, dans le commencement du XIVme siècle, jugeaient des différents survenus relativement aux propriétés rurales, situées dans le territoire de la commune.

COMINALTAT, s. f. vl. COMINALTAT, COMMUNAUTAT, COMUNITAT. La communauté, la partie de la population d'une ville, distincte de l'ordre des chevaliers et de celui des bourgeois. V. *Coumunautat*.

Éty. du lat. *communitatis*, gén. de *communitas*, m. s. V. *Mun*, R.

COMISSARI, vl. V. *Coumissari*.

COMISSION, vl. V. *Coumission*.

COMISTIBLE, s. et adj. d. béarn. Alt. de *comestible*. V. *Coumestible*.

COMJADAR, v. a. vl. COMJIAR. Congédier.

Éty. V. *Comjat*, R.

COMJAT, s. m. vl. Congé, pièce de vers des Troubadours dans laquelle un amant désespéré par les rigueurs de sa dame, lui déclare qu'il s'éloigne et qu'il porte ailleurs son hommage et ses vœux. Rayn.

Éty. de la basse lat. *camiatus*. V. *Comjat*, R.

COMJAT, CONJAD, COUGED, COUNGIET, radical pris du lat. barb. *comiatus* ou *commiatus*, dit pour *commeatus*, qui signifie souvent dans les bons auteurs, licence, congé.

De *comiatus*, par apoc. *comiat*; d'où: *Comí-et*, et par le changement de *i* en *j*, *comjat*, *conjad*; d'où: *Comjat*, *Comjad-ar*, *Comj-iar*, *A-comjadar*, *A-comjad-at*.

Par le changement du *j* en *g*: *Cong-et*, *Counged-iar*, *Coung-et*, *Coung-iet*, *Counged-iat*.

COMJAT, (conjat), s. m. COMIAT, COMIATZ. Congé, permission, adieu. V. *Coungiet* et *Comjat*, R.

COMJIAR, vl. Congédier. V. *Coungediar* et *Comjat*, R.

COMMANDA, vl. V. *Comanda*.

COMMANDITARI, V. *Comandatari*.

COMMAZIL, s. m. vl. Camp-mênil, le principal mênil. V. *Cap*, R.

COMMENDATIU, IVA, adj. vl. *Commandatif, ive*, qui sert au commandement.

Éty. du lat. *commendativus*, m. s. Voy. *Comend*, R.

COMMETTER, v. anc. béarn. Commettre. V. *Coumettre* et *Mettre*, R.

COMMETTUT, UDA, adj. et p. anc. béarn. Commis, ise. V. *Mettre*, R.

COMMINUCIO, s. f. vl. Fracture, brisure.

COMMISSION, vl. V. *Coumission*.

COMMOCIO, vl. V. *Coumoution*.

COMMONIMENT, vl. V. *Comoniment*.

COMMONRAR, V. *Comonrar*.

COMMOTIO, vl. V. *Coumoution*.

COMMUNAL, vl. V. *Coumunal*.

COMMUNAUTAT, vl. V. *Coumunoutat*.

COMMUNIAR, v. n. vl. CUMENIAR, CUMENGAR, CUMENJAR, CUMEÑEGAR, CUMERGUAR. Communier. V. *Coumuniar*.

COMMUNION et COMUNION, vl. V. *Coumunion*.

COMMUNIQUAR, vl. V. *Coumunicar*.

COMMUNITAT, s. f. vl. Communauté. V. *Coumunoutat*.

COMMUTATIO, s. f. vl. La commutation ou antimétabole, existe lorsqu'il y a deux pensées, dont l'une est opposée à l'autre, et que les membres de phrase, où elles sont exprimées, diffèrent en ce que le dernier mot de l'un devient le premier de l'autre, comme :

Le focz ha sobre terra loc,
Non pas la terra sobr el foc.
Fl. del gay sab.

COMMUTATIU, IVA, adj. vl. COMUTATIU. *Commutatiu*, cat. *Conmutativo*, esp. *Commutativo*, ital. port. Variable, *changeable*, commutatif.

COMO, vl. V. *Come* et *Coumun*.

COMOCIO, vl. V. *Commocio*.

COMODAMENT, vl. V. *Coumodament*.

COMODITAT, vl. V. *Coumoditat*.

COMOL, s. m. vl. *Cumuli*, anc. cat. *Colmo*, esp. ital. *Cumulo*, port. Comble, tas, amas, meule.

Éty. du lat. *cumulus*, m. s. V. *Cumul*, R.

COMOL, OLA, adj. vl. V. *Coumoul*.

COMOL, s. m. vl. *Cumuli*, anc. cat. *Colmo*, esp. *Cumulo*, port. *Colmo*, ital. Comble, tas, amas, meule.

Éty. du lat. *cumulus*, m. s. et *Cumul*, R.

COMOL, OLA, adj. vl. *Colmado*, esp. *Colmo*, ital. Comble, plein. V. *Cumul*, R.

COMOLTAR, v. a. vl. Pétrir.

COMONIMENT, s. m. vl. COMMONIMENT. Avis, avertissement. Sauv.

Éty. du lat. *commonere*, avertir. V. *Mon*, Rad.

COMONIR, vl. V. *Comunir*.

COMONRAR, v. a. vl. COMMONRAR. Avertir.

COMONRER, v. a. vl. COMONRE. Avertir. V. le mot précédent.

COMORACIO, s. f. vl. Figure de rhétorique, délai, commoration.

Éty. du lat. *commoratio*, m. s.

Comoratios es cant hom retorna soen una autoritat o las paraulas que son de gran vertut. Fl. del gay sab.

COMORDER, v. a. vl. COMORDRE. Émouvoir, exciter à.... V. *Mouv*, R.

COMORDRE, vl. V. *Comorder*.

COMORSA, s. f. vl. Agitation, dispute, contestation. V. *Mouv*, R.

COMOS, s. m. vl. Trésor public. La commune. Gl. occ.

COMOT, s. m. vl. Commotion, agitation, bruit.

COMOUTAS, adj. et p. f. pl. vl. ?

Los descauzitz ab las lenguas comoutas.

COMPACTIO, s. f. vl. *Compazione*, ital. Compacité, qualité de ce qui est compacte.

Éty. du lat. *compactio*.

COMPAGINACIO, s. f. vl. *Compaginacio*, cat. *Compaginacion*, esp. Assemblage, emboîtement.

Éty. du lat. *compago*.

COMPAGINAR, v. a. vl. *Compaginar*, cat. esp. Assembler, relier, emboîter.

Éty. du lat. *compaginare*.

COMPAGINAT, ADA, adj. et p. vl. Assemblé, ée; relié, emboîté.

COMPAGNA, vl. V. *Coumpagna* et *Coumpagn*, R.

COMPAGNATGE, vl. V. *Coumpanagi*.

COMPAGNIA, vl. V. *Companhia*.

COMPAGNO, vl. V. *Companch* et *Coumpagnoun*.

COMPAI, d. béarn. Alt. de *Coumpaire*, v. c. m. et *Pater*, R.

COMPAIGNATGE, s. m. vl. Compagnie. V. *Coumpagnia* et *Coumpagn*, R.

COMPAIN, vl. V. *Coumpagnoun*.

COMPAINGNATGE, vl. V. *Coumpanagi*.

COMPAINGNIER, s. m. vl. Compagnon. V. *Coumpagnoun* et *Coumpagn*, R.

COMPAIRE, vl. V. *Coumpaire*.

COMPAIRESC, s. m. vl. Compérage. V. *Coumpairagi*.

COMPANAGGE et

COMPANAGI, vl. V. *Coumpanagi* et *Pan*, R.

COMPANATGE, vl. V. *Coumpanagi* et *Nourritura*.

COMPANH, s. m. vl. COMPAINO, COMPANHO, COMPEÑH. *Company*, cat. *Compañero*, esp. *Compagno*, ital. Compagnon, camarade; amant, adversaire, champion. V. *Coumpagn*, Rad.

COMPANHA, s. f. vl. COMPATNHA, COMPANHIA, COMPAGNIA, *Companya*, cat. Compagnie, société, assemblée, association, troupe, foule. V. *Coumpagnia* et *Coumpagn*, R.

COMPANHAR, v. a. et n. vl. *Compagnare*, ital. Mettre en compagnie, être de compagnie, s'associer. V. *Coumpagn*, R.

COMPANHEIRA, s. f. vl. V. *Companeiera*.

COMPANHER, s. m. vl. Compagnon. V. *Coumpagn*, R.

COMPANHIA, s. f. vl. *Companya*, cat. Foule, multitude.

COMPANHIER, s. m. vl. *Compañero*, esp. *Companheiro*, port. Associé, compagnon. V. *Coumpagn*, R.

COMPANHIERA, s. f. vl. COMPANHEIRA, COMPANHEYRA, *Compañera*, esp. *Companheira*, port. *Companyera*, cat. Compagne, associée, dame d'honneur, amante. V. *Coumpagn*, R.

COMPANHO, s. m. vl. *Companyo*, cat. Compagnon, testicule, adversaire. V. *Coumpagnoun*.

COMPANHONA, s. f. vl. *Companiona*, anc. cat. *Compagnone*. V. *Coumpagn*, R.

COMPANHOR, vl. V. *Coumpagnoun*.

COMPANS, s. m. vl. COMPAR. Camarade. V. *Coumpans*.

COMPAR, s. m. vl. V. *Compans*.

COMPAR, adj. vl. Pareil, égal, semblable.

Éty. du lat. *compar*, m. s.

COMPAR, s. m. vl.

Compar es una autra flors e vol dir aytan quo paritatz so es engal nombres de sillabas, o quaysh engals, am bela cazensa.

Compar est une autre fleur et signifie la même chose qu'égalité, savoir : un nombre égal ou presqu'égal de syllabes, avec une désinence agréable.

COMPARACION, s. f. vl. *Comparacio*, cat. *Comparacion*, esp. *Comparazione*, ital. Comparaison. V. *Coumparesoun* et *Par*, R.

COMPARAMEN, s. m. vl. V. *Coumparesoun*.

COMPARANSA, s. f. vl. COMPARANÇA, COMPARAMENT. *Comparansa*, cat. *Comparansa*, anc. esp. V. *Coumparesoun* et *Par*, R.

COMPARAR, v. a. vl. V. *Coumparar*.

COMPARAR, adv. vl. *Ses comparar*, sans comparer, sans comparaison.

COMPARAT, **ADA**, adj. et p. vl. V. *Coumparat*.

COMPARASO et

COMPARATIO, s. f. vl. Comparaison.

Éty. du lat. *comparatio*, m. s. V. *Coumparesoun*.

COMPARATIU, **IVA**, adj. vl. *Comparatiu*, cat. V. *Coumparatif*.

COMPAREISSER, vl. V. *Coumpareisser*.

COMPARENT, **ENTA**, part. p. anc. béarn. Comparaissant, qui comparaît. V. *Pareiss*, R.

COMPARER, v. n. vl. *Comparer*, anc. cat. *Comparire*, ital. Comparaître. V. *Coumpareisser*.

COMPARTR, v. n. anc. béarn. Comparaître. V. *Pareiss*, R.

COMPARUTION, vl. V. *Coumparution*.

COMPAS, s. m. vl. Rhythme du vers, mesure.

Compas es mesura que pauza de ver et pauc ni trop no lauza. Fl. del gay. saber.

Le compas est la mesure de ce qu'il faut mettre, et qui blâme le moins comme le trop.

Il signifie aussi, compas, mesure, espace, borne, limite.

COMPAS, s. m. vl. Mesure, compas. V. *Coumpas*.

COMPASSAR, vl. V. *Coumpassar*.

COMPASSIO, s. f. vl. V. *Coumpassion*. Douleur, souffrance, affliction.

COMPATIR, V. *Coumpatir*.

COMPAYNHA, vl. V. *Companha*.

COMPAZIBLE, adj. vl. Qu'on peut arrêter.

COMPELLIR, v. a. vl. COMPELIR. *Compellir*, port. cat. *Compelir*, anc. esp. Forcer, obliger, contraindre.

Éty. du lat. *compellere*, m. s.

Trayre degun ni compellir davant conservatour.

Traîner, ni appeller aucun devant des juges conservateurs.

COMPELLIT, **IDA**, adj. et p. vl *Compellido*, port. *Compellid*, cat. Forcé, ée; obligé, contraint.

Éty. du lat. *compulsus* et *compellare*, forcer.

COMPENDIOS, adj. vl. *Compendios*, cat. *Compendioso*, esp. port. ital. Abrégé, accouru.

Éty. du lat. *compendiosus*, m. s.

COMPENDRE, v. a. vl. *Compendrer*, cat. *Comprendrer*, esp. *Comprendere*, ital. Composer, fabriquer, embrasser, environner.

Éty. du lat. *comprehendere*, m. s.

COMPENH, vl. V. *Coumpagnoun*.

COMPENRE, vl. V. *Comprendre* et *Prendr*, R.

COMPENRE, vl. V. *Coumprendre*. Embraser, enflammer.

COMPENSACIO, vl. V. *Coumpensation*.

COMPENSADAMEN, adv. vl. Avec balance, mesure, harmonie.

COMPENSAR, vl. V. *Coumpensar*.

COMPERMUTAT, **ADA**, adj. et p. anc. béarn. Permuté, ée; changé pour.

Éty. du lat. *permutatus*, changé, et de *com*. V. *Mut*, R.

COMPESSAR, vl. V. *Coumpensar*.

COMPETENT, vl. V. *Coumpetent*.

COMPETENTMENT, adv. vl. *Competentment*, cat. *Competentemente*, esp. port. ital. Convenablement, suffisamment. V. *Pet*, R. 2.

COMPETIR, v. n. vl. *Competir*, cat. *Competer*, esp. V. *Coumpetar*.

COMPILAR, vl. V. *Coumpilar*.

COMPILATIO, vl. V. *Coumpilation*.

COMPIS, adj. (coumpis), dl. Revêche, quinteux, rétif.

COMPISSADA, s. f. (coumpis). Ruade. Sauv. V. *Reguignada*.

Éty. de *compis* et de *ada*.

COMPISSAR, vl. V. *Coumpissar*.

COMPLACENCIA, s. f. vl. *Complacencia*, cat. esp. port. V. *Coumplaisença*.

COMPLAG, s. m. vl. Contentement, satisfaction.

COMPLAGNER, vl.

COMPLAIGNER, et

COMPLAINGNER, vl. V. *Complanher*.

COMPLAINTA, vl. et

COMPLAIT, vl. V. *Complancha*.

COMPLANACIO, s. f. vl. Aplanissement, nivellement. V. *Plan*, R.

COMPLANCH, s. m. vl. *Complancha*.

COMPLANCHA, s. f. (coumplántche); COUMPLANCHA, COMPLANSA. *Complanta*, anc. cat. *Compianto*, ital. Complainte, romance populaire d'un genre pathétique. V. *Plagn*, Rad.

Las coumplanchas de Berard, est le titre d'un poëme fait par un troubadour du XIIme Siècle; plainte.

Que Pluton per auzir ma pietouso *coumplancho*.
De La Bellaudière.

COMPLANGER, vl. V. *Complanher*.

COMPLANHENSA, s. f. vl. Plainte, réclamation.

COMPLANHER, v. n. vl. COMPLAGNER, COMPLAIGNER, COMPLAINGNER, COMPLANGER. *Complanyer*, anc. cat. *Complañir*, anc. esp. *Compiagnere*, ital. Plaindre, gémir, lamenter.

COMPLANHER SE, v. r. anc. béarn. Se plaindre; complaindre. V. *Plagn*. R.

COMPLANSA et

COMPLANTA, vl. V. *Complancha*.

COMPLECCIO, s. f. vl. COMPLEXIO, COMPLICION, COMPLECTIO, COMPLICIO, COMPLITIO, COMPLICION. Complexion. V. *Coumplexion*, du lat. *complexio*, m. s.

En term. de poésie, union, assemblage.

COMPLECTIO, vl. V. *Coumplexion*.

COMPLECXIONAT, vl. V. *Complexionat*.

COMPLEMENT, vl. V. *Compliment*.

COMPLETA, et

COMPLETAS, s. f. vl. *Compieta*, ital. *Coumpletas*, cat. V. *Coumplias*.

COMPLETIU, **IVA**, adj. vl. *Completivo*, anc. esp. ital. *Completiu*, cat. Complétif, propre à compléter. V. *Ple*, R.

COMPLEXIO, vl. V. *Coumplexion*.

COMPLEXIONAL, adj. vl. COMPLEXIONAL. *Complexional*, esp. *Complessionale*, ital. Qui est relatif à la complexion, constitutionnel, constitutif, organique.

COMPLEXIONAT, adj. vl. COMPLECXIONAT. *Complexional*, cat. *Complexionado*, esp. *Compleicionado*, port. *Complessionato*, ital. Organisé, formé, composé.

COMPLIAMENT, adv. vl. V. *Complidament*.

COMPLICAR, vl. V. *Coumplicar*.

COMPLICIO, et

COMPLICION, vl. V. *Coumplexion*.

COMPLIDAMENT, adv. vl. COMPLIDAMEN. *Cumplidament*, cat. *Cumplidamente*, esp. Complétement, parfaitement, à propos. V. *Ple*, R.

COMPLIDAMENT, adv. vl. Complétement. V. *Coumpletament*.

COMPLIMEN, s. m. vl. COMPLEMENT. *Cumpliment*, cat. *Cumplimento*, esp. *Cumprimento*, port. *Comprimento*, ital. Perfection, achèvement, accomplissement, complément, perfection.

Éty. du lat. *complementum*, m. s. V. *Ple*, Rad.

COMPLIR, v. a. vl. *Complir*, anc. cat. *Cumplir*, cat. mod. esp. *Comprir*, port. *Compire*, ital. Accomplir, achever, remplir, combler.

Éty. du lat. *complere*, m. s. V. *Ple*, R.

COMPLIT, **IDA**, adj. vl. COMPLITZ. *Complid*, cat. Accompli, ie, entier, parfait, achevé, arrivé.

Éty. du lat. *completum*. V. *Ple*, R.

Complitz de menassar, vl. menaçant au dernier point.

Co ac complido, comme il eut achevé.

COMPLITIO, vl. V. *Coumplexion.*

COMPODRIR, v. n. vl. Se pourrir, infecter.

COMPONDRE, vl. *Compondrer*, cat. V. *Coumposar.*

COMPONEDOR, s. m. vl. *Componedor*, anc. cat. esp. *Compoedor*, port. Compositeur: *O amigables componedors*, ou amiable compositeur. V. *Pons*, R.

COMPONG, adj. vl. *Compungido*, esp. port. *Compunto*, ital. Affligé, peiné, attristé, contrit. V. *Pounct*, R.

COMPONRRE, vl. V. *Coumposar.*

COMPORT, s. m. vl. *Comport*, cat. *Comporte*, esp. *Comporto*, ital. Conduite; action, intensité, force.

COMPORTA, s. f. vl. Comporte, sorte de tour ou de réduit placé au-dessus d'une porte pour en défendre l'accès.

COMPORTAMEN, s. m. vl. COMPORTAMENS. *Comportament*, cat. *Comportamiento*, esp. Conduite, mélange. Gl. occ. V. *Port*. Rad.

COMPORTANCZA, s. f. vl. COMPORTANZA. Santé, réussite, végétation, portement. V. *Port*, R.

COMPORTAR, v. a. vl. Porter, compenser. V. *Coumportar* et *Port*, R.

COMPOSICIO,

COMPOSITIO, et

COMPOSITION, vl. V. *Coumposition.*

COMPOST, **OSTA**, adj. et p. vl. *Compost*, cat. *Compuesto*, esp. Composé, ée.

Éty. du lat. *compositus*, m. s. V. *Pors*, Rad.

COMPOSTAMEN, adv. vl. Conjointement.

COMPOT, vl. *Computus*, v. c. m.

COMPOZICIO, vl. V. *Coumposition.*

COMPR, CROMP, CROUMP, sous-radical pris du lat. *comparare*, acheter, acquérir; dérivé de *cum*, *com*, et de *paro*, *parere*, gagner, s'approprier; *comparare*, comparer, à été employé dans la loi Salique, dans la loi des Allemands, dans celle des Lombards, dans les Capitulaires de nos rois et ailleurs, dans le sens d'acheter, d'acquérir, parce que celui qui achète faisant un échange de l'objet, acheté avec l'argent, qui est le signe de la valeur réelle ou convenue, compare le deux objets; opération qui consiste à comparer.

De *comparare*, par apoc. *comparar*; et par sync. de *a* du milieu, *comprar*, dont le rad. est *compr*; d'où: *Compr-ar*, *Re-comprar*, *Compr-a*, *Compr-azo*, *Compr-aire*, etc.

De *compr*, par métath. de *r*, *cromp*, *croump*; d'où: *Cromp-a*, *Cromp-aire*, *Cromp-ar*, *Croump-aire*, *Croump-ar*, *Croump-adour*, *Croump-at*, etc.

COMPRA, s. m. vl. *Compra*, cat. esp. port. ital. Marché ou achat: *Compra palmada*, marché conclu par le frappement de la main entre le vendeur et l'acquéreur. V. *Crompa* et *Compr*, R.

COMPRADOR, vl.

COMPRADOUR, et

COMPRAIRE, vl. V. *Croumpaire.*

COMPRAMENT, s. m. d. vaud. Achat, acquisition; action d'acheter.

Éty. de *compra*, achat, et de *ment*. V. *Compr*, R.

COMPRAN, s. m. vl. Acheteur. V. *Croumpaire.*

COMPRAR, vl. *Comprar*, esp. V. *Crompar.*

COMPRARENC, s. m. vl. Acheteur. V. *Crompaire.*

COMPRAS, s. m. f. pl. vl. Achats. V. *Crompa.*

COMPRAZO, s. m. vl. Achat, acquisition. V. *Crompa* et *Compr*, R.

COMPRAZO, s. f. vl. Achat. V. *Compr*, Rad.

COMPREA, adj. et part. dit en 1210 pour *compreda*. Achetée. V. *Comp*, R.

COMPREHENDABLE, adj. vl. V. *Coumprehensible.*

COMPREHENSIU, **IVA**, adj. vl. *Comprehensiu*, cat. *Comprensivo*, esp. Compréhensible, concevable, qui peut être conçu, entendu, collectif.

Éty. du lat. *comprehensibilis*, m. s.

COMPREMER, v. a. vl. V. *Coumprimar.*

COMPREN, vl. Il ou elle allume, embrase.

COMPRENDEMEN, s. m. vl. *Comprensivo*, esp. Compréhension, embrassement, réunion.

COMPRENER, vl. V. *Coumprendre.*

COMPRESSIO, vl. V. *Coumpression.*

COMPRESSIU, **IVA**, adj. vl. CONPRESSIU. *Compressiù*, cat. *Compresivo*, esp. *Compressivo*, port. Compressif, ive. V. *Press*, R.

COMPROBAR, v. a. vl. *Comprobar*, cat. esp. *Comprovar*, port. *Comprovare*, ital. Prouver, approuver, éprouver.

Éty. du lat. *comprobare*, m. s.

COMPROBAT, **ADA**, adj. et p. vl. Prouvé, approuvé.

COMPROMES, s. m. vl. V. *Coumproumes.*

COMPROMETRE, vl. V. *Coumproumettre.*

COMPROMISSARI, s. m. vl. *Compromissari*, cat. *Compromissario*, esp. ital. Arbitre, dépositaire et juge d'un compromis.

Éty. du lat. *compromissarius*, m. s.

COMPT, sous-radical pris du latin *computare*, compter, dérivé de *cum*, *com*, et de *putare*, *puto*, penser, juger, estimer, avec attention.

De *computare*, par apoc. *comput*; d'où: *Comput* et *Compot*, par le changement de *u* en *o*.

De *comput*, par suppr. de *u*, *compt*; d'où: *Es-compte*, *Bes-compte*, *Compt-e*, *Compt-abilitat*, *Compt-able*, *Compt-adour*, *Compt-aire*, *Compt-ant*, *Compt-ar*, *Re-comptar*, *Des-comptar*, *Bes-comptar*, *Mes-comptar*, *Es-comptar*, *Mes-compte*, *De-bescomptar*, *De-bescompte*, etc. par la suppr. de *p*: *Comtar*, *Comte*, *A-contar*, *Bes-comtar*, *Bes-conte*, *Sobre-comtar*, *Comt-ador*.

De *comt*, par le changement de *t* en *d*: *Condar*, *Comdador*, *Cond-ant*, *Cond-at*.

De *compt*, par le changement de *o* en *ou*, les mêmes mots par *Coumpt.*

COMPT *ses tot*, expr. adv. vl. Sans comparaison.

COMPTABILITAT, s. f. (countabilitá); COUNTABILITAT. Comptabilité, ce mot qui est synonyme de tenue des livres, désigne l'ensemble des comptes et des livres d'une administration publique ou particulière.

Éty. de *Compt*, R. et de *abilitat.*

COMPTABLE, adj. (countáblé); COUNTABLE. Comptable, celui qui est assujetti à rendre compte.

Éty. de *compte* et de la term. *able*, sujet à rendre compte. V. *Compt*, R.

COMPTADOUR, s. m. (countadóu); COUNTADOUR, COUMPTOIR. *Contador*, port. cat. esp. Comptoir, table ou bureau sur lequel un négociant expose sa marchandise, paie ou reçoit de l'argent.

Éty. de *compte* et de *adour*, qui sert à compter, sur quoi l'on compte. V. *Compt*, Rad.

On nomme:

ABATANT, la portion de dessus, fermée par des briquets, qui se lève et s'abaisse à volonté pour donner passage.

COMPTAIRE, s. m. (countáïré); *Contador*, port. cat. esp. *Contatore*, ital. Celui qui compte, calculateur.

Éty. de *compte* et de *aire*. V. *Compt*, R.

COMTAN, s. vl. Ce mot signifie prose, dans cette phrase: *Novas escrichas en comtans*, nouvelles écrites en prose.

COMPTANT, adj. (coumtán); *Comptant*, anc. cat. *Contante*, esp. Comptant: *Argent comptant*, argent que l'on compte immédiatement après le marché.

Éty. de *Compt*, R. et de *ant*.

COMPTAR, v. a. (coumptá); COUMPTAR, COUNTAR. *Contare*, ital. *Contar*, esp. port. *Comptar*, anc. cat. Compter, faire le dénombrement de plusieurs choses pour en connaître le nombre; v. n. se proposer, faire fonds sur...

Éty. de *compte* et de *ar*, faire un compte, ou du lat. *computare*. V. *Compt*, R.

La poou comptar per una, il l'a échappée belle.

Compta plus, elle ne compte plus, dit-on, d'une femme qui approche du terme de son accouchement.

COMPTAR, v. a. Épeler, nommer les lettres de l'alphabet et en former des syllabes en les assemblant l'une avec l'autre. V. *Compt*, R.

COMPTAT, **ADA**, adj. et p. (coumtá, áde); COUMPTAT. *Contado*, port. Compté, ée.

Éty. de *compte* et de *at*, compte fait. Voy. *Compt*, R.

COMPTE, s. m. (cónté); *Conto*, ital. *Cuenta*, esp. *Conta*, port. *Compte*, cat. Compte, supputation, calcul, état des choses qu'on a données ou reçues; papier contenant ce calcul; profit, avantage.

Éty. du lat. *computum*, m. s. V. *Compt*, Rad.

Compte de bouticari, compte d'apothicaire, compte enflé, grossi.

COMPULCION, s. f. vl. *Compulsió*, cat. *Compulsion*, esp. Compulsion.

Éty. du lat. *conpulsionis*, gén. de *compulsio*, m. s.

COMPULSORI, vl. V. *Coumpulsoira,*
COMPUNCIO, et
COMPUNCTIO, vl. V. *Coumpounction.*
COMPUT, s. m. (coumpút); *Computo,* esp. ital. cat. *Computação*, port. Comput, ce mot n'est employé qu'en parlant des supputations de temps qui servent à régler le calendrier ecclésiastique.
Éty. du lat. *computum*. V. *Compt*, R.
COMPUTAR, v. a. (computá); *Computar*, cat. esp. Calculer, dénombrer, compter.
Éty. du lat. *computare*, m. s.
COMQUES, **ESA**, adj. vl. Conquis, ise. V. *Counquist* et *Quer*, R.
COMS, s. m. vl. Comte. V. *Comte*, consul.
Éty. *Coms*, venant de *comes*, était sujet, et *comte*, venant de *comitis*, régime au singulier. Rayn. V. *Comt*, R.
COMT, COMS, rad. pris du latin *comes, comitis*, compagnon, comte, formé de l'ancien verbe *comire*, composé de *cum, com* et de *ire*, aller avec, parce que dans l'origine on donnait le nom de *comte*, à ceux qui allaient avec les proconsuls et les propréteurs dans les provinces, pour y servir la république : c'étaient les tribuns, les préfets, les écrivains, etc., Bondil. Sous les empereurs, on donnait aussi le même titre aux personnes distinguées qui étaient à leur suite, et furent ainsi nommées: *à comitando, vel comeando.*
De *comes* : *Coms.*
De *comitis*, gén. de *comes* : *Comit-iva*, par apoc. et suppression de *i* du milieu, *comt*; d'où : *Comt-al, Comt-at, Comt-e, Comt-essa, Comt-ad-in, Ves-comtessa, Vi-comtessa, Vi-comte, Ves-comtat, Vi-comtat, Ves-comtal*; et par le changement de *o* en *ou*, les mêmes mots.
COMTADOR, s. m. vl. Conteur; celui qui tient le compte. V. *Compt*, R.
COMTAIRE, s. m. vl. *Contador*, cat. esp. port. *Contatore*, ital. Conteur.
Éty. de *comtar* et de aire. V. *Compt*, R.
COMTAR, V. *Comptar.*
COMTAL, adj. vl. Comtal, de comté, subst. comte.
Éty. V. *Comte.*
COMTAR, v. a. vl. Employé pour *comptar*, imputer, attribuer à quelqu'un. Voy. *Compt*, R. et *Cantar.*
COMTAT, s. m. (coumtá); *Contat*, anc. cat. *Condado*, esp. port. *Contado*, ital. Comté, terre qui donne à son possesseur le titre de comte.
Comtat Venaissin, est dit pour comté.
Éty. de *comte* et de *at*. V. *Comt*, R.
Comtat de Forcalquier, établi en 1054, mort de son dernier comte, 1209.
COMTE, s. m. (cómté); COMS. *Conde*, port. esp. *Compte*, cat. *Conte*, ital. Comte, seigneur d'un comté ou qui est revêtu d'une dignité au-dessus de celle de baron.
Éty. du lat. *comes* ou *comites*. V. *Comt*, Rad.
Ce titre remonte au moins aux premiers empereurs, qui nommèrent leurs conseillers, *comites*, compagnons. Auguste en avait déjà sous le titre de *Comites augusti*. De Vaines, Dict. Dipl.
COMTE, vl. pour *Compte*, v. c. m. pour récit. V. *Conte.*
COMTEC, vl. Il ou elle compta.
COMTESSA, s. f. (coumtésse); COUMTESSA. *Contessa*, ital. *Condesa*, esp. *Condessa*, port. *Comptesa*, cat. Comtesse, femme d'un comte ou qui possède un comté.
Éty. du lat. *comitissa*, m. s. V. *Comt*, R.
COMTIERS, s. m. pl. vl. Jetons.
Éty. de *comt* pour *compt*, compte, et de *iers*, qui sert aux comptes.
COMTIU, s. m. vl. Comté. V. *Comtat.*
COMTOR, s. m. vl. *Comtor*, qualité après celle de vicomte.
Éty. V. *Comt*, R.
COMU, vl. *Cumu*, cat. V. *Comun.*
COMUGAR, v. n. vl. Communier. Voy. *Coumuniar.*
COMUN, **UNA**, adj. vl. COMU. V. *Coumun, una.*
COMUN, s. m. vl. Communauté, la commune; le trésor public. V. *Coumun* et *Mun*, Rad.
COMUNA, vl. V. *Coumuna.*
COMUNAILLA, vl. V. *Comunalha.*
COMUNAL, adj. vl. COMUNALS, COMMUNAL, COMINAL, CUMUNAL. *Comunal*, anc. cat. esp. *Comunale*, ital. Commun, public, universel, moyen; égal, pareil ; vulgaire, bas. V. *Mun*, Rad.
COMUNAL, s. vl. V. *Coumunau.*
COMUNAL, adv. vl. Ensemble, à la fois, en commun. V. *Mun*, R.
COMUNALEZA, s. f. vl. COMUNALEZA, CUMENALESA, COMINALEZA. *Comunaleza*, anc. esp. Communauté, participation, communication. V. *Coumunautat* et *Mun*, R.
COMUNALHA, s. f. vl. COMUNAILLA. Communauté, société : *En comunalha*, expr. adv. en commun, en communauté. V. *Mun*, R.
COMUNALMEN, adv. vl. COMINALMENT, COMINALMEN. *Comunalment*, anc. cat. *Comunalmente*, esp. ital. Communément, également, en commun, ensemble. V. *Coumunament* et *Mun*, R.
COMUNIA, vl. V. *Coumuna.*
COMUNICABILITAT, s. f. vl. *Comunicabilitat*, cat. *Comunicabilidad*, esp. *Comunicabilità*, ital. Communicabilité, transmission.
COMUNICAR, vl. V. *Coumunicar.*
COMUNICATIU, **IVA**, adj. vl. V. *Coumunicatif.*
COMUNIEN, vl. V. *Coumunion.*
COMUNITAT, vl. V. *Cominaltat* et *Coumunautat.*
COMUS, s. m. vl. La commune.
COMUNIR, v. a. vl. COMOURER, COMONIR. Avertir, donner avis; communiquer.
Éty. du lat. *commovere*, m. s. V. *Mon*, R.

CON

CON, s. m. vl. Vagin, utérus.
CONC, COUQUILH, COUQU, COC, rad. pris du lat. *concha*, conque, vase, coquille, dérivé du grec κόγχη (kogchê), conque, vase en forme de coquille, coquillage, écaille, ou de κόχλος (kochlos), coquille, d'où le lat. *conchylia*, coquille.
De *concha*, par apoc. et changement de *ch* en c ou en *qu*, *conc*; d'où : *Conc-a, Conqu-eta, Counc-a, Counch-a, Re-couquilh-ar, Re-couquilh-at, Re-quenqu-ilh-ar, Re-quenquilh-at, Re-quinquilh-ar, Re-quinquilh-at,*
De *conchylia*, par apoc. *conchyli*, par changement de *on* en *ou*, de *ch* en *qu*, et de *li* en *lh*, *couquilh*; d'où : *Couquilh-a, Couquilh-agi, Couqui-ada Couquilh-ada, Couquilh-ier, Des-coouquilh-ar.*
De *conca*, par suppression de *n*, *coc*; d'où: *Coc-a, Coc-al, Cocal-d'ase, Coc-ar-ota.*
CONCA, s. f. anc. béarn. Ancienne mesure du grain dans le Béarn.
Éty. du grec κόγχη (kogchê), mesure de la capacité d'une conque. V. *Conc*, R.
CONCA, s. f. (cónque), d. m. Bassin, endroit où l'eau forme un espèce de réservoir.
Conca de font, bassin de fontaine.
CONCA, s. f. (cónque); COUNCHA, COUNCA. *Conca* et *Cuenca*, cat. Auge de pierre ou de bois dans laquelle on donne à manger aux animaux. V. dans ce sens *Bachas*; lieu d'une rivière ou d'un ruisseau où l'eau est immobile et profonde.
Éty. du lat. *concha*. V. *Conc*, R.
On donne aussi ce nom à la coquille, auge ou bassin d'une fontaine, et à une bassine de cuisine sans anses.
CONCA, s. f. (cónque); CONCHA, COMCA, COUNCA. *Conca*, ital. cat. anc. esp. *Concha*, port. Bassin, conque, lieu où l'eau est stagnante et profonde; en vl. cuvette; coquille, coquillage; cavité de l'oreille.
Éty. du lat. *conc*, dérivé du grec κόγχος (kogchos), coquille.
CONCAGAR, v. n. vl. *Conchier*, embrener.
Éty. du lat. *concacare*. V. *Cac*, R.
CONCALONGIER, adj. vl. Disputer.
Éty. de *con*, avec; de *calonga*, dispute, et de *ier*.
CONCAU, **AVA**, adj. vl. CONCAV. *Concavo*, esp. port. ital. Concave.
Éty. du lat. *concavus*, m. s. V. *Cav*, R.
CONCAVAR, v. a. vl. Creuser, rendre concave.
Éty. du lat. *concavare*, m. s. V. *Cav*, R.
CONCAVAT, **ADA**, adj. et p. *Concavado*, anc. esp. *Concavato*, anc. ital. *Concavé*, creusé. V. *Cav*, R.
CONCAVITAT, s. f. vl. V. *Councavitat.*
CONCEBEMENT, s. m. vl. *Concebement*, anc. cat. *Concebimiento*, esp. *Concebimento*, port. *Concepimento*, ital. Conception. V. *Counception* et *Cap*, R. 2.
CONCEBRE, vl. V. *Councebre* et *Cap*, Rad. 2.
CONCECRATIO, vl. V. *Counsacration.*
CONCEDIT, adj. et p. vl. Concédé Voy. *Councedat.*
CONCEPTIO, vl. et
CONCEPTION, vl. V. *Counception.*
CONCERNENT, **ENTA**, adj. vl. Concernant. V. *Councernant.*
CONCESSION, V. *Councession.*
CONCHA, vl. V. *Conca.*
CONCHILL, s. m. vl. *Conchillo*, anc. ital. Coquille. V. *Couquilha.*
CONCIENCIA, s. f. vl. COSSIENCIA, COSCIENTIA. V. *Counsciença.*
CONCILI, vl. Concile, V. *Councile*, assemblée, V. *Assemblada.*
CONCIS, **ISA**, vl. Serré, tronqué, accourci. V. *Councis.*

CONCISIO, s. f. vl. CONCIZIO. Syncope, fig. de gram. V. *Councision.*

Concizios *vol dire rompemens o trencamens de dictio, coma amat, per amavit.*
Flor. del gay sab.

CONCISTORI, vl. Voy. *Consistori* et *Counsistori.*

CONCLAVI, s. m. V. *Counclave.*

CONCLAVO, s. m. (counclâve). Voy. *Counclave.*

CONCLUCHIER, adj. vl. Brouillé, honteux, embarrassé.

CONCLUS, adj. vl. Confus, confondu.

CONCLUIRE, et

CONCLURE, vl. V. *Counclurre.*

CONCLUSIO, s. f. vl. V. *Counclusion.*

CONCLUSIU, **IVA**, adj. vl. V. *Counclusif.*

CONCOA, s. f. vl. Concubine. V. *Councubina.*

Éty. de *con*, *coa*. V. *Couch*, R.

CONCOEIRA, s. f. vl. Concubine. Voy. *Councubina.*

CONCORDAR, vl. Accorder. V. *Councordar* et *Cor*, R.

CONCORDI, vl. s. m. Accord, traité. V. *Cor*, R.

CONCORDIA, vl. V. *Councorda.*

CONCORDIAR, vl. V. *Councordar.*

CONCORDIVOL, adj. des deux genr. vl. *Concordevole*, ital. Concordant, ante, qui s'accorde.

CONCOSSOL, s. m. vl. Co-consul. V. *Conselh*, R.

CONCRECIO, s. f. vl. V. *Councretion.*

CONCRETIU, adj. vl. *Concrétif.* Voy. *Cern*, R.

CONCUBINA, vl. V. *Councubina.*

CONCUELHIR, et

CONCUILLIR, v. a. vl. Recueillir.

Éty. de *con* et de *culhir*. V. *Culh*, R.

CONCUPISCENTIA, s. f. vl. V. *Councupiscença.*

CONCURREN, s. m. vl. *Concurrente*, esp. port. *Concorrente*, ital. Intersection, conjonction. V. *Courr*, R.

CONCURRER, et

CONCURRÉR, v. n. vl. Concourir. V. *Councourrer.*

CONCURSIO, s. f. vl. Concours, rencontre.

Éty. du lat. *Concursio* et *Courr*, R.

CONCUSSIO, s. f. vl. *Concussio*, cat. *Concusio*, esp. *Concussão*, port. *Concussione*, ital. Ebranlement, secousse.

Éty. du lat. *concussio*, m. s. V. *Cut*, R.

CONCUSSIONARI, s. m. d. béarn. V. *Councussiounari.*

CONCUTIR, v. a. vl. Ébranler, secouer.

Éty. du lat. *concutere*. V. *Cut*, R.

CONCUTIT, **IDA**, adj. et p. vl. Ébranlé, secoué. V. *Cut*, R.

COND, COUND, CONDI, radical dérivé du latin *condire*, *condio*, *conditum*, assaisonner, apprêter, confire, formé de *cum*, avec, et de *do*, donner, mettre.

De *condire*, par apoc. *cond*; d'où : *Cond-uch-ier*, *Cond-ug*, *Cond-uich*, *Cond-ag*, *Cond-ar*, *Cond-at*, *Cond-it*, *Condi-men*, *Cond-ire*, *Cond-re*, *Cond-uitz*, *Cond-utz.*

De *condire*, par la suppression de la syllabe *di*, *coure*; d'où : *Coure*, *Coure-ar*, *Coure-at*, *Coure-et*, *Coure-si*, *Coures.*

CONDAMINA, s. f. vl. *Condamine*, champ, pré seigneurial. V. *Coundamina.*

CONDAMNAR, vl. V. *Coundamnar.*

CONDAMNATORI, adj. anc. béarn. Condamnatoire. V. *Dam*, R.

CONDAMPNAR, vl. V. *Coundamnar.*

CONDANSA, s. f. vl. Gentillesse; accointance.

CONDANT, **ANTA**, adj. anc. béarn. Comptant. V. *Coumptant.*

CONDAR, vl. V. *Comptar.*

CONDAR, v. a. vl. Assaisonner. V. *Condire.*

CONDAT, **ADA**, adj. et p. vl. CONDA. Compté, ée. V. *Comptat.*

CONDAT, **ADA**, adj. et p. vl. Assaisonné, préparé.

Éty. du lat. *conditus*. V. *Cond*, R.

CONDECENDRE, vl. V. *Coundescendre.*

CONDEIAR, et

CONDEJAR, v. a. vl. Orner, parer; et n. coqueter. V. *Coindeiar.*

CONDEMNACION, vl. V. *Coundamnation.*

CONDEMPNAMEN, s. m. vl. *Condannamento*, ital. V. *Coundamnation.*

CONDEMPNATION, vl. V. *Coundamnation.*

CONDEMPNAT, adj. et p. vl. Condamné. V. *Coundamnat.*

CONDEMPNATORI, adj. vl. *Condemnatori*, cat. *Condennatorio*, esp. *Condemnatorio*, port. *Condannatorio*, ital. Condamnatoire.

Éty. du lat. *condemnatorius*, m. s. V. *Dam*, R.

CODENSATIU, **IVA**, adj. vl. *Condensatiu*, *iva*, cat. *Condesativo*, esp. port. *Condensatif*, qui a la vertu de condenser.

Éty. de *condensat* et de *iu*, du lat *condensare*, condenser.

CONDERC, s. m. vl. Pelouse, pâturage. V. *Coderc.*

CONDERDRE, v. a. vl. Redresser, relever, entasser.

Éty. du lat. *erigere*, hausser, élever.

CONDERGAR, v. n. vl. Faire germer, faire fleurir, épanouir.

Éty. de *conder* et de *ar*, gazonner. V. *Coderc.*

CONDERSER, s. m. vl. Lieux herbeux, herbages, pâturages.

Éty. de *conderc.*

CONDET, vl. Il ou elle *raconta.*

CONDEYSSENDRE, v. n. Condescendre. V. *Coundescendre.*

CONDICIO et

CONDICION, vl. V. *Coundition.*

CONDICIONAR, vl. V. *Coundítiounar.*

CONDIMEN, s. m. vl. *Condiment*, cat. *Condimento*, esp. ital. port. Assaisonnement, condiment.

Éty. du lat. *condimentum*, m. s. V. *Cond*, Rad.

CONDIRE, v. a. vl. CONDRE, CONDIR. *Condir*, anc. esp. *Condire*, ital. Assaisonner, confire.

Éty. du lat. *condire*, m. s. V. *Cond*, R.

CONDIT, **ITA**, adj. vl. Assaisonné, ée; fait, confectionné.

Éty. du lat. *conditus*, m. s. V. *Cond*, R.

CONDITIONAL, vl. V. *Counditionel.*

CONDITIONALMENT, vl. V. *Counditionelament.*

CONDITIONAR, vl. V. *Counditionar.*

CONDONHIER, adj. vl. CONDONHIERS. De cuisine.

CONDRE, vl. V. *Condire.*

CONDRECH, **ECHA**, adj. vl. Herbeux, qui est en prairie, en pâturages.

Éty. V. *Coderc.*

CONDUCH, vl. Convoi, sauf-conduit. V. *Condug.*

CONDUCH, vl. Cour, conduit. V. *Counduch*, R.

CONDUCHIER, s. m. vl. Convive, hôte, conducteur, chef. prébendé, chantre, qui fait grande chère.

Éty. de *conduich*, festin, repas préparé. V. *Cond*, R.

CONDUCTICI, adj. vl. Mercenaire, pris à loyer.

Éty. du lat. *conductitius*, m. s. V. *Duc*, R.

CONDUCTOR, vl. V. *Counductour.*

CONDUG, s. m. vl. CONDUT, CONDUICH, CONDUH, *Condit*, anc. cat. *Conducho*, anc. esp. *Conduto*, esp. Festin, repas, régal, nourriture, mets, ragoût, vivres, munitions.

Éty. du lat. *conditus*, part. de *condire*. V. *Cond*, R.

CONDUICH, vl. Il ou elle assaisonne. V. *Condug.*

CONDUIRE, vl. V. *Counduire.*

CONDUITZ, s. m. pl. vl. V. *Condutz.*

CONDUNT, vl. Ils ou elles racontent, inventent.

Lavras de fol condunt *folas causas.* Beda.

CONDUPLICATIO, s. f. vl. *Conduplicazione*, ital. Redoublement, répétition, term. de rhétorique.

Éty. du lat. *conduplication*, m. s.

CONDURAT, **ADA**, adj. vl. Accoutumé, ée.

CONDURRE, vl. V. *Counduire.*

CONDUSIR, v. a. anc. béarn. Conduire. V. *Counduire* et *Duc*, R.

CONDUT, vl. V. *Condug* et *Cond*, R.

CONDUTZ, s. m. pl. vl. CONDUITZ. Provisions, vivres, fourniture de vivres, transports, chose préparée.

Éty. de *conditus*, gardé, conservé, préparé. V. *Cond*, R.

CONE, s. m. (cóné), *Cono*, esp. ital. *Conc*, port. Cône, pyramide ronde, ou solide, dont la base est un cercle, et dont le sommet se termine en pointe quand il n'est pas tronqué.

Éty. du lat. *conus*, dérivé du grec κῶνος (kônos), m. s.

On appelle :

CONE CIRCULAIRE, celui dans lequel la courbe directrice est une circonférence.

CONE TRONQUÉ, celui dont la partie supérieure a été coupée par un plan.

CONE DROIT, le cône circulaire dont l'axe est perpendiculaire à la base.

CONE OBLIQUE, celui dont le même axe est oblique.

CONE DE LUMIÈRE, le faisceau de rayons lumineux qui

partent d'un point quelconque en divergeant, et tombent sur une surface.

CONE D'OMBRE, l'ombre en forme de cône que projette une planète du côté où elle n'est pas éclairée par le soleil.

CONEGUDA, vl. V. *Conoguda.*

CONEGUT, UDA, adj. d. béarn. V. *Counéissut.*

CÓNESTABLE, s. m. vl. CONESTABLES. Connétable; maître d'hôtel. Gl. occ. V. *Counétable.*

CONESTABLIA, s. f. vl. Connétablie. V. *Counetablia.*

CONEXER, v. a. anc. béarn. CONNEXER. *Conexer*, cat. Connaître. V. *Counouisser.*

CONFANO, s. m. vl. *Gonfanon*, cat. Gonfanon, bannière.

CONFECTIO, vl. V.

CONFECTION, vl. Confection; il signifie encore, ragoût, mets, sauce, mélange, préparation. V. *Counfection.*

CONFEDERACION, vl. V. *Counfederation.*

CONFEDERANSA, s. f. vl. *Confederanza*, anc. esp. Confédération, alliance. V. *Counfederation* et *Fid*, R.

CONFEDERAR, v. a. vl. *Confederar*, cat. esp. port. *Confederare*, ital. Confédérer, allier. V. *Fid*, R.

CONFEDERAT, ADA, adj. et p. vl. CONFEDERATZ. *Confederad*, cat. *Confederado*, esp. Allié, ée; confédéré. V. *Fid*, R.

CONFEDERATION, vl. V. *Counfederation.*

CONFEGER, v. a. et n. vl. Confire, pourrir.

CONFEITAT, adj. et p. CONFEITA, d. vaud. Confectionné, ée. V. *Counfectiounat* et *Fac*, R.

CONFERMACIO, vl. V. *Counfirmation.*

CONFERMAMENT, s. m. vl. COFERMOMEN, *Confirmamiento*, anc. esp. *Confermamento*, ital. Confirmation, approbation.

CONFERMAR, vl. *Confermar*, anc. cat. V. *Counfirmar.*

CONFERMATIO, s. f. vl. V. *Counfirmation.*

CONFERMATORI, vl. V. *Confirmatori.*

CONFERMATIU, IVA, adj. vl. COFERMATIU. V. *Counfirmatif* et *Counfortatif.*

CONFES, vl. COFES. *Confeso*, esp. *Confesso*, ital. *Confes*, cat. *Confés*, avoué, confessé, qui avoue, confesse.

Éty. du lat. *confessus.* V. *Confess*, R.

CONFESS, COUNFESS, sous-radical pris du latin *confessio*, *onis*, confession, formé de *con* et de *fari*, *for*, dire, parler, réciter, dire entièrement. V. *Fa*, R.

De *confessionis*, gén. de *confessio*, par apoc. *confess*; d'où: *Confess-ion*, *Confession-al*, *Des-confes*, *Confes*, *Confess-a*, *Confess-ar*, *Confess-at*, *Confess-io*, *Confess-or*, *our*, *Des-confessar*, *Des-confessat*, et par la suppr. de *n*, *cofess*: *Cofes*, *Cofessar*, *Des-cofes*, *Confess-ar*, *Confess-iu.*

De *confess*, par le changement de *o* en *ou*, *counfess*; d'où les mêmes mots que par *Confess*, *Des-confes.*

CONFESSA, s. f. (counfèsse); COUNFESSA. Confesse, déclaration qu'un pénitent fait de ses péchés à un prêtre, on ne le dit qu'avec les verbes *aller*, *revenir.*

Éty. du lat. *confessio.* V. *Confess*, R.

CONFESSADOUR, d. béarn. V. *Confessour* et *Fa*, R.

CONFESSAR, v. a. (counfessá); CONFESSAR, COUNFESSAR. *Confessare*, ital. *Confesar*, esp. *Confessar*, port. cat. Confesser, avouer de soi-même, déclarer ses péchés à un prêtre.

Éty. du lat. *confiteri*, ou de *confessa* et de *ar*, faire sa confession. V. *Confess*, R.

De qu se confessa, ou *de quau confessa?* à qui se confesse-t-il?

Si confessa d'un tau, il se confesse à un tel, et non d'un tel.

Confessar un liech, dl. Sabouler un lit, c'est le faire à la hâte et négligemment.

CONFESSAR SE, v. r. *Confessarsi*, ital. Se confesser ou confesser ses péchés.

Me confessi de moussur lou curat, Tr. je me confesse à M. le curé, et non de M. etc.

CONFESSAT, ADA, adj. et p. (counfessá, áde); COUNFESSAT. *Counfessado*, port. *Confessad*, cat. *Confesado*, esp. Confessé, ée, avoué.

Éty. de *Confess*, R. et de *at.*

CONFESSIO, s. f. vl. V. *Confession* et *Confess*, R.

CONFESSIO, s. f. vl. Reconnaissance. V. *Confess*, R.

CONFESSION, s. f. (counfessie-n); COUNFESSIEN. *Confessione*, ital. *Confesion*, esp. *Confissão*, port. *Confessió*, cat. Confession, déclaration que l'on fait de ses péchés à un prêtre, pour en obtenir l'absolution, et par extension, aveu.

Éty. du lat. *confessionis*, gén. de *confessio.* V. *Confess*, R.

La confession a été pratiquée par les chrétiens dès les premiers temps de l'Eglise, mais avant le Vme siècle elle se faisait presque toujours publiquement, dans les assemblées des fidèles. A cette époque elle fut rendue secrète et auriculaire. L'obligation de se confesser *à tout le moins une fois l'an*, ne date que du quatrième concile général de Latran, tenu sous le pontificat d'Innocent III.

Par une ancienne coutume on refusait en France, de donner un confesseur à ceux que l'on conduisait au supplice, comme on leur refuse encore aujourd'hui la communion. Le pape Grégoire XI, écrivit inutilement à Charles V. pour la faire abolir; ce ne fut qu'aux sollicitations de Pierre de Craon, qui étant condamné lui-même, avait eu peur de mourir sans confession, que le roi défendit, par une ordonnance, en date du 12 février 1396, de refuser des confesseurs aux condamnés.

CONFESSION, s. f. Pour *Counfecsion*, v. c. m. La plupart des Provençaux prononcent *confession* d'hyacinthe au lieu de confection, etc., pour éviter même l'apparence de cette faute grossière il faut prononcer fortement le *c.* V. *Counfection.*

CONFESSIONAL, s. m. (counfessiounál); COUNFESSIOUNAL. *Confessionale*, ital. *Confesionario*, esp. port. *Confessionari*, cat. Confessionnal, siége de menuiserie où se met le prêtre pour entendre le confession des pénitents.

Éty. de *confession* et de *al*, qui sert à la confession. V. *Confess*, R.

On nomme :

ACOTOIR, la partie où le confesseur s'accoude.

GRILLE, l'ouverture par laquelle le confesseur communique avec le pénitent.

GUICHET, la coulisse qui ferme cette ouverture.

CONFESSOR, vl. V. *Confessour.*

CONFESSOUR, s. m. (counfessoúr); COUNFESSADOUR, COUNFESSOUR. *Confessore*, ital. *Confesor*, esp. *Confessor*, cat. port. Confesseur, prêtre qui confesse avec pouvoir. Celui qui confesse le nom de J.-C. malgré les tourments; saint qui n'a été ni apôtre ni martyr; celui qui confesse une doctrine.

Éty. du lat. *confessor*, m. d. V. *Confess*, Rad.

CONFIDAR, vl. V. *Counfisar.*

CONFIDENCIA, vl. V. *Counfidança.*

CONFIDOR, s. m. vl. Confiseur. V. *Counfissur.*

CONFIECH, s. m. vl. *Confit*, cat. *Confite*, esp. *Confeitos*, port. *Confetto*, ital. Ragoût, mets, confit. V. *Fac*, R.

CONFIEGS, s. f. pl. vl. Confitures. V. *Counfitura.*

CONFIGIMEN, s. m. vl. CONFIMEN. Assaisonnement, confiture. Imposture. Gl. occ. V. *Fac*, R.

CONFIMEN, vl. V. *Configimen.*

CONFINAR, v. a. vl. Confiner, terminer? examiner? V. *Counfinar* et *Fin*, R.

CONFINITAT, s. f. vl. Confin.

CONFIR, vl. V. *Counfir.*

CONFIRMAR, vl. V. *Counfirmar.*

CONFIRMATION, vl. V. *Cofermacio.*

CONFIRMATORI, IA, adj. vl. CONFERMATORI. *Confirmatori*, cat. *Confirmatorio*, esp. Confirmatif, ive. V. *Firm*, R.

CONFISCAR, vl. V. *Counfiscar.*

CONFISCAT, vl. V. *Counfiscat.*

CONFISCATION, vl. V. *Counfiscation.*

CONFITEOR, s. m. (counfitèor). Confiteor, prière qui commence par ce mot et que l'on fait avant que de se confesser, ainsi que dans d'autres occasions où l'on s'avoue coupable devant Dieu.

Éty. du lat. *confiteor*, je confesse, avoue, déclare.

CONFIZANSA, s. f. vl. Hardiesse.

CONFIZAR, vl. V. *Counfisar.*

CONFLECTIO, s. f. vl. *Conflicte*, cat. *Conflit*, esp. Conflit. V. *Counflit.*

CONFONDEMENT, s. m. vl. *Confondiment*, anc. cat. *Confundimiento*, anc. esp. *Confondimento*, ital. Confusion, ruine. V. *Found*, R. 2.

CONFONDRE, vl. V. *Counfoundre.*

CONFORMAR, vl. V. *Counformar.*

CONFORMATIO, s. f. vl. figure de rhétorique, espèce de prosopopée.

CONFORMITAT, vl. V. *Counformitat.*

CONFORT, vl. V. *Counfort.*

CONFORTACIO, s. f. vl. CONFORTATION. *Confortacion*, esp. *Confortação*, port. *Confortazione*, ital. Force, confortation. V. *Fort*, R.

CONFORTADOR, s. m. vl. *Confortador*, esp. *Confortatore*, ital. Confortateur, consolateur.

CONFORTAIRE, vl. V. *Confortador*.

CONFORTAMENT, s. m. vl. CORORTAMEN. *Confortamiento*, anc. esp. *Confortamento*, ital. Courage, encouragement.

CONFORTAR, v. a. vl. Consoler. V. *Counfortar*. *Confortiers*, tu consolas.

CONFORTATIEU, vl. *Confortatiu*, *iva*, cat. V. *Counfortatif*.

CONFORTATIO, vl. V. *Confortation*.

CONFORTATION, vl. V. *Confortacio*.

CONFORTATIU, **IVA**, adj. vl. CONFORTATIEU, COFORTATIU. *Confortatiu*, cat. V. *Counfortatif*.

CONFRAIRE, vl. *Cofraire*. V. *Counfraire*.

CONFRAIRESSA, s. f. vl. *Confréresse*.

CONFRAIRIA, vl. V. *Counfrairia*.

CONFRATERNITAT, vl. V. *Counfraternitat*.

CONFRAYRE, **ESSA**, s. vl. COFRAIRE. Confrère, consœur. V. *Counfraire*.

CONFRAYRESSA, vl. V. *Counfrairessa*.

CONFRAYRIA, vl. V. *Counfrairia*.

CONFRICACIO, s. f. vl. *Confricacion*, esp. Frottement.

Éty. du lat. *confricatio*.

CONFRICAR, v. a. vl. *Confricar*, esp. Frotter.

Éty. du lat. *confricare*.

CONFRONTACIO, vl. V. *Counfrontatio*.

CONFRONTAR, vl. V. *Counfrountar*.

CONFRONTAT, adj. et p. vl. Confronté.

CONFRONTATIO, vl. CONFRONTACIO. V. *Counfrontation*.

CONFUS, vl. V. *Counfus*.

CONFUSIO, et

CONFUSION, vl. V. *Counfusion*.

CONG, s. m. vl. V. *Cougnet*.

CONGAU, s. m. vl. Félicité.

CONGAUZIR, v. n. vl. Congratuler, conjouir; se réjouir réciproquement, s'entre-féliciter, faire fête; approuver.

Éty. de *con* ou *coun*, avec, ensemble. V. *Gauzir* et *Jou*, R.

CONGE, CONJE, adj. vl. Poli, gracieux, aimable, gentil. V. *Coinde*.

Éty. du lat. *comptus*, m. s. V. *Coint*, R.

CONGELACIO, s. f. vl. Congélation, gelée. V. *Coungelation*.

CONGEL, s. m. d. béarn. Conget. V. *Coungiet*.

CONGELAR, vl. V. *Coungelar*.

CONGIER, vl. Il ou elle accumule, entasse.

Éty. du lat. *congerit*.

CONGLAPIS, s. m. vl. Verglas, grésil, givre. V. *Glac*, R.

CONGLUTINAR, v. a. vl. *Conglutinar*, esp. port. *Conglutinare*, ital. Conglutiner, coller, mélanger.

Éty. du lat. *conglutinare*, m. s. Voy. *Glut*, R.

CONGLUTINATIO, s. f. vl. *Conglutinacion*, esp. *Conglutinação*, port. Conglutination, assemblage, mélange.

Éty. du lat. *conglutinatio*, m. s. V. *Glut*, R.

CONGNOYSSENCA, vl. V. *Couneissença*.

CONGOLIMENT, s. m. vl. Ornement.

CONGRA, s. f. vl. *Congresse*. La femelle du congre.

CONGRE, s. m. vl. *Congre*, cat. *Congrio*, esp. *Congro*, port. *Crongo*, ital. Congre, poisson. V. *Filas*.

Éty. du lat. *conger*, m. s. dérivé du grec κογγρος (koggros), congre.

CONGREG, vl. V. *Condrech*.

CONGREGACIO, vl. V. *Congregatio*.

CONGREGAR, v. a. vl. CONGRIAR, CONGRUAR, *Congregar*, cat. esp. port. *Congregare*, ital. Rassembler, réunir, entasser, amasser, attrouper.

Éty. du lat. *congregare*. V. *Greg*, R.

CONGREGAT, (congregrá), adj. et p. d. vaud. Assemblée.

Éty. du lat. *congregatum*, de *congregare*, rassembler. V. *Greg*, R.

CONGREGATIO, vl. V. *Coungregation*.

CONGREGATIU, IVA, adj. vl. Congrégatif, collectif.

Éty. du lat. *congregationis*, m. s. V. *Greg*, R.

CONGREGUAT, **ADA**, adj. et p. d. béarn. Assemblé, ée. V. *Greg*, R.

CONGRENH, *Mettre en*, expr. adv. vl. Amasser. V. *Greg*, R.

CONGRENS, s. m. vl. Travail, instrument ou machine de maréchal, au moyen duquel on tient suspendus les animaux qu'on veut ferrer.

CONGRIAR SE, v. r. vl. Se former. V. *Coungrear* et *Cre*, R.

CONGRIAR, vl. V. *Coungregar*.

CONGRUAR, vl. V. *Coungrear*.

CONGRUENT, **ENTA**, adj. vl. *Congruent*, cat. *Congruente*, esp. port. ital. Convenable, congru.

Éty. du lat *congruentis*, gén. de *congruens*. V. *Gru*, R.

CONH, s. m. vl. Coin. V. *Cougnet*.

CONHAT, ADA, s. vl. Beau-frère, belle-sœur. V. *Cougnat*.

CONHAT, vl. V. *Cougnat*.

CONHDAMENS, adv. vl. V. *Cointamen*.

CONHDAROL, s. m. vl. Muguet, qui fait le gentil.

CONHDIA, vl. V. *Coindia*.

CONHET, s. m. vl. Angle, coin. V. *Cantoun*.

Éty. de *conh*, dérivé du lat. *cuneus*, coin. V. *Cougn*, R.

CONIL, vl. Lâche, poltron. V. *Counil*.

CONIN, INA, adj. vl. Hystérique, utérin.

CONIOSSEIRE, vl. V. *Couneissur*.

CONIQUE, **ICA**. adj. (couniqué, ique); *Conic*, *ica*, cat. *Conico*, esp. *Conico*, ital. port. Conique, qui a la figure d'un cône.

CONIS, adj. (conis), dl. Méchant, capricieux, bizarre, de mauvais naturel. Sauv.

CONIS, s. f. *Coniza*, esp. Ancien nom de la conise. V. *Herba deis sumis*.

CONJA, adj. f. vl. Jolie.

CONJAT, s. m. vl. Congé, adieu.

CONJE, adj. vl. V. *Conje*.

CONJECTURA, vl. V. *Counjectura*.

CONJOIGNER, vl. V. *Conjunger*.

CONJOIR, v. n. vl. Fêter, savourer, goûter, prétendre, se réjouir ensemble.

Éty. du lat. *congaudere*. V. *Jou*, R.

CONJOISSENCA, s. f. vl. Jouissance, délectation. V. *Jou*, R.

CONJONGNER, vl. V. *Conjunger*.

CONJUGAL, adj. vl. V. *Counjugal*.

CONJUGATIO et

CONJUGAZO, vl. V. *Counjugasoun*.

CONJUNCCIO, vl. V. *Conjunctio*.

CONJUNCT, **UNCTA**, adj. et p. vl. Uni, ie, réuni, ie. V. *Jougn*, R.

CONJUNCTIO, s. f. vl. V. *Conjounction*.

CONJUNCTIU, s. m. vl. Conjonctif, terme de grammaire. V. *Counjounctif*.

CONJUNCTIVA, s. f. vl. Conjonctive.

Éty. du lat. *conjonction*, *iva*, qui a force conjonctive. V. *Joungn*, R.

CONJUNCGER, v. a. vl. CONJOINGNER. *Congiugnere*, ital. Conjoindre, réunir, contracter.

Éty. du lat. *conjungere*, m. s. V. *Jougn*, Rad.

CONJUNCTAMEN, adv. vl. V. *Counjointament*.

CONJUR, s. m. vl. *Conjur*, cat. *Conjuro*, esp. Conjuration, enchantement, supplication, invocation. V. *Jur*, R.

CONJURADOR, s. m. vl. CONJURAIRE. *Conjurador*, esp. *Congiuratore*, ital. Enchanteur. V. *Jur*, R.

CONJURAIRE, vl. V. *Conjurador*.

CONJURAR, vl. V. *Counjurar*.

CONJURATION, vl. V. *Counjuration*.

CONLAUDAR, v. a. vl. *Conlaudar*, anc. esp. Louer, célébrer.

Éty. du lat. *collaudare*, m. s.

CONLOGATION, s. f. vl. Sous-location.

CONLOSIA CAUSA, vl. Comme soit.

Éty. de l'ital. *conciossia cosa*, m. s.

CONLOSIA-CAUSA-QUE, anc. prov. *Conciossiacosachè*, ital. Quoique, vu que, puisque.

CONMINUIR, v. a. vl. Briser, fracasser.

Éty. du lat. *comminuere*.

CONMINUT, **UTA**, adj. et p. vl. Brisé, ée, fracassé, ée.

CONNEXENÇA, s. f. d. béarn. Connaissance. V. *Couneissença*.

CONNEXIO, s. f. vl. V. *Counexion*.

CONNEXITAT, s. f. vl. *Connexitat*, anc. cat. *Conexidad*, esp. Connexité, rapport, aperçu entre deux ou plusieurs choses.

CONOC, vl. Il ou elle connut, de *conoscer*, connaître.

CONOGUDA, s. f. vl. CONEGUDA. Connaissance. V. *Couneissença*.

CONOGUES, vl. Qu'il ou qu'elle connût, sût.

CONOGUT, **UDA**, vl. part. de *Conoscer*. Connaître, connu, ue. V. *Nosc*, R.

CONOICHENSSA, s. f. vl. V. *Couneissensa*.

CONOICHENT, adj. vl. V. *Conoissent* et *Nosc*, R.

CONOICHER, v. a. vl. COUNOUICHER. Connaître. V. *Counouisser* et *Nosc*, R.

CONOISCER, vl. V. *Counouisser*.

CONOISSEDOR, vl. V. *Conoisseire*.

CONOISSEIRE, s. m. vl. CONOISSEIRE, CONOISSEDOR, CONOYSSEDOR. *Conocedor*, esp. *Conhecedor*, port. *Conoscitore*, ital. mod. Connaisseur. V. *Couneissur*.

CONOISSENSA, s. f. vl. CONOYSSENSA, CONOYSSHENSA, CONOICHENSSA, CONOISSIMEN, CONOGUDA, CONEGUDA. Connaissance, habileté, parenté. V. *Couneissença*.

CONOISSENT, adj. des deux genres, vl. CONOISSEN, CONOICHENT. Ami, parent, savant, habile, connaisseur, V. *Nosc*, R.

CONOISSER, v. a. vl. Avouer, connaître, reconnaître. V. *Counouisser*.

CONOISSIMEN, vl. *Conexement*, cat. *Conocimiento*, esp. *Conhecimento*, port. *Conoscimento*, ital. Connaissance. V. *Couneissença*.

CONOISSU, UE, adj. et p. d. vaud. CONOISSUT. Connu, ue. V. *Couneissut*.

CONOR et

CONORT, s. m. vl. *Conhorte*, anc. esp. Consolation, encouragement, espoir; preuve.

Éty. C'est probablement une altér. de *confort*.

CONORTAMEN, s. m. vl. *Conhortamiento*, anc. esp. Encouragement, consolation.

CONORTAR, v. a. vl. *Conhortar*, esp. Encourager, consoler, réconforter.

CONORTOS, adj. vl. *Conhortoso*, anc. esp. Satisfait, rassuré.

CONOSC, vl. Je connais; il ou elle connut.

CONOSCER, v. a. vl. CONOISCER, CONOISSER. Connaître. V. *Counouisser*.

CONOYCHENSSA, s. f. vl. Connaissance. V. *Couneissença*.

CONOYSSEDOR, vl. V. *Conoisseïre*,

CONOYSSENSA, et

CONOYSSHENSA, vl. V. *Couneissença*.

CONPASSAR, v. a. et n. vl. Demander, interroger; converser, s'entretenir.

CONPENSADAMEN, adv. vl. Avec compensation.

CONPLAIS, vl. Il ou elle se plaignit.

CONPLANAIR, vl. V. *Abastar*.

CONPLEXIONAL, vl. V. *Complexional*.

CONPORTAMENS, adv. vl. Conjointement.

CONPRESSIU, IVA, adj. vl. *Compressivo*, esp. *Compressivo*, port. Compressif, ive, qui sert à comprimer. V. *Press*, R.

CONPTE, vl. V. *Compte*.

CONQUAVAR, vl. V. *Concavar*.

CONQUAVITAT, s. f. vl. Concavité. V. *Councavitat*.

CONQUEREMEN, vl. V. *Conquerimen*.

CONQUERER, vl. V. *Conquerir*.

CONQUERIMEN, s. m. vl. CONQUERIMEN, CONQUEREMEN. Conquête, acquisition. V. *Quer*, R.

CONQUERIR, vl. V. *Counquistar*.

CONQUERRE, v. a. vl. V. *Counquistar*.

CONQUES, ESA, adj. vl. CONQUEZA, CONQUERIT, CONQUEZIT, CONQUEZUT. Conquis, ise. V. *Counquist*.

CONQUESTA, s. f. anc. béarn. *Conquista*, cat. esp. ital. port. Acquisition, plainte, lamentation, Gl. occ. chagrin, regret. Rayn. V. *Quer*, R.

CONQUESTAIRE, s. m. vl. *Conquistador*, cat. esp. *Conquistatore*, ital. Conquérant. V. *Quer*, R.

CONQUESTAR, v. a. d. béarn. Conquérir. V. *Counquerir*.

CONQUESTAT, ADA, adj. et p. d. béarn. *Conquistad*, cat. *Conquistado*, esp. Conquis, ise. V. *Counquis*.

CONQUETA, s. f. (counquète), d. béarn. Mesure usitée anciennement dans le béarn, pour le sel.

Per cinq sacs de sau, contenens vingt et cinq conquetes.

Priv. et Cout. de Béarn.

Éty. Dim. de *conca*, mesure. V. *Conc*, R.

CONQUETA, s. f. (counquète). Dim. de *Conca*, v. c. m.

CONQUIRENT, adj. vl. Conquérant, fait pour conquérir. V. *Quer*, R.

CONQUIST, vl. V. *Counquist*.

CONQUIST, ISTE, adj. et p. vl. CONQUES. Conquis, ise. V. *Quer*, R.

CONQUISTAR, v. a. vl. V. *Counquistar*. Conquérir, acquérir, gagner. V. *Quer*, R.

CONQUIZA, s. f. vl. Conquête. Voy. *Counqueta*.

CONRAD, nom d'homme. (counrad); *Corrado*, ital. *Conrado*, esp. Conrad.

Patr. L'Eglise honore sept saints de ce nom, les 26 nov. 2 mai; 7 et 9 août; 19 avril; 19 févr. et 1er juin.

CONRAZIER, s. m. vl. Le cellerier d'un couvent.

CONRE, s. m. vl. *Conrei* et *Cond*, R.

CONREADOR, s. m. vl. Habitant; celui qui régale.

CONREAR, v. a. vl. *Conrear*, anc. cat. *Corredare*, ital. Régaler, fêter, équiper, arranger, préparer, travailler.

Éty. de *conre* et de *ar*. V. *Cond*, R.

CONREAT, adj. et p. vl. CONREET. Défrayé de toutes choses en voyage. V. *Cond*, Rad.

CONREET, adj. et p. vl. Pour *Conreat*, v. c. m.

CONREI, s. m. vl. CONRE, CONREY. *Conreu*, cat. *Corredo*, ital. Traitement, festin, équipement, bagage, équipage, provisions. V. *Cond*, R.

CONRES, s. m. vl. L'action de défrayer quelqu'un de sa dépense; hospitalité, vivres, provisions. V. *Cond*, R.

CONRESAR, v. a. vl. *Conresar*, cat. Disposer, mettre en ordre, arranger; nourrir, alimenter, entretenir, cultiver.

CONREY, vl. V. *Conrey*.

CONS, vl. Pour *Com nos*, comme ou comment nous.

CONS, vl. Pour *Com se*, comme se, comment nous.

CONSANGUINITAT, vl. V. *Counsanguinitat*.

CONSCRIPTIO, s. f. vl. Réparation, état d'impôt.

Éty. du lat. *conscriptio*.

CONSE, V. *Consou*

CONSECRAR, v. a. vl. CONSEGRAR. Voy. *Counsacrar*.

CONSECRATIO, s. f. vl. CONCECRATIO, CONSEGRACION, CONSEGRATIO, COUNSACRATIEN. V. *Counsacration*.

CONSECUTIO, s. f. vl. *Consecuciò*, cat. *Consecucion*, esp. *Conseguimento*, ital. Conséquence, conclusion.

Éty. du lat. *consecutio*, m. s. V. *Sequ*, R.

CONSEGRACION, vl. V. *Counsacration*.

CONSEGRAR, vl. V. *Counsacrar*.

CONSEGRATIO, vl. V. *Consecratio*.

CONSEGRE, vl. V. *Conseguir*.

CONSEGUIMEN, s. m. vl. *Conseguiment*, cat. *Conseguimiento*, esp. *Conseguimento*, ital. Poursuite, ressource. V. *Sequ*, Rad.

CONSEGUIR, v. a. vl. *Conseguir*, cat. esp. port. *Conseguire*, ital. Gagner, attraper, atteindre, obtenir, arriver à son but, parvenir à ses fins; poursuivre; faire valoir, suivre, accompagner.

Éty. du lat. *consequi*.

CONSEILHAR, vl. V. *Counselhar*.

CONSEILLAIRE, s. m. vl. Conseiller. V. *Counselhier* et *Conselh*, R.

CONSEILLAR, v. n. vl. Chuchoter.

CONSEILLER, s. m. vl. Conseiller, miroir, coussin. V. *Counselhier* et *Conselh*.

CONSELAMEN, vl. V. *Conselhamen*.

CONSELH, COUNSELH, COSSELH, CONSUL, CONSOL, COUNSULT, sous-radical pris du latin *consiliare*, *consilio*, ou de *consulere*, *consulo*, *consultum*, conseiller, donner ou prendre conseil; formés de *cum*, *con* et *salio*, parce qu'il s'est dit proprement de ceux qui, après une commune délibération se *jetaient*, c'est-à-dire, se réunissaient dans une même opinion; d'où: *consul*, consul; *consilium*, conseil; *consultare*, consulter. Bondil.

De *consilium*, par apoc. *consil*, et par métagr. de *i* en *e*, et de *l* en *lh*, *conselh*; d'où: *Conselh*, *Conselh-ar*, *Des-a-conselhar*, *Conselh-at*, *Conseill-aire*, *Conseill-er*.

De *conselh*, par sync. de *n*, *cosselh*: *Cosselh*, *Cosseilh-er*, *Cosselh-aire*, *Cosselh-ar*, *A-cosselh-ar*, *A-cosselh-ador*, *Des-acosselhar*, *Reyre-cosselh*, etc.

De *conselh*, par le changement de *lh* en *ll* ou *ill*: *Conseill*, *Con-seill-er*, *Conseill-aire*.

De *conseill*, par sync. de *n*: *Cosseill*, et les mêmes mots que par *Cosselh*.

De *consul*: *Consul*, *Consul-at*, *Consul-ari*, *Pro-consul*.

De *consul*, par métagr. de *u* en *o*, *consol*: *Consol*, *Consol-at* et *Consou*, par le changement de *l* en *u*: *Con-cossol*.

De *consul*, par apoc. *cons*: *Cons-e*.

De *consul*, par métagr. de *o* en *ou*: *Counsul*, *Counsul-ari*, *Counsul-at*.

De *conselh*, par le changement de *o* en *ou*, *counselh*: *Couss-oul-al*, *Couss-oul-at*, *Counseil*, *Counselh-ar*, *Des-counsel-har*, *Counselh-at*, *ada*; *Counselh-ier*, *Counselh-iera*.

De *consultare*, par apoc. *consult*, et par métagr. de *o* en *ou*, *counsult*: *Counsult-a*, *Counsult-ar*, *Counsult-ant*, *Counsult-ation*, *Senatus-consult*.

De *counsult*, par le changement de *l* en *r*: *Counsurt*, *Counsurt-a*, *Counsurt-ar*, *Counsurt-ation*.

De *consilium*, par apoc. *consil*, *consili*; d'où: *Consili-atiu*.

CONSELH, s. m. vl. COSSELH. Conseil, autorisation, permission. V. *Counseou*.

Éty. V. *Conselh*, R.

CONSELHAMEN, s. m. vl. CONSELAMEN. *Consigliamento*, ital. Conseil, avis. Voy. *Counseou*.

Éty. de *conselhar* et de *men*. V. *Conselh*, Rad.

CONSELHAR, vl. V. *Counselhar*.

CONSELHÊE, s. m. vl. Conseiller. Voy. *Counselhier*.

Éty. V. *Conselh*, R.

CONSELHIER, vl. V. *Counselhier*.

CONSEN, adj. vl. cossen. *Consent*, anc. cat. Complice, consentant. V. *Sent*, R.

CONSENT, part. prés. vl. consen. *Consent*, cat. *Consenciente*, esp. Consentant, d'accord.

Éty. du lat. *consentientis*, gén. de *consentiens*, m. s.

CONSENTIMENT, s. m. vl. Assentiment, consentement volontaire, donné à une proposition, à un acte; convenance, rapport, conformité.

Éty. de *con* et de *sentiment*. V. *Sent*, R.

CONSENTIR, v. n. vl. Prendre conseil; fréquenter, entretenir.

CONSENTIR, vl. Souffrir, endurer, accorder, consentir. V. *Counsentir*.

CONSEQUEN, vl. V. *Consequent*.

CONSEQUENCIA, et

CONSEQUENSSA, V. *Counsequança*.

CONSEQUENT, vl. consequen. V. *Counsequant*.

CONSEQUENTIA, vl. Voy. *Counsequança*.

CONSERVACIO, vl. V. *Counservation*.

CONSERVADOR, vl. et

CONSERVAIRE, V. *Counservatour*.

CONSERVAR, vl. V. *Counservar*.

CONSERVATIO, et

CONSERVATION, vl. V. *Counservation*.

CONSERVATIU, **IVA**, adj. vl. *Conservatiu*, cat. *Conservativo*, esp. port. ital. Conservatif, ive; propre à conserver. Voy. *Serv*, R.

CONSERVATOR, vl. V. *Conservador*.

CONSERVATORIO, s. m. vl. *Par la rason de conservatorio*, Stat. Prov. pour raison de privilège. V. *Serv*, R.

CONSERVAYRITZ, s. f. vl. *Conservatrice*, ital. Conservatrice.

Éty. du lat. *conservatrix*, m. s. V. *Serv*, Rad.

CONSIDER, counsider, sous-radical pris du lat. *considerare*, considérer, formé de *con* et de *sidus*, *sideris*, litt. regarder attentivement les astres, et par synecdoque, voir, regarder. V. *Sid* et *Sider*, R.

De *considerare*, par apoc. *consider*; d'où: *Consider-ar*, *Consider-acio*, *Consider-ansa*; par la suppression de *de*, *consir*; d'où: *Consir*, *Consir-ier*, *Consir-anza*, *Consir-os*, *Conssir-ar*, *Conssir-at*.

De *consir*, par suppression de *n*, *cossir*; d'où: *Cossir-ar*, *Cossir-e*, *Cossir-ada-ment*, *Cossir-ier*, *Cossir-aire*, *Cossir-os*.

De *consider*, par le changement de *o* en *ou*, *counsider*; d'où: *Counsider-ar Counsider-at*, *Counsider-ation*, *Des-counsiderat*, *Counsider-able*, *Coun-siderabl-a*, *Coun-siderabla-ment*, *Coun-sider-ant*.

CONSIDERACIO, vl. V. *Counsideration* et *Consider*, R.

CONSIDERANSA, s. f. vl. *Consideranza*, ital. Considération. V. *Counsideration* et *Consider*, R.

CONSIDERAR, vl. V. *Counsiderar* et *Consider*, R.

CONSIDERAT, V. *Counsiderat* et *Consider*, R.

CONSIGNAR, vl. Contre-signer, contre-sceller. V. *Counsignar*.

Éty. du lat. *consignare*, m. s. V. *Sign*, Rad.

CONSILIATIU, **IVA**, adj. vl. *Conciliatiu*, cat. *Conciliativo*, ital. Conciliant, ante. V. *Conselh*, R.

CONSIR, s. m. vl. cossire. *Consiro*, ital. Chagrin, rêverie, pensée, souci; qu'il ou qu'elle considère, réfléchisse.

Éty. du lat. *considerare*. V. *Consider*, R.

CONSIRANZA, s. f. vl. consirança. Inquiétude, souci. V. *Consider*, R.

Éty. V. *Consir* et *Anza*.

CONSIRAR, v. a. et n. vl. *Consirar*, anc. cat. Considérer, soigner, regarder, désirer; réfléchir, être attentif, penser.

CONSIRE, V. *Consirier*.

CONSIRER, et

CONSIRIER, s. m. cossirier, consire. Souci, pensée, réflexion, chagrin, regret, sollicitude, affliction.

Éty. de *consir* et de *ier*. V. *Consider*, R.

CONSIROS, adj. vl. cossiros. *Consiros*, anc. cat. *Consiroso*, ital. Rêveur, pensif, chagrin, affligé.

Éty. de *consir* et de *os*.

Le Dict. d'Alberti, dit que *consiro* et *consiroso*, ont été pris du provençal. V. *Consider*, Rad.

CONSIS, s. m. vl. Semis, plantation.

Éty. du lat. *consitus*.

CONSISTENCIA, et

CONSISTENTIA, s. f. vl. V. *Counsistança*.

CONSISTORI, s. m. vl. concistori. V. *Counsistori*.

CONSOL, vl. Consul. V. *Consou* et *Conselh*, R.

CONSOLADOR, *Consolador*, cat. et

CONSOLAIRE, vl. V. *Counsoulatour*.

CONSOLAMENT, s. m. vl. cossolamen. *Consolamento*, ital. V. *Counsoulation*.

CONSOLAT, vl. V. *Consulat*.

CONSOLATION, vl. V. *Counsoulation*.

CONSOLDAR, vl. V. *Counsolidar*.

CONSOLIDACIO, vl. V. *Counsolidation*.

CONSOLIDAMENT, s. m. vl. *Consolidamento*, ital. Consolidation, affermissement. V. *Solid*, R.

CONSOLIDAR, vl. V. *Counsolidar*.

CONSOLIDAT, vl. V. *Counsolidat*.

CONSOLIDATIU, **IVA**, adj. vl. *Consolidativo*, esp. ital. *Consolidatiu*, *iva*, cat. Consolidant, propre à consolider. V. *Solid*, R.

CONSOMPCIO, vl. V. *Counsoumption*.

CONSONANCIA, s. f. vl. V. *Counsonça*.

CONSONANT, s. f. et adj. vl. consonan, consonan. *Consonant*, cat. *Consonante*, esp. ital. Consonne. V. *Counsona*.

Son apeladas consonans *quar essems sono am las autras*. Fl. del gay sab.

CONSONAR, v. n. vl. *Consonar*, cat. esp. *Consonare*, ital. Consonner, concorder, former des accords.

Éty. du lat. *consonare*, m. s. V. *Consonant*.

CONSORTIA, s. f. vl. consorcia. *Consorci*, cat. *Consorcio*, esp. *Consorzio*, ital. *Consortie*, société, communauté.

Li autres enpedimens es consorcia, *que vol dire compagnia*. Fl. del gay sab.

Éty. du lat. *consortium*, m. s.

CONSOU, s. m. (cónsou), cossol, consz, cossoul, anc. prov. *Consolo*, ital. *Consul*, esp. port. cat. mod. *Consol*, anc. cat. Consul, échevin, officier municipal.

Éty. du lat. *consul*, dérivé de *consulere*, prendre soin, veiller. V. *Conselh*, R.

On dit, lorsqu'on se rencontre dans la même pensée avec quelqu'un, *Auriam fach un consou*, nous aurions fait un pape.

CONSOUDA, cossouda, s. f. vl. *Consolva*, cat. *Consuelda*, esp. *Consolda*, port. *Consolida*, ital. Consoude, grande consoude. V. *Herba deis sumis*.

Éty. du lat. *consolido*, je soude, j'unis, je consolide, parce qu'on a, pendant longtemps, regardé cette plante comme un vulnéraire puissant. Ce qu'indique aussi le mot grec *symphytum*, de συμφύω (sumphuô), j'unis. V. *Solid*, R.

CONSSUMPTIU, vl. V. *Comsuptiu*.

CONSOUNANSA, s. f. vl. Consonnance.

CONSTANÇA, nom de femme (counstánce); costança. *Costanza*, ital. *Constanza*, esp. Constance.

Patr. Sainte Constance, martyrisée sous Néron, dont on fête la mémoire le 19 septembre. L'Église honore d'ailleurs onze autres saintes de ce nom.

CONSTANCIA, vl. V. *Counstança*.

CONSTANS, nom d'homme (counstáns); *Costante*, ital. Constans, Constant, Constance.

Patr. L'Église honore 17 saints de ce nom.

CONSTANTIN, nom d'homme, constantin. *Constantino*, ital. esp. Constantin.

Patr. Le Martyrologe fait mention de sept Constantin, dont l'Église honore la mémoire, les 2 mai; 6 et 11 mars; 12 avril et 27 juillet.

CONSTANTINOPLE, (constantinóplé). *Constantinopoli*, ital. *Constantinopla*, esp. port. cat. Constantinople, *Istambol* ou *Stamboul*, ville capitale de l'empire Ottoman, située dans la Turquie d'Europe, sur la côte Européenne du Bosphore; c'est l'ancienne Byzance.

Éty. du lat. *Constantinopolis*, dérivé du grec, langue dans laquelle ce mot signifie ville de Constantin, d'où, par des apocopes et syncopes successives, on a fait: *Constantinopol*, *Constantipol*, *Constanpol*, *Stanpol* et *Stanboul*, qui est le nom arabe actuel de cette ville.

CONSTIPACIO, vl. V. *Counstipation*.

CONSTIPATIU, **IVA**, adj. vl. *Constipatif*, qui resserre, qui constipe. V. *Counstipation*.

CONSTITUIR, v. a. anc. béarn. *Constituir*, cat. Constituer. V. *Counstituar* et *Est*, R.

CONSTITUTIO, vl. Constitution. V. *Counstitution*.

CONSTRICCIO, s. f. vl. *Constriccion*, esp. *Constrizione*, ital. Constriction, pression.

Éty. du lat. *constrictio*, m. s.

CONSTRUCTIO, vl. V. *Counstruction.*

CONSTRUCTIU, IVA, adj. vl. CONSTRUCTIU. *Constructif*, propre à construire. V. *Stru*, R.

CONSTRUIRE, vl. V. *Counstruire.*

CONSTANTINA, nom de femme (counstantine); CONSTANTINA. Constantine.

Patr. Saint Constantin.

CONSUL, s. m. (consúl); *Consul*, cat. esp. port. *Consolo*, ital. Consul, l'un des deux magistrats qui avaient la principale autorité dans la République romaine. V. *Consou.*

Éty. du lat. *consul*, m. s.

CONSULARI ARIA, adj. (consulári, árie); CONSULARI, COUNSULARI, COUSSOULAT. *Consolare*, ital. *Consular*, esp. port. cat. Consulaire, qui appartient au consul, qui le concerne.

Éty. de *consul* et de *ari*, ou du lat. *consularis*. V. *Conselh*, R.

CONSULAT, s. m. (counsulá); COUNSULAT, COUSSOULAT. *Consulado*, esp. port. *Consolato*, ital. *Consulat*, cat. Consulat, dignité, charge, office de consul.

Éty. du lat. *consulatus*. V. *Conselh* et *Consul*, R.

CONSUMAR, et

CONSUMIR, vl. *Consumir*, cat. esp. port. V. *Counsumar.*

CONSUMPCIO, s. f. vl. CONSONPCIO. Consomption. V. *Counsoumption.*

Éty. du lat. *consumptionis*, m. s.

CONSUMPTIU, IVA, adj. vl. CONSSUMPTIU. *Consuntivo*, esp. ital. Consomptif, ive; propre à consumer.

CONT, COUNT, COMT, radical que Caseneuve fait dériver du grec barbare κοντὸν (konton), qui, parmi les derniers Grecs, comme l'assure le jésuite Gretser, sur le chap. 1, de *Curopalates*, signifie un abrégé : et parce que la principale qualité des contes, consiste dans la briéveté, on leur a donné un nom qui la désigne.

De *konton*, par apoc. *cont*; d'où : *Contar*, *Cont-e*, *Ra-contar*, *Comt-aire*, *A-comtar*, *Re-comt-ar*, *Re-comta-men*, *Re-comtable*, *Comt-ador.*

CONTA, adj. f. vl. Jolie. V. *Conte.*

CONTADOR, s. m. anc. béarn. *Contador*, cat. esp. Comptable. V. *Comptable* et *Compt*, Rad.

CONTAGIOS, vl. V. *Countagious.*

CONTAMEN, s. m. vl. *Contamen*, anc. cat. *Contamento*, ital. *Cuento*, esp. Récit, narration.

Éty. de *contar* et de *men*. V. *Cont*, R.

CONTAR, v. a. (countá); RACONTAR, CONTAR. *Contare*, ital. *Contar*, esp. port. cat. Conter, raconter familièrement ou en conversation, une histoire, un conte.

Éty. de *conte* et de *ar*. V. *Cont*, R.

Contar flourelas, conter des sornettes, en conter à une femme.

CONTAR, vl. Pour compter. V. *Comptar.*

CONTAROLE. V. *Countarole.*

CONTAT, vl. V. *Countat.*

CONTE, s. m. (cònté); *Compte*, anc. cat. *Cuento*, esp. *Conto*, ital. port. Conte, récit d'une aventure, surtout d'une aventure fabuleuse; anecdote.

Éty. V. *Cont*, R.

Conte de ma maire grand, conte de la mère l'oie.

Conte blu, conte bleu, conte pareil à ceux que l'on trouvait dans les petits livres couverts en papier bleu, que Jean Oudot faisait imprimer, en grand nombre, à Troyes, en Champagne, vers la fin du XVI siècle, et qui composaient, avec les almanachs de Pierre l'Arrivay. La *Bibliothèque bleue*. *Faire de contes*, dire des mensonges.

CONTE, Pour compte. V. *Compte.*

CONTE, s. m. vl. Compte, nombre.

CONTE, ONTA, COINTE, CUENDE, adj. vl. Cultivé, ée ; gracieux, aimable, joli, ie.

Éty. du lat. *comptus*, m. s. V. *Comt*, R.

CONTEIRAL, s. m. vl. Compatriote, contemporain. V. *Counteiral.*

CONTEMPLACIO et

CONTEMPLACION, vl. V. *Countemplation.*

CONTEMPLADOR et

CONTEMPLAIRE, vl. V. *Countemplatour.*

CONTEMPLAR, vl. V. *Countemplar.*

CONTEMPLATIO et

CONTEMPLATION, vl. V. *Countemplation.*

CONTEMPLATIU, IVA, adj. vl. V. *Countemplatif.*

CONTEMPNER, v. a. vl. *Cotennere*, ital. Mépriser.

Éty. du lat. *contemnere*, m. s.

CONTEN, s. m. vl. V. *Countestation.*

CONTEN, s. m. vl. CONTENSA, CONTENÇO, CONTENSO, CONTENT. Emulation, contention. alt. de *contends*, dispute, guerre, débats, combat, contestation, efforts.

Éty. du lat. *contentio*, m. s. V. *Tend.*

Per contens, à l'envi.

CONTENÇO, s. f. vl. *Contenço*, cat. V. *Contensio.*

CONTENDA, s. f. vl. CONTENTA. *Contenda*, port. cat. *Contienda*, esp. Dispute, querelle, débat, peine, travail, difficulté. V. *Contenso* et *Tend*, R.

CONTENDRE, v. a. et n. vl. *Contendre*, anc. cat. *Contender*, esp. port. *Contendere*, ital. Contester, disputer, contrarier, tâcher, faire ses efforts, quereller.

Éty. du lat. *contendere*, m. s. V. *Tend*, R.

CONTENEMENT, s. m. vl. CONTENEMEN. Contenance, maintien. V. *Ten*, R.

CONTENENÇA, s. f. vl. CONTENENSA, CONTENENSSA. *Contenenza*, cat. Continence, chasteté. V. *Countinença*, *Contenença* et *Ten*, R.

CONTENENCZA, s. f. vl. Essence, manière d'être : *Bestial contenencza*, bestiale essence.

CONTENENSA et

CONTENENSSA, vl. V. *Countenença.*

CONTENENT, adj. et s. CONTENENS. Continent, chaste.

Éty du lat. *continentis*, gén. de *continens*, m. s. V. *Ten*, R.

CONTENER, vl. V. *Countenir.*

CONTENER, s. m. vl. Contenance, maintien.

CONTENERSE, v. r. vl. Se comporter. V. *Ten*, R.

CONTENIR, vl. V. *Countenir.*

CONTENSA, s. f. vl. Opposition, résistance. V. *Contens* et *Tend*, R.

CONTENSO, s. f. vl. CONTENÇO, CONTEZA, CONTENDA, CONTENTA. *Contencio*, cat. *Contencion*, esp. *Contenção* port. *Contenzione*, ital. Contention, contestation, dispute, querelle, guerre.

Éty, du lat. *contentio*. V. *Tend*, R.

CONTENSON, s. m. vl. *Per contenson*, à l'envi, à qui va plus vite, avec empressement. V. *Tend*, R.

CONTENT, ENTA, adj. vl. Résistance. V. *Countent.*

CONTENTA, s. f. vl. CONTEZA. Leçon douteuse ; pique, dissention; défense, résistance; chicane. Gl occ. V. *Contens* et *Tend*, Rad.

CONTENTIU, IVA, adj. vl. Contentif, ive ; propre à contenir, à retenir. V. *Ten*, R.

CONTEROGAR, v. a. vl. Interroger. V. *Interrougear* et *Rog*, R.

CONTEROLAR, V. *Countarolar* et *Rot*, R.

CONTEROLE, V. *Countarole* et *Rot*, R.

CONTESTAR, V. *Countestar* et *Test*, R.

CONTEZA, vl. V. *Contenso.*

CONTINENTIA, s. f. vl. V. *Countinenci.*

CONTINU, UA, adj. vl. V. *Countinuel.*

CONTINUABLE, ABLA, adj. vl. Voy. *Countinuel.*

CONTINUABLEMENT, adv. vl. Voy. *Countinuelament.*

CONTINUADAMENT, adv. vl. *Continuadament*, cat. *Continuadamente*, esp. port. *Continualamente*, ital. Continuement, continuellement, de suite. V. *Ten*, R.

CONTINUAL, vl. V. *Countinuel.*

CONTINUAMENT, s. m. vl. CONTINUAMEN. *Continuament*, cat. *Continuamente*, esp. port. ital. Continuation, prolongation. adv. continuement. V. *Countinuelament* et *Ten*, R.

CONTINUAR, vl. V. *Countinuar.*

CONTINUAT, ADA, adj. et p. vl. Voy. *Countinuat*: *Rim continuat*, rime continuée, on nommait ainsi, celles qui se terminaient de la même manière.

> *Rim continuat son can tug li rim termeno per una meleyssha maniera.*
>
> Leys d'Amors.

CONTINUATIO, vl. V. *Countinuation.*

CONTINUATIU, IVA, adj. vl. *Continuatif, ive*; propre à continuer, suivant; subst. *La continuativa*, la *continuative*. V. *Ten*, R.

CONTINUITAT, vl. V. *Countinuitat.*

CONTINUOS, OSA, adj. vl. Continu, ue, continuel, continuelle, entier. V. *Ten*, Rad.

CONTORBAR, vl. V. *Conturbar.*

CONTOURNIERA, s. f. (countourniére), dg. V. *Talbera* et *Cance.*

CONTRA, COUENTRA, COUANTRA, CONTRO, CONTR, préposition prise du latin *contra*, qui marque lutte, opposition, résistance, rivalité, concurrence; d'où : *Contra-vention*, *Contra-carrar*, *Contr-amiral*, *Contra-diction*, *Contra-dire*, *Contra-fach.*

De *contra*, par le changement euphon. de *a* en *o*, *contro*; d'où : *Contro-versa.*

CONTRA, radical dérivé du latin *contrà*,

contre, à rebours; d'où : *contrarius*, contraire; vis-à-vis, proche.

De *contrarius*, par apoc. *contrari*; d'où: *Contrari*, *Contrari-a*, *Contraria-men*, *Contrari-ar*, *Contrari-aire*, *Contrari-etat*, *En-contra*, *En-contre*, *Contr-aris*, *Contr-ari-ant*, *Res-contr-ar*, *Res-contre*, *Res-couantre*, etc.

CONTRA, CONTR, CONT, COUNTRA, COUENTRA, rad. et prép. pris du latin *contra*, contre, autrement, à l'opposé, vis-à-vis, en échange, d'où : *contrarius*, lat. contraire.

De *contra* : *Contra-banda*, *Contraband-ier*, *Contra-bassa*, *Contra-carrar*, *Contra-coou*, *Contra-dansa*, *Contra-diction*, *Contra-dire*, *Contra-fach*, *Contra-façoun*, *Contra-faire*, *Contra-marca*, *Contra-mesre*, *Contr-ordre*, *Contra-partida*, *Contra-seing*, *Contra-sens*, *Contr-aste*, *Contrast-ar*, *Contra-temps*, *En-contrada*, *Mal-encontre*.

De *contrarius*, par apocop *contr*; d'où : *Countra*, *Countr*, *Contr-ada*, *Contr-astar*, *Contra-rietat*, etc.

CONTRA, prép. qui marque opposition et quelquefois proximité (cóntre); COUENTRA, CRONTA. *Contro* et *Contra*, ital. *Contra*, esp. port. cat. Contre, à l'opposé; vis-à-vis : en face, malgré.

Éty. du lat. *contrà*, m. s. ce mot entre dans la composition d'un grand nombre d'autres. V. *Contra*, R.

Contra, bech-ou-contra. V. *Bech*.

De contra, vl. au contraire; à l'envers.

CONTRA-ABBAT, s. m. vl. Contre-abbé. V. *Abbat*, R.

CONTRA-BASSA, s. f. (cóntre-bàsse); COUENTRA-BASSA. Contre-basse, instrument de musique qui ne diffère de la basse de violon, qu'en ce qu'il est plus grand, et qu'il forme l'octave au-dessous; l'espèce de voix d'homme qui est la plus basse de toutes. V. *Contra*, prép. et *Bas*, R.

CONTRABILLAR, v. n. vl. Chanceler, trébucher.

Éty. V. *Contra*, prép.

CONTRACARRAR, v. a. (contre-carrá); CONTRARIAR, CONTRADIRE. Contrecarrer, s'opposer directement aux vues, aux projets de quelqu'un. V. *Contra*, prép. et *Quadr*, R.

CONTRACARRAR SE, v. r. Se contrecarrer, se brouiller, se contrarier.

CONTRACCIO, vl. V. *Countraction*.

CONTRA-CENGLOUN, s. m. (contre-ceingléun). Contre-sangle et contre-sanglon, courroies fixées à un des côtés de la selle pour fixer la sangle qui part du côté opposé, passant sous le ventre du cheval. V. *Contra*, prép. et *Cengloun*.

CONTRACH, adj. vl. CONTRAIT. Boiteux. V. *Contratz*.

CONTRA-CLAU, s. f. vl. Fausse clef, passe-partout, contre clef, remède. V. *Contra*, prép. et *Clau*.

CONTRACLAVIER, s. m. vl. Contre-clavier. V. *Contra*, prép. et *Clavier*.

CONTRA-COOU, s. m. (cóntre-cóou); COUENTRA-COOU, *Contraccolpo*, ital. Contre coup, effet qu'un choc produit à la partie opposée à celle qui reçoit immédiatement un coup; fracture produite par cet effet. V. *Contra*, prép. et *Coou*.

CONTRACORRE, v. n. vl. Aller au-devant, courir de pair. V. *Contra*, prép. *Courrer* et *Countrat*.

CONTRACT, vl. V. *Countrat*.

CONTRACT, ACHA, adj. et p. vl. *Contret*, cat. *Contrecto* et *Contrecho*, anc. esp. *Contratto*, ital. Estropié, contrefait.

Éty. du lat. *contractus*. V. *Estregn*.

CONTRACTAR, vl. V. *Countractar*.

CONTRACTE, s. m. anc. béarn. Contrat. V. *Countrat* et *Tra*, R.

CONTRACTIU, IVA, adj. vl. *Contractif, ive*, propre à produire contraction.

CONTRADA, vl. V. *Countrada*.

CONTRADANSA, s. f. (contradánse); COUENTRADANSA. *Contradansa*, cat. *Contradanza* esp. *Contra-dansa*, port. *Contraddanza*, ital. Contre-danse, air d'une danse à quatre, à huit, ou à un plus grand nombre de danseurs qui exécutent alternativement les mêmes figures; cette danse même.

Éty. de *contra*, contre, à l'opposé, vis-à-vis, et de *dansa*, ou de l'anglais *country-danse*, danse de paysans, danse villageoise, de *contra*, prép.

Cette espèce de danse, qui est originaire d'Angleterre, n'était pas encore connue en France au XVIme siècle, ce ne fut que sous Louis XIV, qu'elle s'y introduisit.

Anem faire una contradansa, Tr. allons danser une contre-danse, et non *faire*.

CONTRADENTEYAR, v. a. vl. Contre-mordre, tourner les dents contre.

Éty. de *contra*, de *dent* et de *eyar*. V. *Dent*, R.

CONTRADICH, ICHA, adj. et p. (contraditch, itche); *Contradit*, cat. *Contradicho*, esp. *Contradito*, port. Contredit, ite, contesté, dont on désavoue le contenu, la réalité. V. *Contradit*.

Éty. du lat. *contradictus*, m. s. V. *Contra*, prép. et *Dich*.

CONTRADICIO, et

CONTRADICTIO, vl. V. *Contradiction*.

CONTRADICTION, s. f. (contradictie-n); COUENTRADICTIEN. *Contraddizione*, ital. *Contradicion*, esp. *Contradicção*, port. *Contradicció*, cat. Contradiction, action de contredire, de s'opposer aux sentiments, aux discours de quelqu'un; choses opposées et qui impliquent contradiction, c'est-à-dire, qu'elle se combattent mutuellement, opposition, obstacle.

Éty. du lat. *contradictionis*, gén. de *contradictio*. V. *Contra*, prép. et de *Dire*.

CONTRADICTOIRO, OIRA, adj. (countradictouàre); *Contraddittorio*, ital. *Contradictorio*, esp. *Contradisorio*, port. *Contradictori*, cat. Contradictoire, proposition, terme qui se contredit avec un autre.

Éty. de *contra*, prép. et de *dictorio*. V. *Dire*, R.

CONTRADICTOIRAMENT, adverbe (countradictoiraméin); *Contraddittoriamente*, ital. *Contradictoriament*, cat. *Contradictoriamente*, esp. *Contradittoriamente*, port. Contradictoirement, d'une manière contradictoire. V. *Contra*, prép. et *Dire*.

CONTRADICTORI, adj. vl. V. *Contradictorio*.

CONTRADICTOUR, s. m. (countradictour); *Contraddittore*, ital. *Contradictor*, cat. esp. port. Contradicteur, celui qui contredit.

Éty. du lat. *contradictor*, m. s. V. *Contra*, prép. et *Dire*.

CONTRADIRE, v. a. (countradiré); COUENTRADIRE. *Contradire*, ital. *Contradecir*, esp. *Contradizer*, port. *Contradir*, cat. Contredire, contester une chose dite ou avancée par un autre; dire une chose contraire à une autre.

Éty. du lat. *contradicere*. V. *Contra* et *Dire*.

Aquot se contradis, cela est contradictoire.

CONTRADIRE SE, v. r. Se contredire, dire ou faire des choses contraires à celles qu'on avait déjà dites ou faites.

CONTRADISAMENT, s. m. CONTREDICEMENT. *Contradisament*, anc. cat. *Contradicimento*, ital. Contradiction. V. *Contradiction* et *Dire*, R.

CONTRADISENT, ENTA, adj. Contredisant, contre-disante, celui, celle qui aime à contredire.

CONTRADIT, s. m. vl. *Contradit*, anc. cat. *Contra-dicho*, anc. esp. *Contradita*, port. *Contradetto*, ital. Contredit, restriction, opposition, résistance; réprouvé.

Éty. du lat. *contradictus*, m. s. V. *Dire*, Rad.

CONTRADIZENT, s. m. vl. Contradicteur, rival, ennemi. V. *Contra* et *Dire*.

CONTRA-ESTAMBOT, s. m. (cóntre-estambó). Contre-étambot, pièce de bois droite, semblable à l'étambot, auquel elle est appliquée par le dehors, quand le vaisseau est tout bordé, et sur laquelle est ferré le gouvernail. V. *Contra*, prép. et *Estambot*.

CONTRA-ETRAVA, s. f. (cóntre-etráve). Contre-étrave, pièce de bois, faite ordinairement de deux morceaux, que l'on pose à placage sur l'étrave en dedans, en les liant l'une à l'autre avec des clous à tête perdue, elle sert à fortifier l'étrave du vaisseau. V. *Contra*, prép.

CONTRA-FACH, FACHA, adj. (contre-fatch, átche); *Contrafeito*, port. *Contrahecho*, esp. *Contrafet*, cat. Contrefait, faite, représenté en imitant, et par abus; on le dit aussi pour mal-fait, difforme. V. *Contra*, prép. et *Fac*, R.

CONTRA-FAÇOUN, s. f. (cóntre-façóun); COUENTRA-FAÇOUN. Contrefaçon, fraude qu'on fait en contre-faisant quelque chose qu'on n'a pas droit de faire. V. *Contra*, prép. et *Fac*, R.

CONTRA-FACTION, s. f. (contre-factiè-n); *Contraffazione*, ital *contra-haciemiento*, esp. *Contrafeitió*, port. Contre-faction, il ne se dit que de la contrefaçon des livres. V. *Contra* et *Fac*, R.

CONTRA-FACTOUR, s. m. (contre-factóur); *Contrafacedor*, anc. cat. *Contrahacedor*, esp. *Contrafazedor*, port. *Contraffacitore*, ital. Contrefacteur, celui qui contrefait un livre, une gravure, etc. V. *Fac*, R.

CONTRAFAIRE, v. a. (countrafàiré); COUENTRAFAIRE. *Contrafer*, cat. *Contrafacer*, anc. esp. *Contrafazer*, port. *Contraffare*, ital. Contrefaire, représenter en imitant, fausser, altérer, rendre difforme, défigurer.

Se contrafaire, dissimuler, feindre, se rendre difforme. V. *Fac*, R.

CONTRAFAR, vl. et

CONTRAFAYRE, vl. V. *Contrafaire*.

CONTRAFAZEDOR, s. m. vl. CONTRAFAZEIRE. Contrefaiseur, imitateur, pantomime. V. *Contrafactour*.

CONTRAFAZEIRE, vl. V. *Contrafazedor*.

CONTRAFAZEMEN, s. m. vl. *Contrahacimiento*, esp. *Contraffacimento*, ital. Contrefaçon, imitation. V. *Fac*, R.

CONTRA-FENESTRA, V. *Tournavent*, *Contra* et *Fenestra*.

CONTRAFERIR, v. a. vl. Contre-frapper. V. *Fer*, R.

CONTRAGARDAR, v. a. vl. Garder, préserver.

CONTRAHEMEN, s. m. vl. *Contraimento*, ital. Contrainte. V. *Tra*, R.

CONTRAHENT, s. m. vl. CONTRAHEN. *Contrahente*, ital. Contractant.

Éty. de *con* et de *trahere*, V. *Tra*, R. ou de *contrahentis*, gén. de *contrahens*.

CONTRAIGNER, et

CONTRANHER, vl. V. *Counstregner*.

CONTRAIRE, adj. vl. Contraire, et adv. *a contraire*, en opposition. V. *Countrari* et *Contra*, R.

CONTRAIT, vl. Boiteux. V. *Contrach*.

CONTRAIT, adj. vl. Boiteux, qui a les membres desséchés. Sauv.

Éty. du lat. *contractus*, m. s. V. *Tra*, R.

CONTRA-JOUR, s. m. (cóntre-djour). Contre-jour, opposé au grand jour, ou lumière opposée à un objet qui le fait paraître désavantageusement. V. *Contra* et *Jour*.

CONTRAL, adj. vl. Distingué.

CONTRALIAMEN, s. m. vl. Opposition.

Éty. Ce mot est une altération de *contrariament*. V. *Contra*, R.

CONTRA-MARCA, s. f. (contre-marque); *Contramarca*, ital. esp. port. cat. Contre-marque, seconde ou troisième marque ajoutée à la première. Billet de rentrée que le préposé, à la porte d'un théâtre, donne à ceux qui sont obligés de sortir, pour qu'ils puissent rentrer. V. *Contra* et *Marca*.

CONTRA-MARCAR, v. a. (contremarcá); *Contramarcar*, cat. esp. port. Contre-marquer, ajouter une seconde ou une troisième marque à la première. V. *Contra* et *Marcar*.

CONTRA-MARCHA, s. f. (contre-martche); COUENTRA-MARCHA. *Contrammarchia*, ital. *Contra-marcha*, esp. port. *Contramarxa*, cat. Contre-marche, marche contraire que fait une armée. V. *Contra* et *Marcha*.

CONTRA-MESTRE, s. m. (cóntremèstré); *Contramaestre*, esp. *Contramestre*, port. cat. Contre-maître, officier marinier qui a le district du fond de cale, sous le commandement des officiers supérieurs. V. *Contra* et *Mestre*.

CONTRA-MINA, s. f. COUENTRA-MINA. *Contrammina*, ital. *Contramina*, esp. port. cat. Contre-mine, ouvrage souterrain que l'on fait pour éventer la mine de l'ennemi, et pour en empêcher l'effet. V. *Contra* et *Mina*.

CONTRAMINAR, v. a (contraminá); *Contraminar*, cat. esp. port. *Contramminare*, ital. Contre-miner, faire des contre-mines.

CONTR AMIRAL, s. m. (contr'amirál). Contre-amiral, officier qui commande l'arrière garde d'une armée navale. V. *Contr*, prép.

CONTRAMON, adv. vl. Contremont, en amont, en haut. V. *Mont*, R.

CONTRA-MURALHA, s. f. (contre-muraille); *Contramuralla*, cat. esp. *Contramuro*, port. Contre-mur, mur qu'on bâtit à côté d'un autre pour le fortifier.

CONTRANAR, v. n. vl. Aller à la rencontre.

CONTRA-NATURA, adj. CONTRA-NATUREL. *Contranatural*, cat. esp. *Contrannaturale*, ital. Contre-nature, contraire à l'ordre naturel.

Éty. du lat. *naturæ contrarius*, m. s.

CONTRANHEMEN, s. m. vl. Contraction: *Contranhemens de nervis*, contraction des nerfs. V. *Estregn*, R.

CONTRANHER, vl. V. *Contraigner*.

CONTR-ORDRE, s. m. (contr'órdré); *Contr'ordine*, ital. *Contraorde*, cat. *Contraordem*, port. *Contra-orden*, esp. Contre-ordre, révocation d'un ordre par un ordre postérieur. V. *Contra* et *Ordre*.

CONTRAPAR, adj. vl. Pareil, égal.

CONTRAPAREJAR, v. n. vl. Ressembler, imiter.

CONTRA-PARTIDA, s. f. (cóntrepartide); COUENTRA-PARTIA. Contre-partie, une des parties d'un duo, considérée relativement à l'autre partie adverse. V. *Contra* et *Partida*.

CONTRAPAUSAR, v. a. vl. *Contraposar*, cat. *Contraporre*, ital. Opposer. V. *Paus*, R.

Éty. du lat. *contraponere*, m. s.

CONTRAPAUSAT, adj. et p. *Contrapausa*, d. vaud. Opposé, contre.

Éty. de *contra* et de *pausat*, posé, placé contre ou à l'opposé.

CONTRA-PEOU, s. m. (contra-péou); COUENTRA-PEAR, REIREPEOU. *Contrapelo*, esp. *A-contrapelo*, ital. Contre-poil, sens contraire à celui dans lequel le poil est couché; prendre une chose en sens contraire. V. *Contra* et *Peou*, R.

A contra peou, V. *Rebours de peou*, à contre-poil.

CONTRA-PES, s. m. vl. Contre-pied, rebours. V. *Ped*, R. V. aussi *Contra-pes*, contre-poids.

CONTRA-PES, s. m. (contre-pés); COUMPES. *Contrappeso*, ital. *Contrapeso*, esp. *Contrapes*, cat. *Contrapezo*, port. Contre-poids, toute force qui sert à diminuer l'effet d'une force contraire; poids qui sert à en balancer un autre, qualités qui servent à en contre-balancer d'autres. V. *Contra* et *Pes*.

Contra pes per fermar una porta. Valet.

CONTRAPEZAR, v. a. et n. vl. *Contrapesar*, cat. esp. *Contrapezar*, port. *Contrappesare*, ital. Contre-peser, balancer.

CONTRA-POISOUN, s. m. COUENTRA-POUIGEOUN. *Contrapeçonha*, port. Contre-poison, moyen, remède propre à combattre l'action du poison, synonyme d'antidote.

Éty. de *contra*, contre, et de *pouisoun*.

CONTRAPONCHAMEO, s. m. vl. Contre-point, terme de musique. V. *Pounet*, Rad.

CONTRAPPELLAR, v. a. CONTRAPELLAR. vl. *Contrapelar*, esp. Réclamer, résister.

Éty. de *contra* et de *Appelar*, v. c. m.

CONTRAPRIOR, s. m. vl. Contre-prieur.

CONTRARI, adj. (countrári); COUNTRARI. *Contrari*, cat. *Contrario*, ital. esp. port. Contraire, opposé, nuisible, adversaire, ennemi, rival.

Éty. du lat. *contrarius*, m. s. V. *Contra*, Rad.

CONTRARI LOU, s. m. *Contrari*, cat. *Contrario*, esp. port. ital. Contraire, chose opposée.

Éty. du lat. *contrarium*, m. s. V. *Contra*, Rad.

Au countrari, *E contrario*, lat. au contraire, tout autrement.

CONTRARIA, s. f. vl. *Contraria*, anc. esp. Contradiction, résistance.

Éty. de *contra* et de *aria*.

CONTRARIADOR et

CONTRARIAIRE, s. m. vl. *Contrariador*, anc. esp. port. Contradicteur.

Éty. de *contrarias* et de *aire*. V. *Contra*, Rad.

CONTRARIAMEN, s. m. vl. Contrariété, opposition. V. *Contra*, R.

CONTRARIAMEN et

CONTRARIAMENT, adv. vl. Contrairement, d'une façon contraire.

Éty. de *contraria* et de *ment*, d'une manière contraire.

CONTRARIANT, **ANTA**, adj. (countrarián, ante); COUNTRARIOUS, COUNTRARIVOUS. *Contrariante*, port. Contrariant, anté; qui aime, qui se plaît à contrarier.

Éty. du lat. *contrarius* ou de *contrari* et de *ant*. V. *Contra*, R.

CONTRARIAR, v. a. (countrariá); COUNTRESTAR. *Contrariare*, ital. *Contrariar*, esp. cat. port. Contrarier, être contraire, se montrer contraire, traverser les desseins de quelqu'un, contredire.

Éty. du lat. *contra ire* ou *agere*. V. *Contra*, R.

CONTRARIAR SE, v. r. Se contrarier, être en contradiction avec soi-même, se chicaner, se faire des niches, des malices.

CONTRARIAT, **ADA**, adj. et p. (countrariá, áde); *Contrariado*, port. Contrarié, ée. V. *Contra*, R.

CONTRARIETAT, s. f. CONTRARIETAT. *Contrarietat*, cat. *Contrariedad*, esp. *Contrariedade*, port. *Contrarietà*, ital. Contrariété, obstacle, empêchement.

Éty. du lat. *contrarietatis*, gén. de *contrarietas*, m. s. V. *Contra*, R.

CONTRARIOS, **OSA**, adj. vl. CONTRARIOZ. *Contrarios*, cat. *Contrarioso*, esp. Contrariant, ante; contraire.

Éty. du lat. *contrarius*, m. s. V. *Contra*, Rad.

CONTRARIOSAMEN, adv. vl. Contrairement.

Éty. de *contrariosa* et de *men*. V. *Contra*, Rad.

CONTRARIOZ, vl. V. *Contrarios*.

CONTRARIS, s. m. pl. (countráris); COUNTRARIS. Espiègleries, niches, petites contrariétés : *Faire de contraris*. Faire des niches.

CONTRASAGEL, s. m. vl. Contre-sceau.

CONTRA-SEING, s. m. (cóntre-séin); *Contrasenha*, port. Contre-seing, signature d'une personne subordonnée, mise au-dessous de celle d'un supérieur. Seing mis sur l'enveloppe d'une lettre pour la faire parvenir en franchise. V. *Contra* et *Seing*.

CONTRA-SENS, s. m. (contre-séins). Contre-sens, vice dans lequel on tombe quand le discours rend un autre pensée que celle qu'on a dans l'esprit, ou que l'auteur qu'on interprète y avait. V. *Contra* et *Sens*.

CONTRA-SIGNAR, v. a. (cóntre-signá). Contre-signer, apposer une signature contre une autre; la mettre sur une enveloppe de lettre pour lui donner la franchise. V. *Contra* et *Signar*.

CONTRA-SIGNAT, **ADA**, adj. et p. (cóntre-signá, ade). Contre-signé, ée. V. *Contra* et *Signat*.

CONTRAST, s. m. vl. *Contrast*, anc. cat. *Contraste*, anc. esp. port. *Contrasto*, ital. Contraste, opposition, contestation, débat, querelle; échange. V. *Contraste* et *Est*, R.

On donne le nom de *contras* ou *contrat*, d'après le Suppl. à Pellas, à un pâturage, ou à une montagne, qui a été ou qui est en contestation entre deux ou plusieurs individus.

CONTRASTADOR, vl. V.

CONTRASTAIRE, s. m. vl. CONTRASTADOR. *Contrastatore*, ital. Contrediseur, contrariant, opposant, contradicteur.

Éty. de *contrast* et de *ador*. V. *Est*, R.

CONTRASTAR, v. a. (countrastá); COUNTRASTAR. *Contrastar*, cat. esp. port. *Contrastare*, ital. Contraster, former un contraste, des contrastes; résister, disputer, quereller; vl. repousser.

Éty. V. le mot suivant, *Est*, R. et *Contra*.

CONTRASTIU, **IVA**, adj. vl. CONTRASTIUS. Contrariant, ante; contraire, opposé, ée. V. *Contra*, R.

CONTRATEMER, v. a. vl. Contrecraindre, redouter.

CONTRA-TEMPS, s. m. (cóntre-tems); *Contrattempo*, port. *Contratiempo*, esp. *Contrattempo*, ital. *Contratemps*, cat. Contre-temps, circonstance de temps contraire, qui n'est pas convenable, qui n'est pas favorable : *A-contra-temps*, adv. à contre-temps. V. *Contra* et *Temps*.

CONTRAVALEN, adj. vl. Équivalant. V. *Contra* et *Valer*.

CONTRAVALER, v. n. vl. Égaler, valoir autant, équivaloir, être pareil.

CONTRAVENANT, s. et adj. (contravenán); Contrevenant, qui contrevient. V. *Contra* et *Venir*.

CONTRAVENIR, v. n. (countrevenir); COUENTREVENIR, COUNTRAVENIR, COUENTRAVENIR. *Contravvenire*, ital. *Contravenir*, cat. esp. *Contravir*, port. Contrevenir, agir contre quelque loi, quelque ordonnance ou quelque obligation qu'on a contractée.

Éty. du lat. *contra* et *venire*, venir ou plutôt aller contre, *contravenire*, lat.

CONTRA-VENT, *Contra-ventana*, esp. *Contravento*, port. V. *Tourna-vent*, *Contra* et *Vent*.

CONTRAVENTION, s. f. (couentreveinsie-n); COUENTRAVENTIEN. *Contravenzione*, ital. *Contravencion*, esp. *Contravençaó*, port. *Contravencio*, cat. Contravention, action par laquelle on contrevient à une loi, à un contrat, etc.

Éty. du lat. *contravenire*. V. *Contravenir*.

L'infraction que les lois punissent des peines de police est une contravention.

CONTRA-VERME, s. m. (cóntrevèrmé). Anthelmintique, remède contre les vers.

Éty. du lat. *contra vermes*.

CONTRA-VERSA, s. f. (contre-vèrse); *Contraversia*, anc. cat. *Controversia*, cat. mod. esp. ital. port. Controverse, dispute sur des articles de foi.

Éty. du lat. *controversia*, m. s.

CONTREDICIMENT, vl. V. *Contradiment*.

CONTREITAMENT, adv. vl. Forcément. V. *Estregn*, R.

CONTRENGER, v. a. vl. Contraindre. V. *Counstregner*.

CONTRESCARPA, s. f. (contrescárpe); *Contrèscarpa*, cat. esp. port. *Contrascarpa*, ital. Contrescarpe, la pente du mur extérieur du fossé, celle qui regarde la place.

CONTRESPERONAR, v. a. vl. Piquer des deux; éperonner, courir contre.

CONTRIBUAR, v. a. vl. Le Sage a employé ce mot dans le sens d'accorder. V. *Con* et *Tribu*, R.

> Yeu cesse que lou ciel vous a tongut la man,
> Per vous countribua ce qu'avié de pus rare.

CONTRIBUIR, v. n. anc. béarn. CONTRIBUYR. Contribuer. V. *Contribuar*.

CONTRIBUTIO, vl. V. *Countribution*.

CONTRICIO, s. f. vl. CONTRIXIO. Voy. *Countrition*.

CONTRIMEN, s. m. vl. Contrition. V. *Countrition*.

CONTRISTAR, vl. V. *Countristar*.

CONTRISTAT, **ADA**, vl. V. *Countristat*.

CONTRIT, vl. V. *Countrit*.

CONTRIXION, vl. V. *Countrition*.

CONTROVERSA, s. f. (countrovèrse); COUNTROVERSA. *Controversia*, ital. esp. port. cat. Controverse, dispute par écrit ou de vive voix sur des matières de religion, et par extension, contradiction, dispute.

Éty. du lat. *controversia*. V. *Contra* et *Vert*, R.

CONTROVERSIA, s. f. vl. V. *Controversa*.

CONTUGNAR, Alt. de *Countinuar*, v. c. m.

CONTUM, adj. vl. Continu, continuel, assidu.

Ce mot ainsi que le suivant *contumar*, qu'on lit dans le Glo. occ. ne sont probablement que le résultat d'une méprise de quelqu'un qui a pris *contuni* pour *contum*, et *continuar*, pour *contumar*, ce qui est facile dans les anciens manuscrits.

CONTUMACIA, s. f. vl. *Contumacia*, cat. esp. port ital. Contumace, opiniâtreté; défaut de comparution de l'accusé.

Éty. du lat. *contumacia*, m. s. V. *Tum*, Rad.

CONTUMAX, adj. vl. *Contumaz*, cat. esp. port. Contumace. V. *Countumaço*.

CONTUMELIA, s. f. vl. *Contumelia*, cat. esp. port. ital. Affront, injure.

Éty. du lat. *contumelia*, m. s. V. *Tum*, Rad.

CONTUMELIAR, v. a. vl. Honnir, couvrir d'opprobre, injurier, insulter, outrager.

Éty. de *contumelia* et de *ar*. V. *Tum*, R.

CONTUMELIOSAMENT, adv. vl. *Contumeliosament*, cat. *Contumeliosamente*, esp. port. ital. Injurieusement.

Éty. de *contumeliosa* et de *ment*, d'une manière injurieuse.

CONTUNI, adj. vl. Continu, continuel. V. *Ten*, R.

CONTURBAR, v. a. d. vaud. CONTORBAR. *Conturbar*, cat. esp. *Conturbare*, ital. Troubler, brouiller, tracasser, perturber.

Éty. du lat. *conturbare*, m. s. V. *Turb*, R.

CONTURBAT, **ADA**, adj. et p. vl. *Conturbad*, cat. *Conturbado*, esp. Troublé, ée, tracassé.

CONTURBATIO, s. f. vl. *Conturbació*, cat. *Conturbacion*, esp. *Conturbazione*, ital. Perturbation, agitation.

Éty. du lat. *conturbatio*, m. s.

CONVALESCENCIA, s. f. vl. V. *Counvalescença*.

CONVALIDAR, v. a. vl. Convalider, fortifier, assurer. V. *Val*, R.

CONVALIDAT, **ADA**, adj. et p. vl. Convalidé, ée, validé, ée. V. *Val*, R.

CONVENCER, vl. V. *Counvencre*.

CONVENCION, s. f. vl. Foire, marché.

Éty. de *con* et de *venir*, venir ensemble. V. *Ven*, R. pour convention. V. *Convention*.

CONVENENSA, s. f. vl. V. *Convenensa*.

CONVENENT, s. m. vl. CONVENENT, CONVEN, COVEN. *Convent*, anc. cat. Convention, accord.

Éty. du lat. *conventium*, m. s. V. *Ven*, Rad.

CONVENGUT, **UDA**, adj. vl. Convaincu, ue.

CONVENHABLE, vl. V. *Convenable*.

CONVENIABLAMENT, adv. vl. Convenablement. V. *Convenientment*.

CONVENIENCIA, s. f. vl. CONVENIENSA, CONVINENSA, COVINENSA. *Conveniencia*, anc. cat. esp. port. Convenance, conformité, accord, traité. V. *Counvenença*.

Éty. du lat. *convenientia*, m. s.

CONVENIENSA, vl. V. *Conveniencia*.

CONVENIENTEMENT, adv. vl. CONVENIABLAMENT, CONVINENTEMENT. *Convenientment*, cat. *Convenientemente*, esp. port. ital. Convenablement. V. *Counvenablament*.

CONVENIR, v. n. anc. béarn. **covenir.** Pour convenir, consentir, venir, venir ensemble. V. *Counvenir.*

Éty. V. *Con*, prép. et *Ven*, R.

CONVENIVOL, adj. vl. *Convenevole*, ital. Convenable. V. *Counvenable.*

CONVENIVOL, adj. d. vaud. *Convenevole*, ital. Convenable. V. *Counvenable.*

CONVENT, d. béarn. *Convent*, cat. Alt. de *Couvent*, v. c. m.

CONVENT, vl. V. *Counvention.*

CONVENTA, s. f. d. vaud. *La conventa*, ce qui convient. V. *Ven*, R.

CONVENTION, vl. V. *Convencion* et *Counvention.*

CONVENTIONAL, adj. vl. *Convencional*, cat. esp. port. *Convenzionale*, ital. Conventionnel.

Éty. du lat. *conventionalis*, m. s. V. *Ven*, R.

CONVERS, ERSA, adj. vl. *Convers*, cat. *Converso*, esp. port. ital. Tourné, ée, retourné, renversé, converti.

Éty. du lat. *conversus*, subst. V. *Counvers*, adv. comparat. réciproquement.

CONVERSA, s. f. vl. Rebours, contraire.

CONVERSACIO, s. f. vl. **conversatio.** Conversation, vie, société, demeure, séjour, commerce, fréquentation. V. *Counversation.*

CONVERSAMENT, s. m. vl. **conversament.** *Conversamiento*, anc. esp. *Conversamento*, ital. Fréquentation, compagnie. V. *Vert*, R.

CONVERSAR, v. n. vl. Pour converser, s'entretenir. V. *Counversar*; demeurer, vivre avec, fréquenter, résider, se conduire. V. *Vert*, R.

CONVERSATIO, vl. V. *Conversacio.*

CONVERSIO, s. f. vl. **coversio.** En versification: V. *Counversion.*

Conversios, *es cant mant verset e motas clausas o motas coblas finisho per una meteysha dictio.* Leys d'amors.

CONVERSIU, IVA, adj. vl. *Conversiu, iva*, cat. *Conversivo*, esp. *Convertif, ive*, propre à convertir.

CONVERTIBLE, IBLA, adj. *Convertible*, cat. esp. *Convertibile*, ital. Convertible, transmutable, qui peut-être retourné, changé.

Éty. du lat. *convertibilis*, m. s.

CONVERTIMENT, s. m. vl. **convertiment.** *Convertiment*, anc. cat. *Convertimiento*, esp. *Convertimento*, ital. Conversion.

CONVERTIR, v. a. vl. **covertir.** Dissiper, convertir, tourner. V. *Counvertir.*

CONVICIN, INA, adj. vl. Voisin, ine, proche.

CONVID, **counvid**, **counvi**, sous-radical pris du latin *convictum*, sup. de *convivere*, vivre avec, manger et boire ensemble, fait de *cum*, *con*, et de *vivere*. V. *Viv*, R.

De *convictum*, par apoc. *convict*, et par suppr. du *c*, *convit*: *Convit.*

De *convit*, par métagr. de *t* en *d*, *convid*: *Convid-ar*, *Convid-at.*

De *convid*, par changement de *o* en *ou*, *counvid*: *Counvid-ar*, *Counvid-at.*

De *convit*, par la suppr. de *n*, *covit*: *Covit*; par le changement de *t* en *d*, *covid*: *Covid-ar*, *Des-covidar.*

De *convit*, par la suppr. de *con*, et add. de *en*, *envit*: *En-vit*, *Envit-ar*, *Des-envitar.*

De *convivere*, par apoc. *conviv*: *Coun-viv-o.*

CONVIDAR, vl. V. *Counvidar.*

CONVIDAT, vl. V. *Counvidat.*

CONVINEN, vl. V. *Convinent.*

CONVINENSA, vl. V. *Conveniencia.*

CONVINENT, s. m. vl. **convinent, covinen, covinent, coven, covinensa.** *Convinent*, anc. cat. *Convenente*, ital. Accord, convention, traité, stipulation.

CONVINENTEMENT, vl. V. *Conveniment.*

CONVINENZA, s. f. vl. Promesse. V. *Conveniencia.*

CONVIT, s. m. vl. **covit.** *Convit.* cat. *Convite*, esp. port. *Convito*, ital. Festin, repas, invitation.

Éty. du lat. *convivium*, m. s. formé de *convivere*, *vivere cum*, vivre avec, ou de *convivare*, donner un festin. V. *Convid*, R.

CONVOCAR, vl. V. *Counvoucar.*

CONVOCATIO, vl. V. *Counvoucation.*

CONVOLAR, v. n. vl. Convoler, terme de jurispr. se remarier.

Éty. du lat. *convolare*, m. s.

CONZAT, s. m. vl. V. *Congiet.*

COO

COOPERAR, et comp. V. *Cououperar.*

COOPERTURA, s. f. vl. Couverture, toit.

Éty. du lat. *coopertorium*, m. s. V. *Cobr*, Rad.

COORDONAR, v. a. (coordouná); *Coordinar*, cat. esp. *Coordenar*, port. *Coordinare*, ital. Coordonner, arranger certaines choses entre elles suivant les rapports qu'elles doivent ou peuvent avoir; les disposer convenablement pour un but.

Éty. de *co* pour *con*, et de *ordinare.*

COOU ..... Cherchez en *Cau*..... Les mots qui ne figurent pas en *Coou* .....

COOU, s. m. (coóu); **cot, cop, cou, co, colp.** *Cop.* cat. *Golpe*, esp. port. *Colpo*, ital. Coup, impression que fait un corps sur un autre en le frappant, blessure qui en résulte.

Éty. du celt. *cop*, ou de la basse lat. *colpus*, formé par corruption du grec κολαφος (kolaphos), soufflet, dérivé à son tour de κολαπτω (kolaptô), je frappe, ou plutôt de κόπτω (koptô), m. s.

Coou d'hueil, coup d'œil.

Coou de dent, *dounar un bon coou de dent*, manger beaucoup, faire un bon repas.

Coou d'argent es pas coou de mort, coup d'argent n'est pas mortel.

Coou de jarnac, coup de jarnac, mauvais tour auquel on ne s'attend pas, faisant allusion au coup d'estramaçon que *Guy de Chabot*, seigneur de *Jarnac*, donna par surprise sur le jarret gauche de son adversaire, *François de Vivonne*, seigneur de la *Châtaigneraie*, dans le duel judiciaire qui eut lieu entre eux en 1547, sous le règne et en présence de Henri II. Gattel.

Tout d'un coou, tout à coup, soudainement, en un instant.

Tout en un coou, Tout d'un coup, tout en une fois, pris dans ce sens, ce mot appartient au suivant.

Coou de man, aide, secours que l'on donne avec la main.

Coou de souleou, coup de soleil.

COOU, s. m. syn. de *Fes*, v. c. m. Fois: *Un coou*, *dous coous*, une fois, deux fois.

Un coou l'y avia, il y avait une fois, début ordinaire des contes de peau d'âne.

D'un cop que, dè depuis que, dès que.

Autre cop, encore, de rechef.

COOU, d. apt. Pour *Col*, v. c. m.

COOU-de-ped. V. *Coude-ped.*

COOU-de-sang. V. *Apouplexia.*

COOU-de-souleou, s. m. (cóou-de-souléou). Coup de soleil, maladie que les anciens ont appelée *siriasis* et Sauvages *carus ab insolatione*, et que l'impression d'un soleil ardent produit chez les individus qui y restent long-temps exposés.

Le traitement des phrénésies, des encéphalites et des méningites, est celui qui convient aux coups de soleil quand ils sont accompagnés de symptômes graves, et non la pratique superstitieuse qui consiste à appliquer un verre d'eau sur la tête, pour *tirer le soleil*, selon l'expression du peuple, peu de temps après que l'eau a été appliquée il s'en élève des bulles produites par la raréfaction du liquide, que les gens qui emploient ce remède regardent comme de bon augure, disant que c'est le mal qui sort.

COOUCAGNA, Garc. V. *Coucagna.*

COOUMOUR, s. m. (cooumóur). *Faire un grand cooumour*, faire un grand tumulte, faire un grand volume. Garc.

COOUNIERA, s. f. (coouniére). Recoin, enfoncement, creux.

Couniera de negea, fondrière. V. *Ensias.*

COOUQUILHADA, s. f. V. *Couquilhada.*

COOUQUILHADA, s. f. (coouquilláde). Nom de l'alouette ondée, à Montpellier, qui n'est d'ailleurs qu'une variété du cochevis. V. *Piola-de-vigna.*

COOURAGNADA, Cat. V. *Carognada.*

COOURAGNAS, s. m. (coouragnás). Voirie. Cast.

COOURETIERA, Avr. V. *Cauletiera.*

COOURI, s. m. (cóouri). Un des noms de l'ornithope à queue de scorpion, adopté dans le département des B.-du-Rh. V. *Amarun.*

COOURRIOLA, d. apt. V. *Courregeola.*

COOUSSA, s. f. (cóousse), dg. V. *Talbera* et *Cance.*

COOUSSANA, s. f. (cooussáne); **choousana, caussana, chaussana, capsana.** Licou, longe ou bande du cuir qui tient au licou et qui sert à attacher le cheval.

Éty. de *coou*, pour *col*, cou, et de *sana*, qui vient probablement de *cingere*, ceindre, qui ceint le cou.

Menar per la cooussana, mener par la longe ou par le licou.

COOUTA, V. *Cota.*

COOUTAU, s. m. (cooutáou). Un fléau,

parlant d'une personne qui n'est bonne à rien. Garc. V. *Capitau.*

COOUTIGAR, V. *Catilhar.*

COOUTIGOU, V. *Catilh.*

COOUTU, V. *Coutu.*

COP

COP, coup, rad. dérivé du grec κοπεῖν (kopèin), deuxième aoriste de κόπτω (koptô), couper, fendre, rompre, blesser.

De *kopein*, par apoc. et changement de *k* en *c*, *cop*; d'où : *Cop* et composés; *Cop-a*, *Copad-ura*, *Cop-aire*, *Cop-ar*, *Cop-at*, *Cop-oun*, *De-copar*, *Sur-copar*; par le changement de *o* en *ou*, les mêmes mots que par *Cop*, *Coup-eoû*, *Coup-et*, *Coup-et-egear*, *Coup-iera*, *Coup-ilha*, *Coup-oun*, *Coup-ur*, *De-coupura*, *De-coupur*, *Entre-coup-ar*, etc.

COP, V. *Coou.*

COP, s. m. dg. Courson ou sifflet, portion du sarment qui reste attaché au cep, après la taille.

COPA, s. f. (cópe); coupa. Abatage, coupe, action de couper, certaine étendue de bois qu'on coupe régulièrement, l'endroit où une chose est coupée; au jeu de cartes, séparation d'un jeu de cartes en deux parties. *Cop*, R.

COPA, s. f. vl. Coupe, tasse, sorte de mesure. V. *Coupa* et *Cup*, R.

COPA, s. f. vl. Coupe, droit sur la vente des marchandises. V. *Cop*, R.

COPA-BOUTOUN, s. m. (cópe-boutóun); coupa-boutoun, copa-bourgeoun, copa-brouts, lizet, sumi-fera, plega-pampa. Coupe-bourgeon, bêche, piquebrot, urebec, lisette, eumolpe de la vigne. *Eumolpus vitis*, Dict. Sc. Nat. insecte de l'ordre des Coléoptères et de la fam. des Phytophages ou Herbivores.

C'est la larve de cet insecte qui cause beaucoup de ravages dans les vignes, en attaquant et faisant couler les boutons à grappes. L'insecte parfait ne ronge que les feuilles et fait peu de dommage. V. *Cop*, R.

COPA-CAVILHA, s. m. (cópe-çaville). Scie-à-chevilles, terme de menuisier. Garc. V. *Cop*, R.

COPA-CEBAS, V. *Talha-pouerres.*

COPA-CUOU, s. m. Veste courte, espèce de gilet à manches, qu'on nomme aussi *jaqueta*, *carmagnola*; dévole, en terme de joueur. V. *Cop*, R.

COPADA, s. f. vl. *Copada*, esp. Cochevis, alouette huppée.

Ety. *Copada*, paraît être une altér. de *capada*. V. *Cop*, R.

COPADURA, s. f. (coupadúre); coupadura, coupeira. *Cortadura*, esp. port. Coupure, plaie, division faite par un instrument tranchant; séparation en général.

Ety. de *coupad* et de *ura*. V. *Cop*, R.

COPA-FUM, s. m. (coúpe-fum), dg. Gorge de cheminée.

COPA-GORGEA, s. m. (cópe-górdge); coupa-gorgea. Coupe-gorge, lieu écarté, obscur, désert, où l'on risque d'être attaqué par des brigands, par des voleurs.

Ety. de *copa-gorgea*, où l'on coupe la gorge, où l'on égorge. V. *Cop*, R.

COPAIRE, AIRA, s. (coupaïre, aïre). Coupeur, euse; celui, celle qui coupe les raisins; qui découpe. V. *Cop*, R.

La coupairo matiniero
Pren leis rasins adere.

Aubanel.

COPA-JARRET, s. m. (cópe-djarré). Coupe-jarret, brigand, assassin, qui ne porte l'épée que dans de mauvaises intentions. Voy. *Cop*, R.

COPA-MOU, s. m. (cópe-mou); coupa-mou. Veste courte.

COPA-PAN, s. m. (cópe-pan); talha-soupa. Couteau à débiter, couteau de boulanger, fixé par un bout, au moyen d'un anneau sur un tranchoir.

Ety. de *copa-pan*, qui coupe le pain. V. *Cop*, R. et *Pan.*

COPA-PEDS, s. m. coupa-peds. Nom qu'on a donné à la courtilière, parce qu'elle coupe le pied des plantes. V. *Courtilhiera* et *Cop*, R.

Il paraît qu'on donne le même nom au perce-oreille, à Marseille. V. *Coua-bessa.*

COPAR, v. a. (coupá); abracar, segar, coupar. *Cortar*, esp. port. Couper, diviser un corps continu avec un instrument tranchant; tailler suivant les règles de l'art.

Ety. du grec κόπτεῖν (kopéin), deuxième aoriste de κόπτω (koptô). V. *Cop*, R.

On coupe ou taille avec un instrument tranchant, et on rompt, casse ou brise au moyen d'un effort ou d'un instrument contondant.

Les Languedociens emploient le mot *copar*, pour rompre, et casser; Michel, dans son poëme sur l'embarras de la foire de Beaucaire dit :

La chambriera copp'uno tasse;
Lou marmitoun quauque toupin.

Et ailleurs :

Qu'ajet uno camba coupado.

Copar lou camin, prendre une route détournée.

Copar camin au mau, arrêter le mal à sa source, en prévenir les progrès.

Copar court, couper court; dire en peu de mots.

Te coparai lous brasses, dl. je te romprai ou casserai les bras.

Copar lou visagi ou *lou siblet*, couper le sifflet, interdire quelqu'un.

Fai uno aura que copa lou visagi, il souffle une bise qui perce, qui ceingle le visage.

Copar lou mourtier, dl. corroyer le mortier.

Copar un habit, etc. tailler un habit.

Copar en biscaion ou de *biais*, couper de biais.

COPAR, v. n. coupar. Couper, séparer un jeu de cartes en deux, avant que celui qui a la main donne; trancher, en parlant des couleurs. V. *Cop*, R.

Coupar, dg. à la danse, remplacer.

COPAR SE, v. r. coupar si. Se couper, s'entamer la chair avec quelque instrument qui coupe; s'entretailler, en parlant d'un cheval; on dit qu'une étoffe se coupe quand elle se déchire ou se divise dans les plis; se croiser, se traverser; se contredire, se couper, se démentir soi-même en parlant.

COPAS, vl. V. *Capas.*

COPAT, ADA, adj. et p. (coupá, áde); coupat. *Cortado*, port. Coupé, ée. V. *Cop*, Rad.

COPA-VEDILHAS, s. m. (copa-vedilles), dl. sega-embounils. Couteau de sage-femme, propre à couper le cordon ombilical, *vedilha*, d'où le nom qu'il porte. V. *Cop*, R.

COPA-VENT, s. m. (cópe-vèin); coupa-vent. V. *Faucilhoun.*

COPA-VENT, V. *Faucilhoun.*

COPDADA, s. f. vl. *Colsada*, cat. Coudée, mesure. V. *Coyda* et *Coud*, R.

COPDAR, v. a. vl. Mesurer par coudées.

COPDES, s. m. vl. V. *Copdada.*

COPENDENT, prép. anc. béarn. Pendant que.

Ety. de *co*, cela, et de *pendent*. V. *Pend*, Rad.

COPERCES A, expr. adv. vl. A couvert.

COPET, vl. V. *Capet.*

COPETEGEAR, v. a. itér. de *copar*. (coupetedjá); coupetegear, coupetejar, coupetelegear. Découper à plusieurs reprises, couper par petits morceaux, déchiqueter.

Ety. Itér. de *coupegear*, qui en est déjà un de *Coupar*, v. c. m.

COPI, coupi, rad. dérivé du latin *copia*, abondance; formé de *cum* et de *ops*, *opis*, secours, richesse.

De *copia* : *Copia*, *Copi-os*, *Copios-a*, *Copiosa-ment*; et par le changement de *o* en *ou* : *Coupi-ous*, *Coupi-ousa*, *Coupiousa-ment*, *Coupia*, *Coupi-ar*, *Coupi-at*, *Coupisto*, *Re-coupiar.*

COPI, Quolibet, selon Pellas. V. *Coupia.*

COPIA, s. f. (cópie), dl. Crémaillon qu'on attache à une crémaillère. Sauv.

COPIA, Pour copie. V. *Coupia.*

COPIA, s. f. vl. Abondance.

Ety. du lat. *copia*, m. s. V. *Copi*, R.

COPIOS, OSA, adj. vl. V. *Coupious* et *Copi*, R.

COPIOSAMENT, adv. vl. copiozament. V. *Coupiousament* et *Copi*, R.

COPIOZAMENT, vl. V. *Copiosament.*

COPOUN, s. m. (coupóun); coupoun, escapouloun. Coupon, reste d'étoffe; bulletin détaché d'un talon.

Ety. de *copa* et du dim. *oun*. V. *Cop*, R.

COPROUPRIETARI, s. m. (coprouprietári). Co-propriétaire, celui ou celle qui possède avec un autre.

Ety. de *co* pour *cum*, et de *prouprietari*. V. *Propr*, R.

COPSO, s. m. (cópse); cola-pei. Nom qu'on donne, à Toulon, à l'*Accipenser huso*, ou ichtyocolle.

COPTEOIR, v. a. vl. Soutenir, défendre.

Ety. de *cop* et de *tenir*, tenir le coup.

COPULA, s. f. vl. *Copula*, cat. esp. port. ital. Copule, mot qui lie le sujet d'une proposition avec l'attribut.

Ety. du lat. *copula*, m. s. V. *Coubl*, R.

COPULAR, v. a. vl. *Copulare*, ital. Copuler, assembler, accoupler.

Ety. du lat. *copulare*, m. s. V. *Coubl*, R.

COPULATIU, IVA, adj. vl. *Copulatiu*, cat. *Copulativo*, esp. ital. port. Copulatif, ive, qui sert à lier.

Éty. du lat. *copulativus*, m. s. V. *Coubl*, R.

COPUR-DE-BOURSA, s. m. (coupúr-dé-bourse); COUPUR DE BOURSA. Coupeur de bourse, voleur, filou. V. *Cop*, R.

COPUR-DE-PEIRA, s. m. (coupúr de pèire); COUPUR, etc. Tailleur de pierre, artisan qui taille les pierres.

Les principaux outils dont se servent les tailleurs de pierre, sont :

LES AIGUILLES, V. *Aguilha*.
LA BOUCHARDE, V. *Bouchardo*.
LES CISEAUX, V. *Cisoou*.
L'EQUERRE, V. *Escaire*.
LA FAUSSE EQUERRE, V. *Sautarela*.
LA LAYE OU LAIE, espèce de marteau brettelé.
LE MAILLET, V. *Massa* et *Maureta*.
LA MASSE, V. *Massa*.
LA RIPE, outil de fer acéré, en forme de ciseau courbe, arrondi et dentelé par le bout, pour gratter le parement des pierres.
LE RIFLARD, ciseau bretté ou dentelé.
LE TÊTU, gros marteau dont la tête est carrée et l'autre extrémité pointue, servant à démolir.
TORCHON, paquet de paille tortillée, ou morceau de natte ou de spart, qu'on met sous les pierres en les taillant, pour protéger les angles.

COQ

COQ, V. *Gal*.

COQUA, s. f. vl. *Coca*, esp. *Cocca*, ital. Sorte de navire, nef.

COQUE, s. m. (cóqué), d. toul. Espèce de gâteau.

Éty. M. Dumège fait dériver ce mot du grec κοκκοσ (kokkos), grain.

COQUELICOT, s. m. Nom du Coquelicot, pris du français. V. *Roourela* et *Coc*, Rad.

COQUELUCHA, s. f. (coquelútche); BOUQUET, CACABUCHA, CACABUCHOU, CHABURNI, BABBIT-ROOUMAS, COUCOURUCHOU. *Coccolina*, ital. Coqueluche, maladie épidémique caractérisée par une toux convulsive, et par une longue inspiration suivie de plusieurs expirations, ou d'une expiration interrompue quatre ou cinq fois par la toux.

Éty. du lat. *morbus cucullatus*. Valleriola, d'Arles, médecin à Turin, qui décrivit les épidémies de coqueluche qui régnèrent dans cette ville en 1510, 1558 et 1577, dit que ce nom lui fut donné à cause que les malades se couvraient d'un capuchon, *cucullus*.

Cette maladie n'a été connue en France, comme maladie particulière, que depuis 1414, sous Charles VI, on donna à ce rhume, qui exigeait d'être tenu chaudement, le nom de coqueluche, parce qu'on était obligé de porter un coqueluchon.

COQUETA, s. f. Coquette, femme qui veut être cajolée et qui cherche à attirer les hommes vers elle.

Éty. de *coq*, parce que coquette s'est dit d'abord de la poule qui se pavane devant le coq. V. *Coc*, R.

COQUETA, s. f. (couquète); COUQUETA, CORNUA. Cornette, coiffure de forme triangulaire que les femmes portaient sur la coiffe. En dl. coiffe de velours ou de taffetas. Saur.

Éty. de *coq* et du dim. *eta*, petite crête de coq ou bien ornement de coquette. V. *Coc*, R.

COQUETARIA, s. f. (couquetarie); LEQUISA. Coquetterie, c'est dans une femme, le dessein de plaire ou de paraître aimable à plusieurs hommes.

Éty de *coqueta* et de *aria*, ce qui concerne les coquettes. V. *Coqueta* et *Coc*, R.

COR

COR, COUR, COUER, COUAR, CORD, COURD, radical pris du lat. *cor*, *cordis*, cœur, dérivé du grec κέαρ (kéar), et par sync. κῆρ (kêr), m. s.

De *cor* : *Cor*, *Cor-ada*, *Cor-age*, *Cor-al*, *A-cor-ar*, *De-cor-ar*, *Des-cor-ar*, *En-cor-agear*, etc., etc.

De *cordis*, gén. de *cor*, par apoc. *cord* ou *cordi*; d'où : *Cordi-al*, *Cordi-ala-ment*, *Dis-cord-a*, *Re-cord-ar*, *Ac-cord*, *Con-cord-a*, *Dis-cord-ar*, *Con-cord-ansa*, etc.

De *cor*, par le changement de *o* en *ou*, *oue* ou *oua*, à peu près les mêmes mots que par *o*.

COR, 2. COIR, CUER, CUIR, COURT, CORCH, radical pris du latin *corium*, cuir, dit : selon Isidore, liv. XI, cap. 1, pour *carium*, *quod caro eo tegatur*. On le fait venir aussi du celt. *cor*, peau.

De *corium*, se sont formés les sous-radicaux *coriaceus*, coriace, de cuir ou ressemblant au cuir ; *coriarius*, tanneur, corroyeur; *corrigia*, courroie, et *cortex* qui est souvent employé pour *cutis*, peau, cuir. On fait aussi dériver ce radical du celtique *cor*, qui signifierait peau.

De *corium*, par apoc. *cor*; d'où : *Cor*, *Cor-al*, *Cor-ey*, *Es-cor-gar*, etc.

De *corium*, par apoc. *cori*; d'où : *Ex-cori-acio*, *Ex-cori-a-ment*, etc.

De *cori*, par transposition de *i*, *coir*; d'où : *Coir-at-ier*, *Coir-assa*, *En-coir-ar*, etc.

De *cor*, par le changement de *o* en *ue*, ou *ua* : *Cuer*, *Cuar*, *Cuer-at-aria*, etc.

De *coir*, par le changement de *o* en *u*, *cuir* ; d'où : *Cuir*, *Cuir-assa*, *Cuir-assier*, etc.

De *cuir*, par suppression de *i*, *cur*; d'où: *Cur-at-aria*, *Cur-at-ier*, etc.

De *corrigia*, par apoc. *corrig*; d'où: *Corrig-ier*, *Corrilg-a*.

De *corrig*, par le changement de *i* en *e*, *correg* ; d'où : *Correg*, *Correge-ada*, et par le changement de *o* en *ou*, *courreg*; d'où: *Courrege-a*, *Courrege-ar*, *Courrege-oun*, *Courrege-ola*, etc.

De *courreg*, par le changement de *g* en *y*, *courrey* ; d'où : *Courrey-a*, etc.

De *cortex*, par le changement de *x* en *g*, *corteg*; d'où : *Es-corteg-ar*, *Es-corteg-at*, et par le changement de *o* en *ou* et suppr. de *t*, *courg* ; d'où : *Es-courge-adour*, *Es-courge-adura*, *Es-courge-ar*, etc.

De *cortex*, par le changement de *x* en *g*, et de *o* en *ou*, *courteg* ; d'où : *Es-courteg-ar*, *Es-courteg-aire*, *Es-courteg-adura*.

COR, s. m. COUER, COUAR, COER, CORASSOUN, CORAGE. *Cuore*, ital. *Corazon*, esp. *Coração*, port. Cœur, organe principal de la circulation chez les animaux qui en sont pourvus.

Éty. du lat. *cor*, m. s. V. *Cor*, R.

Dans le cœur des animaux à sang chaud et de l'homme, on distingue :

LES VENTRICULES, *droit* et *gauche*, ou cavités inférieures formées par des muscles très-forts.
LES OREILLETTES, *droite* et *gauche*, ou cavités supérieures et membraneuses.
LES VALVULES, espèces de soupapes placées à l'orifice des cavités.
LE PÉRICARDE, ou enveloppe extérieure et membraneuse du cœur.
LA DIASTOLE, est son mouvement de dilatation.
LA SYSTOLE, celui de contraction.

COR, Cœur, se dit également pour affection, mémoire, orgueil, inclination de l'âme, courage, milieu ou centre d'une chose; c'est aussi l'une des quatre couleurs du jeu de cartes, mais dans ce dernier sens. V. *Cuer*.

Mau de cor, mal de cœur, faiblesse, évanouissement, envie de vomir: *Saber de cor*, savoir par cœur.

Faire quauquaren de grand cor, faire quelque chose de grand cœur. Le mot de grand, dans cette phrase, est une corruption de *greant*, qui agrée, comme si l'on disait de *grat de cor*, ou de cœur qui agrée.

Aver lou cor gros, avoir le cœur gros, être vivement affecté. Cette façon de parler vient de la persuasion où l'on a été, pendant longtemps, que les chagrins faisaient grossir le cœur.

Leis couers soun fachs de la meme matiero,
Et se-prenoun souvent à la meme ratiero.
Dioul.

Cor falhir, dl. Évanouissement.

COR, etc. Se dit encore de plusieurs parties qui occupent le centre d'une chose, ainsi : *Lou cor doou bosc*, le cœur du bois; *Lou cor d'un caulet*, le cœur d'un chou, d'une laitue, le cœur de l'hiver, *pour le milieu*, etc.

COR, s. m. vl. Pour *cuir*, V. *Cuer* et *Cor*, R. 2.

COR, s. m. vl. *Cor*, cat. Cœur, volonté, courage, esprit.

Éty. du lat. *cor*. V. *Cor*, R.

COR, Pour corps, V. *Corps*.

COR, vl. Pour chœur, V. *Chuer*.

COR, vl. Il ou elle court, de *correr*, il ou elle poursuit, *on cor*, expr. adv. où va : à quoi cela s'applique.

COR, d. béarn. Pour *corne*, V. *Corna* et *Corn*, R.

COR ou COR DE CHASSA, s. m. (cór ou cór dé tchásse), et mieux CORN. Cor, instrument à vent, en argent ou en cuivre, tourné en spirale. Celui qui en donne.

Éty. Les Anciens les faisaient avec une corne, *cornu*, d'où le nom qu'ils portent. On les appelle corps de chasse, parce qu'on les employait à cet exercice pour faire sortir les animaux de leurs tanières.

Dans un cor, on nomme :

BOCAL, ou embouchure, la partie par où l'on donne le vent.
PAVILLON, l'extrémité évasée.
CYLINDRE, le tube qui de l'embouchure s'étend au pavillon.
ANGUICHURE, la bande de cuir attachée au pavillon d'un cor de chasse.
CEINTURETTE, la petite bande de cuir qui entoure le cor de chasse employé dans la vénerie.

POMPE, l'allonge qu'on y adapte pour diminuer ou augmenter le son.

COR-DE-GALINA, s. f. Nom qu'on donne, aux environs de Toulouse, au fruit du *Prunus bigarella*, bigarreau.

CORA, dg. Contract. d'*aquot era*, cela était.

CORA, adv. vl. COUS. Quand. V. *Qu'houra*, pour *en que hora*.

CORAÇOUN, s. m. (couraçoun); COURAÇOUN, COURASSOUN. Petit cœur, mon bon, terme de tendresse.

Éty. de l'esp. *corazon*, cœur, ou de *cor* et du dim. *oun*. V. *Cor*, R.

A bon coraçoun, il a le cœur dur.

CORADA, s. f. vl. CORANA, CORAILHA, COBALHA. Poumon, poitrine, entrailles, ventre. V. *Courada* et *Cor*, R.

CORAGE, s. m. vl. Pour cœur, V. *Cor*, et pour courage. V. *Couragi* et *Cor*, R.

CORAGOLA, vl. Cœur en bouche. Nous disons maintenant, dans le même sens: *A lou cor sus la man*.

CORAILHA, vl. V. *Corada*.

CORAJANSA, s. f. vl. Fureur, colère, animosité.

CORAJE, s. m. vl. Cœur.

CORAL, adj. vl. CORAU. *Coral*, cat. *Corale*, ital. Cordial, qui vient du cœur, intime, sincère.

Éty. de *cor* et de *al*. V. *Cor*, R.

Étable. Gl. occ.

CORAL, adj. vl. De cuir, fait de cuir. V. *Cor*, R. 2.

CORAL, s. m. vl. Chêne kermès. V. *Roure*. Pour corail, V. *Courau* et *Avaus*.

CORALH, s. m. vl. Corail. V. *Courau*, plus usité.

Éty. du lat. *corallum*.

CORALHA, vl. Le cœur pris au positif, le ventre. V. *Coreilla* et *Cor*, R.

CORALHAR, vl. V. *Carelhar*.

CORALHAR SE, v. r. vl. Se courroucer.

CORALMEN, adv. vl. *Coralment*, anc. cat. *Coralmente*, ital. Cordialement, tendrement, par cœur.

Éty. de *coral* et de *men*, d'une manière cordiale. V. *Cor*, R.

CORANA, vl. V. *Corada*.

CORAS, vl. V. *Qu'houra*.

CORASSO, s. f. vl. V. *Corassóun*.

CORASSOUN, s. m. (courassoun); COURASSOUN. *Corazon*, esp. *Coração*, port. Le cœur. V. *Cor*, R.

Car so que l'huelh non vez non dou au courassoun.
Labellaudière.

CORAT, nom d'homme. Alt. de *Conrad*, v. c. m.

CORATER, s. m. (couraté); COREIER, vl. Corroyeur. V. *Curatier*, *Tanur*, *Pellatier* et *Cor*, R.

CORATGE, s. m. vl. *Coratge*, cat. Ce mot signifie tantôt courage, V. *Couragi*; tantôt cœur, V. *Cor*; et tantôt attachement, désir, volonté, pensée, esprit, résolution, projet, envie, fermeté, dessein.

Éty. V. *Coragi* et *Cor*, R.

El coratge, vl. pour *en el coratge*, dans son cœur, en lui-même.

Cascus ditz el coratge virge emperairitz.

Chacun dit, en son cœur, vierge impératrice.

Hist. en vers de la Crois. contre les Albigeois.

D'un coratge, unanime.

CORATGOS et

CORATJOS, OSA, adj. vl. *Coratjos*, cat. Courageux. V. *Courageous* et *Cor*, R.

CORAJOSAMENS, adv. vl. *Coratjosament*, anc. cat. *Corajosament*, anc. esp. *Coraggiosamente*, ital. Courageusement. V. *Cor*, R.

CORAU, vl. V. *Coral*.

CORAZAIRE, s. m. vl. V. *Curatier* et *Cor*, R. 2.

CORB, COURB, CURV, radical dérivé du latin *curvus*, courbe, courbé, plié, voûté, d'où: *curvare*, courber, *curvitas, itatis*, *curvatura*, courbure, etc.

De *curvitatis*, gén. de *curvitas*, par apoc. *curvitat*: *Curvitat*, *Curv-ar*.

De *incurvatio*: *Incurvatio*, *Re-curvatio*.

De *curvare*, par apoc. *Re-curvar*.

De *curvus*, par apoc. *curv*, et par métagr. de *u* en *o*, et de *v* en *b*, *corb*: *Corb*, *Corb-ar*, *A-corbar*, *En-corbar*, *Corba-ment*.

De *corb*, par le changement de *o* en *ou*: *Courb-a*, *Courb-e*, *Courb-ar*, *Courb-at*, *Courb-ura*, *Courb-at-ura*, *Courb-eta*, *Courb-et*.

CORB, s. m. vl. Corbeau. V. *Corpatas* et *Corp*, R.

CORB, **ORBA**, adj. vl. *Corb*, cat. *Corvo*, esp. port. ital. Courbe, couché.

Éty. du lat. *curvus*, m. s. V. *Corb*, R.

CORBA, s. f. vl. Corbeille, manne, panier.

Éty. du lat. *corbis*, m. s. V. *Corb*, R.

CORBAION, s. m. vl. Crochet.

CORBAMENT, s. m. vl. Traverse, entorse.

Éty. du lat. *curvamen*, m. s. V. *Corb*, R.

CORBAR, v. a. vl. CURVAR. Courber, plier. V. *Courbar* et *Corb*, R.

CORBAS, s. m. (corbás). Nom toulousain du corbeau.

Éty. du grec κόραξ (korax), corbeau.

CORBATOS, s. m. pl. vl. Les petits du corbeau.

CORBELH, COURBELH, CORBILH, radical dérivé du latin *corbis*, *corbula*, corbeille, manne, panier, formé, selon Varron, de *corruo*, jeter dedans, ou suivant Isidore, de *curvis*, *corbis*, courbe: *Corbes dicti*, *quia curvatis virgis contextuntur*.

De *corbula*, par apoc. *corbul*, et par le changement de *u* en *e* et de *l* en *lh*, *corbelh*; d'où: *Corbelh-a*, *Corbelh-eta*.

De *corbelh*, par le changement de *e* en *i*, *corbilh*; d'où: *Corbilh-ard*, *Corbilh-oun*, *Corbelh-a*, *Corbilh-ard*, *Corbilh-oun*; et par celui de *c* en *g*: *Gorbel*, *Gouarb-a*, *Gouerb-a*, *Gouerb-eta*, *Gouerbelh-a*, *Gourbet-in*, *Gourb-in*, *Gourbin-ier*, *Gourpet-aire*.

CORBELHA, s. f. (courbèille); COURBELHA, GORBELHA, GOUERBA. Corbeille, panier d'osier, ordinairement à fond plat, oblong et muni de deux anses.

Éty. du lat. *corbula*, m. s. dim. de *corbis*. V. *Corbelh*, R.

Dérivés: *Corbilh-ard*, *Corbilh-oun*.

CORBELHETA, s. f. (corbeilléte); DESQUET, BOUSSOUN, COURBELHETA, COURBILHOUN. Une petite corbeille. V. *Corbilhoun*.

Éty. de *corbelha* et du dim. *eta*. V. *Corbelh*, R.

CORBILHARD, s. m. (courbilhá). Corbillard, grand carrosse qui sert à voiturer les gens qui sont à la suite d'un prince ou d'un convoi funèbre.

Éty. Ce fut dans l'origine une voiture tressée en jonc, comme une grande corbeille, qui menait de Paris à Corbeil, d'où son nom. V. *Corbelh*, R.

CORBILHOUN, s. m. (courbilhóun), et impr. COURBILHOUN. Corbillon, petite corbeille ou petit panier.

Éty. de *corbilh* et du dim. *oun*. V. *Corbelh*, R.

CORCEGAS, s. m. vl. Gros corps, mal fait, mal conformé.

Éty. de *corceg* et de *as*.

CORCELS, adj. vl. Cruel: *Nafra corcels*, plaie cruelle, *Vulnus sævum*. Sauv.

Éty. Alt. de *crudelis*, m. s.

CORCIFER, s. m. vl. Porte-Croix.

Éty. Alt. du lat. *crucifer*, m. s. V. *Cruc*, R.

CORCOCELA, s. f. (corcocèle), dl. La croque-au-sel, manger un ognon, une rave à la croque-au-sel; c'est-à-dire, cru, avec du sel.

Éty. C'est une altér. de *croca cel*, pour *sel*.

CORCONA, *Home de* ou *es de*, (corconá), dl. Expression proverbiale, pour dire un homme de rien, de nulle valeur.

Éty. M. Thomas qui nous fournit ce mot, le dérivé du grec κόρχορος (korchoros), vil.

CORD, COUERD, COUARD, radical pris du latin *chorda*, dérivé du grec χορδὴ (chordè), intestin, et corde d'instrument de musique: *Quia ex tenuioribus animantium intestinis fissis, contortisque fieri soleant.* Vossius.

Cossiodore et Isidore, font dériver le mot *chorda* ou *corda*, de *cor*, *cordis*, le premier, parce que les cordes des instruments de musique touchent, émeuvent facilement le cœur, et le second, parce que ces cordes sont agitées comme le cœur dans la poitrine: *Quod sicut pulsus est cordis in pectore, ita pulsus cordæ in cytharâ.*

De *chorda*, par apoc. et suppression de *h*, *cord*; d'où: *En-corda*, *Cord-a*, *Cord-assa*, *Cord-eta*, *Cord-agi*, *Cord-ar*, *Encordar*, *Cordel-a*, *Cordel-ar*, *Des-cordelar*, *Cordeou*, *Cord-ier*, *Cord-oun*, *Cordoun-et*, etc., etc. *A-cord-i*, *Ac-cordar*, *Des-acordi*, *Ac-cord-alhas*, *Des-ac-cord*, *A-cordadament*, *Con-cord-ar*.

De *cord*, par le changement de *o* en *ou*, *courd*; d'où: *Courd-ada*, *Couerd-a*, *Couard-a*, *Courd-agi*, *Courd-at*, *Courd-aria*, *Courdeiar*, *Courd-el*, *Courd-eta*, etc. V. *Cord*, *Courd-el-ada*, *Courdelh*, *Courdel-ieras*, *Courdilh-a*, *Courdilh-ada*, *Courdoun-et*, *Des-courdar*, *Des-courdegear*, *En-courd-ar*, *En-courd-at*, *En-courdelar*, *En-courdelhar*, *En-courd-et-ar*, *Couard-a*.

CORDA, s. f. (couerde); COUARDA, COUERDA. *Corda*, cat. ital. port. *Cuerda*, esp. Corde, tortis fait de chanvre, de lin, de boyau, etc., vl. cordage, lacet.

Éty. du lat. *chorda*. V. *Cord*, R.

Les différentes branches dont se compose une corde portent le nom de *tourons*, c'est pourquoi on dit corde à 1, 2, 3, 4, *tourons* quand on parle d'une corde formée par 1, 2, 3, 4, faisceaux réunis.

On nomme:

AUSSIÈRES, toutes les cordes qui n'ont été commises qu'une fois.
CHABLOTS, celle qui servent à élever un échafaudage.
CHANTERELLES, celles qui soutiennent la meule d'un moulin lorsqu'on la lève.
CINCENELLES, celles qui servent à remonter les coches ou bateaux.
DE RETENUE, celle qui sert à diriger ou à retenir un fardeau, etc.
ENRAYURES, celles qui servent à enrayer les voitures.
HAUSSIÈRES ou AUSSIÈRES, les cordes qui servent à haler les bateaux en mer.
SANS-FIN, celle dont le deux bouts sont unis et qui entoure les roues des remouleurs, etc.
TRAITS, celles qui sont employées à traîner les charrettes et la charrue.
TRAINEAUX, celles auxquelles les matelots attachent le linge qu'ils veulent laver dans la mer.

Quand on pendait les condamnés à mort, on donnait le nom de:

SAISISSEMENT, à la corde qui servait à leur lier les mains.
TOURTOUSE, à celle du cou.
CORDEAU, à celle qui étranglait.

On appelle:

CANNETILLE, le fil délié, d'or, de cuivre ou d'argent qu'on enfile autour d'une corde à boyau.
LIVARDE, la corde d'étoupe autour de laquelle on tortille le fil pour le rendre plus uni.
MÈCHE, le *touron* que l'on met au milieu des cordes qui en ont plus de trois.
COMMETTRE UNE CORDE, c'est en réunir les *tourons* au moyen de la roue et du toupin.

CORDA, s. f. On appelle aussi corde, certaines choses réunies ou enfilées une à une avec une corde ou une ficelle, ainsi, on dit: *Una corda de muscles*, une corde de moules, douze douzaines, une corde de boutons, ou plutôt de moules, etc.

CORDA, s. f. Se dit aussi encore du gluant et de l'élasticité de certaines pâtes qui leur permet de s'étendre sans se rompre: *Aquella pasta a ben de corda*. V. *Cord*, Rad.

CORDA-DE-TRIPA, s. f. (córde-détripe); CORDA-DE-VIOULOUN. Corde à boyau, servant aux instruments de musique.

1399 ans, avant J.-C. Linus, invente l'art de filer les intestins des animaux et en fait des cordes sonores.

CORDAGE, s. m. (courdádgi); *Cordage*, esp. Cordage, toutes les cordes qui servent à la manœuvre d'un vaisseau, ou à une autre manœuvre.

Éty. de *corda*, corde, et de *agi*. V. *Cord*, R.

On nomme:

CORDAGE BLANC, le cordage non goudronné.

CORDALHA, s. f. vl. *Cordoalha*, port. Cordage.

Éty. de *corda* et de *alha*. V. *Cord*, R.

CORDAR, v. a. vl. *Cordar*, cat. Corder, mesurer, lacer.

Éty. de *corda* et de *ar*, mesurer, serrer avec la corde. V. *Cord*, R.

CORDAR, v. n. (courdá). Filer, en parlant des pâtes qui s'allongent comme des cordes sans se rompre. V. *Cordar*.

CORDAR SE, v. r. (courdá sé); COURDAR. Se corder, devenir filamenteuses, en parlant des racines. V. *Cord*, R.

CORDARIA, s. f. (courdarie); COURDARIA. *Corderia*, ital. *Cordeleria*, esp. *Cordoaria*, port. *Cordam*, cat. Corderie, lieu où l'on fait de la corde; l'art de faire les cordes.

Éty. de *corda* et de *aria*, V. *Cord*, R.

CORDAS, s. f. (córdes), dg. *Cotes* ou *cordes*, les premières portions du brin de soie qu'on tire des cocons, qui étant plus grossières, sont mises de côté.

Cordas et *couerdas*, est encore le nom que l'on donne à une maladie des porcs qui leur rend les jambes roides, comme si elles étaient tendues avec des cordes.

CORDAT, s. m. vl. CORDATZ. Cordonnet, et adj. cordelé, sage, prudent.

CORDAT, s. m. Toile en façon de coutil. V. *Encourdat* et *Cord*, R.

CORDAT, ADA, adj. et p. (courdá, áde). Cordé, ée, V. *Charbut, ue, Coutounat-ada*, on le dit des racines potagères qui sont devenues filandreuses par un trop-long séjour dans la terre; lacé, ée.

Éty. de *corda* et de *at*, fait comme une corde. V. *Cord*, R.

CORDAZO, s. f. vl. Mesurage au cordeau. V. *Cord*, R.

CORDEA, s. m. d. m. V. *Courdeou*.

CORDEGEAR, v. n. (courdedjá); COURDEGEAR. Tracer, en parlant des plantes dont les jets rampants jettent des racines çà et là; en term. de boulanger, filer, on dit que la pâte file, lorsqu'en prenant du tas, une poignée, il en découle de longs cordons comme d'une matière gluante; et term. de cord. filer, corder.

Éty. de *corda* et de *egear*, faire la corde. V. *Cord*, R.

CORDEIANT, adj. vl. CORDEJANT. Curieux.

CORDEIAR, v. a. vl. CORDEJAR. Attacher, mettre en laisse.

Éty. de *corda* et de *eiar*, et pour *cordegear*. V. *Cord*, R.

CORDEGAR, vl. V. *Cordeiar*.

CORDEL, s. m. (courdèl); COURDEOU. Cordeau d'attelage; c'est un long cordon, courroie ou corde, qui part du mors du limonier à la main, et longe tout l'attelage, en passant dans les anneaux attachés aux attelles des chevaux de devant; de ce cordon part, vis-à-vis chaque cheval, une *retraite*, ou petite courroie qui va s'attacher au mors de ce cheval; en tirant le cordeau, on fait incliner tous les chevaux à *dia*, c'est-à-dire, à gauche.

CORDEL, s. m. (courdèl); d. bas. lim. COURDEL. Cordeau, petite corde dont on se sert pour conduire les bestiaux à la foire ou à la boucherie.

Éty. de *corda* et du dim. *el*. V. *Cord*, Rad.

CORDEL, s. m. vl. V. *Cordeou*.

CORDELA, s. f. (courdèle); COURDELA. *Cordella*, anc. cat. ital. Lacet, cordon de fil ou de soie dont les femmes se servent pour lacer leurs corsets; le bout métallique qui le termine porte le nom de *ferret*.

Éty. de *corda*, corde, et de la term. dim. *ela*, petite corde. V. *Cord*, R.

CORDELA, s. f. En term. de mar. Cordelle, corde de moyenne grosseur avec laquelle on hale un vaisseau d'un lieu à un autre. V. *Cord*, R.

CORDELA, s. f. COURDELA. *La cordelle*, ancienne danse provençale pour l'exécution de laquelle on plantait un petit mât au milieu de la place, au sommet duquel on attachait des cordons dont les danseurs saisissaient l'extrémité pour en former, en cadence, un tissu varié au tour de ce mât, et qu'ils déroulaient ensuite dans le même ordre. Cantel, Gazette du Midi, du 20 février 1838. V. *Cord*, R.

CORDELA, s. f. COURDELA. Nom qu'on donne, dans le département des Bouches-du-Rhône, selon M. Negrel, au *Nephtys funicula*, Negr. Annélide de l'ordre des Antennés.

Éty. *Cordela* est la traduction de *funicula*, petite corde. V. *Cord*, R.

CORDELADA, s. f. (courdeláde); COURDELADA, dl. Chapelet de différentes choses enfilées: *Courdelada de nougalious de coucouns;* chapelet de cernaux, chapelet de cocons, de graine. V. *Rastegagna*.

Éty. de *cordela* et de *ada*. V. *Cord*, R.

CORDELAR, v. a. (courdelá). Lacer avec un lacet, passer le lacet dans les œillets d'un corps de jupe.

Éty. de *courdela* et de *ar*. V. *Cord*, R.

CORDELAT, ADA, adj. et p. (courdelá, áde). Lacé, ée. V. *Cord*, R.

CORDELAT, s. m. (courdelà), dl. Le même que *cordelhat*. V. *Cord*, R.

CORDELHA, s. f. vl. Caisse; cordon. Gl. occ.

CORDELHAR, V. *Courdegear* et *Cord*, Rad.

CORDELHAT, s. m. (courdeillá); COURDEIA, COURDILHAT, COURDELHAT, COURDELAT. *Cordellat*, cat. *Cordellate*, esp. *Cordillas* drap grossier qu'on fabrique en grand dans la Haut.-Prov., où il est nommé *Cadis* et *Encourdat*, v. c. m.

Éty. V. *Corda*, R.

CORDELIER, s. m. (courdelié). Cordelier, religieux de l'ordre de Saint-François.

Éty. Les frères de cet ordre portent une corde pour ceinture, d'où leur nom. V. *Cord*, R. et *Ier*.

On en fait remonter l'origine aux Croisades, et l'on dit que les frères mineurs ayant repoussé les Barbares, Saint Louis demanda leur nom, et comme on lui répondit que c'étaient ceux qui étaient *liés de corde*, on les nomma, dans l'armée, les *cordeliers*.

CORDELLA, vl. V. *Cordela*.

CORDENC, adj. vl. De corde. V. *Cord*, Rad.

CORDEOU, s. m. (courdèou); COURDEL, COURDEA, COURDÈOU. *Cordella*, ital. *Cordel*, esp. port. *Cordell*, anc. cat. Cordeau, corde menue servant à prendre les alignements et les aplombs.

Éty. de *corda* et de *eou*, dim. V. *Cord*, R.

CORDEOU, s. m. (courdéou); COURDELH, COURDEA, REDOUNDA, BOND, LAMIGUIER. Espèce de tortillon ou d'anneau fait avec des branches de bois tordues et roulées plusieurs fois sur elles-mêmes, comme une corde. V. *Cord*, R.

CORDEOU, s. m. (courdéou); COURDEOU. CALENIERA. Chaîne faite avec des anneaux de bois tortillés, où l'on suspend la lampe dite *calen*. V. *Caleniera* et *Cord*, R.

CORDETA, s. f. (courdéte); COURDETA. *Cordeta*, cat. *Cuerdecita*, esp. *Cordella*, ital. *Cordinha*, port. Cordelette, petite corde.

Éty. de *corda* et du dim. *eta*. V. *Cord*, R.

CORDIAL, ALA, adj. (courdiál, ále); COURDIAL. *Cordiale*, ital. *Cordial*, esp. port. cat. Cordial, ale, on le dit des remèdes propres à ranimer promptement les forces et fortifier le cœur; du cœur.

Éty. du lat. *cordis*, gén. de *cor* et de *al*. V. *Cor* et *Cord*, R.

CORDIALAMENT, adv. (courdialaméin); COURDIALAMENT. *Cordialmente*, ital. esp. port. *Cordialment*, cat. Cordialement, de cœur, sincèrement.

Éty. de *cordiala* et de *ment*, d'une manière cordiale. V. *Cor*, R.

CORDIALITAT, s. f. (courdialitá); *Cordialità*, ital. *Cordialidade*, port. Cordialité, affection franche, sincère.

Éty. de *cordial* et de *itat*. V. *Cor*, R.

CORDIER, s. m. (courdié); COURDIER. *Cordoeiro*, port. *Cordajo*, ital. *Corder*, cat. *Cordeiro*, port. Cordier, celui qui fait ou vend des cordes.

Éty. de *cord* et de la term. multip. *ier*. V. *Cord*, R.

Outils et machines :

ROUET, il sert à filer, à retordre et à commettre. Il se compose d'une *roue*, de deux *montants* qui la soutiennent; de l'*essieu* muni d'une *manivelle*, de deux *montants*, qui soutiennent les traverses à coulisse; de deux *traverses à coulisse*, et d'une *planchette*, reçue entre les treverses à coulisse, portant les *molettes*, et enfin d'une corde.

TOURET, cylindre mobile sur lequel on roule le fil.

ÉMÉRILLON, outil où l'on fixe la corde du côté du char, quand on veut la commettre. Il est composé d'un cylindre de bois creusé, d'un anneau et d'un crochet mobiles. V. *Gourbion*.

LIVARDE, corde d'étoupe propre à polir le fil.

LISIÈRE ou PAUMELLE, *curel*, chiffon ou lisière que le cordier tient dans la main quand il file, soit pour n'être pas blessé par le fil, soit pour le mouiller.

RATELIER, *rastcou*, espèce de rateau, posé horizontalement sur un pieu, servant à soutenir et à écarter les fils quand on file.

TOUPIN, COCHOIR, SABOT ou GABIEN, *cabra*, morceau de bois en forme de cône tronqué, ayant autant de rainures qu'il doit y avoir de *tourons* à la corde, qu'on veut commettre.

MOLETTE ou CURLE, composée d'une broche de fer mobile se terminant par un crochet, d'une petite poulie et d'un morceau de bois servant à la fixer dans la planchette.

PLANCHETTE, petite planche carrée qui soutient les molettes.

TRAINE ou QUARRÉ, char mobile qu'on charge plus ou moins, servant à commettre les cordes.

Les cordiers nomment :

FIL CARRET, le fil simple que le cordier fait en filant le chanvre.

BITORD, celui composé de deux carrets commis.

MERLIN, celui composé de trois.

GRELIN, la corde composée de plusieurs *tourons* déjà commis eux-mêmes.

CEINTURE ou *peignon*, la quantité de chanvre que l'ouvrier porte à la fois pour filer.

FIL RETORD, celui dont les deux branches ont été tordues dans le même sens, non commis.

LUZIN, fil retord, non commis, composé de trois brins.

FOUET, la ficelle destinée à faire claquer les fouets.

FILEUR A CEINTURE, l'ouvrier qui tient le chanvre autour de sa ceinture.

FILEUR A LA QUENOUILLE, celui qui se sert de cet outil,

CORDIERA, s. f. (courdiére). Espèce de châtaigne. V. *Castagna*.

CORDIL, s. m. (courdil), dl. Cordon de sonnette, de targette, de loquet, etc. *Ploou coumo de courdils*, il pleut à seaux. *Plegar soun courdil*, déloger, plier bagage, c'est-à-dire, mourir.

Éty. Dim. de *corda*. V. *Cord*, R.

CORDILHA, s. f. (courdille); COURDILHA, d. bas lim. Dim. de *cordel*, petite corde, et sous-dim. de *cordeta*. V. *Cord*, R.

CORDILHADA, s. f. (courdilháde), COURDILHADA, d. bas lim. On le dit de plusieurs objets réunis ensemble par une petite corde. V. *Cord*, R. V. *Liassa*, *Rastegagna*, *Enfilada*; fig. longue suite de personnes.

CORDILHAT, dl. V. *Trentauna* et *Cord*, Rad.

CORDO, vl. Cordon, collier. V. *Cordoun* et *Coulier*.

CORDOAN, s. m. CORDOUAN, COARDOAN. *Cordoa*, cat. *Cordoban*, esp. *Cordovão*, port. *Cordovano*, ital. *Cordouan*, cuir venant de Cordoue. Dérivé : *Cordounier*.

CORDOILL, vl. V. *Corduelh*.

CORDOLOU, s. m. vl. Crève-cœur.

Éty. du lat. *cordolium*, m. s. V. *Cor*, R.

CORDONEIR, vl. V. *Cordounier*.

CORDONET, vl. V. *Cordounet*.

CORDOUAN, adj. (cordouán); *Cordoba*, cat. *Cordoban*, esp. *Cordovano*, ital. *Cordovão*, port. *Cordouan*, qui est de Cordoue, qui en provient. Ce mot est quelquefois pris substantivement en parlant de cuir. *Lou Cordouan*, le cuir de Cordoue. V. *Cordounier*.

CORDOUN, s. m. (courdoun); COURDOUN. *Cordo*, cat. *Cordone*, ital. *Cordon*, esp. *Cordão*, port. Cordon, petite corde destinée à faire partie ou qui fait partie d'une autre corde; petit tissu de soie, de laine, de fil, de crin, etc., ourdi comme la corde.

Éty. de *corda* et du dim. *oun*. petite corde. V. *Cord*, R.

Cordoun de capeou, laisse.

Cordoun d'una guma, touron d'un cable.

Courdoun de servantin, cordon de Saint François.

Far petar lou cordoun, expr. figurée du d. bas lim. pour dire qu'une fille qui portait le cordon ensuite d'un vœu simple de virginité, se marie.

CORDOUN, s. m. (courdóun et courdóu), dg. Cordon, rang de pierres ou de briques en saillie qui règne tout autour d'un bâtiment, différent de la corniche.

CORDOUNET, s. m. (courdouné); COURDOUNET. *Cordoncino*, ital. *Cordoncito*, esp. *Cordãozinho*, port. *Cordonet* cat. Cordonnet, petit cordon d'or, d'argent, de soie ou de fil.

Éty. de *cordoun* et du dim. *et*. V. *Cord*, Rad.

CORDOUNIER, s. m. (courdounié); SABATIER, COURDOUNIER, COURDOUGNER, *Cordovaniere*, ital. Cordonnier, celui qui fait des souliers, des bottes; ce dernier est plus particulièrement désigné par le nom de bottier.

Éty. Ce mot n'est pas antérieur au XVme siècle; jusqu'alors les cordonniers n'étaient connus que sous la dénomination de *sabatiers*, et le mot *cordonnier* qu'on leur donna ensuite, n'est qu'une altération de *cordouanier*, c'est-à-dire, *sabatier* qui employait le cuir de Cordoue, qui passait pour le meilleur, d'où le mot *cordovaniere*, en italien, cordonnier. Ceux qui ne l'employaient pas en prirent également le titre comme plus avantageux; et celui de *sabatier*, changé en *savetier*, ne fut plus donné qu'à la dernière classe de ces ouvriers.

Les principaux outils du cordonnier sont :

L'ALÈNE, V. *Alesna*.

L'ASTIC, V. *Astic*.

LE BISEIGLE ou BISAIGUE, servant à lisser le tour des semelles.

LA BUISSE, V. *Bouissa*.

LA BROCHE, servant à cheviller les talons.

LE CACHÉ-BOTIN ou CALEBOTIN, pour serrer le peloton du fil.

LE COUTEAU-A-PIED, pour tailler l'empeigne.

LES CLOUS A BROCHES, pour fixer les parties sur la forme.

LE COMPAS, pour prendre mesure. V. *Coumpas*.

LE CARRELET ou GROSSE AIGUILLE, V. *Carrelet*.

LE CHAUSSE-PIED, corne ou cuir servant à chausser les souliers.

L'EMBOUCHOIR ou EMBAUCHOIR, V. *Ambouchoir*.

LES FORMES, V. *Forma*.

LA GUEUSELLE ou GUEUSETTE, boite pour mettre le noir.

LE LIGNEUL, V. *Lignoou*.

LE MARTEAU A TÊTE DE CHAMPIGNON.

LA MANIQUE, V. *Manicla*.

LE MACHINOIR, pour ranger les points.

LA PINCE, V. *Pinça*.

LA RAPE, V. *Raspa*.

LE RÉGLOIR, pour lisser le tour des semelles.

LA ROULETTE, V. *Rouleta*.

LE PLASTRON, V. *Plastroun*.

LE TRANCHET, V. *Tranchet*.

LE TIRE PIED, V. *Tira-ped*.

CORDOUNIER, s. m. [illegible] On donne ce nom aux différentes espèces d'hydromètres, à cause qu'elles exécutent, avec leurs pattes, des mouvements semblables à ceux que font les cordonniers en consant.

On comprend particulièrement sous cette dénomination : l'hydromètre des étangs, *Hydrometra stagnorum*, Lin. *Gerris stagnorum*, Fab. et les *Gerris paludum* et *lacustris*, Fab. insectes de l'ordre des Hémiptères et de la fam. des Sanguisuges et des Fronticornes.

Dans le Languedoc on donne le même nom à la punaise à aviron, *Nothonecta*.

CORDUELH, s. m. vl. CORDOILL. *Cordojo*, anc. esp. *Cordoglio*, ital. Chagrin, deuil de cœur, douleur, affliction.

Éty. du lat. *cordolium*. V. *Cor*, R.

CORDURA, vl. V. *Courdura*.

CORDURIER, s. m. vl. Couturier. Voy. *Couturier* et *Talhur*.

CORDURIERA, s. f. vl. V. *Couturiera*.

COREC, vl. Il ou elle courut.

COREDURA, V. *Courdura*.

COREGLIADOR, vl. V. *Coregliaire*.

COREGLIAIRE, adj. vl. CORECGLIADOR, CORELHAIRE. Querelleur, grondeur.

Éty. de *coreillar* et de *aire*. V. *Cor*, R.

COREIADA, s. f. vl. Fouet. V. *Fouit*.

Éty. de *corium*, cuir, et de *ada*, fait de cuir. V. *Cor*, R. 2.

COREILLA, s. f. vl. CORILLA, CORALHA. Plainte, dispute, querelle.

Éty. V. *Cor*, R.

COREILLAR, vl. V. *Coralhar*.

COREJA, s. f. vl. V. *Courregea*.

COREJADA, s. f. vl. Fouet, étrivière.

CORELHAIRE, s. m. vl. V. *Coregliaire*.

CORELHAR, v. a. vl. CORAGLIAR, CORALHAR. Tourmenter, courroucer, inquiéter, fâcher, quereller.

Éty. de *corelha* et de *ar*. V. *Cor*, R.

CORES, s. m. vl. Cordon de soulier.

COREY, s. f. vl. Courroie. V. *Courreja*.

CORFALIR, v. n. (corfalir), dl. Disparaître, anéantir. V. *Estabanir* et *Avalir*.

Éty. de *cor*, le cœur, et de *falir*, faillir, manquer. V. *Cor*, R.

CORGNA, s. f. (córgne), dl. V. *Acurni*.

CORGOSSON, vl. V. *Courcoussoun*.

CORIANDRA, s. f. (couriándre); GRANA DE BOUDIN, COURIANDRA, ANIS-PUDENT, COLIANDRE. *Coriandro*, anc. esp. ital. *Cilantro*, esp. mod. *Coriander*, all. *Celiandria*, cat. Coriandre, *Coriandrum sativum*, Lin. plante de la fam. des Ombellifères, qui croît naturellement en Italie, et que l'on cultive dans nos pays à cause de sa graine que les confiseurs emploient sous différentes formes et particulièrement pour faire des dragées, des muscardins, etc.

Éty. du lat. *coriandrum*, m. s. dérivé du grec κορίαννον (koriannon), formé de κορις (koris), punaise, parce que cette plante en a un peu l'odeur. Lemery.

CORIANDRE, vl. V. *Coriandra*.

CORIANSA, s. f. vl. Animosité, fureur, colère.

Éty. V. *Cor*, R.

CORILLA, vl. V. *Coreilla*.

CORILLAR, vl. V. *Coralhar*.

CORIOLA, s. f. (coriòle). Un des noms languedociens du pluvier à collier. V. *Pluvier coulassat*.

CORIS, s. m. (córis). V. *Boucelena*.

CORITJA, s. f. vl. CORREJA. Courroie, cordon, ceinture. V. *Courregea*.

CORLIEU, s. m. vl. Coureur, sergent, courrier.

Éty. de *correr*, courir. V. *Courr*, R.

CORMA, s. f. (córme). Nom toulousain du fruit du cornouiller ou corme. V. *Acurni*.

CORMARIN, s. m. (cormorán); CROMARIS, ESCORPI, CORMARON, COURMOURAN. *Corvomarino*, ital. Cormoran ou grand cormoran, *Pelecanus carbo*, Lin. oiseau de l'ordre des Palmipèdes ou Podoptères (à pieds en nageoires), dont la nourriture ordinaire est le poisson, ce qui est cause qu'il n'habite que les bords de la mer et des étangs.

Éty. de *corvus marinus*, corbeau marin.

Dans les B.-du-Rh. on donne le nom de cormoran, au cormorand nigaud, *Pelecanus graculus*, Lin. oiseau du même genre que le précédent.

CORMIERA, s. f. (courmiéra); COURMIERA. Cornière ou cornières, les dernières pièces de bois posées sur l'arrière d'un vaisseau.

CORMORAN, V. *Cormarin*.

CORN, COURN, rad. pris du lat. *cornu*, et dérivé des langues anciennes, car, *keren*, en hébreu; *keran*, en chaldéen; *karno*, en syriaque; *qarn*, *qern*, *qorn*, en arabe; *corn*, en bas breton; κέρας (kéras), en grec; signifient tous corne.

Varron fait venir le mot *cornu* de *curvum*: *Cornua à curvore dicta, quod pleraque curva*.

De *cornu*, par apoc. *corn*; d'où: *Corn*, *Corn-a*, *Corna-musa*, *Corn-ar*, *Corn-ichoun*, *Corn-ua*, *Li-corna*, *Es-corni-fler*, *Es-cornura*, etc., et par le changement de *o* en *ou*, *courn*; d'où les mêmes mots.

CORN, s. m. vl. Cor, cornet, trompette, corne; coin, angle; canal, tuyau. V. *Corna*.

Éty. du lat. *cornu*. V. *Corn*, R.

Anar de corn, expr. adv. vl. aller de front.

CORN, s. m. vl. et d. bord. *Corn*, cat. *Corno*, ital. Trompette. V. *Troumpeta*, vl. cor, clairon.

Éty. de *cornu*, corne, parce qu'une corne fut probablement la première trompette dont on se servit. V. *Corn*, R.

> Puey se saisit d'un corn, cornan de tout coustat
> Que poudeben beni coummença lou sabat.
>
> Verdier.

CORNA, s. f. (córne); con. *Corno*, ital. port. *Cuerno*, esp. *Corn*, cat. Corne, partie saillante, conique et dure qui pousse de la tête de certains animaux. V. *Bana*, on le dit plus particulièrement de la substance dont se compose la corne et qu'on emploie dans les arts à différents usages: *Manche de corna*, manche de corne; *Bouita de corna*, tabatière de corne, etc.

Éty. du lat. *cornu*. V. *Corn*, R.

On appelle:

CORNETIER, l'artisan qui prépare les cornes pour en faire des peignes ou autres instruments.

CORNA, s. f. vl. Cor, clairon. V. *Corn*, Rad.

CORNA, s. f. SABALA, BALA, SALA. Corne, ongle dur et épais qui règne autour du sabot du cheval, du mulet et de l'âne.

Éty. De sa consistance qui approche de celle de la corne. V. *Corn*, R.

CORNABIOU, s. f. (cornebiou); CARNEBIOU, CARRABIOU, CARRABIOOU, CARNABIOL. Nom par lequel on désigne, en Languedoc, plusieurs espèces de vesces, et particulièrement la vesce jaune, *Vicia lutea*, Lin. et la vesce hybride, *Vicia hybrida*, Lin. plantes de la fam. des Légumineuses, qu'on trouve dans les champs et dans les lieux pierreux. Voy. *Carnabiou*.

Éty. *Cornabiou*, signifie corne de bœuf; la gousse de ces plantes peut y ressembler un peu. V. *Corn*, R.

CORNA-BUDEOU, *far la*, d. lim. Faire la culbute, *La corne-fiche*.

Éty. Ce mot est une altér. de *torna-budeou*.

CORNA-DE-CERBI, d. toul. V. *Corna-de-cerf*.

CORNA-DE-CERF, s. f. (córne-de-cèr); CORNACERF, CORNA-DE-CERBI. Nom languedocien du plantain corne-de-cerf, *Plantago coronopus*, Lin. plante de la fam. des Plantaginées qui croît dans les terrains secs.

Éty. de *corna* et de *cerf*, parce que ses feuilles profondément découpées ressemblent un peu à un bois de cerf, *Corna-de-cerf*. V. *Corn*, R.

CORNA-DE-POURQUIER, s. m. (córne-dé-pourquié), dg. *Tourlourat*, cornet à bouquin ou simple corne de bœuf dont les porchers se servent pour rassembler leur troupeau.

CORNA-DE-VERGA, s. f. Corne de vergue, sorte de croissant qui est au bout de la vergue, nommée corne, lequel embrasse le mât quand la voile est appareillée.

CORNADOR, s. m. vl. CORNAIRE. Sonneur de la trompette, de la trompe, du cor; corneur.

Éty. de *corn* et de *ador*. V. *Corn*, R.

CORNADURA, s. f. vl. *Cornadura*, esp. Coup de corne.

Éty. de *cornad* et de *ura*. V. *Corn*, R.

CORNAIRE, vl. V. *Cornador*.

CORNALINA, s. f. (cournaline); COURNALINA, CORNELINA. *Cornalina*, ital. *Cornerina*, esp. *Cornelina*, port. *Cornaria*, cat. Cornaline, pierre fine, demi-transparente, de même nature que l'agate, mais d'une couleur plus vive et d'une pâte plus fine, elle est d'un rouge vif.

Éty. du lat. *caro*, *carnis*, chair, ou du grec κοραλλιον (korallion), corail, à cause de sa couleur, Landais; ou du lat. *corneola*, à cause de sa ressemblance avec la corne. Roq. V. *Corn*, R.

CORNAMENT, s. m. vl. *Cornamenta*, cat. esp. *Cornamento*, ital. Bourdonnement, retentissement.

Éty. de *cornar* et de *ment*. V. *Corn*, R.

CORNAMUSA, s. f. (córne-múse); FANFONI, SAMPOGNA, FOUNFONI, FANFOGNA, ZAMBOUGNA, CARLAMUSA, SANFOGNA, CHABRETA. *Cornamusa*, ital. cat. esp. port. Corne-muse, instrument de musique à hanche et à vent.

Éty. du lat. *cornu musæ*. Mén. V. *Corn*, Rad.

La cornemuse est composée:

De trois chalumeaux, de la peau, du porte vent et du bourdon ou basse continue.

Saint-Jérôme parle de cet instrument dans une lettre à Dardanus.

La musette diffère de la corne-muse en ce qu'on lui donne le vent avec un soufflet que le mouvement du bras fait aller.

CORNAMUSAIRE, s. m. vl. *Cornamuser*, cat. Joueur de cornemuse.

Éty. de *cornamusa* et de *aire*. V. *Corn*, R.

CORNAR, v. n. vl. *Cornar*, cat. *Cornare*, ital. Corner, sonner de la trompette, du cor ou d'une corne.

Éty. de *Corn*, v. c. m. et de l'act. *ar*. V. *Corn*, R.

CORNARD, s. m. (courná); COURNARD, COUGUOU, COUCU, COUYOUL, COUYOL. Cornard, terme injurieux qu'on dit à celui dont la femme a commis des infidélités.

Éty. de *Corn* et de *ard*, v. c. r.

CORNAT, ADA, adj. et p. vl. Sonné, publié, ée; et par altér. couronné, ée.

Éty. de *corna* et de *at*, parce qu'on se servait autrefois d'une corne au lieu de la trompette qu'on emploie aujourd'hui. V. *Corn*, Rad.

CORNAVIS, s. f. (cornevis), dl. Une viette ou sarment taillé à environ 25 centimètres de longueur. Sauv.

Éty. de *corna* et de *vis*, sarment en forme de corne. V. *Corn*, R.

CORNEA, s. f. vl. *Cornea*, cat. esp. port. ital. Cornée, le blanc de l'œil.

Éty. du lat. *cornea*, à cause de sa dureté qui la fait comparer à de la corne. V. *Corn*, Rad.

CORNEISSOUER, s. m. (courneissóuer); COURNEISSOUER, COURNIOLA. C'est la trachée artère des animaux, le conduit qui communique des poumons à la bouche et qui donne passage à l'air.

Éty. de *corna*, à cause de sa consistance. V. *Corn*, R.

CORNELHA, s. f. vl. *Cornelha*, cat. *Corneja*, esp. *Cornacchia*, ital. Corneille. V. *Gralha*.

Éty. du lat. *cornix*, dérivé du grec κορώνη (korônê), corneille.

CORNELHO, nom d'homme (courneille); *Cornelio*, ital. esp. Corneille.

Patr. L'Eglise honore sept saints de ce nom; mais Corneille, pape, paraît en être le patron ordinaire, on l'honore le 11 et 16 septembre.

Éty. du lat. *Cornelius*.

CORNELI, nom d'homme, vl. Corneille; adj. cornu.

CORNELIA, nom de femme (cournelie); *Cornelia*, ital. Cornélie.

Patr. Sainte Cornélie, martyre, honorée le 31 mars.

CORNELINA, vl. V. *Cornalina*.

CORNENC, ENCA, adj. vl. De la corne, de corne.

Éty. de *corna* et de *enc*. V. *Corn*, R.

CORNET, s. m. (courné); COURNET. *Cornet*, cat. *Cornete*, esp. *Cornetto*, ital. Cornet, nom qui désigne plusieurs objets qui ont la forme d'une corne ou qui sont composés de corne; c'est ainsi qu'on nomme:

Cornet, un petit cor; *Corneta*, cat. esp. *Cornetta*, ital.

Cornet à bouquin, une espèce de flûte courbée.

Cornet de papier, un morceau de papier roulé en forme de corne.

Cornet à jugar, petit vase, ordinairement de corne, dans lequel on met les dés.

Cornet d'un escritori, cornet d'une écritoire, la partie qui contient l'encre, etc., etc.

Éty. *cornet*, dim. de *corna*, soit à cause de la ressemblance des objets, soit à cause de la matière. V. *Corn*, R.

CORNET ACOUSTIQUE, s. m. Cornet acoustique. *Tubus acusticus*, lat. instrument plus ou moins semblable à une corne, destiné à rassembler une plus grande quantité de rayons sonores que ne le fait l'oreille, à l'usage des personnes dont l'ouie est affaiblie. On attribue l'invention de cet instrument à Truchet ou Duquet.

CORNET, s. m. COURNET. Nom qu'on donne, en Languedoc, à la courge trompette, *Cucurbita lagenaria*, Lin. Var. Γ. ou *Cucurbita longior*, Dod. plante de la famille des Cucurbitacées, remarquable par la longueur de son fruit.

Éty. Dim. de *corna*, à cause de sa forme. V. *Corn*, R.

CORNIAS, s. f. pl. (córnies). Nom des cornouilles, à Montpellier.

CORNIAU, dl. s. f. Espèce d'olive. V. *Oliva*.

CORNICHA, s. f. (cournitche); COURNICHA, COURNISSA. *Cornice*, ital. *Cornisa*, esp. cat. *Cornija*, port. *Corona*, lat. Corniche, membre d'architecture saillant de sa hauteur, et servant à couronner un bâtiment ou tout autre membre principal. Tout membre saillant composé de moulures servant à décorer.

Éty. du lat. *corona*, dérivé du grec κορωνὶς (korônis), faîte.

Dans une corniche, on nomme:

COURONNE, le plus fort membre carré.
CYMAISE, la moulure moitié concave et moitié convexe qui est à l'extrémité.
DENTICULES, les petites pièces taillées carrément et à égale distance les unes des autres.
GLACIS, la pente qu'on donne à la surface supérieure de la corniche, pour faciliter l'écoulement des eaux.
GODRON, les ornements qui ont la forme d'un œuf allongé.
LARMIER, la partie qui est la plus en saillie.
MÉTOPE, l'intervalle carré qui est entre chaque triglyphe de la frise dorique.
MUTULE, le modillon carré dans la corniche dorique.
MODILLON, l'ornement de la corniche de l'ordre corinthien, c'est une petite console renversée en forme d'S, sous le plafond de la corniche.
MOUCHETTE, le larmier d'une corniche.
PLAQUETTE, pierre plate qui sert à former la saillie d'une corniche.

CORNICHOUN, s. m. (cournitchoun); COURNICHOUN, *Corninho*, port. Cornichon, petite corne.

Éty. Dim. de *corna* et de *ichoun*. V. *Corn*, Rad.

CORNICHOUN, s. m. COURNICHOUN, COURNIXOUN. Cornichon, variété de concombre dont les fruits jeunes et encore verds sont bons à confire dans le vinaigre. V. *Corn*, R.

CORNIER, s. m. (courgnié). Nom qu'on donne, à Nismes, au cornouiller mâle. V. *Acurnier*.

Éty. du lat. *cornus*. V. *Corn*, R.

CORNIERA, s. f. (courniére); COURNILHIERA. Cornière, canal qui se trouve à la jointure de deux toits et qui en reçoit les eaux.

En terme de charpente, poutre qui porte le couvert et qui paraît dans l'angle, au coin d'une rue.

En terme de marine, dernières pièces de bois, posées sur l'arrière du vaisseau.

Éty. de *corna*, pour coin, angle, et de la term. *iera*. V. *Corn*, R.

CORNIES, s. m. Nom qu'on donnait, à Montpellier, dans le XVIIme siècle, selon Magnol, au cournouiller. V. *Acurnier*.

CORNIFUSTIBULAR, v. a. dl. (cournifustibulá). Troubler, fâcher, inquiéter, affliger. Sauv.

Éty. de *corna* et de *fustibular*, tourmenter. V. *Corn*, R.

CORNIFUSTIBULAT, ADA, adj. (cournifustibulá, áde); COURNIFUSIBULAT, dl. Troublé, affligé, malade de chagrin. Douj.

Éty. de *corna* et de *fustibulat*. V. *Corn*, Rad.

CORNILHOUN, s. m. (cournilloun); COURNILHOUN. Petite corne, petit cor.

Éty. du lat. *corniculum* ou de *corn*, et de *ilhoun*, dim. V. *Corn*, R.

CORNIOU, s. m. (courniou); COURNIOU. Cosses ou gousses de poids, quand elles sont encore jeunes et tendres.

Éty. Alt. de *cornilhoun*, dim. de *corna*. V. *Corn*, R.

CORNOMUSADOR et
CORNOMUSAIRE, s. m. vl. *Cornamuser*, cat. Joueur de cornemuse.

CORNOUALHAS, (cornouailles); *Cornovaglia*, ital. *Cornuallas*, esp. Cornouailles ou Cornwall, comté maritime d'Angleterre, situé au S.-O. de l'Ile; célèbre par ses mines d'étain et de cuivre. Ancienne division de la Bretagne, formant aujourd'hui le département du Finistère.

Éty. du lat. *cornubia-galliæ*.

CORNOULHER, s. m. (cornouillé); *Corner*, cat. *Cornejo*, esp. *Corniolo*, ital. Nom du cornouiller, à Toulouse. V. *Acurnier*.

CORNUA, sync. de *Cornuda*, v. c. m.

CORNUDA, s. f. (cournude); CORNUA, MANAUCHA, BASTA, COURNUA, COURNUT, SEMAU, SEMAL, COURNUDA. *Cornud*, broc ou benne de bois, munie de deux anses en forme de cornes, servant à transporter des liquides.

Éty. de *corna* et de *uda*, pourvu de cornes. V. *Corn*, R.

Cornue, en français, ne désigne qu'un vaisseau de verre à long cou, dont on se sert dans les pharmacies et dans les laboratoires de chimie.

CORNUDA, s. f. d. bas lim. COURNUDA. Petit pain à trois cornes dont on orne les rameaux que les enfants portent le dimanche des Rameaux. V. *Corn*, R.

CORNUDADA, s. f. (cournudáde); COURNUDADA, SEMALADA, dl. Un baquet d'eau, de vin, etc. Plein un baquet. V. *Corn*, R.

CORNUDAS, s. f. pl. (cournúdes); COURNUDAS, CAUGNARD, PARATIDAS, COURNUAS, OURLES, en Suisse. GAUTISSOUNS, GLANDOULAS. Oreillons, maladie des enfants, caractérisée par l'engorgement inflammatoire des parotides, glandes situées au-dessous des oreilles, qui deviennent dures comme de la corne.

Éty. du lat. *cornu*. V. *Corn*, R.

CORNUDEL, s. m. (cournudés), et impr. COURNUDEL, dl. Un volet, petit ais carré sur lequel on trie de menues choses: *Triar au cornudel*, trier au volet. C'est aussi un dim. de *cornuda*. V. *Cornudoun* et *Corn*, R.

CORNUDOUN, s. m. (cournudóun);

COURNUDOUN, BACHOUN. Baquet, petit *cornud*. dim. de *cornuda*.

Éty. de *cornud* et de *oun*. V. *Corn*, R.

CORNUT, UDA, adj. (cournú, úde); *Cornuto*, ital. *Cornudo*, esp. port. *Cornud*, cat. Cornu, ue, qui a des cornes: *Pan cournut*, pain mal coupé.

Éty. du lat. *cornutus*. V. *Corn*, R.

COROLA, s. f. (coróle); *Corola*, cat. esp. *Corolla*, port. ital. Corolle, partie de la fleur qui enveloppe immédiatement les étamines et les pistils, et qui porte plus particulièrement le nom de fleur, dans le langage ordinaire.

On la nomme :

MONOPÉTALE, quand elle est d'une seule pièce.
POLYPÉTALE, quand elle est composée de plusieurs divisions distinctes, qui portent chacune le nom de *pétale*.
RÉGULIÈRE, quand ses parties sont symétriquement disposées.
IRRÉGULIÈRE, quand cette symétrie n'existe pas.

Éty. du lat. *corolla*, contraction de *coronula*, petite couronne, parce que cette partie semble couronner la fleur.

COROLLERO, s. f. (corollère); *Corolari*, cat. *Corolario*, esp. *Corollario*, port. ital. Corollaire, ce qu'on ajoute par surabondance, afin de fortifier encore les raisons dont on s'est servi pour prouver une proposition.

Éty. du lat. *corollarium*, m. s. dérivé du même mot, signifiant le par-dessus, ce qu'on ajoute en sus du poids ou de la mesure.

CORON, COUROUN, radical pris du latin *corona* et dérivé du grec κορώνη (korônê), couronne.

De *corona*, par apoc. *coron*; d'où : *Coron-a*, *Coron-ar*, *Coron-at*, *ada*, *Coronad-ura*, *Corona-men*, *Coron-ari*, *Coronatio*.

Par le changement de *o* en *ou* : *Couroun-a*, *Courouna-imperiale*, *Courouna-ment*, *Couroun-ar*, *Des-courounar*, *Couroun-at*, *Des-courounat*, *Cour-ola*, *Courreoun-a*.

CORONA, s. f. vl. Couronne. V. *Courouna*. Mitre de prélat. V. *Mitra*. Sorte de monnaie, bandeau, diadème en forme de couronne.

Éty. du lat. *corona*. V. *Coron*, R.

CORONADURA, s. f. vl. Enchâssure, entourage.

Éty. de *coronada* et de *ura*, chose couronnée. V. *Coron*, R.

CORONAMEN, s. m. vl. V. *Courounament* et *Coron*, R.

CORONAR, v. a. vl. Couronner, V. *Courounar*. Tonsurer, V. *Tounsurar* et *Coron*, R.

CORONARI, adj. vl. *Coronario*, esp. ital. *Corounaire*, dont on fait des couronnes.

Éty. du lat. *coronarius*. V. *Coron*, R.

CORONAT, adj. et p. vl. Tonsuré. V. *Coron*, R.

CORONATIO, s. f. vl. *Coronació*, cat. *Coronación*, esp. *Coronação*, port. *Coronazione*, ital. Couronnement. V. *Courounament* et *Coron*, R.

CORONDA, s. f. (corónde), vl. COUROUNDA. Colonne, poteau. V. *Coulouna*.

Peire, Jaime, e Jhon li quali ero esser titl corondas de la gleia, Pierre, Jacques et Jean qu'on regardait comme les colonnes de l'Eglise. V. *Colon*, R.

La pierre qu'on met dessous pour empêcher le bois de pourrir, s'appelle *dé*.

CORONEL, s. m. (coulounél); COUROUNEL, COULOUNEL. *Coronel*, cat. port. esp. *Colonnello*, ital. Colonel, celui qui commande un régiment à pied ou à cheval.

Éty. de *colonne*, parce que, dans l'origine, ce titre désignait un officier qui commandait une colonne. V. *Colon*, R.

Cette dignité, dans l'infanterie, ne fut établie que vers l'an 1514.

CORONEL, ELA, adj. On donne souvent l'épithète de *colonel* ou *courounel*, *courounela*, à la chose qui paraît la meilleure ou la plus belle de son espèce.

CORONES, v. n. vl. Cadavres.

COROUBIAS, s. f. pl. (coróubies), dl. V. *Carroubi*. M. Thomas donne à ce mot, par extension, la signification de pelures, raclures, résidu, et le fait dériver du grec κυρηβίας (kurêbias), de κυρήβια (kurêbia), pelures des fruits, des grains, etc.

CO-ROUGEA, s. f. (có-róudge). Un des noms languedociens du rossignol de muraille. V. *Coua-roussa*.

CORP, COURP, CORPS, CORS, CORB, radical dérivé du latin *corpus*, *corporis*, corps; d'où : *corporalis*, corporel; *corpulentus*, corpulent; *corpusculum*, corpuscule.

De *corpus*, par apoc. *corp*; d'où : *Corp*, *Cop-al*, *Corp-mari*, etc.

De *corporis*, gén. de *corpus*, par apoc. *corpor*; d'où : *In-corpor-ar*, *In-corporacio*, *Corpor-al*, *Corpor-el*, *Corpor-alment*, etc.

De *corpulentus*, par apoc. *corpulent*; d'où : *Corpulent*, et par le changement de *t* en *c*, *corpulenc*; d'où : *Corpulenç-a*.

De *corpus*, par la suppression de *pu*, *cors*; d'où : *Cors*, *Cors-et*, *Cors-agi*, *Corset-oun*, et par le changement de *o* en *ou*, les mêmes mots.

CORP, s. m. (cór). *Corp*, cat. Pour corbeau, adj. courbé. V. *Corpatas* et *Corp*, R.

CORPA, s. f. (córpe), d. b. lim. Brebis vieille et maigre, fig. gaupe, femme malpropre et désagréable, guénipe. V. *Berta*.

CORPA, vl. Pour croupe. V. *Groupa*.

CORPAL, s. m. vl. Barde ou armure de cheval.

Éty. de *corp* et de *al*, au corps ou pour le corps. V. *Corp*, R.

CORPATAS, s. m. (courpatás); COURPATAS, CROUPATAS, CROPATAS, CROPATA, GROUPATAS, COUARP, COURBAS, CORB, CORP, COURBATAS, GORP, COURBACH, COURPATAR, GRAULA, GROPATAS, GOUORP, GOURBEOU. *Corp*, cat. *Corvo*, ital. *Cuervo*, esp. *Korp*, port. Corbeau, *Corvus corax*, Lin. oiseau de l'ordre des Passereaux et de la famille des Plénirostres ou Plérearamphes (à bec plein), commun dans nos climats.

Éty. de *corp* et de *atas*. Dépréciatif, soit à cause de sa couleur noire, soit parce qu'il se nourrit habituellement de corps morts. Ce qui est le contraire du français, corbeau ou beau-corps. V. *Corp*, R.

Quelques étymologistes le font venir du grec κόραξ, κορακος (korax, korakos), corbeau.

Le corbeau *croasse* ou *coraille*. Le *croassement* du corbeau.

CORPATAS, s. m. Non Nicéen, du Tétragonure Cuvier, *Tetragonurus Cuvieri*, Risso. poisson de l'ordre des Holobranches, qui atteint la longueur de trois à quatre décimètres.

Éty. A cause de sa couleur noire, vilain corps. V. *Corps*, R.

CORPATAS-BLANC, s. m. (courpatásblán); CROPATA, CROUPATAS-BLANC, GROPATAS, GRALHA, GRAYARD, GRALHARD. Nom qu'on donne, dans le Gard, à la corneille mantelée, *Corvus cornix*, Lin. oiseau de l'ordre des Passereaux et de la famille des Plénirostres (à bec plein).

Éty. Ainsi nommé à cause de sa couleur cendrée, tirant plus ou moins sur le blanc.

CORPATAS DE MAR, s. m. Nom qu'on donne à une espèce de canard dressé pour la pêche.

CORPATOS, s. m. vl. Petit corbeau.

Éty. Altér. de *corpatoun*.

CORPENDUT, s. m. (corpendú), et mieux COURT-PENDUT. Copendu ou Courtpendu, nom d'une espèce de pomme dont la queue est très-courte, d'où le nom de *courtpendu*, qu'elle porte.

Cette pomme est d'un rouge presque noir, tiqueté de points fauves très-marqués, elle a la chair fine, et le goût approchant de celui de la reinette.

CORPICORNE, vl. Alt. de *Capricorna*, v. c. m.

CORPMARI, s. m. vl. *Corbmari*, cat. *Corvomarinho*, port. Cormoran.

Éty. Alt. de *corp mari*, corbeau marin. V. *Corp*, R.

CORPO, s. m. (córpou); CORPOUN. Fond ou grande poche d'un filet; dernière chambre d'une madrague, la cinquième qui est à la tête.

Éty. du grec κόλπος (kolpos), sinus, golfe.

CORPORAL, adj. vl. V. *Corporel* et *Corp*, Rad.

CORPORAL, s. m. V. *Corporal*, *Courpourau* et *Corp*, R.

CORPORAL, s. m. (courpouráou); COURPOURAU, COURPOURAL. *Corporalè*, ital. *Corporaes*, port. *Corporal*, cat. esp. Corporal, linge bénit sur lequel on met le calice et l'hostie, pendant la messe.

Éty. du lat. *corporale*, formé de *corpus*, parce qu'après la consécration le corps de J.-C. se trouve dans l'hostie. V. *Corp*, R.

Les uns attribuent le premier usage du corporal au pape Eusèbe et les autres à Saint Sylvestre. Comines le fait remonter au temps des Apôtres.

On nomme *corporalier* ou *bourse*, l'espèce de portefeuille dans lequel on renferme le corporal.

CORPORALMENT, adv. vl. CORPORALMEN. *Corporalment*, cat. *Corporalmente*, esp. port. ital. Corporellement.

Éty. de *corporal* et de *men*, d'une manière corporelle. V. *Corp*, R.

CORPORANÇA, s. f. (courpouránce). V. *Corpulença*.

CORPORATION, s. f. (corpouratie-n);

COURPOURATIEN. *Corporació*, cat. *Corporacion*, esp. *Corporação*, port. *Corpo*, ital. Corporation, association autorisée par la puissance publique, et formée de plusieurs personnes qui vivent sous une police commune, relativement à leur profession.

CORPOREITAT, s. f. vl. *Corporeitat*, cat. *Corporeidad*, esp. *Corporeità*, ital. *Corporeité*, la nature du corps.

Éty. du lat. *corporalitatis*, gén. de *corporalitas*. V. *Corp*, R.

CORPOREL, ELLA, adj. (courpourèl, èle); COURPOUREL, CORPORAL. *Corporale*, ital. *Corporal*, esp. port. cat. Corporel, elle, qui a un corps; qui appartient ou concerne le corps, matériel.

Éty. du lat. *corporalis*. V. *Corp*, R.

CORPORENT, ENTA, adj. vl. *Corporeo*, cat. esp. ital. Epais, opaque, formant corps.

Éty. du lat. *corporeus*, m. s. ou de *corp* et de *ent*.

CORPS, s. m. (cors); CORS. *Cos* et *Cors*, anc. cat. *Cuerpo*, esp. *Corpo*, ital. esp. port. Corps, substance étendue, limitée et impénétrable, susceptible de produire des impressions sur un ou plusieurs de nos sens. L'ensemble d'un animal et particulièrement de l'homme, union de plusieurs personnes sous les mêmes lois. Compagnie, société qui reconnaît le même chef, etc. On le dit également pour consistance.

Éty. du lat. *corpus*. V. *Corp*, R.

Corps de bastiment, corps de logis, face de maison.

Drole de corps, homme plaisant, amusant.

Corps de frema, corps de baleine ou corset; cet ajustement qui joint au faible avantage de cacher quelque imperfection de la taille, le grave inconvénient de nuire à la santé, fut introduit en France par Catherine de Medicis.

Les corps proprement dits, c'est-à-dire, les substances qui peuvent faire une impression quelconque sur nos sens, sont divisés en *bruts* et en *organiques*, en *simples* et en *composés*.

On nomme :

CORPS BRUTS ou INORGANIQUES, ceux dont l'arrangement des parties n'a obéi à d'autres lois qu'à celles de l'attration : les pierres et les métaux par exemple.

CORPS ORGANIQUES, tous ceux dont l'ordonnance et la durée dépendent de la vie ; les animaux et les plantes.

CORPS SIMPLES ou ÉLÉMENTAIRES, ceux que l'on n'a pas encore pu décomposer ; ils étaient, en 1826, au nombre de 55.

CORPS COMPOSÉS, ceux qui sont formés de deux ou de plusieurs corps simples.

CORPS, s. m. CORS, dg. Corps, se dit souvent pour cadavre : *Es corps*, il est cadavre. V. *Corp*, R.

Es cors, bay dire l'un, l'abebi debinat.
Bergeyret.

CORPS, s. m. Espèce de poisson. Voy. *Courpatas*.

CORPS-DE-GARDA, s. m. (cors-dégàrde). Corps-de-garde, logement des soldats qui montent la garde.

CORPS-SANT, s. m. (cór-sán); CORSAN, CORP-SAN. Corps-Saint, on donne ce nom aux bustes des saints, dont ils renferment quelques reliques. V. *Corp* et *Sant*, R.

L'ai pregat coumo un corps-sant, je l'ai prié comme Dieu.

CORPULENÇA, s. f. (courpuléince); COURPOURANÇA, COURPULENÇA, COURPOURASSA. *Corpulencia*, cat. esp. port. *Corpulenza*, ital. Corpulence, volume du corps de l'homme, grosseur.

Éty. du lat. *corpulentia*, le même. Voy. *Corp*, R.

CORPULENCIA, vl. V. *Corpulença*.

CORPULENT, ENTA, adj. (courpuléin, éinte); COURPULENT. *Corpulent*, cat. *Corpulento*, esp. port. ital. Corpulent, ente, qui a de l'embonpoint, qui est gros et gras.

Éty. du lat. *corpulentus*, m. s. V. *Corp*, Rad.

CORPUS, s. m. (córpus). Espèce de jeu de palet qu'on joue avec des pièces de monnaie.

CORRAL, s. m. vl. Chemin. V. *Courr*, Rad.

CORRATADURA, s. f. vl. Courtage. V. *Courtagi*.

Éty, de *courratada* et de *ura*. V. *Courr*, Rad.

CORRATEIAR, v. n. vl. CORRATEJAR. Exercer l'état de courtier, maquignonner.

Éty. de *corrateiar*, itér. de *correr*. Voy. *Courr*, R.

CORRATEJAR, vl. V. *Corrateiar*.

CORRATIEIRA, s. f. vl. Courtière, fém. de *corratier*. V. *Courr*, R.

CORRATIER, s. m. vl. *Corrater*, cat. Courtier, V. *Courratier*; maquignon. Voy. *Maquignoun* et *Courr*, R.

CORRE, vl. V. *Courrer*.

CORREÇ, vl. Il ou elle courut, de *corre*, courir.

CORRECH, s. m. vl. CORRECET. Cordon, courroie.

CORRECTIO, vl. V. *Courrection*.

CORRECTOR, vl. V. *Courrectour*.

CORREDOR, s. m. vl. *Corredor*, cat. esp. port. *Corridore*, ital. Coureur, partisan, éclaireur.

Éty. de *corre* et de *or*. V. *Courr*, R.

CORREG, s. m. vl. CORRET, CORRETZ. *Corretj*, cat. Courroie. V. *Courregea*.

CORREGADA, s. f. vl. V. *Correjada* et *Cor*, R. 2.

CORREGETA, s. f. vl. *Corretjeta*, cat. Petite courroie.

Éty. de *corregea* et du dim. *eta*. V. *Cor*, Rad. 2.

CORREGIMENT, s. m. d. vaud. Correction. V. *Courrection*.

CORREGIR, vl. V. *Courrigear*.

CORREGIT, adj. et p. CORREGI, d. vaud. Corrigé, ée. V. *Reg*, R.

CORREGON, vl. Ils ou elles courent. de *Courrer*, v. c. m.

CORREGUT, adj. et p. vl. *Corregud*, cat. *Corrido*, esp. Couru, accouru, coulé, corrigé Gl. occ. de *Courrer*, v. c. m.

CORREI, s. m. vl. Courroie; train, suite, équipage. V. *Correg* et *Courregea*.

CORREIAR, v. a. vl. Corroyer.

Éty. de *cor*, cuir, et de *eiar*. V. *Cor*, R. 2.

CORREIT, s. f. vl. Courroie. V. *Courregea*.

CORREJA, vl. *Correja*, anc. cat. Voy. *Courregea*.

CORREJADA, s. f. vl. CORREGADA. Coups de courroie, courroie, cordon.

Éty. de *correja* et de *adá*, fait, donné avec la courroie. V. *Cor*, R. 2.

CORREJAR, v. a. vl. Frapper avec des courroies.

Éty. de *correja* et de *ar*. V. *Cor*, R. 2.

CORREMENT, s. m. vl. *Corrimento*, ital. Cours, course, agilité.

Éty. de *corre* et de *ment*. V. *Courr*, R.

CORRENSA, s. f. vl. Cours, flux. V. *Courr*, R.

CORRER, v. n. vl. *Correr*, cát. esp. Courir, se mouvoir, poursuivre. V. *Courrer*.

CORRES, s. m. vl. Courroie. V. *Courrejoun*.

CORRET, adj. vl. Courroucé.

CORRET, vl. Courroie. V. *Courregea*.

CORREU, s. m. vl. Barrière, terme de la course.

Éty. V. *Corr*, R.

CORREYA, s. f. vl. Courroie, cordon, ceinture.

CORREZA, s. f. (corréze); *Correza*, esp. Corrèze (département de la), dont le cheflieu est Tulle.

Éty. d'une rivière de France, dans le Limousin, qui porte le même nom.

CORRIDOR, s. m. vl. Coureur. V. *Courreire*.

CORRIEU, s. m. CORLIEU, CORRIU. *Correu*, cat. Coureur, sergent, courrier.

Éty. de *correr*, courir. V. *Courr*, R.

CORRIGIER, s. m. vl. *Correjer*, anc. cat. *Correero*, esp. *Correeiro*, port. *Correggiajo*, ital. Facteur de courroies, de ceintures.

Éty. du lat. *coriarius*, m. s. V. *Cor*, R. 2.

CORRIGIR, vl. V. *Courrigear*.

CORRIGIT, IDA, adj. anc. béarn. Corrigé, ée. V. *Courrigeat*.

CORRIL, s. m. vl. Chemin, route, lieu où l'on court.

Éty. de *correr*. V. *Courr*, R.

CORROBORAR, v. a. (courrouhourá); *Corroborare*, ital. *Corroborar*, esp. port. cat. Corroborer, fortifier, donner du ton aux organes. Fig. appuyer par des preuves ce qu'on a avancé.

Éty. du lat. *corroborare*, m. s. V. *Rob*, R.

CORROBORAT, ADA, adj. et p. (courrouhourá, áde); *Corroborad*, cat. *Corroborado*, esp. Corroboré, ée; fortifié. V. *Rob*, R.

CORROBORATIF, IVA, adj. (courroubouratif, ive), COURROUBOURATIF. *Corroborativo*, ital. esp. port. *Corroboratiu*, *iva*, cat. Corroboratif, ive; il se dit des aliments et des remèdes qui fortifient et donnent du ton.

Éty. du lat. *corroborare* et de *atif*. V. *Rob*, R.

CORROBORATION, s. f. vl. *Corroboració*, cat. *Corroboracion*, esp. *Corroboração*, port. *Corroborazione*, ital. Corroboration.

Éty. du lat. *corroboramentum*, m. s.

CORRODENT, part. prés. et s. m. vl. Chancre, corrodant, qui corrode.

CORRODER, v. a. vl. *Corroir*, cat. *Corroer*, esp. port. *Corrodere*, ital. Corroder.

Éty. du lat. *corrodere*, m. s.

CORRODUT, adj. et p. vl. Corrodé.

CORROMPABLE, ABLA, adj. vl. CORRUMPABLE. Corruptible, sujet à corruption, à rupture. V. *Roump*, R.

CORROMPAMEN, vl. V. *Corrompement*.

CORROMPEMENT, s. m. vl. CORROMPEMEN, CORRUMPAMEN. *Corrompiment*, cat. *Corrompimiento*, esp. *Corrompimento*, port. ital. Corruption, altération.

CORROMPRE, vl. V. *Courroumpre*.

CORROMPUDAMEN, adv. vl. *Corrompudament*, cat. *Corrompidamente*, esp. *Corrotamente*, ital. D'une manière corrompue, avec altération, défectueusement.

Éty. de *corrompuda* et de *ment*.

CORROMPUT, UDA, adj. vl. V. *Courroumput*.

CORROPCIO, vl. V. *Courruption*.

CORROSANSA, s. f. vl. CORROSSANSA. Chagrin, inquiétude, amertume. V. *Courrous*, R.

CORROSIF, IVA, adj. (courrousif, ive); *Corrosivo*, ital. esp. port. *Corrosiu, iva*, cat. Corrosif, ive; qui est capable de ronger, de corroder, de consumer.

Éty. du lat. *corrosivus*, m. s. formé de *rodere*, ronger.

CORROSIO, s. f. vl. CORROZIO, CORROSSIO. *Corrosió*, cat. *Corrosion*, esp. *Corrosão*, port. *Corrosione*, ital. Corrosion, action de ce qui corrode.

Éty. du lat. *corrosio*, m. s.

CORROSSADAMENS, adv. vl. Furieusement, rudement.

Éty. de *corrossada* et de *mens* pour *ment*, d'une manière courroucée. V. *Courrous*, R.

CORROSSANSA, vl. V. *Corrosansa*.

CORROSSAR, v. a. vl. *Corrosar*, anc. cat. Disputer, attrister, courroucer, irriter, mettre en colère. V. *Courroussar*.

Éty. V. *Courrous*, R.

CORROSSIO, vl. V. *Corrosio*.

CORROSSIU, vl. V. *Corroziu*.

CORROSSOS, adj. vl. *Corrosos*, anc. cat. Courroucé, irascible, colère.

Éty. de *corros*, courroux, et de *os*. Voy. *Courr*, R.

CORROTS, s. m. vl. CORROTZ. Chagrin, courroux. V. *Courr*, R.

Il ou elle courrouce.

CORROZIO, vl. V. *Corrosio*.

CORROZIU, IVA, adj. vl. CORROSSIU. *Corrosiu*, cat. *Corrosivo*, esp. port. ital. Corrosif, ive.

Éty. du lat. *corrosivus*, m. s.

CORRUDA, s. f. (corrúde). Un des noms de l'asperge sauvage. V. *Aspergea sauvagea*.

CORRUGIAN, s. m. (corrudgián); CORRUGIANA, s. f. JARRATIERA, CALIGNAIRIS. La donzelle de la Méditerranée, *Ophidium barbatum*, Lin. poisson de l'ordre des Holobranches et de la fam. des Pantoptères (à toutes nageoires), commun dans la Méditerranée.

Sa chair est délicate, les Romains l'estimaient beaucoup.

Éty. de *Courregea*, v. c. m.

CORRUGIANA, s. f. (corrudgiáne). Syn. de *Corrugian*, v. c. m.

CORRUMPABLE, vl. V. *Corrompable*.

CORRUMPADOR, s. m. vl. *Corrompedor*, cat. esp. port. *Corrompitore*, ital. Corrupteur. V. *Courruptour*.

CORRUMPAMEN, vl. V. *Corrompement*.

CORRUMPRE, vl. V. *Courroumpre*. *Se courrumpre*, se polluer.

CORRUPCIO, vl. V. *Courruption*.

CORRUPTELA, s. f. vl. *Corruptela*, cat. esp. port. *Corrutela*, ital. Corruption.

Éty. du lat. *corruptela*, m. s. V. *Roump*, Rad.

CORRUPTIBILITAT, vl. V. *Courruptibilitat*.

CORRUPTIBLE, vl. V. *Courruptible*.

CORRUPTIO, s. f. vl. Corruption. Voy. *Courruption*.

CORRUPTIU, IVA, adj. vl. *Corruptiu*, cat. *Corruptivo*, port. esp. *Corrutivo*, ital. *Corruptif, ive*; propre à corrompre.

Éty. du lat. *corruptivus*, m. s. V. *Roump*, Rad.

CORS, rad. CORTIS, CURTIS, basse-cour, lat. d'où: *Harcourt, Corbeton, Courcelles, Curtis*.

CORS, s. m. vl. Courage. V. *Cor*, R.

CORS, vl. *de cors*, expr. adv. D'emblée, de suite, *de cors*. V. *Cours*, R.

CORS, s. m. vl. *Cours*, v. c. m. Course. V. *Coursa*.

Éty. de *Correr*, R. ou du lat. *cursum*, de *currere*. V. *Courr*, R.

A cors abatut, à course abattue.

CORS, s. m. vl. *Cors*, cat. Pour *Corps*, v. c. m. il signifie aussi personne: *De so cors*, de sa personne.

CORSA, s. f. vl. Course. V. *Coursa* et *Courr*, R.

CORSA, s. f. (córse); *Corsica*, ital. *Corcega*, esp. cat. Corse, île de la Méditerranée, formant un département qui porte le même nom. Elle est située au S. du Golfe de Gènes, à 180 kilomètres E. des côtes du département du Var, et au N. de l'île de Sardaigne dont elle n'est séparée que par un détroit de 14 kilomètres.

CORSABLE, ABLA, adj. vl. Courant, qui a cours.

Éty. de *cors*, cours, et de *able*. V. *Courr*, Rad.

CORSAN, V. *Corps-sant*.

CORSARI, s. m. vl. Corsaire. V. *Coursari*.

CORSE, s. et adj. (córsé); CORSO, CORSOU. *Corso*, cat. esp. Corse, qui est de Corse ou qui appartient à cette île.

Éty. du lat. *corsus* ou *corsicus*, m. s.

CORSEIRA, s. f. vl. Terrasse; adj. coureuse.

Éty. de *cors* et de *eira*. V. *Courr*, R.

CORSET, s. m. (coursé); COURSET, COURPET. *Corsé*, cat. esp. Corset, corps de jupe, habillement du buste, qui s'étend depuis les épaules jusqu'aux aines.

Éty. de *cors* et du dim. *et*, petit corps. V. *Corp*, R.

Les Grecs faisaient déjà porter des corsets très-serrés, pour donner une taille fine.

CORSETAIRE, s. m. (coursetaïré), d. bas lim. COURSETAIRE. Ouvrier qui fait des corsets.

Éty. de *corset* et de *aire*. V. *Corp*, R.

CORSETOUN, V. *Corsilhoun*.

CORSEYAR, v. n. vl. Faire des courses, parcourir. V. *Courr*, R.

CORSIAR, v. n. vl. Courir, faire route.

CORSICA, vl. Corse. V. *Corsa*.

CORSIER, IERA, EIRA, adj. vl. *Corsier*, anc. cat. *Corcel*, esp. *Corsiere*, ital. Coursier, coureur, qui court vite. V. *Courreire*.

Éty. de *cors* et de *ier*. V. *Courr*, R.

CORSIER, s. m. vl. Chemin de ronde. V. *Coursiera*.

CORSIEYRA, s. f. vl. Chemin ouvert; barque. V. *Courr*, R.

CORSILHOUN, s. m. (coursillóun); COURSILOUN, COUSSILHOUN, COURSETOUN, ESCOUSSET. Petit mauvais corps, personne qui ne jouit que d'une très-faible santé.

Éty. de *cors* et du dim. *ilhoun*. V. *Corp*, Rad.

CORSILHOUN, s. m. (coursillóun); COUSSILHOUN, COURSETOUN, COURSILHOUN. Dim. de *corps*, petit corps; brassières ou camisole des petits enfants. V. *Corp*, R.

CORSOR, s. m. vl. Corps mort, cadavre.

CORSOU, s. m. (córsou). Vesse blanche (plante et légume). Garc.

CORSSOYRA, s. f. vl. Arrêt pour l'eau, pour la dévier ou l'arrêter.

CORT, COURT, COUR, radical, sur l'origine duquel on est loin d'être d'accord, comme désignant la résidence d'un prince souverain ou sa suite. Henri Estienne et Perrault le font venir de *cohors*, *cohortis*, train, suite, équipage; Barbazan, de *cortes*, *corticis*; Ménage, de *curtis*, *cortis*, déjà employé dans le sens de cour, suite du prince en 897; et le Père Labbe, de *curia*; d'autres le font dériver du grec χορτος (chortos), clos, enclos, parc, enceinte, parce que, dans l'origine, ceux qui composaient la cour des princes étaient les domestiques attachés à sa basse-cour. V. *Cour*, R.

De *cortis*, par apoc. *cort*; d'où: *Cort*, *Cort-eiador*, *Cort-eiar*, *Cort-es*, *Cortesament*, *Cortez-ia*, *Des-cortes*, et par le changement de *o* en *ou*, *court*; d'où: *Court-egi*, *Courtis-ar*, *Courtis-ana*, etc.

CORT, adj. vl. Court. V. *Court* et *Court*, R. Cour d'un grand seigneur. V. *Cour*.

CORT, s. f. vl. Cour, assemblée. V. *Cour* et *Cort*, R.

CORTADIS, s. m. vl. *Cour*, v. c. m. et *Cort*, R.

CORTAL, s. m. vl. CORTALS. Cour, basse-cour.

CORTALH, s. m. vl. Fortification, retranchement, basse-cour.

Éty. de *cort* et de *alh*. V. *Cour*, R.

CORTASSA, V. *Courtassa*.

CORTEI, vl. Il ou elle courtise.

CORTEIADOR, et

CORTEIAIRE, s. m. vl. V. *Cortejador*.

CORTEIRA, s. f. vl. Courtoisie.

CORTEJADOR, s. m. vl. CORTEJAIRE,

ORTECAIRE, CORTEIADAR. *Cortejador*, cat. esp. Courtisan, galant.

Ély. de *cort* et de *ejador*. V. *Cort*, R.

CORTEJAIRE, vl. V. *Cortejador*.

CORTEJAR, v. n. vl. CORTEZAR. *Cortejar*, cat. esp. port. *Corteggiare*, ital. Tenir cour, courtiser, faire la cour, se montrer galant.

Éty. de *cort* et de *ejar*. V. *Cort*, R.

CORTES, s. f. pl. (cortès); *Corts*, cat. *Cortes*, esp. *Côrtes*, port. Cortès, assemblée des états, en Espagne et en Portugal.

Sous la domination romaine les principales villes d'Espagne se réunissaient pour régler les affaires de l'état, établir les contributions, etc., ce qui donna, dit-on, naissance aux cortès.

CORTES, adj. vl. Courtois, galant, poli, aimable, joli, fin, délicat, courtisan. V. *Courtes*.

CORTESAMENT, adv. vl. CORTESAMENT. *Cortesament*, cat. *Cortesmente*, esp. *Cortesamente*, port. *Cortesemente*, ital. Courtoisement, élégamment, éloquemment. V. *Cort*, Rad.

CORTET, ETA, adj. vl. Court, petit.

Éty. de *cort* et du dim. *et*. V. *Court*, R.

CORTEZAMENT *fazentz*, vl. Se mêlant de ce qui ne les regarde point: *Curiosè agentes*.

CORTEZIA, s. f. vl. *Cortesia*, ital. cat. esp. *Cortezia*, port. Courtoisie, galanterie, honnêteté, cadeau, présent.

Éty. de *cort* et de *ezia*. V. *Cort*, R.

CORTIL, s. m. vl. CORTIU. *Cortijo*, esp. Verger, jardin, métairie.

Éty. de *cort* et de *il*. V. *Cour*, R.

CORTINA, vl. V. *Courtina*, voile, rideau. V. *Cour*, R.

CORTONAMENT, s. m. vl. Lice, arène, carrière.

CORTOS, adj. vl. Convoiteux.

CORTZ, s. f. pl. vl. Assemblées.

Cortz del poi, pui d'amour.

CORUPTO, s. m. vl. Corruption.

CORUSCACIO, s. f. vl. CORUSCATIO. *Coruscazione*, ital. Coruscation, éclat de lumière.

Éty. du lat. *coruscatio*, m. s.

CORUSCATIO, vl. V. *Coruscacio*.

CORVETA, s. f. (courvéte); *Corvetta*, ital. *Corveta*, esp. port. Corvette, espèce de petit bâtiment de guerre, petite frégate.

Éty. de l'ital. *corvetta*, dérivé du lat. *corbita*, vaisseau marchand.

CORYBANTO, s. m. (couribánte); *Coribante*, cat. esp. ital. port. Corybante, nom donné aux prêtres de Cybèle, qui dansaient au son des flûtes et des tambourins.

Éty. du lat. *corybantes*, m. s. dérivé du grec κορυβαντος (korybantos), gén de κορύβας (corybas), m. s.

CORYPHEO, s. m. (couryphée); *Corifeu*, cat. *Corifeo*, ital. esp. *Coryfeo*, port. Coryphée, on le disait chez les anciens, de celui qui était à la tête des chœurs, et il se dit aujourd'hui par analogie, de celui qui se distingue le plus dans une secte, dans un parti, dans une profession.

Éty. du lat. *coryphæus*, m. s. dérivé du grec κορυφαῖος (koryphaios), chef, premier, principal, formé de κορυφή (koryphê), le sommet de la tête.

COS

COS, pl. COSSES, s. m. *Cos*, cat. Pour *Corps*, v. c. m.

Èl es cos, il est mort, il est perdu, *es cuech*, en prov. moderne.

COS, dl. Pour chien. V. *Chin*.

COS, dg. Jasm. Pour cœur. V. *Cor*.

COS, contr. de *aquot-es*, *cosiou*, c'est moi, pour *aquot es iou*.

COS, vl. contr. de *com se*, comment se, comme se.

COS, s. m. vl. Piége.

COSA, s. f. vl. Espèce de monnaie, robe, peau de bête, queue.

Rem, de saumada de rabas, de raiz ou de autra frucha, una cosa.

Ancien tarif d'Avignon.

COSACOS, s. m. pl. (cosáques); *Cosacos*, port. *Cóssacos*, cat. *Cosachi*, ital. *Cosaques* et *Cosacos*, esp. Cosaques, peuple de l'Ukraine qui fournit aux armées russes une sorte de cavalerie légère à laquelle on donne le même nom.

Éty. du tartare *kaissac*, vagabond, ou de *chasaks*, habitants de la Chasakia, province de la Circassie.

COSCIENTIA, vl. V. *Counsciença*.

COSCIRAR, vl. V. *Cossirar*.

COSCOLHA, vl. Coquille. V. *Couquilha*.

COSDUMA, et

COSDUMNA, s. f. vl. V. *Coustuma*.

COSDUMNANSA, s. f. vl. Accoutumance.

COSDUMNIER, vl. V. *Coustumier*.

COSDURA, s. f. vl. Couture. V. *Courdura*.

COSEDENS PER, expr. adv. vl. Par conséquent, à l'avenant, à proportion.

COSEGRE, vl. V. *Conseguir* et *Cousegre*.

COSEL, vl. Alt. de *cossel*. V. *Counselh*.

COSELER, s. m. vl. Alt. de *çosselher*. V. *Counselhier*.

COSELHATGE, s. m. vl. *Conseillat*, durée des fonctions du conseiller.

COSENSA, vl. V. *Consentida* et *Counsentament*.

COSENTIT, adj. et p. vl. Consenti. V. *Counsentit*.

COSER, COZER, COZIR, CUSIR, COURDURAR, sous-radical pris du latin *consuere*, coudre ensemble, dérivé de *suere*, *suo*, *sutum*, coudre, d'où: *sutura*, suture, *consutus*, cousu, *consutura*, couture.

De *consuere*, par apoc. *consuer*, et par suppr. de *n* et de *u*, *coser* ou *cozer*; d'où: *Coser*, *Des-coser*, etc. et par le changement de *o* en *u*, les mêmes mots.

De *coser*, par le changement de *e* en *i*, *cosir*; d'où: *Cosir*, et *Cusir*, par celui de *o* en *u*.

De *consutura*, par la suppr. de *su*: *Contura*, par le changement de *n* en *r*: *Cortura*, et par celui de *t* en *d*, *cordura* et *courdura*; d'où: *Cordura*, *Cordur-ier*, *Cordur-iera*, *Courdur-ar*, *Courdur-a*, *Courdur-ada*, *Des-courdur-ar*, *Re-courdur-ar*.

COSER, dl. Cuire. V. *Couire*, R.

COSER, COZER, COZIR, CUSIR, v. a. vl. Coudre. V. *Courdurar*.

Éty. du lat. *consuere*, m. s.

COSI, vl. Comment.

COSIC, vl. Il ou elle cousit.

COSIN, vl. V. *Cousin*.

COSINAR, vl. V. *Cousinar*.

COSINER, vl. V. *Cousinier*.

COSIR, v. a. vl. *Cosir*, cat. *Coser*, esp. *Cucire*, ital. Coudre. V. *Courdurar*.

COSME, nom d'homme, (cósmé); COME. *Cosmo*, ital. *Cosme*, esp. Cosme.

Patr. Le martyrologe fait mention de 5 saints de ce nom, mais saint Cosme, frère de saint Damien, est le patron ordinaire des Cosmes, honoré le 27 septembre.

Éty. du lat. *cosma*.

COSMOGRAPHIA, s. f. (cousmougraphie); *Cosmografia*, ital. esp. port. cat. Cosmographie, description du monde entier, du monde physique.

Éty. du lat. *cosmographia*, m. s. dérivé du grec κόσμος (kosmos), le monde, et de γράφω (graphô), je décris.

COSMOPOLITO, ITA, s. (cousmoupoulite); *Cosmopolita*, port. Cosmopolite, citoyen du monde, qui habite également, qui est également attaché à tous les pays.

Éty. du grec κόσμος (kosmos), l'univers, et de πολίτης (politês), citoyen, dérivé de πόλις (polis), ville, citoyen de l'univers.

COSPIRAR, vl. V. *Counspirar*.

COSPIRATIO, vl. V. *Counspiration*.

COSSA, s. f. (cósse). Delot, espèce d'anneau de fer, concave, qu'on met dans une boucle de corde, pour empêcher que celle qui entre dedans ne la coupe.

COSSABENS, vl. COSSABENS. Qui sait en soi-même, confident, coupable, de concert. V. *Sab*, R.

COSSEBRE, v. n. vl. Concevoir. V. *Councebre*.

COSSEC, vl. J'attrape, il ou elle obtint.

COSSEGRE, v. a. vl. COSSEGUIR, CONSEGUIR, COSEGRE, CONSEGRE. V. *Coussegre* et *Conséguir*.

COSSEGUIR, vl. V. *Cossegre*.

COSSEGUIT, adj. et p. vl. COSSEGUT. Atteint, attaqué, pris, obtenu. V. *Sequ*, R.

COSSEILHADOR, s. m. vl. COSSEILLADOR, COSSELHADOR, COSSELHAIRE. V. *Counselhier*.

COSSEILLAR, vl. V. *Counselhar*.

COSSEILLEO, vl. V. *Counselhier*.

COSSEL, et

COSSELH, vl. V. *Counselh*.

COSSELH A, expr. adv. vl. Tout bas, en secret.

COSSELHADOR, s. m. vl. *Consejador* anc. esp. *Conselhador*, port. *Consigliatore*, ital. Conseiller. V. *Counselhier* et *Conselh*, Rad.

COSSELHAIRE, s. m. vl. V. *Cosselhador* et *Counselhier*.

COSSELHAR, COSSEILLAR, v. a. vl. V. *Counselhar*.

COSSELHATGE, s. m. vl. *Conseillat* durée des fonctions du conseiller.

Éty. de *cosselh* et de *atge*. V. *Conselh*, R.

COSSELHAZO, s. f. vl. Conseil. V. *Counseou*.

COSSELHAZO, s. f. vl. Conseil. V. *Counselh.*

COSSELIER, s. m. vl. V. *Counselhier.*

COSSEN, vl. V. *Counsent.*

COSSEN, vl. Il ou elle consent, consentant.

COSSENSA, s. f. et adj. vl. Cuisson, peine; d'accord, consentante.

COSSENTENS, part pr. vl. Consentant, qui consent. V. *Sent*, R.

COSSENTIDA, s. f. vl. COSENSA. Consentement, adhésion, concession. V. *Sent*, R.

COSSENTIDOR, s. m. vl. *Consentidor*, esp. port. *Consentitore*, ital. Approbateur, tolérant, flatteur. V. *Sent*, R.

COSSENTIMENT, s. m. vl. Consentement. V. *Counsentament.*

COSSENTIR, vl. V. *Counsentir.*

COSSENTIR, v. a. vl. Entretenir.

COSSER, s. m. vl. Coussin. V. *Couissin* et *Couser.*

COSSERV, s. m. vl. Camarade au service d'un même maître.

Éty. de *cum* et de *servus.*

COSSERVAR, v. a. vl. Conserver.

COSSES DRECH DE, s. m. pl. vl. Droit du trentième que l'on percevait sur tous les grains vendus au marché.

COSSETAR, v. a. vl. Susciter, exciter.

COSSEUBUT, UDA, adj. et p. vl. Conçu, ue.

COSSEZENS, adj. vl. Cuissant. V. *Couient.*

COSSI, adv. vl. *Cosi*, ital. Comment, de quelle manière.

Éty. du lat. *quomodò.*

COSSIENCIA, vl. V. *Counsciença.*

COSSIR, vl. Il ou elle considère; de *cossirar.*

COSSIR LO, s. m. vl. Le tourment.

Éty. de *Cossirar*, v. c. m. V. aussi *Cossirier.*

COSSIRADAMENT, adv. vl. Avec réflexion.

Éty. de *considerat* et de *ment.*

COSSIRADOR, vl. V. *Cossiraire.*

COSSIRAIRE, s. m. vl. COSSIRADOR. Rêveur.

Éty. de *cossirar* et de *aire.*

COSSIRAR, v. a. vl. *Consirar*, anc. cat. Considérer, rêver, imaginer, penser.

Éty. du lat. *considerare.*

COSSIRAR SE, v. r. vl. Réfléchir, considérer en soi-même.

COSSIRE, vl. Chagrin. V. *Consir.*

COSSIRER et

COSSIRIER, s. m. vl. COSSIRER, COSSIR, COSSIRES. Tristesse, douleur, chagrin, souci, tourment, envie, idée, pensée, réflexion.

COSSIROS, adj. vl. Inquiet, soucieux, chagrin, pensif. V. *Consiros.*

COSSOIRA, s. f. vl. Petite pierre.

COSSOL, vl. Consul. V. *Consou.*

COSSOLAMEN et

COSSOLANSA, s. f. vl. *Consolanza*, ital. Consolation. V. *Counsoulation.*

COSSOLAT, s. m. vl. Alt. de *Consulat*, v. c. m.

COSSOLER, vl. Exhorter.

COSSOUDA, s. f. vl. Consoude, plante. V. *Herba deis sumis.*

Éty. du lat. *consolida.*

COSSOUL, s. m. dl. Consul. V. *Consou.*

COSSURAR, v. a. vl. V. *Counsiderar.*

COST, COUEST, COUST, COUT, radical pris du latin *costa*, côte, qu'on fait dériver du grec ὀστέον (ostèon), os, *ut ab* ἀυλὴ (aulê), *caula*; *sic ab* ὀστᾶ (osta), *costa*. Vossius.

De *cost*: *Cost-a*, *Cost-ana*, *Cost-al*, *Cost-egear*, *Cost-ela*, *Costel-eta*, *Cost-ier*, *A-costa-ment*, *A-cost-ar*.

De *cost*, par le changement de *o* en *ou*, *coust*; d'où: *Coust-ala*, *Coust-ana*, *Coust-at*, *Coust-egear*, *Coust-ela*, *Coust-eleta*, et en général les mêmes mots que par *Cost.*

Par le changement de *ost* en *ouest*, encore les mêmes mots, *Couest-a*, etc.

COST, s. m. vl. *Costo*, esp. port. ital. Coq, plante aromatique, qu'on nomme aussi Coq des jardins. menthe, coq. V. *Baume.*

Éty. du lat. *costus*, dérivé du grec κόστος (kostos), m. s.

COST, s. m. vl. COSTA. Coût. V. *Coust.*

A son cost, à sa solde.

Lo comte Baudois i fazia gran cost.

Crois. contre les Albigeois, vers 2525.

COSTA, s. f. (cóste); COUSTELLETA, COUESTA. *Costola*, ital. *Costilla*, esp. *Costella*, port. *Costa*, anc. cat. Côte, os long et courbe, situé sur les parties latérales de la poitrine.

Éty. du lat. *costa*. V. *Cost*, R.

Les côtes sont au nombre de douze chez l'homme, six de chaque côté, et ce n'est qu'accidentellement qu'on en rencontre plus ou moins. On les distingue en vraies ou vertébro-sternales, et en fausses ou vertébrales. Les premières, au nombre de sept, de part et d'autre, s'articulent avec le sternum, tandis que les cinq autres n'y atteignent pas.

On distingue dans chaque côte, le COL, la TUBÉROSITÉ et la TÊTE.

On dit, d'un fainéant, d'un homme qui se plie difficilement au travail, *qu'a lei costas en long.*

COSTA, s. f. COUSTALA. Côte se dit encore, par extension, des parties proéminentes d'un melon, des nervures principales des feuilles en général, des pièces latérales d'un vaisseau qui vont se joindre à la quille. V. *Cost*, R.

Costa d'una pienchi, champ d'un peigne.

Costas de bleda, cardes de poirée.

COSTA, s. f. dl. Un jonc, une bague de noces sans châton, ni pierrerie.

COSTA, prép. vl. et dg. *De Costa*, anc. esp. *Costa* ou *di Costa*, ital. A côté de, auprès de, contre. *De costa terre*, dg. contre ou près de la terre.

Éty. V. *Cost*, R.

COSTA, s. f. vl. Coût, prix. V. *Coust.*

COSTA, s. f. vl. Cotte de soie, capiton, fleuret, soie plate servant pour broder.

COSTA, s. f. COUESTA, COSTIERA, COUSTIERA, COUSTALA, COUSTALAT, RIBA. *Costa*, port. esp. ital. cat. Côte, coteau, penchant d'une montagne, d'une colline; terres, rivages de la mer, la côte. V. *Cost*, R.

COSTA-COUNILIERA, s. f. (couéste-counilliére); TERRA-GREPIA, TERRA-CREPOLA, COUASTA-COUNIA, COUSTELLINA, COUESTA-COUNILIERA. Picridium commun, *Picridium vulgare*, Déc. *Scorzonera picrioides*, Lin. Plante de la famille des chicoracées, qu'on trouve dans les champs cultivés. V. Gar, *Sonchus lævis*, p. 447. Le laitron doux, *Sonchus oleraceus*, Lin. porte aussi ce nom dans plusieurs endroits.

Éty. de *costa*, poirée, plante potagère, et de *couniliera*, de lapin.

COSTA-D'OR, s. f. (cóte-d'or); *Cuesta-de-oro*, esp. Côte-d'or (département de la) dont le chef-lieu est Dijon.

Éty. d'une chaîne de petites montagnes, connues sous le nom de Côte-d'Or.

COSTAL, s. m. vl. COSTALS. Flanc, V. *Coustat*. Coteau, rive. V. *Costa* et *Cost*, R.

Ce mot semble indiquer en t. de fortif. dit M. Fauriel, une partie des *ambans*, d'où les assiégés lançaient des projectiles parallèlement aux murs de la place pour en défendre l'approche ou l'escalade.

COSTALIER, s. m. vl. Coutelas, couteau de chasse, arme que l'on porte au côté. V. *Coutelas.*

COSTAN, vl. V. *Constant.*

COSTANA, s. f. (coustane); COUSTANA. Panne, longue pièce de bois d'un comble ou toit, qui porte horizontalement sur les arbalétriers et soutient les chevrons.

Éty. de *costat*, côté, parce que cette pièce est placée sur les côtés du toit. V. *Cost*, R.

CONSTANT, vl. V. *Counstant.*

COSTANTI, nom. prop. vl. Constantin.

COSTAR, vl. V. *Coustar.*

COSTAS, s. f. pl. (cóstes); COUESTAS. Un des noms de la poirée qu'on lui donne, parce que les côtes de ses feuilles sont bonnes à manger. V. *Bleda.*

Éty. Ainsi nommée à cause des côtes de la feuille que l'on mange. V. *Cost*, R.

COSTAS, s. f. pl. dl. Côtes de cocons de tirage; filasse ou fleuret de soie. V. *Frisoun.*

COSTAS, s. f. pl. dl. Les montants ou la charpente d'un clayon, d'une manne et d'autres ouvrages de vannerie. V. *Cost*, R.

COSTAS, s. f. pl. COUESTAS. *Costas*, port. Les épaules: *Portar sur leis costas*, porter sur le dos. *Llevar a cuestas*, esp.

COSTAS-DOOU-NORD, s. f. pl. (cóstes doou nórd); *Costas-del-norte*, esp. Côtes-du-Nord, départ. des, dont le chef-lieu est Saint-Brieux.

Éty. Des côtes de la mer de Bretagne, qui font partie de ce département.

COSTAT, s. m. (coustá); CAIRE, COUSTAT. *Costat*, cat. *Costado*, esp. *Costato*, ital. Côté, la partie droite ou gauche d'un animal, de la poitrine en particulier; en parlant des choses, ce qui est entre le devant et le derrière; ligne paternelle, maternelle, parti, faction.

Éty. de *costa*, côte, parce que les côtes sont placées sur les parties latérales du corps. V. *Cost*, R.

De coustat, de côté, obliquement, de biais.

COSTATGE, s. m. vl. Coût. V. *Coust.*

COSTEGEAR, v. n. (coustedjá); *Costeggiare*, ital. *Costear*, esp. port. *Costejar*, cat. Cotoyer, aller le long des côtes; aller côte à côte, de quelqu'un.

Éty. de *costa* et de *egear*. V. *Cost*, R.

COSTEL, s. m. vl. Nom qu'on donnait à un carcan placé devant la prison de la cour royale de Sisteron.

COSTELA, V. *Costeleta.*

COSTELETA, s. f. (coustelète); COSTELA, COUSTARETA, COUSTELA, COUSTELETA. *Costerella* et *Costolina*, ital. *Costilla*, esp. *Costella*, port. *Costelleta*, cat. Côtelette, petite côte de mouton, de veau, d'agneau, de cochon, etc., séparée de l'animal et destinée à être mangée. On le dit aussi pour côte.

Éty. du lat. *costa* et du dim. *eta*. V. *Cost*, Rad.

COSTELETAS, s. f. pl. (coustelètes), dl. Carré de côtelettes.

COSTELLACIO, et

COSTELLATIO, s. f. vl. COSTELLACIO. Constellation. V. *Counstellation*.

COSTENTI, nom. prop. vl. Constantin.

COSTETA, s. f. vl. Petite côte, les côtes ou nervures d'une feuille. V. *Costeleta* et *Cost*, R.

COSTI, dl. V. *Coust*.

COSTIER, IERA, adj. (coustié, ière), et impr. *Coustier*, qui est de côté, qui donne à côté: *Court et coustier*, dit on au jeu de boules, pour indiquer qu'on a frappé en deçà et de côté; habitant des côtes.

Éty. de *costa*, côte, côté, et de *ier*. V. *Cost*, R.

COSTIER, s. m. COUSTIER, d. bas lim. *N'en tirar pas costier*, être telle ou telle chose, autant qu'un autre; avoir sa bonne part, une bonne dose de quelque chose. Béron.

COSTIER, adj. et s. (coustié); COUSTIER. *Costaner*, cat. *Costiere*, ital. *Costeiro*, port. Côtier, *pilotes côtiers*, pilotes, qui ont une connaissance particulière de certaines côtes, de leurs mouillages, de leurs ports, et qui, à cause de cela, prennent la conduite des navires qui en approchent.

Éty. de *costa* et de *ier*. V. *Cost*, R.

COSTIERA, s. f. (coustière); *Costeiro*, port. Côte, penchant d'une colline. V. *Costa* et *Cost*, R.

COSTIL, s. m. vl. Couche, couchette.

COSTILHOUNS, s. m. pl. (coustillouns); ESCOUBLADAS, COUSTILHOUNS, dl. Côtelettes de porc salé. Sauv.

Éty. Dim. de *costas* et de *costilhas*. V. *Cost*, R.

COSTIPACIO, vl. V. *Counstipation*.

COSTIPAR, vl. V. *Counstipar*.

COSTIPATIU, IVA, adj. vl. *Costipativo*, ital. *Constipatif*, qui constipe.

COSTREIGNER, vl. V. *Counstregner*.

COSTREIT, vl. V. *Coustrench*.

COSTRENEMENT, s. m. vl. *Constrempiment*, cat. *Constrinimento*, anc. esp. *Constrangimento*, port. *Costrignimento*, ital. Contrainte.

COSTREYGNER, vl. V. *Contraigner*.

COSTREYT, adj. et p. m. V. *Counstrench*.

COSTRICTIU, IVA, adj. vl. *Constrictivo*, esp. *Costrettivo*, ital. *Contractif*, capable de faire contracter. V. *Estregn*, R.

COSTRUCTIO, vl. V. *Counstruction*.

COSTRUCTIU, vl. V. *Constructiu*.

COSTRUIRE, vl. V. *Counstruire*.

COSTUM, COUSTUM, sous-radical pris du lat. *consuetudo*, *consuetudinem*, coutume, dérivé de *suere*, *sueo*, avoir coutume, être habitué, accoutumé.

De *consuetudinem*, par la suppression de *n*, de *u* et de *e*, *costudinem*, d'où supprimant encore *dine*, il reste *costum*: *Costum*, *Costum-a*, *Costum-ada*, *A-costumada-men*, *Costum-anza*, *Costum-ar*, *A-costum-ar*, *Des-costumar*, *Costum-at-ada*, *A-costumat*, *Des-à-costumat*, *Costum-e*, *Costum-ier*, etc.

De *costum*, par le changement de *t* en *d*, et add. de *n*: *Cosdumn-a*, *Cosdumn-ier* *A-cosdumn-ansa*, *Cosdum-a*.

De *costum*, par le changement de *o* en *ou*, *coustum*: *Ac-coustum-ada*, *Ac-coustum-ança*, *Ac-coustum-ar*, *Ac-coustum-at*; et les mêmes mots en général que par *costum*: *Des-acoustumar*, *Des-acoustumat*, *Des-coustumar*.

COSTUM, s. m. vl. Usage. V. *Costuma*.

COSTUMA, s. f. (coustùme); COUSTUMA. *Costum* et *Costuma*, cat. *Costumbre*, esp. *Costume*, port. ital. Coutume, habitude contractée dans les mœurs, les usages, les manières, les actions, etc., droit coutumier.

Éty. de l'ital. *costuma* ou *costume*. V. *Costum*, R.

De coustuma, adv. ordinairement, habituellement.

L'origine des coutumes, ou droit coutumier, est fort ancienne. Tous les peuples, avant d'avoir des lois écrites, ont eu des usages et des coutumes qui leur en tenaient lieu.

COSTUMADA, s. f. (coustumàde); COUSTUMADA. V. *Acostumada* et *Costum*, R.

COSTUMANZA, s. f. vl. COSTUMNANSA. *Costumanza*, anc. cat. ital. Coutume, habitude. V. *Costuma*.

Éty. V. *Costum*, R.

COSTUMAR, v. n. vl. *Costumar*, anc. cat. port. *Costumbrar*, esp. *Costumare*, ital. Être accoutumé, être habitué.

Éty. de *costum* et de *ar*. V. *Costum*, R.

COSTUMAR, v. a. (coustumá). Costumer, habiller selon le costume, revêtir d'un certain costume.

Éty. de *costume* et de *ar*. V. *Costum*, R.

COSTUMAS, s. f. pl. vl. Mœurs; statuts, usages, ordonnances d'un pays.

Éty. V. *Costum*, R.

COSTUMAT, ADA, adj. et p. vl. Accoutumé, ée. V. *Acostumat* et *Costum*, R.

COSTUME, s. m. (coustumé); *Costum*, cat. *Costumbre*, esp. *Costume*, ital. Costume, usages des différents temps, des différents lieux, auxquels les poëtes et surtout les peintres, sont obligés de se conformer; manière de s'habiller.

Éty. de l'ital. *costume*, fait de *costuma*, usage, coutume. V. *Costum*, R.

COSTUMIER, IERA, adj. (coustumié, ière). Coutumier, ière, qui a coutume de faire ce dont on parle, habituel, ordinaire.

Éty. de *costuma*, habitude, et de *ier*, *iera*. V. *Costum*, R.

COSTUMNANSA, vl. V. *Costumanza* et *Costum*, R.

COSTURA, s. f. vl. *Costura*, cat. esp. Couture. V. *Courdura*.

COSUT, UDA, adj. et p. vl. Cousu, ue. V. *Coser*, R.

COT

COT, s. m. dg. Coup, Alt. de *Cop*, v. c. m.

Al prume cot d'el, Jasm. au premier coup d'œil.

COT, s. f. vl. *Cote*, ital. Queux, pierre à aiguiser.

Éty. du lat. *cotes*, caillou.

COT, s. m. vl. *Cot*, cat. Cotte, cotillon.

Éty. de *cot*, celt. selon Denina, t. 2, p 106, ou du lat. *crocota*, robe de femme de couleur de safran.

COT, s. m. vl. *Coûtage*, sorte d'impôt.

Éty. du lat. *cotagium*, m. s. V. *Quot*, R.

COT, s. m. dg. Alt. de *Col*, cou, v. c. m.

COT, vl. Pour cotte d'armes. V. *Cota*.

COT, adj. vl. Cuit, il ou elle fit cuire.

COT, vl. Pour *que ot*, qu'il ou qu'elle eut.

COTA, s. f. vl. Couette, lit de plumes, matelas.

Éty. du grec κοίτη (koitê), lit.

COTA, s. f. vl. COTHA, QUOTA, COT. *Cota*, cat. esp. port. *Cotta*, ital. Cotte d'armes, casaque que les anciens mettaient par dessus la cuirasse.

COTA, s. f. (côte); COOUTA, COTTA. *Cota*, cat. esp. Quotité, cote, cotisation, la part que chacun doit payer d'une dépense, d'une dette, d'une imposition commune.

Éty. du lat. *quota pars*. V. *Quot*, R.

Ai fach crousar ma cota, j'ai fait rayer ma cotisation.

COTA, s. f. dl. Pour cale. V. *Calo*.

COTA-COTA-COTA, QUITA-QUITA, COUTA. Nom qu'on prononce rapidement pour appeler les poules, c'est aussi un nom de la poule.

COTADA, s. f. vl. Tunique.

COTADOR, s. m. vl. COTAIRE. *Cotagier*, collecteur du *coutâge*.

Éty. de *cota* et de *ador*.

COTAIRE, vl. V. *Cotador*.

COTAS, nom de lieu. Coutances en Normandie.

COTEDIAN, vl. V. *Cotidian*.

COTEL, s. m. vl. Coutre, V. *Coutre*, couteau, poignard. V. *Coutel*, R.

COTELAR, vl. Poignarder. V. *Coutelar*, et *Coutel*, R.

COTELEIRA, s. f. vl. Gaine, fourreau.

COTELH, vl. V. *Coltelh*.

COTENA, vl. V. *Contenda*.

COTETA, s. f. (coutéte), dl. COUETA. Jeune ou petite poule; fig. une poulette ou une jeune fille.

Éty. de *cota*, poule, et du dim. *eta*.

COTHA, vl. V. *Cota*.

COTHURNO, s. m. (coutúrne); *Cothurnus*, lat. *Coturno*, ital. esp. port. cat. Cothurne, sorte de chaussure élevée dont les auteurs se servaient anciennement pour jouer dans les tragédies.

Éty. du lat. *cothurnus*, dérivé du grec κόθορνος (kothornos), m. s.

Cette chaussure fut introduite au théâtre par Eschyle, selon les uns, et par Sophocle, selon les autres, pour relever la taille de l'acteur, et lui donner, par ce moyen, plus de dignité.

COTIDIA et

COTIDIAN, vl. V. *Quotidian.*

COTIDIANAMENT, adv. vl. *Cotidianament*; cat. *Cotidianamente*, esp. port, ital. Quotidiennement, journellement.

Éty. du lat. *quotidie* et de *ment.*

COTIR, v. a. (cotir), dl. Écourter. Voy. *Escouar.*

COTISAR SE, v. r. (sé coutisá). Se cotiser, s'imposer une cote-part pour faire une dépense commune.

Éty. du lat. *quotus*, *quoti*, combien, et de *ar*, l'*s* est euphonique, ou de *cota* et de *isar*. V. *Quot*, R.

COTISAT, **ADA**, adj. et p. (coutisá, áde). Cotisé, ée. V. *Quot*, R.

COTISATION, s. f. (coutisatien); COOUTA, COTIZATION, COUTISATIEN. Cotisation, action de se cotiser; la somme elle-même. V. *Quot*, R.

COTIT, **IDA**, **IA**, adj. (cotit, ide, ie), dl. Gentil, propre, troussé. Douj.

COTO, s. m. vl. V. *Coutoun.*

COTOFLE, s. m. vl. Bouteille, carafe, vase de verre.

COTON, V. *Coutoun.*

COTTA, s. f. dg. Jupon. V. *Coutilhoun.*

COTTIZATION, vl. V. *Cotisation.*

COU

COU.... Cherchez par *Co*.... les mots qui ne se trouvent pas à *Cou*....

COU, pour *coup*, alt. de *Coou*, v. c. m.

COUA, COD, COUD, radical pris du lat. *cauda* ou *coda*, queue, qu'on fait dériver de *cædo*, couper, trancher, parce qu'on la coupe sans le moindre danger à plusieurs animaux: *Sanè hoc pars minimo damno obtecatur; ut in canibus videmus.* Vossius.

De *cauda*: *Caud-al*, *Cap-caud-at*, *Couda.*

De *cauda*, par le changement de *au* en *o*: *Cod-a.*

De *coda*, par sync. du *d*: *Coa*, *Coua*, et composés: *Co-eta*, *Cap-co-at*, *Coua-bessa*, *Coua-leva*, *Co-leva*, *A-coat-ar*, *Des-couar*, *Es-coua-r*, *Es-coua-t*, *Es-couat-ar*, *Cou-acha*, *Coua-da*, *Cou-al*, *Co*, *Coha*, *Co-rougea*, *Coueta*, *Es-cou-et Cou-ssauda*, *Es-coudic-at*, etc.

COUA, s. f. (cóue); QUITA, QUO, COUDA, COOE, QUOUA, CO, COUGA. *Coda*, ital. *Cola*, esp. *Cauda*, port. *Coa*, cat. anc. esp. Queue, prolongement du coccis chez les animaux; touffe de plumes qui y tient, chez les oiseaux; partie du corps des poissons qui s'étend depuis l'anus jusqu'à l'extrémité postérieure du corps; la chevelure d'un homme lorsqu'elle est roulée dans un ruban, etc. et fig. arrière garde; reliquat; reste de compte, et en général tout ce qui vient après, tout ce qui traine.

Éty. du lat. *cauda* ou *coda*. V. *Coua*, R.

Coua deis fueilhas, pétiole.

Coua deis fruits, pédicule.

Coua deis flours, pédoncule.

Coua d'una roouba, pan d'une robe.

Coua d'una coumeta, chevelure d'une comète.

Coua d'un escandau, verge d'une balance.

On nomme queue prenante, celle de certains animaux qui leur sert à se suspendre, à se tenir aux arbres.

Coua de ceba, *de porre*, fane.

N'auraz pas la coua d'una, tu n'en auras pas une miette.

Eron estacats à la coua l'un de l'autre, ils étaient attachés à queue.

COUA-BESSA, s. f. (cóue bésse). Nom qu'on donne, à Digne, au perce oreille. V. *Fourcha.*

Éty. de *coua*, queue, et de *bis*, deux, queue double ou fourchue.

COUACHA, s. f. (couátche). Un des noms languedociens de la lavandière. Voy. *Bouyoureta.*

Éty. de *coua*, queue, parce que cet oiseau en a une très-longue. V. *Coua*, R.

COUA-CHIVAU, s. f. (cóue-tchiváou). Un des noms de la prêle ou des prêles. V. *Coussauda.*

Éty. de leur ressemblance avec la queue d'un cheval.

COUADA, s. f. (couáde); QUADA, COUAU, COUAGNA, ARGOUEGNA, AGROUAGNA, CLOUCHADA, CLOUCADA, COUGADA, GROUAGNA. *Covata*, ital. Couvée, tous les œufs qu'une poule ou un autre oiseau couve à la fois: les petits qui en proviennent; Fig. engeance, famille.

Éty. de *couvada*, inusité. V. *Couar*, R.

COUADA, s. f. (couáde); QUOADA, d. bas lim. Godet, écuelle de bois sans oreilles, qui a une longue queue trouée par laquelle on fait couler l'eau et qu'on appelle *pissarol.*

Éty. de *coua* et de *adà*, pourvue d'une queue. V. *Coua*, R.

COUADADA, s. f. (couadáde); QOUADADO, d. bas lim. La quantité d'eau que peut contenir le godet, nommé *couada*. V. *Coua*, R.

COUADAI, (couedáï); COUADENA. Interj. qui marque la surprise, certes! peste!

COUA-DE-BILHARD, s. f. Queue de billard, instrument dont on se sert pour pousser la bille. On y distingue le gros et le petit bout, et l'on nomme *queue à procédé*, celle dont le petit bout est garni d'un morceau de cuir.

COUA-DE-GARRI, s. f. Nom qu'on donne, à Valensoles, à plusieurs espèces d'*Alopecurus*, mais plus particulièrement aux *Bulbosus* et à l'*Agrestis*, plantes de la fam. des Graminées, communes dans les champs et le long des chemins.

Éty. L'épi mince et allongé de ces plantes a quelque rapport avec la queue d'un rat.

COUA-DE-GIROUNDA, s. f. (cóue-de-dgirounde). Un des noms languedociens du canard pilet. V. *Alalonga.*

Éty. *Girounda* est une altér. de *hirounda*, hirondelle.

COUA-DE-LOUP, s. f. Lychnis (plante), Garcin.

COUA-DE-LOUP, s. f. Nom que portent assez indistinctement les diverses espèces de molènes. V. *Bouilhoun-blanc.*

COUA-DE-MOUTOUN, s. f. Queue de mouton, pièce de viande qui est prise du quartier de derrière d'un mouton, et où ordinairement la queue tient.

COUA-DE-REINARD, s. f. et impr. CO-DE-REINAR. Nom qu'on donne, en Languedoc, au Mélampyre des forêts, *Melampyrum nemerosum*, Lin. plante de la fam. des Rhinanthacées, qu'on trouve dans les bois.

Éty. Les nombreux rameaux que cette plante pousse autour de la tige principale, lui donnent quelque ressemblance avec la queue d'un renard, d'où son nom.

COUA-DE-REINARD, s. f. C'est un synonyme d'*Amarantha*, v. c. m.

Les fontainiers donnent le même nom aux *queux* ou faisceaux de racines qui engorgent les tuyaux qui conduisent les eaux.

COUA-DE-SARTAN, s. f. (cóue dé sartán). Nom du têtard, selon M. Garcin. Voy. *Testa-d'ase.*

COUA-D'HIROUNDA, de CHIROUNDA, ou de GIROUNDA, COUETA-DE-CHIROUNDA. Noms qu'on donne, à Montpellier, et aux environs, au canard alalongue. V. *Alalalonga.*

COUADIR, v. r. (couardir). Commencer à se gâter, en parlant des fruits à pepins; act. cotir, meurtrir les fruits.

COUADIS, adj. (couadis); COUVADIS, COUAT, SEME. Couvi, œuf couvi, œuf gâté, parce qu'il a été couvé; coti, ie, en parlant des fruits meurtris. Garc.

Éty. de *couad* et de *is*, qui est couvé. Voy. *Couar*, R.

Fruit couadis, fruit coti.

COUADURA, s. f. (couadúre). Provin de vigne. V. *Cabas.*

Éty. du celt. *cand* ou *couand*, m. s.

COUAGIS, s. m. (couadgi); COAGIS. *Coagis*, celui qui dans le Levant commerce pour les autres.

Éty. de *cum* et de *agis*, qui agit avec ou pour un autre, ou de l'arabe *coaghil*. V. *Ag*, Rad.

COUAGNA, s. f. (couágne), d. m. Voy. *Couada.*

COUAISSINET, d. apt. V. *Couissinet.*

COUAL, s. m. (couál); COUAR, dl. En terme de cuisine, le quasi ou nul, queue de mouton, pièce de viande du quartier de derrière d'un mouton, à laquelle tient la queue. Douj. Sauv.

Éty. de *coua* et de *al*, qui tient à la queue. V. *Coua.*

COUAL, s. m. d. du Var. Cou, col. Voy. *Col* et *Couel.*

COUALA, d. du Var. V. *Couela* et *Colla.*

COUA-LEVA, s. f. (cóue-lève); COLLEVA, COULEVA, BANLEVA. Bascule: *Faire coua leva*, faire la bascule; on le dit aussi d'une branloire.

Éty. *Coua-leva*, qui lève la queue, c'est-à-dire, que ce qui était le plus bas devient le plus haut.

COUALHAS, s. f. pl. (couáilles), dl. COUGUN. Les restes d'une couvée. Sauv.

Éty. de *couar* et de *alhas*, tout ce qui est couvé. V. *Couar*, R.

COUA LOUNGA, s. f. (cóue lóungue). Un des noms du canard pilet, selon M. d'Anselme. V. *Alalonga.*

COUAN, d. béarn. Alt. de *Quant*, combien, v. c. m.

COUANCHA, s. f. (couántche). Bergeronnette. V. *Bouyoureta.*

Éty. de *Coua*, R. et de *ancha*, large, grande.

COUANTRA....., V. *Contra.....*

COUAR, COUAD, COAR, COAD, COUD, CUB, COUG, rad. pris du lat. *cubare, cubo*, se coucher, être couché; d'où par apoc. *cubar*, par sync. du *b*, *cuar*, et par changement de *u* en *ou*, *couar*; d'où: *incubare*, couver, V. *Couch*, ou du grec κύω (kuô), être grosse.

De *couar*: *Couar-ela, Coar, Couat, Couada, Coad-or, Couad-is, Cou-agna, Coualhas, Coua-s-oun, Caudss-ar, Co-ador, A-couassar, A-couassa-ment, Couen, Cougada, Couv-ad-is, Coug-un.*

COUAR, v. a. (couá); COUVAR, COUGAR, AGROUAR, BOUGNAR, CLOUAR. *Covare*, ital. *Covar*, cat. Couver, se dit des oiseaux qui se tiennent sur leurs œufs pour les faire éclore; on emploie aussi ce verbe neutralement, il signifie alors, couver quelque mauvais dessein, quelque maladie; être enceinte en parlant d'une femme.

Éty. du lat. *cubare*, se coucher, ou du grec κύω (kuô), être grosse. V. *Couar*, R.

COUAR, v. n. Choyer, mitonner, musarder, tarder, s'arrêter: *Que couas aquit*, que fais-tu là?

COUAR LOU, s. m. Incubation, l'action de couver, le temps que dure cette fonction.

COUAR, Pour cœur. V. *Cor.*

COUAR, dl. V. *Coual.*

COUARAMENTRANT, dg. V. *Caremmentrant.*

COUARCHA, d. du Var. V. *Clussa.*

COUARD, COARD, rad. qu'on fait dériver de l'all. *cou-hart*, cœur de vache, ou de l'ital. *codardo*, d'où: *codardus*, en basse latinité, formé de *coda, cauda*, queue; soit, parce que c'est une marque de timidité chez les animaux, d'avoir la queue entre les jambes, soit parce que les lâches sont toujours à la queue.

De *codardo*, par apoc. et suppression du *d* du milieu, *coard*; d'où: *Coard-ia, Coardayre, Coart.*

De *coard*, par le changement de *o* en *ou*, *couard*; d'où: *Couard, Couard-ilha.*

COUARD, V. *Couardilha.*

COUARDA, d. du Var. V. *Corda.*

COUARDADOR, et

COUARDAYRE, adj. vl. COUARDADOR, COURDAYRE. *Codardo*, ital. Couard, lâche.

COUARDET, s. m. (couardé), dg. Espèce de mesure?

Un mi couardet de bin tout blous
Hara bouta mes de coulous,
Ses se serbi d'auto magaigno
Que tout lou bermilhoun d'Espaigno.
D'Astros.

COUARDILHA, s. (couardilhe), dl. COUARD. Lâche, mots dont se servent les enfants pour faire honte à ceux qui n'osent pas combattre à forces égales.

Éty. V. *Couard*, R.

COUARELA, s. f. (couarèle), d. m. Couveuse, en parlant d'une poule qui couve. V. *Clussa.*

Éty. de *couar*, couver, et de *ela*, celle qui couve. V. *Couar*, R.

COUA-ROUSSA, s. f. (coue-rousse), d. m. COUA-ROUSSETA, COURROUSSETA, CO-ROUGEA, COUOROUS-VEROU, CARABOUQUIER, FOURNEIROUN, RAMPECOU, COUETA-ROUGEA. *Codirosso* et *Culo-rosso*, ital. *Colirojo*, esp. Le rossignol de muraille ou queue rousse, *Motacilla phœnicurus*, Lin. oiseau de l'ordre des Passereaux et de la fam. des Ténuirostres ou Raphioramphes (à bec en alêne).

Éty. Les plumes rousses de sa queue lui ont fait donner le nom qu'il porte.

Cet oiseau habite dans les masures où la femelle fait son nid, dans lequel elle pond cinq ou six œufs bleuâtres.

COUA-ROUSSA, s. f. QO-ROUSSO. Est aussi le nom qu'on donne, dans le Gard, et dans le département des B.-du-Rh. au rouge-queue. V. *Cuou-rousset.*

COUA-ROUSSA-MONTAGNARDA, s. f. COUA-ROUSSA-DE-MOUNTAGNA, GROS-CUOU-ROUSSET, ROUQUIER, MERLE-ROUQUIER, PASSERA, PASSA-SOLITARIA. *Codirosso maggiore*, ital. Merle de roche, *Lanius infaustus*, Lin. *Turdus saxatilis*, Lath. oiseau de l'ordre des Passereaux et de la fam. des Crénirostres ou Glyphoramphes (à bec à entaille).

COUA-ROUSSETA, V. *Coua-roussa.*

COUARP, V. *Corpatas.*

COUARROU, s. m. (couerrou). Paysan grossier et malotru, terme de Draguignan, selon M. Garc. V. *Palot* et *Pantou.*

COUAS, s. m. (couás); COUES. Cast. Espèce de menthe. V. *Couest.*

COUAS, s. m. (couás). Petite cabane de chaume qu'on établit pour garder les fruits de la campagne, maison basse et écrasée. Garc.

COUASOUN, s. f. (couozóu), d. bas lim. et impr. *Couozou.* Incubation, l'action des oiseaux qui couvent leurs œufs.

Éty. V. *Couar*, R.

COUASSA, d. du Var. V. *Couessa* et *Cousset.*

COUASSIER, s. m. (couassié). Le berger des agneaux qu'on fait garder séparément pendant sept à huit mois, avant de les réunir au troupeau.

Éty. de *couassa* et de *ier*, celui qui garde la queue. V. *Coua*, R.

COUASTA, d. du Var. V. *Costa.*

COUASTA-COUNIA, Cast. V. *Costa-couniliera.*

COUAT, ADA, adj. et p. (couá, áde); COUVAT. Couvé, ée, V. *Couadis* et *Couar*, R. en parlant du froment, charbonné, d. bas lim. à Grasse, on le dit d'un fruit bleti, et pour tranquille, V. *Couet.*

COUAT, nom d'homme (couá). Cucufat. Patr. Saint Cucufat, africain, qui fut martyrisé à Barcelonne, l'an 304 et dont l'Eglise honore la mémoire le 25 juillet.

COUAT, V. *Couet.*

COUATA, V. *Coueta.*

COUATAR, v. a. (couatá); CALOUTAR. Donner des taloches.

COUBEAR, d. de Barcel. V. *Goubegear.*

COUBERTA, s. f. (coubèrte), dg. Hangard.

COUBES, ESSA, adj. (coubés, ésse); COBES. Envieux, euse, avide, cupide, qui veut tout pour lui.

Éty. du lat. *cupidus*. V. *Cupid*, R.

COUBESEGEAR, v. a. dl. (coubesedjá); COBESEGEAR, COBESEB. Convoiter, désirer ardemment, passionnément, regarder avec de mauvais désirs.

Éty. du lat. *cupere*, m. s. formé de *cupidus*. V. *Cupid*, R.

COUBESEGEAT, ADA, adj. et p. (coubezedjá, áde); COUBEZEJAT, dl. Recherché, convoité, poursuivi, désiré. V. *Cupid*, R.

COUBESENÇA, s. f. (coubezèince), dl. COUBEZENÇA. Avidité, convoitise, Douj. V. *Cupid*, R.

Pel mounde escampillat rodo la coubezenço.
Hillet.

COUBESIA, s. f. (coubezie), vl. Gloutonnerie, convoitise. V. *Cupid*, R.

COUBI, BIA, (cóubi, ie), d. bas lim. Importun, demandeur, parasite.

Éty. du lat. *cupiens*, m. s. V. *Cupid*, R.

COUBIDAR, Alt. lang. de *Counvidar*, v. c. m.

COUBINAR, dg. V. *Counvidar.*

COUBIOUS, OUSA, adj. (coubióus, óuse), d. de Barcel. Soigneux, euse, économe.

Éty. Ce mot est une altér. de *goubious.*

COUBL, COUPL, COPL, radical pris du latin *copula*, couple, lien, nœud d'amitié, et probablement dérivé du grec πλοκή (plokê), ou πλοκά (ploka), nœud, qui fait par métathèse *colpa.*

De *copula*, par apoc. et suppr. de *u*: *Copl*; et par le changement de *o* en *ou* *coupl*: *Ac-coupla-ment, Ac-coupl-ar.*

De *copl*, par le changement de *o* en *ou*, et de *p* en *b*, *coubl*; d'où: *Coubl-a, Coubl-e, Coubl-et, En-coubl-ar, En-coubl-as, En-coubl-at, Ac-coubl-aire, Ac-coubla-ment, Ac-coubl-ar, Ac-caubl-at, Des-accoublar, Des-accoublat.*

De *copl*, par le changement de *p* en *b*, *cobl*; d'où: *Cobl-a, Cobl-eiador, Cobl-eiaire, Cobl-iar, Des-cobl-ar, En-coblar, En-coblat.*

De *copula*, par apoc. *copul*; d'où: *Copul-a, Copul-ar, Copul-atiu, Coupl-et, Coupl-ets.*

COUBLA, s. f. (cóuble); COUBLE. *Coppia*, ital. Couple, on le dit de deux choses de même espèce, prises ou considérées ensemble. V. *Pareou.*

Éty. du lat. *copula*, m. s. V. *Coubl*, R.

Una coubla, sans autre désignation, indique une paire de bœufs appareillés pour le labour, ou de mulets pour le travail.

COUBLA, *de cebas, d'alhet.* V. *Rest.*

COUBLE, s. m. Avr. V. *Rest.*

COUBLE, s. m. (cóublé), d. bas lim. V. *Coubla* et *Coubl*, R.

COUBLET, s. m. (coublé); COPBLA. *Copla*, esp. port. *Cobla*, anc. cat. *Cobola*, ital. Couplet, strophe d'une chanson, certain nombre de vers qui renferment un sens complet, formant une chanson ou une partie de chanson.

Éty. du lat. *copula*. V. *Coubl*, R.

COUBLET, s. m. Couplet, en terme de serrurier, fermeture en charnière composée de deux ailes en queue d'aronde ou droites, assemblées par une charnière que traverse une broche. V. *Coubl*, R.

COUBLET, s. m. dl. DOUBLISSET. Une solive. V. *Travet.*

COUBLET, s. m. (coublé). Couplet? peau de veau d'un an, tannée. Avr.

COUBUELLI, s. m. Avr. V. *Cacalucha.*

COUC, COUG, COG, radical pris du latin *cuculus*, coucou, qui est l'onomatopée du chant de cet oiseau, κόκκυς (kokkus), en grec.

De *cuculus*, par apoc. *Coucu*, *Cocud-a*, *Cocuc*, *Couc-ou*; par le changement du second c en g: *Couguou*, *Cougu-ieou*, *Cougu-iou*, *Couguiou-la*, *Couguioul-as*.

De *coug*, par changement de *ou* en *o*, *cog*: *Cog-ul*, *Cog-otz*, *Cogu-os*, *Cog-ossia*, *Es-cogoss-ar*, *Gog-ol*, *Cog-ot*, *Coui-oul*, *Couioul-a*, *Cougui-eou*, *Cugur-eou.*

COUCADA, s. f. (coucàde). Pour couchée. V. *Couchada.*

COUCADOUIRA, s. f. (coucadouire). Un lit, terme de mar. selon M. Garc.

Éty. de *coucad* et de *ouira*, où l'on se couche. V. *Couch*, R.

COUCAGNA, s. f. V. *Cocagna.*

COUCAIROUN, dl. V. *Caga-nis* et *Couch*, R.

COUCALANO, V. *Cocalano.*

COUCALAS, s. f. pl. (coucàles), d. m. On donne ce nom à de petits durillons qui surviennent à la peau.

Éty. du grec κοκκάλος (kokkalos), pignon, amande de la pomme de pin, parce que ces durillons y ressemblent.

COUCAR, V. *Couchar.*

COUCAR, v. a. (coucá), dl. Cocher, entailler, faire la cannelure à un fuseau, Sauv. pour coucher. V. *Couchar.*

COUCARA, s. f. (coucàre), dl. Bavolet, coiffure de paysanne. Sauv.

COUCAREL, V. *Cocarel.*

COUCARAS, s. m. (coucaràs), dl. Augm. de *Coucarou*, v. c. m.

COUCAREB, s. m. Suppl. à Pellas. V. *Escargol.*

COUCAREL, s. m. (coucarèl); COUCAREL. Nom qu'on donne, à Toulouse, à l'épi du maïs dépouillé de ses grains.

COUCARELA, s. f. (coucarèle). Un des noms languedociens du nombril de Vénus. V. *Escudet.*

COUCARELA, Suppl. à Pellas. V. *Cacalausa.*

COUCAREOU, ELA, s. (coucarèou, èle). Nom qu'on donne, à Seyne, au cônes de pin et de sapin.

COUCAREOU, s. m. (coucareou). Nom que porte la pivoine, à La Motte-du-Caire, Basses-Alpes. V. *Peouna.*

COUCARIL, s. m. (coucaril); COUQUET, dg. Le receptacle du maïs dépouillé de ses grains.

Éty. Dim. de *coca*, receptacle du maïs.

COUCARIL, s. m. d. toul. V. *Coucarel.*

COUCAROU, s. m. (coucàrou); COUCARA, escòu, dl. Gueux, mendiant, va-nu-pieds; qui n'a ni biens ni naissance: *N'es jalous coumo un coucarou de sas biassas;* il en est jaloux comme un gueux de sa besace.

Éty. de la basse lat. *trutanus*, *trudanus*, m. s. Derivés: *A-coucar-ar.*

COUCER, vl. et

COUCERA, s. m. (coucère). Lit de plume, selon Pellas, matelas.

Éty. du grec κοίτη (koite), lit.

COUCH, COUG, COUC, COUMB, radical pris du latin *cubare*, *cubo*, se coucher, être couché, être malade, alité; et dérivé du grec κύπτω (kuptô), avoir la tête penchée, pencher, incliner, d'où: *cubiculum*, chambre à coucher, *concubina*, concubine, *succumbere*, succomber.

De *kupto*, par apoc. et changement de *k* en *c*, de *u* en *ou*, et de *pt*, en *ch*, *couch;* d'où: *Couch*, *Des-couchar*, *Couch-a*, *Couch-ar*, *Couch-at*, *Couch-ada*, *Couch-airoun*, *Couch-ant*, *Couch-eta*, *Des-couchar*, *Ac-couch-ada*, *Ac-coucha-ment*, *Ac-couch-ar*, *Ac-couch-ur*, *Cauch-as*, etc. *Colca-ment*, *Colc-ant.*

De *couch*, par la suppr. de *h*, *couc;* d'où: *Couc-ar*, *Couc-at*, *Couc-ada*, *Coucad-ouira*, *Couc-air-oun.*

De *cubiculum*, par apoc. *cubicul*, et par sync. *cucul*, *culc*, *colc*, *colg;* d'où: *Colca-ment*, *Colc-ant*, *Colg-ar*, *Colg-at*, *Coulc*, *Coulc-ar*, *Coug-adura*, *Coug-ar*, *Coulg-ar*, *Coulc*, *Coulc-ar*, *Coulc-at.*

De *concubina*: *Con-coa*, *Con-coeira.*

COUCH, adj. (coutch), dl. Pour coi. V. *Couet.*

Estar couch, se taire.

Fa couch, faire mettre ventre à terre. Douj. Sauv.

Éty. de *couchat.* V. *Couch*, R.

COUCHA, s. f. (cóutche). Couche, enduit de couleurs, et en général toutes les choses que l'on pose successivement les unes sur les autres.

COUCHA, en minéralogie, indique les tranches droites ou sinueuses, dans lesquelles est divisé un terrain stratifié.

Éty. de *couchat*, couché. V. *Couch*, R.

Dans les couches on nomme:

ASSISES, les plus grandes divisions quand elles sont de même nature.

FEUILLETS, les subdivisions de l'assise en parties minces.

BANCS, les couches d'une nature différente de celle du rocher ou du terrain.

LITS, les couches de matières différentes, stratifiées parallèlement et constituant un terrain à couches.

COUCHA, s. f. Couche, accouchement. V. *Couch*, R.

Faussa-coucha, fausse couche, avortement.

Frema en coucha, femme en couche.

Sourtir de coucha, relever de couche.

COUCHA-CHINS, Pour bedeau. V.

COUCHA-COUQUIN, s. m. Chasse coquin, nom qu'on donnait aux archers des pauvres. V. *Coit*, R.

COUCHA-MOUSCAS, s. m. (coutche-mousques). *Volette*, rang de petites cordes qui tiennent à un réseau, dont on entoure la selle ou le bât d'une bête de somme, pour la garantir de la piqûre des mouches.

Éty. *coucha-mouscas*, chasse-mouches.

COUCHA-MOUSCAS, s. f. Est aussi le nom qu'on donne à l'émouchoir, ou queue de cheval attachée à un manche, servant à émoucher les chevaux.

COUCHA, s. f. (cóutche); COUITA, COUITANSA. Hâte, diligence soutenue, chasse, poursuite.

Ai coucha, j'ai hâte.

De coucha, *cochiosament*, à la hâte, avec diligence.

Aver coucha, être pressé.

Fez ren de coucha *que quand prendrez de nieras.* Prov.

Éty. V. *Coit*, R.

COUCHA, s. f. Couche, en terme de jardinage, planche relevée, faite ordinairement de fumier mêlé avec de la terre; pour semer certaines fleurs qui viennent de graine, des melons et autres légumes. On appelle *couche sourde*, celle qui ne dépasse pas la superficie du terrain. V. *Couch*, R.

Les couches chaudes pour le jardinage ne datent que du XVIme siècle.

COUCHA-CAREMA, s. m. (cóutche-caréme). Cresselle et mail, masse de bois dont on se sert pour faire du bruit aux offices de la semaine sainte. Garc.

COUCHADA, s. f. (coutchàde); COUCHAU, COUCHATA, COUCADA. Couchée, lieu où l'on loge la nuit en voyageant; ce qu'on paye pour souper et coucher dans une auberge; pour accouchée. V. *Accouchada.*

Éty. de *couch* et de *ada*, lieu où l'on couche. V. *Couch*, R.

Couchada deis bestis sauvageas, retraite, tanière.

Couchado deis lebres, gîte.

Couchada d'un loup, déchaussures.

Couchada d'un sanglier, Bouge, fort.

COUCHADA, Pour accouchée. V. *Accouchada.*

COUCHAIRA, dl. Le même que *Levam*, v. c. m. et *Couch*, R.

COUCHAIRAR, v. a. (coutcheirá); ACCOUDOURAR, ACCOUCHEIRAR, COUCHEIRAR. Pour chasser, poursuivre, tâcher d'avoir.

Éty. C'est une espèce d'itérat. de *Couchar*, v. c. m. et *Coit*, R.

COUCHAIRE, s. m. (coutchàïré), d. m. Celui qui conduit et fait tourner les bestiaux sur l'airée.

Éty. de *couchar* et de *aire. Aqueou que coucha.* V. *Coit*, R.

COUCHAIROUN, s. m. (coutcheïroun); COUCHEIROUN. Levain. V. *Levam.*

Éty. de *couchar.*

COUCHA-JOURNAL, s. m. (coutsá-djournàl), d. b. lim. La première chose qu'on s'empresse de faire dans la journée: *Moun pu coucha journal fouguet*, ce que je m'empressai de faire, fut.

COUCHANT, s. m. (coutchán). Pour Couchant, endroit du ciel où le soleil paraît se coucher. V. *Pounen* et *Couch*, R.

COUCHANT, adj. Couchant, qui se couche: *Chin couchant*, chien couchant, chien qui se traîne sur le ventre pour arriver au gibier. V. *Couch*, R.

Faire lou chin couchant, faire le chien couchant, le calin, l'hypocrite.

COUCHA-PAURES, s. m. (coutche-páourés), dl. Un chasse coquin, on les appelait, à Paris, Archers de l'écuelle.

COUCHAR, v. a. (coutchá); COUCAR, COUGEAR, COUIGEAR, COULCAR, COLGAR, COUGAR, COULGAR. *Colcare*, ital. Coucher, mettre dans un lit ; poser horizontalement, étendre, incliner, mettre par écrit.

Éty. du lat. *cubare*. V. *Couch*, R. et selon quelques-uns de *collocare*.

Couchar leis blads, ablacar, verser les blés.

Couchar la pasta, mettre sur couche, tendre ?

COUCHAR, v. a. (coutchá) : CHASSAR, CAUZAR. *Scacciare*, ital. *Echar-fuera*, esp. *Lançar-fora*, port. Chasser, pousser devant soi ; contraindre à marcher des animaux qu'on suit ; forcer de partir d'un poste ; mettre dehors, congédier, pointer, mettre au jeu, masser.

Éty. de l'ital. *Cacciare*, chasser, formé probablement du lat. *cogere*, forcer à... V. *Coit*, R.

Couchar leis bestis, toucher les bêtes.

Couchar leis mouscas, émoucher.

Couchar un chin, l'exciter, le haler.

COUCHAR, v. n. *Se faire couchar*, se dit des femelles des animaux quand elles sont en rut, parce qu'elles sont poursuivies par les mâles. En parlant des blés et des foins que la pluie incline, on dit en français, verser. V. *Coit*, R.

COUCHAR, v. n. (coutsá), d. bas lim. COUITAR. Hâter, accélérer le mouvement, aller vite en faisant quelque chose, le faire en peu de temps, s'empresser de le faire, se hâter. V. *Coit*, R.

COUCHARSE, v. r. SE COUCAR, SE COULCAR, JAIRE, TASER, SE COUGEARLA. *Coricarsi*, ital. *Colgarse*, cat. Se coucher, s'étendre de son long, se mettre dans un lit pour dormir. V. *Couch*, R.

Couchar fouera de l'houstau, découcher. En parlant du blé, se verser, *s'aboulcar*.

COUCHAR SE, v. r. Masser, faire une masse au jeu.

COUCHARELA, adj. (coutcharèle) ; COUCABELA, COUGEARELA. *Houra coucharela*, l'heure du coucher.

COUCHAS, s. f. pl. (cóutches) ; ACCOUCHAS. Couches, temps qu'une femme qui vient d'enfanter, met ordinairement pour se remettre ; l'action d'accoucher. V. *Couch*, R.

COUCHAT, **ADA**, adj. et p. (coutchá, áde) ; COUCAT. Couché, ée ; chassé, ée ; selon le verbe. V. *Couch* et *Coit*, R.

COUCHAYROU et mieux

COUCHAYROUN, s. m. (coutchéirou), dl. Terme dont les fourniers se servent pour avertir les boulangers qu'il est temps de se retirer.

Éty. de *couchar*. V. *Coit*, R.

COUCHEIROUN, V. *Levam*.

COUCHETA, s. f. (coutchéte). Couchette, bois de lit, et plus particulièrement du lit d'un enfant. V. *Lichiera*.

Éty. de *coucha* et du dim. *eta*. V. *Couch*, Rad.

COUCHI, Alt. du dg. de *Couissin*, v. c. m.

COUCHIER, V. *Cochier*.

COUCHIERA, adj. f. (coutchiére). Cochère, porte cochère.

COUCHINA, POUMA, s. et adj. (coutchine). Un des noms de la pomme d'api. MM. de Flotte.

COUCHOCHA, s. f. (coutchótche). Nom langued. de la Litorne. V. *Sera montagnarda*.

Éty. Ce mot est formé par onomatopée, selon M. de Sauv.

COUCHOLA, s. f. (coutchóle) ; CHIOUCHOLA. dl. La gourme. V. *Gourma*.

COUCHOUIRAL, s. m. (coutchouirál), dl. Vin précoce fait avant la proclamation du ban des vendanges.

Éty. de *choucha*, hâte, de *ir*, aller, et de *al*, ce qui va ou vient à la hâte. V. *Coit*, R.

COUCHOUIRE, **OUIRA**, adj. dl. DE BONA COECHA. De bonne cuite, qui cuit facilement : *Pesés couchouires*, pois de facile cuisson.

Éty. de *couchous*, hâtif, et de *ouire*, pour *couire*, qui se cuit promptement. V. *Coit*, R.

Qui file vite, qui va avec presse, qui se vend facilement, qui se consume rapidement. Garc.

COUCHOUN, s. m. Nom qu'on donne, dans quelques contrées du Var, à l'oreille gauche de la charrue quand elle est très-petite.

COUCHOUN, *Cochino*, port. V. *Porc*.

COUCHOUNALHA, s. f. (coutchounáille). La viande de porc en général, et par ext. gens sales, dissolus.

COUCHOUS, **OUA**, adj. (coutchóus, óue) ; COUCHOUX. Empressé, ée ; qui fait tout avec précipitation, à la hâte.

Éty. de *coucha*, hâte, et de la term. *ous*, de la nature de la hâte. V. *Coit*, R.

Sias ben couchous, tu es bien pressé.

COUCHUR, **USA**, (coutchúr, úse) ; COUCHAIRE, ARELLA. Coucheur, euse ; celui, celle qui couche avec un autre.

Éty. de *couchar* et de *ur*. V. *Couch*, R.

COUCHURA, s. f. (coutchúre), dl. Les affanures, ou le blé que gagnent, par jour, les moissonneurs et les batteurs, au lieu de l'argent qu'on leur donne ailleurs, Sauv. pour le blé qu'ils ont *couché*, moissonné ou battu. V. *Couch*, R.

COUCI, **COUÇA**, (couci-couçá). Couci-couci, tellement quellement.

COUCIER, d. b. lim. V. *Coussier*.

COUCOU, Cocon de ver à soie. Alt. languedocien de *Coucoun*, v. c. m.

COUCOU, d. b. lim. V. *Coucoun*.

COUCOU, Est encore le nom qu'on donne, en Languedoc, à l'oronge quand elle n'est pas encore développée, à cause de sa forme d'œuf. V. *Roumanel*.

COUCOU, s. m. (coucóu), dg. Gâteau. V. *Fougassa* et *Poumpa*.

COUCOU, Un des noms du coucou, qui est l'onomatopée de son chant. V. *Couguou* et *Couc*, R.

COUCOU, s. m. (coucóu). Jeu de cartes dans lequel on n'en donne qu'une à chaque joueur. Celui qui a un roi crie *coucou*, d'où le nom de ce jeu. V. *Couc*, R.

COUCOU, Cocu. V. *Couguou* et *Cornard*.

COUCOUDESCA, s. f. (coucoudésque) ; COUCOUDESCA, dl. Le coquerico, le cri ou chant du coq et de la poule. Douj. V. *Cacaraca* et *Coc*, R.

Far la coucoudesca, coqueter.

COUCOUGNAR, dl. V. *Coucounegear*.

COUCOUGNAT, s. m. (coucougná), d. bas lim. Sot, niais. V. *Niais*, Dévot, outré et superstitieux, V. *Bigot*. Homme qui s'écoute trop, V. *Coucounat* et *Coucoun*, R.

COUCOULAR, v. a. (coucoulá), dg. Ensorceler. Jasm. V. *Emmascar* ; caresser, être aux petits soins. V. *Caressar* et *Flategear*.

Éty. Alt. de *coucounar*. V. *Coucoun*, R.

COUCOULIADA, dl. V. *Couquilhada*.

COUCOULOUCHAT, Avr. V. *Coucourouchat*.

COUCOULOUMASSA, Cast. V. *Coucoumbrassa*.

COUCOUMARD, s. m. (coucoumár) ; SOUILLOIRE, BRICOU, BOUILL. Coquemar, vase ordinairement d'airain, propre à faire chauffer de l'eau. V. *Escaufaire*.

Éty. du lat. *cucuma*, bouilloire, ou du grec κουκούμιον (koukoumion), sorte de vase, selon l'auteur de la Stat. des B.-du-Rh.

COUCOUMASSA, s. f. (coucoumásse). Un des noms du concombre sauvage. Voy. *Coucoumbrassa*.

COUCOUMBRASSA, s. f. (coucoumbrásse) ; COUCOULOUMASSA, COUCOUMBRASSA D'AI, COUCOUMASSA, COUCOUROUMASSA, CACARROTA. Concombre sauvage, concombre d'âne, *Momordica elaterium*, Lin. plante de la fam. des Cucurbitacées, commune le long des chemins et autour des habitations dans la Prov. Mérid. V. Gar. *Cucumis sylvestris*. pag. 135.

Éty. *Coucoumbrassa*, est un dépréciatif de *councoumbre*.

Les anciens attribuaient de grandes vertus à cette plante, dont le suc est un violent purgatif.

COUCOUMBRE, s. m. (coucóumbré). Concombre. V. *Councoumbre*.

COUCOUMBRE, s. m. COUGUOU, COUCOURROUS. Trolle d'Europe, *Trollius Europæus*, Lin. plante de la fam. des Renonculacées, commune dans les prairies humides de la Haute-Provence. Sa fleur est d'un beau jaune et arrondie en boule, ce qui la fait ressembler à une belle renoncule. Elle réussit très-bien dans les jardins.

COUCOUMBRE D'ASE, s. m. Nom languedocien du concombre d'âne. V. *Coucouroumassa*.

COUCOUMBRE-DE-MAR, s. m. Concombre de mer ou marin, *Cucumis marinus*, Rondelet. C'est un des noms que les marins et les habitants des bords de la mer donnent à certaines espèces d'holothuries, animal de la classe des Zoophytes et de la fam. des Radiaires ou Echinodermes (à peau épineuse).

Éty. Le nom de cet animal vient, dit Adanson, de sa forme qui représente assez bien un de ces concombres appelés cornichons, que l'on confit au vinaigre. Cet animal est en effet allongé et tuberculeux, comme le fruit dont il porte le nom.

COUCOUMBRE-MAU-FACH, Mollet. Garc.

COUCOUMELA, s. f. (coucoumèle). V. *Coucoumeou*.

COUCOUMELA, Est aussi un des noms du nombril de Vénus, en Languedoc. Voy. *Escudet*.

COUCOUMELA-BLANCA, s. f. CHAMPI-

COUCOUN BLANC. Nom qu'on donne, en Languedoc, à l'oronge blanche, *Agaricus ovoideus albus*. Bull. Champignon d'un blanc sale qu'on ne peut pas confondre avec la véritable oronge. C'est l'*Amanita alba*, de Pers.

Éty. de *coc*, rouge, parce que l'espèce principale est d'un rouge orangé. V. *Cocc*, R.

COUCOUMELA-GOISA, s. f. GRISETA. Nom qu'on donne, en Languedoc, à l'agaric engainé, *Agaricus vaginatus*, Bull. V. *Cocc*, R.

Éty du grec μῆλον (mêlon), fruit, fruit rouge.

COUCOUMELA-JAUNA, s. f. IRANGEADA et IRANGEA. Nom languedocien de l'agaric engainé, variété orangée; *Agaricus vaginatus, var. Aurantiacus*; selon M. de Belleval, c'est plutôt l'oronge jaune, var. de l'*Agaricus aurantiacus*. Lin.

COUCOUMELASSA, s. f. (coucoumelàsse). Nom qu'on donne, à Avignon, à la bryone. V. *Bryouna*.

COUCOUMEOU, s. m. (coucoumèou); CASSOUN, CAS, RAMPOUN, COUCOUMELA. Bouton, mamelon, fer d'une toupie.

Éty. du lat. *cacumen*, sommet, pointe d'un œuf.

COUCOUMET, s. m. (coucoumé). TATA-SOT, dl. Fossette à jouer : *Jugar au coucoumet*, jouer à la fossette.

COUCOUN, s. m. (coucóu). Nom qu'on donne, en Bas-Limousin, à l'oronge. V. *Roumanel*.

Éty. Parce qu'elle ressemble à un œuf, *coucoun*, quand elle n'est pas encore développée. V. *Coucoun*, R.

COUCOUN, radical de *Coca*, v. c. m. *Des-coucoun-ar*, *A-coucoun-at*, *A-coucoun-ar Coucou*, *Couc-oun*, *Coucougn-ar*, *Coucougn-at*, *Coucoul-ar*, *Coucoun-ar*, *Coucoun-at*, *Coucoun-egear*, *Coucoun-et*, *Coucoun-ier*, *Coucoun-eira*.

COUCOUN, s. m. (coucoun); COUCOU, FOURREL, FOUZEL. Cocon ou coque; enveloppe soyeuse de la chrysalide du ver à soie. V. *Coucoun*, R.

Dans les cocons on nomme:

BAVE, la bourre qui les enveloppe.
BURRILLETS, les cocons qui sont ovales mais étranglés au milieu.
CHIQUES, ceux qui sont mous comme une vessie.
DÉBRIS, les pellicules qui restent après qu'on a tiré la soie.
FLEUR, le léger duvet ou fausse soie qui recouvre le cocon.
FLEURET, le fil qu'on retire du cocon quand on a enlevé la bonne soie.
FRISON, un mauvais cocon.
FLUTE, cocon de forme allongée dont un des bouts n'est pas fermé.
DOUBLON *pérve*, *doupion*, celui qui contient deux chrysalides.

Filatrice, celle qui lève la soie des cocons.

COUCOUN, s. m. OEuf, en terme de nourrice; un bouton de rose, dl. V. *Coucoun*, R.

COUCOUNAR, v. n. (coucouná). Pondre, en parlant des poules. V. *Poundre*.

Éty. de *coucoun*, œuf, et de *ar*. V. *Coucoun*, R.

La gallina noun coucoune.
Si la domna noun li douna. Prov.

COUCOUNAT, ADA, adj. et p. (coucouná, áde); COUCOUGNAT. Gâté par des soins trop assidus, en parlant d'un enfant.

Éty. de *coucoun* et de *at*, parce que les œufs ont été les premières friandises qu'on ait données aux enfants, avant l'invention des sucreries. V. *Coucoun*, R.

COUCOUNEGEAR, v. a. (coucounedjá); CACOUGNAR, COUCOUGNAR, DOOUDINAR, COUCOUNIAR. Dodiner un enfant, le soigner avec trop d'affectation.

Éty. de *coucoun* et de *egear*, donner des œufs. V. le mot précédent et *Coucoun*, R.

COUCOUNET, ETA, s. m. (coucouné, éte). Douillet, ette, enfant gâté, qui n'a ni vigueur ni santé; homme mou, efféminé. V. *Coucoun*, R.

COUÇOUNEIRA, s. f. dl. COUCOUNIÈRA. V. *Coucoun*, R.

COUCOUNIER, TATE-POULE. V. *Jeanfrema*.

Éty. de *coucoun*, œuf, et de *ier*, qui se mêle des œufs, pour dire qu'il entre dans les plus petits détails du ménage. V. *Coucoun*, Rad.

COUCOUNIER, s. m. (coucounié). Coquetier, celui qui vend des œufs, qui les colporte.

Éty. de *coucoun* et de *ier*. V. *Coucoun*, Rad.

COUCOUNIERA, s. f. (coucounière); COUCOUGNEIRA, COUCOUNEIRA. Quoquetier, petit vase en forme de calice, dans lequel on pose les œufs qu'on veut manger à la coque; en dl. l'ovaire d'une volaille.

Éty. de *coucoun* et de *iera*. V. *Coucoun*, Rad.

COUCOUNIERA, s. f. (coucounière), dl. m. sign. que *Magnaniera*, v. c. m. V. *Coucoun*, R.

COUCOURA, s. f. (coucouáre). Nom qu'on donne, à Seyne, au hanneton blanchâtre. V. *Bambarota*.

COUCOURDIER, s. m. Espèce de raisin. V. *Rasin* et *Cougourd*, R. V. aussi *Cougourdier*.

COUCOUREL, ELA, s. (coucourèl, èle), dl. Les nourrices, en Languedoc, appellent leurs nourrissons : *Moun coucourel*, *ma coucourela*, ce qui répond à mon poupon, ma pouponne.

COUCOURELA, s. f. On donne ce nom à l'aristoloche des champs, aux Mées, d'après, M. Esmieu. V. *Fouterla* et *Cougourela*.

COUCOURELA, s. f. (coucourèle). Nom qu'on donne, en Languedoc, à la figue petite violette, qui mûrit vers le milieu de l'été.

COUCOURELET, s. m. (coucourélé). Très-petit coquemard. V. *Coucoumard*. Avr.

COUCOURELETA, Le même qu'*Escudet*, v. c. m.

COUCOUREOU, ELA, (coucourèou, èle). Niais, imbécile, sot. On le dit adj. du soleil quand il ne brille pas comme à l'ordinaire, quand il est pâle. Garc.

COUCOURESCA, dl. m. s. que *Coucoudesca*. V. *Cacaraca*.

COUCOURLIER SAUVAGE, s. m. (cougourlié-saouvadgé). Nom qu'on donne, à Nismes, à la Bryone. V. *Bryouna*. et *Cougourd*, R.

COUCOUROUCHAR, v. a. (coucouroutchá); COUCOULOUCHAR. Combler, remplir jusques sur les bords. Avr.

Éty. de *coucouruchou*, sommet.

COUCOUROUCHAT, ADA, adj. et p. (coucouroutchá, áde). Comble, plein, eine, Avr.

COUCOUROUCHOU, s. m. (coucouróutchou). Le comble, le surplus d'une mesure. Avr. V. *Cacaruchou*, pour coqueluche. V. *Coquelucha*.

COUCOUROUCOU, s. m. (coucourou-cóu), dl. Le coquericot du coq. V. *Caracaca*.

Éty. Onomatopée. V. *Coc*, R.

COUCOUROUMASSA, s. f. V. *Coucoumbrassa*.

COUCOURROUS, s. m. (coucourróus). Trolle d'Europe. Garc. V. *Coucoumbre*.

COUCOURUCHOU, s. (coucourútchou); CACARUCHOU, CIMA, COUCOUROUCHOU. La pointe, le sommet d'une montagne; le comble d'une mesure, Garc. capuchon.

Éty. de *cucullus*, capuchon, nom donné par extension aux sommités qui se terminent en cône.

COUCOURUCHOU, s. m. m. s. que *Coquelucha*, v. c. m.

COUCU, s. m. (coucú). Pour cornard et coucou, oiseau. V. *Couguou*.

Faire coucu, regarder sans être vu, paraître à peine.

Éty. de l'all. *kuckcuk*, regardez, dérivé de *kucken*, regarder.

COUCUDA, s. f. (coucúde). Nom bas-limousin et gascon de la ciguë. V. *Cigua*.

COUCUILHADA, s. f. Garc. V. *Couquilhada*.

COUCURLA, s. f. dg. Courge. V. *Cougourda*.

Puch que suu loc las nox muscados
Meinch que coucurlos *soun presados*.
D'Astros.

COUCUS, s. m. (coucús). Nom qu'on donne, en Languedoc, au *Muscari*. V. *Barrelets* et *Couguous*.

COUCUT, s. m. (coucú). Nom toulousain du faux narcisse, V. *Troumpouns*, et de toutes les fleurs jaunes en général. V. *Couguou*.

Éty. Probablement à cause de sa fleur jaune.

C'est encore le nom qu'on donne, en Gascogne, à la primevère officinale. V. *Couguou*.

COUD, radical pris du latin *cubitus*, coude, formé de *cubo*, *cubare*, se coucher, parce que c'est sur le coude qu'on s'appuye quand on se couche, Bond. dérivé du grec κυβιτον (kubiton), coude.

De *cubitus*, par apoc. *cub*, et par le changement de *b* en *d*, *coud*; d'où : *Coud-e*, *Ac-coud-ar*, *Ac-coud-oir*, *Ac-couid-ar*, *Coud-ouissa-ment*, *Coud-ouiss-ar*, *Coud-egear*, *Cod-il*.

De *cod*, par le changement de *o* en diphthongue *oi*, *coid*; d'où : *Coid*, *Coid-e*, *Couid-at*, *Couid-e*, *Couid-egear*, *Couid-ieira*, *Coui-re*, *Couid-a*, *Couid-ada*, *Couyd-iera*, *A-cold-ar*, *A-copd-ar*.

COUDA, d. béarn. V. *Coua*, queue.

COUDADURA, s. f. (coudadúre). Courbure ; on le dit de la partie du sarment qu'on a pliée dans la terre. Avr.

COUDAIURA, s. f. (coudaiúre). Coudure. Aub.

COUDAR, v. a. (coudá). Courber un sarment, le plier dans la terre pour lui faire prendre racine. Avr.

COUDASSEGEAR, v. n. (coudedjà), dl. Caqueter, on le dit du cri de la poule quand elle vient de pondre. Sauv. V. *Cacareliar.*

COUDAT, **ADA**, adj. (coudá, áde), dl. Le même qu'*Amatit*, v. c. m.

COUDE, s. m. (cóudé) ; COUIRE, COUIDE. *Cubito*, ital. *Codo*, esp. *Colse*, cat. Coude, partie postérieure de l'articulation du bras avec l'avant-bras, et par extension, angle plus ou moins aigu formé par la rencontre de deux lignes ; partie d'un habit ou d'une chemise qui recouvre le coude, etc.

Éty. du lat. *cubitus*, dérivé du grec κυβιτον (kubiton), m. s.

Aquot fai lou coude, cela est coudé.

Haussar ou levar lou coude, hausser le coude, boire beaucoup, et non *lever le coude.*

COUDE, s. m. d. bas lim. Bâton qui a soixante-dix centimètres de longueur servant de mesure. V. *Miege-auna.*

COUDEGEAR, v. a. (coudedjá) ; COUIDEGEAR, TOUGNAR, COUDOUIAR, COUDOUISSAR, COUDEIAR, COUDOUICHAR. *Codear*, esp. *Colsejar*, cat. Coudoyer, donner des coups de coude, pousser avec le coude.

Éty. de *coude* et de *egear*, donner du coude. V. *Coud*, R.

COUDEN, s. m. (coudéin), dg. Dosse. V. *Escouden.*

COUDEN, s. m. (coudéin), d. bas lim. Dosse. V. *Escouden.*

Éty. de *cutis*, *cutem*, peau. V. *Coudena.*

COUDENA, s. f. (coudéne) ; COUINA, CODENA. *Cotenna*, ital. *Conna*, cat. Couenne, peau de cochon, de marcassin et de marsouin ; fig. personne maigre.

Éty. du lat. *cutis*, *cutem*, *cutena*, *codena*, peau, en dl. et *coudena*, d'où le français *couenne*, par la suppression de *d* et le changement ordinaire de *a* final en *e* muet ; on le dit iron. de l'âne, parce qu'il a la peau dure, d'où le dicton : *Ari-coudena*, pour le faire avancer.

COUDENAS, s. m. (coudenás), dl. Grosse et vilaine peau ; fig. personne sale et crasseuse.

Éty. de *coudena* et du péj. *as.*

COUDE-PED, s. m. (code-pé) ; CODE-PED, COL-DEL-PED. Coude-pied, élévation plus ou moins marquée, que le pied présente à sa partie supérieure près de son articulation avec la jambe.

Éty. On dit *coude-ped*, coude-pied, pour *coude doou ped*, comme on dit coude du bras.

COUDER, d. bas lim. V. *Couderc* et *Hort.*

COUDERC, s. m. vl. CODERC. Petite place au-devant d'une maison de campagne où il croît de l'herbe, du gazon et où les poules et les agneaux vont brouter ; petit jardin attenant au manoir du maître.

Éty. de la basse lat. *codercum*, m. s.

COUDERLA, s. f. (coudèrle), dl. Sorte de champignon. Douj.

COUDERLA, s. f. (coudèrle). Nom qu'on donne, à Toulouse, aux pommes coupées en quatre quartiers et desséchées.

COUDERLA, s. f. Nom toulousain de l'agaric de l'eryngium. V. *Bouligoula.*

COUDIAL, dl. V. *Coudier.*

COUDIEIRA, d. bas lim. Coffin. Voy. *Coudier.*

COUDIEIRASSA, s. f. (coudieirásse). Nom bas limousin de la bryone. V. *Bryouna.*

COUDIER, s. m. (coudié) ; COUDIAL, COUDIOU, COUTIOU, COUYER, COUDIEIRA, COUP. Coffin ou étui à queux, petit vase de bois dans lequel les faucheurs portent de l'eau pour mouiller la pierre à éguiser, il est pourvu d'un crochet, souvent pris dans le bois, qui sert à le suspendre à la ceinture du faucheur.

Éty. de *cotaria*, lat. carrière de pierres à aiguiser, d'où *codou*, pierre, et de *ier*. Voy. *Cod*, R. en vl. sentier.

COUDIGNADA, s. f. (coudignáde), d. lim. Coup de coude. V. *Coud*, R.

COUDINA, s. f. dg. Cuisine. V. *Cuisina.*

COUDINEY, dg. et bord. V. *Cousinier.*

COUDIOU, dl. V. *Coudier.*

COUDIS-COUDASCA, (coudis-coudásque), dl. Terme imaginé pour imiter le cri de la poule qui vient de pondre. Sauv.

Éty. Onomatopée.

COUDOLA, s. f. (coudóle), dl. Sorte d'échaudé ; pain azyme, Sauv. V. *Couire*, R. gâteau des Juifs pour la célébration de la Pâque. V. *Pan-sensa-levam.*

COUDOUELA, s. f. (coudouéle). Niais, imbécile : *Jean coudouela*, jeu d'enfant, qu'on jouait probablement avec de petites pierres. V. *Cod*, R.

COUDOUGNAT, dl. V. *Coudounat.*

COUDOUGNEIRA, V. *Coudouniera.*

COUDOUGNER, V. *Coudounier.*

COUDOUGNET, s. m. (coudougné), d. de toul. Coing. V. *Coudoun.*

COUDOUIGNER, Nom toulousain du coignassier. V. *Coudounier.*

COUDOUISSAMENT, s. m. (coudouissaméin). L'action de coudoyer.

Éty. de *coudouissar* et de *ment*. V. *Coud*, Rad.

Et prene conget d'au rambal,
De tumultes, de bronsimens,
De fouliez, de coudouissamens.
Michel.

COUDOUISSAR, v. a. (coudouissá), dl. Coudoyer. V. *Coudegear.*

COUDOUITRE, s. m. (coudouitre) : RIGOUMIGOU. Pièces superposées et grossièrement cousues, formant des plis et des bosses, comme des galets, des pierres.

Éty. de *Codou* et *Cod*, R. v. c. m.

COUDOULET, V. *Codoulet.*

COUDOULIERA, V. *Codouliera.*

COUDOUMBRE, s. m. (coudóumbre), dl. Le même que *Councoumbre*, v. c. m.

COUDOUN, on fait généralement dériver ce rad. de Cydon, ville de Candie, aujourd'hui la Canée : en grec κύδων (kudôn), d'où le lat. *cydonium*, *cydonia* ; mais si les Grecs ont donné le nom de κυδώνιον μῆλον (kudônion mêlon), au coing, les Latins l'ont aussi appelé *Malus cotonea*, et ne serait-ce pas à cause du duvet dont se fruit est recouvert avant sa maturité, que ce nom lui aurait été donné ? car quoique *cotonum*, ne soit pas latin, on l'a souvent employé dans la basse latinité ?

De *kudôn*, par le changement de *k* en *c*, de *u* en *ou* et de *ô* en *ou*, *coudoun* ; d'où : *Coudoun*, *Coudoun-ar*, *Coudoun-at*, *Coudounier*, *Coudougn-at*, *Coudougn-er*, *Coudougn-eira*, *Coudounh-era*, *Coudoun-iera.*

COUDOUN, s. m. POUMFOUM, PEGOUMAS. Chagrin profond, poids que l'on ressent sur l'estomac, produit par de vives inquiétudes, comme si l'on y avait un coin entier. Voy. *Coudoun.*

COUDOUN, s. m. (coudóun) ; COUDOUGNET. *Cotogna*, ital. *Codóny*, cat. Coing, fruit du cognassier ou coignassier.

Éty. du lat. *coloneum*, m. s. sous-entendu *malum*, V. *Coudoun*, ou du grec κυδώνιος (kudônios), m. s.

COUDOUN FER, s. m. Cognasse, coing sauvage.

COUDOUNAR, v. a. (coucouná). Attraper quelqu'un. V. *Talounar* et *Coudoun.*

Éty. *Coudounar*, ne paraît être ici qu'une modification de *coulhounar.*

COUDOUNAT, s. m. (coudouná) ; COUDOUGNAT, COUDOUIGNAT, COUDOUNHAC. *Codónyat*, cat. *Cotognato*, ital. Cotignac, confiture de coings.

Éty. de *coudoun* et de *at*, fait avec du coing. V. *Coudoun*, R.

COUDOUNHAC, d. toul. V. *Coudounat.*

COUDOUNHERA, dl. V. *Coudouniera.*

COUDOUNIER, s. m. (coudounié) ; COUDOUGNER, COUDOUIGNER. *Cotogno*, ital. *Codonyèr*, cat. Cognassier ou cognier, *Pyrus cydonia*, Lin. *Cydonia communis*, Poir. arbre de la fam. des Rosacées, cultivé et sauvage dans nos pays. V. Gar. au mot *Cydonia*, p. 140.

Éty. de Cydon, ville de Candie, d'où les premiers furent transportés en Grèce, ensuite en Italie, et de là dans le reste de l'Europe, en grec κυδωνιος μελέα (kudônios melea). V. *Coudoun*, R.

La principale utilité du cognassier est de servir de sujet pour recevoir les greffes des différentes variétés de poiriers qu'on veut cultiver en espalier ou soumettre à la taille.

COUDOUNIERA, s. f. (coudouniére) ; COUDOUGNEIRA, COUDOUNHERA. Haie de cognassiers, lieu planté de cet arbrisseau ; bornes qui séparent un champ.

Éty. de *coudoun* et de *iera*. V. *Coudoun*, Rad.

COUDOURET, s. m. (coudouré). Pomme de pin resserrée par l'humidité. Garc.

Éty. de *codoul*, pierre, et de *et* dim. V. *Cod*, Rad.

COUDOUROUSSOU, d. bas lim. Voy. *Codouroussoun.*

COUDOUS, s. m. (coudoús), dl. La surcharge d'une bête de somme, et proprement un petit sac de charbon qu'on met en travers sur le bât entre les deux sacs de la charge ; berger en second ; passe volant. Sauv.

COUDOUSCAR, v. n. dg. Chanter comme la perdrix.

La perdits coudousquo *peous blats.*
D'Astros.

COUDOILHA, s. f. (coudrille), dl. COUDRILIA. Un camarade; marmaille ou troupe de petits enfants. Douj.

COUEDOU, V. *Codou.*

COUEI, Pour *col*, cou. V. *Col.*

COUEILH, V. *Col.*

COUEIT, **EITA**, adj. dg. Cuit, uite. V. *Cuech.*

COUEL, d. m. Pour cou. V. *Col.*

COUELA, V. *Colla* et *Cola.*

COUELA, Cou. V. *Col.*

COUELLE-ROUS, s. m. (couéllé-róus). Nom du rouge-gorge, à Saint-Tropez. V. *Rigau.*

Éty. *couelle*, pour *col*, et *rous*, roux, rouge.

COUEL-TOUERT, d. m. V. *Col-tort.*

COUEL-VERD, s. m. Espèce de canard. V. *Canard-sauvagi.*

COUEN, s. m. (couén), dl. Le couvain des abeilles ou les larves de ces insectes, logées dans les alvéoles des rayons de cire.

Éty. de *couar*, couver. V. *Couar*, R.

COUEN, s. m. (couén), d. bas lim. Angle. V. *Angle*, *Cantoun*, *Coude* et *Cougnet.*

COUENA, s. f. (couéne), dl. *Balhar la couena*, bailler une bourde ou cassade, Douj.

COUENTA, s. f. (couénte), d. béarn. Affaire. V. *Affaire.*

COUENTRA, V. *Contra.*

COUENTRA-BANDA, Voy. *Contra-banda.*

COUENTRA-FACH, V. *Contra-fach.*

COUENTRAFAIRE, V. *Contrafaire.*

COUER, s. m. d. béarn. Cuir. V. *Cuer* et *Cor*, R. 2.

Couer pelut, cuir avec son poil.

COUER, s. m. dl. M. Thomas, de qui nous empruntons ce mot, dit que c'est un jeu de gymnastique, et qu'il signifie saut, bond, etc. il le fait venir du grec σκίρτημα (skirtêma), saut, bond.

COUER DE LIN, DE CANEBE, s. m. BRIN. Premier brin du lin ou du chanvre. Le cœur, la meilleure partie. V. *Cor*, R.

Couer sur couer, toile entièrement composée de premier brin, qui ne contient pas d'étoppe.

COUERALHA, s. f. (coueráille), d. bas lim. Gueusaille, truandaille, assemblage, troupe de gens qui mendient. V. *Paurilha.*

Éty. de *couerou*, mendiant, et de *alha*, tous les mendiants.

COUERDA, V. *Corda.*

COUEREGEAR, v. n. (couereddzá), d. bas lim. Mendier, V. *Mandiar.* Gueuser. V. *Gusegear.*

Éty. de *couerou* et de *egear*, faire le gueux.

COUEROU OUERA, s. (couèrou, ouère), d. bas lim. Gueux de profession, gredin, gueux, euse. V. *Gusas* et *Mandiant.*

COUERP, s. m. V. *Courpatas.*

COUES, s. m. dg. ?

Lou qu'à sedo n'a pas coutoun,
Ni coues *de boucou, ni de moutoun,*
Aquel qu'à coues *n'a pas sedo.*
d'Astros.

COUESSA, s. f. (couésse). *Cosse*, mesure de grains qui fait le vingtième de l'émine et le cent soixantième de la charge. Ailleurs elle vaut le quart d'une *panal.*

Éty. Ce mot viendrait-il du grec κύλιξ (kulix), coupe, c'est le *coscinus* ou la *coscina* de la basse lat.

COUESSA, s. f. COUASSA, COUSSET, COISSA, COAS. Ecuelle de bois sans anses, dont se servent les bergers; sébille; égrugeoir en bois; cuvette d'un débitant de vin; cuiller à arroser. V. *Aiguaire.*

COUEST, V. *Coust.*

COUEST, s. m. (couést); COUAS. Un des noms de la menthe verte. V. *Mentha.*

Éty. du grec κόστος (kostos), du coq, plante aromatique. Cocq, menthe grecque, menthe Notre-Dame. Avr.

COUESTA, d. m. V. *Costa.*

COUESTA-COUNILIERA, d. m. V. *Costa-couniliera.*

COUESTAS, d. m. V. *Costas.*

COUET, adj. (coué); COUAT, COUCH. Coi, étonné, candi, stupéfait, pétrifié, tranquille. *Restar couet*, rester coi.

Éty. du lat. *quietus*, m. s. V. *Quiet*, R.

COUETA, s. f. (couéte); COUATA. Coup donné sur la nuque, la nuque même.

Éty. du rom. *coela*, nuque, dérivé de *coa*, queue. V. *Coua*, R.

COUETA, s. f. Petite queue, formé de *coua* et du dim. *eta*. V. *Coua*, R.

COUETA-ARRIERA, expr. adv. *Tirar coueta-arriera*, reculer, détourner la tête, passer outre. Avr.

COUETA-DE-CHIRUNDA, d. mont. V. *Alalonga.*

COUETA-ROUGEA, s. f. (couéte-róudge). Nom qu'on donne, à Montpellier, au rossignol de muraille. V. *Coua-roussa.*

COUETA-DE-LAPIN, s. f. (couéte-dé-lapin). Nom languedocien du lagurier ovale, *Lagurus ovatus*, Lin. plante de la famille des Graminées qu'on trouve dans les champs de la Basse-Provence.

Éty. *Coueta-de-lapin*, petite queue de lapin, à cause de la forme de son épi.

COUEY, dg. Pour cuit. V. *Cuech.*

COUFA, V. *Couffa.*

COUFAGE, s. m. (coufádzé), d. bas. lim. Recoin. V. *Chaufagi.*

COUFAL, s. m. (coufál), dl. V. *Soufflet* et *Baceou.*

COUFESSAR, dl. V. *Counfessar.*

COUFESSIU, d. lim. V. *Counfession.*

COUFETA, dl. V. *Couiffeta.*

COUFFA, s. f. (cóuffe); TABRIER. Manne, panier, corbeille ou cabas long et large, ordinairement fait de feuilles de palmier, dont les marins se servent pour serrer leurs hardes et les marchands pour y transporter des choses grossières.

Éty. du grec κυφὸς (kuphos), vase convexe, gondole. V. *Couffin.*

On donne encore le nom de couffa, à une manne qui sert à transporter la terre, et fig. à une imbécile ou à une femme prostituée.

Couffa de fournier, panier fait d'osier, dans lequel les boulangers portent le pain.

COUFFADA, s. f. (couffáde). Plein une manne. Garc. V. *Couffa.*

COUFFA-DE-PALANGRE, s. f. (cóuffe-dé-palángré). *Couffe de Palangre*, panier de spart qu'on remplit de pierres et qu'on descend au fond de la mer, après avoir attaché à sa circonférence des *empiles* (bressaus) ou hameçons amorcés, attachés à des fils.

COUFFAR, v. a. vl, Coiffer. V. *Couiffar*, et fig. attraper, duper.

Éty. de *couffa* et de *ar*. V. *Couiff*, R.

Ha mal'hurous amour! que non fas pas tu fa!
Au un paure mortal, quand le poudes *coufa*!
Bergoing.

COUFFEOU, s. m. (coufféou). Cupule, ou bassinet du gland.

COUFFETA, s. f. (couféte); COUFETA, dl. Bonnet de nuit, petite coiffe. V. *Couiff*, R.

Far couffeta, s'enivrer. Douj.

COUFFIN, s. m. (couffin); CABAS, COFIN. *Cofi*, cat. *Cofin*, esp, *Cofano*, ital. Cabas, panier de spart rond, avec deux anses.

Éty. du lat. *cophinus*, petite corbeille, dérivé du grec κοφίνος (kophinos), panier d'osier, corbeille.

COUFFIN, s. m. dl. et bas lim. COUFIN. Le coin du feu, coin, recoin, Douj.

Preferayas lou sourel al coufin,
Car la santat à nat coufin *damoro.*
Jasmin.

COUFFINET, s. m. (coufiné); COUFFINETA, PANIERA. Dim. de *Couffin*, petit cabas.

COUFFINET, s. m, Qualification injurieuse qu'on donnait aux bâtards de l'hôpital (à Aix et à Marseille). P. Puget.

Éty, Parce qu'on les apportait ordinairement dans un *cabas*, *couffin.*

COUFFINETA, s. f. (couffinéte). Cabas, à Marseille. V. *Couffinet.*

COUFFOULUT, **UDA**, adj. (couffoulú, úde), dg. Plein à déborder, comble.

COUFFOURUS, Garc. V. *Couffut.*

COUFFOURUT, m. sign. que *Couffut*, v. c. m.

COUFFRAR, V. *Coffrar.*

COUFFRET, V. *Coffret.*

COUFFUT, **UDA**, **UA**, adj. (coufú, úde, úe); COUFFOURUT, CLOUTUT, COUFFOURUS. Creux, concave, profond, en parlant des plats et des assiettes.

Éty. du grec κυφὸς (kuphos), courbe, vase convexe, gondole.

COUFIMENS, s. m. pl. (coufiméins), dl. De la dragée. Douj.

Éty. du grec κῦφι (kuphi), pastille, parfum.

COUFIN, V. *Couffin.*

COUFIR, Confire, alt. lang. de *Counfir*, v. c. m.

COUFIT, Alt. lang. de *Counfit*. Se prend pour mort, perdu, ruiné. V. *Counfit.*

COUFIT, s. m. (coufit), dg. Alt. de *Counfit*, v. c. m. *Confit*, viande confite, viande mi-cuite qu'on recouvre de graisse pour la conserver.

COUFIT, dl. m. s. que *Caffit*, v. c. m.

COUFLAGE, dl. V. *Gounflugi.*

COUFLE, dl. V. *Gounfle.*

COUFLAR, v. a. (couflá), dl. Pour gonfler. V. *Gounflar*.

Avez beou vous couflar *la pansa,*
Un pichot bourg n'es pas la Françá.
Favre.

COUFOULUT, **UDA**, adj. (coufoulú, úde), dg. Plein, comble, qui déborde.

Éty. du grec κῦφος (kuphos), bosse, gibbosité.

COUFRIER, V. *Coffrier*.

COUGA, dl. V. *Coua* et *Cantoun*.

COUGADA, dl. V. *Couada* et *Couar*, R.

COUGADURA, dl. Alt. de *coucadura*. V. *Cabus*.

COUGAR, v. a. et n. (cougá); dl. COUAR. Couver. V. *Couar*, R.

Mai qu'à desia long temps que Didon se consumo,
E *cougo* un foc secret que pauc-à-pauc s'alumo,
Avalisco l'amour que tantis de mals *cougo*,
Bergoing.

COUGAR, dl. Pour provigner, V. *Cabussar* et *Couch*, R. *cougar* est dit pour *couchar*.

COUGAR, V. *Couchar*.

COUGEA, s. f. (cóudge), dl. COUJA. Poire à poudre; pour courge, V. *Cougourda* et *Cougourd*, R.

Éty. Alt. de *Courge*.

COUGEAR, V. *Couchar*.

COUGEARASSA, s. f. (coudjarásse). Nom Toulousain de la bryone. V. *Bryouna*.

Éty. de *cougea*, courge, et du dépr. *assa* ou *arassa*.

COUGEOUS, s. m. (coudjóus); COUJOU. Nom toulousain de la citrouille. V. *Cougourda*.

COUGEOUS D'AIGUA, s. m. Nom qu'on donne, à Toulouse, au fruit du nénuphar jaune.

COUGEOUS SALVAGE, s. m. Nom qu'on donne, à Toulouse, au concombre sauvage. V. *Coucoumbrassa*.

COUGET, s. m. (coudgé), dl. Cafard, cagot. Douj.

COUGETA, s. f. (coudgéte), dl. COUGEOUS. Citrouille, calebasse; la tête, fig.

Éty. Dim. de *cougea*. V. *Cougourd*, R.

COUGIR, v. a. (coudgir), dl. Contraindre, obliger.

Éty. du lat. *cogere*, m. s.

COUGN, COIN, radical pris du lat. *cuneus*, *cunei*, coin, qui est probablement dérivé du grec γωνία (gonia), angle, coin.

De *gonia*, par apoc. *goni*, par le changement de *g* en *c* et transp. de *i*, *coin*; d'où: *Coin-assa*.

De *cuneus*, par apoc. *cun*, par le changement de *u* en *ou* et de *n* en *gn*, *cougn*; d'où: *En-cougn-ura*, *Cougn-et*, *Cougnet-oun*, *Cougn-at*, *Cougn-ar*, *Cougnet-as*, *Cougn-iera*, *Cong*, *Conh*, *Conh-et*, *Ren-cougnar*, *Cun*, *Cunh*, *Re-cun*.

COUGNAC, V. *Cognac*.

COUGNADA, s. f. (cougnádè), d. bas lim. Coup rude. V. *Bourrada* et *Cougn*, R.

COUGNAR, v. a. (cougná); CUGNAR. Cogner, enfoncer un coin, caler, mettre une cale sous quelque chose pour l'empêcher de vaciller, presser une chose entre deux autres de manière qu'elle ne puisse remuer. Fig. presser, engager fortement.

Éty. de *cougnet* et de *ar*, *cougnetar*, et par sync. *cougnar*. V. *Cougn*, R.

COUGNAS, **ASSA**, s. (cougnás, ásse), d. du Var. Pour beau-frère. V. *Cougnat* et *Nat*, Rad.

COUGNAT, **ADA**, adj. et p. (cougná, áde). Cogné, ée; calé, fixé. V. *Cougn*, R.

COUGNAT, **ADA**, **AU**, **AYA**, s. (cougná, áde, áou, áye); CUGNAT. *Cognato*, ital. *Cuñado*, esp. *Cunhado* et *Cunhada*, port. *Cognad*, *ada*, cat. Beau-frère, belle-sœur.

Éty. du lat. *Cognatus*, *ata*, m. s. V. *Nat*, Rad.

COUGNET, s. m. (cougné); CUN, CONH, CALA, SOUSTELHA, COUIGNET. *Conio*, ital. *Cuña* et *Cuño*, esp. *Cunha* et *Cunho*, port. Coin, pièce de bois ou de fer, tranchante d'un côté et arrondie de l'autre, servant à fendre du bois, des pierres, etc. C'est l'une des six machines simples de la mécanique; cale.

Éty. du lat. *cuneus*, m. s. V. *Cougn*, R.

On nomme :

ÉBUARD, un gros coin de bois servant à fendre les billots.
ÉPITE, un coin qu'on met dans un autre pour l'élargir.
ORGUEIL, un coin que l'on met pour coussin sous la pince d'un levier.

COUGNET, se dit encore d'une infinité de choses qui ont la forme triangulaire : *Lou cougnet d'un bas*, *cogne d'una calza*, ital. coin de bas.

COUGNETAR, v. a. (cougnetá). Consolider avec des coins. Aub.

COUGNETAS, s. m. (cougnetás). Augm. de *cougnet*, gros coin. V. *Cougn*, R.

COUGNETOUN, s. m. (cougnetóun). Dim. de *cougnet*, petit coin. V. *Cougn*, R.

COUGNIERA, s. f. (cougnière); COUGNEIRA. Fondrière. V. *Ensias*. Coin, recoin ou la neige s'est amoncelée. V. *Cougn*, R.

COUGNIERA, s. f. Cognée. V. *Destrau*. Entaille faite à une pierre qu'on veut briser. V. aussi *Coouniera*.

COUGOT, d. bord.

Dis doun, cougot *lendous*.
Verdier.

COUGOUMAS, s. m. dg. ?

Puch se pleyon lou cougoumas.
d'Astros.

COUGOUMAS, s. m. (cougoumás). Un des noms du concombre sauvage. V. *Coucoumbrassa*.

COUGOUMASSA, s. f. (cougoumasse). V. *Coucoumbrassa*.

COUGOUMEOU, s. m. (cougouméou); COUCOUMELA. Nom qu'on donne, à Cuges, selon M. le docteur Reimonen, à la coquemelle, oronge blanche ou agaric ovoïde, *Agaricus ovoïdeus*. Déc. plante de la famille des Champignons; il est aussi délicat que la vraie oronge.

COUGOURD, COUCOURD, radical pris du lat. *cucurbita*. Courge, que Scaliger fait venir de *curvitas*, courbure, et d'autres du celt. *cucc*, chose creuse, d'où *cocca*, cuiller.

De *cucurbita*, par apoc. *cucurb*, et par le changement des *u* en *ou*, et de *d* en *b*, *coucourd*; d'où: *Coucourd-ier*, *Couge-a*, *Cougeta*, *Cug-e*, *Cougourd-a*, *Cougourd-eta*, *Cougourd-ier*, *Cougourd-oun*, *Cougourdegear*, *Courgourd-iar*, *En-cougourd-ar*; et par altér. *Cougourl-ier*, *En-cougourl-ar*, *Cougourl-iers*, *Cougourl-ige*.

COUGOURDA, s. f. (cougóurde); TUCA, BOUTELHA, COUCORDA, COUGEA, COUJA, COUGOURLA. Nom commun à presque toutes les courges, et particulièrement à la courge à gros fruits ou potiron, *Cucurbita maxima*, Duch. *Cucurbita pepo*, Lin. Var. plante de la famille des Cucurbitacées dont on connaît plusieurs variétés.

Éty. du lat. *cucurbita*, m. s. V. *Cougourd*, Rad.

S'embrassar coumo de cougourdas, s'embrasser comme des pauvres.

COUGOURDA BARREIRETA, gourde des pélerins, courge bouteille, *Cucurbita lagenaria*. J. Bauh. plante du même genre que la précédente.

Éty. Le nom de *barreireta* lui vient de ce qu'on en fait de petits barils.

COUGOURDA-MUSQUETA, s. m. V. *Muscada*. Courge melonée, citrouille melonée ou citrouille musquée, *Cucurbita moschata*, Duch. plante du même genre que les précédentes, dont la chair est parfumée.

COUGOURDA-VERDALA, courge verte, Cast.

COUGOURDA-MASSENENCA, potiron, id.

COUGOURDA BARRARETA, V. *Barreireta*.

COUGOURDAN, **ANA**, adj. (cougourdán, áne). Cordé, ée; cotonné, en parlant des racines. V. *Charbut* et *Cougourdat*.

COUGOURDANA, adj. f. (cougourdáne). *Pera cougourdana*, poire d'étranguillon. V.

COUGOURDAT, **ADA**, adj. et p. (cougourdá, áde). Cordé, ée. V. *Charbut*.

COUGOURDEGEAR, v. n. (cougourdedjá); COUGOURDIAR, COUGOURDEAR. Aller çà et là, comme les plantes des courges.

Éty. de *cougourda* et de *egear*, faire comme les courges, divaguer. V. *Cougourd*, Rad.

COUGOURDETA, V. *Cougourdoun*.

COUGOURDIAR, sync. de *Cougourdegear*, v. c. m. et *Cougourd*, R.

COUGOURDIER, s. m. (cougourdié); COUGOURLIER, BOUTELHIER, COUCOURDIER. Terrain ou lieu planté de courges; c'est aussi le nom de la plante. V. *Cougourda* et *Cougourd*, R.

Aiguar lou cougourdier, exp. fig. s'enivrer.

Restar au cougourdier, se dit d'une fille qui n'a pas pu se marier.

COUGOURDIER-SAUVAGE, Voyez *Bryouna*.

COUGOURDOUN, s. m. (cougourdóun); COUGOURDETA. Dim. de *cougourda*, petite courge. V. *Cougourd*, R.

COUGOURELA, s. f. (cougouréle). Nom qu'on donne, à Valensoles, à l'aristoloche clématite. V. *Fouterla*.

COUGOURLA, s. f. (cougóurle). Nom

languedocien, de la courge. V. *Cougourda* et *Cougourd*, R.

COUGOURLIER, dl. V. *Cougourdier*.

COUGOURLIER-SAUVAGE, s. m. Nom languedocien de la bryone. Voyez *Bryouna*.

COUGOURLIERS, s. m. pl. (cougourliés). Nom qu'on donne, à l'Esperou, selon M. Amoureux, à la cacalie des Alpes. *Cacalia Alpina*. Lin. Plante de la famille des Composées Corymbifères, commune dans les lieux pierreux et humides des montagnes, au-dessus de 1,500 mètres.

Éty. Parce que ces feuilles ressemblent un peu à celles de la courge. V. *Cougourd*, R.

COUGOURLIGE, s. m. (cougourlidge). dl. Folie, sottise, imbécilité. Sauv.

Éty. de *cougourla*, courge, qui roule comme une courge. V. *Cougourd*, R.

COUGUIEOU, Nom avignonnais du coucou, qui n'est qu'une altér. de *Couguou*, v. c. m.

COUGUIOU, s. m. Nom qu'on donne, à Nismes, aux jacinthes botryde et à toupet. V. *Barrelets gros* et *pichots*, *Couguou* et *Couc*, R.

COUGUIOULA, s. f. (couguióule). Un des noms languedociens de la Primevère. V. *Couguou*.

COUGUIOULA, s. f. Nom qu'on donne, à Nismes, à la folle avoine. V. *Civada*, *Couguoula* et *Couc*, R.

COUGUIOULAS, s. m. (couguioulás), dl. Augmentatif de *couguiou*. V. *Couguou*.

Benaris et becasso,
Ni perdis preso au las,
N'an pas la car tant grasso
Coumo lou couguioulas.
Le Sage.

COUGUN, s. m. (cougún), dl. Les restes d'une couvée. V. *Coualhas*.

COUGUOU, s. m. (cougúou); COUCOU, COUCU, COUQUIEOU, COUGUIOULAS, COUS, COUIOUL, CIGALIER, COGOL, COUGUIEOU. *Cugul*, cat. *Cucco* et *Cuculo*, ital. *Cuchillo*, esp. *Cuco*, port. Coucou, coucou d'Europe, *Cuculus canorus*, Lin. oiseau de l'ordre des Grimpeurs et de la fam. des Cunéirostres ou Sphénoramphes (à bec en forme de coin).

Éty. *Coucou* et *couguou*, est l'onomatopée de son chant ou du lat. *cuculus*, m. s. V. *Couc*, R.

Cet oiseau, qui n'arrive dans notre pays qu'au printemps et qui le quitte vers la fin de l'été, offre, dans la propagation de son espèce, l'anomalie la plus singulière qu'on puisse trouver dans la nature. La femelle pond ses œufs dans des nids étrangers et laisse à des mères empruntées le soin de couver ses œufs et d'élever ses petits. Elle en fait jusqu'à huit, mais elle a soin de n'en placer jamais qu'un dans chaque nid.

Le coucou est gris et non jaune comme le dit Ach. dans son Dictionnaire Français-Provençal, il a seulement les yeux et le bec de cette dernière couleur.

En abriou
Canta lou couguou s'es viou. Prov.

COUGUOU, s. m. COGOIL. Le petit maquereau, *Scomber colias*, Lin. poisson de l'ordre des Holobranches et de la fam. des Atractosomes.

COUGUOU, s. m. (cougúou); COUGUIOULA, COUCUT, BRAGA-DE-COUNIOUL, BRAYETA, PRINTANIERA, PRIMADELA, PRIMABELA, PRIMULERO. On donne ces noms à presque toutes les plantes sauvages ou cultivées qui ont les fleurs jaunes, parce qu'on a longtemps cru que le coucou était jaune, prenant le loriot pour cet oiseau; delà est venue l'extension qu'on a donnée aux significations de cette couleur, mais la fleur qui porte plus particulièrement le nom de *couguou*, est la primevère officinale, *Primula officinalis*, Lin. plante de la fam. des Primulacées, qui fleurit au premier printemps. V. Garidel, *Primula veris odorata*, pag. 377.

Aux environs d'Allos, on donne aussi le nom de *couguou* au trolle d'Europe. V. *Coucoumbre* et *Couc*, R.

COUGUOU, s. m. COUCU, COUGUIOU. Noms qu'on donne, en Languedoc et à Avignon, au muscari à toupet, V. *Barrelet-gros;* et au muscari à grappe, *Muscari racemosum*, Mill. plantes de la fam. des Liliacées, qu'on trouve dans les lieux cultivés. V. *Barrelets* et *Couc*, R.

COUGUOU, s. m. (cougúou); COUCU, CORNARD. Cocu, cornard, le mari d'une femme infidèle.

Éty. On dit que c'est par allusion à la femelle du *coucou*, qui pond ses œufs dans le nid des autres; mais dans ce cas, c'est le contraire qui arrive, à moins qu'on ne veuille dire par là que la femme de l'homme auquel on donne ce nom, reçoit le coucou dans son nid ou qu'il nourrit les enfants du coucou. V. *Couc*, R.

Les anglais qui nomment *cuckoo*, le coucou, donnent aussi celui de *cuckold*, au cocu ou cornard, ce qui prouve que c'est bien des habitudes de cet oiseau qu'est venu le nom de *couguou*, pour cornard.

COUGUOUS, s. m. pl. (couguóus), d. m. Copeaux, rubans de bois que le rabot enlève.

COUHAT, s. m. (couhá), d. de Toul. Coup, soufflet. V. *Coou* et *Soufflet*.

COUI, s. m. (cóui), dial. arlés. Cou. V. *Col* et *Col*, R.

COUI, troisième personne du sing. du présent de l'indicatif du verbe *couire*, il cuit.

COUI, s. m. Petite fourmi venimeuse, selon Garcin.

Éty. Probablement ainsi nommée à cause que sa piqûre cuit, *coui*. V. *Couire*, R.

COUI-GRISARD,
COUI-ROUX et
COUI-VERD, Noms par lesquels on désigne des variétés du canard sauvage. V. *Canard*. *Coui* est ici pour *col*.

COUIA-DE-RAT, s. f. (cóuie-de-rá), dl. Lime ronde.

COUIA-DE-RAT, s. f. Les jardiniers donnent ce nom, dans le Languedoc, à l'*Amaranthus Caudatus*, Lin. V. *Amarantha*; et au *Polygonum orientale*, Lin.

COUIA-DE-REINARD, V. *Coua-de-reinard*.

COUIAGE, Suppl. à Pellas. V. *Cuecha*.

COUIASSA, s. f. (couiásse). Nom qu'on donne, dans le département de l'Hérault, à une variété d'olive grosse et arrondie par les deux bouts. Sauv. add.

Éty. de *couia*, testicule, à cause de la ressemblance qu'on a cru trouver entre le fruit et l'organe. Columelle avait déjà donné le nom d'*Orchis*, qui a la même signification, à une olive, à cause de sa forme. D'autres font dériver ce mot de *Colias*, village où on la cultive plus particulièrement, d'où *coliassa* et *couiassa*, par le changement de *l* en *u*.

COUICHIN, d. m. V. *Couissin*.

COUI-COUI, (cóuï-cóuï). Mots inventés pour exprimer le cri des jeunes pourceaux.

Éty. du grec κοΐ κοΐ (koï koi), m. s.

COUIDAT, s. m. (couidá), dl. Une coudée, mesure d'un pied et demi. Sauv.

Éty. de *couide*, coude, et de *at*. V. *Coud*, Rad.

COUIDE, V. *Coude*.

COUIDEGEAR, v. a. (couidedzá), d. bas lim. Coudoyer. V. *Coudegear*.

COUIDIEIRA, s. f. (couidièire), dl. ACCOUDOIR. Tablette d'appui, un appui de fenêtre; l'accoudoir d'un prie-dieu.

Éty. de *couide* et de *ieira*. V. *Coud*, R.

COUIENT, V. *Couyent*.

COUIER, V. *Couyer*.

COUIER, dl. V. *Colier*.

COUIER, **IERA**, adj. (couié, iére), COUHIER. Benêt, nigaud, aude; c'est une espèce d'injure.

COUIFF, COFF, radical que Ménage fait dériver de l'hébreu *chapha*, couvrir, ou du grec κοῦφος (kouphos), léger, habillement léger, ou bien de κεφαλη (kephalè), tête, habillement de tête. P. Puget le fait venir aussi de l'hébreu *cupha*, habillement de la tête des femmes, ou du grec *kephalè;* d'autres le tirent du celtique *coph*, synonyme de *cap*, tête.

De *cupha*, par apoc. *cuph* ou *couff*, et par le changement de *ou* en *oui*, *couiff*; d'où: *Couiff-a*, *Couiff-eta*, *Couiff-assa*, *Couiff-oun*, *Couiff-ar*, *Des-couiffar*, *En-couiffar*, *Couiff-ur*.

De *couff*, par la suppr. de *u*, *coff*; d'où: *Coff-a*, *Coff-ar*, etc.

COUIFFA, s. f. (couiffe); COFFA, COHE. *Cuffia*, ital. *Cofia*, esp. *Coifa*, port. *Cofia*, cat. Coiffe, couverture de tête en toile ou en mousseline, dont les femmes se servent et comme habillement, et comme ornement.

Éty. V. *Couiff*, R.

Dans une coiffe ordinaire on distingue:

LA PASSE, V. *Passa*.
LE FOND, V. *Couiffoun*.
LE BAT EN L'OEIL, V. *Lista*.
LA COULISSA, V. *Guaina*.
LA DENTELLE, V. *Dantel*.
LA MENTONNIÈRE ou BRIDOIR, V. *Mentouniera*.

Couiffa que se mette coumo una perruca, paresseuse.

COUIFFA BASSA, s. f. (couiffe-básse); COUIFFA DE NUECH. Cornette. V. *Couiff*, R.

COUIFFA D'UN CAPEOU. Coiffe d'un chapeau, le tissu dont on garnit l'intérieur de la forme. V. *Couiff*.

COUIFFAGI, s. m. (couiffàdgi); COUIFFAGE. Coiffure, action de coiffer.
Éty. de *couiffa* et de *agi*. V. *Couiff*, R.
COUIFFAR, v. a. (couiffà); COUFFAR, ENCOUIFFAR. Coiffer, au propre, mettre une coiffe, et par extension, parer, orner la tête, arranger la coiffure : *Couiffar una boutelha*, coiffer une bouteille, entourer le bouchon de quelque substance qui empêche l'évaporation de la liqueur.
Éty. de *couiffa* et de *ar*, mettre une coiffe. V. *Couiff*, R.
COUIFFAR SE, v. r. Se coiffer, se parer la tête, se mettre la coiffe ; fig. prendre sans raison de l'attache pour quelqu'un, se former une trop grande idée de son mérite.
COUIFFAT, **ADA**, adj. (couiffà, àde). Coiffé, ée, dont la tête est ornée d'une coiffe; prévenu. V. *Couiff*, R.
Es nat couiffat, il est né coiffé, c'est-à-dire heureux. Ce proverbe vient de l'augure favorable que les anciens tiraient de l'espèce de coiffe dont la tête de quelques enfants est revêtue quand ils viennent au monde, et qui n'est autre chose qu'une portion des membranes qui l'enveloppaient dans le sein de la mère, que la tête a déchirée comme un emporte pièce.
L'empereur Antonin était né coiffé, et son règne longtemps heureux ne contribua pas peu à accréditer le préjugé relatif au bonheur des enfants nés avec la coiffe.
COUIFFET, Cast. V. *Couiffoun*.
COUIFFETA, s. f. (couiféte) ; COUFETA. *Cofiezuela*, esp. *Cuffietta*, ital. *Cofieta*, cat. Dim. de coiffe, petite coiffe, coiffe de nuit. V. *Couiff*, R.
Faire couffeta, dl. s'enivrer.
COUIFFOUN, s. m. (couiffóun); COUIFFET. *Coiffon*.
COUIFFUR, **USA**, s. (couiffúr, úse). Coiffeur, euse, celui, celle qui fait métier de coiffer les femmes.
Éty. de *couiffa* et de *ur*. V. *Couiff*, R.
COUIFFURA, s. f. (couiffúre); COUIFFAGI. Coiffure, couverture et ornement de tête; manière dont une femme est coiffée; assortiment de ce qui sert à coiffer une femme.
Éty. de *Couiffa* et de la term. *ura*, v. c. m. et *Couiff*, R.
V. sur les variations qu'ont éprouvées les coiffures, un long article dans le Dict. des Origin. de 1777.
On appelle :
CACHE-PEIGNE, une touffe de cheveux qui cache le peigne.
COUIFRE, s. m. (couifré). Souche d'un arbre. Garc.
COUIGEA, V. *Coucha*.
COUIGEADIS, s. m. (couidzadì), d. bas lim. Sautelle, provin. V. *Cabus*.
Éty. de *couigear*, pour *couchar*. V. *Couch*, R.
COUGEAIRE, **AIRA**, s. (couidzàïré, àïre), d. bas lim. Coucheur, euse; qui couche avec un autre. V. *Couch*, R.
COUIGEAR, v. a. (couïdzá), d. bas lim. Coucher. V. *Cougear*, *Couchar* et *Couch*, Rad.
COUIGNAR SE, v. r. d. lim. Se fourrer. V. *Cougn*, R.
COUIGNET, V. *Cougnet* et *Cougn*, R.
COUIMAR, v. n. (couïmá). Mûrir, mitonner ; on le dit particulièrement en parlant des olives qu'on entasse pour les faire fermenter. Garc.
COUINA, s. f. dg. Couche, paillasse de lit.
COUINA, s. f. (couine). Couenne. V. *Coudena*.
Éty. du grec κοινὸς (koinos), commun impur, immonde.
COUINA, s. f. CUINA. L'apprêtage, la cuisson des viandes, des aliments : *Faire la couina, bona couina*, faire la cuisine, bonne cuisine.
Éty. V. *Cousina*.
COUINAR, Sync. de *Cousinar*, v. c. m. et *Couire*, R.
COUINEL, et
COUINEOU, s. m. (couïnèl, couïnèou). Omelette faite avec du lard, des œufs et de la farine.
Éty. de *couinar*. V. *Couire*, R.
COUINETA, s. f. (couïnéte); COUYNETA, dg. Petite couette, petit lit de plume.
Éty. du lat. *culcita*, ou du grec κοίτη (koitè), lit.

. . . . . *Couchat sur ma couyneto*
Touto sarcido en plumo de laouzeto.
Jasmin.

COUIOUL, s. m. (couïoul), d. bas lim. Coucou, cocu. V. *Couguou*.
COUIOUL, **OULA**, adj. (couióul, óule), d. bas lim. Barlong. V. *Pendoulier*.
COUIOULA, s. f. (couióule). Nom bas lim. de l'avoine folle, V. *Civada-fera*; et de la primevère. V. *Couguou*.
COUIOUN, s. m. (couïóun), d. bas lim. Poltron, lâche, qui a le cœur bas, l'âme servile.
COUIRAN, s. m. (couïrán), d. bas lim. Habit couvert de crasse, de graisse, d'ordures.
Éty. du lat. *corium*, cuir. V. *Cor*, R. 2.
COUIRE, COZ, COS, COC, CUC, CUECH, CUEG, COIT, sont autant de formes du même radical, pris du lat. *coquere*, *coquo*, *coctum*, cuire, d'où : *coctus*, cuit; *coctio*, *coctionis*, coction, cuisson; *coquus*, cuisinier; *coquina*, cuisine.
De *coquere*, par la suppression de *q*, *couere*, et par le changement de *e* en *i*, *couire*; d'où : *Couire*, *Re-couire*, *Es-couire*, etc.
De *couire*, par apoc. *coui*; d'où : *Coui-ent*, *Coui-s-oun*.
De *coquina*, par apoc. *coquin*, et par la suppression de *qu*, remplacé par *z* ou *s*, *cozin*, *cosin* ou *cousin*, par la prononciation sourde de *o* en *ou*; d'où : *Cozin-er*, *Cosin-a*, *Cousin-a*, *Cousin-ier*, *Cousin-ar*.
De *cousin*, par le changement de *ou* en *ui*, *cuisin*; d'où : *Cuisin-a*, *Cuisin-ier*, *Cuisinar*, etc.
De *coquina*, par la suppression de *q* et apoc. *couin*; d'où : *Couin-ar*, *Couin-el*, *Couin-eou*.
De *coctus*, par suppression de *c*, *t*, *u*, *cos*, et *couis*, par le changement de *o* en *oui*; d'où : *Couis-oun*, *Couis-ent*, etc.
De *coctus*, par apoc. *coct*, et par la suppression de *c*, *cot* et *cout*, par la prononciation sourde de *o*, d'où *cout* et *coud*, par le changement de *t* en *d*; d'où : *Coud-ina*, *Coud-ola*, etc.
De *coctus*, par apoc. *coct*, par changement de *o* en *ue*, et de *c t* en *ch*, *cuech*; d'où : *Cuech*, *Cuech-a*, *Bis-cuech*, *Re-cuech*, *Es-cuech*, etc.
COUIRE, v. a. (couïré); COIRE, COYRE, COUINAR, COSER. *Cuocere*, ital. *Cocer*, esp. *Cozer*, port. *Courer*, cat. Cuire, préparer les aliments par le moyen du feu, pour les rendre propres à être mangés.
Éty. du lat. *coquere*, m. s. V. *Couire*, R.
Faire couire douçament, mijoter.
Aquot voou pas de couire, cela demande peu de cuisson.
Boutar couire, mettre le pot au feu.
Frero bouta couire, le frère coupe choux, le frère cuisinier, religieux.
COUIRE, v. n. m. s. Cuire, causer une douleur âpre et aiguë, causer de la cuisson, piquer, en parlant des aliments trop épicés: *Lous huelhs me couioun*, les yeux me cuisent. V. *Couire*, R.

Troou gratar coui,
Coumo troou parlar noui. Prov.

COUIRE, s. m. vl. Pour cuivre. Voy. *Cuivre*.

Uei crese be qu'aimas mai,
De glori enflat coum'un ouire,
Laboura dessus lou couire,
Ou grava sus lou loutoun.
Le Sage.

COUIRE, d. du Rouergue, pour coude. V. *Coude* et *Coud*, R.
COUIRETA, s. f. (couiréte), dl. Marmite de cuivre. Sauv.
Éty. de *couire* et du dim. *eta*. V. *Couire*, R. ou plutôt de *Couire*, cuivre.
COUIS, **OUISSA**, adj. (còuis, óuisse). Coti, ie. Garc. V. *Blet*.
COUISOUN, s. f. (couizóun); *Cocedura*, esp. *Cozedura*, port. *Cottura*, ital. *Coissó*, cat. Cuisson, action de cuire, manière dont une chose est cuite. V. *Cuecha*; douleur cuisante, brûlure, cautérisation, vl.
Éty. de *Couire*, cuire, v. c. m. et *Couire*, Rad.
Cuison n'est pas français, on doit toujours dire cuisson.
COUISSADA, s. f. (couissáde), d. bas lim. Claque sur les fesses. V. *Patelada*.
Éty. de *couissa* et de *ada*, donné sur les fesses. V. *Cuiss*, R.
COUISSET, s. m. (couissé); COUISSE. Grosse fourmi noire, selon M. Garcin.
COUISSI, Alt. lang. de *Couissin*, v. c. m.
COUISSIN, COUICHIN, rad. dont l'origine est incertaine; Ducange et Bouvelles le dérivent de *culcita*, lat. matelas, oreiller; Hotman et Ménage de l'all. *küssen*, coussin; Perrault de *pulvinus*, matelas, coussin; Ferrari de l'ital. *cuscire*, coudre, puis de *coxa*, cuisse, parce qu'on met des coussins sous les cuisses; Covarruvias et Gebelin partagent cette opinion à cause, dit le dernier, que l'oreiller relève la tête, comme les jambes relèvent le corps. Roq.

De *kussin*, par les changements de *k* en *c*, de *u* en *oui* et de *e* en *i*, *couissin*; d'où : *Couissin, Couissin-as, Couissin-at, Couissi, Couissin-ieira, Couissin-iera, Couissin-et.*

COUISSIN, s. m. (couissìn); COUISSI, COUCHI, COUICHIN, COICHI. *Cuscino*, ital. *Coxin*, esp. *Coxin*, port. *Coxi*, cat. Coussin, sac long ou carré, cousu de tous les côtés, qu'on remplit de plumes, de laine ou de crin, sur lequel on s'assied et où l'on s'appuye pour être plus mollement.

Éty, de l'all. *küssen*, qui a la même sign. V. *Couissin*, R.

Dérivés : *Couissinas, Couissinet, Couissiniera, Couissin-at.*

Couissin de dama, carreau.

Couissin deis boutouniers, boisseau.

Couissin doou liech, on le nomme *traversin*, lorsqu'il est de forme cylindrique et que sa longueur égale la largeur du lit, *oreiller*, lorsqu'il est carré, celui-ci est ordinairement recouvert d'un *fourreau* ; on nomme *taie*, l'enveloppe qui renferme immédiatement les plumes ou la laine.

Il paraît que les anciens mettaient leur bourse sous le coussin de leur lit, d'où le prov. usité en bas lim. en parlant d'une personne riche : *A quel que li a levat lou couissin, n'es pas d'a planger.*

Levar lou couissin, dans le même pays, indique un usage qu'on ne retrouve plus que parmi les peuplades sauvages et vivant de la chasse; on enlève le coussin ou traversin à un agonisant afin de lui éviter les souffrances d'une trop longue agonie, et ce devoir, loin de paraître cruel est regardé, au contraire, comme un acte d'amitié et même comme un devoir de la piété filiale.

COUISSIN, s. m. Est encore le nom qu'on donne au collier rembourré dont on garnit le cou des bêtes de labour pour que le joug et les attelles ne les blessent pas.

COUISSINAS, s. m. (couissinás). Gros coussin.

Éty. de *couissin* et de *as*. V. *Couissin*, Rad.

COUISSINAT, ADA, adj. et p. (couissiná, áde), dl. Calleux, euse, on le dit des mains atteintes de durillons, Sauv. muni d'un coussin.

Éty. de *couissin* et de *at*, qui fait coussin ou pourvu d'un coussin. V. *Couissin*, R.

COUISSINET, s. m. (couissiné); COUICHINET, COUAISSINET. *Coixinet*, cat. Petit coussin en général.

Éty. de *couissin* et du dim. *et*. V. *Couissin*, R.

Couissinet de sentour, sachet d'odeur.

COUISSINETS, s. m. pl. (couissinés); COUISSINS, dl. Les durillons ou cals qui viennent aux mains de ceux qui manient de gros outils. Sauv. V. *Couissin*, R.

COUISSINIEIRA, Alt. lang. et bas lim. de *Couissiniera*, v. c. m.

COUISSINIERA, s. f. (couissiniére); COUISSIGNEIRA, COUISSINIEIRA. *Coxinera*, cat. Une taie d'oreiller ou une taie, sac dont on enveloppe un coussin.

Éty. de *couissin* et de *iera*. V. *Couissin*, Rad.

COUITA, s. f. (couïte); COUTTA, dl. COUTTANSA. Hâte. V. *Coucha*.

COUITANSA, s. f. (couïtánse), dl. Même sign. que *couita*. V. *Coucha*.

COUITAR, v. a. (couïtà); COUTTAR, dl. Presser, bâter. V. *Coitar*.

L'y au an balhat couitat, on l'a extrêmement pressé, on ne lui a donné aucun relâche. Douj.

> Couitats *bous de flouri flouretos,*
> *E de milanto coulouretos*
> *Fazets nous sur la pradaria*
> *Un bel tapis en broudario.*
> Goudelin.

COUITIOU, adj. (couitioú); COUITIBOUL, COUCHOUIRE, dl. De bonne cuisson. Sauv. Voy. *Couire*, R.

COUITRE, s. m. (cóuïtré), dl. Coutre, instrument qui sert aux boisseliers pour refendre des pièces de bois. Sauv.

Éty. du lat. *culter*, m. s. V. *Coutel*, R.

COUJA, s. f. (cóudje). Nom toulousain de la citrouille. V. *Cougourda*.

COUJA VINOUSA, s. f. (cóudje binóuse). Nom toulousain de la courge gourde. Voy. *Gourda*.

COUJA MELOUNA, s. f. Nom toulousain de la plante qui produit les melons. V. *Meloun*.

COUJA ROUMAINA, s. f. Nom qu'on donne, à Toulouse, aux courges à côtes.

COUJOUNGLA, d. du Var. V. *Counjoungla*.

COUL, COL, GOUL, DOL, rad. pris du lat. *collis*, colline, coteau, butte, éminence, et dérivé du grec κολωνὸς (kolônos), hauteur, colline.

De *collis*, par apoc. *col* et *coul;* d'où: *Coul-et, Coulet-a, Coul-ina, Tre-coul-ar, Tres-coul-ar.*

De *coul*, par le changement de *c* en *g*, *goul;* d'où : *De-goul-oou, De-gouel, De-goul-aire, De-goul-ar, De-goul-at, De-grin-goul-ar, Degrin-goul-at.*

COUL....., On trouvera à *Col*..... les mots qui ne figurent pas à *Coul*.....

COULAC, s. m. (coulá). Nom de l'alose, à Bordeaux.

COULADA, s. f. (couláde); FINANCIERA. Coulée, caractère d'écriture penché, lié de pied en tête, tracé avec plus ou moins de rapidité. V. *Escritura*.

Éty. *Coulada*, qui coule. V. *Col*, R. 2.

COULADA, s. f. dl. Pour *accolada*, salut, révérence. V. *Accollada, Salut, Reverança*.

Éty. Ce mot pourrait venir de *coular*, glisser, parce qu'on salue ordinairement en faisant glisser un pied en arrière. P. Puget le fait venir de *colere*, lat. honorer, ou de l'hébreu *chala*, prier, supplier.

COULADA, s. f. (couláde). Coulé, pas de danse qui se fait en rasant la terre de la pointe du pied.

Éty. de *coular* et de *at*. V. *Col*, R. 2.

COULADA, s. f. Éboulis, mur ou terre écroulés. V. *Col*, R. 2.

COULADIS, ISSA, adj. (couladís, ísse), dl. Coulis, vent coulis: *Cledat couladis*, herse sarrasine, ancienne défense des portes de ville, porte qui tombait entre deux coulisses: *Porta couladissa*, trape ou fermeture en coulisse. Sauv.

Éty. de *coular* et de *is*, qui peut couler ou qui est coulant. V. *Col*, R. 2.

COULADOUN, Suppl. à Pelas. V. *Bugadoun*.

COULADOUR, s. m. (couladóu); COURADOUR. Buanderie, lieu où l'on fait la lessive. Garc.

COULADOUR, s. m. (couladóu). Pour couloir, V. *Coulaire* et *Col*, R. 2, en dl. chaudron ou bassine à faire cailler le lait. Sauv.

COULADOUR, s. m. dl. Pour crible. V. *Dray* et *Col*, R. 2.

COULADOUR, s. m. AVERILHA. *Pissot*, bout de linge qu'on met dans le trou du cuvier pour conduire la lessive dans le baquet destiné à la recevoir. La canne par laquelle on le remplace quelquefois, s'appelle pissote.

Éty. de *coular* et de *dour*. V. *Col*, R. 2.

COULADURA, s. f. (couladúre). Eau dans laquelle on a fait cuire des légumes; eau qui a coulé par une fente. Garc.

Éty. de *coulada* et de *ura*, la chose qui a coulé.

COULAIRE, s. m. (couláïré); COULADOUR, COURAIRE, PASSOIR, PASSOUIRA. *Colatojo*, ital. *Coladero*, esp. *Coador* et *Coadeira*, port. *Colador*, cat. Couloir, écuelle ordinairement de bois, qui, au lieu de fond, a une pièce de linge, par où on coule le lait en le tirant ou après l'avoir trait, passoire de cuisine, chausse.

Éty. de *coular* et de *aire*. V. *Col*, R. 2.

COULANA, s. f. (coulàne), dg. Traînée.

Éty. de *coul* et de *ana*. V. *Col*, R. 2.

> *Quand Diou per lous serbi de guiso*
> *Lous pariché pendent la neyt*
> *En* coulana *de houec perfeyt.*
> D'Astros.

COULANCHA, s. f. V. *Avalancha*.

COULAR, v. a. (coulá); COURAR. *Colare*, ital. *Colar*, esp. cat. *Coar*, port. Couler, filtrer, passer une chose liquide à travers du linge, du drap, du sable, etc. pour la clarifier; la liqueur passée se nomme *colature*.

Éty. du lat. *colare*, m. s. V. *Col*, R. 2.

COULAR, v. a. dl. Tirer la cuve ou décuver: *Quoura coulaz?* quand tirez vous la cuve: *Coular la bugada*, lessiver, ou simplement *coular*. V. *Col*, R. 2.

COULAR, v. n. Couler, suivre sa pente, en parlant d'un liquide; passer quand il est question du temps; circuler, si l'on parle du sang; suinter, glisser. V. *Col*, R. 2. en parlant de la vigne, c'est lorsque la fleur passe sans laisser de fruit, accident, qui s'appelle *coulure*.

COULAR, v. n. dl. Chômer, fêter, solemniser un jour de fête. V. *Colar*.

Éty. du lat. *colere*, m. s. V. *Col*, R. 3.

COULAR, s. m. dl. et bas lim. Pour alose et collier. V. *Coulier* et *Col*, R.

COULAR, v. a. Pour coller. V. *Collar*.

COULAR, v. n. d. bas lim. Pour coûter. V. *Coustar*.

Quant vous a coulat lou blad?

COULARET, s. m. (coularé); MERLE-LOUMBARD, MERLE-DEIS-MOUNTAGNAS, MERLOU-A-PIES-

BLANC. Nom qu'on donne, à Seyne, au merle à plastron blanc, *Turdus torquatus*, Lin. oiseau de l'ordre des Passereaux et de la fam. des Crénirostres ou Glyphoramphes, (à bec à entaille), remarquable par une espèce de collier blanc qu'il a sur la poitrine.

Éty. *Coularet*, dim. de *coular*, collier. V. *Col*, R.

On le nomme, *Merle-deis-montagnas*, dans le Gard, et *Merle-lombard*, à Avignon.

COULARIVA, s. f. (coularive). Pour collier d'attelage, V. *Coulas;* à Barcelonnette on donne le nom de *coulariva* au joug. V. *Jouc*.

Éty. de *coul* et de *riva*, qui serre le cou. V. *Col*, R.

COULASSOUN, s. m. (coulassóun); COUICHIN COULAS. Collier pour les bêtes qui traînent la charrue.

COULAT, V. *Collat*.

COULAT, ADA, adj. et p. (coulà, áde). Coulé, ée, filtré. V. *Col*, R. 2.

COULATION, s. f. (coulatie-n); COULATIEN. *Collació*, cat. *Colazione*, ital. *Colacion*, esp. *Collação*, port. Collation, repas léger qui tient lieu de souper à ceux qui jeûnent.

Éty. du lat. *collatio*, collation, lecture des conférences des saints Pères, appelées en latin *collationes*, à laquelle assistaient les religieux après leur souper, et après laquelle on leur permettait, les jours de jeûne, un peu de vin, rafraîchissement qui se nommait aussi collation.

Lancelot, donne la même étymologie du mot *collatio*, avec une légère variante, il vient, dit-il, *à collationibus monachorum*, c'est-à-dire, des conférences des moines qui s'assemblaient avant complies pour écouter la lecture d'un chapitre des Collations de Cassien, après quoi ils passaient au réfectoire où ils allaient boire.

Les Grecs se sont permis de faire collation les jours de jeûne dès le VIme siècle, mais les Latins n'ont suivi cet exemple que dans le XIIIme.

COULEGI, s. m. (coulèdgi); COULEGE. *Colegio*, esp. *Collegio*, ital. port. *Collegi*, cat. Collége, lieu destiné à l'enseignement des sciences et des lettres.

Éty. du lat. *collegium*, formé de *colligere*, assembler, réunir. V. *Leg*, R. 2.

L'institution des colléges remonte à la plus haute antiquité, les Chinois en avaient dès l'an 2278 avant J.-C. Les Egyptiens et les Juifs, en possédaient aussi.

Le Lycée et l'Académie, chez les Grecs eurent une célébrité qui n'a pas encore été égalée.

Le plus ancien des colléges de Paris est celui de théologie qui porte le nom de *Sorbonne*, il fut institué par Saint Louis, en 1252.

Le collége royal de France fut créé à Paris, par François 1er en 1530.

Un collége royal fut établi à Aix en 1603, on le dota, au moyen d'une augmentation de 2 sous d'impôt, sur chaque minot de sel. Coriolis.

COULAU, nom d'homme. Altération de *Nicolas*, v. c. m.

COULAYA, s. f. d. de Barcel. Avalanche. V. *Avalancha* et *Col*, R. 2.

COULC, adj. (cóulc), dl. Couché ou couchant : *A soulelh coulc*, Au coucher du soleil. V. *Couch*, R.

COULCAR, V. *Couchar*.

COULCAR SE, v. r. vl. Se coucher. V. *Couchar si*.

Si se coulco sul teil, Dius ! le leit li desplat.
Bergoing.

COULCET, s. m. (coulcé), dl. COUSSEDA, COUSSEDRA, COUSSERA, COUSSENA. Un lit de plumes, et non *coite*, qui n'est pas usité, Sauv. couette.

Éty. du grec κοίτη (koitê), lit.

COULECTA, s. f. (coulette); *Colletta*, ital. *Colecte*, esp. *Collecta*, port. cat. Collecte, oraison que le prêtre dit à la messe avant l'épître.

Éty. du lat. *collecta*, formé de *colligere*, ramasser; parce qu'anciennement, lorsque le célébrant avait dit *oremus*, les assistants priaient pendant quelques moments, et le prêtre réunissait dans l'oraison, leurs vœux et leurs sentiments, pour les offrir à Dieu. V. *Leg*, R. 2.

L'origine de la collecte est attribuée à saint Gélase ou à saint Grégoire le Grand.

COULECTA, Pour quête. V. *Culheta*.

COULECTIF, IVA, adj. (coulectif, ive); *Collettivo*, ital. *Colectivo*, esp. *Collectivo*, port. *Collectiu*, cat. Collectif, ive, il se dit d'un mot qui désigne, qui embrasse plusieurs personnes ou plusieurs choses.

Éty. du lat. *collectivus*, m. s. V. *Leg*, Rad. 2.

COULECTION, s. f. (coulectie-n); COULECTIEN. *Collezione*, ital. *Collecion*, esp. *Collecção*, port. *Collecció*, cat. Collection, recueil de choses curieuses qui ont du rapport entre elles, assemblage, amas.

Éty. du lat. *collectionis*, gén. de *collectio*. V. *Leg*, R. 2.

COULECTIVAMENT, adv. (coulectivaméin); *Collettivamente*, ital. *Colectivamente*, esp. *Collectivamente*, port. *Col-lectivament*, cat. Collectivement, d'une manière collective.

Éty. de *coulectiva* et de *ment*. V. *Leg*, Rad. 2.

COULECTOUR, s. m. (coulectóu); COULETOU, COULETOUR. *Collettore*, ital. *Colector*, esp. *Collector*, port. cat. Percepteur, celui qui fait la collecte des tailles, on disait anciennement collecteur, au lieu de percepteur. V. *Perceptour*.

Éty. du lat. *collector*, m. s. V. *Leg*, R. 2.

COULEGIAL, ALA, s. et adj. (coulegiál, âle); *Collegial*, cat. *Collegiale*, ital. *Colegial*, esp. port. Collégial, ale : *Eglisa coulegiala*, église collégiale, église qui a un chapitre de chanoines, sans siége épiscopal. V. *Leg*, R. 2.

COULEGIAU, s. m. (couledgiáou). Un écolier de collége. V. *Leg*, R. 2.

COULEGI-ELECTOURAL, s. m. Collége électoral, assemblée d'électeurs convoqués pour élire des députés.

COULEGO, s. m. (coulègue); *Colega*, esp. *Collega*, ital. port. Collègue.

Éty. du lat. *collega*, ou *collegium*, nom que les Romains donnaient à tout assemblée de personnes occupées aux mêmes fonctions. V. *Leg*, R. 2.

COULENT, ENTA, adj. (coulèin, èinte), dl. *Fêtable*, chômable, vénérable.

L'y va bailat coulent, on lui en a donné à garder.

Festa coulenta, fête chômable.

Éty. du lat. *colentis*, gén. de *colens*, qui honore, qui respecte. V. *Col*, R. 3.

COULERA, s. f. (coulère); *Collera*, ital. *Colera*, esp. port. cat. Colère, émotion violente de l'âme contre ce qui la blesse.

Éty. du grec χόλος (cholos), bile, parce que les anciens attribuaient la colère à l'agitation de ce liquide. V. *Coler*, R.

COULERIQUE, ICA, adj. (couleriqué, ique); *Coleric*, cat. *Colerico*, esp. port. *Collerico*, ital. Colérique, bilieux. V. *Coulerous*.

Éty. de *coulera* et de *ique*. V. *Coler*, R.

COULEROUS, OUSA, adj. (couleróus, óuse); COULERIQUE. Colère, colérique, qui est sujet à se mettre en colère.

Éty. de *Coulera* et de la term. *ous*, v. c. m. V. *Coler*, R.

COULET, s. m. (coulé); COULETOUN, ENTRE-CAP-EL-COL, TRUQUET, SUQUET, TUCOULET, TUQUEL. Colline, petit coteau, monticule.

Éty. de *col* ou *couel*, et du dim. *et*, ou du lat. *collis*, m. s. V. *Coul*, R.

Per valouns et coulets, par monts et par vaux.

COULET, m. s. *Collaretto*, ital. Partie d'un vêtement qui entoure le cou; Bourde, Douj. V. *Col*, R.

Coulet de capelan, rabat.

Coulet de moutoun, collet de mouton. V. *Bescouel*.

Coulet de candelier, collet de chandelier, la partie qui s'élève sur le pied.

Coulet de femna, d. bas lim. mouchoir de cou, fichu.

COULETA, s. f. (couléte). *Coulette*, sorte de filet en truble, dont on fait usage, en Languedoc, pour pêcher dans la Garonne.

COULETOU, Alt. de *Coulectour*, v. c. m.

COULHAUD, m. sing. que *Coulhoun*. Nigaud, v. c. m.

COULHER, s. m. dg. V. *Colas*.

COULHEZ, s. m. d. lim. V. *Collier*.

COULHOUN, s. m. (couillóun); COUYOUN. *Coglione*, ital. Au propre, ce mot est synonyme de testicule, on dit plus communément, *Boutoun*, v. c. m.

COULHOUN, s. m. Terme injurieux qui répond à dupe, imbécile, nigaud, homme qu'on trompe facilement.

COULHOUNAS, s. m. (coulhounás). Augm. de *Coulhoun*, gros nigaud.

COULHOUN DE MAR, V. *Cravan*.

COULHOUNS DE CAT, V. *Cravan*.

COULIAN, s. m. (coulián). Innocent, nigaud, niais. Gros.

COULIANDRA, V. *Coriandra*.

COULICA, s. f. (coulique); *Colica*, ital. esp. port. *Colic*, cat. Colique, douleur d'une partie quelconque du tube intestinal, avec des interruptions bien prononcées.

Éty. du lat. *colica*, dérivé du grec κωλικὸς (kôlikos), formé de κῶλον (kôlon), colon, ou des intestins, sous-entendu ὀδύνη (odunè), douleur.

Mi douna la coulica, il m'ennuie, il me donne le cochemar.

Les coliques peuvent être produites par des causes diverses et souvent très opposées, elles exigent, par conséquent, des traitements différents suivant les cas. Nous ajoutons cette observation pour montrer à ceux qui croient avoir un bon remède contre la colique, comme ils disent, les dangers auxquels ils s'exposent en le prenant ou en l'administrant, sans connaître la cause du mal. Les liqueurs spiritueuses, par exemple, peuvent être mortelles dans les coliques inflammatoires, et c'est à celles-là qu'on a recours le plus souvent.

COULICOUNA, s. f. (coulicóune). Petite ou légère colique.

Éty. Dim. de *Coulica*, v. c. m.

COULIER, V. *Colier*.

COULIMPADA, s. f. (coulïmpáde), dl. Glissade. V. *Resquilhada* et *Esparrada*.

COULIMPAR, v. n. (coulïmpá), dl. Glisser. V. *Resquilhar* et *Esparrar*.

COULINA, s. f. (couline); COULINA. *Collina*, ital. port. *Colina*, esp. Colline, petite montagne à pente douce. V. *Coulet*.

Éty. de *col*, *coul*, et du dim. *ina*, ou du lat. *collis*, colline, d'où *collina*.

COULINAR, v. a. et r. (couliná); COURRIAR. Glisser, se glisser, entre quelque chose, sous les couvertures; s'ébouler; s'en aller sans bruit.

Éty. *Coulinar* est une espèce de dim. de *coular*. V. *Col*, R. 2.

COULINDROUN-NEGRE, s. m. (coulindroun-négré). Nom toulousain du fruit du groseiller noir ou *cassina*. V. *Cassis*.

COULIS, s. m. (coulis); *Colato*, ital. *Colado*, esp. *Coado*, port. Coulis, jus de viande tiré par expression.

Éty. de *coular*, couler, et de *is*. V. *Col*, Rad. 2.

COULISSA, s. f. (coulisse). Coulisse, longue rainure par laquelle on fait couler, aller et venir un chassis, une fenêtre, etc. V. *Theatre*.

Éty. de *coular*, couler, et de *issa*. V. *Col*, R. 2.

COULITOR, s. m. (coulitó). Nom languedocien d'une espèce de raisin; le propriétaire d'un domaine qu'il cultive lui-même.

Éty. du lat. *cultor*. V. *Col*, R. 3.

COULLABOURATOUR, s. m. (coullabouratóur); *Collaborador*, port. *Collaboratore*, ital. Collaborateur, celui qui travaille de concert avec un autre, qui l'aide dans ses fonctions, dans l'exercice de son emploi.

Éty. de *coul*, pour *coum*, avec, de *labour*, travail, et de *atour*, qui fait. Celui qui travaille avec un autre.

COULLATERAL, ALA, adj. (coullaterál, ále); COULLATÉRAU. *Collaterale*, ital. *Collateral*, port. *Colateral*, esp. Collatéral, ale, parent hors de la ligne directe.

Éty. du lat. *collateralis*, m. s.

COULLATIOUNAR, v a. (collatiouná); *Colacionar*, esp. *Collazionare*, ital. Collationner, comparer une copie à l'original, vérifier si un livre est complet.

COULOBRE, s. m. (coulóbré), dl. Dragon, serpent ailé et imaginaire; le peuple est persuadé qu'en vieillissant, les couleuvres grossissent, se raccourcissent, et qu'elles finissent par prendre des ailes, ce qu'on appelle *s'acouloubrir*; fig. laideron. Douj.

Éty. du lat. *coluber*, m. s.

COULOBRI, s. m. (cóulóbri). Couleuvre, espèce de petit serpent qui vit dans l'eau. Garc.

COULOM, s. m. dl. Pigeon. V. *Couloumb* et *Colomb*, R.

COULOUBRE, s. m. (coulóubré). Nom que les paysans, en Gascogne, donnent à un serpent fort court et fort épais, n'ayant presque pas de queue, que personne n'a probablement vu.

COULOUBRINA, s. f. (couloubrine); COULOUMBRINA. *Colebrina*, ital. *Culebrina*, esp. *Colubrina*, port. *Colobrina*, cat. Couleuvrine, longue pièce d'artillerie, ou canon beaucoup plus long que les canons ordinaires, qu'on a comparé à une couleuvre, à cause de sa longueur.

Éty. du lat. *colubrinum*, m. s. formé de *coluber*, couleuvre.

COULOUBRINA, s. *f.* Canonnière. V. *Eissop*.

COULOUBRINIER, s. m. (couloübrinié). Un des noms qu'on donne au sureau, dans le Languedoc, parce que les enfants en font des canonnières, *couloubrina*. V. *Sambuquier*.

COULOUER, s. m. (couloué), dl. Un bec de corbin, ustensile de fer blanc, sorte de cuiller à l'usage des épiciers, des regrattiers, pour prendre de petites quantités de drogues qu'on veut peser. Sauv.

COULOUGN, COUROUGN, radical dérivé du lat. *colus*, quenouille, et formé de *colere*, *colo*, orner, soit parce que la quenouille est l'ornement des femmes laborieuses. V. *Coulougna*. Soit parce que ce qu'on y fille sert à faire des ornements: *Colus, ex Perotti sententia, à colendo, id est, ornando quia mulierem ornat; vel quia neant hac ea; que ad ornetum pertineant*. Vossius. M. de Roquefort, dérive le mot quenouille, de *canne. roseau*.

De *colus*, par apoc. et chang. de *o* et de *u* en *ou*, *coulou*, par addition de *gn*, *coulougn*; d'où: *Coulougn-a*, *Coulougn-ada*, *Coulougn-au*, *Coulougn-ar*, *Coulougn-eta*, *Coulougn-oun*.

Par transposition de lettres: *Counoul*, *Counoulh-a*, *Counoulh-ada*, *En-coulougnar*, *En-coulougn-at*.

Par le changement de *l* en *r*, *courougn*, d'où les mêmes mots que par *Coulougn*, *Quenoulh-eta*.

COULOUGNA, s. f. (coulóugne); COUROUGNA, FIELOUA, FIELOUSA; QUOUNOUL, COUNOULHA, FILOUA, FIALOUSA, FILOUSA, BALETA, DOSA, HILOUSA. *Conocchia*, ital. Quenouille, bâton ou roseau auquel on attache la filasse qu'on veut filer. Elle se compose du corps, qui comprend depuis le renflement en haut et de la tige ou partie inférieure. On dit coiffer, charger, monter une quenouille. V. *Encoulougnar*.

Éty. du lat. *colus*, ou du celt. *canula*, petit roseau. V. *Coulougn*, R.

Les Romains élevèrent à Tenaquille, femme de Tarquin l'ancien, une statue qui tenait à la main une quenouille, comme le garant de la sagesse et de la vertu, propre à son sexe, et lorsqu'à Rome on conduisait une nouvelle mariée au lit nuptial, on portait devant elle une quenouille de laine, comme pour l'avertir qu'elle devait mener une vie appliquée et laborieuse. J'ai vu le même usage établi dans nos montagnes.

La quenouille est un des attributs des parques, on la trouve sur les monuments les plus antiques.

COULOUGNA, s. f. vl. Habitation d'un colon, d'un agriculteur, maison de campagne.

COULOUGNADA, s. f. (coulougnáde); MASSÓUN, BLESTOUN, COUNOULHADA, COULOUGNAU, COULOUGNAYA, COUROUGNAU, COUNOUL, COUNOULIADA, FIALOUSADA. Quenouillée, poupée, matteau de chanvre ou de lin qu'on met à la fois à la quenouille pour filer. Celui d'étoupe s'appelle *rouleau*.

Éty. de *coulougna* et de *ada*, quenouille faite ou garnie. V. *Coulougn*, R.

COULOUGNAR, v. n. (coulougná), dl. Reculer par poltronerie, se dédire, saigner du nez, faire la femmelette.

Éty. de *coulougna* et de *ar*, charger la quenouille comme une femme. V. *Coulougn*, Rad.

COULOUGNAU, V. *Coulougnada*.

COULOUGNETA, s. f. (coulougnéte); QUENOULHETA. Dim. de *coulougna*, petite quenouille; poltron, celui qui se dédit par timidité ou par irrésolution. Sauv. V. *Coulougn*, R.

COULOUGNIERA, s. f. (coulougniére), d. de Barcel. *Chambrière*, anse qui tient la quenouille rapprochée du corps de la personne qui file.

Éty. de *coulougna* et de *iera*. V. *Coulougn*, R.

COULOUGNOUN, s. m. (coulougnóun); PEA. Matteau de lin ou de chanvre, plié en forme de tire-bourre, formant une quenouillée.

Éty. de *coulougna* et de *oun*. V. *Coulougn*, R.

COULOUMAR, v. a. (couloumá). Précipiter, jeter du haut en bas. V. *Débaussar*.

Éty. du grec κολωνὸς (kolônos), hauteur, cîme d'une montagne, et de *ar*, tomber d'une montagne, d'un lieu élevé.

COULOUMB, s. m. vl. *Colom*, cat. *Colombo*, ital. Un pigeon. V. *Pigeoun*.

Éty. du lat. *columbus*, m. s. V. *Colomb*, R.

COULOUMBA, s. f. (coulóumbe); COLOMBA. *Colomba*, ital. *Paloma*, esp. *Coloma*, cat. Colombe, pigeon blanc, ce mot n'est guère d'usage qu'en poésie.

Éty. du lat. *columba*. V. *Colomb*, R.

COULOUMBA, s. f. Nom qu'on donne, dans le Gard, au pigeon ramier. V. *Pigeoun favard* et *Colomb*, R.

COULOUMBA, s. m. Un des noms languedociens du panic vert. V. *Melaucha*.

COULOUMBA, s. f. dl. (couloumbá). Sorte de feuille de mûrier blanc, à mûre blanche ou noire: elle est mince, médiocrement large, soyeuse dans sa maturité. C'est une de celles dont les vers à soie sont les plus friands. Sauv.

COULOUMBA, s. f. (couloúmbe). Colombe, varlope renversée de tonnelier. V. *Gougnent.*

COULOUMBA, Nom de femme, (couloúmbe); COLOMBA. Colombe.

Patr. L'Eglise honore trois saintes de ce nom, les 20 mai, 17 septembre, 17, 30 et 31 décembre.

COULOUMBADA, s. f. (couloumbáde); COULOUMBAUDA, MOUSQUET-JAUNE. Colombaude ou petite fauvette à poitrine jaune, *Motacilla hippolais*. Lin, oiseau de l'ordre des Passereaux et de la famille des Subulirostres ou Raphioramphes (à bec en alêne).

Éty. V. *Colomb*, R.

COULOUMBADA PICHOTA, s. f. TESTA-NEGRA, TESTA-NEGRETA, BOSCARLETA, BOUSCARLA-TESTA-NEGRA, TESTA-ROUSSA. Fauvette à tête noire, *Motacilla atricapilla*, Lin. oiseau du même genre que le précédent, dont on le distingue aisément en ce que celui-ci est plus gros, et que le dessus de sa tête est d'un beau noir dans le mâle et d'un brun marron dans la femelle.

COULOUMBARD, s. m. (couloumbá); COLOMBAR, dl. Un *Carcan*, v. c. m.

Éty. du lat. *columbar*, m. s.

COULOUMBASSETA, s. f. (couloumbassète), sous-entendu *varietat*. Nom qu'on donne, à Anduze, d'après M. Régis, Dict. Sc. Nat. à une variété de mûrier blanc, connue depuis longtemps dans le pays, dont les mûres sont jaunâtres et fort grosses. C'est l'espèce qui plaît le plus aux vers à soie.

COULOUMBASSA VERTA, s. f. (couloumbásse verte); sous-entendu *varietat*. Nom que porte une variété du mûrier blanc, à Anduze, selon M. Regis, Dict. Sc. Nat. qu'on distingue en grosse et petite, et dont les mûres sont bleuâtres.

COULOUMBAU, s. m. Espèce de raisin. V. *Rasin.*

COULOUMBAUDA, s. f. (couloumbáoude). Un des noms de la fauvette grise, selon M. Roux. V. *Bichot.*

COULOUMBET, s. m. (couloumbé). Petite pierre longue qu'on place aux angles d'une bâtisse. Ach. Pour cloche-pied. V. *Ped-couquet.*

Petit pigeon, du lat. *columbulus*, m. s. V. *Colomb*, R.

COULOUMBETAS, s. f. pl. (couloumbétes). Les anses ou anneaux de fer de la bonde ou *huisset* d'un tonneau. Avr.

COULOUMBIER, s. m. (couloumbié); *Colomer*, anc. cat. *Colombajo*, ital. Colombier, pigeonnier. V. *Pigeounier.*

Éty. du lat. *columbarium*, m. s. V. *Colomb*, R.

COULOUMBIERA, s. f. (couloumbiére). Combrière, filet propre à prendre des thons et autres gros poissons.

COULOUMBIERS, s. m. pl. (couloumbiérs). Colombiers, nom de deux pièces de bois endentées qui servent à contenir un navire quand on veut le lancer à l'eau. Elles diffèrent des *coïtes* en ce qu'elles vont à l'eau avec le navire, tandis que les *coïtes* restent à leur place.

COULOUMBIN, s. m. (couloumbín). *Colombin*, rouleau de terre glaise pétrie, qu'on met sur le bord d'une assiette pour la rendre plus solide. Ach.

COULOUMBINA, s. f. (couloumbiná); COULOUMBRINA. *Columbina*, port. *Colomassa*, cat. *Palomina*, esp. *Colombina*, ital. Colombine, fiente de pigeon.

Éty. du lat. *columbinus*, *columbina*, de pigeon. V. *Colomb*, R.

COULOUMBRIERA, s. f. (couloumbriére); *Couloumbriera per pescar*, combrière. Cast.

COULOUMBRINA, s. f. (couloumbrine). Pour colombine, V. *Couloumbina*; pour couleuvrine, et pour canonnière. V. *Couloubrina.*

COULOUMET, s. m. (couloumét), dg. Alt. de *Couloumbet*, petit pigeon. V. *Colomb*, R.

Lou couloumet *dessus la tour.*
d'Astros.

COULOUN, s. m. (coulóun); *Colono*, ital. esp. *Colon*, port. Colon, habitant des colonies.

Éty. du lat. *colonus*, m. s.

COULOUNA, s. f. (coulóune); COUROUENDA, COLONA. *Colonna*, ital. *Coluna*, esp. *Columna*, port. *Colona*, anc. cat. Colonne, pilier rond et isolé, supportant une platebande, un trumeau, un entablement ou la retombée d'une voûte.

Éty. du lat. *columna*, m. s. V. *Colon*, R.

Toute colonne est essentiellement composée de trois parties qu'on nomme: *base*, *fût* et *chapiteau*.

La base se compose:

DU SOCLE, corps carré, plus bas que large, qui porte immédiatement sur le pied-d'estal.
DU TORE ou GROSSE MOULURE RONDE, qui porte sur le socle.
D'UNE ou PLUSIEURS MOULURES. V. *Moulura.*

Le fût peut être formé d'une seule ou de plusieurs pièces, dans ce dernier cas on nomme:

TAMBOUR, chaque assise ronde qui concourt à sa formation.
ASTRAGALE, la moulure qui le termine en haut.

Le chapiteau. V. Chapiteou.

Dans une colonne considérée isolément, on nomme:

APOPHYGE, l'endroit où la colonne sort de sa base et commence à s'élever.
BASE, ce qui en forme la partie inférieure.
BATON, et
BOSEL, V. *Tore.*
BOUDIN, V. *Tore.*
CANNELURES, les cavités à plomb, arrondies par les deux bouts, et pratiquées sur le fût.
CEINTURE, l'orle du haut ou du bas d'une colonne.
CHAPITEAU, V. *Chapiteou.*
COLARIN, V. *Ceinture.*
DEMI-COLONNE, celle qui est engagée de la moitié de son diamètre.
FUT, la partie qui s'étend de la base au chapiteau.
GOUJON, la grosse cheville de fer qui entre dans le bas de la colonne et dans sa base.
LISTEL, une petite moulure carrée qui sépare les cannelures d'une colonne.

On appelle:

COLONNE TORSE, celle dont le fût a la forme d'une vis.
ENTRE-COLONNE ou ENTRE-COLONNEMENT, l'espace qu'il doit y avoir entre les colonnes.

Comme les ordres d'architecture sont particulièrement déterminés par les proportions des colonnes, nous les donnons ici:

LA COLONNE TOSCANE, en y comprenant sa base et son chapiteau a pour hauteur sept fois son diamètre.
LA COLONNE D'ORIQUE, huit fois.
LA COLONNE IONIQUE, neuf fois.
LA COLONNE CORINTHIENNE, dix fois.

Le demi-diamètre du fût d'une colonne se nomme:

MODULE, V. *Ordres d'architectuer.*

COULOUNADA, s. f. (coulounáde); COUROUNADA. *Columnata*, cat. *Colonnata*, ital. Colonnade, suite de plusieurs colonnes; on nomme *polystyle*, celle dont le nombre des colonnes est si grand qu'on ne peut les compter d'un seul aspect.

Éty. de *coulouna* et de la term. *ada*. V. *Colon*, R.

COULOUNELA, s. f. (coulounèle). La fleur, la première d'une chose, par sa beauté, son prix ou sa perfection.

Éty. de *coulouna* et de *ela*, qui marche à la tête de la colonne. V. *Colon*, R.

COULOUNIA, s. f. (coulounie); COULOUNIE. *Colonia*, cat. ital. esp. port. Colonie, personnes de l'un et l'autre sexe qu'on envoie d'un pays pour en habiter un autre; les lieux où l'on envoie les habitants.

Éty. du lat. *colonia*, m. s. formé de *colere*, *colo*, cultiver. V. *Col*, R. 3.

« Les colonies françaises tirent leur première origine de ces corsaires fameux qui, sous le nom de flibustiers, mêlant à une barbarie sans remords, un héroïsme sans exemple, disputèrent aux Espagnols, assassins du Nouveau-Monde, et aux Caraïbes naturels du pays, les îles Méridionnales de l'Amérique. »
Noël. Dict. des Orig.

COULOUNIAL, **ALA**, adj. (coulounial, ále). Colonial, ale; qui concerne, qui vient des colonies.

COULOUNISAR, v. a. (coulounisá); *Colonisar*, port. Coloniser, établir une colonie.

COULOUR, s. f. (coulóur); *Colore*, ital. *Color*, esp. cat. *Cor*, port. Couleur, impression que fait sur l'œil la lumière décomposée et réfléchie par les surfaces.

Éty. du lat. *color*, m. s. V. *Color*, R.

On sait depuis Newton (1675), que les couleurs sont le produit de la décomposition de la lumière; qu'un rayon lumineux en traversant un prisme se sépare en sept rayons colorés dans l'ordre suivant: *rouge*, *orangé*, *jaune*, *vert*, *bleu*, *pourpre* et *violet*. On nomme ces couleurs primitives, parce qu'elles résultent immédiatement de la décomposition de la lumière.

De cette observation importante il résulte que les corps ne sont pas colorés par eux-mêmes, mais seulement par la propriété qu'ils ont de réfléchir tel ou tel rayon de lumière.

COULOUR, Couleur, se dit encore pour teint, pour substance propre à teindre, etc.

La coulour de fuec, Trad. le couleur de feu.

La coulour de rosa me plai, Tr. le couleur de rose me plaît, etc., et non *la*, parce que ce sont là des phrases elliptiques et que c'est comme si l'on disait ce qui est de couleur de feu, de rose, etc.

COULOURAR, v. a. (coulourá); *Colorare*, ital. *Colorar*, esp. cat. *Colorear* et *Colorir*, port. Colorer, donner de la couleur; donner une couleur quelconque; fig. représenter sous une apparence flatteuse.

Éty. du lat. *colorare*. V. *Color*, R.

On dit colorier quand on parle des couleurs qu'on applique sur un tableau; on colorie un dessin, et on colore un mensonge.

COULOURAR SE, v. r. Se colorer, prendre de la couleur.

COULOURAT, ADA, adj. et p. (coulourá, áde); *Colorad*, cat. *Colorado*, esp. *Coloread* et *Colorido*, port. *Colorito*, ital. Coloré, ée. V. *Color*, R.

Éty. du lat. *coloratus*, m. s.

COULOURETA, s. f. (coulouréte); Dim. de *coulour*, légère couleur, couleur agréable.

Éty. de *coulour* et du dim. *eta*. V. *Color*, Rad.

COULOURIAR, v. a. (couloùriá); *Colorir*, cat. esp. port. *Colorare*, ital. Colorier, donner les couleurs.

Éty. de *coulour* et de *iar*, donner de la couleur.

COULOURIAT, ADA, adj. et p. (coulouriá, áde); *Colorid*, cat. *Colorido*, esp. Colorié, éc.

COULOURIS, s. m. (coulouris); *Colorito*, ital. *Colorido*, esp. port. Coloris, l'effet qui résulte du mélange et de l'emploi des couleurs dans les tableaux, principalement pour les figures humaines.

Éty. du lat. *colorum, ratio*. V. *Color*, R.

COULOURISTO, s. m. (coulouriste); *Colorista*, cat. esp. port. ital. Coloriste, peintre qui excelle dans le coloris.

COULOUSSADE, Alt. de *Coulassada*.

COULPA, s. f. vl. COLPA. *Culpa*, cat. esp. port. *Colpa*, ital. Coulpe, faute, aveu de sa faute, crime.

Éty. du lat. *culpa*, m. s.

COULSA, s. f. dl. V. *Coursa*.

COULSENA, s. f. (coulséne), dg. Lit de plumes.

COUM, COUN, COUL, COUR, COU, CO, préposition dérivée du lat. *cum*, qui marque assemblage, société, réunion, quand il s'agit de plusieurs choses, et accroissement de force ou d'intensité équivalant à une réunion, s'il n'est question que d'un seul objet. Bondil.

De *cum*, par le changement de *u* en *ou*, *coum*; d'où : *Coum-primar*, *Coum-pagnoun*, *Coum-prendre*.

De *coum*, par le changement de *m* en *n*, quand il n'est pas suivi d'un autre *m*, d'un *p* ou d'un *b*, *coun*; d'où : *Coun-estar*, *Gounvenir*, *Coun-courrer*, *Coun-centrar*, *Counvenir*, *Coun-fus*.

De *coun*, par le changement et attraction de *n* en *r*, *cour*; d'où : *Cour-rigear*, *Cour-roumpre*.

De *coun*, par le changement de *n* en *l*, *coul*; d'où : *Coul-labouratour*, *Coul-lection*.

De *coun*, par suppression de *n* devant un radical qui commence par une voyelle, *cou*, *co*; d'où : *Co-adjutour*, *Cou-ouperar*, *Cohernier*.

COUM, adv. d. béarn. A peine.

Éty. du lat. *cum*.

COUMA, s. f. (cóume), d. bas lim. Le faîte, le comble d'un bâtiment. V. *Cresten* et *Coume*.

Éty. du grec κόμβος (kombos), lieu élevé.

COUMADA, s. f. (coumáde), d. bas lim. Couverture en chaume d'une maison, d'une grange.

Éty. de *couma*, faîte, et de *ada*. Voy. *Couma*.

COUMAIRAGE, et

COUMAIRAGI, s. m. (coumeirádgi); COUMEIRAGI, COUMEIRAGE. Commérage, propos et conduite de commère; intrigue de four ou de moulin.

Éty. de *coumaire* et de *agi*, ce que fait une commère. V. *Mater*, R.

COUMAIRE, s. f. (coumáïré); COUMERA. *Comare*, ital. cat. *Comadre*, esp. port. Commère, terme de relation qui se dit d'une femme qui a tenu un enfant sur les fonts baptismaux, par rapport au parrain, au père et à la mère de l'enfant; femme intrigante et rusée. V. *Coupaire*.

Éty. de *cou* pour *cum* et de *maire*, *cum mater*. V. *Mater*, R.

Coumaire, se dit aussi d'une demoiselle qui assiste au mariage d'une amie.

COUMAIRES, s. f. pl. dl. (coumáïrés). Des joujoux, des jouets d'enfant : *M'a pres mas coumaires*, il m'a pris mes joujoux; *Faguem coumaire*, faisons joujou; *Jugar eis coumaires*, jouer à la madame.

COUMAIRETA, s. f. (coumeïréte); COUMMEIRETA, d. bas lim. Commission qu'on donne pour quelque affaire secrète; intrigue, commerce, secret de galanterie.

Far las coumairetas, participer à une intrigue.

Éty. de *coumaire* et du dim. *eta*. Voy. *Mater*, R.

COUMANDA, s. f. (coumánde). Commande, ordre, commission qu'un marchand donne à son commissionnaire de lui acheter, vendre ou négocier des marchandises, ouvrage fait exprès, commandé d'avance : *Besougna de coumanda*, besogne commandée, faite exprès, bien faite. V. *Mand*, R.

COUMANDA, s. f. Commende ou œillère, bout de corde qui sert à retenir un corps dans une situation fixe.

Éty. de *coumandar*, commander. Voy. *Mand*, R.

COUMANDA, impér. du verbe COUMANDAR. Commande, cri de l'équipage pour répondre au maître qu'il est prêt d'obéir, qu'il peut commander. V. *Mand*, R.

COUMANDAMENT, s. m. (coumandaméin); *Comandament*, anc. cat. *Commandamento*, ital. port. *Comandamiento*, anc. esp. Commandement, ordre donné en vertu du pouvoir qu'on a de commander.

Éty. de *coumandar* et de *ment*. V. *Mand*, Rad.

COUMANDAMENT, s. m. *Comando*, ital. esp. *Mando*, port. Commandement, droit de commander et de se faire obéir; étendue de la juridiction d'un commandant. V. *Mand*, R.

COUMANDANT, s. m. (coumandán); *Comandant*, cat. *Comandante*, ital. esp. *Commandante*, port. Commandant, qui commande. V. *Mand*, R.

COUMANDAR, v. a. (coumandá); *Comandar*, cat. esp. *Comandare*, ital. *Commandar*, port. Commander, donner des ordres en vertu d'un pouvoir, d'une charge; avoir la principale autorité dans un pays.

Éty. de *coumanda*, commandement, et de *ar*, ou du lat. *commendare*, m. s. V. *Mand*, Rad.

COUMANDAR, v. a. Arrêter, fixer le bout d'une corde. V. *Coumanda* et *Mand*, Rad.

COUMANDARIA, s. f. (coumandarie); *Commenda*, ital. *Encomienda*, esp. *Commenda*, port. Commanderie, bénéfice qui était destiné à la récompense des services militaires. V. *Mand*, R.

COUMANDAT, ADA, adj. et p. (coumandá, áde). Commandé, ée. V. *Mand*, R.

COUMANDITA, s. f. (coumandite). Commandite, société de commerce dans laquelle une partie des intéressés n'étant point dénommée dans la raison ou signature, n'est engagée et solidaire envers les autres intéressés, que jusqu'à la somme portée par l'acte de société. V. *Mand*, R.

COUMANDITARI, s. m. (coumanditári). Commanditaire, celui qui fait partie d'une société en commandite. V. *Mand*, R.

COUMANDOUR, s. m. (coumandóur); *Commendatore*, ital. *Comendador*, esp. port. *Comanador*, cat. Commandeur, chevalier d'un ordre militaire ou hospitalier, pourvu d'une commanderie. V. *Comandador*.

Éty. du lat. *commendator*. V. *Mand*, R.

COUMAY, dg. V. *Coumaire*.

COUMBA, s. f. (cóumbe); COMBA. *Comba*, esp. Vallon, petite vallée, gorge qui se trouve entre des montagnes, lieu bas, enfoncé.

Éty. du grec κύμβος (koumbos), enfoncement, d'où *combel*, anglo-sax. *combat*, basbreton.

Dérivés : *Coumbas*, *Coumb-eta*.

COUMBAT, s. m. (coumbá); *Combattimento*, ital. *Combate*, esp. port. *Combat*, cat. Combat. V. *Batalha*.

Le premier combat naval dans lequel les Romains s'engagèrent, remonte à 260 ans avant J.-C.

COUMBATANT, s. m. (coumbatán); COUMBATTANT. *Combatente*, port. *Combatent*, cat. *Combatiente*, esp. Combattant, soldat en état de combattre. V. *Batr*, R.

COUMBATRE, v. a. (coumbâtré); BATTRE, COUMBATTRE. *Combatrer*, cat. *Combattere*, ital. *Combatir*, esp. *Combater*, port. Combattre, tâcher de l'emporter sur d'autres par ses efforts, en se battant ou autrement.

Éty. de l'ital. *combattere*, fait de *cum*, avec, et de *battre*. V. *Batr*, R.

COUMBATUT, UDA, adj. et p. (coumbatú, úde); COUMBATTUT. *Combatido*, port. esp. *Combatud*, cat. Combattu, ue. V. *Batr*, Rad.

COUMBAU, Garc. V. *Coumba*.

COUMBEN, adv. (coumbèin). Combien, quelle quantité, quelle durée, quel degré, à quel point? Garc. V. *Quant.*

COUMBERSA, s. f. (coumbèrse), d. béarn. Conversation. V. *Counversation.*

COUMBETA, s. f. (coumbéte). Dim. de *coumba*, petite colline; c'est aussi un nom de lieu. V. *Coumba.*

COUMBINAR, v. a. (coumbiná); COMBINAR, COUMBINEGEAR. *Combinare*, ital. *Combinar*, esp. port. cat. Combiner, assembler, mêler, réunir, spéculer.

Éty. du lat. *combinare*, formé de *cum*, avec, et de *binare*, accoupler. V. *Bis*, R.

COUMBINAT, ADA, adj. et part. (coumbiná, áde); COMBINAT. *Combinad*, cat. *Combinado*, port. Combiné, ée; calculé, mélangé, convenu. V. *Bis*, R.

COUMBINEGEAR, Garc. V. *Coumbinar.*

COUMBINESOUN, s. f. (coumbinesóun); *Combinazione*, ital. *Combinacion*, esp. *Combinação*, port. *Combinació*, cat. Combinaison, mélange, calcul, union de plusieurs corps entre eux.

Éty. V. *Coumbinar* et *Bis*, R.

COUMBLAR, v. a. (coumblá); *Colmare*, ital. *Colmar*, esp. *Cumular*, port. Combler, remplir autant qu'il est possible; en Provençal, ce mot ne s'emploie guère qu'au figuré: *Coumblar de ben*, combler de biens.

Éty. du lat. *cumulare*, m. s. V. *Cumul*, R.

COUMBLAT, ADA, adj. et p. (coumblá, áde). Comblé, ée. V. *Cumul*, R.

COUMBLE, s. m. (cóumblé); COUCOUROUCHOU. *Colmo.*, ital. *Colmado*, esp. Comble, pour ce qui dépasse le ras de la mesure. V. *Coumoulun* et *Coumou*: *De founds en coumble*, de fond en comble.

Éty. du lat. *cumulus*, m. s. V. *Cumul*, Rad.

COUMBO, (cóumbe). Nom d'un fameux joueur de boule qu'on donne à ceux qui se distinguent à ce jeu. *Sies un Coumbo.*

COUMBOUR, s. m. (coumbóur). Ce mot est employé dans le sens de consomption, par M. Truchet.

Éty. V. *Coumbourir* et *Brul*, R.

Car aqueou Diou (l'amour) dins sa maliça,
Proucura una embriagadissa
Que bouta l'esprit en coumbour.

COUMBOURIR, v. n. (coumbourír); COUMBURIR, COUMBOUNIR. Se consumer à force de bouillir; se dessécher, maigrir par le chagrin.

Éty. du lat. *comburere*, brûler en entier.

Voou plus ni mangear ni sourtir
La paura coumburis, *et cerca qu'à mourir.*
Dioul.

COUMBOURIT, IDA, adj. et p. (coumbouri, ide); COUMBOURIT, COUMBURIT. Consumé, desséché, fig. pâle, triste, défait.

Éty. du lat. *combustus*, brûlé. V. *Brul*, R.

D'un air coumbourit, Gros. d'un air languissant.

L'home que non sau ren et n'a gez d'esperit,
Es coumo un tronc de bouese secat et *coumbourit*,
Per la ragy d'au caut ou ben de la tempesta.
Ch. de *Nostradamus.*

COUMBUSTIBLE, IBLA, adj. (coumbustiblé, ible); *Combustibile*, ital. *Combustible*, esp. cat. *Combustivel*, port. Combustible, qui jouit de la propriété de pouvoir être brûlé. V. *Brul*, R.

COUMBUSTION, s. f. (coumbustie-n); COUMBUSTIEN. *Combustió*, cat. *Combustione*, ital. *Combustion*, esp. *Combustão*, port. Combustion, action de brûler entièrement, entière décomposition d'une chose par l'action du feu. fig. grand désordre.

Éty. du lat. *combustionis*, gén. de *combustio*. V. *Brul*, R.

COUME, OUMA, adj. COUMA. *Colmo*, cat. esp. *Colmatura*, ital. Comble, ce qui dépasse la mesure.

Éty. du lat. *cumulus*, l'excédent.

COUMEDI, s. f. (coumèdi). V. *Coumedia.*

Aquest monde es un tabacan,
Vou per mies dire uno coumedi.
Brueys.

COUMEDIA, s. f. (coumedie); COUMEDI. *Commedia*, ital. *Comedia*, esp. port. cat. Comédie, représentation dramatique d'un action de la vie commune, passée entre personnes d'une condition privée.

Éty. du lat. *comedia*, formé du grec κῶμη (kômê), bourgade, et de ᾠδὴ (ôdè), chant, parce que les comédies se chantaient autrefois de village en village.

On donne aussi le nom de comédie à l'art du comédien, à la salle de spectacle et à une action plaisante en général.

On s'accorde généralement à regarder les poëmes informes que les anciens chantaient en l'honneur de Bacchus, durant le temps des vendanges, comme la source de la comédie; mais ce ne fut que du temps de Péricles que cet art commença à prendre une forme régulière et plus décente. Aristophane chez les Grecs; Térence, parmi les Latins; et Molière en France, ont été les vrais restaurateurs de la comédie.

Notre comédie française commença sous Charles V, par la représentation de la passion de J.-C. en 1401 et 1402. Etienne Jodelle, donna le premier des sujets sérieux, sous Charles IX et Henri III.

COUMEDIEN, IENA, s. (coumédièn, iène); COUMEDIAN. *Comediant*, cat. *Commediante*, ital. *Comediante*, esp. port. Comédien, ienne, celui, celle qui joue des pièces dramatiques sur un théâtre public.

Éty. de *Coumedia* et de la term. *ien*, v. c. m.

Les troubadours furent en France les premiers comédiens, les confrères de la passion, sous Charles V, leur succédèrent, et à ceux-ci les comédiens ordinaires, vers 1563.

Chronologie.

200 ans, avant J.-C. Plaute, se rend célèbre à Rome par ses comédies.

162 ans, même ère. Térence, acquiert aussi une grande célébrité dans le même genre.

1440 ans, depuis J.-C. On commence à jouer quelques farces, ou mauvaises comédies en Italie.

1530 ans, depuis J.-C. Machiavel, donne sa comédie de la Mandragore.

1582 ans, même ère. On joue des comédies régulières en Italie.

On lit sur les marbres d'Arondel:

Depuis que la comédie commença à être représentée sur un théâtre, à Athènes, par Susarion et Dolon d'Icare, qui eurent pour récompense un panier de figues et un tonneau de vin, environ 570 ans, avant J.-C.

COUMENÇ, COMENS, radical pris du latin *cum* et *initiare*, d'où *cuminitiare*, par sync. d'un *i*, *cumintiare*, d'où l'ital. *cominciare*, et notre *coumençar*, commencer, dont le rad. est: *Coumenç*, *Coumenç-ar*, *Coumença-ment*, *Coumenç-ança*, *Coumenç-ar*, *A-coumençar*, *Re-coumençar*, *Coumenç-oun*, etc.

Par le changement de *c* en *s* et de *ou* en *o*: *Comens-ar*, *A-comensar*, *Re-comensar*, *Comens*, *Comensa-mens*, *En-comensansa*, *Comens-aire*, *Comens-ador*, etc.

COUMENÇAMENT, s. m. (coumeinçaméin); COUMENÇANÇA, PRINCIPI, ACOUMENÇAMENT, ACOUMENÇANCSE. *Comensament*, cat. *Comenzamiento*, anc. esp. *Começo*, port. *Cominciamento*, ital. Commencement, première partie d'une chose, principe, cause première. V. *Ir*, R.

COUMENÇANÇA, s. f. (coumeinçánce); *Comensanza*, anc. cat. *Comincianza*, anc. ital. V. *Coumençament* et *Ir*, R.

COUMENÇANT, ANTA, s. (coumeinçán, ánte); *Cominciatore*, ital. Commençant, ante, celui ou celle qui commence à apprendre un art, une science. V. *Ir*, R.

COUMENÇAR, v. a. (coumeinçá); ACOUMENÇAR, COMENSAR, IMPRINCIPIAR. *Comensar*, cat. *Comenzar*, esp. *Começar*, port. *Cominciare*, ital. Commencer, faire pour la première fois, faire le commencement d'une chose; attaquer, être l'agresseur: *Es eou que m'a coumençat*, c'est lui qui a commencé, qui m'a attaqué.

Éty. du lat. *cum* et *initiare*. V. *Ir*, R.

Commencer de, désigne une action qui aura de la durée.

Commencer à, une action qui aura du progrès.

Coumençar un pan, entamer.

Coumençar la bataille, la disputa, attaquer.

COUMENÇAT, ADA, adj. et p. (coumeinçá, áde); ACOUMENÇAT, IMPRINCIPIAT. *Começado*, port. Commencé, ée. V. *Ir*, R.

COUMENÇOUN, s. m. (coumeinçoun). Le principe d'une chose, le noyau d'un peloton.

Éty. du lat *cum* et *initium*. V. *Ir*, R.

Espèce de gros fuseau sur lequel on commence à dévider le fil que l'on met en peleton. Avr.

COUMENT et *Comment*, (coumèin), d. bas lim. adv. d'adm. *Coumment vous ses aicit!* comment vous êtes ici! et quelquefois d'indignation: *Coumment tu me battras!* comment tu me battras! V. *Coumo.*

COUMENT, s. m. (coumèin). Pour commentaire. V. *Coumentari.*

Auriou bessay fach un coument
Dessubre Jason et Bartollo
Si fouguessi anat à l'escollo.
Brueys.

COUMENTAR, v. a. (coumeintá); *Commentare*, ital.; *Comentar*, esp. port. cat. Commenter, expliquer les endroits obscurs d'un ouvrage, et n. faire des interprétations malignes des discours ou des actions d'autrui.

Éty. du lat. *commentari*, formé de *cum*, avec, de *ment*, et de *ar*, faire avec l'esprit. V. *Ment*, R.

COUMENTARI, s. m. (coumeintári); COUMENT. *Comentario*, ital. esp. port. *Comentari*, cat. Commentaire, interprétation ou explication d'un texte.

Éty. du lat. *commentarium*, m. s. V. *Ment*, R.

COUMENTAT, ADA, adj. et p. (couméintá, áde); *Comentado*, port. Commenté, ée, expliqué, allongé. V. *Ment*, R.

COUMENTATOUR, s. m. (coumeintatóur); *Comentatore*, ital. *Comentador*, esp. port. cat. Commentateur, celui que fait un commentaire, des commentaires. V. *Ment*, Rad.

COUMERA, V. *Coumaire*.

COUMERÇABLE, ABLA, adj. (coumerçáble, áble); *Comerciable*, cat. esp. *Commerciavel*, port. Commerçable, qui peut être commercé avec facilité.

Éty. de *coumerce* et de *able*. V. *Mero*, Rad.

COUMERÇANT, s. m. *Commercante*, port. *Commerçant*, anc. cat. V. *Negouciant* et *Merc*, R.

COUMERÇAR, v. n. *Commerciar*, port. *Comerciar*, esp. *Comerçar*, anc. cat. V. *Negouciar* et *Merc*, R.

COUMERCE, s. m. (coumèrcé); NEGOCI, COUMERÇO. *Commerci*, anc. cat. *Comers*, cat. mod. *Commercio*, ital. port. *Comercio*, esp. Commerce, négoce, trafic de marchandises; fréquentation, société, correspondance.

Faire lou coumerce, commercer.

Que coumerce, qu'elles manœuvres! quelle conduite!

Éty. du lat. *commercium*, formé de *cum*, avec, et de *merx*, marchandise. V. *Merc*, Rad.

Les Phéniciens sont regardés comme les premiers hommes qui aient osé se confier aux mers pour aller faire le commerce avec les habitants des pays lointains. Ce sont eux qui rassemblèrent, à Tyr et à Sidon, toutes les richesses de l'Orient, de l'Afrique et de l'Europe; et les Argonautes, 1292 ans, avant J.-C. ouvrirent le commerce dans la Mer-Noire et dans la Méditerranée.

COUMERCIAL, ALA, adj. (coumerciál, ále). Commercial, ale, qui appartient au commerce. Garc.

COUMÉS, ESSA, adj. et p. (coumés ésse); COUMETUT. *Comettido*, port. Commis, ise, préposé pour. V. *Mettre*, R.

COUMESTIBLES, s. m. pl. (coumestíbles); *Commestibili*, ital. *Comestibles*, esp. cat. *Comestiveis*, port. Comestibles, les choses qui peuvent se manger, qui servent d'aliment.

Éty. du lat. *comedere*, manger, d'où *comedere, comestum*, manger entièrement.

COUMESTIER, s. m. vl. Sergent mis en garnison chez un particulier. V. *Coumestibles*.

COUMETA, V. *Cometa*.

COUMETANT, s. m. (coumetán); COUMETANT. Commettant, celui qui charge un autre d'une affaire. V. *Mettre*, R.

COUMETTRE, v. a. (couméttré); *Commettere*, ital. *Cometer*, esp. *Cometter*, port. Commettre, faire, en parlant des fautes, des crimes, etc. préposer quelqu'un.

Éty. du lat. *committere*, m. s. V. *Mettre*, Rad.

COUMETUT, UDA, adj. et p. dg. Employé par Jasmin, au lieu de *Coumes*, v. c. m. et *Mettre*, R.

COUMIÇO, s. m. (coumíce). Comice, nom d'une société d'agriculture agrégée à la société centrale.

COUMIQUE, ICA, adj. (coumiqué, ique); *Comico*, ital. esp. port. *Comic*, cat. Comique, plaisant, qui excite à rire, qui a rapport à la comédie.

Éty. du lat. *comicus*, fait du grec κωμικὸς (komikos), m. s.

On distingue dans la comédie trois genres de comique qui sont:

LE COMIQUE DE CARACTÈRE, qui peint le vice et le rend méprisable.

LE COMIQUE DE SITUATION, qui rend un personnage ridicule et le jouet des événements.

LE COMIQUE ATTENDRISSANT, qui représente la vertu avec les traits qui la font aimer.

COUMIS, s. m. (coumís). Commis, celui qui est préposé par un autre, pour faire quelque chose en son lieu et place; employé subalterne d'une administration.

Éty. du lat. *commissus*, m. s. V. *Mettre*, Rad.

COUMISSARI, s. m. (coumissári); *Commissario*, ital. port. *Comisario*, esp. *Comissari*, cat. Commissaire, officier commis par une puissance légitime, pour exercer une fonction, une autorité, régir des biens, saisir ou séquestrer, faire observer les ordonnances de police, surveiller la marche et l'équipement des troupes, etc.

Éty. du lat. *committere*, envoyer, d'où *commissarius*, *coumissari* et *commissaire*. V. *Mettre*, R.

La première ordonnance où il soit fait mention des commissaires, *commissarii*, est celle de Saint-Louis, de 1254. Dict. des Orig.

COUMMISSARI DE GUERRA, *Comissari de guerra*, cat. Commissaire des guerres; ils existaient déjà en 1356.

COUMISSION, s. f. (coumissie-n); COUMISSIEN. *Commissione*, ital. *Comision*, esp. *Commissão*, port. *Comissió*, cat. Commission, fonction commise; droit qu'un commissaire reçoit pour son salaire.

Dounar una coumission, donner une commission, charger quelqu'un de faire quelque chose; juridiction extraordinaire.

Éty. du lat. *commissionis*, gén. de *commissio*, formé de *cum* et de *missio*, mission pour ou avec. V. *Mettre*, R.

Aver l'esprit en coumission, être distrait.

COUMISSIONAR, v. a. (coumissiouná); COUMISSIOUNAT. *Comissionar*, cat. Donner commission.

COUMISSIONARI, s. m. (coumissiounári), et impr. COUMISSIOUNARI. *Commissionario*, ital. *Comisionista*, esp. Commissionnaire, celui qui est chargé d'une commission pour quelque particulier.

Éty. de *coumission* et de *ari*, celui qui fait une commission. V. *Mettre*, R.

COUMISSIONAT, ADA, adj. et part. (coumissiouná, áde); *Comissionad*, cat. *Comisionado*, esp. Commissionné, ée.

COUMITAT, s. m. (coumitá); COUMITE. Comité, réunion de quelques membres d'une assemblée, commis pour l'examen d'une affaire.

COUMITIVA, s. f. vl. Compagnie, cortége d'un comte.

Éty. du lat. *comitivus, comitiva*, qui appartient aux comtes. V. *Comt*, R.

COUMMEIRAGA, d. bas lim. V. *Coumairagi* et *Mat*, R.

COUMMEIRETA, md. V. *Coumaireta* et *Mat*, R.

COUMMEMOURATION, V. *Coummemouresoun*.

COUMMEMOURESOUN, s. f. (coumemourezoún); *Commemoració*, cat. *Commemorazione*, ital. *Conmemoracion*, esp. *Commemoração*, port. Commémoraison et Commémoration, le premier, se dit de la mémoire que l'on fait d'un saint à la messe; et le second, de la fête qu'on célèbre le jour des morts.

Éty. du lat. *commemoratio*, composé de *cum*, avec, en même temps, de *memoria*, mémoire, et de *actio*, action de rappeler à la mémoire, en même temps. V. *Mem*, R.

La fête du jour des morts fut instituée dans le XIme siècle, par Saint Odilon, Abbé de Cluny, en mémoire de tous les fidèles trépassés.

COUMMENAR, v. a. (coummená), d. bas lim. Amadouer, caresser, flatter pour attirer à soi. V. *Amadouar*.

Éty. de *coum* et de *menar*, mener avec, sous-entendu soi. V. *Men*, R.

COUMMISERATION, s. f. (coummiseratie-n); COUMISERATIEN. *Commiserazione*, ital. *Comiseracion*, esp. *Commiseração*, port. *Conmiseració*, cat. Commisération, pitié, miséricorde, sentiments de compassion.

Éty. du lat. *commiserationis*, gén de *commiseratio*, m. s. V. *Miser*, R. ou de *cum*, de *miser* et de *atio*, action de partager la misère avec.

COUMMUAR, v. a. (coummuá); COUMUAR. *Commutar*, cat. port. *Conmutar*, esp. *Commutare*, ital. Commuer, changer, diminuer, adoucir une peine.

Éty. du lat. *commutare*, m. s. formé de *cum*, avec, et de *mutare*, changer.

COUMMUTATION, s. f. (coummutatie-n); *Commutazione*, ital. *Conmutacion*, esp. *Commutação*, port. *Commutació*, cat. Commutation, changement, commutation de peine, peine moins forte substituée à une plus grande.

Éty. du lat. *commutationis*, gén. de *commutitio*, m. s. V. *Mot*, R.

COUMO, adv. de comp. (cóume); COM, QUINOMENT. *Come*, ital. *Como*, esp. port. Comme, de même que, ainsi que, comment, de quelle manière.

Éty. du lat. *quomodo*.

Siou pas tant galhard coumo vous, je ne suis pas si fort que vous.

On rend ce mot par que :

Era autant tranquille au fuec, coumo s'avia estat dins soun houstau, il était aussi tranquille au feu que s'il avait été dans sa maison, et non comme s'il, etc.

Par lorsque :

Coumo fouguerian aquit, lorsque nous fûmes là.

Par comment :

Coumo aquot s'est passat? Comment cela s'est-il passé ?

Par avec :

Sei vengut coumo il, d. bas lim. je suis venu avec lui.

Par fort, très :

Aqueou marchand es riche coumo tout, ce marchand est fort ou très-riche.

COUMOD, COUMOUD, sous-radical de *Mod*, v. c. m. dérivé du lat. *commodus*, assorti, convenable, commode, qui est de même mesure, de même proportion qu'un autre, formé de *cum* et de *modus*.

De *commodus*, par apoc. *commod*, et par changement de *o* en *ou* et suppr. de *m*, *coumod*; d'où : *Coumod-a*, *Coumoda-ment*, *Coumod-e*, *Coumod-itat*, *In-coumoditat*, *Ac-coumod-ar*, *In-coumo-dar*, *Ra-coumodar*, *Ac-coumod-agi*, *Ra-coumodagi*, etc. *En-comod-itat*, *In-comod-itat*, *Ac-coumod-able*.

COUMODA, s. f. (coumóde); *Comoda*, esp. *Commoda*, port. Commode, espèce d'armoire en forme de bureau et garnie de tiroirs.

Éty. de *coumode*, commode, qui donne des facilités. V. *Coumod*, S.-R.

COUMODA, s. f. Espèce de coiffure qu'on nomme paresseuse.

COUMODAMENT, adv. (coumodaméin); *Comodamente*, ital. esp. *Commodamente*, port. *Comodament*, cat. Commodément, avec commodité.

Éty. de *coumoda* et de *ment*, d'une manière commode. V. *Comod*, S.-R.

COUMODE, ODA, adj. (coumóde, óde); *Comodo*, ital. esp. cat. *Commodo*, port. Commode, qui procure des commodités, des facilités pour les besoins, les affaires, les agréments de la vie ; riche, aisé.

Éty. du lat. *commodus*, m. s. *Aquel home es coumode*, Trad. cet homme est dans l'aisance. V. *Coumod*, S.-R.

COUMODITAT, s. f. (coumoditá); *Comodità*, ital. *Comodidad*, esp. *Commodidade*, port. *Comoditat*, cat. Commodité, chose commode, temps, situation, occasion, moyen commode.

Éty. du lat. *commoditatis*, gén. de *commoditas*. V. *Comod*, S.-R.

COUMODITATS, s. f. pl. (coumouditás). Latrines. V. *Fourana*, *Androuna* et *Coumod*, R.

COUMOU. V. *Coumoul*.

COUMOUDAR, Garc. V. *Accoumoudar*.

COUMOUL, adj. (coumóul); COUMOU, COUMBLE, COUME, COUMOURAT. *Colmado*, esp. *Colmo*, ital. Comble, volumineux : *Es coumoul*, il est comble, et subst. grande quantité, grand tas : *Ten pas grand coumoul*, il ne tient pas beaucoup de place.

Éty. du lat. *cumulus*, monceau. V. *Cumul*, R.

COUMOULAR, v. a. (coumoulá); *Colmare*, ital. *Colmar*, esp. *Cumular*, port. Combler, remplir autant qu'il est possible.

Éty. du lat. *cumulare*, m. s. V. *Cumul*, Rad.

COUMOULOUN, s. m. (coumoulóun). Petit tas, petit monceau.

Éty. de *coumoul* et du dim. *oun*. V. *Cumul*, R.

COUMOULUN, s. m. (coumoulún); dl. COUMBLE. Le comble, le pardessus, petit monceau, petit tas. Garc. V. *Cumul*, R.

COUMOURAT, ADA, adj. et p. (coumourá, áde). Comble. Cast. V. *Coumoul*.

COUMOUTION, s. f. (coumoutie-n); COUMOUTIEN. *Commoció*, cat. *Conmocion*, esp. *Commoção*, port. *Commozione*, ital. Commotion, secousse, agitation.

Éty. du lat. *commotionis*, gén. de *commotio*, m. s.

COUMPACTE, ACTA, adj. (coumpácte, ácte); *Compacte*, cat. *Compacto*, esp. *Cômpacto*, port. *Compatto*, ital. Compacte, qui est condensé, dont les parties sont fort serrées.

Éty. du lat. *compactus*, m. s.

COUMPAGN, COMPAGN, radical dont l'origine est incertaine, soit qu'on le fasse venir de *compagine*, abl. de *compago*, selon Barbazan; de *compaganus*, d'où l'italien *compagno*, suivant Caninius, qui est du même village; Mén. le dérive de *cum* et de *panis*, qui mange le pain avec un autre, ou du même pain qu'un autre. Gébelin, pense que ce mot est formé de *cum*, avec, et de *pannus*, étoffe, qui est sous le même étendard, qui marche sous la même enseigne; enfin, Denina, t. 3, p. 19, ne doute point qu'il ne vienne de *kompan*, ancien mot teutonique, qui signifie compagnon.

De *kompan*, par le changement du *k* en *c*, et de *n* en *gn*, *compagn*; d'où : *Compagn-a*, *Compangn-atge*, *Companh-a*, *Companh-o*, etc. *Coumpagn-a*, *Coumpagn-era*, *Coumpagn-ia*, *Coumpagn-oulat*, *Coumpagnoun-agi*, *Coumpagn-oun*, *Coumpans*, *Cumpanh-a*, *Cumpanh-o*.

COUMPAGNA, s. f. (coumpágne); COUMPAGNERA. *Compagna*, ital. *Compañera*, esp. *Companheira*, port. Compagne, on le dit d'une femme ou d'une fille qui a, avec une personne du même sexe, une liaison qui consiste à lui tenir ordinairement compagnie, par amitié ou autrement. V. *Coumpagn*, R.

COUMPAGNA, s. f. Soute au pain, lieu destiné à renfermer le pain dans les vaisseaux.

Éty. de *cum* et de *panis*. V. *Pan*, R.

COUMPAGNA, s. f. Les bergers d'Arles donnent le nom de *coumpagna*, au troupeau qu'ils sont chargés de conduire et d'administrer en société. V. *Coumpagn*, R.

COUMPAGNERA, s. f. (coumpagnère), dl. Compagne. V. *Coumpagna*.

COUMPAGNIA, s. f. (coumpagnie); *Compagnia*, ital. *Compañia*, esp. *Companhia*, port. *Companya*, cat. Compagnie; assemblée de plusieurs personnes en un même lieu; société entre marchands; partie d'un bataillon, qui a pour chef un capitaine.

Éty. du lat. *cum* et de *panis*, qui mangent le pain ensemble, selon les uns, et de *Coumpagn*, R. selon d'autres.

La Compagnie des Grandes-Indes, que les États généraux de Hollande établirent, et qui bâtit un comptoir dans l'île de Java, date de 1662.

COUMPAGNOULET, s. m. (coumpagnoulé), dl. Jeune compagnon, cher ami. Douj.

Éty. de *coumpagnoun* et du dim. *oulet*. V. *Coumpagn*, R.

COUMPAGNOUN, s. m. (coumpagnóun); *Compagno*, ital. *Compagnero*, esp. *Companheiro*, port. *Companyo*, cat. Compagnon, celui qui accompagne une autre personne, soit dans un voyage, soit dans un travail, soit dans une autre action ou circonstance; ouvrier qui, après son apprentissage, travaille chez un maître, et qu'on nomme *coumpagnoun doou devoir*, quand il a été affilié à la société des compagnons.

Éty. V. *Coumpagn*, R.

COUMPAGNOUNA, s. f. (coumpagnóune), dl. Une compagne, les filles des écoles vont à la messe chacune avec sa compagne; les femmes se choisissent de même une compagne à la procession.

COUMPAGNOUNAGI, s. m. (coumpagnounádgi); COUMPAGNOUNAGE. Temps pendant lequel on est compagnon dans un métier.

Éty. de *coumpagnoun* et de *agi*, litt. Je fais le compagnon. V. *Coumpagn*, R.

COUMPAI, d. béarn. et lim. Alt. de *Coumpaire*, v. c. m. et *Pater*, R.

COUMPAIRAGI, s. m. (coumpeirádgi); COUMPEIRAGI, COUMPAIRAGE. Compérage, affinité qu'il y a entre les compères et les commères, et les pères et mères des enfants tenus sur les fonts baptismaux.

Éty. de *coumpaire* et de *agi*. V. *Pater*, Rad.

COUMPAIRE, s. m. (coumpáire); COUPAIRE, COMPAI. *Compare* et *Compadre*, ital. *Compadre*, esp. port. *Compare*, cat. Compère, terme de relation qui se dit de celui qui a tenu un enfant sur les fonds baptismaux, par rapport à la commère, au père et à la mère de l'enfant.

Éty. de *cum* et de *pater*, père avec ou en même temps. V. *Pater*, R.

Tout se fai que per coumpaire et coumaire.

COUMPAIREGEAR, v. n. (coumpeiredjá), dl. COUMPAYREJAR. Se régaler entre compaires. Sauv. V. *Pater*, R.

COUMPANAGI, s. m. (coumpanádgi); COMPANAGI, COUMPANAGE, PITANSA, COUMPANATGE, MASCADURA. *Companatge*, cat. Tout aliment qui sert d'assaisonnement au pain, qu'on mange avec le pain; le beurre, le fromage, etc. On le dit aussi de la portion que l'on donne aux membres d'une communauté religieuse, aux pensionnaires d'un collége.

Éty. de la basse lat. *companagium*, formé du lat. *cum pane age*. V. *Pan*, R.

Lit : companatico

Aquot es de coumpanagi, cela dure longtemps, cela étonne.

Faire coumpanagi. V. *Coumpanegear*.

COUMPANATEGEAR, dl. V. *Coumpanegear*.

COUMPANATGE, dl. V. *Coumpanagi*.

COUMPANEGEAR, v. n. (coumpanedjá); COUMPAGNEGEAR, COUMPANATEGEAR, PITANSAR, FAIRE COUMPANAGI, FAIRE MAINAGI. Ménager sa pitanse de manière qu'elle dure autant que le pain. Fig. se mesurer selon ses facultés.

Éty. du lat. *cum pane agere*. V. *Pan*.

Se coumpanegear, se mesurer, ne pas dépenser plus qu'on ne peut supporter.

COUMPANIA, V. *Coumpagnie*.

COUMPANS, **ANSA**, s. (coumpáns, ánse); COUMPAN. Titre que se donnent les marguilliers d'un même autel, lors même qu'ils ne l'ont plus sous leur direction; compagnon, camarade.

Éty. de *cum* et de *panis*, ou de *kompan*, ancien mot teutonique, qui signifie compagnon. V. *Coumpagn*, R.

COUMPANT, **ANTA**, adj. (coumpán, ánte), d. bas lim. Populaire, affable, qui n'est pas dédaigneux. V. *Coumpagn*, R.

COUMPARABLE, **ABLA**, adj. (coumparáble, áble); *Comparabile*, ital. *Comparable*, esp. cat. *Comparavel*, port. Comparable, qui peut être mis en comparaison.

Éty. de *comparat* et de *able*. V. *Par*, R.

COUMPARANS'A DIRE, dl. (coumparáns-à-dire). C'est comme qui dirait.

COUMPARANT, s. m. (coumpáran). Comparant, acte par lequel on comparaît devant un juge.

Éty. de *coumpareisser*. V. *Pareiss*, R.

COUMPARAR, v. a. (coumpará); *Comparare*, ital. *Comparar*, esp. port. cat. Comparer, examiner les rapports qu'il y a entre plusieurs choses ou plusieurs personnes.

Éty. du lat. *comparare*, formé de *cum*, avec, de *par*, semblable, et de *ar*, marquer les rapports de ressemblance. V. *Par*, Rad.

COUMPARAT, **ADA**, adj. et p. (coumpará, áde); *Comparado*, port. *Comparad*, cat. Comparé, ée. V. *Par*, R.

COUMPARATIF, **IVA**, adj. et s. (coumparatíf, íve); *Coumparativo*, ital. esp. port. *Comparatiu*, cat. Comparatif, ive, qui sert à comparer. Les mots moindre, pire, mieux, pis, etc., sont des comparatifs.

Éty. du lat. *comparativus*, m. s. V. *Par*, Rad.

COUMPARATIVAMENT, adv. (coumparativaméin); *Comparativamente*, port. ital. esp. *Comparativament*, cat. Comparativement, par comparaison à quelque chose.

Éty. de *coumparativa* et de *ment*. V. *Par*, Rad.

COUMPAREISSER, v. n. (coumpareisser); COUMPAREISSE. *Comparire*, ital. *Comparecer*, esp. port. *Comparexer*, cat. Comparaître, se présenter en justice; paraître devant un juge. On dit aussi comparoir.

Éty. du lat. *comparare*, ou de *coum* et de *pareisser*, paraître avec. V. *Pareiss*, R.

COUMPAREISSUT, **UDA**, adj. et p. (coumpareissú, úde). Comparu, ue. V. *Pareiss*, R.

COUMPARESOUN, s. f. (coumparesóun); *Coumparança* et *Comparazione*, ital. *Comparacion*, esp. *Comparação*, port. *Comparacio*, cat. Comparaison, action de comparer ou résultat de cette action; supposition.

Éty. du lat. *comparatio*, m. s. V. *Par*, Rad.

Sensa coumparasoun, sans comparaison.

Per una coumparasoun, je suppose.

COUMPARIAIRE, s. m. vi. Un coseigneur. V. *Par*, R.

COUMPARTIMENT, s. m. (coumpartiméin); *Compartiment*, cat. *Compartimiento*, esp. *Compartimento*, ital. port. Compartiment, choses disposées avec symétrie. V. *Part*, R.

COUMPARUTION, s. f. (coumparutie-n); COUMPARUTIEN. *Comparició*, cat. *Comparicion*, esp. *Comparizione*, ital. Comparution, action de comparaître devant le juge.

COUMPAS, s. m. (counpás); *Compas*, esp. cat. *Compasso*, ital. port. Compas, instrument composé de deux branches, réunies par une charnière d'un côté, et terminées chacune par une pointe, servant à mesurer et à décrire des cercles.

Éty. du lat. *cum*, avec, et de *pes*, pied. V. *Ped*, R.

Les poëtes font honneur de son invention à Icare, et Hygi l'a restituée à Perdix, fils de la sœur de Dédale; d'autres l'attribuent à Talus, son neveu (1290 ans avant J.-C.)

COUMPAS DE MAR, Boussole de mer.

Éty. du celt. *compad*, boussole.

Coumpas dè mouert, boussole dont l'aiguille a perdu la vertu magnétique.

Coumpas de proupourtion, compas de proportion. Il fut inventé vers 1600 par Juste Brigge ou Josse Byrse.

Coumpas de trisection, compas de trisection. Il est dû à Tarragon, qui le fit connaître en 1386.

Coumpas à huech pounchas, compas à huit pointes. Il fut inventé par Michalon en 1309.

Coumpas d'alliagi, compas d'alliage. M. Guenault de Monchaux, l'inventa en 1811.

Coumpas à quatre pounchas, compas à quatre pointes. M. Leguin le fit connaître en 1812.

Coumpas a tres pounchas, compas à trois pointes. Imaginé par M. Gois fils, en 1813.

Coumpas à voulutas, compas à volutes. Décrit par M. Huret, en 1819.

Coumpas a verga, compas à verge. De l'invention de M. Lejay, en 1820.

On appelle:

COMPAS A POINTES CHANGEANTES, celui dont on peut changer les pointes.

COMPAS A RESSORT, celui qui s'ouvre au moyen d'un ressort.

COMPAS DE RÉDUCTION ou A COULISSE, celui qui sert à réduire des figures.

COMPAS SPHÉRIQUE ou d'ÉPAISSEUR, celui qui est propre à prendre les diamètres des corps sphériques ou cylindriques.

COMPAS ELLIPTIQUE, celui qui sert à décrire des ellipses.

Dans un compas on nomme:

JAMBES, les deux tiges du compas.

TÊTE, l'extrémité où les deux jambes sont réunies par une charnière.

CHARNIÈRE, la junction des deux jambes.

POINTES, les extrémités libres des jambes.

COUMPASSAR, v. a. (coumpassá); *Compasar*, esp. *Compassare*, ital. *Compassar*, port. Compasser, mesurer avec le compas, prendre bien ses dimensions.

Éty. de *compas* et de la term. *ar*. V. *Ped*, Rad.

On le dit pour enjamber, en bas lim. V. *Encambar*.

COUMPASSAT, **ADA**, part. (coumpassá, áde); *Compasado*, *da*, esp. *Compassado*, port. Compassé, ée, fort exact et fort réglé. V. *Ped*, R.

COUMPASSION, s. f. (coumpassie-n); COUMPASSIEN. *Compassió*, cat. *Compassione*, ital. *Compasion*, esp. *Compaixão*, port. Compassion, mouvement de l'âme qui rend sensible aux maux d'autrui.

Éty. du lat. *compassionis*, gén. de *compassio*, formé de *cum*, avec, et de *passio*, souffrance, souffrir avec. V. *Pati*, R.

COUMPATIBILITAT, s. f. (coumpatibilitá); *Compatibilitat*, cat. *Compatibilidad*, esp. port. *Compatibilità*, ital. Compatibilité, qualité de ce qui est compatible.

COUMPATIBLE, **IBLA**, adj. (coumpatible, ible); *Compatibile*, ital. *Compatible*, esp. *Compative*, port. *Compatible*, cat. Compatible, il se dit des choses qui peuvent convenir ensemble ou s'accomoder l'une avec l'autre. V. *Pati*, R.

COUMPATIR, v. n. (coumpatir); *Compadexerse*, port. *Compatire*, ital. *Compadecerse*, esp. port. Compatir, être sensible aux malheurs d'un autre; tolérer.

Éty. du lat. *compatiri*, m. s. ou de *cum*, avec, et de *pati*; souffrir. V. *Pati*, R.

COUMPATISSENT, **ENTA**, adj. (coumpatisséin, éinte); *Compassionevole*, ital. *Compadeciente*, esp. *Compassivo* et *Compadecido*, port. Compatissant, ante, porté à la compassion.

Éty. de *coumpatir* et de *ent*. V. *Pati*, R.

COUMPATRIOTO, s. f. (coumpatrióte); *Compatrioto*, ital. *Compatriota*, esp. port. cat. Compatriote, celui ou celle qui est de la même patrie, du même pays: *Moun pais, ma paisa*.

Éty. du lat. *cum*, avec, ensemble, et de *patria*, patrie, ou du grec πατριώτης (patriótes), qui a la même patrie. V. *Pater*, R.

COUMPEIRAGE, Garc. V. *Coumpairagi*.

COUMPELIR, v. a. (coumpelir). Contraindre, obliger. V. *Coustregner* et *Compellir*.

Éty. du lat. *compellere*, m. s.

COUMPENSAR, v. a. (coumpeinsá); *Compensare*, ital. *Compensar*, esp. port. cat. Compenser, balancer une chose par une autre, un avantage par un désavantage.

Éty. du lat. *cum* et de *pensare*, peser avec, balancer, d'où *compensare*. V. *Pes*, R.

COUMPENSAT, **ADA**, adj. et p. (coumpeinsá, áde); *Compensàdo*, port. *Compensad*, cat. Compensé, ée.

Éty. du lat. *compensatus*. V. *Pes*, R.

COUMPENSATION, s. f. (coumpensatie-n); COUMPENSATIEN. *Compensazione*, ital. *Compensacion*, esp. *Compensação*, port. *Compensació*, cat. Compensation, l'action de comparer les avantages et les désavantages de plusieurs choses et de balancer les uns par les autres.

Éty. du lat. *compensationis*, gén. de *compensatio*. V. *Pes*, R.

COUMPES, s. m. (coumpés), dl. Un cadastre. V. *Cadastre*.

Éty. du lat. *componere*, disposer, arranger. V. *Pous*, R.

COUMPES, dl. Pour contre-poids. V. *Contra-pes*.

Éty. de *cum*, avec, et de *pes*. V. *Pes*, R.

COUMPES-CABALISTA, s. m. (coumpés-cabaliste), dl. *Compoix*, rôle des aisés, c'est-à-dire, de ceux qui n'ont que des effets mobiliers et point de biens fonds. V. *Cabalisto*. Sauv.

COUMPESIAR, v. a. (coumpesiá), dl. Enregistrer ou coucher sur le cadastre, mettre au rôle des aisés.

Éty. de *coumpes*, cadastre, et de *iar*, contr. de *egear*. V. *Pes*, R.

COUMPETAR, v. n. (coumpetá); APPARTÉNIR, TOUCAR, REGARDAR. *Competir*, cat. port. *Competer*, esp. *Competere*, ital. Compéter, appartenir, ce qui peut appartenir dans une succession.

Éty. du lat. *competere*, m. s. V. *Ped*, R. 2.

COUMPETENÇA, s. f. (coumpetéince). *Competenza*, ital. *Competencia*, esp. port. cat. Compétence, puissance de juger ou de connaître d'une affaire.

Éty. du lat. *competentia*, qui signifie la même chose. V. *Pet*, R. 2.

COUMPETENT, TA, adj. (coumpetéint, tá); *Competente*, ital. esp. port. *Competent*, cat. Compétent, ente, qui appartient, qui est dû, ou du ressort de, juge compétent.

Éty. du lat. *competentis*, gén. de *competens*, m. s. V. *Ped*, R. 2.

COUMPETITOUR, s. m. (coumpetitóur); COUNCURRENT. *Competitore*, ital. *Competidor*, cat. esp. port. Compétiteur, celui qui brigue la même charge, la même dignité, le même emploi qu'un autre.

Éty. du lat. *competitor*, m. s. V. *Pet*, R. 2.

COUMPILAIRE, Garc. V. *Coumpilatour*.

COUMPILAR, v. a. (coumpilá). *Compilare*, ital. *Compilar*, esp. port. cat. Compiler, tirer divers morceaux du même auteur, ou de différents auteurs, pour en faire un recueil.

Éty. du lat. *compilare*, m. s. fait de *cum*, avec, et de *pilare*, entasser, ou de *pilare*, poil, comme si l'on disait faire avec la laine des autres. V. *Pil*, R. 3.

COUMPILAT, ADA, adj. et p. (coumpilá, áde); *Compilado*, port. Compilé, ée.

Éty. du lat. *compilatus*, pillé, dépouillé. V. *Pil*, R. 3.

COUMPILATION, s. f. (compilatie-n); COUMPILATIEN. *Compilazione*, ital. *Compilacion*, esp. *Compilação*, port. *Compilació*, cat. Compilation, recueil formé de morceaux pris çà et là dans le même, ou dans plusieurs auteurs.

Éty. du lat. *compilationis*, gén. de *compilatio*, pillage, dépouille. V. *Pil*, R. 3.

COUMPILATOUR, s. m. (coumpilatóur); COUMPILAIRE. *Compilatore*, ital. *Compilador*, cat. esp. port. Compilateur, écrivain qui ne compose rien de génie, mais qui se contente de recueillir et de répéter ce que les autres ont écrit.

Éty. du lat. *compilator*, m. s. V. *Pil*, R. 3.

COUMPISSAR, v. n. et r. (coumpissá), dl. Salir d'urine, pisser ou uriner contre quelque chose : *Se coumpissar*, se mouiller de son urine.

Éty. de *cum*, avec, de *pis*, urine, et de l'act. *ar*, litt. salir avec l'urine.

COUMPLAIRE, v. n. (coumpláïré); *Compiacere*, ital. *Complacer*, esp. *Comprazer*, port. *Complacerer*, cat. Complaire, condescendre aux volontés des autres dans le dessein de leur être agréable.

Éty. du lat. *complacere*, fait de *cum*, avec, ensemble, et de *placere*, plaire. V. *Plas*, R.

COUMPLAIRE SE, v. r. *Comprazer se*, port. Se complaire, s'admirer, se plaire, se délecter en soi-même.

COUMPLAISENÇA, s. f. (coumplaséince), et impr. COUMPLESENÇA. *Compiacenza*, ital. *Complacencia*, esp. port. cat. Complaisance, disposition d'esprit par laquelle on sacrifie sa volonté à celle des autres dans la vue de leur plaire.

Éty. de *coumplaire* et de *ença*. V. *Plas*, Rad.

COUMPLAISENT, ENTA, adj. (coumplesein, éinte); COUMPLESENT. *Compiacente*, ital. *Complacent*, cat. *Complaciente*, esp. Complaisant, ante, qui a de la complaisance. V. *Plas*, R.

COUMPLANTAR, v. a. (coumplantá). Faire des plantations, planter en plein champ.

Éty. de la basse lat. *complantare*, formé de *cum* et de *plantar*. V. *Plant*, R.

Complanter, n'est pas français.

COUMPLANTAT, ADA, adj. et p. (coumplantá, áde). *Complanté, ée*.

COUMPLAZENT, dg. V. *Coumplesent* et *Plas*, R.

COUMPLEMENT, s. m. (coumpleméin); COUMPLIMENT. *Complement*, cat. *Compimento*, ital. *Complemento*, esp. port. Complément, en général, partie qui, ajoutée à une autre, formerait un tout.

Éty. du lat. *complementum*, m. s. V. *Ple*, Rad.

COUMPLENTA, s. f. (coumpléinte). Complainte, lamentation. V. *Complancha*.

COUMPLESENÇA, V. *Coumplaisença*.

COUMPLESENT, V. *Coumplaisent* et *Plas*, R.

COUMPLET, ETA, adj. (coumplè, ète); COUMPLET. *Completo*, ital. esp. port. *Complet*, cat. Complet, ète, à quoi il ne manque rien, qui a toutes les parties qui lui sont nécessaires, achevé, parfait.

Éty. du lat. *completus*, m. s. V. *Ple*, R.

COUMPLETAMENT, adv. (coumpletaméin); ENTIÈRAMENT. *Compiutamente*, ital. *Completamente*, esp. port. *Completament*, cat. Complètement, entièrement.

Éty. de *coumpleta* et de *ment*, d'une manière complète. V. *Ple*, R.

COUMPLETAR, v. a. (coumpletá); *Compire*, ital. *Completar*, esp. port. cat. Compléter, rendre complet.

Éty. du lat. *complere* ou de *coumplet* et de *ar*. V. *Ple*, R.

COUMPLETAT, ADA, adj. et p. (coumpletá, áde); *Completado*, port. Complété, ée. V. *Ple*, R.

COUMPLEXION, s. f. (coumplexie-n); COUMPLEXIEN. *Complessione*, ital. *Complexió*, cat. *Complexion*, esp. *Compleхão*, port. Complexion, dans le sens ordinaire, constitution, tempérament, organisation.

Éty. du lat. *complexionis*, gén. de *complexio*, union, liaison, formé de *plexus*, entrelacement, et dérivé du grec πλέκω (plékô), entrelacer.

COUMPLIAS, s. f. pl. (coumplies); *Completas*, port. esp. cat. *Compieta*, ital. Complies, la dernière partie de l'office divin.

Éty. de *completæ*, sous-entendu *horæ*. V. *Ple*, R.

On ignore l'époque où les complies ont formé une partie distincte de l'office divin, on sait seulement qu'elles sont destinées à honorer la sépulture du Sauveur.

COUMPLICAR, v. a. (coumplicá); *Complicar*, port. esp. cat. Compliquer, embrouiller, en parlant d'une affaire, d'une comptabilité, surcharger d'agens en parlant d'une machine quelconque.

Éty. du lat. *complicare*, formé de *cum*, avec, et de *plicare*, plier. V. *Plec*, R.

COUMPLICAT, ADA, adj. et part. (coumplicá, áde); *Complicato*, ital. *Complicado*, esp. port. *Complicad*, cat. Compliqué, ée, mêlé avec d'autres, embrouillé, surchargé de ressorts, de moyens.

Éty. du lat. *complicatus*. V. *Plec*, R.

COUMPLICATION, s. f. (coumplicatie-n); *Complicazione*, ital. *Complicacion*, esp. *Complicação*, port. *Complicació*, cat. Complication, concours de choses de différente nature.

Éty. du lat. *complicatio*, formé de *complicare* et de *actio*. V. *Plec*, R.

COUMPLICI, s. m. (coumplici); COUNSENT. *Complice*, ital. esp. port. cat. Complice, qui a eu part à quelque délit, soit pour l'avoir conseillé, soit pour avoir aidé à le commettre.

Éty. du lat. *complice*, abl. de *complex*, m. s. V. *Plec*, R.

COUMPLICITAT, s. f. (coumplicitá); *Complicita*, ital. *Complicidad*, esp. *Complicidade*, port. *Complicitat*, cat. Complicité, participation à un délit commis par un autre. V. *Plec*, R.

COUMPLIMENT, s. m. (coumpliméin); *Cumpliment*, cat. *Complimento*, ital. *Cumplimiento*, esp. *Comprimento*, port. Compliment, discours dans lequel on témoigne de vive voix ou par écrit, à quelqu'un, l'estime qu'on a pour lui, ou la part que l'on prend à quelque chose d'intéressant qui lui arrive.

Éty. du lat. *complire*, dit pour *complere*,

accomplir, et de *ment* ou de *complicare*, plier avec. V. *Plec*, R.

Savez qu'un *coumpliment* tal que lou gous lou bol,
Es un large couchi, pla doucet, et pla mol,
Oun sans rougi lou may sage s'apuyo.
Jasmin.

COUMPLIMENTAR, v. a. (coumplimentá); *Cumplimentar*, cat. *Complimentare*, ital. *Cumplimentar*, esp. mod. *Cumprimentar*, esp. anc. Complimenter, faire compliment à quelqu'un sur quelque chose.

Éty. de *coumpliment* et de *ar*. V. *Plec*, R.

COUMPLIMENTAT, ADA, adj. et p. (coumplimentá, áde); *Comprimentado*, port. V. *Plec*, R.

COUMPLIMENTUR, s. m. (coumplimentúr); *Comprimenteiro*, port. Complimenteur, euse, qui se rend importun à force de compliments. V. *Plec*, R.

COUMPLIR, *Comprir*, port. *Cumplir*, cat. V. *Accoumplir* et *Ple*, R.

COUMPLIT, IDA, V. *Couniplet*, *Accoumplit* et *Ple*, R.

COUMPLOT, s. m. (coumpló); *Complot*, cat. esp. Complot, dessein criminel concerté secrètement entre plusieurs personnes qui se réunissent, comme en un *peloton*, pour conspirer. V. *Pel*, R. 2.

COUMPLOTAIRE, Garc. V. *Coumplotur*.

COUMPLOTAR, v. a. (coumploutá); coumploutar. Comploter, faire un complot.

Éty. de *coumplot* et de *ar*. V. *Pil*, R. 2.

COUMPLOTUR, s. m. (coumploutúr); coumploptur, coumploutaire. Celui qui complote, qui forme un complot.

COUMPORTAR, v. a. (coumpourtá); coumpourtar. *Comportare*, ital. *Comportar*, esp. port. cat. Comporter, permettre, souffrir, être en proportion, en rapport de convenance, avec...

Éty. de *cum*, avec, et de *porta*, porter en même temps. V. *Port*, R.

Un an coumpourtant l'autre, Tr. un an portant l'autre.

COUMPORTAR SE, v. r. *Comportarse*, cat. esp. *Comportarsi*, ital. Se comporter, se conduire, vivre de telle ou telle manière.

COUMPORTAT, ADA, adj. et p. (coumpourtá, áde); coumpourtat. *Comportad*, cat. *Comportado*, esp. Comporté, ée. Voy. *Port*, R.

COUMPOS, s. m. (coumpó), d. bas lim. coumpo. Liaison, jaunes d'œufs délayés avec du vinaigre ou du verjus, destinés à donner de la consistance à une sauce.

COUMPOSAR, v. a. (coumpousá); coumpousar. *Componere* et *Comporre*, ital. *Componer*, esp. *Compor*, port. *Compondrer*, cat. Composer, former un tout par l'union de plusieurs parties; faire un ouvrage d'esprit, scientifique; inventer; composer son visage; arranger les caractères d'imprimerie pour en faire des mots, etc.

Éty. du lat. *componere*, m. s. V. *Pous*, Rad.

COUMPOSAR, v. n. coumpousar. Capituler, payer une amende pour se rédimer d'une peine; prendre des arrangements avec ses créanciers.

COUMPOSAT, ADA, adj. et p. (coumpousá, áde); coumpousat. *Composto*, port. Composé, ée.

Éty. du lat. *compositus*, m. s. V. *Pous*, R.

COUMPOSAT, s. m. coumpousat. *Composto*, port. Composé, le résultat de la réunion de plusieurs parties. V. *Pons*, R.

COUMPOSITION, (coumpousitie-n); coumpousitien. *Composizione*, ital. *Composicion*, esp. *Composição*, port. *Composició*, cat. Composition, l'action de composer quelque chose, l'ouvrage qui en résulte; mélange de quelques médicaments, de quelques métaux; le thème que fait un écolier, sur le sujet qui lui est donné par son régent; accommodement, où l'une ou toutes les parties se relâchent de leurs prétentions: *Venir à composition.*

Éty. du lat. *compositionis*, gén. de *compositio*, m. s. V. *Pous*, R.

Estre de bona coumpotisition, être de bonne composition, c'est-à-dire, facile à gagner, à réduire, à se rendre à la volonté des autres.

COUMPOSITION, s. f. (coumpositien); tombac. Composition de métaux qui imite un peu l'argent. V. *Pous*, R.

COUMPOSITO, s. m. et adj. (coumpousite); coumpousito. Composite, ordre d'architecture formé du Corinthien et de l'Ionique. V. *Ordres d'architectura.*

COUMPOSITOUR, s. m. (coumpousitóur); coumpousitour. *Compositore*, ital. *Compositor*, esp. port. cat. Compositeur, celui qui compose, particulièrement en musique; en terme d'imprimerie, on donne le même nom à l'ouvrier qui arrange les lettres dans le composteur.

Éty. du lat. *compositor*, m. s. V. *Pous*, Rad.

COUMPOSTA, s. f. (coumpóste); *Composta*, ital. *Compota*, port. Compote, fruits cuits légèrement avec du sucre.

Éty. du lat. *composita*, composée. Voy. *Pous*, Rad.

COUMPOSTIER, s. m. (coumpoustié); coumpoustier. *Compotera*, esp. Compotier, vase dans lequel on sert les fruits mis en compote.

Éty. de *coumposta* et de *ier*. V. *Pous*, R.

COUMPOSTUR, s. m. (coumpoustúr); coumpoustur. *Componedor*, cat. esp. *Compositojo*, ital. Composteur, petite règle de métal, composée de deux parties assemblées en équerre, dans le sens de longueur, sur laquelle l'ouvrier imprimeur arrange les lettres dont il forme les lignes. V. *Pous*, R.

COUMPOUNCTION, s. f. (coumpounctie-n); *Compunzione*, ital. *Compuncion*, esp. *Compunção*, port. *Compuncció*, cat. Componction, douleur vive, causée par le regret d'avoir offensé Dieu.

Éty. du lat. *compunctionis*, gén. de *compunctio*, m. s. V. *Pounct*, R.

COUMPRAR, V. *Croumpar*.

COUMPREHENSIBLE, IBLA, adj. (coumpreheinsiblé, ible); *Comprensibile*, ital. *Comprehensible*, cat. esp. *Comprehensivel*, port. Compréhensible, que l'on peut comprendre.

Éty. du lat. *comprehensibilis*, m. s. Voy. *Prendr*, R.

COUMPREHENSION, V. *Coumprension.*

COUMPRENDRE, v. a. (coumpréindré); *Comprendere*, ital. *Comprehender*, esp. port. *Compendrer*, cat. Comprendre, contenir en soi plusieurs parties distinctes; faire entrer comme partie dans un tout; concevoir, se faire d'une chose une idée conforme à sa nature.

Éty. du lat. *comprehendere*, m. s. Voy. *Prendr*, R.

COUMPRENSION, s. f. (coumpreinsion); coumpresa, coumprenura, coumprehension. *Comprensione*, ital. *Comprehension*, esp. *Comprehensão*, port. *Comprehensió*, cat. Compréhension, la faculté de comprendre.

Éty. du lat. *comprehensionis*, gén. de *comprehensio*. V. *Prendr*, R.

COUMPRENURA, s. f. (coumprenúre). V. *Coumprension.*

COUMPRES, ESSA, adj. et p. (coumprés, ésse); *Comprehendido*, port. *Coumpres*, cat. *Comprendido*, esp. Compris, ise; contenu, ue; entendu, ue. V. *Prendr*, R.

COUMPRESA, s. f. (coumprése), d. de Barcel. Compréhension, intelligence, conception. V. *Coumprension* et *Prendr*, R.

COUMPRESSA, s. f. (coumprèsse); *Compressa*, port. Compresse, linge plié en plusieurs doubles, faisant partie d'un bandage.

Éty. du lat. *cum*, avec, et de *pressar*, presser, parce qu'elle est serrée par la bande en même temps que la partie malade, pressée avec. V. *Press*, R.

COUMPRESSIBLE, IBLA, adj. (coumpressiblé, ible); *Compressivel*, port. Compressible, qui peut être comprimé. V. *Press*, Rad.

COUMPRESSION, s. f. (coumpressie-n); *Compressione*, ital. *Compresion*, esp. *Compressão*, port. *Compressió*, cat. Compression, action de comprimer, de presser ou de serrer un corps.

Éty. du lat. *compressio*, formé de *comprimere*. V. *Press*, R.

COUMPRIMAR, v. a. (coumprimá); *Comprimere*, ital. *Comprimir*, esp. port. cat. Comprimer, presser, serrer un corps, de manière à le réduire à un moindre volume. V. *Esquichar.*

Éty. du lat. *comprimere*, m. s. V. *Press*, Rad.

COUMPRIMAT, ADA, adj. et p. (coumprimá, áde); *Comprimido*, port. Comprimé, ée. V. *Esquichat.*

Éty. du lat. *compressus*, m. s. V. *Press*, Rad.

COUMPROUMES, ESSA, adj. et part. (coumproumés, ésse); *Compromettido*, port. *Compromes*, cat. Compromis, ise. V. *Mettre*, Rad.

COUMPROUMES, s. m. (coumproumés); *Compromesso*, ital. *Compromes*, anc. cat. *Compromisso*, port. *Compromiso*, esp. Compromis, acte par lequel des parties conviennent d'un ou de plusieurs arbitres, à la décision desquels elles promettent de s'en tenir.

Éty. du lat. *compromissum*, m. s. Voy. *Mettre*, R.

Passar un coumproumes, passer un compromis.

COUMPROUMETTRE, v. a. (coumprouméttré); *Compromettere*, ital. *Comprometer*, esp. *Comprometrer*, cat. *Comprometter*, port. Compromettre, exposer quelqu'un à des désagréments, lui faire faire une fausse démarche ; engager.

Éty. du lat. *compromittere*, m. s. Voy. *Mettre*, R.

COUMPTABILITAT, V. *Comptabilitat*.

COUMPTABLE, V. *Comptable*.

COUMPTADOUR, V. *Comptadour*.

COUMPTAR, V. *Comptar* et *Compt*, R.

COUMPULSAR, v. a. (coumpulsá); *Compulsare*, ital. *Compulsar*, esp. port. cat. Compulser, contraindre par autorité de justice, une personne publique, à exhiber un acte qui est entre ses mains pour en tirer copie ; parcourir un livre, en prendre connaissance.

Éty. du lat. *compellere*. V. *Puls*, R.

COUMPULSOIRA, s. f. (coumpulsóire); coumpulsouara. *Compulsorio*, esp. port. Compulsoire, acte qui oblige le détenteur d'un titre de l'exhiber.

Éty. du lat. *compulsorium*. V. *Puls*, R.

COUMPUT, s. m. (coumpút); *Computo*, ital. esp. port. Comput, on ne s'en sert qu'en parlant des supputations des temps qui servent à régler le calendrier ecclésiastique.

Éty. du lat. *computum*, m. s. V. *Compt*, Rad.

COUMUN, **UNA**, adj. (coumún, úne); *Comú*, cat. *Comune*, ital. *Comun*, esp. *Commun*, port. Commun, qui n'a rien qui le distingue de la foule des objets de la même espèce, qui convient à plusieurs, qui appartient à tous; vulgaire, répandu, populaire, affable, qui placé dans un rang supérieur traite avec bonté et égalité les inférieurs.

Éty. du lat. *communis*, m. s. V. *Mun*, R.

COUMUN, s. m. (coumún). Commun, qui appartient à tout le monde : *Lou coumun*, le bien communal, terres en vague pâture où tous les habitants d'une commune ont droit de mener leurs bestiaux ou d'y prendre du bois. V. *Mun*, R.

COUMUN, *Comú*, cat. *Comun*, esp. Pour latrines. V. *Androunæ*, *Privat* et *Mun*, R.

COUMUNA, s. f. (coumúne); *Comuna*, anc. cat. ital. *Comunal*, esp. Commune, division territoriale qui a pour administrateur un maire et qui fait partie d'un canton. V. *Mun*, Rad.

Les communes, telles qu'elles sont organisées aujourd'hui, furent créées par le même décret de 1790, qui divisait la France en départements; dans notre royaume on en comptait au commencement de 1837, 37,234.

COUMUNA, s. f. sous-entendu *maisoun*. La maison commune, l'hôtel de la mairie où le conseil municipal s'assemble. V. *Mun*, R.

COUMUNAL, dl. *Comunal*, cat. V. *Coumunau* et *Mun*, R.

COUMUNAMENT, adv. (coumunaméin); ourdinariament. *Communmente*, port. *Communemente*, ital. *Comunmente*, esp. *Comunalment*, anc. cat. *Comunament*, cat. mod. Communément, ordinairement.

Éty. de *coumuna* et de *ment*. V. *Mun*, R.

COUMUNAU, s. m. (coumunáou); coumunal. *Comunal*, anc. cat. esp. *Comunale*, ital. Bien appartenant en commun aux habitants d'une commune; on le dit plus particulièrement des pâturages et des bois.

Éty. du lat. *communis*, *coumun* et de *al*, *au*, commun à, sous-entendu tous. V. *Mun*, Rad.

A bouesc coumunau,
L'un lou faucioun, l'autre la destrau. Pr.

Mentre que soun troupel rodo lou coumunal.
Goudelin.

COUMUNAUTAT, s. f. (coumunoutá); communautat, vl. coumounutat. *Comunità*, ital. *Comunidad*, esp. *Communidade*, port. *Comunitat*, cat. Communauté, corps des habitants d'une ville, d'un bourg ou d'un village; société de plusieurs personnes qui vivent ensemble sous certaines règles; on le dit aussi de quelques corps laïques.

Éty. du lat. *communitas*, m. s. V. *Mun*, Rad.

Les associations ou communautés sont très-anciennes; il y en avait un grand nombre à Rome.

714 ans, avans J.-C. Numa crée le premier, des communautés d'arts et métiers.

COUMUNIANT, **ANTA**, s. (coumunián, ánte). Communiant, ante; celui celle qui communie. On nomme communiants ceux qui sont en âge de communier.

Éty. de *coumuniar* et de *ant*. V. *Mun*, R.

COUMUNIAR, v. n. (coumuniá); coumugar. *Comunicare*, ital. *Comulgar*, esp. *Combregar*, cat. *Commungar*, port. Communier, recevoir le sacrement de l'Eucharistie, chez les catholiques, ou le pain et le vin de la Cène chez les protestants. Ce verbe est actif en parlant du prêtre qui donne la communion à ceux qui se présentent à la sainte table.

Éty. du lat. *communicare*, admettre à sa table. V. *Mun*, R.

COUMUNICAR, v. a. (coumunicá); *Communicare*, ital. *Comunicar*, cat. esp. *Communicar*, port. Communiquer, rendre commun, faire part.

Éty. du lat. *communicare*, m. s. V. *Mun*, Rad.

COUMUNICAR SE, v. r. *Communicar-se*, port. Se communiquer, passer de l'un à l'autre, donner communication.

COUMUNICAT, **ADA**, adj. et p. (coumunicá, áde); *Comunicado*, esp. *Communicado*, port. Communiqué, ée. V. *Mun*, R.

COUMUNICATIF, **IVA**, adj. (coumunicatif, ive); *Comunicativo*, ital. esp. *Communicativo*, port. *Comunicatiu*, cat. Communicatif, ive ; qui se communique facilement; qui aime à se communiquer, à faire connaître ses pensées, ses projets. V. *Mun*, R.

COUMUNICATION, s. f. (coumunicatie-n); coumunicatien. *Comunicazione*, ital. *Comunicacion*, esp. *Communicação*, port. *Comunicació*, cat. Communication, commerce, correspondance, familiarité.

Éty. du lat. *communicationis*, gén. de *communicatio*, m. s. ou de *coumunicar* et de *ation*, action de communiquer. V. *Mun*, Rad.

COUMUNION, s. f. (coumunie-n); coumenien, coumounien. *Comunió*, cat. *Comunione*, ital. *Comunion*, esp. *Communhão*, port. Communion, action de recevoir le corps de J.-C.

Éty. du lat. *communionis*, gén. de *communio*, m. s. V. *Mun*, R.

Dounar la coumunion, communier quelqu'un.

La communion sous une seule espèce a commencé en Occident, l'an 1096, sous le pape Urbain II.

La communion paschale fut prescrite par le quatrième concile général de Latran, tenu en 1215, sous le pontificat d'Innocent III.

COUMTADIN, **INA**, s. et adj. (countadín, ine). Contadin, ine; qui est né ou qui réside dans le Comté Venaissin.

Éty. de *coumtat* et de *in*. V. *Comt*, R.

COUMTAT, s. m. (coumtá); *Contado*, ital. *Condado*, esp. port. Comtat, expression consacrée pour désigner le Comtat Venaissin, car on dit *comté* quand il est question d'une terre appartenant à un comte.

Éty. du lat. *comitatus*, m. s. V. *Comt*, R.

Ce n'est que depuis le IXme siècle, surtout depuis l'hérédité des fiefs, que dans les actes on a distingué les lieux par comté, *comitatus*.

COUMTESSA, V. *Comtessa* et *Comt*, R.

COUMUNOUTAT, V. *Coumunautat* et *Mun*, R.

COUN, coum, devant les mots qui commencent par *m*, *b* ou *p*; *coul*, devant ceux qui commencait par *l*; *cour*, devant ceux qui commencent par *r*; cou, coun. Cette particule initiale vient du lat. *cum*, avec, ensemble; elle ajoute aux mots qu'elle concourt à former, une idée de société, d'ensemble, de cumulation d'objets, de moyens qu'on a pour réussir. V. *Syn*.

Coum-pousar, composer, de *coum* et de *pono*, poser avec.

Coun-flar, de *conflare*, gonfler, fait de *goun* pour *coun*, et de *flare*, souffler, souffler avec.

Coun-disciple, disciple ensemble, en même temps.

Coul-loucar, de *coul* pour *coun*, de *loco* et de *ar*, placer dans un lieu.

Coun-cassar, casser avec un, sous-entendu, pilon, marteau, etc.

Coun-clure, fermer avec, sous-entendu, ce qu'on va dire.

Coun-sequant, qui suit avec, qui suit nécessairement.

Coum-binar, mettre deux choses ensemble.

Cou-ourdounar, ordonner ensemble.

Cou-ouperar, opérer avec.

Coul-lection, choix ensemble, choix de choses qu'on réunit.

Coullego, lié avec, collègue.

Cour-rigear, de *corrigere*, fait de *cor* pour *coun*, et de *rego*, dresser avec, redresser.

COUNCA, s. f. (cóunque), dl. Bassin de fontaine. V. *Conca*, *Bachas* et *Conq*, R.

COUNCA, s. f. d. toul. Petit vase en bois, dans lequel on fait le fromage. Duniège. V. *Conq*, R.

COUNCACELA, d. m. V. *Cargacela*.

COUNCAGAR SE, v. r. dl. Se fâcher, se dépiter, crêver de dépit. Sauv.

COUNCAVE, AVA, adj. (councávé, ávе); *Concavo*, cat. esp. ital. Concave, l'opposé de convexe, qui est creux au lieu d'être bombé.

Éty. du lat. *concavus*, m. s.

COUNCAVITAT, s. f. (councavitá); *Concavità*, ital. *Concavidad*, esp. *Concavidade*, port. *Concavitat*, cat. Concavité, le côté concave, le creux, la cavité d'un corps.

Éty. du lat. *concavitatis*, gén. de *concavitas*, m. s. V. *Cav*, R.

COUNCEBRE, v. a. (councébré); CONCEBRE. *Concepire*, ital. *Concebir*, esp. cat. mod. *Conceber*, port. *Concebre*, anc. cat. Concevoir, comprendre, recevoir le produit de la conception, en parlant des femelles.

Éty. du lat. *concipere*. V. *Cap*, R. 2.

COUNCEDAR, v. a. (councedá); *Concedere*, ital. *Conceder*, esp. port. *Concedir*, cat. Concéder, accorder des droits, des priviléges.

Éty. de *concedere*, m. s. V. *Ced*, R.

COUNCEDAT, ADA, adj. et p. (councedá, áde); *Councedida*, port. Concédé, ée, accordé, octroyé. V. *Ced*, R.

COUNCEGAU, V. *Counsegau*.

COUNCENTRAR, v. a. (counceintrá); *Concentrare*, ital. *Concentrar*, esp. port. cat. Concentrer réunir en un centre; dépouiller un corps des parties liquides, le rendre plus épais; garder dans son intérieur, ne pas manifester.

Éty. de *coun*, de *centre* et de *ar*. V. *Centr*, Rad.

COUNCENTRAT, ADA, adj. et p. (counceintrá áde); *Reconcentrado*, port. *Concentrad*, cat. Concentré, ée. V. *Centr*, R.

COUNCENTRATION, s. f. (counceintratíe-n); COUNCENTRACIEN. *Concentració*, cat. *Concentracion*, esp. *Concentrazione*, ital. Concentration, action de concentrer et résultat de cette action.

Éty. de *coun* de *centre* et de *ation*, action de rapprocher du centre. V. *Centr*, R.

COUNCENTRIQUE, ICA, adj. et part. (counceintrique, ique); *Concentric*, cat. *Concentrico*, ital. esp. port. Concentrique, il se dit des cercles ou des courbes qui ont un même centre.

Éty. du lat. *concentricus*, m. s. V. *Centr*, Rad.

COUNCEPTION, s. f. (counceptíe-n); CONCEPTIO, COUNCETIEN. *Concepció*, cat. *Concepcion*, esp. *Conceição*, port. *Concezione*, ital. Conception, action par laquelle un enfant est conçu; intelligence, faculté de concevoir; fête en mémoire de la Conception de la Sainte Vierge.

Éty. du lat. *conceptionis*, gén. de *conceptio*, fait de *concipere*, concevoir. V. *Cap*, Rad. 2.

La fête de la Conception, qui fut établie par Saint Anselme, archevêque de Cantorbery, ne fut généralement observée, en Orient, que dans le XIIme siècle, sous Manuel Commène; et en Occident, que depuis le Concile de Basle, en 1439.

COUNCERNANT, prép. (councernán); *Concernent*, cat. *Concerniente*, esp. *Concernente*, ital. Concernant, qui concerne. V. *Cern*, R.

COUNCERNAR, v. n. (councerná); REGARDAR, TENIR, TOUCAR. *Concernere*, ital. *Concernir*, esp. cat. Concerner, il se dit des choses auxquelles nous prenons part, et particulièrement de celles du soin et de la conduite desquelles nous sommes chargés.

Éty. du lat. *concernere*, m. s. V. *Cern*, R.

COUNCERT, radical dérivé du latin *concertare*, combattre, contester, débattre, disputer, formé de *certare*, m. s. avec la prép. *cum*, *con*.

De *concertare*, par apoc. et changement de *o* en *ou*, *councert*; d'où: *Councert*, *Des-councertar*, *Des-councertat*.

COUNCERT, s. m. (councèr); *Concert*, cat. *Concerto*, ital. *Concierto*, esp. *Conciento* et *Concerto*, port. Concert, harmonie de voix et d'instruments de musique, fig. intelligence, union.

Éty. du lat. *concentus*, fait de *concinere*, chanter ensemble, formé de *cum*, avec, et de *canere*, chanter, selon Gattel; ou de *concertus*, part. de *concerere*, enlacer, entremêler, parce qu'un concert résulte de divers sons harmonieusement entremêles, suivant Huet; si après ces hommes célèbres j'osais donner mon opinion, je ferais dériver ce mot de *cum*, avec, et de *certare*, rivaliser, disputer le prix, faire assaut.

De councert, adv. de concert, d'intelligence.

On nomme concertant, te; en français, celui ou celle qui exécute une partie dans un concert.

On donne le nom de concert spirituel aux motets et aux symphonies que l'on exécute les jours auxquels les théâtres sont fermés et d'où l'on bannit les airs profanes.

C'est Anne Daveau, dit Philidor, qui en donna la première idée; il fut établi en 1725, à Paris, pour la première fois.

COUNCERTANT, ANTA, adj. (councertán, ánte); *Concertante*, port. Concertant, ante, en t. de mus. parties concertantes, celles qui ont quelque chose à réciter dans une partie ou dans un concert. V. *Councert*.

COUNCERTAR, v. a. (councertá); *Concertar*, cat. esp. port. *Concertare*, ital. Concerter, conférer ensemble pour l'exécution d'un projet.

COUNCERTAR SE, v. (councertá sé); *Concertar-se*, port. Se concerter ou concerter, conférer ensemble pour exécuter un dessein, chercher à se mettre d'accord.

Éty. de *councert* et de la term. act. *ar*, ou du latin *certare*, combattre, et de *coun*, ensemble, s'accorder.

COUNCERTAT, ADA, adj. (councertá, áde); *Concertado*, port. *Concertad*, cat. *Concertato*, ital. Concerté, ée, part. de *councertar*.

COUNCESSION, s. f. (councessíe-n); *Concessió*, cat. *Concessione*, ital. *Concesion*, esp. *Concessão*, port. Concession, don, privilége, droit accordé par la grâce ou le faveur du prince.

Éty. du lat. *concessionis*, gén. de *concessio*. V. *Ced*, R.

COUNCESSIOUNARI, s. m. (councessiounári); *Concessionari*, cat. *Concesionario*, esp. *Concessionario*, ital. Celui, celle qui a obtenu une concession.

COUNCEVABLE, ABLA, adj. (counceváblé, áble); *Concebible*, cat. *Conceptible*, esp. *Concepibile*, ital. Concevable, qu'on peut concevoir. V. *Cap*, R.

COUNCHA, s. f. (cóuntse), d. bas lim. Fontaine ou bassin de fontaine. V. *Conca* et *Font*.

Éty. du lat. *concha*, m. s. V. *Conc*, R.

COUNCHAR, v. a. et r. (countchá). Salir, gâter, tacher.

Éty. du lat. *coinquinare*, m. s.

> *Dins l'esfrai que leis a pres,*
> *An* counchat *toutei seis brayes.*
>
> Morel.

COUNCHAR SE, v. r. Se salir d'ordure, s'embrener. Fig. *Se sentir counchat*, se sentir coupable.

COUNCHAT, ADA, adj. et part. (countchá, áde). Sali, souillé, breneux.

Éty. de *Counch*, rad. de *counchar*, et de la term. *at*, *ada*, atteint de souillure.

Qu es counchat se torque, qui se sent galeux se gratte.

COUNCIERGI, s. m. (couciérdgi); COUJURIER, COUNCIERGE. *Conserge*, cat. *Conserje*, esp. *Carcereiro*, port. Concierge, celui qui a soin de quelque palais, de quelque château; geôlier qui a la garde d'une prison.

Éty. de la basse lat. *conservus*, pris dans le sens de *conservare*, garder, conserver, d'où: *conservus*, *conservius*. V. *Serv*, R.

COUNCIERGEARIA, s. f. (councierdjarie); *Consergerio*, cat. *Conserjeria*, esp. Conciergerie, charge, fonction, logement de concierge.

COUNCIL, COUNCILI, sous-radical pris du latin *concilium*, concile, assemblée, et dérivé du grec συγκαλέω (sugkaléô), convoquer, rassembler, formé de συν (sun), avec, ensemble, et de καλέω (kaléô), appeler, inviter, d'où le latin *calare*, *calo*, appeler, assembler.

De *concilium*, par apoc. *concil*, *concili*, et par changement de *o* en *ou*, *council*; d'où: *Council-e*, *Councili-abulo*, *Councili-ar*, *Re-counciliar*, *Councili-at*, *Re-counciliat*, *Councili-ation*, *Re-counciliation*, *Ir-re-councili-able*, *Re-concil-iatio*, *Re-concil-iatiu*, *A-conseill-at*.

COUNCILE, s. m. (councilé); *Concili*, cat. *Concilio*, esp. port. ital. Concile, assemblée de plusieurs évêques de l'église catholique, pour délibérer et décider sur des questions de doctrine et de discipline. Décrets ou canons, qui en émanent.

Éty. du lat. *concilium*, convocation, assemblée. V. *Council*, R.

On nomme les conciles: *généraux*, *nationaux*, *provinciaux* et *diocésains* ou *synodes*, selon qu'on y a invité tous les évêques de la chrétienté, ou seulement, ceux d'une nation, d'une province ou d'un diocèse.

Le premier concile dont parle l'histoire, est celui que les Apôtres tinrent à Jérusalem, l'an 50 de J.-C.; vinrent ensuite ceux d'Asie de Rome et de Lyon, dans le IIme siècle. Un des plus célèbres a été celui de Trente, commencé en 1545 et fini en 1569.

COUNCILIABLE, **ABLA**, adj. (counciliablé, àble); *Conciliable*, cat. esp. *Conciliabile*, ital. *Conciliavel*, port. Conciliable, qui peut se concilier. V. *Council*, R.

COUNCILIABULO, s. m. (counciliabùle); *Conciliabolo*, ital. *Conciliabulo*, esp. port. cat. Conciliabule, assemblée de prélats hérétiques, schismatiques, ou illégitimement convoqués; et par ext. réunion secrète de gens qui ont, ou à qui l'on suppose de mauvais desseins.

Éty. du lat. *conciliabulum*, m. s. V. *Council*, R.

COUNCILIAR, v. a. (counciliá); *Conciliare*, ital. *Conciliar*, cat. esp. port. Concilier, rapprocher, réunir des personnes ou des choses qui semblent contraires ou opposées.

Éty. du lat. *conciliare*, m. s. V. *Council*, Rad.

COUNCILIAT, **ADA**, adj. et p. (counciliá, áde); *Conciliado*, port. *Conciliad*, cat. Concilié, ée.

Éty. du lat. *conciliatus*, m. s. V. *Council*, Rad.

COUNCILIATION, s. f. (counciliatie-n); COUNCILIATIEN. *Conciliazione*, ital. *Conciliacion*, esp. *Conciliação*, port. *Conciliació*, cat. Conciliation, action de concilier.

Éty. du lat. *conciliationis*, gén. de *conciliatio*, m. s. V. *Council*, R.

COUNCILIATOUR, s. m. (counciliatóur); *Conciliatore*, ital. *Conciliador*, esp. port. cat. Conciliateur, celui qui concilie, qui s'efforce de concilier, de mettre d'accord des personnes qui diffèrent d'intérêt ou d'opinion.

Éty. du lat. *conciliator*, m. s. V. *Council*, Rad.

COUNCIS, **ISA**, adj. (councis, ise); *Conciso*, ital. esp. port. *Concis*, cat. Concis, ise, qualité du discours ou du style dans lequel on n'a admis que les idées et les expressions absolument nécessaires.

Éty. du lat. *concisus*, m. s. formé de *cum*, avec, et de *cisus*, ciselé, taillé.

COUNCISION, s. m. (councisie-n); COUNCISIEN. *Concisió*, cat. *Concision*, esp. *Concisione*, ital. *Concisão*, port. Concision, qualité du style concis.

Éty. du lat. *concisionis*, gén. de *concisio*, coupure.

COUNCITOYEN, **ENA**, s. (councitouièn, ène); COUNCITOUYEN. *Concittadino*, ital. *Conciudadano*, esp. *Concidadão*, port. *Conciutadà*, cat. Concitoyen, citoyen de la même ville, du même état qu'un autre.

Éty. du lat. *concivis*, m. s. V. *Civ*, R.

COUNCLAVO, s. m. (counclávé); CONCLAVO. *Conclave*, cat. esp. port. ital. Conclave, assemblée de cardinaux pour l'élection d'un pape; le lieu où ils se réunissent.

Éty. du lat. *conclave*, chambre, appartement séparé; formé de *cum*, avec, et de *clavis*, clef, parce que pendant tout le temps que dure cette assemblée, et jusqu'à l'élection définitive, les cardinaux sont privés de toute communication avec l'extérieur et fermés, *cum clave*. V. *Clav*, R.

Cette pratique ne date que de 1270, époque à laquelle les Cardinaux rassemblés à Viterbe, pour l'élection du pape qui devait succéder à Clément IV, mort dans la même ville, en 1268, voulurent se séparer, à cause des difficultés qui survinrent à cette occasion; mais les habitants en ayant eu connaissance, firent fermer les portes de la ville, d'après le conseil de Saint Bonaventure, enfermèrent les Cardinaux dans le palais, et leur signifièrent qu'ils n'en sortiraient qu'après l'élection; coutume qui s'est conservée depuis.

COUNCLU, **UA**, adj. (counclú, úe); COUNCLUS. *Concludo*, port. *Concluso*, esp. *Conclos* et *Concluid*, cat. Conclu, ue.

Éty. du lat. *conclusus*, m. s. V. *Claus*, R.

COUNCLUENT, **ENTA**, adj. (counclùein, èinte); COUNCLUANT. *Concludente*, ital. port. *Concluent*, cat. *Concluyente*, esp. Concluant, ante, qui conclut, qui prouve bien ce qu'on veut prouver. V. *Claus*, R.

COUNCLURE, v. a. (counclúré); CONCLURE. *Concluir*, esp. port. cat. *Conchiudere*, ital. Conclure, terminer, être d'accord, arrêter, tirer une conséquence, donner son avis, proposer ses conclusions.

Éty. du lat. *concludere*, m. s. V. *Claus*, Rad.

COUNCLUS, **USA**, adj. *Concluso*, port. V. *Counclu* et *Claus*, R.

COUNCLUSIF, **IVA**, adj. (counclusif, ive); *Conclusiu*, cat. *Conclusivo*, esp. ital. port. Conclusif, ive, qui marque induction, conclusion. V. *Claus*, R.

COUNCLUSION, s. f. (counclusie-n); COUNCLUSIEN. *Conclusione*, ital. *Conclusion*, esp. *Conclusão*, port. *Conclusió*, cat. Conclusion, résolution par laquelle on termine une discussion, une affaire, une conférence, etc.

Éty. du lat. *conclusionis*, gén. de *conclusio*, m. s. V. *Claus*, R.

COUNCORDA, s. f. (councórde); ACCORD, UNION. *Concordia*, cat. esp. port. ital. Concorde, conformité de volontés, union, paix et bonne intelligence de plusieurs personnes ensemble.

Éty. du lat. *concordia*, de *cum* et *cor*, lié de cœur, ou de *coun* et de *corda*, lié avec une corde, c'est-à-dire, solidement, selon d'autres.

COUNCOURDANÇA, s. f. (councourdànce); COUNCOURDANÇA. *Concordanza*, ital. *Concordancia*, esp. port. cat. Concordance, accord, convenance.

COUNCOURDAR, v. n. (councordá); COUNCOURDAR. *Concordar*, cat. esp. port. *Concordare*, ital. Concorder, être d'accord, tendre naturellement au même effet, au même but.

Éty. du lat. *concordare*, m. s. V. *Cor*, Rad.

COUNCOURDAT, s. m. (councourdá); *Concordato*, ital. esp. port. *Concordat*, cat. Concordat, transaction, accord, convention entre un souverain et le pape.

Éty. du lat. *concordatus*, dont on fait *concordatum*, formé de *concordare*, s'accorder. V. *Cor*, R.

COUNCOUMBRE, s. m. (councóumbré); COUCOUMBRE, COUDOUMBRE. *Cogombro*, esp. *Cogombre*, cat. *Cocomero*, ital. *Cucumero*, all. Concombre, *Cucumis sativus*, Lin. plante de la fam. des Cucurbitacées qu'on croit originaire des Indes et qu'on cultive dans toute la Provence Méridionale avec plusieurs de ses variétés; on en connaît au moins sept en ce moment.

Éty. du lat. *cucumis*, *cucumeris*, par suppr. de *e* et add. d'un *b*, *cucumbris*, *coucoumbre*, dont le primitif est *cucc*, chose creuse, en celtique.

Les petits concombres, confits dans le vinaigre, sont connus sous le non de *cornichons*.

Councoumbre, est souvent employé en provençal, comme terme injurieux: *Sias un councoumbre*, tu es un sot.

COUNCOUMBRE D'ASE, s. m. Nom nismois du concombre sauvage. V. *Coucoumbrassa*.

COUNCOURIR, V. *Councourrer*.

COUNCOURRER, v. n. (councourré); CONCURRER, COUNCOURIR. *Concorrer*, cat. *Concurrir*, esp. *Concorrer*, port. *Concorrere*, ital. Concourir, produire un effet, conjointement avec quelque cause; coopérer, entrer en concurrence pour disputer quelque chose. En provençal, on le dit souvent dans le sens de circuler, d'aller d'un lieu dans un autre.

Éty. du lat. *concurrere*, formé de *cum*, avec, et de *currere*, courir. V. *Courr*, R.

COUNCOURS, s. m. (councóurs); *Concorso*, ital. *Concurso*, esp. port. *Concurs*, cat. Concours, action par laquelle on concourt; dispute pour une chaire, pour un bénéfice; affluence de monde.

Éty. du lat. *concursus*, formé de *concurrere*. V. *Councourrer* et *Courr*, R.

COUNCRET, **ETA**, adj. (councrèt, ète); *Concreto*, ital. esp. port. *Concret*, cat. Concret, ète, qui désigne la quantité, par opposition, à abstrait, ou une qualité considérée seule et séparée du sujet.

Éty. du lat. *concretus*, m. s. V. *Cern*, R.

COUNCRETION, s. f. (councretie-n); *Concrezione*, ital. *Concrecion*, esp. *Concreção*, port. *Concreció*, cat. Concrétion, réunion de plusieurs parties en un corps solide.

Éty. du lat. *concretionis*, gén. de *concretio*, m. s. fait de *cretus*, cru, né avec. V. *Creiss*, R.

COUNCUBINA, s. f. (councubine); CONCUBINA. *Concubina*, cat. esp. port. ital. Concubine, celle qui, sans être mariée, vit avec un homme comme si elle était sa femme.

Éty. du lat. *concubina*, le même, formé de *con* et de *cubilis*, qui partage le lit.

COUNCUBINAGI, s. m. (councubinádgi); COUNCUBINAGE. *Concubinato*, ital. port. *Concubinatge*, cat. Concubinage, commerce d'un homme et d'une femme qui, n'étant pas mariés, vivent comme s'ils l'étaient.

Éty. du lat. *concubinatus*, le même, formé de *cum*, avec, ensemble, et de *cubare*, se coucher, être couché.

Le concubinage permis ou toléré jusqu'à lui fut absolument défendu par l'empereur Léon.

COUNCUPISCENÇA, s. f. (councupiscéince); CONCUPISCENTIA. *Concupiscenza*, ital. *Concupiscencia*, cat. esp. port. Concupiscense, appétit déréglé des plaisirs des sens.

Éty. du lat. *concupiscentia*, m. s. V. *Cupid*, R.

COUNCURRENÇA, s. f. (councurrèince); *Concorrenza*, ital. *Concurrencia*, cat. esp. port. Concurrence, tendance de plusieurs choses ou de plusieurs personnes au même but, à la même fin ; jusqu'à la somme de....

Éty. du lat. *concurrere*, m. s. V. *Courr*, Rad.

COUNCURRENT, ENTA, s. (councurrèin, èinte) ; *Concorrente*, ital. *Concurrente*, esp. port. *Concurrent*, cat. Concurrent, ente, celui ou celle qui est en concurrence avec un ou plusieurs autres.

Éty. du lat. *concurrentis*, gén. de *concurrens*, m. s. V. *Courr*, R.

COUNCUSSION, s. f. (councussie-n); COUNCUSSIEN. *Concussione*, ital. *Concussão*, port. Concussion, action par laquelle un fonctionnaire ou un percepteur des deniers publics exige plus qu'il ne lui est dû.

Éty. du lat. *concussio*, le même, dérivé de *concussum*, supin de *concutere*, ébranler, secouer, vexer. V. *Cut*, R.

Ce crime était puni de mort sous Philippe le Bel, Louis X et Charles VII. L'article 174 de notre code pénal ne prononce aujourd'hui que la réclusion ou l'emprisonnement contre les coupables de concussion.

COUNCUSSIOUNARI, s. m. (councussiounári) ; *Concussionario*, ital. port. Concussionnaire, celui qui fait des concussions. V. *Cut*, R.

COUNÇUT, UDA, adj. et p. (counçu, úde); *Concebido*, port. *Concebid*, cat. Conçu, ue.

Éty. du lat. *conceptus*, m. s. V. *Cap*, R. 2.

COUND, désinence. V. *Bound*.

COUNDAMINA, s. f. (coundàmine); *Condamine*, ce nom de lieu paraît être dérivé du lat. *campus-domini*, champ du maître, champ du seigneur, par les transformations suivantes, selon M. de Sauvages, *camp domini*, *comdamini* et *coundamina*. V. *Condamina*.

COUNDAMNABLE, ABLA, adj. (coundamnáblé, áble); *Condannabile*, ital. *Condenable*, esp. *Condemnavel*, port. *Condemnable*, cat. Condamnable, qui mérite d'être condamné.

Éty. du lat. *condemnabilis*, propre à être condamné. V. *Dam*, R.

COUNDAMNAR, v. a. (coundaná); *Condennare*, ital. *Condenar*, esp. *Condemnar*, port. cat. Condamner, rendre un jugement contre quelqu'un ; ne pas approuver.

Éty. du lat. *condemnare*, m. s. V. *Dam*, Rad.

Condamner une porte. V. *Murar*, *Bastir*.

COUNDAMNAR SE, v. r. *Condemnarse*, port. cat. *Condenarse*, esp. Se condamner, s'imposer l'obligation de faire ou de ne pas faire quelque chose.

COUNDAMNAT, ADA, adj. et p. (coundaná, áde) ; *Condemnado*, port. *Condemnad*, cat. Condamné, ée, en parlant d'une porte, d'une fenêtre, celle qu'on n'ouvre plus : *A l'aire coundamnat*, il a l'air tout confus, tout triste. V. *Dam*, R.

COUNDAMNATION, s. f. (coundanatie-n) ; COUNDAMNATIEN, COUNDANATIEN. *Condemnació*, cat. *Condenacion*, esp. *Condemnação*, port. *Condennazione*, ital. Condamnation, action de condamner ; jugement qui condamne.

Éty. du lat. *condemnationis*, gén. de *condemnatio*, m. s. V. *Dam*, R.

COUNDE, dg. V. *Compte*. *Rendre counde*, rendre compte. *Faire un counde*, faire un conte, un récit.

Éty. alt. de *Compte* et de *Conte*, v. c. m.

COUNDENSAR, v. a. (coundeinsá) ; *Condensare*, ital. *Condensar*, cat. esp. port. Condenser, resserrer dans un moindre espace.

Éty. du lat. *coudensare*, m. s. formé de *densus* et de *coun*, rendre plus danse.

COUNDENSAT, ADA, adj. (coundeinsá, áde); *Condensado*, port. Condensé, ée.

Éty. du lat. *condensatus*, m. s.

COUNDENSATION, s. f. (coundeinsatie-n) ; *Condensació*, cat. *Condensazione*, ital. *Condensacion*, esp. *Condensação*, port. Condensation, action de condenser ou de se condenser, d'occuper un moindre espace.

Éty. du lat. *densationis*, gén. de *densatio*, d'où *condensatio*, *condensationis*, m. s.

COUNDENSATOUR, s. m. (coundeinsatóur) ; *Condensador*, port. Condensateur, instrument inventé pour concentrer l'électricité, pour s'en charger.

Éty. de *condensare* et de *atour*, ce qui condense.

COUNDESCENDENÇA, s. f. (coundesceindéince) ; *Condescendenza*, ital. *Condescéndencia*, esp. port. cat. Condescendance, action par laquelle on se relâche de sa sévérité, des droits rigoureux, de son autorité, de sa supériorité, de sa volonté, pour se prêter aux faiblesses, aux défauts d'autrui.

Éty. de *coundescendre* et de *ença*. V. *Scend*, R.

COUNDESCENDRE, v. n. (coundescèindré) ; *Condescendere*, ital. *Condescendir*, cat. *Condescender*, esp. port. Condescendre, se relâcher de sa sévérité, des droits rigoureux de son autorité, etc. pour se prêter aux faiblesses des autres.

Éty. *cum* et *descendere*, descendre avec, se plier aux volontés d'un autre. V. *Scend*, Rad.

COUNDIERA, s. f. (coundiére). V. *Raciera*. Garc.

COUNDIR, v. a. (coundí), Confire. Cast. V. *Counfir*.

COUNDISCIPLE, s. m. (coundisciplé) ; CAMARADO D'ESTUDI. *Condiscepole*, ital. *Condeceble*, cat. *Condiscipulo*, esp. port. Condisciple, qui étudie avec quelqu'un sous le même maître.

Éty. du lat. *condiscipulus*, m. s. V. *Discipl*, R.

COUNDITION, s. f. (coundítie-n) ; COUNDITIEN. *Condizione*, ital. *Condicion*, esp. *Condicão*, port. *Condició*, cat. Condition, situation, position des personnes ou des choses, état, qualité, naissance, domesticité, promesse.

Éty. du lat. *conditionis*, gén. de *conditio*, m. s. formé de *cum* et de *do*, donner avec, en même temps.

A coundition, adv. à condition, pourvu que.

COUNDITIONAR, v. a. (counditiouná) ; *Condicionar*, cat. esp. port. *Condizionare*, ital. Conditionner, donner à une chose les conditions requises.

Éty. de *coundition* et de *ar*. V. *Condition*.

COUNDITIONAT, ADA, adj. (counditiouná, áde) ; *Condicionado*, port. Conditionné, ée.

Éty. du lat. *conditus*, m. s.

COUNDITIONEL, ELLA, adj. (counditiounèl, èle) ; *Condizionale*, ital. *Condicional*, esp. port. cat. Conditionnel, qui dépend de certaines conditions.

Éty. du lat. *conditionalis*, m. s.

COUNDITIONELAMENT, adv. (counditiounèlaméin) ; *Condizionalmente*, ital. *Condicionalmente*, esp. port. *Condicionalment*, cat. Conditionnellement, sous une condition, à la charge d'une condition.

Éty. de *counditionela* et de *ment*, d'une manière conditionnelle.

COUNDOUIR, v. a. (coundouír). Assaisonner, fatiguer, retourner la salade. Garc.

COUNDOULEANÇA, s. f. (coundouleánce) ; *Condoglienza*, ital. Condoléance, ce mot qui se joint ordinairement à compliment ou à lettres, signifie ce qu'on dit ou ce qu'on écrit pour témoigner que l'on prend part au chagrin, à la douleur de quelqu'un.

Éty. du lat. *cum*, avec, ensemble, de *dòlere* et de *ança*. V. *Dol*, R.

COUNDOURINA, n. pr. dg. Cathérine, alt. de *Catarina*, v. c. m.

COUNDRIOU, IEVA, adj. (coundriou, iève). Dangereux, euse, parlant d'un mauvais pas, d'un mauvais jour, d'une mauvaise saison. Garc.

COUNDUCH, s. m. (coundútch) ; COUNDUIT, COUNDUC, COUNGEUT, COUNDUCHA, CANAU, DOUAL. *Condotte*, ital. *Conducha*, esp. port. *Conducto*, cat. Conduit, canal ou tuyau par où passe un liquide, et particulièrement de l'eau.

Éty. du lat. *conductus*, *ductus*, m. s. dérivé de *ducere* ou *ductare*, conduire. V. *Duc*, R.

On appelle :

CHATIÈRE, un conduit en pierres pour faire écouler l'eau superflue d'un bassin.

CRAPAUDINE, la boîte qui renferme les soupapes.

PIERRÉE, une grande longueur de maçonnerie dans les terres, pour conduire les eaux d'une source dans un réservoir.

REGARD, la partie visible d'un aqueduc fait ordinairement en forme de cabane.

RENARDS ou QUEUE DE RENARD, queues de renard, racines en forme de queue de renard qui se développent dans les conduits des eaux.

COUNDUCH, UCHA, adj. et p. (coundútch, útche) ; *Conduzido*, port. Conduit, conduite : *S'ès mau counduch*, il s'est mal conduit.

Éty. du lat. *ductus* et de *cum*, V. *Duc*, R.

COUNDUCHA, s. f. (coundútche) ; *Condotta*, ital. *Conducta*, esp. port. *Conducció*, cat. Conduite, action de conduire, façon d'agir, prudence, sagesse.

Éty. du lat. *conductio*, m. s. V. *Coundurre* et *Duc*, R.

COUNDUCHAR, V. *Counduire*. Garc.

COUNDUCTOUR, s. m. (counductóur); COUNDUSEIRE. *Condultore*, ital. *Conductor*, esp. port. cat. Conducteur, celui qui conduit, qui surveille.

Éty. du lat. *conductor*, formé de *cum*, avec, ensemble, et de *ductor*. V. *Duc*, R.

COUNDUIRE, v. a. (counduiré); COUNDURRE, COUNDUCHAR. *Condurre*, ital. *Conducir*, esp. *Conduzir*, port. *Conduir*, cat. Conduire, guider, mener, commander, gouverner, ranger, serrer, en Languedoc.

Éty. du lat. *conducere*, formé de *cum*, avec, ensemble, et de *ducere*, conduire, mener. V. *Duc*, R.

COUNDUIRE SE, v. r. *Condiezir-se*, port. Se conduire, se comporter; en dial. lang. s'établir, se marier.

COUNDURRE, V. *Counduire*.

COUNDUSEIRE, s. m. (coundusèire). Brueys, emploi ce mot pour *Counductour*, v. c. m. et *Duc*, R.

COUNECHUT, **UDA**, d. bord. Connu, ue. V. *Couneissut*.

COUNECHER, dg. V. *Counouisser*.

COUNEGUT, **UDA**, adj. et part. (counegú, úde), dial. arl. pour *Couneissut*, v. c. m.

COUNEIGUT, **UDA**, V. *Couneissut*.

COUNEISSABLE, **ABLA**, adj. (couneissáble, áble); COUNOUISSABLE. *Conoscibile*, ital. *Conocible*, esp. Connaissable; on ne l'emploie qu'avec la négation: *Es pas couneissable*, il n'est pas connaissable.

Éty. de *coun*, de *neiss*, pour *nosc*, et de *able*, qu'on peut aisément connaître. V. *Nosc*, Rad.

COUNEISSAMENT, s. m, (couneissaméin); POULIÇA. Connaissement, déclaration écrite par le capitaine d'un navire, pour reconnaissance de sa part, des marchandises ou objets chargés pour le compte d'autrui dans ce navire, et sa soumission personnelle de les remettre dans le lieu indiqué, à leur adresse. V, *Nosc*, R.

COUNEISSEIRE, V. *Couneissur*.

COUNEISSENÇA, s. f. (couneissèince); COUNOUISSENÇA, COUNEICHENÇA. *Conoscenza*, ital. *Conocencia*, anc. esp. *Conocimento*, esp. mod. *Conhecimento*, port. *Conexensa*, cat. Connaissance, savoir, notion conforme à la vérité; notions certaines que nous avons acquises; exercice des facultés de l'âme: *A counservat sa couneissença jusqu'au dernier moument*. Il a joui de sa raison jusqu'au dernier moment.

Éty. du lat. *cognitio*, m. s. ou de *coun*, de *neiss*, pour *nosc* et *ença*. V. *Nosc*, R.

A une couneissença, elle a un amant, une intrigue.

COUNEISSENÇAS, s. f. pl. (couneisséinces). Connaissances, amis; instruction, savoir. V. *Nosc*, R.

COUNEISSER, V. *Counouisser*, plus usité.

COUNEISSUR, **USA**, s. (counéissúr, úse); COUNEISSEIRE, COUNOUISSUR. *Conoscitore*, ital. *Conocedor*, esp. *Conhecedor*, port. Connaisseur, euse, celui, celle qui a l'habitude de bien juger du mérite d'une chose.

Éty. de *couneisser* et de *ur*, celui qui connaît. V. *Nosc*, R.

COUNEISSUT, **UDA**, adj. et p. (couneissú, úde); COUNEGUT, COUNECHUT, COUNEICHUT. *Conhecido*, port. *Conegut*, cat. *Conocido*, esp. *Conosciuto*, ital. Connu, ue: *Mau couneissut es la mitat garit*. Prov.

Éty. du lat. *cognitus*, m. s. V. *Nosc*, R.

COUNEITRE, d. lim. et

COUNESTRE, dl. V. *Counouisser*.

COUNETABLE, s. m. (counetáblé); *Condestavel*, port. *Condestable*, cat. esp. *Conestabile*, ital. Connétable, autrefois premier officier militaire de France.

Éty. du lat. *comes stabuli*, parce que le connétable était, dans l'origine, le même homme que le grand écuyer.

Cette charge fut supprimée sous Louis XIII, en 1627, après la mort de Lesdiguières.

Le premier connétable connu est Albéric, qui servait sous Henri Ier en 1060. On les appelait anciennement *comptes d'étable*.

COUNETABLIA, s. f. (counetablie); *Condestablia*, esp. *Conestaboleria*, anc. ital. Connétablie, juridiction du connétable. V. *Counetable*.

COUNEXION, s. f. (counexie-n); *Connexió*, cat. *Conexion*, esp. *Connessione*, ital. *Connexão*, port. Connexion, liaison que certaines choses ont les unes avec les autres.

Éty. du lat. *connexionis*, gén. de *connexio*, m. s. formé de *con*, avec, et de *nexus*, lien, nœud, ligature.

COUNFALOUN, *Penitents doou*. Voy. *Gounfaloun*.

COUNFECTION, s. f. (counfectie-n); COUNFESSION. *Confeccion*, esp. *Confecció*, cat. *Confeição*, port. *Confezione*, ital. Confection, préparation pharmaceutique d'une consistance un peu plus épaisse que le miel, que l'on fait avec des poudres, des pulpes, des extraits, etc. La confection d'Hyacinthe est la préparation la plus célèbre de ce genre.

Éty. du lat. *confectionis*, gén. de *confectio*, formé de *conficere*, composer, achever. V. *Fac*, R.

COUNFECTION, s. f. (counfectie-n); COUNFECTIEN. Confection, l'action par laquelle on exécute quelque chose; achèvement.

Éty. du lat. *confectionis*, gén. de *confectio*, m. s. V. *Fac*, R.

COUNFECTIONAR, v. a. (counfectiouná); COUNFECTIOUNAR. *Confeccionar*, cat. esp. *Confezionare*, ital. Confectionner, faire, fabriquer.

COUNFECTIONAT, **ADA**, adj. et p. (coufectiouná, áde); COUFESSIOUNAT. *Confeccionad*, cat. *Confeccionado*, esp. Confectionné, ée; préparé, etc.

COUNFEDERATION, s. f. (counfederatie-n); COUNFEDERATIEN. *Confederació*, cat. *Confederazione*, ital. *Confederacion*, esp. *Confederação*, port. Confédération, union d'intérêt et d'appui.

Éty. du lat. *confederationis*, gén. de *confederàcio*, m. s. V. *Fid*, R.

COUNFERANÇA, s. f. (counferáncé); COUNFERENÇA. *Conferenza*, ital. *Conferencia*, esp. port. cat. Conférence, entretiens que deux ou plusieurs personnes ont ensemble sur quelque affaire ou matière sérieuse.

Éty. de *conferre* et de *ança*. V. *Fer*, R.

COUNFERANCIER, s. m. (counferancié); *Conferente* et *Conferenciario*, port. Conférencier. V. *Fer*, R.

COUNFERAR, v. a. (counférá); *Conferire*, ital. *Conferir*, esp. port. Conférer, comparer; accorder, donner, pourvoir.

Éty. du lat. *conferre*, m. s. V. *Fer*, R.

COUNFERAR, v. n. *Conferenciar*, cat. esp. *Conferir*, port. *Conferire*, ital. Conférer, parler ensemble, raisonner sur quelque affaire, sur quelque point de doctrine. V. *Fer*, Rad.

COUNFERAT, **ADA**, (counferá, áde); *Conferido*, port. Conféré, ée. V. *Fer*, R.

COUNFESSA et composés. V. *Confessa*.

COUNFIAD, **ADA**, adj. et part. (counfiá, áde); *Confiad*, cat. *Confiado*, port. V. *Counfisar*.

COUNFIANÇA, s. f. (counfiánce); *Confiansa*, cat. *Confidenza*, ital. *Confianza*, esp. *Confiança*, port. Confiance, espérance ferme en quelqu'un ou en quelque chose, assurance que l'on a de la probité d'une personne.

Éty. du lat. *confidentia*, m. s. V. *Fid*, R.

COUNFIANT, **ANTA**, adj. et p. (counfián, ánte). Confiant, ante, disposé à la confiance, iron. présomptueux.

Éty. du lat. *confidentis*, gén. de *confidens*, m. s. V. *Fid*, R.

COUNFIAR, v. a. (counfiá); *Confiar*, cat. esp. V. *Counfisar*.

COUNFIDAMMENT, adv. (counfidaméin). V. *Counfidantielament*.

COUNFIDANÇA, s. f. (counfidánce); COUNFIDENÇA. *Confidenza*, ital. *Confidencia*, esp. port. Confidence, communication qu'on donne ou qu'on reçoit d'un secret.

Éty. du lat. *confidentia*. V. *Fid*, R.

COUNFIDANT, **ANTA**, adj. et part. (counfidán, ánte); COUNFIDENT. *Confidente*, ital. esp. port. *Confident*, cat. Confident, ente, celui ou celle à qui l'on confie son secret, au théâtre, certains personnages subalternes dans les tragédies.

Éty. du lat. *confidentis*, gén. de *confidens*. V. *Fid*, R.

COUNFIDANTIEL, **ELA**, adj. (counfidantièl, èle); COUNFIDENTIEL. *Confidencial*, cat. esp. port. *Confidenziale*, ital. Confidentiel, elle, qui se dit ou se fait en confidence, par opposition à officiel.

COUNFIDANTIELAMENT, adv. (counfidantielaméin); COUNFIDENTIELLAMENT, COUNFIDAMMENT. *Confidencialment*, cat. *Confidencialmente*, esp. *Confidentemente*, ital. Confidentiellement, en confidence.

COUNFIEGS, s. m. pl. (counfiegs), et

COUNFIENS, s. m. pl. (counfiens), d. de Barcel. Gonds. V. *Goufound*.

COUNFIGURATION, s. f. (counfiguratie-n); *Configurazione*, ital. *Configuracion*, esp. *Configuração*, port. *Configuració*, cat. Configuration, la forme extérieure d'un corps, l'ensemble des surfaces qui le bornent.

Éty. du lat. *configurationis*, gén. de *configuratio*, m. s. V. *Fig*, R. 2.

COUNFIMENTS, s. m. pl. (counfiméins), dl. et impr. COUFIMENS. Des dragées, des sucreries.

Éty. de *counfit* et de *ment*, choses confites. V. *Fac*.

COUNFINAR, v. a. (counfinà); *Confinare*, ital. *Confinar*, esp. port. cat. Confiner, reléguer, V. *Bandir*; confiner, v. n. être voisin, *confinem esse*, m. s. V. *Vesinar*.

COUNFINS, s. m. pl. (counfins); *Confis*, cat. *Confins*, esp. port. *Confini*, ital. Confins, limites, extrémités d'un pays, d'un champ, etc. Garc.

Éty. de *cum*, de *fines*, limites, et de *ar*. V. *Fin*, R.

COUNFINAR SE, v. r. Se confiner, se retirer volontairement dans un pays d'où l'on ne sort plus, ou du moins que rarement.

COUNFIR, v. a. (counfir); COUFIR, COUNDIR. *Confettare*, ital. *Confitar*, cat. esp. *Confeitar*, port. Confire, faire pénétrer, des fruits, des plantes, etc. par du sucre, du miel, du moût ou des liqueurs, afin de les conserver et de leur donner un goût plus agréable; choyer un enfant; dorlotter, mitonner.

Éty. du lat. *conficere*, formé de *cum*, avec, et de *ficere* pour *facere*, faire. V. *Fac*, R.

COUNFIR, v. n. *Faire counfir la soupa*, faire mitonner la soupe. Fig. tenir quelque chose bien cachée : *Se counfir*, se mitonner, languir dans une chambre sans en sortir.

COUNFIRMAR, v. a (counfirmà); *Confirmare*, ital. *Confirmar*, esp. port. cat. Confirmer, rendre plus ferme, plus stable; donner de nouvelles assurances d'une chose, d'une nouvelle; administrer le sacrement de la confirmation.

Éty. du lat. *confirmare*, dérivé de *firmus*, fermé, et de *cum*, avec, ensemble. V. *Firm*, Rad.

COUNFIRMAT, **ADA**, adj. et part. *Counfirmado*, port. *Confirmad*, cat. Confirmé, ée, du lat. *confirmatus*. On dit en languedocien : *Ai counfirmat de matin*, pour dire j'ai été confirmé ce matin.

COUNFIRMATIF, **IVA**, adj. (counfirmatif, ive); *Confirmativo*, esp. port. *Confermativo*, ital. Confirmatif, ive.

Éty. du lat. *confirmativus*, m. s. V. *Firm*, Rad.

COUNFIRMATION, s. f. (counfirmati-en); *Confirmazione*, ital. *Confirmacion*, esp. *Confirmação*, port. Confirmation, ce qui rend une chose ferme, stable, ce qui assure qu'une nouvelle déjà donnée est vraie.

Éty. du lat. *confirmationis*, gén. de *confirmatio*, m. s. V. *Firm*, R.

COUNFIRMATION, s. f. (counfirmati-en); CONFIRMATIEN. *Confirmazione*, ital. *Confirmacion*, esp. *Confirmação*, port. *Confirmació*, cat. Confirmacion, un des sacrements pratiqués dans les Eglises grecque et romaine, qui s'administre par l'imposition des mains et par l'onction du Saint Chrême, et dont les effets sont d'affermir les grâces du baptême, de communiquer les dons du Saint-Esprit et de donner particulièrement la force de confesser la foi de J.-C. au milieu des persécutions; ce sacrement imprime caractère.

Éty. du lat. *confirmationis*. V. *Firm*, R.

Il paraît que, dans l'origine, ce sacrement n'était qu'une solemnité par laquelle l'Évêque, qui était alors le seul ministre du Baptême, reconnaissait la validité de ce sacrement, chez ceux qui l'avaient reçu provisoirement de la main d'un prêtre. Ency. Mod.

> *Lou demoun per soun amorso*
> *Nous poüerto à la perdissien :*
> *Per aumenta nouestro forso*
> *Aven la counfirmassien.*
> *Aquesou sacramen n'enflamo,*
> *Et nous rende plus hardis*
> *En encourajan noüestr'amo*
> *A gagna lou paradis.*
>
> David.

COUNFISAR, v. n. (counfisá); COUNFIAR. *Confidare*, ital. *Confiar*, cat. esp. port. Confier, commettre une chose à la fidélité, à la discrétion de quelqu'un, familiariser, être familier avec quelqu'un.

Éty. du lat. *confidere*, m. s. V. *Fid*, R.

COUNFISAR SE, v. r. (counfisá sé); COUNFIZAR, COUNFIAR. *Confidarsi*, ital. *Confiar*, esp. port. Se confier, avoir confiance à quelqu'un, la lui accorder. V. *Fid*, R.

COUNFISCABLE, **ABLA**, adj. (counfiscáblé, áble). Confiscable, qui peut être confisqué.

Éty. de *counfiscar* et de la term. *able*, habile ou propre à être confisqué. V. *Fisc*, Rad.

COUNFISCAR, v. a. (counfiscá); *Confiscare*, ital. *Confiscar*, esp. port. cat. Confisquer, adjuger au fisc pour cause de crime, de contravention, etc.

Éty. de *cum*, avec, de *fisc*, et de la term. act. *ar*, réunir au fisc; *confiscare*, lat. Voy. *Fisc*, R.

COUNFISCAT, **ADA**, adj. et part. (counfiscá, áde); *Confiscado*, port. *Confiscad*, cat. Confisqué, ée; dont le fisc s'est emparé.

Éty. du lat. *confiscatus*, formé de *confiscatio*, et de la terminaison passive, *at*, *ada*.

COUNFISCATION, s. f. (counfiscatie-n); COUNFISCATIEN. *Confiscazione*, ital. *Confiscacion*, esp. *Confiscação*, port. *Confiscació*, cat. Confiscation, action de confisquer, adjudication au fisc.

Éty. du lat. *confiscatio*, formé de *confiscare* et de *actio*, l'action de confisquer. V. *Fisc*, R.

La confiscation des biens s'établit chez les Romains avec la tyrannie, et Sylla fut le premier qui l'ordonna.

Justinien restreignit cette peine au seul cas de leze-majesté au premier chef.

COUNFISSUR, s. m. (counfissúr); *Confettiere*, ital. *Confitero*, esp. *Confeiteiro*, port. *Confiter* et *Confitier*, cat. Confiseur, celui qui fait des confitures.

Éty. de *Counfitura* et de la term. *ur*, v. c. m. V. *Fac*, R.

Beaucoup de Provençaux traduisant littéralement le mot *counfissur*, disent et écrivent en français *confisseur*, ce qui est une faute grossière; il faut écrire *confiseur* et prononcer *confizeur*.

On nomme confiturier, celui qui vend les confitures, et confiseur celui qui les fait.

COUNFISUR, adj. (counfisúr); COUNFIZUR. Confiant, familier, qui parle avec familiarité. Garc.

Éty. de *counfisar*. V. *Fid*, R.

COUNFIT, **IDA**, **IA**, adj. et p. (counfi, ide, ie); COUFIT. Confit, ite; fig. perdu, sans ressource, en parlant d'un malade : *Es counfit*. V. *Fac*, R.

COUNFIT, **IDA**, **IA**, adj. et p. (counfi, ide, ie); COUFIT. Confit, ite; maigre, exténué, atteint d'une maladie mortelle; choyé, dorloté : *Counfit de bonbons*, bourré de bonbons, de sucreries. V. *Fac*, R.

COUNFITURA, s. f. (counfitúre); CONFIEG. *Confitura*, cat. esp. *Confettura*, ital. *Confeitos*, port. Confiture, conserve de fruits, de fleurs ou de racines dont le sucre ou le miel est le condiment.

Éty. du lat. *confectura*, préparation, composition. V. *Fac*, R.

L'art des confitures est généralement attribué aux Ioniens, 1077 ans avant J.-C.

On nomme :

BARBE, la moisissure qui croit sur les confitures qui se gâtent.

COUNFLAND, **ANDA**, s. et adj. (counflàn, ànde), d. bas lim. Adroit, souple, complaisant, accort, orte, on ne le prend ordinairement qu'en mauvaise part.

COUNFLANDEGEAR, v. n. (counflandedzá), md. *Far lou counfland*, faire le flatteur.

COUNFLANDEGEARIA, s. f. (counflandedzarie) d. bas lim. Propos, actions du *counfland*.

COUNFLICT, s. m. (counflit); COUNFLI. *Conflitto*, ital. *Conflicto*, esp. port. *Conflicte*, cat. Conflit, choc, rencontre de deux choses, combat, contestation sur la compétance de deux juridictions.

Éty. du lat. *conflictus*, m. s. V. *Flig*, R.

COUNFLUENT, s. m. (counfluèn); JOUIGENT. *Confluent*, cat. *Confluente*, ital. port. *Confluencia*, esp. Confluent, endroit où se joignent deux rivières et où leurs eaux commencent à couler dans le même lit.

Éty. de *confluentis*, gén. de *confluens*, m. s. V. *Flu*, R.

COUNFORMAMENT, adv. (counfourmaméin); *Conformement*, ital. esp. port. Conformément, d'une manière conforme.

Éty. de *Counforme* et de la term. *ment*, v. c. m. V. *Form*, R.

COUNFORMAR SE, v. r. (counfourmá si); *Conformarsi*, ital. *Conformarse*, esp. port. cat. Se conformer, se rendre conforme, se soumettre aux ordres, à la volonté des autres.

Éty. du lat. *conformare se*. V. *Form*, R.

COUNFORMAT, **ADA**, adj. et part. (counfourmá, áde); *Conformad*, cat. *Conformado*, port. Conformé, ée, en parlant de la conformation bonne ou mauvaise du corps.

Éty. du lat. *conformatus*, m. s. V. *Form*, Rad.

COUNFORMATION, s. f. (counfourmatie-n); *Conformazione*, ital. *Conformacion*, esp. *Conformação*, port. *Conformació*, cat. Conformation, constitution et proportions naturelles des parties d'un corps.

Éty. du lat. *conformatio*, dérivé de *cum*, avec, et de *forma*, forme. V. *Forma*, R.

COUNFORME, ORMA, adj. (counfórmé, órme), *Conforme*, cat. ital. esp. port. Conforme, qui a la même forme, qui est formé de parties semblables.

Éty. du lat. *conformis*, m. s. V. *Form*, R.

COUNFORMITAT, s. f. (counfourmitá); *Conformità*, ital. *Conformidad*, esp. *Conformidade*, port. *Conformitat*, cat. Conformité, rapport qui existe entre des choses conformes; soumission.

Éty. du lat. *conformitas*, gén. *conformitatis*, m. s. V. *Form*, R.

COUNFORT, s. m. (counfór); *Conforte*, port. *Confort*, cat. *Conforto*, anc. esp. ital. Confort, secours, assistance, consolation.

Éty. du lat. *confortare*, conforter, rendre plus fort. V. *Fort*, R.

COUNFORTANT, ANTA, adj. et p. (counfourtán, ánte); *Confortant*, cat. *Confortante*, esp. ital. Confortant, ante; qui fortifie, qui donne des forces.

Éty. de *coun*, avec, ensemble, de *fort* et de *ant*, qui donne de la force en même temps ou beaucoup.

On voit d'après cette étymologie, combien cet adjectif devient ridicule quand on l'applique, à une voiture, à une habitation ou à un habillement, même en le masquant à l'anglaise, confortable.

COUNFORTAR, v. a. (counfourtá); RANFOURÇAR, COUNFOURTAR. *Confortare*, ital. *Confortar*, esp. port. cat. Conforter, fortifier, augmenter les forces.

Éty. du lat. *confortare*, m. s. V. *Fort*, R.

COUNFORTAT, ADA, adj. et p. (counfortá, áde); COUNFOURTAT. *Confortado*, port. Conforté, ée.

Éty. du lat. *confortare*. V. *Fort*, R.

COUNFORTATIF, IVA, adj. (counfourtatif, ive); *Confortativo*, ital. esp. port. *Confortatiu*, cat. Confortatif, ive; remède qui fortifie, qui donne des forces.

Éty. du lat. *confortare*. V. *Fort*, R.

COUNFOUNDRE, v. a. (counfóundré); *Confondrer*, cat. *Confondere*, ital. *Confundir*, esp. port. Confondre, mêler, brouiller ensemble plusieurs choses différentes; confondre, prendre une chose pour une autre, se méprendre, causer dans l'âme un trouble mêlé de honte. V. *Mesclar*.

Éty. du lat. *confundere*, fait de *cum*, avec, ensemble, et de *fundere*, fondre. V. *Found*, Rad. 2.

COUNFOUNDRE SE, v. r. *Confundirse*, esp. Se confondre, se brouiller, se troubler, se déconcerter.

COUNFOUNDUT, UDA, adj. et p. (counfoundú, úde); *Confundido*, esp. port. *Confondut*, cat. Confondu, ue. V. *Found*, R.

COUNFRAIRE, s. m. (counfráïré); COUNFRERO. *Confrate*, ital. *Confrade*, anc. esp. port. *Confrare*, cat. Confrère, qui est de la même confrérie, du même corps.

Éty. du lat. *cum*, avec, et de *frater*, *fraire*, dérivé dans ce sens du grec φράτήρ (phratêr), de la même tribu. V. *Frat*, R.

COUNFRAIRESSA, s. f. (counfraïrésse); CONFRAYRESSA. *Confraressa*, cat. *Confrada*, esp. *Confreresse*, *consœur*, femme qui appartient à la même confrérie. V. *Counfraire* et *Frat*, R.

COUNFRAIRIA, s. f. (counfraïrie el counfrerie); COUNFRERIA. *Cofradia*, esp. *Confraria*, cat. port. *Confraternità*, ital. Confrérie, congrégation ou société de plusieurs personnes pieuses.

Éty. de *cum* de *fraire* et de *ia*, réunion de ceux qui sont frères, ou du grec φρατρία (phratria), compagnie, précédé de *cum*. Voy. *Frat*, R.

COUNFRATERNITAT, s. f. (counfraternitá); *Confraternitat*, cat. *Confraternità*, ital. *Confraternidad*, esp. *Confraternidade*, port. Confraternité, la relation, le rapport qu'il y a entre les personnes d'une même compagnie, d'un même corps.

Éty. du lat. *fraternitatis*, gén. de *fraternitas*, fraternité, et de *coun*. V. *Frat*, R.

COUNFRONT, s. m. (counfrouéin); COUNFROUNT. *Confrontacio*, cat. *Confine*, ital. Limites, tenants et aboutissants d'un champ.

Éty. V. *Counfrountar* et *Front*, R.

Quoique le mot *confront*, soit souvent employé par les notaires et par les avocats, il n'est pas français. C'est un provençalisme et un barbarisme.

Aquot es un horre confront, dl. c'est un mauvais voisinage.

COUNFROUNTAR, v. a. (counfrountá); *Confrontare*, ital. *Confrontar*, esp. port. cat. Confronter, comparer une chose avec une autre pour voir si elle est semblable; présenter à un accusé les témoins qui ont déposé contre lui, etc.

Éty. du lat. *frons*, *frontis*, de *cum*, ensemble, et de la term. act. *ar*, mettre front à front. V. *Front*, R.

COUNFROUNTAR, v. n. Confronter, confiner, limiter, avoisiner, être limitrophe; confronter à..... et non confronter du..... V. *Front*, R.

Moun ben counfrounta lou tiou, Tr. mon domaine confine le tien, il le touche ou confronte au tien.

Counfrountam, nos propriétés se touchent, nos champs se tiennent.

COUNFROUNTATION, s. f. (counfrountatie-n); *Confrontatiò*, cat. *Confrontazione*, ital. *Confrontacion*, esp. *Confrontação*, port. Confrontation, action de mettre en présence les témoins et l'accusé; examen que l'on fait de deux écritures, etc.

Éty. de *Counfrountar*, v. c. m. et de la term. *ion*, action de confronter. V. *Front*, Rad.

COUNFUS, USA, adj. (counfús, úse); *Confuso*, ital. esp. port. *Confus*, cat. Confus, use; confondu, brouillé; honteux, embarrassé, déconcerté, interdit.

Éty. du lat. *confusus*, m. s. de *cum* et de *fusus*, fondu avec. V. *Found*, R. 2.

COUNFUSAMENT, adv. (counfusaméin); *Confusamente*, ital. esp. port. *Confusament*, cat. Confusément, d'une manière confuse.

Éty. de *counfusa* et de *ment*. V. *Found*, Rad. 2.

COUNFUSION, s. f. (counfusie-n); COUNFUSIEN. *Confusiò*, cat. *Confusione*, ital. *Confusion*, esp. *Confusão*, port. Confusion, mélange, désordre, ignominie, honte, pudeur.

Éty. du lat. *confusionis*, gén. de *confusio*, m. s. V. *Found*, R. 2.

COUNG, dg. Coin. V. *Cantoun*, *Cougnet* et *Coungn*, R.

COUNGEDIAR, v. a. (coundgediá); *Congedare*, ital. Congédier, renvoyer quelqu'un, lui donner ordre de se retirer.

Éty. de *counget* et de *iar*, donner congé, ou du lat. *commiare*, aller et venir, avoir la mer libre. *Sens counget*, sans adieu.

COUNGEDIAT, ADA, adj. et p. (coundgediá, áde). Congédié, ée.

Éty. du lat. *commeare* ou de *coummeatus*, passe-port, qui a reçu son passe-port.

COUNGELAR, v. a. (coundgelá); COUNGLASSAR. *Congelare*, ital. *Congelar*, cat. esp. port. Congeler, durcir les liqueurs en parlant du froid; figer, coaguler.

Éty. du lat. *congelare*, de *gelu*, gelée. V. *Gel*, R.

COUNGELAR SI, v. r. SI COUNGLASSAR. Se congeler, se geler, se durcir par le froid; souffrir beaucoup du froid, en parlant des personnes et des animaux.

COUNGELAT, ADA, adj. et p. (coundgelá, áde); COUNGLASSAT, ADA. *Congelado*, port. Durci par le froid.

Éty. de *cum*, avec, de *gel*, glasse, et de la term. pass. *at*, *ada*, qui a subi l'action de la glace, du froid. V. *Gel*, R.

COUNGELATION, s. f. (coundgelatie-n); *Congelaciò*, cat. *Congelazione*, ital. *Congelacion*, esp. *Congelação*, port. Congélation, conversion d'un corps fluide en un corps demi-solide ou solide, opérée par le froid.

Éty. du lat. *congelatio*, formé de *cum*, avec, de *gelu*, glace, et de *actio*. V. *Gel*, R.

COUNGESTION, s. f. (coundgestie-n); *Congestiò*, cat. *Congestion*, esp. *Cogestão*, port. Congestion, accumulation plus ou moins rapide, d'un ou de plusieurs liquides, dans quelque partie du corps.

Éty. du lat. *congestionis*, gén. de *congestio*, m. s.

COUNGET, V. *Coungiet*.

COUNGEUT, s. m. (coundzeou), d. bas lim. Tuyau, conduit, canal, alt. de *Counduch*, v. c. m.

COUNGEY, dg. V. *Coungiet*.

COUNGIET, s. m. (coundgié); *Congedo*, ital. *Conicat*, cat. Congé, permission de se retirer; de s'absenter pour quelque temps; permission de faire passer des marchandises.

Éty. du lat. *commiatus*, dit pour *commeatus*, m. s. ou du celt. *conger*.

Le congé qu'on donne aux soldats était connu des Romains, qui en distinguaient comme nous de plusieurs espèces.

COUNGLAÇAR, v. a (counglaçá). Congeler. V. *Coungelar*.

COUNGLAÇAT, ADA, adj. et p. (counglaçá, áde). Congelé.

COUNGOUSTA *estre-en*, exp. adv. (estre en coungóuste). Se délecter, être à cœur joie, à tout plaisir. Avr.

COUNGOUSTAR SE, v. r. (sé coungoustá). Se délecter; savourer le plaisir en mangeant, siroter la boisson. Garc.

Éty. de *coun* et de *goustar*, goûter avec, sous-entendu plaisir. V. *Goust*, R.

COUNGRATULAR, v. a. (coungratulá); *Congratular*, cat. esp. *Congratulare*, ital. Congratuler, féliciter quelqu'un, se réjouir avec lui de quelque bonheur, de quelque avantage qui lui est arrivé, et lui en faire compliment.

Éty. du lat. *congratulari*, m. s.

COUNGREAIRE, s. m. (coungreaïré); COUNGRIAIRE, CONGREAIRE. Corroyeur, celui qui donne la dernière préparation aux cuirs, dit pour *courregeaire*. V. *Cor*, R. 2.

En vl. congréganiste.

COUNGREAR, v. a. (coungreá); GROUAR, AGROUAR, COUNGROUAR, CONGRIAR, COUNGRIAR. Produire, engendrer, en parlant de la vermine. On le dit en général, de toutes les naissances que l'on croit spontanées, quoiqu'il n'y en ait point de telles, tous les êtres vivants, provenant, ou d'un œuf, ou d'un germe, ou d'une bouture; en terme de tanneur, corroyer.

Éty. du lat. *concreare*, m. s. V. *Cre*, R.

COUNGREAR SE, v. r. (se coungreá). Se produire en abondance, comme spontanément. V. *Cre*, R.

COUNGREGANISTO, s. m. (coungreganiste). Congréganiste, celui qui est d'une congrégation laïque, dirigée par des ecclésiastiques. V. *Greg*, R.

COUNGREGATION, s. f. (coungregatie-n); COUNGREGATIEN. *Congregazione*, ital. *Congregacion*, esp. *Congregação*, port. *Congregació*, cat. Congrégation, réunion de personnes qui vivent sous une même règle ou qui forment une confrérie, une assemblée pieuse.

Éty. du lat. *congregationis*, gén. de *congregatio*, m. s. V. *Greg*, R.

COUNGRES, s. m. (coungrès); *Congresso*, ital. port. *Congreso*, esp. *Congres*, cat. Congrès, épreuve que la justice ordonnait autrefois, pour s'assurer de la puissance ou de l'impuissance des gens mariés. C'est aussi le nom que l'on donne à une assemblée de plénipotentiaires ou de députés, envoyés par des souverains.

Éty. du lat. *congressus*, m. s. formé de *cum*, avec, ensemble, et de *gradi*, aller, marcher. V. *Grad*, R.

« L'épreuve du congrès s'introduisit vers le milieu du XVIme siècle, par l'impudence d'un jeune homme, qui, accusé d'impuissance, offrit de prouver le contraire en présence de chirurgiens et de matrones; l'official eut la facilité de déférer à sa demande, et cette singulière jurisprudence fut autorisée par les parlements. » Dict. des Orig. de 1777, en 6 vol. in 12.

Le ridicule, l'indécence et le peu de certitude de cette épreuve, l'ont fait défendre le 18 février 1677. On croit que les vers suivants de Boileau, contribuèrent pour beaucoup à cette mesure :

Jamais la biche en rut n'a, pour fait d'impuissance,
Traîné du fond des bois un cerf à l'audience,
Et jamais juge entr'eux ordonnant le congrès,
De ce burlesque mot n'a sali ses arrêts.

COUNGRIAR, dl. V. *Coungrear* et *Cre*, Rad.

COUNGRUA, adj. f. (coungrúe); POURTION, COUNGRUA. *Orção* et *Congrea*, port. *Congrua*, cat. esp. *Congruo*, ital. Portion congrue, pension annuelle que les gros décimateurs étaient tenus de payer aux curés pour leur subsistance; fig. rente, portion peu considérable.

Éty. du lat. *congruus*, *a*, conforme, convenable, assorti, proportionné. V. *Gru*, R.

COUNGRUAR, d. du Var. V. *Coungrear* et *Cre*, R.

COUNIL, s. m. (counil); COUNILH, COUNIOU, CONIL. *Conejo*, esp. *Coelho*, port. *Coniglio*, ital. *Conill*, cat. *Conil*, en vieux français, mot syn. de *Lapin*, v. c. m.

Éty. du lat. *cuniculus*, fait du grec κουνίουλος (kounioulos), m. s.

Dérivés : *Counilh-a*, *Counilh-ar*, *Counilh-iera*, *Counil-oun*, *Couniou*.

COUNILHA, s. f. (counille); *Cunilla*, cat. Même sign. que *Lapina*, v. c. m. et *Counil*.

Mettent en avant qu'un couniou
Ressemblo fouort uno counillo.
Brueys.

COUNILHAR, v. n. (counillá), dl. S'évader, s'enfuir. Sauv.

Éty. de *counilh* et de *ar*, s'enfuir comme un lapin. V. *Counil*.

COUNILHIERA, s. f. (counilliére); COUNIERA, COUNILLIERA. *Conigliera*, ital. Rabouillère, trou que les lapins creusent peu profondément pour y déposer leurs petits; on le dit aussi pour terrier, garenne; fig. détours, subterfuge, échappatoire.

Éty. de *counil*, lapin, et de *iera*, demeure des lapins. V. *Counil*.

COUNILHOUN, s. m. (counillóun); *Cunillet*, cat. *Conejito*, esp. *Conigliuzzo*, ital. Dim. de *counil*, petit ou jeune lapin. Voy. *Counil*.

COUNIOU, s. m. Le même que *Counil*, v. c. m.

COUNJECTURA, s. f. (coundjectúre); *Congettura*, ital. *Conjetura*, esp. *Conjectura*, port. cat. Conjecture, jugement sur une chose cachée ou inconnue, d'après des indices ou de simples apparences.

Éty. du lat. *conjectura*, m. s. formé de *cum*, avec, et de *jectus* pour *jactus*, jeté avec. V. *Ject*, R.

COUNJECTURAL, ALA, adj. (coundjecturál, ále); *Congetturale*, ital. *Conjetural*, esp. *Conjectural*, port. cat. Conjectural, ale; qui n'est fondé que sur des conjectures.

Éty. du lat. *conjecturalis*, m. s. V. *Ject*, Rad.

COUNJECTURAR, v. a. et n. (coundjecturá); *Congetturare*, ital. *Conjeturar*, esp. *Conjecturar*, port. cat. Conjecturer, faire des conjectures, tirer des conjectures.

Éty. du lat. *conjecturare*, ou de *counjectura* et de *ar*. V. *Ject*, R.

COUNJECTURAT, ADA, adj. et part. (coundjecturá, áde); *Conjecturado*, port. Conjecturé, ée.

Éty. du lat. *conjectum*, jeté, lancé. Voy. *Ject*, R.

COUNJOINTAMENT, adv. (coundjouintaméin); *Congiuntamente*, ital. *Juntamente*, esp. port. *Conjuntament*, cat. Conjointement, ensemble, de concert.

Éty. du lat. *conjunctim*. V. *Jougn*, R.

COUNJOUNCTIF, IVA, adj. (coundjounctif, ive); *Congiuntivo*, ital. *Conjuntivo*, esp. *Conjunctivo*, port. *Conjunctiu*, cat. Conjonctif, ive; il se dit de certaines particules qui servent à lier un mot, un sens à un autre, *et*, *ni*, sont des particules conjonctives.

Éty. du lat. *conjonctivus*, m. s. V. *Jougn*, Rad.

COUNJOUNCTION, s. f. (coundjounctie-n); *Congiunzione*, ital. *Coujuncion*, esp. *Conjuncção*, port. *Conjunció*, cat. Conjonction, union de l'homme et de la femme; mot qui marque que l'esprit, outre la perception qu'il a de deux objets, aperçoit entre ces objets un rapport, ou d'accompagnement, ou d'opposition ou de quelqu'autre espèce.

Éty. du lat. *conjunctionis*, gén. de *conjunctio*, m. s. V. *Jougn*, R.

Conjunctios es una partz d'oratio que unish, ajusta e lia una part d'oratio ab autra, coma yeu e tu em frayre, e per so es dicha conjunctios car conjonh.
Fl. del gay sab.

COUNJOUNCTURA, s. f. (counjounctúre); *Congiuntura*, ital. *Cogiuntura*, esp. *Conjuntura*, port. *Conjunctura*, cat. Conjoncture, situation qui provient d'un concours d'événements, d'affaires ou d'intérêts.

Éty. de *conjungere*. V. *Joungn*, R.

COUNJOUNGLA, s. f. (coundjóungle); COUJOUNGLA. Corde qui lie les attelles du joug au-dessus du cou des bêtes de labour.

Éty. du lat. *conjungere*. V. *Joung*, R.

COUNJOUNGLA, s. f. Les nourrices donnent ce nom à la bave filente de leurs nourrissons qui la fait ressembler aux cordons des attelles. V. *Jougn*, R.

COUNJOUNGLAR, v. a. (coundjounglá). Attacher les attelles quand les bœufs ou autres bêtes de labour, sont attelées, pour qu'elles n'abandonnent pas le collier, et par ext. presser, serrer quelqu'un pour le forcer à faire quelque chose. V. *Jougn*, R.

COUNJUGAL, ALA, adj. (coundjugál, ále); *Conjugale*, ital. *Conjugal*, esp. port. cat. Conjugal, ale, qui appartient ou qui a rapport au mariage.

Éty. du lat. *conjugalis*, m. s. V. *Jougn*, Rad.

COUNJUGALAMENT, adv. (coundjugaláméin); *Conjugalment*, cat. *Conyugalmente*, esp. Conjugalement, selon l'union qui doit exister entre le mari et la femme.

Éty. du lat. *conjugaliter*, m. s. ou de *counjugala* et de *ment*, d'une manière conjugale.

COUNJUGAR, v. a. (coundjugá); *Conjugare*, ital. *Conjugar*, cat. esp. port. Conjuguer, exprimer les différentes inflexions et terminaisons d'un verbe, selon les voix, les modes, les personnes, les nombres et les temps, conformément aux règles de la grammaire.

Éty. du lat. *conjugare*, m. s. formé de *cum* et de *jugare*, lier au même joug, assembler, les modes, les temps. etc. V. *Jougn*, Rad.

COUNJUGASOUN, s. f. (coundjugué-sóun); COUNJUGUESOUN. *Conjugazione*, ital. *Conjugacion*, esp. *Conjugação*, port. *Conjugació*, cat. Conjugaison, arrangement suivi de toutes les terminaisons d'un verbe, selon les voix, les modes, les temps, les nombres et les personnes.

Éty. du lat. *conjugationis*, gén. de *conjugatio*, m. s. V. *Jougn*, R.

COUNJUGAT, ADA, adj. et p. (coundjugá, áde); *Conjugado*, port. Conjugué, ée.

Éty. du lat. *conjugatus*, m. s. V. *Jougn*, Rad.

COUNJURAR, v. a. (coundjurá); *Congiurare*, ital. *Conjurar*, esp. port. cat. Conjurer, former, tramer une conjuration; chasser, conjurer, prier avec instance. V. *Esconjurar* et *Pregar*.

Éty. du lat. *conjugare*, m. s. V. *Jur*, R.

COUNJURAT, ADA, adj. et p. (coundjurá, áde); *Congiurato*, ital. *Conjurado*, esp. port. *Conjurad*, cat. Conjuré, ée.

Éty. du lat. *conjuratus*, m. s. V. *Jur*, R.

COUNJURATION, s. f. (condjuratie-n); COUNJURATIEN. *Congiura*, ital. *Conjuracion*, esp. *Conjuração*, port. *Conjuració*, cat. Conjuration, association de gens qui se sont engagés par serment, les uns envers les autres, de concourir à l'exécution d'un complot formé contre l'Etat, le prince ou la patrie.

Éty. du lat. *conjurationis*, gén. de *conjuratio*, m. s. V. *Jur*, R.

COUNNIVENÇA, s. f. (counnivèince); *Connivenza*, ital. *Connivencia*, esp. cat. port. Connivence, action de conniver, ou le résultat de cette action.

Éty. du lat. *conniventia*, m. s. formé de *connivere*, dont le simple est *niveo*, cligner les yeux, donner un signe d'approbation, dérivé du grec συννέυω (sunnéuô); baisser les yeux, consentir.

COUNOUISSABLE, Garc. V. *Couneissable*.

COUNOUISSENÇA, V. *Counissença*.

COUNOUISSENÇA, s. f. V. *Couneissença* et *Nosc*, R.

COUNOUISSER, v. a. (counóuissé); COUNESTRE, COUNEISSER. *Conoscere*, ital. *Conocer*, esp. *Conhecer*, port. *Conexer*, cat. Connaître, avoir l'idée, la notion distincte, la connaissance d'une chose; connaître une personne, avoir eu, ou avoir encore avec elle des relations de société, etc.

Éty. du lat. *cognoscere*, m. s. V. *Nosc*, R.

Les verbes *counouisser* et *couneisser*, se conjugent ensemble, on dit : *Iou counouissi, tu counouisses, el ou eou counoui, nautres couneissem, vautres couneissez, elous ou eleis counouissoun*, etc. Le sing. appartient à *counouisser* et le pluriel à *couneisser*.

COUNOUISSER SE, v. n. et r. Se connaître à quelque chose, être en état de la bien juger : *Se li counoui*, il s'y connaît; *Se counoui que siaz estrangier*, on voit bien que vous êtes étranger; *Se faire counouisser*, se faire connaître.

COUNOUISSUR, V. *Couneissur*.

COUNOUL, s. m. (counóul), dl. Une quenouillée. V. *Coulougnada*.

COUNOUL, s. m. (counóul), d. bas lim. Veillote, petit tas de foin qu'on fait lorsque l'herbe est fauchée et qu'on la fane.

Éty. Ce mot paraît être une altération de *cumul*, *cumulus*. V. *Cumul*, R.

COUNOUL-DE-SANTA-ANNA, s. f. Nom bas limousin de la massette d'eau. V. *Sagna*, *Filoua* et *Coulougn*, R.

Éty. Ces mots signifient litt. quenouille de Sainte-Anne.

COUNOULHA, s. f. (counoúille), d. bas lim. Quenouille, V. *Coulougna*.

COUNOULHAT, s. m. (counouillá). Nom toulousain du fusain. V. *Bounet de capelan*.

COUNOULIADA, s. f. (counouilláde), d. bas lim. Quenouillée. V. *Coulougnada*.

COUNOURTAR SE, v. r. (se counourtá), d. bas lim. Se réjouir, se consoler.

Éty. de *conort*, qui, dans la langue romane, signifie encouragement, et de l'act. *ar*, alt. de *confort*. V. *Fort*, R.

COUNQUETA, s. f. (counquête); *Conquista*, cat. esp. ital. port. Conquête, l'action de conquérir, ou la chose conquise. V. *Quer*, R.

COUNQUETA, s. f. (counquéte). Dim. de *Conca*, petit bassin, v. c. m.

COUNQUIST, ISTA, adj. (counquís, iste); COUNQUIS, ISA, CONQUESTAT. *Conquisto*, ital. *Conquistado*, port. Conquis, ise, dont on a fait la conquête.

Éty. Part. de *counquerir*. V. *Quer*, R.

COUNQUISTAR, v. a. (counquistá); CONQUESTAR, CONQUISTAR, CONQUERIR. *Conquistare*, ital. *Conquistar*, esp. port. cat. Conquérir, acquérir par les armes.

Éty. du lat. *conquirere*, chercher ensemble ou avec soin, formé de *cum*, avec, ensemble, et de *quærere*, chercher, parce qu'anciennement des colonies entières s'expatriaient pour aller à la découverte d'autres pays. V. *Quer*, R.

COUNSACRAR, v. a. (counsacrá); *Consacrare*, ital. *Consagrar*, esp. port. cat. Consacrer, rendre une personne sacrée, de profane qu'elle était auparavant, la dévouer pour toujours à une vie religieuse, à un usage religieux; employer son temps à....

Éty. du lat. *consecrare*, m. s. V. *Sacr*, R.

COUNSACRAT, ADA, adj. et p. (counsacrá, áde); *Consacrado*, esp. port. *Consagrad*, cat. Consacré, ée.

Éty. du lat. *consecratus*, m. s. V. *Sacr*, Rad.

COUNSACRATION, s. f. (counsacratie-n); COUNSECRATION, COUNSACRATIEN. *Consacrazione*, ital. *Consagracion*, esp. *Consagração*, port. *Consagració*, cat. Consécration, acte par lequel on sanctifie une chose commune ou profane; l'action par laquelle un prêtre qui célèbre la messe, consacre le pain et le vin.

Éty. du lat. *consecrationis*, gén. de *consecratio*, ou de *counsacrar* et de *ation*. V. *Sacr*, R.

COUNSACRATOUR, s. m. (counsacratóur); COUNSACRANT, et impr. COUNSECRATOUR. Consécrateur, celui qui consacre.

Éty. de *counsacrar* et de *atour*. V. *Sacr*, Rad.

COUNSANGUIN, INA, adj. (counsanguïn, ine); *Consanguineo*, port. cat. esp. ital. Consanguin, ine, parent du côté paternel, par opposition à utérin, du côté de la mère.

Éty. du lat. *consanguineus*, qui est du même sang. V. *Sang*, R.

COUNSANGUINITAT, s. f. (counsanguinitá); *Consanguinitat*, cat. *Consanguinità*, ital. *Consanguinidad*, esp. *Consanguinidade*, port. Consanguinité, la parenté du côté du père.

Éty. du lat. *consanguinitatis*, gén. de *consanguinitas*. V. *Sang*, R.

COUNSCIENÇA, s. f. (counscièince); COUNSIANÇA, PEITRINIERA. Planchette, espèce de plastron de bois, que le tourneur de chaises tient sur sa poitrine, pour y appuyer les pièces qu'il travaille.

Dans les couvents des ordres mendiants, on donnait le même nom à une cantine où l'on déposait le vin et l'huile. Avr.

COUNSCIENÇA, s. f. (counsciéince); COUNSIANÇA. *Coscienza*, ital. *Conciencia*, esp. cat. *Consciencia*, port. Conscience, sentiment intérieur qui avertit l'homme du bien ou du mal qu'il fait; probité.

Éty. du lat. *conscientia*, m. s. V. *Sci*, R.

En counsciença, en conscience, en vérité.

COUNSCIENCIOUS, OUSA, adj. (counsciencióus, óuse); *Conciencios*, cat. *Consciencioso*, port. *Coscienziato*, ital. *Concienzudo*, esp. Consciencieux, euse, celui, celle qui se dirige d'après sa conscience.

Éty. de *counsciença* et de *ous*. V. *Sci*, R.

COUNSCRIPTION, s. f. (counscriptie-n); COUNSCRIPTIEN. Conscription, obligation dans laquelle sont tous les jeunes gens qui ont atteint l'âge de vingt ans, de subir le sort du tirage, qui détermine l'ordre dans lequel ils doivent être appelés aux armées.

Éty. du lat. *conscripti*, enregistrement, fait de *conscribere*, formé de *cum*, avec, ensemble, et de *scribere*, écrire. V. *Escriv*, Rad.

A Lacédémone tous les citoyens étaient soldats depuis l'âge de 30 ans jusqu'à 60. A Athènes, les jeunes gens se faisaient inscrire à 18 ans pour servir la république.

COUNSCRIT; s. m. (counscrí); *Conscripto*, port. Conscrit, celui qui est sujet à la conscription militaire, et ironiquement novice.

Éty. du lat. *conscriptus*. V. *Counscription* et *Escriv*, R.

Les Romains désignaient sous le nom de conscrits, les sénateurs, parce que leurs noms étaient écrits dans le registre du Sénat.

COUNSECRATION, s. f. (counsecratie-n). V. *Counsacration* et *Sacr*, R.

COUNSECUTIF, IVA, adj. (counsecutif, ive); *Consecutivo*, *iva*, ital. esp. port. *Consecutiu*, cat. Consécutif, ive, qui se suit immédiatement dans l'ordre des temps.

Éty. du lat. *consequi*, *consequor*, suivre, aller après. V. *Sequ*, R.

COUNSECUTIVAMENT, adv. (counsecutivaméin); *Consecutivament*, cat. *Consecutivamente*, ital. esp. port. Consécutivement, tout de suite, immédiatement après.

Éty. de *counseculiva* et de *ment*, d'une manière consécutive. V. *Sequ*, R.

COUNSEGAL, s. m. (counsegál); COUSSEGAL, COUNSEGAD, COUNCEGAU. Méteil, froment et seigle mêlés. V. *Mitadier*.

Éty. de *cum*, avec, et de *segal*, seigle, mêlé avec le seigle. V. *Segue*.

COUNSEGAU, V. *Counsegal*.

COUNSEGNOUR, s. m. COUNSEGNUR. Co-seigneur, celui qui partage avec un autre, les droits de seigneurie.

Éty. de *cum*, avec, ensemble, et de *segnour*. V. *Segn*, R.

COUNSEGNUR, V. *Counsegnour*.

COUNSEGRE, *Consegre*, cat. V. *Coussegre*.

COUNSEIL, V. *Counseou*.

COUNSEILHIER, s. m. (counseillié); COUNSELAIRE. *Consigliere*, ital. *Consejero*, esp. *Conselheiro*, port. *Conseiller*, cat. anc. Conseiller, qui donne conseil; membre d'une cour de justice, d'un conseil, etc.

Éty. du lat. *consiliarius*, formé de *counsilium*, et de la term. mult. *ier*, qui donne des conseils. V. *Conselh*, R.

La fonction de conseiller, comme assistant le principal juge, remonte au temps des Hébreux.

La première création de conseiller en titre d'office, en France, est celle qui fut faite par Philippe de Valois en 1327.

COUNSELHAIRE, s. m. (counseillaïré); COUNSELHOR. Conseilleur, celui qui a la manie de donner des conseils.

COUNSELHAR, v. a. (counseillá); COUNSIAR, COUSSELIAR. *Consigliare*, ital. *Consejar*, anc. esp. *Conselhar*, port. Conseiller, donner un conseil.

Éty. du lat. *consiliari*, ou de *consilium dare*. V. *Conselh*, R.

Ti va counselhi, je voudrais bien voir, dit-on, pour détourner quelqu'un d'un projet qu'il paraît avoir.

COUNSELHAR SE, v. r. ACOUSELHAR SE. Se conseiller.

COUNSELHAT, **ADA**, adj. et p. (counselhá, ádc); *Aconsejado*, esp. *Conselhado*, port. Conseillé, ée. V. *Conselh*, R.

COUNSELHIERA, s. f. (counseilliére), et impr. COUNSILHERA, COUNSEILHERA. Conseillère, celle qui donne conseil, femme de conseiller. V. *Conselh*, R.

COUNSENT, **ENTA**, adj. (counsèin, èinte); COUSSENT. *Consent*, anc. cat. *Consenciente*, esp. Consentant, qui acquiesce, complice: *N'en siou counsent*, j'y consens.

Éty. du lat. *consentire*, d'où *consentus*, inusité, pour *consensus* et *counsent*. V. *Sent*, R.

COUNSENTAMENT, s. m. (counseintaméin); COUNSENTIMENT. *Consentimento*, ital. port. *Consentimiento*, esp. *Consentiment*, cat. Consentement, action de consentir, d'acquiescer.

Éty. de *counsenta* et de *ment*. V. *Sent*, R.

COUNSENTIMEN, *Consentiment*, cat. Bellot emploie ce mot pour *Counsentament* et *Sent*, R.

COUNSENTIR, v. n. (counseintir); *Consentire*, ital. *Consentir*, esp. port. cat. Consentir, donner son consentement à une chose, trouver bon qu'elle se fasse, déclarer qu'on n'est pas dans l'intention de s'y opposer.

Éty. du lat. *consentire*, m. s. V. *Sent*, R.

Qu dis ren counsente, qui ne répond pas consent; *Qui tacet consentire videtur*.

On le dit encore pour ébranler, en parlant d'un corps qu'on veut remuer et qui commence à céder: *A counsentit*, il a remué.

COUNSENTIT, **IDA**, adj. et p. (counseinti, ide); *Consentido*, esp. port. *Consentid*, cat. Consenti, ie, fêlé, en parlant d'un verre, d'un vase qui est un peu fendu; on le dit aussi d'une personne qui ne peut pas reprendre ses forces, qui a quelque lésion organique.

Éty. Dans le dernier sens, ce mot pourrait venir du lat. *sonticus*, nuisible, malfaisant: *Qui morbo sontico laborat*. V. *Sent*, R.

COUNSEOU, s. m. (counséou); COUNSEIL. *Consiglio*, ital. *Consejo*, esp. *Conselho*, port. *Consell*, cat. Conseil, avis qu'on donne ou qu'on demande sur quelque affaire ou autre chose; la personne dont on prend conseil; assemblée de personnes qui délibèrent sur certaines affaires; défenseur, avocat.

Éty. du lat. *consilium* ou *concilium*, m. s. V. *Conselh*, R.

Tau douna counseou que douna pas ajuda. Prov.

COUNSEOU-D'ARROUNDISSAMENT, s. m. Conseil d'arrondissement, assemblée de notables, chargée de la sous-répartition des impositions entre les communes, et de faire valoir les intérêts de l'arrondissement. Les fonctions de ces conseils sont réglées par la loi du 8 pluviose, an 8. Art. 10 et suiv.

COUNSEOU-D'ÉTAT, Conseil d'Etat, assemblée où se traitent les matières de haute politique et de haute administration. Il fut créé le 24 décembre 1799, et réorganisé par ordonnances des 29 juin 1814 et du 27 août 1815.

Un conseil à peu près semblable avait été institué par Colbert, en 1667.

COUNSEOU-DE-FAMILHA, s. m. Conseil de famille, assemblée de parents, convoquée et présidée par le juge de paix, pour délibérer sur ce qui concerne les intérêts d'un mineur, ou pour donner son avis sur l'état d'une personne dont l'interdiction est demandée.

COUNSEOU-DE-GUERRA, s. m. Conseil de guerre, tribunal qui exerce la justice militaire; on le dit aussi de l'assemblée que tiennent les officiers-généraux d'une armée, d'une place, etc., pour délibérer sur le parti qu'ils ont à prendre.

COUNSEOU-DE-RECRUTAMENT, s. m. Conseil de recrutement, assemblée qui se forme tous les ans dans chaque département, pour prononcer sur les dispenses de service militaire.

COUNSEOU-GENERAU, s. m. Conseil général de département, assemblée de notables chargée de faire la répartition des contributions directes entre les arrondissements, de recevoir le compte annuel que le préfet doit rendre des dépenses départementales, et d'exprimer son opinion sur l'état et les besoins du département.

Les fonctions des conseils généraux ont été réglées par la loi du 28 pluviose, an 8.

COUNSEOU-MUNICIPAU, s. m. Conseil municipal, assemblée de notables, établie pour connaître et ordonner des affaires de la ville et de la commune.

Ces conseils ont été institués par la loi du 28 pluviose, an 8.

COUNSEOU-DE-PRÉFECTURA, s. m. Conseil de préfecture, juridiction établie dans chaque département pour prononcer en première instance, et sauf le recours au Conseil d'Etat, sur toutes les affaires contentieuses, qui sont dans la compétence de l'autorité administrative. Créé par la loi du 28 pluviose, an 8.

COUNSEQUAMMENT, adv. (cousequamméin); *Consequentemente*, ital. esp. port. *Cousecuentment*, cat. Conséquemment, d'une manière qui marque la juste liaison que des propositions ont les unes avec les autres.

Éty. du lat. *consequenter*, m. s. ou de *counsequant* et de *ment*. V. *Sequ*, R.

COUNSEQUANÇA, s. f. (counsequánce); *Consequencia*, cat. esp. port. *Consequenza*, ital. Conséquence, conclusion tirée d'une proposition, suite que peut avoir une action; importance.

Éty. du lat. *consequentia*, m. s. V. *Sequ*, Rad.

COUNSEQUANT, **ANTA**, adj. (counsequánt, ánte); *Consequent*, cat. *Conseguente*, ital. *Consequente*, esp. port. Conséquent, ente; qui agit, qui raisonne conséquemment.

Éty. du lat. *consequens, tis*, m. s. V. *Sequ*, Rad.

Beaucoup de gens emploient cet adjectif dans le sens d'important, de considérable, et disent, improprement: un domaine, un procès *conséquent*, pour de conséquence ou considérable.

COUNSERVA, s. f. (consèrve); *Conserva*, port. cat. ital. esp. Conserve, préparation pharmaceutique, faite avec des poudres, des pulpes, etc. et quantité suffisante de sucre pour prévenir la fermentation, afin d'en conserver les propriétés.

Éty. du lat. *conserva*, de *conservare*, conserver. V. *Serv*, R.

On doit aux Arabes l'invention de ces sortes de compositions.

COUNSERVA, term. de mar. *Anar de counserva*, aller de conserve, se dit d'un vaisseau qui fait route avec un autre pour le secourir ou pour en être secouru dans le besoin.

C'est aussi le vaisseau destiné à donner du secours aux autres.

COUNSERVAR, v. a. (counservá); SAUVAR, GARDAR, SERVAR. *Conservare*, ital. *Conservar*, esp. cat. port. Conserver, avoir soin qu'une chose reste en bon état, préserver.

Éty. du lat. *conservare*, m. s. V. *Serv*, R.

COUNSERVAR SE, v. r. Se conserver, se maintenir dans la possession ou dans la jouissance de quelque chose, dans un état sain, se préserver de la décomposition, en parlant des choses inanimées.

COUNSERVAS, s. f. pl. (counsèrves). Conserves, lunettes ou bésicles qui grossissent peu les objets et qu'on regarde comme propres à conserver la vue, mais qui servent bien plutôt à l'affaiblir.

Éty. de *counservar*, conserver. V. *Serv*, Rad.

COUNSERVATOIRO, s. m. (counservatóire); COUNSERVATOUARO. *Conservatorio*, port. ital. esp. *Conservatori*, cat. Conservatoire, école gratuite où l'on forme des sujets pour la musique et la déclamation. Espèce de cabinet où l'on conserve les modèles des machines. V. *Serv*, R.

Le Conservatoire des Arts et Métiers, fut d'abord fondé par le célèbre Vaucanson, qui en posa la première pierre en 1775. Il fut établi sur de nouvelles bases, d'après la loi du 19 vendémiaire, an III; et par un décret du 26 prairial, an VI, on transporta la collection des objets qu'il contenait, dans l'antique Abbaye de Saint Martin, où elle est encore.

Le Conservatoire de Musique, établi d'abord sous le nom d'école de chant, fut créé par arrêt du 3 janvier 1784, et s'ouvrit le premier avril suivant.

COUNSERVATOUR, s. m. (counservatoúr); *Conservatore*, ital. *Conservador*, cat. esp. port. Conservateur, celui qui conserve.

Éty. du lat. *conservator*, m. s. V. *Serv*, Rad.

COUNSIANÇA, V. *Counsciença*.

COUNSIDERABLAMENT, adv. (counsidérablaméin); *Considerablament*, cat. *Considerabilmente*, ital. *Considerablemente*, esp. *Consideravelmente*, port. Considérablement, beaucoup, en grande quantité, notablement.

Éty. de *counsiderabla* et de *ment*. V. *Consider*, S.-R.

COUNSIDERABLE, ABLA, adj. (counsidérablé, áble); *Considerabile*, ital. *Considerable*, esp. cat. *Consideravel*, port. Considérable, grand, nombreux, important.

Éty. de *counsiderat* et de *able*, digne d'être considéré. V. *Consider*, R.

COUNSIDERANT, s. m. (counsidéràn). Considérant, motif énoncé dans un jugement, un arrêté.

COUNSIDERATION, s. f. (counsidératie-n); COUNSIDERATIEN. *Considerazione*, ital. *Consideracion*, esp. *Consideração*, port. *Consideració*, cat. Considération, attention réfléchie, relative à la conduite que l'on doit tenir, au parti que l'on doit prendre; motif, vue, intérêt.

Éty. du lat. *considerationis*, gén. de *consideratio*. V. *Consider*, S.-R.

COUNSIGNA, s. f. (consigne); *Contraseña*, esp. *Consigna*, cat. esp. Consigne, ordre donné à une sentinelle par celui qui la pose.

Éty. de *cum*, avec, ensemble, et de *signum*, signe, qui a le signe, le mot d'ordre. V. *Sign*, Rad.

COUNSIGNA, s. f. La consigne, petite maison bâtie à l'entrée d'un port de mer pour recevoir les dépositions des navires qui arrivent.

COUNSIGNAR, v. a. et n. (counsigná); *Consignare*, ital. *Consignar*, esp. port. cat. Consigner, faire une consignation, mettre en dépôt, donner un ordre à une sentinelle, etc.

Éty. du lat. *consignare*, cacheter, fait de *cum* et de *signare*. V. *Sign*, R.

COUNSIGNAT, ADA, part. (counsigná, áde); *Consignado*, port. Consigné, ée. V. *Sign*, R.

COUNSIGNATARI, s. m. (counsignatári); *Consignatari*, cat. *Consignatario*, esp. *Consegnatorio*, ital. Consignataire, celui qui tient en dépôt une somme consignée. V. *Sign*, R.

COUNSIGNATION, s. f. (counsignatie-n); COUNSIGNATIEN. *Consignazione*, ital. *Consignacion*, esp. *Consignacão*, port. Consignation, dépôt juridique d'argent ou d'autres matières.

Éty. du lat. *consignatio*, signature, sceau, parce qu'anciennement, lorsqu'on consignait de l'argent, on le donnait cacheté dans un sac. V. *Sign*, R.

L'établissement des bureaux de consignation date de 1563, sous Charles IX.

COUNSILHAIRE, V. *Counselhier*.

COUNSILHAR, V. *Counselhar*.

COUNSISTANÇA, s. f. (counsistánce); *Consistenza*, ital. *Consistencia*, esp. port. cat. Consistance, liaison des corps considérés suivant qu'ils sont plus mous ou plus durs, plus liquides ou plus épais; fig. caractère d'une personne.

Éty. du lat. *consistencia*, formé du lat. *consistere*, se soutenir, être ferme. V. *Sist*, Rad.

COUNSISTANT, ANTA, adj. (counsistán, ánte); *Consistente*, esp. por. ital. *Consistent*, cat. Consistant, fixe, solide, qui consiste en... V. *Sist*, R.

COUNSISTAR, v. n. (counsistá); *Consistere*, ital. *Consistir*, esp. port. cat. Consister, il se dit de l'état d'une chose considérée en son être ou en ses propriétés; être composé de....

Éty. du lat. *consistere*, m. s. V. *Sist*, R.

COUNSISTORI, s. m. (councistóri); COUNSISTOIRO. *Counsistorio*, ital. esp. port. *Consistori*, cat. Consistoire, assemblée du pape et des cardinaux pour les affaires de l'Église; assemblée des ministres protestants pour le même objet.

Éty. du lat. *consistorium*, m. s. V. *Sist*, R.

COUNSISTORIAL, ALA, adj. (counsistoriál, ále); *Consistoriale*, ital. *Consistorial*, esp. port. cat. Consistorial, ale, qui appartient au consistoire que le pape tient.

Éty. du lat. *consistorialis*, m. s. V. *Sist*, Rad.

COUNSOLA, s. f. (counsóle); *Consola*, ital. Console, ornement en saillie, qui sert à porter de petites corniches, des figures, des bustes, des vases, etc.; meubles en forme de console sur lequel on pose une pendule, etc.

Éty. du lat. *consolidare*, consolider. V. *Solid*, R.

COUNSOLA-MAJOR, s. f. (counsóle-mádjor). Nom nismois de la grande consoude. V. *Herba-dei-sumis*.

Éty. du lat. *consolidare*, consolider, à cause de la vertu vulnéraire qu'on lui attribuait. V. *Solid*, R.

COUNSOLIDAR, v. a. (counsoulidá); COUNSOULIDAR. *Consolidare*, ital. *Consolidar*, esp. port. cat. Consolider, rendre ferme et solide; affermir.

Éty. du lat. *consolidare*, m. s. ou de *con*, de *solide* et de *ar*. V. *Solid*, R.

COUNSOLIDAT, ADA, adj. et part. (counsoulidá, áde); COUNSOULIDAT. *Consolidado*, port. Consolidé, ée, rendu solide.

Éty. de *consolide* et de *at*, litt. rendu solide, avec. V. *Solid*, R.

COUNSOLIDATION, s. f. (counsoulidatie-n); COUNSOULIDATION. *Consolidazione*, ital. *Consolidacion*, esp. *Consolidação*, port. *Consolidació*, cat. Consolidation, action de consolider.

Éty. du lat. *consolidationis*, ou de *coun* et de *solidationis*, gén. de *solidatio*. V. *Solid*, Rad.

COUNSONA, s. f. (counsóne); *Consonante*, ital. esp. *Consoante*, port. Consonne, lettre qui n'a aucun son par elle-même et qu'on ne peut prononcer qu'étant jointe à quelque voyelle. V. *la grammaire*.

Éty. du lat. *cum* et de *sonare*, qui sonne avec, c'est-à-dire, qui ne peut sonner qu'avec une autre lettre. V. *Son*, R.

Selon les parties de la bouche qui agissent le plus en les prononçant, on appelle les consonnes :

LABIALES, *b*, *v*, *p*, *f*, *ph*.
GUTTURALES, *g*, *j*, *c*, *q*, *ch*.
DENTALES, *d*, *t*, *th*, *z*.
LIQUIDES, *l*, *m*, *n*, *r*, *s*, *x*.
PALATALES, *d*, *t*, *l*, *n*, *r*.

COUNSORTS, s. m. pl. (counsórs); *Consortes*, esp. port. Consorts, ceux qui ont intérêt avec quelqu'un dans un procès, dans une affaire civile; ceux qui sont liés dans une cabale.

Éty. du lat. *consors*, m. s. formé de *cum*, *coun*, avec, ensemble, et de *sors*, qui partage le même sort. V. *Sort*, R.

COUNSOULABLE, ABLA, adj. (counsouláblé, áble); *Consolavel*, port. Consolable, qui peut être consolé.

Éty. du lat. *consolabilis*, m. s. V. *Soul*, R. 2.

COUNSOULANT, ANTA, adj. (counsoulán, ánte); *Consolativo*, ital. *Consolatorio*, esp. port. Consolant, ante, qui procure, qui est propre à procurer de la consolation.

Éty. du lat. *consolantis*, gén. de *consolans*, m. s. V. *Soul*, R. 2.

COUNSOULAR, v. a. (counsoulà); *Consolare*, ital. *Consolar*, esp. port. cat. Consoler, adoucir l'affliction, donner du soulagement aux peines de l'esprit.

Éty. de *consolare*, m. s. V. *Soul*, R.

COUNSOULAT, ADA, adj. et part. (counsoulá, áde); *Consolado*, port. esp. *Consolad*, cat. Consolé, ée.

Éty. du lat. *consolatus*, m. s. V. *Soul*, R. 2.

COUNSOULATION, s. f. (counsoulatie-n); *Consolació*, cat. *Consolazione*, ital. *Consolacion*, esp. *Consolação*, port. Consolation, les raisons, les motifs que l'on emploie pour adoucir les peines, les chagrins, la douleur; adoucissement, modération des peines.

Éty. du lat. *consolationis*, gén. de *consolatio*, m. s. V. *Soul*, R.

COUNSOULATOUR, ATRIÇA, s. (counsoulatóur, atrice); *Consolatore*, ital. *Consolador*, esp. cat. port. Consolateur, atrice, celui ou celle qui console.

Éty. du lat. *consolator*, m. s. V. *Soul*, R. 2.

COUNSOUMAR, v. a. (counsoumá); ACABAR, COUNSUMAR. *Consumare*, ital. *Consumar*, esp. *Consummar* et *Consumir*, port. Consommer, détruire par l'usage; achever, accomplir. V. *Counsumar*.

Éty. du lat. *consumere*, m. s. V. *Sum*, R.

COUNSOUMAT, ADA, adj. et p. (counsoumá, áde); *Consumido*, port. Consommé, ée, achevé, terminé.

Éty. du lat. *consummatus*, m. s. V. *Sum*, Rad.

COUNSOUMATION, s. f. (counsoumatie-n); COUNSOUMATIEN, ACCOUMPLISSAMENT, ACABAMENT. *Consumazione*, ital. *Consumacion*, esp. *Consummação*, port. *Consumatió*, cat. Consommation, action de se servir des choses qui se détruisent par l'usage, comme le blé, le vin, la viande, etc., et effet qui résulte de cette action; accomplissement, achèvement.

Éty. du lat. *consummationis*, gén. de *consummatio*, m. s. V. *Sum*, R.

COUNSOUMATOUR, s. m. (counsoumatóur); *Consummador*, port Consommateur, celui qui consomme les denrées, par opposition à ceux qui les produisent.

Éty. du lat. *consumptor*. V. *Sum*, R.

COUNSOUMPTION, s. f. (counsoumptie-n); COUNSUMI. *Consunzione*, ital. *Consuncion*, esp. *Consumpção*, port. *Consumpció*, cat. Consomption. V. *Seccaressa*.

Éty. du lat. *consumptio*, de *consumere*, consumer. V. *Sum*, R.

COUNSOUNANÇA, s. f. (counsounànce); *Consonanza*, ital. *Consonancia*, cat. ital. esp. Consonnance, en musique, accord de deux sons entendus simultanément, et dont l'union plaît à l'oreille; uniformité, ressemblance de son dans la terminaison des mots.

Éty. du lat. *consonantia*, m. s. V. *Son*, R.

COUNSPIRAR, v. n. (counspirá); *Conspirar*, ital. *Conspirar*, esp. port. cat. Conspirer, être unis d'esprit et de volonté pour quelque dessein bon ou mauvais; employé absolument, il indique toujours un projet contre l'Etat.

Éty. du lat. *conspirare*, m. s. formé de *cum*, ensemble, et de *spirare*, aspirer à, désirer. V. *Spir*, R.

COUNSPIRATION, s. f. (counspiratie-n); COUNSPIRATIEN. *Conspiracion*, esp. *Conspirazione*, ital. *Conspiração*, port. *Conspiració*, cat. Conspiration, conjuration, entreprise contre l'Etat.

Éty. de *conspirar* et de *ation*, litt. action de conspirer. V. *Spir*, R.

COUNSPIRATOUR, s. m. (counspiratóur); *Conspiratore*, ital. *Conspirador*, esp. port. cat. Conspirateur, celui qui conspire ou qui a conspiré.

Éty. du lat. *conspirator*, m. s. V. *Spir*, Rad.

COUNSTAMMENT, adv. (counstamméin); *Constantemente*, esp. port. *Costantemente*, ital. *Constantment*, cat. Constamment, avec constance et fermeté.

Éty. du lat. *constanter*, ou de *constans* et de *ment*, d'une manière constante. Voy. *Est*, R.

COUNSTANÇA, s. f. (counstánçe); *Constancia*, esp. port. cat. *Costanza*, ital. Constance, fermeté d'âme, persévérance dans le bien, dans la vertu.

Éty. du lat. *constantia*, m. s. V. *Est*, R.

COUNSTANT, ANTA, adj. (counstán, ánte); *Constante*, esp. port. *Costante*, ital. *Constant*, cat. En parlant des personnes: qui a de la fermeté et de la constance dans les maux, les adversités, persévérant, qui ne change pas; en parlant des choses: ferme, solide, certain, indubitable.

Éty. du lat. *constantis*, gén. de *constans*, m. s. formé de *cum* et de *stare*, être debout, ferme, stable. V. *Est*, R.

COUNSTAR, v. n. imp. (counstá); *Constar*, port. esp. cat. *Constare*, ital. Conster, être évident, être certain, il conste que.

Éty. du lat. *constare*, m. s. V. *Est*, R.

COUNSTATAR, v. a. (counstatá). Constater, établir un fait par des preuves convaincantes, le rendre constant et certain.

Éty. de *con*, avec, de *stat*, état, et de *ar*, marquer, établir l'état, l'existence d'une chose. V. *Est*, R.

COUNSTATAT, ADA, adj. (counstatá, áde); Constaté, ée. V. *Est*, R.

COUNSTELLATION, s. f. (counstellatie-n); CONSTELLATIEN. *Costellazione*, ital. *Constelacion*, esp. *Constellação*, port. *Constellació*, cat. Constellation, assemblage de plusieurs étoiles voisines, exprimées et représentées sous le nom et la figure d'un homme, d'un animal ou de quelqu'autre objet.

Éty. du lat. *constellatio*, formé de *cum*, ensemble, et de *stella*, étoile; ou selon M. Morin, du grec σύν (sun), avec, et de τέλλω (tellô), se lever, verbe inusité, dont le composé ἀνατέλλω (anatellô), se lever, en parlant des astres, συντελλω (syntellô), se lever ensemble, étoiles qui paraissent en même temps. V. *Estell*, R.

Les anciens ne connaissaient que 48 constellations, et Ptolémée lui-même, n'en avait pas tracé davantage dans la partie du ciel qu'il connaissait, mais les modernes en ont beaucoup augmenté le nombre; Kepler, en 1620, en ajouta 26.

La division du ciel en constellations était déjà connue du temps de Job, témoin cette apostrophe: *Peux-tu arrêter les douces influences des Pléiades ou détacher les bandes d'Orion?*

Les douze constellations du zodiaque sont comprises dans ces deux vers latins:

Sunt aries, taurus, gemini, cancer, leo, virgo,
Libraque, scorpius, arcitenens, caper,
Amphora, pisces.

142 ans avant J.-C. Hipparque, fait l'énumération des étoiles et les divise en constellations.

COUNSTERNAR, v. a. (counsterná); *Consternar*, cat. esp. port. *Costernare*, ital. Consterner, frapper d'étonnement et abattre le courage.

Éty. du lat. *consternare*, m. s. formé de *cum* et de *sternere*, renverser, jeter par terre.

COUNSTERNAT, ADA, adj. (counsterná, áde), *Consternado*, port. Consterné, ée.

COUNSTERNATION, s. f. (counsternatie-n); COUNSTERNATIEN. *Consternacion*, esp. *Consternazione*, ital. *Consternació*, cat. *Consternação*, port. Consternation, étonnement qui produit un abattement de courage.

Éty. du lat. *consternatio*.

COUNSTIPAR, v. a. (counstipá); COUSTIBLAR, COUSTUPAR. *Constipar*, esp. port. cat. *Costipare*, ital. Constiper, resserrer le ventre de telle sorte qu'on ne puisse aller librement à la selle.

Éty. du lat. *constipare*, serrer, presser, formé de stipare, épaissir, boucher.

La plus grande partie des gens du peuple disent *coustiblar* au lieu de *counstipar*.

COUNSTIPAT, ADA, adj. et p. (counstipá, áde); COUSTIBLAT, COUSTUBAT. *Constipado*, port. Constipé, ée, qui ne peut aller librement à la selle.

Éty. du lat. *constipatus*.

COUNSTIPAT, ADA, adj. et part. (counstipá, áde); et impr. COUSTIFAT, COUSTIBLAT, COUSTUBAT. *Constipado*, port. Constipé, ée, qui ne va pas librement à la selle, et fig. qui ne parle guère, qui n'est pas communicatif.

Éty. du lat. *constipatus*.

COUNSTIPATION, s. f. (counstipatie-n); *Constipació*, cat. *Constipacion*, esp. *Constipação*, port. *Costipazione*, ital. Constipation, état d'une personne qui ne peut pas aller librement à la selle.

Éty. du lat. *constipatio*, formé de *Constipare*, resserrer, et de la term. *tio*, v. c. m.

COUNSTIPATIU, adj. vl. Qui constipe, qui jouit de la propriété de constiper.

COUNSTITUAR, v. a. (counstituá); *Constituir*, cat. esp. port. *Constituire*, ital. Constituer, composer un tout; faire consister en....; mettre, établir.

Éty. du lat. *constituere*, formé de *cum*, ensemble, et de *statuere*, poser, établir, fonder, dérivé de *status*, état, situation. V. *Est*, R.

COUNSTITUAT, ADA, adj. et p. (counstituá, áde); *Constituido*, port. Constitué, ée, qui est d'une bonne complexion; qu'on a établi. V. *Est*, R.

COUNSTITUTION, s. f. (counstitutie-n); COUNSTITUTIEN. *Constitució*, cat. *Constituzione*, ital. *Constitution*, esp. *Constituição*, port. Constitution, ordre, arrangement, assemblage de plusieurs choses pour faire un tout; création d'une rente; corps de lois fondamentales qui constituent le gouvernement d'un peuple.

Éty. du lat. *constitutionis*, gén. de *constitutio*, m. s. V. *Est*, R.

COUNSTITUTION, s. f. (counstitutie-n); *Constitució*, cat. *Constitucion*, esp. *Constituição*, port. *Constituzione*, ital. Constitution, corps de lois fondamentales qui constituent le gouvernement d'un peuple; ordonnance, loi, règlement; établissement, création d'une rente, d'une pension; tempérament; construction.

Éty. du lat. *constitutionis*, gén. de *constitutio*. V. *Est*, R.

COUNSTITUTIONEL, ELA, s. et adj. (counstitutiounèl, èle). Constitutionnel, elle, partisan de la constitution; qui est selon la constitution.

COUNSTREGNER, v. a. (counstrégné); CONSTREGNER. *Contrenyer*, cat. *Constreñir*, esp. *Costringere*, ital. *Constranger*, port. Contraindre, forcer, obliger; serrer, presser, mettre à l'étroit, comprimer.

Éty. du lat. *constringere*, m. s. formé de *coun* et de *stringere*, serrer fortement. Voy. *Estregn*, R.

COUNSTREITAMENT, adv. d. vaud. Forcément, d'une manière contrainte. Voy. *Estregn*.

COUNSTRENCH, ENCHA, adj. et part. (counstreintch, èintche); COUSTRECH, COSTREIL, CONSTRECH. *Constrangido*, port. *Constret*, cat. *Constrenido*, esp. Contraint, ainte, forcé, gêné, serré, comprimé. V. *Estregn*, Rad.

COUNSTRENCHA, s. f. (counstréintche); CONSTRENCHA. *Constrengiment*, cat. *Costringimento*, ital. *Constreñimento*, esp. *Constrangimento*, port. Gêne, contrainte, violence qu'on exerce envers quelqu'un pour le forcer à quelque chose. V. *Estregn*, R.

Counstrench plas à degun. Prov.

COUNSTRUCH, UCHA, adj. et part. *Construido*, port. Construit. V. *Construit* et *Stru*, Rad.

COUNSTRUCTION, s. f. (counstructie-n); COUNSTRUCTIEN. *Construcció*, cat. *Construzione*, ital. *Construccion*, esp. *Construcção*, port. Construction, arrangement, disposition des parties d'un édifice, d'une maison ou d'un vaisseau; l'arrangement des mots selon les règles d'une langue.

Éty. du lat. *constructionis*, gén. de *constructio*. V. *Stru*, R.

Le plus ancien écrivain qui nous ait laissé des notions précises sur la construction ou l'architecture est Vitruve. Philibert Delorme a été le premier, parmi les Français, à écrire sur cet art, vers 1567. Depuis, ces sortes de traités se sont multipliés à l'infini.

L'art de construire des vaisseaux où la construction navale, remonte à la plus haute antiquité, et ce qu'on observe de très-curieux chez les anciens, c'est que sans théorie ils sont parvenus, par routine, à construire des vaisseaux si grands qu'on n'oserait pas les imiter aujourd'hui que nos ingénieurs peuvent s'aider de toutes les sciences physiques et mathématiques.

Prononcez distinctement le *c*, dans construction; ne dites pas comme beaucoup de Provençaux *construssion*.

COUNSTRUCTOUR, s. m. (counstructóur); *Constructor*, cat. esp. port. *Constructore*, ital. Constructeur, celui qui construit, qui fait profession de construire.

COUNSTRUIRE, v. a. (counstrúiré); *Costruire*, ital. *Cônstruir*, esp. port. cat. Construire, bâtir un édifice, un temple; construire un vaisseau; arranger les mots suivant l'usage de la grammaire.

Éty. du lat. *construere*, formé de *cum* et de *struere*, former, élever, construire. Voy. *Stru*, R.

COUNSTRUIT, UITA, adj. et part. (counstrui, uite); COUNSTRUCH, UCHA. *Construido*, port. Construit, uite.

Éty. du lat. *constructus*, m. s. V. *Stru*, Rad.

COUNSUBSTANTIALITAT, s. f. (counsubstantialitá); *Consubstancialidade*, port. *Consubstancialitat*, cat. *Consustancialidad*, esp. *Consustanzialità*, ital. Consubstantialité, unité et identité de substance entre les trois personnes de la Sainte-Trinité.

Éty. de *consubstantialis* et de *itat*. Voy. *Est*, R.

COUNSUBSTANTIEL, IELA, adj. (counsubstantièl, èle); *Consustanziale*, ital. *Consubstancial*, cat. esp. port. Consubstantiel, elle, en parlant des personnes de la Très-Sainte-Trinité, qui n'ont qu'une même substance.

Éty. du lat. *consubstantialis*, formé de *cum*, de *substantia* et de *is*, qui est de la même substance. V. *Est*, R.

COUNSUL, V. *Consou*.

COUNSULARI, V. *Consulari*.

COUNSULAT, V. *Consulat*.

COUNSULTA, s. f. (counsúlte); COUNSURTA. *Consulta*, ital. port. esp. cat. *Consultacion*, esp. Consultation, avis écrit ou verbal, donné par un médecin ou par un avocat, peu usité dans ce dernier sens.

Éty. du lat. *consultatio*. V. *Conselh*, R.

Consulte n'est pas français, on doit toujours dire consultation.

COUNSULTANT, s. et adj. m. (counsultán); *Consultente*, port. Consultant, personne très-expérimentée ou crue telle, en médecine ou en droit, dont on va prendre les avis; médecin, avocat, consultant.

Éty. V. *Conselh*, R.

COUNSULTAR, v. a. (counsultá); *Consultare*, ital. *Consultar*, esp. port. cat. Consulter, prendre avis, conseil ou instruction de quelqu'un.

Éty. du lat. *consultare*, m. s. V. *Conselh*, Rad.

COUNSULTAR SI, v. r. Se consulter, examiner ses moyens, ses forces, avant que de se déterminer.

COUNSULTATION, s. f. (counsultatie-n); COUNSURTATION, COUNSULTA, COUNSULTATIEN. *Consulta*, ital. port. *Consultacion*, esp. Consultation et non *consulte*, comme plusieurs personnes disent, conférence sur une affaire ou sur une maladie.

Éty. du lat. *consultationis*, gén. de *consultatio*, m. s. V. *Conselh*, R.

COUNSUMAR, v. a. (counsumá); GAUSIR, DISSIPAR. *Consumare*, ital. *Consumar*, cat. *Consumir*, esp. port. Consumer, détruire plusieurs choses à la fois, détruire successivement toutes les parties d'une chose; consommer, faire bouillir longtemps de la viande pour en faire un consommé; dissiper, dévorer. V. *Counsoumar*.

Éty. du lat. *consummare* et *consumere*, fait de *cum*, avec, ensemble, et de *sumere*, prendre. V. *Sum*, R.

Consumer et *consommer*, diffèrent essentiellement en français, car le premier achève en détruisant et anéantissant le sujet; et le second, au contraire, achève en le mettant dans la dernière perfection, ce qu'on distingue parfaitement dans cette phrase: *Il est nécessaire, pour consommer le sacrifice de la messe, que le prêtre consume les espèces consacrées*.

COUNSUMAR SE, v. r. Se consumer, dépérir, maigrir.

COUNSUMAT, ADA, adj. et p. (counsumá, áde); *Consumido*, esp. port. *Consumad*, cat. *Consomato*, ital. Consumé, ée, accompli et consommé.

Éty. du lat. *consumptus*, m. s. V. *Sum*, Rad.

COUNSUMAT, s. m. (counsumá); COUNSUMÈ. *Consumato*, ital. *Consumado*, esp. Consommé, bouillon fort succulent d'une viande extrêmement cuite. V. *Sum*, R.

Consumé, n'est pas français dans ce sens.

COUNSUMI, s. m. (counsúmi), d. m. *Consumo*, port. V. *Counsoumption* et *Sum*, Rad.

COUNSURTA, V. *Counsulta*.

COUNSURTATION, V. *Counsultation*.

COUNTACT, s. m. (countáct); *Contacte*, cat. *Contacto*, esp. port. *Contatto*, ital. Contact, action ou état de deux corps qui se touchent.

Éty. du lat. *contactus*, m. s.

COUNTADIN, V. *Coumtadin*.

COUNTADOUR, V. *Comptadour*.

COUNTAGION, s. f. (countádgie-n); *Contagione*, ital. *Contagio*, esp. port. *Contagi*, cat. Contagion, mode de transmission d'une maladie, d'un individu à un autre, au moyen du contact médiat ou immédiat, et fig. communication d'une hérésie, d'une erreur, etc.

Éty. du lat. *contagio*, formé de *cum*, avec, ensemble, et de *tago* pour *tango*, je touche, parce que c'est par le contact médiat ou immédiat que les contagions se gagnent. V. *Tact*, R.

COUNTAGIOUS, OUSA, adj. (countadgióus, óuse); *Contagioso*, ital. port. esp. *Contagiós*, cat. Contagieux, susceptible d'être transmis par le contact, et fig. par la fréquentation.

Éty. du lat. *contagiosus*, formé de *Contagio*, contagion, et de la term. *osus*, v. c. m. et *Tact*, R.

COUNTAIRE, V. *Comptaire*.

COUNTAR, V. *Comptar*.

COUNTAROLAR, v. a. (countaroulá); CONTAROULAR, CONTEROLAR, COUNTOUROULAR. Contrôler, mettre sur le contrôle; marquer, poinçonner l'argenterie; fig. critiquer, censurer.

Éty. de *countarole* et de *ar*. V. *Rol*, R.

COUNTAROLAT, ADA, adj. et p. (countaroulá, áde). Contrôlé, ée.

COUNTAROLE, s. m. (countarólé); COUNTROLE, COUNTRAROLE, CONTEROLE, COUNTEROLE. Contrôle, registre qu'on tient pour la vérification d'un rôle, d'un autre registre; bureaux où l'on contrôle les actes; marque qu'on met à l'argenterie qui est au titre de l'ordonnance.

Éty. de contre-rôle, ou rôle, opposé à un autre. V. *Rol*, R.

« Lorsque Henri III établit le contrôle au mois de juin 1581, il n'eut d'autre objet que de conserver l'intérêt des familles et d'assurer la propriété des hypothèques, en mettant tous les actes à l'abri des fraudes, des dols et même des soupçons. » Dict. des Orig. de 1777, en 6 vol. in-12.

COUNTAROLUR, s. m. (countaroulúr); COUNTEROULUR, COUNTAROULUR, COUNTOUROULUR. *Contralor*, cat. esp. *Controllore*, ital. Contrôleur, celui qui est chargé de contrôler, et fig. censeur malin, critique.

Éty. de *Countarole* et de la term. *ur*, v. c. m. et *Rol*, R.

Cet emploi paraît être le même que celui que les Romains désignaient sous le nom de *contra-scriba* et *contra-rotulatores*, dans la basse latinité, c'est-à-dire, qui étaient chargés de l'examen des rôles.

COUNTEIRAL, adj. (counteïrál), d. bas lim. Contemporain, qui est du même temps, qui a le même âge.

COUNTEMPLAIRE, le même que *Countemplatour*, v. c. m. et *Templ*, R.

COUNTEMPLAR, v. a. (countcinplá); *Contemplare*, ital. *Contemplar*, esp. port. cat. Contempler, considérer avec soin dans toutes ses parties ; fixer sa pensée, ses réflexions sur un objet et l'envisager sous toutes ses faces.

Éty. du lat. *contemplare*, formé de *cum*, ensemble, et de *templum*, étendue du ciel que les augures déterminaient avec leur bâton augural. V. *Templ*, R.

COUNTEMPLAT, **ADA**, adj. et part. (countemplá, áde); *Contemplad*, cat. *Contemplado*, esp. Contemplé, ée.

COUNTEMPLATIF, **IVA**, adj. (counteimplatif, ive); *Contemplativo*, ital. esp. port. *Contemplatiu*, cat. Contemplatif, ive, adonné à la contemplation.

Éty. du lat. *contemplativus*. V. le mot précédent et *Templ*, R.

COUNTEMPLATION, s. f. (counteinplatie-n); COUNTEMPLATIEN. *Contemplazione*, ital. *Contemplacion*, esp. *Conteplação*, port. *Contemplació*, cat. Contemplation, action de contempler.

Éty. du lat. *contemplationis*, gén. de *contemplatio*, m. s. V. *Templ*, R.

COUNTEMPLATOUR, **TRIÇA**, subst. (counteinplatoúr, trice); CONTEMPLAIRE. *Contemplatore*, ital. *Contemplador*, esp. port. cat. Contemplateur, trice; celui, celle qui contemple.

Éty. du lat. *contemplator*, m. s. V. *Templ*, Rad.

CONTENENÇA, (countenèince), et

COUNTENENCI, s. f. (countenèinci); *Continente*, esp. *Continenza*, ital. *Contenensa*, cat. Contenance, capacité, étendue; posture, maintien.

Éty. du lat. *continenzia*, m. s. V. *Ten*, R.

COUNTENGUDA, s. f. (counteingúde). Étendue de terre. Garc. V. *Tenguda* et *Tenament*.

COUNTENGUT, **UDA**, adj. et p. (counteingú, úde); *Contendo*, port. Contenu, ue. V. *Ten*, R.

COUNTENGUT, s. m. (counteingú); *Contenuto*, ital. *Contenido*, esp. *Contendo*, port. Contenu, ce que contient la capacité d'un vaisseau, d'un corps quelconque; ce qui est contenu dans un écrit, dans une lettre. Voy. *Ten*, R.

COUNTENIR, v. a. (countenir); TENIR, CAUPRE, CONTENIR. *Contenere*, ital. *Contener*, esp. *Conter*, port. *Contenir*, cat. Contenir, comprendre dans son étendue, dans sa capacité; retenir par des bords, par des entraves.

Éty. du lat. *continere*, m. s. V. *Ten*, R.

COUNTENIR SE, v. r. Se contenir, ne pas laisser éclater sa colère, son impatience, son indignation; se modérer.

COUNTENT, **ENTA**, adj. (countèin, èinte); *Content*, cat. *Contento*, ital. esp. *Contente*, port. Content, ente; satisfait de ce qu'il a, de ce qui lui arrive.

Éty. du lat. *contentus*, m. s. formé de *cum* et de *tenere*, qui tient, qui a tout ce qu'il désire. V. *Ten*, R.

COUNTENT, s. m. *Jugar au countent*, espèce d'écarté où l'on change de cartes jusqu'à ce que l'on soit satisfait, content. V. *Ten*, Rad.

COUNTENTAMENT, s. m. (counteintaméin); SATISFACTION. *Contentamento*, ital. port. *Contentamiento*, esp. *Contentació*, anc. cat. Contentement, satisfaction.

Éty. de *countenta* et de *Ment*, R.

Countentament passa richessa. Pr.

COUNTENTAR, v. a. (counteintá); ACOUNTENTAR. *Contentare*, ital. *Contentar*, cat. esp. port. Contenter, rendre content, satisfaire.

Éty. de *countent* et de *ar*. V. *Ten*, R.

Countentar sa coulera, assouvir sa colère.

COUNTENTAR SE, v. r. Se contenter, satisfaire ses désirs.

COUNTENTAT, **ADA**, adj. et p. (counteintá, áde); *Contentado*, port. Contenté, ée, satisfait. V. *Ten*, R.

COUNTENTION, s. f. (counteintie-n); COUNTENTIEN. *Contentió*, anc. cat. *Contencion*, esp. *Contenção*, port. Contention, grande application d'esprit.

Éty. du lat. *contentionis*, gén. de *contentio*, action de tendre avec effort, contention.

COUNTENTIOUS, **OUSA**, adj. et s. (counteintioús, ousá); *Contenciós*, cat. *Contenzioso*, ital. *Contencioso*, esp. port. Contentieux, euse, qui est en débat, qui est ou qui peut être disputé; subst. et collectivement, le contentieux, les affaires contentieuses en général.

Éty. du lat. *contentiosus*, m. s. V. *Tend*, Rad.

COUNTESSA, V. *Comtessa*.

COUNTESTA, s. f. (countèste); *Contestavel*, port. V. *Countestation*.

COUNTESTABLE, **ABLA**, adj. (countestáble, áble); *Contestavel*, port. Contestable, que l'on peut contester. V. *Test*, R.

COUNTESTAR, v. a. (countestá); COUNTRESTAR, COUNTRASTAR, DISPUTAR, COUNTRISTAR. *Contestar*, esp. port. cat. *Contestare*, ital. Contester, disputer, débattre, refuser de reconnaître, et neutr. entrer en contestation.

Éty. du lat. *contestari*, m. s. V. *Test*, R.

COUNTESTAT, **ADA**, adj. et p. (countestá, áde); *Contestado*, port. Contesté, ée, disputé. V. *Test*, R.

COUNTESTATION, s. f. (countestatie-n); ALTERCATION, DISPUTA, COUNTESTA. *Contestazione*, ital. *Contestacion*, esp. *Contestação*, port. *Contestació*, cat. Contestation, dispute sur des droits, des prétentions, des faits, des principes ou des règles à établir; dispute, querelle.

Éty. du lat. *contestationis*, gén. de *contestatio*, m. s. V. *Test*, R.

COUNTEXTURA, s. f. (countextúre); *Contextura*, esp. port. cat. *Tessitura*, ital. Contexture, tissure, enchaînement, liaison de parties.

Éty. du lat. *contextura*, m. s. V. *Teiss*, Rad.

COUNTIERS, s. m. pl. (countiérs), et mieux COMPTIÉRS. *Leis countiers*, sont les douze jours qui précèdent la Noël, et qu'on regarde comme les représentants des douze mois qui vont suivre, relativement au temps.

Éty. de *compte* et de *iers*, que l'on compte. V. *Compt*, R.

COUNTIGUITAT, s. f. (countiguitá); *Contiguitat*, cat. *Contiguidad*, esp. *Contiguidade*, port. *Contiguità*, ital. Contiguïté, état de deux choses qui se touchent.

Éty. du lat. *contiguitatis*, gén. de *contiguitas*; m. s.

COUNTIGUT, **UDA**, **UA**, (countigú, úde, úe); *Contiguo*, cat. esp. port. Contigu, uë, qui touche une chose, sans qu'il n'y ait rien entre deux.

Éty. du lat. *contiguus*, m. s.

COUNTINENCI, s. f. (countinèinci); COUNTINENÇA. *Continenza*, ital. *Continencia*, esp. cat. port. Continence, vertu morale par laquelle nous resistons aux impulsions de la chair.

Éty. du lat. *continentia*, m. s. V. *Ten*, R.

COUNTINENT, **ENTA**, adj. (countinéin, éinte); *Continent*, cat. *Continente*, ital. esp. port. Continent, ente, qui garde la continence.

Éty. du lat. *continentis*, gén. de *countinens*, m. s. V. *Ten*, R.

COUNTINENT, s. m. *Continent*, cat. *Continente*, ital. esp. port. Continent, terre ferme, grande étendue de pays qui n'est ni coupée ni environnée par les mers. V. *Ten*, Rad.

COUNTINENT, adv. INCOUNTINENT. Incontinent, tout de suite, sans interruption.

Éty. du lat. *continuo*, m. s. V. *Ten*, R.

COUNTINENTAU, **ALA**, adj. (countineintáou, ále). Continental, ale, qui concerne le continent.

COUNTINGENT, s. m. (countïndgèin); part. COUNTINGEANT. *Contingente*, ital. esp. port. *Contingent*, cat. Contingent, la quote-part que chaque personne intéressée dans une entreprise doit fournir pour concourir à l'exécution.

Éty. du lat. *contingit*, il arrive, il survient. V. *Ten*, R.

COUNTINUAR, v. a. (countinuá); COUNTUGNAR. *Continuare*, ital. *Continuar*, esp. cat. port. Continuer, faire sans interruption une chose que l'on faisait auparavant, prolonger sans intervalle un ouvrage déjà commencé, prolonger la durée sans interruption; neut. durer; la pluie continue.

Éty. du lat. *continuare*, m. s. V. *Ten*, Rad.

Continuar de, continuer de, continuer à faire sans interruption.

Countinuar à, continuer à, reprendre ce qu'on avait suspendu.

COUNTINUAT, ADA, adj. et p. (countinuà, áde); *Continuado*, port. esp. *Continuad*, cat. Continué, ée. V. *Ten*, R.

COUNTINUATION, s. f. (countinuatie-n); COUNTINUATIEN. *Continuazione*, ital. *Continuacion*, esp. *Continuação*, port. *Continuació*, cat. Continuation, action par laquelle on continue ou effet de cette action.

Éty. du lat. *continuationis*, gén. de *continuatio*, m. s. V. *Ten*, R.

COUNTINUATOUR, s. m. (countinuatóur); *Continuador*, port. esp. cat. *Continuatore*, ital. Continuateur, celui qui continue un ouvrage littéraire laissé imparfait par son auteur.

Éty. de *countinuar* et de *atour*. V. *Ten*, Rad.

COUNTINUEL, ELLA, adj. (countinuèl, èle); CONTINUAL. *Continuo*, ital. esp. port. cat. Continuel, elle, qui est assidu, qui dure sans interruption, qui ne cesse point.

Éty. du lat. *continuus*, m. s. V. *Ten*, R.

COUNTINUELAMENT, adv. (countinuèleméin); SEMPRE. *Continuamente*, ital. esp. port. Continuellement, sans interruption, sans relâche.

Éty. de *countinuela* et de *ment*. V. *Ten*, Rad.

COUNTINUITAT, s. f. (countinuitá); *Continuità*, ital. *Continuidad*, esp. *Continuidade*, port. *Continuitat*, cat. Continuité, liaison non interrompue des parties d'un tout; durée continue.

Éty. du lat. *continuitatis*, gén. de *continuitas*, m. s. V. *Ten*, R.

COUNTOUAR, Garc. V. *Comptoir*.

COUNTOUR, s. m. (countóur); COUNTOURN. *Contorno*, ital. esp. port. *Contorn*, cat. Contour, la ligne extérieure qui termine un corps; détour.

Éty. de l'ital. *contorno*, m. s. V. *Torn*, Rad.

COUNTOURNAR, v. a. (countourná); *Contornear*, port. *Contornare*, ital. *Dar el contorno*, esp. Contourner, former les contours d'une figure; marcher en suivant une ligne circulaire.

Éty. de *countourn* et de *ar*. V. *Torn*, R.

COUNTOURNIERA, s. f. (countourniére); COUNTOURGNERA, COQUSSA, TALBERA. dg. Portion de terrain que la charrue ne peut atteindre au bout de la raie, et qu'il faut labourer dans un autre sens ou piocher. V. *Chancia*.

M. Poumarède, donne *contournière* comme équivalent français de ce mot, mais c'est un barbarisme.

COUNTOUROULAR, Avr. V. *Countarolar*.

COUNTOURSION, s. f. (countoursie-n); COUNTOURSIEN. *Contorsió*, cat. *Contorsion*, esp. *Contorção*, port. *Contorsione*, ital. Contorsion, mouvements violents et extraordinaires des membres, grimaces que font ceux qui veulent exagérer les sentiments qu'ils éprouvent.

Éty. du lat. *contortio*, de *contorquere*, tordre, tourner. V. *Tors*, R.

COUNTRABANDA, s. f. (countrebánde); COUENTRABANDA. *Contrabbando*, ital. *Contrabando*, esp. port. cat. Contrebande, en général, tout commerce qui se fait contre les lois d'un État, on le dit plus particulièrement des contraventions aux réglements qui prohibent l'entrée des marchandises étrangères.

Éty. de l'ital. *contrabbando*, m. s. formé de *contra*, contre, et de *bando*, ban, loi, proclamation. V. *Contra*, R.

On donne le nom de faux-saunage à la contrebande du sel.

COUNTRABANDIER, s. m. (countrebandié); COUENTRABANDIER, CONTRABANDUR. *Contrabandista*, port. esp. cat. *Contrabbandiere*, ital. Contrebandier, ière, celui, celle qui fait ordinairement la contrebande; on nomme faux-saunier, celui qui fait la contrebande du sel.

Éty. de *contrabanda* et de *ier*, celui qui fait la contrebande. V. *Contra*, prép.

COUNTRA-COR, (cóuntre-cór); REI-COR, REIRE-COR, LUERDRE. *Contracor*, cat. *Contro-stomaco*, ital. A contre-cœur, à regret, avec répugnance. V. *Contra*, prép. et *Cor*.

COUNTRACTANT, ANTE, s. et adj. (countractán, ánte); COUNTRATTANT. Contractant, ante, celui ou celle qui contracte, qui passe un contrat devant notaire.

Éty. V. *Countractar* et *Tra*, R.

Le substantif, ne s'emploie qu'au masculin et au pluriel en français; on dit l'*un des contractants*, et non *un contractant*.

COUNTRACTAR, v. a. (countractá); COUNTRATTAR. *Contrattare*, ital. *Contratar*, esp. port. *Contractar*, cat. anc. esp. Contracter, faire un contrat, une convention avec quelqu'un; gagner une maladie; acquérir par des actions réitérées une habitude bonne ou mauvaise; faire des dettes.

Éty. du lat. *contractare* et *contrahere*, formé de *cum* et de *trahere*, ou plutôt de *countrat* et de la term. act. *ar*. V. *Tra*, R.

COUNTRACTAT, ADA, adj. et part. (countractá, áde); *Contratado* et *Contrahido*, port. Contracté, ée. V. *Tra*, R.

COUNTRACTION, s. f. (countractie-n); RETIRAMENT, RACOURCIMENT, ESCOURCHAMENT. *Contrazione*, ital. *Contraccion*, esp. *Contracção*, port. *Contracció*, cat. Contraction, diminution de l'étendue des dimensions d'un corps, ou resserrement de ses parties par lequel il devient d'un moindre volume, on le dit plus particulièrement des muscles du cœur et des artères, et très-improprement des nerfs.

Éty. du lat. *contractionis*, gén. de *contractio*, m. s. V. *Tra*, R.

COUNTRADA, s. f. (countráde); CONTRADA, INCOUNTRADA, *Contrada*, ital. cat. Contrée, certaine étendue de pays continue; région, pays.

Éty. de la basse lat. *contrata* et *contrada*, fait, selon Denina, de *via contracta*.

COUNTRARI, et composés. V. *Contrari*.

COUNTRARIVENT, ENTA, adj. (countrarivèin, èinte), et

COUNTRARIVOUS, OUA, adj. (countrarivóus, óue). V. *Contrariant*. Avr.

COUNTRASTAR, V. *Contrastar*.

COUNTRASTE, V. *Contraste*.

COUNTRAT, s. m. (countrát), et mieux COUNTRACT. *Contratto*, ital. *Contrato*, esp. port. *Contracte*, cat. *Contracto*, anc. esp. Contrat, acte qu'une ou plusieurs personnes, qui s'obligent respectivement à quelque chose, passent devant notaire.

L'art. 1101 du code civil le définit ainsi: « Convention par laquelle une ou plusieurs « personnes, s'obligent envers une ou plu- « sieurs autres, à donner, faire, ou ne pas « faire quelque chose. »

Éty. du lat. *contractus*, m. s. V. *Tra*, R.

COUNTRATTANT, et

COUNTRATTAR, Forme italienne. V. *Countractant* et *Countractar*.

COUNTRESTAR, V. *Countestar*.

COUNTRIBUABLE, ABLA, adj. (countribuáble, áble); TALHABLE. Contribuable, celui qui doit contribuer au paiement des dépenses communes, des impositions.

Éty. de *countribuar* et de *able*, propre à contribuer. V. *Tribu*, R.

COUNTRIBUAR, v. n. (countribuá); *Contribuire*, ital. *Contribuir*, cat. esp. port. Contribuer, donner chacun sa part de ce qui est nécessaire pour une opération commune à tous; aider, coopérer.

Éty. du lat. *contribuere*, m. s. V. *Tribu*, Rad.

COUNTRIBUTION, s. f. (countributie-n); COUNTRIBUTIEN. *Contribuzione*, ital. *Contribucion*, esp. *Contribuição*, port. *Contribució*, cat. Contribution, part que chacun supporte dans les impositions. On nomme: *contributions indirectes*, celles qui sont levées sur les objets de consommation, par opposition aux contributions foncières que l'on nomme *contributions directes*.

Éty. du lat. *contributionis*, gén. de *contributio*, m. s. V. *Tribu*, R.

La contribution sur les portes et fenêtres a été établie par la loi du 4 frimaire an 7.

COUNTRISTAR, v. a. (countristá); *Contristare*, ital. *Contristar*, cat. esp. port. Contrister, affliger, causer du chagrin.

Éty. du latin *contristare*, m. s. V. *Trist*, Rad.

COUNTRISTAT, ADA, adj. et p. (countristá, áde); *Contristad*, cat. *Contristado*, esp. Contristé, ée.

COUNTRIT, ITA, adj. (countrit, ite); *Contrito*, ital. esp. port. *Contrit*, cat. Contrit, ite, qui a de la contrition, qui est profondément affligé d'avoir commis une faute.

Éty. du lat. *contritus*, m. s. V. *Trist*, R.

COUNTRITION, s. f. (countritie-n); CONTRITION, COUNTRITIEN. *Contrizione*, ital. *Contricion*, esp. *Contrição*, port. *Contrició*, cat. Contrition, regret d'avoir péché. On nomme: *contrition parfaite*, celle qui a pour motif l'amour de Dieu, et *contrition imparfaite* ou *attrition*, celle que la laideur du péché inspire.

Éty. du lat. *contritionis*, gén. de *contritio*, fait de *conterere*, briser. V. *Triss*, R.

COUNTRITIU, s. f. d. lim. V. *Contrition*.

COUNTRUFAS, v. a. d. lim. V. *Contrafaire*.

COUNTUGNA, V. *Countuni*.

COUNTUGNAR, V. *Countinuar*.

COUNTUMAÇO, s. f. (countumâce); *Contumacia*, ital. esp. port. cat. Contumace, refus que quelqu'un fait de comparaître en justice.

Éty. du lat. *contumacia*, m. s. V. *Tum*, R.

COUNTUMAÇO, s. et adj. *Contumace*, ital. *Contumaz*, cat. esp. port. *Contumas*, cat. Contumace, celui qui a refusé de comparaître en justice.

Éty. du lat. *contumax*, fait de *cum* et de *tumere*, s'enfler, qui résiste par orgueil, rebelle, selon Ferri de Saint Const. V. *Tum*, Rad.

COUNTUNI, s. f. (countúni); COUNTUNIA, COUNTUGNA. Continuité, et adv. continuellement, de suite: *Li vai de countuni*, il y va continuellement; *Aquot es pas de countuni*, ce n'est pas une habitude.

Éty. Sync. du lat. *continuitas*, m. s. V. *Ten*, R.

COUNTUNIAR, V. *Countinuar*.

COUNTUSION, s. f. (countusie-n); COUNTUSIEN. *Contusió*, cat. *Contusion*, esp. *Contusione*, ital. *Contusão*, port. Contusion, meurtrissure, blessure qui n'entâme pas la peau, mais qui donne lieu à un épanchement sous cutané. V. *Macadura*.

Éty. du lat. *contusionis*, gén. de *contusio*, m. s.

COUNVALESCENÇA, s. f. (counvalescéince); *Convalescenza*, ital. *Convalecencia*, esp. cat. *Convalescença*, port. Convalescence, retour vers la santé après une maladie.

Éty. du lat. *convalescentia*, de *convalescere*, se fortifier. V. *Val*, R.

COUNVALESCENT, ENTA, adj. (counvalescéin, éinte); *Convalecent*, cat. *Convalescente*, ital. *Convaleciente*, esp. *Convalescente*, port. Convalescent, ente, qui relève de maladie.

Éty. V. le mot précédent et *Val*, R.

COUNVENABLAMENT, adv. (counvenablaméin); *Convenevolmente*, ital. *Convenientemente*, esp. port. *Convenientment*, cat. Convenablement, d'une manière convenable.

Éty. de *counvenabla* et de *ment*. V. *Ven*, Rad.

COUNVENABLE, ABLA, adj. (counvenáble, áble); *Convenevole*, ital. *Conveniente*, esp. port. Convenable, qui convient, qui est conforme.

Éty. du lat. *conveniens*, ou de *counvenir*, et de *able*. V. *Ven*, R.

COUNVENCANT, ANTA, adj. (counvincán, ánte); COUNVINCANT. Convaincant, ante; qui a la force ou les qualités pour convaincre.

COUNVENCRE, v. a. (counvèincré); COUNVINCRE. *Convincere*, ital. *Convencer*, esp. port. cat. Convaincre, réduire quelqu'un, par le raisonnement ou par des preuves sans réplique, à demeurer d'accord d'une vérité dont il doutait, ou dont il ne voulait pas convenir.

Éty. du lat. *convincere*, formé de *cum* et de *vincere*. V. *Vict*, R.

COUNVENCRE SE, v. r. Se convaincre, s'assurer par soi-même de la vérité d'une chose.

COUNVENCUT, UDA, adj. et p. (counvencú, úde); *Convencido*, port. Convaincu, ue. V. *Vict*, R.

COUNVENENÇA, s. f. (counvenèince); *Convenienza*, ital. *Conveniencia*, esp. port. anc. cat. Convenance, rapport, conformité, accord; bienséance, décence, dans ce sens, il ne s'emploie guères qu'au pluriel.

Éty. du lat. *convenentia*. m. s. V. *Ven*, R.

COUNVENENT, ENTA, adj. (counvenéin, éinte); *Convenient*, cat. *Conveniente*, esp. ital. port. Convenant, ante; conforme, sortable, bienséant.

COUNVENIR, v. n. (counvenir); *Convenire*, ital. *Convenir*, esp. cat. *Convir*, port. Convenir, être conforme, avoir des rapports de convenance; être du même sentiment; se mettre d'accord sur quelque chose; et comme impers. il est convenable.

Éty. du lat. *convenire*, m. s. formé de *cum*, avec, ensemble, et de *venire*, venir ensemble, être d'accord. V. *Ven*, R.

On dit nous sommes convenus à tant, et non *nous avons convenu à tant;* dans le sens, d'être agréable, convenir, prend l'auxiliaire *avoir*, cela vous a convenu; mais dans le sens d'avouer, il veut le verbe *être*, il en est convenu et non *il en a convenu*.

COUNVENIR SE, v. r. *Convenirse*, cat. esp. S'accorder, vivre bien ensemble, avoir les mêmes inclinations.

COUNVENTION, s. f. (counveintie-n); COUNVENTIEN. *Convencion*, esp. *Convenção*, port. *Convenzione*, ital. *Convenció*, cat. Convention, pacte qu'une ou plusieurs personnes font ensemble; ce dont on convient avec quelqu'un.

Éty. du lat. *conventio*, formé de *convenire*, convenir. V. *Ven*, R.

COUNVENTUAU, V. *Counventiau*.

COUNVERS, ERSA, s. (counvèrs, èrse); *Converso*, port. esp. ital. *Convers*, cat. Convers, converse, religieux ou religieuse employé aux œuvres serviles d'un couvent; on ne le dit qu'avec *frère* ou *sœur*.

Éty. du lat. *conversus, sa*, changé, transformé de laïc en religieux. V. *Vert*, R.

« Ces religieux furent institués dans le XIme siècle; on les appelait aussi *frères lais*, parce qu'originairement c'étaient des gens sans lettres, ce que signifiait, en cette occasion, le terme *lais*, par opposition à celui de *clerc*, qui désignait également l'ecclésiastique et l'homme lettré. » Dict. des Orig. de 1777, en 6 vol. in 12.

COUNVERSAR, v. n. (counversá); *Conversare*, ital. *Conversar*, esp. port. cat. Converser, s'entretenir familièrement avec quelqu'un.

Éty. du lat. *conversari*, m. s. formé de *cum*, avec, et de *versare*, tourner avec quelqu'un; faire le tour. V. *Vert*, R.

COUNVERSATION, s. f. (counversatie-n); COUVERSATIEN. *Conversazione*, ital. *Conversacion*, esp. *Conversação*, port. *Conversació*, cat. Conversation, discours mutuel entre plusieurs personnes sur quelque sujet que ce puisse être.

Éty. du lat. *conversationis*, gén. de *conversatio*, m. s. V. *Vert*, R.

Faire la counversation, converser. Voy. *Divisar* et *Charrar*.

COUNVERSION, s. f. (counversie-n); CONVERSIEN. *Conversione*, ital. *Conversion*, esp. *Conversão*, port. *Conversió*, cat. Conversion, changement d'une chose en une autre; changement ferme et durable qui survient dans la volonté du pécheur; abandon d'une fausse croyance; mouvements par files de tous les soldats d'une troupe.

Éty. du lat. *conversionis*, gén. de *conversio*, m. s. V. *Vert*, R.

COUNVERTIR, v. a. (counvertir); *Convertire*, ital. *Convertir*, esp. cat. *Converter*, port. Convertir, changer une chose en une autre; changer de mœurs, faire revenir aux principes de la religion; faire abandonner une fausse croyance.

Éty. du lat. *convertere*, m. s. V. *Vert*, R.

COUNVERTIR SE, v. r. Se convertir, revenir de ses erreurs, abandonner une fausse croyance pour la vraie.

COUNVERTIT, IDA, adj. et p. (counverti, ide); *Convertido*, port. esp. *Convertid*, cat. Converti, ie. V. *Vert*, R.

COUNVERTITS, s. m. pl. (counvertis). Les convertis, ceux ou celles qui sont convertis au catholicisme.

COUNVEXE, EXA, adj. (counvèxé, èxe); COUNVEXO. *Convesso*, ital. *Convexo*, esp. port. cat. Convexe, on le dit de la surface extérieure d'un corps rond, par opposition à la surface intérieure qui est creuse ou concave.

Éty. du lat. *convexus*, m. s.

COUNVEXITAT, s. f. (counvexitá); *Convexitat*, cat. *Convexidad*, esp. *Convexidade*, port. *Convessità*, ital. Convexité, la saillie, la surface bombée de ce qui est convexe.

Éty. du lat. *convexitatis*, gén. de *convexitas*, m. s.

COUNVIAR, V. *Counvidar*.

COUNVICTION, s. f. (counvictie-n); *Convinzione*, ital. *Conviccion*, esp. *Convicção*, port. *Convicció*, cat. Conviction, l'effet qu'une preuve évidente produit dans l'esprit, la certitude que l'on a de la vérité d'un fait, d'un principe, etc.

Éty. du lat. *convictionis*, gén. de *convictio*, action de convaincre entièrement. V. *Vict*, R.

COUNVIDAR, v. a. (counvidá); COUBIDAR, CONVIDAR. *Convitare*, ital. *Convidar*, esp. port. cat. Convier, engager à un repas, à un banquet, à une fête, engager d'une manière affectueuse.

Éty. du lat. *invitare*, inviter, et de *cum*, avec. V. *Vit*, Rad.

COUNVIDAT, ADA, adj. et p. (counvidá, áde); *Convidado*, port. esp. *Convidad*, cat. Convié à un repas. V. *Vit*, R.

COUNVIVO, s. m. (counvive); *Convivato*, ital. *Convivado*, esp. port. Convive, celui qui assiste à un repas, à un festin avec d'autres personnes.

Éty. du lat. *conviva*, fait de *cum*, avec, et de *vivere*, vivre. V. *Viv*, R.

COUNVOI, s. m. (counvói); COUNVOUA. *Convoglio*, ital. *Convoy*, esp. *Comboio*, port. Convoi, assemblée qui accompagne un corps mort à la sépulture; quantité de munition de guerre ou de bouche qu'on mène dans un camp; plusieurs vaisseaux marchands naviguant de compagnie, escortés par un ou plusieurs vaisseaux de guerre.

Éty. du latin barbare *conviare*, marcher ensemble, formé de *cum*, avec, et de *via*, chemin. V. *Via*, R.

COUNVOUCAR, v. a (counvoucá); COUNVOUQUAR. *Convocare*, ital. *Convocar*, esp. cat. port. Convoquer, faire assembler les membres d'un corps.

Éty. du lat. *convocare*, fait de *cum*, avec, ensemble, et de *vocare*, appeler. V. *Voc*, R.

COUNVOUCAT, ADA, adj. et p. (counvoucá, áde); *Convocado*, port. Convoqué, ée. V. *Voc*, R.

COUNVOUCATION, s. f. (counvoucatie-n); COUNVOUCATIEN. *Convocació*, cat. *Convocazione*, ital. *Convocacion*, esp. *Convocação*, port. Convocation, action de convoquer.

Éty. de *convocationis*, gén. de *convocatio*, fait de *cum*, de *vocare* et de *ation*. V. *Voc*, R.

COUNVOUYAR, v. a. (counvouyá); *Convojare*, ital. *Convoyar*, esp. *Coinboiar*, port. Convoyer, escorter.

Éty. du lat. *cum*, avec, de *via*, chemin, et de *ar*, faire route avec... V. *Via*, R.

COUNVULSIF, IVA, adj. (counvulsif, ive); *Convulsivo*, ital. esp. port. *Convulsiu*, *iva*, cat. Convulsif, ive, qui se fait avec convulsion, qui est accompagné de convulsions.

Éty. de *convulsio*, formé de *vulsum*, supin de *vellere*, arracher, tirer, déraciner, et de *if*, qui tire.

COUNVULSION, s. f. (counvulsie-n); COUNVULSIEN, ACCIDENTS, AUCIDENTS et COUTETA. *Convulsione*, ital. *Convulsion*, esp. *Convulsió*, cat. *Convulsão*, port. Convulsion, mouvements extraordinaires et involontaires des muscles, sans perte de connaissance; fig. mouvement violent et forcé.

Éty. du lat. *convulsionis*, gén. de *convulsio*, m. s. formé de *convellere*, secouer, ébranler.

COUNVULSIOUNARI, s. m. (counvulsiounári). Convulsionnaire, qui a des convulsions; c'est aussi le nom d'une secte de fanatiques qui parut dans le commencement du XVIIIme siècle, et qui s'assemblaient dans un cimetière de Paris, sur le tombeau d'un diacre. V. *Counvulsion*.

COUORP, s. m. (couórp). Nom nicéen de la scène ombre. V. *Oumbrina*.

COUOUPERAR, v. n. (cououperá); *Cooperare*, ital. *Cooperar*, esp. port cat. Coopérer, concourir avec un ou plusieurs autres à la production d'un effet, soit dans l'ordre naturel, soit dans l'ordre surnaturel.

Éty. du lat. *cooperari* ou de *cou*, pour *coun*, et de *operar*, opérer avec, ensemble. V. *Ouper*, R.

COUOUPERATION, s. f. (cououperatie-n); COUOUPERATIEN. *Cooperazione*, ital. *Cooperacion*, esp. *Cooperação*, port. *Cooperació*, cat. Coopération, action de coopérer.

Éty. de *cooperar* et de *tion*. V. *Ouper*, R.

COUOUPERATOUR, s. m. (cououperatóur); *Cooperatore*, ital. *Cooperador*, esp. port. cat. Coopérateur, celui, celle qui concourt avec un autre ou plusieurs autres, à la production d'un effet, soit dans l'ordre naturel, soit dans l'ordre surnaturel.

Éty. du lat. *cooperator*, m. s. V. *Ouper*, Rad.

COUP, s. m. Mortier de métal pour égruger les matières qui entrent dans la composition du verre.

COUP, s. m. dg. Cofin de faucheur. V. *Coudier*.

COUPA, V. *Copa*.

COUPA, s. f. (cóupe); *Coppa*, ital. *Copa*, cat. esp. port. Coupe, tasse, vase à boire. V. *Tassa* et *Goubelet*.

Éty. du lat. *cupa*, m. s. V. *Cup*, R.

COUPA, s. f. d. bas lim. Ancienne mesure des grains, à Tulle; elle était le seizième et ailleurs le douzième du setier. V. *Cup*, R.

COUPA, s. f. Mesure de capacité pour le vin, dont la grandeur varie selon les pays; elle en contient trente kilogrammes à Allos. V. *Cup*, R.

COUPA, s. f. ou *coupa de balança*. Le bassin d'une balance.

COUPA, s. f. dl. Un brasier de tôle ou de cuivre et non *une brasière*. Sauv.

COUPA, s. f. ou *copa*. Pour action de couper. V. *Copa* et *Cop*, R.

COUPA-BOURGEOUN, et

COUPA-BOUTOUN, V. *Copa-boutoun*.

COUPA-CAVILHA, V. *Copa-cavilha*.

COUPABLE, ABLA, adj. (coupáblé, áble); COLPABLE. *Colpevole*, ital. *Culpable*, esp. cat. mod. *Copable*, anc. cat. *Culpado* et *Culpavel*, port. Coupable, qui a commis une faute, un délit; criminel.

Éty. du lat. *culpabilis*, *culpabile*. V. *Culp*, R.

COUPADA, s. f. (coupáde); *Copada*, esp. Nom nicéen de l'alouette hupée. V. *Couquilhada*.

COUPADOUR, s. m. (coupadóu). Suppl. à Pelas. Etalier, celui qui vend la viande à l'étal pour le maître boucher qui la dépèce.

Éty. de *coupar* et de *adour*, celui qui coupe.

COUPADURA, V. *Copadura*.

COUPA-GORGEA, V. *Copa-gorgea*.

COUPAIRE, V. *Coumpaire*.

COUPA-JARRET, V. *Copa-jarret*.

COUPALA, V. *Gouma-coupala*.

COUPA-OULAMA, s. f. (cóupe-ouláme). Nom que porte le géranion cigogne, à Sommières, Vaucl. V. *Ped-de-perdris*.

Éty. *Coupa-oulama*, coupe faucille. V. *Cop*, R.

COUPA-PEDS, s. m. V. *Copa-peds*.

COUPAR et comp. V. *Copar*.

COUPAT, V. *Copat*.

COUPAR LEIS OURNIERAS, (coupá léis ourniéres). Cartayer, conduire une voiture de manière que les roues soient entre les ornières et les ruisseaux, et non dedans, ce qui facilite le roulement. V. *Cop*.

COUPA-ROSA, s. f. (cóupa-róse); COUPA ROSA VERDA, CAPAROSA, COPORA, VITRIOL-VERT. *Coparros*, cat. *Caparosa*, port. *Caparrosa*, esp. *Copparosa*, ital. Couperose verte, sulfate de fer, sulfate de fer vert: *Proto sulfate de fer* des modernes; sel formé par la combinaison de l'acide sulfurique avec le fer, dans les proportions suivantes: 28,90 d'acide sulfurique; 25,70, d'oxyde de fer; 45,40 d'eau.

Éty. de l'allemand *kupfer wasser*, ou du latin *cuprum rosa*, rosée de cuivre, d'où *cuprorosa* et *couparosa*.

Les anciens connaissaient déjà ce sel; Pline en parle sous les noms différents de *calchantum*, de *misy* et de *fory*. Chacun connaît l'usage fréquent qu'on fait de cette substance pour teindre en noir, ou pour faire de l'encre.

COUPA-ROSA BLANCA, s. f. Couperose blanche, vitriol blanc, sulfate de zinc, combinaison de l'acide sulfurique avec l'oxyde de zinc, et l'eau dans les proportions suivantes: acide sulfurique, 31,74; oxyde de zinc, 32,54; eau, 35,72.

Ce sel fut découvert dans le XVIme siècle, par Henkel et Neumann.

Le sulfate de zinc est fréquemment employé comme astringeant dans les collyres.

COUPA-ROSA BLUA. V. *Vitriol blu*.

COUPA VEDILHAS, V. *Copa-vedilhas*.

COUPA-VENT, V. *Faucilhoun*.

COUPEIRAGI, V. *Coupairagi*.

COUPELA, s. f. (coupèle); *Copella*, port. cat. *Copela*, esp. *Coppella*, ital. Coupelle, petite coupe faite avec des os calcinés, servant aux essais de l'or et de l'argent.

Éty. Dim. de *coupa*. V. *Coup*, R.

COUPELLATION, s. f. (coupellatie-n). Coupellation, opération par laquelle on essaye l'or ou l'argent au moyen de la coupelle.

Éty. de *coupela* et de *ation*. V. *Coup*, R.

COUPEOU, V. *Estela*, *Riban* et *Cop*, R.

COUPET, s. m. (coupé); *Copet*, cat. *Golpecito*, esp. *Colpetto*, ital. Petit coup. On le dit particulièrement d'un petit coup à boire: *Beoure un coupet*, boire un petit coup.

COUPET, s. m. (coupé); COUTOUN. La nuque ou partie postérieure du cou.

COUPET, s. m. COUPAT. *Coupet*, c'est dans les diligences à plusieurs compartiments, celui de devant, qui est immédiatement placé derrière le siége du postillon, partie coupée du reste de la voiture.

Éty. de *coupa* et du dim. *et*, petite coupure, petit compartiment. V. *Cop*, R.

COUPET, s. m. (coupé), d. béarn. Coupe béarnaise. V. *Cup*, R.

COUPET, s. m. Mouilloir, en term. de fileuse de soie. Cast.

COUPETEGEAR, v. a. (coupetedjá). V. *Copetegear*.

COUPIA, s. f. (coupie); COPIA, COPI, COUPIE. Copie, écrit qui a été transcrit d'après un autre; imitation d'un original en peinture et en sculpture; manuscrit ou imprimé d'après lequel l'imprimeur compose; assignation, exploit.

Éty. du lat. *copia*, abondance, parce que,

selon Caseneuve, l'effet des copies est de multiplier les objets. V. *Copi*, R.

Ai reçut una coupia, Trad. j'ai reçu une assignation.

COUPIAIRE, Garc. *Copiador*, cat. esp. *Copiatore*, ital. V. *Coupisto*.

COUPIAR, v. a. (coupiá); *Copiare*, ital. *Copiar*, esp. port. cat. Copier, faire une copie, imiter, contrefaire.

Éty. de *coupia* et de la term. act. *ar*. V. *Cop*, R.

COUPIAT, ADA, adj. et part. (coupiá, áde); *Copiado*, port. esp. *Copiad*, cat. Copié, ée, imité, contrefait.

Éty. de *coupia* et de la term. passiv. *at*, *ada*. V. *Copi*, R.

COUPIERA, s. f. (coupière). V. *Herba-coupiera*.

Éty. Herbe pour les coupures. V. *Cop*, R.

COUPILHA, V. *Goupilla*, comme plus usité.

Éty. Dim. de *coupa*, petite coupe, petite rognure. V. *Cop*, R.

COUPIOUS, OUSA, adj. (coupióus, óuse); *Copiós*, cat. *Copioso*, ital. esp. port. Copieux, euse, abondant.

Éty. du lat. *copiosus*, fait de *copia*, abondance, et de la term. *osus*, *ous*. V. *Copi*, R.

COUPIOUSAMENT, adv. (coupiousaméin); *Copiosament*, cat. *Copiosamente*, ital. esp. port. Copieusement, abondamment.

Éty. de *coupiousa* et de *ment*. V. *Copi*, R.

COUPISTO, s. m. (coupiste): COUPIAIRE. *Copista*, ital. esp. port. Copiste, celui qui copie en quelque genre que ce soit.

Éty. de *coupiar* et de *isto*. V. *Copi*, R.

COUPLA, V. *Coubla*.

COUPLETS, s. m. pl. (couplés). Couplets, charnières de fer qui attachent le tympan au coffre de la presse des imprimeurs.

Éty. du lat. *copula*, couple. V. *Coubl*, R.

COUPOLA, s. f. (coupóle); *Cupola*, ital. *Cupula*, esp. port. cat. Coupole, la partie concave d'une voûte sphérique, d'un dôme.

Éty. de l'ital. *cupola*, fait de *cupa*, coupe; parce qu'une coupole ressemble à une coupe renversée. V. *Cup*, R.

COUPOU, Alt. de

COUPOUN, s. m. (coupóu), d. bas lim. Petite faisselle pour faire les fromages. Les grandes faisselles portent, dans le même pays, le nom de *toumier*. V. *Faissela*.

Éty. Dim. de *coupa*, petite soupe. V. *Cup*, Rad.

COUPOUN, V. *Copoun*.

COUPRIEYRA, d. lim. V. *Croupiera*.

COUPUR, V. *Copur*.

COUQUELS, s. m. pl. (couquèls), dl. Des grumeaux. V. *Brigadeous* et *Moutouroun*.

COUQUET, s. m. (couqué); Trochet, grouppe de fruits, de fleurs ou de personnes. Avril.

COUQUET, dl. V. *Coucaril*.

COUQUET, V. *Ped-couquet*.

COUQUETA, dl. Petit gâteau. Douj.

COUQUETARIA, s. f. (couquetárie). Coquetterie, désir de plaire, d'attirer, d'engager; il se dit surtout des femmes qui cherchent à plaire par vanité. V. *Coq*, R.

COUQUI, alt. lang. de *Couquin*, v. c. m.

COUQUIADA, Alt. lang. de *Couquilhada*, v. c. m. et *Couc*, R.

COUQUILHA, s. f. (couquille), et impr. COOUQUILHA et CAUQUILHA. *Conchiglia*, ital. *Concha*, esp. port. lat. *Conxa*, cat. Coquille, partie dure qui recouvre ou renferme le corps des mollusques testacés.

Éty. du lat. *concha*. V. *Couc*, R.

On distingue les coquilles, en :

UNIVALVES, ou d'une seule pièce.
BIVALVES, ou formées de deux pièces.
MULTIVALVES, qui sont composées de plus de deux pièces.
TUBULEUSES, celles dont le diamètre transversal est considérablement plus petit que le longitudinal.

Selon le lieu qu'elles habitent, les coquilles s'appellent :

MARINES, FLUVIATILES ou TERRESTRES.

Les bivalves se distinguent en:

ÉQUIVALVES, quand les deux valves sont semblables.
INÉQUIVALVES, quand elles sont différentes.

Dans une coquille univalve on nomme :

SOMMET, la partie par où a commencé la coquille,
CORPS, la partie qui se trouve entre la base et le sommet.
SPIRE, la partie contournée en spirale.
COLUMELLE, la colonne torse que forment à l'intérieur, les tours de la spire.
OMBILIC, l'enfoncement conique qui règne de la base au sommet.
BOUCHE, l'ouverture.
PERISTOME, le bord de la bouche.
OPERCULE, la pièce calcaire ou cornée qui ferme la bouche de plusieurs coquilles univalves.

Dans les bivalves on appelle:

ADHÉRENTES, celles qui ne peuvent pas changer de place.
VALVE, une des parties des coquilles bivalves ou multivalves.
SOMMET ou CROCHET, la partie qui est presque toujours plus ou moins recourbée.
BASE, la circonférence ou bord de la valve.
LUNULE ou ANUS, la dépression qu'on voit en avant du sommet.
ÉCUSSON, SUTURE ou FENTE, une autre dépression beaucoup plus allongée située en arrière du sommet.
IMPRESSIONS MUSCULAIRES et LIGAMENTEUSES, les inégalités de l'intérieur des valves où s'attachent les ligaments, qui rapprochent les valves quand elles ont été ouvertes.
CHARNIÈRE, les éminences et cavités qui se pénètrent réciproquement et servent d'articulation aux valves.
DENTS, les protébérances de la charnière.

On donne le nom de :

COQUILLES FOSSILES, à celles conservées dans les terres ou dans les pierres et qui ne sont pas encore converties en pierre.
COQUILLES PÉTRIFIÉES, à celles dont le test a disparu et a été remplacé par une substance pierreuse.

COUQUILHA, s. f. et *cauquilha*, dl. Une trompe, voûte en saillie; propre à soutenir un angle de mur, etc.

Éty. de *couquilha*, coquille, dont elle a quelquefois la forme. V. *Conc*, R.

COUQUILHADA, s. f. (couquilláde); CAUQUILHADA, CAUQUIADA, COUQUIADA, COUCOULIADA, COUPADA, CALANDRA-CAPELUDA. *Cugullada*, cat. *Cugujada*, esp. *Allodola-Cappelluta*, ital. Cochevis, alouette cornue, crêtée, huppée, etc., grosse alouette, *Alauda cristata*, Lin. oiseau de l'ordre des Passereaux et de la fam. des Subulirostres ou Raphioramphes (à bec en alêne).

Éty. du lat. *cucullata*, qui porte un capuchon, ou de *couquilha* et de *ada*, parce que la huppe de plumes que cet oiseau porte sur la tête, ressemble à une coquille, ou mieux encore du grec κορυδαλλὸς (korudallos), qui désigne le même oiseau.

On reconnaît facilement cette espèce à la huppe qu'elle porte sur la tête, formée par des plumes.

On donne aussi le nom de *couquilhade* à l'alouette coquillade, *Alauda undata*, Gm. que plusieurs naturalistes ne regardent que comme une variété de la précédente. Elle est commune dans le dép. des Bouc.-du-Rhôn.

CAUQUILHADA, s. f. Poisson qui porte sur la tête une espèce de crête. P. Puget.

COUQUILHAGI, s. m. (couquillàdgi); CAUQUILHAGI, COUQUILHAGE. Coquillage, on comprend, sous cette dénomination, tous les mollusques qui ont une enveloppe dure, appelée coquille, nous l'étendrons ici à toute la classe qui forme la cinquième des animaux, d'après la méthode adoptée par M. Duméril, qui est aussi celle de cet ouvrage.

Éty. V. *Couc*, R.

Cette classe dont on peut voir les caractères au mot *Animau*, est divisée en cinq ordres.

COUQUILHIER, s. m. (couquillié). Coquillier, collection considérable de coquilles.

Éty. de *couquilha* et de *ier*, V. *Couci*, R.

COUQUIN, sous-radical dérivé du latin *coquere*, cuire, d'où *coquina*, cuisine, et coquin, homme qui va mendier ce qui reste dans les cuisines; fripon, voleur, débauché, ou du grec κακὸς (kakos), méchant, pervers.

De *coquina*, par apocope et changement de *o* en *ou*, *couquin*, d'où: *Couquin*, *Couquin-a*, *Couquin-aria*, *Couquin-as*, *Couquin-assa*, *A-couquin-ar*, *A-couquin-at*, *A-couquin-ir*, *A-couquin-it*.

COUQUIN, s. m. Nom qu'on donne, à Avignon, aux cistes. V. *Massuga*.

COUQUIN, INA, s. (couquïn, ïne); COUQUI. Coquin, ine, voleur, fripon; homme capable des actions les plus lâches; coquine, se dit aussi d'une prostituée.

Éty. du lat. *coquinus*, qui tient, qui a rapport à la cuisine, parce que les fripons, comme les fainéants aiment la bonne chère, ou bien homme qui va mendier dans les cuisines. V. *Couire*, R.

COUQUINADA, s. f. (couquináde), d. bas lim. Action de coquin. V. *Couquinaria* et *Couire*, R.

COUQUINAGE, dl. V. *Couquinaria*.

COUQUINALHA, s. f. (couquinàille). Les coquins en général.

Éty. de *couquin* et de *alha*.

COUQUINAR, dl. V. *Couquinegear*.

COUQUINARD, s. m. (couquiná), d. bas lim. Augm. péj. de *couquin*. V. *Couquinas* et *Couire*.

COUQUINARIA, s. f. (couquinarie);

COUQUINAGE, COUQUINADA, TOUCHINERIA. Coquinerie, action de coquin, on dit souvent : *A que de couquinerias en testa.* Voy. *Couire.*

COUQUINAS, ASSA, s. (couquinâs, âsse) ; COUQUINARD. Gros coquin, coquin fieffé, on le dit quelquefois, comme expression d'amitié.

Éty. de *couquin* et de *as*. V. *Couire*, R.

COUQUINASSAS, s. m. (couquinassâs). Augm. péj. de *couquinas*. V. *Couire*, R.

COUQUINASSOUN, d. bas lim. Sous dim. de *couquin*. V. *Couquinot* et *Couire*, R.

COUQUINEGEAR, v. n. (couquinedjâ); COUQUINAR, COUQUINARDAR, GUSEGEAR. Coquiner, geuser, crapuler, vivre dans la crapule, avoir des goûts crapuleux, mener la vie d'un coquin.

Éty. de *couquin* et de *egear*. V. *Couire*, R.

COUQUINET, l'un des dim. de *couquin*. V. *Couquinot* et *Couire*, R.

COUQUINOT, OTA, s. (couquinó, ôte); COUQUINOUN, COUQUINET, COUQUINASSOUN. Petit coquin, petite coquine. Ce mot n'est souvent employé que comme un terme de caresse.

Éty. de *couquin* et du dim. *ot*, *ota*. Voy. *Couire*, R.

COUQUINOUN, Dim. de *couquin*. Voy. *Couquinot* et *Couire*, R.

COUQUINS, s. m. pl. Nom du ciste cotonneux, dans le département de Vaucluse. V. *Massuga*.

COUR, COURT, CORT, radical pris du latin *chors*, *chortis*, basse-cour où l'on nourrit la volaille, parc de moutons, étable à bœuf; dérivé du grec χόρτος (chortos), clos, haie d'une basse-cour, jardin potager, d'où *cortina*, basse-cour, rideau.

De *chors*, par la suppr. de *h* et de *s*, et chang. de *o* en *ou*, *cour* : *Bassa-cour*.

De χόρτος, par apoc. *Cort*, *Cort-alh*, *Cort-il*, *Cort-ina*, et par le chang. de *o* en *ou*, *court* : *Court-ilh-iera*, *Courti-oul*, *Courti-ou*.

De *cortina*, par apoc. *cortin*, et par métagr. *courtin*; d'où : *Cortin-a*, *En-cortina-men*, *En-cortin-ar*, *Courtin-a*, *Courtin-agi*, *Courtin-at*.

COUR, s. f. d. lim. Queue. V. *Coua*.

De so teriblo cour au fal tandis soun flan.
Foucaud.

COUR .... V. à *Cor*.... les mots qui manquent à *Cour*.

COUR, s. f. (cóur); *Cortile* et *Corte*, ital. Cour. V. *Bassa-cour* et *Cour*, R.

COUR, et mieux *Court*, s. f. *Corte*, ital. esp. port. *Cort*, cat. Cour, lieu où est le souverain avec ses principaux officiers.

Éty. de la basse lat. *curtis*, *curte*. V. *Court*, R. 2.

COUR, s. f. Cour, tout ce que fait assidument un inférieur à l'égard d'un supérieur, pour lui plaire, pour lui être agréable, pour gagner ses bonnes grâces. V. *Cort*, R.

COUR, s. f. Cour, siége de justice où l'on plaide.

Éty. du lat. *curia*. V. *Cort*, R.

COUR-DEIS-COMPTES, Cour des comptes; cette cour fut créée par une loi, le 16 septembre 1807, pour remplacer la commission de comptabilité.

COUR-DEIS-COMPTES, d'Aix. La date précise de l'établissement de la cour des comptes d'Aix n'est pas connue; le titre le plus ancien où il en soit fait mention, est un édit de Charles II, roi de Sicile et de Jérusalem, comte de Provence et de Forcalquier, en date du 12 juin 1296. Ricard, Essai sur les Archives en général.

Cette cour était spécialement chargée de veiller à la conservation des droits fiscaux du souverain dans l'étendue de ces deux comtés, et de faire procéder à l'enregistrement des édits et lettres patentes émanées de l'autorité royale. Plus tard, elle devint une cour souveraine de justice pour les matières financières et domaniales, en conservant toujours ses premières attributions.

En 1771, elle remplaça momentanément le parlement, lors de l'exil de ce corps, sous le chancelier Maupou.

COUR-DES-AIDOS, Ces cours subirent de grandes mutations pour les attributions, depuis le XIV siècle jusqu'en 1790, époque où elles furent supprimées.

Dates de la fondation de celles du Midi :

Montpellier, 1437; Aix, 1460; Clermont, 1557; Pau, 1632; Bordeaux, 1637; Montauban, 1642.

COUR-PLENIERA, s. f. Cour plénière, assemblée solennelle que nos rois tenaient le jour de quelque grande fête, ou lorsqu'ils voulaient faire un magnifique tournoi.

Il en fut tenu une par le roi, à Pâques et à Noël, de l'an 760.

COURA, Pour quand, alt. de *qu'houra*. V. *Houra*. *Coura-era?* en quel temps cela eut-il lieu?

Éty. du lat. *qua horâ*. V. *Hour*, R.

COURADA, s. f. (courâde); COULADA, COURADILHA, CORADA, LEVADA, *Coradella*, cat. *Corada*, esp. *Corata*, anc. ital. Le mou de bœuf, celui du mouton, V. *Leou*; fressure. V. *Levadeta*.

Éty. de *cor*, *couer*, *cœur*, les viscères voisins du cœur ou qu'on donne avec le cœur, comme le poumon. V. *Cor*, R.

COURADELA, Garc. V. *Levadeta*.

COURADETA, s. f. (couradéte). Le même que *Levadeta*, v. c. m. et *Cor*, R.

COURADILHA, dl. V. *Levadeta* et *Cor*, R.

COURADILHAS, s. f. pl. dl. Fressure. V. *Levadeta* et *Cor*, R.

COURADOUIRA, s. f. (couradóuïre), et mieux *Couladouira*. Ais creux qu'on place sous un gros panier dans lequel on lessive le linge.

Éty. de *courar*, couler, et de *ouira*. V. *Col*, R. 2.

COURADOUN, s. m. (couradóun). Dim. de *courada*. V. *Levadeta* et *Cor*, R.

COURADOUR, Garc. V. *Couladour*.

COURAGEOUS, OUSA, adj. (couradjóus, óuse); *Coratjos*, cat. *Coraçudo*, port. *Corraggioso*, ital. *Corajoso*, anc. esp. Courageux, euse, qui a du courage, qui souffre avec constance, avec patience.

Éty. de *couragi* et de *ous*. V. *Cor*, R.

COURAGEOUSAMENT, adv. (couradgeousaméin); *Coratjosament*, cat. *Corajosamente*, port. *Coraggiosamente*, ital. Courageusement, avec courage.

COURAGI, s. m. (courádgi); COURAGIE, COURAGE, AMA, COR, CORAGE. *Coraggio*, ital. *Corage*, esp. *Coragem*, port. *Coratge*, cat. Courage, qualité qui naît du sentiment de ses propres forces et qui fait braver les dangers et leurs suites; résolution calme, ferme, inébranlable.

Éty. de la basse lat. *coragium*, fait de *cor* et de *ago*, agir du cœur ou action du cœur. V. *Cor*, R.

COURAGIE, dl. Pour courage. V. *Couragi* et *Cor*, R.

COURAL, CORAL, radical pris du latin *corallium*, corail, et dérivé du grec κοράλλιον (korallion), formé de κορέω (koreô), j'orne; et de ἅλς (als), mer, parce que c'est dans la mer qu'on le trouve.

De *corallium*, par apoc. *coral*, et par le changement de *o* en *ou*, *coural*; d'où : *Coural*, *Couralh*, *Coural-iera*, *Courall-ina*, *Courau*.

COURAL, s. m. Nom toulousain du chêne. V. *Roure*.

COURAL, Pour corail. V. *Courau*, plus usité. V. *Coural*, R.

COURAL, s. m. Nom bas limousin du fruit des rosiers sauvages ou gratte-cul. V. *Agourenci* et *Coural*, R.

Éty. Probablement ainsi nommé à cause de sa belle couleur rouge qui ressemble à celle du corail. V. *Courau*.

COURAL, s. m. (courál), dl. V. *Pebroun*.

Éty. Parce qu'il est de la couleur du corail à sa maturité. V. *Coural*, R.

COURALH, Corail. V. *Courau*, plus usité. V. *Coural*, R.

COURALIERA, s. f. (couraliére) ou *souralina*. Corallière, petit bâtiment qui sert à la pêche du corail.

Éty. de *coural* et de la term. *iera*. V. *Coural*, R.

COURALINA, s. f. (couraline); *Corallina*, ital. *Coralina*, port. cat. esp. Coralline officinale, *Corallina officinalis*, Lin. zoophyte ou animal plante, de la famille des Coralligènes ou Cératophytes, commun dans la Méditerrané, et qu'on trouve souvent mêlé avec la mousse de mer.

Éty. V. *Coural*, R.

COURAMMENT, adv. (courramméin); *Correntment*, cat. *Corrientemente*, esp. *Correntemente*, port. Coulamment, d'une manière coulante, aisément, sans contrainte; couramment, rapidement.

Éty. de *couram*, pour *couranta*, et de *ment*. V. *Col*, R. 2.

COURANCHA, s. f. (courántche). Espèce de rigole où l'on fait glisser, courir le bois qu'on a coupé sur une montagne.

Éty. V. *Col*, R. 2.

COURANCHAR SE, v. r. (sé courantchâ). Se balancer. Aub.

COURANTA, s. f. (couránte). Courante, sorte de danse; chant sur lequel on en mesure les pas.

Éty. Ainsi nommée, dit J. J. Rousseau, à cause des allées et des venues dont elle est remplie plus qu'aucune autre. V. *Courr*, R.

COURANTA, s. f. Syn. de *Diarrhea*, v. c. m. et *Courrenta*.

Éty. *couranta*, de *courir*, parce que ceux

qui en sont atteints sont souvent obligés de courir pour aller à la selle. V. *Courr*, R.

COURAR, V. *Coular*.

COURASSOUN, V. *Courassoun*.

COURATAGE, dl. V. *Courtagi*.

COURATEGEAR, v. n. (couratedjá), dl. Vendre et faire vendre par des courtiers.

Éty. de *couratier* et de *egear*. V. *Courr*, Rad.

COURATIER, s. m. (couratié), dl. V. *Courtier*. M. de Sauvages fait dériver ce mot de *gourar*, errer çà et là, tromper. V. *Courr*, Rad.

COURAU, s. m. (couráou); *Corallium*, cat. *Corallo*, ital. *Coral*, esp. port. cat. *Coraln*, all. Corail, pierre de nature calcaire, ayant l'apparence d'un arbrisseau, qu'on retire du fond de la mer et dont on distingue trois variétés principales, le blanc, le rouge et le noir, communes dans la Méditerranée.

Éty. du lat. *corrallium*, m. s. V. *Coural*, Rad.

Les anciens ne regardaient le corail que comme une pierre qui imitait plus ou moins un arbrisseau. Pline, Dioscoride et plusieurs autres savants, le classèrent parmi les plantes, erreur que confirma l'observation du comte de Marsigli, qui crut avoir aperçu des coroles en 1703, sur des coraux nouvellement retirés de la mer. Depuis cette époque, ils furent mis au nombre des végétaux, jusqu'à ce que Peyssonel, démontra, jusqu'à l'évidence, que ce qu'on avait pris pour des fleurs était de véritables animaux, découverte qui fut confirmée par MM. Guettard et De Jussieu, envoyés par l'Académie des Sciences pour faire un rapport à cet égard.

Le corail pierre est, dans l'état naturel, recouvert d'une espèce d'écorce qui est l'habitation commune d'un grand nombre de petits animaux qu'on nomme polypes, dont il est le produit. Lam. leur a donné le nom de *corallium rubrum* et *album*, ils appartiennent à la classe des Zoophytes et à la famille des Coralligènes ou Cératophytes.

La pêche du corail donne un produit net et annuel de 30,000, francs, au département des Bouches-du-Rhône, selon l'auteur de sa Statist.

COURAU, s. m. L'un des noms du corail des jardins. V. *Pebroun* et *Coural*, R.

COURAU, s. m. COURAOU. Le cœur d'une pastèque. Avr.

COURBA, s. f. (córbe). Corbeau, morceau de fer qui sert à soutenir la pièce de bois qui supporte les soliveaux; courbe, pièce de bois cintrée des charpentiers. Garc.

COURBA, s. f. (córbe). Courbe, ligne courbe; pièce de bois cintrée; corbeau, morceau de fer qui sert à soutenir une pièce de bois sur laquelle portent les solivaux; une jante de roue.

Éty. de *curvus*, *curva*, courbe. V. *Corb*, Rad.

COURBACH, s. m. (courbátch), d. béarn. Corbeau. V. *Courpatas* et *Corp*, R.

COURBADA, s. f. (courbáde). Provin. *Faire de courbadas*, provigner. Avril.

COURBAR, v. a. (courbá); COURBAR. *Curvare* et *Incurvare*, ital. *Encorvar*, esp. *Curvar*, port. Courber, rendre courbe.

Éty. du lat. *curvare*. V. *Corb*, R.

COURBAR SE, v. r. *Curvar-se*, port. Se courber, prendre une direction courbe, s'incliner à terre pour prendre quelque chose.

COURBAS, s. m. d. béarn. Corbeau. V. *Courpatas*.

COURBAT, **ADA**, adj. et p. (courbá, áde); COURBE, BA. *Curvado*, port. *Corvo*, esp. *Corb*, cat. *Curvo*, ital. Courbé, ée. V. *Corb*, R.

COURBATAS, dl. V. *Courpatas*.

COURBATURA, s. f. (courbatúre). Courbature, sensation de lassitude douloureuse dans tous les membres, qui porte à désirer le repos pour réparer les forces. Maladie d'un cheval surmené; état d'une chose courbée.

Éty. du lat. *curvatura*, courbure, parce que cette maladie fait aller courbés ceux qui en sont atteints, et qu'on nomme *courbatus* en français. V. *Corb*, R.

COURBE, V. *Courbat*.

COURBELHA, V. *Corbelha*.

COURBEOU, V. *Courpatas*.

COURBET, s. m. (courbé). Nom par lequel on désigne, aux Mées, une sautelle, espèce de provin de la vigne, qu'on courbe pour mettre en terre.

Éty. de *Courbar*, v. ç. m.

COURBETA, s. f. (courbéte). Courbette, salut, révérence que font ceux qui rampent auprès de quelqu'un, qui se courbent en le saluant. V. *Corb*, R.

COURBILHARD, V. *Corbilhard*.

COURBILHOUN, V. *Corbilhoun*.

COURBOULHOUN, s. m. (courbouillóun); REITA. Court-bouillon, façon d'apprêter certains poissons, qui consiste à les faire cuire dans de l'eau, du vin blanc, et quelquefois du vinaigre, du beurre, du sel, des épices, du laurier et quelques herbes fines. L'Académie dit qu'on le fait cuire dans de l'eau avec du vinaigre seulement, mais l'autorité de la cuisinière bourgeoise doit prévaloir sur la sienne, dans cette circonstance.

COURBURA, s. f. (courbúre); COURBADURA, COURBATURA. *Incurvatura*, ital. *Corvadura*, esp. *Curvadura*, port. *Curvatura*, cat. Courbure, état d'une chose courbée, le pli d'une chose courbée. V. *Corb*, R.

COURCALHET, s. m. (courcaillé); CHILET PER PRENDRE LEIS CALHAS. Pipeau, espèce de sifflet qui imite le chant de la caille femelle, dont on se sert pour attirer les mâles dans les piéges.

COURCELET, s. m. Petit corset. V. *Corselet*, le cœur. V. *Cor*. Garc.

COURCELET, s. m. (courcélé). Petit corset, petit gilet, dim. de *courcet*. V. *Corp*, R.

COURCET, V. *Corcet*.

COURCHA, s. f. (cóurtche). En terme de *magnanerie*, un court, ver à soie qui s'accourcit et se transforme sans filer. V. *Acourcha*.

Éty. du lat. *curtus*, court. V. *Court*, R.

COURCHET, V. *Crochet*.

COURCHETA, s. f. d. bas lim. Porte d'agrafe. V. *Malheta* et *Croc*, R.

COURCHETAR, et

COURCHETAT, v. c. m. par *Croch* et *Croc*, R.

COURCHOUN, V. *Crouchoun*.

COURCHOUNAT, **ADA**, adj. (courtchouná, áde), dl.?

COURCHOUNS, s. m. pl. (courtchóuns), d. de Barcel. Fiançailles.

COURCOUCELA, s. f. (courcoucèle). Cabriole. Aub.

Faire de courcoucelas. V. *Faire de cubecelas*, courte-échelle, échelette. Cast.

COURCOUCELAR, v. n. (courcoucelá). Cabrioler. Aub.

COURCOUL, GOURGOUL, COURCOUSS, QUISSOUN, radical pris du latin *curculio*, charançon: *Courcouss-oun*, *Courcoussoun-at*, *Gourgoul*, *Gourgoulh-ar*, *Gourgoulh-at*, *Gourgoul-i*, *Quissoun*, *Quissoun-at*.

COURCOUSSAR, v. n. (courcoussá). V. *Courcoussounar*.

COURCUOSSAT, **ADA**, adj. et p. V. *Courcoussounat*.

COURCOUSSELA, s. f. (courcoucèle). Culbute. Avril. V. *Cambareleta*.

COURCOUSSOUN, s. m. (courcoussóun); COURGOUSSOUN, COUSCOUL, QUISSOUN, CAVET, BABAROT, BABAROUTOUN, BANUT, CAPELAN-DEIS-FAVAS. *Gurgulho*, port. *Gorc*, cat. Noms des bruches qui rongent les pois, les lentilles, les fèves, etc. et particulièrement du bruche des pois: *Bruchus pisi*, Geoff. insecte de de l'ordre des Coléoptères et de la fam. des Rostricornes ou Rhinocères (à nez cornu), dont la larve fait un dommage considérable aux grains qu'on vient de nommer.

Éty. du lat. *curculio*, mot qui a servi a designer le même insecte, fig. homme petit et courbé par la vieillesse.

COURCOUSSOUNAR, v. a. (courcoussouná); COURGOUSSAR. *Corcar*, cat. *Carcomer*, esp. Ronger les légumes, les grains en général, en parlant des bruches.

Éty. de *courcoussoun* et de *ar*.

COURCOUSSOUNAT, **ADA**, adj. et p. (courcoussouná, áde); COURGOUSSAT, QUISSOUNAT, COURGOUSSOUS. *Corcad*, cat. *Carcomido*, esp. Piqué, rongé par les bruches, véreux, euse, taré, qui a un fer qui loche.

Éty. de *courcoussoun* et de *at*.

COURCOUSSUN, s. m. (courcoussún). Fruits véreux; vermoulure. Cast.

COURD, radical. V. *Coser*.

COURDADA, V. *Courdelada*.

COURDAGI, V. *Cordagi*.

COURDALENA, Garc. pour *Court d'halena*, v. c. m.

COURDAR, V. *Cordar*.

COURDARIA, V. *Cordaria*.

COURDAT, V. *Cordat* et *Cord*, R.

COURDAT, **ADA**, adj. Pour cordé, ée. V. *Cordat*, *Charbut* et *Cord*, R.

COURDEIAR, V. *Cordegear*.

COURDEIRAU, d. m. V. *Courdurada*.

COURDEL, dl. V. *Cordeou*.

COURDEL, d. bas lim. V. *Cordel*.

COURDELA, et dérivés. V. *Cordela*.

COURDELH, V. *Cordeou*.

COURDELHAR, v. n. (courdeillá). Filer, la pâte file. Garc.

COURDEOU, Suppl. à Pellas. V. *Cabessau.*

COURDETA, Petite corde. V. *Cordeta.*

COURDILHA, V. *Cordilha.*

COURDILHADA, V. *Cordilhada.*

COURDIN, s. m. (courdïn). Dague à prévôt, corde nouée dont on frappe les matelots qui ont commis quelque faute grave. Garc.

COURDOUGNER, dl. V. *Cordounier.*

COURDOUN, V. *Cordoun.*

COURDOUNEAR, v. n. (courdouneá); d. de Barcel. Faire le cordonnier. V. *Cordounier.*

COURDOUNET, etc. V. *Cordounet.*

COURDOUNIER, V. *Cordounier.*

COURDOUNIER, s. m. Nom du capricorne, selon M. Castor. V. *Banarut.*

COURDURA, s. f. (courdúre); COUTURA. *Cucitura*, ital. *Costura*, esp. port. cat. Couture, art de coudre; la jonction de deux choses par le moyen du fil et de l'aiguille; cicatrice qui reste d'une plaie; suture, en terme de chirurgie.

Éty. du lat. *sutura*, m. s. ou *consutura.* V. *Coser*, R.

Espoussar las courduras, donner des coups, aplatir les coutures.

Demourar per las courduras, dl. demeurer pour les gages.

COURDURADA, s. f. (courdurade); COURDURAU, COURDURAYA, AGULHADA, AGULHAU, AGULHAYA, EGULHADA, EGULHIER, COURDURAGNA. Aiguillée de fil.

Éty. de *courdura* et de *ada*, faite pour la couture. V. *Coser*, R.

N'ai fach qu'una courdurada, en parlant du sommeil, j'ai dormi sans m'éveiller pendant toute la nuit.

COURDURAGI, s. m. (courdurádgi); SOURDURAGE. Action de coudre.

COURDURAR, v. a. (courdurá); CUIRE, COUSER, COUZER. *Cosir*, cat. *Cucire*, ital. *Coser*, esp. *Cozer*, port. Coudre, assembler deux choses, susceptibles d'être percées, soit avec une aiguille, une alêne ou un poinçon, par le moyen d'un fil ou d'un cordonnet quelconque, dont l'aiguille est enfilée.

Éty. du lat. *consuere*, m. s. V. *Coser*, R.

COURDURIER, et

COURDURIERA, s. f. *Costureira*, port. V. *Couturier*, *Couturiera*, comme plus usités, et *Coser*, R.

COURDURASSA, s. f. (courdurásse); BIGOURELLA. Grosse et vilaine couture.

Éty. de *courdura* et de *assa*. V. *Coser*, R.

COURDURAT, ADA, adj. et p. (courdurà, àde); *Cosido*, port. Cousu, ue; couturé, qui porte des cicatrices en forme de couture.

Éty. de *courdura* et de *at*, couture faite. V. *Coser*, R.

COURDURIEYRA, dl. V. *Couturiera* et *Coser*, R.

COURE, s. m. vl. *Coure*, cat. Cuivre. V. *Cuivre.*

COUREDOUR, V. *Courredour.*

COUREGEAR, v. a. (couredzá), d. bas lim. Corriger. V. *Courrigear* et *Cor*, R. 2.

COUREGEOLA, V. *Courriassa* et *Cor*, Rad. 2.

COUREGNA, s. f. (courégne). Branche morte. Cast.

COURELHA-BRUNA, s. f. (couréille-brûne); MELETTE. Espèce de figue.

COURELI, s. m. (coureli); CHARLOT-DE-GARRIGA, CAPOUN GARDIAN, Nice. COURLIS, COURLU, PLUVIER OURDINARI, COURLIEOU. Nom arlésien du grand pluvier ou courlis de terre, *Charadrius œdicnemus*, Gm. oiseau de l'ordre des Echassiers et de la fam. des Ténuirostres ou Rampholites (à bec grêle), dont on a formé aujourd'hui le genre *Œdicnemus.*

Cet oiseau fait entendre au commencement de la nuit un cri semblable à celui du courlis, qu'on traduit par *tarlui-tarlui* ou par *coureli*, d'où le nom qu'il porte.

COURENTIN, s. m. Est le nom par lequel on désigne, à Nice, le chevalier aux pieds rouges, *Scolopax totanus*, Lin. *Totanus calidris*, Risso. V. *Gambeta*; la gambette, *Tringa gambetta*, Lin. *Totanus gambetta*, Risso. V. *Cambet*; la guignette, *Tringa hypoleucos*, Lin. *Totanus hypoleucos*, Risso; le chevalier stagnatile, *Totanus stagnatilis*, Risso; le chevalier sylvain, *Tringa glareola*, Lin. *Totanus glareola*, Risso, oiseaux coureurs, de la même fam. que les précédents. V. *Courr*, R.

COURENTIN-GROS, s. m. Nom niçéen du sanderling variable, *Tringa arenaria*, Gm. *Arenaria variabilis*, Risso, oiseau de la fam. des précédents qu'on voit passer le long du Var, en avril et en septembre.

COURET, s. m. (couré); POUMA. Cœur de bœuf, de mouton, de veau, etc., en terme de boucher; on le dit rarement du cœur humain.

Éty. de *cor*, cœur, et du dim. *et*. V. *Cor*, Rad.

COURGNAREDA, s. f. (courgnaréde), dl. Lieu planté de cornouillers. V. *Sanguineda.*

Éty. de *courgner*, cornouiller, du latin *cornus*, parce qu'on a comparé la dureté de son bois à celle de la corne.

COURGNER, vl. V. *Cournier* et *Acurnier.*

COURGNER-SANGLET, dl. V. *Cournier-sanglet.*

COURGOUSSAR, V. *Courcoussounar.*

COURGOUSSAT, V. *Courcoussounat.*

COURGOUSSOUN, V. *Courcoussoun.*

COURGOUSSOUS, V. *Courcoussounat.*

COURIADA, s. f. (couriáde). Nom nismois des jusquiames blanche et noire. Voy. *Jusquiama.*

COURIANDRE, s. m. (couriándré). Grésil. V. *Gresilh*, menue grêle. Avr.

COURIAS, ASSA, adj. (couriás, ásse). Coriace, dur comme du cuir; on le dit particulièrement des viandes difficiles à mâcher.

Éty. du lat. *coriaceus*, fait de *corium*, cuir. V. *Cor*, R. 2.

COURIASSA, V. *Courriassa.*

COURINAR SE, v. r. (se couriná), d. m. Se glisser, s'enfoncer dans le lit.

Éty. Itérat. de *coular*, couler, glisser doucement. V. *Col*, R. 2.

COURIOLIA, V. *Courriola.*

COURIORA, s. f. (courióre). Nom qu'on donne, à Grasse, au liseron des champs. V. *Courregeola* et *Cor*, R. 2.

COURIS, impér. de *courrer*, à Cette, cours, il ou elle court, *courisses*, tu cours.

COURIS, dl. Pour *courre*, il court.

COURLIEOU, s. m. Nom qu'on donne, dans le département de Vaucluse, au courlis de terre. V. *Coureli.*

COURLIOU, s. m. (courliou); COURLIEOU, BECASSINA, BECCA-MARINA-PICOUNA, FARIOU, COURELIOU, COURRELIOU, CHARLOT, COURLIS, COURROULIS. Courlis, courlis commun, *Numenius arcuatus*, Lath. *Scolopax arcuata*, Lin. oiseau de l'ordre des Echassiers et de la fam. des Ténuirostres ou Rampholites (à bec grêle).

Éty. de la basse lat. *corlinus* et *corlivus*, ou du grec κλόριος (klorios), nom qui désignait le même oiseau, ou du rom. *corlieu*, coureur, dérivé de *correr*, courir, et de *liou* pour *leu*, légèrement; ce mot est peut-être formé par onomatopée du chant de cet oiseau.

COURLIOU, Est aussi le nom qu'on donne au corlieu, petit courlis ou courlis corlieu, *Numenius phæopus*, Lath. *Scolopax phæopus*. Lin. oiseau du même genre que le précédent, dont il ne diffère essentiellement qu'en ce qu'il est de moitié plus petit; on le nomme: *Pichot charlot*, à Arles; *Charlotina*, dans le Gard; et *Charloutet*, dans d'autres endroits.

COURLIS, s. m. (courli). V. *Courliou*; *Courlis*, est aussi le nom par lequel on désigne, dans le Gard, le grand pluvier ou courlis de terre. V. *Coureli.*

COURLU, s. m. (courlú). Nom avignonnais du grand pluvier, V. *Courlis* et *Coureli*, dont *courlu*, est une altér.

COURMOURAN, s. m. Prononciation figurée de *Cormoran*, v. c. m.

COURN..... V. *Corn*.....

COURNACHA, s. f. (cournátche). Angélique sauvage, *Angelica sylvestris*, Lin. *Imperatoria sylvestris*, Déc. plante de la fam. des Ombellifères, commune dans les lieux humides et ombragés de la Haute-Provence.

Éty. de *courn* pour *cornu*, corne, de *acha*, dérivé du celt. *aches*, ruisseau; corne des ruisseaux, parce que ces tiges sont creuses comme des cornes, et qu'elle croît dans les lieux humides ou près des ruisseaux. Voy. *Corn*, R.

On donne le même nom, à Digne, au panais sauvage. V. *Jacareya.*

COURNADA, s. f. (cournáde), d. bas lim. Toit couvert en tuiles; *Mountar sur las cournadas*, monter sur les toits; *Couigear sous las cournadas*, être logé au grenier.

Éty. de *corna*, pris dans le sens de couverture, V. *Corn*, R.

COURNADAIRE, s. m. (cournadáïré), md. Couvreur en tuile.

Éty. de *cournada* et de *aire*. V. *Corn*, R.

COURNADAR, v. a. (cournodá), d. bas lim. et impr. COURNODAR, Béron. Couvrir un toit en tuiles.

Éty. de *cournada* et de *ar*. V. *Corn*, R.

COURNADAT, ADA, adj. et p. (cournodá, áde); COURNODAT. Couvert en tuiles. Voy. *Corn*, R.

COURNADOUN, s. m. (cournadóu), md. et impr. COURNODOU. Petit toit en tuiles.

Éty. de *cournada* et du dim. *oun*. Voy. *Corn*, R.

COURNAIRE, s. m. (cournáïré), d. bas

m. Qui fait des tuiles. V. *Teoulier* et *Corn*, Rad.

COURNALIERA, s. f. (cournaliére). L'endroit où deux pentes d'un toit se réunissent.

COURNALIERA DE SEMAU, s. fém. (cournaliére désemáou), dl. Anse de cornue. Sauv. V. *Corn*, R.

COURNARIA, s. f. (cournorie), d. bas lim. et impr. COURNORIA. Tuilerie. V. *Teouliera* et *Corn*, R.

COURNEISSOUER, V. *Corneissouer*.

COURNELIT, adj. (courneli), vl. Cornu, V. *Cornut*.

COURNET, V. *Cornet*.

COURNETA, Cornichon, petite corne. V. *Cornela*.

COURNIAU, s. m. (courniáou). Nom d'une espèce d'olivier connue à Montpellier.

Éty. du lat. *cornus*, cornouiller. V. *Corn*, Rad.

COURNICHA, V. *Cornicha*.

COURNIER, s. m. (cournié), et impr. COURGNE. Nom languedocien du cornouiller mâle. V. *Acurnier*.

Éty. du lat. *cornus*, formé de *cornu*, corne, à cause de la dureté et de la tenacité de son bois. V. *Corn*, R.

COURNIER SANGLE, s. m. Nom qu'on donne, en Languedoc, au cornouiller sanguin. V. *Sanguin*.

COURNIER, s. m. (cournié), d. bas lim. Travers, biais, ligne oblique, V. *Caire*. *Decournier*, de biais, obliquement. V. *Caire* de et *Biais de*.

Éty. de *cornu*, corne. V. *Corn*, R.

COURNIER, IERA, adj. (cournié, iére), md. Qui est à la corne, à l'angle de quelque chose, cornier, pied cornier. V. *Corn*, R.

COURNIERA, s. f. (courniére). Cornière, canal qui se trouve dans la réunion de deux pentes d'un toit; poutre qui paraît dans l'angle d'une maison. Garc.

COURNIERAS, s. f. pl. (courniéres); COURNIERAS. Etains, deux pièces de bois, taillées en arc, qui forment la rondeur de l'arrière d'un vaisseau.

Éty. de *corna*. V. *Corn*, R.

COURNIOLA, s. f. (courniólé), d. bas lim. Œsophage, V. *Empassaire*, trachée artère, V. *Corneissouer* et *Corn*, R.

On donne, par dérision, ce nom à une personne qui a un long cou, un cou de grue.

COURNIOU, s. m. (courniou); COURNIOU. Gousses des pois lorsqu'elles sont encore très-tendres. Garc.

COURNISSA, d. m. V. *Cornicha*.

COURNIXOUN, s. m. (cournitsóun), d. gasc. V. *Cornichoun*.

COURNUA, d. m. V. *Cornuda*.

COURNUDA, V. *Cornuda*, pour baignoire, dl. V. *Bagnoira*.

COURNUDADA, V. *Cornudada*.

COURNUDEL, dl. V. *Cornudel*.

COURNUDOUN, V. *Cornudoun*.

COURNUT, s. m. d. m. V. *Cornuda*.

COUROC, s. m. (couró), dl. Corvée, certain service qu'un paysan ou un tenancier devait autrefois à son seigneur. Sauv.

Éty. de *euroé*, en gaulois.

COUROLA, s. f. (couróle), dl. Tresse de cheveux entortillés autour de la tête. V. *Cabilhicras*.

De sa courolo l'orre pel
Luzis coum'un quioul de calel.
Goudelin.

Éty. Alt. de *courouna*. V. *Coron*, R.

COUROQUET, s. m. (courouqué), dl. Petit morceau de sucre ou autre bonbon. Sauv.

COUROSA, s. f. (courόse). Nom du coquelicot, dans les environs de Bordeaux. V. *Roourela*.

COUROU, s. m. (cóurou). Nom qu'on donne, dans la Basse-Provence, à un petit chien qui ne s'écarte pas de la maison de son maître.

Éty. du grec οἰκουρὸς (oikouros), qui garde la maison, fait de οἶκος (oikos), maison, et de οὖρος (ouros), garde, gardien.

COUROU, s. m. (cóurou). Petit chien noir.

Éty. de l'arabe *kara*, noir. Ach.

COUROUBIER-BASTARD, s. m. (couroubié-bastá). Nom qu'on donne, à Nismes, au gainier siliqueux. V. *Avelatier*.

Éty. *Couroubier*, est une altér. de *Caroubier*, v. c. m.

COUROUBRINA, s. f. (couroubrine). Nom de la bistorte, aux environs de Brignoles, selon M. Amic. V. *Bistorta*.

COUROUENDA, d. m. V. *Coronda* et *Colona*.

COUROUGNA, d. m. (couróugne). V. *Coulougna*, et dérivés.

COUROUGNAR, Garc. V. *Encourougnar*.

COUROUGNIERA, s. f. (courougniére); RECOUROGNIERA, REFIRROUA. Ganse qui sert à soutenir la quenouille de la personne qui file.

COUROUMP, V. *Couroun*.

COUROUN, s. m. (couloum); COUROUMP, d. m. COULOUMB, COUROUMB. Couronne, gâteau que les parrains et les marraines donnent à leurs filleuls à l'occasion de la fête de Noël.

Éty. de *courouna*, parce qu'il en a ordinairement la forme.

COUROUNA, s. f. (couróune); *Corona*, esp. cat. ital. *Coroa*, port. Couronne, diadème, souveraineté; ornement de tête qui est une marque d'honneur ou un signe de joie.

Éty. du lat. *corona*. V. *Coron*, R.

Courouna de capelan, tonsure cléricale.

Courouna d'un chivau, la partie la plus basse du pâturon, la couronne.

Dans l'antiquité la plus reculée, on ne déférait les couronnes qu'aux divinités. Bacchus, selon Pline, s'en para le premier après la conquête des Indes; d'autres en attribuent l'origine à Saturne, à Jupiter, à Janus, etc. V. Dict. des Orig.

COUROUNA, s. f. (couróune), d. bas lim. Poteau de cloison, pièce de bois de charpente qui sert à faire des cloisons.

COUROUNA IMPERIALA, s. f. Couronne impériale ou fritillaire impériale, *Fritillaria imperialis*, Lin. plante de la fam. des Liliacées, originaire du Levant, qu'on cultive comme fleur d'ornement.

Éty. Ses fleurs sont disposées de manière à imiter un peu une couronne d'empereur, d'où le nom qu'elle porte. V. *Coron*, R.

COUROUNAL, s. m. (courounál); *Coronal*, cat. esp. port. *Coronale*, ital. Coronal, l'os de la partie antérieure et supérieure du crâne.

Éty. du lat. *coronalis*, m. s. parce que c'est sur cette partie de la tête qu'on place les couronnes.

COUROUNAMENT, s. m. (courounaméin); *Coronamento* et *Incoronazione*, ital. *Coronacion* et *Coronamiento*, esp. *Coroação*, port. *Coronament*, cat. Couronnement, cérémonie dans laquelle on place, pour la première fois, la couronne sur la tête d'un souverain; ouvrage de sculpture et d'architecture, servant à rehausser quelque avant corps; ornement qui termine la partie supérieure d'un meuble, d'un vase, etc. partie d'un vaisseau qui est au-dessus de la poupe; fin, accomplissement.

Éty. de *courouna* et de *ment*. V. *Coron*, R.

COUROUNAR, v. a. (courouná); *Coronare*, ital. *Coronar*, cat. esp. *Coroar*, port. Couronner, mettre une couronne sur la tête; honorer, récompenser, terminer par en haut en forme d'ornement; achever par une action d'éclat; étêter un arbre.

Éty. de *courouna* et de *ar*. V. *Corou*, R.

COUROUNAT, ADE, adj. et p. (courouná, áde); *Coronad*, cat. *Coronado*, esp. Couronné, ée. V. *Corou*, R.

COUROUNCHA, s. f. (couróuntche). Balançoire, bascule. Aub.

COUROUNDA, s. f. (couróunde). Pour colonne. V. *Colona*; une solive. Sauv. V. *Colon*, R.

COUROUNDAGE, s. m. (couroundádgé), dl. Colombage, manière de bâtir en charpente, avec des remplissages de brique et de plâtre. Sauv. V. *Couroundat*.

Éty. de *courounda* et de *age*. V. *Colon*, R.

COUROUNDAT, s. m. (couroundá), dg. COUROUNDAGE. Colombage, cloison, composée de pièces verticales, appelées colombes. V. *Buget*.

Éty. *courandat* est dérivé de *courouenda*, alt. de *coulouna*, colonne, poteau, et de *at*, fait avec des poteaux.

COUROUNDEL, s. m. (couroundél), dg. Rondeau, plateau de bois, rond et mince, dont une partie s'alonge en dehors de la circonférence et sert de poignée pour le saisir; il sert à poser la pâte des petits pains, etc.

COUROUNDOUN, s. m. (couroundóun), dim. de *courouenda*, petite colonne, pilier. V. *Colon*, R.

COUROUNEL, *Coronel*, cat. esp. V. *Colonel*.

COUROURAGI, s. m. (couroufádgi); COUROUREYA. Collation, léger repas que l'on offre, au retour de l'église, aux personnes qui ont assisté à un baptême ou à un mariage, afin de boire à la santé du nouveau-né ou des nouveaux mariés. Avril.

COUROUS, OUA, adj. (courόus, óue); COURROUS, RECURAT, SILHETAT, ASSIOURAT.

Propre, bien paré, joli, agréable à avoir, engageant, gracieux.

Éty. du grec κορεία (koréia), beauté, formé de κορέω (koreô), soigner, tenir propre.

Mau courous, impoli, grossier.

Lou bergier couridoun, jouine, tendre, *courous*,
Era aqueou de tout son villagi, etc.
Gros.

COURP.... V. *Corp....* pour les mots qui ne figurent pas à *Courp....*

COURPATAR, s. m. (courpotá). Nom bas limousin du corbeau. V. *Corpatas.*

COURPATAS, V. *Corpatas.*

COURPET, s. m. (courpét), d. de Barcel. Corset.

Éty. *courpet*, est un dim. de *corps*, comme le français corset. V. *Corp*, R.

COURPIOUN, V. *Croupioun.*

COURPOUISSOU, s. m. (courpoüissou), dl. Difficulté de respirer pour avoir trop mangé. Douj.

Éty. de *cour*, pour *court.*

COURPOURASSA, V. *Corpulença.*

COURPOURAU, s. m. vl. Caporal, alt. de *Capourau*, v. c. m.

COURQUICHAR, v. a. (courquitchá), dl. Presser, serrer, mettre les pieds sur la gorge. Sauv.

Éty. de *corps* et de *quichar*, presser le corps. V. *Corp.*

COURR, CORR, CORS, radical pris du latin *currere*, *curro*, *cursum*, courir, d'où *cursus*, cours.

De *currere*, par apoc. *curr*; d'où: *Con-curr-en-ça*, *Oc-curr-er*, etc.

De *curr*, par le changement de *u* en *o*, *corr*; d'où: *Corr-er, Corr-at-ier, Corr-edor, Es-corr-er, Soc-corr-er*, etc.

De *corr*, par le changement de *o* en *ou*, *courr*; d'où: *Courr-er*, *Courr-adour*, *Courr-eire*, *Courr-et-ier*, *Coun-courr-er*, etc.

De *cursum*, par apoc. *curs*, et par changement de *u* en *ou*, *cours*; d'où: *Cours, Recours, Coun-cours, Cours-ari*, etc.

De *cours*, par le changement de *r* en *s*, *couss*; d'où: *A-couss-ar, A-couss-egre, Es-coussa, Couss-egear*, etc., etc.

COURRADOUR, alt. de *Courredour.*

COURRAIRA, s. f. (courraïre). Rigole, écouloir par où coulent les eaux de pluie du haut des collines. Garc.

Éty. de *courrer*, dans le sens de couler. V. *Courr*, R.

COURRANTIAR, Avr. V. *Courratiar.*

COURRANTILHA, s. f. (courrantille). V. *Courrantin.* Avr.

COURRANTIN, INA, adj. (courrantïn, ine); COURRANTILHA et COURRANTIA, au fém. Coureur, euse. Avril. V. *Courr*, R.

COURRAT, ADA, sync. de *Courrouçat.*

COURRATAGI, s. m. (courratádgi). Courtage. V. *Courtagi.*

COURRATIAR, v. n. (courratiá); COURRANTIAR, COURREGEAR. Itératif de *courrer*, courir; aller çà et là; sans dessein, sans besoin, par l'envie seule de courir. V. *Courr*, Rad.

COURRATIER, s. m. dl. et vl. *Corredor*, esp. *Corretor*, port. *Corrater*, anc. cat. Courtier. V. *Courtier.*

Éty. de *courrer*, courir, et de *atier*, qui fait son métier de courir pour les uns et pour les autres. V. *Courr*, R.

Mercure est appelé *Lou courratier des Dieux* par Bergoing, dans les vers suivants:

Lou curratié das Dius, ou per me pla explica, Mercura, sadix el.......

COURRATIERA, s. f. (courratière). Il paraît qu'anciennement les femmes étaient admises à exercer les fonctions de courtier; on lit dans le règlement de police de la ville d'Aix de 1569, art. 54: *Semblablement est défendu à tous courratiers et courratières, de n'acheter aucune chose pour vendre à peine de 25 livres.* V. *Courr*, R.

COURRAYER, s. m. COURRAYÉ, d. béarn. *Correiro*, port. Corroyeur.

Éty. du lat. *corium*, cuir, et de *ayer*, ou *ier*. V. *Cor*, R. 2.

COURRAYORA, s. f. V. *Courregeola.*

COURRE, Pour courir. V. *Courrer.*

COURREADOUR, s. m. (courreadóur), d. lim. Corroyeur.

COURREAN, s. m. (courreán), d. de Barcel. Courroie des souliers. V. *Courregeoun* et *Cor*, R. 2.

COURREÇ, s m. (courréc), dl. COURROUQUET. Petit morceau de sucre ou d'autres friandises.

COURRECT, ECTA, adj. (courrèct, ècte); CORRECT. *Correcte*, cat. *Corretto*, ital. *Correcto*, esp. port. Correct, ecte, qui a été porté à la perfection par des corrections successives; copie fidèle.

Éty. du lat. *correctus*, m. s. V. *Reg*, R.

COURRECTAMENT, adv. (courrectaméin); *Correttamente*, ital. *Correctamente*, esp. port. *Correctament*, cat. Correctement, selon les règles, sans faute.

Éty. de *courrecta* et de *ment*, d'une manière correcte. V. *Reg*, R.

COURRECTIF, s. m. (courrectif); *Correctiu*, cat. *Correttivo*, ital. *Correctivo*, esp. port. Correctif, ce qui corrige, modère, tempère, adoucit.

Éty. de *courrect* et de *if.* V. *Reg*, R.

COURRECTION, s. f. (courrectie-n); COURRETIEN, COURRECTIEN. *Correzzione*, ital. *Correccion*, esp. *Correcção*, port. *Correcció*, cat. Correction, action de rendre juste, droit, conforme aux règles; action de réformer une chose, d'ôter ce qu'il y a de défectueux; réprimande, châtiment.

Éty. du lat. *correctionis*, gén de *correctio.* V. *Reg*, R.

COURRECTIOUNEL, ELA, adj. (courrectiounèl, èle). Correctionnel, elle.

COURRECTOUR, s. m. (courrectoùr); COURRETOUR. *Correttore*, ital. *Corrector*, esp. port. cat. Correcteur, celui qui corrige, celui qui lit les éprouves dans une imprimerie.

Éty. du lat. *corrector*, m. s. V. *Reg*, R.

COURRECTOUR, s. m. (courrectóur); *Corrector* et *Correttore*, cat. esp. port. *Correttore*, ital. Correcteur, celui qui corrige, qui reprend.

Éty. du lat. *corrector*, m. s.

COURREDIS, ISSA, adj. (courredis, isse); dl. *Corredio*, port. Courant: *Liech courredis*, lit à roulettes; coureur, batteur de pavé.

Éty. de *courrer*. V. *Courr*, R.

COURREDISSA, s. f. dl. Coureuse, femme de mauvaise vie. V. *Courreire* et *Courr*, Rad.

COURREDOUR, s. m. (courredóur); COURRADOUR, COURREIRE. *Corredor*, cat. esp. port. *Corridore*, ital. Corridor, Galerie étroite qui sert de passage pour arriver à l'escalier.

Éty. de *courrer*, courir, et de la term. *our*, lieu qui sert à courir, à passer. V. *Courr*, R.

En terme de marine, *couradoux* ou *coradoux*, l'espace qui est entre deux ponts, et dans une galère, le lieu où se couchent les soldats.

COURREGEA, s. f. (courrédge); COURREJA, COURREYA. *Coreggia*, ital. *Correa*, esp. port. *Correja*, anc. cat. *Corretja*, cat. mod. Courroie, lanière de cuir longue et étroite, servant à lier, lisière de terrain.

Éty. du lat. *corrigia*, formé de *corium*, cuir. V. *Cor*, R. 2.

Courregea de l'estriou, étrivière.

COURREGEADA, s. f. (courredjáde), dl. Coups de courroie, étrivières; écorchure qui en résulte.

Éty. de *courregea* et de *ada*, donné avec la courroie. V. *Cor*, R. 2.

COURREGEAR, v. a. Corroyer, parer, repasser, manier, ratisser, adoucir des cuirs, leur donner le dernier apprêt. En term. de forgeron corroyer le fer, c'est le battre à chaud, V. *Cor*, R. 2. pour corriger. V. *Courrigear*, dl. attacher, fixer avec la courroie.

COURREGEAR, v. n. dg. V. *Courratiar* et *Courr*, R.

COURREGEOLA, s. f. (courredjóle); COURREYOLA, COURIOLA, COURRIASSA, COURREIASSES, COURRAYORA, CAMPANETA, BUCADIERA, LISEROUN, BEDILHADA, CLOCHETA, TIRASSETA, COOURRIOLA. *Coriola*, piém. *Corretjola*, cat. *Correhuela*, esp. *Coreggiuola*, ital. Liseron des champs, petit liseron, liseron des vignes, clochette, vrillée, *Convolvulus arvensis*, Lin. plante de la fam. des Convolvulacées, commune dans les champs. V. Gar. *Convolvulus minor arvensis*, p. 124.

Éty. *Courregeola* est un dim. de *courregea*, courroie, à quoi on a comparé les tiges flexibles de cette plante qui s'attache aux voisines. V. *Cor*, R. 2.

Les fleurs du liseron se ferment à l'approche de la pluie.

COURREGEOLA, s. f. *Correjola*, port. Est aussi le nom que l'on donne, à Nismes, à la persicaire centinode. V. *Tirassa.*

Éty. de *courrer*, parce que cette plante étant rampante semble courir ça et là. V. *Cour*, R. ou plutôt, dim. de *courregea.* V. *Cor*, R. 2.

COURREGEOLA, s. f. (courredjóle). Nom qu'on donne dans le département des B.-du-Rh. au ruban de mer.

Éty. *Courregeola*, courroie, ruban. V. *Cor*, R. 2. et à la cépole serpentine. V. *Rougeola.*

COURREGEOLA-DE-BARTAS, s. f. (courredjòle-de-bartás); CAMPANETA-GROSSA. Nom qu'on donne, à Nismes, au grand liseron ou liseron des haies, *Convolvulus sepium*, Lin. plante grimpante de la fam. des Convolvulacées, commune dans les haies, où sa belle fleur blanche la fait remarquer. V. Gar. *Convolvulus major*, p. 124.

Éty. V. *Courregeola*, et *de bartas*, de buisson. V. *Corr*, R.

COURREGEOOU, V. *Courreiroou*.

COURREGEOUN, s. m. (courredjóun); COURRETOUN, ESTRANGLOOU, COURREOU. *Corretj*, cat. *Coreggia*, ital. *Courregeon*, dim. de *Courregea*, petite courroie, courroie qui sert à attacher les souliers.

Éty. Dim. de *courregea*. V. *Cor*, R. 2.

COURREGEOUNAR, v. a. (courredjounâ), d. apt. COURREJOUNAR. Attacher les courroies d'un soulier.

Éty. de *Courregeoun* et de *ar*, v. c. m.

COURREGEOUS, OUA, adj. (courredjóus, óue). Coriace, dur comme du cuir, comme une courroie, Avr. V. *Cor*, 2.

COURREGNOLA, dl. V. *Gargamela*.

COURREGUDA, s. f. (courregúde), dl. Course. V. *Coursa*, *Escoussa* et *Courr*, R.

COURREGUT, part. (courregú). Pour couru. V. *Courrut* et *Courr*, R.

COURREGUT, UDA, adj. et p. Echu, ue, ce qui a couru.

Éty. de *courrer*. V. *Courr*, R.

Pagarés l'escot doû reinage
Lou courregu, *leis arreirage*.
Mathieu.

COURREIRE, ARELA, s. (courréïré, arèle); COURRIU, COURRIOU, IOLLA. *Corridore*, ital. *Corredor*, esp. port. Coureur, euse, qui va de côté et d'autre sans motif bien déterminé, qui est léger à la course, qui court vite; libertin, qui hante les mauvais lieux.

Éty. de *courrer* et de la term. *eire*, *ela*, ou du lat. *cursor*, *cursorius*. V. *Courr*, R.

Courreire de femnas, débauché, libertin.

COURREIRE, Pour corridor. V. *Courredour*.

COURREIROOU, s. m. (courreiróou); COURREJOOU, CARREJOOU. Petit canal qui conduit les eaux d'une cuisine dans la rue.

Éty. V. *Courr*, R.

COURRELATIF, IVA, adj. (courrelatif, ive); *Correlativo*, ital. esp. port. Corrélatif, ive, qui marque une relation réciproque entre deux choses.

Éty. du lat. *correlativus*, m. s. V. *Lat*, Rad.

COURRELIOU, s. m. Altér. de *Courliou*, v. c. m.

COURREMMENT, adv. (courreimméin); COURAMMENT. *Corrientemente*, esp. *Correntemente*, port. Couramment, rapidement, avec facilité. V. *Courr*, R.

COURRENÇA, Avril. V. *Courrenta* et *Diarrhea*.

COURRENCHINA, s. f. (courreintchine). L'alouette pipi. Garc. V. *Criou* et *Courr*, Rad.

COURRENT, ENTA, adj. (courrèin, èinte); *Corrent*, cat. *Corriente*, esp. *Corrente*, ital. port. Courant, ante, qui court, qui s'écoule, qui circule, qui glisse.

Éty. du lat. *currentis*, gén. de *currens*. V. *Courr*, R.

Près courrent, prix courant.

Aigua courrenta, eau courante.

Las courrent, nœud coulant, *No corredio*, port.

COURRENT, LOU, s. m. (courrèin, lou); COURANT. *Corrente*, ital. port. *Corriente*, esp. *Corrent*, cat. Courant, certaine quantité d'eau qui se meut dans une direction quelconque, le fil de l'eau qui se meut. Le prix ordinaire des marchandises; le train ordinaire des affaires. V. *Courr*, R.

COURRENT, s. m. (courrèin). Courant d'eau pour arroser. Avr. V. *Valat*.

COURRENTA, s. f. (courrèinte); *Corrença*, port. V. *Diarrhea* et *Courr*, R.

COURRENTA, adj. (courrèinte). *Aigua courrenta*, eau courante, par opposition à eau stagnante. V. *Courr*, R.

COURRENTA, s. f. (courrèinte); COURRENÇA. *Correndas*, cat. *Correncia* et *Corrентia*, esp. m. s. que *Diarrhea*, v. c. m.

Éty. Parce qu'elle fait courir ceux qui en sont atteints.

COURRENTILHA, s. f. (courreintille). Table mobile qu'on transporte pour les différents usages du ménage. Garc. V. *Courr*, R.

COURRENTILHA, s. f. (courreintille). Chourrette, sorte de mauviette, selon l'auteur de la dénomination provençale-française des oiseaux de Provence. V. *Courr*, R.

Dans le département des B.-du-Rh. on donne le même nom à l'*Alauda arenaria*, Lin. oiseau de l'ordre des Passereaux et de la fam. des Subulirostres ou Raphioramphes, (à bec en alène).

A Montpellier, on désigne par ce nom l'alouette à doigts courts. V. *Calandreta*.

COURRENTILHA, s. f. (courreintille). Nom qu'on donne au grapse varié, *Grapsus varius*, Roux. crustacé de l'ordre des Astacoïdes et de la fam. des Cancériformes, qu'on trouve dans la Méditerranée.

Éty. V. *Courr*, R.

COURRENTIN, s. m. (courreintîn). Nom qu'on donne, aux environs de Nice, selon M. Risso: Au pluvier à collier. V. *Pluvier coulassat*; au petit pluvier à collier, *Charadrius minor*, Risso, presque sédentaire au bord des eaux à Nice. V. *Couriola*; au pluvier à collier interrompu, *Charadrius cantianus*, Lath. oiseau de passage; au pluvier guignard. V. *Guignard*; oiseaux de l'ordre des Echassiers et de la fam. des Ténuirostres, (à bec grêle flexible).

Éty. Il paraît que le mot de *courrentin*, qui équivaut à celui de coureur, a été donné à ces oiseaux à cause de la vitesse de leur marche. V. *Courr*, R.

COURRENTINA, s. f. (courreintine), d. bas lim. Promenade inutile et inconsidérée des jeunes filles; la fille qui s'y livre; pour dévoiement. V. *Courrenta*.

Éty. de *courrer*, courir. V. *Courr*, R.

COURRENTS, s. m. pl. (courrèins). Les courants des eaux de la mer. V. *Courr*, R.

COURREOU, s. m. (courréou), d. de Barcel. V. *Courregeoun*, courroie des souliers. V. *Cor*, R. 2.

COURREOUNA, s. f. (courreóune); COURROUNA. Nom qu'on donne, dans la montagne, aux cônes ou strobiles du pin à pignons, et même aux cônes des autres pins ainsi qu'à ceux du mélèze. V. *Pigna*.

Éty. *Courreouna* ne me paraît être qu'une altération de *courouna*, parce que les cônes semblent être une couronne placée au sommet des rameaux des pins. V. *Corou*, R.

COURRER, v. n. (cóurré); COURRE. *Correre*, ital. *Correr*, esp. port. cat. Courir, aller avec vitesse et impétuosité, aller plus vite que le pas; faire trop vite quelque chose; chercher à atteindre, ne pas rester chez soi, aller de côté et d'autre, chevaler, faire beaucoup de démarches pour venir à bout d'un projet. Couler, en parlant des fluides, des rivières, des fleuves; circuler, quand il est question d'un bruit, d'une nouvelle; on dit aussi que le temps, que les intérêts courent, circuler, parcourir.

Éty. du lat. *currere*, m. s. V. *Courr*, R.

Courrer à l'apres, poursuivre, courir après.

COURRER-LA-BOULINA, V. *Boulina*.

COURRER-BOURRIDA, V. *Bourrida*.

COURRER-LAS-JOYAS, Courir les prix.

COURRER LA PATINTAINE. Courre la pretantaine, aller çà et là, de côté et d'autre.

COURRER OU FUGIR TANT QUE TERRA. Fuir jusqu'au bout du monde, pour dire aller bien loin.

COURRESPONDENÇA, (correspoundèince); COURRESPOUNDENÇA. *Corrispondenza*, ital. *Correspondencia*, cat. esp. port. Correspondance, relation, commerce réciproque qu'ont ensemble deux personnes, relation d'un marchand, d'un banquier avec un autre; les lettres mêmes que l'on s'écrit mutuellement.

COURRESPONDENT, s. m. (courrespoundèin); COURRESPOUNDENT. *Correspondente*, port. *Corresponent*, cat. *Correspondiente*, esp. *Corrispondente*, ital. Correspondant, celui qui, fixé dans un lieu, entretient une correspondance avec un autre, établi dans un autre endroit, pour leurs affaires respectives.

COURRESPONDRE, v. n. (courrespóundre); COURRESPOUENDRE, COURRESPOUANDRE. *Correspondrer*, cat. *Corrispondere*, ital. *Corresponder*, esp. port. Correspondre, répondre par des sentiments aux sentiments d'un autre; avoir une correspondance de lettres avec quelqu'un.

Éty. du lat. *cum* et de *respondere*.

COURRESPOUANDRE, d. du Var. V. *Courrespondre*.

COURRETAGI, V. *Courtagi* et *Courr*, Rad.

COURRETIER, V. *Courlier* et *Courr*, Rad.

COURREYA, V. *Courregea*.

COURREYOLA, V. *Courriassa* et *Courregeola*.

COURREYOUN, V. *Courregeoun* et *Cor*, Rad. 2.

COURREZAT, s. m. (courrezà), dl. Herbes potagères. V. *Herbas*.

Et se poira tout l'an d'un *courrezat* útile,
Per garda, de sous Dius, le secret imbecille.
Hillet.

COURRIASSA, s. f. (courriásse). Nom qu'on donne, dans la Haute-Provence, au liseron des champs. V. *Courregeola*.

Éty. de *courrer*, ramper, V. *Courr*, R. ou de *corrigia*, courroie, formé de *corium*, cuir. V. *Cor*, R. 2.

COURRIER, s. m. (courrié); *Correo*, esp. *Corriero*, ital. *Correu*, cat. *Correio*, port. Courrier, celui qui court la poste pour un service public ou particulier, et plus particulièrement celui qui porte les dépêches d'un bureau des postes à l'autre; lettres qu'on prépare pour envoyer.

Éty. du lat. *currere*, courir. V. *Courr*, Rad.

Les anciens en connaissaient l'usage, et ils en avaient comme nous à pied et à cheval. Xenophon en attribue l'invention à Cyrus, qui fit bâtir des écuries au bout de la distance qu'un cheval pouvait parcourir, tout le long des chemins, afin qu'on put les changer.

COURRIGEAR, v. a. (courridjá); CHASTIAR, CASTIGAR, COUREGEAR. *Correggere*, ital. *Corregir*, esp. *Corrigir*, port. *Corregir*, cat. Corriger, rendre juste, droit, conforme aux règles; réformer, ôter ce qui est défectueux, reprendre, châtier, dans le dessein de rendre meilleur, adoucir, tempérer. V. *Reg*, R.

Éty. du lat. *corrigere*, m. s. ou de *courregea*, courroie, et de *ar*, parce qu'on frappait avec une courroie ceux que l'on voulait corriger.

COURRIGEAR SE, v. r. Se corriger, devenir meilleur, ne plus retomber dans un vice, dans un défaut.

COURRIGEAT, ADA, adj. et p. (courridjá, áde); CHASTIAT, CASTIGAT. *Corrigido*, port. Corrigé, ée, châtié, etc, selon le verbe. V. *Reg*, R.

COURRIOLA, s. f. (courrióle); COURIOLA. Nom par lequel on désigne, dans le département du Gard, le grand pluvier. V. *Pluvier coulassat;* le pluvier à petit collier, *Charadrius minor*, Meyer. qu'on nomme *Pescairola*, à Avignon, et *courrentin* aux environs de Nice; le pluvier interrompu, que M. Crespon, dans son catalogue des oiseaux du Gard, désigne ainsi sans doute par erreur: *Charadrius cantianus?* Lath. oiseaux de l'ordre des Echassiers et de la fam. des Ténuirostres.

COURRIOLA, s. f. (courrióle), dl. COURRATELA. Une fille trotteuse, coureuse, qui est souvent par voies et par chemins, ce terme n'a rien d'offensent. Sauv.

Éty. de *courrer*, courir. V. *Courr*, R.

COURRIOOU, s. m. (courrioou), dl. Un trotteur, homme qui aime à faire de fréquentes courses, à voyager; un batteur de pavé, un coureur. Sauv. V. *Courr*, R.

COURRIOOU, s. m. (courrióou); COURRIOL. dl. Le dîmeur, journalier qui dans le temps où l'on percevait la dîme, la courait, la comptait, la recueillait. Sauv. V. *Courr*, Rad.

COURRIGOU, s. m. COURREDOUR, dl. Roulette d'enfant, machine roulante où les enfants se tiennent de bout lorsqu'ils commencent à faire quelques pas. V. *Cadiera à bras* et *Courr*, R.

COURRIOU, OLA, d. arl. V. *Courreire*, *Courredis* et *Courr*, R.

COURRIU, dl. m. s.

COURROC, s. m. (courróc), dl. Corvée de vassal. V. *Courvada*.

Éty. de *courrer*. V. *Courr*, R.

COURROUBIA, dl. V. *Carroubi*.

COURROULIS, Suppl. à Pellas. V. *Courliou*.

COURROUMPRE, v. a. (courróumpré); GASTAR. *Corromprer*, cat. *Corromper*, port. *Corrompere*, ital. *Corrumper*, esp. Corrompre, gâter, altérer, changer en mal; engager à mal faire, à trahir, souiller.

Éty. du lat. *corrumpere*, fait de *cum*, avec, et de *rumpere*. V. *Roump*, R.

Courroumpre lou cuer, corrompre le cuir.

COURROUMPRE SE, v. r. SE GASTAR. *Corromprerse*, cat. *Corromperse*, esp. Se corrompre, se gâter, au physique comme au moral.

COURROUMPUT, UDA, adj. et part. (courroumpú, úde); *Corrompido*, port. esp. *Corrompud*, cat. Corrompu, ue, gâté. V. *Roump*, R.

COURROUNA, s. f. V. *Courreouna*.

COURROUQUET, dl. V. *Courrec*.

COURROUS, CORROS., radical pris du latin *coruscare*, *corusco*, *coruscatum*, Brûler, reluire, lancer des éclairs; qu'on fait venir du grec κόρυς (korus), casque: *Dicitur de splendore galeæ*. Voss.

De *coruscare*, par apoc. *corus*, par le redoubl. de *r*, *corrus*, et par le changement de *o* et de *u* en *ou*, *courrous*, *courrouç*; d'où: *Courrous*, *Courrouç-ar*, *Courrouç-at*, *Cours-ar*.

De *courrous*, par le changement de *ou* en *o*, *corros*; d'où: *Corross-ada-mens*, *Corross-ar*, *Corross-ança*, *Corross-os*, *Corrost*, *En-corroz-it*, *Courr-at*.

COURROUS, V. *Courous*.

Éty. du celt. *corryn*, petit, mignon. Ach. V. *Courous*.

COURROUS, s. m. (courróus); COULERA, FUROUR. *Corruccio*, ital. Courroux, grande colère. On le dit plus particulièrement en parlant de la colère d'un supérieur envers un inférieur.

Éty. du lat. *coruscatio*, éclair. V. *Courrous*, R.

COURROUSIF, IVA, adj. (courrousif, ive). V. *Corrosif*.

COURROUSSAR, v. a. (courrouçá); COURSAR. Courroucer, mettre en courroux.

Éty. du lat. *coruscare*, lancer des éclairs, ou de *courroux* et de *ar*. V. *Courrous*, R.

COURROUSSAR SE, v. r. Se courroucer, se mettre en courroux.

COURROUSSAT, ADA, adj. et p. (courrouçá, áde), et impr. COURROUSSAT, COURRAT. Courroucé, ée. V. *Courrous*, R.

COURROUSSET, Contr. de *Cuou-rousset*, v. c. m.

COURROUSSETA, s. f. Alt. de *couarousseta*, nom qu'on donne, à Allos, au rossignol de muraille. V. *Coua-roussa*.

COURRUBI, s. f. (courrúbi). Aub. Voy. *Carrubi*.

COURRUBIÈRAS, adj. pl. (courrubiéres). Epithète que l'on donne aux fèves dont les gousses plus grosses que celles de la fève ordinaire, ressemblent au fruit du carroubier. Avr.

COURRUOU, s. m. (courrúou). Alt. de *carruou*, roulette, petit char sur lequel on traîne les enfants.

Éty. du lat. *carrus*, char. V. *Carr*, R.

COURRUPTIBILITAT, s. f. *Corruptibilitat*, cat. *Corruptibilidade*, port. *Corruttibilità*, ital. *Corruptibilidad*, esp. Corruptibilité, qualité par laquelle un corps physique est sujet à la corruption.

Éty. du lat. *corruptibilitatis*, gén. de *corruptibilitas*, m. s. V. *Roump*, R.

COURRUPTIBLE, BLA, adj. (courruptiblé, ible); *Corruttibile*, ital. *Corruptible*, cat. esp. *Corruptivel*, port. Corruptible, qui peut être corrompu, altéré ou gâté.

Éty. du lat. *corruptibilis*, formé de *Corruptio*, et de la term. *ible*, v. c. m. et *Roump*, R.

COURRUPTION, s. f. (courruptie-n); COURRUPTIEN. *Corruzione*, ital. *Corrupcion*, esp. *Corrupció*, cat. *Corrupção*, port. Corruption, altération dans les qualités, soit physiques, soit morales.

Éty. du lat. *corruptionis*, gén. de *corruptio*, m. s. V. *Roump*, R.

COURRUPTOUR, s. m. (courruptour); pr. mod. *Corrompitore* et *Corruttore*, ital. *Corruptor* et *Corrumpador*, esp. port. cat. Corruption, celui qui corrompt.

Éty. du lat. *corruptor*, m. s. V. *Roump*, Rad.

COURRUT, adj. et part. (courrú); COURREGUT. *Corrido*, port. Couru.

Éty. Part. de *courrer*. V. *Courr*, R.

COURS...... V. à *Cors*.... Les mots qui manquent à *Cours*.....

COURS, s. m. (córs); *Corso*, ital. *Curso*, esp. port. *Curs*, cat. Cours, mouvement naturel et continu d'une eau qui coule d'un lieu dans un autre, sa direction; étendue que parcourt une rivière, un fleuve; écoulement; mouvement régulier des astres; durée de la vie; crédit, faveur, vogue d'une chose dans le public; taux que prennent les banquiers pour le change; éléments d'une science, rédigés par écrit ou démontrés verbalement en public.

Éty. du lat. *cursus*. V. *Cour*, R.

COURS, s. m. Cours, allée, dans une ville, où l'on peut se promener agréablement.

COURS, s. m. pour étage. V. *Estagi*.

COURS D'AMOUR, s. f. plur. Cours d'amour, espèces de tribunaux où les femmes jugeaient les questions amoureuses et tout ce qui était relatif à la galanterie.

Ces assemblées singulières que les princes et les princesses ne dédaignaient pas de fréquenter, paraissent avoir pris naissance dans le XIIme siècle et avoir fini avec le XIIIme.

Voyez sur ces cours, la Gaule Poétique de Marchangis, T. 7, p. 55 et suivantes; Lyonnel ou la Provence au XIIIme siècle, T. 1, p. 175, ainsi que les divers historiens de Provence, qui font connaître tous les auteurs qui en ont parlé.

COURS-DE-VENTRE, Voy. *Diarrhea* et *Courr*, R.

COURSA, s. f. (córurse); COUSSA, COURRECHA, COUXA. *Cos*, cat. *Corrida*, port. *Correria* et *Corso*, esp. *Corsa*, ital. Course, action de courir, chemin parcouru; voyage que l'on fait pour quelqu'un ou pour quelque affaire; acte d'hostilité sur mer ou sur terre. Fig. durée de la vie.

Éty. du lat. *cursus*, m. s. V. *Courr*, R.

La course était un des principaux exercices des jeux du stade chez les Grecs, et de ceux du cirque chez les Romains.

Tertullien attribue à la première Cirée, sœur d'Eétès, roi de Colchide, l'institution des courses de chariot 1310, avant J.-C.

COURSAGI, s. m. (coursádgi); COURSAGE. Corsage, taille du corps humain depuis les épaules jusqu'aux hanches.

Éty. de *corps* et de *agi*, je forme le corps. V. *Corp*, R.

COURSAR, v. a. (coursá), d. bas lim. Réprimander, gronder. V. *Courrouçar* et *Courrous*, R.

Se coursar, se disputer.

COURSARI, s. m. (coursári); COUSSARI. *Corsario*, esp. port. *Corsale*, ital. *Cossari*, cat. Corsaire, vaisseau armé en guerre par un particulier, avec une commission de l'amiral, pour courre sur les ennemis de l'Etat; pirate, écumeur de mer. Fig. homme méchant, dur, impitoyable.

Éty. de l'ital. *corsare* ou *corsale*, fait de *corso*, course, ou de *coursa* et de *ari*, qui va en course. V. *Court*, R.

COURSEGEAR, v. n. (coursedjá). Aller en course; faire le corsaire. V. *Coussegear*.

Éty. de *coursa* et de *egear*, faire. V. *Courr*, Rad.

COURSIER, s. m. (coursié); *Corsiere*, ital. *Corcel*, esp. port. *Corser*, cat. Coursier, nom poétique du cheval.

Éty. de *coursa* et de *ier*, propre à la course, ou du lat. *cursorius*. V. *Courr*, R.

COURSIER, s. m. Coursier, canon de chasse des chaloupes canonnières qu'on place à l'avant.

Éty. de *coursier*, nom qu'on donnait anciennement au passage de la proue à la poupe, et sous lequel était placé le canon coursier.

COURSIERA, s. f. vl. Le chemin des rondes.

Éty. de *coursa* et de *iera*. V. *Courr*, R.

COURT, CORT, COURCH, radical pris du latin *curtus*, court.

De *curtus*, par apoc. et métagr. de *u* en *ou*, *court*; d'où : *Court*, *Court-a*, *Court-aud*, *Court-et*.

De *court*, par le changement de *t* en *ch*, *courch* : *Chourch-a*, *Es-courch-a*, *Es-courch-ar*, *Ac-courch-ola*, *En-courch-ir*, *Es-courchola*, *En-courch-it*.

De *curt*, par le changement de *u* en *o*, *cort* : *Cort*, *Cort-et*, *Es-cort-at*, *Es-cort-ar*.

Par le changement du *t* en *ch*, ou en *s*, *corch* : *A-corch-ar*, *Ac-cors-ar*, *Es-courch-ir*, *Es-courch-it*, *Ra-courchir*.

COURT, s. m. Cour. V. *Cour*, plus usité, quoique contraire à l'étymologie et *Cort*, R.

COURT, **OURTA**, adj. (cour, óurte); *Corto*, esp. ital. *Curto*, port. *Cort*, anc. cat. *Curt*, cat. mod. Court, courte, qui a peu de longueur.

Éty. du lat. *curtus*, V. *Court*, R.

COURT, adv. Court.

Estre court, n'arriver pas à temps.

Coupar court, abréger, être concis.

COURT-BOULHOUN, s. m. Court-bouillon, manière d'apprêter le poisson, qui consiste à le faire bouillir dans le vin et dans peu de liquide, d'où son nom. V. *Court*, R.

COURT-D'HALENA, V. *Asthmatique* et *Court*.

COURT-PENDUT, V. *Corpendut* et *Court*, Rad.

COURT-HALEN, s. m. Avr. V. *Asthme*.

COURTA-FARINA, s. f. (córte-farine). Recoupe. V. *Floureta*.

COURTA-PALHA, s. f. Courte-paille, court-fêtu, manière de tirer au sort, ou espèce de jeu dans lequel celui qui tire la plus courte paille a gagné ou remporté la première place. V. *Court*, R.

Ce jeu était connu des anciens.

COURTA-SELLA, s. f. (courte-selle), d. bas lim. Courte-échelle. V. *Cargacela*.

COURTAGI, s. m. (courtádgi); COURATAGE, CORRETAGI. *Courretajem*, port. Courtage, négociation, travail, salaire du courtier.

Éty. Dit pour *courretagi*. V. *Courr*, R.

COURTAUD, **AUDA**, s. (courtáou, áoude); COURTOT. Courtaud, aude, qui a une taille courte et ramassée.

Éty. de *Court*, R.

Courtaud de boutiga, garçon de boutique.

On prétend que ce nom a été donné à ces garçons à cause des habits courts qu'ils portaient autrefois.

COURTEGI, s. m. (courtedgi), SUITA, COURTEGE. *Corteggio*, ital. *Cortejo*, esp. port. *Cortetj*, cat. Cortége, tout ce qui accompagne ou suit une personne considérable dans quelque cérémonie publique.

Éty. de l'ital. *corteggio*, fait de *corte*, cour. V. *Cort*, R.

COURTES, **ESA**, adj. (courtés, ése); COURTOUAS, COURTOIS, OISE. *Cortese*, ital. *Cortes*, esp. cat. *Cortez*, port. Courtois, oise, civil, affable, gracieux, poli, agréable, courtisan.

Éty. de *court*, cour, et de *es*, qui est de la cour, parce que les gens de cour étaient plus polis que les autres. V. *Cort*, R.

Perce que lou trovon ben mes
Brave, galant, leste, courtes.
Michel.

COURTET, **ETA**, adj. (courté, éte). Un peu court.

Éty. de *court* et du dim. *et*. V. *Court*, R.

COURTIBAUT, s. m (courtibáou); d. bas lim. Dalmatique, ornement des sous-diacres. V. *Dalmatica*.

Éty. de court, parce que cette sorte d'habillement ne dépasse guère le genou. Voy. *Court*, R.

COURTIEOU. V. *Miessoulier*. V. *Court*, Rad.

COURTIER, s. m. (courtié); SENSAU, COURRETIER, COURRATIER, COURATIER, BARLANDIER, GOURRATIER. *Corretor*, port. *Corredor*, esp. Courtier, entremetteur pour les ventes et pour les achats. V. *Courratier*.

Éty. de la basse lat. *curraterius*, formé de *currere*, courir. V. *Courr*, R.

Les charges de courtiers furent créées à Paris, en titre d'office, dans le mois de juin 1572, par Charles IX.

COURTILHIERA, s. f. (courtilliére); BOUIGA-RAINAS, COPA-CEBAS, COPA-PEDS, TAILHA-POUERRES, TALHA CEBAS, DESTRUSSI, ESCHIRPET, BABEI. Courtillière, jardinière ou taupe grillon, *Gryllo-talpa-vulgaris*, Dict. Sc. Nat. insecte de l'ordre des Orthoptères et de la fam. des Grylliformes ou Grylloïdes, commun dans les lieux cultivés et particulièrement dans les jardins.

Éty. de *courtil*, vieux mot qui désignait un grand jardin entouré de murs. V. *Court*, Rad. 2.

Comme cet insecte est extrêmement nuisible aux plantes dont il ronge les racines, on a cherché à le détruire par différents moyens. Le plus simple et le plus ingénieux consiste à mettre un peu d'huile sur une feuille pliée en gouttière qu'on dirige sur l'ouverture du trou de la courtillière; on y verse ensuite de l'eau qui entraîne l'huile et va atteindre l'insecte dont cette huile bouche les trachées ou organes de la respiration, et le force à sortir ou le fait périr dans son terrier.

Un autre moyen plus expéditif consiste à enfouir des vases pleins d'eau, de manière que la bouche soit à niveau du sol, les courtilières y tombent et ne peuvent plus en sortir.

COURTINA, s. f. (courtine); *Cortina*, ital. esp. port. cat. Courtine, le rideau, les pentes du lit, la draperie; *courtina* est dit pour *courretina*, qui court, parce que les rideaux courent sur les tringles, ou de *corium*, cuir, peau, parce que les rideaux en étaient faits anciennement : *Cortinæ à coriis dictæ eo quod prius ex pellibus fuissent factæ*. Isidor. Mais ce mot vient de *cortina*, vaisseau en forme d'enceinte, d'où *cortina*, rideau, parce que les rideaux forment au tour du lit une espèce de basse-cour. V. *Cour*, R.

Éty. du lat. *cortina*. V. *Cour*, R.

COURTINAGI, s. m. (courtinági); COURTINAGE. *Cortinaggio*, ital. *Cortinatje*, cat. *Cortinaje*, esp. Garniture de lit, l'assemblage des rideaux, pentes, etc. V. *Cour*, R.

COURTINAT, **ADA**, adj. et p. (courtiná, áde). Lit pourvu de rideaux ou de pentes.

COURTIOL, **OLA**, s. (courtiól, óle), dl. COURTIOU, COURTIOOU. Courtil, courtille, courtillis; verger, petit jardin clos de murs ou d'une haie, attenant à une cour, ou à une basse-cour de campagne. Sauv. V. *Cour* et *Court*, R.

COURTIOOU, et

COURTIOU, V. *Courtiol*, *courtiou* en prov. signifie aussi ruelle, cul-de-sac. Voy. *Court*, R.

COURTIS, s. m. (courtis). Cul-de-sac. Suppl. à Pellas.

COURTISAN, s. m (courtisán); *Cortigiano*, ital. *Cortesano*, esp. *Cortezão*, port. *Cortesa*, cat. Courtisan, homme de cour et par extension, flatteur, qui cherche à plaire, qui flatte dans l'espoir d'obtenir quelque faveur.

Éty. de *cortis*, cour, et de la term. *An*, v. c. m. et *Cort*, R.

« Il y a toujours eu des courtisans, et la plupart, dit un philosophe célèbre, sont une espèce de gens que le malheur des rois et des peuples a placés entre les rois et la vérité, pour l'empêcher de parvenir jusqu'à eux. »

Un courtizan'es n'amphibio,
Qué, per éyta, jugo lo coumédio.
Foucaud.

COURTISAR, v. a. (courtisà); *Corteggiare*, ital. *Cortejar*, esp. port. cat. Courtiser, faire la cour. V. *Calignar*.

Éty. du celt. *cortis*, palais des rois, cour, et de *ar*. V. *Cort*, R.

COURTISAT, ADA, adj. et p. (courtisà, àde); *Cortejado*, esp. *Cortejad*, cat. Courtisé, ée. V. *Cort*, R.

COURTISOUN, s. m. (courtisóun), dl. Dameret, damoiseau, il se prend en mauvaise part.

Éty. V. *Cort*, R.

COURTOIS, V. *Courtes*.

COURTOISAMENT, adv. (coourtoisaméin); *Cortezamente*, port. Courtoisement, d'une manière courtoise. V. *Cort*, R.

COURTOISIA, s. f. (courtoisie); *Cortesia*, ital. esp. cat. *Cortezia*, port. Courtoisie, civilité. V. *Cort*, R.

COURTOT, V. *Courtaud*.

COURTOUAS, d. du Var. V. *Courtes*.

COURTOUN, s. m. (courtóun). Second pain, seconde farine. Aub.

COURUGIANA, s. f. (courudgiáne). Cépola, poisson. Garc.

COURVADA, s. f. (courváde); COUBROC. Corvée, anciennement, travail et service dû gratuitement au seigneur; aujourd'hui travail fourni en nature de journées et non en argent, et fig. travail pénible, ingrat, etc.

Éty. Ce mot nous fournit une nouvelle preuve de l'utilité de notre méthode pour trouver les véritables étymologies par le moyen des radicaux et des terminaisons significatives. Ménage a dit que corvée venait du latin barbare *corvada*, dérivé de *curvatus*, part. de *curvare*, courber, parce que c'est avec le corps courbé qu'on travaille aux corvées; mais on a dit dans le même langage *corvagium*, formé de *corv* pour *corps*, de *corpus* et de *agium*, dérivé de *ago*, *agere*, agir, travailler, payer de son corps; ce qui donne la vraie signification de corvée. Voy. *Corp*, R.

Les corvées étaient déjà en usage chez les Romains où les patrons les exigeaient des esclaves. En France, la plupart des corvées ont été imposées par les seigneurs.

COURVETA, s. f. (courvéte); *Corbeta*, cat. esp. *Corveta*, port. *Corvetta*, ital. Corvette, petit bâtiment de guerre, petite frégate.

COUS, vl. Employé pour *com us*, comme je vous, comme vous. Cocu. Gl. occ.

COUS, s. m. (cóus); COURS. Etage, l'espace entre deux planchers dans un bâtiment.

Éty. Ce mot est d'origine ligurienne, selon l'auteur de la St. des B.-du-Rh. ou du grec *chortos*, enceinte. V. *Cour*, R.

Logi au segound cous, je loge au second étage.

COUS, s. m. Gîte, meule de forme concave, sur laquelle tourne celle qui broie les olives. Avr. V. *Virant* et *Peissent*.

COUS, Pour *coucou*. V. *Couguou*.

COUSCOUL, dl. V. *Courgoussoun*.

COUSCOULHAS, s. f. pl. (couscóuilles), dl. Les gousses, les cosses des pois, des fèves, etc. V. *Gruelha*.

Éty. du lat. *quisquilia*, brindilles, balayures, ce qu'on jette dans les rues.

COUSEDURA, s. f. (cousedúre); COUSESOUN, d. vaud. Cuisson, sentiment douloureux, l'action de cuire. V. *Couire*, R.

COUSER, *Coser*, port. V. *Courdurar*.

COUSER, v. a. d. lim. Foucaud. Coudre. V. *Courdurar*.

COUSEY, s. m. vl. Coussin. V. *Couissin*.

COUSIER, s. m. vl. *Cuiseur*, celui qui dirige le feu d'un fourneau, celui qui fait cuire.

Éty. de *couser* et de *ier*. V. *Couire*, R.

COUSIGNER, dl. V. *Cousinier*.

COUSIGNEIRAS, s. f. pl. (cousignèires). Le même que *Pouiniera*, v. c. m.

COUSIN, INA, s. (cousin, ine); COSIN. *Cusi* et *Cosi*, cat. *Cugino*, ital. Cousin, e; ceux qui, à compter des aïeux, remontent à une même souche. On nomme cousins germains, les enfants de deux frères ou sœurs; cousins issus de germains, les enfants de ceux-ci, et ceux qui viennent ensuite, cousins au troisième et quatrième degré, etc.

Éty. du lat. *consanguineus*, de même sang. V. *Sang*, R.

Ce n'est que depuis Louis XI que les rois ont donné le titre de cousin, à des gens qui ne l'étaient pas en effet, et seulement pour les honorer. Henri II est le premier de nos rois qui ait donné cette qualification aux maréchaux et aux pairs.

COUSIN, s. m. (cousin); MOUISSOUN, MOUISSALA, MOUISSORA, BIGAL. Cousin, *Culex*, Lin. nom d'un genre d'insectes de l'ordre des Diptères et de la fam. des Haustelles ou Sclérostomes (à bouche dure).

L'espèce la plus commune, et en même temps la plus incommode dans nos pays, est le cousin commun, *Culex pipiens*, Lin. Il fuit la lumière, aussi l'emploie-t-on pour se préserver de ses piqûres pendant la nuit.

La femelle pond ses œufs sur le bord des eaux; elle en fait, selon Réaumur, plus de 350 qui éclosent dans deux jours.

Les rideaux qu'on emploie pour se préserver de ces insectes se nomment: *Cousinières*.

Lou gros cousin, est une variété du *Culex pulicaris*.

COUSINA, s. f. (couzine); COUDINA, CUISINA. *Cucina*, ital. *Cocina*, esp. *Cozinha*, port. *Cuina*, cat. Cuisine, partie du logis où l'on prépare les aliments qui doivent être servis sur la table; art d'apprêter les viandes; manière dont on les apprête.

Éty. de la basse lat. *cucina*, dérivé de *coquina*, le même. V. *Couire*, R.

On dit que c'est chez les Asiatiques que l'art de la cuisine à pris naissance; que ceux-ci le communiquèrent aux Grecs, qui le firent à leur tour connaître aux Romains, peuple qui le porta au plus haut point de raffinement. Les Italiens l'apprirent des Romains, et ce ne fut guère que sous Catherine de Médicis, que les Français l'adoptèrent des Italiens.

Les principales parties d'une cuisine sont:

LE LAVOIR ou SOUILLARDE, cabinet qui contient l'évier.

LE FOURNEAU ou POTAGER, où sont les réchauds, munis au fond d'une grille à jour pour laisser tomber la cendre dans le cendrier.

L'ÉGOUTTOIR, planche ou treillis sur lequel on fait égoutter la vaisselle; et ensuite les divers ustensiles.

COUSINAGI, s. m. (cousinádgi); COUSINAGE. Apprêt, accommodage des aliments, cuisson.

Éty. de *cousina* et de *agi*, faire la cuisine.

COUSINAGI, s. m. *Cosinatge*, cat. Cousinage; parenté entre cousins, l'assemblée de tous les parents.

COUSINAR, v. a. et n. (cousiná); COUINAR, COSINAR. *Cuinar*, cat. *Cocinar*, esp. *Cosinhar*, port. *Cucinare*, ital. Cuisiner, faire la cuisine, faire cuire les aliments. V. *Cousinegear*.

Éty. de *cousina* et de l'act. *ar*.

COUSINAR, v. a. dg. Presser. V. *Couire*. Rad.

La mala set lou cousinaoua.
D'Astros.

COUSINAR SI, v. r. Se cuire, se préparer, en parlant des aliments.

COUSINAT, ADA, adj. et p. (cousiná, áde); *Cosinhado*, port. Cuit, uite; apprêté, ée.

Éty. de *cousina* et de *at*, passé par la cuisine. V. *Couire*, R.

COUSINEGEAR, v. n. (cousinedjá); COUSINAR. Cousiner, traiter de cousin, faire le parasyte.

Éty. de *cousin* et de *egear*. V. *Sang*, R.

COUSINEIRA, d. béarn. V. *Cousiniera*.

COUSINIER, IERA, s. m. (cousinié, iére); COUSINEIRA, COUSINEY, COUSIGNER. *Cuoco* et *Cuciniere*, ital. *Cocinero* et *Cocinera*, esp. *Cosinheiro* et *Cosinheira*, port. *Cuiner*, cat. Cuisinier, ière, celui, celle qui sait faire la cuisine; personne à gage qui fait la cuisine dans une maison.

Éty de *cousina* et de *ier*. V. *Couire*, R.

Cuisinier macarri, cuisinier de hédin, cuisinier du diable, mauvais cuisinier.

COUSINIERA, s. f. (cousinière); ZINZINIERA, Cousinière, rideau de gaze pour se garantir de la piqûre des cousins.

Éty. de *cousin* et de *iera*.

COUSINIERA, s. f. (cousiniére); CUISINIERA. Cuisinière, ustensile de cuisine, servant à faire rôtir les viandes.

Dans cet ustensile on distingue:

Le bas ou derrière, les anses ou pieds, la porte, les poignées et les côtés.

COUSIOT, s. m. d. béarn. Alt. de *cousinot*, petit cousin. V. *Sang*, R.

COUSNAT, s. m. d. béarn.?

Cargue de cousnat, doutze sols tournez. Priv. et régl. du pays de Béarn.

COUSOIR, s. m. (cousoir). Cousoir, instrument de relieur qui sert à coudre les livres.

Éty. de *couser*, coudre, et de *oir*. Voy. *Coser*, R.

Dans un cousoir, on distingue :

LA TEMPLOIRE, et
LA CHEVILLETTE.

COUSOUDA, s. f. vl. Consoude, plante. V. *Herba deis sumis.*

Éty. du lat. *consolida.*

COUSOUMET, s. m. dg?

Momoto coum'un cousoumet.
D'Astros.

COUSSA, s. f. (cóusse). Pour *course.* V. *Coursa.*

COUSSA, Pour *escousse*. V. *Escoussa.*

COUSSARI, V. *Coursari.*

COUSSAUDA, s. f. (coussáoude); CASSOUDA, ESCURETA, ESCURET, CASSAUDA, FRETADOUR, CASSOUDA. Prêle, queue de cheval, genre de plantes de la fam. des Prêles qu'on trouve dans les lieux humides. V. Garid. p. 159.

Éty. A cause de la ressemblance qu'ont plusieurs espèces avec une queue de cheval, on leur en a donné le nom, dans la plupart des langues, car *hippuris* en grec, formé de ἵππος (hippos), cheval, et de οὐρα (oura), queue; *horse-tail*, en anglais, de *horse*, cheval, et de *tail*, queue; *coda di cavallo*, en ital. et *coda de mula*, en esp. notre provençal *coussaude*, paraît avoir la même signification, et être composé de *cou* pour *coua*, et de *saudapour seta*, soie, crin.

Les espèces que l'on désigne plus particulièrement sous ces noms, sont : la prêle des champs, *Equisetum arvense*, Lin. la prêle des fleuves, *Equisetum fluviatile*; la prêle des marais, *Equisetum palustre*; la prêle d'hiver, *Equisetum hyemale*, la prêle très-rameuse, *Equisetum ramosissimum.*

Toutes ces espèces servent à polir divers ouvrages et particulièrement les ustensiles de cuisine, d'où le nom de *fretadour*, qu'on leur donne dans quelques contrées. Elles sont un objet de commerce dans le département des Bouches-du-Rhône, où elles donnent un produit net et annuel de 10,000 fr. selon l'auteur de sa Stat.

COUSSAUDA-BASTARDA, s. f. CASSAUDA. Nom qu'on donne, dans le département de l'Hérault, à la prêle des fleuves, *Equisetum fluviatile*, V. le mot précédent.

COUSSAUDOUN, s. m. (coussaoudóun). Dim. de *coussauda*, petite prêle, Avril; et par extension, lavette. V. *Fretadour.*

COUSSEDA, et.

COUSSEDRA, V. *Coulcet.*

COUSSEGAL, dl. V. *Counsegal* et *Segue.*

COUSSEGAS, s. m. (coussegás), dl. *Cossegas*, cat. Gros ou laid corps, corps faible, gâté, pauvre corps. Douj.

Éty. Alt. de *corpsegas.*

COUSSEGEAR, (coussedjà). V. *Coussegre.*

COUSSEGRE, v. a. (cousségré); ACOUDILHAR, ACOUSSEGEAR, ACOUTIR, ACOURSAR, COUSSEGEAR, ACOUSSEGRE, PERSEGRE, ACASSAR, COUNSEGRE, ACOUTSAR, ACOUTIGAR, PERSEGUIR. *Conseguir*, port. cat. esp. *Conseguire*, ital. Poursuivre pour atteindre; attraper, atteindre; chasser quelqu'un. Sauv.

Éty. du lat. *consequi*, m. s. ou de *coussa*, course, et de *segre*, suivre, suivre à la course, suivre en courant. V. *Sequ*, R.

COUSSEGUT, UDA, adj. et p. Poursuivi, ie. V. *Sequ*, R.

COUSSENA, s. f. (coussène), dl. Couette, lit de plume. Douj. V. *Coulcet.*

COUSSENT, dl. Pour *Counsent*, v. c. m.

COUSSERA, V. *Coulcet.*

COUSSERGUEGEAR, v. a. (coussergueджà), dl. Chatouiller. Sauv. *Catilhar*, poursuivre en chatouillant. V. *Sequ*, R.

COUSSET, s. m. (coussé); COUASSA, GRIAL. Sébile, écuelle de bois dont se servent les bergers.

Éty. du grec κοτύλη (cotulé), cavité, creux.

COUSSEY, d. lim. Conseil. V. *Counseou.*

COUSSEY, *se balhar*, d. lim. expr. prov. Se donner du mouvement.

COUSSI, espèce d'adv. (coussi), dl. Comment, comment donc : *Coussi vous pourtaz?* Comment vous portez-vous? *Coussi si marida?* Quoi donc, il se marie? *Coussi quicon*, d'une façon ou d'autre, ou tellement, quellement; *Coussi que sia*, étourdiment, à la légère; *Bejats-le coussi marcho*, Hillet. voyez le comme il marche.

COUSSIAR, V. *Coussegre* et *Ajougner*, Garc.

COUSSIERA, s. f. (coussiére); AIGUIER. Fossé que l'on construit au haut d'un champ pour retenir les eaux pluviales.

Éty. Ce mot est probablement dit pour *coursiera*. V. *Courr*, R.

COUSSILHOUN, dl. Alt. de *Corsilhoun*, v. c. m.

COUSSINÇA, s. f. d. lim. Alt. de *Counscienca*, v. c. m.

COUSSIR, v. a. (coussir), dl. Hâcher, couper menu. V. *Chaplar.*

Coussir l'hortela, hacher les herbes.

Coussir coumo d'herbetas, hâcher comme chair à pâté.

COUSSIRAR, v. a. dg. Penser, considérer.

Éty. du lat. *considerare*. V. *Consider*, R.

Mes s'entourne dret al bourdiou,
Per coussirà *so qu'ere Diou.*
D'Astros.

COUSSIRAT, ADA, adj. et part. (coussirá, áde), d. béarn. En compagnie, recherché, ée, considéré.

Éty. du lat. *consideratus*, m. s. V. *Consider*, R.

COUSSODRA, s. f. (coussodre), Nom toulousain de la joubarbe des toits. V. *Joubarba.*

COUSSOLA, dl. V. *Licafroya.*

COUSSOU, s. m. (coussóu); COUSSOUL, COSSOU, COUSOUS. Nom qu'on donne à chaque portion de pâturage, formant une propriété particulière, dans lequel on mène paître les brebis en hiver, dans la Basse-Provence, et plus particulièrement à la Crau d'Arles.

Éty. *Sic vocantur apud areletenses singulæ pascuarum portiones, quas in planitie de Cravo singuli tenent pascendarum ovium causa, hyemis tempore, vocis etymon à cursu, quod intra cursorii limites pecori liceat currere et pascere*. V. *Courr*, R.

COUSSOULAL, dl. Pour *Consulari*, v. c. m. et *Conselh*, R.

COUSSOULAT, Alt. lang. de *Consulat*, v. c. m.

COUSSOUN, radical pris du latin *cossis*, *cossus* et *cossonus*, artison, ver qui ronge le bois, et dérivé du grec κὶς (kis), κιὸς (kios), petit ver qui ronge le blé ou le bois.

De *cossonus*, par apoc. *cosson*, et par le changement des *o o* en *ou*, *coussoun*; d'où : *Coussoun*, *Cour-coussoun.*

De *coussoun*, par le changement de *ou* en *u*, *cussoun*; d'où : *Cussou*, *Cussoun*, *Cussounadis*, *Cussoun-at.*

COUSSOUN, s. m. (coussóun). Nom qu'on donne, en Languedoc, à plusieurs insectes de l'ordre des Coléoptères, qui rongent, les uns le bois, et les autres les grains, et particulièrement aux suivants. V. *Courcoussoun* et *Chiroun.*

Éty. du lat. *cossonus*, nom donné à quelques insectes de la famille des Charançons; du grec χύω, χυσω (chuô, chusô), *findo*, Dumège.

COUSSOUN, s. m. dl. La vermoulure ou poussière de bois produite par les insectes rongeurs.

COUSSOUNAT, ADA, adj. et p. (coussouná, áde), dl. Piqué des vers. Sauv. V. *Coussoun.*

COUSSUT, UDA, UA, adj. (coussú, úde, úe). Cossu, ue; riche; bien étoffé; qui a tous ses aises.

COUST, s. m. (cóust); COUEST, COSTI, COUSTAGE. *Costo*, esp. ital. *Cost*, cat. *Custo*, port. Le coût, ou ce qu'une chose coûte, en français, le mot coût n'est plus en usage qu'au palais.

Éty. du celt. *coust*, rad. de *coustar*, ou du lat. *constare*, coûter. V. *Est*, R.

COUSTADA, s. f. (coustáde). Bourgeon, drageon qu'une plante pousse à côté de la principale tige. Avr.

COUSTAGE, s. m. (coustádgé), dl. V. *Coust.*

COUSTALA, s. f. (coustále), dl. Coteau, colline. V. *Costa.*

COUSTALAT, s. m. d. béarn. Coteau.

COUSTANA, V. *Costana.*

COUSTANT, adj. (coustán). Le prix coûtant, ce qu'une chose a coûté. Garc.

COUSTANTIN, V. *Constantin.*

COUSTAR, v. n. (coustá); COSTAR. *Costare*, ital. *Costar*, esp. cat. *Custar*, port. Coûter, être acheté à certain prix; on le dit aussi de l'argent que l'on dépense à l'occasion d'une chose, être cause de perte, de soins, de douleur, de travail.

Éty. du lat. *constare*, m. s. V. *Est*, R.

Sensa dire quant vau ni quant cousta, sans réflexion.

Couste que couste, quoi qu'il en coûte, ou quoiqu'il coûte, et non *coûte qui coûte.*

COUSTARET, s. m. (coustoréт), d. bas lim. Dim. de *costa*, petit coteau. V. *Cost*, R.

Morceau de pain que les ouvriers et les bergers, mettent dans leur poche quand ils vont aux champs.

COUSTARETA, s. f. (coustoréte), d. bas lim. V. *Costeleta*.

COUSTAT, V. *Costat*.

COUSTATGE, s. m. vl. Coût. V. *Coust*.

COUSTAU, s. m. (coustaóu). Voiturier?

Fau ben que sie bouen lou coustau,
Quand dins un jour fa quinze legos.
Brueys.

COUSTEGEAR, V. *Costegear*.

COUSTELA, V. *Costela*.

COUSTELETA, V. *Costeleta*.

COUSTELINA, s. f. (cousteline). Nom que porte, dans le département des Bouches-du-Rhône, le *Picridium commun*. V. *Costacouniliera* et *Salada-fera*.

COUSTESIR, v. a. (coustesir); COUSTOUSIR, CUSCAR, dl. Soigner un malade, un enfant, un vieillard ; les traiter délicatement. Douj. Sauv.

COUSTETA, s. f. (coustéte), dg. Côtelette. V. *Costeleta*.

COUSTIA, s. f. (coustié), d. bas lim. Toile ou coutil rempli de plumes et de la grandeur du lit ; lit de plume.

Éty. du grec κοίτη (koitê), lit.

COUSTIBLAIRE, s. m. (coustiblàïré). Bâton pour frapper ; celui qui s'en sert. Garc.

COUSTIBLAR, Alt. de *Constipar*, v. c. m. Frapper, corriger rudement. Garc.

COUSTIBLAT, Alt. de *Constipat*, v. c. m.

COUSTIC, s. m. (coustic), dl. Cautère, V. *Cautero*; pour caustique. V. *Caustique*.

COUSTIER, V. *Costier*.

COUSTIERA, s. f. (coustiére). Revers d'une montagne ; bourgeon de précaution qu'on laisse à côté du courson, en ébourgeonnant la vigne. Aub.

COUSTIOUS, IOUSA, adj. (coustióus, óuse). Coûteux, euse, dispendieux. Garc.

COUSTIPAT, V. *Cunstipat*.

COUSTIQUE, V. *Caustique*.

COUSTOUELA, s. f. (coustouéle) ; COUSTOUERA, COUSTOUIRA, COUSTOULAIRE, COUSTOUARA, CAVET. Échanvroir, instrument de bois en forme de sabre ou de coutelas, dont on se sert pour échanvrer, c'est-à-dire, pour séparer la chènevotte de la filasse du chanvre.

Éty. Ce mot paraît être une altération de *coutela*. V. *Coutel*, R.

COUSTOUIRA, s. f. (coustóuire) ; et impr. COUSTOIRA, même signif. que *Coustouela*, v. c. m. et *Coutel*, R.

COUSTOUIRAR, v. a. (coustouïrá). Échanvrer le chanvre, le lin, en détacher la plus grosse chènevotte.

Éty. de *coustouira* et de l'act. *ar*, employer l'échanvroir. V. *Coutel*, R.

COUSTOULAIRE, d. m. V. *Coustouela* et *Coutel*, R.

COUSTOULAR, v. a. (coustoulá). Repasser le lin, le chanvre avec l'échanvroir.

Éty. de *coustouela* et de *ar*. V. *Coutel*, R.

COUSTOULIER, s. m. (coustoulié) ; COUSTOURIER. Support à trois pieds sur lequel on brise le chanvre.

COUSTOURIER, s. m. V. *Coustoulier*.

COUSTOUS, OUSA, OUA, (coustóus, óuse, óue) ; COUSTIOUS. *Costoso*, esp. *Custoso*, port. *Costos*, cat. Coûteux, euse, dispendieux, cher.

Éty. de *coust* et de *ous*, cher de sa nature. V. *Est*, R.

COUSTOUSIR, v. dg. Conduire?

De tout noste seïgne t'empreigno
Cad'an per coustousi *la gent.*
D'Astros.

COUSTRECH, *Costret*, cat. V. *Counstrench*.

COUSTREGNER, V. *Counstregner*.

COUSTUBAT, ADA, adj. et p. vl. Constipé. V. *Constipat*.

Tant sur aquel que s'escourrenço,
Coumo sur un qu'es coustubat.
Michel.

COUSTUMA,
COUSTUMADA,
COUSTUMAR,
COUSTUME et
COUSTUMIER, V. tous ces mots par *Cost*, comme plus conformes à l'étymologie.

COUSTUPAR, dl. V. *Coustipar*.

COUSTY, s. m. d. bord. Couette? lit de plumes.

La *cousty* de toun leyt, que ta bien te repaouses,
Per te hese creba coutén beaoucop de cuouses.
Verdier.

Éty. du grec κοιτη (koitê), lit.

COUT, s. m. (cóut), dl. ACOUT, ACOU. Pierre à aiguiser.

Éty. du lat. *cotis*, gén. de *cot*, pierre à aiguiser, que M. Thomas fait venir du grec ἀκόνη (akonê), m. s.

COUT, s. m. d. béarn. Coin, angle. Voy. *Cantoun* et *Cougnet*.

COUT, OUTA, adj. vl. COUTZ. Honoré, ée.

Éty. du lat. *cultus*, m. s.

COUTAL, s. m. (coutál), dl. Voiturier. V. *Voiturier*.

COUTAR, v. a. (coutá) ; *Cotar*, port. Coter, marquer suivant l'ordre des nombres ; citer un passage d'un auteur.

Éty. du latin *quota*, combien, et de la term. act. *ar*, dire combien. V. *Quot*, R.

Coutar se dit aussi dans le sens de frapper, et il vient alors du grec κόπτω (koptô), heurter, frapper.

COUTAR, v. a. ACCOUTAR. Caler : *Coutar una roda*, caler une roue, mettre une cale ou un coin sous une roue, pour la fixer, pour l'empêcher d'avancer ou de reculer.

Se coutar, fig. s'opiniâtrer.

Éty. du lat. *cotis*, gén. de *cos*, caillou.

COUTARD, s. m. (coutár). *Coutar*, nom qu'on donne, à Arles et à Avignon, à l'hélice aspergée. V. *Judiouvà*.

COUTAREL, s. m. vl. Habitant d'une cabane.

Éty. de la basse lat. *cota*, cabane.

COUTARELS, s. m. pl. (coutarèls). Nom qu'on donnait aux paysans révoltés, qui, sous le règne de Louis VII, infestèrent la France.

Éty. V. *Coutarel*.

COUTARIA, s. f. (coutarie). Coterie, société de plaisir, société qu'on fréquente souvent, société où le même esprit domine.

Éty. du celt. *cota*, maison, d'où la basse lat. *cota*, cabane. M. de Roquefort donne pour racine à ce mot *quot*, combien.

COUTAT, ADA, adj. et part. dg. (coutá, áde) ; *Cotado*, port. Marqué, inscrit, calé, pressé, éc.

Éty. de *quot*, combien, dans les deux premières acceptions, et de *cos*, *cotis*, dans la seconde. V. *Quot*, R.

COUTAU, s. m. (coutáou) ; *Colle*, ital. *Cuesta*, esp. *Collina*, port. Coteau, penchant d'une colline, depuis le haut jusqu'en bas.

Éty. du lat. *costa*, côte, petite côte de montagne. V. *Cost*, R.

Coutau doou bord de la mar, dune.

Coutau d'una ribiera, berge.

COUTAU, s. m. et *Coutal*, dl. Un chasse-mulet, muletier, voiturier, charretier.

Éty. de la basse lat. *cotta*, habillement de grosse toile que les voituriers, et en particulier les charretiers, portent par-dessus leurs habillements. V. *Bloda*.

COUTEIL, d. béarn. Alt. de *Coutel*, v. c. m.

COUTEL, s. m. (coutèl) ; COUTEOU, COUTEIL. *Coltello*, ital. *Cuchillo*, esp. *Cutello*, port. *Coltell*, cat. Couteau, instrument composé d'un manche et d'une lame qui ne taille que d'un côté, servant à couper, particulièrement à table. V. *Coutel*, R.

On distingue dans un couteau, le manche et la lame.

Dans le manche on nomme :

CLOU, *tacheta*, le petit cylindre de fer qui fixe la lame au manche.

COTE, *costa*, chaque partie ou plaque d'un manche à deux pièces.

CUVETTE, garniture d'or, d'argent ou de nacre, qu'on met au bas du manche.

RESSORT, V. *Ressort*.

ROSETTES, petites roses ou fleurs d'argent, de cuivre ou de fer blanc, qu'on met sous les rivures des clous.

PLATINES, lames d'acier ou de tole, dont on garnit intérieurement le manche d'un couteau à ressort.

VIROLE, *virola*, anneau que l'on met à l'extrémité de manche, du côté de la lame.

Dans la lame on nomme :

BATTEMENT, la partie qui porte sur le ressort.

COUPANT ou TRANCHANT, *lou tailh*.

DOS, le corps ou la partie la plus épaisse, opposée au tranchant.

EMBASE ou MITRE, la partie renflée de la lame d'un couteau à gaine qui pose sur le manche ou sur la virole.

MENTONNET, espèce de tenon réservé au talon d'une lame, pour porter sur le ressort et empêcher le tranchant de s'émousser.

QUEUE ou SOIE, la partie d'une lame de couteau à gaine, qui entre dans le manche.

TALON, la partie qui est fixée au manche par le clou.

ONGLETTE, l'échancrure qui reçoit l'ongle, quand on veut ouvrir certains couteaux.

Le couteau, étant de tous les instruments, le plus commun, celui qui figure le plus souvent parmi les pièces de conviction dans les procédures relatives à des assassinats, nous croyons devoir faire connaître les noms des principales espèces que l'on trouve dans le commerce.

On nomme couteau à :

BAYONNETTE, celui dont le manche arrondi peut être placé dans le canon d'un fusil.

BEC DE CORBIN, dont le manche est pointu en forme de bec.

BÉQUILLE, celui à deux lames, dont l'une reste dans le manche quand l'antre est ouverte.

LA BERGE, à deux lames ajustées, à tête de compas par leur talon.

CABRIOLET, dont le manche peut servir tour à tour à plusieurs lames qu'on y fixe au moyen d'un ressort.

CACHET, celui qui a une plaque d'argent ou d'acier, qu'on nomme cachet, soudée au bout des platines ou du ressort.

CAMARD, dont la lame est arrondie au lieu d'être pointue.

LA CAPUCINE, sans ressort.

LA CHAROLAISE, à ressort, à talon, et dont le bout du manche se termine par un rouleau.

LA CHINOISE, à gaine, court, large et mince.

CREUX, celui qui sert de gaine à un autre.

CROSSE, dont le manche se termine en crosse.

DÉPÉCER, à lame longue et étroite.

DOUBLE JOINT, celui dont on n'aperçoit pas la loge de la lame quand il est ouvert.

EUSTACHE DU BOIS, à manche de bois à un seul clou.

LA GRECQUE, dont le manche et le dos de la lame vont en serpentant quoique le tranchant soit droit.

GRIMACE, dont on ne peut ouvrir la lame qu'en faisant marcher un côté de manche.

LOQUET, qu'on ne peut fermer qu'en retenant le ressort avec le pouce.

LA MILITAIRE, qui est garni en haut, par deux cachets soudés sur la platine, et en bas par une cuvette.

DE PEINTRE, dont la lame est fort mince.

PLATE SEMELLE, dont les deux plaques du manche sont fixées par trois clous sur la soie platte.

POMPE, dont le ressort est fendu pour recevoir une bascule.

POUDRE, celui qui est destiné à ôter la poudre de dessus la figure.

LA RAMPONNEAU, de la longueur d'un pied et plus.

SECRET, dont la lame ne s'ouvre que par un moyen secret.

DE TABLE, celui dont la lame est fixe.

TAMBOUR, couteau à gaine, dont la mitre est ronde.

Les anciens, dit Goguet, n'avaient point de couteaux : une espèce de poignard, qu'ils portaient toujours à la ceinture, leur en tenait lieu.

Couteou de bregeaire, espade ou espadon, et mieux échanvroir.

Couteou à doular, couteau à doler.

Couteou à ped, couteau à pied.

Couteou à parar deis reliurs, dague.

Couteou rasier, couteau à scie. Suppl. à Pellas.

COUTEL, COLTEL, COTEL, radical pris du latin *culter*, *cultri*, couteau, coutre, d'où le diminutif *cultellus*, couteau, par apoc. *cultel*.

De *cultel*, par suppr. de *l*, et métagr. de *u* en *ou*, *coutel* : *Coutel*, *Coutel-a*, *Coutel-as*, *Coutel-et*, *Coutel-oun*, *Coutel-ier*, *Coutel-aria*, *Es-coutel-ar*, *Coutelh*, *Coutilh-a*, *Coutilh-iera* ; par le changement de *l* en *ou* : *Couteou*, *Couteit*.

De *cultel*, par le changement de *u* en *o* : *Coltel*, *Coltelh*, *Coltell-ada*.

De *coltel*, par suppr. de *l*, *cotel* : *Cotel*, *Cotelh*, *Cotel-ar*, et par altér. *Costal-ier*, *Coutir-e*, *Coustouel-a*, *Coustouir-ar*, *Coustoul-aire*, *Coustoul-ar*, etc.

COUTEL, s. m. vl. Couteau, grosse plume du guidon de l'aide, terme de fauconnerie.

Éty. de sa forme. V. *Coutel*, R.

COUTEL, s. m. dl. Un plateau de pois ou de haricots, nouvellement défleuris ; cosses tendres de ces légumes dans lesquelles les grains sont à peine formés : *Soun pas que de coutels*, ces pois ne sont encore qu'en plateau. Sauv.

Éty. de la ressemblance que ces jeunes gousses ont avec le manche d'un couteau. V. *Coutel*, R.

COUTEL, s. m. dl. Coutre de charrue. V. *Coutel*, R.

COUTELA, s. f. (coutèle). Stilet, poignard, mot piémontais. V. *Coutel*, R.

COUTELA, s. f. Un des noms du glayeul, Voy. *Coutelet*, de l'iris germanique. Voy. *Coutelas*.

COUTELA, Altér. de *Cautera*, v. c. m.

COUTELA, s. f. Est aussi l'un des noms par lesquels on désigne le narcisse des poëtes, en Languedoc, à cause de la forme de ses feuilles qui ressemblent un peu à la lame d'un couteau, *stylet*, V. *Dona* et *Coutel*, R.

COUTELADA, s. f. (couteláde) ; *Cuchillada*, esp. *Cutelada*, port. *Coltellada*, anc. cat. *Coltellata*, ital. Coup de couteau, estafilade.

Éty. de *coutel* et de *ada*. V. *Coutel*, R.

COUTELAR, v. a. (couteláà), dg. ESCOUTELAR, DAGAR. Donner des coups de couteau, égorger : *Se coutelar*, se poignarder.

Éty. de *coutel* et de *ar*. V. *Coutel*, R.

COUTELARIA, s. f. (coutelarie). Coutellerie, l'art du coutelier, ouvrage que fait et vend le coutelier.

Éty. de *coutel* et de *aria*. V. *Coutel*, R.

COUTELAS, s. m. (coutelás) ; *Cutelo*, port. Coutelas, épée courte et large, c'est aussi l'augm. de *couteou*, gros couteau, fig. avare.

Éty. de *coutel* et de l'augm. *as*. V. *Coutel*, Rad.

COUTELAS, s. m. LIRGA, TOULIPA, COUTELAT, GLOOUJOOU, CACHOCLE, COUTELA, GLACEJAU. Noms qu'on donne à l'iris flambe ou iris germanique, *Iris germanica*, Lin. plante de la fam. des Iridées, qui croît dans les lieux secs de la Provence Méridionnale, et que l'on cultive dans les jardins à cause de la beauté de sa fleur. V. Garid. *Iris vulgaris*, etc. p. 255.

Éty. Le nom de *coutelas*, lui a été donné à cause de la ressemblance qu'ont ses feuilles avec l'instrument qui porte ce nom. V. *Coutel*, R.

Les fleurs de cette plante, macérées avec de la chaux, donnent la belle couleur verte, connue sous le nom de vert-d'iris.

COUTELAS, s. m. Est aussi le nom qu'on donne dans le H.-P. au *Festuca spadicea*, Lin. V. *Rasina*.

Éty. Ses feuilles ont la forme d'une lame de couteau ou de stilet. V. *Coutel*, R.

COUTELASSA, s. f. (coutelásse), péjoratif de *coutela*. Nom qu'on donne au glayeul, en Languedoc. V. *Coutelet*.

COUTELASSA, s. f. (coutelásse), péjoratif de *coutela*. C'est aussi le nom qu'on donne au glayeul, en Languedoc. V. *Coutelet*.

COUTELEGEAR SE, v. r. (couteledjá, se). Se battre à coups de couteau. Garc. Découper, tailler. Cast.

COUTELEIRA, s. f. (coutelèire), dl. Fourreau d'épée, gaine de couteau.

Éty. de *coutel* et de *eira*. V. *Coutel*, R.

COUTELET, s. f. (coutelé), Dim. de *couteou*, petit couteau.

Éty. du lat. *cultellus*, m. s. V. *Coutel*, Rad.

COUTELET, s. m. COUTEOU, COUTRELASSA, COUTELA, COUTELASSA, OBRIAGA, GLAGE. Noms qu'on donne dans les différentes contrées de la Provence au glayeul commun, *Gladiolus communis*, Lin. plante de la fam. des Iridées, commune dans les champs. V. Gar. *Gladiolus*, p. 208.

Éty. de la ressemblance qu'ont ses feuilles avec celles d'un petit couteau, *coutelet*. V. *Coutel*, R.

C'est aussi le nom qu'on donne dans quelques pays, à Montpellier par exemple, selon Magnol, aux *Iris germanica* et *pumila*. V. *Coutelas* et *Palympa*.

COUTELH, vl. V. *Coutel*.

COUTELIER, s. m. (coutelié) ; *Coltellinajo*, ital. *Cuchillero*, esp. *Cutileiro*, port. Coutelier, celui qui fait ou qui vend des couteaux, des ciseaux, des rasoirs, et autres petits instruments tranchants.

Éty. de *coutel*, couteau, et de *ier*. V. *Coutel*, R.

Les principaux outils des couteliers, outre les limes, marteaux, étau, cisailles, sont :

LE BOIS A LIMER, ou morceau de bois sur lequel on a fait différentes rainures ou sillons pour tenir la pièce qu'on veut limer à la main.

LE BOIS A POLIR, ou morceau de bois blanc ou de noyer servant à polir avec l'éméri.

LA BROCHETTE, ou morceau de bois destiné à tenir la lame des canifs sur la meule.

LE BUFLE, ou outil composé d'une bande de cuir collée sur bois, servant à polir à l'éméri.

LE CHEVALET, ou le banc sur lequel est appuyée la planche où se couche le coutelier pour éguiser.

LA CURE, ou morceau de feutre dont ils se servent pour tenir la pointe des pièces sur le polissoir.

LE FUSIL, ou cône de fer poli au moyen duquel ils donnent le fil aux instruments tranchants.

LE GRATTEAU, ou outil d'acier carré, servant à polir l'ivoire, la corne, le buis, etc.

LES MORDACHES, ou tenailles de bois qu'on met dans l'étau pour empêcher que l'acier de l'étau n'endommage les pièces.

LE PLOMB, ou masse de ce métal sur laquelle ils coupent les rosettes.

LA POLISSOIRE, ou meule en bois de noyer servant à polir.

LE RABAT-EAU, ou morceau de cuir, de feutre, etc., qu'ils placent près de la meule pour que l'eau ne rejaillisse pas sur le remouleur.

LE ROSETIER, ou l'outil qui sert à couper les rosettes.

Les couteliers nomment :

BAGUETTE ou JONC, une moulure en relief, arrondie entre deux filets.

BOBÈCHE, un morceau d'acier fin qu'on soude entre deux autres d'une qualité inférieure.

BORASSEAU, la boite qui contient le borax.

BRASURE, l'endroit où deux pièces sont brasées ensemble.

ETOFFE, le fer ou l'acier dont ils font un instrument.

MOULÉE, la boue qui se dépose dans l'auge.

COUTELIERA, s. f. (couteliére). Coutelière, étui dans lequel on serre plusieurs couteaux.

Éty. du *coutel* et de *ier*. V. *Coutel*, R.

COUTELIERA, s. f. dl. COUTELIEIRA. Plante de blé en fourreau, où l'épi est encore enveloppé dans les feuilles ; cosse de pois en plateau. V. *Coutel*, R.

COUTELOUN, s. m. (coutelóun). Petit couteau.

Éty. de *coutel* et du dim. *oun*. V. *Coutel*, Rad.

COUTELOUN, s. m. dl. *Lou joc del couteloun*, le jeu de cache-cache-mitoulas.

Éty. Du petit couteau qui sert à ce jeu. V. *Coutel*, R.

Aïci sé forma un gros moulou
Ounté sé joga aou coutelou.
A. Rigaud.

COUTELOUN, s. m. (coutelóun); **COUTELOU**. Nom qu'on donne, dans le Gard et à Avignon, à l'alouette lu-lu ou petite alouette huppée, *Alauda arborea* et *nemorosa*, Lin. oiseaux de l'ordre des passereaux et de la famille des Subulirostres (à bec en alène). V. *Bedouvida*.

COUTELS, s. m. pl. vl. Grosses plumes de l'aile.

COUTEOU, s. m. Nom qu'on donne, à Avignon, au glayeul. V. *Coutelet*.

COUTEOU, s. m. Un des noms du glayeul, qu'on lui donne à cause de la ressemblance qu'ont ses feuilles avec la lame d'un couteau. V. *Coutelet*.

COUTEOU-SERRA, s. m. (couteóu-sèrre); **RESSET, FORA, SARRET**. Egohine ou scie à main, lame de fer dentelée d'un côté et pourvue d'un manche.

COUTERET, s. m. (couteré), dg. Instrument de musique.

COUTERLA, s. f. (coutèrle). Morelle baguenaude, alkekenge, plante qui vient dans les vignes, Avril. (cette plante de M. Avril, se compose donc de trois plantes bien différentes).

COUTET, V. *Coutouit*.

COUTETA, V. *Coteta*.

COUTHURNO, V. *Cothurno*.

COUTIGA, s. f. (coutigue). Chatouillement. V. *Catilh*.

Lou souffeta ye fai coutiga,
Et fugis perqu'el la coutiga.
Favre, Sieg. de Caderoussa.

COUTIGADURA, V. *Catilh*.

COUTIGAR, V. *Catilhar*.

Éty. de *cutis toccare*, P. Puget.

COUTIGNAT, V. *Coudounat*.

COUTIGOU, V. *Catilh*.

COUTIGOUS, OUSA, OUA, adj. (coutigóus, óuse, óue). Chatouilleux, euse. Garc.

COUTIGUET, V. *Catilh*.

COUTILHA, s. f. (coutille), d. bas lim. Cosse, gousse des fruits légumineux. V. *Gova*, *Banetas* et *Gruelha*.

Éty. de *coutel*, à cause de la ressemblance que les gousses ont en général avec un couteau fermé. V. *Coutel*, R.

COUTILHAR, V. *Catilhar*.

COUTILHIEIRA, s. f. (coutillièire), d. bas lim. On le dit particulièrement des gousses des pois et des haricots verts. V. *Gova*, *Banetas*, *Coutel*, R. et *Coutilha*.

COUTILHOUN, s. m. (coutilhóun); **COUTIOUN**. Cotillon, jupe de dessous, celle que les femmes mettent immédiatement sur la chemise.

Éty. de *cotta* et du dim. *oun*, ou du lat. *crocotula*, petite robe de femme, dim. de *crocota*, habit de femme de couleur de safran.

Drech doou coutilhoun, droit que les femmes avaient anciennement sur la vente des offices de leurs maris.

Ama lou coutilhoun, il aime les femmes.

COUTILHOUNET, s. m. (coutillouné); **COUTIOUNET**. Petit jupon, jupon d'enfant. Cast.

COUTINAUT, adj. m. (coutinâou), dl. Gentil, joli, propre. Douj.

Simple, mes *coutinaut* es soun habillomen.

COUTINFOUN, s. m. (coutinfóun); **COUTINFLOUN**. dl. Femme mal mise qui se donne des airs de demoiselle : *Ma dameisela de coutinfloun*.

COUTIOU, dl. V. *Coudier*.

COUTIS, s. m. (coutis); **FLANSINA**. *Coti*, cat. esp. Coutil et coutis, grosse toile, quelquefois toute de fil, mais plus communément aujourd'hui de fil et de coton, qu'on emploie pour faire des matelats, des taies d'oreiller, etc.

Éty. du lat. *culcita*, matelas.

COUTIS, s. m. dl. On le dit d'une chose difficile à démêler, comme des cheveux qu'on n'a pas peignés depuis longtemps.

C'est peut être à cause de cette signification, qu'on donne le nom de *coutisses* à la laine de la queu des moutons qui est embrouillée et de mauvaise qualité.

COUTISAR, V. *Cotisar*.

COUTISAT, V. *Cotisat*.

COUTISATION, V. *Cotisation* et *Quot*, Rad.

COUTIT, IDA, adj. et p. (couti, ide), d. lim. Mêlé, ée, brouillé. V. *Coutis*.

Dobor, uno barbo toufudo
Tan coutido *coumo un chardou*,
Tapissavo soun bobignou.
Foucaud.

COUTOUIET, d. apt. V. *Coutouit*.

COUTOUIT, s. m. (coutoui), d. m. **COUPET, COUTET, COUTOUIET**. *Coppa*, ital. *Cogote*, esp. Le chignon du cou, le creux qui se trouve immédiatement au-dessous de la nuque.

Éty. du grec κότις (kotis), occiput, ou de κοτύλη (kotulê), creux, cavité.

COUTOULIOU, s. m. dg. Oiseau.

COUTOUN, s. m. (coutóun); *Cotó*, cat. *Cotone*, ital. *Algodon* et *Coton*, esp. *Cotão* et *Algodão*, port. Coton, duvet flocconneux, long et fin, qu'on retire des capsules des cotonniers, plantes de la fam. des Malmavées dont on connait plusieurs espèces. La plus commune et la plus généralement cultivée en Europe, est le cotonnier herbacé, ou de Malthe, *Gossypium herbaceum*, Lin. qu'on croit originaire de la Haute-Egypte et qui devient ligneux dans les pays chauds.

Éty. de l'arab. *kotonn*, m. s.

On donne le nom de *beledin*, à une espèce de coton filé du Levant, de médiocre qualité.

La capsule, coque ou gousse du cotonnier est divisée en cinq loges, renfermant chacune une ou plusieurs semences enveloppées d'un duvet, qui est le coton. V. pour les détails de sa culture, le Dict. Sc. Nat. au mot Cotonnier.

Coutoun en rama, coton en laine et non en *rame*.

L'usage du coton remonte à la plus haute antiquité, on croit qu'il était déjà connu du temps de Moïse.

La robe dont Pharaon fit revêtir Joseph était de coton. Gen. c. 41, v. 42.

Le coton a été cultivé autrefois en Provence. V. Pierre de Quiqueran, *De laudibus Provinciæ*, liv. 2, fol. 1. et Astruc, Mémoires pour l'Hist. Nat. de la Prov. du Lang. Préf. p. VIII.

Un arrêt du conseil d'Aix, du 21 mai, 1765, accorda aux frères Mottet, un encouragement de 2,000 livres, pour les aider à soutenir l'établissement d'une filature de coton qu'ils avaient formée à Toulon.

Dérivés : *Coutoun-at*, *Coutoun-a*, *Coutoun-ina*.

COUTOUN, s. m. Maladie de l'olivier occasionnée par une matière visqueuse que produisent les larves des psylles de l'olivier.

COUTOUNA, s. f. (coutóune); **COUTOUNADA**. Cotonnade, toile dont la chaîne est en fil de chanvre ou de lin, et la trame en coton ; on la nomme aussi siamoise.

Éty. de *coutoun* et de la term. fém. *a*.

COUTOUNA, s. f. Nom qu'on donne aux poules en les appelant.

Gros a dit, en parlant d'un coq :

Dispousavo selon soun goust
D'un gentil pople de coutounes.

COUTOUNADA, s. f. (coutounáde). Cotonnade, étoffe de coton en général. Garc.

COUTOUNAR SE, v. r. Se cotonner, se couvrir de duvet, en parlant des joues, des fruits et des étoffes.

COUTOUNAT, ADA, adj. et p. (coutouná, áde); *Accotonato*, ital. Cotonné, ée, bien garni d'un poil fin comme du coton ; pour cordé. V. *Courdat* et *Charbut*.

Éty. de *coutoun* et de *ada*.

COUTOUNET, s. f. (coutouné). Cotonnade, étoffe de coton et de fil rayée. Garc.

COUTOUNIER, s. m. (coutounié). Cotonnier, plante qui produit le coton. Voy. *Coutoun*.

COUTOUNINA, s. f. (coutounine). Cotonnine, grosse toile à chaîne de coton et trame de chanvre dont on se sert pour les voiles des galères.

Éty. de *Coutoun*, v. c. m.

COUTOURIEU, s. m. (coutouriéu), d. bas lim. Mauviette de la petite espèce.

COUTRALHAR, v. a. (coutraillá), dl. Élaguer.

Éty. de *Coutre*, couteau, v. c. m. et *Coutel*, Rad.

COUTRE, s. m. (cóutré); **REFERRI**. *Coltre*, ital. Coutre, espèce de couteau à longue lame, qu'on adapte à la flèche de la charrue, en avant du soc, pour fendre la terre, couper les racines et le gazon.

Éty, du lat. *cultri*, gén. de *culter*, m. s.

C'est encore un instrument dont on se sert pour fendre le bois, faire du mairin.

COUTREGEAR, v. a. et n. (coutredjá); **COUTREIAR, COUTRIAR**. Labourer avec la charrue, qu'on appelle *Coutrier*, v. c. m.

Éty de *coutre* et de *egear*. V. *Coutel*, R.

COUTREIAR, Avril. Voy. *Coutregear.*

COUTRELASSA, s. f. (coutrelàsse). Nom nismois du glayeul. V. *Coutelet.*

Éty. de *coutrel*, coutre, et de *assa.* Voy. *Coutel*, R.

COUTRIAR, Avr. V. *Coutregear.*

COUTRIER, s. m. (coutrié); COUTRI, COUTRIS. Contrier, espèce de charrue, intermédiaire entre la grande charrue et l'araire simple; elle n'a ni avant-train, ni roues et ne porte qu'une oreille.

Éty. V. *Coutre* et *Coutel*, R.

COUTRILHADA, s. f. (coutrillàde), dl. Troupe, assemblée, coterie; une batelée.

COUTROLA, V. *Tricotiera.*

COUTU, s. m. (coutú); CAUTU. *Champ qu'a un bon coutu*, champ qui a beaucoup de terre meuble, qu'on peut labourer profondément: *Dounar un bon coutu*, donner un labour profond.

Éty. Probablement du grec κοτύλη (kotulê), creux, cavité.

COUTURA, s. f. (coutúre), prov. mod. V. *Courdura* et *Coser*, R. vl. culture.

COUTURIER, pr. mod. *Costurer*, cat. *Costureiro*, port. V. *Talhur.*

COUTURIERA, s. f. (couturiére); COURDURIEYRA. *Cucitrice*, ital. *Costurera*, esp. cat. *Costureira*, port. Couturière, celle qui fait son métier de la couture. V. *Talhusa* et *Coser*, R.

COUTURNO, V. *Cothurno.*

COUTZ, s. m. vl. Cocu, cornard. Voy. *Couguou.*

COUVADIS, V. *Couadis.*

COUVENT, s. m. (couvèin); CONVENT. *Convento*, ital. esp. port. *Convent*, cat. Couvent, maison habitée par des religieux ou des religieuses qui sont autorisés à vivre en communauté; la totalité de ceux qui l'habitent.

Éty. du lat. *conventus*, m. s. formé de *convenire*, s'assembler, venir ensemble. V. *Ven*, R.

COUVENTIAU, s. et adj. (couveintiàou); COUVENTAU, COUVENTIAU. *Conventuale*, ital. *Conventual*, esp. port. cat. *Conventuel*, religieux d'un couvent, qui appartient à un couvent.

Éty. de *couventi* et de *au* pour *al*, art. au couvent. V. *Ven*, R.

COUVENTIAU, V. *Counventiau.*

COUVERT, s. m. (couvèr); SERVICI. Couvert, tout ce dont on couvre une table pour y manger, à l'exception des mets; et part. l'assiette, la fourchette, la cuillère et la serviette; une cuillère et une fourchette réunies; pour toit et abri. V. *Cubert.*

Éty. de *couvrir*, parce que ces objets servent à couvrir la table. V. *Cobr*, R.

Ce n'est qu'en 1298 que l'on commença à faire des couverts d'argent en Angleterre.

COUVERT, s. m. Pour toit. V. *Cubert.*

COUVERTA, V. *Cuberta.*

COUVERTETA, V. *Cubertoun.*

COUVERTOUN, V. *Cubertoun.*

COUVINENT, vl. V. *Convention.*

COUVRAPIED, s. m. (couvrepiè). Couvre-pied, petite couverture qui n'occupe que le dessus du lit, et principalement la partie inférieure.

Éty. Ce mot est français. V. *Cobr*, R.

COUXA, s. f. (cóutsa). Nom gascou de la citrouille. V. *Cougourda.*

COUXA, dl. Pour *Coursa*, v. c. m.

COUXARASSA, s. f. (coutsaràsse), dg. Bryonne, V. *Briouna*; nymphea. V. *Nympha.*

COUXASSA, s. f. (coutsàsse). Un des noms du tussilage, V. *Tussilagi*, et de l'aristoloche clématite. V. *Fouterla.*

COUXIBOUL, V. *Couxouire.*

COUXIMBARBA, s. f. (coutsimbárbe). Nom gascon du salsifix des prés. V. *Barbabouc.*

COUXOUIRE, adj. (coutsóuïré), dg. Qui cuit bien, facilement, en parlant des légumes, *de bona cuecha.*

COUYA, s. f. d. lim. Courge. V. *Cougourda.*

COUYADA, dg. Pour *Couifada*, v. c. m.

COUYAT, ADA, dg. V. *Couiffat, ada.*

COUYDIERA, s. f. (couïdiére), dl. Accoudoir. V. *Coud*, R.

COUYENT, ENTA, adj. (couyèn, èinte). Cuisant, ante; qui cause une douleur âpre et aigue.

Éty. de *couire* et de *ent.* V. *Couire*, R.

Jours creissents, jours couyents, froumagi couyent, fromage affiné. Garc.

COUYER, d. m. Pour coffin. V. *Coudier.*

COUYESOUN, s. f. (couïesóun). Cuisson, douleur cuisante. V. *Couisoun.*

COUYNETA, s. f. (couïnéte), dg. Couette d'enfant.

COUYOL, et

COUYOUL, s. (couïól et coïóul), dl. Cornard. V. *Cornard* et *Coucu.*

COUYOULA, CIVADA, dg. V. *Civada couguoula.*

COUYOUL, s. m. (couïóul), dg. Maillocho, espèce de marteau dont on se sert pour frapper sur le coutre, quand on fend le bois pour faire du mairin.

COUYRE, s. m. (couïré), dl. Cuivre. V. *Cuivre.*

COUYTA, V. *Couita.*

COUYTANSA, V. *Couitansa.*

COUYTAR, V. *Couitar.*

COUYTIBOUL, dl. V. *Couitiou.*

COUYTIOU, Douj. V. *Couitiou*, aisé à cuire. V. *Couire*, R.

COUZARDA-MATA, s. f. dg. Oiseau.

COUZER, Coudre. V. *Courdurar.*

COUZIGNER, dl. Alt. de *Cousinier*, v. c. m. et *Couire*, R.

COUZIGNEYRA, dl. V. *Cousiniera.*

COUZINA, Et ses composés. V. *Cousina.*

COV

COVA, s. f. vl. COVE. *Cova*, cat. *Cueva*, esp. Caverne. V. *Caverna.*

COVE, vl. Il convient, il faut.

COVEN, vl. V. *Covent* et *Couvent.*

COVEN, s. m. vl. V. *Covenensa* et *Covinent.*

COVENENSA, s. f. vl. COVEN, COVENT. *Convenenza*, anc. cat. ital. Convention, stipulation, pacte, contrat. V. *Ven*, R.

COVENHABLAMENT, V. *Covinablament.*

COVENHABLE, vl. V. *Counvenable.*

COVENIR, vl. V. *Counvenir.*

COVENT, s. m. vl. COVINA, CONVEN, COVEN. Couvent, assemblée, parti, accord, condition, convention, traité. V. *Covinent*, adj. convenable, décent.

COVENTAR, v. a. et n. vl. Accorder, convenir.

COVENTIONAL, adj. vl. *Convencional*, cat. esp. port. *Convenzionale*, ital. Conventionnel, qui suppose convention, qui résulte d'une convention.

Éty. du lat. *conventionalis*, m. s. V. *Ven*, Rad.

COVENTUAL, adj. vl. V. *Counventiau.*

COVERS PER, expr. adv. Réciproquement.

COVERSIO, vl. V. *Conversio.*

COVERTIMEN, vl. V. *Convertimen.*

COVERTIR, vl. V. *Convertir.*

COVET, v. imp. vl. Il faut.

COVIDAR, vl. V. *Counvidar.*

COVINA, s. f. vl. Dessein, intension, vue, conduite, arrangement, accord. Voy. *Covent* et *Ven*, R.

COVINABLAMENT, adv. vl. COVENHABLAMENT. *Covinablament e no covinablament*, à temps et à contre-temps. V. *Ven*, R.

COVINABLE, adj. vl. Propre, convenable. V. *Ven*, R.

COVINEN, adj. vl. Agréable, qui convient. V. *Ven*, R. et *Convinent.*

COVINENSA, s. f. vl. Accord. V. *Ven*, R. *Convinent* et *Conveniencia.*

COVINENT, ENTA, adj. vl. Convenable, beau, belle. V. *Ven*, R. et *Convinent.*

COVINENT, s. m. vl. COVENT, COVENENT. Complot: *Far covinents*, se concerter, comploter, traité: *Un covinent novelh*, un traité nouveau, convention, condition, accord. V. *Ven*, R. et *Convinent.*

COVINHABLE,

COVINOUS, s. m. (cobinóus). Nom qu'on donne, aux environs de Toulouse, à un champignon comestible, dont le pédicule est de couleur vineuse.

Éty. de *co* pour *coua*, queue, et de *vinous*, de la couleur du vin.

COVIRO, s. m. vl. Mot, dit M. Faurier, dont je ne connais qu'un seul exemple dans le vers 5146, du poëme de la Croisade contre les Albigeois, où il paraît signifier rue, place ou quartier.

COVIT, vl. V. *Convit*, imitation. V. *Ven*, R. adj. avide, convoiteux.

COVIVEN, adj. vl. Bon vivant.

COY

COY, Garrau, poëte bordelais, a employé ce mot pour cela est, *aquot es.*

COYDA, s. f. CODE, COIDE, COYDAT, s. m. vl. *Codo*, esp. *Covado*, port. *Cubito*, ital. Coudée, mesure de la longueur de l'avant-bras, depuis le coude jusqu'au bout du doigt du milieu.

Éty. de *coyde* ou *code*, coude. V. *Coud*, Rad.

COYDAT, s. m. vl. Coudée. V. *Coyda.*

COYDE, vl. V. *Code* et *Coude.*

COYNAR, vl. V. *Cozinar.*

COYRAN, s. m. (coïrán), d. lim. Le cuir en général, tout ce qui est de cuir.

COYRE, dl. Cuire. V. *Couire*, R.

COYSIN, s. m. vl. Coussin, et
COYSSIN, s. m. vl. V. *Couissin*.
COYT, adj. vl. Cuit. V. *Couire*, R.
COYTA, vl. Malheur.
COYTADAMENT, adv. vl. Promptement.
Éty. de *coytada* et de *ment*. V. *Coytar*.
COYTAR, v. a. vl. Dépêcher.

COZ

COZA, s. f. vl. Queue. V. *Coua*.
COZE, s. m. vl. Mets, plat d'aliments cuits.
Éty. de *coc*. V. *Couire*, R.
COZEDURA, vl. Couture. V. *Courdura*.
COZEN, adj. vl. Cuisant.
COZENDER, s. m. vl. Couturier. Voy. *Couturier*.
COZENSA, s. f. vl. COZEN. Cuisson, douleur, souffrance, peine, chagrin cuisant. Voy. *Couisoun* et *Couire*, R.
COZER, v. a. et n. COIRE. Cuire. V. *Couire*.
COZER, vl. Coudre. V. *Courdurar*.
COZI, s. m. vl. Cousin. V. *Cousin*.
COZIDURA, vl. Couture. V. *Courdura*.
COZIN, vl. V. *Cousin*.
COZINA, s. f. vl. Cuisine, victuailles. V. *Cousina*.
Éty. du lat. *cucina*, m. s.
COZINAR, v. a. vl. COSINAR. Cuisiner, faire la cuisine.
COZIR, vl. Coudre. V. *Courdurar*.

CRA

CRAAU, **CRA**, adv. (croáou), d. bas lim. Onomatopée du bruit que produit un arbre en se cassant, une maison en s'écroulant.
CRABA, s. f. vl. et d. béarn. Chèvre, alt. de *Cabra*, v. c. m. *Craba es tu craba*, jeu d'enfant. V. *Cabr*, R. V. aussi *Cavalet*.

Permetut es a cascum de aucide las crabas, si las troba en son pecheras.
Fors et cost. de Béarn.

CRABAS, s. m. (crabás), dg. V. *Cerf-volant*.
CRABENCA, adj. f. (crabéinque), dg. *Lana crabenca*, laine *jarreuse*, elle est ainsi appelée lorsqu'elle contient des poils durs et luisants, *jarre*, qui la déprécient.
CRABIDAR, v. n. (crabidá), dl. Languir, être malade. V. *Cabridar*.
CRABIER, dl. Alt. de *Cabrier*, v. c. m.
CRABIMET, s. m. dl. V. *Cabrinet*.
CRABIT, s. m. Chevreau, alt. lang. de *Cabrit*, v. c. m.
CRABOT, s. m. (crabó), dl. Un cautère. V. *Cautero*.
CRABOT, s. m. dg. et béarn. V. *Cabrit*.
Éty. Dim. *craba*, chèvre. V. *Cabr*, R.
CRABOTA, dg. Alt. de *Cabreta*, v. c. m. petite chèvre. V. *Cabr*, R.
CRABUSSELA, s. f. d. arl. Couvercle. V. *Cabucela*.
CRAC, s. m. (crác). Crac, mot qu'on emploie souvent pour exprimer le bruit que fait une chose qui se romp. On l'emploie aussi pour interrompre une personne qui ment.
Éty. du grec κρέκω (krékó), faire un bruit qui blesse l'oreille: *Faire crac*, manquer. V. *Chic*.
CRAC, interj. Crac, soudainement.

Apres ma souerre crac à iou. Prov.

CRAC, s. m. L'un des noms lang. de l'*esturgeon*. V. *Esturgeoun*.
CRACA, (cráque).
CRACADA, s. f. (cracáde). Mensonge. V. *Messongea*.
Éty. de *cracar*, mentir, en d. béarn. assemblée de buveurs.
CRACAIRE, V. *Cracur*.
CRACAMENT, s. m. (cracaméin). Craquement, bruit que produisent certains corps en éclatant ou en se choquant.
Éty. de *cracar* et de *ment*, manière de craquer.
CRACAR, v. n. (cracá); CRUSSIR, CRAQUAR. Craquer, faire du bruit en éclatant, faire un bruit désagréable.
Éty. de l'all. *krachen*, ou du grec κρέκω (krekô), faire un bruit désagréable.
CRACAR, v. a. CRUSCAR. Craquer, mentir, se vanter de choses qu'on n'a pas faites.
CRACARIA, s. f. (cracarie); CRACARIE. Craquerie, hablerie, menterie.
CRACHAIRE, s. m. (cratchaïré). Cracheur; celui qui crache souvent.
CRACHAMENT, s. m. (cratchaméin); Crachement, action de cracher.
Éty. de *crachat* et de la term. *ment*. V. *Crachar*.
Crachament de sang, crachement de sang ou hémoptysie.
CRACHAR, v. a. (cratchá). Cracher. V. *Escupir*.
Éty. du lat. *scracere*, qu'on trouve pour *screare*, cracher, suivant Ménage, et selon d'autres, par onomatopée ou imitation du son qu'on fait entendre en crachant.
Dérivés: *Crach-al*, *Cracha-ment*, *Crach-oir*, *Crach-oun-iar*.
CRACHAT, s. m. (cratchá); ESCARCAVAI, ESCRACH, ESCRAS, ESCRAT, ESCUP. Crachat, salive épaisse, rejettée par la bouche, ou mieux encore, expectoration qui survient à la suite d'un rhume, d'une phthisie, etc. Quand il n'est composé que de salive, le crachat porte le nom d'*Escupiegna*, v. c. m. et *Crachar*.
CRACHOIR, Prov. mod. V. *Escupidour* et *Crachar*.
CRACHOUNAR, v. n. (crotsouná), d. bas lim. Crachoter. V. *Crachouniar* et *Crachar*.
CRACHOUNIAR, v. n. (cratchouniá); CRACHOUNAR, CRACHOURIAR, CRACHOUTIAR. Crachoter, cracher souvent et peu à la fois.
Éty. Itér. de *Crachar*, v. c. m.
CRACHOURIAR et
CRACHOUTIAR, Avr. V. *Crachouniar*.
CRACS, s. m. vl. Sanie, pus, saleté.
CRACUR, s. m. (cracúr); MENTUR, CRACAIRE, LANFRUR, EMBLUR, HABLUR. Craqueur, celui qui ne fait que mentir; qui se vante faussement; hâbleur.
Éty. de *cracar*. V. *Crac*.
CRADISSAR, v. n. (crodissá), d. bas lim. dim. de *cracar*. Craquer avec peu de fracas. V. *Crac*.
CRAGNA, s. f. (crágne), dg. Empreinte, trace.

Que de la hounto a la eragno sul froun.
Jasm. V. 249.

CRAGNANSA, s. f. (crognánse); CROGNANSSA, d. bas lim. Aversion, répugnance qu'on a pour quelqu'un ou pour quelque chose. Cette affection peut aller jusqu'au point de donner la mort, d'où le dicton: *Quantas persounas soun mortas d'una cragnansa*.
Éty. V. *Cregn*, R.
CRAGNAR, v. a. (crogná), d. bas lim. Craindre, avoir peur de... V. *Cregner*.
CRAGNAR SE, v. r. md. Craindre d'approcher un malade, de manger de telle ou de telle chose de peur d'en être incommodé; se méfier de quelque chose: *Me cragnava qu'aquot m'arribaria*, je me méfiais que cela m'arriverait. Bér.
CRAGNER, d. béarn. Alt. de *Cregner*, v. c. m.
CRAI, s. m. vl. *Crachat*, v. c. m.
CRAIGNER, dl. V. *Cregner*.
CRAINAR, Avr. V. *Creinar*.
CRAINEOU, s. m. (craïnéou). Cast. V. *Carnilhets*.
CRAMA, d. m. Crême. V. *Crema*.
CRAMADIS, s. m. (cramadis). *Cramadis*, maladie qui attaque les bêtes à laine dans les montagnes de l'Auvergne.
CRAMAL, dl. Cremaillère. V. *Cumascle*.
Éty. du grec κρέμαστὴρ (krémastér), ce qui suspend quelque chose, dérivé de κρέμαω (kremaô), je suspends.
CRAMAR, d. m. Crêmer. V. *Cremar* et *Crem*, R. Pour brûler. V. *Brular*.
CRAMBA, dg. Chambre, alt. de *Cambra* ou *Chambra*, v. c. m.
CRAMBETA, s. f. (crambéte), dg. Petite chambre, alt. de *Chambreta*, v. c. m.
CRAMBOT, s. m. (crambó), dg. Chambrette, petite chambre. V. *Chambreta*.
Éty. Dim. de *cramba*. V. *Cambr*, R.

Dins lou couèn d'un granè, criblat pel las annadas,
S'enfounço un biel *crambot* tapissat d'iragnadas.
Jasmin.

CRAMOR, s. f. vl. Brûlure. V. *Cremor* et *Cremar*.
CRAMP, radical pris de l'allemand *krappen*, crochet, en anglais, *craperne*.
De *cramp*, par le changement de c en *g*, *gramp*; d'où: *Gramp-in*, *Gramp-oun*, *Grampoun-ar*, *Grapp-ouns*.
CRAMPA, s. f. anc. béarn. Chambre. V. *Chambra*.
Crampa criminala, chambre criminelle.
CRAMPA, s. f. (crámpe); RAMPA. *Crampus*, lat. *Rampa*, cat. esp. *Cambra*, port. Crampe, contraction spasmodique et douloureuse d'un ou de plusieurs muscles, et particulièrement de ceux des jambes.
Éty. de l'all. *krampf* ou de l'anglais *cramp*, qui ont la même signification.
CRAMPOUN, s. m. (crampóun); GRAMPOUN, RAMPOUN. Crampon, sorte de lien de fer, courbé à double équerre, dont on se

sert dans les ouvrages de maçonnerie, de charpenterie, de serrurerie, etc. pour attacher fortement quelque chose.

Éty. de l'all. *krampe*, qui a la même sign. formé du verbe *krappen*, saisir avec un croc.

On en distingue de plusieurs espèces :

LE CRAMPON A POINTE, est celui dont les deux branches sont terminées en pointe.
LE CRAMPON A PATTE, ceux qui sont à patte plate.
LE CRAMPON A PLATRE, celui dont les branches sont refendues et terminées par deux crochets.
LE CRAMPON A PLOMB, celui dont les pattes sont hachées.

CRAMPOUNAR, v. a. (crampouná); GRAMPOUNAR. Cramponner, attacher avec un crampon ou avec des crampons.

Éty. de *crampoun* et de *ar*.

CRAMPOUNAR SE, v. r. SE GRAMPOUNAR, S'APPOUIRAR. *Aggrapparsi*, ital. *Agarrarse*, esp. port. Se cramponner, s'attacher fortement à une chose.

CRAMPOUNAT, ADA, adj. et p. (crampouná, áde); GRAMPOUNAT. Cramponné, ée.

CRAN, s. m. (cran); ULCERO, APHTA, APHTAS, MUGUET, MAU-BLANC, BRESEGAS, GABART. Muguet, millet, blanchet, aphte. On nomme aphtes, de petits ulcères blanchâtres qui se manifestent sur les parties intérieures de la bouche, où ils causent beaucoup de cuisson, lorsque quelque liquide un peu irritant les touche. Les enfants à la mamelle y sont particulièrement sujets.

Éty. *Cran* ne me paraît ici qu'une altération de *gran*, grain, parce que ces petits ulcères ressemblent assez à des grains répandus çà et là.

CRAN, s. m. dl. Incrustation pierreuse qui se forme dans le bassin de certaines fontaines par le dépôt du carbonate de chaux que les eaux contiennent.

CRAN, adj. dl. Bizarre, opiniâtre, hardi, imprudent. V. *Crane*.

CRANAR, v. n. (craná), dl. Endêver, se dépiter. Sauv. Faire le crâne. V. *Crane*.

Ma mèra
Qu'es aqui coum'un quissou,
Et que cade soir m'espéra,
Apres yeou cranarié *prou.*
Rigaud.

CRANARIA, s. f. (cranarie). *Bravacherie*, jactance du bravache. Garc.

CRANC, s. m. vl. Crampe; goutte.

CRANC, s. m. vl. *Cranc*, cat. *Cancro*, esp. port. ital. Cancre, crabe, V. *Favouya*; cancer, signe du zodiaque, V. *Cancer*; chancre, maladie. V. *Chancre*.

CRANC, s. m. et

CRANCA, s. f. (cránque); *Crane*, cat. *Cancro*, ital. Nom des crabes en général. V. *Favouya* et *Escrevissi*.

Éty. du lat. *cancer*, par la transposition de *r*.

En vl. on le dit aussi pour *Cancer*, v. c. m.

CRANCAR, dl. V. *Clignar*.

CRANCER, vl. V. *Cancer*.

CRANCOS, vl. V. *Chancrous*.

CRAN-CRAN, s. m. (cran-cran). Gimblette, sorte de pâtisserie; mauvaise vieille.

Éty. Onomatopée.

CRANE, s. m. (crâne); GRAME, TE, TEST, CLOSCA, CRANO, GRAME. *Craneo*, cat. esp. port. *Cranio*, ital. Crâne, boîte osseuse qui renferme le cerveau.

Éty. du lat. *cranium*, dérivé du grec, κράνιον (kranion), fait probablement de κάρηνον (karênon), tête.

Le crâne est formé par huit os qui sont: l'ethmoïde, le frontal, les deux pariétaux, les deux temporaux, le sphénoïde et l'occipital.

Les Druides croyaient honorer la mémoire des morts en conservant leur crâne et en en faisant même des vases pour boire.

CRANE, ANA, s. CRAN. Crâne, on le dit familièrement d'une personne étourdie, inconsidérée, d'un bravache.

CRANEL, s. m. vl. Créneau, pièce de maçonnerie, coupée en forme de dent et séparée des autres par des intervalles égaux.

Éty. du lat. *crena*, entaille, cran, coche.

CRANILHAR, v. n. CRANIAR. Avril. Voy. *Crenilhar*.

CRANOLOGIA, s. f. (cranouloudgie). Crânologie ou crânoscopie, science nouvelle qui a pour but l'étude approfondie des saillies ou protubérances du crâne humain et des indices qu'on en peut tirer pour découvrir les penchants et les dispositions morales des individus.

Éty. du grec κράνιον (kranion), crâne, et de λόγος (logos), discours.

C'est en 1801 que le docteur Gall annonça en Allemagne, ses découvertes sur le cerveau; en 1805, il créa la science de la cranologie; en 1808, Verdier développa le système de Gall, et il fut condamné par les commissaires nommés par l'institut, comme étant sans conséquence et inutile; en 1809, Gall et Spurzheim publièrent l'anatomie du cerveau et leur système de crânologie.

Le fond de ce système est basé sur un principe incontestable, c'est-à-dire, que nous naissons avec des dispositions particulières, dépendant de notre organisation, et comme c'est dans le cerveau que réside le foyer de nos sensations, nul doute que son organisation n'influe sur nos destinées morales, mais il y a loin de ce fait à la connaissance de ces dispositions par l'inspection du crâne.

CRANTA, Alt. de *Quaranta*, v. c. m.

CRAPA, s. f. (crápe); CRASSA. Lie, marc, tout ce qui reste après qu'on a retiré la partie utile; rebut, ce qui n'est pas recevable. V. *Grappa* et *Grap*, R.

CRAPANA, s. f. vl. Crâne, caboche. V. *Crane*.

CRAPAR, v. a. (crapá). Mettre au rebut, rejeter comme étant de mauvaise qualité, comme n'étant pas recevable.

Éty. de *crapa* et de *ar*. V. *Grapa*, on disait anciennement *grapper*, pour vendanger, couper la grappe. V. *Grap*, R.

CRAPARI, nom d'homme (crápari). Caprais.

Patron Saint Caprais, martyrisé à Agen, le 20 octobre 287, jour où l'Eglise honore sa mémoire.

CRAPAS, s. f. pl. (crápes). Gravois. V. *Grautas*.

CRAPAT, ADA, adj. et p. (crapá, áde). Rejeté, ée, refusé comme n'étant pas recevable. V. *Grap*, R.

CRAPAUD, GRAPAUD, CRAP. Crapaud, radical, dérivé du latin *crepare*, crever, parce qu'il s'enfle tellement quand on l'irrite, qu'on dirait qu'il va crever. C'est probablement par la même raison que les Grecs lui ont donné le nom de φύσαλος (phusalos), formé de φυσάω (phusaô), enfler, s'enfler. C'est de là que vient encore le dicton: *Crebar coumo un grapaud*, mourir subitement. Ménage, et d'autres font venir ce mot de *repire*, ramper, parce qu'au lieu de sauter comme les grenouilles, le crapaud rampe; d'où: *Crapaud*, *Crapaud-as*, *Crapaud-oun*, *Crap-et*, *Crapet-oun*, *Grap-al*, *Grapal-oun*.

CRAPAUD, V. *Grapaud*.

CRAPAUDAS, V. *Grapaudas*.

CRAPAUDINA, s. f. vl. Crapaudine.

Crapaudina es peyra precioza,
Engendrada el cap del crapaut.
Elucid. de las prop.

On a donné pendant longtemps, le nom de Crapaudines, à celles des dents fossiles de poissons qui sont rondes ou ovales, et cela par une erreur des anciens qui croyaient que ces pierres s'engendraient dans la tête des crapauds.

CRAPAUDOUN, V. *Grapaudoun*.

CRAPAUT, vl. V. *Grapaud*.

CRAPET, ETA, adj. (crópè, ète); d. bas lim. et improprement CROPET. Gros et court. Trapu. V. *Tapouissoun*.

Éty. Ce mot est probablement, formé par syncope de *crapaudet*. V. *Crapaud*, R.

CRAPETOUN, s. (crapetóu, óune), md. Dim. de *crapet*, petit, trapu, dit pour *crapaudoun*. V. *Crapaud*, R.

CRAPIER, V. *Espigalh* et *Grapier*.

CRAPUL, radical pris du latin *crapula*, crapule, ivresse, et dérivé du grec κραιπάλη (kraipalè), mal ou pesanteur de tête pour avoir trop bu, formé de κάρα (kara), tête, et de πάλλω (pallô), secouer.

De *crapula*, par apocop *crapul*; d'où: *Crapul-a*, *A-crapul-it*, *A-crapul-ir*.

CRAPULA, s. f. (crapule); *Crapula*, ital. esp. Crapule, débauche habituelle, sans choix et sans modération; ceux qui vivent dans cet état.

Éty. du lat. *crapula*, dérivé du grec κραιπάλη (kraipalè), m. s.

Vioure dins la crapula, crapuler.

CRAPULOUS, OUSA, adj. (crapulóus, óuse). Crapuleux, euse, qui est livré à la crapule, qui y a rapport.

Éty. de *crapula* et de *ous*.

CRAQUETAR, v. n. (craquetá), d. bas lim. Craqueter, fréquentatif de *cracar*, craquer souvent et à petit bruit.

CRAS, Coye l'emploie au lieu de *Crassu*, v. c. m.

CRASS, GRASS, GRACH, radical pris du latin *crassus*, épais, gros, gras, comme si l'on disait *carassus*, charnu, de *caro*, *carnis*, Bond. ou du grec γράσσος (grassos), ordures qui s'amassent dans la laine des brebis, le suint de la laine.

De *crassus*, par apoc. *crass*; d'où : *Cras, Crass-a, Crass-aia, Crass-alha, Crass-ous, En-crass-ouire, Des-crass-ar*, etc.

De *crass*, par le changement du *c* en *g*, et de *a* en *ai*, *graiss*; d'où : *Gras, Grassa, Grassa-ment, Graiss-a, Graiss-ar, Des-graissar, En-grais, En-graissar, Graiss-ier, Graiss-ous, Grass-et*, etc.

De *grass*, par le changement de *ss* en *ch*, *grach*; d'où : *En-grach-at, Grach-egear, Grach-oun, Greich-ier, Greich-ous*, etc.

CRASSA, s. f. (crásse); CHAUMA, CREPE, CRAS, TURET. Crasse, ordure qui s'amasse dans les pores de la peau, sur sa superficie, dans le poil des animaux; sur le linge, les habillements, etc.; saleté, ordure; fig. avarice.

Éty. du lat. *crassus*, gras. V. *Crass*, R.

Crassa doou quitran, rache du goudron.

Crassa d'oli, la lie de l'huile.

CRASSAIA, Alt. de *Crassalha*, v. c. m. et *Crass*, R.

CRASSALHA, s. f. (crassáille); CRASSAIA. La lie du peuple; les hommes abrutis en général.

Éty. de *crassa* et de *alha*. V. *Crass*, R.

CRASSAR, v. a. (çrassá), d. apt. *Crassar soun habit*, encrasser son habit. Cast.

CRASSARIA, s. f. (crassarie). Ladrerie, villenie, avarice sordide.

CRASSET, s. m. (crassé), dg. et lang. Bassinet de la lampe à queue. V. *Calen.*

CRASSINA, s. f. (crassine), d. bas lim. Brouillard, V. *Nebla* et *Crass*, R. Bruine. V. *Breina.*

CRASSINAR, v. n. (crossiná), md. Tomber une petite pluie. V. *Lagagnar* et *Plouvinegear*.

CRASSIR, v. a. (crossír), d. bas lim. Rendre crasseux, encrasser. V. *Encrassouire* et *Crass*, R.

Éty. de *crassa* et de *ir*.

CRASSIR, v. n. (crassir), dl. Sécher, et par métaphore, languir, s'ennuyer en quelque lieu, sécher sur plante, Douj. laisser couvrir de crasse. V. *Crassa* et *Crass*, R.

CRASSIT, IDA, IA, adj. et part. (crassi, ide, ie), dl. Desséché excessivement : on le dit d'une viande qui reste sans suc et sans goût à force d'être rôtie. Douj.

CRASSOUS, OUSA, adj. (crassóus, óuse); BRAGOUS. Crasseux, euse, plein de crasse, couvert de crasse; avare à l'excès.

Éty. de *Crassa* et de *ous*, v. c. m. et *Crass*, Rad.

CRASTAR, v. a. vl. V. *Crestar.*

CRASTAT, adj. et p. vl. CRASTATZ. *Crostat*, cat. Châtré, eunuque. V. *Crestat.*

CRAU, s. f. (cráou). Crau, nom de lieu, commun à plusieurs endroits couverts de pierres.

Éty. du celt. *crai, craig, crag* ou *carreg*, pierre.

L'auteur de la Stat. des Bouch-du-Rhône. pense que ce mot est ligurien. La Porte du Theil, le fait dériver de κρανaος (kranaos), raboteux, pierreux; il peut dériver aussi de κραῦρος (krauros), aride, sec, brûlé.

CRAUC, adj. vl. CRAUS. Pierreux.

CRAUC, AUCA, adj. (cráouc, áouque), dl. Creux, vide. Douj.

CRAUMA, s. f. (cráoume), dl. Crasse, malpropreté des mains.

CRAUNEL, s. m. (craounèl), dl. Cage à poules. V. *Cremel.*

CRAUGNAS, s. f. pl. (cráougnes). Nom bas lim. des écrouelles. V. *Escrolas.*

CRAUGNAT, s. m. (craougná), d. bas lim. Ecroueleux.

CRAUMA, s. f. (cráoume). Sédiment, tas. Thomas.

Éty. du grec κρώμαξ (krômax), tas de pierres. Thomas.

CRAUMEL, s. m. (craoumèl), dg. Mue, cage d'osier en forme de dôme, dont la base ouverte porte à terre, où l'on met la mère poule avec ses poussins.

CRAVACHA, s. f. (cravátche). Cravache, espèce de fouet, en forme de badine, dont se servent ceux qui montent à cheval.

Éty. Parce qu'il fut d'abord mis en usage par les Croates, selon une note manuscrite de feu M. Mouchet. Roq.

CRAVAN, s. m. (craván); COULHOUN DE MAR ou de GAT. Anatife, lepas, Lin. genre de mollusques, de l'ordre des Brachiopodes, dont on connaît plusieurs espèces.

Celles que l'on désigne ordinairement par le mot *Cravant*, sont l'anatife lisse, conque anatifère, bernache ou sapinette, *Lepas anatifera*, Lin. et le pousse-pied, *Lepas pollicipes*, Lin. mollusques qu'on trouve souvent fixés à la quille des vaisseaux par groupes de 15 ou 20.

CRAVATA, s. f. (craváte); GRAVATA. Cravate, linge qu'on met autour du cou, qu'on noue ordinairement par devant, et dont les bouts pendent sur la poitrine.

Éty. Du retour de la guerre d'Allemagne, en 1636, les Français apportèrent l'usage de ce vêtement qu'ils avaient pris des *Croates*, vulgairement nommés *Cravates*, d'où le nom qu'il porte.

CRAY, dg. pour il croit. V. *Crai.*

CRAYOUN, s. m. (creïóun); CROUYOUN. Crayon, matière propre à tracer des traits ou des lignes.

Éty. de *craie*, substance généralement employée pour dessiner en blanc.

Les crayons blancs sont faits la plupart avec de la craie.

Les crayons rouges avec de la sanguine ou fer oxydé terreux.

Les crayons noirs avec du fer carburé ou percabure de fer, graphite ou plombagine.

Les crayons gris avec du plomb.

CRAYOUNAR, v. a. (creyouná). Crayonner, tracer avec le crayon.

CRAYOUNAT, ADA, part. (creyouná, áde). Crayonné, ée, tracé avec le crayon.

CRE

CRE, CRE, CREAT, GROU, radical pris du latin *creare*, *creo*, *creatum*, créer, produire, engendrer, causer.

De *creare*, par apoc. *cre*; d'où : *Cre-aire, Cre-ar, Pro-crear, Re-crear, Cre-at, ada, Cre-ation, Pro-crea-tio, Re-creat, Re-creat-if, Cre-atour, Re-crea-tion.*

Éty. de *creatum*, par apoc. *creat*; d'où : *Creat-ura, Cret-ura, Cretur-ar.*

De *cre*, par le changement de *c* en *g*, *gre*; d'où : *Coun-gre-ar, Coun-gre-at, Coun-gri-ar, Coun-gru-ar.*

De *gre*, par le changement de *e* en *ou*, *grou*; d'où : *A-grou-ar, Grou-ar, Grou-aire.*

CRE, vl. Je crois, il ou elle croit.

CREAC, s. m. (creá). Nom du sturgeon, à Bordeaux et à Toulouse.

Éty. C'est peut-être le même poisson qu'Autom a désigné par le mot *corroco*, dans une lettre à Théon. Astruc.

CREAIRE, vl. Créateur. V. *Creatour.*

CREAIRITZ, s. f. vl. Créatrice.

Éty. du lat. *creatrix*, m. s.

CREAMEN, s. m. vl. *Criament*, anc. cat. *Criamiento*, esp. Création, formation.

Éty. de *crear* et de *men*. V. *Cre*, R.

CREANÇA, s. f. (creánce); PARTIDA. *Credito*, ital. esp. port. Créance, somme due par un débiteur à un créancier; titre qui donne une action à un créancier contre son débiteur.

Éty. du lat. *creditum*, fait de *credere*. V. *Cred*, R.

Lettra de creança, lettre de créance ou de crédit.

CREANCA, s. f. *Credenza*, ital. *Creencia*, esp. *Creença*, port. *Crezensa*, cat. Créance, crédit sur l'esprit, croyance, foi qu'on donne à une chose. V. *Cred*, R.

CREANCIER, IERA, s. (creancié, iére); *Creditore*, ital. *Acreedor*, esp. *Acredor* et *Credor*, port. *Credora*, fém. Créancier, ière, celui ou celle à qui il est dû quelque chose par un autre.

Éty. de *creança* et de *ier*. V. *Cred*, R.

CREANSA, vl. V. *Credensa.*

CREAR, v. a. (creá); *Creare*, ital. *Crear*, esp. port. cat. Créer, donner l'être, faire sortir du néant, produire, inventer.

Éty. du lat. *creare*. V. *Cre*, R.

CREASTAN, s. m. vl. Chrétien, croyant. V. *Chrestian.*

CREAT, ADA, adj. et p. (creá, áde); *Creado*, port. Créé, ée, produit, inventé.

Éty. du lat. *creatus*. V. *Cre*, R.

CREAT, s. m. (creá), dl. Un des noms de l'esturgeon. V. *Esturgeoun* et *Creac.*

CREAT, adj. dl. Pécunieux. V. *Argentous.*

CREATIO, CREAZO, s. f. vl. V.

CREATION, s. f. (creatie-n); CREATIEN. *Creatió*, cat. *Creacion*, esp. *Creação*, port. *Creazione*, ital. Création, acte d'une puissance infinie qui produit une chose sans la tirer d'une matière préexistante. On le dit par extension des nouveaux établissements.

Éty. du lat. *creationis*, gén. de *creatio*. V. *Cre*, R.

CREATOR, s. m. vl. V.

CREATOUR, s. m. (creatóur); *Creatore*, ital. *Criador*, esp. *Creador*, port. anc. cat. Créateur, celui qui crée, qui tire un être du néant; et par ext. inventeur.

Éty. de *crear* et de *atour*, celui qui crée, ou du lat. *creator*. V. *Cre*, R.

CREATURA, s. f. (creatúre); *Creatura*, ital. esp. port. cat. Créature, être créé, spirituel ou matériel, animé ou inanimé; individu de l'espèce humaine que l'on veut qualifier en bien ou en mal; on le dit quelquefois pour femme de mauvaise vie; pour personne dévouée: *Aquot es sa creatura*, c'est son âme damnée.

Éty. du lat. *creatura*. V. *Cre*, R.

CREATUROUN, s. m. (crealuróun); *Criaturela*, cat. *Creaturina*, ital. Fœtus, avorton; enfant nouveau-né.

CREAU, s. m. (creáou), dl. V. *Créu*.

CREAUGUDA, adj. f. vl. Accrue, augmentée.

CREAYRE, vl. V. *Creaire* et *Creatour*.

CREAZO, s. f. vl. Création, nature. V. *Creatio*.

CREB, CREV, radical pris du lat. *crepare*, *crepo*, crever, qui paraît être une onomatopée du bruit que font les choses en crevant.

Creb-ar, *Creb-at*, *ada*, *Creba-cor*, *Crebada*, *Creb-assa*, *Crebass-ar*, *Es-crebassar*, *Creb-ass-at*, *Es-crebassat*, *Crebass-it*, *Crebass-oun*, *Creb-ei*, *Creba-cabals*.

De *creb*, par le changement de *b* en *v*, *crev*; d'où: *Es-crev-autar*.

CREBA-CABALS, dl. V. *Baracau* et *Creb*, R.

CREBA-COR, s. m. (crèbe-cór); CREBA-COUER. *Crepacuore*, ital. Crève-cœur, vive douleur de l'âme, qui détruit nos illusions les plus chères, nos espérances les mieux fondées.

Éty. De la sensation qu'on éprouve, qui semble blesser, crever le cœur. V. *Creb*, R.

CREBADA, s. f. vl. CREBEIA. Qui point, qui vient de poindre, en parlant de l'aube.

Éty. de *crebar*, percer. V. *Creb*, R.

CREBADA, s. f. (crebáde): *Mala crebada*, imprécation; *Mala crebada fesses*, puisse-tu crever misérablement. Avril.

CREBADEL, ADELA, adj. (crebadèl, èle), dl. Dépiteux, qui boude: *Mountar sul perier crebadel*, crever de dépit, bouder. Douj. V. *Creb*, R.

CREBADURA, s. f. (crebadúre); CREBEIRA. *Crebadura*, anc. cat. *Quebradura*, esp. port. *Crepatura*, ital. Crevasse, l'action de crever; hernie, descente, rupture.

Éty. de *crebar* et de *ura*. V. *Creb*, R.

CRABA-FAM, s. f. (crèbe-fáin), d. bas lim. Misérable, qui crève de faim. V. *Bramafam* et *Creb*, R.

CREBA-GARÇOUN, s. m. (crèbe-gorsóu), d. bas. lim. et impr. CREBO-GORSSOU. Ragoût du pays qu'on fait avec du foie de porc, des croûtes de pain et des châtaignes. Ber. V. *Creb*, R.

CREBAMENT, s. m. (crebaméin). Action de crever: *Crebament de cor*, crève-cœur, V. *Creba-cor*; *Mau crebament te vengue*, la peste te crève.

CREBAMOSTIER, s. m. vl. *Renverseur* de monastères, terme injurieux.

Éty. V. *Creb*, R.

CREBANT, s. m. vl. CREBAN. Choc, secousse, coup violent.

Éty. V. *Creb*, R.

CREBANTAR, v. a. vl. *Quebrantar*, esp. port. Culbuter, renverser. V. *Creb*, R.

CREBAR, v. a. (crebá); *Crepare*, ital. *Quebrar*, esp. port. Crever, rompre avec effort le sac, le vase qui contient quelque chose, percer.

Éty. du lat. *crepare*, m. s. V. *Creb*, R.

Aquot creba leis huelhs, cela crève les yeux, cela est très-évident.

Crebar de santat, jouir d'une brillante santé.

CREBAR SE, v. r. (se crebá). Se crever, se rompre.

CREBAR, v. n. *Crepare*, ital. Crever, se rompre avec effort, mourir des suites de quelque excès; aboutir, percer, en parlant d'un abcès. V. *Creb*, R.

SANT CREBAR, Crevaille, repas où l'on mange avec excès. Avr.

CREBAS, s. m. (crebás), d. des environs de Riez, B.-Alp. V. *Bassachas*.

CREBASSA, s. f. (crebásse); EIFLOURADURA, ESCARBASSA, ESCARTA, ESCLATA, FINDILHA, ESIZADI. *Crepaccia*, ital. Crevasse, fente d'une chose qui s'entrouve, celles qui se forment au sabot du cheval portent aussi le nom de seime, et celles des mains, celui de gerçures, quand elles sont légères, et de *palamiés*, quand elles sont saignantes.

Éty. du lat. *crepare*, se rompre, se fendre. V. *Creb*, R.

CREBASSAR, v. a. vl. Crevasser. V. *Escrebassar*.

CREBASSAR SE, v. r. V. *S'escrebassar*.

CREBASSAT, ADA, adj. et p. (crebassá, áde): BISALAT. V. *Escrebassat*.

CREBASSIT, SANT, s. m. (crebassi), dl. Une crevaille, repas où l'on se pique de manger avec excès.

Éty. de *crebar*. V. *Creb*, R.

CREBASSOUN, s. m. (crebassóun), d. m. Petit enfant gros et court.

Éty. V. *Creb*.

CREBAT, ADA, adj. (crebá, áde). Crevé, ée, abouti, percé. V. *Creb*, R.

CREBAT, s. m. (crebá). Herniaire, celui qui porte une hernie; parce que c'est par une espèce de crevasse que sortent les parties qui la forment.

Éty. de *crebar*, crever. V. *Creb*, R.

CREBEI, EIA, adj. vl. Crevé, éclaté, V. *Crebat*, qui point, en parlant de l'aurore. V. *Crebada* et *Creb*, R.

CREBIDOLA, s. f. (crebidóle). Nom que porte, à Saint-Remy, le narcisse des poëtes, selon M. Duval, qui pense, avec raison, que ce nom pourrait bien être dérivé du lat. *crepidula*, petite pantoufle, par le changement ordinaire du *p* en *b* et de *u* en *o*. V. *Dona*.

CREBUCELA, s. f. (crebucèle), d. arl. Alt de *Cabussella*, v. c. m.

CREC, vl. Il ou elle crût, augmenta.

CRECHA, s. f. (crètche); Crêche, représentation de la sainte crêche, où la Vierge Marie mit l'Enfant Jésus lorsqu'il fut né.

Éty. du français crêche, pour mangeoire. V. *Grupi*.

CRECHEIROUN, s. m. Nom bordelais du cresson. V. *Creissoun*.

CRECHER, v. n. (créché); CRECHE, dg. Pour croître. V. *Creisser*.

CRECHETA, s. f. (cretchéte), dl. Dim. de *crecha*, petite crêche. V. *Crecha*.

CRECISIT, IDA, adj. vl. CRECISITZ. Accru, ue.

CRED, CREIR, CREDIT, CROY, radical pris du latin *credere*, *credo*, croire; d'où: *credulitas*, *credulitatis*, crédulité, *credulus*, crédule, *creditum*, dette active.

De *credere*, par apoc. *cred*; d'où: *Crededo*, *Cred-edor*, *Cred-eire*, *Cred-ensa*, *Cred-o*, *Cred-ut*, *Cre-et*.

De *credulus*, par apoc. *credul*; d'où: *Credul-e*, *a*; *In-credule*.

De *credulitatis*, par apoc. *credulitat*: *Incredulitat*.

De *credere*, par apoc. *creder*: *Des-crezer*; et par métagr. de *d* en *z*, *crezer*: *Des-crezensa*, *Crez-ensa*, *Crez-edor*, *Mes-crezenza*, *Mescreant*, par sync. du *z*: *Crez-eire*, *Creancier*, *Cres-er*.

De *creere*, par métagr. du 2me *e* en *i*: *En-creir*, *Creire*, *En-creire*, *Mes-creire*, *Creir-eou*, *Mes-cresença*.

De *creditum*, par apoc. *credit*; d'où: *Des-credit*, *Credit*, *Credit-ar*, *Des-creditar*, *Credit-at*, *Des-creditat*, *Credit-our*, *Accredit-ar*, etc., *Crouy-able*, *Crouy-ança*, *In-croyabla-ment*, *In-croyabl-e*.

CREDA, s. f. vl. Pour craie. V. *Croya*, du lat. *creta*, qu'il ou qu'elle croie.

CREDANÇA, V. *Credença*.

CREDAR, vl. Alt. de *Cridar*, v. c. m.

CREDAS, d. lim. Alt. de *credar*. Voy. *Cridar*.

CREDEDO,

CREDEDOO, et

CREDEDOR, ORA, s. m. anc. béarn. CREDEIRE. Créancier, ière.

Éty. du lat. *creditor*. V. *Cred*, R.

Lo crededó despulhat de la possession de la causa. Fors. et Cost. de Béarn.

CREDEIRE, vl. Croyant, V. *Creireou*, créancier. V. *Creancier*.

CREDENÇA, s. f. (credánce); CLEDANÇA, CREDANÇA. *Credencia*, port. esp. *Credensa*, cat. *Credenza*, ital. Crédence, sorte de petite table qui est à côté de l'autel où l'on pose les burettes, le bassin et les autres choses qui servent à la messe.

Éty. de l'ital. *credenza*, ou de l'all. *credentz*, m. s.

CREDENSA, s. f. vl. CREZENSA. *Credensa*, cat. Croyance, V. *Creança* et *Croyança*; créance, emprunt. V. *Creança*.

Éty. V. *Cred*, R.

CREDET, vl. CREET. Il ou elle crut, du lat. *credidit*.

CREDI, (crèdi) et

CREDIT, s. m. (credi); *Credito*, ital. esp. port. *Credit*, cat. Crédit, faculté de faire usage de la puissance d'autrui; réputation de solvabilité, et faculté d'emprunter d'après cette réputation; délai donné pour payer une marchandise; autorité.

Éty. du lat. *creditum*. V. *Cred*, R.

Vendre à credi, vendre à crédit.

CREDITAR, v. a. (creditá). Créditer, porter un article au crédit de celui qui a payé.

Éty. de *credit* et de *ar*. V. *Cred*, R.

CREDITAT, ADA, adj. et p. (creditá, áde). Crédité, ée. V. *Cred*, R.

CREDITOR, et

CREDITOUR, s. m. vl. *Créancier*, v. c. m.

Éty. V. *Cred*, R.

CREDO, s. m. (crèdo); *Credo*, port. cat. esp. ital. Crédo, nom par lequel on désigne le Symbole des Apôtres, parce qu'il commence par ce mot, qui signifie je crois.

Éty. V. *Cred*, R.

Lou grand credo, c'est le même symbole, augmenté par les conciles de Nicée, en 325, et de Constantinople, en 381, que l'on chante ou que l'on récite à la messe, depuis le commencement du VIme siècle.

El credo que feron los XII apostols, don cascus dels apostols y pauset lo sieu article.

CREDULE, ULA, adj. (credúlé, úle); CEIREOU, CRESEREOU, SIMPLAS. *Credulo*, ital. esp. port. *Credul*, cat. Crédule, qui a la faiblesse de croire trop facilement.

Éty. du lat. *credulus*, V. *Cred* et *Credul*, Rad.

CREDULITAT, s. f. (credulitá); SIMPLICITAT. *Credulità*, ital. *Credulidad*, esp. *Credulidade*, port. *Credulitat*, cat. Crédulité, faiblesse d'esprit par laquelle on est porté à croire, soit des propositions, soit des faits avant que d'en avoir pesé les preuves.

Éty. du lat. *credulitatis*, gén. de *credulitas*. V. *Cred*, R.

CREDUT, dg. Cru. V. *Cresut*.

Ety. V. *Cred*, R.

CREET, vl. Il ou elle crut.

Éty. V. *Cred*, R.

CREFE, s. m. (crèfé), d. bas lim. Crasse, saleté. V. *Crassa*.

Éty. du gaulois, *creffe*, gale, écaille.

CREG, vl. Il ou elle croit; de *creisser*. V. *Creiss*, R.

CREGN, CREM, rad. de *cregner*, qu'on fait dériver du lat. *tremere* pour *timere*, craindre, appréhender, avoir peur.

De *tremere*, par le changement de *t* en *c*, et apocope de *ere*, *crem*; d'où: *Crem-er*, *Cremos*, *Cremosa-ment*, *Crem-s*.

De *crem*, par le changement de *m* en *n*, et de *n* en *gn*, *cregn*; d'où: *Cregn-er*, *Cregnigut*, et par le changement de *e* en *a*, *cragn*; d'où: *Cragnansa*, *Cragn-er*, *Craign-er*, etc.

CREGNENSA, s. f. (cregnèinse). Crainte, appréhension, timidité. Garc.

CREGNENT, ENTA, adj. (cregnèin, èinte); CREGNEOU. Timide, craintif, ive.

CREGNEOU, ELA, adj. (cregnèou, èle). Craintif, timide. Garc. V. *Cregnent*.

CREGNER, v. a. (crégné); DEFIQUEGAR, CRAGNER, CRIGNER, CREGNE. *Temere*, ital. *Temer*, esp. port. Craindre, éprouver dans l'âme un mal inquiet occasionné par la vue d'un mal à venir, redouter.

Éty. de la basse lat. *cremere* pour *temere*. V. *Cregn*, R.

Mau de cregner, maladie contagieuse.

Siou pas de cregner, je ne suis pas pestiféré.

Una bestia de cregner, une bête venimeuse.

Herba de cregner, herbe vénéneuse.

Aquot es ti de cregner? y a-t-il du danger à se servir de telle chose? et non cela est il *à craindre* ou *de craindre*, qui sont des gasconismes.

Aquel mestre se fai pas cregner, ce maître n'en impose pas.

Cregni aquela oudour, je n'aime pas cette odeur; cette odeur m'incommode.

Aquella coulour cregne forsa, cette couleur n'est pas solide, passe facilement et non craint.

CREGNER SE, v. r. Être timide, n'oser pas demander ce qui est nécessaire.

CREGNIGUT, UDA, d. arl. Craint. V. *Crench*.

CREGON, vl. Qu'ils ou qu'elles croissent, multiplient.

CREGRON, vl. Ils augmentèrent. Voy. *Creiss*, R.

CREGUDA, s. f. (cregúde); *Crescuda*, cat. *Crecida*, esp. Crue, augmentation de prix. V. *Creis*.

Éty. de *cregut*, part. de *creisser*, croître. V. *Creiss*, R.

CREGUT, UDA, adj. et p. vl. CRESCUT. Accru, ue; arrivé au terme de sa croissance; V. *Creissut*; cru, crue. V. *Creiss*, R.

CREI, Un enfant nouveau-né, d. bas lim. il ou elle croît. V. *Creis* et *Creissença*.

CREICH, d. m. V. *Creis*.

CREICHER, v. n. vl. Croître. V. *Creisser*.

CREIDA, Alt. de *Cridas*, v. c. m.

CREIDAIRE, Garc. V. *Cridaire*.

CREIDAR, Alt. de *Cridar*, v. c. m.

CREIGUT, UDA, adj. et p. (creïgú, úde), dl. Cru, crue. V. *Cresut*.

Quand dirio la bertat, noun sirio pas *creigut*.
Hillet.

CREINAR, v. n. (creinà); CRAINAR. Faire des hiements, en parlant des portes, des chaises, etc., craquer. V. *Crenilhar* et *Cresinar*.

Éty. Ce mot est formé par onomatopée.

CREIRE, v. n. CRESER. *Creire*, anc. cat. *Creer*, esp. *Crer*, port. *Credere*, ital. Croire, avoir la foi; en dl. être docile, obéissant: *Moun enfant me voou pas creire*, mon enfant se moque de moi, c'est un mutin, un étourdi.

En français, le verbe croire ne permet pas à celui qui le suit et qui est sous son régime de prendre de préposition; ainsi la traduction littérale des phrases provençales suivantes donne lieu à autant de solécismes:

Creiou d'aver vist, je croyais d'avoir vu, pour je croyais avoir vu.

Creiou de revenir je croyais de revenir, pour je croyais revenir.

CREIRE, v. a. (creïré); CRESER. *Credere*, ital. *Creer*, esp. *Crer*, port. *Creire*, anc. cat. Croire, donner croyance, ajouter foi à ce que quelqu'un dit; estimer, présumer, penser.

Éty. du lat. *credere*, m. s. V. *Cred*, R.

Es un home de creire, c'est un homme digne de foi.

Fau creire que, il est à croire que ou il y a apparence.

Siou ben de creire, on peut ou l'on doit m'en croire.

CREIRE, s. m. Dageville a employé ce mot dans le sens de croyance.

As toujours fa lume à moun creire.

CREIRE SE, v. r. Se croire, s'estimer beaucoup.

CREIREOU, ELA, adj. (creirèou, èle); CRESEREOU, CRESEIRE. *Creedor*, anc. cat. anc. esp. *Credor*, port. *Creditore*, ital. Crédule, qui croit trop facilement.

Éty. de *creire* et de *eou*, celui qui croit. V. *Cred*, R.

Home creireou ges de cerveou. Pr.

CREIS, s. m. (creïs); CREISSENCA, ACREISSAMENT, CREGUDA, CREI, CREY, CREYS. *Lou creis*, le croît, augmentation de bétail par la génération; on le dit aussi ironiquement en parlant des personnes: *Avem agut creis*, nous avons eu croît; alluvion ou limon, sable, terre qu'une rivière laisse au bord d'un champ; crue, accroissement.

Éty. de *creisser*, croître, s'accroître. Voy. *Creiss*, R.

Partagear lou creis, partager le croît.

A mitat creis, m. s.

CREIS, vl. Il ou elle croît, ajoute, augmente.

CREISS, CRESC, CREJC, rad. pris du latin *crescere*, *cresco*, *cretum*, croître, s'augmenter, grandir, grossir, que les uns font dériver du grec κραίνω (krainô), effectuer, accomplir, perfectionner; les autres de κρέας (kréas), chair, parce qu'on a employé plus particulièrement le mot *crescere*, en parlant de l'accroissement des chairs; de κρέας (kréas), les Eoliens auraient fait, selon Scaliger, κρεάσκω (kréaskô), d'où *cresco*, *crescere*.

De *crescere*, par apoc. *crescer*; d'où: *Cresc-er*.

De *crescer*, par apoc. *cresc*, *cress*, et par changement de *e* en *ei*, *creiss*; d'où: *Creis-edor*, *Creis*, *Creiss-ensa*, *Creiss-er*, *Creiss-oun*, *Ac-creisser*, etc.

De *creiss*, par addition de *h*, *creissh*; d'où: *Creissh-o*, *Creisshe-ment*, *Des-creysshement*.

De *crescere*, par apoc. *cresc*, et par sync. de *s*, *crec*; d'où: *Cresc-uda*, *Crecher*, *Creg*, *Cregr-on*, *Creg-uda*, *Es-creguda*, *Creg-ut*.

De *cresc*, par métagr. de *se* en *z*, *crez*: *En-crez-ensa*, *Cresc-er*, *Cresc-ut*.

De *cretum*, par apoc. *cret*; d'où: *Concrecio*, *Crex-er*, *Per-creg-uda*, *Re-cru-a*, *Re-crut-ar*, *Re-crut-at*, *Re-crut-ur*.

CREISSE, Alt. de *Creisser*, v. c. m.

CREISSEMENT, vl. V. *Creisshement*.

CREISSENÇA, s. f. (creisséince); CREICHENÇA, CREIS, CREI, CREISSUDA. *Crescuda*, cat. *Crecencia*, anc. esp. *Crecença*, port. *Crescenza*, ital. Accroissement, croissance, augmentation de la masse d'un corps par agglomération de nouvelles molécules constituantes. On applique plus particulièrement ce mot au développement du corps de l'homme et des animaux. Dans le Bas Lim. ce mot signifie accroissement de famille, de bestiaux, etc. V. *Creis*.

Éty. du lat. *crescere*, croître, d'où: *crescentia*. V. *Creiss*, R.

Creissença de cher. V. *Escreissença*.

Doulours de creissença. V. *Creissents*.

CREISSENS, s. m. pl. (creissèins; CREISSOUN, dl. Les douleurs qui sont causées par un accroissement trop rapide. Sauv.

Éty. V. *Creiss*, R.

CREISSENSA, vl. V. *Creissença*.

CREISSENT, s. m. V. *Levam*.

CREISSER, v. a. (crèisse); CREYSSE, CRECHER, CREISSE. *Crescer*, port. *Crexer*, cat. *Crecer*, esp. *Crescere*, ital. Croître, ajouter, augmenter : *Creisser la soupa,* ajouter à la soupe ; vl. additionner.

Éty. du lat. *crescere,* m. s. V. *Creiss,* R.

CREISSER, v. n. et impr. CREISSE, m. s. *Crescere,* ital. *Crecer,* esp. port. *Creœer,* cat. Croître, prendre de l'accroissement : *Noun creisse ni creba,* il ne profite point ; *La ribiera creisse,* la rivière croît ou hausse.

CREISSHEMENT, s. m. CREYCEMENT, CREISSEMENT. *Creœement,* cat. *Crecimiento,* esp. *Crecimento,* port. *Crescimento,* ital. Accroissement, croissance, augmentation, amélioration.

Éty. de *creisser* et de *ment.* V. *Creiss,* R.

CREISSOUN, s. m. (creissóun) ; NASITORS, CREICHOUN, CRESSEIROUN. *Crescione,* ital. *Cresson,* en piémont. *Creœens,* cat. Cresson de fontaine, d'eau ou de ruisseau, *Sisymbrium nasturtium,* Lin. plante de la fam. des Crucifères siliqueuses, commune le long des eaux douces.

Éty. du lat. *crescere,* croître, parce qu'il pousse lors même que la végétation des autres plantes est suspendue par le froid de l'hiver. V. *Creiss,* R.

CREISSOUN BOUDOUCCS, s. m. Est aussi le nom qu'on donne dans presque toute la Provence, au becabunga, *Veronica becabunga,* Lin. plante de la fam. des Véroniques, qui croît même en hiver dans les eaux douces, et dont on mange les jeunes pouces en salade. V. Gar. *Veronica aquatica,* p. 484. On donne le même nom, ailleurs, à la berle à feuilles étroites. V. *Berla.*

CREISSOUN, dl. V. *Creissens.*

CREISSOUN ALENOIS, s. m. Cresson alénois. V. *Nastoun.*

Éty. de *creissoun* et de *alere,* nourrir.

CREISSOUN-BASTARD, s. m. Nom qu'on donne, à Nismes, au cresson parviflore.

CREISSOUN SAUVAGE, s. m. Nom qu'on donne, à Montpellier, selon M. Gouan, à la cardamine velue, *Cardamine hirsuta,* Lin. plante de la famille des Crucifères siliqueuses, commune dans les lieux cultivés et humides.

CREISSOUS, dl. V. *Creissoun.*

CREISSUDA, s. f. (creissúde), d. bas lim. Croissance. V. *Creissença.*

Éty. V. *Creiss,* R.

CREISSUT, **UDA**, adj. et p. (creissú, úde) ; CRESCUT. *Crecido,* port. Cru, ue, grandi, ie.

Éty. V. *Creiss,* R.

CREIUT, **UDA**, adj. et p. (creïú, úde), d. m. Cru, ue. V. *Cresut* et *Cred,* R.

CREM, CRAM, radical pris du latin *cremor, cremoris,* suc, jus qu'on exprime de quelque chose, crême, formé de *cernere, cerno,* séparer, parce que la crême se sépare du lait, ou du celt. *crema,* crême.

De *cremor,* par apoc. *crem* ; d'où : *Crem-a, Crem-ar.*

De *crem,* par le changement de *e* en *a,* *cram* ; d'où : *Cram-a, Cram-ar, Es-cramar, Es-cram-at.*

CREM, 2, radical pris du latin *cremare, cremo,* brûler, faire brûler, probablement dérivé du grec ἀκρέμων (akrémôn), *præsertim si pro eo etiam* κρεμὼν (krémôn), *dixere, ut etymologus censet, est* ἀκρέμον *ramus grandior, vel virgultum, quæ materies idonea ad cremandum.* Vossius.

De *cremare,* par apoc. *crem* ; d'où : *Cremadour, Cremad-ura, Crem-ar, Cremasoun, Crem-at, Crem-ada, Crem-our, Cresm-ar,* etc.

CREM, vl. Qu'il ou qu'elle brûle, de *Cremar,* v. c. m.

CREMA, s. f. vl. Suc.

Éty. du lat. *chrisma.* V. *Crem,* R.

CREMA, s. f. (crême) ; CRAMA, BURADA. *Crema,* ital. Crême, substance d'un blanc jaunâtre qui se réunit à la surface du lait que l'on laisse en repos.

Éty. du lat. *cremor,* ou du celt. *crema.* V. *Crem,* R.

La crême est composée de beurre, d'eau, de sucre, de caseum, d'acide lactique, d'acide acétique, de phosphate de chaux et de chlorure de potassium, selon M. Chevreuil.

N'aver pas la crema, expr. pr. n'avoir pas le baptême, pas le sens commun.

CREMA, s. f. *Crema,* cat. esp. ital. *Creme,* port. Crême, met composé de lait, de sucre et d'œufs, ayant la consistance de la crême ordinaire.

CREMA SAINT, s. m. Saint-Chrême, huile sacrée. V. *Chrema Sant.*

CREMA DE TARTRE, s. f. *Cremor de tartra,* cat. *Cremor tartaro,* esp. *Cremor di tartaro,* ital. *Cremor de tartaro,* port. Crême de tartre, sur tartrate de potasse.

Éty. du lat. *cremor tartari,* m. s.

CREMADOUR, s. m. dl. (cremadóur) ; CREMASSOUN. Un *sécheron,* pré, situé dans un lieu sec et qui n'est arrosé que par la pluie.

Éty. de *cremat,* brûlé. V. *Crem,* R. 2.

CREMADURA, s. f. vl. *Cremadura,* cat. *Quemadura,* esp. *Queimadura,* port. Brûlure.

Éty. de *cremada* et de *ura,* chose brûlée. V. *Crem,* R. 2.

CREMAL, s. m. (crémal), dl. Cremaillère. V. *Cumascle* et *Cramal.*

CREMAMENT, s. m. vl. *Cremament,* anc. cat. *Quemamiento,* anc. esp. Brûlure.

Éty. de *cremar* et de *ment.* V. *Crem,* R. 2.

CREMANT, **ANTA**, adj. vl. Brûlant, ante.

Éty. de *cremar.* V. *Crem,* R. 2.

CREMAR, v. n. (cremá) ; CRAMAR. Crêmer, se couvrir de crême, en parlant du lait.

Éty. de *crema* et de *ar.* V. *Crem,* R.

CREMAR, v. a. et n. CRESMAR, CRESECAR, CRAMAR. *Cremar,* cat. *Quemar,* esp. *Queimar,* port. Brûler, flamber, consumer. V. *Brular.*

Éty. du lat. *cremare,* m. s. V. *Crem,* R. 2. ou de l'inusité *camar,* brûler, en hébreu.

Aquot crema au lume, expr. fig. c'est une chose criante.

CREMA-SARDAS, dl. V. *Rabina-sardas.*

Éty. de *cremar,* brûler. V. *Crem,* R. 2.

CREMASCLE, V. *Cumascle.*

CREMASOUN, s. m. (cremasóun), dl. Le même que *Cremour,* v. c. m. et *Crem,* R. 2.

Ha, si ella avié lou dequé, (le carême).
Menarié pas tant lou caqué,
Aurié leou changea d'ourdinari,
Dirié que la sau liés countrari,
Que l'holi l'y fai cremesoun.

Prouces de Caramentran.

CREMASSOUN, V. *Cremadour.*

CREMAT, **ADA**, adj. et p. (cremá, áde) ; *Queimado,* port. *Cremad,* cat. *Quemado,* esp. Brûlé, ée, et pris subst. odeur du brûlé, roussi. V. *Uscle* et *Crem,* R. 2.

CREMEL, s. m. (cremél) ; CRAUNEL, dl. Une cage à poulets. Douj.

CREMER, v. a. vl. Craindre. V. *Cregner.*

CREMESIN, **INA**, adj. (cremesín, íne) ; *Cremisino,* ital. *Carmesi,* esp. *Carmesim* et *Cremesem,* port. Cramoisi, ie, qui est teint en cramoisi, ou en rouge foncé.

Éty. du lat. *cremesinus,* m. s. ou de l'arabe *kermesi,* qui signifie la même chose et qui vient de *kermes.*

Pera cremesina, poire cramoisie, archiduc d'été.

Seda cremesina, soie cramoisie.

CREMESIN, s. m. Cramoisi, l'une des sept couleurs rouges de la teinture.

CREMESOUN, V. *Cremasoun* et *Cremour.*

CREMOR, s. f. vl. CRAMOR. *Cremor,* anc. cat. Brûlure, embrasement, ardeur, crainte.

Éty. de *Cremar,* v. c. m. et *Crem,* R. 2.

CREMOS, adj. vl. Craintif.

Éty. de *cremer,* craindre, et de *os.* V. *Cregn,* R.

CREMOSAMEN, adv. vl. Craintivement.

Éty. de *cremosa* et de *men.* V. *Cregn,* R.

CREMOUN, d. m. V. *Cremour.*

CREMOUR, s. f. (cremóur) ; CREMESOUN, CREMASOUN, CREMOUN, ARDESOUN, BOURLASOUN, CREMEYOUN, CREMASOUR. Acrimonie, aigreur qui se fait sentir dans le gosier, soda, fer chaud, maladie qui résulte de cette disposition.

Éty. du lat. *cremare,* brûler, parce que les personnes atteintes de cette infirmité croient avoir du feu dans le gosier. V. *Crem,* R. 2.

CREMS, adj. et p. vl. Craint. V. *Creinch.*

CREN, CRAN, GRAN, radical dérivé du latin *crena,* hoche, coche, entaille.

De *crena,* par apoc. *cren* ; d'où : *En-cren-a, En-cren-at, En-cren-ier.*

De *cren,* par le changement de *e* en *a,* *cran* ; d'où : *Cran.*

De *cran,* par le changement de *c* en *g,* *gran* ; d'où : *En-gran-agi.*

CREN, s. m. vl. Poil, moustache. V. *Crin* et *Moustacha.*

CREN, Coye l'emploie pour *cregne,* il craint.

CREN, d. m. V. *Crin.*

CRENCH, **ENCHA**, adj. (créintch, éintche) ; CREGNUT, CREGNIÇAT. Craint, ainte. V. *Cregn,* R.

CRENELAR, v. a. (crenelá). Créneler, denteler.

CRENELURA, s. f. (crenelúre). Dentelure en forme de créneaux.

CRENEOU, s. m. (creneòu). Créneau, V. *Merlet;* ouverture du fourneau des potiers. Garc.

Éty. du lat. *crena*, entaille.

CRENILH, s. m. (crenill), d. de Barcel. Homme inquiet, tracassier, qui se plaint toujours. V. *Crenilhar*.

CRENILHAMENT, s. m. (crenillaméin). Hiement, bruit que fait une poulie en tournant, une machine qui élève un fardeau.

Éty. De *crenilhar* et de *ment*.

CRENILHAR, v. n. (crenillá); CRESINAR, CREINAR, CRANILHAR. Faire des hiements, crier, gémir, fig. gronder, se plaindre continuellement, murmurer : *Crenilha couma una carrela mau ouncha.*

Éty. Ce mot, ainsi que ses composés paraissent formés par onomatopée.

CRENILHET, s. m. (crenilhé). Grillon, et non *crillon*, comme l'écrit M. Garc. V. *Grilhet* et *Carnilhet*, pour nœud dans le fil trop tordu.

CRENTA, s. f. (créinte). Honte, timidité, vergogne, crainte.

Éty. du lat. *tremor*. V. *Cregn*, R.

Faire crenta, intimider, faire honte.

Lou souleou me fai crenta, le soleil m'éblouit.

Portar crenta, intimider, imposer, inspirer du respect.

CRENTAR, v. a. (creintá)?

CRENTOUS, **OUSA**, adj. (creintióus, óuse); CRENTOUS. Timide, honteux, craintif.

Éty. de *crenta* et de *ious*, *ous*. V. *Cregn*, Rad.

CRENTOUS, V. *Crentous*.

CRENUT, **UDA**, adj. et p. vl. *Crenut*, cat. Chevelu, garni de crins. V, *Crin*.

CREOLE, **CREOLA**, s. m. (créôlé, creôle); *Creolo*, ital. *Criollo*, esp. cat. *Crioulo*, port. Créole, européen né en Amérique.

Éty. de l'esp. *criollo*, qui a la même signification.

CREOU, d. lim. Il croit, de *creire*, *cres* ou *crei*.

CREOU, s. m. (créou). Nom qu'on donne, à Avignon, à l'alouette à doigts courts. V. *Calandreta*.

CREPCHA, s. f. vl. CREPIA, CRUPIA. Crèche. V. *Grupia*.

Éty. de l'all. *krippe*, m. s. Denina, T. 3, p. 34.

CREPIA, s. f. vl. Crêche. V. *Grupi*.

CREPUSCULO, s. f. (crepuscále); *Crepusculo*, ital. esp. port. cat. Crépuscule, lumière qui paraît avant le lever du soleil ou qui subsiste après qu'il est couché; elle tient le milieu entre le jour et la nuit.

Éty. du lat. *crepusculum*, m, s. formé de *creperus*, incertain, lumière incertaine. M. Roquefort donne pour radical à ce mot crêpe, de *crispus*, lumière ondulée.

CRESCER, v. a. et n. vl. V. *Creisser*.

CRESCUT, **UDA**, adj. et p. vl. *Crescud*, cat. *Crecido*, esp. Cru, ue, accru, ue. V. *Creissut*.

CRESECAR, v. a. et n. (creseca), d. béarn. Brûler. V. *Cremar*.

CRESEIRE, V. *Creireou*.

CRESENSA, vl. V. *Credensa*.

CRESENT, s. m. vl. Croyant. V. *Creireou*.

CRESER, V. *Creire*.

CRESEREOU, V. *Creireou*.

CRESIMA, s. f. vl. V. *Chrema*.

CRESINADA, s. f. (cresinàde), dl. Pour faîte, comble. V. *Acrinau* et *Cresten*.

Éty. du grec ακρος (akros), la cime, le sommet d'une chose.

CRESINAMENT, s. m. (cresinaméin); CRAZINAMEN, CRENIAMEN. Hiement. Cast.

CRESINAR, v. n. (cresiná); GRESINAR, CROUSSIR, CROUCIR, CREINAR, CROUSSINAR. Murmurer, en parlant d'une personne inquiète; crier, craquer, quand il est question des choses qui font un bruit aigu en se remuant.

Éty. Ce mot paraît être une onomatopée prise du grec κρούω (krouô), faire raisonner, faire retentir, ou de κροῦσις (krousis), action de frapper.

CRESINEOU, s. m. (cresinèou). Nom qu'on donne, à Avignon, au béhen blanc. V. *Carnilhets*.

Éty. de *cresinar*, faire du bruit, craquer, à cause du bruit que font les calices de cette plante quand on les fait éclater avec violence.

CRESINETA, s. f. Garc. V. *Estenebras*.

CRESMA, vl. V, *Chrema*.

CRESMAR, v. a. et n. (cresmá), d. béarn. Brûler. V. *Cremar* et *Crem*, R. 2.

CRESO, v. a. dg. et bord. Pour croire. V. *Creire*.

CRESP, CRISP, radical dérivé du latin *crispus*, crêpu, frisé, *crisp*, *crisp-a*.

De *crispus*, par apoc. *crisp*.

De *crisp*, par le changement de *i* en *e*, *cresp;* d'où : *Cresp*, *Cresp-a*, *Cresp-ar*, *Cresp-at*, *Cresp-eou*, *Cresp-ina*, *Cresp-ir*, *Cresp-issagi*, *Re-cresp-ir*, etc.

CRESP, **ESPA**, adj. vl. *Cresp*, cat. *Crespo*, esp. port. ital. Crêpu, frisé. Voy. *Crespat*.

Éty. du lat. *crispus*, m. s. V. *Cresp*, R.

CRESPA, s. f. (créspe); *Crepe*, port. Crêpe, étoffe de soie ou de laine claire, légère et non croisée, deuil, affliction.

Éty. du lat. *crispus*, crépu. V. *Cresp*, R.

Il y a des crêpes crêpés, des crêpes lissés, des crêpes simples et des crêpes doubles, cela dépend du degré de torsion de la chaîne.

Crêpe, fém. en provençal est masculin en français.

Mettre la crespa, mettre le crêpe.

CRESPA, s. f. d. bas lim. Crêpe, pâte semblable à des beignets, gâteau fait avec la même pâte, grillé dans l'huile ou dans le beurre; petit amas de choses collées ensemble. V. *Crespeou* et *Crips*, R.

CRESPAR, v. a. (crespá); *Crispare*, ital. *Encrespar*, esp. port. *Crespar*, cat. Crêper, friser, donner l'apparence du crêpe.

Éty, du lat. *crispare*, m. s. ou de *crespa* et de *ar*. V. *Cresp*, R.

CRESPAR SE, v. r. Se crêper, prendre l'apparence du crêpe, se friser; faire friser ses cheveux. Garc.

CRESPAT, **ADA**, adj. et p. (crespá, áde); CRESPUT. *Crespado*, esp. *Crespo*, port. ital. Crêpé, ée; frisé, ée.

Éty. du lat. *crispatus*, m. s.

CRESPEL, s. m. vl. *Crespell*, cat. Crêpe, gâteau. V. *Crespeou*.

CRESPEL, adj. vl. Crêpu.

Éty. du lat. *crispus*, m. s. V. *Cresp*, R.

CRESPEOU, s. m. (crespèou); CRESPA; CRESPEL. *Crespell*, cat. Sorte d'omelette faite avec de la farine et des œufs seulement; gratin, Avril. *riblette* au lard ou au sucre, Garc. mais *riblette* n'est pas français dans ce sens.

Éty. de *crespa*, à cause de son peu d'épaisseur. V. *Cresp*, R.

CRESPIMENT, s. m. (crespiméin); CRESPIT. Crépi, enduit qu'on met sur une muraille avec du gros mortier ou avec du plâtre.

Éty. de *crispus*, qui a des ondes, à cause de l'inégalité du crépi, V. *Cresp*, R.

CRESPIN, nom d'homme (crespïn); *Crespino*, ital. Crépin.

Patr. Saint Crépin et Saint Crépinien, frères, qui furent martyrisés à Soissons, l'an 287 ou 288, et dont l'Eglise célèbre la fête le 25 octobre.

Crespin sant. V. *Frusquin sant*.

CRESPIN, s. m. (crespïn). Petit panier dans lequel les cordonniers tiennent leur fil et leurs alênes. V. *Calbotin*.

CRESPINA, s. f. (crespine). Crépine, sorte de réseau, propre à maintenir les cheveux.

Éty. de *crespa* et de *ina*, qui a l'apparence de la gaze. V. *Cresp*, R.

CRESPINA, s. f. et ENFARA. Coiffe, membrane que quelques enfants portent sur la tête en venant au monde : elle est formée d'une portion de l'amnios et du chorion qui les enveloppent dans le sein de la mère, et qui reste appliquée sur le crâne, lorsqu'au lieu de se fendre au sommet pour laisser passer la tête, elle se coupe circulairement. Ce petit évènement sur lequel les gens crédules, fondent de grandes espérances de bonheur et de prospérité, tient, comme on voit, à peu de chose et ne signifie rien du tout. De cette croyance est venu le dicton : *Es nascut ame la crespina*, il est né coiffé, en parlant d'un homme à qui tout réussit. V. *Cresp*, R.

CRESPINA, s. f. FRESA, RIOGE, ROGE, ENFARA, GARBELA, CIALA, ROGEOU. Epiploon des jeunes animaux; membrane graisseuse et transparente dans plusieurs endroits qui s'étend sur les intestins et qu'on nomme, en terme de boucherie, parement, taie, sagène. V. *Cresp*, R.

CRESPIR, v. a. (crespír); REBOUCHAR, PERBOUCAR, RASTECAR. Crépir, boucher les joints des pierres d'une muraille avec du plâtre ou du mortier. V. *Reboucar*.

Éty. du lat. *crispare*, parce que le crépi paraît inégal, plissé. V. *Cresp*, R.

CRESPISSAGI, s. m. (crespissádgi); CRESPISSAGE. Crépissure, l'action de crépir. V. *Crespir* et *Reboucagi*.

Éty. de *crespir* et de la term. *agi*. V. *Cresp*, R.

CRESPOU, M. Desanat, dit à tort, *dapartout*, lou crespou, *funèbre*.

Crèpe masculin en français, est fém. en

provençal, on doit dire, *la crespa*. V. *Cresp*, R.

CRESPOUN, s. m. (crespóun); *Crespó*, cat. *Crespon*, esp. *Crespone*, ital. Crépon, étoffe de laine dont la chaîne est plus torte que la trâme ce qui la rend crépue.

Éty. de *crespa* et du dim. *oun*. V. *Cresp*, Rad.

CRESPUT, Même sign. que *Crespat*, v. c. m.

CRESSEDOR, s. m. (cressedór), vl. Auteur.

Éty. de *crescere*, augmenter, et de *edor*, parce qu'un bon auteur, dit Roquefort, augmente la somme des connaissances. V. *Creiss*, R.

CRESSES, s. m. pl. (créssés), dl. Les lisières d'une terre à blé. V. *Cance*.

CRESSINELS, s. m. pl. (cressinèls). Nom qu'on donne, dans le département de l'Hérault, selon M. de Belleval, aux jeunes pousses de la scorsonère laciniée, qu'on mange en salade. V. *Gallinetas*.

CREST, *En-crest-age*, *En-cresta-ment*, *En-crest-ar*, *En-crest-ir*.

CRESTA, s. f. (créste); *Cresta*, ital. esp. cat. *Crista*, port. Crête, excroissance charnue et rouge qui vient sur la tête des coqs et des poules, et par extension, la partie la plus élevée d'un rocher, d'une montagne, etc. V. *Cresten*.

Éty. du lat. *crista*, m. s.

Levar la cresta, lever la crête, faire l'important.

Baissar la cresta, baisser la crête, être abattu, humilié.

Dérivés: *Crest-il*, *Cresten*.

CRESTA, s. m. Clavaire, espèce de *champignon*, Garc. V. *Barba*.

CRESTADA, s. f. (crestáde), dl. Une truie châtrée, Douj. V. *Castr*, R.

CRESTADAN, vl. V. *Chrestian*.

CRESTA-DE-GAL, s. f. (créste-dé-gál); *Gallacrista*, port. Nom qu'on donne, à Nismes, à la crête de coq glabre, V. *Tartarieya*, parce que ces bractées sont crénelées comme la crête d'un coq, et à l'amaranthe à épi, *Amaranthus caudatus*, qui est aussi le nom qu'on lui donne à Montpellier, selon M. Gouan.

CRESTA-DE-POUL, s. m. (créste de poul). Nom qu'on donne, à Toulouse, à la *Celosia cristata*, et à la *Celosia lutea*.

CRESTADOR, vl. V. *Crestaire*.

CRESTADOURA, s. f. vl. (crestadóure), dl. FLUTA-DE-CRESTAIRE. Sifflet de châtreur, Douj. flûte de Pan.

Éty. de *crest* et de *oura*, ou de *castr* et de *oura*.

CRESTADURA, s. f. (crestadúre); *Crestadura*, cat. *Castrazon*, esp. La castration, l'action de châtrer. V. *Castr* et *Crest*, R.

En t. de couturière, ravaudage. Avr.

CRESTAIRE, s. m. (crestáïré); SANAIRE. *Castrador*, cat. esp. *Copador*, port. *Castraporcelli*, ital. Châtreur, coupeur, celui qui fait profession de châtrer les animaux.

Éty. du lat. *castratoris*, gén. de *castrator*, *castratore*, à l'abl. ou de *crestar* et de *aire*, celui qui châtre. V. *Castr*, R.

CRESTALH, s. m. vl. *Crestall*, cat. Cristal. V. *Cristal*.

CRESTANDIA, s. f. vl. Chrétienté.

CRESTAR, v. a. (crestá); CHASTRAR, CASTRAR, SANAR. *Castrare*, ital. *Castrar*, esp. port. cat. Châtrer, priver un animal des parties essentielles à la génération, des testicules chez les mâles et des ovaires chez les femelles.

Éty. du lat. *castrare*. V. *Castr*, R. ou de *cresta* et de *ar*, couper la crête, parce qu'on la coupe ordinairement aux poulets qu'on châtre. V. *Castr*, R.

Crestar un homme, le rendre eunuque, lui faire l'opération de la castration.

Crestar leis bruscs, châtrer les ruches.

Crestar un chivau, hongrer un cheval.

Crestar de cougourdiers, châtrer des courges, leur couper le bout des jets.

Crestar un porc, sener un cochon.

Crestar de bas, raccommoder, ravauder.

L'histoire n'apprend rien sur l'époque à laquelle la coutume de châtrer les animaux s'est introduite dans nos pays.

CRESTAT, **ADA**, adj. et sub. (crestá, áde); CHASTRAT, CRESTOUN. *Castrado*, port. Châtré, ée, qui a subi l'opération de la castration.

Éty. du lat. *castratus*, et mieux de *crestar*, et de la term. pass. *at*, *ada*, à qui l'on a fait l'opération de la castration. V. *Castr*, R.

Les châtrés ou eunuques, privés par une politique barbare des organes de la virilité, étaient déjà connus en Orient du temps de Joseph, qui fut vendu à Putiphar, un des premiers eunuques de Pharaon.

On a pendant longtemps châtré des enfants en Italie, pour leur adoucir la voix et pour leur conserver le ton aigu des femmes; en France, cet usage n'a jamais été reçu, et la castration n'y a été employée que sur les animaux.

CRESTEN, s. m. (crestin); COUMA, CIMA, CRIST, FLET, CRESTIL, CRESINADA, CHIN, ACRINAU. Crête, sommet d'une montagne, faîte d'un toit, d'une maison, chaperon d'une muraille.

Éty. de *cresta* et de *en*, qui se termine en crête.

CRESTERI, Alt. de *Clysteri*, v. c. m.

CRESTERISAR, V. *Clysterisar*.

CRESTEZA, s. f. vl. Châtrure. V. *Castr*, Rad.

CRESTIA, vl. Alt. de *Chrestian*, v. c. m.

CRESTIAN, *Crestia*, cat. V. *Chrestian*.

CRESTIANAR, V. *Chrestianar*.

CRESTIANDAT, s. f. vl. Chrétienté. V. *Christ*, R.

CRESTIANESME, s. m. vl. Christianisme. V. *Christianisme*.

CRESTIANISME, V. *Christianisme*.

CRESTIANOR, adj. vl. Chrétien. V. *Christ*, R.

CRESTIANOR, adj. vl. V. *Chrestian*.

CRESTIANTAT, vl. V. *Chrestiantat*.

CRESTIL, dl. V. *Cresten*.

CRESTON, s. m. vl. Chevreau. V. *Cabrit*.

CRESTOUN, s. m. (crestoún); *Crestá*, cat. *Castron*, esp. Animal châtré, comme on le dit particulièrement des jeunes animaux, c'est un dim. de *Crestat*, v. c. m. et *Castr*, Rad.

CRESTOUNA, s. f. (crestóune); *Cresteta*, cat. *Crestita*, esp. *Crestina*, ital. Dim. de *Cresta*, petite crête.

Éty. du lat. *crestinæ*, m. s.

CRESUS, s. m. (cresús); *Creso*, ital. Crésus, nom d'un roi de Lydie, qui possédait de grandes richesses, d'où l'expression: *C'est un Crésus*, pour dire c'est un homme extrêmement riche.

CRESUT, **UDA**, adj. et p. (cresú, úde); CREIUT, CREJEUT. Crue, ue; de *creire*. V. *Cred*, Rad.

CRET, GRED, GRES, radical pris du latin *creta*, craie, pierre blanche et molle qu'on trouve en abondance dans l'île de Crète, *Creta*, d'où son nom.

De *cret*, par le changement de *c* en *g* et de *t* en *d*, *gred*; d'où: *Gred-a*, *Gred-ar* et *Gres-a*, *Gres-al*, *Greout-as*, *Grout-oun*, *Gri-a*.

CRETA, s. f. (créte); CRETGE, CRIOUDA, CREOUGE, CRIOUGE. Cicatrice qui reste à la suite d'une plaie; petite miette de quelque chose: *Gna pas creta causa*, dl. il n'y en a pas du tout.

Éty. du lat. *creta*, craie, terre qui se détache facilement en écailles, en miettes.

CRETAR, v. a. (cretá). Cicatriser, laisser des cicatrices, en faire. Avr.

CRETAT, **ADA**, adj. (cretá, áde), dl. CRETGEAT. Gâté, entâmé, parlant des fruits, et particulièrement des châtaignes bajanes; marqué de craie.

Éty. du lat. *creta*, craie, et de *at*.

CRETICA, Alt. de *Critica*, v. c. m.

CRETOUN, **OUNA**, s. (cretoun, óune), dl. Les miettes de suif ou de graisse qui restent dans la chaudière où on les a fait bouillir. V. *Grautoun*.

Éty. du lat. *creta*, craie, qui est en boulettes comme la craie.

CRETOUNA, s. f. (cretóune). Cretonne, espèce de toile, dont la chaîne est de chanvre et la trame de lin, que l'on fabrique à Lisieux et aux environs.

Éty. D'un nommé Creton, qui établit le premier des métiers pour la fabrication de cette toile, il y a environ deux siècles.

CRETURA, s. f. (cretúre), d. bas lim. Alt. de *creatura*, enfant qui vient de naître.

Éty. Alt. du lat. *creatura*, m. s. V. *Cre*, Rad.

CRETURAR, v. n. (creturá), md. Enfanter: *A quella femna a creaturat*, cette femme a enfanté. V. *Accouchar*.

Éty. de *creatura* et de *ar*, faire une créature.

CREU, s. m. dl. (créou); CREAU. *Noun n'a creu*, il n'a pas la maille. Douj.

CREUBUT, **UDA**, adj. vl. Cru, ue, enflé, vain, fier.

CREUSA, s. f. (créuse); *Crosa*, esp. Creuse, département de la.... dont le chef-lieu est Guéret.

Éty. Du nom d'une rivière qui le traverse, connue en latin sous celui de *Crosa*.

CREUT, adj. et p. vl. Cru, de *creire*, croire. V. *Cred*, R.

CREVEOU, d. arl. V. *Cruveou*.

CREXER, v. n. anc. béarn. Croître.

Éty. Alt. de *crescer*. V. *Creiss*, R.

CREY, vl. V. *Creis*.

CREYCEMENT, vl. V. *Creisshement* et *Creiss*, R.

CREYENÇA, s. f. (creyèince); CRESENÇA, CROUYANÇA. *Credenza*, ital. *Creencia*, esp. *Crença*, port. *Creencia*, cat. Croyance, pleine conviction, persuasion intime; action d'ajouter foi à quelque chose, opinion.

Éty. *Creyença*, est dit pour *credença*. V. *Cred*, R.

CREYENT, s. m. (creyèin); CROUYANT. *Creyent*, cat. *Creyente*, esp. *Credente*, ital. *Crente*, port. Croyant, celui qui croit ce que sa religion enseigne.

CREYOUN, et.

CREYOUNAR, Garc. V. *Crayounar*.

CREYS, s. m. Crue. V. *Creis*.

CREYSSE, Croître. V. *Creisser*.

CREYSSEMEN, s. m. vl. Accroissement. V. *Creissença*.

CREYSSENSA, vl. V. *Creissença*.

CREYSSHEMENT, vl. V. *Creyssemen*.

CREYSSHO, s. f. vl. Croissance. V. *Creissença*.

CREZEDOR, vl. et

CREZEIRE, vl. Créancier. V. *Creancier* et *Creireou*.

CREZENÇA, V. *Crezensa*.

CREZENS, s. m. vl. Novice.

CREZENSA, vl. Croyance, éducation. V. *Credensa*, *Creança* et *Cred*, R.

CREZER, dl. Croire. V. *Creire*.

CRI

CRI, Pour cri. V. *Crid*.

CRI, Pour crin, cheveu. V. *Crin*, *Peou* et *Chevu*.

CRI-CRI, s. m. (cri-cri); CRI-CRI. Nom qu'on donne par onomatopée, aux criquets, *Acrydium*, V. *Langousta*, et aux grillets. V. *Grilhet*.

CRIAIRE, Alt. de *Cridaire*, v. c. m.

CRIALHA, s. f. vl. Querelle.

CRIALHAR, v. n. (criaillà). Criailler, crier, gronder souvent.

Éty. Itér. de *criar* ou de *cri*, de *alh* et de *ar*, faire tous les cris ou beaucoup de cris. V. *Crid*, R.

CRIAR, Alt. de *Cridar*, v. c. m.

CRIBELLAR, v. a. vl. V. *Criblar*.

CRIBL, CRUVEL, rad. pris du latin *cribrum*, crible, tamis, ou de *cribellum*, petit crible, et dérivé du grec κρίνω (krinô), trier, séparer, selon les uns, ou de κρίκος (krikos), cercle, anneau, selon d'autres.

De *cribrum*, par apoc. *cribr*, et par changement de *r* en *l*, *cribl*, ou de *cribellum*, par apoc. *cribel*, et par sync. de *e*, *cribl*; d'où : *Cribl-e*, *Cribl-ar*, *Cribl-at*.

De *cribel*, par le changement de *i* en *u*, et de *b* en *v*, *cruvel*; d'où : *Cruv-el*, *Cruvel-el*, *Cruvel-ar*, *Cruvel-at*, *Cruvel-ier*, *Cruvel-ad-uras*, *Cruvel-udas*, *Cruvcou*.

CRIBLAR, v. a. (criblà); CRUBELAR. *Crivelar*, anc. cat. *Cribar*, esp. *Crivar*, port. *Crivellare*, ital. Cribler, passer du grain au travers du crible, fig. et fam. percer d'un nombre infini de trous.

Éty. du lat. *cribrare*, m. s. V. *Cribl*, R.

CRIBLAT, ADA, adj. et p. (criblà, àde); *Crivado*, port. Criblé, ée.

Éty. de *crible*, et de la term. *at*, *ada*, ou du lat. *cribellatus*. V. *Cribl*, R.

CRIBLE, s. m. (criblé); CRUBEL, CRUVEOU, GRELLA. *Crivello*, ital. *Criba*, esp. *Crivo*, port. Crible, instrument pour séparer le bon grain du mauvais et des criblures.

Éty. du lat. *cribrum*, m. s. V. *Cribl*, R.

Dans un crible on nomme :

SARCHE, le cercle de bois qui soutient la peau ou le tissu du crible.

LANIÈRES, les bandes que forme le tissu du fond, quand il n'est pas fait avec une peau percée.

PEAU, la peau qui forme le fond du crible, percée de trous plus ou moins grands.

PERCE, la manière dont le fond est percé et la dimension des trous, à perce ronde, à perce fendue.

On nomme :

CRIBLÉE, la quantité de grain que l'on crible en une fois.

CRIBLIER, l'ouvrier qui fait les cribles. V. *Cruvelier*.

CRIC, s. m. (cri). Cric, machine propre à lever de gros fardeaux avec une petite force.

Éty. Cric est probablement l'onomatopée du bruit que la machine fait.

On croit qu'Archimède en est l'inventeur, 220 ans avant J.-C.

Héron, le perfectionna 10 ans après.

Dans un cric on nomme :

ARBRE ou CRÉMAILLERÉE, la barre de fer dentée, que la roue fait monter et descendre.

CHAPPE, la boite qui renferme la crémaillère.

PIGNON, la roue qui engrène dans les dents de la barre.

MANIVELLE, le levier circulaire que la main fait agir.

PIVOT. V. *Pivot*.

ARC-BOUTANT. V. *Arc-boutant*.

On y distingue encore :

LA ROUE.

LA JAMBE DE FORCE.

LE SUPPORT DE PLAQUE.

LA PLAQUE DE CRIC.

CRIC, dg. V. *Cris*, vl. il ou elle crut.

CRICA-LARDE, s. m. (crique-lárde), dl. Le jeu de *croque-lardon*. Sauv.

CRIC-CRAC, (cric-cràc); *Cric-crac*, cat. *Crich*, ital. Cric-crac, onomatopée dont on se sert pour exprimer le bruit que fait une chose en se cassant, en se déchirant.

CRICOT, s. m. (cricó). Petite cigale.

Aco's una cigala de la pichota espeça.
Tandon.

Éty. Dim. de *Criquet*, v. c. m.

CRID, CRIZ, CRIZ, CRIS, CRI, QUIOUL, sous-radical pris du lat. *quiritare*, *quirito*, *quiritatum*, se plaindre publiquement, crier au secours, dérivé de *quiris*, *quiritis*, demi-pique, javelot, d'où : *Cures*, ville des Sabins, où l'on faisait probablement ces armes; d'où *quirites*, citoyens de Cures; et depuis le traité conclu entre Talius et Romulus, citoyens romains; de *quirites*, on a fait *quiritare*, appeler les *quirites*, implorer le secours des citoyens romains, se plaindre publiquement. Bondil.

De *quiritare*, par sync. de *ui*, *gritare*, et par métagr. de *q* en *c* et de *t* en *d*, *cridar*; d'où le radical *crid* : *Crid*, *Crid-a*, *Re-cridar*, *Crid-ar*, *Crid-aria*, *Crid-as*, *Crid-aire*, *Crid-arela*, *Entre-cridar*, *Es-crid-ass-ada*, *Es-crid-ass-ar*, *Cris*, *Criz-aillar*, *Crit*, *Des-crit*.

De *crid*, par la suppression de *d*, *cri*; d'où : *Criar*, *Des-criar*, *Cri-at*, *Des-criat*, *Es-criar*, *Escrit*, *Re-criar-se*, *Creid-a*, *Creid-ar*, *Cri*, *Cri-aire*, *Cri-ar*, *Cri-alh-ar*, *Quie-laire*, *Quial-aire*, *Quielar*, *Quial-ar*, *Es-quial-ass-ar*; *Es-quier-ass-ar*, *Es-quierl-ar s'*, etc.

CRID, s. m. pl. CRIDS, CRI, CRIS, CRIT. *Grido*, ital. *Grito*, esp. port. *Crid*, cat. Cri, chez l'homme, c'est une explosion de la voix; mais chez la plupart des animaux, c'est leur voix naturelle; clameur, proclamation de la part des magistrats; vœu, désir, exclamation.

Éty. Ce mot est d'origine celtique, selon les uns; et un dérivé de *cridar*, selon d'autres. V. *Crid*, R.

Les cris des animaux ayant presque tous des noms différents, nous croyons devoir en présenter ici la liste par ordre alphabétique :

Les Abeilles, *bourdonnent*.
Les Aigles, *glapissent* et *trompettent*.
Les Agneaux, *bêlent*.
Les Alouettes, *tire-lirent* et *grisollent*.
Les Anes, *braient*.
Les Bœufs, *beuglent* ou *mugissent*.
Les Bouvreuils, *sifflent*.
Les Brebis, *bêlent*.
Les Butors, *mugissent*.
Les Cailles, *carcaillent* ou *couraillent*, et *margottent*, avant de chanter.
Les Cerfs, *brament*, et lorsqu'ils sont en rut, *rayent* ou *ralent*.
Les Chardonnerets, *gazouillent*.
Les Chevreuils, *rayent*.
Les Chèvres, *bêlent*.
Les Chats, *miaulent*.
Les Chevaux, *hennissent*.
Les Chiens, *aboyent*, *jappent*, et quelquefois ils *hurlent*.
Les Chiens, petits, *glapissent*.
Les Cigales, *claquettent*, *craquettent* et *chantent*.
Les Cigognes, *Craquettent*.
Les Cochons, *grognent*.
Les Coqs, *chantent* ou *coqueliquent*.
Les Corbeaux, *croassent*.
Les Corneilles, *crient*.
Les Coucous, *coucoulent*.
Les Daims, *râlent*.
Les Dindons, *glouglottent* ou *gloussent*.
Les Dindonneaux, *piaulent*.
Les Eléphants, *baretent* ou *barritent*; *barri* de l'éléphant.
Les Flamants, *trompettent*.
Les Foulques, *flûtent*.
Les Gobes-fourmis, *tintent* ou *carrillonnent*.
Les Grenouilles, *coassent*.
Les Grues, *trompettent*.
Les Lagamis, *crepitent*.
Les Lapins, *glapissent*.
Les Lions, *rugissent*.
Les Loups, *hurlent*.
Les Mésanges, *pipent*.
Les Moineaux, *pepient* et *chuchètent*, quand ils chantent.
Les Mulets, *braient*.
Les Oies, *sifflent* et *piaillent*.

Les Oiseaux, petits, *gazouillent, chantent* ou *ramagent.*
Les Paons, *criaillent* et *braillent.*
Les Perdris, *cacabent.*
Les Perroquets, *crient* et *parlent.*
Les Pies, *causent* ou *babillent.*
Les Pigeons, mâles, *roucoulent.*
Les Pinsons, *fringuent* ou *fringottent.*
Les Pintades, *crecerellent.*
Les Poules, mères, *clossent*, naturellement et *gloussent*, quand elles appellent leurs poussins.
Les Poules, *caquettent*, quand elles viennent de pondre.
Les Poules d'Inde, *piolent.*
Les Poussins, *piolent* ou *pépient.*
Les Râles, *râlent.*
Les Renards, *glapissent.*
Les Rhinoceros, *barètent* ou *barritent.*
Les Rossignols, *ramagent.*
Les Sangliers, *grumèlent.*
Les Serpents, *sifflent.*
Les Tigres, *miaulent* et *hurlent.*
Les Tourterelles, *gémissent* et *roucoulent.*
Les Vaches, et
Les Taureaux. V. *bœufs.*

V. Le poëme d'Ovide, intitulé *Philomena*, où se trouvent les noms du chant et des cris d'un grand nombre d'animaux.

CRIDA, s. f. vl. CREIDA. *Crida*, cat. *Grida*, anc. esp. ital. *Grita*, esp. mod. port. Clameur, bruit, renommée; criée, publication; crieur.

Éty. de *cridar*. V. *Crid*, R.

CRIDADA, s. f. vl. Cri, clameur.

Éty. de *crid* et de *ada*. V. *Crid*, R.

CRIDADESTA, s. f. et

CRIDADIS, s. m. dl. *Cridadissa*, cat. Même sig. que *cris*, *cridaria*, crierie, bruit de plusieurs personnes qui crient à la fois; criaillerie.

Éty. V. *Crid*, R.

CRIDADIS, dl. V. *Cris*, *Cridar* et *Cridesta.*

CRIDADITZ, vl. Même sign.

CRIDADOR, s. m. vl. *Cridador*, cat. V. *Cridaire.*

CRIDAIRAS, **ASSA**, s. (cridaïrás, ásse); CRIDAYRAS. Augm. péj. de *cridaire*, criard, arde; qui crie beaucoup et très-haut.

Éty. de *cridaire* et du péj. *as*. V. *Crid*, Rad.

CRIDAIRE, adj. et s. (cridâïré); CRIAIRE, BRAMAIRE, BEARAIRE, CRIDASSER. *Gridatore*, ital. *Gritador*, esp. port. *Cridaire*, cat. Crieur, celui qui crie, qui en a l'habitude, qui fait du bruit en criant.

Éty. V. *Crid*, R. et *Aire.*

En vl. sentinelle.

CRIDAIRE, **ARELLA**, s. (cridâïré, arèle); CRIAIRE. *Gridatore*, ital. *Gritador*, esp. port. *Cridayre*, cat. Crieur, euse; celui, celle qui aime à crier; criard, criailleur, qui se fâche pour la moindre chose; adj. braillard.

Éty. de *Crid*, R. de *cridar* et de *aire*, celui qui crie. V. *Crid*, R.

CRIDAMEN, s. m. vl. Cri, clameur.

Éty. de *cridar* et de *men*. V. *Crid*, R.

CRIDAR, v. a. (cridá); CREIDAR, BRAMAR, BRAULHAR, CRIAR, QUIRDAR. *Gridare*, ital. *Gritar*, esp. port. *Cridar*, cat. Crier dans les rues pour avertir que l'on veut vendre: *Cridar d'herbas, de peissoun, de vin*, etc., crier des herbes, du poisson, du vin, etc.

Éty. du celt. *cridar*, ou du lat. *quiritare*. V. *Crid*, R.

CRIDAR, v. a. QUIRDAR, APPELAR, SOUNAR, CHAMAR. Appeler: *Crida-lou*, appelle-le; *Vai-lou cridar*, vas l'appeler; gronder, réprimender; *M'an ben cridat*, on m'a bien grondé; *De que crides tant*, qu'as-tu, pour te fâcher ainsi; *Fai que cridar*, il ne fait que gronder, que criailler; *Cridar soun vin*, publier son vin; *Cridar un mariagi*, publier un mariage.

CRIDAR, v. n. BRIDOULAR. *Gridare*, ital. *Gritar*, esp. port. *Cridar*, cat. Crier, jeter, pousser un ou plusieurs cris, parler très-haut et avec chaleur, forcer trop sa voix en chantant. V. *Crid*, R.

CRIDARIA, s. f. (cridarie); CRIDESTA. *Gridamento*, ital. *Griteria*, esp. *Gritaria*, port. Criaillerie, crierie, bruit que fait quelqu'un qui se plaint ou qui réprimande en criant; bruit que font plusieurs personnes qui se fâchent.

Éty. de *Crid*, R. et de *aria.*

CRIDAS, s. f. pl. (crides); CREIDA, CRIDA. *Cridas*, cat. Criée, proclamation publique qui se fait par un huissier, pour parvenir à la vente d'un immeuble, etc.

Éty. de *cridar*. V. *Crid*, R.

On disait anciennement *crie.*

« Le présent règlement sera crié par la ville, et mis en la maison commune de la dite ville, et la *crie* sera rafraîchie de trois en trois mois. » Art. 103 du règlement sur la police de la ville d'Aix, de 1569.

CRIDAS, s. f. pl. ANOUNCIERS, BAN. Ban de mariage, avertissements solennels de promesses de futurs mariages, faits avant la célébration du sacrement; ban de vendange, publication faite de la permission accordée par l'autorité compétente, de commencer les vendanges.

Vendemiar avant las cridas, s'unir avant le sacrement.

An fach las cridas, on a publié les bans.

CRIDASSER, s. m. (cridassé), d. béarn. Crieur. V. *Cridaire.*

CRIDAYRA, adj. dl. Crieuse. V. *Cridarela.*

CRIDESTA, s. f. (cridèste); CRIDADESTA. Cris, criaillerie. V. *Crid*, R.

CRIDIU, **IVA**, adj. vl. Criailleur, criarde. V. *Cridaire* et *Crid*, R.

CRIDOR, s. f. vl. CRIDORS. Cri, clameur, bruit, bruissement.

Éty. de *cridar.*

CRIDORIA, s. f. vl. V. *Cridaria.*

CRIGNEOU, s. m. (crignèou). Nom que porte le béhen, dans le département des B.-du-Rh. selon M. Negrel. V. *Carnilhets.*

CRIGNER, V. *Cregner.*

CRIGNOULET, s. m. (crignoulé). Cast. V. *Carnilhets.*

CRIM, CRIMIN, sous-rad. pris du lat. *crimen*, *criminis*, crime, dérivé de *cernere*, *cerno*, juger, séparer, parce qu'un crime mérite jugement.

De *crimen*, par apoc. *crim;* d'où: *Crim*, *Crim-e*, *En-crim-ar*, *Des-encrimar*, *Encrim*, *En-crima.*

De *criminis*, gén. de *crimen*, par apoc. *crimin*: *Crimin-al*, *Criminal-men*, *Crimin-ayre*, *Crimin-el*, *ela*; *Criminela-ment*, *Crimin-os*, *En-crimin-ar*, *Des-encriminar*, *Criminal-isto*, *Re-crimin-ation.*

CRIM, s. m. vl. CRIMS. *Crim*, cat. Voy. *Crime.*

CRIMALH, s. m. (crimáil), d. toul. Cremaillère. V. *Cumascle.*

Éty. du grec κρεμάω (kremaô), suspendre.

CRIME, s. m. (crimé); *Crimen*, esp. *Crime*, port. *Crim*, cat. *Crimine*, ital. Crime, infraction grave aux lois de la morale.

« L'infraction que les lois punissent d'une peine afflictive ou infamante est un crime. »
Code Pén. Art. 1.

Éty. du lat. *crimen*, m. s. V. *Crim*, R.

Un crime attira un autre crime.

CRIME, s. m. (crimé); *Crimen*, esp. *Crime*, port. Crime, mauvaise action que les lois punissent ou doivent punir.

Éty. du lat. *crimen*, m. s. V. *Crim*, R.

CRIMINADOR, vl. V. *Criminaire.*

CRIMINAL, **ALA**, vl. *Criminal*, cat. V. *Criminel* et *Crim*, R.

Peccat criminal, péché mortel.

CRIMINALISTO, s. m. (criminaliste); *Criminalista*, port. cat. esp. ital. Criminaliste, auteur qui écrit sur les matières criminelles. V. *Crim*, R.

CRIMINALMEN, adv. vl. *Criminalment*, cat. V. *Criminelament* et *Crim*, R.

CRIMINAYRE, s. m. vl. CRIMINADOR. Criminel, auteur de crimes.

Éty. de *Crimin*, R. de *criminis* et de *ayre.* V. *Crim*, R.

CRIMINEL, **ELA**, adj. (criminèl, èle); CRIMINAL, CRIMINEOU. *Criminale*, ital. *Criminal*, esp. port. cat. Criminel, elle; qui est coupable d'un crime.

Éty. du lat. *criminalis*. V. *Crim.*

CRIMINELAMENT, adv. (criminèlaméin); *Criminalment*, cat. *Criminalmente*, ital. esp. port. Criminellement, d'une manière criminelle.

Éty. de *criminela* et de *ment*. V. *Crim.*

CRIMINEOU, V. *Criminel.*

CRIMINOS, adj. vl. *Criminos*, cat. *Criminoso*, esp. port. ital. Coupable, criminel. V. *Criminel.*

Éty. du lat. *criminosus*. V. *Crim*, R.

CRIN, (crïn); CRI, CREN. *Crine*, ital. *Crin*, cat. esp. *Crina*, port. Crin, poil long, rude et flottant qui règne le long du cou, et qui garnit la queue de plusieurs animaux, particulièrement du cheval: iron. cheveux.

Éty. du lat. *crinis*, formé du grec κρίνω (krinô), je sépare, poil séparé par touffes.

Sas belas crins *luzens et claras.*
Rom. de Flammeca.

CRINEOU, s. m. (crinéou). Nom qu'on donne, dans la vallée de Sisteron, Basses-Alpes, à un panier destiné à transporter le foin de la grange à l'écurie, quand il n'existe pas de trappe pour le faire tomber.

CRINIERA, s. f. (crinière); COMA. *Crini*, ital. *Crines*, esp. *Crinas*, port. Crinière, la totalité des crins qui garnissent le cou d'un cheval, d'un lion; fig. vilaine chevelure. V. *Couca.*

Éty. de *crin* et de *iera*.

CRINO, vl. Moustache. V. *Greno.*

CRINUT, UDA, IDA, adj. vl. CRINIT. *Crinito*, esp. port. ital. *Crinat*, cat. Chevelu, ue; qui a une longue crinière.

Éty. du lat. *crinitus*, m. s.

CRIOR, s. f. vl. Clameur. V. *Crid*, R.

CRIOU, s. m. (criou); COURRENCHINA, CICI, CHANET, GRASSET D'HIVER, PIOUTA-PICHOTA. l'alouette pipi, l'alouette de buisson ou le bec figue d'hiver: *Alauda trivialis*, Lin. oiseau de l'ordre des Passereaux et de la famille des Subulirostres ou Raphioramphes, (à bec en alène).

Éty. *Criou* est une onomatopée ou mot qui imite le chant de cet oiseau.

Criou, dans les Bouches-du-Rhône, indique une autre espèce d'alouette, connue sous le nom de locustelle, *Alauda obscura*. Lath. qu'on a souvent confondue avec la précédente. Elle habite les rochers voisins de la mer où elle vit solitaire.

CRIOUDA, s. f. vl. Pour cicatrice. V. *Creta* et *Cicatriça.*

CRIOUDAT, ADA, adj. et p. (crioudá, áde), dl. Cicatrisé : *Es tout crioudat*, il a le visage tout cousu, gravé.

CRIOUGE, dl. V. *Creta.*

CRIQUET, s. m. (criqué). Criquet, petit cheval faible et de vil prix; insecte.

Éty. du grec κέρκος (kerkos), queue, dans le premier sens, et petit insecte qui ronge la vigne, dans le second.

CRIQUETAS, V. *Cliquetas* et *Truqueta.*

CRIS, Pour cri des animaux. V. *Crid*, R. gronderie, réprimande, reproche.

CRISA, s. f. (crise); *Crisis*, cat. esp. *Crise*, port. Crise, changement subit d'une maladie en bien ou en mal; fig. dénouement d'une affaire.

Éty. du lat. *crisis*, dérivé du grec κρισις (krisis), jugement, fait de κρίνω (krinô), juger, combattre; parce que la crise est une espèce de lutte entre la nature conservatrice et le mal destructeur.

Hippocrate est le premier médecin qui ait parlé des crises, et celui peut-être qui les a le mieux connues et décrites. On ne les observe plus aussi fréquemment aujourd'hui, parce qu'on n'abandonne plus, comme il le faisait, les malades aux seuls efforts de la nature, quand celle-ci peut se suffire; a-t-on raison? Je n'en sais rien.

CRISMA, f. vl. *Crisma*, port. cat. Saint-chrême. V. *Chrema.*

CRISOLIT, vl. V. *Crizolit.*

CRISP, ISPA, adj. vl. Crépu, frisé. V. *Crespat.*

Éty. du lat. *crispus*, m. s. V. *Cresp*, R.

CRISPAR, v. a. (crispá). Crisper, causer des crispations.

CRISPATION, s. f. (crispatie-n); CRISPATIEN. Crispation.

CRISPIN, Nom d'homme (crispïn); *Crispino*, ital. Crispin.

Patr. Le martyrologe fait mention de six saints de ce nom, que l'Église honore les 1er et 18 juin; 19 et 20 novembre; 7 janvier et 3 décembre.

Éty. du lat. *crispinus.*

CRIST, s. f. Pour faîte d'une maison, d'un toit. V. *Cresten* et *Cresta*; et pour J.-C. vl. V. *Christ.*

CRISTAL, radical pris du latin *crystallum*, cristal, et dérivé du grec κρύσταλλος (chrystallos), glace, cristal, dérivé de κρύος (kryos), froid, et de στέλλομαι (stellomai), s'épaissir, parce que le cristal ressemble à la glace.

De *crystallum*, par apoc. *crystall*, et *cristal* par le changement de *y* en *i*; d'où : *Cristal, Cristall-in, Cristallis-ar, Cristallis-ation, Cristallis-at, Cristall-oides, Cristau.*

CRISTAL, s. m. (cristál); CRISTAILH, CRISTAU. *Cristall*, cat. *Cristal*, esp. port. *Cristallo*, ital. Cristal, tout minéral qui, par la force de cohésion, a pris une forme plus ou moins régulière. On donne aussi le même nom à une espèce de verre fin, qui a l'apparence du cristal de roche. On en établit les premières fabriques en France, en 1663.

Éty. du latin *crystallum*. V. *Cristal*, R.

La science qui traite des cristaux, se nomme cristallographie.

CRISTAL, s. m. vl. CRISTAU. Cimier, aigrette, crête, hauteur, panache. V. *Cresta.*

Nos cobrarem bel caire el castel el cristal.
Croisade contre les Albigeois.

CRISTAL, V. *Cristau.*

CRISTALL, vl. V. *Cristal.*

CRISTALLI, vl. V. *Cristallin.*

CRISTALLIN, INA, adj. (cristallïn, ine); *Cristalli*, cat. *Cristallino*, esp. port. ital. Cristallin, ine, clair, transparent comme le cristal. C'est aussi le nom de l'une des humeurs de l'œil.

Éty. du lat. *crystallinus*, m. s. V. *Cristal*, Rad.

CRISTALLIN, s. m. dl. ?

Aujo le cristallin *plantat sul cap del banc,*
Que crido que te bol per te poupa le sang.
Hillet.

CRISTALLISAR SE, v. r. (cristalizá); *Cristallizzare*, ital. *Cristalizarse*, esp. port. Se cristalliser, se congéler en forme de cristal.

Éty. de *cristalli*, gén. de *cristallum*, et de *ar*, le *s* est euphonique. V. *Cristal*, R.

CRISTALLISAT, ADA, part. (cristalizá, áde); *Cristallizado*, port. Cristallisé, ée, qui a pris la forme du cristal. V. *Cristal*, R.

CRISTALLISATION, s. f. (cristalisatie-n); CRISTALLISATIEN. *Cristallisació*, cat. *Cristallizzazione*, ital. *Cristalisacion*, esp. *Cristallisação*, port. Cristallisation, opération par laquelle les corps prennent une forme régulière. V. *Cristal*, R.

CRISTALLOYDES, s. m. vl. *Cristalloïde*, ital. *Cristalloïde*, humeur de l'œil.

Éty. de *cristal* et de *oïdes*. V. *Cristal*, R.

CRISTAU, lang. mod. V. *Cristal.*

CRISTAU DE ROCCA, s. m. Cristal de roche; cristallerie, partie de la verrerie qui s'occupe des cristaux.

En 1663, on établit les premières fabriques de cristal en France.

En 1809, La Doueppe Dufougerais, directeur de la manufacture de cristaux du Mont-Cenis, trouva le moyen de renfermer les médailles dans des lozanges de cristal.

CRISTERI, s. m. *Cristeri*, cat. *Crister*, esp. *Cristel*, port. *Clistero*, ital. Clystère. V. *Clysteri.*

CRISTERIZAR, vl. V. *Clysterisar.*

CRISTIAN, *Cristia*, cat. V. *Chrestian.*

CRISTIANDAT, vl. *Cristiandat*, cat. V. *Chrestianetat.*

CRISTIAT, s. m. vl. La chrétienté. V. *Christiantat.*

CRISTINA, V. *Christina.*

CRISTOLA, s. f. (cristóle). Espèce de châtaigne. V. *Castagna.*

CRISTOOU, V. *Christoou.*

CRISTOU, V. *Christ.*

CRIT, dg. Cris. V. *Cris.*

CRITICA, s. f. (critique); *Critica*, ital. esp. port. cat. Critique, jugement exact ou censure maligne de quelque chose; le genre d'étude qui a pour objet la littérature ancienne, le travail des commentateurs, etc.

Éty. du grec κρινω (krinô), juger.

CRITICAR, v. a. (criticá); *Criticare*, ital. *Criticar*, cat. esp. port. Critiquer, trouver à redire, blâmer, censurer.

Éty. de *critica* et de *ar.*

CRITICAT, ADA, adj. et part. (criticá, áde); *Criticado*, port. Critiqué, ée, censuré.

Éty. de *critica* et de *at.*

CRITICO, s. m. (critique); *Critico*, esp. ital. port. *Critic*, cat. Critique, celui qui examine les ouvrages d'esprit pour en porter son jugement; censeur, imposteur qui trouve à redire à tout.

Éty. du lat. *criticus*, m. s. dérivé du grec κριτικος (kritikos), celui qui censure.

CRITIQUE, ICA, adj. (critiqué, ique); *Criticus*, lat. *Critico*, esp. ital. port. *Critic*, cat. Critique, qui a rapport à la critique; qui juge les maladies; dangereux.

Éty. V. *Critico.*

CRIVELAR, v. a. vl. Cribler. V. *Criblar.*

CRIZAILLAR, vl. Criailler. V. *Crialhar.*

CRIZOLIT, s. f. vl. CRISOLIT. *Crisolit*, cat. *Crisolito*, esp. ital. *Chrysolito*, port. Chrysolite, pierre précieuse, transparente, d'un jaune d'or mêlé de vert. C'est la topaze des modernes.

Éty. du lat. *chrysolithus*, m. s. dérivé du grec χρυσόλιθος (chrysolithos), formé de χρυσὸς (chrysos), or, et de λιθος (lithos), pierre.

CRIZOPASSI, s. f. vl. *Crisoprasio*, esp. *Chrysopraso*, port. *Crisopazio*, ital. *Crisoprasi*, cat. Chrysoprase, pierre précieuse, d'un vert de porreau, mais tirant sur la couleur d'or.

Éty. du grec χρυσὸς (chrysos), or, et de πράσον (prason), porreau.

CRO

CROAC, s. m. vl. Croac, cri du corbeau.

Éty. Onomatopée.

CROBIR, v. a. vl. Altér. de *Curbir*, v. c. m.

CROC, CROUC, CROCH, CROUCH, GROUP, radical dérivé du celtique *croc*, croc, crochet, ce qui accroche, ou signe factice du déchirement d'un corps saisi par un instrument aigu qui en prit le nom; Roq. d'où : *Croc*, *Ra-croc*, *Croc-ant*, *Croch-a*, *Croc-ar*, *Des-crocar*, *Croch-et*, *Crochet-ar*, *Des-crochetar*, *Ac-croc*, *Croc-ut*, *Cross-a*, etc.

De *croc*, par le changement de *o* en *ou*, *crouc*, *crouch*; d'où : *Ra-crouchar*, *Ac-crouch-ar*, *Crouc-ut*, *Crouch-ut*, par la transposition de *r* : *Courch-et*, *Courchet-ar*, *Courchet-at*, *Courch-eta*, *En-crouc-ar*, *En-crouc-at*, *En-crouc-ur*, *Group-eiroun*, *Re-crouqu-ilhar*, *Re-crouqu-ilh-at*.

CROC, s. m. (cró); BECHE, CROCHOU. *Croc*, anc. cat. *Crocco*, ital. *Cocle*, esp. *Croque*, port. Croc, crochet, instrument de bois ou de fer recourbé; servant à suspendre ou à saisir quelque chose.

Éty. du celt. *croc*. V. *Croc*, R.

CROC, s. f. vl. Croix. V. *Crous*.

CROCA, s. f. (cróque), dl. Espèce de cuiller de bois à long manche, dont on se sert au jeu de mail pour lever la boule. V. *Croc*, Rad.

CROCA, Exclamation qui répond à dame! diable!

CROCA-LARD, s. m. (cróque-lár), dl. Ecornifleur, parasite qui rode les cuisines. Sauv.

Éty. *Croque-lard*. V. *Croc*, R.

CROCA-MELETAS, s. m. dl. Mendiants qui rodent dans les poissonneries. V. *Croc*, Rad.

CROCANT, s. m. (croucán), d. bas lim. Croquant, un homme de néant, un misérable, un voleur. V. *Croc*, R.

CROCANTS, s. m. pl. vl. Qualification par laquelle on désigna les paysans de la Haute-Guienne qui se soulevèrent et prirent les armes en 1594, pour se défendre contre les exactions de la noblesse et des receveurs, des tailles. Ce nom avait d'abord été donné par eux à ceux qui les *croquaient*, mais ces derniers plus puissants le leur rendirent.

CROCAR, v. a. (croucá); CROUCAR, CROUQUAR. Accrocher, saisir avec un crochet, croquer, faire un croquis; escamoter finement; béqueter. Douj.

Éty. de *croc* et de *ar*, saisir avec un croc. V. *Croc*, R.

Crocar lou marmot, croquer le marmot, attendre longtemps devant une porte.

Croca-te aquot, voilà pour toi.

CROCAR, v. n. Croquer, on le dit des choses dures ou sèches qui font du bruit sous la dent quand on les mâche.

Éty. Ce mot est une altér. de *Cracar*, v. c. m.

CROCAREL, adj. (croucarèl), dl. et impr. CROUCAREL. Propre à saisir : *A lous huelhs croucarels*, il a les yeux fripons ou coquets.

Éty. de *crocar* et de *el*. V. *Croc*, R.

CROCARES, adj. vl. Acroc, crochu.

Éty. de *crocar* et de *es*, qui sert à accrocher. V. *Croc*, R.

CROCENTELA, s. f. (croucentèle); CRUISSENTELA, CROUCENTELA, CRUCENTELA, Le croquant des os, les cartilages, les parties souples et élastiques qui tiennent aux os : *La crocentela de la paleta*, le croquant ou la corne du paleron.

Éty. de *crocar*, qui craque.

CROCHA, Pour béquille, potence. Voy. *Crossa* et *Cruç*, R.

CROCHA, s. f. (crótche); *Corchea*, esp. *Colchea*, port. *Corxera*, cat. *Croma*, ital. Croche, note de musique qui ne vaut que le quart d'une blanche, ou la moitié d'une noire.

Éty. Ainsi nommée parce que sa queue est terminée par un crochet. V. *Croc*, R.

CROCHET, s. m. (croutché); AGRAFFA, CROUCHET, COURCHET. *Corchete*, esp. *Colchete*, port. Agraffe, espèce de crochet dont la partie recourbée est destinée à passer dans un anneau nommé porte. V. *Malheta*, fermoir.

Éty. de *croc* et du dim. *et*, petit croc. V. *Croc*, R.

Crochet d'un libre, fermoir.

Faire un crochet, faire un détour.

CROCHET, s. m. CROUCHET. Clavier à chaînette, espèce de chaînette, pourvue d'un crochet que les femmes fixent à leur ceinture et à l'extrémité de laquelle elles suspendent les ciseaux. V. *Croc*, R.

CORCHET, s. m. (courtsé), d. bas lim. Les dents canines. V. *Dent de l'huelh* et *Croc*, R.

CROCHETAR, v. a. (croutchetá); CROUCHETAR, CROCHOUNAR, COURCHETAR, AGRAFFAR. Agraffer, passer une agraffe dans sa porte.

Éty. de *crochet* et de *ar*, mettre l'agraffe. V. *Croc*, R.

CROCHETAT, ADA, adj. et part. (croutchetá, áde); CROUCHETAT, COURCHETAT. Agraffé, ée, fig. personne discrète dont on ne peut rien tirer. V. *Croc*, R.

CROCHOU, Attisonoir. V. *Fourgoun* et *Croc*, R.

CROCHOUNAR, v. a. (croutchouná). Le même que *Crochetar*, v. c. m. et *Croc*, Rad.

CROCI, s. m. vl. Safran, crocus.

Éty. du lat. *croci*, gén. de *crocus*, m. s.

CROCODILO, s. m. (crocodile); CAYMAN, COCODRIL. *Cocodrillo*, cat. *Cocodrilo*, esp. *Coccodrillo*, ital. *Crocodilo*, port. Crocodile, *Crocodilus*, nom d'un genre de Reptiles de l'ordre des Sauriens et de la fam. des Planicaudes (à queue aplatie), dont on connaît trois ou quatre espèces toutes étrangères à la France et à une grande partie de l'Europe.

Éty. du lat. *crocodilus*, dérivé du grec κροκοδειλος (crocodeilos), qui craint le rivage, ou suivant Gesner, de κρόκος (crocos), safran, et de δειλὸς (deilos), qui craint.

L'espèce la plus remarquable est le crocodile vulgaire d'Egypte, *Crocodilus vulgaris*, Cuv. *Lacerta crocodilus*, Lin. qui habite le Nil et le Sénégal. Il atteint jusqu'à dix mètres de longueur; sa femelle pond une vingtaine d'œufs qu'elle enterre dans le sable et que la chaleur du soleil fait éclore. On confond souvent ces œufs dans le commerce, avec ceux de l'Autruche.

CROCS, adj. vl. CRO, CROI. Jaune, blond, couleur de safran.

Éty. du lat. *croccus*, m. s.

CROCUT, s. m. vl. Frontal, espèce de coiffure. Gl. occ.

CROCUT, UA, adj. (croucú, úe); CROUCUT, CROUCHUT. Crochu, ue, qui se termine en forme de croc, recourbé.

Éty. de *croc* et de *ut*. V. *Croc*, R.

CROI, OIA, adj. vl. CROY. *Croi*, anc. cat. Lâche, vil, honteux, mauvais, méchant, jaune, creux.

CROIA, s. f. (cróïe). Craie, terre blanche.

Éty. du lat. *creta*, m. s.

CROICHIR, v. a. vl. Briser, écraser. V. *Crucir*.

CROILLA, s. f. vl. Plafond, lambris.

CROILLÉ, s. m. vl. Berceau. V. *Bres*.

Éty. du lat. *corbis*.

CROIS, s. m. vl. *Cruxit*, cat. Craquement.

Éty. de *Crucir*, v. c. m.

CROISIR, v. n. vl. Craquer. V. *Crussir*.

CROISIT, adj. vl. Maillé : *Peitral croisit*, poitrail maillé, croisé. V. *Cruc*, R.

CROISSIR, vl. V. *Crucir*.

CROLAR, V. *Crollar*.

CROLLA, s. f. (crólle); CRALLA, d. bas lim. Le haut du tronc d'un arbre d'où partent les grosses branches, où il se divise.

CROLLAR, CROTLAR, CROLAR, v. a. vl. *Crollar*, anc. cat. *Crollare*, ital. Remuer, branler, hocher, ébranler.

Éty. du grec κρούω (krouô), faire choquer une chose contre une autre.

CROMARIN, Alt. de *Cormarin*, v. c. m.

CROMORNO, s. m. (cromórne). Cromorne, tuyau des jeux de l'orgue à l'unisson de la trompette.

CROMPADOO, s. m. anc. béarn. Acheteur.

Éty. V. *Compr*, R.

CROMPADOUR, d. béarn. V. *Crompaire*.

CROMPA, s. f. (crómpe); CROUMPA. *Compra*, ital. esp. port. cat. Achat, acquisition.

Éty. V. *Crompar* et *Compr*, R.

CROMPAIRE, s. m. (croumpàïré); CROUMPADOO, ACHETOUR, ACATOUR, CROUMPADOUR, CROUMPAIRE, ACHETAIRE. *Compratore*, ital. *Comprador*, cat. esp. port. Acheteur, celui qui achète.

Éty. de *crompa* et de *aire*, celui qui achète. V. *Compr*, R.

CROMPAR, v. a. (croumpá); ACATAR, ACHETAR, CROUMPAR, COMPRAR. *Comprare*, ital. *Comprar*, esp. port. cat. Acheter, acquérir à prix d'argent.

Éty. du lat. *comparare*, acheter, acquérir, d'où *comparar* et *crompar*, par la transposition de *r*, ou de *crompa* et de *ar*, faire un achat, ou de *parare*, acquérir, et de la prép. *cum*, avec. V. *Compr*, R.

Se crompar un habit, *un capeou*, Tr. acheter un habit, un chapeau, et non s'acheter.

Qu bon lou crompa, *bon lou beou*, qui l'achète bon, le boit bon.

Crompa pax, maisoun facha,
Chivau marcant et frema à faire.
Prov.

CRONICA, vl. V. *Chronica*.

CRONOGRAPHIA, vl. V. *Chronographia*.

CRONTA, Altér. de *Contra*, v. c. m.

CROOULA, s. f. (cróoule), d. bas. lim. Tronc d'arbre, creusé par la pourriture de son intérieur, et qui ne se soutient que par quelques couches d'aubier.

CROPA, s. f. vl. Croupe. V. *Groupa.*

CROPATA, Alt. lang. de *Corpatas*, v. c. m.

CROPATA-BLAN, Alt. lang. de *Corpatas-blanc*, v. c. m.

CROPATAS, Alt. de *Corpatas*, v. c. m.

CROPIERA, s. f. vl. Croupière. V. *Groupiera.*

CROPTA, s. f. vl. Grotte. V. *Crota.*

CROPTO, s. m. pl. vl. Caveau, creux.

Éty. du lat. *crypta*, caverne, grotte. V. *Crot*, R.

CROQUIS, s. m. (crouquís); CROUQUIS. *Cróquis*, cat. *Croquis*, esp. Croquis, première esquisse d'un objet qu'on veut dessiner ou peindre. V. *Croc.*

CROS, CROUS, CROSS, radical dérivé du latin *scrobs*, fosse, creux, et formé du grec σκάπτω (skaptô), fouir, creuser.

De *scrobs*, par la suppr. de *s* init. et du *b*, *cros;* d'où: *Cros*, *Cros-a*, *Cros-aire*, *Cros-eta*, *Cross-as*, *Croz-a*, *Croz-at*, *Des-en-cros-ar.*

De *cros*, par le changement de *o* en *u*, ou en *ou: Cru-ol*, *Crus*, *Crus-a*, *Crus-et*, *En-crou-ar*, *En-crous-ar*, *En-crous-at*, *En-crous-ad-ura.*

CROS, s. m. (crós); CROUES, CLOT, CLOS, SO, CROUAS. Fosse pour un mort, tombeau, lieu destiné à la sépulture, creux à planter quelque chose, fosse à fumier. Trou.

Éty. du lat. *scrobs*, fosse. V. *Cros*, R.

CROS, Pour croix. V. *Crous.*

CROS, s. m. *Crossis*, pl. dg. Fosse à blé, silo, cavité pratiquée dans la terre pour y conserver le grain. V. *Cros*, R.

E tous blats ta bets è tà grossis
Se cussauaren deguens tous crossis.
D'Astros.

CROSA, s. f. (cróse), d. bas lim. Ravine. V. *Raissalhada* et *Valat.*

Éty. de *cros*, creux. V. *Cros*, R.

CROSA, s. f. vl. Croix, crosse. V. *Crous.*

CROSAIRE, s. m. (crousáiré); CROUSAIRE. d. bas lim. Fossoyeur. V. *Enterra-mort* et *Cros*, R.

CROSELUT, **UDA**, adj. (crouselú, úde); CROUSELUT. Creux, enfoncé.

Éty. de *cros*, fosse, et de *ut*, *uda*. V. *Cros*, R.

CROSET, s. m. (crousé); CROUSET. Fossette qui se forme aux joues de certaines personnes quand elles rient.

CROSETA, s. f. (crouséte), d. bas lim. CROUSETTA. Fossette, le petit creux qu'on voit au milieu du menton et des joues de quelques personnes. V. *Trauc.*

Éty. Dim. de *cros*, petite fosse.

CROSSA, s. f. (crósse); *Crossa*, cat. *Croza*, anc. esp. Crosse, bâton pastoral d'un évêque.

Éty. du celt. *crocz*, croc, à cause de sa forme. V. *Croc*, R.

On nomme *crossillon*, l'extrémité recourbée de la crosse, et *lanterne*, la partie élargie et percée à jour.

La crosse n'était, dans l'origine, qu'un bâton. M. Quatremaire Disjonval, prétend qu'elle n'était autre chose qu'un bâton muni d'un croc, dont on se servait pour tirer l'eau des puits.

Isidore de Séville dit que la crosse est donnée à l'évêque, dans l'ordination, pour indiquer qu'il a droit de corriger, et qu'il doit soutenir les faibles.

On ne voit son usage établi en France, que depuis l'an 867, mais elle était connue au VIme siècle.

CROSSA, s. f. (crósse); CROCHA, CROUECHA, BEQUILHA. *Crossa*, cat. *Gruccia*, ital. Potence ou béquille dont se servent les personnes qui ont les jambes faibles, pour s'aider à marcher, et qu'elles appuyent sous l'aisselle.

Éty. de *cros*, croix, parce que ces sortes de bâtons ont la forme d'une croix ou d'un T. V. *Cruc*, R.

CROSSA, s. f. Crosse, partie courbe et inférieure du fût d'un fusil.

CROSSAR, v. a. vl. Remuer, secouer.

Éty. de *Crollar*, v. c. m. Rayn.

CROSSAS, s. m. (croussás); CROSAS, CROUSSAS. Large et grande fosse.

Éty. de *cros*, fosse, et de l'augm. *as*. V. *Cros*, R.

CROSSAT, adj. m. (croussá); CROUSSAT. Crossé, qui a droit de porter la crosse.

Éty. de *crossa* et de *at*. V. *Croc*, R.

CROSSET, s. m. (crousse); CROUSET, CROUSSET. Petite fosse, petit trou, petit vallon.

Éty. de *cros*, fosse, et du dim. *et*. V. *Cros*, Rad.

CROSTA, s. f. vl. Croûte. V. *Crousta.*

CROSTELA, s. f. vl. Petite croûte. V. *Crousteta.*

CROSTIT, adj. vl. Écrasé, encroûté, incrusté. V. *Crust*, R.

CROT, CROUT, GROUT, CROPT, radical pris du latin *crypta*, caverne, grotte, voûte souterraine, et dérivé du grec κρύπτη (kruptê), m. s.

De *kruptê*, par apoc. *krupt*, par changement de *k* en *c* et de *u* en *o*, *cropt;* d'où: *Cropt-os*, *Cropt-a.*

De *cropt*, par la suppr. du *p*, *crot*, *crout;* d'où: *Crot-a*, *Crot-ar*, *Crot-oun*, *Crot-at*, *Crot-a*, *Crous-ilhoun*, *Crout-ar*, *Grout-at*, *En-croutar*, *En-crout-aire.*

CROT, vl. Alt. de *Cros*. V. *Crous.*

CROTA, s. f. (cróte); CHAI, CHAY, CLOTA, ABABOOUT, VOUTA, CAVA. Cave, grotte, voûte en général; ce mot est plus particulièrement destiné à désigner une cave, ou lieu souterrain voûté, propre à conserver le vin, l'huile, et en général tous les objets qui craignent les alternatives de la chaleur et du froid. vl. chapelle.

Éty. du lat. *crypta*. V. *Crot*, R.

Les caves un peu profondes conservent presque toujours la même température, ce qui est cause qu'on les trouve froides en été et chaudes en hiver. V. pour les détails au mot, *Vouta.*

CROTA, s. f. (cróte), d. bas lim. Crotte, boue, V. *Pauta*, fiente de brebis ou de chèvre. V. *Petta.*

Éty. du lat. *creta.*

CROTADA, s. f. (croutáda); CROUTADA. Plein une cave, ce qu'une cave peut contenir de vin. Avr.

CROTAR, v. a. (croutá), et imp. CROUTAR. Voûter, faire une voûte.

Éty. de *crota* et de *ar*, *faire una crota.* V. *Crot*, R.

CROTAT, **ADA**, adj. et p. (croutá, áde), et impr. CROUTAT. Voûté, ée, fait en voûte.

Éty. de *crota* et de *at*, *ada*. V. *Crot*, R.

CROTLAR, v. n. vl. crouler, branler, chanceler. V. *Crollar.*

Cadaus pot conoiser on li crotla la dent.

Chacun peut connaître où lui branle la dent.

Hist. en vers, de la Crois. Contre les Albigeois, v. 6502.

CROTOUN, s. m. (croutóun); CROUTOUN, CLOUTOUN. Caveau, petite cave, iron. prison, cachot: *L'an mes au crotoun.*

Éty. de *crota* et du dim. *oun*. V. *Crot*, Rad.

CROTZ, s. f. vl. Croix, V. *Crous*, Croisade; marque de monnaie.

Éty. du lat. *crux*, m. s. V. *Cruc*, R.

CROU, Pour croix, alt. de *Crous*, v. c. m.

CROUAS, d. du Var. V. *Cros.*

CROUASAR, d. du Var. V. *Crousar.*

CROUCANTA, V. *Crocanta.*

CROUCAR, et dériv. V. *Crocar.*

CROUCHET, V. *Crochet.*

CROUCHETAR, V. *Crochetar.*

CROUCHETUR, V. *Crochetur.*

CROUCHIT, **IDA**, adj. (croutchí, íde), d. béarn. Courbé, ée de vieillesse. V. *Encroucat.*

Éty. de *crouc*, pour *croc*, et de *it*, plié comme un croc. V. *Croc*, R.

CROUCHOUN, s. m. (croutchóun); COURCHOUN, CANCHOU, TROS, TROUES. Un quignon de pain, fig. morceau.

Éty. du lat. *crustum*, croûte, morceau de pain. V. *Crust*, R.

Dounar lou crouchoun, donner le quignon.

Dins la fable cadun l'y troba soun *courchoun.*
Dioul.

CROUCHOUNAR, V. *Crochounar.*

CROUCHOUNAT, adj. et p. (crouchouná), dl. *Pan crouchounat*, pain fait à cornes pour en multiplier les quignons.

Éty. de *crouchoun* et de *at*. V. *Crust*, R.

CROUCUT, V. *Crocut* et *Croc*, R.

CROUCHUT, s. m. Espèce de raisin. V. *Rasin* et *Croc*, R.

CROUCOUDILO, V. *Crocodilo.*

CROUCUT, V. *Crocut.*

CROUECHA, V. *Crocha.*

CROUES, Fosse. V. *Cros.*

CROUGNAR, v. a. (crougná), d. bas lim. Ruminer, mâchoter, mâcher lentement. V. *Roumiar.*

CROUIS, d. m. V. *Crousets.*

CROUISSES, Garc. V. *Crousets.*

CROULAR, v. n. (croulá), d. bas lim. Crouler, tomber en s'affaisant. V. *Crollar.*

CROUMPA, V. *Crompa.*

CROUMPADOUR, s. m. vl. Acheteur. V. *Crompaire* et *Compr*, R.

CROUMPAIRE, V. *Crompaire.*

CROUMPAR, V. *Crompar.*

CROUMPAT, V. *Crompat.*

CROUMPAT, ADA, adj. et part. (croumpá, áde); *Comprado*, port. Acheté, ée. V. *Compr*, R.

CROUNICA, V. *Chronica*.

CROUNOULOUGIA, V. *Chronologia*.

CROUP, GROUP, radical pris de la basse latinité, *crupa*, croupe, et dérivé de l'allemand *grob*, gros, épais, arrondi.

De *crupa*, par apoc. et changement de *u* en *ou*, *croup*; d'où: *Croup-a*, *Croup-iera*, *Croup-ignoun*, *Croup-ir*, *Ac-croup-ir*, *Ac-croup-it*, *Croupi-on*, *Es-croup-al*, *Ac-croup-issament*, etc.

De *croup*, par le changement du *c* en *g*, *group*; d'où: *Group-a*, *A-group-ar*, *A-group-at*, *A-group-ir*, *A-group-it*.

De *group*, par la suppr. du *p*, *grou*; d'où: *A-grou-milh-at*, *A-grou-mouli-ar*, *A-grou-moul-ir*, *A-grou-moul-it*, *A-groun-ch-ar*.

De *crupa*, par apoc. et changement de *c* en *g*, *grup*; d'où: *A-grup-es-it*, *A-grup-it*, *Des-grup-ir*.

CROUP, s. m. (croup). Croup, maladie terrible des enfants, qui consiste essentiellement dans une inflammation particulière de la membrane muqueuse du canal de la respiration, dont le résultat est de produire une fausse membrane dans ce canal.

Éty. de *roup* ou *croup*, mots écossais qui désignent cette maladie.

Comme le croup s'annonce par des symptômes que les gens du monde confondent avec ceux des catarrhes, et que ce n'est que dans la première période de la maladie qu'on peut le combattre victorieusement; nous allons retracer ici les principaux signes auxquels on peut le reconnaître.

Il débute, comme nous avons dit, par les symptômes ordinaires des rhumes, mais avec des redoublements le soir, et au bout de quelques jours, il survient, ordinairement pendant la nuit, des accès pendant lesquels la respiration est pénible et bruyante, accompagnée d'une toux qui a un son extraordinaire et particulier à cette affection. Le visage devient rouge, la peau brûlante et la voix rauque; les malades se réveillent brusquement, s'agitent et se plaignent quelquefois qu'on les étrangle. Ces premiers accès ne durent pas longtemps, le calme se rétablit peu-à-peu, et le lendemain l'enfant paraît guéri, mais ce mieux être est trompeur et la nuit suivante devient plus pénible encore, les accès se rapprochent, la respiration devient plus difficile, la voix plus sifflante, la face plus injectée, les lèvres livides, l'abattement survient et la mort termine cette scène effrayante.

La partie la plus importante du traitement est de le commencer de bonne heure; perdre le temps, c'est tout perdre, plus on se hâte d'agir, plus le succès est certain, plus on tarde, moins il y a d'espoir. Royer-Collard.

Les remèdes dont on a retiré les plus grands avantages et qui ont presque toujours été couronnés de succès, quand on les a employés à temps et à propos, sont les vomitifs, les saignées et les vésicatoires.

Cette cruelle maladie paraît avoir été inconnue aux anciens. Ghisi, médecin à Crémone, est le premier qui l'ait décrite, dans un ouvrage publié en 1747.

CROUPA, V. *Groupa*.

CROUPATAS, Altér. de *Corpatas*, v. c. m.

CROUPATAS-BLANC, dl. V. *Corpatas-blanc*.

CROUPIAS, s. m. (croupiás); CROUPIASOU. Croupière, cable qui arrête un vaisseau par son arrière.

Éty. de *Croupa*, v. c. m.

On donne également ce nom à un nœud que l'on fait sur une manœuvre, et qu'on désigne par les mots *croupiat* ou *embossure*.

CROUPIEIRA, s. f. (croupiéïre), d. bas lim. Croupière. V. *Groupiera*.

CROUPIERA, V. *Groupiera*.

CROUPIGNOUN, s. m. (croupignóu), d. bas lim. Le croupion. V. *Croupion*.

CROUPILHOUN, s. f. (croupillóun). Espèce de filet en entonnoir dont on fait usage dans les environs d'Istres.

CROUPION, s. m. (croupie-n); CROUPIOUN, GROUPION, CROUPIGNOUN, QUINQUEIREL. Croupion, extrémité du tronc des oiseaux qui se compose des dernières vertèbres du dos et de l'os caudal qui les termine. C'est à cette partie que tiennent les plumes de la queue. Par extension, bas du dos, extrémité de l'échine; on le dit aussi des quadrupèdes et iron. de l'homme.

Éty. du lat. *uropygium*, m. s. ou de *croupa*. V. *Croup*, R.

CROUPIR, V. *Groupir*.

CROUQUANT, V. *Crocant*.

CROUQUAR, V. *Crocar*.

CROUQUET, s. m. (crouqué). Le grignon du pain, un morceau de l'entamure du côté le plus cuit. Sauv. V. *Croustet*.

CROUQUIGNOLA, s. f. (crouquignóle). Croquignole, espèce de chiquenaude donnée sur le nez; tape, coup sur la tête. Douj.

Éty. de la basse lat. *curcinodula*.

CROUS, s. f. (crous); CROU, CROUX, CROTS. *Croce*, ital. *Cruz*, esp. port. *Crotz*, anc. cat. Croix, deux lignes ou deux barres qui se coupent à angle droit; figure qui représente la croix de J.-C.; fig. affliction que Dieu nous envoie; gibet, borne.

Éty. du lat. *crux*, *crucis*. V. *Cruc*, R.

Crous de chivalier, croix de chevalier, décoration d'un ordre.

La santa crous, la croix de par Dieu, alphabet pour apprendre à lire.

Es encara à la crous de Jesus, il en est encore à la croix de par Dieu.

Crous ou pila, croix ou pile, jeu qui consiste à faire tourner une pièce de monnaie et à deviner le côté qui regardera vers le ciel.

D'après une ordonnance de 1260, les monnaies portaient une croix d'un côté et de l'autre le portail d'une église ou un pilier, *pila*, en lat. d'où croix ou pile. Les Romains disaient, dans le même sens, *tête ou navire*, parce qu'on voyait sur leur monnaie la tête de Janus d'un côté, et de l'autre un vaisseau. Les Espagnols disent: *castillo y leon*, château et lion, etc.

Croux, *signe de la*, signe de la croix, c'est l'action de former une croix sur soi-même en portant la main du front à la poitrine et de l'épaule gauche à l'épaule droite, en disant, au nom du père, etc. La coutume de faire ce signe remonte aux premiers siècles de l'Eglise.

Faire sa crous, signature des personnes qui ne savent pas écrire.

Faire la crous en quauquaren, expr. prov. Pour dire y renoncer, faisant probablement allusion au signe de croix que l'on fait sur le tombeau d'une personne qu'on vient d'ensevelir et à laquelle on renonce pour toujours.

Crous, Croix, se dit quelquefois pour argent, monnaie, parce que les monnaies anciennes portaient une croix pour empreinte.

Ma boursa es de peou doou diable, fuge la crous, ma bourse est de la peau du diable, elle fuit la croix, c'est-à-dire, l'argent, elle est toujours vide.

Crous, festa de la, fête de l'Invention de la Sainte-Croix. Cette fête, qu'on célèbre dans l'Eglise catholique, le 3 mai, en mémoire de ce que Sainte Hélène, mère du Grand Constantin, trouva la croix de J.-C. enfoncée dans la terre, sous le calvaire, est très-ancienne dans l'Eglise.

On trouve des croix sur des monuments bien antérieurs au christianisme: elle y était employée comme ornement et n'avait aucun rapport avec notre religion.

CROUS, *exaltation de la*. Exaltation de la Sainte-Croix, fête que l'Eglise célèbre le 14 septembre en mémoire du recouvrement que l'empereur Heraclius fit, en 627, sur les Perses, de cette partie de la vraie croix du Sauveur, que l'on conservait à Jérusalem, depuis que Sainte Hélène, mère de l'empereur Constantin le Grand, l'avait divisée pour envoyer l'autre moitié à Constantinople.

CROUS D'HOUNOUR. Croix d'Honneur ou de la Légion-d'Honneur. V. *Legion-d'Hounour*.

CROUS DE MALTA, s. f. Croix de Malte, croix de Jérusalem, lychnide de Calcédoine, *Lychnis Chalcedonica*, Lin. plante de la famille des Caryophyllés, indigène de la Russie Méridionale, et cultivée à cause de la beauté de sa fleur.

Éty. Le nom qu'elle porte lui vient de la ressemblance qu'a sa fleur avec la croix du même nom.

CROUS DE MALTA, s. f. Nom qu'on donne, à Nismes, au tribule croiselier. V. *Trauca-peiroou*.

CROUSADA, s. f. (crousáde), dl. *Croisade*, Sauv. manière de filer ou de tirer la soie en faisant croiser les fils, pour les lisser et les dessécher.

Éty. de *crous* et de *ada*, fait en croix. V. *Cruc*, R.

CROUSADA, s. f. CROISADA. *Crociata*, ital. *Cruzada*, esp. port. *Crusada*, cat. Croisade, nom donné aux expéditions que les chrétiens firent, en Terre-Sainte, dans l'intention de conquérir le tombeau de J.-C. et de convertir les infidèles.

Éty. de *crousat*, *ada*, croisé, parce que ceux qui entreprenaient ce voyage portaient une croix sur leurs habits. V. *Cruc*, R.

Pierre l'Ermite, de retour d'un voyage en Terre-Sainte, vers l'an 1095, fit un tableau si déplorable des maux qu'il avait vu endurer aux chrétiens, dans ces contrées, que le pape Urbin II, l'envoya de province en province, pour exciter les princes à se croiser, à quoi il réussit merveilleusement bien.

Le premier départ des croisées fut fixé, par

CRUELAS, s. f. pl. (cruèles). Nom lang. des écrouelles. V. *Escrolas.*

CRUELTAT, vl. *Cruelta*, cat. V. *Cruoutat.*

CRUENT, ENTA, adj. vl. Cruel, cruelle.

Éty. du lat. *crudelis.*

CRUETAT, s. f. vl. Animosité.

CRUGA, s. f. dg. V. *Pechier* et *Dourga.*

CRUGI, V. *Crudi.*

CRUGO, s. m. dg. Cruche. V. *Dourgueta.*

Éty. *Crugeon*, en vieux français, alt. de *crugon.*

CRUGUET, s. m. (crugué), dg. Cruchon. V. *Pecheiroun* et *Dourgueta.*

CRUICHIR, v. a. vl. Briser. V. *Crucir.*

CRUISSENC, s. et adj. (cruisséin). Nom d'une espèce de raisin connue en Languedoc.

CRUISSENTELA, dm. V. *Crocentela.*

CRUISSER, V. *Crucir.*

CRUISSIR, V. *Crucir.*

CRUM, s. m. dg. Crun, nuage. V. *Nivoul.*

CRUMOUS, OUSA, adj. m. (crumóus, óuse), dg. Nébuleux, euse, en parlant du ciel, obscur, ure, noir, oire.

Un miral sans cadre et crumous.
Jasmin.

CRUN, s. m. dg. Nuage. V. *Nivoul.*

CRUOL, s. m. vl. *Cresol*, anc. cat. *Crisol*, esp. *Crogiulo*, ital. Lampe, creuset, fourneau.

Éty. V. *Cros*, R.

CRUOUTAT, s. f. (cruoutá); CRUDELTAT. *Crudeltà*, ital. *Crueldad*, esp. *Crueldade*, port. *Crudeltat*, cat. Cruauté, inclination naturelle qui porte à verser le sang, à déchirer des animaux vivants; en parlant des hommes, passion féroce qui renferme en elle la rigueur, la dureté pour les autres, l'absence de toute commisération, la vengeance, le plaisir de faire du mal, par l'insensibilité du cœur; action cruelle.

Éty. du lat. *crudelitatis*, gén. de *crudelitas*, d'où *crudelitat* et *cruoutat*, par sync. V. *Crud*, R.

CRUP, GRUP, GREP, radical dérivé, selon Denina, t. 3, p. 34, de l'allemand *krippe*, crèche, d'où l'anglais *crib* et l'italien *greppia*. Roquefort le tire de la basse latinité *greppia*, corrompu, dit-il, de *præsepe*; M. Bondil lui donne pour racine *crates*, râtelier, claie.

De *kripp*, par apoc. *krip*, et par changement de *k* en *c* et de *i* en *u*, *crup*; d'où: *Crupi-a*, *Crup-i*, *Crepch-a*, *Crepi-a*, *Ingrep-iar*, *Grepi-a*, *Grep-iera*, *Gripi-a.*

CRUPI, et

CRUPIA, s. f. V. *Grupia.*

CRUPIA, s. f. vl. et d. m. Crêche. V. *Grupi.*

CRUPIR, v. n. vl. Croupir, languir. V. *Croupir.*

Éty. de *cropa*, croupe. Rayn. V. *Croup*, Rad.

CRUS, USA, adj. (crús, úse). Écru, ue. V. *Escrud.*

CRUS, UZA, adj. vl. CAU, CAVA. Creux, vide.

Éty. de *cros*, creux. V. *Cros*, R.

CRUSA, s. f. (crúse), d. béarn. Lampe. V. *Lampa.*

CRUSAR, Garc. V. *Cavar.*

CRUSCAR, v. a. (cruscá), dl. Ecraser: *Faire cruscar*, faire craquer. V. *Cracar* et *Espoutir.*

Éty. Onomatopée.

CRUSCHAR, v. a. vl. Ronger. V. *Rouigar* et *Crucir.*

CRUSEGEAR, v. n. (crusedjá), dl. Craquer ou crier entre les doigts; c'est le bruit que fait entendre un écheveau de soie écrue lorsqu'on le manie.

Éty. de *crus*, écru, et de *egear*, rendre le son d'une chose écrue, ou par onomatopée.

CRUSET, s. m. (crusé); *Crogiuolo*, ital. *Cresol*, esp. *Chrysol*, port. Creuset, nom qu'on donne à des vaisseaux en terre, en argent ou en platine, destinés à contenir les matières que l'on veut exposer à un grand feu.

Éty. V. *Cros*, R.

Dans un creuset on appelle:

CUL, Je fond.
FLÈCHE, la partie comprise depuis le fonds jusqu'à l'orifice.
JABLE, la jonction du fond avec la flèche.

CRUSSENTELA, CRUSSANTELA. V. *Crocentela.*

CRUSSIR, V. *Crucir.*

CRUSSUTZ, UA, adj. et p. vl. Brisé, ée, fracassé. V. *Crucit.*

CRUST, CROUST, CROST, radical dérivé du latin *crusta*, croûte, qu'on fait venir du grec κρύος (kruos), glace, parce que la glace est une espèce de croûte qui se forme sur l'eau.

Éty. de *crusta*, par apoc. *crust*; d'où: *In-crust-ar*, *En-crust-ar*, *En-crust-ation.*

De *crust*, par le changement de *u* en *ou*, *Croust*; d'où: *Croust-a*, *Croust-assa*, *Descroustar*, *Croust-ier*, *Es-croustar*, *Croustegear*, *Croust-et.*

De *crust*, par le changement de *u* en *o*, *crost*; d'où: *Crost-a*, *Crost-ela*, *Crost-it*, *Crouch-oun*, *Crouchoun-ar*, *Crouchoun-at*, *Croust-eta*, *Croustilh-oun*, *Croustilh-ous*, *Croust-is*, *Croust-oun*, *Croustoun-ar*, etc.

CRUVEL, s. m. (cruvèl), dl. et m. V. *Cruveou*, comme plus usité.

Éty. du lat. *cribrum*, m. s. V. *Cribl*, R.

CRUVELADURAS, s. f. pl. (cruveladúres), dl. Les criblures de *bajanes*. Sauv.

Éty. de *cruvelad*, criblé, et de *uras*. V. *Cribl*, R.

CRUVELAR, v. a. (cruvelá); *Crivellare*, ital. *Cribar*, esp. *Crivar*, port. Cribler, passer par le crible: *Cruvelar de coous*, cribler de coups.

Éty. de *cruvel* et de *ar*. V. *Cribl*, R.

CRUVELAT, ADA, adj. et p. (cruvelá, áde). Criblé, ée.

Éty. de *cruvel* et de *at*, passé par le crible. V. *Cribl*, R.

CRUVELET, s. f. (cruvelé). Petit crible.

Éty. de *cruvel* et du dim. *et*. V. *Cribl*, R.

Faire virar lou cruvelet, faire tourner le sas, sorte de divination.

CRUVELIER, s. m. (cruvelié); BOISSELIER. Boisselier, artisan qui fait des cribles, des tamis, etc.

Éty. de *cruvel* et de *ier*. V. *Cribl*, R.

CRUVELUDAS, s. f. pl. (cruvelúdes), dl. CASTAGNAS EN BUSCA. vl. Châtaignes sèches, en coque ou avec la peau, appelée *cruvel*. Sauv.

Éty. de *crouvelut*, *uda*, pourvu de son enveloppe. V. *Cribl*, R.

CRUVEOU, s. m. (cruvèou); CRUVEL, PASSADOUR, CREVEOU. *Crivello*, ital. *Criba*, esp. *Crivo*, port. Crible, vannette? En provençal, le nom de *cruveou* est donné particulièrement aux cribles en fil de fer dont se servent les maçons pour passer le sable et le mortier; en Languedoc, au crible aux *bajanes.*

Éty. de *cruvel*. V. *Crib*, R.

CRUVEOU, *D'amenda*, *de nose*, *d'uou.* V. *Crouveou.*

CRUYEL, ELA, adj. dg. V. *Cruel*, *ela* et *Crud*, R.

CRUYSSIR, vl. V. *Crucir.*

CRUZ, vl. V. *Crus.*

CRUZEL, adj. vl. V. *Cruel.*

CRUZELEZA, s. f. vl. *Crueleza*, anc. esp. *Crudelezza*, ital. Cruauté. V. *Cruoutat.*

CRUZELMEN, adv. vl. *Cruzelment*, cat. V. *Cruelament.*

CRUZELTAT, vl. *Cruzelitat*, cat. Cruauté. V. *Cruoutat.*

CRUZEU, adj. vl. Cruel. V. *Cruel.*

CRUZEZA, s. f. vl. Cruauté. V. *Cruoutat.*

CRUZITIO, s. f. vl. Méchanceté, perversité, bassesse. V. *Crud*, R.

Torna en cruzitio, tourne à mal.

CSI

CSI, CSI, CSI, Mots qu'on répète rapidement pour exciter les chiens à se battre.

Éty. du grec κυνικιόω (kunikioô), irriter un chien.

CU

ÇU, interj. ou part. impér. d. m. *Anem çu*, allons donc, dépêchez-vous.

CU, V. *Qu?* qui?

CUA

CUA, s. f. *Cua*, cat. V. *Coua.*

CUB

CUB, radical pris du latin *cubus*, cube, solide, régulier, terminé par six faces carrées et égales, et dérivé du grec κύϐος (kubos), m. s. dé à jouer.

De *cubus*, par apoc. *cub*; d'où: *Cub-e*, *Cub-iqué*, *Cub-ar*, *Cub-at.*

CUB, s. m. dg. Cuve à vin. V. *Tina.*

CUBA, s. f. vl. *Cuba*, esp. port. Cuve, une tente. Gl. occ.

Éty. du lat. *cupa*, m. s.

CUBA, (cúba); *Cuba*, ital. esp. port. Cuba, grande île des Antilles, située à l'entrée du golfe du Mexique et à l'O. de Saint-Domingue, à 520 kil. N. de la Jamaïque; la Havane, en est la capitale.

Cette île a près de 924 kil. de longueur, sur 96 kil. de largeur.

Éty. *Cuba*, lat. l'île portait déjà ce nom losque Colomb en fit la découverte, en 1494, il l'appela *Juanna*.

CUBAR, v. a. (cubá). Cuber, évaluer le nombre d'unités cubiques que renferme un volume donné; réduire un solide en un cube.

Éty. de *cube* et de *ar*. V. *Cub*, R.

CUBAT, **ADA**, adj. et p. (cubá, áde). Cubé, ée.

Éty. de *cube* et de *at*. V. *Cub*, R.

CUBAT, s. m. (cubá), dl. Petite cuve, pressoir. Douj. V. *Cup*, R.

Dans les environs de Bordeaux on donne ce nom à une cuve qui sert à faire la lessive et à cuver le vin.

CUBAT, s. m. (cubát), dg. Cuve à vin. V. *Tina*.

CUBE, s. m. (cúbé); *Cubo*, esp. ital. port. cat. Cube, solide, régulier, terminé par six faces carrées et égales.

Éty. du lat. *cubus*, m. s. dérivé du grec κύβος (kubos), un dé à jouer. V. *Cub*, R.

CUBEART, d. m. V. *Cubert* et *Cobr*, R.

CUBEARTA, d. m. V. *Cuberta*.

CUBEBA, s. f. vl. *Cubeba*, esp. port. cat. *Cubebe*, ital. Cubèbe, on donne ce nom à de petites baies, semblables à des grains de poivre, qui viennent de l'Inde, et que l'on croit être le fruit d'une espèce de poivre. Poivre cubèbe, *Piper cubeba*, Lin. fils, on l'a nommé en latin, *Piper caudatum*, parce que chaque grain est pourvu d'un pedicule, d'une espèce de queue.

CUBECELA, et

CUBECEOU, V. *Cabucela* et *Cabuceou*.

CUBEL, s. m. vl. Coupe, sorte de mesure, cuve, petit tonneau.

Éty. du lat. *cupa*, ou de *cuba* et du dim. *el*. V. *Cup*, R.

CUBELOST, s. m. vl. Petit tonneau.

Éty. de *cubel* et de *ost*. V. *Cup*, R.

CUBERCA, s. f. vl. Couvercle, secret, cachette.

CUBERCELA, s. f. (cubercèle), d. de Barcel. Couvercle d'une marmite, d'un pot. V. *Cobr* et *Cabucela*, R.

CUBERCHAT, s. m. (cubertchá). Poêle, voile que l'on met sur la tête de l'épousée, pendant une partie de la messe des épousailles, dans certains pays. Avr.

CUBERT, **ERTA**, adj. (cubèr, èrte); COBRIT, COUVERT. *Cubert*, cat. *Cubierto*, esp. *Temps cubert*, temps sombre, obscur.

CUBERT, s. m. (cubèr); TOULADA, COUBERT, COUVERT, CUBEART, TAULISSA, TEOULAT, TEOULADA. *Cubert*, cat. *Cubierto*, esp. *Coberta*, port. *Coperto*, ital. Toit, couverture d'une maison. L'ensemble de l'appareil qui la constitue se nomme *comble*.

Éty. de *cubert*, couvert, formé de *Curbir*, v. c. m. ou du lat. *copertus*, couvert. V. *Cobr*, R.

D'après leur forme on distingue plusieurs espèces de combles, qu'on nomme:

COMBLE ou TOIT A DEUX ÉGOUTS, toit à deux pentes.
COMBLE PLAT, celui qui a peu de pente.
COMBLE A DEUX ÉGOUTS AVEC CROUPE.
COMBLE BRISÉ EN MANSARDE, celui dont la partie supérieure est à pente rapide, et l'inférieure à pente douce.
COMBLE EN PAVILLON, celui qui est à quatre faces triangulaires.
COMBLE A POTENCE ou EN APPENTIS, celui qui n'a qu'un égout.
LANTERNE, un petit comble construit au sommet d'un grand.

Dans les différents toits, on nomme:

ABOUT, l'extrémité d'une pièce de bois, depuis une entaille ou une mortaise.
AIGUILLE, pyramide de charpente établie sur la tour d'un clocher ou le comble d'une église. Pièce de bois verticale, où sont assemblés les arbalétriers d'un comble pyramidal.
APPENTIS, comble qui n'a qu'un égout.
ARBALÉTRIER, V. *Aubarestier*.
ARÊTIER, pièce qui forme l'arête ou l'angle d'un comble en croupe ou en pavillon.
BLOCHET, petite pièce de peu de longueur posée carrément sur la plate-forme et qui reçoit l'assemblage de l'arbalétrier.
BOURSEAU, moulure ronde qui règne au haut des toits couverts d'ardoise.
BRISIS, l'angle que forme un comble brisé.
CHANLATE, petite pièce de bois, comme une forte latte de sciage, qui sert à soutenir les tuiles de l'égout d'un comble.
CHANTIGNOLE, petit corbeau de bois, entaillé et chevillé sur un arbalétrier, servant à porter les pannes.
CHEVRON, il s'appuie d'un but sur le faîte et de l'autre sur la sablière. V. *Cabrion*.
COMPARTIMENT DES TUILES, l'arrangement symétrique des tuiles coloriées.
CONTRE-FICHE, pièce assemblée obliquement entre le poinçon et l'arbalétrier.
CONTRE-LATTE, latte qu'on pose perpendiculairement entre deux chevrons, plus longue et plus épaisse que les autres.
CONTRE-VENT, pièces de bois que l'on met dans les grands combles, en croix de Saint-André.
COYAU, morceau de bois ou petit chevron qui porte sur le bas des chevrons du comble, par un bout et de l'autre sur la saillie de l'entablement.
COYER, pièce de bois, qui, posée diagonalement s'assemble dans le pied du poinçon et répond sous l'arêtier.
CROUPE, un des deux bouts d'un comble.
ÉGOUT, extrémité inférieure.
EMPANON, chevron qui ne va pas jusqu'au haut du faîte.
ENTRAIT, pièce posée horizontalement dans laquelle sont assemblés les arbalétriers et le poinçon, lorsqu'il n'y a pas un second entrait.
ÉPI, dans un comble circulaire, assemblage des chevrons autour du poinçon.
ESSELIER ou AISSELIER, pièce droite ou courbe assemblée obliquement d'un bout dans un arbalétrier et de l'autre dans un entrait.
FAITAGE, la pièce la plus élevée, posée horizontalement sur laquelle les chevrons sont brandis.
FAITE, V. *Cresta*.
FAUX-COMBLE, la partie supérieure d'un comble brisé
FAUX-TIRANT, pièce de bois fixée au mur et à un poteau pour y assembler l'arbalétrier et la jambette.
FERME, assemblage qui forme la carcasse d'un comble et qui se compose ordinairement d'un entrait, de deux arbalétriers, de deux contre-fiches et d'un poinçon.
GARNITURE DE COMBLE, nom commun aux lattes, aux tuiles et au plomb dont on recouvre un toit.
GOUTTIÈRE, canal placé dessous une cheminée ou au bas du toit pour ramasser les eaux pluviales.
GUIGNAUX, pièces de bois qui s'assemblent entre les chevrons pour faire le passage d'une souche de cheminée et retenir les chevrons plus courts que les autres.
JAMBE DE FORCE, pièce de bois, un peu inclinée, assemblée par une extrémité dans le principal entrait, et de l'autre portant l'entrait retroussé dans un comble brisé.
JAMBETTE, petite pièce de bois qui sert à soulager les arbalétriers.
LATTE, V. *Lata*.
LIENS, pièces de bois assemblées obliquement qui tiennent le poinçon avec le faîte.
LINÇOIR, pièce de bois dans laquelle on assemble les chevrons aux lucarnes.
LONG-PAN, le plus long côté d'un toit.
LUCARNE, V. *Lucarna*.
MOISE et AMOISE, pièces de bois plates, assemblées deux à deux avec des boulons, servant à maintenir la charpente.
NAULET, pièce de bois qui porte la noue.
NOUE, pièce de bois qui reçoit les empanons de deux combles qui se joignent à angle rentrant.
PAN, un des côtés d'un comble.
PANNE, pièce posée horizontalement sur les arbalétriers et qui soutient les chevrons. V. *Costana*.
PIED CORNIER, longue pièce de bois que l'on place aux encoignures des pans de charpente.
PLATE-FORME ou SABLIÈRE, pièce que l'on pose sur la tête d'un mur pour recevoir le pied des chevrons. V. *Durment*.
POINÇON, pièce de bois posée verticalement, qui reçoit l'assemblage du faîtage et des arbalétriers d'une ferme.
POINTAL, pièce de bois posée debout et servant d'étai.
RACINAL, espèce de corbeau de bois qui porte en encorbellement sur une console, le pignon d'une vieille maison.
RECHERCHE, réparation d'une couverture où l'on met quelques tuiles, quelques ardoises ou quelques planches pour remplacer celles qui manquent ou qui sont en mauvais état.
SAILLIE, SÈVERONDE ou SUBGRONDE, le prolongement du toit en dehors du mur.
SABLIÈRE, V. *Plate-forme*.
SEMELLE, pièce de charpente qui sert d'entrait dans un comble.
SOLIN, filet de plâtre ou de mortier qu'on fait le long des murs de cheminée ou de lucarne, parallèles à la longueur de la tuile, pour la sceller.
TASSEAUX, morceau de bois fixé sur l'arbalétrier qui soutient les pannes.
TIRANS, longues pièces horizontales qui vont d'une sablière à l'autre.

Cubert ou *couvert camarat*, toit à lattis lambrissé, à lattes noyées dans le plâtre. Suppl. à Pellas.

Cubert a teoules secs, toit à bois apparent ou à tuiles apparentes. Suppl. à Pellas.

Cubert a teoule vist, couverture à claire-voie.

Cubert en terrassa, couverture en plate-forme.

CUBERT, s. m. (cubèr), d. bas lim. *Cuberta*, port. Le couvert de la table. V. *Couvert*. En vl. voile.

CUBERTA, s. f. (cubèrte); CUBEARTA, COUVERTA. *Coperta*, ital. *Cubierta*, esp. *Coberta*, port. cat. Couverture, ce qui s'étend sur la surface entière ou partielle d'un objet; mais plus particulièrement couverture de lit; enveloppe; protection, défense.

Éty. de *curbir*, couvrir, ou du lat. *coopertura*. V. *Cobr*, R.

Cuberta de baptema. V. *Cubertoun*.

Cuberta picada, Lodier, couverture piquée. V. *Trapointa*.

Couverte, ne se dit en français que de la substance blanche, vitreuse ou vernis, qu'on applique sur la porcelaine et sur la faïence, employé dans le sens de couverture, ce mot est un gasconisme.

CUBERTA, s. f. Se dit en t. de marine, pour *Tillac*, v. c. m. *Restar sur cuberta*, rester sur le pont. V. *Cobr*, R.

CUBERTA, s. f. Couverte, vernis de la faïence et de la poterie en général. V. *Cobr*, Rad.

CUBERTA, s. f. Claveau, pierre en forme de coin, qui sert à fermer une plate-bande. V. *Cobr*, R.

CUBERTA, s. f. Terre ensemencée, blé

en vert, à Barcelonnette. V. *Bruelha* et *Cobr*, R.

CUBERTAMEN,

CUBERTAMENS, et

CUBERTAMENT, adv. vl. *Cubiertamente*, esp. *Copertamente*, ital. En cachette.

Éty. de *cuberta* et de *ment*, d'une manière couverte. V. *Cobr*, R.

CUBERTAT, adj. et p. vl. Couvert de son harnais, en parlant d'un cheval.

Éty. V. *Cobr*, R.

CUBERTIN, s. m. (cubertìn). Le foin que les muletiers et les voituriers portent en voyage pour donner à manger à leurs mulets. V. *Boutiera*.

Éty. Parce qu'ils le mettent dans une couverture. V. *Cobr*, R.

CUBERTOR, s. m. vl. *Cobertor*, esp. Couverture de lit; couvercle, t. de fauconnerie.

Éty. du lat. *coopertorium*. V. *Cobr*, R.

CUBERTOUIRAR, v. a. (cubertouirá), d. bas lim. Mettre le couvercle sur un pot. V. *Cabucelar*.

Éty. de *cubertouira* et de *ar*. V. *Cobr*, R.

CUBERTOUIRAT, ADA, adj. et p. (cubertouirá, áde). md. Couvert, erte. Voy. *Cubucelat* et *Cobr*, R.

CUBERTOUIRE, s. m. (cubertouïré), d. bas lim. *Cubertora*, cat. *Cobertera*, esp. *Copertojo*, ital. Couverture d'une marmite ou d'un grand pot. V. *Cabucela*.

Éty. V. *Cobr*, R.

CUBERTOUN, s. m. (cubertóun); CUVERTOUN, COUVERTETA, COUVERTOUN, CUBERTOUR, CUBERTA-DE-BAPTEMA. *Cubertor*, port. Petite couverture qu'on étend sur le berceau des enfants; tavaïolle, couverture de parade dont on enveloppe les enfants qu'on va baptiser.

Éty. de *cuberta* et du dim. *oun*. V. *Cobr*, Rad.

CUBERTOUN, s. m. Petit toit, pour couvercle. V. *Curbeceou*, *Cabuceou* et *Cobr*, Rad.

CUBERTOUR, V. *Cubertoun*.

CUBERTOURA, s. f. (cubertóure), dl. Couvercle. V. *Curbecela*, *Cabucela* et *Cobr*, Rad.

CUBERTURA, s. f. vl. *Cubertora*, cat. *Cobertura*, esp. *Copritura*, ital. Couverture, protection. V. *Cuberta*.

CUBEY, s. m. (cubèï), dg. Cave, lieu où l'on tient les tonneaux. V. *Crota* et *Cup*, R.

CUBICULARI, s. m. vl. *Cubiculario*, esp. port. ital. Chambellan.

Éty. du lat. *cubicularius*, valet de chambre.

CUBIQUE, IQUE, adj. (cubique, ique); *Cubico*, ital. esp. port. *Cúbic*, cat. Cubique, qui appartient au cube ou qui en a la forme.

Éty. du lat. *cubicus*, m. s. V. *Cub*, R.

CUBIT, adj. vl. Convoiteux. V. *Cobeitos* et *Cupid*, R.

CUBITAIA, s. f. d. vaud. Convoitise. V. *Cobeitat* et *Cupid*, R.

CUBITAR, vl. Convoiter. V. *Cobeitar*.

CUBITIA, et

CUBITICIA, s. f. vl. *Cobdicia*, cat. *Codicia*, esp. *Cobiça*, port. *Cupidizia*, ital. Convoitise, désir.

Éty. du lat. *cupiditas*, m. s. V. *Cupid*, Rad.

CUBITICIA, vl. vaud. Convoitise. Voy. *Cobeitat*.

CUBITOS, adj. d. vaud. Convoiteux. V. *Cobeitos* et *Cupid*, R.

CUBRE-CAP, s. m. (cúbré-cap), dl. Couvre-chef, voile de mousseline; mouchoir de tête, Sauv. espèce de coiffure.

Éty. *Cubre cap*, couvre-tête. V. *Cobr* et *Cap*, R.

CUBRE-CEL, s. m. (cúbré-cèl), dl. Ciel de lit. V. *Cobr*, R.

CUBREMENT, s. m. vl. V. *Cubriment*.

CUBRESEL, s. m. vl. Couvercle. Voy. *Cabucela* et *Cobr*, R.

CUBRIMENT, s. m. vl. CUBRIMEN, CUBREMENT. *Coprimento*, ital. Toit, plafond, lambris, voile, couverture, manteau.

Éty. de *cubrir* et de *men*. V. *Cobr*, R.

CUBRIR, vl. V. *Curbir*.

CUBRIRE, adj. vl. Discret.

CUC

CUC, CUD, CUG, vl. Je pense; il ou elle croit.

CUCA, s. f. vl. Hâte, diligence.

CUCA, s. f. vl. Taupe.

CUCA, s. f. (cúque), dl. *Cuca*, cat. esp. Sorte de vermisseau, Douj. insecte, chenille, en vl.

Éty. du lat. *eruca*, chenille.

CUCA, s. f. (cúque). Garc. V. *Cucha*.

CUCAR, V. *Chucar*.

CUCAR, v. a. (cucá), d. bas. lim. Voiler, mettre à quelqu'un un bandeau sur les yeux, comme pour jouer à colin-maillard, V. aussi *Cluchar*, dont *cucar* est une altération.

Agacha que sia bien cucat, fais attention qu'il soit bien voilé.

CUCH, rad. pris de la basse lat. *cucho*, tas de foin, meule de paille, monceau, en général, ou du roman *culche*, m. s. qu'on fait venir du lat. *culmen*, sommet, comble, faîte.

De *cucho*, par apoc. *cuch*; d'où : *Cuch-a*, *Cuch-oun*, *Ac-cuch-ar*, *Ac-cuchat*, *Ac-cuch-oun-ar*, *Cuchoun-as*, *Cuchoun-et*.

CUCHA, s. f. (cútche); BARGEA, BAU, CLUCHA. Tas, monceau.

Éty. V. *Cuch*, R.

Cucha de fen, *de palha*, meule de foin, tas de paille.

CUCHAR, Avr. V. *Acuchar*.

CUCHIU, IVA, adj. vl. Facile à cuire.

Éty. V. *Couire*, R.

CUCHOUN, s. m. (cutchoún); MOULOUN, TAPOUN, ENDOUN. Dim. de *cucha*, tas ou monceau moins considérable que celui qu'on nomme *cucha*; on donne le même nom, à Thorame, au noyau d'un gerbier. V. *Gramuel* et *Cuch*, R.

CUCHOUNAS, s. m. (cutchounás). Augm. de *cuchoun*, gros tas, gros monceau. Voy. *Cuch*, R.

CUCHOUNET, s. m. (cutchouné). Dim. de *cuchoun*, petit tas. V. *Cuch*, R.

CUCURACAR, v. n. (cucuracá), d. béarn. Coqueriquer, en parlant du coq. V. *Coq*, R.

CUCUREOU, Nom du barbe-de-bouc, selon M. Avril. V. *Barba-bouc*.

CUCX, s. m. vl. Habit ou partie d'habit. Gl. occ.

CUD

CUDA, s. f. vl. Pensée, idée, souci; il ou elle croit. V. *Cuida*.

CUE

CUE, Alt. de *Cuech*, v. c. m.

CUEC, vl. Cuisinier. V. *Coc* et *Cousinier*.

CUECH, UECHA, adj. (cuetch, ètche); CCIECH, ECHA, CUIEUCH, QUEICH. Cuit, uite, qui a reçu, par l'action du feu, le degré de cuisson nécessaire pour être mangé.

Éty. du lat. *coctus*, m. s. V. *Couire*, R.

CUECHA, s. f. (cuétche); CUIECHA, COUISOUN, QUIOCHA, COUIAGE. *Cuita*, cat. Cuite, quantité d'ouvrage qu'on fait cuire à la fois; cuisson, l'action de cuire: *Lioume de bona cuecha*, légumes de facile cuisson ou légumes qui cuisent bien, mais non *de bonne cuite*.

Éty. du lat. *cocta*. V. *Couire*, R.

CUEG, adj. et p. vl. CUEGH. Cuit. V. *Cuech*.

CUEINDAMEN, adv. vl. V. *Cointamen*.

CUEINDIA, s. f. vl. Agrément. V. *Coint*, Rad.

CUEISSA, vl. V. *Cuissa*.

CUELHIR, vl. Cueillir. V. *Culhir*.

CUENDANSA, vl. V. *Coindansa*.

CUENDE, vl. V. *Conte* et *Coint*, R.

CUENDET, adj. vl. V. *Coindet*.

CUEOU, d. mars. V. *Cuou*.

CUER, s. m. (cuèr); QUIOR, QUER, COUER, CUIER, KER, CUR. *Cuyr*, anc. cat. *Cuojo*, ital. *Cuero*, cat. mod. esp. Cuir, la peau des grands animaux en général, particulièrement celle qui est tannée ou corroyée; fig. la peau de l'homme.

Éty. du lat. *corium*, m. s. V. *Cor*, R. 2.

Faire de cuers, allonger les bras en baillant.

Cuer de Grassa, cuir vert.

Cuer nouvelament espelhat, carbatine.

Cuer fort, cuir fort, celui qui est destiné à faire des semelles; on nomme cuirs à œuvres, ceux que l'on prépare avec les peaux minces des petits bœufs, vaches et veaux.

Cuer de Russia ou *de Russi*, cuir de Russie ou façon de Russie.

Cuer d'Hongria, cuir de Hongrie ou façon de Hongrie; on nomme ainsi une espèce de cuir qui n'a point été soumise à l'action du tan, mais qui a été préparée avec des matières grasses; on nomme hongroyeurs, les ouvriers qui s'en occupent.

C'est à un nommé Rose qu'on doit, en France, l'art de préparer ces cuirs. Ce tanneur fut envoyé par Henri IV, en Hongrie, pour apprendre ce secret. V. Dict. des Orig. de 1777, en 3 vol. in 8°. M. de Lalande, dit que la méthode de fabriquer ce cuir vint d'abord du Sénégal, par un nommé Boucher, fils d'un tanneur de Paris, et qu'en 1584 les nommés Lasmagne et Amand, originaires d'Allemagne et de Lorraine, apportèrent cette industrie en France.

Les peaux des animaux ont été sans doute les premières matières que l'homme a employées pour se couvrir, à quelle époque a-t-on commencé de les tanner? Pline, fait honneur de cette invention à un certain Tychius, natif de Béotie, sans indiquer le siècle dans lequel il vivait. Homère, parle d'un ouvrier fort célèbre de ce nom, qui s'était fait remarquer dans les temps héroïques, par son adresse à préparer les cuirs.

Le cuir, façon de Russie, préparé d'abord exclusivement en Russie, puis imité en Angleterre et enfin en France, par MM. Grouvelle et Duval-Duval, doit la propriété imperméable dont il jouit, et l'odeur particulière qu'il répand, à l'huile empyreumatique du bouleau dont il est imprégné.

On appelle :

CUIR SALÉ, celui qu'on sale pour le conserver.
CUIR PLAQUÉ, celui qui a été tanné et nettoyé dans son tan.
CUIR TANNÉ, celui qui a été mis dans la fosse au tan.
CUIR CORROYÉ, celui qui a reçu la dernière préparation.
CUIR COUDRÉ, celui qui a été jeté dans la cuve pour le coudrer et lui donner le grain.
CUIR A L'ORGE, celui qu'on fait fermenter dans une pâte d'orge aigrie et delayée dans l'eau.
CUIR A OEUVRE, un cuir mince, provenant de petits bœufs.
CUIR AU SIPPAGE, celui qu'on tanne en deux ou trois mois.
CUIR DE VALACHIE, celui qui a été préparé dans un passement d'orge bien chaud.
CUIR EN TRIPLE, une peau qui a été pelée et rimée.
CUIR DE POULE, celui qui sert à faire des gants.
CUIR ÉTIRÉ, celui qui sert à faire des semelles minces quand c'est de la vache, et des baudriers quand c'est du veau.
CUIR LISSE, celui dont on fait des harnais.
CORNE ou CRUDILE, une raie blanche qui paraît à la tranche du cuir qui n'a pas été assez tanné.

CUER, Pour chœur. V. *Chuer*.

CUER, Une des quatre couleurs du jeu de cartes. V. *Cartas*.

CUER, Pour cœur. V. *Cor*, R.

CUER, s. m. Coulant, diamant ou autre ornement que les femmes portent au cou, enfilé de manière qu'on peut le hausser et le baisser.

Éty. de la forme d'un cœur qu'on lui donne ordinairement. V. *Cor*, R.

CUERA, s. f. vl. Zèle.

CUERCI, nom d'homme (cuérci). Acurce.

CUERLA, s. f. (cuérle); **CURLET**. Molette, poulie de buis, traversée par un fer crochu, qui sert à retordre les fils et les cordes. Voy. *Courdier*.

CUERNA, V. *Acurni*.

CUERNI, s. m. Cast. V. *Acuerni*.

CUERNIER, V. *Acurnier* et *Sanguin*.

Éty. Altér. du lat. *cornus*.

CUERSAR, v. a. (cuersà). Quiosser. Cast.

CUEYNTAT, s. m. vl. Compagnon affidé.

Éty. du lat. *comptus*. V. *Coind*, R.

CUEYR, d. lim, V. *Cuer*.

CUF

CUF, s. m. vl. Touffe de cheveux.

CUFELA, s. f. (cufèle), dl. **COFFELA**. Cosse de pois ou de fève, Sauv. enveloppe, en général.

Éty. Probablement de l'hébreu *chopha*, couvrir.

CUG

CUG, s. m. vl. **CUT**, **CUIT**. *Cuidado*, esp. *Cuido*, port. *Coto*, anc. ital. Idée, pensée, réflexion, doute, avis, croyance, opinion.

Éty. du lat. *cogitare*. V. *Cuid*, R.

Il ou elle pense.

CUGA, vl. Il ou elle croit; qu'il ou qu'elle croie.

CUGAMENT, adv. vl. Secrètement.

Éty. de *cugar*, fermer les yeux.

CUGAR, dl. V. *Cluchar*.

CUGE, s. m. dg. Courge. V. *Cougourda*.

CUGEANÇA, s. f. (cudjânce), dl. Présomption, bonne opinion de soi-même. V. *Cuid*, R.

CUGEANELA, s. f. (cudjanèle). Nom qu'on donne, à Bordeaux, aux aristoloches clématite, V. *Fouterla*, et ronde. Voy. *Sarrasina*.

Éty. *Cugeanela*, est un dim. de *cugea*, courge.

CUGEAR, v. n. vl. Penser; croire; faillir: *Ai cugeat mourir*, j'ai failli à mourir; cuider en vieux français. V. *Cuid*, R.

CUGEI, s. m. vl. Présomption, pensée.

Éty. du lat. *cogitare*. V. *Cuid*, R.

Je pensai, je crus.

CUGIADOR, vl. V. *Cuiaire*.

CUGIAIRE, vl. V. *Cuiaire* et *Cuid*, R.

CUGNAR, v. a. (cugná), dl. Enfoncer. V. *Cougnar*.

CUGNAT, **ADA**, s. dl. Beau-frère, belle-sœur. V. *Cougnat*, *ada* et *Nat*, R.

CUGOS, s. et adj. vl. Cocu, cornard. V. *Couc*, R.

CUGOUNS-DE, dl. V. *Plûgoun de*.

CUGUERIT, **IDA**, adj. et p. (cugueri, ide), d. béarn. Excessivement rempli.

CUGUETAS, s. f. pl. (cuguètes). Voy. *Plugas*.

CUGUREOU, s. m. (cugurèou). Nom qu'on donne, aux environs de Seyne et de Valensoles, au barbe-de-bouc. V. *Barbebouc* et *Couc*, R.

Éty. *Cugureou*, de *couguou*, coucou, probablement à cause de sa fleur jaune; le jaune étant appelé, je ne sais pourquoi, la fleur des cocus.

CUGUREOU-DEIS-SERPS, s. m. Nom qui désigne, à Valensoles, une espèce de *Tragopogon*, qui est probablement l'*Hirsutum* de Gouan, plante de la fam. des Chicorées.

CUGUROS, s. m. vl. Le haut de la tête.

CUI

CUI, **CUY**. A qui, dont, qui, lequel: *Per cui*, par qui; *A qui*, à qui, dont.

CUIA, s. f. vl. Pensée. V. *Cuida*.

CUIADOR, vl. V. *Cuiaire*.

CUIAIRE, s. m. vl. **CUGIAIRE**, **CUIADOR**. *Cuidador*, anc. esp. Penseur, rêveur, présomptueux.

Éty. de *cuiar* et de *aire*. V. *Cuid*, R.

CUIAIRITZ, s. f. vl. Rêveuse, présomptueuse. V. *Cuid*, R.

CUIAMEN, s. m. vl. Avis, pensée, croyance.

Éty. de *cuiar* et de *men*. V. *Cuid*, R.

CUIAR, v. n. vl. Imaginer, penser. Voy. *Cogitar* et *Pensar*.

Éty. du lat. *cogitare*, m. s. V. *Cuid*, R.

CUIARAS, Nom qu'on donne, dans le Gard, au canard souchet. V. *Culheiras*.

CUICH, **UICHA**, adj. et p. vl. Cuit, uite. V. *Cuech*.

CUICHAL, vl. V. *Cuissard*.

CUID, **COGIT**, sous-radical pris du latin *cogitare*, penser, réfléchir, comme si l'on disait *coagitare*, agiter, remuer ensemble, dérivé de *agere*, *ago*, *actum*, agir. V. *Ag*, *Ager*.

De *cogitare*, par apoc. *cogit*; d'où: *Cogitar*, *Cogit-atio*, *Cogit-ation*.

De *cogit*, par sync. du *g*, *coit*, par métagr. de *o* en *u*, *cuit*; d'où: *Cuit*, et du *t* en *d*, *cuid*; d'où: *Cuid*, *Cud-a*, *Cuida-ment*, *Cuid-a*, *Cuid-ar*, *Ultra-cuid-ar*, *Outracuida-men*, *Cuita-men*.

De *cuid*, par suppr. du *d*, *cui*: *Cui-ar*, *Cui-a*, *Cuia-men*, etc.

De *cuid*, par la suppr. de *i*, et métagr. du *d* en *g*: *Cug*, *Guda*, *Gug-ei*, *Gugi-aire*, *Outracug*, *Cuge-ar*, etc.

CUID, vl. Je pense: *No cuid*, je ne pense pas. V. *Cuid*, R.

CUIDA, s. f. **CUDA**, **CUIA**, vl. *Cuida*, anc. esp. Pensée, idée, conjoncture.

Éty. du lat. *cogitare*. V. *Cuid*, R.

CUIDAMEN, s. m. vl. Accueil.

CUIDAR, v. a. vl. *Cuidar*, cat. esp. port. *Coitare*, anc. ital. Croire, penser, imaginer, projeter, faillir à.... pris subst. pensée.

Lo cuidars, prétention, ambition.

Éty. du lat. *cogitare*, m. s. V. *Cuid*, R.

CUIDARS-LO, s. m. vl. L'ambition. V. *Cuid*, R.

GUIDET, vl. **CUJET**. Il ou elle crut.

CUIECH, dl. V. *Cuech*.

CUIECHA, V. *Cuecha*.

CUIEISSA, dl. V. *Cuissa*.

CUIEISSAU, dl. V. *Cuissard*.

CUIEISSUT, V. *Cuissut*.

CUIEUCH, d. arl. V. *Cuech*.

CUIGN, dg. *De tout cuign*, expr. prov. en tout point.

CUILLAIRET, s. m. vl. Petite cuillerée. V. *Culheirada*.

CUILLER, vl. V. *Culhier*.

CUILLIER, vl. V. *Culhier*.

CUINAT, s. m. vl. *Cuinad*, cat. Mets, ragoût.

CUIRAS, s. m. (cuïrá). Nom qu'on donne, à Berre, d'après M. Porte, au canard souchet. V. *Culheiras*.

CUIRASSA, s. f. (cuirásse); **COIRASSA**. *Cuyraça*, anc. cat. *Corassa*, cat. mod. *Coraza*, esp. *Couraça*, port. *Corazza*, ital. Cuirasse, plaque de métal ou de cuir, destinée à défendre le corps de l'homme.

Éty. du lat. *coriacea*, parce qu'anciennement les cuirasses étaient de cuir, *corium*. V. *Cor*, R. 2.

Dans une cuirasse on nomme :

PLASTRON, la partie qui recouvre la poitrine.
DOS, celle qui couvre le dos.

Selon Hérodote, les premières cuirasses furent inventées par les Assyriens; elles étaient alors faites avec un feutre de lin qui résistait à tous les traits. Plus tard, on en employa de fer et ensuite de cuir. Telles étaient celles que Charlemagne introduisit dans les armées, vers l'an 752, les premières que l'on ait vues en France. On leur substitua ensuite la cotte de mailles, ou le haubert, puis au XIIIme siècle une armure complète en fer. L'invention des armes à feu fit abandonner, presque généralement, l'usage de ces armures.

CUIRASSAR, v. a. (cuirassà), *Encoiraçar*, port. Cuirasser, revêtir d'une cuirasse.

CUIRASSAT, **ADA**, adj. et p. (cuirassá, áde); *Encoraçado*, port. Cuirassé, ée, pourvu d'une cuirasse.

CUIRASSIER, s. m. (cuirassié); *Corasser*, cat. *Coracero*, esp. *Couraceiro*, port. Cavalier revêtu d'une cuirasse.

Éty. de *cuirassa* et de *ier*. V. *Cor*, R. 2.

CUIRAT, s. m. (cuirá). Nom arlésien du canard cuiller, V. *Culheiras*, dont *cuirat* est une altération. V. *Culhier*, R.

CUIRE, d. m. V. *Courdurar*.

CUISINA et

CUISINAR, etc. V. *Cousina* et *Cousinar*, etc.

CUISS, CUICH, radical pris du latin *cossa*, dit pour *coxa*, cuisse, haut de la cuisse, hanche, mot qui paraît dérivé du grec κοχώνη (kochônê), jointure de la hanche avec la fesse et les parties charnues du derrière; de κοχώνη par syncop. *cocha*, et par l'insertion d'une *s*, *cocsa*, d'où *coxa*. Vossius.

De *cossa*, par apoc. et changement de *o* en *ui*, *cuiss*; d'où: *Couiss-ada*, *Cuiss-a*, *Cuissard*, *Cuiss-assa*, *Cuiss-au*, *Cuiss-as*, *Cuissat*, *Cueiss-a*, *Es-cuiss-at*, *Cuich-a*, *Cuich-al*, *Cuieiss-a*, *Cuieiss-au*, *Cuieiss-ut*, *Cuyssiera*, *Cuyss-a*, *Queiss-a*, *Queiss-au*, *Queyss-a*, *Queyss-e*, *Quioiss-a*.

CUISSA, s. f. (cuisse); QUIOISSA, QUEISSA, QUEYSSA, CUICHA, CUIEISSA, CUEISSA, COISSA. *Coxa*, port. *Coscia*, ital. *Cuxa*, cat. Cuisse, partie du corps des animaux qui s'étend de la jambe au bassin; elle est composée d'un seul os nommé fémur.

Éty. du lat. *coxa*, m. s. V. *Cuiss*, R.

CUISSA DE DONA, s. f. CUISSA DE DAMA. Cuisse-madame, jaune-cassante, petit-blanquet ou poire à la perle, nom d'une poire d'automne. V. *Cuiss*, R.

CUISSA DE NOSE, s. m. Un quartier de noix. V. *Cuiss*, R.

CUISSARD, s. m. (cuissár); QUEISSAU, CUICHAL, CUISSAU, CAISSAU, CAISSAL, CUIEISSAU. *Cosciale*, ital. *Quixote*, esp. *Cuxal*, cat. *Coxote*, port. Cuissard, arme défensive des anciens, qui protégeait la cuisse: *Dur coumo un cuissart*. On donne aussi ce nom à la genouillère des cardeurs de laine et des ramoneurs.

Éty. de *cuissa* et de *art*. V. *Cuiss*, R.

CUISSASSA, s. f. (cuissásse). Augm. de *cuissa*, grosse cuisse.

Éty. de *cuissa* et de *assa*. V. *Cuiss*, R.

CUISSAU, s. m. (cuissáou); QUEISSAU. Cuissard. V. *Cuissard*.

Éty. de *cuissa* et de l'art. *au*, à la cuisse ou pour la cuisse. V. *Cuiss*, R.

CUISSETA, s. f. (cuisséte); CUICHETA, CUICHOUNA. *Cuxeta*, cat. *Coscietta*, ital. Dim. de *cuissa*, petite cuisse. V. *Cuiss*, R.

CUISSO, s. m. vl. V. *Cuissard* et *Cuiss*, Rad.

CUISSOUN, Garc. V. *Couissoun*.

CUISSUT, **UDA**, adj. et p. (cuissú, úde); CUREISSUT. Qui a de grosses cuisses. V. *Cuiss*, Rad.

CUISTRE, s. m. (cuistré). Cuistre, ignorant, grossier, avare, sordide.

CUIT, s. m. vl. Idée. V. *Cug*.

CUITA, vl. V. *Coita*.

CUITAMEN, adv. vl. Rapidement, comme la pensée. V. *Cuid*, R.

CUIVRAR, v. a. (cuivrá). Cuivrer; couvrir avec du cuivre, ou imiter la couleur de ce métal.

Éty. de *cuivre* et de *ar*.

CUIVRE, s. m. (cuivré); COIRE, COUIRE. *Cobre*, esp. port. Cuivre, métal d'un rouge brun, tirant sur le jaune, qui a une saveur désagréable et nauséabonde, et une odeur à peu près semblable, quand on le frotte. Il est très-sonore, ductile, malléable et s'oxyde facilement. Sa densité est à celle de l'eau distillée comme 833 sont à 100, suivant Lewis.

Éty. du lat. *cuprum*, de *cyprus*, Chypre, île dans laquelle les Grecs le découvrirent et où ils commencèrent à le travailler. Les anciens l'ont nommé Vénus, dit Macquer, à cause de la facilité qu'il a de s'unir à presque tous les autres corps; le comparant ainsi à une prostituée. Hoang-ti, découvrit, en Chine, une mine de cuivre, 2600 ans avant J.-C. il en fit fondre des vases. Cadmus, découvrit une mine de cuivre rouge, dans les environs de Thèbes, l'an 1519 avant J.-C. En 1950 avant J.-C. les Dactyles de Crète, enseignèrent l'art de fondre le cuivre et de le mettre en œuvre.

Cent parties de cuivre, alliées avec 8, 9, 10 ou 11 parties d'étain, forment le bronze; avec 25 d'étain, donnent lieu à un alliage très-sonore, celui des cymbales; et avec 33, 34 ou 35 du même métal, elles composent la matière des cloches.

CUIVRE BLANC, Cuivre blanc, alliage de cuivre, de zinc et d'arsenic, ou de cuivre, d'arsenic et d'étain.

CUIVRE DE ROUSETA, Cuivre de rosette, cuivre pur qu'on vend dans le commerce en plaques raboteuses, qui ont quelque ressemblance avec des rosettes, d'où son nom.

CUIVRE JAUNE, Cuivre jaune, alliage de cuivre et de zinc, qu'on nomme aussi laiton. V. *Loutoun*.

CUIZ, vl. Il ou elle pense. V. *Cuid*, R.

CUIZAS, COITAS. Tu presses, tu foules.

CUJ

CUJADOR, V.

CUJAIRE, adj. vl. Présomptueux, téméraire. V. *Cuiaire*.

CUJAR, v. n. d. lim. Croire, penser. V. *Cugear*, *Cuidar* et *Cuid*, R.

Cuja, il ou elle pense, croit.

CUL

CUL, CUOU, QUIOUL, radical pris du latin *culus*, cul, le derrière, dérivé du grec κουλεὸς (kouléos), ionien, pour κολεὸς (koléos), gaîne, fourreau.

De *culus*, par apoc. *cul*; d'où: *Cul*, *Cul-a*, *Cul-ada*, *Cul-ar*, *Cul-assa*, *Cul-atra*, *Cul-buta*, *Cul-eiroun*, *Cul-otas*, *Re-cul-ada*, *Re-cul-ar*, *A-cul-ar*, *Re-cul-adour*, *Re-cula-ment*, *Re-cul-at*, *Re-cul-ouns*, etc.

De *cul*, par métagr. de *l* en *ou*, *cuou*: *Cuou*, et ses composés: *Quicou*, *Quiou*, *Quioul*, *Quioul-ard*, *Es-quioul-ar*, *Quioul-coit*, *Re-cuer-ada*, *Re-cuera-ment*.

CUL, vl. V. *Cuou*.

CULA, impér. du verbe *cular*. Cule, fais aller le vaisseau en arrière. V. *Cul*, R.

CULADA, s. f. vl. Derrière, fondement. V. *Culatra*.

CULADA, s. f. (culáde). Culée, massif de pierre à l'extrémité d'un pont.

CULAR, v. n. (culà). Culer, aller en arrière ou rester en arrière.

Éty. de *cul* et de *ar*, aller vers le cul. V. *Cul*, R.

CULASSA, s. f. (culásse); CULATA, CUIRASSA. *Culata*, cat. esp. *Culatta*, ital. *Culatra*, port. Culasse de fusil, de pistolet. V. *Cul*, R.

CULATRA, s. f. (culátre); CULASSA. *Culata*, cat. esp. *Culatra*, port. *Culatta*, ital. Culasse, et iron. le derrière, le fondement, les fesses.

Éty. de *cul* et de *atra*. V. *Cul*, R.

CULAVIS, s. m. vl. Culetis. Gl. occ.

CULBUTA, s. f. (culbúte). Culbute, saut qu'on fait en mettant la tête en bas et les pieds en haut. Chûte dangereuse. V. *Cul*, R.

Les accoucheurs ont cru, pendant longtemps, avec Hippocrate, que l'enfant exécutait la culbute, dans le sein de sa mère, vers la fin du 7me mois, ou au commencement du 8me; c'est-à-dire, qu'à cette époque, la tête qui avait été jusqu'alors en haut, venait se placer vers l'orifice de la matrice. L'ouverture des cadavres a démontré, depuis, que la tête est presque toujours située en bas et que lors même qu'elle ne se trouverait pas dans cette position naturelle, il n'y aurait pas d'époque déterminée pour qu'elle en changeat. La culbute, dans le sens qu'on lui donne, est donc un préjugé.

CULBUTAR, v. a. (culbutá). Culbuter, renverser quelqu'un; fig. ruiner, détruire la fortune, les projets d'une personne.

Éty. de *culbuta* et de *ar*.

CULEFA, s. f. (culéfe). V. *Culeta*, dl.

On donne aussi le nom de *culefa*, à la peau des grains de raisins et à celle des châtaignes.

Faire culefa de quicon, mettre une chose sous les pieds, la mépriser.

CULEIROUN, s. m. (culeiróun). Culeron, partie de la croupière qui passe sous la queue du cheval.

Éty. de *culiera*, formé de *cul* et de *iera*, et du dim. *oun*. V. *Cul*, R.

CULEIROUN, s. m. En terme de nourrice, linge qu'on place au derrière d'un enfant pour retenir ses ordures. V. *Cul*, R.

CULEIROUN, s. m. Suppl. à Pelas. Culot, ce qui reste de blé ou de farine au fond d'un sac quand on l'a vidé.

CULH, CUILL, COILL, sous-radical pris du lat. *colligere*, cueillir, d'où *collectio*, dérivé de *lego*, *legere*, *lectum*, amasser, ramasser, choisir. V. *Leg*.

De *colligere*, par apoc. *colliger*, par sync. de *ge*, *collir*, et par add. d'un *i*, afin de mouiller les *ll*: *Coillir*, *Re-coillir*, *Des-acoillir*, *Ac-coilli-men*.

De *coill*, par métagr. de o en u : *Cuill*, *Con-cuillir*.

De *cuill*, par le changement de *ill* en *lh*: *Culh-ir*, *Culh-ida*, *Culh-eire*, *Re-culh-it*, *Re-cul*, *Re-culha-ment*, *Culh-eta*, *Culh it*, *ida*; *Re-culh-ir*, *Re-culh-it*, *Cuelhir*, *Re-cuelhir*, *Re-culhir*; par l'addition d'un *a*: *Ac-culhir*, *Ac-cuelhir*, *Ac-cuelh*, *Ac-culh-it*, *Culi*, *Cul-ida*, *Cul-ir*, etc.

CULHEIRADA, s. f. (cuilleiráde); COLHEIRAU, CULHEIRATA, CUIEIRADA. *Cucchiajàta*, ital. *Cucharada*, esp. *Colherada*, port. *Cullerada*, cat. Cuillerée, cé que contient une cuiller.

Éty. de *culhier* et de *ada*. V. *Culhier*, R.

CULHEIRAS, s. m. (cuilleirás); CANARD-FERRAIRE, CUIRAT, CUIARAS, CULHIER. Canard cuiller, canard spatule, canard souchet, *Anas clypeata*, Lin. oiseau de l'ordre des Palmipèdes et de la fam. des Serrirostres ou Prionoramphes (à bec en scie), qui passe l'hiver dans nos pays.

Éty. de *culhier*, cuiller, et de la term. augm. *as*, gros cuiller, à cause de la forme de son bec. V. *Culhier*, R.

CULHEIRAS, s. m. CULHERAS, CULEIRAS. Tarière de huit lignes de diamètre dont se servent les charpentiers et les tonneliers, pour faire le trou du bondon. V. *Culhier*, R.

CULHEIRE, s. m. (cuillèïré); *Colhedor*, port. *Cueilleur*, celui qui cueille, qui ramasse les fruits.

Éty. de *culhir* et de *eire*. V. *Culh*, R.

Culheire d'oli, maître valet.

CULHEIRE, pour rancher. V. *Escarassoun* et *Culh*, R.

CULHEIRET, s. m. (cuilleiré). Petite bondonnière, vrille de tonnelier. V. *Culheifoun*.

Éty. Dim. de *culhier*. V. *Culhier*, R.

CULHEIRETA, s. f. (cuilleiréte). Têtard. V. *Testard*.

Éty. Ainsi nommé à cause de la ressemblance que cette espèce de larve a avec une cuiller. V. *Culhier*, R.

CULHEIRETS, s. m. pl. dl. Cuillerons de châtaignes, ou châtaignes avortées, dont les panneaux de la peau, collés l'un contre l'autre, sont creusés en calotte. Sauv.

Éty. de *culhier* et du dim. *ets*. V. *Culhier*, Rad.

CULHEIROUN, s. m. (cuilleïróun); *Colherinho*, port. *Cullereta*, cat. *Cucharita*, esp. *Cucchiajatina*, ital. Dim. de *culhier*, petite cuiller, cuiller à café. V. *Culhier*, R.

CULHER, s. m. (cuillé). Nom qu'on donne, en Languedoc, selon M. le Baron Trouvé, à l'étrille ou *Solen strigilatus*, mollusque de l'ordre des Acéphales et de la même fam.

CULHER, dg. Tarière. V. *Parculher*.

CULHER, s. m. (cuillé), dg. PARCULHER, PARCULHE, CULHE. Tarière de cultivateur servant à faire des trous pour planter des boutures.

CULHETA, s. f. (cuillète); QUETA. *Cullleta*, cat. *Colletta*, ital. *Colecte*, esp. *Collecta* et *Colheita*, port. Cueillette, collecte, quête pour une œuvre de charité.

Éty. de *culhir*. V. *Culh*, R.

Faire la culheta, demander l'aumône pour quelqu'un, faire la quête; olivaison, saison où se fait la récolte des olives. Voy. *Culhida*.

CULHICHA, s. f. vl. Collecte, cueillette.

CULHIDA, s. f. (cuillide); CULIDA, dl. CULHETA. *Cullito*, cat. *Cogida*, anc. esp. *Colheita*, port. *Colletta*, ital. Récolte : *Ai agut una bona culhida d'olivas*, j'ai fait une bonne récolte d'olives : *Bona culhida de rasins*, bonne vendange ; collecte.

Éty. de *culhir* et de *ida*, chose cueillie. V. *Culh*, R.

En vl. Assemblée.

CULHIDA, s. f. (cuillide). En terme de maçon *cueillie*, arête de plâtre que l'on fait le long d'une règle dressée de niveau ou d'aplomb, pour servir de repère.

CULHIDOR, adj. et s. m. vl. *Cullidor*, cat. *Cagedor*, esp. *Colhedor*, port. *Coglitore*, ital. Cueilleur, qui cueille; adj. Recoltable.

Éty. de *culhir* et de *idor*, celui qui cueille. V. *Culh*, R.

CULHIDURA, s. f. vl. *Cogedura*, esp. *Cullidura*, cat. Cueillette. V. *Culheta*.

CULHIER, CULHEIR, radical pris du latin *cochlear*, cuiller, cuillère, et dérivé du grec κοχλιάριον (kochliarion), m. s. formé de κοχλος (kochlos), coquille, parce que les coquilles furent les premiers cuillers dont on se servit; ou du celt. *cucc*, chose creuse.

De *cochlear*, par le changement de *o* en *u*; suppr. du *c* et transposition de *l*, *culhear*, et par changement de *ea* en *i*, *culhier*; d'où: *Culhier*, *Culhier-a*, *Culheir-oun*, *Culheireta*, etc. par suppr. de *h*: *Culier*, *Culieirada*, etc.

CULHIER, s. m. (cuillié); CULIER, CULHER, CUILHIER. *Cucchiajo*, ital. *Cuchara*, esp. *Colher*, port. *Culler*, cat. Cuiller, ustensile de table, servant à manger le potage.

Éty. du lat. *cochlear*. V. *Culhier*, R.

Dans une cuiller on nomme :

CUILLERON, la partie concave destinée à porter le liquide.
MANCHE, la tige qui s'étend du cuilleron à la feuille.
ARÊTE, la partie relevée qu'on voit au dos du cuilleron.
FEUILLE, la partie plate qu'on tient dans la main.

Cuiller, masculin en provençal est féminin en français, ainsi on doit traduire :

Dounaz mi un culhier net, par donnez-moi une cuiller blanche ou propre.

Un culhier de soupa, par une cuillerée de soupe. V. pour l'origine, au mot *Fourchetta*.

On a trouvé dans les ruines d'Herculanum, beaucoup de cuillers mais point de fourchettes.

Toumbar coumo un sac de culhiers, phr. adv. *culhiers*, est dit ici par altér. pour *codiers*, galets, pierres; tomber comme un sac de pierres.

CULHIER, s. m. Nom qu'on donne, à Nismes, au canar cuiller. V. *Culheiras*.

CULHIERA, s. f. (cuillière); CULIERA. *Cucchiajo*, ital. *Cuchara*, esp. *Colher*, port. *Culhera*, cat. Cuillère ou grande cuiller pour servir la soupe et les ragoûts; la levée d'un mail, opposée à la masse.

Éty. V. *Culhier* et *Culhier*, R.

CULHIERAS, s. f. pl. (cuilliéres). Aubes d'un moulin à eau. V. *Culhier*, R.

CULHIR, v. a. (cuillir); AMASSAR, CULIR, CULI, CUIR, CUILLIR. *Cogliere*, ital. *Coger*, esp. *Colher*, port. *Cullir*, cat. Cueillir, détacher des fruits de leurs branches; des fleurs de leurs tiges, de feuilles des rameaux qui les portent.

Éty. du lat. *colligere*, d'où *colliger*, *couliger*, *coulhir*. V. *Culh*, R.

Porter : *Aqueou vin cuelhe forsa aigua*, ce vin porte beaucoup d'eau.

Ramasser : *Culhir una cauva au soou*, ramasser quelque chose.

Reprendre : *Culhir una malha*, reprendre une maille échappée à un bas.

CULHIR SE, v. r. Se relever après qu'on est tombé. V. *Culh*, R.

CULHIR, v. a. vl. Prendre, accepter, accueillir, admettre, recevoir.

Se culhir, se retirer, se rassembler.

CULHIT, **IDA**, adj. et p. (cuilli, ide); CULIT, CULI. *Colhido*, port. Cueilli, ie. V. *Culh*, R.

CULI, Alt. de *culir* et de *culit*. V. *Culhir* et *Culhit*.

CULIDA, V. *Culhida*.

CULIEIRETS, V. *Culheirets*.

CULIER, V. *Culhier*.

CULIERA, V. *Culhiera*.

CULIERAS, V. *Culhieras*.

CULIR, Pour cueillir. V. *Culhir*.

CULLIEIRA, d. bas lim. V. *Culhiera*.

CULLIEIRADA, d. bas. lim. V. *Culheirada*.

CULLIEIROU, d. bas lim. V. *Culheiroun*.

CULOTA, s. f. (culóte). Culotte, toute la partie de derrière d'un lièvre rôti.

CULOTAR, v. a. (culotá); CULOUTAR. V. *Enculotar*.

CULOTAS, Pr. mod. V. *Brayas*.

CULP, COULP, COLP, radical pris du latin *culpa*, *æ*, faute, qui pourrait bien être dérivé de l'hébreu *chalaph*, *id est*, *transire*, *prœterire*, *transgredi*, *nam culpa proprie est transgressio legum*, *aut virtutis limitum*. Vossius.

De *culpa*, par apoc. et changement de *u* en *ou*: *Coulp*, *Coulp-a*.

De *coulp*, par suppress. de *l*, *coup*: *Coupable*.

De *coulp*, par suppr. de *u*, *colp*; d'où: *Colp-a*, *Colp-able*, *Colp-abla*, *Colpablament*, *Colp-ar*, *En-colpar*, *A-colpar*, *Desen-colpar*, *Colp-au*, *Des-en-colp-at*, *Encolp-ado*, *En-colp-at*.

De *culpa*, par apoc. *culp*; d'où: *Disculp-ar*, *Dis-culp-at*, *En-culp-ar*, *Enculp-at*.

De *culpa*, par la suppr. de *l*, *cupa*; d'où: *Cupa*, *Cupar*.

CULPABILITAT, s. f. (colpabilitá); *Culpabilitat*, cat. *Culpabilidad*, esp. *Culpabilidade*, port. Culpabilité, état de celui qui est coupable, ou réputé coupable d'un crime, d'un délit. V. *Culp*, R.

CULT, COL, COLR, COLTIV, radical pris du latin *colere*, *colo*, *cultum*, honorer, célébrer, habiter, cultiver, d'où: *colonus*, colon, *colonia*, colonie, *cultura*, culture, *cultus*, cultivé, *agricultura*, agriculture. Dérivés directs: *Recolar*, *Re-cola-ment*, *Re-col-at*, *Col-ar*, *Col-ents*, *Col-er*, *Colh*, *Col-on*, *In-col-a*,

Cou-loun, *Couloun-ia*, *Coul-ar*, *Coul-ent*.

De *colere*, par apoc. et sync. de *e*, *colr* : *Colr-e*, *Colh*.

De *cultura*, par apoc. *cult* : *Cultura*, *Agri-cultura*, *Cult-e*, *In-culte*, *Re-colta*, *Re-colt-ar*, *Coulitor*, *Re-colt-at*.

De *cultivatio*, inusité, par apoc. *cultiv*, et par métagr. de *u* en *o*, *coltiv* : *Coltiv-ador*, *Colliva-ment*, *Colliv-ar*, *Colliv-at*.

De *cultivatio*, par apoc. *cultiv* : *Cultiv-aire*, *Cultib-aire*, par métagr. de *v* en *b* : *Cultiv-ar*, *Cultiv-at*, *Cultiv-atour*.

De *cultura*, par apoc. et changement de *u* en *ou*, et suppr. de *l* et de *u*, *coutr*; d'où : *A-coutra-ment*, *A-coutr-ar*, *A-coutr-at*.

CULTE, s. m. (culté); *Culto*, ital. esp. port. cat. Culte, hommage que l'on rend à la divinité par des actes de religion.

Éty. du lat. *cultus*. V. *Col*, R. 3.

On nomme :

CULTE DE LATRIE, celui qu'on rend à Dieu seul.
CULTE DE DULIE, la vénération dont on honore les saints.
CULTE D'HYPERDULIE, celui qu'on rend à la vierge.
CULTE DES IDOLES ou IDOLATRIE, le culte des faux Dieux.

CULTIBAIRE, dl. V. *Cultivatour* et *Col*, R. 3.

Lou riche paressous qué noun fo qué se jairé,
T'agacho ombé mesprés, pénible *cultibairé*.
Peyrot.

CULTIVABLE, **ABLA**, adj. (cultivâblé, âble). Cultivable, susceptible d'être cultivé.

Éty. de *cultivar* et de *able*. V. *Col*, R. 3.

CULTIVADOR, vl. V. *Cultivaire*.

CULTIVAIRE, s. m. vl. V. *Cultivatour*, pour adorateur. V. *Adoratour* et *Col*, R. 3.

CULTIVAR, v. a. (cultivá); CORTIVAR, COLTIVAR. *Coltivare*, ital. *Cultivar*, esp. port. cat. Cultiver, donner à la terre les façons nécessaires pour la rendre plus fertile; s'adonner à une science, à un art; cultiver quelqu'un, lui témoigner assidument des égards, de l'attachement.

Éty. du lat. *cultum*, sup. de *colere* et de *ar*. V. *Col*, R. 3.

CULTIVAT, **ADA**, adj. et p. (cultivá, ade); *Cullivado*, port. esp. *Cultivad*, cat. Cultivé, ée.

Éty. de *cultum*, *culti*, et de *at*. V. *Col*, R. 3.

CULTIVATOUR, s. m. (cultivatóur); CULTIVAIRE, CULTIBAIRE. *Coltivatore*, ital. *Cultivador*, esp. port. cat. Cultivateur, celui qui cultive lui-même ses champs ou ceux d'autrui; celui qui fait travailler sous ses yeux ses propres champs ou ceux qu'il a affermés.

Éty. de *cultivar* et de *atour*, ou du lat. *cultor*. V. *Col*, R. 3.

CULTURA, s. f. (cultúre); *Coltura*, ital. *Cultura*, esp. port. cat. Culture, l'art et l'action de préparer la terre à recevoir la semence qu'on veut lui confier.

Éty. du lat. *cultura*. V. *Col*, R. 3.

On lit sur un des marbres d'Arondel : « Depuis que Cérès venant à Athènes y enseigna le moyen d'ensemencer les terres, et envoya Triptolème, fils de Celée et de Néera, dans d'autres pays, pour leur enseigner le même art, sous Erecthée, roi d'Athènes, 1409 ans, avant J.-C. »

CULVERT, s. et adj. vl. Perfide, pervers; vil, abject, méchant, traître.

Éty. du gaulois *cuivert*, *cuivers*, méchant, cruel, infame, perfide, etc.

CULVERTIA, s. f. vl. Perfidie, perversité.

Éty. du gaulois *cuivertise*, m. s.

CUM

CUM, prép. et conj. vl. COM, CUN, AB. Avec, comment, lorsque, quand, comme. V. *Coumo* et *Ame*.

Éty. du lat. *cum*, avec, et de *quomodo*.

CUMA, adv. vl. COMA. Comme. V. *Coumo*.

CUMASCLE, s. m. (cumasclé); CREMAL, CARMAL, CRAMAL, CREMASCLÉ, CLUMASCLE, CARMALHER. *Capmascles*, cat. Crémaillère, s. f. fer dentelé ou chaîne en fer, terminée par un crochet, attaché aux cheminées pour suspendre les chaudrons, les marmites, etc.

Il y en a à hoches ou à crans, et à anneaux; on en voit à potence dans les cabanes.

Éty. du grec κρεμαστὴρ (kremastêr), ce qui sert à tenir une chose suspendue, dérivé de κρεμάω (kremaô), suspendre, pendre.

CUMASCLOUN, s. m. (cumasclóun); ESCANA. Dim. de *cumascle*, crémaillon, petite crémaillère que l'on accroche à une plus grande.

CUMB, **A**, adj. vl. Courbe. V. *Comb* et *Courbe*.

CUMBA, vl. V. *Comba*.

CUMEL, d. vaud. Pour *cum el* ou *coumo el*, comme lui.

CUMENALAR, v. a. vl. Assembler, amasser.

Éty. de *Cumul*, R. v. c.-m.

CUMENALESA, vl. V. *Coumunautat*.

CUMENEGAR,

CUMENGAR, et

CUMENIAR, V. *Coumuniar*.

CUMENJAR, v. n. vl. Communier. Voy. *Coumuniar* et *Mun*, R. 2.

CUMENJAT, adj. et p. vl. Communié. V. *Coumuniat* et *Mun*, R. 2.

CUMERGAR, et

CUMERGUAR, vl. V. *Coumuniar*.

CUMIADAR, v. a. vl. Congédier, licencier.

CUMIN, s. m. (cumìn); *Comino*, esp. *Cuminho*, port. *Cum*, cat. *Cimino*, ital. *Camum*, arab. *Kimmel*, all. Cumin officinal, *Cuminum cyminum*, Lin. plante de la fam. des Ombellifères dont la graine exhale une odeur forte.

Éty. du lat. *cyminum*, dérivé du grec κύμινον (kyminon), m. s.

Cette plante est originaire de l'Egypte, de l'Ethiopie et du Levant, on la cultive pour l'usage de sa graine.

CUMINAL, adj. vl. Commun, une. Voy. *Coumun* et *Mun*, R. 2.

CUMINALAR, v. a. vl. CUMENALAR. Communiquer, faire part, rendre participant.

CUMINALAT, s. f. vl. CUMINALATZ. Communauté; action de partager, participation, communication. V. *Mun*, R.

CUMINALER, s. m. vl. Milice communale. V. *Mun*, R. 2.

CUMINALMENT, adv. vl. COMINALMENT. Ensemble, tous à la fois. V. *Mun*, R. 2.

CUMINALMENT, vl. V. *Comunalmen*.

CUMINALTAT, vl. V. *Coumunautat*.

CUMIN-CORNA, s. m. (cumìn-córne). Nom qu'on donne, à Nismes, au siliquier noueux.

CUMPANHA, s. f. vl. Compagnie, réunion de soldats. V. *Coumpagn*, R.

CUMPANHO, s. m. vl. Compagnon. V. *Coumpagn*, R.

CUMPLEZSA, s. f. vl. Simplicité.

CUMPLIR, v. a. vl. Remplir.

CUMPORTA, s. f. vl. Comporte, sorte de tour ou de réduit placé au-dessus d'une porte pour en défendre l'accès. V. *Port*, R.

CUMPRAZON, s. f. vl. Achat.

CUMUL, COMOL, ENCOMBR, rad. pris du lat. *cumulus*, tas, amas, comble, formé de *cum*, avec, ensemble.

De *cumulus*, par apoc. *cumul*; d'où : *Cumul*, *Cumul-ar*, *Cumul-at*, *Ac-cumular*, *Ac-cumulat*, *Cum-enalar*.

De *cumulus*, on a fait en basse lat. *incumulare*, d'où l'ital. *incombrare*, par le changement de *u* en *o*, du second *u* en *b*, et de *l* en *r*. V. Denina, t. 3, p. 107 et t. 2, p. 267.

De *incombrare*, par apoc. et changement de *i* en *e*, *encombr*; d'où : *Encombr-er*, *ier*; *Encombra-ment*, *Encombr-ar*, *Des-encombrar*, *Coumbl-ar*, *Coumbl-at*, *Coumbl-e*, etc.; alt. *Ac-counoulh-ar*.

De *cumul*, par le changement des *uu* en *oo*, *comol*; d'où : *Comol*, *A-como-lar*, *Comou*, *Coumoul*, *Coumoul-ar*, *Coumoul-un*, *Counoul*.

CUMULAR, v. a. vl. *Curmullar*, cat. *Cumular*, esp. port. *Cumulare*, ital. Cumuler, recombler.

Éty. du lat. *cumulare*, fait de *cumulus* et de *are*. V. *Cumul*, R.

CUMUNAL, vl. V. *Cominal*.

CUMUNALEZA, vl. V. *Coumunautat*.

CUMUNIR, vl. V. *Comonir*.

CUN

CUN, s. m. (cún), dl. Coin, quartier, quignon. V. *Cougnet* et *Cougn*, R.

CUN, Pour avec. V. *Cum*.

Li mal home persegon li bon non totavia, cun ferre, ni cun peiras, ni cun baston, ma cun la lor mala vita, e cun lor malas obras, d. vaudois.

CUNCA, s. f. vl. Tante.

CUNCHIAR, v. a. (cuntchiá). Salir, rendre sale. Avril.

CUNDANSA, vl. V. *Coindansa* et *Coint*, Rad.

CUNDEZIA, s. f. vl. Grâcieuseté.

Éty. V. *Coind* et *Coint*, R.

CUNDIA, s. f. vl. Agrément. V. *Coindia* et *Coint*, R.

CUNDIR, vl. V. *Condir*.

CUNDIR, v. a. vl. Orner, embellir.

Éty. de *coind* et de *ir*. V. *Coint*, R.

CUNEGOUNDA, nom de femme (cunegóunde); *Cunegonda*, esp. Cunégonde.

Patr. Sainte Cunégonde, impératrice, que l'Église honore le 3 mars et 24 juillet.

Éty. du lat. *cunegundis*.

CUNG, s. m. (cün), dg. Coin, recoin. V. *Cantoun* et *Cougn*, R.

CUNH, s. m. dl. et vl. CONH, CONG. Coin à fendre le bois, coin à frapper la monnaie. V. *Cougnet* et *Cougn*, R.

CUNHAT, s. m. vl. Beau-frère. V. *Cougnat* et *Nat*, R.

CUNHDET, adj. vl. V. *Coindet*, *Coindia* et *Coint*, R.

CUNHDIA, s. f. vl. V. *Coindia* et *Coint*, Rad.

CUNHET, ETA, adj. vl. Gentil, ille. V. *Coindet* et *Coint*, R.

CUNIS, nom de lieu, vl. Coni, en Piémont.

CUNTAR, vl. V. *Comptar*.

CUNTHIA, vl. V. *Coindia* et *Coint*, R.

CUO

CUO, sorte d'adj. (cúe). *Es quaugu'un cuo*, c'est quelqu'un que je ne veux pas nommer. Garc.

CUOC, s. m. vl. Cuisinier. V. *Couire*, R, et *Coc*.

CUORP, s. m. (couor). Nom nicéen de la sciène ombre. V. *Oumbrina*.

CUOU, s. m. (cúou); CUL, PETAIRE, QUIOU, QUIOUL, CUZOU. *Culo*, ital. esp. *Cu*, port. *Cul*, cat. Cul, le derrière, les fesses, l'anus, et impr. le fond d'un verre, d'une bouteille, etc.

Éty. du lat. *culus*, *cul*, *cuou*. V. *Cul*, R.

Qu'a un gros cuou, fessu, ue.

Estre cuou et camisa, être deux têtes dans un bonnet.

Dounar d'oou cuou à la lauva, donner la selle ou casse-cul, faire frapper du derrière à quelqu'un contre une pierre plate. V. *Lauva*.

Estre à cuou, être à cul, n'avoir plus aucune ressource, par allusion, dit M. Gattel, aux anciennes écoles de philosophie, qui se tenaient à Paris, rue de Fouare, et où il n'y avait d'autres siéges, pour les écoliers, que la paille dont elles étaient jonchées. Les répondants, que dans les actes publics on serrait de trop près, étaient *mis à cul*, c'est-à-dire, obligés de se rasseoir sur leur paille.

Moustrar lou cuou, faire banqueroute, ce dicton vient de la coutume où l'on était anciennement à Montpellier, de faire faire cession des biens aux insolvables, dans l'église de Saint-Firmin, en tenant une main sur le verrou de la porte, et de l'autre montrant le derrière et disant : *Paga-te aquit* ; coutume qui n'était d'ailleurs qu'une parodie de celle des Romains. Ceux-ci avaient élevé une pierre devant le portail du Capitole de l'ancienne Rome, qu'ils nommaient pierre de scandale, sur laquelle étaient obligés de s'asseoir à nu ceux qui faisaient banqueroute, de crier : *Cedo bona*, j'abandonne mes biens, et de frapper ensuite trois fois sur cette pierre avec leur derrière.

Faire cuou, dissiper son avoir. Garc.

Cuou d'un aubre, souche.

Cuou de bosc, cul de jatte.

CUOU, s. m. Se dit aussi, par analogie de position, du sédiment des liquides, de ce qui reste au fond; des restes d'une plus grande quantité, du bout, de la fin, de l'extrémité, etc.

CUOU-BLAN, s. m. (cúou-blan); CLAPEIRET, QUIOU-BLANC, ABICOUL, PED-NEGRE, BOUVIER, PETARD, BLANCHARDA, REYNAULY, DOUMINICAN. *Culbianco*, ital. Le motteux, cul blanc ou vitrec, *Motacilla œnanthe*, Lin. oiseau de l'ordre des Passereaux et de la famille des Subulirostres ou Raphioramphes (à bec en alène), dont la chair est très-estimée.

CUOU-BLANC, s. m. RABEIROLA, DINDOULETA, BARBAZOOU, RATEIROOU, OOURINDELA ; *Cubianc*, en Piémont. Noms par lesquels on désigne l'hirondelle de fenêtre ou hirondelle à croupion blanc, *Hirundo urbica*, Lin. oiseau de l'ordre des Passereaux et de la famille des Planirostres ou Omaloramphes (à bec plat).

Éty. Ainsi nommée à cause de son croupion blanc.

CUOU-BLANC, s. m. Nom qu'on donne, à Nice, selon M. Risso, au traquet oreillard, *Saxicola aurita* ; au traquet montagnard, *Saxicola stapazina*, oiseaux de l'ordre des Passereaux et de la famille des Subulirostres (à bec en alêne).

CUOU-BLANC-D'AIGUA, s. m. (cúou-blan-d'aïgue) ; BECASSOUN, QUIOU BLANC D'AIGUA. Cul blanc, cul blanc de rivière ou chevalier becasseau, *Tringa ochropus*, Lin. oiseau de l'ordre des Echassiers et de la famille des Ténuirostres ou Rampholites (à bec grêle), ainsi nommé à Avignon et dans le Gard.

CUOU-DE-BOUTIGA, Garde-boutique. V. *Roussignoou*.

CUOU-DE-CABRA, s. m. (cúou-de-cábre). Branche de vigne qu'on a laissée plus longue que les autres en la taillant.

CUOU-COUZI, adj. (cúou-couzi). Coi, qui ne fait point de mouvement.

CUOU-DE-GIROUNDA, s. f. (có-dé-dgiróunde). Nom qu'on donne, dans le département du Gard, au canard pilet, *Anas acuta*, Lin. V. *Alalonga*.

CUOU-DE-MAGASIN, s. m. Garde boutique. V. *Roussignoou*.

CUOU-DE-MESTRESSA, s. m. (cúou-dé-mestrésse). En terme de chapellerie, défaut, pli qui se fait au milieu d'un chapeau, pour n'avoir pas été travaillé à l'eau bien chaude.

CUOU-DOOU-TOUNEOU, s. m. (cúou-doou-tounèou) ; ESCOURRILHAS. Baissière, vin qui reste au fond des tonneaux.

CUOU-PELAT, s. m. (cuou-pelá) ; QUIOU-PLOUMBAT, CUOU-PEARAT. Expression dont on se sert à l'égard des singes, parce qu'on prétend qu'ils se mettent en colère, quand on leur dit : *Mounina cuou pelat*.

CUOURAS, s. m. (cuourás) ; *Culas*, cat. *Culon*, esp. *Culàccio*, ital. Gros cul.

CUOU-ROUBIN, s. m. (cúou-roubin). Le jeu du cheval fondu, qu'on joue en sautant sur le dos d'un autre, qui appuye sa tête sur un premier, et ainsi de suite.

CUOUROUN, s. f. (cuouróun) ; *Culet*, cat. *Culito*, esp. *Culino*, ital. Petit cul, cul d'enfant.

CUOU-ROUS, s. m. (cúou-rous). Nom nicéen de la Motacille des Alpes. V. *Rouchassier*.

CUOU-ROUS-BERNAT, Nom nicéen du merle de roche. V. *Coua-roussa-mountagnarda*.

CUOU-ROUS-PIGNATIER, s. m. (cuou-rous-pignatié). Nom nicéen du rouge-queue. V. *Cuou rousset*.

CUOU-ROUSSET, s. m. (cúou-roussé) ; COURROUSSET, COUA-ROUSSA, dl. QO-ROUSSA, QUOU-ROUS. Rouge-queue, *Motacilla erythacus*, Lin. oiseau du même genre que le motteux, V. *Cuou blanc*, qui arrive dans nos pays au printemps pour les quitter en automne.

Éty. La couleur rousse de sa queue lui a fait donner le nom qu'il porte.

La femelle pond, dans un nid à une seule ouverture, cinq ou six œufs blancs, tachés et variés par des lignes grises.

Cet oiseau ressemble beaucoup au rossignol de muraille, mais il ne s'approche jamais des maisons comme lui.

CUOU-ROUSSET, Dans la Haute-Prov. ce mot est quelquefois synonyme de *Coua-roussa*, v. c. m.

CUOU-ROUSSET, Dans les Bouch.-du-Rhône, ce nom indique, selon l'auteur de sa Statistique, la *Motacilla stapazina*, Lin. cul blanc roussâtre de Buffon, oiseau du même genre que les précédents.

CUOU-ROUSSET-BARNAT, s. m. (cúou-roussé-barná) ; BISTRATAT, TATAT, TATA. Tarier ou grand traquet, *Motacilla rubetra*, Lin. *Saxicola rubetra*, Bechet ; oiseau du même genre que les précédents ; il est un peu plus gros que le traquet ordinaire.

Cuou-rousset-barnat, est aussi le nom qu'on donne quelquefois à la femelle du merle de roche. V. *Soulitari*.

CUOU-ROUSSET-BLU, s. m. Nom qu'on donne, dans le département des Bouches-du-Rhône, selon le même auteur, à la *Motaccilla succisa*, nom estropié par l'imprimeur, comme beaucoup d'autres. C'est de la gorge bleue, *Motacilla suecica*, Lin. oiseau du même genre que les précédents, qu'on a voulu parler.

Cet oiseau ressemble beaucoup au rouge-gorge dont il a les mœurs, il en diffère en ce que la plaque qu'il porte sous la gorge est bleue au lieu d'être rouge, et qu'il a un peu de rouge à la queue, d'où le nom de *Cuou-rousset blu*.

CUOU-ROUS-VEROU, Nom nicéen du rossignol de muraille. V. *Coua-Roussa*.

CUP

CUP, CUB, COB, GOUB, CUV, GAB, radical pris du latin *cupa*, coupe ; cuve, dérivé du grec κύβϐα (kubba), coupe.

De *cupa*, par métagr. de *u* en *ou*, *coup* ; d'où : *Coup-a*, *Coup-ella*, *Coupell-ation*, *Coup-et*, *Coup-ola*, *Coup-oun*.

De *cupa*, par métagr. de *p* en *b*, *cub* ; d'où : *Cub-a*, *Cub-el*, *Cubel-ost*, *Cub-at*, *Cub-ey*.

De *cupa*, par métagr. de *u* en *o*, *copa* ; d'où : *Cop*, par apoc. *Cop-a*.

De *cop*, par métagr. de *c* en *g* et de *p* en *b* : *Gob*, *Goub*, *Gob-el-et*, *Goubelet*, *Goubelet-oun*, *Goubelet-as*, *Gubel-et*, *Gob-el*, *Go*, *Gug-alh-ar*, *Goud-iflar*, *Goud-ina*, *Goud-in-eta*, *Cap-ola*, *Goud-oufle*, *Goud-oun-flar*, *Goud-oun-fle*, *Goudu-flat*, *Goug-alhas*.

De *cub*, par le changement du *b* en *v*, *cuv;* d'où : *Cuv-a*, *Cuv-ar*, *Cuv-eta.*

CUPA, s. f. (cúpe). L'ombre d'une lampe, d'un flambeau : *A la cupa*, phr. adv. être, agir à l'ombre, en cachette.

Éty. du grec κυπὰς (kupas), couverture, manteau.

CUPA, s. f. dl. Faute : *Boutar la cupa sus quauqu'un*, rejeter la faute sur autrui. *Dounar la cupa* ou *la Coulpa*, v. c. m.

Éty. du lat. *culpa*, faute, culpe. V. *Culp*, Rad.

CUPAR, v. a. (cupá), dl. Accuser, blâmer.

Éty. du lat. *culpare*, m. s. V. *Culp*, R.

CUPID, CUBIT, COBEIT, COBEZ, COB, radical pris du latin *cupere*, *cupio*, désirer, souhaiter avec ardeur; d'où : *cupidus*, cupide, *cupiditas*, cupidité, *concupiscentia*, concupiscence.

De *cupiditatis*, gén de *cupiditas*: *Cupiditat.*

De *cupid*, par métagr. de *p* en *b*, *cubit*: *Con-cub-ir*, *Cubit-icia*, *Cubit-ia*, *Cubit-aia*, *Cubit-os*, *Cubit-ar.*

De *cubit*, par le changement de *i* en *ei* : *Cubeit*, et de *u* en *o*, *cobeit;* d'où : *Cobeit-o*, *Cubeit-os*, *Cobeyt-atiu*, *Cobeyt-at*, *Cobeit-ar*, *Cobe*, *Cobeet-ar*, *Co-beet-at.*

De *cobeit*, par sync. de *i* et changement de *t* en *z* ou *s*, *cobes* : *Cobes-egear*, *Cobeser*, *Cobes-essa*, etc. *Cobir*, *En-cobir*, *Con-cupisc-entia*, *Coun-cupisc-ença*, *Coubes*, *Coubes-egear*, *Coubes-egeat*, *Coubes-ença*, *Coubes-ia*, *Coubi.*

CUPIDITAT, s. m. (cupiditá); AVIDITAT. *Cupidità*, ital. Cupidité, avidité, désir violent des biens, des richesses.

Éty. du lat. *cupiditatis*, gén. de *cupiditas*. V. *Cupid*, R.

CUPIDOUN, (cupidóun); *Cupido*, ital. Cupidon ou l'amour, fils de Jupiter et de Vénus, ou de l'Erèbe et de la Nuit, c'est le Dieu de l'amour.

Éty. du lat. *cupidinis*, gén. de *cupido.*

CUQ

CUQUET, s. m. (cuqué), d. de Barcel. *Cuquet*, cat. Ver du fromage.

CUQUET DE, dl. V. *Plugoun de.*

CUQUETS, s. m. pl. (cuqués). Nom qu'on donne, à Grasse, aux mittes du fromage, d'après M. Aubin. V. *Frion.*

CUR

CUR, radical pris du latin *cura*, cure, soin, sollicitude, dérivé, selon Festus, de *Cor-edat; vel quia cor urat;* d'où : *curare*, curer, nettoyer, avoir soin, *curator*, curateur, *incuria*, incurie, *curiosus*, curieux, *procurator*, procureur.

De *cura*, par apoc. simple, *cur;* d'où : *Cur-a*, *In-curable*, *Cur-able*, *abla*, *Cura-dent*, *Cur-ad-is*, *Pro-curador*, *Pro-curaire*, *Cur-alhas*, *Cura-pertuis*, *Curet-a*, *Re-curaire*, *Re-curar*, *Cur-agi*, *Cur-aire*, *Cur-ar*, *Cur-at*, *Curat-oun*, *Curat-ela*, *Curatour*, *Pro-cur-ation*, *Pro-curar*, *Es-cur-ar*, etc.

De *curiosus*, par apoc. *curios;* d'où : *Curios-itat*, *Curios*, *a*, *Curiosa-men*, *Cu-rios-etad.*

De *curios*, par sync. de *i*, *curos;* d'où : *Curos*, *osa*, *Curosa-ment.*

De *curios*, par métagr. de *o* en *ou*, *curious*: *Curious*, *Curious-itat*, *Pro-curat-iu*, etc.

CUR, dl. Qu'il ou qu'elle coure. V. *Cuer* et *Cor.*

CURA, s. f. vl. *Cura*, cat. esp. port. ital. Soin, sollicitude, souci, V. *Soucit*, cure, guérison, V. *Cura*, curatelle, V. *Curatella*, soin, charge, V. *Souin* et *Carga.*

Éty. du lat. *cura*, soin. V. *Cur*, R.

CURA, s. f. (cúre); *Cura*, cat. esp. ital. port. Cure, guérison de quelque maladie ou de quelque plaie grave.

Éty. du lat. *cura*, employé par Celse, dans le même sens. V. *Cur*, R.

CURA, s. f. Cure, bénéfice, ayant charge d'âmes et la conduite spirituelle d'une paroisse.

Éty. du lat. *cura*, soin, gestion, administration. V. *Cur*, R.

CURA-NIS, s. m. (cúre-nis), dl. V. *Caganis* et *Cur*, R.

CURA PARTUS, V.

CURA PERTUIS, s. m. Nom qu'on donne, dans la Haute-Provence, au grimpereau de muraille, parce qu'on le voit toujours occupé à fouiller dans les trous des murailles *(pertuis)*, pour y chercher sa nourriture. V. *Escala barris.*

Éty. de *cura*, *curar* et de *pertuis*, trou. V. *Cur*, R.

CURA POURCIOU, s. m. Sorte de fourche ou espèce de trident propre à enlever le fumier des étables et particulièrement des loges à cochons, d'où le nom, *cura pourciou*. V. *Cur*, R.

CURA-PEDS, s. m. (cúre-pés). Décrotoir, curoir. Cast.

CURA-PRIVATS, s. m. (cúre-privás). Vidangeur, gadouard, maître des basses-œuvres, c'est aussi le nom de la drague, instrument qu'on emploie pour curer. V. *Cur*, Rad.

CURA-AURELHA, s. m. (cúre-aouréille). Cure-oreille, instrument propre à extraire du conduit auditif externe le cérumen qui s'y amasse et les autres corps étrangers qui pourraient s'y introduire.

Éty. de *curar*, vider. V. *Cur*, R.

CURA-AURELHA, s. m. (cure-aouréille); FOURCHA, COUABESSA, AURELHIERA, TALHAFERA. Noms qu'on donne aux forficules, et particulièrement à la forficule auriculaire, *Forficula auricularia*, Lin. insecte de l'ordre des Orthoptères et de la fam. des Forficules ou Labidoures (à queue en forme de tenaille).

Éty. *Cura aurelha*, comme perce-oreille, sont des noms donnés à ces insectes, d'après le préjugé dans lequel on a été pendant longtemps, qu'ils pouvaient percer les oreilles et donner lieu aux plus graves accidents. V. *Cur*, R.

CURABLE, **ABLA**, adj. vl. *Curable*, cat. esp. *Curavel*, port. *Curabile*, ital. Curable, guérissable.

Éty. de *cura* et de *able*, qui peut être guéri. V. *Cur*, R.

CURADA, adj. f. vl. Chose garnie de cuir.

CURADAMENS, adv. vl. Soigneusement. V. *Cur*, R.

CURA-DENT, s. m. (cúre-déin). Curedent, instrument destiné à enlever les corps étrangers qui s'engagent entre les dents.

Éty. de *curar*, vider, et de *dent*. V. *Cur*, Rad.

Les cure-dents en métal sont nuisibles en ce qu'ils peuvent enlever l'émail des dents, on doit préférer ceux en ivoire ou en plume.

CURADI, d. bas lim. Pour

CURADIS, s. m. (curadí). Ordure, boue, curures.

Éty. V. *Cur*, R.

CURADOR, vl. V. *Curatour*, médecin. V. *Medecin* et *Cur*, R.

CURADOU, pour

CURADOUR, s. m. (curadóu), d. bas lim. Curoir. V. *Agulhada*, *Cureta* et *Cur*, Rad.

CURA-FUEC, s. m. (cúre-fuéc). Tisonnier, tisonnier coudé, Gar. fer qui sert à attiser le feu.

Éty. V. *Cur*, R.

CURAGI, s. m. (curádgi); CURAGE. Curage, action de curer, l'effet qui en résulte, les frais qu'il occasionne.

CURAGI, s. m. (curádgi); CURAGE. Curage, action de curer ou l'effet de cette action.

Éty. de *curar* et de *agi*. V. *Cur*, R.

CURAIRE DE POUS, s. m. Cureur de puits, celui qui nettoie ou qui cure les puits. V. *Cur*, R.

CURAIRE, adj. d. bas lim. Pour écureur. V. *Escuraire.*

CURAIRE, s. m. (curáïré). Cureur? celui qui cure, qui nettoie un puits, une fosse, une écurie. Avril.

CURAIRE, vl. V. *Curatour*, médecin. V. *Medecin* et *Cur*, R.

CURAL, s. m. (curál), d. bas lim. Ce qui reste d'un fruit après qu'on en a ôté ce qui était pourri ou gâté.

Éty. V. *Cur*, R.

CURALHAS, s. f. pl. (curáilles), dl. V. *Curilhas* et *Cur*, R.

CURALI, s. f. (curáli), d. bas lim. Pelure de pommes, de pêches, de fromage, V. *Pelagnas*, écorce des jeunes arbres, et iron, la peau humaine.

Éty. V. *Cur*, R.

CURALHA, s. f. (curáille); CURAILLA. Les restes, les balayures; les brebis, qui à cause de leur âge ou de leur mauvais état, ne sont plus propres à la reproduction et qu'on ne garde plus.

CURALHAR, v. a. (curaillá); CURAILLAR. Curer, balayer, nettoyer.

CURAMENT, s. f. vl. Cure, V. *Cura*, guérison.

Éty. de *cura* et de *ment*. V. *Cur*, R.

CURAR, v. a. vl. *Curar*, cat. esp. port. *Curare*, ital. Soucier, soigner, curer, recurer, V. *Curar*, guérir, purger, nettoyer. V. *Guarir.*

Éty. du lat. *curare*. V. *Cur*, R.

CURAR, v. a. (curá). Curer, nettoyer quelque chose de creux, comme un puits, un fossé, un canal, etc. *Se curar las dents*, se curer les dents; *Se curar l'aurelha*, se curer l'oreille.

Éty. du lat. *curare*, prendre soin, soigner. V. *Cur*, R.

Curar una gallina, vider une volaille.
Curar una pouma, cerner une pomme.
Curar un os, ronger un os.
Se curar lou nas, se fouiller dans le nez.
Curar les lugres, dl. pocher les yeux.
Curar lous bournats, d. bas lim. châtrer les ruches.
Curar lous plats, vider les plats.

CURAR, d. bas lim. Pour écurer. V. *Escurar* et *Cur*, R.

CURASOU, Pour

CURASOUN, s. f. (curasóu), d. bas lim. La quantité de fumier qu'on tire d'une écurie lorsqu'on la nettoie.

Éty. de *curar*. V. *Cur*, R.

CURASSOOU, s. m. (curassóou). Sédiment d'une liqueur, rebut d'une marchandise, balayures. Garc.

CURAT, ADA, adj. et p. (curá, áde). Curé, ée; vidé, vide: *Ventre curat*, estomac vide; *Curat coumo un brusc*, entièrement vide. V. *Cur*, R.

CURAT, ADA, adj. et p. (curá, áde); CAVAT, CHAUBUT. Creusé, ée. V. *Cur*, R.

CURAT, s. m. (curá); *Curato*, ital. *Cura*, esp. port. *Curat*, cat. Curé, prêtre pourvu d'une cure.

Éty. de la basse lat. *curatus*, qu'on a dit pour *curator*, celui qui a le soin, la direction, la conduite; formé de *cura*, soin. V. *Cur*, R.

Curé et prêtre étaient autrefois synonymes, parce qu'il n'y avait point de prêtre ordonné qui n'eût la direction d'une église; on réserve le titre de curé aujourd'hui, à ceux qui desservent un chef-lieu de canton, les autres portent le nom de recteur ou de desservant.

CURATARIA, s. f. (curatarie); COIRATARIA. Tannerie, commerce des cuirs, tout ce qui les concerne.

Éty. V. *Cor*, R. 2.

CURATAS, s. m. (curatás). Gros curé, curé méprisable.

Éty. de *curat* et de *as*. V. *Cur*, R.

CURATELA, s. f. (curatèle); *Curatela*, ital. *Curaduria*, esp. *Curadoria*, port. Curatelle, pouvoir et charge de curateur.

Éty. du lat. *cura*, soin. V. *Cur*, R.

CURATIER, s. m. vl. Savetier; cureur de puits.

CURATIER, s. m. (curatié); COIRATIER, QUIORASSAIRE. Tanneur et marchand de cuirs.

Éty. de *cuer* et de *ier*, ou du lat. *coriarius*. V. *Cor*, R. 2.

CURATIF, IVA, adj. (curatif, ive); *Curatiu, iva*, cat. *Curativo*, esp. ital. port. Curatif, ive, qui concerne, qui a pour but la cure, la guérison d'une maladie. V. *Cur*, Rad.

CURATION, s. f. vl. *Curació*, cat. *Curacion*, esp. *Curação*, port. *Curazione*, ital. Cure, guérison.

Éty. du lat. *curationis*, gén. de *curatio*. V. *Cur*, R.

CURATOUN, s. m. (curatóun); CURACHOUN. Petit curé, petit prêtre.

Éty. de *curat* et de *oun*, dim. V. *Cur*, R.

CURATOUR, s. m. (curatóur); *Curatore*, ital. *Curador*, cat. esp. port. Curateur, celui qui est établi par justice pour régir les biens d'un mineur ou d'un majeur déclaré incapable de les régir lui-même.

Éty. du lat. *curator*, fait de *curare*, prendre soin. V. *Cur*, R.

CURBECA, s. f. (curbèque). Cornette, Cast. V. *Coqueta*.

CURBECELA, V. *Cabucela*.

CURBECEOU, V. *Cabuceou* et *Cobr*, R.

CURBELET, s. m. (curbelé), dg. Gaufre, biscuit, espèce de gâteau. V. *Bescuech*.

CURBIDONA, s. f. (curbidóne). Narcisse des prés. Cast. V. *Dona*.

Éty. *Curbidona* est probablement une altération de *Cupidona*.

CURBIR, v. a. (curbir); TAPAR, CRUBIR, CATAR. *Coprire*, ital. *Cubrir* et *Cobrir*, esp. port. cat. Couvrir, étendre une chose sur la surface entière ou partielle d'un objet, mettre une couverture, un couvercle; saillir, en parlant de plusieurs animaux; mettre, répandre, jeter; fig. voiler, déguiser, excuser, semer le blé, à Barcelonnette.

Éty. du lat. *cooperire*, m. s. V. *Cobr*, R.

CURBIR SE, v. r. COBRIR SE. Se couvrir, se mettre des couvertures, des habillements, mettre son chapeau; s'obscurcir, en parlant du temps.

CURBIT, IDA, adj. et p. (curbi, ide); COUVERT, CUBERT. *Cuberto*, port. Couvert, erte, rempli, chargé: *Cubert de sang*, couvert de sang; sombre, obscur, en parlant du temps, ombragé, en parlant d'un lieu, caché; dissimulé, quand il est question des hommes.

Éty. V. *Cobr*, R.

CURCUMA, s. m. (curcumá); *Curcuma*, cat. esp. ital. port. Nom qu'on donne aux racines de deux espèces de curcuma, à celles du curcuma long, *Curcuma longa*, Lin. et à celles du curcuma rond, *Curcuma rotunda*, Lin. plantes de la fam. des Amomées, originaires de l'Inde, dont on se sert pour teindre en jaune.

CURET, s. m. (curé). Paumelle de cordier, lisière qu'il tient dans la main pour que la corde ne le blesse pas.

Éty. du lat. *curare*, prendre soin. V. *Cur*, Rad.

CURET, s. m. (curè), d. lim. Alt. du français, curé. V. *Curat* et *Cur*, R.

CURETA, s. f. (curéte); BOURBOUSSADA, CURADOU, CURADOUR, AGULHADA, BOURBOUSSAT, DERBOUS. Curoir ou curon, bâton muni ordinairement d'un fer avec lequel le laboureur cure la charrue.

Éty. de *curar*, curer, creuser. V. *Cur*, R.

CURETA, s. f. Curette, outil dont les mineurs se servent pour enlever les débris que l'aiguille a faits dans les trous, on la nomme aussi cuiller. V. *Cur*, R.

CURETA, s. f. Rouanne? outil de sabotier et de faiseur de cuillers, dont la lame est courbée sur le plat, servant à creuser, *à curar*. V. *Cur*, R.

CURIAL, ALA, adj. (curiál, ále). Curial, ale, qui appartient au curé ou à la cure.

Éty. V. *Cur*, R.

CURIAL, s. m. et adj. *Curial*, cat. esp. port. *Curiale*, ital. De cour, homme, officier de la cour.

Éty. du lat. *curialis*.

CURIANSA, s. f. vl. Sollicitude.

Éty. V. *Cur*, R.

CURILHA, V. *Curilhas*.

CURILHAS, s. f. pl. (curilles); CURALHAS, RETROUS, ROUISSA, REGRUPIS, ROUHURAS. La paille ou le foin que les animaux n'ont pas voulu manger et qu'on enlève de la crèche; la vidange d'un poisson, d'une volaille; les restes d'une poire, d'une pomme, pepins et écailles.

Éty. de *cur*, rad. de *curar*, et de *ilhas*, tout ce que l'on *cure*, ce que l'on enlève comme mauvais. V. *Cur*, R. Il pourrait être dérivé aussi du grec κυρηβίας (kurêbias), pelures, raclures.

CURIOS, adj. vl. CUROS. *Curioso*, esp. port. ital. *Curiós*, cat. Empressé, plein de zèle, d'affection, soigneux, curieux, inquiet, soucieux.

Éty. de *cura* et de *os*. V. *Cur*, R.

CURIOSAMENT, adv. vl. CORIOSAMEN. *Curiosamente*, esp. port. ital. *Curiosament*, cat. Soigneusement, curieusement, avec instance.

Éty. de *curiosa* et de *men*. V. *Cur*, R.

CURIOSETAT, s. f. (curiosetá), vl. Soin, inquiétude.

Éty. du lat. *cura*, soin. V. *Cur*, R.

CURIOSITAT, s. f. vl. CURIOZETAT. Curiosité, V. *Curiousitat*, soin, affecté.

CURIOUS, OUSA, adj. et s. (curióus, óuse); *Curioso*, ital. esp. port. *Curiós*, cat. Curieux, euse, qui a une grande envie de savoir, de découvrir, de voir, qui cherche avec soin ce qui est rare, en parlant des choses qui méritent d'êtres vues.

Éty. du lat. *curiosus*, m. s. V. *Cur*, R.

CURIOUSITAT, s. f. (curiousitá), et impr. CURIEOUSITAT. *Curiosità*, ital. *Curiosidad*, esp. *Curiosidade*, port. *Curiositat*, cat. Curiosité, désir empressé de savoir, d'apprendre, de s'instruire, de savoir les nouvelles; vice de certaines gens qui s'informent avidement des affaires des autres, de leurs projets, de leurs sentiments, et qui emploient toutes sortes de moyens pour les découvrir; chose rare et précieuse.

Éty. du lat. *curiositatis*, gén. de *curiositas*, m. s. V. *Cur*, R.

CURIOZEDAD, s. f. vl. Soin, inquiétude.

CURIOZETAT, vl. V. *Curiositat*.

CURLET, V. *Cuerla*.

CURNI, V. *Acurni*.

CURNIER, s. m. vl. Carne, coin, angle; cornière, canal de tuiles ou de plomb qui est à la jonction de deux pentes d'un toit.

CURNIER, s. m. (curnié). Un des noms que le cornouiller porte, à Digne. V. *Acurnier*.

CUROS, adj. vl. *Curos*, anc. cat. Soigneux, soucieux, zélé, attentif, empressé.

Éty. de *cura*, soin, et de *os*. V. *Cur*, R.

CUROSAMENT, adv. vl. CUROSAMEN. *Curosament*, anc. cat. Soigneusement, régulièrement.

Éty. de *curosa* et de *ment*. V. *Cur*, R.

CUROZ, vl. V. *Curos.*
CURS, s. m. vl. dg. Légume.
CURSORI, vl. Courant, sautant.
CURUN, s. m. (çurün); ESCOUMBRES, DECOUMBRAS. Décombres, plâtras, gravois et autres menus débris d'un ouvrage de maçonnerie; criblures, débris qu'on trouve au fond des choses qu'on nettoie; restes, rebuts.

Éty. de *curar* et de *un*. V. *Cur*, R.

Levar lou curun, décombrer.

CURUN, s. m. (curún). Les curures ou les boues et la vase qu'on retire des puits, des fossés, etc.

Éty. de *cur*, rad. de *curar* et de *un*, tout ce qu'on *cure*, tout ce qu'on enlève en curant. V. *Cur*, R.

On lit dans le règlement de police de la ville d'Aix, de 1569: *Que nul ne pourra décharger aucun* curun, *terrail et immondices dans les chemins publics.*

CURUSCATIO, s. f. vl. *Coruscazione*, ital. Coruscation, éclat de lumière.

Éty. du lat. *coruscatio.*

CURV, COURB, radical pris du lat. *curvus*, courbe, plié en arc, qu'on fait dériver du grec κυρτὸς (kurtos), courbe, voûte.

De *curvus*, par apoc. *curv*; d'où: *Re-curv-ar, Re-curv-atio.*

De *curv*, par le changement du *v* en *b* et de *u* en *ou*, *courb*; d'où: *Re-courbar*, *Recourbat.*

CURVAR, vl. Courber. V. *Courbar* et *Corb*, R.

CURVITAT, s. f. vl. *Curvidad*, esp. *Curvidade*, port. *Curvità*, ital. Courbure. V. *Courbura.*

Éty. du lat. *curvitatis*, gén. de *curvitas*, m. s.

CUS

CUSCA, vl. V. *Cusso.*
CUSCAR, v. a. (cuscá), dl. Parer, former, arranger, mettre en ordre; soigner un malade, le servir; prendre soin d'un enfant.
CUSCAR, dl. V. *Coustesir.*
CUSCHOU, Pour
CUSCHOUN, OUNA, adj. (custsóu, óun), d. bas lim. Qui ménage les autres, qui est réservé.
CUSCO, vl. V. *Cusso.*
CUSCUTA, s. f. (cuscúte); PEOU DE DAMA, RASCA, PEOU DE COUGUOU, PELET, PEL DE LIN, HERBA DE LIN. *Cuscuta*, cat. esp. ital. port. Cuscute ou goutte de lin, *Cuscuta europæa*, Lin. *Cuscuta major* et *minor*, Bouch. plantes de la famille des Convolvulacées qui vivent sur d'autres plantes. V. Gar. *Cuscuta major* et *Cuscuta minor*, pag. 189.

Éty. *Cuscuta* ou *cascutha*, est un mot syriaque, dit Lemery, qui signifie, *herbe sans racines et sans feuilles*, ce qui caractérise très-bien l'apparence extérieure de cette plante parasite.

M. Théis, fait venir ce nom de l'arabe *kéchout*, selon Golius, κασσυθα (kassutha), en grec.

CUSIR, vl. *Cusir*, cat. Coudre. V. *Courdurar.*
CUSSAUAR, v. a. dg. Conserver. V. *Counservar.*
CUSSO, s. m. vl. CUSCO, CUSCA. *Cusson*, anc. cat. Goujat, coquin, vaurien, maraudeur.

Éty. du lat. *cossus*, homme à la peau ridée.

CUSSOLA, s. f. (cussóle), d. bas lim. Pain de froment ou de seigle, du poids de six à dix livres; quand il pèse davantage, on le nomme *tourta*, et lorsque son poids est moindre *cussoloun*.
CUSSOLOUN, s. m. (cussoulóu), d. bas lim. Pain d'un poids en-dessous de six livres.
CUSSOTA, s. f. (cussóte), dg. V. *Joubarba.*
CUSSOU, Pour
CUSSOUN, s. m. (cussóu). Nom bas limousin des charançons, calandres, etc., qui rongent le blé, V. *Coussoun.* ver qui ronge le bois, V. *Ciroun.* on donne le même nom, en Gascogne, au puceron des fèves.
CUSSOUN, s. m. d. bas lim. On donne aussi ce nom aux gerbes qui n'ont été que dépiquées et qu'on soumet une seconde fois au fléau: *Far lous cussouns*, battre les gerbes une seconde fois; *Blad de cussoun*, blé qui provient du second battage.
CUSSOUN, s. m. dl. et bas lim. V. *Coussoun.*
CUSSOUNADIS, s. m. (cussounodi), d. bas lim. Vermoulure, trou que les vers font dans le bois; poussière qui en sort. V. *Coussoun*, R.
CUSSOUNADURA, s. f. (cussounadúre). Vermoulure ou *moulinure*, poudre du bois rongé par les larves des insectes.
CUSSOUNAR, v. n. (cussouná), dl. Sécher de langueur V. *Coussounar.*

Éty. de *cossus*, homme à la peau ridée, et de *ar.*

CUSSOUNAT, ADA, adj. et p. (cussouná, áde), dg. Rongé par les teignes ou les larves de certains insectes; fig. fatigué par quelque infirmité. V. *Coussoun*, R. *Arnat* et *Chirounat.*
CUSSOUS, s. m. (cussóus), dg. Petit insecte, mite. V. *Coussoun* et *Coussoun*, R.
CUSTODA, s. f. (custóde); CUSTODI. Custode, couverture que l'on met sur le ciboire; chaperon qui couvre les fourreaux des pistolets pour empêcher qu'ils ne se mouillent.

Éty. du lat. *custodis*, gén. de *custos*, gardien.

CUSTODI, s. m. vl. *Custodi*, cat. *Custodio*, esp. port. *Custode*, ital. Garde, surveillant. V. *Custoda.*

Éty. du lat. *custodis*, gén. de *custos.*

CUSTODIA, s. f. (custódie). Coffre ou poitrine d'animal, squelette. Douj.
CUSTODIA, s. f. vl. *Custodia*, cat. esp. port. ital. Garde, surveillance.

Éty. du lat. *custodia.*

CUSTODO, s. m. (custóde). Custode, religieux, récollet ou capucin qui fait l'office du provincial en l'absence de celui-ci; nom de dignité de quelques églises.

Éty. du lat. *custos*, *custodis*, garde, gardien, surveillant, dit pour *constos*, formé de *cum* et de *sto*, demeurer au-près.

Ce terme est ancien dans l'Eglise: trois chanoines de la cathédrale de Metz, étaient, dans le septième siècle, *custodes* ou gardiens des trois principales églises de la ville.

CUT

CUT, COT, COUD, radical pris du latin *quatere*, *quatio*, *quassum*, *cutere*, inusité, battre, frapper, ébranler, agiter; dérivé du grec κόττω (kottô), pour κόπτω (koptô), couper, rompre, battre, frapper, d'où les sous-radicaux latins: *percutere*, frapper, punir, percuter; *percussio*, percussion; *succutere*, ébranler, secouer; *succussus*, *succussio*, secousse; *concussio*, concussion; *discutio*, discution, examen.

De *cutere*, par apoc. *cut*; d'où: *Con-cut-ir*, *Con-cut-it.*

De *discutio*, par apoc. *discut*; d'où: *Dis-cut-ar*, *Re-per-cutar*, etc.

De *incussum*, supin de *incutere*, frapper, pousser, par apoc. *incuss*, et par le changement de *i* en *e*, *encuss*; d'où: *En-cuss-ar*, *En-cuss-at.*

De *quassum*, par apoc. *quass*, *cuass*, *cuss*; d'où: *Dis-cuss-ion*, *Re-per-cussion.*

De *concussio*, *concussionis*: *Concussio*, *Concussion-ari*, *Per-cussion*, *Coun-cussion*, *Es-couss-a*, *Se-couss-ilhas*, *Se-cout-ir*, *Se-cout-re*, *Se-cod-ent*, *Se-cod-er*, *Se-cod-re*, *Se-coud-ent*, *Se-coud-re*, *Se-coud-ura*, *Se-cut-ar*, *Se-cut-at.*

CUT, s. m. vl. Idée, pensée, opinion. V. *Cug*, je crois.
CUT, vl. V. *Coc* et *Cousinier.*
CUTA, s. f. vl. périg. et lim. Cachette.

Éty. du grec κύτος (kutos), cavité, creux, enfoncement.

CUTAIRE, s. m. (cutáïré), dl. Le colin maillard: *Aquel que clucha* ou *pluga.* V. *Meni-moun-ai.*

Éty. de *cutar* et de *aire.*

CUTAR, v. n. (cutá), dl. Même sign. que *Plugar*, v. c. m.
CUTAS, V. *Plugas.*
CUTO, adj. CUXSOS, vl. Empressé, désireux.
CUTZA, vl. Il ou elle croit.

CUV

CUVADEL, s. m. (cubadél), dg. Petite cuve. V. *Tinel* et *Tineloun.*
CUVAR, v. n. (cuvá). Cuver, demeurer dans la cuve. V. *Boulhir.*

Éty. de *cuva* et de *ar*, demeurer dans la cuve. V. *Cup*, R.

Cuvar soun vin, cuver son vin, dormir après avoir bu avec excès.

CUVAT, ADA, adj. et p. (cuvá, áde). Cuvé, ée. V. *Cup*, R.
CUVEIRAT, s. m. (cuveïrá). Nom qu'on donne, à Arles, à un gros canard sauvage mâle.

Éty. Les plumes renversées de son croupion lui ont fait donner ce nom: *Cu-veirat*, cul retourné ou renversé. V. *Cul* et *Vir*, R.

CUVETA, s. f. (cuvète); *Cubeta*, esp. Cuvette, vase dont on se sert pour se laver les mains ou rincer des verres. V. *Cup*, R.
CUVIAIRE, s. m. (cuviaïré), d. de Barcel. m. s. que *Espalhaire*, v. c. m.
CUVIAR, v. a. (cuvià), md. V. *Espalhar*, m. s.

CUVIAYAS, s. f. pl. (cuviáyes), md. Ce qu'on enlève avec le râteau dit *Espalhaire.*

CUY

CUY, **cui**, vl. Art. rel. au datif, qui, à qui, auquel.
CUYA, s. f. (cuye), d. béarn. Citrouille. V. *Cougourda.*
CUYALA, s. m. anc. béarn.?

Demoras au cuyalâ, *o cledat,...*
Cru par ó cuvalâ.
Fors et cost. de Béarn.

CUYEIRAS, Alt. lang. de *Culheiras*, v. c. m.
CUYETA, s. f. (cuïéte). Cueillette, action de cueillir. V. *Culheta.* Olivaison, cueillette des olives. Avr.
CUYLLIR, vl. V. *Culhir.*
CUYOU, s. m. d. béarn. Gourde à l'usage des pélerins : *Un muque-cuyou*, un grand buveur.
Éty. Dim. de *cuya.*
CUYSSA, vl. V. *Cuissa.*
CUYSSIERA, s. f. vl. *Cuissard*, v. c. m.
Éty. de *cuissa* et de *iera*. V. *Cuiss*, R.

CUZ

CUZ, s. m. vl. Le doute, ce qu'on croit, ce qu'on pense : *Ses tot cuz*, sans hésiter.
CUZARIA, vl. Je croirais.
CUZI, s. m. vl. Alt. de *Cousin*, v. c. m.

CYA

CYANOGENO, s. m. (cianogène). Cyanogène, gaz permanent, incolore d'une odeur pénétrante, composé d'une partie d'azote et de deux de carbone, condensés en un volume.
Éty. du grec κυάνος (kyanos), bleu, et de γεννάω, (gennaô), engendrer, parce qu'il entre dans la composition du bleu de Prusse.
M. Gay-Lussac, a découvert ce gaz en 1815.

CYB

CYBELA, (cybéle); *Cibele*, ital. Cybèle ou Vesta, l'ancienne fille du ciel et de la terre, femme de Saturne et la mère des principaux dieux.
Éty. du lat. *cybele*, dérivé du grec κυβέλη (kybelê), Cybèle.

CYC

CYCHARRUSCLES, s. m. pl. dg.

Jou li horgui lous cycharruscles ?
D'Astros.

CYCLE, s. m. (cycle); **cicle**. *Ciclo*, cat. esp. port. ital. Cycle, période ou suite de nombres qui procèdent par ordre, jusqu'à un certain terme, et qui reviennent ensuite les mêmes sans interruption.
Éty. du grec κύκλος (kyklos), cercle. V. *Circ*, R.
On nomme :
Cycle solaire, Ciclo solar, cat. une période de 28 années, qui commence par un et finit par 28. Cette période étant écoulée, les lettres dominicales et celles qui désignent les autres jours de la semaine, reviennent en leur première place et procèdent dans le même ordre qu'auparavant.
Cycle lunaire, espace de 19 ans.
Cycle pascal, une période de 532 ans, qui résulte de la multiplication du cycle solaire par le cycle lunaire ; c'est-à-dire, 28 par 19.
« L'usage de ce cycle repose sur la remarque suivante, c'est qu'après une révolution de cinq cent trente-deux années, on voit recommencer une période nouvelle dans laquelle, depuis la première année jusqu'à la cinq cent trente-deuxième, se reproduisent exactement, dans le même ordre, les différentes combinaisons que présente le calendrier civil et religieux pour les jours de la semaine, les époques de la lune, les dates des fêtes, etc. »
Elém. de Paléogr. t. 1, p. 84.
Les Chinois, 2687 ans avant J.-C. sous le règne de Hoang-ti, inventèrent un cycle de 60 années, par lequel ils comptent encore aujourd'hui.
Le cycle solaire ou de 28 ans, fut établi l'an 14 avant J.-C.
CYCLOPOS, s. m. pl. (cyclópes); **ciclope**. *Ciclope*, ital. *Cyclopes*, lat. port. esp. cat. Cyclopes, hommes d'une taille gigantesque, suivant la fable, qui n'avaient qu'un œil rond au milieu du front. On les a dits forgerons de Vulcain, parce qu'ils habitaient près du Mont-Etna où ce Dieu avait ces principales forges.
Éty. du grec κύκλος (kyklos), cercle, et de ὤψ (ôps), œil, n'ayant qu'un œil rond. V. *Circ*, R.
Les forgerons, pour se garantir de l'ardeur du feu des grands fourneaux, se mettent un masque portant en avant un verre arrondi. La langue grecque dont toutes les expressions sont une image, dut, en conséquence, les appeler hommes à œil cerclé, κυκλος ωψ (kyklos ôps).
Le monde enfant a jugé comme les enfants sur les apparences. Un bon écuyer, lui a paru un centaure; un forgeron, un cyclope. Nodier.

CYG

CYGNE, s. m. (cygné); **cigne**. *Cigno*, ital. *Cisne*, esp. cat. *Cysne*, port. Le cygne privé ou cygne à bec rouge à la base, *Anas olor*, Lin. oiseau du même genre que le suivant, qui habite la Russie, la Sibérie et les bords de la mer Caspienne. V. *Cygne fer.*
Éty. du lat. *cygnus*, dérivé du grec κύκνος (kyknos), m. s.
CYGNE-FER, Cygne, cygne à bec noir, *Anas cygnus*, Lin. *Cygnus ferus*, Briss. oiseau de l'ordre des Palmipèdes et de la fam. des Serrirostres ou Prionoramphes (à bec en scie), dont on distingue quelques variétés.
Éty. du lat. *cygnus*. V. *Cygne.*

CYL

CYLINDRE, s. m. (cylindré); *Cilindro*, ital. esp. port. cat. Cylindre, corps de figure longue et ronde, et d'égale grosseur partout.
Éty. du lat. *cylindrus*, dérivé du grec κύλινδρος (kylindros), m. s. formé de κυλίω (kyliô), roulier, d'où le nom de rouleau qui est souvent synonyme de cylindre.
CYLINDRIQUE, ICA, adj. (cylindriqué, ique); *Cilindric*, cat. *Cilindrico*, esp. ital. *Cylindrico*, port. Cylindrique, qui a la forme d'un cylindre.
Éty. du lat. *cylendraceus*, m. s.

CYM

CYMBALA, s. f. (cymbále), et impr. **tymbale**. *Cimbol*, cat. *Cimbalo*, esp. port. *Cembalo*, ital. Cymbale ; on donne ce nom, aujourd'hui, à deux bassins que l'on fait frapper l'un contre l'autre, pour en retirer des sons qui accompagnent la musique militaire et celle des théâtres.
Éty. du lat. *cymbalum*, formé du grec κύμβαλον (kymbalon), dérivé de κύμβος (kymbos), cavité.
Les cymbales des anciens étaient fixées à un manche. Les Curètes et les habitants du Mont-Ida, passent pour en être les inventeurs; d'autres en font honneur à Jubal, qui en conçut l'idée en entendant le son que produisaient les marteaux dans les forges de Tubalcain.
CYMBELAR, v. n. (cïmbelá); **simbelar**. Battre des cymbales. Jasm.
CYMESA, s. f. (cymèse); *Cimacio*, esp. port. *Cimasa*, cat. ital. Cymaise, moulure ondoyante, moitié concave et moitié convexe, qui est à l'extrémité d'une corniche.
Éty. Ce mot n'est pas provençal, nous ne le plaçons ici que pour en faire connaître l'étymologie qui vient du lat. *cymatium*, dérivé du grec κυμάτιον (kymation), petite onde, fait de κῦμα (kyma), onde ou flot.
CYMOLLE, s. m. dg. Nuage, moule.

A soun cymolle *Diou t'a heyt.*
D'Astros.

CYN

CYNGLAR, s. m. vl. et
CYNGLAR, vl. V. *Sanglier.*
CYNIQUE, ICA, adj. (ciniqué, ique); *Cinico*, ital. esp. port. *Cinic*, cat. Cynique, secte de philosophes à qui l'on reprochait d'être sans pudeur comme des chiens.
Éty. du lat. *cynicus*, m. s. dérivé du grec κυνικὸς (kynikos), qui n'a pas plus de honte qu'un chien, formé de κύων (kyôn), chien.
CYNISME, s. m. (cynismé); *Cynismo*, port. Cynisme, caractère du cynique, la philosophie cynique, l'impudence.
Éty. V. *Cynique.*
CYNOBRE, vl. *Cynobre*, port. Voy. *Cinobre.*
CYNOGLOSSA, s. f. (cynoglósse); *Cynoglossum*, lat. Cynoglosse, plante de la fam. des Borraginées, plus connue, en provençal, sous le nom d'*Herba de Nostra-Dama*, v. c. m.
Éty. du grec κυνὸς (kynos), gén. de κύων (kyôn), chien, et de γλῶσσα (glôssa), langue, parce que ses feuilles ressemblent à la langue d'un chien.

CYP

CYPRES, s. m. (ciprès); AUCYPRES, TUY, OOUCIPRES, CIPRIER. *Cipres*, anc. cat. *Cipres*, esp. *Cypreste*, port. *Cipresso*, ital. Cyprès, *Cupressus sempervirens*, Lin. arbre de la fam. des Conifères, que Pline dit être originaire de l'île de Candie. V. Gar. *Cupressus*, p. 137.

Éty. du grec κυπάρισσος (cyparissos), dérivé de κυπρος (kypros), île de Chypre, où cet arbre est très-abondant.

Cet arbre est l'emblême de la mort et de la tristesse. Les anciens et particulièrement les Romains, l'avaient consacré aux morts, parce qu'étant coupé il ne repousse plus, *Quæ excisa renasci non potest.*

Ces fruits ou cônes, portent le nom de *Galbules*, *têtes* ou *noix*, *anauta*.

Son bois est un de ceux qui durent le plus longtemps. On assure que les portes de Saint-Pierre de Rome en étaient construites, et qu'elles ont duré depuis Constantin le Grand, jusqu'au pape Eugène IV, c'est-à-dire, onze cents ans; encore étaient-elles parfaitement saines quand ce pape leur substitua des portes d'airain.

CYPRI, s. m. vl. Troëne. V. *Olivier sauvagi.*

Éty. du lat. *ciprus.*

CYPRIEN, nom d'homme (cyprièn); CUPRIAN, SURRAT. *Cipriano*, ital. *Ciprian*, esp. Cyprien.

Patr. L'Eglise honore plusieurs saints de ce nom: Cyprien de Brescia, 21 avr. 14 juin et 2 juillet; Cyprien de Carthage, 14 et 16 sept. Cyprien de Corinthe, 10 mars; Cyprien de Nicomédie, 16 sept. et 2 octobre; Cyprien de Périgord, 9 déc. Cyprien de Toulon, 3 octobre; Cyprien d'Unisibir, 12 octobre.

Éty. du lat. *Cyprianus.*

CYR

CYR, nom d'homme. Cyr.

Patr. Saint Cyr de Tarse, martyr, dont l'Eglise honore la mémoire le 15 juin et le 15 juillet.

Éty. du lat. *Cyricus.*

CYRE, vl. V. *Sire* et *Siro.*

CYRILLO, nom d'homme (cyrille); *Cerilo*, ital. *Cirillo*, esp. Cyrille.

Patr. L'Eglise honore 22 saints de ce nom, les 28 janvier; 4, 6, 9, 18, 20 et 29 mars; 19 et 29 maï; 28 juin; 5, 9 et 22 juillet; 1er août; 2 et 28 oct.

CYRURGIA, vl. V. *Cirurgia.*

CYS

CYST, vl. V. *Cist.*

CZA

CZAR, s. m. (czá); *Czar*, port. Czar, titre qu'on donne, au souverain de Russie.

Éty. Ce mot est une altération de *Cesar*, v. c. m.

CZARINA, s. f. (czarine); *Czarine*, port. Czarine, titre qu'on donne à l'épouse du souverain de Russie.

CZO

CZO, pr. dém. vl. Cela, ce; *De czo*, de ce.

La lettre C contient 12,580 Mots ou Articles.

D

D, s. m. (dé). D, quatrième lettre de l'alphabet, et la troisième des consonnes.

Employé comme lettre numérale le D, vaut 500, et lorsqu'il a une panse de chaque côté quoique séparées de la haste CIↃ, il vaut mille.

Le D majuscule se compose d'une haste et d'une panse qui enveloppe la haste dans toute sa longueur.

Les Troubadours très-sensibles à l'harmonie, ajoutaient cette lettre ou un *z*, après l'*a* préposition, quand le mot suivant commençait par une voyelle.

Per esquivar hyat, deu hom pauzar z o d, aprop a prepositio. Fl. del gay sab.

DA

DA, Pour donner, V. *Dar* et *Dounar*, il ou elle donne.

DA, particule affirm. Da, ouida, assurément, certainement.

Éty. du grec δή (dè), sans doute, c'est le *dea* des Latins, selon M. Roq.

DA et **DAT**, *Pruna de dat*, la prune de da, ou la datte; elle est oblongue et sa chair est aigre.

DA, s. m. d. bas lim. Pour dé. V. *Das*.

DA, Pour dé à coudre. V. *Dedau*.

DAB

DAB, dg. Avec. V. *Ame*.

Éty. de *de* et de *ab*, d'ab, par l'élision de *e*.

DABADA, V. *Debada*.

DABALADA, dl. V. *Devalada*.

DABALAR, dl. V. *Devalar*.

DABAN, V. *Dabans* et *Davant*.

DABANEL, s. m. (dabanèl), dg. *Debanell*, cat. Dévidoir. V. *Debanadour*.

DABANS, vl. *Dabans*, cat. Devant. Voy. *Avant* et *Davant*.

DABANTAL, dl. V. *Faudau* et *Ant*, R.

DABANTIERA, dl. V. *Davantiera*.

DABANTIOU, s. m. (dabantiou), dg. Avenue, qui se présente devant.

Éty. V. *Ant*, R.

D'ABAS, adv. (d'abás). En bas, en dessous.

DABEGADAS, Alt. lang. *D'a vegadas*. V. *Vegadas*.

Éty. de *de*, de *a* et de *begadas*, pour *vegadas*. V. *Vic*, R.

DABERAR, v. n. (daberá), dg. Descendre. V. *Calar*.

DABESCOPS, dl. Parfois, quelquefois, alt. de *a vescops*, qui est un pléonasme, *ves* et *cop*, signifiant l'un et l'autre, fois. V. *Vic*, Rad.

DABISAR, v. a. (dabissá), dg. Connaître, reconnaître,

Éty. Ce mot est une alt. de *avisar*. V. *Vis*, Rad.

T'aouri pas dabisat, Verdier, je ne t'aurais pas reconnu.

D'ABORD, adv. V. *Abord*.

DABOUCHOUN, V. *Abouchoun d'*.

DABOURA, adv. (dabóure), d. bas lim. De bonne heure : *Se levar daboura*, se lever de bonne heure, au positif comme au figuré.

Éty. Alt. et contr. *da-bona-houra*, de bonne heure. V. *Hour*, R.

DAC

DACHAR, dg. Pour laisser. V. *Laissar*.

DACIER, s. m. vl. DACIE. *Dazio*, ital. Collecteur de tailles.

Éty. de l'ital. *dazio*, impôt, et de *ier*, celui qui perçoit l'impôt.

DACIN-DABAN, adv. (dacin-daban). Même sign. que de *ara-enla*.

D'ACIN D'ALA, dg. Pour *D'aicit* et *D'aila*, v. c. m.

DACIO, s. f. vl. *Dació*, anc. cat. *Dacion*, esp. *Dazione*, ital. Don, *dation*.

Éty. du lat. *datio*, m. s.

DACITA, s. f. vl. *Dacio*, anc. esp. *Data* et *Dazio*, ital. Dace, sorte d'impôt perçu plus spécialement sur les denrées et sur les marchandises.

DACON EN, dl. ?

En dacon que belcu d'en despei s'es perdut,
Quand d'el cel en brounzin Diu fousquet descendut.
Hillet.

DACTIL, vl. V. *Datil*.

DACTYLE, s. m. (dactylé); *Dactylus*, lat. *Dattilo*, ital. *Dactylo*, port. *Dactil*, cat. *Dactilo*, esp. Dactyle, pied de vers, grec et latin, composé d'une longue et de deux brèves.

Éty. du lat. *dactylus*, dérivé du grec δάκτυλος (dactylos), doigt, parce que le dactyle est composé comme le doigt d'une partie longue et de deux brèves.

DAD

DADA, dl. V. *Data* et *Doun*, R.

DADA, s. m. (dadá). Nom que les enfants donnent aux chevaux. V. *Tato*.

DADAU, s. m. vl. Fuite.

DAG

DAG, dans le sens de *dague*, épée courte, vient de l'all. *dagge* ou *dagen*, qui a la même signification ; d'où les Anglais et les Ecossais ont fait *dagger* ; les Italiens *daga*, ainsi que les écrivains de la basse latinité ; Barbazan, tire ce mot du grec θήγω (thêgô), toucher, parce que l'arme en est si courte qu'il faut toucher son ennemi pour le frapper.

De *dagen*, par apoc. *dag*; d'où : *Dag-a*, *Dag-ar*, *Dag-at*, *Dagu-egeur*, *Dagu-et*.

DAGA, s. f. (dágue) ; *Daga*, esp. cat. *Dagga*, ital. *Adaga*, port. *Dac*, en bas breton, *Dagger*, angl. *Daggerius* et *Daggardum*, basse lat. Dague, sorte de poignard ou d'épée courte et large, dont on se servait anciennement dans les combats singuliers ; V. *Dag*, R. formé de *ac*, pointe. *Marras*.

DAGANOS, adj. vl. Hydropique, enflé.

Éty. Alt. de *aiguanos*, rempli d'eau. V. *Aigu*.

DAGAR, v. a. (dagá) ; DAGUEGEAR, DAGUETAR. Daguer, frapper à coups de dague, poignarder.

Éty. de *daga* et de la term. act. *ar* ; Voy. *Dag*, R. *daguificare*, bas lat.

DAGAT, ADA, adj. et p. (dagá, áde). Dagué, ée, percé avec la dague.

Éty. de *daga* et de *at*. V. *Dag*, R.

DAGOBERT, nom d'homme (dagoubèr) ; *Dagoberto*, ital. Dagobert.

Éty. Ce nom est teuton, de même que *dagoald*, et signifie *miles clarus*, de *degen* ou *thegen*, militaire, et de *bert*, illustre.

Patr. Dagobert II, roi d'Austrasie, dont l'Église honore la mémoire, le 2 septembre et le 23 décembre.

DAGOUN, s. m. (dagóun) ; *Dagueta*, cat. *Daguilla*, esp. *Daghetta*, ital. Petite dague, dim. de *daga*. V. *Dag*, R.

DAGUEGEAR, dl. (daguedjá). Daguer. V. *Dagar* et *Dag*, R.

DAGUET, s. m.

DAGUETA, s. f. et

DAGUETAR, Garc. V. *Dagar* et *Dag*, Rad.

DAH

DAHLIA, s. m. (dahliá). Dahlia, genre de magnifiques plantes de la fam. des Corymbifères, dont on connaît plus de 400 variétés, originaires du Mexique, d'où elles furent transportées en Espagne, dans le XVIIme siècle ; c'est de là qu'elles se répandirent ensuite, dans toute l'Europe.

Éty. D'André Dahl, botaniste suédois, auquel ce genre a été dédié.

DAI

DAI, d. m. Pour faux. V. *Dalh*.

DAIA, V. *Dalh*.

DAIAGI, V. *Dalhagi*.

DAIAIRE, V. *Segaire*.

DAIAR, V. *Dalhar* et *Segar*.

D'AICIT EN FORA, dl. V. *Aicit en fora*.

DAIDA, V. *Endan*.

DAIFIAR, v. a. d. lim. V. *Desfiar*.

DAILA, adv. (d'ailá); *Dalli*, port. Voy. *Ailà*.

DAIMA, vl. Dame. V. *Dama*.

DAINE, s. m. (d'aïné). Poisson. V. *Dente*.

DAIRE, nom d'homme, vl. Darius.

DAISE, adv. (d'aïsé); D'AISE, DOUÇAMENT, PLAN. Doucement, avec précaution: *Fau anar daise*, il faut prendre garde, aller doucement.

Éty. V. *Ais*, R.

DAJ

DAJA, adv. d. du Var. V. *Deja*.

DAL

DAL, Art. s. m. à l'ablatif, du, par, V. *Doou* et *Dau*, il désigne aussi le génitif en d. vaud. *Las ondas dal mar*, les ondes de la mer.

DAL, s. m. d. bas lim. Pour faux. V. *Dalh* et *Dalh*, R.

DALANGUIT, **IDA**, adj. et p. vl. Consterné, abattu. V. *Lang*, R.

DALANT, adv. (dalán), dl. Où, dans quel endroit. V. *Ounte*.

Oumbros digas-me, *se vous plaï*,
Et tu proupheto qu'on admiro
Dalant *Anchiso se retiro*.

Trad. de Virgile.

DALANT, dl. V. *Davant*.

DALFI, et

DALFIN, s. m. vl. DALFHIN. Dauphin; c'est aussi le nom d'une constellation et un titre de dignité. V. *Doouphin*.

DALGAT, **ADA**, adj. et p. vl. Délié, mince, svelte. V. *Delguat*.

DALH, radical qu'Astruc fait venir du celtique *dalh*, faux, et que l'auteur de la Statistique du département des B.-du-Rh., regarde comme ligurien; dans le sens de faux, il pourrait venir aussi du latin *falx*, par le changement de *f* en *d*; et selon M. Mazer de δαίω (daiô), diviser, partager; ce qui semblerait confirmer cette étymologie, c'est que *dail*, dans la langue gothique, signifia *partie*, partant de ce principe, M. Raynouard fait dériver *talh* et ses composés, de *dalh*. Dérivés: *Dalh*, *Dalh-a*, *Dalh-ada*, *Dalh-agi*, *Dalh-aire*, *Dalh-ar*, *Dalh-at*, *Dalh-et*, *Dal*, *De-dalhar*, *Dayll*, *Dalhayre*.

DALH, s. m. (dáill); DAILH, DAY, DAIL, DAL, DALHA, DAILHA, DAIA, DAYA. *Dalla*, cat. Faux, instrument pour faucher, composé particulièrement d'un manche et d'une lame, qui porte plus spécialement et seule, le nom de faux.

Éty. V. *Dalh*, R.

Dans la lame de la faux on distingue:

LA POINTE, *la pouncha*.
LE TRANCHANT, *lou talh*.
L'ARÊTE ou COTE, *la costa* qui est opposée au tranchant.
LE COUART, qui est la partie la plus large opposée à la pointe.
LE TALON, *lou taloun*, qui sert à la fixer sur le manche.

Les parties accessoires de la faux sont:

L'ANNEAU, *blau*, qui sert à fixer le talon de la faux au manche.
LES COINS, V. *Cougnets*.
LE MANCHE, V. *Fauchier*.

Aquot es lou picar de la dalha, c'est là où gît le lièvre, c'est le point difficile.

Picar ou encapar lou dalh, rebattre la faux.

L'invention de la faux se perd dans la nuit des temps, selon Goguet.

Dalh per coupar leis estrassas deis papetiers, dérompoir.

DALHA, s. f. V. *Dalh*.

DALHADA, s. f. (daillàde). Andain. V. *Endan*.

Éty. de *dalh* et de la term. pass. *ada*, ce que la faux a coupé. V. *Dalh*, R.

DALHAGI, s. m. (dailládgi); DALHAMENT, DAILHAGI, SEGAR, SEGAGI, DAYAGI, DAILLAGE. Fauchaison, temps où l'on fauche les prés; le temps qu'on a mis et la peine qu'on a prise pour faucher.

Éty. de *Dalh*, v. c. m. et de *agi*, j'agis de la faux. V. *Dalh*, R.

DALHAIRE, s. m. (daillaïre); DAILLAIRE, DAIHAIRE, DAIAIRE, DALLAYRE, SEGAIRE, SEITRE. *Dallador*, esp. *Dallaire*, cat. Faucheur, celui qui coupe le foin.

Éty. de *daill*, faux, et de *aire*, qui se sert de la faux. V. *Dalh*, R.

DALHAR, v. a. (daillá); SEGAR, DAIAR, DAILLAR. *Dallar*, cat. Faucher, couper avec la faux. V. *Segar*.

Éty. de *dalh* et de *ar*; V. *Dalh*, R. ou du grec δαίω ou δαΐζω (daiô ou daizô), tailler, couper.

DALHAT, **ADA**, adj. et part. Fauché, ée; coupé avec la faux.

DALHET, s. m. (daillé); DALHOUN. Espèce de couteau, large et mince, dont on se sert dans la Haute-Provence, pour hacher les herbes.

Éty. Dim. de *dalh*, parce qu'on fait ordinairement ce couteau avec un talon de faux. V. *Dalh*, R.

DALI, (dali), dl. DAU-DAULI. *Dali*, cat. Sus, courage! V. *Outa* et *Hauta*.

DALICADA, s. f. (dalicàde); DARICADA. Gros, a employé ce mot dans le sens d'amante, de belle, *sa dalicada*.

Endimion la luna es esclipsada,
Ven t'assetar prochi ta daricada.

Suou, inéd.

Éty. V. *Delic*, R.

DALICANÇA, s. f. d. vaud. Délicatesse. V. *Delicatessa* et *Delic*, R.

DALICAT, **ADA**, adj. V. *Delicat* et *Delic*, R.

DALIN-DALAN, loc. adv. (dalïn-dalán); DARIN-DARAN, DOOULIN-DOOULAN. Clopin-clopan, marcher en se balançant, nonchalamment, se dandiner.

Éty. *Dalin-dalan*, est pour de *alin* et de *alan*, c'est-à-dire, d'un côté et d'autre.

DALMAS, nom propre; DELMAS, DAUMAS. Dumas et Delmas.

Éty. *Dumas*, *Demanso*. V. *Mas*.

DALMATICA, s. f. (dalmatique); COURTIBAUT. *Dalmatica*, ital. esp. port. cat. Dalmatique, vêtement des diacres et des sous-diacres, quand ils servent le prêtre à l'autel.

Éty. du lat. *dalmatica*, m. s. parce que son usage vient de la Dalmatie, *vestis dalmatica*.

C'est, selon Alcuin, le pape Sylvestre, qui en introduisit le premier l'usage dans l'Eglise.

La dalmatique est considérée comme un ornement de joie et de solennité.

DALOT, s. m. (dalô). Dalot ou daillon, canal court ou tuyau dont on garnit des ouvertures pratiquées dans la muraille d'un vaisseau au niveau de ses ponts, pour faciliter l'écoulement de l'eau de dedans en dehors.

DALPHIN, vl. V. *Doouphin*.

DAM

DAM, s. m. vl. DAMA. *Dama*, esp. *Dama*, anc. ital. *Dayna* et *Dama*, basse lat. *Daino*, ital. mod. Daim.

DAM, DAMN, DAMPN, radical pris du latin *damnum*, perte, dommage, détriment, préjudice, tort; d'où: *damnare*, condamner, damner; *damnatio*, condamnation; dérivé, selon quelques-uns, de *demo*, retrancher: *indemnitas*, indemnité, *indemnis*; dérivé du grec δαμνάω (damnaô), dompter, soumettre; la condamnation, ayant principalement pour but de soumettre ou dompter celui qui n'obéit pas aux lois.

De *damnum*, par apoc. *damn*; d'où: *Damn*, *Damn-ar*, *Damn-at*, *Damn-ation*, *Damn-e*, *Damni-ficat*, *Con-damn-ar*, *Con-damn-ation*, *Con-damn-able*, *Coun-damn-ar*, *Con-damnat-ori*, *Coun-damn-at*, *Coun-damn-ation*.

De *damn*, par suppr. de *n*, *dam*; d'où: *Dam*, *Dam-agi*, *Dam-atge*, *Dam-uc*.

De *dampnum*, par apoc. *dampn*; d'où: *Dampna-ment*, *Dampn-age*, *Dampn-ar*, *Dampn-egear*, *Dampni-ficar*, *Dampn-os*, *Dampn-atio*, *Dampnaggosa-ment*, *Dampn-able*, *Con-dampn-ar*.

De *dam*, par métagr. de *a* en *au*, *daum*; d'où: *Daum-adge*, *Daum-agear*, *Daum-agi*, *En-daumagear*, *Des-daumagear*, *En-daum-ageat*, *Des-daumageat*, *Des-daumagea-ment*, *De-daumagea-ment*, *Dam-agi*.

De *damn*, par sync. de *m*, *dan*; d'où: *Dan*, *Dan-dieirous*, *Dan-dier*, *Dan-ge*, *Dan-geir-ous*, *ousa*; *Dangeirousa-ment*, *Dan-ger*, *Dan-gey*, *Dan-gier*.

De *indemnis*, *indemnitatis*, par apoc. *indemn*, *indemnit*; d'où: *Indamnis-ar*, *Indamnit-at*, *Indamnis-at*, *Damn-able*, *Damni-ficar*, *Damni-fiar*, *Damn-ator*, *Damn-uc*, *Dam*, *Con-demn-acion*, *Con-dempn-acion*, *Con-dempna-men*, *Con-dempn-atori*.

DAM, s. m. (dán); DAN, DAMN, DANS. *Danno*, ital. *Daño*, esp. *Dano* et *Damno*, port. *Dani*, anc. cat. Dam, tort, perte, dommage, dégat, action de nuire, condamnation.

Éty. du lat. *damnum*, m. s. V. *Dam*, R.

La pena doou dam, la peine du dam, celle qui résultera pour les damnés, de l'éternelle privation de Dieu.

DAMA, s. f. vl. Daim. V. *Dam*.

DAMA, s. f. (dáme); *Dama*, cat. esp. ital. port. *Dame*, all. Dame, titre d'honneur qu'on ne donnait, autrefois, qu'à l'épouse d'un noble ou d'un gradué, mais qu'on applique, aujourd'hui, à toutes les femmes d'un certain rang, quand elles sont mariées, et aux religieuses.

Éty. du lat. *domina*, maîtresse de maison, selon Ménage. Borel, dit que ce mot vient de l'hébreu *daman*, qui signifie *silere*, se taire, garder le silence, parce que, ajoute-t-il: les femmes tiennent leur gravité et affectent de parler peu; probablement *in illo tempore*, ou du grec δάμαρ (damar), femme mariée, selon d'autres. V. *Domin*, R.

Ce titre était commun, autrefois, aux hommes comme aux femmes; c'est de là que viennent les noms de *Dam-Martin*, *Dam-Pierre*, *Dam-Ville*, qui signifient la même chose, que Seigneur-Martin, Seigneur-Pierre, Seigneur-Ville, etc.

Nouestra-Dama, Notre-Dame, la Sainte-Vierge. V. *Nostra-Dama*.

DAMA, s. f. *Dama*, cat. esp. ital. Au jeu de cartes, les quatre figures qui représentent des dames; à celui de trictrac et des dames, les petites pièces de bois ou d'ivoire, rondes et plates qui servent à jouer; seconde pièce du jeu des échecs. C'est aussi une espèce d'exclamation: dame vous m'en direz tant, elle sert à affirmer.

DAMA, s. f. dl. Batte de jardinier.

DAMA, s. f. dl. Hie. V. *Doumeisela*.

DAMA, s. f. Nom bas limousin et lang. de la fresaie ou effraie. V. *Beoul'oli*.

DAMA, s. f. Nom bas limousin des libellules. V. *Doumeiseleta*.

DAMA DE NIOCH, s. f. (dáme dé niótch). Un des noms de l'effraie, aux environs de Montpellier. V. *Beoul'oli*.

DAMAGI, s. m. (damádgi). V. *Daumagi* et *Dam*, R.

DAMA-JANA, s. f. (dáme-djáne); PALBOUN. Dame-jeanne, grosse bouteille de verre qu'on recouvre ordinairement de spart, de jonc ou d'osier.

DAMANDAR, Alt. gasc. de *Demandar*, v. c. m.

DAMANTAL, s. m. (domontál), d. du rouergue. Tablier. *Davantal*.

DAMAR, v. a. (damá); *Damare*, ital. *Hacer dama*, esp. *Fazer dama*, port. Damer, mettre un pion sur un autre au jeu de dames, quand l'adversaire l'a poussé jusqu'aux dernières cases.

Éty. de *dama* et de *ar*, faire dame.

Damar lou pion, surpasser quelqu'un, s'élever au-dessus de lui, le supplanter.

DAMAS, *Damasco*, ital. esp. port. *Damas*, anc. cat. Damas, ville de la Turquie d'Asie, capitale du Pachalik du même nom, en Syrie.

Éty. du lat. *Damascus*, dérivé du grec δαμασκός (damaskos), m. s. qui vient de l'hébreu *Dammesek*, nom de cette ville.

Dérivés: *Damas*, *Damasqu-eta*, *Damasquin-ar*, *Damasquin-at*, *Damass-ar*, *Damass-at*, *Damass-ura*.

DAMAS, s. m. (damás); *Damasco*, esp. ital. port. cat. *Damast*, all. *Damacius*, basse lat. *Damas*, anc. cat. Damas, étoffe de soie ayant des fleurs de la couleur du fond.

Éty. de la ville de Damas en Syrie où l'on a primitivement fabriqué cette étoffe. Voy. *Damas*.

Cette étoffe était déjà connue en France dans le XIIIme siècle.

DAMAS, s. m. Damas, sabre fait avec un acier extrêmement fin qu'on nomme aussi acier de Damas, parce qu'on le fabrique dans cette ville.

M. Trenos, coutelier de Paris, est parvenu, non seulement à imiter la bonté des lames de Damas, mais même à la surpasser.

DAMAS, *juec deis*, *Damas*, cat. esp. *Giuoco di dame*, ital. Le jeu de dames, qu'on joue sur un damier avec de petites tranches cylindriques de bois ou d'ivoire.

DAMAS, s. f. pl. (dámes), d. de Barcel. FAIROUNS. On donne ce nom aux deux petites colonnes qui supportent l'*encrena*, l'épinglier du touret à filet.

Éty. Parce qu'on leur donne ordinairement la forme d'une poupée. V. *Domin*, R.

DAMASANSA, s. f. vl. Foule.

DAMASO, nom d'homme (damáse). Damase.

Patr. Saint Damase pape, qu'on fête les 11 et 12 décembre.

DAMASQUETA, s. f. (damasquéte); PICHOUN DAMAS. Damasquette, damassins, petits damas, moins garnis de chaîne et de trame que les damas ordinaires; damasquette, en français, désigne une sorte d'étoffe à fleurs d'or, d'argent ou de soie, qui se débite particulièrement à Constantinople.

Éty. de *damas* et de la term. dim. *eta*, dim. de damas, petit damas. V. *Damas*.

DAMASQUINAR, v. a. (damasquiná); *Damascar*, esp. *Damaschinare*, ital. Damasquiner, enchasser de petits filets d'or ou d'argent dans du fer ou de l'acier.

Éty. de la ville de Damas, où il s'est fait autrefois quantité de beaux ouvrages en ce genre. V. *Damas*.

DAMASQUINAT, **ADA**, part. (damasquiná, áde); BLAUGETAT. *Damascado*, esp. Damasquiné, ée. V. *Damas*.

DAMASSA, s. f. (damásse). Grosse ou grande dame.

Éty. de *dama* et de l'augm. *assa*. Voy. *Domin*, R.

DAMASSA, s. f. Nom qu'on donne, dans le Gard, au hibou branchiote, V. *Machota*; au moyen duc, V. *Dugou-mejan*, et dans le lang. d'après M. D'Anselme, à l'orfraye. V. *Beoul'oli*.

DAMASSAR, v. a. (damassá); *Damascar*, esp. Damasser, fabriquer une étoffe ou du linge en façon de damas.

Éty. de *damas* et de la term. act. *ar*. V. *Damas*.

DAMASSAT, **ADA**, adj. et part. (damassá, áde); *Damascado*, esp. Damassé, ée; linge ou étoffe faite en façon de damas.

Éty. de *damas* et de la term. pass. *at*, *ada*. V. *Damas*.

C'est à André Graindorge, de Caën, en Normandie, qui vivait dans le XVIme siècle, qu'on doit l'art de damasser le linge.

DAMASSURA, s. f. (damassúre); DAMASSAGE. Damassure, ouvrage, façon d'une étoffe damassée.

Éty. de *damas* et de la term. *Ura*, v. et *Damas*.

DAMBE, prép. (dámbé), dl. V. *Ame*.

DAME-DIEU, s. m. vl. DAMNE DIEU, DIEU. Le Seigneur Dieu.

DAMEISELA, s. f. DOUMEISELA. qu'on donne, à Antibes, à la girelle *Girela* et *Domin*, R.

DAMEISELA, s. f. (dameisèle). Deselle. V. *Doumeisela*.

Éty. du bas breton *damesell*, ou de glais *damsel*. V. *Domin*, R.

DAMEISELETA, s. f. (dameisel Petite demoiselle; V. *Doumeiseleta* et *Do* Rad. bergeronnette, d'après M. Avril. *Pastoureleta*.

DAMEISEOU, s. m. (dameisèou). Daseau; homme recherché dans sa pa comme le serait une demoiselle. V. *Domi*

DAMEISELIT, **IDA**, adj. et p. (dameseli, ide), d. des environs de Manos Paré, ée; affecté, sucré: *A lou parlar meiselit*, il a le langage affecté. V. *Domi*

DAMEISELOTA, s. f. (dameiseló d. du Var. Petite demoiselle, term. de pris. Garc.

DAMENT, adv. (daméin); DAMEN. *T dament*, observer, guetter, épier.

Éty. de *da*, art. à l'ablatif, et de *m* esprit. V. *Ment*, R. 2.

Tenir dament, tenir dans l'esprit, ob ver attentivement.

Nous tenoun dament, on nous obser

Alors las tenoun tant à ment.
Que noun ausoun pas soulament.
Entretenir un calegnaire.
Brueys.

DAMETA, s. f. (daméte). Dim. de d petite dame, dame de bas étage; dam petite taille et gentille.

DAMI, vl. Titre d'honneur, dit pour *mini*, *domi Dieux*, Seigneur Dieu. *Domin*, R.

DAMIAN, V. *Damien*.

DAMIDET, vl. Pour *dami* ou *don det*, que Dieu donne; *à dieu doit*? V. *Do* Rad.

DAMI-DIEU, s. m. vl. DAME-DIEU, DA DIEU, DAMI-DRIEU, DOMBRES-DIEU. Seig Dieu. V. *Domin*, R.

DAMIEN, nom d'homme (damièn); MIAN. *Damiano*, ital. Damien.

Éty. du lat. *damianus*.

Patr. Saint Damien, médecin, est un tyr du IIIme ou IVm. siècle. Sa fête se bre avec celle de Saint Côme, le 27 sept bre. L'Eglise honore cinq autres saints ce nom, les 12, fév., 16 mai, 12 avril e août.

DAMIER, s. m. (damié); TABLIER. mier ou échiquier, surface plane divisé carreaux alternativement blancs et no servant à jouer aux dames et aux échecs.

Éty. On fait dériver ce mot du cell. *d* pièce, petit morceau.

On nomme:

TABLETIER, l'ouvrier qui fait les damiers.
CASE, chacun des carrés.

DAMINOUN, s. m. (daminóun). Sort

voile que les dames portaient autrefois sur la tête et qu'on a remplacé ensuite par un autre nommé *Theresa*, pour l'abandonner plus tard, etc.

Éty. Dim. de *dama*. V. *Domin*, R.

DAMISELA, s. f. vl. *Damisela*, esp. *Damigella*, ital. *Damicela*, basse lat. Demoiselle. V. *Doumeisela* et *Domin*, R.

DAMISELA, s. f. (damisèle). On donne ce nom à l'*Helix nemoralis*, à Grasse, selon M. Duval. V. *Limaça d'asserp.*

Éty. On la nomme demoiselle, à cause des bandes qui décorent agréablement sa coquille. V. *Domin*, R.

DAMISEU, s. m. vl. Damoiseau. V. *Domin*, R.

DAMMEȚA, s. f. (damméte), dg. Dame blanche.

DAMN, s. m. vl. Dommage. V. *Dam* et *Dam*, R.

DAMNABLE, ABLA, adj. (damnáblé, áble); *Damnable*, cat. Damnable, qui mérite damnation, abominable. Garc. V. *Dampnable.*

DAMNAMEN, s. m. vl. V. *Dampnament* et *Dam*, R.

DAMNAR, v. a. (dana); DANAR. *Damnare*, ital. *Condemnar*, port. *Damnar*, cat. Damner, condamner aux peines éternelles de l'enfer; juger digne de l'enfer: *Faire damnar*, faire enrager.

Éty. du lat. *damnare*, m. s. formé de *damnum*, dommage, perte, et de la désin. *ar*, juger digne d'être privé, sous-entendu, de la présence de Dieu. V. *Dam*, R.

DAMNAR SE, v. r. *Damnarse*, cat. Se damner, se conduire de manière à mériter la damnation, et fig. s'impatienter: *Aquel enfant me fai damnar*, cet enfant me fait damner ou donner au diable.

DAMNAT, ADA, adj. et subst. (dana, àde); DANAT, DANA. *Damnat*, cat. Damné, ée; qui est actuellement en fer, qui l'a mérité: *Es un damnat*, c'est un mauvais sujet; *Damnat coumo una raba*, damné comme Judas ou comme la poule à Simon (raba est dit ici pour arabe). V. *Dam*, R.

DAMNAT, ADA, adj. et p. vl. *Dañado*, esp. *Damnat*, cat. Endommagé, ée; défait. V. *Dam*, R.

DAMNATGE, s. m. *Dampnatge*, anc. cat. Dommage. V. *Daumagi* et *Dam*, R.

DAMNATIO, s. f. vl. *Damnació*, cat. anc. vl. V. *Damnation* et *Dam*, R. condamnation. V. *Coundamnation.*

DAMNATION, s. f. (danatie-n); DANATION, DANATIEN. *Dampnació*, anc. cat. *Dannazione*, ital. *Damnacion*, esp. *Damnação*, port. Damnation, peine éternelle de l'enfer, punition des damnés.

Éty. du lat. *damnationis*, gén. de *damnatio*. V. *Dam*, R.

DAMNE, s. m. (dámné), dg. Dommage. V. *Daumagi*, *Dam* et *Damn*, R.

DAMNE DIEU, vl. V. *Deus.*

DAMNEIJAR, vl. *Damnejar*, cat. anc. V. *Dampnegear* et *Dam*, R.

DAMNIFIAR, vl. V. *Dampnificar* et *Dam*, R.

DAMNIFICAR, vl. *Damnificar*, cat. anc. esp. *Damnificare*, ital. V. *Dampnificar* et *Dam*, R.

DAMNIFICAT, ADA, adj. vl. Endommagé, ée.

Éty. de *damni* et de *ficat*, à qui on fait du dommage. V. *Dam* et *Daum*, R.

DAMNOS, OSA, vl. *Damnos*, anc. cat. V. *Dampnos* et *Dam*, R.

DAMNUC, adj. vl. Endommagé. V. *Dam*, Rad.

DAMONT, adv. (damóun); DAMOUN, ADAMOUN, AMOUNDAU, DAMOUNDAU. *Damont* et *Damunt*, cat. En haut, la haut. V. *Amont.*

Éty. du lat. *ad-montem*. V. *Mont*, R.

Mountaz damont, montez la haut.

Damont-daval, d. bas lim. de haut en bas.

M'an tout virat d'amont d'aval, on m'a tout mis sens dessus dessous.

DAMORAR, dg. Pour demeurer. V. *Demorar* et *Mur*, R.

DAMOUNDAUT, adv. Mot composé de *de*, de *a*, de *mount* et de *aut*, *de-a-mount-aut.*

DAMOUNT, V. *Damont* et *Mont*, R.

DAMOURAR, d. béarn. Demeurer. V. *Demorar* et *Mur*, R.

DAMOUSSAR, v. a. (damoussá), dl. Eteindre. V. *Amoussar.*

> *Es dins l'aiga et soun flambeou.*
> *Jamai noun se yé* damoussa.
>
> Rigaud.

DAMPNABLE, adj. vl. *Dampnable*, cat. anc. *Dañable* et *Damnable* anc. esp. *Dannabile*, ital. Damnable.

Éty. du lat. *damnabilis*. V. *Dam*, R.

DAMPNACIO, *Dampnació*, cat. et

DAMPNACION, vl. V. *Dampnatio.*

DAMPNAGAT, ADA, adj. et p. vl. Endommagé, ée, il est aussi subst. V. *Dam*, R.

DAMPNAGGOS, vl. V. *Dampnos* et *Dam*, R.

DAMPNAGGOZAMENT, adv. vl. Dangereusement, préjudiciablement. V. *Dam*, Rad.

DAMPNAMENT, s. m. vl. DAMNAMEN. *Dañamiento*, anc. esp. *Dannamento*, ital. Condamnation, damnation.

Éty. de *dampn* et de *ment*. V. *Dam*, R.

Metre a dampnament, exterminer.

DAMPNAR, v. a. vl. *Dampnar*, anc. cat. *Damnar*, anc. esp. port. *Dannare*, ital. Damner, condamner.

Éty. du lat. *damnare*, m. s. V. *Dam*, R.

DAMPNAT, ADA, adj. et p. vl. *Dampnat*, anc. cat. Damné, ée, condamné, ée, il se prend aussi subst. *Un dampnat*, un damné.

DAMPNATGAR, v. a. vl. *Dampnejar*, port. Endommager. V. *Dam*, R.

DAMPNATGE, s. m. vl. Dommage. V. *Daumagi.*

Éty. de *dampn* et de *age*. V. *Dam*, R.

DAMPNATIO, vl. V. *Damnation.*

DAMPNATJOS, adj. vl. DAMPNAGGOS. *Dannagioso*, ital. V. *Dampnos.*

DAMPNEGEAR, v. a. vl. DAMNEJAR. *Dampnejar*, cat. Endommager, porter dommage. V. *Endaumagear.*

Éty. du lat. *damnum*, dommage, et de *egear*, *damnum agere*, *damnum generare.* V. *Dam*, R.

DAMPNIFICAR, v. a. vl. DAMNIFICAR, DAMNIFIAR. *Damnificar*, cat. esp. *Danificar*, port. *Dannificare*, ital. Nuire, préjudicier, endommager, faire du tort à quelqu'un, en ses biens, son honneur ou sa personne.

Éty. de *Dampn*, dommage, et de *ficar*, faire. V. *Dam*, R.

DAMPNIFICAT, ADA, adj. et p. vl. Endommagé, ée. V. *Dam*, R.

DAMPNOS, OSA, adj. vl. DAMNOS, DAMNATJOS. *Dampnos*, anc. cat. *Dañoso*, esp. *Damnoso*, port. *Dannoso*, ital. Dommageable, nuisible, qui cause du dommage.

Éty. du lat. *damnosus*, m. s. de *dampn* et de *os*. V. *Dam*, R.

DAMPRAMIER, Alt. de *Dempremier*, v. c. m.

DAMRI, vl. Seigneur: *C'ab damri Deu*, qu'avec le Seigneur Dieu.

Éty. Alt. du lat. *dominus*, *domini*. V. *Domin*, R.

DAMRI-DEU, vl. *Dami-Dieu.*

DAN

DAN, s. m. vl. *Dan*, cat. Dommage, tort. V. *Dam*, R.

DAN, Avec. V. *Ambe* et *Ame.*

DANAIDAS, s. f. pl. (danaïdes), *Danaidi*, ital. Danaïdes, 50 sœurs, filles de Danaüs, roi d'Argos, condamnées à remplir un tonneau sans fond, dans le Tartare, pour avoir assassiné leurs maris.

DANAT, V. *Damnat.*

DANC, ANCA, adj. Couleur de daim, brun, brune.

DAN-DAN, s. m. (dán-dán); DIN-DAN, DARIN-DARAN. Nom par lequel les enfants désignent les cloches et leur son.

Éty. Par onomatopée.

DANDEIRETS, s. m. pl. (dandeirés), d. m. Soupe de pâte fraîche, divisée en petites bandelettes, qu'on prépare à l'istant même qu'on veut la manger.

DANDIEIROUS, Alt. d. bas lim. de *Dangeirous*, v. c. m.

DANDIER, Alt. du d. bas lim. pour *Dangier.*

DANDIN, s. m. (dandïn). Imbécille, benêt, lourdaud.

DANDINAR SE, v. r. (sé dandiná); S'ESPATAR. *Dondolarsi*, ital. Se dandiner, avoir une démarche peu assurée, en sorte que le corps se porte alternativement à gauche et à droite.

Éty. de *dan*, *din*, mouvement des cloches.

DANDINAS, s. m. (dandinás). Augm. de *Dandin*, grand dandin, grand niais. Aub.

DANDRALHANT, ANTA, adj. (dandraillán, ánte); D'ANDRAILHANT. Vacillant, ante, qui chancelle, qui est peu solide.

DANDRALHAR, v. n. (dandraillá); DANDRARA, DANDRACHA, DANDRAILLAR. *Dandralhar la febre*, tremblotter la fièvre, en avoir le froid, terme de Grasse, selon M. Garcin; vaciller, branler, chanceler, Avril. V. *Brandar.*

DANEMARK, *Danimarcha*, ital. *Dinamarca*, esp. port. Danemark, royaume d'Europe, borné au Nord et à l'Ouest, par la mer du Nord; à l'Est, par le Cattégat et le Sund, au Sud-Est, par la Baltique et par le grand duché de Mecklembourg, et au Sud, par le Hanovre dont l'Elbe le sépare.

Éty. du lat. *vania*, qu'on fait venir de *dau*, en bas, et de *marck*, champ, dans les langues du Nord.

DANES, s. et adj. vl. Danois.

DANGE, dg. Pour danger. V. *Dangier* et *Dam*, R.

DANGEIROUS, OUSA, adj. (dandgeirous, ouse); DANDIEIROUS. *Danyos*, cat. *Dañoso*, esp. *Dannoso*, ital. Dangereux, périlleux, qui est ou qui présente du danger.

Éty. du lat. *damnum gerens*, qui porte dommage, ou de *dangier* et de la term. *ous*, litt. qui est de la nature du danger. V. *Dam*, Rad.

Il ne faut jamais dire dangereux en français, quand on peut tourner la phrase par *être à craindre*: *Es dangeirous, qu'acot toumbe*, il est à craindre que cela ne tombe, et non dangereux: *Aqueou malaut es dangeirous*, ce malade est en danger et non dangereux, on n'est dangereux que par le mal qu'on peut faire et non par celui qu'on peut recevoir.

DANGEIROUSAMENT, adv. (dandgeirousaméin); *Danyosament*, cat. *Danosamiente*, esp. *Dannosamente*, ital. Dangereusement, avec danger.

Éty. de *dangeirousa* et de *ment*, d'une manière dangereuse. V. *Dam*, R. ou du latin *damnose* et de *ment*.

DANGEY, dg. Alt. de *Dangier*, v. c. m. et *Dam*, R.

DANGEZ, d. lim. Alt. de *Dangier*, v. c. m. et *Dam*, R.

DANGIER, s. m. vl. Difficulté, retard.

DANGIER, s. m. (dandgié); DANDIER, DANGE, DANGEY. *Dany*, cat. *Daño*, esp. *Danno*, ital. Danger, état d'une chose qui menace la vie ou les intérêts des hommes.

Éty. du lat. *damnum gerere*, selon Ménage. V. *Dam*, R.

DANGIER, s. m. (dondzié), d. bas lim. Danger. V. le mot précédent; il signifie aussi dégoût, répugnance: *Aver dangier de quauquaren*, avoir de la répugnance pour quelque chose.

DANIEL, nom d'homme; *Daniello*, ital. Daniel.

Éty?

Patron. L'Église honore la mémoire de plusieurs saints de ce nom, le 3, 11, 20 janvier; 16 février; 24 avril; 10, 21 juillet; 13 octobre; 26 décembre.

DANIS, nom d'homme, Alt. de *Denis*, v. c. m.

DANOBIS HODIE, Phrase du Pater, dont on se sert, en Languedoc, pour désigner une sainte-nitouche. V. *Santa-mitoucha*.

DANOIS, s. m. (danóis); DANOUAS. Danois, chien d'origine danoise; habitant naturel du Danemark.

DANRAYOU, dl. Pour denrée. V. *Denreas* et *Dec*, R.

DANREA, V. *Denreas* et *Dec*, R.

DANS, radical de *dansar*, danser, sur l'origine duquel les étymologistes sont loin d'être d'accord. Casaneuve avait d'abord pensé qu'il venait de cadence, parce que la danse n'est qu'une suite de mouvements cadencés, mais il se rangea ensuite de l'opinion de Saumaise, qui croit qu'il dérive de *densare*, qui est l'action par laquelle, en trépignant, on rend les draps plus denses. Casaubon le fait venir du grec διάσαι (diasai), qui, dans Hésichius, est interprété par χόρευσαι (choreusai), c'est-à-dire, *choreas ducere*, *tripudiare*. Bochard, le dérive de l'arabe *densa*, qui signifie danse, et qui a été formé de *tanaza*, gesticuler, faire le baladin. Ménage pense que danse vient tout simplement de l'italien *danza*, qui l'a pris de l'allemand *dantzen*, danser, de la basse latinité, *dansare* ou de l'ancien allemand *tanz*, danse.

De *danza*, par apoc. et changement de *z* en *s*, *dans*; d'où: *Dans-a*, *Dans-ar*, *Dansaire*, *Dans-ur*, *Dans-arela*, *Dans-aney*.

DANS, dg. Alt. de *dam*, avec. V. *Ame*.

DANSA, s. f. (dánse); *Dança*, port. *Dansa*, cat. *Dança*, anc. esp. *Danza*, ital. et basse lat. Danse, pas mesurés et cadencés, au son des instruments ou de la voix.

Éty. de l'all. mod. *dantz* et *tanz* en vieux all. ou du celt. *dancz*, qui signifient la même chose; *danczal*, en bas-breton; *dansang*, en gallois, signifie fouler aux pieds.

Aver l'air à la dansa, avoir l'air à la danse, avoir de grandes dispositions à la chose dont on parle.

Mestre de dansa, maître à danser et non maître de danse.

Estre en dansa, être engagé dans une affaire désagréable.

On nomme chorégraphie, l'art de décrire la danse. Il fut inventé vers le commencement du XVIIIme siècle, par MM. Feuillet et Beauchamp.

L'origine de la danse est aussi ancienne que le genre humain (Dict. des Orig.); on a chanté et dansé depuis la création du monde, et il est vraisemblable que les hommes chanteront et danseront jusqu'à la destruction totale de l'espèce. T. 1, p. 486 (1777), 3 vol. in-8°.

Cahussac, dans son Essai historique sur la danse chez les anciens, dit qu'elle est aussi ancienne que le geste et la voix.

Après le passage de la mer Rouge, Moïse et sa sœur rassemblèrent deux grands chœurs, l'un composé d'hommes, l'autre de femmes, et dansèrent un ballet solennel d'actions de grâces, et l'Histoire-Sainte nous apprend que la danse faisait une des principales parties des grandes fêtes des juifs. Noël, Dict. des Orig.

En 1950 avant J.-C. les dactyles, de Crète, enseignèrent la danse avec beaucoup de choses utiles.

En 1300, les Grecs instituèrent plusieurs danses qu'ils réputèrent sacrées, et qu'ils exécutaient en l'honneur de leurs dieux.

En 1588 de notre ère, Thoinet-Orbeau, chanoine de Tongres, inventa la chorégraphie, ou l'art d'écrire la danse au moyen des notes de musique.

Dansaire ou *dansur de corda*, danseur de corde. On fait remonter l'antiquité de cet exercice à l'an 1345 avant J.-C. chez les Grecs. Mais ces danseurs de corde ne parurent, à Rome, qu'environ 500 ans après sa fondation, et Pline assure qu'on a vu dans cette capitale du monde des éléphants dressés à cet exercice.

Brueys, dans sa *Harenge funebro sur la mouert dè Caremenlran*, rappelle ainsi les diverses espèces de danses connues de son temps:

Lou paure prenguet tant de peno,
Que si boutet fouoro d'aleno
Dintre d'un bal per trop dançar;
Aqui vous anet espouscar
La pavana, la bargamasquo,
La mourisquo, danso fantasquo;
La couranto, las canaries,
La gaillardo, lous passopies,
Lou grand brando de la Rouchello,
Salabandro, la fougnarello,
L'anettoun, l'a dancel et tou,
Pueis tous leys brandous de Poitou,
Vouto, boureyo, l'estandaro,
La tiranteino, la fanfaro
Martegallè, lous cascaveous,
Et tous leis balets plus nouveous....

DANSA, s. f. vl.?

Dansa es us dictatz gracios que conte un refranh so es un respos e solamen tres coblas semblans en la fi al respos en compas e en acordansa e la tornada deu esser semblans al respos. Fl. de gay sab.

La danse est une composition gracieuse qui contient un refrain ou repos seulement, et trois couplets semblables, à la fin, au refrain, par la mesure et la rime; la *tornade* doit être semblable au refrain.

DANSAIRE, AIRA, ARELA, s. (dansaïré, aïre, arèle); DANSUR, DANSANEY, BALAIRE, BALADIN, BALAREOU. *Dançador* et *Danzador*, esp. *Dantzatore*, ital. *Dançador*, port. *Dansator*, basse lat. *Dansador*, cat. Danseur, euse; celui, celle qui fait métier de la danse, qui danse bien ou qui aime beaucoup à danser.

Éty. de *dansa* et de *aire*.

DANSANEY, dg. Alt. de *Dansaire*, v. c. m. et *Dans*, R.

DANSAR, v. a. et n. (dansá); BALAR. *Dançar*, anc. esp. *Dansar*, cat. *Dançar*, port. *Danzare*, ital. *Dansare*, basse lat. Danser, exécuter des danses, se mouvoir en cadence.

Faire dansar quaqu'un, faire danser quelqu'un, expr. prov. lui donner beaucoup d'embarras.

Éty. de l'anc. all. *tanzen*, *dansa*, et de la term. act. *ar*. V. *Dans*, R.

A cantar, rire et dansar,
L'esprit poou pas mau pensar.

DANSARELA, s. f. (dansarèle); DANSUSA. *Dançadora*, anc. esp. *Dansadeira*, port. Danseuse, qui aime ou qui fait métier de la danse. V. *Dans*, R.

DANSARIA, s. f. (dansarie); DANSUN. Dansomanie, la passion pour la danse. Garc.

DANSUN, s. m. (dansún). La passion pour la danse; V. *Dansaria*, la danse de St.-Guy. Garc.

DANSUR, USA, s. V. *Dansaire*, *Dansator*, *Dansatrix*, basse lat.

DANTELA, s. f. (dantèle), et mieux *dentella*. Dentelle, tissu à jour que l'on fabrique avec de petits fuseaux.

Éty. du lat. *textum denticulatum*, tissu dentelé, ou du celt. *danteil*. V. *Dent*, R.

Le métier sur lequel on fabrique la dentelle est composé d'une petite table, rembourrée et recouverte d'étoffe, entaillée, dans son milieu, pour recevoir le cylindre sur lequel on roule la dentelle.

Les fuseaux sont de petits morceaux de bois tournés, dans lesquels on distingue trois parties :

LA POIGNÉE, qui est la partie en forme de poire allongée que l'ouvrière prend dans la main quand elle travaille.
LA CASSE, ou partie qui reçoit le fil, faite en forme de bobine.
LA TÊTE, ou extrémité supérieure.

Dans une dentelle, on nomme :

CHAMP, le fond travaillé à jour.
TOILÉ ou TOILAGE, les fleurs dont le tissu mat ressemble à celui d'une toile.
ENGRELURE, le petit point très-étroit qu'on y fait, et la bande à jour qu'on y voit au bas.
FOND, le reseau qui sert d'assiette aux dessins.
CROUTE, celle qui est inégale ou éraillée.
GUEUSE, dentelle très-légère de fil blanc.
PICOT, petite engrelure qui règne au bas et tout le long de la dentelle.
DESSIN.
POINT D'ALENÇON,

On donne le nom de :

REMPLISSEUSE, à l'ouvrière qui raccommode les dentelles.

On croit que les premières dentelles ont été fabriquées à Venise ou à Gênes. Comme leur importation faisait sortir beaucoup d'argent de la France, une loi somptuaire, de 1629, défendit de porter des dentelles qui coûtassent plus de trois livres l'aune. Cette défense donna lieu, en France, à l'établissement des manufactures d'Alençon et d'Argenton.

Les plus belles dentelles sont celles de Bruxelles, viennent ensuite celles de Malines et de Valenciennes.

DANTELIAIRE, s. m. (danteliaïré); DENTELLAIRE. Marchand de dentelles. Garc.

DAO

DAOUNT, V. *Ount* et *Ounte*.

DAP

DAP, prép. d. béarn. Avec. V. *Ame*.

Nou, lou sou dap *sa blounde faci,*
Las estéles dap *lur clartat,*
Nou lus échen dap *tàn de graci,*
Coum la fripouneta a d'esclat.

Despourrins.

DAPAS, vl. Dit pour doucement, à loisir: *De a pas*, au pas, lentement. V. *Pass*, R.

DAPAS, esp. d'adv. (dapás), dl. Pas à pas.

Éty. Alt. de *de-à-pas*. V. *Pass*, R.

DAPASSET, s. m. (dapacé), dl. A petit pas.

Éty. Alt. de *de-à-passet*. V. *Pass*, R.

DAPASSIER, IERA, adj. (dapassié, ière), dl. Lent, tardif: *Proumenada da passiera*, promenade douce, tranquille, litt. promenade à petits pas. V. *Pass*, R.

DAPAUTAS, adv. (dopáoutes), d. bas lim. A quatre pattes.

Éty. de *à-pautas* pour *patas*.

DAPED, adv. (dapè); DAPES. Près, auprès, tout près: *Daped vous*, près de vous.

Éty. de *da*, art. à l'abl. et de *ped*, pied, au pied de, touchant. V. *Ped*, R.

DAPIFER, s. m. vl. Le sénéchal et auparavant le cellérier, le chargé des provisions de bouche de nos rois. Roq.

Éty. de *dapis*, gén. de *daps*, mets, et de *fero*, je porte. V. *Dapificus* et *Dapifer*.

DAPIFERAT, s. m. vl. Charge, office de sénéchal.

Éty. de *dapifer*, intendance générale sur tous les offices domestiques de la maison du roi; *dapiferatus*, en basse lat.

DAQ

DAQU'INTRAQUIT, expr. adv. du d. lang. Dès-lors, depuis ce temps là.

D'AQUIO, prép. (d'aquie), dl. *Daquen*, cat. *De ahi*, esp. *Daciò*, ital. Jusques: *Del cap d'aquio as artels*, de la tête aux pieds. V. *Aquit*.

D'AQUIT, adv. *Daquit*, port. *Daquen*, cat. *De aquit*, esp. *Daciò*, ital. Delà, de ce lieu là.

Éty. du lat. *hinc*, ou de *de* et de *Aquit*, v. c. m.

D'AQUIT-ENAN, expr. adv. *Daquienant*, cat. *De aquit en adelante*, esp. Désormais, à l'avenir, dorénavant.

D'AQUIT-EN-DIT, expr. adv. DAQI-EN-DIT, DAQI-O-EN-DRIT, DAQI-EN-DREG, vl. Puis, ensuite, après.

Éty. du lat. *deinde*.

D'AQUIT-EN-DIT, et

D'AQUIT-EN-LAI, Ensuite.

D'AQUIT-EN-RERE, expr. adv. vl. Jadis, autrefois.

DAR

DAR, v. a. vl. *Dar*, cat. esp. port. *Dare*, ital. Donner, accorder, frapper; V. *Dounar* et *Doun*, R.

Dar comiat, donner congé.

DARADA, s. f. (daráde). Nom de l'alaterne, suivant M. Garc. V. *Daradel*.

DARADEL, s. m. (daradèl); ALADER, DARADA, GROS DARADEL, DURADEOU. Filaria à larges feuilles dentelées, *Phillyrea latifolia*, Lin. grand arbrisseau de la fam. des Jasminées, commun dans la B.-Pr. V. Gar. *Phillyrea latifolia lævis*, p. 359; d'autres écrivent. *Phyllirea*.

DARADEL, s. m. PICHOT DARADEL, ALADER, DARADA. Filaria à larges feuilles, variété épineuse, *Phillyrea latifolia spinosa*, Lin. et *Phillyria media*, id. arbrisseaux du même genre que le précédent, qu'on trouve dans les mêmes lieux. V. Gar. *Phillyrea latifolia spinosa*, p. 359.

DARADEL, Est encore le nom que porte, à Brignoles, l'alaterne, selon M. Amic. Voy. *Phylaria*.

DARADEOU, s. m. (daradèou). Nom qu'on donne, à Arles, au philaria à feuilles étroites. V. *Oulivastre*.

DARA-EN-LA, et

DARA-EN-LAI, adv. D'ACIN-D'ABAN. Dorénavant. V. *Ara*.

DARAGEAR, v. a. (dorodzá), d. bas lim. Arracher. V. *Derrabar*.

DARAR, Garc. V. *Dounar* et *Bailar*.

DARBOU, Alt. de *Darboun*, v. c. m.

DARBOUN, s. m. (darbóun); DORMIOU, TALPA, TALPAT, DARBOU, DARBOUS, GARRI-DEIS-CHAMPS. La taupe, ou taupe d'Europe, *Talpa europœa*, Lin. petit mammifère onguiculé de l'ordre des Carnassiers et de la fam. des Insectivores. On donne le même nom au mulot.

Éty. M. Champollion dit que ce mot est celtique.

Dérivés: *Darbouniera*, *Darboussiera*, *Darboun-ier*, *Darbouss-a*, *Darbouss-ada*, *Darbouss-ier*, *Derbous*.

Cette espèce de rat cause des dommages incalculables dans les campagnes, il n'y a pas longtemps qu'ils ont occasionné une perte de 2,720,373 francs dans La Vendée, suivant les procès-verbaux qui en ont été dressés.

DARBOUN, s. m. Curoir de la boureur. V. *Darboussada*.

DARBOUNIAR, v. n. (darbouniá). Gratter la terre à la manière des taupes, labourer superficiellement.

DARBOUNIER, s. m. (darbounié); DARBOUSSIER. Taupière, piége en forme d'arbalette dont on se sert pour prendre les taupes.

Éty. de *darboun* et de *ier*.

DARBOUNIERA, s. f. (darbouniére); TAUPADA, TAUPIERA, TALPINIERA, TAUPINIERA, DARBOUSSIERA. Taupinière, butte de terre que la taupe soulève en fouillant; trou dans lequel elle se retire.

Éty. de *darboun* et de *iera*.

DARBOUS, s. m. V. *Darboun* et *Darboussada*.

DARBOUSSA, s. f. (darbóusse); ARBOUSSA, PATACOLA. Arboise, fruit de l'arboussier. V. *Darboussier* et *Darboun*, R.

DARBOUSSADA, s. f. (darboussáde); DERBOUS, DARBOUN, DARBOU, d. des B.-du-Rh. Curoir, instrument de fer qui garnit le gros bout de l'aiguillon du bouvier, et qui sert à creuser comme une taupe. V. *Curela* et *Darboun*, R.

DARBOUSSIER, s. m. (darboussié). V. *Darbounier* et *Darboun*, R.

DARBOUSSIER, s. m. ARBOUS, DARBOUSSIÈ. Arbousier, frole, fraisier en arbre, *Arbutus unedo*, Lin. arbrisseau de la fam. des éricacées, commun aux îles d'Hières, à l'Esterel et à Notre-Dame-des-Anges. V. Gar. *Arbutus*, p. 39. V. *Darboun*, R.

DARBOUSSIERA, s. f. (darboussiére); RIDOULET, TOLPIER, HERBA DE LAS TAUPAS. Pomme épineuse, datura stramoine, *Datura stramonium*, Lin. plante de la fam. des Solanées qui s'est naturalisée en Provence, mais qui, selon Gar. est originaire de la Syrie et de l'Egypte. V. Gar. *Stramonium*, p. 449, planche notée 94. Elle nous aurait été apportée de l'Amérique Septentrionale, selon d'autres.

Éty. Le nom de *darboussiera*, lui vient de la propriété qu'on lui attribue de chasser et même de détruire les taupes. V. *Darbous* et *Darboun*.

Ses feuiles, ainsi que ses graines sont narcotiques et vénéneuses.

D'après l'analyse de M. Brande, les graines de cette plante contiennent : 1° une matière particulière blanche et cristalline, qu'il appelle *daturine*, dans laquelle paraissent résider une partie de ses vertus délétères ; 2° de la gomme ; 3° une matière butyracée ; 4° de l'extractif ; 5° de la silice et plusieurs sels à base de silice et de potasse.

DARBOUSSIERA, s. f. Pour taupinière. V. *Darbouniera* ; lieu planté d'arbousiers.

DARÇA, V. *Darsa*.

DARD, s. m. (dàr) ; *Dardo*, ital. esp. port. *Dard*, cat. *Dardus*, bas lat. Dard, sorte de trait de bois dur qui est ferré au bout et propre a être lancé.

Éty. du grec ἄρδις (ardis), pointe de flèche, ou du celt. *dart*, pointe.

Dérivés : *Dard-acer*, *Dard-alhoun*, *Dard-aire*, *Dard-aliou*, *Dard-as-ier*, *Dard-eia-dor*, *Dard-ier*, *Dard-as-ier*.

DARDACER, s. m. vl. Archer. V. *Dardasier* et *Dard*.

DARDAGNOUS, OUSA, adj. (dordognoú, óuse), d. bas lim. Dédaigneux, euse, V. *Fier*, délicat. V. *Delicat* et *Lec*.

DARDAIRE, s. m. vl. Arbalétrier, celui qui lance des flèches, soldat armé d'un dard.

Éty. du lat. *dardiarius* et *dard*.

DARDALHAR, v. n. (dardaillá) ; DARDAILLAR, DARDAR. Darder, en parlant du soleil, qui darde ses rayons, V. *Dardenar*, financer forcément, élancer, parlant d'une douleur. Garc.

DARDALHOUN, V. *Dardilhoun* et *Dard*.

DARDALIOU, s. m. dl. V. *Dardilhoun* et *Dard*.

DARDANAIRE, s. m. vl. *Dardanari*, cat. Dardanier. V. *Dardenaire*.

Éty. de la basse lat. *dardanarius*, fait de *dardaina* ou *dardena*, et de *arius*, *aire*.

DARDANELLAS LAS, *Dardanelli*, ital. *Dardanellas*, esp. *Dardanellos*, port. Dardanelles, le détroit des, bras de mer fort resserré, qui sépare la Turquie d'Europe, de la Turquie d'Asie.

Éty. du lat. *dardanellia*, *dardanellæ*.

DARDAR, dl. V. *Dourdar* et *Dardalhar*.

DARDASIER, s. m. vl. DARDACER, DARDIER, DARDEIADOR. Archer, habile à lancer des dards, arbalétrier.

Éty. de *dard*, *dardas*, et de *ier*. V. *Dard*, Rad.

DARDEIADOR, s. m. vl. Archer. V. *Dardasier*.

DARDENA, s. f. (dardène) ; LIARDA, PIASTRA, TOUERTA, ARDIDA, ARDENA. Pièce de deux liards ou six deniers.

Éty. Le roi ayant donné ordre de fondre quelques vieux canons de cuivre pour en faire des pièces de six deniers, la direction de cette opération fut confiée à M. Dardenne, gentilhomme de Marseille, dont le nom a été appliqué par les Provençaux à cette petite monnaie.

Pita dardenas, grippe sou, gagne petit, avare minutieux. V. *Dardenaire*.

On croit que ce fut sous Louis XIII et Louis XIV, que cette monnaie fut frappée à Aix.

DARDENAIRE, s. m. (dardenaïré), et impr. DARDANAIRE, DARDANIER, PITA DARDENAS. Usurier, agioteur, vilain, crasseux, avare.

Éty. de *dardena* et de *aire*, qui ramasse les pièces de deux liards, qui liarde, *dardanarius*, en basse lat.

Par l'article 5 du règlement général de la ville d'Aix, de 1598, les *dardanaires*, étaient exclus des charges municipales, comme les prévenus en justice pour crimes et délits.

DARDENAR, v. n. (dardenà) ; DARDALHAR. Financer, payer forcément. Garc.

Éty. de *dardena* et de *ar*.

DARDENARI, vl. V. *Dardenous*.

DARDENOUN, s. m. (dardenóun). Un liard, le quart d'un sou.

Éty. de *dardena* et du dim. *oun*.

DARDENOUS, OUSA, adj. (dardenári, dardenóus, óuse). Pécunieux, euse, qui a beaucoup de numéraire.

Éty. de *dardena* et de *ous*.

DARDIER, s. m. vl. DARDASIER. Archer.

Éty. de *dard* et de *ier*. V. *Dard*.

DARDILHOUN, s. m. (dardillóun) ; ARDALHOUN, DARDAILLOUN, DARDAILHOUN, ARDILHOUN, DARDILIOU, DARDAIHOUN, ARDAILHOUN. *Ardiglione*, ital. *Ardillon*, anc. cat. *Dardillo*, anc. esp. Ardillon, le dard d'une boucle, la pointe qui entre dans la courroie ; la languette de l'hameçon. V. *Rebarbeou*.

Éty. de *dard* et du dim. *ilhoun*, petit dard. M. Raynouard dit qu'il lui semble difficile de remonter à l'origine de ce mot. V. *Dard*.

DAREY, d. lim. Derrière. V. *Darreire* et *Reir*, R.

DAREYRE, vl. V. *Darreire*.

DARGNE, Alt. lang. de *Darnier*, v. c. m.

DARGNIER, IERA, adj. et s. dl. V. *Darnier*.

DARIGAR, V. *Desracinar* et *Radic*, R.

DARIN-DARAN, V. *Dalin-dalan*.

DARJEA, d. arl. DARGEA. V. *Dejà* et *Ja*.

DARLHADA, s. f. (dorlliáde), d. bas lim. Labour que font une paire de bœufs sans dételer. V. *Jouncha*.

DARNA, s. f. GARNOUNS. Quartier de noix.

DARNA, s. f. Dalle que l'on fait avec du plâtre gâché.

Éty. de la basse lat. *dornus*, m. s. Dalle, tranche, morceau.

DARNA, s. f. (dàrne), d. bas lim. Larve ou ver qui se nourrit dans les viandes qui tombent en putréfaction. V. *Vions*.

Éty. M. Astruc regarde ce mot comme celtique ; il n'est probablement qu'une altération de *Arna*, v. c. m.

DARNA, s. f. md. Larve velue qu'on trouve dans la farine. V. *Verme-de-la-farina*.

DARNA, s. f. POUNCHA. Espèce de couvre-chef ou coiffure des femmes, qui n'est autre chose qu'un carré de mousseline partagé en deux triangles.

Éty. de *darn*, partager.

DARNA, s. f. Feuille du pin. V. *Garna*.

DARNA, s. f. (dàrne). Darne, tranche, côte de melon, quartier ou cuisse de noix : *Darna de saumoun*, tranche de saumon.

Éty. du bas breton *darn*, portion, fragment, ou du grec δάσμα (dasma), partage, division, dérivé de δαίω (daiô), diviser, partager.

Dérivés : *Darna*, *Darnar*, *Darnat*.

DARNA, s. f. Dalle, tablette de plâtre dont on fait des cloisons.

DARNA, dl. Pour teigne. V. *Arna*.

DARNAGAS, s. m. (darnagás) ; MIRGASSA, JASSA-BATALHIERA, MARGASSA-GROSSA, TARNAGAS-GRIS, et à Avignon, TARNAGAS-DE-LA-GROSSA-MENA. *Darnegas*, à Nice. Nom commun à la pie-grièche grise, *Lanius excubitor*, Lin. à la pie-grièche méridionale, *Lanius meridionalis*, Temm. et encore à la pie-grièche rousse, *Lanius rufus*, Briss. oiseaux de l'ordre des Passereaux et de la fam. des Crénirostres ou Glyphoramphes, (à bec dentelé), qu'on trouve en Provence.

La première espèce qui est la plus connue, celle qui porte plus particulièrement le nom de *darnagas*, fait son nid sur les arbres, la femelle y pond cinq à six œuf blancs, marqués de brun au gros bout ; cet oiseau est remarquable par sa force et son courage, tout petit qu'il est, il n'hésite point à attaquer un corbeau quand il s'agit de défendre ses petits.

Éty. Le nom de *darnagas*, selon l'auteur de la Statistique des B.-du-Rh. T. 1. p. 811, vient de ce que les oiseaux auxquels on l'applique, volent en troupe d'une manière inégale et précipitée, et vont, comme des *nigauds*, se présenter d'eux-mêmes au chasseur qui les attend.

Le caractère revêche et méchant du *darnagas* est cause qu'on a donné figurément le même nom aux personnes en qui l'on a cru reconnaître les mêmes inclinations et particulièrement aux femmes : *Es un darnagas*, c'est une pie-grièche, V. aussi *Darnegas* ; on le dit aussi d'un butord, d'un niais. Avril.

DARNAGAS-ROUS, s. m. TARNAGAS-ROUS, TARNAGAS-A-TESTA-ROUSSA. Pie-grièche-rousse, *Lanius rufus*, Briss. du même genre que le précédent.

DARNAR, v. a. (darná). Fendre, couper, blesser, diviser en plusieurs pièces, meurtrir.

Éty. de *darna* et de *ar*, faire une division, diviser.

DARNAS, s. f. pl. (dárnes), dg. Pour *arnas*. V. *Arna*.

DARNAT, ADA, adj. et p. (darná, áde). Partagé, divisé, fendu.

Éty. de *darna* et de *at*, *ada*, divisé.

DARNAT, dl. V. *Arnat*.

DARNEGAS, s. m. (darnegá). Nom qu'on donne, à Nice, selon M. Risso, et à Grasse, selon M. Aubin, à la pie-grièche brun-marron, *Lanius castaneus*, Lin. Gm. p. 297 ; à la pie-grièche méridionale. V. *Darnagas*.

DARNEGAS-ESPARVIER, s. m. Nom nicéen de la pie-grièche commune. V. *Darnagas*.

DARNEGAS-ESPARVIER-PICOUN. Nom nicéen de la pie-grièche d'Italie, Buffon. *Lanius minor*, Lin. Gm. p. 308.

DARNEGAS-ROUYAL. Nom nicéen de la pie-grièche rousse. V. *Darnagas*.

DARNEGAS-ROUYAL-PICOUN. Nom nicéen de l'écorcheur. V. *Escourchura*.

DARNIER, IERA, adj. (darnié, iére). V. *Darrier* et *Reir*, R.

La nation mi demanda
Et quand mi coumanda
Siou jamai lou darnier. Pelabon.

D'EN-DARNIER, adv. *Den-darnier*, port. Ce mot se prend souvent pour tardif. V. *Darreirenc*.

DARNIERAMENT, adv. (darnierameín); DARRERAMENT, REDIERAMENT. Dernièrement, il y a peu de temps, depuis peu.

Éty. de *darniera* et de *ment*. V. *Reir*, R.

DARNUS, nom propre, vl. Dardanus.

DARRADIGAR, vl. V. *Desracinar*.

DARRAI, AIGA, adj. (darraï, aïgue), dl. DARRAYC, DERRAYC. Tardif, ive. V. *Arreirouge*.

Éty. Altér. de *darrier*. V. *Reir*, R.

DARRAIGAR SE, v. r. (darraigá se), dl. S'arrièrer. V. *Endarreirar s'* et *Reir*, Rad.

DARRAIRAN, adj. vl. DEREIRAN. Dernier.

DARRAIRIA A LA, expr. adv. Enfin, en dernier lieu. V. *Reir*, R. et *Derrairia*.

DARRAMAR, dg. Arracher. V. *Derrabar*.

DARRAYC, dl. V. *Darreirenc* et *Reir*, Rad.

DARRE A, adv. (à darré); A DEREC, dl. A D'ARROUND, DARRET A, A DARRET. De suite, de file, sans interruption, sans choix.

Éty. du celt. *dare*, m. s.

La mouert que sensa dire garo
Quand cresen que vengue pa encaro,
Ven piegi qu'un copa-jarre
N'atrapa e mena tout darre.
Gros.

DARRE, d. béarn. Pour *de ren*, de rien.

DARRE, (darré). Bergoing a employé ce mot pour *d'arrier* ou *d'arreire*, derrière. V. *Reir*, R.

Un arc penjo darré *que quand elle le tiro.*

DARREIRE, prép. (darrèïré); DAREIRE, DARRIER, DARRIES, DETRAS. *Darrèra*, cat. *Dietro*, ital. *Detras*, esp. port. Derrière, en arrière, par derrière.

Éty. du lat. *de retro*. V. *Reir*, R.

DARREIRENC, ENCA, adj. (dárreiréin, éinque); DARRAIC, ARREIROUGE, DARRAI, DERRAYC, DARNIER, DARRIERENC, DARREIROUGE. *Darrerenc*, cat. Tardif, en parlant des fruits: *Frucha darreirenca*, fruit de l'arrière saison; quand il vient après les autres, et tardif, quand il est le dernier de son espèce.

Éty. de *darreire*, en arrière, et de *enc*, habitant. V. *Reir*, R.

DARREIROUGE, V. *Darreirenc*.

DARRER, ERA, adj. anc. béarn. *Darrèr*, cat. Dernier, ière. V. *Reir*, R.

DARRERAMENT, dg. *Darrerament*, cat. Dernièrement. V. *Darnierament* et *Reir*, R.

DARRIER, IERA, adj. (darrié, ière); DARNIER, DARRE, DARGNE, DARREIRE. *Derradeiro*, port. *Darrer*, cat. *Deretro*, basse lat. Dernier, ière, qui est après tous les autres.

Éty. de *de*, de *retro* et de la term. *ier*, ou de la basse lat. *deretranarius*. V. *Reir*, R.

DARRIER, IERA, s. et adj. DARNIER, IERA, REDIER. Dernier: *Voou jamai aver la darriera*, il ne veut jamais avoir le dernier, se dit d'un homme qui réplique à tout et continuellement: *Darrier de boutiga*, arrière-boutique. V. *Reir*, R.

DARRIER LOU, s. m. DARREIRE. Le derrière, la partie postérieure d'un animal, les fesses; d'une maison, etc.

DARRIER, prép. V. *Darreire*.

DARRIER, adv. REIRE. *Addietro*, ital. *Detras*, esp. port. Arrière, derrière. V. *Reir*. Rad.

Regardar par darrier, regarder par derrière.

Dous en darrier, en dernier lieu.

D'endarrier, dernièrement.

DARRIERA, adv. vl. En dernier lieu, enfin. V. *Reir*, R.

DARRIERENC, ENCA, adj. V. *Darreirenc*.

DARRIGA, dl. V. *Derriga*.

DARRIGAR, v. a. (darrigá), dl. DERACINAR. Arracher. V. *Derrabar*, *Desracinar* et *Radic*, R.

DARROQUAR, vl. V. *Derocar*.

DARSA, s. f. (dárse); DARÇA. *Darsena*, cat. esp. ital. Darse, la partie d'un port de mer qui est la plus avancée dans la ville; lieu d'un arsenal où l'on enferme les galères et leurs munitions.

Éty. du lat. *arx*, *arcis*, sommet.

DARSA D'AIL, s. f. (dórse d'ail), d. bas lim. Gousse d'ail. V. *Vena d'alhet* et *Testa d'alhet*.

DART, vl. V. *Dard*.

DARTA, V. *Dartra* et *Berbi*.

DARTRA, s. f. (dártre); SEIROUN, DARTA, DERBES et

DARTRE, s. m. (dártré); BERBI, DERTI, BERBIA, MAURIT, ENDERVI. Dartre, maladie de la peau, consistant dans une inflammation chronique avec production d'une matière écailleuse, accompagnée souvent d'ulcération.

Dartre, masculin en provençal est toujours fém. en français.

Éty. du grec δέρω (dérô), s'écorcher, d'où δαρτος (dartos), écorché.

Selon sa forme et sa nature on distingue la dartre en :

FURFURACÉE, dont les écailles ressemblent à de la poussière. V. *Berbi*

SQUAMMEUSE ou ÉCAILLEUSE, quand les écailles sont plus larges.

CRUSTACÉE, lorsque les écailles forment des croûtes.

PUSTULEUSE, quand elles donnent lieu à des pustules.

RONGEANTE, quand elles excorient la peau.

MILIAIRE, celle dont les boutons ressemblent à des grains de millet.

FARINEUSE, celle dont les croûtes tombent en farine.

VIVE, celle dont les boutons sont rouges et ulcérés.

DARTROUS, OUSA, adj. (dartróus, óuse); BERBILHOUS. Dartreux, euse, qui est de la nature des dartres, ou qui a des dartres, en prenant ce mot substantivement.

Éty. de *dartra* et de *ous*.

DAS

DAS, s. m. (dás). Se dit figurément pour nigaud, niais.

Éty. du lat. *davus*, personnage de comédie qu'on appelle maintenant Blaise.

DAS, art. pl. des deux genres, employé pour *de lous*, *de las*, *deis*, *des*.

Dé vous canta las amours
Das *dious*, das *reis*, das *pastours*.
Rigaud.

DAS, dg. pour des.

Et puey beyrats
Si las gens de Bourdeou ne soun pas *das* démouns.
Verdier.

DASEM, s. f. (dosém). Un des noms bas lim. du genêt épineux. V. *Argielas*. On le dit aussi pour lande, ou lieu où ce genêt croît.

DASENA, s. f. (daséne). Un des noms bas lim. du genêt épineux. V. *Dasem*.

DASSARIA, s. f. (dassarie). Balourdise, bêtise, action d'un lourdaud. V. *Balourdisa*.

Éty. de *dassas* et de *aria*.

DASSAS, s. m. (dassás). Augm. de *das*, gros butor.

DAT

DAT, s. m. DATZ, dl. pour dé à jouer. V. *Dats*: *Aver los datz*, vl. avoir les dés, tenir les dés.

DAT, ADA, part. (dá, áde). Donné, ée. V. *Dounat*.

Éty. Contract. du lat. *datus*. V. *Doun*, R.

DATA, s. f. (dáte); *Dates*, basse lat. Datte, fruit. V. *Datti* et *Dat*, R.

DATA, s. f. (dáte); *Data*, esp. ital. port. cat. bas lat. Date, indication du temps et du lieu où une lettre a été écrite, où un acte a été passé, etc. On le dit aussi de l'époque où un événement a eu lieu, du jour de l'enregistrement d'une supplique, etc., d'où l'expression prendre date.

Éty. du lat. *data*, donnée, à cause que les actes écrits en latin étaient ordinairement terminés par cette formule : *Epistola Romæ data*, par exemple. V. *Doun*, R.

Les anciens ne dataient point comme nous, par le nombre des jours du mois; mais ils avaient trois époques principales qui leur servaient de points fixes : les *Ides*, les *Nones* et les *Calendes*. Les Ides partageaient le mois en deux parties, et tombaient le quinzième jour des mois de mars, mai, juillet et octobre, et le treizième de tous les autres. Les Nones, ainsi appelées, parce qu'elles arrivaient le neuvième jour avant les Ides, et par conséquent le septième des quatre mois que nous avons nommés, et le cinquième de tous les autres. Les Calendes étaient le premier jour de chaque mois. Tous les jours, depuis l'une de ces époques jusqu'à l'autre, prenaient le nom de l'époque qu'ils précédaient. Ainsi, on disait le septième des Ides de février, c'est-à-dire, suivant notre manière de compter, le 7 février. V. aussi *Indiction*.

On appelle:

ANTIDATE, une date qu'on fait remonter à une époque antérieure à celle où elle est écrite.

POST-DATE, c'est le contraire; d'où : *Postdater* et *Antidater*.

DATAR, v. a. (datá); *Datare*, ital. bas. lat. *Datar*, esp. port. Dater, mettre la date à un écrit.

Éty. de *data* et de *ar*, donner, mettre la date V. *Doun*, R.

DATARI, s. m. (datári); *Datarius*, bas. lat. *Datari*, cat. *Datario*, esp. ital. Dataire, officier de la cour de Rome préside qui à la daterie.

Éty. de *data* et de *ari*. V. *Doun*, R.

DATARI, s. m. vl. *Datarium*, bas. lat. Nécrologue. V. *Doun*, R.

DATARIA, s. f. (datarie); *Dataria*, cat. esp. *Dateria*, ital. Daterie, tribunal du Saint-Siége, d'où l'on expédie les dispenses, etc.

Éty. de *data* et de *aria*.

DATAT, ADA, adj. et part. (datá, áde); *Datado*, port. Daté, ée, qui porte une date. V. *Doun*, R.

DATIF, s. m. (datif); *Dativo*, ital. esp. port. *Datiu*, cat. Datif, le troisième cas de la plupart des langues qui se déclinent.

Éty. du lat. *dativus*, dérivé de *dare*, donner, parce que ce cas fait connaître la personne à qui, ou la chose à laquelle on donne, ou l'on destine quelque chose. V. *Doun*, R.

DATIL, Nom lang. et esp. de la datte; *Datil*, cat. V. *Datti* et *Det*, R.

DATIU, s. m. vl. *Datiu*, cat. *Datif*, v. c. m. et *Doun*, R.

Le datius es ditz de donar, *no pas quel done mas que a luy es donat.*

Fl. del gay sab.

DATS, s. m. (dás); DA, DE, DAT, DAS. *Dado*, ital. esp. port. *Dau*, cat. *Dadus*, bas. lat. Dé, dé à jouer, petit cube d'os ou d'ivoire sur chacune des faces duquel sont marqués depuis un jusqu'à six points.

Éty. du celt. *das* ou du lat. *discus*.

Le jeu de dé était déjà très en vogue chez les Grecs et chez les Romains, qui en attribuaient l'invention à Palamède, 1240 ans avant J.-C.

Selon Hérodote, les Lydiens inventèrent ce jeu pendant une famine qui ne leur permettait de prendre de la nourriture qu'une fois en deux jours, vers l'an 1500 avant J.-C.

DATTI, s. m. (dáti); DATI, DATTA, s. f. DATUS, DATIL. *Dattero*, ital. *Datil*, esp. cat. *Dattel*, all. *Datile*, port. Datte, fruit du palmier dattier.

Éty. du lat. *dactylus*, m. s. dérivé du grec δάκτυλος (daktylos), doigt. V. *Det*, R.

DATTI DE MAR, s. m. FOULADA. *Datil*, cat. esp. *Dattero*, ital. Datte ou dail, nom sous lequel on désigne plusieurs espèces de mollusques, tels que les Pholades, les Lithodomes, et en général tous ceux qui vivent dans les fentes des pierres, et plus particulièrement le *Mytilus lythophagus*, Lin. de l'ordre des Acéphales, qu'on trouve à Toulon.

Éty. De la ressemblance qu'on a cru trouver avec les fruits du dattier.

DATTIER, s. m. (datié). Dattier ou dattier commun, *Phœnix dactylifera*, Lin. arbre de la fam. des Palmiers, qui s'élève à plus de 15 mètres: il est originaire de la Barbarie et du Levant.

Éty. du grec δάκτυλος (dactylos), doigt, parce que ses feuilles se divisent comme les doigts de la main. V. *Det*, R.

DATUS, dl. V. *Datti* et *Det*, R.

DATZ, s. m. pl. vl. V. *Dats*.

DAU

DAU, vl. pour *da us*, Je vous donne.

DAU, prép. (daou), dg. DAOU. De, du.

Fit bouilli daou lechiou. Verdier.

D'AU, adv. (d'áou), dl. Vers: *D'aupertout*, de tous côtés. *D'aus segas*, vers le temps de la moisson. Sauv.

DAU, s. f. d. bas lim. Pour serpe. Voy. *Daussa* et *Poudard*.

DAU, s. m. d. lim. Deuil, alt. de *Doou*, v. c. m.

DAUBASSIOU, impr. (dáoubassiou), dl. DAURASSIOU. *A mà daubassiou*, je veux être assommé si....

Éty. du verbe *daubar*, battre sur le dos. Sauv.

DAUÇUEIRA, s. f. (daouçuéïre), et mieux DOOUCUEIRA. Nom qu'on donne, à Nice, à la figue qu'on appelle *coucourela bruna* en Provence; elle est brune, grosse, allongée, douceâtre et hâtive.

Éty. de *dauçu*, alt. de *douçu* et de *eira*. V. *Douc*, R.

DAUDET, nom propre (daoudé); DAUDIER, DEODATI, DOOUDET. Dieudonné.

Éty. du lat. *Deo datus*, donné par Dieu.

Patr. Saint Dieudonné, évêque de Rhodez, avant 599, Saint Aëmère.

DAUFFIN, s. m. vl. Dauphin. V. *Dooupkin*.

DAUFINENC, V. *Doouphinenc*.

DAULI-DAULI, dl. (dáouli-dáouli). Le même que *Hauta-hauta*.

DAULIN-DAULAN, s. m. (dooulin-dooulán), d. bas lim. V. *Balin-balan*.

DAUMADGE, anc. béarn. V. *Daumagi* et *Dam*, R.

DAUMAGEAR, v. a. (daoumadjá). Nuire, causer du dommage, faire du dégat. Voy. *Endaumagear*.

Éty. de *daumagi* et de la term. act. *ar*. V. *Dam*, R.

Pauc manjar et pauc parlar,
A degun poou daumagear. Pr.

DAUMAGI, s. m. (dooumádgi); DAMKE, DAMAGI, DOOUMAGI. Dommage, perte, détriment, préjudice.

Éty. de la basse lat. *damnagium*, formé du lat. *damnum agere*. V. *Dam*, R.

Faire de daumagi, causer du dommage.

Es daumagi, c'est dommage, et non, il est dommage.

DAUMENS, V. *Dooumens* et *Min*, R.

DAUNA, s. f. vl. Employé quelquefois pour dame. V. *Dama*.

DAUNA, adj. fém. d. béarn. Vieille.

DAUNA-BERA, s. f. (dáoune-bére). Nom gascon de la belette. V. *Moustela*.

Éty. de *dauna*, dame, et de *bera*, belle, belle dame.

DAUNIS, nom d'homme. vl. Altér. de *Denis*, v. c. m.

DAUPHIN, V. *Doouphin*.

DAURADA, s. f. (daouráde); FERA et SAUQUENA, quand elle est jeune. *Dorada*, esp. *Orada*, ital. *Daurada*, cat. *Dourada*, port. Dorade, *Coryphœna hippurus*, Lin. poisson de l'ordre des Holobranches et de la fam. des Lophionotes (à crête sur le dos).

Éty. Elle a un reflet doré qui lui a fait donner le nom qu'elle porte. V. *Aur*, R.

Ce superbe poisson, que les anciens avaient consacré à Vénus, se trouve communément dans la Méditerranée; sa chair est ferme et d'une saveur agréable; on en prend du poids de dix kilogrammes.

A Nice, suivant M. Risso, on donne le nom de *daurado*, au doradon, *Coryphœna equisetis*, Lin. poisson du même genre que le précédent, dont il n'est peut-être qu'une variété.

DAURADA, s. f. Nom d'une espèce de châtaigne. V. *Castagna* et *Aur*, R.

DAURADA, s. f. *Dauradella*, cat. *Doradilla*, esp. Espèce de capillaire. V. *Herba daurada* et *Aur*, R.

DAURADETA, s. f. (daouradéte); *Dauradella*, cat. *Doradilla*, esp. *Douradinha*, port. Un des noms lang. de la doradille. V. *Herba daurada* et *Aur*, R.

DAURADOR, s. m. vl. *Dorador*, esp. *Daurador*, cat. Doreur. V. *Daurur* et *Aur*, Rad.

DAURADURA, s. f. vl. *Dauradura*, cat. Dorure. V. *Daurura* et *Aur*, R.

DAURAGI, s. m. (daourádgi); DOOURAGE. Dorure, action de dorer, *dorage*? couche légère de jaune d'œuf sur la pâtisserie. Garc.

DAURAIRE, s. m. vl. Doreur. V. *Daurur* et *Aur*, R.

DAURAMEN, s. m. vl. *Doramento*, ital. Dorure. V. *Daurura* et *Aur*, R.

Éty. de *Aur*, R. du prép. *d*, et de *men*, pour *ment*.

DAURAR, v. a. (daourá); DOOURAR. *Dorare*, ital. *Dorar*, esp. *Dourar*, port. *Daurar*, cat. *Deaurare*, basse lat. Dorer, couvrir d'or, appliquer une feuille d'or sur un corps quelconque; en vl. orner, parer, embellir.

Éty. de *de*, de *aurum* et de *ar*, mettre de l'or. V. *Aur*, R.

Daurar la pilula, dorer la pilule, adoucir l'amertume d'un refus.

DAURASSIOU, dl. Même sign. que *Daubassiou*, v. c. m.

DAURAT, s. m. (daourá); DORAT. Nom nicéen de la carpe dorée de la Chine, ou dorade de la Chine, *Cyprinus auratus*, Lin. poisson de l'ordre des Holobranches et de la fam. des Gymnopomes (à opercules nues).

Éty. A cause de sa couleur. V. *Aur*, R.

On croit que ce poisson est originaire d'un lac voisin de la montagne Tsien-King, à la Chine, dans la province de The-Kiang.

DAURAT, ADA, adj. et part. (doourá, áde); *Dourado*, port. *Daurat*, cat. *Dorado*, esp. Doré, ée; qui est recouvert d'or.

Éty. de *de*, de *aur* et de *at*, litt. fait d'or, ou du lat. *auratus*, m. s. V. *Aur*, R.

Daurat coumo un calici, couvert d'or.

DAURAYRE, s. m. (daouráïré), dl. DAURAIRE. Gadouard, celui qui tire la gadoue des fosses d'aisance.

Éty. Le terme de doreur, appliqué à ces ouvriers, l'est par dérision, à cause de quelque ressemblance qu'il y a entre la couleur de l'or et celle de la gadoue. V. *Aur*, R.

DAUREGEAR, v. n. et r. (daouredjá). Se dorer de plaisir. Jasm.

DAURIN, s. m. (daourïn). Nom nicéen du jaseur de Bohême, *Ampelis garrulus*, Lin. *Bombycivora Garrula*, Risso, oiseau de l'ordre des Passereaux et de la fam. des Crénirostres (à bec à entaille), qu'on voit quelquefois à Nice, pendant des hivers rigoureux, et au muge doré, V. *Mugeou daurin*, poisson. V. *Aur*, R.

DAURIVELIER, s. m. vl. DAURIVELLIER. Orfèvre, marchand de dorures.

Éty. du prép. *d*, de *Auri*, R. et de *veiller*. V. *Aur*, R.

DAURUR, s. m. (daourúr); DAURAIRE. *Doratore*, ital. *Dorador*, esp. *Dourador*, port. *Daurador*, cat. *Deaurarii*, basse lat. Doreur, celui qui dore, dont le métier est de dorer.

Éty. de *Daur*, R. de *daurar* et de *ur*. V. *Aur*, R.

DAURURA, s. f. (doourúre); DOOURURA. *Deauratura*, basse lat. *Dauradura*, cat. *Doradura*, esp. *Douradura*, port. *Doratura*, ital. Dorure, or, fort mince, appliqué sur la superficie de quelque ouvrage pour le dorer; art d'employer l'or en feuille et l'or moulu.

Éty. du lat. *auratura*, m. s. de *or* et de la term, *Ura*, v. c. m. et *Aur*, R.

Les Juifs connaissaient déjà l'art de dorer, la Bible en fait plusieurs fois mention.

Les Grecs et les Romains employaient la dorure comme de nos jours.

DAURURAS, s. f. pl. (doourúres). Les bagues et joyaux d'or et d'argent qu'on appelle bijoux, dans une condition relevée, et non dorures, qui est un gasconisme. Voy. *Aur*, R.

DAUS, prép. vl. Contr. de *Devas*, v. c. m. et *Deves*; depuis, dès, devers, du côté de.

DAUS, anc. lim. Pour *de*, *deis*, des.

Qu'ero daus *jens d'esprit*, car c'était des gens d'esprit.

DAUSSA, s. f. (daousse): DAU, d. bas lim. Serpe. V. *Poudadouira* et *Poudard*.

DAUSSITO, adv. (daoussito), dl. Tout desuite.

Éty. Mot altéré du français *de* et *aussitôt*, ou de *desuite*.

D'AUT, s. m. (d'áou); DAOU. Le haut, la partie la plus élevée: *Lou d'aut*, le sommet; *Lou d'aut de l'houstau*, le haut de la maison.

Éty. de *de* et de *aut*. V. *Alt*, R.

DAUTRAGUISA, expr. adv. vl. Autrement, différemment, d'une autre manière.

Éty. de *autra* et de *guisa*.

DAV

DAVAL, adv. vl. Aval. *Davall*, cat. A bas, en bas. V. *Davau*. *Daval tro amon*, d'en bas jusques en haut.

Éty. de *avau*. V. *Val*, R. 2.

DAVALADA, s. f. (dovoláde), d. bas lim. *Davallada*, cat. Descente. V. *Devalada* et *Val*, R. 2.

DAVALADOUR, dl. V. *Devalada* et *Val*, R. 2.

DAVALAR, v. n. vl. DEVALAR, DEVALHAR, DEVALLAR. *Davallar*, cat. Pour descendre, V. *Devalar*, provenir, dériver. V. *Val*, R. 2.

DAVALAR, Alt. de *Devalar*, v. c. m. et *Val*, R. 2.

DAVALAU, Alt. de *Devalada*, v. c. m. et *Val*, R. 2.

DAVANCIERS, V. *Devanciers* et *Aut*, R.

DAVANCIR, v. a. vl. Dévancer, prévenir. V. *Devançar*.

Éty. de *de*, de *av* pour *ad*, de *anc* pour *ant*, et de *ir*. V. *Aus*, R.

DAVANT, adv. vl. DEVANT, DABAN, DALANT. *Devant* et *Davant*, cat. *Delante*, esp. *Diante*, port. *Dinanzi*, ital. Auparavant, devant, avant, préférablement à..,

Éty. de *de*, de *av* pour *ad*, et de *au* pour *ant*. V. *Ant*, R.

DAVANT, prép. *Delante*, esp. *Ante* et *Diante*, port. Devant, en face, vis-à-vis, en présence.

Éty. du lat. *de ab ante*. V. *Ant*, R.

DAVANT, s. m. *Il dinanzi*, ital. *Delantera*, esp. *Dianteira*, port. *Davant*, cat. Devant, la partie antérieure: *Un davant d'autar*, un devant d'autel. *Anar au davant*, aller au-devant de quelqu'un, le prévenir. V. *Ant*, R.

DAVANT-DARRIER, DEVANT-DARRIER, DAVANT-DARRIES. *Mettre una cauva davant darrier*, mettre une chose sens devant-derrière.

DAVANT-HIER, V. *Avant-hier*.

DAVANT-DE-MONTEL, s. m. (daván-démontél), d. bas lim. Devantière. V. *Davantiera*.

DAVANTAGE et

DAVANTAGI, V. *Mai*.

DAVANTAL, s. m. (davantál); *Davantal*, cat. *Devantal*, esp. Tablier. V. *Faudaou*.

Éty. de *davant* et de *al*, qu'on met devant. V. *Ant*, R.

DAVANT'HOURA, V. *Avant-houra*.

DAVANTIEIRASSA, dl. V. *Avantieirassa*.

DAVANTIER, s. m. (davantié). Poitrinière, plastron de bois ou de cuir que quelques ouvriers mettent devant leur poitrine en travaillant; ensouple. Cast.

Éty. de *avant*, devant, et de *ier*, c'est-à-dire, ce qu'on met devant. V. *Ant*, R.

DAVANTIERA, s. f. (davantiére); DEVANTIERA, DABANTIERA, DAVANT-DE-MONTEL. Devantière, longue jupe, fendue par-derrière et par-devant, que portent les femmes à cheval.

Éty. V. le mot précédent et *Avant*, R.

DAVAU, adv. (daváou); ADAVAU, DAVAL, DE DAVAU. En bas, là bas, ici dessous.

Éty. de *a* et de *val*, dérivé de *vallis*, qu'on a fait précéder de la prép. *de* ou *d'*. V. *Val*, R. 2.

DAVEGADAS, *Davegadas*, cat. V. *Avegadas d'*.

DAVES, prép. vl. Alt. de *de vers*, vers, du côté de...

DAVI, s. m. (dávi); DAVIT, DABIT. Pour *Davier*, v. c. m. pour sergent, outil de menuisier. V. *Sergeant*.

DAVIAR, s. m. (daviá). Davier, instrument de dentiste. V. *Davier*.

DAVID, nom d'homme (dávi); *Davide*, ital. David.

Éty ?

Patr. l'Eglise honore plusieurs saints de ce nom, les 1er mars; 24 mai; 17, 26 juin; 15, 24 juillet et 29 décembre.

DAVIER, s. m. (davié); DAVI, DAVIAR, DERRABA-DENT. Davier, espèce de pince à mors crochus, propre à arracher les dents.

Éty. Le Duchat, dérive ce mot de l'allemand *taub*, qui désigne un pigeon, parce que la pince de cet instrument est faite comme le bec de cet oiseau, de la même manière qu'on a nommé pélican, une autre pince servant au même usage, à cause de sa ressemblance avec le bec de l'oiseau de ce nom. M. Clavier le dérivait du latin *clavis*.

DAVIS, (davis). Prends garde, tiens-toi sur tes gardes, souviens-toi de ce que je te dis: *M'es davis*, je pense, il me semble. V. *Avis d'* et *Avis*, R.

DAVIT, s. m. (davi). Sergent en bois ou en fer, dont les menuisiers se servent pour serrer les pièces qu'ils ont assemblées.

DAY

DAY, V. *Dalh*.

DAYAGI, V. *Dalhagi*.

DAYAR, Faucher. V. *Dalhar* et *Segar*.

DAYBRES, adj. vl. Droit, debout.

DAYCHA-M'ESTAR, Alt. du dg. V. *Laissa-m'estar*.

DAYCHAR, v. a. (daïchá), dg. Pour laisser, alt. de *Laissar*, v. c. m.

DAYLL, vl. Faux. V. *Dalh* et *Dalh*, R.

DAYOUN, V. *Dalh*.

DE

DE, DES, devant les radicaux qui commencent par une voyelle; particule initiative, prise du lat. *de*, qui signifie, à, au, à cause, à l'égard, après, de, du, des, entre, par, parmi, pendant, pour, quant à, selon, suivant, touchant, sur. Elle marque, dans notre langue, tantôt un trajet qui se fait du haut en bas, un point de départ.

Dejection, de *de* et de *jectio*, jeter en bas.

Descendre, de *de* et *scendere*, grimper en bas.

Demounstrar, montrer de haut en bas.

Debattre, agiter une question du haut en bas, du commencement à la fin.

Deces, passage de la vie à la mort.

Tantot, une ampliation ou augmentation de force, d'action, d'affirmation.

Declarar, rendre plus clair, faire connaître.

Denigrar, rendre plus noir, noircir, dénigrer.

Defendre, défendre.

Elle remplace souvent la prépos. lat. *in*, comme dans *daurar*, pour *inaurare*.

Enfin, elle est souvent privative, et elle se confond alors avec l'initiatif *Des*, v. c. m.

DE, art. indéf. DEL, DEI. *De*, port. cat. Il répond au français de, du, de là, de l', des.

Exemples:

Dounaz me de pan, donnez-moi du pain.

Dounaz me un pauc de pan, donnez-moi un peu de pain.

Après les adverbes de quantité on emploie toujours, en français, l'art. indéfini, excepté bien, qui prend le défini: *Dounaz me ben de pan*, donnez-moi bien du pain, etc.

Il en est de même lorsque *de* est devant un adjectif: *De bonas peras*, de bonnes poires, et non *des bonnes* etc., mais à l'égard de l'adj. quand il suit bien, on emploie également l'art. indéfini, et l'on dit: bien de savants hommes, au lieu de bien des; mais si l'adjectif est après le substantif, on suit la règle générale déjà donnée ci-dessus, et l'on dit : bien des hommes savants.

DE.... Il faut chercher par *Des....* les mots qu'on ne trouvera pas en *De....*

DE, prép. *De*, esp. port. cat. De, cette préposition sert à marquer les rapports suivants :

Caissa de bosc, caisse de bois.
Arribar de nuech, arriver de nuit.
Un goubelet d'aigua, un verre d'eau,
La maison de moun paire, la maison de mon père.
Aquot es de moun cousin, c'est à mon cousin, ou cela appartient à mon cousin, et non *c'est de mon cousin*.

De, employé au lieu de *à*, *au* :
L'home dau sac, Trad. l'homme au sac.
La femna deis cerisas, Trad. la femme aux cérises.
Aquot es de moun cousin, Trad. cela est à mon cousin.

DE, prép. vl. *Di* et *Da*, ital. Outre que cette préposition indique l'origine, la relation, l'appartenance, l'indication, l'espèce, la qualité, la matière, l'état, la destination, le moyen, la cause, l'effet, le temps, l'époque, la localité, l'ordre, le rang, la dimension, la quantité ; elle signifie encore : à, avec, à cause de, par l'effet de, contre, depuis, durant, pendant, en, dans, entre, parmi, par, pour, afin de, sur, touchant. V. les exemples de ces diverses significations, dans le Lexique roman de M. Raynouard. Tom. 3, p. 13-18.

Éty. du lat. *de*.

DE, prép. V. *Des*.

DE, Pour doigt. V. *Det*.

DE, Pour dé. V. *Das*.

DE, d. bas lim. Pour dais. V. *Pali*.

DEA

DEA, s. f. vl. *Dea*, anc. cat. ital. V. *Deessa* et *Diu*, R.

DEABOL, s. m. vl. V. *Diable*.

DEAL, s. m. d. de Barcel. Dé à coudre. V. *Dedau*.

Éty. de *dedal*, par la suppr. du *d*. V. *Det*, Rad.

DEALBAR, v. a. vl. Blanchir.

Éty. du lat. *dealbare*. V. *Alb*, R.

DEALBAT, **ADA**, adj. et p. vl. Blanchi, ie.

Éty. de *dealbatus*, part. inusité de *dealbare*. V. *Alb*, R.

DEALBATIO, s. f. vl. *Dealbatio*, basse lat. Blancheur, blanchissage, action de blanchir. V. *Alb*, R.

DEALBATIU, IVA, adj. vl. Blanchissant, blanchisseur. V. *Alb*, R.

DEAMBULACIO, s. f. vl. Marche.

Éty. du lat. *deambulation*, m. s. V. *Ambl*, Rad.

DEAMBULATIU, IVA, adj. vl. Marchant, vague.

Éty. du lat. *deambulatorius*, Rad. *Ambul*.

DEAN, vl. Alt. de *devoun*, ils ou elles doivent.

DEB

DEB, DEV, DEOU, DEVEZ, DEOUZ, DEBIT, sous-radical pris du latin *debere*, devoir, dérivé de *de habere*, comme si l'on disait *de alio habere*, avoir ou tenir d'un autre, parce que ce que nous devons ne nous appartient pas ; de là, *debitum*, dette ; *debilis*, faible, débile ; *debilitare*, débiliter.

De *debere*, par apoc. *deber* ; d'où : *Deber*.

De *debitum*, par apoc. *debit* ; d'où : *Debit, Debit-a, Debita-ment, Debit-ant, Debit-ar, Debit-o, Debit-oo, Debit-our, Debt-our, Deb'-tat*.

De *deb*, par métragr. de *b* en *v*, *dev : Dev-er, Dev-ers, Re-dev-able, Re-dev-ança, Dev-eire, Deus-e, Deut-or*.

De *debere*, par métragr. du *b* en *v*, *devere*, par sync. du dernier *e*, *devre*, et par métagr. de *v* en *ou*, *deoure* ; d'où : *Deoure*.

De *deb*, par métagr. de *b* en *g : Deg-ut, Degu-er, Deoug-ut*.

De *debitum*, par apoc. *debit*, par sync. de *i*, *debt*, et par le changement du *b* en *v* et du *v* en *ou*, *deout* ; d'où : *Deout-e, En-deout-ar, En-deout-at, Deout-eire, Deouteir-enc, Deoud-e, En-deoud-ar, Ding-iot, Dioure, En-dept-ar*.

De *debilis*, qui a de la disposition à devoir, à tenir d'un autre, faible, débile, par apoc. *debil* ; d'où : *Debil-itat, Debilit-atio, Debilita-ment, Debelit-ar, Deg-ut, Deg-uda, Deguda-ment, Deut-e, Deut-eire, Deut-or, En-deut-ar, Depte, Dept-al, Dept-or, En-dept-ar*.

DEBABINAR, v. a. (debabinà). Menacer, frapper au visage, défigurer, ôter les racines des oignons pour les conserver. Aub.

Éty. de *de* priv. de *babina* et de *ar*.

DEBACEGAR, v. a. (debacegà). Rompre, déranger. Aub.

DEBACLA, s. f. (debâcle). Débacle, rupture subite des glaces d'une rivière ; évacuation prompte ; action de débarrasser les ports des vaisseaux vides ; révolution subite dans les affaires ; fuite précipitée. Aub.

Éty. de la basse lat. *debaculare*, formé de *de* privat. de *baculum*, bâton servant d'appui ; ôter les barres, les entraves. V. *Bacul*, R.

DEBACLAR, v. n. (debaclà). S'enfuir, Aub. débacler, débarrasser un port ; ôter ce qui gêne, ce qui encombre. Garc.

DEBADA, conj. (debâde) ; DEBADAS, CU-DEBADA, DABADA, ABADA, EMBADA. *Debades*, cat. *Debalde*, esp. *Debades*, cat. Pourtant, quoique, cependant, néanmoins, envain, inutilement.

Éty. ?

Lou chivau se lassa de bada a quatre peds. Prov.

DEBADARNAR, V. *Desbadarnar*.

DEBA-DEBAS, V. *Debassiaire*.

DEBADOCAR, v. n. (debadoucà) ; DEBADOUCAR. Oter le fourreau de la faucille.

Éty. de *de* priv. de *badoca* et de *ar*.

DEBAGOULAR, v. n. (debagoulà). Débagouler ? Vomir ; fig. dire indiscrètement tout ce qui vient à la bouche. Garc.

DEBALAGE, s. m. (debaládgé). Déballage, action de déballer. Garc.

DEBALAIRE, s. m. (debalaïre). Déballeur, celui qui fait profession de déballer les marchandises. Garc.

DEBALANÇADA, s. f. (debalançáde), d. bas lim. Impulsion qui fait trébucher d'un côté une balance, fig. discours, paroles qui entraînent.

Éty. de *de* priv. de *balança* et de *ada*, qui a rompu la balance, l'équilibre. V. *Balanç*, R.

DEBALANÇAR, v. n. (debalansá), d. bas lim. Trébucher, on le dit d'un poids plus considérable qui en entraîne un autre. fig. entraîner par de meilleurs raisonnements. V. *Trabucar*.

Éty. de *de* priv. de *balança* et de *ar*, ôter, supprimer la balance. V. *Balanç*, R.

DEBALAR, Pour débaler. V. *Desbalar* et *Bal*, R.

DEBALAR, dg. Alt. de *devalar*, descendre. V. *Devalar*, *Calar* et *Val*, R. 2.

DEBALAUSIDA, s. f. (debalaouside), dl. Nouvelle qui trouble, qui consterne, qui étourdit ; dérangement de santé. V. *Revirada*.

Éty. de *de* augm. de *balaus*, pour *balourd*, et de *ida*, chose qui rend lourd, qui étourdit. V. *Lourd*, R.

DEBALAUSIR, v. a. (debalaùsir), dl. ABALAUSIR. Etourdir, étonner. V. *Estourdir* et *Esbalourdir*.

Éty. V. le mot précédent et *Lourd*, R.

DEBAN, radical dérivé vraissemblablement du bas breton *dibuna*, dévider.

De *dibuna*, par apoc. *dibun*, et par changement de *i* en *e* et de *u* en *a*, *deban* ; d'où : *Deban-ada, Deban-aire, Deban-adour, Debanad-oura, Deban-aire, Deban-ar, Deban-arela, Deban-at, Deban-elas*.

DEBANADA, s. f. (debanàde). Temps, soirée qu'on passe à dévider, Jasm. *La debanada*, la *défile*, la fuite, la déroute. Gar.

Éty. V. *Debanar* et *Deban*, R.

DEBANADOUR, s. m. (debanadoú) ; DEBANEL, DEBANADOURA, DEBANADOU, DEBANAIRE, VINDOU, RICHAVANOUN, DEBANOUIRA. *Devanadera*, esp. *Debanadoura*, port. Dévidoir à pied ou tournette, Ency. Ce dernier mot doit être préféré, le premier étant commun à l'outil qui sert à faire les écheveaux, et à celui qu'on emploie pour les dévider en pelotons, tandis que *tournette* ne désigne que l'espèce de dévidoir propre à mettre les écheveaux en pelotes. V. *Escagnaire* et *Deban*, R.

Elle se compose : d'un *pied*, d'une *tige*, d'une *grande croisée* ou *croisée inférieure*, au centre de laquelle la tige passe, d'une *petite croisée* ou *croisée supérieure*, souvent surmontée par un godet nommé *écuelle* ou *tasse*, où l'on pose le peloton.

DEBANADOURA, s. f. (debanadóure), dl. *Debanadoura*, port. Dévidoir, tournette à dévider. V. *Debanadour*.

Éty. du port. *debanadoura*, m. s. V. *Deban*, R.

DEBANADURA, s. f. (debanadúre). Fil que l'on dévide ou que l'on a dévidé. V. *Deban*, R.

DEBANAGE, et

DEBANAGI, s. m. (debanádgé, adgi),

Dévidage, action de dévider; ce qu'il en coûte pour cette opération.

DEBANAIRA, V. *Debanarela* et *Deban*, R.

DEBANAIRE, s. m. (debanâïré); DEBANARELA. *Devanador* et *Devanadera*, esp. *Peloteur, euse*, Dévideur, celui qui dévide en pelotons ou en écheveaux.

Éty. de *deban* et de *aire*. V. *Deban*, R.

DABANAIRE, s. m. Se dit aussi pour dévidoir. V. *Debanadour, Debanelas, Escagnaire* et *Deban*, R.

DEBANAIRIS, s. f. (debanaïrïs); DEBANARELA, DEBANUSA, DEBANAIRA, DEBANAIRISA. Dévideuse, celle qui dévide.

Éty. de *debanar*. V. *Deban*, R.

DEBANAR, v. a. (debanà); ESCOOTOUNAR, ENGRAMISSELAR, ESCOUTAR, GRUMELAR, GRUMICELAR, TRABOUILLAR, REMANOUGINAR. *Dipanare*, ital. *Devanar*, esp. cat. *Debar*, port. Dévider, signifie deux choses en français, mettre en écheveau le fil qui est sur le fuseau, pelotonner ou mettre en peloton celui qui est en écheveau; mais en provençal, on ne l'applique qu'à l'action de mettre en peloton le fil qui était en écheveau ou en bobine, parce qu'on a des termes propres pour les autres opérations. V. *Eissavelar*.

Éty. du bas breton *dibuna*, qui signifie la même chose. V. *Deban*, R.

DEBANAR, v. n. d. m. Tomber, mourir; rouler d'un lieu élevé; dépêcher un ouvrage.

Éty. Probablement du lat. *devenire*, venir d'un lieu élevé.

DEBANAR, Priver des cornes. V. *Desbanar* et *Ban*, R.

DEBANARELA, s. f. V. *Debanairis*.

DEBANAT, ADA, adj. et p. (debanà, ade); *Dobado*, port. *Devanado*, esp. *Dipanato*, ital. Dévidé, ée.

Éty. De *debanar*, V. *Deban*, R.

A debanat, il est mort.

DEBANCAR, V. *Desbancar*.

DEBANDADA, V. *Desbandada*.

DEBANDAR, V. *Desbandar*.

DEBANDAT, ADA, adj. et p. (debandà, àde), dl. Déchaîné, ée.

Éty. de *de* priv. de *banda* et de *at*, séparé de la bande. V. *Band*, R.

DEBANELAS, s. f. pl. (debanèles); ASPE, CHOIX, CHOLI. *Travouil*, dévidoir propre à mettre le fil en écheveaux; celui dont on se sert pour réduire ceux-ci en pelotons s'appelle *Vindou*, v. c. m.

Éty. Contr. de *debanarelas*, formé de *debanar*. V. *Deban*, R.

DEBANOUIRA, Garc. V. *Debanadour*.

DEBANS, Alt. gasc. de *Devant*, v. c. m. et *Ant*, R.

DEBARAGNAR, V. *Desbaragnar* et *Baragn*, R.

DEBARAR, (debarà); DEVALAR et

DEBARATAR, v. a. (debaratà). Vendre à bon marché, à vil prix.

Éty. de *de*, de *barat* et de *ar*. V. *Barat*, R.

DEBARATIER, adj. (debaratié). Fripon, trompeur. V. *Baratier* et *Barat*, R.

Vou deis barlans debaratiers
Que fan das puissants heiritiers
Dins un ren, de quinquinelaires.
Brueys.

DEBARBAR, v. a. (debarbà). Oter la barbe. V. *Esbarbar*.

DEBARCAR, et dérivés. V. *Desbarcar*.

DEBARDAR, Pour ôter l'espèce de bât nommé *barda*, V. *Desbardar*, décarreler, enlever les bards.

DEBARDAR, v. a. (debardé), d. bas lim. Agiter du linge ou d'autres choses dans l'eau, pour en ôter les plus grosses ordures. Voy. *Aissagar*.

Éty. de *de* priv. de *bar*, mortier fait avec de la terre grasse, ordure, et de l'act. *ar*. V. *Bard*, R. 2.

DEBARGINAR, v. a. (debardginà), dl. Brouiller, mettre en désordre. Douj. V. *Desgargalhar*.

DEBARGINAT, ADA, adj. et p. (debardginà, àde), dl. Brouillé, en désordre, désajusté. V. *Desgargalhat*.

DEBARIAR, v. a. dl. (debarià), m. s. que *Desvariar*.

Souven ce que nous debaria
Prepara nostre propre ben.
Tandon.

DEBARIAT, ADA, adj. et p. (debarià, àde), dl. Egaré, oublieux. Douj.

DEBARIZAR, v. a. (debarizà), dl. Dévaliser, bouleverser, Douj. Alt. de *Desvalisar*, v. c. m.

DEBARIZAT, ADA, adj. et p. (debarizà, àde), dl. Dévalisé, désagencé, *desarangé*. Douj. alt. de *Desvalisat*, v. c. m.

DEBARLUGAR, V. *Desbarlugar*.

DEBARRAR, V. *Desbarrar*.

DEBARRAR, v. a. et n. (debarrà), dl. *Disparar*, esp. Lâcher, partir, en parlant d'un fusil.

Éty. de *de* priv. de *barra* et de l'act. *ar*, ôter la barre qui retient, lâcher. V. *Barr*, R.

DEBARRAS, s. m. (debarràs). Lieu d'entrepôt pour les choses qui ne font qu'embarrasser dans une maison.

DEBARRASSAMENT, s. m. (debarrassaméin). Enlèvement de ce qui embarrasse, action de débarrasser. Garc.

DEBARRASSAR, V. *Desbarrassar* et *Barr*, R.

DEBARTAVELAT, V. *Desbartavelat*,

DEBARTAVIAT, Garc. V. *Desbartavelat*.

DEBAS, s. m. (debàs). Même sign. que *Bas*, v. c. m. et *Bas*, R.

Debasses d'estrioun, dl. bas en chaussettes ou à étrier.

DEBAS, adv. (debàs); *Debaixo*, port. Au dessous, dessous, en dessous. V. *Bas*, Rad.

DEBASSAIRE, V. *Debassiaire* et *Bas*, Rad.

DEBASSARIA, s. f. (debassarie). Bonnéterie, profession de bonnetier. V. *Bounetaria*.

Éty. de *debas* et de *aria*. Ce mot s'applique plus particulièrement à la fabrication et au commerce des bas. V. *Bas*, R.

DEBASSIAIRE, s. m. (debassiàiré); BASSIAIRE, DEBASSAIRE, DEBA-DEBAS. Chaussetier, marchand ou fabriquant de bas.

Éty. de *debas*, qui signifie bas en languedocien, et de la term. mult. *ier* ou *aire*. V. *Bas*, R.

DEBASSIAIRE, s. m. DEBASSAIRE. Nom qu'on donne à la mésange penduline, ou remiz, *Parus pendulinus*, Lin. *Parus narbonensis*. Gm. oiseau de l'ordre des Passereaux et de la fam. des Subulirostres ou Raphioramphes (à bec fin), qu'on trouve sur la lisière du Rhône, à Tarascon et à Arles.

Éty. Le nom de *debassiaire*, faiseur de bas, a été donné à cet oiseau à cause de la forme singulière de son nid qui ressemble à un bas suspendu à un arbre. V. *Bas*, R.

C'est dans ce nid, où la femelle s'introduit par un petit trou, qu'elle pond cinq à six œufs d'un blanc de neige avec quelques taches rousses.

DEBASTADA, s. f. (debastàde). Volée de coups. Garc.

DEBASTADOUR, DEBASTADOU. V. *Desbastaire* et *Bast*, R.

DEBASTAR, En vl. démolir. V. *Desbastar*.

DEBASTIR, vl. V. *Desbastir*.

DEBAT, s. m. vl. *Debat*, cat. *Debate*, esp. port. *Dibatto*, ital. *Debatum*, basse lat. Débat, contestation, différend.

Éty. de *de* et de *bat*. V. *Batr*, R.

DEBAT, adv. de lieu (debà), dg. Sous, dessous. V. *Sous, Dessous*, *Dessouta* et *Souta*.

Éty. Altér. de *debas*. *V. Bas*.

DEBATEGEAR, V. *Desbaptegear*.

DEBATRE, v. a. (debàtré); CHABATTRE. *Dibattere*, ital. *Debatir*, esp *Debater*, port. *Debatrer*, cat. Débattre, contester, disputer, pour éclaircir un fait ou défendre ses droits.

Éty. de *de*, itér. et de *batre*. V. *Batr*, R.

DEBATRE SE, v. r. *Debattersi*, ital. Se débattre, s'agiter beaucoup, se démener, faire tous ses efforts pour résister.

DEBATUT, UDA, adj. et p. (debatú, úde); *Debatido*, port. *Debatud*, cat. Débattu, ue, contesté, défendu. V. *Batr*, R.

DEBAUCHA, s. f. Et composés. V. *Desbaucha*, etc.

DEBAUCHAIRE, USA, s. (debaoutchàïré, úse). Débaucheur, euse, celui, celle qui débauche. Garc.

DEBAUS, s. m. (debàous). Un précipice. V. *Baus* et *Baus*, R.

DEBAUSSADOUR, s. m. (debaoussadóu); DEBOOUSSADOUR. Précipice, mauvais chemin, passage dangereux. Garc.

DEBAUSSAR, v. a. (debaoussà); DESBAUSSAR, DEBOOUSSAR, DAGOULAR, COULOUMAR. Précipiter, dérocher, et fig. débouter de sa demande, faire perdre le procès, succomber. V. *Precipitar*.

Éty. de *de* de *Baus*, R. rocher escarpé, et de l'act. *ar*, litt. jeter d'un précipice.

DEBAUSSAR, SE, v. r. SE DESBAUSSAR, SE DESBOOUSSAR. Se précipiter, se dérocher, fig. contracter une alliance ruineuse.

DEBAUSSAT, ADA, adj. et p. (debaoussà, àde). Précipité, déroché, débouté; iron. et subst. mal marié, mal mariée.

Éty. de *de*, de *baus* et de *at*, litt. jeté du haut d'un précipice.

Soun troou de couer l'a debaussada.
Gros.

DEBAVAR, v. a. (debavá). Oter la bave aux cocons des vers à soie. Aub.

Éty. de *de* priv. de *bava* et de *ar*.

DEBAZ, dg. V. *Dessous*.

DEBEDAT, **ADA**, adj. et p. anc. béarn. *Arma debedada*, arme débandée.

Éty. de *debendat*, par la sync. de *n*. V. *Bend*, R.

DEBEFIAR, v. a. (debefiá), dl. Défigurer, gâter, rendre difforme. V. *Desfigurar*.

Éty. de *de* augm. et de *befiar*. V. *Bif*, R.

DEBEFIAR SE, v. r. dl. Se contre-faire, se rendre difforme, par trop d'affectation.

DEBEFIAT, dl. V. *Debifiat* et *Bif*, R.

DEBELETRINAT, dl. V. *Desbeletrinat* et *Desgevitrat*.

Éty. Alt. de *depeitrinat*.

DEBELITAR, vl. V. *Debilitar*.

DEBENDADA, V. *Desbendada*.

DEBENDAMENT, V. *Desbendament*.

DEBENDAR, V. *Desbendar*.

DEBEQUIGNAIRE, s. m. (debequignäiré); PICACNOUS. Querelleur, qui trouve à redire à tout, chicaneur, vétilleux.

Éty. de *debequignar* et de *aire*. V. *Bec*, Rad.

DEBEQUIGNAR SE, v. r. (debequigná se). Se disputer, se quereller, se dire des injures. Garc.

Éty. de *de*, de *bec* et de *ignar*, agir avec le bec, donner des coups de bec. V. *Bec*, R.

DEBER, dg. DEBE. *Deber*, cat. Pour devoir. V. *Dever* et *Deb*, R.

DEBERDIAR, dl. V. *Desverdegear*.

DEBERGOUGNAR, Alt. lang. de *Desvergougnar*, v. c. m.

DEBERGOUGNAT, dl. V. *Desvergougnat*.

DEBES, Alt. lang. pour *vers*. V. *Devers*.

DEBESCOMPTE, et

DEBESCOMTAR, V. *Bescompte*, *Bescomptar* et *Compt*, R.

L'a de bescompte, il y a erreur de compte.

Si siam debescomptats, nous avons fait une erreur de compte.

DEBESCONTI, s. m. d. des environs de Manosque. Mécompte, alt. de *debescompte*. V. *Bescompte* et *Compt*, R.

DEBIFAR, v. a. (debifá); DEBEFIAR, DEBIFFAR. Débiffer, délabrer, dégrader, gâter, défigurer, rendre difforme, affaiblir.

Éty. de *de* augm. de *bif* pour *bifax*, et de *ar*, donner une autre figure, défigurer. V. *Bif*, R.

DEBIFAR SE, v. r. SE DEBEFIAR. Se contrefaire, se rendre difforme par trop d'affectation.

DEBIFAT, **ADA**, adj. et p. (debifá, áde); DEBEFIAT. Débiffé, délabré, dégradé, défiguré, dérangé; débraillé, Garc. affaibli, par quelque excès.

Éty. V. *Debifar* et *Bif*, R.

Voudriou que l'y a deja dez ans.
Fouguesses au fons de la terra,
Ou débifat per un tounerro.
Michel.

DEBIGNAIRE, **AIRA**, Alt. lang. de *Devinaire*, v. c. m. et *Diu*, R.

DEBIGNAR, Alt. lang. de *Devinar*, v. c. m. et *Diu*, R.

DEBIGOURGNAR, dl. Même sign. que *Engaugnar*, v. c. m.

Éty. C'est une altér. de *de-bi-gaugnar*.

DEBIGOUSSAR, v. a. (debigoussá), dl. Mettre en désarroi, en désordre, renverser sens dessus-dessous, assommer.

DEBIGOUSSAT, **ADA**, adj. et p. (debigoussá, áde). Démis, fracassé, accablé de lassitude ou de coups; contrefait, tortu. V. *Embigoussat* et *Abymat*.

DEBILE, **ILA**, adj. (debilé, ile); *Debil*, cat. esp. port. *Debole*, ital. Débile, frèle, faible.

Éty. du lat. *debilis*, m. s.

DEBILHAR, V. *Desbilhar*.

DEBILHARDAR, V. *Desbilhardar*.

DEBILITACIO, vl. V. *Debilitatio*.

DEBILITAMENT, s. m. vl. *Debilitament*, cat. *Debilitamento*, ital. *Debilitamiento*, esp. Affaiblissement. V. *Deb*, R.

DEBILITAR, v. a. vl. DEBELITAR. *Debilitar*, cat. esp. port. *Debilitare*, ital. Affaiblir.

Éty. du lat. *debilitare*, m. s. V. *Deb*, R.

DEBILITAT, **ADA**, adj. et p. vl. *Debilitado*, esp. *Debilitato*, ital. *Debilitat*, cat. Affaibli, ie. V. *Deb*, R.

DEBILITAT, s. f. vl. *Debilitat*, cat. *Debilidad*, esp. *Debilidade*, port. *Debilità*, ital. Débilité, faiblesse.

Éty. du lat. *debilitatis*, gén. de *debilitas*, m. s. V. *Deb*, R.

DEBILITATIO, s. f. vl. *Debilitació*, cat. *Debilitacion*, esp. *Debilitação*, port. *Debilitazione*, ital. Débilitation, affaiblissement.

Éty. du lat. *debilitatio*, m. s. V. *Deb*, R.

DEBINAEYRE, d. bord. Pour *Devinaire*, v. c. m. et *Diu*, R.

DEBIS, s. m. dg. Démêlé.

DEBISAR, v. n. (debisá), dl. Tirer au sort; décider quelque chose par le sort. Les Provençaux, disent: *Faire virar*, parce qu'ils font, en effet, tourner une pièce de monnaie, en la jetant en l'air, pour voir qui devine.

DEBISAR, v. n. (debisá). Alt. du dg. pour *devisar*, parler, jaser.

DEBISSAR, v. a. (debissá), dl. Détruire, mettre à bas. Sauv.

DEBIT, s. m. d. vaud. *Debit*, cat. Dette. V. *Deoute* et *Deb*. R.

DEBIT, s. m. (debi), et

DEBITA, s. f. (debite). Débit, vente, trafic; Ce vin a du débit ou se débite bien.

Éty. V. *Deb*, R.

DEBITAMENT, adv. d. vaud. Dûment. V. *Deb*, R.

DEBITANT, s. m. (debitán). Débitant, ante; qui vend en détail.

Éty. de *debit* et de *ant*. V. *Deb*, R.

DEBITAR, v. a. (debitá). Débiter, vendre en détail; porter au débet d'un compte; répandre des nouvelles; déclamer, prononcer un discours; en terme de menuisier, débiter, se ménager, hacher sur une planche les pièces qu'on veut en détacher et ensuite les enlever avec la scie.

Éty. du lat. *debitor*, débiteur, fait de *debere*, devoir, débiter, rendre débiteur, car la première signification de ce mot était, vendre à crédit, ce qui est le vrai moyen de vendre vite et beaucoup. V. *Deb*, R.

Debitar lou cable, débiter le cable, le détacher de la bitte qu'il embrasse par un ou plusieurs tours.

DEBITO, s. m. anc. d. béarn. Débiteur. V. *Debitour* et *Deb*, R.

DEBITOO, s. m. anc. béarn. Débiteur. V. *Debitour* et *Deb*, R.

DEBITOUR, s. m. (debitóur); DEOUTEIRE, DEOUTEIRENC. *Deutor*, cat. *Debitore*, ital. *Deudor*, esp. *Devidor*, port. Débiteur, débitrice, au fém. celui ou celle qui doit.

Éty. du lat. *debitor*, le même, formé de *debitum*, dette, moins la désinence, et de la term. *Our*, v. c. m. et *Deb*, R.

Rien n'égale l'inhumanité des anciens contre les débiteurs. Chez les Juifs, le créancier pouvait faire emprisonner le débiteur, lorsqu'il manquait à ses engagements et même le vendre, ainsi que sa femme et ses enfants.

Les premiers Romains ne se contentaient pas toujours de charger de chaînes les débiteurs, qui n'étaient pas en état de payer, ils usaient quelquefois du droit de les mettre en pièces, ils partageaient leurs membres comme ils eussent partagé leurs biens. Jules-César mit fin à ces usages cruels.

DEBLAI, s. m. (debláï); DEBLAY. Ce mot, que M. Garcin a inséré dans son Dictionnaire, est le même que le français déblai, ainsi que *deblayar*.

DEBLESTAT, **ADA**, adj. et p. (deblestá, áde), d. bas lim. Léger, évaporé. V. *Ecervelat*, *Decervelat* et *Blest*, R.

Éty. de *blesta*, écheveau tellement brouillé qu'on ne peut plus le dévider, et qu'on n'en trouve plus la centaine.

DEBLOUCAGE, Garc. V. *Desbloucagi*.

DEBLOUCAR, V. *Desbloucar*.

DEBLUCI, Garc. V. *Destrussi*.

DEBOGEAR, v. a. (deboudzá), d. bas lim. Évider, Ency. rouler le fil sur le fuseau, à mesure qu'on le file, dévider. V. *Debanar*.

Aquella femna debogea bien das paraulas, cette femme débite bien des paroles.

DEBOIRO, s. m. (debóire); DEBOUARA. Déboire, au positif, mauvais goût qui reste de quelque liqueur, après l'avoir bue; fig. mortification de celui qui succombe.

Éty. de *de* et de *boiro*, mauvais boire. Voy. *Bev*, R.

DEBOISSAR, v. a. vl. Oter du bois, dégrossir, sculpter, représenter.

Éty. de *de* priv. de *bois*, bois, et de *ar*. V. *Bosc*, R.

DEBONAIRE, adj. vl. Épithète d'un sens très-complexe, dit M. Faurier, dans le Glossaire qu'il a placé à la fin du poëme sur la Croisade contre les Albigeois, qui équivaut à peu près à celles de noble, généreux, gracieux, et s'entend également du caractère et des manières.

Éty. de *de*, de *bon* et de *aire*, de bon air, qui a bonne physionomie. V. *Aer*, R.

DEBOOUSSAR, V. *Debaussar* et *Baus*, Rad.

DEBORD, V. *Desbord*.

DEBOSCAR, vl. V. *Desboscar*.

DEBOTAMEN, s. m. vl. Expulsion, rejet.

Éty. de *debotar* et de *men*. V. *Bout*, R. 3.

DEBOTAR, vl. V. *Deboutar* et *Bout*, Rad. 3.

DEBOUCAMENT, s. m. (deboucaméin); DESBOUCAMENT. Débouquement, action de débouquer.

Éty. de *de* priv. de *bouca* et de *ment*, action de débouquer. V. *Bouc*, R.

DEBOUCAR, v. n. (deboucá); DESBOUCAR. Débouquer, sortir d'un détroit, d'un canal, en parlant d'un vaisseau.

Éty. de *de* priv. de *bouca*, bouche, et de la term. act. *ar*, sortir de la bouche. V. *Bouc*, R.

DEBOUCASSAT, vl. V. *Desboucat*.

Éty. de *de* priv. de *boucassa*, péj. de *bouca* et de *at*. V. *Bouc*, R.

DEBOUCAT, ADA, part. (deboucá, áde); DESBOUCAT, DESBOUCASSAT. Débouqué, ée; pour libre. V. *Desboucat* et *Bouc*, R.

DEBOUCAT, ADA, adj. et part. (deboucá, áda), d. de Manosque. Mal embouché, ée, qui a l'habitude de parler impertinemment, de dire des injures ou des paroles indécentes. V. *Bouc*, R.

Es un deboucat, c'est un mal embouché, et non un dissolu, comme le traduit M. Avril. Un dissolu peut n'être pas mal embouché.

DEBOUCHAMENT, Voy. *Desbouchament*.

DEBOUCHAR, et composés. V. *Desbouchar* et *Destapar*.

DEBOUCHAT, V. *Desbouchat*.

DEBOUGNAR, v. a. (debougná); DEBOUISSAR, DEBOUISSELAR, DEBOUINAR. Déboucher, enlever le bouchon ou le tampon d'un réservoir. Garc. V. *Destapar*.

Éty. de *bougna*, pris dans le sens de bouchon, de *de* priv. et de l'act. *ar*, litt. ôter le bouchon, *la bougna*. V. *Bouch*, R.

DEBOUINAR, v. a. (debouiná). Détacher d'un figuier toutes les figues qui commencent à tourner; déboucher; et fig. pleuvoir abondamment. Garc.

DEBOUIRAR, v. a. (debouirá), d. bas lim. Détremper, délayer. V. *Destrempar* et *Delayar*.

Éty. de *de* augm. de *bouira*, petit lait, bouillon clair, et de *ar*.

DEBOUIRE, s. m. (debóuïré). Déboire, mauvais goût qui reste d'une liqueur, après qu'on l'a bue; mauvaise odeur que répandent certaines personnes. V. *Deboiro*. Garc.

DEBOUISSAR, et

DEBOUISSELAR, V. *Debougnar* et *Bouch*, R.

DEBOULAR, v. a. (deboulá); DESBOULAR. Décacheter. V. *Descachetar*; enfoncer, briser, rompre.

Éty. de *des* priv. de *boul*, cachet, et de *ar*, ôter le cachet. V. *Boul*, R.

DEBOULAR, v. n. d. bas lim. S'enfuir, décamper. V. *Descampar*.

DEBOULEGAR, v. a. (deboulegá); DESEMBOULEGAR. Déméler et dévider des fils qui s'étaient mêlés. V. *Desbulhar*.

Deboulegar aquella madaissa, au propre, déméler cet écheveau, et au fig. débrouiller une affaire.

DEBOULHAR, v. a. (debouilliá), d. bas lim. Démolir, détruire, abattre. V. *Foundre*. *Encalar* et *Bol*, R.

DEBOULHAR SE, v. r. md. S'ébouler; V. *Esboular s'* et *Bol*, R. Accoucher, Voy. *Accouchar s'*.

DEBOULIC, ICA, adj. (deboulic, ique), dl. DEBOULIT. Endiablé, méchant.

Éty. Alt. de *Diaboulique*, v. c. m. et *Diabl*, Rad.

DEBOULIT, V. *Diaboulique*.

DEBOUNARI, ARIA, adj. (debounári, árie); DEBOUNAIRE. Débonnaire, doux et bienfaisant.

Éty. de *de*, de *boun*, pour *bon*, et de *ari*, *aire*, air. V. *Aer*, R.

DEBOUNDAR, V. *Desboundar* et *Bound*, Rad.

DEBOURDAMENT, V. *Desbordament*.

DEBOURDAR, V. *Desbordar*.

DEBOURDAT, V. *Desbordat*.

DEBOURDOIR, V. *Desbordoir*.

DEBOURENC, dl. V. *Deperenc*.

DEBOURINAR, V. *Descatalanar*.

DEBOURINAT, adj. et part. V. *Descatalanat*.

DEBOURRAR, v. a. (debourrá); DEBOURRIR. Au propre, ôter la bourre, fig. faire perdre les mauvaises manières, le mauvais ton, ôter la fleur de certains fruits, V. *Desflourar* et *Bourr*, R. enlever la bourre des oliviers, ébourgeonner; parler sans retenue, Garc. débaver les cocons.

DEBOURSAMENT, Garc. Voy. *Desboursat*.

DEBOURSAR, V. *Desboursar*.

DEBOURSELAR, Voy. *Desboursar* et *Bours*, R.

DEBOUSAR, v. a. (debousá). Enlever la fiente qui se trouve dans les boyaux des animaux.

Éty. de *de* priv. de *bousa* et de *ar*, ôter la bouse. V. *Bov*, R.

DEBOUSCAR, V. *Desbouscar*, *Desbocar* et *Bosc*, R.

DEBOUSCHAR, v. a. (deboutsá), d. bas lim. Déboucher. V. *Desbouchar*, *Destapar* et *Bouc*, R.

DEBOUSIGAR, v. a. (debousigá), dl. Défricher. V. *Roumpre*.

Éty. de *de* priv. de *bous*, bois, et de *ar*, enlever le bois. V. *Bosc*, R.

DEBOUSSAR, V. *Desbossar*.

DEBOUSSELAR, V. *Desbousselar*.

DEBOUTAR, v. a. (debutá). DESBOUTAR. *Debotar*, anc. cat. Débouter, déclarer que quelqu'un est déchu de la demande qu'il avait faite en justice, rejeter, repousser.

Éty. de *de* priv. de *bout*, pour *but*, et de *ar*, priver de son but, ou de *boutar*, pousser. V. *Bout*, R. 3.

On assure que c'est la ridiculité du mot *debotare*, *debotat*, employé fréquemment dans les actes de son temps, qui détermina François Ier en 1536, à ordonner qu'ils fussent écrits en français.

DEBOUTAR, Pour tirer le vin d'un tonneau. V. *Desboutar* et *Bout*, R. 2.

DEBOUTAR, v. a. dl. Enfoncer, rompre, mettre à bas. Sauv.

DEBOUTOUNAR, V. *Desboutounar*.

DEBOUTOUNAT, V. *Desboutounat*.

DEBOUTTAR, V. *Desbotar*.

DEBRAGEAR, v. a. (debrodzá), d. bas lim. Faire descendre la culotte. V. *Desbrayar* et *Brag*, R.

DEBRAGEAR SE, v. r. md. Mettre culotte bas. V. *Desbrayar se*.

DEBRAIAR, et

DEBRALHAR, Garc. V. *Desbrayar*.

DEBRALHAT, dl. V. *Desbrayat* et *Brag*, R.

DEBRALHIAR, d. bas lim. V. *Ebralhiar*.

DEBRANCAR, v. a. (debrancá), d. bas lim. Mettre une cloche en branle, sonner à toute volée.

DEBRANCAT, ADA, dg. Pour ébranché, ée. V. *Esbrancat*.

Éty. de *de* priv. de *branca* et de *at*. V. *Branc*, R.

DEBRANDA, s. f. (debránde); DESBRANDA, DECADANÇA, DEBRANLA. Décadence, déroute, commencement de fuite, de dissolution.

Éty. de *de* priv. et de *brandi*, ronde. V. *Brand*, R.

DEBRANDAGNAT, Même sign. que *Espelhandrat*, v. c. m.

Éty. de *de* aug. de *brand* et de *agnat*, qui roule partout.

DEBRANLA, V. *Debranda*.

DEBRANLAR, dl. V. *Esbranlar* et *Brand*, R.

DEBRASSAR, V. *Desbrassar*.

DEBRASSAT, V. *Desbrassat*.

DEBRAY, adv. dg. (debraï). Véritablement. V. *Vrai*.

Éty. de *de* et de *bray* pour *vray*. V. *Ver*, Rad.

DEBRAYAR, V. *Desbrayar*.

DEBREDOULHAR, v. a. et n. (debredouillá). Oter la bredouille, la faire ôter, au jeu de tric-trac. Garc.

DEBREGAR, et

DEBREGEAR, V. *Desbregear*.

DEBREIDAR, Garc. V. *Desbridar*.

DEBREMBAR, v. n. (debreinbá), dl. Oublier, Douj. V. *Oublidar* et *Mem*, R.

DEBREMBIER, s. m. (debreimbié), dl. Oubli. V. *Oublid* et *Mem*, R.

DEBRENCAR, v. a. (debreincá), dg. Ébrancher. V. *Esbrancar* et *Branc*, R.

DEBRIS, s. m. (debris). Débris, les restes dispersés d'une chose brisée, les ruines d'un édifice, d'une fortune; rhubarde de fromage. Garc.

Éty. de *de* et de *bris*, dérivé de briser, fait de choses brisées.

DEBRISAR, v. a. vl. DEBRIZAR. Briser, mettre en pièces, écraser. V. *Esbrigar*.

Éty. de *de* augm. et de *brisar*.

DEBRISAR SE, v. r. (debrisá se), d. bas lim. S'agiter, se tourmenter, par l'effet du mal que l'on éprouve.

DEBRIZAR, vl. V. *Brisar*.

DEBROUAIRE, s. m. (debrouáïré); FAUCIS, FAUCILHOUN, FAUCIOUN. Faucillon, serpe de bucheron, instrument en forme de faucille d'un côté, droit et tranchant de l'autre, pour couper des broussailles; on le dit aussi d'une vouge ou serpe attachée à un long manche. V. *Veibou*.

Éty. de *de* priv. de *broua*, haie, et de

aire, litt. qui ôte, qui coupe les haies, les buissons. V. *Brout*, R.

DEBROUAR, v. a. (debrouá); DESBROUAR. Cueillir les olives, les détacher avec la main.

Éty. de *de* priv. de *brouas* et de *ar*, litt. ôter de la touffe. V. *Brout*, R.

DEBROULHAR, v. a. (debrouillá), d. du Var. Donner le dernier labour à un champ, quelques jours avant les semences; déraciner les mauvaises herbes.

DEBROUTAR, V. *Desbroutar*.

DEBRUISSAR, v. a. (debruissá). Voy. *Desbruissar*.

DEBRUISSAT, ADA, adj. (debruissá, áde); DESBRUISSAT. Qui a la diarrhée accompagnée de coliques, en parlant des enfants. Garc.

DEBRUYAR, d. de Thorame. Alt. de *Debroulhar*. V. *Desbulhar*.

DEBTOUR, s. m. vl. Débiteur. V. *Debitour* et *Deb*, R.

DEBULIR, v. a. (debulir), d. bas lim. Vider l'eau ou autre liqueur dans laquelle on a fait bouillir quelque chose, V. *Escoular*, fig. dire ce qu'il faudrait tenir caché, dégoiser. V. *Bulh*, R.

DEBULIR SE, v. r. md. Dire tout ce qu'on a sur le cœur, se décharger le cœur.

DEBURAR, v. a. vl. Verser, déverser.

DEBUSCAR, V. *Desbuscar*.

DEBUT, s. m. (debú). Début, action que l'on fait pour la première fois, commencement d'une entreprise, d'un discours.

Éty. de *de*, du, et de *but*, du but, du commencement. V. *Bout*, R. 3.

DEBUTANT, ANTA, s. (debután, ánte). Débutant, ante, celui ou celle qui débute, on le dit plus particulièrement en parlant des acteurs.

Éty. de *debut* et de *ant*, celui qui débute. V. *Bout*, R. 3.

DEBUTAR, v. a. (debutá); DESBUTAR. Débuter, ôter la boule du but.

Éty. de *de* priv. de *but* et de l'act. *ar*, ôter le but. V. *Bout*, R. 3.

DEBUTAR, v. n. Débuter, faire le premier pas dans une carrière, la première action, le premier assai; jouer la comédie pour la première fois.

Éty. de *de*, de *but* et de *ar*, partir du but, c'est-à-dire, du commencement. V. *Bout*, R. 3.

DEBUTAR, dl. Pour rompre, briser. V. *Deboular*.

DEC

DEC, DECI, DECEMB, DECIM, DEZ, radical pris du lat. *decem*, dérivé du grec δεκα (deka), dix; d'où: *decima*, décime; *december*, décembre; *decimus*, dixième; *denarius*, qui contient le nombre de dix, ou pièce de monnaie romaine qui valait dix as; *decanus*, doyen.

De *decem*, par apoc. *dec*; d'où: *Dec-ada*, *Deca-gramma*, *Deca-litre*, *Deca-logo*, *Deca-metro*, *Dec-embre*, *Decenn-al*, *Dech*, *Dec-uria*, *Dec-urion*, *Deca-gono*, *Decem-vir*, *Decem-vir-at*.

De *decimus*, le dixième, par apoc. *deci*, *decim*; d'où: *Deci-aro*, *Deci-gramma*, *Deci-litro*, *Decim-a*, *Decim-al*, *Decimal-as*, *Deci-stero*, *Decim-e*, *Decim-ar*, *Decim-at*, *Decim-atour*, *Decim-etro*, *Dec-istero*, *Dim-a*.

De *decem*, par le changement de *c* en *z*, *dezem*, *dezen*: *Dezen-a*, *Dez*, *Dez-embre*, *Dez-en*, *Dezen-ar*, *Dez-e-sete*.

De *decem*, par métagr. de *e* en *i* et de *c* en *z* ou *x*, *dizem*, *diziem*, par addit. d'un *i*; *Dixiem-e*, *Diziem-e*, *Dizen-a*.

De *decem*, par sync. de *ce*, *dem*; d'où: *Dem-ar*, *Dem-e*.

De *denarius*, par apoc. et changement de *arius* en *ier*, *denier*; d'où: *Dener*, *Dinier*, *Denair-ada*, *Denier*, *Denieir-ola*, *Denier-ola*, *Dign-adiera*, *Digneir-ola*, *Digner*, *Din-er*, *Denair-et*, *En-denaur-ar*.

De *denier*, par sync. de *ie*, *denr*; d'où: *Denr-ea*, *Denr-eas*, *Dani-rea*, *Daur-ayou*.

De *decim*, par sync. du *c*, *deim*; d'où: *Deim-ar*, *Deim-aria*, *Deim-e*, *Deim-at*, *Deim-ier*, *Deym-e*, *Deim-ari*, *Dem-e*, *Dema-men*.

De *decanus*, par apoc. *decan*: *Decan-at*; et par le changem. du *c* en *g*: *Dugan-at*, *Dech*, *Detz-au*, *Detz-ieme*, *Dex*, *Decem-a*, *Decem-e*, *Deg-a*, *Degu-a*, *Degan-ia*, *Deziema-ment*, *Deziem-e*, *Dezena-ment*, *Dez-e-sete*, *Dezen-ari*, *Diz-enat*, *Doy-en*, *Des-en*, *Desen-a*, *Desen-ier*, *Des-embre*, *Desm-e*, *Desm-ar*, *Dexen-ier*, *Dess-ima*.

DEC, 2. DECENS, DECENT, radical pris du latin *decere*, *deceo*, être convenable, bienséant, d'où: *decens*, *entis*, décent; *decor*, *decus*, *decorum*, beauté, agrément, que Vossius dérive du grec δἐει (diei), et par contract. δεῖ (déi), il faut; par l'insertion d'un *c*, comme on a fait *specus*, caverne, antre, de σπέος (speos), *quanto id verissimilius*, ajoute Vossius; *quàm quod Isidorus putavit*, lib. X, *decens dici à* decem, *quia is numerus sit perfectus*.

De *decens*, *entis*, *entia*: *Decença*, *Inde-cenç-a*, *Decent*, *Decem-ment*, *In-decent*, *Decenta-ment*.

De *decus*, *decoris*, par apoc. *decor*, *decour*: *Decor-ar*, *Decor-at*, *Decor-ation*, *Decor-atour*, *Decor-um*, *Decor-atiu*.

DEC, 3. DECH, DEG, radical dérivé du roman, défaut, vice, tare.

Dec, *Dec-a*, *En-decs*, *Dec-ar*, *Dec-at*, *Dech-a*, *Decha-men*, *Dech-ar*, *En-dech-at*, *Deg*, *Degn-ier*.

DEC, s. m. vl. DEG, DECX. Défaut, vice, détérioration, tare; commandement, défense, barrière, limites, frontières; Amende. Voy. *Deca* et *Dec*, R. 3.

DEC, vl. Il dût; de *dever*.

DEC, vl. Il ou elle donna; de *dar*.

DECA, initiatif, pris du grec δέκα (déka), dix, *decada*, *deca-gono*, de *deca* et de *gonia*, angle, qui a dix angles. *decagramma*, de *deca* et de *gramma*, dix grammes. *deca-litre*, de *deca* et de *litre*, dix litres, etc.

DECA, s. f. (déque); DEQUA, OUSCA, VISSA, UICHA, BERCADURA, BRECA. Brèche faite au tranchant d'un instrument. V. *Dec*, R. 3.

DECA, s. f. ENTEC, LECA, TARA. Défaut, vice, tare; atteinte à la réputation; vice de conformation: *Es plen de decas*, il est plein d'infirmités. V. *Dec*, R. 3.

DEÇA, adv. (deçá); DEDEÇA. Deçà, de ce côté, de ce côté-ci.

DEÇA-DELA, adv. (deçá-delà). De côté et d'autre; boiter.

DECADA, s. f. (decáde); *Decas*, lat. *Decade*, ital. *Decada*, esp. port. cat. Décade, espace de dix jours, formant le tiers du mois, dans le calendrier républicain. Ces jours étaient nommés, selon l'ordre des nombres: *primidi*, *duodi*, *tridi*, *quartidi*, *quintidi*, *sextidi*, *septidi*, *octidi*, *nonidi* et *decadi*.

Éty. du grec δεκάδος (dékados), gén. de δεκὰς (dekas), dizaine. V. *Dec*, R.

Les Grecs divisaient leurs mois en trois décades.

DECADANÇA, s. f. (decadánce); *Decadenza*, ital. *Decadencia*, esp. cat. port. *Decadentia*, b. lat. Décadence, état de ce qui est en train de tomber.

Éty. de *cadere*, tomber. V. *Cad*, R.

DECAGONO, s. m. (decagóne); *Decagono*, ital. esp. port. Décagone, figure géométrique qui a dix angles et dix côtés.

Éty. du lat. *decagonus*, dérivé du grec δέκα (déka), dix, et de γωνία (gônia), angle. V. *Dec*, R.

DECAGRAMMA, s. m. (decagrâme). Décagramme, poids de dix grammes, dans le système des nouveaux poids et mesures. Il vaut un peu plus de deux gros et demi.

Éty. du grec δέκα (déka), dix, et de γράμμα (gramme). V. *Dec*, R.

DECAI, vl. Il ou elle déchoit, ruine, déprime, humilie; de *Decazer*, v. c. m.

DEÇAI, adv. (deçaï); DEDEÇAI, DESSAI, DEÇA. Deçà, de ce côté; avant: *Li podi pas anar deçai diluns*, dl. je ne puis pas y aller avant lundi; *Deçai que venga*, qu'il ne soit de retour.

Deçai-delai, deçà-delà.

Deçai-que-delai, d. bas lim. de quel côté que ce soit, également.

De-deçai, adv. trad. En deçà, de ce côté, et non *de deçà*.

DECALITRE, s. m. (decalitré); DECALITRO. Décalitre, mesure de capacité de dix litres.

Éty. du grec δέκα (déka), dix, et de λίτρα (litra), litre. V. *Dec*, R.

DECALOGO, s. m. (décalógue); *Decalogus*, lat. *Decalogo*, esp. ital. port. cat. Décalogue, nom des dix commandements que Dieu donna à Moïse, gravés sur deux tables de pierre.

Éty. du grec δέκα (deka), dix, et de λόγος (logos), discours ou parole; les dix paroles. V. *Dec*, R.

DECALVATIU, IVA, adj. vl. Qui rend chauve.

Éty. du lat. *decalvatus*, V. *Calv*, R.

DECAMETRO, s. m. (decamètre). Décamètre, longueur de dix mètres, dans le nouveau système des mesures, valant environ trente pieds neuf pouces.

Éty. du grec δέκα (déka), dix, et de μέτρον (métron), mesure, mètre. V. *Dec*, R.

DECAN, s. m. (décán); *Decano*, cat. esp. ital. *Deão*, port. Décan, supérieur de dix, doyen.

Éty. du lat. *decanus*, m. s. V. *Dec*, R.

DECANAR, V. *Acanar* et *Can*, R.

DECANAT, s. m. (decanà); DECAN, DEGANAT, DUGANAT. *Decanado*, port. *Deganat*, cat. *Decanato*, ital. esp. *Decanatus*, b. lat. Doyenné, dignité du doyen; maison ou champ qui lui est destiné.

Éty. de *décan*, doyen, et de *at*; V. *Deca*, dix, parce que le doyen était choisi sur dix candidats. V. *Dec*, R.

DECAPITAMENT, s. m. vl. V. *Descapitament*.

DECAPITAR, vl. *Decapitar*, cat. Voy. *Descapitar*.

DECAR, v. a. (decà). Ébrécher. Voy. *Brecar*.

Éty. de *deca* et de *ar*. V. *Dec*, R. 3.

DECASAR, v. a. vl. V. *Decassar* et *Cass*, Rad.

DECASEMENT, s. m. (decaseméin); DECAZEMEN, vl. Ruine, dévastation. V. *Casa*, Rad.

DECASSAR, v. a. vl. DECAÇAR. *Scacciare*, ital. Chasser, poursuivre; exterminer.

Éty. de *de* augm. et de *cassar*. V. *Cass*, Rad.

DECAT, ADA, adj. et p. (decà, àde). V. *Brecat* et *Dec*, R. 3.

DECATIGNAR, V. *Degatignar*.

DECAZAR, vl. V. *Descasar*.

DECAZEMEN, s. m. vl. Ruine.

DECAZER, v. a. vl. Déchoir, faire tomber, ravaler. V. *Cas*, R.

DECE, adv. vl. V. *Dese*.

DECEBEIRE, s. m. vl. DESCEBEDOIR. Trompeur.

Éty. du lat. *decipere*. V. *Cap*, R. 2.

DECEBEMENT, s. m. vl. DECEBEMEN. *Decebementz*, cat. anc. Illusion, déception.

Éty. de *decebre* et de *ment*, ou du lat. *deceptio*. V. *Cap*, R. 2.

DECEBRAR, v. a. vl. Priver, soustraire, décevoir.

Éty. du lat. *decipere*, m. s. V. *Cap*, R. 2.

DECEBRAT, adj. et p. vl. Ecarté, éloigné, qui s'est enfui, qui s'est trompé de voie. V. *Cap*, R. 2.

DECEBRE, v. a. (decébré); AFINAR, TROUMPAR, ATTRAPAR. *Decebre*, anc. cat. *Decebir*, anc. esp. Tromper par des moyens séduisants, vl. jouer, vaincre, surpasser, décevoir.

Éty. du lat. *decipere*, m. s. formé de *de* et de *capere*, surprendre. V. *Cap*, R.

DECEBUT, UDA, adj. et p. vl. DECEUBUT. *Decebut*, cat. Déçu, ue; trompé, ée.

Éty. du lat. *deceptus*, m. s. V. *Cap*, R. 2.

DECEDAR, v. n. (decedà). Décéder. V. *Mourir*.

Éty. du lat. *decedere*, m. s. V. *Ced*, R.

DECELAMEN, s. m. vl. Indiscrétion. V. *Cel*, R. 2.

DECELAR, v. a. (decelà); *Decelar*, cat. Déceler indiquer ce qu'on celait, déclarer un secret. V. *Declarar* et *Descurbir*.

Éty. de *de* priv. et de *celar*, cacher. V. *Cel*, R. 2.

DECEMBRE, s. m. (decémbré); DEZEMBRE, DESEMBRE. *Dezembro*, port. *Desembre*, cat. *Diciembre*, esp. *Dicembre*, ital. Décembre, le dernier mois de notre année.

Éty. du lat. *decembre*, de *decem*, dix, parce que c'était le dixième mois de l'année de Romulus. V. *Dec*, R.

Il n'est le dernier de la nôtre, que depuis qu'elle commence en janvier, c'est-à-dire, depuis l'édit donné par Charles IX, en 1564.

DECEMMENT, adv. (decèimméin). V. *Decentament*.

DECEMVIR, s. m. (deceimvir); *Decemvir*, cat. *Decenviro*, ital. esp. *Decemviro*, port. Décemvir, un des dix magistrats qui furent créés par la République Romaine pour rédiger un Code de Lois.

Éty. du lat. *decemvir*, formé de *decem* et de *vir*, dix hommes. V. *Dec*, R.

DECEMVIRAT, s. m. (deceimvirà); *Decemvirat*, cat. *Decenvirato*, ital. esp. *Decemvirato*, port. Décemvirat, la dignité de décemvir, la magistrature décemvirale.

Éty. du lat. *decemviratus*, m. s. V. *Dec*, Rad.

DECENAR, vl. V. *Dessenar*.

DECENÇA, s. f. (decèince); *Decenza*, ital. *Decencia*, esp. port. cat. Décence, bienséance observée dans les mœurs et les usages.

Éty. du lat. *decentia*. V. *Dec*, R. 2.

DECENCHAR, v. a. (deceintchà); *Decingir*, port. *Déceindre*, ôter la ceinture.

Éty. du lat. *discingere*, m. s. ou de *de* priv. et de *cenchar*. V. *Cench*, R.

DECENCHAT, ADA, adj. et p. (deceintchà, àde); *Decingido*, port. A qui l'on a ôté la ceinture.

Éty. du lat. *discinctus*, m. s. V. *Cench*, Rad.

DECENDRE, et dérivés; *Decender*, anc. esp. V. *Descendre*.

DECENDRIAR, V. *Decindrar*.

DECENGLAR, v. a. (desseingla); DESSENGLAR. *Descinglar*, cat. *Descinchar*, esp. Dessangler, lâcher ou détacher la sangle ou les sangles.

Éty. de *des* priv. et de *senglar*. V. *Cench*, Rad.

DECENGLAT, ADA, adj. et p. (desseinglà, àde); DESSENGLAT. Dessanglé, ée; V. *Cench*, R.

DECENNAL, ALA, adj. (decèinnal, àle); *Desennal*, cat. *Decenal*, esp. *Decennale*, ital. *Decennal*, port. Décennal, ale; qui dure dix ans ou qui revient tous les dix ans.

Éty. du lat. *decennalis*, m. s.

DECENT, ENTA, adj. (decèin, èinte); *Decente*, ital. esp. port. *Decent*, cat. Décent, ente; qui est selon les règles de la bienséance et de l'honnêteté extérieure, qui est conforme à la pudeur.

Éty. du lat. *decentis*, gén. de *decens*. V. *Dec*, R. 2.

DECENTAMENT, adv. (decèintamèin); DECEMMENT. *Decentmènt*, cat. *Decentement*, ital. esp. port. Décemment, d'une manière décente.

Éty. de *decenta* et de *ment*, *decenter*, en lat. V. *Dec*, R. 2.

DECEPTIO, s. f. vl. *Decepció*, anc. cat. *Decepcion*, anc. esp. Déception, fraude.

Éty. du lat. *deceptio*, tromperie. V. *Cap*, Rad. 2.

DECEPTIU, IVA, adj. vl. *Deceptiu*, anc. cat. Trompeur, *déceptif, ive*.

Éty. de *de* priv. et de *cep* pour *cap*. Voy. *Cap*, R. 2.

DECEPUT, adj. et p. vl. Déçu, trompé, abusé, fraudé, frustré, surpris.

Éty. du lat. *deceptus*, m. s. V. *Cap*, R. 2.

DE-CE-QUE, conj. (dé-cé-qué). Parce que, à cause que, de ce que.

DECERNAR, v. a. (decernà); *Decernir*, anc. cat. *Descernir*, cat. mod. esp. port. *Discernere*, ital. Décerner, accorder, donner, ordonner.

Éty. du lat. *decernere*, m. s. V. *Cern*, R.

DECERNAT, ADA, adj. et p. (decernà, àde). Décerné, ée. V. *Cern*, R.

DECERNIR, v. a. vl. DESSERNIR. *Decernir*, anc. cat. Décerner, ordonner. Voy. *Decernar*.

Éty. du lat. *decernere*, m. s. V. *Cern*, R.

DECERVELAR, v. a. (desservelà); DESCERVELAR, et impr. DESSERVELAR. *Dicervellare*, ital. Étourdir, rompre la tête en faisant du bruit; V. *Estourdir*, *Destenebriar*, écerveler, et *Cervel*, R.

DECERVELAT, ADA, adj. et p. (decervelà, àde); EICERVELAT, ECERVELAT, ENCERVELAT, DELUGAT, DESTARAVELAT, DISAVERT, TESTA-VERDA, TARTAVEOU, DEBLESTAT, ESVAPOURAT. Ecervelé, étourdi, évaporé, un peu fou.

Éty. de *de* priv. de *cervel* et de *at*, privé de la cervelle. V. *Cervel*, R.

DECES, s. m. (decès). Décès. V. *Mort*.

Éty. du lat. *decessus*, m. s. V. *Cess*, R.

DECESCA, vl. Qu'il ou qu'elle descende.

DECESSAR, v. n. (decessà). Fréquentatif de *Cessar*, v. c. m. et *Cess*, R.

DECESSION, vl. V. *Dissention*.

DECEUBUDAMEN, adv. vl. *Trompeusement*.

Éty. de *decebuda* et de *men*. V. *Cap*, R. 2.

DECEUBUT, adj. et p. vl. Trompé, perdu, défait. V. *Decebut* et *Cap*, R. 2.

DECEVEOR, s. m. vl. Fourbe, trompeur.

Éty. du lat. *deceptor*, m. s. V. *Cap*, R. 2.

DECH, nom de nombre, dg. Dix; V. *Des* et *Doc*, R. en vl. je dois.

DECHA, s. f. vl. DECA. Défaut, qualité. V. *Dec* et *Dec*, R. 3.

DECHAIBLE, ABLA, adj. vl. Périssable, caduc, de peu de durée.

Éty. de *de* augm. de *chai* pour *Cas*, R. et de *able*, qui peut tomber, qui est disposé à périr. V. *Cas*, R.

DECHAINAR, V. *Deschainar*.

DECHAMEN, s. m. vl. Irrégularité.

Éty. de *decha* et de *men*. V. *Dec*, R. 3.

DECHAMENT, s. m. vl. Récit. V. *Dire*, Rad.

DECHAR, v. a. vl. *Dettare*, ital. Composer, enseigner, bénir, dicter, débiter. V. *Dire*, R. Pécher, tromper.

DECHAT, s. m. vl. *Dettato*, ital. Dit, ditié, sorte de poésie. V. *Dire*.

DECHAT, ADA, adj. et p. vl. Débité, ée. V. *Dire*, R.

DECHAUZIT, IDA, adj. et p. vl. Déconsidéré, ée.

DECHAY, s. m. vl. *Ses dechay*, sans cesse, sans discontinuer.

DECHAZEMEN, s. m. vl. DECHAZIMEN.

Decaymén, anc. cat. *Decaemento*, anc. esp. *Decadimento*, ital. Chute, ruine, revers.

Éty. de *de*, de *chazer*, tomber, et de *men*, l'action de tomber. V. *Cas*, R.

DECHAZENSA, s. f. vl. DESCAZENSA. Décadence de l'honneur.

Éty. de *de* et de *chazensa*, chute. V. *Cas*, Rad.

DECHAZER, v. n. vl. DESCAZER. *Decaer*, esp. *Descahir*, port. *Decadere*, ital. Déchoir, rabaisser.

Éty. de *de* et de *chazer*, tomber.

DECHAZIMEN, V. *Dechazemen*.

DECHAZUT, UDA, adj. et p. vl. Déchu, ue.

DECHEANÇA, s. f. (detcheânce). Déchéance, perte ou prescription d'un droit.

DECHENDUT, UDA, adj. vl. Descendu, ue. V. *Scend*, R.

DECHET, s. m. (detché); DECHEC, CEMA, DEMENESCAI, DESCHAI. *Decheium*, basse lat. Déchet, perte ou diminution qui se fait sur la totalité d'une substance, par des causes physiques.

Éty. du français, déchet, dérivé de *déchoir*.

DECHETAR, v. n. (detchetá). Déchoir, perdre de son poids ou de sa valeur, se détériorer.

Éty. de *dechet* et de *ar*.

DECHICAR, dl. (detchicá), et

DECHICOTAR, v. a. (detchicoutá); DECICOUTAR, DECHIQUETAR, CHICOTAR, COUPETEGEAR, DESTIQUETAR. Déchiqueter, tailler menu, réduire en petits morceaux.

Éty. de *de*, augm. de *chic* ou *chicot*, petit, menu, et de *ar*, couper par petits morceaux. V. *Chic*, R.

DECHICOTAT, ADA, adj. et p. (detchicoutá, áde); DECHICOUTAT, DECHIQUETAT, CHICOUTAT. Déchiqueté, ée. V. *Chic*, R.

DECHIFFRAGNAR, v. a. (détchiffragná), dl. Effacer. V. *Escaffar*.

Éty. de *de* priv. de *chiffra* et de *agnar*, itér. effacer les chiffres, ce qui est marqué. V. *Chiffr*, R.

DECHIFFRAIRE, Garc. V. *Dechiffrur*.

DECHIFFRAR, V. *Deschiffrar*.

DECHIR, radical qui porte l'idée de rupture, de déchirure, pris du latin *scissus*, part. de *scindere*, ou du grec διασύρω (diasurô), disloquer, déchirer, ou peut-être de l'allemand *scheiden*, *schiren*, partager, couper.

De *schiren*, par apoc. *schir*, et par addit. de *de*, augm. *deschir*, *dechir*; d'où: *Dechir-ar*, *Dechir-ura*.

DECHIRAR, dérivé du français. V. *Escarchar* et *Dechir*, R.

DECHIRURA, V. *Escarchadura* et *Dechir*, R.

DECHOUT, dl. Alt. de *Dessous*, v. c. m.

DECHUCAR, v. a. (detchacá), dl. Exprimer le suc, épreindre, épuiser.

Éty. Alt. de *dessucar*, ôter le suc. de *de* priv. de *suc* et de *ar*. V. *Suc*, R.

DECHURRE, v. n. (detchúrré). Déchoir, tomber dans un état pire. Garc. V. *Empirar*.

DECIARO, s. m. (deciáre). Déciare, dixième partie de l'are, valant dix mètres carrés, dans le système des nouvelles mesures.

Éty. de *decimus*, dixième, et de *are*. V. *Aro* et *Dec*, R.

DECIDAMENT, adv. (decidaméin); *Decisivamente*, ital. esp. port. Décidément, d'une manière décidée.

Éty. de *decidal* et de *ment*. V. *Cis*, R.

DECIDAR, v. a. (decidá), d. bas lim. *Decidere*, ital. *Decidir*, esp. port. cat. Décider, engager, déterminer; porter son jugement; contrôler, critiquer.

Éty. du lat. *decidere*, m. s. V. *Cis*, R.

DECIDAR SE, v. r. *Decidirse*, cat. esp. *Decidersi*, ital. Se décider, se déterminer à...

DECIDAT, ADA, adj. et p. (decidâ, áde); *Decidido*, port. esp. *Decidid*, cat. Décidé, ée, déterminé.

Éty. du lat. *decisus*. V. *Cis*, R.

DECIGRAMMA, s. m. (decigráme). Décigramme, la dixième partie du gramme dans le système des nouveaux poids, valant un peu moins de deux grains.

Éty. de la première partie du mot lat. *decimus*, dixième, et de *gramma*. V. *Grammo* et *Dec*, R.

DECILITRO, s. m. (decilitre). Décilitre, la dixième partie du litre, dans le système des nouvelles mesures.

Éty. du lat. *decimus*, dixième, et du grec λίτρα (litra). litre. V. *Litro*, *Dec* et *Deci*, R.

DECIMA, s. f. (decime); PEÇA DE DOUS SOOUS. Décime, pièce de billon qui représente la dixième partie d'un franc, dans le nouveau système monétaire. C'est ce qu'on nomme ordinairement une pièce de deux sous.

Éty. du lat. *decimus*, le dixième. V. *Dec*, Rad.

Décime, féminin en provençal, est masculin en français, un décime.

DECIMA, DECIMAS. Décime, était un ancien droit qu'on levait sur le 10me du revenu, tant sur les ecclésiastiques que sur les laïques, il date de la première croisade.

DECIMA, s. f. vl. DECIME, DESSIMA. *Decima*, cat. esp. ital. *Dezima*, port. Dîme, décime. V. *Dec*, R.

Éty. du lat. *decima*.

DECIMAL, *systemo*, adj. (decimál, système); DECIMAU. *Decimale*, ital. *Decimal*, all. esp. port. cat. Système décimal, calcul dont les fractions n'ont lieu que par 10, 100, 1,000, etc.

Éty. du lat. *decimalis*. V. *Dec*, R.

Ce système ne paraît remonter qu'à l'an 1602, époque à laquelle on en fit usage à Bruges. Il est devenu obligatoire, en France, à dater du 1er janvier 1801.

Ovide avait déjà parlé de la prééminence du nombre 10 dans les fastes; liv. 3.

> Hic numerus magno tunc in honore fuit
> Seu quia tot digiti, per quas numerare solemus;
> Seu quia bis quino femina mense parit,
> Seu quod ad usque decem numero crescente venitur,
> Principium, spatiis sumitur inde novis.

DECIMALAS, s. f. pl. (decimáles). Décimales, art de calculer par le moyen du système décimal. V. *Decimal* et *Dec*, R.

La méthode de calculer par décimales est due à Régiomontanus, célèbre astronome du XVme siècle.

DECIMAR, v. a. (decimá); DEIMAR. *Decimare*, ital. basse lat. *Dezmar*, esp. *Dizimar*, port. Décimer, prendre la dixième partie de dix soldats coupables, en punir un désigné par le sort; pour écimer, couper la cime. V. *Estestar*.

Éty. du lat. *decimare*, formé de *decimus*, dixième. V. *Dec*, R.

DECIMAT, ADA, adj. et p. (decimá, áde); *Dezimado*, port. Décimé, ée.

Éty. du lat. *decimatus*, m. s. V. *Dec*, R.

DECIMATOUR, s. m. (decimatóur); DEIMIER. *Decimatore*, ital. *Dezmador*, esp. *Dezimador*, port. *Decimator*, basse lat. Décimateur, celui qui avait droit de lever la dîme dans une paroisse.

Éty. de *decima* et de *atour*, celui qui décime, ou du lat. *decumanus*. V. *Dec*, R.

DECIMAU, V. *Decimal*.

DECIME, s. m. vl. *Dizimo*, port. Dîme. V. *Dima* et *Dec*, R.

DECIMENTAR, v. a. (decimeintá). Oter le ciment d'un bassin, d'un réservoir.

Éty. de *de* priv. de *ciment* et de *ar*.

DECIMETRO, s. m. (decimètre). Décimètre, la dixième partie du mètre, équivalant à environ trois pouces huit lignes.

Éty. de *deci*, première partie de *decimus*, dixième, et du grec μέτρον (métron), mesure, mètre. V. *Dec* et *Deci*, R.

DECIMOUTAR, v. a. (decimoutá). Écimer souvent, couper la cime des arbres, des arbustes ou des plantes. Gros, fait dire à un buis:

Sensa espoir de trachir toujours decimoutat.

Éty. de *de* priv. de *cima*, cime, tête, sommet, et de la term. act. *outar*, est employé ici comme fréquentatif, *decimar*, couper la cime, *decimoutar*, la couper souvent. V. *Cim*, R.

DECINDRADOUR, s. m. (decïndradóu). Décintroir, marteau à deux taillants dont les maçons se servent pour écarter les joints des pierres dans les démolitions, etc.

Éty. de *de* priv. de *cindra*, cintre, et de *our*, qui sert à décintrer.

DECINDRAR, v. a. (decïndrá); DECINDRIAR, DECENDRAR, DECENDRIAR. Décintrer, enlever les cintres d'une voûte.

Éty. de *de* priv. de *cindra* et de *ar*, ôter les cintres.

DECINDRAT, ADA, adj. et p. (decïndrá, áde). Décintré, ée.

DECIPAR, vl. V. *Dissipar*.

DECIPLE, s. m. d. vaud. V. *Disciple*.

DECIPLINA, d. vaud. V. *Disciplina*.

DECISIF, IVA, adj. (decisif, ive); *Decisivo*, ital. esp. port. *Decisiu*, cat. Décisif, ive, qui contient une décision; qui amène une décision; qui tranche toute difficulté.

Éty. de *decisio* et de la term. *if*. V. *Cis*, Rad.

DECISIO, vl. V.

DECISION, s. f. (decisie-n); DECISIEN. *Decisione*, ital. *Decision*, esp. *Decisão*, port. *Decisió*, cat. Décision, résolution prise, solution d'une chose difficile.

Éty. du lat. *decisionis*, gén. de *decisio*, m. s. V. *Cis*, R.

DECISIVAMENT, adv. (décisivaméin); *Decisivament*, cat. *Decisivamente*, ital. esp. port. Décisivement, d'une manière décisive.

Éty. de *decisiva* et de *ment*. V. *Cis*, R.

DECISTERO, s. m. (decistère). Décistère, la dixième partie du stère, dans le nouveau système des mesures.

Éty. de *Deci*, v. c. m. dixième, et du grec στερεὸς (stéréos), solide. V. *Stero* et *Dec*, R.

DECLAMAIRE, s. m. (declamaïré); DECLAMATOUR. *Declamatore*, ital. *Declamador*, esp. port. cat. Déclamateur, qui récite à haute voix ou d'un ton d'orateur; orateur boursoufflé, emphatique; faible de pensée et bruyant d'expression.

Éty. du lat. *declamator* ou de *declamar* et de *aire*, celui qui déclame. V. *Clam*, R.

DECLAMAR, v. a. (declamá); *Declamare*, ital. *Declamar*, esp. port. cat. Déclamer, réciter à haute voix et avec emphase; dans le sens neutre, invectiver, parler avec chaleur contre quelqu'un.

Éty. du lat. *declamare*, m. s. V. *Clam*, R.

DECLAMAT, ADA, adj. et p. (declamá, áde); *Declamado*, port. Déclamé, ée.

Éty. du lat. *declamatus*, m. s. V. *Clam*, Rad.

DECLAMATION, s. f. (declamatie-n); DECLAMATIEN. *Declamazione*, ital. *Declamacion*, esp. *Declamação*, port. *Declamació*, cat. Déclamation, la prononciation et l'action de celui qui déclame, discours affecté.

Éty. du lat. *declamationis*, gén. de *declamatio*. V. *Declamar* et *Clam*, R.

La déclamation des anciens était une espèce de chant et jusqu'au fameux acteur Baron, la nôtre conserva une espèce de cadence qui en approchait beaucoup; depuis lui, on l'a ramenée à un ton naturel qui ne varie que selon les passions et les divers mouvements de l'âme que l'acteur veut exprimer.

DECLAMATOUR, s. m. (declamatóur). V. *Declamaire*.

Éty. de *declamatio* et de la term. *our*, celui qui déclame. V. *Clam*, R.

DECLARADAMENT, adv. vl. *Declaradament*, cat. *Declaradamente*, esp. Clairement.

Éty. de *de* augm. de *clar*, de *ada* et de *ment*, fait d'une manière très-claire. V. *Clar*, Rad.

DECLARAMEN, s. m. vl. *Declarament*, cat. Déclaration. V. *Declaration* et *Clar*, R.

DECLARAR, v. a. (declará); *Declarar*, cat. esp. port. *Dichiarare*, ital. Déclarer, manifester, faire connaître, révéler, déceler, etc.

Éty. *Declarare*, le même, formé de *clarus*, clair, et de la term. *act*. rendre clair. V. *Clar*, Rad.

Declarer l'escola, dire le secret, dévoiler le mystère.

DECLARAR SI, v. r. Se déclarer, paraître, se faire connaître, prendre parti pour.

DECLARAT, ADA, adj. et p. *Declarado*, port. esp. *Dichiarato*, ital. Déclaré, ée: *Ennemi declarat*, ennemi prononcé, juré.

Éty. de *clarus* et de la term. pass. *at*, *ada*, rendu clair.

DECLARATIO, s. f. vl. V. *Declaration* et *Explication*.

DECLARATION, s. f. (declaratie-n); DECLARATIEN. *Declaració*, cat. *Declaracion*, esp. *Declaração*, port. *Dichiarazione*, ital. Déclaration, discours, acte par lequel on déclare, dénombrement.

Éty. du lat. *declarationis*, gén. de *declaratio*, m. s. formé de *declarare* et de *actio*, action de déclarer.

DECLARATIU, IVA, adj. vl. *Declaratiu*, cat. *Declaration*, esp. *Dichiarativo*, ital. Déclaratif.

Éty. de *declarat* et de *iu*. V. *Clar*, R.

DECLI, s. m. vl. V. *Declin*.

DECLIARAR, d. lim. Alt. de *Declarar*, v. c. m. et *Clar*, R.

DECLIN, s. m. (déclïn); DECLI. *Decadenza*, ital. *Declinio*, port. Déclin, état d'une chose qui décline, qui penche vers sa fin, déclin de la lune, déclin de l'âge, déclin des maladies.

Éty. du lat. *declinatio*, qui a la même signification, formé du grec κλίνω (klinô), pencher. V. *Clin*, R.

DECLINABLE, ABLA, adj. (declinàblé, áble); *Declinabile*, ital. *Declinable*, esp. cat. *Declinavel*, port. Déclinable, qui peut être decliné.

Éty. du lat. *declinabilis*, m. s. V. *Clin*, Rad.

DECLINAMEN, s. m. vl. *Declinazione*, ital. Inclinaison, déclinaison.

Éty. de *declinar* et de *men*. V. *Clin*.

DECLINAR, v. a. (decliná); *Declinar*, cat. esp. port. *Declinare*, ital. Décliner, déchoir, tendre vers sa fin, incliner d'un côté, indiquer, faire une déclinaison.

Éty. du lat. *declinare*, formé du grec ἐγκλίνω (egklinô), incliner, pencher. V. *Clin*, Rad.

La medecina n'a pas besoun de grammaire per faire declinar.

DECLINAR, v. n. Décliner, faire passer successivement un nom par tous les cas.

DECLINASOUN, s. f. (declinésóun); DECLINATIO, DECLINESOUN. *Declinació*, cat. *Declinacion*, esp. *Declinação*, port. *Declinazione*, ital. Déclinaison, en grammaire, c'est la manière de décliner les noms dans les langues qui ont des cas; en term. de phy. c'est la variation qu'éprouve l'aiguille aimantée dans sa direction, et en astron. l'éloignement des astres par rapport à l'équateur.

Éty. du lat. *declinationis*, gén. de *declinatio*, m. s. V. *Clin*, R.

On attribue à Robert Nortman, anglais, la découverte de la déclinaison de l'aiguille aimantée, ou de la variation qu'elle subit suivant les lieux et les temps en s'éloignant plus ou moins du vrai Nord.

DECLINAT, ADA, adj. et p. (decliná, áde); *Declinado*, port. esp. *Declinato*, ital. Décliné, ée.

Éty. du lat. *declinatus*, m. s. V. *Clin*, R.

DECLINATIO, s. f. vl. V. *Declinaisoun* et *Clin*, R.

DECLINATORI, ORIA, adj. vl. *Declinatorio*, port. ital. *Declinatoria*, cat. Déclinatoire. V. *Clin*, R.

DECLINATORIA, vl. *Declinatoria*, cat. esp. ital. Déclinatoire. V. *Declinatori* et *Clin*, R.

DECLINAZO, s. f. vl. V. *Declinasoun* et *Clin*, R.

DECLINESOUN, V. *Declinasoun*.

DECO, pr. dém. (décó), d. béarn. Cela. V. *Aquot*.

DECOCCIO, s. m. vl. *Decocció*, cat. V. *Decouction*.

DECOCTIO, vl. V. *Decouction*.

DECOFI, vl. Alt. de *Desconfit*, v. c. m.

DECOLATIO, vl. *Decollació*, cat. V. *Decoulation* et *Col*, R.

DECOMPONDRE, et

DECOMPONER, V. *Descoumpousar*.

DECONTRA, adv. (décóuntre), dl. Tout auprès. V. *Decosta*.

DECORAMENT, s. m. d. vaud. Écoulement. V. *Decorremen* et *Courr*, R.

DECORAR, v. a. (decourá), dl. DECOURAR. *Decorar*, cat. esp. port. Réciter par cœur, déclamer.

Éty. de *de*, de *cour*, *cor*, cœur, et de *ar*, faire de cœur ou par cœur. V. *Cor*, R.

DECORAR, v. a. (decourá); *Decorare*, ital. *Decorar*, esp. port. cat. Décorer, orner, parer, on ne le dit qu'en parlant des théâtres, des places et autres lieux publics.

Éty. du lat. *decorare*, le même, formé de *decor* ou *decus*, beauté, ornement, et de la term. act. *ar*. V. *Dec*, R. 2.

DECORAT, ADA, adj. et p. (decourá, áde); DECOURAT. *Decorado*, port. Décoré, éo orné, ée.

Éty. de *decor* et de la term. pass. *at*, *ada*, *decoratus*, lat. m. s. V. *Dec*, R. 2.

DECORATION, s. f. (decouratie-n); DECOURATIEN. *Decorazione*, ital. *Decoração*, port. *Decoració*, cat. Décoration, embellissement, ornement; il se dit particulièrement des ouvrages d'architecture, de peinture et de sculpture.

Éty. de *decoramentum*, ou de *decor*, ornement, et de la term. *ion*, action d'orner. V. *Dec*, R. 2.

« La première invention des toiles peintes pour le changement de scène (sur les théâtres), est attribuée à l'architecte Inigo Jones, qui, dit-on, les imagina à Oxford, en 1605. »

Noël, Dict. des Orig.

DECORATIU, IVA, adj. vl. Décoratif, ive. V. *Dec*, R. 2.

DECORATOUR, s. m. (decouratóur); DECOURATOUR. *Decorador*, port. Décorateur, celui qui fait des décorations ou qui les place.

Éty. de *decor*, ornement, et de la term. *our*, celui qui décore. V. *Dec*, R. 2.

DECORIMENT, vl. *Decorriment*, cat. V. *Decorremen* et *Courr*, R.

DECORRAMEN, vl. V. *Decorremen* et *Courr*, R.

DECORRE, v. n. vl. DECORRIR, DECOURRIR. *Decorrer*, anc. cat. anc. esp. *Scorrere*, ital. Couler, ruisseler.

Éty. du lat. *decurrere*. V. *Courr*, R.

DECORREMEN, s. m. vl. DECORAMENT, DECORRAMEN, DECORIMENT. *Decorriment*, anc. cat. *Decorrimiento*, anc. esp. *Scorrimento*, ital. Cours, flux, diarrhée, dyssenterie, écoulement, décharge.

Éty. de *decorre* et de *men*. V. *Courr*, R. *Decorramen de sang*, perte de sang.

DECORS, s. m. vl. *Decurs*, cat. *Dicurso*, esp. port. *Discorso*, ital. Decours, décroissance.

Éty. du lat. *decursus*. V. *Courr*, R.

DECORTICAR, v. a. vl. *Descortezar*, esp. *Descorticar*, port. *Scorticare*, ital. *Decorticare*, basse lat. Ecorcer, éplucher, écorcher.

Éty. du lat. *decorticare*, m. s.

DECORTICAT, ADA, adj. et part. vl. Ecorcé, ée, épluché, ée.

DECORUM, s. m. (decoróm); DECOR. *Decoro*, ital. esp. port. cat. Décorum, mot latin conservé dans cette phrase : *Gardar lou decorum*, garder les bienséances.

Éty. V. *Dec* R. 2.

DECOSTA, adv. (decóste), dl. DECOUTRA, et mieux DECOSTAT. Tout auprès. Sauv.

Éty. de *de* et de *costa*, pour *costat*, côté. V. *Cost*, R.

DECOSTAMEN, s. m. vl. DECOSTAMENT. *Défrai*, remboursement de dépenses.

Éty. de *de* priv. de *cost* et de *amen*.

DECOUCTION, s. f. (decouctie-n); *Decoccio*, cat. *Decoccion*, esp. *Decocção*, port. *Decozione*, ital. Décoction, médicament liquide, formé par l'ébullition de l'eau sur des substances médicinales.

Éty. du lat. *decotionis*, gén de *decotio*, m. s. formé de *decoquere*, faire cuire. V. *Couire*, R.

DECOUFAR, Garc. Alt. de *Desgovar*, v. c. m.

DECOUGNOIR, s. m. (decougnóir). Decognoir et cognoir, instrument dont les imprimeurs se servent pour chasser les coins qui arrêtent la forme dans le chassis, soit pour les serrer, soit pour les enlever.

Éty. de *de* priv. de *cougnar*, coigner, et de *oir*. V. *Cougn*, R.

DECOULATION, s. f. (decoulatie-n); DECOULATIEN, DEGOULATION. *Decollazione*, ital. *Degollacion*, esp. *Degollação*, port. *Decollació*, cat. Décollation, l'action par laquelle on coupe le cou, mais on n'emploie guère ce mot que pour désigner le martyre de Saint Jean-Baptiste.

Éty. du lat. *decollationis*, gén. de *decollatio*, ou de *de* priv. de *col*, cou, et de *ation*, l'action de priver, de couper le cou. V. *Col*, R.

DECOUMBRAR, v. a. (découmbrá). Découvrir une maison ; décombrer, ôter les décombres qui embarrassent un terrain.

Éty. de *decoumbra* et de *ar*.

DECOUMBRAS, s. f. pl. (decóumbres). Décombres. V. *Curun*.

Éty. incertaine, de la basse lat. *combrus*, m. s. dérivé du lat. *cumulus*; selon Ménage, de l'ital. *sgombrare*, débarrasser, déménager.

DECOUMPOSTAR, v. a. (decoumpostá), d. bas lim. Mêler des œufs, du lait, avec de la pâte, pour faire des gâteaux.

DECOUNFITURA, s. f. (decounfitúre); *Disconfitura*, bas lat. Déconfiture, entière défaite, destruction.

DECOUPAR, v. a. (découpá); *Recortar*, esp. port. Découper, dépecer, couper par morceaux, découper une volaille, la diviser en ses parties principales; découper du papier, des cartes, etc. les couper de manière qu'ils représentent un sujet, un dessin quelconque.

Éty. de *de* augm. et de *couper*, ou du grec διακόπτειν (diakoptéin), m. s. V. *Cop*, Rad.

DECOUPAR SE, v. r. (decoupá sé), dl. Se couper dans sa déposition. V. *Entrecoupar s'*

DECOUPAT, ADA, adj. et p. (découpá, áde). Découpé, ée. V. *Cap*, R.

DECOUPLAT, ADA, adj. (decouplá, áde). Découplé, ée, éveillé, dégourdi.

DECOUPUR, s. m. (découpúr). Celui qui découpe les viandes sur la table.

On nomme écuyer tranchant, celui qui découpe les viandes à la table des rois. *decoupeur*, en français, ne se dit que de celui qui fait des découpures, et *dissequeur*, que de l'anatomiste qui dissèque.

Éty. de *de*, de *coup* et de *ur*, celui qui découpe. V. *Cop*, R.

DECOUPURA, s. f. (découpúre). Découpure, petite entaille faite pour ornement à quelque étoffe, à du papier; la chose elle-même qui est découpée.

Éty. de *decoupar* et de *ura*, chose découpée. V. *Cop*, R.

DECOURAR, et composés. V. *Decorar*.

DECOURRIR, vl. V. *Decorre* et *Courr*, Rad.

DECOUSTAMENTS, s. m. pl. Loyaux coûts. Suppl. à Pellas.

DECREIS, vl. V. *Descreis*.

DECREISSER, v. n. vl. Décroître.

Éty. du lat. *decrescere*.

DECREPIT, IDA, adj. vl. DECREPITAT. *Decrepit*, cat. *Decrepito*, esp. port. ital. Décrépit, ite, qui est dans la décrépitude.

Éty. du lat. *decrepitus*, m. s.

Dérivés : *Decrepit-at*, *En-decrepit-at*, *Decrepit-ut*.

DECREPITAT, vl. V. *Drecrepit*.

DECREPITUT, s. m. vl. DECREPITUDA. *Decrepitat*, cat. *Decrepità*, ital. *Decrepitud*, esp. *Decrepidez*, port. Décrépitude, état de vieillesse extrême; état d'un vieillard cassé.

Éty. du lat. *decrepita ætas*.

DECRET, s. m. (decré); *Decreto*, ital. esp. port. *Decret*, cat. Décret, loi faite par l'autorité souveraine.

Éty. du lat. *decretum*, m. s. V. *Cern*, R.

DECRETAL, vl. et

DECRETALA, s. f. (decretále); DECRETAES. *Decretal*, cat. esp. port. *Decretale*, ital. Décrétale, lettres des papes qui, répondant aux consultations des évêques ou même des simples particuliers, décident des points de discipline.

Éty. du lat. *decretalis*, m. s. V. *Cern*, R.

DECRETALISTA, s. m. vl. *Decretalista*, cat. esp. ital. *Décrétaliste*.

Éty. de *decretala* et de *ista*. V. *Cern*, R.

DECRETAR, v. n. (decretá), *Decretar*, esp. *Decretare*, ital. et bas lat. Décréter, rendre un décret.

Éty. de *decret* et de *ar*, faire un décret. V. *Cern*, R.

DECRÈTAR, v. a. *Decretare*, ital. *Decretar*, esp. port. Décréter, ordonner une saisie de corps ou de biens. V. *Cern*, R.

DECRETAT, ADA, adj. et p. (decretá, áde); *Decretado*, port. esp. *Decretato*, ital. Décrété, ée.

Éty. du lat. *decretus*. V. *Cern*, R.

DECRETISTA, s. m. vl. *Decretista*, cat. esp. port. *Décrétiste*. V. *Cern*, R.

DECREYSHEMENT, et

DECREYSSHEMENT, s. m. vl. Diminution, décroissance. V. *Descreis* et *Creiss*, Rad.

DECROUTAR, v. a. (decroutá). Décrotter, ôter la crotte des souliers, des bottes.

Éty. de *de* priv. de *crotta*, crotte, et de la term. act. *ar*, enlever la crotte, ou du lat. *creta*, que Virgile a employé dans le sens de crotte, ou de *causta*, selon d'autres.

DECROUTOIR, s. m. (decroutoir); DECROUTOUAR. Décrottoire, brosse pour décrotter.

Éty. de *de* priv. de *crotta* et de *oir*, qui sert à décrotter.

DECROUTUR, s. m. (decroutúr); Décrotteur, celui qui décrotte les souliers.

Éty. de *de* priv. de *crotta* et de *ur*, qui décrotte.

La Petite caisse du décrotteur, où celui qui se fait décrotter pose le pied, se nomme, *sellette*.

DECRUPENS, adj. vl. Accroupi, ie.

DECURIA, s. f. (decurié); *Decuria*, ital. esp. port. cat. Décurie, chez les romains, troupe de dix soldats ou de dix autres hommes commandés par un officier nommé décurion.

Éty. du lat. *decuria*. m. s. Le Père Pellas, traduit ce mot par cédule. V. *Dec*, R.

DECURION, s. m. (decurion); *Decurione*, ital. *Decurion*, esp. *Decurião*, port. *Decurió*, cat. Décurion, celui qui commandait une décurie ou dix soldats chez les Romains.

Éty. du lat. *decurionis*, gén. de *decurio*. V. *Dec*, R.

DECXS, s. m. pl. anc. d. béarn. Bornes, V. *Dex*.

Fora los limitz et decxs *de sa juradia.*

DED

DEDAL, V. *Dedau* et *Det*, R.

DEDALHAR, v. a. (dedaillá); DEDAIAR, DEDAIRA, DESENDEICAR. Faner ce qu'on vient à peine de faucher. Garc.

Éty. de *de* priv. de *dalh*, faux, et de la term. act. *ar*; litt. défaire ce que la faux à fait, étendre ce qu'elle a ramassé. V. *Dalh*, Rad.

DEDALO, nom fabuleux. (dedále); *Dedalo*, ital. Dédale, fils d'Hymétion, un des plus habiles artistes de la Grèce héroïque, auquel on attribue l'invention de la cognée, du niveau, du vilebrequin, etc.

DEDAU, s. m. (dedáou); DIDAL, DA, DEAL, DEOU, DEDAL. *Ditale*, ital. *Dedal*, esp. port. Dé, petit cône de métal, tronqué à l'extrémité et percé à l'extérieur d'une grande quantité de petites fossettes, dont on arme le doigt et qui sert à pousser l'aiguille; fig. l'anus.

Éty. du lat. *digitale*, ou de *det* et de l'art. *al*, qu'on met au doigt. V. *Det*, R.

Jusqu'en 1819, on tirait chaque année de l'Allemagne ou de l'Angleterre, pour plus de huit cent mille francs de dés. A cette époque, MM. Rouy et Berthier inventèrent un procédé au moyen duquel ils ont fait des dés plus élégants, plus solides et à meilleur marché, que ceux d'Angleterre et d'Allemagne, ce qui nous a affranchis de cette contribution.

Dedau per leis Meissouniers ou det de cana, doigtier ou poucier, tuyaux de canne dont les moissonneurs recouvrent les doigts de la main qui prend le blé pour ne pas les blesser avec la faucille.

Dedau per courdurar leis velas. V. *Paumela*.

Dedau deis tirurs d'or. V. *Poucier*.

DEDAU, s. m. Se dit aussi de la cupule ou petit godet qui supporte le gland, la noisette. V. *Det*, R.

DEDAUMAGEAMENT, V. *Desdaumageament* et *Dam*, R.

DEDAUMAGEAR, V. *Desdaumagear* et *Dam*, R.

DEDAURAR, V. *Desdaurar*.

DEDAVAU, V. *Davau* et *Val*, R. 2.

DEDEÇAI, adv. (dedeçaï); DEDEÇA. En deçà, du côté où l'on est, et non *dedeça*, qui est un gasconisme.

DE-DELAI, adv. (dédelaï); DEDELA. Au-delà, par delà: *Li v'ai pagat au dedelai*, Je le lui ai payé au plus haut, je le lui ai trop payé.

Éty. *de delai*, de l'autre côté, par delà.

La nuech de dedelai, dl. l'avant dernière nuit.

L'an de delai, dl. l'avant dernière année.

De delai l'aigua, delà ou au delà de la rivière, et non *de delà*, qui n'est pas français quoique très fréquemment employé comme tel.

DEDENS, dg. V. *Dedins*.

DEDENTAR, V. *Desdentar*.

DEDENTAT, V. *Desdentat*.

DEDESCIONS, s. vl. Discernement.

Éty. du lat. *discretio*.

DEDIALAGI, s. m. (dedioló dzi), d. bas lim. Engelure. V. *Tignas*.

Éty. de *de* priv. de *dial*, gelée, et de *agi*, action, l'action de dégeler, parce qu'on attribue les engelures à cette cause. V. *Gel*, R.

DEDIALAR, v. n. (dedialá), md. Dégeler. V. *Desgelar* et *Gel*, R.

DEDIALAT, ADA, adj. et p. (dedioló, áde); md. Dégelé, ée. V. *Degelat* et *Gel*, R.

DEDIAR, v. a. (dediá); *Dedicare*, ital. *Dedicar*, esp. port. cat. Dédier, mettre une chose sous la protection de la divinité, sous l'invocation d'un saint, sous les auspices de quelqu'un.

Éty. du lat. *dedicare*. V. *Dedic*, R.

DEDIAT, ADA, adj. et p. (dediá; áde); DEDICAT. *Dedicado*, port. Dédié, ée, consacré, voué.

Éty. du lat. *dedicatus*. V. *Dedic*, R.

DEDIC, DEDI, sous-radical pris du lat. *dedicare*, dédier, dérivé de *dicere*, *dico*, dire, parce que dédier une chose à quelqu'un, c'est la lui attribuer, la dire à lui. Bondil. d'où *dedicatio*, dédicace.

De *dedicare*, par apoc. *dedic*; d'où: *Dedic-ar*, *Dedic-at*, *Dedic-atio*, *Dedic-aça*,

De *dedicatio*, par apoc. *dedicat*; d'où: *Dedicatio*, *Dedicat-oiro*, *Ab-dicar*, *Ab-dic-ation*.

De *dedic*, par suppr. du *c*, *dedi*, d'où: *Dedi-ar*, *Dedi-at*; et le français dédier.

DEDICAÇA, s. m. (dedicáce); *Dedicazione*, ital. *Dedicacion*, esp. *Dedicação*, port. *Dedicació*, cat. Dédicace, consécration d'une église ou fête annuelle en mémoire de cette consécration; d'un livre, action de le dédier à quelqu'un; épître dédicatoire.

Éty. du lat. *dedicatio*, qui signifie la même chose. V. *Dedic*, R.

L'usage des dédicaces des temples, des autels et des églises est très-ancien; chez les chrétiens on a commencé à les pratiquer avec solennité du temps de Constantin.

DEDICACIO, vl. *Dedicació*, cat. V. *Dedicatio*.

DEDICAR, v. a. (dedicá); *Dedicar*, cat. esp. Dédier, du lat. *dedicare*. V. *Dediar*, comme plus usité et *Dedic*, R.

DEDICAT, ADA, adj. et p. anc. d. béarn. *Dedicado*, esp. *Dedicato*, ital. Dédié, ée, employé à, voué. V. *Dediat* et *Dedic*, R.

DEDICATIO, s. f. vl. V. *Dedicaça* et *Dedic*, R.

DEDICATORI, ORIA, adj. (dedicatoire); DEDICATOUARO. *Dedicatoria*, cat. *Dedicatorio*, esp. port. ital. Dédicatoire, qui contient la dédicace d'un livre; il n'est guère usité qu'à la suite d'épître.

Éty. de *dedicat* et de *oira*. V. *Dedic*, R.

DEDICH, V. *Desdich*.

DEDINIT, IDA, adj. (dedini, íde); Frileux, euse. V. *Frigourous*.

DEDINS, adv. de lieu (dedín); ADIN, DEGUENS, DEDENS, DEDIN. *Dentro*, ital. esp. port. *Deintus*, basse lat. Dedans, dans l'intérieur.

Éty. du lat. *intus*, ou du grec ἔνδον (endon), m. s. de *intus*, on fit *ins*, et *dins*, par l'addition de *de*, et *dedins*, par la duplication de cette préposition. V. *Int*, R.

Dedans s'emploie toujours sans régime.

Etes-vous hors de votre chambre? non je suis dedans.

Mais on ferait une faute si l'on disait il est *dedans* sa chambre; on doit employer *dans* toutes les fois qu'il y a un régime, il est encore dans son lit et non *dedans*.

Coye, ne s'est pas conformé à cette règle, quand il a dit:

Fuguere hurousamen transpourta *dedins* Arles.

Dounar dedins, mordre à la grappe, donner dans le piége.

Gardar lou dedins, ne pas sortir de chez soi. Avril.

DEDINS, s. m. DEDIN. Le dedans, la partie intérieure de quelque chose.

DEDINS, prép. d. vaud. Plus bas: *E dedins*, et plus bas, et ci-après.

DEDINTZ, vl. V. *Dedins* et *Int*, R.

DEDIRE, V. *Desdire*.

DEDIS, vl. V. *Dedins* et *Int*, R.

DEDIT, Garc. V. *Desdich*.

DEDOOUMAGEAR, et comp. Garc. V. *Desdaumagear*, etc.

DEDOUASSAR, v. a. (dedouassá). Écosser. Aub.

DEDUCH, UCHA, adj. (dedútch, útche); DEDUIT, DEDUSIT. *Deduzido*, port. Déduit, soustrait, rabattu, excompté.

Éty. du lat. *deductus*, m. s. V. *Duc*, R.

DEDUCH, s. m. dl. Récit, narration. Sauv. V. *Recit*.

DEDUCIVOL, adj. d. vaud. Qu'on peut déduire.

Éty. V. *Duc*, R.

DEDUCTIO, vl. V. *Deduction*.

DEDUCTION, s. f. (deductie-n); DEDUCTIEN, DEDUCTIOUN. *Deducció*, cat. *Deduccion*, esp. *Deducção*, port. *Deduzione*, ital. Déduction, soustraction, l'action d'écarter, de déduire, de mettre à part; suite de raisonnements au moyen desquels on arrive à la preuve d'une proposition.

Éty. du lat. *deductionis*, gén. de *deductio*, m. s. V. *Duc*, R.

DEDUIRE, v. a. (deduïré); *Deduzir*, port. *Deduir*, cat. *Deducir*, esp. *Dedurre*, ital. Déduire, rabattre, soustraire une somme d'une autre.

Éty. du lat. *deducere*, m. s. V. *Duc*, R.

DEDURCIR, v. a. (dedurcir). Rendre moins dur, attendrir.

Éty. de *de* priv. et de *durcir*. V. *Dur*, Rad.

Adoucisse nostei misere,
Cœur dur, sei plague et sei misere,
Devrien oumen vou dedurci,
Et vou pourta de lei beini.

Boissier.

DEDURE, vl. V. *Desduire*.

DEDUSIR, v. a. anc. d. béarn. *Deduzir*, port. Déduire.

Éty. du lat. *deducere*. V. *Duc*, R.

DEDUSIT, IDA, adj. et p. anc. béarn. V. *Deduit* et *Duc*, R.

DEE

DEESSA, s. f. (déësse); DIOUSSA, DIVESSA. *Dea*, anc. cat. *Diva*, ital. *Diosa* et *Deesa*, esp. *Deosa*, port. Déesse, divinité fabuleuse du sexe féminin; fig. belle femme, maîtresse.

Éty. du lat. *dea*. V. *Diu*.

DEF

DEFA, et

DEFACH, V. *Desfach*.

DEFACIAR, v. a. (defaciá), dg. Défigurer. V. *Desfigurar*.

Éty. de *de* priv. de *facia*, face, et de *ar*, ôter la face. V. *Faci*, R.

Tant yoüer dab sa mala gracio
Bous eyblasich è bous defacio.

D'Astros.

DEFADURA, V. *Luxation* et *Fac*, R.

DEFAILLENSA, s. f. vl. DEFALENSA. Défaillance; défaut, défection. V. *Defalhiment*.

DEFAILLIMENT, vl. *Defalliment*, cat. V. *Defalhiment*.

DEFAIRE, V. *Desfaire* et *Fac*, R.

DEFALCAR, V. *Desfalcar*.

DEFALENSA, vl. V. *Defaillensa*.

DEFALHEMENT, vl. V. *Defalhement* et *Falhir*.

DEFALHENT, **ENTA**, adj. *Defallent*, cat. Défaillant, ante; qui défaillit; et subst. celui qui ne comparaît point à une assignation légale.

DEFALHIBLAMENT, adv. vl. Discontinuation.

DEFALHIDA, s. f. vl. Faute, omission.

DEFALHIMEN, s. m. vl. DEFALHEMENT, DEFALHISO, DEFAILLENSA. Manquement, manque, faute, défaut, disette.

DEFALHIMENT, s. m. (defaillijméin); FALHIMENT, FAIBLESSA, AVANIMENT. *Desfallecimiento*, esp. *Desfalecimento*, port. *Defalliment*, cat. Défaillance, faiblesse, manque de force qui va jusqu'à l'évanouissement, ce qui a aussi fait appeler cet état *mouriment de cor*.

Éty. de *de*, de *falhir*, manquer, et de *ment*, esprit.

En defalhiment d'autres bens, anc. prov. à défaut d'autres biens.

DEFALHIR, v. n. (defaillir); *Defallir*, anc. cat. *Desfallecer*, esp. *Desfalecer*, port. *Sfallire*, ital. Défaillir, dépérir, s'affaiblir, tomber de faiblesse ou d'inanition.

Éty. de *de* et du lat. *fallere*.

DEFALHIR, v. n. vl. FAYLHIR. V. le mot précédent. Finir, expirer, commettre une faute.

DEFALHISO, s. f. vl. Faute, erreur. V. *Defalhimen*.

DEFALQUAR, vl. V. *Desfalcar* et *Falc*.

DEFAMAMENT, s. m. vl. Diffamation. V. *Fam*, R.

DEFAMAR, v. a. vl. Publier, divulguer.

Éty. du lat. *diffamare*. V. *Fam*, R.

DEFAMINAR, v. a. et r. (defaminá). Appaiser la faim. Garc.

Éty. de *de* priv. de *famina*, grande faim, et de l'act. *ar*, ôter la faim. V. *Fam*, R.

DEFANGAR, V. *Desfangar*.

DEFARDA, s. f. (defárde); DESFARDA, MADRAN, RECATALHA, RAFATALHA, DESFARDA. Défaite, soulagement, action de se débarrasser, décharge, embarras de meubles, reste de marchandises, Ach. désordre, carnage, tuerie, Sauv. choses de rebut.

Éty. de *de* et de *farda*, bagage.

DEFARFOULHAR, V. *Desfarfoulhar*.

DEFARRAR, V. *Desferrar*.

DEFARROULHAR, V. *Desferroulhar*.

DEFAT, (défát), LIN'ES DEFAT, expr. adv. dl. Il le trouve bien à dire. Douj.

Éty. Pour *defait*, en effet.

DEFATIMAR, v. n. (defatimá), d. bas lim. Faire des grimaces. V. *Grimaciar* et *Demaniciar*.

DEFATIMAT, **ADA**, adj. d. bas lim. V. *Grimacier*.

DEFAUCAR, v. a. (defaoucá), d. bas lim. Déparer, rendre moins agréable. V. *Desoundrar* et *Desfigurar*.

DEFAUT, s. m. (defáou); *Difetto*, ital. *Defeito*, port. *Defecto*, esp. *Defalt* et *Defècte*, cat. Défaut, imperfection; refus de paraître en justice; bout, extrémité d'une chose.

Éty. du lat. *defectus*, manque, d'où: *defect* et *defaut*, l'ital. *difetto*, l'esp. *defecto* et le port. *defeito*. V. *Fals*, R.

DEFAUTA, s. f. vl. Faute. V. *Fauta* et *Fals*, R.

DEFAUTA, s. f. vl. DEFFAULTA. *Defalt*, anc. cat. Omission, manquement, défaut.

DEFAUTAR, v. n. (defaoutá); DEFOOUTAR. Manquer à sa parole, à un rendez-vous, dépromettre, retirer ou ne pas tenir ce qu'on avait promis.

Éty. de *defaut* et de *ar*, faire un manquement, manquer, faire défaut. V. *Fals*, R.

DEFAYLHIR, vl. V. *Defalhir*.

DEFECI, s. m. vl. Ennui, dégoût, mal de cœur, léthargie, vétusté. V. *Desfeci*.

DEFECIBLE, **IBLA**, adj. dl. Alt. de *Difficile*, v. c. m. et *Fac*, R.

DEFECIR, Désinfecter. V. *Desfecir*.

DEFECTION, s. f. (defectie-n); DEFECTIEN. *Defeccion*, esp. *Defecció*, cat. Défection, action d'abandonner le parti ou les intérêts d'une personne à laquelle on était attaché; il se dit plus particulièrement des troupes qui abandonnent leur prince.

Éty. du lat. *defectionis*, gén. de *defectio*, formé de *defectus*, rebellion. V. *Fac*, R.

DEFECTIU, **IVA**, adj. vl. *Defectiu*, cat. *Defectivo*, esp. port. *Diffettivo*, ital. Défectif, ive.

Éty. du lat. *defectius*.

DEFECTUOS, **OSA**, vl. V. *Defectuous*.

DEFECTUOSITAT, vl. V. *Defectuousitat*.

DEFECTUOUS, **OUSA**, adj. (defectuóus, óusa), *Defectuos*, cat. *Difettoso*, ital. *Defectuoso*, esp. port. Défectueux, euse, qui a des défauts, des imperfections.

Éty. du lat. *defectivus*, m. s. V. *Fac*, R.

DEFECTUOUSITAT, s. f. (defectuousitá); DEFAUT. *Difettuosità*, ital. *Defecto*, esp. *Defeito*, port. Défectuosité, défaut de ce qui est défectueux.

Éty. de *defectuous* et de *itat*, état de la chose défectueuse. V. *Fac*, R.

DEFECULTAT, vl. V. *Difficultat*.

DEFEISSAR, Alt. de *Desfaissar*, v. c. m.

DEFEMMAR, v. a. vl. Diffamer. V. *Diffamar* et *Fam*, R. 2.

Éty. de *de*, priv. de *femma*, pour *fama*, et de *ar*, *famâ privare*.

DEFENAL, s. m. vl. Le mois de juillet.

Éty. de *de* de *fen* et de *al*, le temps du foin. V. *Fen*, R.

DEFENCION, vl. V. *Defensio*.

DEFEND, DEFENS, radical pris du latin *defendere*, *defendo*, *defensum*, repousser la force par la force, défendre, et formé de *fendere*, *fendo*, *fensum*, inus. pousser, pousser loin de soi ou d'un autre, un danger, un ennemi.

De *defendere*, par apoc. *defend*; d'où: *Defend-edor*, *Defende-ment*, *Defend-ere*, *Defendor*, *Defend-oier*, *Defend-re*, *Defendudas*, *Defend-ut*, *Deffend-ent*.

De *defensum*, par apoc. *defens*; d'où: *Defens-a*, *Defensa-men*, *Defens-ar*, *Defensas*, *Defens-io*, *Defens-ion*, *Defens-our*, *Defens-iva*.

De *defens*, par suppr. de *u*: *Defes*, *Defessegear*.

De *defend*, par apoc. *def*, et par le changement de *f* en *v*, *deven*, *dev*; d'où: *Dev-en*, *Deven-oun*, *Dev-at*, *Dev-eda-ment*, *Deved-ar*, *Dev-end-ar*, *Deveng-uda*, *Deves-a*, *Dev-et*, *Devez-ion*.

FENDR, FENS, radical pris du lat. *fendere*, *fendo*, *fensum*, inus. pousser, exciter, d'où: *defendere*, pousser loin de soi un ennemi, un danger, défendre; *defensa*, défense; *offendere*, offenser, frapper contre, choquer; *offensa*, offense.

De *defendere*, par sync. de *e*: *Defendre*, *Defend-ut*.

De *defensa*: *Defensa*, *Defens-our*.

De *offensa*, par le changement de *o* en *ou*: *Ouffensa*, *Ouffens-ar*, *Ouffens-at*.

De *fensum*, par apoc. *fens*, et par suppr. de *n*, *fes*; d'où: *De-fes*, *De-fess-egear*.

DEFENDALH, s. m. vl. Retranchement, barrière. V. *Defend*, R.

DEFENDAMENT, V. *Defendement*.

DEFENDEDOR, vl. V. *Defendour*, *Defensour* et *Defend*, R.

DEFENDEMENT, s. m. vl. DEFENDEMEN, DEFFENDEMENT, DEFENDAMENT, DEFENSAMEN. *Defeniment*, anc. cat. *Defendimiento*, anc. esp. *Defendimento*, port. *Difendemento*, ital. Défense, secours, protection, appui.

Éty. du lat. *defensio* et de *ment*. V. *Defend*, R.

DEFENDENSA, s. f. vl. Résistance. V. *Defend*, R.

DEFENDERE, v. a. vl. Dont on a fait *Défendre*, par sync. v. c. m. V. *Defend*, R.

DEFENDOR, s. m. vl. Curateur, tuteur, qui défend.

Éty. du lat. *Defensor*, m. s. V. *Defend*, R.

DEFENDOUR, s. m. (defeindóur); *Defenedor*, cat. *Defendedor*, esp. port. *Difenditore*, ital. *Deffendedor*, anc. cat. Défendeur défenderesse, celui ou celle à qui on fait une demande en justice, il est opposé à *demandeur*, pour défenseur. V. *Defensour*.

Éty. de *defendre* et de *our*, celui qui doit se défendre, ou du lat. *defensor*, m. s. V. *Defend*, R.

DEFENDRE, v. a. (deféindré); APARAR. *Difendere*, ital. *Defender*, esp. port. *Defendre*, anc. cat. *Defendrer*, cat. mod. Défendre, protéger, garantir, soutenir.

Éty. du lat. *defendere*. V. *Defend*, R.

DEFENDRE, v. a. Défendre, interdire, prohiber. V. *Defend*, R.

DEFENDRE SE, v. r. DEFENDER SE. Se défendre, repousser la force par la force, se justifier, faire valoir ses droits.

DEFENDUDAS, s. f. pl. (defeindúdes); DEVENDUDAS. *Deffenduda*, et *Deffenduta*, b. latin. Nom que l'on donne, en Provence, selon M. Teissier, à des morceaux de bois ou plutôt à des perches, au bout desquelles on met de la paille pour marquer un champ où l'on ne veut pas que les troupeaux aillent paître, ce champ même.

Éty. V. *Defendre*, *Defendut* et *Defend*, R.

L'art. 9 du chap. 2, du règlement de police pour le terroir d'Aix, de 1574, porte: « Nul n'osera entrer ez vignes, prés, semés et *défendudes* d'autrui, sans licence du maître. »

DEFENDRE, v. a. vl. *Defendre*, cat.

anc. *Defender*, cat. mod. Dissiper, écarter, prohiber.

Éty. V. *Defend*, R.

Per defendre sa ira, pour dissiper son chagrin.

DEFENDUT, UDA, adj. et p. (defeindú, úde); *Defendido*, port. esp. *Difeso*, ital. Défendu, ue, protégé, prohibé, selon le verbe.

Éty. du lat. *defensus*, m. s. V. *Defend*, R.

DEFENIA, s. f. vl. Conclusion, issue, fin, résultat. V. *Fin* et *Fin*, R.

DEFENIDOR, s. m. vl. *Definidor*, cat. esp. port. *Diffinitore*, ital. Arbitre.

Éty. du lat. *definitor*. V. *Fin*, R.

DEFENIMEN, vl. V. *Definiment*.

DEFENIR, vl. V. *Definir* et *Fin*, R.

DEFENIT, IDA, adj. et p. vl. Fini, ie, achevé, ée. V. *Finit* et *Fin*, R.

DEFENS, adv. de lieu, anc. d. béarn. Dedans. V. *Dedins*.

DEFENSA, s. f. (deféinse); *Difesa* et *Difensa*, ital. *Defensa*, esp. port. cat. bas. lat. Défense, action de défendre, de se défendre; apologie, justification.

Éty. du lat. *defensa*, m. s. V. *Defend*, R.

DEFENSA, s. f. *Defensa*, cat. esp. *Difesa*, ital. Défense, prohibition portée par une loi, par un jugement ou par quelqu'un ayant autorité. V. *Défend*, R.

DEFENSABLE, ABLA, adj. (défensáblé, áble); *Defensable*, cat. esp. *Difendevole*, ital. Défensable: il se dit d'un héritage dont la jouissance n'est pas commune ou qui est en défends. Garc.

DEFENSADOR, vl. V. *Defensaire*.

DEFENSAILLA, s. f. vl. Défense, résistance. V. *Defend*, R.

DEFENSAIRE, s. m. vl. DEFENSADOR. Défenseur. V. *Defensour*.

DEFENSAL, s. m. vl. Obstacle, résistance, retranchement, barrière. V. *Défend*, Rad.

DEFENSAMEN, vl. V. *Defendement*, et *Defend*, Rad.

DEFENSAR, v. a. vl. DEFENSSAR. *Defensar*, cat. anc. esp. *Difensare*, ital. Défendre. V. *Defendre* et *Defend*, R.

DEFENSAS, s. f. pl. (deféinses); *Defensas*, port. Défenses, les dents canines de quelques quadrupèdes, tels que celles du sanglier.

Éty. Ainsi nommées, parce qu'elles servent à la défense de l'animal qui les porte. V. *Defend*, R.

DEFENSIBLE, adj. vl. *Defensible*, anc. esp. Défensible, qui peut-être défendu. V. *Defensable*.

DEFENSIO, et

DEFENSION, s. f. vl. DEFENCION. *Defensió*, ancien cat. *Defension*, esp. *Defenção*, port. *Difensione*, ital. Défense, résistance; retranchement, protection, forteresse; prohibition.

Éty. du lat. *defensionis*, gén. de *defensio*, m. s. V. *Defend*, R.

DEFENSIU, IVA, adj. vl. *Defensiu*, cat. *Defensivo*, esp. port. *Defensivo*, ital. Défensif, ive. V. *Defend*, R.

DEFENSIVA, s. f. (defeinsive); *Defensiva*, port. cat. esp. *Difesa*, ital. Defensive, se tenir sur la défensive, ne point attaquer, mais être disposé à se défendre.

Éty. du lat. *defensio*, m. s. V. *Defend*, Rad.

DEFENSOR, vl. V. *Defensour*.

DEFENSOUR, s. m. (defeinsóur); BASOUNADOUR. *Defensor*, bas. lat. *Difensore*, ital. *Defensor*, esp. port. cat. Défenseur, celui qui défend, qui soutient, qui protége; on le dit particulièrement des avocats qui défendent une cause.

Éty. du lat. *defensor*, ou de *defensa* et de *our*, celui qui défend. V. *Defend*, R.

DEFENT, prép. anc. béarn. Dans, depuis.

DEFER, espèce d'adj.-adv. (defer); DEFERT. Etrange, désagréable: *Aquot m'es defer*, cela me paraît étrange, je ne puis m'y habituer.

Éty. de *fer*, sauvage, étranger. V. *Fer*, R.

Amic m'as fach un vilen tour
D'aver quit'aquestou séjour,
M'es ben defer de ti plus veire,
N'auras pas de pena à va creire.

DEFERAR, v. n. (deferá); *Deferire*, ital. *Deferir*, esp. port. cat. Déférer, condescendre par égard, par respect.

Éty. du lat. *deferre*, m. s. V. *Fer*, R.

DEFERENÇA, s. f. (deferéince); *Deferenza*, ital. *Deferencia*, cat. esp. Déférence, douceur respectueuse, qui fait que nous soumettons aux autres notre avis, nos opinions, nos prétentions et nos jugements.

Éty. de *deferar* et de *ença*. V. *Fer*, R.

DEFERMAR, v. a. vl. Ouvrir.

Éty. de *de* priv. et de *fermar*, fermer. V. *Firm*, R.

DEFES, s. m. vl. DEVÈZE. Bois, défens. V. *Deven*.

Éty. de la basse lat. *defensum*. V. *Defend*, Rad.

DEFES, ESA, adj. et part. vl. *Defes*, cat. Défendu, ue. V. *Defendut* et *Defend*, R.

DEFESI, s. m. vl. DEFECI. Dégoût. Voy. aussi *Desfessi*.

DEFESSEGEAR SI, v. r. (defessejá). Se dégager, se débarrasser, se tirer d'entre les mains de quelqu'un, se délivrer.

Éty. de *defessa*, défense, et de *egear*. V. *Defend*, R.

S'en risent cerco à si defessegea,
Tirasso-lou, senso marcandegea.
Gros.

DEFESSI, V. *Desfessi*.

DEFET, adv. (defèt), m. s. *Defeito*, port. Que, *En effet*, v. c. m.

Éty. de *de* et *fet*, par le fait.

DEFETA, s. f. (defète), d. m. DESFETA. Ce mot est employé souvent dans le sens de résultat, d'événement: *Contaz me aquella defeta*, racontez-moi ce fait; *Oh que defeta*, oh! quel événement; *Jamai tala defeta*! On n'a jamais rien vu de pareil, on ne vit jamais pareille fête.

Éty. Ce mot vient du français *défaite*, aussi est-il impossible de l'écrire régulièrement en Provençal, parce que *défaite* se prononcerait *defaïte; desfacha* serait son orthographe régulière.

DEFFAULTA, s. f. vl. V. *Defauta*.

DEFFAUTA, vl. V. *Defauta*.

DEFFECT, s. m. d. vaud. Défaut. Voy. *Defaut* et *Fals*, R.

DEFFENDEMENT, vl. V. *Defendement* et *Defend*, R.

DEFFENDENT, s. m. anc. béarn. Défendeur, qui se défend. V. *Defendour* et *Defend*.

DEFFERMAR, v. a. vl. Détacher.

DEFFERNAR, v. a. vl. Précipiter en enfer.

DEFFIAT, adj. et part. vl. DESFIAT, DESFIATZ. Dépouillé de son fief.

Éty. de *def* pour *des* priv. de *fi* pour *fief*, et de *at*.

DEFFINICIO, vl. V. *Definicion* et *Fin*, Rad.

DEFFORMAMENT, s. m. vl. Difformité. V. *Diformitat* et *Form*, R.

DEFFRAGNER, vl. V. *Defragner*.

DEFFUNCT et

DEFFUNT, adj. vl. V. *Defunct*.

DEFI, V. *Desfi*.

DEFIAR, *Deffiar*, cat. V. *Desfiar* et *Mesfisar*.

DEFIAT, s. m. (defiá). Homme méchant dont on doit se défier. Ach.

Éty. de *defiar*, se défier. V. *Fid*, R.

DEFICAR, v. a. vl. Dégoûter.

DEFICIENT, adj. vl. *Deficient*, cat. *Deficiente*, esp. cat. Manquant.

Éty. du lat. *deficientis*.

DEFICIS, s. m. pl. vl. Machines de guerre.

DEFICIT, s. m. (deficit); *Deficit*, cat. esp. Déficit, ce qui manque.

Éty. du lat. *deficit*, il manque.

DEFIDAR, V. *Desfiar*, *Mesfiar* et *Fid*, R.

DEFIDAR SE, v. r. (sé defidá), d. du Var. Demander trève pour un instant.

DEFIERAR, v. a. et n. (defierá). Pour défiler. V. *Esfilar*. Quitter, abandonner la foire. Aub.

DEFIGAR, v. a. (defigá). Abattre toutes les figues d'un figuier. Aub.

Éty. de *de* priv. de *figa* et de *ar*.

DEFIGURAR, V. *Desfigurar*.

DEFILA, s. f. (défile). *Prendre la defila*, défiler, s'en aller à la file; mourir successivement: s'user; et adv. tout d'une file. Garc. V. *Fila*.

DEFILAR, v. n. (defilá); *Sfilare*, ital. *Desfilar*, esp. port. Défiler, aller l'un après l'autre, aller à la file, éfiler. V. *Esfilar*.

Éty. de *de*, de *fila* et de *ar*, aller de file ou à la file. V. *Fil*, R.

DEFINAR, v. n. vl. Finir, cesser, terminer, borner, mourir. V. *Fin*, R.

DEFINER, v. n. vl. DEFFINER. Mourir, finir, achever, borner, limiter.

Éty. du lat. *definire*, m. s. V. *Fin*, R.

Definet, il ou elle mourut; il ou elle finit.

DEFINET, adj. et p. vl. Limité, prescrit, qui a pris fin, mort.

Éty. du lat. *definitus*, m. s. V. *Fin*, R.

DEFINIDA, s. f. vl. Assignation, terme. V. *Fin*, R.

DEFINIMEN et

DEFINIMENT, s. m. vl. DEFENIMENT. Fin, terme, achèvement, division, partage. V. *Fin*, R.

DEFINIR, v. a. (definir); DEFENIR. *Definire*, ital. *Definir*, esp. port. cat. Définir, déterminer ou expliquer ce qu'est une chose, décider.

Éty. du lat. *definire*, m. s. V. *Fin*, R.

DEFINIT, IDA, adj. et p. (defini, ie); *Definido*, port. *Definit*, cat. Défini, ie.

Éty. du lat. *definitus*, m. s. V. *Fin*, R.

DEFINIT, s. m. Défini, prétérit défini. V. *Fin*, R.

DEFINITIF, IVA, adj. (définitif, ive); *Definitivo*, ital. esp. port. *Definitiu*, cat. Définitif, ive, ce qui termine, ce qui décide.

Éty. du lat. *definitivus*, m. s. V. *Fin*, R.

En definitiva, enfin, pour en finir.

DEFINITION, s. f. (definitie-n); DEFINITIEN. *Definizione*, ital. *Definicion*, esp. *Definição*, port. *Definició*, cat. Définition, discours qui explique ce qu'une chose est, c'est-à-dire, qui détaille les attributs par lesquels sa nature est déterminée; décision, règlement.

Éty. du lat. *definitionis*, gén. de *definitio*. V. *Fin*, R.

DEFINITIVAMENT, adv. (definitivaméin); EN DEFINITIVA. *Deffinitivamente*, ital. *Definitivamente*, esp. port. *Definitivament*, cat. Définitivement, en jugement définitif.

Éty. de *definitiva* et de *ment*, d'une manière définitive, ou du lat. *definitivè*, m. s. V. *Fin*, R.

DEFINITOIRO, s. m. (definitóire); *Definitori*, cat. *Definitorio*, esp. ital. port. Définitoire, on appelait ainsi une assemblée de moines nommés définiteurs et chargés de régler les affaires de leur ordre.

Éty. de *finir*, *definir*, terminer. V. *Fin*, R.

DEFINITOUR, s. m. (definitóur). Définiteur, titre que l'on donnait, dans certains ordres religieux, à ceux qui étaient choisis dans le nombre des supérieurs et religieux du même ordre, pour en régler les affaires.

Éty. de *definir* et de *tour*, celui qui termine, qui finit. V. *Fin*, R.

DEFIQUEGEAR, v. a. (defiquedjá); FIQUEGEAR. Craindre quelqu'un. V. *Cregner*.

DEFISAR, V. *Desfisar* et *Mesfisar*.

DEFIVELAR, v. a. vl. Déboucler, dégrafer.

Éty. du lat. *fibula*, et de *de* priv.

DEFLESSION, *Defluxió*, cat. Alt. de *Defluxion*, v. c. m. et *Flu*, R.

DEFLORAR, vl. V. *Desflourar*.

DEFLOURATION, s. f. (deflouratie-n); DESFLOURATION. Défloration, action d'ôter violamment la virginité.

Éty. du lat. *deflorationis*, gén. de *defloratio*, ou de *de* priv. de *flour* et de *action*. V. *Flor*, R.

DEFLUSSION, s. f. (deflussié-n); DEFLESSION, DEFLUSSIEN. *Defluxió*, anc. cat. Amas d'humeurs sur une partie du corps; affliction. V. *Fluxion*.

Éty. de *de* aug. et du lat. *fluxionis*, gén. de *fluxio*. V. *Flu*, R.

Rhooumas, catarris et défiussions,
Soun de marridas purgations.
Prov.

DEFOLAR, v. a. vl. Fouler, accabler.

DEFOLAT, ADA, adj. et p. vl. Foulé, accablé, ée.

DEFOR, adv. vl. V. *Foras* et *For*, R.

DEFORA, adv. (defóre); DEFORAS, DEFOUERA, DEHORA, DEFOUARA. *Defora*, cat. *Defuera*, esp. *Di fuora*, ital. Dehors, qui n'est pas dedans.

Éty. du lat. *foras*, avec la prépos. *de*. V. *For*, R.

Anar defora, aller dehors, en voyage, hors de chez soi.

Defora-vila, dl. hors de la ville, dans les champs.

Mettre de fora, congédier, renvoyer.

DEFORA, s. m. Le dehors, l'extérieur. V. *For*, R.

DEFORAS, vl. V. *Defora*.

DEFORMACIO, s. f. vl. *Deformacion*, esp. *Deformazione*, ital. Déformation, laideur.

Éty. du lat. *deformatio*, m. s. V. *Form*, Rad.

DEFORMAR, vl. V. *Desformar* et *Form*, Rad.

DEFORMATIU, IVA, adj. vl. *Déformatif, ive*; *désorganisatif*, qui a la faculté de déformer, de désorganiser.

Éty. de *de* priv. et de *formatiu*. V. *Form*, Rad.

DEFORMITAT, s. f. vl. *Deformitat*, cat. V. *Diformitat* et *Form*, R.

DEFORS, adv. vl. Dehors. V. *Defora* et *For*, R.

DEFOUERA, d. m. V. *Defora*.

DEFOUNÇAR, V. *Desfounçar*.

DEFOUNDRE, Démolir. V. *Foundre*.

DEFOURMAR, V. *Desformar*.

DEFOURRELAR, v. a. (defourrelà). Déferler, dégager une voile de tous les liens qui la tiennent pliée et pressée contre la vergue.

Éty. de *de* privatif, de *fourrel*, fourreau, et de *ar*, tirer du fourreau.

DEFOURRELAR, Pour dégainer. V. *Desgainar*. En terme d'agriculture, se montrer, germer, on le dit particulièrement des épis des graminées et notamment quand ils déchirent le fourreau qui les enveloppe, pour se montrer.

Leis blads desfourreloun, les épis du blé se montrent.

DEFOURTUNA, d. bas lim. V. *Infourtuna* et *Fourt*, R.

DEFRA, adv. (defrá), vl. Dedans, dessous, ci-dessous.

DEFRAG, adj. et p. vl. Rompu, brisé.

DEFRAGNER, v. a. vl. Rompre, casser, estropier.

DEFRAT, adj. et p. vl. DEFRATS. Rompu.

DEFRAUDAR, v. a. vl. *Defraudar*, cat. esp. port. *Defraudare*, ital. Dépouiller, frustrer, usurper.

Éty. du lat. *defraudare*.

DEFRAUDAT, ADA, adj. et p. vl. *Defraudat*, cat. *Defraudada*, esp. *Defraudato*, ital. Frustré, ée.

DEFRAUGNAR, v. a. (defraougná), dg. Décrasser. V. *Descrassar*.

Éty. de *fraugnar*, de *ar* et de *de* priv.

DEFRENAR, vl. V. *Desfrenar*.

DEFRESELIR, vl. V. *Desfrezar*.

DEFRICHAMENT, V. *Desfrichament*.

DEFRICHAR, V. *Desfrichar*.

DEFROUCAT, V. *Desfrocat*.

DEFROUNTAT, ADA, adj. dg. Effronté. V. *Esfrountat* et *Front*, R.

Éty. de *de* priv. de *frount*, front, et de *at*, privé du front, expr. fig.

DEFRUCHAR, v. a. (defrutchá); DEIFRUCHAR, d. de Manosque. Effruiter, ramasser, cueillir les fruits; dévaster, gâter la récolte des fruits; faire une grande dépense. Aub.

Éty. de *de* priv. de *fruch* et de *ar*, ôter, gâter les fruits. V. *Fruct*, R.

DEFRUTI, s. m. (defruti); DESFRUTI, GULETOUN, DEFRUTU, DIFURUTUS, DEFRUTTI. Repas entre amis; grande consommation de vivres; repas qu'on fait après avoir tué le cochon, Garc. Festin que l'on fait dans certaines circonstances remarquables. Avril.

Éty. du lat. *defruti*, gén. de *defrutum*, vin doux, cuit, dont on buvait dans ces sortes de réunions, ou de *defrugare*, consommer la substance d'une terre.

On donnait ce nom autrefois à un repas que quelques prieurs décimateurs étaient obligés de donner aux habitants du lieu. Suppl. à Pellas.

DEFRUTU, V. *Defruti*.

DEFUGAR SE, v. r. (sé defugá). Se rassasier; perdre son feu. Aub.

DEFUGIR, v. a (defudgir), dl. *Defugir*, cat. *Defiteri*, bas lat. Fuir, éviter, refuser; nier; disconvenir.

La sagi themis tant rigida
Pousquet pas defugir *d'estre de la partida.*
Germ. Bourrida.

Éty. du lat. *diffugere*, m. s. V. *Fugir* et *Fug*, R.

DEFUIR, vl. *Defuir*, anc. esp. V. *Defugir*,

DEFUITA, s. f. vl. Défaite, subterfuge.

DEFUNCT, adj. vl. DEFFUNT. *Defunct*, cat. V. *Defunt*.

DEFUNT, UNTA, s. et adj. (defún, únte); *Defunto*, ital. port. esp. *Defun*, anc. cat. Défunt, unte, qui est mort, le défunt ou défunt tel.

Éty. du lat. *defunctus*, m. s.

DEFUNTAR, v. n. (defuntá). Mourir.

Éty. de *defunt* et de *ar*.

DEG

DEG, vl. Je dois, il ou elle doit. V. *Dec* et *Dec*, R. 3.

DEGA, s. f. vl. DEGUA. *Dega*, cat. Qu'il ou qu'elle doive. Voy. *Decan* et *Dec*, R.

DEGABEGEAIRE, s. m. (dégabedjáïré). Celui qui déménage. Aub.

DEGABEGEAR, v. a. et n. (degabedjá). Déménager. Aub.

DEGAGEADET, ETA, adj. (dégadjadé, éte), dl. Bien dégagé, bien leste.

Mai aquel mouré finet
Aquel air dégageadet.
Rigaud.

Éty. de *de* priv. de *gagi*, de *at* et du dim.

et, qui n'a rien qui l'engage, qui le retienne. V. *Vass*, R.

DEGAGEAMENT, V. *Desgageament.*

DEGAGEAR, V. *Desgagear.*

DEGAGEAT, V. *Desgageat.*

DEGAI, Alt. de *Degalh*, v. c. m. et *Vast*, Rad.

DEGALH, s. m. (dégáill); DEGAI, DÉGAL, DEGAST, DEGAVAL, DEGAIL. Dégât, dommage considérable; profusion mal réglée; ravage, ruine : *Au degalh*, au rebut.

Éty. du lat. *devastatio*, d'où : *devast* et *degast*, syn. de *degalh*, V. *Vast*, R. *Laissar, mettre au degalh.* V. *Degalhar.*

Dérivés: *Degalh-ar*, *Degalh-at*, *Degalh-ier.*

DEGALHAR, v. a. (degaillá); ESTRASSAR, DEGAIHA, DEGAILLAR, DEGAIAR, DEGALIAR, DEGAVALHAR, ESTRALHAR. Gâter, friper, dissiper, prodiguer.

Éty. de *degalh* et de *ar*. V. *Vast*, R.

DEGALHAR SE, v. r. Se gâter, se corrompre, se perdre, se pervertir, se conduire mal, même en parlant d'un malade qui a enfreint les règles du régime qui lui avait été prescrit. V. *Vast*, R.

DEGALHAT, ADA, adj. et part. (degaillá, áde); ESTRASSAT. Gâté, fripé, dissipé en folles dépenses, en parlant du bien, de l'argent, ou mal fait quand il est question des choses.

Éty. de *degalh* et de *at*. V. *Vast*, R.

DEGALHET, s. m. (degaillé); DEGAILLET. Dim. de *Degalhier*, v. c. m.

DEGALHIBOUL, dl. Pour dépensier. V. *Degalhier* et *Vast*, R.

DEGALHIER, IERA, s. et adj. (degaillié, ére); DEGAHIE, DEGALIOU, DEGALHIBOUL, DECATIBOUL, DEGALHIU, DEGAVALHIER, DESTRENGEDOUR, PROUDIGO, MINGEA-BON, BALAFINCAIRE. Dissipateur, prodigue, dépensier.

Éty. de *degalh* et de *ier*. V. *Vast*, R.

DEGALHIU (degalhiou), dl. Pour dépensier. V. *Degalhier* et *Vast*, R.

DEGALIER, vl. V. *Degalhier.*

DEGALIOU, dl. V. *Degalhier* et *Vast*, R.

DEGAMBIAT, Garc. V. *Desgaubiat.*

DEGAN, s. m. vl. Tromperie.

DEGANAT, *Deganat*, cat. V. *Decanat.*

DEGANDAULAR, Garc. V. *Descadaular.*

DEGANEGEAR, v. imp. (deganedjá). Brumer. V. *Aiguanegear.*

DEGANIA, s. f. vl. Décanie, Doyenné. V. *Decanat* et *Dec*, R.

DEGANSAR, V. *Desgansar.*

DEGANUBIAT, Garc. V. *Desgaubiat* et *Gaub*, R.

DEGAPINAR SE, v. r. (sé degapiná); DECATIGNAR. Se démener, pour se débarrasser.

DEGARAMBIT, DEGARAMBRIT. V. *Dejitat* et *Cambr*, R.

DEGARAMBRIT, IDA, adj. et p. (degarambri, ide); DEGARAMBIT. *Déjeté*, T. de Draguignan, Garc. V. *Dejitat* et *Cambr*, R.

DEGARAT, ADA, adj. (degará, áde), dl. Fou, folle ; troublé, éc. V. *Esgarat* et *Gar*, Rad.

DEGARGAMELAR, V. *Desgargamelar* et *Garg*, R.

DEGARNIR, V. *Desgarnir.*

DEGARNIT, V. *Desgarnit.*

DEGAROUTAR, v. n. (degaroutá), dl. Partir avec explosion; claquer, faire du bruit avec éclat.

Éty. de *de* augm. de *garot*, trait d'arbalète qui n'est décoché qu'avec bruit, et de *ar*.

DEGAS, s. m. vl. Doyen. V. *Decan*, *Douyen* et *Dec*, R.

DEGAST, s. m. (degás). Dégât. V. *Degalh* et *Vast*, R.

DEGASTADOR, s. m. vl. Vorace, gourmand ; qui ravage, qui détruit.

Éty. du lat. *vastator*, qui dévaste, qui emporte tout, ou de *devastator*. V. *Vast*, R.

DEGASTADOR, et

DEGASTAIRE, s. m. vl. *Deguastador*, anc. cat. Dévastateur, dissipateur, prodigue; transgresseur.

DEGASTAMENT, s. m. vl. Ruine, ravage; altération, corruption.

Éty. V. *Vast*, R.

DEGASTAR, v. a. vl. *Degastar*, anc. cat. anc. esp. *Diguastare*, ital. Dévaster, détruire, consumer, gâter, dévorer, détériorer.

Éty. de *de* augm. et de *degastar*. Voy. *Vast*, R.

DEGASTAT, ADA, adj. et p. vl. Dévasté, ée.

DEGASTATIU, IVA, adj. vl. *Dévastatif*, capable de dévaster, *corruptif.*

DEGASTAYRE, vl. V. *Degastaire.*

DEGATIBOUL, dl. V. *Degalhier* et *Vast*, R.

DEGATIER, s. m. vl. Surveillant des dégâts, garde champêtre.

DEGATIGNAMENT, s. m. (degatignaméin), dl. Chagrin, inquiétude.

Éty. V. *Degatignar* et *Cat*, R.

DEGATIGNAR SE, v. r. (sé degatigná); DECATIGNAR, DEGATINAR, DEBEQUIGNAR, DEIGATIGNAR. Se disputer, se quereller, se donner de petits coups par espièglerie; s'agacer; se chagriner.

Éty. de *de* aug. de *gat*, chat, et de *ignar*, faire comme les chats, s'égratigner. V. *Cat*, Rad.

DEGATIGNOUS, OUSA, adj. (degatignous, óuse), dl. Chagrin, ine ; inquiet. Sauv. V. *Cat*, R.

DEGATINAR, V. *Degatignar.*

DEGAUBIAT, V. *Desgaubiat.*

DAGAUCHIR, V. *Desgauchir.*

DEGAUGNADA, V. *Desgaugnada.*

DEGAUGNAIRE, V. *Engaugnaire* et *Gaugn*, R.

DEGAUGNAR, Voy. *Engaugnar* et *Gaugn*, R.

Éty. de *de*, de *gaugna* et de *ar*, agir de la mâchoire.

DEGAUGNAR, dl. V. *Desgaugnar.*

DEGAUGNAR SE, v. r. (se degoougná), d. bas lim. Tordre la bouche en mangeant, en parlant. V. *Gaugn*, R.

DEGAUGNASSER SE, v. r. (sé degaougnassé), dl. Se contrefaire, se rendre difforme par trop d'afféterie. V. *Contrafaire se*, et *Gaugn*, R.

DEGAUGNAT, V. *Desgaugnat*, pour *Grimacier*, v. c. m. et *Gaugn*, R.

DEGAURIGNAR, v. a. (degaourigná). Découper maladroitement un poisson, un rôti.

Éty. de *de* priv. de *gaurign* pour *gaugna*, figure, et de *ar*, défigurer. V. *Gaugn*, R.

DEGAUTIR, v. a. (degaouti), d. bas lim. Dresser un ouvrage en bois. V. *Desgauchir* et *Gauch*, R.

DEGAVAL, s. m. (degavál), dl. Mauvais ménage. Sauv.

Éty. Alt. de *degalh*. V. *Vast*, R.

DEGAVALHAR, v. a. (degavaillá), dl. Détruire, gâter, V. *Degalhar*, dont *degavalhar*, n'est qu'une altération. V. *Vast*, R.

DEGAVALHIERA, s. f. (degavailliére), dl. Mauvaise ménagère.

Éty. Alt. de *Degalhiera*, v. c. m. et *Vast*, Rad.

DEGEA, V. *Deja.*

DEGEARAIRE, Aub. V. *Desgelaire.*

DEGEIVAT, ADA, adj. d. lim. Sorti du nid. V.

DEGELADOUR, et

DEGELAIRE, V. *Desgelaire* et *Gel*, R.

DEGELAR, V. *Desgelar* et *Gel*, R.

DEGENERAR, v. n. (dédgénérá); DESGENERAR. *Degenerar*, esp. port. *Degenerar*, cat. *Degenerare*, port. *Digenerare*, ital. anc. Dégénérer, s'éloigner du type de l'espèce primitive; s'écarter de la vertu des anciens.

Éty. du lat. *degenerare*, le même; formé de *de*, prép. disjonct. et de *genere*, abl. de *genus*, race, famille, qui s'éloigne de sa race. V. *Gen*, R.

DEGENERAT, ADA, adj. et p. (dedgénérá, áde); *Degenerado*, port. esp. *Degenerato*, ital. *Degenerad*, cat. Dégénéré, ée; qui ne ressemble plus au type; corrompu.

Éty. du mot précédent et de la term. pass. *at*. V. *Gen*, R.

DEGENERATION, s. f. (dedgeneratie-n); DEGENERATIEN, DESGENERATION. *Degeneració*, cat. *Degeneracion*, esp. *Degenerazione*, ital. *Degeneração*, port. Dégénération, action de dégénérer, état de ce qui est dégénéré.

Éty. de *de*, marquant éloignement; de *gener* et de *ation*, action de s'éloigner de sa nature primitive. V. *Gen*, R.

DEGEOU, *Degel*, cat. V. *Desgel.*

DEGERIR, V. *Digerar* et *Ger*, R.

DEGERMIR, v. a. (dedgermir). Enlever le gazon, *Lou germe.*

DEGESTION, Alt. de *Digestion*, v. c. m. et *Ger*, R.

DEGIETAR, v. a. d. vaud. Rejeter.

Éty. de *de* augm. et de *jietar*, jeter loin. V. *Ject*, R.

DEGINGANDAR, v. a. (dedgingandá), dl. Défaire ce qui est fait. Sauv.

DEGITAR, v. a. vl. V. *Desgitar.*

DEGITAR, v. a. (dedgitá). Elever un enfant à la mamelle, ou lorsqu'il a été sevré. Garc.

DEGITAZ, s. f. pl. vl. Délices, friandises.

DEGLAÇAR, V. *Desgelar.*

Éty. de *de* priv. de *glaça* et de *ar*. V. *Glac*, R.

DEGLAIA, adj. (degláïe), dl. m. sign. que *Degleinde*, v. c. m.

DEGLAIAR, v. a. vl. DESGLAIZIAR. Tuer avec le glaive, égorger.

DEGLATIR, v. a. (deglatir). Soulager, délivrer quelqu'un de la vermine qui le dévore. Garc.

DEGLAZIAR, v. a. vl. Détruire, exterminer, massacrer.

Éty. de *de*, de *glazi*, glaive, et de *ar*.

DEGLEIAR, Garc. V. *Voumir*.

DEGLEIN, s. m. (degleïn); DEGLEY. Exténuement, état d'une personne exténuée; vomissement. Garc.

DEGLEINDE, adj. (degleïndé), dl. DEGLAIA, DEGLENDE. Propre à quelque chose. Sauv. Dispos, ingambe.

DEGLEIRE, v. n. (degléïré). Maigrir, diminuer, *désabonpoint*, vomir. Garc.

Éty. Alt. de *deglesir*.

DEGLEIS, EISA, adj. (degléïs, éïse). Exténué, ée. Garc.

DEGLENAR, v. a. et n. (deglená). Ecosser les légumes; cueillir les olives à la main; fig. mourir. Garc.

DEGLENDE, adj. (degleindé), vl. Dispos, ingambe. V. *Degleinde*.

DEGLENIR, V. *Escleinir*, *S'ébarouir*.

DEGLENIT, V. *Escleinit*.

DEGLESIR, v. n. (deglesir), dl. m. s. que *Escleinir*, v. c. m.

DEGLESIT, Fig. défait, desséché, exténué par une maladie; abattu: *Siou tout deglesit*, je n'en puis plus de faim, de soif, etc. Sauv.

DEGLOTIDOR, s. m. vl. Espion.

DEGLOTIR, v. a. vl. DESGLOTIR. *Deglutir*, cat. anc. esp. *Inghiottire*, ital. Engloutir, avaler, manger.

DEGLOUBAR, v. a. (degloubá), d. bas lim. Enlever l'écorce d'une petite branche lorsqu'elle est en sève, pour en faire des flageolets, des trompettes, dont les enfants s'amusent.

Éty. du lat. *deglubere*, écorcer, ôter l'écorce.

DEGNAR, v. a. et n. (degná); *Degnare*, ital. *Dignar*, *Dignarse*, esp. port. cat. Daigner, avoir pour agréable, vouloir bien.

Éty. du lat. *dignari*, m. sign. V. *Dign*, R.

DEGNE, vl. V. *Digne* et *Dign*, R.

DEGNETA, s. f. d. vaud. V. *Dignitat* et *Dign*, R.

DEGOISAR, v. a. et n. (degoisá). Dégoiser, bavarder. V. *Degoubilhar*.

Éty. de *de*, de *gousier* et de *ar*. V. *Gorg*, Rad.

DEGOLA, adj. et p. d. vaud. Décollé, ée; *Sant Johan-Batista local fo degola en la carcer del rey Erode*. d. Vaudois.

Éty. de *de* priv. de *gol*, pour *col*, et *à*, pour *ar*, ôter le cou, V. *Col*, R.

DEGOLAR, v. a. vl. *Degollar*, port. cat. mod. *Degolar*, anc. cat. Décapiter.

Éty. Alt. du lat. *decollare*, m. s. V. *Col*, Rad.

DEGOLAR, v. a. (degoulá), et impr. DEGOULAR, d. bas lim. Manger avidement: *Mingea pas*, *degola*, il ne mange pas, il dévore; en vl. détruire, précipiter, casser ou rompre le cou.

DEGOLATIO, s. f. *Degollació*, cat. V. *Decollation* et *Col*, R.

DEGOLLADOR, s. m. vl. *Degollador*, esp. cat. Egorgeur, celui qui égorge.

DEGOLLAR, v. a. vl. DEGOOLAR. *Decollare*, ital. *Degollar*, cat. esp. port. Précipiter, renverser, V. *Degoular*, décoller, couper la gorge. V. *Degolar*.

DEGOOUSSIR, d. de Manosque. V. *Desgoussir*.

DEGORGEAR, v. a. (degourdjá); DEGOURGEAR, DESGOURGEAR. *Sgorgare*, ital. Dégorger, faire sortir d'un passage, d'un tuyau, les matières liquides qui y étaient retenues.

Éty. de *de* priv. de *gorgea* et de *ar*, priver, ôter du passage, du canal ce qui l'embarrasse. V. *Gorg*, R.

En parlant du poisson, on le fait dégorger lorsque ayant été pris dans un étang on le place pendant quelque temps dans l'eau courante pour lui faire perdre le goût de la vase.

DEGORGEAT, ADA, adj. et p. (degourdjá, áde); *Degourgeat*, d. bas lim. On le dit d'une personne criarde, violente, qui, sans aucune considération, dit des injures pour rien.

Éty. de *de* priv. de *gorgea* et de *at*, dégueulé.

DEGORSAR, v. a. (degoursá), d. bas lim. Défricher, essarter. V. *Desfrichar*.

Éty. de *gorsas*, lieu rempli de broussailles ou de pierres, de *de* priv. et de l'act. *ar*.

DEGOSELAR, v. a. (degozelá), d. bas lim. Démantibuler. V. *Desquincalhar* et *Desgargalhar*.

DEGOT, s. m. vl. DEGOTZ, DEGOTER. Égout, gouttière, eau de gouttière. V. *Goutt*, R.

DEGOTAR, vl. V. *Degoutar*.

DEGOTER, s. m. vl. *Degoter*, cat. Égout, gouttière. V. *Degot* et *Goul*, R.

DEGOU, s. m. (dègou), dl. Même sign. que *Tech*, v. c. m.

DEGOUAL, Garc. V. *Degouloou*.

DEGOUBIAR, V. *Degoubilhar*.

DEGOUBILHAR, v. a. et n. (degoubillá); DESGOUBILHAR, DEGOUBIAR, DEGULAR, DEIGOUBIAR. Dégobiller, vomir les aliments et le vin qu'on avait pris avec excès; dégoiser, bavarder, dire tout ce que l'on sait. V. *Goul*, Rad.

Les matières rendues en dégobillant se nomment *dégobillis*, en français.

DEGOUBILHAT, ADA, adj. et part. (degoubillá, áde). Dégobillé, ée. V. *Goul*, Rad.

DEGOUBILHURA, s. f. (degoubillúre). Dégobillis, les matières degobillées. Garc.

DEGOUDILHAIRE, s. m. (degoudilláïre), dl. Dispos. V. *Hardit*.

DEGOUDILHAR SE, v. r. (degoudillá sé), dl. Se démener, sautiller, remuer les jambes, les écarquiller.

DEGOUEL, d. m. V. *Degouloou* et *Coul*, Rad.

DEGOUFAR, v. a. (degoufá). Dérober quelque chose, écaler, V. *Desgovar*, dégonder, ôter une porte, de dessus ses gonds. Garc.

DEGOUIGNOUS, OUSA, adj. d. lim. V. *Desdegnous*.

DEGOULAIRE, ARELA, adj. (degouláïré, arèle). Ironiquement, nuptial, ale, qui est destiné à la cérémonie du mariage. V. *Coul*, R.

DEGOULAIRE, s. m. (degouláïré). V. *Degouloou* et *Coul*, R.

DEGOULAR, v. a. (degoulá); DERROUCAR, DERROUCHAR, DEBAUSSAR. Précipiter d'un rocher, et par extension, faire rouler d'un lieu élevé, fig. mal placer: *An degoulat sa filha*, pour dire qu'on l'a mal mariée.

Éty. de *de*, de *goul*, alt. de *col*, *colla*, rocher, montagne, et de *ar*. V. *Coul*, R.

DEGOULAR SE, v. r. Se précipiter, se dérocher, tomber d'un lieu élevé, et par extension, tomber, se mal placer, se mal marier. V. *Coul*, R.

DEGOULAR, Pour débagouler. V. *Degular* et *Goul*, R.

DEGOULAT, s. m. (degoulá). On le dit d'un mouton, d'un bœuf, etc. qui a péri en se dérochant: *Vianda de degoulat*. V. *Coul*, Rad.

DEGOULAT, ADA, adj. et p. (degoulá, áde). Déroché, ée, précipité.

Éty. de *de*, de *goul*, pour *coul*, et de *at*, tombé d'une montagne. V. *Coul*, R.

DEGOULATION, Alt. de *Decollation*, v. c. m.

Éty. de l'esp. *degollacion*, m. s. V. *Col*, Rad.

DEGOULIADA, dl. V. *Desgouliada*.

DEGOULIAR, dl. V. *Desgoulhar*.

DEGOULOOU, s. m. (degoulóou); DEGOUEL, DEGOULAIRE, BAUS, DEBAUS, DEGRAL, DEGOUAL. Précipice, lieu d'un accès difficile où l'on peut se dérocher, se précipiter.

Éty. de *de*, de *goul*, pour *coul*, colle, rocher, et *oou*. V. *Coul*, R.

DEGOURDIR, V. *Desgourdir*.

DEGOURDIT, V. *Desgourdit*.

DEGOURSAR, v. a. (degoursá), d. bas lim. DESAUSSINAR. Défricher. V. *Desfrichar* et *Degorsar*.

DEGOUST, V. *Desgoust*.

DEGOUSTAR, V. *Desgoustar*.

DEGOUSTAT, V. *Desgoustat*.

DEGOUSTA-DEGOUSTA, dl. V. *Gara*, et *Gara das enfers*.

DEGOUT, s. m. DEGOT, DEGOUST, vl. *Degutorium*, b. lat. Egout. V. *Gouttiera*.

Éty. de *de* et de *goutta*. V. *Goutt*, R.

DEGOUTTAR, v. n. (degoutá); DEGOUTAR, TECHAR, GOUTTEGEAR, GOUTTAR, DEAGOTAR. *Gotejar*, esp. *Gocciolare*, ital. *Degūttare*, b. lat. *Degotar*, cat. Dégoutter, couler goutte à goutte.

Éty. de *de*, de *goutta* et de *ar*, tomber par gouttes. V. *Goutt*, R.

La lengua mi degoutta, la langue me démange, je ne puis l'empêcher de parler. Garc.

Quand noun ploou degoutta, dicton dont on se sert pour dire qu'il faut toujours travailler, qu'on gagne toujours quelque chose, ainsi que pour faire connaître qu'un état produit toujours plus ou moins.

DEGOUVAIRE, s. m. (degouváïré). Lieu où l'on écale les noix, les amandes. Aub.

DEGOUVAIRE, ARELA, s. Celui, celle qui écale les noix, les amandes. Aub.

DEGOUVAR, Aub. V. *Desgouvar*.

DEGOUYAT, V. *Desgouyat*.

DEGRA, vl. V. *Degre* et *Grad*, R.

DEGRACIAR, V. *Desgraciar.*

DEGRADAR, v. a. vl. DESGRADAR, DESACRADAR. *Degradar*, cat. esp. *Degradare*, ital. Dégrader. V. *Desgradar* et *Grad*, R.

DEGRADAT, **ADA**, adj. et p. (dégradá, áde); *Degradad*, cat. V. *Desgradat.*

DEGRAISSAIRE, s. m. (degraissáire); DEGREICHAIRE. Mauvais ordinaire, mauvaise cuisine.

Éty. de *de* priv. de *graissa* et de *aire*, qui ôte la graisse.

DEGRAISSA, V. *Desgraissar.*

DEGRAN, vl. Ils ou elles devraient.

DEGRANAR, V. *Desgranar.*

DEGRANAR, v. a. (degraná); LEVAR LOU GRAN. Oter le grain qui se trouve sous la paille, quand on foule, dégarnir le moulin à farine; c'est le contraire d'*engranar*. Aub.

DEGRAPAR, V. *Desgrapar.*

DEGRAT, s. m. vl. DEGRA. *Degrão*, port. Degré.

DEGRATZ, vl. Pour *doouriaz*, vous devriez.

DEGRAVAR. V. *Desgravar.*

DEGRE, s. m. (degrè); *Grado*, ital. esp. port. Degré, la 360me partie du cercle, en astronomie et en géographie; grade dans les universités; divisions du baromètre et du thermomètre; proximité ou éloignement de parenté.

Éty. du lat. *gradus*, m. s. V. *Grad*, R.

L'opinion commune est que les degrés scholastiques de *bachelier*, *licencié* et *docteur*, furent établis dans l'Université de Paris, dans le XIIme siècle, par les théologiens de ce temps.

Grégoire le Grand fut le premier qui défendit les mariages jusqu'au septième degré de parenté. Le second concile de Latran, sous Innocent III, restreignit la prohibition au quatrième degré inclusivement.

DEGREISSAR et comp. V. *Desgreissar.*

DEGRENT, ENTA, adj. (degrèin, èinte). Délicat, ate; difficile dans le choix des aliments, t. d'Annot. V. *Lec*, R.

DEGREOU, adj. (degréou). Fâcheux, pénible. Sauv.

Éty. de *Greou*, v. c. m. et *Grav*. R.

DEGREVAR, v. a. (degrevá); DEGRAVAR. Exempter quelqu'un de payer une partie d'une imposition jugée trop forte. V. *Desgravar.*

DEGRINGOULAR, v. n. (degringoulá). Dégringoler, rouler du haut en bas; fig. perdre son emploi, ses dignités ou sa fortune.

Éty. du lat. *degredi* et de *goular*, *degoular*, rouler d'une colline. V. *Coul*, R.

DEGRINGOULAT, **ADA**, adj. et part. (degringoulá, áde). Dégringolé, ée. Voy. *Coul*, R.

DEGRISAR, v. a. (degrisá); DESGRISAR. Dégriser, faire passer l'ivresse; fig. désenchanter: faire disparaître les illusions.

DEGRO, vl. Ils ou elles dûrent.

DEGROUNLAR, v. a. (degrounlá). Ébranler. V. *Esbranlar.*

DEGROUSSAR, V. *Desgroussar.*

DEGROUSSIR, V. *Desgroussir.*

DEGROUSSOIR, s. m. (degroussóir), pr. mod. DEGROUSSOUAR. Ebauchoir, t. de cordier, Garc. espèce de séran grossier.

Éty. de *de* priv. de *grouss* pour *gros*, et de *oir*, qui ôte le gros. V. *Gros*, R.

DEGRUDADOUR, dl. V. *Grudadour.*

DEGRUDAR, dl. V. *Grudar.*

DEGRULHAR, V. *Desgrulhar.*

DEGRUNAR, v. n. (degruná); DESGRUNAR. Tomber en ruines, se détruire lentement, brin à brin.

Éty. de *de* priv. de *grun*, grumeau, grain, et de la term. act. *ar*, ôter, enlever par petits morceaux. V. *Grum*, R.

Hélas! moun cher Astier, tout passa,
Lou pin peris coumo lou joun,
Tout degruna *de guerra lassa,*
Lou cameou coumo lou ciroun.

Coye.

DEGRUNAR, v. a. DEIGRUNAR, DEGRANAR, DESENGRANAR, DESGRUNAR, ENGRUNAR, GRUPELAR. Egrener, faire sortir les grains de leurs enveloppes; égrener un raisin, écosser des légumes. V. *Desgruelhar.*

Éty. de *de* priv. de *grun* pour *gran*, grain, et de *ar*, ôter le grain. V. *Grum*, R.

DEGRUNAT, ADA, adj. et p. (desgruná, áde). DESGRUNAT, ENGRUNAT. V. *Grum*, R.

DEGU, s. m. vl. Jeûne. V. *Dejun* et *Juni.*

DEGUA, s. m. vl. V. *Decan* et *Dec*, R.

DEGUAIS, s. m. vl. Déchet, dégât, ruine. V. *Degast.*

DEGUANAGEAR, v. a. (deganedjá). Oter ou faire perdre l'appétit. V. *Aiguanegear*, *Laganegear.*

DEGUAR, v. a. (deguá). Émousser un outil, un instrument tranchant. Garc.

DEGUDAMENT, adv. vl. DEGUDAMEN. *Degudament*, cat. *Debidamente*, esp. *Devidamente*, port. *Debitamente*, ital. Dûment, convenablement, justement. V. *Deb*, R.

DEGUEILLA, s. f. d. lim. Bombance. V. *Boumbança.*

Éty. de *de* augm. et de *gueilha*, altér. de *goula*, excès de gueule. V. *Goul*, R.

DEGUEINA, V. *Desgueina.*

DEGUELHAR SE, v. r. d. lim. Se divertir. V. *Delegar se*, *Delectar* et *Delic*, R.

DEGUENA, Garc. V. *Desgueina.*

DEGUENILHAT, V. *Desguenilhat.*

DEGUENS, dg. V. *Dedins.*

DEGUER, v. a. inusité. Voy. *Deoure* et *Deb*, R.

DEGUERPIR, V. *Desguerpir.*

DEGUERT, adj. m. (deguér), dl. Affecté; contrefait à force d'affèterie. Douj.

DEGUIER, s. m. vl. DEGAN, Sergent, gardien d'un territoire, dont il surveille les limites.

Éty. de *degu*, limites, et de *ier*. V. *Dec*, Rad. 3.

DEGUILHOUN, dl. V. *Guilhoun, es de.*

DEGUILHOUN, dl. V. *Mouquet.*

DEGUINLAR SE, v. r. (se deguinlá), d. bas lim. Se débrider. On le dit d'un sabot dont la bride est cassée ou s'est détachée. On le dit aussi de la personne qui porte ce sabot. Perdre son innocence, en parlant d'une fille.

DEGUISABLE, vl. V. *Desguisable* et *Guis*, R.

DEGUISAMENT, V. *Desguisament.*

DEGUISAR, V. *Desguisar.*

DEGUISAR, v. a. vl. Polir.

Éty. *Deguisar* est le même que *agusar* et *eguisar*, rendre.

DEGUISAT, V. *Desguisat.*

DEGUISAT, s. m. (deguisá), dl. Un masque, un carême-prenant. Sauv.

Éty. de *de* priv. de *guisa* et de *at.*

DEGUISAT, **ADA**, adj. vl. Poli, ie.

DEGUISATS, prép. vl. Divers.

DEGULAR, v. n. (degulá). Dégueuler, vomir, rendre gorge: fig. bavarder, dégouler. V. *Degoubilhar.*

Éty. du lat. *de*, *gula*, et de l'act. *ar*, rendre par la bouche. V. *Goul*, R.

DEGULAT, **ADA**, adj. et p. (degulá, áde). Mal embouché, bavard, qui parle mal et beaucoup, qui n'a aucune retenue. V. Goul, R.

DEGULHAT, **ADA**, adj. et p. (deguillá, áde), dl. Disloqué. V. *Desfach* et *Despoupat.*

Éty. de *de* priv. de *gulha* pour *agulha*, et de *at*, parce que le peuple attribue toutes les petites luxations ou les foulures graves, au déplacement de ce qu'il appelle une aiguille, os long et mince. V. *Agu*, R.

DEGUN, **UNA**, pron. adj. et s. (degún, úne); DENGUN, DIGUN, NEUGUN, DEGUS, NEGUS, NEGUN, MINGA, MINGOU, NAT. *Ninguno* et *Nadie*, esp. *Nessuno*, ital. *Nehum* et *Ninguem*, port. *Degus*, b. lat. Personne, aucun, aucune: *Ai vis degun*, je n'ai vu personne, dans ce sens et dans le suivant *degun* est employé substantivement: *Counouissi degun de vouestreis jugis*, je ne connais aucun de vos juges; personnage nul; quelqu'un, en anc. béarn. V. *Un*, R.

Éty. du lat. *neque unus*, *neque una*; d'où: *negun*, *negun* et *degun*, on voit par là que *negun* se rapproche plus de l'éty. aussi est-ce la plus ancienne manière d'écrire et de prononcer ce mot, qui, comme tant d'autres, a toujours été en s'altérant d'avantage.

L'a pas degun, il n'y a personne.

Degun noun ausarà, personne n'osera.

A quel homme es pas degun, c'est un homme nul.

Deguna maneira, vl. exp. prov. de quelque manière, d'une façon ou d'autre.

M. Thomas fait dériver *degus* du grec οὐδείς (oudeis), m. s. par métathèse et introduction du *g* par euphonie.

DEGUNS, vl. V. *Degus* et *Degun.*

DEGULAR, vl. V. *Degollar.*

DEGURPIR, v. n. vl. Déguerpir. V. *Desguerpir.*

DEGUS, Alt. l. de *Degun*, v. c. m.

DEGUSTAR, v. a. (degustá); *Degustar*, cat. anc. Déguster, goûter du vin ou quelqu'autre boisson, pour en connaître la qualité. V. *Goust*, R. et *Tastar.*

DEGUT, **UDA**, adj. et p. (degú, úde); DIUGUT, DIU, DEOUGUT. *Devido*, port. *Debido*, esp. *Degut*, cat. Dû, ue, qui est dû, qu'on doit.

Éty. du lat. *debitus*, m. s. V. *Deb*, R.

DEGUT, s. m. (degú). Dû, ce qui est dû; je demande mon dû; ce mot signifie aussi à point, comme il faut: *Cuech à soun degut*, cuit à point. Gros a dit:

A soun degut, convenablement, comme il faut, suffisamment.

Aquit un sarmoun à soun degut, pour voilà un sermon dans les formes.

DEH

DEHENS, prép. d. béarn. Pour dans V. *Dins*.

DEHORA, adv. d. béarn. Dehors. V. *Defora* et *For*, R.

DEI

DEI, DEU. vl. Je dois, pour *dev*, de *dever*, il ou elle doit.

DEI, art. m. DU. *Du*, d. bas lim. *Dei pan*, du pain. V. *Del* et *De*.

DEI, s. m. d. lim. Doigt. alt. de *Det*, v. c. m.

DEI, prép. négat. Dans le dialecte de Manosque et de ses environs on emploie cette prép. au lieu de *de* ou *des*, et l'on dit: *deibadarnat*, *deibarcar*, *deibastar*, *deifaire*, *deiflourir*, etc. etc. au lieu de *desbadarnat*, *desbascar*, *desbastar*, *desfaire*, *desflourir*, etc. M. Avril a suivi cette orthographe vicieuse dans son dictionnaire; pour ne pas grossir inutilement le nombre des renvois, nous ne ferons figurer, dans cet ouvrage, les mots commençant par *dei*, négatif, que comme synonymes, on les cherchera par *de* ou *des*.

DEIBAGUEGEAR, d. de Manosque. V. *Desbagagear*.

DEIBARETINAR, v. a. (deibaretiná). Décoiffer. V. *Descouiffar*.

Éty. de *dei* priv. de *baretin*, petit bonnet, et de *ar*. V. *Barret*, R.

DEIBARRARIAR, v. a. (deibarrariá). M. Avril donne ce mot comme appartenant aux dialectes des Basses-Alpes, où je ne l'ai jamais entendu prononcer, il signifie débagouler, selon cet auteur. V. *Desbarrar*, ôter *la barre* et *Barr*, R.

DEIBAVAGÉ, Cast. V. *Desbavagi*.

DEIBOUDENAR SE, v. r. (si deiboudenà), d. de Manosque. Se débrailler. V. *Desgevitrar se*.

Éty. Alt. de *desbeidenar*, inusité, formé de *des*, de *bedena* et de *ar*, montrer toute la bedaine, ou alt. de *deiboutounar*.

DEIBOUDENAT ADA, adj. et p. (deiboudená, áde), md. Débraillé, ée: *A ventre deiboudenat*, à ventre déboutonné.

DEIBOUJAS, v. a. d. lim. Dévider, débrouiller. V. *Desbulhar*.

DEIBOUNDOUNAR, v. a. d. de Manosque. Débonder. V. *Desboundar* et *Bound*, R.

DEIBRIR, d. lim. Pour ouvrir. V. *Durbir*.

DEICH-A, d. lim. Jusqu'à. V. *Denquia* ou *Jusqu'à*.

DEICHES, adj. et p. vl. Déchu, descendu. V. *Descendut* et *Scend*, R.

DEICIDE, **IDA**, adj. (deïcidé, ide); *Deicida*, cat. esp. ital. *Deicidio*, port. Déicide, peuple, nation qui a tué son Dieu.

Éty. du lat. *deicidium*, formé de *dei*, gén. de *deus*, dieu, et de *cœdere*, tuer. V. *Diu* et *Dei*, R.

DEICIDO, s. m. *Deicidio*, ital. esp. port. *Deicidi*, cat. Déicide, crime de ceux qui firent mourir le Sauveur du monde. V. *Diu*, R.

DÉICIT, adv. de lieu. (d'eici). D'ici. V. *Aicit*.

Éty. de *deceistant*, fait de *eicit* et de *estant*, d'ici étant, étant ici.

DEIDIER, Nom d'homme. V. *Didier*.

DEIFADOURIR, v. n. (deifadourir), d. de Manosque. Affadir, devenir fade, perdre de sa force, de sa saveur, s'affaiblir.

Éty. de *des*, de *fadour* et de *ir*, devenir plus fade. V. *Fad*, R.

DEIFADOURIT, **IDA**, adj. et p. (deifadouri, ide). Devenu fade. V. *Fad*, R.

DEIFIAR, v. a. (deïfiá); DEIFICAR. *Deificare*, ital. *Deificar*, esp. port. cat. Déifier, admettre, placer au nombre des dieux, diviniser.

Éty. de *dei* et de *fiar*, pour *ficar*, faire dieu. V. *Diu*, R.

DEIFIAT, **ADA**, adj. et p. (deïfiá, áde); *Deificado*, port. esp. *Deificato*, ital. Déifié, iée, mis au nombre des dieux. V. *Diu*, R.

DEIFIAT, **ADA**, adj. d. de Manosque. Traître, méchant. V. *Defiat* et *Fid*, R.

DEIFICAR, V. *Deifiar* et *Dieu*, R.

DEIFICATION, s. f. (deïficatie-n); *Deificazione*, ital. *Deificacion*, esp. *Deificação*, port. *Deificició*, cat. Déification, apothéose, action par laquelle on déifie, on divinise.

Éty. de *dei* et de *fication*, action de faire dieu. V. *Diu*, R.

DEIGLAÇAR, v. a. (deiglaçá), d. de Manosque. Dégeler, fondre, rompre, ôter la glace. Avril. V. *Glac*, R.

DEIGOUFAR, d. de Manosque. Alt. de *Descouiffar*, v. c. m. Il signifie aussi déformer, gâter la forme d'un chapeau, et écaler. V. *Desgovar* et *Desgrulhar*.

DEIGOUFAR SE, v. r. md. S'écaler, sortir de la gousse, en parlant des légumes, on le dit aussi pour se décoiffer.

DEIGRAVAR, v. a. (deigravá), d. de Manosque. Régaler quelqu'un de quelque mets de son goût, pour le dédommager des privations qu'il a souffertes.

Éty. de *dei* priv. de *Grav*, R. de *gravis*, lourd, pesant, et de *ar*, ôter ce qui incommode, le faire oublier. V. *Grav*, R.

DEIGTAT, adj. et p. vl. DEIGTATZ. Dicté, ordonné.

DEILIORAT, part. d. vaud. Délivré. V. *Delivrat* et *Liber*, R.

DEILIOUGEAR, v. a. (deilioudjà), d. de Manosque. Dégarnir, ôter une partie des couvertures ou des habillements. V. *Esleougir* et *Lev*, R.

DEILIOUGEAR SE, v. r. md. S'alléger, se décharger, se vêtir plus légèrement.

DEILUGAR, v. a. d. de Manosque. Disloquer. V. *Disloucar*.

Éty. de *dei* priv. de *lug*, lieu, et de *ar*, déplacer, ôter de son lieu. V. *Loc*, R.

DEIMAMAIRE, s. m. (deimamaïré). M. Avril donne pour équivalant français à ce mot, *sevreur*, qui est un barbarisme, et dit qu'on donne ce nom aux raisins que l'on met en réserve sur de la paille, pour les manger immédiatement après la vendange: *Avem encara de desmamaires*, nous avons encore des *sevreurs* ou des réservés.

Éty. de *dei* priv. de *mam* et de *aire*, qui sert à ôter de la mamelle, à sevrer, parce qu'on mange ces raisins immédiatement après la vendange pour se déshabituer peu à peu, de l'usage d'en manger de frais. V. *Mamel*, R.

DEIMAR, v. n. (déimá); DIMAR, DEMAR, DEUMAR. *Decimare*, ital. *Dezmar*, esp. *Dezimar*, port. Dîmer, percevoir la dîme, fig. enlever d'un tout une portion.

Éty. de *deime* et de *ar*. V. *Dec*, R. ou du lat. *decimare*.

DEIMARI, s. m. vl. Dîmerie. V. *Demaria* et *Dec*, R.

DEIMARIA, s. f. (deimarie); DEIMARI, DEMAMEN. Dîmerie, l'action de dîmer, ce qui concerne la dîme.

Éty. de *deime* et de *ariu*. V. *Dec*, R.

DEIMAT, **ADA**, adj. et p. (deimá, áde). Dîmé ou décimé.

DÉIME, s. f. (dèimé); DUMAS, DIMA, DEME, DEOUME. *Decima*, ital. *Diesmo*, esp. *Dizimo*, port. *Delme*, cat. Dîme ou dixme, dixième des fruits de la terre qu'on payait à l'Église ou aux Seigneurs, c'est aussi la dîme perçue.

Éty. du lat. *decima*, sous-entendu *pars*. V. *Dec*, R.

L'usage de payer la dîme était déjà établi du temps d'Abraham, puisque nous voyons dans la Génèse, que ce patriarche donna à Melchisedech, la dîme de tout le butin qu'il avait fait sur les quatre rois qu'il venait de vaincre.

Les Grecs consacraient aux Dieux la dixième partie du butin qu'ils faisaient sur leurs ennemis.

Il paraît qu'elle fut régulièrement fondée en France, en 779.

DEIMIER, s. m. (deimié); DEOUMAIRE. *Delmader*, cat. Dîmeur, celui qui recueillait la dîme, décimateur.

Éty. du lat. *decumanus*, m. s. ou de *deime* et de *ier*. V. *Dec*, R.

DEIMIÈRA, s. f. (deimiére). Lieu où l'on portait la dîme, la femme du dîmeur.

DEIMME, s. m. vl. Dîme. V. *Deime*.

DEIMOUCOURAR, v. a. (deimoucourá), d. de Manosque Dissuader, décourager, faire perdre l'envie, le courage de faire quelque chose, détourner de l'exécution d'un dessein.

Éty. de *dei*, affirm. de *mou*. employé pour *moù*, de *cour* et de *ar*. V. *Cor*, R.

DEIMOUSTOUSIR, v. a. (deimoustousi), d. de Manosq. DEIMOUSTOUHI. Dégluer, et non *deglutiner*, comme l'écrit M. Avril dans son dict. au propre, enlever le mout, et par ext. ôter tout ce qui salit en se collant, il est aussi réciproque.

Éty. de *dei* priv. de *moustous* et de *ir*. V. *Moust*, R.

DEINANT, adv. de temps (deinán), d. bas lim. D'HUINAN. L'année prochaine, d'aujourd'hui à un an. V. *L'an que ven* et *Ant*, R.

DEINAR, vl. V. *Denhar* et *Dign*, R.

DEING, adj. vl. Digne. V. *Digne* et *Dign*, R. Il ou elle daigne.

DEINGNAR, vl. V. *Denhar* et *Dign*, R.

DEINICHAR, d. lim. V. *Desnichar* et *Nis*, R.

DEIOTS, prép. vl. Dessous.

DEIREGAR, v. a. et n. (deirégá), d. de Manosque Démarquer, V. *Desmarcar*, s'écarter, passer la ligne, franchir les bornes, V. *Passar la rega*, au mot *Rega*.

Éty. de *dei* priv. et de *regar*, franchir, ôter la raie, la borne. V. *Radi*, R.

DEIS, art. plur. des deux genres employé pour *de lous, de las*; on dit aussi *des*.

DEIS, s. m. vl. *Dosel*, esp. *Docèl*, port. Dais. V. *Pali*.

DEISCENDENTS, anc. prov. V. *Descendents* et *Scend*, R.

DEISCENDRE, vl. V. *Deissendre*.

DEISME, s. m. (deïsmé); *Deisme*, cat. *Deismo*, esp. ital. port. Déisme, système de ceux qui, rejetant toute révélation, croient seulement à l'existence de Dieu.

Éty. du lat. *deismus*, m. s. ?.

DEISQUE, vl. V. *Desque*.

DEISSAZON, s. m. vl. Contre-temps, disette, famine. V. *Dessesoun*.

DEISSENDRE, v. n. vl. DEISENDRE. Dégrader, descendre. V. *Descendre* et *Scend*, Rad.

DEISSES, s. m. vl. Décadence, tissu. V. *Dessenh*.

DEISSOTERRAR, v. a. vl. Déterrer. V. *Desterrar*.

Éty. de *deis* pour *des* priv. de *so* pour *sous*, de *terra* et de *ar*, tirer de dessous terre. V. *Terr*, R.

DEISTO, TA, s. m. (deïste); *Deisto*, port. *Deista*, cat. esp. ital. Déiste, celui ou celle qui reconnaît un Dieu, mais qui rejette toute religion révélée; il est aussi adjectif.

Éty. du lat *deista*, m. s. V. *Diu*, R.

DEIT, EITA, part. vl. DEYT. Dit, ite. V. *Dich* et *Dire*, R.

DEITAL, s. vl. Dettes.

DEITAR, v. a. d. vaud. Marquer, remarquer.

Éty. de l'ital. *additare*, montrer, démontrer, formé de *ad* et de *dita*, doigt, montrer au doigt. V. *Det*, R.

DEITAT, s. f. vl. *Deitat*, cat. *Deità*, ital. *Deidad*, esp. *Deidade*, port. Divinité.

Éty. du lat. *divinitatis*, gén. de *divinitas*. V. *Diu*, R.

DEITOUMBAT, ADA, adj. et p. (deïtoumbá, ade), d. lim. Stupéfait, aite.

Éty. de *dei* augm. et de *toumbat*, comme si l'on disait tombé de son haut. V. *Toumb*, Rad.

DEIUNAR, v. n. vl. Jeûner. V. *Junar* et *Jun*, R.

DEIUNS, s. m. vl. Le jeûne. V. *Juni* et *Jun*, R.

DEIVIRADA, s. f. d. lim. Tournure. V. *Vir*, R.

DEJ

DEJA, adv. V. *Ja*.

DEJALAR, v. a. (dedjalá). Récéper un arbre. Aub.

DEJETAR, vl. V. *Desgitar*.

DEJETAR, v. a. vl. Renverser, abaisser.

Éty. de *de* augm. et de *jetar* pour *jitar*, jeter au loin. V. *Ject*, R.

DEJITAR SE, v. r. (dedjitá sé); ENVEARAR S', JITAR SE, ENGAUCHIR S', ENVOLAR S', DEMARGOULAR SE, DESMARGOULAR SE. Déjeter se, on le dit des bois, lorsque par trop de sécheresse ou trop d'humidité, ils se courbent et se gauchissent.

Éty. du lat. *dejectus*, jeté hors (de sa situation). V. *Ject*, R.

DEJITAR, v. a. (dedjitá). Élever un enfant à la mamelle ou après qu'il a été sevré. Arch.

Éty. de *de*, marquant éloignement, et de *jetar*, jeter loin de la mère. V. *Ject*, R.

DEJITAT, ADA, adj. et p. (dedjitá, áde); ENVEARAT, DEGARAMBRIT, DEGARAMBIT, FAUSSAT. Déjeté, ée.

Éty. du lat. *dejectus*, V. le mot précédent et *Ject*, R.

DEJONHER, vl. V. *Desjougner* et *Jougn*, R.

DEJOS, prép. vl. DEJOT, DEJOTZ. Dessous, sous.

DEJOSTA, prép. vl. V. *Josta*.

DEJOUCAMENT, s. m. Garc. V. *Desjoucar lou*.

DEJOUCAR, V. *Desjoucar*.

DEJOUGNER, V. *Desjougner*.

DEJOUST, dl. *Dejus*, cat. Pour *Dessous*, v. c. m.

DEJOUT, adv. (dedjoút), dl. *Dessous*, v. c. m.

DEJU, Alt. de *dejun*. Jeûne. V. *Juni* et *Jun*, R.

DEJUGNIR, dl. Découpler, *désateler*. V. *Desjougner* et *Jougn*, R.

DEJUN, adj. vl. DEJU, DEJUNI. *Deju*, cat. *Digiuno*, ital. Qui est à jeun.

Éty. du lat. *jejunus*.

DEJUN, s. m. vl. DEGU. *Dejun* et *Digiuno*, port. Jeûne.

DEJUNAR, vl. *Dejunar*, cat. *Digiunare*, ital. Jeûner. V. *Junar*. *Bon es dejunar, mas meils almorna donar*. Trad. de Bède.

DEJUNAR, v. n. (dedjuná); DESDEJUNAR, ENDEJUNAR, DESJEJUAR. Déjeuner, se dit du repas qu'on fait le matin avant le dîner. Dans quelques pays on emploie ce mot dans le sens de jeûner: c'est le *digiunare* des Italiens; il est aussi réciproque.

Éty. de *de* priv. de *jun*, jeûne, et de l'act. *ar*, c'est-à-dire, rompre le jeûne, parce qu'on est ordinairement à jeun quand on prend ce repas. V. *Jun*, R.

Ne dites pas, *je ne déjeûne jamais le matin*, mais seulement, je ne déjeûne jamais.

DEJUNAR LOU, s. m. DESDEJUN, BEURELE. Déjeûner et déjeûné, repas du matin. Ne dites pas un *déjeûner dînatoire*, en parlant d'un déjeûner qui tient lieu de dîner, mais un déjeûner-dîner. V. *Jun*, R.

DEJUNI, s. m. vl. *Dejuni*, cat. Jeûne. V. *Juni*.

DEJUNI, s. m. d. vaud. Jeûne. V. *Juni*.

DEJUUS, prép. anc. béarn. *Dejus*, cat. Ci-après. V. *Dejous* et *Dessous*.

DEL

DEL, art. m. (dél); DELA, fém. dl. *Del*, esp. ital. cat. anc. port. Du, delà; de *el*, de lui; de *ella*, d'elle.

Éty. Contract. de *de el*.

DELA, prép. trans. (delá); DEDELA, *Di là*, ital. *De alla*, esp. *Dalli*, port. Delà, de l'autre côté.

On dit en parlant de quelqu'un ou de quelque chose, il est de l'autre côté, et non *il est de delà*.

Delà oun, dl. où, auquel lieu, en quel endroit, sans interrogation.

De delà, adv. au delà, par delà, de l'autre côté, et non *de delà*.

DELABRAT, V. *Deslabrat*.

DELABRE, s. m (delábré). Délabrement, désastre, malheur, calamité. Garc.

DELAGASTAR, v. a. (delagastá), dl. Arracher; distraire. Douj. V. *Vast*, R.

DELAI, s. m. (delaï); DELÉ. *Dilazione*, ital. *Dilacion*, esp. *Dilação*, port. Délai, remise à un autre temps, retard; temps accordé par la loi pour se conformer à certaines décisions.

Éty. du lat. *dilatio*, formé de *de*, qui marque éloignement, et de *latus*, porté. V. *lat*, R. 3.

DELAIAR, v. a. et n. (deleïá). Tarder, temporiser, mettre un délai, ne pas exécuter de suite.

Éty. de *delai* et de *ar*. V. *Lat*, R. 3.

DELAIAT, ADA, adj. et p. (delaïá, áde). Retardé, négligé.

Éty. de *delai* et de *at*, délai mis. V. *Lat*. Rad. 3.

DELAISSAR, v. a. (deleissá); DESLAICHAR, DELEISSAR. Délaisser, abandonner, laisser sans aucun secours, sans aucune assistance.

Éty. de *de* augm. et de *laissar*, laisser tout à fait. V. *Lach*, R. 2.

DELAISSAT, ADA, adj. et p. (delaissá, áde); DESLAICHAT, DELEISSAT, DELECHAT. *Deslei xado*, port. Délaissé, ée. V. *Lach*, R. 2.

DELAMBRAR, v. a. vl. Oublier. V. *Delembrar*, *Denembrar*, *Oublidar* et *Mem*, R.

DELARDAR, V. *Deslardar*.

DELARDAT, V. *Deslardat*.

DELARGAR, v. n. (delargá), dl. Sortir, déloger, se lever, sauter du lit. V. *Alatar*.

Éty. de *de* augm. de *larg*, large, et de l'act. *ar*, donner du large. V. *Larg*, R.

DELARGAT, ADA, adj. et p. (delargá, áde), dl. Lâché, répandu. V. *Larg*, R.

DELASSAMENT, V. *Deslassament*.

DELASSAR, V. *Deslassar*.

DELAT, adj. vl. *Delat*, cat. Divulgué, dénoncé.

Éty. du lat. *dilatus*, formé de *di*, de côté et d'autre, et de *latus*, porté. V. *Lat*, R. 3.

DELAT, s. m. vl. Un accusé.

Éty. du lat. *delatus*, m. s. V. *Lat*, R. 3.

Relaxar se deu un delat donnant fermansas.

Stat. Pr.

DELATAR, v. a. (delatá), dl. *Delatar*, dénoncer, en cat. et en esp. Causer, dégoiser; se répandre en injures, exhaler sa colère.

Éty. de *delat*, accusé, et de l'act. *ar*, accuser, dire des injures. V. *Lat*, R. 3.

DELATAR SE, v. r. (se delatá). Alt. du d. bas lim.; de *Delectar*, v. c. m. et *Delic*, R.

DELATOUR, s. m. (delatóur); *Delatore*, ital. *Delator*, esp. port. cat. Délateur, délatrice, au fém. celui, celle qui accuse, qui dénonce, qui fait métier de dénoncer.

Éty. du lat. *delator*, de *de* et de *lator*, qui porte de côté et d'autre. V. *Lat*, R. 3.

DÉLAUVAR, v. a. (delaouvá), d. bas lim. Décrier, décréditer, déprécier. V. *Descreditar*.

Éty. de *de* priv. et de *lauvar*, louer. V. *Laud*, R.

DELAUVAT, ADA, adj. et part. (delaouvá, áde), d. bas lim. Décrié, ée.

Aquel home, aquel pais son bien delauvats, cet homme, ce pays, sont bien décriés. V. *Laud*, R.

DELAUZAR, V. *Deslauzar*.

DELAVAR, v. a. (delavá). Délaver; on le dit des couleurs dans lesquelles on a mis trop d'eau.

Éty. de *de* augm. et de *lavar*. V. *Lav*, R.

DELAVAR, v. a. (délavá). Laver le vernis, terme de potier de terre. Garc. Voy. *Lav*, R.

DELAVAT, ADA, adj. et p. (delavá, áde). Délavé, ée, couleur délavée, pâle et blafarde. V. *Lav*, R.

DELAVAT, ADA, adj. et part. Délavé, ée; dont on a lavé le vernis. V. *Lav*, R.

DELAYAR, v. a. (delaïá). Délayer, mêler quelque chose avec de l'eau ou avec quelque autre liqueur, de manière que le mélange demeure fluide. V. *Foundre*, *Destrempar* et *Lav*, R.

DELECAR SE, V. *Delectar se* et *Delic*, Rad.

DELECHABLE, vl. V. *Deleitable* et *Delectable*.

DELECHAMENT, s. m. vl. *Delectamiento*, anc. esp. *Dilettamento*, ital. Délectation, agrément, jouissance. V. *Delic*, R.

DELECHAR, v. a. vl. Amuser, divertir, délecter. V. *Delectar* et *Delic*, R.

DELECHAT, ADA, adj. et p. (deletchá, áde), d. béarn. Délaissé, ée. V. *Delaissat* et *Lach*, R. 2.

DELECHOS, vl. V. *Deleitos*.

DELECHOZAMEN, adv. vl. *Deleitosamente*, anc. port. *Dilettosamente*, ital. Délicieusement, joyeusement, agréablement. V. *Delic*, R.

DÉLECTABLÉ, ABLA, adj. (delectáblé, áble); DELETTABLE. *Dilettabile*, ital. *Deleytable*, esp. *Deleitavel*, port. *Delectable*, cat. Délectable, qui excite dans l'âme la délectation ou le mouvement du plaisir.

Éty. du lat. *delectabilis*, m. s. V. *Delic*, R.

Vous vegueri à la fin, ô sejour delectable,
M'ounte regnou lou bauenhur veritable.

Coye.

DELECTAR, v. a. et r. vl. DELLECTAR, DELEITAR, DELECHAR. *Delectar*, cat. esp. *Deleitar*, port. *Dilettare*, ital. Délecter, charmer. V. *Delectar se* et *Delic*, R.

DÉLECTAR SE, v. r. (sé delectá); DELECAR, COUNGOUSTAR SE, DELEGAR SE, DELATAR SE, DELETTAR. *Dilettarsi*, ital. *Deleytarse*, esp. *Deleitar se*, port. *Delectar*, cat. Se délecter, se complaire avec délectation à une chose.

Éty. du lat. *delectare se*. V. *Delic*, R.

DELECTAT, ADA, adj. (delectá, áde); *Delettat*, *Deleitado*, port. Délecté, ée. Voy. *Delic*, R.

DELECTATIO, vl. V.

DELECTATION, s. f. (delectatie-n); DELETTATION, DELETACIEN, DELEGADURA. *Dilettazione*, ital. *Delectacion*, esp. *Deleitação*, port. *Delectació*, cat. Délectation, émotion voluptueuse causée dans l'âme par le plaisir.

Éty. du lat. *delectationis*, gén. de *delectatio*, m. s. V. *Delic*, R.

DELECTATIU, adj. vl. Délectable, propre à délecter. V. *Delic*, R.

DELEGADURA, s. f. (delegadúre). Dénouement, conclusion d'une affaire; plaisir, délectation.

Éty. Dans le premier sens, de *delegar*, pour *deslegar*, délier, et dans le second, de *delectatio*. V. *Delectation*, *Lig* et *Delic*, R.

DELEGAR, v. a. (delegá); DELEGUAR. *Delegare*, ital. *Delegar*, esp. port. cat. Déléguer, députer, commettre quelqu'un, envoyer avec pouvoir d'agir; fondre comme du beurre ou du plomb. Garc.

Éty. du lat. *delegare*, dérivé de *legare*, dire, enjoindre. V. *Leg*, R.

DELEGAR SE, v. r. Se délecter, V. *Delectar se*, se morfondre, s'impatienter. Garc.

DELEGAT, ADA, adj. et p. (delegá, áde); DELEGUÉ. *Delegado*, port. esp. *Delegato*, ital. *Delegad*, cat. Délégué, ée, celui qui a reçu une délégation.

Éty. du lat. *delegatus*, m. s. V. *Leg*, R.

DELEGATION, s. f. (delegatie-n); *Delegació*, cat. *Delegazione*, ital. *Delegacion*, esp. *Delegação*, port. Délégation, acte par lequel quelqu'un substitue une autre personne à sa place; cession.

Éty. du lat. *delegationis*, gén. de *delegatio*. V. *Leg*, R.

DELEGUAR, vl. V. *Delegar*.

DELEICHAMENT, d. m. V. *Delaissament*.

DELEIG, vl. V. *Deleit*.

DELEIT, s. m. vl. DELEIG, DELIEG, DELICHE, DELIET, DELIACH, DELEITE. *Deleyte*, cat. esp. *Diletto*, ital. *Deleite*, port. Délice, plaisir. V. *Delici*.

Éty. du lat. *delectatio*, m. s. V. *Delic*, R.

DELEITABLE, ABLA, adj. vl. DELECHABLE, DELICTABLE. *Deleytable*, esp. *Dilettevole*, ital. *Deleitable*, cat. Délectable, agréable, délicieux, charmant. V. *Delectable* et *Delic*. Rad.

DELEITANÇA, s. f. d. vaud. *Deleitansa*, cat. Plaisir. V. *Delic*, R.

DELEITOS, OSA, adj. vl. DELITOUS, DELECHOS. *Deleytoso*, esp. *Deleitos*, anc. cat. *Deleytos*, cat. mod. *Deleitoso*, port. *Dilettoso*, ital. Agréable, charmant, charmé, satisfait, content, délicieux, gai, joyeux, sain, dispos.

Éty. de *deleit*, plaisir, charme, et de *os*, qui est de la nature du. V. *Delic*, R.

DELEIXA, v. a. anc. béarn. Délaisser. V. *Lach*, R. 2.

DELEIZ, s. m. vl. Péché, délit.

DELEMBRAR, vl. V. *Denombrar*, oublier, et *Oublidar* et *Mem*, R.

DELEOUGEAR, V. *Desleougear*.

DELEOUGEAR SE, v. r. (se deleoudjá). V. *Alleougear s'* et *Lev*, R.

Au mes d'abriou,
Te deleouges pas d'un fiou. Pr.

DÉLEOUSE, nom propre (deléóuzé). Ce nom se rendait en latin par *de ilice*, de l'ieuse, du chêne vert, il est toujours écrit en deux mots dans les anciens titres, *Andriou de l'couse*. Ce nom a produit les suivants: Deleuze, Delouse.

DELERET, s. m. d. béarn. Anxiété.

DELESTAR, v. a. (delestá); DELESTAR. Délester, ôter le lest d'un vaisseau.

Éty. de *de* priv. et de *lestar*. V. *Lest*, R. 2.

DELESTAT, ADA, adj. et p. (delestá, áde). Délesté, ée. V. *Lest*, R. 2.

DELETTAR SE, V. *Delectar se*.

DELETTATION, V. *Delectation*.

DELEYTACION, d. vaud. V. *Delectation*.

DELEZEI, s. et adj. d. lim. Désœuvré.

Disputar ei no vieillo modò
Que per d'au delezeis *siro toujours commodo.*

Foucaud.

Disputer est une vieille mode qui, pour des désœuvrés, sera toujours commode.

Éty. de *de* et de *lezei* pour *lezer*, loisir.

DELGAT, ADA, adj. vl. DELGUAT. *Delgat*, anc. cat. *Delgado*, esp. port. Délié, svelte, fin, délicat. *Votz delgada*, voix déliée.

Éty. *Delgat*, est une sync. de *deligat*, alt. de *delicat*. V. *Delic*, R.

DELGUAT, vl. V. *Delgat*.

DELHIEURAR, v. a. vl. Délivrer. V. *Delivrar* et *Liber*, R.

DELHIEURAT, ADA, adj. et p. vl. Délivré, ée; livré, ée. V. *Liber*, R.

DELHIVRAMENT, adv. vl. A la hâte, promptement, vite, lestement, qui est vite délivré. V. *Liber*, R.

DELHIVRAMENT, s. m. vl. Délivrance. V. *Liber*, R.

DELHIVRERAR, v. a. vl. Délibérer, conclure. V. *Deliberar* et *Libr*, R.

DELHIVRES, adj. vl. Libre. V. *Liber*, Rad.

DELHOUCAT, ADA, adj. et p. (deilloucá, áde), d. m. s. que *Disloucat*, v. c. m. V. *Loc*, R.

Que levo sa bestio tombado,
Qu'a uno cambo delhoucado.

Michel.

DELIACH, s. m. vl. V. *Deliech*.

DELIALMENT, adv. vl. *Deslealment*, cat. *Deslealmente*, esp. port. *Dislealmente*, ital. Déloyalement.

Éty. de *de* priv. de *lial* et de *ment*, d'une manière déloyale. V. *Leg*, R. 3.

DELIAR, V. *Desliar*.

DELIASSAR, V. *Desliassar*.

DELIBERACIO, vl. *Deliberació*, cat. V. *Deliberation*.

DELIBERADAMEN, adv. vl. *Deliberadament*, cat. *Deliberadamente*, esp. port. *Deliberatamente*, ital. Délibérément, résolument. V. *Libr*, R.

DELIBERAR, v. n. (deliberá); *Deliberare*, ital. *Deliberar*, esp. port. cat. Délibérer, exposer une question et discuter les raisons pour et contre, prendre une résolution.

Éty. du lat. *deliberare*, de *libra*, balance, selon Festus. V. *Liber*, R.

DELIBERAT, ADA, adj. et p. (deliberá, áde) : *Deliberado*, port. esp. *Deliberato*, ital. Délibéré, ée, arrêté, conclu, décidé.

Éty. du lat. *deliberatus*, m. s. V. *Liber*, R.

DELIBERAT, s. m. Délibéré, en terme de jurisprudence, se dit d'un jugement qu'on renvoie pour être mieux examiné, et de la décision qui en intervient ; mais on le dit en particulier d'un homme déterminé, hardi, *es un deliberat*. V. *Liber*, R.

DELIBERATIF, IVA, adj. (deliberatif, ive) ; *Deliberativo*, ital. esp. port. *Deliberatiu*, cat. Délibératif, ive ; qui a droit de délibérer, *voix délibérative*.

Éty. du lat. *deliberationis*, gén. de *deliberatio*, m. s. V. *Liber*, Rad.

DELIBERATIO, vl. V. *Deliberation*.

DELIBERATION, s. f. (deliberatie-n) ; DELIBERATIEN. *Deliberazione*, ital. *Deliberacion*, esp. *Deliberação*, port. *Deliberació*, cat. Délibération, exposition d'une question, suivie d'une discussion pour ou contre ; examen d'une question que l'on fait en soi-même, résolution prise par une assemblée délibérante.

Éty. du lat. *deliberationis*, gén. de *deliberatio*. V. *Liber*, R.

DELIC, DELEC, radical dérivé du latin *lacere*, *lacio*, *lactum*, tirer, traîner, solliciter, attirer en flattant, en caressant, d'où les sous-radicaux, *deliciæ*, *arum*, douceurs, délices ; charmes qui attirent ; *delicatus*, délicat ; *deliciosus*, délicieux ; *delectare*, délecter.

De *deliciæ*, par apoc. *delici* ; d'où : *Delici*, *Delici-ous*, *Delici-ousa*, *Deliciousa-ment*, *Delicios-itat*, *Delic-it*, *Delit-ous*, *Delica-men*.

De *delicatus*, par apoc. *delicat* ; d'où : *Delicat*, *Delicat-a*, *Delicata-ment*, *Dalicança*, *Dalic-at*, *Dalic-ada*, *Delicada-men*, et par alt. *daricat*, etc. *Dely-at*.

De *delectare*, par apoc. *delectar* ; d'où : *Delectar*, *Delect-at*, *Delect-ation*, *Delectable*, *Delec-ar*, *Delut-ar*, *Deguelh-ar*, *Deleg-at-ura*, *Deleit*, *Deleit-able*, *Deleitança*, *Deleit-os*, *Delieg*, *Deliet*.

DELICADAMEN, adv. vl. DELICADAMENS. *Delicadamènt*, cat. Délicatement. V. *Delicatament* et *Delic*, R.

DELICADEMEN, adv. d. béarn. V. *Delicatament* et *Delic*, R.

DELICAMEN, s. m. vl. *Delicament*, anc. cat. *Delicamiento*, anc. esp. *Delicamento*, ital. Friandise. V. *Delic*, R.

DELICAMENT, adv. vl. Alt. de *Delicatament*, v. c. m.

DELICAT, ATA, ADA, adj. (delicá, áte, áde) ; DALICAT. *Delicato*, ital. *Delicado*, esp. port. *Delicad*, cat. Délicat, ate, agréable au goût, exquis, sensible, fragile, consciencieux, précieux, dédaigneux, délicieux, recherché.

Éty. du lat. *delicatus*, m. s. V. *Delic*, R.

DELICATAMENT, adv. (delicatamóin) ; DELICADEMEN. *Delicatamente*, ital. *Delicadamente*, esp. port. *Delicadament*, cat. Délicatement, avec délicatesse.

Éty. de *delicata* et de *ment*. V. *Delic*, R.

DELICATESSA, s. f. (delicatésse) ; *Delicadea*, cat. *Delicatezza*, ital. *Delicadez*, esp. *Delicadeza*, port. Délicatesse, qualité de ce qui est délicat.

Éty. de l'ital. *delicatezza*, m. s. V. *Delic*, Rad.

DELICI, s. m. (delici) ; DELEIT. *Diletto* et *Delizie*, au pl. ital. *Deleyte* et *Delicias*, au pl. esp. *Deleite* et au pl. *Delicias*, port. Délice, s. m. délices, s. f. pl. Jouissance de l'âme causée par des sensations aussi agréables qu'elles peuvent l'être dans leur genre : *Es un delici*, c'est un délice, c'est un charme.

Éty. du lat. *delicium*, m. s. V. *Delic*, R.

DELICIAS, s. f. pl. vl. *Delicia*, cat. esp. port. *Delizia*, ital. Délices.

Éty. du lat. *delicias*, m. s. V. *Delic*, R.

DELICIOS, adj. vl. *Delicios*, cat. *Delicioso*, esp. *Delizioso*, ital. Délicat, délicieux, agréable, joyeux, voluptueux, mou. V. *Delicious*.

DELICIOSAMENT, adv. vl. DELECHOZAMEN. *Deliciosamènt*, cat. Délicatement, voluptueusement, agréablement. V. *Deliciousament* et *Delic*, R.

DELICIOUS, IOUSA, adj. (deliciéus, iéuse) ; *Delizioso*, ital. *Delicioso*, esp. port. *Delicios*, cat. Délicieux, euse, extrêmement agréable.

Éty. du lat. *deliciosus*, ou de *delici* et de *ous*. V. *Delic*, R.

DELICIOUSAMENT, adv. (deliciousaméin) ; *Deliciosamente*, esp. port. *Deliciosament*, cat. *Deliziosamente*, ital. Délicieusement, avec délices.

Éty. de *deliciousa* et de *ment*, d'une manière délicieuse. V. *Delic*, R.

DELICIOZ, vl. V. *Delicious*.

DELICIOZITAT, s. f. vl. Agrément, volupté, joie. V. *Delic*, R.

DELICIT, s. m. vl. V. *Delici* et *Delic*, Rad.

DELICTABLAMEN, adv. vl. *Delectablement*, cat. *Delectablemente*, esp. *Dilettabilmente*, ital. Délectablement, délicieusement. V. *Delic*, R.

DELICTE, s. m. anc. d. béarn. *Delicte*, cat. Délit. V. *Delit*.

DELICUEGNA, s. f. (delicuégne). Un homme trop délicat. Aub.

DELIECH, s. m. vl. DELIACH. Délice, charme, plaisir, agrément. V. *Deleit*.

DELIEG, s. m. vl. et

DELIEITAR, vl. V. *Delectar*.

DELIET, Plaisir, délice. V. *Delect* et *Delic*, R.

DELIET, vl. V. *Delieg*.

DELIEYTAR, vl. V. *Delectar*.

DELIGAMENT, s. m. d. vaud. Délivrance. V. *Delivrança* et *Lig*, R.

DELINHAR, v. a. vl. Dévier, disjoindre, écarter.

Éty. de *de* priv. de *linh* et de *ar*, ôter de la ligne.

DELINQUENT, adj. anc. d. béarn. *Delincuent*, cat. *Delinquente*, port. ital. esp. Délinquant, ante, celui, celle qui a commis un délit.

Éty. du lat. *delinquere*, manquer, faillir.

DELINQUIR, v. a. et n. vl. *Delinquir*, esp. cat. *Delinquere*, ital. Abandonner, faillir, manquer, faire une faute.

Éty. du lat. *delinquere*, m. s.

DELIOUGAR, V. *Disloucar* et *Loc*, R.

DELIOURAR, *Deliurar*, cat. V. *Delivrar* et *Liber*, R.

DELIOURE, adj. vl. *Deliure*, cat. V. *Deslioure* et *Liber*, R.

DELIR, sous-radical, dérivé du latin *delirium*, délire, et formé de *de* et de *lira*, sillon, petite élévation de terre qui se forme entre les sillons, d'où : *delirare*, sortir ou s'écarter du sillon, et fig. s'écarter du droit sentier, de la raison.

De *delirium*, par apoc. *delir* ; d'où : *Delir-i*, *Delir-e*, *Delir-ar*.

DELIR, v. a. dg. et vl. *Delir*, cat. anc. Effacer, détruire, anéantir, consommer, massacrer.

Éty. du lat. *delere*, m. s.

> *Puch per deli lou companatge*
> *Beoüou ses hounto de degun*
> *Quoate-calissados quadun.*
>
> D'Astros.

DELIRAR, v. n. (delirá) ; *Delirar*, port. esp. cat. *Delirare*, ital. Délirer, être en délire. V. *Revar* et *Pantaigear*.

Éty. de *deliri* et de *ar*, ou du lat. *delirare*, m. s. V. *Delir*, R.

DELIRE, s. m. (deliré) ; DELIRI, DELIRO. Délire. V. *Revation*.

Éty. du lat. *delirium*, m. s. V. *Delir*, R.

DELIRI, s. m. (deliri) ; DELIRE. *Delirio*, ital. esp. port. *Deliri*, cat. Délire ; pour rêves, V. *Revation* ; fig. trouble violent que causent les passions parvenues à leur degré d'exaltation.

Éty. du lat. *delirium*, m. s. V. *Delir*, R.

DELIS, adj. et p. vl. V. *Delit*.

DELIT, s. m. (deli) ; *Delicte*, cat. *Delitto*, ital. *Delito*, esp. *Delicto*, port. Délit, transgression des lois civiles ou des ordonnances de police.

Éty. du lat. *delictum*, m. s.

« L'infraction que les lois punissent de peines correctionnelles, est un délit. »

Code pénal, art. 1.

DELIT, IDA, adj. vl. DELITZ, DELIS. Détruit, uite, anéanti, exterminé, effacé.

Éty. du lat. *deletus*, m. s. de *delere*, effacer.

DELITAR, v. n. et r. vl. *Delitar*, cat. Délecter, charmer. V. *Delectar*.

DELITOUS, adj. vl. *Delitos*, cat. Délicieux. V. *Delicious*, *Deleitos* et *Delic*, R.

DELIURAMEN, vl. *Deliurament*, cat. V. *Delivramen*.

DELIURANSA, vl. V. *Delivransa*.

DELIURAR, v. a. vl. *Deliurar*, cat. anc. Délivrer ; opérer, exécuter. V. *Delivrar*.

DELIURATIO, vl. V. *Delivratio*.

DELIURAZO, vl. V. *Deslivramen*.

DELIURE, vl. V. *Desliure*.

DELIURE, adj. vl. *Deliure*, cat. Libre, exempt ; leste, prompt.

DELIURIER, s. m. vl. Délivrance.

DELIURIER, vl. V. *Delivrier*.

DELIVRAMEN, vl. V. *Deslivramen*.

DELIVRANÇA, s. f. (delivránce). Délivrance, action par laquelle on délivre, on met en liberté ; livraison d'une chose, sortie du placenta, après celle de l'enfant.

Éty. du lat. *liberare*, m. s. V. *Liber*, R.

DELIVRANSA, vl. V. *Deslivransa.*

DELIVRAR, v. a. (delivrá); DELIOURAR. *Desliurar*, anc. cat. *Liberare*, ital. *Librar* et *Libertar*, esp. port. *Delivrar*, port. Délivrer, rendre la liberté, affranchir, adjuger; accoucher, en parlant d'une femme, extraire l'arrière-faix.

Éty. du lat. *liberare*, rendre libre. V. *Liber*, R.

DELIVRAR SE, v. r. Se délivrer, s'affranchir; en parlant des femmes, accoucher, rendre le placenta: *S'es delivrada*, elle s'est délivrée.

DELIVRAT, ADA, adj. et p. (delivrá, áde); DELIOURAT. Délivré, ée, affranchi; accouchée.

Éty. du lat. *liberatus*, m. s. V. *Liber*, R.

DELIVRATIO, s. f. vl. DELIURATIO. Délivrance, livraison, remise. V. *Libr*, R.

DELIVRAZO, s. f. vl. DELIURAZO. Délivrance. V. *Deslivramen* et *Libr*, R.

DELIVRE, vl. V. *Desliure.*

DELIVRIER, s. m. vl. DELIURIER, DESLIURIER. Délivrance, absolution, débarras. V. *Libr*, R.

DELLECTAR, vl. V. *Delectar.*

DELOGADURA, s. f. vl. *Dislocadura*, esp. *Deslocadura*, port. Dislocation. V. *Dislocacio.*

DELOGAMENT, s. m. vl. *Dislocamento*, ital. Dislocation.

DELOGEA, expr. prov. (delódge). *A pres Jacque delogea per soun proucurour*, pour dire il a décampé.

Éty. de *delougear*, déloger. V. *Loc*, R.

DELOGNAR SE, v. r. d. vaud. S'éloigner. V. *Esluegnar s'* et *Long*, R.

DELORS, adv. vl. Dès-lors.

DELOUGADURA, s. f. (delougadúre), dg. Dislocation, luxation. V. *Loc*, R.

DELOUGAR, dl. m. s. que *Disloucar*, v. c. m. et *Loc*, R.

Éty. de *de* priv. de *loug*, pour *luec*, lieu, et de *ar*, déplacer, ôter de son lieu.

DELOUGAT, ADA, adj. et part. dg. (delougá, áde). Disloqué, ée. V. *Loc*, R.

DELS, art. m. pl. vl. Des, formé par contraction de *de los*; comme *als*, de *a los*.

DELU, V. *Deluc.*

DELUBI, s. m. V. *Delugi.*

Quan per un tarrible delubi
De toutlou moun non hec qu'un flubi.
D'Astros.

DELUBRADA, s. f. (delubráde). Inondation, débordement des rivières.

Éty. du lat. *deluere*, laver, nettoyer, ou de *labrum*, bassin.

DELUBRE, s. m. (delúbré). Vieux mot provençal qui signifiait temple, d'après l'auteur de la Statistique des Bouches-du-Rhône. C'est aussi un nom de lieu.

Éty. du lat. *delubrum*, temple.

DELUC, s. m. (delú), d. bas lim. DELU. *Esperar lou deluc*, attendre inutilement, s'ennuyer à attendre.

DELUGAR, v. a. et r. (delugá); DESMALUGAR. Déboiter, disloquer quelque partie du corps. V. *Disloucar* et *Loc*, R.

Éty. de *de* priv. et de *luega*, place, ôter de sa place.

DELUGAT, ADA, part. (delugá-áde). Déboîté, disloqué, luxé: on le dit aussi, mais improprement pour écervelé. V. *Demalugat* et *Disloucat.*

Éty. de *de*, de *luega* et de la term. passiv. *at, ada*, qui a été ôté de sa place. V. *Loc*, Rad.

DELUGI, s. m. (delúdgi); DELUBI, ENDELUBIS, ENDELUVIS, DELUBRE. *Diluvio*, ital. esp. port. *Diluvi*, cat. Déluge, le débordement des eaux, qui, du temps de Noë, couvrirent toute la terre et submergèrent tous les êtres, à l'exception de ceux qui entrèrent dans l'arche; fig. grande innondation, grande quantité, grande multitude.

Éty. du celt. *deluch*, ou du lat. *diluvium*, même sign.

Le déluge eut lieu l'an du monde :

2400	suivant	les Indiens.
2340	—	les Egyptiens.
2306	—	les Chinois.
2262	—	les Septante, dans Saint Epiphane.
2256	—	les Septante, dans Joseph.
2242	—	les Septante, dans Eusèbe.
2226	—	Albumasar.
2165	—	Les Chaldéens.
2000	—	La Chronologie persienne.
1656	—	La Vulgate.
1307	—	Le Texte samaritain.

Cette diversité d'opinions, sur le déluge, concourt à prouver ce que la géologie enseigne, c'est-à-dire, qu'il y a eu plusieurs grandes révolutions accompagnées de déluge.

DELURAR, v. a. (delurá), d. bas lim. Déniaiser, rendre quelqu'un moins niais.

Éty. de *de* priv. de *lura*, imbécile, niais, et de *ar*, rendre moins niais.

DELUVI, s. m. vl. Déluge. V. *Delugi.*

DEM

DEM, DEMO, radical pris du grec δῆμος (dèmos), peuple; ce mot est tantôt initial, tantôt final.

De *dèmos*, par apoc. *dem*; d'où: *Demagogo, Epi-dem-ia, Epi-dem-ique, Demo-cratia, Demo-crat-ique, En-dem-ique.*

DEM, dg. D'Astros, l'emploie pour *de me.*

DEMA, s. m. vl. *Dema*, cat. Demain. V. *Deman.*

DEMAGAR, v. a. (demagá). Froisser, chiffonner, bouchonner une étoffe, du linge, etc. Garc.

DEMAGOGO, s. m. (demagógue); *Demagogo*, cat. esp. port. Démagogue, chef d'une faction populaire.

Éty. du grec δῆμος (dêmos), peuple, et de ἀγωγός (agôgos), conducteur, dérivé de ἄγω (agô), mener, conduire. V. *Dem*, R.

DEMAI, adj. d. lim. Gêné, fatigué. V. *Deymai.*

DEMAIRAR, v. a. (demairá); DEMEIRAR. Ratisser, enlever le bois qui tient à l'écorce du chêne-liége.

Éty. de *de* priv. de *maire* et de *ar*, enlever la mère.

DEMAIRAR, v. a. (demairá), dl. Sevrer. V. *Desmamar.*

Éty. de *des* priv. de *maire* et de *ar*, séparer ou priver de la mère. V. *Mater*, R.

DEMAISSAR, V. *Desmaissar.*

DEMAISSAT, V. *Desmaissat.*

DEMALHOUTAR, V. *Desmalhoutar.*

DEMALOUNAR, V. *Desmalounar.*

DEMALUGAR, v. a. et r. (demalugá). V. *Desmalugar.*

DEMALUGAT, ADA, adj. et p. (demalugá, áde). Chagrin, inquiet; écervelé, évaporé, qui a l'esprit léger. V. *Disloucat* et *Desmalugat.*

Pertout trouba sur seis peados
De Cervellos demalugados.
Gros.

Éty. V. *Delugat* et *Lec*, R.

DEMAMAR, V. *Desmamar.*

DEMAMEN, s. m. vl. V. *Deimaria* et *Dec*, R.

DEMAN, s. m. vl. Demande, réclamation, je demande. V. *Demanda* et *Mand*, R.

DEMAN, adv. (demán); DOUMA, DOUMAN. *Dimaine*, ital. *Mañana*, esp. *A manhã*, port. *Dema*, cat. Demain, le jour qui suit immédiatement celui où l'on est; on l'emploie aussi substantivement lorsqu'on dit: *Avant que deman ague passat*, avant que demain soit passé.

Éty. de *demane*, dit dans la basse lat. pour *mane*; ou du lat. *mane* et de *de.*

Apres deman, ou *passat deman*, après demain; *Dema passad*, cat. *Pasado mañana*, esp.

Deman matin, *Dema al demati* cat. *Mañana por la mañana*, esp. *Domattina*, ital. demain matin.

DEMANCHAR, V. *Desmanchar.*

DEMANCIPAR, V. *Esmancipar.*

DEMANDA, s. f. (demánde); *Domanda*, ital. *Demanda*, esp. port. cat. Demande, action de demander, la chose demandée; question, action intentée en justice.

Éty. du lat. *mandare*, donner ordre. V. *Mand*, R.

DEMANDADOR, vl. V. *Demandaire.*

DEMANDAIRE, s. m. (demandáiré); DEMANDAIRIS, DEMANDET. *Dimandatore*, ital. *Demandador*, esp. port. *Demanador*, cat. Demandeur, euse, importun, qui fait métier de demander.

Éty. de *demanda* et de *aire*, celui qui demande. V. *Mand*, R.

A hardi demandaire, prompt refusaire.
Prov.

DEMANDAIRITZ, s. f. vl. *Demanadora*, cat. Demanderesse. V. *Mand*, R.

DEMANDAMEN, s. m. vl. DEMAN, DEMANDANSA. *Dimandamento*, ital. Demande, réclamation. V. *Mand*, R.

DEMANDANSA, s. f. vl. Demande. V. *Mand*, R.

DEMANDANT, ANTA, s. anc. d. béarn. *Demandant*, cat. Demandeur. V. *Demandour* et *Mand*, R.

DEMANDAR, v. a. (demandá); *Dimandare*, ital. *Demandar*, esp. port. *Demandar*, cat. Demander afin d'obtenir, s'adresser en justice; chercher quelqu'un pour le voir; interroger, faire une question, adresser une demande; désirer, exiger.

Éty. du lat. *demandare*, ordonner. V. *Mand*, R.

Demandar soun pan, mendier.

Demandar mai, redemander.

Qu demanda? Qui demana, cat. *Quien llama*, esp., *Chi è*, ital. qui est là, qui demande.

DEMANDAR, v. a. vl. Souhaiter.

DEMANDAT, ADA, adj. et p. (demandá, áde); *Demandado*, port. esp. *Domandato*, ital. Demandé, ée. V. *Mand*, R.

DEMANDET, Garc. V. *Demendaire*.

DEMANDOR, vl. V. *Demandour* et *Mand*, Rad.

DEMANDOUR, s. m. (demandóur); APPELLAIRE, DEMANDUR, ACTOUR. *Demandador*, port. esp. *Dimandatore*, ital. *Demanador*, cat. Demandeur, est en terme de procédure, celui, ou la partie qui en fait appeler une autre, qu'on appelle *défendeur*, par-devant le juge; celui qui demande, importun.

Éty. de *demanda* et de *our*, celui qui fait la demande. V. *Mand*, R.

DEMANEGEAR, Garc. V. *Desmanelhar*.

DEMANELHAR, V. *Desmanelhar*.

DEMANES, adv. vl. DEMANETZ. Tout de suite, sur le champ, à l'instant.

DEMANGEAMENT, Garc. V. *Demangesoun*.

DEMANGEAR, v. n. (demandjá); MANGEAR, FAIRE MANGEOUN. Démanger, il se dit d'un certain chatouillement piquant, entre cuir et chair, qui donne envie de se gratter.

Éty. de *de* et de *mangear*. V. *Mang*, R.

DEMANGESOUN, s. f. (demandgesóun); DESMANGESOUN, MANGEOUN, MANGESOUN, DEMANGEAMENT. Demangeaison.

DEMANGLAR, v. a. (demanglá), d. bas lim. Démancher. V. *Desmanchar* et *Man*, R.

DEMANIEIRAR SE, v. r. (se demainïerá), d. bas lim. Minauder, faire des mines, des grimaces ou des gestes ridicules.

Éty. de *de* priv. de *manieira*, manière, et de l'act. *ar*. V. *Man*, R.

DEMANIEIRAT, ADA, adj. (demaineïrá, áde), md. Maniéré, éréé, minaudier, ière, qui se fait remarquer par quelque affectation particulière.

Éty. de *maniera* et de *at*. V. *Man*, R.

DEMANS, s. f. vl. Demande. V. *Mand*, Rad.

DEMANTAL, s. m. (demantál), dg. Alt. de *devantal*, tablier. V. *Faudau*.

DEMANTALIAR, dl. V. *Desmantibular* et *Desgargalhar*.

DEMANTENIR, V. *Desmantenir*.

DEMANTIBULAR, V. *Desmantibular*.

DEMANTIBULET, s. m. (demantibulé). Homme défait, disloqué, exténué. Garc. V. *Mang*, R.

DEMAR, d. bas lim. Pour dimer. V. *Deimar*.

DEMARCAR, V. *Desmarcar*.

DEMARCHA, V. *Desmarcha*.

DEMARCHAR, vl. V. *Desmarcar*.

DEMARCHAR, vl. Se mettre en marche. V. *Desmarcar*.

DEMARGADA, s. f. (demargáde). Fuite, déguerpissement, émigration. Garc.

DEMARGADURA, s. f. (demargadúre). V. *Desmargadura*.

DEMARGAR, V. *Desmargar*.

DEMARGOULAR SE, V. *Degitar se*.

DEMARMALHAR, v. a. (demarmaillá), dl. Écarter, brouiller, déranger. Sauv.

Éty. de *de* augm. de *Marmalha*, v. c. m. et de *ar*.

DEMARQUAR, vl. V. *Desmarcar*.

DEMARRAR, V. *Desmarrar*.

DEMARRIMAR, v. a. (demarrimá), dl. Affliger.

Éty. Probablement du lat. *mœrare*, affliger, attrister.

DEMARRIMAR SE, v. r. (se demarrimá), dl. S'attrister, s'affliger infiniment. Douj.

DEMARRIMAT, ADA, adj. et p. (demarrimá, áde), dl. Affligé, éploré, éperdu. Douj.

DEMASCAR, V. *Desmascar*.

DEMASCARAR, V. *Desmascarar*.

DEMASCLAGE, s. m. (demascládgé). Action et salaire pour enlever la première écorce du chêne-liége. Garc.

DEMASCLAR, v. a. (demasclá), d. du Var. Enlever le mâle; enlever le liége aux chênes qui en portent, la première écorce.

Éty. On donne le nom de *mascle* au premier liége qu'on ôte d'un arbre; *demasclar*, c'est enlever le *mascle*.

DEMASIADAMENTE, adv. (demasiadaméinte); *Demasiadament*, cat. Démésurément, excessivement, avec excès.

Éty. de l'esp. *demasiadamente*, fait de *demasia*, excès de prix, et de *ment*.

DEMASIADURA, s. f. (demasiadúre). État d'une personne déguenillée; bousillage, ouvrage mal fait.

Éty. de l'esp. *demasia*, tort, excès.

DEMASIAR, v. a. (demasiá). Bousiller, faire mal, gâter un ouvrage; détruire, dégrader. Avril. avec le pronom personnel, il signifie se plaire, prendre plaisir à détruire, à gâter.

DEMASIAT, ADA, adj. et p. (demasiá, áde). *Demasiado*, esp. *Demasiad*, cat. Bousillé, ée, malfait, déguenillé, gâté, détruit, excessif, extraordinaire, extrême, hors de place; dérangé, mal à son aise. Garc.

N'ai una envegea demasiada, j'en ai une envie démesurée.

Testa demasiada, tête démesurée, folle.

DEMATAR, V. *Desmatar*.

DEMATAT, V. *Desmatat*.

DEMATIN, adv. (dematín); *Demati*, cat. *De mañana*, esp. Ce matin, dans la matinée.

Éty. de *de* et de *matin*. V. *Matin*, R.

DEMATIS, dl. Pour *de matin*. V. *Matin de* et *Matin*, R.

DEMAUCORAR, v. r. (demaoucourá); DEMAUCOUORAR, d. de Berre. Répugner.

DEMBALAR, Garc. V. *Desembalar*.

DEMÉ, s. m. vl. Dime. V. *Deime* et *Dec*, Rad.

DEMEFISAR, Garc. V. *Mesfisar*.

DEMEG, vl. A moitié. V. *Medi*, R.

DEMEI, vl. Pour, parmi. V. *Demest*.

DEMEISSELAR, v. a. (demeïsselá), d. bas lim. Rompre, luxer la mâchoire. V. *Desmaissar*.

DEMEIST, vl. Parmi. V. *Demest*.

DEMEITRE, v. a. vl. Mettre sus, imputer; relâcher, remettre.

DEMELAR, v. a. (demelá); DESMELAR. Démêler, séparer ce qui était mêlé, débrouiller ce qui était brouillé.

DEMELAT, s. m. (demelá); DEMELE. Démêlé, contestation, différend.

DEMEMBRAR, v. n. vl. DEMENBRAR, DESMEMBRAR. *Desmembrar*, anc. cat. *Dismemorare*, ital. Oublier: *Se demembrar*, s'oublier, oublier ce que l'on devait faire.

DEMEMBRAT, ADA, adj. et p. vl. DESMEMBRAT. Oublié, ée.

DEMEMORIAR, v. n. vl. Privé de mémoire, être fou, insensé, extravaguer. Voy. *Mem*, R.

DEMEMOURIAR, V. *Desmemoriar*.

DEMEMOURIAT, V. *Desmemoriat*.

DEMENAMENT, s. m. vl. Direction, tendance. V. *Men*, R.

DEMENAR LOU, s. m. Tournure, mouvement du corps, particulier à chacun; démarches: *A soun demenar*, à sa démarche ou à ses démarches.

DEMENAR, v. a. vl. *Dimenar*, ital. Mener, conduire, guider, diriger, amener; exprimer, faire éclater; agiter, secouer, tourmenter: manifester, produire. V. *Men*, R.

DEMENAR, v. a. (demená), d. bas lim. Remuer, agiter quelque chose, V. *Boulegar* et *Men*, R. en vl. mener, porter, pousser.

DEMENAR, v. n. md. Branler, aller de côté et d'autre: *Aquella dent demena*, cette dent branle. V. *Brandar* et *Men*, R.

DEMENAR SE, v. r. (sé demená); TREMOUSSAR SE, DESMENAR. *Dimenarsi*, ital. *Menearse*, esp. port. Se démener, se débattre, s'agiter, se remuer violemment; se donner beaucoup de peine pour faire réussir une affaire. V. *Men*, R.

DEMENAT, part. vl. DEMENATZ. Poussé, porté. V. *Men*, R.

DEMENC, s. m. vl. Demeure, logis.

DEMENCA, *Demenza*, ital. *Demencia*, esp. port. cat. Démence. V. *Foulia*.

Éty. du lat. *dementia*, formé de *de*, priv. et de *mentis*, gén. de *mens*, esprit. V. *Mens*, Rad.

DEMÈNE, s. m. (demenè), d. m. Démarche sourde: *Couneissem seis demenes*, nous connaissons ses intrigues. V. *Demenar lou*.

DEMENIR, V. *Diminuar* et *Min*, R.

DEMENIT, V. *Diminuat* et *Min*, R.

DEMENITION, V. *Diminution* et *Min*, Rad.

DEMENESÇAI, s. m. (demenescái), dl. Déchet, diminution. V. *Diminution*, *Dechet* et *Min*, R.

DEMENRAS, vl. DEMENERAS, DEMERRAS. Tu te comporteras, agiras, conduiras.

DEMENS, (deméins); DEMEN, ANAR EN DEMENS, phr. adv. Dépérir, diminuer, décroître.

Éty. de *de* et de *Mens*, v. c. m. et *Min*, R.

DEMENTAR SE, v. r. Se tourmenter, se plaindre, gémir, pleurer, tomber en démence. Lexique, Bibl. Carp.

Éty. du lat. *dementire*, extravaguer.

DEMENTEGAR, v. a. et n. V. *Desmentegar*.

DEMENTIGAR, v. n. d. vaud. *Dimenticare*, ital. Oublier. V. *Dementegar*.

Ély. de *de*, priv. de *ment*, esprit, mémoire, et de *igar*, ôter de la mémoire. V. *Ment*, R.

DEMENTIR, V. *Desmentir*.

DEMENTRE QUE, conj. vl. *Dementre*, anc. cat. Entre, parmi, tandis que ou pendant que: *Dementrè tant*, cependant. V. *Mentre que*.

DEMEOURE, v. a. (déméouré), d. bas lim. Mouvoir, ébranler. V. *Mooure* et *Mouv*, Rad.

DEMERGAR, v. a. vl. Plonger, englou-tir, enfoncer, abîmer.

Ély. du lat. *demergere*, m. s. V. *Mar*, R.

DEMERGAT, ADA, adj. et p. vl. Englouti, ie, abîmé, ée.

DEMERIT, s. m. vl. *Demerit*, cat. *Demerito*, esp. port. ital. Démérite, méfait, faute. V. *Desmerite*.

DEMERITAR, V. *Desmeritar*.

DEMERITE, V. *Desmerite* et *Demerit*.

DEMES, V. *Desmes*.

DEMESCLAR, v. a. dg. Démêler. Voy. *Triar*.

Éty. de *de* priv. et de *mesclar*, faire le contraire, démêler. V. *Mescl*.

DEMESCOMPTAR, V. *Mescomptar* et *Compt*, R.

DEMESCOMPTE, V. *Mescompte*.

Éty. de *mescompte*, avec addition de l'art. V. *Compt*, R.

DEMESCOULAR, V. *Desmouscelar*.

DEMESIR SE, v. r. (demesir), dl. S'ennuyer: *Se demesis*, il lui tarde de, V. *Mermar*, se consumer en bouillant trop longtemps. Doujat.

DEMESPESAR, v. n. (demespesá), dl. Diminuer de poids.

Éty. de *de*, de *mens* et de *pesar*, peser moins. V. *Pes*, R.

DEMESSA, s. f. vl. Défi, entreprise.

DEMEST, prép. (demès), dl. DEMEIST, DEMEI. vl. D'entre, parmi, entre; du milieu de, du fond: *Demest la terra*, des entrailles de la terre.

Éty. de *de* et de *mezzo*, milieu, du milieu, ou du lat. *de medio*. V. *Medi*, R.

Caucaro d'engendreo demest calque espinas. Bergoing.

DEMESTESESSA, s. f. vl. Privauté, familiarité.

DEMETA, s. f. (deméte), d. manosquin. Débat, agitation d'une personne qui se démène: *N'a plus ges fach demeta*, il n'a plus remué. Avr.

DEMETRE, v. a. *Demetrer*, cat. *Demitir*, anc. esp. *Demittir*, port. *Dimettere*, ital. Mettre, rejeter sur, imputer; désister, démettre.

Éty. du lat. *dimittere*, m. s.

DEMETTRE, V. *Desmettre*.

DEMETZ, vl. A-demi.

DEMEZIDA, s. f. vl. Effort, peine.

DEMEZIR, v. a. vl. *Desmedir*, esp. port. Outrer, excéder, rendre démesuré, exagérer.

DEMI, adj. et s. (demi), MIECH, MIECEA. *Demei*, basse lat. Demi, ie, la moitié d'un tout.

Éty. du lat. *dimidius*, formé du grec ἥμισυς (hémisus), la moitié.

Demi en français, est indéclinable quand il précède le substantif, ainsi l'on dit et l'on doit dire: demi-heure, demi-livre, demi-aune; mais il se décline quand il le suit et l'on dit alors une heure et demie, une livre et demie, une aune et demie, etc.

La demi a sounat, Tr. la demi est sonnée et non a sonné.

DEMI-LUNA, s. f. (demi-lúne). Demi-lune, ouvrage de fortification au dehors d'une place de guerre, placé au devant de la courtine.

Éty. Ses deux petits flancs se terminent en croissant, d'où le nom de demi-lune.

On doit l'invention de cet ouvrage aux Hollandais, et sa perfection à Vauban.

DEMIECH, s. et adj. vl. DEMIECH. Demi, intervalle.

DEMIEI, IEIA, IEJA, adj. (demièi, ièie, ièdge), DEMIECH. Demi-plein, demi-pleine: *Es demieia*, elle est à moitié pleine ou demi-pleine.

Éty. V. *Demi*.

En vl. au moyen de.

DEMIEI, s. m. Demi-pot, mesure de Provence pour les liquides. Garc.

DEMIEIAR, v. a. (demieià). Emplir ou désemplir à demi.

DEMIEIAR, v. a. (demieià). Remplir ou réduire à moitié.

DEMIEY, vl. V. *Demiei* et *Demi*.

DEMINCHE, V. *Dimenche*.

DEMINGAR, vl. V. *Diminuar* et *Min*, Rad.

DEMISSION, s. f. (demissie-n); DESMISSION, DEMISSIEN. *Demissió*, cat. *Demissione*, ital. *Demição*, port. Démission, acte par lequel on se démet de quelque charge, gouvernement, dignité, emploi.

Éty. du lat. *de* et de *mittere*, renvoyer. V. *Mettre*, R.

DEMISSIOUNARI, s. m. (demissiounári). Démissionnaire, celui qui se démet d'un emploi.

Éty. de *demission* et de *ari*, qui donne sa démission. V. *Mettre*, R.

DEMISSOIRO, s. m. (demissóire); DEMISSORI, DEMISSOUERO. *Demissoria*, port. Démissoire, lettres par lesquelles un évêque consent qu'un de ses diocésains soit promu à la cléricature ou aux ordres par un autre évêque.

Éty. du lat. *dimissorius*, fait de *dimittere*, envoyer. V. *Mettre*, R.

DEMITTA, s. f. (demitte). *Demittes*, toiles de coton qu'on apporte de Smyrne et qui se fabriquent à Menemen.

DEMOCRATIA, s. f. (democratie); *Democratia*, lat. *Democrazia*, ital. *Democracia*, esp. port. cat. Démocratie, forme de gouvernement où le peuple a toute l'autorité.

Éty. du grec δῆμος (dêmos), peuple, et de κράτος (kratos), force, puissance, c'est-à-dire, gouvernement du peuple. V. *Dem*, R.

DEMOCRATIQUE, ICA, adj. (democratiqué, ique); *Democraticus*, lat. *Democratico*, ital. esp. port. *Democratic*, cat. Démocratique, qui tient de la démocratie.

Éty. du lat. *democraticus*, m. s. V. *Dem*, Rad.

DEMOCRATO, s. m. (democráte); *Democrata*, cat. esp. port. Démocrate, celui qui est attaché aux principes de la démocratie.

DEMOLHIR, et

DEMOLIR, vl. V. *Demoulir*.

DEMOLITION, vl. *Demolició*, cat. V. *Demoulition*.

DEMONI, s. m. (demóni); *Demonio*, ital. esp. port. *Dimoni*, cat. Démon, lutin, espiègle, tapageur, personne qui vient à bout de tout ce qu'elle entreprend. V. *Demoun*.

Éty. du lat. *dæmonium*.

DEMONIAR, v. n. vl. Être possédé du démon.

Éty. de *demoni* et de *ar*, avoir le démon.

DEMONIAT et

DEMONIAYC, vl. V. *Demouniaque*.

DEMONSTRAMENT, s. m. vl. *Demonstrament*, anc. cat. *Demonstramiento*, anc. esp. *Dimostramento*, ital. Présentation, manifestation, preuve, démonstration. V. *Mon*, R.

DEMONSTRANSA, vl. V. *Demostransa*.

DEMOR, DEMOR, radical pris du latin *demorari*, demeurer, s'arrêter, attendre, formé de *mora*, retardement, délai, répit, que Vossius dérive du grec μείρω (meirô), partager, diviser: *quia morantes*, dit-il, *tempus intervallis trahunt ac dividunt*, d'où; *demorari*.

De *mora*, par apoc. *mor*; d'où: *Demorari* et *Demor*, *Demor-a*, *Demor-ant*, *Demorar*, *Demor-at*, *Demor-ancza*, *Demor-ea*, *Demor-er*, *Demor-et*, *Demouer-a*, *Demur-a*, *Demur-ança*.

DEMOR, s. m. vl. Demeure, séjour; fig. joie, plaisir, gaîté, agrément, délai, retardement, reste.

Éty. du lat. *demoratio*. V. *Mor*, R.

DEMORA, s. f. (demóre); DEMOUARA, DEMOUERA, HABITATION, HOUSTAU, DEMURA, DEMURANÇA, DEMOARA. *Dimora*, ital. *Demora*, cat. esp. port. Demeure, lieu qu'on habite ordinairement, que l'on habite depuis longtemps, le temps pendant lequel on habite dans un lieu, en vl. délai, retard.

Éty. du lat. *demorari*, m. s. V. *Mor*, R.

DEMORADA, s. f. vl. Retard, délai. V. *Demora* et *Mor*, R.

DEMORAGGE, s. m. vl. Séjour. V. *Mor*, R.

DEMORAILL, vl. V. *Demoralh*.

DEMORALH, s. m. vl. DEMORAILL. Délassement, passe-temps, récréation. V. *Mor*, R.

DEMORANCZA, s. f. vl. DEMORANÇA, DEMOURANÇA, DEMORAMENT, DEMOR, DEMORANSA. *Demoranza*, anc. esp. *Dimoranza*, ital. Délai, retard, retardement, absence, séjour, demeure.

Éty. du lat. *demoratio*, dont on a pris *demor*, qu'on a joint à la term. *ancza*. V. *Mor*, R.

DEMORANSA, s. f. vl. V. *Demorancza*.

DEMORANT, adj. (demouràn); DEMOURANT, HABITANT, RESTANT. Demeurant, qui est logé en tel ou tel endroit. V. *Mor*, R.

DEMORAR, v. n. (demourá); RESTAR, ISTAR, ESTAR, DAMORAR, DEMOURAR. *Demorar*, esp. port. cat. *Dimorare*, ital. tarder, s'arrêter, s'amuser, lambiner, se plaire, s'égayer.

Éty. du lat. *demorari*, m. s. V. *Mor*, R.

As ben demourat, tu as bien tardé.

DEMORAR, v. n. (demorá); DEMOURAR. *Dimorare*, ital. basse lat. *Morar*, esp. port. Demeurer, habiter, faire sa demeure. V. *Mor*, R.

DEMORAR, v. n. Rester: *A tout perdut, l'y a ren demorat*, il a tout perdu, il ne lui est rien resté: *Quatre milla homes an demorat sur la plaça*, il est demeuré quatre mille hommes sur la place. V. *Mor*, R.

DEMORAR, v. n. *Demora tranquille*, reste tranquille: *Demoraz*, finissez: *Voles pas demorar?* tu ne veux pas finir? *Avalisca demora*, fig. laisse-moi. V. *Mor*, R.

DEMORAR, v. a. vl. Attendre: *Demoraron los enemis*, ils attendirent les ennemis. V. *Mor*, R.

DEMOREA, s. f. vl. m. s. que *demora*. Retard, délai, demeure. V. *Mor*, R.

DEMOREIA, *longa*, expr. adv. vl. Longtemps.

DEMORER, s. m. vl. État, demeure. V. *Mor*, R.

DEMORET, s. m. (demouré), d. bas lim. DEMOURET. Joujou d'enfant; on le dit aussi de ce qui retient dans la maison, sous ce rapport. un malade, est un *demouret*. V. *Juguet*.

Éty. de *demora*, demeure, *demoret*, qui fait demeurer, qui arrête, et fig. qui amuse. V. *Mor*, R.

DEMORMALHAR, dl. V. *Destrantalhar* et *Desgargalhar*.

DEMORSAIRE, V. *Desmorsaire*.

DEMOSTRAMENT, s. m. vl. DEMOSTRAMEN. Apparence, apparition, manifestation.

DEMOSTRANSA, s. f. vl. DEMONSTRANSA. *Demostrança*, anc. cat. *Demonstranza*, anc. esp. *Dimostranza*, ital. Démonstration, preuve. V. *Mon*, R.

DEMOSTRAR, v. a. (demoustrá); DEMOUSTRAR. *Demostrar*, cat. esp. *Dimostrare*, ital. *Demonstrar*, port. Démontrer, prouver d'une manière évidente et convainquante.

Éty. du lat. *demonstrare*, m. s.

DEMOSTRAT, **ADA**, adj. et p. (demoustrá, áde); *Demostrad*, cat. *Demostrado*, esp. Démontré, ée.

DEMOSTRATIO, vl. V. *Demoustration*.

DEMOSTRATIU, **IVA**, vl. *Demostratiu*, cat. V. *Demonstratif*.

DEMOUERA, V. *Demora* et *Demor*, R.

DEMOULIR, v. a. (demoulir); DEMOLHIR. *Demolir*, cat. esp. port. *Demolire*, ital. Demólir, abattre, renverser. V. *Encalar*.

Éty. du lat. *demoliri*, ou de *de* priv. de *moul*, R. et de *ir*, détruire la masse, le tas. V. *Mol*, R. 2.

DEMOULIT, **IDA**, adj. et p. (demouli, ide); *Demolire*, port. *Demolid*, cat. Démoli, ie. V. *Mol*, R. 2.

DEMOULITION, s. f. (demoulitie-n); DEMOULITIEN. *Demolizione*, ital. *Demolicion*, esp. *Demolição*, port. *Demolició*, cat. Démolition, l'action de démolir.

Éty. du lat. *demolitionis*, gén. de *demolitio*, ou de *de* priv. de *moul*, R. et de *ition*, action. V. *Mol*, R. 2.

DEMOUN, s. m. (demóun); DIABLE, DEMONI. *Dæmon*, lat. *Demonio*, ital. esp. port. Démon, génie, esprit infernal, le diable. fig. personne intrépide, méchante.

Éty. du grec δαίμων (daimôn), dieu, génie, intelligence, ou de δαιμόνιον (daimonion), le même, dérivé de δαίω (daiô), connaître.

DEMOUNETISAR, v. a. (demounetisá). Démonétiser, ôter à un papier, à une monnaie la valeur qu'ils avaient, en prohiber le cours.

DEMOUNETISAT, **ADA**, adj. et part. (demounetisá, áde). Démonétisé, ée.

DEMOUNIAQUE, **ACA**, adj. et s. (demouniáque, áque); *Demoniaco*, ital. esp. port. *Dimoniat*, anc. cat. *Demoniac*, cat. mod. Démoniaque, qui est possédé du démon.

Éty. du lat. *dæmoniacus*, m. s.

DEMOUNTAR, V. *Desmontar*.

DEMOURALISAR, v. a. (demouralisá). Démoraliser, rendre immoral, corrompre les mœurs.

DEMOURALISAR SE, v. r. Se démoraliser.

DEMOURALISAT, **ADA**, adj. et p. (demouralisá, áde). Démoralisé, ée.

DEMOURALISATION, s. f. (demouralisatie-n); DEMOURALISATIEN. Démoralisation, action de démoraliser, effet de cette action.

DEMOURAR, V. *Demorar*.

DEMOURENAR, v. a. (demourená). V. *Desmourenar*.

DEMOURET, d. bas lim. V. *Demoret*.

DEMOURINAR, v. a. (demouriná); DEMOULINAR. Démolir, abattre, et r. s'écrouler. Aub.

DEMOURRAR, V. *Desmourrar*.

DEMOURSAIRE, s. m. (demoursáïré). Battoir pour détacher le verre du fêle. Garc.

DEMOUSCLOURAR, V. *Desmousclar*.

DEMOUSCLOURAT, V. *Desmousclat*.

DEMOUSCOUROUNAR, v. a. (demouscourouná); DEMOUSCLOURAR, DESMOUSCLOUROUNAR. Oter le crochet du fuseau, ou en faire sortir le fil. Aub.

Éty. de *de* priv. de *mouscouroun* et de *ar*.

DEMOUSTRAR, v. a. (demoustrá); DEMOSTRAR, DESMOUSTRAR. *Demostrar*, cat. *Dimostrare*, ital. *Demonstrar*, esp. port. Démontrer, prouver par la voie du raisonnement, par des conséquences nécessaires, qu'un principe est évident.

Éty. du lat. *demonstrare*, m. s. V. *Mou*, Rad.

DEMOUSTRAT, **ADA**, adj. et p. (demoustrá adá); DEMONSTRAT.; *Demonstrado* et *Demostrado*, port. *Dimostrato*, ital. Démontré, ée.

Éty. du lat. *demonstratus*, m. s. V. *Mou*, Rad.

DEMOUSTRATIF, **IVA**, adj. (demoustratif, ive); DEMOSTRATIF. *Dimostrativo*, ital. *Demostrativo*, esp. port. *Demostratiu*, cat. Démonstratif, ive, qui démontre, qui sert à démontrer, pronom qui sert à indiquer: *aqueou*, *aquella*, *aquestou*, etc. sont des pronoms démonstratifs.

Éty. du lat. *demonstrativus*, m. s. Voy. *Mon*, R.

DEMOUSTRATION, s. f. (demoustratie-n); DEMOUSTRATIEN, DEMOUSTRATION. *Dimostrazione*, ital. *Demostracion*, esp. *Demonstração*, port. *Demostració*, cat. Démonstration, raisonnement qui contient la preuve claire et invincible de la vérité d'une proposition; indication; preuve; action de montrer; leçon où l'on montre.

Éty. du lat. *demonstrationis*, gén. de *demonstratio*. V. *Mon*, R.

DEMOUSTRATOUR, s. m. (demoustratóur); DEMOUSTRATOUR, DEMOUSTRAIRE. *Dimostratore*, ital. *Demostrador*, esp. *Demonstrador*, port. Demonstrateur, celui qui démontre.

Éty. du lat. *demonstrator*, m. s. V. *Mon*, Rad.

DEMOUTAR, V. *Desmoutar*.

DEMPEI, V. *Desempei*.

DEMPIEI, V. *Desempiei*.

DEMPREMIER, adv. (deimpremié); DAMPREMIER. Dans le commencement, en premier lieu.

Éty. Ce mot est composé de *de*, de *en*, et de *premier*. V. *Prim*, R.

DEMRE, v. a. anc. lim. Diviser, partager.

DEMUBLAR, V. *Desmublar*.

DEMUCHAR, (demutchá), dg.?

La primo a demuchat ta plat
De sous auzels la meloudio.
D'Astros.

DEMUGAR, v. a. (demugá). Démêler les cheveux. Garc. V. *Desgoussir*.

DEMUISCLASSAR, v. a. (demusclassá), dl. Epauler ou rompre les épaules. V. *Espalar*.

Éty. de *de* priv. de *musclas* augm. de *muscle*, épaule, et de *ar*, ôter l'épaule. V. *Mus*, R.

DEMUNIR, v. a. et n. (demuni), d. bas lim. Pour diminuer, V. *Diminuar* et *Amendrir*. Démunir, ôter les munitions d'une place, V. *Desgarnir*, se dépouiller pour les autres, V. *Se desabilhar*.

Éty. de *de* priv. et de *munir*. V. *Mun*, R.

DEMURA, Jeu. V. *Batalha* et *Demor*, Rad.

DEMURANÇA, vl. V. *Demora* et *Demor*, Rad.

DEMUSCLASSAT, **ADA**, adj. et p. (demusclassá, áde), dl. Epaulé, ou découvert des épaules. V. *Espalat* et *Mus*, R.

DEN

DEN, s. f. vl. Fleuve.

E'l VI Angels es campet sa fiola
En aquella gran den *Eufraten.*

DEN, prép. d. béarn. Dans. V. *Dins*.

DENADA, s. f. (denáde), d. lim. L'avoir, la propriété. V. *Aver l'*.

DENAIRADA, s. f. vl. *Denerada*, esp. *Derrata*, ital. Denrée, ce qu'on achetait pour un denier. V. *Dec*, R.

DENAIRET, s. m. vl. *Dineret*, cat. *Dineruela*, esp. *Danajuolo*, ital. Petit denier.

DENAN, adv. vl. Avant, devant, auparavant, en présence. V. *Ant*, R.

Denan anan, précédent.
Denan azordenan, prédestinant.
Denan esse, gouverner.
Denan pauzat, mis devant, préposé, préféré.
Denan vezen, prévoyant, prudent.

DENANPENULTIM, adj. vl. Antépénultième.

DENANT, adv. et prép. (denán); *Dinanzi*, ital. *Denantes* et *Delante*, esp. *Diante*, port. *Denant*, cat. Pour devant. V. *Devant* et *Ant*, R. avant. vl.

Denant anan, précédent.
Denant azordenant, prédestinant.
Denant esse, gouverner.
Denant pausat, préposé.
Denant vesent, prudent.

DENANT, adv. vl. DENAN. *Denant*, anc. cat. *Denante*, esp. *Dantes*, port. *Dinanzi*, ital. Devant, au-devant, par-devant, en avant. V. *Ant*, R.

DENANTHOURAR, dl. m. sign. Que *Desverdegear*, v. c. m.

Éty. de *denant*, avant, de *houra* et de *ar*, récolter avant le temps. V. *Ant* et *Houra*, Rad.

DENANTIR, v. a. vl. Reculer, retarder.

DENANTIT, adj. vl. Reculé, retardé.

Éty. de *de* priv. de *en*, de *ant* et de *it*, ôté de devant. V. *Ant*, R.

DENARRAR, V. *Desnarrar*.

DENASICAR, dl. V. *Desnassar*.

DENAUS, s. m. (denáous), dl. Haut-de-chausses. V. *Brayas* et *Alt*, R.

DENAYRADA, vl. V. *Denairada*.

DENCLUS, s. m. dg. Enclume. V. *Enclumi*.

DENDESPIEI, dl. V. *Desempiei*.

DENEGA, adj. et p. d. vaud. Refusé. V. *Denegat* et *Neg*, R.

Car lo regne dal cel es denegà *à li avare.*

DENEGAR, v. a. vl. DESNEGAR, DENEYAR, DESNEYAR, DESNEDAR. *Denegar*, cat. esp. port. *Dinegare*, ital. Dénier, renier, refuser, nier.

Éty. du lat. *denegare*, m. s. V. *Neg*, R.

DENEGAT, **ADA**, adj. et p. anc. d. béarn. *Denegado*, esp. *Negato*, ital. *Denegad*, cat. Nié, refusé, ée. V. *Neg*, R.

DENEGATION, s. f. (denegatie-n); DENEGATIEN. *Denegacion*, esp. *Negazione*, ital. *Denegacio*, cat. Dénégation, déclaration par laquelle on soutient qu'un fait avancé par un autre n'est pas véritable.

Éty. du lat. *negatio*, m. s.

DENEGRIR, v. a. (denegrir). Dénoircir, ôter le noir d'un objet. Garc.

DENEIAR, v. a. vl. Nettoyer, purifier. V. *Net*, R.

DENEIAR, v. a. (deneïá), vl. Nettoyer, purifier. V. *Denejar* et *Net*, R.

DENEIRADAS, s. f. pl. vl. Denrées, c'est-à-dire, *denérées*, *denierées*, ou choses qui s'achètent avec des deniers ou à bas prix. Sauv. V. *Denier*.

DENEIRORA, V. *Cacha-malhas*.

DENEJAR, v. a. vl. DENEIAR. Nettoyer, purifier.

DENEMBRANÇA, s. f. (deneimbránce); DENEMBRANÇA. Oubli, l'action d'oublier, et impr. mémoire. V. *Oublid*.

Éty. de *de* priv. de *nembr*, pour *mem*, mémoire, et de *ança*, la mémoire perdue. V. *Mem*, R.

L'abscença es la maire de la denembrança.
Prov.

DENEMBRAR, v. a. (denimbrá); DEIMEMOURIAR. Oublier, ne pas se souvenir, négliger de faire. V. *Oublidar* et *Mem*, R.

DENEMBRAR SE, v. r. S'oublier, sortir de la mémoire.

DENEMBRAT, **ADA**, s. Fou, mal avisé, qui a perdu le sens, la mémoire. V. *Mem*, R.

DENER, s. m. vl. DENIER, DINIER. V. *Denier*.

DENEY, dg. V. *Denier*.

DENEYAR, vl. V. *Denegar*.

DENFRA, prép. vl. *Enfre*, anc. cat. *Infra*, ital. Dans, dedans. V. *Dintre* et *Int*, Rad.

DENGUERA, d. lim. Encore. V. *Encara*.

DENGUEYRA, dl. Encore. V. *Encara*.

DENGUN, V. *Degun* et *Un*, R.

DENHAR, v. a. vl. DEIGNAR, DEINAR. *Dignar*, cat. esp. port. *Degnare*, ital. Daigner, accueillir, approuver.

Éty. du lat. *dignari*, m. s. V. *Dign*, R.

DENHAUS, s. m. (denáous), dl. DENAUS. Un haut-de-chausses ou une culotte. V. *Brayas* et *Alt*, R.

DENHAUT, adv. (denáou); DENAUT, dl. En haut, le haut: *Lou denhaut d'aquel houstau vau pas lou debas.*

Éty. de *en* et de *haut*. V. *Alt*, R.

DENIAR, V. *Desnichar* et *Nis*, R.

DENIAR, v. a. (deniá); *Denegar*, esp. port. Dénier, nier. V. *Negar* et *Neg*, R.

DENIAT, **ADA**, adj. et p. (deniá, áde); *Denegado*, port. Dénié, ée. V. *Neg*, R.

DENIEIROLA, dl. V. *Cacha-malhas* et *Dec*, R.

DENIEISAR, V. *Desniaisar* et *Nis*, R.

DENIER, s. m. (denié); DINIER, DINER, DIGNER. *Denaro* et *Danaro*, ital. *Dinero*, esp. *Danario*, port. *Denari*, cat. Denier, petite pièce de monnaie qui vaut la douzième partie d'un sou; on le divisait anciennement en deux mailles et la maille en deux oboles.

Éty. du lat. *denarius*, de *decem*, nom que les Romains donnèrent à la première monnaie d'argent qu'ils firent frapper, et qui valait dix *as* ou dix livres de cuivre. Ce fut, selon Pline, l'an de Rome 485, 269 ans avant J.-C. sous le consulat de Q. Ogulnius et de C. Fabius Pictor. V. *Dec*, R.

Le nom de denier était autrefois donné presque indistinctement, en France, à toutes les monnaies, et l'on dit même encore aujourd'hui, les deniers publics, pour l'argent du gouvernement; les Italiens se servent du mot *denaro*, les Espagnols de *dinero*, les Portugais de *dinheiro*, pour désigner l'argent en général.

Il y avait des deniers, proprement dits, en or et en argent, dont la valeur était de beaucoup supérieure à nos deniers actuels; ce dont il faut être prévenu en lisant les vieux écrits, pour ne pas commettre des erreurs graves.

Les deniers d'or ou florins, valaient, savoir:

Le denier d'or à la chaise. . . . 25 sous.
Le denier d'or à la masse. . . . 22 sous.
Le denier d'or à la reine . . . . 16 sous.

DENIER, s. m. Denier, est aussi le nom dont on se sert pour désigner le titre de l'argent. Celui qui est parfaitement pur, est dit à 12 deniers, celui qui contient $^1/_{12}$ d'alliage, à 11 deniers, etc.

DENIEROLA, dl. V. *Cacha-malha*.

DENIESAR, Garc. V. *Desniaisar*.

DENIET, adj. et p. vl. Renié. V. *Neg*, R.

DENIGRAR, v. a. (denigrá); *Denigrare*, ital. *Denigrar*, esp. cat. *Denigrir*, port. Dénigrer, travailler à diminuer le mérite de quelqu'un ou de quelque chose, à les rendre méprisables.

Éty. de *de* augm. et de *nigrare*, rendre noir ou plus noir. V. *Negr*, R.

DENIGRAT, **ADA**, adj. et p. (denigrá, áde); *Denigrad*, cat. *Denigrado*, esp. Dénigré, ée.

DENIGRATIU, **IVA**, adj. vl. *Denigratiu*, cat. *Denigrativo*, esp. Noircissant, qui a la propriété de noircir.

DENIS, nom d'homme (denis); DANIS. *Dionisio*, ital. esp. Denis.

Éty. ?

De Saint Denis, apôtre des Gaules et évêque de Paris, martyrisé avec ses compagnons, Rustique et Eleuthère, dans le IIIme siècle; l'Eglise célèbre sa fête le 9 octobre.

DENISA, nom de femme (denise). Denise.

Éty. du lat. *dionysia*.

Patr. L'Eglise honore quatre saintes de ce nom, les 6 et 12 décembre; 15 mai et 8 avril.

DENOLS, s. m. pl. vl. Genoux. V. *Ginoulh*.

DENOMAR, v. a. (denoumá); NOMAR, DENOUMAR. *Denominare*, ital. *Denominar*, esp. port. cat. Dénommer, nommer et comprendre quelque personne ou quelque chose, nommément, par son nom, dans quelque acte ou procédure.

Éty. du lat. *denominare*, m. s. V. *Nom*, Rad.

DENOMAT, **ADA**, adj. et p. (denoumá, áde); DENOUMAT. *Denominad*, cat. *Denominado*, esp. Dénommé, ée.

Éty. V. *Nom*, R.

DENOMINATIO, vl. V.

DENOMINATION, s. f. (denouminatie-n); *Denominació*, cat. *Denominazione*, ital. *Denominacion*, esp. *Denominação*, port. Dénomination, désignation d'une personne ou d'une chose par un nom qui en exprime ordinairement l'état, l'espèce, la qualité, etc.

Éty. du lat. *denominationis*, gén. de *denominatio*, m. s. V. *Nom*, R.

DENOMINATIU, adj. vl. *Denominativo*, port. ital. Dénominatif, dérivé.

Éty. du lat. *denominativus*, m. s. V. *Nom*, Rad.

DENOMINATOUR, s. m. (denouminatóur); *Denominatore*, ital. *Denominador*, cat. esp. port. Dénominateur, c'est en arithmétique, celui des deux nombres d'une fraction qui s'écrit au-dessous de l'autre et qui marque en combien de parties on suppose l'unité divisée dans la fraction $^3/_4$, 4 est le dénominateur.

Éty. du lat. *denominator*. V. *Nom*, R.

DENOMMAR, vl. V. *Denomar*.

DENONCIAR, V. *Denounciar*.

DENONCIATIO, vl. V. *Denounciation*.

DENOTAR, v. a. (denoutá); DENOUTAR. *Denotare*, ital. *Denotar*, esp. port. cat. Dénoter, marquer, indiquer, signifier.

Éty. du lat. *denotare*, m. s. ou de *de*, de *nota* et de *ar*, marquer par une note, indiquer par un signe. V. *Not*, R.

DENOTAT, **ADA**, adj. et p. (denoutá,

àde); *Denotad*, cat. *Denotado*, esp. Dénoté, désigné.

DENOUDAR, Garc. V. *Desnousar.*

DENOUGALHAR, dl. V. *Nougalhar.*

DENOULH, s. m. (denouill), dl. V. *Ginoulh. De noulhous*, à genoux.

DENOUMAR, V. *Denomar.*

DENOUMAT, V. *Denomat.*

DENOUMBLAR, V. *Desrenar.*

DENOUMBLAT, V. *Desrenat.*

Éty. Alt. du lat. *delumbare*, m. s.

DENOUMBRAMENT, s. m. (denoumbraméin); *Denombramentum*, basse lat. Dénombrement, compte en détail, il s'applique plus particulièrement à l'état qu'on fait des habitants d'un pays.

Éty. du lat. *de*, de *numerus*, nombre, et de la term. *ment*, c'est-à-dire, s'occuper du nombre, y appliquer son esprit. V. *Num*, R.

Les censeurs faisaient tous les cinq ans, à Rome, le dénombrement des citoyens et de leur fortune. Cette invention admirable, dont l'honneur est dû à Servilius Tullius, mettait la République à portée de connaître ses forces.

Auguste étendit, le premier, ce dénombrement à toutes les provinces de l'empire, et le renouvela trois fois sous son règne. On se rappelle, avec plaisir, que ce fut pour se conformer au décret de cet empereur qui ordonna le second dénombrement, que Joseph et Marie se rendirent à Bethléem, où ils furent inscrits, et où naquit le Sauveur du Monde. Dict. des Orig. de 1777, en 6 vol. in-12.

DENOUN, s. m. (denóun); *Deninho*, port. *Dedillo* et *Dedito*, esp. *Ditino* et *Ditello*, ital. Dim. de *det*, petit et joli doigt. V. *Det*, Rad.

DENOUNÇA, s. f. (denóunce); *Denuncia*, ital. cat. Sync. de *Denounciation*, v. c. m. et *Nounç*, R.

DENOUNÇAR, V. *Denounciar* et *Nounç*, Rad.

DENOUNCIAR, v. a. (denouncià); DENOUNÇAR. *Dinunziare*, ital. *Denunciar*, esp. port. cat. Dénoncer, accuser en justice.

Éty. du lat. *denuntiare*, m. s. V. *Nounç*, Rad.

DENOUNCIAT, ADA, adj. et p. (denouncià, àde); DENOUNÇAT. *Denounciado*, port. esp. *Denunciad*, cat. Dénoncé, ée.

Éty. du lat. *denunciatus*. V. *Nounç*, R.

DENOUNCIATION, s. f. (denounciatie-n); DENOUNCIATIEN, DENOUÇA. *Denunziazione*, ital. *Denunciacion*, esp. *Denunciação*, port. *Denunciació*, cat. Dénonciation, accusation en justice: *L'y an fach una denounça*, on l'a dénoncé.

Éty. du lat. *denuntiationis*, gén. de *denuntiatio*, m. s. V. *Nounç*, R.

DENOUNCIATOUR, s. m. (denounciatóur); *Denunziatore*, ital. *Denunciador*, esp. port. cat. Dénonciateur, celui qui dénonce quelqu'un, et par ext. délateur, accusateur.

Éty. du lat. *denuntiator*, m. s. V. *Nounç*, Rad.

DENOUSADOUR, s. m. (denousadóu), dl. L'endroit par où l'on dénoue un nœud.

Éty. de *de* priv. de *nous*, nœud, et de *adour*. V. *Nous*, R.

DENOUSAR, V. *Desnousar.*

DENOUTAR, V. *Denotar.*

DENOZAR, vl. V. *Desnousar.*

DENQUIA, prép. (deinquie); DEYCHAU, DINQUIAS, DINQUIOS, DEICHA, DINQUE. Jusque: *Denquia aicit, denquia aila*, jusqu'ici, jusque-là.

DENQUIOS ACIT, dg. Bergeyret. Jusqu'ici.

DENREA, s. m. vl. Denier. V. *Dec*, R.

Anc nols laïchet daver que valha una denrea. v. 1706. Hist. en vers de la Croisade contre les Albigeois.

Point ne leur laissant d'avoir, qui vaille un denier.

DENREAS, s. f. pl. (danrées); DANRAYOU, DANREAS, DENEIRADAS, DENARIOTA, DENERATA. *Derrata*, ital. *Dinerada*, esp. *Denairada*, basse lat. Denrées, tout ce qui se vend ou s'achette pour la nourriture et l'entretien des hommes et des bestiaux.

Éty. du vieux lang. *deneiradas*, formé de *denarium*, denier, chose qu'on achetait à bas prix avec des deniers; de *deneir-adas*, on a fait *deniérées*, *dénérées*, et ensuite *denrées*. Le mot *denrea* était encore employé en 1210, dans le sens de denier. V. le mot précédent et *Dec*, R.

DENS, prép. dg. Pour dans. V. *Dins*.

DENSITAT, s. f. (deinsità); *Densitat*, cat. *Densidad*, esp. *Densità*, ital. *Densidade*, port. Densité, l'état de rapprochement des molécules composantes d'un corps.

Éty. du lat. *densitatis*, gén. de *densitas*, m. s.

DENT, DANT, radical pris du lat. *dens*, *dentis*, dent, qu'on fait dériver de *edo*, *edere*, manger, comme si l'on disait *edens*, qui mange, mais sa véritable racine est dans le grec ὀδοὺς (odous), gén. ὀδόντος (odontos), par aphér. de *o*, d'où: *denticulus*, petite dent, *dentatus*, denté, *dentitio*, *onis*, dentition.

De *dentis*, par apoc. *dent*; d'où: *Subredent*, *Des-dentar*, *Dent*, *Dent-ar*, *Dentada*, *Dent-al*, *Dent-au*, *Dent-e*, *Denteriga*, *Dent-isto*, *En-dentar*, *E-dent-at*, *Sobre-dent*, *Dent-elhar*, *En-dentelh-ar*, *Contra-dent-eyar*, *San-dant*.

De *dentitionis*, par apoc. *dentition*, par altération: *Lente*, *Lent-erigou*, *Lent-ilha*, *A-dens*, *A-dans*.

De *denticulus*, par apoc. *denticul*, par sync. de *cu*, *dentil*; d'où: *Dentilh-oun*, *Dentilh-a*.

De *dentil*, par métagr. de *i* en *e*, *dentelh*: *Dentelh*, *Dentelh-at*, *Dent-ilh*, *En-dentelh-ar*.

De *dent*, par le changement de *e* en *a*, *dant*; d'où: *Dant-ela*.

DENT, s. f. (déin); *Dente*, port. ital. *Diente*, esp. *Dent*, cat. Dent, corps dur implanté dans les mâchoires, servant à retenir, diviser et triturer les aliments.

Éty. du lat. *dens*, *dentis*. V. *Dent*, R.

Chez l'homme adulte, les dents sont au nombre de trente-deux, seize à chaque mâchoire:

On les distingue en:

INCISIVES, DENTS DE DEVANT, au nombre de quatre de chaque côté. Elles sont taillées en biseau et n'ont qu'une racine.

CANINES, LANIAIRES ou OEILLÈRES, *dents de l'ueilh*, *ulhaus*, au nombre de quatre, deux à chaque mâchoire, taillées en biseau pointu, n'ayant également qu'une racine. Ces dents portent le nom de *défenses*, chez le sanglier; *crocs*, dans le cheval et le mâtin; *morfils* ou *dents*, chez l'éléphant, la vache marine et l'hippopotame.

MACHELIÈRES ou MOLAIRES, *grossas dents*, *cais*, *dents machadouiras*, situées après les canines jusqu'au fond de la mâchoire, quatre de chaque côté de chaque mâchoire, en tout seize. Elles ont toutes, deux ou trois racines; les deux premières des canines, se nomment *petites molaires*, *bicuspides*, *fausses molaires* ou *molaires de remplacement*; celles qui viennent après sont les *grosses molaires* ou *arrière-molaires*, dont la dernière s'appelle *dent de sagesse*, parce qu'elle ne se montre qu'à un âge un peu avancé.

Dans chaque dent on nomme:

CORPS, la partie qui se montre hors de l'alvéole.

ÉMAIL, l'enveloppe blanche et dure qui recouvre le corps.

COL ou COLLET, l'espèce de retressissement qui est entre le corps et la racine.

RACINE, la partie qui entre dans l'alvéole.

CORPS ou COURONNE, la partie libre qui paraît hors de l'alvéole.

Les grosses dents de dessous d'un sanglier portent le nom de *défenses*, et celles de dessus celui de *Grez.*

CHICOT, les restes d'une dent rompue.

PULPE ou NOYAU, la partie molle de l'intérieur.

IVOIRE, la partie dure, recouverte par l'émail.

BRÈCHE-DENT, la personne à qui il manque une ou plusieurs dents sur le devant.

ALVÉOLE, la cavité dans laquelle elles sont implantées.

ARCADES DENTAIRES, les deux lignes courbes formées par les dents, distinguées en supérieure et en inférieure.

SURDENT, dent qui pousse avant que celle qu'elle doit remplacer soit tombée.

Faire cruchir las dens, *cruxir las dents*, cat. faire craquer les dents.

Entre dents, *entre dents*, cat. *Entre dientes*, esp. entre ses dents.

Amoular sas dents, *Esmolar las dents*, cat. *Agusar los dientes*, esp. se préparer à bien manger.

Monstrar las dents; *Mostrar las dents*, cat.

Mau de dents, mal aux dents, odontalgie, dites: j'ai mal aux dents, et non *mal de dents*, *aquel enfant fai de dents*, Trad. cet enfant fait ses dents, les dents percent à cet enfant, ou il lui perce des dents, et non *il fait des dents*, qui est un provenç. ainsi que *il met des dents*.

Soubre dent, *sobre dent*, cat. *Sobrediente*, esp. *Soppraddente*, ital. Surdent. *Dent pourrida*, dent cariée. Cette maladie des dents n'est ni l'effet de la pourriture, ni celui d'un ver qui les rongerait comme le croient ordinairement beaucoup de gens, mais celui d'une affection particulière. V. *Caria*.

Dounar un coou de dent, V. *Coou de dent.*

Restar sur seis dents, demeurer court, manquer de mémoire.

Mostrar leis dents en qu'auqu'un, montrer les dents à quelqu'un, lui résister en face.

Esculape, fils d'Arsipe et d'Arsinoé est regardé comme le premier qui ait arraché des dents dans le but de soulager ceux qui y souffraient.

Les Romains, jaloux de conserver leurs dents, dit l'auteur du Dict. des Orig. de 1777, en 6 vol. in-12, lorqu'ils en perdaient, s'en faisaient mettre d'ivoire qu'ils attachaient avec un fil d'or.

DENT, s. m. Dent, se dit aussi d'une infinité de choses qui sont terminées en pointe comme une véritable dent. Les dents d'un peigne, d'une scie, etc. V. *Dent*, R.

Dent d'un couteau, brèche.

Dents d'un cumascle, crans d'une crémaillère.

Dent-de-lach, animosité, rancune ancienne qui vient de loin.

DENT-DE-LION, s. f. (dèin-dé-lie-n); *Dent del leo*, cat. *Diente de leon*, esp. *Dente di lione*, ital. Nom qu'on donne, à Nismes, au pissenlit. V. *Pourcin*.

Éty. du lat. *dens leonis*, m. s.

DENT-DE-LOUP, s. m. (dèin-dé-lou). Barre de fer dentelée qu'on met aux fenêtres pour en défendre l'entrée.

DENTADA, s. f. (deintáde); **DENTAU, DENTATA**. *Dentata*, ital. *Dentarada*, esp. *Dentada*, port. Dentée, coup de dent, morsure, marque qui en reste.

Éty. de *dent* et de *ada*, fait avec la dent, V. *Dent*, R. d'où *dentata*, en basse lat.

DENTAL, s. m. (deintál); *Dental*, cat. esp. *Dentale*, ital. Le sep, bois qui soutient le soc de la charrue. V. *Souchau*.

Éty. du lat. *dentale*, m. sign. V. *Dent*, R. *Araire*, en vl.

Dentales, en basse lat. désigne les oreilles du soc, *aures aratri*.

DENTAR, v. a. (deintá). Examiner les dents d'un animal pour en reconnaître l'âge.

Éty. de *dent* et de *ar*. V. *Dent*, R.

DENTAR, v. n. *Dentecer*, esp. *Dentar*, cat. Mettre ou pousser des dents : *Aquel enfant denta*, cet enfant perce des dents. Voy. *Dent*, R.

DENTARIGA, dg. Voy. *Dentariga* et *Dent*, R.

Far la dentariga, mettre en goût, en appétit.

DENTASSA, s. f. (deintasse); *Dentarra*, cat. *Denton*, esp. *Dentaccio*, ital. Grosse dent, laide dent.

DENTAT, s. m. vl. Mets, ragoût.

DENTAT, ADA, adj. et p. (deintá, áde); **DENTELAT**. *Dentado*, port. esp. *Dentato*, ital. *Dentad*, cat. Denté, ée, qui a des dents, en parlant d'une personne qui a de bonnes dents, ou encore toutes ses dents : *Es encara ben dentada*, elle a encore de bonnes dents.

Éty. du lat. *dentatus* ou de *dent* et de *at*, pourvu de dents. V. *Dent*, R.

DENTAU, s. f. Pour dentée. V. *Dentada* et *Dent*, R.

DENTAU, s. m. (deintáou); *Dentau d'araire*, dl. Le cep de la charrue, V. *Souchau* et *Araire*.

Éty. de *Dent*, R. ou du lat. *dentarium*.

DENTE, s. m. (dènté); **DAINE, LENTE**. *Dental*, cat. *Denton*, esp. *Dentice*, en Sardaigne; *Dentici*, à Malthe; *Dentão*, port. Le Denté, ou dentale : *Sparus dentex*, Lin. *Dentex vulgaris*, Dict. Sc. Nat. poisson de l'ordre des Holobranches et la fam. des Léiopomes (à opercules lisses), qu'on pêche dans la Méditerranée, depuis le commencement du printemps jusqu'au mois d'août.

Éty. du lat. *dentex*, nom sous lequel les anciens ont désigné ce poisson, probablement à cause des huit longues dents antérieures de ses mâchoires. V. *Dent*, R.

Le denté ne dépasse guère le poids de vingt livres, dans notre mer, mais dans les autres, on l'a vu égaler celui de huit quintaux, selon Duhamel.

DENTEJAR, v. a. et n. vl. *Dentear*, esp. *Denticare*, basse lat. Mordre, claquer des dents.

Éty. de *dent* et de *ejar*. V. *Dent*, R.

DENTELAT, Garc. V. *Dentat*.

DENTELH, s. m. vl. **DENTILH, DETELH**. *Dentello*, cat. *Dentellon*, esp. *Denticulo*, port. *Dentello*, ital. Créneau de muraille, dentelure.

Éty. du lat. *denticulus*. V. *Dent*, R.

DENTELHAR, v. a. et r. vl. *Dentellear*, esp. *Dentellare*, ital. Se prendre aux dents; créneler, denteler.

Éty. de *dent* et de *helar*, pour *elhar*, faire des dents. V. *Dent*, R.

DENTELHAT, ADA, adj. et p. vl. **DENTELHATZ**. Crénelé, ée.

Éty. de *dentelh* et de *at*. V. *Dent*, R.

DENTELLAR, vl. V. *Dentelhar*.

DENTERIGA, s. f. (deinterigue); **DENTERIGOU, DENTILHA, LENTILHA, DENTARIGA**. *Dentera*, esp. Agacement des dents : *Aquot me fai denteriga*, cela m'agace les dents.

Éty. de *dent*, R.

DENTHELAR, v. r. vl. Se prendre aux dents.

DENTHELAR, v. a. vl. *Dentellear*, esp. *Dentellare*, ital. Créneler, denteler. Voy. *Dent*, R.

DENTI, s. m. (déinte); **LENTE**, à Nice, **DENTE**. Spare Cetti, *Sparus Cetti*, Risso, poisson de l'ordre des Holobranches et de la fam. des Léiopomes (à opercules lisses), qui atteint de six à huit décimètres de longueur, et dont la chair est ferme et de bon goût.

DENTILH, vl. V. *Dentelh* et *Dent*, R.

DENTILHA, s. f. d. m. V. *Denteriga*. Éty. V. *Dent*, R.

DENTILHA, s. f. Lentille. V. *Lentilha*.

DENTILHOUN, s. m. (deintillóun); **DENTIOUN, DENTOUNA**. *Denticulus*, bas. lat. Petite dent; en vl. chicot.

Éty. Dim. de *Dent*, v. c. m. et *Dent*, R.

DENTIS, s. m. (dèintis). Ononis des champs. Gar. V. *Agavoun*.

Éty. Altér. de *lente*.

DENTISTO, s. m. (deintiste); *Dentista*, cat. esp. port. Dentiste chirurgien qui s'applique au traitement des maladies des dents. On nomme *charlatan*, celui qui pratique cet art en courant le monde, et en se donnant en spectacle sur les places publiques.

Éty. du lat. *dent* et de *Isto*, v. c. m.

Esculape, fils d'Arsipe, est regardé comme le premier qui ait arraché des dents. Voy. *Dent*, R.

DENTITION, s. f. (dentitie-n); **DENTITIEN**. *Denticion*, esp. *Dentició*, cat. *Dentizione*, ital. Dentition, sortie des dents hors des alvéoles et des gensives.

Éty. du lat. *dentitionis*, gén. de *dentitio*, V. *Dent*, R.

On distingue la dentition, en première et en seconde. La première, consiste dans l'émission des dents de lait qu'on nomme aussi dents passagères, dents de l'enfance; elles sont au nombre de vingt ordinairement, dix à chaque mâchoire, et tombent toutes vers l'âge de sept ans, pour être remplacées par les dents permanentes, ce qui constitue la seconde dentition.

L'éruption des premières dents est une maladie quelquefois grave pour les enfants, ce qui a donné lieu au proverbe : *Bel enfant jusqu'eis dents.*

La dentition fait reconnaître l'âge des bêtes de somme V. *Cavau*.

DENTOUNA, s. f. (deintóune); *Dentinho*, port. *Dentela*, cat. *Dentino*, ital. *Dentezuelo*, et *dentecillo*, esp. Petite dent.

Éty. de *dent* et de *ouna*. V. *Dent*, R.

DENTRO, adv. (deintró); **ENTRO**. *Dentro*, esp. ital. anc. Jusqu'à : *Dentro alai*, jusques-là; *d'entro aicit*, jusqu'ici.

Éty. du roman *entro*, jusques, avec la prép. *de*.

Ensegnava amorosament el poble entro *al endeman*, docebat populum diligenter usque in crastinum.

DENTZ, vl. Il ou elle daigne.

DENUCAR, V. *Ensucar*, Garc.

Éty. de *de* priv. de *nuca* et de *ar*, priver de, ou écraser la nuque.

DENUDAR, vl. V. *Desnudar*.

DENUG, UGA, adj. et p. vl. Dénué, désarmé.

DENUNCIADOR, vl. *Denunciador*, cat. V. *Denonciatour*.

DENUNCIAMEN, s. m. vl. *Denunciament*, anc. cat. Dénonciation, annonciation. V. *Nounç*, R.

DENUNCIAR, vl. *Denunciar*, cat. Dénoncer. V. *Denounciar*.

DENUNCIAR, v. a. vl. Annoncer. V. *Anounçar* et *Nounç*, R.

DENUNCIARE, vl. V. *Denunciador*.

DENUNCIATIO, vl. V. *Denounciation*.

DENUT, vl. V. *Desnut*.

DENZIR, s. m. (deinzi), d. bas lim. L'agacement des dents, V. *Lenterigou*.

DEO

DEODATI, nom d'homme (deodáti). Dieudonné. V. *Daudet*.

DEO-GRATIAS, s. m. (deó-graciás); *Deogracias*, cat. esp. Formule de remercîment dont on se sert pour rendre grâces à Dieu des bienfaits qu'il nous a accordés.

Éty. Grâces à Dieu, sous-entendu rendons. **DEO GRATIAS**, *Salutationis formula, veteribus christianis etiam usitata, ut testatur. S. Augustinus in psal.* 132. Ducange.

DEOPILAR, v. a. vl. Désopiler. V. *Desoupilar*.

DEOPILATIU, IVA, adj. vl. *Desopilatiu*, cat. *Desopilativo*, esp. port. *Desoppilativo*, ital. Désopilatif, ive, propre à désopiler. V. *Pil*, R.

DEOU, dg. Pour *del*, *doou*, du.

DEOU, s. m. Alt. de *diou*, conservée dans le juron suivant.

Cop de deou, tête de dieu, ou tête-dieu.

DEOU, EOUVA, V. *Deouve*.

DEOUDE, s. m. (deoúdé), d. bas lim. Pour dette. V. *Deoute* et *Del*, R.

DEOUGUT, Garc. V. *Degut* et *Del*, R.

DEOUIN, adj. Alt. du dg. de *Divin*, v. c. m. V. *Diu*, R.

DEOUMAIRE, dl. V. *Deimier.*

DEOUME, V. *Deime.*

DEOURE, adj. Pour sensible, douloureux. V. *Deouve* et *Tendrin.*

DEOURE, v. a. (dèouré); DEVER, DEGUER, DEOURRE, DIOURRE, DIOURE, DIURE. *Dovere*, ital. *Deber*, esp. *Dever*, port. *Deurer*, cat. Devoir, être engagé à payer quelque chose; avoir des dettes, être redevable, être obligé, il sert aussi à indiquer le futur dans les façons suivantes de parler: *Deou plouure deman*, il doit pleuvoir demain; *Devoun faire assemblar lou counseou*, on doit faire assembler le conseil, etc.

Éty. du lat. *debere*, m. s. formé de *alio habere*, avoir ce qui appartient à un autre. V. *Deb*, R.

Jugar à deoure, jouer sur parole.

Le verbe devoir prend trois formes en provençal:

1°. *Dever*, qui fournit l'indicatif présent, *iou devi, tu deves*, etc. l'imparfait, *iou deviou, tu devies*, etc. le conditionnel, *si iou deviou*, etc.

2°. *Deoure*, qui fournit le futur, *iou deourai, tu deouras*, etc. et la seconde pers. de l'impér. *deou.*

3°. *Deguer*, qui fournit le passé défini, *iou degueri, tu degueres*, etc. l'impér. *deguem, deguer, degoun*, etc. le subj. *que degui, que degues*, etc. *que deguessi, que deguesses*, etc. le part. *degut.*

Tau me deou que me demanda, Prov. celui qui à tort se plaint le premier.

DEOURRE, Alt. de *Deoure*, v. c. m.

DEOUTE, s. m. (deóuté); DETE, DEOUDE, DEUTE. *Deute*, cat. *Debito*, ital. *Deuda*, esp. *Divida*, port. *Deta* et *Delum*, bas. lat. Dette, ce que l'on doit.

Éty. du lat. *debitum*, m. s. d'où *deoutum, deoute*, ou du grec τελθος (telthos), dette. V. *Deb*, Rad.

On appelle, dette

ACTIVE, celle qu'on nous doit.
PASSIVE, celle que nous devons.
HYPOTHÉCAIRE, celle qui est hypothéquée.
PRIVILÉGIÉE, celle qui a un privilége spécial.
EXIGIBLE, celle qu'on peut exiger en ce moment.
PERSONNELLE, celle qui a été contractée par le débiteur lui-même.
CHIROGRAPHAIRE, qui est due par un titre sous seing privé.
LIQUIDE, celle dont l'objet est clair et certain.
CIVILE, celle ordinaire, qui n'est ni commerciale, ni correctionnelle.
LÉGALE, celle à laquelle on est obligé par la loi.
PROPRE, celle qui n'est due que par l'un des conjoints.
USURAIRE, celle qui résulte en partie de l'usure exercée par le créancier.
LÉGITIME, celle qui a une cause juste.
SIMULÉE, celle qui n'est contractée qu'en apparence.
VÉREUSE, celle dont le remboursement est fort incertain.
CRIARDES, celles peu importantes dues à des ouvriers ou à des marchands.

Dourmir coumo un viel deoute, dormir comme un loir, ou comme un sabot.

Cachar lou deoute, nier sa faute.

L'origine de la dette publique, date de François Ier, qui emprunta, en 1521, 200,000 livres, de la ville de Paris.

DEOUTEIRE, et

DEOUTEIRENC, vl. Débiteur. V. *Debitour* et *Deb*, R.

DEOUVE, EOUVA, adj. (déouvé, déouve); DEOU, DEVOU, DEOURE, DEOURRE. Douloureux, euse, sensible, douillet, qu'on ne peut toucher sans exciter de la douleur.

Éty. V. *Dol*, R.

DEOUYNITAT, s. f. dg. D'Astros. V. *Divinitat.*

DEP

DEPART, s. m. (depár); PARTENÇA. Départ, action de partir.

Éty. V. *Part*, R.

DEPART, s. m. DESPART. En terme d'orfév. départ, indique l'opération par laquelle on sépare l'or de l'argent ou celui-ci du cuivre auquel il était allié. V. *Part*, R.

Les premières expériences qui furent faites, à cet égard, datent de 1518, sous François Ier.

DEPARTAMENT, *Departament*, cat. V. *Despartament* et *Departiment.*

DEPARTEMENT, s. m. vl. Divorce, division, séparation. V. *Part*, R.

DEPARTIA, vl. V. *Departida.*

DEPARTIDA, s. f. (departide); DEPART, PARTENSA. Départ, séparation, départie.

Éty. de *depart* et du pass. *ida*, départ effectué. V. *Part*, R.

Ha! la cruella departida,
M'aguesse leou coustat la vida,
Plouravi; disiou moun bel ai,
Helas! jamai plus te veirai!
J. M. Pr.

DEPARTIDAMENT, adv. vl. DEPARTIDAMEN. *Departidament*, cat. *Departidamente*, esp. port. Séparément.

DEPARTIMENT, s. m. vl. DEPERTIMEN, DEPARTEMEN, DEPARTIMEN. *Departiment*, anc. cat. *Despartimiento*, esp. anc. *Dipartimento*, ital. Départ, séparation, partage, dispersion, éloignement, distribution, division, dénombrement, différence, contestation.

Éty. du lat. *dispartio*, et de *ment*. V. *Part*, Rad.

DEPARTIR, v. a. vl. *Departir*, anc. cat. anc. esp. *Spartire*, ital. Départir, séparer, diviser, partager, distribuer, dissoudre.

DEPARTIR, v. a. (departir); *Departir*, cat. Pour partager, diviser. V. *Partagear* et *Partir*, démêler en vl. et *Part*, R.

DEPARTIR SE, v. r. vl. DESPARTIR. *Departirse*, cat. esp. port. *Spartire*, ital. Se retirer: *Si se depart, deparca*, s'il se retire, laissez lui faire, Sauv. partir.

Éty. du lat. *dispertire*, départir. V. *Part*, Rad.

DEPARTIR SE, v. r. d. vaud. S'éloigner. V. *Part*, R.

DEPARTIT, IDA, adj. et p. vl. Séparé, éc. V. *Part*, R.

DEPASCER, v. a. et. n. vl. Paître, dévorer.

Éty. du lat. *depascere*, m. s. V. *Past*, R.

DEPAST, s. m. vl. Réfection, le manger, nourriture, appétit.

Éty. du lat. *departus*, ou de *de* et de *Part*, Rad.

DEPAUPERACIO, vl. V. *Depauperatio.*

DEPAUPERAR, v. a. vl. *Depauperar*, cat. esp. Appauvrir, rendre pauvre.

Éty. du lat. *depauperare*, m. s.

DEPAUPERAT, ADA, adj. et p. vl. Appauvri, ie.

DEPAUPERATIO, s. f. vl. Appauvrissement.

DEPAUSAR, vl. DEPAUZAR. V. *Deposar.*

DEPAUZAMENT, s. m. vl. DEPAUZAMEN. Dépôt. V. *Depos.*

DEPAUZAR, vl. V. *Depausar.*

DEPAUZATIO, s. f. vl. Déposition. V. *Deposition.*

DEPEI, adv. (depéi); *Depois*, port. Depuis.

DEPENDENÇA, s. f. (depeindèince); DEPENDENCI. *Dependentia*, basse lat. *Dependenza*, ital. *Dependencia*, port. esp. cat. Dépendance, assujettissement d'un être à un autre quelconque; connexion, ce qui fait partie de...

Éty. du lat. *dependere* et de *ença*. Voy. *Pend*, R.

DEPENDENT, ENTA, adj. (depeindèin, èinte); *Dependent*, cat. *Dependente*, ital. port. *Dependiente*, esp. Dépendant, ante; qui dépend, qui fait partie de...

Éty. du lat. *pendet, qui ab alio pendet.* V. *Pend*, R.

DEPENDRE, v. n. (depèindre); *Dependir*, cat. *Dipendere*, ital. *Depender*, esp. port. Dépendre, être dans la dépendance, sous l'autorité de...; provenir, procéder de...

Éty. du lat. *dependere*, m. s. V. *Pend*, R.

DEPENHER, v. a. vl. DESPENHER. *Dipignere* et *Dipingere*, ital. Dépeindre, peindre, représenter. V. *Depintar.*

Éty. du lat. *depingere.*

DEPENT, adj. et p. vl. Dépeint. Voy. *Pintat* et *Pint*, R.

DE-PER-AI-TAU, expr. prov. (dé-pér-aï-táou), dl. *Au ben de per ai tau*, oui vraiment. Sauv.

DEPERDICIO, s. f. vl. *Deperdicio*, esp. *Desperdição*, port. Déperdition, perte.

DEPERDRE, vl. V. *Desperdre.*

DE-PER-EL, expr. adv. (dé-pér-él); DESPEREL. De lui-même, sans l'aide de personne.

Éty. *Deperel*, signifie litt. de par lui.

DEPERENC, s. m. (dépéréinc); DEBOURENC. Un fripe tout; destructeur qui fripe, qui use ses hardes en peu de temps.

Éty. de *deperir* et de *enc*. V. *Perir*, R.

DE-PER-ENCREIRE, dl. (dé-pér-eincrèiré); DE PER PARREN et PER RIRE. Pour rire, par jeu, pas tout de bon.

Éty. V. *Cred*, R.

DEPERIR, v. n. (deperir); *Deperir*, anc. cat. Dépérir, diminuer successivement en allant à sa perte, à sa fin, s'éteindre.

Éty. du lat. *deperire*, m. s. V. *Perir*, R.

DEPERISSAMENT, s. m. (deperissaméin); DEPERICHAMENT. Dépérissement, de ce qui dépérit; ruine, amaigrissement. V. *Perir*, Rad.

DEPERIT, IDA, adj. et p. (deperi, ide). Dépéri, ie. V. *Perir*, R.

DE-PES, expr. adv. (dé-pés), dl. Debout ou sur pieds. V. *Ped*, R.

DEPILACIO, s. f. vl. Dépilation, chute du poil, des cheveux.

DEPILAR, v. a. vl. *Depilare*, basse lat. Dépiler, ôter le poil.

DEPILAT, ADA, adj. et p. vl. Dépilé, ée.

DEPILATIU, IVA, adj. vl. Dépilatif, ive ; qui fait tomber le poil, les cheveux.

Éty. de *de* priv. de *pil*, poil, et *atiu*, action d'ôter le poil. V. *Pel*, R.

DEPINTAR, v. a. (depìntá); *Dipignere*, ital. *Pintar*, esp. port. Dépeindre, décrire et représenter par le discours ; *Dipintar*, v. c. m.

Éty. du lat. *depingere*, m. s. ou de la part. *de* et de *pintar*, V. *Pint*, R.

DEPISTAR, v. a. (dépistá), d. bas lim. Dépister, découvrir le gibier à la piste ; fig. découvrir ce qu'on voulait savoir.

Éty. de *de*, de *a*, de *pista*, trace, et de l'act. *ar*, découvrir à la trace.

DEPLOURABLE, ABLA, adj. (deplouráblé, áble); *Deplorabile*, ital. *Deplorable*, cat. esp. *Deploravel*, port. Déplorable, qui est de nature à nous toucher jusqu'aux larmes.

Éty. du lat. *deplorandus*, de *de* augm. de *plourar* et de *able*, susceptible d'être pleuré. V. *Plor*, R.

DEPLOURAR, v. a. (deplourá); *Deplorare*, ital. *Deplorar*, esp. port. cat. Déplorer, exprimer un vif sentiment de douleur sur un mal qui est sans remède.

Éty. du lat. *deplorare*, m. s. V. *Plor*, R.

DEPLUMAR, vl. V. *Plumar* et *Desplumar se*.

DEPONEN, s. m. vl. *Deponent*, cat. *Deponente*, esp. ital. *Depoente*, port. Déponent, terme de gram. lat.

Éty. du lat. *deponentis*, gén. de *deponens*, m. s. V. *Pous*, R.

DEPONER, v. a. *Deponer*, esp. V. *Deposar* et *Pous*, R.

DEPOPULADOR, et

DEPOPULAIRE, s. m. vl. *Depopulador*, esp. *Dispopolatore*, ital. Dévastateur.

DEPOPULAIRE, s. m. vl. DEPOPULADOR, DISPOPOLATORE. Dévastateur. V. *Popul*, R.

DEPOPULAR, v. a. vl. *Despoblar*, cat. esp. *Despovoar*, port. *Dipopolare*, ital. Dépeupler. V. *Despuplar* et *Desvastar*.

DEPOPULAR, v. a. vl. Dépeupler, dévaster. V. *Despuplar* et *Popul*, R.

DEPORT, s. m. vl. *Deport*, cat. *Deporte*, esp. port. *Diporto*, ital. Divertissement, amusement, joie, plaisir, réjouissance, passe-temps, ébats ; déportement.

Éty. V. *Port*, R.

DEPORTAR, v. a. vl. *Deportar*, anc. cat. esp. *Diportare*, ital. Amuser, divertir, déporter.

Éty. du lat. *deportare*, m. s. V. *Port*, R.

DEPORTAR, v. a. (depourtá) ; DEPOURTAR. *Deportare*, ital. *Deportar*, esp. port. Déporter, bannir, transporter dans un lieu éloigné.

Éty. du lat. *deportare*, m. s. V. *Port*, R.

DEPORTAT, ADA, adj. et p. (depourtá, áde) ; DEPOURTAT. *Deportado*, port. Déporté, ée ; éloigné par ordre.

Éty. du lat. *deportatus*, m. s. V. *Port*, R.

DEPORTATION, s. f. (depourtatie-n) ; DEPOURTATIEN. *Deportazione*, ital. *Deportacion*, esp. *Deportação*, port. *Deportació*, cat. Déportation, peine prononcée contre ceux qu'on déporte et action de déporter.

Éty. du lat. *deportationis*, gén. de *deportatio*, m. s. V. *Port*, R.

DEPOS, vl. V. *Despuis*.

DEPOS, s. m. (depó) ; DEPOST. *Deposito*, ital. esp. port. *Deposit*, cat. Dépôt, ce que l'on confie à la garde de quelqu'un, lieu où l'on dépose ; sédiment, abcès.

Éty du lat. *depositum*, m. s. V. *Pous*, R.

DEPOS, prép. vl. Depuis. V. *Depuis*.

DEPOSAR, v. a. (depousá); DEPOUSAR, DEPOOUSAR. *Deporre*, ital. *Deposar*, esp. port. cat. *Depositare*, basse lat. Déposer, mettre en dépôt, ôter une dignité, un emploi ; former un dépôt en parlant des liqueurs.

Éty. du lat. *deponere*, ou de *depos* et de *ar*. V. *Pous*, R.

DEPOSAR, v. n. DEPOOUSAR. Déposer, dire en justice ce qu'on sait d'un fait. Voy. *Pous*, R.

DEPOSAT, ADA, adj. et p. (depoousá, áde) ; DEPOOUSAT. *Dipositado*, port. *Depuesto*, esp. *Deposto*, ital. Déposé, ée ; mis en dépôt.

Éty. du lat. *depositus*, m. s. V. *Pous*, R.

DEPOSIT, vl. V. *Depos*.

DEPOSITAR, vl. V. *Deposar*.

DEPOSITARI, s. m. (depousitári) ; DEPOUSITARI. *Depositario*, ital. esp. port. *Depositari*, cat. Dépositaire, celui ou celle à qui l'on a confié un dépôt.

Éty. du lat. *depositarius*, m. s. V. *Pous*, Rad.

DEPOSITAT, ADA, adj. et p. anc. béarn. Déposé, ée. V. *Deposat* et *Pous*, R.

DEPOSITE, vl. V. *Depos*.

DEPOSITIO, s. f. vl. V. *Deposition*.

DEPOSITION, s. f. (depousitie-n) ; DEPOUSITION, DEPOUSITIEN. *Deponimento*, ital. *Deposicion*, esp. *Depoimento*, port. *Deposició*, cat. Déposition, témoignage en justice ; destitution.

Éty. du lat. *depositionis*, gén. de *depositio*. V. *Pous*, R.

DEPOSITO, vl. V. *Depos*.

DEPOURTAR, V. *Deportar*.

DEPOURTAT, V. *Deportat*.

DEPOURTATION, V. *Deportation*.

DEPOUSAR, V. *Deposar*.

DEPOUSITARI, V. *Depositari*.

DEPOUSITION, V. *Deposition*.

DEPOUSSEDAR, V. *Despoussedar*.

DEPOUSSEDAT, V. *Despoussedat*.

DEPRAVAR, v. a. (depravá) ; DESPRAVAR. *Depravare*, ital. *Depravar*, esp. port. cat. Dépraver, donner une forme, une direction contraire à la règle, à l'ordre, à la destination établie par la nature ; corrompre, pervertir.

Éty. du lat. *depravare*, fait de *de*, de *pravus*, difforme, malfait, mauvais, et de l'act. *ar*.

DEPRAVAT, ADA, adj. et p. (depravá, áde) ; DESPRAVAT. *Depravad*, cat. *Depravado*, port. esp. *Depravato*, ital. Dépravé, ée ; corrompu.

Éty. du lat. *depravatus*.

DEPRAVATION, s. f. (depravatie-n) ; CORRUPTION, DEPRAVATIEN. *Depravació*, cat. *Depravazione*, ital. *Depravacion*, esp. *Depravação*, port. Dépravation, corruption des mœurs, action de dépraver.

Éty. du lat. *depravationis* gén. de *depravatio*.

DEPRECIAR, V. *Desapreciar* et *Prec*, Rad. 2.

DEPREMER, v. a. vl. DEPREMIR. *Deprimir*, cat. esp. port. *Depremere* et *Deprimere*, ital. Comprimer, étouffer.

Éty. du lat. *deprimere*, m. s. V. *Press*, Rad.

DEPREMIR, vl. V. *Depremer*.

DEPRESSIO, s. f. vl. et

DEPRESSION, s. f. (depressie-n) ; *Depreció*, cat. *Depression*, esp. *Depressione*, ital. Dépression, abaissement de ce qui est pressé, état d'abaissement, d'oppression, d'humiliation.

Éty. du lat. *depressionis*, gén. de *depressio*, m. s. V. *Press*, R.

DEPTAL, s. m. vl. Créances, dettes actives, livre de créance, capital.

Éty. de *dep* pour *deb*, devoir, dû, et de *tal* pour *etal*, état de ce qui est dû. V. *Deb*, R.

DEPTE, s. m. vl. Dette. V. *Deute* et *Deb*, R.

DEPTOR, vl. V. *Deveire* et *Deb*, R.

DEPUEIS, vl. V. *Despuis*.

DEPURACIO, vl. V. *Depuration*.

DEPURAMENT, s. m. vl. Epuration, purification. V. *Pur*, R.

DEPURAR, v. a. (depurá) ; *Depurar*, cat. esp. port. *Depurare*, ital. Dépurer, rendre pur, épurer.

Éty. du lat. *depurare* ou de *de*, de *pur* et de *ar*, rendre plus pur. V. *Pur*, R.

DEPURAT, ADA, adj. et p. (depurá, áde). Dépuré, ée ; purifié. V. *Pur*, R.

DEPURATION, s. f. (depuratie-n); *Depurazione*, ital. *Depuracion*, esp. *Depuração*, port. *Depuració*, cat. Dépuration, opération par laquelle on dépure, action de dépurer.

Éty. de *depurar* et de *ation*. V. *Pur*, R.

DEPURATIU, IVA, adj. vl. Dépuratif, ive ; propre à dépurer.

DEPURGAR, v. a. vl. Purger, purifier.

Éty. du lat. *depurgare*, m. s.

DEPUTADOR, adj. vl. Devant ou qui doit être député. V. *Put*, R. 2.

DEPUTAR, v. a. vl. Destiner, imputer. V. *Put*, R. 2.

DEPUTAR, v. a. (deputá); *Deputare*, ital. *Deputar*, esp. cat. port. Députer, envoyer un député ou une députation.

Éty. du lat. *deputare*, m. s. V. *Put*, R. 2.

DEPUTAT, ADA, adj. et p. (deputá, áde) ; *Deputado*, port. Députe, ée ; destiné, ée ; vl. V. *Put*, R. 2.

DEPUTAT, s. m. *Deputato*, ital. *Diputado*, esp. *Deputado*, port. Député, personne choisie dans le sein d'une compagnie ou d'un corps, et envoyée avec une ou plusieurs autres personnes choisies de même, vers un prince ou à une assemblée ; représentant de la nation. V. *Put*, R. 2.

DEPUTATION, s. f. (deputatie-n) ; DEPUTATIEN. *Deputacio*, cat. *Deputazione*, ital. *Diputacion*, esp. *Deputação*, port. Députation, envoi de députés; corps des députés envoyés. V. *Put*, R. 2.

DEQ

DEQUE, *lou*, s. m. (déqué). *Aver lou deque*, avoir de quoi vivre, avoir le nécessaire.

Éty. *De que*, de quoi, sous-entendu *faire*, avoir de quoi faire, de quoi manger.

Ha si ella avié lou dequé (*la carema*).
Menarié pas tant lou caqué,
Aurié leou changea d'ourdinari,
Dirié que la sau liés countrari,
Que l'holi l'y fai cremesoun.
Proucès de Carmentran.

DE-QUE, pr. intér. (dé-qué), dl. Que? quoi? les Languedociens se servent presque toujours de, *de-que*, pour *que*, intér. au lieu de dire, *que voulez*, que voulez-vous; ils disent, *de que voulez?* au lieu de *que pensaz?* à quoi pensez-vous! *de que pensaz?* etc., etc. au lieu de *sabi pas qu me ten*, je ne sais qui me tient que, ils disent aussi, *sabe pas de que me ten; de que sem quand sem morts*, ce que c'est que de nous, *sem*, est employé ici pour *siam*.

DEQUET, *deques*, d. béarn. Pour de ce.

DER

DERA, vl. Je donnerais; il ou elle donnerait.

DERADAR, v. n. (deradá). Dérader, être forcé de quitter la rade à cause du mauvais temps, en parlant des vaisseaux.

Éty. de *de* priv. de *rada*, rade, et de la term. act. *ar*, sortir de la rade.

DERAINA, *à la*, expr. adv. vl. En dernier lieu.

DERAINAR, v. n. vl. Discuter, raisonner.

DERAIRAN, ANA, adj. vl. Dernier, ière.

Éty. V. *Reir*, R.

DERAM, vl. Nous donnerions.

DERAMADOUIRA, s. f. Suppl. à Pell. Gaule pour abattre les fruits. V. *Acanadouira*.

DERAMAIRE, USA, s. (deramàïré, ùse). Celui, celle qui effeuille les arbres ou les vignes. Garc.

DERAMAR, v. a. Pour effeuiller, Voy. *Desramar* et *Ram*, R. *Deramar lou fen*, dg. *dèramer*, épandre ou faner le foin.

DERAMAR, v. a. (deramá), b. bas lim. *Derramar*, esp. Rompre, mettre en pièces, déchirer, gauler, arracher. V. *Acanar*, *Escarchar* et *Espelhar*.

Éty. du lat. *dirimere*, rompre, diviser.

DERAMAT, ADA, adj. et p. (deramá, áde), md. Déchiré, éc. effeuillé. V. *Escarchat*, *Espelhat*, *Esfulhat* et *Ram*, R.

DERAMBOULHAR, dl. V. *Desbulhar*.

DERANCAR, V. *Derrancar*.

DERANGEAR et comp. V. *Derrangear*.

DERANT, prép. d. vaud. Devant. V. *Davant* et *Denant*.

DERANTELADOUR, s. m. (derantela-doù), dl. Houssoir. V. *Destararinadouira* et *Tel*, R.

DERANTELAR, dl. Oter les araignées. V. *Destararinar* et *Tel*, R.

DERAPAR, v. n. (derapá), pour *Desarapar*. Déraper, quitter le fond, en parlant de l'ancre d'un vaisseau.

Éty. de *de* priv. et de *arapar*, prendre, cesser de prendre, lâcher. V. *Rap*, R.

DERAPEGAR, v. a. (derapegá). Décoller. V. *Desarrapar*.

DERARAN, ANA, adj. vl. Dernier, ière.

DERASIGAR, dl. DARAZIGAR. V. *Desracinar*.

Éty. de *de* priv. de *rasiga*, pour *racina*, et de *ar*, ôter la racine. V. *Radic*, R.

DERASOUNABLAMENT, adv. (deresounablaméin), et imp. DERESOUNABLAMENT, SENSA RASOUN, CONTRA LA RASOUN. Déraisonnablement, d'une manière déraisonnable.

Éty. de *de* priv. de *rasounabla* et de *ment*. V. *Rason*, R.

DERASOUNABLE, ABLA, adj. (deresounáblé, áble), et impr. DERESOUNABLE. *Irragionevole*, ital. *Desrazonable*, esp. *Desarrezoado*, port. Déraisonnable, contraire à la raison.

Éty. de *de* priv. et de *rasounable*. V. *Rason*, R.

DERASOUNAR, V. *Desparlar* et *Rason*, Rad.

DERATAT, V. *Desratat*.

DERAUBAR, v. a. (deraoubá); *Desrobare*, bas. lat. *Derrobar*, anc. cat. *Dirubare*, ital. Faire un enlèvement, enlever une fille, dans l'intention de l'épouser, pour voler. V. *Raubar*.

Éty. de *de* et de *Raubar*, v. c. m. ou de la basse lat. *derobare*, m. s.

DERAUBAR SE, v. r. S'enlever, quitter la maison paternelle, le pensionnat où l'on se trouve, d'accord avec une fille que l'on veut épouser, et en parlant de la fille avec le jeune homme dont elle veut faire son époux: *Se soun deraubats*.

DERAUBAT, ADA, adj. et p. Dérobé, ée. V. *Raubat*.

DERAZIGAR, vl. V. *Derasigar* et *Desracinar*.

DERBAGE, s. m. (derbádge). Action d'éherber, de sarcler un champ. Garc.

Éty. de *de* priv. et de *erbage*, ôter les herbes.

DERBAIRE, USA, s. (derbaïré, úse). Celui, celle qui éherbe, qui sarcle. V. *Seouclairis*. Garc.

DERBAR, v. a. (derbá). Éherber, arracher les mauvaises herbes. V. *Seouclar*. Garc.

DERBESET, dl. V. *Berbi* et *Dartra*.

Éty. Dim. et alt. de *herpes*, lat. dartre.

DERBI, s. m. (dèrbi), d. arl. Dartre. V. *Dartra*.

Éty. du grec δέρω (derô), j'écorche, ou du lat. *herpes*, dartre.

Flambouno me de lur de la marldou isinou,
Certen *derbi* suspé que y o acsi l'esquinon.
Coye.

DERBOUS, s. m. (derbóus). Curoir. V. *Cureta* et *Darboun*.

Éty. Par allusion au campagnol qui creuse la terre. V. *Darbous* et *Darboun*, R.

DERC, vl. Il ou elle relève, releva.

DERC, s. m. vl. Position, place.

Éty. *Derdre*, dérivé *d'erigere*. V.

DERDRE, v. a. vl. Hausser, atteindre, lever, élever.

Éty. du lat. *erigere*.

DERBON, s. m. Taupe, Suppl. à Pell. V. *Darboun*.

Leis derbous an fouigat aqueou prat, les taupes ont labouré ce pré.

DEREBELHAR, v. a. (derebeillá), d. du Rouergue. Réveiller. V. *Revelhar* et *Vigil*, R.

DEREBELHAT, ADA, adj. et p. (derebeillá, áde), md. Réveillé, ée. V. *Revelhat* et *Vigil*, R.

DEREBOUNDRE, v. a. (dereboúndré), dl. Déterrer, exhumer. V. *Desterrar*.

DEREC, dl. A DERCE. De suite, V. *Derre à*, de nouveau, V. *Derecep*, droit, à propos.

DERECAP, adv. (de recáp), dl. DERECHET, DERCE. De nouveau, de rechef.

Éty. du lat. *iterum* et de *caput*. V. *Cap*, Rad.

DERECHEF, pr. mod. V. *Derecap* et *Cap*, R.

DERECQ, d. vaud. Pour ce, pour cela, de rechef.

DEREDIR, V. *Deregir*.

DEREER, adv. vl. Derrière, jadis. V. *Darreire*.

Éty. du lat. *de retro*. V. *Reir*, R.

DEREGAR, dl. DEREGAR, DERREGAR. Arracher. V. *Desracinar* et *Derrabar*.

Éty. de *de* priv. de *rega*, raie, et de *ar*, tirer, ôter de la raie, du sillon, une chose qui y était plantée. V. *Radi*, R.

DEREGIR, V. *Desredir*.

DEREGLAMENT, s. m. (dereglamein); *Sregolatezza*, ital. Déréglement, écart de la règle, confusion, désordre.

Éty. de *de* priv. et de *reglament*. V. *Reg*, Rad.

DEREGLAR, v. a. (dereglá); DESREGLAR. *Sregolare*, ital. *Desreglar*, esp. *Desregrar*, port. Dérégler, déranger l'ordre de ce qui est réglé.

Éty. de *de* priv. et de *reglar*. V. *Reg*, R.

DEREGLAR SE, v. r. *Desregrar se*, port. Se dérégler, on le dit du pouls et de la conduite qui se dérangent.

DEREGLAT, ADA, adj. et. p. (dereglé, áde); *Desregrado*, port. Déréglé, ée. V. *Reg*, Rad.

DEREGNAR, vl. V. *Desrenar*.

DEREIR, EIRA, adj. vl. DERER. Dernier, ière.

DEREIRAL, adj. (dereirál); DERER. vl. Dernier. V. *Reir*, R.

DEREIRAN, adj. d. vaud. Dernier. V. *Reir*, R.

DEREIRE, prép. vl. V. *Darreire*.

DEREIRE, adv. de lieu, vl. Par derrière. V. *Darreire* et *Reir*, R.

DEREN, EN, expr. adv. vl. En dernier lieu.

DEREN, adj. et adv. vl. Dernier, en dernier. V. *Darrier*.

DERENAN, DESERENAN, adv. DESERENAVANS. Désormais, dorénavant.

Éty. de *de*, de *re*, et de *enan*, ou du lat. *de hora in antea*. V. *Ant*, R.

DERENAR, V. *Desrenar*.

DERENAT, V. *Desrenat.*

DERENGAR, dl. V. *Desracinar* et *Deregar.*

DERENJAR, vl. V. *Derrengar.*

DERER, adj. vl. V. *Darrier.*

DERER, adv. vl. DEREER, ATRAS, AREIRE, DEREIR. Arrière, derrière. V. *Darreire.*

Éty. du lat. *de retro*, qu'on fait précéder de la prép. à, dans *areire*. V. *Reir*, R.

DERESOUNABLAMENT, V. *Derasounablament.*

DERESOUNABLE, V. *Derasounable.*

DERESOUNAR, V. *Desparlar.*

DEREVERTEGAR, V. *Revertegar.*

DEREVESTIR, v. a. vl. DERIVESTIR. Désinvestir, déposséder.

DEREYCZAR, v. a. vl. Déraciner. V. *Desracinar* et *Radic.*

DERGAR SE, v. r. vl. S'exhaler, s'élever, se dresser.

DERIBAR, v. n. vl. DERIPAR, DERIVAR, DERRIVAR. Lever l'ancre, déraper, quitter le rivage, dériver, déborder, écarter.

Éty. du lat. *derivare*, m. s. V. *Riv*, R.

DERIBAT, ADA, adj. et p. vl. Ecarté, ée.

DERIBLAR, V. *Riblar.*

DERIDARI, s. m. (deridarí). Ach. dit que les montagnards donnent ce nom à une espèce d'horloge.

DERIER, vl. V. *Darrier.*

DERIER, adj. vl. Dernier. V. *Darrier*, *Darnier* et *Reir*, R.

DERIERAMENT, adv. d. vaud. En dernier lieu, enfin. V. *Reir*, R.

DERIGAR, dl. V. *Desracinar* et *Radi*, Rad.

DERIPAR, vl. V. Deribar.

DERISION, s. f. (derisie-n); DEYROSIU, DERISIEN. *Derisione*, ital. *Derision*, esp. *Irrisão*, port. Dérision, moquerie, action de rire avec mépris de quelque chose.

Éty. du lat. *derisionis*, gén. de *derisio*, V. *Ris*, R.

DERIVA, s. f. (derive); Dérive, le sillage que fait un vaisseau que les vents et les courants entraînent hors de sa route.

Éty. de *Derivar*, v. c. m. et *Riv*, R.

DERIVAMEN, s. m. vl. Dérivation, origine, source. V. *Riv*, R.

DERIVAR, v. n. (derivá); ESCATAR. *Derivar*, cat. esp. port. *Derivare*, ital. Dériver, venir, tirer son origine de.

Éty. du lat. *derivare*, tirer, amener, dériver, formé de *de* et de *rivus*, ruisseau. V. *Riv*, R.

En terme de marine, dériver signifie s'écarter de la route qu'on tient.

DERIVAT, ADA, adj. et part. (derivá, áde); *Derivado*, port. esp. *Derivato*, ital. Dérivé, ée, selon le verbe; employé substantivement, il désigne, en grammaire, un mot dérivé d'un autre.

Éty. du lat. *derivatus*, m. s. V. *Riv*, R.

DERIVATIO, s. f. vl. *Derivació*, cat. *Derivacion*, esp *Derivação*, port. *Derivazione*, itat. Dérivation.

Éty. du lat. *derivatio*, m. s. V. *Riv*, R.

DERIVATIU, IVA, adj. vl. *Derivatiu*, cat. *Derivativo*, esp. port. Dérivatif, ive.

Éty. du lat. *derivativus*, m. s. V. *Riv*, R.

DERIVESTIR, vl. V. *Derevestir.*

DERIZORI, IA, adj. vl. *Derisorio*, ital. Dérisoire, illusoire.

Éty. du lat. *derisorius*, m. s.

DERLIN, V. *Drelin.*

DERMIR, d. lim. Alt. de *Dormir*, v. c. m.

DERNIER, Garc. V. *Darnier.*

DEROC, s. m. vl. DERROC. Ruine, destruction, renversement; roc, aux échecs.

Éty. de *de* et de *roc.*

DEROCAMEN, s. m. vl. Renversement, démolition.

DEROCAR, v. a. vl. DEROCHAR, DERROCAR, DESROCAR, DARROQUAR. *Derrocar*, cat. esp. port. *Dirocciare*, ital. Dérocher, rouler, tomber d'un rocher, écrouler, renverser; jeter de haut en bas, précipiter, abattre, démolir.

Éty. de *de*, de *roca*, et de *ar*, tomber d'un rocher. V. *Roc*, R.

DEROCHAR, v. a. vl. V. *Derocar* et *Roc*, R.

DEROCS, s. m. (derócs). Ruines.

Éty. du lat. *disruptio*, m. s. V. *Roc*, R.

DEROGAR, vl. *Derogar*, cat. esp. V. *Derogear.*

DEROGATION, s. f. (derougatie-n); DEROUGATION, DEROUGATIEN. *Derogazione*, ital. *Derogacion*, cat. esp. *Derogação*, port. *Derogamen*, bas lat. Dérogation, fait ou acte contraire à quelque acte précédent.

Éty. du lat. *derogationis*, gén. de *derogatio*, m. s. V. *Rog*, R.

DEROGATOIRO, OIRA, adj. (derougatóire); DEROUGATOIRO. *Derogatorio*, ital. esp. port. *Derogatori*, cat. Dérogatoire, clause par laquelle on déroge.

Éty. du lat. *derogatorius*. V. *Roq*, R.

DEROGEAR, v. n. (deroudjá); DEROUGEAR. *Derogare*, ital. *Derogar*, esp. port. cat. Déroger, faire un acte contraire à un acte précédent, contraire à la loi; quelque chose de contraire à la dignité.

Éty. du lat. *derogare*, m. s. V. *Rog*, R.

DEROMPEMENT, s. m. vl. Interruption: *Senes derompement*, sans cesse, confusion, désordre, rupture.

Éty. du lat. *disruptio* et de *ment*. Voy. *Roump*, R.

DEROQUEIA, adj. et p. vl. Abattu, brisé, comme précipité d'un roc.

Éty. de *derogar*. V. *Roc*, R.

DEROUCAR, v. a. vl. DEROCAR. Abattre, renverser.

Éty. de *de*, de *roc*, rocher, et de *ar*. Voy. *Roc*, R.

DEROUGATION, V. *Derogation.*

DEROUGATOIRO, V. *Derogatoiro.*

DEROUGEANT, V. *Derogeant.*

DEROUGEAR, V. *Derogear.*

DEROUIR, v. a. (derouï), d. bas lim. Abattre, démolir, détruire. V. *Foundre*, *Encalar*, *Destruire.*

Éty. du lat. *diruere*, m. s.

DEROUIR, v. n. et

DEROUIR SE, v. r. md.

Laissar derouir lou ben, laisser dépérir son bien. V. *Desmantenir.*

On le dit aussi en parlant des meubles qui s'usent, des maisons qui dépérissent, etc.

DEROULAR, v. a. (deroulá). Dérouler, étendre ce qui était roulé.

DEROULAR SE, v. r. Se dérouler, [s'é]tendre.

DEROULHOUIRE, d. du Var. V. *[E]roulhar* et *Roulh*, R.

DEROUMIAR, V. *Desroumiar.*

DEROUMPRE, v. a. (deróumpré); *roumpre l'aigua*. Couper l'eau avec un de vin, avec du sucre, etc.

Éty. du lat. *disrumpere*, ou de *de* augm. de *roumpre*. V. *Roump*, R.

DEROUMPUT, UDA, adj. et p. [...] roumpú, úde). Dégourdi, ie; coupé, ée. *Roump*, R.

DEROUTAR, V. *Derroutar.*

DERQUEGEAR SE, v. r. dg. ?

L'un countro lou fret se derquejo,
L'autre de la calou s'aoujo.

D'Astros.

DERRABADA, s. f. ?

Lia pas mai d'espigos de bla,
Sur uno grosso derrabado.

Bouquet prouv.
Vouel de la cavalo[...]

DERRABA-DENT, s. m. (derrábe-d[...] dl. Davier. V. *Davier* et *Rab*, R.

DERRABAGE, s. m. (derabádgé[)] DERRABAGI. Arrachis, l'action d'arracher [...]duleusement des arbres.

Éty. de *derrabar* et de *agi*, j'arrache[...] *Rab*, R.

DERRABAIRE, s. m. (derrabáïré); [...]BAIRE. Arracheur, qui arrache; ce mot [...] guère employé que dans ces deux phra[ses] *Derrabaire de dents*, arracheur de dent[s]. *Derrabaire de lentilhas.*

Éty. de *derrabar* et de la term. *Ire*, m. qui fait profession d'arracher, et *Rab*[...]

DERRABAR, v. a. (derrabá), DÉRA[...] ARRABAR, DARRAINAR, DARAGEAR, DARRI[...] DARREGAR, ARENCAR, ESRAIGAR, TRAIRE. *Ar[ran]car*, esp. *Desarraigar*, port. Arracher, [ar]tacher avec force; mais en général, tir[er] la terre quelque chose qui y était pla[nté], déraciner.

Derrabar un agacin, extirper un co[r].

Derrabar una dent, extraire, tirer, a[rra]cher une dent.

Exp. pr. *s'en derrabar*, s'en tirer.

Éty. de *der* pour *des*, de *raba*, dans le [sens] de racine, et de *ar*, tirer hors la ra[cine]. V. *Rab*, R. Prov. *Nai pouscut derraba[r] ferre, ni clavel*, je n'ai pu en tirer ni de[nier] ni maille.

DERRABAT, ADA, adj. et p. (derr[abá], áde). V. *Derrabar*, pour les syn. *Desar[rai]gado*, port. Arraché, ée, déraciné, ée. V. *Rab*, R.

DERRACINAR, V. *Desracinar.*

DERRAINA A LA, adv. vl. En dernier[...] V. *Reir*, R.

DERRAIRIA, s. f. vl. DARRAIRIA. achèvement. adv. *A la derrairia*, à la [...]

DERRAMAR, V. *Desramar.*

DERRAMAT, ADA, adj. part. vl. [...]bré, ruiné. V. *Desramat.*

DERRAMBOULHAR, v. (derrambouillà), dl. Démêler, débrouiller. V. *Desbulhar.*

DERRANCAR, v. n. (derancá); dl. DERRANCAR. Ruer, jeter avec impétuosité : *Derancar un coou de peira,* jeter une pierre; *Un coou de pung*, donner un grand coup de poing; tirer hors; dégainer, tirer l'épée, arracher avec effort; s'enfuir, s'échapper.

DERRANCAR, v. a. (derrancá), d. de Manosque, *Arrancar*, esp. port. Arracher, tirer une personne, la déjucher du lieu où elle est, Avril, désemparer, arracher. Aub. V. *Derancar.*

DERRANGEAMENT, s. m. (derandjaméin); DERANGEAMENT. *Desarranjamento*, port. Dérangement, action de déranger ou état de ce qui est dérangé.

Éty. de *derrangear* et de *ment*. V. *Rang*, Rad.

DERRANGEAR, v. a. (derandjá); DESAIGAR, DESSEIGAR, DERANGEAR. *Desarranjar*, port. Déranger; ôter de son rang, de sa place, en parlant des choses; mettre en désordre ce qui était arrangé; en parlant des personnes, détourner, importuner; nuire à leur fortune, à leur estomac.

Éty. de *de* priv. de *rang* et de *ar*, priver de sa place, de son rang. V. *Rang*, R.

DERRANGEAT, ADA, adj. et p. (derandjà, àde); DERANGEAT. *Desarranjado*, port. Dérangé, ée, qui n'est pas à sa place; qui est mal dans ses affaires; qui a la diarrhée.

Éty. de *de* priv. de *rang* et de *at*, mis hors de son rang, hors de son état naturel. V. *Rang*, R.

DERRATAT, V. *Desratat.*

DERRAVAR, dl. Alt. de *Derrabar*, v. c. m.

DERRAYC, dl. V. *Arreirouge*, *Darreirenc* et *Reir*, R.

DERREB, adj. vl. Dernier.

DERREGAR, v. a. (derregá), dg. V. *Deregar.*

DERREIAR, v. a. et n. vl. Déranger, sortir des rangs, dérégler.

DERREIR, vl. V. *Derrier.*

DERREIRAMENT, adv. vl. DERREIRAMENT. Dernièrement, par derrière, en dernier.

DERREIRAN, vl. *Derrerenc*, cat. Voy. *Darreiran.*

DERRENAR, V. *Desrenar.*

DERRENAT, V. *Desrenat.*

DERRENGAR, v. a. vl. DERRENGUAR, DERENJAR, DESRENGAR, DESRANCAR, DESARENGAR. Déranger, renverser, troubler, V. *Derrangear*, dételer, sortir du rang; s'ébranler, se mettre en mouvement. V. *Rang*, R.

DERRENGUAR, vl. V. *Derrengar.*

DERRER, adj. vl. *Derrer*, cat. V. *Darrier.*

DERRIER, adj. DERRER, DERIER, DERER, DARRIER. V. *Darrier.*

DERRIGAR, v. a. (derrigá), dl. Pour arracher. V. *Derrabar*, *Deregar* et *Radi*, Rad.

DERRIVAR, V. *Deribar.*

DERRIZIO, s. f. vl. V. *Derision.*

DERROC, vl. V. *Deroc.*

DERROCAR, v. a. vl. V. *Derocar.*

DERROCAT, ADA, adj. et p. vl. *Derrocado*, esp. Détruit, abattu. V. *Derocat* et *Roc*, R.

DERROGAR, v. n. anc. béarn. Déroger. V. *Dérogear* et *Rog*, R.

Lo darrê testament derroga *au prume.*
Fors et cost. de Béarn.
Rubrica de testaments.

DERROUCAR, v. a. (derroucá), dl. Voy. *Degoular*, *Derocar* et *Roc*, R. Déterrer. Jasm. V. *Desterrar.*

DERROUCHAR, pr. mod. V. *Degoular.* et *Roc*, R.

DERROUISSAR, d. du Var. V. *Derrouissar.*

DERROULHOUI, Voy. *Derroulhat* et *Roulh*, R.

DERROULHOUIRE, V. *Derroulhar* et *Roulh*, R.

DERROUTA, s. f. (derróute); *Rotta*, ital. *Derrota*, esp. port. cat. Déroute, fuite de troupes dont les rangs, les bataillons, les escadrons ont été rompus par une défaite ou par la fuite; désordre en général.

Éty du lat. *disrupta*, m. s. V. *Roump*, R.

DERROUTAR, v. a. (derroutá); DEIROUTAR, DEROUTAR. *Derrotar*, esp. port. cat. Dérouter, détourner quelqu'un de sa route, de son chemin, et fig. déranger les vues, les projets de quelqu'un, le déconcerter.

Éty. de *de* priv. de *routa*, chemin, route, et de *ar*, ôter du chemin, de la voie.

DERROUVELIR, Cast. V. *Desroulhar.*

DERRUNADA, s. f. (derrunàde), d. de Manosque. Ecroulement; éboulement; fig. rossée, volée de coups.

Éty. Ce mot est dit pour *degrunada*. V. *Degrunar*, et *Gram*, R.

DERRUNAR, v. a. (derrunó), d. de Manosque. Crouler, s'écrouler, dégringoler, s'ébouler.

Éty. Ce mot est une altération de *Degrunar*, v. c. m. V. *Grum*, R.

DERRUPIT, IDA, adj. (derrupi, ide). Délabré, ée; qui tombe en ruines, et en parlant d'un champ, qui est en friche. Garc.

Éty. de *de*, de, de *rupes*, montagne, et de *it*.

DERS, adj. et p. vl. Elevé, élevée.

Éty. de *derdre.*

DERS, et

DERT, adj. et part. vl. Elevé, dressé; il ou elle lève, grimpe, ou *leva, grimpa.*

DERTI, V. *Dartra.*

DERUBANT, s. m. vl. DERUBENT, DERRUBEN. *Derrumbamiento*, esp. *Dirupamento*, ital. Escarpement, lieu escarpé, pente rapide, précipice, ravin.

Éty. *Derubant*, est dit pour *derupant*, *De rupe ant.* V. *Roc*, R.

DERUBEN, s. m. vl. V. *Derubant* et *Roc*, R.

DERUMPAT, ADA, adj. et p. vl. Rompu, ue. V. *Roumput* et *Roump*, R.

DERUSCAR, v. a. (deruscá). Ecorcer, enlever l'écorce à un arbre. Suppl. à Pell.

Éty. de *de* priv. de *rusca* et de *ar.*

DERZER, v. a. vl. Lever, dresser.

Éty. Ce mot ne paraît être qu'une altération de *dresser*, *dres* pour *drech*, et de *er*, faire tenir droit, lever.

DES

DES, particule initiative, qui marque privation, et en général le contraire de ce qui est annoncé par le radical, comme *desfaire*, *desjougner*, *descourdurar*, etc. V. *De.*

Des et *de* sont employés assez indistinctement dans les différents dialectes; car on dit, dans le même sens, *demamar* et *desmamar*, *devirar* et *desvirar*; si l'on voulait établir une règle à cet égard, il nous semble qu'il conviendrait d'écrire *des* devant les radicaux qui commencent par une voyelle *Desajustar*, et *de* devant ceux qui commencent par une consonne, *Denousar*, *Depaisar.*

DES, prép. vl. *Desde*, cat. esp. port. Depuis, dès: *Des lo temps*, depuis le temps; *Des l'enfança*, *Des a infancia*, port. Dès l'enfance.

Éty. du lat. *de ipso*, sous-entendu *tempore*, le changement de *ips* en *eps*, se trouve déjà dans le poëme sur Boëce.

DES, prép. et art. pl. dg. et bas lim. Pour des. V. *Deis.*

DES, dl. De ceux.

D'ES, d. béarn. Pour de se, en vl. qu'il ou qu'elle donnât.

DES, anc. béarn. Il ou elle donna.

DES, Pour dix. V. *Dez.*

DES, V. *Pali.*

DES, s. m. (dés); d. bas lim. Banne, manne, grand panier d'osier. V. *Banasta.*

DESABELIR, v. n. vl. Déplaire, désagréer.

Éty. de *des* priv. et de *abelir*. V. *Bel*, R.

DESABIAMENT, s. m. anc. béarn.

DESABIENT, s. m. (desabièn); DEZABIEN, dl. Inconvénient, accident fâcheux. Sauv.

DESABILHAR, V. *Deshabilhar.*

DESABRIZAR, v. a. vl. Briser, détruire. V. *Esbrigar*, *Briza*, *Briga* et *Brec*, R.

DESABUSAR, v. a. (desabusá); *Desabusar*, port. *Desabezar*, esp. *Disingannare*, ital. Désabuser, tirer d'erreur, en détruisant les illusions qui y tenaient attaché.

Éty. de *des* priv. et de *abusar*. V. *Ut*, R.

DESABUSAR SE, v. r. Se désabuser, dissiper les illusions qui nous tenaient dans l'erreur; reconnaître les mauvaises qualités d'une chose qu'on croyait bonne.

DESABUSAT, ADA, adj. et p. (desabusà, àde); *Desabusado*, port. *Desabezado*, esp. *Disingannato*, ital. Désabusé, ée. Voy. *Ut*, R.

DESACATAR, v. a. (desocotá), d. bas lim. Découvrir, déranger quelque chose qui était couvert et placé mollement.

Éty. de *des* priv. et de *acatar*. V. *Cat*, Rad.

Desacatar, en cat. et en esp. signifie manquer de respect.

DESACHALANDAR, v. a. (desatchalandá). Désachalander, ôter, faire perdre les chalands, les pratiques.

Éty. de *des* priv. et de *achalandar.*

DESACOILLIR, v. a. vl. Mal accueillir, mal recevoir, rebuter.

DESACOILLIR, v. a. vl. DESACUOILLIR, DESACUELLIR. Rejeter, rebuter, désappointer.

Éty. de *des* priv. et de *acoillir*. V. *Culh*, Rad.

DESACOLORAR, v. a. vl. Décolorer.

DESACONSELHAR, v. a. vl. DESACOSSILLAR. *Desaconsellar*, cat. Décourager, ne pas conseiller. V. *Descounselhar*.

DESACONSELHAT, ADA, adj. et p. vl. Découragé, ée.

DESACORD, s. m. (desacór); DESACCOUERDI, DESACCORD. *Desacuerdo*, esp. *Desacort*, cat. Discord, désaccord, état d'un instrument qui n'est pas d'accord; désunion des esprits; on le dit particulièrement des parties qui ne peuvent pas s'entendre dans un marché pour le terminer; dispute, discorde.

Éty. de *des* priv. et de *Accord*, v. c. m. et *Cord*, R.

DESACORDABLE, ABLA, adj. vl. Discordant, ante.

Éty. de *des* priv. et de *acordable*, qui ne peut pas être accordé. V. *Cord*, R.

DESACORDANSA, s. f. vl. *Desacordansa*, cat. Brouillerie.

Éty. de *des* priv. et de *acordansa*.

DESACORDAR, v. n. vl. *Desacordar*, esp. cat. *Scordarsi*, ital. Changer d'avis, rétracter.

DESACORDAR, v. a. (desacourdá); DESACCOURDAR, DISCOURDAR, DESACCORDAR. *Scordare*, ital. *Desacordar*, esp. port. cat. Désaccorder, détruire l'accord.

Éty. de *des* priv. de *Accordar*, v. c. m. et *Cord*, R.

DESACORDAT, ADA, adj. et p. (desacourdá, áde); DESACCORDAT. Désaccordé, ée. V. *Cord*, R.

DESACORDAT, ADA, adj. (desacourdá, áde). Désaccordé, ée; dont on a rompu l'accord. V. *Désaccordat* et *Cord*, R.

DESACORT, s. m. vl. V. *Desacord*.

DESACOSSEILLAR, vl. V. *Descounselhar*.

DESACOSSELHAT, adj. et p. vl. Privé de conseil. V. *Conselh*, R.

DESACOUBLAR, v. a. (desacoublá); DESPARIAR, DESAPARIAR. Découpler, séparer deux choses accouplées.

Éty. de *des* priv. et de *accoublar*. V. *Coubl*, Rad.

DESACOUBLAT, ADA, adj. et p. (desacoublá, áde); DESPARIAT. Découplé, ée. V. *Coubl*, R.

DESACOUERDI, d. m. V. *Desaccord*.

DESACOUSTUMAR, v. a. (desacoustumá); DESAMAMAR, DESCOUSTUMAR. *Desacostumbrar*, esp. *Desacostumar*, port. cat. Désaccoutumer, faire perde une coutume, une habitude, déshabituer.

Éty. de *des* priv. de *Acoustumar*, v. c. m. et *Costum*, R.

DESACOUSTUMAR SE, v. r. *Desacostumarse*, cat. Se désaccoutumer, perdre l'habitude de faire quelque chose.

DESACOUSTUMAT, ADA, adj. et p. (desacoustumá, áde); *Desacostumad*, cat. *Desacostumado*, port. *Desacostumbrado*, esp. *Disusato*, ital. Désaccoutumé, ée; déshabitué. V. *Costum*, R.

DESACOUTIR, v. a. (desacoutir); d. bas lim. Démêler; fig. débrouiller une affaire, une intrigue.

DESACUEILLIR, vl. V. *Desacoillir*.

DESACUOILLIR, vl. V. *Desacoillir*.

DESADOLORAR, v. a. vl. *Sdolere*, anc. ital. Adoucir, calmer, consoler.

Éty. de *des* priv. et de *adolorar*. V. *Dol*, Rad.

DESADORDENAR, vl. V. *Dezadordenar*.

DESAFAITAR, v. a. vl. *Desafaitar*, anc. esp. *Desaffeitar*, port. Déparer. Voy. *Desagensar*.

DESAFILAR, v. a. *Désafiler*, émousser, ôter le fil.

DESAFIZANSA, vl. V. *Desfiança* et *Fid*, Rad.

DESAFORTIR, v. a. vl. DEZAFORTIR. Affaiblir, décourager. V. *Fort*, R.

DESAFOURCHAR, v. n. (desafourtchá). Désafourcher, lever les ancres d'affourche et rester sur une seule ancre pour être plutôt prêt à appareiller.

Éty. de *des* priv. et de *afourcha*, ôter l'affourche. V. *Fourc*, R.

DESAGADAMENT, adv. vl. Passionément.

DESAGAFFAR, v. a. (desagaffá), dl. DESAGAFAR. *Desagafar*, cat. Détacher, décrocher. V. *Descrouchetar*.

DESAGALAR, v. a. vl. Dépareiller.

DESAGEAR, v. a. (desadjá), d. de Manosque. Egrapper, égrener, détacher les grains de raisin de la grappe.

Éty. de *des* priv. de *age* et de *ar*, ôter les grains de raisin.

DESAGENSAR, v. a. vl. DESAFAITAR. *Desagenzar*, cat. *Desadornar*, esp. Déparer, dégarnir.

DESAGRADABLE, adj. vl. *Desagradable*, cat. Désagréable. V. *Desagreable*.

DESAGRADABLETAT, s. f. vl. DESAGRADANSA. *Disgrado*, ital. Disconvenance, désagrément, mauvaise grâce.

DESAGRADANSA, s. f. vl. V. *Desagradabletat*.

DESAGRADANT, ANTA, adj. (desagradán, ánte). Déplaisant, ante; désagréable, qui déplait.

Éty. de *des* priv. de *agradar* et de *ant*. V. *Grat*, R.

DESAGRADAR, vl. V. *Desgradar* et *Grad*, R.

DESAGRADAR, v. n. (desagradá); DESPLAIRE. *Desagradar*, esp. port. cat. Désagréer, déplaire, être désagréable ou ne pas être du gré de quelqu'un. V. *Desplaire*.

Éty. de *des* priv. de *Agradar*, v. c. m. et *Grat*, R.

DESAGRADIU, IVA, adj. vl. Désagréable, déplaisant.

DESAGRAFAR, v. a. (desagrafá). Décrocher, dépendre. Sauv.

Éty. Ce mot est pris du français.

DESAGRAMENT, s. m. (desagraméin); *Desagrado*, esp. port. Désagrément, sujet de déplaisir, de chagrin, d'ennui, d'humiliation, de mortification. V. *Grat*, R.

DESAGRAT, s. m. vl. V. *Desgrat*.

DESAGREABLAMENT, adv. (desagreablaméin); *Desagradablement*, cat. *Desagradablamente*, esp. *Desagradavelmente*, port. Désagréablement, d'une manière ou façon désagréable.

Éty. de *desagreabla* et de *ment*. V. *Grat*, Rad.

DESAGREABLE, ABLA, adj. (desagréablé, áble); DESAIRAT, DISGRACIOUS, FICHANT. *Desagradable*, esp. cat. *Desagradavel*, port. Désagréable, qui déplait de quelque manière que ce soit, qui donne de l'embarras, du chagrin.

Éty. de *des* priv. et de *agreable*. V. *Grat*, Rad.

DESAGREAR, v. a. (desagreá), dl. Tirer les mauvaises herbes d'un champ. Sauv.

Éty. de *des* priv. de *agr*, radical de *Agreste*, sauvage, et de *ear*, ôter ce qui est sauvage, mauvais, nuisible. V. *Agr*, R.

DESAGRUSSI, dg. V. *Desaguici*.

DESAGUANSA, s. f. vl. Inégalité, disproportion.

DESAGUICI, s. m. (desaguici), dl. DESHAICI, DESAGRUSSI. Déplaisir; niche, pièce faite à quelqu'un. Sauv.

DESAGUISAR, vl. V. *Desaguizar*.

DESAGUIZAR, v. a. vl. DESAGUISAR. Déranger, changer, transformer, renouveler. V. *Guis*, R.

DESAIGAR, v. a. (deséigá); DESSEIGAR. Déranger. V. *Derangear* et *Despichar*.

Éty. de *des* priv. et de *aigar*, arranger.

DESAIR, s. m. (desaïr); DESEIR. *Desaire*, cat. esp. Affliction, tristesse, découragement: *S'es laissat anar au desair*, il s'est laissé gagner à la mélancolie; dédain, mépris.

Éty. de *des* priv. et de *air*, air, courage, ou selon Roch, de *hilaritas* et de *des* priv. V. *Aer*, R.

DESAIRAR, v. a. (desaïrá), dl. Défigurer, enlever les grâces, le bon air d'une chose.

Éty. de *des* priv. de *air*, air, et de l'act. *ar*. V. *Aer*, R.

DESAIRAT, ADA, adj. et p. (desaïrá, áde), dl. DESAYRAT. Désagréable, sans grâces.

Éty. de *des*, de *air* et de *at*, privé d'air. V. *Aer*, R.

DESAISE, s. m. vl. Malaise, incommodité, détresse, malheur.

Éty. de *des* priv. et de *aise*. V. *Ais*, R.

DESAISINAR, vl. V. *Desaizinar*.

DESAIZINAR, v. a. vl. Troubler, déranger.

Éty. de *des* priv. de *aizina*, facilité, et de *ar*, ôter la facilité, l'aise. V. *Ais*, R.

DESAJOUCAR, V. *Desjoucar*.

DESAJUCAR, v. a. (desodzucá), d. bas lim. Déjucher. V. *Desjouçar*.

DESAJUDAR, v. a. (desadjudá); *Desajudar*, cat. port. *Desayudar*, esp. *Disaiutare*, anc. ital. Faire le contraire d'aider, déranger, détourner.

Éty. de *des* priv. et de *ajudar*. V. *Adjud*, Rad.

DESAJUSTAR, v. a. (desadjustá); *Desajustar*, cat. esp. Désajuster, déranger ce qui est ajusté, disjoindre, séparer.

Éty. de *des* priv. et de *ajustar*. V. *Just*, Rad.

DESAJUSTAT, ADA, adj. et p. (desadjustá, áde). Désajusté, ée, disjoint.

DESALAT, ATA, adj. (desalá, áte), dg. *Desalado*, anc. esp. Privé, ée d'ailes.

Ety. de *des* priv. de *ala* et de *at*. V. *Al*, Rad.

DESALBERGAR, v. a. vl. *Disalbergare*, ital. Déloger, sortir de la maison.

Éty. de *des* priv. de *alberg* et de *ar*, priver du logement. V. *Alberg*, R.

DESALLIAR SE, Garc. V. *Mesalliar*.

DESALOUGAR SE, v. r. (deselougá sé), d. bas lim. Disloquer, luxer, contremander la place que l'on avait prise au four. V. *Desfaire* et *Dislocar*.

Éty. de *des* priv. et de *alougar*, dont le radical est *locus*, lieu. V. *Loc*, R.

DESALTERAR, v. a. (desalterá); DESARTERAR. *Dissetare*, ital. *Desalterar*, port. cat. Désaltérer, ôter la soif.

Éty. de *des* priv. et de *alterar*. V. *Alter*, Rad.

DESALTERAR SE, v. r. Se désaltérer, calmer en buvant, la soif qu'on éprouve.

DESALTERAT, ADA, adj. et p. (desalterá, áde); DESARTERAT, DESASSORGAT. Désaltéré, ée. V. *Alter*, R.

DESAMANAR, v. a. (desamaná), dl. Désaccoutumer, faire perdre une habitude.

Ety. de *des* priv. de *a*, de *man* et de *ar*, ôter de la main, rendre plus difficile. V. *Man*, R.

Se desamanar, se désaccoutumer.

DESAMANSA, s. f. vl. Indifférence, dédain, désaffection, haine, froideur.

Éty. de *des* priv. et de *amansa*. V. *Am*, R.

DESAMAR, v. a. vl. *Desamar*, cat. esp. port. *Disamare*, ital. *Désaimer*, cesser d'aimer, haïr.

Éty. de *des* priv. et de *amar*. V. *Am*, R.

DESAMARRAR, v. a. (desamarrá); *Desamarrar*, cat. esp. port. Démarrer, détacher, ôter les amarres, séparer, retirer.

Éty. de *des* priv. de *amarra* et de *ar*.

DESAMARRAT, ADA, adj. et p. (desamarrá, áde). Démarré, ée.

DESAMISTAT, s. f. vl. DESAMISTATZ. *Desamistad*, esp. Inimitié.

DESAMONESTAR, v. a. vl. *Desamonestar*, anc. cat. Détourner.

DESAMOR, s. f. vl. *Desamor*, anc. cat. *Disamor*, esp. port. *Disamore*, ital. Indifférence, désaffection.

Éty. de *des* priv. et de *amor*. V. *Am*, R.

DESAMOROS, adj. vl. *Desamoroso*, esp. *Desamoros*, cat. *Disamoroso*, ital. Qui n'aime plus.

DESAMPARAMENT, s. m. vl. *Desamparamiento*, esp. *Desamparo*, cat. Abandon, désemparement.

Éty. de *des* priv. de *ampar* et de *ment*, l'action de désemparer. V. *Part*, R.

DESAMPARAR, v. a. vl. DEZAMPARAR, DESEMPARAR. *Desampare*, basse lat. *Desamparar*, cat. esp. port. Délaisser, désemparer, abandonner, priver de secours. V. *Desemparar* et *Part*, R.

DESAMPARAR, V. *Desemparar*.

DESAMPARAT, ADA, adj. et p. vl. DEZAMPARAT. *Desamparado*, esp. Désemparé, ée. V. *Desemparat*, vl. abandonné, et *Part*, R.

DESANADOR, s. m. vl. Qui rebrousse, *rebroussant*.

Éty. de *des* priv. de *an* et de *ador*. V. *An*, R.

DESANAMENT, s. m. vl. Décès, trépas.

Éty. de *des* priv. de *ana* et de *ment*, action de ne plus aller, de cesser d'aller. V. *An*, R.

DESANAMORAT, ADA, adj. vl. *Desamorado*, esp. *Disamorato*, ital. Indifférent, qui n'aime plus, désaffectionné.

Éty. de *des* priv. de *an* pour *en*, et de *amorat*, détaché de l'amour dans lequel on était pris. V. *Am*, R.

DESANAR, v. n. vl. *Desandar*, esp. port. Cesser d'aller, trépasser.

Éty. de *des* priv. et de *anar*. V. *An*, R.

DESANAR, v. n. (desaná); ESANAR, DESENTUTAR. *Mi senti desanar*, je m'affaiblis, j'ai une faiblesse, je m'en vais.

Éty. de *des* priv. et de *anar*, litt. qui ne peut plus aller, qui s'arrête faute de vigueur. V. *An*, R.

DESANAT, ADA, adj. et p. (desaná, áde); ESANAT. *Desandado*, esp. Amaigri, défait, exténué. V. *An*, R.

M. Mazer dit, peut-être avec raison, que ce mot pourrait bien venir du grec ἀζάνω (azanô), sécher, dessécher, dérivé de ἄζω (azô), m. s.

DESANAT, ADA, adj. et p. (desaná, áde); ESANAT, DESENTUTAT, NEQUOLET, NECHARET. Défait, pâle, exténué de maigreur, desséché, blasé, sans force, sans vigueur. *Desanat d'argent*, dépourvu d'argent. V. *Necalit*.

Éty. Privé de la faculté d'aller. V. *An*, R.

DESANCHAR, v. a. (desantchá); DESMALUGAR, EISSALANCAR. Rompre les hanches ou les reins.

Éty. de *des* priv. de *ancha* et de *ar*. V. *Anc*, R.

DESANCHAT, ADA, adj. et p. (desantchá, áde); DESMALUGAT. *Desancado*, port. Déhanché, ée, qui a les hanches rompues ou disloquées.

Éty. de *des* priv. de *ancha* et de *at*, qui est privé des hanches. V. *Anc*, R.

DESANCRAR, v. n. (desancrá); *Desancorar*, port. esp. Désancrer, lever l'ancre, en terme de marine.

Éty. de *des* priv. et de *ancrar*, cesser d'*ancrer*. V. *Ancr*, R.

DESANCRAT, ADA, adj. et p. (desancrá, áde); *Desancorado*, port. esp. V. *Ancr*, Rad.

DESANFLOURAR, dl. m. s. que *esflourar*. V. *Flor*, R.

DESANISAT, ADA, adj. et p. (desanisá, áde), dl. Au propre, qui a perdu son nid ; au figuré, désorienté, déconcerté.

Éty. de *des* priv. de *nis*, *nid* et de *at*, privé de nid. V. *Nis*, R.

DESANOOU, nom de nombre (desanóou); *Desanove*, port. Alt. de *des et noou*. Dix-neuf.

DESANTHORAR, v. a. (desanthourá), et impr. DESENTOURAR, dl. Oter la fleur d'un fruit. V. *Desflourar*.

Éty. de *des* priv. et du grec ἄνθος (anthos), fleur, et de *ar*, privé de la fleur. V. *Anth*, R.

DESAPARER, vl. DESPARER. *Desaparexer*, cat. V. *Dispareisser*.

DESAPARIAR, *Desapariar*, cat. *Desaparear*, esp. V. *Despariar*.

DESAPARIAT, ADA, adj. et p. V. *Despariat*.

DESAPARTIR, v. n. (desapartir), dl. *Desapartar*, esp. Séparer ceux qui se battent. Sauv. V. *Desseparar* et *Part*, R.

DESAPEDIT, adj. et p. vl. DESAPEDITZ. Chassé, banni.

DESAPENSADAMEN, adv. vl. V.

DESAPENSADAMENT, adv. vl. Sans y penser, imprudemment, inconsidérément.

DESAPESAT, ADA, adj. et p. (desapesá, áde). Harassé, recru, outré de fatigue ou de lassitude : *Soui desapesat*, dl. je ne puis mettre un pied devant l'autre.

Éty. de *des* priv. de *a* pour *ad* et *pes*, pied, qui est privé, c'est-à-dire, de la faculté de marcher. V. *Ped*.

DESAPILAR, v. a. vl. Cesser d'appuyer, saper, miner.

DESAPODERADAMENT, s. m. vl. Impuissance, abattement, infirmité, stérilité.

DESAPODERAR, v. a. vl. *Desapoderar*, esp. cat. *Dispodestare*, ital. Déposséder, dépouiller.

Éty. de *des* priv. de *poder* et de *ar*.

DESAPONER, v. a. vl. Déposer, destituer.

DESAPPROVAR, v. a. (desaprouvá); DESAPPROUVAR. *Disapprovare*, ital. *Desaprobar*, esp. cat. *Desaprovar*, port. Désapprouver, ne pas approuver, n'être pas pour, juger autrement.

Éty. de *des* priv. et de *approuvar*.

DESAPPROVAT, ADA, adj. et p. (desaprouvá, áde); *Desaprovado*, port. Désapprouvé, ée.

DESAPRECIAR, v. a. (desapreciá); DESPRECIAR, MESPRESAR, DEPRECIAR. *Dispregiare* et *Disprezzare*, ital. *Despreciar*, cat. esp. *Desprezar*, port. Déprécier, rabaisser le prix, la valeur, le mérite de quelqu'un ou de quelque chose.

Éty. de *des* priv. et de *apreciar*, ou du lat. *depreciare*. V. *Prec*, R. 2.

DESAPRECIAT, ADA, adj. et p. (desapreciá, áde); DESPRECIAT, MESPRESAT. *Desapreciado*, esp. *Disprezzato*, ital. Déprécié, ée.

Éty. du lat. *depreciatus*, m. s. V. *Prec*, R. 2.

DESAPRENDRE, v. a. vl. DESAPRENER, DESAPRENRE. *Desapendrer*, cat. *Desaprender*, esp. port. *Disapprendere*, ital. Désapprendre, oublier ce qu'on avait appris.

Éty. de *des* priv. et de *aprendre*. V. *Prendr*, R.

DESAPRENER, et

DESAPRENRE, vl. V. *Desaprendre*.

DESAPRESTAR, v. a. (desaprestá). Oter l'apprêt. V. *Deslustrar*.

DESARBOURAR, v. a. (desarbourá) ; *Desarborar*, cat. Démâter, *désarborer*? ôter le pavillon, abattre le mât. Garc.

Éty. de *des* priv. et de *arbourar*.

DESARÇOUNAR, v. a. (desarçouná). Désarçonner, mettre hors des arçons, fig.

confondre quelqu'un dans une dispute, le mettre hors d'état de répondre, de résister.

Éty. de *des* priv. de *arçoun* et de *ar*. V. *Arc*, R.

DESARÇOUNAT, ADA, adj. et p. (desarçouná, áde). Désarçonné, ée. V. *Arc*, R.

DESARENGAR, v. a. vl. *Desarranjar*, port. V. *Derrengar*.

DESARENGAT, ADA, adj. et part. vl. Dérangé, ée, désordonné, ée.

DESARGENTAR, v. a. (desardgeintá). Désargenter, ôter l'argent d'une chose qui était argentée.

Éty. de *des* priv. et de *argentar*. V. *Argent*, Rad.

DESARGENTAT, ADA, adj. et part. (desardgentá, áde). Désargenté, ée. V. *Argent*, R.

DESARIBAT, ADA, adj. et p. (desoribá, áde), d. bas lim. Débordé, en parlant d'un fleuve, d'une rivière. V. *Desbordat*.

Éty. de *des* priv. de *riba*, bord, et de *at*, qui n'a plus de bord, qui a franchi ses limites. V. *Rib*, R.

DESARMAMENT, s. m. (desarmaméin); *Disarmamento*, ital. *Desarmamiento*, esp. *Desarmamento*, port. *Desarmament*, cat. Désarmement, action par laquelle on fait quitter les armes à des gens de guerre ou autres; licenciement.

Éty. de *des* priv. de *arma* et de *ment*, action d'ôter les armes, ou du lat. *exarmatio*. V. *Arm*, R.

DESARMAR, v. a. (desarmá); *Disarmare*, ital. et bas. lat. *Desarmar*, esp. port. cat. Désarmer, ôter à quelqu'un les armes défensives ou offensives dont il était revêtu, qu'il portait, interdire le port des armes à quelque corps, fig. calmer la colère, la vengeance, etc.

Éty. de *des* priv. et de *armar*, le contraire d'armer, ou du lat. *exarmare*. V. *Arm*, R.

DESARMAR, v. n. Désarmer, poser les armes. V. *Arm*, R.

DESARMAT, ADA, adj. et p. (desarmá, áde); *Desarmad*, cat. *Desarmado*, port. esp. *Disarmato*, ital. Désarmé, ée.

Éty. du lat. *dearmatus*, ou de *des* priv. et de *armat*. V. *Arm*, R.

DESARRAPAR, v. a. (desarrapá); DERAPEGAR. dl. *Desarrapar*, esp. Décrocher, dépendre, V. *Descrouchetar*; décoller, détacher ce qui était collé. V. *Despegar*.

DESARRAR, v. a. vl. Ouvrir, ôter, enlever.

DESARRENGAR, v. a. vl. DESARENGAR. *Desarranjar*, port. Déranger, désordonner. V. *Derrangear*.

DESARRENGAT, ADA, adj. et part. vl. Dérangé, ée, désordonné, ée.

DESARRIBAR, v. n. vl. Dériver, déborder. V. *Deribar* et *Riv*, R.

DESARRIMAR, v. a. (désarrimá). Désarrimer, défaire l'arrimage ou l'arrangement qu'on avait fait de la cargaison d'un vaisseau.

Éty. de *des* priv. et de *arrimar*, faire le contraire d'arrimer.

DESARTAR, V. *Desertar*.

DESARTION, V. *Desertion*.

DESARTUR, V. *Desertur*.

DESASABORAR, v. a. vl. DESASABORIR. *Desassaborar*, anc. cat. Dénaturer, altérer, ôter le goût, la saveur. V. *Sap*, R.

DESASABORIR, vl. V. *Desasaborar*.

DESASIAT, ADA, adj. et p. vl. DESASIATZ. Privé d'aise, mal à l'aise, détroussé.

Éty. de *des* priv. et de *asiat*, aisé. V. *Ais*, Rad.

DESASIMAT, ADA, adj. et p. (desasimá, áde), dl. Egaré, ée.

Éty. de *des* priv. de *a* augm. de *sime*, bon sens, droit chemin, et de *at*, privé du bon sens.

DESASOLAR, v. a. et n. vl. Isoler, rester seul. V. *Soul*, R. et *Desolar*.

DESASOLAT, ADA, adj. et p. vl. Isolé, ée. V. *Desolat*.

DESASOTILAR, v. a. vl. Émousser, désappointer.

DESASSEGURAR, v. a. vl. DESASEGURAR, DEZASEGURAR. *Desasegurar*, esp. Décourager, déconcerter, chagriner, tourmenter.

DESASSEMBLAR, v. a. (desasséimblá). Désassembler, séparer ce qui est joint par assemblage, on ne le dit guère qu'en parlant des pièces de menuiserie.

Éty. de *des* priv. et de *assemblar*. V. *Simil*, R.

DESASSEMBLAT, ADA, adj. et part. (desasseimblá, áde). Désassemblé, ée. V. *Simil*, R.

DESASSESOUNAR, vl. V. *Dessesounar* et *Sesoun*, R.

DESASSETAR, v. a. (desassetá); DESSETAR. Tirer le linge du cuvier, pour aller le laver, quand il est lessivé, *desencuver*, n'est pas français.

Éty. de *des* priv. et de *assetar*. V. *Sed*, Rad.

DESASSIPAR, v. a. (desassipá), dl. Dissiper, détruire, gâter, Sauv. V. *Dissipar*, dont ce mot est une altér.

DESASSOGAR, v. n. vl. Avorter.

DESASSORGAT, ADA, adj. p. (desassorgá, áde), dl. Désaltéré. Sauv. V. *Desalterat*.

DESASSOUCIAR, v. a. (desassouciá); *Desociare*, bas. lat. Désassocier? rayer quelqu'un de la liste des associés. Garc.

Éty. de *des* priv. et de *assouciar*.

DESASSOURTIR, v. a. (desassourtir). Rompre un assortiment, et fig. se mal marier, se mal associer. Garc.

DESASTRADA, s. f. vl. Mésaventure. V. *Astr*, R.

DESASTRAT, ADA, adj. et part. vl. *Desastrat*, cat. *Desastrado*, esp. port. *Disastrato*, ital. *Désastré*, infortuné, malheureux, disgracié.

Éty. de *des* priv. et *astrat*, privé de la bonne étoile. V. *Astr*, R.

DESASTRE, s. m. (desástre); *Disastro*, ital. *Desastre*, esp. port. cat. Désastre, grand malheur, grande infortune.

Éty. de *des* priv. et de *astre*, pris dans le sens de bonheur, fortune. V. *Astr*, R.

DESASTROUS, OUSA, adj. (desastróus, óuse). Désastreux, euse, qui tient du désastre.

Éty. de *desastre* et de *ous*. V. *Astr*, R.

DESASTRUC, adj. vl. *Desastruch*, anc. cat. *Desastroso*, esp. port. *Disastroso*, ital. Infortuné, malheureux, méchant.

Éty. de *des* priv. et de *astruc*, heureux. V. *Astr*, R.

DESATALAR, dl. V. *Desatelar*; forcer un cultivateur à vendre ses bestiaux, d. bas lim. et *Atel*, R.

DESATELAR, v. a. (desatelà); DESATALAR. Dételer, détacher de la voiture, de la charrue, du char, etc. Les animaux qui y étaient attachés pour les traîner. V. aussi *Desjougner*.

Éty. de *des* priv. de *Atelar*, v. c. m. et *Atel*, R.

DESAURELHAR, v. a. (desaourelhá); EISSOURELHAR, EICHOURELHAR, EISSAURILHAR. *Desorejar*, esp. Essoriller, couper les oreilles, fig. couper les cheveux fort courts.

Éty. de *des* priv. de *aurelha* et de *ar*, ôter les oreilles, ou du lat. *exauriculare*. V. *Aurelh*, R.

DESAURELHAT, ADA, adj. et p. (desaoureillá, áde); EISSAURELHAT, EISSOURELHAT. *Desorilhado*, port. *Desorejado*, esp. Essorillé, ée, on dit aussi écourté quoique ce mot désigne plutôt qu'on a coupé la queue que les oreilles à l'animal dont on parle.

Éty. de *des*, *aurelha*, *at*, privé de l'oreille. V. *Arelh*, R.

DESAUSSINAR, v. a. (desooussiná), d. bas lim. On dit déchaumer, en parlant d'une terre qui est en friche et qui n'a pas encore été cultivée. V. *Degoursar*.

DESAUTORGAR, v. a. vl. Désapprouver.

Éty. de *des* priv. et de *autorgar*.

DESAUTOURAR, v. a. vl. Désavouer, discréditer.

DESAUTREIAR, v. a. vl. DESAUTREJAR, DESAUTREYAR. Refuser, révoquer, nier, se dédire.

Éty. de *des* priv. de *autrei* et de *ar*, ôter la permission.

DESAUTREJAR, vl. V. *Desautreiar*.

DESAUTREYAR, vl. V. *Desautreiar*.

DESAVANÇAR, v. a. (desavançá). Dévancer, gagner le devant. V. *Devançar* et *Ant*, R.

DESAVANTAGEAR SE, v. r. (desavantadjà); dl. Perdre l'équilibre, perdre l'avantage d'une place où l'on était ferme sur ses pieds. Sauv.

Éty. de *des* priv. et de *Avantagear*, v. c. m. et *Ant*, R.

DESAVANTAGEOUS, OUSA, adj. (désavantadjóus, óuse); *Svantaggioso*, ital. *Desavantajado*, esp. Désavantageux, euse, qui cause ou qui peut causer du désavantage.

Éty. de *Desavantagi*, v. c. m. et de *ous*. V. *Ant*, R.

DESAVANTAGEOUSAMENT, adv. (desavantadjousaméin). Désavantageusement.

Éty. de *desavantageousa* et de *ment*, d'une manière désavantageuse. V. *Ant*, R.

DESAVANTAGI, s. m. (desavantagi); DESAVANTAGE. *Disvantaggio*, ital. *Desventaja*, esp. Désavantage, infériorité d'une chose ou d'une personne à l'égard d'une autre; dommage, préjudice.

Éty. de *des* priv. et de *Avantagi*, v. c. m. et *Ant*, R.

DESAVANTHOURAR SE, v. r. (desovontourà sé), d. bas lim. Avorter, accoucher avant le terme naturel, en parlant des femmes. V. *Avourtar*, *prendre mau*.

Éty. de *des*, de *avant* et de *houra*. Voy. *Hour*, R.

DESAVARIT, IDA, adj. et p. (desavari, ide), dl. Gâté, ée. Sauv. V. *Avarit*.

DESAVEGNA, adj. f. (desavègne), d. bas lim. Chose qui déplaît, qui a mauvaise grâce. V. *Ven*, R.

DESAVENGUT, UDA, adj. et part. (desaveingù, ùde). Brouillé, ée. V. *Ven*, R.

DESAVENI, s. m. (desavèni), d. bas lim. Ce qui déplaît, ce qui contrarie.

Éty. de *des* priv. et de *avenent*. V. *Ven*, R.

DESAVENIR SE, v. r. vl. *Desavenir*, cat. esp. *Desavir*, port. *Disavvenire*, ital. L'opposé de *s'avenir* et de *counvenir*, c'est-à-dire, se brouiller, se diviser, mésarriver, désunir.

Éty. de *des* priv. et de *avenir*. V. *Ven*, Rad.

DESAVENTURA, s. f. vl. *Desventura*, cat. *Desaventura*, esp. port. *Disavventura*, ital. Mésaventure, *désaventure*, infortune, malencontre, malheur. V. *Ven*, R.

DESAVENTURAT, ADA, adj. vl. DESAVENTUROS. *Desventurado*, esp. *Disavventurato*, ital. *Désaventuré*, malheureux, infortuné.

DESAVENTUROS, adj. vl. *Desaventuros*, cat. *Disavventuroso*, ital. V. *Desaventurat*.

DESAVER, v. a. vl. Quitter, abandonner, détacher.

Éty. de *des* priv. et de *aver*.

DESAVEZAR, v. a. (desovezà), d. bas lim. *Divezzare*, ital. *Desavezar*, esp. S'accoutumer à quelque chose, s'exprime par *avezar*, de l'ital. *avvezare*, accoutumer et désaccoutumer en ajoutant la part. priv. *des*.

DESAVIADURA, s. f. (desaviadùre). Au propre, action de s'écarter de sa route, égarement; fig. déréglement; désarroi.

Éty. de *desaviar* et de *ura*, litt. chose déroutée. V. *Via*, R.

DESAVIAIRE, s. m. (desaviàïré). Brouillon, tracassier, qui persécute les autres; fig. gros vent qui désole la campagne. Garc.

DESAVIAR, v. a. (desavià); REVOULOUMAR. *Desviar*, esp. port. Détourner, dérouter, désorienter, écarter quelqu'un de sa route, désoler, inquiéter: *Houstau desaviat*, maison désolée, ruinée.

Éty. de *des* priv. de *a* pour *la*, art. de *via*, voie, et de l'act. *ar*, litt. écarter de la voie, du chemin. V. *Via*, R.

DESAVIAR SI, v. r. S'égarer, se perdre; fig. quitter le chemin de la vertu; se ruiner, déranger ses affaires.

DESAVIAT, ADA, adj. et part. (désavià, àdc). Dérouté, désorienté, égaré; ruiné, débauché; écervelé. Avril.

Éty. de *des a via at*, sorti ou privé du chemin. V. *Via*, R.

DESAVINENT, adj. DESAVINEN. *Desavinent*, cat. Désagréable, inconvenant. Voy. *Ven*, R.

DESAVIS, locut. adv. (desavis), d. m. *M'es desavis*, il me paraît, il me semble, je pense que.

Éty. C'est le *m'es veiaïre*, de la langue romane, qui a la m. s.

DESAVISAGEAR, v. a. (desovisadzà), d. bas lim. Dévisager. V. *Desfigurar*, *Desvisagear* et *Vis*, R.

DESAVOUAR, v. a. (desavouà). Désavouer, nier, avoir dit ou fait une chose; ne vouloir pas reconnaître.

Éty. de *des* priv. et de *Avouar*, v. c. m. et *Voc*, R.

DESAVOUAT, ADA, adj. et part. (desavouà, àde). Désavoué, ée. V. *Voc*, R.

DESAVOUATION, s. f. Suppl. à Pell. V. *Desavu*.

DESAVU, s. m. (desavù), pr. mod. DESAVOUATION. Désavœu, action de désavouer.

Éty. de *des* priv. et de *avu*. V. *Voc*, R.

DESAVUECH, *Desavuit*, cat. V. *Desevuech*.

DESAVUGLAR, v. a. (desavuglà); DESEMBOURNIAR. Désaveugler, tirer quelqu'un de l'aveuglement, le détromper d'une erreur, le guérir d'une folle passion.

Éty. de *des* priv. et de *avuglar*. V. *Ocul*, Rad.

DESAVUGLAT, ADA, adj. et p. (desavuglà, àde). Désaveuglé, ée. V. *Ocul*, R.

DESAZAUTAR, v. a. et n. vl. Chagriner, déplaire.

Éty. de *des* priv. de *azaut* et de l'act. *ar*.

DESAZIR, v. a. et n. vl. DESSAZIR. Dessaisir, abandonner, détacher, renoncer. V. *Dessesir*.

DESAZONAR, v. imp. n. et act. vl. Être hors de saison, manquer, chagriner.

DESBADARNAR, v. a. (desbadarnà); DEBADARNAR, DEIBADARNAR, EIBADARNAR. Ouvrir complètement.

Éty. de *des* augm. de *badar*, bailler, et de *ar*; le *n* est euphonique. V. *Bad*, R.

DESBADARNAT, ADA, adj. et part. (desbadarnà, àde); DEIBADARNAT. Tout ouvert. V. *Desbalaudat* et *Despeitrinat*.

Éty. V. *Desbadarnar* et *Bad*, R.

DESBADAULAT, ADA, adj. et p. (desbadaoulà, àde), dl. DESBADARNAT. Tout battant ouvert: *Porta desbadaulada*, porte entièrement ouverte, V. *Despeitrinat*; ce mot signifie encore crevassé, baillant, entr'ouvert, V. *Esclat*, on le dit particulièrement des figues que la pluie fait entr'ouvrir. V. *Bad*, R.

DESBAGAGEAR, v. a. et n. (desbagadjà); DEBAGAGEAR, DEIBAGUEGEAR. Déménager, enlever, emporter son mobilier, quitter un logement et même un pays.

Éty. de *des* priv. de *bagagi* et de *ar*, enlever son bagage. V. *Bag*, R.

DESBAGAGEAT, ADA, adj. et p. (desbagadjà, àde); DEBAGAGEAT. Déménagé, ée. V. *Bag*, R.

DESBALAGI, s. m. (desbaladji); DESEMBALLAGI. *Desembalatge*, cat. *Desembalaje*, esp. Désemballage, ouverture d'une caisse ou d'un ballot, en ôtant la toile d'emballage.

Éty. de *des* priv. et de *embalagi*. V. *Bal*, Rad.

DESBALANSAR, vl. Faire pencher.

DESBALAR, v. a. (desbalà); DESEMBALAR, DEBALAR. *Sballare*, ital. *Desembalar*, esp. cat. Déballer, ôter, défaire l'emballage.

Éty. *Desballar* est dit pour *desemballar*, formé de *des* priv. et de *emballar*, ou de *des*, de *balla* et de *ar*. V. *Bal*, R.

DESBALAR SE, v. r. dl. Se précipiter. Sauv.

Éty. de *desbalenc*, précipice, et de *ar*.

DESBALENC, s. m. (desbaléin), dl. Précipice. Sauv.

Éty. de *des* augm. de *Ball*, v. c. m. et de *enc*, lieu, d'où l'on se lance, d'où l'on peut se lancer. V. *Bal*, R.

DESBANAR, v. a. (desbanà); DEBANAR, EBANAR. Casser les cornes à une bête.

Éty. de *des* priv. de *bana*, corne, et de l'act. *ar*, priver des cornes. V. *Ban*, R.

DESBANASTAR, v. a. (desbanastà); DESEMBANASTAR. Oter les paniers, nommés *banastas*, de dessus les bêtes de somme; les vider.

Éty. de *des* priv. de *banasta* et de *ar*. V. *Banast*, R.

DESBANASTAR SE, v. r. SE DESEMBANASTAR. Se débarrasser de quelque chose d'incommode.

DESBANAT, ADA, adj. et p. DEBANAT, ADA, EBANAT. Qui a perdu les cornes: *Cabra desbanada*, chèvre franche ou motaie; fille qui a fait brèche à l'honneur. V. *Ban*, Rad.

DESBANCAR, v. a. (desbancà), DESCOUQUILHAR, ESCULHIR, DEBANCAR. *Desbancar*, port. cat. esp. *Sbancare*, ital. Débanquer, épuiser le banquier qui tient le jeu, lui gagner tout l'argent qu'il avait devant lui; forcer quelqu'un à s'en aller. On l'emploi aussi fig. comme neutre, et il signifie alors, s'en aller; abandonner la partie. V. *Descampar*.

Éty. de *des* priv. de *banca* et de *ar*, priver de la banque. V. *Banc*, R.

DESBANCAT, ADA, adj. et p. (desbancà, àde). Débanqué, ée. V. *Banc*, R.

DESBANDADA, s. f. (debandàde); DEBANDADA, DESBENDADA, DESBANDAMENT. Débandade; à la débandade, déroute, confusion.

Éty. de *banda*, bande, de *ada*, formée, et du priv. *des*. V. *Band*, R.

A la desbandada, à la débandade, pêle-mêle, sans ordre.

DESBANDAMENT, V. *Desbandada* et *Band*, R.

DESBANDAR SE, v. r. (desbandà sé); DEBANDAR. *Sbandarsi*, ital. *Desbandarse*, esp. cat. *Desvendarse*, port. Se débander, se désorganiser, s'éparpiller.

Éty. de *des* priv. de *banda* et de l'act *ar*. V. *Band*, R.

DESBANDIR, v. a. vl. *Sbandire*, ital. Rappeler du bannissement.

Éty. de *des* priv. et de *bandir*. V. *Ban*, R. 2.

DESBANDIT, IDA, adj. et p. vl. Rappelé du bannissement. V. *Ban*, R. 2.

DESBAPTEGEAR, v. a. (desbatedjà); DESBATEGEAR, DEBATEGEAR. Débaptiser; on dit qu'une personne se ferait plutôt débaptiser que de faire telle ou telle chose, pour marguer la grande répugnance qu'elle a pour cette action.

Éty. de *des* priv. et de *baptegear*. V. *Bapt*, Rad.

DESBARAGNAR, v. a. (desbaragná) ; DESBARAGNAR, DEIBARAGNAR, DEBARAGNA. Enlever les clôtures, les haies.

Éty. de *des* priv. de *baragna*, haie, et de *ar*. V. *Baragn*, R.

DESBARAT, s. m. vl. *Desbarate*, esp. *Desbarat*, cat. Déroute, défaite, sottise.

Éty. de *des* et de *barat*. V. *Barat*, R.

DESBARATAR, v. a. vl. DESBARATAR. *Desbaratar*, cat. esp. *Sbarattare*, ital. Vaincre, défaire, abattre ; déconfire, mettre en déroute ; débarrasser quelqu'un de ses rebuts.

Éty. de *des* priv. de *barat* et de *ar*, combattre l'abus, défaire la tromperie. V. *Barat*, Rad.

DESBARATAR SE, v. r. (deibaratá se) ; Se débarrasser des mauvaises marchandises qu'on a.

Éty. de *des* priv. de *barat* et de *ar*. V. *Barat*, R.

DESBARATAT, adj. et p. vl. DESBARATET. *Desbaratado*, esp. Déconfi. V. *Barat*, Rad.

DESBARBAR, v. a. (desbarbá) ; DEIBARBAR. *Desbarbar*, esp. Ebarber, tondre autour ; couper une partie de la barbe, déraciner ; arracher la barbe.

Éty. de *des* priv. de *barba* et de *ar*, ôter la barbe. V. *Barb*, R.

DESBARBOULHAR, v. a. (desbarbouillá) ; DESARBOULHAR, DESARBOUIAR, DESMASCARAR, LAVAR, NETEGEAR. Débarbouiller, nettoyer le visage, en ôter la crasse.

Éty. de *des* priv. et de *barboulhar*. Voy. *Barb*, R.

DESBARBOULHAR SE, v. r. Se débarbouiller, se nettoyer, se décrasser le visage.

DESBARBOULHAT, **ADA**, adj. et p. (desbarbouillá, áde). Débarbouillé, ée. V. *Barb*, R.

DESBARCADOUR, s. m. (desbarcadóur) ; *Desembarcadero*, esp. cat. Débarcadour ou débarcadaire, lieu marqué pour le débarquement d'un vaisseau.

Éty. de *des* priv. de *barca*, bateau, et de la term. *our*, celui qui débarque ou lieu où l'on débarque. V. *Barc*, R.

DESBARCAMENT, s. m. (desbarcaméin) ; *Desembarco*, esp. *Desembarque*, port. *Desembarc*, cat. Débarquement, lieu où l'on peut débarquer ; troupes destinées à faire une descente chez l'ennemi ; action de débarquer, désembarquement.

Éty. de *des* priv. de *barca* et de *ment*, action ou manière de débarquer. V. *Barc*, R.

DESBARCAR, v. a. (desbarcá) ; *Desembarcar*, esp. cat. *Sbarcare*, ital. Débarquer, tirer d'un vaisseau ce qui y était embarqué.

Éty. de *des*, de *barca* et de *ar*, ôter de la barque. V. *Barc*, R.

DESBARCAR, v. a. et n. (desbarcá) ; DÉBARCAR, DESEMBARCAR, DEIBARCAR. *Sbarcare*, ital. *Desembarcar*, esp. cat. *Desembarcar*, port. Débarquer, sortir du vaisseau où l'on était embarqué, ou en retirer ce qu'il renfermait.

Éty. de *des* priv. de *barca*, vaisseau, barque, et de *ar*, quitter le vaisseau. Voy. *Barc*, R.

DESBARCAR LOU, s. m. V. *Desbarcament*.

DESBARCAT, **ADA**, adj. et p. (desbarcá, áde). Débarqué, ée : *Nouveou desbarcat*, Novice. V. *Barc*, R.

DESBARDAR, v. a. (desbardá) ; DEBARDAR. Décarreler, ôter les carreaux qui pavent un appartement, ôter la *barda*.

Éty. de *des* priv. de *bard*, pavé, et de l'act. *ar*. V. *Bard*, R.

DESBARDAT, **ADA**, adj. et p. (desbardá, áde) ; DEBARDAT. Décarrelé, dépavé. V. *Bard*, Rad.

DESBARLUGAR, v. a. (desbarlugá) ; DEIBARLUGAR, DEBARLUGAR. Dessiller les yeux, les paupières ; et fig. désabuser quelqu'un, lui faire ouvrir les yeux.

Éty. V. le mot suivant.

DESBARLUGAR, **SE**, v. r. (desbarlugá sé) ; DEBARLUGAR. Déciller et dessiller, séparer les cils, et par extension, y voir plus clairement, se mieux instruire des faits.

Éty. de *des* priv. de *barluga*, berlue, et de l'act. *ar*, ôter la berlue.

DESBARRAR, v. a. (desbarrá) ; DEBARRAR, DEIBARRAR, DESTANCAR. *Debarrare*, bas lat. Débarrer, ôter la barre qui ferme une porte ou une fenêtre : *Desbarrar leis pielas*, débarrer les piles de cabas d'un moulin à huile ; désenrayer, en terme de voiturier.

Éty. de *des* priv. et de *barrar*, mettre la barre. V. *Barr*, R.

DESBARRAR, v. n. DESPARAR, DEIBARRAR. *Desbarrar*, cat. esp. *Sbarrare*, ital. S'emporter, sortir des gonds, rompre le frein, la barre qui retient, expr. fig.

Éty. de *des* priv. et de *barra*.

Soun fusiou a desbarrat, son fusil est parti.

DESBARRASSAR, v. a. (desbarrassá) ; DESEMPACHAR, DEIBARRASSAR, DESEMBARRASSAR. *Sbarazzare*, ital. *Desembrassar*, cat. *Desembarazar*, esp. *Desembaraçar*, port. Débarrasser, ôter l'embarras ou délivrer d'un embarras.

Éty. *Desbarrassar*, est dit pour *desembarrassar*, formé de *des*, priv. de *Embarras*, v. c. m. et de l'act. *ar*, ôter l'embarras. V. *Barr*, R.

DESBARRASSAR SE, v. r. DESEMBARRASSAR SE, DEIBARRAR SI. Se débarrasser, se tirer d'embarras, éloigner ce qui embarrasse ; se dégager ; accoucher.

DESBARRASSAT, **ADA**, adj. et part. (desbarrassá, áde) ; DESEMBARRASSAT. Débarrassé, ée, tiré d'embarras. V. *Barr*, R.

DESBARRAT, **ADA**, adj. et p. (desbarrá, áde) ; *Desbarrado*, esp. *Desbarrat*, cat. Débarré, ée, emporté ; parti, en parlant d'un pistolet, d'un fusil.

Éty. de *des*, de *barra* et de *at*. V. *Barr*, Rad.

DESBARTAVELAT, **ADA**, adj. et p. (desbartavelá, áde) ; DEBARTAVELAT, DEBARISAT, DESTARTAVELAT, DEBARTAVIAT. Ecervelé, étourdi, sans prudence, dévalisé, fou, en désordre.

Éty. de *des* priv. et de *bartavelas*, pris pour cervelle.

DESBASTAIRE, s. m. (desbastaïré) ; DEBASTADOUR, DEBASTADOU, DEIBASTADOU, DEBASTAIRE. Tablette d'écurie, espèce de planche de support où l'on place les bâts en les ôtant aux mulets, et par ext. lieu de décharge, de dépôt.

Éty. de *des* priv. de *bast* et de *aire*. V. *Bast*, R.

DESBASTAR, v. a. (desbastá) ; DEBASTA, DEIBASTAR, DEBASTAR. *Sbastare*, ital. *Desalbardar*, esp. port. Débâter, ôter le bât.

Éty. de *des* priv. de *bast* et de l'act. *ar*, priver du bât, ôter le bât. V. *Bast*, R.

DESBASTAR LOU, s. m. L'action d'ôter le bât.

Au desbastar de l'ai se ves la macadura.
Prov.

DESBASTAR SE, v. r. Se décharger, en terme de joueur, gagner l'acquit, faire payer à un autre ce qu'on a perdu au jeu, en le lui gagnant.

DESBASTAT, **ADA**, adj. et p. (desbastá, áde). Débâté, ée.

Éty. de *des* priv. de *bast* et de *at*, privé du bât. V. *Bast*, R.

DESBASTIR, v. a. vl. DEBASTIR. Démolir, débâtir, renverser. V. *Encalar*.

Éty. de *des* priv. et de *bastir*. V. *Bast*, Rad. 2.

DESBASTIR, v. a. (desbastir). Démurer, ouvrir une porte ou une fenêtre qui était murée, ôter la maçonnerie qui les bouchait, défaire ce qui était bâti.

Éty. de *des* priv. et de *bastir*.

DESBASTIT, **IDA**, adj. et p. (desbasti, ide). Démoli, renversé. V. *Encalat* et *Bast*, R. 2.

DESBASTIT, **IDA**, adj. et p. (desbasti, ide). Démuré, ée.

DESBATAR, DEIBATAR. V. *Dessolar*.

DESBATAR SE, v. r. (se desbatá), dl. Courir à toute jambe. Sauv.

Éty. de *des* priv. de *bata*, corne du pied, ou sabot, et de *ar*.

DESBATEJAT, adj. vl. DESBATEIAT. Non baptisé, débaptisé.

Éty. de *des* priv. et de *batejat*, pour *bategeat*. V. *Bapt*, R.

DESBATRE, vl. V. *Debatre*.

DESBAUCHA, s. f. (desbáoutche) ; DEBAUCHA. Débauche, excès dans le boire et dans le manger ; incontinence.

Éty. du lat. *debacchari*, s'emporter, formé de Bacchus, selon Jauffret.

DESBAUCHAR, v. a. (desbaoutchá) ; DEBAUCHAR. Débaucher, jeter dans la débauche, détourner quelqu'un de ses devoirs par des amusements illicites ; débaucher une fille, c'est l'entraîner dans le vice ; un soldat, c'est l'engager a abandonner le service ; un domestique, c'est le solliciter de quitter son maître.

Éty. de *desbaucha* et de *ar*.

DESBAUCHAR SE, v. r. Se débaucher, se jeter dans la débauche, on dit souvent en provençal, en parlant d'un malade, qui a mangé plus qu'il n'aurait fallu : *S'es desbauchat.*

DESBAUCHAT, s. m. (desbaoutchá) ; DEBAUCHAT. Débauché, un libertin, un homme livré à la débauche.

Éty. de *desbaucha* et de *at.*

DESBAUCHAT, ADA, adj. et p. (desbooutchá, áde). Débauché, ée, livré à la débauche.

DESBAUSSAR, V. *Debaussar.*

DESBAVAGI, s. m. (desbavádgi); DEIBAVAGE. Débavage, action d'ôter la bave aux cocons.

DESBAVAR, v. a. (desbavá); DESBILASAR, DEBAVAR, DEIBAVAR. Terme de *magnagnerie, débaver* des cocons, en ôter le dessus, la bave ou la bourre.

Éty. de *des* priv. de *bava* et de *ar*, enlever la bave V. *Bav*, R.

DESBELETRINAR, dl. V. *Despeitrinar* et *Desgevitrar.*

DESBELETRINAT, V. *Despeitrinat* et *Desgevitrat.*

DESBENDADA, V. *Desbandada.*

DESBENDAR, v. a. (desbeindá); *Sbendare*, ital. *Desvendar*, esp. Débander, ôter la bande d'une plaie, détendre, relâcher ce qui était tendu ; mettre le chien d'une arme à feu à son repos, de bandé qu'il était auparavant.

Éty. de *des* priv. de *Bendar*, v. c. m. et *Bend*, R.

DESBENVOILLENSA, s. f. vl. DESBENVOLENZA. Malveillance, inimitié.

DESBENVOLENZA, vl. V. *Desbenvoillensa.*

DESBEROULHAR, dl. V. *Desfaroulhar.*

DESBEZAR, v. a. (desbezá), d. toulous. Sevrer. V. *Desmamar.*

Éty. du grec ἔϐεσα (ebesa), aor. 1er de σϐέννυμι (sbennemi), *extinguo, comprimo.* Dumège.

DESBIAISAT, ADA, adj. et part. (desbiaïsá, áde), et impr. DESBIAISSAT. Gauche, maladroit, sans adresse, qui n'a ni maintient, ni façon, ni tournure. V. *Desgaubiat.*

Éty. de *des* priv. de *biais*, adresse, et de la term. pass. *at, ada*, privé d'adresse. V. *Biais*, R.

DESBIAISSAT, ADA, adj. et p. (desbiaïssá, áde), dl. V. *Desbieisat.*

DESBILASSAR, v. a. (desbilassá), anc. dl. V. *Desbavar* et *Bilassa.*

Éty. de *des* priv. de *bilassa*, péjor. de *bila*, dit pour glaires, et de *ar*, enlever, ôter les glaires.

DESBILHAR, v. a. (desbillá); DEBILHAR, DEBIAR. Oter la bille, le garrot, qui avait servi à serrer une corde par le moyen de la torsion; c'est aussi une alt. de *Desbulhar*, v. c. m.

Éty. de *des* priv. et de *Bilhar*, v. c. m.

DESBILHARDAR, v. a. (desbillardá); DEBILHARDAR. Débillarder, dégrossir, enlever par gros morceaux ce qui nuit au redressement d'une pièce de bois.

Éty.

DESBILHAT, ADA, adj. et p. (desbillá, áde); DEBILHAT, DEBIAT. Dont on a ôté la bille, le garrot.

DESBLAYAR, v. a. (desbleïá). Déblayer, ôter, enlever, débarrasser, dégager un lieu des choses qui l'encombrent.

Éty. de la basse lat. *debladare*, formé de *de* priv. de *blad*, blé, et de *are*, enlever le blé. V. *Blad*, R.

DESBLAYAT, ADA, adj. et part. (desbleïá, áde). Déblayé, ée. V. *Blad*, R.

DESBLOCAR, v. a. vl. Oter, détruire les bosses, dégarnir de bosses.

Éty. de *des* priv. de *bloca* et de *ar*. V. *Bloc*, R.

DESBLOUCAGI, s. m. (desbloucádgi) ; DEBLOUCAGE. Déblocage, action de débloquer, en t. d'impr.

DESBLOUCAR, v. a. (desbloucá) ; DESBOUCLAR, DEBLOUCAR. Déboucler, ôter la boucle, ou les boucles; débloquer, faire lever le blocus d'une place; débloquer, en t. d'impr. ôter d'une composition les lettres bloquées ou renversées et les remplacer par d'autres.

Éty. de *des* priv. de *blouca* et de *ar*. V. *Bloc*, R.

DESBLOUCAT, ADA, adj. et part. (desbloucá, áde) ; DESBOUCLAT. Débouclé, ée, débloqué, selon le verbe. V. *Bloc*, R.

DESBORD, s. m. (desbór) ; DEBORD. Fluxion humorale; convulsions chez les enfants, qu'on attribue à une fluxion ; attaque d'apoplexie. Avril. débordement d'une rivière. V. *Desbordament.*

Éty. de *des* priv. et de *bord*, qui n'a plus de bords, plus de limites. V. *Bord*, R.

Desbord de cerveou, enchifrènement, fonte d'humeurs, débord de cerveau. Acad.

DESBORDAMENT, s. m. (desbourdaméin) ; DESBOURDAMENT, DESBORD, DEBORD. Débordement, élévation des eaux d'une rivière, d'un lac, etc. au-dessus de son lit; grand épanchement d'humeurs; déréglement de mœurs; irruption d'un peuple barbare.

Éty. de *desbord* et de *ment*, avec *a* euphonique. V. *Bord*, R.

DESBORDAR, v. a. (desbourdá) ; DESBOURDAR, SOBBOURDAR. Déborder, ôter la bordure, dépasser les bords: *Desbordar lou pavilhoun, désarborer.*

Éty. de *des* priv. de *bord* et de *ar*, ôter le bord ou dépasser le bord. V. *Bord*, R.

DESBORDAR, v. n. DESBOURDAR, TRASBORDAR, DEIBOURDAR. Déborder, couler pardessus les bords, en parlant des rivières; on le dit aussi des étoffes quand le bord de l'une dépasse celui de l'autre ; des humeurs, lorsqu'elles coulent en grande quantité ; d'un petit bâtiment qui s'éloigne d'un plus grand à bord duquel il était, etc. V. *Bord*, R.

DESBORDAT, ADA, adj. et p. (desbourdá, áde); DESBOURDAT, DESARIBAT, DEIBOURDAT. Débordé, ée. V. *Bord*, R.

DESBORDOIR, s. m. (desbourdóir) ; DESBOURDOIR. Débordoir, instrument de fer tranchant qui sert à déborder la peau des gants ; les tables de plomb, etc.

Éty. de *des* priv. de *bord* et de *oir*, qui sert à ôter les bords. V. *Bord*, R.

DESBOSCAR, v. a. (desbouscá); DESBOUSCAR, DESBUSCAR, DEBUSCAR. Débusquer, déporter, chasser d'un poste avantageux, faire sortir d'un lieu caché.

Éty. de *des* priv. de *bosc*, bois, et de *ar*, faire sortir du bois, lieu où les malfaiteurs et les animaux sauvages se cachent ordinairement. V. *Bosc*, R.

DESBOSCAR, v. a. terme de Cuges. Enlever le bois d'une fôret, pour le transporter dans un magasin.

Éty. de *des* priv. de *bosc* et de *ar*, enlever le bois. V. *Bosc*, R.

DESBOSCAR, v. n. (desbouscá) ; DESBUSCAR, DEBUSCAR, COUCHAR. Débucher, sortir du bois, en parlant des bêtes fauves; décamper, déguerpir. V. *Bosc*, R.

DESBOSCAT, ADA, adj. et p. (desbouscá, áde) ; DESBUSCAT. Débusqué, ée. V. *Bosc*, R.

DESBOSIGAR, v. a. (desbousigá) ; DESBOUSIGAR, dg. Défricher. V. *Desfrichar.*

Éty. de *des* priv. de *bos*, pour *bos*, bois, et de *igar*, pour *egear*, enlever le bois.

DESBOSSAR, v. a. (desboussá); DEBOUSSELAR. Débosser, détacher les bosses des cordages quelles servent à retenir, terme de mar.

Éty. de *des* priv. de *bossa* et de *ar*. V. *Boss*, R.

DESBOTTAR, v. a. (desboutá) ; DESBOUTAR. Débotter, tirer les bottes à quelqu'un.

Éty. de *des* priv. de *botta* et de *ar*. V. *Bout*, R. 2.

DESBOTTAT, ADA, adj. et p. (desboutá, áde); DESBOUTAT. Débotté, ée. V. *Bout*, R. 2.

DESBOUCAMENT, V. *Deboucament.*

DESBOUCAR, V. *Deboucar.*

DESBOUCAT, V. *Deboucat.*

DESBOUCAT, ADA, adj. et part. (desboucá, áde) ; DEBOUCHAT, DEBOUCASSAT. *Desbocad*, cat. Dissolu en paroles ; libre, obscène dans ses discours, mal embouché.

Éty. de *des* priv. de *bouca*, bouche, et de la term. pass. *at, ada*, qui est sans retenue, dont la bouche n'a point de frein. V. *Bouc*, Rad.

DESBOUCELAR, v. a. (desboucelá) ; EIBOUCELAR. Séparer les graines du chanvre ; les faire tomber de la tige qui les porte.

DESBOUCHAMENT, s. m. (desboutchaméin), m. s. que *Desbouchat*, v. c. m. et *Bouch*, R.

DESBOUCHAR, V. *Destapar* et *Bouch*, Rad.

DESBOUCHAT, s. m. (desboutchá); DESBOUCHAMENT. Débouchement et débouché, moyen de se défaire par la voie du commerce extérieur, des productions d'un pays ou des ouvrages de ses manufactures.

Éty. de *des* priv. de *bouchat*, bouché, qui ôte l'empêchement, ce qui rétablit la liberté des communications. V. *Bouch*, R.

DESBOUCHINAR, v. a. (desboutchiná), dl. Décheveler, mettre une chevelure en désordre. V. *Descouiffar.*

DESBOUITAR, v. a. (desbouïtá) ; DEBOUITAR. Déjoindre des pièces de menuiserie.

DESBOUITAR, v. a. (desbouïtá) ; DEBOUITAR. Déboîter, désarticuler, luxer, en parlant des os qui sortent de leur cavité.

Ély. de *des* priv. de *bouita* et de *ar*.

DESBOUITAT, ADA, adj. et p. (desbouitá, áde); Déboîté, ée, disloqué, déjoint.

DESBOULAR, V. *Descachetar*.

Éty. de *des* priv. de *boul*, cachet, et de *ar*, ôter le cachet. V. *Boul*, R.

DESBOUNDAR, v. a. (desboundá); DEISOUNDOUNAR. Débonder et débondonner, ôter le bondon d'un muid, d'un tonneau, d'un étang; sortir avec impétuosité, avec abondance, en parlant d'un liquide, dans le sens neutre.

Éty. de *des* priv. de *bounda*, bonde, et de *ar*. V. *Bound*, R.

DESBOUNDAT, ADA, adj. et p. (desboundá, áde). Débondé et débondonné, ée. V. *Bound*, R.

DESBOURDAMENT, V. *Desbordament*.

DESBOURDAR, V. *Desbordar*.

DESBOURDOIR, V. *Desbordoir*.

DESBOURSAR, v. a. (desboursá); DEBOURSAR, DESBOURSELAR, DEBOURSELAR. *Sborsare*, ital. *Desembolsar*, esp. *Desembolçar*, port. Débourser, tirer de l'argent de sa poche ou de sa caisse pour faire quelque paiement ou quelque achat; financer, payer à regret.

Éty. de *des* priv. de *boursa* et de l'act. *ar*, ôter de la bourse. V. *Bours*, R.

DESBOURSAT, ADA, adj. et p. (desboursá, áde); DEBOURSAT. *Desembolçado*, port. Déboursé, ée.

Éty. de *des* priv. de *boursa* et de *at*, tiré de la bourse. V. *Bours*, R.

DESBOURSAT, s. m. (deboursá); DEBOURSAMENT. Déboursé, débours, ce qu'il en coûte d'argent comptant pour l'expédition d'une affaire, pour envoi ou réception de marchandises. V. *Bours*, R.

DESBOURSELAR, V. *Desboursar* et *Bours*, R.

DESBOUSCAR, V. *Desboscar*.

DESBOUSCAT, V. *Desboscat*.

DESBOUSIGAR, V. *Desbosigar*.

DESBOUSSELAR, v. a. (desbousselá); ESPOUSSAR, PICAR, DEBOUSSELAR, EIBOUSSELAR. Egréner, faire sortir les grains d'un épi, V. *Esbarbar* et *Espoussar*; d'une capsule, d'une gousse; on le dit plus particulièrement en parlant du chanvre. V. *Picar*.

Éty. de *des* priv. de *boussel* dim. de *boussa*, petite bourse, et de *ar*., faire sortir de la bourse, de la poche, de ce qui enveloppe. V. *Bours*, R.

DESBOUSSELAT, ADA, adj. et p. (desbousselá, áde); ESPOUSSAT, PICAT. Egréné, ée. V. *Bours*, R.

DESBOUTAR, V. *Desbottar*.

DESBOUTAT, V. *Desbottat*.

DESBOUTOUNAR, v. a. (desboutouná); *Sbottonare*, ital. *Desabotonar*, esp. *Desabotoar*, port. *Desbotonar*, cat. Déboutonner, ôter, faire sortir les boutons des boutonnières ou d'une ganse.

Éty. de *des* priv. de *boutoun* et de *ar*, ôter le bouton. V. *Boutoun*, R.

DESBOUTOUNAR SE, v. r. Se déboutonner, déboutonner son habit, son gilet, etc. fig. parler librement, dire tout ce qu'on a sur le cœur à ses amis.

DESBOUTOUNAT, ADA, adj. et p. (desboutouná, áde); *Sbottonato*, ital. *Desabotoado*, port. *Desabotonado*, esp. Déboutonné, ée. V. *Boutoun*, R.

DESBRAIAR, vl. V. *Desbrayar*.

DESBRAIAT, vl. V. *Desbrayat*.

DESBRANDA, V. *Debranda*, plus usité.

DESBRANDAGNAT, V. *Espelhandrat*.

DESBRASSAT, ADA, adj. et p. (desbrassá, áde); DEBRASSAT. Celui qui n'a qu'un ou point de bras. Garc.

Éty. de *des* priv. de *bras* et de *at*, privé des bras. V. *Bras*, R.

DESBRAYAR, v. a. (desbreyá); DEBRAYAR, DEIBRAYAR, DESEMBRAYAR, DEBRAGEAR. Quitter, ôter la culotte, mettre la culotte bas à quelqu'un.

Éty. *Desbrayar*, est dit pour *desembrayar*, formé de *des* priv. et de *embrayar*, faire le contraire de *embrayar*. V. *Brag*, R.

DESBRAYAR SI, v. r. DEBRAGEAR SE. Oter sa culotte; fig. reculer, saigner du nez, s'avouer vaincu.

DESBRAYAT, adj. et p. m. (desbreïá); DEBRAYAT, DEBRALHAT. *Desbragado*, esp. Qui n'a pas de culotte, ou dont la culotte est tombée, mal ajustée ou déboutonnée.

Éty. de *des* priv. de *braya* et de *at*, privé de la culotte. V. *Brag*, R.

DESBREGAR, v. a. (desbregá); DEBREGAR, DEBREGEAR. Au propre, rompre les mâchoires, *leis bregas*, et par extens. balafrer, défigurer.

Éty. de *des* priv. de *brega*, mâchoire, et de *ar*. V. *Brec*, R.

DESBREGAR SE, v. r. Se rompre les mâchoires, se défigurer.

DESBRIDAR, v. a. (desbridá); DEBRIDAR, DEBREIDAR. *Sbrigliare*, ital. *Desembridar*, cat. Débrider, ôter la bride à un cheval, à un mulet, etc. *Sensa desbridar*, sans débrider, sans s'arrêter.

Éty. de *des* priv. de *brida* et de *ar*, ôter la bride. V. *Brid*, R.

DESBRIDAR, v. n. DEBRIDAR. Manger avec avidité.

DESBRIDAT, ADA, adj et p. (desbridá, áde). Débridé, ée, privé de la bride. V. *Brid*, Rad.

DESBRIZAR, vl. V. *Esbrigar* et *Debrisar*.

DESBROUAR, V. *Debrouar*, plus usité.

DESBROUCHAR, v. a. (desbroutchá). Tirer de la broche.

Éty. de *des* priv. de *brouch* et de *ar*, ôter de la broche. V. *Broc*, R.

DESBROUISSAR, v. a. (desbrouissá). Traiter un enfant d'une espèce de diarrhée, accompagnée de tranchées, en lui faisant prendre de la crapaudine: *Bouena-brouissa*.

DESBROUISSAT, ADA, adj. et p. (desbrouissá, áde). Enfant atteint de la diarrhée avec coliques.

DESBROULHAMENT, s. m. (desbrouillaméin); DEBROUILLAMENT. Débrouillement, action de débrouiller, de démêler.

DESBROULHAR, v. a. (desbrouillá). Débrouiller, démêler, mettre de l'ordre dans des choses qui étaient entassées confusément; déchiffrer.

DESBROUMBAR, v. n. (desbroumbá), dg. Oublier. V. *Oublidar* et *Mem*, R.

DESBROUMBAT, ADA, adj. et p. dg. et béarn. Oublié, ée. V. *Oublidar* et *Mem*, Rad.

DESBROUSSAR, v. a. (desbroussá), dl. Couper les bruyères et autres arbustes ou arbrisseaux qui croissent dans un champ, particulièrement dans ceux qui sont plantés en châtaigniers

Éty. de *des* priv. de *broussa*, buisson, bruyère, et de *ar*.

DESBROUTAR, v. a. (desbroutá); ESBROUTAR, DEBROUTAR, EIBROUTAR, SUBMENCAR, SUBENCAR, DEBROUTAR. Ebourgeonner, enlever les bourgeons des vignes, des arbres. V. *Esbroutar*.

Éty. de *des* priv. de *brout*, bourgeon, et de *ar*, ôter les bourgeons. V. *Brout*, R.

DESBROUTAT, ADA, adj. et p. (desbroutá, áde). Ebourgeonné, ée. V. *Esbroutat* et *Brout*, R.

DESBRUEILLAR, v. a. vl. V. *Desbruelhar*.

DESBRUELHAR, DESBRUEILLAR. v. a. vl. Effeuiller, déparer.

Éty. de *des* priv. de *bruelhar* et de *ar*, ôter le feuillage. V. *Brout*, R.

DESBULHAR, v. a. (desbuillá); ESPESIR, ESCARPIR, DESEMBOULHAR, DEBRAMBOULHAR, DESCHAVILHAR, DEBOULEGAR, DESEMBULHAR. *Desembullar*, cat. Débrouiller, démêler, en parlant du fil et des cheveux.

Éty. *Desbulhar* est dit par sync. pour *desembulhar*, formé de *des* priv. et de *embulhar*, brouiller, débrouiller.

DESBULHAT, ADA, adj. et part. (desbuillá, áde). Débrouillé, démêlé.

DESBUSCAR, V. *Desboscar*.

DESBUSCAT, V. *Desboscat*.

DESC, adj. vl. Plat, sorte de panier plat.

Éty. du lat. *discus*, m. s.

DESCA, s. f. (désque), dl. GUIBBA, GUIRBE. Corbeille d'éclisse ou de coton, Sauv.

Éty. de la basse lat. *desca*, m. s. formé du lat. *discus*.

DESCABAL, adj. vl. Pauvre.

Éty. de *des* priv. et de *cabal*, capital, qui n'a pas de capital, qui n'a rien. V. *Cap*, R.

DESCABALAR, v. a. vl. *Descabalar*, cat. esp. Déposséder; appauvrir, diminuer.

Éty. de *des* priv. de *cabal* et de *ar*, priver du capital.

DESCABALEIAR, v. n. vl. DESCABALEJAR. Déchoir.

Éty. de *des* priv. de *cabal* et de *ar*, perdre de son capital. V. *Cap*, R.

DESCABALEJAR, vl. V. *Descabaleiar*.

DESCABANAR, v. a. (descabaná). Démonter les branches de bruyère ou autres sur lesquelles les vers à soie ont filé leurs cocons.

Éty. de *des* priv. de *cabana* et de *ar*, Défaire la cabane. V. *Cap*, R. 2.

DESCABELHAR, v. a. vl. ESCABELHAR. *Descabellar*, esp. *Scapigliare*, ital. écheveler.

Éty. de *des* priv. de *cabelh*, cheveu, et de l'act. *ar*, déranger les cheveux. V. *Capilh*, Rad.

DESCABELHAT, **ADA**, adj. et p. vl. *Descabellad*, cat. *Descabellado*, esp. *Scapigliato*, ital. Échevelé, ée. V. *Capill*, R.

DESCABESTRADA, s. f. (descabestràde), dl. Femme ou fille qui a perdu toute honte et toute retenue; une dévergondée: *Aquot es una descabestrada qu'a pissat vergougna.* C'est un cheval échappé qui a toute honte bue. Sauv.

Éty. de *des* priv. de *cabestre*, licou, pris dans le sens de retenue, et de *ada*. V. *Cap*, Rad.

DESCABESTRAR, v. a. (descabestrá); ESCABESTRAR, DESCHABESTRAR, DESCAUSSANAR. *Desencabestrar*, port. cat. Délicoter, ôter le licou, *lou cabestre*, à un cheval.

Éty. de *des* priv. de *cabestre*, licou, et de l'act. *ar;* litt. ôter le licou. V. *Cap*, R.

DESCABESTRAR SE, v. r. SE DESCHABESTRAR, SE DESCAUSSANAR. Se délicoter, en parlant d'un cheval qui s'ôte le licou; fig. se délivrer d'une mauvaise affaire.

DESCABESTRAT, **ADA**, adj. et part. (descabestrá, áde); *Deschabestrat*, H.-Pr. *Desencabestrado*, port. Délicoté, qui s'est débarrassé du licou; fig. un libertin.

Éty. de *des* priv. de *cabestre* et de *at;* litt. privé du licou. V. *Cap*, R.

DESCABUSSELAR, v. a. (descabusselá); DESCUBESSELAR, DESCUBBECELAR, DESCRUBECELAR. Découvrir un pot ou autre ustensile, en ôter le couvercle; fig. dévoiler un secret.

Éty. de *des* priv. de *cabussela*, couvercle, et de *ar*. V. *Cap*, R.

DESCABUSSELAT, **ADA**, adj. et p. (descabusselá, áde); DESCUBESSELAT. Découvert, erte, dont on a soulevé ou enlevé le couvercle. V. *Cap*, R.

DESCACALAR, v. a. (descòcolá), d. bas lim. Écaler, ôter l'écale des noix. V. *Desgrulhar*.

Éty. de *des* priv. de *cacaula* et de *ar*.

DESCACHETAR, v. a. (descatcheta); DESBOULAR, DEBOULAR. Décacheter, rompre le cachet pour ouvrir une lettre, un paquet cacheté.

Éty. de *des* priv. de *cachet* et de *ar*, ôter le cachet.

DESCACHETAT, **ADA**, adj. et p. (descatchetá, áde); DESBOULAT, DEBOULAT. Décacheté, ée. V. *Cachet*.

DESCADAISSAR, v. a. (descadeissá); DESCADEISSAR. Dégorger de la toile, enlever le chas dont on s'était servi pour coller la chaîne, en la lavant à grande eau.

Éty. de *des* priv. et de *cadaissar*.

DESCADAULAR, v. a. (descadaulá); DESCADAURAR, DESSISCLETAR, DESCADIOULAR, DEGANDAULAR, DESISCLETAR. Hausser le loquet pour ouvrir une porte: *La porta es descadaulada*, la porte n'est pas fermée au loquet.

Éty. de *des* priv. de *cadaula* et de *ar*, ôter ou lever le loquet.

DESCADEMEN, s. m. vl. Décadence.

DESCADENAR, v. a. (descadená); DESCHAYNAR, DESCHAINAR. *Scatenare*, ital. *Descadenar*, esp. anc. *Desencadear*, port. *Desnecadenar*, cat. Déchaîner, ôter les chaînes; fig. exciter, animer.

Éty. de *des* priv. de *cadena* et de l'act. *ar;* litt. ôter la chaîne. V. *Caden*, R.

DESCADENAR SE, v. r. SE DESCHAYNAR. Se déchaîner, s'emporter sans retenue contre quelqu'un; au positif, rompre sa chaîne.

DESCADENAT, **ADA**, adj. et p. (descadená, áde); DESCHAINAT, DESCHAYNAT. *Desencadenado*, esp. *Desencadeado*, port. Déchaîné, ée, qui a rompu sa chaîne; fig. emporté, irrité, furieux, en vl. délacé.

Éty. de *des* priv. de *cadena* et de *at*, privé de la chaîne.

DESCADRANAR, v. n. (descadraná), m. s. que *Descadrar*, v. c. m.

Éty. de *des* priv. de *cadran* et de *ar*. Voy. *Quadr*.

DESCADRAR, v. n. (descadrá); DESCADRANAR. Perdre la tramontane, devenir fou: *A descadrat*, il a perdu la tête.

Éty. de *des* priv. et de *cadre*, sortir de son cadre, de son assiette. V. *Quadr*, R.

DESCAIENZA, s. f. vl. Déchéance, défaite.

DESCAISSAR, v. a. (descaïssá); DESCAICHAR. *Scassare*, ital. *Desencaxonar*, esp. *Desencaixonar*, port. Décaisser, tirer de la caisse, en terme de jard. tirer un arbrisseau, une plante d'une caisse pour la mettre dans une autre.

Éty. de *des* priv. de *caissa* et de *ar*, ôter de la caisse. V. *Caiss*, R.

DESCAISSAT, **ADA**, adj. et p. (descaïssá, áde). Décaissé, ée. V. *Caiss*, R.

DESCALABRAT, **ADA**, adj. et p. (descalabrá, áde), dl. *Descalabrado*, esp. Fou, éventé, écervelé. Sauv.

Éty. de *des* priv. de *calabr*, alt. de *cerebr*, cervelle, et de *at*, privé de la cervelle, c'est-à-dire, fig. du bon sens. V. *Cervel*, R. *d'escalabrar*, en esp. et en cat. signifie rompre la tête.

DESCALADAIRE, s. m. (descaladaïre), Celui qui dépave. *Dépaveur* n'est pas français.

On donna ce nom, après la révolution de 1830, aux insurgés de Paris, qui dépavèrent les rues pour faire des barricades. Ces révoltés furent qualifiés de héros, en 1830, par le pouvoir qu'ils créèrent, et de brigands en 1834, par les mêmes hommes, lorsqu'ils voulurent employer les mêmes moyens contre les ordonnances du gouvernement actuel.

Ety. de *des* priv. de *calada* et de *aire*, qui défait le pavé. V. *Col*, R. 3.

Es un descaladaire, c'est un révolutionnaire.

DESCALADAR, v. a. (descaladá). Dépaver, enlever les pavés qui pavent une rue, un chemin, etc. Les rompre, les briser; *pleuvoir à broc*, Garc.

Éty. de *des* priv. de *calada*, pavé, et de *ar;* litt. ôter les pavés. V. *Cal*, R. 3.

DESCALADAT, **ADA**, adj. et p. (descaladá, áde). Dépavé, ée. V. *Cal*, R. 3.

DESCALAGEAR, v. a. d. de Manosque. Écaler. V.

DESCALAGNAR, v. a. d. de Berre. Enlever les écorces des amandes.

DESCALAMPADA, adv. (descalampade), dl. En passant; de biais. Sauv.

DESCALHAR, v. a. (descolliá), d. bas lim. Liquéfier, rendre liquide l'huile d'olives figée, le bouillon, la graisse, les résines, etc. V. *Foundre*.

Éty. de *des* priv. et de *calhar*. V. *Calh*, Rad.

DESCALOTAR, v. a. (descaloutá). DESCALOUTAR. Décalotter, ôter, enlever la calotte.

Éty. de *des* priv. de *calota* et de *ar*.

DESCALZ, adj. et p. vl. DESCALTZ. Déchaussé, V. *Descaus*. il ou elle déchausse.

DESCAMBALIAR SE, v. r. (descambaliá), dl. Oter ses jarretières.

Éty. de *des* priv. de *camba*, jambe, et de *liar*, lier, ôter la ligature des jambes. V. *Camb*, R.

DESCAMBALIAT, **ADA**, adj. et p. (descambaliá, áde), dl. Sans jarretières.

Éty. Litt. qui a les jambes déliées. V. *Camb*, R.

DESCAMBARLOUS, dl. Alt. de *Escambarlat*, v. c. m. et *Camb*, R.

DESCAMBIAR, v. a. (descambiá); DESCHANGEAR. *Descambiar*, cat. *Decambiare*, basse lat. Echanger, brocanter, faire un échange.

Éty. de *des* priv. et de *cambiar*. V. *Cambi*.

DESCAMINAR, v. a. vl. *Descaminar*, esp. Écarter, éloigner, détourner, égarer.

Éty. de *des* priv. de *camin* et de *ar*.

DESCAMPAIRE, **ARELA**, s. (descampaïré, éle). M. Garcin, traduit ce mot par *répandeur*, qui n'est pas français; c'est dissipateur qu'il emploie également, qui est son vrai équivalant; on le dit de quelqu'un qui mange tout son bien en folles dépenses; prodigue.

Éty. Ce mot est une altération de *escampaire*, qui vient de *Escampar*, répandre, v. c. m. et *Camp*, R.

DESCAMPAR, v. n. (descampá); FICHARLOU-CAMP, GRATAR-PIGNETA, GRATAR-PINEDA, ENTRAULAR, FOUINAR, DEBOULAR, S'ENSAUVAR, S'ESBIGNAR, BILHARDAR, GILLAR, BIARDAR. *Decampar*, port. cat. *Descampar*, esp. Décamper, s'enfuir, s'en aller précipitamment pour s'évader, au propre, lever le camp: *Castra movere*.

Éty. de *des* priv. et de *camp*, lever le camp, l'abandonner, battre en retraite; ou de *des*, de *camp* et de *ar*, aller dans les champs. V. *Camp*, R.

DESCAMPASSIR, v. a. (descampassir); ROUMPRE. Déchaumer, défricher, rendre une terre cultivable, d'inculte qu'elle était.

Éty. de *des* priv. de *campas*, mauvais champ, et de *ir*, litt. cesser d'être mauvais champ. V. *Camp*, R.

DESCAMPASSIT, **IDA**, **IA**, adj. et p. (descampassi, ide, ie); ROUMPUT. Déchaumé, défriché, ée. V. *Camp*, R.

DESCAMPAT, **ADA**, part. (descampá, áde); *Decampado*, port. Au propre, qui a levé le camp, *qui castra movit*, au figuré, qui a fui, qui s'est soustrait aux poursuites.

Éty. de *des* priv. de *camp* et de *at*. V. *Camp*, R.

DESCANCELLAR, Ce mot renferme un pléonasme; *cancellar*, signifie tout seul, effacer, annuler, sans le secours du priv. *des*. V. *Cancellar*.

DESCANT, s. m. vl. Satire, invective; contre-point.

DESCANTAR, v. n. (descantá). Déchanter, rabattre de ses prétentions, de ses espérances; changer d'avis. Garc.

Éty. de *des* priv. et de *cantar*, chanter autrement.

DESCAPDEL, s. m. vl. Inconduite, coup de tête.

Éty. de *des* priv. de *cap*, tête, et de *del*. V. *Cap*, R.

DESCAPDELAR, v. a. vl. DESCAPDELHAR. *Decapellare*, bas. lat. Ravir un chef, priver, dégrader un cardinal.

Éty. de *des* priv. de *cap*, chef, et de *delar*, voler, enlever. V. *Cap*, R.

DESCAPDELAR, v. a. vl. Déplacer, déranger, dérégler. V. *Cap*.

DESCAPDELAT, **ADA**, adj. et p. vl. *Descapdellat*, cat. Dérangé, déréglé. V. *Cap*, Rad.

DESCAPDELHAR, et

DESCAPDELLAR, vl. V. *Descapelar*.

DESCAPDUELHAR, vl. V. *Descapdelar*.

DESCAPELADA, s. f. (descapelàde), dl. Salut du chapeau. V. *Capelada* et *Cap*, R.

DESCAPELAR, v. a. (descapelá). Ôter le chapeau à quelqu'un.

Éty. de *des* priv. de *capel*, chapeau, et de *ar*. V. *Cap*, R.

DESCAPELAR, v. a. (descapelá). Découvrir. Jasm. V. *Destapar* et *Descurbir*.

Éty. de *des* priv. de *capel*, chapeau, couvercle, et de *ar*.

DESCAPERAT, **ADA**, adj. et p. (descaperá, àde), dg. *Descaperuzado*, esp. Découvert, erte.

Éty. *Descaperat* est dit pour *descapelat*, de *des* priv. de *capel*, chapeau, couverture, et de *at*, privé de son chapeau. V. *Cap*, R.

DESCAPITAMENT, s. m. *Descabezamiento*, esp. *Decapitatio*, bas. lat. Décapitation, l'action de décapiter.

Éty. de *des* priv. de *Capit*, R. de *capitis*, et de *ment*. V. *Cap*, R.

DESCAPITAR, v. a. (descapitá); DESCOULAR, ESCAPITAR. *Decapitare*, bas. lat. et ital. *Descabezar*, esp. *Decapitar*, cat. port. *Descabessar*, anc. cat. Décapiter, décoller, trancher la tête à quelqu'un par ordre de justice; inquiéter, tracasser.

Éty. de *des* priv. du lat. *capitis*, gén. de *caput*, tête, et de *ar*, ôter la tête. V. *Cap*, R.

Descapitar un arbre, dg. étêter un arbre.

DESCAPITAT, **ADA**, adj. et p. (descapitá, àde); DECAPITAT, ESCAPITAT. Décapité, ée. V. *Cap*, R.

DESCAPTALAR, v. a. vl. Appauvrir, ôter la richesse.

Ety. de *des* priv. de *captal*, capital, biens, et de *ar*. V. *Cap*, R.

DESCAPTAN, vl. Diminuant.

DESCAPTAR, v. n. vl. Diminuer, ôter.

Éty. de *des* priv. de *capt*, capital, et de *ar*. V. *Cap*, R.

DESCAPTENER, v. a. vl. Déprécier, rabaisser, désobéir.

Éty. de *des*, en bas, de *cap*, tête, et de *tener*, tenir. V. *Cap*, R.

DESCARADAMENT, adv. (descaradaméin), dl. *Descaradamente*, esp. *Descaradament*, cat. Furieusement, Douj. effrontément.

Éty. de *des* priv. de *cara*, de *ada* et de *ment*, litt. d'une manière défigurée. V. *Cara*, Rad.

DESCARAGEAR, v. a. (descaradjá); DESGROUVELHAR. Ecaler les amandes, les noix, en ôter l'écale. V. *Desgrulhar*.

Éty. de *des* priv. et de *caragoou*, écale. V. *Caracol*, R.

Se descaragea à la velhada,
Au son deis cansouns de ma grand
Ou deis contes de revenant.
Dioul.

DESCARAT, **ADA**, adj. et p. (descará, àde); *Descarado*, esp. Hideux, effrayable, défiguré.

Éty. de *des* priv. de *cara*, figure, et de la term. pass. *at*, *ada*, litt. privé de la figure. V. *Cara*, R.

La descarada mort, l'affreuse mort.

La *descarada* mort un cop tout à bel tal,
Endrom dedins le clot le puges è le noble.
Goudelin.

DESCARBAR, v. a. (descarbá), dl. Rompre l'anse d'un panier, d'un chaudron. V. *Desmanelhar*.

Éty. de *des* priv. de *carba*, anse, et de *ar*, litt. priver de l'anse.

DESCARC, s. m. vl. Décharge. V. *Descarga*.

DESCAREMAR SE, v. r. (se descaremá); PASQUEGEAR. Rompre l'abstinence des viandes pendant le carême, en manger pour la première fois après ce temps de pénitence.

Éty. de *des* priv. de *carema* et de *ar*, litt. rompre le carême.

DESCARGA, s. f. (descárgue); DESCHARGEA. *Descargo*, esp. *Descarga*, port. et bas. lat. Décharge, action de décharger, d'ôter la charge d'une voiture, d'une arme à feu; quittance, acte par lequel on tient quitte, soulagement; lieu d'entrepôt : *Bella descarga*, beau déblai, dit-on lorsqu'on est débarrassé d'un fardeau.

Éty. de *des* priv. et de *carga*, qui ôte la charge. V. *Carg*, R.

DESCARGA, s. f. *Descarga*, esp. port. Décharge, action de décharger ou de tirer à la fois plusieurs armes à feu.

DESCARGA-BARRIOU, V. *Escampa-Barriou*.

DESCARGADOUR, s. m. (descargadóu); DESCARGAIRE, DESCHARGEAIRE. *Descargadoira*, bas. lat. *Déchargeoir*, cylindre de bois autour duquel le tisserand roule la toile; lieu où l'on décharge.

Éty. de *des* priv. de *carga* et de *dour*, litt. celui ou ce qui ôte la charge. V. *Carg*, Rad.

DESCARGAIRE, s. m. (descargàïré). Déchargeur, celui qui décharge les marchandises.

Éty. de *des* priv. de *carga*, charge, et de *aire*, celui qui ôte la charge. V. *Carg*, R.

DESCARGAMENT, s. m. (descargaméin); *Scaricamento*, ital. *Descarga*, port. *Descargamiento*, esp. Déchargement, action de décharger.

Éty. de *descargar* et de *ment*, manière ou action de décharger. V. *Carg*, R.

DESCARGAR, v. a. (descargá), et impr. DESCHARGEAR. *Scaricare*, ital. *Descargar*, esp. *Descarregar*, port. et cat. *Dechargiare*, *Descargare* et *Discargare*, bas. lat. Décharger, ôter un fardeau du lieu où il est, tirer une arme à feu; soulager, diminuer les charges, les impôts; justifier, absoudre.

Éty. de *des* priv. de *carga* et de *ar*, ôter la charge. V. *Carg*, R.

DESCARGAR SE, v. r. SE DESCHARGEAR. *Scaricarsi*, ital. *Descargar-se*, port. esp. Se décharger, se débarrasser de son fardeau, au physique comme au moral.

DESCARGAT, **ADA**, adj. et p. (descargá, àde); DESCHARGEAT. *Desencarregado*, port. Déchargé, ée. V. *Carg*, R.

DESCARGUAR, vl. V. *Descargar*.

DESCARNAR, v. a. (descarná); DESCHARNAR. *Descarnar*, esp. cat. port. *Scarnare*, ital. *Decarnare*, basse lat. Décharner, ôter la chair qui est autour des os; amaigrir; en terme de tanneur, écharner, enlever la chair qui reste aux cuirs et aux peaux en général, avant que de les tanner, *écarner*, creuser ou enlever autour d'un arbre ou d'une pierre ce qui gêne pour l'arracher. Garc.

Éty. de *des* priv. de *carn*, chair, et de l'act. *ar*, litt. ôter la chair; *descarnar leis dents*, déchausser les dents. V. *Carn*, R.

DESCARNAT, **ADA**, adj. et p. (descarná, àde); DESCHARNAT, ESCORFI, ESCORPI. *Descarnado*, esp. port. *Scarnato*, ital. *Descarnad*, cat. Décharné, ée; maigre, défait.

Éty. de *des* priv. de *carn* et de *at*. Voy. *Carn*, R.

Souca descarnada, souche décharnée.

DESCARNILHAR, v. a. (descarnillá); DESCARNIAR. Débrouiller, détordre un fil qui se roule sur lui-même pour être trop tordu.

Éty. de *des* priv. de *carnilh* et de *ar*.

DESCARRELAR, v. a. (descarrelá). V. *Desmalounar*.

DESCASAR, v. a. (descazá); DESCAZAR, DESCASSAR. *Scansare*, ital. Déplacer, supplanter quelqu'un; tirer quelqu'un de sa maison, de sa demeure, chasser, expulser, destituer.

Éty. de *des* priv. de *casa*, maison, et de l'act. *ar*, litt. priver de sa maison. V. *Casa*, Rad.

DESCASSAR, v. a. (descassá), dl. Mépriser, faire peu de cas, Sauv. pour déplacer, V. *Descasar* et *Casa*, R. chasser, supplanter. Garc.

DESCASSOLAR, v. n. (descassoulá); DESCASSOURAR, DESCASSOULAR. Cesser, discontinuer : *Sensa descassoular*, sans interruption; *Descassola pas*, il ne déparle pas.

Éty. de *des* priv. de *cassola*, auget de moulin, et de *ar*, expr. fig. ne pas suspendre son babil, ne pas arrêter l'auget.

DESCASTRAR, v. a. (descastrá), dl. DESTRAGNAR, DESTOURBAR. Eloigner, chasser, congédier, étranger, il a étrangé les importuns qui venaient chez lui; les chats étrangent les rats d'une maison.

Éty. de *des* priv. de *castr* pour *castrum*, camp, forteresse, et de *ar*, chasser ou éloigner du camp.

DESCASUT, **UDA**, adj. et p. (descasú, úde). Déchu, ue. Douj. V. *Cad*, R.

DESCATALANAR, v. a. (descatalaná); DESBOURINAR, DESGANÇAR, DESCATALAR. Abattre les bords d'un chapeau.

Éty. de *des* priv. et de *catalanar*, rétaper.

DESCATALANAT, adj. et p. m. (descatalaná); DEGARLANDAT, DESCATALAT, DEBOURINAT. Chapeau rabattu, clabaud, dont les bords ne sont pas relevés.

Éty. de *des* priv. et de *catalanat*, qui n'est pas retapé.

DESCATALAR, v. a. (descotolá), d. bas lim. Abattre les bords d'un chapeau. Voy. *Descatalanar*.

DESCATALAT, adj. et p. (descotolá), md. V. *Descatalanat*.

DESCATAR, v. a. (descatá), d. m. DESCOUTAR. Dénicher, surprendre quelqu'un en flagrant délit; découvrir ce qu'on voulait tenir caché, ôter la couverture d'un lit, le couvercle d'un vase.

Éty. de *des* priv. de *cat*, chat, et de *ar*, surprendre ou découvrir le chat au guet. V. *Cat*, R.

Descatar lou pei, dl. écailler le poisson.

DESCATAT, **ADA**, adj. et p. (descatá, áde). Surpris, déniché, trouvé en flagrand délit. V. *Cat*, R.

DESCATIGNAR SE, v. r. (sé descatigná). Se quereller, se disputer. Aub.

DESCAUDIZAMEN, adv. vl. DESCAUSIDEMEN. Grossièrement.

Éty. de *des* priv. et de *caudizament* pour *causidamen*, poliment. V. *Cous*, R. 2.

DESCAUMAR, V. *Escalhar* et *Desgrulhar*.

DESCAUNAR, v. a. (descaouná). Faire sortir le bétail de dessous la ramée. Garc.

Éty. de *des* priv. de *cauna*, caverne, et de *ar*.

DESCAUS, **AUSSA**, adj. et p. (descáou, áousse); DESCHAUS, DICHAUS. H.-Prov. *Descals*, cat. *Descalzo*, esp. *Descalço*, port. *Discalzo* et *Scalzo*, ital. Déchaux et déchaussé, ée; qui n'a pas de chaussure, qui va nu-pieds.

Éty. de *des* priv. de *calc*, chaussure, litt. privé de chaussure, ou du lat. *discalceatus*. V. *Calc*, R.

Un pe descaus, un va-nu-pieds.
Anar à peds nuds, aller nu-pieds.
Es tout descaus, il est sans souliers.
Carme descaus, carme déchaussé.
Es fach en aquot coumo un chin à anar descaus, il est fait à cela comme un chien à aller nu-tête.

DESCAUSIDAMEN, vl. V. *Descauzidamen*.

DESCAUSIR, vl. V. *Descauzir*.

DESCAUSSAGI, s. m. (descaoussádgi). Déchaussement, action d'enlever la terre du pied d'un arbre lorsqu'il en a trop.

Éty. de *des* priv. et de *caussagi*, enlever ce qui chausse. V. *Calç*, R.

DESCAUSSANAR, v. a. (descaoussaná); DESCABESTRAR, DESCOOUSSANAR. Délicoter et non *délicouter*, comme l'écrit M. Garc. ôter le licou.

Éty. de *des* priv. de *caussana* et de *ar*.

DESCAUSSANAR SE, SE DESCABESTRAR. Se délicoter.

DESCAUSSANAT, **ADA**, adj. et p. (descaoussaná, áde). Délicoté, ée, qui s'est ôté le licou ou qui n'en a pas; fig. effréné, sans retenue, sans frein.

Éty. de *des* priv. de *caussana* et de *at*.

Frema, *filha descaussanada*, fille ou femme dévergondée.

DESCAUSSAR, v. a. (descaoussá); DESCHAUSSAR, DICHAUSSAR. *Discalzare*, ital. *Descalzar*, esp. *Descalçar*, port. *Descassar*, cat. Déchausser, ôter les souliers, la chaussure en général; dégravoyer des pilotis, déchausser des murs.

Éty. du lat. *excalceare*, *discalceare*, ou de *des* priv. de *caus* pour *calc*, chaussure, et de l'act. *ar*, litt. ôter la chaussure. V. *Calç*, R.

DESCAUSSAR SE, v. r. Se déchausser, s'ôter les souliers.

DESCAUSSAT, **ADA**, adj. et p. (descaussá, áde); DICHAUSSAT, H.-Prov. *Discalçado*, port. esp. *Scalzato*, ital. Déchaussé, qui a ôté momentanément sa chaussure; tandis *descaus*, signifie qui est nu-pieds, qui n'a pas de quoi se chausser.

Éty. de *des*, *caus* et *at*, litt. privé de chaussure. V. *Calç*, R.

DESCAUZ, V. *Descaus*.

DESCAUZIDAMEN, adv. vl. Maussadement, vilainement.

DESCAUZIMEN, s. m. vl. DESCAUZIMENS. Impolitesse, outrage; cruauté, dureté, mauvais traitement.

Éty. de *des* priv. et de *causimen*, égard, procédé. V. *Caus*, R. 2.

DESCAUZIR, v. a. vl. Insulter, méconnaître, outrager, avilir, déconsidérer.

Éty. de *des* priv. et de *cauzir*; dérivé, *causimen*, égard, procédé. V. *Caus*, R. 2.

DESCAUZIT, **IDA**, vl. DESCHAUST, DESCAUZITZ. Outragé, avili, grossier, injurieux, brutal, malhonnête. V. *Caus*, R. 2.

DESCAVALAR, v. a. (descavalá), d. bas lim. Déjucher, faire descendre quelqu'un de dessus son cheval ou de dessus un lieu où il s'était juché.

Éty. de *des* priv. de *caval*, cheval, et de l'act. *ar*. V. *Caval*, R.

DESCAVALCAR, v. n. vl. *Descabalcar*, cat. *Descabalgar*, esp. *Descavalgar*, port. *Discavalcare*, ital. Descendre de cheval.

Éty. de *des* priv. et de *cavalcar*. V. *Caval*, R.

DESCAVALGUAR, vl. V. *Descavalcar*.

DESCAVAR, v. a. (descavá). Décaver, gagner toute la cave d'un joueur.

DESCAVILHAR, v. a. (descavillá); *Desclavillar*, cat. *Desenclavijar*, esp. Déchasser, faire sortir de force une cheville; enlever les chevilles qui tenaient des pièces ajustées.

Éty. de *des* priv. de *cavilha* et de *ar*, ôter la cheville. V. *Cavilh*, R.

DESCAZAR, vl. V. *Descasar*.

DESCAZAT, **ADA**, adj. et p. vl. Expulsé, délogé.

Éty. de *des* priv. de *caza*, maison, et de *at*, chassé de la maison. V. *Casa*, R.

DESCAZEIG, s. m. vl. Chute, renversement.

Éty. de *des* augm. de *cas*. V. *Cas*, R. et *Cig*.

DESCAZENSA, vl. V. *Deschazensa* et *Cas*, R.

DESCAZER, vl. V. *Dechazer* et *Cas*, R.

DESCAZERNAR, v. a. vl. Chasser, déposséder.

DESCEBEDOR, s. m. vl. V. *Decebeire*.

DESCEBRAR, v. a. vl. Séparer; Priver de.

DESCECION, s. f. vl. Dissention.

DESCELAMEN, s. m. vl. *Decelement*, cat. Découverte, indiscrétion.

Éty. de *des* priv. de *celar*, cacher, et de *men*, pour *ment*, action de dévoiler. V. *Cel*, Rad. 2.

DESCELAR, v. a. vl. *Decelar*, cat. Déceler, révéler.

Éty. de *des* priv. et de *celar*, cacher, ne pas cacher. V. *Cel*, R. 2.

DESCELAT, **ADA**, adj. et p. vl. Décelé, ée. V. *Cel*, R. 2.

DESCENCHAR, v. a. (desceintchá); DESENVIROOUTAR. *Descingir*, port. *Desceñir*, esp. Déceindre, ôter la ceinture.

Éty. de *des* priv. et de *Cenchar*, v. c. m. ou du lat. *discengere*, m. s. V. *Cench*, R.

DESCENCHAT, **ADA**, adj. et p. (desceintchá, áde); *Descingido*, port. *Desceñido*, esp. A qui on a ôté la ceinture ou qui n'a pas sa ceinture.

Éty. du lat. *discinctus*, m. s. V. *Cench*, Rad.

DESCEND, adv. de lieu (dessein), d. bas lim. Ici-bas : *Davalaz dessend*, descendez-ici.

Éty. Descend, vient de *Descendre*. Voy. *Scend*, R.

DESCENDEMENT, s. m. vl. DEYSSENDEMET. *Descendimento*, esp. port. ital. Descente, abaissement.

Éty. de *descendre* et de *ment*. V. *Scend*, Rad.

DESCENDENT, **ENTA**, adj. et s. (desceindèin, èinte); *Descendent*, cat. *Descendente*, esp. port. ital. Descendant, ante, qui descend. V. *Scend*, R.

DESCENDENTS, s. m. pl. (desceindeins); DEISCENDENTS. *Descendentes*, port. esp. *Descendenti*, ital. Descendants, la postérité, ceux qui sont issus d'un autre, enfants, petits enfants, etc. V. *Scend*, R.

DESCENDRE, v. n. (descéindré); *Discendere*, ital. *Descender*, esp. port. *Descendir*, cat. Descendre, aller de haut en bas, et dans le sens actif, transporter en bas. V. *Calar*.

Ety. du lat. *descendere*, formé de *de*, priv. et de *scendere*, monter. V. *Scend*, R.

DESCENDUT, **UDA**, adj. et part. (desceindú, úde); *Descendido*, port. *Decendido*, anc. esp. Descendu, ue, V. *Calat* et *Scend*, Rad.

DESCENSIO, s. f. vl. *Descensió*, cat. *Descension*, esp. *Descensione*, ital. Descente.

Ety. du lat. *descensio*, m. s. V. *Scend*, Rad.

DESCENTA, s. f. (desceinte); DESCENDUDA, *Discesa*, ital. *Descendida*, esp. *Descida*, port. *Descensió*, cat. Descente, Descente judiciaire, transport des juges sur un lieu; on le dit aussi pour hernie. V. *Devalada*. *Descente de gavai*, bon appétit.

Éty. du lat. *descensus*. V. *Scend*, R.

DESCERVELAR, V. *Decervelar*.

DESCERVELAT, V. *Decervelat*.

DESCHABARTAT, **ADA**, adj. et p. (destchabartá, áde). Bouleversé, ée. Jasm.

DESCHABESTRAR, V. *Descabestrar*.

DESCHABRIAR, v. n. (destchabriá). Avorter, en parlant des chèvres.

Éty. de *des* priv. de *chabri*, chevreau, et de *ar*, perdre le chevreau. V. *Cabr*, R.

DESCHAENSA, s. f. vl. Chute. Lexique de la Bibl. de Carp.

DESCHAI, s. m. (destsaï), d. bas lim. Déchet. V. *Dechet* et *Cas*, R.

DESCHAINAR, v. a. (descheiná); DESCHEINAR. Déchaîner, irriter, animer contre quelqu'un. V. *Descadenar*.

DESCHAINAR, V. *Descadenar* et *Caden*, R.

DESCHAIRE, v. n. (destsáïré), md. Diminuer, s'affaiblir : *Me sei deschai de per meitat, despei ma malaudia*, j'ai perdu de moitié depuis ma dernière maladie. V. *Cas*, Rad.

DESCHALANDAIRE, s. m. (destchalandaïré). Un gâte métier ; celui qui fait fuir les acheteurs, Garc. qui ôte la clientelle, Avril. V. *Gasta-mestier*.

Éty. de *des* priv. de *chaland* et de *aire*, litt. qui prive des chalands. V. *Cal*, R. 4.

DESCHALANDAR, v. a. (destchalandá). Déchalander ou désachalander, faire perdre les pratiques, éloigner ceux qui ont coutume d'acheter chez un marchand ; discréditer.

Éty. de *des* priv. de *chaland* et de *ar*, priver des chalands. V. *Cal*, R. 4.

DESCHALANDAT, **ADA**, adj. et p. (deschalandá, áde). Désachalandé, ée, qui a perdu ses pratiques. V. *Cal*, R. 4.

DESCHAMPDELAR, vl. V. *Descapdelar*.

DESCHANGEAR, v. a. (destchandjá). Echanger, quitter ses vêtements pour reprendre ceux qu'on avait laissés ; prendre une chose pour une autre, Garc. annuler l'échange qu'on avait fait, Avril, et non *déchanger*, qui est un barbarisme. V. *Descambiar*.

Éty. de *des* priv. et de *changear*. Voy. *Cambi*, R.

DESCHANT, s. m. vl. Critique, parodie.

Éty. de *des*, le contraire, et de *chant*, chant. V. *Cant*, R.

DESCHANTAR, v. n. vl. Cesser de chanter ; blâmer.

Éty. de *des* priv. et de *chantar*. V. *Cant*, Rad.

DESCHARGEA, V. *Descarga*.

DESCHARGEAR, *Deschargiare*, bass lat. V. *Descargar*.

DESCHARNAR, d. m. V. *Descarnar*.

DESCHARPIR, v. a. (destsarpí), d. bas lim. Séparer de force des personnes qui se battent. V *Dessoupartir* et *Desseparar*.

DESCHASENSA, s. f. vl. Décadence. V. *Cad*, R.

DESCHASSIDAR, v. a. (destsossidá), d. bas lim. Dégluer les yeux, en ôter la chassie. V. *Desparpelar se*.

Éty. de *des* priv. de *chassida*, chassie, et de l'act. *ar*.

DESCHASSIDAR SE, v. r. md. Se dégluer les yeux. V. *Desparpelar*, fig. dessiller.

DESCHAUS, d. m. V. *Descaus*.

DESCHAUSIR, vl. V. *Descauzir*.

DESCHAUSIT, vl. V. *Descauzit* et *Caus*, R. 2.

DESCHAUSSAR, d. m. V. *Descaussar*.

DESCHAUZIDAMEN, vl. V. *Descauzidamen*.

DESCHAUZIMEN, s. m. vl. Grossièreté.

Éty. de *des* priv. et de *chauzimen*. Voy. *Caus*, R. 2.

DESCHAUZIR, vl. V. *Descauzir*.

DESCHAVILHAR, dl. V. *Desbulhar*.

Éty. de *des* priv. de *chavilha*, cheville, employé ici dans un sens figuré, pour obstacle, et de *ar*. V. *Cavilh*.

DESCHAYNAR, V. *Descadenar*.

DESCHAYNAT, V. *Descadenat*.

DESCHAZER, vl. V. *Dechazer*.

DESCHENDRE, v. a. et n. vl. Descendre. V. *Descendre*.

DESCHICOUTAR, V. *Dechicoutar*.

DESCHIFFRABLE, **ABLA**, adj. (destchiffráblé, áble) ; DECHIFFRABLE. Déchiffrable, qui peut être déchiffré. V. *Chiffr*, R.

DESCHIFFRAR, v. a. (destchiffrá); *Disciferare*, anc. ital. *Discifrar*, anc. esp. *Deciferare*, ital. m. *Descifrar*, esp. m. *Decifrar*, port. *Dechiffrare*, bas lat. Déchiffrer, au propre, expliquer ce qui est écrit en chiffres, et par analogie, expliquer des écritures antiques ou difficiles à lire ; fig. pénétrer le sens d'une affaire obscure ou d'une intrigue.

Éty. de *des* priv. de *chiffra*, pris dans le sens d'énigme. et de *ar*, ôter l'obscurité qui règne. V. *Chiffr*, R.

DESCHIFFRAT, **ADA**, adj. et p. (destchiffrá, áde) ; *Disciferato*, ital. *Decifrado*, port. *Discifrado*, esp. Déchiffré, ée. V. *Chiffr*, R.

DESCHIFFRUR, s. m. (destchiffrúr) ; DECHIFFRAIRE. *Decifrador*, esp. anc. *Discifratore*, ital. Déchiffreur, celui qui sait lire les mauvaises écritures, expliquer les vieux actes, qui a le talent de déchiffrer. V. *Chiffr*, Rad.

DESCHOUN, s. m. (detsóu), d. bas lim. Dim. de *des*, petit panier. V. *Banastoun*.

DESCHRISTIANAR SE, v. r. (sé deschristianá), dl. Renier son baptême, apostasier ; pester, crier, se tourmenter. Sauv. V. *Apostasiar*.

Éty. de *des* priv. et de *Christianar*, v. c. m. et *Christ*, R.

DESCHUDAR, v. n. (destchudá), dg. Réveiller. V. *Revelhar*.

Éty. de *des* priv. de *chud* pour *chut*, silence, repos, et de *ar*.

DESCIES, vl. Tu ignores, tu ne sais pas.

DESCISA, s. f. (descise); *Descida*, port. Descente, l'action de descendre. On le dit particulièrement des oiseaux, et notamment des perdrix lorsqu'elles volent en descendant : *Tuar una perdrix à la descisa est difficile.*

Éty. du lat. *descensio*. V. *Scend*, R.

DESCLABAR, et

DESCLABELAR, dl. V. *Desclavar* et *Desclavelar*.

DESCLACA, s. f. (descláque), d. bas lim. Trappe, espèce de porte ou de fenêtre qu'on hausse ou baisse, au moyen d'une coulisse, dont on se sert particulièrement pour les colombiers.

DESCLACAR, v. a. (desclacá), d. bas lim. Ouvrir la trappe d'un pigeonnier; fig. *Desclacar un affar*, rendre une affaire publique ; *desclacar lou pastis*, découvrir l'intrigue.

DESCLADANIT, **IDA**, adj. et p. d. de Manosque, m. s. que *Esclainit*, v. c. m.

DESCLAPAR, v. a. (desclapá). Au propre, tirer d'une rocaille, et au fig. déterrer, découvrir. V. *Destraucar*.

Éty. de *des* priv. de *clapa*, rocaille, et de *ar*. V. *Clap*, R.

DESCLAPASSION, interj. (desclapassie-n) ; MALA DESCLAPASSIEN. Male-peste!

DESCLAPAT, **ADA**, adj. et part. (desclapá, áde). Déterré, ée ; mort, exhumé, qui a la figure d'un cadavre. Garc.

DESCLAURE, v. a. (descláouré); DESCLAURRE. *Desclourer*, cat. *Dischiudere*, ital. *Disclaudere*, bas. lat. Ouvrir le bercail, le parc au menu bétail ; dénouer l'aiguillette. Garc. V. *Largar*.

Éty. de *des* priv. et de *claure*, c'est-à-dire, élargir. V. *Clau*, R.

Déparquer, employé par M. Garc. n'est pas reçu.

Déclôre, ôter la clôture, enlever ce qui enferme. V. *Claus*, R.

DESCLAUS, **AUSA**, adj. et p. vl. *Déclos*, *ose*, élargi. V. *Claus*, R.

DESCLAVAR, v. a. (desclavá); DESCLABAR, DESPASTELAR, DESPEILAR. *Desclourer* et *Desclavar*, cat. Ouvrir une porte au moyen de la clef de sa serrure ; détacher, ouvrir, en vl.

Éty. de *des* priv. et de *clavar*. V. *Clav*, R.

DESCLAVAT, **ADA**, adj. et part. (desclavá, áde) ; DESPASTELAT. *Desclos*, cat. Ouvert avec la clef. V. *Clav*, R.

DESCLAVELAR, v. a. (desclavelá) ; DESCLABELAR. *Desclavar*, esp. cat. *Schiodare*, ital. *Descravar*, port. Déclouer, arracher les clous, détacher une chose clouée en arrachant les clous qui la fixaient.

Éty. de *des* priv. et de *clavelar*, clouer, déclouer. V. *Clav*, R.

DESCLAVELAT, adj. et p. (desclavelá, áde) ; *Desclavelado*, esp. *Schiodato*, ital. Décloué, ée. V. *Clav*, R.

DESCLAVELHAR et

DESCLAVELLAR, vl. V. *Desclavelar*.

DESCLISSAT, **ADA**, adj. et p. (desclissá, áde), dg. ?

Quatre carrieros desclissados.
Jasmin.

DESCLOUSCAR, v. a. (desclouscá), dl. Séparer les coquilles des moules, les écalles des huitres ; écaler des pois, des noix ; casser la tête à quelqu'un, lui donner un grand coup sur cette partie. Sauv.

Éty. de *des* priv. de *closc* et de *ar*.

DESCLUCAR, v. a. (desclucá), dl. Découvrir la braise qui était sous la cendre, Hillet. dessiller. Jasm.

Éty. de *des* priv. et de *clucar*, fermer, couvrir.

DESCOBERTURA, s. f. vl. Déclaration. V. *Descouverta*.

DESCOBLAR, v. a. vl. Découpler, séparer ce qui était accouplé, désaccoupler.

Éty. de *des* priv. de *cobla* et de *ar*, désunir le couple. V. *Coubl*, R.

DESCOBRIR, vl. *Descobrir*, cat. anc. V. *Descurbir* et *Cobr*, R.

DESCOBRIRE, s. m. vl. *Descubridor*, cat. esp. *Descobridor*, port. *Scopritore*, ital. Décéleur.

Éty. de *des* priv. de *cobrir* et de *ire*, découvrir, et de *ire* pour *aire*, celui qui découvre. V. *Cobr*, R.

DESCOFES, adj. vl. Non confessé; déconfit, intestat.

Éty. de *des* priv. et de *cofes*, confessé. V. *Confess*, R.

DESCOFESSAT, adj. et s. vl. DESCOFESSATZ. Impie, hérétique.

DESCOFIMENT, s. m. vl. DESCOFIMEN. Déroute, déconfiture. V. *Fac*, R.

DESCOFIR, vl. V. *Desconfir* et *Fac*, R.

DESCOFIT, adj. et p. vl. Déconfit, défait. V. *Fac*, R.

DESCOFITURA, s. f. vl. V. *Desconfitura* et *Fac*, R.

DESCOFIZEMEN, s. m. vl. *Sconfiggimento*, ital. Déconfiture.

DESCOFORTAR, vl. V. *Desconfortar*.

DESCOFORTAT, adj. et p. vl. DESCOFORTATZ. Détruit.

DESCOIRAR, v. a. vl. Dégarnir de cuir.

Éty. de *des* priv. de *coir*, cuir, et de *ar*, ôter le cuir. V. *Cor*, R. 2.

DESCOLLAMENT, s. m. (descoulaméin). Décollement, effet produit par une chose qui se décolle.

Éty. de *des* priv. de *colla* et de *ment*. Voy. *Coll*, R.

DESCOLLAR, v. a. (descoulá); DESCOULAR. *Decollare*, ital. *Degollar*, port. *Desencolar*, cat. esp. Décoller, couper le cou à quelqu'un, décapiter.

Éty. du lat. *decollare*, ou de *des* priv. de *col* pour *collum*, et de *ar*, priver la tête de son cou. V. *Col*, R.

DESCOLLAR, v. a. (descoulá); DESCOULAR, DESENCOULAR. *Scollare*, ital. *Desencolar*, esp. Décoller, détacher ce qui était fixé avec de la colle; pour décapiter, V. *Descapitar*.

Éty. de *des* priv. et de *collar*. V. *Coll*, R.

DESCOLLAT, ADA, adj. et p. (descoulá, áde); DESCOULAT, DESENCOULAT. *Desencollado*, port. Décollé, ée. V. *Coll*, R.

DESCOLOGAR, v. a. vl. Déplacer, faire le contraire; de *cologar*.

DESCOLORACIO, s. f. vl. Décoloration, pâleur.

Éty. de *des* priv. et de *coloracio*. V. *Color*, Rad.

DESCOLORAMEIN, et

DESCOLORAMENT, s. m. vl. *Descolorimiento*, anc. esp. *Discoloramento*, ital. *Descoloriment*, cat. m. sign. que le mot précédent. V. *Color*, R.

DESCOLORAR, vl. V. *Descoulourar* et *Color*, R.

DESCOLORAT, ADA, vl. V. *Descoulourat* et *Color*, R.

DESCOLORATIU, IVA, adj. vl. Décolorant, ante. V. *Color*, R.

DESCOLORIR, v. a. vl. *Discolorire*, ital. *Descolorir*, cat. Décolorer. V. *Descoulourar* et *Color*, R.

DESCOMINAL, V. *Descomunal*.

DESCOMPTAR, v. a. (descoumtá); DESCOUMPTAR, DESCOUNTA. *Scontare*, ital. *Descontar*, port. esp. cat. Décompter, déduire, rabattre d'une somme ou des espérances qu'on avait fondées sur quelque entréprise.

Éty. de *des* priv. et de *comptar*. V. *Compt*, Rad.

DESCOMUNAL, adj. vl. DESCOMINAL. *Descomunal*, cat. esp. Étrange, extraordinaire, énorme, excessif, démesuré, rigoureux.

Éty. de *des* priv. et de *comunal*, qui n'est pas commun. V. *Mun*, R. 2.

DESCONDRE, v. a. vl. Découvrir. V. *Descurbir*.

DESCONEGUT, UDA, adj. et p. vl. DESCONEGUTZ. *Desconocido*, esp. *Desconegud*, cat. Méconnu, ue; ingrat. V. *Nosc*, R.

DESCONFES, vl. V. *Desconfessat* et *Confess*, R.

DESCONFESSAT, adj. vl DESCONFES. Non confessé.

Éty. de *des* priv. et de *confessat*. V. *Confess*, R.

DESCONFEZIMEN, s. m. vl. Déconfiture. V. *Fac*, R.

DESCONFIR, v. a. vl. DESCOFIR. *Desconfir*, anc. cat. *Sconfiggere*, ital. Déconfire, défaire, détruire, ruiner, et subst. déconfiture, défaite. V. *Fac*, R.

DESCONFIT, adj. et p. vl. Déconfit, défait.

DESCONFITURA, s. f. (descounfitúre); *Desconfitura*, anc. cat. *Sconfittura*, anc. ital. Déconfiture, défaite. V. *Fac*, R.

DESCONFORTAR, v. a. DESCOFORTAR. *Desconfortar*, anc. cat. port. *Disconfortare*, ital. Décourager, déconforter, priver de la force.

DESCONOISSEDOR, adj. vl. DESCONOISSEIRE. Ingrat, ignorant.

DESCONOISSEIRE, vl. V. *Desconoissedor*.

DESCONOISSEMENT, s. m. vl. DESCONOISSENSA. *Desconocimiento*, esp. Ingratitude.

DESCONOISSENSA, s. f. vl. DESCONOYSSENSA. *Desconexença*, anc. cat. *Disconoscenza*, ital. Ingratitude, ignorance, folie.

DESCONOISSER, v. a. vl. DESCONOSCER, DESCONOYSSER. *Desconocer*, esp. *Desconexer*, cat. *Desconhecer*, port. *Disconoscere*, ital. Méconnaître, ignorer.

DESCONORDANSA, vl. V. *Desconort*.

DESCONORT, s. m. vl. DESCONORTANSA, DESCONORTZ, DESCONORDANSA. *Desconort*, cat. anc. Découragement, chagrin, désolation, abattement, affliction.

Éty. Alt. de *desconfort*. V. *Fort*, R.

DESCONORTANSA, s. f. vl. V. *Desconort*.

DESCONORTAR, v. a. vl. Déconforter, troubler.

Éty. de *desconort* et de *ar*. V. *Fort*, R.

DESCONORTAR SE, v. r. vl. *Desconhortar-se*, esp. Déconforter, perdre courage, s'affliger.

Éty. Alt. de *desconfortar*. V. *Fort*, R.

DESCONORTAT, adj. vl. Découragé. V. *Fort*, R.

DESCONOSCER, vl. V. *Desconoisser*.

DESCONOYSSEMENT, s. m. vl. DESCONOISSEMEN. *Desconocimiento*, esp. *Desconhocimento*, port. *Sconoscimento*, ital. Ingratitude.

DESCONOYSSENSA, vl. V. *Desconoissensa*.

DESCONSEILLAR, vl. V. *Descounselhar*.

DESCONSOLAR, v. a. vl. DESCOSSOLAR. *Desconsolar*, cat. esp. port. *Disconsolare*, ital. Désoler, affliger, abandonner.

DESCONSOLAT, ADA, adj. et p. vl. *Desconsolad*, cat. *Desconsolado*, esp. port. *Sconsolato*, ital. Affligé, ée, désolé.

DESCONTENER, v. a. vl. Ébranler, désarçonner.

DESCONVENABLE, ABLA, adj. vl. DESCOVENABLE. *Desconvenible*, cat. esp. *Sconvenevole*, ital. Disconvenable, inconvenable, messéant. V. *Ven*, R.

DESCONVENIR, v. n. vl. DESCOVENIR. *Desconvenir*, anc. esp. cat. *Desconvir*, port. *Disconvenire*, ital. Ne pas convenir, être inconvenant, messéant.

Éty. du lat. *disconvenire*, m. s.

DESCONVINEN, et

DESCONVINENT, ENTA, adj. vl. DESCONVINEN. *Desconvenient*, cat. *Desconveniente*, esp. port. *Disconveniente*, ital. Inconvenant, ante, disconvenable.

Éty. du lat. *disconvenientis*, gén. de *disconveniens*, m. s. V. *Ven*, R.

DESCONVINENZA, s. f. vl. V. *Disconveniencia*.

DESCOOU, ... Beaucoup d'auteurs ont écrit par *descoou*, beaucoup de mots qui devaient l'être par *descau*, on ne les trouvera que sous cette orthographe.

DESCOOUQUILHAR, v. a. (descooouquillá), et impr. DESCAUQUILLAR. dl. Mettre à sec, gagner à quelqu'un tout l'argent qu'il a. V. *Desbancar*.

Éty. de *des* priv. de *coouquilha*, coquille, et de *ar*, litt. enlever les coquilles, parce que dans certains pays quelques espèces de coquilles servent de monnaie, entr'autres, la porcelaine monnaie: *Cypræa moneta*. V. *Conc*, R.

DESCOOUSSANAR, V. *Descaussanar*.

DESCOR, s. m. (descór); DESCOUER, DESCOUAR. Anorexie, dégoût, aversion pour les aliments; c'est aussi une répugnance qui se borne à quelques aliments ou à quelques personnes.

Éty. de *des* priv. et de *cor*, R.

DESCORAGEAMENT, s. m. (descouradjaméin); DESCOURAGEAMENT. *Scoraggimento*, ital. *Descorazonamiento*, esp. Découragement, faiblesse de l'âme qui fait perdre toute confiance dans ses forces ou ses moyens, et ôte le courage nécessaire pour agir.

Éty. de *descoragear* et de *ment*. V. *Cor*, Rad.

DESCORAGEAR, v. a. (descouradjá); DESCOURAGEAR, DESCORAR, DESTALENTAR. *Scoraggiare*, ital. *Descorocoar*, port. *Descorazonar*, esp. Décourager, abattre, ôter le courage, faire perdre l'envie, le courage de faire quelque chose.

Éty. de *des* priv. de *corage*, courage, et de *ar*, ôter le courage. V. *Cor*, R.

DESCORAGEAR SE, v. r. (sé descouradjá); SE DESCOURAGEAR. Se décourager, perdre courage.

DESCORAGEAT, ADA, adj. et p. (descouradjá, ade); DESCOURAGEAT, DESTALENTAT. Découragé, ée, qui a perdu le courage. V. *Cor*, R.

DESCORAIRE, s. m. (descouraïré); DESCOURAIRE. Lâche, qui recule devant ce qu'il avait entrepris. Garc.

DESCORALLAR, vl. V. *Descoragear* et *Cor*, R.

DESCORAR, v. a. (descourá); MAUCOURAR, DESCOURAR, DEIMOUCOURAR. Pour décourager, V. *Descoragear*, dégoûter, détourner, indisposer contre quelqu'un.

Éty. de *descor*, dégoût, aversion, et de *ar*. V. *Cor*, R.

DESCORAR, v. n. DESCOURAR. Défaillir, tomber en défaillance. V. *Cor*, R.

DESCORAT, ADA, adj. et p. (descourá, áde); DESCOURAT. Découragé, tombé en défaillance. V. *Cor*, R.

DESCORDAR, v. a. vl. *Discordar*, cat. esp. port. *Discordare*, ital. Désaccorder, déranger.

Éty. du lat. *discordare*. V. *Cor*, R.

DESCORDELAR, v. a. (descourdelá); DESCOURDAR, DESCOURDELAR. Délacer, défaire un lacet qui est passé dans les œillets: *Se descourdelar*, se délacer.

Éty. de *des* priv. de *Courdelar*, v. c. m. et *Cord*, R.

DESCORDELAT, **ADA**, adj. et part. DESCOURDELAT. Délacé, ée. V. *Cord*, R.

DESCORDIER, s. m. vl. Discorde, querelle. V. *Cor*, R.

DESCORNAR, v. a. (descourná), dg. Écorner. V. *Escornar*.

DESCORT, s. m. vl. Querelle, discord, V. *Desaccord*, dissonance, t. de mus. V. *Cor*, R. discord, sorte de poësie des troubadours qui avait des couplets différents, ou des stances de mesure inégale, auxquelles il fallait appliquer des airs différents aussi.

La Pièce de Rambaud de Vaqueiras, qui commence par ces mots: *Eras quan vey verdeiar*, est intitulée *Descort*.

Descortz es dictatz mot divers, et pot aver aytantas coblas coma vers sos assaber de V a X, lasquals coblas devon esser singulars, dezacordablas, o variablas en acort, en so, et en lengatges, etc.

Fl. del gay. sab.

Le descort est une composition très-variée qui peut avoir autant de couplets que le vers, c'est-à-dire, de cinq à dix; lesquels doivent être singuliers, discordants et variables par la rime, le son ou chant, et le langage.

On attribue le premier descort à Garin d'Apchier: *Garins d'Apchier..... Fetz lo premier descort que anc fos faitz.*

Éty. *Descort*, pour *desacord*. V. *Cor*, R.

DESCORTES, ESA, adj. vl. DESCORTEZ. *Descortes*, cat. esp. port. *Discortese*, ital. Discourtois.

Éty. de *des* priv. et de *cortes*, courtois. V. *Cort*, R.

DESCORTESIA, s. f. vl. DESCORTEZIA. *Descortesia*, cat. esp. *Descortezia*, port. *Discortesia*, ital. Discourtoisie, manque de courtoisie.

Éty. de *des* priv. et de *cortezia*. V. *Cort*, R.

DESCORTEZ, vl. V. *Descortes*.

DESCORTEZIA, vl. V. *Descortesia*.

DESCOS, adj. vl. Décousu. V. *Descourdurat*.

DESCOSER, vl. *Descoser*, esp. Découdre. V. *Descourdurar* et *Coser*, R.

DESCOSSELAR, vl. V. *Descosselhar*.

DESCOSSELHAR, vl. V. *Descounselhar*.

DESCOSSELHAT, adj. et p. vl. DESCOSSELHATZ. Sans conseil, abandonné.

DESCOSSOLAR, vl. V. *Desconsolar*.

DESCOTAMENT, s. m. anc. béarn. *E son ditz descotamens legitims, los capsoôs pagats, lo sosalari de l'instrument et las despensas, etc.*

Stat. de Béarn, Rubrica de Contractes.

DESCOUAR, v. a. (descouá); *Descolar*, esp. *Scodare*, ital. Pour écourter. V. *Escouar* et *Coua*, R.

DESCOUAR, v. n. Cesser de couver, on le dit des poules qui abandonnent les œufs qu'elles couvaient; pour dégoût, aversion. V. *Descor*.

Éty. de *des* priv. et de *couar*, couver. V. *Coua*, R.

DESCOUAT, adj. et p. *Descolado*, esp. *Escodato*, ital. V. *Escouat* et *Coua*.

DESCOUATAR, Ecourter. Cast. V. *Escouar*.

DESCOUBERTA, s. f. (descoubérte), dg. Découverte, espèce de jeu que M. Poumarède décrit ainsi:

« On se divise en deux bandes, l'une reste au but, l'autre va se cacher, les autres vont les chercher, s'ils les voient, ils crient: *découverte*, et s'enfuient; mais si celui qui est découvert peut en prendre un avant qu'il ait touché le but, celui qui est pris est obligé de le porter sur son dos jusqu'à ce but. »

DESCOUCAR, v. a. (descoucá), dl. Pour écosser des pois. V. *Desgovar* et *Desgrulhar*; dérober des fèves. Sauv.

DESCOUCHAR, v. n. (descoutchá). Découcher, coucher hors de chez soi.

Éty. de *des*, hors, et de *couchar*. V. *Couch*, R.

DESCOUCOUNAGI, s. m. (descoucounádgi); DESCOUCOUNAGE. *Déramage* des cocons.

DESCOUCOUNAR, v. n. (descoucouná); *Déramer* les cocons, les détacher du rameau auquel ils s'étaient fixés.

Éty. de *des* priv. de *coucoun* et de *ar*, enlever les cocons. V. *Coucoun*, R.

DESCOUER, V. *Descor*.

DESCOUFES, term. de juris. (descoufés). Ce mot qui ne paraît être qu'une altér. de *descounfes*, c'est-à-dire, non confessé, est dit cependant pour *intestat*, *mourir descoufes*, mourir intestat, sans faire de legs à l'église, ce qui était regardé comme une espèce de crime qui s'opposait à la confession ou qui la rendait nulle. V. *Intestat*.

Éty. de *des* priv. et de *counfes* ou *counfessat*, confessé. V. *Confess*, R.

DESCOUFES, Pour envieux. V. *Coubes*.

DESCOUFFAR, dl. V. *Descufelar* et *Descouiffar*.

DESCOUFFAT, ADA, dg. Pour décoiffé. V. *Descouiffat, ada* et *Couiff*, R.

DESCOUFFINAR, v. n. (descouffiná). Accoucher secrètement.

Éty. de *des* priv. de *couffin*, cabas, et de *ar*, vider le cabas.

DESCOUFLAR, dl. V. *Desgounflar* et *Fl*, R.

DESCOUIFFAR, v. a. (descouiffá); DESBOURCHINAR, DESCOUFAR, DESCUFFELAR, DESCUFILAR, ESFLOUTAR, DEIBARETINAR, DEIGOUFAR. Décoiffer, ôter la coiffe d'une femme ou déranger sa coiffure.

Éty. de *des* priv. de *couiffa* et de l'act. *ar*, priver de la coiffe. V. *Couiff*, R.

DESCOUIFFAT, ADA, adj. et p. (descouiffá, áde); DESCOUFFAT. Décoiffé, ée. V. *Couiff*, R.

DESCOUIRE, v. a. (descouïre). Décuire, rendre les confitures, les sirops moins cuits, en y ajoutant de l'eau. Garc.

DESCOULAR, V. *Descollar*.

DESCOULAT, V. *Descollat*.

DESCOULEFAR, v. a. (descoulefá), dl. même sign. que *Desgruelhar*, v. c. m.

DESCOULETAR, v. n. et r. (descouletá). Décolleter, découvrir la gorge, détacher le col d'un vêtement. Garc.

DESCOULOURAR, v. a. et r. (descoulourá); DESCOULOURIR, ESCOULOURIR. *Descolorar*, esp. *Descorar*, port. *Discolorare*, ital. basse lat. *Descolorir*, cat. esp. Décolorer et se décolorer, perdre sa couleur.

Éty. du lat. *decolorare* ou de *des* priv. de *coulour*, couleur, et de la term. act. *ar*, priver de la couleur. V. *Color*, R.

DESCOULOURAT, ADA, adj. et part. (descoulourá, áde); ESCOULOURIT, DESCOULOURIT, ESCOLORIT. *Descarado*, port. *Descolorado*, esp. *Scolorito*, ital. Décoloré, qui a perdu sa couleur.

Éty. du lat. *decoloratus* ou de *des* priv. de *coulour* et de *at, ada*, privé de couleur. V. *Color*, R.

DESCOUMANDAR, v. a. (descoumandá). Contremander, décommander ce qu'on avait commandé.

Éty. de *des* priv. et de *coumandar*. V. *Mand*, R.

DESCOUMBRAR, v. a. (descoumbrá), dl. Déblayer. Sauv.

Éty. du franç. *décombre* et de *ar*, ôter les décombres.

DESCOUMPASSAR, v. a. (descoumpassá), d. bas lim. *Descompassar*, cat. Enjamber, vaincre. V. *Encambar* et *Pass*, R.

DESCOUMPOUSAR, v. a. (descoumpousá); DECOUMPOUSAR. *Desconpondrer*, cat. *Descomponer*, esp. *Descompor*, port. *Discomporre*, ital. Décomposer, réduire un corps à ses principes, séparer les parties dont il est composé.

Éty. de *des* priv. et de *coumpousar*, composer, défaire la composition. V. *Pous*, R.

DESCOUMPOUSAT, ADA, adj. et p. (descoumpousá, áde); DECOUMPOUSAT. *Descompost*, cat. Décomposé, ée, qui a subi la décomposition.

Éty. de *descoumpous* et de la term. pass. *at*. V. *Pous*, R.

DESCOUMPOUSITION, s. f. (descoumpousitie-n); DECOUMPOUSITION, DESCOUMPOUSITIEN. *Descomposiciô*, cat. *Descomposicion*, esp. *Decompsiçāo*, port. Décomposition, résolution d'un corps mixte dans ses principes; destruction.

Éty. de *compositio* et de *des* priv. V. *Pous*, R.

DESCOUNCAGAR, v. a. (descouncagá), d. bas lim. *Conchier*, salir de matière fécale. V. *Emmerdar* et *Cac*, R.

DESCOUNCERTAR, v. a. (descouncertá); DESMEMOURIAR, DESROUTAR. *Sconcertare*, ital. *Desconcertar*, esp. port. cat. Déconcerter, embarrasser, troubler quelqu'un au point de l'empêcher de s'exprimer; détruire des projets, perdre contenance.

Éty. de *des* priv et de *councertar*. V. *Councert*, R.

DESCOUNCERTAT, ADA, adj. et p. (descouncertá, áde); DESCOUNSULTAT. *Desconcertado*, esp. *Desconcertad*, cat. Déconcerté, ée. V. *Councert*, R.

DESCOUNDOUNS, V. *Escoundouns, d'*.

DESCOUNEISSER, d. des Bouch.-du-Rh. V. *Descounouisser* et *Nosc*, R.

DESCOUNFORME, A, adj. (descounfórmé, órme), dl. *Desconforme*, cat. esp. Difforme, discordant.

Éty. de *des* priv. et de *counforme*, qui n'est pas conforme. V. *Form*, R.

DESCOUNFORTAR SE, v. r. (sé descounfourtá); DESCOUNFOURTAR. *Sconfortare* et *Sconfortansi*, ital. *Desconfortarse*, cat. Déconforter, s'affliger, se désespérer, se déconcerter, se laisser abattre.

Éty. de *des* priv. et de *counfortar*. V. *Fort*, R.

DESCOUNFORTAT, ADA, adj. et p. DESCOUNFOURTAT. Déconforté, ée, triste, découragé. V. *Fort*, R.

DESCOUNOUISSER, v. a. (descounóuisse); DESCOUNEISSER. *Desconocer*, esp. *Desconhecer*, port. Méconnaître, ne pas vouloir reconnaître, désavouer.

Éty. de *des* priv. et de *counouisser*. V. *Nosc*, R.

DESCOUNOUISSER SE, DESCOUNEISSER SI, MESCOUNOUISSER SE. Se méconnaître, oublier ce que l'on a été, ne pas faire attention à ce que l'on est actuellement.

DESCOUNSELHAR, v. a. (descounseillá); *Desaconsejar*, esp. *Sconsigliare*, ital. déconseiller, dissuader.

DESCOUNSELHAR, v. a. (decounseillá); DESCONSEILLAR, DESCOSSELHAR, DESACONSELHAR, DESACOSSEILLAR, vl. *Desconsejár*, anc. esp. *Sconsigliare*, ital. *Desaconsellar*, cat. Décourager, ne pas conseiller, détourner d'un projet, ou conseiller le contraire de ce qui avait été conseillé.

Éty. de *des* priv. et de *counselhar*. V. *Conselh*, R.

DESCOUNSELHAT, ADA, adj. et p. (descounseillá, áde); *Desaconsejado*, esp. *Sconsigliato*, ital.

DESCOUNSIDERAR, v. a. (descounsiderá). Déconsidérer, enlever, ôter la considération, l'estime, il est aussi réciproque.

DESCOUNSOULAT, ADA, adj. et p. (descounsoulá, áde), dl. *Desconsolado*, esp. *Sconsolato*, ital. *Desconsolad*, cat. Affligé, désolé. Sauv. V. *Desolat*.

Éty. de *des* priv. et de *counsoulat*. V. *Soul*, R. 2.

DESCOUNTINUAR, v. a. et n. (descountinuá); *Descontinuar*, cat. esp. port. Discontinuer. V. *Discountinuar* et *Ten*, R.

Éty. du lat. *discontinuare*.

DESCOUNVIDAR, v. a. (descounvidá); *Desconvidar*, cat. esp. Révoquer une invitation.

Éty. de *des* priv. et de *counvidar*.

DESCOUPETAR, v. a. (descoupetá); ESCOUPETAR, d. bas lim. Trancher la tête. V. *Guilhoutinar*.

Éty. de *des* priv. de *coupet*, nuque, et de *ar*.

DESCOURAGEAMENT, V. *Descorageаr*.

DESCOURAGEAR, et composés. Voy. *Descoragear*.

DESCOURAR, V. *Descorar*.

DESCOURAT, V. *Descorat*.

DESCOURCHETAR, V. *Descrouchetar*.

DESCOURCHOUNAR, v. a. (descourtchouná), d. de Manosque. Enlever, prendre le grignon du pain; *dégrignoner*, que M. Avril a donné comme équivalant, est un barbarisme.

Éty. de *des* priv. de *courchoun* et de *ar*.

DESCOURDAR, vl. V. *Descordelar*, *Descourdegear* et *Cord*, R.

DESCOURDEGEAR, v. a. (descourdedjá), dl. DESCOURDAR, DESCOURDELHAR. Décorder, détortiller une corde, séparer les tourons dont elle est composée.

Éty. de *des* priv. et de *courdegear*. Voy. *Cord*, R.

DESCOURDELHAR, V. *Descordegear*.

DESCOURDURADA,

DESCOURDURADURA, et

DESCOURDUREIRA, s. f. (descourdurâde, descourduradúre et descourduréire); *Descosedura*, esp. port. *Descozidura*, port. *Descosidura*, cat. Décousure, endroit décousu.

Éty. de *des* priv. de *courdura* et de *ada*, litt. couture défaite. V. *Coser*, R.

DESCOURDURAR, v. a. (descourdúrá); DESCOUSER. *Descoser*, esp. port. *Scucire*, ital. *Descosir*, anc. cat. Découdre, défaire une couture; rompre les gonds, passer les bornes, s'emporter.

Éty. de *des* priv. et de *courdurar*, ou du lat. *dissuere*, m. s. V. *Coser*, R.

DESCOURDURAT, ADA, adj. et part. (descourdurá, áde); *Descosido*, port. esp. *Disconsutus*, basse lat. Décousu, ue; dont la couture s'est défaite; fig. qui n'a pas de suite, qui n'a ni probabilité, ni vraissemblance.

Éty. de *des* priv. et de *courdurat*, cousu, qui n'est pas cousu, mais qui l'a été, ou du lat. *dissutus*, m. s. V. *Coser*, R.

Messongea descourdurada,
N'es escoutada ni presada. Prov.

DESCOUROUNAR, v. a. (descourouná); *Descoroar*, port. *Descoronar*, esp. anc. *Découronner*, ôter la couronne, ce qui couronne; détrôner.

Éty. de *des* priv. et de *courounar*. Voy. *Coron*, R.

DESCOUROUNAT, ADA, adj. et part. (descourouná, áde); *Descoroado*, port. *Découronné, ée*; à qui l'on a ôté la couronne ou ce qui couronnait. V. *Coron*, R.

DESCOURREGEOUNAR, v. a. (descourredjouná); *Decorrigiare*, basse lat. Délier les courroies d'un soulier. Cast.

Éty. de *des* priv. de *courregeoun* et de *ar*.

DESCOURTINAR, v. a. (descourtiná), d. du Var. Enlever le marc des olives, des cabas, *décabasser*, qu'emploie M. Garc. et que répète M. Avril, n'est pas français.

Éty. de *des* priv. de *escourlin*, cabas, et de *ar*.

DESCOUSER, v. a. (descóusé). Découdre. V. *Descourdurar*.

Éty. de *des* priv. et de *couser*. V. *Coser*, Rad.

DESCOUSER, v. n. d. bas lim. *N'en chaura descouser*, il faudra en venir aux mains: *N'y ai bailat à descouser*, je lui en ai donné pour longtemps (du travail).

DESCOUSTUMAR, V. *Desacoustumar* et *Costum*, R.

DESCOUTAR, v. a. (descoutá), dl. Même sign. que *Descatar*, v. c. m.

Et moussu lou vice legat
Que per malhur a descoutat
Qu'aicit viviaz dins l'aboundança.
Favre.

DESCOUTIR, v. a. (descouti), d. bas lim. Débattre, agiter une question, discuter un compte, une opinion. V. *Discutar* et *Cut*, R.

DESCOUTOUN, ANAR, phrase adv. Être aux écoutes. V. *Escoutoun anar de*.

DESCOUVERT, ERTA, adj. et part. (descouvèr, èrte); DESCUBERT, DESCUBRIT. *Scoperto*, ital. *Descubert*, cat. *Descoberto*, port. *Descubiertó*, esp. Découvert, erte; relevé, qu'on voit de loin: *Pays descouvert*, pays découvert, qui n'est pas boisé, qu'on voit de partout.

Éty. du lat. *discoopertus*. V. *Cobr*, R.

DESCOUVERT, s. m. (descouvèr); DESCUBERT. Un haut côté de mouton ou côtelettes de mouton.

Éty. Cette partie est ainsi nommée parce qu'on la découvre en enlevant l'épaule. V. *Cobr*, R.

DESCOUVERTA, s. f. (descouvèrte); *Scopertura* et *Scoperta*, ital. *Descubrimiento*, esp. *Descubrimento*, port. *Descuberta*, cat. Découverte, l'action par laquelle on découvre une chose qui n'était pas encore connue; vide que fait une personne marquante.

Éty. V. *Descouvrir* et *Cobr*, R.

DESCOVENABLE, vl. V. *Desconvenable*.

DESCOVENIR, v. n. vl. V. *Desconvenir*.

DESCOVIDAR, v. a. vl. *Desconvidar*, cat. esp. Ne pas convier, ne pas inviter.

Éty. de *des* priv. et de *covidar*, à la lettre ce mot signifierait *déconvier*, retirer une invitation. V. *Vit*, R.

DESCOVINENSA, et

DESCOVINENZA, vl. V. *Disconveniencia*.

DESCOYRAR, vl. V. *Descoirar*.

DESCOZER, vl. V. *Descoser*.

DESCOZUT, adj. et p. vl. V. *Descourdurat*.

DESCRASSAR, v. a. (descrassá); NETEGEAR, DESFRAUGNAR. *Desengrassar*, esp. Décrasser, ôter la crasse; fig. polir un homme grossier.

Éty. de *des* priv. et de *crassa*. V. *Crass*, Rad.

DESCRASSAT, ADA, adj. et p. (descrassá, áde); DESCRASSIT. Décrassé, ée. V. *Crass*, R.

DESCRASSIT, adj. dg. V. *Descrassat* et *Crass*, R.

DESCREAT, ADA, adj. et part. dg. Décrié, ée.

DESCREDIT, s. m. (descrèdi); DESCRET. *Descredit*, cat. *Discredito*, ital. *Descredito*, esp. port. Discrédit, perte ou diminution du crédit qu'une chose avait auparavant, mauvaise réputation.

Éty. de *des* priv. et de *credi*, crédit. Voy. *Cred*, R.

Ce mot, dit Noël, ne s'est guère introduit dans le commerce que depuis 1719, que divers arrêts du conseil l'ont employé pour exprimer la perte qu'on faisait sur les actions de la compagnie des Indes, et sur les billets de banque, et le peu de confiance que le public avait en ces effets.

DESCREDITAR, v. a. (descreditá); DISCREDITAR, DELAUVAR. *Desacreditar*, esp. port. *Screditare*, ital. Décréditer, ôter ou faire perdre le crédit.

Éty. de *des* priv. de *credi* et de *ar*. Voy. *Cred*, R.

Discrediter, qui est la traduction littérale du prov. est un barbarisme en français.

DESCREDITAT, ADA, part. (descreditá); ESCAUISSAT, DELAUVAT. *Descreditado* et *Desacreditado*, port. Discrédité ou décrédité, qui est tombé en discrédit; décrié.

Éty. de *des* priv. de *credi* et de la term. pass. *at, ada*, qui a subi l'action de décréditer. V. *Cred*, R.

DESCREIRE, vl. *Descrecer*, esp. *Discredere*, ital. V. *Descrezer* et *Cred*, R.

DESCREIS, s. m. vl. DECREYSSEMENT, DECREYSHEMENT. *Décroît*, décroissement.

Éty. de *des* priv. et de *creis*. V. *Creiss*, Rad.

DESCREISSER, v. n. (descrèisse); DEMENIR. *Decrescere*, ital. *Descrecer*, esp. *Decreser*, port. *Descrexer*, cat. Décroître, diminuer de grosseur.

Éty. du lat. *decrescere*, m. s. ou de *des* priv. et de *creisser*, croître. V. *Creiss*, R.

DESCREMIR, v. n. et a. vl. Escrimer, combattre.

DESCRESER, vl. V. *Descrezer*.

DESCRESPIR, v. a. (descrespír). Enlever la crépissure d'une muraille, faire l'opposé de crépir.

Éty. de *des* priv. de *Crespir*, v. c. m. et *Cresp*, R.

DESCRESPIT, IDA, adj. et p. (descrespí, ide). Décrepi, ie; en parlant des personnes très-âgées, décrépit, ite.

DESCRESTIANAR SE, v. r. (descrestianá sé), dl. DESCRESTIOUNAR. Renier son baptême; se tourmenter, se donner au diable.

Éty. de *des* priv. de *crestian* et de *ar*. V. *Christ*, R.

DESCRESTIOUNAR SE, v. n. d. de Manosque. V. *Descrestianar* et *Christ*, R.

DESCREUT, adj. et part. vl. DESCREUTZ. Décru.

DESCREZEN, s. vl. Mécréant.

DESCREZENSA, s. f. vl. DESCREZENSA. *Descreencia*, esp. *Discredenza*, ital. *Decredere* et *Discredere*, bas. lat. Incrédulité, chose incroyable.

Éty. de *des* priv. et de *crezensa*. Voy. *Cred*, R.

DESCREZER, DESCREIRE, DESCRESER. *Descreurer*, cat. *Descreer*, esp. *Descrer*, port. *Discredere* et *Scredere*, ital. Décroire, mécroire, refuser de croire, ne pas croire, nier.

Éty. de *des* priv. et de *crezer*. V. *Cred*, R.

DESCRIAR, v. a. (descriá); DESCRIDAR. *Screditare*, ital. *Desacreditar*, esp. port. Décrier, ôter l'honneur, la réputation, le crédit, l'estime.

Éty. de *des* priv. de *criar*, publier; défense de publier, de mettre en circulation, parce qu'au positif, ce mot a cette signification, mais au figuré, il signifie publier défavorablement. V. *Crid*, R.

DESCRIAT, ADA, adj. et p. (dascriá, áde); DESCRIDAT. Décrié, ée. V. *Crid*, R.

DESCRICH, ICHA, adj. et p. (descritch, itche); *Descrit*, cat. *Descrito*, esp. *Descritto*, ital. Décrit, ite.

Éty. du lat. *descriptus*, m. s. V. *Escriv*, Rad.

DESCRIOURE, v. a. (descrióure); *Descriurer*, cat. *Descrivere*, ital. *Descrivir*, esp. *Descrever*, port. Décrire, faire la description d'une chose.

Éty. du lat. *describere*, m. s. V. *Escriv*, R.

DESCRIPTIF, IVA, adj. (descriptif, ive); *Descriptiu*, cat. *Descriptivo*, esp. port. *Descrittivo*, ital. Descriptif, qui a pour objet de décrire.

Éty du lat. *descriptus* et de *If*. V. *Escriv*, Rad.

DESCRIPTIO, vl. V. *Description*.

DESCRIPTION, s. f. (descriptie-n); *Descripció*, cat. *Descrizione*, ital. *Descripcion*, esp. *Descripção*, port. Description, discours par lequel on décrit, on dépeint; inventaire descriptif.

Éty. du lat. *descriptionis*, gén. de *descriptio*, formé de *describere*, écrire, décrire. V. *Escriv*, R.

DESCRIT, s. m. d. béarn. Discrédit. V. *Descredit*.

Éty. de *des* priv. et de *crit*, cri, bruit qui prive, qui décrie. V. *Crid*, R.

DESCRIURE, vl. *Descriurer*, cat. V. *Descrioure*.

DESCROBIR, anc. béarn. V. *Descurbir* et *Cobr*, R.

DESCROCAR, v. a. (descroucá); DESCROUCAR, DESGAFAR. Décrocher, quand il s'agit d'un grand croc; tandis que *descrouchetar* ne se dit qu'en parlant d'un petit croc ou crochet.

Éty. de *des* priv. de *croc* et de *ar*. Voy. *Croc*, R.

DESCROCHETAR, v. a. (descroutchetá); DESCROUCHETAR, DESCROUCAR, DESCOURCHETAR, DESCROUCHOUNAR, DESAGAFAR, DESARRAFAR. *Descrochetar* et *Descorchetar*, esp. anc. Dégrafer, décrocher, ôter d'un croc, d'un crochet; faire sortir une agrafe de sa porte.

Décrocheter est un barbarisme.

Éty. de *des* priv. de *Crochetar*, v. c. m. et *Croc*, R.

Desagrafer n'est pas français. On dit *dégrafer*.

DESCROUCHAR, dl. V. *Descrocar* et *Croc*, R.

DESCROUCHOUNAR, v. a. (descroutchouná), dl. Couper les quignons d'un pain; dégrafer. V. *Descrouchetar*.

Éty. de *des* priv. de *crouchoun* et de *ar*.

DESCROUSAR, v. a. (descrousá); DESCROUASAR. *Décroiser*, changer le pli des capades, en t. de chapelier; défaire les plis qui se croisent. Garc.

DESCROUSTAR, v. a. (descroustá); ESCROUSTAR. *Decostrar*, esp. *Scrostare*, ital. *Descrostar*, cat. *Descodear*, port. Ecrouter le pain; écailler un enduit de plâtre: les tableaux peints sur bois sont sujets *à s'escroustar*, à s'écailler.

Éty. de *des* priv. de *crousta* et de *ar*, ôter la croûte. V. *Crust*, R.

DESCROUSTOUER, s. m. (descroustóuer), dl. DESCROUTADOUR. Une décrottoire, et non un *decrottoir*, brosse qui sert à décrotter.

Éty. de *des* priv. de *crousta* et de *ouer*. V. *Crust*, R.

DESCROUTADOUR, s. m. Suppl. à Pell. V. *Descroutouer*.

DESCRUBECELAR, V. *Descabucelar*.

DESCRUBIR, Alt. de *Descurbir*, v. c. m.

DESCRUPIR SE, v. r. vl. S'accroupir.

Éty. de *des*, sur, de *crup*, pour *croupa*, et de *ir*, se mettre sur la croupe. V. *Croup*, Rad.

DESCRUSADA, s. f. (descrusáde). Décrûment, lavage que l'on fait pour décruer le fil; un lavage, un bouillon clair où la viande a bouilli peu de temps.

Éty. de *des* priv. de *crusa*, crue, et de *ada*, litt. qui enlève la crudité. V. *Crud*, Rad.

DESCRUSAR, v. a. (descrusá); EMBLANCHAR. Décruer, préparer, par une lessive, du fil, de la soie, une toile neuve, à recevoir la teinture ou à être blanchis. *Lou descrusar*, le décrûment.

Éty. de *des* priv. de *crus*, crud, et de *ar*, enlever la crudité. V. *Crud*, R.

DESCRUSAR, v. a. Décruser, mettre des cocons dans l'eau bouillante pour en dévider la soie avec facilité: *Lou descrusar*, le décrusement ou décrûment.

DESCRUSAT, ADA, adj. et p. (descrusá, áde). Décrué, ée; décrusé, ée, selon le verbe. V. *Crud*, R.

DESCRUVELAR, v. a. (descruvelá), dl. Ecailler un œuf dur, écaler des noix, des châtaignes, en ôter la coque. Sauv.

Éty. de *des* priv. de *cruvel*, coquille, et de *ar*.

DESCUBERT, adj. vl. Révélé. V. *Cobr*, Rad.

DESCUBERT, *Descuberto*, port. *Descubert*, cat. V. *Descouvert*.

DESCUBERTA, V. *Descouverta*.

DESCUBRIMEN, s. m. vl. *Descubriment*, cat. *Descubrimiento*, esp. Découverte, révélation.

Éty. de *descubrir* et de *men*, ou du lat. *discooperiura*. V. *Cobr*, R.

DESCUBRIR, vl. *Descubrir*, cat. V. *Descurbir* et *Cobr*, R.

DESCUCHAR et

DESCUDAR, v. vl. descujar. Ne plus penser; dédaigner.

DESCUDELAR, v. n. (descudelá); descudellar, escudelar. Dégoiser, dire indiscrètement tout ce que l'on sait. V. *Escudelar* et *Degoisar*.

Éty. de *des* priv. de *escudela* et de *ar*, vider l'écuelle ou la priver de ce qu'elle contient. V. *Escut*, R.

DESCUFFELAR, dl. V. *Descouiffar*.

DESCUIDAR, v. a. et n. vl. *Descuidar*, esp. port. cat. Décroître, négliger, dédaigner.

Éty. de *des* priv. et de *Cuidar*, v. c. m. et *Cuid*, R.

DESCUJAR, vl. V. *Descuchar*.

DESCULEFAR, V. *Desgruelhar*.

DESCUNCHIAR, v. a. (descuntchiá). Choquer le bon goût, la décence; être mal vêtu, mal agencé. Garc.

DESCUNCHIAT, ADA, adj. et p. d. du Var. (descuntchiá, áde). Désassorti, mal vêtu, discours mal construit, qui n'a point de sens. Garc.

DESCUR, adj. dg. Obscur. V. *Escur*.

DESCURBECELAR, V. *Descabusselar*.

DESCURBIR, v. a. (descurbir); destapar, descubrir. *Scoprire*, ital. *Descubrir*, esp. port. cat. *Discooperire* et *Deoperire*, bas. lat. Découvrir, ôter ce qui couvre; faire une découverte, une trouvaille, parvenir à connaître ce qui était caché soit aux yeux, soit à l'intelligence; apercevoir de loin, commencer d'apercevoir.

Éty. de *des* priv. et de *curbir*, faire le contraire de couvrir. V. *Cobr*, R.

DESCURBIR SE, v. r. Se découvrir, ôter ce qui nous couvre, se mettre à découvert.

DESCURBIT, IDA, adj. et p. (descurbi, ide). Même sign. que *Descubert*, v. c. m. et *Cobr*, R.

DESCUSCAR, v. a. (descuscá), dl. Défigurer, rendre la figure méconnaissable par des blessures ou des meurtrissures, et par extension: *Descuscar un aubre*, déparer un arbre en le privant des branches qui l'ornaient.

Éty. de *des* priv. et de *cuscar*, orner, parer.

DESCUSCAT, ADA, adj. et p. (descuscá, áde). Défiguré, déparé. V. *Desfigurat*.

DESCUVAR, pr. mod. V. *Destinelar*.

Éty. de *des* priv. de *cuva* et de *ar*, tirer de la cuve.

DESDAMAR, v. n. (desdamá). Dédamer, au jeu de dames, découvrir une des cases les plus voisines du joueur.

Éty. de *des* priv. et de *damar*. V. *Domin*, R.

DESDAUMAGEAMENT, s. m. (desdoumadjaméin); desdooumageamment, dedooumageament. Dédommagement, réparation d'un dommage, indemnité, compensation.

Éty. de *des* priv. de *daumagi* et de *ment*, litt. chose qui ôte, corrige le dommage. V. *Dam*, R.

DESDAUMAGEAR, v. a. (desdoumadjá); emendar, dedooumagear. Dédommager, réparer une perte, un dommage.

Éty. de *des* priv. de *daumagi* et de l'act. *ar*, litt. ôter le dommage, le réparer. V. *Dam*, Rad.

DESDAUMAGEAT, ADA, adj. et part. (desdaoumadjá, áde); dedooumageat. Dédommagé, ée.

Éty. de *des* priv. de *daumagi* et de *at*, dommagé, réparé, défait.

DESDAURAR, v. a. (desdaourá); *Disdorare*, ital. *Desdorar*, esp. *Desdourar*, port. *Desdaurar*, cat. Dédorer, enlever la dorure.

Éty. de *des* priv. et de *daurar*. V. *Aur*, Rad.

DESDAURAT, ADA, adj. et p. (desdaourá, áde); *Desdorado*, esp. *Desdourat*, port. Dédoré, ée.

Éty. de *des* priv. et de *daurat*. V. *Aur*, R.

DESDEGN, s. m. (desdéin); desden, deden. *Disdegno*, ital. *Desdeño*, esp. *Desdem*, port. *Desdeny*, cat. Dédain, mépris exprimé par l'air et le ton.

Éty. du celt. *desdina*, Ach. ou de *des* priv. et de *Degnar*, v. c. m. et *Dign*, R.

DESDEGNAR, v. a. (desdegná); *Disdegnare*, ital. *Desdeñar*, esp. *Desdenhar*, port. *Desdenyar*, cat. Dédaigner, mépriser avec hauteur; refuser une chose parce qu'on ne la croit pas digne de soi.

Éty. du lat. *dedignari*, ou de *desdegn* et de *ar*, ou encore de *des* priv. et de *degnar*. V. *Dign*, R.

DESDEGNOUS, OUSA, adj. (desdegnóus, óuse); degouignous, deidegnous. *Desdeñoso*, esp. *Desdenhoso*, port. *Disdegnoso*, ital. Dédaigneux, euse, qui marque du dédain.

Éty. de *desdegn* et de *ous*. V. *Dign*, R.

DESDEGNOUSAMENT, adv. (desdegnousaméin). Dédaigneusement, avec dédain.

Éty. de *desdegnousa* et de *ment*, d'une manière dédaigneuse. V. *Dign*, R.

DESDEING, vl. V. *Desdegn* et *Dign*, R.

DESDEJUN, s. m. d. m. m. sign. que *dejunar* et *Jun*, R.

DESDEJUNAR, v. n. vl. Rompre le jeûne.

DESDEJUNAR, v. n. *Desdejunar se*, cat. V. *Dejunar*.

DESDEN, *Desden*, anc. esp. V. *Desdegn*.

DESDENH, vl. V. *Desdegn* et *Dign*, R.

DESDENHOS, vl. V. *Desdegnous* et *Dign*, R.

DESDENTAR, v. a. (desdeintá); dedentar. *Sdentare*, ital. *Desdentar*, esp. port. cat. Édenter, rompre les dents d'une scie, d'un peigne, et par extens. rompre les dents à quelqu'un.

Éty. du lat. *edentare*, m. sign. ou de *des* priv. de *dent* et de *ar*, priver des dents. Voy. *Dent*, R.

DESDENTAT, ADA, adj. et p. (desdeintá, áde); dedentat, endentat. *Deidentat*, cat. *Desdentado*, port. esp. *Sdentato*, ital. Édenté, ée, qui a perdu ses dents, qui n'a plus de dents. On dit brèche-dent, quand il n'en manque que sur le devant.

Éty. de *des* priv. de *dent* et de *at*, privé des dents, ou du lat. *edentatus*, m. sign. V. *Dent*, R.

DESDICH, ICHA, adj. et p. (desditch, itche); dedit. *Desdicho*, esp. *Disdetto*, ital. Dédit, ite, désavoué, contredit.

Éty. de *des* priv. et de *dich*. V. *Dire*, R.

DESDICH, s. m. desdire. *Disdetta*, ital. Dédit, révocation d'une parole donnée; peine stipulée dans un marché, dans une convention, contre celui qui ne veut pas en remplir les conditions.

A lou dich et lou desdich, pr. ou *lou dire et lou desdire*, le oui et le nom. V. *Dire*, R.

DESDIR, vl. V.

DESDIRE LOU, s. m. (lou desdire). Le dédit. V. *Desdich* et *Dire*, R.

DESDIRE, v. a. (desdire); desparaular, endedire. *Desdir*, cat. *Desdire*, ital. *Disdecir*, esp. *Desdizer*, port. Dédire, désavouer quelqu'un sur ce qu'il s'est avancé de dire, ou de faire pour nous; se trouver mal par excès de fatigue. V. *Descorar*.

Éty. de *des* priv. et de *dire*, dire le contraire. V. *Dire*, R.

DESDIRE SE, v. r. *Desdezirse*, anc. esp. *Disdirsi*, ital. Se dédire, dire le contraire de ce qu'on avait dit, le désavouer; ne pas tenir sa parole.

DESDIZEMEN, s. m. vl. Reniement, rétractation. V. *Dire*, R.

DESDOOUMAGEAMENT,
DESDOOUMAGEAR, et
DESDOOUMAGEAT, V. *Desdaumageament*, etc.

DESDOUBLAR, v. a. (desdoublá); *Desdoblar*, port. esp. *Desdoblegar*, cat. Dédoubler, enlever la doublure.

Éty. de *des* priv. et de *doublar*, faire le contraire de doubler. V. *Du*, R.

DESDOUBLAT, ADA, adj. et part. (desdoublá, áde); *Desdobrado*, port. *Desdoblado*, esp. Dédoublé, ée. V. *Du*, R.

DESDUCH, s. m. vl. desduc, desdui. Plaisir, déduit. V. *Duc*, R.

DESDUCTIO, s. f. vl. V. *Deduction* et *Duc*, R.

DESDUG, vl. V. *Desduch* et *Duc*, R.

DESDUI, vl. V. *Desduch* et *Duc*, R.

DESDUIAR SE, v. r. vl. V. *Desduire*.

DESDUIRE SE, v. r. vl. desduiar, desdure. Se divertir, prendre son déduit, se recréer, n'avoir, ne prendre aucun souci; amuser, réjouir.

Éty. de la basse lat. *deducere*, dans le sens d'amuser. V. *Duc*, R.

DESDURE, vl. V. *Desduire* et *Duc*, R.

DESDUT, vl. V. *Desdug* et *Desduch*.

DESE, adv. vl. desen, desse, dece. Sur-le-champ, incontinent, immédiatement; assurément, certainement. Conj. comp. Sitôt que; dixième. V. *Desen*.

DESE, s. m. (désé). Un des noms bas lim. du genêt épineux. V. *Argielas*. On le dit aussi pour lande: *Passar dins lou dese*, traverser les landes.

DESEBRANSA, s. f. vl. Différence, distinction.

DESEBRAR, vl. V. *Desseparar*.

DESEBREA, s. f. vl. Partie.

DESEBRET, adj. vl. Brouillé.

DESEFLAR, vl. V. *Desenflar* et *Fl*, R.

DESEGAL, adj. vl. *Desigual*, cat. esp. port. *Diseguale*, ital. Inégal.

DESEGALAR, v. a. et n. vl. être, rendre inégal.

DESEGALAT, ADA, adj. et p. vl. Inégal, ale.

DESEGAT, adj. et p. d. béarn. Dépaysé, égaré. V. *Despaisat*.

Éty. de *de*, qui marque division, et de *segat*, coupé, séparé. V. *Sec*, R.

DESEGNAR, vl. V. *Designar*.

DESEGUANSA, s. f. vl. V. *Dezengaltat*.

DESEGUENTRE DE, adv. vl. *Diseguente*, ital. Ensuite, après.

DESEHUECH, nom de nombre (desehúeth); *Desoito*, port. Dix-huit.

DESEIDAMEN, adv. vl. Fortement, délicatement.

DESEIG, s. m. (deseïg), vl. Désir. Voy. *Desir* et *Sider*, R.

DESEIGAR, v. a. (deseïgá), d. de Manosq. Déranger une chose, l'ôter de sa place, défaire un racommodage. Avril.

Éty. de *des* priv. et de *eigar*.

DESEIGAR SE, v. r. (se deseigá); DESAIGAR. Se dépiter, se mettre en colère. V. *Despichar se*.

Éty. de *deseig*, désir, de *ar* et du priv. *des*. V. *Sider*, R.

DESEIGNAIRE, s. m. vl. DESEIGNAIRE. *Disegnatore*, ital. Peintre, dessinateur. V. *Dessinatour* et *Sign*, R.

DESEINGNAIRE, vl. V. *Deseignaire*.

DESEINHADOR, vl. V. *Deseingnaire*.

DESEIR, V. *Desair*.

DESEIRITAR, V. *Desheritar*.

DESEISSIR, v. n. vl. FORSISSIR. Sortir, se retirer.

DESEMBALAGI, *Desembalatge*, cat. *Desembalaje*, esp. Voy. *Desballagi* et *Bal*, Rad.

DESEMBALAR, *Desembalar*, cat. esp. V. *Desbalar*.

DESEMBANASTAR, v. a. (dezeimbanastá); DEZEMBANESTAR. Ôter les paniers connus sous le nom de *banastas*, de dessus le bât. Garc.

DESEMBARCAMENT, V. *Desbarcament*.

DESEMBARCAR, *Desembarcar*, esp. cat. port. V. *Desbarcar* et *Barc*, R.

DESEMBÁRCAR, V. *Desbarcar*.

DESEMBARGAR, v. a. vl. *Desembargar*, cat. esp. port. Débarrasser. V. *Desbarrassar*.

DESEMBARRASSAR, dl. *Desembarassar*, cat. port. Voy. *Desbarrassar* et *Barr*, Rad.

DESEMBASTAR, V. *Desbastar* et *Bast*, Rad.

DESEMBESCAR, Alt. lang. de *desenviscar*. V. *Desviscar* et *Visc*, R.

DESEMBLAR, v. a. vl. DESSEMBLAR. Changer, métamorphoser.

DESEMBRAYAR, V. *Desbrayar* et *Brag*, R.

DESEMBRIAGAR, dl. V. *Desenubriar*.

DESEMBULHAR, *Desembalicar*, cat. V. *Desbulhar*.

DESEMBOULEGAR, d. bas. lim. V. *Deboulegar* et *Bouleg*, R.

DESEMBOULOUPAR, dl. (deseimboûloupá); *Desembolicar*, cat. Développer. V. *Desvelopar*.

DESEMBOURNIAR, V. *Desavuglar*.

Éty. de *des* priv. et de *embourniar*. V. *Born*, R.

DESEMBRE, *Desembre*, cat. V. *Decembre*.

DESEMBRIAR, v. a. vl. Diminuer, amoindrir.

DESEMBRIAYGAR, v. a. (deseimbriaïgá); *Desembriagar*, cat. port. Désenivrer. V. *Desenubriar* et *Ebri*, R.

DESEMBRUGAR, v. a. (deseimbrugá), dl. m. s. que *Desenramar*, v. c. m.

Éty. de *des*, de *en*, de *brugas* et de *ar*, ôter de dessus les bruyères. V. *Brusc*, R.

DESEMBULAR SE, v. r. (deseimbulá sé). Se défaire d'une mauvaise marchandise dont on avait été attrapé.

Éty. de *des* priv. et de *Embular*, v. c. m. ce terme date du temps où les bulles étaient tombées en discrédit. Sauv.

DESEMBULHAR, *Desembullar*, cat. *Desembrulhar*, port. V. *Desbulhar*.

DESEMCOMBRAR, v. a. vl. V. *Desencombrar*.

DESEMMASCAR, V. *Desensourcelar*.

Éty. de *des* priv. et de *emmascar*.

DESEMPACHAR, v. a. (desempatchá); *Desempatxar*, anc. cat. *Desempachar*, esp. port. *Spacciare*, ital. Dépêtrer, dégager, débarrasser de ce qui peut gêner, tirer d'embarras; débrouiller.

Éty. de *des* priv. de *empach* et de *ar*. V. *Ped*, R.

DESEMPAICHA, s. f. vl. Débarras.

DESEMPAQUETAR, *Desempaquetar*, cat. C'est le contraire d'*empaquetar*. V. *Despaquetar* et *Paquet*, R.

DESEMPARAMENT, s. m. (deseimparaméin); *Desemparament*, anc. cat. Désemparement, action de désemparer.

DESEMPARAR, v. n. (desemparà); ENDESEMPARAR, DESAMPARAR. *Desamparar*, esp. *Desemparar*, port. cat. *Desemparare*, bas. lat. Désemparer, abandonner, céder quelque chose, un champ, etc.

En term. de marine, désemparer un vaisseau, c'est en briser ou mettre en désordre les agrès, ruiner ou couper ses manœuvres, le démâter, le mettre hors de service.

Éty. de *des* priv. et de *emparar*, faire le contraire de s'emparer, dans le premier sens, dans le second ce mot semble être dit pour *desparar*, de *des* priv. et de *parar*, parer, orner, pourvoir de ce qui est nécessaire. V. *Par*, R. 3.

DESEMPARAT, ADA, adj. et p. (desamparà, àde); *Desemparado*, port. Abandonné, cédé, en parlant d'un vaisseau, désemparé, qui a perdu ses manœuvres; délaissé, ée, en parlant d'une personne: *Una paura veousa touta desemparada*, une pauvre veuve délaissée. V. *Par*, R. 3.

DESEMPEI, V. *Despuis*.

DESEMPEITAR, v. a. et

DESEMPEITAR SE, v. r. (deseimpeitá); *Desempedrar*, cat. Dépêtrer et se dépêtrer. Sauv.

DESEMPESAR, v. a. (deseimpesá). Désempéser, mettre tremper un linge dans l'eau pour en enlever l'empois.

Éty. de *des* priv. et de *empesar*.

DESEMPESCAR, v. a. (desempescá), dl. Tirer quelqu'un des filets, de la presse, dépêtrer. Sauv. V. *Peissoun*, R.

DESEMPEYTRAR, v. a. vl. *Desempengar*, cat. Dépêtrer. V. *Despescouire* et *Petr*, Rad.

DESEMPIEI, adv. et prép. (deseimpiei). Depuis.

DESEMPLIR, v. a. (deseimplír); VUIDAR, VIOUGEAR, DESPLENAR. Désemplir, vider en partie une chose qui était pleine, ce verbe est aussi neutre et réciproque.

Éty. de *des* priv. et de *Emplir*, v. c. m. et *Ple*, R.

DESEMPOUISOUNAR, v. a. (deseimpouisouná), dl. DHERBAR. Eherber, extirper les mauvaises herbes dont un champ est infesté ou rempli; donner du contre-poison. Sauv.

Éty. de *des* priv. et de *empouisounar*.

DESEMPRE, adv. vl. Tout aussitôt, immédiatement, incontinent, sur le champ.

DESEMPUCH, d. béarn. Depuis. V. *Desempiei*.

DESEMPURAR, v. (desempurá). Détiser, éloigner les tisons les uns des autres pour les empêcher de brûler.

Éty. de *des* priv. et de *Empurar*, v. c. m. et *Pur*, R.

DESEN, s. m. vl. *Dese*, cat. *Deceno*, esp. *Decimo*, ital. Dixième, sorte d'imposition. V. *Dec*, R.

DESENA, s. f. vl. *Desena*, cat. Troupe de guerre. V. *Dezena* et *Dec*, R.

DESENAMORAT, ADA, adj. et p. vl. DESENAMORATZ. *Desenamorat*, cat. *Snamorato*, ital. *Desenamorado*, esp. Qui n'a plus d'amour, qui n'aime plus.

DESENAN, ADESENAN. adv. vl. Désormais.

Éty. de *des* et de *enan* pour *enant*, fait de *en* et de *Ant*, v. c. m. et *Ant*, R.

DESENAN, s. m. vl. Désavantage, découragement.

Éty. de *des* priv. et de *enans*, avantage, V. *Ant*, R.

DESENANSAR, v. a. vl. DESENANZAR. Reculer, diminuer, dégrader.

DESENANSAR, v. a. vl. Baisser, rabaisser.

Ety. de *des* priv. et de *enansar*, élever, le contraire d'élever, du R. *Ans*, *Ant*. V. *Ant*, Rad.

DESENANTIR, v. a. vl. DEZENANTTIR. Abaisser, faire décheoir, faire reculer.

Éty. de *des* priv. et de *enantir*, s'élever, aller en avant. V. *Ant*, R.

DESENANTIT, adj. et p. vl. Abaissé, reculé. V. *Ant*, R.

DESENANZAR, vl. V. *Desenansar*.

DESENAR, v. n. vl. Perdre le sens.

DESENASTAR, v. a. (desenastá); DESENLASTAR, dl. Tirer de la broche.

Éty. de *des* priv. de *en*, dans, de *aste*, broche, et de l'act. *ar*, tirer de la broche. V. *Ast*, R.

DESENBOTONAR, v. a. vl. V. *Desboutounar* et *Boutoun*, R.

DESENCANTAMENT, s. m. (deseincantaméin); DESENCHANTAMEIN. *Desencantament*, cat. *Desencantamiento*, esp. *Desencatamento*, port. Désenchantement, action de désenchanter, ou l'état de ce qui est désenchanté.

Éty. de *des* priv. et de *encantament*. V. *Cant*, R.

DESENCANTAR, v. a. (deseincantá); DESENCHANTAR. *Desencantar*, port. esp. cat. Désenchanter, rompre l'enchantement, le faire finir; fig. faire cesser l'engouement de quelqu'un.

Éty. de *des* priv. et de *encantar*. V. *Cant*, R.

DESENCANTAT, ADA, adj. et p. (deseincantá, áde); DESENCHANTAT. *Desencantado*, port. esp. Désenchanté, ée. V. *Cant*, Rad.

DESENCARGAR, vl. *Desencarregar*, port. Décharger. V. *Descargar* et *Carg*, R.

DESENCARNAR, v. a. vl. *Desencarnar*, cat. Désabituer de la chair. V. *Carn*, R.

DESENCHAINAR, *Desencadear*, port. V. *Descadenar* et *Deschainar*.

DESENCOLPAR, v. a. vl. V. *Disculpar* et *Culp*, R.

DESENCOLPAT, adj. vl. V. *Disculpat* et *Culp*, R.

DESENCOMBRAR, v. a. vl. DESEMCOMBRAR. *Sgombrare*, ital. *Désencombrer*, déblayer, débarrasser.

Éty. de *des* priv. et de *encombrar*.

DESENCOULAR, dl. *Desencolar*, cat. port. esp. Décoller. V. *Descollar* et *Col*, R.

DESENCOULAT, ADA, adj. dl. (deseincoulá, áde), *Desencolado*, port. Décollé. V. *Descollat* et *Col*, R.

DESENCOUMBRAR, v. a. (deseincoumbrá), d. bas lim. Oter les décombres, les immondices, les débris, les platras qui encombrent.

Éty. de *des* priv. et de *encoumbrar*.

DESENCRIMAR, v. a. vl. Disculper.

Éty. de *des* priv. et de *encrimar* pour *encriminar*. V. *Crim*, R.

DESENCROSAR, v. a. (deseincrousá), et impr. DESENCROUSAR, DEZENCROUZA, dl. Déterrer. V. *Desterrar*.

Éty. de *des* priv. de *en*, dans, de *cros*, fosse, et de *ar*, tirer de la fosse. V. *Cros*, Rad.

DESENCUSA, s. f. (deseincúse), dl. Excuse, ou décharge d'une accusation.

Éty. de *des* priv. et de *encusa*. V. *Caus*, Rad.

DESENCUSAR, v. a. (deseincusá), dl. DESENCUZAR. Excuser, décharger d'une accusation, disculper.

Éty. de *des* priv. de *encusa*, accusation, et de *ar*, lever l'accusation. V. *Caus*, R.

DESENCUSAT, ADA, adj. et p. (deseincusá, áde), dl. DESENCUZAT. Excusé, disculpé. Sauv. V. *Caus*, R.

DESENCUZAR, vl. V. *Desencusar* et *Accus*, R.

DESENCUZAT, vl. V. *Desencusat* et *Accus*, R.

DESENCUZATIO, s. f. vl. Justification, excuse.

Éty. de *des* priv. et de *encuzatio*, accusation. V. *Accus*, R.

DESENDAISSAR, v. a. (deseindeïssá): DESENDEIÇAR, d. de Manosque. Faner le foin ou l'herbe que l'on vient de faucher, éparpiller le foin qui était amassé en andains.

Éty. de *des* priv. et de *endaissar*.

DESENDORMIR, v. a. (deseindourmir); DESENDOURMIR. Dégourdir, réveiller, ôter le sommeil, l'envie de dormir.

Éty. de *des* priv. et de *dourmir*.

DESENDORMIR SE, v. r. S'éveiller, se dégourdir : *Se desendormir lou ped*, se dégourdir le pied.

DESENDRESSAR, v. a. vl. *Desendressar*, cat. *Desaderezar*, esp. Désordonner, déranger, désajuster.

DESENDRESSAT, ADA, adj. et p. vl. Désordonné, ée.

DESENFANGAR, v. a. (deseinfangá); *Desenfangar*, cat. Débourber, désembourber, tirer hors de la boue, de la fange.

Éty. de *des* priv. et de *Enfangar*, v. c. m. et *Fang*, R.

DESENFARDELAR, v. a. (deseinfardelá), dl. DESENFARCELLAR. *Desenfardar*, cat. *Desenfardelar*, port. Dépaqueter, ouvrir, et non éventrer un paquet. Sauv.

Éty. de *des* priv. et de *enfardelar*. Voy. *Fard*, R.

DESENFIEIRAR, v. a. (deseinfieïrá), d. bas lim. Retirer les bestiaux de la foire, cesser de les y exposer.

Éty. de *des* priv. et de *Enfieirar*, v. c. m.

DESENFLAR, v. a. (deseinflá), et impr. DESUNFLAR. *Desinchar*, port. *Desinflar*, cat. Désenfler, ôter ce qui fait qu'une chose est enflée, ôter l'enflure.

Éty. de *des* priv. et de *enflar*. V. *Fl*, R.

DESENFLAR, v. n. Désenfler, cesser d'être enflé. V. *Fl*, R.

DESENFLAR SE, v. r. *Desinchar se*, port. esp. *Disenfiarsi*, ital. Se désenfler, perdre son enflure.

DESENFLAT, ADA, adj. et part. (deseinflá, áde); *Deinflatus*, bas. lat. Désenflé, ée. V. *Fl*, R.

DESENFLOURAR, dl. V. *Desflourar*, *Desenthorar* et *Flor*, R.

DESENFLURA, s. f. (deseinflúre); *Deshinchadura*, esp. *Disenfiato*, ital. Désenflure, diminution ou cessation de l'enflure.

Éty. de *des* priv. et de *enflura*. V. *Fl*, R.

DESENFOLETIR, v. n. vl. DESENFOLLEZIR. *Desaffoler*, cesser d'être fou; guérir de la folie.

DESENFOLLEZIR, vl. V. *Desenfolletir*.

DESENFOUNÇAR, V. *Desfounçar* et *Found*, R.

DESENFOURNAR, v. a. (deseinfourná); DESFOURNAR, DEIFOURNAR. *Desenfournar*, cat. *Desenhornar*, esp. Défourner, tirer du four.

Éty. de *des* priv. et de *Enfournar*, v. c. m. et *Fourn*, R.

DESENGAFFETAR, v. a. (deseingafetá), d. bas lim. *Desengafetar*, cat. On appelle *gafes* des crochets doubles; quand ces crochets s'entrelacent, on dit que *s'engafetoun*. De *engafetar*, on a fait *desengafetar*, pour désigner l'action de les séparer.

DESENGAGEAR, v. a. (deseingadjá); DESGAGEAR. Dégager, retirer un gage; obtenir un congé; donner plus de liberté à quelque chose.

Éty. de *des* priv. et de *Engagear*, v. c. m. et *Gag*, R.

DESENGAGEAR SE, v. r. SE DESGAGEAR. Retirer sa parole; se retirer du service.

DESENGARRANCIR, v. a. (dezeingarrancir). Dégourdir. Jasm.

DESENGAVACHAR. V. *Desengavaichar* et *Gav*, R.

DESENGAVAICHAR, v. a. (déseingaveitchá); DESENGAVACHAR, DESENGAVAGEAR, BOURGEAR. Débarrer le gosier d'un corps étranger qui s'y était arrêté; Dégager une clef embarrassée dans une serrure, dégorger; fig. tirer d'embarras.

Éty. de *des* priv. et de *Engavaichar*, v. c. m. et *Gav*, R.

DESENGEAR, v. a. (deseindzá), d. bas lim. *Désenger*, Wailly, faire périr l'engeance; désenger un lit de punaises; faire perdre à un jardinier une espèce de graine, détruire une race d'animaux, d'arbres, etc.

DESENGORGEAR, v. a. (deseingourdjá); DESENGOURGEAR, DESENGOURGAR, DEIGOURGEAR. *Sgorgare*, ital. Dégorger, déboucher un conduit ou un trou par lequel doit passer un liquide.

Éty. de *des* priv. et de *Engorgear*, v. c. m. et *Gorg*, R.

DESENGOURGEAR, V. *Desengorgear*.

DESENGRAISSAR, v. a. et n. vl. *Desengrexar*, cat. *Desengrasar*, esp. *Disgrassare*, ital. Maigrir, dégraisser.

Éty. de *des* priv. et de *engraissar*.

DESENGRANAR, v. a. (deseingraná), dl. Écosser des pois, des fèves.

Éty. de *des* priv. et de *engranar*. V. *Gran*, Rad.

DESENGRANAT, ADA, adj. et part. (deseigraná, áda), dl. *Favas desengranadas*, fèves dérobées ou dépouillées de leur première peau. Sauv. V. *Gran*, R.

DESENGRUNAR, v. a. (deseingruná), dl. Égréner des épis de blé; égrapper des raisins. Sauv. V. *Degrunar* et *Grum*, R.

DESENHORIR, vl. V. *Dessenhorir*.

DESENIER, s. m. vl. DEXENIER. *Desener*, anc. cat. Dizenier. V. *Dec*, R.

DESENJOUCAR, dl. V. *Desjoucar* et *Jougn*, R.

DESENLAI, adv. vl. Delà.

DESENLASTAR, dl. Alt. de *Desenastar*, v. c. m.

DESENLIASSAR, v. a. (desenliassá); DESLIASSAR, DEILIASSAR. Désaccoupler; dérouler du linge accouplé; dépaqueter, délier des liasses.

Éty. de *des* priv. et de *enliassar*. V. *Lig*, Rad.

DESENLIASSAT, ADA, adj. et part. (deseinliassá, áde); DESLIASSAT. Désaccouplé, ée; dépaqueté. V. *Lig*, R.

DESENLUSIT, IDA, adj. et p. (deseinluzí, íde). Désillusionné? Jasm.

DESENNEMI, s. m. V. *Enemic*.

Lou pople se sert d'aquou mot per dire ennemi. Suppl. à Pell.

DESENNUBRIAR, d. de Manosque. V. *Desenubriar* et *Ebri*, R.

DESENNUIAR, v. a. (deseinnuïá). Désennuyer, divertir, chasser l'ennui.

Éty. de *des* priv. et de *ennuiar*. V. *Nuir*, R.

DESENNUIAR SE, v. r. Se désennuyer, se divertir, pour chasser l'ennui. V. *Nuir*, R.

DESENNUIAT, ADA, adj. et p. (deseinnuïá, áde). Désennuyé, ée. V. *Nuir*, R.

DESENRAIAR, v. a. (deseinraïá); DESENRAYAR. Désenrayer, ôter la corde, la chaîne ou la barre qui empêche que la roue d'une voiture ne tourne.

Éty. de *des* priv. de *enraiar*. V. *Radi*, R.

DESENRAIAT, ADA, adj. et p. (deseinraïá, áde). Désenrayé, ée. V. *Radi*, R.

DESENRAMAR, v. a. (deseinramá); DESEMBRUGAR, DESFAR, dl. Déramer, détacher les rameaux des vers à soie pour en ôter les cocons. Sauv.

Éty. de *des* priv. de *en*, dans, sur, de *rama*, rameau, et de *ar*, ôter de dessus les rameaux. V. *Ram*, R.

DESENRHOOUMAR SE, v. r. (deseinrooumà sé); DESENRAUMAR. Désenrhumer, guérir, faire cesser le rhume.

Éty. de *des* priv. et de *Enrhooumar*. Voy. *Rh*, R.

DESENRHOOUMAT, ADA, adj. et p. (deseinrooumá, áde); DESENRAUMAT. Désenrhumé, ée. V. *Rh*, R.

DESENROULLAR, et

DESENROULHIR, V. *Desroulhir* et *Roulh*, R.

DES-EN-SAI, adv. vl. D'ici.

DESENSELAR, v. a. vl. *Desensillar*, esp. *Desencellar*, cat. Désarçonner, ôter la selle ou de la selle.

DESENSENHAR, v. a. et n. vl. *Desensenyar*, cat. *Descñar*, esp. *Desensinar*, port. Désapprendre, ignorer.

DESENSENHAT, ADA, adj. et part. vl. *Desensinado*, port. Mal-appris, ise.

DESENSORTIR, v. a. (deseinsourtir). Désassortir, ôter ou déplacer quelqu'une des choses qui avaient été assorties.

Éty. de *des* priv. et de *ensortir*. V. *Sort*, Rad.

DESENSORTIT, IDA, adj. et p. (deseinsourti, ide); DESCONCHIAT. Désassorti, ie. V. *Sort*, R.

DESENSOURCELAR LOU, s. m. (deseinsourcelá, lou); DESENSOURCELLAMENT. Désensorcellement, action de désensorceler.

Éty. de *des* priv. et de *ensourcelar*. Voy. *Sort*, Rad.

DESENSOURCELAR, v. a. (deseinsourcelá); DESEMMASCAR. Désenchanter, désensorceler, rompre l'enchantement, délivrer, guérir de l'ensorcellement. V. *Sort*, R.

DESENSOURCELAT, ADA, adj. et p. (deseinsourcelá, áde); DESEMMASCAT. Désensorcelé, ée. V. *Sort*, R.

DESENTARRAR, *Desenterrear*, esp.

DESENTEARRAR, V. *Desenterrar*.

DESENTERESSAMENT. V. *Desenteressament*.

DESENTERESSAT, ADA, adj. et part. (deseinteressá, áde); *Desinteressado*, port. Désintéressé, ée, qui n'agit pas pour ses intérêts, qui n'a aucun intérêt. V. *Enteress*, R.

Éty. de *des* priv. et de *interessat*. Voy. *Enteress*, R.

DESENTERRAR, *Desenterrear*, cat. esp. port. V. *Desterrar*.

Éty. de *des* priv. et de *enterrar*. V. *Terr*, Rad.

DESENTESTAR, v. a. (deseintestá). Désentêter, tirer quelqu'un de l'entêtement où il était.

Éty. de *des* priv. et de *entestar*. Voy. *Test*, R.

DESENTOURAR, v. a. (deseintourá), dl. et mieux, *Desanthorar*, v. c. m. et *Anth*.

DESENTOURTIVILHAR, v. a. (deseintourtivillá), dl. DESENTOURTILHAR. *Desentortolligar*, cat. Détortiller une corde, un cordon. Sauv.

Éty. de *des* priv. et de *Entourtilhar*, v. c. m. et *Tors*, R.

DESENTRAFIRGAR, v. a. (deseintrofirgá), d. bas lim. Séparer des choses dont les pointes, quoique droites, se sont embarrassées entre elles.

Éty. de *des* priv. et de *entrafigar*. V. *Trafic* et *Fac*, R.

DESENTRAMBLAR SE, vl. (sé deseintramblá). Se dépêtrer. Cast.

DESENTREBESCAR, v. a. vl. Débrouiller.

Éty. de *des* priv. et de *entrebescar*, ôter du piège. V. *Visc*, R.

DESENTREVAR, v. a. (deseintrevá); DESENTRAVAR. *Destravar*, esp. Désentraver, ôter les entraves à une bête.

DESENTUTAR, v. a. (deseintutá), dl. Dénicher, faire sortir de son gîte, de sa caverne.

Éty. de *des* priv. de *en* et de *tutar*, dérivé du lat. *tutare*, défendre, protéger, litt. tirer du lieu de sûreté. V. *Tut*, R.

DESENTUTAT, ADA, adj. et p. (deseintutá, áde). V. *Desnichat* et *Tut*, R.

DESENUBRIAR SE, v. r. (desenubriá se); DESEMBRIAGARSE, DESEMBRIAYGAR. *Desembriagarse*, esp. Se désenivrer, v. n. et act. cuver son vin: *Se desenubria pas*, il ne désenivre jamais.

Éty. de *des* priv. et de *enubriar*, enivrer. V. *Ebri*, R.

DESENVIROOUTAR, v. a. (desenvirooutá); Dérouler. V. *Descenchar* et *Dessenglar*.

Éty. de *des* priv. et de *envirooutar*. V. *Vir*, R.

DESENVISCAR, v. a. (deseinviscá); DESVISCAR, DESEMBESCAR. Dégluer, enlever la glu, débarrasser un oiseau englué.

Éty. de *des* priv. et de *Enviscar*, v. c. m. et *Visc*, R.

DESENVISCAR SE, v. r. Se dégluer, se débarrasser de quelque chose de gluant, se dégluer les yeux, en enlever la chassie.

DESERAR, vl. V. *Desserrar*.

DESERENAN, et

DESERENAVANS, adv. vl. Désormais, dorénavant.

Éty. de *des*, de, de *er*, pour *ara*, maintenant, de *en*, en, et de *avans*, avant, litt. dorénavant.

DESERER, v. vl. *Deserere*, ital. Déserter, abandonner.

Éty. du lat. *deserere*, m. s. V. *Desert*, Rad.

DESERET, s. m. vl. Exhérédation, dépouillement. V. *Dezeret* et *Hered*, R.

DESERETAR, vl. V. *Desheretar* et *Hered*, R.

DESERI, nom d'homme, vl. V. *Drezeli* et *Didier*.

DESERITAR, V. *Desheritar*.

DESERT, radical pris du latin *desertus*, abandonné, délaissé, désert, solitaire, participe de *deserere*, quitter, abandonner.

De *desertus*, par apoc. *desert*; d'où: *Desert*, *Desert-ar*, *Desert-at*, *Desert-iou*, *Desert-ur*, *Desert-our*, *Deser-er*.

DESERT, s. m. (desèr); DESEART. *Deserto*, ital. port. *Desierto*, esp. *Desert*, cat. Désert, solitude, lieu inhabité; pays peu habité, qui ressemble à un désert.

Éty. du lat. *desertus*, m. s. fait de *deserere*, quitter, abandonner. V. *Desert*, R.

DESERT, ERTA, adj. (desér, èrte); *Deserto*, ital. port. *Desierto*, esp. *Desert*, cat. Désert, erte, qui n'est pas peuplé, éloigné des hommes; abandonné, dépourvu, en vl.

Éty. du lat. *desertus*, m. s. V. *Desert*, R.

DESERT, ERTA, adj. anc. béarn. Dépouillé, ée, frustré.

Éty. du lat. *desertus*, abandonné, délaissé. V. *Desert*, R.

L'appellation es declarada deserta.

DESERTAR, v. a. vl. *Desertar*, cat. esp. port. *Desertare*, ital. Rendre désert, ruiner, ravager. V. *Desert*, R.

DESERTAR, v. n. (desertá); DESARTAR. *Disertare*, ital. *Desertar*, esp. port. cat. Déserter, abandonner un lieu, abandonner l'armée, le service, en parlant des soldats.

Éty. du lat. *deserere*, ou du celt. *desertarc*, Ach. V. *Desert*.

DESERTAT, ADA, adj. et p. (desertá, áde); *Desertado*, port. Déserté, ée.

DESERTION, s. f. (desertie-n); DESARTION, DESARTIEN, DESERTIEN. *Deserció*, cat. *Deserzione*, ital. *Desercion*, esp. *Deserção*, port. Désertion, action de déserter, on le dit plus particulièrement des soldats qui quittent le service sans permission.

Éty. du lat. *desertionis*, gén. de *desertio*. V. *Desert*, R.

DESERTOUR, V. *Desertur*.

DESERTUR, s. m. (desertúr); DESARTUR, DESERTOUR. *Disertore*, ital. *Desertor*, esp. port. cat. Déserteur, soldat qui déserte ou qui a déserté.

Éty. du lat. *desertor*, m. s. V. *Desert*, R.

DESERTUR, s. m. (desertú), d. bas lim. DESERTU. Furoncle, V. *Fourouncle*, on dit en plaisantant une femme enceinte, sur la grosseur de son ventre, *Avez aquit un brave desertur*.

DESERVIENT, part. prés. anc. béarn. Servant.

Éty. de *de* augm. de *servir* et de *ent*, être, personne qui sert. V. *Sert*, R. 2.

DESERVIMENT, s. m. pl. vl. Mérites; insubordination.

DESERVIR, v. n. vl. Mériter. V. *Desservir*.

DESERVIR, vl. V. *Desservir*.

DESERVIT, part. vl. Mérité, agi, servi.

Es juljatz segon que a deservit.
Liv. de Sydrac.

Il est jugé, selon qu'il a mérité, selon qu'il a bien ou mal servi.

Éty. V. *Serv*, R 2.

DESESCAR, v. a. (desescá). Enlever les amorces qu'on avait mises pour prendre les poissons. Garc.

Éty. de *des* priv. de *esca* et de *ar*, enlever l'amorce.

DESESCAT, ADA, adj. et s. Personne qui n'a point d'odorat, et fig. celle qui ne craint ni les affronts ni les mauvais compliments.

DESESEPT, nom de nombre (dès et sèt); *Desasete*, port. Dix-sept.

DESESPER, *Desesper*, anc. cat. Voy. *Desespoir*, plus usité et *Esper*, R.

DESESPERACIO, vl. *Desesperació*, cat. *Desesperação*, port. V. *Desesperatio*.

DESESPERADA A LA, (à la desesperàde), expr. adv. En désespoir de cause, en désespéré.

DESESPERAMEN, s. m. vl. *Desesperamiento*, esp. *Desesperadamente*, port. Désespoir. V. *Desespoir*.

DESESPERANSA, s. f. vl. DESESPERAMEN, DESESPERATIO. *Desesperança*, anc. cat. *Desesperanza*, anc. esp. *Disperanza*, ital. *Desperantia*, basse lat. Désespoir. V. *Desespoir*.

DESESPERANT, ANTA, adj. (desespéran, ànte). Désespérant, ante; qui jette dans le désespoir, très-affligeant.

DESESPERAR, v. n. (desesperá); *Disperare*, ital. *Desesperar*, esp. port. cat. Désespérer, perde l'espérance, cesser d'espérer.

Éty. du lat. *desperare*, ou de *des* priv. et de *esperar*. V. *Esper*, R.

DESESPERAR, v. a. Désespérer, mettre au désespoir.

DESESPERAR SE, v. r. *Desesperarse*, esp. port. *Disperarsi*, ital. Se désespérer, se tourmenter, s'agiter avec de grandes démonstrations de désespoir.

DESESPERAT, ADA, adj. et part. (desesperá, àde); *Desesperad*, cat. *Desesperado*, port. esp. *Disperato*, ital. Désespéré, ée; dont on n'espère plus rien.

Éty. du lat. *desperatus*, m. s. V. *Esper*, Rad.

DESESPERAT, s. m. Désespéré, furieux: *Se battre coumo un desesperat*, se battre comme un désespéré. V. *Esper*, R.

DESESPERATIO, s. f. vl. *Desesperació*, cat. *Desesperacion*, esp. *Desesperação*, port. *Disperazione*, ital. *Désespoir*, v. c. m.

DESESPOIR, s. m. (desespoir); DESESPER, DESESPOUAR. *Disperazione*, ital. *Desesperamiento*, esp. *Desesperação*, port. *Desesperació*, cat. Désespoir, perte de toute espérance.

Éty. du lat. *desperatio*, m. s. ou de *des* priv. et de *espoir*. V. *Esper*, R.

DESESSE, nom de nombre. Pour dix-sept. *Bouquet prouvençau*.

DESESTANSA, s. f. vl. Absence. Voy. *Estar* et *Est*, R.

DESESTRUC, d. béarn. Malotru, gauche, maladroit. V. *Malestruc* et *Astr*, R.

Éty. du grec στρυγερος (strugeros), lourd. Dumège.

DESFACH, ACHA, adj. et p. (desfá, àche); DEFA, DEFACH, DEIFACH. *Defectus*, basse lat. *Desfeito*, port. *Desfet*, cat. Défait, aite; le contraire de fait; fig. pâle, blême, abattu, vaincu, exténué, décharné.

Éty. de *des* priv. et de *fach*. V. *Fac*, R.

DESFACH, ACHA, adj. et p. DECULHAT, DESPOUPAT, DESMES. Luxé, ée; démis, disloqué. V. *Fac*, R.

DESFACHAR SE, v. r. (desfasché sé). Se dépiquer, se défâcher, s'apaiser après s'être mis en colère; on l'emploie aussi activement, dépiquer quelqu'un, faire qu'il ne soit plus fâché.

Éty. de *des* priv. et de *fachar*. V. *Faci*, R.

DESFAICH, vl. V. *Desfach*.

DESFAIRE, v. a. (desfàïré); DEFAIRE, DESSAIRE, DESSEYER, FOUNDRE. *Disfare*, ital. *Deshacer*, esp. *Desfazer*, port. *Desfer*, cat. *Deficere* et *Diffacere*, basse lat. Défaire, détruire ce qui est fait, délivrer d'une chose incommode.

Éty. de *faire* et du priv. *des*. V. *Fac*, R.

Desfaire lou fuech, déranger le feu.

Desfaire de peses, écosser des pois.

Desfaire de coucouns, détacher des cocons.

Desfaire las oulivas, presser les olives, les détriter.

Qu'houra desfarez? quand presserez-vous?

Desfaire de noses, écaler des noix.

DESFAIRE SE, v. r. Se défaire, se débarrasser de ce qui incommode; se détruire, se décontenancer, se deshabiller.

Comme le verbe faire a été employé dans un grand nombre de cas pour lesquels on a depuis inventé des verbes particuliers, *desfaire*, a été employé pour désigner les actions opposées.

Desfaire un nous, dénouer.

DESFAIRE SE, v. r. DEFAIRE SE. *Desfèrse*, cat. *Deshacerse*, esp. Se défaire, se débarrasser d'une mauvaise habitude, d'un domestique, d'un animal, etc.

Se desfaire un bras, etc., se luxer, se disloquer un bras.

DESFAISONAR, v. a. vl. Déformer.

DESFAISSAR, v. a. (desfeissá); DESFEISSAR, DEFAISSEGEAR, DEFESSEGAR. *Desfaxar*, cat. *Desfajar* et *Desenfaxar*, esp. *Sfaciare*, ital. Oter la sangle ou le maillot d'un enfant, le débarrasser de ses langes et de ses liens; avec le pronom réciproque, il signifie se débarrasser, se dégager.

Éty. de *des* priv. de *faissa* et de *ar*. Voy. *Fais*, R.

DESFAISSONAR, v. a. vl. Défigurer, déformer.

Éty. de *des* priv. de *faisson*, façon, figure, forme, et de *ar*. V. *Fac*, R.

DESFAISSONAT, ADA, adj. et p. vl. Défiguré, ée.

DESFAIT, AITA, adj. et p. vl. Aboli, non avenu; méfait.

Éty. du lat. *disfactus*. V. *Fac*, R.

DESFALCAR, v. a. (desfalcá); DESFARCAR. *Diffalcare*, ital. *Desfalcar*, port. cat. esp. *Defalcare*, basse lat. Défalquer, retrancher une somme d'une somme plus grande, ou un poids d'un poids plus considérable.

Éty. du lat. *defalcare*, retrancher, couper avec la faux; dérivé de *falx, falcis*, faux. V. *Falc*, R.

DESFALCAT, ADA, adj. et p. (desfalcá, àde); *Desfalcado*, port. Défalqué, ée. Voy. *Falc*, R.

DESFALHISO, s. f. vl. *Desfalliment*, cat. Faute, erreur.

DESFANGAR SE, v. r. (desfangá se); DEFANGAR SE, DEIFANGAR SI. Se désembourber, se décrotter, s'ôter la boue.

Éty. de *des* priv. de *fanga* et de l'act. *ar*. V. *Fang*, R.

DESFAR, v. a. (desfà); dl. *Desfèr*, cat. *Desfazer*, port. On le dit dans le même sens que *Desramar*, v. c. m. et *Fac*, R.

DESFAR, v. a. vl. Défaire, détruire; empêcher, changer; perdre; désorganiser, licencier. V. *Desfaire* et *Fac*, R.

DESFARDA, dl. V. *Defarda* et *Fard*, Rad.

DESFARFOULHAR SE, v. r. (desfarfouillá); DEFARFOULHAR, DESFARFOUIAR, DEIFARFOUIAR. Se débarrasser d'un cul de magasin; se tirer d'une mauvaise affaire, Garc. dégager sa promesse, Avr. pour déverrouiller. V. *Desferroulhar*.

DESFARRAR, V. *Desferrar*.

DESFARRAT, V. *Desferrat*.

DESFARROULHAR, V. *Desferroulhar*.

DESFASSAR, v. a. vl. V. *Esfaçar* et *Fac*, R.

DESFASSAT, ADA, adj. et part. vl. V. *Esfaçat*.

DESFAUFILAR, v. a. (desfaoufilá); DESFOOUFILAR. *Sfilacciare* et *Sfilare*, ital. *Deshilar*, esp. *Desfiar*, port. Efaufiler, effiler, défaire un tissu fil à fil; ôter les fils dont on avait faufilé une étoffe.

Éty. de *des* priv. et de *faufilar*. V. *Fil*, Rad.

DESFAUFILAT, ADA, adj. et part. *Desfiado*, port. (desfaoufilá, àde). Efaufilé, ée. V. *Fil*, R.

DESFAUTAR, v. a. (desfaoutá). Manquer de parole à quelqu'un, ne pas lui tenir ce qu'on lui avait promis.

Éty. de *des* augm. de *fauta* et de *ar*, faire défaut. V. *Fals*.

Encara tout aquot si pourria supourta
Se l'autre de meis sens m'avia pas desfauta.
Coye.

DESFAVOUR, s. f. (desfavóur); *Desfavor*, esp. cat. port. *Disfavore*, ital. Défaveur, cessation de faveur, disgrâce.

Éty. de *des* priv. et de *favour*. V. *Favor*, Rad.

DESFAYSSONAMENT, s. m. vl. Difformité. V. *Fac*, R.

DESFAYSSONAR, vl. V. *Desfaissonar*.

DESFAZEDAT, adj. et p. vl. Imbécile, ignorant; de *fac*. Rayn.

DESFAZEMENT, s. m. vl. *Desfacimiento*, anc. esp. *Desfazimento*, port. *Disfacimento*, ital. Destruction. V. *Fac*, R.

DESFEARRA, d. m. V. *Desferra*.

DESFEARRAR, d. m. V. *Desferrar*.

DESFECI, s. m. (desfèci); DEFECI. *Desfici*, cat. Chagrin mêlé de dépit; ennui, dégoût, mal au cœur; insouciance morale, chagrin concentré: *L'amourous desfeci*, langueur amoureuse, défaillance, vl.

Éty. du lat. *deficere*, défaillir.

Aquot fai venir lou desfeci, c'est dégoûtant.

Lou desfeci m'arrapa, l'ennui me prend.

Me fez venir lou desfeci, vous me donnez le cauchemar.

DESFECIGAR, v. a. (desfecigá), dl. Causer du déplaisir. Sauv.

Éty. de *desfeci* et de *gar*.

DESFECIGEAR SE, v. r. (desfecidjá), dl. Se dépiter. Sauv.

DESFECIR, v. a. (desfecír). Désinfecter, détruire les insectes.

DESFEGURAR, v. a. vl. V. *Desfigurar*.

DESFERAR, vl. V. *Desferrar*.

DESFERMAR, v. a. vl. *Desfermar*, cat. *Differmare*, ital. Ouvrir, renverser, ébranler, détacher, desserrer.

DESFERRA, s. f. (desfèrre); DESFERRRA. Les quatre fers d'un cheval mort, qui sont sa dépouille.

Éty. V. *Deferrar* et *Ferr*, R.

La desferra, *s'un miou mouris,*
Es ben d'aquel que lou nourris.
Le Sage.

DESFERRAR, v. a. (desferrá ou desfarrá); DESFEARRAR, DEIFARRAR. *Disferrare*, ital. *Desherrar*, esp. *Desferrar*, port. cat. *Deferrare*, basse lat. Déferrer, ôter le fer dont une chose est garnie; enlever les fers des pieds des bestiaux, qui en portent; en vl. *desenchainer*.

Éty. de *des* priv. et de *ferrar*. V. *Ferr*, Rad.

DESFERRAR SE, v. r. Se déferrer, perdre les fers dont les pieds étaient garnis, en parlant des bestiaux.

DESFERRAT, ADA, adj. et part. (desferrá, áde), et improprement DESFEARRAT. *Desferrado*, port. Déferré, ée. V. *Ferr*, R.

DESFERRIAR, vl. Voy. *Desferrar* et *Ferr*, R.

DESFERROULHAR, v. a. (desferrouillá); DESFOURROULHAR, DESFARROULHAR, DESSEROULHAR, DESFARFOULHA, DESFARROUIAR. Déverrouiller, ôter ou tirer le verrou.

Éty. de *des* priv. et de *Ferroulhar*. Voy. *Ferr*, R.

DESFERROULHAT, ADA, adj. et p. (desferrouillá, áde); DESFOURROULHAT, DESFARROULHAT. Déverrouillé, ée. V. *Ferr*, R.

DESFETA, s. f. (desfète); *Desfète*, cat. *Desfeita*, port. V. *Defeta*.

DESFEUALTAT, s. f. vl. Déloyauté.

DESFEZAR, v. n. vl. Être sans foi, mécroire.

DESFEZAT, ADA, adj. et part. vl. Mécréant, ante.

DESFI, s. m. (desfi); DEFI. *Desfida*, ital. *Desafio*, esp. port. cat. Défi, appel, provocation au combat, et qui se fait, soit de vive voix, soit par écrit, soit par geste; toute sorte de provocation.

Éty. du lat. *diffidatio*, m. sign. Voy. *Fid*, Rad.

DESFIANÇA, s. f. (desfiánce); DESFIENÇA, MESFISENÇA. *Diffidenza*, ital. *Desconfianza*, esp. *Desconfiança*, port. *Desfianza*, cat. Défiance, soupçon, crainte d'être trompé.

Éty. du lat. *diffidentia*, ou de *des* priv. et de *fiança*, pour *counfiança*. V. *Fid*, R.

DESFIANSA, vl. V. *Desfiança* et *Fid*, R.

DESFIANSA, s. f. vl. Défi, menace, provocation, déclaration de guerre.

DESFIAR, v. a. (desfiá); DESFIDAR, DESFISAR, DESFITAR, DEIFISAR. *Desfiar*, anc. cat. *Desafiar*, esp. port. *Sfidare*, ital. *Disfidare*, bas. lat. Défier, provoquer au combat, au jeu; prendre garde: *Desfiaz doou vent*, défiez du vent, commandement de mar. pour qu'on prenne garde que le vent ne frappe pas les voiles par-devant.

Éty. du lat. *diffidare*; on dit aussi *desfiar* pour se méfier. V. *Mesfisar se* et *Fid*, R.

On ne dit pas *je lui en défie*, ni *je leur en défie*; mais je l'en défie, je les en défie.

DESFIARAR, d. m. V. *Desfilar* et *Fil*, Rad.

DESFIAR SE, v. r. DEIFISAR, etc. V. le m. précéd. Se défier. V. *Mesfisar*.

DESFIAT, ADA, adj. et p. (desfiá, áde); *Desafiado*, esp. *Sfidato*, ital. Défié, provoqué.

DESFIBLAR, v. a. vl. Détacher, quitter le vêtement.

DESFICAR, v. a. vl. Arracher.

Éty. de *des* priv. et de *ficar*, planter, ficher.

DESFICAT, ADA, adj. et p. anc. béarn. Arraché, ée.

Éty. de *des* priv. et de *ficat*, planté. Voy. *Fich*, R.

DESFICIOUS, OUSA, adj. (desficióus), dl. Chagrin. Sauv.

Éty. de *desfeci*, chagrin, ennui, et de *ous*, qui est de la nature du chagrin ou qui y est porté.

Desficios en cat. signifie impatient.

DESFIDAR, V. *Desfiar*, qui en est formé par syncope. V. *Fid*, R.

DESFIELAR, V. *Desfilar*.

DESFIELHAR, dl. V. *Desfuelhar*.

DESFIENÇA, V. *Desfiança*.

DESFIGURAR, v. a. (desfigurá); DESFACIAR, DESÁIRAR, GAVAGNAR, DESCABAR, DESVISAGEAR, AGAFFAR, DEBEFIAR, DEFAUCAR, DESAVISAGEAR. *Sfigurare*, ital. *Desfigurar*, esp. port. cat. *Defigurare*, bas. lat. Défigurer, gâter la figure, rendre difforme; altérer les formes naturelles.

Éty. de *des* priv. de *figura* et de *ar*, priver de la figure, c'est-à-dire, la rendre méconnaissable. V. *Fig*, R. 2.

DESFIGURAT, ADA, adj. et p. (desfigurá, áde); *Desfigurado*, port. esp. *Trasfigurato*, ital. Défiguré, ée. V. *Fig*, R. 2.

DESFILAR, v. a. (desfilá); DESFIELAR, DESFILFRAR, EFIALAR, DEIFIELAR, DEIFIERAR, DESFIARAR, DESFIALAR, ESFILAR, ESFIARAR. *Sfilacciare* et *Sfilare*, ital. *Deshilar*, esp. *Desfiar*, port. *Desfilar*, cat. Effiler, défaire un tissu fil à fil; en terme de perruquier, effiler les cheveux, c'est les dégarnir en les coupant en pointe.

Ety. de *des* priv. et de *filar*, faire le contraire de filer. V. *Fil*, R.

Desfilar una corda, décorder.

DESFILAR, v. a. dl. Déclarer quelque chose, déceler un secret, dénoncer quelqu'un. V. *Escudelar*.

DESFILAR SE, v. r. V. pour les syn. le mot précéd. S'effiler. On le dit d'une étoffe dont la coupe n'est pas arrêtée, ce qui permet aux fils de se détacher les uns après les autres.

DESFILAT, ADA, adj. et p. (desfilá, áde); FIABLANGOUS, ESFILAT, DESFIOLAT, ESFIOLAT, ESFIERAT. *Desfiado*, port. *Desfilad*, cat. Effilé, ée. V. *Fil*, R.

DESFILFRAR, v. a. (desfilfrá), dl. Pour effiler. V. *Desfilar* et *Fil*, R. fig. déchirer la réputation de quelqu'un.

DESFIS, adj. vl. Défiant, qui doute.

DESFISAR, v. a. Pour défier. V. *Desfiar* et *Fid*, R.

DESFISAR, v. a. vl. Défier, déclarer la guerre, retirer la foi donnée.

Éty. de *des* priv. de *fis* pour *fe*, *fes*, foi, et de *ar*. V. *Fid*, R.

DESFISAR SE, v. r. (se desfisá). Pour *méfier se*. V. *Mesfisar*.

En Lang. on dit *me desfise*, pour je quitte la partie, le jeu; je n'en suis plus, c'est-à-dire, à proprement parler, selon M. de Sauvages, je vous rend la foi que vous m'aviez faite, ou je renonce à la convention qui existait entre nous.

Éty. de *des* priv. et de *fides*, foi, Voy. *Fid*, R.

DESFISENT, ENTA, adj. V. *Mesfisent* et *Fid*, R.

DESFIZAR, v. a. vl. DESFIAR, DEZAFIZAR. *Desfiar*, anc. cat. *Desafiar*, esp. port. *Disfidare*, ital. Défier, désavouer, attaquer, déposséder d'un fief. V. *Desfiar*.

Éty. du lat. *diffidere*. V. *Fid*, R.

DESFIZAT, ADA, adj. vl. Défié, ée; provoqué. V. *Fid*, R.

DESFLOCAR, v. a. (desfloucá); DESFLOUCAR. Perdre son poil, sa laine, et particulièrement les houppes de laine, *leis flocs* qu'on laisse aux moutons.

On dit par dérision, en parlant d'un prêtre qui a jeté la soutane aux orties, *a desflocat* pour *desfrocat*.

Éty. du lat. *defloccare*, ou de *des* priv. de *floc* et de *ar*; dans le dernier sens, il est dit pour *desfroucar*. V. *Floc*, R.

DESFLOCAT, ADA, adj. et part. (desfloucá, áde). Privé de ses houppes.

Éty. du lat. *deflocatus*, chauve. V. *Floc*, Rad.

DESFLOUCAR, V. *Desflocar*.

DESFLOUCAT, V. *Desflocat*.

DESFLOURAR, v. a. (desflourá); DEIFLOURAR, DEIFLOURIR, EIFLOURAR, DESSOUFLOURAR, DESENFLOURAR, DESENTOURAR, DESANTHORAR, DESFLOURIR. *Desflorar*, cat. esp. port. *Deflorare*, ital. Déflorer, défleurir, faire tomber la fleur, ôter la poussière ou fleur qui recouvre certains fruits, en les maniant, ôter la virginité. V. *Esflourar*.

Éty. du lat. *deflorare*, m. s. ou de *des* priv. de *flour* et de *ar*. V. *Flor*, R.

DESFLOURAR, v. n. AFLOURAR, ESCALAR, DEFLAURAR, DEBOURRAR, DESFLOURIR. *Desflorecer*, esp. *Desflorir*, cat. Défleurir, se dit des arbres et des plantes qui perdent leurs fleurs sans que les fruit soient fécondés.

Ety. du lat. *deflorere*. V. le mot précédent et *Flor*, R.

DESFLOURAT, ADA, adj. et p. (desflourá, áde); *Deflorado*, port. Défleuré, ée. V. *Flor*, R.

DESFLOURIR, v. n. (desflouri); DEIFLOURIR. *Desflorir*, cat. Défleurir. V. *Desflourar* et *Flor*, R.

DESFOGAR SE, v. r. (se desfougá); DESFOUGAR. *Desfogar*, esp. cat. *Sfogarsi*, ital. Se calmer, s'appaiser, passer la fougue, jeter le feu.

Éty. de *des* priv. de *fog* pour *foc*, feu, et de *ar*, priver de son feu. V. *Foc*, R.

DESFOLETIR, v. a. vl. Calmer, rappeler à la raison. V. *Desenfoletir*.

DESFORMAR, v. a. (desfourmá); DESFOURMAR. *Deformare*, ital. *Desformar*, esp. port. Déformer, gâter la forme, corrompre la nature d'une chose.

Éty. de *des* priv. de *forma* et de *ar*, ou du lat. *deformare*, m. s. V. *Form*, R.

DESFORMAT, **ADA**, adj. et p. (desfourmá, áde); DESFOURMAT. *Desformado*, esp. port. Déformé, ée.

Éty. du lat. *deformatus*, m. s. V. *Form*, R.

DESFOUGAR SE, V. *Desfogar*.

DESFOUITAR, v. n. (desfouitá). Defouetter, t. de relieur, repeloter les ficelles sur les ais, quand les livres fouettés sont secs et ôtés des ais.

Éty. de *des* priv. et de *fouitar*.

DESFOUNÇAR, V. *Desfounsar*.

DESFOUNSAR, v. a. (desfouncá); DEFOUNÇAR, DEIFOUNÇAR, DESENFOUNSAR. *Sfondare*, ital. *Desfundar*, port. Défoncer, ôter le fond d'une futaille ; en terme de tanneur, défoncer un cuir, c'est le fouler au pieds après l'avoir mouillé.

Éty. de *des* priv. de *founs* et de *ar*, ôter le fond. V. *Found*, R.

Fundum detrahere.

DESFOUNSAT, **ADA**, adj. et p. (desfounsá, áde); *Desfundado*, port. Défoncé, ée. V. *Found*, R.

DESFOURMAR, V. *Desformar*.

DESFOURMAT, V. *Desformat*.

DESFOURNAR, Même sign. que *Desenfournar*, v. c. m.

DESFOURRELAR, v. a. (desfourrelá); DEFOURRELAR, DEIFOURRELAR. Tirer du fourreau; en terme de marine, aplester, déplier ou étendre les voiles pour recevoir le vent; déferler.

Éty. de *des* priv. de *fourrel*; fourreau, et de la term. act. *ar*, ôter le fourreau. V. *Four*, Rad.

Desfourrelar lou sabre, *l'espasa*, dégaîner, tirer le sabre ou l'épée.

Se desfourrelar, parlant du blé, se développer, épier.

DESFOURRELAT, **ADA**, adj. et part. (desfourrelá, áde). Sorti ou tiré du fourreau.

Éty. de *des* priv. et de *fourreou*, fourreau. V. *Four*, R.

Cassou de chin, espasa de fouel, soun toujours *desfourrelats*.

DESFOURROULHAR, v. a. V. *Desferroulhar*.

DESFOURTUNA, V. *Infourtuna* et *Fortun*, R.

DESFOURTUNAT, *Desafourtunado*, port. V. *Infourtunat* et *Fortun*, R.

DESFRAUGNAR, v. a. (desfraougná), dg. Débarbouiller.

DESFRAYAR, v. a. (desfrayá); DEFREYAR. Défrayer, payer la dépense de quelqu'un.

Éty. de *desfrai*, paiement de la dépense, inusité, et de *ar*.

DESFRAYAT, **ADA**, adj. et p. (desfrayá, áde). Défrayé, ée.

DESFRENAR, v. a. vl. DEFRENAR. *Desfrenar*, anc. cat. esp. *Desenfrenar*, cat. mod. *Disfrenare*, ital. Débrider, déchaîner, effréner.

DESFRENAT, **ADA**, adj. et p. DEFRENAT, ADA. *Desfrenat*, anc. cat. Déchaîné, ée ; effréné, ée.

DESFRESELIR, vl. V. *Desfrezar*.

DESFRESELIT, **IDA**, adj. et part. vl. *Défraisé*, *ée*.

DESFREZAR, v. a. vl. DEFRESELIR. *Desfressar*, cat. anc. *Sfregiare*, ital. Déguiser, *défraiser*, déborder, débroder.

DESFRICHAMENT, s. m. (desfritchaméin); DEFRICHAMENT. Défrichement, action de défricher, terrain défriché.

DESFRICHAR, v. a. (desfritchá); DEGOURSAR, DEGOURSAR, ESTERPAR, ESTRIPAR, DESBOSIGAR. Défricher, convertir un terrain inculte ou couvert de bois, de broussailles, etc., en terre labourable, en vigne, en prairie.

Éty. du lat. *extricare*, débrouiller, défricher, dérivé du grec τριχος (trichos), gén. de τρὶξ (trix), cheveu, parce que ce mot a primitivement été employé pour désigner l'action de débrouiller les cheveux, ou de *des* priv. et de la basse lat. *friscum*, friche, terre inculte.

On dit *essarter*, en français, quand on ne fait qu'arracher tous les arbres, toutes les broussailles qui couvrent un terrain. *Effondrer*, pour remuer, fouiller des terres en y mêlant de l'engrais.

DESFRICHAT, **ADA**, adj. et part. (desfritchá, áde). Défriché, ée.

DESFRISAR, v. a. (desfrisá); DEIFRISAR. Défriser, défaire la frisure, fig. dépiter, désenchanter, démonter : *Aquot me desfrisa*, cela me démonte, me déconcerte.

Éty. de *des* priv. et de *frisar*. V. *Fris*, Rad.

DESFRISAR SE, v. r. Se défriser, déranger sa frisure.

DESFRISAT, **ADA**, adj. et p. (desfrisá, áde); DEIFRISAT. Défrisé, ée. V. *Fris*, R.

DESFROCAR, v. a. (desfroucá); DESFROUCAR, DESFLOUCAR. Défroquer, on le dit d'un religieux, d'un moine qui a quitté le froc, et par ext. d'un prêtre qui a abandonné la soutane.

Éty. de *des* priv. de *froc* et de *ar*, quitter le froc.

DESFROCAT, s. et adj. (desfroucá) ; DESFROUCAT, DEFROUCAT. Défroqué, qui a quitté le froc ou l'habit ecclésiastique.

DESFROILHAR, v. a. vl. Dérouiller.

DESFRONSAR, v. a. vl. Froisser.

DESFROUNCIR, v. a. (desfrounci) ; DEFROUNCIR. Défroncer, déplisser, ôter les plis.

Éty. de *des* priv. et de *Frouncir*, v. c. m.

DESFRUCHAR, v. a. (desfrutchá), d. de Manosque. *Desfrutar*, esp. *Sfrutare*, ital. *Desfrutar*, port. *Effruiter*, enlever, ravager les fruits, les endommager; *effruiter*, signifie litt. ramasser les fruits, ôter les fruits.

Éty. de *des* priv. de *fruch* et de *ar*. Voy. *Fruch*, R.

DESFUGAR SE, v. r. (se desfugá). Se rassasier, éteindre les feux des désirs charnels. Garc.

Éty. de *des* priv. de *fug* pour *fuec*, feu, et de *ar*, jeter son feu. V. *Foc*, R.

DESFUGIR, vl. Disconvenir. V. *Defugir*.

DESFULHAR, v. a. (desfuillá); DEIFUIAR, ESFULHAR, DESFELHAR, DEFUILLAR. *Desfullar*, cat. anc. *Sfogliare*, ital. *Deshojar*, esp. *Desfolhar*, port. *Defoliare*, bas. lat. Effeuiller, enlever les feuilles à un arbre, à une plante.

Éty. de *des* priv. et de *fulhar*. V. *Fulh*, Rad.

DESFULHAT, **ADA**, adj. et p. (desfuillá, áde); *Desfolhado*, port. *Deshojado*, esp. *Sfogliato*, ital. Effeuillé, ée. V. *Fulh*, R.

DESGAFFAR, v. a. (desgaffá); DEGAFAR. Faire un effort avec la barre d'un pressoir à huile, afin de la faire entrer facilement dans le trou de la vis, Garc. pour décrocher. V. *Descrocar*.

Éty. de *des* priv. de *gaffa*, *crochet* et de *ar*.

DESGAFFAR SE, v. r. dl. Se dépêtrer.

DESGAGEAMENT, s. m. (desgadgaméin); DEGAGEAMENT, DEGAJEAMENT. Dégagement, action par laquelle une chose est dégagée; passage ou corridor pratiqué derrière un appartement, par où l'on peut entrer et sortir sans passer dans les grandes pièces ; agilité, légèreté.

Éty. de *desgagear* et de *ment*. V. *Gag*, Rad.

DESGAGEAR, v. a (desgadjá); DEIGAGEAR, DEGAGEAR. *Desgagiare* et *Deguaziare*, bas. lat. Donner plus d'agilité, V. *Desengagear* et *Gag*, R, retirer ce qui avait été donné en gage comme nantissement.

DESGAGEAR SE, v. r. Se dégager, V. *Desengagear*, aller plus vite, se dépêcher.

DESGAGEAT, **ADA**, adj. et p. (desgadjá, áde); DEGAGEAT, DEGAJHA. Dégagé, ée, leste, dégourdi. V. *Gag*, R.

DESGAIMENTAR, vl. V. *Gaimentar*.

DESGAINAR, v. n. (desgueïná) ; TIRAR L'ESPASA, DEFOURRELAR. *Sguainare*, ital. *Desenvaynar*, esp. *Desembainhar*, port. *Desenveinar*, cat. Dégaîner, tirer l'épée, dans le dessein de se battre.

Éty. de *des* pour *ex*, de *gaina*, fourreau, et de *ar*, tirer hors du fourreau. V. *Gain*, Rad.

DESGAINAT, **ADA**, adj. et p. (desgueïná, áde); *Desembainhado*, port. Dégaîné, ée. V. *Gain*, R.

DESGALETAT, **ADA**, adj. et p. (desgaletá, áde). Maigre, défait.

Éty. de *des* priv. et de *Galet*, v. c. m.

A l'ai desgaletat *grupi ben plena.*
A l'ai desgaletat *riba herbuda.*
Prov.

DESGAMACHAR SE, v. r. (se desgamatchá), d. du Var. DEIGAMACHAR. Se dépêtrer, se débrouiller, se débarrasser de ce qui gêne, il est aussi actif.

DESGANTAR, v. a. (desgantá); LEVAR LEIS GANTS. Déganter, ôter les gants.

Éty. de *des* priv. de *gant* et de *ar*, priver des gants. V. *Gant*, R.

DESGANTAR SE, v. r. Se déganter, ôter ses gants.

DESGANTAT, **ADA**, adj. et p. (desgantá, áde). Déganté, ée. V. *Gant*, R.

DESGARGALHAR, v. a. (desgargaillá); DESTRACAR, DESGOSELAR, DEBARGINAR, DESTIMBOURLAR, DESMANTIBULAR, DESQUINCALHAR, DESAVIAR, DEMANTALIAR, DESTRANTALHAR, DEMORMALHAR, DESTRIMBOULAR, DEIGARGAIAR. Au propre, faire sortir du jable, fig. Détraquer, en parlant d'une machine, d'une montre, etc. La dérégler, faire qu'elle n'aille plus comme elle doit aller.

Éty. de *des* priv. de *gargalh*, *gargau*, jable, et de *ar*, faire sortir du jable, et par extension déranger.

L'or fa que tout se desgargalho,
Car noun l'y a gis de serralho
Proun fouerto per l'y resista.
Brueys.

DESGARGALHAT, ADA, adj. et part. (desgargaillá, áde); DESTRACAT, DEBARGINAT, DESQUINCALHAT, DESMANTIBULAT. Détraqué, dérangé, débraillé, mal ajusté, en désordre. V. *Garg*, R.

DESGARGAMELAR SE, v. r. (desgargamelá); DEGARGAMELAR, SE GARGAMELAR. S'égosiller, s'égueuler à force de crier.

Éty. de *des* priv. de *Gargamela*, v. c. m. et de *ar*, se déchirer le gosier. V. *Garg*, Rad.

DESGARNIR, v. a. (desgarni); DEMUNIR, DESPARAR, DEIGARNIR. *Sguernire*, ital. *Desguarnir*, cat. *Desguarnire*, bas. lat. *Desguarnecer*, esp. port. Détaler, dégarnir, ôter ce qui garnit; défuner un mât, lui enlever ses cordages.

Éty. de *des* priv. et de *garnir*, on le dit aussi pour détaler, ou serrer les marchandises étalées. V. *Garn*, R.

DESGARNIR SE, v. r. (se desgarnir). Se dégarnir, perdre ses feuilles, en parlant d'un arbre, ses cheveux, quand il est question de la tête.

DESGARNIT, IDA, adj. et p. (desgarni, ide); *Desguarnecido*, esp. *Sguarnito*, ital. Dégarni, ie; maison démeublée, mât défuné. V. *Garn*, R.

DESGARNIR, SE, v. r. vl. Se désarmer. V. *Garn*, R.

DESGARNIT, IA, adj. et p. vl. Désarmé, sans armure. V. *Garn*, R.

DESGARRABIR, dg. (desgarrabi)?

Que si quauque cop jou tremoli
Aquo's qu'en seguti joum'boli
De quauques bens desgarrabi.
D'Astros.

DESGASTAR, v. a. vl. DEGASTAR. Gâter, V. *Gastar*; dévaster, V. *Desvastar* et *Vast*, Rad.

DESGATAIRITZ, s. f. vl. Dépensière, prodigue.

DESGAUBIAT, ADA, adj. et part. d. m. (desgaoubiá, áde); ESTROS, ESTROSSI, DESBIAISSAT, DEGANUBIAT, DEGAUBIAT, DEGOUBIAT, DEIGOUBIAT, DEGAMBIAT. Maladroit, gauche, qui n'a point d'adresse, malitorne.

Éty. de *des* priv. de *gaubi*, adresse, et de *at*, privé d'adresse. V. *Gaubi*, R.

DESGAUCHIR, v. a. (desgaoutchir); DEGAUCHIR, DEGAUTIR. Dégauchir, dresser un ouvrage en bois, en pierre, etc. en retrancher ce qu'il y a d'irrégulier.

Éty. de *des* priv. de *gauch*, gauche, plié, et de *ir*. V. *Gauch*, R.

DESGAUCHIT, IDA, IA, adj. et part. (desgaoutchi, ide, ie). Dégauchi, ie. V. *Gauch*, R.

DESGAUGNADA, s. f. (degaougnáde); DEGAUGNADA, dl. Geste de mépris ou de mutinerie, rebuffade ou refus accompagné de paroles dures.

Éty. de *des* priv. de *gaugna* et de *ada*. V. *Gaugn*, R.

DESGAUGNAIRE, ARELLA, s. (degaougnáiré, arèle); DEGAUGNAIRE. dl. Moqueur. V. *Engaugnaire* et *Gaugn*, R.

DESGAUGNAR, v. a. (degaougná); DEGAUGNAR. dl. Contrefaire. V. *Engaugnar* et *Gaugn*, R.

DESGAUGNAR SE, v. r. dl. Se contrefaire, se rendre difforme par trop d'afféterie.

Éty. de *des* priv. de *gaugna*, mâchoire, figure, et de *ar*, se défigurer.

DESGAUGNAT, ADA, adj. et part. (degaougná, áde); DEGAUGNAT. Décontenancé. Sauv.

Éty. de *des* priv. de *gaugna* et de *at*. V. *Gaugn*, R.

DESGAULAR, v. a. (desgaoulá), dl. Gâter, détruire le jable d'un tonneau.

Éty. de *des* priv. de *gaule*, jable, et de *ar*. V. *Gurg*, R.

DESGAVAR, v. a. (desgavá). Écosser des pois, des haricots, des fèves, tirer de la cosse.

Éty. de *des* priv. de *gava*, cosse, et de *ar*, ôter de la cosse.

DESGAYMENTAR SE, v. r. SE GUEMENTER, SE QUEMENTER. Se lamenter, se plaindre. Lexique, Bibl. Carp.

DESGEANÇAR, v. a. (desdjançá); DESJANSAR. Déformer, défigurer, déparer, ôter l'agrément; on le dit aussi pour *Descaussar*, v. c. m.

Éty. de *des* priv. et de *engeançar*. V. *Gen*, R.

DESGEANÇAT, ADA, adj. et p. (desdjança, áde). Déparé, ée. V. *Gen*, R.

DESGEARAR, d. m. V. *Desgelar*.

DESGEARAT, d. m. V. *Desgelat* et *Gel*, Rad.

DESGEL, s. m. (desdgèl); DEGEL, DESGEOU, DESGIEL, DESGEAR, DEGELAR LOU, DEIGELADA, DEIGEOU. *Degel*, cat. anc. *Didiacciare*, ital. *El deshelar*, esp. *Degelo*, port. *Desgel*, cat. Dégel, adoucissement de la température, assez considérable pour faire fondre la glace et la neige.

Éty. de *des* priv. et de *gel*, glace. V. *Gel*, R.

DESGELADA, V. *Desgel* et *Gel*, R.

DESGELADOUR, et

DESGELAIRE, s. m. (desdgeladóu et desdgeláïré); DEGEALADOUR, DESGEARAIRE, DEIGELADOUR, DEYELAIRE. Un grand feu, une chaleur propre à dégeler, un abri.

Éty. de *des* priv. de *gel*, glace, et de la term. *adour*, *aire*, litt. qui enlève la glace. V. *Gel*, R.

DESGELAR, v. a. et n. (desdgelá); DEYALAR, DEGELAR, DESGEARAR, DESGIELAR, DESGLAÇAR, DEDIALAR, DESTOURAR, DEGLAÇAR, DEIGLAÇAR. *Didiacciare*, ital. *Deshelar*, esp. *Degelar*, port. *Desgelar*, cat. Dégeler, act. faire qu'une chose qui était gelée revienne dans son état naturel, n. cesser d'être gelé.

Éty. de *des* priv. et de *gelar*. V. *Gel*, R.

DESGELAR SE, v. r. Se dégeler. V. *Gel*, R.

DESGELAT, ADA, adj. et p. (desdgelá, áde); DEGELAT, DESGEARAT, DESGIELAT, DEDIALAT, DESTOURAT. Dégelé, ée. V. *Gel*, R.

DESGENERAR, V. *Degenerar*.

DESGENERAT, V. *Degenerat*.

DESGENERATION, V. *Degeneration*, comme plus usité.

DESGEQUIR, v. n. vl. DESGIQUIR. Quitter, déguerpir, se départir, se détacher. V. *Gequir*.

DESGIQUIR, vl. V. *Desgequir*.

DESGEVITRAR SE, v. r. (desógevitrá se), d. m. EBRALHAR, ESBANTOULHAR, DESPIESSARAR, DESBOUTINAR, DEIBOUDERNAR SE, DESBELITRINAR, DEBELITRINAR, ESPURRESSAR, DESPEITRINAR, DESPEITROLIAR, DESBADARNAR, DESPIESSAR, ESPAUGERLAR. Se débrailler, se découvrir la poitrine, la gorge, avec quelque indécence, se mal boutonner, mal ajuster.

Éty. de *des*, de *gevitra*, gorge, poitrine, et de *ar*.

DESGEVITRAT, ADA, adj. et part. (desdgevitrà, áde); DESBELETRINAT, DEBELITRINAT, DESPEITRINAT, ESPAUGERLAT, DESTARPASSAT, EBRALHAT, DEBRALHIER, DEBELETRINAT, DESBADARNAT, DESPEITROLIAT, ESPANTOULHAT, DESBALAUDAT. Débraillé, qui a la poitrine découverte, parce que le gilet n'est pas boutonné. *Femna desbeletrinada* ou *desgevitrada*, femme décolletée.

Éty. de *des* priv. de *gevitra* et de *at*.

DESGIETAR, vl. V. *Desgitar*.

DESGILOSIT, adj. et part. vl. Guéri de la jalousie.

Éty. de *des* priv. de *gilos* pour jaloux, et de *it*.

DESGIQUIR, v. n. vl. Quitter, se départir, se détacher.

DESGITAR, v. a. vl. DESGIETAR, DEGITAR, DEJETAR. Rejeter, renverser, abaisser.

DESGITAT, ADA, adj. et p. Abattu, ue.

DESGLAÇAR, v. a. et n. (desglaçá); *Desglassar*, cat. V. *Desgelar*.

DESGLAZIAR, vl. V. *Desglaiar*.

DESGLOTIR, vl. V. *Deglotir*.

DESGLOUZIR SE, v. r. d. béarn. Se décomposer, se diviser en parties déliées.

DESGOIAT, ADA, adj. et p. (desgouïá, áde); DESGOUIAT. Libre, aisé dans ses manières, d'un négligé agréable.

Éty. de *des* priv. et de *goi*, boiteux.

DESGOIG, adj. vl. Déjoint.

DESGORGEAMENT, s. m. (desgordjaméin); DEGOURGEAMENT. Dégorgement, action de dégorger.

DESGORGEAR, v. a. (desgourdjá); DEIGOURJAR, DESGOURGEAR, DEGOURGEAR. *Sgorgare*, ital. Dégorger, déboucher, débarrasser un passage obstrué par quelque matière.

Éty. de *des*, de *gorgea* et de *ar*. Voy. *Gorg*, R.

DESGORGEAT, ADA, adj. et p. (desgourdjá, áde); DEGOURGEAT. Dégorgé, ée, désobstrué. V. *Gorg*, R.

DESGOUBILHAR, Voy. *Degoubilhar*, plus usité.

DESGOULHADA, s. f. (degouilláde); DEGOULIADA. Une grosse réjouie.

Éty. de *des* priv. de *goula* et de *ada*, sans retenue dans ses discours. V. *Goul*, R.

DESGOULHADASSA, s. f. (desgouilladásse), augm. de *desgoulhada*. V. *Goul*, R.

DESGOULHAR, v. a. (degouillá), et impr. DEGOULIAR, dl. Avaler avec avidité, dévorer.

Éty. Ce mot est probablement dit pour *desgoular*, formé de *des* priv. de *goula*, bouche, gueule, et de *ar*, déformer la bouche, l'agrandir pour y introduire de plus gros morceaux. V. *Goul*, R.

DESGOULHAR SE, v. r. Se démener; écarquiller les jambes, Sauv. les ouvrir comme la bouche. V. *Goul*, R.

DESGOULHAT, ADA, adj. et p. (degouillá, áde), et impr. DEGOULIAT. Qui est un peu en désordre. V. *Goul*, R.

La jouve un pauquet degoulhada
Partiguet touta espandoulhada
Sans cargar fichu ni vantau.
Favre.

DESGOUMAR, v. a. (desgoumá), d. de Manosque; DEIGOUMAR. Faire perdre à une étoffe la roideur que l'apprêt lui donne. *Desapprêter* n'est pas français.

Éty. de *des* priv. et de *goumar*. Voy. *Goum*, R.

DESGOUNFLAR, v. a. et n. (desgounflá); DESCOUFLAR, DEGOUNFLAR, DEIGOUNFLAR. Dégonfler, rendre flasque, désemplir. V. *Desenflar.*

Éty. de *des* priv. de *gounflar*, enfler. Voy. *Fl*, R.

DESGOUNFLAR SE, v. r. SE DESCOUFLAR, DEIGOUNFLAR SI. Se désenfler, ouvrir son cœur, le décharger de ce qui l'oppresse; donner l'essor à son ressentiment, exhaler, évaporer sa bile; Débagouler: *Fau que me desgounfle*, j'ai le cœur gros, il faut qu'il débonde.

DESGOURDIR, v. a. (desgourdir); DEGOURDIR. Dégourdir, ôter l'engourdissement; donner, inspirer de l'activité, de l'intelligence; chauffer un peu, rendre tiède.

Éty. de *des* priv. de *gourd*, lourd, et de *ir*. V. *Gourd*, R.

DESGOURDISSAMENT, s. m. (desgourdissaméin); DEGOURDISSAMENT. Dégourdissement, action de dégourdir. V. *Gourd*, Rad.

DESGOURDIT, IDA, IA, s. et adj. (desgourdi, íde, íe); DEGOURDIT. Dégourdi, ie, éveillé, intelligent. V. *Gourd*, R.

DESGOUSSIR, v. a. (desgoussir); DESACOUTIR, ESPESIR, ESCARPIR, DEGOOUSSIR, DESBULHAR, DEIBUYAR, DEMUGAR. Démêler les cheveux avec un peigne, et par anal. démêler ce qui est brouillé.

Éty. Sync. de *desengoussir*, formé de *des* priv. et de *engoussir*.

DESGOUSSIT, IDA, IA, adj. et part. (desgoussí, íde, íe). Démêlé, ée.

DESGOUST, s. m. (degóust); DEGOUST. *Disgusto*, ital. esp. *Desgosto*, port. *Desgusto*, esp. *Desgust*, cat. Dégoût, répugnance pour les aliments, anorexie, en terme de médecine.

Éty. de *des* priv. et de *goust.*

DESGOUSTANT, ANTA, adj. (desgoustán, ánte); DEGOUSTANT, HASTIAU. *Desgostoso*, port. Dégoûtant, ante.

DESGOUSTAR, v. a. (desgoustá); DEIGOUSTAR, DEGOUSTAR. *Disgustare*, ital. *Disgustar*, esp. cat. *Desgostar*, port. Dégoûter, causer de la répugnance pour les aliments, pour les boissons, pour une personne, une profession, etc.

Éty. de *des* priv. de *goust* et de *ar*; litt. priver du goût. V. *Goust*, R.

DESGOUSTAR, v. a. dl. Oter ou reprendre ce qu'on a donné. Sauv.

DESGOUSTAR SE, v. r. *Desganarse*, cat. esp. *Desgostarse*, port. Se dégoûter, prendre de l'aversion pour une chose ou pour une personne. Voy. *Goust*, R.

DESGOUSTAT, ADA, adj. et p. (desgoustá, áde); DEGOUSTAT. *Desgostado*, port. *Desgustado*, esp. *Disgustato*, ital. Dégoûté, ée, qui a perdu l'appétit, qui a pris de l'aversion pour quelque chose.

Éty. de *des* priv. de *goust* et de *at*, privé du goût. V. *Goust*, R.

DESGOUYAT, ADA, adj. et part. (desgouiá, áde); DEGOUYAT, DEIGOUYAT, DESGOIAT. Dégingandé, ée, dont la démarche est mal assurée, personne qui semble disloquée quand elle marche; mal agencée, mal fagotée. On le dit aussi des choses: *Fai, paquet desgouyat*, fagot, paquet mal lié, mal arrangé.

DESGOVAR, v. a. (desgouvá); DESGOUVAR, DEGRUNAR, DEIGRUNAR, DESCOULEFAR, DESCUFELAR, DESCULEFAR. Écosser, enlever les cosses des pois, des fèves, des haricots, etc.; on le dit également pour écaler. Voy. *Desgruelhar*.

Éty. de *des* priv. de *gova* et de *ar*.

DESGRACI, s. f. (desgráci); DESGRACIA, DISGRACI. *Disgratia*, bas. lat. *Disgrazia*, ital. *Deigracia*, esp. cat. *Desgraça*, port. Disgrâce, perte des bonnes grâces d'une personne puissante; infortune, malheur.

Éty. de *des* priv. et de *graci*. V. *Grat*, R.

DESGRACIA, V. *Desgraci*.

DESGRACIAR, v. a. (desgraciá); DISGRACIAR. *Desgraciar*, esp. cat. *Desgraçar*, port. Disgrâcier, priver de ses bonnes grâces; il se dit particulièrement d'un souverain, d'un prince qui ôte ses bonnes grâces à quelqu'un de ses sujets; déplaire.

Éty. de *des* priv. de *graci* et de *ar*, priver des bonnes grâces. V. *Grat*, R.

DESGRACIAT, ADA, adj. et s. (disgraciá, áde); *Desgraciad*, cat. *Desgraciado*, port. esp. *Disgraziato*, ital. Disgracié, ée, privé des bonnes grâces, ou des dons de la nature. V. *Grat*, R.

DESGRACIOUS, OUSA, adj. (desgraciós, óuse). Désagréable, Garc.

Éty. de *des* priv. et de *gracious*, qui n'est pas gracieux. V. *Grat*, R.

DESGRADACIO, s. f. vl. V. *Desgradation* et *Grad*, R.

DESGRADAR, v. a. (desgradá); DEGRADAR. *Degradar*, cat. esp. *Degradare*, ital. *Degraduar*, port. Dégrader, casser d'un grade. Déshonorer, avilir, altérer, détruire, causer du dégât; r. se dégrader, s'avilir; tomber en ruines.

DESGRADAR, v. a. (desgradá); DEGRADAR, *Degradare*, ital. *Degradar*, esp. *Desgraduar*, port. cat. Dégrader, démettre de quelque grade; casser ignominieusement; faire du dégât, altérer.

Éty. du lat. *degradare*, ou de *des* priv. et du lat. *gradus*, grade, priver de son grade. V. *Grad*, R.

DESGRADAT, ADA, adj. et part. (desgradá, áde); DEGRADAT. *Disgradato*, ital. *Degradado*, port. esp. Dégradé, cassé, gâté.

Éty. de *des* priv. de *gradus*, grade, et de la term. pass. *at, ada*, à qui l'on a ôté son grade. V. *Grad*, R.

DESGRADAT, ADA, adj. et p. (desgradá, áde); DEGRADAT. *Degradad*, cat. *Degradado*, esp. Dégradé, ée. selon le verbe.

DESGRADATION, s. f. (desgradatie-n); DEGRADATION. *Degradació*, cat. *Degradacion*, esp. *Degradação*, port. *Degradazione*, ital. Dégradation, action de dégrader, de priver quelqu'un de son grade, de ses honneurs; dégât, avilissement.

Éty. de *desgradar* et de la term. *ion*. V. *Grad*, R.

Dès les temps les plus anciens, on a été dans l'usage d'ôter, aux personnes consacrées au service divin, les marques extérieures de leur caractère, avant que de leur faire subir les peines afflictives ou infâmantes auxquelles elles étaient condamnées.

DESGRAISSADOUR, s. m. (desgraissadóu); DESGRAISSETA. Curette, petit outil de fer dont les cardeurs de laine se servent pour nettoyer les cardes.

Éty. de *des* priv. de *graissa* et de *adour*, qui sert à enlever la graisse. V. *Crass*, R.

DESGRAISSAGI, s. m. (desgreissádgi); DEGREISSAGE. Dégraissage, action de dégraisser. Garc.

DESGRAISSAIRE, V. *Degressaire.*

DESGRAISSAR, v. a. (desgraïssá); DESGRAICHAR. *Disgrassare*, ital. *Desengrassar*, esp. *Desengraxar*, port. Dégraisser, ôter la graisse de quelque chose; diminuer l'embonpoint.

Éty. de *des* priv. de *graissa* et de *ar*, priver de la graisse. V. *Crass*, R.

DESGRAISSAT, ADA, adj. et p. (desgraïssá, áde). Dégraissé, ée. V. *Crass*, R.

DESGRAISSUR, s. m. (desgreissúr). Dégraisseur, celui qui dégraisse les étoffes, qui enlève les taches des habits, etc.

DESGRANAR, v. a. vl. *Desgranar*, anc. esp. cat. *Sgranare*, ital. Egrener.

DESGRAPAGI, s. m. (desgrapádgi); DEGRAPPAGE. L'action d'égrapper. Garc.

DESGRAPAR, v. a. (desgrapá); ESCANPAR, GRUDAR, DEGRAPPAR. Égrapper, dépouiller la grappe de son raisin, enlever la rafle, ne pas la mettre dans la cuve.

Éty. de *des* priv. et de *grapa*. V. *Grap*, R.

DESGRAPAT, ADA, adj. et p. (desgrapá, áde). Égrappé, ée. V. *Grap*, R.

DESGRAT, s. m. vl. DESAGRAT. *Desgrat*, anc. cat. *Desgrado*, anc. esp. *Disgrato*, port. Mauvais gré, répugnance, dégoût, désagrément.

DESGRAVAR, v. a. vl. DEGRAVAR. *Sgravare*, ital. Dégraveler, nettoyer, débarrasser du gravier.

DESGRAZIR, v. n. vl. *Desagrair*, cat. *Desagradecer*, esp. port. *Sgradire*, ital. Maugréer, prendre en mauvais gré, tenir à mauvais gré.

DESGRAZIT, IDA, adj. et p. vl. Déplu; non agréé, ée.

DESGRINGOULAR, V. *Degringoular.*

DESGRINGOULAT, V. *Degringoulat.*

DESGROSSAR, v. a. (desgroussá): DESGROUSSAR, DEIGROUSSAR. *Desengrossar*, port. Dégrossir, ébaucher, donner la première façon aux ouvrages mécaniques, la première teinte des connaissances.

Éty. de *des* priv. de *gros* et de *ar*, ôter le gros, le plus grossier. V. *Gross*, R.

Desgrossar lou canebe, passer le chanvre à un *seran* grossier.

DESGROSSIR, v. a. (desgroussir), et impr. DESGROUSSIR, DESTOUCAR. Dégrossir; débrouiller une affaire.

Éty. de *des* priv. de *gros* et de l'act. *ir*. V. *Gross*, R.

DESGROUVELHAR, v. a. d. m. (desgrouveillà). Écaler, etc. V. *Desgruelhar*.

DESGRUELHAR, v. a. (desgrueillà); DESGRULHAR, DEGRULHAR, DESGROUVELHAR, DEGRUYAR, ESCROUVELAR, DEGRUEILLAR, DESCOUCAR, DESCACALAR, DESCARAGEAR, DESCAUMAR. Écaler des noix, des amandes; on le dit aussi pour écosser. V. *Desgovar*.

Éty. de *des* priv. de *Gruelha*, brou, cosse, et de *ar*.

DESGRULHAR, V. *Desgruelhar*.

DESGRUNAR, V. *Degrunar*, et pour écosser. V. *Desgrulhar*.

DESGUAIMENTAR, v. n. vl. Gémir, se lamenter.

DESGUAINA, s. f. (desguèïne); DEGUAINA, DESGUEINA. Dégaîne, manière, contenance, façon ridicule, maussade : *Marrida desgaina*, mauvaise tournure.

Éty. de *des* priv. et de *Guaina*, v. c. m.

DESGUARNIR, v. a. vl. Désarmer. V. *Desgarnir*.

DESGUAYMENTAR, vl. V. *Desguaimentar*.

DESGUENILHAT, **ADA**, adj. et p. (desguenilhà, àde); DEGUENILHAT, ECHALATAT, ESPELHANDRAT, DEIGUENIAT. Dépenaillé, déguenillé, ée, celui, celle dont les habits sont en lambeaux. V. *Espelhandrat*.

Éty. de *des* augm. de *guenilha* et de *at*, réduit en guenilles.

DESGUERPIR, v. n. (desguerpir); DEGUERPIR. Déguerpir, quitter précipitamment et par un motif de crainte, le lieu où l'on était.

Éty. du lat. *discerpere*, dissiper.

DESGUIDAR, v. a. vl. Egarer.

Éty. de *des* priv. et de *guidar*.

DESGUINDAT, **ADA**, adj. et p. (desguïndà, àde); DEVALANCAT, DESVALANCHAT, DESMANTIBULAT. Déginganđé, ée, dont la contenance est mal assurée.

Éty. du lat. *de hinc-hanc*.

DESGUISABLE, **ABLA**, adj. vl. DEGUISABLE. Changeant, ante, divers, différent.

DESGUISAMEN, vl. et

DESGUISAMENT, s. m. (desguisaméin); DEGUISAMENT. Déguisement, travestissement, action de déguiser une chose; ce qui sert à déguiser une personne. fig. dissimulation.

Éty. de *desguisar* et de *ment*. V. *Guis*, R.

DESGUISAR, v. a. (desguisà). Déguiser, travestir, cacher la vérité.

Éty. de *des* priv. de *guisa* et de *ar*, changer de guise, de manière, ou du lat. *diversus*, selon Roquefort. V. *Guis*, R.

DESGUISAR SE, v. r. Se déguiser, se travestir, se masquer.

DESGUISAT, **ADA**, adj. et p. (desguisá, àde). Déguisé, ée, travesti, masqué; en vl. difforme; divers, différent. V. *Guis*, R.

DESGUIZAM, vl. V. *Desguisamen*.

DESGUIZAMEN, s. m. vl. V. *Deguisament* et *Guis*, R.

DESGUIZAR, vl. V. *Desguisar* et *Guis*, Rad.

DESHABILHAR, v. a. (deshabillà). Déshabiller, ôter à quelqu'un les habits dont il est revêtu.

Éty. de *des* priv. et de *Habilhar*, v. c. m. *Aquot es deshabilhar sant Peire per habilhar sant Jean*, c'est déshabiller saint Pierre pour habiller saint Jean, remédier à un inconvénient par un autre. V. *Hab*, R.

DESHABILHAR SE, v. r. DESHABILHAR SE. Se déshabiller, ôter ses habits de dessus son corps; fig. donner tout ce qu'on a, ne rien réserver pour soi.

DESHABILHAT, **ADA**, adj. et part. (deshabillà, àde). Déshabillé, ée. V. *Hab*, Rad.

DESHABILHET, s. m. (desbabillé); *Desabille*, cat. esp. Déshabillé, en français, on donne ce nom à un habillement du matin pour les femmes; dans la Haut-Prov. ce nom comprend le corps de jupe et la robe. V. *Hab*, Rad.

DESHABILHIER, s. m. (deshabillié), dl. Petite armoire faite en bureau ou en forme de crédence à deux volets. Sauv.

Éty. de *deshabilhar* et de *ier*, lieu où l'on se déshabille. V. *Hab*, R.

DESHABITAR, v. n. (deshabità); *Deshabitar*, port. cat. esp. Déshabiter, abandonner, quitter un pays, une maison qu'on ne peut plus habiter.

Éty. de *des* priv. et de *habitar*. V. *Hab*, Rad.

DESHABITAT, **ADA**, adj. et part. (deshabità, àde); *Deshabitad*, cat. *Deshabitado*, esp. *Disabitato*, ital. Déshabité, ée, que personne n'habite plus. V. *Hab*, R.

DESHABITUAR, v. a. (deshabituá); *Deshabituar*, cat. esp. port. Déshabituer, faire perdre l'habitude ou une habitude.

Éty. de *des* priv. et de *habituar*. V. *Hab*, Rad.

DESHABITUAR SE, v. r. Se déshabituer, perdre une habitude qu'on avait contractée.

DESHABITUAT, **ADA**, adj. et p. *Deshabituado*, port. *Desabituado*, esp. *Deshabituad*, cat. Déshabitué, ée. V. *Hab*, R.

DESHAIT, s. m. vl. et mieux DESHAIR. Affliction, tristesse, abattement, peine d'esprit, inquiétude, maladie de langueur.

Éty. de *des* priv. de *haitiel*, hilarité, dérivé du lat. *hilaritate*.

DESHALENAR, v. n. (deshalená); DESHALENAR, DESARENAR, DESHALENAR. Haleter, essouffler, courir à perdre haleine.

Éty. de *des* priv. de *halen*, souffle, respiration, et de la term. act. *ar*, perdre la respiration. V. *Hal*, R.

DESHALENAT, **ADA**, adj. et p. (deshalená, àde), d. bas lim. Essouflé, ée, haletant. V. *Eissouflat* et *Hal*, R.

DESHARNESCAR, v. a. (desharnescá). Désharnacher? ôter les harnais. Garc.

DESHARPAR, v. a. (desarpà), d. bas lim. DESARPAR. Pour gratter la terre, en parlant des poules. V. *Estarpegear*, pour égratigner. V. *Esgraffignar*.

Éty. de *des*, pour *ex*, avec, et de *harpas*. V. *Harp*, R.

DESHERETAR, v. a. vl. DESEBETAR, DEZERETAR. *Desheretar*, cat. Déshériter. V. *Desheritar* et *Hered*, R.

DESHERITAR, v. a. (desherità); DESHEIRETAR, DESCRITAR, DESEIRITAR, DEZCRETAR. *Discreditare*, ital. *Desheredar*, esp. *Desherdar*, port. *Desheretar*, cat. *Deshacritare*, bas. lat. Déshériter, priver quelqu'un d'une succession à laquelle il était appelé par la loi.

Éty. de *des* priv. de *heritar* ou du lat. *exhœredare*. V. *Hered*, R.

DESHERITAT, **ADA**, adj. et p. (desherità, àde); *Desheredado*, esp. *Desherdado*, port. *Disredato*, ital. Déshérité, ée, privé d'un héritage. V. *Hered*, R.

DESHONDRAR, vl. V. *Deshonorar* et *Houn*, R.

DESHONEST, vl. *Deshonest*, cat. Voy. *Deshouneste* et *Houn*, R.

DESHONESTAMEN, vl. *Deshonestament*, cat. V. *Deshounestament* et *Houn*, Rad.

DESHONESTETAT, vl. *Deshonestedad*, cat. V. *Deshounestetat* et *Houn*, R.

DESHONOR, vl. *Deshonor*, cat. Voy. *Deshounour*.

DESHONORAR, v. a. vl. DESONORAR, DESHONRAR, DESHONDRAR, DESONRAR, DESONDRAR. Déshonorer, outrager. V. *Deshounourar* et *Houn*, R.

DESHONRANSA, s. f. DESONRANSA. *Dezoranza*, cat. anc. Déshonneur, opprobre. V. *Deshounour* et *Houn*, R.

DESHONRAR, vl. *Deshonrar*, cat. port. V. *Deshonorar* et *Houn*, R.

DESHOUNESTAMENT, adv. *Deshonestament*, cat. *Deshonestamente*, port. esp. *Disonestamente*, ital. Déshonnêtement, contre l'honnêteté, contre la pudeur.

Éty. de *des* priv. et de *hounestament*, *inhonestè*, lat. V. *Houn*, R.

DESHOUNESTE, **ESTA**, adj. (deshounèsté, èste); *Deshonest*, cat. *Disonesto*, ital. *Deshonesto*, esp. port. Déshonnête, qui est contre la pudeur, contre la bienséance.

Éty. de *des* priv. et de *houneste*, ou du lat. *dehonestus*. V. *Houn*, R.

DESHOUNESTETAT, s. f. (deshounestetà); *Deshonestedat*, cat. *Deshonestidad*, esp. *Deshonestidade*, port. *Disonestità*, ital. Déshonnêteté, vice de ce qui est déshonnête.

Éty. de *des* priv. et de *hounestetat*. Voy. *Houn*, R.

DESHOUNOUR, s. m. (deshounóur); *Deshonra*, port. *Disonore*, ital. *Deshonor*, esp. cat. Déshonneur, chose qui ternit l'honneur, tâche faite à l'honneur; honte, opprobre.

Éty. de *des* priv. et de *hounour*. V. *Houn*, Rad.

DESHOUNOURANT, **ANTA**, adj. (deshounouràn, ànte); *Deshonroso*, port. Déshonorant, ante; qui déshonore, qui tend à déshonorer. V. *Houn*, R.

DESHOUNOURAR, v. a. (deshounourá); *Disonorare*, ital. *Deshonrar*, esp. port. cat. Déshonorer, ternir l'honneur, le faire perdre.

Éty. de *des* priv. et de *hounourar*; *dehou-*

nourar una filha, lui ravir l'honneur, en abuser. V. *Houn*, R.

DESHOUNOURAR SE, v. r. *Deshourar-se*, port. Se déshonorer, perdre son honneur par des actions déshonorantes. Voy. *Hount*, R.

DESHOUNOURAT, **ADA**, adj. et p. (deshounourá, áde); *Deshonrado*, port. esp. *Disonorato*, ital. Déshonoré, ée; qui a perdu l'honneur.

Éty. du lat. *deshonoratus*. V. *Houn*, R.

DESICCAR, v. a. et n. vl. DESICAR, DEZICAR. V. *Dessecar*.

DESICCATIU, **IVA**, vl. V. *Dessicatif*.

DESIDERAR, v. a. vl. *Desiderare*, ital. V. *Desirar* et *Sider*, R.

DESIDERAT, **ADA**, adj. et p. vl. Désiré, ée. V. *Sider*, R.

DESIDERATIU, **IVA**, adj. Désireux, euse.

Éty. du lat. *desiderium*, désir.

DESIEG, et

DESIEME, V. *Dizieme*, plus usité.

DESIG, s. m. vl. *Desig* et *Desitj*, cat. *Deseo*, esp. *Desejo*, port. *Desio*, ital. Désir. V. *Desir* et *Sider*, R.

DESIGADOR, adj. vl. Aimable, désirable.

DESIGNAR, s. m. vl. Housse, couverture.

DESIGNAR, v. a. (designá); *Disegnare*, ital. *Designar*, esp. cat. port. Désigner, faire connaître une personne ou une chose par quelque signe, quelque marque, quelque symbole; destiner à quelque dignité, à quelque chose.

Éty. du lat. *designare*, ou de *de*, par, *signe* et de *ar*, marquer par un signe. Voy. *Sign*, R.

DESIGNAT, **ADA**, adj. et p. (designá, áde); *Designado*, port. esp. Désigné, ée.

Éty. du lat. *designatus*, m. s. V. *Sign*, Rad.

DESIGNATION, s. f. (designatie-n); DESIGNATIEN. *Designação*, port. *Designazione*, ital. *Designacion*, esp. *Designació*, cat. Désignation, action de désigner; nomination et désignation expresse.

Éty. du lat. *designationis*, gén. de *designatio*. V. *Sign*, R.

DESIGNATIU, **IVA**, adj. et part. vl. Indicatif, ive. V. *Sign*, R.

DESINENÇA, s. f. (desinèince); *Desinencia*, port. cat. esp. *Desinenza*, ital. Désinence, terminaison des mots qui ne font point partie du radical.

Éty. du lat. *desinere*, cesser, finir, se terminer.

DESINFECTAR, v. a. (desïnfectá); *Desinfectar*, cat. *Desinficionar*, esp. Désinfecter, ôter, détruire l'infection, les mauvaises odeurs, etc.

Éty. de *des* priv. et de *infectar*.

DESINFLACIO, s. f. vl. Désenflure. V. *Fl*, R.

DESINTERESSAMENT, s. m. (desintèressaméin), pr. mod. DESENTERESSAMENT. *Desinteresse*, ital. *Desinteres*, esp. *Desinteresse*, port. *Desinteressament*, cat. Désintéressement, disposition de l'âme qui nous rend insensibles à notre propre intérêt; renoncement à un avantage quelconque.

Éty. de *des* priv. de *interessat* et de *ment*, esprit manière non intéressée. V. *Interess*, Rad.

DESINTERESSAR, v. a. (desinteressá); DESENTERESSAR. *Desinteressar*, esp. Désintéresser, engager quelqu'un qui a un intérêt dans un affaire à y renoncer.

Éty. de *des* priv. et de *interessar*. Voy. *Interess*, R.

DESINTERESSAT, **ADA**, adj. et part. (desinteressá, áde); *Desinteressato*, ital. *Desinteressado*, esp. *Desenteressado*, port. *Desinteressad*, cat. Désintéressé, qui ne fait rien par le motif de son intérêt particulier, V. *Interess*, R.

DESINVITAR, v. a. (desinvitá). Désinviter, révoquer une invitation.

Éty. de *des* priv. et de *invitar*.

DESIR, s. m. (desir); *Desiro* et *Desiderio*, ital. *Desirum*, basse lat. *Desitgi*, cat. *Deseo*, esp. *Desejo*, port. Désir, mouvement de la volonté vers un objet.

Éty. du lat. *desiderium*, m. s. V. *Sider*, Rad.

DESIRABLE, **ABLA**, adj. (desiráblé, áble); *Desitjable*, cat. *Desiderabile*, ital. *Deseable*, esp. *Desejavel*, port. Désirable, qui mérite d'être désiré.

Éty. du lat. *desiderabilis*, ou de *desir* et de *able*. V. *Sider*, R.

DESIRANSA, s. f. vl. *Desiranza*, anc. cat. *Desianza*, ital. Désir. V. *Sider*, R.

DESIRAR, v. a. (desirá); *Desitjar*, cat. *Desiderare*, ital. *Desear*, esp. *Desejar*, port. Désirer, avoir le désir d'obtenir quelque chose, ou de voir que quelque chose se fasse.

Éty. du lat. *desiderare*, ou de *desir* et de *ar*, former un désir; *desiderare*, selon M. Ferri-de-Saint-Constans, est formé de *des* priv. et de *siderare*, être privé de la vue des astres, du soleil, ce terme est devenu synonyme de regrêt, et ensuite de désir. V. *Sider*, R.

DESIRAT, **ADA**, adj. et p. (desirá, áde); DESIAT. *Deseado*, esp. *Desiderato*, ital. Désiré, ée.

Éty. du lat. *desideratus*. V. *Sider*, R.

DESIRE, nom d'homme. (desirè). Désiré.

Éty. du lat. *desideratus*.

Patr. L'Église honore six saints de ce nom, les 27 juillet; 8 mai; 30 avril et 18 décembre.

DESIRE, s. m. vl. Désir. V. *Desir* et *Sider*, R.

DESIRE, adj. vl. Désireux, convoiteux. V. *Sider*, R.

DESIREA, nom de femme. (desirée). Désirée.

Patr. V. *Desire*.

DESIRER, vl. V. *Desirier*.

DESIRIER, s. m. DESIRER, vl. *Dessirier*, anc. cat. Désir, envie, et adj. vœu, chose désirée; envie de manger.

Éty. du lat. *desiderium*, m. s. V. *Sider*, Rad.

DESIRON, vl. V. *Deziron*.

DESIROS, adj. vl. *Desitjós*, cat. *Deseoso*, esp. *Desideroso*, ital. Désireux, convoiteux, ambitieux.

DESIRVEN, s. m. vl. Desservant.

DESIRVIR, vl. V. *Desservir*.

DESISTAMENT, s. m. (desistaméin); *Desistiment*, cat. *Desistimiento*, esp. *Desistencia*, port. *Desistantia*, basse lat. Désistement, renonciation que l'on fait à quelque chose.

Éty. de *desistar* et de *ment*. V. *Sist*, R.

DESISTANT, adj. d. vaud. Absent, ente. V. *Sist*, R.

DESISTAR SE, v. r. (sé desistá); *Desistere*, ital. *Desistir*, esp. port. cat. Se désister, donner un désistement.

Éty. du lat. *desistere*, m. s. V. *Sist*, R.

En vl. être absent.

DESISTAT, **ADA**, adj. et p. (desistá, áde); *Disistido*, port. Désisté, ée. V. *Sist*, Rad.

DESISTIR, v. n. vl. *Desistir*, esp. cat. port. *Desistere*, ital. Désister, se désister.

Éty. du lat. *desistere*, m. s.

DESJAUZIR, v. vl. Réjouir.

DESJONHER, v. a. vl. DEJONHER. Disjoindre. V. *Desjougner* et *Jougn*, R.

DESJOUCAR, v. a. (desdjoucá); DEJOUCAR, DESAJOUCAR, DESAJUCAR, DESENJOUCAR. Déjucher, faire lever les poules du juchoir; fig. chasser, dénicher, déloger, dégoter.

Éty. de *desajoucar*, formé de *des* priv. de *ajouc*, juchoir, et de l'act. *ar*, litt. chasser du juchoir. V. *Jougn*, R.

DESJOUCAR SE, v. r. Déjucher, v. n. on le dit des poules quand elles quittent le juchoir.

> As beou ti coucher tard, ti *dejouques* premiera.
>
> Suon. inéd.

DESJOUCAR LOU, s. m. DEJOUCAMENT. Le déjuc ou déjucher, le lever des poules, et par extent. des oiseaux. V. *Jougn*, R.

DESJOUGNER, v. a. (desdjóugne); DEJUGNIR, ABOUVIAR. *Disgiunere*, ital. *Desjungir*, port. *Disjunyr*, cat. anc. Déjoindre, séparer ce qui était joint; dételer, ôter les bestiaux de dessous le joug, découpler.

Éty. du lat. *disjungere*, ou de *des* priv. et de *jougner*, joindre, atteler. V. *Jougn*, R.

DESJOUGNUT, V. *Desjounch* et *Jougn*, Rad.

DESJOUINTAR, v. a. (desdjouïntá); DEIJOUINTAR, DEIJHOUINTAR. *Disgiungere*, ital. *Desjuntar*, cat. esp. Déjoindre et disjoindre, séparer des choses qui étaient jointes, on ne le dit que des choses matérielles, qui étaient unies par un assemblage quelconque, par une espèce d'articulation.

Éty. du lat. *disjungere*, m. s. V. *Jougn*, Rad.

DESJOUINTAT, **ADA**, adj. et part. (desdjouïntá, áde). Disjoint, te. V. *Jougn*, Rad.

DESJOUNCH, **OUNCHA**, adj. et part. (desdjountch, óuntche); DESJOUGNUT. Dételé, ée; Déjoint, te.

Éty. du lat. *disjunctus*, m. s. V. *Jougn*, Rad.

DESJUGAR, v. a. (desdjugá); DEJUGAR. Déjouer, rendre vaines les intrigues de quelqu'un; neutr. mal jouer, jouer à rebours du bon sens.

DESLABRAMENT, s. m. (deslabraméin); DELABRAMENT. Délabrement, état de ce qui est délabré, ruiné ou affaibli.

Éty. de *deslabrat* et de *ment*.

DESLABRAR, v. a. (deslabrá); DELABRAR. Délabrer, déchirer, mettre en lambeaux; fig. mettre en désordre, ruiner.

Éty. de *des* augm. et du lat. *lamberare*, déchirer.

DESLABRAT, **ADA**, adj. et p. (deslabrá, áde); DELABRAT. Délabré, ée; on le dit particulièrement d'un corps ruiné, d'un champ abandonné.

DESLAÇAR, v. a. (délacá); *Dislacciare*, ital. *Desenlazar*, esp. *Desenlaçar*, port. *Desenllassar*, cat. Délacer, relâcher ou retirer un lacet qui est passé dans les œillets d'un corset, d'une robe, etc., il est aussi réciproque: *Se deslaçar*, se délacer. V. *Laç*, R.

DESLAÇAT, **ADA**, adj. et p. (deslaça, áde); *Desenlazado*, port. Délacé, ée. V. *Laç*, Rad.

DESLARDAR, v. a. (deslardá); DELARDAR. Délarder, couper obliquement le dessous d'une marche d'escalier, ou piquer avec le marteau le lit d'une pierre, pris fig. pour le lard.

Éty. de *des* priv. et de *lardar*. V. *Lard*, Rad.

DESLARDAT, **ADA**, adj. et p. (deslardá, áde). Délardé, ée. V. *Lard*, R.

DESLASSAMENT, s. m. (deslassaméin); DELASSAMENT. Délassement, relâche, repos du corps et de l'esprit.

Éty. de *deslassar* et de *ment*. V. *Las*, R.

DESLASSAR, vl. V. *Deslaçar*.

DESLASSAR, v. a. (deslassá); DELASSAR. Délasser, faire cesser la lassitude, faire que la lassitude se dissipe.

Éty. de *des* priv. et de *lassar*. V. *Las*, Rad.

DESLASSAR SE, v. r. Se délasser, se récréer, s'amuser pour dissiper la lassitude. V. *Las*, R.

DESLASSAT, **ADA**, adj. et p. (deslassá, áde); DELASSAT. Délassé, ée. V. *Las*, Rad.

DESLATAR, v. a. vl. Déposer, déblater, accuser. V. *Lat*, R.

DESLAUS, s. m. vl. DESLAU. Blâme, improbation.

DESLAUZAR, v. a. vl. DELAUZAR. *Desloar*, anc. cat. esp. Désapprouver, déprécier. V. *Laus*, R.

DESLAZAR, vl. V. *Deslaçar*.

DESLEALTAT, s. f. vl. *Deslleałtat*, cat. *Deslealdad*, esp. *Deslealdade*, port. *Dislealtà*, ital. Déloyauté. V. *Leg*, R. 3.

DESLEAS, adj. vl. DESLIAL, DESLEIAL. *Deslleal*, cat. *Desleal*, esp. port. *Disleale*, ital. Déloyal, ale; traître, infidèle, perfide.

Éty. de *des* priv. et de *leal*, loyal. V. *Leg*, Rad. 3.

DESLEGAR, v. a. vl. *Desluir*, port. Délayer, dissoudre, fondre.

DESLEGORAT, **ADA**, adj. et part. vl. Gai, joyeux.

DESLEI, s. f. vl. Tort, déloyauté, perfidie, injustice, infidélité; il ou elle détache, éloigne, sépare. V. *Leg*, R. 3.

DESLEIAL, adj. vl. Déloyal. V. *Desleal* et *Leg*, R. 3.

DESLEIALAR, v. a. vl. *Infâmer*, rendre infâme, diffamer, déshonorer. V. *Leg*, R. 3.

DESLEIALAT, adj. vl. Infâme.

DESLEIALTAT, s. f. vl. DESLIALESSA, DESLIALTAT. *Deslleałtat*, cat. *Deslealtad*, esp. *Deslealdade*, port. *Disleallate*, ital. Déloyauté.

Éty. de *des* priv. de *leial* et de *tat*, qui n'est pas loyal. V. *Leg*, R. 3.

DESLEIAR, v. a. vl. Ecarter.

DESLEIT, s. m. vl. Délit, méfait.

Éty. du lat. *delictum*.

DESLEOUGEAR, v. a. (desleoudjá); DELEOUGEAR, ALLEOUGEAR, DELOOUGEAR. Alléger, diminuer la charge ou le fardeau. Voy. *Lev*, R.

DESLESTAR, v. a. (deslestá); DELESTAR. *Delastrar*, port. Délester, ôter le lest d'un vaisseau.

Éty. de *des* priv. et de *lestar*. V. *Lest*, R. 2.

DESLEYAR, v. a. vl. Décrier, ôter la réputation. V. *Leg*, R. 3.

DESLIAL, vl. V. *Desleal* et *Leg*, R. 3.

DESLIALEZA, s. f. vl. *Deslealdade*, port. Déloyauté. V. *Leg*, R. 3.

DESLIALTAT, s. f. vl. Déloyauté. V. *Desleialtat* et *Leg*, R. 3.

DESLIAMAR, v. a. vl. Délier, dénouer, détacher.

Éty. de *des* priv. de *liame*, lien, et de *ar*.

DESLIAR, v. a. (desliá); DELIAR, SLIAR, DEILLAR. *Desliguar*, anc. cat. *Desliar*, port. esp. *Slegare*, ital. *Desligare*, basse lat. *Desligar*, cat. mod. Délier, détacher, défaire ce qui lie quelque chose; absoudre; on le dit quelquefois en parlant des gerbes, pour fouler.

Éty. de *des* priv. et de *liar*. V. *Lig*, R.

En vl. déshabiller, expliquer.

DESLIASSAR, V. *Desenliassar*.

DESLIASSAT, V. *Desenliassat* et *Leg*, Rad.

DESLIAT, **ADA**, adj. et p. (desliá, áde); DESTACAT, DELIAT. *Desliado*, port. esp. Délié, détaché.

Éty. de *des* priv. et de *liat*. V. *Leg*, R.

DESLIAT, **ADA**, adj. DELIAT, MINCE, MISTOULIN, LINGE. Délié, grêle, mince, menu.

DESLIEURAMEN, vl. *Desliurament*, cat. V. *Deslivramen*.

DESLIEURAR, v. a. vl. *Deslliurar*, cat. Délivrer. V. *Deslivrar* et *Liber*, R.

DESLIEURE, vl. *Deslliure*, cat. Voy. *Desliure*.

DESLIEURIER, vl. V. *Delivrier*.

DESLIGAIRE, s. m. (desligáïré); DESLIGAEYRE, dg. Celui qui a pouvoir de rompre les charmes, de délier l'aiguillette.

Éty. de *des* priv. de *ligar* et de *aire*, celui qui délie. V. *Lig*, R.

DESLINQUIMENT, s. m. vl. Quittance, abandon.

DESLINQUIR, v. vl. *Delinquir*, cat. esp. port. *Delinquere*, ital. Manquer, délaisser.

Éty. du lat. *delinquere*, m. s.

DESLIOUGAR, v. a. (desliougá), dl. Pour disloquer. V. *Disloucar*, *Desfaire* et *Desbouitar*.

Éty. de *des* priv. de *lioc*, place, et de *ar*, ôter de sa place. V. *Loc*, R.

DESLIOURAR, v. a. (deslioura), d. m. Enlever le menu bois, les émondes, qui sont tombées dans les prairies où il y a des arbres; opération qu'on pratique tous les ans au printemps avant que l'herbe pousse: *Desliourar* et *deliourar*, signifie aussi délivrer. V. *Delivrar*.

Éty. du lat. *de liberare* ou *liberare de*, délivrer de, sous-entendu, ce qui gêne. V. *Liber*, R.

DESLIOURE, adj. (deslióuré). Voy. *Desliure*.

DESLIURADOR, s. m. vl. Libérateur.

DESLIURAMEN, *Deslliuramènt*, cat. V. *Deslivramen*.

DESLIURANSA, vl. V. *Delivransa*.

DESLIURAR, v. a. vl. *Deslliurar*, cat. Délivrer. V. *Deslivrar* et *Liber*, R.

DESLIURE, vl. *Deslliure*, cat. Voy. *Deslivre*.

DESLIVRAMEN, s. m. DESLIURAMEN, DESLIEURAMEN, DELIVRAMENT, DELIURAMEN, DELIVRAZO, DELIURAZO. *Delivrament*, cat. anc. *Deslliurament*, cat. mod. Délivrance, absolution, liberté.

DESLIVRAMEN, adv. vl. DESLIURAMEN, DELHIVRAMEN. Librement, indépendamment. V. *Libr*, R.

DESLIVRANSA, s. f. vl. DESLIURANSA, DELIVRANSA, DELIURANSA. Délivrance, livraison. V. *Delivransa* et *Libr*, R.

DESLIVRAR, v. a. vl. DESLIURAR, DESLIEURAR, DELIVRAR, DELIURAR. *Deslliurar*, cat. *Delibrar*, anc. esp. *Delivrare*, ital. Délivrer, affranchir, débarrasser, acquitter; hâter, presser, écarter, retirer. V. *Libr*, R.

DESLIVRE, vl. V. *Desliure*.

DESLIVRE, adj. vl. DESLIOURE, DESLIURE, DESLIEURE, DELIVRE, DELIURE. *Desliure*, cat. anc. Libre, indépendant, exempt; délivré, débarrassé; quitte, libéré; diligent, expéditif, alerte, prompt; et subst. expédition, dépêche.

Éty. du lat. *liberatus*, ou de *des* et de *liure*, libre. V. *Libr*, R.

DESLOCAR, v. a. vl. DESLOGUAR, DISLOCAR, DISLOGAR. *Dislocar*, cat. esp. port. *Dislocare*, ital. Disloquer; déplacer, agiter. V. *Dislocar*.

DESLOGAMEN, s. m. vl. Dislocation. V. *Loc*, R.

DESLOGAR, v. a. vl. V. *Deslocar*.

DESLOGEAR, v. n. (desloudjá); DESLOUGEAR. *Sloggiare*, ital. *Desalojar*, esp. *Desalogear*, port. *Deslogiare*, basse lat. Déloger, quitter un logement, en sortir, pour aller loger ailleurs, décamper.

Éty. de *des* et de *logear*. V. *Loc*, R.

Employé activement, ce mot signifie, ôter un logement à quelqu'un, le lui faire quitter, faire quitter un poste.

DESLOGUAR, vl. V. *Deslogar*.

DESLONGAR, v. a. vl. DESLONJAR, DESLONHAR, DESLUENHAR, DESLUNHAR. Eloigner, écarter.

DESLONJAR, vl. V. *Deslongar*.

DESLOR, vl. D'ALORS. Dès-lors.

Éty. de *de ipsa illa hora*. V. *Hour*, R.

DESLOUGEAMENS, s. m. DELOUGEAMENT. Délogement, action de déloger; décampement. Garc.

DESLUENHAR, vl. V. *Deslongar*.

DESLUGAR, v. a. (deslugá), d. m. Disloquer. V. *Disloucar* et *Loc*, R.

Éty. de *des* priv. de *lug* et de *ar*, ôter de son lieu, déplacer.

DESLUGAR, v. a. vl. *Deslluir*, cat. *Des-*

lucir, esp. Eclipser, évanouir.

Éty. de *des* priv. de *lug* pour *luç*, et de *ar*, ôter la lumière.

DESLUNHAR, vl. V. *Deslongar*.

DESLUSTRAR, v. a. (deslustrá); DELUSTRAR, DEILUSTRAR. *Desllustrar*, cat. *Deslustrar*, port. esp. *Slustrare*, ital. Délustrer, ôter le lustre; décatir, enlever le cati, l'apprêt des étoffes.

Éty. de *des* priv. de *lustre* et de *ar*. V. *Luc*, R.

DESLUSTRAT, **ADA**, adj. et p. (deslustrá, áde); *Deslustrado*, port. esp. *Slustrato*, ital. Délustré, ée; décati. V. *Luc*, R.

DESMAILLAR, v. a. vl. V. *Desmailhar*.

DESMAINAGEAMENT, s. m. (desmeinadjaméin); DESMEINAGEAMENT, DEMEINAGEAMENT. Déménagement, transport de meubles d'une maison dans une autre où l'on va loger.

Éty. de *desmeinageat* et de *ment*. Voy. *Mas*, R.

DESMAINAGEAR, v. a. (desmeinadjá); FAIRE SANT MIQUEOU, CHANGEAR D'HOUSTAU, DESMEINAGEAR. *Muda de casa*, esp. port. Déménager, ôter ses meubles d'une maison, pour les porter dans une autre.

Éty. de *des*, hors, de *meinagi* et de *ar*, porter son ménage ailleurs. V. *Mas*, R.

DESMAINAGEAT, **ADA**, adj. et part. (desmeinadjá, áde); DESMEINAGEAT. Déménagé, ée. V. *Mas*, R.

DESMAIRAR, v. a. (desmäirá), dl. Pour sevrer. V. *Desmamar*.

Éty. de *des* priv. de *maire* et de *ar*, priver de la mère. V. *Mater*, R.

Dans la montagne, on dit *desmairar* ou *desmeirar*, pour démailloter, parce qu'on ôte ordinairement toute espèce de maillot aux enfants qu'on sèvre.

DESMAIRAR, V. *Desmalhotar*.

Éty. de *des* priv. et de *mairar*. Voy. *Mater*, R.

DESMAISSAR, v. a. (desmïssá); DEMAISSAR, DEMAUCOURAR, DEMEISSELAR. Disloquer ou luxer la mâchoire; la casser, la rompre.

Éty. de *des* priv. de *maissa*, mâchoire, et de *ar*; litt. ôter la mâchoire. V. *Maiss*, R.

DESMAISSAT, **ADA**, adj. et p. (desmaissá, áde); DEMAISSAT. Qui a la mâchoire luxée ou rompue. V. *Maiss*, R.

Qu'es tout emb'un cop demaissat
Per uno rodo de carreto.
Michel.

DESMALHAR, vl. *Desmallar*, cat. esp. *Smagliare*, ital. Démailler, rompre les mailles; désarmer. V. *Desmaillar*.

Éty. de *des* priv. de *malha* et de *ar*.

DESMALHOTAR, v. a. (desmailloutá); DESMALHOUTAR, DESMAIRAR, DESPEÇAR, DEIMAIOUTAR, DESMAILLOUTAR. Démailloter, ôter du maillot, le desserrer, l'enlever pour laisser l'enfant libre.

Éty. de *des* priv. et de *Malhotar*, v. c. m.

DESMALHOTAT, **ADA**, adj. et part. DESMALHOUTAT, DESMAIRAT. Démailloté, ée.

DESMALHOUTAR, V. *Desmalhotar*.

DESMALUGADURA, s. f. (desmalugadúre). Luxation, déboîtement des os, et particulièrement de celui de la hanche.

Éty. de *des* priv. de *maluc*, hanche, et de *Ura*, v. c. m. la chose déhanchée et l'action de déhancher.

DESMALUGAR, v. a. (desmalugá); AMALUGAR, DEIMALUGAR, DEMALUGAR. Désarticuler, luxer, déboîter, disloquer les os; disjoindre des ouvrages de menuiserie. V. *Disloucar*.

Éty. de *des* priv. et de *malugar*, emboîter. V. *Amalugar*.

DESMALUGAT, **ADA**, adj. et part. (desmalugá, áde); AMALUGAT, ESCROUPAT. Brisé, déhanché, déboîté, désarticulé, rompu.

Éty. V. *Amalugat*.

Testa desmalugada, tête évaporée.

DESMALOUNAR, v. a. (desmalouná); DEMALOUNAR, DESMAOUNAR, DESPASIMENTAR, DEIMALOUNAR. *Smallonare*, ital. Décarreler, enlever les carreaux, et non *démalonner*, qui est un gasconisme.

Éty. de *des* priv. de *maloun*, carreau, et de l'act. *ar*, ôter les carreaux.

DESMALOUNAT, **ADA**, adj. et part. (desmalouná, áde); DEMALOUNAT, DESPASIMENTAT. Décarrelé, ée.

DESMAMADURAS, s. f. pl. (desmamadúres), dl. Vers à soie sevrés, *le restant*, ceux qui montent plus tard que les autres et qu'on sépare pour les nourrir à part.

Éty. de *desmamar* et de *uras*, les choses sevrées. V. *Mam*, R.

DESMAMAR, v. a. (desmamá); DEIMAMAR, DESMAIRAR, DESTRIAR, DEMAMAR, DEMAIRAR, DESTELAR, DESPOUPAR. *Spopare*, ital. *Destelar*, esp. *Desmamar*, port. cat. esp. Sevrer un enfant, discontinuer de l'allaiter; par extens. priver, interdire; il est aussi réciproque: *Se desmamar*, se priver.

Éty. de *des* priv. de *mama*, mamelle, et de *ar*, ôter de la mamelle. V. *Mam*, R.

Lou desmamar, s. m. le sevrage.

Doumpto toujour la naturo rebello,
Demamo *ti de tan de faux plezis.*
David.

DESMAMAT, **ADA**, adj. et p. (desmamá, áde); *Desmamado*, port. Sevré, ée; privé du lait, séparé de la mère. V. *Mam*, R.

DESMAN, s. m. vl. DEMAN. *Desman*, esp. Contre-ordre, refus; il ou elle refuse.

Éty. de *des* priv. et de *man*, demande.

DESMANCHAR SE, v. r. SE DESMARGAR, DEMANCHAR SE, DEIMANCHAR SI. *Desmanegar*, cat. Se démancher, sortir de son manche; se départir, ne se rien réserver dans une donnation, se dessaisir. V. *Man*, R.

DESMANCHAR, v. a. (desmantchá); DEMANCHAR, DEMARGAR, DESMARGAR, DEMANGLAR, DEIMANCHAR, DEIMARGAR, DESMANEGAR. Démancher, ôter le manche d'un instrument, d'un outil, etc.; détraquer, déranger.

Éty. de *des* priv. de *manche* et de l'act. *ar*, ôter le manche. V. *Man*, R.

DESMANCHAR, v. n. Démancher, en parlant des joueurs de violon, de violoncelle, porter la main gauche plus haut afin d'obtenir des sons plus aigus; fig. faire des folies, s'emporter, jeter le manche après la cognée; fuir, décamper. V. *Man*, R.

DESMANCHAT, **ADA**, adj. et p. (desmantchá, áde); DESMARGAT. *Desmanegat*, cat. Démanché, ée. V. *Man*, R.

DESMANCIPAR, Voy. *Esmancipar* et *Man*, R.

DESMANDAR, v. a. vl. *Desmandar*, cat. esp. Refuser, contraindre, donner contre-ordre.

Éty. de *des* priv. et de *mandar*.

DESMANEGAR, Jasm. *Desmanegar*, cat. V. *Desmanchar*.

DESMANEGEAR, v. a. (desmanedjá), dg. Disloquer. V. *Disloucar*, *Desfaire* et *Man*, R.

DESMANELHAR, v. a. (desmaneillá), d. m. DESCARRAR, DEIMANEIAR, DEMANEGEAR. Rompre l'anse d'un vase quelconque, d'un panier, etc.

Éty. de *des* priv. de *manelha* et de *ar*. V. *Man*, R.

DESMANELHAT, **ADA**, adj. et p. (desmaneillá, áde, d. m. Qui a perdu son anse.

Éty. de *des* priv. de *manelha* et de *at*, privé de son anse. V. *Man*, R.

DESMANGESOUN, V. *Demangesoun*, *Mangeoun* et *Mang*, R.

DESMANJAMEN, s. m. vl. Perte d'appétit.

DESMANTENENSA, s. f. vl. Abandon, délaissement, dépossession.

DESMANTENER, v. a. vl. Déposséder, destituer, délaisser, abandonner.

DESMANTENGUT, **UDA**, adj. et part. (desmanteingú, úde); DEMANTENGUT, DEIMANTENGUT. Tombé en ruines, ruiné, dont on n'a pas eu le soin nécessaire, en parlant d'une maison ou d'une terre; dessaisie, dépérie.

Éty. de *des* priv. et de *Mantengut*, v. c. m. et *Ten*, R.

DESMANTENIR, v. n. (desmantenir), DEMANTENIR, DEIMANTENIR. Tomber en ruines, et par extens. dépérir; lâcher sa proie; donner son bien avant que de mourir; sacrifier ses droits; dégénérer. Garc. Il est aussi réciproque.

Éty. de *des* priv. et de *Mantenir*, v. c. m. et *Ten*, R.

DESMANTIBULAR, v. a. (desmantibulá); DEMANTIBULAR, DESTRANTALHAR, DEMANTALHAR, DEMARMALHAR, DESTIMBOURLHAR, DESTRACAR, DESQUINCALHAR, DESGARGALHAR, CATULHAR, DEIMANTIBULAR. Démantibuler, détraquer, mettre les meubles et les outils hors d'état de servir.

Éty. Au propre, ce mot ne signifie que rompre la mâchoire, de *des* priv. du lat. *mandibulum*, mâchoire, et de l'act. *ar*.

DESMANTIBULAT, **ADA**, adj. et part. (desmantibulá, áde); DEMANTIBULAT. Démantibulé, ée, détraqué, ée, qui ne peut plus servir; déjoint, baillant, entr'ouvert, parlant des ouvrages composés de douves que la sécheresse a disjointes.

DESMAOUNAR, v. a. (desmaouná), dl. Alt. de *Desmalounar*, v. c. m.

Éty. de *des* priv. de *maoun*, carreau, et de *ar*.

DESMAR, v. n. vl. Dîmer, décimer. V. *Dec*, R.

DESMARCAR, v. a. (desmarcá); DEMARCAR, DEIMARCAR, DEIREGAR. *Demarcar*, cat. esp. port. *Dimarquare*, ital. Démarquer, ôter la marque ou une marque: débadiner, démarquer ses points au jeu de l'impériale.

Éty. de *des* priv. de *marca* et de *ar*, ôter la marque. V. *Marc*, R.

DESMARCAR, v. n. Démarquer, en parlant des animaux qui n'indiquent plus par leurs dents le nombre de leurs années.

DESMARCAT, ADA, adj. et part. (desmarcá, áde); DEMARCAT. *Demarcado*, port. Qui ne marque plus, en parlant des animaux; chose à laquelle on a enlevé la marque. Voy. *Marc*, R.

DESMARCATION, s. f. (desmarcatie-n); DEMARCATIEN. *Demarcació*, cat. *Demarcacion*, esp. *Demarcação*, port. *Demarcazione*, ital. Démarcation, action de démarquer, de délimiter.

Éty. de *des* priv. de *marca* et de *tion*, action de démarquer.

DESMARCHA, s. f. (desmártche); DEMARCHA. Démarche, allure, manière, façon de marcher.

Éty. de *de* et de *marcha*. V. *March*, R.

DESMARCHA, s. f. Démarche, action, procédé qui tend à obtenir quelque chose de quelqu'un. V. *March*, R.

DESMARDAR, Voy. *Desmerdar* et *Merd*, R.

DESMARGADURA, s. f. (desmargadúre); DEMARGADURA. Folie, extravagance, emportement, désespoir; faute, erreur.

Éty. de *des* priv. du lat. *margo*, bord, limite, et de *ura*, qui a franchi les bornes.

DESMARGAR, m. sign. que *Desmanchar*, v. c. m. fig. faire des extravagances.

Éty. de *des* priv. de *margu* et de *ar*, ôter le manche. V. *Man*, R.

DESMARGOULAR, V. *Dejitar se.*

DESMARGEAR, v. a. (desmardjá), d. de Barcelon. Rompre la croûte qui se forme à la surface de la terre après la pluie.

Éty. de *des* priv. de *margea*, bord, dit ici pour surface, et de *ar*.

DESMARIDAR, v. a. (desmaridá); DESMARIAR, DEMARIDAR. Démarier, déclarer un mariage nul, séparer juridiquement deux époux.

Éty. de *des* priv. et de *maridar*. Voy. *Marit*, R.

DESMARIDAT, ADA, adj. et p. (desmaridá, áde). Démarié, ée. V. *Marit*, R.

DESMARRAGI, s. m. (desmarrádgi); DEMARRAGE. Démarrage, action d'ôter les amarres; mouvement, agitation qui les rompt. Garc.

DESMARRAR, v. a. (desmarrá); DEMARRAR. *Desamarrar*, port. esp. Démarrer, en terme de mar. détacher: *A pas desmarrat*, il n'a pas démarré, c'est-à-dire, il n'a pas quitté un instant; vider l'auge d'un moulin à huile. Garc.

Éty. de *des* priv. et de *Amarrar*, v. c. m. Ce mot est dit par sync. de *desamarrar*.

DESMARRAT, ADA, adj. et part. (desmarrà, áde); *Desmarrado*, esp. Démarré.

DESMASCAR, v. a. (desmascá); DEMASCAR. *Smascherare*, ital. *Desmascarar*, port. Démasquer, ôter à une personne déguisée le masque qu'elle a sur le visage; fig. faire connaître un homme tel qu'il est.

Éty. de *des* priv. et de *Mascar*, v. c. m. et *Masc*, R.

DESMASCAR SE, v. r. Se démasquer, ôter son masque; fig. se faire connaître.

DESMASCARAR, v. a. (desmascará); DEMASCARAR. Débarbouiller, ôter, enlever le noir qu'on avait sur la figure; déhâler, Gar.

Éty. de *des* priv. de *Mascarar*, v. c. m. et *Masc*, R.

DESMASCAT, ADA, adj. et part. (desmascá, áde); *Desmascarado*, port. Démasqué, ée. V. *Masc*, R.

DESMASIAT, ADA, adj. et p. (desmasiá, áde); DEIMASIAT. Dégradé, ée, détérioré. Cast.

Éty. *Demasiad*, en cat. signifie excessif, superflu.

DESMASTICAR, v. a. (desmasticá); DEMASTIQUAR. Démastiquer, ôter, enlever le mastic.

DESMATAR, v. a. et n. (desmatá); DEMATAR. *Smattare*, ital. *Desemmastrear*, port. Démâter, enlever, abattre ou rompre le mât d'un vaisseau.

Éty. de *des* priv. de *mat* et de *ar*, ôter le mât.

DESMATAT, ADA, adj. et p. (desmatá, áde); DEMATAT. Démâté, ée, qui a perdu ses mâts.

DESME, s. m. vl. DEIME, DEYME, DEUME, DEME. Dîme. V. *Deime* et *Dec*, R.

DESMEMBRAMENT, s. m. (desmeinbraméin); DEMEMBRAMENT. *Desmembrament*, cat. *Desmembramiento*, esp. *Smembramento*, ital. *Desmenbracão*, port. Démembrement, action de démembrer ses effets, la chose démembrée; séparation, distinction.

DESMEMBRANSA, s. f. vl. Oubli.

DESMEMBRAR, v. a. (desméimbrá); DEMEMBRAR. *Smembrare* et *Dismembrare*, ital. *Desmembrar*, esp. port. cat. *Demembrare*, bas. lat. Démembrer, ôter les membres, au propre, et par analogie, séparer diviser, en plusieurs ce qui ne faisait qu'un corps.

Éty. de *des* priv. de *membre* et de *ar*, priver des membres, V. *Membr*, R. vl. oublier. V. *Demembrar*.

DESMEMBRAT, ADA, adj. et p. (desmeimbrá, áde). Démembré, ée. V. *Membr*, R.

DESMEMORIAMENT, s. m. vl. Perte de la mémoire. V. *Mem*, R.

DESMEMORIAR, v. a. (desmemoriá); DEMEMOURIAR, DENEMBRAR, DEIMEMOURIAR, DESTIMBOURLAR, DESPOUTENTAR. *Desmemoriar*, esp. *Desmemoriarse*, cat. Déconcerter, démonter, faire perdre la mémoire.

Éty. de *des* priv. de *memori* et de l'act. *ar*, litt. ôter la mémoire. V. *Mem*, R.

DESMEMORIAT, ADA, adj. et part. (desmemouriá, áde); DEMEMOURIAT, DEIMEMOURIAT, DESTIMBOURLAT *Desmemoriad*, cat. *Desmemoriado*, port. esp. *Smemorato*, ital. Déconcerté, troublé, étourdi, sans mémoire, oublieur, qui oublie facilement; imbécile, évaporé.

Éty. de *des* priv. de *memori*, mémoire, et de *at, ada*, qui a perdu la mémoire. V. *Mem*, Rad.

DESMENAR, V. *Demenar*.

DESMENGEA, s. f. (desméindge), d. de Barcel. Dimanche. V. *Dimenche*.

DESMENSURA, s. f. vl. Excès, surabondance.

DESMENTEGAR, v. a. (desmeintegá); *Dimenticare*, ital. Oublier. V. *Oublidar*; il est aussi réciproque.

Éty. du lat. *mente ablegare*, éloigner de l'esprit. V. *Ment*, R.

DESMENTIR, v. a. vl. *Dimentire*, ital. Fausser, fracasser. V. *Ment*, R. 2.

DESMENTIR, v. a. (desmeintir); *Desmentir*, cat. esp. port. *Smentire*, ital. *Dementire*, bas. lat. Démentir, dire à quelqu'un qu'il a menti, contredire.

Éty. de *des* priv. et de *mentir*, relever le mensonge ou contredire l'action de mentir. V. *Ment*, R. 2.

DESMENTIR SI, v. r. Se démentir, se contredire, se rétracter.

DESMENTIT, adj. et p. vl. Fracassé, faussé. V. *Ment*, R. 2.

DESMENTIT, s. m. (desmeinti); *Desmentido*, port. esp. Démenti, paroles ou action par lesquelles on dément, ou on dit à une personne qu'elle ne dit pas la vérité; mauvais succès, ne pas réussir: *N'en a agut lou desmentit*, il en a eu le déboire. V. *Ment*, Rad. 2.

Les Grecs et les Romains ne regardaient pas les *dementis* comme des affronts et ils ne les vengeaient pas par des duels. Cette coutume vient chez nous, dit Montesquieu, de l'institution du combat judiciaire; l'accusateur commençait par déclarer devant le juge, qu'un tel avait commis une telle action, et celui-ci répondait que l'autre en avait menti, sur quoi le juge ordonnait le duel; la maxime s'établit que, lorsqu'on avait reçu un *démenti*, il fallait se battre.

DESMENTIT, IDA, adj. et p. Démenti, ie, dont le contraire est prouvé. V. *Ment*, Rad. 2.

DESMEOULHOUNAR, v. a. (desmeouillouná). Expression des environs de Digne, par laquelle on désigne l'action d'enlever le noyau aux prunes pelées.

Éty. de *des* priv. de *meoulhoun*, noyau, et de l'act. *ar*, litt. ôter le noyau.

DESMERCEGEAR, v. n. vl. DESMERCEYAR. Être sans merci, refuser merci, repousser.

DESMERDAR, v. a. (desmerdá); DESMARDAR, DESMERDOUIRE, DEIMARDOUIR. Ebréner, ôter les matières fécales d'un enfant; nettoyer quelqu'un des ordures dont il est sali.

Éty. de *des* priv. de *merda* et de *ar*, ôter la merde. V. *Merd*, R.

DESMERDAT, ADA, adj. et p. (desmerdá, áde); DESMARDAT. V. *Merd*, R.

DESMERITAR, v. n. (desmeritá); DEMERITAR. *Desmerecer*, cat. *Demeritare*, ital. *Desmerecer*, esp. port. Démériter, faire quelque chose qui mérite la désapprobation et le blâme.

Éty. de *des* priv. et de *meritar*. V. *Merit*, Rad.

DESMERITE, s. m. (desmerité); DEMERITE. *Demeritum*, bas. lat. *Demerito*, ital. port. *Desmerito*, esp. Démérite, ce qui rend digne de blâme et de punition, qui prive de l'estime.

Éty. de *des* priv. et de *merite*. V. *Merit*, Rad.

DESMES, ESSA, adj. et p. (desmés, ésse). Démis, ise. V. *Desmettre* et *Mettre*, Rad.

DESMESURA, s. f. vl. DESMESURANSA, DESMEZURA. *Desmesura*, cat. esp. port. *Dis-*

misura, ital. Excès désordonné, manque de proportion, irrégularité; vl. injustice, violence, folie, outrage.

Éty. de *des* priv. et de *mesura*; sans mesure. V. *Mesur*, R.

A desmesura, outre mesure.

E comenset far tortz e desmezuras.
Fors et Cost. du Béarn.

DESMESURANSA, s. f. vl. V. *Desmesura.*

DESMESURAR, v. n. et a. vl. DESMEZURAR. *Desmesurar*, cat. esp. *Dismisurare*, ital. Se conduire mal, sortir des bornes, mettre hors de mesure, désordonner, dérégler, débaucher.

Éty. de *des* priv. et de *mesurar*. V. *Mesur*, Rad.

DESMESURAT, ADA, adj. DESMESURATZ. *Desmesurad*, cat. *Smisurato*, ital. *Desmesurado*, esp. port. V. *Demasiat.*

Éty. de *des* priv. et de *mesurat*, qui n'est pas, qui ne peut pas être mesuré, excessif, immodéré. V. *Mesur*, R.

DESMETTRE, v. a. (desmétré); DEPOUSAR, DESTITUAR, DESPLAÇAR. *Demittir*, port. Démettre, déposer, destituer, peu usité à l'actif. V. *Se desmettre.*

Éty. de *des* priv. et de *mettre*, le contraire de mettre, ou du lat. *demittere*. V. *Mettre*, R.

DESMETTRE SE, v. r. SE DEMETTRE. Se démettre, donner sa démission; pour disloquer. V. *Desfaire.*

DESMEZURA, vl. V. *Desmesura.*

DESMEZURANSA, vl. V. *Desmesuransa.*

DESMEZURAR, vl. V. *Desmesurar.*

DESMEZURAT, ADA, adj. et p. Démesuré, ée. V. *Desmesurat.*

Éty. de *des* au-delà, et de *mezurat*. V. *Mesur*, R.

DESMISSION, V. *Demission*, plus usité et *Mettre*, R.

DESMONTAR, v. a. et n. *Desmontar*, esp. *Desmuntar*, cat. *Dismontare*, bass. lat. et ital. Démonter, descendre de cheval, mettre pied-à-terre. V. le mot suivant.

DESMONTAR, v. a. (desmountá); DESMOUNTAR. *Desmuntar*, cat. *Smontare* et *Dismontar*, ital. *Desmontar*, esp. port. Démonter, désassembler, ôter la monture à quelque instrument, à une arme quelconque; priver un cavalier de sa monture; fig. déconcerter, troubler, mettre en désordre; piquer, impatienter.

Éty. de *des* priv. et de *montar*, monter, faire le contraire de monter. V. *Mont*, R.

DESMONTAT, ADA, adj. et part. (desmountá, áde). *Desmontado*, port. Démonté, troublé, déconcerté, poussé hors des gonds. V. *Mont*, R.

DESMORDRE, v. n. (desmórdre); DESMOUERDRE, DEMOUARDRE. Démordre, au positif, lâcher ce qu'on avait mordu; au fig. se départir de quelque entreprise, abandonner quelque dessein.

Éty. de *des* priv. et de *mordre*, cesser de mordre. V. *Mord*, R.

N'en desmordrà pas, il n'en démordra pas.

DESMORSAIRE, s. m. (desmoursáïré); DEMOURSAIRE. Battoir pour détacher le verre du fèle. term. de verrerie. Garc.

Éty. de *des* priv. de *morsa* et de *aire*, qui ôte l'amorce.

DESMOUERDRE, dm. et mars. V. *Desmordre* et *Mord*, R.

DESMOURENAR, v. a. (desmourená); DEMOURENAR, DEIMOURENARI. Dévisser. V. *Dessvissar.*

Éty. de *des* priv. de *mourena*, vis, et de *ar.*

DESMOURRAR, v. a. (desmourrá); DEMOURRAR, DEIMOURRAR. Egueuler un vase, un broc, une cruche, en casser le goulot; fig. et iron. se meurtrir la figure.

Éty. de *des* priv. de *mourre*, museau, bouche, et de l'act. *ar*, priver de la bouche, du goulot. V. *Mourr*, R.

DESMOURRAR SE, v. r. DEIMOURRAR SI. S'égueuler; se meurtrir le visage en tombant.

DESMOUSCLAR, v. a. (desmousclá); DEMOUSCLAR, DEMESCOULAR, DEMOUSCLOURAR, DEMOUSCLOUROUNAT. Oter la coche ou le crochet d'un fuseau qui tient lieu de thie.

Éty. de *mouscla*, de *des* priv. et de l'act. *ar*, priver de la coche ou thie.

DESMOUSCOULAT, ADA, adj. et part. (desmouscoulá, áde); DEMOUSCOULAT, DEMESCOULAT, DEMOUSCLOURAT. En parlant d'un fuseau, qui a perdu sa coche, son crochet ou sa thie.

DESMOUSTRAR, V. *Demostrar.*

DESMOUTAR, v. a. (desmoutá); DEIMOUTAR, DEMOUTAR. Egravillonner, lever des plantes ou des arbustes avec leur motte pour en enlever une partie de la terre afin qu'ils profitent mieux dans la nouvelle où on va les placer.

Éty. de *des* priv. de *mouta* et de *ar*, enlever la motte. V. *Mout*, R.

DESMUBLAR, v. a. (desmublá); DEMUBLAR. *Desmoblar*, cat. *Desamoblar*, esp. Démeubler, dégarnir de meubles.

Éty. de *des* priv. et de *mublar.*

DESMUBLAT, ADA, adj. et part. (desmublá, áde); DEMUBLAT. Démeublé, ée, privé de ses meubles.

DESMUNDAR, v. a. vl. Souiller, salir, contaminer.

DESNARRAR, v. a. (desnarrá); DENASICAR, DENARRAR, DESNASAR, ENNASICAR, DEINARRAR, DEIMOURRAR. *Desnarigar*, port. esp. Casser le nez, le défigurer.

Éty. de *des* priv. de *narra* pour nez, et de *ar*, priver du nez, ou du lat. *denasare*. V. *Nas*, R.

DESNARRAT, ADA, adj. et part. (desnarra, áde); DENARRAT, DEINARRAT, DENASICAT, ENNASICAT. *Desnarigado*, port. esp. *Denasatus*, bass. lat. Sans nez, à qui on a coupé le nez, camus.

Éty. de *des* priv. de *narra* pour nez, et de *at*, privé du nez. V. *Nas*, R.

DESNASAR, dl. V. *Desnarrar*, m. s. et *Nas*, R.

DESNATURADAMENT, adv. (desnaturadaméin), dg. Contre nature. V. *Nat*, R.

Temouen soun Soudomo e Goumorro,
Gent desnaturadament *orro.*
D'Astros.

DESNATURAR, v. a. (desnaturá); DENATURAR. *Desnaturar*, cat. esp. port. *Disnaturare*, ital. Dénaturer, changer la nature d'une chose; en vl. déconcerter, abattre, décourager.

Éty. de *des* priv. de *natura* et de l'act. *ar*, priver de sa nature. V. *Nat*, R.

DESNATURAT, ADA, adj. et part. (desnaturá, áde); DENATURAT. *Desnatural*, cat. Dénaturé, ée, qui a abjuré les sentiments de la nature. V. *Nat*, R.

DESNEDAR, vl. Alt. de *Denegar*, v. c. m.

DESNEGAR, vl. *Denegar.*

DESNEVAR, v. n. (desnevá); *Desnevar* et *Deshelar*, esp. *Quand desneva*, lorsque la neige fond et qu'elle laisse la terre à nud; la langue française n'a point de verbe équivalant.

Éty. de *des* priv. de *nev*, neige, et de la term. act. *ar*, ôter la neige. V. *Nev*, R.

DESNEVAR LOU, s. m. *Au desnavar*, à la fonte des neiges.

DESNEYAR, vl. V. *Denegar.*

DESNI, s. m. vl. Duvet.

Cant a gitat tôt lo desni
C'om apela pel foleti.
Deudes de Prades.

DESNIAISAR, v. a. (desniaisá); DESGOURDIR, AFFILATAR, DENIEISAR, DENIESAR. Déniaiser, rendre quelqu'un moins niais, moins simple, plus fin, plus rusé qu'il n'était.

Éty. de *des* priv. de *niais* et de *ar*. V. *Nis*, Rad.

DESNIAISAT, ADA, adj. et p. (desniaisá, áde). Déniaisé, ée. V. *Nis*, R.

DESNICHAR, v. a. (desnitchá); DEINICHAR, FORANISAR, DENIAR, DENICHAR, DESNIAR, ESFOURNIAR, DESNISAR, DENISAR, DESENTUTAR. *Snidare*, ital. *Desanidar*, esp. *Desninhar*, port. Dénicher, ôter du nid; fig. faire sortir ou tirer de force, de quelque endroit.

Éty. de *des*, hors, de *nich*, pour *nis*, et de *ar*, tirer du nid. V. *Nis*, R.

DESNICHAT, ADA, adj. et p. (desnitchá, áde); DESENTUTAT, DESNIAT. *Desninhado*, port. Déniché, ée. V. *Nis*, R.

Éty. de *des* priv. de *nich* pour *nis*, nid, et de *at*, tiré du nid, *de nido detractus.*

DESNISAR, v. a. (desnisá). Dénicher. V. *Desnichar*, plus usité.

Éty. de *des* priv. de *nis*, nid, et de l'act. *ar*. V. *Nis*, R.

DESNOFEZAR, v. n. vl. V. *Despezar* et *Fid*, R.

DESNOIRIR, v. a. vl. Repaître, défrayer.

DESNOT, s. m. vl. Opposition, antiphrase, moquerie, injure.

Éty. de *des* priv. et de *not*, pour *nota*. V. *Not*, R.

DESNOUAR, d. m. V. *Desnousar* et *Nous*, R.

DESNOUMBLAR, V. *Desrenar.*

DESNOUMBLAT, V. *Desrenat.*

Éty. Alt. du lat. *delumbare*, m. s. d'où l'ital. *dilombare.*

DESNOUSAR, v. a. (desnousá); DENOUDAR, DEINOUSAR, DESNOUAR, DENOUSAR. *Disnodare*, ital. *Desanudar*, esp. *Desatar*, port. *Desnuar*, cat. Dénouer, défaire un nœud, fig. rendre plus souple, plus agile.

Éty. du lat. *denodare*, m. sign. ou de *des*

priv. de *nous*, nœud, et de l'act. *ar*, Voy. *Nous*, R.

DESNOUSAR SE, v. r. Se dénouer, se relâcher, se défaire, en parlant d'un nœud; fig. devenir plus agile.

DESNOUSAT, ADA, adj. et p. (desnousá, áde); DESNOUAT. Dénoué. V. *Nous*, R.

DESNOUVAR, v. a. (desnouvá), de d. Barcel. Porter, se servir d'une chose pour la première fois, en avoir les prémices. Voy. *Estrenar*.

Éty. de *des* priv. de *noou*, neuf, et de l'act. *ar*, faire que la chose ne soit plus neuve. V. *Nov*, R. 2.

DESNOUVAT, AYA, adj. et part. (desnouvá, aïe), d. de Barcel. Qui n'est plus neuf, dont on s'est servi. V. *Nov*, R. 2.

DESNUD, vl. V. *Desnut*.

DESNUDAR, v. a. vl. DENUDAR. *Disnudare*, ital. Dépouiller, mettre à nud, dénuer.

Éty. du lat. *denudare*, m. s. V. *Nud*, R.

DESNUG, vl. V. *Denut*.

DESNUT, UDA, adj. vl. DESNUD, DENUT, DESNUG. *Desnudo*, esp. *Ignudo*, ital. *Desnu*, anc. cat. Nu, ue, dépouillé, dénué, dépourvu.

Éty. du lat. *denudatus*, m. s. V. *Nud*, R.

DESOBEDIEN, adj. vl. *Desobedient*, cat. Désobéissant. V. *Oub*, R.

DESOBEDIR, vl. V. *Desoubeir*.

DESOBLIDAR, v. a. vl. Oublier, perdre la mémoire. V. *Oublidar*.

DESOBLIDAT, ADA, adj. vl. Voy. *Oublidat*.

DESOBRAT, ADA, adj. (desoubrá, áde); DESOUBRAT. Desœuvré, ée; qui n'a rien à faire, qui ne sait pas s'occuper.

Éty. de *des* priv. de *obra* et de *at*, qui est privé de travail. V. *Ouper*, R.

DESOBRE, prép. vl. *Dessobre*, cat. *Disopra*, ital. Sur, dessus.

Éty. du lat. *desuper*. V. *Super*, R.

DESOLANT, ANTA, adj. (desoulán, ánte); DESOULANT, ACCABLANT. *Desolante*, port. Désolant, ante; qui cause une grande affliction.

Éty. de *de* priv. de *Sol*, R. de *solari*, consoler, et de *ant*, qui fait le contraire de consoler. V. *Soul*, R. 2.

DESOLAR, v. a. vl. *Desolar*, cat. esp. *Desolare*, ital. Désoler, isoler, laisser seul; v. n. rester seul. V. *Soul*.

DESOLAR, v. a. (desoulá); DESOULAR, DESOURAR. *Desolare*, ital. *Desolar*, esp. port. cat. Désoler, dissiper, chasser, exterminer, détruire la population d'un pays; causer une affliction extrême, tourmenter.

Éty. du lat. *desolare*, m. s. formé de *de* priv. de *sol* et de *ar*, chasser du sol, rendre désert, dans un sens, et de *solas*, *soulas*, consolation, dans l'autre, avec la part. priv. ou de *de* et de *solus*, seul, laisser seul. Voy. *Soul*, R.

DESOLAT, ADA, adj. et part. (desoulá, áde); DESOULAT, DESCOUNSOULAT, DESOUBAT. *Desolado*, port. Désolé, ée; brouillon, querelleur, écervelé, contrariant: *Es undesolat*, c'est un lutin. V. *Soul*, R.

DESOLAT, ADA, adj. et p. (desolá, áde), dl. Découvert, erte. Sauv.

Éty. de *de* priv. de *sol*, sol, et de *at*, privé de son sol, de sa terre. V. *Sol*, R. 2.

DESOLATION, s. f. (desoulatie-n); DESOULATION, et impr. DESOULATIEN DESOURATIEN. *Desolação*, port. *Desolació*, cat. *Desolacion*, esp. *Desolazione*, ital. Désolation, action de dissiper, de chasser, d'exterminer, de détruire, extrême affliction.

Éty. du lat. *desolationis*, gén. de *desolatio*.

DESOLATOUR, s. m. (desoulatóur); DESOULATOUR. Désolateur, qui désole, qui ravage, qui détruit.

Éty. du lat. *desolatorius*, propre à désoler. V. *Soul*, R. 2.

DESONRADAMENS, adv. vl. Voy. *Desonradament* et *Houn*, R.

DESONDRAR, vl. V. *Deshonorar* et *Houn*, R.

DESONOR, vl. V. *Deshounour* et *Houn*, Rad.

DESONORAR, vl. V. *Deshonorar* et *Houn*, R.

DESONOREA, adj. vl. Déshonorante, infâme.

Éty. de *des* priv. et de *onorea*. V. *Houn*, Rad.

DESONRADAMENT, adv. vl. DESONRADAMENS. D'une manière déshonorante, honteusement. V. *Houn*, R.

DESONRANSA, vl. *Desouranza*, cat. V. *Deshonransa*.

DESONRAR, vl. V. *Deshonorar* et *Houn*, Rad.

DESONRAT, adj. vl. *Deshonrado*, port. Déshonoré. Voy. *Deshounourat* et *Houn*, Rad.

DESOOUBEIR, et composés. Voy. *Desoubeir*.

DESOOURELHAT, *Desorelhado*, port. V. *Desaurelhat*.

DESOPTE, adv. vl. Tout-à-coup.

Éty. du lat. *subitus*.

DESORAVAN, adv. vl. Dorénavant, désormais.

DESORDE, vl. V. *Desordre*.

DESORDENAMENT, adv. vl. *Desordenament*, cat. *Desordenamiento*, esp. *Desordenadament*, port. *Desordinamento*, ital. D'une manière désordonnée, disproportion. V. *Ord*, R.

DESORDENAT, ADA, V.

DESORDONAT, ADA, adj. et part. (desourdouná, áde); DESOURDOUNAT. *Desordenad*, cat. *Disordinato*, ital. *Desordenado*, esp. port. Désordonné, ée; déréglé, qui ne suit pas l'ordre, qui n'est pas dans l'ordre, démesuré, excessif.

Éty. de *des* priv. et de *ordonat*. V. *Ord*, Rad.

DESORDRE, s. m. (desórdré); DESOURDRE. *Desordine*, ital. *Desorden*, esp. *Desordem*, port. *Desorde*, cat. Désordre, défaut d'ordre; déréglement de mœurs; trouble, tumulte.

Éty. de *des* priv. et de *ordre*, absence d'ordre. V. *Ord*, R.

DESORIENTAR, v. a. (desourientá); DESOURIENTAR. *Desorientar*, port. Désorienter, au propre, faire perdre la connaissance du côté d'où le soleil se lève, et au fig. déconcerter, troubler, dérouter.

Éty. de *des* priv. et de *Orientar*, v. c. m.

DESORIENTAT, ADA, adj. (desourientá, áde); DESOURIENTAT. *Desorientado*, port. Désorienté, ée; troublé, déconcerté.

DESOSSAMENT, s. m. (desoussamein); DESOUSSAMENT. *Desossamento*, port. Désossement, action de désosser.

DESOSSAR, v. a. (desoussá); DESOUSSAR, DESOUESSAR, DESOUASSAR. *Disossare*, ital *Desosar*, esp. *Desossar*, port. cat. Désosser et décharner, on dit décharner quand on a la chair en vue; les charcutiers et les pâtissiers décharnent, et désosser quand on n'a que le dessein d'enlever les os; on désosse une tête de veau. V. *Os*, R.

Éty. du lat. *exossare*, m. s. ou de *des*, de *os* et de *ar*, ôter les os.

DESOSSAT, ADA, adj. et p. (desossá, áde); DESOUESSAT, DESOUSSAT. *Desossado*, port. Désossé, ée. V. *Os*, R.

DESOSTZ, prép. vl. V. *Dessous*.

DESOT, et

DESOTZ, adv. vl. *Disotto*, ital. Dessous.

DESOTZ, prép. vl. DESOSTZ. *Dessous*, v. c. m.

DESOUBEIR, v. n. (desoubeïr); DESOOUBEIR. *Disubbidire*, ital. *Desobedecer*, esp. port. *Desobeir*, cat. Désobéir, ne pas obéir à celui qui a droit de commander; contrevenir à une loi, à une ordonnance.

Éty. de *des* priv. et de *oubeir*. V. *Oub*, Rad.

DESOUBEISSENÇA, s. f. (desoubeïsséince); DESOOUBEISSENÇA. *Desubbidienza*, ital. *Desobediencia*, esp. port cat. Désobéissance, action de désobéir; habitude de désobéir.

Éty. du lat. *inobedientia*. V. *Oub*, R.

DESOUBEISSENT, ENTA, adj. (desoubeissèin, èinte): DESOOUBEISSENT. *Desobediente*, port. esp. *Disobbediente*, ital. Désobéissant, ante; qui désobéit; qui a l'habitude de désobéir. V. *Oub*, R.

DESOUBLIDAR, v. a. (desoublidá), dl. Oublier. V. *Oublidar*.

Éty. de *des* augm. et de *oublidar*: *desoublido soun bot*, Hillet, il oublie son vœu. V. *Oublid*, R.

DESOUBLIGEANT, ANTA, adj. (desoublidján, ánte), pr. mod. DESOOUBLIGEANT. Désobligeant, ante; qui fait quelques déplaisir, qui rend quelque mauvais office.

Éty. de *des* priv. et de *oubligeant*. V. *Lig*, Rad.

DESOUBLIGEAR, v. a. (desoublidjá); DESOOUBLIGEAR. *Desobbligare*, ital. *Desobligar*, esp. cat. *Desobrigar*, port. Désobliger, faire à quelqu'un quelque déplaisir, quelque incivilité, lui rendre de mauvais offices.

Éty. de *des* priv. de *oubligar*. V. *Lig*, Rad.

DESOUBLIGEAT, ADA, adj. et part. (desoublidjá, áde); *Desobrigado*, port. *Desobligado*, esp. *Desobbligado*, ital. Désobligé, ée. V. *Lig*, R.

DESOUESSAR, *Deshuessar*, esp. Voy. *Desossar*.

DESOUESSAT, V. *Desossat*.

DESOULAR, V. *Desolar*.

DESOULATION, V. *Desolation.*

DESOUNDRAR, v. a. (desoundrá); DISOUNDRAR, DEFAUCAR, DIZOUNDRAR. Défigurer, ôter les ornements, déshonorer, séparer.

Éty. de *des* priv. et de *oundrar*, orner, *desorner*. V. *Orn*, R.

Jamai noun te quite, bagasso,
Que noun te desoundre *la faço.*
Le Sage.

DESOUNDRAT, **ADA**, adj. et part. (desoundrá, áde); DEZOUNDRAT. Défiguré, déparé; cicatrisé, marqué au visage; terni.

Éty. de *des* priv. et de *oundrat*. V. *Orn*, Rad.

DESOUNGLAR SE, v. r. (sé desounglá); SE DESARPIOUNAR. Se déchirer les ongles, se les arracher, soit en les mordant, soit par un travail trop pénible, les perdre par le froid.

Éty. de *des* priv. de *oungla* et de *ar*, ôter les ongles.

DESOUNGLAT, **ADA**, adj. et part. (desounglá, áde); DEYOUNGLAT. Privé d'ongles.

DESOUNTIR, v. a. (desounti); d. bas lim. et mieux DÉSHOUNTIR. Couvrir de honte: *L'an desountit davant tout lou mounde*, on l'a couvert de honte devant toute l'assemblée.

Éty. de *des* augm. de *ounta* et de *ir*. V. *Houn*, R.

DESOUNTIT, **IDA**, adj. et p. (desounti, ide), md. Déhonté, ée; qui a perdu toute honte. V. *Houn*, R.

DESOUPILAR, v. a. (desoupilá); DESOOUPILAR. *Desopilar*, cat. esp. port. *Desoppilare*, ital. Désopiler, déboucher, ôter les obstructions.

Éty. de *des* priv. et de *oppilare*, boucher, déboucher.

DESOUPILAT, **ADA**, adj. et p. (desoupilá, áde); *Desopilado*, port. esp. *Desoppilato*, ital. Désopilé, ée.

DESOURAR,

DESOURAT, et

DESOURATION, d. m. *Desolació*, cat. V. *Desolar*, *Desolat* et *Desolation*.

DESOURIENTAR, V. *Desorientar.*

DESOURIENTAT, V. *Desorientat.*

DESOUSSAR, V. *Desossar.*

DESOVENIR, vl. V. *Dessovenir.*

DESOVENIR, v. vl. Oublier.

DESOZ, vl. *Dessous*, v. c. m.

DESPACHA, s. f. (despátche); *Despatx*, cat. *Despaccio*, ital. *Despacho*, esp. port. Dépêche, lettres d'affaires importantes ou publiques que porte un courrier.

Éty. Ce mot est employé pour *desempacha*, inusité, formé de *des* priv. et de *empach*, entrave des pieds; chose à laquelle on a ôté les entraves, qui va vite. V. *Ped*, R.

DESPACHAR, v. a. (despatchá); DESEMPACHAR, ALANTIR, COUITAR. *Spedire*, ital. *Despachar*, esp. port. *Despatxar*, cat. Dépêcher, expédier, hâter les pieds, travailler avec célérité; dégager quelque chose de ses entraves.

Éty. de *desempachar*, inusité, du lat. *depedicare*, dégager les pieds, ou encore de *des* priv. de *empach*, obstacle, et de la term. act. *ar*, ôter l'obstacle des pieds. V. *Ped*, Rad.

DESPACHAR SE, v. r. S'ENTACHAR, SE COUITAR, S'ALANTIR. *Spacciarsi*, ital. *Despacharse*, esp. port. *Despatxarse*, cat. Se dépêcher, se hâter, se débarrasser de ce qui entrave. V. le mot précédent.

DESPACHAT, **ADA**, adj. et p. (despatchá, áde); *Despachado*, esp. port. Dépêché, ée; expédié.

Éty. du lat. *expeditus*, m. s. V. *Ped*, R.

DESPAGAMEN, s. m. vl. *Despagamiento*, anc. esp. *Despagament*, anc. cat. Mécontentement, désappointement.

DESPAGAR, v. a. vl. DESPAGUAR. *Despagar*, anc. cat. anc. esp. Désappointer, fâcher, mécontenter.

DESPAGAT, **ADA**, adj. et p. vl. fâché, ée; mécontent.

DESPAGUAR, vl. V. *Despagar.*

DESPAISAR, v. a. (despeïsá); DESPAYSAR, DESPEISAR. *Despaizar*, port. Dépayser, faire sortir quelqu'un de son pays pour le faire passer dans un autre; dérouter, déconcerter.

Éty. de *des* priv. de *pais*, pays, et de l'act. *ar*. V. *Pag*, R. 2.

DESPAISAR SE, v. r. Se dépayser, quitter son pays natal pour aller en habiter un autre; forlonger, en parlant d'une bête fauve qui s'éloigne parce qu'elle est chassée et qui change de pays.

DESPAISAT, **ADA**, adj. et p. (despeïsá, áde); DESEGAT, DESPAYSAT. Dépaysé, ée. V. *Pag*, R. 2.

DESPALAR, v. a. (despalá), dl. Épauler. *Espaldoar*, port. V. *Espalar* et *Espal*, Rad.

DESPALAT, **ADA**, Déhanché. Voy. *Espalat.*

DESPALHAR, v. a. (despaillá); DESPAILLAR. Défaire la paille d'une chaise empaillée, ou de tout autre meuble; fig. démolir, détruire, dl.

Éty. de *des* priv. et de *palhar*. V. *Palh*, Rad.

DESPALHAT, **ADA**, adj. et p. (despailhá, áde). Dégarni, privé de sa paille; démoli, détruit, dl.

Éty. Sync. de *desempalhat*. V. *Palh*, R.

DESPALHOUIRE SE, v. r. Se débarrasser, se dépêtrer de ce qui importune. Garc.

DESPAMPA, s. f. (despámpe); LOU DESPAMPAR, DESPAMPAT. Epamprement, la chute des feuilles, Garc. *A la despampa*, à la chute des feuilles.

Éty. de *des* priv. et de *Pampa*, v. c. m. *Au despampar deis vignas*, à la chute des feuilles de la vigne.

DESPAMPADURA, s. f. (despampadúre); DESPAMPANADURA. Pampres détachés de la vigne.

Éty. de *des* priv. de *pampa* et de *ura*, choses qui proviennent des pampres qu'on a enlevés.

DESPAMPAGI, s. m. (despampádgi); DESPAMPAGE. Action d'épamprer la vigne.

DESPAMPAIRE, s. m. (despampráïré); DESPAMPANAIRE. *Epampreur*, Sauv. qui épampre la vigne,

Éty. de *des* priv. de *pampa* et de *aire*, celui qui épampre.

DESPAMPANADURAS, dl. Même sign. que *Despampadura*, v. c. m.

DESPAMPANAIRE, dl. V. *Despampaire.*

DESPAMPANAR, dl. V. *Despampar.*

DESPAMPAR, v. a. (despampá); MAXENCAR, DESPAMPANAR, ESPAMPANAR. *Despampanar*, esp. *Spampanare*, ital. Epamprer, ôter de la vigne les pampres ou branches inutiles; effeuiller les arbres.

Éty. de *des* priv. de *pampa* et de *ar*, ôter les pampres, ou du lat. *pampinare*, avec la prép. priv. *des*.

DESPAMPAR LOU, s. m. Voy. *Despampa*.

DESPAMPAT, **ADA**, adj. et p. (despampá, áde); Epampré, ée.

DESPAN, s. m. vl. Extension, développement.

DESPANAR SE, v. r. (sé despaná), dl. Disparaître, se dérober, s'évanouir, Douj. perdre l'habitude de manger beaucoup de pain. Garc.

DESPANAUSSAR SE, v. r. (sè despanaussá). Se trousser, relever ses jupes, son pantalon, ses manches. Garc.

DESPANTOULHAT, **ADA**, adj. et p. (despantouillá, áde), dl. Démailloté; on le dit d'un enfant au berceau qui a les jambes libres, débraillé.

DESPAQUETAR, v. a. (despaquetá); DESEMPAQUETAR, lang. *Dispackare*, basse lat. *Desempaquetar*, cat. esp. Dépaqueter, déplier, ouvrir un paquet.

Éty. *Despaquetar*, est dit pour *desempaquetar*, formé de *des* priv. et de *empaquetar*, ou de *des*, de *paquet* et de l'act. *ar*, défaire un paquet. V. *Paquet*, R.

DESPARAR, v. a. (despará); *Desparar*, cat. anc. esp. *Disparare*, ital. basse lat. Déparer, dégarnir un autel, l'extérieur d'un magasin. Garc. V. *Desgarnir*.

Éty. de *des* priv. et de *Parar*, v. c. m. et *Par*, R. 3.

DESPARAR, v. a. dl. *Desparar*, esp. port. *Sparare*, ital. Tirer un fusil, faire une décharge de mousquéterie; débuter, commencer; et dans le sens neutre, s'en aller, s'enfuir; Sauv. en vl. désapprendre.

DESPARAR, v. a. vl. *Desparar*, cat. Démanteler, dépouiller, délaisser. V. le mot suivant.

DESPARAT, adj. et p. vl. *Desparado*, esp. Lancé, tiré, abandonné, ée. V. *Par*, Rad. 3.

DESPARAULAR SE, v. r. (sé desparoulá). Se dédire, retirer sa parole. Voy. *Desdire*.

Éty. de *des* priv. de *paraula* et de *ar*, ôter, retirer sa parole. V. *Paraul*, R.

DESPARAULAT, **ADA**, adj. et part. (desparaoulá, áde), dl. Prodigieux, excessif, et proprement inexprimable: *Lou blad es à un pres desparaulat*, le blé est hors de prix ou à un prix excessif; *Chera desparaulada*, grande chère. Sauv.

Éty. de *des*, au-delà, de *paraula*, parole, expression, et du passif *at*, qui est au-delà de l'expression. V. *Paraul*, R.

DESPAREISSER, V. *Dispareisser.*

DESPAREISSOUNAR, v. a. (déspareissounà). Oter les échalas de la vigne, *déchalasser*, est un barbarisme.

Éty. de *des* priv. de *pareissoun* et' de *ar.* V. *Pal*, R.

DESPARÉLHAR SE, v. r. vl. *Desparejar*, esp. *Desparelhar*, port. *Sparecchiare*, ital. *Desapariar*, cat. Perdre son rang, se mettre hors de file, reculer.

Éty. de *des* priv. de *parelh* et de *ar*, n'être plus égal, V. *Par*, R. et act. séparer, désunir, déparier.

DESPARENTAR, v. n. (despareintà), dl. Mourir, quitter ou perdre ses parents.

Éty. de *des* priv. de *parent* et de *ar.* Voy. *Parent*, R.

DESPARER, vl. *Desparer*, cat. Voy. *Dispareisser.*

DESPAREYCRE, v. n. vl. Veiller, s'éveiller.

DESPARIAR, v. a. (despariá); DESAPARIAR. *Desapariar*, cat. *Dispaiare*, ital. *Desaparear*, esp. *Desemparelhar*, port. Dépareiller, déparier et désappareiller.

Éty. du lat. *disparare*, m. s. ou de *despariar*; est dit par syncope pour *desaparelhar*, formé de *des* priv. de *parelh*, paire, et de *ar*, litt. défaire, déranger la paire. V. *Par*, R.

On dépareille en séparant deux choses pareilles, on dépareille un ouvrage en plusieurs volumes lorsqu'on en perd un.

On déparie en ôtant l'une des deux choses qui formaient une paire; on déparie des gants, des souliers; des pigeons, des chevaux, etc.

DESPARIAT, ADA, adj. et p. (desaparià, àde); DESAPARIAT, DESPARIAT, DESPARIER. *Desaparcado*, esp. *Spaiato*, ital. Dépareillé, déparié, selon le verbe. V. *Par*, R.

DESPARIER, IERA, V. *Desapariat* et *Par*, R.

DESPARJUNAR SE, v. r. (se despardjunà). Rompre le jeûne.

Éty. de *des* priv. et de *junar*; par, n'est employé ici que comme augm. V. *Jun*, R.

DESPARLAR, v. n. (desparlá); DERASOUNAR, DEMARGAR, DEBESOUNAR. Déraisonner, parler mal à propos, dire des choses contraires au bon sens, aux mœurs ou aux convenances, extravaguer.

Éty. de *des* priv. et de *parlar*, ne pas parler, sous-entendu, comme il convient. Voy. *Paraul*, R.

Déparler, en français a un sens différent, et signifie cesser de parler.

DESPARPELAR, v. n. (desparpelá). Piquer, en parlant des boissons: *Aquella liquour desparpela*, cette liqueur pique, brûle, brûler, quand il est question de la chaleur, de la lumière, etc.; *Lou souleou desparpela*, le soleil brûle les paupières; il est aussi actif, et alors il a la même signification que aracher les yeux.

Éty. de *des* priv. de *parpela*, paupière, et de *ar*, ôter, enlever les paupières. V. *Parpel*, R.

DESPARPELAR SE, v. r. et par alt. DESPAUPERLAR, DESCHASSIDAR. Se frotter les paupières, en se levant, pour les ouvrir; dessiller les yeux; enlever les cils: *Ploura que se desparpela*, il pleure à chaudes larmes ou à s'arracher les yeux.

DESPARRADA, V. *Esparrada.*

DESPARRAR, Débuter, commencer un discours. Garc. V. *Esparrar.*

DESPART, adv. (despà). A part; mettre à part, *Mettre en despart.*

Éty. du lat. *ex parte.* V. *Part*, R.

Despart aquot qu'avia, dl. outre, ou sans compter ce qu'il avait.

Prendre en despart, expr. prov. prendre à part.

Despart-eou, d. de Manosque, de luimême, de son chef. V. *Desperel.*

DESPART, s. m. V. *Depart.*

DESPARTAMENT, s. m. (despartaméin); DEPARTAMENT. *Departament* et *Departimen*, cat. *Departimiento*, esp. *Dipartimento*, ital. port. Département, distribution, partage, division territoriale ayant un préfet pour administrateur, et divisé en arrondissements; en parlant des différentes affaires d'état, on dit aussi, le département de la guerre, de la marine, des finances, etc.

Éty. *Departament*, en vieux langage, signifie séparation, dérivé du lat. *partitio.* Voy. *Part*, R.

Les départements, tels qu'ils existent maintenant, ont été établis par une loi du 17 pluviôse, an 8 de la république, mais leur fondation date du 15 janvier 1790, époque à laquelle ils furent créés par un décret de l'assemblée nationale, confirmé par Louis XVI, qui divise les 32 gouvernements ou provinces de France, en 83 départements, subdivisés en districts, cantons et communes.

Le nombre des départements a varié comme le sort de nos armes; vers la fin de la république on en comptait 108 et jusqu'à 130, sous l'empire, il y en a, depuis la restauration, 86.

DESPARTENSA, V. *Partensa* et *Part*, Rad.

DESPARTI, IA, adj. et part. d. vaud. Divisé, ée. V. *Part*, R.

DESPARTIDA, s. f. (despartide). Séparation, adieux que l'on se fait en se quittant.

Éty. de *des*, marquant division, et de *partida*, V. *Part*, R.

DESPARTINAR, Alt. de *Despertinar*, v. c. m.

DESPARTIR SI, v. r. (si despartir); ANOUNCIAR. *Departirse*, cat. Se départir, renoncer à une chose, se désister; se séparer.

Éty. de *des* priv. de *part*, portion, et de *ir*, litt. abandonner sa portion. V. *Part*, R.

DESPARTIR, v. a. vl. *Despartir*, cat. esp. Partager, diviser, distribuer; chasser, séparer.

DESPARTIR, v. a. (despartir), dg. DESPERTIR, ESPERTIR. *Despartir*, port. esp. cat. *Spartire*, ital. Partager, V. *Partagear*, se retirer. V. *Departir*, vl. départ. et *Part*, R.

DESPARTIR LOU, s. m. dl. Le goûter. V. *Goustar.*

DESPARTIT, IDA, adj. et p. (desparti, ide); *Despartido*, esp. *Spartito*, ital. Départi, ie; qui abandonne, qui se désiste. Voy. *Part*, R.

DESPARTIT, s. m. (desparti), dl. DESPERTIT. Le goûter ou la collation de l'après-dîner. Sauv. V. *Goustar lou.*

Éty. V. *Despartinar.*

DESPARTITION, s. f. (despartissie-n), et impr. DESPARTISSIOU, dl. Séparation, partage. V. *Partensa* et *Part*, R.

DESPASIMENTAR, v. a. (despasimeintà), dl. Décarreler. V. *Desmalounar.*

Éty. Ce mot est une alt. du lat. *pavimentum*, carreau, de *des* priv. et de *ar*, enlever les carreaux.

DESPASSAR, v. n. (despassá); *Despassar*, cat. Dépasser, retirer ce qui était passé, défiler, passer outre, passer au-delà, vaincre à la course; en vl. laisser, abandonner.

Éty. de *des*, signifiant privation ou au-delà, et de *passar*, faire le contraire de passer, et passer au-delà. V. *Pas*, R.

Despassar lou fiou d'una agulha, défiler une aiguille, et non *dépasser.*

Despassar lou chapelet, s'impatienter, dépasser les bornes de la modération.

DESPASSAR SE, v. r. Sortir des gonds, être hors de soi, se mettre en colère; se récréer, se désennuyer. Cast.

DESPASTAR SE, v. r. (despastá). Se dépêtrer, se tirer d'embarras, se débarrasser de la pâte dont on était enduit.

Éty. de *des* priv. de *pasta* et de la term. act. *ar*, enlever la pâte. V. *Past*, R.

DESPASTELAR, v. a. (despastelá); DESPESTELAR. Ouvrir la serrure qui tient une porte fermée. V. *Desclavar.*

Éty. de *des* priv. de *pastel*, pêne, et de la term. act. *ar*, ôter ou tirer le pêne.

DESPASTELAT, ADA, adj. et part. (despastelá, àde); DESPESTELAT. Ouvert, erte, qui n'est pas fermé à clef; excessif, ive. V. *Desclavat.*

Fai un fred despastelat, il fait un froid excessif.

Febre despastelada, fièvre ardente.

Éty. de *des* priv. de *pastel* et de *at*, *ada*, sans fermeture.

> *Una febre* despastelada
> *Fa clacar meis dents dins lou liech,*
> *Tout mi ven cresi per despiech.*
> Gros.

DESPAUPAR, V. *Despoupar se.*

DESPAUSAR, v. a. (despaousá); DESPAUVAR, DESPOUSAR. Détendre une tapisserie, enlever une glace, déplacer une chose qui était placée, posée.

Éty. de *des* priv. et de *pausar*, faire le contraire de poser. V. *Paus*, R.

DESPAUZATIO, s. f. vl. Déposition. V. *Paus*, R.

DESPAVIMENTAT, ADA, adj. et p. (despavimeintá, àde), dl. Décarrelé. Voy. *Desmalounat.*

DESPAYSAR, V. *Despaisar.*

DESPEAR SE, v. r. (sé despea). Se dit en général des enfants qui profitent d'un moment d'absence de leurs surveillants, pour attraper quelque friandise. Garc.

DESPEC, s. m. vl. *Despreci*, cat. *Desprecio*, esp. *Disprezzo*, ital. Mépris, dépit.

DESPEÇAR, v. a. (despeça): DESPESSAR. *Despedaçar*, port. Dépiécer, mettre en pièces, en lambeaux.

Ety. de *des* augm. de *peça* et de *ar*, mettre en pièces. V. *Peç*, R.

DESPEÇAR, v. a. dl. Même sign. que *Desmalholar*, v. c. m.

Éty. de *des* priv. de *peça*, linge, et de *ar.*

DESPECHABLE, adj. vl. *Despectible*, cat. *Despreciable*, esp. Méprisable. V. *Pect*, Rad.

DESPECHAMEN, s. m. vl. *Despechiamento*, anc. esp. Mépris, injure. V. *Pect*, Rad.

DESPECHAR, v. a. vl. DESPEYTAR. *Despitar*, cat. *Despechar*, esp. *Dispettare*, ital. Mépriser, faire peu de cas, honnir. V. *Despeçar*.

Éty. du lat. *despectare*, m. s. V. *Pect*.

DESPECHAR, dg. Alt. de *Despachar*, v. c. m.

DESPECHAT, md. Alt. de *Despachat*, v. c. m.

DESPECIER, s. m. vl. et adj. DESPÉNSER. Pour dépensier, V. *Despensier*; apothicaire, droguiste. V. *Espicier*.

DESPECOUIAT, Alt. de *Despecoulat*, v. c. m. et *Ped*, R.

DESPECOULAR, v. a. (despecoulá); DESPECOULIAR, DESPECOUILLAR. Oter le pédoncule des fruits, rompre les pieds d'une table, les montants d'une chaise, les colonnes d'un bois de lit, etc.

Éty. de *des* priv. de *pecoul* et de l'act. *ar*. V. *Ped*, R.

DESPECOULAT, ADA, adj. et part. (despecoulá, áde); DESPECOUIAT. Qui n'a pas de pied, en parlant d'une table, d'un banc; qui manque de pédicule, quand il s'agit d'un fruit, dans ce dernier sens. V. *Escouat*.

Éty. de *des* priv. de *pecoul*, pied, et de *at*, privé de son pied. V. *Ped*, R.

DESPECOULIAR, d. bas lim. V. *Despecoular* et *Ped*, R.

DESPEGAR, v. a. (despegá); DESARRAPAR, DESPEGOUIRE. *Despegar*, port. esp. *Desempegar* et *Desapegar*, cat. Décoller, détacher ce qui tient avec de la poix ou avec une colle quelconque; fig. arracher quelqu'un d'un lieu d'où il ne voudrait pas sortir; Désenivrer. V. *Desempegar*.

Éty. de *des* priv. de *pega*, poix, et de la term. act. *ar*, faire le contraire de *pegar*. V. *Peg*, R.

DESPEGAT, ADA, adj. et p. (despegá, áde); DESCOLLAT, DESARRAPAT. *Desapegat*, cat. *Despegado*, port. esp. *Spiccato*, ital. Décollé, déglué. V. *Peg*, R.

DESPEGOUIR, et

DESPEGOUIRE, v. a. (despegouiré); DESPEGOUIR. Dégluer. V. *Despegar*, au figuré.

DESPEGOUIRE SE, v. r. (despegouïré). Se tirer d'un lieu avec peine: *Lou poudiam pas despegouire*, nous ne pouvions pas le retirer, le tirer de là; on le dit aussi pour se débarrasser de quelque chose qui gêne. V. *Peg*, R.

DESPEI, *Despoi*, port. V. *Desempei*.

DESPEILAR, v. a. (despeilá), dl. Ouvrir avec une clef, ouvrir ce qui était fermé à clef. V. *Desclavar*.

Éty. de *des* priv. et de *peile*, pêne, ôter ou tirer le pêne.

DESPEIREGAR, Aub. *Despedregar*, cat. esp. V. *Espeiregar*.

DESPEISAR, Alt. de *Despaisar*, v. c. m.

DESPEISSES, dl. V. *Desempiei*.

DESPEITAR, v. a. vl. Mépriser.

DESPEITRENAT, adj. d. bas lim. V. *Despeitrinat*, *Desgevitrat* et *Pret*, R.

DESPEITRINAR SE, v. r. (despeitriná sé); *Despectorar-se*, port. Se débrailler. V. *Desgevitrar*.

Éty. de *des* priv. de *peitrina* et de *ar*, litt. priver de la poitrine, sous-entendu des vêtements. V. *Pect*, R.

DESPEITRINAT, ADA, adj. et part. (despeitriná, áde); *Despectorado*, port. Débraillé, ée. V. *Desgevitrat* et *Pect*, R.

DESPEITROLIAR, dl. V. *Despeitrinar* et *Pect*, R.

DESPELHAR, V. *Espelhar* et *Pel*, R.

DESPENAT, ANA, adj. (despená, áde). Qui est atteint d'une hernie. V. *Herniari* et *Relassat*.

DESPENCIER, s. m. vl. *Despensier*, anc. cat. *Despensero*, esp. *Despenseiro*, port. Econome, dépensier, celui qui est chargé de la dépense.

DESPENDEIRE, vl. V. *Despensaire*.

DESPENDIOUS, IOUSA, adj. (despeindióus, óuse); DISPENDIOUS. *Dispendioso*, ital. port. esp. *Dispendió*, cat. Dispendieux, euse, qui cause une dépense considérable.

Éty. de *despendre* et de *ious*, ou du lat. *dispendiosus*. V. *Pend*, R.

DESPENDOULIAR,

DESPENDOURAR, et

DESPENDOURIAR, V. *Despendre* et *Pend*, R.

DESPENDRE, v. a. (despèindré); DESPENDOULIAR, DESPENDOURIAR, DESPENDOURAR, DESPENGEAR. *Despenjar*, cat. Dépendre, détacher ce qui était pendu; vl. prévaloir.

Éty. de *des* priv. et de *pendre*. V. *Pend*, R.

DESPENDRE, v. n. *Despendrer*, cat. *Spendere* et *Dispendere*, ital. *Despendere*, bas lat. *Despender*, port. Dépenser. V. *Despensar*.

Éty. du lat. *dispendere*, formé de *pendere*, peser, parce que les Romains pesaient l'argent. V. *Pend*, R.

DESPENDUT, UDA, adj. et p. (despeindú, úde); *Despendido*, esp. port. Dépendu, ue, pour dépensé. V. *Despensat* et *Pend*, R.

DESPENE, dg. Pour dépenser. V. *Despendre*.

DESPENGEAR, Cast. *Despenjar*, cat. V. *Despendre*.

DESPENHER, vl. V. *Depenher*.

DESPENS, s. m. pl. (despéins). Dépens, frais qui ont été faits dans la poursuite d'un procès, qui entrent en taxe, et doivent être payés ou remboursés à celui qui a obtenu gain de cause, par celui qui a succombé.

Éty. du lat. *dispendium*, ou de *depensus*, dépense. V. *Pend*, R.

DESPENSA, s. f. (despéinse); ESPESA. *Dispensa*, ital. *Despeza*, port. *Despensa*, esp cat. *Despesa*, anc. cat. anc. esp. Dépense, ce qui est opposé à la recette, ce que l'on débourse.

Éty. du lat. *dispendium*, m. s. ou peut-être du français. V. *Pend*, R.

DESPENSA, s. f. MINGEADOUIRA. *Dispensa*, ital. *Despensa*, esp. port. Dépense, lieu où l'on serre les provisions de table; un garde-manger, un office, dans les grandes maisons.

Éty. De dépense, parce que les objets que ce lieu renferme sont destinés à être dépensés. V. *Pend*, R.

DESPENSADOR, s. m. vl. DISPENSADOR, DESPESSAIRE. *Dispensador*, cat esp. port. *Dispensatore*, ital. *Dispensarius* et *Dispensator*, bas. lat. Dispensateur, V. *Dispensatour*, économe, intendant, dépensier.

DESPENSAIRE, s. m. et adj. (despeinsaïré); DESPENSIER, DESPENDEIRE. *Despendedor*, esp. port. *Dispenditore*, ital. Dépensier, qui dépense beaucoup, prodigue.

DESPENSAMEN, s. m. *Dispensamento*, ital. Dépense. V. *Pend*, R.

DESPENSAR, v. a. (despeinsá); DESPENDRE. *Spendere*, ital. *Dispender*, port. *Despender*, esp. *Despesar*, anc. esp. Dépenser, employer de l'argent à quelque chose, et en général, mal à propos.

Éty. du lat. *dispendere*, m. s. V. *Pend*, R.

DESPENSAR, vl. V. *Dispensar*.

DESPENSAR, v. a. et n. vl. *Dispensare*, bas. lat. Dépenser, V. *Despensar*; penser, réfléchir. V. *Pensar*.

DESPENSAT, ADA, adj. et part. (despeinsá, áde); DESPENDUT. *Despendido*, port. Dépensé, ée. V. *Pend*, R.

DESPENSER, vl. V. *Despecier*.

DESPENSIER, IERA, adj. (despeinsié, iére); DESPENSAIRE, PRODIGUE, DESPENSIER. *Despenseiro*, port. anc. cat. *Despensero*, esp. *Dispensiere*, ital. Dépensier, ière, prodigue, qui dépense follement son argent.

Éty. de *despensa* et de *ier*, qui dépense beaucoup. V. *Pend*, R.

DESPENSIER, s. m. *Despensero*, esp. *Dispensiero*, ital. Dépensier, homme qui dépense beaucoup dans les maisons religieuses, celui qui est chargé de la dépense; dans les vaisseaux, matelot qui distribue les provisions de bouche; intendant, vl. Voy. *Pend*, R.

DESPERADA, s. f. vl. Désespoir: *A la desperada*, en désespéré. V. *Esper*, R.

DESPERAIRE, s. m. vl. Celui qui désespère.

DESPERAMEN, s. m. vl. *Desperadament*, cat. Désespoir.

DESPERANSA, s. f. vl. *Desperanza*, anc. cat. port. Désespoir.

DESPERAR, *Desperar*, esp. cat. port. *Disperare*, ital. V. *Desesperar*.

DESPERATION, s. f. d. vaud. *Desperacion*, esp. *Disperazione*, ital. *Desesperação*, port. Désespoir. V. *Esper*, R.

DESPERBEZIT, adj. et p. dl. V. *Desprouvesit*.

DESPERCEBRE, v. n. vl. Ne pas se précautionner, dépourvoir.

Éty. de *des* priv. et de *percebre*, dans le sens de pourvoir. V. *Cap*, R. 2.

DESPERCEBUDAMENT, adv. vl. DESPERSEBUDAMENT. A l'improviste.

Éty. de *des* priv. de *persebuda*, aperçue, et de *ment*, d'une manière inaperçue. Voy. *Cap*, R. 2.

DESPERDRE, v. a. vl. DEPERDRE. *Desperder*, anc. esp. *Disperdere*, ital. Égarer, dissiper, perdre.

Éty. du lat. *disperdere*.

DESPERDUT, adj. et p. vl. Éperdu. V. *Esperdut* et *Perd*, R.

DESPEREL, adv. (desperél); DESPEREOU, DESPART-EOU, DESPEREU. De lui-même, sans le secours ni l'aide de personne.

Éty. de *de*, *per*, *al*, de par lui.

Un autre n'en coumenço à peno
A saupré beca desperel.
Aubanel.

DESPEREOU, V. *Desperel.*

DESPERJUR, adj. vl. Cessant, qui cesse d'être parjure.

DESPERS, adj. vl. Désespéré, désespérant, désolé, désolant.

DESPERSEBUDAMENT, adv. vl. A l'improviste.

DESPERSONAR, v. a. vl. Dépeupler.

DESPERT, vl. Il ou elle désespère.

DESPERTINAR, v. n. (despartiná), dl. DESPARTINAR. Goûter ou faire la collation de l'après-dîner. V. *Goustar.*

Éty. Ce mot est une altération de *vespertina*, sous-entendu *hora*, du soir, fait de *vesper*, étoile du soir, parce que ceux qui travaillent à la campagne ne soupent qu'à leur retour ou à l'entrée de la nuit; de *vespertinar*, on a composé avec le part. priv. *despertinar*, par syncope, mot qui signifie littéralement changer l'heure, ou goûter avant le soir.

DESPERTIR, dl. V. *Despartir.*

DESPERVESIT, adj. et p. (despervesi), md. V. *Desprouvesit.*

DESPERVISIR, v. a. (despervisi), d. bas lim. Dépourvoir. V. *Desprouvesir.*

DESPES, s. vl. DESPENS. *Despensa*, anc. cat. Dépense, coût; il ou elle employa.

DESPESAIRE, s. m. vl. Dépensier. V. *Despensier* et *Pend*, R.

DESPESAR, vl. V. *Despessar.*

DESPESCAR, dl. V. *Despescouire.*

DESPESCOUIRE SE, v. r. (sé despescóuïré); DESPESCOULIR, DESPESCAR, DESEMPEYTRAR, DESPETOUIRE. Se dépêtrer d'un chemin bourbeux; et fig. se débarrasser d'un importun ou d'une chose qui gêne; corriger de la fréquentation d'un lieu ou d'une personne suspecte. Garc.

Éty. de *des* priv. de *pes*, pied, et de *cohærere*, être uni, adhérant. V. *Pes*, R.

DESPESCOULIR SE, v. r. (despescoulir). V. *Despescouire.*

DESPESOULHAR, dl. V. *Espeoulhar* et *Peoulh*, R.

DESPESSA, s. f. vl. *Despesa*, port. Charge; ministère, dispensation, dépense.

Éty. V. *Despensa* et *Pend*, R.

DESPESSADOR, vl. V. *Despessaire* et *Despensaire.*

DESPESSAIRE, vl. V. *Despensaire* et *Dispensatour.*

DESPESSAR, v. a. (despessá). V. *Despeçar.*

DESPESSESIR, v. a. (despessezir), dl. Clarifier, rendre coulant et liquide. Voy. *Clarifiar.*

Éty. de *des* priv. et de *espessesir*, devenir épais. V. *Espess*, R.

DESPESSIER, vl. V. *Despensier.*

DESPESSIER, s. m. vl. Épicier, apothicaire.

DESPESTELAT, V. *Despastelat.*

DESPETISAT, ADA, adj. et p. (deipetisá, áde). Qui a perdu l'appétit, qui a le dégoût.

Éty. de *des* priv. de *petit*, pour *appetit*, et de *at.*

DESPETOUIRE, Garc. V. *Despescouire.*

DESPETRAR SE, v. r. (despetrá). Se dépêtrer, se tirer du bourbier; et fig. d'un embarras quelconque; se débarrasser de quelqu'un ou de quelque chose qui gêne ou qui ennuie.

Éty. de *des* priv. de *petra*, pierre, et de la term. act. *ar*, se débarrasser, se tirer d'entre les pierres. V. *Petr*, R.

DESPEYTAR, v. a. vl. V. *Despechar.*

DESPEZAR, V. *Despeçar.*

DESPEZAR, v. n. vl. DESNOFEZAR. Être sans foi, mécroire. V. *Fid*, R.

DESPEZAT, adj. vl. Mécréant. Voy. *Fid*, R.

DESPIAR, d. de Berre. V. *Despulhar.*

DESPIAR, Alt. de *Despulhar*, v. c. m.

DESPIAT, ADA, adj. et p. (despiá, áde), d. de Manosque. Dépenaillé, ée, déguenillé.

DESPIAT, ADA, adj. et p. (despiá, áde). Fatigué, ée des pieds, de la marche. Cast.

Éty. de *des* priv. de *pi* pour pied, et de *at*, privé des pieds, c'est-à-dire de l'usage des pieds.

DESPICHAR SE, v. r. (se despitchá); DESPITAR, SI DETAIGAR, DESEIGAR SE. *Dispettarsi*, ital. *Despercharse*, esp. *Despitar*, cat. Se dépiter, prendre du dépit, agir avec dépit; faire le mutin, en vl. dédaigner, mépriser.

Éty. du lat. *despicere* ou de *despiech*, d'où l'on a supprimé le dernier *e* par euphonie, et de *ar*, faire du dépit. V. *Pect*, R.

DESPICHAT, ADA, adj. et part. (despitchá, áde). Dépité, ée, mutiné. V. *Pect*, R.

DESPICHOS, OSA, adj. vl. Dédaigneux, méprisant, méprisable.

DESPICHOUS, OUSA, adj. MOUSQUET, DESPIEICHOUS. *Dépiteux*, *euse*, quinteux, qui se dépite aisément, difficile.

Éty. de *despiech* et de *ous*, qui est de la nature du dépit ou plein de dépit, V. *Pect*, Rad.

DESPIE, Alt. de *Despiech*, v. c. m.

DESPIECH, s. m. (despiétch); DESPIE, DESPIEIT, DESPIT, DESPIEG, DESPIEYT. *Dispetto*, ital. *Despecho*, esp. *Despit* et *Despeit*, anc. cat. Dépit, chagrin mêlé de colère : *Mau despiech de tu;* maudit sois-tu; envie.

Éty. du lat. *despectus*, mépris, ou de *des* priv. et de *piech*, dit pour *pies*, estomac, cœur; les mots correspondants *dispetto*, ital. *despecho*, esp. où l'on trouve *petto* et *pecho*, qui signifient proprement estomac, prouvent l'authenticité de cette dernière étymologie; ce mot signifie litt. non qui prive de l'estomac, mais qui révolte, qui déplaît à l'esmac ou au cœur, considéré comme centre des sensations. C'est dans ce sens que Cicéron a dit *stomachum facere*, pour causer de l'indignation. V. *Pect*, R.

DESPIEG, vl. Mépris; dédain. Voy. *Despiech.*

DESPIEI, syn. de *Desempei*, v. c. m.

DESPIEICHOUS, OUSA, adj. (despieitsóu, óuse), d. bas lim. Envieux, euse. V. *Despichous* et *Pect*, R.

DESPIEIT, DESPIEYT, dl. Dépit. V. *Despiech* et *Pect*, R.

DESPIESSAR SE, v. r. (sé despiessá); DESPIESSARAR SE. Se débrailler. Voy. *Desgevitrar.*

Éty. de *des* priv. de *pies*, estomac, et de *ar*, découvrir l'estomac. V. *Pect*, R.

On le dit aussi pour se décolleter.

DESPIET, vl. V. *Despieg.*

DESPIEUCELAR et comp. vl. V. *Despioucelar*, etc.

DESPIEYT, d. béarn. Dépit. V. *Despiech* et *Pect*, R.

DESPIGNAIRE, s. m. (despignáïre), d. bas lim. Contrefaiseur, qui copie ou cherche à imiter les actions d'un autre.

Éty. Ce mot est une altération de *despintaire*. V. *Pint*, R.

DESPIGNAR, v. a. (despigná), md. Contrefaire, imiter les actions de quelqu'un pour le tourner en ridicule. V. *Engaugnar*, *Refaire*, *Despintar* et *Pint*, R.

DESPILHADURA, V. *Despuelha.*

DESPILHAR, V. *Despulhar.*

DESPINAR, v. a. (despiná). Arracher les épines. Garc.

DESPINTAR, v. a. (despïntá); DEPINTAR. *Despintar*, esp. cat. *Dispignere*, ital. Effacer la peinture; pour *dépeindre*. V. *Depintar.*

Éty. de *des* priv. de *pint* et de la term. act. *ar*, ôter la peinture. V. *Pint*, R.

DESPINTAT, ADA, adj. et part. (despïntá, áde); *Despintado*, esp. Dépeint, einte.

DESPIOUCELAR, v. a. (despioucelá); DESPIOUSELAR. *Spulcellare*, ital. *Despulcellar*, cat. Dépuceler, déflorer, ôter la fleur de la virginité.

Éty. de *des* priv. de *pioucela* et de *ar.*

DESPIT, s. m. (despi), dl. Pour dépit, V. *Despiech* et *Pect*, R.

En despit an d'el, malgré, en dépit de lui.

DESPITAR, v. a. (despitá), dl. Défier. V. *Desfiar.*

DESPITAR, v. a. dl. Dépiter, dégoûter. V. *Despichar* et *Pect*, R.

DESPIUCELAR, v. a. vl. DESPIEUCELAR, DESPIUSELAR, DEPIEUSELAR, DESPIUZELAR, DESPIEUZELAR. *Spulcellare*, ital. Dépuceler, déflorer.

DESPIUCELATGE, s. m. vl. DESPIEUCELATGE, DESPIUSELATGE, DESPIEUZELATGE. Dépucelage, défloraison.

DESPLAÇAMENT, s. m. (desplaçamèin). Déplacement, action de déplacer.

Éty. de *desplaçar* et de *ment.* V. *Plat*, Rad.

DESPLAÇAR, v. a. (desplaçá). Déplacer, ôter une personne ou une chose de la place qu'elle occupe.

Éty. de *des* priv. et de *plaçar.* V. *Plat*, Rad.

DESPLAÇAT, ADA, adj. et p. (desplaçá, áde). Déplacé, ée. V. *Plat*, R.

DESPLAIDEIAR, v. a. vl. DESPLAIDEJAR. Réparer, redresser, dédommager.

DESPLAIRE, v. n. (despláïré); *Dispiacere*, ital. *Desplacer*, esp. *Desprazer*, port. *Desplaurer*, cat. Déplaire, être désagréable, le devenir.

Éty. du lat. *displicere*, ou de *des* priv. et de *plaire*. V. *Plas*, R.

DESPLANTAR, v. a. (desplantá); *Desplantar*, esp. port. *Spiantare*, ital. Déplanter, ôter de terre un arbre, un arbrisseau, une plante, pour les planter ailleurs, quand c'est pour les détruire on dit *Derrabar*, v. c. m.

Éty. du lat. *deplantare*, m. s. ou de *des* priv. et de *plantar*, le contraire de planter. V. *Plant*, R.

DESPLANTAT, ADA, adj. et p. (desplantá, áde). Déplanté, ée. V. *Plant*, R.

DESPLASENSA, s. f. vl. DESPLAZENSA. *Desplazenza*, anc. cat. *Dispiacenza*, ital. *Displacentia*, basse lat. Déplaisance, désagrément, ennui.

DESPLASER, s. f. *Desplacer*, cat. *Desprazer*, port. V. *Desplaisir*, comme plus usité.

Éty. de *des* priv. et de *plaser*, V. *Plas*, R. vl. déplaire.

DESPLAZENSA, s. f. vl. V. *Desplasensa*.

DESPLAZER, v. a. vl. V. *Desplaire*.

DESPLAZER, s. m. vl. *Desprazer*, port. V. *Desplesir*.

DESPLEGA, s. f. (desplégue), dl. Etalage. Sauv.

DESPLEGADAMEN, adv. vl. *Desplegadamente*, esp. Explicitement. V. *Plec*, R.

DESPLEGAGI, s. f. (desplegádgi); *Spiegamento*, ital. *Desplegamiento*, esp. *Despregadura*, port. Action de déplier, et déploiement ou action de déployer; étalage et action d'étaler.

Éty. de *des* priv. de *pleg*, pli, et de *agi*, action de défaire les plis. V. *Plec*, R.

DESPLEGAR, v. a. vl. DESPLEIAR, DESPLEVAR. V. le mot suivant. Déployer, déplier; faire tournoyer, mettre en mouvement. V. *Plec*, R.

DESPLEGAR, v. a. (desplegá); DESPLIAR, DEYREGRENILHAR. *Spiegare* et *Dispiegare*, ital. *Desplegar*, esp. cat. *Despregar*, port. *Deplicare*, basse lat. Déplier, étendre ce qui était plié, montrer toute sa marchandise, en parlant d'un marchand; déployer, étendre les ailes, les étendards; déferler, étendre les voiles; étaler, exposer les marchandises en vente; en vl. expliquer.

Éty. de *des* priv. et de *Plegar*, v. c. m. et *Plec*, R.

DESPLEGAR SE, v. r. Se déployer, se déplier, etc; se décoiffer, prendre le bonnet de nuit ou la cornette. Sauv.

DESPLEGAT, ADA, adj. et p. (desplègá, áde); DESPLIAT, ADA. *Desplegado*, esp. *Spiegato*, ital. *Despregado*, port. Déplié, déployé, déferlé, étalé, selon le verbe. Voy. *Plec*, R.

DESPLEGEAR, V. *Desplegar*.

DESPLEIAR, vl. V. *Desplegar*.

DESPLENAR, Jasm. V. *Desemplir*.

DESPLESIR, s. m. (desplésir), pr. mod. et mieux. DESPLASER. *Desplacer*, esp. mod. *Dispiacere*, ital. *Desplacer*, esp. anc. *Desprazer*, port. *Desplaer*, anc. cat. Déplaisir, sentiment pénible qui affecte plus ou moins l'âme, pensée chagrinante qui se présente sans cesse à l'esprit, mécontentement.

Éty. de *des* priv. et de *plesir*. V. *Plas*, R.

DESPLEYAR, vl. V. *Desplegar*.

DESPLIAR, d. m. V. *Desplegar*.

DESPLISSAR, v. a. (desplissá); *Spiegare*, ital. *Despiegar*, port. Déplisser, défaire les plis.

Éty. de *des* priv. et de *plissar*. V. *Plec*, Rad.

DESPLISSAT, ADA, adj. et p. (desplissá, áde). Déplissé, ée. V. *Plec*, R.

DESPLOUMBAR, v. a. et n. (desploumbá); *Desplomar*, esp. *Spiombare*, ital. Oter le plomb.

DESPLOUMBAR, v. n. *Desplomar*, cat. V. *Susploumbar*.

DESPLOUMBAT, ADA, adj. et part. (desploumbá, áde); *Desplomado*, esp.

DESPLUGAR, Alt. de *Desplegar*, v. c. m. et *Plec*, R.

DESPLUMAR SE, v. r. (desplumá se); *Desplumar-se*, port. esp. *Spiumarsi*, ital. *Desplomarse*, anc. cat. *Deplumare*, basse lat. Se déplumer, perdre ses plumes en parlant des oiseaux.

Éty. de *des* priv. de *pluma* et de *ar*, priver des plumes. V. *Plum*, R.

DESPLUMAT, ADA, *Desplumado*, esp. port. V. *Plumat* et *Esplumassat*.

Éty. du lat. *deplumis*, m. s. V. *Plum*, R.

DESPO et DESPON, vl. Il ou elle expose, explique.

DESPODER, s. m. vl. Impuissance, dénuement, infirmité.

DESPODERAT, ADA, adj. et part. vl. *Despoderat*, cat. *Despoderado*, anc. esp. Estropié, paralytique, impotent, sans force. V. *Despouderat*.

DESPODERS, s. m. pl. vl. Infirmités.

DESPOESTADIR, v. a. vl. DESPOESTEDIR. Oter le pouvoir, ôter la juridiction, déposséder.

Éty. de *des* priv. de *poestad* et de *ir*, devenir sans pouvoir, formé du lat. *potestatis* gén. de *potestas*. V. *Puiss*, R.

DESPOESTEDIT, adj. et p. vl. DESPOSTADIT. Dépossédé. V. *Despoestadir* et *Puiss*, Rad.

DESPOILLAMENT, s. m. vl. DESPULHAMENT. Dépouillement. V. *Despulhament* et *Pel*, R.

DESPOILLAR, v. a. vl. Déshabiller. V. *Despulhar*.

DESPOILLAT, adj. vl. Dépouillé. Voy. *Despulhat* et *Pel*, R.

DESPOLHADOR, s. m. vl. DESPOLHAIRE. *Despojador*, esp. port. *Spogliatore*, ital. Spoliateur, voleur.

Éty. de *des* priv. et du lat. *spolia*.

DESPOLHAIRE, vl. V. *Despolhador*.

DESPOLHAR, vl. V. *Despuelhar*.

DESPOLHAT, ADA, adj. et part. vl. V. *Despulhat*.

DESPON, vl. Il ou elle enseigne.

DESPONDRE, vl. V. *Desponer*.

DESPONEMEN, s. m. vl. Exposition, explication. V. *Pous*, R.

DESPONER, v. a. vl. DESPONDRE, DESPONRE. *Dispondrer*, anc. cat. *Disponer*, esp. *Dispor*, port. *Disporre*, ital. Disposer, façonner; expliquer, exposer, signaler.

Éty. du lat. *disponere*, m. s. V. *Pous*, Rad.

DESPONRE, v. a. vl. V. *Desponer*.

DESPOPAR, v. a. vl. Sevrer. V. *Despoupar* et *Desmamar*.

DESPOPAT, ADA, adj. et part. vl. Sevré, ée.

DESPOSECIO, vl. V. *Disposition*.

DESPOSSESIT, IDA, adj. et part. vl. DESPOSSESITZ. Dépossédé.

DESPOSSEZIR, v. a. vl. *Desposseir*, cat. *Desposeer*, esp. Déposséder. V. *Despoussedar*.

DESPOSTADIT, V. *Despoestedit*.

DESPOTAR, v. a. (despoutá), et impr. DESPOUTAR. Dépoter, ôter une plante d'un pot où elle est pour la mettre dans un autre, ou pour en renouveler la terre.

Éty. de *des* priv. de *pot* et de *ar*, litt. ôter du pot. V. *Pot*, R.

DESPOTAR, v. a. dl. Egueuler, casser les bords ou le goulot d'un vase, etc.: *Dourga despotada*, cruche égueulée. Sauv.

Éty. de *des* priv. de *pot*, lèvre, bouche, et de *ar*, priver de la bouche, de la gueule. V. *Pot*, R.

DESPOTICAMENT, adv. (despouticaméin); *Despóticament*, cat. *Dispoticamente*, ital. *Despoticamente*, esp. port. Despotiquement, avec une autorité, un pouvoir despotique.

Éty. de *despotica* et de *ment*, d'une manière despotique, *despoticè*, lat.

DESPOTIQUE, ICA, adj. (despoutiqué, ique); *Dispotico*, ital. *Despotico*, esp. port. *Despotique*, esp. *Despotic*, cat. Despotique, qui appartient ou tient du despotisme.

Éty. du lat. *despoticus*. V. *Despoto*.

DESPOTISME, s. m. (despoutisme); *Despotismes*, cat. esp. *Despotismo*, esp. ital. port. Despotisme, pouvoir absolu, pouvoir arbitraire et sans bornes; autorité que l'on s'arroge sur les homme et sur les choses.

Éty. de *despoto* et de *isme*.

DESPOTO, s. m. (despóte); *Despota*, lat. cat. esp. *Dispoto*, ital. port. *Despote*, esp. Despote, celui qui gouverne avec une autorité absolue et arbitraire.

Éty. du grec δεσπότης (despotès), maître ou seigneur, dérivé de δεσπόζω (despozô), dominer.

DESPOTORLAR, v. a. (despoutourlá); DESPOUTOURLAR. Egueuler un vase.

Éty. de *des* priv. de *pot*, de *orle* et de *ar*, litt. enlever le bord d'un pot.

DESPOTORLAT, ADA, adj. et part. (despoutourlá, áde); DESPOUTOURLAT. Dégueulé, ée.

DESPOUDERAR, v. a. (despouderá). Déchirer les habits; friper les meubles; estropier quelqu'un, le priver de l'usage de quelque membre.

Éty. de *des* priv. de *pouder*, pouvoir, puissance, et de *ar*, priver du pouvoir, de la faculté d'agir.

DESPOUDERAR SI, v. r. S'écorcher, Garc. Se désespérer. Cast.

DESPOUDERAT, ADA, adj. et p. (despouderá, áde); *Desapoderado*, esp. Déguenillé; estropié, insupportable, en parlant d'un mal.

Éty. de *des* priv. de *pouder* et de *at*, hors de puissance.

DESPOUDERAT, ADA, s. d. des Bouches-du-Rh. Qui fripe ses habits, qui les gâte, *fripeur*, *euse*; sont des barbarismes. V. *Destrussi*.

DESPOUDRAR, v. a. (despoudrá); *Spolverare*, ital. *Desapolvilhar*, port. Dépoudrer, ôter, faire tomber la poudre des cheveux, d'une perruque, etc.

Éty. de *des* priv. et de *poudrar*. Voy. *Poudr*, R.

DESPOUDRAT, ADA, adj. et part. (despoudrá, áde). Dépoudré, ée. V. *Poudr*, Rad.

DESPOUGNER, v. n. (despóugné), dl. Cesser de pondre. Sauv. V. *Despouner*.

DESPOULHA, *Despulla*, cat. V. *Despuelha*, plus usité, et *Pel*, R.

DESPOULHAR, *Despullar*, cat. Voy. *Despulhar* et *Pel*, R.

DESPOULIR, v. a. (despoulir); DESLUSTRAR. Dépolir, ôter le poli de quelque chose, du marbre, des métaux en particulier.

Éty. de *des* priv. et de *poulir*. V. *Poul*, Rad.

DESPOUNCHAR, *Despontar*, port. *Despuntar*, cat. esp. V. *Espounchar*, m. s. dans le d. de Manosque, ce mot signifie aussi entamer, commencer. V. *Pounct*, R.

DESPOUNCHAT, ADE, adj. et part. *Despoutado*, port. V. *Espounchat*.

DESPOUNER, v. n. (despóune); DESPOUDRE, DESPOUGNER. Cesser de pondre, en parlant des poules, ce qui arrive pendant les grands froids et du temps de la mue.

Éty. de *des* priv. et de *pouner*.

DESPOUPAR, *Spoppare*, ital. Même sign. que *Desmamar*, v. c. m.

Éty. de *des* priv. de *poupeou*, mamelon, et de *ar*.

DESPOUPAR, v. a. (despoupá). Décharner, séparer la chair des os; sevrer. Voy. *Desmamar*.

Éty. de *poupa*, chair, de *des* priv. et de *ar*, litt. Ôter la chair.

DESPOUPAR SE, v. r. (se despoupá); DESPAUPAR, SE DEGOULHAR. Se démettre la main, le poignet ou tout autre membre, dans l'articulation; faire un effort qui fait séparer la chair, luxation d'un muscle.

Éty. de *des* priv. de *poupa*, chair, et de *ar*.

DESPOUPAT, ADA, adj. et p. (despoupá, áde), dl. Sevré. V. *Desmamat*.

DESPOURVUT, UDA, adj. et p. (despourvú, úde). Dépourvu, ue; qui manque de quelque chose. V. *Desprouvesit*.

Au despourvut, loc. adv. au dépourvu, sans être préparé.

DESPOUSSEDAR, v. a. (despoussedá); *Desposseir*, cat. *Desposeer* et *Desapossar*, port. *Desposeer*, esp. *Despossidere* et *Depossidere*, basse lat. Déposséder, ôter la possession.

Éty. de *des* priv. et de *poussedar*. Voy. *Poussed*, R.

DESPOUSSEDAT, ADA, adj. et part. (despoussedá, áde). Dépossédé, ée. Voy. *Poussed*, R.

DESPOUTAR, V. *Despotar*.

DESPOUTENSIAR, v. a. (despoutensiá); DESOUNDRAR. Déshonorer, en parlant d'un arbre qu'on taille mal.

Éty. de *des*, en, de *poutensi*, potence, et de l'art. *ar*, réduire en potence, parce qu'un arbre mal taillé y ressemble.

DESPOUTENTAR, v. a. d. m. Même sign. que *Desmemouriar*, v. c. m.

Éty. de *des* priv. de *poutent*, pour *potentia*, puissance, et de *ar*, ôter la puissance, la faculté de. V. *Pouss*, R.

DESPOUTIQUE, V. *Despotique*.

DESPOUTISME, V. *Despotisme*.

DESPOZITION, vl. V. *Disposition*.

DESPRAVAR, v. a. (despravá). V. *Depravar*.

DESPRAVAT, ADA, adj. et p. (despravá, áde). V. *Depravat*.

DESPRAVATION, s. f. (despravatie-n); DESPRAVATIEN. Dépravation, corruption de mœurs.

DESPRECIA, adj. et p. d. vaud. Méprisé, ée. V. *Prec*, R. 2.

DESPRECIAR, *Despreciar*, cat. esp. V. *Desapreciar* et *Prec*, R. 2.

DESPRECIVOLMENT, adv. d. vaud. Avec mépris. V. *Prec*, R. 2.

DESPRECZI, s. m. vl. *Despreci*, cat. *Desprecio*, esp. *Desprezo*, port. *Disprezzo*, ital. Mépris.

DESPRECZI, s. m. vl. Mépris. V. *Mespris* et *Despressi*.

DESPREISSER, v. n. vl. Veiller, s'éveiller.

DESPREPAUS, s. m. (desprepáous); *Desproposito*, port. Sottise, impertinence, absurdité, parole hors de propos.

Éty. de *des* priv. et de *prepaus*, chose qui n'est pas à propos.

DESPRESAR, v. a. (despresá), dl. DESPREZAR. *Disprezzare*, ital. *Despreciar*, esp. cat. *Desprezar*, port. *Depreciare*, bas. lat. Dépriser, priser moins, priser au-dessous de la valeur; faire peu de cas, on le dit aussi pour déprécier.

Éty. du lat. *depretiare*, m. s. ou de *des* priv. et de *Presar*, v. c. m. et *Prec*, R. 2.

DESPRESSI, s. n. vl. DESPRECZI. *Desprecio*, esp. *Disprezzo*, ital. Mépris. Voy. *Prec*, R. 2.

DESPREZAR, v. a. vl. DESPRECIAR. *Despreciar*, cat. esp. *Desprezar*, port. *Disprezzare*, ital. Mépriser, ravaler, rendre vil. V. *Desapreciar*.

Éty. du lat. *depretiare*, m. s. V. *Prec*, Rad. 2.

DESPREZIAMENT, s. m. vl. *Despreciamento*, anc. esp. *Disprezzamento*, ital. Dépréciation, mépris.

DESPREZIAMENT, s. m. vl. *Despreci*, cat. *Desprecio*, esp. *Disprezzo*, ital. Mépris. V. *Prec*, R. 2.

DESPROUFITAR, v. a. (desproufitá), dl. Gâter, perdre, dissiper mal à propos, employer inutilement: *Desproufitar quauqu'un*, maltraiter quelqu'un.

Éty. de *des* priv. et de *Proufitar*, v. c. m.

DESPROUFITAT, ADA, adj. et part. (desproufitá, áde). Gâté, mal employé.

DESPROUMETTRE, v. a. (desproumétre). *Dépromettre*, révoquer une promesse. Garç.

DESPROUVESIR, v. a. DESPERVISIR, DESPROOVIR. (desprouvesir); *Sprovvedere*, ital. *Desproveer*, esp. *Desprover*, port. Dépourvoir, ôter des choses nécessaires dont on était pourvu.

Éty. de *des* priv. et de *prouvesir*, pourvoir.

DESPROUVESIR SE, v. r. Se dépourvoir, se dessaisir de ce qui était nécessaire.

DESPROUVESIT, IDA, adj. et part. (desprouvesi, ide); DESPROUVIT, DESPOURVUT, DESPERVESIT, DESPERBEZIT. Dépourvu, ue: *Desprouvesit de tout*, dépourvu de tout, à qui tout manque.

DESPROVEZIR, vl. V. *Desprouvesir*.

DESPROVEZIT, vl. V. *Desprouvesit*.

DESPUCH, dg. V. *Despei*.

DESPUELH, vl. V. *Despulhament*.

DESPUELHA, s. f. (despuéille); DESPOULHA, DESPILHADURA. *Despulla*, cat. *Spoglia*, ital. *Despojo*, esp. port. *Dispolium*, bas. lat. Dépouille, toutes les hardes d'une personne; ce qu'on emporte des ennemis après la victoire; vl. livrée.

Éty. du lat. *spolium*, m. s. V. *Pel*, R.

DESPUELHAMENT, vl. V. *Despoillement*.

DESPUELHAR, vl. V. *Despulhar*.

DESPUIS, conj. (despüi); DEPEI, DESEMPEI, DEMPIEI, DENDESPIEI, DESEMPUECH, DOUSEMPEI, DESPIEI, DESEMPIEI, DESPIEISSES, DEPUIS. *Depuys*, anc. cat. *Despues*, esp. *Depois*, port. *Dopo*, ital. Depuis, depuis que, depuis ce temps là.

Éty. du lat. *de* et *post*.

On ne dit pas *du depuis*, ni *depuis lors*.

DESPULHA, s. f. anc. d. béarn.

Exception declinatoria no ha loc en materia de possession et despulha *in dilatoria*.

DESPULHADURA, s. f. (despulladúre); DESPILLIADURA. V. *Pel*, R.

DESPULHAMENT, s. m. (despuillaméin). Dépouillement, action de dépouiller.

DESPULHAMENT, s. m. vl. DESPUELH, DESPOILLAMENT. *Despojo*, esp. *Despojamento*, port. Dépouillement. V. *Despulhament*.

DESPULHAR, v. a. vl. DESPUELHAR, DESPOLHAR, DESPOILLAR, DESPULLAR, DESPUYLLAR. V. le mot suivant.

DESPULHAR, v. a. (despuillá); DESHABILHA, DESPIAR, DESPOULHAR, DESPILHAR. *Spogliare*, ital. *Despojar*, esp. port. *Despullar*, cat. *Depollare* et *Despoliare*, bas lat. Dépouiller, ôter les habits à quelqu'un, et par extension lui ôter ses biens, tout ce qu'il possède.

Éty. de *des* priv. de *despuelha*, dépouille, et de *ar*, ou du lat. *despoliare* ou *sopoliare* se. V. *Pel*, R.

DESPULHAR SE, v. r. Se dépouiller, se déshabiller, et fig. donner tout ce que l'on a, ne rien garder pour soi.

DESPULHAT, ADA, adj. et part. *Despojado*, port. esp. Déshabillé, ée; dépouillé.

Éty. du lat. *spoliatus*. V. *Pel*, R.

DESPUMAR, v. a. vl. *Espumar*, esp. port. *Spumare*, ital. Écumer, épurer.

DESPUMAT, ADA, adj. et part. vl. Écumé, ée.

DESPUNTAR, dl. *Despuntar*, esp. *Spuntare*, ital. V. *Espounchar*.

DESPUOIS, conj. vl. DEPUEIS, DEPOS. Puisque, depuis que. V. *Despuis*.

DESPUPLAMENT, s. m. (despuplaméin); *Despoblació* et *Despoblament*, cat. *Spopolazione*, ital. Dépeuplement, action de dépeupler un pays, ou état d'un pays dépeuplé.

Éty. de *despuplat* et de *ment*.

DESPUPLAR, v. n. (despuplá); *Dipopolare* et *Spopolare*, ital. *Despoblar*, esp. cat. *Despovoar*, port. Dépeupler, dégarnir d'habitants, et par ext. de gibier.

Éty. du lat. *depopulare* ou de *des* priv. et de *puplar*. V. *Popul*, R.

DESPUPLAT, **ADA**, adj. et p. *Despovoado*, ital. port. *Despoblado*, esp. *Despoblad*, cat. Dépeuplé, ée. V. *Popul*, R.

DESPUS, adv. vl. Depuis.

DESPUTAR, vl. V. *Disputar*.

DESPUX, adv. anc. béarn. Depuis. V. *Desempei*.

DESPUYLLAR, vl. V. *Despuelhar*.

DES-QUE, prép. de temps et de lieu, et conj. *Desque*, port. anc. esp. Dès-que.

DESQUEICHAR, d. m. V. *Descaissar*.

DESQUET, s. m. (desqué), dl. DESQUETA. Un corbillon, il est d'osier et évasé en forme de plat.

Éty. de *desca* et du dim. *et*.

DESQUETA, s. f. (desquéte), dl. dim. fém. de *desca*, corbillon. V. *Desca*.

DESQUILHAR, v. a. (desquillá). Abattre les quilles, et fig. faire tomber tout ce qui paraît perché, tuer ; s'en aller, se sauver. Sauv.

Éty. de *des* priv. et de *Quilhar*, v. c. m.

DESQUINCALHAR, v. a. (desquincaillá). Détraquer. V. *Desgargalhar*.

Éty. de *des* augm. de *quincalha* et de *ar*, réduire en quincaille.

DESQUINCALHAT, **ADA**, adj. et part. (desquincaillá, áde). Détraqué, ée. V. *Desgargalhat*.

DESQUIRDAT, **ADA**, adj. et part. (desquirdá, áde), dl.

Sas bertuts, se n'a cap, soun toutos *desquirdados*.
Hillet.

DESQUITTAR SE, DEQUITTAR. *Desquitarse*, esp. Même sign. que *Resquetiar se*.

DESRACINAR, v. a. (desraciná) ; DERIGAR, DERENGAR, DEREGAR, DANRIGAR, DERRACINAR, DERASIGAR. *Sradicare* et *Disradicare*, ital. *Desraigar* et *Desarraygar*, esp. *Desarraigar*, port. *Desraygar*, anc. cat. Déraciner, arracher un arbre, une plante avec sa racine ; on le dit plus particulièrement de tout accident qui met les racines à découvert ; fig. détruire en entier, guérir radicalement.

Éty. de *des* priv. de *racina* et de l'act. *ar*. V. *Radic*, R.

DESRAIGAR, vl. V. *Desracinar*.

DESRAMAR, v. a. (desramá) ; ESFULHAR, DERAMAR, DESFAR, DESPAMPAR, DERRAMAR. *Deramare*, ital. *Desramar*, port. Effeuiller, enlever les feuilles à un arbre, le priver de sa verdure, V. *Desenramar*, gauler. Avr.

Éty. de *des* priv. de *rama* et de *ar*, enlever la feuille ou ramée. V. *Ram*, R.

En vl. rompre, fracasser, délabrer, ruiner.

DESRAMAR, v. n. Perdre les feuilles, s'effeuiller, en parlant des arbres. V. *Ram*.

DESRAMAT, **ADA**, adj. et part. (desramá, áde) ; DERRAMAT, ESFULHAT, PELAT, PEARAT. *Desramado*, port. Effeuillé, ée ; privé de ses feuilles. Voy. *Ram*, R.

DESRANCAR, vl. V. *Derrencar*.

DESRANCAT, **ADA**, adj. et part. vl. Dérangé, ée ; renversé, ée.

DESRATAT, **ADA**, adj. et part. (desratá, áde) ; DERATAT, DEIRATAT. Dératé, ée ; ératé, au propre, cet adj. conviendrait à celui à qui l'on aurait enlevé la rate ; mais au figuré, seul sens dans lequel il soit employé, on s'en sert pour désigner un homme qui ne se fatigue jamais à la course ; on le dit aussi pour enjoué, rusé, retors.

Éty. *Desratat*, signifie privé de la rate, et l'on donne ce nom aux bons coureurs, parce qu'on s'imagine qu'ils sont privés de cet organe, qui se gonflant par la fatigue ; empêche de courir. V. *Rat*, R. 2.

DESRAUBAT, adj. et p. vl. Volé, dépouillé. V. *Deraubat* et *Raub*, R.

DESRAYGAR, vl. V. *Desracinar*.

DESRAYJAR, v. a. anc. lim. Arracher, déraciner.

Éty. de *des* priv. de *ray*, racine, et de *ar*.

DESRAZICAR, vl. V. *Desraygar*.

DESRAZIGAMENT, s. m. vl. Déracinement, arrachement.

DESRAZIGAR, v. a. vl. DARRADIGAR, DESRAYGAR. V. *Desracinar*.

DESRAZO, s. f. vl. *Disragione*, ital. Déraison.

DESREDIR SE, v. r. (desredir) ; DEREDIR, DEREGIR, DEIREGIR. Se déraidir, perdre sa raideur, celle surtout qui est occasionnée par le froid ou par l'engourdissement des membres.

Éty. de *des* priv. de *rede*, raide, et de *ir*, cesser d'être raide. V. *Rig*, R.

DESREFUGEN, part. pr. vl. Fuyant.

DESREFUGIR, v. a. vl. Fuir.

DESREGAR, v. n. (desregá). Désenrayer.

DESREGLAT, part. vl. *Desreglado*, esp. *Desregrado*, port. Déréglé. V. *Desreglat*.

DESREGOUIR, v. n. (desregouïr). Exercer ses membres, les rendre souples, d'engourdis qu'ils étaient.

DESREI, s. m. vl. Désarroi ; il ou elle détourne.

DESREIAR, v. n. vl. S'écarter, extravaguer.

DESREIAR, vl. V. *Desreyar*.

DESREIAT, **ADA**, adj. et p. vl. Déréglé, ée ; dévié, débordé.

DESRENAR, v. a. (desrená) ; ESNOUNBLAR, ESPOUILAR, AISSÉLANCAR, ARENAR, DERRENAR, DENOUMBLAR, DESNOUMBLAR. *Dilombare* et *Slombare*, ital. *Derrengar*, esp. *Derrear*, port. *Errener*, éreinter, rompre les reins ou seulement les fouler.

Éty. de *des* priv. de *ren* et de *ar*, priver ou rompre les reins. V. *Ren*, R.

DESRENAR SE, v. r. etc. S'éreinter, se fatiguer à l'excès, prendre une entorse aux reins.

DESRENAT, **ADA**, adj. et p. (desrená, áde) ; DIRENAT, DERENAT, DENOUMBLAT, ESPOUILAT, ESNOUMBLAT, ESCOULETAT, ARENAT. *Dereado*, port. *Derrengado*, esp. Ereinté, ée. V. *Ren*, R.

DESRENCAR, vl. V. *Derrengar*.

DESRENGAR, vl. V. *Derrengar*.

DESRENHAR, v. a. vl. Discuter, contester.

DESRENJAR, vl. V. *Derrengar*.

DESREY, s. m. vl. Désordre, désarroi, trouble, tourment.

DESREYAR, v. a. et n. vl. DESREIAR. Tourner, dévier, dérégler, déborder, sortir du rang.

DESRIBLAR, v. a. (desriblá). Faire le contraire de river. V. *Riblar*.

DESROCAR, vl. V. *Derocar*.

DESROMPRE, v. a. vl. DISROMPRE, DISRUMPRE. *Disrompere*, ital. Rompre, déchirer.

Éty. du lat. *dirumpere*, m. s.

DESROUGIR, v. a. et n. (desrougir). Dérougir, ôter la rougeur ; devenir moins rouge.

Éty. de *des* priv. et de *rougir*. V. *Rubr*, Rad.

DESROUISSAR, v. a. (desrouissá). V. *Desroumiar*.

DESROULAR, v. a. (desroulá) ; *Desarollar*, esp. *Desenrolar*, port. Dérouler ; étendre ce qui était roulé.

Éty. de *des* priv. et de *roular*. V. *Rot*, R.

DESROULAT, **ADA**, adj. et p. (desroulá, áde) ; *Desenrolado*, port. Déroulé, ée. V. *Rot*, R.

DESROULHAR, v. a. (derrouillá) ; DERROULHAR, DERROULHIR, DESROULHIR, DEIROUIR, DESENROULHAR, DESENROULHIR, DERROULHOUIRE, DERROUISSAR, DEIROUIAR, DEROULHAR, DERROUVELIR. *Srugginire*, ital. *Desenferrujar*, port. *Deruginare*, basse lat. Dérouiller, ôter la rouille ; fig. dégourdir les jambes en marchant ; faire circuler les écus, *Derroulhar leis escuts* ; façonner, instruire, mettre au fait.

Éty. de *der* pour *des* priv. de *roulh* et de *ar*, ôter la rouille. V. *Roulh*, R.

Pour préserver de la rouille les pièces de fer qui n'ont pas besoin de conserver leur poli, on se contente de les chauffer jusqu'au rouge et de les frotter ensuite avec de la corne, des plumes ou de l'huile.

Pour celles dont on veut ménager le poli, il faut les laver dans une lessive alcaline un peu forte, les bien essuyer, et les faire chauffer ensuite jusqu'au gris bleu, sur les charbons ardents.

Monsieur Conté a imaginé un procédé qui mérite la préférence sur tous les autres, parce qu'on peut l'appliquer à froid sur l'acier trempé et même sur le cuivre.

Après avoir lavé les pièces dans une lessive alcaline, et ensuite dans l'eau pure on les essuie bien et on les enduit avec une éponge d'une légère couche du vernis suivant ;

Prenez : vernis gras de copal à l'huile, bien blanc, une partie ; essence de térébenthine bien rectifiée, une partie ; mêlez et conservez pour l'usage.

DESROULHAT, **ADA**, adj. et p. (derrouillá, áde) ; DERROULHAT, DERROULHOUI. Dérouillé, ée. V. *Roulh*, R.

DESROULHIR, même sign. que *Desroulhar*, v. c. m. et *Roulh*, R.

DESROUMEGEAR, Aub. V. *Desroumiar*.

DESROUMIAR, v. a. (desroumiá) ; DESROUISSAR, DERROUISSAR, DESROUMEGEAR, DEROUMIAR. *Deruncinare*, basse lat. Enlever les ronces, les buissons, Aub. déclore. Avr.

Éty. de *des* priv. de *roumi* et de *ar*.

DESRUPIT, **IDA**, adj. et p. (desrupi) ; DERRUPIT. Délabré, détruit à moitié, en parlant d'un champ ou d'une terre. Ach.

Éty. du lat. *disrupi*, *disruptum*, de *disrumpere*, rompre, fracasser. V. *Roump*, R.

DESSA, adv. V. *Deça*.

DESSABORAMENT, s. m. vl. Dégoût. V. *Sap*, R.

DESSABORAR, v. a. vl. *Dessaborar*, anc. cat. *Desaborar*, anc. esp. Dégoûter. V. *Sap*, R.

DESSABORAT, ADA, adj. et part. vl. Dégoûté, ée ; insipide.

DESSABOURIR, v. a. (dessabouri), d. bas lim. Faire perdre sa saveur à un mets, à une liqueur, affadir.

Éty. de *des* priv. de *sabour*, saveur, et de l'act. *ir*, ôter la saveur. V. *Sap*, R.

DESSACAR, v. a. (dessacá). Vider un sac; faire une chute, tomber. Garc.

DESSAGELAR, v. a. vl. Desceller, ôter le sceau.

DESSAGELAT, ADA, adj. et part. vl. Qui n'a plus de sceau.

DESSAGROUNLAR, v. a. (dessagrounlá), dl. Ebranler. V. *Esbranlar*.

DESSAGROUNLAT, ADA, adj. et p. (dessagrounlá, áde), dl. Ebranlé, ée. Voy. *Esbranlat*.

DESSAI, adv. vl. V. *Deçai*.

DESSAINAR, v. n. vl. Manquer la saison, faire hors de propos.

DESSAIRE, v. a. d. béarn. Défaire. V. *Desfaire*.

DESSAIXONAR, v. a. vl. Désarçonner. V. *Desarçounar*.

DESSALAR, v. a. (dessalá); DESSARAR. *Dissalare*, ital. *Desalar*, esp. *Desalgar*, port. Dessaler, faire perdre la salure à une viande salée.

Éty. de *des* priv. et de *salar*, V. *Sal*, R. *dessalar* pour déceler. V. *Decelar*.

DESSALAT, ADA, adj. et p. (dessalá, áde); DESSARAT. Dessalé, ée. V. *Sal*, R.

DESSALHIR, v. n. vl. Partir.

DESSALVAR, v. a. vl. Damner.

DESSALVAT, ADA, adj. et p. vl. DESSALVATZ. Damné.

DESSARAR, V. *Dessalar*.

DESSARAT, V. *Dessalat*.

DESSARRAR, v. a. vl. Lancer des flèches. V. *Serr*, R.

DESSARRAR, v. a. vl. DEYSSARRAR-DEYSSARAR, DESSARAR, DEYSSARRAR, DEYSERRAR. Déployer, descendre, venir; jeter, lancer, accomplir, délier. V. *Desserrar* et *Serr*, Rad.

DESSARRAR, V. *Desserrar*.

DESSARRAT, V. *Desserrat*.

DESSAUBUDA, adj. vl. Insçu : *A la dessaubuda*, à l'insçu.

DESSAUDAR, v. a. (dessaoudá). Dessouder, disjoindre des parties qui étaient soudées, en faisant fondre la soudure.

Éty. de *des* priv. et de *saudar*.

DESSAUDAR SE, v. r. Se dessouder, se disjoindre, en parlant des choses soudées.

DESSAUDAT, ADA, adj. et p. (dessaoudá, áde). Dessoudé, ée.

DESSAUPRE, v. n. (dessáoupré), dl. Ignorer ; oublier. Sauv.

Éty. de *des* priv. et de *saupre*, savoir, ne pas savoir. V. *Sap*, R.

DESSAUPRE SE, v. r. Se tromper.

DESSAZIMENT, s. m. vl. Dessaisissement.

DESSAZINA, s. f. vl. Dépouille, expoliation.

DESSAZIR, vl. V. *Dessesir*.

DESSAZONAR, vl. Déranger, déconcerter, troubler; perdre sa saison, dénaturer. V. *Sesoun*, R.

DESSE, conj. vl. Dès : *Dès, desse que*, dès que.

DESSE, adv. vl. De soi, sur le champ, tout seul. V. *Dese*.

DESSEBELIR, v. a. et n. vl. Désensevelir, rester sans sépulture.

DESSEBELIT, IDA, adj. et part. vl. Désenseveli, ie.

DESSEBEMENT, s. m. vl. *Decebementz*, anc. cat. *Decebimiento*, anc. esp. Tromperie, perfidie.

Éty. de *decebre* et de *ment*.

DESSEBRANSA, s. f. vl. Séparation, distinction.

DESSEBRAR, v. a. vl. DESCEBRAR, DESEBRAR. Séparer, diviser, détacher. Voy. *Desseparar*.

DESSEBRE, vl. V. *Decebre*.

DESSECAR, v. a. (dessecá) ; *Disseccare*, ital. *Desecar*, esp. *Deseccar*, port. *Dessecar*, cat. Dessécher, dissiper l'humidité, rendre sec.

Éty. du lat. *desiccare*, ou de *des* augm. et de *seccar*. V. *Sec*, R.

DESSECAR SE, v. r. Se dessécher, perdre son humidité ; perdre sa graisse, maigrir.

DESSECCAT, ADA, adj. et p. (dessecá, áde) ; *Desseccado*, port. Desséché, ée.

Éty. du lat. *siccatus*, m. s. V. *Secc*, R.

DESSECION, s. f. vl. Dissention.

DESSEIG, s. m. (desseig). Tournis ; ensorcellement. Garc. V. *Calugi*.

DESSEIGAR, v. a. (desseigá). Déranger une montre ou tout autre mécanisme. Garc. V. *Derrangear* et *Aiguar*.

DESSELLAR, v. a. (desselá) ; *Disellare*, ital. *Desensillar*, esp. *Desensellar*, cat. Desseller, ôter la selle.

Éty. de *des* priv. et de *sellar*. V. *Sell*, R.

DESSELLAT, ADA, adj. et p. (desselá, áde). Dessellé, ée ; à qui l'on a ôté la selle. V. *Sell*, R.

DESSEMBLANT, ANTE, adj. et part. (desseimblán, ânte), dl. *Dessemblant*, cat. *Dessemejante*, esp. *Dessemelhante*, port. Non pareil. Sauv. opposé, différent. Voy. *Simil*, R.

DESSEMBLANZA, s. f. vl. DESSEMLANSA. *Dessemblansa*, cat. *Desemblanza*, anc. esp. *Desemejanza*, esp. mod. *Dissimiglianza*, ital. *Dessemelhança*, port. Dissemblance.

DESSEMBLAR, v. a. et n. vl. DESSEMLAR, DESSEMLAR. *Dissomigliare*, ital. *Dessemblar*, cat. *Desemejar*, esp. Changer, modifier, opposer, différer, rendre dissemblable.

Éty. du lat. *dissimulare*. V. *Simil*, R.

DESSEMLANSA, vl. V. *Dessemblanza*.

DESSEMLAR, vl. V. *Dessemblar*.

DESSEN, s. m. (desséin) ; *Disegno*, ital. *Designio*, esp. port. Dessein, résolution, projet que l'on a l'intention d'exécuter ou que l'on a exécuté; intention, projet.

Éty. de l'ital. *disegno* ; *à dessen*, adv. à dessein. V. *Sign*, R.

DESSEN, adv. V. *Descend*.

DESSENAMENT, s. m. vl. DESSENAMEN, DESSENH. Folie, extravagance, déraison. V. *Sens*, R.

DESSENAR, v. n. vl. DECENAR. *Dissenare*, ital. Devenir fou, perdre le sens, être insensé.

Éty. de *des* priv. de *sens* et de *ar*, perdre le sens.

DESSENAT, ADA, adj. et p. (dessená, áde) ; DESSENTAT, DESASIMAT, DEYSSENAT. Insensé ; imbécile, qui n'a point de jugement, qui est devenu fou.

Éty. de *des* priv. de *sen* pour *sens* et de *at*. privé du sens. V. *Sent*, R.

DESSENCHAR, V. *Dessenchar*.

DESSENDRE, vl. *Deissendre*.

DESSENGLAR, V. *Descenglar*.

DESSENH, DEISSES, DISSES, s. m. vl. Décadence, déraison, folie.

Éty. du lat. *descendere*, dans le premier sens, et de *sensus*, dans le second.

DESSENHORIR, v. a. vl. DESENHORIR. Mettre hors de seigneurie, ôter la seigneurie, déposséder.

Éty. de *des* priv. de *senhor* et de *ir* ; faire perdre le titre, le pouvoir de seigneur. Voy. *Segn*, R.

DESSENHORIT, adj. et part. Dépossédé d'une seigneurie. V. *Seign*, R.

DESSENTARIA, s. f. Garc. Voy. *Dyssentaria*.

DESSENTAT, dl. m. s. que *Dessenat*, v. c. m. et *Sent*, R.

DESSENTERI, V. *Dyssenteria*.

DESSENTIR, v. n. vl. N'être pas d'accord, ni de même opinion.

Éty. du lat. *dissentire*.

DESSEPARAR, v. a. (desseparà) ; DESAPARTIR, DESCHARPIR, DESSOUPARTIR, DESSOUPARAR. *Desseparar*, anc. cat. *Disseparare*, ital. *Décharpir*, séparer ceux qui se battent; écarter, éloigner, mettre à part.

Éty. de *des* et de *separar*, séparer bien loin. V. *Port*, R.

DESSEPARATIEN, Garc. V. *Separation*.

DESSERHUEIMAIS, adv. vl. Désormais.

Éty. de *de ipsa hora hodie magis*.

DESSERNIR, vl. V. *Decernar*, *Discernar* et *Cern*, R.

DESSERRAR, v. a. (desserrá) ; DESSARRAR. *Disserare*, ital. Desserrer, lâcher, faire qu'une chose qui était serrée ne le soit plus. V. *Relachar*.

Éty. de *des* priv. et de *serrar*. Voy. *Serr*, Rad.

DESSERRAT, ADA, adj. et p. (desserrá, áde) ; DESSARRAT. Desserré, ée. V. *Serr*, R.

A pas desserat leis dents, il n'a pas dit mot.

DESSERT, s. m. (dessèr). Dessert, fruits et tout ce qu'on a coutume de servir en même temps à table, après les viandes.

Éty. V. *Serv*, R. 2.

Les anciens distinguaient déjà le dessert, et le servaient comme nous vers la fin du repas.

Entre Pascas et Pandecousta
Fai toun dessert *d'una crousta*. Prov.

DESSERTA, s. f. (dessèrte). Desserte, les

restes que l'on enlève sur les tables après le repas. V. *Serv*, R. 2.

DESSERVANT, s. m. (desserván). Desservant, celui qui dessert une église, une paroisse; actuellement, on donne ce nom à tous les curés des paroisses qui ne sont pas chef-lieu de canton.

Éty. de *desservir* et de *ant*. V. *Serv*, R.

DESSERVIR, v. a. et n. vl. DESERVIR, DESSIRVIR, DESIRVIR. *Deservir*, esp. port. *Disservire*, ital. Desservir, manquer à son devoir, cesser de servir, offenser; mériter, gagner.

DESSERVIR, v. a. (desservir); *Deservire*, bas. lat. Desservir, ôter, lever les viandes, les plats de dessus la table, faire le service d'une paroisse.

Éty. de *des* priv. et de *servir*.

DESSERVIR, v. a. *Disservire*, ital. *Deservir*, esp. port. Desservir, nuire à quelqu'un, lui rendre de mauvais offices.

DESSERVIT, **IDA**, **IA**, adj. et part. (desservi, ide, ie). Desservi, ie, V. *Serv*, Rad.

DESSESIR SE, v. r. (se dessesír); *Desasirse*, esp. *Desaisire se*, bas. lat. Se dessaisir, relâcher ce que l'on a en sa possession.

Éty. de *des* priv. et de *sesir*.

DESSESOUN, s. f. (dessesóun); DESSASOUN. *Desazon*, esp. Mauvaise saison: *Es dessesoun de blad*, le blé à manqué, mauvaise récolte.

Éty. de *des* priv. et de *sesoun*. V. *Sesoun*, Rad.

DESSESOUNAR, v. a. (dessesouná); DESASSESOUNAR. *Desazonar*, esp. Dessaisonner, épuiser un champ en le faisant porter trop souvent, déranger l'ordre des assolements, dessoler, en français; faire un labour mal à propos, lorsque la terre est trop sèche ou trop humectée.

Éty. de *des* priv. de *sesoun* et de *ar*, priver de la saison, c'est-à-dire, de la bonne saison, de la saison propre. V. *Sesoun*, R.

DESSESOUNAT, **ADA**, adj. et p. (dessesouná, áde). Dessaisonné, ée, dessolé, selon les verbes. V. *Sesoun*, R.

DESSESSION, vl. V. *Dissention*.

DESSETAR, Cast. V. *Dasassetar*.

DESSEYER, v. a. (desséyé), dg. Défaire, parlant d'un ouvrage. Voy. *Desfaire* et *Foundre*.

DESSHEN, vl. Il ou elle descend, dérive, provient.

DESSICATIF, **IVA**, adj. (dessicatif, ive); DESSICATIF. *Disseccativo*, ital. *Desecativo*, esp. *Desseccativo*, port. Dessicatif, ive; on donne cette épithète aux remèdes que l'on regarde comme ayant la vertu de dessécher les ulcères, c'est-à-dire, d'en diminuer la suppuration.

Éty. du lat. *desicativus*, m. s. V. *Secc*, R.

DESSICATION, s. f. vl. (dessicatie-n); *Desecacion*, esp. Dessication, action de dessécher.

Éty. du lat. *desiccationis*, gén. de *desiccatio*, m. s. V. *Secc*, R.

DESSICATIU, **IVA**, adj. vl. DESICCATIU, DEZICATIU. V. *Dessicatif*.

DESSIGIVOL, adj. d. vaud. Dissoluble: *Matrimoni ès legam non dessigivol*, le mariage est un lien indissoluble.

DESSIGNAR, Alt. de *Dessinar*, v. c. m.

DESSILHAT, **ADA**, adj. et p. (dessillá, áde), dl. Elimé, usé, déchiré; on le dit d'un habit en loques, d'un linge qui s'en va en charpie.

Éty. de l'esp. *hilo*, fil, *deshillado*, Sauv.

DESSIMA, vl. V. *Decima* et *Dec*, R.

DESSIN, s. m. (dessìn ou desséin); *Disegno*, ital. *Desenho*, port. Dessin, représentation d'une ou plusieurs figures, d'un paysage, etc., sur le papier, la toile, le bois, etc. Art de dessiner, simple délinéation des figures d'un tableau, etc.

Éty. V. *Sign*, R.

On appelle dessin

ARRÊTÉ, celui qui donne une véritable idée de l'ouvrage.
COLORIÉ, celui où l'on fait entrer des couleurs qui doivent figurer dans le terminé.
ESTOMPÉ, celui dont les ombres sont fondues à l'estompe.
GRAVÉ, celui dont les ombres sont formées par de petits points ou de petits traits.
HACHÉ, celui dont les ombres sont exprimées par des hachures.
LAVÉ, celui dont les ombres sont faites au pinceau.
AU TRAIT, celui qui est tracé au crayon ou à l'encre, sans aucune ombre.
A CHEMIN, celui qui ne se répète pas sur les côtés.
A POINTE, celui qui ne contient que la moitié du sujet qu'on veut représenter.
A L'ENCRE, celui qui est tracé à l'encre, sans ombres.
EN PAPIER DE DIX EN HUIT, celui qui est divisé par petits carreaux, dont la ligne horizontale est partagée par dizaines, et la verticale par huitaines.

On attribue l'origine du dessin à une jeune fille amoureuse, qui, pour conserver les traits de son amant, les traça sur un mur, en suivant les contours de son ombre. D'autres disent que c'est à Ardices, natif de Corinthe, qui florissait en Grèce, avant la guerre de Perse, qu'on doit cet art ingénieux. Voy. *Pintura*.

DESSINAIRE, V. *Dessinatour*.

DESSINAR, v. a. (dessiná); DESSIGNAR. *Dissegnare*, ital. *Desenhar*, port. Dessiner, faire le premier trait d'une figure, représenter un objet quelconque au moyen du crayon.

Éty. du lat. *designare* ou de *dessin* et de la term. act. *ar*. V. *Sign*, R.

DESSINAT, **ADA**, adj. et p. (dessiná, áde); *Desenhado*, port. Dessiné, ée. Voy. *Sign*, R.

DESSINATOUR, s. m. (dessinatóur); DESSINAIRE. *Disegnatore*, ital. *Desenhador*, port. Dessinateur, celui qui fait profession du dessin ou qui est habile dans cet art.

Éty. du lat. *designator*, m. s. ou de *dessin* et de *atour*. V. *Sign*, R.

DESSINGET, **ETA**, adj. et p. (dessìndgé, éta), dl. Délivré, exempt, privé. Sauv.

DESSIPLINA, vl. V. *Disciplina*.

DESSIRVIR, vl. V. *Desservir*.

DESSISCLETAR, (dessiscletá), dl. Lever le loquet. V. *Descadaular*.

Éty. de *des* priv. de *sisclet*, loquet, et de *ar*.

DESSOLAR, v. a. (dessoulá); DESSOULAR, DESSOURAR, DESBATAR. Dessoler, enlever la sole de corne de dessus la sole charnue, à un cheval, un mulet, etc.

Éty. de *des* priv. de *sola*, sole, et de l'act. *ar*, ôter la sole. V. *Sol*, R. 2.

DESSOLIAR, v. a. vl. Délier, détacher, desserrer. V. *Desliar* et *Solv*, R.

DESSOLIAT, adj. et p. vl. Détaché, séparé, décollé.

DESSOPTE, adv. vl. Tout-à-coup.

DESSOUBRE, V. *Dessubre*.

DESSOUCAR, v. a. (dessoucá), dl. Arracher les souches d'un champ, l'essarter.

Éty. de *des* priv. de *souca* et de *ar*, ôter les souches.

DESSOUDAR, d. de Manosque. Surprendre. V. *Dessoutar*.

DESSOUDE, V. *Dessouti*.

DESSOUFLOURAR, Alt. de *Desflourar*, v. c. m. et *Flor*, R.

DESSOUPARAR, Alt. du d. bas lim. de *Desseparar*, v. c. m. et *Separar*.

DESSOUPARTIDA, s. f. (dessoupartide), d. bas lim. DESSOUPARTITIEU. Bivoie, l'endroit où un chemin se sépare en deux, où deux chemins aboutissent. V. *Part*, R.

DESSOUPARTIR, v. a. (dessouporti), d. bas lim. Séparer deux personnes qui en étaient déjà aux prises. V. *Part*, R.

DESSOURAR, d. m. V. *Dessolar*.

DESSOURELHAR SE, v. r. (se dessoureillá), dl. Se déhâler, on se déhâle à l'ombre ou par un long repos; c'est-à-dire, qu'on perd la couleur brune qu'avait donnée le soleil.

Éty. de *des* priv. de *sourelh* et de *ar*, litt. ôter le soleil. V. *Sol*, R.

DESSOUS, adv. de lieu. (dessóus); DEIOTS, DEJOUST, DEJOUT, JOUT, JOUS, JOUST. *Sotto*, itál. Dessous. V. *Dessouto*.

Éty. du lat. *desub*, qu'on a dit pour *sub*. V. *Super*, R.

Se faire dessous, laisser tout aller, on le dit d'un malade qui ne retient plus ses excréments.

DESSOUSTERRAR, dl. Même sign. que *desterrar*. Soulever de terre, lever. Cast. V. *Terr*, R.

DESSOUTA, s. f. (dessóute); DESSOUTI. Surprise, action par laquelle on surprend.

Éty.

DESSOUTA, prép. et adv. V. *Dessouto*.

DESSOUTADA, s. f. (dessoutáde); DESSOUTAGI. Action de prendre quelqu'un sur le fait, surprise.

Éty. de *dessouta* et de *ada*.

DESSOUTAGI, s. m. (dessoutádgi. V. *Dessoutada*.

DESSOUTAR, v. a. (dessoutá); DISSOUTAR, DESSOUDAR. Surprendre quelqu'un, le prendre sur le fait, tromper, obtenir par artifice.

Éty. de *super* ou de *des* pour *en*, de *sout* et de *ar*.

Dessus un pistachier l'y fasia soun butin,
Lou mestre lou *dessouta* et paguet lou daumagi.
Dioul.

DESSOUTI, s. m. (dessoúti). V. *Dessouta*.

DESSOUTO, prép. et adv. (dessoúte); SOUTO, DESSOUS, DEBAT, SOUS. Dessous.

Éty. du lat. *desuper*, employé pour *sub*. V. *Super*, R.

Dessus dessouto, sens dessus dessous.

DESSOUTO, s. m. Le dessous, la partie inférieure.

DESSOUTZ, vl. V. *Dessous*.

DESSOVEN, s. m. vl. *Dessouvenir*, oubli. V. *Ven*, R.

DESSOVENGUT, **UDA**, adj. et p. vl. Oublié, ée, passé de mémoire. V. *Ven*, R.

DESSOVENIR, v. a et n. vl. DESOVENIR. *Disovvenire*, ital. *Dessouvenir*, oublier, perdre le souvenir.

Éty. de *des* priv. et de *sovenir* pour *souvenir*. V. *Ven*, R.

DESSUBRE, adv. (dessúbré); DESSOUBRE. *Dessobre*, cat. *Sopra*, ital. Dessus. V. *Dessus*.

Éty. du lat. *de* et de *supra*. V. *Super*, R.

Lou fin courau pren sa racina
Dessubre *sa boucha divina*,
Qu'en la dubren fa veire aupres
Dous rangs de perlas sensa pres.
J. M. Pr.

Éty. du lat. *desuper*. V. *Super*, R.

DESSUPTOS, adj. vl. Soudain, subit, surpris, pris à l'improviste.

DESSUS, prép. et adv. (dessús); DESSUBRE, SUS, DESSOUBRE. *Dessus*, cat. *Desus* et *Desuso*, esp. port. *Sopra*, ital. Dessus.

Éty. du lat. *desuper*. V. *Super*, R.

M'an jitat d'aigua dessus, tr. on a jeté de l'eau sur moi, et non, *on m'a jeté de l'eau dessus*.

M'avez mis lou ped dessus, tr. vous avez mis votre pied sur le mien, et non *vous m'avez mis le pied dessus*.

M'avez crachet dessus, tr. vous avez craché sur moi, et non *vous m'avez craché dessus*.

Aqueou chin m'a pissat dessus, tr. ce chien a pissé sur moi, et non *m'a pissé dessus*.

Dessus, ne veut pas de régime, comme *sus*, nos auteurs ont presque tous enfreint cette règle. Coye a dit :

Saon-t-y pas qu'oujourd'hui *dessus* lou mount Parnassoп.

DESSUS LOU, s. m. Le dessus, la partie supérieure : on le dit aussi d'un avantage remporté : *A agut lou dessus*, il a eu le dessus, prendre le dessus, se rétablir d'une longue maladie; le dessus, en musique, désigne la partie la plus haute et la plus aiguë de toutes.

Lou dessus de l'aigua, la surface de l'eau.

Per dessus, prép. par-dessus, au-delà, par-delà.

Au dessus, au-dessus, plus haut.

Dessus dessous, sens dessus dessous.

Dessus en sus ou *de sus-en-sus*, ôter le dessus, enlever la surface, écrémer.

DESSUSAR SE, v. r. (sé dessusá), dl. S'essuyer, se frotter lorsqu'on sue Voy. *Panar se*.

Éty. de *des* priv. et de *susar*, ôter la sueur. V. *Sud*, R.

DESSUUS, adv. anc. béarn. *Dessus*, v. c. m.

DESTACAMENT, s. m, (destacaméin); *Distaccamento*, ital. *Destacamento*, esp. port. Détachement, état de ce qui est détaché d'un objet, d'une passion, d'une opinion ; soldats détachés d'un corps de troupe, pour une expédition particulière.

Éty de *destacat* et de *ment*, chose détachée. V. *Tact*, R.

DESTACAR, v. a. (destacá); DESTACHAR. *Distaccare*, ital. *Destacar* et *Desatar*, esp. port. cat. Détacher, séparer une chose d'une autre à laquelle elle était attachée; enlever les attaches, les liens; faire perdre le goût des engagements contractés, des occupations, des affections, envoyer séparément une partie d'un corps de troupes.

Éty. de *des* priv. et de *estacar*. V. *Tact*, Rad.

DESTACAR SE, v. r. *Destacar-se*, port. Se détacher, il se dit dans toutes les acceptions précédentes.

DESTACAT, **ADA**, adj. et p. (destacá, áde); *Desatacado*, port. Détaché, ée. V. *Tact*, R.

DESTAFEGAR, v. a. (destafegá), d. de Manosque. Découvrir, déterrer. V. *Destraucar*.

DESTAFEGEAR, v. a. (destafedjá). Chasser, détruire, déshabituer. Aub.

DESTAGNAR, V. *Destamar*, *Estam*, R. et *Destagner*.

DESTAGNAT, V. *Destamat* et *Estam*, R. pour fendu. V. *Esclapat*.

DESTAGNER, v. n. (destágné); DESTAGNAR. Disconvenir : *Aquot li destagne pas*, cela lui convient bien, cela ne la dépare pas.

DESTALENTAIRE, s. m. (destaleintaïré); DESTARENTAIRE. Celui qui décourage. Aub.

DESTALENTAR, v. a. et n. (destaleintá); DESTARENTAR. Décourager, ôter l'envie de faire ; apaiser la faim. Douj. Voy. *Descoragear*.

Éty. de *des* priv. de *talent*, envie, bonne volonté de faire, et de *ar*.

Se destalentar, goûter d'une viande désirée. Douj.

DESTALENTAT, **ADA**, adj. et p. (destaleintá, áde); DESTARENTAT. Qui n'a point de talent, qui manque d'esprit; dégoûté du travail, d'une entreprise; irrésolu. Voy. *Descorageat*.

Éty. de *des* priv. de *talent* et de *at*, ou du grec ἐθελοντὴς (éthélontès), qui agit volontairement, avec la part. priv. *des*.

DESTALINARIAR, s. f. pl. (destalinariá), dl. V. *Teranina*, *Iragnada* et *Tel*, Rad.

DESTALOUNAR, v. a. (destalouná); DESTAROUNAR. Marcher sur les talons de quelqu'un, et neutr. perdre le talon de son soulier. Aub.

Éty. de *des* priv. de *taloun* et de *ar*, ôter le talon.

DESTAMAR, v. a. (destamá); DESTAGNAR. Oter l'étain qui étame.

Éty. de *des* priv. et de *estamar*, le contraire d'étamer. V. *Estam*, R.

DESTAMAR SE, v. r. SE DESTAMAR, SE DESTAGNAR. Perdre son enduit d'étain.

DESTAMAT, **ADA**, adj. et p. (destamá, áde); DESTAGNAT. Qui a perdu l'enduit d'étain, qui le recouvrait ; qui n'est plus étamé. V. *Estam*, R.

DESTAMBOURLIAR, Garc. V. *Destimbourliar*.

DESTANCAR, v. a. (destancá). Oter la barre nommée, *Tanca*, v. c. m. qui ferme une porte; débarrer une porte ; la roue d'un moulin à huile. Garc.

Éty. de *des* priv. et de *Tancar*, v. c. m.

DESTANSIAR, v. a. (destansiá); DESTANTARIAR. Déranger, débiffer. V. *Desaviar*. Garc.

DESTAPADA, s. f. (destapáde), d. de Manosque. Même sign. que *Talhier*, v. c. m.

DESTAPAR, v. a. (destapá); DEBOUCHAR, DESBOUCHAR, DEBOUGNAR, DEBOUSCHAR, DEBOUISSAR, DEBOUISSELAR, DESCAPELAR. *Destapar*, esp. port. cat. Déboucher, ôter le bouchon, le bondon, découvrir, ôter la couverture, et fig. dévoiler une chose secrète ; faire une découverte, découvrir quelque chose qu'on avait soigneusement cachée.

Éty. de *des* priv. et de *tapar*, boucher, couvrir. V. *Tap*, R.

DESTAPAR SE, v. r. Se découvrir. V. *Descurbir se*.

DESTAPAT, **ADA**, adj. et p. (destapá, áde); *Destapado*, esp. port. Débouché, ée; découvert, trouvé. V. *Tap*, R.

DESTAPISSAR, v. a. (despatissá). Détendre, ôter, enlever une tapisserie qui était tendue.

Éty. de *des* priv. et de *tapissar*.

DESTAQUAR, V. *Destacar*.

DESTARA, s. f. Tare, défaut du poids. Suppl. à Pellas. V. *Tara*.

DESTARAGNINAR, V. *Destaraninar* et *Tel*, R.

DESTARAINA, Suppl. à Pellas. Voy. *Destaraninar*.

DESTARARAGNAR, dl. Même sign. que *destararinar*,

Éty. de *des* priv. de *tara* pour *tela*, de *aragna* et de *ar*, ôter les toiles d'araignée. V. *Tel*, R.

DESTARARINADOUIRA, s. f. (destararinadóuire); DESTARIGNADOUIRA, DERANTELADOUR, DEZIRAGNADOUR, ESTARIGNADOUR, ESTARIGANRE, DESTARAMINADOUIRA. Houssoir, balai muni d'un long manche avec lequel on housse les plafonds, on enlève la poussière, les toiles d'araignée, etc.

Éty. de *des* priv. de *taranina*, toile d'araignée, et de *adouira*, litt. qui sert à enlever les toiles d'araignée. V. *Tel*, R.

DESTARARINAIRE, s. m. (destararinaïré); DESTARIGNAIRE, DESTARARIGNAIRE. Celui qui housse, qui enlève les toiles d'araignée.

Éty. de *des* priv. de *tararina* et de *aire*. V. *Tel*, R.

DESTARARINAR, v. a. (destararinà); ESTIRAGNAR, DESFAPARINAR, DESTARAINAR, DESTARIGNAR, DESTARINAR, DERANTELAR, DESTARAGNAR, DESTARAGNINAR, ESTIRAGNAR. Housser, enlever les toiles d'araignée ; fig. déterrer, déchiffrer.

He lou mouyen de lou destarinar.
Gros, parlant d'un logogriphe.

Éty. de *des* priv. de *taranina* et de l'act. *ar*, ôter les toiles d'araignée. V. *Tel*, R.

DESTARAVELAT, **ADA**, adj. et part. (destaravelá, áde), d. bas lim. Ecervelé. V. *Decervelat* et *Cervel*, R.

DESTARDAR, v. a. et n. vl. DESTARZAR, DETARDAR. V. *Tardar* et *Tarsar*.

DESTARENTAT, V. *Destalentat*.

DESTARIGNADOUIRA, et

DESTARIGNADOUIRA, V. *Destarairinadouira*.

DESTARIGNAIRE, Voy. *Destararinaire.*

DESTARINAR, V. *Destararinar.*

DESTARMENAT, ADA, adj. et part. (destarmenà, àde); DESTARMINAT. Déterminé, sans retenue. V. *Determinat* et *Term*, R.

Éty. du grec διεστραμμενος (diestrammenos), un pervers.

DESTARRA, s. f. (destárre). Baisse ou diminution du prix des denrées. V. *Baissa.*

Éty.

Croumpar à la destarra, acheter lors de la baisse.

DESTARRAR, d. m. Alt. de *Desterrar*, v. c. m.

DESTARREGEAR, v. a. (destarredjá). Transporter de la terre. Aub.

Éty. de *des*, marquant séparation, éloignement; de *tarra*, terre, et de *egear*, porter la terre ailleurs.

DESTART, s. m. vl. *Retard*, v. c. m.

DESTARZAR, v. a. vl. Retarder. Voy. *Tardar.*

DESTARZAT, ADA, adj. et part. vl. V. *Retardat.*

DESTASSAR, v. a. (destassá); DESTAXAR. *Détaxer*, ôter la taxe, *détaxer* une lettre qui avait été taxée mal à propos.

Éty. de *des* priv. et de *tassar*.

DESTAURISSAR, Alt. de *Desteoulissar*, v. c. m. et *Teg*, R.

DESTEGNER, dg. Pour éteindre. Voy. *Estegner* et *Atupir.*

DESTEIGNER, v. a. (destéigné); DESTEGNER, DESTEGNE. *Stignere*, ital. *Desteñir*, esp. *Destingir*, port. Déteindre, faire perdre la couleur à quelque chose.

Éty. de *des* priv. et de *teigner*. V. *Teign*, Rad.

DESTEIGNER, v. n. Déteindre: *Aquella endiena desteigne*, cette indienne se déteint. V. *Teign*, R.

Ne dites pas ce drap déteint, mais se déteint.

Coulour que desteigne, couleur qui passe.

DESTEIGNER SE, v. r. Se déteindre, perdre sa couleur.

DESTEINCH, EINCHA, adj. et part. DESTEIGNUT. Déteint, einte; qui a perdu sa couleur. V. *Teign*, R.

DESTELHAR LOU CANEBE, Cast. Voy. *Telhar.*

DESTEMPRAMENT, s. m. vl. DESTEMPRAMEN. *Destrempament*, cat. *Destemplamiento*, esp. *Destemperamento*, port. *Distemperamento*, ital. Détrempement, dérangement. V. *Destempransa* et *Temp*, R.

DESTEMPRAT, ADA, adj. et part. vl. Détrempé, ée, V. *Temp*, R. immodéré, désordonné, perturbé. V. *Destrempar.*

DESTEMPRANSA, s. f. vl. DISTEMPRANSA, DESTEMPRAMENT. *Destrempansa*, cat. *Destemplanza*, esp. *Destemperança*, port. *Distemperanza*, ital. Dérèglement, perturbation, désordre. V. *Temp*, R.

DESTEMPRAR, v. a. vl. DESTREMPAR. *Destemprar*, anc. cat. Détremper, déconcerter, amollir, dérégler, désordonner, perturber. V. *Destrempar.*

Éty. de *des* priv. et de *temprar*, tremper. V. *Temp*, R.

DESTENDRE, v. a. (destèindré); *Distendere*, ital. Détendre, relâcher ce qui était tendu.

Éty. de *des* priv. et de *tendre*. V. *Tend*, Rad.

DESTENDUT, UDA, adj. et p. (desteindú, úde). Détendu, ue; distendu, ue.

Éty. de *des* priv. et de *tendut*. V. *Tend*, Rad.

En vl. Flottant, déployé.

Senhera destenduda, enseigne déployée.

DESTENEBRIAR, v. a. (destenebriá); DESTENEMBRAR. Rompre la tête à force de bruit; ôter la mémoire, déconcerter.

Éty. de *de*, avec, de *estenebras*, crécelle, et de *ar*.

DESTENEMBRAR, v. a. (desteneimbrá), d. de Manosque. Egarer, écarter du droit chemin, dévier. V. *Denembrar.* Garc.

DESTENER, vl. V. *Detenir.*

DESTENER, v. a. vl. V. *Detenir* et *Retenir.*

DESTENGNER, vl. V. *Destegner.*

DESTENHABLE, adj. vl. *Extinguible* qu'on peut éteindre.

DESTENHER, v. a. vl. Teindre et déteindre; éteindre. V. *Teign*, R.

DESTENT, adj. et p. vl. Eteint, effacé, oublié.

DESTENSAT, ADA, adj. et part. vl. Détendu, ue; lâché, débandé.

DESTENSO, s. m. vl. Soin.

DESTENTA, V. *Guignocha.*

Éty. de *des* priv. de *tenta* et *tendre*, qui détend. V. *Tend*, R.

DESTEOULAR, Même sign. que *Desteoulissar*, v. c. m.

Éty. de *des* priv. de *teoule* et de *ar*. Voy. *Teg*, R.

DESTEOULISSAR, v. a. (desteoulissá); DESTEOULAR, DESTAURISSAR, DESTOOULISSAR, DESTOOURISSAR. Découvrir une maison, en ôter les tuiles.

Éty. de *des* priv. de *teoulissa* et de *ar*. V. *Teg*, R.

DESTERITAT, V. *Dexteritat* et *Dextr*, Rad.

DESTERMENAMENT, s. m. vl. DESTERMENAMEN. Extermination. V. *Term*, R.

DESTERMENAR, v. a. (destermená), dl. *Destermenar*, cat. *Disterminare*, ital. Gâter, dissiper; tourmenter, vexer, Sauv. troubler; vl. mettre hors des limites, rendre infime.

Éty. de *des*, au-delà, ou *sans*, de *terminus* et de *ar*, au-delà du terme ou sans mesure. V. *Term*, R.

Lou bin destermeno *lou sen,*
L'ayguo noou trebouilho d'arren.
D'Astros.

DESTERMENAR SE, v. r. dl. Se précipiter, se perdre.

DESTERMENAT, ADA, adj. (destermená, áde), dl. Troublé, brouillé, chagrin, qui est hors de soi, déréglé, déconcerté, démesuré. Douj. V. *Determinat* et *Term*, R.

DESTERMINADOR, s. m. vl. DESTERMINAIRE. Exterminateur.

DESTERMINAIRE, vl. V. *Desterminaire.*

DESTERMINAT, s. V. *Determinat.*

DESTERRAR, v. a. (desterrá); DESTARRAR, DESTARRAR, DESENTERRAR, DESENTARRAR, DESENTEARRAR, DESENCROSAR, DESSOUSTERRAR, SOUTARRAR, DEREBOUNDRE, DERROUCAR. *Desoterrar*, esp. *Desenterrar*, cat. port. *Dissotterrare*, ital. Déterrer, exhumer un corps, tirer quelque chose de la terre; découvrir, ce qu'on tenait caché.

Éty. de *des* pour *ex*, hors, de *terra* et de *ar*, tirer hors de terre, exhumé. V. *Terr*, R.

DESTERRAT, ADA, adj. et p. (desterrá, áde). Déterré, ée; tiré de la terre; ce mot est pris substantivement dans cette phrase: *Sembla un desterrat*, il a l'air d'un déterré.

Éty. de *des* pour *ex*, hors, de *terra* et de *at*, tiré hors de terre, exhumé. V. *Terr*, R.

DESTETADOUR, s. m. (destetadóu), dl. En âge d'être sevré, qu'on peut sevrer.

Éty. de *des* priv. de *tetar* et de *dour*, celui qu'on peut priver de têter. V. *Tel*, R.

DESTESTADURA, s. f. (destestadúre): Marc de raisin qu'on ôte du dessus de la cuvée. Garc.

DESTETAR, dl. *Destetar*, esp. port. Même sign. que *Desmamar*, v. c. m.

Éty. de *des* priv. et de *tetar*, priver de têter. V. *Tet*, R.

DESTESTAR, v. a. (destestá); ESCABASSAR, RESTEAR, DECIMAR, ESTESTAR, ESCABESSAR, ACIMAR. *Descabezar*, esp. *Escabeçar*, port. Etêter un arbre, couper l'extrémité d'une plante; ôter la tête: *Destestar una espingla*, enlever la tête à un épingle.

Éty. de *des* priv. de *testa* et de *ar*, priver de la tête. V. *Test*, R.

DESTESTAT, ADA, adj. et p. (destestá, áde); ESTESTAT, ESCABASSAT, ACIMAT. Etêté, à qui on a ôté ou coupé la tête. V. *Test*, Rad.

DESTI, s. m. vl. V. *Destin.*

DESTILLADOUR, s. m. (destilladóu). Distillerie, atelier du distillateur. Garc.

DESTILLAIRE, V. *Distillatour.*

DESTILLANS, adj. vl. Distant, éloigné.

DESTILLAR, V. *Distillar.*

DESTILLAT, V. *Distillat.*

DESTILLATION, V. *Distillation.*

DESTIMBOURLAR, v. a. (destimbourlá); DESTIMBOURLIAR, DESTRACAR, DESTAMBOURLIA, DESTINTARRAR. Détraquer une machine; fig. troubler, déranger; il est aussi réciproque. V. *Desgergalhar.*

Éty. de *des* priv. et de *timbre*. V. *Timb*, Rad.

DESTIMBOURLAT, ADA, adj. et p. (destimbourlá, áde); DESTIMBOURLIAT, TARAVELAT. Drétaqué, ée; dérangé, détourné. V. *Desgargalhat* et *Timb*, R.

DESTIMBOURLIAR, V. *Destimbourlar.*

DESTIN, rad. pris du lat. *destinare*, *destino*, destiner, lier, attacher, assujétir, déterminer, dérivé de *de* et de *sto*, *stare*, mettre, établir dans un certain état, d'où: *destinatus, um*; décidé, destiné, *destinatio, ionis;* destination, détermination; *prædestinatio, onis;* prédestination.

De *destinatum*, par apoc. de *atum*, *destin;* d'où: *Destin, Destin-ada, En-destinado.*

De *destinare*, par apoc. *destin*; d'où: *Destin-ar, Pre-destinar, En-destinar.*

De *destinat*, par apoc. *Destin*; d'où; *Destin-at, ada.*

De *destinationis*, par apoc, *destination*; d'où : *Pre-destinacio, Pre-destinatio, Destination, Pre-destination, Destina-cio, Destin-atjes, Destin-atiu, Desti, En-desti, Predestin-ar, Pre-destin-acio, Pre-destin-at, Pre-destin-ation.*

DESTIN, s. m. (destïn); *Destino*, ital. esp. port. cat. Destin, l'enchaînement nécessaire des effets et des causes ordonné par la providence ; divinité chez les anciens.

Éty. du lat. *destinatum*, arrêté, fixé. Voy. *Destin*, R.

DESTINACIO, s. f. vl. V. *Destination* et *Destin*, R.

DESTINADA, s. f. (destinàde); DESTIN. *Destino*, esp. port. *Destinata*, ital. Destinée, effet du destin.

Éty. de *destin* et de *ada*, action du destin. V. *Destin*, R.

Que l'home es ignouront dessus sa *destinadou* !
Coye.

DESTINANSA, s. f. vl. V. *Destinada* et *Destin*, R.

DESTINANSA, s. f. vl. V. *Destinada*. Lexique Bib. Carp.

DESTINAR, v. a. (destiná); *Destinare*, ital. *Destinar*, esp. port. cat. Destiner, fixer la destination de quelqu'un ou de quelque chose.

Éty. du lat. *destinare*, ou de *destin* et de *ar*. V. *Destin*, R.

En vl. augurer, présager.

DESTINAR SE, v. r. Se destiner, se vouer à.

DESTINAT, ADA, adj. et p. (destiná, áde); *Destinado*, port. esp. *Destinato*, ital. Destiné, ée.

Éty. du lat. *destinatus*. V. *Destin*, R.

DESTINATION, s. f. (destinatie-n); DESTINATIEN. *Destinazione*, ital. *Destinacion*, esp. *Destinação*, port. *Destinació*, anc. cat. Destination, détermination de l'emploi d'une personne ou d'une chose.

Éty. du lat. *destinationis*, gén. de *destinatio*. V. *Destin*, R.

DESTINATIU, adj. vl. *Destinatif*, qui est destiné. V. *Destin*, R.

DESTINATJE, s. m. vl. Destinée. Voy. *Destinada* et *Destin*, R.

DESTINELAR, v. n. (destinelá); DESCUVAR. Tirer le vin de la cuve, et non *décuver* qui est un barbarisme.

Éty. de *des* priv. de *tinel*, cuve, et de *ar*, désemplir la cuve. V. *Tin*, R.

DESTINELAT, ADA, adj. et p. (destinelá, áde). Tiré de la cuve et non *décuvé*. V. *Tin*, R.

DESTINENSA, s. f. vl. Abstinence.

DESTINGAR, V. *Distingar*.

DESTINGAR, v. a. (distingá); DESTINSAR, *Distinguere*, ital. *Distinguir*, esp. port. Distinguer, marquer par des caractères distinctifs; établir une distinction, une différence ; reconnaître les objets, les apercevoir distinctement ; diviser, séparer, élever de la classe commune.

Éty. du lat. *distinguere*, m. s. V. *Sting*, Rad.

DESTINGAR SE, v. r. SE DISTINGAR. Se distinguer, se faire remarquer.

DESTINGAT, V. *Distingat*.

DESTINGAT, ADA, adj. et part. DESTINGAT. Distingué, ée. V. *Sting*, R.

DESTINGLAR, v. a. dg. Distiller. Voy. *Distillar*.

DESTINGUIR, vl. V. *Distingar* et *Sting*, Rad.

DESTINGUIT, IDA, adj. et p. vl. Voy. *Distingat* et *Sting*, R.

DESTINTARRAR, Garc. V. *Destinbourliar*.

DESTINZION, vl. V. *Distinctio*.

DESTIQUETAR, v. a. (destiquetá), d. bas lim. Déchiqueter, couper par morceaux. V. *Dechicotar*.

Destiquetar quauqu'un, en dire tout le mal possible, déchirer sa réputation.

DESTITUABLE, ABLA, adj. (destituablé, áble). Destituable, qui peut être destitué.

Éty. de *destituat* et de *able*. V. *Est*, R.

DESTITUAR, v. a. (destituá); *Destituir*, esp. port. Destituer, déposer, ôter, priver quelqu'un de la charge, de l'emploi, de la fonction qu'il exerçait.

Éty. du lat. *destituere*, dérivé de *des* priv. et de *tueri*, protéger, maintenir; ou de *des* et de *titulus*, priver du titre. V. *Est*, R.

DESTITUAT, ADA, adj. et p. (destituá, áde); *Destituido*, port. Destitué, ée.

Éty. du lat. *destitutus*, m. s.

DESTITUIR, vl. V. *Destituar*.

DESTITUTION, s. f. (destitutie-n); *Destitucion*, esp. *Destituição*, port. Destitution, privation de l'emploi que le destitué occupait.

Éty. du lat. *destitutio*, abandon, délaissement, ou de *destituar* et de *tion*, action de destituer. V. *Est*, R.

DESTOILL,

DESTOILLA, et

DESTOL, s. m. vl. DESTUELH. Déportement, dérangement.

DESTOLDRE, v. a. vl. V. *Destolre*.

DESTOLHA, vl. Il ou elle écarte, éloigne, retire, distrait, enlève, arrache.

DESTOLRE, v. a. vl. DESTOLDRE. *Distogliere*, ital. Prendre, enlever, ôter, détourner, dévier, détacher, désister.

DESTOOULISSAR, Alt. de *Desteoulissar*, v. c. m.

DESTORB, anc. béarn. V. *Destourbi* et *Turb*, R.

DESTORBAMENT, s. m. vl. *Disturbamento*, ital. Trouble, désordre, contestation, obstacle, embarras, empêchement. V. *Destourbi*.

Ety. du lat. *disturbium*, m. s. V. *Turb*, R.

DESTORBAR, v. a. vl. V. *Destourbar*.

DESTORBER, vl. V. *Desturbier* et *Turb*, Rad.

DESTORBI, d. bas lim. Alt. de *Destourbi*, v. c. m. et *Turb*, R.

DESTORBIER, s. m. vl. DESTORBIER. Contre-temps, obstacle, trouble, malheur, disgrâce. V. *Desturbier* et *Turb*, R.

DESTORENAN, adv. vl. Dorénavant.

DESTORSER, v. a. (destórse et destouèrse), et impr. DESTOUERSER, DESTOSSER, DESTOUARSER. *Distorcere*, ital. *Destorcer*, esp. port. cat. Détordre, remettre en son premier état ce qui était tordu; on le dit aussi pour diminuer le degré de torsion, en vl. détourner, dévier.

Éty. de *des* priv. et de *torser*, faire le contraire de tordre. V. *Tors*, R.

DESTORSUT, UDA, adj. et p. (destoursú, úde), impr, DESTOURSUT, DESTOUSSUT. *Destorcido*, port. esp. Détordu, ue. V. *Tors*, R.

DESTORT, adj. et p. vl. Déployé.

DESTORTA, s. f. vl. Désordre, relâchement.

DESTORTILHAR, v. a. (destourtillá), et impr. DESTOURTILHAR. *Desentortolligar*, cat. Détortiller. V. *Destorser*.

Éty. de *des* priv. et de *tortilhar*. V. *Tors*, Rad.

DESTOSSER, dl. V. *Destorser*.

DESTOUCAR, v. a. (destoucá), d. bas lim. Dégrossir. V. *Desgrossir*.

DESTOUERNI, Même sign. que *Destourbi*, v. c. m.

DESTOUERSER, V. *Destorser* et *Tors*, Rad.

DESTOUR, V. *Destourbar* et *Turb*, R.

DESTOURAR, v. n. (destourá), dl. Dégeler. V. *Desgelar*.

DESTOURBAIRE, s. m. (destourbáïré); DESTOURBO, DESTOURBI. Un importun, un homme qui n'est bon qu'à interrompre ceux qui travaillent.

Éty. de *Destourbar*, v. c. m. et de *aire*. V. *Turb*, R.

DESTOURBAR, v. a. (destourbá); DESTORBAR, DESTOURNAR. *Estorvar*, port. *Disturbare*, bas. lat. ital. *Destorbar*, cat. *Desturbar*, anc. esp. Déranger, distraire de ses occupations, écarter, détourner, déranger.

Éty. du lat. *disturbare*, déranger. Voy. *Turb*, R.

Pauc cauva destourba *un marrit oubrier*.
Prov.

DESTOURBAT, ADA, adj. et part. (destourbá, áde); *Estorvado*, port. Détourné, dérangé.

DESTOURBI, s. m. (destóurbi); DESTOURBIER, DESTOUARNI, DESTOUERNI. *Estorvo*, port. *Desturbium*, bas. lat. Dérangement, ce qui détourne, ce qui donne des distractions, contre temps, empêchement.

Ai agut de destourbis, j'ai été détourné.

Éty. V. *Destourbar* et *Turb*, R.

DESTOURBIER, s. m. (destourbié). Mot des environs de Grasse. Voy. *Destourbi* et *Turb*, Rad.

DESTOURBO, Garc. V. *Destourbaire*.

DESTOURNAIRE, s. m. (destournáïré), d. de Manosque. Interrupteur, importun, qui dérange, interromp, empêche de travailler ; trouble-fête.

Éty. de *des* pour *ex*, hors, de *tournar* et de *aire*, celui qui tourne d'une autre côté, c'est-à-dire qui détourne. V. *Torn*, R.

DESTOURNAR, v. a. (destourná); *Distornare*, bas. lat. Détourner, écarter du chemin : *Se destournar*, quitter le droit chemin pour en prendre un autre, se détourner. V. *Destourbar*.

Éty. de *des*, hors, et de *tournar*. V. *Torn*, Rad.

DESTOURNAT, ADA, adj. et part. (destourná, áde); *Distornatus*, bas. lat. Détourné, ée, dérangé.

DESTOURNI, s. m. (destóurni). Dérangement, empêchement, ce qui vient nous détourner de nos occupations. Aub.

DESTOURNIOUS, adj. m. (destourniôus), d. de Manosque. Variable, qui interromp les travaux, qui détourne, en parlant du temps.

Éty. de *des*, hors, de *tourni* et de *ous*, qui est de nature à éloigner de. V. *Torn*, R.

DESTOURRAT, **ADA**, adj. et part. (destourrá, áde), dl. Dégelé, dégourdi, qui n'est plus froid.

Éty. de *des* priv. et de *tourrat*. V. *Torr*, Rad.

DESTOURTILHAR, Alt. de *Destortilhar*, v. c. m.

DESTOUSCAR, v. a. (destouscá). Découvrir, surprendre, faire sortir de son réduit, débusquer, dénicher. V. *Desboscar*.

Éty. de *des* privatif et de *tousca*, broussaille, chasser de la broussaille.

DESTOUT, adj. et p. vl. DESTOUTZ. Détourné.

DESTRA, s. f. vl. DEXTRA. *Destra*, cat. esp. port. ital. Le côté droit, la droite: *A la destra*, à la droite, à droite. V. *Drecha*.

Éty. du lat. *dextera*.

DESTRACAMENT, s. m. (destracaméin). L'action de détraquer, de disloquer, de mettre le désordre.

Éty. de *destracar* et de *ment*. V. *Tra*, R.

May, dins aquest destracament
N'ayo ges mooure de countesto.
Jean de Cabanes.

DESTRACAR, v. a. (destracá); DESMANTIBULAR. *Destracar*, esp. anc. V. *Desgargalhar* et *Tra*, R.

DESTRACAT, ADA, adj. et p. (destracá, áde); *Destracado*, anc. esp. Détraqué, fig. qui a perdu la tête. V. *Tra*, R.

DESTRACHIR, v. n. (destratchí), d. de Manosque. En t. d'agric. décroître, se rabaisser, perdre la force, la vigueur, en parlant des arbres et des plantes, se chêmer, maigrir beaucoup, en parlant des personnes. Avril.

DESTRADOR, s. m. vl. Mesureur, arpenteur.

DESTRADURA, s. f. vl. Mesurage, arpentage.

DESTRAGNAR, v. a. (destragná). Étranger quelqu'un, le chasser par un accueil froid; désaccoutumer, déshabituer; pour déranger. V. *Destourbar* et *Descastrar*.

Éty. de *de*, de *estragn* et de *ar*, faire étranger, chasser.

DESTRAGT, adj. vl. Contraint par corps; emprisonné.

Éty. du lat. *distractus*, séparé par force, arraché. V. *Tra*, R.

DESTRAHENS, part. prés. et adj. vl. Chuchotant, chuchoteur.

DESTRAIDOR, s. m. vl. Détracteur.

DESTRAIGNEMENT, s. m. (destreignemèin); DESTREGNEMENT. vl. Tourment, tribulation, contrainte, chagrin, inquiétude, peine, punition, affliction. V. *Tra*, R.

DESTRAINAR, v. a. (destreiná), Contraindre par corps.

Éty. du lat. *distrahere*, séparer violamment. V. *Tra*, R.

DESTRAINAR, v. a. d. m. Le contraire de *entrainar*, déranger, détourner celui qui était en train, interrompre un travail commencé.

DESTRAIRE, V. *Dextraire*.

DESTRAL, s. f. vl. L'épousée, la mariée, paranymphe, entremetteuse.

DESTRAL, V. *Destrau*.

Éty. de *destr* et de *al*, propre à la main droite. V. *Dextr*, R.

DESTRALAGE, s. m. vl. Entremise, maquerellage.

DESTRALETA, s. f. V. *Destraloun*.

DESTRALOUN, s. m. (destralóun); DESTRAROUN, DESTRALETA, HAPIETA, HAPION, APIOUN, ACHOUPIN, HACHOUN, PICOUSSIN, DESTRAROUNET. Hachereau, hachette ou petite hache à main; elle diffère de la cognée en ce que son manche est court et qu'on s'en sert avec une seule main.

Éty. de *destral* et du dim. *oun*. V. *Dextr*, Rad.

DESTRAPAR, v. a. vl. Détendre, reployer; débander.

DESTRAPAR, v. n. vl. DESTRAPER. Décamper, lever les tentes, lever le camp.

Éty. de *des* priv. de *trap*, tente, et de *ar*.

DESTRAPAT, adj. et p. vl. En dérouté; détendu.

DESTRAR, dl. m. sign. que *Arpantar*, v. c. m. et *Mesurar*, mener, donner la main.

DESTRAR, V. *Dextrar*.

DESTRAROUN, s. f. V. *Destraloun*, comme plus conforme à l'étymologie. Voy. *Dextr*, R.

DESTRAROUNET, s. m. (destrarouné), d. m. Hachette, hachereau, dim. de *destraroun*. V. *Destraloun*.

DESTRASSOUNAR, v. a. (destrassouná); DESTRESSOUNAR, DESTRANSOUNAR, DESTRANCOUNAR. Éveiller en sursaut, réveiller avant le temps, interrompre le sommeil, on le dit plus particulièrement en parlant des enfants; détourner, distraire, déranger, d. bas lim.

Éty. de *des* priv. du lat. *trans*, de *soun*, sommeil et de *ar*, mettre en delà du sommeil. V. *Som*, R.

DESTRASTALHAR, dl. m. s. que *Desmantibular*, v. c. m.

DESTRASTOULAT, V. *Destrestoulat*.

DESTRATAR, v. a. (destratá); DESTRACTAR. Détracter, parler mal de quelqu'un ou de quelque chose, s'efforcer, ou affecter d'en rabaisser le mérite, dénigrer.

Éty. de *des* dépréc. et de *tratar*, traiter mal.

DESTRAU, s. f. (destráou); DESTRAL, DESTRAOU, PICOSSA, MANAIRA, HAPIA, PIGASSA, PIOLA. *Destral*, esp. *Dextralis*, bas. lat. Hache à deux mains, cognée, outil de fer acéré et emmanché, servant à fendre, à couper et à équarrir le gros bois.

Cascus porta sa apcha o sa destrau.
Roman de Gerard de Roussillon.

Éty. de *destre*, droit, et de l'art. *au*, à la droite, sous-entendu qui sert à.

Un scholiaste d'Homère a employé le mot δεξτράλιον mais il l'a pris de la basse latinité.

Aquot es fach ame la destrau, cela est fait à la serpe, ou grossièrement.

Dédale est regardé comme l'inventeur de cet instrument, 1301 ans, avant J.-C.

DESTRAUCAIRE, USA, s. (destraoucaïré, úse). Dénicheur, euse, celui qui sait mieux trouver que d'autres. Garc.

DESTRAUCAR, v. a. (destraoucá); DESTAPAR, DESCLAPAR, DESTAFEGAR. Découvrir à force de recherches, trouver en cherchant, dénicher: *L'ai destraucat*, je l'ai enfin trouvé, déterré.

Éty. *Destraucar* pour *desentraucar*, formé de *des* priv. de *trauc*, trou, tirer du trou. V. *Trauc*, R.

DESTRAUCAT, **ADA**, adj. et part. (destraucá, áde), Découvert, retrouvé.

Éty. de *des* priv. de *trauc* et de la term. pass. *at*, *ada*, tiré du trou. V. *Trauc*, R.

DESTRAVESSAR SE, v. r. (se destravessá); *Desatravessar*, port. S'ôter du milieu, faire le contraire de *s'entravessar*. V. *Vert*, R.

DESTRE, s. m. vl. *Destre*, pas géométrique, sorte de mesure d'étendue.

DESTRE, ESTRA, adj. vl. *Destre*, cat. *Diestro*, esp. *Destro*, port. ital. Droit, oite.

Éty. du lat. *dextrum*, m. s.

DESTRE, V. *Dextre*, pour cheval de main. V. *Destrier*.

DESTRECH, s. m. (destrécht); PRENSA, PRESSOIR, DESTREGNEIRE. Pressoir, machine qui sert à pressurer le raisin, les olives, etc.

Éty. V. *Destregner* et *Stregn*, R.

Vin d'au destrech, le pressurage ou vin de pressurage, fig. mauvais vin.

Diodore en attribue l'invention à l'avide Bacchus, et l'on voit dans la Bible qu'elle était déjà connue du temps de Job.

Destrech, pressoir à vin.

Il se compose.

Du chantier, qui porte les jumelles.
Des jumelles.
Du souillard, qui porte les fausses jumelles.
Des fausses jumelles.
Des chapeaux.
Des moises.
Des contrevents.
Des patins.
De la mai, table formée de madriers.
Du béron, conduit de la mai par lequel le vin s'écoule.
Du barlou, vase qui reçoit le vin qui coule.
Des arbres ou leviers.

DESTRECH, **ECHA**, adj. et part. (destrétch, étche). Pressuré, ée, pour étroit. V. *Estrech* et *Estregn*, R.

DESTRECH, s. m. *Stretto*, ital. *Estrecho*, esp. *Estreito*, port. *Destret*, cat. Détroit, passage étroit, défilé, gorge, bras de mer étroit. V. *Estregn*, R.

DESTRECH, s. m. GABI-DE-MARECHAU. Travail, machine dans laquelle les maréchaux ferrants attachent les bêtes qui sont difficiles à ferrer. V. *Stregn*, R.

DESTRECHA, s. f. (destrétche); DESTREITA, COUSTRENCHA, PRENSA. *Destrettezza*, ital. Contrainte, engoisse, détresse; exaction ou levée injuste de deniers; l'action de pressurer, de serrer: *Faire une destrecha*, faire une serre, marcs: *Ai agut doues destrechas*, j'ai eu deux marcs. V. *Destregnada*.

C'est aussi la quantité de marc que l'on presse à la fois et celle du vin qui en provient. *Pressurée*, est un barbarisme.

Éty. de *destreh* et de *a*. V. *Estregn*, R.

En vl. *destrecha*, *destressa*, obligation, rigueur, austérité.

DESTRECHAMENT, adv. vl. *Destretament*, anc. cat. Expressément, strictement. V. *Stregn*, R.

DESTRECHANA, dl. V. *Estrechan* et *Stregn*, R.

DESTRECHONA, dl. V. *Estrechan*, *ana*, et *Stregn*, R.

DESTREG, vl. V. *Destret* et *Stregn*, R.

DESTREG, adj. et p. vl. Pressé, serré. V. *Destrech* et *Stregn*, R.

DESTREGNADA, s. f. (destregnáde); DESTRECHA, DESTRIGNADA. Marc de raisins, ce qui reste dans le pressoir après qu'on a tiré le vin; la quantité de raisins fermentés qu'on met à la fois sous le pressoir, *una destregnada*, un marc.

Éty. de *destregner*, pressurer, et de *ada*, la chose à pressurer ou pressurée. Voy. *Stregn*, R.

DESTREGNAGE, s. m. (destregnádgé), dl. Le pressurage ou l'action de pressurer.

Éty. de *destregn*, R. de *destregner* et de *age*. V. *Stregn*, R.

DESTREGNAIRE, s. m. (destregnaïré), et impr. DESTREGNEIRE, DESTRIGNEIRE. Pressureur de vendange, maître pressureur.

Éty. de *destregn* et de *aire*. V. *Stregn*, R.

DESTREGNAR, V. *Destregner*.

DESTREGNEIRE, V. *Destregnaire*.

DESTREGNER, v. a. (destrégné); DESTREGNAR, DESTRAGNER, DESTRIGNER, PRENSAR. Pressurer les raisins; presser quelque chose pour en faire sortir le suc; serrer, étrangler.

Éty. du lat. *distringere*, m. s. V. *Stregn*, Rad.

DESTREGNER, v. a. dl. Ranger, serrer une chose qui traîne, étrécir, Sauv. serrer quelque part. V. *Estremar* et *Stregn*, R.

DESTREICHA, vl. V. *Destrecha* et *Stregn*, R.

DESTREIGNER, v. a. vl. Serrer, harceler, forcer, contraindre.

Éty. du lat. *distringere*. V. *Stregn*, R.

DESTREINER, v. a. (destréiné), vl. Contraindre, forcer.

Éty. du lat. *distringere*, m. s. V. *Stregn*, Rad.

DESTREISETAT, s. f. vl. Contrainte, peine, détresse. V. *Stregn*, R.

DESTREISSA, adj. f. vl. Stricte: *Destressa razon*, stricte raison.

DESTREISSETAT, s. f. vl. Serrement.

DESTREIT, **EITA**, adj. et part. vl. Détruit, uite, désert. V. *Destruch*.

DESTREIT, s. m. vl. Détresser. Voy. *Stregn*, R.

DESTREITAMENT, adv. (destreitaméin), vl. DESTREITAMEN. Etroitement, sévèrement, rigoureusement, fortement.

Éty. du lat. *districte*, m. s. et de *mens*. V. *Stregn*, R.

DESTRELINGAR, v. a. (destrelingá). *Détalinguer*, défaire l'*étalingure* d'un cable pour le dépasser de l'organeau de l'ancre auquel il était *étalingué*.

DESTREMENAT, V. *Determinat*.

DESTREMPA, s. f. (destrèimpe); *Tempera*, esp. port. Détrempe, couleur delayée avec de l'eau et de la gomme, dont on se sert pour peindre.

Éty. de *Destrempar*, v. c. m. et *Temp*, R.

DESTREMPAR, v. a. (destreimpá); DESBOUIRAR. *Distemprare*, ital. *Destemperar*, port. *Destrempar* et *Destemplar*, cat. esp. *Destrempar*, anc. cat. Détremper, délayer dans un liquide; faire perdre la trempe à de l'acier trempé en le chauffant fortement.

Destrempar de caus, éteindre de la chaux.

Éty. du lat. *distemperare*, mettre de la confusion, troubler dans le premier sens, et de *des* priv. et de *trempar*, dans le second. V. *Temp*, R.

DESTREMPAR SE, v. r. Se détremper, perdre sa trempe, en parlant de l'acier; se délayer dans un liquide.

DESTREMPAT, **ADA**, adj. et part. Détrempé, ée, délayé, ée, selon le verbe. V. *Temp*, R.

DESTRENCAR, vl. V. *Detrencar*.

DESTRENGEDOUR, d. bas. lim. (destreindzedóur). Dissipateur. V. *Degalhier*.

DESTRENGEDOUR, s. m. d. bas. lim. Décharge, lieu où l'on dépose les choses inutiles, occasion de dépense: *Lou juec*, *lou vin*, *et las femenas*, *a qu'ei tres braves destrengedours*.

DESTRENGER, v. a. vl. DESTRENHER. *Destrenyer*, anc. cat. *Distringere*, ital. Presser, étreindre, opprimer, réprimer, concentrer.

Éty. du lat. *distringere*. V. *Stregn*, R.

DESTRENGER, v. a. (destréindzé), d. bas lim. Débarrasser. V. *Desbarrassar*.

Aquella chambra a bien beson de destrenger, cette chambre a bien besoin d'être débarrassée; dissiper: *Si li bailaz de l'argent lou vous aurà ben leu destrengeat*, si vous lui donnez de l'argent, il s'en sera bientôt débarrassé. Béron.

DESTRENHEMEN, s. m. vl. DESTREYNEMEN. *Distrignimento* et *Distringimento*, ital. Embarras, contrainte, tourment. Voy. *Stregn*, R.

DESTRENHER, v. a. vl. Etreindre, maîtriser, forcer, renverser. V. *Stregn*, R.

DESTRESSA, s. f. (destrésse). Détresse, gêne extrême, angoisse, misère, consternation.

Éty. du lat. *districtio*, difficulté, empêchement. V. *Stregn*, R.

DESTRESSESIR, v. a. (destressesir), dl. Etrécir. V. *Restregner* et *Stregn*, R.

DESTRESSOUNAR, V. *Destrassounar*.

DESTRESTOULAT, **ADA**, adj. et p. (destrestoulá, áde), dl. et impr. DESTRASTOULAT. Ruine: *Houstau destrastoulat*, maison ruinée.

Éty de *des* priv. de *trestoula*, tuile, et de *at*, privé de sa tuile. V. *Teg*, R.

DESTRET, **ETA**, adj. et p. (destré, éte), vl. Contraint, forcé. V. *Stregn*, R.

DESTRET, s. m. District.

DESTRET, s. m. vl. DESTREYT, DESTREG, DESTRECH. *Destret*, cat. Détroit, défilé, district. V. *Destrech* et *Stregn*, R.

DESTRETA, s. f. vl. Tourments, misère, consternation. V. *Destressa*.

DESTREVAR, v. a. (destrevá). Désentraver, ôter les entraves à un cheval, etc.

Éty. de *des* priv. et de *trevar* pour *Entrevar*, v. c. m. et *Trab*, R.

DESTREY, vl. V. *Destret*, *Destrech* et *Stregn*, R.

DESTREY, s. m. vl. Étreinte, contrainte. V. *Stregn*, R.

DESTREYGNER, vl. V. *Destregner*.

DESTREYNEMEN, s. m. V. *Destrenhemen*.

DESTREYT, s. m. vl. DESTRET, DESTREG. District. V. *Destrech*.

DESTREZUT, adj. vl. *Détressé*, détordu.

Éty. de *des* priv. et de *tressut*, tressé.

DESTRIADURA, s. f. (destriadúre), dl. Éraillure, défaut ordinaire aux crêpes, aux mousselines, dont les fils de la trame se rassemblent en paquets, et laissent des vides. Sauv.

Éty. de *destriar*, érailler, et de *ura*. Voy. *Tra*, R.

DESTRIAMENT, s. m. (destriaméin), vl. DESTRIANSA, DETRIANSA. Différence, choix, triage, discernement. V. *Tra*, R.

DESTRIANSA, vl. V. *Destriament*.

DESTRIAR, v. a. (destriá); DISTINGAR, DETRIAR. Discerner, distinguer, reconnaître, découvrir: *Lou destriariou sur cent*, je le connaîtrais parmi cent; *Destriar una escritura*, déchiffrer une écriture. Il signifie aussi séparer, sevrer, préférer, détourner, démêler, débrouiller. V. *Desmamar*.

Éty. de *des*, qui marque éloignement, et de *triar*, séparer. V. *Tra*, R.

> Aquel enfant es remarquable,
> A de signaus tant que noun sai,
> Lou *destriarias* sur vingt car n'a pas soun semblable.
>
> Gros, Portrait de l'Amour.

DESTRIAR SE, v. r. S'érailler, s'éfiler, en parlant des étoffes. V. *Esfilar s'*.

DESTRIAT, **ADA**, adj. et p. (destriá, áde), dl. Éraillé; et fig. décousu, en parlant d'un discours sans suite. V. *Tra*, R.

DESTRIBUTIO, vl. V. *Distribution*.

DESTRIC, s. m. vl. *Destrich*, anc. cat. Embarras, trouble, peine, obstacle, détresse, dépréciation.

DESTRIC, vl. V. *Destrig* et *Trich*, R.

DESTRIER, s. m. (destrié); FERRIER, FERRETIER. Gros marteau dont les forgerons se servent pour ajuster les fers sur l'enclume.

Éty. de *destre* ou *destra*, la droite, sous-entendu main, et de *ier*, qui sert à la main droite. V. *Dextr*, R.

DESTRIER, s. m. MENON. Conducteur du troupeau, Garc. bœuf qui ne sait aller au joug que du côté droit. V. *Menoun* et *Dextr*, Rad.

Éty. de *destre* et de *ier*, qui indique le droit chemin.

DESTRIER, s. m. vl. DESTRE, DEXTRE. *Destriere*, ital. Destrier, cheval de main et de bataille, propre à un homme d'armes, cheval dressé au manége pour les maîtres qui s'en servaient aux fêtes, aux joûtes, aux tournois et à l'armée. Il était opposé à Palefroi, ou cheval de parade des dames.

Éty. du lat. *dextrarius*, *dextralis*, parce qu'on le menait en main, *ad dexteram*. V. *Dextr*, R.

DESTRIEYS, s. f. vl. Presse. Voy. *Pressa*.

DESTRIG, s. m. vl. DESTRIC, DESTRIGAMENT. *Destric*, cat. Embarras, détresse, trouble, querelle, empêchement; divertissement qui détourne, qui dérange, affliction, détresse, dépréciation. V. *Trich*, R.

DESTRIGAMENT, s. m. vl. DESTRIGAMEN. Retard, embarras, détresse. V. *Destrig*.

DESTRIGAR, v. a. (destrigá). Débarrasser, tirer d'intrigue.

Éty. Ce mot est dit pour *desintrigar*, formé de *des* priv. et de *Intrigar*, v. c. m. et *Trich*, R.

DESTRIGAR, v. a. dl. DESTRIGUAR. Contrarier, détourner, empêcher, arrêter; divertir, Douj. embarrasser, gêner, contraindre, vl. dépêcher, Avril. V. *Trich*, R.

DESTRIGAR SE, v. r. dl. Se hâter, se diligenter, mettre plus d'activité; employer son loisir à quelque chose.

DESTRIGNADA, V. *Destregnada*.

DESTRIGNEIRE, s. m. d. mars. Voy. *Destregnaire*.

DESTRIGNER, d. mars. V. *Destregner*.

DESTRIGUAR, V. *Destrigar*.

DESTRIGUAT, ADA, adj. et p. vl. Détourné, ée, etc., selon le verbe.

DESTRIMBOULAR, V. *Destimbourlar* et *Desgargalhar*.

DESTRIZAR, v. a. et n. vl. Déprimer, affaisser, dépérir.

DESTRONAR, v. a. (destrouná); DESTROUNAR. *Detronizare*, ital. *Destronar*, esp. *Dethronar*, port. *Dethronizare*, bas. lat. Détrôner, chasser, déposséder du trône, ôter la puissance souveraine.

Éty. de *des* priv. de *trone* et de *ar*, priver du trône.

DESTRONAT, ADA, adj. et p. (destrouná, áde); DESTROUNAT. Détrôné, ée.

DESTROSIMENT, s. m. (destrosiméin), vl. Perte, destruction.

Éty. de *destrosi* et de *ment*. V. *Stru*, R.

DESTROSIR, v. a. vl. Détruire; agiter violemment. V. *Destruire* et *Stru*, R.

DESTROSSAR, v. a. vl. Décharger le bagage. V. *Destroussar*, déballer.

DESTROSSAT, ADA, adj. et part. vl. Déchargé, ée.

DESTROUMPAR, v. a. (destroumpá). Détromper, désabuser, tirer d'erreur.

Éty. de *des* priv. et de *troumpar*. Voy. *Troump*, R.

DESTROUMPAR SE, v. r. Se détromper, sortir d'erreur, se désabuser.

DESTROUMPAT, ADA, adj. et part. (destroumpá, áde). Détrompé, ée. Voy. *Troump*, R.

DESTROUNAR, V. *Destronar*.

DESTROUNAT, V. *Destronat*.

DESTROUPAR, v. a. (destroupá), dl. Démailloter, dépaqueter, développer, Douj.

DESTROUPELAR SE, (se destroupelá). Se séparer du troupeau, Cast.

Éty. de *des* priv. qui marque séparation et de *troupel*, troupeau.

DESTROUSSAR, v. a. (destroussá). Détrousser, ôter, enlever à un voyageur son porte manteau, sa valise, tout ce qu'il porte; à un marchand qui est en route, ses ballots.

Éty. de *des* priv. de *troussa*, bagage, et de *ar*, priver du bagage, des hardes.

DESTROUSSAT, ADA, adj. et part. (destroussá, áde). Détroussé, ée.

DESTRU, d. bas lim. Alt. de *Estruch*, v. c. m.

DESTRUCCIO, vl. Voy. *Destruction* et *Stru*, R.

DESTRUCH, UCHA, adj. et p. (destruch, útche); DESTRUIT. *Destruido*, port. Détruit, uite. V. *Destruire*.

Éty. du lat. *destructus*, m. s. V. *Stru*, R.

DESTRUCTIF, IVA, adj. (destructif, ive); *Destructiu*, cat. *Destructivo*, esp. *Distruttivo*, ital. Destructif, ive, qui tend à détruire.

Éty. du lat. *destructivus*, m. s. V. *Stru*, Rad.

DESTRUCTIO, vl. V.

DESTRUCTION, s. f. (destructie-n); DESTRUCTION. *Distruzione*, ital. *Destruccion*, esp. *Destruição*, port. *Destruicciò*, cat. Destruction, ruine entière.

Éty. du lat. *destructionis*, gén. de *destructio*. V. *Stru*, R.

DESTRUCTIU, adj. vl. V. *Destructif* et *Stru*, R.

DESTRUCTOUR, s. m. (destructóur); *Destructor*, cat. *Distruttore*, ital. *Destruidor*, esp. port. Destructeur, qui détruit, qui tend à détruire.

Éty. du lat. *destructor*, m. s. V. *Stru*, R.

DESTRUENS, adj. vl. Détruisant, destructeur.

DESTRUIEM, vl. Pour *destrui-e-me*: *Quem destruiem aunis*, qui me détruit et me honnit. V. *Stru*, R.

Hist. de la Crois. contre les Alb.

DESTRUIMENT, s. m. vl. DESTRUYMENT, DESTRIMEN, DESTRUZEMEN, DESTRUIZIMEN. *Destruiment*, cat. *Destruimiento*, esp. *Destruimento*, port. *Distruggimento*, ital. *Destruisement*, ruine, désolation, destruction, détriment.

Éty. du lat. *destructio* et de *men*. Voy. *Stru*, R.

DESTRUIR, vl. V. *Destruire* et *Stru*, R.

DESTRUIRE, v. a. (destruïré); *Distruggere*, ital. *Destruir*, esp. port. cat. Détruire, ruiner, renverser ce qui est entassé, anéantir.

Éty. du lat. *destruere*, formé de *de* priv. et de *struere*, bâtir. V. *Stru*, R. construire, dérivé à son tour de *strues*, tas, renverser ce qui était entassé.

DESTRUIREL, ELA, adj. (destruirèl, èle). Destructeur. V. *Stru*, R.

Et noun voudrias aver, engenço destruirelo,
La punitien que meritas.
Reymonenq.

DESTRUIREOU, ELA, adj. (destruirèou, èle), d. de Manosque. Destructeur, qui ravage, qui détruit. V. *Stru*, R.

DESTRUIRE SE, v. r. Se détruire, tomber en ruines, se donner la mort.

DESTRUIT, UITA, *Destruydo*, esp. *Destrutto*, ital. V. *Destruch*.

Éty. du lat. *destructum* et *Stru*, R.

DESTRUIZIT, adj. et part. vl. Détruit; il ou elle détruit. V. *Stru*, R.

DESTRURE, v. a. (destrúre), d. bas lim. Détruire; altér. de *Destruire*, v. c. m. et *Stru*, R. Instruire, alt. de *Instruire*, v. c. m.

Vole far destrure ma meinada, je veux faire instruire mes enfants.

DESTRUSSI, s. m. (destrussi); DESLUCI, DESTRUCI, ESTRUCI, DESPOUDERAT. Destructeur, dissipateur, qui fripe, qui gâte ses habits en peu de temps.

Éty. du lat. *destruxi*, de *destruo*, je détruis. V. *Strui*, R.

DESTRUSSI, pour autruche, est une altération de *struthio*. V. *Autrucha*.

Lou destrussi *mage qu'un boueou*
Que peych bint homes dab un oueou.
D'Astros.

DESTRUSSI, Un des noms lang. de la courtilière. V. *Courtilhiera* et *Talha cebas*.

DESTRUYDOR, s. m. vl. Voy. *Destructour* et *Stru*, R.

DESTRUYR, vl. V. *Destruire*.

DESTRUZAMENT, s. m. vl. Destruction. V. *Stru*, R.

DESTRUZEDOR, s. m. vl. Destructeur. V. *Stru*, R.

DESTRUZEMEN, et

DESTRUZIMEN, s. m. vl. V. *Destruimen* et *Stru*, R.

DESTRUZIR, v. a. vl. Détruire. Voy. *Stru*, R.

DESTUDAR, v. a. (destudá), dl. Éteindre: *Destudaz aquel foc*, éteignez ce feu. Sauv.

DESTUELH, vl. V. *Destol*.

DESTUPERI, s. m. (destupèri), dg. Déshonneur.

Éty. du lat. *vituperare*.

Et nou se brembo pas beleou
Deous destuperis *que jou heou*.
D'Astros.

DESTURBAR, dg. V. *Destourbar*.

DESTURBELHAR, v. a. vl. Tourmenter, ballotter, troubler. V. *Destourbar*.

DESTURBIER, s. m. vl. DESTORBIER, DESTORBER. Trouble, empêchement, obstacle, malheur, disgrâce. V. *Turb*, R.

DESUGAT, ADA, adj. et p. vl. Abattu, renversé, estropié, qui a la tête cassée.

Éty. de *de* priv. de *sug* pour *suc*, tête, et de *ar*.

DESUMBRANSA, s. f. (desumbránse), vl. Oisiveté, Sauv.

Éty. Altér. de *desobransa*. V. *Ouper*, R.

DESUNEIAR, vl. V. *Desunir*.

DESUNION, s. f. (desunie-n); BROULHARIA. *Disunione*, ital. *Desunion*, esp. *Desunião*, port. Désunion, disjonction, séparation des parties; mais plus particulièrement mésintelligence, défaut d'union.

Éty. de *des* priv. et de *union*. V. *Un*, R.

Mettre la desunion, mettre la discorde.

DESUNIR, v. a. (desunir); SEPARAR, DESSEPARAR, BROULHAR. *Disunire*, ital. *Desunir*, esp. port. Désunir, disjoindre; rompre la bonne intelligence, l'union, brouiller.

Éty. de *des* priv. et de *unir*. V. *Se desunir* et *Un*, R.

DESUNIT, IDA, IA, adj. et p. (desuni, ide, ie); *Desunido*, port. *Desuñido*, esp. Désuni, ie; qui n'est plus uni, qui est séparé; brouillé.

Éty. de *des* priv. et de *unit*. V. *Un*, R.

DESUPTAR, v. a. vl. Surprendre, frapper, saisir. V. *Dessoutar.*

DESUS, vl. V. *Dessus.*

DESVALANCHAT, d. m. V. *Desguindal* et *Esvalanchat.*

DESVALER, v. n. vl. *Disvalere*, ital. Valoir moins, abaisser, déprimer, ravaler, démériter, déprécier.

DESVALISAR, v. a. (desvalisá); DEVALISAR, DEBARIZAR, DEVARISAR. *Svaligiare*, ital. Dévaliser, depuis qu'on a substitué le mot *valise*, au vieux mot *troussel*, on dit dévaliser, *desvalisar*, au lieu de détrousser. V. *Destroussar.*

Éty. de *des* priv. de *valisa* et de *ar*, enlever la valise, c'est-à-dire, tout ce que l'on a, parce qu'en voyage tout ce qu'on porte est ordinairement dans la valise.

DESVALISAT, **ADA**, adj. et p. (desvalisá, áde); DEVALISAT, et impr. DESVARISAT, DEBARIZAT. Dévalisé, ée; au positif, celui à qui l'on a pris sa valise, à qui on a tout pris; mais on le dit plus souvent au figuré, d'une personne qui ne sait que devenir, qui paraît étrangère à tout ce qui l'environne, interdite comme si on lui avait pris sa valise.

Éty. de *des*, de *valisa* et de *at*, litt. privé de sa valise.

DESVANT, vl. Ils ou elles s'en vont; de *anar.*

DESVARGOUGNAR, V. *Desvergougnar.*

DESVARGOUGNAT, V. *Desvergougnat.*

DESVARIAR, v. n. et a. (devariá); DEVARIAR, DEBARIAR. *Desvariar*, esp. Radoter, ne savoir ce que l'on dit ni ce que l'on fait; troubler; en vl. varier, diversifier, différencier.

Éty. de *des* priv. et du lat. *variare*, varier, changer. V. *Vari*, R.

Lou talos
Resta aquit coumo un flo de bos,
Calypso, qu'acot devaria
Ye dis: lou diable ta patria.
Favre.

DESVARIAT, **ADA**, adj. et p. (devariá, áde); DEVARIAT, dl. *Desvariado*, esp. Troublé, ée; oublieux, qui ne sait ce qu'il fait, qui fait de travers et sans réflexion: *Siou tout desvariat*, je ne sais où j'en suis. V. *Vari*, Rad.

DESVAZER, v. n. vl. Échapper, s'éloigner, déchoir.

Éty. de *des* et de *vazer*, de *vadere*, aller.

DESVEILLAR, vl. V. *Desvelhar.*

DESVELH, s. m. (desvéill). Insomnie, privation de sommeil: *Ai lou desvelh*, je ne puis pas dormir, j'ai des insomnies.

Éty. de *des* augm. et de *velh*, veille; veille prolongée. V. *Vigil*, R.

DESVELHAR, v. a. et r. (desveilhá); DEVEILHAR. Eveiller. V. *Revelhar.*

Éty. de *desvelh* et de la term. act. *ar*. V. *Vigil*, R.

DESVELOPAMENT, s. m. (desveloupaméin); DEVELOUPAMENT. *Sviluppamento*, ital. Développement, action de développer ou effet de cette action.

Éty. de *desvelopar* et de *ment*. V. *Vel*, Rad.

DESVELOPAR, v. a. (desveloupá); DESVELOUPAR, DESEMBOULOUPAR. *Sviluppare*, ital. *Desenvolver*, esp. port. Développer, ôter l'enveloppe de quelque chose ou déployer une chose enveloppée; exposer en détail.

Éty. de *des* et de *evolvere*, dérouler, déplier. V. *Vel*, R.

DESVELOPAR SE, v. r. Se développer, s'accroître en tout sens, prendre de l'accroissement en parlant des personnes. V. *Vel*, Rad.

DESVELOPAT, **ADA**, adj. et p. (desveloupá, áde); DESVELOUPAT, DEVELOUPAT. Développé, ée. V. *Vel*, R.

DESVERDEGEAR, v. a. (desverdedjá); DEIVARDEGAR, DESVERDIAR, DEVERDEGEAR, DEBERDIAR, DENANTHOURAR, DEVERDEGAR, ENTRE CULHIR. Cueillir les fruits avant leur parfaite maturité; faucher les prairies avant le temps; fig. marier une fille trop jeune; éveiller trop matin. Douj.

Éty. de *des* priv. de *verd*, verd, et de *egear*, litt. ôter la verdure. Cette étymologie s'applique particulièrement aux prairies qu'on prive de leur verdure en les fauchant trop tôt, c'est-à-dire, avant la maturité des graines; méthode qui fait périr toutes les plantes annuelles. V. *Verd*, R.

Par le règlement de police de la ville d'Aix, de 1569, il est enjoint aux curatiers, faire de bons cuirs, et iceux bien nourrir sans les *deverdegar*, en cauquièrie, rusque verte ou galle. Art. 29.

DESVERDEGEAT, **ADA**, adj. (desverdedjá, áde); DESVERDIAT, DEVERDEGEAT, ENTRECULHIT, DEIVEIRDEGAT. Cueilli avant le temps, fauché ou marié trop tôt.

Éty. de *des* priv. de *verd* et de *egeat*, privé de verdure. V. *Verd*, R.

DESVERGENADOR, vl. V. *Desvergenaire.*

DESVERGENAIRE, s. m. vl. DESVERGENADOR. *Dévirgineur*, *défloreur.*

DESVERGENAR, v. a. vl. *Disverginare*, ital. *Dévirginer*, déflorer.

Éty. du lat. *Devirginare*, m. s.

DESVERGINAT, **ADA**, adj. et part. vl. *Dévergine*, *ée*; défloré.

DESVERGOIGNAR, vl. V. *Desvergonhar.*

DESVERGONHADAMENS, adv. vl. *Desvergoñadamente*, anc. esp. Effrontément insolemment. V. *Ver*, R.

DESVERGONHAR, v. n. vl. DESVERGOIGNAR. *Desvergonzar*, esp. Dévergonder, être effronté, être déhonté. V. *Ver*, R.

DESVERGONHAT, **ADA**, vl. Voy. *Desvergougnat.*

DESVERGOUGNAR, v. a. (desvergougná); DEVERGOUGNAR, DESVARGOUGNAR, DEVARGOUGNAR, DEBERGOUGNAR, DEIVERGOUGNAR. Faire honte à quelqu'un, déhonter.

Éty. de *des* priv. de *vergougna* et de *ar*. V. *Var*, R.

Ce verbe n'a point d'actif en français, on dit se dévergonder, pour perdre toute pudeur, mais on ne dit pas dévergonder quelqu'un; on dit aussi, en provençal, dans le même sens, *se desvergougnar*, s'enhardir.

DESVERGOUGNAT, **ADA**, adj. et p. (desvergougná, áde); DESBERGOUGNAT, DEVERGOUGNAT, DEVERGOUGNAT. *Desvergognado*, port. *Desvergonzado*, esp. Dévergondé, ée; déhonté, qui mène publiquement une vie licencieuse.

Éty. de *des* priv. de *vergougna* et de *at*, privé de pudeur. V. *Ver*, R.

DESVERTOULHAR, v. a. (desvertouillá); DEVERTOULHAR, DEVARTOUIAR. Développer, enlever ce qui enveloppe, dérouler, faire le contraire de *envertoulhar.*

Éty. de *des* priv. de *vertoul* et de *ar*. Voy. *Vert*, R.

DESVESSAR, v. a. (desvessá); DEVESSAR, ENVESSAR, REVESSAR. Renverser, tourner à l'envers. V. *Revessar.*

Éty. de *des* et de *vessar*, verser à rebours. V. *Vert*, R.

DESVESSAR SE, v. r. SE DEVESSAR, SE REVESSAR. Se renverser, se tourner sens dessus dessous; tomber à la renverse, se précipiter. Garc. V. *Vert*, R.

DESVESSAT, **ADA**, adj. et p. (desvessá, áde); DEVESSAT. Renversé, ée; dévers, erse; déversé. V. *Vest*, R.

DESVESTIR, vl. V. *Devestir.*

DESVESTIR, v. a. vl. DEVESTIR. *Divestir*, ital. Dévêtir, déshabiller; quitter, déposer, abandonner.

Éty. du lat. *devestire*, m. s.

DESVESTIR SE, v. r. vl. Se désabiller, et act. dépouiller. V. *Despulhar.*

Éty. de *des* priv. et de *vestir*. V. *Vest*, Rad.

DESVEYLLAR, vl. V. *Desvelhar.*

DESVIAMENT, s. m. vl. DESVIAMEN, DEVIAMENT. *Desviament*, cat. *Desviamento*, port. *Disviamento*, ital. *Desviamiento*, esp. Egarement, déviation.

Éty. de *des* priv. de *via*, voie, chemin, et de *men*, action de sortir de la voie, du chemin. V. *Via*, R.

DESVIAR, v. a. (desviá); DEIVIAR. *Desviar*, cat. esp. port. *Sviare*, ital. *Deviare*, basse lat. Dévier, détourner de sa route directe.

Éty. du lat. *deviare*, ou de *des* priv. de *via*, chemin, et de *ar*, ôter du chemin. Voy. *Via*, R.

Extra viam ire.

DESVIAR SE, v. r. *Desviar-se*, port. Se dévier, se détourner.

DESVIAT, **ADA**, adj. et p. (desviá, áde); *Desviado*, port. Dévié, ée. V. *Via*, R.

DESVIAVOUIRA, s. (desviavóuire). Le lieu d'un canal d'où l'on dérive l'eau. Voy. *Via*, R.

DESVIRAR, v. a. (desvirá); DEVIRAR. Tourner de droite à gauche, en sens contraire, mettre quelque chose sens dessus dessous; on le dit dans la marine quand le cable recule sur le cabestan au lieu d'avancer; culbuter. Garc.

Éty. de *des* priv. et de *virar*, tourner dans un sens contraire. V. *Vir*, R.

DESVISAGEAR, v. a. (desvisadjá). Dévisager. V. *Desfigurar.*

Éty. de *des* priv. de *visagi* et de *ar*. Voy. *Vis*, R.

DESVISCAR, Même sign. que *Desenviscar*, v. c. m. et *Visc*, R.

DESVISSAR, v. a. (desvisá); DESVISSAR, DEMOURENAR, DEIMOURENAR, DESMOURENAR.

Tourner une vis en sens inverse de celui qui la serre; *dévisser*, que beaucoup de gens emploient dans ce sens, n'est pas français.

Éty. de *des* priv. et de *visar*, le contraire de visser.

DESVOLER, v. n. vl. *Desvoler*, anc. cat. *Disvolere*, ital. Ne plus vouloir, ne pas vouloir, rejeter, dédire.

DESVOLOPAR, v. n. vl. V. *Desvelou-par*.

DESZINAT, adj. vl. Fou, insensé.

DESZOMIT, adj. vl. Honni, insulté, injurié.

DET

DET, radical pris du latin *digitus, i*; doigt, et dérivé du grec δάκτυλος (daktulos), m. s.

De *digitus*, par apoc. *digit* : *Digit-ala*, par suppr. de *gi*, *dit*; et par changement de *i* en *e*, *det*; d'où: *Det, Deit-ar, De, De-al*.

De *det*, par le changement de *t* en *d*, *ded*; d'où: *Ded-au, Ded-al*.

De *dactulos*, par apoc. *dact*, et par suppr. de *c*, *dat*; d'où: *Dat, Dat-a*, fruit; *Dat-il, Datt-i, Datt-ier, Dat-us, Den-oun, Did-al, Digt, Dit-ou*.

DET, s. m. (dé); DE. *Dito*, ital. *Dedo*, esp. port. *Dit*, cat. *Digtum*, basse lat. Doigt, chacune des parties mobiles et distinctes qui terminent la main et le pied de l'homme, et par analogie, les mêmes parties des singes et de quelques autres animaux; les parties d'un gant qui reçoivent les doigts; en vl. il ou elle donna.

Éty. du lat. *digitus*, m. s. V. *Det*.

Det de peou, Dedeira, port. *Digitale*, lat.

Le mot *det*, sert souvent de mesure: *Dounaz m'en un det*, donnez-m'en un doigt, c'est-à-dire, en parlant des liquides, de l'épaisseur d'un doigt.

Chaque doigt est composé de trois parties qu'on nomme phalanges, excepté le pouce qui n'en a que deux; l'endroit où elles l'articulent porte le nom de nœud.

Le premier doigt se nomme pouce, *gros det*; du lat. *pollex*; *dito grosso*, ital.

Le second indicateur, en lat. *index, d'indicare*, indiquer.

Le troisième, doigt du milieu, *medius, dedo de en medio*, esp. *dito del mezzo*, ital.

Le quatrième, annulaire, *annularis, lou det de la baga, dedo del anilla*, esp. *dito annulare*, ital.

Le cinquième, petit doigt ou auriculaire, *auricularis; pichot det; dedo meñique*, esp. *dito mignolo*, ital.

Un det, un doigt, pour désigner une mesure d'un travers de doigt.

Se faire moustrar au det, se faire montrer au doigt, c'est aujourd'hui, se rendre ridicule ou blâmable: il en était autrement chez les anciens qui tenaient à grand honneur d'être montrés de cette manière.

DET-DE-CANA, s. m. Doigtier, petit tuyau de roseau que les moissonneurs mettent à leurs doigts pour ne pas se couper.

DET-DE-PEOU, s. m. DET. Doigtier, espèce d'étui fait ordinairement de peau, dont on se sert pour coiffer un doigt malade, ou pour faire tenir un onguent qu'on y applique.

DET-DE-SOURCIER, s. m. Doigt de sorcier, nom qu'on donne, à Sisteron et dans les environs, aux bélemnites pointues.

DET, vl. Il ou elle donna; de *dar*.

DETAL, vl. V. *Detalh*.

DETALH, s. m. (detáil); DETAIL. *Detalh* et *Detailhum*, basse lat. Détail, énumération étendue ou des circonstances d'une action, ou des formes d'un corps ou des parties d'un tout quelconque; en terme de commerce, division qu'on fait d'une chose en plusieurs parties ou morceaux.

Éty. de *de* et de *talh*, tranchant, coupé avec le tranchant, comme on dit découper, ou de *de*, lat. et de *theil*, all. qui signifie partie; d'où *theilen*, détailler. V. *Talh*, R.

DETALHANT, s. et adj. (detailla); DETALHIER, DETAILLUR. Marchand qui vend en détail: *Marchand detalhant*, tr. marchand détailleur et non *détaillant*. V. *Talh*.

DETALHAR, v. a. (detaillá); DETAILLAR. Détailler, couper, mettre en pièces, en morceaux; on le dit particulièrement de la vente des marchandises en détail; vendre en détail; raconter par le menu, donner tous les détails.

Éty. de *detalh* et de *ar*, ou de l'all. *theilen*. V. *Talh*, R.

DETALHIER, Le même que *Detalhant*, v. c. m. et *Talh*, R.

DETARDAR, vl. V. *Retardar*.

DETECCIO, s. f. vl. Découverte, mise à nu.

Éty. du lat. *detectio*, m. s.

DETELH, DETELHS, vl. V. *Deutelh*.

DETENEDOR, s. m. vl. *Detenidor*, cat. *Detenedor*, esp. *Ditenitore*, ital. Détenteur.

DETENEIRE, vl. V. *Detenedor*.

DETENER, vl. V. *Detenir*.

DETENGUT, **UDA**, adj. et p. (deteingú, úde); *Detenido*, esp. *Trattenuto*, ital. Détenu, ue; on le dit d'un homme, ou arrêté en prison ou malade au lit.

Éty. du lat. *detentus*, ou de *de*, avec, dans, et de *tengut*. V. *Ten*, R.

DETENIR, v. a. (detenír); *Ditenere*, ital. *Detener*, esp. *Deter*, port. *Detenir*, cat. Détenir, retenir ce qui n'est pas à soi.

Éty. du lat. *detinere*, m. s. V. *Ten*, R.

DETENTION, s. f. (deteintie-n); DETENTIEN. *Detenzione*, ital. *Detencion*, esp. *Detenção*, port. *Detenció*, cat. Détention, état de celui qui est privé de la liberté.

Éty. du lat. *detentionis*, gén. de *detentio*. V. *Ten*, R.

DETERIORAR, v. a. (deteriourá); DETERIOURAR. *Deteriorare*, basse lat. ital. *Deteriorar*, esp. port. cat. Détériorer, rendre moins bonne la condition d'une personne ou la qualité d'une chose.

Éty. du lat. *deterior* et de *ar*, rendre plus mauvais.

DETERIORAT, **ADA**, adj. et p. (deteriourá, áde); DETERIOURAT. *Deteriorado*, port. esp. *Deteriorato*, ital. Détérioré, ée.

Éty. du lat. *deterioratus*.

DETERIORATION, s. f. (deterioura-tié-n); *Deterioratio*, basse lat. Détérioration.

DETERMENACIO, V. *Determinacio*.

DETERMENADAMENT, adv. vl. DETERMINADAMEN. *Determenadament*, anc. cat. *Determinadamente*, esp. *Determinatamente*, ital. Déterminément, résolument, positivement.

DETERMENAMENT, s. m. vl. DETERMENAMEN. *Determenament*, anc. cat. *Determinamiento*, anc. esp. *Determinamento*, ital. Détermination, décision. V. *Determination*.

DETERMINACIO, vl. V. *Determination*.

DETERMINADAMEN, vl. V. *Determinadament*.

DETERMINAR, v. a. (determiná); *Determinare*, ital. *Determinar*, esp. cat. port. Déterminer, fixer les bornes, les limites de quelque chose, le sens d'un mot; pousser à une détermination, résoudre.

Éty. du lat. *determinare*, formé de *de*, par ou avec, et de *terminare*, borner. V. *Term*, Rad.

DETERMINAR SE, v. r. Se déterminer, prendre une détermination.

DETERMINAT, **ADA**, adj. et p. (determiná, áde); *Determinato*, ital. *Determinado*, port. esp. Déterminé, ée.

Éty. du lat. *determinatus*, m. s. V. *Term*, Rad.

DETERMINAT, **ADA**, s. DESTERMINAT, DESTARMENAT, DESTREMENAT. Déterminé, ée; un méchant, une personne emportée, capable de se porter à des violences extrêmes. Voy. *Term*, R.

DETERMINATION, s. f. (determinatie-n); DETERMINATIEN. *Determinazione*, ital. *Determinacion*, esp. *Determinação*, port. *Determinació*, cat. Détermination, disposition ou tendance d'un corps d'un côté plutôt que d'un autre, résolution fixe que l'on prend après avoir balancé entre deux partis.

Éty. du lat. *determinationis*, gén. de *determinatio*. V. *Term*, R.

DETERNAR, vl. V. *Discernar*.

DETESTABLAMENT, adv. (detestablaméin). Détestablement, très-mal.

Éty. de *detestabla* et de *ment*, d'une manière détestable. V. *Test*, R.

DETESTABLE, **ABLA**, adj. (detestáblé, áble); *Detestabile*, ital. *Detestable*, esp. *Detestavel*, port. Détestable, qui est essentiellement mauvais, odieux, insupportable.

Éty. de *detestat* et de *able*, qui mérite d'être détesté, ou du lat. *detestabilis*, m. s. Voy. *Test*, R.

DETESTAR, v. a. (detestá); *Detestare*, ital. *Detestar*, esp. port. Détester, avoir pour quelqu'un ou pour quelque chose des sentiments d'aversion; fondés sur la raison et le jugement.

Éty. du lat. *detestari*, formé de *de* et de *testis*, témoin, prendre à témoin qu'une chose n'est point, rejeter avec indignation. Voy. *Test*, R.

DETESTAT, **ADA**, adj. et p. (detestá, áde); *Detestado*, port. Détesté, ée. Voy. *Test*, R.

DETESTATIO, s. f. vl. *Detestació*, cat. *Detestacion*, esp. *Detestação*, port. *Detestazione*, ital. Détestation.

Éty. du lat. *detestatio*, m. s.

DETET, s. m. Garc. V. *Buttela*.

DE TIRA, adv. (de tire), dg. Sur le champ.

DETITOLAR, v. n. vl. Être pourvu d'un titre, être titré.

DÉTITOLAT, ADA, adj. et part. vl. Titré, ée; pourvu, ue d'un titre.

DE-TOT-EN-TOT, adv. (dé-tot-ein-tôt), dl. Entièrement, absolument. Sauv.

DETOUNAR, v. n. (detouná); *Desentoar*, port. *Stuonare*, ital. *Desentonar*, esp. Détoner, sortir du ton qu'on doit garder pour chanter juste.

Éty. du lat. *detonare*, m. s. V. *Ton*, R.

DETOUNATION, s. f. (detounacie-n). Détonation. V. *Ton*, R.

DETOUR, s. m. (detóur); COUNTOUR, COUDE, DEYVIRADA. Détour, coude que fait une rivière quand elle cesse d'aller dans une direction droite; on le dit aussi des chemins; fig. circuit de paroles, prétexte pour se tirer d'embarras, pour ne pas dire la vérité.

Éty. de *de*, avec, et de *tour*. V. *Torn*, R.

DETRACCIO, vl. V. *Detractio*.

DETRACTATIO, s. f. vl. *Détractation*, médisance.

DETRACTIO, s. f. vl. DETRACCIO. *Detració*, cat. *Detraccion*, esp. *Detracção*, port. *Detrazione*, ital. Détraction, médisance.

DETRACTOR, vl. DETRAIDOR. Voy. *Detractour*.

DETRACTOUR, s. m. (detractoúr); *Detrattore*, ital. *Detractor*, esp. port. Détracteur, celui qui parle mal de quelqu'un, de quelque chose, qui s'efforce, qui affecte d'en rabaisser le mérite, médisant, calomniateur.

Éty. du lat. *detractor*, m. s. V. *Tra*, R.

DETRAHER, vl. Prélever. V. *Destraire*, *Prelevar* et *Tra*, R.

DETRAIDOR, vl. V. *Detractour*.

DETRAIRE, v. a. et n. vl. DETRAYRE. *Detraer*, esp. *Detrahir*, port. *Detrarre*, ital. Détracter, décrier, médire.

Éty. du lat. *detrahere*, m. s.

DETRAIRE, v. a. vl. DETRACTAR. Détracter, médire, calomnier, décrier.

Éty. du lat. *detrahere*, m. s. V. *Tra*, R.

DETRAS, prép. et adv. (detrás); TRAS, TRA, DARREIRE. *Detras*, esp. cat. *Dietro*, ital. *Detraz*, port. Derrière: *Cara davant, cara detras*, homme à deux visages; *Aquel houstau douna sus lou detras*, cette maison a issue sur le derrière. V. *Darreire*.

Éty. de la basse lat. *deretranus*, dérivé du lat. *de retrò*. V. *Trans*, R.

DETRASEMENT, s. m. vl. Médisance.

Éty. du lat. *detrahere* et de *ment*. V. *Tra*, Rad.

DETRAS LOU, s. m. Le derrière, les fesses, la partie postérieure d'une chose.

DETRAYRE, v. a. d. vaud. V. *Detraire*.

DETRAZEIRITZ, s. f. vl. Médisante, calomniatrice.

DETREISSA, s. f. vl. V. *Destressa*.

DETRENCAR, v. a. vl. DESTRENCAR. Trancher, déchirer, mettre en pièces: *Escarchar*, pour fendre, hacher.

Éty. Alt. du lat. *detruncare*, m. s. ou de l'all. *tranck?*

DETRENCAT, adj. et p. vl. Déchiré, coupé, mis en pièces; fig. indigné, déconcerté. V. *Escarchat*.

DETRIADAMENT, s. m. vl. Différence, changement. V. *Tra*, R.

DETRIANSA, s. f. vl. V. *Destriament*.

DETRIAR, v. a. vl. Même sign. que *Destriar*, v. c. m. et *Tra*, R.

DETRIMENT, s. m. (detriméin); PREJUDICI. *Detrimento*, ital. esp. port. Détriment, dommage détérioration.

Éty. du lat. *detrimentum*, formé de *deterere*, user par le frottement.

DETRITAR, v. n. (detritá). Détriter, extraire l'huile des olives. Garc.

DETS, nom de nombre, d. anc. béarn. Dix. V. *Dez* et *Dec*, R.

DETZ, vl. Dix, doigt, et vous donnâtes. V. *Dez* et *Dec*, R.

DETZAU, adj. anc. béarn. Dixième. V. *Dizieme* et *Dec*, R.

DETZIEMA, dg. Pour dixième. Voy. *Dizieme* et *Dec*, R.

DEU

DEU, s. m. (dèou); Souvent employé dans les vieux écrits pour *diou*, Dieu. Voy. *Diou*. Il ou elle doit, je dois.

DEU, art. m. sing. au gén. anc. béarn. Du.

DEU, vl. Je dois. V. *Dei*.

DEUESSA, s. f. vl. V. *Deessa* et *Diu*, R.

DEUMAR, vl. Même sign. que *Deimar*, v. c. m. et *Dec*, R.

DEUME, s. m. vl. V. *Deime* et *Dec*, R.

DEUS, s. m. vl. *Deu*, cat. V. *Diou* et *Diu*, R.

Theos grec es don pren cascus
Aquesta dictio deus.
Fl. del gay sab.

DEUTE, vl. DEPTE. Dette, devoir, obligation. V. *Deoute* et *Deb*, R.

DEUTEIRE, s. m. vl. V. *Deveire* et *Deb*, R.

DEUTERONOMO, s. m. (duteronóme); *Deuteronomi*, port. Deutéronome, nom d'un des livres de Moïse, le dernier de ceux dont il est l'auteur.

Éty. du grec δεύτερος, (deutéros), second, et de νόμος (nomos), loi, parce que ce livre est comme une répétition des précédents, une seconde publication de la loi.

DEUTOR, s. m. vl. V. *Deveire*, *Debitour* et *Deb*, R.

DEUTOR, vl. V. *Deveire*.

DEV

DEVAGADA, V. *Divagada*.

DEVAGAR, V. *Divagar*.

DEVAGAT, V. *Divagat*.

DEVALADA, s. f. (devalàde); DEBALADA, CARAU, DESCENTA, DAVALADA, DAVALADOUR, DABALADA, DEVALAR, DEVALAYA. Descente; l'action de descendre; lieu par où l'on descend; penchant d'une colline.

Éty. de *de*, de *val*, vallée, et de *ada*, la chose qui va dans la vallée, la pente, la descente. V. *Val*, R. 2.

Prendre la devalada, prendre la déroute, la défile, la descente. Garc.

Soun negoci es à la devalada, son commerce tombe.

DEVALAMENT, s. m. vl. DEVALAMEN. *Davallament*, cat. *Divallamento*, ital. Descente, chute; abaissement. V. *Vol*, R. 2.

DAVALANCAT, V. *Desguindat*.

DEVALAR, v. a. et n. (devalá); DAVALAR, DABALAR, DEBALAR, CARAR. *Divallare*, ital. *Devallar*, cat. *Devalare* et *Devallare*, bass. lat. Descendre, aller de haut en bas; dévaler, déplacer une chose élevée pour la mettre plus bas; fig. déchoir.

Éty. de la basse lat. *devalare*, fait du lat. *ad vallem ire*, aller dans la vallée, c'est-à-dire, descendre, ou du bas breton, *devalem*, m. s. V. *Val*, R. 2.

Devalar un cavalier, dl. démonter un cavalier.

Devalar lous escaliers, V. *Regoular lous escaliers*.

DEVALAR S'EN, v. r. md. Se diminuer: *Moun vin, moun argent s'en devala*, mon vin, mon argent diminuent, s'en vont.

DEVALAT, ADA, adj. et p. (devalá, àde). Descendu, ue. V. *Vel*, R. 2.

DEVALHAR, v. n. vl. Tomber. V. *Devalar*.

DEVALISAR, V. *Desvalisar*.

DEVALLAR, vl. V. *Devalar*.

DEVANÇAR, v. a. (devançá). Dévancer, gagner le devant, arriver avant un autre; précéder, surpasser, avoir l'avantage.

Éty. de *devant* et de l'act. *ar*, aller devant. V. *Ant*, R.

Dins un camin tant laid toujour mi *devançara*.
Coye.

DEVANCIER, IERA, s. (devancié, iére). Dévancier, ière, prédécesseur, celui, celle qui a précédé quelqu'un dans un emploi, dans une fonction, ou en quelque chose que ce soit. V. *Ant*, R.

DEVANCIERS, s. m. pl. (devanciers); DAVANCIERS. Dévanciers, ancêtres, aïeux.

Éty. de *devançar* et de *iers;* litt. qui sont venus avant nous. V. *Ant*, R.

DEVANT, vl. Auparavant. V. *Davant* et *Ant*, R.

DEVANTAL, s. m. (devantál); DEVANTAU, AVANTAL, DEMANTAL. *Devantal*, cat. esp. *Avental*, port. Tablier. Voy. *Faudau* et *Ant*, R.

DEVANTAU, V. *Faudau* et *Ant*, R.

DEVANTIERA, V. *Davantiera* et *Ant*, Rad.

DEVARASCHAR, v. a. (devarastsá), d. bas lim. V. *Degoursar*.

Éty. de *de* priv. de *vara*, bruyère, et de l'act. *ar; devaraschar* un terrain, c'est en faire brûler le gazon et les bruyères, afin de le fertiliser au moyen de la cendre qui résulte de cette combustion. V. *Fournelar* et *Var*, Rad.

DEVARGAR, Alt. de *Devergar*, v. c. m.

DEVARGOUGNAR, V. *Desvergougnar*.

DEVARGOUGNAT, V. *Desvergougnat*.

DEVARIAR, dl. V. *Desvariar*.

DEVARISAR, Altér. de *Desvalisar*, v. c. m.

DEVARTEGAR, V. *Revertegar*.

DEVAS, prép. vl. Vers, devers. V. *Ves* et *Vert*, R.

Devastotz latz, de tous côtés.

DEVASTAR, v. a. (devastá); *Devastare*, ital. *Devastar*, esp. port. Dévaster, détruire avec fureur tout ce qu'on trouve dans un pays; ruiner les campagnes, en parlant des orages et des torrents.

Éty. du lat. *devastare*, m. s. V. *Vast*, R.

DEVASTAT, ADA, adj. et p. (devastá,

àde) ; DESVASTAT. *Devastado*, port. Dévasté, ée.

Éty. du lat. *vastatus*, m. s. V. *Vast*, R.

DÉVASTATION, s. f. (devastatie-n); DEVASTATIEN. *Devastazione*, ital. *Devastacion*, esp. *Devastação*, port. Dévastation, action de dévaster, ou le résultat, l'effet de cette action.

Éty. du lat. *vastationis*, gén. de *vastatio*, m. s. V. *Vast*, R.

DEVATZ, s. m. vl. DEVAT. Prohibition, défense, exception. V. *Défend*, R.

DEVAYS, vl. V. *Deves* et *Ves*.

DEVEDAMENT, s. m. vl. DEVEDAMEN. Défense. V. *Defend*, R.

DEVEDAR, v. a. vl. *Devedar*, esp. Défendre, empêcher, prohiber, interdire. V. *Defend*, R.

Éty. du lat. *devetare*.

DEVEDER, v. a. vl. Diviser. V. *Divisar* et *Devis*, R.

DEVEIR, v. a. vl. Diviser, partager.

DEVEIRE, s. m. (deveiré), dl. Débiteur, redevable. V. *Debitour*.

Éty. de *dev*, *degu*, qui doit, et de *eire*, celui qui doit. V. *Deb*, R.

DEVELHAR, m. s. que *Desvelhar* et *Revelhar*, v. c. m. et *Vigil*, R.

DEVELOUPAR, V. *Desvelopar*.

DEVEN, s. m. (devéin); DEVENS, DEVES, DEVESA, DABES, PELENC. *Devesa*, port. *Deffesium*, *Defensum*, *Denesium* et *Devesium*, bas. lat. Défend, pâturages, bois ou terres qui appartiennent à une communauté et où chaque habitant a le droit, plus ou moins étendu, d'envoyer paître les bestiaux et de couper du bois pour son usage ; biens communaux, dans les anciens manuscrits.

Éty. de la bas. lat. *defensum* et *devesium*, mots dérivés du lat. *defendere*, défendre, parce qu'il n'y a non-seulement que ceux qui y ont droit qui puissent user du *défends*, mais que pour tous, il y a quelques défenses particulières, comme de couper du bois vert, d'y conduire des brebis, etc. V. *Defend*, R.

DEVENDALH, s. m. vl. DEVENDAILL. Tablier. V. *Devantal*, *Faudau* et *Ant*, R.

DEVENDUA, s. f. (devéndúe). On donne ce nom, à Thorame, à un champ qui est en jachère, qui ne porte que de l'herbe. V. *Devenguda* et *Defend*, R.

DEVENGUDA, s. f. (deveingúde); DEVENDUA, DEVENDUDA. Terrain en défense contre la vaine pâture, fourrage qu'on y ramasse. Garc.

Éty. de *deven* et de *guda*, *uda*, devenu défends, changé en défends. V. *Defend*, R.

DEVENGUT, **UDA**, adj. et p. (deveingú, úde). Devenu, ue.

Éty. Part. du verbe *devenir*. V. *Ven*, R.

DEVENIDOR, s. m. vl. ESDEVENIDOR. Le futur, l'avenir, le temps qui doit venir.

Éty. de *de*, de *venir* et de *or*, celui qui doit venir. V. *Ven*, R.

DEVENIR, v. n. (devenir) ; *Divenire*, ital. *Devenir*, anc. esp. Devenir, commencer à être ce qu'on n'était pas ; prendre, acquérir une qualité ; contracter une habitude ; avoir tel ou tel sort, tel ou tel succès, telle ou telle issue.

Éty. du lat. *devenire*, m. s. V. *Ven*, R.

Devenir lebre, s'impatienter, se démonter.

DEVENIR, v. n. vl. Mourir.

Éty. de *de* priv. et de *venir*, ne plus venir.

DEVENOUN, s. m. (devenóun), d. m. Petit défends, petite forêt communale ; c'est aussi un nom de lieu.

Éty. de *deven* et de *oun*. V. *Defend*, R.

DEVENSAR, v. a. (deveinsá). Mettre une terre en défends. Aub.

DEVENTAR, v. n. (deveintá) ; DESVENTAR. Déventer, disposer les voiles de manière qu'elles ne reçoivent le vent ni dedans, ni dessus, mais en ralingues seulement.

Éty. de *de* priv. et de *ventar*, priver du vent. V. *Vent*, R.

DEVER, s. m. (dévé) ; DEBE. *Dovere*, ital. *Deber*, esp. *Dever*, port. *Deurer*, cat. *Deberium* et *Deverium*, bas lat. Devoir, action humaine, conforme aux lois qui en imposent l'obligation ; ce à quoi on est obligé par la loi, l'honnêteté, la bienséance, la religion, etc. Le travail qu'on donne à faire au collége.

Éty. du lat. *debere*, par le changement du *b* en *v*. V. *Deb*, R.

Se mettre en dever de.... Trad. Se mettre en posture de....

Pagar soun dever, se dit de la rétribution que les pénitents ou autres membres d'une confrérie payent chaque année.

DEVER, v. a. Devoir. V. *Deoure*.

DEVER, s. m. vl. Devoir, obligation, redevance, dignité, justice. V. *Deb*, R.

DEVER, prép. vl. V. *Deves* et *Ves*.

DEVERAR, v. a. (deverá). Aveindre. Cast.

DEVERDEGAR, V. *Desverdegar*.

DEVERDEGAR, V. *Desverdegear*.

DEVERDIAR, v. a. (deverdiá), d. bas lim. V. *Desverdegear*.

DEVERDEGEAT, V. *Desverdageat*.

DEVERGAR, v. a. (devergá) ; Cast. et

DEVERGAR, v. a. (devergá) ; DEVARGAR, DEVARGUETAR. Défiler les chandelles, les ôter des broches.

Éty. de *de* priv. de *verga*, broche, et de *ar*. V. *Verg*, R.

DEVERGOUGNAR, V. *Desvergougnar*.

DEVERGOUNGEAT, **ADA**, adj. et p. (devergoundzá), d. bas lim. Dévergondé. V. *Desvergougnat*.

DEVERGUETAR, V. *Devergar*.

DEVERS, s. m. pl. (devérs) ; DEBES. Devoirs, civilités qu'on est obligé de rendre. V. *Dever* et *Deb*, R.

DEVERS, prép. (devès) ; DEVES, VERS, VES, DEBES. Vers, devers, du côté de.

Éty. de la bas. lat. *deversum*, m. s.

DEVERSAR, v. a. vl. Déverser, verser.

DEVERTUC, s. m. vl. DEVERTUCS. Abcès interne.

DEVES, prép. vl. DEVAS, DEVAYS, DEVER. *Deves*, anc. cat. *Diverso*, ital. Vers, devers, envers. V. *Ves*.

DEVES, Alt. lang. de *Deven*, v. c. m.

DEVESA, dl. Pour *Deven* ou *Devens*, v. c. m.

Éty. Altér. du lat. *defensa*. V. *Defend*, R.

DEVESIMENT, vl. V. *Deveziment*.

DEVESIR, v. a. vl. Diviser. V. *Divisar*, *Partagear* et *Divis*, R.

DEVESSAR, V. *Desvessar*.

DEVESTIR, V. *Deshabilhar*.

DEVETZ, s. m. vl. DEVET, DEVES. Excommunication, défense, prohibition.

Éty. du lat. *devetitum*. V. *Defend*, R.

Il ou elle défend, qu'il ou qu'elle défende, pour *devèze*, réserve, terrain défendu. Voy. *Deven*.

DEVEZA, vl. V. *Deven*.

DEVEZIDAMENT, adv. vl. DIVISIDAMEN. *Divisidament*, anc. cat. *Divisitamente*, ital. Divisiblement, séparément. V. *Divis*, R.

DEVEZIMEN, et

DEVEZIMENT, s. m. vl. *Divisamento*, ital. Partage, différence. V. *Divis*, R.

DEVEZIO, s. f. vl. Distinction, différence, division. V. *Division* et *Divis*, R.

DEVEZIOU, s. f. vl. V. *Defension* et *Fend*, R.

DEVEZIR, v. a. vl. Exprimer, discerner, expliquer, diviser, partager. Voy. *Divisar* et *Divis*, R.

DEVEZIT, **IDA**, adj. et p. vl. DEVEZITZ. Décidé, déclaré, réparti, expliqué. Voy. *Defend*, R.

DEVI, s. m. vl. Devin.

DEVIAMENT, vl. DEVIAMEN. V. *Desviament*.

DEVIAR, d. vaud. Détourner. V. *Desviar*.

DEVIARDAR, v. n. d. lim. Décamper.

Éty. de *de*, de *via*, chemin, et de *ardar*, s'écarter du chemin. V. *Via*, R.

DEVIDALH, s. m. vl. Éventail, émouchoir.

DEVIGNAIRE, V. *Devinaire*.

DEVIGNAR, V. *Devinar*.

DEVIN, adj. vl. V. *Divin* et *Din*, R.

DEVIN, s. m. vl. DEVI. *Devi*, anc. cat. anc. esp. *Devino* et *Adevinho*, port. *Indovino*, ital. Devin, calomniateur, médisant.

Éty. du lat. *divinus*. V. *Diu*, R.

DEVINA, s. f. vl. *Divina*, anc. esp. *Adevinha*, port. *Indovina*, ital. Devineresse. V. *Diu*, R.

DEVINA-COSTA, s. m. (devine-cóste); DEVINA COUESTO. d. de Marseille. Métier de-viné. V. *Cavaleta-porta* et *Diu*, R.

DEVINADOR, s. m. vl. DEVINAIRE. *Devinador*, anc. cat. *Adivinador*, esp. *Adevinhador*, port. *Divinatore*, ital. Devineur, médisant, calomniateur. V. *Devinaire* et *Diu*, R.

DEVINAIL, adj. vl. *Divin*, v. c. m. V. *Diu*, R. et *Devinalh*.

DEVINAIRE, s. m. (devinàïré) ; DEBINAIRE, DEBIGNAIRE, DEVIGNAIRE. *Divinatore*, ital. *Adivino*, esp. *Adevinho*, port. *Devinador*, anc. cat. Devin, celui qui a la prétention de déviner, de découvrir les choses cachées, qui en fait profession, juger par conjecture.

Éty. du lat. *divinus*, employé par Martial, dans la même signification, ou de *divinator*, le même, formé de *divinare*, et de la term. *ator*, de *actor*, celui qui devine. V. *Diu*, Rad.

Devinaire doou Luc ou de Montelimart, qui ne devine les fêtes que quand elles sont passées.

L'art prétendu de connaître l'avenir, dit l'auteur du Dict. des Orig. de 1777, 6 vol.

in 12, par des moyens superstitieux, est très-ancien. L'écriture parle de neuf espèces de divinations; les Juifs avaient pris toutes ces superstitions en Egypte, d'où elles s'étaient introduites chez les Grecs, qui les avaient transmises aux Romains.

Devinaire doou temps, astrologue.

Devinaire d'aigua, hydroscope.

DEVINALH, s. m. vl. DEVINAIL. Enigme, pièce de vers des troubadours, composée de jeux de mots dont le sens présente un contre sens continuel, Rayn. prédiction, calomnie, médisance.

Ety. de *devinar* et de *alh*, tout. V. *Diu*, Rad.

DEVINALHA, s. f. vl. DEVINAILLA, DEVINANSA, DEVINAMEN. *Devinalha*, anc. cat. *Adivinaja*, anc. esp. *Divinaglia*, ital. Médisance, calomnie. V. *Diu*, R.

DEVINAMEN, s. m. vl. *Endevinament*, anc. cat. *Adivinamiento*, esp. *Divinamento*, ital. V. *Devinalha* et *Diu*, R.

DEVINANSA, s. f. vl. *Divinanza*, anc. esp. V. *Devinalha* et *Diu*, R.

DEVINAR, v. a. (deviná), et impr, DEVIGNAR, DEBIGNAR. *Adivinar*, esp. *Divinhar*, port. *Indovinare*, ital. *Devinar*, anc. cat. Deviner, prédire l'avenir, juger par conjecture, faire le métier de devin; rencontrer, trouver, calomnier, en vl.

Éty. du lat. *divinare*, formé de *divinus*, et de la term. act. *ar*, faire le devin. Voy. *Diu*, R.

Devinarmau ou *mau devinar*, mal réussir, mal tomber.

Aquot es a devinoun devinalhas, ou *a devinoun devinaz*, cela est incertain, à deviner; de la basse lat. *divinaculum*.

DEVINARELA, s. f. (devinarèle); DEVINUSA. *Divinatrice*, ital. *Adivina.*, esp. *Adevinha.*, port. Devineresse, celle qui fait profession de deviner, de prédire les événements.

Éty. du lat. *divina*. V. *Diu*, R.

DEVINARS, s. m. pl. vl. Fausses conjectures, mauvais propos.

DEVINAT, **ADA**, adj. et p. (deviná, àde); DEVINIAT. *Adevinhão*, port. Deviné, ée. V. *Diu*, R.

DEVINATGE, et

DEVINATJE, s. m. vl. Calomnie, médisance, soupçon.

DEVINET, s. m. (deviné). Baguette divinatoire. Garc.

DEVINIAT, dl. Alt. de *devinat*.

DEVINOLA, s. f. vl. Vaudeville.

DEVINOUN, Mot conservé dans cette phrase proverbiale: *Aquot es à devinoun devinalha*, cela est incertain. V. *Devinar* et *Diu*, R.

DEVINUSA, s. f. (devinúse); *Divinatrice*, ital. *Adivina*, esp. *Adevinha*, port. Devineresse, femme qui se mêle de prédire les choses à venir et de découvrir les choses cachées. V. *Devinaire* et *Diu*, R.

DEVIRAR, v. a. (devirá); TOURNAR. Dévirer, on dit que le cable dévire de dessus le cabestan, pour dire qu'il recule au lieu d'avancer. V. *Vir*, R. et *Desvirar*.

DEVIRE, v. a. vl. Décrire, définir, diviser, séparer, expliquer, dévier, s'écarter. Voy. *Divisar*.

Éty. du lat. *dividere*. V. *Divis*, R.

DEVIS, adj. vl. Partagé, divisé, devin, prophète, qui devine, qui prévoit. V. *Diu*, Rad.

DEVIS, s. m. (devis). Devis, état détaillé de ce que doit coûter un ouvrage d'architecture, de menuiserie, de serrurerie, etc.

Éty. du lat. *de visu*, aperçu. V. *Vis*, R.

DEVIS, s. m. vl. Discours, propos. Voy. *Divis*, R.

DEVISA, s. f. vl. Choix, volonté, discrétion.

DEVISA, s. f. (devise); *Divisa*, esp. ital. port. cat. Devise, figure allégorique, accompagnée de quelques mots exprimant une pensée; maxime conforme à notre humeur.

Éty. du lat. *devidere*, séparer. V. *Divis*, Rad.

L'usage des devises remonte à la plus haute antiquité; presque tous les anciens guerriers en portaient sur leurs boucliers. Il est dit dans le Vigneul Marvelliana, que Paul Jove est le premier qui a donné l'art des devises.

DEVISA, s. f. vl. *Divisa*, cat. esp. port. ital. Division, partage, devise.

Éty. V. *Divis*, R.

DEVISABLE, **ABLA**, adj. vl. Divisible, qui peut être divisé.

DEVISIDAMEN, vl. V. *Devezidamen*.

DEVISAR, v. n. (devisá); DEBISAR, DIVISAR. *Devisar*, cat. anc. esp. port. *Divisare*, ital. Déviser, s'entretenir familièrement.

Éty. du lat. *dividere*, ou de *devis*, entretien, conversation. V. *Divis*, R.

En vl. raconter, proposer, expliquer, discuter, détailler par un devis, discerner, régler, ordonner.

DEVISION, s. f. vl. Voy. *Division* et *Divis*, R.

DEVISTAR, v. a. (devistá), dl. Découvrir, apercevoir le premier. Sauv.

Éty. de *de*, de *vista* et de *ar*. V. *Vis*, R.

Un que dévistet l'escouada,
Cridet: juste ciel! quinta armada.
Fabre.

DIVISTAT, **ADA**, adj. et p. (devistá, áde), dl. Aperçu, ue, vu, ue. V. *Vis*, R.

DEVIZA, vl. V. *Devisa*.

DEVIZABLE, vl. V. *Divisible* et *Divis*, Rad.

DEVIZADA, s. f. vl. DEVIZEMENT. Division, partage. V. *Divis*, R.

DEVIZAR, vl. V. *Divisar*.

DEVIZEMENT, s. m. vl. DEVIZIMEN. Division, différence, distinction. V. *Divis*, R.

DEVIZIMEN, vl. V. *Devizement*.

DEVOL, adj. vl. Estropié, faible.

Éty. du lat. *debilis*, *debil*, *devil*, *devol*.

DEVOLU, s. m. DEVOLUT, DEVOULU. Dévolu et dévolut, provision qu'on obtient du saint siége pour avoir le bénéfice qu'un autre possède, parce qu'il y a incapacité;

Jitar soun devoulu, convoiter. V. *Voulu*, Rad.

DEVOLU, **UE**, adj. (devolú, úe); *Devoluto*, ital. esp. port. Dévolu, ue, ce qui se passe d'une personne à une autre.

Éty. du lat. *devolutus*, m. sign. Roulé d'en haut. V. *Voulu*, R.

DEVOLUPAR, vl. V. *Desveloupar*.

DEVOMIR, v. a. vl. Vomir. V.

DEVOOUTAS, espèce d'adv. (devóoute). Mot visiblement composé de *de* et de *vooutas*, fois, parfois, quelquefois.

DEVORABLE, adj. vl. Dévorant, avide. V. *Vor*, R.

DEVORADOR, et

DEVORAIRE, adj. vl. *Devorador*, cat. esp. port. *Divoratore*, ital. Vorace, avide, dévorateur?

Éty. du lat. *devorator*, m. s. V. *Vor*, R.

DEVORANT, **ANTA**, adj. (devouràn, ànte); DEVOURANT. Dévorant, ante, qui dévore, qui consume promptement.

Éty. du lat. *devorantis*, gén. de *devorans*, m. sign. V. *Vor*, R.

DEVORANTS, s. m. pl. (devouráns). Nom d'une secte des compagnons du devoir. Voy. *Vor*, R.

DEVORAR, v. a. (devourá); DEVOURAR. *Divorare*, ital. *Devorar*, esp. port. cat. Dévorer, on le dit au propre de la manière de manger des animaux carnassiers qui déchirent leur proie avec les dents, et au fig. de ceux qui mangent avec avidité; il est neutre dans ce dernier sens.

Éty. du lat. *devorare*, formé de *de* augm. et de *vorare*, dévorer. V. *Vor*, R.

DEVORAT, **ADA**, adj. et p. (devourá, àde); DEVOURAT. *Devorado*, port. esp. *Divorato*, ital. Dévoré, ée.

Éty. du lat. *devoratus*, m. s. V. *Vor*, R.

DEVOT, **OTA**, s. et adj. (devó, óte); *Divoto*, ital. *Devoto*, esp. port. *Devot*, cat. Dévot, ote, qui s'attache d'une manière particulière aux exercices de la religion; en vl. voué, ée; dévoué, consacré.

Éty. du lat. *devotus*, dévoué. V. *Vot*, R.

DEVOTAMENT, adv. (devotaméin); DEVOTAMEN. *Devotament*, cat. *Divotamente*, ital. *Devotamente*, esp. port. Dévotement, d'une manière dévote et pieuse.

Éty. de *devota* et de *ment*. V. *Vot*, R.

DEVOTIO, vl. V.

DEVOTION, s. f. (devoutie-n); DEVOUTION, DEVOUTIEN. *Divozione*, ital. *Devocion*, esp. *Devoção*, port. *Devoció*, cat. Dévotion, attachement au culte de Dieu, manifestée par une vie retirée, et l'exercice constant des pratiques religieuses; attachement particulier au culte de la Sainte Vierge, d'un saint; dévouement entier au service de quelqu'un.

Éty. du lat. *devotionis*, gén. de *devotio*. V. *Vot*, R.

DEVOU, **OUA**, V. *Deouve*.

DEVOUAMENT, s. m. (devouaméin). Dévouement, action de dévouer; disposition parfaite à obéir en tout à un autre.

Éty. de *devouar* et de *ment*. V. *Vot*, R.

DEVOUAR, v. a. (devouá). Dévouer, consacrer, donner sans réserve.

Éty. du lat. *devotare*, formé de *de*, par, de *votum*, vœu, et de *are*, donner par un vœu. V. *Vot*, R.

DEVOUAR SE, v. r. Se dévouer, se consacrer entièrement, se sacrifier même pour le service de Dieu ou des hommes. V. *Vot*, R.

DEVOUAT, **ADA**, adj. et p. (devouá, àde). Dévoué, ée. V. *Vot*, R.

DEVOUIAMENT, s. m. (devouiaméin). Dévoiement, flux de ventre. V. *Courrenta* et *Via*, R.

DEVOUIAR, v. a. (devouïá), d. bas lim. Tracasser, tourmenter quelqu'un de manière à lui faire perdre le fil de ses idées.

Éty. C'est le mot français, dévoyer pris dans un sens figuré, fait de la prép. priv. *de* et de *via*, chemin. V. *Via*, R.

DEVOUIAT, **ADA**, adj. (devouïá, áde), md. Fou, folle, écervelé. V. *Via*, R.

DEVOULUTARI, s. m. (devoulutári). Dévolutaire, celui qui impètre un bénéfice par dévolu. V. *Voulu*, R.

DEVOURANT, V. *Devorant.*

DEVOURANTS, V. *Devorants.*

DEVOURAR, V. *Devorar.*

DEVOURAT, V. *Devorat.*

DEVOURIT, s. m. (devouri). Jeune enfant écervelé et étourdi au suprême degré. Ach.

DEVOUTION, V. *Devotion.*

DEX

DEX, Pour dix. V. *Dez.*

DEX, s. m. (dés), vl. DECXS, DEXTRE. Bornes, limites d'un champ.

Éty. Parce qu'on marquait, autrefois, comme on le fait encore aujourd'hui, dans beaucoup d'endroits, les limites d'une croix de saint André X, qui ressemble au chiffre romain qui vaut 10. V. *Dec*, R.

DEXAR, v. a. vl. Dessiner. V. *Dessinar.*

DEXEBLE, s. m. vl. Disciple.

DEXENIER, vl. V. *Desenier* et *Dec*, R.

DEXEUPAR, v. a. vl. Crépir, badigeonner.

DEXTERITAT, s. m. (desteritá); DESTERITAT. *Desterità*, ital. *Destreza*, esp. port. Dextérité, adresse des mains et fig. de l'esprit.

Éty. du lat. *dexteritatis*, gén. de *dexteritas*, dérivé de *dextra*, la main droite. V. *Dextr*, R.

DEXTR, DRECH, DESTR, radical pris du latin *dexter*, *dextratum*, dextre, main droite, dérivé du grec δεξιτερὰ (dexitera), qui dans les poëtes a la même signification que δεξιὰ, sous-entendu χεὶρ (kéir), main droite; par la suppression du ι, comme de *calidus*, on a fait *caldus*, de *audaciter*, *audacter*, de *lamina*, *lama*, d'où: *Dexteritas*, *itatis.*

De *dexteritatis*, par apoc. *dexteritas*: *Dexteritat*, *Desterit-at*, *Dextre.*

De *dextra*, par apoc. et métagr. de *x* en *s*, *destr*: *Destr-e*, *Destr-al*, *Destral-oun*, *Destr-aroun*, *Destr-au*, *Destr-ier.*

De *destr*, par l'interp. de *r*, *drest*, et par le changement de *st* en *ch*: *A-drech*, *A-drech-a*, *A-drecha-ment*, *A-drech-urat*, *A-drech-eza*, *A-drechur-ar.*

De *dexter*, *dextera*, par sync. de *e* et apoc. *dextr*: *Dextre*, *Ambi-dextre*, *A-dreg*, *A-dreit-urar*, *A-drech-urat*, *A-dreit*, *A-dreit-ura-at*, *A-dret*, *A-dreta-ment*, *A-dress-a*, *A-dress-ar*, *A-dress-at*, *Tribord.*

DEXTRA, vl. V. *Destra.*

DEXTRAIRE, s. m. vl. DESTRAIRE. Arpenteur. V. *Arpantur.*

Éty. de *destrar*, arpanter, et de *aire*, celui qui arpente.

DEXTRAL, vl. V. *Destrau.*

DEXTRAR, v. a. vl. DESTRAR. Arpenter, *dextraire*, mesurer au *destre.*

Éty. de *dextre*, mesure, et de *ar.*

DEXTRE, s. m. (dèxtré), dl. Borne marquée d'un dix romain X. V. *Dex* et *Dec*, R.

Estre en destre, être en extase, dans le ravissement, ébahi, planté comme une borne.

DEXTRE, s. m. dl. Mesure de terrain qui est la quatre centième partie d'une salmée; ce qui fait un peu plus de huit mètres. V. *Saumadada.*

Le même mot désigne aussi la perche avec laquelle on mesurait le terrain, et qui était, selon les pays, plus ou moins longue.

DEXTRE, s. m. DESTRE, DESTRIER. Cheval de bataille, dextrier, en vieux francais. V. *Dextr*, R.

DEXTRE, s. m. Le côté droit, à dextre. V. *Dextr*, R.

DEXTRE, s. m. (dèxtré); *Dextrum*, bas. lat. Nom d'une ancienne mesure pour les terres, en usage à Arles, du temps de la république; elle contenait en carré, vingt pans du pays ou 2 toises, 3 pieds, 8 pouces, et 9 lignes, un peu plus de quatre mètres.

DEY

DEYA, d. béarn. V. *Deja.*

DEYBRIR, d. lim. Pour ouvrir, altér. de *Durbir*, v. c. m.

DEYCHA, s. f. (deïche), d. bas lim. Blessure.

Lou mouniez né guèt pas no deycho.
Foucaud.

Le meunier n'eût pas une blessure.

DEYCHANT A, adv. d. lim. Jusqu'à

Lou van réfoundré tou viu
D'au pez deychant *à la têto.*
Foucaud.

DEYCHAU, prép. d. lim. Jusqu'au. Voy. *Denquia.*

DEYCHO-QUI, d. lim. Jusque-là, jusqu'ici. V. *Denquit ailà.*

DEYCOUNORTAT, Alt. de *Descouncertat*, v. c. m.

DEYFARDA, s. f. d. lim. Débris. Voy. aussi *Defarda.*

DEYGALETAT, **ADA**, adj. (deïgaletá, áde), d. lim. Leste, dégagé.

Éty. de *Desgaletat*, v. c. m.

DEYGAOUERAT, **ADA**, adj. et p. dg. (deïgaouerá, áde). Débraillé?

A la pres seguiché l'estiou,
Bestit de tels fort leugéro,
Deygaoueral *denquio l'aychero.*
D'Astros.

DEYJEIVAR, v. n. d. lim. Sortir du lit. Se lever.

Éty. de *dey* priv. et de *jeivar* pour *jaire*, être couché. V. *Jac*, R.

DEYJUNAT, dl. V. *Dejunar lou.*

DEYMAI, adj. d. lim. DEMAI. Fatigué, gêné.

DEYMANGLIAR, d. lim. V. *Desmanchar.*

DEYMAR, v. a. anc. lim. Détourner, conduire ailleurs.

DEYMARI, V. *Deimaria.*

DEYME, V. *Deime.*

DEYOUNGLAT, **ADA**, dl. V. *Desounglat.*

DEYRASIU, s. f. d. lim. Extravagance, déraison. V. *Rason*, R.

DEYRATAR, v. a. (deïratá), d. lim. Chasser, détruire les rats.

Éty. de *dey* priv. pour *des*, de *rata* et de *ar*. V. *Rat*, R. 2.

DEYRE, vl. V. *Degré.*

DEYREGRENILHAR, v. a. d. lim. Déplier. V. *Desplegar.*

DEYREI, s. m. d. lim. Dérangement.

DEYROSIU, s. f. d. lim. V. *Derision.*

DEYS, anc. lim. Dès.

DEYSAZO, vl. V. *Deyssazo.*

DEYSENDEMENT, s. m. vl. V. *Descendement.*

DEYSENDRE, d. v. V. *Descendre* et *Calar.*

DEYSENDUT, **UDA**, adj. et p. vl. Descendu, ue.

DEYSERRAR, vl. V. *Dessarrar.*

DEYSSARESAR, v. a. vl. *Désarroger*, dérouter, déconcerter. V. *Rang*, R.

Éty. de *deys*, priv. et de *resar* pour *rangear*. V. *Rang*, R.

DEYSSARESAT, **ADA**, adj. et p. vl. *Désarrogé*, ée, déconcerté, ée.

DEYSSARRAR, v. a. vl. Desserrer. V. *Dessarrar.*

DEYSSAZO, s. f. vl. Mauvais temps, intempérie. V. *Dessesoun.*

DEYSSAZON, vl. V. *Deyssazo.*

DEYSSENAT, **ADA**, Suppl. à Pell. V. *Dessenat*

DEYSSERRAR, v. a. vl. V. *Desserrar.*

DEYSSIRAR, v. a. vl. Déchirer. V. *Dechirar.*

DEYSSOPTAR, v. a. vl. Assaillir, surprendre.

DEYSSOPTAT, **ADA**, adj. et p. vl. Surpris, ise.

DEYSSOTERRAR, v. a. vl. *Dessoterrar*, cat. *Desoterrar*, anc. esp. *Disotterrare*, ital. *Désenterrer*, exhumer. V. *Desterrar.*

DEYVIARDAS, v. n. d. lim. Décamper. Foucaud.

DEYVIRADA, s. f. d. lim. Détour. Voy. *Détour* et *Vir*, R.

DEYVIRAR, d. lim. Alt. de *Desvirar*, v. c. m.

DEZ.

DEZ, nom de nombre, (dès); DES, DEX, DETS. *Diece* et *Dieci*, ital. *Diez*, esp. *Dez*, port. *Deu*, cat. Dix, neuf plus un ou deux fois cinq.

Éty. du lat. *decem*, ou du grec δεκα (deka), m. s. V. *Dec*, R.

DEZESEPT, *Dicysiète*, esp *Dicessette*, ital. anc. dix-sept.

DEZEHUECH, *Diezyocho*, esp. *Diciotto*, anc. ital. dix-huit

DEZENOOU. *Diezynueve*, esp. *Diciannove*, ital. dix-neuf.

Observ. Cherchez par *des*... les mots que vous ne trouverez pas par *Dez*....

DEZACORAR, v. a. et n. vl. *Desacoroçoar*, port. V. *Descoragear*.

DEZACORDAMEN, s. m. vl. Désaccord, mésintelligence.

Éty. de *dez* priv. de *acord* et de *men*, qui n'est pas d'accord. V. *Cor*, R.

DEZACORDANSA, s. f. vl. *Desacordansa*, anc. cat. *Desacordanza*, anc. esp. Discord, contradiction.

Éty. de *dez* priv. de *acord* et de *ansa*, chose qui n'est pas d'accord, V. *Cor*, R.

DEZACORDAR, v. a. vl. Discorder. Voy. *Cor*, R.

DEZACORT, s. m. vl. *Desacort*, anc. cat. *Desacordo*, port. Discord, mésintelligence.

Éty. de *dez* priv. et de *acort*. V. *Cor*, R.

DEZACOSSELHAR, vl. V. *Desacosseillar*.

DEZACUELHIR, vl. V. *Desacoillir*.

DEZACUSAR, vl. V. *Desencusar*.

DEZADORDENAMEN, adv. (dezadordenaméin); pour *Désadordenament*, vl. Exorbitamment, extraordinairement.

Éty. de *des* priv. de *adordenat* et de *ment*, d'une manière désordonnée. V. *Ord*, R.

DEZADORDENAMEN, s. m. vl. Déréglement, dérangement. V. *Ord*, R.

DEZADORDENAR, v. a. vl. DEZAORDENAR. Dérégler, désordonner. V. *Ord*, R.

DEZAFAITAR, vl. V. *Desafaitar*.

DEZAFILAR, v. a. vl. Émousser.

DEZAFIZAR, v. a. vl. *Desafiar*, port. V. *Desfizar* et *Fid*, R.

DEZAFORTIR, vl. V. *Desafortir*.

DEZAIRAR, v. a. vl. *Desayrar*, cat. *Desairar*, esp. Mépriser, disgracier.

Éty. de *dezaire* et de *ar*. V. *Aer*, R.

DEZAIRE, s. m. vl. *Desayre*, cat. *Desaire*, esp. port. Disgrace, infortune, défaveur.

Éty. de *des* priv. et de *aire*, air. V. *Aer*, Rad.

DEZAIZINAR, v. a. vl. Déranger, incommoder.

DEZAIZIR, v. a. vl. DEZAZIR. Oter l'aise. V. *Desaisinar* et *Ais*, R.

DEZAMAÑAR, v. n. vl. Écrouler.

DEZAMAR, vl. V. *Desamar*.

DEZAMISTAT, s. f. *Desamistad*, anc. esp. Brouillerie, refroidissement.

Éty. de *dez* priv. et de *amistat*. V. *Am*, Rad.

DEZAMOROS, OSA, adj. vl. *Desamoros*, cat. *Desamoroso*, esp. *Disamoroso*, ital. Indifférent, *désaffectionné*.

Éty. de *dez* priv. et de *amoros*. V. *Am*, Rad.

DEZAMPARAR, vl. V. *Desamparar*.

DEZANVANAR, v. n. vl. Crouler, écorner, faire brèche.

DEZAORDENAR, vl. V. *Dezadordenar*.

DEZAORDENAT, ADA, adj. et p. vl. Désordonné, ée. V. *Desordounat* et *Ord*, Rad.

DEZAPAUZAR, v. a. vl. Déposer. Voy. *Deposar*.

DEZAPAUZAT, ADA, adj. et p. vl. Déposé, ée. V. *Deposat*.

DEZAPILAR, v. a. vl. DESAPILAR. Miner, saper, abattre, ébranler, détacher.

Éty. de *dez* priv. et de *apilar*, entasser, qui détruit ce qui est amoncelé.

DEZAPODERAR, v. a. vl. *Desapoderar*, cat. esp. port. Affaiblir, atténuer, rendre impuissant, infirme, malheureux.

Éty de *dez* priv. de *poder* et de *ar*, ôter le pouvoir. V. *Pouss*, R.

DEZAPODERAT, ADA, adj. et p. vl. Affligé, ée, impuissant.

Éty. de *des* priv. de *poder*, pouvoir, et de *at*, privé de sa puissance. V. *Pouss*, R.

DEZAPONHER, v. a. vl. Abaisser, humilier. V. *Pous*, R.

DEZAPU, s. m. vl. Mine, sape. V. *Pil*, Rad.

DEZAR, v. n. vl. Monter, s'élever.

DEZARREMOZAR, v. a. (dezarremozá), dg.

DEZASEGURAR, vl. V. *Desassegurar*.

DEZASEZER, v. a. vl. *Desasseliar*, anc. cat. *Désasseoir*, déplacer, ôter, *désassiéger*.

DEZAVENGUT, UDA, adj. et p. vl. DEZAVENGUTZ. Brouillé, ée.

DEZAVENTURAT, adj. vl. DESAVENTURATZ. *Desaventurado*, port. Tombé en mésaventure, devenu malheureux.

Éty. de *des* priv. et de *aventurat*, heureux. V. *Ven*, R.

DEZAVENTUROS, adj. vl. Malheureux. V. *Ven*, R.

DEZAVER, vl. V. *Desaver*.

DEZAVINENSA, s. f. vl. *Desavenencia*, cat. esp. *Disavvenza*, ital. *Desavença*, port. Désaccord, désunion. V. *Ven*, R.

DEZAZEC, vl. Il ou elle dérange, détache.

DEZAZESMAT, adj. et p. vl. Déparé, ée

DEZAZIR, vl. V. *Dezaizir*.

DEZAZIRE, s. m. vl. Malheur.

DEZE, vl. V. *Dezen*.

DEZEHUECH, nom de nombre (desehúetch); *Dezoito*, port. Dix-huit.

DEZEISSIR, v. n. vl. Sortir, se retirer.

DEZEMBOTONAR, v. a. vl. Déboutonner. V. *Desboutounar*.

DEZEMBRE, *Dezembro*, port. V. *Decembre* et *Dec*, R.

DEZEN, ENA, s. et adj. vl. DETZEN. *Dese*, cat. *Deceno*, esp. *Dizimo* et *Decimo*, port. Dixième. V. *Dezieme* et *Dec*, R.

DEZENA, s. f. (dezéne); DIZENA, DESENA. *Diecina*, ital. *Dezena*, port. *Deseno*, cat. *Decena*, esp. Dizaine, total de choses ou de personnes composé de dix.

Éty. V. *Dec*, R.

DEZENALTAR, v. a. vl. Rabaisser, repousser.

DEZENAMENT, adv. vl. Dixièmement. V. *Dec*, R.

DEZENANTIR, vl. V. *Desenantir*.

DEZENAR, v. n. (dezená). Décupler, produire le dix pour un.

Éty. de *dezena*, dizaine, et de *ar*, faire la dizaine. V. *Dec*, R.

Cadun voudria aver semenat
Quand lou blad a dezenat. Prov.

DEZENARI, s. m. vl. *Dizainaire*, qui se divise par dix. V. *Dec*, R.

DEZENCARGAR, v. a. vl. *Desencarregar*, port. Décharger, soulager. V. *Descargar* et *Carg*, R.

DEZENCARNAR, v. n. vl. Se déshabituer de la chair ; act. faire maigrir.

Éty. de *des* priv. et de *encarnar*. V. *Carn*. Rad.

DEZENCUZAR, v. a. vl. *Désaccuser*, justifier.

DEZENCUZATIO, vl. V. *Desencuzatio*.

DEZENE, (dezéné), d. bas lim. *A dezene*, expr. prov. en pure perte, sans en retirer aucun avantage : *Quand lon plaigea lon mingea soun ben a dezene*, quand on plaide on mange son bien en pure perte, c'est-à-dire, par dizaines.

Éty. V. *Dec*, R.

DEZENFERRAR, v. a. vl. DESFERRIAR, DESFERRAR. *Désenchaîner*, délivrer.

Éty. de *dez* priv. et de *enferrar*. V. *Ferr*, Rad.

DEZENGALTAT, s. f. vl. DESEGUANSA. *Desigualtat*, cat. *Desigualdad*, esp. *Desigualdade*, port. Inégalité, disproportion.

DEZENOOU, nom de nombre (dezenóou); DEZANOOU. *Dezenove*, port. *Dezinueve*, esp. *Diciannove*, ital. Dix-neuf.

DEZERATAMENT, s. m. vl. DEZERETAMEN. *Desheresament*, cat. *Desheredamiento*, anc. esp. *Déshéritement*, action de déshériter, spoliation, dépouillement.

Éty. de *des* priv. de *eretar* et de *ment*. V. *Hered*, R.

DEZERET, s. m. vl. DESERET. Exhérédation, spoliation, privation d'héritage. Voy. *Hered*, R.

DEZERETADOR, et

DEZERETAIRE, s. m. vl. Envahisseur, ravisseur d'héritages. V. *Hered*, R.

DEZERETAR, v. a. vl. Déshériter, et dans un sens plus général, abattre, ruiner, détruire. V. *Hered* et *Desheretar*.

DEZERIT, s. m. vl. Propriété.

Lautrui dezerit, le bien d'autrui.

Éty. de *dez*, de, et de *erit*, héritage. V. *Hered*, R.

DEZERT, vl. V. *Desert*.

DEZES, s. m. vl. Dixième, dîme.

DEZESETE, nom de nombre ord. vl. DEZESAT. *Dezesete*, port. Dix-septième.

Éty. V. *Dec* et *Dez*, R.

DEZESPERANSA, vl. V. *Desesperanza*.

DEZESPERAR, vl. V. *Desesperar*.

DEZESTABLIMENT, s. m. vl. Destruction.

DEZESTABLIR, v. vl. Dépourvoir.

DEZIANSA, vl. V. *Dezirier*.

DEZIAT, ADA, adj. et p. (deziá, áde), vl. Désiré, ée. V. *Desirat* et *Sider*, R.

DEZICAMENT, s. m. vl. DEZICAMEN. *Desecamiento*, esp. *Disseccamento*, ital. Dessèchement, dessication. V. *Secc*, R.

DEZICAR, vl. V. *Dessecar*.

DEZICATIF, IVA, adj. vl. V. *Dessicatif*.

DEZICATIO, s. f. vl. *Desecacion*, esp. Dessiccation, sécheresse. V. *Dessication* et *Sec*, R.

Éty. du lat. *desiccatio*, m. s.

DEZICATIU, IVA, adj. vl. V. *Dessicatif*.

DEZIDOR, vl. V. *Disur* et *Dire*, R.

DEZIEMAMENT, adv. (deziemamein); DIZIEMAMENT. Dixièmement, en dixième lieu.

Éty. de *Deziema* et de *ment*. V. *Dec*, R.

DEZIEME, EMA, adj. (deziémé-ème);

DIXIEME, DIZIEME, DESIEME, DETZIEMA. *Decimo*, ital. esp. port. Dixième, nombre d'ordre qui vient après neuvième.

Éty. du lat. *decimus*, m. s. V. *Dec*, R.

DEZIEME, s. m. DIZIEME. Dixième, la dixième partie d'un tout, qu'on écrit en chiffres de la manière suivante. $^1/_{10}$. V. *Dec*, R.

DEZIGNACIO, vl. V. *Designation*.

DEZIGNAR, vl. V. *Designar*.

DEZINFLACIO, s. f. vl. Désenflure.

DEZIR, vl. V. *Desir* et *Sider*, R.

DEZIRAGNADOUR, s. m. (deziragnadóu), dg. V. *Destararinadouira* et *Aragn*.

DEZIRANSA, vl. V. *Desiransa*.

DEZIRAT, s. m. vl. Désir. V. *Desir* et *Sider*, R.

DEZIRIER, s. m. vl. DEZIANSA. Désir, empressement. V. *Desir* et *Sider*, R.

DEZIRON, adj. vl. Désireux, désirant. V. *Sider*, R.

DEZIROS, adj. vl. *Desitjos*, cat. *Deseoso*, esp. *Desejoso*, port. *Desideroso*, ital. Désireux, ambitieux. V. *Sider*, R.

DEZOLAT, ADA, adj. et p. vl. Découvert, erte; isolé, ée. V. *Desolat*.

DEZONESTAT, s. f. vl. V. *Deshounestetat* et *Houn*, R.

DEZONOR, vl. V. *Deshounour*.

DEZORDENATIO, s. f. vl. *Desordenacion*, esp. *Disordinazione*, ital. Désordre, dérangement. V. *Desordre* et *Ord*, R.

DEZORDENATIO, s. f. vl. *Desordenacion*, esp. *Disordinazione*, ital. Désordre, dérangement. V. *Ord*, R.

DEZUNPEY, dg. Pour depuis. V. *Desempei*.

DHE

DHERBAR, v. a. (dherbá). Éherber, Garc. V. *Ceouclar* et *Desempouisounar*.

Éty. de *de* priv. et de *herbar*, ôter les herbes. V. *Herb*, R.

D'HUI EN FORA, V. *Hui en fora d'*.

DI

DI, DIUR, JOURN, radical pris du latin, *dies*, *diei*, jour, d'où *diurnus*, diurne, d'un jour, dérivé du grec διός (dios), Jupiter; d'où ἔνδιος (endios), midi, de midi; *quasi in die ipso*, Vossius, ou de δια (dia), Cretenses δια τὴν ἡμέραν (dia tên êmeran), Vocant.

De *dies*, par apoc. *di*; d'où: *Di*, *Dimars*, *Di-mecres*, *Di-joous*, *Di-vendres*, *Di-sata*; *Di-a*, *Di-ana*, *Di-e*, *Ioous*.

De *diurnus*, par apoc. *diurn*; d'où: *Diurn-au*, *Di-menge*, *Di-menche*, *Di-mergue*, *Ditz-mergue*, *Di-lunds*, *Di-martz*, *Di-mecres*, *Di-mercres*, *Di-jous*, *Di-venres*, *Di-vendres*, *Dis-sapte*, *Meri-di-onal*, *Meri-di-ana*, *Mer-i-ana*, *Coti-di-an*, *Cote-di-an*, *Me-dia*, *Mei-dia*, *Mieg-dia*, *Mieh-dia*, *Meri-dia*, *A-di-ar*, *Di-urn*, *A-di-at*, *Coti-diana-ment*, *Quatre-dian*, *Dios*, *Meri-di-en*, *Meri-ana*, *Meri-dian*, *Meri-dia*, *Meridian-a*, *Meri-di-ena*.

DI, d. arl. Pour *Deis*, v. c. m.

DI, d. lim. Pour dans. V. *Dins*.

DI ou **DIS**, prép. lat. et prov. Qui marque, dans la composition, le plus souvent, séparation, division, augmentation, et quelquefois négation. V. dans ce dernier sens, *De* et *Des*.

DI, Première partie du mot *dies*, lat. jour, conservée au commencement des jours de la semaine, *dimenche*, *dilun*, *dimars*, *dimecres*, *dijoous*, *divendres*, *disato*, les Italiens ont placé ce radical à la fin, et ils ont dit, *lunedì*, *martedì*, etc. les Espagnols n'en ont pas fait mention, et ils se sont contentés de dire *lunes*, *martes*, etc. V. *Di*, R.

DIA

DIA, Prép. grecque, qui répond aux prépositions provençales *de*, *per*, *à travers*, et qu'on rend en latin par *inter*, *per*, *de* et *ex*; et en français par *à-travers*, *de*, *par*, elle ajoute ces significations aux mots qu'elle précède.

DIA ou **DI-A**, DIA. Cri ou commandement que fait le charretier lorsqu'il veut faire prendre l'un ou l'autre côté de la route à ses chevaux et particulièrement la gauche. V. *Ja*.

Éty. V. *Dia*, ci dessus.

DIA, s. m. vl. *Dia*, esp. port. *Di*, ital. Jour.

Dia d'oi, jourd'hui; *Entro al dia d'oi*, jusqu'à aujourd'hui.

Éty. du lat. *dies*, m. s.

DIA, Initiatif pris du grec διὰ (dia), dérivé de δαίω (daió), diviser, qui marque proprement le milieu, le travers, et comme le passage des choses et des actions, il répond assez au latin et au provençal *trans*.

Dia metre, de *dia* et de *métron*, mesure, mesure qui traverse, qui passe par le milieu.

Diademe, de *dia* et de *deô*, je lie en travers, autour.

Diagonale, de *dia* et de *gónia*, angle, ligne qui traverse une figure d'un angle à l'autre.

DIA, s. m. et f. vl. *Dia*, cat. esp. port. anc. ital. Jour, supputation de temps.

Éty. du grec διὰ (dia), Cretenses, διὰ τὴν ἡμέραν Vocant. V. *Di*, R.

Dias de dejunh, jour de jeûne.

Plor tota dia, je pleure tout le jour.

DIABL, radical pris du latin *diabolus*, diable, ange rebelle, esprit malin, et dérivé du grec διάβολος (diabolos), calomniateur, délateur.

De *diabolus*, par apoc. *diabol*, et par le changement de *o* en *ou*, *diaboul*; d'où: *Diaboul-ique*.

De *diabol*, par la suppr. de *o*, *diable*; d'où: *Diabl-e*, *Diabl-aria*, *Diabl-at-oun*, *Diabl-essa*, *Diabl-oun*, *Diabl-outin*, *Diabl-era*, *Diabl-out-alha*, *Diabl-out-oun*, *Diabla-ment*, *Dyabl-ança*, *Dyabl-ias*, *En-diabl-ar*, *En-diabl-at*.

De *diaboul*, par le changement de *ia* en *e*, *deboul*; d'où: *Deboul-ic*, *Diav-ol*, *Diabol*, *Diabol-ic*, *Diabolic-al*, *Diabl-ia*, *Diabl-al*, *Dia-ntre*.

DIABLAMENT, adv. (diablaméin). Diablement, excessivement, avec profusion.

Éty. de *diable* et de *ment*. V. *Diabl*, R.

DIABLAR, adj. vl. V. *Diaboulique* et *Diabl*, R.

DIABLARIA, s. f. (diablarie); *Diavoleria*, ital. *Diablura*, esp. *Diabrura*, port. Diablerie, sortilège, maléfice; tapage, désordre.

Éty. de *diable* et de la term. multip. *aria*, plusieurs diables. V. *Diabl*, R.

DIABLATOUN, V. *Diabloutoun* et *Diabl*, R.

DIABLE, s. m. (diáblé); DIANTRE, DIANCHE, DIASCLE, DIAUREI, GRINGOT. *Diable*, cat. *Diablo*, esp. *Diabo*, port. *Diavolo*, ital. Diable, démon, mauvais ange, esprit infernal; fig. méchant; ce mot est souvent employé comme juron.

Éty. du lat. *diabolus*, m. s. V. *Diabl*, R.

Vau mies tuar lou diable, que si lou diable nous tua. Prov.

Di diable anar, expr. prov. d. bas. lim. tout au plus.

Diable de la fara, le diable à quatre, grand vacarme.

Lou diable sia, *si*, je vous jure que.

DIABLE, adj. vl. *Diablo*, esp. *Diavolo*, ital. Diable, diabolique. V. *Diaboulique* et *Diabl*, R.

DIABLE DE MAR, s. m. FOUCA, MACROSA, GALLINETA. La foulque morelle, ou poule d'eau noire, *Fulica atra*, Lin. oiseau de l'ordre des Échassiers, et de la fam. des Pressirostres ou Ramphostènes (à bec étroit).

Éty. Le nom de diable lui vient de sa couleur noire. V. *Diabl*, R.

La foulque pond de 15 à 18 œufs, d'un blanc sale, vers le mois de mars, et elle les couve pendant 20 à 22 jours; la chair de cet oiseau est désagréable.

DIABLERA, s. f. (diablèré), dl. Drôlerie, réjouissance: *Far la diablera*, faire le diable à quatre, tempêter et se réjouir extraordinairement, Douj. sauter, gambader. Sauv.

Éty. de *Diable*, v. c. m. et *Diabl*, R.

DIABLESSA, s. f. (diablésse); *Diavolessa*, ital. *Diabla*, esp. *Mulher diabolica*, port. Diablesse, comme injure, on le dit d'une femme méchante, il est alors synonyme de mégère, et par esprit de compassion, mais alors on y ajoute toujours l'épithète *paura*, pauvre diablesse.

Éty. Fém. de *Diable*, v. c. m. et *Diabl*, Rad.

DIABLESSA, s. f. (diablésse). Diablesse, méchante femme. V. *Diabl*, R.

DIABLIA, s. f. vl. V. *Diablaria* et *Diabl*, Rad.

DIABLOUN, s. m. (diablóun). V. *Diabloutoun* et *Diabl*, R.

DIABLOUTALHA, s. f. dg. (diabloutáille). Diablerie, tous les diables.

Éty. de *diabloutoun* et de *alha*, tout. V. *Diabl*, R.

DIABLOUTIN, s. m. (diabloutín); DIABLOUTOUN. *Diavoletto*, ital. *Diablillo*, esp. *Diabrete*, port. Diablotin, petit diable; enfant méchant ou espiègle; voile d'étai du perroquet de fougue; au pl. petites tablettes de chocolat couvertes de dragées de nompareille.

Éty. Dim. de *diable*. V. *Diabl*, R.

DIABLOUTIN, s. m. (diabloutín); *Diavoletto*, ital. *Diablillo*, esp. *Diabrete*, port. Diablotin, petite figure de diable, fig. méchant petit enfant. V. *Diabloutoun* et *Diabl*, Rad.

DIABLOUTOUN, s. m. (diabloutóun); DIABLATOUN, DIABLOUN. Diablotin, petit diable. V. *Diabloutin* et *Diabl*, R.

Diabloutoun, est aussi le nom que l'on donne, aux environs d'Aix, à une variété de la fève. V. *Favarot*.

DIABOL, vl. V. *Diable*.

DIABOLIC, vl. V. *Diaboulique* et *Diabl*, Rad.

DIABOLICAL, et.

DIABOULIQUE, CA, adj. (diabouliqué, ique); DEBOULIC, DEBOULIT. *Diabolico*, ital. esp. port. *Diabolic*, cat. Diabolique, qui est du diable, qui vient du diable. fig. très-méchant.

Éty. du lat. *diabolicus*, m. s. V. *Diabl*, Rad.

DIABURUHOOU, s. m. (diaburu-hóou), dl. Espèce d'onomatopée, inventée pour imiter le cri du charretier.

S'en anar en diaburuhoou, exp. prov. s'en aller fort loin; se perdre en l'air, s'égarer. Douj.

DIACASTOREUM, s. m. vl. Diacastoreum, sorte de médicament.

DIACHYLON, s. m. (diatchilóun). *Diachylão*, port. Diachylon, nom d'un emplâtre composé d'une décoction de racine de glaïeul, d'huile, de mucilage et de litharge préparée, ce diachylon, qu'on nomme simple, s'appelle, *composé* ou *gommé*, lorsqu'on y a ajouté de la cire et plusieurs résines.

Éty. du grec διὰ (dia), de, et de χυλὸς (chylos), suc, médicament fait avec des sucs. V. *Suc*, R.

Cet emplâtre est regardé comme résolutif et fondant, il est particulièrement employé pour faire des bandelettes agglutinatives; la composition en est attribuée à Mésué.

DIACODA, s. m. (diacóde); *Diacodion*, esp. *Diacodio*, port. Diacode, ou sirop de diacode, est un sirop que l'on prépare avec les capsules desséchées du pavot somnifère.

Éty. du lat. *diacodium*, dérivé du grec διὰ (dia), et de κώδεια (kôdeia), tête de pavot.

DIACOUNAT, s. m. (diacouná); *Diaconato*, ital. esp. port. Diaconat, le second des ordres sacrés ou l'office de diacre.

Éty. du lat. *diaconatus*, dérivé du grec διακονία (diakonia), office, ministère. V. *Diacre*.

DIACRE, s. m. (diâcré); DIAGHE, DIAGUE. *Diacono*, ital. esp. port. *Diaca*, cat. Diacre, celui qui est promu au diaconat, et dont la fonction est de servir à l'autel.

Éty. du lat. *diaconus*, formé du grec διάκονος (diakonos), serviteur, dérivé de κονέω (konéô), servir.

Les diacres furent institués au nombre de sept par les apôtres. Dict. des Orig.

Dérivés: *Diac-oun-at*, *Diagu-e*, *Archidiagu-e*, *Arqui-diaque*, *Ar-diaque*, *Arquediagu-nat*, *Sub-diacre*, *Sob-diague*.

DIADEMA, s. m. vl. DYADEMA. V. *Diademo*.

DIADEMO, s. m. (diadéme); *Diadema*, ital. esp. port. cat. Diadême, bandeau qui marquait la royauté chez les anciens, et fig. la royauté elle-même.

Éty. du lat. *diadema*, formé du grec διάδημα (diadêma), de δέω (deô), je lie, parce que ce n'était, dans l'origine, qu'un bandeau qu'on liait autour du front.

Le diadème est plus ancien que la couronne, et ce fut Bacchus, selon Pline, qui en fut l'inventeur.

Aurélien, au rapport de Jornandès, fut le premier empereur romain qui orna sa tête d'un diadème; Noël. Dict. des Orig.

DIAFAN, ANA, adj. vl. *Diafano*, cat. esp. port. ital. Diaphane, transparent.

Éty. du grec διαφαίνω (diaphainô), m. s.

DIAGHE, s. m. DIAGUE. Lévite, diacre. V. *Diacre*.

Éty. du lat. *diaconus*, m. s.

DIAGONALA, s. f. (diagonàle); *Diagonalis*, lat. *Diagonale*, ital. *Diagonal*, esp. port. Diagonale, ligne tirée d'un angle d'une figure rectiligne à l'angle opposé.

Éty. du grec διὰ (dia), par, à travers, et de γωνία (gônia), angle, qui traverse une figure en passant par les angles.

DIAGUE, s. m. (diágué); DIAGHE, vl. DIAQUE. Diacre, lévite. V. *Diacre*.

DIAKENES, s. m. Diacre. V. *Diacre*.

DIAL, s. m. (dial), d. bas lim. Glace, gelée. V. *Gel*, *Gear* et *Gel*, R.

DIALAR, v. n. (diolá), md. Geler. Voy. *Gelar* et *Gel*, R.

DIALAT, ADA, adj. (diolá, áde), md. Gelé, ée. V. *Gelat* et *Gel*, R.

DIALECTICA, s. f. (dialectique); *Dialettica*, ital. *Dialectica*, esp. port. cat. Dialectique, l'art de discourir, de raisonner avec justesse, la logique.

Éty. du lat. *dialectica*, dérivé du grec διαλεκτική (dialectikê), formé de διαλέγω (dialégô), discerner, et de λέγω (legô), parler.

Zénon d'Elée, ou Eléates, fut le premier qui trouva cette suite naturelle de principes et de conséquences, dont il forma un art en forme de dialogue qui fut, pour cet effet, appelé *dialectique*, Dict. des Orig.

DIALECTICIEN, s. m. (dialecticièn); *Dialettico*, ital. *Dialectico*, esp. port. Dialecticien, celui qui sait ou qui enseigne la dialectique.

Éty. de *dialectica*, et de la term. *sciens*, qui sait, ou du lat. *dialecticus*.

DIALECTO, s. m. (dialècte); *Dialectus*, lat. *Dialetto*, ital. *Dialecto*, esp. port. Dialecte, langage particulier d'une ville, d'un pays, et différent de la langue générale de la nation.

Éty. du grec διάλεκτος (dialektos), formé de διὰ (dia), et de λέγω (lêgô), je parle.

Les Grecs donnaient le nom de *cénisme*, au vice de locution qui consistait à mêler tous les dialectes.

DIALOGO, s. m. (dialógue); *Dialogus*, lat. *Dialogo*, ital. esp. port. Dialogue, entretien de deux ou de plusieurs personnes.

Éty. du grec διαλέγομαι (dialégomai), conserver, s'entretenir, dérivé de λέγω (légô), dire, parler.

Le dialogue, dit l'auteur du Dict. des Orig. en 6 vol. in 12, est la plus ancienne manière d'écrire, et celle dans laquelle les premiers auteurs ont composé leurs traités.

DIAMAN, s. m. vl. DIAMANS. Aimant, pierre d'aimant.

DIAMANT, s. m. (diamán); DIEMAN, DIAMAN. *Adamas*, lat. *Diamant*, cat. all. *Diamond*, angl. *Diamante*, esp. port. ital. Diamant, pierre précieuse composée presque uniquement de carbone, d'une dureté supérieure à tous les autres corps, dont la densité est à celle de l'eau distillée comme 355 sont à 100; quand il est dépouillé, le diamant brille d'un éclat particulier; incombustible à un feu ordinaire, il brûle entièrement et se convertit en oxide de carbone si on l'expose au foyer d'une forte lentille.

Éty. du celt. *diamand*, ou du grec α priv. et de δαμάω (damaô), dompter, indomptable, soit à cause de sa dureté, soit parce qu'on croyait qu'il était incombustible.

On donne le nom de diamant

BLANC, à celui dont l'eau est bien nette.
FAIBLE, à celui qui a été clivé.
DE NATURE, à celui qui est rebelle à la taille.

Dans un diamant on appelle:

GERÇURE, les fentes qu'il présente.
JARDINAGE, les défauts occasionnés par des grains de couleur.
ŒUVRE, le chaton dans lequel il est enchassé.
COURONNE, la partie la plus éminente d'un diamant *rose*.
ARÊTE, la partie tranchante.

On n'employait guères le diamant, comme ornement, avant le règne de Louis XIII, parce qu'on n'avait pas encore trouvé le secret de le tailler et de le polir, opérations sans lesquelles il n'a aucun brillant. C'est à Louis Berquem qu'on doit cette découverte, faite en 1476. On croit qu'Agnès Sorel, est la première femme qui ait porté des pierreries en France, en 1393.

On dit qu'un diamant est d'une belle race, quand il est bien pur, et qu'il est *étonné*; quand il est filé ou glacé.

On nomme diamantaires ceux qui le travaillent, et lapidaires ceux qui en font le commerce.

Le prix de cette pierre précieuse est relatif à sa grosseur, M. Champion en a donné l'estimation suivante dans le Dict. des Sc. Nat.

Le diamant menu qui ne pese pas un grain (0, 35 de carat) vaut de . . . . 66 à 120 fr.
La recoupe pesant 2 grains vaut 170 à 175

3	—	—	200
4	—	—	260 à 280
6	—	—	600
8	—	—	1,000
10	—	—	1,400
12	—	—	1,800
15	—	—	2,400
18	—	—	3,500
24	—	—	5,000

Ceux d'un poids supérieur n'ont pas de prix déterminé; celui de roi de France, nommé le régent, pesant 136 carats, est estimé 4 millions, presque le double de ce qu'il a coûté.

En 1564, Clément Biragne, inventa la gravure sur diamant.

En 1622, Methold, anglais, découvrit les mines de diamant de Golconde.

En 1728, les Portugais découvrirent celles du Brésil.

En 1777, Lavoisier prouva que le diamant est le plus combustible de tous les corps.

DIAMANTS DE SANT-MAIMES. Nom qu'on donne

à des cristaux de quartz très-réguliers, et d'une très-belle eau, qu'on trouve à Saint-Maime, près de Forcalquier, B.-Alp.

DIAMENGEA, s. f. d. vaud. Dimanche. V. *Dimenche*.

DIAMETRALAMENT, adv. (diametralaméin); *Diametralamente*, ital. esp. port. Diamétralement, d'un bout du diamètre à l'autre; fig. entièrement opposé.

Éty. de *diametrala* et de *ment*.

DIAMETRO, s. m. (diamètre); DIAMETRE. *Diametros*, lat. *Diametre*, ital. esp. port. Diamètre, ligne droite qui passe par le centre d'un cercle, et se termine de part et d'autre à la circonférence.

Éty. du grec διάμετρος (diamétros), formé de διὰ (dia), à travers, et de μέτρον (métron), mesure; c'est-à-dire, qui mesure le cercle par le milieu.

DIAMORON, vl. V. *Dyamoron*.

DIANA, nom de femme. *Diana*, ital. esp. Diane.

Éty?

Patr. Diane la bienheureuse, dont l'Église célèbre la fête le 10 juin

DIANA, s. f. (diane); *Diana*, port. Diane, divinité de la fable, regardée comme la déesse des forêts.

Éty. du lat. *diana*, le même.

DIANA, s. f. Diane, batterie de tambour, à la pointe du jour.

Éty. de l'esp. *diana*, fait de *dia*, jour, dérivé du lat. *dies*. m. s. V. *Di*, R.

M. Rochefort prétend que ce mot vient de *dianœa*, grand bruit de chasse.

DIANCHE, (diantché); *Diacho*, port. Alt. de *Diantre*, v. c. m.

Noun de dianche! peste!

DIANTRE, s. m. et interj. (diántré); DIANCHE, DIOU. *Diantre*, cat. esp. Diable, diantre, mot dont on se sert pour éviter de dire diable, et qu'on emploie comme un juron. V. *Diabl*, R.

DIAPALMO, s. m. (diapalme); DIAPALME. *Diapalma*, lat. port. Diapalme, nom d'un emplâtre composé de trois parties de litharge, d'huile d'olive, d'axonge; de quatre parties de sulfate de zinc, dissous dans une quantité suffisante d'eau, et de deux parties de cire blanche. Cet emplâtre est astringent et résolutif.

Éty. du grec διὰ (dia), de, et du latin *palma*, palmier, parce qu'on faisait entrer la décoction des feuilles de cet arbre, dans la composition de cet onguent.

DIAPASOUN, s. m. (diapasóun); *Diapason*, lat. ital. esp. *Diapazão*, port. Diapason, étendue des sons qu'une voix ou un instrument peut parcourir, depuis le ton le plus bas jusqu'au plus haut.

Éty. du grec διὰ (dia), par, et de πασῶν (pasôn), génit. pl. de πᾶς (pâs), tout; c'est-à-dire, qui passe par tous les tons.

DIAPASOUN, Diapason, est encore le nom d'un instrument qui donne le *la*, dans les orchestres, et celui de certaines tables sur lesquelles sont marquées les mesures des instruments de musique ou de leurs parties.

DIAPHRAGMO, s. m. (diaphrágme); *Diafragma*, ital. esp. port. *Diaphragma*, anc. esp. Diaphragme, muscle large et mince, situé presque horizontalement, qui sépare la poitrine de l'abdomen.

Éty. du lat. *diaphragma*, dérivé du grec διάφραγμα (diaphragma), entre deux, séparation ou division, formé de διὰ (dia), entre, et de φράσσω (phrassô), fermer, enclore, διαφράσσω (diaphrassô), séparer, être placé entre deux.

DIAPLE, Alt. du dg. V. *Diable*.

DIAQUE, vl. V. *Diacre*.

DIAROOU, espèce d'impér. (diaróou). Cri des muletiers, des charretiers, pour faire aller leurs mulets. V. *Dia, ja, i*.

Éty. M. de Sauvage fait dériver ce mot du grec δία (dia), accus. de ζεὺς (zeus), Jupiter, et de ἱερὸς (hiéros), sacré.

DIARRHEA, s. f. (diarrhée); DIRREIA, COURANTA, COURRENTA, CAGAGNA, FOUIRA, ESCOURRENSA, FLUX DE-VENTRE, COURS-DE-VENTRE, BARLEIRA. *Diarrea*, ital. esp. port. cat. Diarrhée, cours de ventre, dévoiement, excrétion alvine, fréquente, copieuse et liquide.

Éty. du lat. *diarrhœa*, formé du grec διάῤῥοια (diarrhoia), formé de διὰ (dia), à travers, et de ῥέω (rhéô), couler. V. *Rh*, R.

La diarrhée diffère essentiellement de la dyssenterie, en ce qu'elle a lieu sans douleur, sans épreintes et sans excrétion de matières glaireuses ou sanguines.

DIARRIA, s. f. vl. DYARRIA. V. *Diarrhea*.

DIASCLE, s. m. (diasclé). Altér. du mot diable, dont se servent ceux qui ne veulent pas prononcer ce nom tout cru.

DIASCORDIUM, s. m. (diascordiúm). *Diascordio*, port. Diascordium, électuaire très-composé, qui jouit d'une propriété tonique et calmante.

Éty. du grec διὰ (dia), de, et de σκόρδιον (skordion), le scordium: *Teucrium scordium*. Lin.

Quincy dit que ce remède est de l'invention du célèbre Jérôme Fracastor, médecin italien, ce qui est cause qu'on lui donne souvent le nom de *confection de Fracastor*.

DIASPE, s. m. vl. DIASPRE. *Diaspero*, esp. *Diaspro*, ital. Diapre, sorte d'étoffe précieuse; jaspe.

Éty. de la bas. lat. *diasprus panni pretiosioris speciem*.

DIASPRE, vl. V. *Diaspe*.

DIATRIBA, s. f. (diatribe); *Diatriba*, ital. *Diatribe*, port. Diatribe, dissertation critique amère et violente; tout écrit injurieux.

Éty. du lat. *diatriba*, m. s. dérivé du grec διατριβὴ (diatribê), qui signifie académie, assemblée de savants, dissertation, etc., du verbe διατρίβω (diatribô), s'exercer.

DIAUMERGUE, Une des alt. de *dimenche*, dans le d. bas lim.

DIAUREI, *Qui diaurei*, d. lim. Juron déguisé, pour qui diable, qui diantre.

DIAVOL, s. m. vl. Diable. V. *Diable*.

Éty. du lat. *diabolus*, *diabol*, *diavol*. V. *Diabl*, R.

DIB

DIBAS, nom de nombre, (dibes), d. béarn. Deux, au fém.

DIBENDRES, Alt. lang. de *Divendres*, v. c. m.

DIBIER, s. m. (dibié), d. bas lim. Gibier; alt. de *Gibier*, v. c. m.

DIBOULADAS, s. f. pl. (diboulàdes), d. bas lim. Giboulée. V. *Chavana* et *Ramada*.

DIBOULAS, s. f. pl. (dibóulas), d. bas lim. Jumelles. V. *Jumelas*.

DIBRAR, v. n. (dibrá), d. bas lim. Tomber du givre. V. *Brimar*.

DIBRE, s. m. (dibre), md. Givre, frimats, verglas. V. *Breina*.

DIC

DIC, s. m. vl. Digue, rempart. V. *Diga*.

DICENTIO, vl. V. *Dissention*.

DICH, s. m. Dit, maxime, sentence: *Aver soun dich et soun desdich*, avoir son dit et son dédit; être sujet à changer d'avis, à rétracter sa parole. On dit aussi dans le même sens: *lou dire et lou desdire*.

Éty. du lat. *dictum*. *V. Dire*, R.

DICH, ICHA, adj. (ditch; itche); *Dicho*, esp. *Detto*, ital. *Dito*, port. Dit, ite, prononcé, conclu, décidé, surnommé.

Éty. du lat. *dictus*. V. *Dire*, R.

DICHA, s. f. vl. *Dita*, cat. *Dicha*, esp. *Detta*, ital. Dit, parole, propos. V. *Dire*, R.

DICHASSOULAR, v. n. (ditchassoulá). On se sert de cette expression, à Thorame, pour dire cesser de moudre, céder le moulin à un autre.

Éty. de *di* priv. de *chassola*, *chassouera* et de *ar*.

DICHAUS, d. m. V. *Descaus*.

DICHEI, s. m. (ditchèi). Malencontre, malheur. Aub.

DICHEN, vl. Il ou elle descend.

DICHENDU, adj. et p. vl. Descendu.

DICHOUTAIRE, s. m. (dichoutáïré). Celui qui surprend. Aub.

DICHOUTAR, v. a. (dichoutá). Surprendre, dénicher. Aub.

DICHUTS, UDAS, s. pl. dg. Les dits, choses dites. V. *Dire*, R.

Les gestos amay les dichuts.
Bergeyret.

Bala de ta part une belle dichude.
Verdier.

DICNERS, adj. (dicnérs), vl. Digne. V. *Digne*.

DICTADA, s. f. (dictáde); *Dictado, ata*, port. Dictée, ce qu'on dicte, ce qu'on écrit sous la dictée.

DICTADOR, et

DICTAIRE, s. m. vl. DICTAYRE. *Dettatore*, ital. Auteur, compositeur; prôneur, qui dicte, qui enseigne. V. *Dire*, R.

DICTAME, s. m. (dictámé); *Dittamo*, ital. *Dictamo*, port. esp. cat. Dictame, dictame de Crète.

Éty. du lat. *dictamnus*, de la montagne appelée *Dicte*, sur laquelle on recueillait cette production si vantée.
Théis.

DICTAME BLANC, s. m. (dictâmé blan). Dictame blanc, fraxinelle, *Dictamus albus*, Lin. plante de la fam. des Rutacées qu'on trouve à Annot, à Entrevaux, à Esparronde-Pallières, à Rougnes, etc. V. Gar. *Fraxinelle*, p. 191.

Éty. du lat. *dictamus albus*.

DICTAMEN, s. m. (dictaméin); *Dettamento* et *Dettatura*, ital. *Dictado* et *Dictame*, port. *Dictamen*, cat. esp. Dictamen, terme dogmatique emprunté du latin, qui signifie, sentiment intérieur de la conscience, suggestion; mais qu'on emploie plus souvent, en Provence, dans le sens de *dictée*: *Sous lou dictamen*, sous la dictée, vl. sentence. V. *Dire*, R.

DICTAMEN, s. m. vl. Jugement, opinion; ordre, commandement. V. le mot précédent et *Dire*, R.

DICTANT, s. m. vl. DICTANTZ. Bon parleur, bon conseiller.

Éty. de *dict*, parole, discours, et de *ant*. V. *Dire*, R.

DICTAR, v. a. (dictá); DITTAR. *Dettare*, ital. *Dictar*, esp. port. cat. Dicter, prononcer; litt. ce qu'un autre doit écrire; suggérer à quelqu'un ce qu'il doit dire; prescrire, parler, ordonner.

Éty. du lat. *dictare*, formé de *dictum*, mot, parole, et de *are*. V. *Dire*, R.

DICTAT, s. m. vl. *Dictado*, port. *Dittato*, ital. Composition, volonté, sentence, chose dite; jugement, décision, maxime, précepte. V. *Dire*, R.

DICTAT, **ADA**, adj et p. (dictá, áde); DITTAT. *Dictado*, port. Dicté, ée.

Éty. du lat. *dictatus*. V. *Dire*, R.

DICTATOUR, s. m. (dictatóur); *Dittatore*, ital. *Dictador*, esp. port. Dictateur, magistrat de Rome qui jouissait d'un pouvoir absolu, et qui avait partout et sur tous les citoyens, droit de vie et de mort.

Éty. du lat. *dictator*, le même, formé de *dictare*, dicter des lois, ordonner, et de la term. *Our*, v. c. m. celui qui dicte des lois, qui commande. V. *Dire*, R.

DICTATURA, s. f. (dictatúre); *Dittatura*, ital. *Dictadura*, esp. port. Dictature, dignité du dictateur.

Éty. de *dictator* et de la term. *Ura*, v. c. m. et *Dire*, R.

Il paraît que T. Lartius Flavus, fut le premier Romain, investi de la dictature, et César, le dernier.

DICTAYRE, s. m. vl. DICTADOR. *Dettatore*, ital. Auteur, compositeur, prôneur. V. *Dire*, R.

DICTIO, s. f. vl. Diction, mot, expression.

Diccios es segon las arts
D'oratio la menors partz,
Significativa cum, blanca
Bels, e Johans, Mayzos e França.
Fl. del gay saber.

DICTIO, vl. V. *Diction* et *Dire*, R.

DICTION, s. f. (dictie-n); DICTIO, DITION. *Dizione*, ital. *Diccion*, esp. *Dicção*, port. *Dicció*, cat. Diction, manière d'exprimer quelque chose par le discours écrit; en vl. mot, expression.

Éty. du lat. *dictionis*, gén. de *dictio*, dérivé de *dictum*, mot, parole. V. *Dire*, R.

DICTIONAL, adj. vl. *Dictional*, qui concerne le mot, le terme, l'expression. Voy. *Dire*, R.

DICTIOUNARI, s. m. (dictiounári); *Dizionario*, ital. *Diccionario*, esp. port. Dictionnaire, livre qui contient les mots d'une langue, d'un art, d'une science, par ordre alphabétique.

Éty. du lat. *dictionarium*, de *liber dictionum*, livre des mots, ou de *dictio*, mot, et de la term. mult. *Ari*, v. c. m. et *Dire*, R.

On appelle:

LETTRINE, les lettres majuscules qu'on place au haut des pages pour faciliter la recherche des mots.

NOMENCLATURE, l'ensemble des mots qui le composent.

Le vocabulaire *Latin-Français*, imprimé à Genève, en 1487, par Loys Garbin, est le plus ancien dictionnaire latin-français, qui ait été imprimé.

Vient ensuite le *Dictionarium Latino-Gallicum*, publié par Robert Étienne, en 1543, 2 vol. in-fol.

Le premier dictionnaire connu relatif à la médecine, est celui que publia Bacchius, glossateur d'Hippocrate.

L'Académie française publia la première édition de son dictionnaire, en 1694; la seconde, en 1762; et la dernière, en 1835.

On trouve un dictionnaire des rimes dans le *Donatus provincialis*.

Richelet publia son Dictionnaire français, contenant les mots et les choses, à Genève, en 1680.

DICTIOUNARIOT, s. m. (dictiounarió); DICCIOUNARIOT, d. béarn. Petit dictionnaire.

Éty. de *dictiounari* et de *ot*. V. *Dire*, R.

DICTON, s. m. (dicton). Dicton, mot trivial qui a passé en proverbe, ou phrase proverbiale.

Éty. du lat. *dictum*, mot, parole, parole remarquable. V. *Dire*, R.

DID

DIDA, nom de femme. Marguerite.

Éty. C'est une altération de *Margarida* et *Adelaida*, v. c. m.

DIDAL, s. m. Pour dé à coudre. V. *Dedau*.

DIDAL, s. m. vl. DIDALS. Anneau épiscopal.

Éty. de *did*, pour *det*, doigt, et de *al*. V. *Det*, R.

DIDASSA, nom de femme, péjoratif de *dida*, qu'on applique à une grosse femme qui s'appelle Marguerite. V. *Margarida*.

DIDEBA, dg. Bergeyret l'emploie au lieu de *disia*, il ou elle disait.

DIDEN, dg. Bergeyret s'en sert au lieu de *disoun*, on dit.

DIDET, nom de femme, d. man. (didé). Diminutif de *Dida* et de *Margarida*, v. c. m. petite Marguerite.

DIDETS, dg. et bord. Pour dites, *disez*, *diaz*.

DIDI, Bergeyret l'emploie pour *disi*, je dis.

DIDIER, nom d'homme, (didié); DESDIER, LEIDIER. *Desideria*, ital. Didier.

Éty. du lat. *desiderius*, la fête de Saint Didier, évêque de Vienne en Dauphiné, assassiné par les ordres de la reine Brunehaut, en 608, se célèbre, à Lyon, le 10 août, et ailleurs, le 23 mai.

DIDOUN, nom de femme (didóun), d. de Manosque. Dim. de *Dida* et de *Margarida*, petite Marguerite.

DIE

DIÈ, d. béarn. Jour.

Éty. du lat. *dies*. V. *Di*, R.

DIEISSA, s. f. (dièïsse). Nom bas lim. de la gesse. V. *Jaissa*.

DIEMAN, d. lim. Alt. de *Diamant*, v. c. m.

DIEOU, dial. arl. Pour *Diou*, v. c. m.

DIES, *en dies*, vl. En temps, jadis.

DIES, d. vaud. Pour dix. V. *Des*.

DIES IRÆ, s. m. (dies irè). Nom consacré à la prose des morts, parce qu'elle commence par ces mots, *dies-iræ*.

Elle fut composée par le cardinal Frangipani, de l'ordre des Dominicains, qui mourut à Pérouse, l'an 1294. V. *Di*, R.

DIESIS ou **DIESO**, s. m. (diesis ou dièse); *Diesi*, ital. esp. *Diese* et *Diesis*, port. Dièse ou diésis, intervalle composé d'un demi-ton, terme de musique; sorte de double croix en sautoir qui, mise devant une note, la fait hausser d'un demi-ton.

Éty. de δίεσις (diesis), qui signifie proprement division, δύημι (dyémi), je passe au travers, parce que le dièse partage le son en deux.

Dièser, marquer d'un dièse.

DIETA, s. f. (diète); *Dieta*, ital. esp. port. cat. Diète, emploi raisonné et méthodique de la nourriture et même des choses essentielles à la vie, et plus généralement, abstinence des aliments.

Éty. du lat. *diæta*, formé du grec δίαιτα (diaita), régime de vie.

DIETA, s. f. anc. béarn.

Lo notary prenera per cascuna
Dieta sieys dinés morlads.
Fors et Cost. de Béarn.

DIEU, *à Dieu siatz*, vl. V. *Diou*, *à diousiaz*.

DIEUTAT, s. f. vl. Richesse.

Éty. du lat. *divitiæ*.

DIF

DIFAGEAFA, s. f. (difadzáfe), d. bas lim. Presse, multitude, cohue; mêlée, vive contestation, querelle, bagarre.

Éty. Onomatopée.

DIFAMACIO, et **DIFFAMACIO**, s. f. vl. V. *Diffamation* et *Fam*, R. 2.

DIFFAMAMENT, s. m. vl. Diffamation. V. *Diffamation* et *Fam*, R. 2.

Éty. de *diffamar* et de *ment*, action de diffamer

DIFFAMAR, v. a. (diffamá); DEFEMMAR, DIFAMAR. *Diffamare*, ital. *Disfamar*, esp. cat. *Diffamar*, port. Diffamer, décrier, déshonorer, ternir, noircir, perdre la réputation de quelqu'un.

Éty. du lat. *diffamare*, qu'on a dit dans la basse lat. *defamare*, formé de *de* priv. de *fama*, réputation, et de l'act. *ar*. V. *Fam*. Rad. 2.

Diffamar guirens, vl. corrompre ou séduire des témoins.

DIFFAMAT, ADA, adj. et p. (diffamá, áde); *Diffamado*, port. *Difamado*, esp. *Infamato*, ital. Diffamé, ée. V. *Fam*, R. 2.

Éty. du lat. *diffamatus*.

DIFFAMATION, s. f. DIFFAMATIEN. *Disfamació* et *Diffamació*, cat. *Difamacion*, esp. *Diffamação*, port. *Diffamazione*, ital. Diffamation, action de diffamer par des paroles ou par des écrits.

Éty. du lat. *diffamationis*, gén. de *diffamatio*, m. s. ou de *dif* pour *dis* priv. de *fama*, réputation, et de *tion*, action d'enlever la réputation. V. *Fam*, R. 2.

DIFFAMATOIRO, OIRA, adj. (diffamatóire); DIFFAMATOUARO. *Diffamatorio*, ital. *Disfamador* et *Diffamador*, port. Diffamatoire, qui diffame, qui est fait, pour diffamer. V. *Fam*, R. 2.

DIFFAMATOUR, s. m. (diffamatóur); *Diffamatore*, ital. *Disfamador*, esp. *Diffamador*, port. Diffamateur, celui qui diffame par des paroles ou par des écrits.

Éty. du lat. *diffamator*, m. s. V. *Fam*, Rad. 2.

DIFFERAR, v. a. (differá); *Differire*, ital. *Diferir*, esp. *Differir*, port. Différer, remettre, renvoyer à un autre temps, à un temps plus éloigné, porter, renvoyer plus loin.

Éty. du lat. *differre*, m. s. V. *Fer*, R.

DIFFERAR, v. n. *Differire*, ital. *Diferir*, esp. *Differir*, port. Différer, être différent.

DIFFERAT, ADA, adj. et p. (differá, áde); *Differito*, ital. *Differido*, port. *Diferido*, esp. Différé, ée. V. *Fer*, R.

DIFFEREMMENT, adv. (differeinméin); DIFFERENTAMENT. *Differentemente*, ital. esp. port. Différemment, d'une manière différente.

Éty. de *differenta* et de *ment*, ce mot étant dit pour *differentament*. V. *Fer*, R.

DIFFERENCI, s. f. (differeinci); DIFFERENCIA, DIFFERENÇA. *Differenza*, ital. *Diferencia*, esp. *Differença*, port. Différence, ce qui fait qu'une chose ne ressemble pas à une autre chose, et qu'on distingue les choses les unes des autres; en mathématiques, l'excès d'une quantité sur une autre.

Éty. du lat. *differentia*, m. s. V. *Fer*, R.

DIFFERENCIAR, v. a. (differeinciá); *Differenziare*, ital. *Differenciar*, port. *Diferenciar*, esp. Différencier, distinguer, mettre de la différence.

Éty. de *differenci* et de *ar*, faire la différence. V. *Fer*, R.

DIFFERENCIAT, ADA, adj. et part. (differeinciá, áde); *Differençado*, port. Différencié, ée. V. *Fer*, R.

DIFFERENT, s. m. (differèin); DIFFEREND. V. *Countesta*.

DIFFERENT, ENTA, adj. (differèin, èinte); *Differente*, ital. esp. port. Différent, ente, qui est distingué d'un autre.

Éty. du lat. *differentis*, gén. de *differens*. V. *Fer*, R.

DIFFERENTAMENT, adv. (differeintamein). Différemment, d'une manière différente.

DIFFICIL, adj. vl. V. *Difficile*.

DIFFICILAMENT, adv. (difficilamein); *Difficilmente*, ital. esp. port. *Dificilment*, cat. Difficilement, avec difficulté, avec peine.

Éty. du lat. *difficile*, ou de *difficila* et de *ment*, d'une manière difficile. V. *Fac*, R.

DIFFICILE, LA, adj. (difficilé); DEFFECIBLE. *Difficile*, ital. *Dificil*, esp. cat. *Difficil*, port. Difficile, qui ne peut être fait, exécuté, compris, entendu qu'avec difficulté, qu'avec une peine, un travail extraordinaire de corps ou d'esprit; on dit qu'une personne est difficile quand elle est d'une humeur inquiète, aigre et chagrine.

Éty. du lat. *difficilis*. V. *Fac*, R.

DIFFICULTAT, s. f. (difficultá); DIFFICURTAT. *Dificultat*, cat. *Difficoltà*, ital. *Dificultad*, esp. *Difficuldade*, port. Difficulté, ce qui fait qu'une chose est difficile.

Éty. du lat. *difficultatis*, gén. de *difficultas*. V. *Fac*, R.

DIFFICULTUOUS, OUSA, adj. (difficultuous, ouse). Difficultueux, euse, qui se rend difficile.

DIFFINIR, vl. V. *Definir* et *Fin*, R.

DIFFINITIO, vl. V. *Definition* et *Fin*, R.

DIFFINITIU, IVA, adj. vl. V. *Definitif* et *Fin*, R.

DIFFUGIMENT, s. m. vl. Fuite.

DIFFUS, USA, adj. (diffús, úse); *Diffuso*, ital. port. *Difuso*, esp. Diffus, use, on le dit d'une manière de parler ou d'écrire longue et prolixe, dans laquelle on s'écarte inutilement du sujet, pour s'occuper d'accessoires superflus.

Éty. du lat. *diffusus*, s. m. V. *Fus*, R.

DIFFUSIO, s. f. vl. DIFFUZIO. *Difusió*, cat. *Difusion*, esp. *Diffusão*, port. *Diffusione*, ital. Diffusion, épanchement. Voy. *Found*, R. 2.

DIFFUSIU, IVA, adj. vl. *Difusiu*, cat. *Difusivo*, esp. *Diffusivo*, port. ital. *Diffusif, ive*, expansif, ive. V. *Found*, R. 2.

DIFFUZIO, vl. V. *Diffusio* et *Found*, Rad. 2.

DIFICIENCIA, s. f. vl. Manquement.

DIFICIL, vl. V. *Difficile*.

DIFICILMENT, adv. vl. V. *Difficilament* et *Fac*, R.

DIFFORME, ORMA, adj. (diffórmé, órme); DESCARAT, EMBERI. *Deforme*, esp. cat. *Difforme*, ital. port. Difforme, se dit de toutes les choses qui n'ont pas la forme, la figure ou les proportions qu'elles devraient avoir.

Éty. du lat. *deformis*, m. s. V. *Form*, R.

DIFORMITAT, s. f. (diformitá); DIFOURMITAT. *Difformità* et *Deformità*, ital. *Deformitat*, cat. *Deformedad*, esp. *Deformidade*, port. Difformité, laideur, défaut dans la figure ou dans les proportions de quelque partie, soit du corps, soit d'un ouvrage quelconque.

Éty. du lat. *deformitatis*, gén. de *deformitas*, m. s. V. *Form*, R.

DIFURUTUS, s. m. A Thorame, on donne ce nom à un repas que l'on fait dans les réunions d'hiver, qui ont lieu dans les écuries. V. *Defruti* et *Fruct*, R.

DIG

DIG, vl. Je dis: *Dunt eu dig*, dont je parle.

DIG, s. m. vl. Dit, discours. V. *Dich*.

DIG, Part. de dire, dit. V. *Dich*.

DIGA, s. f. (digue); LEVADA, RESTANCA. *Diga*, ital. *Dique*, esp. port. Digue, amas de terre, de pierres, de bois, etc., pour servir de rempart contre l'eau; fig. obstacle, résistance.

Éty. du grec τεῖχος (teichos), mur.

On nomme:

CHAUSSÉE, celle qui ferme un étang.
JETÉE, celle qui empêche le débordement d'une rivière.

Dans une digue on appelle:

PIED ou EMPATEMENT, la base.
COURONNE, le sommet.
FLANCS, les côtés.
CEINTURE, le fossé qu'on creuse en dedans.
CONTRE CEINTURE, celui qu'on pratique en dehors.
FRANC-BORDS et PRÉLAIS, la lisière de terrain qui borde les canaux et les ceintures.

DIGA, s. f. (digue), d. bas lim. Jambe, il se prend souvent pour la jambe et la cuisse. V. *Camba*.

DIGAMENDIOU, s. et adv. (digameindiou), dl. DIGOMENDIU. Voulant dire, faisant semblant.

Qualque digamendiou, quelque drôlerie.

DIGAS, s. f. pl. (digues), md. Echasses. V. *Escassas*.

DIGAT, s. m. et f. (digá), d. bas lim. DIGA. On donne ce nom à un homme ou à une femme dont les jambes sont longues, hors de proportion.

Éty. de *diga*, jambe, et de *at*, pourvu, de jambes remarquables.

DIGERAR, v. a. (didgerá); DEGERIR, EMBATTRE, DIGERIR, DIGENIR. *Digerire*, ital. *Digerir*, esp. port cat. Digérer, faire la digestion; compatir, supporter patiemment: *Lou podi pas digerar*, je ne puis pas compatir avec lui, je ne puis pas supporter son humeur.

Éty. du lat. *digerere*, m. sign. formé de *diversim gerere*, porter de divers côtés, parce que l'estomac distribue les aliments. V. *Di* et *Ger*, R.

DIGERAT, ADA, adj. et p. (didgerá, áde); DIGERIT. *Digesto*, cat. *Digerido*, port. esp. Digéré, ée. V. *Ger*, R.

DIGERIR, V. *Digerar*.

DIGEST, ESTA, adj. vl. *Digesto*, cat. esp. port. Digéré, ée, rangé par ordre.

Éty. du lat. *digestus*, m. s. V. *Ger*, R.

DIGESTIBILITAT, s. f. vl. *Digestibilité*. V. *Ger*, R.

DIGESTIBLE, IBLA, adj. vl. *Digestible*, esp. *Digestibile*, ital. *Digestible*, facile à digérer.

Éty. du lat. *digestibilis*, m. s. V. *Ger*, Rad.

DIGESTIF, adj. (didgestif); *Digestiu*, cat. *Digestivo*, ital. esp. port. Digestif, ce qui sert, ce qui aide, ce qui facilite la digestion: *Ounguent digestif*, onguent digestif, onguent que l'on croit propre à favoriser la suppuration des plaies.

Éty. du lat. *digestivus*, m. s. V. *Ger*, R.

DIGESTIO, s. f. vl. V. *Digestion* et *Ger*, Rad.

DIGESTION, s. f. (didgestie-n); DIGESTION, DIGESTIEN. *Digestione*, ital. *Digestion* et *Digestão*, port. *Digestió*, cat. Digestion, action par laquelle les aliments se digèrent;

on emploie souvent et improprement, en Provence, ce mot au lieu d'indigestion : *Ai agut una digestion*, pour *una indigestion*.

Éty. du lat. *digestionis*, gén. de *digestio*. V. *Ger*, R.

On appelle:

DYSPEPSIE, une digestion pénible ou dépravée.

DIGESTIU, IVA, adj. vl. *Digestiu*, cat. Digestif. V. *Digestif* et *Ger*, R.

DIGESTO, s. m. (didgèste) ; *Digesto*, ital. esp. port. Digeste, compilation des décisions des plus fameux jurisconsultes romains.

Éty. du lat. *digestus*, rangé par ordre. V. *Ger*, R.

Ce recueil, composé de cinquante livres, fait par ordre de l'empereur Justinien qui en donna la commission à Tribonien, son chancelier, lequel chosit seize jurisconsultes pour y travailler. Ils tirèrent les plus belles décisions qu'ils trouvèrent dans les deux mille volumes des anciens jurisconsultes, et les réduisirent en un corps qui fut publié en 533, sous le nom de *digestus* ou *digestum*.

66 ans, avant J.-C. Alfenus Varus en avait donné une première rédaction.

On connaît, sous le nom d'*infortiat*, le second volume du digeste composé sous Justinien.

DIGIAUS, s. m. anc. béarn. V. *Dijoous*.

DIGITALA, s. f. (didgitàle). Digitale, les médecins et les pharmaciens entendent, par ce mot, désigner la digitale pourprée, *Digitalis purpurea*, Lin. plante de la fam. des Scrophulaires qui ne croît pas spontanément en Provence, mais qu'on trouve communément dans les forêts du Nord de la France.

Éty. Le celèbre Fuchs, donna le nom de *digitalis* à cette plante, à cause de la ressemblance qu'a sa fleur avec un dé à coudre, V. *Det*, R.

La digitale contient un principe particulier qu'on a appelé *digitaline;* quelques auteurs prétendent que cette plante est la fameuse Baccharis des anciens ; parmi les modernes, Fuchs est le premier qui en ait parlé clairement et qui l'ait employée dans les affections de poitrine, il vivait au milieu du XVIme siècle, Wistbering de 1775 à 1778, fit des expériences sur la digitale à l'hôpital de Birmingham ; Charles et Erasme Darwin, après lui, l'employèrent dans le traitement de l'hydropisie. Elle était tombée dans l'oubli, lorsque les médecins français et particulièrement M. Trousset de Grenoble, sous lequel nous avons eu l'honneur d'étudier, la remirent en vogue, et l'employèrent avec le plus grand succès dans le traitement de l'hydropisie de poitrine.

DIGMENGE, s. m. vl. Dimanche. Voy. *Dimenche*.

DIGN, radical pris du latin *dignus, a, um*, digne, qui mérite, capable, qu'on fait dériver du grec δίκη (dikê), droit, justice, ou de δείκω (déikô), montrer, faire voir, d'où *dignitas, atis*, dignité.

De *dignus*, par apoc. *dign;* d'où: *Dign-e, Dign-a, Digna-men, Digna-ment, Dign-ar, In-digne, In-dignar, In-dignat, In-dignation, Dign-etat, Dign-itat, In-dig-nament, In-dign-itat, Dign-atio, Digni-ficar, Digni-ficat.*

De *dignitas, atis*, par apoc. *dignit, dignitat ;* d'où : *Dignitat* et *Dignetat*, par métagr. de *i* en *e: Dignit-ari, In-dignitat.*

De *dign*, par métagr. de *i* en *e, degn;* d'où : *Degn-e, Degn-ar, Des-degnar, Des-degnat, Des-degn* et *Des-den*, par sync. du *g: Degn-etat, Des-degn-ous, En-denha-men, En-denh-ansa, En-degn-ansa, Denh-ar, En-denhos, Deingn-ar, Dein-ar, Es-danh, Des-denhos, Des-deing, Des-denh, Es-denh, En-dregn-ar, En-denh, En-digne-ment, In-dign-acio, En-dign-acio, Deing, In-dign-ar, En-dign-ar, Pro-dein-har.*

DIGNADIERA, s. f. (dignadiére). Alt. de *denieirola*, tire-lire. V. *Cacha-malha* et *Dec*, R.

DIGNAIROLA, s. f. (dignaïróle), dg. Tire-lire. V. *Cacha-malha*.

DIGNAMENT, adv. (dignaméin) ; DIGNAMEN. *Degnamente*, ital. *Dignamente*, esp. port. *Dignement*, cat. Dignement, honnêtement, avec noblesse, avec générosité.

Éty. du lat. *digne*, ou de *digna* et de *ment*, d'une manière digne. V. *Dign*, R.

DIGNAR, dl. Pour daigner. V. *Degnar*.

DIGNATIO, s. f. vl. Consécration.

Éty. du lat. *dignatio*, m. s. V. *Dign*, R.

DIGNE, IGNA, adj. (digne, igne) ; DINNE. *Degno*, ital. *Digno*, esp. port. *Digne*, cat. Digne, on le dit des personnes et des choses qui méritent d'être distinguées et qui sont capables de remplir l'objet auquel on les destine.

Éty. du lat. *dignus*. V. *Dign*, R.

DIGNEIROLA, dl. V. *Cacha-malha* et *Dec*, R.

DIGNER, s. m. (digné), dl. Alt. de *Denier*, v. c. m. et *Dec*, R.

DIGNETAT, s. f. vl. Dignité. Voy. *Dignitat* et *Dign*, R.

DIGNIFICAR, v. a. vl. *Dignificar*, esp. *Degnificare*, ital. Remplir de dignité, honorer, *dignifier*. V. *Dign*, R.

DIGNIFICAT, ADA, adj. et p. *Dignifié, ée*. V. *Dign*, R.

DIGNITARI, s. m. (dignitàri). Dignitaire, qui est revêtu d'une dignité.

Éty. de *dignitat* et de *ari*. V. *Dign*, R.

DIGNITAT, s. m. (dignità) ; *Dignità*, ital. *Dignidad*, esp. *Dignidade*, port. *Dignitat*, cat. Dignité, certain caractère de dignité, de noblesse, d'élévation, qui fait qu'une personne inspire généralement du respect, et une espèce de vénération; qualité honorable pour celui qui en est revêtu.

Éty. du lat. *dignitatis*, gén. de *dignitas*. V. *Dign*, R.

DIGNOUS, OUSA, adj. (dignóus, óuse), d. bas lim. Adroit, ingénieux, industrieux.

Éty. Alt. de *ingenious*. V. *Gen*, R.

DIGOT, s. m. (digó), d. bas lim. Alt. de *Gigot*, v. c. m.

DIGRESSIO, vl. V. *Digression* et *Grad*, Rad.

DIGRESSION, s. f. (digressie-n) ; *Digressione*, ital. *Digresion*, esp. *Disgressão*, port. Digression, ce qui est dans un discours hors du principal sujet, ce qui s'en écarte.

Éty. du lat. *digressionis* gén de *digressio*. V. *Grad*, R.

DIGT, s. m. dg. Doigt. V. *Det*.

Éty. Sync. du lat. *digitus*. V. *Det*, R.

DIGUIGNA, s. f. (diguigne), d. bas lim. Querelle. V. *Querella*.

M'a charchat diguigna, il m'a cherché noise.

DIGUN, dg. V. *Degun*.

DIGUN, vl. Jeune. V. *Juni*.

DII

DIIRE, vl. V. *Dire*.

DIIT, s. m. d. vaud. Dit, dire: *Al diit*, au dire, selon; *Al diit de saint Jaco apostol*. V. *Dire*, R.

DIJ

DIJAUS, Alt. lang. de *Dijoous*, v. c. m.

DIJOOUS, s. m. (dijóou) ; JOOUS, DIJAUS, DITCHAU, IOOUS, IOUS. *Giovedì*, ital. *Jueves*, esp. *Dijous*, cat. Jeudi, le cinquième jour de la semaine chrétienne, et le sixième de la semaine judaïque.

Éty. Par contr. du lat. *dies Jovis*, jour de Jupiter, parce que les anciens l'avaient consacré à ce Dieu. V. *Di*, R.

Que visques, si faire, si poou,
Mai de cent ans tout de dijoou.
Gros.

On dit *la semana deis tres dijoous*, pour dire jamais, aux calendes grecques.

DIJOOUS-SANT, Le jeudi saint, grand jeudi ou jeudi absolu, est celui qui suit immédiatement le dimanche des rameaux.

Ce jour là, avant la messe, le prêtre célébrant donne l'absoute à tous les fidèles pour rappeler que dans l'ancien temps c'était le jeudi saint qu'une absolution générale reconciliait avec l'Eglise, en leur ouvrant les portes, ceux qui avaient fait une pénitence à la porte même de l'église sans y entrer.

DIJOUS, s. m. vl. Jeudi. V. *Dijoous* et *Di*, R.

DIL

DILACION, s f. vl. Délai. V. *Dilation*, *Delai* et *Lat*, R. 3.

DILAIAR, V. *Delaiar*.

DILANIAR, v. a. vl. *Dilaniare*, ital. Lacérer, mettre en pièces.

Éty. du lat. *dilaniare*, m. s.

DILAPIDAR, v. a. (dilapidá) ; *Dilapidare*, ital. *Dilapidar*, esp. Dilapider, dépenser follement et avec désordre.

Éty. du lat. *dilapidare*, formé de *di*, çà et là, de *lapis*, *lapidis*, pierre, au propre, disperser les pierres.

DILAPIDAT, ADA, adj. et p. (dilapidá, áde). Dilapidé, ée.

DILAPIDATION, s. f. (dilapidatie-n) ; DILAPIDATIEN. *Dilapidamento*, ital. *Dilapidacion*, esp. Dilapidation, dépense folle et désordonnée.

Éty. du lat. *dilapidationis*, gén. de *dilapidatio*.

DILATABLE, ABLA, adj. vl. *Dilatable*, esp. Dilatable, susceptible de se dilater. V. *Lat*, R. 2.

DILATAMENT, s. m. vl. *Dilatamento*,

ital. Dilatation, développement. Voy. *Lat*, Rad. 2.

DILATAR, v. a. (dilatá); *Dilatare*, ital. *Dilatar*, esp. port. cat. Dilater, étendre, élargir.

Ety. de *di* augm. de *latus*, large, et de la term. act. *ar*, litt. rendre plus large; d'où : *dilatare*. V. *Lat*, R. 2.

DILATAR SE, v. r. *Dilatarse*, esp. Se dilater, s'étendre, occuper un plus grand espace, on le dit quelquefois, mais impr. pour délecter.

DILATAT, ADA, adj. et p. (dilatá, áde); *Dilatado*, port. Dilaté, ée. V. *Lat*, R. 2.

DILATATION, s. f. (dilatatie-n); *Dilatació*, cat. *Dilatazione*, ital. *Dilatacion*, esp. *Dilatacão*, port. Dilatation, extension, relâchement, effet par lequel un corps prend un plus grand volume.

Ety. du lat. *dilatio*, formé de *di* augm. de *latus*, large, et de la term. *ion*, litt. action de rendre plus large. V. *Lat*. R. 2.

DILATATIU, IVA, adj. vl. *Dilatativo*, esp. ital. *Dilatatif, ive*; propre à dilater.

DILATICIO, vl. V. *Dilatation*.

DILATION, s. f. vl. DILACION, DILATIO. *Dilació*, cat. *Dilacion*, esp. *Dilação*, port. *Dilazione*, ital. Dilatation, delai, renvoi.

Ety. du lat. *dilationem*, m. s. V. *Lat*, Rad. 3.

DILATORI, adj. vl. Dilatoire.

Ety. du lat. *dilatorius*, m. s. V. *Lat*, R. 3.

DILECTION, s. f. (dilectié-n); *Dilezione*, ital. *Dileccion*, esp. *Dilecçao*, port. *Dilecció*, cat. Amour, charité, en style mystique.

Ety. du lat. *dilectionis*, gén. de *dilectio*. V. *Leg*, R. 2.

DILEMNE, s. m. (dilénmé); *Dilemma*, ital. port. *Dilema*, esp. Dilemme, sorte d'argument qui contient deux propositions contraires, par lesquelles on peut également convaincre son adversaire.

Ety. du grec δὶς (dis), deux fois, et de λαμβάνω (lambanô), je prends, c'est-à-dire, que l'on peut prendre de deux manières différentes.

DILEN, V. *Diluns*.

DILHUUS, s. m. anc. béarn. V. *Diluns*.

DILIBRAND, ANDA, s. (dilibrán, ánde), d. bas lim. Flandrin, homme qui est élancé et fluet.

DILIGENÇA, s. (dilidgèince); DILIGENCI, DILIGENCIA, DILIGENSIA. *Diligenza*, ital. *Diligencia*, esp. port. cat. Diligence, mouvement prompt par lequel on fait les choses par les moyens les plus courts et les plus efficaces.

Ety. du lat. *diligentia*, m. s. Voy. *Leg*, Rad. 2.

DILIGENCA, s. f. Diligence, carrosse, voiture ou bateau public qui va plus vite que les autres destinés aux voyageurs. V. *Leg*, Rad. 2.

DILIGENCIA, vl. V. *Diligença* et *Leg*, Rad. 2.

DILIGENMEN, vl. V. *Diligentment* et *Leg*, R. 2.

DILIGENSA, vl. V. *Diligença* et *Leg*, Rad. 2.

DILIGENSIA, vl. V. *Diligença* et *Leg*, Rad. 2.

DILIGENT, ENTA, adj. (diligèin, èinte); *Diligente*, ital. esp. port. *Diligent*, cat. Diligent, ente, qui ne perd point de temps, qui est assidu à l'ouvrage.

Ety. du lat. *diligentis*, gén. de *diligens*. V. *Leg*, R. 2.

DILIGENTAMENT, adv. vl. DILIGENTMENT, DILIGENMEN. *Diligentment*, cat. *Diligentemente*, esp. port. ital. Diligeamment.

Ety. de *diligenta* et de *ment*, d'une manière diligente. V. *Leg*, R. 2.

DILIGENTAR, v. a. (dilidgeintá), d. bas lim. Accélérer une affaire.

Ety. de *diligent* et de *ar*. V. *Leg*, R. 2.

DILIGENTAR SE, v. r. md. Se presser, aller vite.

DILIGENTMENT, vl. Voy. *Diligentament* et *Leg*, R. 2.

DILUNS, s. m. (dilúns); LUS, DILUN, LUNS. *Lunedi*, ital. *Lunes*, esp. *Dilluns*, cat. Lundi, le second jour de la semaine, celui qui suit le dimanche.

Ety. du lat. *dies lunæ*, jour de la lune, parce que, chez les anciens, ce jour lui était consacré.

Faire lou diluns, chômer le lundi, faire, ce jour-là, la journée blanche.

DILUS, Alt. de *Diluns*, v. c. m.

DILUVI, s. m. vl. *Diluvi*, cat. Déluge, et fig. averse. V. *Delugi*.

Ety. du lat. *diluvium*.

DIM

DIMA, V. *Deime* et *Dec*, R.

DIMA, s. f. (dime). Nom bas lim. de la poix. V. *Pega*.

Un emplastre de dima. V. *Pegoumas*.

DIMARS, s. m. (dimárs); MARS. *Martedi*, ital. *Martes*, esp. *Dimars*, cat. Mardi, le troisième jour de la semaine.

Ety. du lat. *dies martis*, jour dédié au dieu Mars. V. *Di*, R.

DIMARTZ, vl. Mardi. Voy. *Dimars* et *Di*, R.

DIMECHE, dg. Pour dimanche. V. *Dimenche*.

DIMECRES, s. m. (dimècrés); DIMERCRES, DIMECRE, MECRES. *Dimecres*, cat. *Mercoledi*, ital. *Miercoles*, esp. Mercredi, le quatrième jour de la semaine.

Ety. du lat. *dies Mercurii*.

DIMEIS, vl. V. *Demi* et *Demiei*.

DIMEN, d. bas lim. Alt. de *Dimenche*, v. c. m.

DIMENCHE, s. m. (diméntché); DIAUMERGUE, DIMENGE, DIMECHE, DIMEN, DESMENGEA, DISMENGEA, DIMERGUE, DIMINERGUE, DEMINCHE. *Dominica*, ital. *Domingo*, esp. port. *Digmenge*, anc. cat. Dimanche, premier jour de la semaine que les Chrétiens sanctifient.

Ety. du lat. *dominica dies*, ou *dies Domini*, jour consacré au Seigneur.

Le septième jour de la création auquel Dieu se reposa, est le samedi, le sabbat des Juifs; mais les premiers Chrétiens, pour honorer en même temps la résurrection du Sauveur, transportèrent au lendemain le jour qu'ils devaient sanctifier par les prières et le repos. On l'appelait avant, jour du Soleil. Ce changement fut opéré du temps même des apôtres; car Saint Jean dit, chap. III de l'Apocalipse, qu'étant dans l'île de Patmos, il se trouva ravi en esprit un jour de dimanche : *Fui in spiritu dominica die*, etc.

La première loi civile, relative à l'observation du dimanche, est celle de Constantin, du 6 mars 321. Elle autorisait encore les travaux de la campagne.

Le IIIe concile d'Orléans, en 538, défendit aussi le travail de la campagne.

Dimenche deis brandouns ou *deis carbes*, nom qu'on donne, en Provence, au premier dimanche de carême.

Ety. Le nom de *dimenche deis brandouns*, lui a été donné, parce qu'anciennement on courait les rues ce jour-là, avec un brandon à la main, et celui de *dimenche deis carbes*, parce qu'on s'amuse, le même jour, à faire des poupées de filasse de chanvre auxquelles on donne le nom des personnes qu'on croit devoir s'unir par le mariage. On les dresse l'une auprès de l'autre, et on les allume. Si en tombant elles se rapprochent, on en conclut que le mariage aura lieu, et le contraire, si elles s'éloignent; mais cette cérémonie à laquelle les préjugés pouvaient donner quelque importance, n'est plus en usage aujourd'hui que comme amusement.

DIMENCHE, *faire*, d. de Manosque. Vide que le moissonneur ou le faucheur ou celui qui sarcle, trouve en travaillant, et qui lui donne un moment de répit, qui le fait chômer un moment, faire comme le dimanche.

DIMENCIO, vl. V. *Dimension*.

DIMENGE, s. m. vl. et d. m. Voy. *Dimenche*.

DIMENGE. V. *Dimenche* et *Di*, R.

DIMENSIO, vl. V. *Dimension*.

DIMENSION, s. f. (dimensie-n); DIMENSIEN. *Dimensió*, cat. *Dimensione*, ital. *Dimension*, esp. *Dimensão*, port. Dimension, étendue des corps. Tout corps solide à trois dimensions : la longueur, la largeur et la profondeur.

Ety. du lat. *dimensionis*, gén. de *dimensio*, m. s. V. *Mesur*, R.

Prendre seis dimensions, prendre ses dimensions, les mesures nécessaires pour réussir dans une affaire.

DIMENXE, dg. V. *Dimenche*.

DIMERCRES, vl. Mercredi. Voy. *Dimecres*.

DIMERGAL, ALA, adj. (dimergál, ále), dl. DIMENGAL. Des dimanches : *Arnesc dimergal*, habit des dimanches.

Ety. de *dimergue* et de *al*, qui sert au dimanche.

DIMERGUE, s. m. vl. Dimanche. Voy. *Dimenche* et *Di*, R.

DIMINIATIU, adj. vl. DIMINIATIUS. Diminutif.

DIMINUACIO, vl. V. *Diminution*.

DIMINUAR, v. a. (diminuá); DEMENIR, AMENDRIR, DEMINGAR, DEMUNIR. *Diminuire*, ital. *Disminuir*, esp. *Diminuir*, cat. port. *Diminuar*, anc. cat. anc. esp. *Diminorare*, bas. lat. Diminuer, rendre moindre, plus petit, amoindrir.

Ety. du lat. *diminuere*, m. s. ou du grec μινύθω (minuthô), m. s. V. *Min*, R.

DIMINUAR, v. n. Diminuer, devenir moindre, maigrir.

DIMINUAR SE, v. r. Diminuer, se consumer, s'amoindrir.

DIMINUAT, **ADA**, adj. et p. (diminuá, áde); DEMENIT, AMENDRIT. *Diminuito*, port. esp. *Diminuto*, ital. Diminué, ée, amoindri.

Éty. du lat. *diminutus*, m. s. V. *Min*, R.

DIMINUTIO, vl. V.

DIMINUTION, s. f. (diminutie-n); DEMENITIEN, DEMENESCAI, DIMINUTIEN. *Diminuzione*, ital. *Diminucion*, esp. *Diminuição*, port. *Diminució*, cat. Diminution, amoindrissement, rabais, retranchement d'une partie de quelque chose.

Éty. du lat. *diminutionis*, gén. de *diminutio*, m. s. V. *Min*, R.

DIMINUIR, v. a. et n. d. vaud. V. *Diminuar* et *Min*, R.

DIMINUTIF, IVA, adj. (diminutif, ive); *Diminutiu*, cat. *Diminutivo*, esp. port. ital. Diminutif, ive, chose qui représente en petit, ce qu'un autre est en grand; on le dit particulièrement des mots, *filheta*, *coutelet*, etc. sont des diminutifs de *filha* et *coutel*. *Ule*, *ula*, *gloubule*, *acidule*, *clavicula*, *moulecula*, *ranuncula*.

Egla, *regla*, *deregula*, petit guide.

Gle, *angle*; *oula*, *ciboula*; *icle*, *article*; *ola*, *bestiola*, *filhola*; *oun*, *agneloun*, *couteloun* et *agnelet*, *coutelet*, sont des diminutifs.

Éty. du lat. *diminutivus*, m. s. V. *Min*, Rad.

DIMINUTIFS, *Noms diminutius es can diminuish a amerma lo significat daquel don se deriva, coma de* gleyza, gleyzeta; *de* mayzo, mayzoneta; *de* hostal, hostalet; *de* carriera, carrayrola; bernatz, bernadetz; guilhem, guilhalmet o guilhams; ramons, ramondetz; *et en ayssi dels autres*.

Fl. del gay sab. t. 2, p. 58.

DIMINUTIO, vl. V. *Diminution*.

DIMINUTIU, **IVA**, adj. vl. Diminutif, ive. V. *Diminutif*.

Éty. du lat. *diminutivus*, m. s. V. *Min*, R.

DIMINUTIU, s. m. vl. Diminutif, Voy. *Min*, R.

DIMMERGUE, Alt. de *dimergue*. Voy. *Dimenche*.

DIN

DIN, s. m. (dïn); DAM. *Daino*, ital. *Daina*, esp. *Gamo*, port. Daim: *Cervus daina*, Lin. mammifère ongulé de la famille des Ruminants ou Bisulques, un peu plus petit que le cerf commun, rare en France.

Éty. de *dama*, nom donné par les anciens à un quadrupède, qu'on ne reconnait plus.

Le daim *raie* d'une voix basse et comme entrecoupée, la femelle s'appelle *daine*, et le petit, *dineau*; sa gestation est de huit mois, V. pour le détail de son bois au mot. *Cerf*.

DIN, Pour dans. V. *Dins*.

DINADA, s. f. (dináde); DINNADA. *Desinata*, ital. Dînée, lieu où l'on s'arrête ordinairement pour dîner, quand on est en voyage; le repas ou la dépense que l'on fait à dîner, un grand dîner, un grand gala.

Éty. de *Din*, R. de *dinar* et de *ada*, dîner fait ou qui se fait. V. *Dinar*, R.

Avem agut una gran dinada, nous avons eu un grand dîner.

DINADA, Est souvent pris comme un adv. de temps, il désigne, en général, dix heures du matin, dans les campagnes.

DINADIS, **ISSA**, adj. (dinadis, isse), et impr. DINNADIS, dl. Du dîner, qui concerne le dîner, dînatoire. V. *Dinatori* et *Dinar*, Rad.

DINAIRE, **ARELLA**, s. (dinaïré, arèle); DINAR. Dîneur, celui dont le principal repas est le dîner; gros mangeur. V. *Mangeaire*.

Éty. de *dinar* et de *aire*. V. *Dinar*, R.

DINAMONT, adv. (dinamóun), dl. D'en haut.

Éty. de *in*, de *en* et de *amount*, en haut. V. *Mont*, R.

DINAN, nom d'homme. Altér. de *Ferdinand*, v. c. m.

DINAR, s. m. (diná). Dîner, le second ou le principal repas de la journée.

DINAR, s. m. (diná); DISNAR, MERENDA. Dîner ou dîné, repas que l'on faisait autrefois à midi, et que beaucoup de gens ne prennent aujourd'hui qu'à cinq heures du soir.

Éty. du grec δειπνέω (deipnéô), qui s'est dit en général pour manger, pour dîner, et enfin pour souper, l'éty. de Ménage qui fait venir ce mot de la basse lat. *desinare*, au-lieu de *desinere*, cesser, parce qu'on cesse de travailler quand on dîne, n'est pas admissible, parce que le même repos a lieu à souper et qu'il se prolonge alors bien plus. Le dîner fut ainsi nommé, dit M. de Roquefort, de la prière qui se faisait avant, et qui commençait par ces mots: *Dignare*, *Domine*, etc., d'où: *dignerium*, *disnerium* et *disnarium*, en basse lat.

Dérivé: *Di-nar*, *Din-at*, *Din-ada*, *Din-adis*, *Din-aire*, *Dinar-oun*, *Din-atori*, *Dinee*, *Disnar*, *Dinnar*, *Dirnar*, *Dinne-a*, *Dinn-ada*.

DINAR, v. n. DISNAR, et plus souvent SE DINAR. *Desinare*, ital. *Dinar*, cat. *Disnare*, bas. lat. Dîner, prendre le repas du milieu du jour.

Éty. V. le mot précédent et *Dinar*, R.

Se dinar, Tr. dîner, *se diner* est un provençalisme.

On lit dans le 555 vers, de l'Histoire de la Croisade contre les Albigeois, 1210.

Can se sera dinnatz.

Quand ils se seront dînés, quand ils auront dîné.

DINAROUN, s. m. (dinaróun). Dim de *dinar*, petit dîner.

Éty. du grec δειπνάριον (deipnarion), petit souper, petit repas, collation. Voy. *Dinar*.

DINAT, **ADA**, adj. et p. (diná, áde). Dîné, ée. V. *Dinar*, R.

DINATORI, adj. (dinatóri); DINADIS, DINATORIO, DINATOUARO. Qui sert de dîner: *Dejunar dinatori*, déjeûner qui tient lieu de dîner. V. *Dinar*.

DINC, Alt. de *Dins*, v. c. m.

DINDA, s. f. (dïnde); QUINDA, GUINDA, PIOTA. Dinde, la femelle du dindon, qu'on nomme, en provençal, *Dindas* ou *Gabre*, v. c. m. *Meleagris gallo pavo*, Lin. oiseau de l'ordre des Gallinacés et de la fam. des Domestiques ou Alectrides, originaire d'Amérique.

Éty. *Dinda*, de l'Inde, parce que les Portugais appelaient autrefois le Brésil, les Indes Occidentales.

Selon Bouche l'historien, nous serions redevables du dindon au roi René, mort en 1480; d'autres en attribuent l'importation aux jésuites, mais la version la plus vraisemblable est qu'il fut introduit en Angleterre en 1524, sous le règne de Henri VIII; six ans après en Allemagne, d'après Blumenbach, et enfin, en France, en 1570; selon Anderson, Dict. de Com. t. 1, p. 420, à l'occasion des nôces de Charles IX.

La poule d'Inde fait ordinairement deux pontes par an, une au mois de février et l'autre au mois d'août, chacune d'une quinzaine d'œufs blancs, parsemés de taches jaunes et rougeâtres; l'incubation, dure de 30 à 32 jours.

DINDAIROLA, adj. (dindeiróle); DINDEIROLA. *Boutiga dindairola*, boutique achalandée, où l'argent tinte souvent.

Éty. de *dindar*, tinter.

DINDAR, v. n. (dïndá); DINDILHAR, DINDINAR, DINDINIAR, TINTINIAR. Tinter, sonner.

Éty. du lat. *tinnire*.

Faire dindar una campana, copter, faire battre le battant d'un seul côté.

Faire dindar un escut, faire tinter un écu.

DINDAR, s. m. dl. DINDARD. Le coq d'Inde. V. *Gabre*.

DINDAS, s. m. (dindâs); DINDAR, GUINDAR, GUINDE. Augmentatif de *dinda*, grosse dinde, ou mâle de la dinde. V. *Gabre*, fig. flandrin, homme efflanqué.

DINDAU, Alt. de *Lintau*.

DIN DE CUISSA, s. f. (dïn dé cuisse), dl. Même sign. que *Mola*, v. c. m.

DINDIER, s. m. (dïndié); DINDOUNIER, GUINDIER. Dindonnier, qui garde les dindons.

Éty. de *dinda* et de *ier*.

DINDIERA, nom de lieu, (dindière). Lieu propre aux dindes, dindonnière, gardeuse de dindons.

Éty. de *dinda* et de *iera*.

DINDILHAR, Itér. de *Dindar*, v. c. m.

DIN-DIN, s. m. (dïn-dïn). On rend ainsi le son des petites cloches, comme on représente celui des grandes par *din-dan*.

Éty. Ce mot est une onomatopée.

DINDINAR, V. *Dindar*.

DINDOOULETA, V. *Dindouleta*.

DINDOOUNAR, v. a. (dindoouná), d. bas lim. Onomatopée du son des cloches, fig. agiter, mouvoir, remuer, branler.

DINDOU, s. m. d. béarn. Mouvement, balancement du berceau.

DINDOULA, s. f. (dïndóule); GUINDOULA. lang. Jujube. V. *Chichourla*.

DINDOULETA, s. f. (dïndouléte); DINDOOULÉTA, DINDOOURETA, DINDOURETA, ENDRIOURETA, ANDOURETA, RANDOULETA, HIROUNDELA, VINDOULETA, AURANGLETA, OOURINDELA, CHIROUNDELA, RONDOLA, IROUNDA, AUZELHA. *Rondina* et *Rondinella*, ital. Hirondelle, *Hirundo*, Lin. nom d'un genre d'oiseaux de l'ordre des Passereaux et de la fam. des Planirostres ou Omaloramphes (à bec plat) dont on connaît plusieurs espèces qui toutes émigrent à l'approche de l'hiver.

Éty.

DINDOULETA DE CHAMINEYA, s. f. OOURINDELA, BARBEIROOU. Hirondelle de cheminée, hirondelle domestique ou petite hirondelle, *Hirundo rustica*, Lin. on la distingue facilement des autres espèces à la couleur d'un brun marron qu'on remarque sur sa gorge et sur son front; c'est la première qui arrive dans nos climats.

DINDOULETA AU CUOU BLANC. V. *Cuou blanc*.

DINDOULETA DE ROCCA. Hirondelle grise des rochers, *Hirundo montana*, Lin. elle niche dans les rochers de la H.-Pr.

Il paraît que dans le département des B.-du-Rh. on donne le même nom à l'hirondelle de fenêtre: *Hirundo urbica*, Lin. V. *Cuou blanc*.

DINDOULIER, s. m. (dindoulié). Un des noms lang. du jujubier. V. *Chichourlier*.

DINDOULIERA, s. f. (dindouliere); CHELIDOINA, SALADRUEGNA, SARADUEGNA, DINDOOULIERA, CLARETA. Chélidoine, grande éclaire, *Chelidonium majus*, Lin. plante de la fam. des Papavéracées, commune sur les vieux murs.

Éty. Le mot *dindouliere*, est la traduction de χελιδών (chélidôn), qui signifie hirondelle en grec, parce que cette plante fleurit vers l'époque de l'arrivée des hirondelles et qu'elle se fane à leur départ.

La chélidoine répand, quand on la blesse, un suc jaune extrêmement acre qu'on regarde comme propre à faire tomber les verrues; on a cru aussi pendant longtemps, qu'elle était un excellent remède contre plusieurs maladies des yeux, d'où le nom d'éclaire.

DINDOULOUN FAIRE, loc. adv. (dindoulóun), d. de Manosque. Croquer le marmot, attendre, tandis que les autres mangent, etc.

DINDOUN, s. m. (dindóun); PIOT. Dindonneau, le petit du dindon ou jeune dinde. V. *Dinda*: fig. dupe, nigaud.

Éty. Dim. de *dinda*.

DINDOUNIER, V. *Dindier*.

DINDOURETA, s. f. (dindoouréte). V. *Dindouleta*.

DINEE, s. m. anc. béarn. *Denier*, v. c. m. et *Dinar*, R.

DINER, s. m. vl. Un denier. V. *Denier* et *Dec*, R.

DINGUT, part. dg. Dû. V. *Deb*, R.

Soun dingut à natura paquet.
Bergeyret.

DINIER, s. m. (dinié), d. bas lim. Epithète par laquelle on désigne le mois de janvier. Pour denier. V. *Denier*.

DINNADA, vl. V. *Dinada* et *Dinar*, R.

DINNAR SE, v. r. vl. Prendre son repas principal, il paraît qu'à l'armée ce repas se prenait de grand matin, aussitôt après le lever des troupes. Faurier. V. *Dinar* et *Dinar*, R.

DINNAT, **ADA**, adj. et p. vl. Qui a dîné.

DINNE, adj. dl. Pour *Digne*, v. c. m. *Aquot n'ec le dinne*, il est expert, adroit, entendu. Douj.

DINNEA, s. m. vl. Alt. de *Denier*, v. c. m.

DINNEA, s. f. vl. *Desinea*, ital. Dînée. V. *Dinada* et *Dinar*, R.

DINQUE, dg. Jusque. V. *Denquia*.

Cantaba un sabatey de l'albo dinque al ser.
Bergeyret.

DINQUIAS, prép. (dinquies), et

DINQUIOS, dl. V. *Denquia*.

DINS, prép. (dïns); LENS, ADIN, DEDENS, DEN, DENS, LENTRE, CAPAT, HENS. *Dentro*, port. esp. ital. *Dins*, cat. Dans, il est toujours suivi d'un régime exprimé: *Es dins sa chambra*, il est dans sa chambre, tandis que *dedins*, n'a qu'un régime sous-entendu.

Éty. du lat. *deintus*. V. *Int*, R.

Dans le vl. ce mot signifie également dans et dedans, au-dedans.

DINTRAR, dg. Pour entrer. V. *Intrar*.

DINTRE, adv. de lieu (dintré); *Dintro*, ital. esp. port. Dedans, dans l'intérieur: *Es dintre*, il est dedans. V. *Intr*, R.

DINTZ, vl. V. *Dins* et *Int*, R.

DIO

DIO, vl. Dieu. V. *Diou*.

DIOCESA, s. f. vl. V. *Diouceso*.

DIOCEZAL, adj. vl. *Diecesal*, anc. esp. V. *Dioucesan*.

DIOCEZI, s. m. et f. vl. V. *Diouceso*.

DION, (die-n), et impr. DIEN. Troisième personne du pluriel de l'indicatif du verbe dire, contracté de *dison*, ils disent ou on dit.

DIOOU M'AJUD, expr. prov. (diou m'adjú). Alt. de *Diou-m'ajude*, Dieu me soit en aide: *A toujour quauque diou m'adjud*, il a toujour quelque fer qui loche. V. *Diou*.

DIOPTRICA, s. f. (diouptrique); *Dioptrica*, lat. port. Dioptrique, partie de l'optique qui traite de la lumière réfractée.

Éty. du grec, διὰ (dia), par, à travers, et ὄπτομαι (optomai), je vois.

Les auteurs qui ont fait les principales découvertes dans cette science sont: Descartes, Huyghens, Barrow, Newton, Guisnée, Mallebranche et Smith.

DIOS, nom de nombre fém. (diós), dg. Deux. V. *Douas*.

DIOS, s. m. vl. *Dios*, esp. Dieu. V. *Diou* et *Diu*, R.

DIOS, adj. vl. *Dioso*. anc. esp. Agé, chargé de jours. V. *Di*, R.

DIOU, s. m. (diou); DIEOU, DIUS, DIU, DEU. *Dio*, ital. *Dios*, esp. *Deos*, port. *Deu*, cat. Dieu, le premier et le souverain être; fig. sujet ou passion qu'on adore.

Éty. du lat. *dius* et *deus*. V. *Din*, R.

On emploie rarement, en provençal, le mot *diou*, seul; on y joint presque toujours l'épithète *bon*; *lou bon diou*, par opposition aux faux dieux.

Diou vous ause, Dieu vous entende, j'en accepte l'augure.

A la garda de Diou, sous la protection de Dieu, j'y consens.

Si Diou nous presta vida, si Dieu nous prête vie.

Si Diou nous fai la graci doou veire, si Dieu nous conserve.

Respectant Diou et la coumpagnia, sauf le respect dû à la compagnie.

Tant que de Diou poou, de toutes ses forces.

Davant Dieu sia, Dieu veuille avoir son âme, que Dieu l'absolve.

Si Diou-s-oou voou, s'il plaît à Dieu.

Sies anat à la messa? Si diou-s-oou voou, as-tu été à la messe? S'il plaît à Dieu, oui.

Diou me prengue, Dieu me le pardonne.

Diou m'ajude, Dieu me soit en aide.

Diou vous ajude, Dieu vous garde.

Diou sey siegue, que Dieu soit parmi vous.

Diou vous benisse, forme de salut qu'on dit à quelqu'un qui éternue. V. *Esternudar*.

Temps que Diou ya, temps que Diou begea, dl. anciennement, jadis.

A Diou siaz, soyez avec Dieu, je vous laisse avec Dieu, c'est le *Dominus vobiscum*, des lat. et par élipse *adiou*.

Dans cette phrase, *Tout lou franc diou doou jour, diou*, est pour *dies* jour.

On nomme:

POLYTHÉISME, les système qui admet l'existence de plusieurs dieux.

ATHÉISME, celui qui n'en reconnaît aucun.

DIOU, dg. Jasmin emploie ce mot pour *deou*, il ou elle doit. *Diou abé talen*, il ou elle doit avoir envie de manger.

DIOUCESAN, **ANA**, s. et adj. (diouce-sán, âne); DIOUCESEN. *Diocesano*, ital. esp. port. Diocésain, aine; celui, celle qui est du diocèse, et adj. *Evesque dioucesan*, évêque diocésain.

DIOUCESO, s. m. (dioucèse); *Diocesis*, esp. cat. *Diocesi*, ital. *Diocese*, port. Diocèse, étendue de pays sous la juridiction d'un évêque.

Éty. du lat. *deocesis*, formé du grec διοίκησις (dioikêsis), administration, gouvernement.

Constantin divisa le premier l'empire, et le pape Denis, l'état ecclésiastique en diocèses, vers l'an 266.

DIOUCESEN, V. *Dioucesan*.

DIOUET, s. m. (dioué); dl. V. *Dioutelet*.

Éty. de *diou* et du dim. *et*. V. *Diu*, R.

DIOUGRACI, **LA**, s. f. Le loisir. Aub.

DIOUGUT, **UDA**, adj. dl. V. *Degut*.

DIOUMARCI, (dioumarci). Dieu merci. Aub.

DIOUNE, (diouné), dl. Terme qui entre dans quelques phrases qui expriment une négation et une sorte de serment, telle est: *Lou dioune l'una se ou sabe*; je vous jure que je n'en sais rien, ce qui semble répondre au latin (*me diva luna adjuvet si quidquam re sciverim*). Sauv.

Éty. de *diou* et de *ne*. V. *Diu*, R.

DIOURE, dg. Pour devoir. V. *Decoure*, *Diou*, *Deou*, *Debes*, *Deve* et *Deb*, R.

DIOURNAU, s. m. (diournáou); DIURNAU. *Diurno*, ital. esp. port. Diurnal, livre de prières qui contient l'office canonial de chaque jour, à l'exception des Matines, et quelquefois des Laudes.

Éty. du lat. *diurnus*, qui a rapport au jour, d'où *diurnale*. V. *Di*, R.

DIOUS, prép. (dióus); D'HAUT, VERS, DOUS, dl. Vers, dès: *Dious la pradaria*, vers la prairie ou du côté de la prairie; *Dious en premier*, dès le commencement; *Dious lou sounc*, vers le bout; *Dious en darnier*, en dernier lieu.

DIOUSSA, s. f. (dióusse); *Dea*, ital. *Diosa*, esp. *Deosa*, port. M. Favre a employé ce mot pour déesse dans les vers suivants. V. *Deessa*.

Contra quau vous anaz fachar !
Seria ben à vous de luchar,
Pichota dioussa de la terra,
Contra lou mestre doou tounerra?

Éty. de *dius*, prononcé *dious* et *a*. V. *Diu*, Rad.

DIOUTELET, s. m. (dioutelé), dg. DIOUET, DIEUTELET. Petit dieu, dieu du second ordre.

Éty. Dim. de *diou*. V. *Diu*, R.

Lou dioutelet balestier. Bergeyret.
Le petit Dieu arbalétrier, l'Amour.

DIP

DIPHTHONGA, s. f. (diphtóngue); *Diptongo*, esp. *Diphthongus*, lat. *Dittongo*, ital. *Diphtongo*, port. *Diftongo*, cat. Diphthongue, réunion de deux sons en une seule syllabe, qui se prononcent par une seule émission de voix, comme: *Dieu, lui, moi, ciel, oui*.

Éty. du grec δίς (dis), deux fois, et de φθογγος (phthoggos), son, d'où l'on a fait δίφθογγος (diphthoggos), qui a un son double.

DIPLOMACIA, s. f. (diplomacie); DIPLOUMACIE. Diplomacie.

DIPLOMATO, s. m. (diploumále); DIPLOUMATO. Diplomate.

DIPLOMO, s. m. (diplóme); *Diploma*, lat. esp. ital. port. *Diplom*, all. Diplôme, acte ou titre émané d'un souverain, par lequel on accorde à quelqu'un un droit ou un privilége.

Éty. du grec διπλωμα (diplôma), dérivé de διπλοῦς (diplous), double, double d'un acte, ou plié en deux, selon d'autres.

Le premier diplôme que l'on connaisse est celui que l'empereur Galba délivra en forme de congé à quelques soldats vétérans ; il était écrit sur deux tables de cuivre, attachées ensemble et jointes comme deux feuillets d'un livre.

Le plus ancien qui nous reste, en original, de nos rois, est celui donné par Childebert Ier, en 558, en faveur de Saint-Germain-des-Prés; il est sur velin.

DIPSADEOS, vl. V. *Dipsas*.

DIPSAS, s. f. vl. DIPSADES. *Dipsa*, ital. Dipse, sorte de vipère.

DIPTAMNI, s. m. vl. Dictame. Voy. *Dictame*.

DIPTAT, s. m. et

DIPTATZ, s. m. vl. Légat.

Éty. du lat. *deputatus*, par sync. de *u*, et métagr. de *e* en *i*.

DIPTHONGAR, v. a. vl. *Diptongar*, esp. *Dittongare*, ital. Réunir en diphthongue, faire diphthongue.

DIPTHONGAT, ADA, adj. et p. vl. Formé, converti en diphthongue.

DIPTHONGE, s. m. vl. Diphthongue. V. *Diphtonga*.

Diptonges *conjonh et acaba*
Doas vocals en una sillaba,
En laqual segon lor dever
Cascuna rete son poder.
Fl. del gay saber.

Ueg diptonges havem segon nostre lengatge, en fi de dictio am bon accen e lial sos, assaber : Ay, ey, oy, uy, au, eu, iu, ou, coma: Gay, vey, joy, cuy, vau, leu, viu, nou ; et les fausses diphthongues : *Ya, ye, ue,* comme dans *Gabia, bestia, lieg, miels, nueg.*

DIQ

DIQUE, DICA, désinence, prise du latin *dicus*, dérivé de *dico*, je dis.

Juri-dique, qui dit le droit.

Veridique, qui dit la vérité.

DIR

DIR, vl. V. *Dire*.

DIRE, DICT, radical pris du lat. *dicere*, *dico*, *dictum*, dire, nommer, parler, dérivé du grec δείκω (dèikô), montrer, faire voir; d'où : *dictus*, dit, *dictio*, *onis*, diction, *dictionarium*, dictionnaire, *dictare*, dicter, *edictum*, édit, *prædicere*, prédire, *prædictio*, *onis*, prédiction. *editio*, *onis*, édition, *prædicare*, prêcher.

De *dicere*, par sync. de *ce*, *dire*; d'où : *Des-dire*.

De *dictum*, *dictus*, par apoc. *dict*; d'où : *E-dict, Dict-on, Dict-at, Dicta-men, Dictador, Dict-ant, Dict-ar, Dict-at, ada, Dictaire, Dict-ayre, Dict-ator, Dictat-ura, Dicto, Dict-io, Contra-dictoiro, Contradictoira-ment, Dicta-men, Dict-atour, Contra-dictori*.

De *dict*, par sync. du *c*, *dit*; d'où : *Deit, Diet, Dit-ion, Dition-al, Contra-dicio*.

De *dict*, par métagr. de *ct* en *ch*, *dich* ; d'où : *Dich, Dich-a, Sus-dich, Mau-dich, Entre-dich, Contra-dich, Des-dich, Dichuts, Es-dich, Dech-ar, Dech-at, Decha-ment*.

De *dictio*, *onis*, par apoc. *diction*; d'où : *Dictio, Diction, Dictioun-ari, Dictiounari-ct, Male-dictio, Dir, Es-dir, Mal-dir, Re-dir, Mal-dire, Dire, Re-dire, Contra-dire, Pre-dire, Mau-dire, Ben-dire, Es-dire, En-de-dire, Dise-dor, En-dire, Entre-dire, Des-dire, Sobre-dire, Suber-dis-e, Dit, Mal-dit, Es-dit, Dit-a, Dit-an, Dit-al, Dit-o, Dit-on, Con-tra-dit, Mal-dita, Pre-dit, Mal-diz-ensa, Diz-edor, Diz-idor, Mal-dize-men, Mal-diz-eire, Mal-diz-edor, Mal-dizeire, Mal-dizors, Mal-dic-io, Me-dis-ença, Me-dis-ent, Pre-zic, Pre-zic-acio, Pre-zic-ansa, Pre-zic-ador, Pre-zica-ment, Pre-zic-ar, Pre-zic-at*.

De *prædicare*, par apoc. *prædic* et *predic*; d'où : *Pre-dic-atour, Predic, Predic-ador, Predic-adour, Predic-aire, Predic-ansa, Predic-ar, Predic-atori, Predic-atour, Prech-aire, Prech-ar, Prech-e, Prech-ur, Presic-adour, Predic-ation, Prediquedour, Pre-dich ; Pre-dict-ion, Pre-dire, Pre-dit*.

De *edictum*, par apoc. *edict*, et par sync. du *c*, *edit*; d'où: *Edit, Edit-our, Edit-ion, In-edit*.

De *interdicere*, formé de *inter* et de *dicere*, se mettre entre, empêcher de dire, par apoc. *interdic* ; d'où : *Inter-dich, Inter-dic-tion, Inter-dire, Inter-dit*.

De *benedictio*, *onis*, par apoc. *benedic*; d'où : *Benedic-ite, Bene-dict-ion, Malediction, Bene-dictio, Bene-diccio*.

De *benedicere*, par apoc. *benedicer*; par sync. de *ed* et de *ce*, *benir*, et par métagr. de *e* en *ei*, *beinir*; d'où : *Beinir, Bein-it, Bene-zir, Bene-sir, Bene-zeyt, Re-ben-esir, Contra-diz-ent, Dig, Ben-dig, Es-dig, Mal-dig*.

De *dicere*, par apoc. *dic*, et par changement du *c* en *s*, *dis*; d'où : *Dis-e, Disedoira, Dis-ur, Contre-dise-ment, Dezidor, En-dec-io, Contra-disa-ment*.

De *editionis*, gén. de *editio*, par apoc. *edition*, *edit*; d'où : *Edition, Edit-our*.

DIRE, v. a. (dire); *Dire*, ital. *Decir*, esp. *Dizer*, port. *Dir*, cat. Dire, exprimer sa pensée par des paroles; réciter; célébrer la messe; juger; ordonner, commander, enchérir.

Éty. du lat. *dicere*. V. *Dire*, R.

Es a dire, c'est-à-dire; *dison*, on dit : *mi va saupres dire*, vous m'en direz des nouvelles; *es pas per dire*, ce n'est pas pour m'en vanter; *vouas dire?* cela se peut-il, est-il possible? *vau pas lou dire*, il n'en vaut pas la peine; *aquot es eisat à dire*, ou *aquot fa bouen dire*, c'est fort aisé à dire ou vous en parlez fort à votre aise; *vouliou ben dire*, je m'en étonnais; *voou pas que fougue dich*, il ne veut pas qu'il soit dit; *que voou dire aquot?* qu'est-ce que cela signifie? *aquit lha pas à dire*, il n'y a pas à dire; *qu'auqu'un m'oou disia*, j'en avais un pressentiment; *coumo disia l'autre*, comme dit le proverbe; *n'in douneroun jusqu'à dire d'ounte venez*, on le battit dos et ventre, en veux-tu, en voilà; *es de doux dires*, il a deux paroles, son dit et son dédit; *dire d'oc, dire de noun*, consentir, refuser; *sensa dira quand vau ni quant cousta*, sans dire pourquoi ni comment; *jusqu'à dire d'oun venez*, à double carillon, extrêmement, longuement; *me siou laissat dire*, j'ai souffert qu'on me dit.

DIRE, v. n. Produire, réussir, prospérer, en parlant des récoltes : *Aquot a pas dich* ; cela n'a pas réussi ; *A dich de blad aquest an*, le blé a prospéré cette année, sourire, en parlant de la fortune.

La Bellaudière a dit :

Luench de presoun a d'amis un'ardado
Cascun l'y fa la grando bounetado,
Tant que lou jouoc de fortuno l'y *dys*.

Ara no sai quem diga ni re no sai quem fatz.
Maintenant ne sais-ce que je me dis ni rien ne sais ce que je me fais.
Crois. contre les Alb. V. p. 8225.

Dire de mau, jurer, blasphémer.

Dire de talounadas, conter des sornettes.

Dire seis houras, faire sa prière.

Dire de vilanias, de porcarias, dire des obscénités, des saletés.

Dire soun in manus tuas, être à l'agonie.

DIRE, s. m. (diré); DICH. Dire, ce qu'on avance, ce qu'on dit : *Au dire de cadun*, au dire de tout le monde; *A soun dire*, selon lui, sur son dire. En juris. on appelle *dire* ou *dires*, les observations ou les réquisitions des parties.

Éty. V. le mot précéd. et *Dire*, R.

DIRE, v. a. vl. Nommer.

E dirai vos batalhier
Que us vensera, mas no fier.
P. Durand.

Et je vous nommerai un champion qui vous vaincra, mais il ne frappe pas.

Éty. V. *Dire*, R.

DIRECT, ECTA, adj. (dirèct, ècte); *Diretto*, ital. *Directo*, esp. port. *Directe*, cat. Direct, ecte, qui suit une direction droite.

Éty. du lat. *directus*, formé de *rectus*, droit. V. *Reg*, R.

DIRECTA, s. f. (dirècte). Directe, étendue du fief d'un seigneur direct.

DIRECTAMENT, adv. (directaméin); *Directament*, cat. *Direttamente*, ital. *Directamente*, esp. port. Directement, tout droit, en ligne directe, parler à la personne même à laquelle on a à faire.

Éty. de *directa* et de *ment*. V. *Reg*, R.

DIRECTION, s. f. (directie-n); DIRECTIEN. *Direzione*, ital. *Direccion*, esp. *Direcção*, port. Direction, la ligne suivant laquelle un corps se meut; emploi par lequel on est chargé de diriger certaines affaires; le bureau où ces affaires se traitent.

Éty. du lat. *rectionis*, gén. de *rectio*, et de *di*. V. *Reg*, R.

DIRECTOIRO, s. m. (directoïre); *Direttorio*, ital. *Derectorio*, esp. port. Directoire, ordre pour régler la manière de dire l'office et la messe. V. *Ordo*.

Éty. du lat. *directorium*. V. *Reg*, R.

DIRECTOIRO, s. m. Directoire, section d'un corps administratif chargé de faire exécuter les arrêts et délibérations de l'assemblée générale. Constit. de 1791 et de 1793.

DIRECTOIRO EXECUTIF, s. m. Directoire exécutif, conseil de cinq membres auquel la Conv. de 1795 avait délégué le pouvoir exécutif suprême. La Constitution de l'an VIII remplaça les cinq directeurs par trois consuls.

DIRECTOUR, s. m. (directóur); et impr. DIRETTOUR. *Direttore*, ital. *Director*, esp. port. Directeur, directrice, celui ou celle qui dirige, qui conduit, qui règle; le chef d'une administration.

Éty. du lat. *rector* et de *di*. V. *Reg*, R.

DIRECTRIÇA, s. f. (directrice); *Direttrice*, ital. *Directora*, esp. port. Directrice, celle qui conduit, qui dirige.

Éty. de *di* et du lat. *rectria*, *rectricis*. V. *Reg*, R.

DIREDOR, vl. V. *Disur* et *Dire*, R.

DIRGAUDEL, s. m. (dirgooudèl); *Dirgaudou*, d. bas lim. Jaquette, robe d'enfant: *Te levarai toun dirgaudel*, dit-on à un enfant, pour le menacer de lui donner le fouet.

DIRIGEAR, v. a. (diridá); DIRIGERE. *Dirizzare*, ital. *Dirigir*, esp. port. cat. Diriger, conduire, régler, donner la direction, diriger une compagnie, une affaire, adresser; il est aussi réciproque.

Éty. du lat. *dirigere*, m. s. V. *Reg*, R.

DIRIGEAT, ADA, adj. et part. (diridjá, àde); *Dirigido*, port. esp. Dirigé, ée. Voy. *Reg*, R.

DIRIGIR, vl. V. *Dirigear*.

DIRIMENT, adj. (diriméin); *Dirimente*, port. Dirimant, ante, il se dit, en droit canon, de ce qui emporte la nullité d'un mariage: *Empachament diriment*, empêchement, dirimant.

Éty. du lat. *dirimere*, rompre, séparer; d'où: *dirimens*, *dirimentis*, et par apoc. *diriment*.

DIRIOUTA, s. f. (dirióute), d. bas lim. Pour girouette. V. *Girouela*.

DIRNAR, vl. V. *Dinar*.

DIRNAR, v. a. vl. Dîner, manger, repaître: *Dinaretz tres vets...vostre auzel*, vous repaîtrez trois fois votre oiseau.

Éty. Alt. de *disnar*, *dinar*.

DIRNAT, ADA, adj. et part. vl. DIRNATZ. *Repu*. *ue*.

DIRREIA, Cast. V. *Diarrhea*.

DIRUM, vl. Nous dirons.

DIS

DIS, DI, initiatif pris de l'adverbe grec δὶς (dis), deux fois; de part et d'autre, et par attraction *dif*.

Disseminar, de *dis* et de *seminar*, semer des deux côtés, partout.

Distribuar, de *dis* et de *tribuere*, donner çà et là.

Dissyllabo, de *dis*, deux fois, et de *sullabê*, double syllabe.

Discorda, de *dis*, et de *cor*, deux cœurs.

De *dis*, par suppr. de *s*, *di*; d'où: *Di-visar*, *Di-vertir*, *Di-minuar*.

De *dis*, par le changement de *s* en *f*, par attraction, *dif*; d'où: *Dif-fus*, de *dis* et de *fusus*, répandu çà et là.

Dif-ficile, de *dis* et de *facile*, séparé, éloigné de ce qui est facile.

Dif-férent, de *dis* et de *ferens*, qui ne va pas ensemble.

DIS, d. lim. Pour dans. V. *Dins*.

DIS, nom de nombre, vl. Dix. V. *Des*.

DIS, s. m. pl. vl. Jours.

DISACORDANSA, s. f. vl. Désaccord, brouillerie.

Éty. de *dis* priv. et de *accordansa*. V. *Cor*, R.

DISANT, SOIT DISANT, expr. adv. Soi-disant? se prétendant.

DISAVERT, ERTA, adj. (disavèr, èrte); DISAVERT. Dissipé, ée; écervelé, ée; brouillon, méchant, querelleur. Avril.

DISCENTERIA, vl. V. *Dissenteria*.

DISCERNAMENT, s. m. (discernaméin); *Discernimento*, ital. *Discernimiento*, esp. *Discernimento*, port. Discernement, action ou faculté de discerner.

Éty. de *discernar* et de *ment*, manière de discerner. V. *Cern*, R.

DISCERNAR, v. a. (discerná); DISTINGAR, FAIRE LA DIFFERENÇA. *Discernere*, ital. *Discernir*, esp. port. Discerner; juger deux choses par comparaison; distinguer une chose d'une autre.

Éty. du lat. *discernere*, formé de *dis*, qui indique séparation, et de *cernere*, juger, déterminer. V. *Cern*, R.

DISCIPAR, vl. V. *Dissipar*.

DISCIPL, DICIP, radical pris du latin *discipulus*, disciple, écolier, étudiant; dérivé de *discere*, *disco*, apprendre, s'instruire, qu'on fait venir du grec διδάσκομαι (didaskomai), être enseigné, apprendre, par sync. de δαι et μαι; d'où: *disciplina*, discipline.

De *discipulus*, par apoc. et sync. de *u*, *discipl*; d'où: *Discipl-e*, *Con-disciple*, *Coun-disciple*.

De *disciplina*, par apoc. *disciplin*; d'où: *Disciplin-a*, *Disciplin-ar*, *Disciplin-at*, *En-disciplinat*, *Disciplin-able*, *En-disciplinar*.

De *discipulus*, par apoc. *discipul*, et par métagr. de *u* en *o*, *discipol*.

DISCIPLE, s. m. (disciplé); *Discepolo*, ital. *Discipulo*, esp. port. Disciple, qui prend des leçons d'un maître qui lit ses ouvrages, ou qui s'attache à ses sentiments.

Éty. du lat. *discipulus*. V. *Discipl*, R.

DISCIPLINA, s. f. (discipline); *Disciplina*, ital. esp. port. cat. Discipline, instruction, éducation, règlement, ordre, conduite; mortification, instrument de pénitence.

Éty. du lat. *disciplina*. V. *Discipl*, R.

Le Père Mabillon, attribue l'usage de la discipline volontaire à Saint Dominique l'Encuirassé, qui vivait dans le XIe siècle.

DISCIPLINABLE, adj. vl. *Disciplinable*, esp. *Disciplinavel*, port. *Disciplinabile*, ital. Disciplinable, apte à apprendre. Voy. *Disciplin*, R.

DISCIPLINAR, v. a. (discipliná); *Disciplinare*, ital. *Disciplinar*, esp. port. cat. Discipliner, instruire, régler, former; donner la discipline.

Éty. du lat. *disciplinare* ou de *disciplinâ* et de l'act. *ar*. V. *Discipl*, R.

DISCIPLINAT, ADA, adj. (discipliná, àde); *Disciplinado*, port. Discipliné, ée, formé, soumis.

Éty. du lat. *disciplinatus* ou de *disciplina*, et de la term. pass. *at*. V. *Discipl*, R.

DISCIPOL, s. m. V. *Disciple*.

DISCIPOLA, s. f. vl. *Discipula*, esp. port. *Discepola*, ital. Disciple, écolière.

Éty. du lat. *discipula*, m. s. V. *Discipl*.

DISCLAR, v. n. (disclá), d. bas lim. Jeter les hauts cris. V. *Bramar*.

Éty. de *discle* et de *ar*, alt. de *siblar*. V. *Sibl*, R.

DISCLE, s. m. (disclé). M. Béronie se borne à dire pour toute définition: *Animal qui jette un cri perçant*, on dit d'un enfant qui pleure beaucoup: *A cridat coumo un discle*.

Éty. Alt. de *siblet*. V. *Sibl*, R.

DISCONTINUAMENT, s. m. vl. DISCONTINUAMEN. Discontinuation, interruption.

DISCONTINUITAT, s. f. vl. Discontinuité, interruption.

DISCONVENIENCIA, s. f. vl. DESCOVINENSA, DESCOVINIENZA, DESCONVINENZA. *Desconveniencia*, esp. port. *Disconvenienza*, ital. Disconvenance, inconvenance.

Éty. du lat. *disconvenentia*, m. s. V. *Ven*, R.

DISCORD, ORDA, adj. dg. (discór, órde); DISCORDAT. *Discorde*, esp. ital. Discordant. V. *Cor*, R.

DISCORDA, s. f. (discórde); *Discordia*, ital. esp. port. cat. Discorde, dissension, division entre deux ou plusieurs personnes; divinité à laquelle les anciens attribuaient les guerres et les querelles.

Éty. du lat. *discordia*, formé de *dis* priv. et de *cord*, cœur. V. *Cord*, R.

DISCORDAR, v. n. (discourdá); DISCOURDAR. *Discordare*, ital. *Discordar*, esp. port. Discorder, être discordant.

Éty. du lat. *discordare*, ou de *discorda* et de *ar*. V. *Cor*, R.

DISCORDI, s. m. vl. *Discordio*, ital. Désaccord, dispute. V. *Discorda* et *Cor*, R.

DISCORDIA, s. f. vl. V. *Discorda* et *Cor*, R.

DISCORT, vl. V. *Descort.*

DISCOUNTINUAR, v. a. et n. (discountinuá); DESCOUNTUNIAR. *Discontinuare*, ital. *Descontinuar*, esp. port. cat. Discontinuer, interrompre pour quelque temps ce qu'on avait commencé, cesser.

Éty. de *dis* priv. et de *countinuar*, ou du lat. *discontinuare.* V. *Ten*, R.

DISCOUNTINUAT, ADA, adj. et part. (discountinuá, áde). Discontinué, ée. V. *Ten*, Rad.

DISCOUNTINUATION, s. f. (discountinuatie-n); DISCONTINUATIEN. Discontinuation, interruption.

DISCOUNVENIR, v. n. (discounvenir); *Disconvenire*, bass. lat. Disconvenir, ne pas demeurer d'accord sur une chose.

DISCOURDAR, V. *Desaccordar.*

DISCOURS, s. m. (discóurs); *Discorso*, ital. *Discurso*, esp. port. Discours, il se dit en général de tout ce qui part de la faculté de la parole; on le dit aussi des pensées écrites, mais plus particulièrement d'une assemblage de phrases et de raisonnements réunis et disposés suivant les règles de l'art.

Éty. du lat. *discursus*, m. s. formé de *dis* et de *cursus*, d'où *discursare*, courir çà et là, déserter. V. *Courr*, R.

On nomme:

DISCOURS ÉCRIT, celui qui est écrit et qu'on lit.
DISCOURS PRONONCÉ, celui qui est débité d'abondance.
DISCOURS ORATOIRE, celui qui est composé selon toutes les règles de la rhétorique.

Dans un discours régulier on nomme:

EXORDE, l'exposition du sujet qu'on veut traiter.
PROPOSITION ou NARRATION, les développements.
CONFIRMATION ou PREUVE, l'application des principes.
PÉRORAISON, la récapitulation des preuvres et les mouvements oratoires qui doivent opérer la conviction.

DISCRECIO, et

DISCRECION, s. f. vl. Discrétion, équité, droiture. V. *Discretion* et *Cern*, R.

DISCREDITAR, V. *Descreditar*,

DISCRET, ETA, adj. (discrèt, ète); *Discreto*, ital. esp. port. *Discret*, cat. Discret, ète, avisé, prudent, judicieux, retenu dans ses paroles et dans ses actions, qui sait se taire et parler à propos.

Éty. du lat. *discretus*, m. s. V. *Cern*, R.

DISCRETAMENT, vl. et

DISCRETAMENT, adv. (discretaméin); *Discretamente*, ital. esp. port. *Discretament*, cat. Discrètement, d'une manière discrète.

Éty. de *discreta* et de *ment.* V. *Cern*, R.

DISCRETIO, s. f. vl. Séparation, distinction.

Éty. du lat. *discretio*, m. s. V. *Cern*, R.

DISCRETION, s. f. (discretie-n); DISCRETIEN. *Discretio*, cat. *Discrezione*, ital. *Discrecion*, esp. *Discrição*, port. Discrétion, discernement qui sert à régler nos actions et nos discours.

Éty. du lat. *discretionis*, gén. de *discretio.* V. *Cern*, R.

DISCRETIONARI, adj. (discretiounári). Discretionnaire, à la discrétion.

DISCRETIU, IVA, adj. vl. *Distinguant*, *séparatif.*

Éty. du lat. *discretivus*, m. s. V. *Cern*, R.

DISCULPAR, v. n. (disculpá); ESCUSAR. *Discolpare*, ital. *Disculpar*, esp. *Desculpar*, port. cat. *Deculpare* et *Disculpare*, bas. lat. Disculper, justifier d'une faute, d'un défaut.

Éty. de *dis* priv. du lat. *culpa*, faute, et de *ar*, enlever la faute. V. *Culp*, R.

DISCULPAR SE, v. r. S'ESCUSAR, SE JUSTIFIAR. *Desculparse*, esp. Se disculper, s'excuser, prouver qu'on n'a pas tort.

DISCULPAT, ADA, adj. et part. (disculpá, áde); ESCUSAT. *Desculpado*, port. esp. *Disculpato*, ital. Disculpé, ée. V. *Culp*, R.

DISCURSIU, IVA, adj. vl. *Discursiu*, cat. *Discursivo*, esp. port. ital. *Discursif*, qui tire une proposition d'une autre par le raisonnement.

Éty. de *dis*, de *curs* et de *iu.* V. *Courr*, R.

DISCUSSION, s. m. (discussie-n); DISCUSSIEN. *Discussione*, ital. *Discusion*, esp. *Discução*, port. *Discussió*, cat. Discussion, examen, recherche exacte, débat, dispute, contestation, exécution des biens d'un débiteur.

Éty. du lat. *discussionis*, gén. de *discussio.* V. *Cut*, R.

DISCUTAR, v. a. (discutá); DESCOUTIR, DEBATRE. *Discutere*, ital. *Discutir*, esp. port. Discuter, examiner avec soin dans le dessein d'éclaircir; disputer, contester.

Éty. du lat. *discutere*, formé de *dis*, qui marque séparation, division, et de *quatere*, secouer, ébranler. V. *Cut*, R.

DISCUTAT, ADA, adj. et p. (discutá, áde); *Discutido*, port. Discuté, ée.

Éty. du lat. *discussus.* V. *Cut*, R.

DISE, D'Astros, Verdier, poëtes gasc. se servent de ce mot au lieu de *Dire*, dire, v. c. m.

DISEDOIRA, adj. vl. *Dicturum*, lat. Qu'on doit dire. V. *Dire*, R.

DISERTAMENT, s. m. vl. Enjolivement.

DISESSETZ, vl. Que vous disiez.

DISETA, s. f. (disète); CARESTIA, DISETTA. Disette, manque de choses nécessaires, et particulièrement de celles qui sont indispensables à la vie.

Éty. du lat. *desita*, de *desinere*, cesser, ou du celt. *dis*, sans, et de *eit*, blé, manque de blé; selon M. Théis, de *deit*, les Angl. on fait *wheat*, froment,

DISGRACI, et composés. V. *Desgraci.*

DISGRACIAR, V. *Desgraciar.*

DISGRACIOUS, V. *Desagreable*, *Fichant* et *Grat*, R.

DISGREGACIO, s. f. vl. DISGREGATIO. *Disgregatió*, cat. *Disgregacion*, esp. *Disgregação*, port. *Disgregazione*, ital. *Disgrégation*, dispersion, séparation.

DISGREGAR, v. a. vl. *Disgregar*, cat. esp. *Disgregare*, ital. *Disgréger*, diviser, séparer.

Éty. du lat. *disgregare*, m. s.

DISGREGATIO, vl. V. *Disgregacio.*

DISGREGATIU, IVA, adj. vl. *Disgregativo*, esp. port. ital. *Disgregatif*, propre à *disgréger.*

DISGRESSIO, vl. V. *Disgression.*

DISIGUR, adv. (disigúr), d. bas lim. Pour *de segur.* V. *Segur*, R.

DISIPAIRE, s. m. vl. V. *Dissipatour*, et *Sip*, R.

DISJUNCTIU, IVA, adj. vl. DISJOUNCTIF. *Disgiuntivo*, ital. *Disyuntivo*, esp. *Disjuntivo*, port. *Desjunctia*, anc. cat. Disjonctif, ive, conjonction qui, en unissant les membres de la phrase ou de la période, sépare les choses dont on parle, c'est-à-dire, qui unit les expressions et sépare les idées: *ou*, *soit*, *ni.*

Éty. du lat. *disjunctivus.* m. s. V. *Jougn*, Rad.

DISLOCACIO, s. f. vl. DISLOUCATION, DELOGAMENT, DELOGADURA. *Dislogazione*, ital. *Dislocacion*, esp. *Dislocação*, port. *Dislocació*, cat. Dislocation, déboîtement, luxation d'un os. V. *Loc*, R.

DISLOCAR, v. a. (disloucá); DISLOUCAR, DISLOUGUAR, DESLIOUGAR, DELOUGAR, DELUGAR, DELHOUCAR, DESALOUGAR, DEILUGAR, DELIOUGAR, DEMALUGAR, DESBOUITAR, DESMANEGEAR, DESFAIRE. *Dislocare*, bass. lat. *Dislocar*, cat. esp. *Deslocar*, port. *Dislocare* et *Dislogare*, ital. Disloquer, démettre, déboîter; on le dit des os articulaires qu'on fait sortir de leur place.

Éty. de *dis* priv. de *loc* et de *ar*, chasser de son lieu, de sa place.

DISLOCAT, ADA, adj. et p. (disloucá, áde); DELHOUCAT, DESLUGAT, DELOUGAT, DELUGAT, DESTACH. *Deslocado*, port. Disloqué, ée; luxé. V. *Loc*, R.

DISMENBRAMENT, vl. V. *Desmenbrament.*

DISMENGEA, d. de Barc. V. *Dimenche.*

DISNAR SE, v. r. vl. et d. de Barc. *Disnar*, anc. cat. Dîner. V. *Dinar* et *Dinar*, R.

DISO, v. n. dg. Pour *Dire*, v. c. m.

S'énèro anat diso bounjourt.
Bergeyret.

DISOLVER, et

DISOLVRE, vl. V. *Dissolver* et *Dissoudre.*

DISPAREISSER, v. n. (desparèïssé); DISPAREISSE, DESPAREISSER. *Disparire*, ital. *Desaparecer*, esp. port. *Desparer*, anc. cat. *Desaparexer*, cat. mod. Disparaître, cesser de paraître, ne plus se montrer; mourir, s'évanouir.

Éty. de *dis* priv. et de *pareisser*, ne pas paraître. V. *Pareiss*, R.

DISPAREISSUT, UDE, adj. p. (desparèissú, úde); DESPAREISSUT. *Desaparessido*, port. Disparu, ue. V. *Pareiss*, R.

DISPARITAT, s. f. vl. *Disparitat*, cat. *Disparidad*, esp. *Disparidade*, port. *Disparità* et *Disparitate*, ital. Disparité, inégalité.

Éty. du lat. *disparilitatis*, gén.

DISPARITION, s. f. (disparitie-n): DISPARITIEN. *Sparizione*, ital. *Desaparecimiento*, esp. *Desaparecimento*, port. *Desaparició*, cat. Disparition, et non *disparution*, action de disparaître.

Éty. de *dis* priv. et de *aparition.* V. *Pareiss*, R.

DISPAUSAR, v. a. vl. *Disposar*, cat. Disposer, projeter, arrêter. V. *Dispousar*.

DISPAUSAT, ADA, adj. et p. vl. Disposé, ée, arrêté, etc.

DISPENDIOUS, V. *Despendious*.

DISPENSA, s. f. (dispéinse); *Dispensa*, ital. esp. port. Dispense, exemption de la règle ordinaire.

Éty. V. *Dispensar* et *Pes*, R.

DISPENSADOR, vl. V. *Dispensatour*.

DISPENSAIRE, vl. V. *Despessaire*.

DISPENSAR, v. a. (dispéinsa); *Dispensare*, ital. *Dispensar*, esp. port. cat. Dispenser, exempter de la règle ordinaire; faire une exemption en faveur de quelqu'un; disposer, en vl. V. *Pes*, R.

Éty. du lat. *dispensare*, formé de *dis*, priver, exempter de.... et de *pensare*, peser, exempter de la balance, c'est-à-dire, de la règle. V. *Pend*, R.

DISPENSAR SE, v. r. Se dispenser, se permettre à soi-même.

DISPENSAT, ADA, adj. et p. (dispeinsá, áde); *Dispensado*, port. esp. *Dispensato*, ital. Dispensé, ée. V. *Pes*, R.

DISPENSATIO, et

DISPENSATION, s. f. vl. *Dispensació*, cat. *Dispensacion*, esp. *Dipensação*, port. *Dispensazione*, ital. Dispensation; dispense. V. *Pes*, R.

DISPENSATIU, IVA, adj. vl. *Dispensativo*, esp. *Dispensatif*, propre à dispenser. V. *Pes*, R.

DISPENSATOUR, ATRIÇA, (dispeinsatóur, atrice); *Dispensatore*, ital. *Dispensador*, cat. esp. port. Dispensateur, atrice, qui distribue, qui est chargé de distribuer; on le dit particulièrement en parlant de Dieu.

Éty. du lat. *dispensator*, m. s. V. *Pes*, R.

DISPENSAYRITZ, s. f. vl. *Dispensatrice*, ital. Dispensatrice.

Éty. du lat. *dispensatrix*, m. s.

DISPENSSAR, vl. V. *Dispensar*.

DISPERCIO, vl. V. *Dispercio*.

DISPERDRE, v. a. vl. Ruiner, désoler.

Éty. du lat. *disperdere*.

DISPERGER, v. a. vl. *Dispergir*, cat. *Dispergere*, ital. Disperser, dissiper.

Éty. du lat. *dispergere*.

DISPERS, adj. vl. *Dispers*, cat. *Disperso*, esp. port. ital. Dispersé, épars.

Éty. du lat. *dispersus*.

DISPERSAR, v. a. (dispersá); ESTRALHAR, ESPARPILHAR. *Dispergere*, ital. *Esparcir*, esp. *Dispersar*, port. Disperser, répandre, jeter çà et là, dissiper, mettre en désordre.

Éty. du lat. *dispergere*, dérivé du grec διασπείρω (diaspéirô), disséminer, disperser.

DISPERSAT, ADA, adj. et p. (dispersá, áde); *Disperso*, port. Dispersé, ée.

DISPERSIO, s. vl. *Dispersió*, cat. *Dispersion*, esp. *Dispersão*, port. *Disperzione*, ital. Dispersion, dissipation.

Éty. du lat. *dispersio*.

DISPONIBILITAT, s. f. (dispounibilitá); DISPOUNIBILITAT. Disponibilité, état, qualité de ce qui est disponible.

DISPONIBLE, IBLA, adj. (dispounible, ible). Disponible, dont on peut disposer.

DISPOS, adj. V. *Dispost*. En vl. il ou elle déposa.

DISPOSAR, v. a. (dispousá) DISPOUSÁR, *Disporre*, ital. *Disponer*, esp. *Dispor*, port. Disposer, arranger, mettre les choses dans un certain ordre; en parlant des personnes, les préparer à quelque chose.

Éty. du lat. *disponere*, m. s. V. *Pous*, R.

DISPOSAR, v. n. DISPOUSAR. *Disporre*, ital. *Disponer*, esp. *Dispor*, port. Disposer, donner, conférer à son gré, faire ce qu'on veut d'une chose; faire son testament. V. *Pous*, R.

DISPOSAR SE, v. r. *Dispor-se*, port. Se disposer, se préparer à...

DISPOSAT, ADA, adj. et p. (dispousá, áde); DISPOUSAT. *Disposto*, ital. port. *Dispuerto*, esp. Disposé, ée.

Éty. du lat. *dispositus*, m. s. V. *Pous*, R.

DISPOSITIO, vl. V.

DISPOSITION, s. f. (dispousitie-n); DISPOUSITION, DISPOUSITIEN. *Disposizione*, ital. *Disposicion*, esp. *disposição*, port. *Disposició*, cat. Disposition, arrangement, état de l'âme et du corps; sentiment dans lequel on est à l'égard de quelqu'un; aptitude; inclination; action par laquelle on dispose.

Éty. du lat. *dispositionis*, gén. de *dispositio*. V. *Pous*, R.

DISPOTS, OSTA, adj. (dispós, óste); DISPOUES, ESTA. Dispos; léger, agile, bien portant. V. *Lest*.

Éty. du lat. *dispositus*. V. *Pous*, R.

DISPOUEST, d. m. V. *Dispost*.

DISPOUSAR, V. *Disposar*.

DISPOUSAT, V. *Disposat*.

DISPOUSITION, V. *Disposition*.

DISPROUPOURTION, s. f. (disproupourtie-n); DISPROUPORTIEN. *Disproporzione*, ital. *Desproporcion*, esp. *Desproporção*, port. *Desproporció*, cat. Disproportion, disparité, inégalité entre différentes choses ou entre les parties d'une même chose, qui fait qu'elles ne sont pas proportionnées.

Éty. de *dis* priv. et de *prouportion*. V. *Part*, R.

DISPROUPOURTIOUNAT, ADA, adj. et p. (desproupourtiouná, áde); *Desproporcionad*, cat. *Disproporzionato*, ital. *Desproporcionado*, esp. port. Disproportionné, ée, qui manque de proportion, qui n'a pas de convenance. V. *Part*, R.

DISPUTA, s. f. (dispúte); *Disputa*, ital. esp. port. cat. Dispute, combat d'esprit, par écrit ou de vive voix, entre plusieurs querelles.

Éty. du lat. *disputatio*, m. s. V. *Put*, Rad. 2.

DISPUTABLE, ABLA, adj. (disputáblé, ábla); *Disputabile*, ital. *Disputable*, esp. *Disputavel*, port. Disputable, qui peut être disputé.

Éty. du lat. *disputabilis*, m. s. V. *Put*, Rad. 2.

DISPUTADOR, vl. V. *Disputaire*.

DISPUTAIRE, s. m. (disputaïré); *Disputatore*, ital. *Disputador*, esp. port. Disputeur, qui aime à disputer, à contredire.

Éty. du lat. *disputator*, m. s. V. *Put*, Rad. 2.

DISPUTAMEN, et

DISPUTAMENT, s. m. vl. *Disputamento*, ital. Dispute, discussion.

DISPUTAR, v. a. (disputá); *Disputare*, ital. *Disputar*, esp. port. cat. Disputer, contester pour emporter ou conserver quelque chose; le pas, la préséance, etc.

Éty. de *disputa* et de l'act. *ar*, ou du lat. *disputare*, fait de *dis*, de *diversim* et de *putare*, penser différemment, V. *Put*, R. 2.

DISPUTAR SE, v. r. et n. Disputer, être en débat, en contestation.

Se disputer, en français, ne se dit qu'avec un régime, comme dans ces exemples: Ils se disputent l'honneur de la défendre, de l'accompagner, etc. Ainsi tr. *Se soun disputats*, par ils ont disputé. Ils se sont disputés est un provençalisme. *Se disputoun toujours*, Tr. ils disputent toujours, et non *ils se*, etc. faute très-commune.

DISPUTAT, ADA, adj. et p. (disputá, áde); *Disputado*, esp. *Disputato*, ital. Disputé, ée.

Éty. du lat. *disputatus*, m. s. V. *Put*, R. 2.

DISPUTATIO, s. f. vl. *Disputacion*, anc. esp. *Disputazione*, ital. Dispute, contestation, débat. V. *Disputa*.

DISROMPRE, vl. V. *Desrompre*.

DISRUMPRE, vl. V. *Desrompre*.

DISRUPTIO, s. f. vl. Rupture.

Éty. du lat. *diruptio*, m. s.

DISSABTE, et

DISSAPTE, s. m. vl. Samedi. V. *Dissata* et *Di*, R.

DISSATA, s. m. (dissáte); DISSATE, SOTO, SAPTE, DISSANDÉ, SAMDE, SATE, SATA, SANDE, DISSABTE. *Sabbato*, ital. *Sabado*, esp. *Sabado*, port. *Dissapte*, cat. Samedi, le septième jour de la semaine, le jour du sabbat.

Éty. du lat. *dies sabbati*, d'où: *dissabte*, *dissate*, *dissata*; *pounchs de dissata*, coutre à longs points.

DISSATDE, Alt. lang. de *Dissato*, v. c. m.

DISSECAR, v. a. (dissecá); DECHICOUTAR. *Dissecar*, port. Disséquer, séparer les différentes parties d'un animal pour les étudier, découper adroitement les viandes.

Éty. du lat. *dissecare*, formé de *dis*, qui marque division, et de *secare*, couper. Voy. *Sec*, R.

DESSECAT, ADA, adj. et p. *Dissecado*, port. Disséqué, ée, découpé, et fig. analysé *scrutiné*. V. *Sec*, R.

DISSECTION, s. f. (dissectie-n); *Dissecazione*, ital. *Diseccion*, esp. *Dissecção*, port. Dissection, opération par laquelle on divise méthodiquement les parties d'un animal, pour en étudier la structure.

Éty. du lat. *dissectio*, formé de *dissecare* et de *actio*. V. *Sec*, R.

DISSEMINAR, v. a. (disseminá), pr. m. *Disseminare*, ital. *Diseminar*, esp. Disséminer. V. *Semenar*.

Éty. du lat. *disseminare*, formé de *dis*, qui marque diversité, division, et de *seminare*, semer. V. *Semen*, R.

DISSEMINAR, pr. m. V. *Semenar*.

DISSENCIO, s. f. vl. DISSENTIO, DICENTIO, DISSENTION, DESSESSION, DECESSION. V. *Dissention*.

DISSENTIO, vl. V. *Dissention*.

DISSENDRE, v. n. vl. V. *Descendre*.

DISSENDUT, **UDA**, part. vl. V. *Descendut.*

DISSENTIO, vl. V. *Dissention.*

DISSENTION, s. f. (disseinsie-n); DISSENSIEN, DISSENSION, BROULHARIA. *Dissenzione*, ital. *Discension*, esp. *Dissension*, anc. esp. *Dissenção*, port. *Dissenció*, cat. Dissension, discorde, querelle causée par l'opposition, par la diversité des sentiments, des opinions ou des intérêts.

Éty. du lat. *dissentionis*, gén de *dissentio*, formé de *dissentire*, qui est composé de *dis*, diversité, et de *sentire*, être d'avis. V. *Sent*, Rad.

DISSERA, vl. Je dirais, il ou elle dirait.

DISSERATZ, vl. Vous diriez, de *diser*, *dire*, dire.

DISSERET, s. m. (disseré). Guignon. Garc.

DISSERTAR, v. n. (dissertá): *Discorrere*, ital. *Disertar*, esp. *Dissertar*, port. Disserter, parler, raisonner avec quelqu'étendue sur quelque point particulier d'une science ou d'un art.

Éty. du lat. *dissertare*, m. sign. fréq. de *disserere*, discourir. V. *Ser*, R.

DISSERTATION, s. f. (dissertatie-n); DISSERTATIEN. *Dissertazione*, ital. *Disertacion*, esp. *Dissertação*, port. Dissertation, ouvrage sur quelque point d'une science ou d'un art.

Éty. du lat. *dissertationis*, gén. de *dissertatio*. V. *Ser*, R.

DISSES, s. m. vl. Décadence. V. *Dessenh.*

DISSHENDEMEN, s. m. vl. Abaissement. V. *Scend*, R.

DISSIMULAR, v. a. (dissimulá); *Dissimulare*, ital. *Disimular*, esp. port. Dissimuler, cacher par une conduite réservée ce qu'on ne veut pas laisser apercevoir; faire semblant de ne pas remarquer et de ne pas ressentir quelque chose.

Éty. du lat. *dissimulare*, formé de *dis*, qui marque diversité, et de *simulare*, feindre, imiter. V. *Simil*, R.

DISSIMULAT, **ADA**, adj. et p. (dissimulá, áde); *Dissimulado*, port. esp. *Dissimulato*, ital. Dissimulé, ée.

Éty. du lat. *dissimulatus*. V. *Simil*, R.

DISSIMULAT, **ADA**, s. DISSIMULAIRE. *Dissimulatore*, ital. *Dissimulador*, esp. port. Dissimulé, ée, dissimulateur, atrice, celui, celle qui dissimule.

Éty. du lat. *dissimulator*. V. *Simil*, R.

DISSIMULATION, s. f. (dissimulatie-n); DISSIMULATIEN. *Dissimulazione*, ital. *Disimulacion*, esp. *Dissimulação*, port. Dissimulation, action de dissimuler; art, soin de cacher ses sentiments.

Éty. du lat. *dissimulationis*, gén. de *dissimulatio*. V. *Simil*, R.

DISSIPADOR, vl. V. *Dissipatour.*

DISSIPANT, **ANTA**, adj. (dissipán, ánte). Qui dissipe, qui détourne des vrais devoirs.

Éty. de *dissipar* et de *ant*. V. *Sip*, R.

Luen dei joyes dissipantos
D'aquest triste tems.
Gautier.

DISSIPAR, v. a. (dissipá); DESASSIPAR. *Dissipare*, ital. *Disipar*, esp. *Dissipar*, cat. port. Dissiper, faire évanouir, consumer, détruire; chasser, éloigner; détourner l'esprit de l'application, nuire au recueillement, distraire.

Éty. du lat. *dissipare*, formé de *dis* çà et là, et de *sipare*, jeter. V. *Sip*, R.

DISSIPAR SE, v. r. DISSIPAR SE. Se dissiper, prendre quelque récréation, pour combattre l'ennui, le chagrin.

DISSIPAT, **ADA**, adj. et p. (dissipá, áde); *Dissipado*, port. esp. *Dissipato*, ital. Dissipé, ée, qui vit dans la dissipation.

Éty. du lat. *dissipatus*, m. s. V. *Sip*, R.

DISSIPATIO, vl. V.

DISSIPATION, s. f. (dissipatie-n); DISSIPATIEN. *Dissipazione*, ital. *Disipacion*, esp. *Dissipação*, port. *Dissipació* cat. Dissipation; pour évaporation, V. *Esvapouration*, action du dissipateur; distraction d'esprit, éloignement de l'application.

Éty. du lat. *dissipationis*, gén. de *dissipatio*. V. *Sip*, R.

DISSIPATOUR, s. m. (dissipatóur); *Dissipatore*, ital. *Desipador*, esp. port. *Dissipator*, cat. Dissipateur, qui dépense outre mesure. V. *Degalhaire*, *Degalhier* et *Acabaire.*

Éty. du lat. *dissipator*, m. s. V. *Sip*, R.

DISSIPAYRE, s. m. vl. V. *Dissipatour* et *Sip*, R.

DISSIPOL, vl. V. *Disciple.*

DISSOLT, **OLTA**, adj. et p. vl. DOSSOUT, OUTE. Détaché, ée. V. *Solv*, R.

DISSOLUCIO, vl. V. *Dissoulution.*

DISSOLUT, adj. vl. *Dissolut*, cat. *Disoluto*, esp. *Dissoluto*, port. ital. Dissolu, détaché, déréglé, sans mesure; débauché, déshonnête.

Éty. du lat. *dissolutus*, m. s. V. *Solv*, R.

DISSOLUTIO, vl. V. *Dissoulution.*

DISSOLUTIU, **IVA**, adj. vl. *Disolutivo*, esp. *Dissolutivo*, port. ital. Dissolutif, ive, propre à dissoudre.

DISSOLVER, et

DISSOLVRE, v. a. vl. *Disolver*, esp. *Dissolver*, port. *Dissolvere*, ital. Dissoudre, détacher, séparer; dérégler. V. *Dissoudre* et *Solv*, R.

DISSONANÇA, s. f. (dissounánce); DISSOUNANÇA. *Disonancia*, esp. port. *Dissonanza*, ital. Dissonance, son qui forme avec un autre un accord désagréable à l'oreille.

Éty. de *dis*, deux fois, de *son* et de *ance*, qui sont deux fois, ou peut-être de *dis*, désagréable, qui sonne désagréablement. V. *Son*, R.

DISSONAR, v. n. vl. *Dissonar*, cat. port. *Disonar*, esp. *Dissonner*, être dissonant, être discordant.

Éty. du lat. *dissonare*, m. s. V. *Son*, R.

DISSOUDAR, V. *Dissoutar.*

DISSOUDRE, v. a. (dissóudré); *Dissolvere*, ital. *Disolver*, esp. *Dissolver*, port. Dissoudre. V. *Foundre.*

Éty. du lat. *dissolvere*. V. *Solv*, R.

DISSOULUT, **UDA**, **UA**, adj. (dissoulú, úde, úe); *Dissoluto*, port. ital. *Disoluto*, esp. Dissolu, ue. V. *Libertinas.*

Éty. du lat. *dissolutus*. V. *Solv*, R.

DISSOULUTION, s. f. (dissoulutie-n); DISSOULUTIEN. *Dissoluzione*, ital. *Disolucion*, all. *Disolucion*, esp. *Dissolução*, port. *Dissolució*, cat. Dissolution, séparation des parties d'un corps naturel qui se dissout; séparation du corps et de l'âme; rupture du lien conjugal; cessation de communauté de biens ou de commerce; débauche excessive; fonte des humeurs, vl. séparation; diffusion.

Éty. du lat. *dissolutionis*, gén. de *dissolutio*. V. *Solv*, R.

DISSOULVENT, **ENTA**, adj. (dissoulvèin, èinte); *Dissolvente*, port. Dissolvant, ante, qui a la vertu de dissoudre; qualité dissolvante.

Éty. du lat. *dissolventis*, gén de *dissolvens*, m. s. V. *Solv*, R.

DISSOUS, **OUTA**, adj. (dissóus, óute), pr. *Dissolvido*, port. Dissous. V. *Foundut.*

Éty. du lat. *dissolutus*. V. *Solv*, R.

DISSOUTAR, v. a. (dissoutá); DISSOUDAR, DESSOUDAR. Surprendre, deviner la pensée de quelqu'un. Garc. V. *Dessoutar.*

Éty. de *dis*, qui marque séparation, de *souta*, dessous, et de *ar*, tirer de dessous.

DISSUADAR, v. a. (dissuadá); *Dissuadere*, ital. *Disuadir*, esp. port. Dissuader, détourner quelqu'un de l'exécution de son dessein, le porter à ne pas exécuter une résolution prise.

Éty. du lat. *dissuadere*, fait de *dis* priv. et de *suadere*, persuader. V. *Suad*, R.

DISSUADAT, **ADA**, adj. et p. (dissuadá, áde); *Dissuadido*, port. *Disuadido*, esp. *Dissuaso*, ital. Dissuadé, ée.

Éty. du lat. *dissuasus*, m. s. V. *Suad*, R.

DISSUT, dg. Pour *diguet*, il dit.

DISSYLLABO, adj. m. (dissyllábe); *Dissyllabus*, lat. *Dissillabo*, ital. *Disilabo*, esp. *Dissylabo*, port. Dissyllabe, mot composé de deux syllabes.

Éty du grec δὶς (dis), deux fois, d'où vient δισσὸς (dissos), double, et de συλλαβὴ (sullabè), syllabe.

DISTANÇA, s. f. (distánce); *Distanza*, ital. *Distancia*, esp. port. cat Distance, intervalle qu'il y a entre deux points, entre deux objets; intervalle de temps; intervalle de qualité.

Éty. du lat. *distancia*, de *distare*, formé de *dis*, qui marque éloignement, et de *stare*, être. V. *Est*, R.

DISTANCIA, vl. V. *Distança* et *Est*, R.

DISTANT, **ANTA**, adj. (distán, ánte); *Distante*, ital. esp. port. Distant, ante, éloigné.

Éty. du lat. *distantis*, gén. de *distans*. V. *Est*, R.

DISTEMPRANSA, vl. V. *Destempranza.*

DISTICO, s. m. (distique); *Distichum*, lat. *Distico*, esp. ital. port. Distique, qui contient deux vers.

Éty. du grec δὶς (dis), deux fois, et de στίχος (stichos), vers.

DISTILLACIO, s. f. vl. V. *Distillation.*

DISTILLADOUR, s. m. (distilladóu); DESTILLADOUR. *Distilatorio*, esp. Laboratoire où l'on distille.

Éty. de *distillar* et de *adour*.

DISTILLAIRE, V. *Distillatour.*

DISTILLAMENT, s. m. vl. *Distillamento*, ital. Ecoulement.

DISTILLAR, v. a. (distillá); **DESTILLAR, ESTILLAR.** *Distillar*, anc. cat. *Destillar*, port. *Distillare*, ital. *Destilar*, esp. Distiller, tirer au moyen de l'alambic le suc de quelque chose, couler goutte à goutte.

Éty. du lat. *distillare*, de *di*, qui marque division, de *stilla*, goutte, et de la term. act. *ar*, litt. extrait goutte à goutte.

Dérivés: *Distillat*, *Distillation*, *Distillatour*, *Distill-adour*, *Distill-aire*, *Estill-adour*, *Estill-ar*, *E-still-ur*.

DISTILLARIA, s. f. (distillarie). Distillerie, lieu, local où l'on distille. Garc.

DISTILLAT, ADA, adj. et p. (distillá, áde); *Destillado*, port. *Distilado*, esp. *Stillato*, ital. Distillé, ée, qui a subi l'action de la distillation.

Éty. de *distill*, et de la term. pass. *at*, *ada*; litt. qui a subi l'action de la distillation, ou du lat. *stillatus*, m. s.

DISTILLATION, s. f. (distillatie-n); **DISTILLATIEN.** *Distillazione*, ital. *Destilacion*, esp. *Destillação*, port. *Destillació*, cat. Distillation, l'action de distiller.

Éty. de *distillar* et de *ion*, litt. action de distiller, ou de *distillationis*, gén de *distillatio*.

DISTILLATOUR, s. m. (distillatóur); **DISTILLAIRE.** *Distillatore*, ital. *Destilador*, esp. *Destillador*, port. Distillateur, celui qui fait profession de distiller.

Éty. de *distillar* et de la term. *tour*, litt. celui qui distille.

DISTINCT, INCTA, adj. (distínct, ïncte); *Distinto*, ital. esp. *Distincto*, port. Distinct, incte, différent, séparé d'un autre, qu'on aperçoit, qu'on distingue bien.

Éty. du lat. *distinctus*, m. s. V. *Sting*, Rad.

DISTINCTAMENT, adv. (distinctaméin); *Distintamente*, ital. esp. *Distinctamente*, port. *Distinctament*, cat. Distinctement, nettement, clairement, d'une manière distincte.

Éty. du lat. *distinctè*, m. s. V. *Sting*, R.

DISTINCTIF, IVA, adj. (distinctif, ive); *Distintivo*, ital. esp. *Distinctivo*, port. Distinctif, ive, qui distingue. V. *Sting*, R.

DISTINCTIO, s. f. vl. V. *Distinction* et *Sting*, R.

DISTINCTION, s. f. (disteinctie-n); **DISTINCTIEN.** *Distinzione*, ital. *Distincion*, esp. *Distinção*, port. *Distincció*, cat. Distinction, action de distinguer, division, séparation, différence, prérogative.

Éty. du lat. *distinctionis*, gén de *distinctio*. V. *Sting*, R.

DISTINGAR, v. a. (distïngá); **DESTINGAR.** *Distingir*, cat. *Distinguere*, ital. *Distinguir*, esp. port. Distinguer, marquer par des caractères distinctifs; reconnaître assez bien les objets aux caractères et aux qualités qui leurs sont propres pour ne pas les confondre avec d'autres; diviser, séparer, élever, tirer de la classe commune.

Éty. du lat. *distinguere*, m. s. formé de *dis*, *diversim*, et de l'inusité *stinguo*, marquer, Ferri de Saint-Const. V. *Sting*, R.

DISTINGAT, ADA, adj. et p. (distingá, áde); *Distinto*, ital esp. Distingué, ée.

Éty. du lat. *distinctus*. V. *Sting*, R.

DISTINGUIR, v. a. vl. V. *Distingar* et *Stig*, R.

DISTINZION, s. f. vl. V. *Distinction* et *Sting*, R.

DISTRA, vl. Je dirais, il ou elle dirait.

DISTRACH, ACHA, adj. (distrátch, átche); **DISTRET.** *Distrahido*, port. esp. Distrait, aite, qui ne pense ni à ce qu'il fait, ni à ce qu'on lui dit.

Éty. du lat. *distractus*, formé de *dis*, qui marque division, éloignement, et de *tractus*, tiré, tiré loin. V. *Tra*, R.

DISTRACTION, s. f. (distractie-n); **DISTRACTIEN.** *Distrazione*, ital. *Distraccion*, esp. *Distracção*, port. Distraction, application de notre esprit à un autre objet que celui dont le moment présent exigerait que nous continuations à nous occuper; récréation.

Éty. du lat. *distractionis*, gén de *distractio*. V. *Tra*, R.

DISTRAIRE SE, v. r. (sé distraïré); *Distrahir-se*, port. *Distraurer*, cat. *Distraer*, esp. *Distraere*, ital. Se distraire, se dissiper, se désennuyer, il est quelquefois actif, distraire, amuser, retrancher.

Éty. de *des*, au-delà, et de *trahere*, tirer. V. *Tra*, R.

DISTRE, s. m. (distré), dl. L'autre jour.

Éty. Contr. de *dis-autre*. V. *Di*, R.

DISTRET, pr. m. V. *Distrach* et *Tra*, Rad.

DISTRIBUAR, v. a. (distribuá); *Distribuire*, ital. *Distribuir*, esp. port. cat. Distribuer, donner de côté et d'autre, départir entre plusieurs personnes; placer, mettre, faire passer en divers lieux; arranger dans un ordre quelconque.

Éty. du lat. *distribuere*, formé de *dis*, qui marque séparation, et de *tribus*, tribu, partager en tribu, ou de *dis*, *diversim* et de *tribuere*, donner. V. *Tribu*, R.

DISTRIBUAT, ADA, adj. et p. (distribuá, áde); *Distribuido*, port. esp. *Distribuito*, ital. Distribué, uée. V. *Tribu*, R.

Éty. du lat. *distributus*, m. s.

DISTRIBUCIO, vl. V. *Distribution*.

DISTRIBUIDOR, adj. vl. *Distribuidor*, cat. esp. port. *Distributore*, ital. Distribuable, destiné.

DISTRIBUIDOUR, dg. V. *Distributour* et *Tribu*, R.

DISTRIBUIR, vl. V. *Distribuar* et *Tribu*, Rad.

DISTRIBUIT, IDA, vl. V. *Distribuat*.

DISTRIBUTION, s. f. (distributie-n); **DISTRIBUTIEN.** *Distribució*, cat. *Distribucion*, esp. *Distribuição*, port. *Distribuzione*, ital. Distribution, action de distribuer, départir, fig. de rhétorique.

Éty. du lat. *distributionis*, gén. de *distributio*, m. s. V. *Tribu*, R.

DISTRIBUTIU, IVA, adj. vl. *Distributiu*, cat. *Distributivo*, esp. port. ital. Distributif, ive.

DISTRIBUTOUR, s. m. (distributóur); **DISTRIBUIDOUR.** *Distributore*, ital. *Distribuidor*, esp. port. cat. Distributeur, distributrice, celui, celle qui distribue.

Éty. du lat. *distributor*, m. s. V. *Tribu*, Rad.

DISTRICT, s. m. (distric); **DISTRIC.** *Distretto*, ital. *Distrito*, esp. *Districto*, port. District, étendue de juridiction; c'était aussi le nom que l'on donnait à une section de département, lors de la division territoriale qui fut faite en 1790.

Éty. du lat. *districtus*, fait de *distringere*, circonscrire. V. *Stregn*, R.

Créés avec les départements, les districts furent supprimés et remplacés, en 1800, par les arrondissements.

DISTRICTIO, s. f. vl. *Districció*, anc. cat. Rigueur, rigidité, sévérité.

Éty. du lat. *districtio*. V. *Stregn*, R.

DISTRIGAR, v. a. (distrigá). Donner de l'occupation, de la sollicitude, du trouble, forcer quelqu'un à se donner du mouvement. Garc.

DISTRIGAT, ADA, adj. et part. Qui a l'estomac dérangé, qui a perdu la tranquillité; qui est très-pressé, très-occupé. Garc.

DISTRINGAR, v. n. vl. Donner du temps.

DISUR, USA, s. (disúr, úse); **DISEUR, EUSE.** *Dizedor*, port. *Dicedor*, anc. esp. *Dicitore*, ital. Diseur, euse, celui, celle qui dit, qui parle beaucoup; diseur de bon mots.

Éty. de *dis*, pour *dich*, et de *ur*. V. *Dire*. Rad.

Faire lou beou disur, faire le beau diseur.

Disur de chaucholas, diseur de rien.

DIT

DIT, s. m. (dit), dl. Pour doigt. V. *Det*.

A Truque dits, dg. au plus vite.

DIT, s. m. vl. **DIG.** *Dit*, anc. cat. *Dito*, anc. esp. port. *Detto*, ital. Mot, parole, discours, le dire.

Éty. du lat. *dictus*, m. s. V. *Dire*, R.

DIT, ITA, adj. et p. (di, ite), dl. *Dito*, port. Dit, ite. V. *Dich*, *Dire* et *Dit*, R.

De fait et de dit, expr. prov. aussitôt dit, aussitôt fait; *ça-dit*, *sou-dit*, dit-il.

DITA, s. f. (dite); dl. Bonheur, fortune, heureux succès: *Aber bona dita*, réussir heureusement. Débit, cours: *Acquot n'a pas de dita*, cela n'a point de débit, de cours; enchère; *Tirar un autre de dita*, enchérir sur un autre, surenchérir, dire après lui. V. *Dire*, Rad.

DITAN, vl. Dictant, qui dicte.

Éty. V. *Dire* et *Dit*, R.

DITAR, v. a. vl. *Dictar*, esp. *Dettare*, ital. Dicter, ordonner. V. *Dictar*.

DITAT, s. m. (ditá); dl. Dictum, le dispositif d'une sentence, d'un arrêt. Voy. *Diton*.

Éty. V. *Dire* et *Dit*, R.

DITCHAU, dg. Pour jeudi. V. *Dijoous*.

DITHYRAMBO, s. m. (dithyrámbe); *Ditirambo*, ital. esp. *Dithyrambo*, port. Dithyrambe, sorte de poésie en l'honneur du vin et de Bacchus.

Éty. du lat. *dithyrambus*, dérivé du grec διθύραμβος (dithurambos), dérivé de δὶς (dis), deux fois, et de θύρα (thura), porte, parce qu'on dit que ce dieu naquit deux fois, ou selon d'autres, à cause de l'antre à deux portes dans lequel il fut nourri.

Clément d'Alexandrie et le Scholiaste de Pindare font honneur de ce genre de poésie à Lasus ou Lassus, d'Hermione: et Hérodote, au fameux Arion de Méthymne, qui l'enseigna le premier à Corinthe, 630 ans avant J.-C.

DITION, vl. V. *Diction* et *Dire*, R.

DITO, dl. V. *Diton*.

DITON, s. m. DICTON, DITAT. V. *Dicton*.

DITOU, s. m. (ditóu); dg. DITOUN. Petit doigt.

Éty. de l'ital. *dito*. V. *Det*, R.

DITZMERGUE, s. m. vl. Dimanche. V. *Dimenche* et *Di*, R.

DIU

DIU, DIOU, DIO, DIV, DEI, DEVIN, DEBIGN, radical pris du latin *dius*, dit anciennement pour *deus*, Dieu; dérivé du grec θεὸς (théos), m. s. par le chang. du θ en *d*, comme de πέρθω (perthô), on a fait *perdo*, ou plus directement du dial. eol. δεὸς (deus), m. s. d'où: *divus*, *divinus*, divin; *divinitas*, *atis*, divinité; *deitas*, *atis*, déité; *divinare*, deviner; *dea*, déesse: *Devin-a-costa*, *Devin-ador*, *Devin-aire*, *Devin-al*.

De *deus*: *Devin-alh*, *Devin-alha*, *Devis*, *Dius*, *Diu*, *Devin-ar*, *Devin-arela*, *Devin-al*, *Devin-usa*.

De *diu*, par métarg. de *u* en *o* ou *ou*: *Dio-Diou*: *Dio*, *Dios*, *Diou*, *Per*, *Par-Dioa*, *Diou-et*, *Diou-ne*, *Diouss-a*, *Diou-telet*.

De *divus*, par apoc. *div*; d'où: *Div*, *Divessa*, *Deess-a*,

De *divinus*, par apoc. *divin*; d'où: *Divin*, *Divin-a*, *Divina-ment*, *Divin-al*, *Divin-isar*, *Divinis-at*.

De *divinitas*, *atis*, par apoc, *divinitat*; d'où: *Divinitat*.

De *dei*, gén. de *deus*, *dei*; d'où: *Dei-side*, *Dei-tat*, *Dei-fiar*, *Dei-fiat*, *Dei-fication*, *Dei-sto*, *Dei-cide*, *Debign-aire*, *Debign-ar*, *Debin-aeyre*, *Deouin*, *Deus*, *De-a*, *Deu-essa*, *Diu-essa*, *Div-in*, *Divin-al*, *Divin-itat*, *Divin-atiu*, *Divin-acio*, *Dei-tat*, *Dei-ficar*, *Dev-iu*, *Dev-i*, *Devin-a*, *Devin-aire*, *Devin-ador*, *Devin-atje*, *Devin-alh*, *devin-alha*, *Devin-ailla*, *Devin-ansa*, *Devina-men*, *Devin-ar*, *Theos-logian*, *Theos-logic-al* *Theo-fania*, *Theo-logia*, *Teo-logia*,

DIU, dl. Pour dû. V. *Degut*.

DIU, s. m. Dieu. V. *Diou* et *Diu*, R.

En vl. *Sotz-diu*, sous le ciel, à l'air; à découvert. *Sub dio*.

DIUELHA, V. *Duelha*.

DIUESSA, s. f. vl. V. *Deessa* et *Diu*, R.

DIUGUT, dl. Pour dû. V. *Degut*.

DIURE, dl. Devoir. V. *Deoure*.

DIURETIC, vl. V. *Diuretique*.

DIEURETIQUE, **ICA**, adj. (diuretiqué, ique); *Diureticus*, lat. *Diuretico*, ital. esp. port. *Diuretic*, cat. Diurétique, qui a la vertu de provoquer les urines.

Éty. du grec διουρητικὸς (diouretikos), m. s. formé de διουρέω (diouréô), uriner.

DIURN, adj. vl. Diurne.

Éty. du lat. *diurnus*, m. s. V. *Di*, R.

DIURNAU, s. m. V. *Diournau* plus usité et *Di*, R.

DIUS, dg. Dieu. V. *Diou* et *Diu*, R.

Fay ben ço que fey, lou boun Dius.
Bergeyret.

DIV

DIV, s. m. anc. béarn. Dieu. V. *Diou*.

Éty. du lat. *divus*, *div*. V. *Diu*, R.

DIVAGADA, s. f. (divagáde); DIVAGADA, DIVAGADURA. Extravagance, chose hors de raison: *A la divagade*, à la désespérée, dans le trouble, le désordre, avec précipitation. V. *Vag*, R.

DIVAGAR, v. a. (divagá); DEVAGAR. Tourmenter, inquiéter.

Éty. de *di* et de *vagar*, chasser çà et là. V. *Vag*, R.

DIVAGAR, v. n. *Vagare*, ital. *Vagar*, esp. port. Divaguer, aller de côté et d'autre; s'écarter de son objet.

Éty. du lat. *divagari*, m. s.

DIVAGAR SE, v. r. Se tourmenter, se troubler, se désoler.

DIVAGAT, **ADA**, s. et adj. (divagá, áde); DEIVAGAT, DEVAGAT, DEICERVELAT, DISAVERT. Un étourdi, un diablotin, un écervelé. V. *Vag*, R.

DIVAN, s. m. (diván); *Divan*, all. *Divan*, port. Divan, chambre du conseil ou tribunal où l'on rend la justice dans les pays Orientaux, surtout chez les Turcs. Le divan du Grand Seigneur est proprement son Conseil d'Etat.

Éty. de l'arabe *dyouân*, m. s.

DIVARIAR, v. a. vl. Diversifier.

DIVENDRES, s. m. (divèindrés); VENDRES, DIBENDRES, VENRES. *Venerdi*, ital. *Viernes*, esp. *Divendres*, cat. Vendredi, le sixième jour de la semaine.

Éty. du lat. *dies veneris*, parce que ce jour était consacré à Vénus. V. *Di*, R.

DIVENDREYS, s. m. anc. lim. Vendredi. V. *Divendres*.

DIVENRES, vl. V. *Divendres* et *Di*, R.

DIVERS, **ERSA**, adj. (divèrs, èrse); *Diverso*, ital. esp. port. Divers, erse, différent, dissemblable.

Éty. du lat. *diversus*, formé de *di*, qui marque diversité, et de *versus*, tourné. V. *Vert*, R.

DIVERSAMENT, adv. (diversaméin); *Diversamente*, ital. esp. port. Diversement, d'une manière diverse.

Éty. du lat. *diversè*, ou de *diversa* et de *ment*. V. *Vert*, R.

DIVERSIFIAR, v. a. (diversifiá); *Diversificare*, ital. bass. lat. *Diversificar*, port. Diversifier. V. *Variar*.

Éty. *Diversifiar* est dit pour *diversificar*, formé de *diversi* et de *ficare*, faire différent, différencier. V. *Vert*, R.

DIVERSIFIAT, **ADA**, adj. et p. (diversifiá, áde); *Diversificado*, port. esp. Diversifié, ée. V. *Vert*, R.

DIVERSIFICAMENT, s. m. vl. DIVERSIFICAMEN. Diversité, variété, différence.

DIVERSIFICAR, vl. V. *Diversifiar*.

DIVERSION, s. f. (diversie-n); DIVERSIEN. *Diversione*, ital. *Diversion*, esp. *Diversão*, port. Diversion, action par laquelle on détourne.

Éty. du lat. *divertere*. V. *Vert*, R.

DIVERSITAT, s. f. (diversitá); *Diversità*, ital. *Diversidad*, esp. *Diversidade*, port. Diversité, variété, différence.

Éty. du lat. *diversitatis*, gén. de *diversitas*. V. *Vert*, R.

DIVERTIR, v. a. (divèrtir); *Divertire*, ital. *Divertir*, esp. port. *Disvertire*, bass. lat. Divertir, amuser, récréer, réjouir.

Éty. du lat. *divertere*, formé de *di*, diversité, et de *vertere*, tourner. V. *Vert*, R.

DIVERTIR SE, v. r. *Divertir-se*, port. Se divertir, se réjouir, se récréer, prendre du plaisir. V. *Regalar se*.

DIVERTISSAMENT, s. m. (divertissaméin); *Divertimento*, ital. *Divertimiento*, esp. *Divertimento*, port. Divertissement, récréation accompagnée de plaisirs vifs et d'une certaine étendue.

Éty. de l'adj. *divertissent* et de *ment*. V. *Vert*, R.

DIVERTISSENT, **ENTA**, adj. (divertissèin, èinte). Divertissant, ante, qui divertit, qui réjouit, qui récrée. V. *Vert*, R.

DIVERTIU, **IVA**, adj. vl. *Divertif*, *ive*; modificatif, propre à détourner, à modifier.

DIVESSA, s. f. vl. Déesse. V. *Deessa*, *Diu* et *Div*, R.

DIVICIAS, s. f. pl. vl. *Divicias*, port. *Divizie*, ital. Richesses.

Éty. du lat. *divitias*, m. s.

DIVIDANDO, s. m. (dividánde); DIVIDENDO. *Dividendo*, ital. esp. port. Dividende, nombre à diviser selon la règle de division: dans le commerce et les finances, portion d'intérêt ou de bénéfice qui revient à chaque actionnaire; somme qui revient à chaque créancier à la liquidation d'une faillite.

Éty. du lat. *dividendus*, sous-entendu *numerus*. V. *Divis*, R.

DIVIDIR, DIVIZIR. *Dividir*, esp. V. *Divisar* et *Divis*, R.

DIVIN, **INA**, adj. (divïn, íne); DEOUIN. *Divino*, ital. esp. port. Divin, ine; qui appartient à Dieu, qui a rapport à la divinité ou qui en provient, fig. excellent extraordinaire, qui semble surpasser les forces de la nature, la portée ordinaire de l'esprit humain et les qualités naturelles.

Éty. du lat. *divinus*, m. s. V. *Diu*, R.

DIVINACIO, s. f. vl. *Divinacion*, esp. *Adevinhação*, port. *Divinazione*, ital. Divination.

Éty. du lat. *divinatio*. V. *Diu*, R.

DIVINAL, **ALA**, adj. vl. *Divinal*, anc. cat. anc. esp. port. *Divinale*, ital. Divin, ine. V. *Divin* et *Diu*, R.

Divinal officy, l'office divin.

DIVINALH, s. m. et

DIVINALHA, s. f. vl. Prédiction, prophétie, énigme, médisance, divination.

DIVINAMEN, s. m. vl. Médisance, calomnie.

DIVINAMENT, adv. (divinaméin); *Divinament*, ital. esp. port. Bon, divinement, d'une manière divine, par la vertu divine; fig. excellemment, divinement.

Éty. du lat. *divine*, ou de *divina* et de *ment*. V. *Diu*, R.

DIVINAR, v. a. vl. *Divinar*, esp. *Indovinare*, ital. Présager, pronostiquer. Voy. *Devinar*.

DIVINATIU, **IVA**, adj. vl. Interprétatif, conjectural. V. *Diu*, R.

DIVINISAR, v. a. (divinisá); *Diviniz-*

zare, ital. *Divinizar*, esp. port. Diviniser, reconnaître pour divin; exalter outre mesure.

Éty. du lat. *divinis* et de *ar*. V. *Diu*, R.

DIVINISAT, ADA, adj. et p. (divinisá, áde); *Divinizado*, port. Divinisé, ée.

Éty. de *divinis*, abl. et de *at*, rendu, fait divin. V. *Diu*, R.

DIVINITAT, s. f. (divinitá); *Divinitat*, cat. *Divinità*, ital. *Divinidad*, esp. *Divinidade*, port. Divinité, essence, nature divine; Dieu même; Dieu des payens; fig. objet adoré; en vl. théologie.

Éty. du lat. *divinitatis*, gén. de *divinitas*. V. *Diu* et *Divinitat*, R.

DIVIS, rad. pris du lat. *dividere*, *divisum*, diviser, séparer, partager; formé du verbe étrusque, *iduare*, *iduo*, m. s. d'où *idus*, *iduum*, les *ides*, parce qu'elles partageaient les mois, d'où les sous-rad. *Divisio*, *Dividendus*.

De *divisum*, par apoc. *divis*; d'où: *Divis-ar*, *Sub-divisar*, *Divis-at*, *Sub-divisat*, *Divis-ibil-itat*, *Divis-ible*, *Divis-it*, *Divis-ur*, *In-divisibilitat*, *In-divisible*.

De *divis*, par le changement de *e* en *i*, *devis*; d'où: *Devis-a*, *Devis-ar*, *Devizement*, *Devis*.

De *dividere*, par apoc. *divid*; d'où: *Divid-ando*, *Divid-ir*.

De *divisionis*, gén. de *divisio*, par apoc. *Sub-division*, *Division*, *Divis-idor*, *Divizable*, *Divisida-men*, *In-divis*, *In-divisible*, *Devir-e*, *Diviz-ir*, *Diviz-iu*, *Devision*, *Devizable*, *Devis-ar*, *Deviz-ada*, *Deves-ir*, *Devez-ir*, *Devez-it*, *Devez-io*, *Devezi-ment*, *Deved-er*, *Devesida-men*.

DIVISAR, v. a. (divisá); DEVEDER. *Dividere*, ital. *Dividir*, esp. port. *Divisir*, anc. cat. Diviser, séparer les parties d'un tout; distribuer un tout en plusieurs parties; mettre en discorde, désunir, diviser les esprits.

Éty. du lat. *dividere*, ou de *divis*, divisé, et de *ar*. V. *Divis*, R.

DIVISAR, v. n. V. *Devisar*.

DIVISAR SE, v. r. *Dividir-se*, port. Se diviser, se partager, se désunir.

DIVISAT, ADA, adj. et p. (divisá, áde); *Dividido* et *Diviso*, port. *Diviso*, esp. Divisé, ée; partagé.

Éty. du lat. *divisus*, ou de *devis* et de *at*. V. *Divis*, R.

DIVISIBILITAT, s. f. (divisibilitá); *Divisibilidade*, port. *Divisibilidad*, esp. Divisibilité, qualité de ce qui est divisible. Voy. *Divis*, R.

DIVISIBLE, IBLA, adj. (divisiblé, ible); *Divisibile*, ital. *Divisible*, esp. cat. *Divisivel*, port. Divisible, qui peut être divisé.

Éty. du lat. *divisibilis*. V. *Divis*, R.

DIVISIDAMEN, adv. vl. V. *Devezidamen*.

DIVISIDOR, s. m. vl. *Divisor*, esp. cat. port. *Divisore*, ital. Diviseur, arpenteur.

Éty. du lat. *divisor*, m. s. V. *Divis*, R.

DIVISION, s. f. (divisie-n); DISTRIBUTION, PARTAGI, DIVISIEN. *Divisió*, cat. *Divisione*, ital. *Division*, esp. *Divisão*, port. Division, action de diviser ou ce qui résulte de cette action; fig. désunion, discorde, mésintelligence; partie d'une armée; l'une des quatre règles de l'arithmétique.

Éty. du lat. *divisionis*, gén. de *divisio*. V. *Divis*, R.

DIVISIT, adj. et p. vl. Divisé. V. *Divisat* et *Divis*, R.

DIVISUR, s. m. (divisúr); DIVISOUR. *Divisore*, ital. *Divisor*, esp. port. Diviseur, nombre par lequel on en divise un plus grand, quand on divise 100 par 10, dix est le diviseur, et cent le dividende.

Éty. du lat. *divisor*. V. *Divis*, R.

DIVIZABLE, vl. V. *Divisible* et *Divis*, Rad.

DIVIZIR, vl. V. *Divisar* et *Divis*, R.

DIVIZIU, IVA, adj. vl. *Divisivo*, ital. Distributif, distributeur. V. *Divis*, R.

DIVORÇAR, v. n. (divorçá); DIVOURÇAR. *Divortiare*, basse lat. Divorcer, faire divorce.

DIVORÇAT, ADA, adj. et part. (divourçá, áde); DIVOURÇAT. Divorcé, ée.

DIVORCO, s. m. (divórce); *Divorzio*, ital. *Divorcio*, esp. port. Divorce, rupture de mariage avec permission à chacun des époux de se remarier; dissention.

Éty. du lat. *divortium*, m. s. fait de *divertere*, tourner son chemin, se détourner. V. *Vert*, R.

Autorisé chez les Juifs, les Romains, à Lacédémone et à Athènes; le divorce a été permis et défendu parmi nous à différentes époques de notre histoire. Il fut autorisé en 1791.

DIVORSI, anc. béarn. V. *Divorso*.

DIVULGAR, v. a. (divulgá); *Divolgare*, ital. *Divulgar*, esp. port. cat. Divulguer, répandre de côté et d'autre une chose qui n'était pas sue, ou du moins qui ne l'était pas de la multitude.

Éty. du lat. *di*, qui marque division, de *vulgus*, vulgaire, et de *ar*, rendre vulgaire, commun, ou du lat. *divulgare*, m. s. Voy. *Vulg*, R.

DIVULGAT, ADA, adj. et p. (divulgá, áde); *Divulgado*, port. esp. *Divulgato*, ital. Divulgué, ée.

Éty. du lat. *divulgatus*. V. *Vulg*, R.

DIX

DIXIEME, V. *Dezieme*.

DIY

DIYO, dg. Pour dirait. V. *Diria*.

DIZ

DIZEDOR, vl. *Dizedor*, port. V. *Disur* et *Dire*, R.

DIZEDOR, s. m. vl. Parleur. V. *Dire*, Rad.

DIZEDOR, adj. Qu'on doit ou qu'on peut dire. V. *Dire*, R.

DIZENA, dg. DIZEAU. Tas de dix gerbes. V. *Pila*.

DIZENA, V. *Dezena*.

DIZENAS, d. bas lim. En parlant des dizaines du chapelet: *Dire sas dizenas*, réciter son chapelet. V. *Dec*, R.

DIZIDOIRA, adj. f. vl. Qu'on peut, qu'on doit dire.

DIZIDOR, vl. V. *Dizedor*.

DIZIEME, V. *Dezieme*.

DIZIOY, dg. Je disais, pour *disiou*.

DIZOUNDRAR, vl. Même sign. que *Desoundrar*, v. c. m.

DO

DO, DOS, pl. Alt. du vl. employée au lieu de *Don*, v. c. m.

De do, gratis.

DO, s. m. dg. Pour deuil. V. *Doou*.

DO, vl. Qu'il ou qu'elle permette.

DO, vl. Il ou elle donne.

DOA

DOA, nom de nombre. vl. Deux: *Doa melia*, deux mille.

DOAIRE, s. m. vl. Douaire. V. *Dot*, R.

DOAIS, nom de lieu. vl. Douay, en Flandre.

DOALICI, s. m. vl. Douaire. V. *Dotaire* et *Dot*, R.

DOALIZI, s. m. vl. *Dotaire* et *Dot*, R.

DOANA, vl. V. *Douana*.

DOARIS, s. m. vl. Douaire. V. *Dotaire* et *Dot*, R.

DOAS, dl. Deux. V. *Douas*.

DOAYRE, s. m. vl. Douaire. V. *Dot*.

DOB

DOBA, s. f. (dóbe). Étuvée, daube, certaine manière d'apprêter la viande, en la faisant cuire dans du bouillon avec de fines herbes et des épices.

Éty. de *dauber*, battre, frapper, dérivé du teuton *dubba*, m. s. parce qu'on bat la viande destinée à l'étuvée avant que de la faire cuire.

DOBLA, s. f. vl. Monnaie ancienne. Voy. *Doubla*.

DOBLADOR, vl. V. *Doblaire*.

DOBLADURA, s. f. vl. *Dobladura*, esp. Doublure, pli d'une étoffe. V. *Doublura* et *Du*, R.

DOBLAIRE, s. m. vl. *Doblador*, anc. esp. Double, second. V. *Du*, R.

DOBLAMEN, adv. vl. Doublement. V. *Doublament*.

DOBLAR, vl. V. *Doublar*.

DOBLE, vl. V. *Double*.

DOBLE, s. m. vl. Intérêts.

Laissa estar lo doble, pren lo captal.

DOBLEIRAMENT, adv. vl. *Dobladamente*, esp. *Doppiamente*, ital. Doublement. V. *Doublament* et *Du*, R.

DOBLER, adj. vl. DOBLIER. Double, à double maille.

Éty. V. *Du*, R.

DOBLIER, s. m. vl. Bissac, sac, besace, pourpoint, gilet piqué, doublé; damier. V. *Du*, R.

DOBLIER, s. m. vl. Tablier.

Tota nueg joston a doblier.
Toute la nuit joutent au tablier.
Marcabrus.

DOBRA, nom de lieu. vl. Douvres, en Angleterre.

DOBTAR, v. n. vl. Craindre, redouter.

DOC

DOC, DOUC, DOCT, DOCTR, rad. pris du lat

docere, doceo, doctum, enseigner, probablement dérivé du grec δοκέω (dokéô), penser, croire, estimer; doù: *doctus, doctor, doctrina, docilis, documentum.*

De *doctor*, par le changement de *o* en *ou*: *Douctour, Douctour-al, Douctour-at.*

De *doctrina*: *Doctrina, Doctrin-al, Doctrin-az, A-doctrin-ar, A-doctrin-at.*

De *doctrina*, par apoc. et changement de *o* en *ou*, *douctrin;* d'où: *Douctrin-a, Douctrin-ari, En-douctrin-ar, En-douctrin-at, Douctrin-a, Doctor, Doctr-ina, Doctrinament, Doctrin-ador, En-doctrina-men, En-doctrin-ar.*

De *docilis*, par apoc. et changement de *o* en *ou*, *doucil*; d'où: *Doucil-e, a; Doucilament, Doucil-itat, In-doucile, In-doucilitat.*

De *documentum*, par apoc. et changement de *o* en *ou*, *doucument*; d'où: *Document, Doucument, Doz-in.*

DOCTOR, vl. V. *Douctour* et *Doc*, R.

DOCTRINA, s. f. (douctrine); DOUCTRIKA, DOOUTRINA. *Dottrina*, ital. *Doctrina*, cat. esp. *Doutrina*, port. Doctrine, savoir, érudition; ce que l'on croit ou que l'on enseigne; catéchisme: *Anar à la douctrina*, aller au catéchisme.

Éty. du lat. *doctrina*. V. *Doc*, R.

DOCTRINADOR, s. m. vl. *Doctrinayre*, cat. *Doctrinador*, esp. *Doutrinador*, port. *Dottrinatore*, ital. *Doctrineur*, celui qui enseigne, qui catéchise, maître, professeur.

Éty. V. *Doc*, R.

DOCTRINAIRE, vl. V. *Doctrinador.*

DOCTRINAL, adj. vl. *Doctrinal*, cat. esp. *Doctrinal*, port. *Dottrinale*, ital. Doctrinal, qui appartient à la doctrine.

Éty. du lat. *doctrinalis*. V. *Doc*, R.

DOCTRINAMENT, s. m. *Dottrinamento*, ital. Enseignement. V. *Doc*, R.

DOCTRINAR, v. a. vl. *Endoctrinar*, cat. *Doctrinar*, esp. *Doutrinar*, port. *Dottrinare*, ital. *Doctriner*, montrer, enseigner, instruire. V. *Endouctrinar.*

Éty. de *doctrina* et de *ar*. V. *Doc*, R.

DOCTRINAR, v. a. vl. ENDOCTRINAR. *Doctrinar*, esp. *Doutrinar*, port. *Dottrinare*, ital. Endoctriner, prêcher. V. *Doc*, R.

DOCTRINAT, ADA, adj. et p. vl. Endoctriné, ée. V. *Endouctrinat.*

DOCTUR, d. béarn. Docteur. V. *Douctour.*

DOCUMENT, vl. V. *Doucument* et *Doc*, Rad.

DOCZENA, adj. vl. Douzième: *La doczena part*, la douzième partie.

DOCZOR, s. f. vl. Douceur. V. *Douçour* et *Douc*, R.

DOD

DODAR, vl. Douter. V. *Dotar* et *Doutar.*

DODECAEDRO, s. m. (dodecaèdrè); *Dodecaedrus*, lat. *Dodecaedro*, ital. esp. port. Dodécaèdre, solide, régulier, composé de douze pentagones égaux et réguliers.

Éty. du grec δώδεκα (dôdéka), douze, et de ἕδρα (hédra), siége ou base.

DODO FAIRE, V. *Nono.*

DODU, UA, adj. (doudú, úe). Dodu, ue; gras, potelé, qui a beaucoup d'embonpoint.

Éty. D'après l'auteur de l'origine des premières sociétés, les anciens entendaient par *dodone*, toute espèce de fruit sauvage et particulièrement ceux du chêne, du hêtre, du cornouiller, etc.; d'où la contrée de Cornouaille était aussi appelée *Dodonée*, de *dodone*, fruit gros, arrondi, est venu *dodu*, p. 12, d'autres le dérivent de *dorsum*, et M. de Roquefort, le fait venir de dormir, qui a de l'embonpoint comme un enfant qui dort beaucoup.

DOG

DOGA, vl. V. *Dogua.*

DOGE, s. m. (dódgé); *Doge*, ital. port. *Dux*, esp. Doge, on appelait ainsi le chef de la république de Venise, et celui de la république de Gènes.

Éty. du lat. *dux, ducis, duce*, d'où *douce, doce, doge*. V. *Duc*, R.

DOGME, s. m. (dógmé); *Dogma*, ital. esp. port. Dogme, principe, point de doctrine en matière de religion ou de philosophie.

Éty. du lat. *dogma*, dérivé du grec δόγμα (dogma), formé de δοκέω (dokeô), je pense, je suis d'avis, croire.

DOGMATIQUE, adj. (dougmatiqué); DOUGMATIQUE. *Dogmatico*, ital. esp. port. Dogmatique, qui regarde le dogme.

Éty. V. *Dogme*, et la term. *ique.*

DOGMATIZAR, v. n. (dougmatizá); DOUGMATISAR. *Dogmatizare*, cat. *Dommatizzare*, ital. *Dogmatizar*, esp. port. Dogmatiser, enseigner une nouvelle doctrine, une doctrine fausse ou dangereuse.

Éty. du grec δογματίζειν (dogmatizein), le même.

DOGOU, s. m. (dógou); *Docke*, all. *Dogo*, esp. port. Espèce de chien. V. *Chin.*

Éty. de l'anglais *dog*, chien.

DOGUA, s. f. vl. DOGA. *Doga*, ital. Douve, creux, cavité.

DOGUIN, s. m. (douguín); DOUGUIN. Doguin, espèce de chien.

Éty. Dim. de *dogou*, petit dogue.

DOI

DOI, nom de nombre, vl. Deux.

DOILOROS, adj. vl. V. *Doloros* et *Dol*, Rad.

DOL

DOL, DOUL, rad. pris du lat. *dolere, doleo*, sentir de la douleur, se plaindre; d'où: *Dolor, Dolens.*

De *dolere*, par apoc. *doler*; d'où: *Dol, Doler*, et par le changement de *o* en *ou*: *Douler, Dol-ensa, Dol-entia, A-dolent-ir, Dolorosa-men, Doloyrosa-ment, Doloiramen, Doloyr-ar, A-dolent-ar.*

De *dolor*: *Dolor, Dolor-os, Doloir-os*, et par le changement des *o* en *ou*, *doulour*: *Doulour, Doulouir-ar, Doulour-ous, ousa; En-doulour-ir, En-doulour-it, A-doulour-it, Douleir-ous, A-doul, A-doul-entit, Doulourousa-ment, En-doulent-ir, En-doulent-it, En-doulou-m-ar, En-doulou-m-at.*

De *dolentis* gén. de *dolens*, par apoc. *dolent;* d'où: *Dolent-enta*, et par le changement de *o* en *ou*: *Doulent, enta; In-doulent, In-doulenç-a, Douleanç-a, Coun-douleança.*

De *dolent*: *A-dolent-ir, A-dolent-it, A-dolent-ar, A-dol-ar, Des-a-dolor-ar, En-doloira-men, Deouv-e, Doou, Doour-e, Duel-ansa.*

DOL, s. m. vl. Deuil, doléance: *Menar dol*, se lamenter, V. *Doou*, plus usité; douleur, V. *Doulour;* faute, V. *Fauta;* il ou elle se plaint.

Éty. V. *Dol*, R.

DOL, s. m. vl. *Dol*, cat. *Dolo*, esp. port. ital. Dol, fraude.

Éty. du lat. *dolus*, m. s.

DOLADIS, adj. vl. Taillé, poli.

DOLADOIRA, s. f. vl. *Doladera*, esp. Doloire.

Éty. du lat. *dolabra.*

DOLAR, v. a. (doulá), d. bas lim. DOULAR. *Dolar*, anc. cat. esp. Doler, blanchir et unir le bois avec la doloire, pour battre. V. *Rossar.*

Éty. du lat. *dolare*, m. s.

DOLAT, ADA, adj. et p. vl. *Dolado*, esp. Dolé, ée; travaillé. V. *Dolar.*

DOLC, vl. Il ou elle souffrit, se plaignit; de *doler.*

DOLÇA, dl. DOLSA. Une gousse d'ail. V. *Vena d'alhet.*

DOLCIR, v. n. vl. Devenir doux, adoucir. V. *Douç*, R.

DOLENSA, s. f. vl. *Doença*, port. *Dolenza*, ital. Chagrin, affliction, souffrance. V. *Dol*, R.

DOLENT, ENTA, adj. vl. *Doliente*, esp. *Dolente*, ital. Dolent, ente; triste, affligé. V. *Doul*, R.

DOLENTIA, s. f. vl. *Dolencia*, cat. esp. *Doglienza*, ital. Souffrance, affliction. Voy. *Dol*, R.

DOLER, v. n. vl. *Dolrer*, cat. *Doler*, esp. *Doer*, port. *Dolere*, ital. S'affliger, souffrir, plaindre, faire mal.

Éty. du lat. *dolere*, m. s. Voy. *Dooure* et *Dol*, R.

DOLGUT, UDA, adj. et part. vl. Affligé, ée.

DOLOIRAMEN, s. m. vl. Douleur, affliction, souffrance. V. *Dol*, R.

DOLOIRAR, v. n. Regretter; se plaindre.

DOLOIROS, OSA, adj. vl. V. *Doloros* et *Dol*, R.

DOLOR, vl. V. *Doulour* et *Dol*, R.

DOLOROS, OSA, adj. vl. DOLOIROS, DOILOROS. *Doloros*, cat. *Doloroso*, esp. port. ital. Dolent, plaintif, affligé, douloureux, sensible, mauvais, cruel. V. *Doulourous* et *Dol*, Rad.

Éty. du lat. *dolorosus*, m. s.

DOLOROSAMEN, adv. DOLOYROSAMENT. *Dolorosamente*, esp. port. ital. Douloureusement.

Éty. de *dolorosa* et de *ment*, d'une manière douloureuse. V. *Dol*, R.

DOLOSAMENT, adv. anc. d. béarn. *Dolosamente*, esp. Frauduleusement.

Éty. du lat. *dolosa*, trompeuse, fourbe, et de *ment*; de *dolus*, dol, dérivé du grec δόλος (dolos), m. s.

DOLOYRAMEN, vl. V. *Doloiramen.*

DOLOYRAR, v. n. vl. *Dolorar*, ital. Souffrir, se douloir. V. *Dol*, R.

DOLOYROS, OSA, vl. V. *Doulourous.*
DOLOYROSAMENT, vl. V. *Dolorosament* et *Dol*, R.
DOLS, EL, s. m. vl. Le doux, la douceur, vl. V. *Douç*, R.
DOLS, OLSA, adj. vl. Doux, douce. V. *Dous* et *Douc*, R.

Dolsa res, était une grand louange que les poëtes donnaient aux Dames.
Lexique, Bibl. carp.

DOLSA, dl. Gousse. V. *Dooussa.*
Una dolsa de alh, une gousse d'ail; oignon de fleur.
DOLSA, vl. V. *Dolça.*
DOLSAN, ANA, adj. vl. Doux, ouce, douceâtre.
Éty. de *dols* et de *an*. V. *Douç*, R.
DOLSOR, s. f. vl. *Dolzor*, esp. Douceur. V. *Douçour* et *Douç*, R.
DOLZ, adj. vl. DOS, DOUS. *Dols*, cat. Doux. V. *Dous* et *Douç*, R.
DOLZAMENT, adv. vl. DOLZAMEN. Doucement. V. *Douçament* et *Douç*, R.
DOLZE, nom de nombre, vl. Douze.
DOLZETTAMEN, adv. vl. Doucement. V. *Douç*, R.
DOLZOR, s. f. vl. DOUSSOR. *Dolsor*, anc. cat. *Dolzor*, anc. esp. *Dolzore*, anc. ital. Douceur. V. *Douçour* et *Douç*, R.

DOM

DOM, DOUM, DOUMICIL, DOUMESTIC, radical pris du lat. *domus*, *us*, maison; d'où: *domesticus*, *domicilium*, domestique, qui est de la maison, domicile, dérivé du grec δῶμα (dôma), maison, de δέμω (démô), bâtir.
De *domesticus*, par sync. de *sti domecus*, et par chang. du *c* en *g*, et de *u* en *e*: *Domesti*, *Domesche*, *Domestique.*
De *domus*, par apoc. *dom*, *domesti*; d'où: *Domez-ia.*
De *domeg*, par le chang. de *o* en *u*, *doumeg*; d'où: *Doumeg-e*, *ea*, *Doumesch-e*, *escha.*
De *domesticus*, par apoc. *domestic*; d'où: *Doumestic-a*, *Doumestiqu-e*, *Maior-dom-e.*
De *domicilium*, par apoc. *domicil*, *domicili*; d'où: *Doumicil-e*, *Doumicili-ar*, *Doumicili-aria*, *Doumicili-at*, *Domicili.*
De *domesticus*, par apoc. *domestic*, par sync. de *ti*, *domesc*, et par le chang. du *c* en *g*, *domesg*; d'où: *Domesg-ier*, *Domesg-a*, *Domesgu-e*, *Domesg-ar*, *Domeg-es*, *Domesj-ar*, *Domesj-able*, *Domeng-er*, *Domeng-ier*, *Domeng-ers*, *Domenj-adura*, *Dometgu-e*, *Domestga-men*, *Domestic*, *Domestegu-e*, *Domestegu-essa.*
De *dominum*: *Domain-e*, *Domen-is*, *Doman-ar*, *Dominical-ura*, *Domenj-adura*, *Domini-ser*, *Domerg-al*, *En-domeng-adura*, *En-domenj-at.*
DOM, ou DON. *Dom*, port. Titre d'honneur, qui signifie, maître, seigneur.
Éty. du lat. *dominus*, d'où la basse lat. *domnus*, et le français *dame*; titre qui appartenait anciennement aux deux sexes, et dont les diminutifs *domicellus* et *dominicellus*, damoisel, damoiseau, étaient les titres des fils de chevalier, de même qu'on appelait *damoiselle*, en basse lat. *domicella* ou *dominicella*, les femmes de la plus haute qualité. V. *Dama*, *Doumeisella* et *Domin*, R.
DOMABLE, ABLA, adj. vl. *Domable*, cat. esp. *Domavel*, port. *Domabile*, ital. Domptable. V. *Dountable.*
Éty. du lat. *domabilis*, m. s. V. *Domin*, Rad.
DOMADURA, s. f. vl. DOMDADURA. *Domadura*, esp. *Domatura*, ital. Sujétion, soumission, *dompture.*
Éty. du lat. *domitura*. V. *Domin*, R.
DOMAGE, s. m. vl. Domaine, seigneurie.
DOMAINE, vl. V. *Doumeno* et *Dom*, R.
DOMANAR, v. a. vl. Posséder, avoir en domaine. V. *Dom*, R.
DOMANIENC, adj. vl. Seigneurial.
DOMAYNE, s. m. anc. béarn. Domaine. V. *Doumeno.*
DOMBRE-DIEU, s. m. vl. DOMBRES DIEUS. Seigneur Dieu. V. *Domin*, R.
DOMDADURA, s. f. vl. *Dompture*, habitude forcée. V. *Domadura* et *Domin*, R.
DOMDAR, v. a. vl. Dompter, subjuguer.
DOMDE, adj. vl. Dompté, soumis. V. *Doumtat* et *Domin*, R.
DOME, s. m. (dómé), dl. Se dit pour homme, après une voyelle: *Paure dome*, pauvre homme. Douj. V. *Hom*, R.
DOMEGES, s. m. vl. Domestique.
Éty. du lat. *domesticus*. V. *Dom*, R.
DOMEINADURA, s. f. anc. dial. béarn. DOMENJADURA. Demeure, maison, domaine.
Éty. V. *Domin*, R.
DOMEJES, s. m. pl. vl. Domestiques.
DOMEJO, vl. V. *Doujoun* et *Domin*, R.
DOMENGA, s. f. vl. V. *Dimenche* et *Domin*, R.
DOMENGE, vl. V. *Doumenge.*
DOMENGEIRAMEN, adv. vl. Domestiquement, servilement. V. *Dom*, R.
DOMENGER, ERA, adj. vl. Particulier, ière, familier; natal. V. *Domesgier.*
Éty. de *domus*, maison. V. *Dom*, R.
DOMENGERS, s. m. vl. et *Domesgers*, au pl. Familiers, serviteurs, amis. V. *Dom*, Rad.
DOMENGIER, s. m. vl. Domestique, serviteur. V. *Domesgier* et *Dom*, R.
Il a signifié aussi principal, seigneurial.
DOMENI, s. m. vl. Seigneur. Voy. *Segnour.*
DOMENI, s. m. vl. V. *Doumeno* et *Dom*, Rad.
DOMENJADURA, s. f. vl. *Domenjadura*, anc. cat. Résidence, propriété, demeure. V. *Domeinadura* et *Dom*, R.

Qui envadis domenjadura.
Stat. béarn. Rubrica de Penas.

DOMENJAMEN, s. m. vl. Domination.
DOMENJAT, adj. et part. vl. Serf, esclave.
DOMENS, adv. et conj. vl. Pendant, tandis. V. *Domentre* et *Dooumens.*
DOMENTRE, adv. (douméintré); DOUMENTRE, DOMENS, vl. Tandis, pendant, en attendant que. V. *Dooumens.*
DOMERGAL, adj. vl. Domanial, particulier; du dimanche. V. *Dom* et *Domin*, R.
DOMERGUE, nom d'homme, vl. Dominique.
DOMESCHE, ESCHA, adj. vl. Domestique. V. *Domesque.*

Arbre domesche *o carguant fruit.*
Cont. de Coudom.
Arbre domestique ou portant fruit.

Éty. du lat. *domesticus*. V. *Dom*, R.
DOMESGAR, v. a. vl. DOMESJAR. Apprivoiser, soumettre. V. *Dom*, R.
DOMESGIER, adj. vl. Domestique, privé, soumis, sujet. V. *Domestic* et *Dom*, R.
DOMESGUA, adj. vl. Domestique: *Domesgua calamitat*, calamité domestique.
Éty. du lat. *domestica*. V. *Dom*, R.
DOMESGUE, adj. vl. DOMESCHE, DOMETGUE. Domestique, apprivoisé. V. *Dom*, R.
DOMESJABLE, adj. vl. *Apprivoisable*, domptable. V. *Dom*, R.
DEMESJAR, vl. V. *Domesgar* et *Dom*, Rad.
DOMESJAT, ADA, adj. et part. vl. Apprivoisé, ée. V. *Dom*, R.
DOMESTEGA, s. f. vl. Domestique de la maison.
DOMESTEGUE, vl. V. *Domestic* et *Dom*, R.
DOMESTEGUESSA, s. f. vl. DESMESTEGUESSA. *Domestichezza*, ital. Privauté, familiarité. V. *Dom*, R.
DOMESTGAMEN, adv. Privément, d'une manière privée. V. *Dom*, R.
DOMESTI, s. m. pl. d. vaud. Domestiques. V. *Dom*, R.
DOMESTIC, ICA, adj. vl. DOMESTEGUE, DOMESGIER, DOMENGER, DOMENGIER. *Domestic*, cat. *Domestico*, esp. port. ital. Domestique, privé, particulier, serviteur.
Éty. du lat. *domesticus*. V. *Dom*, R.
DOMESTIQUE, ICA, V. *Varlet* et *Serventa.*
Éty. du lat. *domesticus*. V. *Dom*, R.
DOMETGUE, s. m. vl. Domestique. V. *Domesgue.*
Éty. V. *Dom*, R.
DOMEZIA, s. f. et adj. vl. De la maison, domestique: *Domeziagleia de lor*, église qui est dans leur maison. Sauv.
Éty. de *domus*, maison. V. *Dom*, R.
DOMICILI, s. m. vl. V. *Doumicile* et *Dom*, R.
DOMIN, DOUMIN, DOMN, DON, sous-radical pris du latin *dominus*, maître, dérivé de *domus*, maison, V. *Dom*, parce que c'est d'abord au maître de la maison qu'on a donné ce titre, d'où *dominari*, dominer, *dominatio*, domination.
De *dominus*, *domin-i*, et par apoc. *dom*; d'où: *Dom*, *Dom-ayne*, *Domini*, *Dom-bres*, *Dominic-al*, *Dominical-a*, *Domin-o*, *Douminical-ier.*
De *dominus*, par apocope et syncope de *i*, *domin*; d'où: *Domney-ar*, *Domnh-ou*, *Domesgu-e*, *Dometgu-e*, *Domestgua-men.*
De *domn*, par la suppr. de *m*: *Don.*
De *domin*, par suppr. de *in*, et changement de *o* en *ou*, *doum*; d'où: *Doum-aisel*, *Doumaisel-enc*, *enca*, *Doumaisel-eta*, *Doumaisel-a*, *Doumeisella*, *Doumeisel-enca*, *Doumeisel-et*, *Doumeisel-eta*, *Doumeisel-un*, *En-doumaisel-enc-ar.*
De *domin*, par le changement de *i* en *e*,

et de o en *ou*, *doumen: Domen-icar*, *Doumen-o*, *Domein-adura*, *Domenj-adura*, *Doman-ar*, *Endomeng-adura*, *Doun-joun.*

De *dominari*, par apoc. et changement de *o* en *ou*, *doumin;* d'où: *Doumin-ant*, *Doumin-ar*, *Doumin-at*, *Doumin-icar*.

De *dominationis*, gén. de *dominatio*, par apoc. *Domination*, *Dominicat-ura*.

De *dominator*, par le changement de *o* en *ou: Douminatour*, *Doumerg-adura*, *Domejo*, *Dompnh-on*.

De *dom*, par le changement de *o* en *a*, *dam;* d'où: *Dam-a*, *Dam-e*, *Dam-ri*, *Damas*, *Dam-assa*, *Dam-eisella*, *Dam-eiselela*, *Dameis-eou*, *Dam-i*, *Dami-det*, *Dam-inoun*, *Dam-isela*, *Damis-eu*, *Dam-isela*, *Dam-ri*, *Dameisell-it*, *Dam-ar*, *Des-damar*, *En-dameiselit*, *Ma-dama*, *Ma-dameisela*, *En-damein-at*.

De *domn*, par la suppr. de *m*, *don;* d'où: *Don*, *Don-a*, *Don-aire*, *Don-ela*, *Don-s*, *Ma-dona*, *Madon-eta*, *Donz-el*, *Donzela*, *Donzel-on*, *Donzel-ar*.

De *doun* ou *domn*, par l'add. d'un *p*, *doumpn* ou *dompn;* d'où: *Dompn-a*, *Dompn*, *Dompn-eiar*, *Dompnei-ador*, *Dompn-ey*, *Dompneya-men*, *Dompney-ar*, *Doni-able*, *Domad-ura*, *Domt-ar*, *Dompt-ar*, *Dompdar*, *Domd-e*, *A-domn-iu*, *Adomn-esgar*, *A-dom-esjar*.

De *dominus*, par apoc. *domin*, et par suppr. de *i*, *domn;* d'où: *Domn-a*, *Domn-e*, *Domn-ei*, *Domnei-ador*, *Domnei-aire*, *Domney-ar*, *Domn-i*, *Domnei-ar*, *Mi-dona*, *Mi-dons*, *A-domni-a*.

De *dominus*, *domini: Domeni-ser*, *Dominica*, *Dominic-al*, *Domerg-al*, *Domenga*, *A-domesg-ar*, *A-domesj-at*, *A-domesj-ar*.

De *domina*, par suppr. de *domi: Na*.

DOMINATIO, vl. V.

DOMINATION, s. f. vl. *Dominació*, cat. *Dominacion*, esp. *Dominação*, port. *Dominazione*, ital. Domination.

Éty. du lat. *dominationis*, gén. de *dominatio*, m. s. V. *Domin*, R.

DOMINE GOBI, V. *Gouapou*.

DOMINGO SANT, (san doumingue); *Domingo Santo*, ital. Saint-Domingue, Hispaniola ou Aïti, une des plus grandes îles des Antilles, dans l'Archipel, entre Porto-Ricco et Cuba.

DOMINI, vl. Mot latin conservé, dans le même sens, du seigneur, du roi: *Domini-Dieu*, Seigneur Dieu.

Lo trap domini, la tente royale.

Éty. V. *Domin*, R.

DOMINICA, s. f. vl. *Dominica*, cat. esp. *Domenica* et *Dominica*, ital. Dimanche.

Éty. du lat. *dominica*. V. *Domin*, R.

DOMINICA LA, (douminique la); *Domenico*, ital. Dominique La, une des îles des Antilles, dans l'Archipel, elle est située entre la Martinique et la Gouadeloupe.

DOMINICAL, ALA, adj. (douminicál, ále); *Dominicale*, ital. *Dominical*, esp. port. cat. Dominical, ale, qui appartient au Seigneur, à Dieu, au dimanche.

Éty. du lat. *dominicalis*, m. s. Voy. *Domin*, R.

DOMINICALA, s. f. (douminicále); *Dominical*, esp. Dominicale, prêcher la dominicale, c'est-à-dire, le dimanche, le jour du Seigneur. V. *Domin*, R.

DOMINICATURA, s. f. vl. *Dominicatura*, esp. Domaine, seigneurie. V. *Domin*, Rad.

DOMINICO, nom d'homme, (douminique); DOUMENGE, MENICO, MENICOUN, NICOU, NICO. *Domenico*, ital. *Domingo*, port. Dominique.

Éty. V. *Doumenge* et *Dominicus*.

Patr. l'Église honore plusieurs saints ou saintes de ce nom, les 22, 8 janvier; 12, 18 mai; 6 juillet; 14 octobre; et 20, 29, décembre.

DOMINI-SER, s. m. vl. Serf domanial. V. *Dom*, R.

DOMINO, s. m. (dominó). Domino, jeu que l'on joue avec de petites tablettes, en forme de parallelipipèdes, marquées d'un côté d'un certain nombre de points, depuis 1 jusqu'à 8, à chaque extrémité.

On nomme:

DÉ, les parallélogrammes ou pièces du jeu.
CULOTTE, dé que l'on met sur la table, et sur lequel aucun des joueurs ne peut poser, ce qui fait gagner celui qui a le moins de points.

On croit que ce jeu est renouvelé des Hébreux, des Grecs et des Chinois.

DOMINO, s. m. (dominó), Domino, camail noir que les ecclésiastiques portaient au chœur pendant l'hiver.

Éty. du lat. *domine*, seigneur, messire, titre qu'on donnait à ces ecclésiastiques. V. *Domin*, R.

DOMINO, s. m. (dominó); BABARAUDA. Domino, sorte d'habit de bal, ainsi nommé, de la ressemblance qu'on a cru lui trouver avec le camail qui porte le même nom. Voy. *Domin*, R.

DOMNA, s. f. vl. Dame, maîtresse. V. *Dona* et *Domin*, R.

DOMNE, vl. DOMNES. Titre d'honneur qui équivalait à seigneur.

Éty. du lat. *domine*, *dominus*. V. *Domin*, Rad.

DOMNEDIEU, s. m. vl. Le Seigneur Dieu.

DEMNEI, s. m. vl. DOMNEY, DOMPNEY. Charme, amour, courtoisie, galanterie, plaisir, faveur.

Éty. de *domna*, dame. V. *Domin*, R.

DOMNEIADOR, adj. vl. Galant.

Éty. de *domna*, dame, et de *eiador*. Voy. *Domin*, R.

DOMNEIAIRE, s. m. DOMNEIADOR, DOMPNEIADOR. *Donnaio* et *Donnaiolo*, ital. Galant, courtisan des femmes, courtiseur. V. *Domin*, Rad.

C'était aussi le titre d'une sorte de poésie, adressée, en forme d'épître, à une dame, commençant et finissant ordinairement par le mot *domna*. Rayn.

DOMNEIAR, vl. V. *Domneyar* et *Domin*, R.

DOMNEJADOR, adj. vl. DOMNEIADOR, DOMNEJAIRE. Galant, amoureux. V. *Domneiare*.

DOMNEJAIRE, vl. V. *Domneiare*.

DOMNEJAR, v. n. vl. DOMNEIAR, DOMNEYAR, DOMPNEYAR. *Doñear*, esp. *Donneare*, ital. Courtiser, faire la cour aux femmes.

Éty. de *domn* et *ejar*. V. *Domin*, R.

DOMNEY, vl. V. *Domnei*.

DOMNEYAR, v. n. V. *Domnejar*.

DOMNHON, s. m. vl. DOMNON, DROMN, DROMON, DOMPNHON. La partie la plus élevée d'un château-fort, le donjon, celle habitée par le seigneur.

Éty. de *domn*, pour *dominus*, le seigneur. V. *Domin*, R.

DOMNI, s. m. et titre honorif. vl. Seigneur.

Éty. du lat. *domini*, gén. de *dominus*, par sync. de *i*. V. *Domin*, R.

DOMO, s. m. (dóme); DOME. *Dom*, all. Dôme, ouvrage d'architecture élevé en rond, en forme de coupe, renversée au-dessus du reste du bâtiment.

Éty. du grec δῶμα (dôma), édifice, dôme.

DOMPDAR, vl. *Domdar*, anc. cat. V. *Doumtar* et *Domin*, R.

DOMPNA, vl. Dame, femme. V. *Dona* et *Domin*, R.

DOMPNEIADOR, vl. V. *Domneiare* et *Domin*, R.

DOMPNEIAIRE, vl. V. *Domneiaire*.

DOMPNEIAR, v. a vl. DOMPNEYAR. Courtiser. V. *Domnegar*.

Éty. de *dompna*, femme, et de *eiar*. Voy. *Domin*, R.

DOMPNEY, vl. V. *Domnei* et *Domin*, R.

DOMPNEYAMEN, s. m. Courtoisie, manière de faire l'amour. V. *Domin*, R.

DOMPNEYAR, vl. V. *Domneiar*.

DOMPNHON, vl. V. *Dounjoun* et *Domin*, R.

DOMPTAR, vl. V. *Doumtar* et *Domin*, Rad.

DOMTAR, vl. V. *Doumtar* et *Domin*, R.

DON

DON, pr. rel. ind. vl. Dont, de qui. Voy. *Dount*.

DON, s. m. vl. DONPN. *Don*, esp. cat. *Dom*, port. *Donno*, ital. Maître, seigneur, dom, domaine, seigneurie.

Éty. du lat. *dominus*. V. *Domin*, R.

DON, s. m. vl. Don, présent, sorte de tribut. V. *Doun* et *Doun*, R.

DON, (dón); *Dom*, port. Don, titre d'honneur, en Espagne, qui répond à peu près à celui de Monsieur, en France, quoiqu'il fut réservé autrefois à la haute-noblesse.

Éty. du lat. *dominus*, par apoc. et sync. de *mi*. V. *Domin* et *Don*, R.

On dit que Pelayo fut le premier à qui l'on donna ce titre, au commencement du VIIIme siècle.

DON, vl. Est dit quelquefois pour *dona* ou *domna*, dame.

DON, conj. vl. Donc.

Don, *donc*, *doncas*, *son*, *conjunctios conclusivas*. Leys d'amor.

Donc, ainsi, sont conjonctions *conclusives*.

DON, vl. Pour dont et d'où.

DON, adv. vl. D'où. V. *Dount*.

DONA, s. f. (dóne), DOMPNA, DOMNA. *Domna*, *Dompna* et *Donna*, anc. cat. *Dona*, anc. esp. *Dôna*, port. *Donna*, ital. Dame, femme en général ; maîtresse, dame de la maison.

Éty. du lat. *domina*. V. *Domin*, R.

DONA, s. f. d. vaud. Don, donnation. V. *Dona*, *Donda* et *Doun*, R.

DONA, s. f. vl. Machine de guerre.

DONA, s. f. MADONA, BELORI, GERMANA, CREBIDOLA, ALEDA, ALEDRA, ANEDA, ARDELA, BERBELUDA, ADRELA, CLARIANA, JUSIOUVA, JUSUEVA, FLOUR DE PASQUAS, PASQUELA, CURBIDONA. Noms sous lesquels on désigne, en divers lieux, le narcisse des poëtes, *Narcissus poeticus*, Lin. plante de la fam. des Liliacées, division des Narcisses, commune dans les prairies humides ; on la cultive comme fleur d'ornement.

DONADA, s. f. vl. Celle qui s'était donnée à un monastère, elle et ses biens. V. *Doun*, R.

DONADOR, s. m. vl. DONAIRE. *Donador*, esp. *Donatore*, ital. Généreux, libéral ; donneur, qui donne : *Alegre donador*, qui donne avec joie : *Hilarem datorem*. Voy. *Dounaire*.

Éty. du lat. *donator*, m. s. ou de *don* et de *ador*, celui qui donne. V. *Doun*, R.

DONAIRE, adj. vl. V. *Donador*, *Dounaire* et *Doun*, R.

DONAIRE, s. m. vl. Épître amoureuse des troubadours, qu'on nommait aussi *salutz*.

Éty. Il était ainsi nommé parce qu'il commençait et finissait toujours par le mot *dona*. V. *Domin*, R.

DONAMENT, s. m. d. vaud. *Donament*, anc. cat. *Donamento*, ital. L'action de donner, le don ; présentation.

Éty. V. *Doun*, R.

DONAR, v. a. vl. *Donar*, cat. *Donare*, itat. Donner, ordonner ; *donam*, nous ordonnons ; livrer.

Éty. V. *Dounar* et *Doun*, R.

Donar sobre, donner sur, combattre.

Donar dels esperos, donner des éperons, fuir.

DONAT, s. m. vl. *Donat*, cat. *Donado*, esp. *Donato*, port. Celui qui s'était donné à un couvent, lui et ses biens. V. *Doun*, R.

DONAT, **ADA**, adj. et p. vl. V. *Dounat* et *Doun*, R.

DONATIO, s. f. vl. DONAZON, DONAZOS. V. *Dounation* et *Doun*, R.

DONATIU, **IVA**, adj. vl. Dispensateur, fournisseur ; et subst. don, présent, largesse. V. *Doun*, R.

Éty. du lat. *donativum*.

DONAZO, s. f. vl. V. *Donatio*, *Dounation* et *Doun*, R.

DONAZON, s. f. (dounazón), vl. V. *Dounation*.

Éty. V. *Doun*, R.

DONC, conj. et adv. vl. DONCX, DONCAS, ADONC, ADONCS, ADONCAS, DUNC. *Doncs*, cat. *Doncas*, anc. esp. *Dunqua*, anc. ital. Donc, alors.

Éty. du lat. *tunc*. V. *Dounc*.

DONCA, vl. V. *Dounc*.

DONCAS, (dóunques), et

DONCS, vl. Particules interrogatives qui répondent au latin *nunquid? Ergo*; pour alors. V. *Donc*.

DOND, adv. vl. *Dond*, anc. esp. D'où.
Éty. du lat. *undè*.

DONDAR, vl. Dompter. V. *Doumptar*.

DONDO, s. f. vl. Femme prostituée. V. *Dondon*.

DONDON, s. f. (dondón). Dondon, femme ou fille qui a beaucoup d'embonpoint, qui est pesante et lourde dans sa marche.

Éty. de *dondaine*, duquel *dondon* est un augmentatif, et qui signifiait *ballon*, selon le Duchat, gonflée comme un ballon. Rochefort dit que *dondaine* était une machine propre à lancer de grosses pierres, d'où il fait également dériver *dondon*, et ensuite, de *gros-gros*.

DONEI, s. m. vl. Courtoisie. V. *Domin*, Rad.

DONETA, s. f. vl. *Doneta*, cat. Jeune dame. V. *Domin*, R.

DONJO, et

DONJON, vl. V. *Dounjoun* et *Domin*, Rad.

DONNAVENT, s. m. (donnovéint), d. bas lim. Ventouse, trou qu'on pratique dans les granges ou dans les étables pour établir un courant d'air. V. *Vent*, R.

DONOR, s. m. vl. Largesse. V. *Doun*, R.

DONPN, vl. V. *Don* et *Domin*, R.

DONS, Mot souvent employé dans le même sens que *domna*, dans la langue romane, et signifiant dame ; mais à *dons* se joignent toujours l'un des pronoms, *mi*, *ti*, *si*. V. *Domin*, R.

DONZEL, s. m. (dounzèl) ; *Donsell*, cat. *Doncell*, esp. *Donzell*, anc. cat. *Donzel*, port. *Donzello*, ital. *Donzellus*, bass. lat. Ce mot était anciennement un titre qu'on donnait aux fils de chevalier ; on le changea ensuite en damoiseau, page, qui signifiait petit maître ou fils de seigneur : aujourd'hui il est synonyme d'élégant, de galant, de dameret.

Éty. de la basse lat. *domicellus*, dérivé de *dominus*. V. *Domin*, R.

DONZELA, vl. V.

DONZELLA, s. f. (dounzèle) ; DOUNZELLA. *Donsella*, cat. *Doncella*, esp. *Donzella*, port. ital. Ce mot était employé pour *domsella*, dérivé de *domicella*, et signifiait damoiselle, fille du seigneur ou maître, jeune fille, donzelle, mais aujourd'hui on ne le donne plus qu'à une fille ou une femme d'un état médiocre et dont les mœurs sont suspectes. V. *Domin*, R.

DONZELLAR, v. n. *Donzellare*, ital. Causer, caqueter comme les femmes.

Éty. de *donzella* et de *ar*. V. *Domin*, R.

DONZELLET, vl. Il ou elle causa.

DONZELO, et

DONZELON, s. m. vl. DONZELOS. Damoiseau. V. *Donzel* et *Domin*, R.

DONZELOS, vl. V. *Donzelon*.

DOO

DOOCZ, adj. vl. Doux. V. *Dous*.

DOOCZAMENT, adv. vl. Doucement. V. *Douçament* et *Douç*, R.

DOOU, gén. de l'art. sing. m. *lou* (dóou); *Do*, port. *Del*, ital. Il se traduit en français par *du* : *La clartat doou souleou*, la clarté du soleil ; *L'enfant doou rei*, le fils du roi, etc. Il fait *de la* au féminin, *de lous* ou *deis* au pluriel.

Éty. Cet article est formé par contract. de *de lou*.

DOOU, Est aussi la troisième personne du singulier, du présent de l'indicatif, du verbe ancien, *doourc*, désirer, sentir, éprouver de la douleur, il n'est conservé que dans quelques phrases proverbiales.

Ce que leis hueilhs noun vesoun, lou couer noun doou.

Moun det me doou malament.

DOOU, s. m. (dóou); DOUER, DO, DOL. *Duolo*, ital. *Douelo*, esp. Deuil, affliction, tristesse que l'on éprouve à la mort d'un parent, signes extérieurs de douleur, habit noir que l'on porte ; ennui, dégoût.

Croumpar lou doou, acheter les habits de deuil.

Éty. du lat. *dolere*, *doleo*, d'où *dol* et *doou*, par le changement de *l* en *ou*. V. *Dol*, Rad.

La car me ven en doou, je suis dégoûté de la viande.

L'usage de témoigner la douleur qu'on éprouve, par des signes extérieurs, était déjà établie du temps d'Abraham, qui porta le deuil de Sara, mais la couleur des habillements par laquelle on veut la manifester a varié selon les temps et dans les différents gouvernements.

Dans la plupart des pays chrétiens le deuil se porte en noir ; il est bleu en Turquie et blanc dans la Chine. Nos rois et nos archevêques le portent en violet.

Vous trufez pas de moun doou, quand lou miou serà vielh, lou vostre serà noou, ne vous riez pas de mes peines, quand les miennes seront finies, les vôtres commenceront.

DOOUDINAR SE, v. r. (sé dooudinà). Se dorloter, se dodiner. V. *Coucounegar se*.

DOOUFINA, nom de femme, (doouñne). Delphine.

Patr. Sainte Delphine ou Dauphine, honorée le 26 novembre.

DOOULIN DOOULAN, loct. adv. (doou-lin-dooulán), d. de Manosque. Clopin-clopant. V. *Dalin-Dalan*.

DOOUMACI, expr. adv. (doouamaci). Parce que. Cast.

DOOUMAGI, V. *Daumagi*.

DOOUMASSI, adv. (doouamassi), d. de Vaucluse. Parce que, d'autant plus, d'autant mieux. Avril.

DOOUMENS, adv. (doouméin) ; DAUMENS, DOOUMEN, DUMEN. *Almeno*, ital. *A lo menos*, esp. *Ao menos*, port. Du moins, au moins, pendant, tandis.

Éty. de *doou* et de *mens*, moins, du moins, de la moindre partie. V. *Min*, R.

> He ben vau m'en anar calmaz vouestro coulero,
> Permetez mi *doouemens* de vous noumar moun pero.
> Pelabon.

DOOUPHIN, s. m. *Delfino*, ital. *Delfin*, esp. *Delfim*, port. *Delphin*, all. *Delfi*, cat. Le dauphin ou dauphin vulgaire, *Delphinus delphis*, Lin. Mammifère nectopode de la fam. des Cétacés. La femelle porte dix mois, et ne met au jour à la fois, qu'un, et rarement deux petits, qu'elle allaite et défend avec le plus grand soin.

A dix ans les dauphins ont acquis tout

leur accroissement, la longueur de leur corps ne dépasse pas neuf pieds.

Éty. du lat. *delphinus*, dérivé du grec δελφὶν (delphin), m. s.

DOOUPHIN, s. m. (doouphïn); *Delfin*, esp. *Delfino*, ital. Dauphin, le fils aîné des rois de France.

Éty. Parce que Humbert II, ne céda le Dauphiné à Philippe de Valois, que sous la condition qu'un fils de France porterait le nom de Dauphin et en écartèlerait ses armes; ce traité eut lieu le 23 avril 1343, et il fut confirmé en 1349. Charles V, petit fils de Philippe, porta le premier le titre de Dauphin, comme fils du roi de France. Il paraît que ce nom ne date que de Guigue VII, qui mourut en 1270, et qui prit pour ses armoiries un dauphin.

DOOUPHINA, s. f. (doouphine). Dauphine, titre que porte l'épouse du Dauphin de France.

DOOUPHINAT, (doouphinâ); *Delfinato*, ital. *Delphinado*, esp. *Delfinado*, port. Dauphiné, le, ancienne province de France, bornée à l'Ouest, par le Rhône; au Sud, par la Provence; à l'Est, par les Alpes; au Nord, par la Savoie et le Rhône. Elle forme aujourd'hui trois départements, l'Isère, Hautes-Alpes et la Drôme.

Éty. du lat. *delfinatus*.

DOOUPHINENC, ENCA, s. (doouphinéin, éinque). Habitant du Dauphiné, *dauphinois*, ne se trouve point, dans les meilleurs vocabulaires.

Éty. de *doouphinat* et de *enç*, habitant.

DOOUPHINENC, s. m. SARDOU. Un des noms languedociens du marronier, qui lui fut donné, parce que les premières greffes de cet arbre furent apportées du dauphiné.

DOOUPHINENCA, s. f. SARDOUNA. Nom languedocien des grosses châtaignes qu'on appelle ailleurs marrons.

Éty. Ainsi nommées parce qu'elles ressemblent aux fruits du marronnier ou parce que cette espèce est venue du Dauphiné.

DOOURAR, et comp. V. *Daurar*.

DOOURUHA, V. *Daurura*.

DOOURE SE, v. r. (se dooure); DOLER SE, DOULER SE, DOULOUIRAR SE. Se douloir, sentir, éprouver de la douleur: *Frema ris, frema se doou, frema ploura quand voou.* V. *Doou*.

Éty. du lat. *dolere*, m. s. V. *Dol*, R.

DOOUS, art. pl. m. (dóous), d. bas lim. C'est le pluriel de *dei*: *Doous homes*, des hommes. V. *Das* et *Deis*.

Éty. *Doous*, est dit pour *de lous*.

DOOUS, prép. du lang. Qui a la m. s. que *Dious*, v. c. m.

DOOUSSA, s. f. (doóusse); DOUESSA, DOLSA. Cosse ou enveloppe des graines, des plantes légumineuses, dont le fruit entier se nomme gousse.

DOOUSSAR, v. a. (dooussá), d. de Manosque. Produire abondamment des cosses, des gousses, en parlant des plantes légumineuses, telles que les pois, les fèves, les haricots, etc.: *Cosser* et *fruiter*, que M. Avril donne comme équivalants français du mot *doussar*, sont des barbarismes.

Éty. de *doóussa* et de *ar*.

DOOUTEMPS, adv. (dooutèims). Pendant que, dans le temps que. V. *Temp*, R.

DOOUTRES, nom de nombre. (dooutrés). Deux ou trois, quelques-uns.

Éty. Formé de *dous ou tres*. V. *Tres*, Rad.

DOOUTRINA, s. f. (dooutrine). Voy. *Catechisme* et *Doc*, R.

DOP

DOPTAMENT, s. m. vl. DOBTAMEN. Doute, incertitude, doutance. V. *Doptansa*, *Doutança* et *Dub*, R.

DOPTANS, adj. vl. Craintif, qui doute de ses forces. V. *Dub*, R.

DOPTANSA, s. f. vl. DOPTAMENT. Doute, crainte, inquiétude. V. *Doutança* et *Dub*, Rad.

DOPTANZA, vl. V. *Doptansa*.

DOPTAR, v. a. vl. Craindre, redouter: *Los enemics no nos presen, ni dobton*, les ennemis ne nous estiment ni nous craignent, V. *Dub*, R. pour douter. V. *Doutar*.

DOPTE, s. m. vl. Doute. V. *Dub*, R.

DOPTOR, s. f. vl. Crainte, V. *Dub*, R. et adj. timide. V. *Doptos*.

DOPTOS, adv. vl. *Dubtos*, cat. *Dudoso*, esp. *Duvidoso*, port. *Dottoso*, ital. Douteux, incertain, craintif, alarmé, timide. V. *Dub*, Rad.

DOPTOS, OSA, adj. vl. Douteux. V. *Doutous* et *Dub*, R.

DOPTOSAMEN, adv. vl. *Dudosamente*, ital. Douteusement. V. *Dub*, R.

DOR

DOR, s. m. vl. Tronçon.

DORA, Syn. de *Dorothea*, v. c. m.

DORABLETAT, s. f. vl. Durée, éternité.

Éty. de *dorable*, pour *durable*, et de *état*, état durable. V. *Dur*, R.

DORALS, vl. Pour *de ora los*.

Et mot petita dorals *aurian establitz*. 5846. En très-petit moment les auraient fortifiés.

DORC, s. f. vl. Cruche. V. *Dourga*.

Laissi gran çuba per dorc.
Gavaudan le Vieux.

Je laisse une grande cuve pour une cruche.

DORCA, s. f. vl. *Dorca*, anc. cat. Cruche, cruchon, bocal. V. *Dourga*.

DORGNA, s. f. (dórgne), d. bas lim. Inégalité dans le fil, bouchon, V. *Bourrilhoun*; pustule. V. *Boutoun* et *Brivola*.

DORGUET, s. m. (dorgué); DORGUE. Un des noms languedociens de l'agaric oronge. V. *Roumanel*.

Éty.

Se pluma coumo dorgue, il se pèle comme un ognon.

DORIAC, nom de lieu. (doriác). Doriac.

Éty. du grec δῶρια (dôria), don, présent.

DORIQUE, ICA, adj. (dourique, ique); *Dorico*, ital. esp. port. *Doric*, cat. Dorique, qui vient des doriens, dialecte dorique, ordre dorique. V. *Ordres d'architectura*.

Éty. du grec δώριος (dôrios), m. s.

DORM, DOURM, DURM, radical pris du latin *dormire*, *dormio*, dormir, être plongé dans le sommeil, dérivé, selon Vossius, du gerc δέρμα (derma), peau, parce que c'était sur des peaux que l'on se couchait pour dormir, et par le changement assez ordinaire de *e* en *o*. M. Roquefort dit que *dormire* est une onomatopée qui peint le ronflement d'une personne qui dort, d'où *dormitorium*, dortoir.

De *dormire*, par apoc. *dorm*; d'où: *Dormelha, Dormelh-assa, Dormelh-ar, Dormeire, Dorm-ent, Dorm-i, Dorm-ida, Dormitori, Dorm-icio, Dorm-itar, Dorm-idou, Dorm-idour, Dorm-ilhet, Dorm-ilhoua, Dorm-ilhos, Dorm-ilhous, ousa, Dormilhousa, Dorm-iou, A-con-dormir, A-durmir, A-dormir, Dorm-ir, En-dormir, Desendormir, Entre-dormir, Dorm-usa, Endorm-it, Dorme-drech, En-dorm-atori, En-dorm-id-ouira, En-dorm-id-ouiras, Dort-oir, En-dorm-ilh-oua, A-con-dormit, A-drom-ir, A-droum-ir, A-droum-it, Droumilh-eira, Droum-ir, En-drom-as, Dourm-ard, Dourmi-as, assa; En-droumir, En-droum-it, Entre-dourmir.*

Du lat. *dormitorium*, par apoc. *Dormitori* et *Dortoir*, par sync. de *mi* et mét. de *i*.

De *dorm*, par le changement de *o* en *ou*: *Dourm*, et par le chang. de *o* en *u*: *Durm*. V. *Dorm. En-durm-ir, Durm-ir, Durmilhos, A-durmir, A-dormi-ment.*

DORME-DRECH, s. (dórmé-dré); DUER-ME-DRECH. Lendore, indolent, personne qui semble toujours endormie: *Es un dorme-drech*, c'est un lendore. V. *Dorm*, R.

DORMEIRE, MUSA, s. (dourmèiré, múse); DORMELHA, DURMELHA, GASTA-LINSOOUS, DURMEIRE. *Dormiglione*, ital. *Dormion*, esp. *Dormilão*, port. *Dormidor*, port. cat. esp. Dormeur, euse; celui ou celle qui dort beaucoup, qui aime à dormir.

Éty. du lat. *dormitator*, ou de *dormir* et de *eire*, celui qui dort. V. *Dorm*, R.

DORMELHA, V. *Dormeire*.

DORMELHAR, v. n. (dourmeillá); DURMELHAR, DOURMELHAR, PENECAR. *Dormitar*, esp. port. Sommeiller, dormir d'un sommeil léger, d'un sommeil imparfait.

Éty. du lat. *dormitare*. V. *Dorm*, R.

DORMELHASSA, s. (dourmeillássa); DORMIASSA, DOURMIASSA, DOURMARD, DOURMIAS. *Dormilon*, esp. *Dormiglione*, ital. Gros dormeur, euse; roupilleur.

Éty. de *dormelha* et de *assa*. V. *Dorm*, Rad.

DORMENT, s. m. (dourmèint); DOURMENT, DURMENT. Dormant, chassis de bois scellé dans le mur pour soutenir une porte, un chassis; en terme de mar. bout de cordage qui manœuvre souvent.

Éty. Cette pièce étant fixe est regardée comme dormant. V. *Dorm*, R.

DORMENT, ENTA, adj. (dourmèin, èinte); DURMENT. *Dormiente*, esp. *Dorment*, cat. *Dormente*, ital. Dormant, ante, qui dort.

Éty. du lat. *dormientis*, gén. de *dormiens*. V. *Dorm*, R.

DORMI, LO, s. m. Le dormir, le sommeil.

DORMICIO, s. f. vl. *Dormicion*, esp. *Dormizione*, ital. Sommeil, repos; engourdissement.

Éty. du lat. *dormitio*. V. *Dorm*.

DORMIDA, s. f. (dourmide); DOURMIDA.

Dormida, cat. *Dormizione*, ital. Somme; la méridienne ou sommeil qu'on prend à midi: *Ai fach una bona dourmida*, j'ai fait un bon somme; mue des vers à soie.

Éty. de *Dorm*, R. de *dourmir* et de *ida*, sommeil fait. V. le mot précédent.

DORMIDOR, vl. *Dormidor*, cat. Voy. *Dormeire* et *Dorm*, R.

Éty. du lat. *dormitor*, pour dortoir. Voy. *Dormidour*.

DORMIDOUR, s. m. (dourmidóur); DOURMIDOUR. *Dormitorium*, basse lat. *Dormitorio*, ital. esp. port. *Dormidor*, anc. cat. Dortoir, grande salle où il y a plusieurs lits.

Éty. du lat. *dormitorium*. V. *Dorm*, R.

DORMILHET, s. m. (dourmillé), d. du Var. DOURMILHET, DOURMIET. *Faire lou dourmilhet*, on le dit d'une toupie qui tourne si vite qu'elle paraît immobile, et par extension, pour dormir.

Éty. de *dormir* et de *ilhet*, dim. petit sommeil. V. *Dorm*, R.

DORMILHOUA, s. f. (dourmillóue). Sync. de *Dormilhousa*, v. c. m.

DORMILHOUS, **OUSA**, adj. (dourmillóus, óuse); DOURMIOUS, OUSA. *Dormiloso*, esp. Encore tout endormi, se réveillant à peine: *Es encara tout dourmilhous*, il est encore tout endormi.

Éty. de *dormilh*, pour *dormir*, et de *ous*, de la nature de. V. *Dorm*, R.

DORMILHOUSA, s. f. (dourmillóuse); TREBOURINA, TREMOUL, DOURMILHOUA, TREMOULA, TREMOULETI, ROTA, ESTORPIJA, ENDOURMILHOUA, GALLINA, ESTOURPIGEA, DOURMIOUSA. Sont autant de noms par lesquels on désigne en différents endroits la torpille, *Raia torpedo*, Lin. poisson de l'ordre des Trématopnés et de la fam. des Plagiostomes (à bouche transversale), dont on fait aujourd'hui plusieurs espèces.

Le nom de *dormilhousa* ou *dourmilhoua*, qui n'en est qu'une contraction, est plus particulièrement réservé à la torpille de Galvani, *Torpedo Galvani*, Risso, et à la torpille à une tache, *Torpedo unimaculata*, du même. Les autres se nomment *tremoulinas*.

Éty. *Dourmilhousa*, qui dort ou qui endort, à cause de la vertu stupéfiante dont ces poissons jouissent. Voy. *Tremoulina* et *Dorm*.

DORMILHOUSA, s. f. (dourmillóuse). Nom qu'on donne, dans le département des B.-du-Rh. selon l'auteur de sa Stat. à la taupe commune, *Talpa europæa*.

Éty. de *dormir* et de la term. *ousa*, qui est de la nature du sommeil, qui dort beaucoup. V. *Dorm*, R.

DORMILHOUSA, s. f. DURMIOUSA, DURMEIOUSA. Nom qu'on donne à une grosse larve qui se nourrit dans les vieux troncs d'arbre.

DORMILHUN, s. m. (dormillún); DOURMILLUN. Maladie qui excite au sommeil. Garc.

DORMILLOS, vl. Paresseux. V. *Dormilhous* et *Dorm*, R.

DORMIOU, s. m. (dourmiou). Un des noms de la taupe. V. *Darboun*.

Éty. de *dormir*, parce que cet animal s'engourdit pendant l'hiver. V. *Dorm*, R.

DORMIR, v. n. (dourmír); DROMIR, DOURMIR, DURMIR. *Dormire*, ital. *Dormir*, esp. port. cat. Dormir, reposer, être dans le sommeil, fig. avancer lentement.

Éty. du lat. *dormire*, m. s. V. *Dorm*, R.

Dourmir coumo una soucha, dormir comme une souche, comme un sabot ou comme un loir.

Pour indiquer les plus haut degré de sollicitude qu'une personne puisse avoir pour une autre, on dit: *L'escouta dourmir*.

On emploie quelquefois dormir pour coucher: *Avem dourmit a-s-Ais*, nous avons couché à Aix.

Dormir un somn, dormir un somme, n'est pas français, dormir est un verbe neutre qui ne prend point de régime, on doit dire dans ce cas faire un somme.

DORMIR LOU, s. m. LOU DURMIR, LOU DOURMIR, DOURMIDA. *Il dormire*, ital. Le dormir, le sommeil. V. *Dorm*, R.

Dison qu'au temps que l'herba creisse,
Lou durmir *es bouon de matin.*

Brueys.

DORMITAR, v. n. vl. *Dormitar*, cat. esp. port. *Dormitare*, ital. Sommeiller, dormir.

Éty. du lat. *dormitare*, m. s. V. *Dorm*, Rad.

DORMITORI, s. m. (dourmitóri). Dans son Dictionnaire Provençal, M. Garcin, donne pour équivalant au mot *Dormitori*, *Dormifuge*, qui n'est pas français, et *Somnisphère*, qui ne l'est pas d'avantage, le premier, signifie qui chasse le sommeil, c'est-à-dire, le contraire de *dormitori*, et l'autre sphère du sommeil, c'est somnifère qu'il a probablement voulu dire. V. *Endormatori*.

Éty. du lat. *dormitorium*, lieu où l'on dort, on a fait *dormitori*, remède qui fait dormir. V. *Dorm*, R.

DORMITORI, s. m. (dourmitóri). La Bellaudière a employé ce mot dans le sens de sommeil, de passer la nuit. V. *Dorm*, R.

Per non saber vonte Bellau
Faguet anuech son dormitory.

DORMITORI, vl. *Dormitori*, cat. *Dormitorio*, esp. port. ital. V. *Dourmidour* et *Dorm*, R.

DORMUSA, s. f. (dourmúse). Dormeuse, sorte de voiture de voyage, construite de manière à pouvoir si étendre comme dans un lit et y dormir à son aise.

On croit qu'elle fut inventée par le Maréchal de Richelieu, pour rejoindre l'armée pendant la guerre de Hanovre.

Éty. V. *Dorm*, R.

DORN, s. m. vl. *Dorna*, port. Morceau, darne; jarre; pouce. V. *Darna*.

DORNA, s. f. vl. *Dornajo*, esp. Urne, auge.

DOROTHEA, nom de femme, (dourouthée); DORA. *Dorothea*, all. *Dorotea*, ital. esp. Dorothée.

Éty. de Sainte Dorothée, vierge, qui fut martyrisée à Césarée, en Cappadoce, au commencement du IVme siècle, et dont le Martyrologe fait mention le 6 février.

DORP, s. et adj. vl. Aveugle.

DORS, s. m. vl. *Dors*, cat. Dos. V. *Dos* et *Esquina*.

Éty. du lat. *dorsus*.

DORSENAVANT, Dorénavant. Voy. *D'araenloi*.

DORSSAR, v. a. vl. Rosser, bâtonner, frapper sur le dos.

Éty. de *dors* et de *ar*.

DORSSAT, **ADA**, adj. et p. vl. Rossé, ée; bâtonné, ée.

DORTOIR, s. m. (dourtóir); *Dormitorio*, ital. esp. port. Dortoir, grande salle où l'on couche, où il y a plusieurs lits, dans les couvents, les colléges, les pensions, etc.

Éty. du lat. *dormitorium*, par apoc. *dormitori*, par sync. de *mi*, *dortori*, et par métagr. de *i*, *dortoir*. V. *Dorm*, R.

DOS

DOS, DOAS. sujet. DUI, DUY, rég. nom de nombre. vl. *Dos*, cat. esp. Deux.

DOS, prép. vl. DES. *Dos que*, d. vaud. Dès que. V. *Des*.

DOS, adj. vl. Doux. V. *Dous* et *Douç*, Rad.

DOS, s. m. vl. DORS. *Dos* et *Dors*, anc. cat. *Dorso*, esp. port. *Dorso* et *Dosso*, ital. Dos, derrière. V. *Esquina*.

Éty. du lat. *dorsum*, m. s.

DOS, art. ind. Bergeyret l'emploie souvent pour *de*, *doou*, et pour *deis*, des.

DOS, s. m. vl. Présent, don.

DOSA, s. f. (dóse); *Dose*, all. port. *Dosa*, ital. *Dosi*, esp. cat. Dose, quantité d'un médicament qui doit être donnée en une seule fois, ou qui doit entrer dans la composition d'un remède composé.

Éty. du lat. *dosis*, formé du grec δόσις (dosis), dérivé de δίδωμι (didômi), donner.

DOS-EN-ÇA, adv. DOUS-EN-ÇA. Dorénavent.

DOSSA, adj. f. DE, DOS, vl. Douce. Voy. *Doux*.

DOSSA, s. f. (dósse); DOUESSA. Gousse, fruit des légumineuses.

DOSSAN, **ANA**, adj. vl. DOUSSAN. Doux. doucet. V. *Douç*, R.

DOSSET, **ETA**, adj. vl. DOUSSET. Doux, doucet, tendre. V. *Douç*, R.

DOSSIER, s. m. (doussié); DOUSSIER, DOURSIER. *Dossalium* et *Dossalus*, basse lat. Dossier.

Éty. du français *dos* et de *ier*, qui sert au dos.

DOSSOR, vl. V. *Douçour*.

DOSSAMENT, adv. vl. DOUSSAMEN. Doucement, à voix basse. V. *Douç*, R.

DOSTANS, vl. Double, deux fois autant.

DOSTAR, vl. V. *Doustar*.

DOT

DOT, DOUT, sous-rad. pris du lat. *dotis*, gén. de *dos*, dot, doù *dotalis*, dotal; *dotare*, doter, douer, dérivé du grec δώς (dôs), don, donnation, dot, de δίδωμι (didômi), donner.

De *dotis*, par apoc. *dot*; d'où: *Dot*, *Dotadoyra*, *Dot-ar*, *Dot-aire*, *En-dotar*, *Dotal*, *Dotat-iu*, *Dot-ation*, *Dot-alicia*, *Dotalici*, *Do-aris*, *Do-alici*, *Do-alizi*, *Dotahcio*.

De *dotalis*, par apoc. *dotal*; d'où: *Dotal*, *Dot-at*, *ada*.

De *dot*, par le changement de *o* en *ou*, *dout*;

d'où : *Dout-ar*, *Dout-il*, *Dout-ation*, *Douari*, *Douar-iera*.

DOT, s. m. ou DOTA, s. f. (dót ou dóte); VERQUIERA. *Dota* et *Dote*, ital. *Dote*, esp. port. *Dot*, cat. Dot, s. f. bien qu'une femme apporte en mariage; ce qu'on donne à un monastère, lorsqu'une fille se fait religieuse, ce mot n'a point de pluriel.

Éty. du lat. *dos, dotis*. V. *Dot*, R.

Recouneisser la dot, se dit ironiquement pour battre, rosser une femme.

L'origine de la dot, se perd dans l'antiquité la plus reculée, mais les anciens dotaient leurs femmes au lieu que les modernes en reçoivent une dot d'elles.

DOTADOYRA, adj. (doutadóïr), anc. prov. DOUTADOUIRA. Qui est en âge d'être dotée, d'être pourvue.

Éty. de *dot* et de *adoyra*. V. *Dot*, R.

DOTAHCIO, vl. V. *Dotacion*.

DOTAIRE, s. m. vl. DOAIRE, DOARIS, DOALICI, DOALIZI, DOTALICI. Douaire. V. *Dot*, R.

DOTAL, ALA, adj. (doutál, ále); DOUTAL, DOUTIL. *Dotale*, ital. *Dotal*, esp. port. cat. Dotal, ale; qui appartient à la dot.

Éty. du lat. *dotalis*, ou de *dot* et de *al*. V. *Dot*, R.

DOTALICI, s. m. vl. Douaire. Voy. *Dotaire* et *Dot*, R.

DOTAMEN, s. m. vl. Promesse, engagement.

DOTAR, v. a. (doutá); DOUTAR, DODAR. *Dotare*, ital. *Dotar*, esp. port. cat. Doter, donner une dot à une fille pour la marier ou la faire religieuse.

Éty. du lat. *dotare*, ou de *dot* et de *ar*, donner une dot. V. *Dot*, R.

DOTAT, ADA, adj. et p. (doutá, áde); DOUTAT. *Dotado*, port. esp. *Dotato*, ital. Doté, ée; à qui l'on a donné une dot.

Éty. du lat. *dotatus*, ou de *dot* et de *at*. V. *Dot*, R.

DOTATION, s. f. vl, DOTAHCIO. *Dotació*, cat. *Dotacion*, esp. V. *Doutation* et *Dot*, R.

DOTS, et

DOTZ, s. m. vl. Source. V. *Douts* et *Duc*, R.

DOTZ, s. m. vl. Source, canal, conduit. V. *Douts* et *Duc*, R.

DOTZE, nom de nombre. (dótzé); DOTZ, vl. *Dotze*, cat. *Doce*, esp. *Doze*, port. *Dodici*, ital. Douze. V. *Douge*.

Éty. du lat. *duodecim*. V. *Du*, R.

DOTZEN, ENA, s. et adj. vl. Douzième. V. *Dozen* et *Du*, R.

DOTZENA, s. f. vl. Douzaine. V. *Dougena* et *Du*, R.

DOTZENA, vl. *Dossena*, cat. *Docena*, esp. Douzaine. V. *Du*, R.

DOTZES, s. et adj. vl. Douzième. Voy. *Dotzen* et *Du*, R.

DOU

DOU, art. m. au gén. Employé par plusieurs auteurs, Gautier, Morel; au lieu de *Doou*, v. c. m.

En vl. je dois.

DOU, s. m. d. bas lim. Ravine. V. *Raissalhada*.

Éty. Alt. de *ductus*, aquéduc. V. *Duc*, Rad.

DOUAI, s. m. (douáï). Taureau, bœuf non châtré. Garc.

DOUAL, s. m. (douá), d. bas lim. Canal, conduit, aquéduc. V. *Counduch*.

Éty. Alt. de *ductus*, aquéduc. V. *Duc*, Rad.

DOUANA, s. f. (douáne); FOURANA. *Dogana*, ital. *Aduana*, esp. port. *Duana*, cat. *Duhanæ* et *Doana*, basse lat. Douane, lieu où l'on est obligé de porter les marchandises pour en acquitter les droits; les droits mêmes, et l'administration toute entière, mais alors on emploie le pluriel, et l'on dit: directeur des douanes, employé des douanes, etc.

Éty. de l'ital. *dogana*.

Les droits perçus par la douane, furent établis, selon quelques-uns, sous le règne de Louis XI, et selon d'autres, sous celui de Charles IX. Dict. des Orig.

DOUANA, s. f. (Avril, d. B.-Alp.). Repas, régal; on donne ce nom aux repas que l'on fait faire aux ouvriers employés dans un moulin à huile, et à ceux qui font aller le pressoir de la vendange: *Portar la douana*, porter de quoi faire manger les ouvriers.

DOUANIER, s. m. (douanié); FOURANAIRE. *Doganiere*, ital. *Aduanero*, esp. Douanier, commis ou employé de la douane.

Éty. de *douana* et de la term. mult. *ier*, qui perçoit pour la douane.

DOUAR, v. a. (douá). Douer, avantager, favoriser, orner.

DOUARI, s. m. (douári); *Doalium*, *Doaria* et *Doarium*, basse lat. Douaire, portion des biens du mari dont la femme a l'usufruit pendant sa viduité.

Éty. du lat. *dotarium*, m. s. V. *Dot*, R.

DOUARIERA, s. f. (douariére); *Doageria*, basse lat. Douairière, veuve qui jouit du douaire, on ne le dit que des personnes d'un rang distingué.

Éty. de *douari* et de *iera*. V. *Dot*, R.

DOUAS, adj. num. pl. fém. DOUES. Deux: *Douas femnas*, deux femmes. V. *Du*, R.

DOUAT, dl. Alt. de *Dougat*, v. c. m.

DOUBADOUR, V. *Adoubadour*.

DOUBLA, s. f. (dóuble); *Dobla*, esp. cat. *Doppia*, ital. Double louis, pièce d'or de 48 livres, réduite et démonaitisée en ce moment, à 47 francs 20 centimes.

Éty. Double, parce qu'elle vallait autant que deux louis simples. V. *Du*, R.

Doubla de buou, gras-double, membranes du premier ventricule du bœuf.

DOUBLA-FELHA, s. f. (dóuble-fèille). Nom qu'on donne, aux environs de Toulouse, à l'orchis à deux feuilles: *Orchis bifolia*, plante de la fam. des Orchidées.

DOUBLAGI, s. m. (doubládgi); DOUBLAGE. Doublage, second bordage mis à des vaisseaux destinés à des voyages de long-cours; on le dit particulièrement du revêtement en plaques de cuivre ou de zinc dont on recouvre tout ce qui entre dans l'eau.

Éty. de *double* et de la term. *agi*, de *ago*, je rends double. V. *Du*, R.

L'invention du doublage en cuivre est récente, et c'est aux Anglais que nous la devons.

Doublagi, doublage se dit encore en terme d'impr. du défaut de la presse qui fait marquer deux fois les lettres sur la même feuille.

Doublagi de la seda, tordage de la soie.

DOUBLAMENT, adv. (doublaméin); *Dobladament*, cat. *Doppiamente*, ital. *Dobladamente*, esp. *Dobradamente*, port. Doublement, par deux raisons, de deux manières.

Éty. de *doubla* et de *ment*. V. *Du*, R.

DOUBLAR, v. a. (doublá); *Doppiare*, ital. *Doblar*, esp. cat. *Dobrar* et *Duplicar*, port. *Duplare* et *Doblare*, basse lat. Doubler, mettre en double, augmenter du double, ajouter une doublure, redoubler, plier en deux; en terme de mar. doubler, passer au-delà; fausser, torturer, donner des coups.

Éty. du lat. *duplicare*, d'où *douplicar*, *doublicar*, *doublar*. V. *Du*, R.

Doublar una clau, fausser une clef.

Doublar soun corps, plier son corps et non doubler.

Doublar un claveou, tortuer un clou.

Doublar quauqu'un, rosser, donner des coups à quelqu'un.

DOUBLAR SE, v. r. Doubler de volume, de taille; se plier en double.

DOUBLAS, s. f. pl. (dóubles), dl. *Doblas*, esp. Carolus, pièces de deux blancs. Douj. V. *Du*, R.

DOUBLAT, ADA, adj. et p. (doublá, àde); *Dobrado* et *Duplicado*, port. *Duplatus*, basse lat. Doublé, ée; on le dit aussi pour courbé de vieillesse.

Éty. du lat. *duplicatus*.

DOUBLAU, s. m. (doublaóu), dg. Doublon, nom du mouton et de la brebis, quand ils ont deux ans. V. *Nouvel*.

DOUBLE, s. m. *Dublerium*, basse lat. Le double, une fois autant. V. *Du*, R.

DOUBLE, OUBLA, adj. (doublé, óuble); *Doppio*, ital. *Doble*, cat. esp. *Dobro*, port. *Dublus*, basse lat. Double, qui vaut, contient ou pèse une fois autant; le contraire de simple, il est alors pris subst.

Éty. du lat. *duplum*. V. *Du*, R.

DOUBLET, s. m. (doublé). Doublet, deux morceaux de cristal mis l'un sur l'autre, avec une feuille colorée entre deux, pour imiter les émeraudes, les rubis, etc.; au jeu de tric-trac, les deux dés qui amènent les mêmes points; au jeu de billard, partie dans laquelle les billes faites ne comptent que lorsqu'elles ont frappé une bande avant que d'entrer dans la blouse.

Éty. V. *Du*, R.

DOUBLETA, s. f. (doubléte). Doublette, un des jeux de l'orgue, qui sonne l'octave au-dessus du prestant.

Éty. V. *Du*, R.

DOUBLIS, s. m. (doublì). Antenne des moulins à vent; longue pièce qui sert à soutenir les échelons sur lesquels on étend les voiles des bâtiments; en Languedoc, charrue tirée par deux mules. Sauv.

Éty. V. *Du*, R.

DOUBLOUN, s. m. (doublóun); *Dublone*, all. *Dobbione*, ital. *Doblon*, esp. *Dobrao*, port. Doublon, espèce de monnaie d'or d'Espagne, que nous appelons pistole.

Éty. de l'esp. *doblon*. V. *Du*, R.

DOUBLOUN, s. m. Doublon, en terme

d'impr. faute qui consiste à composer deux fois le même mot, la même ligne.

Éty. de *double*. V. *Du*, R.

DOUBLOUN, s. m. Cocon double ou qui renferme deux vers à soie. V. *Du*, R.

DOUBLUR, USA, s. (doublúr, úse). Doubleur, euse? celui, celle qui double le fil sur le rouet. Garc.

DOUBLURA, s. f. (doublúre); *Dobladura*, anc. cat. esp. *Dobradura*, port. *Doppiatura*, ital. Doublure, l'étoffe dont une autre étoffe est doublée; chose de même nature qu'une autre, mais inférieure en qualité, en talent, s'il s'agit d'un acteur, par exemple.

Éty. de *double* et de *ura*, qui sert de double ou à doubler. V. *Du*, R.

Fin contra fin vau ren per faire doublura. Pr.

DOUBS, s. m. (dóubs); *Dubs*, esp. Doubs (départ. du), dont le chef-lieu est Besançon.

Éty. d'une rivière de Franche-Comté, qui porte ce nom; dérivé du lat. *dubis*.

DOUÇ, DOUX, DOUS, DOLS, radical pris du lat. *dulcis, is, e*: *Quia delicit, hoc est delectat*, dit Vossius, ou du grec γλυκύς, m. s. d'où *gulcis*, par métathèse, et *dulcis*, par le changement de *g* en *d*.

De *dulcis*, par suppr. de *l* et de *i*, *ducs*, et par le chang. de *u* en *ou*, *doucs*, et de *cs* en *x*: *Doux*.

De *doucs*, par suppr. de *s*, *douç*; d'où: *Douç-a*, *Douça-amara*, *Douça-ment*, *Douç-ar-el*, *Douc-eagna*, *Douc-er-ous*, *Douc-et*, *Douc-eta*, *Douceta-ment*, *Douc-inas*, *Doucin-ous*, *Douç-our*, *Douç-ours*, *Douç-uras*, *Douc-ir*, *A-douc-ir*, *A-douc-it*, *Adoucissament*, *Ra-douc-it*, *A-douc-issent*, *Douçaine*, *Douc-ina*, *Doulh-et*, *Doulhet-a*, *Doulhet-ar*.

De *doucs*, par la suppr. du *c*, *dous*; d'où: *Dous*, *Douss-a*, *Dousa-men*, *Douss-or*, *A-dous*, *Doussa-ment*, *Douss-an*, *Dousset*, *Dousses-ir*, *A-douss-ar*.

De *dulcis*, par sync. de *ci*, *duls*; et par le changement de *u* en *o*, *dols*; d'où: *Doczor*, *Dolc-ir*, *En-dolc-it*, *A-dou-menar*, *A-dou-meschar*, *Daucu-eira*, *A-doss-ir*, *Doss-an*, *Doss-et*, *Dolz*, *Dolza-ment*, *A-dolzar*, *A-dolz-at*, *Dolz-eta-men*, *Dolzor*, *Dols*, *Dols-an*, *Dols-ana*, *Dols-or*, *Dulcor-atiu*, *A-dolc-ir*.

DOUÇAINE, AINA, adj. (douçaïné, aïne), d. bas lim. Fade, douceâtre. Voy. *Doucinas* et *Douc*, R.

DOUÇAMARA, s. f. (douçamáre); HERBA DE POUIGEOUN, HERBA DE LA LOCA, COCA. *Dulcamara*, cat. esp. Douce-amère, vigne de Judée ou loque, *Solanum dulcamara*, Lin. plante de la fam. des Solanées, commune dans les haies. V. Gar. *Solanum scandens*, p. 445.

Éty. Le nom de douce-amère lui vient de ce qu'en mâchant ses tiges et même ses feuilles fraîches, on sent d'abord une saveur douce qui ne tarde pas à se changer en amertume. V. *Douç*, R.

On a toujours regardé cette plante comme dépurative et sudorifique, M. Desfosses, pharmacien à Besançon, y a découvert, en 1820 ou 1821, un alcali particulier qu'on a nommé *solanine*.

DOUÇAMENT, adv. (douçaméin); D'AISE, PLAN, BELLAMENT, POULIDAMENT. *Dolcemente*, ital. *Dulcemente*, esp. *Docemente*, port. *Dolsament*, cat. Doucement, d'une manière douce, sans secousse, légèrement, mollement, délicatement, sans bruit, avec douceur.

Éty. du lat. *dulciter*, ou de *douça* et de *ment*. V. *Douç*, R.

DOUÇAREL, ELLA, adj. et s. (douçarèl, èle), d. bas lim. Dim. de *dous*, on ne le dit que des personnes: *Far lou douçarel*, faire le doucet.

Éty. de *douç*, *ar*, et *el*. V. *Douç*, R.

DOUÇASTRE, ASTRA, adj. (douçastré, àstre); Douceâtre, d'un dous fade, Garc. V. *Doucinas*.

DOUCEAGNA, s. f. Espèce de raisin, variété blanche, à grains ronds et moins précosse du raisin dit de Saint-Jean.

Éty. A cause de sa douceur. V. *Douc*, R.

DOUCEAGNA, s. f. (douceágne), d. de Manosque. Fruit, aliment fade ou douceâtre. V. *Douc*, R.

DOUCEROUS, OUSA, OUA, adj. (doucerous, óuse, óue); DOUCET. Doucereux, euse, qui tire sur le doux; doux sans être agréable; en parlant des personnes, fade, minutieux, mignardé.

Éty. de *dous*, *er*, et de *ous*. V. *Douç*, R.

DOUCET, ETTA, adj. (doucé, éte); *Dulcillo*, esp. *Dolcetto*, ital. Doucet, ette, doucereux, euse, dim. de dous. V. *Doucerous*.

Éty. de *Douc*, R. et du dim. *et*, *eta*.

DOUCET, s. m. (doucé). Nom qu'on donne, à Nismes, à une espèce de raisin blanc, petit, très-rond, à grains séparés.

Éty. A cause de son goût. V. *Douç*, R.

DOUCET, s. m. (doucé). Nom avignonnais de la nonfeuillée. V. *Bragalou*.

Éty. A cause de la saveur douce de ses fleurs. V. *Douç*, R.

DOUCETA, s. f. (doucéte); GRAISSETA, PAN-FROUMENT, RASPELA, CHUGUETA, PAN-FOURMENT. Mâche, doucette, chuguette, salade verte, etc. *Valeriana locusta*, Lin. formant presque tout le genre *valérianella* des modernes, de la fam. des Valérianes. Voy. Gar. *Valerianella*, p. 479.

Éty. Le nom de cette plante lui vient du goût agréable de ses jeunes pousses. Voy. *Douç*, R.

Les mâches sont communes dans les champs et on les cultive dans beaucoup de jardins, comme plantes potagères.

DOUCETA, s. f. Est aussi le nom que l'on donne, à Montpellier et ailleurs, au miroir de Vénus, dont on mange les jeunes pousses en salade, comme celles de la mâche, dont on la distingue aisément à ses belles fleurs bleues. V. *Bluret*.

DOUCETAMENT, adv. (doucetaméin), dl. Dim. de *douçament*, doucement, agréablement, avec beaucoup de précaution.

Éty. de *douceta* et de *ment*, d'une manière très-douce. V. *Douç*, R.

DOUCEZIR, v. a. vl. Adoucir.

DOUCHA, s. f. (doútche). Douche, chûte d'eau médicamenteuse, sur une partie malade.

Éty. de l'ital. *doccia*, le même, formé suivant Mén. du lat. *ducere*, conduire, parce qu'on conduit l'eau qu'on veut employer, au moyen d'un tuyau. V. *Duc*, R.

Faire prendre la doucha, donner la douche ou doucher.

DOUCHAR, v. a. et n. (doutchá); DOUSSAR, GAUSSAR, COUSSAR. *Prendre* ou *dounar la doucha*. Doucher, donner la douche. Voy. *Duc*, R.

DOUCILAMENT, adv. (doucilaméin); *Docilmente*, esp. port. ital. Docilement, avec docilité.

Éty. de *doucila* et de *ment*, d'une manière docile. V. *Doc*, R.

DOUCILE, ILA, adj. (doucilé, íle); *Docile*, ital. *Docil*, esp. port. Docile, qui est propre à recevoir de l'instruction, ou qui a de la disposition à se laisser conduire et gouverner.

Éty. du lat. *docilis*. V. *Doc*, R.

DOUCILITAT, s. f. (doucilitá); *Docilità*, ital. *Docilidad*, esp. *Docilidade*, port. Docilité, qualité par laquelle on est docile, disposition naturelle à être instruit, à se laisser gouverner.

Éty. du lat. *docilitatis*, gén. de *docilitas*. V. *Doc*, R.

DOUCIMASIA, s. f. (doucimasie). Docimasie ou docimastique, art d'essayer en petit les mines pour reconnaître les métaux qu'elles contiennent et leur proportion avec les autres matières.

Éty. du grec δοκιμασία (dokimasia), épreuve, examen, de δοκιμάζω (dokimazô), éprouver.

DOUCINA, s. f. (doucine). Doucine, ou *bouvement*, moulure ondoyante, moitié convexe et moitié concave; espèce de rabot qui sert à faire ces moulures.

Éty. Ainsi dite de ce que cette saillie étant douce, elle montre, par son profit, un adoucissement. V. *Douç*, R.

DOUCINAS, s. m. (doucinás). Odeur douce et fade, *Sente lou doucinas*.

Éty. C'est un augm. dépr. de *douç*. Voy. *Douç*, R.

DOUCINAS, ASSA, adj. (doucinás, àsse). DOUCINOUS, DOUÇAINE, FADE, DOUCASTRE. *Docesinho*, port. Douceâtre, qui est d'une douceur fade et presque nauséabonde. Voy. *Douç*, R.

DOUCINOUS, Même sign. que *Doucinas*, v. c. m. et *Douç*, R.

DOUCIR, v. a. vl. Adoucir. V. *Adoucir* et *Douç*, R.

DOUÇOUR, s. f. (douçóur); *Dolcezza*, ital. *Dulzura*, esp. *Doçura*, port. *Dolsor*, cat. Douceur, saveur douce, qualité de ce qui est doux; vertu qui modère la colère; indulgence, aménité.

Éty. du lat. *dulcedo*. V. *Douç*, R.

DOUÇOURS, s. f. pl. (douçours); DOUÇURS. Douceurs, friandises qu'on donne aux enfants; paroles obligeantes, cajoleries; commodités de la vie. V. *Douç*, R.

DOUCTOUR, s. m. (douctóur); DOCTOR. *Doctor*, all. cat. esp. *Doutor*, port. *Dottore*, ital. Docteur, qui a reçu le doctorat dans l'une des quatre facultés; savant.

Éty. du lat. *doctor*. V. *Doc*, R.

Ce titre fut créé vers le milieu du XIIme siècle, pour remplacer celui de maître, devenu trop commun. On attribue l'établissement des degrés du doctorat, tels que nous les avons aujourd'hui, à Irnérius qui en dressa lui-même le formulaire. La première installation solennelle de *docteur*, conforme à ce formulaire, se fit à Bologne, en la personne de Bulgarus, professeur de Droit. L'université de Paris suivit cet usage pour la première fois, vers l'an 1145, en faveur et pour l'installation de Pierre Lombard. Dict. des Orig.

DOUCTOURAL, ALA, adj. (douctourál, ále); *Dottorale*, ital. *Doctoral*, esp. *Doutoral*, port. Doctoral, ale, appartenant au docteur.

Éty. de *douctour* et de l'art. *al*, au docteur. V. *Doc*, R.

DOUCTOURAT, s. m. (douctourá); *Dottorato*, ital. *Doctorado*, esp. *Doutorado*, port. Doctorat, degré, qualité de docteur.

Éty. de *douctour* et de *at*, docteur fait V. *Doc*, R.

DOUCTRINA, s. f. (douctrine); DOOUTRINE. Doctrine, savoir, enseignement; catéchisme.

Éty. du lat. *doctrina*, enseignement, science. V. *Doc*, R.

DOUCTRINARI, s. m. (douctrinári). Doctrinaire, prêtre de la doctrine chrétienne.

Éty. du lat. *doctrina*, enseignement, parce que les membres de cette congrégation se destinaient particulièrement à l'instruction publique.

La congrégation de la doctrine chrétienne fut instituée, en France, par César de Bus, natif de Cavaillon; elle prit naissance en 1592, à l'Isle, et s'établit l'année suivante à Avignon, et fut définitivement approuvée par Clément VIII, en 1597.

DOUCUMENT, s. m. (doucuméin); *Document*, cat. *Documento*, ital. esp. port. Document, titre, preuve par écrit, renseignement.

Éty. du lat. *documentum*, m. s. qui est fait pour enseigner, apprendre quelque chose. V. *Dec*, R.

DOUÇURAS, s. f. pl. (doucúres), dl. et impr. DOUSSURAS. Même sign. que *Douçours*, v. c. m.

L'y achetoun forso muscardin, (à beoncaire)
De drageas, de confituras,
De touta sorta de douçuras.

Michel.

Éty. V. *Douç*, R.

DOUDIC, s. m. dg. Boudin. V. *Boudin*.

DOUDU, UA, (doudú, úe). Dodu, ue, gras, potelé.

DOUELA, s. f. (douèle), dl. *On pos de douela*, une volige ou volice, planche très-mince de bois de sapin, Sauv. V. *Douga*.

DOUER, d. m. V. *Doou*.

DOUERGA, Alt. de *Dourga*, v. c. m.

DOUES, Deux. V. *Douas* et *Dous*.

DOUES-D'ASE, s. m. d. de Manosque. Dos d'âne. V. *Dos*.

DOUESSA, d. m. V. *Dooussa*.

DOUG, radical dérivé du celtique *doga*, *dogue*, canal, fossé, d'où l'ital. *doga*, douve, et *dogare*, entourer.

De *doga*, par apoc. et changement de *o* en *ou*: *Doug-a*, *Doug-an*, *Doug-as*, *Doug-at*, *Doui-a*, *En-dou-ar*, *En-dou-at*, *Duelh-a*.

DOUGA, s. f. d. arl. Bord, rive.

Éty. du celt. *doga*, canal. V. *Doug*, R.

Vegnere tout odu tour d'odu sevére Caroun,
Un eyssame infini d'amou descouncertadou,
Que voyen traversa su la *dougou* oupousadou.

Coye.

DOUGA, adj. vl. Stérile.

DOUGA, s. f. (doúgue); DOUIA, DOUGEA, HOUEGEA, DOUGHA, DOUYA. *Doga*, *Doa* et *Dava*, bass. lat. *Dova*, ital. *Duela*, esp. *Aduella*, port. Douve, petit ais dolé qui sert à faire le corps des futailles.

Éty. du celt. *doga*, le même, ou du lat. *doga*, mesure des liquides, prenant la partie pour le tout. V. *Doug*, R.

On nomme :

DOUVE ÉPEIGNÉE, celle qui est cassée dans le jable.
DOUVES A OREILLES, celles qui sont plus longues que les autres, percées d'un trou à leur extrémité.
DOUVES D'ENFONÇURE, celles qui servent à faire le fond

Le biseau ou chanfrain, taillé dans l'épaisseur d'une douve, se nomme :

CLAIN ou PAS-D'ASSE.
PEIGNE, l'extrémité en commençant par le jable.
DOUVELLE, une petite douve.

Dougas de la bugada, les douelles de la lessive qu'on fixe autour d'un cuvier pour en augmenter la capacité.

Douga imourousa, dl. douve qui suinte.

DOUGAN, s. m. (dougán); MAIRAN, dl. Du douvain, du mairin; tout bois refendu, propre à faire des douves. Le douvain de chêne, de hêtre, quand il est débité, est appelé proprement du mairin. Sauv.

Éty. de *Douga*, v. c. m. et *Doug*, R.

DOUGAS, s. f. pl. (dóugues); DOUGA, dl. Fossé d'un mur de ville ou d'un château; le talus de ces fossés; le chemin qui les borde autour d'une ville. On disait autrefois, en français, les douves d'un château, pour les fossés. Sauv.

Éty. V. *Doug*, R.

DOUGAT, s. m. (dougá); DOUAT, dl. Un puisard couvert d'une grille pour recevoir les eaux pluviales. Sauv. V. *Douga*, R.

DOUGE, nom de nombre (doúdgé); DOUZE. *Dodici*, ital. *Doce*, esp. *Doze*, port. *Dotse*, cat. Douze, nombre composé de deux fois six ou de dix et deux, 12 ou XII.

Éty. du lat. *duodecim*, md.

DOUGEA, s. f. (dóudze), d. bas lim. Douve. V. *Douga*.

DOUGENA, s. f. (doudgéne); DOUZENA. *Dolsena*, cat. *Dozzina*, ital. *Docena*, esp. *Duzia*, port. *Dozina*, *Dozena*, *Dudena* et *Duodena*, bass. lat. Douzaine, nombre de douze, assemblage de choses de même nature au nombre de douze.

DOUGIEMAMENT, adv. (doudgièmaméin). Douzièmement, en douzième lieu.

Éty. de *dougiema* et de *ment*.

DOUGIEME, IEMA, adj. (doudgième, ième); *Dodecisimo*, ital. *Doceno* et *Duodecimo*, esp. port. Douzième, qui est immédiatement après le onzième.

Éty. du lat. *duodecimus*.

DOUGIEME, s. m. *Dodicesimo*, ital. *Duodecimo*, esp. port. Douzième, la douzième partie d'une chose qu'on écrit en chiffres de la manière suivante $^1/_{12}$.

DOUGUIN, V. *Doguin*.

DOUIA, ou *douya*. V. *Douga* et *Douge*, Rad.

DOUIRAR, v. a. (douïrá), d. bas lim. Maçonner, bousiller. V. *Estraçar*.

On dit proverbialement: en d. bas lim. *Aqu'ei un home mal douirat*, voilà un homme mal fagoté, malfait.

DOUIRE, s. m. (douiré), dl. Jarre. Voy. *Jarra*.

Éty. du bas breton, *dour*, eau.

DOULAR, V. *Dolar*.

DOULEIROUS, V. *Doulourous*.

DOULENT, ENTA, adj. (doulein, einte); DOURENT. *Dolente*, ital. *Doliente*, esp. *Doente*, port. Dolent, ente, affligé, plaintif; méchant, malin. Garc.

Éty. du lat. *dolentis*, gén. de *dolens*, m. s. V. *Dol*, R.

DOULER SE, v. r. (sé doulé); DOULOUIRAR. *Doer-se*, port. Se plaindre. V. *Doou're* et *Dol*, R.

DOULH, s. m. (dóuill), d. m. Vase en terre à cou étroit et large ventre, où l'on conserve ordinairement l'huile.

Éty. du lat. *dolium*.

Winckelmann, dit qu'au lieu de tonneaux, les anciens se servaient de vases appelés *dolia*, ayant à peu près la forme d'une citrouille. Recueil de lettres, etc. p. 69.

DOULHA, s. f. (dóuille). Nom qu'on donne, aux Dourbes, près de Digne, au safran printanier. V. *Nilha*; et au colchique d'automne. V. *Brama-vacca*.

Éty. Le nom de *doulha*, qui signifie aussi douille, a été donné à ces plantes, probablement parce que la partie inférieure de leur corolle, ressemble à une gaîne ou douille.

DOULHA, s. f. Pour douille. V. *Duelha*.

DOULHA, s. f. (dóuille), d. lim. Tige.

Quan-t-au siclet quello citrouillo
Subre no si petito douillo.

Foucaud.

Quand il ficha, plaça cette citrouille sur une si petite tige.

DOULHET, ETTA, adj. et s. (douillé, éte), et impr. DOUILLET, DOUIE, TENDRIN. Douillet, ette; doux, mollet, et substantivement, trop délicat, qui se soigne avec trop d'attention.

Éty. du lat. *dulcis*, doux. V. *Douç*, R.

DOULHETA, s. f. (douilléte). Robe ouatée. V. *Douç*, R.

DOULHETAR SE, v. r. (sé douilletá); DOUIETAR SE. Se délicater, se dorloter, se traiter douillettement, délicatement.

Éty. de *doulhet* et de *ar*, faire le douillet. V. *Douç*, R.

DOULIA, s. f. (dóulie); DOURILHA, DOULIHA, DOURIA. Lambeau, chiffon, brin, petit morceau; fig. pauvreté, misère: *Toumbar en doulia*, être réduit à la mendicité, tomber en ruines.

Éty. du grec δοῦλός (doulos), esclave, ou de δουλεία (douléia), esclavage, parce que les esclaves sont ordinairement mal habillés.

DOULOUIRAR SE, v. r. (se doulouirá). Se plaindre continuellement. V. *Douler*.

Cesset leou de se doulouirar.

Brueys.

Éty. de *doulour* et de *ouirar*. V. *Dol*, R.

DOULOUR, s. f. (doulóur); *Dolore*, ital. *Dolor*, esp. *Dor*, port. Douleur, mal que souffre le corps ou l'esprit.

Éty. du lat. *dolor*. V. *Dol*, R.

DOULOUROUS, OUSA, adj. (doulourous); DOULEIROUS. *Doloroso*, ital. esp. port. Douloureux, euse, qui cause ou qui marque la douleur; qu'on ne peut toucher sans faire souffrir.

Éty. du lat. *dolor*, douleur, et de la term. *Osus*, v. c. m.

DOULOUROUSAMENT, adv. (doulourousaméin); *Dolorosamente*, ital. esp, port. Douloureusement, avec douleur, d'un ton douloureux.

Éty. de *doulourousa* et de *ment*. V. *Dol*, R.

DOUMA, s. m. (doumá). Alt. du dg. de *douman*, dérivé de l'ital. *domane*. V. *Deman*.

Douma-passat, après-demain.

DOUMAISEL, s. m. (doumaïsel), dl. DOUMAISELENC. Un damoiseau, un nigaud.

Éty. V. *Doumeisella*, *Domin* et *Doum*, R.

DOUMAISELENC, dl. V. *Doumaisel*.

DOUMAISELENCA, V. *Doumeisellenca*.

DOUMAISELETA, V. *Doumeiselleta*.

DOUMAISELUN, V. *Doumeisellun*.

DOUMAN, s. m. (doumán), et impr. DOUMA, dl. et béarn. Demain. V. *Deman*.

Doman passat, après-demain.

DOUMAS, vl. V. *Dcime*.

DOUMEGE, EGEA, adj. (doumedgé, édge), dl. Privé, domestique, en parlant des animaux.

Éty. du lat. *domesticus*, formé de *domus*, maison. V. *Dom*, R.

DOUMEISELLA, s. f. (doumeisèle), ou DAMEISELLA. *Donsella*, anc. provenç. *Damisela*, esp. *Damigella*, ital. Demoiselle, fille d'une dame, tant qu'elle n'est pas mariée; anciennement on donnait ce titre aux dames du second rang. V. *Dama*.

Éty. de la bass. lat. *domicella* et *dominicella*, qui signifie littéralement petite maîtresse. V. *Domin*, R.

DOUMEISELLA, s. f. MEISELLA, DAMEISELLA, BATTADOUR, BIBLE, DAMA. Demoiselle, bie, instrument propre à battre ou à enfoncer les pavés. C'est un cylindre ou un cône de bois, haut d'un mètre environ et ferré par le gros bout.

DOUMEISELLA, s. f. term. de Mars. Lisse de porte-haubans.

DOUMEISELLA, s. f. DAMEISELLA. Nom qu'on donne, à Antibes, à la girelle. V. *Girella*.

DOUMEISELLA, s. f. Demoiselles ou libellules. V. *Doumeiselleta*.

DOUMEISELLA, s. f. Demoiselle, grue ou poule de Numidie, *Ardea virgo*, Lin. oiseau de l'ordre des Échassiers et de la fam. des Cultirostres ou Ramphocopes (à bec tranchant), originaire des parties les plus chaudes de l'Afrique.

DOUMEISELLA, s. f. d. bas lim. Cylindre creux d'étain qu'on remplit d'eau bouillante, et qu'on place dans le lit pour tenir les pieds chauds.

DOUMEISELLA, s. f. md. Poignées de chanvre, de lin, de blé sarrasin, etc. qu'on dresse pour faire sécher.

DOUMEISELLENCA, s. f. (doumeiseléinque); DOUMAISELENCA, dl. Une espèce de demoiselle, qui en prend les airs ou l'ajustement, sans l'être par sa naissance, ou par son revenu, une demi-demoiselle. Sauv.

Éty. de *doumeisella* et de *ença*, qui habite avec les demoiselles, qui veut les imiter. V. *Domin*, R.

DOUMEISELLET, s. m. (doumeiselé), d. bas lim. Damoiseau, dameret, jeune homme qui prend des soins minutieux de sa parure, comme les demoiselles.

Éty. de *doumeisel* et de *et*. V. *Domin*, R.

DOUMEISELLETA, s. f. (doumeiseléte), ou *Dameiselleta*, dim. de *doumeisella*, petite demoiselle ou jeune demoiselle. Dans quelques endroits on donne le nom de *doumeiselleta*, à la menthe. V. *Prega-Diou* et *Domin*, R.

DOUMEISELLETA, s. f. MOURIGETA, MOURGUETA, MOUSCOULA, DAMEISELLETTA, DOUMEISELLA, DOUMAISELLETTA, DAMA, DOU, ROUMPEVEIRE, CAVALUELH, CAVOLUE. Demoiselle ou libellules, *Libellula*, Lin. et *Agrion*, Fabr. Genres d'insectes de l'ordre des Névroptères et de la fam. des Libelles ou Odonates (à mâchoires munies de dents), qui ont le corps très-allongé, les ailes grandes et transparentes; elles habitent les lieux marécageux et on les voit toujours volant sur les eaux. Voy. *Domin*, R.

DOUMEISELLETAS, s. f. pl. (doumeiselétes). Nom qu'on donne à de très-petites épingles.

DOUMEISELLUN, s. m. (doumeiselün); DOUMAISELUN, dl. Terme collectif par lequel on désigne toutes les demoiselles d'un pays, les demoiselles en général.

Éty. de *doumeisella* et de *un*, les demoiselles en général. V. *Domin*, R.

DOUMENGAL, s. m. (doumeingál). Nom de l'oronge dans quelques contrées de la Gascogne. V. *Roumanel*.

DOUMENGE, Dimanche. Suppl. à Pell. V. *Dimenche*.

DOUMENGE, nom d'homme. (doumèindgé); DOUMINICO, DOUMERGUE, vl. dont les dim. sont MENICOUN. *Domingo*, esp. Dominique.

Éty. du lat. *Dominicus*.

Patr. Saint Dominique, instituteur des Dominicains, mort le vendredi 6 août 1221, dont l'Eglise honore la mémoire le 4 du même mois; ou de Saint Dominique l'encuirassé, dont on fait la fête le 14 octobre, jour de sa mort, qui eut lieu en 1062.

Menicoun, est un dim. de *Dominique*, v. c. m.

DOUMENICAR, v. a. vl. Dominer, maîtriser.

Éty. du lat. *dominari*. V. *Domin*, R.

DOUMENO, s. m. (doumène); DOUMENE, CHABENSA, DOMANI. *Dominio*, port. esp. ital. *Domini*, cat. *Domanium*, basse lat. Domaine, terres que possède un particulier, on le dit aussi des biens de la Couronne.

Éty. du lat. *dominium*, propriété. Voy. *Domin*, R.

DOUMERGADURA, s. f. vl. V. *Doumenicatura* et *Doumin*, R.

DOUMERGAL, et

DOUMERGOL, s. m. (doumergàl et doumergól). Noms languedociens de l'agaric oronge. V. *Roumanel*.

DOUMERGUE, nom d'homme, vl. Le même que *Doumenge*, v. c. m.

DOUMESCHE, ESCHA, adj. (doumèst-sé, èstse), d. bas lim. Poli, ie, V. *Houneste*; dompté, apprivoisé. V. *Privat*, *Boi doumesche* et *Bos d'atef*.

Éty. *Doumesche*, est évidemment une alt. du lat. *domesticus*. V. *Dom*, R.

DOUMESTICA, s. f. (doumestique). V. *Servenla*.

DOUMESTIQUE, s. m. (doumestiqué); *Domestico*, ital. esp. port. Domestique. V. *Varlet*.

Éty. du lat. *domesticus*, qui regarde les soins du ménage. V. *Dom*, R.

DOUMICILE, s. m. (doumicile); *Domicilo*, ital. esp. port. *Domicili*, cat. Domicile, lieu où chacun fait sa demeure ordinaire et où il a fixé son établissement.

Éty. du lat. *domicilium*, fait de *domus*. V. *Dom*, R.

« Le domicile de tout Français, quant à l'exercice de ses droits civils, est au lieu où il a son principal établissement. » Art. 102, du Code Civil.

DOUMICILIAR SE, v. r. (doumiciliá sé); *Domiciliar-se*, port. Se domicilier, s'habituer, prendre son domicile.

Éty. de *doumicili* et de *ar*. V. *Dom*, R.

DOUMICILIARIA, adj. (doumiciliárie). Domiciliaire, visite domiciliaire, visite faite dans le domicile de quelqu'un.

Éty. de *doumicili* et de *aria*. V. *Dom*, Rad.

DOUMICILIAT, ADA, adj. et p. (doumicilià, áde); *Domiciliado*, esp. port. Domicilié, ée; qui a un domicile.

Éty. de *domicili* et de *at*. V. *Dom*, R.

DOUMINANT, ANTA, adj. (doumінán, ánte); *Dominante*, esp. Dominant, ante; qui domine.

Éty. V. *Domin*, R.

DOUMINAR, v. n. (douminá); *Dominare*, ital. *Dominar*, esp. port. Dominer, commander, avoir un empire absolu sur quelque chose; ce qui paraît le plus, ce qui est plus élevé.

Éty. du lat. *dominare*, formé de *dominus*, maître, et de *are*, faire. V. *Domin*, R.

DOUMINAT, ADA, adj. et p. (douminá, áde); *Dominado*, port. esp. *Dominato*, ital. Dominé, ée.

Éty. V. *Domin*, R.

DOUMINATION, s. f. (douminatie-n); *Dominazione*, ital. *Dominacion*, esp. *Dominação*, port. Domination, empire, pouvoir, autorité suprême.

Éty. du lat. *dominationis*, gén. de *dominatio*, ou de *douminar* et de *tion*, action de dominer. V. *Domin*, R.

DOUMINATOUR, TRICA, s. (douminatóur, trice); *Dominatore*, ital. *Dominador*, esp. port. Dominateur, trice; celui, celle qui domine, dominant.

Éty. du lat. *dominator*. V. *Domin*, R.

DOUMINICALIER, s. m. (douminicalié), dl. Prédicateur de la dominicale.

Éty. de *douminicala* et de *ier*. V. *Domin*, Rad.

DOUMINICAN, s. m. (doumiuicán); *Dominico*, port. Dominicain, religieux de l'ordre de Saint-Dominique.

Éty. du lat. *dominicanus*.

L'ordre des Dominicains ou frères prêcheurs, fut fondé par Saint Dominique de Gusman, gentilhomme espagnol, et approuvé en 1215, de vive voix, par Innocent III. La première maison qu'ils aient eue en France, fut établie à Toulouse, par l'évêque et par Simon de Monfort.

DOUMINICAN, s. m. Nom qu'on donne, en Provence, selon M. d'Ancelme, au traquet, gorge noire, *Saxicola stapazina*. Tem. V. *Reynaubi*.

DOUMINICAR, v. a. (douminicá), dl. Dominer, gourmander, maîtriser.

Éty. du lat. *dominari*, m. s. ou de *dominus*, maître, et de *icar*. V. *Domin*, R.

DOUMINICATURA, s. f. (douminicatúre); DOUMERGADURA, dl. Dominicature, domaine d'un curé de campagne attaché à la cure.

M. de Sauvages fait observer que quoique le mot *dominicature*, ne se trouve dans aucun dictionnaire, il n'en est pas moins français.

Éty. V. *Domin*, R.

DOUM-MAI, dl. V. *Au-mai*.

DOUMT, rad. pris du lat. *domare*, *domo*, *domitum*, assujétir, soumettre, maîtriser, d'où *domitare*, dompter, dérivé du grec δαμάω (damaô), dompter, subjuguer, par le changement de *a* en *o*.

De *domitare*, par apoc. *domit*, par suppr. de *i*, *domt*, et par le changement de *o* en *ou*, *doumt*; d'où : *Doumt-ar*, *Doumt-at*, *In-doumtat*, *In-doumt-able*.

De *domare*, par apoc. *dom*; d'où; *Dom-able*, *Doumd-ar*.

DOUMTABLE, **ABLA**, adj. (dountáblé, áble); *Domabile*, ital. *Domable*, esp. *Domavel*, port. Domptable, qui peut être dompté.

Éty. du lat. *domabilis*. V. *Doumt*, R.

DOUMTAR, v. a. (doumtá); DOUNDAR, SOUMETTRE, ADOUNDAR. *Domare*, ital. *Domar*, esp. port. cat. Dompter, vaincre, subjuguer, réduire sous son obéissance.

Éty. du lat. *domare* ou *domitare*. Voy. *Doumt*, R.

DOUMTAT, **ADA**, adj. et p. (doumtá, áde); *Domado*, port. Dompté, ée.

Éty. V. *Doumt*, R.

DOUN, DON, rad. pris du lat. *donum*, don, présent, offrande; d'où: *dare*, *donare*, *datum*, donner; *donatio*, *ionis*, donation; *donatarius*, donataire; *traditio*, *ionis*, tradition; dérivés du grec δῶρον (dôron), présent, ou de δῶμα (dôma), m. sign. formé de δόω δίδωμι (doô didômi), donner, d'où encore, *addition*, addition, *reddere*, rendre. V. *Rend*, R.

De *donum*, par apoc. *don*; d'où : *Don*, *Don-ador*, *Don-aire*, *Dona-ment*, *A-donar*, *Don-ar*, *Don-azon*, *Aban don*, *Aban-donar*, *Don-at*, *Don-ada*, *Don-a*, *Don-atio*, *Don-azos*, *Don-atiu*, *A-don-iu*.

De *don*, par métagr. de *o* en *ou*, *doun*; d'où : *Doun*, *Douna*, *Doun-ada*, *Doun-aire*, *Doun-ar-ela*, *Doun-ar*. *Re-doun-ar*, *Doun-at*, *A-ban-dou*, *Aban-doun*, *Aban-dounament*, *Aban-doun-ar*, *Aban-doun-at*, *A-dounar*, *A-dounat*.

De *donatio*, *donatarius*, par apoc. et métagr. de *o* en *ou*, *dounat*; d'où : *Donat-io*, *Dounat-ari*, *Dounat-ion*, *Dounat-our*.

De *additionis*, gén. de *additio*, addition, formé de *addere*, ajouter, et composé de *ad* et de *do*, je donne encore, j'ajoute; par apoc. *addition*; d'où : *Addition*, *Additioun-ar*, *Additioun-at*, *Addita-ment*.

De *traditionis*, gén. de *traditio*, par apoc. *tradition*; d'où : *Tradition*, *Anti-doto*, *Anti-dotari*.

De *dare*, par apoc. *dar*; d'où : *Dar*, *Datiou*, *Daria*, etc.

De *datum*, par apoc. *dat*; d'où : *Dat*, *Dada*, *Dat-a*, *Dat-ar*, *Dat-at*, *Dat-ari*, *Dat-if*, *Dat-ir*, *Dac-io*.

De la basse lat. *perdonare*, donner entièrement, tout-à-fait, par apoc. *perdon*, et par le changement de *e* en *a*, *pardon* et *pardoun*; d'où : *Pardoun-ar*, *Pardoun-able*, *Im-pardounable*. V. aussi le S.-R. *Dot*.

DOUN, s. m. (dóun); *Dono*, ital. *Don*, esp. *Dom*, port. Don, ce qu'on donne par pure libéralité; don du ciel, de la nature, avantages qu'on a reçus de Dieu, de la nature; aptitude naturelle que l'on a à quelque chose.

Éty. du lat. *donum*. V. *Doun*, R.

DOUN, contraction de *Doune*. Est souvent employé par nos anciens poëtes :

Diou vous doun, *moussu l'avoucat*,
Vido longo et prousperitat.

Gros.

On l'emploie aussi pour *Dounc*, v. c. m.

DOUNA, s. f. (dóune); *Dona*, anc. esp. Distribution d'une aumône : *Faire la douna*, distribuer l'aumône laissée par quelque défunt; *Dounar*, se dit aussi pour donner, l'action de distribuer les cartes au jeu.

Éty. de *doun*, don, et de *a*, signe du fém. V. *Doun*, R.

DOUNADA, s. f. (dounáde). Endroit propre à jeter la boule qu'on veut approcher du but; donnée, base, aperçu.

Éty. V. *Doun*, R.

DOUNAIRE, **ARELLA**, s. (dounáiré, aréle); DOUNET, ETA, DOUNOR. *Datore*, ital. *Dador*, esp. port. *Donador*, cat. Donneur, euse; celui ou celle qui donne, libéral, généreux.

Éty. du lat. *dator* ou de *Doun*, R. et de *aire*.

DOUNAR, v. a. (douná); DAR, BAILAR. *Dare* et *Donare*, ital. *Dar* et *Donar*, esp. cat. *Dar* et *Doar*, port. Donner, faire un don, faire présent de..., livrer, vendre, accorder, octroyer, inspirer, faire avoir, causer, présenter, offrir, confier, attribuer, faire paraître des signes, des marques; consacrer, risquer, exposer, prescrire, assigner, indiquer, fournir matière, etc., etc., lessiver, en bas lim.

Éty. du lat. *dare* et *donare*, m. s. ou de *doun* et de *ar*, faire un don. Voy. *Doun*, Rad.

Dounar un ferre, donner une façon au cuir.

Se dounar de quicon, dl. Se mettre en peine.

Que iou m'en douni? que je m'en inquiète, que m'en *chaut-il*?

La qualitat que l'indouna, dl. en quoi il réussit.

Dounar l'aigua, ondoyer.

Dounar dedins, donner dans le panneau.

Dounar a la tasta, donner à goûter.

Dounar lous peds à un enfant, chausser un enfant.

Dounar la bona fourtuna, dire la bonne aventure.

Dounar la retirada, donner à coucher par charité.

DOUNAR, v. n. (douná). Donner, atteindre, frapper, tomber dedans : *Dounar contra*, heurter, choquer; *Dounar voouta*, amarrer, attacher, terme de mar. *Aquela fusta a dounat*, cette poutre a fléchi; en parlant des animaux, se mot signifie ruer; *Douna vostra mula?* votre mule rue-t-elle? *Lou souleou, la luna douna*, le soleil, la lune éclaire, ils sont levés.

DOUNAR SE, v. r. d. bas lim. Faire donation universelle de ses biens à quelqu'un : *Me sci dounada a moun nebout*, j'ai fait donation à mon neveu, pour fréquenter. Voy. *Adounar s'*.

DOUNAT, **ADA**, adj. et p. (douná, áde); DAT. *Donado*, esp. *Doado*, port. *Dato*, ital. Donné, ée.

Éty. du lat. *donatus*, ou de *doun* et de *at*, don fait. V. *Doun*, R.

DOUNAT, **ADA**, s. dl. DAT. Le bâtard d'une maison; on donne aussi ce nom à un adonné ou à quelqu'un qui s'est dévoué à une maison ou à un particulier, à qui il a fait, par contrat, une donation de tous ses biens, à la charge d'être nourri, logé et entretenu pendant sa vie, et de rendre à la maison les petits services dont il est capable, vu son âge et ses infirmités.

DOUNAT, nom d'homme. (douná); *Donato*, ital. Donat.

Éty.

Patr. L'Eglise honore plus de trente saints de ce nom.

DOUNATARI, s. m. (dounatári); *Donatario*, ital. esp. port. *Donatari*, cat. *Donatarius*, basse lat. Donataire, celui ou celle à qui l'on a fait une donation.

Éty. du lat. *donatarius*. V. *Doun*, R.

DOUNA-TENDRI, V. *Tendrin*.

DOUNATION, s. f. (dounatie-n); DOUNATIEN. *Donazione*, ital. *Donacion*, esp. *Doução*, port. *Donació*, cat. Donation, don qui se fait par acte public; l'acte même par lequel on fait une donation.

Éty. du lat. *donationis*, gén. de *donatio*. V. *Doun*, R.

DOUNATION-DE-CORPS, Se disait anciennement pour célébration de mariage : *Dounar leis corps*, célébrer le mariage devant le curé et deux témoins. Suppl. à Pell.

DOUNATOUR, **TRIÇA**, (dounatóur, tríce); *Donatore*, ital. *Donador*, *ora*; esp. cat. *Doador*, port. Donateur, trice; celui, celle qui fait une donation.

Éty. de *doun* et de *atour*, celui qui fait le don.

DOUNC, **OUNCA**, (dóun, oúnqui); ADOUNC. *Dunque*, ital. Donc, conjonction qui sert à indiquer la conséquence que l'on tire d'une ou de plusieurs propositions.

Éty. du lat. *tunc*, on fit, *dunc* et *dounc*,

par la prononciation de *u* en *ou*, et *adounc*, par l'add. de la prép. *a*.

DOUNDAR, dg. Dompter, alt. de *Doumptar*, v. c. m. et *Doumt*, R.

DOUNDE, OUNDA, adj. et p. (dóundé, óunde), d. bas lim. Dompté, ée ; doux, tranquille : *Autres coous erou plat ridicule mas ahoura sei plat dounde*, autrefois j'étais bien vif, bien récalcitrant, mais je me suis bien assoupli. Bér.

DOUNDOUN, V. Dondon.

DOUNDOUREGEAR, v. a. (doundouredjá), dg. Amuser.

Que l'aujouleto dits un counde
De tout so que s'es heit aou mounde
Despuech quouate bins ou cent ans
En doundoureja *lous chans!*

D'Astros.

DOUNET, ETA, adj. (douné, éte), d. m. Qui donne volontiers. V. *Dounaire* et *Doun*, R.

DOUNGUET, dg. Pour *dounet*, il donna.

DOUNIN, nom d'homme. (dounïn). Donnin.

Éty. du lat. *Doninius*.

Patr. Saint Donnin, premier évêque de Digne.

DOUNJOUN, s. m. (doundjóun) ; *Dungeo* et *Dunjo*, basse lat. Donjon, petit pavillon élevé au-dessus du comble d'une maison pour jouir de quelque belle vue ; dans les anciens châteaux, tourelle en manière de guérite, élevée sur une grosse tour.

Éty. de la basse lat. *dominionus*, formé de *dominium*, domination. V. *Domin*, R.

DOUNT, pron. rel. (dóun). Dont, du quel, de laquelle, de qui, de quoi.

Un tresor dount *la richesso.*

Gros.

Éty. du lat. *unde*.

D'OUNTE, adv. D'où. V. *Ounte*.

D'OUNT, dl. D'où. V. *Ounte d'*.

DOUNTA, adv. dg. D'où.

DOUNUR, USA, V. *Dounaire*.

DOUNZEL, V. *Donzel*.

DOUNZELLA, V. *Donzella*.

DOUR, DURUM, en lat. Terminaison commune à plusieurs noms de lieu et qui signifie eau.

Éty. de *dour*, bas breton, ou de *dwr*, en Gallois, qui désignent l'un et l'autre, l'eau.

DOURADIER, s. m. anc. lim. Doreur. V. *Daurur*.

DOURC, et

DOURCA, V. *Dourga*.

DOURCADA, V. *Dourcada*.

DOURDA-MOUTA, s. m. (dóurde-móute), dl. TOCOSIAU. Un homme sournois, dissimulé, caché, qui songe creux ; butor, hébété.

DOURDAR, v. n. (dourdá) ; DURDAR, ABUDAR, RUDAR, TROUCHAR, TUNCAR, BUSSAR, TRUCAR, DARDAR, TURSTAR, ALUCHAR, TUERTAR, TROUNCHAR, CHOURTAR, BRUSSAR, FAIRE-TUERTA-DANA, CHAUPAR, CHOOUPAR, EMBANAR. Cosser, se doguer, heurter de la tête l'un contre l'autre, en parlant des moutons et des bœufs.

Éty. Ce mot est d'origine celtique, selon M. l'abbé de Sauvages, ou peut-être du grec τύπτω (tuptô), battre, frapper.

Le passage suivant, extrait des Comptes des Receveurs des Consuls de Nismes : (*Pro uno mutone qui fuit luctatus ad luctas Sancti Laurentii*, VIII *denarii*), prouve que dans les réjouissances publiques ; on faisait cosser des moutons, comme on fait battre d'autres animaux. Sauv.

DOURDOUGNA LA, (la dourdóugne) ; *Dordona*, ital. *Dordoña*, esp. Dordogne La, rivière de France, qui prend sa source au Mont-d'Or, et se joint à la Garonne, près de Bourg, au Bec-d'Ambez, après un cours de 400 kilomètres, elle donne son nom à un département.

Éty. du lat. *duranius*.

DOURDOUGNA, s. f. (dourdóugne) ; *Dordoña*, esp. Dordogne, département de la..., dont le chef-lieu est Périgueux.

Éty. D'une grande rivière de la Guienne, qui lui a donné son nom ; dérivé du lat. *Dordonia*.

DOURENT, V. *Doulent*.

DOURG, s. m. (dourg) ; DOUR, dl. Masculin de *Dourga*, v. c. m.

DOURGA, s. f. (dóurgue) ; DOUERGA, DOUR, DOURCA, DOURNA, PICHAROTA, OURJOOU, COURJOOU, CRUGA. *Durna* et *Durga*, basse lat. *Dorca*, anc. cat. Cruche de terre ou de grès à anse et à bec, propre à contenir de l'eau.

Éty. du grec ὄρχη (urchê), pot de terre, à deux anses, du lat. *orca*, vase de terre, ou du bas breton *dourghen*, formé de *dour*, eau ; *dorc* en roman ; ce vase a ordinairement deux anses, une latérale et une en dessus. V. Ducange.

Dérivés : *Dourg-ada, Dourgu-eta*.

DOURGA, s. f. dg.

Iou caperi lous sos de dourguos
Lous grais de blat ou de pourguos.

D'Astros.

DOURGADA, s. f. (dourgáde) ; DOURCADA. *Cruchée*, plein une cruche nommée *dourga*.

Éty. de *dourga* et de *ada*.

DOURGNA, s. f. (dóurgne), dg. Bure, étoffe grossière. V. *Cadis*.

Tout danso, tout se passejo,
Et la sedo s'abarrejo
Dan la dourgno *et l'estoupas.*

Jasmin.

DOURGNOUN, s. m. (dourgnóu), d. bas lim. Espèce de cerise, bigarreau ; quignon, gros morceau de pain, gros morceau de viande ou de quelqu'autre chose bonne à manger. V. *Moucelas*.

DOURGUET, s. m. Suppl. à Pell. V. *Dourgueta*.

DOURGUETA, s. f. (dourgúete) ; DOURGUET, DOURNA, GOURGOULINA, OURJOULET, BANDELOUN, BRUGEOUN, CRUGUET. Cruchon, petite cruche.

Éty. Dim. de *dourga*.

DOURILHA, d. du Var. V. *Doulia*.

DOURLOUTAR, v. a. (dourloutá). Dorloter, traiter délicatement.

DOURMANT, Garc. V. *Durment*.

DOURMARD, dl. Même sign. que *Dormelhassa*, v. c. m. et *Dorm*, R.

DOURMEIRE, V. *Dormeire*.

DOURMENT, V. *Durment*.

DOURMIAS, ASSA, s. Gros dormeur, grosse dormeuse. V. *Dormelhassa* et *Dorm*, Rad.

DOURMIDA, Garc. V. *Penec*.

DOURMILHET, s. m. (dourmillé) ; DOURMILLET, DOURMILLOUN. L'immobilité apparente d'une toupie qui tourne avec rapidité.

DOURMIOU, Garc. V. *Dormilhousa*.

DOURMIR, et composés. V. *Dormir*.

DOURNA, s. f. (dóurne) ; dl. Cruche, V. *Dourga* ; cuvier, V. *Tineou*.

Éty. de *urna*.

DOURNET, dl. V. *Pega* et *Pegal*.

DOURNETA, s. f. (dournéte) ; dl. Petite cruche. V. *Dourgueta*.

DOURQUET, et

DOURQUETA, dl. V. *Dourgueta*.

DOURQUIERA, s. f. (dourquiére) ; et impr. DOURQUEIRA. Nom qu'on donne, en Languedoc, à la violette longue, espèce de figue d'un noir violet en dehors et rouge en dedans. Sauv.

DOURSIER, dl. V. *Doussier*.

DOUS, adj. m. DOUES, DOUAS, DIOS, f. et DOUIS, pour les deux genres. *Duo*, *Due*, ital. *Dos*, esp. cat. *Dous*, port. Deux, il se dit des choses qui sont en nombre double de l'unité : *Dous homes, douas fremas.*

Éty. du lat. *duo*, ou du dat. *duobus*, m. s. V. *Du*, R

Tous dous, tous deux, et *touteis dous*, tous les deux, ne s'emploient pas indistinctement ; tous deux, signifie ensemble, en même temps, je ne veux pas y aller seul, allons y tous deux.

Tous les deux exprime une action commune à deux personnes, mais qui peut s'être faite en différents temps. Nous avons été tous les deux à Paris, c'est-à-dire, chacun de nous y a été ; *De dous en dous*, *De dos en dos*, esp. *a due a due*, ital.

DOUS, s. m. Deux, un deux de chiffre, 2 ; au jeu de cartes, carte basse qui n'est marquée que de deux points.

DOUS, OUÇA, s. f. (doux-ouce) ; *Dolce*, ital. *Dulce*, esp. *Doce*, port. *Dols*, cat. Doux, ouce, agréable au goût, à l'odorat, qui n'est pas assez salé ; qui n'est pas rude au toucher ; tranquille ; traitable, humain, tempéré, en parlant du temps ; qui ne fatigue pas ; lorsqu'il est question d'une voiture, etc., etc.

Éty du lat. *dulcis*, le même. V. *Douc*, R.

DOUS, art. m. pl. d. béarn. Des. V. *Deis*.

DOUS, s. vl. V. *Douts*.

DOUS, OUSSA, adj. vl. V. *Doux*, *ouça* et *Douc*, R.

DOUSAMEN, adv. vl. Doucement. V. *Douçament* et *Douç*, R.

DOUSEN, s. m. (douzéin) ; anc. prov. La quantité de douze, une douzaine. V. *Du*, Rad.

DOUSIL, s. m. (dousil) ; dl. SAUNETA, DOUZILH, DOUZIL. Faucet, la broche d'un tonneau, celle de la cannelle d'un muid en perce, et plus proprement, le fausset qui est au haut ou au milieu du fond d'un muid. Sauv. V. *Duc*, Rad.

Des larmos barrem lou Douzilh.
Des larmes fermons le robinet.
Ne pleurons plus.

Bergeyret.

DOUSIT, s. m. (dousi); d. bas lim. *Bardot*, v. c. m.
DOUSSA, vl. V. *Doussan.*
DOUSSAMENT, V. *Douçament* et *Douç*, Rad.
DOUSSAN, vl. V. *Dossan* et *Douç*, R.
DOUSSESIR, v. a. vl. Adoucir, rendre doux.
Éty du lat. *dulcessere*, m. V. *Douc*, R.
DOUSSET, ETA, adj. vl. V. *Dosset* et *Douç*, Rad.
DOUSSEZIR, vl. V. *Doussesir.*
DOUSSIER, s. m. (doussié); DOURSIER, DOSSIER. *Dossierre*, ital. *Dorsel*, port. Dossier, partie d'un siége ou d'un lit qui sert à appuyer le dos. En terme de pratique, ce mot indique une liasse de papiers relatifs à la même affaire.
Éty. de *dos* et de *ier*, qui sert au dos.
DOUSSOR, vl. V. *Dolzor*, *Douçour* et *Douç*, R.
DOUSSOR, vl. V. *Douçour* et *Douç*, R.
DOUSTAR, v. a. vl. *Dostar* m. s. que *Traire* et *Levar*, v. c. m.

Aco dit, se taisec, é malauto d'amour.
Serquet un loc secret, é se *doustec* dal jour.
Bergoing.

DOUSTAR, v. a. (doutá), d. bas. lim. Oter, enlever. V. *Levar* et *Prendre.*
DOUTAIRE, USA, s. et adj. (doutáiré, úse). *Douteur, euse*, qui doute de tout. Garc.
DOUTANÇA, s. f. (doutánce); *Doptansa*, anc. cat. *Dudanza*, anc. esp. *Dottanza*, ital. Doute, incertitude, crainte: *N'aviou de doutança*, je m'en doutais: *ai doutança*, je doute.
Éty. de *doute* et de *ancea*. V. *Dub*, R.
DOUTAR, v. n. (doutá); *Duptar*, cat. *Dubitare*, ital. *Dudar*, esp. *Duvidar*, port. Douter, être dans le doute.
Éty. du lat. *dubitare*, fait de *Dub*, rad. de *dubium*, de *iter* et de *ar*, doute sur le chemin que l'on doit prendre, ou de *doute* et de *ar*, ou de *duo* et de *bitare*, aller. V. *Dub*, R.
DOUTAR S'EN, v. r. Se douter, juger sur certaines apparences dont il résulte quelque probabilité.
DOUTAR, Pour doter. V. *Dortar.*
DOUTATION, (doutatie-n); *Dotazione*, ital. *Dotacion*, esp. *Dotação*, port. *Dotació*, cat. Dotation, action de doter un établissement d'utilité publique, un corps, etc. le fonds, le revenu assigné à cet effet; biens de majorat.
Éty. du lat. *dotationis*, gén. de *dotatio*, m. s. V. *Dot*, R.
DOUTE, s. m. vl. *Dupte*, cat. *Duda*, esp. *Duvida*, port. *Dubbio*, ital. *Dupte*, cat. Doute, état de l'esprit qui hésite de donner son assentiment à une chose, parce qu'il ne la croit pas suffisamment prouvée, ou qu'il voit une égalité parfaite, entre les preuves pour et contre; incertitude.
Éty. du lat. *dubium*, m. s. V. *Dub*, R.
DOUTIL, adj. dg. Dotal: *Bens doutils*, biens dotaux. D'Astros.
Éty. V. *Dot*, R.
DOUTOUR, V. *Douctour.*
DOUTOUS, OUSA, adj. (doutóus, óuse); *Dubbioso*, ital. *Dudoso*, esp. *Duvidoso*, port. *Dubtos*, cat. Douteux, euse, incertain, dont il y a lieu de douter.

DOUSSOR, m. s.
DOUSTS, s. m. (doús); vl. Source d'eau V. *Duc*, R.
Éty. du lat. *dubius*, ou de *doute* et de *ous*. V. *Dub*, R.
DOUTRINA, V. *Catechisme.*
Éty. du lat. *doctrina.*
DOUTS, s. m. vl. DOTS, DOT, DOTZ, DOUS. Source, canal, tuyau, conduit, ouverture par laquelle l'eau s'écoule. V. aussi *Dotz.*
Éty. du lat. *ductus*, m. s. aquéduc. V. *Duc*, R.

Que de mes bel qu'espia la hount,
Douts aus estrems, douts au pregount
D'Astros.

DOUTSAR, v. n. (doutsá); dl. Soudre, éclore.
Éty. de *douts*, source d'eau, et de *ar*. V. *Duc*, R.

Las flous, à qui maï muï, lour *doutsoun* joux les pes
Hillet.

DOUVA, s. f. (dóuve); ENDARVA, ENDERVA. On donne ce nom à deux espèces de renoncules:
1°. A la grande douve, ou renoncule langue, *Ranunculus lingua*, Lin. qu'on trouve dans les lieux aquatiques.
2°. A la petite douve ou renoncule flammète, *Ranunculus flammula*, Lin. plantes de la famille des Renonculacées, qui ont l'une et l'autre un goût âcre et irritant.
Éty. Probablement à cause de la ressemblance qu'ont leurs feuilles avec celles de la première espèce, surtout avec les douves d'un tonneau ou avec le ver qui porte ce nom.
DOUVA, s. f. Douve, fasciole, animaux que l'on trouve dans le fois des moutons qui ont été longtemps nourris dans des terrains marécageux. V. *Fasciole*, Dict. des Sc. Nat. et *Arapeda.*
DOUZILH, dg. V. *Dousil.*

DOV

DOVELLA, s. f. (dovelle). Nom qu'on donne, à Marseille, à la girelle, selon l'Encycl. V. *Girella.*

DOY

DOYEN, s. m. (douièn); DOUYEN. Doyen, le plus ancien d'âge ou en réception dans une compagnie; dignité dans quelques chapitres, titre qu'on donne à celui qui possède un doyenné.
Éty. du lat. *decanus*, nom qu'on donnait anciennement à un abbé qui exerçait sa surveillance sur dix moines. V. *Dec*, R.

DOZ

DOZE, nom de nombre, vl. Douze. V. *Douze* et *Douge.*
DOZEL, vl. V. *Donzel.*
DOZEN, adj. num. vl. DOTZEN. *Dotsé*, cat. *Doceno*, esp. *Duodecimo*, port. *Dodicesimo*, ital. Douzième.
Éty. du lat. *duodecimus*. V. *Du*, R.
DOZEN, vl. Enseignant. V. *Doc*, R.
DOZENS, adj. num. vl. DOZENT. *Doscènts*, cat. *Doscientos*, esp. *Dozentos*, port. *Dugento*, ital. Deux cents.
Éty. du lat. *ducentos*. V. *Du*, R.
DOZENT, vl. V. *Dozens.*
DOZES, adj. vl. Douzième.
DOZIL, s. m. vl. DOUZIL. Faucet. Voy. *Dousil* et *Duc*, R.

DRA

DRA, s. m. Mouchoir de tête, en lang. V. *Drap*; dragon, V. *Drax*; lutin, V. *Drac*; drap, V. *Drap.*
DRAC, s. m. (drá); DRA, BEOU, DRAP. Diable, lutin, mauvais génie, esprit follet.
Éty. Sauvages dit que ce mot est grec d'origine, mais il paraît dériver plus directement du bas breton *drouc*, méchant, malicieux.
La crainte de ces êtres imaginaires, dit M. Astruc, a, comme celle des fées, sa source dans le paganisme. Les bons dracs, rappellent les lares ou pénates, et les mauvais dracs, les larves ou lémures.
Les premiers étaient les manes des hommes de bien, et les autres celles des méchants.
DRAC, s. m. vl. Pour dragon. V. *Dragoun.*
DRAC, s. m. vl. *Drac*, cat. Dragon. V. *Dragoun.*
Éty. du lat. *draco.*
DRACA, dl. V. *Raca.*
DRACADA, dl. V. *Racada.*
DRACHMA, s. f. (dráme); DRAGME, TERNAU, TRENAU. *Dracma*, esp. *Dramma*, ital. *Drachma*, lat. port. all. *Dragma*, cat. Drachme, la huitième partie d'une once ou un gros, qu'on divise en trois scrupules ou soixante douze grains.
Éty. du grec δραχμή (drachmè), ancien poids de l'Asie et de l'Egypte qui valait 43 grains de notre poids.
DRAGA, s. f. (drágue). Drague, pinceau de vitrier qui lui sert à marquer les verres.
Éty. de l'angl. *drag*, traîner.
DRAGA, s. f. (drágue), dl. Une fée, une sorcière.
Éty. *Draga* est le fém. de *Drac*, v. c. m.
DRAGE, s. m. (dradgé), dl. Crible de peau dont les voies sont rondes. Sauv.
Éty. V. *Dra* et *Drai*, R.
DRAGEA, vl. V. *Drageyas.*
DRAGEAIRE, s. m. (dradjäïré), dl. Celui qui crible le blé.
Éty. de *drage* et de *aire*. V. *Drai*, R.
DRAGEYAS, s. f. pl (dradgéies); DRAGEAS, DRAJEYRAS. *Drageia* et *Dragia*, basse lat. *Drageya*, cat. *Grageu*, esp. *Grangea*, port. Dragée, amande, pistache, aveline et petits fruits couverts de sucre durci.
Éty. du grec τράγημα (tragêma), dessert, dragée, formé de τρώγω (trôgô), manger.
La boîte dans laquelle on tient les dragées, s'appelle *drageoir.*
Dans le siècle dernier, où l'on avait le goût délicat, dit Vigneul de Marville, on ne croyait pas pouvoir vivre sans dragées. Il n'était fils de bonne mère qui n'eut son dragier, et il est rapporté dans l'histoire du duc de Guise, que quand il fut tué à Blois, il avait son dragier à la main.
DRAGEYA, dragée, est aussi le nom du menu

plomb qu'on emploie pour tirer aux oiseaux.

Éty. Parce qu'on les obtient en faisant passer le plomb fondu à travers un crible. V. *Drai*, R.

Drageya plata, express. iron. dont on se sert pour dire qu'un chasseur a acheté le gibier au lieu de le tuer.

L'a tuat eme de drageya plata.

DRAGMA, s. f. vl. *Dragma*, cat. Voy. *Drachma.*

DRAGO, et

DRAGON, vl. V. *Dragoun.*

DRAGONAT, s. m. vl. *Dragoneau*, jeune dragon.

DRAGOUN, s. m. *Dragoner*, all. *Dragó*, cat. *Dragon*, esp. *Dragone*, ital. Dragon, soldat qui appartient à la cavalerie de ce nom.

Éty. du lat. *dragonarii. dragonnaires*, nom que portaient certains soldats romains qui avaient un dragon, *draco*, pour enseigne.

Il existait déjà des dragons en France du temps de Henri IV.

DRAGOUN, s. m. (dragóun); *Draco*, lat. *Dragone*, ital. *Dragon*, esp. *Dragão*, port. *Drag*, cat. Dragon, serpent fabuleux, rendu célèbre par les poëtes Grecs et les Latins, et par l'espèce de culte que lui rendaient les anciens qui le représentaient ailé, et vomissant des flammes.

Éty. du grec δράκον (dracon), formé de δίρκω (dircô), avoir l'œil perçant.

En vl. constellation.

DRAGOUN, s. m. (dragoun). Nom qu'on donne, dans le département des B.-du-Rh. selon M. Négrel, à la globulaire commune, *Globularia vulgaris*, Lin. plante de la fam. des Globulaires, qu'on reconnait aisément à sa fleur bleue en tête arrondie.

DRAGOUN, OUNA, s. Est aussi un des noms de la nonfeuillée. V. *Bragalou.*

DRAGOUNA, s. f. (dragóune). Dragonne, ornement de la poignée d'un sabre ou d'une épée; femme méchante, emportée.

DRAGUEGEAR, v. n. (draguedjá). Pêcher dans les trous que le poisson fréquente. Garc.

DRAGUNTEA, s. f. vl. *Dragonaria*, cat. *Dragoutea*, esp. port. *Dracontea*, ital. Estragon, serpentine. V. *Estragoun.*

Éty. du lat. *dracontium.*

DRAGUNTEA, adj. f. vl. De dragon.

DRAI, rad. dérivé du grec δράω (draô), s'échapper, s'enfuir, ou de δρέμω (drémô), courir, passer.

Drai, Drai-a, Drai-aire, Drai-airoou, Drai-ar, Drai-oou, Re-draiar, A-draiar, A-drai-at, Dral, Drali-a, Drali-ar, Drage, Drage-aire, Drag-eya, Drouin-a.

DRAI, s. m. (draï); DRAY, DRAGE, DRAL, GRELHADOUR, COULADOUR, DRAIL, ESICHET. Crible propre à nettoyer le blé, dont les aires sont ordinairement carrées ou oblongues.

Éty. du grec δράω (draô), s'échapper, s'enfuir, ou de δρέμω (drémô), passer; parce que le grain passe à travers le crible. V. *Drai*, R.

DRAIA, s. f. (draïe); DRAILLA, DRAILHA, DRAIRA, DRALIA, CARRAIRA. Sentier ou chemin affecté aux troupeaux de moutons qui vont d'un pays dans un autre; trace qu'on fait dans la neige. V. *Chalau.*

Éty. V. *Drai*, R.

L'auteur de la St. des Bouches-du-Rh. croit que ce mot est ligurien.

DRAIAIRE, s. m. (drayaïrè); DRAYAIRE, DRAGEAIRE, DRAILLAIRE. Cribleur, celui qui crible, qui passe le blé à travers le *Drai*, v. c. m.

Éty. de *drai* et de la term. *Aire*, v. c. m. et *Drai*, R.

DRAIAIROOU, (drayaïróou). Syn. de *Draioou*, v. c. m. et *Drai*, R.

DRAIAR, v. a. (drayá); DRAYAR, DRABILAR, DRAILHAR, DRALIAR, GRELHAR. Cribler, passer par le crible, appelé *dray*, courir.

Éty. de *drai* et de la term. act. *ar*. Voy. *Drai*, R.

DRAIAT, ADA, adj. et p. (draïá, áde); *Draihatum*, basse lat. Criblé, ée; passé au crible, qu'on appelle *Drai*, v. c. m.

DRAIEIROOU, V. *Draioou.*

DRAIOOU, s. m. (draïóou); DRAYOOU, DRAIEIROOU, DRAILLOOU, DRAILLEIROOU. Dim. de *draia*, petit chemin, sentier. V. *Cairairoou.*

Éty. V. *Draia* et *Drai*, R.

DRAIRA, d. du Var. Alt. de *Draia*, v. c. m.

DRAJEYRAS, dl. V. *Dra.*

DRAL, s. m. dl. V. *Drai*, R.

DRALHA, s. f. (dráille); TRALHA. *Draille*, corde sur laquelle on tend une voile latine. V. *Tralha.*

Éty?

DRALHA, s. f. (dráillie), d. bas lim. Éraillure, état d'une étoffe ou d'une toile dont le tissu est relâché ou effilé.

DRALHAR, v. a. (drollià), md. Érailler l'étoffe ou la toile, en la tirant trop fortement.

DRALHAR, DRAILLAR. V. *Draiar.*

DRALHAT, ADA, adj. et p. (dralhá, áde). Éraillé, ée.

DRALIA, dl. V. *Draia* et *Drai*, R.

DRALIAR, dl. V. *Draiar* et *Drai*, R.

DRAMA, s. m. (dráme); *Drama*, lat. esp. port. *Dramma*, ital. *Drama*, cat. esp. Drame, pièce de théâtre qui représente une action, soit tragique, soit comique.

Éty. du grec δρᾶμα (drama), le même, formé de δράω (draô), agir; parce que, dans le genre dramatique, les personnages agissent eux-mêmes.

DRAMATIQUE, ICA, adj. (dramatiqué, ique); *Dramatic*, cat. *Drammatico*, ital. *Dramatico*, esp. port. Dramatique, ouvrage, composition faite pour le théâtre, et qui représente une action tragique ou comique; ce qui intéresse, émeut vivement le spectateur.

Éty. du lat. *dramaticus*, m. s.

DRANDRALHAR, V. *Trantalhar.*

DRANDOL, OLA, V. *Trandol.*

DRAP, radical pris de la basse lat. *drappus*, qu'on trouve déjà dans les Capitulaires de Charlemagne, dans le sens de drap, et qu'on dérive du celt. *drap*, ou du grec ῥάπτω (rhaptô), coudre, trame, faire un tissu, d'où *rap*, par apoc. et *drap*, par l'add. d'un *d*, dérivés: *Drap, Drap-ar, Drap-aria, Drap-at, Drap-eira, Drap-el, Drapel-et, Drap-eou, Drap-ier, Drap-ilha, Drap-er, Spara-drap.*

DRAP, s. m. (drá); TRA. *Trapo*, esp. *Drappo*, ital. *Drap*, cat. *Drappus*, basse lat. Drap, étoffe de résistance, ordinairement toute en laine; vl. habillement.

Éty. V. *Drap*, R.

Drap, dans la langue Romane, est souvent dit pour manteau, nappe, linge, linceul, étoffe.

Les principales opérations qu'on fait subir au drap avant que d'être livré à la consommation sont le suivantes:

Le tissage, le foulage, le ramage, le lamage, le chardonage, la tonture, le nopage, le couchage, le faudage ou endossage, le pressage, le décatissage.

On appelle:

CHEF, l'extrémité par laquelle on a commencé d'ourdir.

DOS, lorsque la pièce de drap est pliée en deux dans sa longuer, le côté opposé aux lisières.

MOISON, la dimension que doit avoir la chaine.

PAGNON, un drap noir très-fin, qu'on fabrique à Sédan;

QUARANTAIN, de quarante cents ou quatre mille fils en chaine.

RACCOURS, le raccourcissement qu'éprouve un drap mal fabriqué.

SEIZAIN, celui dont la chaine est composée de seize cents fils.

CLAIRIÈRE, l'endroit le plus lâche et le plus clair d'un drap mal tissu.

GRAS, drap mal dégraissé par la foule.

DRAPANS, les fabricants de draps.

DRAPIERS, les marchands de draps.

MACHURE, défaut du drap mal tondu, ou le poil est mâché, au lieu d'être coupé.

NOPE, nœud, ou morceau de laine que les tondeurs lèvent de dessus le drap.

L'an 960, des fabriques de drap s'établirent dans la Flandre, devenue le centre du commerce de l'Occident.

En 1327, Jean Kemp, flamand, porte le premier en Angleterre, l'art de travailler les draps fins.

DRAP, s. m. d. bas lim. Les buandières donnent ce nom en général à tout ce qu'elles mettent à la lessive; elles le divisent par tas qui sont formés de ce qu'une femme peut porter, et elles disent qu'une lessive est de *dez, douze, quinze fais de drap.*

DRAP, s. m. (drá); DRA, BEOU. dl. Mouchoir de tête.

Éty. Probablement ainsi nommé parce qu'ils étaient en laine, comme les draps. V. *Drap*, R.

DRAP-MORTUORUM, s. m. (drap-mortuorúm); *Drap de tomba*, cat. Drap mortuaire, pièce d'étoffe noire dont on couvre la bière ou le cénotaphe au service des morts.

Éty. *Drap mortuorum*, drap des morts.

DRAPAR, v. a. (drapá). Draper, couvrir de drap; en peinture, représenter les vêtements; draper, signifie aussi tirer le poil des draps; fig. draper, a la même sign. que railler, censurer fortement. V. *Drap*, R.

DRAPAR, v. a. (drapá). Draper, couvrir de drap; draper, tirer le poil du drap.

Éty. de *drap* et de *ar*. V. *Drap*, R.

DRAPARIA, s. f. (draparíe); *Drapperià*, ital. *Traperia*, esp. *Draperia* et *Draparia*, cat. basse lat. Draperie, la manufacture, le commerce ou l'art de faire les draps; en peinture, imitation des habillements; en vl. habit, manteau.

Éty. de *drap* et de *aria*, tout ce qui a rapport au drap. V. *Drap*, R.

DRAPAT, ADA, adj. et p. (drapá, áde). Drapé, ée; on le dit des tissus dont les poils se sont tellement enlacés qu'ils représentent le drap; fig. censuré, ée.

Éty. de *drap* et de *at*, fait comme du drap. V. *Drap*, R.

DRAPEIRA, s. f. (drapèïre), dg. et béarn. Coiffure à l'usage des femmes du commun. V. *Drap*, R.

DRAPEL, s. m. (drapèl), dl. *Drapet*, cat. *Trapillo*, esp. *Trapinho*, port. *Drapello*, ital. Lange, V. *Pedas*; en vl. drapeau, lange, couche, maladie des yeux. V. *Drap*, R.

DRAPELET, s. m. (drapelé), d. béarn. Petit drapeau. V. *Drap*, R.

DRAPEOU, s. m. (drapèou); **DRAPEL.** Drapeau, étendard ou enseigne militaire; en français on distingue le drapeau de l'étendard; le premier étant affecté à l'infanterie et le dernier à la cavalerie.

Éty. de *Drap*, R. v. c. m. parce que les premiers en étaient faits.

L'usage des drapeaux remonte à la plus haute antiquité; on lit dans Moïse, chap. 2, des nombres; que chacune des tributs d'Israël, avait un drapeau de la couleur que la tribu avait adoptée.

Drapeou tricoloro, il fut adopté par l'assemblée nationale, en 1790.

DRAPER, vl. *Draper*, cat. V. *Drapier* et *Drap*, R.

DRAPIER, s. m. (drapié); **DRAPER.** *Draper*, anc. cat. *Drapero*, anc. esp. *Drappiere*, ital. *Draperius*, basse lat. Drapier, marchand ou fabricant de draps.

Éty. de *drap* et de *ier*. V. *Drap*, R.

En vl. armoire à serrer les habits.

DRAPIER, IERA, adj. (drapié, iére); **PANOUCHIER.** On donne cette épithète aux vaches et aux bœufs qui mangent les draps et les cuirs. V. *Drap*, R.

DRAPILHA, s. f. (drapille). Habits et hardes en général.

Éty. de *drap* et de *ilha*, tout ce qui est de drap. V. *Drap*, R.

DRAPS, s. m. pl. vl. Habits, vêtements.

DRASTIQUE, ICA, adj. (drastiqué, ique). Drastique, épithète qu'on donne aux purgatifs dont l'action est prompte et vive.

Éty. du grec δραστικὸς (drastikos), actif, dérivé de δράω (draô), agir, opérer.

DRAX, s. m. (dráx); **DRAC, DRA**, vl. Dragon: *Lo gran drax ross aven 7 cap, et 10 corns*, le grand dragon roux à sept têtes et à dix cornes. Sauv.

Éty. de la basse lat. *dracus*.

DRAY, V. *Drai*.

DRAYA, s. f. vl. Petit chemin, sentier. V. *Draia*.

DRAYARA, s. f. (drayáre). *Drayure*, morceau de cuir tanné, enlevé au dedans de la peau du côté de la chair. Garc.

DRAYAIRA, s. f. (draoùare); **DRAYOUARA.** *Drayoire*, couteau à revers pour enlever la chair qui reste attachée à la peau. Garc.

DRAYAIRE, V. *Drai*.

DRAYAR, V. *Draiar*.

DRAYEIROOU, V. *Drai* et *Draioou*.

DRAYET, s. m. (drayé). Crible. Cast. V. *Van*.

Éty. Dim. de *drai*.

DRE

DRE, V. *Drech*, pour droit, et *Dres*, pour dès.

DREBOUT, s. m. (drebóut). Taupe. Cast. V. *Taupa* et *Darboun*.

DRECAR, vl. V. *Dressar*.

DRECH, s. m. dl. Pour l'endroit d'une étoffe. V. *Endrech* et *Reg*, R.

DRECH, ECHA, adj. (drétch, étche); **DRE.** *Dritto*, ital. *Derecho*, esp. *Direito*, port. *Dret*, cat. Droit, droite, qui ne penche ou ne décline, ni d'un côté, ni d'autre; qui est l'opposé de gauche; qui n'est pas couché, qui est debout; qui n'est ni tortu ni bossu; juste, équitable, sincère, judicieux.

Éty. du lat. *directus*, le même, pour *rectus*. V. *Reg*, R.

Les Provençaux emploient presque toujours, et très-improprement, le mot *droit* au lieu de *debout*, dans les phrases suivantes:

Tenez vous drech, tenez vous droit, pour tenez vous de bout.

Assetaz vous estez pas drech, assayez vous ne restez pas droit pour ne restez pas debout, etc.

DRECH, s. m. (dré); **DRET.** *Derecho*, esp. *Diritto*, ital. *Dret*, cat. Droit, justice, loi écrite ou non écrite; jurisprudence; autorité, pouvoir, prérogative, privilége; imposition, etc.

Éty. du lat. *directum*, employé pour *rectum*. V. *Reg*, R.

Faire drech, rendre justice.

Bouen drech a besoun d'ajuda, prov.

Bon droit a besoin d'aide.

Cadun soun drech.

Drech criminel, droit criminel.

Louis XIV, fit enseigner le droit civil à Paris, en 1679. C'est le commencement de l'école de droit.

On nomme:

DROIT CANON, CANONIQUE ou ECCLÉSIASTIQUE, *Dret canonic*, cat. *Derecho canonico*, esp. Le recueil des préceptes des écritures saintes, des conciles, des décrets et constitutions des papes, etc.

DROIT CIVIL, *Dret civil*, cat. *Derecho civil*, esp. Le droit particulier de chaque peuple.

DROIT-COMMUN, *Dret comun*, cat. Celui qu'adoptent plusieurs nations.

DROIT COUTUMIER, celui qui est fondé sur des coutumes, qui dans leur origine n'étaient point écrites.

DROIT NATUREL, *Dret naturel*, cat. *Derecho natural*, esp. Celui que la nature et la raison ont enseigné aux hommes.

DROIT DES GENS, *Dret de gens*, cat. *Dereche de gentes*, esp. C'est le droit naturel, appliqué aux peuples, dans les relations qu'ils ont ensemble.

DROIT DE LA GUERRE, celui qui donne les lois relatives à la guerre.

DROIT PRIVÉ, celui qui a pour objet l'utilité de chaque personne.

DROIT ROMAIN, celui en usage chez les romains que différents peuples ont adopté.

DRECHA, s. f. (drétche). Droite, la droite, l'opposé de la gauche: *Man drecha*, main droite.

Éty. V. *Drec* et *Reg*, R.

DRECHA A, adv. *A derechas*, esp. *A diritto*, ital. A droite: *A man drecha*, à main droite.

DRECHAMEN, vl. *Dretament*, cat. V. *Dreitamen*.

DRECHEIRA, dl. V. *Escourcha* et *Reg*, Rad.

DRECHEZA, s. f. vl. *Diritezza*, esp. ital. Droiture. V. *Reg*, R.

DRECHIER, IERA, s. (dretchier, iére); **DRECHURIÉR, POUNTIER.** Droitier, ière; qui se sert de la main droite de préférence, par opposition à gaucher; on le dit aussi de quelqu'un qui tire droit.

Éty. de *drech* ou *drecha*, et de la term. *Ier*, *Iera*, v. c. m. et *Reg*, R.

DRECHIERA, s. f. (dretchiére); **DREISSIERA.** Droiture, équité.

Éty. de *drech* et de la term. *iere*, qui a l'habitude d'aller droit, selon les règles. V. *Reg*. Rad.

DRECHIERA EN, adv. En droite ligne, directement.

DRECHS-REUNIS, s. m. pl. Droits réunis. Ils ont été établis par la loi du 5 ventôse an 12.

DRECHURA, s. f. vl. **DRETURA, DREITURA, DRECHEZA, DREYTURA.** *Dretura*, anc. cat. *Derechura*, esp. *Direitura*, port. *Drittura*, ital. Droiture, justice, équité, direction; redevance. V. *Reg*, R.

Drechura *ses misericordia es cruzeltat.*

La justice sans miséricorde est cruauté.

DRECHURAR, v. a. vl. Ajuster, établir, niveler, conduire. V. *Reg*, R.

DRECHURAT, ADA, adj. et part. vl. **DRECHURATZ.** Raccommodé, réconcilié, ée.

DRECHUREIRAMENT, adv. vl. *Derechament*, esp. *Dirittamente*, ital. Equitablement. V. *Reg*, R.

DRECHURIEIRAMEN, vl. V. *Dreituerament*.

DRECHURIER, IERA, adj. (dretchurié, iére); **DREITURIER, DRECHIER.** *Dreturer*, anc. cat. *Derechurero*, esp. *Dirilturiere*, ital. Qui pointe juste, qui tire droit, qui frappe au but; qui est juste, qui a des vues et des intentions droites; qui aime la justice et l'équité.

Ety. de *drechura*, droiture, et de *ier*.

Toutos sas counclusions van d'un cor *drechurié*
Et noun fan jamai res que d'actes fort louables.

Le Sage.

DRECHURIER, s. et adj. V. *Drechier* et *Reg*, R.

DRECHURIER, s. m. vl. Le juste. V. *Reg*, R.

Sept vegadas lo jorn càs lo drechurier *en peccat*. V. et Vert.

Le juste tombe sept fois le jour en péché.

DRECHURIEYRAMEN, vl. V. *Dreitureirament*.

DRECTURA, s. f. vl. Justice. V. *Reg*, Rad.

DREDE ou **DREQUE**, adv. (drè dé ou drè qué). D'abord que, dès que. V. *Desque*.

Éty. Ce mot paraît n'être qu'une corruption du français *dès que*.

Et iou mi souvendrai dre d'aquestou moumen,
Que lou pu bel esprit es d'aver de bouen sens.

Pelabon.

DRE DRE DRE, s. m. (dredredré); **TRES-TRES**, dl. Onomatopée, du son que produisent les dents en frappant les unes contre les autres quand la mâchoire est affectée d'un tremblement occasionné par le froid.

DREG, adj. et s. vl. Droit, juste, équitable : *Per dreg*, avec raison. V. *Dreit, Justament* et *Reg*, R.

Vers : *En dreg vos*, en vers vous.

Fixe : *Ab dregz huels esguardar*,
Regarder avec des yeux fixes.
Richard de Barbezieux.

Per dreg, vl. avec justice.

Dreg huels, en face, fixement.

DREH, s. m. vl. Droit, droiture. Voy. *Reg*, R.

DREICH, s. m. vl. V. *Dreit*.

DREICH, EICHA, adj. vl. V. *Drech* et *Reg*, R.

DREICHURIER, vl. V. *Drechurier*.

DREIG, vl. V. *Dreit*.

DREISAR, vl. V. *Dressar*.

DREISSADOUR, s. m. (dreissadóu); DREISSADOU. Dresseur, tuyau de fer pour redresser les cardes; celui qui dresse, prépare, arrange. Garc. V. *Dressadour*.

DREISSAR, V. *Dressar*.

DREISSOIR, V. *Dressaire*.

DREIT, s. m. vl. DREYT, DREG, DRET, DREY, DREICH. Droit, justice, loi; impôt, redevance. V. *Dreit*, adj.

DREIT, EITA, adj. vl. DREG, DREICH, DRETT, DRECH. Droit, oite; juste, V. *Drech*, légitime, véritable, endroit d'une étoffe.

Éty. du lat. *directus*. V. *Reg*, R.

En dreit, adv. tout de suite, à l'instant; tout à fait, absolument.

Sensier dreitz upostolis ou totz lo mon apcut,
Le seigneur vrai pape de qui tout le monde depend.
Histoire de la Crois. Alb. V. 3207.

DREITAMENT, adv. vl. DRETAMENS, DRECHAMEN. *Dretament*, anc. cat. *Directament*, esp. *Direitamente*, port. *Dirittamente*, ital. Tout droit, directement. V. *Reg*, R.

DREITURA, s. f. vl. V. *Drechura* et *Reg*, R.

DREITURAGE, s. m. vl. Redevance, droit. V. *Reg*, R.

DREITURAU, adj. vl. *Droiturier*, droit. V. *Reg*, R.

DREITUREIR, EIRA, adj. vl. *Dreitureira mesura*, mesure juste. V. *Drechurier*.

DREITUREIRAMENT, vl. V. *Dreiturerament*.

DREITURERAMENT, adv. vl. DREITUREIRAMENT, DRECHURIERAMEN, DRECHURIEYRAMEN. *Dretureramenl*, anc. cat. *Derechureramenl*, anc. esp. Avec droiture, justement, consciencieusement. V. *Reg*, R.

DREITURIER, IERA, adj. vl. DRECHURIER, DREICHURIER. V. *Drechurier*.

DRELIGNY, s. m. Un des noms du loup marin. V. *Loup*.

DRELIN, DRELIN, (drelïn, drelïn); DERLIN. Drelin, drelin, mots inventés pour imiter et désigner le son d'une sonnette.

DREQUE, expr. adv. (dréqué); DRESQUE. Dès que, aussitôt que.

DRES, adv. (drés); DRE. Dès, à l'instant, de ce moment-là.

Éty. du lat. *directe*. V. *Reg*, R.

DRESCA, vl. V. *Tresca*.

DRESELI, nom d'homme. (dreseli), dl. DRESERI, DESERI. Didier. V. *Didier*.

Éty. du lat. *desiderius*.

Patr. Saint Didier, évêque de Vienne, assassiné par les ordres de la reine Brunchaut, le 23 mai 608; sa fête se célèbre à Lyon, le 10 août, et ailleurs le 23 mai.

DRESERI, nom d'homme. V. *Dreseli*.

DRESQUE, Alt. de *Desque*, v. c. m.

DRESSA, s. f. (drèsse), ADRESSA. Dresse, bausse, morceau de cuir qu'on met entre les deux semelles pour redresser un soulier quand il tourne.

Éty. de *dressar*, redresser. V. *Reg*, R.

DRESSADOUR, s. m. (dressadóu); DREISSADOUR, DRESSADOU. Dresseur, tuyau de fer creux, emmanché dans une poignée de bois, dont les cardiers se servent pour redresser les pointes qui se sont dérangées sous la pierre.

Éty. de *dressar* et de *dour*, qui sert à dresser. V. *Reg*, R.

DRESSADOUR, s. m. dg. Dressoir. V.

DRESSAIRE, s. m. (dressaïré); DRISSOIR, VAISSELIER, DREISSOUAR, DRESSADOUR. *Dressorium* et *Dessatorium*, basse lat. Dressoir, espèce d'armoire à rayons, qui sert, dans les cuisines, à mettre égoutter et sécher la vaisselle quand on l'a lavée.

Éty. de la basse lat. *dressorium*, ou de *dressar* et de *aire*. V. *Reg*, R.

DRESSAR, v. a. (dressá); DREISAR, DRISSAR, DREISSAR, ISSAR. *Dressar*, anc. cat. *Drizzare*, ital. *Enderezar*, esp. *Enderezzar*, port. Dresser, rendre droit, tenir droit, faire tenir droit, lever, relever, redresser.

Éty. de *dres* pour *drech*, droit, et de *ar*, faire, rendre droit. V. *Reg*, R.

Dressar de lecas, dresser ou tendre des piéges.

Dressar la testa, lever la tête.

Dressaz-vous, Tr. levez-vous.

DRESSAR SE, v. r. DREISSAR SE. Se lever, se tenir de bout, être sur pied : *Dreissazvous*, levez-vous.

DRESSAT, ADA, adj. et p. (dressá, áde). Dressé, ée; debout. V. *Reg*, R.

DRESSEYRA, s. f. vl. DRESSIERA, DREYSSIERA. *Dressiera*, cat. Direction, ligne, chemin, alignement.

DRESSIEIRA, s. f. (dressièïre), dl. Sentier, chemin de traverse. V. *Escourcha*.

Éty. de *drech*, *drehier* ou *dressier*, qui va droit. V. *Reg*, R.

DRESSIERA, s. f. vl. DRESSEYRA, DREYSSIERA. *Dresséra*, cat. Direction, ligne, chemin en droite ligne, alignement. V. *Reg*, R.

DRET, s. et adj. vl. *Dret*, cat. V. *Dreit* et *Drech*.

DRET, s. m. (drèt), dl. L'endroit, Voy. *Endrech*; pour droit. V. *Drech* et *Reg*, R.

Dret et dret, vis-à-vis.

Tort o dret, à tort ou à travers.

Juste, adj. *Es ben dret*, vl. il est bien juste.

DRETAMENS, adv. vl. *Dretament*, cat. Directement, sans détour. V. *Dreitament* et *Reg*, R.

DRETCHURA, vl. V. *Dreitura*.

DRE-T-ENDRECH, adv. (drè-t-eindrétch), dl. Vis-à-vis. Sauv.

DRETT, V. *Dreit*.

DRETURA, vl. DRECHURA. *Dretura*, cat. V. *Reg*, R.

DRETURER, ERA; adj. f. dg. *Dreturer*, *era*, cat. *Dreturero boux*, D'Astros, voix juste. V. *Reg*, R.

DREY, s. m. vl. V. *Dreit* et *Drech*.

DREYSSIERA, s. f. vl. V. *Dressiera*.

DREYT, dl. V. *Endrech*, *Drech* et *Reg*, Rad.

DREYTURA, s. f. vl. V. *Drechura*.

DREYTURAMENT, adv. d. anc. béarn. Justement, avec droiture.

Éty. de *dreytura* et de *ment*. V. *Reg*, R.

DREYTURIER, vl. V. *Dreiturier*.

DREZ, s. m. vl. Droit, équité. V. *Drech* et *Reg*, R.

DREZELI, et

DREZERI, nom d'homme, vl. Didier.

DRI

DRIANSA, s. f. (driánse), dl.

Mais séguet bén autra driansa
Quand lou son yé duret pas pus.
Fabre.

DRIBA, s. f. (dribe), dg. Dérive : *A la driba*, à-veau-l'eau. V. *Rib*, R.

DRIBAR, v. n. (dribá), dg. Dériver, suivre le cours de l'eau.

Éty. Alt. de *derivar*, fait de *de*, de *riva* et de *ar*, aller dans le sens de la rivière. V. *Rib*, Rad.

DRIC, adj. vl. DRIT, DRITZ. Droit, convenable.

DRIGNOUN, dl. V. *Trignoun*.

DRILHAR, v. n. (drillá). Jouir, on le dit de l'épanouissement de la figure, causé par un mouvement de joie spontané et subit.

Drilhava, il s'épanouissait, il jouissait.

DRILIANSA, s. f. (driliánse), dl. Bombance. Sauv.

DRIN, d. béarn. Aussitôt, de suite.

Que m'a drin refresquida.
Poésies béarn.

DRIN-DRAN, s. m. (drïn-drán), dl. Le brimbalement des cloches. V. *Trin-tran*.

DRINDRINAR, v. n. (drïndriná); *Dringar*, cat. *Tintrinire*, ital. Tinter, en parlant des sonnettes.

Éty. Onomatopée.

Ma sounalha toujour drindrina,
Lou pastre l'ause et tira drech.
Dioul.

DRINGAT, ADA, adj. et p. dg. Fagoté, ée.

DRINOU, d. béarn. Un peu.

Bébe á drinou, youi de sa mestresse.
Hourcastréme.

DRISSA, s. f. (drisse); *Driza*, esp. *Drissa*, cat. *Dirizza*, ital. Drisse, cordage qui sert à hisser ou élever à sa place une voile ou une vergue.

Éty. de *dressar*. V. *Reg*, R.

DRISSOIR, V. *Dressaire* et *Reg*, R.

DRITAT, s. f. vl. DRITURA. Droiture, justice : *Via de dritat*, voie de justice.

DRITOREIRAMENT, adv. (dritoreiramèin). Très-bien, selon la justice. V. *Reg*, Rad.

DRITORER, V. *Driturer* et *Reg*, R.

DRITURER, adj. m. (driturèr); DRITORER, vl. Juste, droit. V. *Reg*, R.

Qui fa dritura, driturer es, qui facit justitiam, justus est.

DRO

DROGA, s. f. (drógue); DROGUA. *Droga*, ital. esp. port. cat. Drogue, tout ce qui sert de médicament, en général, tout ce qui se vend chez les épiciers; mauvaise marchandise.

Éty. du persan *droa*, odeur. M. Raynouard le dérive de l'anglo-saxon, *druggs*, drogue.

Dérivés: *Drog-aria*, *Drogu-egear*, *Drogu-ista*, *Drogu-istaria*, *Drogu-it*.

DROGAR, V. *Droguegear*.

DROGARIA, s. f. (drougarie), et impr. DROUGARIA, DROGUISTARIA. *Drogheria*, ital. *Drogueria*, esp. cat. *Drogaria*, port. Droguerie, terme générique qui désigne toutes les drogues, ou les drogues en général, l'épicerie ou le commerce des drogues et la profession de celui qui les vend.

Éty. de *droga* et de *aria*.

DROGOMAN, s. m. (drogomán); TROUCHAMAN. *Dragomano*, ital. Truchement, drogman, nom qu'on donne aux interprètes et aux truchements dans les Échelles du Levant.

Éty. du grec moderne δραγουμανος (dragoumanos), emprunté du turc *terdgumen* ou de l'arabe *tardjouman*, formés l'un et l'autre du chaldéen *targam*, expliquer, interpréter. Gat.

DROGUA, vl. V. *Droga*.

DROGUEGEAR, v. a. (drouguedjá); DROUGUEGEAR, FOUTREINGAR, DROGAR. Droguer, médicamenter, donner trop de remèdes, les employer mal à propos.

Éty. de *droga* et de *egear*.

DROGUEGEAR SE, v. r. Se droguer, prendre des remèdes sans nécessité ou sans qu'ils soient ordonnés.

DROGUISTARIA, dl. Même sign. que *Drogaria*, v. c. m.

DROGUISTO, s. m. (drouguiste); PIPEBAIRE, PEBRIER. et impr. DROUGUISTO. *Droghiere*, ital. *Droguero*, esp. *Droguista*, port. Droguiste, marchand de drogues, épicier.

Éty. de *droga* et de la term. *isto*.

DROGUIT, adj. vl. DRAGUIT. Basanné. V. *Droga*.

DROGUR, s. m. (drougúr), et impr. DROUGUR. Goureur, celui qui falsifie les drogues; qui vend de la mauvaise marchandise.

DROI, s. m. (dróï). Mot des Basses-Alpes, selon M. Avril, où il signifie besogne, travail du ménage qui concerne spécialement les femmes, tel que la préparation des aliments, le lavage de la vaisselle, etc. *Faire lou droi*, faire la besogne du ménage.

DROL, DROUL, DRONL, radical de *drole*, plaisant, gaillard, original, rusé, fin, mauvais sujet, que Ménage, dérive du lat. *trossulus*, homme qui fait le beau, qui se pique d'être élégant. Caseneuve le tire du danois, *trole*, démon, personnage vif, éveillé, gai. Roquef.

De *trole*, par apoc. et changement de *t* en *d*, *drol*; d'où: *Drol-e*, *Drol-a*, *Drol-et*, *Drol-essa*, *Droul-e*, *Droul-aria*, *Droul-ard*, *Droul-et*.

DROLAMENT, adv. (drolaméin). Drôlement, plaisamment.

Éty. de *drola* et de *ment*, d'une manière drôle.

DROLARIA, s. f. (droularíe); DROULARIA, DROULARIE. Drôlerie, trait de gaillardise, de bouffonnerie, de plaisanterie.

Éty. de *drole* et de *aria*, tout ce qui est drôle.

DROLE, OLA, adj. (drólé, óle). Drôle, plaisant, singulier: *Es un drole de corps*, c'est un drôle de corps.

Éty. du danois *drole*, démon, selon Caseneuve. V. *Drol*, R.

DROLE, s. m. Un drôle, un homme capable de jouer de mauvais tours; mauvais sujet, un drille. V. *Drol*, R.

DROLE, OLA, s. dl et g. Jeune garçon, jeune fille: *Vous mandarai moun drole*, je vous enverrai mon petit garçon, dit une mère. Ce terme n'a rien d'injurieux. V. *Drol*, R.

D'un pay boussut d'uno may torto
Nasquet un drolle, aquel drolle aco jou.
Jasmin, parlant de lui-même.

DROLESSA, s. f. (droulésse). Drôlesse, femme de mauvaise vie. V. *Drol*, R.

DROLET, ETA, s. (droulé, ète); DROULET, ETTA, dl. Gentil, mignon; petit garçon, petite fille; casaque de femme, aux environs d'Arles. Avril.

Éty. de *drole* et du dim. *et*, *eta*. V. *Drol*, Rad.

DROMA, s. f. (dróme); *Droma*, esp. Drôme, départ. de la..., dont le chef-lieu est Valence.

Éty. Du nom d'une rivière qui traverse son territoire, dérivé du lat. *druma*.

DROMADARI, vl. V. *Dromadero*.

DROMADERO, s. m. (droumadère); *Dromedar*, all. *Dromedari*, cat. *Dromedario*, ital. esp. port. *Dromadarius*, lat. Dromadaire, *Camelus dromadarius*, Lin. mammifère de la fam. des Ruminants ou Bisulques, qui habite l'Afrique et l'Asie comme le chameau.

Éty. du lat. *dromas*, dérivé du grec κάμηλος δρομας (camêlos dromas), chameau, coureur.

Le dromadaire n'a qu'une bosse, ce qui le fait aisément distinguer du chameau qui en a deux; sa fiente tient lieu de bois de chauffage dans plusieurs contrées, et de la suie qui résulte de sa combustion, on retire le sel ammoniac du commerce, ou muriate d'ammoniaque.

Dérivés: *Dromad-ari*, *Dromed-ari*, *Dromod-ari*, *Dromed-e*.

DROMAS, V. *Dronas*.

DROMEDARI, vl. *Dromaderi*, cat. Ce mot signifie aussi gardien de dromadaires. V. *Dromadero*.

DROMENE, s. m. vl. Dromadaire, dromède. V. *Dromadero*.

DROMIR, v. n. (dromír), dg. Pour *Dormir*, v. c. m.

DROMNHON, et

DROMNON, vl. m. s. que *Dromnhon*, v. c. m.

DROMO, s. f. vl. DROMON. Plate-forme, esplanade, hauteur. V. *Dromnhon*.

Tro a l'ausor dromo: jusqu'à la plus haute approche.

Éty. du grec δρομος (dromos), chemin.

DROMODARI, vl. V. *Dromadero*.

DROMON, vl. V. *Domnhon*.

DRON, dg. Il dort, pour *dorme*, V. *Dormir*.

DRONAS, s. f. pl. (drónes), dl. DROMAS, DRONOS, DROMOS. Coups de bâton, coup de poing: *Te bailarai dronas*, je te taperai.

Éty. Leduchat regarde ce mot comme une onomatopée.

DRONLARIA, s. f. (drounlaríe), d. bas lim. DROUNLARIA. Drôlerie. V. *Drolaria* et *Drol*, R.

DRONLAS, ASSA, (drounlás, ássa), et impr. DROUNLAS, d. bas lim. Jeune homme, jeune fille, parvenus à l'âge de puberté.

Éty. de *dronle*, *onla*, et de l'augm. *as*, *assa*. V. *Drol*, R.

DRONLE, ONLA, s. (drónlé, ónle), d. bas lim. On donne ce nom aux garçons et aux filles de 8 à 12 ans. V. *Drole* et *Drol*.

DRONLE, ONLA, adj. md. Gaillard, plaisant, drôle. V. *Drole* et *Drol*, R.

DROUGARIA, V. *Drogaria*.

DROUGUEGEAR, V. *Droguegear*.

DROUGUET, s. m. (drougué); *Drogel*, all. *Droguete*, port. esp. *Droguet* et *Droghetto*, cat. Droguet; espèce d'étoffe faite ordinairement de laine et de fil; on fait aussi du droguet de soie.

Éty. de *droga*, pris comme désignant une chose de mauvaise qualité, à cause du peu de résistance de cette étoffe.

DROUGUISTA, V. *Droguisto*.

DROUGUISTARIA, V. *Droguistaria*.

DROUGUR, V. *Drogur*.

DROUINA, s. f. (dróuine); DROUINIERA. Trace profonde faite dans la neige par ceux qui y ont passé.

Éty. du grec δρέμω (drémô), passer. Voy. *Draï*, R.

DROUINA, Plante. V. *Drouya*.

DROUINA, s. f. SUVARELA, DROUI. Nom d'une espèce ou variété de chêne-vert, dans le département du Var, qui croît sur les montagnes des Maures; chêne-druide.

Éty. du grec. V. *Dru*, R.

DROULET, ETTA, s. (droulé, éte) Petit drôle, petit luron.

Éty. de *Drole*, v. c. m. et de la term. dim. *et*, *eta*. V. *Drol*, R.

DROULET, s. m. Habillement particulier aux Arlésiennes. V. *Drol*, R.

DROUMADERO, s. m. V. *Dromadero*.

DROUMILHEIRA, s. f. (droumillèira), d. béarn. Sommeil. V. *Dorm*, R.

DROUMIR, dg. V. *Dormir* et *Dorm*, Rad.

DROUYA, s. f. (dróuye); DROUINA. C'est le nom qu'on donne, au Vernet, près de Seyne, à la plante entière du tissilage ordinaire. V. *Tussilagi*.

Éty?

DRU

DRU, DRY, radical dérivé du grec δρῦς (drus), chêne, qui pris au positif, ou comme emblème de la force et de la vigueur, a produit les mots suivants; ou de *derw*, chêne, en celtique.

De *drus*, par apoc. et changement de *u* en *y*, *drey*; d'où: *Dry-ada*, *Ama-dryadas*.

De *drus*, par la substitution d'un *d* ou d'un *g* à l'*s*, *drud*; d'où: *Drud*, *Drud-a*,

Drut, *Drud-et*, *Drud-ia*, *Drud-iera*, *Drud-our*, *Drug-e*, *Druge-a*, *Dru-idos*, *Dru-isa*, *En-dru-ar*.

DRU, V. *Drud*.

DRUBERT, **ERTA**, adj. et part. (drubèr, èrte), d. bas lim. Ouvert. V. *Dubert* et *Aper*, R.

N'y a aitant de drubert coumo de barrat.
Prov.

Il y a des raisons pour et contre.

DRUBIR, v. a. (drubí). md. Ouvrir. V. *Durbir* et *Aper*, R.

Drubir de pan en pan, ouvrir entièrement. V. *Esbalançar*.

DRUD, **UDA**, adj. (drú, úde); DRU, UA, DRUDET, DRUGE, DRUT. Dru, ue; gros, robuste, gai, gaillard, vigoureux, nubile; gros, épais; ami, amant, favori, galant, amoureux, vl. ami, affectionné, attaché.

Éty. de la basse lat. *drudus*, dérivé de *durus*, ferme, dur, solide, selon de la Monnoye; ou du grec δρῦς (drus), chêne, considéré comme emblême de la force, dans le premier sens, et de *drut*, dans le second. V. *Dru*, R.

DRUDA, s. f. vl. DRUSA. *Druda*, anc. cat. Amante, amoureuse, mais plus souvent prostituée, femme de mauvaise vie. V. *Drut*, R.

DRUDARIA, s. f. (drudarie); *Druderia*, anc. cat. ital. Galanterie, vie joyeuse, amour, amitié, vl. tendresse.

Éty. de la basse lat. *drudaria*, fait de *drud* et de *aria*. V. *Drut*, R.

Il existe une pièce de vers de 1222, sous le titre de *Las droudarias d'amour*.

DRUDEIRA, adj. vl. Galante, libertine.

DRUDET, **ETA**, **UGEA**, adj. et s. Petit enfant, gaillard et sain, d'ailleurs m. s. que *dru*.

Éty. de *drud* et du dim. *et*, *eta*. V. *Dru*, R.

DRUDIA, s. f. (drudie); DRUDOUR. *La drudia de la terra*, la vigueur, la graisse, la force de la terre. V. *Druisa*.

Éty. de *Drud*, v. c. m. et *Dru*, R.

DRUDIERA, s. f. (drudiére), dl. Voy. *Druisa* et *Dru*, R.

DRUDOUR, s. f. V. *Drudia* et *Dru*, R.

DRUGE, **UGEA**, adj. (drúdzé, údze), d. bas lim. Rude, V. *Aspre* et *Groussier*; dru, bien nourri. V. *Drud* et *Dru*, R.

DRUGEA, adj. f. De *Drud*, v. c. m. et *Dru*, R.

DRUGONIAN, s. m. vl. Truchement. Lexique Bibl. Carp.

DRUIDES ou DRUIDOUS, s. m. pl. (drúides ou drúidous); *Druiden*, all. *Druides*, port. *Druidas*, cat. esp. *Drudi*, ital. Druides, Ministres de la religion chez les anciens Gaulois.

Éty. du lat. *druidæ*, *druides*, dérivé du celt. *de*, Dieu, et de *rhouid*, dire, selon M. Freret, parce qu'à eux seuls appartenait le droit de parler des dieux; ou du grec δρῦς (drus), chêne, arbre qu'ils avaient en grande vénération. V. *Dru*, R.

Diogène de Laërce, compare les Druides aux sages de Chaldée, aux philosophes de la Grèce, aux mages de la Perse et aux gymnosophistes des Indes. Ils tenaient le premier rang dans la société, cultivaient seuls les sciences et étaient tout à la fois médecins, prêtres, juges et sacrificateurs.

DRUIERA, Aub. V. *Druisa*.

DRUISA, s. f. (druïse); DRUDIA, BOURNIN, DRUDIERA, DRUIERA. Engrais, fumier, ce qui engraisse la terre; fig. folâtre, gaie, fort de santé.

Éty. de *Drud*, v. c. m. et *Dru*, R.

DRULHA, s. f. (drúille), et impr. DRULIA, dl. Alise, fruit de l'alisier.

DRULHIER, s. m. (druillié), et impr. DRULIER. Nom languedocien de l'alisier à feuilles blanches, selon Sauv. V. *Areier*.

Éty. de *drulha* et de *ier*.

DRULHION, s. m. (druilliòu), dl. Nom propre d'homme, dim. de *drulhier*, petit alisier. Sauv.

DRUSA, s. f. vl. Fém. de *drud*, amante. V. *Drud* et *Dru*, R.

DRUT, DRUD, radical pris de l'ancien all. *draut*, *druter*, ami fidèle, d'où par apoc. *drut*.

De *drut*, par le changement de *t* en *d*, *drud*; d'où: *Drud*, *Drud-a*, *Drud-aria*.

DRUT, s. m. vl. *Drut*, anc. cat. *Drudo*, ital. Galant, amant, courtisan, favori; proche, parent, vassal. V. *Drut*, R.

Tro'l nom d'amans
En drut *se munda*.
Jusqu'à ce que le nom d'amant
Se change en favori.

DRUT, adv. vl. DRUT. Dru, vigoureusement.

DRUVIT, adj. dg. V. *Durbit*.

DRY

DRYADA, s. f. (dryàdè); *Dryades*, lat. port. esp. *Driadi*, ital. *Driadas*, cat. esp. Dryades, les dryades étaient des divinités qui présidaient aux bois et aux arbres en général.

Éty. du grec δρυάδες (druades), formé de δρῦς (drus), chêne. V. *Dru*, R.

DU

DU, DOU, DOUBL, DOUS, radical pris du latin, *duo*, *æ*, deux, dérivé du grec δύο (duo), m. s. d'où: *duellum*, duel, *duplex*, double.

De *duo*: *Dubium*, doute.

De *duo*, dat. *duobus*, par sync. du premier *u* et du *b*: *Dous*, *Doues*, *Entre-dous*,

De *duplex*, *icis*: *Duplic-ata*. V. *Plic*, R. *Ab-diu*.

De *duplex*, par apoc. *dupl*, et par changement du *p* en *b* et de *u* en *ou*, *doubl*; d'où: *Doubl-e*, *Doubl-a*, *Doubl-agi*, *Doubla-ment*, *Doubl-ar*, *Des-doublar*, *Re-doublar*, *Re-doublament*, *Doubl-at*, *Des-doublat*, *Re-doublat*, *Doubl-et*, *Doubl-eta*, *Doubl-is*, *Doubl-oun*, *Doubl-ura*.

De *doubl*, par la suppression de *u*, *dobl*; d'où: *Dobl-ad-ura*, *Dobl-ir*, *Doz-en*, *Dotz-en*, *Dotz-ena*, *Doz-ens*, *Dot-ze*, *Dot-zen*, *Dot-zena*, *Dotzes*.

De *duellum*, par apoc. *duel*: *Duel-isto*, *Dualitat*, *Amb-dui*, *Ambe-dui*, *Ab-dos*, *Dui*, *Duo*, *Duy*, *Doas*, *Abdui*, *Ab-dos*, *Am-dos*, *Ambe-doas*, *Ab-doas*.

De *dubium*, le sous-radical, *Dout*, v. c. m.

DU, vl. Employé pour *d'un*.

DU, Pour dur, V. *Dur*; pour *Duc*, v. c. m.

DUA

DUALITAT, s. f. vl. *Dualité*.

Éty. du lat. *dualis*. V. *Du*, R.

On dit *dualitat*, comme *Unitat*, *Trinitat*, *Pluritat*, v. c. m.

DUAS, art. fém. pl. anc. d. béarn. Deux.

DUB

DUB, DONT, sous-radical pris du lat. *dubium*, incertitude, doute, composé de *duo* et *via*, *bia*, deux voies, deux chemins, et selon d'autres, de *duo* et *ito*, *quia*, dit Vossius, *è duobus utrum eligi debeat*, *ambiguum est*; d'où: *dubitare*, douter, *indubitabilis*, indubitable.

De *dubitare*, par apoc. *dubitar*, par sync. de *bi*, *dut*, et par métagr. de *u* en *ou*, *dout*; d'où: *Dout-e*, *Dout-ar*, *Dout-ous*, *ousa*, *Dout-ança*, *Re-dout-a*, *Re-dout-able*, *Re-dout-ar*, *Re-dout-at*.

De *Dubit*: *In-dubit-able*, *In-dubitablament*, *Dopta-ment*, *Dopt-ans*, *Doptans-a*, *Dopt-ar*, *Dopt-e*, *Dopt-os*, *Dopt-or*, *Dopt-ansa*, *Dopta-men*, *Redopt-able*, *Doptosamen*, *Re-doptar*, *Dubt-ansa*, *Redot-able*, *Dupt-ar*, *Dupt-e*, *Dupt-ansa*, *Dupt-ador*, *Dupt-at*, *Re-duptansa*, *Dubi-etat*, *Dubitatio*, *Dubit-atiu*.

DUBERT, V. *Durbit* et *Ouvert*.

DUBI, s. m. vl. Doute.

Éty. du lat. *dubium*.

DUBIETAT, s. f. vl. *Dubiedad*, anc. esp. Doute.

Éty. du lat. *dubietatis*, gén. de *dubietas*, m. s. V. *Dub*, R.

DUBITATIO, s. f. vl. *Dubitació*, cat. *Dubitacion*, esp. *Dubitazione*, ital. Doute, hésitation, incertitude.

Éty. du lat. *dubitatio*, m. s. V. *Dub*, R.

DUBITATIU, **IVA**, adj. vl. *Dubitativo*, esp. ital. Douteux, dubitatif.

Éty. du lat. *dubitativus*, m. s. V. *Dub*, R.

DUBLIN, (dublin); *Dublino*, ital. *Dublin*, esp. port. Ville d'Angleterre, capitale de l'Irlande.

Éty. du lat. *dublinum*.

DUBRIR, dg. V. *Durbir*.

DUC

DUC, DUI, radical pris du latin *ducere*, *duco*, *ductum*, mener, guider, conduire, diriger, étendre en longueur, qu'on fait dériver du grec δείκω (déikô), montrer le chemin; d'où: *dux*, *ducis*, duc, chef, guide; *deductio*, *onis*, déduction; *aquæductus*, aquéduc; *ductilis*, ductile; *educare*, élever; *educatio*, éducation; *seducere*.

De *ducis*, par apoc. *duc*; d'où: *Duchessa*, *Duc-at*, *Duch-é*, *Archi-duché*.

De *ductum*, par apoc. *duct*; d'où: *Ductor*, *Coun-duct-our*, *Dra-duct-our*, *Deduct-ion*, *Duct-ile*, *Ad-duct-ion*, *Intro-duction*, *Intro-duct-our*, *Duct-ibil-itat*. *Duct-il*, *Con-duct-or*, *Con-duct-ici*, *De-duct-io*, *Entro-ductio*, *In-ductió*, *In-duct-iu*, *Product-iu*, *Re-duct-io*, *Re-duct-iu*, *Se-duct-*

ion, *Tra-duct-io*, *Prou-duct-if*, *Prou-duct-ion*, *Re-duct-ion*.

De *duct*, par la suppression du *c*, *dut*; d'où : *En-dut-a*, *Dut*.

De *dut*, par le changement de *u* en *ui*, *duit*; d'où : *De-duit*, *Re-duit*, *Coun-duit*, *Coun-duit-a*, *Intro-duit*, *In-counduita*, *En-duit*, *Prou-duit*.

De *duct*, par le changement de *ct* en *ch*, *duch*; d'où : *Es-duch*, *For-duch*, *Coun-duch*, *Coun-duch-a*, *Re-duch*, *Re-duch-a*, *A-duch*, *Con-duch*, *Des-duch*, *Es-duch-a*, *Re-counduch*, *De-duch*, *De-duch-a*, *Intro-duch*, *Prou-duch*.

De *duct*, par la suppr. du *t*, *duc*; d'où : *Duc*, *Duc-at*, *Duc-at*, *Ducat-oun*, *E-duc-at*, *E-duc-ation*, *E-duc-ar*, *Re-duc-iv-ol*, *Aque-duc*, *De-duc-iv-ol*.

De *duc*, par le changement du *c*, en *qu*, *duqu*; d'où : *Duqu-essa*.

De *duc*, par le changement du *c* en *g*, ou *gu*, *dug*, *dugu*; d'où : *Dug-at*, *Des-dug*, *Dugu-essa*.

De *duc*, par le changement du *c* en *s*, *dus*; d'où : *De-dus-ir*, *De-dus-it*, *Coun-dus-eire*, *Coun-dus-ir*, *Per-dusir*

De *dus*, par le changement de *s* en *z*, *duz*; d'où : *A-duz-er*, *A-duze-men*, *Re-duz-ir*, *Aduzer*.

De *ducere*, par la suppr. de *ce*, *dure*, ou *durre*; d'où : *Durre*, *Con-durre*, *En-durre*, *Es-durre*, *Per-durre*, *A-dure*, *Des-dure*, *For-dure*, *Re-dure*.

De *dure*, par le changement de *u* en *ui*, *duire*; d'où : *Duire*, *Coun-duire*, *A-duire*, *Re-counduire*, *De-duire*, *In-duire*, *Enduire*, *Tra-duire*, *Re-duire*, *Se-duire*, *Intro-duire*, *Con-duire*, *Des-duire*, *Entro-duire*, *Es-duire*, *Per-duire*, *Pro-duire*, *Se-duis-ent*, *Se-duit*

De *duire*, par la suppr. de *redui*; d'où: *Des-dui*, *Es-dui*.

De *dut*, par le changement de *u* en *o*, *dot*; d'où : *Dot*, *Dotz*, *Douts*, *A-doutz*, *A-dous*, *Dous-il*.

De *dotz*, par la suppr. du *t*, *doz*; d'où : *Doz-il* et *Doz-ilh-ar*.

De *seductus*, mené à part, par apoc. *seduct*; d'où : *Seduct-ion*, *Seduct-our*, *Seduire*.

De *ducere*, par sync. du *c*, *duere*, et par changement de *e* du milieu en *i*, *duire*; d'où : *Duir-e*, *In-duire*, *En-duire*.

DUC, vl. Il ou elle mène, conduit.

DUC, s. m. (duc); *Duque*, esp. port. *Duc*, cat. *Duca*, ital. Duc, seigneur, revêtu d'une dignité qui est la première de la noblesse, en France. En vl. guide.

Éty. du lat. *dux à ducendo*, qui conduit ou qui commande, parce qu'ils commandaient autrefois les armées. V. *Duc*, R.

Le duché ou la dignité de duc était déjà connue du temps de l'empereur Probe, en 276; mais elle ne fut instituée solennellement que par Constantin, en 330.

DUC, oiseau. V. *Dugou*.

DUCAL, **ALA**, adj. (ducál, ále); *Ducal*, port. esp. cat. *Ducale*, ital. Ducal, qui appartient à un duc.

Éty. du lat. *ducalis*. V. *Duc*, R.

DUCAN, s. m. (ducán); DUGAN, DECAN, DEGAN, vl. *Deão*, port. Doyen.

Éty. du lat. *decanus*, dérivé de *decem*, parce qu'autrefois le doyen était préposé sur dix personnes. V. *Dec*, R.

DUCAT, s. m. (ducá); *Ducat*, all. *Ducado*, esp. port. *Ducat*, cat. *Ducato*, ital. Ducat, monnaie ancienne composée, d'un or très-pur.

Éty. du lat. *ducatus*, m. s. V. *Duc*, R.

L'origine des ducats vient de Longinus, gouverneur d'Italie, qui se révolta contre Justin le jeune, empereur, se fit duc de Ravenne, et se nomma *exarque*, c'est-à-dire, sans seigneurs, pour marquer son indépendance. Il fit frapper en son nom et à son empreinte des monnaies d'or très-pur, à 24 karats, qui furent nommées ducats, comme dit Procope. Ency. Ant. dont l'auteur a extrait cet article du Dict. des Orig. sans le citer.

DUCATOUN, s. m. (ducatóun); *Ducatão*, port. Dim. de *ducat*, ducaton, monnaie qui valait la moitié d'un ducat.

Éty. V. *Duc*, R.

DUCAT, vl. Duché. V. *Duche*.

DUCHE, s. m. (dutchè); DUCAT. *Ducato*, ital. *Ducado*, esp. port. *Ducat*, cat. *Duciscatus*, basse lat. Duché, terre, seigneurie à laquelle le titre du duché est attaché.

Éty. du lat. *ducatus*. V. *Duc*, R.

DUCHESSA, s. f. (dutchésse); *Duquessa*, cat. *Duquesa*, esp. *Duqueza*, port. *Duchessa*, ital. *Duchissa*, basse lat. Duchesse, il se dit de la femme d'un duc, et de celle qui a un duché.

Éty. du lat. *ducissa*. V. *Duc*, R.

DUCTIBILITAT, s. f. vl. DUCTILITAT. *Ductilitat*, cat. *Ductilidad*, esp. *Ductilidade*, port. *Duttilità*, ital. Ductilité, propriété de certains corps en vertu de laquelle ils peuvent être battus, étendus et tirés, allongés, sans se rompre.

Éty. du lat. *ductilitatis*, gén. de *ductilitas*, m. s. V. *Duc*, R.

DUCTIL, adj. vl. *Ductil*, cat. esp. *Ductivel*, port. *Duttile*, ital. Ductile.

Éty. du lat. *ductilis*, m. s. V. *Duc*, R.

DUCTOR, s. m. vl. *Ductor*, esp. *Duttore*, ital. Conducteur.

Éty. du lat. *ductor*, m. s. V. *Duc*, R.

DUE

DUEG, DUEGZ, et

DUEIDUEIBEGU, s. m. (duéïdueïbegú). Un des noms de l'ortolan, selon M. Castor. V. *Ortoulan*.

Éty. *Onomatopée*.

DUEIT, vl. V. *Dueg*.

DUEIT, DUEITZ, adj. vl. Appris, instruit, capable, accoutumé.

DUEL, s. m. (duèl); *Duell*, all. *Duello*, ital. port. *Duelo*, esp. Duel, combat volontaire, d'homme à homme.

Éty. du lat. *duellum*. V. *Du*, R.

On nomme :

DUELLISTE, celui qui s'est rendu coupable d'un duel.

Le duel doit son origine à la férocité des peuples barbares du Nord, qui ne connaissaient d'autre justice que celle des armes.

Pendant longtemps le combat singulier a été employé, tant en matière civile qu'en matière criminelle, pour connaître le bon droit d'une partie, parce qu'on était persuadé que Dieu accorderait toujours la victoire à celui qui avait raison.

Louis VII, fut le premier roi en France qui commença à défendre les duels; Saint Louis les proscrivit absolument.

Les parlements et les rois, ont toujours maintenu ensuite les réglements contre le duel, sans qu'ils aient pu cependant l'abolir tout-à-fait.

Celui de David et de Goliath, est célèbre, dans l'Histoire Sainte.

DUELANSA, s. f. vl. Émulation, ardeur, tristesse, deuil, envie, jalousie.

Éty. du lat. *dolere*. V. *Dol*, R.

DUELHA, s. f. (duéille); DULHA, DUEILLA, DUELIA, DIUELHA, DUEIA. Douille, partie creuse d'un instrument, en forme de cylindre creux, destinée à recevoir un manche.

Éty. de *douga*. V. *Doug*, R.

DUELISTO, s. m. (dueliste); *Duellante*, ital. *Duelista*, esp. *Duellista*, port. Duelliste, celui qui se bat en duel, qui en cherche l'occasion.

Éty. V. *Du*, R.

Les rois de France juraient autrefois, à leur sacre, de ne point faire grâce aux duellistes.

DUEOURRE, V. *Deoure*.

DUEPT, vl. Il ou elle est en doute.

DUERME-DRECH, V. *Dorme-drech*.

DUESCA, prép. vl. TRUESCA. Jusque. V. *Dentro* et *Denquia*.

Éty. du lat. *usque*, avec la prép. *de*.

DUEYMAY, adv. vl. Désormais.

DUG

DUG, vl. DUGS. Il ou elle instruit, conduit, amène.

DUGANAT, s. m. (duganá). V. *Decanat* et *Du*, R.

DUGANEL, s. m. (duganèl). Un des noms du grand duc, aux environs de Montpellier. V. *Dugou-gros*.

DUGANELA, s. f. (duganèle). Un des noms par lesquels on désigne dans le Gard, la chouette ordinaire; fig. un imbécile. V. *Machota*.

DUGANEOU, s. m. (duganèou). Petit duc ou jeune duc; dans les B.-du-Rhône, ce mot désigne aussi le petit duc ou scops. V. *Dugoupichol*.

On dit fig. d'un imbécile, *Qu'es un duganeou*, un nigaud.

Éty. Dim. de *dugou*.

Entre l'enclumi et lou marleou
Qu bouta lou det es duganeou. Prov.

Duganeou, selon M. d'Anselme, désigne aussi le hibou commun. V. *Dugou-mejan*.

DUGAR, v. n. (dugá), dl. Etre pensif, samuser à regarder, bayer aux corneilles : *De que dugues?* à quoi rêves-tu? V. *Badar*.

Éty. de *dug* et de *ar*, faire le duc.

DUGAT, vl. DUGATZ. V. *Ducat* et *Duc*, R.

DUGOU, s. m. (dúgou); DUC. Duc et hibou, *Strix*, Lin. genre d'oiseaux de l'ordre des Rapaces et de la fam. des Nocturnes ou Nyctériens, dont on distingue plusieurs espèces.

Ce mot est souvent employé dans le sens de nigot, imbécile; de facile à tromper, *sies un dugou*; les Grecs nommaient cet oiseau ὦτος (ôtos), comme facile à tromper.

Ils appelaient figurément ωτοι (ôtoï), les hommes qu'on trompait aisément, les sots.

Éty. C'est l'onomatopée ou imitation du cri de cet oiseau, qu'il répète à satiété pendant la nuit : *Dugou, dugou, dugou* ou *pou-chou, houchou.*

DUGOU-GROS, s. m. PETUVET, BARBAJAN, DUGANEL, DUC, DUGOU. *Duco* et *Dugo*, ital. Le grand duc, *Strix-bubo*, Lin. cet oiseau est presque aussi gros que l'aigle ; il ne vole que la nuit, et avec tant de légèreté qu'on ne l'entend point. Les lièvres, les lapins et les rats, sont sa proie ordinaire.

La femelle fait sont nid dans des trous de rocher ou de vieux murs ; elle y dépose deux ou trois œufs arrondis, d'un blanc grisâtre, un peu plus gros que ceux de la poule.

DUGOU-MEJAN, s. m. CHOT-BANUT, DUGOU, DAMASSA. *Duco cornuto*, ital. Hibou commun ou moyen duc, *Strix otus*, Lin. oiseau du même genre que le précédent, mais la femelle de celui-ci fait son nid dans le creux des arbres où elle pond quatre ou cinq œufs, blancs et presque ronds.

On a cherché à rendre son cri, ou plutôt son gémissement par ces mots, *clow, cloud.*

DUGOU-PICHOT, s. m. (dúgou pitchó); TUQUET, CIVETA, CHOT-BANUT PICHOT, MACHOTO-BANARUDA, MACOTA. Le petit duc ou scops, *Strix scops*, Lin. c'est le plus petit de tous les hiboux ; il n'a pas plus de deux décim. de longueur. La femelle fait son nid dans les trous des arbres, où elle dépose deux, trois ou quatre œufs, blancs et arrondis.

Cette espèce se nourrit de souris, de mulots, de phalènes et de scarabées.

DUGUESSA, vl. V. *Duchessa.*

DUH

DUHS, adj. vl. Expert, habile. V. *Dus.*

DUI

DUI, nom de nombre, vl. DUY. Deux ; il ou elle convient. V. *Du*, R.

DUIRE, v. a. vl. DUSSE. Conduire, guider ; instruire.

Éty. du lat. *ducere*. V. *Duc*, R.

Duich, il ou elle guide, amène.

DUIT, adj. vl. DUITZ. Facile, tranquille.

DUL

DULCORATIU, IVA, adj. vl. *Dulcoratif*, *dulcifiant, édulcorant.*

Éty. du lat. *dulcorare.*

DULHAT, ADA, adj. vl. DULHATZ. Affligé, ée.

DULIVI, vl. Alt. de *diluvi*, déluge. Voy. *Delugi.*

DUM

DUMAS, vl. V. *Deime.*

DUMATS, part. vl. *Dîmé.*

Éty. du lat. *decimatus*. V. *Dec*, R.

DUMEN, Alt. de *Dooumens*, v. c. m.

DUMIER, s. m. vl. Décimateur. Voy. *Deimier.*

DUN

DUN, Colline, celt.

DUNAS, s. f. pl. (dúnes) ; *Duna*, lat. *Duna* et *Dune*, ital. esp. port. *Dunas*, cat. esp. Dunes, petites collines de sable détachées les unes des autres, qui se trouvent le long d'une côte, sur le bord de la mer.

Éty. du celt. *dun*, hauteur, ou de l'all. *dunen*, m. s.

DUNC, vl. DUN, DUNT. Donc. V. *Donc* et *Dounc.*

Éty. de *tunc*, par le changement de *t* en *d.*

DUNETA, s. f. (dunéte) ; *Duneta*, esp. Dunette, l'étage le plus élevé de la poupe ou de l'arrière du vaisseau où est le poste du maître et du pilote.

Éty. de *duna* et de la term. dim. *eta*, petite dune.

DUNPEY, adv. et prép. (dunpéï), dg. Depuis. V. *Despei* et *Dousempei.*

DUNT, adv. vl. DOU. D'où, dont.

Éty. du lat. *undè*, avec la prép. *de, d'*.

DUO

DUO, s. m. (duó) ; *Duetto*, ital. *Duo*, esp. cat. *Duetto*, port. Duo, toute musique à deux parties, qu'on chante à deux voix ou qu'on joue avec deux instruments. V. *Du*, R.

DUODENI, s. m. vl. *Duodeno*, port. ital. Duodénum.

Éty. du lat. *duodenum*. V. *Du*, R.

Es dit duodeni, quar en quascu home es de quantitat de XII *ditz.*

DUOIENAN, adv. l. Dorénavant.

DUOLS, adj. vl. DEVOLS. Boiteux, infirme.

Éty. du lat. *debilis.*

DUP

DUPA, s. f. (dúpe). Dupe, celui ou celle qui s'est laissé tromper ou qui est sujet à se laisser tromper. V. *Cap*, R. 2.

DUPAR, v. a. (dupá). Duper, tromper, inculper, donner tort, jeter la pierre. Sauv. V. *Talounar* et *Atrapar.*

Éty. du lat. *deripere*, formé de *de* et de *capere*. V. *Cap*, R.

DUPARIA, s. f. (duparíe) ; TROUMPARIA, DUPARIE. Duperie, ce qui fait que l'on est dupe.

Éty. de *dupa* et de *aria*, tout ce qui dupe. V. *Cap*, R. 2.

DUPLICACIO, vl. *Duplicació*, cat. V. *Duplicatio.*

DUPLICAR, v. a. vl. *Duplicar*, cat. esp. port. *Duplicare*, ital. Doubler, redoubler, replier.

Éty. du lat. *duplicare*, m. s. V. *Du.*

DUPLICATA, s. m. (duplicátá) ; *Duplicato*, ital. *Duplicado*, esp. *Dobrado*, port. Duplicata ; le double d'un brevet, d'une quittance, d'un acte.

Éty. du lat. *duplicatus*. V. *Du* et *Plic*, Rad.

DUPLICATIO, s. f. vl. DUPLICACIO. *Duplicació*, cat. *Duplicacion*, esp. *Duplicação*, port. *Duplicazione*, ital. Redoublement, réverbération, courbure. V. *Du*, R.

Éty. du lat. *duplicatio*. V. *Du*, R.

DUPLICATIU, IVA, adj. vl. *Duplicatif, ive* ; propre à redoubler. V. *Du*, R.

DUPTADOR, adj. vl. DUPTAIRE. Craintif, timide.

Éty. du lat. *dubitador*, m. s. V. *Dub*, R.

DUPTAIRE, vl. V. *Duptador.*

DUPTANSA, s. f. vl. *Duptanza*, cat. Doute : *Ses duptansa*, sans doute, sans faute. V. *Doulança* et *Dub*, R.

DUPTAR, v. n. vl. DOPTAR. *Duptar*, cat. Douter, V. *Dub*, R. redouter, craindre. Voy. *Doutar.*

DUPTAT, adj. vl. Craint, *Redouté*, v. c. m. et *Dub*, R.

DUPTE, s. m. vl. *Dupte*, anc. cat. Doute. V. *Doute.*

DUPTOS, vl. V. *Doptos.*

DUQ

DUQUESSA, s. f. vl. DUGUESSA. *Duquessa*, anc. esp. *Duchessa*, ital. V. *Duchessa* et *Duc*, R.

DUR

DUR, radical pris du lat. *durus, a, um*, dur, probablement dérivé du grec δοῦρα, δοῦρας (doura, douras), bois, d'où *duritas*, dureté, *durabilis*, durable, *durare*, durer.

De *durus*, par apoc. *dur* ; d'où : *Dur, Dur-a, Dur-ai, Dura-ment, Dur-an, Dur-au, Dur-bec, Dur-c-ir, De-durcir, Endur-c-ir, Dur-c-it, En-durcit, En-durcissa-ment, Dur-et, A-dur-ar, Dur-etat, Dur-eza, Dur-ier, Dur-ilhoun, Dur-eca, Ab-dur-at, Dur-essa, Dur-itia.*

De *durare*, par apoc. *durar* ; d'où : *Durar, Ab-dur-at, Ab-dur-ador, Dur-ada*, et par sync. *Dur-ea, Dur-ant, En-durar, En-durant, En-dur, En-durs, En-durz-ir, Dur-eza, In-dur-atiu, En-durzi-ment, In-durz-ir, En-durzer-er.*

De *durabilis*, par apoc. *durabil*, et par sync. de *i*, *durabl* ; d'où : *Durabl-e, Durabl-a, Durabla-ment, Per-durabla-ment, Per-durable, abla ; Per-durabl-etat, Dor-abl-etat, En-dorz-ir, En-dorz-it, Duran, Dur-acio, Dur-abl-etat, Dur-able, Durabla-ment, Ab-durar, Ab-dur-ador, Ab-duros, En-durs, En-dur-a. Per-dur-able, Per-durabla-men.*

DUR, URA, adj. (dúr, úre) ; *Duro*, ital. esp. port. *Dur*, cat. Dur, ure ; en parlant des choses, ferme, solide, difficile à entamer ; l'opposé de mou ; en parlant des personnes, rude, fâcheux.

Éty. du lat. *durus*. V. *Dur*, R.

En vl. j'endure ; grand, difficile ; mène, conduis.

DURA, s. f. (dúre), sous-entendu VARIETAT. Nom qu'on donne, à Anduze, à une variété du mûrier blanc, à cause de la dureté de ses feuilles.

Éty. du lat. *dura*. V. *Dur*, R.

DURA, s. f. (dúre). Dure, pris pour terre : *Couchar sur la dura*, coucher sur la dure. V. *Dur*, R.

DURABLAMENT, adv. (durablaméin) ; DORABLAMEN, vl. *Duraderamente*, esp. *Durabilmente*, ital. Eternellement, toujours.

Éty. du lat. *durabilis*, ou de *durabla* et de *ment*. V. *Dur*, R.

DURABLE, ABLA, adj. (duráblé, áble); *Durabile*, ital. *Durable*, esp. cat. *Duravel*, port. Durable, qui doit durer longtemps; éternel.

Éty. du lat. *durabilis*. V. *Dur*, R.

DURABLETAT, s. f. vl. *Durabilità*, ital. Durée. V. *Durada*.

Éty. du lat. *durabilitatis*, gén. de *durabilitas*, m. s. V. *Dur*, R.

DURACIO, s. f. vl. *Duració*, cat. *Duracion*, esp. *Duraçāo*, port. *Durazione*, ital. Durée. V. *Durada*.

Éty. du lat. *duratio*, m. s. V. *Dur*, R.

DURADA, s. f. (duráde); *Durata*, ital. *Durada*, cat. esp. *Duraçāo*, port. Durée, espace de temps qu'une chose dure.

Éty. du lat. *durare*. V. *Dur*, R.

Estoffa de durada, étoffe d'un bon user.

Aquot es pas de durade, cela n'est que passager, instantané.

DURADEOU, s. m. (duradèou). Un des noms du filaria à larges feuilles, selon M. Garc. V. *Daradel*.

DURAI, s. m. (duráï); DURAIL. Sorte de pêche et de cerise dures. Gar. V. *Duran* et *Dur*, R.

DURALH, adj. et s. (duraill); DURAIL, DURAI, DURAN. Dur, dure; pêches et cerises dont la chair est ferme. V. *Duran*.

DURALHA, s. f. (duráille); DURAILLA. Bigarreau. Garc.

DURAMENT, adv. (duraméin); DUDAMENT. *Duramente*, ital. esp. port. *Durament*, cat. Durement, avec rudesse, fortement, vl. obstinément.

Éty. de *dura* et de *ment*, d'une manière dure. V. *Dur*, R.

DURAN, adj. (durán); *Durai* et *Duran*, cat. *Durazno*, esp. Epithète qu'on donne aux pêches-pavies, dont la chair est ferme, dure, et à quelques espèces de cerises dures.

Éty. de *persicum duracinum*, qui désigne, en latin, cette sorte de pêche. V. *Dur*, R.

DURAN, prép. vl. V. *Durant*.

DURANT, prép. (durán); *Durante*, ital. esp. port. *Durant*, cat. Durant, pendant que. V. *Dur*, R.

DURAR, v. n. (durá); *Durare*, ital. *Durar*, esp. port. cat. Durer, continuer d'être, persévérer, résister aux efforts du temps.

Éty. du lat. *durare*, m. s. formé de *dur*, parce que ce qui est dur résiste plus longtemps. V. *Dur*, R.

En vl. s'étendre : *Tant can lo mon dura*, dans le monde entier, dans tout le monde; supporter, endurer; demeurer, rester, souffrir, attendre.

DURAR, v. n. vl. Tenir, résister, supporter, endurer.

DURAU, s. m. (duráou). Un des noms langued. de la cerise bigarreau. V. *Agruffion*.

Éty. V. *Dur*.

DURAUS, vl. Pour *dura vos*.

DURBEC, s. m. (durbèc); JOURBEC. Nigaud, imbécile, qui est étonné de tout.

Éty. de *durbec*, oiseau sot, et niais. Voy. *Dur* et *Bec*, R.

DURBEC, s. m. Un des noms du gros-bec. V. *Pessa-ouliva*.

Éty. de *bec dur*, parce que son bec est très-épais et très-solide.

DURBIR, v. a. (durbir); UBRIR, CUBRIR, DEIBRIR. *Aprire*, ital. *Abrir*, esp. port. Ouvrir, le contraire de fermer.

Éty. du lat. *aperire*. V. *Aper*, R.

Durbir un pauc, entr'ouvrir.

Qu'u ben ferma ben durbe, qui bien ferme bien ouvre, pour dire que celui qui néglige de fermer s'expose à être volé.

DURBIR SE, v. r. *Abrirse*, esp. port. S'ouvrir, s'épanouir : *La porta se durbe*, la porte s'ouvre.

DURBIT, IDA, IA, adj. et p. (durbi, ide, ie); DUBERT, OUVERT, UBERT. Ouvert, erte; qui n'est pas fermé. V. *Aper*, R.

DURCIR, v. a. (durcir); *Indurare*, ital. *Endurecer*, esp. port. Durcir, faire devenir dur, rendre dur.

Éty. du lat. *durare* ou *indurare*, ou de *dur* et de *ir*, devenir dur, le *c* est euphonique. V. *Dur*, R.

DURCIR, v. n. Durcir, devenir dur.

DURCIT, IDA, IA, adj. et p. (durcí, ide, ie). Durci, ie. V. *Dur*, R.

DURDAR, V. *Dourdar*.

DURDURDUR, s. m. (durdurdúr), dl. Onomatopée du chant du rossignol.

DUREA, s. f. vl. Alt. de *Durada*, v. c. m. et *Dur*, R.

DUREÇA, s. f. d. vaud. *Duresa*, cat. Dureté. V. *Duretat* et *Dur*, R.

DURENÇA, (durèince); *Duranza*, ital. *Duranzo*, esp. Durance.

Éty. du lat. *druentia*.

DURENÇADA, s. f. (dureinçáde). Crue de la Durance. Aub.

DURESSA, vl. V. *Duretat*.

DURET, ETA, adj. (duré, éte). *Duret*, *ète*, un peu dur.

Éty. de *Dur*, R. et de *at*.

DURET, ETA, adj. (duré, éte), *Durillo*, esp. *Duretto*, ital. *Duret*, cat. Un peu dur, duriuscule.

Éty. de *dur*, et de la term. dim. *et*, *eta*. V. *Dur*, R.

DURETAT, s. f. (duretá), *Durità*, ital. *Dureza*, esp. port. *Duresa*, cat. Dureté, qualité de ce qui est dur, au physique comme au moral.

Éty. du lat. *duritas*, *itatis*, le même. V. *Dur*, R.

DURETATS, au pl. Duretés, a la même sign. que paroles dures, discours offensants.

DUREZA, s. f. vl. DERESSA. *Dureza*, esp. port. Dureté. V. *Duretat*.

DURGAN, s. m. (durgán). Nom qu'on donne au barbot, dans le département du Var, et à Nice. V. *Barbeou*.

Prendre un durgan, se dit fig. pour se jeter dans l'eau.

DURGAN, Est aussi le nom qu'on donne, à Allos, aux vieilles truites du lac, qui se font remarquer par la grosseur de leur tête et la maigreur de leur corps.

DURICIA, s. f. vl. *Duricia*, cat. Voy. *Duretat* et *Dur*, R.

DURIER, adj. (durié). Qui n'apprend pas facilement, qui ne paye pas volontiers.

Éty. de *dur* et de la term. mult. *ier*. Voy. *Dur*, R.

DURILHOUN, s. m. (durilhóun); DURIOUN. *Duricia*, cat. Durillon, callosité qui se forme à la plante des pieds et à la paume des mains, produite par la compression de l'épiderme.

Éty. dim. de *dur*, petit corps dur. Voy. *Dur*, R.

DURNIR, V. *Dournir*.

DURMENT, s. m. (durmèin); DOURMENT, DOURMANT, SABLIERA, CARBOUNERA. Sablière, pièce de bois posée horizontalement sur le haut d'une muraille, ou sur des colonnes, destinée à recevoir le pied des chevrons.

Éty. Parce que cette pièce, ainsi couchée, semble dormir. V. *Dorm*, R.

DURMENT, s. m. Dorment, chassis fixe dans lequel se meuvent les chassis mobiles des croisées.

DURMILHOUS, vl. V. *Dormilhous* et *Dorm*, R.

DURMILHOUSA, V. *Dormilhousa*.

DURMIR, V. *Dormir*.

DURMITORUM, V. *Dormitori*.

DURRE, vl. V. *Duire* et *Duc*, R.

DUS

DUS, nom de nombre, dg. Deux. Voy. *Dous*.

Dus atals, *dus ataus*, vl. Deux fois autant.

DUS, USA, adj. vl. DUHS. Expert, habile, il ou elle convient.

DUSAMEN, adv. vl. Habilement, convenablement.

DUSENS, s. et adj. vl. Douzième.

DUSQUIA, dl. V. *Jusqua*.

DUSSES-COPS, dl. (dússés-cos). Quelquefois. Sauv.

DUT

DUT, vl. DOTZ. Il ou elle mène, conduit, convient.

Éty. du lat. *ducere*.

DUTANS, adj. vl. Craintif, incertain, hésitant.

Éty. du lat. *dubitans*.

DUTANSA, adj. vl. V. *Doblansa*.

DUTOS, adj. vl. Douteux, en doute, indécis.

DUV

DUVET, s. m. (duvé). Duvet, la plus fine plume des oiseaux, l'édredon, celle qui ressemble à du coton.

Éty. de la basse lat. *tufetum*, fait de *tufa* ou *typha*, V. *Sagna*, parce que cette plante porte une espèce de coton, dont on faisait anciennement des matelas.

M. Mayeuvre de Champ-Vieu, découvrit en 1812, que le duvet qui croît sous le poil de nos chèvres, au mois de mars, peut remplacer celui des chèvres de Cachemire.

DUVETAT, ADA, adj. et p. (duvetá, áde). Couvert, garni de duvet. Aub.

DUX

DUX, s. m. vl. Titre d'honneur. V. *Duc*.

DUX, nom de nombre, dg. Deux. Voy. *Dous*.

DUY

DUY, vl. V. *Dui*.

DUYA, s. f. d. m. Douille. V. *Doulha*.

DUYAS, nom de nombre, fém. pl. dg. Deux. V. *Douas*.

DUZ

DUZIL, s. m. vl. DOZIL. Canelle, fausset.

DY

DY, s. m. anc. lim. On trouve ce mot pour dieu. V. *Diou*.

DYA

DYABLANÇA, adj. f. d. vaud. Diaboliques : *Fenas diablanças*, femmes diabolique. V. *Diabl*, R.

DYABLE, vl. V. *Diable*.

DYABLIAS, s. f. pl. Diableries. Voy. *Diabl*, R.

DYADEMA, vl. V. *Diadema*.

DYAFOROZIS, s. m. vl. Diaférèse.

Dyaforosis es duptes cant hom vol dir una cauza de mal, et esta en dupte que no sab si o diga, o sen laysshe. Fl. del gay sab. Doute, figure de rhétorique.

Éty. du lat. *diaporesis*.

DYAFRAGMA, s. m. vl. *Diafragma*, cat. esp. port. ital. Diaphragme.

Éty. du lat. *diaphragma*, m. s.

DYALITON, s. f. vl. Dialyton, figure de grammaire.

Éty. du lat. *dialyton*, m. s.

DYALLAQUILON, s. m. vl. Diachylon, emplâtre.

DYAMAN, vl. V. *Diaman*.

DYAMORON, s. m. vl. [illegible] iorum, sirop de mûres.

Éty. du lat. *diamoro*[illegible] s.

DYAPHANITAT, s. [illegible] *afanitat*, cat. *Diafanidad*, esp. *Diafane*[illegible] port. *Diafanità*, ital. Diaphanéité.

Éty. du grec διαφάνεια (diap[illegible]ia).

DYAPHONIA, s. f. vl. Diss[illegible]ce.

Éty. du grec διαφώνησις (diap[illegible]sis), même sign.

DYARRIA, vl. V. *Diarrhea*.

DYARSIROS, s. vl.

Dyarsiros *es una figura segon los th*[illegible]*gias, la quals se fay cant una dictios* [illegible] *estar en locutio methaforicalmen.*

Fl. del gay sab.

DYASRETIC, adj. vl. *Diarrhétique*. V. *Diarrhea*.

DYASTOLE, s. f. vl. Diastole, figure de rhétorique.

Éty. du lat. *diastole*.

DYE

DYERESIS, s. f. vl. Diérèse.

Dyerezis es divisions duna sillaba en doas, cum si daquesta sillaba yeu, *hom fazia doos, o destas doas syllabas* Mathieu, *hom fazia tres.* Fl. del gay sab.

Éty. du lat. *diœresis*, m. s. dérivé du grec διαίρεσις (diairesis), diviser, partager.

DYH

DYHUS, vl. Pour Dieu. V. *Diou*.

DYN

DYNAMICA, s. f. (dynamque) ; *Dynamica*, port. Dynamique, partie de la mécanique qui traite des forces et des puissances qui meuvent les corps.

Éty. du lat. *dinamica*, dérivé du grec δύναμις (dynamis), force, dérivé de δύναμαι (dynamai), je puis.

C'est à Leibnits qu'on doit le mot *mécanique*, mais Archimède avant lui s'était beaucoup occupé de cette science ; Pascal et Dalembert ont ensuite ajouté beaucoup, aux découvertes de Leibnits.

DYNAMOMETRO, s. m. (dynamoumètre). Dynamomètre, instrument propre à mesurer les forces.

Éty. du grec δύναμις (dynamis), force, et de μέτρον (métron), mesure.

Cet instrument a été inventé par M. Regnier, en 1795.

DYNASTIA, s. f. (dynastie) ; *Dinastia*, ital. esp. *Dynastia*, port. Dynastie, suite de rois ou de princes d'une même race, qui ont régné dans un pays.

Éty. du grec δυναστεία (dynastéia), puissance, autorité, empire, dérivé de δύναμαι (dunamai), avoir l'autorité, la puissance.

DYS

DYSSENTERIA, s. f. (dissenterie) ; FLUX-DE-SANG, CAGA-SANG, SENTERIAS, DESSENTERI. *Dissenteria*, ital. *Disenteria*, esp. *Dysenteria*, port. Dyssenterie, maladie caractérisée par les tranchées, les épreintes, le ténesme et le besoin fréquent, irrésistible et souvent continuel d'aller à la selle, avec évacuation d'une matière puriforme, souvent sanguinolente.

Éty. du lat. *dyssenteria*, formé du grec δυσεντερία (dysentéria), dérivé de δύς (dys), difficilement, avec peine, et de ἔντερον (entéron), entrailles, intestin.

La lettre A contient	9,980	**Mots ou Articles.**
— B —	7,134	—
— C —	12,580	—
— D —	7,360	—
TOTAL	37,054	—

FIN DU PREMIER VOLUME.